Münchener Kommentar zum Bürgerlichen Gesetzbuch

Herausgegeben von

Dr. Dr. Dr. h. c. Franz Jürgen Säcker
Professor an der Freien Universität Berlin

Dr. Roland Rixecker
Präsident des Saarländischen Oberlandesgerichts
Honorarprofessor an der Universität des Saarlandes

**Band 5
Schuldrecht • Besonderer Teil III**

§§ 705–853
Partnerschaftsgesellschaftsgesetz • Produkthaftungsgesetz

Die einzelnen Bände
des Münchener Kommentars zum BGB

Band 1, 1. Halbband: Einleitung und Allgemeiner Teil
§§ 1–240 · ProstG
Band 1, 2. Halbband: Allgemeines Gleichbehandlungsgesetz – AGG
Redakteur: Prof. Dr. Dr. Dr. h. c. Franz Jürgen Säcker

Band 2: Schuldrecht · Allgemeiner Teil
§§ 241–432
Redakteur: Vors. Richter am BGH Prof. Dr. Wolfgang Krüger

Band 3: Schuldrecht · Besonderer Teil I
§§ 433–610 · Finanzierungsleasing
HeizkostenV · BetriebskostenV · CISG
Redakteure: Prof. Dr. Wolfgang Krüger/Prof. Dr. Harm Peter Westermann

Band 4: Schuldrecht · Besonderer Teil II
§§ 611–704 · EFZG · TzBfG · KSchG
Redakteur: Prof. Dr. Martin Henssler

Band 5: Schuldrecht · Besonderer Teil III
§§ 705–853 · PartGG · ProdHaftG
Redakteur: Prof. Dr. Mathias Habersack

Band 6: Sachenrecht
§§ 854–1296 · WEG · ErbbauRG
Redakteur: Richter des BVerfG Dr. Reinhard Gaier

Band 7: Familienrecht I
§§ 1297–1588 · VAHRG · VAÜG · HausratsV
Redakteurin: Richterin am BGH Beatrix Weber-Monecke

Band 8: Familienrecht II
§§ 1589–1921 · SGB VIII
Redakteur: Prof. Dr. Dr. h. c. Dieter Schwab

Band 9: Erbrecht
§§ 1922–2385 · §§ 27–35 BeurkG
Redakteur: Richter am BGH Dr. Gerhard Schlichting

Band 10: Rom I-VO · Rom II-VO · Art. 1–24 EGBGB · Internationales Privatrecht
Redakteur: Prof. Dr. Dres. h. c. Hans Jürgen Sonnenberger

Band 11: Art. 25–245 EGBGB · Internationales Wirtschaftsrecht
Redakteur: Prof. Dr. Dres. h. c. Hans Jürgen Sonnenberger

Münchener Kommentar zum Bürgerlichen Gesetzbuch

Band 5
Schuldrecht • Besonderer Teil III

§§ 705–853

Partnerschaftsgesellschaftsgesetz • Produkthaftungsgesetz

Redakteur:

Dr. Mathias Habersack
Professor an der Universität Tübingen

5. Auflage

Verlag C. H. Beck München 2009

Zitiervorschlag:
MünchKommBGB/*Bearbeiter* § ... RdNr. ...

Verlag C. H. Beck im Internet:
beck.de

ISBN 978 3 406 54845 1

© 2009 Verlag C. H. Beck oHG
Wilhelmstraße 9, 80801 München
Satz und Druck: Druckerei C. H. Beck, Nördlingen
(Adresse wie Verlag)
Gedruckt auf säurefreiem, alterungsbeständigem Papier
(hergestellt aus chlorfrei gebleichtem Zellstoff)

Die Bearbeiter des fünften Bandes

Dr. Mathias Habersack
Professor an der Universität Tübingen

Dr. Dres. h. c. Hans-Jürgen Papier
Präsident des Bundesverfassungsgerichts
Professor an der Universität München

Dr. Carsten Schäfer
Professor an der Universität Mannheim

Dr. Dres. h. c. Karsten Schmidt
Präsident der Bucerius Law School, Hamburg
em. Professor an der Universität Bonn

Dr. Martin Schwab
Professor an der Freien Universität Berlin

Dr. Dr. h. c. mult. Peter Ulmer
em. Professor an der Universität Heidelberg

Dr. Gerhard Wagner, LL.M.
Professor an der Universität Bonn

Im Einzelnen haben bearbeitet:

Vor § 705, § 705	Dr. Dr. h. c. mult. Peter Ulmer
§§ 706–740	Dr. Dr. h. c. mult. Peter Ulmer/ Dr. Carsten Schäfer
Partnerschaftsgesellschaftsgesetz	Dr. Dr. h. c. mult. Peter Ulmer/ Dr. Carsten Schäfer
§§ 741–758	Dr. Dres. h. c. Karsten Schmidt
§§ 759–811	Dr. Mathias Habersack
§§ 812–822	Dr. Martin Schwab
§§ 823–838	Dr. Gerhard Wagner
§ 839	Dr. Dres. h. c. Hans-Jürgen Papier
§§ 839 a–853	Dr. Gerhard Wagner
Produkthaftungsgesetz	Dr. Gerhard Wagner
Sachverzeichnis	Christof Peter

Vorwort

In den seit dem Erscheinen der 4. Auflage vergangenen fünf Jahren sind die §§ 705 bis 853, das Partnerschaftsgesellschaftsgesetz und das Produkthaftungsgesetz zwar von größeren gesetzgeberischen Eingriffen verschont geblieben. Die für sämtliche Rechtsgebiete des Bandes 5 zu beobachtende Flut an höchst- und instanzgerichtlichen Entscheidungen sowie literarischen Äußerungen hat indes durchweg eine gründliche Überarbeitung unter Neufassung nicht weniger Teile erforderlich gemacht.

Eine gänzliche Neubearbeitung enthält die – von der ersten Auflage an in den Händen von Herrn Professor Dr. Manfred Lieb liegende – Kommentierung des Bereicherungsrechts; sie ist von Herrn Dr. Martin Schwab, Professor an der Freien Universität Berlin, als neuem Bearbeiter verfasst worden. Ein weiterer Bearbeiterwechsel ist für die §§ 780 bis 811 zu vermelden. Für diese zeichnete von der ersten Auflage an Herr Professor Dr. Uwe Hüffer verantwortlich. Seinem Entlastungswunsch konnte dadurch Rechnung getragen werden, dass Herr Professor Dr. Mathias Habersack diese Teile zusätzlich zu den von ihm schon bislang bearbeiteten §§ 759 bis 779 übernommen hat. Herr Habersack hat zudem die Aufgabe der Bandredaktion übernommen. Diese lag von der ersten Auflage an in den Händen von Herrn Professor Dr. Dr. h. c. mult. Peter Ulmer, der dem Band dankenswerter Weise als Kommentator der Vorschriften über die Gesellschaft bürgerlichen Rechts und der Partnerschaftsgesellschaft verbunden bleibt; an seine Seite ist hinsichtlich der §§ 706 bis 740 und des Partnerschaftsgesellschaftsgesetzes Herr Dr. Carsten Schäfer, Professor an der Universität Mannheim, getreten. Die übrigen Teile des Bandes haben zwar keinen Bearbeiterwechsel erfahren, sind indes gleichfalls gründlich überarbeitet worden, und zwar die Vorschriften über die Bruchteilsgemeinschaft durch Herrn Professor Dr. Dres. h. c. Karsten Schmidt, das Deliktsrecht (mit Ausnahme des § 839) und das Produkthaftungsgesetz durch Herrn Professor Dr. Gerhard Wagner und § 839 betreffend die Amtshaftung durch Herrn Präsidenten des Bundesverfassungsgerichts Professor Dr. Hans-Jürgen Papier.

Den ausgeschiedenen Kommentatoren, Herrn Professor Dr. Uwe Hüffer und Herrn Professor Dr. Manfred Lieb, sei für ihre langjährige Mitarbeit am Münchener Kommentar zum BGB in gleichem Maße gedankt wie dem bisherigen Bandredakteur, Herrn Professor Dr. Dr. h. c. mult. Peter Ulmer; sie haben durch ihr bis zur ersten Auflage zurückreichendes Wirken ganz wesentlich zu Erfolg und Ansehen des Münchener Kommentars zum BGB im Allgemeinen und seines Bandes 5 im Besonderen beigetragen.

Die Bearbeitungen befinden sich durchweg auf dem Stand vom Frühherbst 2008; danach eingetretene Entwicklungen sind nach Möglichkeit noch in den Druckfahnen nachgetragen worden.

Tübingen, im November 2008   Bandredakteur,
Herausgeber und Verlag

Aus dem Vorwort zur 1. Auflage

Das bürgerliche Recht ist wegen zahlreicher Reformgesetze und Reformvorhaben in wesentlichen Bereichen im Umbruch. Der neue Münchener Großkommentar bringt in dieser Zeit des Umbruchs eine den aktuellen Bedürfnissen von Praxis und Wissenschaft angepaßte Neukommentierung des Bürgerlichen Gesetzbuchs und der wichtigsten ergänzenden Vorschrift.

Der Münchener Kommentar versteht sich nicht nur als ein Erläuterungswerk im herkömmlichen Sinne. Er will vielmehr über die Darstellung der rechtlichen Tragweite der einzelnen Normen und ihrer inneren Zusammenhänge hinausgehend auch die Veränderungen in der zivilrechtlichen Interessenlage aufzeigen, die durch neue, dem Gesetzgeber des BGB noch unbekannte Entwicklungen im sozialen, technischen, ökonomischen und kulturellen Bereich bestimmt sind. Dabei steht das Bestreben im Vordergrund, dem Benutzer des Kommentars realitätsnahe Lösungsvorschläge anzubieten.

Von dieser Zielsetzung ausgehend bemüht sich der Kommentar um eine moderne rechtssystematische Aufbereitung des bürgerlichen Rechts, die auch rechtspolitische Gesichtspunkte und Erkenntnisse der Tatsachenwissenschaften einbezieht. Damit will der Kommentar der Praxis und der Wissenschaft im umfassenden Sinne Entscheidungshilfen geben, auch in den Bereichen, in denen gerichtliche Entscheidungen oder Stellungnahmen der Literatur bislang noch fehlen. Dies gilt vor allem für die durch neuere Reformgesetze geprägten Regelungsmaterien des BGB. Hier will der Kommentar die Anwendung des neuen Rechts wegweisend beeinflussen.

Der Münchener Kommentar bringt im Rahmen seiner Erläuterungen eine präzise Zusammenfassung der neueren Rechtsprechung und eine exakte Information über die wesentliche Literatur. Altes Fallmaterial wurde ausgesondert. Theoretische Streitfragen, die ausgetragen oder nicht von praktischer Bedeutung sind, werden grundsätzlich nicht behandelt. Die aktuellen Rechtsprobleme sind dagegen möglichst vollständig erfaßt und bearbeitet. Die Kommentierung erschöpft sich nicht in der bloßen Erörterung von Problemen. Vielmehr werden stets klare Entscheidungen angeboten.

Der Aufbau der Kommentierung erfolgt grundsätzlich nach einem einheitlichen Standard, um die Benutzung des Kommentars zu erleichtern. Die Erläuterung beginnt regelmäßig mit der Darlegung des Normzwecks oder des Grundgedankens der Vorschrift. Auf die Entstehungsgeschichte einer Norm wird nur dort eingegangen, wo sie – wie insbesondere bei den Reformmaterien – für die Auslegung von Bedeutung ist. Auf Rechtstatsachen wird hingewiesen, wenn mit ihrer Hilfe die praktische Bedeutung der Vorschrift aufgezeigt werden kann. Die Einzelerläuterung erfolgt vom Wortlaut ausgehend zur Rechtsfolge. Die einschlägigen Verfahrensvorschriften sind weitgehend in die Darstellung des materiellen Rechts einbezogen. Auf Parallelvorschriften anderer Rechtsgebiete, zB des öffentlichen Rechts, und auf Reformvorhaben wird besonders hingewiesen.

Der Münchener Kommentar versteht sich vor allem als Kommentar für die juristische Praxis. Herausgeber und Verlag haben deshalb neben anerkannten Hochschullehrern auch erfahrene Praktiker – Richter, Ministerialbeamte, Rechtsanwälte und Notare – als Autoren verpflichtet.

Herausgeber und Verlag wissen, daß das Erscheinen eines neuen Großkommentars zum BGB in dieser Zeit ein Wagnis ist. Sie hoffen zuversichtlich, daß die Qualität des Münchener Kommentars dieses Wagnis rechtfertigt.

München, im September 1977   Herausgeber und Verlag

Inhaltsverzeichnis

Buch 2. Recht der Schuldverhältnisse

Abschnitte 1–7..	Band 2
Abschnitt 8. Einzelne Schuldverhältnisse	
Titel 1–6	Band 3
Titel 7–15	Band 4

	§§	Seite
Titel 16. Gesellschaft..	705–740	3
Gesetz über Partnerschaftsgesellschaften Angehöriger Freier Berufe (Partnerschaftsgesellschaftsgesetz – PartGG)	1–11	589
Titel 17. Gemeinschaft.......................................	741–758	714
Titel 18. Leibrente...	759–761	876
Titel 19. Unvollkommene Verbindlichkeiten	762–764	895
Titel 20. Bürgschaft...	765–778	921
Titel 21. Vergleich...	779	1108
Titel 22. Schuldversprechen, Schuldanerkenntnis	780–782	1155
Titel 23. Anweisung	783–792	1193
Titel 24. Schuldverschreibung auf den Inhaber	793–808	1228
Titel 25. Vorlegung von Sachen	809–811	1310
Titel 26. Ungerechtfertigte Bereicherung	812–822	1326
Titel 27. Unerlaubte Handlungen	823–853	1688
Gesetz über die Haftung für fehlerhafte Produkte (Produkthaftungsgesetz – ProdHaftG)	1–19	2659
Sachverzeichnis		2779

Verzeichnis der Abkürzungen und der abgekürzt zitierten Literatur

Zeitschriften werden, soweit nicht anders angegeben, nach Jahr und Seite zitiert.

aA	anderer Ansicht
aaO	am angegebenen Ort
Abg.	Abgeordneter
ABGB	Allgemeines Bürgerliches Gesetzbuch vom 1. 6. 1811 (Österreich)
AbgG	Gesetz über die Rechtsverhältnisse der Mitglieder des Deutschen Bundestags (Abgeordnetengesetz) idF der Bek. v. 21. 2. 1996 (BGBl. I S. 326)
Abh.	Abhandlung(en)
Abk.	Abkommen
ABl.	Amtsblatt
abl.	ablehnend
ABl. EG	Amtsblatt der Europäischen Gemeinschaften
Abs.	Absatz
Abschn.	Abschnitt
ABSpB	Allgemeine Bausparbedingungen
Abt.	Abteilung
abw.	abweichend
AbzG	Gesetz betreffend die Abzahlungsgeschäfte v. 16. 5. 1894 (RGBl. S. 450), aufgehoben
AcP	Archiv für die civilistische Praxis (Zeitschrift; zitiert nach Band und Seite; in Klammer Erscheinungsjahr des jeweiligen Bandes)
ADB	Allgemeine Deutsche Binnen-Transportbedingungen von 1963
ADHGB	Allgemeines Deutsches Handelsgesetzbuch von 1861
AdoptG	Gesetz über die Annahme als Kind und zur Änderung anderer Vorschriften (Adoptionsgesetz) v. 2. 7. 1976 (BGBl. I S. 1749)
ADS	Allgemeine Deutsche Seeversicherungsbedingungen – Besondere Bestimmungen für die Güterversicherung 1973/1984
ADSp.	Allgemeine Deutsche Spediteurbedingungen
AdVermiG	Gesetz über die Vermittlung der Annahme als Kind und über das Verbot der Vermittlung von Ersatzmüttern (Adoptionsvermittlungsgesetz) idF der Bek. v. 22. 12. 2001 (BGBl. I S. 354)
aE	am Ende
AEG	Allgemeines Eisenbahngesetz v. 27. 12. 1993 (BGBl. I S. 2378, 2396, ber. 1994 I S. 2439)
Ärztl. Lab.	Das Ärztliche Laboratorium (Zeitschrift)
aF	alte(r) Fassung
AFB	Allgemeine Feuerversicherungsbedingungen
AFG	Arbeitsförderungsgesetz v. 25. 6. 1969 (BGBl. I S. 582), aufgehoben (siehe jetzt SGB III)
AfP	Archiv für Presserecht (Zeitschrift)
AG	Aktiengesellschaft; Die Aktiengesellschaft (Zeitschrift); Amtsgericht (mit Ortsnamen)
AGB	Allgemeine Geschäftsbedingungen
AGBG	Gesetz zur Regelung des Rechts der Allgemeinen Geschäftsbedingungen idF der Bek. v. 29. 6. 2000 (BGBl. I S. 946), aufgehoben
AGBGB	Ausführungsgesetz zum BGB (Landesrecht)
AGBSpK	Allgemeine Geschäftsbedingungen der Sparkassen
AgrarR	Agrarrecht, Zeitschrift für das gesamte Recht der Landwirtschaft, der Agrarmärkte und des ländlichen Raumes

Abkürzungen

AgV.	Arbeitsgemeinschaft für Verbraucher
AHB	Allgemeine Versicherungsbedingungen für die Haftpflichtversicherung
AHGB.	Allgemeines Handelsgesetzbuch
AHK	Alliierte Hohe Kommission
AHKBl.	Amtsblatt der Alliierten Hohen Kommission in Deutschland
AHKGes.	Gesetz der Alliierten Hohen Kommission
AiB	Arbeitsrecht im Betrieb (Zeitschrift)
AIZ	Allgemeine Immobilien-Zeitung
AKB	Allgemeine Bedingungen für die Kraftfahrtversicherung
AK-BGB/*Bearbeiter*	Alternativkommentar zum Bürgerlichen Gesetzbuch, hrsg. v. *Wassermann*, 1979 ff.
AkDR	Akademie für Deutsches Recht
AKG	Gesetz zur allgemeinen Regelung durch den Krieg und den Zusammenbruch des Deutschen Reiches entstandener Schäden (Allgemeines Kriegsfolgengesetz) v. 5. 11. 1957 (BGBl. I S. 1747)
AktG	Aktiengesetz v. 6. 9. 1965 (BGBl. I S. 1089)
allgM	allgemeine Meinung
ALR	Allgemeines Landrecht für die Preußischen Staaten von 1794 (zitiert nach §, Teil und Titel)
Alt.	Alternative
aM	anderer Meinung
AMG	Arzneimittelgesetz idF der Bek. v. 12. 12. 2005 (BGBl. I S. 3394)
Amtl. Begr.	Amtliche Begründung
ANBA	Amtliche Nachrichten der Bundesanstalt für Arbeit
ÄndG	Gesetz zur Änderung
Anh.	Anhang
Anm.	Anmerkung
AnwBl.	Anwaltsblatt (Zeitschrift)
AnwK-BGB/*Bearbeiter*	Anwaltkommentar BGB, Bd. 2 Schuldrecht, hrsg. v. *Dauner-Lieb/Heidel/Ring*, 2005
AO	Abgabenordnung idF der Bek. v. 1. 10. 2002 (BGBl. I S. 3866)
AöR	Archiv des öffentlichen Rechts (Zeitschrift)
AP	Arbeitsrechtliche Praxis, Nachschlagewerk des Bundesarbeitsgerichts (Nr. ohne Gesetzesstelle bezieht sich auf den gerade kommentierten Paragraphen)
ARB	Allgemeine Reisebedingungen, AGB-Empfehlungen des Deutschen Reisebüro-Verband e. V.
ArbG	Arbeitsgericht (mit Ortsnamen)
ArbGeb.	Der Arbeitgeber (Zeitschrift)
ArbGG	Arbeitsgerichtsgesetz idF der Bek. v. 2. 7. 1979 (BGBl. I S. 853, ber. S. 1036)
AR-Blattei	Arbeitsrecht-Blattei, Handbuch für die Praxis, begr. v. *Sitzler*, hrsg. v. *Oehmann* u. *Dieterich*
ArbMin.	Arbeitsministerium
ArbnErfG	Gesetz über Arbeitnehmererfindungen v. 25. 7. 1957 (BGBl. I S. 756)
ArbPlSchG	Gesetz über den Schutz des Arbeitsplatzes bei Einberufung zum Wehrdienst (Arbeitsplatzschutzgesetz) idF der Bek. v. 14. 2. 2001 (BGBl. I S. 253)
ArbRGeg.	Das Arbeitsrecht der Gegenwart (Jahrbuch)
ArbRspr.	Die Rechtsprechung in Arbeitssachen (Entscheidungssammlung)
ArbSG	Gesetz zur Sicherstellung von Arbeitsleistungen für Zwecke der Verteidigung einschließlich des Schutzes der Zivilbevölkerung (Arbeitssicherstellungsgesetz) v. 9. 7. 1968 (BGBl. I S. 787)
ArbuR.	Arbeit und Recht (Zeitschrift)
ArbZG	Arbeitszeitgesetz v. 6. 6. 1994 (BGBl. I S. 1170)
Arch.	Archiv
ArchBürgR	Archiv für Bürgerliches Recht (Zeitschrift)
ArchLR	Archiv für Luftrecht (Zeitschrift)

Abkürzungen

ArchRWPhil.	Archiv für Rechts- und Wirtschaftsphilosophie (Zeitschrift)
ArchSozWiss.	Archiv für Sozialwissenschaft und Sozialpolitik (Zeitschrift)
ArchVR	Archiv für Völkerrecht (Zeitschrift)
arg.	argumentum
ArGV	Verordnung über die Arbeitsgenehmigung für ausländische Arbeitnehmer (Arbeitsgenehmigungsverordnung) v. 17. 9. 1998 (BGBl. I S. 2899)
ARS	Arbeitsrechts-Sammlung, Entscheidungen des Reichsarbeitsgerichts und der Landesarbeitsgerichte (1928–1944)
ARSP	Archiv für Rechts- und Sozialphilosophie (Zeitschrift; zitiert nach Band und Seite)
ARSt.	Arbeitsrecht in Stichworten (Entscheidungssammlung)
Art.	Artikel
AS	Sammlung der eidgenössischen Gesetze
AsylVfG	Asylverfahrensgesetz idF der Bek. v. 27. 7. 1993 (BGBl. I S. 1361)
AT	Allgemeiner Teil
AtG	Gesetz über die friedliche Verwendung der Kernenergie und den Schutz gegen ihre Gefahren (Atomgesetz) idF der Bek. v. 15. 7. 1985 (BGBl. I S. 1565)
AtW	Die Atomwirtschaft, Zeitschrift für die wirtschaftlichen Fragen der Kernumwandlung
AuA	Arbeit und Arbeitsrecht (Zeitschrift)
AUB	Allgemeine Unfallversicherungs-Bedingungen
AufenthG	Gesetz über den Aufenthalt, die Erwerbstätigkeit und die Integration von Ausländern im Bundesgebiet (Aufenthaltsgesetz) v. 20. 6. 2002 (BGBl. I S. 1947)
Aufl.	Auflage
AUG	Gesetz zur Geltendmachung von Unterhaltsansprüchen im Verkehr mit ausländischen Staaten (Auslandsunterhaltsgesetz) v. 19. 12. 1986 (BGBl. I S. 2563)
AÜG	Arbeitnehmerüberlassungsgesetz idF der Bek. v. 3. 2. 1995 (BGBl. I S. 159)
AuR	Arbeit und Recht, Zeitschrift für die Arbeitsrechtspraxis
AusfG	Ausführungsgesetz
AusfVO	Ausführungsverordnung
AuslG	Gesetz über die Einreise und den Aufenthalt von Ausländern im Bundesgebiet (Ausländergesetz) v. 9. 7. 1990 (BGBl. I S. 1354), aufgehoben zum 1. 1. 2003
AuslPflVG	Gesetz über die Haftpflichtversicherung für ausländische Kraftfahrzeuge und Kraftfahrzeuganhänger v. 24. 7. 1956 (BGBl. I S. 667; 1957 I S. 368)
AVB	Allgemeine Versicherungsbedingungen; Allgemeine Vertragsbestimmungen
AVmG	Gesetz zur Reform der gesetzlichen Rentenversicherung und zur Förderung eines kapitalgedeckten Altersvorsorgevermögens (Altersvermögensgesetz) v. 26. 6. 2001 (BGBl. I S. 1310)
AVO	Ausführungsverordnung
AVV	Allgemeine Verwaltungsvorschrift
AWD	Außenwirtschaftsdienst des Betriebsberaters (Zeitschrift, 4. 1958–20. 1974; vorher und anschließend RIW)
AWG	Außenwirtschaftsgesetz v. 28. 4. 1961 (BGBl. I S. 481)
AWV	Außenwirtschaftsverordnung idF der Bek. v. 22. 11. 1993 (BGBl. I S. 1934)
Az.	Aktenzeichen
B	Bundes-
BABl.	Bundesarbeitsblatt (Zeitschrift)
Bad.-Württ., bad.-württ.	Baden-Württemberg, baden-württembergisch
BadNotZ.	Badische Notar-Zeitschrift
BadRpr.	Badische Rechtspraxis

Abkürzungen

BAFin	Bundesanstalt für Finanzdienstleistungsaufsicht
BAföG	Bundesgesetz über individuelle Förderung der Ausbildung (Bundesausbildungsförderungsgesetz) idF der Bek. v. 6. 6. 1983 (BGBl. I S. 645)
BAG	Bundesarbeitsgericht
BAGE	Entscheidungen des Bundesarbeitsgerichts
BAK	Blutalkoholkonzentration
Bamberger/Roth/Bearbeiter	Bamberger/Roth, Bürgerliches Gesetzbuch, Kommentar, 2. Aufl. 2007/2008
bank und markt	bank und markt (Zeitschrift)
BankA	Bank-Archiv (Zeitschrift, 1. 1901–43. 1943; aufgegangen in Bankwirtschaft [1943–1945])
BankR-HdB/Bearbeiter	Schimanski/Bunte/Lwowski (Hrsg.), Bankrechts-Handbuch, 3. Aufl. 2007
BAnz.	Bundesanzeiger
BÄO	Bundesärzteordnung idF der Bek. v. 16. 4. 1987 (BGBl. I S. 1218)
Bärmann	Bärmann, Wohnungseigentumsgesetz, Kommentar, 10. Aufl. 2008
Bassenge/Roth	Bassenge/Roth, FGG/RPflG, Kommentar, 11. Aufl. 2007
BAT	Bundes-Angestellten-Tarifvertrag
Bauer/v. Oefele/Bearbeiter	Bauer/v. Oefele, GBO, Kommentar, 2. Aufl. 2006
BauGB	Baugesetzbuch idF der Bek. v. 23. 9. 2004 (BGBl. I S. 2414)
Baumbach/Bearbeiter	Baumbach/Lauterbach/Albers/Hartmann, Zivilprozessordnung, Kommentar, 66. Aufl. 2008
Baumbach/Hefermehl/Casper	Baumbach/Hefermehl/Casper, Wechselgesetz und Scheckgesetz, Kommentar, 23. Aufl. 2008
Baumbach/Hopt	Baumbach/Hopt, Handelsgesetzbuch, Kommentar, 33. Aufl. 2008
Baumbach/Hueck/Bearbeiter	Baumbach/Hueck, GmbHG, Kommentar, 18. Aufl. 2006
Baumgärtel/Laumen	Handbuch der Beweislast im Privatrecht, begründet von Baumgärtel, fortgeführt von Laumen, Band 1: Allgemeiner Teil, Schuldrecht BGB, 2. Aufl. 1991, Band 2: Sachenrecht, Familienrecht, Erbrecht, Recht der EG, UN-Kaufrecht, 2. Aufl. 1999
BauNVO	Verordnung über die bauliche Nutzung der Grundstücke idF der Bek. v. 23. 1. 1990 (BGBl. I S. 132)
BauR	Baurecht (Zeitschrift 1. 1970 ff.)
Baur/Stürner	Baur/Stürner, Lehrbuch des Sachenrechts, 17. Aufl. 1999
BauSpkG	Gesetz über Bausparkassen idF der Bek. v. 15. 2. 1991 (BGBl. I S. 454)
BaWüGVBl.	Gesetz- und Verordnungsblatt für Baden-Württemberg
Bay., bay.	Bayern, bayerisch
BayAGBGB	Bayerisches Ausführungsgesetz zum BGB
BayBS	Bereinigte Sammlung des bayerischen Landesrechts
BayJMBl.	Bayerisches Justizministerialblatt
BayNotZ	Bayerische Notariats-Zeitung und Zeitschrift für die freiwillige Rechtspflege der Gerichte in Bayern
BayObLG	Bayerisches Oberstes Landesgericht
BayObLGSt.	Amtliche Sammlung von Entscheidungen des Bayerischen Obersten Landesgerichts in Strafsachen
BayObLGZ	Amtliche Sammlung von Entscheidungen des Bayerischen Obersten Landesgerichts in Zivilsachen
BayVBl.	Bayerische Verwaltungsblätter (Zeitschrift)
BayVerfG	Bayerischer Verfassungsgerichtshof
BayVerfGE	Sammlung von Entscheidungen des Bayerischen Verfassungsgerichtshofes
BayZ	Zeitschrift für Rechtspflege in Bayern
BB	Betriebs-Berater (Zeitschrift)
BBankG	Gesetz über die Deutsche Bundesbank idF der Bek. v. 22. 10. 1992 (BGBl. I S. 1782)
BBauBl.	Bundesbaublatt (Zeitschrift)
BBesG	Bundesbesoldungsgesetz idF der Bek. v. 6. 8. 2002 (BGBl. I S. 3020)
BBG	Bundesbeamtengesetz idF der Bek. v. 31. 3. 1999 (BGBl. I S. 675)
BBiG	Berufsbildungsgesetz v. 14. 8. 1969 (BGBl. I S. 1112)

Abkürzungen

Bd. (Bde.)	Band (Bände)
BDA	Bundesvereinigung der Deutschen Arbeitgeberverbände
BDG	Bundesdisziplinargesetz v. 9. 7. 2001 (BGBl. I S. 1510)
BDH	Bundesdisziplinarhof
BDSG	Bundesdatenschutzgesetz idF der Bek. v. 14. 1. 2003 (BGBl. I S. 66)
BeamtVG	Gesetz über die Versorgung der Beamten und Richter in Bund und Ländern (Beamtenversorgungsgesetz) idF der Bek. v. 16. 3. 1999 (BGBl. I S. 322)
Bearb., bearb.	Bearbeitung/Bearbeiter; bearbeitet
Beck-FormB/*Bearbeiter*	Beck'sches Formularbuch zum Bürgerlichen, Handels- und Wirtschaftsrecht, hrsg. v. *Hoffmann-Becking/Rawert*, 9. Aufl. 2006
BeckRS	Rechtsprechungssammlung in Beck-Online (Jahr, Entscheidungsnummer)
BEG	Bundesgesetz zur Entschädigung für Opfer der nationalsozialistischen Verfolgung (Bundesentschädigungsgesetz) idF der Bek. v. 29. 6. 1956 (BGBl. I S. 559, 562)
Begr.	Begründung
Beih.	Beiheft
Beil.	Beilage
Bek.	Bekanntmachung
Bem.	Bemerkung
ber.	berichtigt
BerGesVR	Berichte der Deutschen Gesellschaft für Völkerrecht
BErzGG	Gesetz zum Erziehungsgeld und zur Elternzeit (Bundeserziehungsgeldgesetz) idF der Bek. v. 9. 2. 2004 (BGBl. I S. 206)
bes.	besonders
bespr.	besprochen
bestr.	bestritten
betr.	betreffend; betreffs
BetrAV	Betriebliche Altersversorgung, Mitteilungsblatt der Arbeitsgemeinschaft für betriebliche Altersversorgung
BetrAVG	Gesetz zur Verbesserung der betrieblichen Altersversorgung v. 19. 12. 1974 (BGBl. I S. 3610)
BetrVG	Betriebsverfassungsgesetz idF der Bek. v. 25. 9. 2001 (BGBl. I S. 2518)
BeurkG	Beurkundungsgesetz v. 28. 8. 1969 (BGBl. I S. 1513)
BewG	Bewertungsgesetz idF der Bek. v. 1. 2. 1991 (BGBl. I S. 230)
bez.	bezüglich
BezG	Bezirksgericht
BfA	Bundesversicherungsanstalt für Angestellte
BfAI	Bundesstelle für Außenhandelsinformation
BFH	Bundesfinanzhof
BFHE	Sammlung der Entscheidungen und Gutachten des Bundesfinanzhofs
BFM	Bundesfinanzministerium
BGB	Bürgerliches Gesetzbuch v. 18. 8. 1896 (RGBl. S. 195), idF der Bek. v. 2. 1. 2002 (BGBl. I S. 42; ber. S. 2909; 2003 I S. 738)
BGB-InfoV	Verordnung über Informations- und Nachweispflichten nach bürgerlichem Recht (BGB-Informationspflichtenverordnung) idF der Bek. v. 5. 8. 2002 (BGBl. I S. 3002)
BGBl. I, II, III	Bundesgesetzblatt Teil I, Teil II, Teil III
BGH	Bundesgerichtshof
BGHR	Rechtsprechung des Bundesgerichtshofs (Band und Seite)
BGHSt	Entscheidungen des Bundesgerichtshofs in Strafsachen
BGHWarn	Rechtsprechung des Bundesgerichtshofs in Zivilsachen – in der Amtlichen Sammlung nicht enthaltene Entscheidungen (als Fortsetzung von WarnR)
BGHZ	Entscheidungen des Bundesgerichtshofs in Zivilsachen
BImSchG	Gesetz zum Schutz vor schädlichen Umwelteinwirkungen durch Luftverunreinigungen, Geräusche, Erschütterungen und ähnliche Vorgänge (Bundes-Immissionsschutzgesetz) idF der Bek. v. 26. 9. 2002 (BGBl. I S. 3830)

Abkürzungen

BinSchG	Gesetz betreffend die privatrechtlichen Verhältnisse der Binnenschiffahrt (Binnenschiffahrtsgesetz) idF der Bek. v. 20. 5. 1898 (RGBl. S. 369, 868)
BJagdG	Bundesjagdgesetz idF der Bek. v. 29. 9. 1976 (BGBl. I S. 2849)
BKartA	Bundeskartellamt
BKGG	Bundeskindergeldgesetz idF der Bek. v. 2. 1. 2002 (BGBl. I S. 6)
BKR	Bank- und Kapitalmarktrecht (Zeitschrift)
Bl.	Blatt
Blank/Börstinghaus	*Blank/Börstinghaus*, Miete, 3. Aufl. 2008
BLG	Bundesleistungsgesetz idF der Bek. v. 27. 9. 1961 (BGBl. I S. 1769)
BlGBW	Blätter für Grundstücks-, Bau- und Wohnungsrecht
BlGenW	Blätter für Genossenschaftswesen
Bln.	Berlin(er)
Blomeyer	*Blomeyer*, Allgemeines Schuldrecht, 4. Aufl. 1969
BlPMZ	Blatt für Patent-, Muster- und Zeichenwesen
BlStSozArbR	Blätter für Steuerrecht, Sozialversicherung und Arbeitsrecht
BMA	Bundesminister(ium) für Arbeit und Sozialordnung
BMBau	Bundesminister(ium) für Raumordnung, Bauwesen und Städtebau
BMI	Bundesminister(ium) des Innern
BMJ	Bundesminister(ium) der Justiz
BNotO	Bundesnotarordnung idF der Bek. v. 24. 2. 1961 (BGBl. I S. 98, ber. 1999 I S. 194)
BöhmsZ	Zeitschrift für internationales Privat- und Strafrecht (ab 12. 1903: für internationales Privat- und Öffentliches Recht), begr. v. *Böhm*
BonnKomm./*Bearbeiter*	Kommentar zum Bonner Grundgesetz, begr. v. *v. Mangoldt*, hrsg. v. *Klein/Starck*, 4 Bände, 5. Aufl. 2005
BörsG	Börsengesetz idF der Bek. v. 16. 7. 2007 (BGBl. I S. 1330)
BPatA	Bundespatentamt
BPatG	Bundespatentgericht
BPersVG	Bundespersonalvertretungsgesetz v. 15. 3. 1974 (BGBl. I S. 693)
BPolBG	Bundespolizeibeamtengesetz idF der Bek. v. 3. 6. 1976 (BGBl. I S. 1357)
BPolG	Gesetz über die Bundespolizei (Bundespolizeigesetz) v. 19. 10. 1994 (BGBl. I S. 2978)
BR	Bundesrat
BRAO	Bundesrechtsanwaltsordnung v. 1. 8. 1959 (BGBl. I S. 565)
BR-Drucks.	Drucksache des Deutschen Bundesrates
BReg.	Bundesregierung
Breithaupt	*Breithaupt*, Sammlung von Entscheidungen aus dem Sozialrecht
Brem.; brem.	Bremen; bremisch
Brox/Henssler	*Brox/Henssler*, Handelsrecht, 19. Aufl. 2006
Brox/Walker AT	*Brox/Walker*, Allgemeiner Teil des Bürgerlichen Gesetzbuchs, 32. Aufl. 2008
Brox/Walker SchR I/II	*Brox/Walker*, Allgemeines Schuldrecht (SchR I), 32. Aufl. 2007; Besonderes Schuldrecht (SchR II), 32. Aufl. 2007
BR-Prot.	Protokoll des Deutschen Bundesrates
BRRG	Rahmengesetz zur Vereinheitlichung des Beamtenrechts (Beamtenrechtsrahmengesetz) idF der Bek. v. 31. 3. 1999 (BGBl. I S. 654)
BRTV	Bundesrahmentarifvertrag
BrZ	Britische Zone
BSG	Bundessozialgericht
BSGE	Entscheidungen des Bundessozialgerichts
BStBl.	Bundessteuerblatt
BT	Besonderer Teil
BTÄO	Bundes-Tierärzteordnung idF der Bek. v. 20. 11. 1981 (BGBl. I S. 1193)
BT-Drucks.	Drucksache des Deutschen Bundestages
BtG	Gesetz zur Reform des Rechts der Vormundschaft und Pflegschaft für Volljährige (Betreuungsgesetz) v. 12. 9. 1990 (BGBl. I S. 2002)
BtMG	Gesetz über den Verkehr mit Betäubungsmitteln (Betäubungsmittelgesetz) v. 1. 3. 1994 (BGBl. I S. 358)

Abkürzungen

BtPrax	Betreuungsrechtliche Praxis (Zeitschrift)
BT-Prot.	Protokoll des Deutschen Bundestages
BuB	Bankrecht und Bankpraxis, Loseblattwerk, 3 Bände, 1979 ff.
Bub/Treier/Bearbeiter	Bub/Treier, Handbuch der Geschäfts- und Wohnraummiete, 3. Aufl. 1999 mit Nachtrag 2001
Buchner/Ott/Wagner/Wieduwilt VerbrKrG	Buchner/Ott/Wagner/Wieduwilt, Verbraucherkreditgesetz, Kommentar, 2. Aufl. 1994
Buchst.	Buchstabe
Bülow	Bülow, Recht der Kreditsicherheiten, 7. Aufl. 2007
Bülow/Artz	Bülow/Artz, Verbraucherkreditrecht, Kommentar, 6. Aufl. 2006
Bumiller/Winkler	Bumiller/Winkler, Freiwillige Gerichtsbarkeit, Kommentar, 8. Aufl. 2006
Bunte	Bunte, Entscheidungssammlung zum AGB-Gesetz
Bunte Hdb.	Bunte, Handbuch der Allgemeinen Geschäftsbedingungen, 1982
BUrlG	Mindesturlaubsgesetz für Arbeitnehmer (Bundesurlaubsgesetz) idF der Bek. v. 27. 7. 1969 (BGBl. I S. 2)
BVerfG	Bundesverfassungsgericht
BVerfGE	Entscheidungen des Bundesverfassungsgerichts
BVerfGG	Gesetz über das Bundesverfassungsgericht (Bundesverfassungsgerichtsgesetz) idF der Bek. v. 11. 8. 1993 (BGBl. I S. 1473)
BVerwG	Bundesverwaltungsgericht
BVerwGE	Entscheidungen des Bundesverwaltungsgerichts
BVFG	Gesetz über die Angelegenheiten der Vertriebenen und Flüchtlinge (Bundesvertriebenengesetz) idF der Bek. v. 2. 6. 1993 (BGBl. I S. 829)
BVG	Gesetz über die Versorgung der Opfer des Krieges (Bundesversorgungsgesetz) idF der Bek. v. 22. 1. 1982 (BGBl. I S. 21)
BVormVG	Gesetz über die Vergütung von Berufsvormündern (Berufsvormündervergütungsgesetz) v. 25. 6. 1998 (BGBl. I S. 1580)
BWG	Bundeswahlgesetz idF der Bek. v. 23. 7. 1993 (BGBl. I S. 1288, 1594)
BWNotZ	Mitteilungen aus der Praxis, Zeitschrift für das Notariat in Baden-Württemberg (früher WürttNotV)
BWpVerwG	Gesetz zur Neuordnung des Schuldbuchrechts des Bundes und der Rechtsgrundlagen der Bundesschuldenverwaltung (Bundeswertpapierverwaltungsgesetz) v. 11. 12. 2001 (BGBl. I S. 3519)
BZRG	Gesetz über das Zentralregister und das Erziehungsregister (Bundeszentralregistergesetz) idF der Bek. v. 21. 9. 1984 (BGBl. I S. 1229)
bzw.	beziehungsweise
c. i. c.	culpa in contrahendo
c. i. f.	cost, insurance, freight
ca.	circa
Canaris	Canaris, Die Vertrauenshaftung im deutschen Privatrecht, 1971
Canaris Bankvertragsrecht	Canaris, Bankvertragsrecht, 1. Teil 3. Aufl. 1988, 2. Teil 4. Aufl. 1995
Canaris Handelsrecht	Canaris, Handelsrecht, begr. von Capelle, 24. Aufl. 2006
Canaris, Schuldrechtsmodernisierung 2002	Canaris, Schuldrechtsmodernisierung 2002: Beck'sche Gesetzesdokumentation, 2002
CIC	Codex Iuris Canonici
CIM	Règles uniformes concernant le contrat de transport international ferroviaire des marchandises (CIM), Einheitliche Rechtsvorschriften für den Vertrag über die internationale Eisenbahnbeförderung von Gütern (CIM) v. 9. 5. 1980 (BGBl. 1985 II S. 224, 1001)
CISG	Convention on Contracts for the International Sale of Goods, siehe UN-KaufR
CIV	Règles uniformes concernant le contrat de transport international ferroviaire des voyageurs et des bagages (CIV), Einheitliche Rechtsvorschriften für den Vertrag über die internationale Eisenbahnbeförderung von Personen und Gepäck (CIV) v. 9. 5. 1980 (BGBl. 1985 II S. 178, 1001)

Abkürzungen

CMR	Convention relative au Contrat de transport international de marchandises par route, Übereinkommen über den Beförderungsvertrag im internationalen Straßengüterverkehr v. 19. 5. 1956 (BGBl. 1961 II S. 1119; 1962 II S. 12)
Cod.	Codex
Cosack/Mitteis	*Cosack/Mitteis,* Lehrbuch des Bürgerlichen Rechts, 8. Aufl. 1927
COTIF	Convention relative aux transports internationaux ferroviaires (COTIV) Übereinkommen über den internationalen Eisenbahnverkehr (COTIF) v. 9. 5. 1980 (BGBl. 1985 II S. 130, 144, 1001)
CR	Computer und Recht (Zeitschrift)
DAngVers.	Die Angestelltenversicherung (Zeitschrift)
DAR	Deutsches Autorecht (Zeitschrift)
DAVorm.	Der Amtsvormund, Rundbrief des Deutschen Instituts für Vormundschaftswesen (Zeitschrift, zitiert nach Jahrgang und Spalte)
DB	Der Betrieb (Zeitschrift)
DDR	Deutsche Demokratische Republik
Demharter	*Demharter,* Grundbuchordnung, Kurzkommentar, 26. Aufl. 2008
Denkschr.	Denkschrift des Reichsjustizamts zum Entwurf eines Bürgerlichen Gesetzbuchs, 1896
DepG	Gesetz über die Verwahrung und Anschaffung von Wertpapieren (Depotgesetz) idF der Bek. v. 11. 1. 1995 (BGBl. S. 34)
ders.	derselbe
Deutsch Haftungsrecht I.	*Deutsch,* Allgemeines Haftungsrecht, 2. Aufl. 1996
DFGT	Deutscher Familiengerichtstag
DGB	Deutscher Gewerkschaftsbund
dgl.	desgleichen; dergleichen
DGVZ	Deutsche Gerichtsvollzieher-Zeitung
dh.	das heißt
Die Bank	Die Bank (Zeitschrift)
dies.	dieselbe(n)
Dig.	Digesten
DiskE	Diskussionsentwurf
Diss.	Dissertation (Universitätsort)
DIV	Deutsches Institut für Vormundschaftswesen
DJ	Deutsche Justiz (Zeitschrift)
DJT	Deutscher Juristentag
DJZ	Deutsche Juristenzeitung (Zeitschrift)
DNotV	Zeitschrift des Deutschen Notarvereins (1. 1901–33. 1933), dann DNotZ
DNotZ	Deutsche Notar-Zeitung (Zeitschrift)
DÖD	Der öffentliche Dienst (Zeitschrift)
DogmJ	Jahrbücher für die Dogmatik des heutigen römischen und deutschen Privatrechts
Dok.	Dokument
DONot.	Dienstordnung für Notare – Bundeseinheitliche Verwaltungsvorschrift der Landesjustizverwaltungen; für Bayern: idF der Bek. v. 25. 1. 2001 (BayJMBl. S. 32)
DÖV	Die öffentliche Verwaltung (Zeitschrift)
DR	Deutsches Recht (Zeitschrift)
DRdA	Das Recht der Arbeit (österreichische Zeitschrift)
DRiG	Deutsches Richtergesetz idF der Bek. v. 19. 4. 1972 (BGBl. I S. 713)
DRiZ	Deutsche Richterzeitung (Zeitschrift)
DRspr.	Deutsche Rechtsprechung, Entscheidungssammlung und Aufsatzhinweise
DRV	Deutsche Rentenversicherung (Zeitschrift); Deutscher Reisebüro-Verband e. V.
DRWiss.	Deutsche Rechtswissenschaft (Zeitschrift, 1. 1936–8. 1943)
DRZ	Deutsche Rechts-Zeitschrift
DSb.	Der Sozialberater (Zeitschrift)

Abkürzungen

DStR	Deutsches Steuerrecht (Zeitschrift)
DStZ/A	Deutsche Steuerzeitung Ausgabe A
Dt.; dt.	deutsch
DtZ	Deutsch-Deutsche Rechts-Zeitschrift
DuR	Demokratie und Recht (Zeitschrift)
DVBl.	Deutsches Verwaltungsblatt
DVerkStRdsch.	Deutsche Verkehrsteuer-Rundschau
DVO	Durchführungsverordnung
DWW	Deutsche Wohnungswirtschaft (hrsg. vom Zentralverband der deutschen Haus-, Wohnungs- und Grundeigentümer; Zeitschrift)
DZWiR	Deutsche Zeitschrift für Wirtschafts- und Insolvenzrecht (Zeitschrift)
E	Entwurf
e. V.	eingetragener Verein
ebd.	ebenda
Ebenroth/Boujong/Joost/Bearbeiter	*Ebenroth/Boujong/Joost* (Hrsg.), Handelsgesetzbuch, Kommentar, Band 1: §§ 1–342a, 2. Aufl. 2008 (zitiert *E/B/J/S/Bearbeiter*); 1. Aufl. 2001; aus Band 1: PartGG, Band 2: §§ 343–475h
Ec. J.	The Economic Journal (seit 1891)
EFG	Entscheidungen der Finanzgerichte; Eigentumsfristengesetz
EFZG	Gesetz über die Zahlung des Arbeitsentgelts an Feiertagen und im Krankheitsfalle (Entgeltfortzahlungsgesetz) v. 26. 5. 1994 (BGBl. I S. 1014, 1065)
EG	Einführungsgesetz; Europäische Gemeinschaft
EG, EGV	Vertrag zur Gründung der Europäischen Gemeinschaften idF der Bek. des Vertrages von Amsterdam v. 2. 10. 1997 (ABl. EG C 340 v. 10. 11. 1997 S. 1 ff.)
EGBGB	Einführungsgesetz zum Bürgerlichen Gesetzbuche idF der Bek. v. 21. 9. 1994 (BGBl. S. 2494)
EGKS	Europäische Gemeinschaft für Kohle und Stahl
EGKSV	Vertrag über die Gründung der Europäischen Gemeinschaft für Kohle und Stahl v. 18. 4. 1951 (BGBl. II S. 445, 978)
EGMR	Europäischer Gerichtshof für Menschenrechte
Ehlers/Broglie	*Ehlers/Broglie,* Arzthaftungsrecht, 4. Aufl. 2008
Einf.	Einführung
einhM	einhellige Meinung
Einl.	Einleitung
EisenbE	Eisenbahn- und verkehrsrechtliche Entscheidungen und Abhandlungen. Zeitschrift für Eisenbahn und Verkehrsrecht (Band u. Seite)
EJF	Entscheidungen aus dem Jugend- und Familienrecht (Abschnitt und Nr.)
EKG	Einheitliches Gesetz über den Abschluß von internationalen Kaufverträgen über bewegliche Sachen v. 17. 7. 1973 (BGBl. I S. 868) iVm. Bek. v. 12. 2. 1974 (BGBl. I S. 358), aufgehoben
EKMR	Europäische Kommission für Menschenrechte
Emmerich/Habersack	*Emmerich/Habersack,* Aktien- und GmbH-Konzernrecht, Kommentar, 5. Aufl. 2008
Emmerich/Habersack KonzernR	*Emmerich/Habersack,* Konzernrecht, 9. Aufl. 2008
Endemann	*Endemann,* Lehrbuch des Bürgerlichen Rechts, 5 Bände, 1903–1920
Enneccerus	*Enneccerus/Kipp/Wolff,* Lehrbuch des Bürgerlichen Rechts
/Nipperdey	I. Band AT des Bürgerlichen Rechts, 1. Halbbd. 15. Aufl. 1959; 2. Halbbd. 15. Aufl. 1960
/Lehmann	II. Band Recht der Schuldverhältnisse, 15. Aufl. 1958
/Kipp	IV. Band Familienrecht (Teil II und III), 7. Aufl. 1931
/Wolff/Raiser	III. Band Sachenrecht, 10. Aufl. 1957
/Wolff FamR	IV. Band Familienrecht (Teil 1), 7. Aufl. 1931
Entsch.	Entscheidung
entspr.	entsprechend

Abkürzungen

EnWG	Gesetz über die Elektrizitäts- und Gasversorgung (Energiewirtschaftsgesetz) idF der Bek. v. 7. 7. 2005 (BGBl. I S. 1970, ber. S. 3621)
ErbbauRG	Gesetz über das Erbbaurecht v. 15. 1. 1919 (RGBl. S. 72, ber. S. 122)
ErbStG	Erbschaftsteuer- und Schenkungsteuergesetz idF der Bek. v. 27. 2. 1997 (BGBl. I S. 378)
ErfK/*Bearbeiter*	Erfurter Kommentar zum Arbeitsrecht, hrsg. v. *Dieterich/Müller-Glöge/ G. Schaub,* 8. Aufl. 2008
Erg.	Ergänzung; Ergebnis
Erl.	Erlass; Erläuterung
Erman/Bearbeiter	*Erman,* Handkommentar zum Bürgerlichen Gesetzbuch, hrsg. v. *Westermann,* 12. Aufl. 2008
Erstbearb.	Erstbearbeitung (Verweis aus dem Loseblatt-Ergänzungsband auf die genannte Fundstelle im Hauptwerk)
ESchG	Gesetz zum Schutz von Embryonen (Embryonenschutzgesetz) v. 13. 12. 1990 (BGBl. I S. 2746)
Esser/Schmidt AT/1 bzw. AT/2	*Esser/Schmidt,* Schuldrecht, Band I: Allgemeiner Teil, Teilband 1, 8. Aufl. 1995; Teilband 2, 8. Aufl. 2000
Esser/Weyers BT/1 bzw. BT/2	*Esser/Weyers,* Schuldrecht, Band II: Besonderer Teil, Teilband 1, 8. Aufl. 1998; Teilband 2, 8. Aufl. 2000
EStG	Einkommensteuergesetz idF der Bek. v. 19. 10. 2002 (BGBl. I S. 4210)
etc.	et cetera
EU	Europäische Union
EuG	Europäisches Gericht Erster Instanz
EuGH	Gerichtshof der Europäischen Gemeinschaften
EuGHE	Entscheidungen des Gerichtshofes der Europäischen Gemeinschaften
EuGHMR	Europäischer Gerichtshof für Menschenrechte
EuGVÜ	Europäisches Übereinkommen über die gerichtliche Zuständigkeit und die Vollstreckung gerichtlicher Entscheidungen in Zivil- und Handelssachen v. 27. 9. 1968 (BGBl. 1972 II S. 773; 1986 II S. 1020)
EuR	Europarecht (Zeitschrift)
EuroEG	Gesetz zur Einführung des Euro v. 9. 6. 1998 (BGBl. I S. 1242)
EuroVO 1997	Verordnung über bestimmte Vorschriften im Zusammenhang mit der Einführung des Euro (EG-VO 1103/97) v. 19. 6. 1997 (ABl. EG Nr. L 162, S. 1)
EuroVO 1998	Verordnung über die Einführung des Euro v. 7. 7. 1997 (abgedruckt in ABl. EG Nr. C 236 v. 2. 8. 1997, BT-Drucks. 13/7727)
EuZW	Europäische Zeitschrift für Wirtschaftsrecht
EV	Eigentumsvorbehalt
EVertr.	Einigungsvertrag v. 31. 8. 1990 (BGBl. II S. 889)
EVO	Eisenbahn-Verkehrsordnung idF der Bek. v. 20. 4. 1999 (BGBl. I S. 782)
evtl.	eventuell
EVÜ	(Europäisches) Übereinkommen über das auf vertragliche Schuldverhältnisse anzuwendende Recht v. 19. 6. 1980 (BGBl. 1986 II S. 809; 1991 II S. 871)
EWGV	Vertrag zur Gründung der Europäischen Wirtschaftsgemeinschaft v. 25. 3. 1957 (BGBl. II S. 766)
EWiR	Entscheidungen zum Wirtschaftsrecht (Zeitschrift)
EWIV	Europäische wirtschaftliche Interessenvereinigung
EWS	Europäisches Währungssystem
EzA	Entscheidungen zum Arbeitsrecht, hrsg. v. *Stahlhacke* (Nr. ohne Gesetzesstelle bezieht sich auf den gerade kommentierten Paragraphen)
EzFamR	Entscheidungen zum Familienrecht
f., ff.	folgend(e)
FAG	Gesetz über Fernmeldeanlagen idF der Bek. v. 3. 7. 1989 (BGBl. I S. 1455)
FamFG	Gesetz über das Verfahren in Familiensachen und in den Angelegenheiten der freiwilligen Gerichtsbarkeit (Art. 1 des FGG-RG) v. 17. 12. 2008 (BGBl. I S. 2586)

Abkürzungen

FamG	Familiengericht
FamRZ	Ehe und Familie im privaten und öffentlichen Recht, Zeitschrift für das gesamte Familienrecht
Ferid IPR	*Ferid,* Internationales Privatrecht, 3. Aufl. 1986
Ferid/Firsching	*Ferid/Firsching,* Internationales Erbrecht, 7 Bände, 1955 ff. (Loseblattausgabe), 4. Aufl. 1997
FernAbsG	Fernabsatzgesetz v. 27. 6. 2000 (BGBl. I S. 897), aufgehoben
FernAbsRL	Richtlinie 97/7/EG des Europäischen Parlaments und des Rats v. 20. 5. 1997 über den Verbraucherschutz bei Vertragsschlüssen im Fernabsatz, ABl. EG Nr. L 144 S. 19
FernUSG	Gesetz zum Schutz der Teilnehmer am Fernunterricht (Fernunterrichtsschutzgesetz) idF der Bek. v. 4. 12. 2000 (BGBl. I S. 1670)
FG	Festgabe
FGG	Gesetz über die Angelegenheit der freiwilligen Gerichtsbarkeit idF der Bek. v. 20. 5. 1898 (RGBl. S. 369, 771)
FGG-RG	Gesetz zur Reform des Verfahrens in Familiensachen und in den Angelegenheiten der freiwilligen Gerichtsbarkeit (FGG-Reformgesetz) v. 17. 12. 2008 (BGBl. I S. 2586)
FGO	Finanzgerichtsordnung idF der Bek. v. 28. 3. 2001 (BGBl. I S. 442)
FGPrax	Praxis der Freiwilligen Gerichtsbarkeit (Zeitschrift)
Fikentscher/Heinemann	*Fikentscher/Heinemann,* Schuldrecht, 10. Aufl. 2006
FinG	Finanzgericht
Firsching/Graf	*Firsching/Graf,* Nachlaßrecht, 8. Aufl. 2000
Fitting/Kaiser/Heither/ Engels/Schmidt	*Fitting/Kaiser/Heither/Engels/Schmidt,* Betriebsverfassungsgesetz mit Wahlordnung, Handkommentar, 21. Aufl. 2002
FlaggRG	Gesetz über das Flaggenrecht der Seeschiffe und die Flaggenführung der Binnenschiffe (Flaggenrechtsgesetz) idF der Bek. v. 26. 10. 1994 (BGBl. I S. 3140)
FLF	Finanzierung-Leasing-Factoring (Zeitschrift)
Flume	*Flume,* Allgemeiner Teil des Bürgerlichen Rechts, 1. Band, 1. Teil: Die Personengesellschaft, 1977, 1. Band 2. Teil: Die juristische Person, 1983, 2. Band: Das Rechtsgeschäft, 4. Aufl. 1992
FlurbG	Flurbereinigungsgesetz idF der Bek. v. 16. 3. 1976 (BGBl. I S. 546)
Fn.	Fußnote
FNA	Fundstellennachweis A, Beilage zum Bundesgesetzblatt Teil I
FNB	Fundstellennachweis B, Beilage zum Bundesgesetzblatt Teil II
FPR	Familie Partnerschaft Recht (Zeitschrift)
FR	Finanz-Rundschau (Zeitschrift)
FrankfRdsch.	Rundschau. Sammlung von Entscheidungen in Rechts- und Verwaltungssachen aus dem Bezirke des OLG Frankfurt am Main (ab 1914: Frankfurter Rundschau)
franz.	französisch
FRES	Entscheidungssammlung zum gesamten Bereich von Ehe und Familie
FRG	Fremdrentengesetz v. 25. 2. 1960 (BGBl. I S. 93)
FS	Festschrift
FuR	Familie und Recht (Zeitschrift)
FVE	Sammlung fremdenverkehrsrechtlicher Entscheidungen
FWW	Die freie Wohnungswirtschaft (Informationsdienst des Verbandes Freier Wohnungsunternehmen; Zeitschrift)
FZR	Freiwillige Zusatzrentenversicherung der Sozialversicherung
G.	Gesetz
GA	Goltdammer's Archiv für Strafrecht (1953 ff.; vorher: Dt. Strafrecht)
GasGVV	Verordnung über Allgemeine Bedingungen für die Grundversorgung von Haushaltskunden und die Ersatzversorgung mit Gas aus dem Niederdrucknetz (Gasgrundversorgungsverordnung) v. 26. 10. 2006 (BGBl. I S. 2391)

Abkürzungen

GBl.	Gesetzblatt
GBl. DDR	Gesetzblatt Deutsche Demokratische Republik
GBO	Grundbuchordnung idF der Bek. v. 26. 5. 1994 (BGBl. I S. 1114)
GbR	Gesellschaft bürgerlichen Rechts
GebrMG	Gebrauchsmustergesetz idF der Bek. v. 28. 8. 1986 (BGBl. I S. 1455)
Geigel/Bearbeiter	Geigel, Der Haftpflichtprozess, hrsg. v. *Schlegelmilch*, 25. Aufl. 2008
Geiß/Greiner	Geiß/Greiner, Arzthaftpflichtrecht, 4. Aufl. 2001
gem.	gemäß
GemSOBG	Gemeinsamer Senat der obersten Bundesgerichte
GenG	Gesetz betreffend die Erwerbs- und Wirtschaftsgenossenschaften (Genossenschaftsgesetz) idF der Bek. v. 16. 10. 2006 (BGBl. S. 2230)
GenTG	Gesetz zur Regelung der Gentechnik (Gentechnikgesetz) idF der Bek. v. 16. 12. 1993 (BGBl. I S. 2066)
Gernhuber Erfüllung	*Gernhuber*, Die Erfüllung und ihre Surrogate, Handbuch des Schuldrechts, Band 3, 2. Aufl. 1994
Gernhuber Schuldverhältnis	*Gernhuber*, Das Schuldverhältnis, Handbuch des Schuldrechts, Band 8, 1989
Gernhuber/Coester-Waltjen	*Gernhuber/Coester-Waltjen*, Familienrecht, Lehrbuch des Familienrechts, 5. Aufl. 2006
Gerold/Schmidt/Bearbeiter	*Gerold/Schmidt/v. Eicken/Madert*, Rechtsanwaltsvergütungsgesetz, Kommentar, 17. Aufl. 2006
Ges.; ges.	Gesetz; gesetzlich
GeschmMG	Gesetz betreffend das Urheberrecht an Mustern und Modellen (Geschmacksmustergesetz) v. 11. 1. 1876 (RGBl. S. 11)
GesO	Gesamtvollstreckungsordnung idF der Bek. v. 23. 5. 1991 (BGBl. I S. 1185), aufgehoben
GesRZ	Der Gesellschafter (Zeitschrift, 1. 1972 ff.)
GewA	Gewerbe-Archiv (Zeitschrift)
GewO	Gewerbeordnung idF der Bek. v. 22. 2. 1999 (BGBl. I S. 202)
GewStG	Gewerbesteuergesetz idF der Bek. v. 15. 10. 2002 (BGBl. I S. 4167)
GG	Grundgesetz für die Bundesrepublik Deutschland v. 23. 5. 1949 (BGBl. I S. 1)
ggf.	gegebenenfalls
Gierke	*O. v. Gierke*, Deutsches Privatrecht, Band I 1895, Band II 1905, Band III 1917
Gierke SachR	*J. v. Gierke*, Bürgerliches Recht, Sachenrecht, 3. Aufl. 1948
Gierke/Sandrock	*J. v. Gierke/Sandrock*, Handels- und Wirtschaftsrecht, 9. Aufl., 1. Band 1975
Giesen	*Giesen*, BGB Allgemeiner Teil, Rechtsgeschäftslehre, 2. Aufl. 1995
Gitter	*Gitter*, Gebrauchsüberlassungsverträge, Handbuch des Schuldrechts, Band 7, 1988
GK-BetrVG/*Bearbeiter*	Gemeinschaftskommentar zum Betriebsverfassungsgesetz, hrsg. v. *Fabricius/Kraft*, 2 Bände, 7. Aufl. 2002
GKG	Gerichtskostengesetz idF der Bek. v. 5. 5. 2004 (BGBl. I S. 718)
GmbH	Gesellschaft mit beschränkter Haftung
GmbH & Co. (KG)	Gesellschaft mit beschränkter Haftung und Compagnie (Kommanditgesellschaft)
GmbHG	Gesetz betreffend die Gesellschaften mit beschränkter Haftung idF der Bek. v. 20. 5. 1898 (RGBl. S. 369, 846)
GmbHR	GmbH-Rundschau (Zeitschrift)
GMBl.	Gemeinsames Ministerialblatt
GmS-OGB	Gemeinsamer Senat der obersten Gerichte des Bundes
Gnomon	Gnomon, kritische Zeitschrift für die gesamte klassische Altertumswissenschaft
GO	Gemeindeordnung
GOA	Gebührenordnung für Architekten (ersetzt durch HOAI)
GoA	Geschäftsführung ohne Auftrag
GOÄ	Gebührenordnung für Ärzte idF der Bek. v. 9. 2. 1996 (BGBl. I S. 210)

Abkürzungen

Gottwald/Bearbeiter InsolvenzR-HdB	*Gottwald* (Hrsg.), Insolvenzrechts-Handbuch, 3. Aufl. 2006
GP	Gesetzgebungsperiode
GPSG	Gesetz über technische Arbeitsmittel und Verbraucherprodukte (Geräte- und Produktsicherheitsgesetz) v. 6. 1. 2004 (BGBl. I S. 2, ber. S. 219)
Graf v. Westphalen/Bearbeiter	*Graf v. Westphalen* (Hrsg.), Vertragsrecht und AGB-Klauselwerke, Loseblatt-Ausgabe, 2002
Graf v. Westphalen/Bearbeiter	*Graf v. Westphalen* (Hrsg.), Produkthaftungshandbuch, Band 1: Vertragliche und deliktische Haftung, Strafrecht und Produkt-Haftpflichtversicherung, 2. Aufl. 1997, Band 2: Das deutsche Produkthaftungsgesetz, Produktsicherheit, Internationales Privat- und Prozeßrecht, Länderbericht zum Produkthaftungsrecht, 2. Aufl. 1999
Graf v. Westphalen/ Emmerich/v. Rottenburg VerbrKrG	*Graf v. Westphalen/Emmerich/v. Rottenburg*, Verbraucherkreditgesetz, Kommentar, 2. Aufl. 1996
grdlg	grundlegend
grds	grundsätzlich
Grdst-VerkVO	Grundstücksverkehrsverordnung idF der Bek. v. 20. 12. 1993 (BGBl. I S. 2221)
GrdstVG	Gesetz über Maßnahmen zur Verbesserung der Agrarstruktur und zur Sicherung land- und forstwirtschaftlicher Betriebe (Grundstücksverkehrsgesetz) v. 28. 7. 1961 (BGBl. I S. 1091)
GrEStG 1983	Grunderwerbsteuergesetz idF der Bek. v. 26. 2. 1997 (BGBl. I S. 418, 1804)
GrS	Großer Senat
GruchB	siehe Gruchot
Gruchot	Beiträge zur Erläuterung des (bis 15. 1871: Preußischen) Deutschen Rechts, begr. v. *Gruchot* (1. 1857–73. 1933)
GrundE	Das Grundeigentum (Zeitschrift)
Grundmann EG-Schuldvertragsrecht	*Grundmann*, Europäisches Schuldvertragsrecht – das Europäische Recht der Unternehmensgeschäfte (nebst Texten und Materialien zur Rechtsangleichung), 1999 (ZRG-Sonderheft 15)
Grunewald BR	*Grunewald*, Bürgerliches Recht, begr. v. *Gernhuber*, 7. Aufl. 2006
GrünhutsZ	Zeitschrift für das Privat- und öffentliche Recht der Gegenwart, begr. v. *Grünhut*
GRUR	Gewerblicher Rechtsschutz und Urheberrecht (Zeitschrift)
GRUR Ausl	Gewerblicher Rechtsschutz und Urheberrecht, Auslands- und internationaler Teil (Zeitschrift), 1952–1969
GRUR Int	Gewerblicher Rechtsschutz und Urheberrecht, Internationaler Teil (Zeitschrift, 1970 ff.)
GS	Großer Senat
GSZ	Großer Senat in Zivilsachen
GüKG	Güterkraftverkehrsgesetz idF der Bek. v. 22. 6. 1998 (BGBl. I S. 1485)
GVBl	Gesetz- und Verordnungsblatt
GVG	Gerichtsverfassungsgesetz idF der Bek. v. 9. 5. 1975 (BGBl. I S. 1077)
GvKostG	Gesetz über Kosten der Gerichtsvollzieher (Gerichtsvollzieherkostengesetz) v. 19. 4. 2001 (BGBl. I S. 623)
GWB	Gesetz gegen Wettbewerbsbeschränkungen idF der Bek. v. 26. 8. 1998 (BGBl. I S. 2546)
GWW	Gemeinnütziges Wohnungswesen (hrsg. v. Gesamtverband Gemeinnütziger Wohnungsunternehmen; Zeitschrift)
HaagAbk	Haager Abkommen
Habilschr	Habilitationsschrift
Habscheid FG	*Habscheid*, Freiwillige Gerichtsbarkeit, 7. Aufl. 1983

Abkürzungen

Hachenburg/Bearbeiter	Hachenburg, Kommentar zum GmbHG, 8. Aufl. 1992 ff.
HAG	Heimarbeitsgesetz v. 14. 3. 1951 (BGBl. I S. 191)
Halbbd.	Halbband
Halbs.	Halbsatz
Hamb.; hamb.	Hamburg; hamburgisch
HansGZ	Hanseatische Gerichtszeitung
HansOLG	Hanseatisches Oberlandesgericht
HansRGZ	Hanseatische Rechts- und Gerichtszeitschrift
Härting Internetrecht	Harting, Internetrecht, 3. Aufl. 2008
HAuslG	Gesetz über die Rechtsstellung heimatloser Ausländer im Bundesgebiet v. 25. 4. 1951 (BGBl. I S. 269)
HausratsV	Verordnung über die Behandlung der Ehewohnung und des Hausrats (Sechste Durchführungsverordnung zum Ehegesetz) v. 21. 10. 1944 (RGBl. I S. 256)
HaustürWG	Gesetz über den Widerruf von Haustürgeschäften und ähnlichen Geschäften idF der Bek. v. 29. 6. 2000 (BGBl. I S. 955), aufgehoben
HaustürW-RL	EG-Richtlinie betreffend den Verbraucherschutz im Falle von außerhalb von Geschäftsräumen geschlossenen Verträgen v. 20. 12. 1985 (85/577/EWG; ABl. EG Nr. 372, S. 31 v. 31. 12. 1985)
HdB, Hdb.	Handbuch
HdWW	Handwörterbuch der Wirtschaftswissenschaften, Bände 1–10, 1977 ff.
Heck SachenR	Heck, Grundriß des Sachenrechts, Nachdruck der Ausgabe von 1930, 1960
Heck SchuldR	Heck, Grundriß des Schuldrechts, Nachdruck der Ausgabe von 1929, 1974
Hefermehl/Köhler/Bornkamm	Hefermehl, Wettbewerbsrecht, Kommentar, begr. v. Baumbach, bearbeitet v. Köhler/Bornkamm, 26. Aufl. 2008
HeimG	Heimgesetz idF der Bek. v. 5. 11. 2001 (BGBl. I S. 2970)
Heinsius/Horn/Than Komm. DepG	Heinsius/Horn/Than, Depotgesetz, Kommentar, 1975
HeizkostenV	Verordnung über die verbrauchsabhängige Abrechnung der Heiz- und Warmwasserkosten idF der Bek. v. 20. 1. 1989 (BGBl. I S. 115)
Henssler	Henssler, Partnerschaftsgesellschaftsgesetz, Kommentar, 1997
Hess InsO	Hess, InsO mit EGInsO, Kommentar, 1999
Hess.; hess.	Hessen; hessisch
HessRspr.	Hessische Rechtsprechung
Heymann/Bearbeiter	Heymann, Handelsgesetzbuch, 2. Aufl. 1995 ff.
HEZ	Höchstrichterliche Entscheidungen (Entscheidungssammlung)
HEZG	Gesetz zur Neuordnung der Hinterbliebenenrenten sowie zur Anerkennung von Kindererziehungszeiten in der gesetzlichen Rentenversicherung (Hinterbliebenenrenten- und Erziehungszeiten-Gesetz) v. 11. 7. 1985 (BGBl. I S. 1450)
HFR	Höchstrichterliche Finanzrechtsprechung
HGB	Handelsgesetzbuch v. 10. 5. 1897 (RGBl. S. 219)
HintO	Hinterlegungsordnung v. 10. 3. 1937 (RGBl. S. 285)
Hk-BGB/Bearbeiter	Dörner/Ebert/Eckert/Hoeren/Kemper/Saenger/Schulte-Nölke/Schulze/Staudinger, Bürgerliches Gesetzbuch (BGB), Handkommentar, 5. Aufl. 2007
hL	herrschende Lehre
hM	herrschende Meinung
HOAI	Verordnung über die Honorare für Leistungen der Architekten und der Ingenieure (Honorarordnung für Architekten und Ingenieure) idF der Bek. v. 4. 3. 1991 (BGBl. I S. 533)
HöfeO	Höfeordnung idF der Bek. v. 26. 7. 1976 (BGBl. I S. 1933)
HPflG	Haftpflichtgesetz idF der Bek. v. 4. 1. 1978 (BGBl. I S. 145)
HRefG	Gesetz zur Neuregelung des Kaufmanns- und Firmenrechts und zur Änderung anderer handelsrechtlicher und gesellschaftsrechtlicher Vorschriften (Handelsrechtsreformgesetz) v. 22. 6. 1998 (BGBl. I S. 1474)
HRG	Hochschulrahmengesetz idF der Bek. v. 19. 1. 1999 (BGBl. I S. 18)
HRR	Höchstrichterliche Rechtsprechung (Zeitschrift)

Abkürzungen

Hrsg.; hrsg.	Herausgeber; herausgegeben
U. Huber Leistungsstörungen I bzw. II	*U. Huber,* Leistungsstörungen Band I bzw. Band II, Handbuch des Schuldrechts in Einzeldarstellungen, Bände 9 I und II, 1999
Hueck OHG	*A. Hueck,* Das Recht der offenen Handelsgesellschaft, 4. Aufl. 1971
Hueck/Canaris	*Hueck/Canaris,* Das Recht der Wertpapiere, Kommentar, 12. Aufl. 1986
Hüffer	*Hüffer,* Aktiengesetz, 8. Aufl. 2008
HuW	Haus und Wohnung (Zeitschrift)
HWB	Handwörterbuch
HWBdSozW	Handwörterbuch der Sozialwissenschaften (1956 ff.)
HWBRWiss	Handwörterbuch der Rechtswissenschaft, hrsg. v. *Stier-Somlo* und *Elster* (Band u. Seite)
HWG	Gesetz über die Werbung auf dem Gebiete des Heilwesens idF der Bek. v. 19. 10. 1994 (BGBl. I S. 3068)
HwO	Gesetz zur Ordnung des Handwerks (Handwerksordnung) idF der Bek. v. 24. 9. 1998 (BGBl. I S. 3074)
HypBankG	Hypothekenbankgesetz idF der Bek. v. 9. 9. 1998 (BGBl. I S. 2674), aufgehoben
I. E. C. L.	International Encyclopedia of Comparative Law, hrsg. v. *David* u. a., ab 1974
IAEA	International Atomic Energy Agency
ibid.	ibidem
idF der Bek. (v.)	in der Fassung der Bekanntmachung (vom)
idR	in der Regel
idS	in diesem Sinne
iE	im Einzelnen
ieS	im engeren Sinne
IfSG	Gesetz zur Verhütung und Bekämpfung von Infektionskrankheiten beim Menschen (Infektionsschutzgesetz) v. 20. 7. 2000 (BGBl. I S. 1045)
IHK	Industrie- und Handelskammer
II. BV	Verordnung über wohnungswirtschaftliche Berechnungen (Zweite Berechnungsverordnung) idF der Bek. v. 12. 10. 1990 (BGBl. I 2178)
ILO	International Labour Organization
IMF	International Monetary Fund
INF	Information über Steuer und Wirtschaft (Zeitschrift)
insbes.	insbesondere
InsO	Insolvenzordnung v. 5. 10. 1994 (BGBl. I S. 2866)
IntHK	Internationale Handelskammer
IntRDipl.	Internationales Recht und Diplomatie (Zeitschrift)
InVo	Insolvenz und Vollstreckung (Zeitschrift)
InVorG	Gesetz über den Vorrang für Investitionen bei Rückübertragungsansprüchen nach dem Vermögensgesetz (Investitionsvorranggesetz) idF der Bek. v. 4. 8. 1997 (BGBl. I S. 1996)
IPG	Gutachten zum internationalen und ausländischen Privatrecht
IPR	Internationales Privatrecht
IPRax	Praxis des internationalen Privat- und Verfahrensrechts (Zeitschrift, 1. 1981 ff.)
IPRspr.	*Makarov, Gamillscheg, Müller, Dierk, Kropholler,* Die deutsche Rechtsprechung auf dem Gebiet des internationalen Privatrechts, 1952 ff.
iS(d.)	im Sinne (des; der)
iSv.	im Sinne von
iÜ	im Übrigen
iVm.	in Verbindung mit
iwS	im weiteren Sinne
JA	Juristische Arbeitsblätter (Zeitschrift)
Jaeger/Henckel	*Jaeger/Henckel,* Konkursordnung, Kommentar, 9. Aufl. 1977

Abkürzungen

Jansen FGG	FGG, Kommentar, Band I 1969, Band II 1970, Band III 1971 (2. Aufl.)
JArbSchG	Gesetz zum Schutze der arbeitenden Jugend (Jugendarbeitsschutzgesetz) v. 12. 4. 1976 (BGBl. I S. 965)
Jauernig/Bearbeiter	*Jauernig,* Bürgerliches Gesetzbuch, Kommentar, 12. Aufl. 2007
Jb.	Jahrbuch
JBeitrO	Justizbeitreibungsordnung v. 11. 3. 1937 (RGBl. I S. 298)
JbIntR	Jahrbuch des internationalen Rechts
JBl.	Juristische Blätter (österreichische Zeitschrift)
JBlSaar	Justizblatt des Saarlandes
JbOstR	Jahrbuch für Ostrecht
JbPraxSchG	Jahrbuch für die Praxis der Schiedsgerichtsbarkeit
JFG	Jahrbuch für Entscheidungen in Angelegenheiten der freiwilligen Gerichtsbarkeit und des Grundbuchrechts, begründet von *Ring* (1. 1924–23. 1943)
Jg.	Jahrgang
JGG	Jugendgerichtsgesetz idF der Bek. v. 11. 12. 1974 (BGBl. I S. 3427)
Jh.	Jahrhundert
JherJb.	*Jherings* Jahrbuch für die Dogmatik des bürgerlichen Rechts (Zeitschrift, Band u. Seite)
JM	Justizministerium
JMBl.	Justizministerialblatt
JöR	Jahrbuch des öffentlichen Rechts der Gegenwart
JR	Juristische Rundschau (Zeitschrift)
JRfPrV	Juristische Rundschau für die Privatversicherung (Zeitschrift)
JuMiG	Justizmitteilungsgesetz und Gesetz zur Änderung kostenrechtlicher Vorschriften und anderer Gesetze v. 18. 6. 1997 (BGBl. I S. 1430)
Jura	Juristische Ausbildung (Zeitschrift)
JurA	Juristische Analysen (Zeitschrift)
JurBüro	Das juristische Büro (Zeitschrift)
jurisPK/*Bearbeiter*	juris Praxiskommentar BGB, hrsg. v. *Herberger/Martinek/Weth* 3. Aufl. 2006/2007
JurJb.	Juristen-Jahrbuch
JuS	Juristische Schulung (Zeitschrift)
Justiz	Die Justiz (Zeitschrift)
JVEG	Gesetz über die Vergütung von Sachverständigen, Dolmetscherinnen, Dolmetschern, Übersetzerinnen und Übersetzern sowie die Entschädigung von ehrenamtlichen Richterinnen, ehrenamtlichen Richtern, Zeuginnen, Zeugen und Dritten (Justizvergütungs- und -entschädigungsgesetz) v. 5. 5. 2004 (BGBl. I S. 718)
JVBl.	Justizverwaltungsblatt (Zeitschrift)
JW	Juristische Wochenschrift (Zeitschrift)
JZ	Juristenzeitung (Zeitschrift)
JZ-GD	Juristenzeitung Gesetzgebungsdienst (monatliche Beilage der Juristenzeitung über die Bundesgesetzgebung)
KAGG	Gesetz über Kapitalanlagegesellschaften idF der Bek. v. 9. 9. 1998 (BGBl. I S. 2726), aufgehoben
Kant.G	Kantonsgericht
Kap.	Kapital; Kapitel
Kapp/Ebeling	*Kapp/Ebeling,* Erbschaftsteuer- und Schenkungsteuergesetz, Kommentar, Loseblatt, Stand 2008
Kegel/Schurig IPR	*Kegel/Schurig,* Internationales Privatrecht, 9. Aufl. 2004
KEHE/*Bearbeiter*	*Kuntze/Ertl/Herrmann/Eickmann,* Grundbuchrecht, Kommentar, 6. Aufl. 2006
Keidel/Kuntze/Winkler	*Kuntze/Winkler* (Hrsg.), Freiwillige Gerichtsbarkeit, Kommentar, begr. von *Keidel,* 15. Aufl. 2003
Kfz.	Kraftfahrzeug
KG	Kammergericht (Berlin); Kommanditgesellschaft

Abkürzungen

KGaA	Kommanditgesellschaft auf Aktien
KGBl.	Blätter für Rechtspflege im Bereich des Kammergerichts in Sachen der freiwilligen Gerichtsbarkeit in Kosten-, Stempel- und Strafsachen (Zeitschrift)
KGJ	Jahrbuch für Entscheidungen des Kammergerichts in Sachen der freiwilligen Gerichtsbarkeit, in Kosten-, Stempel- und Strafsachen (bis 19. 1899: in Sachen der nichtstreitigen Gerichtsbarkeit), 1. 1881–53. 1922
Kilger/K. Schmidt	*Kilger/K. Schmidt,* Insolvenzgesetze, 17. Aufl. 1997
Kind-Prax	Kindschaftsrechtliche Praxis (Zeitschrift)
Kipp/Coing	siehe *Enneccerus/Coing*
Kissel/Mayer	*Kissel/Herbert Mayer,* Gerichtsverfassungsgesetz, Kommentar, 5. Aufl. 2008
KK-StPO/*Bearbeiter*	Karlsruher Kommentar zur Strafprozeßordnung und zum Gerichtsverfassungsgesetz mit Einführungsgesetz, 4. Aufl. 1999
Kleine-Möller/Merl/ Oelmaier	*Kleine-Möller/Merl/Oelmaier,* Handbuch des privaten Baurechts, 2. Aufl. 1997
KO	Konkursordnung idF der Bek. v. 20. 5. 1898 (RGBl. S. 369, 612), aufgehoben
Köhler	*Köhler,* BGB Allgemeiner Teil, 32. Aufl. 2008
Koller/Roth/Morck	*Koller/Roth/Morck,* Handelsgesetzbuch, Kommentar, 6. Aufl. 2007
Bearbeiter in Kölner Komm. AktG	Kölner Kommentar zum Aktiengesetz, hrsg. v. *Zöllner,* 2. Aufl. 1987 ff.
KölnZfSoz	Kölner Zeitschrift für Soziologie und Sozialpsychologie
Kom.end.	Kommission, endgültig
Kombinats-VO	Verordnung über die volkseigenen Kombinate, Kombinatsbetriebe und volkseigenen Betriebe v. 8. 11. 1979 (GBl. I S. 355)
Komm.	Kommentar
KommBer.	Reichstagskommission über den Entwurf eines Bürgerlichen Gesetzbuchs und Einführungsgesetzes
KonsG	Gesetz über die Konsularbeamten, ihre Aufgaben und Befugnisse (Konsulargesetz) v. 11. 9. 1974 (BGBl. I S. 2317)
Konv.	Konvention
Korintenberg/Lappe/Bengel/ Reimann	*Korintenberg/Lappe/Bengel/Reimann,* Kostenordnung, Kommentar, 17. Aufl. 2008
KostO	Gesetz über die Kosten in Angelegenheiten der freiwilligen Gerichtsbarkeit (Kostenordnung) idF der Bek. v. 26. 7. 1957 (BGBl. I S. 861, 960)
Kötz/Wagner	*Kötz/Wagner,* Deliktsrecht, 10. Aufl. 2006
KR	Kontrollrat
KreisG/KrG	Kreisgericht
Kress	*Kress,* Lehrbuch des Allgemeinen Schuldrechts, unveränderter Neudruck der Ausgabe München 1929; mit einer Einführung versehen und herausgegeben von *Weitnauer* und *Ehmann,* 1974
KRG	Kontrollratsgesetz
krit.	kritisch
KritJ	Kritische Justiz (Zeitschrift)
KrVjschr.	Kritische Vierteljahrsschrift für Gesetzgebung und Rechtswissenschaft
KSchG	Kündigungsschutzgesetz idF der Bek. v. 25. 8. 1969 (BGBl. I S. 1317)
KStG	Körperschaftssteuergesetz idF der Bek. v. 15. 10. 2002 (BGBl. I S. 4144)
KSÜ	Haager Übereinkommen vom 19. 10. 1996 über die Zuständigkeit, das anwendbare Recht, die Anerkennung, Vollstreckung und Zusammenarbeit auf dem Gebiet der elterlichen Verantwortung und der Maßnahmen zum Schutze von Kindern (RabelsZ 1998, 502)
KTS	Zeitschrift für Konkurs-, Treuhand- und Schiedsgerichtswesen
Kübler/Prütting/Bearbeiter	*Kübler/Prütting,* Insolvenzordnung, Kommentar, Loseblatt, Stand 2008
KUG	Gesetz betreffend das Urheberrecht an Werken der bildenden Künste und der Photographie v. 9. 1. 1907 (RGBl. 7), aufgehoben durch § 141 Nr. 5

Abkürzungen

	des Urheberrechtsgesetzes v. 9. 9. 1965 (BGBl. I S. 1273), soweit es nicht den Schutz v. Bildnissen betrifft
Kuhn/Uhlenbruck	*Kuhn/Uhlenbruck,* Konkursordnung, Kommentar, 11. Aufl. 1994 (siehe Uhlenbruck)
Küppersbusch	*Küppersbusch,* Ersatzansprüche bei Personenschaden, begr. v. *Wussow,* 9. Aufl. 2006
KVO	Kraftverkehrsordnung für den Güterfernverkehr mit Kraftfahrzeugen (Beförderungsbedingungen) idF der Bek. v. 23. 12. 1958 (BAnz. 31. 12. 1958 Nr. 249)
KWG	Gesetz über das Kreditwesen idF der Bek. v. 9. 9. 1998 (BGBl. I S. 2776)
L	Landes-
LAG	Landesarbeitsgericht (mit Ortsnamen); Gesetz über den Lastenausgleich (Lastenausgleichsgesetz) idF der Bek. v. 2. 6. 1993 (BGBl. I S. 845); Landwirtschaftsanpassungsgesetz v. 3. 7. 1991 (BGBl. I S. 1418)
Lange	*Lange,* Schadensersatz, Handbuch des Schuldrechts, Band 1, 2. Aufl. 1990
Larenz I	*Larenz,* Lehrbuch des Schuldrechts, Band I Allgemeiner Teil, 14. Aufl. 1987
Larenz II/1	*Larenz,* Lehrbuch des Schuldrechts, Band II/1 Besonderer Teil/ 1. Halbband, 13. Aufl. 1986
Larenz Methodenlehre	*Larenz,* Methodenlehre der Rechtswissenschaft, 6. Aufl. 1991
Larenz/Canaris II/2	*Larenz/Canaris,* Lehrbuch des Schuldrechts, Band II/2 Besonderer Teil/ 2. Halbband, 13. Aufl. 1994
Larenz/Wolf AT	*Larenz/M. Wolf,* Allgemeiner Teil des deutschen Bürgerlichen Rechts, 9. Aufl. 2004
Laufs/Uhlenbruck	*Laufs/Uhlenbruck,* Handbuch des Arztrechts, 3. Aufl. 2002
Lenz EG-Handbuch	*Lenz,* EG-Handbuch, Recht im Binnenmarkt, 2. Aufl. 1994
Lewald	*Lewald,* Das deutsche internationale Privatrecht, 1931
LG	Landgericht (mit Ortsnamen)
LGZ	(österreichisches) Landgericht für Zivilrechtssachen
Lit.	Literatur
lit.	litera
LK/*Bearbeiter*	Strafgesetzbuch – Leipziger Kommentar, hrsg. v. *Jähnke, Laufhütte* und *Odersky,* 11. Aufl. 1992 ff.
LKV	Landes- und Kommunalverwaltung (Zeitschrift)
LKV	Landes- und Kommunalverwaltung (Zeitschrift)
LM	*Lindenmaier/Möhring,* Nachschlagewerk des Bundesgerichtshofs (Nr. ohne Gesetzesstelle bezieht sich auf den gerade kommentierten Paragraphen)
Looschelders SchR AT/BT	*Looschelders,* Schuldrecht Allgemeiner Teil, 6. Aufl. 2008; Besonderer Teil, 2. Aufl. 2008
Lorenz/Riehm Lehrbuch	*St. Lorenz/Th. Riehm,* Lehrbuch zum neuen Schuldrecht, 2002
LöV	Löschungsvormerkung
Löwe/v. Westphalen/ Trinkner	*Löwe/Graf v. Westphalen/Trinkner,* Großkommentar zum AGB-Gesetz, 2. Aufl., Band 1 (1985), Band 2 (1983), Band 3 (1985)
LPachtVG	Gesetz über die Anzeige und Beanstandung von Landpachtverträgen (Landpachtverkehrsgesetz) v. 8. 11. 1985 (BGBl. I S. 2075)
LPartG	Gesetz zur Beendigung der Diskriminierung gleichgeschlechtlicher Gemeinschaften: Lebenspartnerschaften v. 16. 2. 2001 (BGBl. I S. 266)
LPersVG	Landespersonalvertretungsgesetz
LS	Leitsatz
LSG	Landessozialgericht (mit Ortsnamen)
LuftfzRG	Gesetz über Rechte an Luftfahrzeugen (LuftRG) v. 26. 2. 1959 (BGBl. I S. 57, 223)
LuftVG	Luftverkehrsgesetz idF der Bek. v. 27. 3. 1999 (BGBl. I S. 550)
LugÜ	Lugano Übereinkommen vom 16. 9. 1988 über die gerichtliche Zuständigkeit und die Vollstreckung gerichtlicher Entscheidungen in Zivil- und Handelssachen (BGBl. 1994 II S. 2660)

Abkürzungen

LVA	Landesversicherungsanstalt
LwG	Landwirtschaftsgericht
LwVG	Gesetz über das gerichtliche Verfahren in Landwirtschaftssachen vom 21. 7. 1953 (BGBl. I S. 667)
LZ	Leipziger Zeitschrift für Deutsches Recht
m. abl. Anm.	mit ablehnender Anmerkung
m. Änd.	mit Änderung(en)
mwN	mit weiteren Nachweisen
MA	Der Markenartikel (Zeitschrift, 1. 1934–11. 1944; 12. 1950 ff.)
MaBV	Verordnung über die Pflichten der Makler, Darlehens- und Anlagenvermittler, Bauträger und Baubetreuer (Makler- und Bauträgerverordnung) idF der Bek. v. 7. 11. 1990 (BGBl. I S. 2479)
MarkenG	Gesetz über den Schutz von Marken und sonstigen Kennzeichen (Markengesetz) v. 25. 10. 1994 (BGBl. I S. 3082)
Maunz/Dürig/Bearbeiter	*Maunz/Dürig*, Grundgesetz, Loseblatt-Kommentar, Stand 2008
MB/KK	Musterbedingungen des Verbandes der privaten Krankenversicherung für die Krankheitskosten- und Krankenhaustagegeldversicherung
MB/KT	Musterbedingungen des Verbandes der privaten Krankenversicherung für die Krankentagegeldversicherung
MBl.	Ministerialblatt
MDR	Monatsschrift für Deutsches Recht (Zeitschrift)
MDStV	Mediendienstestaatsvertrag der Länder
mE	meines Erachtens
MecklZ	Mecklenburgische Zeitschrift für Rechtspflege, Rechtswissenschaft, Verwaltung (Band u. Seite)
Medicus AT	*Medicus,* Allgemeiner Teil des BGB, 9. Aufl. 2006
Medicus BR	*Medicus,* Bürgerliches Recht, 21. Aufl. 2007
Medicus SchR I	*Medicus,* Schuldrecht I, Allgemeiner Teil, 17. Aufl. 2006
Medicus SchR II	*Medicus,* Schuldrecht II, Besonderer Teil, 14. Aufl. 2007
MedR	Medizinrecht (Zeitschrift 1. 1983 ff.)
Meikel	*Meikel*, Grundbuchrecht, Kommentar zur Grundbuchordnung, bearbeitet von *Böhringer, Lichtenberger, Simmerding* u. a., 9. Aufl. 2004
Bearbeiter in: M/W/H/L/W	*Meilicke/Graf v. Westphalen/Hoffmann/Lenz/Wolff,* Partnerschaftsgesellschaftsgesetz, Kommentar, 2. Aufl. 2006
Meyer-Goßner	*Meyer-Goßner,* Strafprozessordnung, Kommentar, früher bearb. v. *Kleinknecht,* 51. Aufl. 2008
MHbeG	Gesetz zur Beschränkung der Haftung Minderjähriger (Minderjährigenhaftungsbeschränkungsgesetz) v. 25. 8. 1998 (BGBl. I S. 2487)
Michalski/Bearbeiter	*Michalski* (Hrsg.), GmbH-Gesetz, Kommentar, Band 1: §§ 1–34, Band 2: §§ 35–86, 2002
Mio.	Million(en)
MitbestG	Gesetz über die Mitbestimmung der Arbeitnehmer (Mitbestimmungsgesetz) v. 4. 5. 1976 (BGBl. I S. 1153)
Mitt.	Mitteilung(en)
Mitt. AGJ	Mitteilungen der Arbeitsgemeinschaft für Jugendhilfe (Zeitschrift)
MittBayNot.	Mitteilungen des Bayerischen Notarvereins (Zeitschrift)
MittBl. Königsteiner Kreis	Mitteilungsblatt des Königsteiner Kreises
MittBlBLJA	Mitteilungsblatt des Bayerischen Landesjugendamtes
MittHV	Mitteilungen des Hochschulverbandes
MittPat.	Mitteilungen der deutschen Patentanwälte (Zeitschrift)
MittRhNotK	Mitteilungen der Rheinischen Notarkammer (Zeitschrift)
MiZi	Allgemeine Verfügung über Mitteilungen in Zivilsachen v. 1. 10. 1967 (BAnz. Nr. 218)
MMR	Multi-Media und Recht (Zeitschrift)
MMV	Mustermietvertrag
mon.	monatlich

Abkürzungen

Montan-MitbestErgG	Gesetz zur Ergänzung des Gesetzes über die Mitbestimmung der Arbeitnehmer in den Aufsichtsräten und Vorständen des Bergbaus und der Eisen und Stahl erzeugenden Industrie v. 7. 8. 1956 (BGBl. I S. 707)
Montan-MitbestG	Gesetz über die Mitbestimmung der Arbeitnehmer in den Aufsichtsräten und Vorständen der Unternehmen des Bergbaus und der Eisen und Stahl erzeugenden Industrie v. 21. 5. 1951 (BGBl. I S. 347)
MoMiG	Gesetz zur Modernisierung des GmbH-Rechts und zur Bekämpfung von Missbräuchen v. 23. 10. 2008 (BGBl. I S. 2026)
Mot. I–V	Motive zu dem Entwurf eines Bürgerlichen Gesetzbuches für das Deutsche Reich (Band I Allgemeiner Teil; Band II Recht der Schuldverhältnisse; Band III Sachenrecht; Band IV Familienrecht; Band V Erbrecht)
MRG	Gesetz der Militärregierung
MRK	Konvention zum Schutze der Menschenrechte und Grundfreiheiten v. 4. 11. 1950 (Gesetz v. 7. 8. 1952, BGBl. II S. 685)
MRS	Mietrechtssammlung, Rechtsprechung des BVerfG, des BGH, des BayObLG, des Kammergerichts und der OLGe zum Mietrecht, hrsg. v. *Otto*, 1980 ff.
MSA	Übereinkommen über die Zuständigkeit und das anzuwendende Recht auf dem Gebiet des Schutzes von Minderjährigen (Haager Minderjährigenschutzabkommen) v. 5. 10. 1961 (BGBl. 1971 II S. 217)
MTV	Manteltarifvertrag
MuA	Mensch und Arbeit (Zeitschrift)
Mugdan	Die gesamten Materialien zum Bürgerlichen Gesetzbuch für das deutsche Reich, hrsg. v. *Mugdan*, Band I–V, 1899
MünchArbR/*Bearbeiter*	Münchener Handbuch zum Arbeitsrecht, hrsg. v. *Richardi/Wlotzke*, 3 Bände, 2. Aufl. 2000
MünchHdbGesR I (bzw. II–IV)/*Bearbeiter*	Münchener Handbuch zum Gesellschaftsrecht, 2. Aufl. 2003 ff.; 3. Aufl. 2007 ff.
MünchKommAktG/*Bearbeiter*	Münchener Kommentar zum Aktiengesetz, hrsg. v. *Kropff/Semler*, 2. Aufl. des *Geßler/Hefermehl*, 2000 ff.; 3. Aufl. hrsg. v. *Goettte/Habersack*, 2008 ff.
MünchKommHGB/*Bearbeiter*	Münchener Kommentar zum Handelsgesetzbuch, Bd. 1–6 hrsg. v. *K. Schmidt*, 1. Aufl. 1996 ff.; 2. Aufl.: Bd. 1 2005, Bd. 2 2006, Bd. 3 2007
MünchKommInsO/*Bearbeiter*	Münchener Kommentar zur Insolvenzordnung, hrsg. v. *Kirchhof/Lwowski/Stürner*, 2. Aufl. 2008
MünchKommZPO/*Bearbeiter*	Münchener Kommentar zur Zivilprozessordnung, hrsg. v. *Rauscher/Wax/Wenzel*, 3. Aufl. 2007 f.
MuSchG	Gesetz zum Schutz der erwerbstätigen Mutter (Mutterschutzgesetz) idF der Bek. v. 20. 6. 2002 (BGBl. I S. 2318)
Musielak/*Bearbeiter*	*Musielak*, Zivilprozessordnung, Kommentar, 6. Aufl. 2008
MuW	Markenschutz und Wettbewerb (Zeitschrift)
nachf.	nachfolgend
NachhBG	Gesetz zur zeitlichen Begrenzung der Nachhaftung von Gesellschaften (Nachhaftungsbegrenzungsgesetz) v. 18. 3. 1994 (BGBl. I S. 560)
Nachw.	Nachweis, Nachweise
Nbl.	Nachrichtenblatt
NblLVABa.	Nachrichtenblatt, Zeitschrift der Landesversicherungsanstalt Baden
NDBZ	Neue Deutsche Beamtenzeitung (Zeitschrift)
Nds.; nds.	Niedersachsen; niedersächsisch
NdsRpfl.	Niedersächsische Rechtspflege (Zeitschrift)
NEhelG	Gesetz über die rechtliche Stellung der nichtehelichen Kinder v. 19. 8. 1969 (BGBl. I S. 1243)

Abkürzungen

Nerlich/Römermann/ Bearbeiter	*Nerlich/Römermann*, Insolvenzordnung, Kommentar, Loseblatt, 2008
NF	Neue Folge
nF	neue Fassung
NJ	Neue Justiz (Zeitschrift)
NJW	Neue Juristische Wochenschrift (Zeitschrift)
NJW-FER	NJW-Entscheidungsdienst Familien- und Erbrecht (Zeitschrift, vereinigt mit FPR ab 2002)
NJW-MietR	NJW-Entscheidungsdienst Miet- und Wohnungsrecht (Zeitschrift)
NJW-RR	NJW-Rechtsprechungs-Report, Zivilrecht (Zeitschrift)
NJW-VHR	NJW-Entscheidungsdienst Versicherungs- und Haftungsrecht (Zeitschrift)
NJW-WettbR	NJW-Entscheidungsdienst Wettbewerbsrecht (Zeitschrift)
NMV	Verordnung über die Ermittlung der zulässigen Miete für preisgebundene Wohnungen (Neubaumietenverordnung 1970) idF der Bek. v. 12. 10. 1990 (BGBl. I S. 2203)
norddt.	norddeutsch
Nörr/Scheyhing/Pöggeler	*Nörr/Scheyhing*, Sukzessionen, Handbuch des Schuldrechts, Band 2, 2. Aufl. 1999
Nr.	Nummer(n)
NRW	Nordrhein-Westfalen
NStZ	Neue Zeitschrift für Strafrecht
NStZ-RR	NStZ-Rechtsprechungs-Report Strafrecht (Zeitschrift)
NuR	Natur und Recht (Zeitschrift)
NutzRG	Gesetz über die Verleihung von Nutzungsrechten an volkseigenen Grundstücken v. 14. 12. 1970 (GBl. I S. 372)
NVersZ	Neue Zeitschrift für Versicherung und Recht
NVwZ	Neue Zeitschrift für Verwaltungsrecht
NVwZ-RR	Rechtsprechungs-Report Verwaltungsrecht (Zeitschrift)
NWB	Neue Wirtschaftsbriefe (Loseblatt-Sammlung)
NZA	Neue Zeitschrift für Arbeits- und Sozialrecht
NZA-RR	NZA-Rechtsprechungs-Report Arbeitsrecht
NZBau	Neue Zeitschrift für Baurecht und Vergaberecht
NZG	Neue Zeitschrift für Gesellschaftsrecht
NZI	Neue Zeitschrift für Insolvenz und Sanierung
NZM	Neue Zeitschrift für Mietrecht
NZS	Neue Zeitschrift für Sozialrecht
NZV	Neue Zeitschrift für Verkehrsrecht
o.	oben
o. a.	oben angegeben
o. Ä.	oder Ähnliches
ObG	Obergericht
OECD	Organization of Economic Cooperation and Development
Oertmann	*Oertmann*, Kommentar zum Bürgerlichen Gesetzbuch und seinen Nebengesetzen, Band I Allgemeiner Teil, 3. Aufl. 1927, Band II Recht der Schuldverhältnisse, 5. Aufl. 1928/29, Band III Sachenrecht, 3. Aufl. 1914, Band IV Familienrecht, 1906, Band V Erbrecht, 2. Aufl. 1912
Oetker/Maultzsch	*Oetker/Maultzsch*, Vertragliche Schuldverhältnisse, 3. Aufl. 2007
OG	Oberstes Gericht (der ehem. DDR)
OGH	Oberster Gerichtshof (Österreich)
OGH-BrZ	Oberster Gerichtshof für die Britische Zone
OGHSt.	Entscheidungen des Obersten Gerichtshofes für die Britische Zone in Strafsachen (Band u. Seite)
OGHZ	Entscheidungen des Obersten Gerichtshofes für die Britische Zone in Zivilsachen (Band u. Seite)
OHG	offene Handelsgesellschaft
oJ.	ohne Jahrgang
ÖJZ	Österreichische Juristenzeitung (Zeitschrift)

Abkürzungen

OLG	Oberlandesgericht
OLGE	siehe OLGRspr.
OLG-NL	OLG-Rechtsprechung Neue Länder (Zeitschrift)
OLGR	OLG-Report
OLGRspr.	Die Rechtsprechung der Oberlandesgerichte auf dem Gebiete des Zivilrechts, hrsg. v. *Mugdan* und *Falkmann* (1. 1900–46. 1928; aufgegangen in HRR)
OLGZ	Rechtsprechung der Oberlandesgerichte in Zivilsachen, Amtliche Entscheidungssammlung
OlSchVO	Verordnung über Orderlagerscheine v. 16. 12. 1931 (RGBl. I S. 763, 1932 I S. 424)
ÖNotZ	Österreichische Notariats-Zeitung
OR	Schweizerisches Obligationsrecht
ORDO	ORDO, Jahrbuch für die Ordnung von Wirtschaft und Gesellschaft
österr.	österreichisch
oV	ohne Verfasser
OVG	Oberverwaltungsgericht
OWiG	Gesetz über Ordnungswidrigkeiten idF der Bek. v. 19. 2. 1987 (BGBl. I S. 602)
ÖZöffR	Österreichische Zeitschrift für öffentliches Recht (zitiert nach Band und Seite)
Palandt/Bearbeiter	*Palandt,* Bürgerliches Gesetzbuch, Kommentar, 67. Aufl. 2008
PAngV	Preisangabenverordnung idF der Bek. v. 18. 10. 2002 (BGBl. I S. 4197)
PaPkG	Preisangaben- und Preisklauselgesetz v. 3. 12. 1984 (BGBl. I S. 1429)
ParteiG	Gesetz über die politischen Parteien (Parteiengesetz) idF der Bek. v. 31. 1. 1994 (BGBl. I S. 150)
PartG	Partnerschaftsgesellschaft
PartGG	Gesetz über Partnerschaftsgesellschaften Angehöriger Freier Berufe (Partnerschaftsgesellschaftsgesetz) v. 25. 7. 1994 (BGBl. I S. 1744)
PatAO	Patentanwaltsordnung
PatG	Patentgesetz idF der Bek. v. 16. 12. 1980 (BGBl. 1981 I S. 1)
PBefG	Personenbeförderungsgesetz idF der Bek. v. 8. 8. 1990 (BGBl. I S. 1690)
PersV	Die Personalvertretung (Zeitschrift)
PfandBG	Pfandbriefgesetz v. 22. 5. 2005 (BGBl. I S. 1373)
PfandlVO	Verordnung über den Geschäftsbetrieb der gewerblichen Pfandleiher (Pfandleiherverordnung) idF der Bek. v. 1. 6. 1976 (BGBl. I S. 1334)
PflegeVG	Gesetz zur sozialen Absicherung des Risikos der Pflegebedürftigkeit (Pflege-Versicherungsgesetz) v. 26. 5. 1994 (BGBl. I S. 1014)
PflVersG	Gesetz über die Pflichtversicherung für Kraftfahrzeughalter (Pflichtversicherungsgesetz) idF der Bek. v. 5. 4. 1965 (BGBl. I S. 213)
Pikart/Henn	*Pikart/Henn,* Lehrbuch der freiwilligen Gerichtsbarkeit, 1963
Planck/Bearbeiter	*Plancks* Kommentar zum BGB nebst Einführungsgesetz, 5 Bände, Band 4/2, 6: 3. Aufl. 1905/06; Band 1, 2, 4/1, 5: 4. Aufl. 1913–30; Band 3: 5. Aufl. 1933–38
PostG	Postgesetz idF der Bek. v. 22. 12. 1997 (BGBl. I S. 3294)
Pr.; pr.	Preußen; preußisch
PresseG	Pressegesetz (Landesrecht)
ProdHaftG	Gesetz über die Haftung für fehlerhafte Produkte (Produkthaftungsgesetz) v. 15. 12. 1989 (BGBl. I S. 2198)
Prölss/Martin/Bearbeiter	*Prölss/Martin,* VVG, Kommentar, 27. Aufl. 2004
ProstG	Gesetz zur Regelung der Rechtsverhältnisse der Prostituierten (Prostitutionsgesetz) v. 20. 12. 2001 (BGBl. I S. 3983)
Prot. I–VI	Protokolle der Kommission für die zweite Lesung des Entwurfs des BGB (Bände I und IV 1897; Band II 1898; Band III, V und VI 1899)
ProtRA	Protokolle des Rechtsausschusses
PrOVG	Preußisches Oberverwaltungsgericht
Prütting	*Prütting,* Sachenrecht, 33. Aufl. 2008

Abkürzungen

PStG	Personenstandsgesetz idF der Bek. v. 8. 8. 1957 (BGBl. I S. 1125)
PStV	Verordnung zur Ausführung des Personenstandsgesetzes v. 25. 2. 1977 (BGBl. I S. 377)
PSVaG	Pensionssicherungsverein auf Gegenseitigkeit
PucheltsZ	Zeitschrift für französisches Zivilrecht
PVÜ	Pariser Verbandsübereinkunft zum Schutz des gewerblichen Eigentums vom 20. 3. 1983, revidiert in Stockholm am 14. 7. 1967 (BGBl. 1970 II S. 293, 391, 1073; 1971 II S. 1015)
pVV	positive Vertragsverletzung
PWW/*Bearbeiter*	*Prütting/Wegen/Weinreich,* Bürgerliches Gesetzbuch, Kommentar, 3. Aufl. 2008
r+s	Recht und Schaden (Zeitschrift)
RA	Rechtsausschuss
Rabel	*Rabel,* The Conflict of Laws, I 2. Aufl. 1958, II 2. Aufl. 1960, III 2. Aufl. 1964, IV 1. Aufl. 1958
RabelsZ	Zeitschrift für ausländisches und internationales Privatrecht (Band u. Seite)
RabG	Gesetz über Preisnachlässe (Rabattgesetz) v. 25. 11. 1933 (RGBl. S. 1011), aufgehoben
RAG	Reichsarbeitsgericht, zugleich amtliche Sammlung der Entscheidungen (Band u. Seite); siehe auch RAnwG DDR
RAnwG DDR	Gesetz über die Anwendung des Rechts auf internationale zivil-, familien- und arbeitsrechtliche Beziehungen sowie auf internationale Wirtschaftsverträge (Rechtsanwendungsgesetz DDR) v. 5. 12. 1975 (GBl. DDR I S. 748)
RAnz.	Deutscher Reichs-Anzeiger
RAV	Rentenanpassungsverordnung
RBerG	Rechtsberatungsgesetz v. 13. 12. 1935 (RGBl. S. 1478), aufgehoben
RbfDJugArch	Rundbrief des Deutschen Jugendarchivs
RDG	Gesetz über außergerichtliche Rechtsdienstleistungen (Rechtsdienstleistungsgesetz) v. 12. 12. 2007 (BGBl. I S. 2840)
RdA	Recht der Arbeit (Zeitschrift)
RdErl.	Runderlass
RdJ	Recht der Jugend (Zeitschrift)
RdJB	Recht der Jugend und des Bildungswesens (Zeitschrift)
RdK	Das Recht des Kraftfahrers (Zeitschrift, ab 1952: Deutsches Autorecht)
RdL	Recht der Landwirtschaft (Zeitschrift)
RdNr.	Randnummer(n)
RdSchr.	Rundschreiben
RE	Rechtsentscheid
Recht	Das Recht (Zeitschrift)
Rechtstheorie	Rechtstheorie (Zeitschrift)
RefE	Referentenentwurf
Reg.	Regierung
RegBez.	Regierungsbezirk
RegBl.	Regierungsblatt
RegE	Regierungsentwurf
RegVBG	Gesetz zur Vereinfachung und Beschleunigung registerrechtlicher und anderer Verfahren (Registerverfahrensbeschleunigungsgesetz) v. 20. 12. 1993 (BGBl. I S. 2182)
Reinicke/Tiedtke KaufR	*Reinicke/Tiedtke,* Kaufrecht, 8. Aufl. 2008
Reinicke/Tiedtke BürgschaftsR	*Reinicke/Tiedtke,* Bürgschaftsrecht, 3. Aufl. 2008
Reinicke/Tiedtke Kreditsicherung	*Reinicke/Tiedtke,* Kreditsicherung, 5. Aufl. 2006
Reithmann/Martiny/Bearbeiter	*Reithmann/Martiny,* Internationales Vertragsrecht, 6. Aufl. 2004

Abkürzungen

RelKErzG	Gesetz über die religiöse Kindererziehung v. 15. 7. 1921 (RGBl. 939)
REMiet.	Rechtsentscheide Mietrecht *(Thieler, Frantzioch, Uetzmann)*
RES	Sammlung der Rechtsentscheide in Wohnraummietsachen, hrsg. v. *Landfermann, Herde,* Band I Entscheidungen 1980/1981, Band II Entscheidungen 1982, Band III Entscheidungen 1983, Band IV Entscheidungen 1984, Band V Entscheidungen 1985, Band VI Entscheidungen 1986/1987
Reuter/Martinek	*Reuter/Martinek,* Ungerechtfertigte Bereicherung, Handbuch des Schuldrechts, Band 4, 1983
RFH	Reichsfinanzhof, zugleich amtliche Sammlung der Entscheidungen (Band u. Seite)
RG	Reichsgericht
RGBl.	Reichsgesetzblatt
RG-Praxis	Die Reichsgerichtspraxis im deutschen Rechtsleben
RGRK/*Bearbeiter*	Das Bürgerliche Gesetzbuch mit besonderer Berücksichtigung der Rechtsprechung des Bundesgerichtshofs, Kommentar, hrsg. v. Mitgliedern des Bundesgerichtshofs, 12. Aufl. 1974 ff.
RGSt.	Amtliche Sammlung von Entscheidungen des Reichsgerichts in Strafsachen
RGZ	Amtliche Sammlung von Entscheidungen des Reichsgerichts in Zivilsachen
Rh.-Pf.; rh.-pf.	Rheinland-Pfalz; rheinland-pfälzisch
RheinZ	Rheinische Zeitschrift für Zivil- und Prozeßrecht
RiA	Recht im Amt (Zeitschrift), siehe auch AW/RiA
RiM	Rechtsentscheide im Mietrecht *(Müller, Oske, Becker, Blümmel)*
RJA	Entscheidungen in Angelegenheiten der freiwilligen Gerichtsbarkeit und des Grundbuchrechts, zusammengestellt im Reichsjustizamt (1. 1900–17. 1922)
RKG	Reichsknappschaftsgesetz idF der Bek. v. 1. 7. 1926 (RGBl. I S. 369), aufgehoben
RKW	Rationalisierungs-Kuratorium der deutschen Wirtschaft
RL	Richtlinie
RLA	Rundschau für den Lastenausgleich (1. 1952 ff.)
RMBl.	Reichsministerialblatt
ROHG	Reichsoberhandelsgericht, auch Entscheidungssammlung (Band und Seite)
Römer/Langheid	*Römer/Langheid,* Versicherungsvertragsgesetz, Kommentar, 2. Aufl. 2002
Rosenberg/Schwab/ Gottwald	*Rosenberg/Schwab/Gottwald,* Zivilprozessrecht, 16. Aufl. 2004
Roth	*Roth,* Handels- und Gesellschaftsrecht, 6. Aufl. 2001
Roth/Altmeppen	*Roth/Altmeppen,* GmbHG, 5. Aufl. 2005
ROW	Recht in Ost und West (Zeitschrift)
Rowedder/Schmidt-Leithoff/ Bearbeiter	*Rowedder* (Begr.), GmbH-Gesetz, Kommentar, hrsg. v. *Schmidt-Leithoff,* 4. Aufl. 2002
Rpfleger	Der Deutsche Rechtspfleger (Zeitschrift)
RPflG	Rechtspflegergesetz v. 5. 11. 1969 (BGBl. I S. 2065)
RPflJb.	Rechtspflegerjahrbuch
RRa	Reiserecht aktuell
Rs.	Rechtssache
RSiedlG	Reichssiedlungsgesetz v. 11. 8. 1919 (RGBl. S. 1429)
Rspr.	Rechtsprechung
RsprBau	siehe *Schäfer/Finnern/Hochstein*
RT	Reichstag
RuG	Recht und Gesellschaft (Zeitschrift)
RÜG	Gesetz zur Herstellung der Rechtseinheit in der gesetzlichen Renten- und Unfallversicherung (Renten-Überleitungsgesetz) v. 25. 7. 1991 (BGBl. I S. 1606)
RuW	Recht und Wirtschaft (Zeitschrift)

Abkürzungen

RV.	Die Rentenversicherung (Zeitschrift)
RVG	Gesetz über die Vergütung der Rechtsanwältinnen und Rechtsanwälte (Rechtsanwaltsvergütungsgesetz) v. 5. 5. 2004 (BGBl. I S. 718)
RvglHWB	Rechtsvergleichendes Handwörterbuch für das Zivil- und Handelsrecht des In- und Auslandes (Band u. Seite)
RVO	Reichsversicherungsordnung v. 15. 12. 1924 (RGBl. S. 779)
RW	Recht der internationalen Wirtschaft (Zeitschrift, 1. 1954/55–3. 1957 u. 21. 1975 ff.; früher AWD)
RWP	Rechts- und Wirtschaftspraxis (Loseblatt-Ausgabe)
RzW	Rechtsprechung zum Wiedergutmachungsrecht (Zeitschrift)
S.	Seite; Satz; Recueil Sirey
s.	siehe; section
s. o.	siehe oben
s. u.	siehe unten
Saarl.	Saarland
SaarlRStZ	Saarländische Rechts- und Steuerzeitschrift
SaBl.	Sammelblatt für Rechtsvorschriften des Bundes und der Länder
SaBremR	Sammlung des bremischen Rechts
SachenRÄndG	Gesetz zur Änderung sachenrechtlicher Bestimmungen (Sachenrechtsänderungsgesetz) v. 21. 9. 1994 (BGBl. I S. 2457)
Sachgeb.	Sachgebiet
SächsAnn.	Annalen des Sächsischen Oberlandesgerichts zu Dresden
SächsArch.	Sächsisches Archiv für Rechtspflege (Zeitschrift)
SAE.	Sammlung arbeitsrechtlicher Entscheidungen (Zeitschrift)
Savigny.	*Savigny,* System des heutigen römischen Rechts, Bände I–VIII, 1814–49, 2. Neudruck 1981
Schäfer/Finnern/Hochstein. .	*Schäfer/Finnern/Hochstein,* Rechtsprechung zum privaten Baurecht, Entscheidungssammlung mit Anmerkungen, Loseblatt, Stand 2007
Schaub/Bearbeiter	*Schaub,* Arbeitsrechts-Handbuch, 12. Aufl. 2007
ScheckG	Scheckgesetz v. 14. 8. 1933 (RGBl. I S. 597)
SchiffsRegO	Schiffsregisterordnung idF der Bek. v. 26. 5. 1951 (BGBl. I S. 359)
SchiffsRG	Gesetz über Rechte an eingetragenen Schiffen und Schiffsbauwerken (Schiffsrechtegesetz) v. 15. 11. 1940 (RGBl. I S. 1499)
Schlechtriem BT	*Schlechtriem,* Schuldrecht Besonderer Teil, 6. Aufl. 2003
Schlegelberger/Bearbeiter. . . .	*Schlegelberger,* Handelsgesetzbuch, Kommentar von *Geßler, Hefermehl, Hildebrand, Schröder, Martens* und *K. Schmidt,* 5. Aufl. 1973 ff.
SchlH	Schleswig-Holstein
SchlHA	Schleswig-Holsteinische Anzeigen (NF 1. 1837 ff. Zeitschrift)
K. Schmidt GesR	*K. Schmidt,* Gesellschaftsrecht, 4. Aufl. 2002
K. Schmidt HandelsR	*K. Schmidt,* Handelsrecht, 5. Aufl. 1999
K. Schmidt/Lutter/ Bearbeiter	*K. Schmidt/Lutter,* Aktiengesetz, Kommentar, 2007
Schmidt-Futterer/Bearbeiter	*Schmidt-Futterer,* Mietrecht, Kommentar, 9. Aufl. 2007
Schmitt/Hörtnagl/Stratz . . .	*Schmitt/Hörtnagl/Stratz,* Umwandlungsgesetz, Umwandlungssteuergesetz, begr. v. *Dehmer,* 4. Aufl. 2007
Scholz/Bearbeiter	*Scholz,* Kommentar zum GmbHG, 10. Aufl. 2006/2007
Schöner/Stöber	*Schöner/Stöber,* Grundbuchrecht, begr. v. *Haegele,* 14. Aufl. 2008
Schönke/Schröder	*Schönke/Schröder,* Strafgesetzbuch, Kommentar, 27. Aufl. 2006
Schubert Vorentwürfe	Die Vorlagen der Redaktoren für die erste Kommission zur Ausarbeitung des Entwurfs eines Bürgerlichen Gesetzbuches, hrsg. v. *W. Schubert,* 1980 ff.
Schulze Rechtspr.	Rechtsprechung zum Urheberrecht; Entscheidungssammlung mit Anm. von *E. Schulze,* 1988
SchweizAG	Schweizerische Aktiengesellschaft, Société anonyme suisse (Zeitschrift)
SE	Societas Europaea, Europäische Gesellschaft
SeemannsG	Seemannsgesetz v. 26. 7. 1957 (BGBl. II S. 713)
Selb	*Selb,* Mehrheiten von Gläubigern und Schuldnern, Handbuch des Schuldrechts, Band 5, 1984

Abkürzungen

Serick Bd. I bis VI . . . . *Serick,* Eigentumsvorbehalt und Sicherungsübertragung, 1963 bis 1982
SeuffA . . . . *Seufferts* Archiv für Entscheidungen der obersten Gerichte in den deutschen Staaten (Zeitschrift, zitiert nach Band u. Nr.; 1. 1847–98. 1944)
SeuffBl . . . . *Seufferts* Blätter für Rechtsanwendung (Zeitschrift, zitiert nach Band u. Seite)
SG . . . . Sozialgericht
SGB . . . . Sozialgesetzbuch – SGB I: (1. Buch) Allgemeiner Teil v. 11. 12. 1975 (BGBl. I S. 3015); SGB II: (2. Buch) Grundsicherung für Arbeitsuchende v. 24. 12. 2003 (BGBl. I S. 2954); SGB III: (3. Buch) Arbeitsförderung v. 24. 3. 1997 (BGBl. I S. 594); SGB IV: (4. Buch) Gemeinsame Vorschriften für die Sozialversicherung v. 23. 12. 1976 (BGBl. I S. 3845); SGB V: (5. Buch) Gesetzliche Krankenversicherung v. 20. 12. 1988 (BGBl. I S. 2477); SGB VI: (6. Buch) Gesetzliche Rentenversicherung v. 19. 2. 2002 (BGBl. I S. 754); SGB VII: (7. Buch) Gesetzliche Unfallversicherung v. 7. 8. 1996 (BGBl. I S. 1254); SGB VIII: (8. Buch) Kinder- und Jugendhilfe idF der Bek. v. 14. 12. 2006 (BGBl. I S. 3134); SGB IX: (9. Buch) Rehabilitation und Teilhabe behinderter Menschen v. 19. 6. 2001 (BGBl. I S. 1046); SGB X: (10. Buch) Sozialverwaltungsverfahren und Sozialdatenschutz v. 18. 1. 2001 (BGBl. I S. 130); SGB XI: (11. Buch) Soziale Pflegeversicherung v. 26. 5. 1994 (BGBl. I S. 1014); SGB XII: (12. Buch) Sozialhilfe v. 27. 12. 2003 (BGBl. I S. 3022)
SGb . . . . Die Sozialgerichtsbarkeit (Zeitschrift)
SGG . . . . Sozialgerichtsgesetz idF der Bek. v. 23. 9. 1975 (BGBl. I S. 2535)
SigG . . . . Gesetz über Rahmenbedingungen für elektronische Signaturen (Signaturgesetz) v. 16. 5. 2001 (BGBl. I S. 876)
SJZ . . . . Süddeutsche Juristenzeitung (Zeitschrift)
SM; SMen . . . . Schutzmaßnahme(n)
SMG . . . . Gesetz zur Modernisierung des Schuldrechts v. 26. 11. 2001 (BGBl. I S. 3138)
Soergel/Bearbeiter . . . . *Soergel,* Bürgerliches Gesetzbuch mit Einführungsgesetz und Nebengesetzen, Kommentar, hrsg. v. *Siebert,* 12. Aufl. 1987 ff.; 13. Aufl. 1999 ff.
SoergRspr. . . . . *Soergel(s)* Rechtsprechung zum gesamten Zivil-, Handels- und Prozeßrecht (Jahr, Paragraph und Nr.)
sog. . . . . sogenannt
SoldG . . . . Gesetz über die Rechtsstellung der Soldaten (Soldatengesetz – SG) idF der Bek. v. 14. 2. 2001 (BGBl. I S. 232)
SozR . . . . Sozialrecht, Rechtsprechung und Schrifttum, bearbeitet von den Richtern des Bundessozialgerichts
SozVers . . . . Die Sozialversicherung (Zeitschrift)
SozW . . . . Sozialwissenschaft(en)
SP . . . . Schaden-Praxis (Zeitschrift)
Sp. . . . . Spalte
Spindler/Stilz/Bearbeiter . . . *Spindler/Stilz,* Aktiengesetz, Kommentar, 2007
SprAuG . . . . Gesetz über Sprecherausschüsse der leitenden Angestellten (Sprecherausschußgesetz) v. 20. 12. 1988 (BGBl. I S. 2312, 2316)
SpTrUG . . . . Gesetz über die Spaltung der von der Treuhandanstalt verwalteten Unternehmen v. 5. 4. 1991 (BGBl. I S. 854)
SpuRt . . . . Zeitschrift für Sport und Recht (Zeitschrift)
st. . . . . ständig
st. Rspr. . . . . ständige Rechtsprechung
StA . . . . Staatsangehörigkeit
Staat . . . . Der Staat. Zeitschrift für Staatslehre, öffentliches Recht und Verfassungsgeschichte (Band u. Seite)
StabG . . . . Gesetz zur Förderung der Stabilität und des Wachstums der Wirtschaft v. 8. 6. 1967 (BGBl. I S. 582)
StAG . . . . Staatsangehörigkeitsgesetz idF der Bek. v. 15. 7. 1999 (BGBl. 1618)
Staub/Bearbeiter . . . . *Staub* (Hrsg), Handelsgesetzbuch, Großkommentar, 4. Aufl. 1982 ff. (3. Aufl. zitiert als *Bearbeiter* in Großkomm. zum HGB)

Abkürzungen

Staudinger/Bearbeiter	*v. Staudinger,* Kommentar zum Bürgerlichen Gesetzbuch, 12. Aufl. 1978 ff., 13. Bearbeitung 1993 ff.: §§ 705–740 (2003); §§ 741–764 (2002); §§ 765–779 (1997); §§ 779–811 (2002); §§ 812–822 (2007); §§ 823–825 (1999); §§ 826–829, ProdHaftG (2003); §§ 830–838 (2002); §§ 839–853 (2007); weitere Bände zitiert mit Angabe der Jahreszahl in Klammern
StAZ	Das Standesamt (Zeitschrift)
StB	Der Steuerberater (Zeitschrift)
StBerG	Steuerberatungsgesetz idF der Bek. v. 4. 11. 1975 (BGBl. I S. 2735)
StBG	Gesetz über die Staatsbürgerschaft der Deutschen Demokratischen Republik (Staatsbürgerschaftsgesetz) v. 20. 2. 1967 (GBl. DDR I S. 3)
StBGebV	Gebührenordnung für Steuerberater, Steuerbevollmächtigte und Steuerberatungsgesellschaften (Steuerberater-Gebührenverordnung) v. 17. 12. 1981 (BGBl. I S. 1442)
StBp.	Die steuerliche Betriebsprüfung (Zeitschrift)
Stein/Jonas/Bearbeiter	*Stein/Jonas,* Zivilprozeßordnung, Kommentar, 21. Aufl. 1999 ff.
Steinberg/Lubberger	*Steinberg/Lubberger,* Aufopferung, Enteignung, Staatshaftung, 1991
Sten. Prot.	Stenographisches Protokoll
StGB	Strafgesetzbuch idF der Bek. v. 13. 11. 1998 (BGBl. I S. 3322)
StGH	Staatsgerichtshof
StHG-DDR	Staatshaftungsgesetz v. 12. 5. 1969 (GBl. DDR I S. 34)
StPO	Strafprozeßordnung idF der Bek. v. 7. 4. 1987 (BGBl. I S. 1074, 1319)
str.	streitig
StrEG	Gesetz über die Entschädigung von Strafverfolgungsmaßnahmen v. 8. 3. 1971 (BGBl. I S. 157)
StromGVV	Verordnung über Allgemeine Bedingungen für die Grundversorgung von Haushaltskunden und die Ersatzversorgung mit Elektrizität aus dem Niederspannungsnetz (Stromgrundversorgungsverordnung) v. 26. 10. 2006 (BGBl. I S. 2391)
StudK/*Bearbeiter*	*Kropholler,* Studienkommentar zum BGB, 11. Aufl. 2008
StuR	Staat und Recht (DDR-Zeitschrift)
StuW	Steuer und Wirtschaft (Zeitschrift)
StVG	Straßenverkehrsgesetz idF der Bek. v. 5. 3. 2003 (BGBl. I S. 310)
StVO	Straßenverkehrs-Ordnung idF der Bek. v. 16. 11. 1970 (BGBl. I S. 1565; 1971 I S. 38)
StVZO	Straßenverkehrs-Zulassungs-Ordnung idF der Bek. v. 28. 9. 1988 (BGBl. I S. 1793)
SV-Abk.	Sozialversicherungsabkommen
SVG	Gesetz über die Versorgung für die ehemaligen Soldaten der Bundeswehr und ihre Hinterbliebenen (Soldatenversorgungsgesetz) idF der Bek. v. 9. 4. 2002 (BGBl. I S. 1258)
TA-Lärm	Sechste Allgemeine Verwaltungsvorschrift zum Bundes-Immissionsschutzgesetz (Technische Anleitung zum Schutz gegen Lärm – TA-Lärm) idF der Bek. v. 26. 8. 1998 (GMBl. S. 503)
TA-Luft	Erste Allgemeine Verwaltungsvorschrift zum Bundes-Immissionsschutzgesetz (Technische Anleitung zur Reinhaltung der Luft – TA-Luft) idF der Bek. v. 24. 7. 2002 (GMBl. S. 511)
Thomas/Putzo	*Thomas/Putzo/Reichold/Hüßtege,* Zivilprozessordnung, Kommentar, 29. Aufl. 2008
TierSchG	Tierschutzgesetz idF der Bek. v. 15. 5. 2006 (BGBl. I S. 1206, ber. S. 1313)
TierSG	Tierseuchengesetz idF der Bek. v. 11. 4. 2001 (BGBl. I S. 506)
TKG	Telekommunikationsgesetz idF der Bek. v. 22. 6. 2004 (BGBl. I S. 1190)
TOA	Täter-Opfer-Ausgleich
TMG	Telemediengesetz v. 26. 2. 2007 (BGBl. I S. 179)
TPG	Gesetz über die Spende, Entnahme und Übertragung von Organen (Transplantationsgesetz) v. 5. 11. 1997 (BGBl. I S. 2631)

Abkürzungen

TranspR	Transport- und Speditionsrecht (Zeitschrift)
TSG	Gesetz über die Änderung der Vornamen und die Feststellung der Geschlechtszugehörigkeit in besonderen Fällen (Transsexuellengesetz) v. 10. 9. 1980 (BGBl. I S. 1654)
TÜV	Technischer Überwachungsverein
TVG	Tarifvertragsgesetz idF der Bek. v. 25. 8. 1969 (BGBl. I S. 1323)
Tz.	Textziffer
TzBfG	Gesetz über Teilzeitarbeit und befristete Arbeitsverträge (Teilzeit- und Befristungsgesetz) v. 21. 12. 2000 (BGBl. I S. 1966)
u.	und; unten; unter
u. a.	unter anderem; und andere
u. Ä.	und Ähnliche(s)
u. a. m.	und andere(s) mehr
u. Ä. m.	und Ähnliches mehr
UA	Untersuchungsausschuss
UARA	Unterausschuss des Rechtsausschusses
überwM	überwiegende Meinung
Übk.	Übereinkommen
UFITA	Archiv für Urheber-, Film-, Funk- und Theaterrecht (Zeitschrift, zitiert nach Band und Seite)
ÜG	Überweisungsgesetz v. 21. 7. 1999 (BGBl. I S. 1642)
Uhlenbruck	*Uhlenbruck* (Hrsg.), Insolvenzordnung, Kommentar, fortgeführtes Werk zur Konkursordnung, 12. Aufl. 2003
UJ	Unsere Jugend (Zeitschrift)
UKlaG	Gesetz über Unterlassungsklagen bei Verbraucherrechts- und anderen Verstößen (Unterlassungsklagengesetz) idF der Bek. v. 27. 8. 2002 (BGBl. I S. 3422)
E. Ulmer Wertpapierrecht	*Eugen Ulmer*, Das Recht der Wertpapiere, 1938
Ulmer/Brandner/Hensen	*Ulmer/Brandner/Hensen*, AGB-Recht, Kommentar, 10. Aufl. 2006
Bearbeiter in: *Ulmer/Habersack/Winter*	*Ulmer/Habersack/Winter*, GmbHG, Kommentar, Bd. I 2005, Bd. II 2006, Bd. III 2008
UmweltHG	Umwelthaftungsgesetz v. 10. 12. 1990 (BGBl. I S. 2634)
UmwG	Umwandlungsgesetz v. 28. 10. 1994 (BGBl. I S. 3210)
UNCTAD	United Nations Congress of Trade and Development
UNIDROIT	Institut International pour l'Unification du Droit Privé
UN-KaufR	(Wiener) Übereinkommen der Vereinten Nationen über Verträge über den internationalen Warenkauf v. 11. 4. 1980 (BGBl. 1989 II S. 586; 1990 II S. 1477), siehe auch CISG
UNO	United Nations Organization
unstr.	unstreitig
UPR	Umwelt- und Planungsrecht (Zeitschrift)
UrhG	Gesetz über Urheberrecht und verwandte Schutzrechte (Urheberrechtsgesetz) v. 9. 9. 1965 (BGBl. I S. 1273)
Urt.	Urteil
USt	Umsatzsteuer
UStG	Umsatzsteuergesetz idF der Bek. v. 21. 2. 2005 (BGBl. I S. 386)
usw.	und so weiter
uU	unter Umständen
UWG	Gesetz gegen den unlauteren Wettbewerb idF der Bek. v. 3. 7. 2004 (BGBl. I S. 1414)
UWG Großkomm./ Bearbeiter	UWG-Großkommentar zum Gesetz gegen den unlauteren Wettbewerb mit Nebengesetzen, hrsg. v. *Jacobs/Lindacher/Teplitzky*, 2 Bände, 1991 ff.
v.	vom; von
v. Bar	*v. Bar*, Gemeineuropäisches Deliktsrecht, Band 1 1996, Band 2 1999

Abkürzungen

VA	Vermittlungsausschuss
VAE	Verkehrsrechtliche Abhandlungen und Entscheidungen (Zeitschrift)
VAG	Gesetz über die Beaufsichtigung der Versicherungsunternehmen (Versicherungsaufsichtsgesetz) idF der Bek. v. 17. 12. 1992 (BGBl. 1993 I S. 3)
VBL	Versorgungsanstalt des Bundes und der Länder
VerBAV	Veröffentlichungen des Bundesaufsichtsamtes für das Versicherungs- und Bausparwesen (Zeitschrift)
VerbrKrG	Gesetz über Verbraucherkredite, zur Änderung der Zivilprozeßordnung und anderer Gesetze v. 17. 12. 1990 (BGBl. I S. 2840), aufgehoben
VerbrKr-RL	Verbraucherkredit-Richtlinie zur Angleichung der Rechts- und Verwaltungsvorschriften der Mitgliedstaaten über den Verbraucherkredit v. 22. 12. 1986 (ABl. EG Nr. L 42/48 v. 12. 2. 1987)
VereinsG	Vereinsgesetz idF der Bek. v. 5. 8. 1964 (BGBl. I S. 593)
Verf.	Verfassung
VerglO	Vergleichsordnung v. 26. 2. 1935 (RGBl. I S. 321), aufgehoben
Verh.	Verhandlung(en)
Verhdlg. DJT	Verhandlungen des Deutschen Juristentages
VerkBl.	Verkehrsblatt, Amtsblatt des Bundesministers für Verkehr
VerkMitt.	Verkehrsrechtliche Mitteilungen (Zeitschrift)
VerkRdsch.	Verkehrsrechtliche Rundschau (Zeitschrift)
VerlG	Gesetz über das Verlagsrecht v. 19. 6. 1901 (RGBl. S. 217)
VermG	Gesetz zur Regelung offener Vermögensfragen (Vermögensgesetz) idF der Bek. v. 21. 12. 1998 (BGBl. I S. 4026)
Veröff.	Veröffentlichung
VersArch.	Versicherungswissenschaftliches Archiv (Zeitschrift)
VerschG.	Verschollenheitsgesetz idF der Bek. v. 15. 1. 1951 (BGBl. I S. 63)
VersR	Versicherungsrecht, Juristische Rundschau für die Individualversicherung (Zeitschrift)
VersRdSch.	Versicherungsrundschau (österreichische Zeitschrift)
VersR-HdB/*Bearbeiter*. ...	Handbuch Versicherungsrecht, hrsg. v. *van Bühren*, 3. Aufl. 2006
VersW	Versicherungswirtschaft (Zeitschrift)
Verw.	Verwaltung
VerwA.	Verwaltungsarchiv (Zeitschrift)
VerwG.	Verwaltungsgericht
VerwGH	Verwaltungsgerichtshof
VerwRspr.	Verwaltungsrechtsprechung in Deutschland (Band u. Seite)
Vfg.	Verfügung
VG	Verwaltungsgericht
VGH	Verfassungsgerichtshof
vgl.	vergleiche
vH.	von (vom) Hundert
VHB 1984.	Allgemeine Hausratversicherungsbedingungen 1984
VIZ	Zeitschrift für Vermögens- und Investitionsrecht
VMBl.	Ministerialblatt des Bundesministers für (ab 1962: der) Verteidigung
VO	Verordnung
VOB Teil A/B.	Vergabe- und Vertragsordnung für Bauleistungen, Teil A: Allgemeine Bestimmungen für die Vergabe von Bauleistungen idF der Bek. v. 20. 3. 2006 (BAnz. Nr. 94 a S. 17), Teil B: Allgemeine Vertragsbedingungen für die Ausführung von Bauleistungen idF der Bek. v. 4. 9. 2006 (BAnz. Nr. 196 a S. 9)
VOBl.	Verordnungsblatt
VOL Teil A/B	Verdingungsordnung für Leistungen
Voraufl.	Vorauflage
Vorb.	Vorbemerkung
VormG	Vormundschaftsgericht
VPB	Verwaltungspraxis der Bundesbehörden (früher VEB)
VR	Verkehrs-Rundschau

Abkürzungen

VRG	Gesetz zur Förderung von Vorruhestandsleistungen (Vorruhestandsgesetz) v. 13. 4. 1984 (BGBl. I S. 601)
VRS	Verkehrsrechts-Sammlung (Zeitschrift; Band u. Seite)
VRÜ	Verfassung und Recht in Übersee (Zeitschrift, 1. 1968 ff.)
VSSR	Vierteljahresschrift für Sozialrecht
VStG	Vermögensteuergesetz idF der Bek. v. 14. 11. 1990 (BGBl. I S. 2468)
VSV	Verbraucherschutzverband
VuR	Verbraucher und Recht (Zeitschrift)
VVaG	Versicherungsverein auf Gegenseitigkeit
VVDStRL	Veröffentlichungen der Vereinigung Deutscher Staatsrechtslehrer
VVG	Gesetz über den Versicherungsvertrag v. 30. 5. 1908 (RGBl. S. 263)
VwGO	Verwaltungsgerichtsordnung idF der Bek. v. 19. 3. 1991 (BGBl. I S. 686)
VwKostG	Verwaltungskostengesetz v. 23. 6. 1970 (BGBl. I S. 821)
VwV	Verwaltungsverordnung; Verwaltungsvorschrift
VwVfG	Verwaltungsverfahrensgesetz idF der Bek. v. 23. 1. 2003 (BGBl. I S. 102)
VwZG	Verwaltungszustellungsgesetz v. 3. 7. 1952 (BGBl. I S. 379)
VZS	Vereinigte Zivilsenate
WarnR	Rechtsprechung des Reichsgerichts, hrsg. v. *Warneyer* (Band u. Nr.), ab 1961: Rechtsprechung des Bundesgerichtshofs in Zivilsachen
WarschAbk	Abkommen zur Vereinheitlichung von Regeln über die Beförderung im internationalen Luftverkehr v. 12. 10. 1929 (RGBl. 1933 II S. 1039), Warschauer Abkommen in der Fassung Den Haag 1955 v. 28. 9. 1955 (BGBl. 1958 II S. 291, 312; 1964 II S. 1295)
WE	Wohnungseigentum
Weber	*Hansjörg Weber,* Kreditsicherheiten. Recht der Sicherungsgeschäfte, 7. Aufl. 2002
WEG	Gesetz über das Wohnungseigentum und das Dauerwohnrecht (Wohnungseigentumsgesetz) v. 15. 3. 1951 (BGBl. I S. 175)
Westermann Hdb	*Westermann,* Handbuch der Personengesellschaften, Loseblatt, 2006
Westermann/Bearbeiter	Harry *Westermann,* Sachenrecht, fortgeführt v. H. P. *Westermann/Gursky/Eickmann,* 7. Aufl. 1998
WG	Wechselgesetz v. 21. 6. 1933 (RGBl. I S. 399)
WGO	Die wichtigsten Gesetzgebungsakte in den Ländern Ost-, Südosteuropas und in den asiatischen Volksdemokratien (Zeitschrift)
WHG	Gesetz zur Ordnung des Wasserhaushalts (Wasserhaushaltsgesetz) idF der Bek. v. 19. 8. 2002 (BGBl. I S. 3245)
Wiedemann GesR I bzw. II	*Wiedemann,* Gesellschaftsrecht, Bd. I: Grundlagen, 1980; Bd. II: Recht der Personengesellschaften, 2004
Wieling SaR	*Wieling,* Sachenrecht, 4. Aufl. 2001
WiGBl	Gesetzblatt der Verwaltung des Vereinigten Wirtschaftsgebietes
Windscheid I, II, III	*Windscheid,* Lehrbuch des Pandektenrechts, Bände I–III, 9. Aufl. 1906, bearbeitet v. *Kipp*
WiR	Wirtschaftsrecht
WiRO	Wirtschaft und Recht in Osteuropa (Zeitschrift)
WiSta	Wirtschaft und Statistik (herausgegeben vom Statistischen Bundesamt; Zeitschrift)
WiStG	Gesetz zur weiteren Vereinfachung des Wirtschaftsstrafrechts (Wirtschaftsstrafgesetz) idF der Bek. v. 3. 6. 1975 (BGBl. I S. 1313)
WM	Wertpapiermitteilungen, Zeitschrift für Wirtschaft und Bankrecht (Zeitschrift)
WoFG	Gesetz über die soziale Wohnraumförderung (Wohnraumförderungsgesetz) v. 13. 9. 2001 (BGBl. I S. 2376)
WoGG	Wohngeldgesetz idF der Bek. v. 23. 1. 2002 (BGBl. I S. 474)
Wolf AT	E. *Wolf,* Allgemeiner Teil des bürgerlichen Rechts, 3. Aufl. 1982
Wolf SaR	E. *Wolf,* Lehrbuch des Sachenrechts, 2. Aufl. 1979
Wolf SchR	E. *Wolf,* Lehrbuch des Schuldrechts, 1978
Wolf/Horn/Lindacher	M. *Wolf/Horn/Lindacher,* AGB-Gesetz, Kommentar, 4. Aufl. 1999

Abkürzungen

Wolff/Bachoff/Stober	*Wolff/Bachoff/Stober*, Verwaltungsrecht, Band 1: 12. Aufl. 2007, Band 2 6. Aufl. 2000, Band 3: 5. Aufl. 2004
WoM	Wohnungswirtschaft und Mietrecht (Informationsdienst des Deutschen Mieterbundes; Zeitschrift)
WoVermG	Gesetz zur Regelung der Wohnungsvermittlung v. 4. 11. 1971 (BGBl. I S. 1745, 1747)
WP	Wahlperiode
WPflG	Wehrpflichtgesetz idF der Bek. v. 20. 2. 2002 (BGBl. I S. 954)
WPg	Die Wirtschaftsprüfung (Zeitschrift)
WpHG	Gesetz über den Wertpapierhandel (Wertpapierhandelsgesetz) idF der Bek. v. 9. 9. 1998 (BGBl. I S. 2708)
WPO	Gesetz über die Berufsordnung der Wirtschaftsprüfer (Wirtschaftsprüferordnung) v. 5. 11. 1975 (BGBl. I S. 2833)
WRP	Wettbewerb in Recht und Praxis (Zeitschrift)
WRV	Weimarer Reichsverfassung v. 11. 8. 1919 (RGBl. S. 1383)
WStG	Wehrstrafgesetz v. 24. 5. 1974 (BGBl. I S. 1213)
WuB	Wirtschafts- und Bankrecht (Zeitschrift)
WÜK	Gesetz zu dem Wiener Übereinkommen vom 24. April 1963 über konsularische Beziehungen v. 26. 8. 1969 (BGBl. II S. 1585)
WuR	Die Wirtschaft und das Recht (Zeitschrift)
WürttNV	Mitteilungen aus der Praxis, herausgegeben vom Württembergischen Notarverein (bis 20. 1954), dann BWNotZ
WürttRpflZ	Württembergische Zeitschrift für Rechtspflege und Verwaltung
WürttZ	Zeitschrift für die freiwillige Gerichtsbarkeit und Gemeindeverwaltung in Württemberg
WuW	Wirtschaft und Wettbewerb (Zeitschrift)
WuW/E	Wirtschaft und Wettbewerb – Entscheidungssammlung
WZG	Warenzeichengesetz idF der Bek. v. 2. 1. 1968 (BGBl. I S. 29), aufgehoben
WzS	Wege zur Sozialversicherung
ZAkDR	Zeitschrift der Akademie für Deutsches Recht
ZaöRV	Zeitschrift für ausländisches öffentliches Recht und Völkerrecht (zitiert nach Band u. Seite)
ZAP	Zeitschrift für die Anwaltspraxis
ZAS	Zeitschrift für Arbeits- und Sozialrecht (Österreich)
zB	zum Beispiel
ZBB	Zeitschrift für Bankrecht und Bankwirtschaft
ZBergR	Zeitschrift für Bergrecht
ZBlFG	Zentralblatt für freiwillige Gerichtsbarkeit und Notariat (ab 12. 1911/12: für freiwillige Gerichtsbarkeit, Notariat und Zwangsversteigerung), 1. 1900/01–22. 1921/22
ZBlHR	Zentralblatt für Handelsrecht
ZBlJugR	Zentralblatt für Jugendrecht und Jugendwohlfahrt
ZblSozVers	Zentralblatt für Sozialversicherung, Sozialhilfe und -versorgung
ZBR	Zeitschrift für Beamtenrecht
ZErb	Zeitschrift für Steuer- und Erbrechtspraxis
ZEuP	Zeitschrift für Europäisches Privatrecht (Zeitschrift)
ZEV	Zeitschrift für Erbrecht und Vermögensnachfolge (Zeitschrift)
ZevKR	Zeitschrift für evangelisches Kirchenrecht
ZfA	Zeitschrift für Arbeitsrecht
ZfbF	(Schmalenbachs) Zeitschrift für betriebswirtschaftliche Forschung
ZfBR	Zeitschrift für deutsches und internationales Baurecht (1. 1978 ff.)
ZfgK	Zeitschrift für das gesamte Kreditwesen (Zeitschrift)
ZfIR	Zeitschrift für Immobilienrecht (Zeitschrift)
ZfJ	Zeitschrift für Jugendrecht (Zeitschrift)
ZfRV	Zeitschrift für Rechtsvergleichung (Österreich)
ZfS	Zeitschrift für Schadensrecht (1. 1980 ff.)

Abkürzungen

ZfSH	Zeitschrift für Sozialhilfe (1. 1962 ff.)
ZfSozW	Zeitschrift für Sozialwissenschaft
ZfVersWesen	Zeitschrift für Versicherungswesen
ZGB	Schweizerisches Zivilgesetzbuch
ZGB DDR	Zivilgesetzbuch der Deutschen Demokratischen Republik v. 19. 6. 1975 (GBl. DDR I S. 465)
ZgesGenW	Zeitschrift für das gesamte Genossenschaftswesen
ZgesStaatsW	Zeitschrift für die gesamte Staatswissenschaft
ZgesStrafW	siehe ZStrW
ZGR	Zeitschrift für Unternehmens- und Gesellschaftsrecht
ZHR	Zeitschrift für das gesamte Handelsrecht und Wirtschaftsrecht (früher Zeitschrift für das gesamte Handelsrecht und Konkursrecht)
Ziff.	Ziffer(n)
ZInsO	Zeitschrift für das gesamte Insolvenzrecht (Zeitschrift)
ZIP	Zeitschrift für Wirtschaftsrecht (bis 1982: Zeitschrift für Wirtschaftsrecht und Insolvenzpraxis)
ZIR	Zeitschrift für internationales Recht (früher NiemeyersZ)
ZivG	Zivilgericht
Rosenberg/Schwab/Gottwald Zivilprozessrecht	*Rosenberg/Schwab/Gottwald*, Zivilprozessrecht, 16. Aufl. 2004
ZKredW	Zeitschrift für das gesamte Kreditwesen
ZLR	Zeitschrift für Luftrecht
ZLW	Zeitschrift für Luftrecht und Weltraumrechtsfragen
ZMR	Zeitschrift für Miet- und Raumrecht
ZöffR	Zeitschrift für öffentliches Recht
Zöller/Bearbeiter	*Zöller*, Zivilprozessordnung, Kommentar, 27. Aufl. 2008
Zöllner Wertpapierrecht	*Zöllner*, Wertpapierrecht, begr. v. *Rehfeldt*, 14. Aufl. 1987
ZOV	Zeitschrift für offene Vermögensfragen
ZPO	Zivilprozessordnung idF der Bek. v. 5. 12. 2005 (BGBl. I S. 3202, ber. 2006 S. 431)
ZRechtsmed	Zeitschrift für Rechtsmedizin
ZRG	Zeitschrift der Savigny-Stiftung für Rechtsgeschichte (germ. Abt. = germanistische Abteilung; rom. Abt. = romanistische Abteilung, kanon. Abt. = kanonistische Abteilung)
ZRP	Zeitschrift für Rechtspolitik
ZRvgl	Zeitschrift für Rechtsvergleichung
ZS	Zivilsenat
ZSR	Zeitschrift für Sozialreform
ZStrW	Zeitschrift für die gesamte Strafrechtswissenschaft (Band u. Seite)
zT	zum Teil
ZTR	Zeitschrift für Tarifrecht
ZUM	Zeitschrift für Verkehr- und Medienrecht
zust.	zuständig; zustimmend
ZustG	Zustimmungsgesetz
zutr.	zutreffend
ZVerkR	Zeitschrift für Verkehrsrecht (Österreich)
ZVersWes.	Zeitschrift für Versicherungswesen
ZVersWiss.	Zeitschrift für die gesamte Versicherungswissenschaft (1.1901–43.1943; 49.1960 ff.)
ZVG	Gesetz über die Zwangsversteigerung und Zwangsverwaltung idF der Bek. v. 20. 5. 1898 (RGBl. S. 369, 713)
ZVglRWiss	Zeitschrift für vergleichende Rechtswissenschaft (Band, Jahr u. Seite)
ZVOBl.	Zentralverordnungsblatt
ZVölkR	Zeitschrift für Völkerrecht
ZVP	Zeitschrift für Verbraucherpolitik
ZZP	Zeitschrift für Zivilprozeß (Band, Jahr u. Seite)

Bürgerliches Gesetzbuch

in der Fassung der Bekanntmachung vom 2. Januar 2002
(BGBl. I S. 42, ber. S. 2909 und 2003 S. 738)
zuletzt geändert durch Gesetz vom 17. Dezember 2008 (BGBl. I S. 2586)

**Buch 2
Recht der Schuldverhältnisse**

**Abschnitt 8.
Titel 16 bis 27
(§§ 705–853)**

Titel 16. Gesellschaft

Vorbemerkungen

Schrifttum: (abgekürzt zitiert, soweit nicht bereits im allg. Abkürzungsverzeichnis)

Kommentare: *Soergel*, BGB, 12. Aufl. 2007, §§ 705–740 (*Hadding* und *Kießling*); *Staudinger/Habermeier*, BGB, 13. Bearb. 2003, §§ 705–740; *Erman/Westermann*, BGB, 11. Aufl. 2004, §§ 705–740; *Timm/Schöne* in: *Bamberger/Roth*, BGB, 2. Aufl. 2007, §§ 705–740; Großkommentar zum HGB, 4. Aufl., Bd. 2, 1988–2004 (*Ulmer, Habersack, C. Schäfer* u. a.); MünchKommHGB, 2. Aufl. ab 2005 (*K. Schmidt* u. a.); *Geiler* und *Flechtheim* in: *Düringer/Hachenburg*, Das Handelsgesetzbuch, 3. Aufl. 2. Bd. 1932; *Baumbach/Hopt*, Handelsgesetzbuch, 33. Aufl. 2008; *Heymann*, Handelsgesetzbuch, 2. Aufl. 1995; *Koller/Roth/Morck*, Handelsgesetzbuch, 6. Aufl. 2007; *Baumbach/Hueck*, Kurzkommentar zum GmbH-Gesetz, 18. Aufl. 2006; *Scholz*, Kommentar zum GmbH-Gesetz, 10. Aufl. ab 2006; *Ulmer/Habersack/Winter* Großkomm. zum GmbH-Gesetz, 2005–2008; Großkommentar zum AktG, 4. Aufl. seit 1992 (Hrsg. *Hopt/Wiedemann*); MünchKommAktG, 2. Aufl. 2000–2006 (Hrsg. *Kropff/Semler*); 3. Aufl. ab 2008 (Hrsg. *Goette/Habersack*); Kölner Kommentar zum Aktiengesetz, 1970–1985, 2. Aufl. 1986 ff.; *Immenga/Mestmäcker*, GWB, 4. Aufl. 2007.

Sonstige Gesamtdarstellungen und Lehrbücher: *Canaris*, Handelsrecht, 24. Aufl. 2006; *Flume*, Allgemeiner Teil des Bürgerlichen Rechts 1. Bd. 1. Teil, Die Personengesellschaft, 1977; 2. Teil, Die juristische Person, 1983; *Grunewald*, Gesellschaftsrecht, 4. Aufl. 2000; *Hueck/Windbichler*, Gesellschaftsrecht, 21. Aufl. 2007; *Hüffer*, Gesellschaftsrecht, 7. Aufl. 2007; *Koenigs*, Die stille Gesellschaft, 1961; *Kraft/Kreutz*, Gesellschaftsrecht, 11. Aufl. 2000; *Kübler/Assmann*, Gesellschaftsrecht, 6. Aufl. 2006; *Karsten Schmidt*, Gesellschaftsrecht, 4. Aufl. 2002; *ders.*, Handelsrecht, 5. Aufl. 1999; *Westermann*, Handbuch der Personengesellschaften, (Stand 2007); *Wiedemann*, Gesellschaftsrecht Bd. I (1980); Bd. II (2004); *Wieland*, Handelsrecht, Bd. 1, 1921; *Würdinger*, Gesellschaften, 1. Teil: Recht der Personengesellschaften, 1937.

Monografien: *Aderhold*, Das Schuldmodell der BGB-Gesellschaft, 1981; *Armbrüster*, Die treuhänderische Beteiligung an Gesellschaften, 2001; *Blaurock*, Unterbeteiligung und Treuhand an Gesellschaftsanteilen, 1981; *Breuninger*, Die BGB-Gesellschaft als Rechtssubjekt im Wirtschaftsverkehr, 1991; *Dauner-Lieb*, Unternehmen in Sondervermögen, 1998; *Göbel*, Mehrheitsentscheidungen in Personengesellschaften, 1992; *Göckeler*, Die Stellung der Gesellschaft bürgerlichen Rechts im Erkenntnis-, Vollstreckungs- und Konkursverfahren, 1992; *Habersack*, Die Mitgliedschaft – subjektives und „sonstiges" Recht, 1996; *Hadding*, Actio pro socio, 1966; *Hermanns*, Unverzichtbare Mitverwaltungsrechte des Personengesellschafters, 1993; *Hillers*, Personengesellschaft und Liquidation, 1988; *Ulrich Huber*, Vermögensanteil, Kapitalanteil und Gesellschaftsanteil von Personengesellschaften des Handelsrechts, 1970; *Ulrich Hübner*, Interessenkonflikt und Vertretungsmacht, 1977; *Götz Hueck*, Der Grundsatz der gleichmäßigen Behandlung im Privatrecht, 1958; *Hüttemann*, Leistungsstörungen bei Personengesellschaften, 1998; *Immenga*, Die personalistische Kapitalgesellschaft, 1970; *John*, Die organisierte Rechtsperson, 1977; *Lieb*, Die Ehegattenmitarbeit im Spannungsfeld zwischen Rechtsgeschäft, Bereicherungsausgleich und gesetzlichem Güterstand, 1970; *Michalski*, Gesellschaftsrechtliche Gestaltungsmöglichkeiten zur Perpetuierung von Unternehmen, 1980; *Morck*, Die vertragliche Gestaltung der Beteiligung an Personenhandelsgesellschaften, 1980; *Hans-Friedrich Müller*, Der Verband in der Insolvenz, 2002; *Nitschke*, Die körperschaftlich strukturierte Personengesellschaft, 1970; *Reiff*, Die Haftungsverfassung nichtrechtsfähiger unternehmenstragender Verbände, 1996; *Reuter*, Privatrechtliche Schranken der Perpetuierung von Unternehmen, 1973; *Röttger*, Die Kernbereichslehre im Recht der Personenhandelsgesellschaften, 1989; *Roitzsch*, Der Minderheitenschutz im Verbandsrecht, 1981; *Carsten Schäfer*, Die Lehre vom fehlerhaften Verband, 2002; *Karsten Schmidt*, Zur Stellung der OHG im System der Handelsgesellschaften, 1972; *Schünemann*, Grundprobleme der Gesamthandsgesellschaft, 1975; *Schürnbrand*, Organschaft im Recht der privaten Verbände, 2007; *Schulze-Osterloh*, Das Prinzip der gesamthänderischen Bindung, 1972; *ders.*, Der gemeinsame Zweck der Personengesellschaften, 1973; *Sester*, Treupflichtverletzungen bei Widerspruch und Zustimmungsverweigerung im Recht der Personenhandelsgesellschaften, 1996; *Siegmann*, Personengesellschaftsanteil und Erbrecht, 1992; *Steckhan*, Die Innengesellschaft, 1966; *Teichmann*, Gestaltungsfreiheit in Gesellschaftsverträgen, 1970; *Ulbrich*, Die Unterbeteiligungsgesellschaft an Personengesellschaftsanteilen, 1982; *Wagner*, Die Unterbeteiligung an einem OHG-Anteil, 1975; *Wertenbruch*, Gesellschaften und Gesellschaftsanteile in der Zwangsvollstreckung, 2000; *Harm Peter Westermann*, Vertragsfreiheit und Typengesetzlichkeit im Recht der Personengesellschaften, 1970; *Wiedemann*, Die Übertragung und Vererbung von Mitgliedschaftsrechten bei Handelsgesellschaften, 1965; *Wiesner*, Die Lehre von der fehlerhaften Gesellschaft, 1980; *M. Winter*, Mitgliedschaftliche Treubindungen im GmbH-Recht, 1988; *Zöllner*, Die Schranken mitgliedschaftlicher Stimmrechtsmacht bei den privatrechtlichen Personenverbänden, 1963; *ders.*, Die Anpassung von Personengesellschaftsverträgen an veränderte Umstände, 1979.

Vor § 705
Abschnitt 8. Titel 16. Gesellschaft

Übersicht

	RdNr.		RdNr.
A. Gesellschaft bürgerlichen Rechts – Begriff und systematische Stellung	1–33	b) Konzernformen; Gemeinschaftsunternehmen	66, 67
I. Begriff und Wesen	1–13	c) Beteiligungskonsortien, Stimmrechtspools	68, 69
1. Enger und weiter Gesellschaftsbegriff	1–4	d) Familiengesellschaften (Familienpools)	70
2. Wesensmerkmale der GbR	5–8	e) Sicherheitenpools; Sanierungsfonds	71
a) Essentialia	5–7	8. Rechtsverfolgungs-Konsortium	71 a, 71 b
b) Verzichtbare Merkmale	8	9. Metaverbindungen	72
3. Rechtsfähigkeit der (Außen-)GbR	9–13	10. Ehegattengesellschaften	73–80
a) Rechtsentwicklung und Tragweite	9–11	a) Allgemeines	73
b) Unterscheidung gegenüber der juristischen Person	12, 13	b) Gesellschaftsrechtliche Grundlagen	74, 75
II. Systematische Stellung	14–25	c) Rechtsprechung und Kritik	76–78
1. Gesellschaft als Schuldverhältnis	14	d) Analoge Anwendung der gesellschaftsrechtlichen Ausgleichsordnung	79, 80
2. Gesellschaft und Gemeinschaft	15	11. Lebensgemeinschaften	81–84
3. GbR und Handelsgesellschaften	16–18	a) Nichteheliche	81–83
4. Verwandte Gesellschaftsformen	19–22	b) Eingetragene Lebenspartnerschaft	84
a) Freiberufler-Partnerschaft	19, 20	**II. Einteilungskriterien**	85–91
b) EWIV	21, 22	1. Überblick	85
5. Personen- und Kapitalgesellschaften	23	2. Gelegenheits- und Dauergesellschaften	86–88
6. Die Vorgesellschaft	24, 25	3. Erwerbsgesellschaften	89, 90
III. Reform	26–33	4. Außen- und Innengesellschaften	91
1. Die unvollkommene Regelung im BGB	26	**III. Die Unterbeteiligung**	92–103
2. Reformansätze	27–29	1. Begriff und Wesen	92–95
3. Einzelne Neuregelungen	30–33	2. Rechtsverhältnisse in der Unterbeteiligungsgesellschaft	96–103
a) Überblick	30	a) Gründung	96, 97
b) Beschränkung der Minderjährigenhaftung	31	b) Die Rechte des Unterbeteiligten	98–101
c) Nachhaftungsbegrenzung	32	aa) Regelfall	98–100
d) Sonstige	33	bb) Die offene (qualifizierte) Unterbeteiligung als Sonderfall	101
B. Formen und Arten der GbR	34–103	c) Auflösung und Auseinandersetzung	102, 103
I. Erscheinungsformen	34–84	**C. Abgrenzungsfragen**	104–138
1. Allgemeines	34, 35	**I. Gesellschafts- und Austauschverträge**	104–123
2. Erwerbsgesellschaften	36–42	1. Allgemeines	104–106
a) Freie Berufe	36–40	a) Grundsatz	104, 105
aa) Anwaltssozietäten	36–39	b) Gesellschaftsähnliche Rechtsverhältnisse	106
bb) Sonstige	40	2. Partiarische Rechtsverhältnisse	107–112
b) Landwirtschaft	41	a) Begriff und Wesen	107
c) Kleingewerbetreibende	42	b) Partiarisches Darlehen	108–110
3. Arbeitsgemeinschaften	43–45	c) Partiarischer Dienstvertrag	111
4. Vermögensverwaltung	46	d) Partiarische Miete oder Pacht	112
5. Bauherrengemeinschaften	47–50	3. Gemischte Verträge	113–116
6. Konsortien	51–64	a) Allgemeines	113, 114
a) Allgemeines	51	b) Einzelfragen	115, 116
b) Emissionskonsortien	52–57	4. Kasuistik	117–123
aa) Erscheinungsformen	52, 53	**II. Gesellschaft und Gemeinschaft**	124–135
bb) Konsortialvertrag	54, 55	1. Grundsatz	124–126
cc) Übernahmevertrag mit dem Emittenten	56, 57	2. Gesellschaftsähnliche Gemeinschaften	127
c) Kredit- und Finanzierungskonsortien	58–60		
d) Anlagenbau-Konsortien	61–63		
e) Sonstige	64		
7. Kartell- und Konzernformen, Pools	65–71		
a) Kartelle	65		

RdNr.		RdNr.
3. Gemeinschaft von Urhebern oder ausübenden Künstlern...................... 128–131	b) Stellungnahme...................... 134, 135
a) Schlichte Miturhebergemeinschaft. Miturhebergesellschaft............... 128, 129	III. Gesellschaft und nichtrechtsfähiger Verein....................................... 136–138
b) Künstlergruppe...................... 130, 131	1. Grundlagen............................. 136, 137
4. Gemeinschaft der Wohnungseigentümer...................................... 132–135	a) Unterschiedliche Typenmerkmale.. 136
	b) Annäherung im Außenverhältnis ... 137
a) Gesetzliche Regelung; Rechtsnatur 132, 133	2. Mischtypen............................. 138

A. Gesellschaft bürgerlichen Rechts – Begriff und systematische Stellung

I. Begriff und Wesen

1. Enger und weiter Gesellschaftsbegriff. Gesellschaft im **weiten** Sinne ist jeder **1** rechtsgeschäftliche Zusammenschluss von zwei oder mehr Personen zur Förderung des vereinbarten gemeinsamen Zwecks.[1] In dieser weiten Fassung erstreckt sich die Definition auf alle rechtsgeschäftlich begründeten, der Erreichung des vereinbarten Zwecks dienenden Personengemeinschaften unabhängig von deren jeweiliger Rechtsform. Es fallen darunter in erster Linie die *Personengesellschaften* des bürgerlichen und Handelsrechts (GbR, OHG und KG) und die Partnerschaft (RdNr. 19 f.). Gesellschaften in diesem weiten Sinn sind aber auch die von zwei oder mehr Personen gegründeten *Kapitalgesellschaften* (AG und GmbH) und sonstige gemeinsamer Zweckverfolgung dienende *korporative Zusammenschlüsse* wie der Verein oder die Genossenschaft. Bei ihnen handelt es sich um zur juristischen Person verfestigte Zusammenschlüsse, bei denen die Verbandsorganisation sich im Unterschied zu den Personengesellschaften infolge der Registereintragung von den als Mitglieder beteiligten Personen gelöst hat, auf einer gegenüber den Gründern verselbstständigten Verfassung (der „Satzung") beruht und daher trotz Rückgangs der Mitgliederzahl auf eine Person („Einmanngesellschaft"), ja theoretisch sogar trotz Wegfalls aller Mitglieder fortbesteht.[2]

Für die **Gesellschaft bürgerlichen Rechts (GbR)** gilt demgegenüber ebenso wie für **2** die anderen Personengesellschaften (OHG, KG, Partnerschaft) ein **engerer** Begriff der Gesellschaft, für den es zusätzlich auf die Einzelnen *Gesellschafter* als vertraglich verbundene und in der Regel auch gesamthänderisch beteiligte, nicht beliebig auswechselbare Mitglieder ankommt. Diese Gesellschaften werden **typischerweise** durch die als Gesellschafter beteiligten Personen geprägt. Nicht nur Ein- oder Austritt einzelner Gesellschafter, sondern streng genommen auch die Übertragung der Mitgliedschaft führen zu einer Änderung des Gesellschaftsvertrags. Derartige Akte setzen daher die Zustimmung der Mitgesellschafter hierzu voraus, wobei diese freilich auch in genereller Form bereits im Gesellschaftsvertrag selbst erteilt werden kann (vgl. näher § 719 RdNr. 27).

Von den typischen, als Außengesellschaften gegründeten und auf persönlicher Verbindung **3** der Gründer oder ihrer Rechtsnachfolger beruhenden Personenverbindungen zu unterscheiden sind die Fälle einer **atypischen** Fortentwicklung, wie sie im Recht der Personengesellschaften unter Einschluss der GbR auf Grund der dort grundsätzlich geltenden *Vertragsgestaltungsfreiheit* in einer ganzen Reihe von Regelungsbereichen und Erscheinungsformen zu beobachten ist.[3] Als Beispiel derartiger atypischer Gestaltung sei etwa verwiesen auf die **Innengesellschaft,** darunter namentlich die stille GbR und die *Unterbeteiligung* (Rd-

---

[1] Vgl. etwa *Soergel/Hadding* RdNr. 1; *Wiedemann* GesR I S. 3 f.; *Erman/Westermann* RdNr. 2; *Hueck/Windbichler* GesR § 1 RdNr. 1; der Sache nach auch *Karsten Schmidt* GesR §§ 1 I 1, 4 II 1.

[2] Zu den Strukturunterschieden zwischen Gesamthandsgemeinschaften und juristischen Personen als Organisationsformen für Gesellschaften und zu dem für juristische Personen maßgeblichen, die Selbstständigkeit der Organisation gegenüber den Mitgliedern betonenden „Trennungsprinzip" vgl. etwa *Flume* I/2 § 8 I, S. 258 ff.; *Kübler/Assmann* GesR § 4 IV 2 sowie *Wiedemann* GesR I § 2, 4 und 5; dazu auch RdNr. 12.

[3] Vgl. eingehend *Teichmann*, Gestaltungsfreiheit in Gesellschaftsverträgen und *H. P. Westermann*, Vertragsfreiheit und Typengesetzlichkeit im Recht der Personengesellschaften; ferner *Flume* I/1 § 13 I; *Soergel/Hadding* RdNr. 26 ff.; *Wiedemann* GesR II § 2 IV.

Nr. 92 ff.; § 705 RdNr. 286 ff.) sowie auf den Sonderfall des Emissionskonsortiums (Rd-Nr. 52 ff.). Die Rechtsanwendung kann an derartigen Entwicklungen und an der Struktur der jeweiligen Gesellschaft nicht achtlos vorbeigehen, sondern hat ihnen über die ausdrücklich im Gesellschaftsvertrag vorgesehenen Abweichungen hinaus erforderlichenfalls durch ergänzende Vertragsauslegung abweichend vom dispositiven Recht oder im Wege des Analogieschlusses zu anderen, der konkreten Gesellschaftsstruktur besser entsprechenden Vorschriften Rechnung zu tragen.[4]

3 a Eine andere Art atypischer Erscheinungen bilden die verbreitet anzutreffenden **Massen-** oder **Publikumsgesellschaften,** die trotz der (meist aus steuerlichen Gründen gewählten) Rechtsform der Personengesellschaft (KG oder GbR) dem Beitritt einer Vielzahl untereinander nicht persönlich verbundener Gesellschafter offen stehen. In der Rechtsprechung des BGH haben sie im Interesse von Gläubiger- und Minderheitenschutz zu Recht eine – deutlich am aktienrechtlichen Regelungsmodell orientierte – Sonderbeurteilung erfahren,[5] und das Schrifttum ist dem BGH darin ganz überwiegend gefolgt.[6] Derartigen Verbandsformen ist durch die Handelsrechtsreform von 1998 (§ 105 Abs. 2 S. 1 nF HGB) der *Zugang zum Handelsrecht* als **OHG oder KG** auch dann eröffnet, wenn sie sich – als **Grundstücks-Fonds** oder sonstige Vermögensanlagegesellschaften – auf Vermögensverwaltung beschränken (RdNr. 18).[7] Ohne Handelsregistereintragung verbleiben sie in der Rechtsform der **GbR.** Mit der Möglichkeit der – von der Struktur her nahe liegenden – Behandlung derartiger Verbindungen als nichtrechtsfähiger Verein hat sich die Rechtsprechung nicht auseinandergesetzt;[8] die Nähe zum Verein zeigt sich nicht zuletzt in der de facto-Anerkennung der Fremdorganschaft bei derartigen Verbandsformen (vgl. § 709 RdNr. 6).

4 Einen Sonderfall atypischer Gestaltungen bilden schließlich die Fälle der **Typenverbindung,** darunter auf Seiten der Personengesellschaften namentlich die – meist als *GmbH & Co. KG* organisierten, der Haftungsvermeidung der als natürliche Personen beteiligten Gesellschafter dienenden – Verbindungen mit einer als Geschäftsführer eingesetzten Kapitalgesellschaft. Für die Rechtsform der GbR sind sie wegen der grundsätzlich unbeschränkten Haftung aller Gesellschafter (§ 714 RdNr. 31 ff.) im Regelfall ohne Interesse.

5 **2. Wesensmerkmale der GbR. a) Essentialia.** Erstes Kennzeichen der GbR ist die **vertragliche Dauerbeziehung** zwischen den Gesellschaftern. Sie trifft im Ansatz auch für die Gelegenheitsgesellschaft (RdNr. 87) zu. Die GbR erweist sich damit als ein Unterfall der im Allgemeinen Schuldrecht mit Ausnahme des § 314 nF nicht näher geregelten Kategorie der Dauerschuldverhältnisse (RdNr. 88). Deren Kennzeichen besteht darin, dass anders als etwa beim Kauf- oder Werkvertrag Rechte und Pflichten der Vertragspartner nicht auf die Erbringung einer oder mehrerer bestimmter Leistungen gerichtet sind, deren Erfüllung zur Beendigung des Schuldverhältnisses führt. Vielmehr schulden sich die Partner während der vertraglich festgelegten oder durch Kündigung gestaltbaren Vertragszeit wechselseitig eine **dauernde**

---

[4] So zutr. BGH NJW 1979, 2305 für einen Grenzfall GbR/nichtrechtsfähiger Verein. Allg. hierzu vgl. etwa *Nitschke,* Die körperschaftlich strukturierte Personengesellschaft; *Immenga,* Die personalistische Kapitalgesellschaft; sowie *Reuter,* Privatrechtliche Schranken der Perpetuierung von Unternehmen (unter diff. Behandlung von „Satzungs"- und „Vertrags"-GmbH). Vgl. auch RdNr. 134 und § 705 RdNr. 174.

[5] Vgl. etwa BGHZ 63, 338, 348 = NJW 1975, 1022; BGHZ 64, 238, 241 = NJW 1975, 1318; BGHZ 66, 82, 86 = NJW 1976, 958; BGHZ 104, 50, 53 ff. = NJW 1988, 1903; BGHZ 125, 74, 79 ff. = NJW 1994, 1156; wN insbes. bei *Krieger,* FS Stimpel, 1985, S. 307, 312 ff. Dazu namentlich auch *Stimpel,* FS Rob. Fischer, 1979, S. 771 ff.

[6] Vgl. nur *K. Schmidt* GesR § 57; *Kübler/Assmann* GesR § 21 III; *U. H. Schneider* ZHR 142 (1978), 228 ff.; *Kellermann,* FS Stimpel, 1985, S. 259 ff.; *Krieger,* FS Stimpel, 1985, S. 307, 312 ff.; jeweils mwN; krit. vor allem *Kraft,* FS Rob. Fischer, 1979, S. 321 ff.

[7] Dazu *Erman/Westermann* RdNr. 13; *Bamberger/Roth/Timm/Schöne* § 705 RdNr. 40; *Baumbach/Hopt* § 105 HGB RdNr. 12 f.; *K. Schmidt* DB 1998, 61 f.; *Schön* DB 1998, 1169 ff.; *Habersack* in: Bayer-Stiftung (Hrsg.), Die Reform des Handelsstands und der Personengesellschaften, 1999, S. 73, 78 ff.; *Schulze-Osterloh,* FS Baumann, 1999, S. 325 ff.

[8] BGH LM § 709 Nr. 9 = NJW 1982, 877; LM § 712 Nr. 1 = NJW 1982, 2495; LM § 714 Nr. 7 = NJW 1983, 2498; zur Abgrenzung von Gesellschaft und Verein vgl. namentlich auch *Reuter* ZGR 1981, 364 ff. und GmbHR 1981, 129, 137; *Erman/Westermann* RdNr. 17 und unten RdNr. 134.

Pflichtenanspannung, deren Rechtsgrund, als vertragliches „Stammrecht", unabhängig von der Erfüllung der jeweils fälligen Einzelleistungen, während der ganzen Vertragsdauer fortbesteht.[9] Das Ausscheiden oder der Wegfall aller bis auf einen Gesellschafter als Vertragspartner führt zur Beendigung der Dauerbeziehung und damit zugleich zum Ende der Gesellschaft.[10]

Ein zweites unverzichtbares Wesensmerkmal der GbR ist nach § 705 der **gemeinsame Zweck** (s. § 705 RdNr. 142 f.) und die hierauf gerichtete, in erster Linie durch Beitragsleistung zu erfüllende **Förderungspflicht** (§ 705 RdNr. 153 f.). Beide Elemente dienen dazu, die Gesellschaft einerseits von sonstigen, auf Leistungsaustausch (Miete, Darlehen u. a.) oder Interessenwahrung (Auftrag und Geschäftsbesorgung) gerichteten Dauerschuldverhältnissen und andererseits von der Rechtsgemeinschaft (§ 741) zu unterscheiden (RdNr. 104, 124).

Dauerbeziehung und gemeinsamer Zweck bilden zugleich den Grund für ein drittes Wesensmerkmal der GbR: die **Treubindung** der Gesellschafter und den von der grundsätzlichen Unübertragbarkeit der Mitgliedschaft ausgehenden **persönlichen Charakter des Zusammenschlusses** (intuitus personae). Beide Elemente können zwar je nach typischer oder atypischer Ausgestaltung der Gesellschaft (RdNr. 2 ff.) unterschiedlich stark ausgeprägt sein. Im Ansatz sind sie jedoch unverzichtbar. Namentlich der Treupflicht kommt für die Beziehungen in der Gesellschaft und die Beurteilung der wechselseitigen Bindungen wesentliche Bedeutung zu (§ 705 RdNr. 221 ff.).

b) Verzichtbare Merkmale. Zu den zwar typischen, nicht aber unverzichtbaren Wesensmerkmalen der GbR gehören demgegenüber die für die „Gesellschaftsorganisation" kennzeichnenden Elemente **Organe** und **Gesamthandsvermögen**, auf denen die Fortentwicklung des Schuldverhältnisses des § 705 zur rechtsfähigen Gesamthand beruht. Wie die Beispiele der Innengesellschaft, insbesondere der stillen GbR und der Unterbeteiligung zeigen, gibt es Gesellschaften, die in Abweichung von § 718 über kein gemeinsames Vermögen verfügen und sich daher, ohne Gesamthandsbeziehungen zwischen den Gesellschaftern, auf das Schuldverhältnis des § 705 beschränken (§ 705 RdNr. 285 ff.). Auch von „Organen" iS von Personen (Geschäftsführern), die den Willen der Gesellschaft bilden und zur Ausführung bringen (§ 705 RdNr. 256), sollte man hier im Interesse klarer Begriffsbildung nicht sprechen. Da die Gesellschaft selbst, dh. das Schuldverhältnis zwischen den Gesellschaftern, weder geeignet noch dazu bestimmt ist, nach außen hervorzutreten, der Vertrag sich vielmehr auf die Regelung der schuldrechtlichen Innenbeziehungen der Beteiligten beschränkt, werden die für gemeinsame Rechnung Handelnden nicht als Gesellschaftsorgane, sondern in einer Art Treuhandfunktion tätig. Auch von einer Rechtsfähigkeit derartiger Verbindungen kann im Unterschied zur Außengesellschaft (RdNr. 9 ff.) keine Rede sein.

3. Rechtsfähigkeit der (Außen-)GbR. a) Rechtsentwicklung und Tragweite. Die GbR wurde, auch soweit sie über Gesamthandsvermögen verfügte, jahrzehntelang von der hM als **Schuldverhältnis** der Gesellschafter **mit** einem ihnen gemeinsam zugeordneten **Sondervermögen** angesehen.[11] Als Zuordnungssubjekt und Inhaber der zum Sondervermögen gehörenden Gegenstände galten nach dieser „traditionellen" bzw. „gesetzestreuen" Lehre die Gesellschafter „in ihrer gesamthänderischen Verbundenheit". Sie und nicht etwa die GbR als solche seien die Berechtigten und Verpflichteten aus den namens der GbR geschlossenen Rechtsgeschäften. Soweit abweichend von §§ 709, 714 *einzelnen* Gesellschaftern im Gesellschaftsvertrag Geschäftsführungsbefugnis und Vertretungsmacht verliehen war, wurde deren Kompetenz zum Handeln namens der GbR in Einklang mit dem Wortlaut des

---

[9] Dazu insbes. *Beitzke*, Nichtigkeit, Auflösung und Umgestaltung von Dauerrechtsverhältnissen, 1948; *Gernhuber*, Das Schuldverhältnis, 1989, § 16, S. 383 f., 388 ff.; *Oetker*, Das Dauerschuldverhältnis und seine Beendigung, 1994, S. 66 ff., 105 ff.; *Wiese*, FS Nipperdey, 1965, Bd. I, S. 837 ff.; Einl. Bd. 2 RdNr. 96 ff.; § 314 RdNr. 5; *Ulmer*, Der Vertragshändler, 1969, S. 252 f.
[10] Zur str. Frage der Anerkennung einer Einpersonen-GbR vgl. (verneinend) § 705 RdNr. 61 f.
[11] So insbes. noch *Kraft/Kreutz* GesR S. 105 f.; *Zöllner*, FS Gernhuber, 1993, S. 563 ff. und FS Kraft, 1998, S. 701 ff.; *G. Hueck*, FS Zöllner, 1998, S. 275 ff. (offen jetzt *Hueck/Windbichler* GesR § 3 RdNr. 8 f.); *Wiedemann* GesR I § 5 I 2 (anders jetzt *ders.* GesR II § 7 III 2); *Larenz* AT (7. Aufl.) § 9 II 6 und SchuldR II (12. Aufl.) § 60 IV c. Vgl. auch die Nachweise bei *G. Hueck*, FS Zöllner, 1998, S. 275, 277 Fn. 8 (umfassend).

§ 714 dahin verstanden, dass sie berechtigt seien, (auch) „die anderen Gesellschafter Dritten gegenüber zu vertreten". Die Forderungen aus den namens der GbR geschlossenen Rechtsgeschäften standen den Gesellschaftern nach dieser Ansicht zwar nicht je persönlich, sondern zur gesamten Hand zu; sie waren demgemäß mangels besonderer Vertretungsregelung von allen Gesellschaftern gemeinsam geltend zu machen. Demgegenüber wurden die Verbindlichkeiten nicht als Gesamthands-, sondern als Gesamtschulden angesehen, für die die Gesellschafter grundsätzlich je persönlich hafteten.[12] Dem trug auch die Vollstreckungsnorm des § 736 ZPO Rechnung, da sie die Vollstreckung in das Gesellschaftsvermögen davon abhängig macht, dass der Gläubiger über Titel gegen alle Gesellschafter verfügt.

10 Im letzten Drittel des 20. Jahrhunderts wurde diese traditionelle Lehre zunehmend durch die erstmals (seit 1972) von *Flume*[13] vertretene sog. „Gruppenlehre" in Frage gestellt. Anknüpfend an die Betrachtungen *Otto von Gierkes*[14] bei Schaffung des BGB, dass die **gesellschaftsrechtliche Gesamthand** über das Sondervermögen hinaus auch eigenständigen Charakter als „überindividuelle Wirkungseinheit" iS eines Personenverbands aufweise, bestand die über die traditionelle Lehre hinausführende wesentliche Erkenntnis der Gruppenlehre darin, den Zusatz „in gesamthänderischer Verbundenheit" beim Wort zu nehmen und Gesellschaften bürgerlichen Rechts, die über Gesamthandsvermögen verfügen, als eigenständiges, von den Gesellschaftern zu unterscheidendes **Zuordnungssubjekt von Rechten und Verbindlichkeiten** anzusehen.[15] Träger des Gesellschaftsvermögens war danach die „(teil-)rechtsfähige" GbR als solche, unabhängig von der jeweiligen Zusammensetzung des Gesellschafterkreises. Dementsprechend richteten sich auch die Verbindlichkeiten – als Gesamt*hands*schulden – nach der Gruppenlehre primär gegen die GbR als solche, während für die persönliche Haftung der Gesellschafter ein besonderer Verpflichtungsgrund auf deren Seite gefordert wurde. Darüber, ob dieser Grund in der vertraglichen Mitverpflichtung der Gesellschafter[16] auf Seiten der GbR oder in der akzessorischen Haftung analog § 128 HGB zu finden sei,[17] gingen die Ansichten lange Zeit auseinander. Bis zur Jahrtausendwende hatte sich die Gruppenlehre im gesellschaftsrechtlichen Schrifttum weitgehend durchgesetzt;[18] auch in der höchstrichterlichen Rechtsprechung war sie auf zunehmende Akzeptanz gestoßen.[19] Das hinderte die Vertreter der traditionellen Lehre freilich nicht, unter Hinweis auf den abweichenden, als unvereinbar mit der Gruppenlehre angesehenen Gesetzeswortlaut nochmals nachhaltig für die Gegenansicht einzutreten.[20]

11 Nachdem der Gesetzgeber seit den 1990er Jahren mit Vorschriften wie § 11 Abs. 2 InsO[21] oder § 14 Abs. 2 BGB[22] eine gesetzliche „Aufwertung" der GbR eingeleitet hatte, kam die

---

[12] Dazu näher (referierend) *Aderhold*, Das Schuldmodell der BGB-Gesellschaft, 1981, S. 23 ff., 74 ff.; *Dauner-Lieb*, Unternehmen in Sondervermögen, 1998, S. 522 f.
[13] ZHR 136 (1972), 177 ff. und in FS Westermann, 1974, S. 119 ff.; zusammenfassend in AT I/1 §§ 4 und 5.
[14] Deutsches Privatrecht, Bd. 1, 1895, S. 660 ff.
[15] Vgl. dazu 3. Aufl. § 705 RdNr. 127 ff.; *K. Schmidt* GesR § 8 III; *Hüffer* GesR § 8 RdNr. 4 ff.; *Soergel/Hadding* Vor § 705 RdNr. 21 sowie die Nachweise in Fn. 19.
[16] So die früher herrschende, von der Rspr. geteilte sog. Doppelverpflichtungstheorie, dazu vgl. 3. Aufl. § 714 RdNr. 26 mN in Fn. 53, 54.
[17] So die von *Flume, K. Schmidt, Wiedemann* u. a. vertretene Akzessorietätstheorie, vgl. 3. Aufl. § 714 RdNr. 26 mN in Fn. 55, 56.
[18] Vgl. eingehend *Ulmer* AcP 198 (1998), 113, 114 f. mN in Fn. 6; wN bei *G. Hueck*, FS Zöllner, 1998, S. 277 Fn. 9.
[19] Insbes. BGHZ 116, 86, 88 = NJW 1992, 499; BGHZ 136, 254, 257 = NJW 1997, 2754; BGH NJW 1998, 376; vgl. weiter BGH ZIP 1992, 695, 698 und die Urteile zur Verpflichtungsfähigkeit der GbR (BGHZ 72, 267, 271 = NJW 1979, 308; BGHZ 74, 240, 241 = NJW 1979, 1821; BGHZ 79, 374, 377 = NJW 1981, 1213). Offen lassend dann aber BGHZ 142, 315, 320 f. = NJW 1999, 3483.
[20] So insbes. *Zöllner*, FS Gernhuber, 1993, S. 563 ff.; *ders.*, FS Kraft, 1998, S. 701 ff.; *G. Hueck*, FS Zöllner, 1998, S. 273, 279 ff.; im Ergebnis ebenso *Cordes* JZ 1998, 545 ff.; *Berndt/Boin* NJW 1998, 2854 ff.
[21] Die Vorschrift behandelt die GbR ebenso wie OHG, KG, Partnerschaftsgesellschaft u. a. als insolvenzfähige „Gesellschaft ohne Rechtspersönlichkeit", deren organschaftlichen Vertretern nach § 15 Abs. 1 InsO das Antragsrecht zur Verfahrenseröffnung zusteht.
[22] Die Vorschrift definiert die rechtsfähige Personengesellschaft als „Personengesellschaft, die mit der Fähigkeit ausgestattet ist, Rechte zu erwerben und Verbindlichkeiten einzugehen".

höchstrichterliche Rechtsprechung zur grundsätzlich uneingeschränkten **Bejahung der Rechtsfähigkeit der (Außen-)GbR**. Mit seinem Urteil vom 29. 1. 2001[23] hat der II. ZS des BGH nach ganz hM das Schlusswort in dieser jahrzehntelangen Auseinandersetzung gesprochen und für den endgültigen Durchbruch der Gruppenlehre gesorgt.[24] Nach dieser Rechtsprechung ist die (Außen-)GbR rechtsfähig und kann, soweit keine speziellen Vorschriften entgegenstehen, als solche am Rechtsverkehr teilnehmen, Rechte erwerben und Verbindlichkeiten eingehen, klagen und verklagt werden. Die Vermögensrechte der Gesellschafter beschränken sich auf ihre gesamthänderische Beteiligung am Gesellschaftsvermögen; für die Verbindlichkeiten der GbR haften sie grundsätzlich nach Maßgabe der Akzessorietätstheorie.[25] Zur Tragweite der Rechts- und Parteifähigkeit der GbR und zur Mithaftung der Gesellschafter persönlich vgl. näher § 705 RdNr. 303 ff., § 714 RdNr. 33 ff. und § 718 RdNr. 44 ff.

b) Unterscheidung gegenüber der juristischen Person. Der grundsätzliche Unterschied zwischen gesellschaftsrechtlicher Gesamthand und juristischer Person ist seit alters ein Strukturprinzip des deutschen Rechts der Personenverbände.[26] Dementsprechend sind AG, GmbH, eGen und e. V. kraft Gesetzes Gesellschaften bzw. Verbände „mit eigener Rechtspersönlichkeit". Die Qualität **juristischer Personen** erlangen sie nach Maßgabe des Normativsystems[27] mit der vom Registergericht nach Prüfung der Eintragungsvoraussetzungen veranlassten Eintragung im jeweils zuständigen Register (vgl. §§ 1 Abs. 1, 41 Abs. 1 S. 1 AktG, §§ 11 Abs. 1, 13 Abs. 1 GmbHG, §§ 13 Abs. 1, 17 Abs. 1 GenG, § 21 BGB). Demgegenüber sind die Personengesellschaften des Handelsrechts (OHG und KG) und die Partnerschaftsgesellschaft, deren Rechtsverhältnisse im Unterschied zur GbR eingehend im HGB bzw. im PartGG geregelt sind, trotz der ihnen in §§ 124 HGB, 7 Abs. 2 PartGG zuerkannten Rechts- und Parteifähigkeit als **Gesamthandsgesellschaften** strukturiert; das folgt aus der Verweisung in § 105 Abs. 3 HGB auf das subsidiär geltende Recht der GbR, darunter auch die für die Gesamthand kennzeichnenden Vorschriften der §§ 718 bis 720, 738 BGB. Nicht nur diese verschiedenen Regelungskomplexe, sondern auch die im Jahr 2000 eingeführte Definitionsnorm des § 14 lassen klar erkennen, dass der Gesetzgeber, unabhängig von der Anerkennung der Rechtsfähigkeit auch der Personengesellschaften, zwischen Gesellschaften bzw. Verbänden mit Rechtspersönlichkeit und solchen ohne diese unterscheidet.[28]

In Teilen der neueren Literatur ist diese Unterscheidung in Frage gestellt worden.[29] Gestützt auf die Zulassung „formwechselnder" Umwandlung zwischen Personen- und Kapitalgesellschaften in §§ 190, 191 UmwG und unter Hinweis auf die zwischen ihnen verbreitet anzutreffende Typenvermischung nach Art der GmbH & Co. KG hat insbesondere *Thomas Raiser*[30] die These aufgestellt, aus heutiger Sicht sei die Aufteilung zwischen juristischer Person und Gesamthand überholt; auch die Personengesellschaften unter Einschluss der GbR seien als juristische Person anzuerkennen. Für diese Ansicht lässt sich zwar anführen, dass die grundsätzliche Anerkennung der Rechts- und Parteifähigkeit von Per-

---

[23] BGHZ 146, 341 = NJW 2001, 1056 (Versäumnisurteil, der Sache nach bestätigt durch BGH NJW 2002, 1207).
[24] Ebenso der in den Urteilsrezensionen klar vorherrschende Tenor; vgl. insbes. *Dauner-Lieb* DStR 2001, 356 ff.; *Habersack* BB 2001, 477 ff.; *Hadding* ZGR 2001, 712 ff.; *K. Schmidt* NJW 2001, 993 ff.; *Ulmer* ZIP 2001, 585 ff.; *Westermann* NZG 2001, 289 ff.; *Wiedemann* JZ 2001, 661 ff.; im Rückblick auch *Reuter* AcP 207 (2007), 673, 675 ff. Krit. nur *Boin* GmbHR 2001, 513 ff.; *Heil* NZG 2001, 300 ff.; *Pfeifer* NZG 2001, 296 ff.
[25] So ausdrücklich BGHZ 146, 341, 358 = NJW 2001, 1056 unter Klärung der in BGHZ 142, 315, 318 = NJW 1999, 3483 noch offen gebliebenen Rechtsgrundlage der Haftung.
[26] Dazu neuestens *Reuter* AcP 207 (2007), 673, 687 ff.
[27] Vgl. dazu statt aller *K. Schmidt* GesR § 8 II 5; *Rittner*, Die werdende juristische Person, 1973, S. 91 ff.
[28] Das gilt auch für § 11 Abs. 1 und 2 InsO und die in § 705 RdNr. 304 angeführten gesetzlichen Neuregelungen zur GbR.
[29] So insbes. *Raiser* AcP 194 (1994), 495, 499 ff.; ders., FS Zöllner, 1998, S. 469, 474 ff.; ebenso *Timm* NJW 1995, 3209, 3214 und ZGR 1996, 247, 251 f.; *Bälz*, FS Zöllner, 1998, S. 35, 47 ff.; *Hadding*, FS Kraft, 1998, S. 137, 142 ff.; tendenziell auch *K. Schmidt* GesR § 8 I 3; *Mülbert* AcP 199 (1999), 38, 62 ff.
[30] AaO (Fn. 29).

sonengesellschaften über die Sonderregelung des § 124 HGB hinaus die praktischen Unterschiede zwischen den beiden Arten von Personenverbänden relativiert hat. Die bestehenden **Strukturunterschiede** sind hiervon jedoch unberührt geblieben.[31] Neben der unterschiedlichen *Haftungsverfassung* und den besonderen Gläubigerschutzvorschriften nur bei juristischen Personen zeigen sie sich einerseits mit Blick auf das jeweilige *Innenverhältnis* der in Frage stehenden Verbände. So ist die grundsätzlich freie Übertragbarkeit der Anteile, die Geltung des Mehrheitsprinzips und die Zulassung der Fremdorganschaft auf Kapitalgesellschaften als juristische Personen beschränkt, während der persönliche Zusammenschluss als Kennzeichen der gesellschaftsrechtlichen Gesamthand in allen diesen Punkten von einem abweichenden Regelungsprinzip ausgeht. Andererseits unterstreicht auch die stärkere *Verselbständigung des als juristische Person organisierten Verbands* gegenüber seinen Mitgliedern die unterschiedliche Rechtsqualität von Kapital- und Personengesellschaften, da nur bei jenen die Vervielfachung der Beteiligung eines Mitglieds, der Erwerb eigener Anteile durch die Gesellschaft sowie die Anerkennung einer Einpersonengesellschaft denkbar ist, während für Personengesellschaften diese Möglichkeiten nach wie vor ausscheiden. Ein Erkenntnisgewinn lässt sich aus der Nivellierung des Unterschieds zwischen juristischer Person und Gesamthand nach allem nicht ableiten. An der rechtlichen Differenzierung zwischen juristischer Person und gesellschaftsrechtlicher Gesamthand bzw. zwischen Rechtspersönlichkeit und Rechtsfähigkeit ist trotz rechtlicher Anerkennung der Rechtsfähigkeit der Personengesellschaften festzuhalten (vgl. mit Blick auf die höchstrichterliche Rechtsfortbildung zur GbR näher § 705 RdNr. 307 f.).[32]

II. Systematische Stellung

14   **1. Gesellschaft als Schuldverhältnis.** Nach der systematischen Stellung des „Titel 16" (§§ 705 bis 740) im Besonderen Teil des Schuldrechts bildet die Gesellschaft ein – durch die Besonderheiten der Gesamthand (§§ 718 bis 720) modifiziertes – vertragliches Schuldverhältnis in Gestalt eines Dauerschuldverhältnisses. Dementsprechend gelten für die Rechtsbeziehungen zwischen den Gesellschaftern im Grundsatz nicht nur die Vorschriften des Allgemeinen Teils, sondern auch diejenigen des Allgemeinen Schuldrechts, soweit sie zur Anwendung auf Dauerschuldverhältnisse geeignet sind. Der Grundsatz erfährt mit Rücksicht auf die Besonderheiten der Gesellschaft allerdings eine Reihe wesentlicher Einschränkungen. Zu nennen sind vor allem die besonderen Auslegungsgrundsätze für Gesellschaftsverträge in Abweichung von §§ 125, 139, 154 (§ 705 RdNr. 171 ff.) sowie die Nichtanwendung der auf Austauschverträge bezogenen Vorschriften des Allgemeinen Schuldrechts, darunter insbesondere der §§ 320 bis 326 (str., vgl. § 705 RdNr. 161 ff.). Eine weitere Abweichung gilt für fehlerhafte Gesellschaftsverträge von dem Zeitpunkt an, in dem sie in Vollzug gesetzt sind; bei ihnen können Anfechtungs- und Nichtigkeitsgründe grundsätzlich nur ex nunc, durch außerordentliche Kündigung des für die Vergangenheit wirksam bleibenden Gesellschaftsvertrags, geltend gemacht werden (§ 705 RdNr. 323 ff.).

15   **2. Gesellschaft und Gemeinschaft.** Die (Bruchteils-)Gemeinschaft, im BGB im Anschluss an das Recht der GbR in §§ 741 bis 758 geregelt, weist insofern eine gewisse Parallele zur GbR auf, als es bei ihr um die gemeinsame Berechtigung mehrerer Personen an einem Vermögensgegenstand geht und sich damit häufig gleichgerichtete, auf die Verwaltung und Nutzung des Gegenstands bezogene Interessen verbinden. Diese Ähnlichkeit ist freilich nur äußerlicher Natur. Sie vermag die schon in den Definitionen der §§ 705, 741 zum Ausdruck kommenden grundsätzlichen Strukturunterschiede beider Rechtsinstitute nicht zu verdecken. Sie bestehen nicht nur in der Zahl der Gegenstände, auf die sich die

---

[31] Vgl. dazu näher *Ulmer* AcP 198 (1998), 113, 119 ff., und – im Lichte der höchstrichterlichen Anerkennung der Rechtsfähigkeit der GbR – *ders.* ZIP 2001, 585, 588; so unter Betonung der Unterschiede bei Gesellschafterhaftung und Selbst- bzw. Fremdorganschaft auch *Reuter* AcP 207 (2007), 673, 687 ff.
[32] So auch die nach wie vor hM, vgl. nur *Erman/Westermann* RdNr. 14a; *Wiedemann* GesR I § 1 II, GesR II § 1 I 2 a b; *Kübler/Assmann* GesR § 4 III und IV und V; *Zöllner*, FS Claussen, 1997, S. 430 f.

gemeinsame Berechtigung bezieht,[33] sondern vor allem in der jeweiligen **Art und dem Inhalt des Gemeinschaftsverhältnisses**. Im Fall der GbR unterliegt die gemeinsame Berechtigung am Gesellschaftsvermögen gesamthänderischer Bindung; sie ist Ausdruck der Pflicht der Gesellschafter zur Förderung des gemeinsamen Zwecks. Dagegen bleibt im Fall der Gemeinschaft die Einzelverfügungsbefugnis jedes Gemeinschafters über seinen Anteil am gemeinschaftlich gehaltenen Gegenstand grundsätzlich unberührt (§ 747). Dem entspricht es, dass bei der GbR vertragliche Bindungen der Gesellschafter untereinander bestehen, während bei der Gemeinschaft ein vertragliches Schuldverhältnis zwischen den Gemeinschaftern regelmäßig fehlt und etwaige auf den gemeinsamen Gegenstand bezogene Beschlüsse der Gemeinschafter oder Vereinbarungen zwischen ihnen sich nach § 745 auf dessen Verwaltung und Benutzung beschränken. Zur Abgrenzung zwischen GbR und Gemeinschaft im Einzelnen vgl. RdNr. 124 ff. und § 741 RdNr. 4 f., zum Sonderfall einer GbR mit Bruchteilseigentum der Gesellschafter § 705 RdNr. 266 f.

3. GbR und Handelsgesellschaften. Das Verhältnis zwischen der GbR und den Personengesellschaften des Handelsrechts (OHG und KG) ist entgegen einer vor allem früher verbreiteten Annahme[34] nicht etwa durch grundsätzliche Strukturunterschiede gekennzeichnet. Das gilt ungeachtet der ausgeprägteren Organregelungen für die Handelsgesellschaften in §§ 114 ff., 125 ff. HGB sowie der zu Unrecht häufig[35] als „Annäherung an die juristische Person" verstandenen Vorschrift des § 124 HGB, die die OHG als Träger von Rechten und Pflichten und als selbständige Prozesspartei behandelt. Denn diese Vorschriften ändern nichts an der nach gesetzlicher Regel **allen Personengesellschaften gemeinsamen gesamthänderischen Grundstruktur** und der Anerkennung der Gesamthand oder Gruppe als selbständiges Zuordnungssubjekt von Rechten und Verbindlichkeiten (vgl. näher RdNr. 10; dazu eingehend § 705 RdNr. 303 ff. betr. die Rechtsfähigkeit der Außen-GbR). Die Funktion dieser die OHG und KG betreffenden Sondervorschriften des HGB besteht vielmehr darin, eine praktikable, im Interesse von Gesellschaftern und Dritten liegende gesetzliche Ausgestaltung der Art und Weise zu treffen, in der die Handelsgesellschaften trotz ihrer gesamthänderischen Struktur am Rechtsverkehr teilnehmen können. Für die GbR als – nach gesetzlicher Vorstellung – typische Gelegenheitsgesellschaft (RdNr. 87) ging der BGB-Gesetzgeber ursprünglich davon aus, dass ein entsprechendes Regelungsbedürfnis nicht bestehe. Das hat sich als unzutreffend erwiesen und ist im Anschluss an entsprechende Vorarbeiten der Literatur im Wege höchstrichterlicher Rechtsfortbildung korrigiert worden (RdNr. 11).

Die enge Verwandtschaft zwischen GbR einerseits, OHG und KG andererseits kommt indessen nicht nur darin zum Ausdruck, dass § 105 Abs. 3 HGB die subsidiäre Geltung der §§ 705 bis 740 für die Handelsgesellschaften anordnet. Sie zeigt sich vielmehr auch in dem vereinfachten, ausschließlich vom jeweiligen Gesellschaftszweck abhängigen *Wechsel zwischen den genannten Rechtsformen*. Für diesen Wechsel ist entscheidend, dass nach §§ 105 Abs. 1, 161 Abs. 1 HGB die Gesellschafter einen auf den gemeinsamen Betrieb eines Handelsgewerbes (§ 1 Abs. 2 HGB) gerichteten Zweck als Gesamthand nur in der Rechtsform der OHG oder KG verfolgen können, wobei dieser Zweck die Personengesellschaft zugleich stets zur Handelsgesellschaft macht (§ 705 RdNr. 3). Demgegenüber steht für alle sonstigen gesetzlich nicht verbotenen Zwecke vorbehaltlich der durch § 105 Abs. 2 HGB eröffneten HGB-Option die Rechtsform der GbR zur Verfügung. Daher hat jede für das Eingreifen der §§ 105, 161 HGB relevante, zur Begründung eines kaufmännischen Handelsgewerbes führende **Zweckänderung** unmittelbar einen entsprechenden **Rechtsformwechsel** zur

---

[33] So aber *Schulze-Osterloh*, Das Prinzip der gesamthänderischen Bindung, S. 131 f.; dagegen zu Recht *Blaurock* ZHR 137 (1973), 435; *Schünemann*, Grundprobleme der Gesamthandsgesellschaft, 1975, S. 80 ff.
[34] *Reinhardt* GesR (1. Aufl.) RdNr. 62, 110; *Rob. Fischer* in Großkomm. zum HGB § 105 Anm. 7 f.; *Schlegelberger/Geßler* § 105 HGB RdNr. 28; vgl. auch *G. Hueck* GesR, 19. Aufl. 1991, §§ 12 II, 15 I. Wie hier *Flume* I/1 § 5, S. 69 f.
[35] BGH JZ 1975, 178, 179; *Hueck* OHG § 19, S. 271; *Schlegelberger/Geßler* § 124 HGB RdNr. 1; *Larenz*, SchuldR II, 12. Aufl. 1981, § 60 IV c; zurückhaltend aber *Rob. Fischer* in Großkomm. zum HGB § 124 Anm. 2; wie hier *Flume* I/1 § 5, S. 69.

Folge; bei Rückfall der gewerblichen Tätigkeit auf kannkaufmännische Dimensionen (§ 2 S. 1 HGB) gilt Entsprechendes im Sinne des Wechsels von OHG/KG zur GbR, wenn die Gesellschaft nicht (mehr) im Handelsregister eingetragen ist.[36] Darauf, ob die Zweckänderung auf einem Gesellschafterbeschluss beruht oder auf sonstigen Umständen wie etwa Eintragung oder Löschung im Handelsregister (§§ 2 S. 2, 3 HGB) bzw. Ausweitung oder Rückgang der Geschäftstätigkeit (§ 2 S. 1 HGB), kommt es nicht an (vgl. auch § 705 RdNr. 11).

18 Ein besonderes Abgrenzungsproblem stellte sich bis zur Handelsrechtsreform 1998 für **Besitzgesellschaften** im Falle einer *Betriebsaufspaltung*. Sie wurden von der früher hM trotz Verpachtung des Geschäftsbetriebs an eine hierzu gegründete Betriebs-GmbH weiterhin als Handelsgesellschaften (meist KG) behandelt und im Handelsregister belassen, sofern nur der Umfang ihrer Tätigkeit kaufmännische Einrichtung erforderte.[37] Nachdem vor allem *Karsten Schmidt*[38] wiederholt Kritik an dieser Praxis angemeldet und auf den Wegfall der gewerblichen Tätigkeit bei der Besitzgesellschaft hingewiesen hatte, hat der Gesetzgeber im Zuge der Handelsrechtsreform 1998 Abhilfe geschaffen und durch § 105 Abs. 2 nF HGB vermögensverwaltenden Gesellschaften den Weg ins Handelsregister eröffnet. Für Fälle der Betriebsaufspaltung bedeutet das, dass die – schon bisher im Handelsregister eingetragene – Besitzgesellschaft als KG fortbesteht, solange sich die Gesellschafter nicht zur Löschung der Eintragung entschließen.[39]

19 **4. Verwandte Gesellschaftsformen. a) Freiberufler-Partnerschaft.** Durch Gesetz vom 25. 7. 1994[40] wurde die Partnerschaft(sgesellschaft) mit Wirkung zum 1. 7. 1995 eingeführt.[41] Als Rechtsform für den Zusammenschluss von **Angehörigen Freier Berufe** ist sie zur gemeinsamen Ausübung dieser Berufe unter Beachtung des jeweils einschlägigen Berufsrechts bestimmt. In ihrem auf Freiberufler bezogenen Anwendungsbereich bietet die Partnerschaft als Gesamthand eine Alternative zu der ohne besondere Rechtsformwahl entstehenden GbR, im Fall von Wirtschaftsprüfern und Steuerberatern als Freiberufler eine Alternative zur OHG oder KG. Die Entscheidung zwischen diesen Rechtsformen treffen die Beteiligten. Einigen sie sich nicht ausdrücklich auf eine Partnerschaft oder verzichten sie darauf, die Gesellschaft zum Partnerschaftsregister anzumelden (§ 4 Abs. 1 PartGG), so bewendet es vorbehaltlich der Wirtschaftsprüfer und Steuerberater bei der Rechtsform der GbR.

20 Systematisch gesehen ist die Partnerschaft die **Sonderform einer GbR,** freilich einer solchen, die durch eine Reihe von gesetzlichen Verweisungen auf HGB-Vorschriften und durch die Notwendigkeit der Registereintragung weitgehend einer Handelsgesellschaft angenähert ist. Besonderheiten gegenüber der GbR zeigen sich im *Innenverhältnis* vor allem darin, dass die Partner nach § 6 PartGG nicht von der Geschäftsführung ausgeschlossen werden können, soweit es um die Ausübung des Freien Berufs unter gemeinsamem Namen geht. Im Verhältnis *nach außen* ist, abgesehen von der Registerpublizität der Partnerschaft, in erster Linie die Möglichkeit der Haftungsbeschränkung der Partner nach Maßgabe des § 8 Abs. 2 PartGG von Bedeutung. Die ursprünglich geringe Akzeptanz der Partnerschaft hat sich seit der Reform der Haftungsvorschrift des § 8 Abs. 2 PartGG im Jahr 1998 deutlich verbessert (vgl. Vor § 1 PartGG RdNr. 26 ff.). Seither stellt sie unter Haftungsgesichtspunkten auch eine interessante Alternative zur Freiberufler-GmbH dar. Wegen der Rechtsverhältnisse der Partnerschaft im Einzelnen vgl. die Kommentierung des PartGG (nach § 740).

---

[36] Zu den Folgen einer derartigen Umwandlung für das Innenverhältnis der Gesellschafter vgl. § 705 RdNr. 14.
[37] So noch OLG München NJW 1988, 1036, 1037; LG Heidelberg BB 1982, 142; *Baumbach/Hopt* (29. Aufl.) § 2 HGB RdNr. 2; *Staub/Hüffer* § 17 HGB RdNr. 20; wN in Voraufl. Fn. 38.
[38] *K. Schmidt* GesR § 12 II 3 d; *Schlegelberger/K. Schmidt* § 105 HGB RdNr. 39; so auch schon *ders.* DB 1971, 2345, 2347; DB 1988, 897 f. und DB 1990, 93, 94 (für die doppelstöckige GmbH & Co. KG).
[39] Vgl. nur MünchKommHGB/*K. Schmidt* § 105 RdNr. 64.
[40] Gesetz zur Schaffung von Partnerschaftsgesellschaften und zur Änderung anderer Gesetze, BGBl. 1994 I S. 1744.
[41] Vgl. dazu näher *K. Schmidt* NJW 1995, 1 ff. und die Kommentierungen des PartGG im Anschluss an § 740; *Henssler,* PartGG, 2. Aufl. 2008; *Meilicke,* PartGG, 2. Aufl. 2006.

b) EWIV. Die **Europäische Wirtschaftliche Interessenvereinigung** (EWIV), geregelt 21
durch EG-VO vom 25. 7. 1985[42] mit Inkrafttreten zum 1. 7. 1989 (Art. 43 Abs. 2 VO), ist
die erste auf *supranationalem* (europäischem) Recht beruhende Rechtsform einer inländischen Personenvereinigung. Ihrer Zweckbestimmung nach ist sie – ohne eigene Gewinnerzielungsabsicht – auf *Kooperation ihrer Mitglieder* gerichtet, wobei diese entweder unternehmerisch oder freiberuflich tätig und in mindestens zwei Mitgliedstaaten der EU ansässig sein
müssen; sie dient zur Förderung der grenzüberschreitenden wirtschaftlichen Zusammenarbeit (Art. 3 Abs. 1 VO). Ihre **Rechtsgrundlage** bildet neben der bewusst lückenhaft
gehaltenen EG-VO das jeweilige nationale Ausführungsgesetz desjenigen Mitgliedstaats, in
dem die EWIV ihren satzungsmäßigen Sitz hat. Für Vereinigungen mit Sitz in Deutschland
ist danach das EWIV-AusführungsG v. 14. 4. 1988[43] maßgebend, das sich seinerseits auf
relativ wenige Regelungen beschränkt und im Übrigen (in § 1) die subsidiäre Geltung der
§§ 105 ff. HGB anordnet. Diese Regelungstechnik führt zu *drei verschiedenen Schichten des* auf
eine EWIV mit Sitz in Deutschland *anwendbaren Rechts:* in erster Linie das supranationale
Recht der EWIV-VO, hinsichtlich der dort nicht geregelten Fragen das deutsche Recht des
EWIV-AusfG und subsidiär schließlich das deutsche OHG-Recht einschließlich der über
die Verweisung in § 105 Abs. 3 HGB anwendbaren Teile des BGB-Gesellschaftsrechts.

Ihrer **Rechtsnatur** nach gilt die EWIV in Deutschland trotz ihres genossenschaftlichen 22
Zwecks als *Handelsgesellschaft* (§ 1 AusfG); sie ist daher zur Eintragung in das Handelsregister
anzumelden (§ 2 Abs. 1 AusfG). Sie ist rechtsfähige Gesamthandsgesellschaft entsprechend
§ 124 HGB. Ihre Gründung durch Abschluss eines EWIV-Vertrages setzt die Mitwirkung
unternehmerisch oder freiberuflich tätiger Mitglieder voraus, sei es als natürliche Personen
oder als Gesellschaften, und zwar aus mindestens zwei EU-Mitgliedstaaten (Art. 4 Abs. 2
VO). Für das **Innenverhältnis** kennt das Recht der EWIV zwei Organe, die gemeinschaftlich handelnden Mitglieder und die Geschäftsführer (Art. 16 VO), wobei abweichend vom
OHG-Recht auch Fremdorganschaft zulässig ist. Im Grundsatz gilt das Mehrheitsprinzip,
jedoch können wesentliche, in Art. 17 Abs. 2 VO aufgelistete Beschlüsse nur einstimmig
gefasst werden. Die Mitgliedschaft ist nach Art. 22 Abs. 1 VO übertragbar, allerdings nur
mit Zustimmung der Mitgesellschafter. Im **Außenverhältnis** gilt der Grundsatz unbeschränkter und unbeschränkbarer Vertretungsmacht der Geschäftsführer (Art. 20 Abs. 1
VO). Neben der EWIV haften auch deren Mitglieder unbeschränkt für die Verbindlichkeiten der EWIV, freilich im Unterschied zu § 128 HGB nicht gleichrangig mit dieser,
sondern subsidiär; im Verhältnis zwischen ihnen besteht gesamtschuldnerische Haftung
(Art. 24 VO). Wegen der Einzelheiten wird auf die VO, das AusfG und die einschlägigen
Kommentare verwiesen.[44]

5. Personen- und Kapitalgesellschaften. Die GbR bildet entsprechend den vorstehen- 23
den Erläuterungen den gesetzlichen Grundtyp der als Schuldverhältnis mit Gesamthandsvermögen konzipierten, auf vertraglicher Verbindung der Gesellschafter untereinander beruhenden Personengesellschaft. Als Gesellschaft im engeren Sinn (RdNr. 2) unterscheidet sie
sich dadurch eindeutig von den Kapitalgesellschaften (AG, GmbH). Bei diesen verselbständigt sich das auf Gründung der AG oder GmbH gerichtete Vertragsverhältnis zwischen
den Gründern als Mitgliedern der Vorgesellschaft (RdNr. 24) infolge der Handelsregistereintragung zur Organisationsgrundlage der Gesellschaft; diese erlangt Rechtsfähigkeit als
juristische Person. Der Vertrag (bzw. – bei der Einmann-Gründung – die Errichtungsurkunde des Einmann) wird durch Eintragung zur Satzung oder „Verfassung" der juristi-

---

[42] Verordnung (EWG) Nr. 2137/85 des Rates vom 25. 7. 1985 über die Schaffung einer Europäischen Wirtschaftlichen Interessenvereinigung, ABl. EG Nr. L 199 S. 1.
[43] Gesetz zur Ausführung der EWG-Verordnung über die Europäische Wirtschaftliche Interessenvereinigung (EWIV-Ausführungsgesetz), BGBl. 1988 I S. 514.
[44] *Ganske,* Das Recht der Europäischen wirtschaftlichen Interessenvereinigung, 1988; *von der Heydt/von Rechenberg* (Hrsg.), Die Europäische wirtschaftliche Interessenvereinigung, 1991; *K. Schmidt* GesR § 66; *Lentner,* Das Gesellschaftsrecht der Europäischen wirtschaftlichen Interessenvereinigung, 1994; *Habersack,* Europäisches GesR, 3. Aufl. 2006, § 11.

schen Person (RdNr. 24). Eine Einschränkung gilt nur für den gesetzlichen Mischtyp der KGaA; er kennt trotz seiner grundsätzlichen Ausgestaltung als Kapitalgesellschaft und juristische Person auch vertragliche Rechtsbeziehungen der persönlich haftenden Gesellschafter untereinander und gegenüber der Gesamtheit der Kommanditaktionäre (§ 278 Abs. 2 AktG). Angesichts der für die Wahl der Rechtsform der KGaA aufgestellten klaren gesetzlichen Gründungsvoraussetzungen (§§ 279 ff. AktG) sind Abgrenzungsschwierigkeiten freilich auch insoweit ausgeschlossen. Zur Frage einer Gleichstellung von rechtsfähiger Gesamthand und juristischer Person vgl. RdNr. 12 f.

24 **6. Die Vorgesellschaft.** Die aus dem Recht der AG und GmbH bekannte, während des Gründungszeitraums zwischen Satzungsfeststellung (Vertragsschluss) und Entstehung der Kapitalgesellschaft durch Handelsregistereintragung (§§ 41 Abs. 1 AktG, 11 Abs. 1 GmbHG) bestehende (Kapital-)Vorgesellschaft ist entgegen früher verbreiteter Ansicht[45] **keine GbR.** Es handelt sich vielmehr um eine durch die angestrebte Rechtsform (AG oder GmbH) vorgeprägte **Gesellschaft eigener Art.** Ihre Rechtsverhältnisse richten sich nach den im jeweiligen Organisationsgesetz sowie im Gesellschaftsvertrag bestimmten Gründungsvorschriften und darüber hinaus nach dem Recht der rechtsfähigen Gesellschaft, soweit dieses nicht die Eintragung voraussetzt.[46] Das ist heute im Grundsatz unbestritten, auch wenn die Rechtsverhältnisse innerhalb der Vorgesellschaft noch immer nicht abschließend geklärt sind. Anerkannt ist auch, dass die Vorgesellschaft als solche, handelnd durch ihre Geschäftsführer, schon vor Eintragung wirksam am Rechtsverkehr teilnehmen kann, sofern nur die Gründer sich mit dem Geschäftsbeginn einverstanden erklärt haben, und dass die Rechte und Pflichten aus diesen Geschäften ebenso wie die übrigen Rechtsverhältnisse der Vorgesellschaft im Wege der Gesamtrechtsnachfolge kraft Formwechsels auf die bei Eintragung entstehende Kapitalgesellschaft übergehen.[47] Die lange Zeit umstrittene Frage, ob die Gründer aus den Rechtsgeschäften der Vorgesellschaft in der Zeit bis zur Eintragung persönlich haften oder ob sich ihre durch die Höhe der übernommenen Stammeinlage und die anteilige „Vorbelastung" aus der Gründungsphase begrenzte Haftung auf das Innenverhältnis beschränkt,[48] wird inzwischen von den Gerichten einheitlich im Sinne einer zwar nicht auf die Stammeinlage begrenzten, aber grundsätzlich nur im Innenverhältnis eingreifenden Haftung entschieden.[49]

25 Von der Vorgesellschaft zu unterscheiden ist die auf **Gründung einer (Kapital-)Gesellschaft** gerichtete **Vorgründungsgesellschaft.** Sie entsteht durch rechtsgeschäftliche Bindung von zwei oder mehr Personen im Rahmen eines *Vorvertrags,* durch den diese sich in einer für den künftigen Vertragsschluss hinreichend konkretisierten Art und Weise[50] zum Abschluss des intendierten Gesellschaftsvertrags verpflichten. Wegen des schon dem Vorvertrag eigentümlichen gemeinsamen Zwecks hat der Zusammenschluss regelmäßig die Rechtsnatur einer GbR, auch wenn die angestrebte Gesellschaft als solche in der Rechts-

---

[45] So noch das RG in st. Rspr. (RGZ 58, 55, 56; 151, 86, 91) und ein Teil der Lit., vgl. Nachweise in *Ulmer* in: *Ulmer/Winter/Habersack* § 11 GmbHG RdNr. 9.
[46] So der BGH seit BGHZ 21, 242, 246 = NJW 1956, 1435 in st. Rspr. (BGHZ 45, 338, 347 = NJW 1966, 1311; BGHZ 51, 30, 32 = NJW 1969, 509) und die in der Lit. ganz hM; Nachweise bei *Ulmer* in: *Ulmer/Winter/Habersack* § 11 GmbHG RdNr. 10.
[47] Grdlg. BGHZ 80, 129, 133 ff. = NJW 1981, 1373; dazu *Fleck* GmbHR 1983, 5 ff.; *K. Schmidt* NJW 1981, 1345 ff.; *Ulmer* ZGR 1981, 593 ff. Vgl. zum Ganzen auch *Ulmer* in: *Ulmer/Winter/Habersack* § 11 GmbHG RdNr. 86 ff.
[48] Vgl. die durch die abw. Entscheidung des BSG ZIP 1986, 645 veranlassten Vorlagebeschlüsse des BAG ZIP 1995, 1892, 1893 und des BGH NJW 1996, 1210, 1211 zu dieser Frage; dazu auch *K. Schmidt* ZIP 1996, 353 und 593; *Ulmer* ZIP 1996, 733; allg. zum Diskussionsstand vgl. *Ulmer* in: *Ulmer/Winter/Habersack* § 11 GmbHG RdNr. 100 ff.
[49] Beschlüsse des BAG NJW 1996, 3165 und des BSG NJW 1996, 3165, in denen diese Gerichte sich der Auffassung des BGH (NJW 1996, 1210 ff.) anschlossen. Abschließend dann BGHZ 134, 333, 338 ff., 342 = NJW 1997, 1507.
[50] Zu den Mindestanforderungen an die inhaltliche Bestimmtheit des Vorgründungsvertrags vgl. BGH WM 1976, 180; LM § 705 Nr. 3 = BB 1953, 97; RGZ 66, 116, 121; *Soergel/Hadding* § 705 RdNr. 15; *Ulmer* in: *Ulmer/Winter/Habersack* § 2 GmbHG RdNr. 48.

form einer *Kapitalgesellschaft* (AG, GmbH u. a.) gegründet werden soll.[51] Die Formvorschriften für die zu gründende Gesellschaft gelten auch für die Vorgründungsgesellschaft.[52] Bei **Personengesellschaften** sind die Grenzen zwischen Vorgründungsgesellschaft und zu gründender GbR, OHG oder KG wegen des dort möglichen konkludenten Vertragsschlusses (§ 705 RdNr. 25 ff.) fließend. Beginnen etwa die Partner des Vorvertrags einverständlich mit der beabsichtigten Geschäftstätigkeit, so liegt darin im Zweifel bereits die konkludente Gründung der angestrebten Gesellschaft,[53] wobei deren Rechtsform als GbR oder OHG sich (bei Verzicht aller Gesellschafter auf eine Haftungsbeschränkung als Kommanditisten) nach dem Gesellschaftszweck bestimmt (RdNr. 17).

III. Reform

1. Die unvollkommene Regelung im BGB. Die Vorschriften der §§ 705 bis 740 haben seit ihrem Inkrafttreten im Jahr 1900 nur wenige Änderungen erfahren (vgl. RdNr. 30). Sie waren von Anfang an auf **Gelegenheitsgesellschaften** ohne deutlich ausgeprägte Gesellschaftsorganisation zugeschnitten (vgl. etwa §§ 709 ff., 721, 723). Sie eignen sich deshalb nur begrenzt als Rechtsgrundlage für sog. Erwerbsgesellschaften (vgl. dazu RdNr. 89) und erfordern zahlreiche gesellschaftsvertragliche Abweichungen vom dispositiven Recht. Dem entspricht es, dass die Rechtsprechung beim Vorhandensein von Vertragslücken der ergänzenden Vertragsauslegung in den hierfür geeigneten Fällen den Vorrang einräumt vor der Heranziehung dispositiven Rechts (vgl. § 705 RdNr. 174). Diesen Mängeln des Gesetzes könnte nicht durch Neufassung einzelner Vorschriften, sondern nur durch eine grundlegende Überarbeitung des Rechts der GbR abgeholfen werden, wobei sich eine stärkere Differenzierung nach den verschiedenen Arten der in der Rechtsform der GbR gegründeten Personenverbindungen empfiehlt. Das gilt insbesondere für Überlegungen zur Einrichtung eines *GbR-Registers für rechtsfähige Außengesellschaften* (vgl. zu diesen § 705 RdNr. 303 ff.); es würde deren Auftreten im Rechtsverkehr, insbesondere die Eintragung der GbR als Grundstückseigentümer oder als Gesellschafter einer KG, wesentlich erleichtern.

2. Reformansätze. Im Rahmen der *Vorarbeiten für die Schuldrechtsreform* war ein **Reformentwurf** von *Karsten Schmidt* im Auftrag des Bundesministers der Justiz erstellt worden.[54] Er zielte auf die grundsätzliche Unterscheidung von drei Arten der GbR ab: der reinen Innengesellschaft sowie der Außengesellschaft entweder mit oder ohne unternehmerische Zielsetzung (Mitunternehmer-GbR/schlicht zivilistische GbR). Hinsichtlich der Außengesellschaften sprach er sich für die weitgehende Unterstellung der Mitunternehmer-GbR unter das Recht der OHG aus, während die verschiedenen Erscheinungsformen der schlicht zivilistischen GbR (darunter auch die Arbeitsgemeinschaften und die Besitzgesellschaften im Rahmen einer Betriebsaufspaltung) unter Aufgabe des Anwachsungsprinzips (§ 738) vermögensrechtlich der Bruchteilsgemeinschaft angenähert werden sollten. Damit knüpfte der Reformentwurf an Modellvorstellungen an, die den ersten Entwürfen des BGB-Gesellschaftsrechts zu Grunde lagen und erst im Zuge der Gesetzesberatungen zu Gunsten der im BGB gewählten Einheitslösung aufgegeben wurden.[55] Ob ein derartiger Weg „zurück zu den Quellen" angesichts des seither erreichten Standes des Rechts der GbR, aber auch angesichts der erheblichen damit verbundenen Abgrenzungsprobleme emp-

---

[51] BGHZ 91, 148, 151 = NJW 1984, 2164; *Soergel/Hadding* RdNr. 39; *Ulmer* in: *Ulmer/Winter/Habersack* § 2 GmbHG RdNr. 49.
[52] Ganz hM, vgl. *Soergel/Hadding* § 705 RdNr. 15; *Ulmer* in: *Ulmer/Winter/Habersack* § 2 GmbHG RdNr. 43 f.; *Priester* GmbHR 1995, 481, 483; aA *Flume*, FS Geßler, 1971, S. 3, 18 f. Allg. zur Form des Vorvertrags vgl. Vor § 145 RdNr. 54.
[53] BGHZ 11, 192 = NJW 1954, 757; BGH LM § 705 Nr. 11 = NJW 1962, 1008; LM GmbHG § 11 Nr. 30 = NJW 1982, 932; RGZ 103, 73. Vgl. dazu näher § 705 RdNr. 25 ff.
[54] *K. Schmidt*, Gesellschaft bürgerlichen Rechts. Welche Änderungen sind im Recht der BGB-Gesellschaft geboten? in: Gutachten und Vorschläge zur Überarbeitung des Schuldrechts, hrsg. vom BMJ, Bd. 3, 1983, S. 413 ff.
[55] *K. Schmidt* (Fn. 54) S. 492 f.

fohlen werden kann, ist freilich zu bezweifeln. Die gegen die Vorschläge des Gutachters sprechenden Bedenken sind an anderer Stelle dargelegt worden;[56] hierauf wird verwiesen.

28 Im Rahmen der **Schuldrechtsreform 2001** hat der Gesetzgeber darauf verzichtet, Eingriffe in das Recht der GbR vorzunehmen oder es entsprechend den Vorschlägen des in RdNr. 27 erwähnten Reformentwurfs auf neue Füße zu stellen. Das allgemein auf Dauerschuldverhältnisse bezogene, in § 314 nF neu geregelte Kündigungsrecht aus wichtigem Grund findet auf das Recht der GbR angesichts der Spezialregelung in § 723 Abs. 1 S. 2 und 3 keine Anwendung (§ 723 RdNr. 5).

29 Mittelbare Bedeutung für das Recht der GbR hat freilich die Erweiterung des § 105 HGB durch die Aufnahme eines neuen Abs. 2 im Zuge der **Handelsrechtsreform 1998** erlangt. Indem sie den Gesellschaftern einer Personengesellschaft, deren Zweck auf den Betrieb eines kannkaufmännischen Gewerbes oder auf die Verwaltung eigenen Vermögens gerichtet ist, die *Option zum Handelsregister* einräumt und ihnen dadurch die Rechtswahl einer OHG oder KG eröffnet, überlässt sie es den Beteiligten, sich auf diesem Wege einer klarer konturierten Rechtsform zu bedienen und die Publizitätsvorteile des Handelsregisters in Anspruch zu nehmen. Bedeutung hat diese Möglichkeit der Rechtswahl vor allem im Hinblick auf die Haftungsverfassung der Gesellschaft, da eine gesellschaftsvertragliche Haftungsbeschränkung zu Gunsten eines Teils der Gesellschafter seit Anerkennung der akzessorischen Gesellschafterhaftung in der GbR (§ 714 RdNr. 4) nur durch Wahl der KG-Rechtsform möglich ist. Freiberuflern bleibt der Weg zum Handelsregister freilich auch seither verschlossen; stattdessen können sie von den Möglichkeiten des PartGG (RdNr. 19) Gebrauch machen.

30 **3. Einzelne Neuregelungen. a) Überblick.** Nachdem die Vorschriften der §§ 705 bis 740 seit Inkrafttreten des BGB nahezu hundert Jahre lang unverändert geblieben waren, kam es seit 1994 aus unterschiedlichen Gründen zu Änderungen bei den §§ 723, 728 bis 730 und 736. Anlass hierfür war jeweils nicht ein GbR-spezifischer Reformbedarf, sondern die Angleichung des GbR-Rechts an übergreifende, auch auf die GbR ausstrahlende Rechtsänderungen.

31 **b) Beschränkung der Minderjährigenhaftung.** Die Neufassung des **§ 723 Abs. 1** in S. 3 bis 6 durch Einführung eines außerordentlichen Kündigungsrechts für Gesellschafter bei Vollendung des 18. Lebensjahrs war Teil des Minderjährigenhaftungsbeschränkungsgesetzes.[57] Das Gesetz hatte zum Ziel, als Reaktion auf die vom BVerfG[58] zwölf Jahre zuvor festgestellte Verfassungswidrigkeit der infolge des Handelns ihrer gesetzlichen Vertreter eingetretenen Überschuldung volljährig gewordener Minderjähriger die zu ihrem Schutz gebotenen Rechtsfolgen zu ziehen.[59] Seine Zentralnorm findet sich in § 1629 a; sie beschränkt die Haftung des Minderjährigen kraft Gesetzes auf den Bestand seines bei Eintritt der Volljährigkeit vorhandenen Vermögens und schützt ihn dadurch vor den Folgen einer ohne sein Zutun eingetretenen Überschuldung. Mit Blick auf Verpflichtungen aus einer GbR-Beteiligung hat der Gesetzgeber dem volljährig gewordenen Gesellschafter in § 723 Abs. 1 S. 3 Nr. 2 nF ein **außerordentliches Kündigungsrecht** eingeräumt. Macht der Gesellschafter von diesem Recht nicht innerhalb von drei Monaten Gebrauch, so erschwert ihm die Vermutungsregelung des § 1629 a Abs. 4 die Möglichkeit, sich Gesellschaftsgläubigern gegenüber auf die Haftungsbeschränkung des § 1629 a Abs. 1 zu berufen. Zu Einzelheiten vgl. § 723 RdNr. 38 ff.

32 **c) Nachhaftungsbegrenzung.** Auch die Neuregelung des **§ 736 Abs. 2** durch das Nachhaftungsbegrenzungsgesetz[60] geht auf einen Anstoß aus der Rechtsprechung zurück. Auslöser war das Urteil des II. ZSs des BGH vom 19. 5. 1983,[61] das in Bezug auf die

---

[56] *Ulmer* ZGR 1984, 313 ff.; vgl. auch *Hüffer* AcP 184 (1984), 584, 588 ff.
[57] Gesetz vom 25. 8. 1998, BGBl. I S. 2487.
[58] BVerfGE 72, 155 = NJW 1986, 1859.
[59] Vgl. *Behnke* NJW 1998, 3078 ff.; *Habersack* FamRZ 1999, 1 ff.; *Grunewald* ZIP 1999, 597 ff.
[60] Gesetz vom 18. 3. 1994, BGBl. I S. 560.
[61] BGHZ 87, 286 = NJW 1983, 2254; vgl. dazu auch schon *Ulmer/Wiesner* ZHR 144 (1980), 393 und den Gesetzesvorschlag von *Ulmer* BB 1983, 1865 ff.

Forthaftung ausgeschiedener OHG-Gesellschafter für Verbindlichkeiten aus vor ihrem Ausscheiden begründeten Dauerschuldverhältnissen eine Gesetzeslücke festgestellt und im Wege richterlicher Rechtsfortbildung die Enthaftung des Ausgeschiedenen nach Ablauf von fünf Jahren begründet hatte. Der Gesetzgeber hat diesen Rechtssatz in § 160 HGB unter gleichzeitiger Ausdehnung auf alle Arten von Altverbindlichkeiten kodifiziert;[62] durch die Verweisung in § 736 Abs. 2 hat er die Regelung auch für die aus einer GbR ausscheidenden Gesellschafter übernommen (vgl. näher § 736 RdNr. 21 ff.). Das ist inhaltlich sachgerecht, hat regelungstechnisch freilich die bemerkenswerte Folge, dass damit abweichend vom Regelungsmuster des § 105 Abs. 3 HGB das GbR-Recht erstmals auf das OHG-Recht verweist.

d) Sonstige. Unter den sonstigen Änderungen haben die Neuregelung des **§ 728 Abs. 1** und die Erweiterung des **§ 730 Abs. 1** um einen letzten Halbsatz im Zuge der *Insolvenzrechtsreform 1994*[63] jeweils die Konsequenzen gezogen aus der in § 11 Abs. 2 Nr. 1 InsO neu begründeten Insolvenzfähigkeit der GbR, indem sie die Folgen der Insolvenzeröffnung über das Vermögen der GbR für deren Auflösung sowie für die Art der Auseinandersetzung geregelt haben. Demgegenüber beruht die Neufassung des **§ 729** im Zuge der *Handelsrechtsreform 1998*[64] darauf, dass der Gesetzgeber die sachlich entsprechende Regelung des § 136 HGB angesichts ihrer nur noch geringen Bedeutung gestrichen und den Wortlaut des § 729 auf die gesetzlich begründete Geschäftsführungsbefugnis sowie auf Fälle eines nicht auflösungsbedingten Wegfalls der Befugnis ausgedehnt hat, um ihren Inhalt dem auf OHG und KG erweiterten Anwendungsbereich anzupassen.[65] Einzelheiten vgl. in § 729 RdNr. 2 ff.

B. Formen und Arten der GbR

I. Erscheinungsformen

1. Allgemeines. Entsprechend dem nur negativ – durch Ausschluss einerseits des Betriebs eines Handelsgewerbes, andererseits verbotswidriger Tätigkeiten – eingegrenzten Gesellschaftszweck (§ 705 RdNr. 144) und entsprechend dem Verzicht auf die Pflicht zu bestimmten Mindesteinlagen sind Verwendungsmöglichkeiten und Erscheinungsformen der GbR **außerordentlich vielfältig**. Die Zusammenstellung in den folgenden Randnummern beschränkt sich auf die nach Zahl und Bedeutung wichtigsten Arten und Fälle. Daneben gibt es namentlich im *Grenzbereich zu den Gefälligkeitsverhältnissen* (§ 705 RdNr. 17 ff., 26) eine Vielzahl von Arten und Formen rechtsgeschäftlicher, als GbR zu qualifizierender Fälle der Zusammenarbeit zu gemeinsamem Zweck wie Reise- und Fahrgemeinschaften,[66] Jagd- und Bergsportgemeinschaften,[67] Wohngemeinschaften zwischen zwei oder mehr Mietern,[68] über das gemeinsame Wohnen hinausgehende, auf gemeinschaftliche Energieversorgung gerichtete Heizöl-[69] oder Zählergemeinschaften,[70] aber auch Gesellschaften zum gemeinsamen

---

[62] Gesetz vom 18. 3. 1994, BGBl. I S. 560.
[63] Einführungsgesetz zur InsO vom 5. 10. 1994, BGBl. I S. 2911.
[64] Gesetz vom 22. 6. 1998, BGBl. I S. 1474.
[65] Vgl. die Begr. zum RefE HRefG, ZIP 1996, 1485, 1487 (unverändert in den RegE übernommen).
[66] Vgl. etwa BGHZ 46, 313, 315 = NJW 1967, 558 (gemeinsame nächtliche Vergnügungsfahrt); BGH JZ 1979, 101 (Urlaubsfahrgemeinschaft als gesellschaftsähnliches Rechtsverhältnis); OLG Saarbrücken NJW 1985, 811 (Kegelclub mit gemeinsamer Reisekasse als GbR); dazu auch *Mädrich* NJW 1982, 839; *Soergel/Hadding* RdNr. 41.
[67] Zu Jagdgesellschaften vgl. BGH NJW 1967, 671; OLG München SeuffBl. 78, 386 und OLG Karlsruhe AgrarR 1982, 75; zu gemeinsamen Bergtouren (Seilschaften, alpine Führungstouren) *Galli*, Haftungsprobleme bei alpinen Tourengemeinschaften, 1995, S. 107 ff., 137 ff., 148 ff.; vgl. auch *Schünemann* VersR 1982, 825 ff. und 1130 ff.
[68] BGH ZIP 1998, 27, 30; OLG Düsseldorf ZIP 2000, 580, 581; OLG Hamm BB 1976, 529; LG München NJW-RR 1993, 334; näher *Erman/Westermann* RdNr. 53; *Soergel/Hadding* RdNr. 27, 41; *Sonnenschein* NJW 1984, 2121 ff.; einschränkend 3. Aufl. § 535 RdNr. 12.
[69] OLG Hamburg OLGZ 45, 168; *Soergel/Hadding* RdNr. 41; LG Konstanz NJW 1987, 2521; dazu krit. *K. Schmidt* JuS 1988, 444.
[70] AG Mölln MDR 1948, 249; *Arnold* MDR 1948, 278.

Erwerb und zur vertraglich geregelten Nutzung bestimmter Vermögensgegenstände.[71] Verbreitet anzutreffen sind auch *Lotto- und Tippgemeinschaften;*[72] sie werden meist als Innengesellschaften betrieben, für die einer der Partner nach außen im eigenen Namen die Geschäfte führt, und haben die Gerichte nicht selten im Zusammenhang mit dem unterlassenen oder fehlerhaften Ausfüllen von Lottoscheinen u. a. beschäftigt.[73] Als GbR qualifiziert werden können auch *Künstlergruppen* (§ 80 UrhG)[74] sowie Absprachen von Teilzeitarbeitnehmern untereinander über die Teilung eines Vollarbeitsplatzes, die gegenseitige Vertretung und andere Fragen von gemeinsamen Interesse;[75] ihre jeweiligen Arbeitsverhältnisse zum Arbeitgeber stehen derartigen Innenbeziehungen nicht entgegen.

35 Die vielgestaltigen Erscheinungsformen und Zwecke solcher **Gelegenheitsgesellschaften** haben sich einer systematischen Erfassung bisher entzogen.[76] Stehen sie dem Beitritt grundsätzlich beliebiger, an der gemeinsamen Zweckverfolgung interessierter Personen offen, kann auch ihre Abgrenzung zu nichtrechtsfähigen Vereinen Probleme bereiten.[77] Zu Poolvereinbarungen von Sicherungsnehmern in der Insolvenz des Sicherungsgebers vgl. RdNr. 71, zur Abgrenzung der GbR von gemischten Verträgen mit gesellschaftsrechtlichen Elementen vgl. RdNr. 114 ff., zur Bauherren- und zur Miturhebergemeinschaft RdNr. 47 ff.; 128 f.

36 **2. Erwerbsgesellschaften. a) Freie Berufe. aa) Anwaltssozietäten.** Unter den von Angehörigen Freier Berufe[78] betriebenen Gesellschaften haben Anwaltssozietäten[79] die weitaus stärkste Verbreitung. Das RechtsberatungsG steht weder ihrer Gründung als Außengesellschaften noch der Übernahme von Gemeinschaftsmandaten entgegen.[80] Schließen sich Rechtsanwälte zur gemeinsamen Berufsausübung in einer Sozietät zusammen, so führt das im Regelfall zur Entstehung von Forderungen der GbR als rechtsfähige Gesamthand auf Grund des Handelns in ihrem Namen,[81] aber auch zur **Mithaftung** *aller Sozien* gegenüber dem Mandanten[82] für das der RA-Sozietät erteilte Mandat. Das hat zur Folge, dass sie gesamtschuldnerisch für den Schaden des Mandanten haften, den einer von ihnen durch eine

---

[71] Vgl. BGH NJW 1982, 170 und ZIP 1998, 27, 30; OLG Düsseldorf ZIP 2000, 580, 581 (krankengymnastische Praxis); BGH WM 1962, 1086 (Sportflugzeug); dazu auch RdNr. 46.
[72] Vgl. dazu RdNr. 117 und § 762 RdNr. 32; *Soergel/Hadding* RdNr. 41.
[73] BGH NJW 1974, 1705 (keine Haftung für Fehler beim Ausfüllen), dazu *Kornblum* JuS 1976, 571; abl. *Plander* AcP 176 (1976), 425 ff. Vgl. auch BGH WM 1968, 376 (Anforderungen an Kündigung); BayObLG NJW 1971, 1664 (Untreue des Geschäftsführers); OLG Düsseldorf WM 1982, 969 (mangels Gesamthandsvermögens keine Liquidation gemäß § 730); OLG Karlsruhe NJW-RR 1988, 1266 (Änderung der Gewinnbeteiligungsregelungen nur mit Zustimmung aller Gesellschafter); OLG München NJW-RR 1988, 1268 (Handeln des Organisators für die Tippgemeinschaft).
[74] So jedenfalls bei bestehender vertraglicher Verbindung zwischen den Mitgliedern (vgl. RdNr. 130); dazu auch BGHZ 161, 161, 167 f. = NJW 2005, 1656 (Bayreuther Festspielorchester als Gesellschaft oder Verein).
[75] Sog. Job-sharing, vgl. dazu *Schüren*, Jobsharing, 1983, RdNr. 212 ff.; *Breuninger*, Die BGB-Gesellschaft als Rechtssubjekt im Wirtschaftsverkehr, 1991, S. 152 ff.; *Reuter* AcP 207 (2007), 673, 683.
[76] Vgl. dazu auch *Breuninger* (Fn. 75) S. 146 ff.; *Erman/Westermann* RdNr. 26 ff.; *K. Schmidt* GesR § 58 III; *Soergel/Hadding* RdNr. 27, 41.
[77] Vgl. dazu näher RdNr. 133 und für die Fälle der Publikums-GbR RdNr. 3.
[78] Dazu näher § 1 PartGG RdNr. 49 ff.; vgl. auch *Michalski*, Das Gesellschafts- und Kartellrecht der berufsrechtlich gebundenen freien Berufe, 1989.
[79] Vgl. zu dieser *Feuerich/Weyland* BRAO, 7. Aufl. 2008, § 59a RdNr. 1 ff.; *Kaiser/Bellstedt*, Die Anwaltssozietät, 2. Aufl. 1995, S. 31 ff.; *Breuninger* (Fn. 75) S. 207 ff.; *Donath* ZHR 156 (1992), 134 ff.; *Henssler* NJW 1993, 2137 ff.; *K. Schmidt* NJW 2005, 2801; *Steindorff*, FS Rob. Fischer, 1979, S. 747 ff.; ferner die Dissertationen von *Loukakos*, Die Mitunternehmer-BGB-Gesellschaft in der Rspr. des RG und des BGH, 1989, insbes. S. 139 ff., *Plass*, Der Haftungsstatus von Anwaltsgemeinschaften, 1991, und *Bunk*, Vermögenszuordnung, Auseinandersetzung und Ausscheiden aus Sozietät und Gemeinschaftspraxis, 2007.
[80] BGHZ 56, 355, 359 = NJW 1971, 1801; *Klaus Müller* NJW 1969, 1416, 1417; *Loukakos* (Fn. 79) S. 149.
[81] Vgl. BGH WM 1996, 1632 zur Honorarforderung als Geamthandsforderung.
[82] Zu Ausnahmen bei eindeutiger Erteilung eines Einzelmandats an ein Sozietätsmitglied BGHZ 56, 355, 361 = NJW 1971, 1801, 1803; BGHZ 124, 47, 49 = NJW 1994, 257; BGH NJW 2000, 1333, 1334; *Sieg* WM 2002, 1432, 1435 f.; allg. *Hartstang*, Anwaltsrecht, 1991, S. 591; *Zugehör/Sieg*, Handbuch der Anwaltshaftung, 2. Aufl. 2006 RdNr. 345; *Vollkommer*, Anwaltshaftungsrecht, 1989, S. 28 ff.; *Borgmann/Jungk/Grams*, Anwaltshaftung, 4. Aufl. 2005, S. 275, jeweils mN.

Vorbemerkungen 37, 38 **Vor § 705**

Sorgfaltspflichtverletzung verursacht hat (so ausdrücklich jetzt § 51 a Abs. 2 S. 1 BRAO; zur abweich. Regelung in § 8 Abs. 2 PartGG vgl. daselbst RdNr. 14 ff.).[83] Wird nur der Anschein einer Sozietät erweckt oder aufrechterhalten, kann sich daraus eine Haftung des *Scheinsozius* nach Rechtsscheingrundsätzen ergeben (vgl. auch § 705 RdNr. 377 f.).[84] Für die persönliche Haftung ausgeschiedener oder neu eintretender Sozien gelten die allgemeinen Grundsätze (näher § 714 RdNr. 70 ff.; § 736 RdNr. 21 ff.). Ein *Wettbewerbsverbot* für die Sozien folgt aus der Treupflicht nach Maßgabe der Regeln, die in einer GbR für geschäftsführende Gesellschafter gelten.[85] Nachvertragliche Wettbewerbsverbote sind auf Grund standesrechtlicher Regelungen – §§ 1, 3 Abs. 3 BRAO (freie Anwaltswahl) – nur in engen Grenzen zulässig.[86]

Von großer praktischer Bedeutung für die Wahl der Rechtsform ist die Möglichkeit der **Haftungsbeschränkung der Mitglieder einer Anwaltssozietät**.[87] Der Ausschluss der persönlichen Haftung derjenigen Sozien, die nicht selbst für den Mandanten tätig sind, aber auch eine höhenmäßige Beschränkung der Haftung des handelnden Gesellschafters durch vertragliche Vereinbarung mit dem Mandanten sind seit 1994 nach näherer Maßgabe des § 51 a Abs. 1 und 2 BRAO gesetzlich zugelassen und können auch in AGB vereinbart werden.[88] Allerdings wird die Vereinbarung einer Haftungsbeschränkung bei Abschluss des Mandatsvertrages nicht selten zur Belastung des Vertrauensverhältnisses führen. Daher besteht ein Bedürfnis auch für eine allein durch die Wahl des Gesellschaftsverhältnisses erreichbare Haftungsbeschränkung. Das gilt umso mehr, nachdem der BGH früheren Bestrebungen, durch einen „mbH"-Zusatz im Namen der RA-GbR zu einer einseitigen Haftungsbeschränkung zu gelangen,[89] eine klare Absage erteilt hat (vgl. § 714 RdNr. 59). 37

Was die **Wahl einer haftungsbeschränkenden Rechtsform** angeht, scheidet die den Gesellschaftern einer GbR in § 105 Abs. 2 HGB eröffnete KG-Option wegen des freiberuflichen, mit der Anwendung von Handelsrecht unvereinbaren Zwecks der RA-Sozietät aus. In erster Linie bietet sich vielmehr die seit dem 1. 3. 1999[90] gesetzlich zugelassene, schon zuvor in der Rechtsprechung[91] anerkannte **RA-GmbH** an (vgl. §§ 59 c bis 59 m BRAO). Sie führt nach § 13 Abs. 2 GmbHG zur Haftungskanalisation bei der GmbH unter Ausschluss der persönlichen Haftung der Gesellschafter für sorgfaltswidrige Vertragserfüllung, macht freilich einen entsprechend erhöhten, in § 59 j Abs. 2 BRAO definierten 38

---

[83] HM seit BGHZ 56, 355, 361 ff. = NJW 1971, 1801 (unter Abweichung von BGH NJW 1963, 1301); vgl. nur BGH VersR 1973, 232; NJW 1988, 1973; 1991, 49, 50; 1991, 1225; LM UWG § 1 Nr. 613 = NJW 1992, 3037, 3038; OLG Hamm NJW 1970, 1791, 1792; OLG Bamberg NJW-RR 1989, 223; *Kornblum* BB 1973, 225 ff. mwN; *Steindorff*, FS Rob. Fischer, 1979, S. 751 ff.; *Odersky*, FS Merz, 1991, S. 439, 449 f.; *Henssler* NJW 1993, 2137, 2138.

[84] BGHZ 70, 247, 251 f. = NJW 1978, 996; BGH NJW 1991, 1225; WM 1999, 1846, 1847; NJW-RR 1988, 1299, 1300; OLG Karlsruhe NJW-RR 1987, 867, 868; für eine Steuerberatersozietät auch BGH NJW 1990, 827, 828; § 714 RdNr. 36 f.; *Odersky*, FS Merz, 1991, S. 450; *Henssler* NJW 1993, 2137, 2139; *Grunewald*, FS P. Ulmer, 2003, S. 141; *Peres/Depping* DStR 2006, 2261.

[85] § 705 RdNr. 235 ff.; *Michalski/Römermann* ZIP 1994, 433, 434 f.

[86] Vgl. dazu *Feuerich/Weyland* (Fn. 79) § 2 BRAO RdNr. 32; *Kleine-Cosack* BRAO, 5. Aufl. 2008, Vor § 59 a RdNr. 92 ff.; *Bruckner*, Nachvertragliche Wettbewerbsverbote zwischen Rechtsanwälten, 1987, S. 108 ff.; *T. Becker*, Zulässigkeit und Wirksamkeit von Konkurrenzklauseln zwischen Rechtsanwälten, 1990, S. 118 ff., 129 ff.; allg. zu Mandantenschutzklauseln BGHZ 91, 1, 6 = NJW 1984, 2366; BGH NJW 1986, 2944 f.; 1991, 699 f.; *Hirte* ZHR 154 (1990), 443, 446 ff.

[87] Vgl. etwa *Arnold* BB 1996, 597 ff.; *Henssler* NJW 1993, 2137, 2138; *Heermann* BB 1994, 2421, 2429; *Sieg* WM 2002, 1432, 1438 f.

[88] IE dazu *Arnold* BB 1996, 597 ff.; *Feuerich/Weyland* (Fn. 79) § 51 a BRAO RdNr. 4 ff., 15 ff.; *H. Schmidt* in: *Ulmer/Brandner/Hensen* Anh. § 310 RdNr. 638.

[89] Dafür noch BGH NJW 1992, 3037, 3039; dazu *Henssler* NJW 1993, 2137, 2138; *Heermann* BB 1994, 2421, 2422; anders jetzt BGHZ 142, 315, 318 ff. = NJW 1999, 3483; BGH NJW 2007, 2490.

[90] Gesetz vom 31. 8. 1998, BGBl. I S. 2600.

[91] So im Anschluss an BGHZ 124, 224, 225 ff. = NJW 1994, 786 (Zahnarzt-GmbH) erstmals BayObLG NJW 1995, 199, 201; vgl. dazu *Ahlers*, FS Rowedder, 1994, S. 12; *Boin* NJW 1995, 371, 372; *Schlosser* JZ 1995, 345, 346 ff.; *Dauner-Lieb* GmbHR 1995, 259 ff.; *Henssler* DB 1995, 1549 ff.; *Mayen* NJW 1995, 2317, 2320 ff.

Mindestversicherungsschutz erforderlich.[92] Eine andere Alternative bietet die seit 1. 7. 1995 verfügbare, im PartGG geregelte **Freiberufler-Partnerschaft;**[93] sie bewirkt auf Grund der Neufassung des § 8 Abs. 2 PartGG im Jahr 1998[94] den Ausschluss persönlicher Haftung der nicht selbst mit der Bearbeitung des Mandats befassten Sozien im Fall von Beratungsfehlern (näher § 8 PartGG RdNr. 14 ff., 21 ff.) und erweist sich dadurch als eine für Freie Berufe zunehmend attraktive, die wesentlichen Nachteile der GmbH-Rechtsform vermeidende Organisationsform. Insgesamt befindet sich die Entwicklung im Fluss, wobei die Rechtsform der PartG deutlich größere Attraktivität als diejenige der RA-GmbH aufweist.[95] Die Beurteilung wird durch die Zunahme ausländischer Rechtsformen für RA-Sozietäten auf Grund der Zulassung internationaler Zusammenschlüsse durch § 59 a Abs. 2 Nr. 1 BRAO im Jahr 2000[96] weiter erschwert. Es steht jedoch außer Zweifel, dass die große Mehrzahl der Sozietäten nach wie vor in der Rechtsform der GbR organisiert ist.

39 Bei bloßer **Bürogemeinschaft** kommt es nicht zu gemeinschaftlicher Beauftragung, da die Anwälte ihren Beruf jeweils getrennt ausüben. Das schließt zwar die Errichtung einer (Außen-)Gesellschaft zwischen den Beteiligten nicht aus, wenn sie sich über die Verteilung der Büroaufwendungen hinaus vertraglich zur Anmietung eines Büros, zum Abschluss von Anstellungsverträgen mit dem Personal usw. verbunden haben.[97] Eine RA-Sozietät kommt dadurch jedoch nicht zustande.

40 **bb) Sonstige.** Weitere typische Fälle einer GbR zwischen Freiberuflern bilden **interprofessionelle Sozietäten** zwischen **Rechtsanwälten, Steuerberatern und/oder Wirtschaftsprüfern** sowie zwischen den zuletzt genannten untereinander. Die Zulässigkeit dieser Sozietäten ist gesetzlich durch die Vorschriften der § 59 a BRAO, § 56 StBerG, § 44 b WPO anerkannt. Sozietäten in der Rechtsform der GbR nach den Vorschriften des § 56 StBerG und § 44 b WPO sind zu unterscheiden von den – als solchen als Freiberufler anerkannten – Steuerberatergesellschaften gemäß § 49 StBerG und Wirtschaftsprüfergesellschaften gemäß § 27 WPO; sie können nur in der Rechtsform der AG, KGaA, GmbH und im Falle einer als Handelsgewerbe betriebenen Treuhandtätigkeit wahlweise auch als OHG oder KG errichtet werden.[98] Sozietäten zwischen Wirtschaftsprüfern als natürlichen Personen und Berufsgesellschaften sind nach § 44 b WPO möglich. Ausgeschlossen sind nach der Neuregelung von § 59 a BRAO und § 56 StBerG dagegen Sozietäten zwischen Rechtsanwälten oder Steuerberatern mit Berufsgesellschaften.[99] Auch Sozietäten zwischen **Rechtsanwälten und Nur-Notaren** sind nach § 9 Abs. 1 S. 1 BNotO unzulässig. Für **Anwaltsnotare** lässt § 59 a Abs. 1 S. 3 BRAO iVm. § 9 Abs. 2 und 3 BNotO die Eingehung einer Sozietät mit Rechtsanwälten bzw. Steuerberatern und Wirtschaftsprüfern zu, sofern die Sozietät sich auf die Anwaltstätigkeit beschränkt.[100] Sonstige häufiger anzutreffende Fälle von Sozietäten zwischen Freiberuflern bilden die **ärztliche Gemeinschaftspra-**

---

[92] Vgl. dazu *Kraus/Senft* in: Sozietätsrecht, 2006, § 15 RdNr. 81 ff.
[93] Dazu näher die Kommentierung des PartGG im Anschluss an § 740.
[94] Gesetz vom 22. 7. 1998, BGBl. I S. 1878.
[95] Zum 1. 1. 2007 waren 1725 Partnerschaften und 260 RA-GmbHs im jeweiligen Register eingetragen (Schriftliche Auskunft des DAV an den Verf. vom 10. 3. 2008).
[96] Gesetz vom 9. 3. 2000, BGBl. I S. 182.
[97] Vgl. *Breuninger* (Fn. 75) S. 197, 199 ff.; *Steindorff*, FS Rob. Fischer, 1979, S. 750, 755 ff.; *Kornblum* AnwBl. 1973, 153, 154; *Loukakos* (Fn. 79) S. 145 f.; *Feuerich/Weyland* (Fn. 79) § 59 a BRAO RdNr. 79; *Bunk* (Fn. 179) S. 57 ff.
[98] Vgl. zum Ganzen *K. Schmidt* GesR S. 1706 f.
[99] Überholt daher EGH Bad.-Württ. AnwBl. 1988, 245, 246 (Zulässigkeit einer Sozietät zwischen einem Rechtsanwalt und einer Steuerberater-AG) und BVerwG DB 1991, 2589 (Zulässigkeit einer Sozietät zwischen einem Steuerberater und einer Steuerberater-GmbH). Wie hier auch *Kaminski* in: WP-Handbuch, 12. Aufl. 2000, S. 46 RdNr. 177.
[100] Dazu *Kunz* in: Sozietätsrecht, 2006, § 2 RdNr. 58 f. Zur Vorgeschichte dieser Regelung vgl. BGH NJW 1996, 392 f. (Verbot einer Sozietät zwischen Anwaltsnotar und Wirtschaftsprüfer), aufgehoben wegen Verstoßes gegen Art. 3 Abs. 1 GG durch BVerfGE 98, 49 = NJW 1998, 2269; krit. zur Entscheidung des BGH auch schon *Casper* ZIP 1996, 1501 ff. und *Budde/Steuber* ZIP 1997, 101 ff.

xis[101] und die **Architektengemeinschaft,**[102] aber auch freiberuflich tätige **Kammermusikensembles** wie Streichquartette (vgl. RdNr. 131). – Die *Partnerschaftsgesellschaft* bietet den Freiberuflern seit 1995 eine systematisch zwischen GbR und OHG/KG angesiedelte Alternative für die gemeinsame Berufsausübung, soweit das jeweilige Berufsrecht nicht entgegensteht (vgl. RdNr. 19 f.).

b) **Landwirtschaft.** Der gemeinsame Betrieb der **Land- und Forstwirtschaft** kann in 41 der Rechtsform der GbR, seit der Änderung des § 3 HGB im Jahr 1976 *wahlweise* aber auch – durch fakultative Eintragung im Handelsregister – als *Personenhandelsgesellschaft* erfolgen, sofern das Unternehmen nach Art oder Umfang die Dimensionen eines in kaufmännischer Weise eingerichteten Geschäftsbetriebs erreicht (vgl. § 3 Abs. 2 HGB).[103] Dadurch wurde die schon früher für land- und forstwirtschaftliche Nebenbetriebe geltende Wahlmöglichkeit auf alle land- und forstwirtschaftlichen Unternehmen ausgedehnt.[104] Mit der Herbeiführung der Handelsregistereintragung verfolgen die Beteiligten in derartigen Fällen vor allem den Zweck, die mit der Rechtsform der KG verbundene Haftungsbeschränkung für einen Teil von ihnen zu erlangen. Verzichten die Beteiligten auf die Handelsregistereintragung oder können sie hierüber keine Einigung erzielen, so bewendet es bei der Rechtsform der GbR für ihren Zusammenschluss.

c) **Kleingewerbetreibende.** Gesellschaften zwischen Kleingewerbetreibenden waren 42 jahrzehntelang ein weiteres wichtiges Anwendungsgebiet der GbR.[105] Sie bildeten nach § 4 Abs. 2 aF HGB auch dann eine GbR, wenn der gemeinsame Zweck sich auf den Betrieb eines – minderkaufmännischen – Grundhandelsgewerbes iS von § 1 Abs. 2 HGB richtete. Seit der Handelsrechtsreform 1998 ist den Beteiligten in derartigen Fällen durch § 2 nF HGB die Option zum Handelsregister eröffnet mit der Folge, dass aus der GbR durch konstitutive Eintragung eine OHG oder KG wird (RdNr. 29). Machen sie hiervon keinen Gebrauch, wird jedoch im Laufe der Geschäftstätigkeit der Zuschnitt eines kaufmännischen Geschäftsbetriebs (§ 1 Abs. 2 HGB) erreicht, so wandelt sich dadurch die Rechtsform der GbR automatisch in diejenige einer OHG um (RdNr. 17), soweit die Parteien nicht für diesen Fall die Haftungsbeschränkung eines Teils der Gesellschafter vereinbart und dadurch die Grundlage für eine KG geschaffen haben. Zu den Rechtsfolgen derartiger Umwandlungen für die Innenbeziehungen der Gesellschafter vgl. § 705 RdNr. 14.

3. **Arbeitsgemeinschaften.** Unter Arbeitsgemeinschaften (auch „Arge") versteht man 43 Zusammenschlüsse von selbstständigen (Bau-)Unternehmern zur gemeinsamen Durchführung eines bestimmten Bauauftrags.[106] Sie sind meist als **Außengesellschaften auf Zeit**

---

[101] §§ 23 ff. MBO, abgedruckt bei *Ratzel/Lippert,* Kommentar zur Musterberufsordnung der deutschen Ärzte (MBO), 2. Aufl. 1998. Dazu und zu davon zu unterscheidenden Gestaltungen wie Praxisgemeinschaft u. a. vgl. *Uhlenbruck/Schlund* in: *Laufs/Uhlenbruck* (Hrsg.), Handbuch des Arztrechts, 3. Aufl. 2002, § 18 RdNr. 6 ff.; *Breuninger* (Fn. 75) S. 198 ff.; *Bunk* (Fn. 79) S. 57 ff.; *Schirmer* MedR 1995, 341, 346 ff., 383 ff.; *Ehmann* MedR 1994, 141 ff.; *Taupitz* MedR 1993, 367 ff.; *Ahrens* MedR 1992, 141 ff. Zur Belegärztegemeinschaft, einem Unterfall der Praxisgemeinschaft, als Außengesellschaft der Belegärzte, vgl. BGH NZG 2006, 136. Zur Neuregelung von 2004 betr. die Gründung sog. Medizinischer Versorgungszentren in der Rechtsform einer GbR oder Partnerschaftsgesellschaft vgl. *Rau* DStR 2004, 640, 641 f.
[102] Vgl. dazu *Roth-Gaber/Hartmann,* Kommentar zum Vertragsrecht und zur Gebührenordnung für Architekten, 11. Aufl. 1974, S. 98 ff.
[103] Vgl. *Canaris* Handelsrecht § 3 RdNr. 28 ff. sowie *Baumbach/Hopt* § 3 HGB RdNr. 2, 7, dort auch zu der Frage, ob bei kleingewerblichem Umfang eine Eintragung nach § 2 HGB in Betracht kommt.
[104] Rechtstatsachen zur Verwendung und Häufigkeit der GbR als Rechtsform zur Kooperation von Landwirten vgl. bei *Köbke* Agrarrecht 1975, 335, 337 und *Raisch* BB 1969, 1361, 1365 ff. Zum „Agrargesellschaftsrecht" als einem neuen Zweig des Agrarrechts vgl. *v. Lüpke* Agrarrecht 1975, 38 ff.; *Storm* JZ 1974, 568 ff. und *ders.* Agrarrecht 1976, 188 ff.
[105] Beispiele hierzu bei *Soergel/Hadding* RdNr. 43 f. Vgl. auch BVerwG NJW 1993, 1151 zum gemeinsamen Betrieb einer Fahrschule durch mehrere Inhaber von Fahrschulerlaubnissen.
[106] Vgl. *Fahrenschon/Burchardt* ARGE-Kommentar, 2. Aufl. 1982, Exkurs RdNr. 1 ff.; *Kleine-Möller/Merl,* Handbuch des privaten Baurechts, 3. Aufl. 2005, § 3 RdNr. 80 ff.; *Erman/Westermann* RdNr. 36; *Palandt/Sprau* § 705 RdNr. 37; *Soergel/Hadding* RdNr. 45; *Bamberger/Roth/Timm/Schöne* § 705 RdNr. 168 ff.; *K. Schmidt* (Fn. 54) S. 453 ff.

unter besonderem, auf das auszuführende (Bau-)Werk oder auf den Ort des Baugeschehens Bezug nehmendem Namen organisiert und treten dem Besteller gegenüber als einheitlicher Vertragspartner auf.[107] Rechtsform der Arge ist regelmäßig die GbR.[108] Der Annahme einer OHG steht typischerweise das Fehlen einer auf *Dauer* angelegten Geschäftstätigkeit,[109] dh. ihr auf ein bestimmtes Bauvorhaben begrenzter Zweck entgegen;[110] daher scheidet regelmäßig auch das Wahlrecht des § 105 Abs. 2 HGB mangels Gewerbebetrieb aus. Eine typische Abwandlung bildet die *Los-Arge,* bei der der einheitlich erteilte Auftrag im Innenverhältnis in einzelne Leistungsteile (Lose) aufgeteilt und diese an die einzelnen Arge-Mitglieder durch selbstständige Subunternehmerverträge vergeben werden.[111] Eine *Beihilfegemeinschaft* (Innengesellschaft ohne Gesamthandsvermögen) liegt vor, wenn der nach außen allein auftretende Bauunternehmer sich im Innenverhältnis die Mitwirkung bestimmter Kollegen gegen Vergütungsbeteiligung sichert.[112]

44 Die **Gründe** für den Zusammenschluss zu einer Arge können im organisatorischen, technischen oder wirtschaftlichen Bereich liegen. So können der Umfang des auszuführenden Werks oder dessen technische Schwierigkeiten die Kapazität oder Spezialerfahrung eines einzelnen Bauunternehmers übersteigen oder aber wegen des erheblichen Risikos die Durchführung durch einen Alleinunternehmer wirtschaftlich nicht sinnvoll erscheinen lassen.[113]

45 Für die Regelung der **Innenbeziehungen** zwischen den Arge-Mitgliedern hat der Hauptverband der Deutschen Bauindustrie auf Grund von Vorläufern aus den 30er und 40er Jahren einen **Mustervertrag** entwickelt. Er liegt inzwischen in der Neufassung von 2005 vor[114] und trifft mit rund 30 Paragraphen Vorsorge für alle regelungsbedürftigen Einzelfragen. Entsprechend der wirtschaftlichen Bedeutung, die der Arge heute auf dem Bausektor zukommt, ist der Mustervertrag Gegenstand umfangreicher Kommentierungen.[115] Hierauf kann unter Verzicht auf eine Einzelerörterung der bei Argen auftretenden speziellen Rechtsfragen verwiesen werden. Wird seine Geltung – mit oder ohne Abweichungen – von den Parteien vereinbart, so sind die dispositiven Regeln des Rechts der GbR ergänzend – auf das Innenverhältnis der Arge anwendbar. Für *Organisation und Außenbeziehungen* der Arge und ihrer Mitglieder (Haftung, Gesamthandsvermögen, Vollstreckung u. a.) gelten die gesetzlichen Regeln der §§ 705 ff. und ihre Interpretation durch Rechtsprechung und Schrifttum ohnedies.[116]

46 **4. Vermögensverwaltung.** Dass der gemeinsame Zweck einer GbR zulässiger Weise auch in der Verwaltung des von den Beteiligten zu gesamthänderischer Bindung eingebrachten Vermögens bestehen kann, entspricht zu Recht ganz hM; es hat inzwischen durch das HGB-Optionsrecht des § 105 Abs. 2 HGB für die vermögensverwaltende GbR gesetzliche Anerkennung erfahren. Diese Beurteilung ist in allen denjenigen Fällen unproblematisch, in denen es um einen *Inbegriff von Vermögensgegenständen* geht und die Beteiligten an dessen gemeinsamem Halten und Verwalten ein spezifisches Interesse haben, so bei der auf

---

[107] *Kleine-Möller* (Fn. 106) § 3 RdNr. 80 f.
[108] St. Rspr., vgl. BGHZ 61, 338, 342 ff. = NJW 1974, 451; BGHZ 72, 267, 271 = NJW 1979, 308; BGHZ 86, 300, 307 = NJW 1986, 300; BGHZ 146, 341, 342 = NJW 2001, 1056; BGH NJW-RR 1993, 1443 f.; OLG Köln DB 1996, 2173; OLG Schleswig NZG 2001, 796, 797.
[109] Zu Sonderfällen vgl. *Joussen* BauR 1999, 1063, 1065.
[110] Zutr. *Röhricht/Graf v. Westphalen* § 1 HGB RdNr. 30; ebenso *Erman/Westermann* RdNr. 36; *Breuninger* (Fn. 75) S. 193; *K. Schmidt* DB 2003, 703, 705 f.; wohl auch *Bamberger/Roth/Timm/Schöne* § 705 RdNr. 168 ff.; aA *Joussen* BauR 1999, 1063, 1065 ff. unter unzutr. Berufung auf die Handelsrechtsreform; für Fälle einer Arge für größere Bauvorhaben mit kaufmännisch eingerichtetem Geschäftsbetrieb auch OLG Dresden DB 2003, 713, 714 (dagegen zutr. *K. Schmidt* aaO), und LG Bonn ZIP 2003, 2160.
[111] Vgl. *Palandt/Sprau* § 705 RdNr. 37; *Erman/Westermann* RdNr. 36; *Kleine-Möller* (Fn. 106) § 3 RdNr. 83.
[112] Vgl. *Palandt/Sprau* § 705 RdNr. 37.
[113] *Jagenburg/Schröder,* Arge-Vertrag, 2. Aufl. 2008, Einl. RdNr. 9 ff.
[114] Zu beziehen über den Bundesverband der Deutschen Bauindustrie unter http://www.bauindustrie.de. Zur Neufassung *Zerhusen/Nieberding* BauR 2006, 296 ff.
[115] Vgl. die in Fn. 106 genannten Erläuterungswerke zum Baurecht.
[116] Zur grds. unbeschränkten Außenhaftung der Arge-Mitglieder für die Verbindlichkeiten der Arge vgl. nur BGHZ 146, 341, 358 = NJW 2001, 1056; dazu auch *Ulmer* ZIP 2003, 1113, 1119.

die Verpachtung des Betriebsvermögens gerichteten Tätigkeit einer Besitzgesellschaft nach erfolgter Betriebsaufspaltung (vgl. RdNr. 18), bei gemeinsamer Vermietung der mehreren Wohnungen eines im Gesamthandseigentum stehenden Hauses (zur GbR als Vermieterin vgl. § 705 RdNr. 310a) oder bei gemeinsamer Verwaltung mehrfachen Beteiligungsbesitzes durch eine Holding-GbR. Zulässig ist aber auch die Gründung einer GbR zum gemeinsamen Benutzen einzelner Vermögensgegenstände, etwa eines Kraftfahrzeugs oder einer Segelyacht. Das gilt selbst für die Gründung einer „Eigenheim-Gesellschaft" zum gemeinsamen Halten und Verwalten des eingebrachten Familienheims; für eine Verweisung der Beteiligten auf die Begründung von Miteigentum gibt es angesichts der grundsätzlichen Beliebigkeit des gemeinsamen Zwecks der GbR keinen Rechtsgrund. Derartigen Gestaltungen wird zwar zu Recht die Gefahr entgegengehalten, auf diesem Wege die Publizitätsvorschriften des Grundstücksrechts (§§ 925, 873) durch Veräußerung der GbR-Anteile an Stelle einer Verfügung über das Grundstück oder über Bruchteile davon zu vermeiden.[117] Diese Möglichkeit ist jedoch kein hinreichender Grund, um zur Unzulässigkeit solcher Grundstücksgesellschaften zu gelangen.[118] Auch scheidet eine analoge Anwendung der §§ 925, 873 auf Fälle einer indirekten Übertragung des Grundeigentums durch Abtretung aller GbR-Anteile aus; in Betracht kommt allenfalls eine Analogie zur Formbedürftigkeit des Verpflichtungsgeschäfts nach § 311b Abs. 1.[119] – Zu vermögensverwaltenden Familiengesellschaften als Ersatz vorweggenommener Erbfolge vgl. RdNr. 70.

5. Bauherrengemeinschaften. Bauherrengemeinschaften werden zwischen Personen 47 vereinbart, die am Erwerb und an der damit verbundenen Bebauung eines Grundstücks als „Bauherren" mitwirken mit dem Ziel, Wohnungseigentum in dem Bauwerk zu erlangen und dabei möglichst Steuervorteile aus der Bautätigkeit in Anspruch zu nehmen.[120] Die Bauherrengemeinschaft kommt regelmäßig durch Abschluss eines – mit Hilfe des Treuhandvertrags und den darin erteilten Vollmachten zusammengefassten – Bündels von Verträgen seitens der Beteiligten auf Veranlassung des Initiators (Treuhänders) zustande.[121] Der **Erwerb** des Grundstücks erfolgt meist **zu Miteigentum** der Beteiligten; sie bilden insoweit eine Bruchteilsgemeinschaft.[122] Auch bei der Vergabe der Bauaufträge durch den für sämtliche Bauherren tätigen Treuhänder sind die Bauherren, vertreten durch den Treuhänder, nicht notwendig gemeinschaftlich beteiligt, sondern werden je nach Vertragsgestaltung einzeln verpflichtet. Ihre Haftung kann auch beim Vorliegen einer Außen-GbR durch entsprechende, nach außen erkennbare Vertragsgestaltung auf den der jeweiligen Quote ihres künftigen Wohnungseigentums entsprechenden Anteil der Baukosten beschränkt werden.[123]

---

[117] So nachdrücklich *K. Schmidt* AcP 182 (1982), 482 ff.; vgl. auch *dens.* GesR § 58 IV 3 b.
[118] Ganz hM, vgl. BGH NJW 1982, 170, 171; OLG Frankfurt NJW-RR 1996, 1123; *Flume* I/1 § 3 III; *Erman/Westermann* § 705 RdNr. 10; so auch *K. Schmidt* AcP 182 (1982), 506 und GesR § 59 I 3 a.
[119] Vgl. näher *Ulmer/Löbbe* DNotZ 1998, 711 ff.; weitergehend *K. Schmidt* AcP 182 (1982), 510 ff.; unter Umgehungsgesichtspunkten auch § 311b RdNr. 14 mwN.
[120] Vgl. dazu und zu den verschiedenen, in der Rechtswirklichkeit anzutreffenden Arten von Bauherrenmodellen *Goldbeck/Uhde*, Das Bauherrenmodell in Recht und Praxis, 1984; *Reithmann/Brych/Manhart*, Kauf vom Bauträger und Bauherrenmodelle, 5. Aufl. 1983; *Pause*, Bauträgerkauf und Baumodelle, 4. Aufl. 2004, RdNr. 1316ff.; *Weitnauer*, 9. Aufl. 2004, Anh. § 3 WEG; *Fleischmann* DB 1981, Beilage 9; *Lauer* WM 1980, 786ff.; *Maser* NJW 1980, 961 ff. und *Reithmann* BB 1984, 681 ff.
[121] Zur Notwendigkeit notarieller Beurkundung (§ 311b Abs. 1) vgl. BGH NJW 1985, 730; 1992, 3228; *Soergel/Hadding* RdNr. 52; § 311b RdNr. 56.
[122] Zutr. *Brych* in: *Reithmann/Brych/Manhart* (Fn. 120) RdNr. 140b; so auch BGH WM 1996, 1004; 1990, 1543, 1546; BayObLG DB 1982, 1211; *Goldbeck/Uhde* (Fn. 120) S. 143 f.; *Weitnauer* (Fn. 120) Anh. § 3 WEG RdNr. 3; *Lauer* WM 1980, 787 f.; *Maser* NJW 1980, 962 f.
[123] So der BGH in langjähr. st. Rspr. auf Grund der interessengemäßen Auslegung der von den Bauherren erteilten Vollmachten und der auf ihrer Grundlage vom Treuhänder mit den Bauunternehmern geschlossenen Verträge, vgl. BGHZ 75, 26, 30 = NJW 1979, 2101; BGH NJW 1959, 2160; 1977, 294, 295; 1979, 1821; 1980, 992; 1985, 619; zust. *Crezelius* JuS 1981, 498. Eine Haftungsbegrenzung der einzelnen Bauherren auch beim Außenhandeln der Bauherrengemeinschaft als GbR bejaht BGH WM 1985, 56, 57 sowie (im Fall eines Geschäftshauses) BGH WM 1989, 377; zur Fortgeltung dieser Rspr. für Bauherrengemeinschaften trotz grds. Bejahung akzessorischer Gesellschafterhaftung seit 1999 vgl. BGHZ 150, 1, 6 = NJW 2002, 1642; dazu auch § 714 RdNr. 62, 66 und *Ulmer* ZIP 2003, 1113, 1119.

48 Abweichend von der Gestaltung der Außenbeziehungen sehen Bauherrenmodelle mit Rücksicht auf die zur Grunderwerbsteuer bei Bauherrenobjekten ergangene BFH-Rechtsprechung[124] nicht selten die Gründung einer **BGB-Innengesellschaft** zwischen den Bauherren vor.[125] Sie soll auch ohne direkte Kontakte zwischen den Bauherren sternförmig (§ 705 RdNr. 21) durch Abschluss gleich lautender Verträge mit dem Treuhänder als Vertreter der Bauherren zustande kommen[126] und Treupflichten zwischen den Bauherren begründen.[127] Als **gemeinsamer Zweck** der GbR wird die Errichtung des Bauwerks und die Bildung von Wohnungseigentum zu Gunsten der einzelnen Gesellschafter angesehen. Dessen Förderung soll erfolgen durch Abschluss der für die Errichtung notwendigen Verträge seitens der Bauherren, vertreten durch den Treuhänder, durch Aufbringung des vereinbarten Eigenkapitals und Aufnahme des erforderlichen Fremdkapitals sowie durch gemeinsame Beschlussfassung über die Bauausführung in einer Gesellschafterversammlung vor Baubeginn.

49 Der **Beurteilung** der Innenbeziehungen der Bauherren **als GbR** ist bei entsprechender Ausgestaltung des Vertragswerks trotz der daran früher geübten Kritik[128] **zuzustimmen.** Der steuerrechtliche Hintergrund der in RdNr. 48 aufgezeigten Konstruktion ist zwar unverkennbar. Gleichwohl sind von den Beteiligten die Rechtsbeziehungen einer GbR zwischen ihnen ernsthaft gewollt.[129] Auch steht die tatsächliche Gestaltung damit nicht in Widerspruch. Insbesondere schließt der Erwerb des Grundstücks zu Miteigentum der Bauherren und der Abschluss der jeweiligen Bauverträge namens der einzelnen Bauherren die Annahme einer (Innen-)Gesellschaft zwischen ihnen nicht aus (zur Kombination einer BGB-*Außen*gesellschaft mit dem Miteigentum der Gesellschafter an den gemeinsamen Gegenständen vgl. § 705 RdNr. 266f.). Gemeinsamer Zweck, Beitrags- sowie Förderungspflichten der Bauherren lassen sich angesichts der Zielsetzung der Bauherrengemeinschaft, angesichts der von den Beteiligten übernommenen jeweiligen Pflichten und angesichts der notwendigen Mitwirkung aller Bauherren zur Erreichung des Erfolgs nicht ernsthaft bestreiten.[130] Und schließlich erweist sich auch die meist fehlende Gesellschaftereigenschaft des Treuhänders nicht als Hindernis für die Annahme einer GbR, selbst wenn man ihn als (Fremd-)Geschäftsführer der Bauherrengemeinschaft ansieht.[131] Denn der Treuhänder ist gegenüber der Gesamtheit der Bauherren weisungsgebunden, so dass die oberste Geschäftsführung letztlich bei den Bauherren liegt und die Vorschrift des § 709 eingehalten ist.[132] Besteht somit eine (Innen-)Gesellschaft, so hat das auch zur Folge, dass jeder Bauherr die anderen Beteiligten nach den Grundsätzen der *actio pro socio* (§ 705 RdNr. 204 ff.) auf Erbringung der Beitragsleistungen in Anspruch nehmen kann.[133] Die Gesellschaft endet mit

---

[124] BFH NJW 1977, 976 = BStBl. 1977 II S. 88; BB 1982, 665 und 1906; 1983, 45; vgl. dazu näher *Reithmann/Brych/Manhart* (Fn. 120) RdNr. 123; *Pause* (Fn. 120) RdNr. 1456, 1492; *Fleischmann* DB 1981, Beilage 9 S. 2f., 6.
[125] Vgl. das Vertragsmuster bei *Reithmann/Brych/Manhart* (Fn. 120) RdNr. 424 sowie *Pause* (Fn. 120) RdNr. 1316ff.
[126] HM, vgl. BGH NJW-RR 1988, 220; WM 1979, 774; 1985, 56; 1988, 661; BayObLG DB 1982, 1211; *Crezelius* JuS 1981, 496f.; *Goldbeck/Uhde* (Fn. 120) S. 144f.; *Lauer* WM 1980, 787f. und WM 1982, 1346; *Maser* NJW 1980, 962f.; *Reithmann* in *Reithmann/Meichssner/von Heymann*, Kauf vom Bauträger, 7. Aufl. 1995, D 163; *Soergel/Stürner* § 3 WEG RdNr. 13; *Weitnauer* (Fn. 120) Anh. § 3 WEG RdNr. 3; Gegenansichten vgl. in Fn. 128.
[127] BGH WM 1996, 1004f.
[128] So namentlich *Brych* in: *Reithmann/Brych/Manhart* (Fn. 120) RdNr. 140b; vgl. auch *Kirchhof* DStR 1983, 279, 283f.
[129] Der früher erhobene Einwand des Scheingeschäfts bei Bauherrenmodellen (vgl. Nachweise in Fn. 128) stößt daher zu Recht auf allg. Ablehnung, vgl. BGHZ 67, 334, 337f. = NJW 1977, 294; BGHZ 76, 86, 89f. = NJW 1980, 952; *Pause* (Fn. 120) RdNr. 1017; *Breuninger* (Fn. 75) S. 160f.; *Crezelius* NJW 1978, 2158; *Wolfsteiner* DNotZ 1979, 579, 591.
[130] Ebenso *Pause* (Fn. 120) RdNr. 1317.
[131] So auch *Pause* (Fn. 120) RdNr. 1419.
[132] Vgl. zu dieser vom BGH auch bei BGB-Außengesellschaften mit einer Vielzahl von Gesellschaftern anerkannten Konstruktion § 709 RdNr. 6.
[133] BGH WM 1986, 1001; 1987, 1515; 1988, 661.

Vorbemerkungen   50–52 **Vor § 705**

endgültiger Fertigstellung des Wohnungseigentums und Erbringung der von den Gesellschaftern geschuldeten Leistungen (Zweckerreichung).[134] An ihre Stelle tritt die Gemeinschaft der Wohnungseigentümer nach dem WEG (RdNr. 130 ff.).

Fehlt es abweichend von den in RdNr. 47 ff. behandelten Gestaltungen im Einzelfall an 50 vertraglichen, auf den Abschluss einer GbR gerichteten Vereinbarungen zwischen den Bauherren und lassen sich solche auch nicht aus den inhaltlich übereinstimmenden Treuhandverträgen ableiten, so ist das Rechtsverhältnis zwischen ihnen von Anfang an als **werdende Wohnungseigentümergemeinschaft** zu beurteilen; es bestimmt sich schon vor der Aufteilung in Wohnungseigentum grundsätzlich nach § 10 WEG.[135]

6. Konsortien. a) Allgemeines. Unter Konsortien versteht man typischerweise **Gele-** 51 **genheitsgesellschaften mit** einem auf die Durchführung eines oder mehrerer Einzelgeschäfte **beschränkten wirtschaftlichen Zweck.** Entsprechend ihrer variablen, dem jeweiligen Gegenstand anzupassenden Ausgestaltung eignen sie sich für eine Vielzahl von Verwendungszwecken und Anwendungsbereichen. Vom Sonderfall der Beteiligungs- und Stimmrechtskonsortien als langfristige Verbindungen zwischen Mitgliedern einer anderen Gesellschaft (RdNr. 68) abgesehen, finden sich Konsortien vornehmlich einerseits im Verhältnis zwischen Kreditinstituten, sei es als Emissionskonsortien (RdNr. 52) oder als Kredit- bzw. Finanzierungskonsortien (RdNr. 58).[136] Andererseits ist auch der Typus des Anlagenbau-Konsortiums nicht selten anzutreffen, sei es im Industrieanlagenbau oder im Schiffbau (RdNr. 61). Ungeachtet der typischen Kaufmannseigenschaft der Konsorten und trotz sachlicher Zugehörigkeit der von ihnen im Rahmen des jeweiligen Konsortiums durchgeführten Geschäfte zum Bereich der Handelsgeschäfte sind die Konsortien in aller Regel als GbR zu qualifizieren, weil es wegen der Beschränkung des Gesellschaftszwecks auf bestimmte Einzelgeschäfte am Tatbestandsmerkmal des auf Dauer angelegten Handelsgewerbes fehlt.[137]

b) Emissionskonsortien. aa) Erscheinungsformen. Emissionskonsortien sind Zu- 52 sammenschlüsse mehrerer Kreditinstitute entweder zur Begebung oder zur Übernahme und Platzierung der von einem Emittenten (meist einer AG) ausgegebenen Wertpapiere (Aktien oder Schuldverschreibungen).[138] Das heute allenfalls noch vereinzelt anzutreffende **Begebungskonsortium** beschränkt sich darauf, als Geschäftsbesorger auf Rechnung des Emittenten, wenn auch meist im eigenen Namen, die Emission am Kapitalmarkt unterzubringen und den Erlös an den Emittenten abzuführen. Das wirtschaftliche Risiko der Emission verbleibt beim Emittenten, für den die Mitglieder des Konsortiums als Kommissionäre handeln.[139] Den Regelfall bildet demgegenüber das **Übernahmekonsortium.** Neben dem Zweck, die Wertpapiere des Emittenten auf eigene Rechnung zu übernehmen, dient es meist auch dazu, sie in Übereinstimmung mit den Vorstellungen und Wünschen des Emittenten zu platzieren, ihre Börseneinführung zu betreiben und für eine gewisse Kurspflege zu sorgen. Bei Aktienemissionen übernehmen die als Konsorten beteiligten Banken

---

[134] BGH WM 1988, 661; NJW-RR 1988, 220.
[135] Zur werdenden Wohnungseigentümergemeinschaft vgl. *Soergel/Stürner* § 3 WEG RdNr. 13, *Weitnauer* (Fn. 120) § 3 WEG RdNr. 46 und Anh. § 10 WEG mwN.
[136] Schrifttum: *Staudinger/Geiler,* 10. Aufl. 1943, Anh. zu §§ 705 ff. RdNr. 31 ff.; *Soergel/Hadding* RdNr. 47; *Wiedemann* GesR II § 7 I 5, S. 619 ff.; *De Meo,* Bankenkonsortien, 1994; *Delorme/Hoessrich,* Konsortial- und Emissionsgeschäft, 2. Aufl. 1971; *Norbert Horn,* Das Recht der internationalen Anleihen, 1972; *Scholze,* Das Konsortialgeschäft der deutschen Banken, 1973; *Canaris* Bankvertragsrecht RdNr. 2248, 2304 ff.; *Schaub,* Der Konsortialvertrag, 1991; *Kümpel,* Bank- und Kapitalmarktrecht, 3. Aufl. 2004, S. 1470 ff.; *Claussen,* Bank- und Börsenrecht, 4. Aufl. 2008, § 6 RdNr. 304 ff.; *Brandt/Sonnenhol,* Verträge für Konsortialkredite, WM 2001, 2329.
[137] BGH WM 1992, 1225; *Soergel/Hadding* RdNr. 47; allg. zum Begriff des Handelsgewerbes vgl. *K. Schmidt* HaR § 9 IV; *Baumbach/Hopt* § 1 RdNr. 11 ff., 22.
[138] Vgl. zum Emissionskonsortium insbes. *H. P. Westermann* AG 1967, 285 ff. sowie die Darstellungen bei *Canaris* (Fn. 136) und *Scholze* (Fn. 136) S. 285 ff.
[139] Vgl. *Scholze* (Fn. 136) S. 290; *Claussen* (Fn. 136) § 6 RdNr. 316; *Canaris* Bankvertragsrecht RdNr. 2243; allg. zum Begebungskonsortium vgl. *Scholze* (Fn. 136) S. 289.

mit Rücksicht auf das Bezugsrecht der Aktionäre regelmäßig eine Bindung hinsichtlich der Weiterbegebung der neuen Aktien nach § 186 Abs. 5 AktG, soweit die Kapitalerhöhung nicht unter Ausschluss des Bezugsrechts durchgeführt wird. Aber auch beim Fehlen von Bezugsrechten hat der Emittent doch regelmäßig ein erhebliches Interesse an der Art und Weise, in der die Wertpapiere auf dem Kapitalmarkt platziert werden.[140] Dem tragen gewöhnlich auch die – auf den Übernahmevertrag zugeschnittenen – Konsortialvereinbarungen zwischen den beteiligten Banken Rechnung.

53 In rechtlicher Hinsicht sind bei der Wertpapieremission durch ein Übernahmekonsortium **drei verschiedene Rechtsverhältnisse** zu unterscheiden: der *Konsortialvertrag* zwischen den Banken zur Konstituierung des Konsortiums, der *Übernahme- und Platzierungsvertrag* zwischen Emittent und Konsortium sowie die einzelnen *Kaufverträge* zwischen den Mitgliedern des Konsortiums und dem Anlagepublikum bei Platzierung der auf sie jeweils entfallenden Quote.[141] Schwierigkeiten bereitet dabei namentlich die zutreffende Erfassung der beiden erstgenannten Rechtsverhältnisse, da die Trennungslinien zwischen den Gemeinschaftsaufgaben des Konsortiums und den Einzelrechten und -pflichten der beteiligten Banken in Bezug auf Übernahme und Platzierung aus tatsächlichen und rechtlichen Gründen nicht immer deutlich werden.

54 **bb) Konsortialvertrag.** Was zunächst das **Rechtsverhältnis zwischen den** als Konsorten **beteiligten Banken** angeht, so handelt es sich um eine *Außengesellschaft* bürgerlichen Rechts. Der gemeinsame Zweck besteht in der Schaffung der Voraussetzungen für die Übernahme und Platzierung der Wertpapiere (RdNr. 56). Für den Abschluss des Übernahmevertrags (RdNr. 53) sind der Konsortialführerin regelmäßig Geschäftsführungsbefugnis und Vertretungsmacht eingeräumt.[142] Demgegenüber ist die Platzierung Sache der einzelnen Konsorten.[143] Ihre Beitragspflichten gehen dahin, im Rahmen der von der Konsortialführerin mit dem Emittenten ausgehandelten Übernahmebedingungen die auf sie jeweils entfallende Wertpapierquote zu übernehmen und zu platzieren. Das Risiko der Platzierung seiner Quote trägt jeder Konsorte selbst; ebenso findet eine Verteilung der Platzierungsgewinne im Regelfall nicht statt.[144] Die gesamtschuldnerische Außenhaftung für die auf die Quoten der anderen Konsorten entfallenden Emissionspflichten wird im Übernahmevertrag regelmäßig ausgeschlossen.[145] Wohl aber sind die Konsorten beim Wegfall eines von ihnen entsprechend § 735 intern verpflichtet, den dadurch entstehenden Ausfall zu tragen und dessen Quote anteilig mit zu übernehmen.[146]

55 Die zu emittierenden Wertpapiere werden üblicherweise nicht Gesamthandseigentum des Konsortiums, sondern den einzelnen Konsorten vom Emittenten entsprechend den darüber getroffenen Abreden (RdNr. 54) zu Alleineigentum übertragen.[147] Das schließt die Bildung von **Gesamthandsvermögen** beim Konsortium selbst allerdings nicht aus. Neben den „Sozialansprüchen" des Konsortiums gegen die Konsorten (§ 705 RdNr. 201) gehören hierzu im Zweifel auch dessen Ansprüche gegen den Emittenten aus dem Übernahmevertrag unabhängig davon, ob sie durch Leistung an das Konsortium oder an die einzelnen Konsorten zu erfüllen sind, sowie bis zur Ausstellung der Aktienurkunden die Rechte des

---

[140] Vgl. *Canaris* Bankvertragsrecht RdNr. 2255 f.; *Claussen* (Fn. 136) § 6 RdNr. 314.
[141] Zur Einordnung dieses letztgenannten Rechtsverhältnisses als Kaufvertrag vgl. *Canaris* Bankvertragsrecht RdNr. 2245.
[142] *H. P. Westermann* AG 1967, 290; *Canaris* Bankvertragsrecht RdNr. 2264, 2310; *Claussen* (Fn. 136) § 6 RdNr. 315.
[143] *H. P. Westermann* AG 1967, 289, 290; *Canaris* Bankvertragsrecht RdNr. 2311.
[144] Vgl. *Scholze* (Fn. 136) S. 20, 291 f.; *Canaris* Bankvertragsrecht RdNr. 2307; *H. P. Westermann* AG 1967, 289.
[145] *Canaris* Bankvertragsrecht RdNr. 2265; *Claussen* (Fn. 136) § 6 RdNr. 316. Vgl. jetzt aber BGHZ 142, 315, 323 = NJW 1999, 3483 zum Erfordernis eines *individualvertraglich* vereinbarten Haftungsausschlusses; dazu *Ulmer* ZIP 2003, 1113, 1120.
[146] So auch *Canaris* Bankvertragsrecht RdNr. 2308; *Scholze* (Fn. 136) S. 21; aA *Timm/Schöne* ZGR 1994, 113, 137 ff. (Teilschuld mit subsidiärer Außenhaftung).
[147] *Canaris* Bankvertragsrecht RdNr. 2316; *Claussen* (Fn. 136) § 6 RdNr. 315.

Konsortiums im Rahmen des Jungscheingiroverkehrs oder der Ausstellung einer Globalurkunde.[148]

cc) Übernahmevertrag mit dem Emittenten.[149] Der Übernahmevertrag mit dem Emittenten wird von der Konsortialführerin nicht etwa als Vertreterin der je für sich handelnden Konsorten abgeschlossen,[150] sondern für das **Konsortium**, dh. die Gesamtheit der Konsorten, als Außengesellschaft. Hieran hat namentlich auch der Emittent selbst ein erhebliches Interesse. In Übereinstimmung mit dem Zweck des Konsortiums geht es ihm darum, die Übernahme und Platzierung der *gesamten* Emission sicherzustellen; er ist nicht etwa am Abschluss einer entsprechenden Zahl von isoliert nebeneinanderstehenden einzelnen Übernahmeverträgen interessiert. Auch die Haftung der einzelnen Konsorten lässt sich – vorbehaltlich individueller Haftungsbeschränkungsabreden – angesichts des Übergangs der höchstrichterlichen Rechtsprechung zur Akzessorietätstheorie (§ 714 RdNr. 4, 33 ff.) nicht mehr auf die Höhe ihrer jeweiligen Emissionsquote beschränken.[151] Im Fall einer Aktienemission ist eine solche Beschränkung zudem *aktienrechtlich* nur möglich, wenn die Konsorten selbst, nicht aber das Konsortium, als Zeichner iS von § 185 AktG auftreten. Ein Beitritt der GbR als Aktionär unter Beschränkung der Haftung der Konsorten auf ihre jeweiligen Quoten ist ausgeschlossen.[152] Zu unterscheiden sind somit einerseits die Ansprüche des Emittenten aus den Zeichnungserklärungen der einzelnen Konsorten sowie andererseits sein gegen die Gesamthand gerichteter Anspruch auf Zeichnung und Platzierung der gesamten Emission.[153] Auch wenn die Konsorten persönlich entsprechend den Bedingungen des Übernahmevertrags ihre Einstandspflicht gegenüber dem Emittenten ausgeschlossen haben, so kommt das Vorliegen einer Gesamthandsschuld doch in der internen Ausfallhaftung der Konsorten entsprechend § 735 zum Ausdruck (RdNr. 54).

Die **Rechtsnatur** des Übernahmevertrags ist bei *Aktienemissionen* als schuldrechtlicher Vertrag sui generis zu qualifizieren, der neben der Verpflichtung des Konsortiums zum Erwerb der Aktien im Hinblick auf den Platzierungsauftrag Elemente eines Geschäftsbesorgungsvertrages enthält.[154] Demgegenüber bildet der korporationsrechtliche Zeichnungsvertrag[155] ein selbstständiges, mit anderem Inhalt und anderen Parteien (den einzelnen Konsorten als Zeichnern) zustande kommendes Rechtsgeschäft. – Auch bei der festen Übernahme neuemittierter *Schuldverschreibungen* durch ein Konsortium handelt es sich weder um einen reinen Kaufvertrag mit dem Schuldner über die künftigen Forderungen,[156] zumal diese erst durch Begebung der Wertpapiere an die Konsortialmitglieder zur Entstehung kommen, noch um einen Darlehensvertrag, der alsbald durch Begründung der verbrieften Forderungen als Leistung an Erfüllungs Statt (§ 364 Abs. 1) erfüllt würde.[157] Beide Lösungen werden dem besonderen Charakter des Übernahmevertrags als eines einheitlichen, auf *Übernahme und Platzierung* der Wertpapiere im Kapitalbeschaffungsinteresse des Emittenten ge-

---

[148] *Canaris* Bankvertragsrecht RdNr. 2318 ff.; Einzelheiten zum Jungscheingiroverkehr und zur Globalurkunde bei *Scholze* (Fn. 136) S. 382, 523.
[149] Zu seinem typischen Regelungsgehalt vgl. *Technau* AG 1998, 445, 446 ff.
[150] So aber *Canaris* Bankvertragsrecht RdNr. 2263 f. und auch noch *Claussen* (Fn. 136) § 6 RdNr. 321 f., jeweils unter – inzwischen überholtem (RdNr. 11) – Hinweis auf die dem Konsortium fehlende Rechtsfähigkeit.
[151] Anders die früher hM, vgl. *H. P. Westermann* AG 1967, 287; *Scholze* (Fn. 136) S. 21; *Timm/Schöne* ZGR 1994, 113, 134 ff.; sowie die Nachweise in Fn. 145.
[152] Vgl. BGHZ 118, 83, 100 = NJW 1992, 2222; *Hüffer*, AktG, 7. Aufl. 2006, § 2 RdNr. 10; *Kraft* in Kölner Komm. zum AktG § 2 RdNr. 23; *Hohner* NJW 1975, 718, 720; diff. *Timm/Schöne* ZGR 1994, 113, 122 ff., 131 ff.; aA noch *Groß* AG 1993, 108, 116 ff.; *Grundmann*, FS Boujong, 1996, S. 159, 169 f.
[153] So auch *Technau* AG 1998, 446 f.
[154] So unter Unterscheidung von Zeichnungserklärung und Übernahmevertrag auch *Canaris* Bankvertragsrecht RdNr. 2244; wohl auch *Claussen* (Fn. 136) § 6 RdNr. 321 ff.; *Lutter* in Kölner Komm. zum AktG § 186 RdNr. 111; *H. P. Westermann* AG 1967, 286.
[155] Dazu iE *Lutter* (Fn. 136) § 185 AktG RdNr. 5 ff., 11 ff.
[156] So aber die früher hM, vgl. RGZ 28, 29, 30; 104, 119, 120; RG JW 1927, 1375; *Claussen* (Fn. 136) RdNr. 326; *Horn* (Fn. 136) S. 137 ff.
[157] So *Canaris* Bankvertragsrecht RdNr. 2243.

richteten Schuldverhältnisses nicht gerecht. Auszugehen ist vielmehr auch hier von einem Vertrag eigener Art, der sowohl kaufrechtliche als auch Darlehens- und Geschäftsbesorgungselemente enthält.[158]

58 **c) Kredit- und Finanzierungskonsortien.** Eine weitere Erscheinungsform bilden Kredit- und Finanzierungskonsortien zwischen mehreren Banken. Der Zusammenschluss dient ihnen dazu, einen regelmäßig durch den Konsortialführer gewährten **Großkredit** (RdNr. 59) im Rahmen der Begrenzung durch § 13 KWG gemeinsam zu finanzieren und das Risiko quotenmäßig zu begrenzen.[159] Auch insoweit handelt es sich regelmäßig um eine GbR und zwar in Form der *Innengesellschaft*.[160] Terminologisch wird unterschieden zwischen einfachen Kreditkonsortien zur Bereitstellung eines einmaligen Kredites an ein bestimmtes Unternehmen und Finanzierungskonsortien zum Zwecke wiederholter Kreditgewährung an ein oder mehrere Unternehmen.[161] Besondere Bedeutung kommt dem Kreditkonsortium im Verhältnis zu einem kraft Rechtsform nicht emissionsfähigen Kreditnehmer zu.[162] Es kann aber auch Vorfinanzierungskredite einräumen, wenn ein Unternehmen zwar grundsätzlich emissionsfähig, kurzfristig aber nicht zur Begebung von Anleihen oder Aktien in der Lage ist.[163]

59 Die **Kreditgewährung** selbst kann zentral oder dezentral erfolgen: im Normalfall, beim „echten" Konsortialkredit, stellt die Konsortialführerin dem Kreditnehmer den Gesamtbetrag zur Verfügung und teilt im Innenverhältnis die beanspruchten und zurückbezahlten Beträge auf. Beim „unechten" Konsortialkredit („Parallelkredit") gewährt jede Konsortialbank selbst entsprechend ihrem quotenmäßigen Anteil dem Kreditnehmer ein Darlehen und erhält unmittelbar die Zinsen und die Kreditprovision.[164] Die Aufgabe der Konsortialführerin beschränkt sich in diesem Fall darauf, den Abruf und die Rückzahlung der Parallelkredite hinsichtlich der Beachtung der Konsortialquoten zu kontrollieren. Für die **Sicherheitsleistung**[165] des Kreditnehmers ist im Regelfall des echten Konsortialkredites vorgesehen, dass die Sicherheiten durch die Konsortialführerin als Treuhänderin für alle Konsorten gehalten werden.[166]

60 Einen Spezialfall des Kreditkonsortiums bildet das **Stillhaltekonsortium**,[167] ein Zusammenschluss von Kreditgebern zu dem Zweck, die jeweils von ihnen einem Dritten gewährten, fälligen Kredite bis zu einem bestimmten Zeitpunkt offenzuhalten bzw. sich mit ratenweiser Tilgung zu begnügen. Es kann in Fortsetzung eines Kreditkonsortiums, aber auch – durch Banken und andere Großgläubiger – eigens zum Zweck des Stillhaltens gebildet werden.[168] Die Konsortialquoten bestimmen sich hier regelmäßig nach dem Verhältnis der Forderungen, die die einzelnen Konsorten gegen den Kreditnehmer (Schuldner) haben. Ein **Sanierungskonsortium** liegt vor, wenn die Vereinbarungen außerdem einen Forderungsnachlass vorsehen.[169] Zum davon abweichenden, durch das Sicherungsinteresse der Beteiligten geprägten Fall des Sicherheitenpools vgl. RdNr. 71.

---

[158] Ebenso § 793 RdNr. 36; *Claussen* (Fn. 136) § 6 RdNr. 321 ff.; vgl. auch *Kümpel* (Fn. 136) S. 983; für den Fall einer vom Konsortium nicht fest übernommenen, sondern auf Rechnung des Emittenten zu platzierenden Emission ähnlich *Canaris* Bankvertragsrecht RdNr. 2243, 2255 (Kommission).
[159] *Staudinger/Geiler* (Fn. 136) RdNr. 65; *Scholze* (Fn. 136) S. 100.
[160] *Erman/Westermann* RdNr. 48.
[161] *Staudinger/Geiler* (Fn. 136) RdNr. 65.
[162] Vgl. *Scholze* (Fn. 136) S. 100.
[163] *Scholze* (Fn. 136) S. 100 f.
[164] *Scholze* (Fn. 136) S. 104 f.
[165] Vgl. dazu *Staudinger/Geiler* (Fn. 136); *Scholze* (Fn. 136) S. 108 ff.
[166] *Erman/Westermann* RdNr. 48. Den Spezialfall eines „Poolvertrages" zur Zusammenfassung der an mehrere Kreditinstitute gegebenen Sicherheiten in einer Hand behandelt *Eberding* BB 1974, 1004 ff.
[167] *Scholze* (Fn. 136) S. 119 ff.
[168] Vgl. den Fall BGH NJW 1985, 2584 f., in dem die beteiligten Banken sich untereinander zum vorübergehenden Offenhalten der Kreditlinien des späteren Gemeinschuldners verpflichteten und zwei Mitarbeiter mit der Überwachung des Stillhalteabkommens bei diesem beauftragten. Krit. zur Verneinung der Haftung der Konsorten gegenüber dem Kreditnehmer für die Handlungen der Überwachungsbeauftragten *Assmann* ZHR 152 (1988), 371 ff.
[169] *Scholze* (Fn. 136) S. 119. Zu davon zu unterscheidenden Fällen eines Sanierungskonsortiums, bestehend aus den einen eigenen Sanierungsbeitrag leistenden, unter sich eine GbR bildenden Kommanditisten einer Publikums-KG, vgl. BGH WM 1983, 555, 557; OLG Hamm NJW-RR 1988, 1119.

d) **Anlagenbau-Konsortien.**[170] Zu den typischen Erscheinungsformen von Konsortien **61** gehört auch das Konsortium für den Bau von Industrieanlagen oder Schiffen durch Zusammenwirken der Konsorten. Der damit von den Beteiligten verfolgte gemeinsame Zweck richtet sich darauf, (1) für ein bestimmtes Bauprojekt auf Grund eines gemeinsamen Angebots den Zuschlag zu erhalten und (2) dieses Projekt sodann in der Weise zu realisieren, dass die Konsorten die im Konsortialvertrag jeweils näher festgelegten Leistungen erbringen und die hierfür zugesagte Vergütung erhalten. Im Einzelnen ist dabei zwischen *Außen- und Innenkonsortien* zu unterscheiden: Während bei jenen alle Konsorten als Mitglieder einer Außen-GbR gegenüber dem Besteller in Erscheinung treten und neben dieser gesamtschuldnerisch für die Erstellung des Werkes haften, schließt beim **Innenkonsortium** der Konsortialführer den Anlagenbauvertrag mit dem Besteller im eigenen Namen ab; er handelt insoweit als mittelbarer Stellvertreter für die übrigen, vertraglich mit ihm verbundenen Konsorten, ohne sie aus dem Bauvertrag auch persönlich zu verpflichten.[171]

Beim Vorliegen eines **Außenkonsortiums** erbringen die Konsorten die von ihnen im **62** Konsortialvertrag jeweils übernommenen Beiträge nicht als Einlagen an das Konsortium, sondern unmittelbar gegenüber dem Besteller als (Teil-)Leistungen im Rahmen des Werkvertrags des Konsortiums mit ihm. Dementsprechend haben sie regelmäßig auch Anspruch auf einen im Konsortialvertrag meist klar definierten Teil der Gegenleistung des Bestellers.[172] In dieser von der typischen Gestaltung einer GbR abweichenden Behandlung der jeweiligen Leistungen liegt zugleich die Abgrenzung des Konsortiums von der Bau-Arge, bei der sich die Mitglieder regelmäßig zur Erbringung ihrer Beiträge an die Arge, dh. zur gemeinsamen Ausführung des Bauwerks verpflichten, während der ihnen jeweils zustehende Anteil an der – der Arge zufließenden – Gegenleistung des Bestellers sich nach dem vertraglich festgelegten Gewinnverteilungsschlüssel berechnet (vgl. RdNr. 45). An die Stelle der – für das Konsortium typischen – Bündelung der einzelnen Leistungsbeziehungen der Konsorten im Verhältnis zum Besteller tritt im Fall einer Arge mit anderen Worten eine *Gesamtleistung* und ein entsprechender Gegenleistungsanspruch der Arge, verbunden mit der Notwendigkeit, diese nach Zweckerreichung aufzulösen und Gewinn oder Verlust auf ihre Mitglieder zu verteilen. Im Vergleich zum Konsortium ist die Arge also eine deutlich höherstufige, zu engerer Verbindung der Mitglieder und zu weitergehender Vergemeinschaftung ihrer Chancen und Risiken führende Vereinigung, auch wenn im Außenverhältnis zum Besteller angesichts des jeweils einheitlichen Bauvertrags und der gesamtschuldnerischen Haftung der Mitglieder dieser Unterschied nicht entscheidend ins Gewicht fällt.[173]

Für die **Ausgestaltung des Konsortialvertrags** im Anlagenbau gibt es eine Reihe von **63** *Musterverträgen* mit im Wesentlichen übereinstimmenden, charakteristischen Elementen.[174] Neben der Notwendigkeit, den Konsortialvertrag nach Erteilung des Zuschlags an etwaige Modifikationen des ursprünglichen Vertragsangebots gegenüber dem Besteller anzupassen, gehören dazu vor allem die Bündelungsfunktion des Konsortialvertrags für das Verhältnis der Konsorten zum Besteller, das „risk splitting" zwischen den Konsorten sowie die enge Verzahnung zwischen Konsortialvertrag und Werkvertrag.[175] Unter *Bündelungsfunktion* ist die

---

[170] Schrifttum: *Nicklisch* NJW 1985, 2361 ff.; *Nicklisch* (Hrsg.), Konsortien und Joint Ventures bei Infrastrukturprojekten, 1998, mit Beiträgen von *Rosener* (S. 53 ff.); *Vetter* (S. 155 ff.) und *Nicklisch* (S. 187 ff.); *Schaub*, Der Konsortialvertrag unter besonderer Berücksichtigung des Industrieanlagenbaus, 1991; *Vetter* ZIP 2000, 1041 ff.

[171] *Nicklisch* NJW 1985, 2364 f.; *Schaub* (Fn. 170) S. 46 f.; *Vetter* (Fn. 170) S. 156 ff.

[172] Ob es sich insoweit um Ansprüche im Innen- oder Außenverhältnis handelt, hängt von der Ausgestaltung des Werkvertrags mit dem Besteller ab (vgl. *Vetter*, FS Jagenburg, 2002, S. 913, 914 f.).

[173] Dazu *Nicklisch* NJW 1985, 2363 f.; *Schaub* (Fn. 170) S. 41, 43 f.; *Vetter* (Fn. 170) S. 159. Zur inneren Organisation eines Anlagen-Konsortiums vgl. eingehend *Vetter* ZIP 2000, 1041, 1045 ff.

[174] Vgl. die bei *Nicklisch* (Fn. 170) S. 211 ff. abgedruckten Vertragsmuster, darunter insbes. diejenigen von *Rosener* (S. 223 ff.), des Organisme de Liaison des Industries Métalliques Européennes – ORGALIME (S. 248 ff.) und der Japan Machinery Exporters' Association – JMEA (S. 262 ff.).

[175] Vgl. näher *Nicklisch* NJW 1985, 2364; *Rosener* (Fn. 170) S. 60 ff.; *Schaub* (Fn. 170) S. 78 ff., 108 ff.; *Vetter* (Fn. 170) S. 161 f., 171 ff.

Zusammenfassung der von jedem Konsorten eigenverantwortlich zu erbringenden (Teil-)Leistung zu einem einheitlichen, auf die Erbringung des gesamten Bauwerks gerichteten Auftragswerk gegenüber dem Besteller sowie die entsprechende Festsetzung der Gegenleistung zu verstehen; diese setzt sich aus den von den Konsorten jeweils angemeldeten, untereinander abgestimmten Einzelpreisen zusammen, ggf. verbunden mit einem Zuschlag für unvorhergesehene Risiken u. a. des Konsortiums. Das Verhältnis der Einzelleistungen ist dabei nicht nur für die interne Aufteilung der vom Besteller zu erbringenden Gegenleistung maßgebend, sondern auch für die Festsetzung des für unvorhergesehene Fälle u. a. gebildeten „Konsortialschlüssels". Beim *risk splitting* geht es um die interne Aufteilung der von den Konsorten gesamtschuldnerisch übernommenen Haftung für Gewährleistungsmängel und Leistungsstörungen; sie richtet sich regelmäßig nach dem Verursachungsprinzip, im Übrigen nach dem Konsortialschlüssel. Die *Verzahnung* zwischen Konsortialvertrag und Werkvertrag schließlich zeigt sich darin, dass der Inhalt des Konsortialvertrags auf denjenigen des Werkvertrages bezogen sein muss, um die Realisierung des Bauwerks sicherzustellen und die planmäßige Verteilung der Chancen und Risiken zwischen den Konsorten zu gewährleisten. Dieser Zusammenhang ändert freilich nichts an der Rechtsnatur des Konsortiums als GbR iS eines Vertrags der Interessengemeinschaft im Unterschied zu dem auf Leistungsaustausch gerichteten Werkvertrag des Konsortiums mit dem Besteller.[176]

64   e) **Sonstige.** Gelegenheitsgesellschaften mit **wirtschaftlichem,** auf die Durchführung bestimmter Geschäfte oder sonstiger rechtserheblicher Aktionen beschränktem **Zweck** finden sich auch *außerhalb des Bankensektors und des Anlagenbaus*. Von den Fällen eines Sicherheitenpools zu vorübergehendem Zweck abgesehen, denen gegenüber eine scharfe Abgrenzung nicht möglich ist (vgl. RdNr. 71), ist etwa an Konsortien zur gemeinsamen Exploration oder Ausbeutung bestimmter Bodenschätze in solchen Fällen zu denken, in denen es um ein sachlich und zeitlich begrenztes Projekt geht.[177] Spezialfälle von Gelegenheitsgesellschaften mit wirtschaftlichem Zweck bilden auch die Arbeitsgemeinschaften (RdNr. 43 ff.) sowie der vertragliche Zusammenschluss zur einheitlichen Rechtsverfolgung gemeinsamer Interessen (RdNr. 71 b).

65   **7. Kartell- und Konzernformen, Pools. a) Kartelle.** Unter Kartellen versteht man nach der Definition des § 1 GWB wettbewerbsbeschränkende Vereinbarungen zwischen miteinander in Wettbewerb stehenden Unternehmen oder entsprechende Beschlüsse von Unternehmensvereinigungen. Wenn auch die Bezugnahme der Vorschrift auf „Verträge zu einem gemeinsamen Zweck" im Zuge der GWB-Novelle 1998 entfallen ist, handelt es sich bei der großen Mehrzahl der Verträge, die unter den Kartellbegriff des § 1 GWB fallen, doch nicht um Austausch- oder gemischte Verträge, sondern um gesellschaftsrechtliche oder kooperative Verbindungen. Als Organisationsformen kommen dabei – vorbehaltlich der Wirksamkeit des Zusammenschlusses nach Maßgabe der §§ 2, 3, 28 und 30 GWB bzw. nach Art. 81 Abs. 3 EG-Vertrag – neben der GmbH und dem Verein namentlich auch die Personengesellschaften in Betracht.[178] Da Kartelle sich zudem überwiegend darauf beschränken, das Marktverhalten ihrer Mitglieder zu koordinieren, ohne selbst unter gemeinsamer Firma am Handelsverkehr teilzunehmen, ist die **GbR** die typische Rechtsform jedenfalls der einfachen, nicht über eine besondere Organisation verfügenden Kartelle, während bei „qualifizierten" Kartellen nach Art der Syndikate die GmbH am stärksten verbreitet ist. Wegen der Einzelheiten sei auf das Schrifttum zum GWB verwiesen.

66   **b) Konzernformen; Gemeinschaftsunternehmen.** Auch für Unternehmensverbindungen, soweit sie nicht auf faktischer, sondern auf *vertraglicher* Grundlage beruhen, ist die GbR – in Gestalt einer *Innengesellschaft* – als Rechtsform vielseitig verwendbar. Das gilt zwar

---

[176] So zutr. die ganz hM, vgl. nur *Schaub* (Fn. 170) S. 55 ff., 84 ff.; *Vetter* (Fn. 170) S. 161 ff.; *ders.* ZIP 2000, 1041, 1043 ff., jeweils mwN; für gemischten, aus gesellschafts- und werkvertraglichen Elementen zusammengesetzten Vertrag früher *Nicklisch* NJW 1985, 2364 – anders jetzt *ders.* in *Nicklisch* (Fn. 170) S. 195.
[177] Vgl. dazu näher *Kühne* ZgesGenW 32 (1982), 183 ff.
[178] Vgl. *Zimmer* in: *Immenga/Mestmäcker* GWB, 4. Aufl. 2007, § 1 RdNr. 27 ff., 51.

Vorbemerkungen 67, 68 **Vor § 705**

nicht für die beiden im Zentrum des Konzernvertragsrechts stehenden Typen vertikaler Unternehmensverträge, den Beherrschungs- und den Ergebnisabführungsvertrag (§ 291 Abs. 1 AktG). Bei ihnen handelt es sich um satzungsüberlagernde Organisationsverträge zwischen Ober- und Untergesellschaft, die inhaltlich nicht durch einen gemeinsamen Zweck, sondern durch Austauschelemente geprägt sind.[179] Wohl aber findet die GbR, auch abgesehen vom praktisch wichtigen Sonderfall der Gemeinschaftsunternehmen (RdNr. 67), im Falle *horizontaler* Unternehmensverträge Verwendung. Das gilt vor allem für vertragliche **Gewinngemeinschaften** (§ 292 Abs. 1 Nr. 1 AktG), bei denen der gemeinsame Zweck der Gewinnerzielung offenkundig ist,[180] aber auch für **Gleichordnungskonzerne** auf vertraglicher Grundlage iS von § 18 Abs. 2 AktG.[181] Zu Einzelheiten vgl. das konzernrechtliche Schrifttum.

Erhebliche Verbreitung kommt Konsortialverträgen in Form der Innen-GbR insbesondere im Zusammenhang mit der Gründung oder der Führung eines sog. **Gemeinschaftsunternehmens** zu, dh. einer Gesellschaft (AG oder GmbH), die sich in einem Abhängigkeitsverhältnis (§ 17 AktG) gegenüber zwei oder mehr an ihr beteiligten, untereinander gleichgerichtete Interessen verfolgenden Unternehmen befindet.[182] In Fällen dieser Art ist die *Interessengleichrichtung der Gesellschafter* meist nicht nur tatsächlicher Natur oder ergibt sich allein aus den mit dem Anteilsbesitz verbundenen gesellschaftsrechtlichen Beziehungen. Vielmehr treffen die Muttergesellschaften im Zusammenhang mit der Gründung des Gemeinschaftsunternehmens oder dem gemeinsamen Erwerb von Anteilen an ihm meist auch Absprachen über die Ausübung der Beteiligungsrechte im Rahmen einer sog. **Grundvereinbarung**.[183] Entsprechend dem damit verfolgten gemeinsamen Zweck handelt es sich bei ihr in aller Regel um eine Innengesellschaft bürgerlichen Rechts. Wegen der Überlagerung der Rechtsbeziehungen aus dem Anteilsbesitz durch die Grundvereinbarung kann man auch von einer Doppelgesellschaft sprechen.[184] 67

c) Beteiligungskonsortien, Stimmrechtspools. Zwischen Beteiligungs- und Stimmrechtskonsortien oder -pools in der Rechtsform der GbR ist wie folgt zu unterscheiden. Das **Beteiligungskonsortium**[185] dient zum gemeinsamen Erwerb oder Halten von Anteilen an einer Handels- (Personen- oder Kapital-)Gesellschaft. Es nimmt meist nicht selbst am Rechtsverkehr teil, sondern beschränkt sich auf Verwaltung und Kontrolle der Beteiligung.[186] Ob die Anteile im Gesamthandseigentum der Gesellschafter stehen oder ob sie treuhänderisch von der Konsortialführerin auf gemeinsame Rechnung gehalten werden, ist Frage des Einzelfalls. Demgegenüber stehen bei den **Stimmrechtspools oder -konsortien** die Anteile am Beteiligungsunternehmen den Poolmitgliedern selbst zu.[187] Diese verpflich- 68

---

[179] EinhM, vgl. nur MünchKommAktG/*Altmeppen* § 291 RdNr. 25, 35; *Hüffer* § 291 AktG RdNr. 17 f.
[180] So zutr. MünchKommAktG/*Altmeppen* § 292 RdNr. 12; *Hüffer* § 292 AktG RdNr. 2; vgl. auch BGHZ 24, 279, 293 ff. = NJW 1957, 1279 (Interessengemeinschaft zwischen zwei AGen mit Umtauschrecht der Aktionäre in Aktien der einen AG).
[181] Ganz hM, vgl. MünchKommAktG/*Bayer* § 18 RdNr. 52; MünchKommAktG/*Altmeppen* § 291 RdNr. 212; *Hüffer* AktG, § 18 RdNr. 20; *Emmerich/Habersack*, Aktien- und GmbH-Konzernrecht, 5. Aufl. 2008, § 291 RdNr. 73; so im Grundsatz auch *K. Schmidt* GesR § 31 II 3 c bb.
[182] Vgl. (mehrfache Abhängigkeit nach § 17 AktG bejahend) BGHZ 62, 193 = NJW 1974, 855 – „Seitz", sowie BGHZ 74, 359, 366 = NJW 1979, 2401 – „WAZ/Brost und Funke".
[183] Näheres bei *Gansweid*, Gemeinsame Tochtergesellschaften, 1976, S. 53 ff., 63 ff. und *G. Wiedemann*, Gemeinschaftsunternehmen im deutschen Kartellrecht, 1981, S. 86 ff.
[184] Der Begriff „Doppelgesellschaft" wird allerdings überwiegend enger gesehen, vgl. dazu RGZ 151, 321, 323; *Naegeli*, Die Doppelgesellschaft, 1. Band, 1936, S. 1 ff., 9 und *Gansweid* (Fn. 183) S. 71.
[185] Dazu eingehend *Noack*, Gesellschaftervereinbarungen bei Kapitalgesellschaften, 1994, S. 191 ff.; *Westermann*, FS Bezzenberger, 2000, S. 449 ff.
[186] BGH WM 1969, 790; RGZ 111, 405; 161, 296; RG DNotZ 1936, 564; OLG Saarbrücken AG 1980, 26 f.; *Hartmann*, FS Werner, 1984, S. 217 ff.; *Janberg/Schlaus* AG 1967, 34; *Rasch*, Deutsches Konzernrecht, 5. Aufl. 1974, S. 71 f.
[187] Zu Stimmrechtspools vgl. BGHZ 126, 226, 229 = NJW 1994, 2536; BGH WM 1970, 962; OLG Karlsruhe AG 2005, 814; *Erman/Westermann* RdNr. 44; *Lübbert*, Abstimmungsvereinbarungen in den Aktien- und GmbH-Rechten der EWG-Staaten, der Schweiz und Großbritanniens, 1971, S. 81 ff.; *Scholz/K. Schmidt* § 47 GmbHG RdNr. 35 ff., 40; *Overrath*, Die Stimmrechtsbindung, 1973, S. 1 ff.; *Noack* (Fn. 185) S. 32 ff.,

ten sich aber im Rahmen eines Stimmbindungsvertrags, zum Zwecke gemeinsamer Herrschaftsausübung gegenüber dem Beteiligungsunternehmen, ihr Stimmrecht einheitlich auf Grund entsprechender interner Willensbildung auszuüben.[188] Denkbar ist es auch, die Stimmrechtsausübung einem der Poolmitglieder zu übertragen, soweit sie nicht auf Grund der Organisationsform des Beteiligungsunternehmens als Personengesellschaft höchstpersönlicher Natur ist. Zu Voraussetzungen und Grenzen der Stimmbindung im Rahmen von Stimmrechtsverträgen vgl. § 717 RdNr. 20 ff.

69 **Schutzgemeinschaftsverträge** zwischen Familienmitgliedern oder einander aus sonstigen Gründen nahe stehenden Gesellschaftern dienen über die gemeinsame Stimmabgabe hinaus zur dauerhaften Sicherung des gemeinsamen Einflusses auf das Beteiligungsunternehmen.[189] Wie die Stimmrechtspools (RdNr. 68) sind sie meist als reine *Innengesellschaften,* dh. ohne Einbringung der Beteiligungsrechte in die Schutzgemeinschaft, ausgestaltet.[190] Neben der Sicherstellung der gemeinsamen Stimmrechtsausübung während der Vertragsdauer geht es bei ihnen auch um die dauerhafte *Erhaltung der Beteiligungsrechte in der Schutzgemeinschaft.* Sie ist in Fällen der Vererbung unproblematisch, da die Erben in die Rechtsposition des Erblassers eintreten und damit auch dessen Bindungen unterliegen. Im Übrigen kann der Gefahr einer Veräußerung der Beteiligungsrechte an Dritte durch Aufnahme eines *Vorkaufsrechts* o. Ä. in den Schutzgemeinschaftsvertrag vorgebeugt werden,[191] ggf. ergänzt durch Vinkulierung der Beteiligungsrechte in der Satzung des Beteiligungsunternehmens.[192] Die **Kündigung** eines unbefristeten Schutzgemeinschaftsvertrags durch einzelne Mitglieder kann freilich nicht wirksam ausgeschlossen werden, da es sich dabei um ein unverzichtbares Mitgliedschaftsrecht handelt (§ 723 Abs. 3). Nach der Rechtsprechung des BGH[193] ist es in derartigen Fällen allerdings ohne Verstoß gegen § 723 Abs. 3 möglich, im Schutzgemeinschaftsvertrag eine entgeltliche Andienungspflicht des Kündigenden gegenüber den verbleibenden Mitgliedern vorzusehen. Sie stellt den durch Kündigung Ausscheidenden im Ergebnis ähnlich wie beim Ausscheiden aus einem Beteiligungskonsortium, in das die Beteiligungsrechte als Gesamthandsvermögen eingebracht worden waren.

70 **d) Familiengesellschaften (Familienpools).** Sie werden zu dem Zweck gegründet, Abkömmlinge noch zu Lebzeiten der Eltern an den gesamthänderisch gehaltenen Vermögenswerten, insbesondere an Grundstücken, aber auch an Unternehmen oder Wertpapierbesitz, zu beteiligen. Gegenüber sonstigen Formen der *vorweggenommenen Erbfolge,* wie etwa der Vollübertragung oder der Übertragung von Miteigentum an Grundstücken, hat die Gründung einer Vermögensverwaltungsgesellschaft, an der Eltern und Abkömmlinge als Gesellschafter beteiligt sind, den Vorteil, dass die Verwaltungs- und Nutzungsrechte durch den Gesellschaftsvertrag im Rahmen der für die GbR anerkannten Geschäftsführungs- und Vertretungsregelungen den Bedürfnissen des jeweiligen Familienverbandes angepasst werden können. Die gesamthänderische Bindung erleichtert zusammen mit dem Anwachsungs-

---

47 ff.; *Habersack* ZHR 164 (2000), 1 ff.; *Odersky,* FS Lutter, 2000, S. 557 ff.; *Zöllner,* FS P. Ulmer, 2003, S. 725 ff.

[188] Dazu auch Kölner Komm. AktG/*Zöllner* Einl. RdNr. 89 ff.; *Jan Schröder* ZGR 1978, 578 ff.; *Noack* (Fn. 185) S. 37 f.; *König* ZGR 2005, 417 ff. Zur fehlenden Unternehmensqualität derartiger Konsortien mit Blick auf die Abhängigkeitsbegründung nach § 17 AktG vgl. OLG Hamm ZIP 2000, 2302, 2305; LG Heidelberg ZIP 1997, 1787 f.

[189] Vgl. dazu insbes. *Lübbert* (Fn. 187) und *Schrötter* NJW 1979, 2592 ff.; ferner *Baumann/Reiss* ZGR 1989, 157, 162 ff.; *Hopt* ZGR 1997, 1 ff.; *Erman/Westermann* RdNr. 44 aE; *Westermann,* FS Bezzenberger, 2000, S. 448 ff.; *Zutt* ZHR 155 (1991), 213 ff.

[190] *Lübbert* (Fn. 187) S. 83; *Blaum* in: Beck'sches Formularbuch zum Bürgerlichen, Handels- und Wirtschaftsrecht, 9. Aufl. 2006, S. 1301; aus der Rspr. vgl. die Fälle BGHZ 126, 226, 234 f. = NJW 1994, 2536; BGH WM 1966, 511; 1970, 962; NJW 1987, 890.

[191] Zur Auslegung eines solchen Rechts in einem Aktienpoolvertrag vgl. BGH NJW 1987, 890 ff.; dazu *G. Müller,* FS Boujong, 1996, S. 375 ff.

[192] Vgl. *Lübbert* (Fn. 187) S. 103 ff.; *Schrötter* NJW 1979, 2592, 2593; *Baumann/Reiss* ZGR 1989, 157, 181 f.

[193] BGHZ 126, 226, 234 ff. = NJW 1994, 2536; vgl. dazu auch *Ulmer/Schäfer* ZGR 1995, 134, 144 ff. mwN; *Westermann* ZGR 1996, 272 ff.

prinzip und der gesellschaftsrechtlichen Sondererbfolge die Erhaltung des Grundstücks oder der sonstigen Gegenstände des Gesamthandsvermögens im Familienverband.[194]

e) Sicherheitenpools; Sanierungsfonds. Unter **Sicherheitenpools** versteht man Vereinbarungen zwischen Sicherungsnehmern (Banken und Lieferanten), durch die sie ihre Rechte an Mobiliarsicherheiten zum Zweck gemeinsamer Durchsetzung in einen Pool einbringen.[195] Rechtlich handelt es sich im Regelfall um eine Gesellschaft bürgerlichen Rechts.[196] Sie ist Außengesellschaft, wenn ihr die Sicherungsrechte von ihren Mitgliedern zur gemeinsamen Geltendmachung durch einen zum Geschäftsführer bestellten Gesellschafter übertragen sind.[197] Daneben finden sich auch *Treuhandlösungen,* die sich – als Treuhandverträge kombiniert mit einer Innengesellschaft der Treugeber – darauf beschränken, die gemeinsame Geltendmachung der Sicherungsrechte durch einen Treuhänder im eigenen Namen zu ermöglichen.[198] Die gesicherten Forderungen als solche werden von der Rechtsübertragung oder -einräumung regelmäßig nicht erfasst, sondern verbleiben den jeweiligen Gesellschaftern.[199] Der Erlös aus den realisierten Sicherheiten wird nach dem vereinbarten Schlüssel unter den Mitgliedern verteilt.[200] Der **Zweck des Pools** besteht regelmäßig darin, durch kollektive Verwaltung und Durchsetzung der Sicherungsrechte sowie ihre Verwertung im gemeinsamen Interesse die rechtlichen und tatsächlichen Schwierigkeiten auszuräumen, die bei individueller Durchsetzung der Rechte wegen konkurrierender Rechte anderer Sicherungsnehmer zu erwarten wären. Die rechtliche Wirksamkeit der Sicherheitenpools steht heute außer Zweifel;[201] ursprünglich hiergegen erhobene Einwendungen wegen angeblicher Umgehung insolvenzrechtlicher Regelungen[202] sind seit langem überholt.[203]

8. Rechtsverfolgungs-Konsortium. Sanierungsfonds in der Rechtsform einer GbR dienen der gemeinsamen Stützung eines insolvenzgefährdeten Zulieferers oder Abnehmers durch dessen an seinem Fortbestand interessierte Vertragspartner, wobei die Gesellschafter sich verpflichten, die zur Sanierung benötigte Liquidität nach dem vereinbarten Schlüssel für die voraussichtliche Sanierungsdauer zur Verfügung zu stellen.[204]

Seit höchstrichterlicher Anerkennung der Parteifähigkeit der Außen-GbR (§ 705 RdNr. 318) eignet sich diese Rechtsform auch für Zusammenschlüsse von Personen zu dem Zweck, die ihnen je persönlich gegen einen bestimmten Dritten zustehenden, auf gleicher

---

[194] *Langenfeld,* Die Gesellschaft bürgerlichen Rechts, 6. Aufl. 2003, S. 72 ff., 77 ff.; *ders.* NJW 1994, 2601, 2602 f.; MünchHdbGesR I/*Schücking* (1995) § 4 RdNr. 109; *Spiegelberger,* Vermögensnachfolge, 1994, RdNr. 212.
[195] Vgl. *Jaeger/Henckel* § 15 KO RdNr. 72 ff.; Häsemeyer, Insolvenzrecht, 4. Aufl. 2007, RdNr. 18.64 ff.; *Wenzel* in: Bankrecht und Bankpraxis, 2. Aufl. 2000, RdNr. 4/284 d; *Obermüller,* Insolvenzrecht in der Bankpraxis, 6. Aufl. 2002, RdNr. 6122 ff.; *Jauernig* ZIP 1980, 318 ff.; *Marx* NJW 1978, 246 ff.; *Peters* ZIP 2000, 2238, 2239; *Weitnauer,* FS F. Baur, 1981, S. 709 ff. (mit Wiedergabe des Inhalts eines Poolvertrags S. 711 f.); *Bürgermeister,* Der Sicherheitenpool im Insolvenzrecht, 2. Aufl. 1996; *Heß,* Miteigentum der Vorbehaltslieferanten und Poolbildung, 1985; *Mitlehner,* Mobiliarsicherheiten im Insolvenzverfahren, 2007; *Erman/Westermann* RdNr. 45; weitere Beispiele bei *Bohlen,* Der Sicherheiten-Pool, 1984, S. 135 ff.; zum Sanierungspool *Wenzel* WM 1996, 561 ff. (mit Vertragsmuster).
[196] HM, vgl. *Bohlen* (Fn. 195) S. 10 f.; *Jaeger/Henckel* § 15 KO RdNr. 72; *Jauernig* ZIP 1980, 319; *Peters* ZIP 2000, 2239; *Weitnauer,* FS F. Baur, 1981, S. 709, 710; aA (schlichte Rechtsgemeinschaft) *Stürner* ZZP 94 (1981), 263, 275 f.; (je nach Fall GbR oder Bruchteilsgemeinschaft) *Häsemeyer* (Fn. 195) RdNr. 18.65. Zur Abgrenzung zwischen Gesellschaft und Gemeinschaft bei Sicherheitenpools vgl. auch § 741 RdNr. 69.
[197] Von typischem Verzicht auf die dingliche Einbringung der Sicherheiten ausgehend *Wenzel,* in: Bankrecht und Bankpraxis, Bd. 2, Stand 2000, RdNr. 4/284 d, 293; *Peters* ZIP 2000, 2239.
[198] *Stürner* ZZP 94 (1981), 263, 275; *Häsemeyer* (Fn. 195) RdNr. 18.65.
[199] *Bürgermeister* (Fn. 195) S. 81 f.; *Häsemeyer* (Fn. 195) RdNr. 18.65.
[200] *Jaeger/Henckel* § 15 KO RdNr. 72.
[201] BGH WM 1988, 1784, 1785; NJW 1992, 1501; OLG Hamburg ZIP 1985, 740; OLG Frankfurt WM 1986, 27, 29; OLG Oldenburg NZI 2000, 21.
[202] Vgl. die Nachweise in der 2. Aufl. Fn. 101, 102.
[203] So für Sicherheitenpools im Konzern auch BGHZ 138, 291, 297 ff., 304 = NJW 1998, 2592.
[204] Vgl. OLG München DB 2002, 2429 betr. den „Feuerwehrfonds" von Kfz.-Herstellern zur Stützung eines insolvenzgefährdeten Zulieferers.

Rechtsgrundlage beruhenden Ansprüche einheitlich durch eine von ihnen gegründete **GbR als Zessionarin der Ansprüche** durchzusetzen.[205] Von kollektiver Anspruchsverfolgung durch neue Prozessrechtsinstitute wie die Verbandsklage nach dem UKlaG[206] oder das mit dem KapMuG[207] eingeführte Musterverfahren für Haftungsansprüche wegen mangelhafter Kapitalmarktinformation unterscheidet sich dieses Vorgehen nicht nur durch seinen privatautonomen Ansatz, sondern auch durch die Klageerhebung aus eigenem Recht der GbR. Daher handelt es sich auch *nicht* um den Fall einer *Sammelklage*,[208] bei denen die jeweils als Kläger beteiligten Anspruchsinhaber ihre Interessen durch abgestimmtes Vorgehen wie die übereinstimmende Beauftragung eines bestimmten Prozessvertreters gebündelt verfolgen.[209] Vielmehr führt die GbR den Prozess im eigenen Namen und aus eigenem Recht, wenn auch die hinter ihr stehenden Gesellschafter vom Ausgang des Verfahrens indirekt (durch Gewinn- oder Verlustbeteiligung) betroffen sind. Das frühere Verbot der Rechtsberatung ohne behördliche Erlaubnis (so bisher Art. 1 § 1 Abs. 1 RBerG, vgl. jetzt aber §§ 3 ff. RDG) sowie die heutigen Sachkundeanforderungen (§§ 10 ff. RDG) stehen einem solchen Vorgehen nicht entgegen. Denn die GbR macht als (echte) Zessionarin eigene Rechte geltend und sie handelt überdies im Fall ihrer ad-hoc-Gründung oder Beauftragung zur Durchsetzung einer bestimmten, ihre Gesellschafter gleichermaßen betreffenden Rechtsposition nicht geschäftsmäßig.[210]

72 **9. Metaverbindungen.** Es handelt sich um Verbindungen zwischen zwei oder mehreren Personen zu dem Zweck, während der Vertragsdauer Umsatzgeschäfte in bestimmter oder unbestimmter Zahl über Waren oder Wertpapiere zwar im Namen des jeweils handelnden Metisten, aber **auf gemeinsame Rechnung** einzugehen und den Gewinn hieraus unter sich nach dem vereinbarten Schlüssel („à conto metà") zu teilen.[211] Metageschäfte sind häufig Termingeschäfte, müssen es aber nicht sein. Soweit es bei ihnen zur Eigentumsübertragung an den erworbenen Gegenständen kommt, erfolgt diese gegenüber dem jeweils handelnden Metisten; die Metaverbindung ist Innengesellschaft ohne Gesamthandsvermögen. Die gemeinsam zu tragenden Aufwendungen für die Beschaffung der Waren oder Wertpapiere sind gewöhnlich vorab aus dem Erlös der Weiterveräußerung zu erstatten, soweit die Parteien nichts Abweichendes unter Beachtung von § 707 vereinbart haben.[212]

73 **10. Ehegattengesellschaften. a) Allgemeines.** Besonderes Gewicht kam in den Diskussionen der letzten Jahrzehnte nicht nur im familienrechtlichen Schrifttum,[213] sondern auch in der Rechtsprechung (RdNr. 76 ff.) und der gesellschaftsrechtlichen Diskussion[214] dem lange Zeit lebhaft umstrittenen Institut der „Ehegatten(innen-)gesellschaft" zu. Im Unterschied zu den in RdNr. 34 ff. behandelten Fällen ging es dabei nicht um eine der

---

[205] Vgl. dazu *Bamberger/Roth/Timm/Schöne* § 705 RdNr. 167 a; *Heß* AG 2003, 113, 122 f.; *Koch* NJW 2006, 1469, 1470 f.

[206] Zur Effizienz der Verbandsklage nach der Vorgängernorm des § 13 AGBG vgl. informativ *Hensen*, FS P. Ulmer, 2003, S. 1135 f.

[207] Gesetz zur Einführung von Kapitalanleger-Musterverfahren vom 16. 8. 2005 (BGBl. I S. 2437); dazu *Vorwerk/Wolf*, KapMuG, 2007.

[208] So aber *Bamberger/Roth/Timm/Schöne* § 705 RdNr. 167 a; *Koch* NJW 2006, 1469, 1470 f.

[209] In derartigen Fällen kann – muss aber nicht – zwischen den am abgestimmten Vorgehen Beteiligten eine Innen-GbR vorliegen.

[210] So zutr. *Koch* NJW 2006, 2469, 2471 im Unterschied zu einer als e. V. organisierten, nicht auf einen bestimmten Schadensfall beschränkten Schutzgemeinschaft von Kleinaktionären (OLG Düsseldorf ZIP 1993, 347, 349, bestätigt durch BGH NJW 1995, 516 – Girmes).

[211] BGH NJW 1990, 573; BB 1964, 12; WM 1982, 1403; *Soergel/Hadding* RdNr. 46.

[212] BGH BB 1964, 12; *Soergel/Hadding* RdNr. 46.

[213] *Lieb*, Die Ehegattenmitarbeit im Spannungsfeld zwischen Rechtsgeschäft, Bereicherungsausgleich und gesetzlichem Güterstand, 1970; *Fenn*, Die Mitarbeit in den Diensten Familienangehöriger, 1970; *Burckhardt*, Der Ausgleich für Mitarbeit eines Ehegatten im Beruf oder Geschäft des anderen (§ 1356 Abs. 2 BGB), 1971; *Hepting*, Ehevereinbarungen, 1984, S. 126 ff.; *Soergel/Lange* § 1356 RdNr. 23 ff.; *Gernhuber/Coester-Waltjen* § 20 RdNr. 26 ff. Vgl. auch 4. Aufl. § 1356 RdNr. 26.

[214] *Rothemund*, Erklärungstatbestand und eherechtliche Schranken bei der Begründung einer Ehegatteninnengesellschaft, 1987; *Soergel/Hadding* RdNr. 54 ff.; *Staudinger/Habermeier* § 705 RdNr. 24; *Erman/Westermann* RdNr. 49 f.; *Bamberger/Roth/Timm/Schöne* § 705 RdNr. 172 ff.; *Palandt/Sprau* § 705 RdNr. 39; *Rob. Fischer* NJW 1960, 937; *Schönle* ZHR 121 (1958), 161, 164 ff.

Vorbemerkungen **74 Vor § 705**

typischen Erscheinungsformen der GbR (die sich selbstverständlich auch zwischen Ehegatten finden lassen), sondern um die Frage, ob die durch geschäftliche oder berufliche Zusammenarbeit gekennzeichneten Beziehungen zwischen Ehegatten, wenn sie über den engeren Bereich der Ehe (§ 1353 Abs. 1) hinausgehen, als Innengesellschaft qualifiziert und dadurch bei Auflösung der Ehe einem **angemessenen Vermögensausgleich** zwischen ihnen zugeführt werden können. Die Rechtsprechung des BGH war insoweit namentlich in den 50er und 60er Jahren von dem Bestreben geleitet, die Voraussetzungen für die Annahme einer Gesellschaft großzügig zu beurteilen und den Willen der Ehegatten, ihre Beziehungen als gesellschaftsrechtliche zu qualifizieren, notfalls zu fingieren, um dadurch zur Anwendung der gesellschaftsrechtlichen Gewinnverteilungs- und Auseinandersetzungsgrundsätze zu kommen. Dem wurde in der Literatur überwiegend heftig widersprochen (RdNr. 76).

b) Gesellschaftsrechtliche Grundlagen. Gesellschaften zwischen Ehegatten unterliegen im Grundsatz den *gleichen Beurteilungskriterien* wie solche zwischen familienrechtlich nicht verbundenen Personen und können ebenso wie diese gegründet werden; das Institut der Ehe steht einer solchen Gründung nicht entgegen. Das bedarf für Ehegatten, die in Gütertrennung oder Zugewinngemeinschaft leben, keiner Begründung, gilt aber auch im Falle der Gütergemeinschaft (str., vgl. § 705 RdNr. 75). Auch für den **Gesellschaftszweck** gelten insoweit keine weitergehenden Beschränkungen als nach allgemeinen Grundsätzen (§ 705 RdNr. 144 ff.). Insbesondere sind Ehegatten auch dann nicht gehindert, ihre vermögensrechtlichen Beziehungen gesellschaftsrechtlich auszugestalten, wenn eine Verpflichtung zu geschäftlicher oder beruflicher Zusammenarbeit sich im Ansatz bereits aus familienrechtlichen Gründen (§§ 1353, 1360) ergeben sollte (RdNr. 75). Die vom BGH häufig verwendete Formel, ein über die Verwirklichung der ehelichen Lebensgemeinschaft nicht hinausgehender, sich auf die nach den jeweiligen Lebensumständen übliche Zusammenarbeit beschränkender Zweck sei für § 705 ohne Bedeutung,[215] trifft in Fällen geschäftlicher oder beruflicher Zusammenarbeit nicht uneingeschränkt zu. An ihr ist zwar richtig, dass ein Zweck, der sich iS von § 1353 Abs. 1 auf die Begründung einer ehelichen (oder eheähnlichen) Gemeinschaft beschränkt, wegen des insoweit aus dem Institut der Ehe folgenden Rechtsformzwangs nicht alternativ durch Gesellschaftsvertrag vereinbart werden kann;[216] ein hierauf gerichteter Vertrag zwischen unverheiratet zusammenlebenden Personen wäre daher nach § 134 nichtig.[217] Auch fehlt es bei einer geschäftlichen oder beruflichen Zusammenarbeit, die über den Rahmen des familienrechtlich Üblichen nicht hinausgeht, regelmäßig an Indizien für einen konkludenten Vertragsschluss (RdNr. 75). Den Ehegatten ist es jedoch nicht verwehrt, ihre Zusammenarbeit in beruflicher und vermögensrechtlicher Hinsicht gesellschaftsrechtlich auszugestalten und ihr dadurch eine **gegenüber dem Familienrecht festere, schuldvertragliche Grundlage** zu geben.[218] Auch das *Ehegüterrecht* steht solchen auf die Verfolgung eines bestimmten gemeinsamen Zwecks gerichteten gesellschaftsrechtlichen Vereinbarungen nicht entgegen;[219] praktische Bedeutung hat das vor allem bei Vereinbarung von Gütertrennung. Zur Rechtslage bei der Zusammenarbeit im Rahmen einer eheähnlichen Partnerschaft vgl. RdNr. 84.

---

[215] Vgl. etwa BGHZ 31, 197, 201 = NJW 1960, 428; BGHZ 84, 361, 366 = NJW 1982, 2236; BGHZ 142, 137, 153 = NJW 1999, 2962; BGHZ 155, 249, 255 = NJW 2003, 2982; BGH FamRZ 1961, 431 und 519; DB 1972, 2201; NJW 1974, 2045; FamRZ 1989, 147, 148; dazu auch *Blumenröhr*, FS Odersky, 1996, S. 517, 519.

[216] Vgl. zum Typenzwang im Recht der persönlichen Ehewirkungen *Lipp* AcP 180 (1980), 537, 569 f. mN; ähnlich auch *Battes* ZHR 143 (1979), 385, 390; *Erman/Westermann* RdNr. 50.

[217] Für Nichtigkeit nach § 138 demgegenüber *Schwab* in: *Landwehr*, Die nichteheliche Lebensgemeinschaft, 1978, S. 68; so bei „Förderung doppelseitigen Ehebruchs" auch BGH FamRZ 1970, 19; 1965, 368 f.; nicht eindeutig OLG Schleswig SchlHA 1969, 198; OLG Düsseldorf DNotZ 1974, 169.

[218] Vgl. auch BGHZ 155, 249, 253 ff. = NJW 2003, 2982: Ehegatteninnengesellschaft als Grundlage für die Zustimmungspflicht zur gemeinsamen ESt-Veranlagung.

[219] *Staudinger/Kanzleiter* (2007) § 1408 RdNr. 8 f.; *Erman/Heckelmann* § 1356 RdNr. 26 f.; *Gernhuber/Coester-Waltjen* § 20 RdNr. 25; einschränkend *Soergel/Gaul* Vor § 1408 RdNr. 28 f.

75 Auch für die **Voraussetzungen** zur Annahme **eines konkludenten Vertragsschlusses** zwischen Ehegatten ist als Richtschnur auf allgemeine gesellschaftsrechtliche Grundsätze zurückzugreifen. Erste Voraussetzung ist danach, dass die tatsächliche Zusammenarbeit über ein Gefälligkeitsverhältnis hinausgeht und nach Art oder Umfang den *Rückschluss auf eine rechtsgeschäftliche Bindung* zwischen den Beteiligten und auf die Übernahme entsprechender *Beitragspflichten* gestattet (§ 705 RdNr. 26, 153). Hinzukommen muss zweitens, dass die bestehende *familienrechtliche Verbindung* durch die Zusammenarbeit *überschritten* wird (§ 705 RdNr. 27) und die Parteien sich dessen bewusst sind, auch wenn sie die Rechtsnatur ihrer schuldrechtlichen Beziehungen nicht zutreffend einordnen.[220] Der Umstand, dass es an einer familienrechtlichen Mitarbeitsverpflichtung des intern mitwirkenden Ehegatten fehlt, wie sie vormals in § 1356 Abs. 2 aF verankert war und seit dem 1. EheRG[221] in beschränktem Umfang noch aus §§ 1353, 1360 abgeleitet werden kann,[222] reicht für sich genommen nicht aus, um aus der tatsächlichen Zusammenarbeit den konkludenten Abschluss eines Gesellschaftsvertrags abzuleiten. Erforderlich ist vielmehr der erkennbare *Wille* der Ehegatten, ihrer Zusammenarbeit über die Ehewirkungen hinaus einen dauerhaften, auch die *Vermögensfolgen* mit abdeckenden rechtlichen *Rahmen* zu geben; er kann auch in der Geschäftsverteilung oder in Abreden über die Ergebnisverwendung seinen Niederschlag finden.[223] Liegen diese Voraussetzungen für einen – sei es auch konkludenten – Vertragsschluss vor, so kommt es im Regelfall zur Entstehung einer *Innengesellschaft* zwischen den Ehegatten unter dinglicher Zuordnung der gemeinsam geschaffenen Vermögensgegenstände zu dem nach außen die Geschäfte führenden Gesellschafter. Anderes gilt, wenn besondere Umstände erkennen lassen, dass die Beteiligten auch nach außen gemeinsam am Rechtsverkehr teilnehmen und Gesamthandsvermögen bilden.[224]

76 **c) Rechtsprechung und Kritik.** Der Familienrechtssenat des **BGH** hat sich im Anschluss an das Grundsatzurteil BGHZ 8, 249, 255 vor allem **in den 50er und 60er Jahren** in einer Vielzahl von Entscheidungen mit Fragen der Ehegattengesellschaft befasst; er hat ihr Vorliegen in der überwiegenden Zahl der Fälle bejaht.[225] Die dabei wiederholt verwendete und für die Rechtsprechung auch heute noch repräsentative **Formel** lautete:[226] „Ein Gesellschaftsverhältnis zwischen Eheleuten ist unter Würdigung aller Umstände des Einzelfalles dann anzunehmen, wenn sich feststellen lässt, dass die Eheleute abredegemäß durch beiderseitige Leistungen einen über den typischen Rahmen der ehelichen Lebensgemeinschaft hinausgehenden Zweck verfolgten, indem sie etwa durch Einsatz von Vermögenswerten und Arbeitsleistungen gemeinsam ein Vermögen aufbauten oder eine berufliche oder gewerbliche Tätigkeit gemeinsam ausübten." Wörtlich genommen deckt sich die Formel mit der vorstehenden gesellschaftsrechtlichen Beurteilung (RdNr. 74 f.) und verdient insofern Zustimmung. Die in der Literatur verbreitete, berechtigte **Kritik** richtete sich denn auch nicht hiergegen, sondern gegen die nicht selten auf reine Billigkeitserwägungen gestützte Bejahung des Zustandekommens einer Gesellschaft;[227] sie rücke die Annahme eines konkludenten Vertragsschlusses nicht

---

[220] So auch BGHZ 142, 137, 145 f. = NJW 1999, 2962 und schon BGHZ 31, 197, 201 = NJW 1960, 428; allg. zu den Anforderungen an den rechtsgeschäftlichen Willen der Ehegatten vgl. *Hepting* (Fn. 213) S. 137 f. und *Rothemund* (Fn. 214) S. 115 ff.
[221] Vom 14. 6. 1976, BGBl. I S. 1421; dazu 4. Aufl. Einl. vor § 1297 RdNr. 97 ff.
[222] BGHZ 77, 157, 162 = NJW 1980, 2196; 4. Aufl. § 1356 RdNr. 20; *Soergel/Lange* § 1353 RdNr. 23, § 1360 RdNr. 16; *Erman/Heckelmann* § 1356 RdNr. 16; enger aber *Diederichsen* NJW 1977, 217, 220; *Gernhuber/Coester-Waltjen* § 20 RdNr. 17 ff. Allg. zum Verhältnis von § 1353 zu § 1356 Abs. 2 aF auch schon BGHZ 46, 385, 389 = NJW 1967, 1077 und die Nachweise in 4. Aufl. § 1356 RdNr. 21.
[223] Vgl. BGHZ 142, 137, 154 = NJW 1999, 2962, und *Blumenröhr*, FS Odersky, 1996, S. 519 f.
[224] BGH LM § 1353 Nr. 21 = NJW 1982, 170; BGH WM 1965, 1134.
[225] Vgl. Rechtsprechungsübersichten von *Maiberg* DB 1975, 385; *Henrich* FamRZ 1975, 533; *Kuhn* WM 1975, 718, 722 und WM 1968, 1114, 1118.
[226] Vgl. schon BGH WM 1990, 877 und 1463, 1464; FamRZ 1989, 147, 148; WM 1987, 843, 844 = NJW-RR 1988, 260; NJW 1974, 1554, 2045 und 2278. So dann auch BGHZ 142, 137, 144 = NJW 1999, 2962; BGHZ 155, 249, 254 = NJW 2003, 2982.
[227] Symptomatisch BGHZ 31, 197, 200 f. = NJW 1960, 428, die Annahme eines Gesellschaftsverhältnisses könne in derartigen Fällen zu sachgerechten und billigen Ergebnissen führen. Es könne deshalb(!) berechtigt

selten in den Grenzbereich zur Fiktion.²²⁸ Zwar erscheint die Aussage überspitzt, so gut wie alle in der Rechtsprechung bejahten konkludenten Gesellschaftsverträge zwischen Ehegatten seien zu deren eigener Überraschung für die Zwecke einer angemessenen Vermögensauseinandersetzung „entdeckt" worden,²²⁹ doch war die methodische Schwäche dieser Rechtsprechung nicht zu verkennen. Denn bei ihrer auf Billigkeitsgesichtspunkte gestützten, vom rechtsgeschäftlichen Parteiwillen absehenden Lösung ging es letztlich nicht um die Prüfung der Voraussetzungen des § 705, sondern um einen Analogieschluss²³⁰ ohne Offenlegung der zur Analogie berechtigenden Regelungslücke (vgl. RdNr. 79).

Unter diesem Vorbehalt steht daher auch der folgende Überblick über die **früher** vorherrschenden, nicht stets widerspruchsfrei verwendeten²³¹ **Abgrenzungskriterien der höchstrichterlichen Rechtsprechung.** Sie beschränkten sich unter teilweise ausdrücklichem Absehen vom Parteiwillen²³² allein auf *objektive* Umstände, darunter neben dem Überschreiten der üblicherweise, entsprechend den konkreten Verhältnissen der jeweiligen Ehe geschuldeten Mitarbeit auf die Art der Mitarbeit und auf das Ausmaß der vom mitarbeitenden Ehegatten geleisteten, dem Unternehmen oder Beruf des anderen Teils dienenden Vermögensbeiträge. So wurde eine Gesellschaft in ständiger Rechtsprechung bejaht, wenn die über das nach § 1356 Abs. 2 aF Übliche hinausgehende *Mitarbeit selbständig und dem Partner gleichgeordnet* ausgestaltet war,²³³ dh. sich nicht auf abhängige Tätigkeiten beschränkte,²³⁴ auch wenn es an der Gleichwertigkeit der Beiträge fehlte.²³⁵ Hielt sich die Mitarbeit umfangmäßig im eheüblichen Rahmen, so konnte doch der *Einsatz von erheblichen Vermögenswerten* zur Begründung oder zum Ausbau des gemeinsamen Tätigkeitsbereichs die Annahme einer Gesellschaft gestatten.²³⁶ Ebenso wurde die gleichberechtigte Teilhabe an den Ergebnissen der Tätigkeit als Indiz für eine Gesellschaft gewertet.²³⁷ Dass aus den Erträgen der gemeinsamen Tätigkeit nicht nur Vermögen gebildet, sondern *auch der Lebensunterhalt bestritten* wurde, sollte der Annahme einer Gesellschaft nicht entgegenstehen.²³⁸ Dagegen sollte es grundsätzlich **nicht** ausreichen, wenn die Ehegatten nur bei der Beschaffung der Familienwohnung oder dem Erwerb und der Bebauung des hierfür bestimmten Grundstücks zusammenwirkten.²³⁹

Unter dem Eindruck der Kritik an dieser Rechtsprechung wurde der **BGH** bei der Verwendung des Instituts der „Ehegattengesellschaft" zwar in neuerer Zeit **zurückhalten-**

---

sein, davon auszugehen, dass stillschweigend zwischen den Ehepartnern ein Gesellschaftsvertrag abgeschlossen worden sei. Vgl. auch BSG FamRZ 1983, 485, 486, das die Annahme einer Innengesellschaft zwischen Ehegatten bei Mitarbeit der Ehefrau im Geschäft des Mannes darauf stützte, der Wille zum Ausschluss(!) der Innengesellschaft sei nicht erwiesen.

²²⁸ So die verbreitete Kritik im Schrifttum, vgl. *Gernhuber/Coester-Waltjen* § 20 RdNr. 27 f.; *Beitzke/Lüderitz* FamR § 12 II 3 d und § 13 V 4; *Burckhardt* (Fn. 213) S. 255 ff. (266 ff., 281 f.); *Lieb* (Fn. 213) S. 40 f.; *Müller-Freienfels*, Eranion Maridakis, 1963, S. 357, 384 f.; *Rothemund* (Fn. 214) S. 132 f., 178 f.; abwägend demgegenüber *Hepting* (Fn. 213) S. 126 ff.
²²⁹ So *Gernhuber* FamRZ 1958, 243, 245; vgl. auch *Gernhuber/Coester-Waltjen* § 20 RdNr. 26.
²³⁰ So zutr. *Lieb* (Fn. 213) S. 185 ff.; *Henrich* FamRZ 1975, 533, 536; *Müller-Freienfels*, Eranion Maridakis, 1963, S. 357, 397; für Annahme eines Gesellschaftsvertrags unter Auslegung des rechtsgeschäftlich relevanten Verhaltens der Beteiligten aber *Hepting* (Fn. 213) S. 137 f.
²³¹ Zutr. 4. Aufl. § 1356 RdNr. 26; *Henrich* FamRZ 1975, 533, 534; *Maiberg* DB 1975, 385; *Kuhn* WM 1975, 718.
²³² Vgl. BGHZ 31, 197, 200 f. = NJW 1960, 428 (dazu Fn. 227); BGHZ 84, 361, 366 = NJW 1982, 2236 sowie BGH FamRZ 1963, 279; 1961, 519, 520; 1954, 136, 137.
²³³ So schon BGHZ 8, 249, 255 = NJW 1953, 418 und erneut BGHZ 142, 137, 145 = NJW 1999, 2962; ebenso BGH FamRZ 1961, 431 und 522; 1962, 110; DB 1967, 1579; 1972, 2201.
²³⁴ ZB Tätigkeit als Sprechstundenhilfe, BGH DB 1974, 1957.
²³⁵ BGH WM 1990, 877, 878; OLG Köln NJW-RR 1995, 930.
²³⁶ BGHZ 47, 157, 163 = NJW 1967, 1275; BGH FamRZ 1962, 110; OLG Karlsruhe FamRZ 1973, 649, 650.
²³⁷ BGH NJW 1974, 2278; FamRZ 1962, 110; BVerwG NJW 1959, 2277.
²³⁸ BGHZ 142, 137, 145 = NJW 1999, 2962; BGH WM 1990, 877. Anders dann aber BGHZ 165, 1, 6 = NJW 2006, 1268.
²³⁹ So namentlich BGHZ 84, 361, 366 = NJW 1982, 2236; vgl. auch schon BGH DB 1976, 1956; WM 1969, 191.

der und griff auch auf andere Rechtsbehelfe zurück, um zu einem billigen Ausgleich zu kommen.[240] So wurde als Rechtsgrund für die Rückforderung erheblicher, vom einen Ehegatten an den anderen erbrachter sog. ehebezogener unbenannter Vermögenszuwendungen oder erheblicher, ohne Entgelt erbrachter Arbeitsleistungen nach dem Scheitern der Ehe namentlich im Fall der Vereinbarung von *Gütertrennung* wiederholt auf die **Störung der Geschäftsgrundlage** eines zwischen den Ehegatten konstruierten familienrechtlichen Vertrags abgestellt und auf diesem Wege ein billiger Ausgleich gesucht.[241] Demgegenüber wurde bei einer nach dem *gesetzlichen Güterstand* geschlossenen Ehe der **Vorrang der güterrechtlichen** vor der schuldrechtlichen **Ausgleichsordnung** betont und ein Rückgriff auf das Institut der Störung der Geschäftsgrundlage nur in denjenigen Ausnahmefällen zugelassen, in denen es um den – eheegüterrechtlich nicht durchsetzbaren – Anspruch auf Herausgabe der zugewandten Sache ging.[242] Im Falle *ehelicher Gütergemeinschaft* verneinte der BGH eine konkludent errichtete Innengesellschaft auch deshalb, weil das gemeinschaftlich betriebene Erwerbsgeschäft zum Gesamtgut gehörte und das eheliche Güterrecht einen sachgerechten und billigen Ausgleich gewährleiste.[243] Als mit der Annahme einer Innengesellschaft unvereinbar wurde es auch angesehen, dass die Parteien ausdrücklich abweichende Vereinbarungen getroffen hatten, etwa über die Mitarbeit des anderen Ehegatten im Rahmen eines ernstlich gewollten Dienstvertrags.[244] Demgegenüber nimmt seit Ende der 90er Jahre wieder die Tendenz zu, den Ausgleich bei Scheitern der Ehe über § 730 herbeizuführen, und zwar auch deshalb, weil die Lösung über § 313 nicht selten auf praktische Schwierigkeiten stoße.[245]

79 **d) Analoge Anwendung der gesellschaftsrechtlichen Ausgleichsordnung.** Wie im Schrifttum zu Recht betont worden ist,[246] geht es bei der erweiternden Anwendung des § 705 im Rahmen der Rechtsprechung zur „Ehegattengesellschaft" im Kern nicht um die Schaffung eines neuen, über § 705 hinausweisenden Gesellschaftstyps, sondern um ein **Analogieproblem** (vgl. auch RdNr. 82 zur analogen Anwendung der §§ 730, 738 bei Beendigung einer nichtehelicheen Lebensgemeinschaft). Voraussetzung für eine derartige Analogie ist allerdings, dass eine *Regelungslücke* besteht, dh. dass weder das Familienrecht noch das Schuldrecht eine unmittelbar anwendbare, angemessene Ausgleichsordnung für die Vermögensinteressen mitarbeitender Ehegatten bei Scheidung der Ehe bereithält. Im Unterschied zur Mitarbeit eines Ehegatten *fehlt es* an dieser Analogievoraussetzung bei klar abgrenzbaren **Vermögensleistungen** (Geld- und Sachbeiträge) während bestehender Ehe. Ihnen kann sowohl im Rahmen des Zugewinnausgleichs[247] als auch – zumal bei vereinbarter Gütertrennung – unter dem Gesichtspunkt des Wegfalls der Geschäftsgrundlage Rechnung getragen werden.[248]

80 Anderes gilt für *sonstige Beitragsleistungen* während bestehender Ehe, darunter insbesondere die nicht besonders entgoltene **Mitarbeit eines Ehegatten.** Darüber, dass sie jedenfalls

---

[240] Vgl. den informativen Rspr.-Bericht von *Blumenröhr*, FS Odersky, 1996, S. 517 ff., 522.
[241] BGHZ 84, 361 (365, 368) = NJW 1982, 2236; BGHZ 115, 261, 265 = NJW 1992, 427; BGHZ 127, 48, 51, 53 = NJW 1994, 2545; vgl. auch schon BGH LM § 1356 Nr. 18 = NJW 1972, 580; LM § 1353 Nr. 16 = NJW 1974, 1554; zust. *Henrich* FamRZ 1975, 533, 537; *Diederichsen* NJW 1977, 217, 220; *Schulte* ZGR 1983, 437, 440 f.; wohl auch *Kühne* JZ 1976, 488.
[242] BGHZ 65, 320 (323, 325) = NJW 1976, 328; BGHZ 68, 299, 303 = NJW 1977, 1834; BGHZ 82, 227, 232 f., 235 = NJW 1982, 1093; abl. 4. Aufl. Vor § 1363 RdNr. 18 ff. (*Koch*); *Gernhuber/Coester-Waltjen* § 34 RdNr. 15 f.; *Kühne* JZ 1976, 487 und FamRZ 1978, 221.
[243] BGH WM 1994, 694, 697.
[244] BGH NJW 1995, 3383, 3384 f.; WM 1987, 843, 844; 1990, 1463, 1464; FamRZ 1983, 485.
[245] So nachdrücklich BGHZ 142, 137, 144 ff., 150 ff. = NJW 1999, 2962, im Anschluss an *Blumenröhr*, FS Odersky, 1996, S. 517, 525 ff. Seither auch BGHZ 155, 249, 254 = NJW 2003, 2982; BGHZ 165, 1, 6 f. = NJW 2006, 1268.
[246] Vgl. Fn. 230. Der Sache nach auch BGH FamRZ 1973, 22, 25.
[247] BGHZ 65, 320, 323 = NJW 1976, 328; ebenso ftrots *Reinicke* NJW 1957, 934, 935; vgl. auch *Soergel/Lange* § 1356 RdNr. 28; *Beitzke/Lüderitz* FamR § 12 II 3 d und § 14 III.
[248] Vgl. dazu Nachweise in Fn. 241 und BGH DB 1974, 1957; krit. aber *Blumenröhr*, FS Odersky, 1996, S. 525 ff. und, ihm folgend, BGHZ 142, 137, 150 f. = NJW 1999, 2962.

Vorbemerkungen **81 Vor § 705**

dann nicht ohne Entgelt bleiben sollte, wenn sie über das nach Familienrecht (§§ 1353, 1360) Gebotene deutlich hinausgeht, herrscht im Ergebnis Einigkeit.[249] Ebenso ist anerkannt, dass die Vorschriften über den Zugewinnausgleich (§§ 1371 ff.) diesem Sonderfall nicht unmittelbar Rechnung tragen, sondern von einer auf das Übliche beschränkten Mitarbeit des nicht selbst erwerbstätigen Ehegatten ausgehen.[250] Der Vorschlag, die Lücke über einen auf § 1353 gestützten Ausgleichsanspruch zu schließen,[251] hat sich nicht durchgesetzt.[252] Auch Bereicherungsrecht[253] oder die Berufung auf eine Störung der Geschäftsgrundlage[254] führen hier regelmäßig nicht weiter. Am Vorliegen einer **Lücke** sollte daher beim Fehlen vertraglicher Vereinbarungen über die Mitarbeit des Ehegatten kein Zweifel bestehen, zumal das Bild der im Regelfall unentgeltlich mitarbeitenden Ehefrau lange überholt ist.[255] Auch ist die Interessenlage bei bisher zusammenarbeitenden Ehegatten im Fall der Scheidung derjenigen vergleichbar, die bei Auflösung einer als Gesellschaft strukturierten Tätigkeitsgemeinschaft besteht. Im Ergebnis ist in derartigen Fällen der Rechtsprechung des BGH daher zuzustimmen, soweit sie im Scheidungsfall zur Anwendung der für die Innengesellschaft geltenden Ausgleichsordnung kommt und auf diesem Wege Ansprüche des mitarbeitenden Partners begründet.[256] Eine Verlustbeteiligung des mitarbeitenden Ehegatten lässt sich hierauf freilich nicht stützen.

11. Lebensgemeinschaften. a) Nichteheliche. Zurückhaltung gegenüber der Bejahung konkludenter rechtsgeschäftlicher Vereinbarungen ist namentlich veranlasst, soweit es um die Rechtslage in einer nichtehelichen Lebensgemeinschaft geht (vgl. zu dieser näher Anhang nach § 1302). Gegen die Behandlung solcher Beziehungen als GbR spricht der schon für Ehegattengesellschaften zu beachtende Rechtszwang der Ehe; er führt zur Nichtigkeit von rechtsgeschäftlichen Vereinbarungen, die die Ehewirkungen statt durch Eingehung einer Ehe durch den Abschluss eines Schuldvertrages herbeiführen wollen.[257] Zudem bringen die Beteiligten durch Ablehnung einer Eheschließung typischerweise zum Ausdruck, dass sie ihr Zusammenleben und dessen Folgen keiner rechtlichen Ordnung unterwerfen, dh. auch die vermögensrechtlichen Aspekte des Zusammenlebens und einer etwaigen Trennung nicht regeln wollen.[258] Zu Recht haben es die Gerichte daher im Regelfall **abgelehnt,** für die jeweiligen Leistungen der Partner zur Deckung der Bedürfnisse der Lebensgemeinschaft, insbesondere für den Unterhalt, aber auch für die Tilgung der laufenden Darlehensraten für das Familienheim oder für sonstige Anschaffungen *während des*

81

---

[249] BGHZ 46, 385, 390 f. = NJW 1967, 1077 in Auseinandersetzung mit der weitergehenden, eine Entgeltpflicht auch für übliche Mitarbeit bejahenden Ansicht im Schrifttum. Vgl. dazu auch 4. Aufl. § 1356 RdNr. 23 ff.
[250] Vgl. statt aller *Lieb* (Fn. 213) S. 184; *Henrich* FamRZ 1975, 535; *Gernhuber/Coester-Waltjen* § 20 RdNr. 33.
[251] So *Gernhuber* FamRZ 1958, 243, 246 f.; *Staudinger/Hübner* (12. Aufl.) § 1356 RdNr. 46; *Kropholler* FamRZ 1969, 244.
[252] Vgl. BGH LM § 1353 Nr. 17 = NJW 1974, 2045; 4. Aufl. § 1356 RdNr. 24; *Soergel/Lange* § 1356 RdNr. 28. Abw. jetzt auch *Gernhuber/Coester-Waltjen* § 20 III 7 (für Bejahung eines entgeltlichen „Kooperationsvertrags").
[253] Dagegen zutr. BGHZ 65, 320, 322 = NJW 1976, 328; BGHZ 84, 361, 364 = NJW 1982, 2236; *Henrich* FamRZ 1975, 536 f. mwN. Vgl. weiter 4. Aufl. § 1356 RdNr. 24; *Canaris* BB 1967, 165; *Burckhardt* (Fn. 213) S. 399 ff.; *Lieb* (Fn. 213) S. 116 f., 121; aA aber *Joost* JZ 1985, 10 ff.
[254] Krit. auch *Soergel/Lange* § 1356 RdNr. 30; *Blumenröhr*, FS Odersky, 1996, S. 517 ff.
[255] So zutr. schon BGHZ 8, 249, 251 f. = NJW 1953, 418 in Auseinandersetzung mit der abw. Rspr. des RG.
[256] So auch die für die Analogielösung eintretenden Autoren in Fn. 230.
[257] Vgl. dazu RdNr. 74. So namentlich auch *Lipp* und *Schwab* (Nachweise in Fn. 216, 217). Für Bejahung einer GbR unter geringeren Voraussetzungen als zwischen Ehegatten durch Anerkennung der „gemeinsamen Lebensführung" als gemeinsamer Zweck aber 4. Aufl. Anh. § 1302 RdNr. 18 ff.; *Battes*, Nichteheliches Zusammenleben im Zivilrecht, 1983, RdNr. 11 f.; *Schlüter*, Die nichteheliche Lebensgemeinschaft, 1981, S. 27 f.; abl. auch *Schlüter/Belling* FamRZ 1986, 405, 410.
[258] So zutr. BGHZ 77, 55, 58 = NJW 1980, 1520; BGH LM § 705 Nr. 42 = NJW 1983, 1055; FamRZ 1983, 1213; NJW 1992, 906, 907; vgl. auch BGH NJW 1996, 2727 (gegen Rückgriff auf Wegfall der Geschäftsgrundlage bei Beendigung).

Vor § 705 82, 83   Abschnitt 8. Titel 16. Gesellschaft

Bestehens der Lebensgemeinschaft Ausgleichs- oder Rückforderungsansprüche zwischen den Partnern zu gewähren.[259] Das schließt Ansprüche aus besonderem Rechtsgrund, darunter neben solchen bei Beendigung einer ausnahmsweise zu bejahenden Innengesellschaft[260] auch Aufwendungsersatzansprüche aus § 670 bei Vorliegen eines Auftrags- oder Geschäftsbesorgungsverhältnisses,[261] nicht aus.

82   Eine bedeutsame **Abweichung** von dieser Linie hat der früher fachlich zuständige II. ZS des BGH in jahrzehntelanger Rechtsprechung allerdings für den Fall der durch Trennung oder Tod eines Partners eintretenden *Beendigung der Lebensgemeinschaft* entwickelt;[262] andere Zivilgerichte sind ihm darin zunächst[263] gefolgt.[264] Dabei ging es um die vermögensrechtlichen Trennungsfolgen in solchen Fällen, in denen bei Beendigung der Lebensgemeinschaft erhebliche, über die Zeit des Zusammenlebens hinausreichende Vermögenswerte vorhanden waren, die gemeinsam gebildet wurden. Da die Rechtsordnung insoweit keine gesetzliche Regelung bereithält, sprach der Senat sich mit guten Gründen dafür aus, die Regelungslücke im *Analogiewege* zu schließen. **Voraussetzung für die Analogie** sollte sein, dass (1) während des Zusammenlebens, sei es durch Arbeitsleistung und/oder Vermögensbeiträge *beider* Partner, beträchtliche das Zusammenleben überdauernde Vermögenswerte (Immobilien, Unternehmen u. a.) geschaffen wurden und (2) die Partner damit die Absicht verfolgten bzw. in der Vorstellung handelten, dass diese Werte ihnen gemeinsam zustehen sollten.[265] Die hiervon typischerweise abweichende „formal-dingliche" Lage, dh. das Alleineigentum des nach außen auftretenden Partners an den Vermögensgegenständen, sollte der Analogie nicht entgegenstehen.[266] Als **Rechtsfolge** wendete die Rechtsprechung die für die GbR geltenden *Abwicklungsvorschriften* der §§ 722, 730 ff. analog an, was im Zweifel auf eine hälftige Teilung herauslief; ein anderer Verteilungsschlüssel sollte dann gelten, wenn die Beiträge eines der Partner bei Schaffung der Vermögenswerte deutlich überwogen.[267]

83   Diese Rechtsprechung verdient entgegen BGHZ 165, 1, 10 und entgegen verbreiteter Literaturkritik[268] **Zustimmung**. Sie hat den doppelten Vorteil, für die Vermögensaufteilung bei Ende der Partnerschaft nicht auf die – häufig zufällige – dingliche Zuordnung abzustellen; zugleich vermeidet sie eine meist nur schwer realisierbare Rückabwicklung nach Auftrags- oder Bereicherungsrecht oder nach den Grundsätzen über die Störung der Ge-

---

[259] BGHZ 77, 55, 58 = NJW 1980, 1520; BGH NJW 1981, 1502; 1983, 1055; 1992, 906, 907; 1996, 2727; OLG Oldenburg NJW 1980, 1817; aA *Battes* (Fn. 257) RdNr. 12, wohl auch *Roth/Stielow* JR 1978, 233 ff.: für rechtliche Anerkennung eines besonderen „Zusammenlebensvertrags" zwischen eheähnlich zusammenlebenden Personen unabhängig von konkreten Gemeinschaftsprojekten.

[260] So BGHZ 165, 1, 10 = NJW 2006, 1268.

[261] BGH NJW 1981, 1502, 1504; OLG Frankfurt NJW 1985, 810.

[262] So erstmals BGH FamRZ 1965, 368; vgl. insbes. BGHZ 77, 55, 56 f. = NJW 1980, 1520; BGHZ 84, 388, 390 = NJW 1982, 2863; BGH NJW 1992, 906, 907; 1996, 2727; 1997, 3371; WM 1997, 2259, 2260; 2000, 522.

[263] Anders jetzt BGHZ 165, 1, 10 = NJW 2006, 1268 (XII. ZS).

[264] BGHZ 115, 261, 264 f. = NJW 1992, 427; BGHZ 142, 137, 146 = NJW 1999, 2962; OLG Hamm NJW 1980, 1530; OLG München FamRZ 1988, 58; LG Aachen FamRZ 1983, 81.

[265] Vgl. die Rspr.-Nachweise in Fn. 262; übermäßig restriktiv freilich BGH WM 1997, 2259, 2260 (dagegen zu Recht krit. *Liebs* JZ 1998, 408, 409).

[266] So klarstellend insbes. BGH NJW 1992, 906, 907; ebenso BGH NJW-RR 1993, 1475, 1476; anders noch BGHZ 77, 55, 57 = NJW 1980, 1520.

[267] BGHZ 84, 388, 391 f. = NJW 1982, 2863; BGHZ 142, 137, 156 = NJW 1999, 2962; BGH FamRZ 1990, 973, 974; vgl. auch *Blumenröhr*, FS Odersky, 1996, S. 520 f.

[268] Vgl. etwa *Derleder* NJW 1980, 545, 547; *Lipp* AcP 180 (1980), 537, 567 ff.; *Steinert* NJW 1986, 683, 686; *Lieb*, Gutachten A zum 57. DJT 1988, S. 69 f.; *Coester-Waltjen* NJW 1988, 2085, 2088 f.; *Schwab* (Fn. 217) S. 68 ff.; *Frank*, FS Müller-Freienfels (1986), S. 131 ff.; *Gernhuber/Coester-Waltjen* § 44 RdNr. 22 ff.; *Schlüter/Belling* FamRZ 1986, 405 f., 410; grds. zust. wie hier aber Anh. § 1302 RdNr. 20 (*Wacke*); *Erman/Westermann* RdNr. 51 f.; *Hausmann*, Nichteheliche Lebensgemeinschaft und Vermögensausgleich, 1989, S. 564 ff., 587 ff.; *Hohloch* in: Hausmann/Hohloch, Das Recht der nichtehelichen Lebensgemeinschaft, 1999, S. 83 ff.; *K. Schmidt* GesR § 59 I 2 b bb; weitergehend (für konkludente Innen-GbR) *Battes* (Fn. 257) RdNr. 9 ff.; *ders.* ZHR 143 (1979), 385, 394 f.; *ders.* JZ 1988, 908, 911 f.; *Schwenzer*, Vom Status zur Realbeziehung, 1987, S. 192 ff.; *dies.* JZ 1988, 781, 784.

schäftsgrundlage.²⁶⁹ Auch steht ihr der fehlende rechtsgeschäftliche Wille der Beteiligten betr. die Ausgestaltung ihres Innenverhältnisses nicht entgegen. Denn diese lehnen zwar mit ihrer Entscheidung für das „freie" Zusammenleben eine rechtliche Regelung ihrer Beziehungen während seiner Dauer konkludent ab; sie wollen damit aber Vermögensfolgen einer künftigen Trennung oder beim Tod eines der Partner typischerweise nicht ausschließen. Haben die Partner freilich für den Todesfall eines von ihnen wechselseitig über die Vermögensaufteilung unter sich verfügt, so kommt dieser Verfügung grundsätzlich der Vorrang vor einer Analogie zu §§ 730 ff. zu.

b) Eingetragene Lebenspartnerschaft. Sie ist für gleichgeschlechtliche Paare – als **84** Ersatz für die ihnen verwehrte Eheschließung – seit 2001 im Lebenspartnerschaftsgesetz geregelt.²⁷⁰ Ihre Begründung setzt übereinstimmende Erklärungen der Partner vor der nach Landesrecht zuständigen Behörde (meist dem Standesamt, in Bayern dem Notar)²⁷¹ voraus (§ 1 Abs. 1 LPartG); außerdem darf keiner der Partner verheiratet oder an einer anderen Lebenspartnerschaft beteiligt sein (§ 1 Abs. 2 Nr. 1 LPartG). Auch die Rechtsfolgen dieser Partnerschaft, darunter die Unterhaltspflicht, das gesetzliche Erbrecht sowie die nach Maßgabe der §§ 6, 7 LPartG zu bestimmende, dem ehelichen Güterrecht angenäherte Vermögenszuordnung der Partner während ihres Bestehens und nach ihrer Beendigung, sind weitgehend dem Institut der Ehe nachgebildet;²⁷² wie bei dieser führt die Eingehung der Lebenspartnerschaft zur Änderung des Personenstands der Partner. Aus allen diesen Gründen ist die eingetragene Lebenspartnerschaft als besondere, dem „klassischen" Familienrecht weitgehend angenäherte *personenrechtliche* Vereinigung anzusehen.²⁷³ Für ihre Unterstellung unter das Recht der GbR oder für die analoge Anwendung gesellschaftsrechtlicher Grundsätze ist ohne zusätzliches Zustandekommen eines mindestens konkludent vereinbarten Gesellschaftsvertrags zwischen den Partnern kein Raum.

II. Einteilungskriterien

1. Überblick. Strukturunterschiede zwischen Personengesellschaften des bürgerlichen **85** und des Handelsrechts finden sich in verschiedener Hinsicht. Aus dem Recht der Personenhandelsgesellschaften (OHG und KG) kennt man namentlich einerseits die Einteilung in personalistisch und kapitalistisch strukturierte Gesellschaften, andererseits diejenige in Gesellschaften, die auf persönlicher Verbindung beruhen, und solche in Massen- oder Publikumsgesellschaften (RdNr. 4). Für das Recht der GbR stehen bisher andere rechtlich relevante Strukturunterschiede im Vordergrund, darunter solche nach der Art und dem Gegenstand des Gesellschaftszwecks (Wahrnehmung einer Gelegenheit oder Zusammenarbeit auf Dauer; Erwerbs- und sonstige Gesellschaften) sowie solche zwischen Außen- und Innengesellschaften, letztere mit oder ohne Gesamthandsvermögen. Hierauf beschränkt sich, ohne Anspruch auf Vollständigkeit, daher auch die folgende Übersicht.

2. Gelegenheits- und Dauergesellschaften. Die GbR beruht zwar, ebenso wie die **86** OHG und KG, auf einem **Dauerschuldverhältnis** in dem oben (RdNr. 14) gekennzeichneten Sinn, dass der Bestand der GbR von der Erfüllung der Einzelverpflichtungen der Gesellschafter unabhängig ist. Gleichwohl ist sie nach gesetzlicher Regel als ein nicht auf langfristigen Bestand angelegtes, instabiles Institut ausgestaltet. Neben dem Fehlen besonderer Organe, die für die Gesamtheit der Gesellschafter handeln (§ 709), zeigt sich das

---

²⁶⁹ So zu Recht *Battes* (Fn. 257) RdNr. 14 ff.; *Lipp* AcP 180 (1980), 537, 575 ff. mwN; *Derleder* NJW 1980, 549 ff.; *Steinert* NJW 1986, 683, 685; *Maus*, Scheidung ohne Trauschein, 1984, S. 147 ff.; *Hausmann* (Fn. 268) S. 281 ff.; so in der Rspr. auch noch BGH NJW 1981, 1502; 1983, 1055; OLG Karlsruhe NJW 1994, 948; OLG Köln NJW 1995, 2232, 2233.
²⁷⁰ Gesetz vom 16. 2. 2001, BGBl. I S. 266; Verfassungswidrigkeit verneint von BVerfG NJW 2002, 2543, 2547 ff.; geändert durch das Überarbeitungsgesetz (LPartÜG) vom 15. 12. 2004, BGBl. I S. 3396.
²⁷¹ *Dethloff* NJW 2001, 2598, 2599; *Peters* StAZ 2002, 83 ff., jeweils mN in Fn. 8.
²⁷² Vgl. Übersicht von *Dethloff* NJW 2001, 2598, 2600; *Kaiser* JZ 2001, 617, 619 ff.
²⁷³ Vgl. dazu die Kommentierungen des LPartG durch *Erman/Kaiser* und *Palandt/Brudermüller*.

insbesondere in der Vorschrift des § 721 Abs. 1, wonach Rechnungsabschluss und Gewinnverteilung im Regelfall erst nach Auflösung der GbR verlangt werden können, sowie in dem jederzeitigen und zudem fristlosen Kündigungsrecht bei unbefristeten Gesellschaften nach § 723 Abs. 1 S. 1.

87 Der instabilen, nicht auf lange Dauer bezogenen gesetzlichen Grundstruktur entspricht die Verwendung der GbR als Rechtsform für **Gelegenheitsgesellschaften.** Hierunter sind Zusammenschlüsse zu verstehen, die der Durchführung eines oder einer *begrenzten Anzahl* von Einzelgeschäften auf gemeinsame Rechnung dienen.[274] Neben den Spiel- und Fahrgemeinschaften und ähnlichen Verbindungen mit zeitlich begrenztem Zweck (RdNr. 34) sind hierzu von den oben (RdNr. 36 ff.) erwähnten Erscheinungsformen namentlich die Arbeitsgemeinschaft, das Emissions- oder Kreditkonsortium sowie die Metaverbindung zu rechnen.

88 Die Übersicht in RdNr. 36 ff. macht freilich zugleich deutlich, dass die GbR abweichend vom gesetzlichen Regelfall vielfach die Funktion einer **Dauergesellschaft** hat. Hierzu zählen insbesondere die Zusammenschlüsse zwischen Freiberuflern, Landwirten sowie Kleingewerbetreibenden in der Rechtsform der GbR, aber auch die Beteiligungs- und Stimmrechtskonsortien. Auch Ehegattengesellschaften beruhen, soweit sie nicht bloß fiktiven Charakter tragen (RdNr. 76), meist auf langfristig eingegangener Verbindung. Den Besonderheiten dieser Gesellschaften und dem Bestandinteresse der Beteiligten wird in diesen Fällen meist bereits durch entsprechende Vertragsgestaltung unter Bestellung von Organen, Vereinbarungen über die periodische Gewinn- und Verlustverteilung, Erschwerung der Kündigung sowie Fortsetzungs- bzw. Nachfolgeklauseln Rechnung getragen. Fehlen derartige Abreden, so kann es mit Rücksicht auf den Dauercharakter der Verbindung gleichwohl veranlasst sein, im Wege teleologischer Reduktion oder ergänzender Vertragsauslegung zu Abweichungen von den am Typus der Gelegenheitsgesellschaft orientierten gesetzlichen Regelungen zu kommen.

89 **3. Erwerbsgesellschaften.** Nach dem 1. Entwurf des BGB sollten Gesellschafter, die sich zum gemeinsamen Betrieb eines gewerbsmäßigen oder sonst auf Erwerb gerichteten Unternehmens zusammenschließen, die Anwendbarkeit von OHG-Recht auf ihre Verbindung vereinbaren können.[275] Grund für diese Regelung war die ursprünglich vorgesehene, am Vorbild der römisch-rechtlichen *societas* orientierte Ausgestaltung der GbR als einfaches Schuldverhältnis unter den Gesellschaftern ohne organisationsrechtliche Elemente; sie hätte sich schwerlich als Rechtsform für Erwerbsgesellschaften geeignet. Dieses Bedenken erledigte sich zwar zunächst dadurch, dass das heute in den §§ 718 bis 720, 738 verankerte *Gesamthandsprinzip* als generelles Regelungsmodell in den 2. Entwurf aufgenommen wurde; dementsprechend wurde die ursprünglich geplante Sonderregelung für Erwerbsgesellschaften gestrichen. Der besondere **Typus** der Erwerbsgesellschaft, der namentlich durch den Zusammenschluss von Angehörigen freier Berufe, Land- und Forstwirten oder Kleingewerbetreibenden (RdNr. 36 bis 42) repräsentiert wird, aber auch bei Arbeitsgemeinschaften (Arge, RdNr. 43 ff.) begegnet, und seine Unterscheidung gegenüber der Vielzahl sonstiger in der Rechtsform der GbR errichteter Vereinigungen sind dadurch jedoch nicht gegenstandslos geworden.[276] Beides hat durch die 1998 erfolgte Einführung des in § 105 Abs. 2 nF HGB geregelten Optionsrechts von Erwerbsgesellschaften bürgerlichen Rechts für die

---

[274] Abw. hiervon wurde der Begriff der Gelegenheitsgesellschaft früher überwiegend auf die Verfolgung erwerbswirtschaftlicher Zwecke unter Ausklammerung altruistischer Vereinigungen bezogen; vgl. *Geiler* in: *Düringer/Hachenburg*, HGB, II/1, Allg. Einl. Anm. 325; *Staudinger/Keßler* (12. Aufl.) RdNr. 63 b. Ein sachlicher Grund für das auf eine angeblich dahingehende Verkehrsanschauung gestützte Beschränkung ist jedoch nicht ersichtlich. Auf die Verfolgung eines „vorübergehenden" gemeinsamen Zwecks abstellend *Bick*, Die Gelegenheitsgesellschaft, 2. Aufl. 1968, S. 13.

[275] § 659, vgl. dazu Mot. II S. 632 ff.; *Raisch* BB 1969, 1361, 1365 f.; *K. Schmidt* (Fn. 54) S. 498 f. Eingehend hierzu und zur Entstehungsgeschichte der Regelungen über die Gesamthand im BGB jetzt *Wächter*, Die Aufnahme der Gesamthandsgemeinschaften in das BGB, 2002, insbes. S. 115 ff.

[276] So namentlich *K. Schmidt* (Fn. 54) S. 483; vgl. auch *Nicknig*, Die Haftung der Mitglieder einer BGB-Gesellschaft für Gesellschaftsschulden, 1972, S. 46 ff.; *H. P. Westermann* ZGR 1977, 552, 562 f. Vgl. dazu auch § 705 RdNr. 235 zum Wettbewerbsverbot in Erwerbsgesellschaften.

Vorbemerkungen

HGB-Rechtsformen OHG und KG inzwischen seinen gesetzlichen Niederschlag gefunden (RdNr. 16).

Charakteristisch für Erwerbsgesellschaften ist ihr regelmäßiges und nachhaltiges Auftreten im Rechtsverkehr und die Vielzahl namens der Gesellschaft mit Dritten eingegangener Rechtsgeschäfte. Dem wird die unflexible Regelung von Gesamtgeschäftsführung und -vertretung in den §§ 709, 714 nicht gerecht; sie wird daher häufig durch die vertragliche Einführung der flexibleren *Einzelgeschäftsführung* und *Einzelvertretung* ersetzt (vgl. etwa §§ 7.1, 7.2, 8.1, 8.2 des Muster-Arbeitsgemeinschaftsvertrags von 2005, dazu RdNr. 45). *Haftungsrechtlich* wurde in der Literatur wiederholt die analoge Heranziehung der Vorschrift des § 128 HGB für Erwerbsgesellschaften vertreten (vgl. § 714 Fn. 6). Die Frage hat sich inzwischen dadurch erledigt, dass die höchstrichterliche Rechtsprechung sich seit dem Jahr 2001 generell für die analoge Anwendung des § 128 auf die Außen-GbR entschieden hat (§ 714 RdNr. 5 f.). Auch im *Innenverhältnis* bildet etwa die Besonderheiten der Erwerbsgesellschaften, soweit veranlasst, Rechnung zu tragen. Ein Beispiel bildet etwa die Anerkennung eines Wettbewerbsverbots trotz Fehlens ausdrücklicher Vereinbarungen hierüber (§ 705 RdNr. 235 f.).

4. Außen- und Innengesellschaften. Eine andere Grundeinteilung orientiert sich daran, ob die Gesellschafter nach den zwischen ihnen getroffenen Vereinbarungen im Rahmen einer Außengesellschaft als Gesamthand (Gruppe) am Rechtsverkehr teilzunehmen beabsichtigen oder ob die Verbindung zwischen ihnen sich grundsätzlich auf ihr Innenverhältnis beschränken soll. Die Frage hat namentlich Bedeutung für die Vertretungsmacht des zum Geschäftsführer bestellten Gesellschafters (§ 705 RdNr. 275, 279). Dagegen bedeutet die Beteiligung an Innenbeziehungen entgegen verbreiteter Ansicht nicht notwendig Verzicht auf ein Gesamthandsvermögen; vielmehr finden sich je nach Ausgestaltung im Einzelfall auch Innengesellschaften mit Gesamthandsvermögen. Vgl. näher § 705 RdNr. 253 ff., 275 ff.

III. Die Unterbeteiligung[277]

1. Begriff und Wesen. Unterbeteiligung ist die vertraglich eingeräumte Mitberechtigung einer oder mehrerer Personen an den Vermögensrechten, insbesondere **am Gewinn** gegebenenfalls auch am Wertzuwachs und am Verlust (RdNr. 98) – des dem „Hauptbeteiligten" als Partner des Unterbeteiligungsvertrags zustehenden Anteils an einer Personen- oder Kapitalgesellschaft.[278] Es handelt sich nicht um eine stille Gesellschaft iS von § 230 HGB,[279] da selbst beim Betrieb eines Handelsgeschäfts durch die Gesellschaft die (Unter-)Beteiligung nicht unmittelbar an jenem besteht, sondern nur an einem Gesellschaftsanteil. Auf die statt dessen gegebene **Innen-GbR**[280] sind freilich, ähnlich wie bei der stillen GbR (§ 705 RdNr. 286 ff.), vorbehaltlich einzelfallbedingter Abweichungen die Vorschriften der §§ 230 bis 236 HGB analog anzuwenden, verbunden mit teleologischer Reduktion entgegenstehender Regelungen der §§ 705 ff.[281] Ist Gegenstand der „Unterbeteiligung"

---

[277] Vgl. dazu *Blaurock*, Unterbeteiligung und Treuhand an Gesellschaftsanteilen, 1981; *Friehe*, Die Unterbeteiligung bei Personengesellschaften, 1974; *Tebben*, Unterbeteiligung und Treuhand an Personengesellschaftsanteilen, 2000; *Ulbrich*, Die Unterbeteiligungsgesellschaft an Personengesellschaftsanteilen, 1982; *U. Wagner*, Die Unterbeteiligung an einem OHG-Anteil, 1975; *Flume* I/1 § 1 III, S. 8 ff.; *Armbrüster*, Die treuhänderische Beteiligung an Gesellschaften, 2001, S. 22 ff.; *Durchlaub* DB 1978, 873 ff.; *Esch* NJW 1964, 902 ff.; *Paulick* ZGR 1974, 253 ff.; *H. Schneider*, FS Möhring, 1965, S. 115 ff.; *Standinger/Habermeier* ZGR 1974, 256, 258 f.; *Soergel/Hadding* RdNr. 95 ff.; *Bamberger/Roth/Timm/Schöne* RdNr. 188 ff.

[278] Ähnlich *Soergel/Hadding* RdNr. 33; *Wagner* (Fn. 277) S. 13; *Armbrüster* (Fn. 277) S. 22; *Tebben* (Fn. 277) S. 36 f. Für Beschränkung auf Beteiligung an Handelsgesellschaften aber *Paulick* ZGR 1974, 256, 258 f.

[279] So aber *Esch* NJW 1964, 902, 904, auch *Schneider*, FS Möhring, 1965, S. 115, 116; für Gesellschaft eigener Art zwischen GbR und stiller Gesellschaft *Ulbrich* (Fn. 277) S. 56 ff., 66 ff.

[280] HM, vgl. BGHZ 50, 316, 320 = NJW 1968, 2003; BGH LM § 705 Nr. 14 = BB 1965, 517; NJW-RR 1995, 165; *Tebben* (Fn. 277) S. 22 ff., 29; *Paulick* ZGR 1974, 259 ff.

[281] Im Ergebnis heute ganz überwM, vgl. *Blaurock* (Fn. 277) S. 113 f.; *K. Schmidt* GesR § 63 II 1; *Soergel/Hadding* RdNr. 34; *Standinger/Habermeier* RdNr. 64; *Bamberger/Roth/Timm/Schöne* RdNr. 188, 190 f.; *Erman/Westermann* RdNr. 41 f.; für grds. Vorrang der §§ 705 bis 740 aber *Tebben* (Fn. 277) passim; vgl. näher RdNr. 95.

93 ausnahmsweise der *ganze Anteil* des Hauptbeteiligten, oder dient die Unterbeteiligung nur dazu, die Mitgliedschaft des Unterbeteiligten an der Hauptgesellschaft nicht publik werden zu lassen, und stehen dem Unterbeteiligten umfassende Weisungsrechte gegenüber dem Hauptbeteiligten zu, so fehlt es am gemeinsamen Zweck in Bezug auf die Unterbeteiligung; daher handelt es sich idR nicht um eine GbR zwischen ihnen, sondern um ein *Treuhandverhältnis* mit dem Hauptbeteiligten als Treuhänder (§ 705 RdNr. 84 ff.).[282]

Die **Gründe** für die nicht selten anzutreffende Vereinbarung von Unterbeteiligungen sind vielfältiger Natur.[283] Es geht insbesondere um verdeckte Beteiligungen eines Dritten bei fehlender Zustimmung der Mitgesellschafter zur Anteilsübertragung, aber auch um die Beteiligung von im Rahmen qualifizierter Gesellschafternachfolge „weichenden Erben" am Erfolg des Unternehmens zwecks Vermeidung von Abfindungszahlungen seitens des Nachfolgers/Erben,[284] um Probleme der Kapitalbeschaffung sowie um das Interesse an Steuerersparnis.[285] Wirtschaftlich im Vordergrund stehen einerseits *Unterbeteiligungen an OHG- und KG-Anteilen*, andererseits solche *an GmbH-Anteilen*.[286] Die Struktur dieser Gesellschaftsform stellt der Unterbeteiligung nicht etwa entgegen, wenn auch ein wirtschaftliches Bedürfnis hierfür bei anderen als Erwerbsgesellschaften nicht ohne weiteres erkennbar ist.

94 **Rechtliche Besonderheiten** der Unterbeteiligung gegenüber sonstigen Innengesellschaften ergeben sich, abgesehen von der Frage einer analogen Anwendung der §§ 230 bis 236 HGB (RdNr. 92), vor allem in Hinblick auf die Existenz zweier sich teilweise überlagernder Gesellschaften und auf die **Stellung des Hauptbeteiligten** im Schnittpunkt beider Gesellschaften.[287] Zwar müssen beide Rechtsverhältnisse, soweit sie nicht ausnahmsweise aufeinander abgestimmt sind, im Grundsatz klar auseinandergehalten werden. Insbesondere ist der Unterbeteiligte nicht Mitglied der Hauptgesellschaft (§ 705 RdNr. 67). Für Rechte und Pflichten zwischen ihm und den anderen Mitgliedern der Hauptgesellschaft oder gegenüber dieser selbst ist vorbehaltlich der „offenen" Unterbeteiligung (RdNr. 101) grundsätzlich kein Raum.[288] Anderes gilt demgegenüber für den Hauptbeteiligten als Mitglied beider Gesellschaften: bei ihm sind Interessenkollisionen nicht ausgeschlossen. Auch können die in der Unterbeteiligung getroffenen Vereinbarungen, namentlich solche über das Informations- und Mitspracherecht des Unterbeteiligten, mit denjenigen in der Hauptgesellschaft in Widerspruch geraten.

95 Der für Kollisionsfälle verbreitet hervorgehobene **Vorrang der Hauptgesellschaft**[289] darf **nicht** dahin missverstanden werden, dass die Wirksamkeit der Vereinbarungen über die Unterbeteiligung vom Inhalt des Hauptgesellschaftsvertrags abhinge.[290] Eine objektive

---

[282] HM, vgl. BGH NJW 1994, 2886, 2887 = LM § 662 Nr. 45 m. krit. Anm. *Roth*; OLG Hamm DB 1994, 1233; so auch *Staub/Ulmer* § 105 HGB RdNr. 110; *Armbrüster* (Fn. 277) S. 24; *Soergel/Hadding* RdNr. 33; *Staudinger/Habermeier* RdNr. 64; eingehend *Tebben* (Fn. 277) S. 67 ff., 76 f.; aA MünchKommHGB/*K. Schmidt* § 230 RdNr. 196, 202; *Wiedemann* Übertragung S. 387.

[283] Übersichten bei *Blaurock* (Fn. 277) S. 49 ff.; *Friehe* (Fn. 277) S. 5 ff.; *Paulick* ZGR 1974, 253 ff.; *Ulbrich* (Fn. 277) S. 14 ff.; zu den verschiedenen *Arten* einer Unterbeteiligung vgl. *Tebben* (Fn. 277) S. 27 ff.

[284] Vgl. BGHZ 50, 316 = NJW 1968, 2003; BGH WM 1967, 685; *Rüthers* AcP 168 (1968), 263, 281 ff.

[285] Zu den steuerrechtlichen Gründen für die Begründung einer Unterbeteiligung vgl. *Blaurock* (Fn. 277) S. 49 ff. Zur ESt-rechtlichen Behandlung der Unterbeteiligung vgl. auch *Reiß/Beckerath* in *Kirchhof*, EStG, 7. Aufl. 2007, § 15 RdNr. 137, 235, 419 ff. und § 20 RdNr. 168; dazu auch *Haegele* BWNotZ 1974, 53 ff. und 74 ff., *Paulick* ZGR 1974, 253, 284 ff. und *Blaurock/Berninger* GmbHR 1990, 87 ff.

[286] Vgl. die Beispiele bei *Blaurock* (Fn. 277) S. 50 ff. und *Ulbrich* (Fn. 277) S. 6; aA anscheinend *Paulick* ZGR 1974, 256, 258 f. (ohne Begr.).

[287] So zutr. namentlich *Friehe* (Fn. 277) S. 44 ff. 51. Vgl. dazu eingehend auch *Tebben* (Fn. 277) S. 77 ff. 86 ff., 175 ff.

[288] Ganz hM, vgl. BGHZ 50, 316, 324 = NJW 1968, 2003; *Paulick* ZGR 1974, 257; *Soergel/Hadding* RdNr. 33; *Staudinger/Habermeier* RdNr. 64.

[289] So mit iE unterschiedlicher Akzentsetzung etwa *Staub/Zutt* § 230 HGB RdNr. 115; *Rüthers* AcP 168 (1968), 263, 283; *Ulbrich* (Fn. 277) S. 112 f.; *Friehe* (Fn. 277) S. 44 ff., 46; für die GmbH *Roth/Thöni*, FS 100 Jahre GmbHG, 1992, S. 245, 257 ff.

[290] *In diesem Sinne* aber *Rüthers* AcP 168 (1968), 263, 283, sowie *Friehe* (Fn. 277) S. 46 f., letzterer unter Berufung auf § 717 S. 1 (dazu RdNr. 97). Wie hier aber *Staudinger/Habermeier* RdNr. 64; *Soergel/Hadding*

Vorbemerkungen 96, 97 **Vor § 705**

Rangordnung dieser Art zwischen den beiden Vertragsverhältnissen lässt sich dem geltenden Recht nicht entnehmen. Für einen grundsätzlichen Vorrang der Hauptgesellschaft ist vielmehr nur Raum, wenn er entweder ausdrücklich im Unterbeteiligungsvertrag vorgesehen ist[291] oder wenn dessen Auslegung ergibt, dass die Parteien eine *hauptgesellschaftskonforme Ausgestaltung* angestrebt bzw. sie ihrer Vereinbarung zu Grunde gelegt haben. Für eine solche Annahme können Umstände wie die zeitliche Priorität der Hauptgesellschaft, die ausdrücklich betonte Abhängigkeit der Unterbeteiligung von deren Existenz sowie das vom Unterbeteiligten respektierte Interesse des Hauptgesellschafters sprechen, auf seine Treupflicht gegenüber seinen Mitgesellschaftern Rücksicht zu nehmen.[292] Auch ist in geeigneten Fällen, so insbesondere bei Unklarheit oder Lückenhaftigkeit des Unterbeteiligungsvertrags, an dessen ergänzende Auslegung unter Rückgriff auf den Hauptgesellschaftsvertrag zu denken.[293] Schließlich können besondere Umstände des Einzelfalls die Eingehung einer Unterbeteiligung als sittenwidrig oder rechtsmissbräuchlich erscheinen lassen und insoweit auch deren Wirksamkeit einschränken.[294] Im Übrigen bleibt es jedoch dabei, dass Schuldverhältnisse jeweils nur inter partes wirken; das gilt auch für das Verhältnis zwischen verschiedenen Gesellschaftsverträgen, soweit nicht das Außenhandeln des Geschäftsführers einer (Außen-)GbR gegenüber anderen Gesellschaften in Frage steht.

2. Rechtsverhältnisse in der Unterbeteiligungsgesellschaft. a) Gründung. Sie erfolgt durch **Abschluss eines Gesellschaftsvertrags** zwischen Haupt- und Unterbeteiligtem mit dem Ziel, zwischen ihnen eine gemeinsame obligatorische Berechtigung am Hauptgesellschaftsanteil zu begründen. Die letztwillige Anordnung im Testament des verstorbenen Gesellschafters, zwischen dem Gesellschafter-Erben und den übergangenen Miterben eine Unterbeteiligung zu vereinbaren, kann den Vertrag nicht ersetzen; sie begründet jedoch im Zweifel einen Vermächtnisanspruch der dadurch Begünstigten gegen den Gesellschafter-Erben auf Vertragsschluss. Der Gesellschaftsvertrag ist grundsätzlich **formlos** wirksam, soweit er nicht im Einzelfall bei Abschluss oder für den Zeitpunkt der Auflösung Verpflichtungen eines der Beteiligten zur Übertragung von Grundstücken oder von GmbH-Anteilen begründet (§ 705 RdNr. 33). Soll die Unterbeteiligung unentgeltlich eingeräumt werden, bedarf es der Form des § 518 Abs. 1 S. 1, soweit die Zuwendung nicht zum Zwecke der Ausstattung erfolgt (§ 1624 Abs. 1).[295] Nicht zu folgen ist allerdings der Rechtsprechung, die eine Heilung des Formmangels durch Vollzug der Schenkung (§ 518 Abs. 2) in diesen wie in sonstigen Fällen der Innengesellschaft mangels einer Vermögensübertragung auf den Unterbeteiligten für ausgeschlossen hält (näher dazu § 705 RdNr. 44 f.).[296] 96

Einer **Mitwirkung der anderen Mitglieder der Hauptgesellschaft** oder deren Zustimmung zum Vertragsschluss bedarf es nicht.[297] Die Gründung der Unterbeteiligungsgesellschaft enthält nicht etwa eine Verfügung über die Rechte aus dem Hauptgesellschaftsanteil iS von § 717 S. 1, sondern begründet eine bloß obligatorische Mitberechtigung des 97

RdNr. 33; *Bamberger/Roth/Timm/Schöne* § 705 RdNr. 189. Zum Ganzen eingehend *Tebben* (Fn. 277) S. 179 ff.

[291] So zutr. insbes. *Tebben* (Fn. 277) S. 176 ff. unter Hinweis in Fn. 6 auf entspr. Fallgestaltungen der Praxis (BGHZ 76, 127, 128 = NJW 1980, 1163; BGH WM 1983, 598; OLG München WM 1984, 810, 811).

[292] Weitergehend – für grds. hauptgesellschaftskonforme Auslegung des Unterbeteiligungsvertrags – aber *Friehe* (Fn. 277) S. 49 f.; ähnlich *Ulbrich* (Fn. 277) S. 114 f. Tendenziell wohl auch *K. Schmidt* GesR § 63 IV 1, der von „drittschützenden Treupflichten" des Unterbeteiligten spricht.

[293] So zutr. *Tebben* (Fn. 277) S. 177.

[294] Ähnlich *Tebben* (Fn. 277) S. 184 ff., 186 unter zutr. Ablehnung weitergehender, eine Sittenwidrigkeit des Unterbeteiligungsvertrags schon bei darin angelegter Pflichtenkollision des Hauptgesellschafters bejahender Ansichten (vgl. Nachweise dort in Fn. 45).

[295] BGH WM 1967, 685; *Billdorfer* NJW 1980, 2787.

[296] BGHZ 7, 174, 179 = NJW 1952, 1412; BGHZ 7, 378, 379 ff. = NJW 1953, 138; BGH WM 1967, 685; BFH DB 1967, 1258; so auch *Blaurock* (Fn. 277) S. 156 f.; *Soergel/Hadding* § 705 RdNr. 12, jeweils mwN; zu Recht aA *Friehe* (Fn. 277) S. 53 f.; *Ulbrich* (Fn. 277) S. 101 ff.; *Tebben* (Fn. 277) S. 225 ff.; diff. MünchKommHGB/*K. Schmidt* § 230 RdNr. 224.

[297] So auch *Blaurock* (Fn. 277) S. 153; *Erman/Westermann* RdNr. 40; *Tebben* (Fn. 277) S. 234 ff.; LG Bremen GmbHR 1991, 269 f. (betr. GmbH-Anteil).

Unterbeteiligten hieran.²⁹⁸ Daher steht auch § 137 der Vereinbarung eines Verbots von Unterbeteiligungen im Vertrag der Hauptgesellschaft nicht entgegen. Das Verbot hindert vorbehaltlich des Arglisteinwands zwar nicht die Wirksamkeit der Unterbeteiligung. Wohl aber kann seine Verletzung einen wichtigen Grund zum Ausschluss des Hauptbeteiligten aus der Hauptgesellschaft darstellen und in dessen Folge dazu führen, der Unterbeteiligung die Grundlage zu entziehen.²⁹⁹ Zum Sonderfall der offenen Unterbeteiligung vgl. RdNr. 101.

98 **b) Die Rechte des Unterbeteiligten. aa) Regelfall.** Ist die Unterbeteiligung entsprechend dem Regelfall (RdNr. 97) ohne Zustimmung der anderen Gesellschafter begründet worden, so richten sich die Rechte des Unterbeteiligten nicht gegen die Hauptgesellschaft selbst (zur „offenen" Unterbeteiligung vgl. RdNr. 101), sondern nur gegen den Hauptbeteiligten; dieser ist analog § 230 HGB auch ohne vertragliche Abweichung von § 709 zugleich Geschäftsführer der Unterbeteiligungsgesellschaft.³⁰⁰ Inhaltlich bestimmen sie sich in erster Linie nach dem Unterbeteiligungsvertrag, im Übrigen nach dem Recht der GbR und dessen Modifikation durch die §§ 230 bis 236 HGB (RdNr. 92). Für die **Gewinnbeteiligung** gilt beim Fehlen vertraglicher Regelungen im Zweifel nicht § 722 Abs. 1, sondern § 231 Abs. 1 HGB.³⁰¹ Einbehaltene Gewinne und Aufstockungen des Kapitalkontos des Hauptbeteiligten stehen den Partnern der Unterbeteiligung im Zweifel anteilig zu und verändern nicht etwa das Beteiligungsverhältnis.³⁰² Ob die Berechtigung des Unterbeteiligten sich im Sinne einer atypischen Unterbeteiligung auch auf den (bei der Auseinandersetzung zu berücksichtigenden) **Wertzuwachs** am Anteil erstreckt³⁰³ und ob der Unterbeteiligte abweichend vom Regelfall des § 232 Abs. 2 HGB auch an einem über die Verminderung des Anteilswerts hinausgehenden **Verlust** teilnimmt,³⁰⁴ ist Frage der Vertragsauslegung.³⁰⁵ Eine Außenhaftung des Unterbeteiligten für Verbindlichkeiten der Hauptgesellschaft scheidet beim Fehlen eines besonderen Verpflichtungsgrundes auch dann aus, wenn dessen Verlustteilnahme vereinbart ist.

99 Die Rechte des Unterbeteiligten auf **Rechnungslegung, Information** und **Kontrolle** bestimmen sich nicht nach § 716 Abs. 1, sondern nach § 233 HGB.³⁰⁶ Verpflichteter ist der Hauptbeteiligte und nicht etwa die Hauptgesellschaft, zu der der Unterbeteiligte regelmäßig nicht in direkten Rechtsbeziehungen steht (RdNr. 98). Dementsprechend ist Gegenstand dieser Rechte auch nur die Rechnungslegung, Information und Kontrolle bezüglich der auf den **Anteil** an der Hauptgesellschaft entfallenden Erträge und deren Zusammensetzung (Gewinnanteil, Kapitalverzinsung, Geschäftsführervergütungen u. a.).³⁰⁷ Dagegen ist der Hauptbeteiligte mangels besonderer Absprachen nicht verpflichtet und mit Rücksicht auf

---

²⁹⁸ Ganz hM, vgl. nur *Tebben* (Fn. 277) S. 236 ff., 240 mN in Fn. 90.
²⁹⁹ *Friehe* (Fn. 277) S. 52; *Paulick* ZGR 1974, 269; *Ulbrich* (Fn. 277) S. 99.
³⁰⁰ Näher zu den Geschäftsführungsproblemen bei der Unterbeteiligung vgl. namentlich *Wagner* (Fn. 277) S. 66 ff. sowie *Blaurock* (Fn. 277) S. 120 f.; *Friehe* (Fn. 277) S. 56 f.; *Tebben* (Fn. 277) S. 258 ff.
³⁰¹ HM, vgl. *Paulick* ZGR 1974, 266; *Blaurock* (Fn. 277) S. 117; *Friehe* (Fn. 277) S. 66; *Wagner* (Fn. 277) S. 114; *Tebben* (Fn. 277) S. 280; *Soergel/Hadding* RdNr. 35; *Erman/Westermann* RdNr. 40.
³⁰² So zutr. *Blaurock* (Fn. 277) S. 117 f.; vgl. auch BGH WM 1966, 188 (Erhöhung der Einlage des Hauptbeteiligten in der Hauptgesellschaft ist dem Unterbeteiligten gegenüber vertragswidrig, wenn sich dadurch dessen Gewinnanteil verringert).
³⁰³ Vgl. etwa die Auslegung im Fall BGH WM 1967, 685 sowie *Blaurock* (Fn. 277) S. 114 f.; *Paulick* ZGR 1974, 281.
³⁰⁴ Vgl. dazu namentlich *Paulick* ZGR 1974, 266 f.; für grds. Verlustteilhabe *Tebben* (Fn. 277) S. 292.
³⁰⁵ Zu den hierfür in Betracht kommenden Gestaltungen vgl. *Ulbrich* (Fn. 277) S. 131 ff. AA für die Teilhabe am Wertzuwachs *Tebben* (Fn. 277) S. 346 f. der mangels abw. Abreden von der Geltung des § 738 Abs. 1 S. 2 ausgeht.
³⁰⁶ HM, vgl. BGHZ 50, 316, 323 = NJW 1968, 2003; BGH NJW-RR 1995, 165, 166; *Paulick* ZGR 1974, 271; *Friehe* (Fn. 277) S. 60 f.; *Ulbrich* (Fn. 277) S. 125. AA *Wagner* (Fn. 277) S. 105 ff. mit der unzutr. Begründung, der Unterbeteiligte hafte unbegrenzt für Gesellschaftsschulden; ferner *Blaurock* (Fn. 277) S. 183 f. und *Tebben* (Fn. 277) S. 276 ff.
³⁰⁷ Ganz hM, vgl. BGHZ 50, 316, 323 f. = NJW 1968, 2003; OLG Frankfurt GmbHR 1987, 57, 59; *Paulick* ZGR 1974, 271; *Blaurock* (Fn. 277) S. 183; *Ulbrich* (Fn. 277) S. 125 f.; *Wiedemann* Übertragung S. 313; *Esch* NJW 1964, 902, 905; *H. Schneider*, FS Möhring, 1965, S. 120; *Friehe* (Fn. 277) S. 60 ff.; *Soergel/Hadding* RdNr. 35; Gegenansichten s. in Fn. 308.

seine Verschwiegenheitspflicht in der Hauptgesellschaft regelmäßig auch nicht berechtigt, dem Unterbeteiligten die Bilanzen und die Gewinn- und Verlustrechnungen der Hauptgesellschaft mitzuteilen[308] oder ihm auf sonstige Weise Einblick in vertrauliche Unterlagen der Hauptgesellschaft zu gewähren. Das gilt im Zweifel selbst dann, wenn im Vertrag der Hauptgesellschaft Unterbeteiligungen ausdrücklich zugelassen sind und der Unterbeteiligte ein erhebliches Interesse an derartigen Informationen hat.[309] Gegenüber dem vorrangigen Geheimhaltungsinteresse der Hauptgesellschafter tritt dieses Interesse im Regelfall auch deshalb zurück, weil der Unterbeteiligte ihnen gegenüber keinen vertraglichen Bindungen unterliegt und insbesondere auch nicht zu Gesellschaftstreue oder zur Unterlassung von Wettbewerb angehalten werden kann.[310] Zum Sonderfall der „offenen" Unterbeteiligung vgl. aber RdNr. 101.

Eine **Bindung des Hauptbeteiligten** an die Interessen des Unterbeteiligten **bei Abstimmungen** in der Hauptgesellschaft oder eine Pflicht zu einvernehmlicher Stimmabgabe ist mit Rücksicht auf den Vorrang der Hauptgesellschaft (RdNr. 95) im Regelfall zu verneinen. Soweit sie im Einzelfall besteht, führt sie doch nicht zur Unwirksamkeit abweichender Stimmabgaben in der Hauptgesellschaft; auch die Grundsätze über den Vollmachtsmissbrauch sind auf diesen Fall nicht anwendbar.[311] Wohl aber kann der Hauptbeteiligte sich dem Unterbeteiligten gegenüber schadensersatzpflichtig machen, wenn er sein Stimmrecht in der Hauptgesellschaft in einem für den Unterbeteiligten nachteiligen, nicht durch seine Treupflicht in der Hauptgesellschaft gebotenen Sinn ausübt.[312] Zu denken ist etwa an Fälle, in denen durch hohe Selbstfinanzierung und Bildung stiller Reserven die Ertragsbeteiligung des Unterbeteiligten ausgehöhlt wird.[313] Zur Problematik der Stimmbindungsverträge im Recht der GbR und zu ihren Grenzen auch im Fall der Unterbeteiligung vgl. § 717 RdNr. 20 ff., 26.

bb) Die offene (qualifizierte) Unterbeteiligung als Sonderfall. Entsprechend der im Gesellschaftsrecht herrschenden Privatautonomie ist es nicht ausgeschlossen, dass dem Unterbeteiligten im Einzelfall auch *unmittelbare Rechte gegen die Hauptgesellschaft* eingeräumt werden und er im weiteren Sinn in den Gesellschafterverband einbezogen wird.[314] Hierzu genügt allerdings nicht die Offenlegung der Unterbeteiligung oder deren generelle Zulassung im Hauptgesellschaftsvertrag. Vielmehr bedarf es der **Zustimmung der übrigen Gesellschafter** zur Vereinbarung der Unterbeteiligung; sie kann auch – ähnlich wie bei der Anteilsübertragung (§ 719 RdNr. 27) – in antizipierter Form erfolgen. Liegen diese Voraussetzungen vor, so erlangt der Unterbeteiligte eine interne, quasi-dingliche Mitbeteiligung am Gesellschaftsanteil des Hauptbeteiligten.[315] Ihm können eigene Mitsprache- und Kontrollrechte in der Hauptgesellschaft eingeräumt werden, ohne dass das Abspaltungsverbot eingreift (zur entsprechenden Rechtslage bei offener Treuhand und Nießbrauch vgl. § 705 RdNr. 92 f. und 96). Entsprechend unterliegt er auch seinerseits der Treupflicht im Verhältnis zur Hauptgesellschaft. Stimmbindungsvereinbarungen zwischen ihm und dem Hauptbeteiligten können ohne die für den Regelfall geltenden Einschränkungen (RdNr. 98) vereinbart und durchgesetzt werden (§ 717 RdNr. 26).

---

[308] So aber – unter Hinweis auf § 716 – *Tebben* (Fn. 277) S. 277 f. sowie früher *Herzfeld* AcP 137 (1933), 270, 307; *Janberg* DB 1953, 77, 79; *Staudinger/Geiler* (10. Aufl.) Anh. §§ 705 ff. RdNr. 77; anders die heute hM (vgl. Fn. 307).

[309] BGHZ 50, 316, 324 f. = NJW 1968, 2003; aA MünchKommHGB/*K. Schmidt* § 233 RdNr. 34.

[310] Anders LG Bremen GmbHR 1991, 269, 270, allerdings für die Unterbeteiligung an einem GmbH-Anteil unter zutr. Hinweis auf die GmbH-Publizität. Relativierend auch *Tebben* (Fn. 277) S. 293.

[311] Str., wie hier BGH WM 1977, 525, 527 und schon BGH NJW 1968, 1471 (Treuhand); aA *Tebben* (Fn. 277) S. 192 ff., 202 mwN.

[312] BGH WM 1977, 525, 528 f.; ähnlich *Ulbrich* (Fn. 277) S. 117.

[313] Das gilt jedenfalls dann, wenn der Unterbeteiligte nicht auch an den so gebildeten Reserven beteiligt ist. Zur Unzulässigkeit, den Gewinnverteilungsschlüssel in der Unterbeteiligung einseitig durch Erhöhung der Einlage des Hauptbeteiligten in der Hauptgesellschaft zu ändern, vgl. BGH WM 1966, 188, 191.

[314] So grds. auch *Blaurock* (Fn. 277) S. 184 f.; *Erman/Westermann* RdNr. 41; *Bamberger/Roth/Timm/Schöne* § 705 RdNr. 190; vgl. auch *Ulbrich* (Fn. 277) S. 128 f. Missverständlich *Tebben* (Fn. 277) S. 104 ff. unter Ablehnung „dinglicher" (dh. gesellschaftsrechtlicher!) Wirkungen.

[315] Vgl. näher *Ulmer*, FS Odersky, 1996, S. 888 ff. (betr. Treuhand an GmbH-Anteilen).

Vor § 705 102–105

102 **c) Auflösung und Auseinandersetzung.** Die **Dauer** der Unterbeteiligung kann nicht an diejenige der – unbefristeten – Hauptgesellschaft oder an die fortbestehende Mitgliedschaft des Hauptbeteiligten in dieser geknüpft werden.[316] Mangels Überschaubarkeit wäre eine derartige Bindung unvereinbar mit dem zwingenden Kündigungsrecht des § 723 Abs. 3, das auch für stille Beteiligungen gilt.[317] Für die **Kündigung** selbst, sei es durch einen der Vertragspartner oder durch einen Privatgläubiger, gelten abweichend von §§ 723 Abs. 1 S. 1, 725 die Fristen des § 234 Abs. 1 iVm. §§ 132, 135 HGB.[318] Der **Tod** des Unterbeteiligten hat entgegen § 727 Abs. 1 die Auflösung der Unterbeteiligung im Zweifel nicht zur Folge (§ 234 Abs. 2 HGB).[319] Gleiches wird unter Berufung auf den mutmaßlichen Parteiwillen mit guten Gründen auch für den Tod des Hauptbeteiligten vertreten;[320] Voraussetzung ist insoweit allerdings, dass der Anteil an der Hauptgesellschaft auf dessen Erben übergeht. Demgegenüber führt das Ausscheiden des Hauptbeteiligten aus der Hauptgesellschaft nach § 726 zur Auflösung der Unterbeteiligung wegen Unmöglichwerdens des Gesellschaftszwecks.[321]

103 Für die **Auseinandersetzung** gilt § 235 HGB.[322] Eine Liquidation des Hauptgesellschaftsanteils durch dessen Veräußerung oder durch Kündigung der Hauptgesellschaft kann der Unterbeteiligte vom Hauptbeteiligten nur verlangen, wenn die Parteien im Rahmen der Unterbeteiligung wirksam Entsprechendes vereinbart haben.

C. Abgrenzungsfragen

I. Gesellschafts- und Austauschverträge

104 **1. Allgemeines. a) Grundsatz.** Die Abgrenzung des Gesellschaftsvertrags gegenüber sonstigen vertraglichen Schuldverhältnissen, darunter insbesondere den Austausch-, aber auch den Interessenwahrungs-(Geschäftsbesorgungs-)verträgen, bestimmt sich nach § 705. Als konstitutive Elemente der Gesellschaft sind in dieser Vorschrift der **gemeinsame Zweck** und die hierauf gerichteten **Förderpflichten** der Beteiligten genannt (vgl. näher § 705 RdNr. 142 ff., 153 f.). Liegen diese Merkmale vor und werden sie nicht nach Art gemischter Verträge (RdNr. 113) von Austausch- oder Interessenwahrungselementen überlagert, so handelt es sich stets um eine Gesellschaft, und zwar unabhängig davon, wie eng die persönliche Bindung der Beteiligten ausgestaltet ist und welche Bezeichnung sie ihrem Rechtsverhältnis gegeben haben.

105 Die theoretisch einfache Unterscheidung kann freilich je nach Lage des Falles bei der Rechtsanwendung nicht geringe **Schwierigkeiten** bereiten, soweit die Beteiligten keine eindeutigen Regelungen getroffen haben oder soweit es an klar auf eine (Außen-)Gesellschaft hinweisenden Elementen wie Gesamtnamen, Bestellung von Geschäftsführern und Begründung von Gesamthandsvermögen fehlt. Die Schwierigkeiten beruhen im Wesentli-

---

[316] HM, vgl. BGHZ 50, 316, 320 = NJW 1968, 2003; BGH NJW 1994, 2886, 2888 = LM § 622 Nr. 45; *Friehe* (Fn. 277) S. 71 f.; *Soergel/Hadding* RdNr. 36. AA noch *Herzfeld* AcP 137 (1933), 270, 317.

[317] BGHZ 23, 10, 15 = NJW 1957, 461; BGHZ 50, 316, 322 = NJW 1968, 2003; BGH NJW 1994, 2886, 2888.

[318] HM, vgl. *Esch* NJW 1964, 906; *Paulick* ZGR 1974, 278; *Friehe* (Fn. 277) S. 69 f.; *Ulbrich* (Fn. 277) S. 147; *Wagner* (Fn. 277) S. 121, 123; aA *Blaurock* (Fn. 277) S. 163 f.; *Soergel/Hadding* RdNr. 36; *Tebben* (Fn. 277) S. 325 ff.; offen lassend BGHZ 50, 316, 321 = NJW 1968, 2003.

[319] *Paulick* ZGR 1974, 280; *Blaurock* (Fn. 277) S. 166; *Ulbrich* (Fn. 277) S. 153. Für Vorrang ergänzender Vertragsauslegung in diesem Fall *Friehe* (Fn. 277) S. 74; ähnlich *Tebben* (Fn. 277) S. 340; für Anwendbarkeit von § 727 Abs. 1 *Wagner* (Fn. 277) S. 123 f.

[320] *Friehe* (Fn. 277) S. 73; aA *Paulick* ZGR 1974, 280; grds. auch *Blaurock* (Fn. 277) S. 165 f.; *Ulbrich* (Fn. 277) S. 152; *Tebben* (Fn. 277) S. 340; vgl. auch BGH NJW 1994, 2886, 2887 = LM § 662 Nr. 45.

[321] Vgl. dazu zu sonstigen Fällen der Veränderung bei der Hauptgesellschaft näher *Blaurock* (Fn. 277) S. 166 ff.; *Tebben* (Fn. 277) S. 332 ff.

[322] *Esch* NJW 1964, 906; *Paulick* ZGR 1974, 280; *Ulbrich* (Fn. 277) S. 162; *Wagner* (Fn. 277) S. 137 ff., 142; diff. *Blaurock* (Fn. 277) S. 175 ff.

chen auf zwei Gründen. Einerseits zeigen die Merkmale des gemeinsamen Zwecks und der Förderpflicht wegen der nahezu unbeschränkten Verwendungsmöglichkeit der GbR (§ 705 RdNr. 144) eine große Spannweite. Die ihr entsprechende geringe Begriffsschärfe wird noch dadurch unterstrichen, dass die rechtlich gebotene Differenzierung von *gemeinsamem Zweck* und außerhalb des Vertrages stehenden persönlichen *Motiven* („Endzweck") der Parteien nicht leicht ist (§ 705 RdNr. 147). Zum anderen begegnen in der Rechtswirklichkeit aber auch eine Reihe von Vertragstypen, die Elemente sowohl des Gesellschafts- als auch eines Austausch- oder Interessenwahrungsvertrags enthalten (gemischte Verträge, vgl. RdNr. 113). Bei ihnen geht es nicht so sehr um eine Abgrenzung nach Maßgabe des § 705 als vielmehr darum, mit den für gemischte Verträge geltenden Methoden der Rechtsanwendung zu einer interessengerechten Lösung zu kommen (RdNr. 114).

b) Gesellschaftsähnliche Rechtsverhältnisse. Die genannten Schwierigkeiten haben **106** vor allem die Rechtsprechung, aber auch einen Teil des Schrifttums dazu veranlasst, beim Auftreten von Qualifikationsproblemen von „gesellschaftsähnlichen Rechtsverhältnissen" zu sprechen.[323] Die Verwendung dieses Begriffs führt indessen meist nicht weiter.[324] Denn er ist in erster Linie beschreibender Natur, ohne dass sich an ihn bestimmte Rechtsfolgen knüpfen. Eine Kategorie gesellschaftsähnlicher Rechtsverhältnisse als neben der Gesellschaft stehende, einen besonderen Schuldvertragstyp bildende Vertragsart gibt es nicht. Hinter der Bezeichnung verbergen sich vielmehr **zwei** deutlich zu unterscheidende **Fallgruppen**,[325] nämlich zum einen *atypische,* aber gleichwohl noch die Begriffsmerkmale des § 705 aufweisende und daher als Gesellschaften zu qualifizierende Verträge (vgl. dazu auch RdNr. 3), zum anderen *gemischte Verträge,* dh. solche, die Elemente sowohl der Gesellschaft als auch eines Austausch- oder Interessenwahrungsvertrags enthalten (RdNr. 113). Soweit es um die Anwendbarkeit der §§ 706 bis 740 auf einen Vertrag geht, der (auch) gesellschaftsrechtliche Elemente aufweist, ist mit dessen Qualifikation als „gesellschaftsähnlich" daher nichts gewonnen. Vielmehr ist weiter zu prüfen, ob die Definitionsmerkmale des § 705 vorliegen sowie inwieweit sie durch Elemente eines Austausch- oder Interessenwahrungsvertrags überlagert werden. – Zum Sonderfall gesellschaftsähnlicher Rechtsgemeinschaften, insbesondere der Miturhebergemeinschaft, vgl. RdNr. 128. Zum Kartellvertrag vgl. RdNr. 65.

2. Partiarische Rechtsverhältnisse. a) Begriff und Wesen. Unter partiarischen **107** Rechtsverhältnissen versteht man Austauschverträge (Darlehen, Miete, Dienstvertrag u. a.), bei denen die *Vergütung* für die versprochene Leistung nicht betragsmäßig fixiert, sondern *erfolgsbezogen ausgestaltet ist*.[326] Der Darlehens- oder Mietzins oder die Tätigkeitsvergütung besteht in diesen Fällen somit nicht – oder nicht nur – in einem festen periodischen Betrag, sondern in einem Anteil an dem vom anderen Teil erwirtschafteten Umsatz oder Gewinn. Derartige Verträge weisen zumal im Fall partiarischer Darlehen eine deutliche Ähnlichkeit zur stillen Gesellschaft (§ 705 RdNr. 286) auf. Angesichts des Dauerschuldcharakters beider Arten von Verträgen sowie des auch für die stille Gesellschaft charakteristischen Fehlens einer Außenhaftung des Stillen und eines Gesamthandsvermögens sind die praktischen Unterschiede zwar begrenzter Natur. Gleichwohl bleibt die **Abgrenzung** von Bedeutung. Das gilt vor allem für das auf Austauschverträge beschränkte Recht der Leistungsstörungen (§§ 320 ff., vgl. § 705 RdNr. 163 ff.). Aber auch abgesehen hiervon finden sich im BGB

---

[323] Vgl. etwa BGH LM § 305 Nr. 11 = NJW 1972, 1128, 1129; LM § 723 Nr. 6 = DB 1959, 733; NJW 1992, 967, 969; WM 1962, 1086; RGZ 142, 212, 214; OLG Celle NJW 1965, 339; KG ZIP 1980, 963, 964; OLG Köln JMBl. NRW 1962, 269; *Palandt/Sprau* § 705 RdNr. 9; *Staudinger/Keßler* (12. Aufl.) RdNr. 160, 176; RGRK/*v. Gamm* RdNr. 10 ff.; vgl. auch *Larenz/Canaris* II/2 § 63 III 2a.

[324] So zu Recht schon *Soergel/Schultze-v. Lasaulx,* 10. Aufl. 1969, RdNr. 35; *Ballerstedt* JuS 1963, 253, 261; tendenziell auch *Erman/Westermann* RdNr. 6; aA *Schulze-Osterloh,* Der gemeinsame Zweck der Personengesellschaften, S. 60.

[325] So auch *Soergel/Hadding* RdNr. 19; *Erman/Westermann* RdNr. 6.

[326] Allg. zum Begriff der partiarischen Rechtsverhältnisse und zu deren Abgrenzung von der (stillen) Gesellschaft vgl. *Soergel/Hadding* RdNr. 10; MünchKommHGB/*K. Schmidt* § 230 RdNr. 54 ff.; *Staub/Zutt* § 230 HGB RdNr. 21 ff.; *Düringer/Hachenburg/Flechtheim* § 335 HGB Anm. 10 f.; *Koenigs,* Die stille Gesellschaft, 1961, S. 28 ff.; *Schulze-Osterloh* (Fn. 324) S. 2 ff.

und HGB für die einzelnen Vertragsarten unterschiedliche Regelungen. Unter ihnen fällt vor allem die zwar nicht bei den partiarischen Rechtsverhältnissen, wohl aber bei der stillen Gesellschaft nach dispositivem Recht (§ 231 Abs. 1 HGB) eingreifende Verlustbeteiligung ins Gewicht, soweit hierüber nicht konkrete Vereinbarungen zwischen den Parteien getroffen sind. Weitere Unterschiede sind – mit Blick auf partiarische Darlehen – in RdNr. 110 behandelt. Zur Behandlung gemischter, austausch- und gesellschaftsvertragliche Elemente umfassender partiarischer Rechtsverhältnisse vgl. RdNr. 114.

108 **b) Partiarisches Darlehen. Abgrenzungsprobleme** zur stillen Gesellschaft stellen sich dann, wenn dem Geldgeber zwar eine Gewinnbeteiligung versprochen, über seine Verlustbeteiligung jedoch entweder keine Regelung getroffen oder diese ausdrücklich ausgeschlossen ist.[327] Ist eine Verlustteilnahme vereinbart, so handelt es sich notwendig um eine Gesellschaft; eine über das übliche Gläubigerrisiko hinausgehende Verlustteilnahme des Darlehensgebers ist dem geltenden Recht unbekannt.[328] Die Abgrenzung zwischen Darlehen und Gesellschaft hat – abgesehen von den Problemen einer Währungsumstellung[329] – **Bedeutung** namentlich für die unterschiedlichen Kündigungsfristen und -termine bei unbefristeten Verträgen (vgl. § 488 Abs. 3 BGB, §§ 132, 234 Abs. 1 HGB, dazu auch § 705 RdNr. 288), aber auch für die Insolvenzanfechtung bei Rückzahlung des Gesellschaftskapitals innerhalb eines Jahres vor Stellung des Insolvenzantrags (§ 136 Abs. 1 InsO). Der Tod des Darlehensnehmers löst, anders als nach gesetzlicher Regel der Tod des tätigen Gesellschafters (§§ 727 Abs. 1 BGB, 234 Abs. 2 HGB), das Vertragsverhältnis nicht auf. Ein weiterer Unterschied ergibt sich nach hM daraus, dass die Grundsätze über die fehlerhafte Gesellschaft zwar nicht für das partiarische Darlehen, wohl aber für die stille Gesellschaft gelten sollen (str., vgl. dazu § 705 RdNr. 358 f.). Für das Eingreifen der Bereichsausnahme des § 310 Abs. 4 (des früheren § 23 Abs. 1 AGBG) ist die Abgrenzung nur dann von Bedeutung, wenn man die Ausnahme auch auf stille Gesellschaften erstreckt.[330] Dagegen ist die Differenzierung für die Kontroll- und Nachprüfungsrechte des Kapitalgebers nur noch von untergeordnetem Rang, nachdem die Auslegung des auf Urkunden bezogenen Einsichtsrechts des § 810 zu einer weitgehenden Annäherung an die Vorschrift des § 233 HGB geführt hat.[331]

109 Das **Merkmal der Gewinnbeteiligung** ist, da es sowohl für die stille Gesellschaft (§ 231 Abs. 2 aE HGB) als auch für das partiarische Darlehen eine notwendige Voraussetzung bildet, als Abgrenzungskriterium **nicht** geeignet.[332] Es begründet daher, für sich genommen, auch keine Vermutung für das Vorliegen einer stillen Gesellschaft. Anderes gilt, wenn der Kapitalgeber die Mittel für einen bestimmten Verwendungszweck im Unternehmen oder Tätigkeitsbereich des anderen Teils zur Verfügung stellt. Je konkreter die hierüber getroffe-

---

[327] AA *Schön* ZGR 1993, 210 ff., der sich in derartigen Fällen stets für eine stille Gesellschaft ausspricht, da es partiarische Darlehen nicht gebe; gegen ihn, wenn auch die Unterschiede zwischen beiden Rechtsverhältnissen stark relativierend, MünchKommHGB/*K. Schmidt* § 230 RdNr. 57 ff. Vgl. auch *Schulze-Osterloh* (Fn. 324) S. 25 ff., 37, der entgegen § 231 Abs. 2 HGB die Verlustbeteiligung als unverzichtbar für das Vorliegen einer Gesellschaft ansieht und bei deren Ausschluss stets notwendig zu einem partiarischen Rechtsverhältnis kommt. Nach *Erman/Westermann* RdNr. 9 ist der Ausschluss der Verlustbeteiligung ein Indiz für das partiarische Darlehen.
[328] BGHZ 127, 176, 181 = NJW 1995, 192; BGH WM 1965, 1052, 1053; *Soergel/Häuser* (12. Aufl.) Vor § 607 RdNr. 47; *Larenz/Canaris* II/2 § 63 III 2 b; *Staub/Zutt* § 230 HGB RdNr. 23; MünchKommHGB/*K. Schmidt* § 230 RdNr. 60; *Düringer/Hachenburg/Flechtheim* § 335 HGB Anm. 11; im Ergebnis ebenso *Koenigs* (Fn. 326) S. 30.
[329] BGHZ 3, 75, 81 = NJW 1951, 710; RGZ 141, 143; *Soergel/Häuser* Vor § 607 RdNr. 47.
[330] So BGHZ 127, 176, 183 ff. = NJW 1995, 192; aA *Ulmer* in: *Ulmer/Brandner/Hensen* § 310 RdNr. 128; *H. Schmidt* ZHR 159 (1995), 734, 742 ff.
[331] Ebenso *Schön* ZGR 1993, 211, 231 ff. Zur erweiternden Auslegung des Begriffs der Urkunde in § 810 vgl. § 810 RdNr. 3 und BGH WM 1963, 990; 1971, 238; RGZ 56, 112; 87, 10, 14; 117, 332, 333; *Soergel/Mühl* § 810 RdNr. 7. AA – für gesellschaftsindizierende Wirkung der Einräumung von Kontrollrechten, jedoch nicht als gegenteiliges Indiz bei ihrem Fehlen MünchKommHGB/*K. Schmidt* § 230 RdNr. 64.
[332] HM, vgl. *Staub/Zutt* § 230 HGB RdNr. 23; MünchKommHGB/*K. Schmidt* § 230 RdNr. 58; *Düringer/Hachenburg/Flechtheim* § 335 HGB Anm. 11; *Leenen*, Typus und Rechtsfindung, 1971, S. 140; aA *Schön* ZGR 1993, 211 ff., 222 (stets stille Gesellschaft).

Vorbemerkungen

nen Vereinbarungen sind und je weiter das interne Mitspracherecht des Kapitalgebers reicht, desto näher liegt die Annahme, dass der Verwendungszweck zum Vertragsgegenstand und damit zum gemeinsamen, von beiden Seiten zu fördernden Zweck gemacht worden ist, dh. dass eine Gesellschaft vorliegt.[333]

Für die Abgrenzung im Einzelfall kommt es nach zutr. st. Rspr. auf eine *Gesamtwürdigung des Vertrages* und der ihm zu Grunde liegenden persönlichen oder geschäftlichen Beziehungen der Parteien an.[334] Abgesehen von den Fällen, in denen die Entscheidung zu Gunsten der Gesellschaft sich bereits aus der vertraglich vorgesehenen, dem Wesen des Darlehens widersprechenden Verlustbeteiligung ergibt (RdNr. 107), werden folgende **Indizien für das Vorliegen einer stillen Gesellschaft** genannt: Regelungen über den Ausschluss oder die Beschränkung der Abtretbarkeit vertraglicher Ansprüche des Kapitalgebers[335] oder über dessen interne Mitverwaltungs-, insbesondere Geschäftsführungsbefugnisse,[336] ferner Überwachungs- und Kontrollrechte in einem der Vorschrift des § 233 HGB zumindest entsprechenden Umfang,[337] Fortsetzung bereits bestehender persönlicher oder geschäftlicher Beziehungen[338] sowie Mitwirkung des Kapitalgebers schon bei der Finanzierung der Unternehmensgründung.[339] Auch der von den Parteien für das Rechtsverhältnis getroffenen Bezeichnung kommt zumindest indizielle Bedeutung zu, insbesondere wenn sie im beiderseitigen Bewusstsein des Unterschieds gewählt wurde.[340] Der Vereinbarung einer Mindestvergütung oder einer neben die erfolgsabhängige tretenden festen Verzinsung kommt demgegenüber keine Indizfunktion zu; sie schließt das Vorliegen einer stillen Gesellschaft aber auch nicht aus.[341] Gegen eine Gesellschaft und **für ein partiarisches Darlehen** sprechen der Ausschluss oder die weitgehende Beschränkung von Mitsprache- und Kontrollrechten des Kapitalgebers[342] sowie die Einräumung von Sicherheiten für die von ihm gewährten Mittel.[343] Auch das Recht zu jederzeitiger Rückforderung des Kapitals oder zu kurzfristiger Kündigung sind Indizien für den Darlehenscharakter,[344] während eine langfristige Bindung der Mittel insoweit keinen Umkehrschluss gestattet.

---

[333] So für die Abgrenzung gegenüber einem partiarischen Pachtvertrag auch BGH NJW 1951, 308; vgl. auch BGHZ 127, 176, 179f. = NJW 1995, 192 zum Zustimmungserfordernis des Kapitalgebers bei Änderung des Unternehmensgegenstandes, Veräußerung des Unternehmens u. a.; tendenziell anders *Leenen* (Fn. 332) S. 140.
[334] BGHZ 127, 176, 178ff. = NJW 1995, 192; BGH LM HGB § 335 Nr. 1 = BB 1951, 849 und Nr. 8 = BB 1967, 349; LM HGB § 340 Nr. 4 = NJW 1966, 501; BFH WM 1978, 994; 1984, 1207, 1208; so auch *Staub/Zutt* § 230 HGB RdNr. 23; *Leenen* (Fn. 332) S. 151f.
[335] BGHZ 127, 176, 178 = NJW 1995, 192; MünchKommHGB/*K. Schmidt* § 230 RdNr. 65; *Düringer/Hachenburg/Flechtheim* § 335 HGB Anm. 11 aE; *Koenigs* (Fn. 326) S. 31.
[336] BGHZ 127, 176, 179f. = NJW 1995, 192; BGH LM HGB § 230 Nr. 3 = NJW 1992, 2696; NJW 1990, 573, 574; *Koenigs* (Fn. 326) S. 31; MünchKommHGB/*K. Schmidt* § 230 RdNr. 64.
[337] BGHZ 127, 176, 178 = NJW 1995, 192; *Düringer/Hachenburg/Flechtheim* HGB § 335 Anm. 11; *Koenigs* (Fn. 326) S. 32; *Staub/Zutt* § 230 HGB RdNr. 23; MünchKommHGB/*K. Schmidt* § 230 RdNr. 64; s. auch *Soergel/Hadding* RdNr. 11; abw. BFH WM 1978, 994, 995 (auch bei gegenüber § 233 HGB eingeschränkten Kontrollrechten); aA BGH FamRZ 1987, 676, 678 (keine indizielle Bedeutung).
[338] BGH LM HGB § 335 Nr. 1 m. Anm. *Rob. Fischer* = BB 1951, 849; *Soergel/Hadding* RdNr. 11; vgl. auch BFH WM 1984, 1207, 1208.
[339] *Baumbach/Hopt* § 230 HGB RdNr. 4; *Erman/Westermann* RdNr. 8; für Indizwirkung einer ungewöhnlichen Höhe der Geldeinlage im Verhältnis zum Haftungsfonds BFH WM 1978, 994.
[340] BGHZ 127, 176, 178 = NJW 1995, 192; OLG Frankfurt WM 1982, 198, 199; OLG Dresden NZG 2000, 302; MünchKommHGB/*K. Schmidt* § 230 RdNr. 61; *Soergel/Hadding* RdNr. 11; *Koenigs* (Fn. 326) S. 30; weitergehend noch BGH LM HGB § 335 Nr. 1 = BB 1951, 849; BFH WM 1978, 994, 995; 1984, 1207, 1208; *Düringer/Hachenburg/Flechtheim* § 335 HGB Anm. 11.
[341] BGHZ 127, 176, 181 = NJW 1995, 192; BGH NJW 1990, 573, 574; *Düringer/Hachenburg/Flechtheim* § 335 HGB Anm. 11; *Staub/Zutt* § 230 HGB RdNr. 17, 23; MünchKommHGB/*K. Schmidt* § 230 RdNr. 63.
[342] So für partiarischen Pacht- und Dienstvertrag BGH NJW 1951, 308; *Soergel/Hadding* RdNr. 11; *Düringer/Hachenburg/Flechtheim* § 335 HGB Anm. 11 aE; *Koenigs* (Fn. 326) S. 32; aA MünchKommHGB/*K. Schmidt* § 230 RdNr. 64.
[343] BGHZ 127, 176, 178 = NJW 1995, 192; MünchKommHGB/*K. Schmidt* § 230 RdNr. 68; einschr. *Staub/Zutt* § 230 HGB RdNr. 23.
[344] MünchKommHGB/*K. Schmidt* § 230 RdNr. 67; *Soergel/Häuser* (12. Aufl.) Vor § 607 RdNr. 47; vgl. auch BFH WM 1978, 994 (Unkündbarkeit der Geldeinlage als Indiz für das Vorliegen einer stillen Gesellschaft).

111 **c) Partiarischer Dienstvertrag.** Die Erbringung von Diensten kann entweder Austauschleistung des Dienstverpflichteten oder Förderungstätigkeit des Gesellschafters sein; das gilt auch bei Innengesellschaften (§ 705 RdNr. 284 f.). Die Erfolgsbeteiligung des Dienstleistenden gestattet, zumal wenn sie zu einer festen Vergütung hinzutritt, ebenso wenig wie diejenige des Kapitalgebers einen Rückschluss auf das Vorliegen einer Gesellschaft.[345] Vorrangige Bedeutung für die Abgrenzung kommt hier vielmehr der **Ausgestaltung des Innenverhältnisses** der Beteiligten zu.[346] Ist es durch Über- oder Unterordnung mit entsprechenden Weisungsbefugnissen des einen Vertragspartners gekennzeichnet, so spricht das für einen Dienstvertrag.[347] Dagegen liegt bei einem gleichberechtigten Zusammenwirken beider Teile[348] sowie bei der Einräumung eigener, auf eine Gleichstellung hindeutender Entscheidungs- oder Widerspruchsrechte für den Erbringer der Dienste die Annahme einer Gesellschaft nahe. Gleiches gilt bei der Vereinbarung einer längerfristigen festen Bindung. Zum Ganzen vgl. auch 4. Aufl. § 611 RdNr. 27.

112 **d) Partiarische Miete oder Pacht.** Auch die Gebrauchsüberlassung einer Sache kann gegen eine erfolgsabhängige an Stelle einer festen Vergütung vereinbart werden. Zumal bei einem Pachtvertrag sind derartige Vereinbarungen nicht selten (§ 581 RdNr. 16). Gehen die Pflichten des einen Teils nicht über die Gebrauchsüberlassung hinaus und sind ihm auch keine nennenswerten internen Mitsprache- oder Kontrollrechte eingeräumt, so steht trotz der Erfolgsbeteiligung regelmäßig das Gebrauchsüberlassungselement im Vordergrund; die Annahme einer Gesellschaft scheidet im Zweifel aus.[349] Anderes gilt dann, wenn einem der Vertragspartner die Gutsverwaltung übertragen und dem anderen Teil nicht nur eine Erfolgsbeteiligung und die Garantie eines Mindestertrags, sondern auch ein Recht auf Entnahmen aus der auf gemeinsame Rechnung geführten Wirtschaftskasse eingeräumt wird.[350] Zum Sonderfall des Automatenaufstellvertrags vgl. RdNr. 119.

113 **3. Gemischte Verträge. a) Allgemeines.** Unter den gemischten, vielfach auch als „gesellschaftsähnlich" (RdNr. 106) bezeichneten Verträgen lassen sich theoretisch **zwei Kategorien** von Vertragsverhältnissen unterscheiden. Zur einen Gruppe gehören diejenigen Verträge, die zwar nicht die beiden nach § 705 vorausgesetzten Merkmale des gemeinsamen Zwecks und der Förderpflicht erfüllen, bei denen die Ähnlichkeit zur Gesellschaft sich aber daraus ergibt, dass die Parteien im Vertrauen aufeinander und auf Grund gleichgerichteter Interessen ihre Belange in bestimmter Weise und zu bestimmten Zwecken miteinander verknüpfen.[351] Daneben finden sich auch Verträge, die durch eine Kombination sowohl der Merkmale des § 705 als auch derjenigen eines Austausch- oder Interessenwahrungsvertrags gekennzeichnet sind und bei denen der Beurteilung als Gesellschaft somit die Überlagerung durch andersartige Vertragsteile entgegensteht.[352]

114 Ob der jeweilige gemischte Vertrag der einen oder der anderen Gruppe zuzurechnen ist, kann für die Rechtsanwendung freilich meist offen bleiben. Denn in beiden Fällen scheitert

---

[345] BFH BB 1988, 186, 188; MünchKommHGB/*K. Schmidt* § 230 RdNr. 55; *Erman/Westermann* RdNr. 7; s. dazu auch *Soergel/Kraft* (12. Aufl.) Vor § 611 RdNr. 48; *Düringer/Hachenburg/Flechtheim* § 335 HGB Anm. 10.

[346] AA MünchKommHGB/*K. Schmidt* § 230 RdNr. 55, der für die Annahme einer stillen Gesellschaft das Vorhandensein einer Einlagegutschrift verlangt; dagegen zu Recht *Staub/Zutt* § 230 HGB RdNr. 24. Zur Abgrenzung zwischen Gesellschaft und Anstellungsverhältnis bei einem in der OHG tätigen, als „Gesellschafter" bezeichneten Prokuristen vgl. RGZ 142, 13, 17 f.; zur Abgrenzung zwischen Partner und angestelltem Rechtsanwalt vgl. OLG Celle NZG 2007, 542.

[347] *Soergel/Kraft* (12. Aufl.) Vor § 611 RdNr. 48; *Soergel/Hadding* RdNr. 12; *Erman/Westermann* RdNr. 9.

[348] BGH NJW 1992, 2696; *Staub/Zutt* § 230 HGB RdNr. 24; *Erman/Westermann* RdNr. 8; so auch BGHZ 8, 249, 255 = NJW 1953, 418 für die rechtliche Beurteilung der Ehegattenmitarbeit (vgl. RdNr. 80).

[349] BGH NJW 1951, 308; NJW-RR 1988, 417, 418; BFH BB 1988, 186, 188; im Ergebnis ebenso *Erman/Westermann* RdNr. 9; s. auch *Erman/Jendrek* Vor § 581 RdNr. 6; aA MünchKommHGB/*K. Schmidt* § 230 RdNr. 56 – Einlagekonto als Abgrenzungskriterium, vgl. dazu Fn. 346.

[350] RG DR 1942, 1161; *Erman/Westermann* RdNr. 9.

[351] BGH LM § 723 Nr. 6 = DB 1959, 733; RGZ 142, 212, 214; *Soergel/Hadding* RdNr. 17; *Bamberger/Roth/Timm/Schöne* RdNr. 31; *Erman/Westermann* RdNr. 10.

[352] *Soergel/Hadding* RdNr. 17; vgl. auch *Leenen* (Fn. 332) S. 139 ff.

die unmittelbare Anwendung der §§ 706 bis 740 an dem von der Gesellschaftsdefinition des § 705 abweichenden Inhalt des Schuldverhältnisses und an der Notwendigkeit, den Besonderheiten des Vertragstyps Rechnung zu tragen. Den **methodischen Ansatz** für die Wahl des geeigneten Rechtsrahmens bieten die verschiedenen zur Behandlung gemischter Verträge aufgestellten Grundsätze.[353] Unter ihnen geht die *Absorptionsmethode* dahin, bei Vereinbarung von Elementen zweier oder mehrerer gesetzlich geregelter Vertragstypen den Hauptvertrag zu ermitteln und die Rechtsfolgen an den für ihn geltenden Normen auszurichten.[354] Die *Kombinationsmethode* bemüht sich, die einzelnen Teile eines gemischten Vertrags auf den ihnen jeweils entsprechenden gesetzlichen Vertragstyp zurückzuführen, und kommt auf diesem Wege zur Anwendung unterschiedlicher Normgruppen auf den gemischten Vertrag.[355] Einen dritten Weg bietet die analoge Heranziehung von Normen, die vergleichbare Interessenkonflikte für gesetzliche Vertragstypen lösen. Für gemischte Verträge empfiehlt sie sich namentlich dann, wenn es möglich ist, im Wege einer *Rechts- oder Gesamtanalogie* einen für die Lückenfüllung geeigneten allgemeinen, den verschiedenen Regelungen zugrunde liegenden Rechtsgrundsatz zu ermitteln.[356] Die verschiedenen Methoden schließen sich nicht etwa gegenseitig aus, sondern bieten den Gerichten neben der an § 157 orientierten ergänzenden Vertragsauslegung ein flexibles Instrumentarium an, um je nach Lage des Falles die interessengerechte, den Intentionen der Parteien am besten entsprechende Lösung zu finden.[357]

b) Einzelfragen. Strukturelle Voraussetzung für die Bejahung gesellschaftsrechtlicher 115 Elemente in einem gemischten Vertrag ist zunächst dessen **Dauerschuldcharakter;** das gilt auch im Fall von Gelegenheitsgesellschaften (RdNr. 35). Bei Schuldverhältnissen, deren Erfüllung durch einmaligen Leistungsaustausch bewirkt wird, scheidet eine Ähnlichkeit zur Gesellschaft von vornherein aus (vgl. auch RdNr. 5). Hinzutreten müssen freilich weitere Umstände, um die gesellschaftsähnlichen von sonstigen, reinen Austausch- oder Interessenwahrungscharakter tragenden Dauerschuldverhältnissen abzugrenzen. Zu nennen sind namentlich ein enges beiderseitiges **Vertrauensverhältnis** zwischen den Parteien,[358] die weitgehende Übereinstimmung der von ihnen jeweils verfolgten Interessen, die Existenz gewisser Kontrollrechte[359] und die erfolgsabhängig ausgestaltete Entgeltregelung.[360]

Materielle Bedeutung hat die Heranziehung gesellschaftsrechtlicher Normen zur Lücken- 116 füllung nach den verschiedenen für gemischte Verträge entwickelten Methoden allerdings nur insoweit, als nicht bereits die **allgemein für Dauerschuldverhältnisse geltenden Grundsätze** eine Lösung bieten.[361] Zu diesen gehört namentlich die Anerkennung von Gestaltungsrechten zur *einseitigen Vertragsbeendigung* bei unbefristeten Verträgen,[362] wobei freilich die Kündigungsfrist näherer, dem Einzelfall angemessener Bestimmung bedarf. Die

---

[353] Vgl. § 311 RdNr. 42 ff.; *Erman/Kindl* Vor § 311 RdNr. 15 ff.; *Palandt/Grüneberg* Vor § 311 RdNr. 19 ff.; *Esser/Schmidt* AT § 12 II; *Larenz/Canaris* II/2 § 63 I.
[354] Vgl. BGHZ 63, 333, 336 ff. = NJW 1975, 645; BGH LM AGBG § 9 (Ci) Nr. 14 = NJW 1989, 1673, 1674; LM § 537 Nr. 10 = NJW 1963, 1449 f.; BAG AP § 611 Nr. 1 – Gemischter Vertrag Bl. 2; *Larenz/Canaris* II/2 § 63 I 3 b mwN der Rspr.
[355] Vgl. BGHZ 60, 362, 364 = NJW 1973, 1235; BGHZ 63, 306, 309 ff. = NJW 1975, 305; RGZ 69, 127, 129 f.; BAG AP § 611 Nr. 1 – Gemischter Vertrag Bl. 2; *Erman/Kindl* Vor § 311 RdNr. 17. – Zur Verwendung der Typenlehre für die Konkretisierung der auf einen Vertrag anwendbaren Normen vgl. *Schwark*, Rechtstheorie 9, 1978, S. 73 ff.
[356] Für dieses Vorgehen namentlich *Raisch* BB 1968, 526, 529.
[357] So zutr. § 311 RdNr. 46; *Larenz/Canaris* II/2 § 63 I 3 d; *Staudinger/Löwisch* (1995) § 305 RdNr. 30 ff.; vgl. auch BGHZ 60, 362, 364 = NJW 1973, 1235; BGHZ 101, 172, 184 = NJW 1988, 640; BGH LM § 459 Nr. 20 Bl. 1 = DB 1969, 346.
[358] RGZ 81, 233, 235; 142, 212, 214.
[359] BGH LM § 723 Nr. 6 = DB 1959, 733.
[360] RGZ 142, 212, 214; wohl auch BGHZ 51, 55, 56 = NJW 1969, 230.
[361] Vgl. Einl. Bd. 2 RdNr. 96 ff.; *Gernhuber* Schuldverhältnis § 16; *Beitzke*, Nichtigkeit, Auflösung und Umgestaltung von Dauerschuldverhältnissen, 1948; *Esser/Schmidt* AT § 15 II 4; *Larenz* I § 2 VI; *Ulmer*, Der Vertragshändler, 1969, S. 254 ff.
[362] BGH MDR 1978, 485; VersR 1960, 653, 654; RGZ 78, 421, 423 f.; 95, 166; *Gernhuber* Schuldverhältnis § 16 II 4; *Beitzke* (Fn. 361) S. 21; *Ulmer* (Fn. 361) S. 257 ff.

in § 723 Abs. 1 S. 1 vorgesehene, grundsätzlich jederzeitige Kündigung einer unbefristeten GbR ohne Einhaltung einer Kündigungsfrist eignet sich schon deshalb wenig als gesetzliches Vorbild, weil sie vom Sonderfall jederzeit auflösbarer Verbindungen im Rahmen einer Gelegenheitsgesellschaft ausgeht und im Verhältnis zu den Kündigungsregelungen der sonstigen im BGB geregelten Typen von Dauerschuldverträgen einen systemwidrigen Fremdkörper enthält.[363] Für die *Kündigung aus wichtigem Grund* hat die Schuldrechtsreform in § 314 erstmals eine allgemein für Dauerschuldverhältnisse geltende, gegenüber Sondervorschriften nach Art des § 723 freilich unanwendbare Regelung gebracht; inhaltlich beschränkt sie sich im Wesentlichen auf die Kodifizierung des schon bisher geltenden Rechts.[364]

117 **4. Kasuistik. Lotto-, Fußballtoto-** und sonstige **Wettspielgemeinschaften** stellen regelmäßig Innengesellschaften dar.[365] Der gemeinsame Zweck ist bei ihnen auf die gemeinschaftliche Teilnahme am Wettspiel zur Erhöhung der Gewinnchancen bei gleich bleibenden Aufwendungen gerichtet. Ihn zu fördern sind die Mitglieder der Wettgemeinschaft in erster Linie durch regelmäßige Beiträge für die benötigten Wetteinsätze verpflichtet.[366] Die Bezeichnung solcher Wettgemeinschaften als „gesellschaftsähnliche Rechtsverhältnisse"[367] sollte wegen ihrer Rechtsnatur als Gesellschaften unterbleiben. Gleiches gilt für den Zusammenschluss von **Sicherungsnehmern in der Insolvenz** des Sicherungsgebers im Rahmen einer sog. Pool-Vereinbarung (vgl. RdNr. 71) und von Vergleichsgläubigern bei einem außergerichtlichen Vergleich.[368]

118 Als GbR ist auch die **Vereinbarung zwischen** zwei oder mehr **Urhebern verbundener Werke** (§ 9 UrhG) – beispielsweise von Musik und Text – über die gemeinsame Verwertung zu qualifizieren.[369] Dagegen bilden Miturheber eines Werkes (§ 8 Abs. 1 UrhG) und Miterfinder (§ 6 S. 2 PatG) nur dann eine GbR (Erfindergemeinschaft), wenn sie sich zur Erarbeitung oder Verwertung der geistigen Schöpfung oder Erfindung vertraglich zusammengeschlossen haben (vgl. zur Miturhebergesellschaft RdNr. 129, zur Frage der Zuordnung der gemeinsamen Erfindung vgl. § 741 RdNr. 59 ff.). Ohne vertragliche Vereinbarung, zB bei Freigabe einer Arbeitnehmererfindung an mehrere angestellte Miterfinder, richtet sich das Verhältnis unter den Miterfindern nach den Vorschriften der §§ 741 ff.[370] Zum Sonderfall vertraglich nicht verbundener Miturheber vgl. RdNr. 128.

119 Der **Automatenaufstellvertrag** wird teilweise als „zumindest gesellschaftsähnlich"[371] oder als gemischter Vertrag „mit gesellschaftsrechtlichen Zügen"[372] angesehen. Seiner Einordnung in die Kategorie der „gesellschaftsähnlichen" (richtiger: gemischten, vgl. RdNr. 113) Rechtsverhältnisse ist zuzustimmen, sofern er dadurch vom Gesellschaftsvertrag unterschieden werden soll. Denn als typengemischter oder Austauschvertrag sui generis enthält er nicht nur gesellschaftsrechtliche Elemente, sondern auch Bestandteile eines Austauschvertrags. Streitige Fragen sind entsprechend den für gemischte Verträge geltenden Grundsätzen (RdNr. 114) nach den jeweils sachnächsten dispositiven Vorschriften zu ent-

---

[363] So zu Recht *Raisch* BB 1968, 530; zurückhaltend gegenüber der analogen Anwendung von § 723 Abs. 1 S. 1 auch BGH LM § 723 Nr. 6 = DB 1959, 733.
[364] Ebenso § 314 RdNr. 1; *Palandt/Grüneberg* § 314 RdNr. 7 ff.
[365] Vgl. die Nachweise in RdNr. 34 und Fn. 72.
[366] BayObLG NJW 1971, 1664; § 762 RdNr. 32.
[367] BayObLG NJW 1971, 1664, 1665.
[368] Anders für Absprachen einer Mehrheit von Vergleichsgläubigern wohl RGZ 153, 395, 398 und RG JW 1938, 178; vgl. auch BGH ZIP 1992, 191, 194; die Qualifikation als GbR oder gesellschaftsähnliches Rechtsverhältnis offen lassend OLG Celle NJW 1965, 399.
[369] BGH GRUR 1973, 328, 329 – „Musikverleger II"; NJW 1982, 641; 1983, 1192, 1193; WM 1998, 1020, 1025; *Schricker* Urheberrecht, 3. Aufl. 2006, § 9 RdNr. 9; *Fromm/Nordemann*, Urheberrecht, 9. Aufl. 1998, § 9 RdNr. 4; zurückhaltender noch (für die Rechtslage vor der Neuregelung des § 9 UrhG) BGH GRUR 1964, 326, 327 – „Subverleger".
[370] *Benkard/Melullis*, PatG, 10. Aufl. 2006, § 6 RdNr. 34; *Kraßer*, Lehrbuch des Patentrechts, 5. Aufl. 2004, § 19 V, S. 345 ff.
[371] OLG Köln JMBl. NRW 1962, 269; OLG Hamburg OLGE 45, 168 f.
[372] LG Nürnberg-Fürth NJW 1971, 52; die Rechtsnatur bewusst offen lassend BGHZ 47, 202 = NJW 1967, 1414; BGHZ 51, 55, 56 = NJW 1969, 230.

Vorbemerkungen **120, 121 Vor § 705**

scheiden.[373] Das schließt nicht aus, dass das Rechtsverhältnis der Parteien im Einzelfall, wie etwa beim sog. Automatenanbringungsvertrag,[374] als reiner Mietvertrag zu qualifizieren ist.

Als „gesellschaftsähnlich" werden je nach Ausgestaltung auch **Lizenzverträge** bezeichnet, durch die gewerbliche Schutzrechte,[375] nicht schutzrechtsfähige Geheimverfahren oder Know how[376] dem Lizenznehmer zur Nutzung überlassen werden. Ihrer Rechtsnatur nach handelt es sich um gemischte Verträge[377] oder Verträge sui generis,[378] deren rechtstatsächliche Erscheinungsformen außerordentlich vielfältig sind. Die Rechtsgrundsätze für den jeweils zur Entscheidung stehenden Lizenzvertrag entnimmt die Rechtsprechung daher „aus der Natur des Rechtsverhältnisses selbst".[379] Entsprechend den Grundsätzen für gemischte Verträge (RdNr. 114) stellt sie namentlich darauf ab, ob der Lizenzvertrag Merkmale aufweist, die die Anwendung einzelner für gesetzlich geregelte Vertragstypen geltender Vorschriften gestatten.[380] Dabei sind entsprechend dem Charakter der Lizenzverträge als Vereinbarungen zur entgeltlichen, auf Dauer angelegten Überlassung eines Nutzungsrechts die Vorschriften des Kauf-, Miet- und Pachtrechts, aber auch des Gesellschaftsrechts zu berücksichtigen (vgl. RdNr. 121). **120**

Die **analoge Anwendung einzelner Vorschriften der §§ 706 ff.**, darunter diejenigen über Rechnungslegung nach § 713,[381] Büchereinsicht nach § 716[382] oder Kündigung nach § 723 Abs. 1 S. 2[383] auf **Lizenzverträge** wird in der Rechtsprechung dann bejaht, wenn die Verträge „gesellschaftsrechtlichen Charakter"[384] oder „Einschlag"[385] aufweisen, dh. wenn sie „gesellschaftsähnlich"[386] sind. Gesellschaftsähnlichkeit wird bejaht, wenn Lizenzgeber und Lizenznehmer ihre jeweiligen Interessen auf längere Dauer verknüpfen und wenn diese Verbindung in gemeinsamen Mitwirkungspflichten, enger Zusammenarbeit, gegenseitigen Kontrollrechten und intensivem Meinungsaustausch zum Ausdruck kommt.[387] Allerdings hat die Heranziehung gesellschaftsrechtlicher Normen für die Beurteilung von Lizenzverträgen nur insoweit materiell-rechtliche Bedeutung, als sich nicht schon aus § 314 nF bzw. aus den sonstigen, allgemein für Dauerschuldverhältnisse entwickelten Regeln[388] eine entsprechende Rechtsfolge ableiten lässt. Auch die Rechnungslegung ist keine spezifisch gesellschaftsrechtliche Rechtspflicht, sondern beruht auf einem ebenso in § 666 zum Ausdruck kommenden Grundsatz. Schon deshalb besteht auch für Lizenzverträge kein Anlass, an dem **121**

---

[373] OLG Hamburg MDR 1976, 577; OLG Celle BB 1968, 524; *Soergel/Schultze-v. Lasaulx*, 10. Aufl. 1969, RdNr. 93; *Raisch* BB 1968, 526, 530; *v. Olshausen/K. Schmidt*, Automatenrecht, 1972, RdNr. B 48. Vgl. auch Vor § 535 RdNr. 28 und *Gitter*, Gebrauchsüberlassungsverträge, 1988, § 9 B IV 2 S. 234 ff.

[374] OLG München ZMR 1972, 210, 212; Vor § 535 RdNr. 27; *v. Olshausen/K. Schmidt* (Fn. 373) RdNr. B 38; *Raisch* BB 1968, 526, 531; *Gitter* (Fn. 373) § 9 B II 2 S. 222.

[375] RG GRUR 1935, 812; *Lüdecke* in: *Lüdecke/Fischer*, Lizenzverträge, 1957, S. 649 ff.; zurückhaltend *Groß*, Der Lizenzvertrag, 9. Aufl. 2007, RdNr. 159 ff.

[376] BGH GRUR 1976, 140 – „Polyurethan"; vgl. dazu auch *Martinek*, Moderne Vertragstypen Bd. II, 1992, Kap. V III 4 a S. 232.

[377] *Soergel/Hadding* RdNr. 18.

[378] BGHZ 2, 331, 335 = NJW 1951, 705; BGHZ 9, 262, 264 f. = NJW 1953, 1258; BGHZ 105, 374, 378 = NJW 1989, 456; *Benkard/Ullmann* (Fn. 370) § 15 PatG RdNr. 81 ff.

[379] RGZ 75, 400, 405; RG GRUR 1932, 592, 594; vgl. auch *Preu* GRUR 1974, 623; krit. gegen die dadurch implizierte Rechtsunsicherheit und regelmäßig für Analogie zur Pacht *Groß* (Fn. 375) RdNr. 24.

[380] RG GRUR 1939, 700, 704; der Sache nach auch BGH NJW 1970, 1503; ebenso *Benkard/Ullmann* (Fn. 370) § 15 PatG RdNr. 81 ff.; vgl. auch *Kraßer* (Fn. 370) § 41, S. 688 ff.

[381] RG JW 1926, 2529.

[382] Abl. BGH GRUR 1961, 466, 469.

[383] BGH GRUR 1955, 338, 339; vgl. jetzt aber § 314 nF.

[384] RG MuW 1930, 400, 401.

[385] BGHZ 28, 144, 153 = NJW 1959, 239; RG MuW 1930, 400.

[386] So BGH GRUR 1971, 243, 245 – „Gewindeschneidevorrichtungen"; GRUR 1965, 135, 137 – „Vanal-Patent"; BPatGerE 2, 102 LS 2, S. 104 ff.

[387] BGH GRUR 1971, 243, 245 – „Gewindeschneidevorrichtungen"; BGHZ 26, 7, 8 = NJW 1958, 137; RGZ 142, 212, 214; RG GRUR 1939, 700, 704; BPatGerE 2, 102, 104 f.; *Soergel/Hadding* RdNr. 18; *Erman/Westermann* RdNr. 10; *Benkard/Bock/Bruchhausen* PatG, 6. Aufl. 1973, § 9 (aF) RdNr. 87; *Lüdecke* (Fn. 375) S. 494; zurückhaltend nun *Benkard/Ullmann* (Fn. 370) § 15 PatG RdNr. 84 und *Groß* (Fn. 375) RdNr. 22.

[388] Vgl. dazu RdNr. 116 und die Nachweise in Fn. 361.

unscharfen Begriff der „gesellschaftsähnlichen" Verträge festzuhalten,[389] es bewendet vielmehr bei den allgemeinen Grundsätzen über gemischte Verträge.

122 Als gemischter Vertrag mit gesellschaftsrechtlichen Elementen ist weiter der **Verlagsvertrag** zu qualifizieren, sofern der Verfasser am Reingewinn des Objektes beteiligt ist, insbesondere wenn dem Verleger bei Gewinnteilung auch die Verwertung sonstiger urheberrechtlicher Befugnisse überlassen wird.[390] Anderes gilt bei gewöhnlichen Verlagsverträgen,[391] aber auch bei Lizenzverträgen zwischen Verlag und Buchclub, die reine Austauschverträge sind.[392] Auch der **Bühnenaufführungsvertrag** ist ein gemischter Vertrag mit pacht-, werkvertrags- und gesellschaftsrechtlichen Elementen,[393] ebenso der **Filmherstellungs-** und **Filmverwertungs(lizenz-)vertrag**, der sowohl werkvertragliche wie gesellschaftsrechtliche Elemente enthält.[394] Eine GbR stellt hingegen regelmäßig die sog. Gemeinschaftsproduktion (Coproduktion) mehrerer Hersteller dar.[395]

123 Bei **Alleinvertriebs-(Vertragshändler-)verträgen** sind gesellschaftsrechtliche Elemente trotz der gelegentlich anzutreffenden Bezeichnung als „gesellschaftsähnliches" Rechtsverhältnis regelmäßig zu verneinen.[396] Zwar haben beide Parteien ein Interesse am Absatz der Vertragswaren, da ihr jeweiliger Geschäftserfolg hiervon abhängt. Dadurch wird dieses Interesse jedoch nicht zum gemeinsamen;[397] vielmehr herrscht auf Seiten des Absatzmittlers der Interessenwahrungscharakter vor. Entsprechendes gilt für sonstige **Franchiseverträge**[398] sowie für die sog. **Tankstellenagenturverträge** zwischen Treibstoffgesellschaft und dem als Handelsvertreter tätigen Tankstellenverwalter.[399] Weder Gesellschafts- noch „gesellschaftsähnlicher" Vertrag ist auch der **Belegarztvertrag**.[400] Hier fehlt es an der Interessenparallelität von Arzt und Krankenhaus, da jede der Vertragsparteien eigene Interessen und Zwecke verfolgt.

II. Gesellschaft und Gemeinschaft

124 **1. Grundsatz.** Während die (Außen-)Gesellschaft durch die vertragliche Verbindung der Gesellschafter und die gesamthänderische Zuordnung des Gesellschaftsvermögens gekennzeichnet ist, beschränkt sich die **Rechts-(Bruchteils-)Gemeinschaft nach § 741** auf die gemeinsame Berechtigung von zwei oder mehr Personen an einzelnen Sachen oder sonstigen Vermögensgegenständen.[401] Gemeinschaftliche Rechtsbeziehungen zwischen den Beteiligten sind hier nicht Folge einer gesellschaftsvertraglichen Verbindung, sondern beruhen auf der gemeinschaftlichen Rechtsstellung in Bezug auf die Sache. Zwar kann auch zwischen Gesellschaftern eine Bruchteilsgemeinschaft bestehen; das kommt namentlich dann in Betracht, wenn die Gesellschaft entweder auf rein schuldrechtliche Innenbeziehungen beschränkt ist oder wenn die Beteiligten es versäumen, gemeinschaftlich gehaltene Sachen in

---

[389] Zutr. *Groß* (Fn. 375) RdNr. 22.
[390] RGZ 140, 264, 274 f.; 87, 215, 219; 81, 233, 235; *Soergel/Hadding* RdNr. 18; *Rehbinder*, Urheber- und Verlagsrecht, 11. Aufl. 2001, § 48 I 1, S. 263 f.; aA *Schricker*, Verlagsrecht, 3. Aufl. 2001, § 1 RdNr. 54 f., § 22 RdNr. 12.
[391] *Schricker* (Fn. 390) § 1 RdNr. 11.
[392] BGH WM 1982, 588.
[393] BGHZ 13, 115, 119 = NJW 1954, 1081; *Rehbinder* (Fn. 390) § 53, S. 287 ff.
[394] BGHZ 2, 331, 335 = NJW 1951, 705; RGZ 161, 321, 323; *Erman/Westermann* RdNr. 10; *Rehbinder* (Fn. 390) § 54 III, S. 294; *v. Hartlieb*, Handbuch des Film-, Fernseh- und Videorechts, 4. Aufl. 2004, S. 448 f.
[395] *v. Hartlieb* (Fn. 394) S. 247, 830.
[396] *Ulmer* (Fn. 361) S. 321 ff.
[397] So auch BGH WM 1976, 1307, 1309 für einen „Eierpartnerschaftsvertrag".
[398] Vgl. dazu *Behr*, Der Franchisevertrag, 1976, insbes. S. 51 ff., 141; *Weber* JA 1983, 347, 351; *Martinek*, Franchising, 1987, S. 184 ff.; zu Erscheinungsformen und Vorkommen des Franchising vgl. auch *Tietz/Mathieu*, Das Franchising als Kooperationsmodell für den mittelständischen Groß- und Einzelhandel, 1979.
[399] So auch BGHZ 52, 171, 174 f. = NJW 1969, 1662, 1663; *Erman/Westermann* RdNr. 10; *Ulmer* (Fn. 361) S. 323 Fn. 14; *Gitter* (Fn. 375) § 10 B II 1 S. 265 ff.; aA (für gemeinsamen Zweck) OLG Stuttgart NJW 1964, 2255, 2257.
[400] BGH LM § 305 Nr. 11 = NJW 1972, 1128, 1129; *Palandt/Grüneberg* Vor § 311 RdNr. 12; *Franzki/Hansen* NJW 1990, 737; aA – auch gesellschaftsvertragliche Elemente – OLG Hamm MedR 1989, 148, 150.
[401] Näher *Schnorr*, Gemeinschaft nach Bruchteilen, 2004, S. 153 f.

das Gesamthandsvermögen zu übertragen (vgl. näher § 705 RdNr. 266 f.). Insoweit (nicht jedoch hinsichtlich des nur für die Gesellschaft kennzeichnenden, der Rechtsfigur des § 741 unbekannten Vertragsmerkmals, vgl. RdNr. 5) trifft die Aussage von *Karsten Schmidt* (§ 741 RdNr. 4) zu, dass der wahre Gegensatz nicht Gemeinschaft und Gesellschaft lautet, sondern Gemeinschaft und Gesellschaftsvermögen. Im Regelfall (vgl. § 718) werden Gesellschaftsvertrag und Gesellschaftsvermögen jedoch zusammenfallen, so dass die Abgrenzung zur Gemeinschaft sich ähnlich derjenigen gegenüber Austauschverträgen (vgl. RdNr. 104 ff.; § 705 RdNr. 128) in erster Linie am Vorliegen oder Fehlen der beiden Wesensmerkmale der Gesellschaft orientieren muss, der Vereinbarung über einen gemeinsamen Zweck und der hierauf gerichteten vertraglichen Förderpflicht.

125 Abweichend von der Abgrenzung gegenüber den Austauschverträgen, bei der es um die Unterscheidung zwischen gemeinsamem Zweck und entgegengesetzten Interessen der Vertragspartner geht, steht bei der **Abgrenzung von Gesellschaft und Gemeinschaft** allerdings die Frage im Vordergrund, ob zwischen den Beteiligten, die allein schon wegen ihrer gemeinsamen Berechtigung an einem oder mehreren Vermögensgegenständen im Zweifel eine gewisse Interessenübereinstimmung aufweisen (RdNr. 124), *vertragliche Verpflichtungen* zur Förderung dieses gemeinsamen Interesses oder Zwecks begründet sind. Hauptunterscheidungsmerkmal gegenüber der Gemeinschaft ist also das **Bestehen eines** auf die Verfolgung eines gemeinsamen Zwecks gerichteten **Vertrages** sowie dessen Fortbestand auch über die zwischenzeitlich durchgeführten Förderungsmaßnahmen hinaus.[402] Dabei kann im Einzelfall namentlich die Abgrenzung gegenüber Verwaltungs- und Benutzungsregelungen hinsichtlich des gemeinsamen Gegenstandes (§ 745) Schwierigkeiten bereiten. – Zum Sonderfall der Gesellschaft mit Bruchteilsvermögen vgl. § 705 RdNr. 266 f.

126 **Andere** in der Diskussion genannte Unterscheidungskriterien sind demgegenüber für die Abgrenzung **nicht maßgebend;** auch als Indiz für die Annahme einer Gesellschaft oder Gemeinschaft sind sie untauglich. Das gilt einerseits für Ansichten, die in der Zahl der gemeinsamer Berechtigung unterliegenden Gegenstände den wesentlichen Unterschied zwischen Gesamthand und Gemeinschaft sehen und als Gesamthand alle diejenigen Fälle beurteilen, in denen mehr als ein Gegenstand zum gemeinsamen Vermögen gehört.[403] Untauglich ist aber auch der Versuch, nach der Art der gemeinsamen Interessen zu differenzieren. Auch das „Halten und Verwalten" von beweglichen oder unbeweglichen Sachen ist nicht auf Gemeinschaftsverhältnisse beschränkt, sondern kann als zulässiger Gesellschaftszweck vereinbart werden.[404]

127 **2. Gesellschaftsähnliche Gemeinschaften.** Auch wenn es an einem Gesellschaftsvertrag fehlt und die Bejahung einer Gesellschaft daher ausscheidet, können die Interessenübereinstimmung zwischen den gemeinsam an einem Vermögensgegenstand Berechtigten sowie ihre Verbundenheit untereinander im Einzelfall doch sehr weit gehen. Das kann dazu führen, dass zusätzlich zu den für das Rechtsverhältnis der Gemeinschafter geltenden Vorschriften oder an ihrer Stelle in derartigen Fällen eine *analoge Anwendung von Gesellschaftsrecht* in Betracht zu ziehen ist (vgl. auch § 741 RdNr. 35). Zum Sonderfall der Miturhebergemeinschaft vgl. RdNr. 128, zur Gemeinschaft der Wohnungseigentümer vgl. RdNr. 130 ff., zur Bauherrengemeinschaft ohne gesellschaftsvertragliche Vereinbarung zwischen den Bauherren vgl. RdNr. 50.

128 **3. Gemeinschaft von Urhebern oder ausübenden Künstlern. a) Schlichte Miturhebergemeinschaft. Miturhebergesellschaft.** Haben mehrere Urheber *ohne hierauf gerichtete Absprache zwischen ihnen* ein Werk gemeinsam geschaffen, ohne dass sich ihre Anteile

---

[402] Ähnlich *Wiedemann* GesR I § 1 I 2 b aa. Für eine vermögensmäßig orientierte, auf den Unterschied zwischen Gesamthands- und Bruchteilsvermögen abstellende Abgrenzung vgl. demgegenüber § 741 RdNr. 4. – Zur Ersetzung einer Gesellschaft durch eine Gemeinschaft infolge Erreichung des gemeinsamen Zwecks vgl. das Beispiel von *Ballerstedt* JuS 1963, 253, 260 (Anschaffung und anschließende gemeinsame Nutzung eines Kraftfahrzeugs).
[403] Vgl. Nachweise in Fn. 33.
[404] Str., vgl. dazu näher § 705 RdNr. 145, § 741 RdNr. 5.

gesondert verwerten lassen, so sind sie nach **§ 8 Abs. 1 UrhG** Miturheber des Werkes. Diese Miturheberschaft begründet zwischen den Urhebern eine Rechtsgemeinschaft am geistigen Eigentum, das Miturheberrecht. Nach § 8 Abs. 2 S. 1 UrhG steht den Miturhebern das Recht zur Veröffentlichung und zur Verwertung des Werkes *zur gesamten Hand* zu. Die darin zum Ausdruck kommende Miturhebergemeinschaft ist weder Gesellschaft[405] noch Bruchteilsgemeinschaft,[406] sondern eine **Gemeinschaft eigener Art**.[407] Ihre Rechtsverhältnisse richten sich in erster Linie nach urheberrechtlichen Grundsätzen, darunter insbesondere nach den Sonderregelungen des § 8 Abs. 2 bis 4 UrhG.[408] Ob es daneben noch des Rückgriffs auf das Gemeinschaftsrecht bedarf (so § 741 RdNr. 64 f.) oder ob Raum für eine analoge Anwendung bestimmter Vorschriften der §§ 705 ff. bleibt,[409] erscheint zweifelhaft.

129 Im Verhältnis der Miturheber untereinander kann es zu **zusätzlichen vertraglichen Regelungen** kommen, insbesondere über die Aufteilung der zu erbringenden Werkleistungen, über die Verteilung der Erträgnisse sowie die Art der Verwertung des Werkes.[410] Der damit verfolgte gemeinsame Zweck macht die Vereinbarung zur Grundlage einer Gesellschaft bürgerlichen Rechts, einer sog. **Miturhebergesellschaft**.[411] Die Gesellschaft kann eine Innengesellschaft sein oder, insbesondere wenn sich die Miturheber von Anfang an zum Zwecke gemeinsamer Verwertung zusammengeschlossen haben, auch eine Außengesellschaft, der von den Gesellschaftern entsprechende Nutzungsrechte zur gesamten Hand eingeräumt sind. Das Urheberrecht selbst kann freilich, da es nicht übertragbar ist (§ 29 Abs. 1 UrhG), auch nicht Gesellschaftsvermögen nach § 718 werden.[412]

130 **b) Künstlergruppe.** In Bezug auf den Rechtsschutz ausübender Künstler (§§ 73 ff. UrhG), die ihre Darbietungen *gemeinsam* und ohne die Möglichkeit gesonderter Verwertung der jeweiligen Anteile erbringen, enthält **§ 80 UrhG**[413] eine in wesentlichen Teilen der Miturhebergemeinschaft des § 8 UrhG nachgebildete Regelung.[414] Auch ihnen steht nach § 80 Abs. 1 S. 1 und 2 UrhG trotz fehlender Vertragsgrundlage das Recht zur Verwertung kraft Gesetzes *zur gesamten Hand* zu, wobei keiner der Beteiligten seine Einwilligung in die Verwertung wider Treu und Glauben verweigern darf. Nach § 80 Abs. 1 S. 3 iVm. § 8 Abs. 2 S. 3 UrhG ist jeder ausübende Künstler berechtigt, die Nutzungs- und Schutzrechte der Gruppe für diese im eigenen Namen geltend zu machen. Hat die Gruppe einen Vorstand oder Leiter, so steht das Recht zur Geltendmachung nach § 80 Abs. 2 UrhG kraft gesetzlicher Prozessstandschaft diesem zu. Das ist vor allem bei größeren Gruppen mit über die Jahre wechselnden Mitgliederbestand wie Orchestern oder Chören von praktischer Bedeutung.[415]

131 **Rechtlich** handelt es sich bei der „schlichten", nicht vertraglich verfassten Künstlergruppe iSv § 80 UrhG ebenso wie bei der Miturhebergemeinschaft (RdNr. 128) um eine urheberrechtlich geprägte **Gemeinschaft eigener Art**.[416] Sie ist deutlich zu unterscheiden

---

[405] So aber *Horst S. Werner* BB 1982, 280 f.; vgl. auch RGRK/*v. Gamm* RdNr. 12, der von einem gesellschaftsähnlichen Verhältnis spricht.
[406] So im Grundsatz aber § 741 RdNr. 64 f.; *Schulze-Osterloh* (Fn. 324) S. 33 ff., 133 ff.
[407] So zu Recht *E. Ulmer,* Urheber- und Verlagsrecht, 3. Aufl. 1980, § 34 III; im Ergebnis wohl auch *Schricker,* Urheberrecht, 3. Aufl. 2006, § 8 RdNr. 10; *Rehbinder* (Fn. 390) § 20 III, S. 115; *Samson,* Urheberrecht, 1973, S. 109 („Urhebergesellschaft"); *Sontag,* Das Miturheberrecht, 1972, S. 15 ff.
[408] Einzelheiten vgl. bei *E. Ulmer* (Fn. 407) S. 191 ff.
[409] In diesem Sinne namentlich *Sontag* (Fn. 407) insbes. S. 36 ff.; so auch *Schricker* (Fn. 407) § 8 RdNr. 10; *Rehbinder* (Fn. 390) § 20 III, S. 115; *Möhring/Nicolini* UrhG, 2. Aufl. 2000, § 8 RdNr. 6 b.
[410] Vgl. BGH WM 1998, 1020, 1023 ff. betr. eine Vereinbarung zwischen Miturhebern zur Gründung einer GbR über die Erträgnisaufteilung zwischen ihnen abw. von § 8 Abs. 3 UrhG.
[411] Dazu vgl. *E. Ulmer* (Fn. 407) S. 193 f.; *Sontag* (Fn. 407) S. 73 f.; *Schricker* (Fn. 407) § 8 RdNr. 12; tendenziell auch Erman/*Westermann* RdNr. 10.
[412] So auch *E. Ulmer* (Fn. 407) S. 194; *Sontag* (Fn. 407) S. 74; *Schricker* (Fn. 407) § 8 RdNr. 12. Aus der Rspr. ebenso BGH WM 1998, 1020, 1025.
[413] In der Fassung vom 10. 9. 2003, BGBl. I S. 1774.
[414] Vgl. dazu *Schricker/Krüger* (Fn. 407) § 80 RdNr. 1 f.; *Dreier/Schulze,* UrhG, 2. Aufl. 2006, § 80 RdNr. 2 f.
[415] BGHZ 161, 161, 168 = NJW 2005, 1656 – Götterdämmerung. Vgl. auch schon BGHZ 121, 319, 322 f. = JZ 1994, 40 – The Doors (zum alten Recht); insoweit zust. *Schack* JZ 1994, 43 f.
[416] *Schricker/Krüger* (Fn. 407) § 80 RdNr. 5. Vgl. auch die Nachweise in Fn. 407 zur Miturhebergemeinschaft.

Vorbemerkungen 132, 133 **Vor § 705**

von Gruppen ausübender Künstler, die auf Grund entsprechender Absprachen zwischen ihnen als **Gesellschaft** oder (bei großer Mitgliederzahl) als – meist wohl nichtrechtsfähiger – **Verein** organisiert sind. Geht es um eine derartige Organisationsstruktur, so findet § 80 UrhG keine Anwendung. Entsprechend der Rechtslage bei der Miturhebergesellschaft (RdNr. 129) gilt für sie vielmehr Gesellschafts- oder Vereinsrecht, auch soweit es um die Geltendmachung der kraft des einschlägigen Organisationsrechts als Gesamthandsvermögen (bzw. beim e. V. als Vermögen der juristischen Person) entstandenen Verwertungs- und Schutzrechte der §§ 74 ff. UrhG geht. Die Geltendmachung gegenüber Dritten ist Sache des jeweiligen organschaftlichen Vertreters; für eine Prozessführungsbefugnis nach Art des § 80 Abs. 1 S. 3 iVm. § 8 Abs. 2 S. 3 oder des § 80 Abs. 2 UrhG ist kein Raum. Insbesondere bei professionellen Künstlergruppen mit einer überschaubaren Zahl persönlich untereinander verbundener Mitglieder und einer nicht nur kurzfristigen gemeinsamen Berufsausübung liegt die Annahme einer **(Freiberufler)-GbR** nahe.[417] Das gilt auch dann, wenn es an einem schriftlichen Gesellschaftsvertrag fehlt.[418]

4. Gemeinschaft der Wohnungseigentümer. a) Gesetzliche Regelung; Rechts- 132 **natur.** Das Wohnungseigentum besteht nach der Regelung des § 1 Abs. 2 WEG aus dem *Gemeinschaftseigentum* am Grundstück einschließlich der gemeinsam genutzten Teile, Anlagen und Einrichtungen des Gebäudes sowie aus dem *Sondereigentum* an den jeweiligen Wohnungen. Es handelt sich um eine gesetzliche **Zweckschöpfung** aus dem Jahr 1951, dazu bestimmt, zur Behebung der nachkriegsbedingten Wohnungsnot den Eigentumserwerb an einzelnen Wohnungen abweichend von deren aus § 94 folgender Rechtsqualität als unselbstständiger Grundstücksbestandteil zu ermöglichen.[419] Das Konzept hat sich in der Praxis als sehr erfolgreich erwiesen, dies freilich um den Preis lang anhaltender Unsicherheit hinsichtlich der **Rechtsnatur** des Wohnungseigentums und der dinglichen Einordnung seiner einzelnen Bestandteile. Während die hM bis vor kurzem davon ausging, es handele sich vorbehaltlich des gesamthänderisch gebundenen Verwaltungsvermögen (RdNr. 133) um eine besondere, aus Gemeinschaftseigentum und Sondereigentum der Wohnungseigentümer bestehende Art der Miteigentümergemeinschaft,[420] betonte eine beachtliche Mindermeinung die Nähe der Wohnungseigentümergemeinschaft zu Gesellschaft und nichtrechtsfähigem Verein.[421] In Fortentwicklung dieser Stimmen wurde die Wohnungseigentümerschaft in neuerer Zeit sogar als „dingliche Gesellschaft" qualifiziert, dh. als zweckorientierter Zusammenschluss der Wohnungseigentümer auf rechtsgeschäftlicher Grundlage, wobei die Gesellschaftsanteile in Bezug auf ihren Inhalt ebenso wie in ihrer Aufteilung die Funktion haben sollen, die dingliche Rechtszuständigkeit an einem Gebäude festzulegen.[422]

Der Umstand, dass seit 2005 die **(Teil-)Rechtsfähigkeit** der Wohnungseigentümer- 133 gemeinschaft als überindividueller Personenverband höchstrichterlich anerkannt worden ist, soweit es um die Teilnahme am Rechtsverkehr in Bezug auf das gemeinsam gehaltene Verwaltungsvermögen geht,[423] und dass der Gesetzgeber das WEG diese Entwicklung für den Bereich des Verwaltungsvermögens im Jahr 2007 durch Einfügung der Abs. 6 bis 8 in

---

[417] Vgl. WM 1998, 1020, 1023 für eine zwischen zwei Popmusikern als Komponisten und ausübenden Künstlern getroffene Vereinbarung. Zur Qualifizierung eines professionellen Streichquartetts als GbR vgl. *Ulmer*, FS K. Schmidt, 2009, S. 1627 ff.

[418] Vgl. dazu *Ulmer*, FS K. Schmidt, 2009, S. 1630 f.

[419] Vgl. nur *Schwöser* NZM 2002, 421, 424.

[420] Vgl. statt aller *Weitnauer/Briesemeister*, 9. Aufl. 2004, Vor § 1 WEG RdNr. 25, 38 ff.; *Soergel/Stürner* (12. Aufl.) § 1 WEG RdNr. 2 ff.; *Staudinger/Langhein* (2002) § 741 RdNr. 78 ff.; *Palandt/Bassenge* WEG Vor § 1 RdNr. 5; *Paulick* AcP 152 (1952), 420 ff.; so grds. auch Vor § 1 WEG RdNr. 20 ff., 29. Aus der Rspr. vgl. insbes. BGHZ 49, 250, 251 = NJW 1968, 499; BGHZ 50, 56, 60 = NJW 1968, 1230; BGHZ 91, 343, 345 = NJW 1984, 2409; BGHZ 141, 224, 228 = NJW 1999, 2108; BayObLGZ 1984, 198, 202.

[421] *Bärmann/Pick* WEG, 18. Aufl. 2007, Einl. RdNr. 8; *Bärmann*, Die Wohnungseigentümergemeinschaft als rechtliches Zuordnungsproblem, 1985, S. 27; *ders.* NJW 1989, 1057, 1060 ff.; *Merle*, Das Wohnungseigentum im System des bürgerlichen Rechts, 1979, S. 142 ff.; *Schulze-Osterloh*, Das Prinzip der gesamthänderischen Bindung, S. 154 ff.; wN in BGHZ 163, 154, 158 f. = NJW 2005, 2061.

[422] *M. Junker*, Die Gesellschaft nach dem Wohnungseigentumsgesetz, 1993, insbes. S. 75 ff., 84 ff.

§ 10 WEG nachvollzogen hat, hat an dem vorstehend aufgezeigten Diskussionsstand nichts Wesentliches geändert. Denn diese Rechtsfortbildung unterstreicht zwar die *gesamthänderische Bindung des Verwaltungsvermögens* und die hierfür bestehende Dispositinsbefugnis von Verwalter und WEG-Versammlung als Organen der Wohnungseigentümergemeinschaft. Die in § 1 WEG definierte Aufteilung des für die WEG zentralen *Wohnungseigentums* in einerseits Sonder- (und Teil-)Eigentum, andererseits Gemeinschafts- (Mit-)Eigentum bleibt davon aber unberührt.[424] An der grundsätzlichen Qualifikation des Wohnungseigentums in Verbindung mit Alleineigentum der Gemeinschafter ändert sich durch die Rechtsfortbildung nichts.

134 **b) Stellungnahme.** Zu einer eingehenden Behandlung der Rechtsnatur der Wohnungseigentümerschaft und der komplexen Rechtsverhältnisse zwischen ihren Mitgliedern ist hier nicht der Ort (vgl. näher 4. Aufl. Vor § 1 WEG RdNr. 20 ff., 28 ff.). Aus der Sicht der GbR und ihrer Abgrenzung gegenüber dem WEG-Institut ist freilich mit der hM festzuhalten, dass die Gemeinschaft der Wohnungseigentümer vom Gesetzgeber eindeutig iS einer **besonderen Art der Gemeinschaft** (§§ 741 ff., 1008 ff.) ausgestaltet worden ist. Dafür spricht insbesondere die Definition des § 1 Abs. 2 WEG, wonach das Wohnungseigentum „das Sondereigentum an einer Wohnung in Verbindung mit dem Miteigentumsanteil an dem gemeinschaftlichen Eigentum, zu dem es gehört", ist, aber auch die Verweisung in § 10 Abs. 2 WEG auf die subsidiär anzuwendenden Vorschriften des BGB über die Gemeinschaft. Auch die in § 6 WEG festgelegte Unselbstständigkeit des Sondereigentums gegenüber dem ihm zu Grunde liegenden Miteigentumsanteil, soweit es um dessen Veräußerung und um die Begründung sonstiger Rechte daran geht, weist eindeutig darauf hin, dass der Gesetzgeber mit der WEG-Regelung an das Recht der Gemeinschaft angeknüpft hat. An dieser normativen Grundentscheidung müssen alle Versuche scheitern, die Wohnungseigentümergemeinschaft als Gesellschaft zu qualifizieren.[425]

135 Die Gesetzeslage hindert indessen nicht daran, der Wohnungseigentümergemeinschaft eine **Nähe zur Gesellschaft** zu attestieren und diesen Aspekt bei der Rechtsanwendung zu berücksichtigen; insoweit ist den Vertretern der Mindermeinung Recht zu geben. Für diese Nähe spricht die in §§ 3, 8 WEG vorgeschriebene *rechtsgeschäftliche Begründung* der Gemeinschaft ebenso wie ihre durch die Versammlung der Wohnungseigentümer (§ 23 WEG) und die obligatorische Einsetzung eines Verwalters (§ 26 WEG) gekennzeichnete *Organstruktur*. Bedeutung kann diese Parallele etwa erlangen für die analoge Anwendung von Regelungen über die am Mehrheitsprinzip ausgerichtete Beschlussfassung in Verein und Kapitalgesellschaft.[426] Entsprechendes gilt für die Rechtsnatur des im WEG nicht besonders geregelten **Verwaltungsvermögens,** dh. die „gemeinschaftlichen Gelder" iS von § 27 Abs. 1 Nr. 4 WEG, die aus Bargeldbestand, Guthaben bei Kreditinstituten und fälligen Ansprüchen gegen Wohnungseigentümer bestehen können. Nach früher hM sollten sie den Gegenstand jeweils besonderer Bruchteilsgemeinschaften bilden; das hätte zur (unerwünschten) Folge, dass die Wohnungseigentümer hierüber unabhängig vom Wohnungseigentum verfügen könnten.[427] Dagegen spricht die *Zweckbindung* dieser Gelder (und etwaiger sonstiger nicht als Zubehör zum Miteigentum am Grundstück zu qualifizierender, gemeinsamer Gegenstände). Ihr lässt sich am besten dadurch Rechnung tragen, dass man die Gegenstände des Verwaltungsvermögens als – getrennter Verfügung nicht zugängliche – *Teile eines Gesamthandsvermögen* begreift und zugleich auch die getrennte Verfügung der Wohnungseigentümer über ihren

---

[423] So BGHZ 163, 154, 160 ff. (170 f., 177) = NJW 2005, 2061 abw. von der früheren st. Rspr. (Nachweise in BGHZ aaO S. 159). Krit. dazu *Bork* ZIP 2005, 1205. Gegen Insolvenzfähigkeit der Wohnungseigentümergemeinschaft auch seither LG Dresden NJW 2006, 2710.
[424] So ausdrücklich BGHZ 163, 154, 177.
[425] So zutr. insbes. *Weitnauer* (Fn. 420) Vor § 1 WEG RdNr. 43 ff.; *ders.,* FS Seuss, 1987, S. 295, 302 ff.
[426] Vgl. eingehend M. *Junker* (Fn. 422) S. 207 ff., dort auch zur Frage nach den Grenzen des Mehrheitsprinzips. Hinweise auf das Gesellschafts- und Vereinsrecht finden sich auch bei *Bärmann/Pick* (Fn. 421) § 10 RdNr. 6; *Soergel/Stürner* § 1 WEG RdNr. 2 b u. a.
[427] Vgl. dazu näher *Weitnauer* (Fn. 420) § 1 WEG RdNr. 9 ff., 12 mwN.

Anteil an diesem Vermögen ausschließt.[428] Dem hat die höchstrichterliche Rechtsprechung inzwischen durch die in RdNr. 130a aufgezeigte Entwicklung Rechnung getragen. Trotz solcher sachlich gebotener Annäherungen bleibt es freilich dabei, dass die Rechtsnatur der Gemeinschaft der Wohnungseigentümer nicht als Gesellschaft zu bestimmen ist, sondern als besondere Art der Gemeinschaft.

III. Gesellschaft und nichtrechtsfähiger Verein

1. Grundlagen. a) Unterschiedliche Typenmerkmale. Vom *Typus* der GbR und des **136** nichtrechtsfähigen Vereins her gesehen fällt die Unterscheidung zwischen §§ 54 und 705 nicht schwer (vgl. RdNr. 12). Die **GbR** beruht auf dem *höchstpersönlichen Zusammenschluss* einer beschränkten Zahl vertraglich untereinander verbundener Mitglieder. Sie dient der Verfolgung des ihnen gemeinsamen Zwecks, tritt unter dem Namen der Mitglieder, die nach gesetzlicher Regel gemeinsam zur Geschäftsführung berufen sind, oder unter einem davon abgeleiteten Gesamtnamen im Rechtsverkehr auf und wird grundsätzlich durch einen Wechsel im Mitgliederbestand aufgelöst. Demgegenüber wird der **nichtrechtsfähige Verein** durch seine *körperschaftliche Struktur* charakterisiert: trotz fehlender Rechtspersönlichkeit als juristische Person ist er in seiner Existenz von der jeweiligen Zahl und Zusammensetzung der Mitglieder unabhängig, beteiligt sich unter eigenem Namen und mit besonderen Organen (Vorstand) am Rechtsverkehr, hat ein von den Mitgliedern deutlich getrenntes, dem Zugriff ihrer Privatgläubiger entzogenes Vermögen und kennt als nichtwirtschaftlicher Verein regelmäßig auch keine gesamtschuldnerische Außenhaftung der Mitglieder.[429] Diese unverkennbaren Unterschiede waren denn auch der Grund für die Rechtsprechung, abweichend von der in § 54 S. 1 enthaltenen Verweisung auf das Recht der GbR die Rechtsbeziehungen sowohl innerhalb des nichtrechtsfähigen Vereins als auch zwischen ihm und Dritten in erster Linie am Recht des eingetragenen Vereins (§§ 21 ff.) auszurichten.[430]

b) Annäherung im Außenverhältnis. Die in den letzten Jahrzehnten zunächst in der **137** Literatur entwickelte, seit 2001 von der höchstrichterlichen Rechtsprechung nachvollzogene *Aufwertung der (Außen-)GbR zu einer rechts- und parteifähigen,* unter eigenem Namen handelnden *Organisation* (RdNr. 11) hat dazu geführt, die Unterschiede zwischen Gesellschaft und nichtrechtsfähigem Verein im Außenverhältnis zu relativieren. Die Verweisung in § 54 S. 1 auf das Recht der GbR hat dadurch – wenn auch aus anderen als vom Gesetzgeber verfolgten Motiven und mit anderem Inhalt – neue Bedeutung erlangt. Das gilt nicht nur für die Beteiligung der jeweiligen Organisation (GbR oder nichtrechtsfähiger Verein) am Rechtsverkehr unter eigenem Namen und mit besonderen Organen, sondern auch für ihre – in § 50 Abs. 2 ZPO für die passive Parteifähigkeit des nichtrechtsfähigen Vereins seit alters anerkannte, inzwischen höchstrichterlich[431] auch auf die aktive Parteifähigkeit erstreckte – Fähigkeit, als solche zu klagen und verklagt zu werden.[432] Dadurch hat sich auch die Abgrenzung zwischen den beiden Rechtsinstituten nach außen relativiert. Eine *Ausnahme* gilt freilich für die *Außenhaftung der jeweiligen Mitglieder,* nachdem die Rechtsprechung sich in Bezug auf die (Außen-)GbR für die grundsätzlich uneingeschränkte Mitgliederhaftung nach Maßgabe der Akzessorietätstheorie entschieden hat (vgl. § 714 RdNr. 5, 33 ff.), während beim Idealverein die Haftungsbeschränkung der Mitglieder „auf das Vereinsvermögen", verbunden mit der Handelndenhaftung nach § 54 S. 2, entgegen § 54 S. 1 seit alters

---

[428] So erstmals *Schulze-Osterloh* (Fn. 421) S. 155 ff., 160; ebenso aus seiner Sicht der „dinglichen Gesellschaft" jetzt *M. Junker* (Fn. 422) S. 97 ff.
[429] Vgl. dazu näher *Soergel/Hadding* (13. Aufl.) Vor § 21 RdNr. 44 ff., (12. Aufl.) Vor § 705 RdNr. 16; *Hueck/Windbichler* GesR § 1; 2 *K. Schmidt* GesR § 25 I 2, III 2.
[430] Vgl. näher § 54 RdNr. 3 f., 40 ff., 48 ff.; *Erman/Westermann* § 54 RdNr. 1; *K. Schmidt* GesR § 25 II 2.
[431] BGH NZG 2007, 826, 830; anders noch BGHZ 109, 15, 17 f. = NJW 1990, 186 (V. ZS); so auch BAG NZA 1990, 615, 616 f.
[432] Für Anerkennung der aktiven Parteifähigkeit des Idealvereins schon vor BGH NZG 2007, 826 die im Vereinsrecht hM, vgl. § 54 RdNr. 18 f.; *Staudinger/Weick* (1995) § 54 RdNr. 20 mwN; *Erman/Westermann* § 54 RdNr. 9.

§ 705 Abschnitt 8. Titel 16. Gesellschaft

anerkannt ist.[433] Es bleibt abzuwarten, ob es – wofür gute Gründe sprechen[434] – auch insoweit noch zu einer Annäherung in der Weise kommen wird, dass die Gerichte für die gemeinnützige GbR die Beschränkung bzw. den Ausschluss der Mitgliederhaftung entsprechend der Rechtslage beim Idealverein anerkennen.

138 **2. Mischtypen.** Trotz der im Grundsatz klaren Strukturunterschiede kann die Abgrenzung zwischen GbR und nichtrechtsfähigem Verein im Einzelfall erhebliche Schwierigkeiten bereiten.[435] Nach verschiedentlich anzutreffender Ansicht soll sie sogar überhaupt nicht[436] oder kaum[437] möglich sein. Daran ist richtig, dass nicht selten Vereinigungen anzutreffen sind, die sowohl körperschaftliche (= vereinstypische) als auch personalistische Elemente und entsprechend fließende Übergänge von mehr vereinsmäßigen zu mehr gesellschaftsähnlichen Strukturen aufweisen.[438] Das beruht auf dem sowohl das Vereins- als auch das Gesellschaftsrecht beherrschenden Grundsatz der Vertragsfreiheit (RdNr. 3). Diesem Befund lässt sich einerseits dadurch Rechnung tragen, dass die von den Gründern gewählte **vertragliche Qualifizierung** des Zusammenschlusses als Gesellschaft oder Verein, jedenfalls wenn sie bewusst und auf Grund rechtlicher Beratung vorgenommen wurde, im Rahmen des rechtlich Zulässigen für die Abgrenzung und die daraus abzuleitenden Rechtsfolgen als maßgeblich angesehen wird.[439] Beim Fehlen einer vertraglichen Festlegung ist zum anderen die jeweilige **Struktur** des Zusammenschlusses für die Rechtsanwendung zu berücksichtigen, und zwar in der Weise, dass im Innenverhältnis je nach Art des Regelungsbereichs teils Normen des Vereinsrechts, teils solche des Gesellschaftsrechts entsprechend den Besonderheiten der Organisation und den schützenswerten Interessen ihrer Mitglieder herangezogen werden.[440] Die methodische Berechtigung für ein solches Vorgehen folgt aus der Verweisung des § 54 S. 1 auf das Gesellschaftsrecht und aus ihrer weitgehenden Abwandlung durch die Rechtsprechung.[441]

§ 705 Inhalt des Gesellschaftsvertrags

Durch den Gesellschaftsvertrag verpflichten sich die Gesellschafter gegenseitig, die Erreichung eines gemeinsamen Zweckes in der durch den Vertrag bestimmten Weise zu fördern, insbesondere die vereinbarten Beiträge zu leisten.

Übersicht

	RdNr.		RdNr.
A. Einführung	1–16	2. Entstehungszeitpunkt	6, 7
		3. Entstehung durch Umwandlung	8–15
I. Entstehung der GbR	1–15	a) Umwandlung nach UmwG	8–10
1. Regelmäßige Voraussetzungen	1–5	b) Sonstige Fälle der Umwandlung	11–14
a) Vertragsschluss	1, 2	c) Fortsetzung einer nichtrechtsfähigen Personengemeinschaft als Personengesellschaft (GbR)	15
b) Kein Handelsgewerbe	3, 4		
c) Keine Eintragung im Partnerschaftsregister	5	**II. Rechtstatsachen**	16

---

[433] Vgl. nur § 54 RdNr. 46 f.; *Staudinger/Weick* (1995) § 54 RdNr. 52 ff.; *Erman/Westermann* § 54 RdNr. 12 f.
[434] Vgl. dazu *Ulmer* ZIP 2001, 585, 598 f. und schon *ders.* ZGR 2000, 339, 343.
[435] Vgl. schon RdNr. 3 (sog. Massengesellschaften). Aus der Rspr. vgl. insbes. BGH LM § 39 Nr. 11 = NJW 1979, 2304 (Werbegemeinschaft *Forum S*).
[436] So *Nitschke* (Fn. 4) S. 142; ihm folgend *Flume* I/1 § 7 I, S. 88 Fn. 5.
[437] So *Rittner*, Die werdende juristische Person, S. 260 ff., 266.
[438] Vgl. etwa BGH LM § 39 Nr. 11 = NJW 1979, 2304, 2305; so auch *Erman/Westermann* RdNr. 17.
[439] Vgl. dazu auch die Rspr. zu Massen- oder Publikumsgesellschaften in der Rechtsform der GbR (RdNr. 3 a Fn. 5). – AA noch § 54 RdNr. 7 (*Reuter*) und *ders.*, FS Semler, 1992, S. 931, 937 f. wegen des zwingenden Charakters des Sonderaußenrechts für nichtrechtsfähige Vereine, insbes. § 54 S. 2.
[440] BGH LM § 39 Nr. 11 = NJW 1979, 2304, 2305; *Erman/Westermann* RdNr. 17; *Soergel/Hadding* § 54 RdNr. 5; *K. Schmidt* GesR § 25 II 2, auch nach *Reuter* AcP 181 (1981), 1, 8, 13 f. Vgl. auch RdNr. 3.
[441] Für Behandlung des nichtrechtsfähigen Idealvereins als „vereinsmäßig modifizierte Gesellschaft" unter Betonung der Gestaltungsfreiheit der Vereinssatzung an Stelle der richterlichen Rechtsfortbildung aber *Flume* ZHR 148 (1984), 503 ff.

	RdNr.
B. Der Gesellschaftsvertrag	17–178
I. Abschluss und Änderungen	17–59
1. Vertragsschluss	17–31
a) Allgemeines	17–21
aa) Abgrenzung zu Gefälligkeitsverhältnissen	17–19
bb) Anwendbarkeit der §§ 145 ff.	20
cc) System von Sternverträgen	21
b) Unzutreffende Bezeichnung der Rechtsform; gemischte Verträge	22–24
c) Konkludenter Vertragsschluss	25–28
d) Unvollständiger Vertragsschluss	29, 30
e) Bedingter und befristeter Vertrag	31
2. Die Form des Gesellschaftsvertrags	32–51
a) Überblick	32–35
b) Vereinbarungen über Grundstücke	36–41
aa) Der Anwendungsbereich des § 311 b Abs. 1 S. 1	36
bb) Kasuistik	37–39
cc) Rechtsfolgen des Formmangels	40, 41
c) Unentgeltlich eingeräumte Beteiligung	42–48
aa) Unentgeltlichkeit	42, 43
bb) Schenkungsvollzug (§ 518 Abs. 2)	44–48
d) Gewillkürte Form	49–51
3. Folgen der Teilnichtigkeit	52–54
a) Objektive Teilnichtigkeit (§ 139)	52, 53
b) Subjektive Teilnichtigkeit	54
4. Vertragsänderungen	55–59
II. Gesellschafter	60–127
1. Allgemeines	60–67
a) Mindestzahl; Einmann-GbR?	60–65
b) Keine Höchstzahl	66
c) Unterbeteiligung	67
2. Natürliche Personen	68–75
a) Nicht voll geschäftsfähige Personen	69–72
b) Ehegatten	73–75
3. Juristische Personen und Personenvereinigungen	76–83
a) Juristische Personen und Vorgesellschaften	76, 77
b) Personengesellschaften	78, 79
c) Nichtrechtsfähiger Verein	80
d) Erbengemeinschaft	81
e) Eheliche Gütergemeinschaft	82
f) Bruchteilsgemeinschaft	83
4. Sonderfälle	84–127
a) Treuhand	84–93
aa) Begründung der Treuhand	86–88
bb) Gesellschafterstellung des Treuhänders	89, 90
cc) Rechtsbeziehungen des Treugebers zur Gesellschaft (einfache/qualifizierte Treuhand)	91–93
b) Nießbrauch	94–108
aa) Überblick	94, 95
bb) Nießbrauch am Gesellschaftsanteil	96–106
cc) Nießbrauch an den Vermögensrechten?	107, 108
c) Testamentsvollstreckung	109–124

	RdNr.
aa) Überblick	109
bb) Grundlagen	110–112
cc) Haftungsschranken	113, 114
dd) Folgerungen für den GbR-Anteil	115–121
ee) Ersatzkonstruktionen	122–124
d) Insolvenz, Nachlassverwaltung	125–127
III. Der Inhalt des Gesellschaftsvertrags	128–154
1. Überblick	128–131
a) Notwendige Vertragsbestandteile	128, 129
b) Andere Vereinbarungen	130, 131
2. Vertragsfreiheit und Inhaltskontrolle	132–141
a) Schranken der Vertragsfreiheit	132–138
aa) Allgemeines	132, 133
bb) § 138 Abs. 1	134, 135
cc) Bewegliche Schranken	136, 137
dd) Grenzen atypischer Gestaltung?	138
b) Inhaltskontrolle	139–141
3. Der gemeinsame Zweck	142–152
a) Vorbemerkungen	142, 143
b) Arten des Zwecks	144–147
c) Vergemeinschaftung des Zwecks	148
d) Beteiligung am Gewinn?	149–151
e) Gemeinsame Organisation?	152
4. Die Förderpflicht	153, 154
IV. Die Rechtsnatur des Gesellschaftsvertrags	155–170
1. Schuldvertrag	155–157
2. Organisationsvertrag	158, 159
3. Rechtsfähige Gesamthand	160
4. Der Gemeinschaftscharakter des Gesellschaftsvertrags	161–170
a) Unterschiede zum Austauschvertrag	161, 162
b) Folgerungen für Leistungsstörungen	163–170
aa) Grundsatz	163, 164
bb) Meinungsstand	165–167
cc) Folgerungen	168–170
V. Die Auslegung des Gesellschaftsvertrags	171–176
1. Auslegungsmaßstäbe	171–174 b
a) Grundsatz	171
b) Besonderheiten	172, 173
c) Ergänzende Vertragsauslegung; geltungserhaltende Reduktion	174–174 b
2. Publikums-Personengesellschaften	175
3. Nachprüfung in der Revisionsinstanz	176
VI. Der Vorvertrag	177, 178
C. Rechte und Pflichten der Gesellschafter	179–252
I. Grundlagen	179–196
1. Die Mitgliedschaft	179–184
a) Wesen	179
b) Rechtsnatur	180
c) Einheitlichkeit der Mitgliedschaft?	181–184
2. Mitgliedschaftsrechte und -pflichten	185–188
a) Überblick	185–187
b) Stammrecht und Einzelrechte	188

§ 705

	RdNr.
3. Vermögensrechte und -pflichten	189–192
4. Verwaltungsrechte und -pflichten	193–196
a) Arten	193, 194
b) Besonderheiten	195, 196

II. Rechtsstellung gegenüber der Gesellschaft (Gesamthand) ... 197–214

1. Ansprüche des Gesellschafters gegen die Gesellschaft (Sozialverbindlichkeiten) ... 197–200
   a) Vermögensrechte ... 197, 198
   b) Verwaltungsrechte ... 199, 200
2. Verpflichtungen des Gesellschafters gegenüber der Gesellschaft (Sozialansprüche) ... 201
3. Rechte und Pflichten der Gesellschafter aus Drittgeschäften mit der Gesellschaft ... 202, 203
4. Die actio pro socio ... 204–214
   a) Überblick ... 204–206
   b) Mitgliedschaftsrecht (Prozessstandschaft) ... 207–209
   c) Folgerungen ... 210–214
      aa) Klagevoraussetzungen ... 210–212
      bb) Prozessuale Wirkungen ... 213, 214

III. Rechte und Pflichten gegenüber Mitgesellschaftern ... 215–220

1. Ansprüche gegen Mitgesellschafter ... 215, 216
2. Haftung für Sozialverbindlichkeiten ... 217–219
3. Haftung für Drittgläubigerforderungen ... 220

IV. Treupflicht ... 221–243

1. Grundlagen ... 221–225
   a) Rechtlicher Ansatz ... 221, 222
   b) Zur Konkretisierung relevante Umstände ... 223–225
2. Gegenstände und Inhalt der Treupflicht ... 226–238
   a) Treupflicht gegenüber der Gesellschaft ... 226–228
   b) Treupflicht gegenüber Mitgesellschaftern ... 229, 230
   c) Vertragsänderung und Treupflicht ... 231–234
   d) Wettbewerbsverbot ... 235–238
3. Rechtsfolgen von Treupflichtverstößen ... 239–243

V. Gleichmäßige Behandlung der Gesellschafter ... 244–252

1. Grundlagen ... 244–247
2. Ausprägungen des Grundsatzes gleichmäßiger Behandlung ... 248–251
   a) Ordnungsprinzip und Auslegungsgrundsatz ... 248–250
   b) Minderheitenschutz ... 251
3. Rechtsfolgen eines Verstoßes ... 252

D. Außen- und Innengesellschaft ... 253–288

I. Die Außengesellschaft ... 253–274

1. Grundlagen ... 253, 254
   a) Gesetzlicher Normaltypus ... 253
   b) Charakteristische Merkmale der Außengesellschaft ... 254

2. Gesellschaftsorgane ... 255–264
   a) Wesen und Begriff ... 255–256 a
   b) Arten ... 257–259
      aa) Geschäftsführer ... 257
      bb) Gesellschafterversammlung ... 258
      cc) Beirat ... 259
   c) Haftung für Organverschulden ... 260–264
      aa) Überblick ... 260
      bb) § 831? ... 261
      cc) Analogie zu § 31 ... 262–264
3. Gesellschaftsvermögen ... 265–269
   a) Gesamthänderische Bindung ... 265
   b) Sondergestaltungen ... 266–269
4. Gesellschaftsname ... 270–274
   a) Grundlagen ... 270, 271
   b) Namensschutz ... 272, 273
   c) Rechtsformhinweis ... 274

II. Die Innengesellschaft ... 275–288

1. Begriff und Erscheinungsformen ... 275–283
   a) Typische Merkmale ... 275, 276
   b) Begriffsbestimmung ... 277–282
      aa) Grundlagen ... 277, 278
      bb) Innengesellschaft iwS ... 279–281
      cc) Innengesellschaft ieS ... 282
   c) Erscheinungsformen ... 283
2. Rechtliche Besonderheiten der Innengesellschaften ... 284, 285
   a) Innengesellschaft iwS ... 284
   b) Innengesellschaft ieS ... 285
3. Insbesondere: die stille Gesellschaft des bürgerlichen Rechts ... 286–288

E. Die (Außen-)Gesellschaft als rechtsfähiger Personenverband ... 289–322

I. Einführung ... 289–302

1. Die BGB-Gesamthand als gebundenes Sondervermögen einer Personenmehrheit ... 289–295
   a) Arten, Gemeinsamkeiten und Unterschiede der Gesamthand ... 289–292
   b) Gesellschaftsrechtliche Gesamthand ... 293–295
2. Die GbR-Gesamthand: Vom Objekt zum Subjekt ... 296–302
   a) Die traditionelle Lehre ... 296, 297
   b) Die „Gruppen"-Lehre *(Flume)* ... 298
   c) Entwicklung und Stand der Diskussion ... 299–301
   d) Fazit ... 302

II. Die Rechtsfähigkeit der Außengesellschaft ... 303–317

1. Grundlagen ... 303–309
   a) Rechtsfähige Personengesellschaft (Gesamthand) ... 303, 304
   b) Abgrenzungskriterien ... 305, 306
   c) Verbleibende Unterschiede zu juristischen Personen ... 307–309
2. Folgerungen ... 310–317
   a) Uneingeschränkte Vermögensfähigkeit ... 310–315
      aa) Grundsatz ... 310, 310 a
      bb) GbR als Vermieterin ... 311, 311 a
      cc) Grundbuchfähigkeit ... 312–315

Inhalt des Gesellschaftsvertrags

	RdNr.		RdNr.
b) Mitgliedschaft in Personenverbänden	316, 317	4. Dogmatische Begründung	347–356
		a) Überblick	347, 348
III. Parteifähigkeit im Zivilprozess	318–321	b) Beschränkung der Nichtigkeitsfolgen	349, 350
1. Grundlagen	318–320	c) „Gesetzestreue" Ansichten (Einschränkungen der Lehre)	351–353
2. Folgerungen	321		
IV. Insolvenzfähigkeit	322	d) Doppelnatur der Gesellschaft als Schuldverhältnis und Organisation; allgemeines verbandsrechtliches Prinzip	354–356
F. Die fehlerhafte Gesellschaft	323–378		
I. Grundlagen	323–356		
1. Herkunft und Entwicklung	323–325	II. Einzelfragen	357–378
2. Voraussetzungen	326–341	1. Fehlerbeseitigung durch Vollzug	357
a) Fehlerhafter Vertragsschluss	327–330	2. Fehlerhafte Innengesellschaft (stille Gesellschaft)	358–359 a
b) Vollzug	331		
c) Kein Vorrang sonstiger schutzwürdiger Interessen	332–341	3. Fehlerhafte Vertragsänderungen	360–376
		a) Allgemeines	360–364
aa) Verbotener oder sittenwidriger Gesellschaftszweck	333, 334	b) Gesellschafterwechsel	365–376
		aa) Fehlerhafter Beitritt	366–369
bb) Fehlerhafte Beteiligung nicht voll Geschäftsfähiger	335–339	bb) Fehlerhaftes Ausscheiden	370–372
		cc) Fehlerhafte Gesellschafternachfolge	373, 374
cc) Sonstige Fälle schutzwürdiger Interessen?	340, 341		
		dd) Beteiligung Minderjähriger am Gesellschafterwechsel	375
3. Rechtsfolgen	342–346		
a) Überblick	342	ee) Fehlerhafte Gesellschafternachfolge im Todesfall	376
b) Volle Wirksamkeit nach innen und außen	343, 344		
		4. Scheingesellschaft	377–380
c) Geltendmachung des Fehlers	345	a) Grundsatz	377, 378
d) Abwicklung	346	b) Schein-RA-Sozietät	379, 380

A. Einführung

I. Entstehung der GbR

1. Regelmäßige Voraussetzungen. a) Vertragsschluss. Grundvoraussetzung für die 1 Entstehung der Gesellschaft bürgerlichen Rechts (GbR) ist der **Abschluss eines Gesellschaftsvertrags** iS von § 705, dh. die vertragliche Verpflichtung von zwei oder mehr Gesellschaftern (RdNr. 60), einen gemeinsamen Zweck (RdNr. 142) durch Beitragsleistung oder in sonstiger, vertraglich vereinbarter Weise zu fördern (RdNr. 154). Der Vertragsschluss kann ausdrücklich oder stillschweigend (konkludent) erfolgen, sich etwa aus den Umständen ergeben (RdNr. 25); er ist nach gesetzlicher Regel formlos wirksam (RdNr. 32). Zustandekommen oder Inhalt des Vertrages können an Mängeln leiden, ohne dass hieran – nach Vollzug – die rechtliche Anerkennung der Gesellschaft scheitern muss (fehlerhafte Gesellschaft, vgl. RdNr. 323 ff.). Ohne – sei es auch fehlerhaften – Vertragsschluss oder vergleichbares Rechtsgeschäft (zB Umwandlungsbeschluss, vgl. RdNr. 9) kann eine GbR jedoch nicht entstehen. Entsprechendes gilt für den Beitritt zu einer bestehenden Gesellschaft, sofern er nicht auf erbrechtlicher Nachfolge beruht.[1] Die in der Rechtsprechung des RG und in Teilen des früheren Schrifttums vertretene Lehre von der „faktischen Gesellschaft", die die Entstehung einer Gesellschaft auch ohne rechtsgeschäftliche Vereinbarung, allein auf Grund der Betätigung der Beteiligten als Gesellschafter nach außen und innen für möglich hielt, ist überholt.[2]

---

[1] Zum fehlerhaften Beitritt vgl. aber RdNr. 366 ff. Weitergehend – für fehlerhafte Gesellschaft kraft Erbrechts auch mit einem Scheinerben, wenn dieser sich als Gesellschafter betätigt – *Konzen* ZHR 145 (1981), 29, 63.

[2] In diesem Sinne noch *Simitis*, Die faktischen Vertragsverhältnisse, 1957, S. 232 ff. Auch *Haupt*, FS Siber, Bd. II, 1943, S. 5 f., knüpfte für seine Überlegungen im Ansatz allein an tatsächliche Vorgänge an (S. 8 f.), unabhängig von etwaigen Willenserklärungen, beschäftigte sich in seinen gesellschaftsrechtlichen Unter-

2 Nicht zu den Entstehungsvoraussetzungen der GbR gehört die Leistung der versprochenen Beiträge oder die sonstige Bildung von **Gesamthandsvermögen**. Das folgt aus der gesetzessystematischen Behandlung der GbR als Schuldverhältnis (näher RdNr. 155), aber auch aus der rechtlichen Anerkennung der sog. „Innengesellschaft" ohne nach außen in Erscheinung tretende Organisation, ohne besondere Gesellschaftsorgane und ohne Gesamthandsvermögen (RdNr. 282, 285). Aus diesem Grunde ist auch die Regelung des § 123 HGB über den Beginn der Wirksamkeit der OHG im Verhältnis zu Dritten, die an die Handelsregistereintragung oder an die Teilnahme am Geschäftsverkehr anknüpft, für die Entstehung der GbR ohne Bedeutung. Auf den *Vollzug* der Gesellschaft wird nur im Rahmen der Lehre von der *fehlerhaften* Gesellschaft abgestellt (RdNr. 331).

3 **b) Kein Handelsgewerbe.** Neben dem Vertragsschluss ist zur Qualifikation der Personenvereinigung als GbR weiter erforderlich, dass der **Gesellschaftszweck** nicht auf ein Handelsgewerbe iS von § 1 HGB gerichtet ist. Andernfalls kommt es wegen des Rechtsformzwangs der §§ 105, 161 HGB zur Entstehung einer Handelsgesellschaft (OHG oder KG), und zwar unabhängig davon, ob die Parteien sich dieser Rechtsfolge bewusst waren oder ob sie irrtümlich eine GbR gründen wollten (RdNr. 22). Sofern die Qualifikation der beabsichtigten Tätigkeit als Handelsgewerbe von der Eintragung im Handelsregister abhängt (§§ 2, 3 Abs. 2 und 3 HGB), ist die Gesellschaft bis zur Eintragung GbR;[3] das gilt auch für eine als GmbH & Co. KG geplante Gesellschaft.[4] Auf eine abweichende Parteivereinbarung über die Rechtsform kommt es hier ebenso wenig an wie im umgekehrten Fall (vgl. RdNr. 22 und Fn. 43). Die Absicht, die Handelsregistereintragung herbeizuführen, reicht für das Eingreifen der §§ 105, 161 HGB nicht aus. Entsprechende Grundsätze gelten auch für die durch § 105 Abs. 2 nF HGB eingeführte Option für *Vermögensverwaltungsgesellschaften,* durch Handelsregistereintragung den Status einer OHG oder KG zu erlangen.

4 Die Rechtsverhältnisse innerhalb der Gesellschaft und die **internen Beziehungen** zwischen den Gesellschaftern bestimmen sich im Falle einer als Handelsgesellschaft geplanten Gesellschaftsgründung allerdings, soweit ausdrückliche vertragliche Regelungen fehlen, im Zweifel von Anfang an nach dem für die OHG oder KG maßgebenden dispositiven Handelsrecht, ohne dass es hierfür der vorherigen Eintragung bedarf.[5] Das folgt aus dem auf die Gründung einer Handelsgesellschaft gerichteten *Parteiwillen;* er richtet sich in derartigen Fällen regelmäßig auf die alsbaldige Geltung von OHG- oder KG-Recht. Eine Einschränkung ist nur insoweit zu machen, als bestimmte Vorschriften – wie namentlich die Gestaltungsklagerechte der §§ 117, 127, 133, 140 HGB – zwingend das Bestehen

---

suchungen (S. 16 ff.) dann allerdings nur mit einem „Rechtsverhältnis zwischen Gesellschaftern, deren Gesellschaftsvertrag (!) sich später als von Anfang an nichtig erweist". Im letztgenannten Sinn sind auch die den Rechtsfolgen nichtiger oder anfechtbarer Gesellschaftsverträge gewidmeten Untersuchungen von *Siebert* (FS Hedemann, 1938, S. 266 ff.) zu verstehen. Schließlich verwendete auch das RG und – bis Anfang der 60er Jahre – der BGH zwar den Ausdruck „faktische Gesellschaft", stellte aber doch auf das Vorliegen eines auch fehlerhaften Gesellschaftsvertrags ab (vgl. näher RdNr. 327 ff.). Der sachliche Unterschied zwischen den Vertretern der Lehre von der „faktischen" und denjenigen von der „fehlerhaften" Gesellschaft war also weniger groß, als das früher verbreitet angenommen wurde. Näher zum Ganzen *Lambrecht,* Die Lehre vom faktischen Vertragsverhältnis, 1994, S. 70 ff., 125 ff.

[3] BGHZ 59, 179, 181 = NJW 1972, 1616 und BGH WM 1977, 841, 843 (jeweils für eine „Soll"-GmbH & Co. KG); vgl. auch *Baumbach/Hopt* § 105 HGB RdNr. 4 und *Staub/Ulmer* § 105 HGB RdNr. 24, 28, 50 betr. die Unterscheidung gegenüber dem Fall eines auf ein Handelsgewerbe angelegten Gesellschaftszwecks, bei dem die Gesellschaft auch dann schon die Rechtsform der OHG oder KG erlangt, wenn es zu Beginn noch am kaufmännischen Zuschnitt iS von § 1 Abs. 2 HGB fehlt (BGHZ 10, 91, 96 = NJW 1953, 1217; BGHZ 32, 307, 311 = NJW 1960, 1664; RGZ 112, 280, 281). AA für das Innenverhältnis (Bejahung einer OHG bzw. KG auch in den Fällen der §§ 2, 3 HGB schon vor Eintragung) noch *Hueck* OHG § 5 I 2; *Schlegelberger/Geßler* HGB, 4. Aufl., § 105 Anm. 47.

[4] So zutr. BayObLG NJW 1985, 982. Zur Rechtsnatur der Soll- und der Vor-GmbH & Co. KG vgl. *Ulmer* in: *Ulmer/Winter/Habersack* § 11 GmbHG RdNr. 161 f.

[5] *Staub/Ulmer* § 105 HGB RdNr. 50; MünchKommHGB/*K. Schmidt* § 123 HGB RdNr. 13, 15; für den Fall der Umwandlung einer OHG/KG in eine GbR (RdNr. 11) auch BGH NJW 1987, 3124, 3126. Ebenso im Ergebnis *Hueck* und *Schlegelberger/Geßler* (Fn. 3 aE).

einer Handelsgesellschaft voraussetzen.⁶ Zur Umwandlung einer Handelsgesellschaft in eine GbR durch Wegfall des gewerblichen Zwecks oder Löschung im Handelsregister vgl. RdNr. 11.

c) Keine Eintragung im Partnerschaftsregister. Für Gesellschaften, die zur Ausübung freiberuflicher Tätigkeiten geschlossen werden, bedarf es zusätzlich der **Abgrenzung zur Partnerschaftsgesellschaft**. Entscheidend hierfür ist, anders als im Verhältnis zur OHG oder KG (RdNr. 3), der auf die Wahl der GbR oder der Partnerschaft als Organisationsform gerichtete Parteiwille sowie – bei Entscheidung der Beteiligten für die Partnerschaft – die Eintragung der Gesellschaft im Partnerschaftsregister. Wegen der konstitutiven Wirkung der Eintragung für die Rechtsform (vgl. § 7 Abs. 1 PartGG) ist daher eine Freiberufler-Gesellschaft stets GbR, solange sie nicht im Partnerschaftsregister eingetragen ist. Näheres vgl. in den Erläut. zu § 7 Abs. 1 PartGG.

2. Entstehungszeitpunkt. Er fällt nach den vorstehenden Ausführungen (RdNr. 1 f.) regelmäßig mit dem **Vertragsschluss** zusammen. Ausnahmen gelten dann, wenn das Wirksamwerden des Vertrages von weiteren Umständen abhängt, etwa von dem Eintritt einer aufschiebenden Bedingung (§ 158 Abs. 1, vgl. RdNr. 31) oder von der Genehmigung durch das Vormundschaftsgericht (§ 1822 Nr. 3, dazu RdNr. 70). In derartigen Fällen entsteht auch die GbR erst mit dem Wirksamwerden des Vertrages, soweit sie nicht schon vorher in Vollzug gesetzt wurde (RdNr. 331; zur Beteiligung nicht voll Geschäftsfähiger vgl. auch RdNr. 337).

Eine **rückwirkende** Entstehung der GbR ist ausgeschlossen. Wohl aber können die Gesellschafter vereinbaren, ihrem Zusammenschluss im Innenverhältnis Rückwirkung beizulegen, insbesondere die Geschäfte des eingebrachten Unternehmens oder die Aufwendungen und Erträge sonstiger eingebrachter Gegenstände von einem früheren Stichtag an als auf gemeinsame Rechnung laufend zu behandeln.⁷ Ohne eine solche Vereinbarung stehen auch Erträge aus Geschäften eines der Gründer, die bei Entstehung der GbR bzw. Einbringung der geschuldeten Beiträge mangels Entgeltzahlung noch nicht vollständig abgewickelt sind, nicht der GbR zu, sondern dem jeweiligen Gesellschafter.⁸ Entsprechendes gilt im Zweifel für Aufwendungen oder Risiken aus solchen Geschäften.⁹ Ertragsteuerrechtlich sind Vereinbarungen über die rückwirkende Gesellschaftsgründung wegen der damit verbundenen Gewinnverlagerungen grundsätzlich unbeachtlich.¹⁰

3. Entstehung durch Umwandlung. a) Umwandlung nach UmwG. Außer durch Abschluss eines Gesellschaftsvertrags kann eine GbR auch durch Umwandlung einer **AG, KGaA** oder **GmbH** entstehen, sofern der Unternehmensgegenstand der umzuwandelnden Kapitalgesellschaft nicht im Betrieb eines Handelsgewerbes besteht (RdNr. 3). Nach **altem Umwandlungsrecht** handelte es sich um eine *übertragende Umwandlung* unter Errichtung einer neuen Gesellschaft, der GbR. Das bedeutete zum einen, dass der Umwandlungsbeschluss und seine Eintragung im Handelsregister gleichzeitig die Auflösung der Kapitalgesellschaft und die Errichtung der GbR zur Folge hatten. Zum anderen ging das Vermögen der Kapitalgesellschaft im Zeitpunkt der Eintragung der Umwandlung im Handelsregister (Abteilung B) uno actu auf die GbR über, ohne dass es entsprechender Verfügungen der Organe der Kapitalgesellschaft bedurfte; es ging um einen Fall der Gesamtrechtsnachfolge.¹¹

---

⁶ So zutr. *Rob. Fischer* in Großkomm. zum HGB § 105 Anm. 62b gegen *Hueck* und *Schlegelberger/Geßler* (Fn. 3 aE).
⁷ BGH LM HGB § 139 Nr. 9 = NJW 1978, 264, 266 f.; WM 1976, 972, 974; *Soergel/Hadding* RdNr. 4; *Erman/Westermann* RdNr. 2; *U. H. Schneider* AcP 175 (1975), 279, 298 f.; vgl. auch OLG Koblenz WM 1979, 1435 (Sittenwidrigkeit einer Rückdatierung der Beitrittserklärung zwecks Steuerverkürzung).
⁸ BGH LM Nr. 23 = NJW 1972, 101; NJW-RR 1987, 1137, 1138 = WM 1987, 1073, jeweils für die nach Sozietätsbeginn eingehenden, von einem der beteiligten Rechtsanwälte allein erarbeiteten Honorare; vgl. ferner BGH NJW 1988, 1473, wonach sich ein vor Gründung der Sozietät einem der beteiligten Anwälte erteiltes Mandat regelmäßig nicht auf die anderen Gesellschafter erstreckt.
⁹ Vgl. den entspr. Rechtsgedanken in § 740 für den Fall des Ausscheidens eines Gesellschafters.
¹⁰ Vgl. *Reiß* in: *Kirchhof* (7. Aufl.) § 15 EStG RdNr. 381 (betr. Änderungen einer Gewinnverteilungsabrede).
¹¹ §§ 21 Abs. 2, 22 Abs. 2 iVm. § 5 UmwG 1969 (näher 2. Aufl. RdNr. 7 f.).

9 Abweichend von der früheren Rechtslage qualifiziert das **UmwG von 1994** in seinen §§ 190 ff. die Umwandlung einer Kapitalgesellschaft in eine Personengesellschaft (und umgekehrt) als identitätswahrenden **Formwechsel**.[12] Ausgehend von der Identität zwischen formwechselndem Rechtsträger und Rechtsträger neuer Rechtsform (§ 202 Abs. 1 Nr. 1 UmwG) verzichtet es sowohl auf eine Auflösung bzw. Errichtung dieser Gesellschaften als auch auf einen Übergang des Vermögens des formwechselnden auf den neuen Rechtsträger im Wege der Gesamtrechtsnachfolge. Der Hinweis in den Materialien, diese Rechtslage entspreche einer „modernen Auffassung von der Natur der Personengesellschaft",[13] vermag freilich die auch auf der Grundlage der Gesamthandslehre (RdNr. 307 ff.) bestehenden Unterschiede zwischen Gesamthand und juristischer Person, darunter insbesondere die unterschiedliche Vermögenszuordnung (RdNr. 308, § 718 RdNr. 2), nicht zu nivellieren.[14] Deshalb ist die in §§ 190 ff. (§ 202 Abs. 1 Nr. 1) UmwG vorgesehene Identitätslösung als – zulässige – Fiktion anzusehen, die die grundsätzliche Zweiteilung der Verbände in Gesamthandsgesellschaften und juristische Personen nicht in Frage stellt.[15] Zur Umwandlung unter Beteiligung einer Partnerschaftsgesellschaft vgl. § 1 PartGG RdNr. 25 f.

10 Die **Voraussetzungen** der formwechselnden Umwandlung einer **Kapitalgesellschaft in eine GbR** sind in §§ 190 ff. (191 Abs. 1 und 2 Nr. 1), 226 ff. UmwG geregelt. Danach bedarf die Umwandlung eines einstimmigen Beschlusses sowie der Zustimmung der nicht zur Beschlussfassung erschienenen Mitglieder der Kapitalgesellschaft (§ 233 Abs. 1 UmwG). Gemäß § 193 Abs. 3 S. 1 UmwG sind Beschluss und Zustimmung der nicht erschienenen Mitglieder des formwechselnden Rechtsträgers notariell zu beurkunden. Die grundsätzlich nach § 198 Abs. 1 UmwG erforderliche Eintragung der neuen Rechtsform im Handelsregister scheidet bei Umwandlung in eine GbR aus; an ihre Stelle tritt nach § 235 Abs. 1 S. 1 UmwG die Eintragung im Register der formwechselnden Kapitalgesellschaft.[16] Sie hat nach § 202 Abs. 1 UmwG den Fortbestand des formwechselnden Rechtsträger in der im Umwandlungsbeschluss bestimmten Rechtsform, die entsprechende Umgestaltung der Mitgliedschaften sowie die Heilung etwaiger Formmängel zur Folge.

11 **b) Sonstige Fälle der Umwandlung.** Von der im UmwG geregelten Umwandlung einer Kapitalgesellschaft strikt zu unterscheiden ist die formwechselnde Umwandlung einer **OHG oder KG in eine GbR**.[17] Sie beruht auf dem Rechtsformzwang des Personengesellschaftsrechts (RdNr. 3 und Vor § 705 RdNr. 16 f.). Eines Umwandlungsbeschlusses bedarf es hierfür nicht. Auch steht die abweichende Rechtsformwahl der Gesellschafter nicht entgegen (RdNr. 3). Entscheidend ist vielmehr, dass sich – sei es aus rechtlichen (Zweckänderung) oder tatsächlichen (Schrumpfung des Unternehmens) Gründen – der Zweck der Gesellschaft nicht mehr auf den Betrieb eines Handelsgewerbes richtet und kein Fall des § 105 Abs. 2 HGB vorliegt. Ändert die Gesellschaft ihren Zweck unter gleichzeitiger Einstellung ihres Gewerbebetriebs, so tritt allein schon dadurch die Umwandlung ein. Allerdings bedarf es, sofern der Übergang zu einem Kleingewerbe in Frage steht, im Hinblick auf § 5 HGB (Kaufmann kraft Eintragung) für die Umwandlung einer eingetragenen OHG oder KG in eine GbR noch der Löschung der Firma im Handelsregister.

12 Die **Gründe** für eine derartige formwechselnde Umwandlung von der OHG/KG in eine GbR sind vielfältig. Im Vordergrund dürfte weiterhin die aus steuerlichen und Haftungs-

---

[12] BayObLG DB 2002, 1649, 1650; *Decher* in: *Lutter* Vor § 190 UmwG RdNr. 2, 24.
[13] *Ganske*, Umwandlungsrecht, 2. Aufl. 1995, S. 209.
[14] Krit. auch *Zöllner*, FS Gernhuber, 1993, S. 563, 564 ff., freilich auf der Grundlage der älteren, heute überholten Gesamthandslehre (s. RdNr. 296). – Zu den steuerrechtlichen Folgen der Umwandlung einer Kapitalgesellschaft in eine Personengesellschaft s. *Schaumburg/Schumacher* in: *Lutter* Anh. § 304 UmwG RdNr. 13 ff.; *Moszka/Haritz* in: *Semler/Stängel* Anh. § 325 UmwG RdNr. 671 ff.
[15] So – die Fiktion freilich zu Unrecht auch auf den Formwechsel zwischen Kapitalgesellschaften und denjenigen zwischen Personengesellschaften erstreckend – *Hennrichs* ZIP 1995, 794, 796 f.; aA die Vertreter einer Gleichsetzung von juristischer Person und Gesamthand (*Raiser, Timm, Hadding* u. a.), vgl. dazu RdNr. 307.
[16] Vgl. *Happ* in: *Lutter* § 235 UmwG RdNr. 3.
[17] Vgl. § 190 Abs. 2 UmwG und dazu *Decher* in: *Lutter* § 190 UmwG RdNr. 14 ff.

gründen[18] verbreitete **Betriebsaufspaltung** der OHG oder KG in eine auf die Verpächterrolle beschränkte sog. Besitz-Personengesellschaft und eine meist als GmbH organisierte Betriebsgesellschaft stehen, die das gepachtete Unternehmen weiterführt (vgl. Vor § 705 RdNr. 18).[19] Aber auch der Übergang zu reinen **Holdingfunktionen** oder die – nicht nur vorübergehende[20] – Stilllegung des Unternehmens unter Vermietung oder Verpachtung der Betriebsgrundstücke gehören hierher,[21] sofern nicht die Gesellschafter unter Berufung auf § 105 Abs. 2 HGB an der Eintragung festhalten. Nicht um einen Fall der formwechselnden Umwandlung in eine GbR handelt es sich demgegenüber bei der Liquidation der Gesellschaft. In diesen Fällen besteht vielmehr grundsätzlich die OHG oder KG mit den sich aus dem Liquidationszweck ergebenden Besonderheiten (§§ 145 ff. HGB) bis zur vollständigen Verteilung des Gesellschaftsvermögens fort.

Rechtlich gesehen geht es bei der formwechselnden Umwandlung einer OHG oder KG **13** in eine GbR um eine **Änderung nur der Rechtsform, nicht aber der Identität** der Gesellschaft.[22] Sie hat daher weder Änderungen des Gesellschafterbestands noch des Gesellschaftsvermögens zur Folge. Auch eine Gesamtrechtsnachfolge der GbR in das Gesamthandsvermögen der OHG oder KG findet nicht statt; einer besonderen Vorschrift nach Art des § 202 Abs. 1 Nr. 1 UmwG bedarf es daher nicht.[23] Gehören zum Gesamthandsvermögen Grundstücke, so soll die Rechtsformänderung der Gesellschaft nach bisher hM eine Änderung der Eigentumsangaben im Wege der Grundbuchberichtigung erforderlich machen:[24] an die Stelle der OHG oder KG soll mangels eines grundbuchfähigen Gesamthandsnamens die Angabe der Namen der Gesellschafter mit einem die gesamthänderische Verbindung anzeigenden Zusatz treten (str.; zur Kritik vgl. näher RdNr. 912 ff.).

Schwierigkeiten bereitet die Frage, wie sich nach dem Rechtsformwechsel die **Rechts-** **14** **verhältnisse** der Gesellschafter **im Innenverhältnis** und **gegenüber Dritten** bestimmen, soweit nicht der Gesellschaftsvertrag hierfür Vorsorge trifft oder die Gesellschafter Entsprechendes beschließen. Probleme dieser Art treten vor allem bei der in eine GbR umgewandelten ehemaligen KG auf, weil die bei dieser anzutreffende Differenzierung in zwei Arten von Gesellschaftern für die GbR untypisch ist. Die Rechtsprechung ging in derartigen Fällen bisher im Wege der ergänzenden Vertragsauslegung grundsätzlich vom Fortbestand der in der KG geltenden Funktionsverteilung zwischen – ehemaligen – Komplementären und Kommanditisten aus.[25] Dem ist auch aus heutiger Sicht, trotz Änderung der Haftungssituation der ehemaligen Kommanditisten als Folge der in der GbR geltenden Akzessorietätstheorie (§ 714 RdNr. 33 ff.), grundsätzlich zuzustimmen (vgl. § 709 RdNr. 19). Dem

---

[18] Die Frage der Anwendbarkeit der §§ 32a, 32b GmbHG aF auf die (im Fall der Betriebsaufspaltung übliche) Nutzungsüberlassung (vgl. dazu nur BGH NJW 1994, 2349 und 2760; *Habersack* in: *Ulmer/Habersack/Winter* §§ 32a, b GmbHG RdNr. 121 ff.) hat sich allerdings durch die Streichung dieser Vorschriften im Zuge des MoMiG erledigt.
[19] MünchKommHGB/*K. Schmidt* § 105 RdNr. 41; *Staub/Ulmer* § 105 HGB RdNr. 26, jeweils mwN; allg. zur Betriebsaufspaltung *Sudhoff/Liebscher*, GmbH & Co. KG, 6. Aufl. 2005, § 2 RdNr. 48 ff.; *Knobbe-Keuk*, Bilanz- und Unternehmenssteuerrecht, 9. Aufl. 1993, § 22 X, S. 862 ff.; *Wittich*, Die Betriebsaufspaltung als Mitunternehmerschaft, 2002 (S. 94 ff., 137: für Innen-GbR zwischen Betriebs- und Besitzgesellschaft!).
[20] LG Köln DB 1980, 923.
[21] BGHZ 32, 307, 310 bis 312 = NJW 1960, 1664; BGH WM 1962, 10, 12; 1975, 99; RGZ 155, 75, 84; BayObLG NJW 1952, 28, 29; *Soergel/Hadding* RdNr. 3; *Staub/Ulmer* § 105 HGB RdNr. 26.
[22] AA *Kießling* WM 1999, 2391, 2394.
[23] BGH LM Nr. 17 = NJW 1967, 821; WM 1962, 10, 12; 1975, 99; *Soergel/Hadding* RdNr. 3; *Erman/Westermann* RdNr. 4.
[24] RGZ 155, 75, 85 f.; OLG Hamm DB 1984, 341; *Erman/Westermann* RdNr. 4; *Staub/Ulmer* § 105 HGB RdNr. 52. Dabei handelt es sich nicht um eine Berichtigung iS von §§ 894 BGB, 22 GBO, sondern um eine Richtigstellung tatsächlicher Angaben (BayObLG NJW 1952, 28, 29).
[25] BGH NJW 1987, 3124, 3126; LM § 709 Nr. 6 = NJW 1971, 1698: Fortbestand der Alleingeschäftsführung des (ehemaligen) Komplementärs unter Ausschluss der ehemaligen Kommanditisten. So auch BGH BB 1972, 61 für eine als KG geplante, jedoch als GbR entstandene Gesellschaft. Zum umgekehrten Fall einer als OHG oder KG geplanten, mangels Handelsregistereintragung als GbR bestehenden Gesellschaft vgl. RdNr. 3, 4.

Risiko persönlicher Haftung für die ehemaligen Kommanditisten lässt sich bei fortbestehender Funktionsaufteilung zwischen den Gesellschaftern je nach Lage des Falles dadurch Rechnung tragen, dass jenen entweder ein Anspruch auf Haftungsfreistellung gegen die ehemaligen Komplementäre oder ein außerordentliches Kündigungsrecht zusteht.

15 **c) Fortsetzung einer nichtrechtsfähigen Personengemeinschaft als Personengesellschaft (GbR).** Sie bildet den dritten Fall einer Umwandlung in eine GbR. In Betracht kommt namentlich die Umwandlung einer sonstigen Gesamthandsgemeinschaft (**Erbengemeinschaft, eheliche Gütergemeinschaft**) in eine GbR,[26] aber auch die Gründung einer GbR durch die Mitglieder einer **Bruchteilsgemeinschaft**. Im Unterschied zu den Fällen der formwechselnden Umwandlung (RdNr. 9 bis 14) gelten insoweit für die Entstehung der GbR keine Besonderheiten. Es bedarf namentlich des Abschlusses eines Gesellschaftsvertrags zwischen den Gemeinschaftern, wobei wegen der bereits bestehenden Verbindung je nach Lage des Falles ein konkludenter Abschluss nahe liegen mag (RdNr. 27). Ebenso ist zur Leistung der geschuldeten Beiträge eine jeweils gesonderte Rechtsübertragung erforderlich.[27] Das gilt auch für Gegenstände, an denen die Gesellschafter als Miterben oder Ehegatten in Gütergemeinschaft schon bisher gesamthänderisch beteiligt waren; sie sind von der einen auf die andere Gesamthand zu übertragen.[28] Für Grundstücke und grundstücksgleiche Rechte setzt das die Einhaltung der Erfordernisse der §§ 873, 925 voraus. Vgl. auch § 706 RdNr. 18.

II. Rechtstatsachen

16 Angesichts der Auffangfunktion, die der GbR als Personengesellschaft im Verhältnis zu OHG und KG beim Fehlen eines Handelsgewerbes als Gegenstand des gemeinsamen Zwecks und beim Verzicht der Gesellschafter auf eine Handelsregistereintragung nach § 105 Abs. 2 HGB zukommt, sind Erscheinungsformen und Verwendungsarten der GbR äußerst vielfältig. Vgl. dazu die ausführliche Übersicht in Vor § 705 RdNr. 36 ff.

B. Der Gesellschaftsvertrag

I. Abschluss und Änderungen

17 **1. Vertragsschluss. a) Allgemeines. aa) Abgrenzung zu Gefälligkeitsverhältnissen.** Das Vorliegen eines Gesellschaftsvertrages erfordert als erstes den rechtsgeschäftlich relevanten Willen der Parteien, wechselseitige Leistungspflichten zur Förderung eines gemeinsamen Zwecks zu begründen. Das wirft die – vor allem im Hinblick auf *Gelegenheitsgesellschaften* häufig nicht leicht zu beantwortende – Frage nach der Abgrenzung zwischen Schuldvertrag und Gefälligkeitsverhältnis auf.[29] Sie ist nach zutreffender neuerer Lehre nicht gleichbedeutend mit der generellen Frage nach dem Vorhandensein oder Fehlen von Schutzpflichten der Beteiligten: solche kommen auf Grund einer zwischen ihnen bestehenden Sonderverbindung vielmehr auch dann in Betracht, wenn die Parteien rechtsgeschäftliche Leistungspflichten nicht begründen, sondern das Tätigwerden im gemeinsamen oder frem-

---

[26] Eingehend zur Frage der Umwandlung eines von der Erbengemeinschaft betriebenen Handelsgeschäfts in eine Personengesellschaft *Dauner-Lieb,* Unternehmen in Sondervermögen, 1998, insbes. S. 477 ff., 506 ff.; dazu auch BGHZ 92, 259, 262 = NJW 1985, 136, und *Staub/Ulmer* § 105 HGB RdNr. 55 ff. mwN.

[27] So für den Fall der Einbringung eines bisher in Miteigentum stehenden Grundstücks in die von den Gemeinschaftern gebildete GbR ganz hM; vgl. RGZ 65, 227, 233; BayObLG Rpfleger 1981, 58; *Soergel/Hadding* RdNr. 3 und *Staudinger/Keßler* (12. Aufl.) § 719 RdNr. 18 mwN; ebenso bei Fortführung des von mehreren Erben ererbten Handelsgeschäfts als OHG oder KG vgl. BGHZ 92, 259, 263 = NJW 1985, 136; *Staub/Ulmer* § 105 HGB RdNr. 57 a.

[28] BGH (Fn. 27); OLG Hamm DNotZ 1958, 416, 418; KG DR 1940, 977; *Staub/Ulmer* § 105 HGB RdNr. 57; *Erman/Westermann* RdNr. 5; aA noch *Gansmüller* DNotZ 1955, 172, 178 unter unzutr. Berufung auf die schon bisher bestehende – aber anders strukturierte! – gesamthänderische Bindung.

[29] Vgl. dazu näher Einl. Bd. 2 RdNr. 31 ff., § 662 RdNr. 59 ff. und die Nachweise in Fn. 30.

den Interesse ihrer jeweiligen freien Entschließung überlassen wollten.[30] Für die Bejahung eines Gesellschaftsvertrags genügt nicht eine irgendwie geartete, insbesondere auf die Anerkennung bloßer Neben- oder Schutzpflichten beschränkte Willensübereinstimmung; erforderlich ist vielmehr die wechselseitige Verpflichtung auf einen gemeinsamen Zweck und zu dessen Förderung (RdNr. 153).

Ob und unter welchen Voraussetzungen ein derartiger, auf die Begründung von Leistungspflichten gerichteter Wille der Parteien zu bejahen ist, lässt sich nicht unabhängig von den jeweiligen Umständen des **Einzelfalls** beantworten. Nach einer zur Abgrenzung von Gefälligkeit und *Auftrag* ergangenen, ganz überwiegend auf Zustimmung gestoßenen **Grundsatzentscheidung des BGH** sind für die Frage eines rechtsgeschäftlichen Bindungswillens die Art der relevanten Handlung, ihr Grund und Zweck, ihre wirtschaftliche und rechtliche Bedeutung für den anderen Teil, ferner die Umstände ihrer Erbringung sowie die dabei bestehende Interessenlage der Parteien zu berücksichtigen.[31] Bei Gefälligkeiten des täglichen Lebens und solchen, die im rein gesellschaftlichen Bereich wurzeln, soll regelmäßig davon auszugehen sein, dass sie sich außerhalb des rechtsgeschäftlichen Bereichs halten.[32]

Bezogen auf die Abgrenzung von *Gefälligkeitsverhältnis und Gesellschaft* ist danach in erster Linie von der Art des gemeinsamen Projekts sowie von dem primär gesellschaftlich-sozialen bzw. dem aus wirtschaftlichen oder sonstigen Gründen über den zwischenmenschlichen Bereich hinausgehenden Interesse der Beteiligten auszugehen.[33] Zumal dann, wenn es um die **Durchführung von Projekten** nicht nur untergeordneter Bedeutung **auf gemeinsame Rechnung** geht, liegt die Annahme einer von allen Beteiligten gewollten rechtsgeschäftlichen Bindung nahe. Beispiele bilden etwa die Verabredung zu einer gemeinsamen Ferienreise unter Kostenteilung,[34] die Bildung eines Kegelclubs mit gemeinsamer Kasse für Fernreisen[35] oder die Gründung einer Lottospielgemeinschaft mit regelmäßigen, von jedem der Beteiligten zugesagten Einsätzen.[36] Demgegenüber sollen durch eine Vereinbarung über die wechselseitige Beaufsichtigung der Kinder,[37] über einen gemeinsamen Ausflug oder Kinobesuch o. ä. im Zweifel allenfalls Schutz-, aber keine Leistungspflichten der Beteiligten begründet werden. – Das Vorliegen eines auf die Begründung gesellschaftsvertraglicher Bindungen gerichteten Willens kann schließlich auch deshalb zu verneinen sein, weil die Parteien bereits als Ehegatten, Miterben, Bruchteilseigentümer oder in einer ähnlichen Beziehung untereinander verbunden sind und das Zusammenwirken nicht über diese Beziehung hinausführt (RdNr. 27).

bb) Anwendbarkeit der §§ 145 ff. Ist von den Beteiligten eine rechtsgeschäftliche Bindung gewollt, so gelten die Vorschriften der §§ 145 ff. über den Vertragsschluss grundsätzlich auch für den Gesellschaftsvertrag. Allerdings machen dessen Besonderheiten eine Reihe von **Abweichungen** erforderlich (vgl. auch RdNr. 29 zur Nichtanwendung der Auslegungsregel des § 154). Eine dieser Abweichungen beruht auf der häufig vorgesehenen Beteiligung von *mehr als zwei Personen* an der geplanten Gesellschaft. In Fällen dieser Art lässt

---

[30] So schon *Dölle* ZStW 103 (1943), 67 ff.; vgl. weiter Einl. Bd. 2 RdNr. 36 ff.; *Flume* II § 7, 4; *Honsell* JuS 1976, 621, 626; *Schwerdtner* NJW 1971, 1673, 1675; im Ergebnis auch *Willoweit* JuS 1984, 909, 913 unter Abstellen auf einen durch Leistungserbringung zu Stande kommenden „Realvertrag".
[31] BGHZ 21, 102, 106 f. = NJW 1956, 1313; so auch BGH LM § 832 Nr. 9 = NJW 1968, 1874; DB 1974, 1619, 1620; OLG Nürnberg OLGZ 1967, 139, 140 f.; zust. Einl. Bd. 2 RdNr. 31; 4. Aufl. § 662 RdNr. 59 ff.; *Soergel/M. Wolf* Vor § 145 RdNr. 84 ff.; *Staudinger/Bork* (1996) Vor § 145 RdNr. 79 ff.; *Staudinger/Oelzen* (2005) § 241 RdNr. 72, 76 ff.; aA namentlich *Flume* II § 7, 4.
[32] BGHZ 21, 102, 107 = NJW 1956, 1313; 4. Aufl. § 662 RdNr. 60.
[33] Ebenso im Ansatz BGH LM § 762 Nr. 4 = NJW 1974, 1705, 1706 – Lottospielgemeinschaft, allerdings mit der (wohl fallbedingten) Einschränkung, die Übernahme der Pflichten müsse unter Berücksichtigung der Unentgeltlichkeit(?) den Beteiligten noch zumutbar sein.
[34] So auch OLG Saarbrücken NJW 1985, 811; *Erman/Westermann* RdNr. 7; für „gesellschaftsähnliches Rechtsverhältnis" BGH JZ 1979, 101.
[35] OLG Saarbrücken NJW 1985, 811 (Kenia-Reise).
[36] AA BGH LM § 762 Nr. 4 = NJW 1974, 1705, 1706; dazu krit. *Kornblum* JuS 1976, 571 ff.; *Plander* AcP 176 (1976), 424 ff. Vgl. auch Vor § 705 RdNr. 117.
[37] BGH LM § 832 Nr. 9 = NJW 1968, 1874 f.

§ 705 21, 22   Abschnitt 8. Titel 16. Gesellschaft

sich der Vertragsschluss nicht mehr auf „Antrag" und „Annahme" zurückführen. Der Vertrag kommt vielmehr grundsätzlich erst dann zu Stande, wenn die entsprechenden Beitrittserklärungen sämtlicher als Gesellschafter vorgesehenen Personen vorliegen (zum Fall subjektiver Teilnichtigkeit oder sonstiger Beitrittsmängel vgl. RdNr. 54). Die einzelnen Beitrittserklärungen können auch nacheinander abgegeben werden.[38] Sie müssen grundsätzlich allen anderen Vertragspartnern zugehen (§ 130 Abs. 1), soweit diese nicht einen Zugangsbevollmächtigten bestellt oder auf den Zugang verzichtet haben (§ 151 S. 1 Alt. 2). Zum konkludenten Vertragsschluss (§ 151 S. 1 Alt. 1) vgl. RdNr. 25.

21 cc) **System von Sternverträgen.** Um einen – namentlich als Organisationsform von Syndikaten oder anderen horizontalen Wettbewerbsbeschränkungen[39] anzutreffenden – Sonderfall des Gesellschaftsvertrags handelt es sich, wenn die Beteiligten **inhaltlich übereinstimmende,** der Förderung eines für alle Beteiligten gemeinsamen Zwecks dienende **zweiseitige Verträge** mit einer zentralen Stelle (Agentur, gemeinsame Vertriebsgesellschaft u. a.) schließen.[40] Bilden diese Verträge als sog. Sternverträge unselbständige, aufeinander bezogene Teile eines einheitlichen Vertragssystems, so sind sie als rechtliche Einheit zu behandeln mit der Folge, dass sie eine GbR zwischen den Vertragspartnern der gleichen Marktseite begründen und zu entsprechenden Treupflichten zwischen ihnen auch ohne förmlichen Gesellschaftsvertrag führen. Anderes gilt bei Vertriebs-, Franchisesystemen u. a., bei denen Initiative und Schwerpunkt der Rechtsbeziehungen nicht auf Seiten der in das Netz eingegliederten Vertriebsunternehmen liegen, sondern bei der zentralen Stelle (Hersteller/Lieferant, Franchisegeber u. a.). Hier scheidet die Annahme einer Gesellschaft zwischen den Netzmitgliedern wegen der rechtsgeschäftlich vorherrschenden zweiseitigen Beziehung der jeweiligen Vertragspartner typischerweise aus.[41]

22 b) **Unzutreffende Bezeichnung der Rechtsform; gemischte Verträge.** Der Abschluss eines Gesellschaftsvertrags iS von § 705 setzt **nicht** voraus, dass die Parteien sich ausdrücklich auf die **Rechtsform der GbR geeinigt** haben. Entscheidend für die Rechtsnatur sind vielmehr einerseits die in § 705 genannten Kriterien des gemeinsamen Zwecks und der Förderungspflicht, andererseits der Umstand, dass die Beteiligten weder ein Handelsgewerbe unter gemeinsamer Firma betreiben noch (bei freiberuflichem Unternehmensgegenstand) die Rechtsform der Partnerschaftsgesellschaft wählen wollen. Sind sich die Parteien über die Rechtsnatur der Gesellschaft im Unklaren oder haben sie die Gesellschaft trotz fehlenden Handelsgewerbes und ohne Absicht der Handelsregistereintragung nach § 105 Abs. 2 HGB vertraglich unzutreffend als OHG oder KG qualifiziert, so wird sie gleichwohl als GbR wirksam.[42] Auf einen etwa abweichenden Parteiwillen kommt es für

---

[38] EinhM, vgl. *Soergel/Hadding* RdNr. 4; *Erman/Westermann* RdNr. 6; *Bamberger/Roth/Timm/Schöne* RdNr. 42.
[39] Vgl. etwa BGHZ 65, 30, 34 f. = NJW 1975, 1837 – ZVN.
[40] Eingehend hierzu schon *Isay* Kart-Rdsch. 1927, 98, 106 f. (zur KartVO 1923); wN bei *Ulmer,* Der Vertragshändler, 1969, S. 322 f. Fn. 7 und 16; ferner *Martinek,* Franchising, 1987, S. 544 ff.; *K. Schmidt,* Kartellverbot und sonstige Wettbewerbsbeschränkungen, 1978, S. 134 ff. und *Steindorff* BB 1979, Beilage 3 S. 5 f. („Gesamtvertrag").
[41] *Ulmer* (Fn. 40) S. 324 ff.; *Martinek* (Fn. 40) S. 231 ff., 256 ff. (vorbehaltlich des sog. Koalitions-Franchising, S. 389 ff.); *Blaurock,* FS Werner, 1984, S. 23, 27; *Steindorff* DB 1979, Beilage 3; im Ergebnis auch BGH EWiR § 705 BGB 4/85, 665 *(Bunte);* offen lassend *Erman/Westermann* RdNr. 7; *Bamberger/Roth/Timm/Schöne* RdNr. 41.
[42] HM, vgl. BGHZ 10, 91, 97 = NJW 1953, 1217; BGHZ 22, 240, 244 = NJW 1957, 218; BGHZ 32, 307, 310 = NJW 1960, 1664; BGH WM 1962, 10, 11; BAG NJW 1994, 2973, 2974; *Soergel/Hadding* RdNr. 6; *Staub/Ulmer* § 105 HGB RdNr. 160; MünchKommHGB/*K. Schmidt* § 105 RdNr. 31; *ders.,* Zur Stellung der OHG im System der Handelsgesellschaften, 1972, S. 158, 164, 169. AA aber *Lieb,* Die Ehegattenmitarbeit im Spannungsfeld zwischen Rechtsgeschäft, Bereicherungsausgleich und gesetzlichem Güterstand, 1970, S. 24 ff., 27 (für Nichtigkeit des Gesellschaftsvertrages wegen „juristischer Unmöglichkeit"); *Battes* AcP 174 (1974), 429, 434 f., 438 f. (für Eingreifen von § 134, ggf. mit Aufrechterhaltung der Gesellschaft entgegen § 139); im Ergebnis ähnlich (für Teilnichtigkeit betr. die Rechtsformwahl) *Jahnke* ZHR 146 (1982), 595, 609 f. trotz seiner hM zustimmenden Ausgangsthese (S. 602 ff.). Von „Umdeutung" spricht auch BGHZ 19, 269, 272 ff. = NJW 1956, 297, freilich ohne auf Voraussetzungen und Grenzen von § 140 einzugehen (vgl. *K. Schmidt,* Stellung der OHG, S. 160 Fn. 5 mwN).

den Vertragsschluss insoweit nicht an (zur Frage der Anfechtbarkeit wegen Irrtums vgl. RdNr. 23).[43] Die auf dem Rechtsformzwang (RdNr. 3) beruhende Einschränkung der Privatautonomie lässt der rechtsgeschäftlichen Gestaltung im Fall eines gemeinschaftlich betriebenen, notwendig als OHG oder KG zu qualifizierenden Handelsgewerbes keinen Raum; anderes gilt bei freiberuflichen Tätigkeiten mit Rücksicht auf das PartGG.

Hinsichtlich der **Rechtsfolgen** einer unzutreffenden rechtlichen Beurteilung der Gesellschaft durch die Gründer ist zu unterscheiden. Soweit es sich nur um einen Bezeichnungsfehler iS einer falsa demonstratio handelt, können hieraus Anfechtungs- oder Auflösungsgründe nicht abgeleitet werden. Kam es einem der Beteiligten dagegen entscheidend darauf an, den Zusammenschluss in einer von der GbR abweichenden Rechtsform zu organisieren, etwa um die Haftungsbeschränkung des KG-Rechts in Anspruch nehmen zu können, und hat er diese Absicht durch die unzutreffende Bezeichnung erkennbar in seinen Geschäftswillen aufgenommen, so wird die Wirksamkeit des Gesellschaftsvertrags hiervon zwar nicht unmittelbar betroffen.[44] Wohl aber kann der dem Irrtum unterliegende Gesellschafter den Vertrag bis zur Geschäftsaufnahme (Vollzug) nach § 119 Abs. 1 anfechten.[45] Nach diesem Zeitpunkt tritt an die Stelle der Anfechtung das Recht zur Kündigung aus wichtigem Grund (RdNr. 345). 23

Die Kriterien des § 705 können auch im Rahmen eines anderen Vertrages erfüllt sein oder dessen unselbständigen Teil bilden;[46] dann liegt ein **gemischter oder kombinierter Vertrag** mit gesellschaftsrechtlichen Elementen vor (vgl. näher Vor § 705 RdNr. 113 ff.). 24

c) Konkludenter Vertragsschluss. Die besondere Struktur und der Gegenstand der GbR, aber auch das grundsätzliche Fehlen von Formvorschriften (RdNr. 32), bringen es mit sich, dass ein Zeitpunkt für den Vertragsschluss zwischen den Beteiligten bei Gründung einer Gesellschaft häufig weniger leicht feststellbar ist als bei typischen Austauschverträgen wie etwa dem Kauf oder der Miete. Während das Zustandekommen des Kauf- oder Mietvertrags sich beim Fehlen schriftlicher Vereinbarungen im Austausch von Leistung und Gegenleistung bzw. im Bezug der Mietwohnung mit Einverständnis des Vermieters dokumentiert, fehlt es vielfach an einem ähnlich aussagekräftigen Umstand zu Beginn der GbR. Bei ihr gestaltet sich der Übergang von bloßen Vorbereitungshandlungen der Partner zum Zusammenwirken auf rechtsgeschäftlicher Grundlage nicht selten fließend (vgl. RdNr. 26). Bestehen zwischen den Partnern bereits andere Verbindungen wie etwa Erbengemeinschaft, Ehe, Bruchteilsgemeinschaft, die ebenfalls als Grundlage für rechtlich relevante Gemeinschaftsbeziehungen der fraglichen Art in Betracht kommen, so ist eine klare Abgrenzung beim Fehlen eines ausdrücklichen Vertragsschlusses häufig noch schwieriger (RdNr. 27). 25

Zum konkludenten Abschluss eines Gesellschaftsvertrags kann es namentlich bei den für die GbR typischen **Gelegenheitsgesellschaften** kommen. Das erklärt sich aus Charakter und Inhalt dieser Vereinbarungen. Sie dienen meist der gemeinsamen Herbeiführung eines einmaligen oder doch sachlich oder zeitlich begrenzten Erfolgs unter beider- bzw. allseitiger Teilnahme am Gewinn oder Nutzen (Metageschäft, gemeinsame Reise, Anschaffung eines Gegenstands u.a.). Schon aus diesem Grunde sind hier in der Regel keine detaillierten 26

---

[43] Zutr. *Soergel/Hadding* RdNr. 6; aA MünchKommHGB/*K. Schmidt* § 105 RdNr. 31 (nur wichtiger Grund zur Kündigung).

[44] AA *Battes* und *Lieb* (Fn. 42); im Ansatz auch *Jahnke* (ZHR 146 (1982), 595, 609 ff., der Teilnichtigkeit bezüglich der Rechtsformwahl annimmt und das Schicksal des Restvertrages davon abhängig macht, ob die Parteien den Vertragsschluss trotz nichtiger Rechtsformbezeichnung gewollt haben.

[45] Beachtlicher Rechtsfolgenirrtum als Unterfall des Inhalts-(Geschäfts-)Irrtums, so auch *Soergel/Hadding* RdNr. 6; aA einerseits *K. Schmidt*, Stellung der OHG, S. 168 f. unter Berufung auf den (anders gelagerten) Fall RGZ 76, 439 (Irrtum über die Haftungsfolgen bei Eintritt in Einzelhandelsgeschäft) und auf *Flume* II § 23 4 d, S. 466 f., andererseits – folgerichtig wegen § 139 – *Jahnke* ZHR 146 (1982), 595, 611 f. Allg. dazu vgl. RGZ 88, 278, 284; 89, 29, 33; 134, 195, 197 f.; § 119 RdNr. 82 ff.; Palandt/*Heinrichs* § 119 RdNr. 15; *Mayer-Maly* AcP 170 (1970), 133, 168, 170.

[46] Vgl. BGH DB 1972, 2201: notariell beurkundeter Ehevertrag mit einem über den eigentlichen Aufgabenbereich der Ehe hinausgehenden Zweck beiderseitiger Zusammenarbeit als schuldrechtliche Grundlage einer GbR.

Absprachen über Beitragsleistungen, Geschäftsführung, Gewinnverteilung, Dauer u. a. zu erwarten. Als maßgebliches Kriterium für die Frage, ob in diesen Fällen auf Grund des tatsächlichen Zusammenwirkens der Parteien die Gründung einer GbR anzunehmen ist oder ob das Zusammenwirken sich auf außerrechtsgeschäftlicher, rein freiwilliger Grundlage vollzieht, bietet sich hier ähnlich wie bei der Abgrenzung von Auftrags- und reinen Gefälligkeitsverhältnissen in erster Linie das wirtschaftliche Interesse der Beteiligten an der geplanten Transaktion an (RdNr. 19). Liegt es vor, so gestattet es jedenfalls in denjenigen Fällen einen Schluss auf ihren rechtlichen Bindungswillen, in denen es an sonstigen Gemeinschaftsbeziehungen fehlt (vgl. RdNr. 27). Kommt es in diesen Fällen zum einverständlichen Beginn der Durchführung, so begründet das im Wege des Anscheinsbeweises die – widerlegbare – **Vermutung für einen Vertragsschluss**.[47] Die Rechtslage ist ähnlich derjenigen im Falle längerfristiger tatsächlicher Abweichung von einer Vertragsbestimmung ohne förmliche Vertragsänderung (RdNr. 56).

27 Weniger eindeutig liegen die Dinge bei dem auf einen gemeinsamen Zweck gerichteten **Zusammenwirken zwischen** bereits **anderweitig verbundenen Personen** (Ehegatten, Miterben, Bruchteilseigentümer), wenn es zwischen ihnen an einem ausdrücklichen Vertragsschluss fehlt. Die theoretische Abgrenzung ist zwar auch hier einfach: zur Einigung auf einen gemeinsamen Zweck muss eine rechtsgeschäftliche Förderpflicht iS von § 705 hinzukommen, wenn die schon bestehende Beziehung in eine GbR umgewandelt (RdNr. 15) oder durch sie überlagert werden soll. Die rechtsgeschäftliche Bindung kann hier aber – anders als zwischen Beteiligten ohne anderweitige Bindung – nicht allein aus der Tatsache des Zusammenwirkens und aus der Bedeutung des Projekts entnommen werden. Hinzukommen muss vielmehr die Begründung einer für die GbR kennzeichnenden, über die anderweitige Bindung hinausgehenden und sich von dieser unterscheidenden Rechtsbeziehung.[48] Das gilt entgegen einer teilweise großzügigeren, vor allem auf Gesichtspunkten des Interessenausgleichs der Beteiligten beruhenden Rechtsprechung des BGH insbesondere für die Ehegattengesellschaft (näher Vor § 705 RdNr. 73 ff.), hat aber auch für den Übergang von der Erbengemeinschaft zur (Handels-)Gesellschaft Bedeutung (RdNr. 28). Zur Abgrenzung von GbR und Bruchteilsgemeinschaft vgl. Vor § 705 RdNr. 100 f.

28 Die **Abgrenzung zwischen Erbengemeinschaft und (Handels-)Gesellschaft** wird in erster Linie für diejenigen Fälle diskutiert, in denen ein zum Nachlass gehörendes *Handelsgeschäft* über die Dreimonatsfrist des § 27 HGB hinaus von den Erben fortgeführt wird. Die Diskussion dieser Fälle hat zu im Ansatz weit auseinander gehenden Ansichten über die Frage geführt, ob mangels ausdrücklichen Vertragsschlusses im Zweifel vom Fortbestand der Erbengemeinschaft auch hinsichtlich des Handelsgeschäfts auszugehen sei[49] oder ob es bei einverständlicher Fortführung der Geschäfte über die Frist des § 27 HGB hinaus zwingend zur Entstehung einer OHG komme.[50] Bei der GbR liegen die Dinge schon deshalb regelmäßig

---

[47] Vgl. im grds. gleichen Sinne die Urteile zum Vertragsschluss trotz unvollständiger Einigung (Fn. 51); für den Fall der Begründung eines unternehmerischen Risikos auch BFH BB 1980, 1835; *Soergel/Hadding* RdNr. 7; *Erman/Westermann* RdNr. 7. Weitergehend *K. Schmidt,* Stellung der OHG, S. 169 ff., der für Gesellschaften, die auf den Betrieb eines Unternehmens gerichtet sind, im Anschluss an die Lehre von der fehlerhaften Gesellschaft von einer generellen Verkürzung der Privatautonomie unter Vernachlässigung des Parteiwillens ausgeht.

[48] Vgl. zum konkludenten Vertragsschluss bei einem vermögensrechtlich ins Gewicht fallenden Zusammenwirken zwischen Ehegatten BGHZ 155, 249, 253 ff. = NJW 2003, 2982; bei über den Erwerb von Wohnungseigentum hinausgehenden Absprachen der Eigentümer über die Fertigstellung des Bauobjekts auch BGH ZIP 2008, 24, 25.

[49] So eingehend BGHZ 92, 259, 264 f. = NJW 1985, 136 und *Dauner-Lieb* (Fn. 26). Vgl. auch schon BGHZ 17, 299, 301 f. = NJW 1955, 1227, das das Zustandekommen einer OHG trotz siebzehnjähriger gemeinsamer Fortführung des Handelsgeschäfts durch die Miterben offen ließ und sich darauf beschränkte, Gesellschaftsrecht auf die Innenbeziehungen der Parteien entsprechend anzuwenden; dazu mit Recht krit. *Lehmann* NJW 1958, 1, 3; wN zum Schrifttum s. in Fn. 50.

[50] So übermäßig rigoros *Rob. Fischer* in Großkomm. zum HGB § 105 Anm. 65 a, 66 mit der Begründung, die – wegen § 27 HGB notwendig einverständliche – Fortführung des Handelsgeschäfts unter gemeinsamer Firma erfülle sämtliche Voraussetzungen des § 105 HGB und begründe dadurch zwangsläufig eine OHG;

anders, weil der Weiterbetrieb einer zum Nachlass gehörenden Aktivität meist weniger eindeutig aus dem typischen Aufgabenkreis der gemeinsamen Verwaltung des Nachlasses herausfällt als der Betrieb eines Handelsgewerbes. Es müssen also besondere Umstände hinzukommen, wie etwa eine über die gemeinsame Erbfolge hinausgehende enge persönliche Bindung der Beteiligten oder die einverständliche Einigung auf solche Projekte, die nicht bereits durch die Beschaffenheit der Nachlassgegenstände vorgegeben sind und daher nicht zur üblichen Verwaltungstätigkeit gehören, wenn ein konkludenter Vertragsschluss zwischen den Miterben unter teilweiser Erbauseinandersetzung angenommen werden soll.

d) **Unvollständiger Vertragsschluss.** Um eine in tatsächlicher Hinsicht dem konkludenten Vertragsschluss ähnliche, rechtlich jedoch Besonderheiten aufweisende Frage geht es in den Fällen, in denen die Parteien sich zwar darauf geeinigt haben, eine GbR gründen zu wollen, aber sich entweder noch nicht über sämtliche als regelungsbedürftig angesehenen Punkte verständigt oder die beabsichtigte Beurkundung des Vertrags noch nicht vorgenommen haben. Nach den Auslegungsregeln des § 154 Abs. 1 und 2 wäre in diesen Fällen der Vertrag im Zweifel nicht geschlossen. Demgegenüber hat die Rechtsprechung[51] mit Zustimmung der Literatur[52] wiederholt ausgesprochen, dass das *Invollzugsetzen* der Gesellschaft vor abschließender Klärung des Vertragsinhalts zu einer **Umkehrung der Auslegungsregeln des § 154** führe und dass es den Schluss auf den Willen der Parteien gestatte, zumindest einen vorläufigen (dh. also im Zweifel jederzeit kündbaren) Vertrag abzuschließen. Dem ist angesichts des im Vollzug dokumentierten Bindungswillens der Beteiligten grundsätzlich zuzustimmen. Die bestehenden Lücken sind beim Scheitern nachträglicher Einigung entsprechend § 157 im Wege *ergänzender Vertragsauslegung* zu füllen,[53] soweit nicht die Parteien die Bestimmung einem der Gesellschafter oder einem Dritten übertragen haben.[54] Darauf, dass der Gesellschaftsvertrag in allen wesentlichen Teilen bereits einen bestimmten Inhalt aufweist, kommt es nicht an.[55] Wohl aber muss eine Einigung über so zentrale Punkte wie den Gesellschaftszweck und die Förderpflicht der Beteiligten vorliegen, damit eine Vertragsergänzung überhaupt möglich ist. 29

Vom Fall eines auf offenem Einigungsmangel (§ 154 Abs. 1) beruhenden lückenhaften Vertrags zu unterscheiden ist eine gesellschaftsvertragliche Einigung, die sich bewusst und gewollt auf *wenige* Abreden beschränkt und die Ausfüllung des Vertrags im Übrigen dem **dispositiven Recht** überlässt. Hier handelt es sich nicht um einen lückenhaften, sondern einen den gesetzlichen Regeln unterstellten Vertrag.[56] Für eine richterliche Vertragsergänzung abweichend vom dispositiven Recht ist daher im Zweifel kein Raum. 30

e) **Bedingter und befristeter Vertrag.** Der Gesellschaftsvertrag kann unter *aufschiebender Bedingung oder Zeitbestimmung* geschlossen werden.[57] In beiden Fällen wird – was zulässig 31

---

dazu eingehend *ders.* ZHR 144 (1980), 1, 10 ff. AA die hM, vgl. etwa *Hueck* OHG § 6 V 5; *Staub/Hüffer* Vor § 22 HGB RdNr. 71 ff., 73; *Staub/Ulmer* § 105 HGB RdNr. 57 ff.; *Bamberger/Roth/Timm/Schöne* RdNr. 44; *K. Schmidt* NJW 1985, 2785, 2787 f.; *M. Wolf* AcP 180 (1980), 480 ff.

[51] BGHZ 11, 190, 192 = NJW 1954, 231; BGH LM HGB § 105 Nr. 13a = NJW 1960, 430; WM 1958, 1105; NJW 1982, 2816, 2817; RGZ 103, 73, 75.

[52] *Soergel/Hadding* RdNr. 5; *Erman/Westermann* RdNr. 6; *Staub/Ulmer* § 105 HGB RdNr. 162; *K. Schmidt*, Stellung der OHG, S. 170.

[53] Vgl. näher RdNr. 174 und Fn. 470. Allg. zum Verhältnis zwischen ergänzender Auslegung und Anwendung dispositiven Rechts vgl. auch § 157 RdNr. 35 ff., und *Soergel/M. Wolf* § 157 RdNr. 109 ff.

[54] §§ 315 bis 319; so auch BGH LM HGB § 105 Nr. 13a = NJW 1960, 430; *Staub/Ulmer* § 105 HGB RdNr. 162; *Soergel/Hadding* RdNr. 5, jeweils gegen RG JW 1935, 1783, 1784 (Bestimmung durch Schiedsgericht).

[55] So aber noch RGZ 95, 147, 149; *Soergel/Schultze-v. Lasaulx* (10. Aufl.) RdNr. 2.

[56] Das dispositive Recht gilt hier kraft Gesetzes, nicht etwa kraft vertraglicher Verweisung (aA BGHZ 38, 306, 316 = NJW 1963, 646; wohl auch noch *Rob. Fischer* in Großkomm. zum HGB § 105 Anm. 48).

[57] Ganz hM, vgl. RG JW 1936, 2065; *Soergel/Hadding* RdNr. 4; *Staub/Ulmer* § 105 HGB RdNr. 164 f.; MünchKommHGB/*K. Schmidt* § 105 RdNr. 107; *Baumbach/Hopt* § 105 HGB RdNr. 50. Für Zulässigkeit aufschiebend bedingten Beitritts zu einer Publikums-KG BGH WM 1979, 613 und NJW 1985, 1080; OLG Koblenz WM 1979, 1435, 1437, und OLG München WM 1984, 1335. Für grds. Beschränkung der Bedingungswirkungen auf das Innenverhältnis der Beteiligten aber *Koller/Buchholz* DB 1982, 2171 ff.

§ 705 32–34 Abschnitt 8. Titel 16. Gesellschaft

ist – das Wirksamwerden des Vertrages zeitlich hinausgeschoben. Aber auch die Vereinbarung einer *auflösenden Bedingung* begegnet keinen grundsätzlichen Einwendungen, da sie – anders als etwa ein vertragliches Rücktrittsrecht – nicht zur rückwirkenden Vernichtung der Gesellschaft führt,[58] sondern nur zur Auflösung ex nunc (Vor § 723 RdNr. 7, 21). Der Sache nach handelt es sich um eine vertragliche Konkretisierung des in § 726 vorgesehenen, an die Erreichung oder das Unmöglichwerden des Gesellschaftszwecks geknüpften Auflösungsgrundes. – Zur Rückdatierung der Entstehung der GbR vgl. RdNr. 7.

32   **2. Die Form des Gesellschaftsvertrags. a) Überblick.** Der Abschluss eines Gesellschaftsvertrags ist – von spezialgesetzlichen Ausnahmen abgesehen (vgl. RdNr. 33) – grundsätzlich **formlos wirksam**. Das gilt nicht nur für die GbR, sondern auch für die stärker durchnormierten Rechtsformen der OHG und KG; deren Anmeldung zum Handelsregister erstreckt sich nicht etwa auf die Einreichung eines Gesellschaftsvertrags (§ 106 Abs. 2 HGB). Abweichendes gilt nur für den Partnerschaftsgesellschaftsvertrag: er bedarf nach § 3 Abs. 1 PartGG der Schriftform.

33   **Gesetzliche Formerfordernisse** für den GbR-Vertrag können sich jedoch im Hinblick auf bestimmte, formbedürftige Verpflichtungen der Gründer oder später Beitretenden ergeben. Die beiden für Gesellschaftsverträge bedeutsamsten Vorschriften sind **§ 311 b Abs. 1** (Verpflichtung eines Gesellschafters gegenüber der GbR zur Veräußerung oder zum Erwerb eines Grundstücks) und **§ 518** (Schenkungsversprechen betr. die unentgeltliche Beteiligung eines Gesellschafters); vgl. dazu unten RdNr. 36 ff., 42 ff. Daneben sind für bestimmte gesellschaftsvertragliche Beitragspflichten auch § 311 b Abs. 3 sowie § 15 GmbHG zu beachten. Nach **§ 311 b Abs. 3** bedarf der Gesellschaftsvertrag der notariellen Form, wenn sich ein Gesellschafter darin verpflichtet, sein ganzes Vermögen oder einen Bruchteil desselben einzubringen oder in sonstiger Weise darüber zu Gunsten der Gesellschaft zu verfügen. Die Verpflichtung muss sich auf das Vermögen als solches beziehen; die Einbringung bestimmter Gegenstände, die de facto das ganze Vermögen des Gesellschafters darstellen, wird von dieser Vorschrift nicht erfasst.[59] **§ 15 Abs. 4 GmbHG** regelt die Verpflichtung zur Abtretung von GmbH-Geschäftsanteilen. Sie bedarf ebenso wie die Abtretung selbst notarieller Beurkundung. Der Formmangel der Verpflichtung wird durch die formgültig vollzogene Abtretung geheilt (§ 15 Abs. 4 S. 2 GmbHG). Zur Beurteilung sonstiger, nicht auf Rechtsübertragung gerichteter Einlagevereinbarungen (Gebrauchsüberlassung, Einbringung dem Werte nach u. a.) vgl. die Kasuistik zu § 311 b Abs. 1 (RdNr. 37 ff., 40); zur Frage der Formbedürftigkeit eines Gesellschaftsvertrags zwischen Ehegatten, die in Gütergemeinschaft leben, vgl. RdNr. 75 ff.

34   Greift auf Grund der von Gesellschaftern im Gesellschaftsvertrag übernommenen Verpflichtungen eine der in RdNr. 33 genannten Formvorschriften ein, so erstreckt sich der **Umfang des Formerfordernisses** grundsätzlich auf den gesamten Vertrag, dh. auf alle Vereinbarungen, aus denen sich nach dem Willen der Vertragspartner das Rechtsgeschäft zusammensetzt.[60] Das ist zu § 311 b Abs. 1 S. 1 von der ganz hM anerkannt;[61] es führt zur Formbedürftigkeit des Gesellschaftsvertrags insgesamt einschließlich etwaiger, damit in unmittelbarem Zusammenhang stehender Zusatzabreden wie Liefer- oder Abnahmeverpflichtungen u. a.[62] Entsprechendes gilt nach überwM für die aus § 15 Abs. 4 GmbHG folgende Formbedürftigkeit der Verpflichtung zur Abtretung von GmbH-Anteilen;[63] im Falle der

---

[58] So aber *Rob. Fischer* in Großkomm. zum HGB § 105 Anm. 50; für auflösend bedingten Beitritt zur Publikums-KG auch *Koller/Buchholz* DB 1982, 2173 f.

[59] RGZ 94, 314, 316; BGHZ 25, 1, 4 = NJW 1957, 1514; so auch § 311 b RdNr. 103 und *Klöckner* DB 2008, 1083 ff. in Bezug auf den asset deal, bei dem alle wesentlichen Gegenstände einzeln schriftlich aufgelistet werden.

[60] Vgl. § 125 RdNr. 30 mN.

[61] Vgl. § 311 b RdNr. 50 und *Staudinger/Wufka* (2006) § 311 b RdNr. 154 f., jeweils mN der Rspr.

[62] Dazu näher *Wiesner* NJW 1984, 95 ff.; vgl. auch BGH LM § 313 Nr. 80 = NJW 1979, 915; NJW-RR 1990, 340 f.

[63] *Löbbe* in: Ulmer/Winter/Habersack § 15 GmbHG RdNr. 71 ff.; *K. Schmidt* § 105 RdNr. 137, 139; *Petzoldt* GmbHR 1976, 83 f.; *Wiesner* NJW 1984, 97; einschr. BGH LM § 134 Nr. 106 = NJW 1983, 1843 (untrennbarer Teil); LM GmbHG § 2 Nr. 7 = NJW 1969, 2049 (wesentliche Abreden); WM 1989, 256, 260 (keine

Einbringung der Anteile an einer GmbH & Co. KG ist daher auch die damit verbundene Verpflichtung zur Abtretung der KG-Anteile formbedürftig.[64] Diese Grundsätze gelten entsprechend für die **Heilung** des Formmangels nach §§ 311 b Abs. 1 S. 2 BGB, 15 Abs. 4 S. 2 GmbHG; auch sie erstreckt sich auf den ganzen Vertrag. Spätere *Vertragsänderungen,* die nach Bewirken des formbedürftigen Versprechens vereinbart werden oder sich nicht unmittelbar auf die formbedürftigen Abreden beziehen, werden auch ohne Einhaltung der gesetzlichen Form wirksam (RdNr. 57).

Kommt es nicht zur Heilung und scheidet auch eine Umdeutung der formnichtigen in eine formfreie und daher wirksam vereinbarte Beitragsverpflichtung aus, so sollen sich die **Rechtsfolgen der Formnichtigkeit** nach hM[65] auf die formbedürftige (Beitrags-)Verpflichtung als solche beschränken, während die Wirksamkeit des Restvertrages sich nach den Grundsätzen über die Teilunwirksamkeit bestimmen soll (RdNr. 40, 52 f.). Das ist unvereinbar mit der den ganzen Gesellschaftsvertrag erfassenden Geltung des Formerfordernisses.[66] Die Nichtbeachtung der Form führt in diesen Fällen daher zum Eingreifen der Grundsätze über die fehlerhafte Gesellschaft (vgl. auch RdNr. 40). 35

b) Vereinbarungen über Grundstücke. aa) Der Anwendungsbereich des § 311 b Abs. 1 S. 1. Die praktisch wichtigste Formvorschrift für Gesellschaftsverträge enthält § 311 b Abs. 1. Danach bedarf nicht nur die **Pflicht zur Veräußerung** von Grundstücken, sondern – seit 1973 – auch diejenige **zum Erwerb** der notariellen Beurkundung (vgl. dazu RdNr. 38). Voraussetzung ist, dass die Veräußerungs- oder Erwerbspflicht den **Inhalt** des Vertrages bildet, im Fall von Gesellschaftsverträgen also zu den Beitragspflichten der einzelnen Gesellschafter gehört. Dem steht die Pflicht zum Erwerb eines bestimmten Grundstücks beim Ausscheiden aus der Gesellschaft oder bei deren Auflösung gleich,[67] nicht aber die Übernahme des Vermögens der Grundstücksgesellschaft bei Ausscheiden des vorletzten Gesellschafters.[68] Tritt die Mitberechtigung an einem Grundstück dagegen nur als Folge des Vertragsabschlusses ein, so macht das den Vertrag nicht formbedürftig.[69] Daher ist die Verpflichtung, einer Gesellschaft beizutreten, zu deren Vermögen Grundstücke gehören, oder aus ihr auszuscheiden, nicht formgebunden; die – durch Anwachsung eintretende – dingliche Rechtsänderung ist hier nicht Gegenstand, sondern Folge des Beitritts oder Ausscheidens (§ 718 RdNr. 7 f.). Gleiches gilt für die Pflicht zur **Anteilsübertragung** an einer Grundstücksgesellschaft; vorbehaltlich der im Analogiewege zu lösenden Fälle einer Gesetzesumgehung[70] ist sie ebenso wie die Übertragung selbst, grundsätzlich formlos wirksam.[71] Keiner Form bedarf weiter die formwechselnde Umwandlung einer GbR in eine Personengesellschaft (OHG oder KG) oder umgekehrt; sie lässt die dingliche Zuordnung der zum Gesellschaftsvermögen gehörenden Grundstücke unberührt (RdNr. 13). Wohl aber 36

Formbedürftigkeit eines Schuldbeitritts auf Seiten des Erwerbers der Anteile); *Scholz/H. Winter/Seibt* § 15 GmbHG RdNr. 66 ff.; aA *Schlüter,* FS Bartholomeyczik, 1973, S. 359 ff.; *Sigle/Maurer* NJW 1984, 2657, 2658 ff.
[64] *Sudhoff/Reichert,* GmbH & Co. KG, § 28 RdNr. 35; *Binz/Sorg,* GmbH & Co. KG, § 6 RdNr. 9.
[65] BGHZ 45, 376, 377 = NJW 1966, 1747; BGH NJW 1981, 222; 1983, 565; MünchKomm-HGB/*K. Schmidt* § 105 RdNr. 137, 139; *Bamberger/Roth/Timm/Schöne* RdNr. 48. Nachweise zur Gegenauffassung s. in Fn. 66.
[66] Das hebt *Wiesner* NJW 1984, 98 zu Recht hervor; für Gesamtunwirksamkeit daher auch schon *Hueck* OHG § 6 III 2, S. 61 unter Berufung auf RGZ 97, 219, 220. Wohl auch *Baumbach/Hopt* § 105 HGB RdNr. 57. Vgl. auch RdNr. 40 und Fn. 88.
[67] BGH LM § 313 Nr. 76 = NJW 1978, 2505, 2506; *Erman/Westermann* § 705 RdNr. 10.
[68] So zutr. *Erman/Grziwotz* § 311 b RdNr. 21.
[69] HM, vgl. BGH ZIP 1996, 547; RGZ 82, 299, 302; 108, 60; RG JW 1935, 3529; § 311 b RdNr. 23; *Soergel/Hadding* RdNr. 9; *Staub/Ulmer* § 105 HGB RdNr. 173; zu Unrecht aA (unter Hinweis auf die von § 311 b Abs. 1 nicht erfassten Haftungsrisiken des beitretenden Gesellschafters) *Grunewald,* FS Hagen, 1999, S. 277, 286 ff.
[70] So bei der Verpflichtung zur Übertragung der Anteile einer Gesellschaft, deren Vermögen im Wesentlichen nur aus einem oder mehreren Grundstücken besteht; vgl. dazu näher *Ulmer/Löbbe* DNotZ 1998, 711, 718 ff. und § 719 RdNr. 35 f.; aA BGH DB 2008, 981 betr. eine GbR, deren einziges Vermögen in einem GmbH-Anteil besteht, für die Frage analoger Anwendung des § 15 Abs. 4 GmbHG auf den Kaufvertrag über den GbR-Anteil.
[71] Vgl. OLG Frankfurt DB 1996, 1177; dazu näher § 311 b RdNr. 14; § 719 RdNr. 33.

ist wegen der hier notwendigen rechtsgeschäftlichen Übertragungsakte die Form des § 311 b Abs. 1 zu beachten, wenn Grundstücke von einer Personengesellschaft auf eine aus den gleichen Gesellschaftern bestehende andere Gesellschaft übertragen oder wenn eine sonstige Personengemeinschaft mit Grundvermögen als GbR fortgesetzt werden sollen (RdNr. 15).

37 **bb) Kasuistik.** Soweit es um die Fälle der **Grundstücksveräußerung** geht, ist formbedürftig die Verpflichtung eines Gesellschafters, der GbR ein Grundstück zu Eigentum zu übertragen[72] oder es im Interesse der Gesellschaft an einen Dritten zu übereignen.[73] Gleiches gilt für die Einräumung eines Vorkaufsrechts am Grundstück eines Gesellschafters zu Gunsten der GbR.[74] **Keiner Form** bedarf dagegen die Abrede über die bloße Gebrauchsüberlassung des Grundstücks;[75] sie fällt auch nicht etwa unter § 550 (Schriftform eines längerfristigen Mietvertrags).[76] Ebenso kann die Einbringung des Grundstücks „dem Werte nach" (quoad sortem, vgl. § 706 RdNr. 12) formlos vereinbart werden,[77] soweit der GbR nicht während deren Dauer oder im Rahmen der Liquidation ein Verwertungsrecht zustehen soll.[78] Unanwendbar ist § 311 b Abs. 1 auch auf Vereinbarungen über eine stille Gesellschaft, eine Unterbeteiligung oder eine sonstige Innengesellschaft, wenn sie nicht ausnahmsweise eine Pflicht des Stillen, Unterbeteiligten u. a. zur Grundstücksübertragung an den tätigen Gesellschafter begründen; die Gewinnbeteiligung am Unternehmen des tätigen Gesellschafters löst mangels einer auf dingliche Rechtsänderung an Grundstücken gerichteten Verpflichtung auch dann keine Formbedürftigkeit aus, wenn zum Vermögen des tätigen Gesellschafters Grundstücke gehören.[79] Keiner Form bedarf schließlich die Pflicht, das von einem Gesellschafter auf Rechnung der GbR erworbene Grundstück an diese zu übertragen, sie ist nicht Gegenstand, sondern bloße Folge des Gesellschaftsvertrags (§§ 713, 667).

38 **Erwerbspflichten über Grundstücke** sind seit 1973 ebenfalls der Formvorschrift des § 311 b Abs. 1 unterstellt.[80] Danach bedarf ein Gesellschaftsvertrag notarieller Form, wenn er zum Zwecke des gesamthänderischen Erwerbs eines *bestimmten* Grundstücks geschlossen wird.[81] Durch Auslegung eines unter Mitwirkung aller Gesellschafter für die GbR geschlossenen notariellen Kaufvertrags über den Erwerb des Grundstücks wird es freilich häufig möglich sein, darin auf Seiten der Gesellschafter als gesamthänderische Erwerber zugleich einen formgültigen Gesellschaftsvertrag zu sehen.[82] Formbedürftig ist des Weiteren ein Gesellschaftsvertrag, durch den sich ein Gesellschafter verpflichtet, ein Grundstück im eigenen Namen zu erwerben, um es sodann der Gesellschaft oder einem Dritten zu übereignen.[83]

39 Keiner notariellen Form bedarf der Gesellschaftsvertrag einer **Grundstücksgesellschaft**, wenn der gemeinsame Zweck sich *allgemein* auf den Erwerb (und die Veräußerung) von Grundstücken richtet.[84] Entsprechend der Funktion der Formvorschrift, die Vertragspartner

---

[72] BGH BB 1955, 203; WM 1977, 783; RGZ 68, 260, 252 (st. Rspr.).
[73] BGH NJW-RR 1991, 613, 614; WM 1977, 196, 197; RGZ 162, 78, 84; RG JW 1905, 73, 74.
[74] RGZ 110, 327, 333; 125, 261, 263; *Soergel/Hadding* RdNr. 9.
[75] RGZ 109, 380, 381 f.; *Soergel/Hadding* RdNr. 9; *Erman/Westermann* RdNr. 10.
[76] *Soergel/Hadding* § 706 RdNr. 24; *Hueck* OHG § 6 III 2, S. 61.
[77] HM, vgl. BGH WM 1965, 744, 745; 1967, 951, 952; RGZ 109, 380, 381 f.; 166, 160, 163; *Soergel/Hadding* RdNr. 9; *Erman/Westermann* RdNr. 10.
[78] BGH WM 1967, 609, 610; RGZ 162, 78, 81 f.
[79] RGZ 109, 380, 381 f. Anders nur, wenn vereinbart wird, die dem tätigen Gesellschafter gehörenden Grundstücke bei Auflösung der Gesellschaft zu verwerten (RGZ 166, 160, 165); vgl. dazu § 730 RdNr. 13 und *Petzoldt* BB 1975, 905, 907.
[80] Näher zu den damit verbundenen Konsequenzen für Gesellschaftsverträge *Petzoldt* BB 1975, 905, 906 ff.; *Heckschen*, Die Formbedürftigkeit mittelbarer Grundstücksgeschäfte, 1987, S. 127 ff.; zur früheren Rechtslage vgl. *Soergel/Schultze-v. Lasaulx* 10. Aufl. 1969, RdNr. 5 aE.
[81] Vgl. BGH NJW-RR 1991, 613, 614; OLG Köln NZG 2000, 930; *Ulmer/Löbbe* DNotZ 1998, 711, 740; MünchKommHGB/*K. Schmidt* § 105 HGB RdNr. 117; im Ergebnis auch *Grunewald*, FS Hagen, 1997, S. 277, 279, 285 f.
[82] Zutr. *Petzoldt* BB 1975, 905, 908; *Heckschen* (Fn. 80) S. 127 ff.; wohl auch *Erman/Westermann* RdNr. 10.
[83] Vgl. bei beabsichtigter anschließender Übereignung an die Gesellschaft BGHZ 85, 245, 250 f. = NJW 1983, 566; *Baumbach/Hopt* § 105 RdNr. 135; bei beabsichtiger Übereignung an Dritte s. die Nachweise in Fn. 73.
[84] Vgl. BGH NJW 1996, 1279, und die Nachweise in Fn. 86.

Inhalt des Gesellschaftsvertrags   40–42   § 705

vor übereilten Bindungen auf dem Grundstücksmarkt zu schützen, ist in derartigen Fällen
für das Eingreifen von § 311 b Abs. 1 jedenfalls dann kein Raum, wenn Gesamtgeschäftsführung besteht und daher alle Partner am jeweiligen späteren Erwerbsvorgang mitwirken
müssen (§§ 709, 714). Aber auch wenn die Gesellschafter Einzelgeschäftsführung vereinbart
haben und bestimmte Gesellschafter von der Geschäftsführung ausgeschlossen sind, dh. auch
kein Widerspruchsrecht nach § 711 haben, ist § 311 b Abs. 1 S. 1 unanwendbar, weil sein
Eingreifen allein auf die Schutzbedürftigkeit der *Gesellschaft* als Erwerber des Grundstücks
gestützt werden könnte.[85] Ihr trägt jedoch aus der Sicht der neueren Gesamthandslehre das
Eingreifen des Formerfordernisses für die einzelnen von der GbR künftig zu schließenden
Grundstücksgeschäfte hinreichend Rechnung.[86]

   cc) Rechtsfolgen des Formmangels. Die Nichteinhaltung der Formvorschriften führt 40
vorbehaltlich der Heilung (RdNr. 41) zur Nichtigkeit der betroffenen Vereinbarung (§ 125
S. 1). Sie macht den gesamten **Gesellschaftsvertrag fehlerhaft,** wenn nicht im Einzelfall
eine Umdeutung der formnichtigen Einlageverpflichtung nach § 140 möglich ist. Diese
kommt bei formnichtigen Einlageversprechen über Grundstücke namentlich dann in Betracht, wenn einerseits die Erreichung des gemeinsamen Zwecks nicht speziell die Eigentumsverschaffung am Grundstück voraussetzt, andererseits die Einbringung zum Gebrauch
oder dem Werte nach, gegebenenfalls auch unter Zuzahlung eines Geldbetrags durch den
Inferenten, für alle Parteien zumutbar erscheint.[87] Scheidet eine Umdeutung nach Lage des
Falles aus, so erfasst die Nichtigkeit nicht nur die Einlagepflicht, sondern den ganzen Vertrag
(RdNr. 35); für die Anwendung der Grundsätze über die Teilunwirksamkeit ist kein
Raum.[88] Zur Behandlung in Vollzug gesetzter, auf einem nach § 125 nichtigen Vertragsschluss beruhender Gesellschaften vgl. RdNr. 342 ff.

   Die **Heilung** des Formmangels tritt in Fällen formnichtiger Veräußerungs- oder Erwerbs-   41
pflichten eines beitretenden oder ausscheidenden Gesellschafters dann ein, wenn es zum
wirksamen dinglichen Vollzug des Verpflichtungsgeschäfts kommt; es gelten §§ 311 b Abs. 1
S. 2 BGB, 15 Abs. 4 S. 2 GmbHG. Dagegen hat im Falle *analoger* Anwendung des § 311 b
Abs. 1 S. 1 auf Verpflichtungsgeschäfte über Anteile an Gesellschaften mit grundstücksspezifischem Zweck (vgl. näher § 719 RdNr. 35 f.) die Anteilsübertragung als solche keine
Heilungswirkung. Eine solche kommt jedoch analog § 311 b Abs. 1 S. 2 dann in Betracht,
wenn der uauf die Grundstücksgesellschaft bezogene Gesellschafterwechsel im Berichtigungswege im Grundbuch vermerkt wird.[89] Eine Heilung nach oder analog § 15 Abs. 4 S. 2
GmbHG scheidet ohne notarielle Abtretung des zum Gesamthandsvermögen gehörenden
GmbH-Anteils aus.

   c) Unentgeltlich eingeräumte Beteiligung. aa) Unentgeltlichkeit. Ein Formpro-   42
blem besonderer Art stellt sich, wenn bei der Gründung der GbR oder im späteren Verlauf
ein neuer Gesellschafter unentgeltlich beteiligt oder sein Gesellschaftsanteil zu Lasten von
Mitgesellschaftern aufgestockt werden soll. In derartigen Fällen liegt nach § 516 Abs. 1 eine
– grundsätzlich formbedürftige (§ 518 Abs. 1) – **Schenkung** dann vor, wenn die Aufnahme

---

[85] Dazu näher *Ulmer/Löbbe* DNotZ 1998, 711, 735 ff.
[86] Ganz hM, s. BGH LM § 313 Nr. 76 = NJW 1978, 2505 f. sowie für Bau- oder Siedlungsgenossenschaften BGHZ 15, 177, 181 = NJW 1955, 178 und 31, 37, 38 = NJW 1959, 2211; *Soergel/Hadding* RdNr. 10; *Erman/Westermann* RdNr. 10; *Staub/Ulmer* § 105 HGB RdNr. 174; MünchKommHGB/*K. Schmidt* § 105 RdNr. 136; aA *Mock,* FS Bezzenberger, 2000, S. 529, 537; *Schwanecke* NJW 1984, 1585, 1588; *Petzoldt* BB 1975, 905, 907 bei Alleingeschäftsführungsbefugnis eines Gesellschafters; im Ergebnis auch *Staudinger/Wufka* (2006) § 311 b RdNr. 117; bei auf Veräußerung der Grundstücke gerichtetem Gesellschaftszweck auch *Heckschen* (Fn. 80) S. 135 ff. – Zur Formbedürftigkeit unwiderruflicher Vollmachten nach § 311 b Abs. 1 vgl. § 311 b RdNr. 45; *Erman/Grziwotz* § 311 b RdNr. 35; BGH NJW 1996, 1279.
[87] BGH WM 1967, 951, 952; vgl. auch *Soergel/Hadding* § 706 RdNr. 23.
[88] So zutr. *Wiesner* NJW 1984, 98 sowie früher schon *Hueck* § 60 III, S. 61 unter Berufung auf RGZ 97, 219, 220. AA die überwM, die hinsichtlich der Rechtsfolgen der Formnichtigkeit auf § 139 zurückgreift; vgl. die Nachweise in Fn. 65.
[89] So auch *K. Schmidt* AcP 182 (1982), 481, 512; vgl. aber auch RdNr. 312 zur gebotenen Eintragung der GbR als solcher im Grundbuch.

§ 705   43, 44

in die Gesellschaft oder die Aufstockung der Beteiligung zu einer Vermögensmehrung bei dem Begünstigten führt und beide Seiten über die Unentgeltlichkeit der Zuwendung einig sind (§ 516 RdNr. 24 f., 90 f.). Von den nicht durch § 516 erfassten Fällen einer als Ausstattung (§ 1624) zugewendeten Beteiligung abgesehen, ist das bei Unentgeltlichkeit der Einräumung oder Aufstockung einer Beteiligung an einer **Innengesellschaft,** insbesondere einer stillen Beteiligung regelmäßig anzunehmen.

43   Bei der Aufnahme in eine **Außengesellschaft** soll nach *ständiger Rechtsprechung* Unentgeltlichkeit grundsätzlich ausscheiden, sofern es um den Beitritt als persönlich haftender Gesellschafter zu einer OHG oder KG geht;[90] das müsste nach Durchsetzung der Akzessorietätstheorie (§ 714 RdNr. 5) auch für den Beitritt zu einer Außen-GbR gelten. Dieser Rechtsprechung ist indessen **nicht** zu folgen; vielmehr kommt es nach der im gesellschaftsrechtlichen Schrifttum hM[91] darauf an, ob der Wert der Beteiligung die Belastungen des unentgeltlich aufgenommenen Gesellschafters aus persönlicher Haftung und etwaiger Tätigkeitspflicht deutlich übersteigt sowie ob mit der unentgeltlichen Aufnahme auch subjektiv eine Zuwendung (gemischte Schenkung) gewollt war oder ob es den Mitgesellschaftern vielmehr darum ging, der GbR den Rat und die Dienste des neuen Gesellschafters zu sichern (dann Aufnahmevertrag formlos wirksam).[92] Die Frage hat nicht nur Bedeutung für die Form der schuldrechtlichen Vereinbarung, sondern auch für das Eingreifen der Vorschriften über den Widerruf wegen groben Undanks (§§ 530 ff.).[93] – Zur unentgeltlichen Anteilsübertragung vgl. § 719 RdNr. 34; zum Fall eines Zusammenschlusses, der dem Interesse nur eines Teils der Partner zu dienen bestimmt ist (societas leonina) und bei dem der fremdnützig handelnde Teil eine Zuwendungsabsicht verfolgt, vgl. RdNr. 151.

44   bb) **Schenkungsvollzug (§ 518 Abs. 2).** Ist nach dem Vorstehenden die unentgeltliche Beteiligung an der GbR oder die Aufstockung des Kapitalanteils als – gegebenenfalls gemischte[94] – Schenkung zu beurteilen, so führt die Nichteinhaltung der notariellen Form zu der Frage, unter welchen Voraussetzungen eine **Heilung** des Mangels **nach § 518 Abs. 2** wegen Vollzugs der Schenkung eintritt. Nach langjähriger **Rechtsprechung des BGH** lässt sich ein solcher Vollzug, dh. die „Bewirkung der versprochenen Leistung", zwar in der – zu Gesamthandseigentum und Außenhaftung des Beitretenden führenden – gesellschaftsvertraglich begründeten Beteiligung an einer *Außengesellschaft* sehen, *nicht* dagegen im Beitritt zu einer *Innengesellschaft*.[95] Im letzteren Fall werde nur eine formnichtige schuldrechtliche Forderung durch eine andere ersetzt, ohne dass es zu einer dinglichen Rechtseinräumung komme. Auch die handels- und steuerrechtliche Ein- oder Umbuchung der dem Begünstigten zugewendeten Beteiligung könne den Formmangel nicht heilen.[96]

---

[90] So unter Hinweis auf die persönliche Haftung des Beitretenden und die ihn regelmäßig treffende Geschäftsführungspflicht BGH NJW 1959, 1433; WM 1965, 355; 1977, 862, 864; NJW 1981, 1956; offen lassend BGHZ 112, 40, 44 = NJW 1990, 2616 (Kommanditanteil). Grds. zust. *Erman/E. Herrmann* § 516 RdNr. 11; *Palandt/Weidenkaff* § 516 RdNr. 9 a. Gegenansichten vgl. in Fn. 91.

[91] Vgl. nur § 516 RdNr. 91; *Staub/Ulmer* § 105 HGB RdNr. 11; *Erman/Westermann* RdNr. 11; *Baumbach/Hopt* § 105 HGB RdNr. 56; *K. Schmidt* BB 1990, 1992, 1994; wohl auch *Soergel/Hadding* RdNr. 11; *Bamberger/Roth/Timm/Schöne* RdNr. 49.

[92] Zu den denkbaren Fallgestaltungen und Motiven vgl. namentlich *Hueck* DB 1966, 1043, 1044, und *U. Huber*, Vermögensanteil, Kapitalanteil und Gesellschaftsanteil an Personalgesellschaften des Handelsrechts, 1970, S. 203 f. (jeweils für die OHG).

[93] Vgl. dazu BGHZ 112, 40, 46 ff. = NJW 1990, 2616 (betr. den Komanditanteil); *U. Huber* (Fn. 92) S. 205 ff.; *Hueck* DB 1966, 1043. Zur Frage der Wirksamkeit eines einseitigen Widerrufsvorbehalts ohne wichtigen Grund vgl. § 737 RdNr. 21 f.

[94] Zu ihrer Behandlung im Rahmen von § 518 vgl. § 516 RdNr. 36 ff.; *Erman/E. Herrmann* § 516 RdNr. 16; *U. Huber* (Fn. 92) S. 297 mwN.

[95] BGHZ 7, 174, 179 = NJW 1952, 1412; 7, 378, 379 ff. = NJW 1953, 138; BGH WM 1967, 685; BFH DB 1979, 2160, 2161; so auch OLG Frankfurt DB 1996, 1177; wohl auch *Erman/E. Herrmann* § 518 RdNr. 5 b (nicht eindeutig); *U. Huber* (Fn. 92) S. 155 f.; *Bilsdorfer* NJW 1980, 2785, 2787; offen lassend BGHZ 112, 40, 46 = NJW 1990, 2616 sowie noch BFH BStBl. 1975 II S. 141 = BB 1975, 166 f. Gegenansichten vgl. in Fn. 97; zur steuerrechtlichen Beurteilung der Schenkung von Beteiligungen an Innengesellschaften s. *L. Schmidt* EStG, 27. Aufl. 2008, § 15 RdNr. 773 f.; *Groh* BB 1987, 1505 ff.

[96] BGHZ 7, 174, 179 = NJW 1952, 1412; BGHZ 7, 378, 380 = NJW 1953, 138.

Inhalt des Gesellschaftsvertrags 45, 46 § 705

Stellungnahme. Die pauschale Differenzierung der Rechtsprechung zwischen Außen- 45
und Innengesellschaft im Hinblick auf die Anforderungen an den Schenkungsvollzug ist mit
der in der Literatur überwiegenden Ansicht[97] **abzulehnen.** Ihr steht einerseits entgegen,
dass die Beteiligung nicht nur an einer Außen-, sondern auch an einer Innengesellschaft
typischerweise über die bloße Einräumung einer schuldrechtlichen Forderung auf Vermögensleistungen (Gewinn und Auseinandersetzungsguthaben) hinausgeht. Mit der Beteiligung verbinden sich außer den Vermögensrechten auch eine Reihe von im Gesellschaftsanteil (der Mitgliedschaft) zusammengefassten Verwaltungsrechten und -pflichten.[98] Zum
anderen unterscheiden sich aber auch die „Vollzugsakte" einer unentgeltlichen Beteiligung
an einer Außen- oder Innengesellschaft nicht grundlegend voneinander.[99] In beiden Fällen
geht es um Abschluss oder Änderung des Gesellschaftsvertrags unter Einbezug des Beitretenden, typischerweise verbunden mit der „Einbuchung" eines Kapitalanteils für ihn zu Lasten
eines oder mehrerer Altgesellschafter. Die im Regelfall zwar bei der Außengesellschaft, nicht
aber bei der Innengesellschaft ieS (RdNr. 282) hinzukommende dingliche Mitberechtigung
als Gesamthänder ist nicht etwa Gegenstand, sondern – als Anwachsung – bloße Folge der
Beitrittsvereinbarung. Ein besonderer, zum Abschluss des Gesellschaftsvertrags oder der
Vereinbarung über die Anteilsübertragung hinzutretender rechtsgeschäftlicher Vollzug fehlt
daher auch bei der unentgeltlichen Beteiligung an einer Außengesellschaft, was der Wirksamkeit der Schenkung nach § 518 Abs. 2 bei Fehlen notarieller Form nach ganz hM nicht
entgegensteht (RdNr. 44). Ein Grund für die generell abweichende Behandlung der Innengesellschaft ist daher nicht ersichtlich; auch bei dieser liegt die Rechtsverschaffung regelmäßig schon in der Begründung oder Übertragung der Mitgliedschaft.

Anderes gilt für die Fälle der **typischen stillen Gesellschaft,** da sich bei ihr die Rechte 46
des Stillen ähnlich wie bei partiarischen Darlehen auf *obligatorische Ansprüche gegen den Inhaber*
beschränken.[100] Die schenkweise begründete Forderung auf stille Beteiligung wird hier mit
anderen Worten durch eine solche aus stiller Beteiligung ersetzt.[101] Hierzu bedarf es mit
Rücksicht auf § 518 Abs. 1 S. 2 in der Tat der Einhaltung der notariellen Form. Die
Auszahlung von Gewinnen oder von Kapital als Abfindung bedeutet Vollzug nur für die
jeweiligen Auszahlungsbeträge; sie schließt insoweit Rückforderung nach Bereicherungsrecht aus. Die Ausnahme greift *nicht* ein, wenn die stille Beteiligung nicht am (Einzel-)Un-
ternehmen des Schenkers, sondern an einer Personen- oder Kapitalgesellschaft begründet
wird, an der der Schenker seinerseits beteiligt ist. Da die Rechte des Stillen sich in diesem
Fall nicht gegen den Schenker, sondern gegen die jeweilige Gesellschaft richten, steht der
Rechtsgedanke des § 518 Abs. 1 S. 2 der Anerkennung des Vertragsabschlusses als Vollzug
der Schenkung nicht entgegen.[102] Entsprechendes gilt bei Schenkung einer schon bestehenden stillen Beteiligung; auch insoweit wird der Formmangel alsbald durch die Anteilsübertragung geheilt, ohne dass § 518 Abs. 1 S. 2 entgegensteht (§ 719 RdNr. 34).

---

[97] Vgl. schon die Grundsatzkritik an der BGH-Rspr. durch *Hueck* NJW 1953, 138, *Siebert* NJW 1953, 806 f.
und *Würdinger* JZ 1953, 226. So auch § 518 RdNr. 33; *Staudinger/Cremer* (1995) § 518 RdNr. 21; *Baumbach/
Hopt* § 230 HGB RdNr. 10; *Blaurock,* Handbuch der stillen Gesellschaft, 6. Aufl. 2003, § 6 RdNr. 6.23;
Blaurock, Unterbeteiligung und Treuhand an Geschäftsanteilen, 1981, S. 156; *Koenigs,* Stille Gesellschaft, 1961,
S. 74 ff.; *Brandner/Bergmann,* FS Sigle, 2000, S. 327, 331 ff.; *Wiedemann/Heinemann* DB 1990, 1649, 1652. Nach
der Art der stillen Beteiligung diff. MünchKommHGB/*K. Schmidt* § 230 RdNr. 99 ff.; ohne eigene Stellung-
nahme *Bamberger/Roth/Timm/Schöne* RdNr. 49; *Staudinger/Habermeier* RdNr. 10.
[98] Kontroll- und Mitspracherechte, Treupflichten u. a., vgl. besonders *Hueck* NJW 1953, 138; *Coenen,*
Formfreie Schenkung der Gesellschafterstellung in einer stillen Gesellschaft und einer Unterbeteiligung, 2002,
S. 112 ff. Ähnlich spricht *Würdinger* JZ 1953, 226 von der Zuwendung eines „Wertanteils" (dagegen *U. Huber*
(Fn. 92) S. 155 f.).
[99] Insoweit wie hier *Erman/Westermann* RdNr. 11.
[100] Vgl. allg. zu den Mitwirkungs- und Kontrollrechten des Stillen *Blaurock* (Fn. 97) § 12 RdNr. 12.59 ff.;
Staub/Zutt § 230 HGB RdNr. 85 ff.; MünchKommHGB/*K. Schmidt* § 230 RdNr. 57 ff., 64, § 233
RdNr. 5 ff. Zur Abgrenzung gegenüber partiarischen Rechtsverhältnissen vgl. Vor § 705 RdNr. 107 ff.
[101] So in zutr. Differenzierung MünchKommHGB/*K. Schmidt* § 230 RdNr. 103; *K. Schmidt* DB 2002,
829, 832; aA *Coenen* (Fn. 98) S. 161, 187 f.
[102] So zu Recht *K. Schmidt* DB 2002, 829, 833 f.

§ 705 47–50   Abschnitt 8. Titel 16. Gesellschaft

47   Aus den in RdNr. 45 genannten Gründen entfällt regelmäßig auch die Formbedürftigkeit eines Gesellschaftsvertrags, wenn darin der Schätzwert der Einlage oder der Gewinnanteil des für den Beitritt geworbenen Gesellschafters ungewöhnlich hoch festgesetzt wird.[103] Lediglich bei der unentgeltlichen **Aufstockung einer** bereits **bestehenden Beteiligung** mag zweifelhaft sein, ob zum Vollzug nicht mehr hinzutreten muss als die entsprechende Vertragsänderung und die sie verlautbarenden, keinen eigenen Rechtsverschaffungscharakter tragenden Buchungsvorgänge. Aber auch hier ist eine Heilung des Formmangels nach § 518 Abs. 2 spätestens dann zu bejahen, wenn innerhalb der Gesellschaft nach der Änderung verfahren, insbesondere dem Beschenkten ein höheres Stimmrecht eingeräumt oder der erhöhte Gewinnanteil ausgezahlt wird.

48   Fälle, in denen die schenkweise Begründung oder Aufstockung der Beteiligung an einer GbR am **Formmangel** scheitert, werden sich nach allem auf **Ausnahmen** beschränken; anderes gilt nur für typische stille Beteiligungen (RdNr. 46). Bewendet es danach im Einzelfall bei der Formnichtigkeit, so betrifft diese doch im Zweifel nur die unentgeltliche Beteiligung als solche und erfasst nicht etwa den ganzen Gesellschaftsvertrag (RdNr. 54). Zur Behandlung eines fehlerhaften Beitritts nach Vollzug vgl. RdNr. 366 ff.; zur Frage der Vereinbarkeit des Vorbehalts eines freien Schenkungswiderrufs mit den Schranken für den Ausschluss eines Gesellschafters ohne wichtigen Grund vgl. § 737 RdNr. 21 f.

49   **d) Gewillkürte Form.** Nach § 125 S. 2 hat auch die Nichteinhaltung der *durch Rechtsgeschäft bestimmten Form* im Zweifel die Nichtigkeit der Vereinbarung zur Folge. Die Bestimmung ist vor allem für Vertragsänderungen bedeutsam; für den Fall des in schriftlicher Form beabsichtigten Vertragsschlusses tritt an ihre Stelle die funktional übereinstimmende Auslegungsregel des § 154 Abs. 2 (RdNr. 29).[104] Die Formerfordernisse richten sich im Fall einer Schriftformklausel (RdNr. 50) mangels abweichender Vereinbarung nach §§ 126, 127; allerdings setzt die in § 126 Abs. 3 zugelassene Ersetzung der gewillkürten Schriftform durch die elektronische Form (§ 126 a) nach hM voraus, dass die Parteien sich hierauf verständigen.[105] Neu ist die in § 127 Abs. 2 S. 1 nF geregelte Anerkennung telekommunikativer Übermittlung als im Zweifel ausreichendes Schriftformsurrogat. Das gilt nicht nur für Fax, sondern auch für E-Mail.[106] Gemeinsam ist diesen Surrogaten der jeweilige Verzicht auf das Erfordernis eigenhändiger Unterschrift. Bei Vertragsänderungen sog. *Publikumsgesellschaften* genügt abweichend hiervon im Regelfall die Protokollierung des Beschlusses der Gesellschafterversammlung, soweit nicht eine Erhöhung der Beiträge der einzelnen Gesellschafter in Frage steht.[107]

50   **Schriftformklauseln,** die für die Änderung oder Ergänzung des Vertrags schriftliche Form vorschreiben, sind in Gesellschaftsverträgen weit verbreitet.[108] Entgegen BGHZ 49, 364, 366 f. = NJW 1968, 1378 haben sie im Regelfall nicht nur Klarstellungsfunktion,[109] sondern sollen entsprechend § 125 S. 2 die Wirksamkeit des Beschlusses von der Einhaltung

    [103] Im Zweifel ist hier freilich schon der Schenkungscharakter zu verneinen, vgl. BGH LM § 516 Nr. 3 = NJW 1959, 1433; *Soergel/Hadding* RdNr. 11.
    [104] Soweit sich die Schriftformklausel auf die Vollständigkeit des schriftlich Vereinbarten bezieht, erlangt sie freilich auch bereits bei Vertragsschluss Bedeutung (RGZ 97, 175, 176); allg. zur Vermutung der Vollständigkeit vgl. *Soergel/Hefermehl* § 125 RdNr. 24.
    [105] *Soergel/Marly* § 126 a RdNr. 23; *Staudinger/Hertel* (2004) § 126 RdNr. 167; *Palandt/Heinrichs* § 126 a RdNr. 6; aA § 126 RdNr. 27, 29 *(Einsele)*.
    [106] S. § 127 RdNr. 6; *Palandt/Heinrichs* § 127 RdNr. 2.
    [107] BGHZ 66, 82, 86 f. = NJW 1976, 958; dem zust. § 127 RdNr. 6.
    [108] Vgl. nur die übereinstimmend dahin gehenden Empfehlungen in Formularbüchern, etwa *Hengeler* in Beck'sches Formularbuch zum Bürgerlichen, Handels- und Wirtschaftsrecht, 5. Aufl. 1991, S. 853, 857; *Marsch-Barner* in: Münchener Vertragshandbuch, Bd. 1, Gesellschaftsrecht, 3. Aufl. 1992, S. 17, 22; s. ferner die Nachweise bei *Hueck* DB 1968, 1207 Fn. 3.
    [109] Dh. den Zweck, den Gesellschaftern, die sich auf die schriftliche Änderung berufen, den Beweis zu erleichtern (sog. deklaratorische Schriftformklausel, vgl. § 125 RdNr. 69). Nach *Hueck* DB 1968, 1207, 1208 folgt aus dieser Funktion das Recht eines jeden Gesellschafters, die schriftliche Festlegung der formlos wirksamen Änderung zu Beweiszwecken zu verlangen.

Inhalt des Gesellschaftsvertrags 51–53 § 705

der Form abhängig machen.[110] Das schließt es nicht aus, ihren Anwendungsbereich im Wege der **Auslegung** näher zu bestimmen, namentlich etwa die von den Gesellschaftern beschlossene einmalige oder begrenzte Durchbrechung einer grundsätzlich unverändert weitergeltenden Vereinbarung als nicht dem Schriftformerfordernis unterliegend anzusehen.[111]

Auch soweit die Schriftformklausel im Grundsatz eingreift, sind die Parteien als „Herren 51 des Geschäfts" nicht gehindert, sie durch formlose Abrede bzw. durch entspr. Mehrheitsbeschluss außer Kraft zu setzen;[112] erforderlich ist freilich, dass die Parteien sich der Abweichung bewusst sind und sie auch auf die Schriftform erstrecken wollen.[113] Die **formlose Aufhebung der Schriftform** in Bezug auf den Änderungsbeschluss ist entsprechend der Auslegungsregel des § 125 S. 2 von demjenigen zu beweisen, der sich hierauf beruft.[114] Anderes gilt dann, wenn die Parteien seit langem einvernehmlich eine vom Inhalt des schriftlichen Gesellschaftsvertrags abweichende Praxis verfolgen, etwa bei der Geschäftsführung oder der Gewinnverteilung: in solchen Fällen besteht eine zwar widerlegbare, jedoch die Darlegungs- und Beweislast umkehrende tatsächliche Vermutung dafür, dass es konkludent zu einer entsprechenden Vertragsänderung gekommen ist.[115] – Zur Möglichkeit der Vereinbarung der elektronischen Form oder der Textform s. § 127 Abs. 1 und 2 iVm. §§ 126a, 126b nF (§ 127 RdNr. 3 ff.); zur Rechtslage beim Vollzug einer wegen Formmangels fehlerhaften Vertragsänderung, insbesondere dem fehlerhaften Ausscheiden eines Gesellschafters, vgl. RdNr. 360 ff., 370.

3. Folgen der Teilnichtigkeit. a) Objektive Teilnichtigkeit (§ 139). Soweit der 52 Abschluss oder die Änderung eines Gesellschaftsvertrags an Mängeln leidet, die nach ihrem Gegenstand nicht den ganzen Vertrag erfassen („objektive Teilnichtigkeit"), fragt sich, welche Folgerungen sich hieraus für die übrigen, nicht mangelbehafteten Vertragsteile ergeben. Nach der Auslegungsregel des § 139 würde die Teilnichtigkeit regelmäßig zur Nichtigkeit des ganzen Vertrages führen; bei gleichwohl erfolgtem Vollzug griffen die Grundsätze über die fehlerhafte Gesellschaft ein (RdNr. 326 ff.).

Eine undifferenzierte Anwendung des § 139 auf Personengesellschaftsverträge stößt aller- 53 dings zu Recht auf verbreitete Bedenken.[116] Sie stützen sich auf das grundsätzlich allen Gesellschaftern **gemeinsame Interesse am Bestand der Gesellschaft**. Es findet nicht selten seinen Ausdruck in einer Klausel, wonach die Nichtigkeit einzelner Vertragsbestimmungen die Gültigkeit des Vertrags im Übrigen nicht berührt (sog. *salvatorische Klausel*). Aber auch wenn der Vertrag nicht ausdrücklich eine solche Regelung enthält, was gerade bei den gewöhnlich weniger ausgefeilten Verträgen über die Gründung einer GbR nicht fern liegt, ist die bei der Auslegung zu berücksichtigende Interessenlage doch meist keine andere.[117]

---

[110] So entgegen BGHZ 49, 364 = NJW 1968, 1378 die hM auch in der neueren Lit., vgl. *Hueck* DB 1968, 1207 ff.; *Erman/Westermann* RdNr. 12 (anders für sonstige, nicht auf die Änderung des Gesellschaftsvertrags zielende Beschlüsse; so auch *Bamberger/Roth/Timm/Schöne* RdNr. 53); *Soergel/Hefermehl* § 125 RdNr. 34 („bedenklich"); dem BGH zust. aber *Soergel/Hadding* RdNr. 14.
[111] Zutr. *Hueck* DB 1968, 1207, 1209 f. m. weit. Beispielen.
[112] So auch *Erman/Westermann* RdNr. 12; *Römermann* NZG 1998, 978, 980; aA § 125 RdNr. 66 *(Einsele)*, aber auch BGHZ 66, 378, 381 f. = NJW 1976, 1395 für einen Mietvertrag, in dem ausdrücklich auch der Verzicht auf das Formerfordernis an die Schriftform gebunden war; ebenso für eine Schriftformklausel im Gesellschaftsvertrag OLG Düsseldorf NJW 1977, 2216; offen gelassen von BGH NJW-RR 1991, 1289, 1290.
[113] So zutr. BGHZ 119, 283, 291 = NJW 1993, 64 (Bierlieferungsvertrag); *Erman/Westermann* RdNr. 12; *Römermann* NZG 1998, 980 f.; aA § 125 RdNr. 70 *(Einsele)*: Verzicht auf Schriftformerfordernis grunds. nur unter Formwahrung möglich. Für Abstellen nur auf den materiellen Änderungswillen aber BGHZ 71, 162, 164 = NJW 1978, 1585; BGH WM 1982, 902.
[114] *Soergel/Hefermehl* § 125 RdNr. 32.
[115] BGH LM HGB § 105 Nr. 22 = NJW 1966, 826, 827 (Gewinnverteilung nach einem vom schriftlichen Vertrag abw. Schlüssel seit 20 Jahren); WM 1978, 300, 301 (fünfjährige einvernehmliche Abweichung von der Verzinsungsregelung des Gesellschaftsvertrags); *Soergel/Hefermehl* § 125 RdNr. 32.
[116] BGHZ 49, 364, 365 = NJW 1968, 1378; BGH DB 1955, 750; WM 1976, 1027, 1029; *Soergel/Hadding* RdNr. 40; *Staub/Ulmer* § 105 HGB RdNr. 185; *MünchKommHGB/K. Schmidt* § 105 HGB RdNr. 156; *Heymann/Emmerich* § 105 HGB RdNr. 10; *Petzoldt* BB 1975, 905, 908; *Wiedemann* GesR I § 3 I 2 c, S. 153 f.
[117] So zutr. schon *Erman*, Personalgesellschaften auf mangelhafter Vertragsgrundlage, 1947, S. 29; vgl. auch BGHZ 47, 293, 301 = NJW 1967, 1961; BGH WM 1962, 462, 463; *Soergel/Hadding* RdNr. 40; *Staub/Ulmer*

Für eine Gesamtnichtigkeit des Vertrags ist daher grundsätzlich nur Raum, wenn entweder die nichtige Vereinbarung von zentraler Bedeutung für das Zusammenwirken der Gesellschafter ist[118] oder wenn die Nichtigkeit bereits kurz nach der Gründung festgestellt wird und der Gedanke des Bestandsschutzes daher mangels Vollzugs der Gesellschaft noch nicht zum Tragen kommt. Hiervon abgesehen lässt die Nichtigkeit einzelner Bestimmungen die Wirksamkeit des Restvertrages regelmäßig unberührt; die Auslegungsregel des **§ 139 ist unanwendbar.** Die bestehenden Vertragslücken sind grundsätzlich durch ergänzende Vertragsauslegung zu schließen (RdNr. 174). Zur Frage der Beachtung nichtiger Vertragsteile, wenn ausnahmsweise die Grundsätze über die fehlerhafte Gesellschaft eingreifen, vgl. RdNr. 344.

54 b) **Subjektive Teilnichtigkeit.** Von ihr spricht man, wenn die Beitrittserklärung eines Partners zu einer **mehrgliedrigen Gesellschaft** nichtig ist und der Vertrag deshalb an einem Mangel leidet. Anders als im Fall der in § 139 geregelten objektiven, den Vertragsinhalt betreffenden Teilnichtigkeit fehlt jedenfalls dann, wenn im *Gründungsstadium* eine der Beitrittserklärungen nichtig ist, im Zweifel ein Abschlusserfordernis, da nicht alle für den Vertragsschluss erforderlichen Willenserklärungen wirksam abgegeben wurden (RdNr. 20). Für die Anwendung von § 139 ist daher streng genommen kein Raum.[119] Ergibt freilich die Auslegung, dass die Parteien den Vertrag auch ohne den fehlerhaft Beitretenden abgeschlossen hätten, dh. die Wirksamkeit ihrer Erklärungen nicht vom Vorliegen aller vorgesehenen Beitrittserklärungen abhängen lassen wollten, so ist die Gesellschaft trotz subjektiver Teilnichtigkeit gegründet; ein Indiz hierfür kann die Aufnahme einer Fortsetzungsklausel (§ 736 Abs. 1) in den Gesellschaftsvertrag bilden.[120] Setzen die übrigen Beteiligten den Gesellschaftsvertrag trotz Kenntnis von der Nichtigkeit einer Beitrittserklärung in Vollzug, so kann hierin auch der stillschweigende Abschluss eines neuen Vertrags auf der Grundlage des fehlgeschlagenen liegen.[121] Zu den Problemen fehlender vormundschaftsgerichtlicher Genehmigung vgl. RdNr. 70, zum fehlerhaften Beitritt zu einer bestehenden GbR RdNr. 366 ff.

55 4. **Vertragsänderungen.** Sie richten sich, auch wenn sie wie meist im Wege eines Gesellschafterbeschlusses[122] erfolgen, nach den gleichen Grundsätzen wie der Vertragsschluss selbst (vgl. RdNr. 20 ff.), soweit nicht der Gesellschaftsvertrag Abweichungen vorsieht. Daher setzt eine Vertragsänderung grundsätzlich die Zustimmung sämtlicher Gesellschafter voraus; die Gesellschaft selbst ist an der Änderung nicht beteiligt. Vertragsänderungen durch **Mehrheitsbeschlüsse** müssen im Gesellschaftsvertrag besonders zugelassen sein. Eine Aufzählung der einzelnen von der Mehrheitsklausel erfassten Vertragsbestandteile nach Art des „Bestimmtheitsgrundsatzes" ist zwar nach zutr. neuerer Ansicht nicht (mehr) erforderlich. Eine allgemein gehaltene, auf Vertragsänderungen aller Art bezogene Mehrheitsklausel berechtigt jedoch nicht zu Eingriffen in den „Kernbereich" der jeweiligen Mitgliedschaftsrechte (vgl. dazu Näheres in § 709 RdNr. 90 ff.).

56 Eine **konkludente Abänderung** des Gesellschaftsvertrags ist im Grundsatz ebenso möglich wie der konkludente Vertragsschluss selbst (RdNr. 25). An die stillschweigende Änderung ausdrücklich geregelter Punkte durch tatsächliche Übung sind allerdings hohe Anfor-

---

§ 105 HGB RdNr. 185; *Wiedemann* GesR I § 3 I 2c, S. 153 f.; *Wiesner*, Die Lehre von der fehlerhaften Gesellschaft, 1980, S. 106 f.

[118] In diesem Fall kann sich die Gesamtnichtigkeit sogar gegenüber einer salvatorischen Klausel durchsetzen (BGH DB 1976, 2106).

[119] So auch *Hueck* OHG § 7 I 2; *Soergel/Hadding* RdNr. 41; *Erman/Westermann* RdNr. 16; aA aber *Erman* (Fn. 117) S. 34.

[120] *Erman* (Fn. 117) S. 34; *Wiedemann* GesR I § 3 I 2c, S. 154; zu eng (nur bei Fortsetzungsklausel) *Hueck* OHG § 7 I 2; *Soergel/Hefermehl* § 139 RdNr. 29; zweifelnd *Erman/Westermann* RdNr. 16. Trotz Fortsetzungsklausel ist die Wirksamkeit der Gründung freilich dann zu verneinen, wenn es für die Errichtung der Gesellschaft speziell auf die Mitwirkung des fehlerhaft Beigetretenen ankam (*Soergel/Hadding, Erman/Westermann* und *Wiedemann* aaO).

[121] So zutr. *Hueck* OHG § 7 I 2 Fn. 14; ebenso *Soergel/Hadding* RdNr. 41.

[122] Zu ihrer Qualität als mehrseitiges Rechtsgeschäft vgl. § 709 RdNr. 51.

Inhalt des Gesellschaftsvertrags 57–60 § 705

derungen zu stellen.[123] Eine einmalige oder nur vorübergehende Abweichung genügt in aller Regel nicht, wenn sich der übereinstimmende Änderungswille der Beteiligten nicht aus zusätzlichen Umständen ableiten lässt. Anderes gilt für eine langjährige, vom Vertrag abweichende Praxis; sie begründet die tatsächliche Vermutung für eine entsprechende Änderung.[124]

Ein **gesetzliches Formerfordernis** für den Vertragsabschluss (RdNr. 33) ist für Vertragsänderungen nur dann zu beachten, wenn der Grund für sein Eingreifen fortbesteht und durch die Änderung berührt wird. Ist also das als Beitrag versprochene Grundstück (§ 311 b Abs. 1) inzwischen auf die Gesamthand übertragen oder das Schenkungsversprechen (§ 518 Abs. 1) vollzogen, oder sind die Änderungen für den formbedürftigen Vertragsteil ohne Belang, so kann der notariell beurkundete Vertrag formlos, dh. mündlich oder konkludent geändert werden. Zur Maßgeblichkeit der *gewillkürten Schriftform* für Vertragsänderungen und zur Möglichkeit formloser Aufhebung der Schriftformklausel vgl. RdNr. 49, 51. 57

Für vertragsändernde Beschlüsse gilt ebenso wie für den Vertragsschluss selbst das **Verbot des Selbstkontrahierens (§ 181)**.[125] Bei Gesellschaftsverträgen, an denen neben den *noch nicht volljährigen Kindern* beide Eltern oder auch nur ein Elternteil (§§ 1629 Abs. 2, 1795) beteiligt sind, bedarf es zur Wirksamkeit der Vertragsänderung daher grundsätzlich der Mitwirkung je eines für jedes Kind vom Vormundschaftsgericht zu bestellenden Pflegers (§§ 1697, 1909);[126] anderes gilt nur, soweit die Beschlussfassung in Erfüllung einer Verbindlichkeit der Eltern oder Kinder geschieht oder wenn sie den Kindern nur rechtliche Vorteile bringt (§§ 181, 1795 Abs. 1 Nr. 1).[127] Die Genehmigung des Familien- oder Vormundschaftsgerichts ist dagegen nur zu solchen Änderungsbeschlüssen notwendig, die unter §§ 1643 Abs. 1, 1822 Nr. 3 fallen (vgl. RdNr. 70 f.). 58

Für die **Wirksamkeit von Vertragsänderungen** und für die Frage einer etwaigen Zustimmungspflicht der Gesellschafter beachte auch die Anforderungen und Schranken aus der Treupflicht und dem Gleichbehandlungsgrundsatz (RdNr. 221 ff., 244 ff. und § 709 RdNr. 100 f.). Allgemein zu Beschlussmängeln und ihren Folgen vgl. RdNr. 360 ff. und § 709 RdNr. 104 ff. 59

II. Gesellschafter

1. Allgemeines. a) Mindestzahl; Einmann-GbR? Entsprechend ihrer Rechtsnatur als Schuldverhältnis (§ 705) setzt die **Gründung** einer GbR stets die Beteiligung von mindestens **zwei Gesellschaftern** voraus. Die gesetzliche Zulassung der Einpersonengründung in §§ 2 AktG, 1 GmbHG ist auf juristische Personen beschränkt und mit der Struktur einer Personengesellschaft unvereinbar.[128] Ist die GbR als Zwei- oder Mehrpersonengesellschaft entstanden, so führt der spätere ersatzlose Wegfall des vorletzten Gesellschafters im Regelfall zur Beendigung der Gesellschaft (RdNr. 61 ff.).[129] Das gilt auch dann, wenn der Gesell- 60

---

[123] BGH LM HGB § 105 Nr. 22 = NJW 1966, 826; WM 1974, 177, 179; 1985, 1229; *Soergel/Hadding* RdNr. 41.
[124] Vgl. die Nachweise in Fn. 115; ferner BGHZ 70, 331, 332 = NJW 1978, 1001; *Soergel/Hadding* RdNr. 16 und *Wiedemann* GesR I § 3 II 2 b, S. 171 f.
[125] Vgl. § 709 RdNr. 69, 78; § 181 RdNr. 21; *Soergel/Leptien* § 181 RdNr. 20; *Palandt/Heinrichs* § 181 RdNr. 11 a, jeweils mwN. Eingehend dazu *Hübner*, Interessenkonflikt und Vertretungsmacht, 1978, S. 265 ff. und *Rob. Fischer*, FS Hauß, 1978, S. 61 ff.
[126] BayObLG NJW 1959, 989; FamRZ 1976, 168. So auch 4. Aufl. § 1629 RdNr. 42 f., 63; *Hübner* (Fn. 125) S. 278; *Palandt/Diederichsen* § 1629 RdNr. 22; *Soergel/Strätz* § 1629 RdNr. 32.
[127] Zur Beschlussfassung in Erfüllung einer Verbindlichkeit vgl. BGH BB 1961, 304 (durch Treupflicht gebotene Zustimmung zur Vertragsänderung). – Die Anwendung der Vorteilsregel des § 181 auch im Rahmen von § 1795 ist vom BGH zu Recht bejaht worden (BGH LM § 1795 Nr. 4 = NJW 1975, 1885; so auch § 1795 RdNr. 19; *Soergel/Strätz* § 1629 RdNr. 33 f. und *Palandt/Diederichsen* § 1795 RdNr. 11).
[128] Wohl nach wie vor einhM; selbst *Th. Raiser* AcP 194 (1994), 495, 509 als profiliertester Vertreter der Gleichstellung von Gesamthand und juristischer Person beschränkt sich darauf, die Anerkennung einer *nachträglich* durch Vereinigung aller Anteile in einer Person entstehenden Einmann-Personengesellschaft zu fordern.
[129] Früher ganz hM, vgl. nur *Staub/Ulmer* § 105 HGB RdNr. 69; *Schlegelberger/K. Schmidt* § 105 HGB RdNr. 125; *Soergel/Hadding* RdNr. 18; *Staudinger/Keßler* Vor § 705 RdNr. 36; *Flume* I/1 § 7 III 4; *H. P. Westermann* Hdb. RdNr. I 78. Rspr.-Nachweise vgl. in Fn. 130.

§ 705   61, 62   Abschnitt 8. Titel 16. Gesellschaft

schaftsvertrag eine Fortsetzungsklausel (§ 736) enthält (Vor § 723 RdNr. 9). Zur Umwandlung des Gesellschaftsvermögens in Alleineigentum des einzig verbliebenen Gesellschafters und zum vertraglichen Übernahmerecht vgl. § 730 RdNr. 11, 65 ff.

61   Auch für den **Fortbestand** einer von zwei oder mehr Personen gegründeten GbR entsprach es früher einhelliger Ansicht, dass die mehrfache Mitgliedschaft einer Person in einer Personengesellschaft und, darauf aufbauend, die **Einpersonen-Gesellschaft** mit der vertraglichen Grundlage der Personengesellschaften und ihrer Gesamthandsstruktur **unvereinbar** ist.[130] Demgegenüber mehren sich in neuerer Zeit **abweichende Stimmen,** die zwar nicht beim einseitigen, zur Anwachsung nach § 738 führenden Ausscheiden des vorletzten Gesellschafters, wohl aber bei dem auf rechtsgeschäftlichem oder erbrechtlichem Übergang beruhenden Zusammentreffen sämtlicher Anteile in der Hand des letzten verbleibenden Gesellschafters die **Möglichkeit mehrfacher Beteiligung** sowie ggf. des Fortbestands der Gesellschaft trotz Reduktion der Gesellschafterzahl auf eine Person anerkennen wollen.[131] Das soll einerseits dann in Betracht kommen, wenn der hinzuerworbene Anteil sich von demjenigen des letztverbleibenden Gesellschafters dadurch unterscheidet, dass an ihm zugleich *dingliche Rechte Dritter* bestehen. In derartigen Fällen scheide eine Verschmelzung beider Anteile aus; der Grundsatz der Einheitlichkeit der Mitgliedschaft finde insoweit keine Anwendung.[132] Entsprechendes gelte im Fall bestimmter *erbrechtlicher Institute* wie Testamentsvollstreckung (§ 2197), Nachlassverwaltung und Nachlassinsolvenzverfahren (§ 1976), Vor- und Nacherbschaft (§§ 2139, 2143) sowie Anteilsvermächtnis (§ 2175), in denen eine Anerkennung des Fortbestands der Gesellschaft trotz Anteilsvereinigung in einer Hand geboten sei.[133] Von anderer Seite wird auf die *Privatautonomie* der Gesellschafter verwiesen, die es ihnen gestatte, an der Anteilstrennung trotz Zusammentreffens in einer Hand festzuhalten.[134]

62   **Stellungnahme.** Der Ansicht, die jedenfalls in besonderen Situationen Einpersonen-Gesellschaften anerkennt, ist vorbehaltlich der in RdNr. 63, 64 erwähnten Sonderfälle der Drittberechtigung an einem der Anteile **nicht** zu folgen. Ihren Anhängern ist zwar einzuräumen, dass es eine Reihe von Gründen gibt, die dafür sprechen mögen, im Wege der Rechtsfortbildung den Weg zu einem derartigen, gesetzlich nicht vorgesehenen Rechtsinstitut zu

---

[130] So in st. Rspr. BGHZ 24, 106, 108 = NJW 1957, 1026, 1027; BGHZ 47, 293, 296 = NJW 1967, 1961, 1962; BGHZ 58, 316, 318 = NJW 1972, 1755; BGHZ 66, 98, 101 = NJW 1976, 848, 849; BGHZ 91, 132, 137 = NJW 1984, 2104, 2105; BGHZ 101, 123, 129 = NJW 1987, 3184, 3186; ebenso schon RGZ 163, 142, 149; anders dann (für das Innenverhältnis(?) zwischen Alleingesellschafter und Testamentsvollstrecker) BGHZ 98, 48, 57 = NJW 1986, 2431 (IVa-Senat); offen lassend BGHZ 108, 187, 199 = NJW 1989, 3152 (II. Senat). Im Sinn der bisher hM auch noch 3. Aufl. RdNr. 53 *(Ulmer);* Staudinger/*Keßler* und *Flume* I/1 § 7 III 4 sowie aus neuerer Zeit noch *Joussen* DB 1992, 1773 ff.; *Sieveking,* FS Schippel, 1996, S. 505, 511 f. und (trotz Anerkennung unterschiedlicher „Beteiligungen" eines Gesellschafters) *Bippus* AcP 195 (1995), 13, 24 ff.

[131] So – mit zT unterschiedlichen Voraussetzungen – namentlich MünchKommHGB/*Grunewald* § 161 RdNr. 4 f.; *Esch* BB 1993, 664 ff. und BB 1996, 1621 ff.; *Lüttge* NJW 1994, 5, 8; *Kanzleiter,* FS Weichler, 1997, S. 39 ff.; *Weimar* ZIP 1997, 1769, 1772 ff.; *W. Baumann* BB 1998, 225 ff.; *Priester* DB 1998, 55 ff.; *Kießling,* FS Hadding, 2004, S. 477, 493 ff.; *Th. Schmidt,* Einmann-Personengesellschaften, 1998; *Pfister,* Die Einmann-Personengesellschaft – ein interdisziplinärer Ansatz, 1999; für mehrfache Beteiligung in einer Hand insbes. auch *Lamprecht,* Die Einheitlichkeit der Mitgliedschaft in einer Personengesellschaft – ein überholtes Dogma?, 2002 (dazu krit. *Ulmer* ZHR 167 [2003], 103 ff.); an der hM zweifelnd (ohne konkrete Alternative) auch Staudinger/*Habermeier* RdNr. 20 und Vorbem. RdNr. 29 a. Für Vor- und Nacherbschaft auch schon *Baur*/*Grunsky* ZHR 133 (1970), 209 ff.; für weitere Sonderfälle (Nießbrauch, Testamentsvollstreckung u. a.) seither auch MünchKommHGB/*K. Schmidt* § 105 RdNr. 24 f., *H. P. Westermann* Hdb. RdNr. I 78, 78 b; *Bamberger*/*Roth*/*Timm*/*Schöne* RdNr. 51 und *Wiedemann* GesR II § 1 VI 3, S. 87 f.

[132] So insbes. *Baumann* BB 1998, 230; *Kanzleiter,* FS Weichler, 1997, S. 46, 50; *Lüttge* NJW 1994, 8; *Lamprecht* (Fn. 131) insbes. S. 56 ff. aber auch MünchKommHGB/*K. Schmidt* § 105 Rn. 24 f.; *Wiedemann* GesR II § 1 VI 2, S. 85 f.; *Ulmer* ZHR 167 (2003), 103, 114 f.

[133] So, bezogen auf Testamentsvollstreckung, Nachlassverwaltung und Vor- und Nacherbschaft, MünchKommHGB/*K. Schmidt* § 105 RdNr. 26; *Westermann* Hdb. RdNr. I 78 b; *Kanzleiter,* FS Weichler, 1997, S. 50; *Lüttge* NJW 1994, 8 f.; *Wiedemann,* FS Zöllner, 1998, S. 635, 647 f.; für Testamentsvollstreckung und Nachlassverwaltung auch *Ulmer* ZHR 167 (2003), 103, 114 f.

[134] Vgl. die Nachweise in Fn. 131, darunter insbes. *W. Baumann, Kanzleiter, Priester* und *Weimar.*

Inhalt des Gesellschaftsvertrags   63, 64 § 705

öffnen.[135] Angesichts des Beruhens auch der Außengesellschaft auf einem *vertraglichen Schuldverhältnis* (§ 705) und angesichts der in § 718 Abs. 1 geregelten Gesamthandsstruktur steht diese Gestaltungsmöglichkeit jedoch **nicht zur Disposition der Gesellschafter**.[136] Daran hat sich auch durch die zwischenzeitliche Rechtsentwicklung (Übertragbarkeit der Gesellschaftsanteile; Rechtsfähigkeit der Außen-GbR) nichts Grundlegendes geändert.[137] Die Anerkennung einer Einpersonen-Gesellschaft lässt sich auch nicht allein oder in erster Linie auf Praktikabilitätserwägungen stützen. Vielmehr ist für den Fortbestand einer GbR grundsätzlich am *Erfordernis von mindestens zwei Gesellschaftern* festzuhalten. Will der letztverbleibende Gesellschafter die Fortexistenz der Gesellschaft sichern, so kann er das unschwer dadurch erreichen, dass er entweder rechtzeitig eine von ihm gegründete oder erworbene GmbH als Mitgesellschafterin aufnimmt oder den vorletzten Anteil von einem Treuhänder erwerben lässt; damit bleiben Vertragsgrundlage und Gesamthandsstruktur gewahrt. – Zur grundsätzlichen *Einheitlichkeit der Mitgliedschaft* und zu ihren Grenzen vgl. RdNr. 181 ff.

Ausnahmen vom Erfordernis einer Gesellschaftermehrheit sind allerdings dann anzuerkennen, wenn die Gesellschaftsanteile trotz ihres Zusammentreffens in einer Hand einer *unterschiedlichen* (quasi) *dinglichen oder erbrechtlichen Zuordnung* unterliegen; sie erhält die Trennung der Anteile aufrecht und führt zum Fortbestand der Gesellschaft. Das gilt in erster Linie beim Zusammentreffen eines unbelasteten und eines mit dinglichen Rechten Dritter belasteten Anteils, so beim Bestehen eines **Nießbrauchs** (RdNr. 94 ff.) oder eines **Pfandrechts** (§ 719 RdNr. 51 ff.) zu Gunsten eines Dritten;[138] die quasi-dingliche Mitbeteiligung des Dritten nähert die Rechtslage hier derjenigen einer Zwei- oder Mehrpersonen-Gesellschaft an. Dem ist die qualifizierte (offene) **Treuhand** am Anteil (RdNr. 92) gleichzustellen, dh. die Stellung des einzig verbliebenen Gesellschafters zugleich als Treuhänder für einen oder mehrere intern als Mitgesellschafter behandelte Treugeber.[139] In allen diesen Fällen besteht die GbR trotz Reduktion der Gesellschafterzahl auf nominell ein Mitglied fort, solange die Sonderzuordnung Bestand hat. 63

Der Rechtslage bei quasi-dinglicher Sonderzuordnung vergleichbar ist ferner das Bestehen von **Testamentsvollstreckung** an einem der Anteile und dessen daraus folgende Nachlasszuordnung (RdNr. 109 ff.). Es hindert den erbrechtlichen Eintritt der Anteilsvereinigung beim letzten verbliebenen Gesellschafter und lässt die Gesellschaft bis zu ihrem Ablauf oder der Anteilsfreigabe durch den Testamentsvollstrecker fortbestehen.[140] Fraglich ist demgegenüber, ob sich auch sonstige, auf Trennung des Nachlasses oder bestimmter Nachlassgegenstände vom Eigenvermögen des Erben gerichtete erbrechtliche Institute als Rechtsgrund für die – sei es auch nur vorübergehende – Anerkennung einer Einpersonen-GbR eignen. Die Frage ist bei Anordnung von **Nachlassverwaltung** oder bei der Eröffnung des **Nachlassinsolvenzverfahrens** über den Nachlass des verstorbenen vorletzten, vom letzten beerbten Gesellschafters zu bejahen.[141] Der Fortbestand des betroffenen Anteils folgt zwar nicht aus 64

---

[135] Vgl. die Nachweise in Fn. 131; ferner (mit Schwerpunkt bei der Mehrfachbeteiligung) *Lamprecht* (Fn. 131) insbes. S. 56 ff.

[136] AA *W. Baumann* BB 1998, 229 ff.; *Kanzleiter,* FS Weichler, 1997, S. 49 f.; *Priester* DB 1998, 60.

[137] So aber – ohne Auseinandersetzung mit §§ 705, 718 Abs. 1 – *W. Baumann* BB 1998, 226 ff. und *Priester* DB 1998, 57 f. Wie hier unter Hinweis auf das Interesse des Rechtsverkehrs an standardisierten Mitgliedschaftsrechten *Wiedemann,* FS Zöllner, 1998, S. 641 f.

[138] Inzwischen in der Lit. wohl schon hM, vgl. MünchKommHGB/*K. Schmidt* § 105 RdNr. 26; *Westermann* Hdb. RdNr. I 78 a, 78 b; *Kanzleiter,* FS Weichler, 1997, S. 46, 50; *Lüttge* NJW 1994, 8; *Ulmer* ZHR 167 (2003), 103, 114 f.; *Wiedemann,* FS Zöllner, 1998, S. 642 f., 647; beschränkt auf den Nießbrauch auch *Fett/Brand* NZG 1999, 52 f., 54. Die Rspr. der Instanzgerichte ist noch uneinheitlich: für Fortbestand bei Nießbrauch LG Hamburg NZG 2005, 926; offen lassend OLG Schleswig ZIP 2006, 615, 617; aA OLG Düsseldorf ZIP 1999, 26; so auch OLG Stuttgart NZG 2004, 766, 768 (Pfandrecht).

[139] So auch *K. Schmidt* GesR § 45 I 2 b bb; *Lüttge* NJW 1994, 7; unter Beschränkung auf das Innenverhältnis *Westermann* Handbuch RdNr. I 78 a.

[140] Vgl. Lit.-Nachweise in Fn. 138; so grds. auch BGHZ 98, 48, 57 = NJW 1986, 2431 (IVa-Senat), wenn auch beschränkt auf das Innenverhältnis(?), dazu krit. *Ulmer* JuS 1986, 856, 858 f.; OLG Schleswig ZIP 2006, 615, 617; offen lassend BGHZ 108, 187, 199 (II. Senat).

[141] Ebenso OLG Hamm ZEV 1999, 234, 236; wohl auch OLG Schleswig ZIP 2006, 615, 617.

§ 1976,¹⁴² da diese Vorschrift sich darauf beschränkt, den Fortbestand der durch den Erbfall erloschenen Rechtsverhältnisse im Interesse der Nachlassgläubiger zu *fingieren*. Hierzu bedarf es im Fall der Anteilsvereinigung beim letztverbleibenden Gesellschafter nicht des – sei es auch fiktiven – Wiederauflebens der GbR; vielmehr genügt die Anerkennung eines vom Verwalter geltend zu machenden fiktiven Anspruchs des Nachlasses auf das Auseinandersetzungsguthaben (die Abfindung).¹⁴³ Entscheidend ist vielmehr wie bei Testamentsvollstreckung die selbständige Dispositionsbefugnis des Nachlass(insolvenz)verwalters über den Anteil.¹⁴⁴

65 Das Vorliegen einer **Erbengemeinschaft** kommt demgegenüber für einen Fortbestand des vererbten Anteils schon deshalb nicht in Betracht, weil dieser der Sondervererbung an die jeweiligen Gesellschafter-Erben persönlich unterliegt (§ 727 RdNr. 33). Geht er im Fall einer qualifizierten Nachfolgeklausel (§ 727 RdNr. 41) auf nur einen der Miterben über und ist dieser zugleich der einzige überlebende Gesellschafter, so führt das grundsätzlich zur Anteilsvereinigung bei ihm; für einen Fortbestand der GbR ist kein Raum. Im Ergebnis Gleiches gilt zweitens bei Anordnung von **Vor- und Nacherbschaft** in Bezug auf den einen Gesellschaftsanteil umfassenden Nachlass. Auch hier bedarf es, wenn alle Anteile in der Hand des Vorerben vereinigt sind, nicht des Fortbestands der Gesellschaft, um die Rechte des Nacherben zu schützen;¹⁴⁵ es genügt das aus §§ 2139, 2143 folgende Wiederaufleben der Gesellschaft bei Eintritt des Nacherbfalls.¹⁴⁶ Ist der auf den letztverbleibenden Gesellschafter im Erbwege übergegangene Gesellschaftsanteil allerdings Gegenstand eines **Vermächtnisses** zu Gunsten eines Dritten, so erscheint es mit Blick auf die Sondervorschrift des § 2175 über das (fiktive) Nichteintreten von Konfusion und Konsolidation obligatorischer und dinglicher Rechte vertretbar, angesichts ihres Eingreifens schon im Zeitpunkt des Erbfalls und angesichts der regelmäßig kurzen Zeitdauer bis zur Erfüllung des Vermächtnisses für die Zwischenzeit vom vorübergehenden Fortbestand der Gesellschaft trotz Wegfalls des vorletzten Gesellschafters auszugehen.¹⁴⁷

66 b) **Keine Höchstzahl.** Eine gesetzliche Höchstzahl für die an einer GbR beteiligten Gesellschafter gibt es nicht. Je größer deren Zahl ist, desto mehr löst sich freilich der Zusammenschluss von der Person der einzelnen Mitglieder. Sieht man von Familiengesellschaften mit einer von Generation zu Generation wachsenden Zahl von meist verwandtschaftlich miteinander verbundenen Mitgliedern ab, so nähern sich Gesellschaften mit vielen, untereinander nicht verbundenen Mitgliedern (sog. Publikumsgesellschaften, vgl. Vor § 705 RdNr. 4) zunehmend einer körperschaftlichen Vereinigung, dh. beim Fehlen der Entstehungsvoraussetzungen für eine juristische Person (e. V., AG u. a.) einer solchen in der Rechtsform des nichtrechtsfähigen Vereins an; die Abgrenzung kann je nach Lage des Falles fließend werden (vgl. Vor § 705 RdNr. 134 f.).

67 c) **Unterbeteiligung.** Von der Mitgliedschaft in der Gesellschaft strikt zu unterscheiden ist das Rechtsinstitut der Unterbeteiligung eines Dritten am Anteil eines Gesellschafters, des sog. Hauptbeteiligten. Sie begründet nach ganz hM im Regelfall keine unmittelbaren Rechtsbeziehungen zwischen dem Unterbeteiligten und den Mitgesellschaftern des Hauptbeteiligten, sondern nur zwischen den Partnern des Unterbeteiligungsvertrags.¹⁴⁸ Wegen der

---

¹⁴² So aber *Soergel/Stein* § 1976 RdNr. 2 (als Fiktion?); MünchKommHGB/*K. Schmidt* § 105 RdNr. 26; *Westermann* Hdb. RdNr. I 78 b; *Kanzleiter,* FS Weichler, 1997, S. 50; *Fett/Brand* NZG 1999, 52; offen lassend BGHZ 113, 132, 137 = NJW 1991, 844; aA 4. Aufl. § 1976 RdNr. 7 *(Siegmann)* und *Marotzke* ZHR 156 (1992), 17, 32 ff.
¹⁴³ So zutr. 4. Aufl. § 1976 RdNr. 7 *(Siegmann); Marotzke* ZHR 156 (1992), 17, 32 ff.
¹⁴⁴ Vgl. *Ulmer* ZHR 167 (2003), 103, 114 f.
¹⁴⁵ So aber die wohl überwM, vgl. *K. Schmidt* GesR § 45 I 2 b bb; *Westermann* Hdb. RdNr. I 78 b; *Kanzleiter,* FS Weichler, 1997, S. 50; *Lüttge* NJW 1994, 8 f.
¹⁴⁶ Vgl. dazu eingehend *Stimpel,* FS Rowedder, 1994, S. 477, 481 ff., und *Jan Timmann,* Vor- und Nacherbschaft innerhalb der zweigliedrigen OHG oder KG, 2000, insbes. S. 54 ff., 119 ff., 140 ff.; so auch *Fett/Brand* NZG 1999, 54.
¹⁴⁷ Ebenso MünchKommHGB/*K. Schmidt* § 105 RdNr. 26.
¹⁴⁸ BGH WM 1959, 595, 596; *Soergel/Hadding* Vor § 705 RdNr. 33; *Erman/Westermann* Vor § 705 RdNr. 40; *Flume* ZHR 136 (1972), 177, 183; *Paulick* ZGR 1974, 253, 256 f.

Inhalt des Gesellschaftsvertrags 68, 69 § 705

Doppelstellung des Hauptbeteiligten als Gesellschafter sowohl in der Hauptgesellschaft als auch in der Unterbeteiligungsgesellschaft sind freilich mittelbare Rückwirkungen der Unterbeteiligung auf die Hauptgesellschaft nicht ausgeschlossen (vgl. auch Vor § 705 RdNr. 96, 100). Ihnen kann durch ein – die Gesellschafter außerhalb der §§ 399, 717 S. 1 freilich nur obligatorisch bindendes – Unterbeteiligungsverbot im Vertrag der Hauptgesellschaft Rechnung getragen werden.[149] Die **Rechtsnatur** der Unterbeteiligung ist ebenfalls als GbR zu qualifizieren, freilich in der Form der Innengesellschaft (RdNr. 282 f.).[150] Ist Gegenstand der Unterbeteiligung freilich der ganze Anteil des Hauptbeteiligten, so wandelt sie sich zur Treuhandabrede (Vor § 705 RdNr. 92). Verbreitet sind Unterbeteiligungsverhältnisse vor allem an OHG- und KG-Anteilen; rechtlich steht aber nichts im Wege, sie auch in Bezug auf die Beteiligung an einer GbR als Hauptgesellschaft zu begründen. Näher zur Unterbeteiligung vgl. Vor § 705 RdNr. 92 ff.

2. **Natürliche Personen.** Rechtliche Schranken für ihre Beteiligung an einer GbR 68 bestehen nicht.[151] Im Rahmen der Vertragsfreiheit kann jedermann über den Abschluss eines Gesellschaftsvertrags iS von § 705 sowie grundsätzlich auch über dessen inhaltliche Ausgestaltung frei entscheiden, soweit keine berufsrechtlichen Schranken entgegenstehen.[152] Die Beteiligung an einer Personengesellschaft (GbR, OHG oder KG) schließt diejenige an weiteren Gesellschaften, auch solchen zwischen denselben Personen, nicht aus, sofern es sich um je selbständige Personenvereinigungen handelt, dh. sofern der Inhalt der Verträge nicht identisch ist und namentlich die jeweiligen Gesellschaftszwecke sich unterscheiden.

a) **Nicht voll geschäftsfähige Personen.**[153] Der Abschluss eines Gesellschaftsvertrags 69 setzt auf Seiten der Gesellschafter Rechtsfähigkeit voraus. Sie beginnt unabhängig von der Geschäftsfähigkeit mit der Vollendung der Geburt (§ 1). Daher können auch geschäftsunfähige (§ 104) und beschränkt geschäftsfähige Personen (§§ 106, 114) Gesellschafter einer GbR werden. Mit Ausnahme der durch Vererbung der Mitgliedschaft erlangten Gesellschafterstellung (§ 727 RdNr. 28 ff.) erfordert die Beteiligung freilich grundsätzlich die **Mitwirkung des gesetzlichen Vertreters** bzw. – wenn dieser oder sein Ehegatte selbst Gesellschafter ist (§§ 181, 1629 Abs. 2, 1795 Abs. 1 Nr. 1) – diejenige eines Pflegers (§ 1909, vgl. RdNr. 58). Nur beim Handeln beschränkt Geschäftsfähiger ist die Mitwirkung ausnahmsweise entbehrlich, und zwar dann, wenn es sich entweder um den *unentgeltlichen* Erwerb eines Anteils an einer *Innengesellschaft* handelt, mit dem sich für den beschränkt Geschäftsfähigen gesellschaftsvertraglich keine Pflichten oder Risiken verbinden (§ 107), oder wenn die Beteiligung zu den Geschäften gehört, die ihm nach § 112 Abs. 1 mit Genehmigung des Vormundschaftsgerichts gestattet sind; für die entgeltliche Beteiligung an einer Erwerbsgesellschaft ist das ausgeschlossen (§ 112 Abs. 1 S. 2 iVm. § 1822 Nr. 3). Das nach § 109 dem anderen Teil eingeräumte Widerrufsrecht bis zur Genehmigung des nicht unter diese Ausnahmen fallenden, schwebend unwirksamen Beitritts eines Minderjährigen steht jedem der übrigen Gesellschafter zu.[154]

---

[149] Vgl. näher *Friehe*, Die Unterbeteiligung bei Personengesellschaften, 1974, S. 52; *Ulbrich*, Die Unterbeteiligungsgesellschaft an Personengesellschaftsanteilen, 1982, S. 99; im Grundsatz auch *Erman/Westermann* Vor § 705 RdNr. 40. Auch ohne eine solche Vereinbarung kann das Eingehen einer Unterbeteiligung gegen die Treupflicht verstoßen (*Herzfeld* AcP 137 [1933], 270, 291; *Friehe* aaO S. 52; *Ulbrich* aaO S. 99, 113 f.). Zur entspr. Lage bei der Begründung von Treuhandverhältnissen an Gesellschaftsanteilen sowie zur im Einzelfall möglichen Unwirksamkeitsfolge nach §§ 138, 826 vgl. RdNr. 88.
[150] BGH NJW 1994, 2886, 2887 (dort auch zur Abgrenzung gegenüber der Treuhand am Gesellschaftsanteil, s. dazu noch RdNr. 85); *Soergel/Hadding* Vor § 705 RdNr. 33; *Erman/Westermann* Vor § 705 RdNr. 39 f.
[151] Zum Eingreifen fremdenrechtlicher Schranken gegenüber der Erwerbstätigkeit von Ausländern im Rahmen inländischer Gesellschaften vgl. die Übersicht bei *Ulmer/Behrens* in: *Ulmer/Winter/Habersack* Einl. RdNr. B 156 ff.
[152] Derartige Schranken finden sich zB in § 59 a BRAO für Rechtsanwaltssozietäten und in § 8 ApothG für Gesellschaften zum gemeinsamen Betrieb einer Apotheke.
[153] Vgl. dazu *Maier-Reimer/Marx* NJW 2005, 3025 ff.; *Rust* DStR 2005, 1942 f.
[154] *Soergel/Hadding* RdNr. 20; *Hueck* OHG § 7 I 2. Zu den Folgen des Widerrufs bei in Vollzug gesetzter Gesellschaft vgl. RdNr. 336.

§ 705 70, 71

70 Neben der Mitwirkung des gesetzlichen Vertreters oder Pflegers bedarf die Beteiligung eines nicht voll Geschäftsfähigen an der Gründung einer GbR oder dessen späterer Beitritt[155] zusäzusätzlich auch der **Genehmigung des Familien- bzw. Vormundschaftsgerichts,** sofern der Zweck der Gesellschaft auf den *Betrieb eines Erwerbsgeschäfts* gerichtet ist (§§ 1643, 1822 Nr. 3). Ein Erwerbsgeschäft kann auch von einer GbR betrieben werden (Vor § 705 RdNr. 89); der Begriff geht über denjenigen des kaufmännischen Handelsgewerbes iS von §§ 1 bis 3 HGB deutlich hinaus und erfasst auch kleingewerbliche, handwerkliche, landwirtschaftliche, freiberufliche oder künstlerische, auf Erwerb gerichtete Tätigkeiten.[156] Fällt die Beteiligung wegen des ursprünglich andersartigen Gesellschaftszwecks zunächst nicht unter § 1822 Nr. 3, so ist der spätere Übergang zum Betrieb eines Erwerbsgeschäfts auf Seiten des nicht voll Geschäftsfähigen genehmigungspflichtig.[157] Die Beschränkung der Minderjährigenhaftung nach § 1629a (vgl. § 723 RdNr. 38 ff.) lässt das Genehmigungserfordernis unberührt. Zur Möglichkeit des Eingreifens anderer Genehmigungstatbestände der §§ 1821, 1822 bei Abschluss oder Änderung von Gesellschaftsverträgen vgl. *Winkler* ZGR 1973, 177 ff., 193 ff.; für *Verfügungen der Gesellschaft über Grundstücke* oder andere von § 1821 erfasste Gegenstände ist ein Genehmigungserfordernis auch dann abzulehnen, wenn der Zweck der GbR nicht auf den Betrieb eines Erwerbsgeschäfts, sondern auf Vermögensverwaltung gerichtet ist.[158]

71 Der Genehmigungspflicht nach § 1822 Nr. 3 unterliegt auch das **Ausscheiden** des nicht voll Geschäftsfähigen aus einer Erwerbsgesellschaft,[159] nicht dagegen sonstige Vertragsänderungen wie der Ein- oder Austritt anderer Gesellschafter, die Erhöhung der Beiträge u. a., mögen sie für den nicht voll Geschäftsfähigen auch einschneidende Folgen haben.[160] Die Beteiligung an einer auf Teilhabe am Erwerbsgeschäft eines Gesellschafters ausgerichteten **Innengesellschaft,** namentlich einer stillen Gesellschaft oder einer Unterbeteiligung, fällt nach zutr. Ansicht[161] nur dann unter § 1822 Nr. 3, wenn der nicht voll Geschäftsfähige

---

[155] Zur Gleichstellung des Anteilserwerbs mit dem in § 1822 Nr. 3 genannten entgeltlichen Erwerb eines Erwerbsgeschäfts vgl. BGHZ 17, 160, 162 ff. = NJW 1955, 1067; RGZ 122, 370, 372; § 1822 RdNr. 15 ff.; *Winkler* ZGR 1973, 177, 185 f.

[156] Vgl. § 1822 RdNr. 11; so auch BayObLG DB 1979, 2314; *Erman/Holzhauer* § 1822 RdNr. 7; *Erman/Palm* § 112 RdNr. 3.

[157] Hier fehlt es, im Unterschied zur Änderung des Vertrags einer von Anfang an auf den Betrieb eines Erwerbsgeschäfts gerichteten GbR (vgl. Nachweise in Fn. 158), an der vorherigen Einschaltung des Vormundschaftsgerichts; die Beurteilung des Vorgangs nach der nur für den Vormund geltenden Sollvorschrift des § 1823 (Beginn eines Erwerbsgeschäfts des Mündels) wäre nicht angemessen (vgl. auch *Winkler* ZGR 1973, 177, 193 ff.); zust. *Soergel/Hadding* RdNr. 21; *Hilsmann,* Minderjährigenschutz durch das Vormundschaftsgericht bei der Änderung von Gesellschaftsverträgen, 1993, S. 93 f.

[158] AA die hM zu § 1821 Nr. 1, die diese Vorschrift auch Grundstücksgeschäfte einer Vermögensverwaltungsgesellschaft bei Beteiligung von Minderjährigen als Gesellschafter der GbR mit der (unzutr.) Begründung anwendet, es werde auch über den Anteil des Minderjährigen am gesamthänderisch gebundenen Grundstück verfügt; vgl. § 1821 RdNr. 7, anders dann aber RdNr. 9 *(Wagenitz)*; *Staudinger/Engler* (2004) § 1821 RdNr. 19; *Soergel/Zimmermann* Vor § 1821 RdNr. 7 f.; so auch OLG Koblenz NJW 2003, 1401, 1402 und schon OLG Hamburg FamRZ 1958, 333. Demgegenüber wird das Eingreifen des § 1821 Nr. 1 auf Verfügungen einer OHG, KG oder unternehmenstragenden GbR von der hM zutr. verneint (vgl. nur § 1821 RdNr. 9; *Winkler* ZGR 1973, 177, 211 f.).

[159] Ganz hM, vgl. BGHZ 17, 160, 165 = NJW 1955, 1067; BGHZ 38, 26, 27 = NJW 1962, 2344; RGZ 115, 172; 122, 370, 373; OLG Karlsruhe NJW 1973, 1977; *Soergel/Zimmermann* § 1822 RdNr. 20; *Gernhuber/Coester-Waltjen* § 60 VI RdNr. 33; *Winkler* ZGR 1973, 177, 202 f. mwN.

[160] So zu Recht die auf die Notwendigkeit formaler Auslegung der Genehmigungstatbestände verweisende Rspr. (BGHZ 17, 160, 163 = NJW 1955, 1067; BGHZ 38, 26, 28 = NJW 1962, 2344; BGH DB 1968, 932 u. a.) und die hM im Schrifttum *(Staudinger/Engler* (2004) § 1822 RdNr. 68; *Gernhuber/Coester-Waltjen* § 60 VI RdNr. 109; *Soergel/Hadding* RdNr. 21; *Wiedemann,* Die Übertragung und Vererbung von Mitgliedschaftsrechten bei Handelsgesellschaften, 1965, S. 250 f.; MünchKommHGB/*K. Schmidt* § 105 RdNr. 159; *Baumbach/Hopt* § 105 HGB RdNr. 26; *Hueck* OHG § 6 IV, S. 63 f.; *Winkler* ZGR 1973, 177, 193 ff.); aA § 1822 RdNr. 28 *(Wagenitz); Erman/Holzhauer* § 1822 RdNr. 20; *Soergel/Zimmermann* § 1822 RdNr. 26; *Beitzke* JR 1963, 182; *Knopp* BB 1962, 939, 942; *Hilsmann* (Fn. 157) S. 231, 257 ff.

[161] AA – für Genehmigungsbedürftigkeit der Gründung einer typischen stillen Gesellschaft – LG München II NJW-RR 1999, 1018; MünchKommHGB/*K. Schmidt* § 230 RdNr. 106; 4. Aufl. § 1822 RdNr. 26; *Soergel/Zimmermann* § 1822 RdNr. 25; *Brüggemann* FamRZ 1990, 124, 127; *Hilsmann* (Fn. 157) S. 103 ff., 110; dagegen aber bereits BGH NJW 1957, 672; s. ferner BFH DB 1974, 365.

dadurch im Innenverhältnis ein der Beteiligung an einer Erwerbsgesellschaft entsprechendes finanzielles Risiko übernimmt.[162] Zum Schicksal von Gesellschaftsverträgen, deren Fehlerhaftigkeit auf der unwirksamen Beteiligung nicht voll Geschäftsfähiger beruht, vgl. RdNr. 335 ff.

Für die Beschlüsse der Gesellschafter in **laufenden Angelegenheiten,** die nicht wie die Vertragsänderung oder der Gesellschafterwechsel die Grundlagen der Gesellschaft betreffen, sind die vorstehenden Grundsätze über Pflegerbestellung und Mitwirkung des Vormundschaftsgerichts im Falle der Beteiligung nicht voll geschäftsfähiger Personen *nicht anwendbar.* Wie der BGH[163] entgegen einer früher verbreiteten Ansicht[164] zu Recht seit langem klargestellt hat, steht § 181 der mehrfachen Stimmabgabe eines Gesellschafters im eigenen und fremden Namen im Regelfall nicht entgegen.[165] Zwar hat auch die Beschlussfassung in laufenden Angelegenheiten rechtsgeschäftlichen Charakter; eine besondere Kategorie des – nicht unter § 181 fallenden – „Sozialakts" gibt es nicht.[166] Wohl aber fehlt es bei einer der verbandsinternen Willensbildung dienenden, die Geschäftsführung betreffenden Beschlussfassung typischer Weise an dem in § 181 vorausgesetzten Interessengegensatz. Entsprechend der heute vorherrschenden, nicht rein formalen, sondern wertenden Auslegung von § 181[167] greift die Vorschrift in Fällen dieser Art daher nicht ein. – Genehmigungstatbestände iS von §§ 1821, 1822 werden durch die laufende Beschlussfassung ohnehin nicht berührt.[168]

b) Ehegatten. Die Beteiligung von Ehegatten an einer GbR unterliegt im Grundsatz keinen Besonderheiten. Jedoch enthält § 1365 eine Einschränkung für einen Ehegatten, der im gesetzlichen Güterstand der Zugewinngemeinschaft (§ 1363) lebt: er kann sich nur mit Einwilligung des anderen Ehegatten verpflichten, über sein **Vermögen im Ganzen** zu verfügen (Abs. 1 S. 1). Solange die Einwilligung nicht erteilt ist, erstreckt sich die Unwirksamkeit auch auf das Erfüllungsgeschäft (Abs. 1 S. 2). Nach heute hM greift § 1365 im Unterschied zu § 311 b Abs. 3 (RdNr. 33) nicht nur ein, wenn sich die Verpflichtung auf das Vermögen als solches bezieht. Es genügt vielmehr, dass der vertraglich übernommene Gegenstand der Einlageleistung das wesentliche Vermögen des Ehegatten ausmacht, soweit nur dem anderen Teil (hier also den Mitgesellschaftern) die Vermögensverhältnisse des sich verpflichtenden Ehegatten bekannt sind.[169] Zu den Folgen einer nach § 1365 Abs. 1 fehlerhaften Beitrittserklärung vgl. RdNr. 341, zur Ehegattengesellschaft Vor § 705 RdNr. 73 ff.

Haben die Ehegatten den gesetzlichen Güterstand durch *Ehevertrag* ausgeschlossen, so ist zu unterscheiden. Im Falle der **Gütertrennung** (§ 1414) greifen keine eherechtlichen

---

[162] Fall der atypischen stillen Gesellschaft; dafür auch OLG Hamm BB 1974, 294; *Palandt/Diederichsen* § 1822 RdNr. 9; *Erman/Holzhauer* § 1822 RdNr. 21; *Reinicke* DNotZ 1957, 510; *Winkler* ZGR 1973, 177, 184; gegen Genehmigungspflicht trotz Verlustbeteiligung im Falle schenkweise zugewendeter stiller Beteiligung aber *Gernhuber/Coester-Waltjen* § 60 VI RdNr. 110; *Klamroth* BB 1975, 525, 528.
[163] BGHZ 65, 93, 97 f. = NJW 1976, 49; BGHZ 112, 339, 341 = NJW 1991, 691.
[164] Vgl. etwa *Soergel/Schultze-v. Lasaulx* (10. Aufl.) § 709 RdNr. 35 und die Meinungsübersicht bei *Klamroth* BB 1974, 160, 161 f.
[165] Heute hM, vgl. § 181 RdNr. 20; *Erman/Palm* § 181 RdNr. 13; *Soergel/Leptien* § 181 RdNr. 20; *Staudinger/Schilken* (2001) § 181 RdNr. 23 ff.
[166] So zutr. *Winkler* ZGR 1973, 177, 212 f. und *Hübner* (Fn. 125) S. 272 f. in Auseinandersetzung mit der früher abw. BGH-Rspr. und Lit.; vgl. auch BGHZ 65, 93, 97 = NJW 1976, 49 und *Klamroth* BB 1975, 160, 161.
[167] BGHZ 64, 72, 76 = NJW 1975, 1117 mwN; BGH LM § 1795 Nr. 4 = NJW 1975, 1885, 1886; § 181 RdNr. 9; *Erman/Palm* § 181 RdNr. 10 ff.; *Soergel/Leptien* § 181 RdNr. 6; *Staudinger/Schilken* (2001) § 181 RdNr. 5 ff. Grdlg. dazu *Hübner* (Fn. 125) S. 138 ff.
[168] Der Auflösungsbeschluss gehört nicht zu den laufenden Angelegenheiten, sondern enthält eine Vertragsänderung. Zur Frage seiner Genehmigungsbedürftigkeit nach § 1822 Nr. 3 bei Erwerbsgesellschaften vgl. *Staub/Schäfer* § 131 HGB RdNr. 24 (verneinend) mwN; so auch *Soergel/Zimmermann* § 1822 RdNr. 19. – Zur Genehmigungsbedürftigkeit des einvernehmlichen Ausscheidens des nicht voll Geschäftsfähigen s. *Staub/Ulmer* § 105 HGB RdNr. 85 mwN.
[169] Sog. subjektive Einzeltherorie; vgl. BGHZ 35, 135, 143 ff. = NJW 1961, 1301; BGHZ 43, 174, 177 = NJW 1965, 909; BGHZ 66, 217 = NJW 1976, 1398 (zu § 419 aF); BGH WM 1972, 343, 344; NJW 1984, 609 f.; 1993, 2441; vgl. dazu auch 4. Aufl. § 1365 RdNr. 9 ff.; 14 ff., 25 ff. mN zum Meinungsstand in der Lit.

§ 705 75   Abschnitt 8. Titel 16. Gesellschaft

Besonderheiten ein; Schranken der Vertragsfreiheit bestehen nicht. Anders im Fall der **Gütergemeinschaft** (§ 1415). Die vermögensrechtliche Selbstständigkeit jedes Ehegatten besteht hier zwar im Rahmen des *Vorbehaltsgutes* (§ 1418) fort; insoweit ist der jeweilige Ehegatte in der Verwaltung nicht beschränkt und kann namentlich auch durch Verfügungen eine Bestandsveränderung des Vorbehaltsguts herbeiführen (§ 1418 Abs. 3). Eine mit dessen Mitteln erworbene Gesellschaftsbeteiligung gehört daher auch ihrerseits zum Vorbehaltsgut (§ 1418 Abs. 2 Nr. 3); der Mitwirkung des anderen Ehegatten beim Beteiligungserwerb bedarf es nicht. Soll die Gesellschaftsbeteiligung dagegen mit Mitteln des *Gesamtguts* erworben werden, so sind die eheverträglichen Vereinbarungen über dessen Verwaltung zu beachten. Mangels vertraglicher Regelung gilt gemeinschaftliche Verwaltung (§ 1421); Verfügungen über das Gesamtgut können also nur gemeinsam erfolgen. Der mit Mitteln des Gesamtguts erworbene Anteil wird freilich nicht nur dann, wenn er entsprechend gesetzlicher Regel unübertragbar ist, *Sondergut* desjenigen Ehegatten/Gesellschafter, in dessen Namen die Beteiligung erfolgt (§§ 1417 Abs. 2, 719);[170] er ist vom Ehegatten/Gesellschafter für Rechnung des Gesamtguts zu verwalten (§ 1417 Abs. 3). Vielmehr kann der Anteil auch deshalb nicht in das Gesamtgut fallen, weil eine Gesellschaftsbeteiligung der Gütergemeinschaft als solcher ausgeschlossen ist (str., RdNr. 82).

75 Besondere Probleme stellen sich bei der Gründung einer **Gesellschaft zwischen Ehegatten in Gütergemeinschaft**. Sie bereitet zwar keine Schwierigkeiten, wenn sie mit Mitteln des jeweiligen Vorbehaltsguts erfolgt (RdNr. 74). In diesem Fall führt sie zu einer zweiten, neben die Gütergemeinschaft tretenden und den spezifischen Grundsätzen des Gesellschaftsrechts unterliegenden Gesamthandsgemeinschaft der Ehegatten.[171] Das gleiche Ziel können die Ehegatten beim Fehlen entsprechenden Vorbehaltsguts auch dadurch erreichen, dass sie den Gesellschaftsvertrag mit einem notariell zu beurkundenden Ehevertrag verbinden, worin die Gesellschaftsanteile zu Vorbehaltsgut erklärt werden (§§ 1408, 1410, 1418 Abs. 2 Nr. 1).[172] Zur Möglichkeit des gemeinsamen Betriebs eines Handelsgeschäfts in Gütergemeinschaft sowie zu der in diesem Fall gebotenen Firmierung s. 4. Aufl. § 1416 RdNr. 8 mN.[173] Erfolgt die Gründung der Gesellschaft dagegen **mit Mitteln des Gesamtguts** ohne entsprechende eheverträgliche Absicherung, so soll sie entgegen der früheren Rechtsprechung[174] nach Ansicht des BGH deshalb fehlschlagen, weil die Begründung von Sondergut auf rechtsgeschäftlichem Wege (hier: durch Abschluss des Gesellschaftsvertrags zwischen den Ehegatten) nicht möglich sei, die Zugehörigkeit der Anteile zum Gesamtgut aber unvermeidlich deren Vereinigung und damit das Erlöschen der Gesellschaft zur Folge haben müsse.[175] Dem ist in der Literatur zu Recht widersprochen worden.[176] Der entscheidende Einwand bezieht sich darauf, dass der BGH das Verhältnis von Gesamt- und Sondergut in Bezug auf die Gesellschaftsbeteiligung verkannt hat. Die Zugehörigkeit der Anteile zum jeweiligen Sondergut der Ehegatten bedarf nicht etwa einer notariellen Vereinbarung zwischen ihnen, sondern sie folgt zwangsläufig aus der besonderen, vermögens- und personenrechtliche Elemente verkörpernden Rechtsnatur der Gesellschaft. Diese steht der Einbeziehung der Anteile in das Gesamtgut – und damit auch der Mitgliedschaft der Gütergemeinschaft in der GbR (vgl. RdNr. 82) – selbst dann entgegen, wenn die Anteile im Gesellschaftsvertrag ausnahmsweise übertragbar ausgestaltet sind (§ 719 RdNr. 27) und damit nicht bereits einer Umqualifizierung nach § 1417 Abs. 2 unterlie-

---

[170] So aber 4. Aufl. §§ 1416 RdNr. 9; 1417 RdNr. 4 *(Kanzleiter)* mwN.
[171] Zum Verhältnis beider Vermögensmassen vgl. Reuter/Kunath JuS 1977, 376, 377 f.
[172] BGHZ 65, 79, 91 = NJW 1975, 1774.
[173] BayObLG FamRZ 1992, 61.
[174] BGH LM § 260 Nr. 1; BGHZ 57, 123, 128 = NJW 1972, 48; RGZ 145, 282, 283, jeweils für Entstehung von Sondergut im Falle der Beteiligung nur eines der Ehegatten an einer Personengesellschaft; die Beteiligung von zwei Ehegatten wie im Fall BGHZ 65, 79 = NJW 1975, 1774 führt zu keiner grds. abw. Beurteilung.
[175] So BGHZ 65, 79, 82 ff. = NJW 1975, 1774.
[176] *Beitzke* FamRZ 1975, 575; *Tiedtke* FamRZ 1975, 676; *Reuter/Kunath* JuS 1977, 376; zust. aber *Schünemann* FamRZ 1976, 138.

Inhalt des Gesellschaftsvertrags 76, 77 § 705

gen.[177] Die Gründung einer GbR zwischen Eheleuten mit Mitteln des Gesamtguts schlägt daher nur dann fehl, wenn das Geschäft abweichend von § 1417 Abs. 3 S. 2 nicht für Rechnung des Gesamtguts betrieben werden soll, die Formvorschriften für die Schaffung von Vorbehaltsgut (§§ 1410, 1418 Abs. 2 Nr. 1) aber nicht eingehalten sind.[178]

3. Juristische Personen und Personenvereinigungen. a) Juristische Personen und Vorgesellschaften. Die Fähigkeit **juristischer Personen,** Gesellschafter von Personengesellschaften zu sein, ist seit langem außer Streit. Schon im Jahre 1922 verwarf das RG die Bedenken des Hamburger Registergerichts gegen die Eintragung einer GmbH als persönlich haftende Gesellschafterin einer KG und ebnete damit der GmbH & Co KG den Weg;[179] in einer Reihe von Vorschriften (§§ 130 a, 177 a HGB u. a.) hat diese Entwicklung seit Jahrzehnten ausdrückliche gesetzliche Anerkennung gefunden. Das gilt auch für im Inland als rechtsfähig anerkannte *ausländische* juristische Personen, soweit sie nach ihrem Heimatrecht fähig sind, sich an Gesellschaften nach Art der OHG oder KG zu beteiligen.[180] Gegenüber der Beteiligung an Personenhandelsgesellschaften (OHG und KG) weist diejenige an einer GbR keine Besonderheiten auf, die eine abweichende Beurteilung der Gesellschaftereigenschaft von juristischen Personen erforderlich machen könnten. Die Möglichkeit, sich an einer GbR zu beteiligen, beschränkt sich auch nicht auf juristische Personen des Privatrechts (AG, KGaA, GmbH, e. V., rechtsfähige Stiftung u. a.). Vielmehr können auch *juristische Personen des öffentlichen Rechts* Gesellschafter einer GbR werden.[181] Die Beteiligung juristischer Personen an einer GbR findet sich namentlich einerseits bei Gelegenheitsgesellschaften (Arbeitsgemeinschaften, Konsortien u. a., vgl. Vor § 705 RdNr. 43 ff., 51 ff.), andererseits bei BGB-Gesellschaften als Instrumente der Kartellierung und Konzernierung (Vor § 705 RdNr. 65 ff.). Unter den Letzteren stehen im Vordergrund Gesellschaften zwischen den Partnern eines Gemeinschaftsunternehmens, die der einheitlichen Leitung der gemeinsamen Tochter durch Vereinheitlichung von Stimmmacht und Willensbildung dienen.[182]

Für die **Vor-GmbH** war die Fähigkeit, sich an einer Personengesellschaft zu beteiligen, früher umstritten;[183] die Frage stellte sich vor allem im Hinblick auf die Gründung einer GmbH & Co. KG mit einer noch nicht im Handelsregister eingetragenen (Vor-)GmbH als Komplementärin. Seit mehr als 20 Jahren hat der BGH die Komplementärfähigkeit der Vor-GmbH jedoch ausdrücklich anerkannt;[184] das entspricht der einhelligen Ansicht im neueren Schrifttum zum GmbH-Recht.[185] Damit sind auch die Bedenken gegen die Beteiligung einer Vor-GmbH an einer GbR entfallen;[186] Voraussetzung ist allerdings, dass die GmbH-Gründer den Geschäftsführern eine entsprechend erweiterte, über die zur GmbH-Gründung notwen-

---

[177] So zutr. namentlich *Reuter/Kunath* JuS 1977, 376, 378 ff.; im Ergebnis ebenso *Lutter* AcP 161 (1962), 170 ff.; *Beitzke* FamRZ 1975, 575; *Staudinger/B. Thiele* (2000) § 1416 RdNr. 12; *Soergel/Hadding* RdNr. 23, sowie zur Beteiligung an einer OHG *Soergel/Gaul* § 1416 RdNr. 6; *Erman/Heckelmann* § 1417 RdNr. 2; *Staub/Ulmer* § 105 HGB RdNr. 90; *MünchKommHGB/K. Schmidt* § 105 HGB RdNr. 80; *Baumbach/Hopt* § 105 RdNr. 25; aA (für Zugehörigkeit der Anteile zum Gesamtgut) BFH BB 1969, 571, 572; 4. Aufl. § 1416 RdNr. 10; *Tiedtke* FamRZ 1975, 678; *Schlegelberger/Geßler* § 105 HGB RdNr. 55 d; *Gernhuber/Coester-Waltjen* § 38 II RdNr. 16.
[178] BGHZ 65, 79, 81, 85 = NJW 1975, 1774; *Reuter/Kunath* JuS 1977, 376, 381.
[179] RGZ 105, 101, 102 ff.; zur Entwicklung der GmbH & Co. vgl. *Staub/Schilling* § 161 HGB RdNr. 29 f.; *K. Schmidt* GesR § 56 I 2.
[180] Vgl. BayObLG WM 1986, 968, 970; *Staub/Ulmer* § 105 HGB RdNr. 92 näher *Ulmer/Behrens* in: *Ulmer/Winter/Habersack* Einl. RdNr. B 160 ff., 163.
[181] RGZ 163, 142, 149; *Soergel/Hadding* RdNr. 27; *Erman/Westermann* RdNr. 17; s. ferner BAG NJW 1989, 3034.
[182] Vgl. dazu *Gansweid*, Gemeinsame Tochtergesellschaften im deutschen Konzern- und Wettbewerbsrecht, 1976, S. 53 f., 60 ff.; *G. Wiedemann*, Gemeinschaftsunternehmen im deutschen Kartellrecht, 1981, S. 52 ff., 85 f.
[183] Vgl. die Nachweise bei *Hachenburg* GmbHG (1. Aufl.) RdNr. 55.
[184] BGHZ 80, 129, 132 ff., 143 = NJW 1981, 1373.
[185] Vgl. *Lutter/Hommelhoff* § 11 GmbHG RdNr. 6 f.; *Baumbach/Hueck/Fastrich* § 11 GmbHG RdNr. 15; *Scholz/K. Schmidt* § 11 GmbHG RdNr. 162; *Ulmer* in: *Ulmer/Winter/Habersack* § 11 GmbHG RdNr. 160; *Hüffer* JuS 1980, 487; *K. Schmidt* NJW 1981, 1347.
[186] So auch *Erman/Westermann* RdNr. 17; *Soergel/Hadding* RdNr. 27.

§ 705   78, 79   Abschnitt 8. Titel 16. Gesellschaft

digen Geschäfte hinausgehende Vertretungsmacht eingeräumt haben.[187] Kommt es zur Eintragung der Vor-GmbH, so erlangt sie dadurch die Rechtsnatur einer juristischen Person, ohne dass sich an ihrer Komplementärstellung etwas ändert. Entsprechendes gilt für die Vor-AG[188] und für andere in Entstehung begriffene juristische Personen vergleichbarer Struktur; allerdings dürfte der Frage für diese Rechtsformen kaum praktische Bedeutung zukommen.

78   b) **Personengesellschaften.** Die Fähigkeit von **OHG** und **KG,** Gesellschafter einer GbR zu sein, ist wegen deren weitgehender rechtlicher Verselbstständigung (§ 124 HGB) seit langem anerkannt.[189] Ihre Beteiligung an einer GbR kann zwar wegen der damit verbundenen Überlagerung der gesamthänderischen Zuordnung des Gesellschaftsvermögens bei GbR und beteiligter Gesellschaft sowie wegen des mehrstufigen Willensbildungsprozesses[190] zu einer Reihe schwieriger, den Gegenstand des Personengesellschaftskonzernrechts bildender Probleme führen. Auch relativiert sich der personelle Zusammenschluss der GbR, wenn die Mitgesellschafter auf die Zusammensetzung der an ihrer Gesellschaft beteiligten OHG oder KG und deren Änderungen keinen unmittelbaren Einfluss haben. Insoweit handelt es sich jedoch nicht um grundsätzliche, die Beteiligung als solche in Frage stellende Einwendungen. Den Nachteilen, die den Mitgesellschaftern daraus drohen, kann vielmehr durch entsprechende Vertragsgestaltung bei beteiligter und Beteiligungsgesellschaft Rechnung getragen werden.

79   Zu Recht erkennt die hM aber auch die Fähigkeit einer **Gesellschaft bürgerlichen Rechts** an, Gesellschafterin einer anderen GbR zu werden.[191] Zwar wurde die Beteiligung einer GbR an einer OHG oder KG von der früher hM als ausgeschlossen angesehen.[192] Diese in neuerer Zeit zunehmend in Frage gestellte,[193] inzwischen höchstrichterlich jedenfalls für die Beteiligung der GbR als Kommanditistin einer KG aufgegebene Ansicht[194] beruhte jedoch nicht etwa auf einer grundsätzlichen dogmatischen Differenzierung zwischen den verschiedenen Personengesellschaftsformen, sondern auf Gesichtspunkten der Rechtsklarheit und Praktikabilität. Gegen die Mitgliedschaft der GbR in einer Personenhandelsgesellschaft wurde namentlich eingewandt, bei dieser müsse der Gesellschafterbestand für den Rechtsverkehr aus dem Handelsregister ersichtlich sein; im Falle der Beteiligung von Personengesellschaften sei das zwar bei OHG und KG wegen deren jeweiliger Registerpflicht gewährleistet, nicht aber im Falle einer GbR.[195] Für die Mitglieder der ihrerseits nicht eintragungsfähigen GbR treffen diese – inzwischen in Bezug auf die Kommanditbeteiligung

---

[187] Vgl. näher *Ulmer* in: *Ulmer/Winter/Habersack* § 11 GmbHG RdNr. 68 ff., 160.
[188] Dazu *Hüffer* § 41 AktG RdNr. 4, 10 ff.; *Kraft* in Kölner Komm. zum AktG § 41 RdNr. 23 ff.
[189] Ganz hM, vgl. BGH WM 1959, 288; RGZ 142, 13, 21; *Soergel/Hadding* RdNr. 24; *Erman/Westermann* RdNr. 21; *Staudinger/Habermeier* RdNr. 27. Zu der ebenso zulässigen Beteiligung einer OHG oder KG an einer anderen Personenhandelsgesellschaft vgl. namentlich *Staub/Ulmer* § 105 HGB RdNr. 94 f.; MünchKommHGB/*K. Schmidt* § 105 RdNr. 93 f.; *Hueck* OHG § 2 I 3.
[190] Dazu *Schulze-Osterloh*, FS H. Westermann, 1974, S. 541 ff. Eingehend zum Konzernrecht der Personengesellschaften *Staub/Ulmer* Anh. § 105 HGB; MünchKommHGB/*Mülbert* Bd. 3 (nach § 236).
[191] BGH NJW 1998, 376. So der Sache nach auch schon RGZ 136, 236, 240; 142, 13, 21; *Soergel/Hadding* RdNr. 24; *Erman/Westermann* RdNr. 21; *Staudinger/Habermeier* RdNr. 28; *Flume*, FS Raiser, 1974, S. 27, 36, und I/1 § 4 IV, S. 64; *Hohner* NJW 1975, 719. Verneinend noch BGHZ 46, 291, 296 = NJW 1967, 826 (obiter dictum). Vgl. auch RdNr. 303 zur Rechtsfähigkeit der (Außen-)GbR.
[192] So BGHZ 46, 291, 296 = NJW 1967, 826; BGH NJW-RR 1987, 416 = WM 1986, 1280; OLG Saarbrücken OLGZ 1982, 155 ff.; *Staub/Ulmer* § 105 HGB RdNr. 194; *Baumbach/Hopt* § 105 HGB RdNr. 29; *Hueck* OHG § 2 I 3 b; *Schlegelberger/Martens* § 161 HGB RdNr. 33 a; *Soergel/Hadding* RdNr. 24; *Staudinger/Keßler* RdNr. 46; *Flume*, FS Raiser, 1974, S. 36, und I/1 § 4 IV, S. 63 f.; *Hohner* NJW 1975, 718 f.; offen lassend BGH NJW-RR 1990, 798, 799 = WM 1990, 586.
[193] So *K. Schmidt* DB 1990, 93, 94 ff.; MünchKommHGB/*K. Schmidt* § 105 RdNr. 96 f.; *Erman/Westermann* RdNr. 21; *Breuninger*, Die BGB-Gesellschaft als Rechtssubjekt im Wirtschaftsverkehr, 1991, S. 60 ff.; *Brodersen*, Die Beteiligung der BGB-Gesellschaft an den Personenhandelsgesellschaften, 1988, passim; *Schünemann*, Grundprobleme der Gesamthandsgesellschaft, 1975, S. 204; *Klamroth* BB 1983, 796, 799 ff.
[194] BGHZ 148, 291, 293 = NJW 2001, 3121 m. Anm. *Ulmer* ZIP 2001, 1714 ff.; so auch schon BayObLG ZIP 2000, 2165, 2166 (jeweils für Beteiligung der GbR als Kommanditistin); weitergehend – für Beteiligung auch als Komplementärin – folgerichtig LG Berlin GmbHR 2003, 719, 720 f.
[195] Um Entkräftung dieser Einwendungen bemüht schon *Breuninger* (Fn. 193) S. 60 ff.; *Brodersen* (Fn. 193) S. 23 ff., 89 ff.; *Klamroth* BB 1983, 801 f.

Inhalt des Gesellschaftsvertrags 80, 81 § 705

überholten (vgl. RdNr. 317) – Erwägungen nicht zu. Zumal bei einer BGB-**Innengesellschaft,** die nicht am Rechtsverkehr teilnimmt (RdNr. 275, 277), ist die Mitgliedschaft einer anderen GbR daher unbedenklich.[196] Aber auch bei **BGB-Außengesellschaften** sprechen trotz der nicht ohne weiteres auszuschließenden Rechtsunsicherheit für Dritte die besseren Gründe dafür, die Gesellschafterstellung einer GbR anzuerkennen. Die Klärung der Beteiligungsverhältnisse wird für den Rechtsverkehr nicht etwa unverhältnismäßig dadurch erschwert, dass er es nicht mit einer einfachen, sondern mit einer doppelstöckigen GbR zu tun hat. Und die gegen die Mitgliedschaft von Erbengemeinschaft und Gütergemeinschaft in einer GbR sprechenden Einwände, die aus der besonderen personenrechtlichen, als Tätigkeits- und Haftungsgemeinschaft ausgestalteten Verbindung der GbR resultieren (RdNr. 81 f.), greifen gegenüber einer GbR als Gesellschafterin nicht durch.

c) **Nichtrechtsfähiger Verein.** Auch er kann Gesellschafter einer GbR werden.[197] Aus strukturellen Gründen ist trotz typischer Vielzahl der Mitglieder die rechtliche Einheit des Vereins und sein Auftreten unter einem Vereinsnamen inzwischen in mindestens vergleichbarem Maße anerkannt wie bei Personenhandelsgesellschaften; die Verweisung in § 54 S. 1 auf das Recht der GbR steht nicht entgegen.[198] Praktische Schwierigkeiten registerrechtlicher Art, etwa bei der Eintragung eines zum Gesellschaftsvermögen gehörenden Grundstücks auf die Namen der Gesellschafter,[199] greifen gegenüber den für die Zulassung der Mitgliedschaft des Vereins sprechenden Gründen nicht durch, wenn sie sich nicht ohnedies durch Zusammenfassung der Vereinsmitglieder unter dem Vereinsnamen[200] oder durch Zwischenschaltung eines Treuhänders lösen lassen. Auch der von der Rechtsprechung anerkannte Haftungsausschluss der Mitglieder eines nichtrechtsfähigen Idealvereins schließt die Beteiligung des Vereins an einer GbR nicht aus. Im Rahmen der gesamtschuldnerischen Gesellschafterhaftung (§ 714 RdNr. 35 ff.) haftet den Gläubigern der GbR jedenfalls das Vereinsvermögen und daneben auch der Vereinsvorstand, soweit er an der Geschäftsführung der GbR beteiligt ist (§ 54 S. 2).

d) **Erbengemeinschaft.** Sie unterscheidet sich trotz der auch hier bestehenden gesamthänderischen Vermögensbindung deutlich von den Personengesellschaften des bürgerlichen und Handelsrechts. Das beruht vor allem auf den Vorschriften der §§ 2033 Abs. 1, 2042 Abs. 2, die jedem Miterben das Recht geben, über seinen Anteil an der Erbengemeinschaft zu verfügen sowie jederzeit die Auflösung zu verlangen. Hinzu kommt bis zur Auflösung die in § 2059 Abs. 1 vorgesehene Haftungsbeschränkung der Miterben auf den Nachlass. Aus diesen Gründen besitzt die Erbengemeinschaft, anders als eine Personengesellschaft, keine Rechtsfähigkeit;[201] sie kann nach zutr., ganz hM nicht Gesellschafterin einer werbenden OHG oder KG sein.[202] Gleiches hat aber auch für die Beteiligung an einer GbR zu gelten;

---

[196] Dementsprechend wird die Möglichkeit der Beteiligung einer GbR als „Stiller" im Rahmen einer stillen Gesellschaft allg. anerkannt, vgl. *Staub/Zutt* § 230 HGB RdNr. 40; MünchKommHGB/*K. Schmidt* § 230 RdNr. 34.
[197] So zu Recht *Soergel/Hadding* RdNr. 25; *Erman/Westermann* RdNr. 22; *Staudinger/Habermeier* RdNr. 29; ebenso für die Mitgliedschaft in OHG und KG die hM, vgl. *Staub/Ulmer* § 105 HGB RdNr. 97; *Hueck* OHG § 2 I 3 b; auch schon MünchKommHGB/*K. Schmidt* § 105 RdNr. 87; *Baumbach/Hopt* § 105 HGB RdNr. 28; aA noch *Westermann* Hdb. RdNr. I 167.
[198] Vgl. näher § 54 RdNr. 15 ff.
[199] Zur Vermeidung dieser bisher ganz herrschenden Eintragungspraxis durch Anerkennung der „Grundbuchfähigkeit" der GbR, dh. der Eintragung des gesamthänderischen Grundvermögens auf ihren Namen, vgl. RdNr. 314.
[200] *Soergel/Hadding* RdNr. 25.
[201] AA insbes. *Grunewald* AcP 197 (1997), 305, 306 ff., 315; dagegen *Ulmer* AcP 198 (1998), 113, 126 ff.; *Dauner-Lieb,* Unternehmen in Sondervermögen, 1998, S. 301 ff., 396 mwN zum Meinungsstand.
[202] St. Rspr. seit RGZ 16, 40, 56; vgl. BGHZ 22, 186, 192 = NJW 1957, 180; BGHZ 68, 225, 237 = NJW 1977, 1339; BGH NJW 1989, 2133, 2134; 2002, 3389, 3390; 2006, 3715, 3716; so auch die hM in der Lit., vgl. MünchKommHGB/*K. Schmidt* § 105 RdNr. 104; *Staub/Ulmer* § 105 HGB RdNr. 98; *Staub/Schäfer* § 139 HGB RdNr. 43; *Baumbach/Hopt* § 105 HGB RdNr. 29. Vereinzelte abw. Stimmen in der Vergangenheit (*Börner* AcP 166 [1966], 447 ff.; *Kruse*, FS Laufke, 1972, S. 184 ff.; *Stötter* DB 1970, 528 ff.) und der Neuansatz von *Grunewald* (Fn. 201) haben sich zu Recht nicht durchgesetzt. Vgl. auch Fn. 203, jeweils mN.

sie wäre mit der nicht personen-, sondern primär vermögensrechtlichen, auf Auflösung zielenden Struktur der Erbengemeinschaft nicht vereinbar.[203]

82 **e) Eheliche Gütergemeinschaft.** Für die eheliche Gütergemeinschaft gilt zumindest im Ergebnis das Gleiche wie für die Erbengemeinschaft: auch sie kann nicht Gesellschafterin einer GbR werden. Auch wenn das Band zwischen den Partnern des Ehevertrags dauerhafter ist als dasjenige zwischen den vertraglich nicht verbundenen Miterben, so steht doch auch bei der Gütergemeinschaft die vermögensrechtliche Struktur eindeutig im Vordergrund; sie verträgt sich nicht mit der Gesellschafterstellung.[204] Beteiligen sich in Gütergemeinschaft lebende Ehegatten aus Mitteln des Gesamtguts als Gesellschafter an einer GbR, ist das zwar rechtlich zulässig; die Gesellschaftsanteile fallen jedoch aus Rechtsgründen nicht in das gemeinschaftliche Gesamtgut, sondern in das jedem Ehegatten persönlich zugeordnete, wenn auch für Rechnung des Gesamtguts verwaltete Sondergut (vgl. RdNr. 75).[205]

83 **f) Bruchteilsgemeinschaft.** Auch die Bruchteilsgemeinschaft kann nicht Mitglied einer GbR werden.[206] Zwar ist inzwischen die Übertragbarkeit der Mitgliedschaft in einer GbR anerkannt, wenn die Mitgesellschafter zustimmen (vgl. § 719 RdNr. 25 ff.). Es handelt sich somit um eine selbstständiger Verfügung fähige Rechtsposition (RdNr. 159), die nach § 741 grundsätzlich Gegenstand einer Bruchteilsgemeinschaft sein könnte. Als „Inbegriff aller Rechtsbeziehungen eines Gesellschafters zur Gesellschaft, zu deren Vermögen und zum Mitgesellschafter"[207] stellt sie aber – zumindest auch – ein Rechts*verhältnis* dar;[208] es kann als solches nicht Mehreren zu Bruchteilen zustehen.[209] – Davon zu unterscheiden ist die Möglichkeit, eine Bruchteilsgemeinschaft an einzelnen auf dem Rechtsverhältnis der GbR beruhenden Rechten zu bilden. So ist eine Bruchteilsgemeinschaft von Gesellschaftern oder Dritten an den nach § 717 S. 2 übertragbaren, aus der Mitgliedschaft fließenden Vermögensrechten wie dem Anspruch auf das Auseinandersetzungsguthaben denkbar. Ebenso können die Gesellschafter Vermögensgegenstände, die der Verfolgung des Gesellschaftszwecks dienen, an Stelle der gesamthänderischen Bindung in Bruchteilseigentum halten; insoweit sind sie dann zugleich Mitglieder einer Bruchteilsgemeinschaft (RdNr. 267).

84 **4. Sonderfälle. a) Treuhand.** Treuhandverhältnisse – sei es in der Form der uneigennützigen Verwaltungstreuhand, sei es in derjenigen der eigennützigen oder Sicherungstreuhand[210] – sind dadurch gekennzeichnet, dass der **Treuhänder nach außen Vollrechtsinhaber** ist. Er hat damit eine weitergehende Rechtsstellung inne, als es seinen internen Abreden mit dem Treugeber und den diesem gegenüber übernommenen Bindungen entspricht. Das rechtliche Können des Treugebers geht weiter als das rechtliche Dürfen.[211] Dieser Diskrepanz trägt namentlich das *Vollstreckungs- und Insolvenzrecht* Rechnung, indem es dem Treugeber bestimmte Vorzugsrechte am Treugut im Fall der Pfändung oder der Insolvenz beim Treuhänder einräumt.[212] Ob das Treuhandeigentum auch in sonstigen Beziehungen wegen der bestehenden fiduziarischen Bindungen als eine Art Eigentum

---

[203] 4. Aufl. § 2032 RdNr. 12; *Soergel/Hadding* RdNr. 25; *Bamberger/Roth/Timm/Schöne* RdNr. 55; wohl auch *Erman/Westermann* RdNr. 22; zweifelnd *Staudinger/Habermeier* RdNr. 31; aA *Flume* I/1 § 18 III; *Lange/Kuchinke*, Erbrecht, 5. Aufl. 2001, § 42 I 5 a. Vgl. auch § 727 RdNr. 33.

[204] So zutr. vor allem *Reuter/Kunath* JuS 1977, 376, 380; jetzt auch BayObLG ZIP 2003, 480 (betr. Beteiligung als Kommanditistin); dazu krit. *Grziwotz* ZIP 2003, 848; *Kanzleiter* DNotZ 2003, 422, 425 ff.

[205] So auch *Soergel/Hadding* RdNr. 25 sowie die in Fn. 177 genannten, die Sondergutszuordnung des Gesellschaftsanteils bejahenden Autoren; aA BFH BB 1969, 571, 572, sowie *Tiedtke* FamRZ 1975, 678; *Gernhuber/Coester-Waltjen* § 38 II RdNr. 16; unklar BayObLG DB 1981, 519, 520.

[206] Vgl. § 741 RdNr. 14; *Soergel/Hadding* RdNr. 26; *Erman/Westermann* RdNr. 22; *Bamberger/Roth/Timm/Schöne* RdNr. 55; offen gelassen von RGZ 169, 232, 235; zweifelnd auch *Staudinger/Habermeier* RdNr. 30.

[207] BGHZ 65, 79, 82 = NJW 1975, 1774.

[208] Vgl. *Flume* I/1 § 9, S. 127; *Wiedemann* Übertragung S. 39; ferner RdNr. 180.

[209] § 741 RdNr. 18; *Flume* I/1 § 8, S. 114.

[210] Hierzu und zu anderen Arten der Treuhand vgl. näher Vor § 164 RdNr. 28 ff. und *Coing*, Die Treuhand kraft privaten Rechtsgeschäfts, 1973, S. 88 ff.

[211] Statt aller *Coing* (Fn. 210) insbes. S. 94 ff.; *Soergel/Leptien* Vor § 164 RdNr. 52, 59 f.

[212] Hierzu und zum umgekehrten Fall der Vollstreckung oder der Insolvenz beim Treugeber vgl. Anh. §§ 929–936 RdNr. 53 ff. und *Soergel/Leptien* Vor § 164 RdNr. 63 ff. mwN.

Inhalt des Gesellschaftsvertrags   85–87 § 705

minderen Rechts anzusehen ist, die dem Treugeber in bestimmten Fällen eine über bloße obligatorische Rechte hinausgehende Rechtsstellung einräumt, ist umstritten. Zumindest bei der *qualifizierten* (offenen) Treuhand an Gesellschaftsanteilen (RdNr. 92) geht die Tendenz heute dahin, Treuhandbeziehungen in stärkerem Umfang, als dies der formalen Rechtslage entspricht, auch Drittwirkung gegenüber Gesellschaft und Mitgesellschaftern zu verleihen.[213] Hierauf ist für das Verhältnis des Treugebers zur Gesellschaft und zu den Mitgesellschaftern des Treuhänders zurückzukommen (RdNr. 91 ff.). Zur Nichthaftung des Treugebers für GbR-Verbindlichkeiten im Außenverhältnis vgl. § 714 RdNr. 42.

Im Gesellschaftsrecht sind Treuhandbeziehungen vielfach anzutreffen.[214] Soweit es um Anteile an Personengesellschaften geht, bildet den Schwerpunkt die **Verwaltungstreuhand**.[215] Sie ermöglicht es etwa, die Verwaltung des Anteils eines von den Mitspracherechten in der OHG oder KG ausgeschlossenen Gesellschafters treuhänderisch einem Dritten zu übertragen, ohne den von der Mitsprache ausgeschlossenen Gesellschafter weiter der Außenhaftung auszusetzen,[216] oder sie vereinfacht durch Zusammenfassung zahlreicher Kommanditanteile einer Publikums-KG in der Hand eines Treuhänders die Registereintragung.[217] Aber auch bei der GbR sind Treuhandverhältnisse an Gesellschaftsanteilen, darunter vor allem die Verwaltungstreuhand, aus einer Reihe von Gründen vorstellbar.[218] Derartige Gestaltungen können für den Treuhänder eine Pflichtenkollision auf Grund der divergierenden Interessen einerseits der Mitgesellschafter, andererseits des Treugebers zur Folge haben. Darin zeigt sich eine Parallele zu den Fällen der Unterbeteiligung (Vor § 705 RdNr. 96 ff.), auch wenn bei dieser das Eigeninteresse des Hauptbeteiligten an dem der Unterbeteiligung unterliegenden Anteil typischerweise stärker ausgeprägt ist als dasjenige des Treuhänders. 85

aa) Begründung der Treuhand. Soweit die Treuhandbeziehung sich auf **übertragbare** Gesellschafterrechte (§ 717 S. 2) beschränkt, ist ihre Begründung unproblematisch. Das gilt namentlich für Treuhandabreden über Ansprüche auf Gewinn oder auf das Auseinandersetzungsguthaben; sie bedürfen weder der Zustimmung der Mitgesellschafter, noch müssen sie diesen gegenüber offen gelegt werden.[219] Entsprechendes gilt, wenn im Gesellschaftsvertrag die Anteilsübertragung generell zugelassen ist; hiervon wird meist auch die treuhänderische Übertragung erfasst sein. 86

Soll sich das Treuhandverhältnis dagegen auf einen ohne Zustimmung der Mitgesellschafter **unübertragbaren** Anteil beziehen, so ist zu unterscheiden. In diesem Fall bedarf 87

---

[213] Vgl. – mit iE unterschiedlichen Begründungen – die Nachweise bei *Coing* (Fn. 210) S. 94 ff. sowie die von ihm selbst (S. 51 ff., 95 f., 167 u. a.) im Anschluss an *Dölle* (FS Fritz Schulz, Bd. II, 1951, S. 268 ff.) betonte Parallele zwischen Treuhand und sonstigen durch Spaltung der rechtlichen Zuständigkeit gekennzeichneten „Verwaltungs"-Fällen (Testamentsvollstreckung, Nachlass-, Insolvenzverwaltung u. a.). Vgl. auch Fn. 228.

[214] Beispiele und Gründe für die Treuhand an Gesellschaftsanteilen bei *Armbrüster*, Die treuhänderische Beteiligung an Gesellschaften, 2001, S. 49 ff.; *Blaurock* (Fn. 97) S. 66 ff.; *Tebben*, Unterbeteiligung und Treuhand an Gesellschaftsanteilen, 2000, S. 33 f.; MünchKommHGB/*K. Schmidt* Vor § 230 RdNr. 38 ff.; *Wiesner*, FS P. Ulmer, 2003, S. 673 ff., sowie bei *Coing* (Fn. 210) S. 71 (für Anteile an Kapitalgesellschaften). Zur Treuhand im Gesellschaftsrecht vgl. auch *Eden*, Treuhandschaft an Unternehmen und Unternehmensanteilen, 2. Aufl. 1989; *Kümmerlein*, Erscheinungsformen und Probleme der Verwaltungstreuhand bei Personenhandelsgesellschaften, Diss. Münster 1971, sowie *Markwardt*, Rechtsgeschäftliche Treuhandverhältnisse bei Personenhandelsgesellschaften, Diss. Marburg 1973; zur Treuhand bei der Publikums-KG vgl. *Bälz* ZGR 1980, 1 ff.; *Gieseke* DB 1984, 970 ff.; *Maulbetsch*, Beirat und Treuhand in der Publikumspersonengesellschaft, 1984; *ders.* DB 1984, 2232 ff.; *Kapitza*, Die Rechtsstellung der Treugeber in geschlossenen Immobilienfonds, 1996.

[215] Zur Sicherungstreuhand an Gesellschaftsanteilen vgl. etwa BGHZ 77, 392 = NJW 1980, 2708; *Armbrüster* (Fn. 214) S. 42 ff.; *Hadding/Schneider/John*, Gesellschaftsanteile als Kreditsicherheit, 1979, S. 81 ff.; *Vossius* BB 1988, Beilage 5 S. 12 f.

[216] So im Fall der Testamentsvollstreckung am OHG- oder KG-Anteil, dazu *Beuthien* ZGR 1974, 26, 34, sowie *Ulmer* in GroßKomm. HGB § 139 Anm. 78 mN.

[217] So namentlich bei der sog. „Publikums"-KG, vgl. etwa *Beuthien* ZGR 1974, 26, 35 f.; MünchKommHGB/*Grunewald* § 161 RdNr. 101, 103; *Staub/Schilling* Anh. § 161 HGB RdNr. 3 und die Nachweise in Fn. 214 aE.

[218] Vgl. BGH WM 1991, 1753; OLG Köln ZIP 1987, 1120; *Decher* ZIP 1987, 1097; *Erman/Westermann* RdNr. 23.

[219] Ebenso *Soergel/Hadding* RdNr. 28.

§ 705 88, 89

die Einsetzung eines Dritten als **Treuhänder** – als formeller Gesellschafterwechsel – der Zustimmung der Mitgesellschafter.[220] Wird diese ohne Einschränkung erteilt, so erstreckt sie sich regelmäßig zugleich auf die künftige Rückübertragung vom Treuhänder auf den Treugeber.[221]

88 Will einer der bisherigen Gesellschafter seinen Anteil künftig treuhänderisch für einen dritten **Treugeber** halten, so ist damit äußerlich keine Rechtsänderung verbunden. Sofern es um die Begründung einer *verdeckten* (einfachen) Treuhand geht, werden dadurch im Regelfall die Interessen der Mitgesellschafter nicht unmittelbar berührt, so dass es deren Zustimmung nicht bedarf.[222] Der zum Treuhänder gewordene Gesellschafter kann seine Verwaltungs- und Treupflichten innerhalb der Gesellschaft freilich nicht mit gesellschaftsinterner Wirkung den Bindungen gegenüber dem Treugeber unterordnen.[223] Ist allerdings nach Lage des Falles eine Interessenkollision als Folge der Treuhandbindung unschwer vorhersehbar, etwa wegen eines bestehenden Wettbewerbsverhältnisses zwischen Treugeber und Gesellschaft, so wird man bereits in der ohne Kenntnis und Zustimmung der Mitgesellschafter erfolgten Begründung der Treuhand einen Treupflichtverstoß sehen müssen.[224] Er ist geeignet, Schadensersatzansprüche der Mitgesellschafter gegen den Treuhänder zu begründen. Stimmbindungen, denen sich der Treuhänder gegenüber einem nicht zu den Gesellschaftern gehörenden Treugeber unterwirft, sind bei der verdeckten Treuhand nur in engen Grenzen zulässig (str., vgl. § 717 RdNr. 25 ff.). Eine Unwirksamkeit des Treuhandverhältnisses im Ganzen, etwa nach §§ 138, 826, kommt dagegen nur ausnahmsweise in Betracht. Handelt es sich demgegenüber um eine *qualifizierte* (offene) Treuhand, so soll sie meist zu entsprechenden unmittelbaren Rechtsbeziehungen des Treugebers zur Gesellschaft führen (RdNr. 92); sie bedarf schon deshalb der Zustimmung der Mitgesellschafter. Wird diese erteilt, so bestehen auch gegen eine Stimmbindung zu Gunsten des Treugebers keine grundsätzlichen Bedenken (§ 717 RdNr. 26).

89 bb) **Gesellschafterstellung des Treuhänders.** Der Treuhänder bleibt – oder er wird im Fall treuhänderischer Anteilsübertragung auf ihn (RdNr. 87) – **Gesellschafter** der GbR. Das gilt namentlich im Außenverhältnis der Gesellschaft, dh. gegenüber Gläubigern und sonstigen Dritten, aber grundsätzlich auch für die Beziehungen zu den Mitgesellschaftern.[225] Seine Stellung als Gesamthänder und seine gesellschaftsrechtlichen Rechte und Pflichten werden durch das (verdeckte) Treuhandverhältnis nicht eingeschränkt. Ohne Zustimmung der Mitgesellschafter oder Gestattung im Gesellschaftsvertrag ist ein Übergang oder eine Überlassung anderer als der *Vermögensrechte* an den Treugeber ausgeschlossen. Ob und inwieweit der *Verwaltungsrechte* des Gesellschafter/Treuhänders im Rahmen einer qualifizierten (offenen) Treuhand (RdNr. 92) auf den Treugeber übertragen oder von diesem ausgeübt

---

[220] BGHZ 24, 106, 114 = NJW 1957, 1026; *Blaurock* (Fn. 97) S. 151 f.; *Armbrüster* (Fn. 214) S. 94 ff.; *Soergel/Hadding* RdNr. 28; *Erman/Westermann* RdNr. 26.
[221] BGHZ 77, 392, 396 f. = NJW 1980, 2708; so im Grundsatz auch *Blaurock* (Fn. 97) S. 152.
[222] So auch *Soergel/Hadding* RdNr. 28; *Armbrüster* (Fn. 214) 117 ff., 121; *Beuthien* ZGR 1974, 26, 39; *Markwardt* (Fn. 214) S. 46 f.; *Tebben* (Fn. 214) S. 236 ff., 241; aA MünchKommHGB/K. *Schmidt* Vor § 230 RdNr. 54; *Kümmerlein* (Fn. 214) S. 30 f.; wohl auch *Blaurock* (Fn. 97) S. 153 unter Hinweis auf die hM im GmbH-Recht, die bei Genehmigungsbedürftigkeit der Anteilsübertragung (§ 15 Abs. 5 GmbHG) auch die Begründung eines verdeckten Treuhandverhältnisses zwischen Gesellschafter und Dritten der Genehmigung unterwirft (RGZ 159, 272, 281; RG JW 1931, 2967; *Löbbe* in: *Ulmer/Winter/Habersack* § 15 GmbHG RdNr. 200; *Wiedemann* (Fn. 160) S. 84 mwN; *Lutter/Grunewald* AG 1989, 109, 113 f.; offen lassend *Erman/Westermann* RdNr. 26).
[223] BGHZ 3, 354, 360 = NJW 1952, 178; *Armbrüster* (Fn. 214) S. 337 f.; *Beuthien* ZGR 1974, 26, 41 ff.; wohl auch *Erman/Westermann* RdNr. 26; s. dazu auch *Staub/Ulmer* § 105 HGB RdNr. 103.
[224] Für Pflicht zur Offenlegung insoweit auch *Beuthien* ZGR 1974, 26, 46 f.; *Erman/Westermann* RdNr. 26; weitergehend – für Zustimmungserfordernis in diesen Fällen – wohl *Soergel/Hadding* RdNr. 28; zurückhaltend (unter Umgehungsgesichtspunkten) *Armbrüster* (Fn. 214) S. 125 ff. Vgl. auch BGH WM 1982, 234, 235 zum Treupflichtverstoß durch Anteilsübertragung an einen Wettbewerber.
[225] Vgl. BGH WM 1991, 1753, 1754: Begründung eines Treuhandverhältnisses zwischen den beiden einzigen Gesellschaftern führt nicht zur Entstehung einer grds. unwirksamen (RdNr. 62) „Einmanngesellschaft des BGB".

Inhalt des Gesellschaftsvertrags 90–92 § 705

werden können, richtet sich nach der hierüber mit den Mitgesellschaftern getroffenen Vereinbarung. Sind die Mitgesellschafter einverstanden, so steht freilich auch das *Abspaltungsverbot*[226] der Einräumung von Rechten an den Treugeber *nicht* entgegen (RdNr. 92). Ihre von der Art der Treuhandbeziehungen und den damit verfolgten Zwecken abhängige, im Einzelfall zu bestimmende Grenze findet die Rechtsübertragung nur in § 138. Ein unentziehbarer Mindestbestand an gesellschaftsinternen Rechten muss im Unterschied zu einem nicht auf diese Rechtsstellung beschränkten Gesellschafter aus Rechtsgründen nicht gesichert werden (vgl. RdNr. 91 ff.).[227]

In der **Verfügung über den Anteil** oder über die daraus resultierenden Mitgliedschaftsrechte ist der Treuhänder als formeller Rechtsinhaber im Verhältnis zu Dritten grundsätzlich nicht stärker beschränkt als die Mitgesellschafter. Anderes gilt im Verhältnis zu solchen Anteilserwerbern, die den Missbrauch der Verfügungsmacht des Treuhänders kennen oder kennen müssen.[228] Jedoch haben die Mitgesellschafter im Falle qualifizierter (offener), mit ihrer Zustimmung vereinbarter Treuhand die dadurch zwischen ihnen und dem Treugeber begründeten Beziehungen (RdNr. 92) zu respektieren: der Treuhänder kann ihnen gegenüber nicht mit Wirksamkeit für den Treugeber gegen dessen Willen *Vertragsänderungen* zustimmen, die eine einseitige Verschlechterung von dessen Rechtsposition zur Folge haben.[229] 90

cc) Rechtsbeziehungen des Treugebers zur Gesellschaft (einfache/qualifizierte Treuhand). Bei der ohne Zustimmung der Mitgesellschafter eingegangenen, **einfachen** (verdeckten) **Treuhand** entspricht die Stellung des Treugebers gegenüber der Gesellschaft wegen der Unübertragbarkeit der meisten Gesellschaftsrechte (§ 717 S. 1) grundsätzlich derjenigen eines beliebigen Dritten. Auch mittelbare Mitspracherechte des Treugebers, etwa über einen Stimmbindungsvertrag, sind hier nur in engen Grenzen anzuerkennen.[230] 91

Anderes gilt bei der **qualifizierten** (offenen), mit Zustimmung der Mitgesellschafter eingegangenen **Treuhand**.[231] Über die vertragliche Bindung des Treuhänders gegenüber dem Treugeber hinaus begründet sie die Möglichkeit unmittelbarer Rechtsbeziehungen zwischen dem Treugeber und der Gesellschaft. Dem Treugeber können im Verhältnis zu den Mitgesellschaftern des Treuhänders auch solche Rechte eingeräumt oder zur Ausübung überlassen werden, deren Einräumung an Dritte am Abspaltungsverbot scheitern würde.[232] Dementsprechend hat es der BGH für möglich gehalten, dem Treugeber im Fall der qualifizierten Treuhand unmittelbare *Kontroll-* und *Mitspracherechte* gegenüber der Gesellschaft zu gewähren oder im Innenverhältnis die Rechtsbeziehungen zwischen den Betei- 92

---

[226] Dazu BGHZ 3, 354, 357 = NJW 1952, 178; BGHZ 20, 363, 364 = NJW 1956, 1198; *Staub/Ulmer* § 109 HGB RdNr. 26; *K. Schmidt* GesR § 19 III 4, S. 455 ff.; *Reuter* ZGR 1978, 633, 634 ff. sowie unten § 717 RdNr. 7.

[227] Zust. *Erman/Westermann* RdNr. 27; *Soergel/Hadding* RdNr. 29. Vgl. auch Nachweise in Fn. 232, 233.

[228] So unter Berufung auf die Grundsätze zum Vollmachtsmissbrauch zu Recht *Coing* (Fn. 210) S. 167; *Kötz* NJW 1968, 1471 f.; *Erman/Westermann* RdNr. 27; MünchKommHGB/*K. Schmidt* Vor § 230 RdNr. 69; *Blaurock* (Fn. 97) S. 130 ff.; *Tebben* (Fn. 214) S. 188 ff., 202, jeweils unter Ablehnung des gegenteiligen, auf die Vollrechtsstellung des Treuhänders verweisenden Standpunkts des BGH (LM § 164 Nr. 30 = NJW 1968, 1471 und WM 1977, 525). Wie der BGH aber *Soergel/Hadding* RdNr. 29; *Beuthien* ZGR 1974, 26, 60 f.; *U. Huber* JZ 1968, 791 ff.; *Armbrüster* (Fn. 214) S. 162 f.

[229] Etwa einseitige Verminderung der Gesellschaftsbeteiligung (so der Fall in BGH LM § 164 Nr. 30 = NJW 1968, 1471, vgl. dazu *U. Huber* JZ 1968, 791), des Gewinnanteils oder des Abfindungsanspruchs.

[230] So im Grundsatz zutr. *Beuthien* ZGR 1974, 26, 43 f.; vgl. näher *Staub/Ulmer* § 105 HGB RdNr. 104; ferner § 717 RdNr. 25 ff.

[231] Zur Differenzierung zwischen einfacher (verdeckter) und qualifizierter (offener) Treuhand vgl. näher *Ulmer*, FS Odersky, 1996, S. 873, 888 ff.; so tendenziell auch *Erman/Westermann* RdNr. 266 f.; *Soergel/Hadding* RdNr. 29; *Staudinger/Habermeier* § 717 RdNr. 6; MünchKommHGB/*K. Schmidt* Vor § 230 RdNr. 42 f.; *Armbrüster* (Fn. 214) S. 20 f. (mit weitergehender Unterteilung); *Tebben* (Fn. 214) S. 31, 104 ff. Eingehend *Tebben* ZGR 2001, 586 ff.

[232] So zutr. namentlich *Fleck*, FS Rob. Fischer, 1979, S. 107, 118 ff., 127 (für die GmbH); ferner MünchKommHGB/*K. Schmidt* Vor § 230 RdNr. 43, 78; *Soergel/Hadding* RdNr. 29; *Erman/Westermann* RdNr. 27; *Reuter* ZGR 1978, 633, 642; *Armbrüster* (Fn. 214) S. 276 ff., 281; *Tebben* ZGR 2001, 586, 612 f.; im Grundsatz auch *Blaurock* (Fn. 97) S. 181 f.

ligten sogar so zu gestalten, als ob der Treugeber unmittelbar Gesellschafter wäre.[233] Zwei im älteren Schrifttum[234] für den gegenteiligen Standpunkt angeführte BGH-Urteile,[235] in denen der Grundsatz der Sicherung der Gesellschafterrechte des Treuhänders und der Unzulässigkeit von deren Aushöhlung betont wurde, betreffen jeweils Fälle der einfachen (verdeckten) Treuhand.[236]

93 Der Grund für die Abweichung vom allgemeinen Abspaltungsverbot im Fall qualifizierter Treuhand liegt in der **Sonderstellung des Treugebers als des wirtschaftlichen Inhabers der Gesellschaftsbeteiligung.** Auch wenn man für das allgemeine Sachenrecht mit Rücksicht auf § 137 Bedenken haben sollte, dem oben (RdNr. 92) aufgezeigten, auf Relativierung der Eigentümerstellung des Treuhänders gerichteten Trend zu folgen, so gilt doch anderes für den auf vertraglichem Zusammenschluss beruhenden, der vertraglichen Gestaltungsfreiheit unterliegenden Gesellschaftsanteil. Stimmen die Mitgesellschafter einem Treuhandverhältnis zu, so ist darin im Zweifel die *vertragliche Einbeziehung des Treugebers in das Rechtsverhältnis der Gesellschafter* zu sehen. In diesem Fall teilt sich die Gesellschafterstellung gesellschaftsintern zwischen Treuhänder und Treugeber auf, wobei beide Teile – also insbesondere auch der Treugeber – der gesellschaftsrechtlichen Treupflicht unterliegen.[237] Folge dieser Aufteilung im Rahmen der qualifizierten Treuhand ist es, dass auch beim Treugeber die Voraussetzungen für eine Gesellschaftsbeteiligung erfüllt sein müssen. Daher bedarf es einer *vormundschaftsgerichtlichen Genehmigung* auch dann, wenn zwar nicht beim Treuhänder, wohl aber beim Treugeber die Voraussetzungen des § 1822 Nr. 3 vorliegen.[238] Die *Übertragung* der Rechte des Treugebers auf einen Dritten ist nur mit Zustimmung der Mitgesellschafter möglich.[239] Und ebenso ist für den *Ausschluss* eines Gesellschafters aus wichtigem Grund nach Maßgabe von § 737 nicht allein auf die Verhältnisse beim Treuhänder abzustellen; ein Ausschließungsbeschluss gegenüber dem Treuhänder als formellem Rechtsinhaber kann vielmehr auch darauf gestützt werden, dass das Verhalten des Treugebers eine Fortsetzung der Gesellschaft mit ihm unmöglich macht.[240] Der Treugeber kann sich auch seinerseits bei Vorliegen eines wichtigen Grundes in der Person des Treuhänders durch Kündigung des

---

[233] BGHZ 10, 44, 50 = NJW 1953, 1548 und BGH WM 1987, 811 (jeweils für den Fall einer Treuhand an Kommanditanteilen); so auch die in Fn. 232 Genannten. Vgl. auch BGH WM 1976, 1247, 1249f. zur Stimmrechtsabspaltung bei treuhänderisch gehaltenen GmbH-Anteilen; ebenso OLG Köln BB 1996, 2058 für die Einräumung eines Anfechtungsrechts an dem Treugeber eines Gesellschaftsvertrag sowie dessen Stimmrechtsausübung, und zwar trotz abw. Stimmabgabe des Treuhänders mit anderen Anteilen.

[234] Vgl. etwa *Soergel/Schultze-v. Lasaulx* 10. Aufl. 1969, RdNr. 19; *Rob. Fischer* in Großkomm. zum HGB § 105 Anm. 28b; *Wiedemann* (Fn. 160) S. 277.

[235] BGHZ 3, 354, 360 = NJW 1952, 178; BGHZ 32, 17, 29 = NJW 1960, 866.

[236] AA – für einen Rspr.-Wandel durch BGHZ 10, 44, 50 – *Armbrüster* (Fn. 214) S. 278 f. unter Hinweis auf *Bälz* ZGR 1980, 1, 95 Fn. 283. Vgl. auch BGH WM 1962, 1353, wo es – obiter – heißt, Gesellschafter mit allen Rechten und Pflichten sei auch bei der offenen Treuhand allein der Treuhänder. Indessen hatte der BGH bei Einsetzung eines gemeinsamen Kommanditistenvertreters im Rahmen einer KG trotz des Abspaltungsverbots keine Bedenken gegen die Ausübung der Kommanditistenrechte durch den Vertreter (BGHZ 46, 291, 296 = NJW 1967, 826).

[237] So zutr. *Fleck,* FS Rob. Fischer, 1979, S. 118ff.; s. ferner MünchKommHGB/*K. Schmidt* Vor § 230 RdNr. 78; *Erman/Westermann* RdNr. 27; *Soergel/Hadding* RdNr. 29; *Blaurock* (Fn. 97) S. 181f.; *Ulmer,* FS Odersky, 1996, S. 873, 887ff.; *Wiesner* (Fn. 214) S. 673, 678ff.; im Ergebnis auch *Armbrüster* (Fn. 214) S. 340ff. Zur ähnlichen Rechtslage beim Nießbrauch an Gesellschaftsanteilen, bei dem Nießbraucher und Nießbrauchsbesteller nach zutr. Ansicht gemeinsam am Anteil berechtigt und die Mitgliedschaftsrechte zwischen ihnen aufgeteilt sind, vgl. RdNr. 94ff. – Zur Haftung des an einem GmbH-Anteil wirtschaftlich beteiligten Treugebers nach § 31 GmbHG beim Empfang verbotener Zahlungen vgl. *Ulmer* in: Ulmer/Winter/Habersack § 2 GmbHG RdNr. 64f.

[238] So auch *Armbrüster* (Fn. 214) S. 124; *Beuthien* ZGR 1974, 26, 37f.; MünchKommHGB/*K. Schmidt* Vor § 230 RdNr. 54; aA offenbar BGH LM § 164 Nr. 30 = NJW 1968, 1471 (insoweit nicht veröffentlicht, vgl. dazu *U. Huber* JZ 1968, 791, 792).

[239] Vgl. BGH WM 1987, 811; MünchKommHGB/*K. Schmidt* Vor § 230 RdNr. 54, 85; für entspr. Beurteilung bei der Verfügung des Treugebers über seine Rechte am GmbH-Anteil BGH NJW 1965, 1376, 1377; RGZ 159, 272, 280ff.; *Baumbach/Hueck* § 15 GmbHG RdNr. 57; *Scholz/Winter/Seibt* § 15 GmbHG RdNr. 235; *Löbbe* in: Ulmer/Winter/Habersack § 15 GmbHG RdNr. 212, 250f. freilich jeweils ohne Beschränkung auf die Fälle der qualifizierten Treuhand. AA aber *Armbrüster* (Fn. 214) S. 140ff.

[240] BGHZ 32, 17, 33 = NJW 1960, 866; vgl. dazu *Staub/Schäfer* § 140 HGB RdNr. 7.

Inhalt des Gesellschaftsvertrags 94–96 § 705

Treuhandverhältnisses von der Beteiligung lösen, wenn diese nur über den Treuhänder möglich ist.[241]

b) Nießbrauch. aa) Überblick. Der Nießbrauch an Gesellschaftsanteilen[242] findet sich **94** in erster Linie bei Kapitalgesellschaften sowie bei OHG und KG, da die Anteile an diesen Handelsgesellschaften typischerweise stärker ertragsorientiert sind als diejenigen an Gesellschaften bürgerlichen Rechts. Die Rechtsfragen der Nießbrauchsbestellung an GbR-Anteilen und die daraus folgenden Rechtsbeziehungen zu Nießbrauchsbesteller, Mitgesellschaftern und Gesellschaft unterscheiden sich indessen nicht grundsätzlich von denjenigen bei OHG- oder KG-Anteilen.[243] Daher kann die folgende Darstellung sich auf einen Überblick über den inzwischen erreichten Meinungsstand beschränken und im Übrigen auf die Literatur zu OHG und KG verweisen (vgl. auch § 1068 RdNr. 19 ff.).

Unter den **Gründen** für die Nießbrauchsbestellung standen ehemals die *erbschaftsteuerli-* **95** *chen* Vorteile (Abzug des kapitalisierten Nießbrauchswertes bei der Bewertung des vererbten Stammrechts) im Vordergrund. Sie sind seit der Erbschaftsteuerreform (1974) durch das in § 25 Abs. 1 S. 1 ErbStG enthaltene Abzugsverbot im Wesentlichen entfallen; verblieben ist nur die in § 25 Abs. 1 S. 2 ErbStG vorgesehene zinslose Stundung des auf den Kapitalwert des Nießbrauchs entfallenden Teils der Schenkungsteuer sowie die in § 25 Abs. 1 S. 3 ErbStG eröffnete Möglichkeit, die gestundete Steuer alsbald zu ihrem abgezinsten Barwert abzulösen.[244] In *einkommensteuerlicher* Hinsicht bleibt der mit der Einräumung des Nießbrauchs als selbstständiger Einkommensquelle verbundene Vorteil, zu einer im Vergleich zum Nießbrauchsbesteller geringeren Einkommensteuerbelastung bei einem Nießbraucher zu kommen, der über kein ins Gewicht fallendes sonstiges Einkommen verfügt.[245] Vor allem aber sind es die durch den Nießbrauch eröffneten erb- und gesellschaftsrechtlichen Gestaltungsmöglichkeiten, darunter die teilweise Vorwegnahme der Anteilsvererbung sowie die bessere rechtliche Absicherung des durch einen Nießbrauch belasteten Erben im Vergleich zur bloßen Nacherbenstellung (§ 727 RdNr. 68 ff.) bei zeitlich befristeter Zuwendung des Anteilsertrags an den Nießbraucher, die für die Nießbrauchslösung sprechen.[246] Ihnen steht als Nachteil freilich nach wie vor die aus der Doppelzuordnung der Mitgliedschaft im Rahmen des Nießbrauchs folgende Rechtsunsicherheit betr. die Aufteilung der Mitgliedschaftsrechte zwischen Besteller und Nießbraucher gegenüber (RdNr. 99 ff.). Näher zu den verschiedenen mit der Nießbrauchsbestellung verfolgbaren wirtschaftlichen Zwecken vgl. § 1068 RdNr. 20.

bb) Nießbrauch am Gesellschaftsanteil. (1) Zulässigkeit und Bestellung. Nach **96** heute zu Recht ganz hM ist der Nießbrauch am Anteil einer Personengesellschaft zuläs-

---

[241] So BGHZ 73, 294, 300 = NJW 1979, 1503 für die mittelbare Beteiligung an einer Publikums-KG; näher zur Kündigung des Treuhandvertrags vgl. OLG Köln ZIP 1987, 1120 ff.; *Decher* ZIP 1987, 1097 ff.; MünchKommHGB/*K. Schmidt* Vor § 230 RdNr. 87, 89.

[242] Schrifttumsnachweise bis 1988 bei *Staub/Ulmer* Vor § 105 HGB RdNr. 114. Ferner: 4. Aufl. § 1068 RdNr. 19 ff.; *Wiedemann* GesR II § 5 II 2, S. 440 ff.; *Wertenbruch* in: *Westermann* Hdb. RdNr. I 676 ff.; *Petzoldt* DStR 1992, 1171; *Haas*, FS L. Schmidt, 1993, S. 314; *Schön* ZHR 158 (1994), 229; *Reichert/Schlitt*, FS Flick, 1997, S. 217; *K. Schmidt* ZGR 1999, 601; *Lohr*, Nießbrauch an Unternehmen und Unternehmensanteilen, 1989; *Hepp-Schwab*, Die Mitgliedschaft des Personengesellschafters und der Nießbrauch an seinem Gesellschaftsanteil, 1998; *Goebel*, Der Nießbrauch am Personengesellschaftsanteil, 2004. Rechtstats. Feststellungen bei *Mentz*, Der Nießbrauch an OHG- und KG-Mitgliedschaftsrechten, Diss. Frankfurt 1972, S. 60 ff. Zum Nießbrauch an einem GbR-Anteil vgl. auch BGH NJW 1999, 571; OLG Hamm Rpfleger 1977, 136 f. und BFHE 119, 63 = NJW 1976, 1656.

[243] Vgl. auch *Soergel/Hadding* § 717 RdNr. 18 ff.; *Erman/Hefermehl* RdNr. 28; *Bamberger/Roth/Timm/Schöne* § 717 RdNr. 10.

[244] Vgl. näher *Meincke*, ErbStG, 14. Aufl. 2004, § 25 RdNr. 7 ff., 12 ff.

[245] Zur BFH-Rspr. betr. den Nießbrauch an Personengesellschaftsanteilen vgl. *L. Schmidt*, FS v. Wallis, 1985, S. 359 ff.; *Haas*, FS L. Schmidt, 1993, S. 315, 321 ff.; *Petzold* GmbHR 1987, 433 ff.; *ders.* DStR 1992, 1171, 1175. Nicht anerkannt wird für das EStRecht namentlich der Nießbrauch am Gewinnstammrecht (vgl. RdNr. 108).

[246] *Staub/Ulmer* § 105 HGB RdNr. 11; *Blaurock* (Fn. 97) S. 76; *Mentz* (Fn. 242); *Reichert/Schlitt*, FS Flick, 1997, S. 217 (für GmbH-Anteile).

§ 705

sig.²⁴⁷ Er richtet sich nach den für den Nießbrauch an Rechten geltenden Vorschriften der §§ 1068 ff. (vgl. näher RdNr. 180 zur Qualifizierung der Mitgliedschaft als subjektives Recht). Die Bestellung eines Nießbrauchs an einem GbR-Anteil verstößt insbesondere nicht gegen das in § 717 S. 1 verankerte sog. **Abspaltungsverbot** (zu dessen Inhalt näher § 717 RdNr. 7 f.). Denn entsprechend der Rechtsnatur des Nießbrauchs als dingliches Recht sind Nießbraucher und Besteller gemeinsam an dem Gesellschaftsanteil berechtigt; der Nießbraucher wird für die Dauer des Nießbrauchs mit quasi-dinglicher Wirkung in den Gesellschaftsverband einbezogen, ohne dass der Besteller ausscheidet.²⁴⁸ Überholt ist die früher verbreitete Ansicht,²⁴⁹ nach der es für die Zwecke eines Nießbrauchs der Anteilsübertragung auf den Nießbraucher als Treuhänder, dh. der Verschaffung einer über den Nießbrauch (§ 1030) hinausgehenden formalen Berechtigung für ihn bedürfe. Die Befugnisse des Nießbrauchers überlagern vielmehr die – entsprechend beschränkte, aber fortbestehende – Gesellschafterstellung des Bestellers (vgl. näher RdNr. 99 ff.); darin unterscheidet sich der Anteilsnießbrauch namentlich auch von dem sog. Ertragsnießbrauch (RdNr. 107).

97 Die wirksame **Bestellung** eines Anteilsnießbrauchs erfordert die *Zustimmung aller Gesellschafter* (vgl. § 719 RdNr. 50). Sie kann bereits im Gesellschaftsvertrag erteilt werden; eine Klausel, die nach zutr. Auslegung lediglich die Übertragbarkeit des Anteils als solche zulässt, genügt freilich nicht.²⁵⁰ Stehen Grundstücke im Eigentum der GbR und sind sie nach der bisher üblichen Praxis (vgl. RdNr. 312) auf die Namen der Gesellschafter eingetragen, so ist die Grundbucheintragung im Wege der Berichtigung (§ 22 GBO) durch einen Nießbrauchsvermerk zu ergänzen.²⁵¹

98 Der **Nießbrauch endet** entweder durch Zeitablauf oder durch Tod des Nießbrauchers (§ 1061). Damit erlangt der Besteller wieder die uneingeschränkte Gesellschafterstellung, ohne dass es hierzu einer rechtsgeschäftlichen Verfügung oder der Zustimmung der Mitgesellschafter bedarf. Stirbt der Besteller, so kommt es für den Fortbestand des Nießbrauchs darauf an, ob der Gesellschaftsvertrag für den Fall des Todes eines Gesellschafters in Abweichung von § 727 Abs. 1 eine Fortsetzungsklausel entweder nur unter den übrigen Gesellschaftern (§ 736 Abs. 1) oder aber mit den Erben vorsieht (sog. Nachfolgeklausel, vgl. näher § 727 RdNr. 28). Ist Letzteres der Fall, setzt sich der Nießbrauch am Anteil der Erben fort; andernfalls tritt das Abfindungsguthaben der Erben des verstorbenen Gesellschafters als Nießbrauchsgegenstand an die Stelle der Mitgliedschaft (str., vgl. RdNr. 105).

---

²⁴⁷ So schon BGHZ 58, 316 ff. = NJW 1972, 1755; BGH BB 1975, 295; NJW 1999, 571, 572; aus der Lit. *Flume* I/1 § 17 VI, S. 359 ff.; *Kreifels*, Freundesgabe Hengeler, 1972, S. 158 f.; *Rohlff* NJW 1971, 1337, 1339 ff.; ebenso 4. Aufl. § 1068 RdNr. 25, 32; MünchKommHGB/*K. Schmidt* Vor § 230 RdNr. 14; *Staub/ Ulmer* § 105 HGB RdNr. 119; *Ulmer*, FS Fleck, 1988, S. 383, 385 ff.; *Wertenbruch* in: *Westermann* Hdb. RdNr. I 677; *Wiedemann* GesR II § 5 II 2, S. 440 ff.; *Schön* ZHR 158 (1994), 229, 236 ff. Im Grundsatz ebenso, unmittelbare Mitspracherechte des Nießbrauchers gegenüber der Gesellschaft allerdings noch verneinend, OLG Koblenz NJW 1992, 2163, 2164 f.; *Staudinger/Frank* (2002) Anh. §§ 1068, 1069 RdNr. 57, 70; *Teichmann* ZGR 1972, 1, 10 f.; *Blaurock* (Fn. 97) S. 143 f.; *Huber* (Fn. 92) S. 414 f.; wohl auch *Erman/ Michalski* § 1069 RdNr. 9. Zur Gegenansicht vgl. Nachweise in Fn. 249.
²⁴⁸ So zutr. auch BGHZ 108, 187, 199 = NJW 1989, 3152. Vgl. näher zum Ganzen *Ulmer*, FS Fleck, 1988, S. 383, 385 ff.; 4. Aufl. § 1068 RdNr. 25; *K. Schmidt* GesR § 19 III 4 b; *Wiedemann* (Fn. 160) S. 398, 411; *ders.* GesR II § 5 II 2 a aa, S. 441; *Habersack*, Die Mitgliedschaft, 1996, S. 110 ff.; *Rohlff* NJW 1971, 1337, 1339; *Schön* ZHR 158 (1994), 229, 251 ff.; *Fleck*, FS Rob. Fischer, 1979, S. 125 f. (für den GmbH-Anteil); aA die Nachweise in Fn. 249 und *Wertenbruch* in: *Westermann* Hdb. RdNr. I 683.
²⁴⁹ *Hueck* OHG § 27 II 8; *Rob. Fischer* in Großkomm. zum HGB § 109 Anm. 20; *Staudinger/Keßler* § 717 RdNr. 27; *Soergel/Stürner* § 1068 RdNr. 7 f.; *Bunke* DNotZ 1968, 5, 6; *Sudhoff* NJW 1971, 481 ff.; so auch noch 2. Aufl. § 1068 RdNr. 11, 14 *(Petzoldt)*; *ders.* GmbHR 1987, 381, 382 ff.; anders dann *ders.* DStR 1992, 1171, 1172.
²⁵⁰ *Wiedemann* (Fn. 160) S. 400; *ders.* GesR II § 5 II 2a bb, S. 442; *Wertenbruch* in: *Westermann* Hdb. RdNr. I 678 a, 678 c; *Flume* I/1 § 17 VI, S. 366; *Lohr* (Fn. 242) S. 57; *Ulmer*, FS Fleck, 1988, S. 383, 390; *Staub/Ulmer* § 105 HGB RdNr. 119; *Petzoldt* DStR 1992, 1171 f.; aA MünchKommHGB/*K. Schmidt* Vor § 230 RdNr. 16; *Sudhoff* NJW 1971, 481; *Bunke* DNotZ 1968, 5, 7.
²⁵¹ OLG Hamm DB 1977, 579; aA *Wertenbruch* in: *Westermann* Hdb. RdNr. I 680 a.

Inhalt des Gesellschaftsvertrags 99–101 § 705

(2) Verwaltungsrechte. Regelungen zur **Aufteilung des Stimmrechts** sowie des 99
Rechts zur Geschäftsführung zwischen Nießbraucher und Besteller sind – von der Ausnahmevorschrift des § 1071 abgesehen – im Gesetz nicht enthalten. Insbesondere sind diese Rechte nicht als Gebrauchsvorteil des Anteils iS von § 100 zu qualifizieren, der nach §§ 1068, 1030 Abs. 1 allein dem Nießbraucher zustehen würde.[252] Immerhin lässt sich den Vorschriften der §§ 1036 Abs. 1, 1066 Abs. 1 der Grundsatz entnehmen, dass der *Nießbraucher* für die *laufenden Angelegenheiten* der Gesellschaft allein zuständig ist, während dem Besteller die Kompetenz zur Abstimmung über außergewöhnliche Maßnahmen und Grundlagenentscheidungen verbleibt.[253] Die gegenteilige, vom der grundsätzlichen Alleinstimmrecht des Bestellers ausgehende Ansicht[254] wird der quasi-dinglichen Wirkung des Nießbrauchs nicht gerecht. Der *Besteller* bleibt danach nur für solche (Grundlagen-)Beschlüsse zuständig, die seine Rechtsstellung innerhalb der Gesellschaft tangieren.[255] Zur letztgenannten Beschlusskategorie gehören vor allem *Eingriffe in den Kernbereich* der Mitgliedschaft, aber auch sonstige Änderungen des Gesellschaftsvertrags. Soweit schließlich unter Hinweis auf die andernfalls auftretenden Abgrenzungsschwierigkeiten eine Vergemeinschaftung des Stimmrechts von Nießbraucher und Besteller vorgeschlagen wird mit der Folge ruhenden Stimmrechts für den Fall von Divergenzen zwischen ihnen,[256] vermag auch dies nicht zu überzeugen.[257] Abgesehen davon, dass das Gesetz für eine Vergemeinschaftung der Befugnisse von Besteller und Nießbraucher keinen Hinweis bietet, lassen sich Unsicherheiten in der Aufteilung der Verwaltungsrechte schon dadurch vermeiden, dass diese entsprechend der Wertung der §§ 1036, 1066 im Zweifel dem Nießbraucher zugewiesen werden.[258]

Die **Zuweisung an den Nießbraucher** gilt regelmäßig auch für das Recht zur *Geschäfts-* 100
führung.[259] Auch *Informations- und Kontrollrechte* gegenüber der Gesellschaft in Bezug auf die laufenden Angelegenheiten stehen regelmäßig dem Nießbraucher zu;[260] dem Besteller verbleibt insoweit nur der nach § 716 Abs. 2 unverzichtbare Mindestbestand. Anderes gilt für den Fall, dass die Verwaltungsrechte vertraglich dem Besteller vorbehalten sind; in diesem Fall hat der Nießbraucher jedoch ein eigenes Auskunfts- und Kontrollrecht gegen die Gesellschaft hinsichtlich der auf ihn entfallenden Erträge.[261]

Im Einzelnen ist freilich vieles streitig. Das gilt nicht zuletzt für die im Grenzbereich 101
wenig trennscharfe Aufteilung zwischen Beschlüssen in laufenden und in Grundlagenangele-

---

[252] Ebenso *Schön* ZHR 158 (1994), 229, 248 f. mwN auch zur Gegenansicht.
[253] So mit Unterschieden iE *Flume* I/1 § 17 VI, S. 363, 366 f.; *Baumbach/Hopt* § 105 RdNr. 46; wohl auch BGH NJW 1999, 571, 572; für ein Stimmrecht des Nießbrauchers nur bei Gewinnfeststellung und Gewinnverwendung *Hepp-Schwab* (Fn. 242) S. 180 f.
[254] So auch neuerdings noch 4. Aufl. § 1068 RdNr. 71 ff., 81; *Wertenbruch* in: *Westermann* Hdb. RdNr. I 683; *MünchKommHGB/K. Schmidt* Vor § 230 RdNr. 21; *Wiedemann* GesR II § 5 II 2 a dd, S. 445 f.; *Huber* (Fn. 92) S. 414; *Blaurock* (Fn. 97) S. 142 ff.; *Reichert/Schlitt*, FS Flick, 1997, S. 227; dem folgend OLG Koblenz NJW 1992, 2163, 2164.
[255] So tendenziell BGH NJW 1999, 571, 572; ebenso schon BGHZ 108, 187, 199 = NJW 1989, 3 (obiter); *Staub/Ulmer* HGB Vor § 105 RdNr. 124; *ders.*, FS Fleck, 1988, S. 383, 394 f.; *Flume* I/1 § 17 VI, S. 366 f.; *Rohlff* NJW 1971, 1337, 1339 ff.
[256] So insbes. *Schön* ZHR 158 (1994), 229, 260 ff., im Anschluss an *Heck*, Sachenrecht, 1929, § 120, 11 und *Brodmann* GmbHR 1938, 11 ff.; für die AG wohl auch *Zöllner* in Kölner Komm. zum AktG § 134 RdNr. 15; anders aber *ders.* in *Baumbach/Hueck* § 47 GmbHG RdNr. 35 (für die GmbH): Stimmrecht nur des Bestellers.
[257] So auch *Reichert/Schlitt*, FS Flick, 1997, S. 225; *K. Schmidt* ZGR 1999, 608 f.
[258] Vgl. näher hierzu *Staub/Ulmer* § 105 HGB RdNr. 126; aA *MünchKommHGB/K. Schmidt* Vor § 230 RdNr. 21.
[259] *Flume* I/1 § 17 VI, S. 363; *Sudhoff* NJW 1971, 481, 482; für die GbR auch *Schön* ZHR 158 (1994), 229, 263; aA *Teichmann* ZGR 1972, 1, 9; *Staudinger/Frank* (2002) Anh. §§ 1068, 1969 RdNr. 70, 73.
[260] *Blaurock* (Fn. 97) S. 147 f.; *MünchKommHGB/K. Schmidt* Vor § 230 RdNr. 21; für die OHG auch *Staub/Ulmer* § 105 HGB RdNr. 127; aA *Wertenbruch* in: *Westermann* Hdb. RdNr. I 683 d; vgl. auch *Schön* ZHR 158 (1994), 229, 263 f., der, wie auch beim Stimmrecht, für eine Vergemeinschaftung eintritt; ebenso *Wiedemann* GesR II § 5 II 2 a ee, S. 447.
[261] S. für die OHG *Staub/Ulmer* § 105 HGB RdNr. 127; *Wiedemann* (Fn. 160) S. 419 f.; *Teichmann* ZGR 1972, 1, 9.

genheiten.²⁶² Zu den laufenden Angelegenheiten gehören jedenfalls auch *außergewöhnliche Geschäftsführungsmaßnahmen* und deren Billigung durch die Gesellschafter, während die Überschreitung des Gesellschaftszwecks (Unternehmensgegenstands) als materielle Änderung des Gesellschaftsvertrags den Grundlagenbereich betrifft. Auch die für den Nießbraucher besonders wichtige Beschlussfassung über die jährliche *Rechnungslegung und Gewinnverwendung* wird man im Zweifel zu den laufenden Angelegenheiten zu rechnen haben;²⁶³ allerdings muss der Nießbraucher bei seiner Stimmabgabe auch auf das (Thesaurierungs-)Interesse von Gesellschaft und Mitgesellschaftern Rücksicht nehmen. Empfehlenswert ist in jedem Fall eine **vertragliche Regelung** zwischen Besteller und Nießbraucher über die Aufteilung der Verwaltungsrechte, sei es im Zusammenhang mit der Nießbrauchsbestellung oder durch eine – im Unterschied zur zweiseitigen Vereinbarung zwischen Besteller und Nießbraucher auch für die übrigen Gesellschafter bindende – Regelung im Gesellschaftsvertrag.²⁶⁴

102   Soweit es um Entscheidungen geht, die die Rechtsstellung des Bestellers betreffen und damit grundsätzlich in dessen Zuständigkeitsbereich fallen, sorgt die Vorschrift des **§ 1071** für einen hinreichenden, auch von den Mitgesellschaftern zu beachtenden **Schutz des Nießbrauchers.**²⁶⁵ Seine danach erforderliche Zustimmung führt allerdings nicht zu einer Verdoppelung des mit dem Anteil verbundenen Stimmrechts.²⁶⁶ Auch schützt sie den Nießbraucher nicht davor, dass der Besteller von den anderen Gesellschaftern in vertraglich zulässiger Weise überstimmt wird; dem Nießbraucher steht mit anderen Worten keine weitergehende Position zu, als sie der Besteller nach dem Gesellschaftsvertrag hat.²⁶⁷ Aber in diesen Grenzen kann er Änderungen des Gesellschaftsvertrags verhindern, die sich für ihn nachteilig auswirken. Auf den Nießbraucher erstrecken sich auch die **Pflichten aus der Gesellschafterstellung,** darunter insbesondere die *Treupflicht* (allg. RdNr. 221 f.).²⁶⁸ Zur Kündigung der Beteiligung durch den Besteller vgl. § 723 RdNr. 7; zur Frage der Außenhaftung des Nießbrauchers vgl. RdNr. 106.

103   **(3) Vermögensrechte.** Wesentlicher Gegenstand der Vermögensrechte des Nießbrauchers ist der auf den Anteil entfallende bestimmungsgemäße Ertrag. Er umfasst den gemäß § 722 oder nach dem Gesellschaftsvertrag **entnahmefähigen Gewinn,** soweit er nicht als Geschäftsführervergütung dem in der Geschäftsführung tätigen Besteller zusteht.²⁶⁹ Gewinnanteile, die von der Ausschüttung ausgenommen sind, kommen als Substanzmehrung dem Besteller zugute;²⁷⁰ er hat seinerseits auch die auf den Anteil entfallenden Verluste allein zu

---

²⁶² So namentlich *Schön* ZHR 158 (1994), 229, 261 f.; dem zust. *K. Schmidt* ZGR 1999, 601, 608.
²⁶³ Ebenso *K. Schmidt* ZGR 1999, 606, gegen BGH NJW 1999, 571, 572. So jetzt auch BGH NJW 2007, 1685, 1687 (*Otto*); aA noch BGHZ 132, 263, 266 = NJW 1996, 1678.
²⁶⁴ Vgl. hierzu eingehend *Reichert/Schlitt*, FS Flick, 1997, S. 227 ff., bezogen auf das Stimmrecht in der GmbH. Für zwingende Alleinzuständigkeit des Bestellers gegenüber den Mitgesellschaftern aber *Wiedemann* GesR II § 5 II 2 a dd, S. 446.
²⁶⁵ Näher dazu *Staub/Ulmer* § 105 HGB RdNr. 120, 125; MünchKommHGB/*K. Schmidt* Vor § 230 RdNr. 22; wohl auch *Wertenbruch* in: *Westermann* Hdb. RdNr. I 683 f. Einschr. *Wiedemann* GesR II § 5 II a dd und 4. Aufl. § 1068 RdNr. 76 entgegen RdNr. 38 (*Pohlmann*).
²⁶⁶ Vgl. näher hierzu *Staub/Ulmer* § 105 HGB RdNr. 120; *Schön* ZHR 158 (1994), 229, 266 ff.; *Flume* I/1 § 17 VI, S. 363 f.
²⁶⁷ AllgM, s. *Flume* I/1 § 17 VI, S. 364; *Schön* ZHR 158 (1994), 229, 269; *Staub/Ulmer* § 105 HGB RdNr. 125; *Wiedemann* (Fn. 160) S. 417.
²⁶⁸ Dies folgt aus der Einbeziehung des Nießbrauchers in den Gesellschaftsverbund; aA *Teichmann* ZGR 1972, 1, 10.
²⁶⁹ Vgl. für die GmbH RGZ 170, 358, 369; für die OHG *Staub/Ulmer* § 105 HGB RdNr. 121; so auch MünchKommHGB/*K. Schmidt* Vor § 230 RdNr. 18; *Wiedemann* GesR II § 5 II 2 a cc, S. 443; *Wertenbruch* in: *Westermann* Hdb. RdNr. I 682 a; *Teichmann* ZGR 1972, 1, 9.
²⁷⁰ Ganz hM, vgl. BGHZ 58, 316, 320 = NJW 1972, 1755; BGH BB 1975, 295; NJW 1981, 1560; 4. Aufl. § 1068 RdNr. 50 f.; *Staudinger/Frank* (2002) Anh. §§ 1068, 1069 RdNr. 77 f., 87; MünchKommHGB/*K. Schmidt* Vor § 230 RdNr. 18; *Staub/Ulmer* § 105 HGB RdNr. 121; *Blaurock* (Fn. 97) S. 139 f.; *Bunke* DNotZ 1968, 5, 15; *Stimpel* ZGR 1973, 99; *Jens Koch* ZHR 168 (2004) S. 55, 65 ff. (auch bei Erlöschen des Nießbrauchs); so für das Verhältnis zur Gesellschaft grds. auch *Schön* ZHR 158 (1994), 229, 241 ff.; aA – voller bilanzmäßiger Gewinn für den Nießbraucher – *Sudhoff* NJW 1971, 481, 483; wohl auch *Finger* DB 1977, 1033, 1036 ff.; *Haas*, FS L. Schmidt, 1993, S. 320.

tragen.²⁷¹ Gleiches gilt für *außerordentliche Erträge,* die den Rücklagen zugewiesen werden.²⁷² Eine vereinzelt für den Nießbrauch am Anteil jedenfalls eines Mehrheitsgesellschafters vertretene, auf § 1049 Abs. 1 gestützte Ausgleichspflicht des Bestellers gegenüber dem Nießbraucher hinsichtlich etwaiger nicht entnahmefähiger Gewinne ist abzulehnen.²⁷³ Gegen sie spricht, dass der Anteilsnießbrauch als Rechtsnießbrauch auf die bestimmungsgemäßen Erträge der belasteten Mitgliedschaft bezogen ist, nicht aber auf die Gesellschaft selbst und deren Gewinn.²⁷⁴ Außerordentliche Erträge stehen daher grundsätzlich dem Besteller zu.²⁷⁵ Ein gewinnunabhängiges Entnahmerecht wird vom Nießbrauch nicht erfasst.²⁷⁶

Kapitalerhöhungen gegen Einlagen treffen grundsätzlich den Besteller, dem freilich **104** auch die daraus resultierenden Erträge zustehen.²⁷⁷ Demgegenüber stehen die Erträge aus einer nominellen Kapitalerhöhung aus Gesellschaftsmitteln grundsätzlich dem Nießbraucher zu.²⁷⁸ Abweichende Vereinbarungen im Rahmen der Nießbrauchsbestellung sind möglich. **Lasten,** die im Außenverhältnis auf den Nießbraucher entfallen, hat dieser nach §§ 1047, 1068 auch im Innenverhältnis vorbehaltlich einer abw. Vereinbarung zwischen ihm und dem Besteller zu tragen.²⁷⁹

Wird die **Gesellschaft liquidiert** oder scheidet der Besteller aus, setzt sich der Nieß- **105** brauch im Wege der *Surrogation* entsprechend §§ 1074, 1075 am Auseinandersetzungsguthaben des Bestellers fort. Der Nießbraucher kann dessen Verzinsung verlangen, während die Substanz des Guthabens beim Besteller verbleibt.²⁸⁰

(4) Außenhaftung. Ungeachtet der Bestellung eines Nießbrauchs haftet jedenfalls der **106** Anteilsinhaber als Gesellschafter gesamtschuldnerisch für die Verbindlichkeiten der Gesellschaft (vgl. § 714 RdNr. 35 ff.). Ob daneben auch der Nießbraucher haftet, ist umstritten. Angesichts der Einbeziehung des Nießbrauchers in das mitgliedschaftliche Rechtsverhältnis und der damit verbundenen Zuständigkeit hinsichtlich der Verwaltungsrechte in laufenden Angelegenheiten (RdNr. 100) sprechen die besseren Gründe für die Annahme

---

²⁷¹ MünchKommHGB/*K. Schmidt* Vor § 230 RdNr. 23 (mit zutr. Hinweis auf die Möglichkeit einer davon abw. Vereinbarung im Innenverhältnis zwischen Besteller und Nießbraucher); *Staub/Ulmer* § 105 HGB RdNr. 121; *Petzoldt* DStR 1992, 1171, 1176; *Teichmann* ZGR 1982, 1, 13 f.; *Staudinger/Frank* (2002) Anh. §§ 1068, 1069 RdNr. 86; *Bunke* DNotZ 1968, 5, 14; aA *Sudhoff* NJW 1971, 481, 483; *Biergans* DStR 1985, 327, 333; wohl auch *Schön* ZHR 158 (1994), 229, 243 f., für den Fall, dass der Nießbrauch an einem Mehrheitsanteil besteht.
²⁷² BGH BB 1975, 295, 296; vgl. ferner die in Fn. 270 Genannten.
²⁷³ So aber *Schön* ZHR 158 (1994), 229, 241 ff.
²⁷⁴ Vgl. BGHZ 58, 316, 320 = NJW 1972, 1755 im Anschluss an *Wiedemann* (Fn. 160) S. 404; ferner *Fleck* Anm. zu BGH LM § 109 HGB Nr. 10.
²⁷⁵ So auch *Schön* ZHR 158 (1994), 229, 245; *Petzoldt* DStR 1992, 1171, 1175; *Jens Koch* ZHR 168 (2004), 55, 65 ff.; aA im Ausschüttungsfall 4. Aufl. § 1068 RdNr. 59.
²⁷⁶ So zutr. *Wiedemann* GesR II § 5 II 2 a cc, S. 443; *Wertenbruch* in: *Westermann* Hdb. RdNr. I 682 d; aA 4. Aufl. § 1068 RdNr. 61 *(Pohlmann).*
²⁷⁷ Zutr. BGH GmbHR 1983, 148, 149 (KG). Näher dazu *Staub/Ulmer* § 105 HGB RdNr. 121. Ebenso 4. Aufl. § 1068 RdNr. 42 *(Pohlmann): Wiedemann* GesR II § 5 II 2 a cc, S. 443.
²⁷⁸ HM, vgl. MünchKommHGB/*K. Schmidt* Vor § 230 RdNr. 17, 20; *Wertenbruch* in: *Westermann* Hdb. RdNr. I 682 f.; *Reichert/Schlitt,* FS Flick, 1997, S. 237 f.; *Staub/Ulmer* § 105 HGB RdNr. 121 mwN, auch zu Gegenansichten. Offen lassend BGHZ 58, 316, 319 = NJW 1972, 1755; nicht eindeutig 3. Aufl. § 1068 RdNr. 24 *(Petzoldt).*
²⁷⁹ § 1047 ist gemäß § 1068 auf den Nießbrauch an Rechten entsprechend anwendbar, vgl. OLG Karlsruhe BB 1988, 2128; § 1068 RdNr. 18; *Palandt/Bassenge* § 1068 RdNr. 2; einschränkend noch *Staub/Ulmer* § 105 HGB RdNr. 121 in Fn. 265. – Zur Frage, ob die Vermögensteuer eine Last iS des § 1047 ist, s. (zu Recht verneinend) OLG Karlsruhe BB 1988, 2128 f. mwN.
²⁸⁰ Die rechtliche Konstruktion ist umstritten: für eine Surrogation entsprechend §§ 1074, 1075 *Bunke* DNotZ 1968, 5, 13; *Staub/Ulmer* § 105 HGB RdNr. 123; *Wiedemann* GesR II § 5 II 2 a cc, S. 444; *Wertenbruch* in: *Westermann* Hdb. RdNr. I 682 k; wohl auch *Petzoldt* GmbHR 1987, 381, 385; für eine Surrogation entsprechend §§ 1077 ff. *Staudinger/Frank* (2002) Anh. §§ 1068, 1069 RdNr. 88; für die Notwendigkeit einer Neubegründung *Wiedemann* (Fn. 160) S. 403 f.; MünchKommHGB/*K. Schmidt* Vor § 230 RdNr. 19. Grds. aA – dem Nießbraucher steht der seit Nießbrauchsbestellung entstandene, nicht ausgeschüttete Überschuss iS des § 734 sowie daneben die Nutzung der dem ausgeschiedenen Gesellschafter zufließenden Kapitaleinlage zu – *Schön* ZHR 158 (1994), 229, 246 f.

einer neben die Gesellschafterhaftung tretenden, gleichrangigen Haftung auch des Nießbrauchers.[281]

107 **cc) Nießbrauch an den Vermögensrechten?** Unproblematisch und ohne Zustimmung der Mitgesellschafter zulässig ist ein Nießbrauch an den nach § 717 S. 2 selbstständig übertragbaren **vermögensrechtlichen Ansprüchen.** Allerdings ist ein solches Recht, soweit es sich auf den (künftigen) Anspruch auf das *Auseinandersetzungsguthaben* bezieht, für den Nießbraucher wegen der fehlenden Realisierungsmöglichkeit meist ohne Interesse. Der nicht selten empfohlene Nießbrauch an den *einzelnen Gewinnansprüchen*[282] setzt einerseits deren jeweilige Entstehung auf Grund des Bilanzfeststellungsbeschlusses (§ 721 RdNr. 8, 11) voraus und wird erst mit diesem Beschluss wirksam; eine dingliche Sicherung des Nießbrauchers ist auf diesem Weg in Bezug auf künftige Gewinnansprüche nicht möglich.[283] Andererseits und vor allem beschränkt sich das Nutzungsrecht des Nießbrauchers auf die *Verzinsung* der ausgeschütteten Gewinne, während er die Gewinne selbst oder deren Wert dem Besteller nach § 1067 herausgeben muss.[284] Soweit demgegenüber eingewandt wird, § 1067 sei abdingbar,[285] ist eine entsprechende Gestaltung der Sache nach nicht auf Nießbrauchsbestellung, sondern auf Vorausabtretung künftiger Gewinnansprüche gerichtet; sie sollte schon aus Gründen begrifflicher Klarheit als solche bezeichnet werden.[286] Der „Nießbrauch" am Gewinnanspruch führt nach allem nicht weiter.

108 Abzulehnen ist auch die auf *Siebert*[287] zurückgehende Konstruktion eines Nießbrauchs am **Gewinnstammrecht.**[288] Ihr steht bereits die Rechtsnatur der Mitgliedschaft als ein *sämtliche* mitgliedschaftlichen Rechte und Pflichten zu einer einheitlichen Position bündelndes subjektives Recht entgegen; für eine selbstständige Belastung nur der mitgliedschaftlichen Vermögensstammrechte ist demzufolge kein Raum (näher RdNr. 188). Hinzu kommt, dass mit Anerkennung des Anteilsnießbrauchs (RdNr. 96) ein praktisches Bedürfnis für die Einräumung eines Nießbrauchs am Gewinnstammrecht entfallen ist, zumal mit dem Anteilsnießbrauch die Abbedingung sämtlicher Verwaltungsrechte des Nießbrauchers verbunden werden und er dadurch der Sache nach auf einen Ertragsnießbrauch beschränkt werden kann (RdNr. 99 ff.). Damit kommt er im Ergebnis einem Nießbrauch am Gewinnstammrecht gleich.

109 **c) Testamentsvollstreckung. aa) Überblick.** Ähnlich wie beim Nießbrauch wird auch die Diskussion über die Zulassung der **Dauer-Testamentsvollstreckung** an Anteilen von Personengesellschaften[289] seit vielen Jahren in erster Linie im Hinblick auf die Anteile an Personen*handels*gesellschaften geführt.[290] Wesentlich geprägt durch ein Grundsatzurteil des

---

[281] So *Flume* I/1 § 17 VI, S. 364 f.; *Ulmer*, FS Fleck, 1988, S. 383, 396; *Staub/Ulmer* § 105 HGB RdNr. 128 (für die OHG); aA 4. Aufl. § 1068 RdNr. 67 *(Pohlmann)*; Staudinger/Frank (2002) Anh. §§ 1068, 1069 RdNr. 91; MünchKommHGB/K. *Schmidt* Vor § 230 RdNr. 24; Wertenbruch in: Westermann Hdb. RdNr. I 681 a; *Blaurock* (Fn. 97) S. 148 f.

[282] So noch 2. Aufl. § 1068 RdNr. 21, 24 ff. *(Petzoldt)*; Soergel/Hadding § 717 RdNr. 18 f.; *Bunke* DNotZ 1968, 5 ff.; *Sudhoff* NJW 1971, 481, 484 f.

[283] Vgl. näher *Staub/Ulmer* § 105 HGB RdNr. 129.

[284] So zutr. *Finger* DB 1977, 1033; Staudinger/Frank (2002) Anh. §§ 1068, 1069 RdNr. 65; ähnlich schon *Wiedemann* (Fn. 160) S. 400.

[285] So insbes. Soergel/Hadding § 717 RdNr. 19; *Bunke* DNotZ 1968, 9 f.; *Sudhoff* NJW 1971, 481, 484.

[286] Vgl. näher hierzu Staub/Ulmer § 105 HGB RdNr. 130; *ders.,* FS Fleck, 1988, S. 383, 397 f. mwN.

[287] BB 1956, 1126 ff.; ihm folgend *Sudhoff* NJW 1971, 481, 483 f.; Soergel/Schultze-v. Lasaulx 10. Aufl. 1969, § 719 RdNr. 12; Staudinger/Keßler § 717 RdNr. 26.

[288] Dagegen zu Recht die heute ganz überwM, s. 4. Aufl. § 1068 RdNr. 29; *Blaurock* (Fn. 97) S. 140; *Schön* ZHR 158 (1994), 229, 265 f.; MünchKommHGB/K. *Schmidt* Vor § 230 RdNr. 14; *Flume* I/1 § 17 VI, S. 360 f.; *Lohr* (Fn. 242) S. 75; *Hepp-Schwab* (Fn. 242) S. 170 f.; *Ulmer,* FS Fleck, 1988, S. 383, 399; *Staub/ Ulmer* § 105 HGB RdNr. 132; früher bereits *Wiedemann* (Fn. 160) S. 400 f.; *Huber* (Fn. 92) S. 414 f.; *Teichmann* ZGR 1972, 1, 21; *Rohlff* NJW 1971, 1337, 1340 f.; Staudinger/Frank (2002) Anh. §§ 1068, 1069 RdNr. 66; aA noch *Staudinger/Keßler* § 717 RdNr. 26.

[289] Im Unterschied zur unproblematischen, die Verwaltungsrechte des Gesellschafter/Erben unberührt lassenden Abwicklungsvollstreckung und zur Dauervollstreckung am Anteil einer Liquidationsgesellschaft, vgl. 4. Aufl. § 2205 RdNr. 31; *Staub/C. Schäfer* HGB § 139 RdNr. 55.

[290] Vgl. die Schrifttumsnachweise in § 2205 vor RdNr. 14. Aus neuerer Zeit *Dörrie,* Die Testamentsvollstreckung im Recht der Personengesellschaften und der GmbH, 1994; *Everts* MittBayNot 2003, 427; *Faust*

BGH aus dem Jahr 1989,[291] sieht die hM die Testamentsvollstreckung am *Kommanditanteil* seither als zulässig an, während hinsichtlich des Anteils eines persönlich haftenden Gesellschafters wegen dessen unbeschränkter Haftung für die Gesellschaftsschulden die Bedenken unverändert vorherrschen (RdNr. 113). Im vorliegenden Zusammenhang, bezogen auf den *Anteil an einer GbR*, stellt sich vor dem Hintergrund des Übergangs der höchstrichterlichen Rechtsprechung zur akzessorischen Gesellschafterhaftung (§ 714 RdNr. 5) die *Frage*, ob damit eine völlige Gleichstellung der Gesellschafterhaftung in OHG und GbR – mit der Folge unzulässiger Dauer-TV auch am vererbten GbR-Anteil – verbunden ist oder ob sich eine differenzierte Beurteilung anbietet, die es entsprechend den Entwicklungen zum Kommanditanteil gestattet, die Testamentsvollstreckung auch am GbR-Anteil zuzulassen (vgl. RdNr. 114).

bb) Grundlagen. In der **früheren Diskussion** wurden gegen die Möglichkeit einer letztwillig angeordneten Testamentsvollstreckung an Personengesellschaftsanteilen, soweit sie über die bloße Abwicklungsvollstreckung (§§ 2203, 2204) hinausgehen sollte, *gesellschaftsrechtlich* vor allem *drei Einwendungen* geltend gemacht. Sie galt erstens beim Fehlen der Zustimmung der Mitgesellschafter als unvereinbar mit dem auf *persönlichem Zusammenschluss* beruhenden, durch die Zulassung der Anteilsvererbung nicht entscheidend in Frage gestellten Charakter der Personengesellschaft.[292] Zweitens wurde eingewandt, dass die Einräumung gesellschaftsrechtlicher Verwaltungsrechte an einen nicht zu den Gesellschaftern gehörenden Testamentsvollstrecker (TV) unvereinbar sei mit dem grundsätzlichen *Abspaltungsverbot* für die unübertragbaren Mitgliedschaftsrechte.[293] Eine Verwaltungsbefugnis des Testamentsvollstreckers sei daher nur hinsichtlich der selbstständig übertragbaren Vermögensrechte (§ 717 S. 2) anzuerkennen,[294] wobei freilich für das Gewinnrecht wegen dessen Bezug zu Tätigkeit und Haftung des Gesellschafter/Erben zT weitere Vorbehalte gemacht wurden.[295] Drittens schließlich wurde es im Hinblick auf persönlich haftende Gesellschafter in OHG und KG als unzulässig angesehen, den Erben als Gesellschafter der *unbeschränkten persönlichen Haftung* auszusetzen, ohne ihm entsprechende eigene Mitspracherechte in der Gesellschaft zu gewähren.[296] Aus *erbrechtlichen* Gründen kam der auf die *Sondervererbung* von Personengesellschaftsanteilen gestützte Einwand hinzu, dass die Testamentsvollstreckung sich, sei es als

---

DB 2002, 189; *Flume* NJW 1988, 161; *Hehemann* BB 1995, 1301; *Hüfner*, Testamentsvollstreckung an Personengesellschaftsanteilen, 1990; *Kreppel* DStR 1996, 430; *Lorz*, FS Boujong, 1996, S. 319; *Marotzke* JZ 1986, 197; *ders.* AcP 187 (1987), 233; *Muscheler*, Die Haftungsordnung der Testamentsvollstreckung, 1994; *Quack* BB 1989, 2271; *Raddatz*, Die Nachlasszugehörigkeit vererbter Personengesellschaftsanteile, 1990; *Rowedder*, FS Goerdeler, 1987, S. 445; *Schmitz* ZGR 1988, 140; *Siegmann*, Personengesellschaftsanteil und Erbrecht, 1992; *Stimpel*, FS Brandner, 1996, S. 779; *Ulmer/Schäfer* ZHR 160 (1996), 413 ff., 439; *D. Weber*, FS Stiefel*, 1987, S. 829; *Weidlich*, Testamentsvollstreckung im Recht der Personengesellschaften, 1993; *Wessels*, Testamentsvollstreckung an einem Kommanditanteil, 1989; *Westermann* Hdb. RdNr. I 1337 ff.; *Winkler*, FS Schippel, 1996, S. 519. Vgl. auch die Schrifttumsnachweise in Fn. 291.

[291] BGHZ 108, 187 = NJW 1989, 3152. Vgl. dazu *Brandner*, FS Kellermann, 1991, S. 37; *Flume* ZHR 155 (1991), 501; *D. Mayer* ZIP 1990, 976; *Stodolkowitz*, FS Kellermann, 1991, S. 439; *Ulmer* NJW 1990, 73.
[292] Charakteristisch *Rob. Fischer* in Großkomm. zum HGB § 105 Anm. 28 c; wN in 2. Aufl. RdNr. 87 Fn. 213.
[293] So namentlich *Rob. Fischer* in Großkomm. zum HGB § 105 Anm. 28 d.
[294] *Schlegelberger/Geßler* § 105 HGB Anm. 14 c; *Hueck* OHG § 28 II 5; *Wiedemann* (Fn. 160) S. 341; *Soergel/Hadding* (11. Aufl.) § 727 RdNr. 48 (jeweils unter der Voraussetzung, dass der Erblasser eine Erstreckung der Testamentsvollstreckung auf diese Rechte ausdrücklich angeordnet hat); das ältere Schrifttum hatte überwiegend für die generelle Erfassung der Vermögensrechte plädiert, vgl. Nachweise bei *Ulmer* in: *Ulmer/Winter/Habersack* § 139 Anm. 71.
[295] So *Rob. Fischer* in Großkomm. zum HGB § 105 Anm. 28 e, der darauf abstellt, ob der Erbe persönlich in der Gesellschaft tätig ist; zu der damit verbundenen Aufteilungsproblematik eingehend dann *Ulmer/Schäfer* ZHR 160 (1996), 413, 434 ff. Grds. gegen ein Verfügungsrecht des Testamentsvollstreckers über den Gewinn noch RGZ 170, 392, 395; 172, 199, 203; RG DR 1943, 1224, 1226.
[296] St. Rspr., vgl. BGHZ 108, 187, 195 = NJW 1989, 3152; BGHZ 68, 225, 239 = NJW 1977, 1339; BGHZ 24, 106, 113 = NJW 1957, 1026; BGH NJW 1981, 749, 750; BayObLG WM 1991, 131, 134; ebenso bereits RGZ 170, 392, 394. Nachweise zum älteren Schrifttum bei *Ulmer* in Großkomm. zum HGB § 139 Anm. 69. Aus der neueren Lit. vgl. *Stodolkowitz*, FS Kellermann, 1991, S. 439, 441 (bei Fn. 8); *Raddatz* (Fn. 290) S. 158; *Westermann* Hdb. RdNr. I 1339 f.

§ 705   111, 112   Abschnitt 8. Titel 16. Gesellschaft

Abwicklungs- oder als Dauervollstreckung, nach § 2205 S. 1 auf die Verwaltung des ihr unterliegenden *Nachlasses* beschränke, während der vererbte Gesellschaftsanteil dem oder den Erben notwendig *persönlich zugeordnet* sei und daher einen Bestandteil zwar der Erbschaft, nicht aber des selbstständiger Verwaltung durch den Testamentsvollstrecker unterliegenden Sondervermögens Nachlass bilde.[297]

111   Von diesen früheren Einwänden sind sich die **gesellschaftsrechtlichen** aus *neuerer Sicht* ganz überwiegend überholt.[298] Gegenüber dem Charakter der Personengesellschaft als Zusammenschluss auf *persönlicher* Grundlage wird zu Recht darauf hingewiesen, dass ihm durch das Erfordernis der *Zustimmung* der Mitgesellschafter als Zulassungsvoraussetzung für die Testamentsvollstreckung ausreichend Rechnung getragen werde (vgl. näher RdNr. 115). Einigkeit besteht auch darüber, dass das *Abspaltungsverbot* betr. die Verwaltungsrechte der Anerkennung der Testamentsvollstreckung am Personengesellschaftsanteil schon deshalb nicht entgegensteht, weil die wesentlichen Gesellschafterrechte in diesem Fall beim Testamentsvollstrecker als Amtswalter liegen, ohne vom Anteil getrennt zu sein (dazu und zur Frage der Mitspracherechte des Gesellschafter/Erben bei Eingriffen in den Kernbereich der Mitgliedschaft vgl. RdNr. 119). Es bleibt der Einwand fehlender Verpflichtungsbefugnis des Testamentsvollstreckers gegenüber dem Erben persönlich (§ 2206 Abs. 1); ihm ist nach zutr. hM dadurch Rechnung zu tragen, dass eine über die übertragbaren Vermögensrechte hinausgehende, auch die Verwaltungsrechte umfassende Testamentsvollstreckung auf Kommanditanteile beschränkt bleibt.[299] Weitergehende Ansichten, die auch die Anteile persönlich haftender Gesellschafter in eine umfassend angeordnete (Dauer-)Testamentsvollstreckung einbeziehen wollen, haben sich bisher nicht durchgesetzt (RdNr. 114). Insoweit sollen die Beteiligten vielmehr auf die Treuhand als Ersatzkonstruktion (RdNr. 124) angewiesen bleiben, falls der als persönlich haftender Gesellschafter nachfolgende Erbe sich nicht dazu entschließt, sein Verbleiben in der Gesellschaft nach § 139 Abs. 1 HGB von der Einräumung der Kommanditistenstellung abhängig zu machen, und die Mitgesellschafter hierauf eingehen.

112   Was zum anderen die **erbrechtlichen** Einwände gegen die Testamentsvollstreckung an Personengesellschaftsanteilen angeht, so ist die früher vertretene Differenzierung zwischen der Erbschaft als Inbegriff aller der Vererbung unterliegenden Gegenstände und dem Nachlass als einem den Erben bei einer Erbenmehrheit nicht persönlich zugeordneten, sondern gesamthänderischer Bindung unterliegenden Sondervermögen überholt, nachdem der BGH in Übereinstimmung mit der hM in der neueren Erbrechtsliteratur[300] keine Bedenken hatte, dem Nachlass auch Gegenstände der Sondervererbung zuzurechnen.[301] Wohl aber bleiben im Hinblick auf die Kompetenzen des Testamentsvollstreckers *zwei erbrechtliche Schranken* zu berücksichtigen. Die eine folgt aus der fehlenden Befugnis des Testamentsvollstreckers, den Erben über den Nachlass hinaus auch persönlich zu verpflichten (§ 2206 Abs. 1), die andere aus dem ihm fehlenden Recht zu unentgeltlichen Verfügungen (§ 2205 S. 3). Beiden Schranken ist durch entsprechende Eingrenzung der Rechte des Testamentsvollstreckers Rechnung zu tragen (RdNr. 120).

---

[297] So noch *Ulmer* NJW 1984, 1496, 1497 f. u. a.; *Soergel/Hadding* (11. Aufl.) § 727 RdNr. 44; *Koch* NJW 1983, 1763. Vgl. auch BGH NJW 1981, 749, 750 („Ausgliederung aus der Nachlassmasse") und BGHZ 91, 132, 135 = NJW 1984, 2104 (Anteil fällt getrennt vom übrigen Nachlass „unmittelbar und endgültig in das Privatvermögen des Gesellschafter-Erben"). AA die heute ganz hM, vgl. Nachweise in Fn. 300.
[298] Vgl. nur *Staub/C. Schäfer* § 139 HGB RdNr. 57 mwN.
[299] Dafür namentlich *Stimpel*, FS Brandner, 1996, S. 779 ff.; so auch *Westermann* Hdb. RdNr. I 1343; *Weidlich* (Fn. 290) S. 121 ff.; *Bommert* BB 1984, 178, 183; im Ergebnis auch *Muscheler* (Fn. 290) S. 554, Fn. 88 (allerdings mit sachlich unzutr. Erst-Recht-Schluss von der Rechtslage in der OHG).
[300] *Muscheler* (Fn. 290) S. 470 ff.; *Brandner*, FS Kellermann, 1991, S. 40; *Dörrie* (Fn. 290) S. 25 ff.; *Schmitz* ZGR 1988, 140, 149 ff.; *Marotzke* JZ 1986, 457, 458 ff.; *ders.* AcP 187 (1987), 223, 229; *Raddatz* (Fn. 290) S. 39 ff., 141 ff.; *Siegmann* (Fn. 290) S. 153 f.; *Weidlich* (Fn. 290) S. 22 ff.; *Soergel/Damrau* § 2205 RdNr. 31; *Hehemann* BB 1995, 1301, 1303 f. Aus gesellschaftsrechtlicher Sicht auch *Flume* ZHR 155 (1991), 501, 504 ff., 510; *ders.* NJW 1988, 161 ff.; *K. Schmidt* GesR § 34 V 3 c.
[301] So zunächst BGHZ 98, 48 = NJW 1986, 2431 (IVa-Senat); ihm folgend BGHZ 108, 187 = NJW 1989, 3152 (II. Senat); BGH ZIP 1996, 327, 329 (IV. Senat). Eingehend zur Entwicklung der Rspr. *Ulmer/Schäfer* ZHR 160 (1996), 413, 416 ff.

cc) **Haftungsschranken.** Ein zentrales Problem in Bezug auf die Dauer-TV am GbR-Anteil bildet die Frage unbeschränkter Haftung des Gesellschafter/Erben für die Gesellschaftsverbindlichkeiten. Wie aus den Regelungen der §§ 2206, 2207, 2208 folgt, kann der Testamentsvollstrecker durch sein rechtsgeschäftliches Handeln den Erben wirksam nur mit Bezug auf den Nachlass, nicht aber mit dessen Privatvermögen verpflichten. Zu Recht ist daraus in ständ. höchstrichterlicher Rechtsprechung[302] unter Zustimmung der in der Literatur hM[303] gefolgert worden, dass diese TV-Schranke nicht nur der unmittelbaren persönlichen Verpflichtung des Erben durch das rechtsgeschäftliche Handeln des Testamentsvollstreckers, sondern auch der Einbeziehung des *OHG-Anteils* in den Machtbereich des Testamentsvollstreckers entgegensteht, weil der Erbe bei Zwischenschaltung des Testamentsvollstreckers anderenfalls kraft Gesetzes akzessorisch für die OHG-Verbindlichkeiten unbeschränkt haften würde. Für einen gesetzlichen Vorrang des § 128 HGB gegenüber der Schutzvorschrift des § 2206[304] sind überzeugende Gründe nicht ersichtlich.[305] Auch der Hinweis einiger Autoren auf das Wahlrecht des Gesellschafter/Erben nach § 139 HGB[306] bzw. auf die Möglichkeit, die Dreimonatsfrist zur Wahlrechtsausübung gesellschaftsvertraglich zu verlängern,[307] um auf diesem Wege die Haftungsschranken des Testamentsvollstreckungsrechts zu überwinden, hat sich nicht durchgesetzt.[308]

Soweit es um die **Dauer-TV am GbR-Anteil** geht, war unter der Geltung der Doppelverpflichtungslehre (§ 714 RdNr. 3) in der Literatur die Ansicht entwickelt worden, in derartigen Fällen beschränke sich die Vollmacht, die der Testamentsvollstrecker den Geschäftsführern für den Gesellschafter/Erben erteile, gegenständlich auf die Haftung mit dem der Testamentsvollstreckung unterliegenden Nachlass.[309] Dieser der Zulassung der Testamentsvollstreckung dienenden Lehre ist durch den Übergang der Rechtsprechung zur *Akzessorietätstheorie* (§ 714 RdNr. 5) die Grundlage entzogen worden. Nicht ausgeschlossen erscheint es jedoch, dass dem ihr zu Grunde liegenden Gedanken auch im Rahmen der neu entwickelten Haftungsverfassung der GbR Rechnung getragen wird. Denn das für die Akzessorietätstheorie sprechende Sicherungsinteresse der GbR-Gläubiger erscheint im Falle der TV-Anordnung seitens des verstorbenen Gesellschafters schon dann gewahrt, wenn dessen bisherige Haftung sich in derjenigen seines Nachlasses fortsetzt, solange dieser unter Testamentsvollstreckung steht.[310] Da es für die GbR an einer gesetzlichen Haftungsregelung nach Art des § 128 HGB fehlt, ist die höchstrichterliche Rechtsfortbildung nicht gehindert, bei der Ausformung der Tragweite des neuen Haftungsrechts den berechtigten Interessen der Beteiligten und dem praktischen Bedürfnis an Zulassung der Dauer-TV unter Einschluss von GbR-Anteilen Rechnung zu tragen.[311] Demgegenüber reicht die Einräumung eines Wahl-

---

[302] Vgl. die Rspr.-Nachweise in Fn. 296. Anders dann zwar BGH NJW 1996, 1284, 1286 (IV. Senat) und BGH NJW 1998, 1313 = JZ 1998, 468 (IV. Senat) m. krit. Anm. *Ulmer*, jedoch jeweils ohne Auseinandersetzung mit der gegenteiligen st. Rspr. und offenbar beschränkt auf eine nur die *Vermögensrechte* des Anteils umfassende Testamentsvollstreckung.

[303] Vgl. nur *Flume* I/1 § 14 V; *Staub/C. Schäfer* § 139 HGB RdNr. 55 ff., 58 mzN; *Heymann/Emmerich* § 139 HGB RdNr. 22; zweifelnd aber schon *Schlegelberger/K. Schmidt* § 139 HGB RdNr. 51; so auch *Stodolkowitz*, FS Kellermann, 1991, S. 441; *Raddatz* (Fn. 290) S. 157; aA sodann 3. Aufl. § 2205 RdNr. 31 *(Brandner)*; *Muscheler* (Fn. 290) S. 549 ff.

[304] So *Muscheler* (Fn. 290) S. 545 ff.; dem folgend 4. Aufl. § 2205 RdNr. 36.

[305] HM, vgl. BGHZ 24, 106, 112 f. = NJW 1957, 1026; BGHZ 68, 225, 239 = NJW 1977, 1339; BGHZ 98, 48, 55 f. = NJW 1986, 2431; BGHZ 108, 187, 195 = NJW 1989, 3152; *Flume* NJW 1988, 161, 163; *Staub/C. Schäfer* § 139 HGB RdNr. 58; *Baumbach/Hopt* § 139 HGB RdNr. 21; *Heymann/Emmerich* § 139 HGB RdNr. 23 a; *Faust* DB 2002, 191.

[306] So *Marotzke* JZ 1986, 457, 461 f.; *MünchKommHGB/K. Schmidt* § 139 RdNr. 47, 51.

[307] So *Faust* DB 2002, 192 f.

[308] Dagegen zu Recht *Dörrie* (Fn. 290) S. 56; *Stimpel*, FS Brandner, 1996, S. 782; im Grundsatz auch schon *Emmerich* ZHR 132 (1969), 297, 309 f., 319 ff.

[309] So insbes. *Stimpel*, FS Brandner, 1996, S. 787 ff.; zust. 3. Aufl. RdNr. 89 a und 4. Aufl. § 2205 RdNr. 39 *(Brandner)*; trotz Aufgabe der Doppelverpflichtungstheorie beibehalten in § 2205 RdNr. 48 *(Zimmermann)*.

[310] Vgl. dazu *Stimpel*, FS Brandner, 1996, S. 788 f.

[311] Vgl. zur beschränkten Erbenhaftung bei Dauer-TV am GbR-Anteil § 714 RdNr. 41, zur Einschränkbarkeit der Gesellschafterhaftung für die GbR-Verbindlichkeiten in Fällen geschlossener Immobi-

rechts des Gesellschafter-Erben eines GbR-Anteils analog § 139 HGB (vgl. § 727 RdNr. 46 ff.) nicht aus, um darauf die Zulassung der Dauer-TV am GbR-Anteil zu stützen; dieser stehen vielmehr die gleichen Bedenken wie im Fall des OHG-Anteils entgegen (vgl. RdNr. 113).

115 **dd) Folgerungen für den GbR-Anteil.** Vorbehaltlich der höchstrichterlichen Klärung der Haftungsproblematik (RdNr. 114) ist die Dauer-TV am GbR-Anteil grundsätzlich zuzulassen.[312] Notwendige Voraussetzung für eine über die Erfassung der Vermögensrechte (RdNr. 116) hinausgehende, wirksame Anordnung ist freilich die **Zustimmung der Mitgesellschafter;**[313] für die GbR gelten insoweit keine Besonderheiten gegenüber der Rechtslage in der OHG oder KG. Die Zustimmung kann nach Eintritt des Erbfalls *ad hoc* erteilt werden; sie führt ggf. zur Wirksamkeit der zunächst schwebend unwirksamen Anordnung. Sie kann aber auch schon im *Gesellschaftsvertrag* selbst vorgesehen sein, sei es generell oder beschränkt auf bestimmte Gesellschaftsanteile oder bestimmte Personen als Testamentsvollstrecker.[314] Sind die Anteile im Gesellschaftsvertrag *generell* (auch unter Lebenden) *übertragbar* ausgestaltet, so kann das angesichts des daraus ableitbaren Verzichts der Gesellschafter, die Gesellschaft als höchstpersönlichen Zusammenschluss zu behandeln, tendenziell dafür sprechen, dass sie im Zweifel auch mit der Anordnung der Testamentsvollstreckung einverstanden sind.[315] Dem steht auch die (für diesen Fall vorausgesetzte, vgl. RdNr. 114) Möglichkeit der Haftungsbeschränkung des Nachfolger/Erben auf den Nachlass nicht notwendig entgegen, weil sie aus Sicht der Mitgesellschafter die bisherigen Haftungsverhältnisse der Sache nach unverändert fortbestehen lässt.[316] Auch das Vorhandensein einer *einfachen,* für jedermann als Erben offenen Nachfolgeklausel lässt sich als Indiz für die Zustimmung werten.[317] Eine Vermutung dafür, dass die Mitgesellschafter zwar jeden Dritten als Anteilserwerber akzeptieren, die mit der Testamentsvollstreckung verbundene Kompetenzaufteilung aber nicht ohne besondere Zustimmung hinnehmen wollen, erscheint nicht veranlasst; Abweichendes kann sich freilich aus dem Regelungszusammenhang des Gesellschaftsvertrags ergeben.[318] Auf das Vorhandensein einer qualifizierten Nachfolgeklausel lässt sich die Vermutung für die konkludente Zustimmung zur Testamentsvollstreckung jedoch nicht stützen.

116 Die mit dem Gesellschaftsanteil verbundenen **Vermögensrechte,** darunter insbesondere das *Gewinnrecht* des nicht selbst in der Gesellschaft tätigen Erben und das Recht auf das *Auseinandersetzungsguthaben,* unterfallen nicht nur bei Zustimmung der Mitgesellschafter,[319] sondern mit Blick auf § 717 S. 2 auch ohne diese[320] der Dispositionsbefugnis des Testa-

---

lienfonds und von Bauherrengemeinschaften vgl. BGH ZIP 2002, 851, 853; dazu näher § 714 RdNr. 62, 66.

[312] Vgl. die auf den Kommanditanteil bezogenen Nachweise in Fn. 299.

[313] EinhM, vgl. BGHZ 98, 45, 55 = NJW 1986, 2431 (IVa-Senat); BGHZ 108, 187, 191 = NJW 1989, 3152; BGHZ 68, 225, 241 = NJW 1977, 1339; BGH NJW 1985, 1953, 1954 (jeweils II. Senat); BayObLG BB 1983, 1751, 1752; OLG Hamburg ZIP 1984, 1226, 1227; OLG Hamm ZIP 1989, 505, 507; OLG Stuttgart ZIP 1988, 1335, 1336; *Staub/C. Schäfer* § 139 HGB RdNr. 59; *Muscheler* (Fn. 290) S. 474 ff.; *Marotzke* JZ 1986, 457, 460; *K. Schmidt* GesR § 45 V 7 b; *Ulmer* NJW 1990, 73, 75; 4. Aufl. § 2205 RdNr. 34.

[314] So auch 4. Aufl. § 2005 RdNr. 34, 47; *Soergel/Hadding/Kießling* § 727 RdNr. 52. Nachweise zur Rspr. in Fn. 313.

[315] So im Grundsatz bereits *Holch* DNotZ 1958, 282, 299: Vgl. näher *Ulmer* NJW 1990, 73, 76; zust. *Brandner* (Fn. 291) S. 37, 48; 4. Aufl. § 2205 RdNr. 34; MünchKommHGB/*K. Schmidt* § 177 RdNr. 27; tendenziell auch BGHZ 68, 225, 241 = NJW 1977, 1339. AA OLG Hamburg ZIP 1984, 1226, 1228; *Soergel/Hadding/Kießling* § 727 RdNr. 52; *Faust* DB 2002, 194; *Muscheler* (Fn. 290) S. 475; Nachweise zum älteren Schrifttum in 2. Aufl. RdNr. 87 Fn. 213.

[316] AA tendenziell *Stimpel*, FS Brandner, 1996, S. 779, 781.

[317] So auch *Soegel/Damrau* § 2205 RdNr. 30; *Staub/C. Schäfer* § 139 HGB RdNr. 59; tendenziell auch *Erman/Westermann* § 727 RdNr. 10; aA OLG Hamburg ZIP 1984, 1226, 1228; *Soergel/Hadding/Kießling* § 727 RdNr. 51; *Faust* DB 2002, 194; *Stimpel*, FS Brandner, 1996, S. 779, 781.

[318] Dem folgend 4. Aufl. § 2205 RdNr. 29 *(Zimmermann)*.

[319] So BGH NJW 1996, 1254, 1256 (IV. Senat); hierauf beschränkt auch *Soergel/Hadding/Kießling* § 727 RdNr. 55.

[320] HM, vgl. nur *Staub/C. Schäfer* § 139 HGB RdNr. 60.

mentsvollstreckers, selbst wenn ihm der Zugriff auf die Verwaltung des Anteils aus Haftungsgründen versagt bleibt. Für das *Entnahmerecht* gilt das mit Rücksicht auf die Begrenzung in § 2206 Abs. 1 nur insoweit, als die Entnahme nicht zum Aufleben der Haftung des Erben persönlich führt, sei es im Innenverhältnis gegenüber der GbR oder auch – wie bei §§ 171 Abs. 1, 172 Abs. 4 HGB – gegenüber den Gesellschaftsgläubigern; für ein gewinnunabhängiges Entnahmerecht ist schon deshalb kein Raum. Über die mit dem Anteil verbundenen Vermögensrechte hinaus wird man – in den Grenzen des im Gesellschaftsvertrag eröffneten Verfügungsrechts der Gesellschafter – zu den Befugnissen des Testamentsvollstreckers auch die **Verfügung über den Anteil** als solchen, darunter insbesondere dessen rechtsgeschäftliche Veräußerung, aber auch die Kündigung der Beteiligung nach § 725 oder das Betreiben der Auflösung der Gesellschaft, rechnen können, wenn der Testamentsvollstrecker hierauf zur Erfüllung seiner Aufgaben angewiesen ist.[321]

Im Grundsatz unbedenklich ist bei mit Zustimmung der Mitgesellschafter angeordneter **117** Testamentsvollstreckung vorbehaltlich der Haftungsproblematik (RdNr. 114 f.) auch der Übergang der mit dem Anteil verbundenen **Verwaltungsrechte** auf den Testamentsvollstrecker, darunter das Stimmrecht, das Recht auf Teilnahme an der Gesellschafterversammlung sowie das Informations- und Kontrollrecht. Das *Abspaltungsverbot* steht nach zutr., heute wohl schon hM angesichts der (Mit-)Berechtigung des Testamentsvollstreckers an dem zum Nachlass gehörenden Gesellschaftsanteil nicht entgegen.[322] Soweit dem Testamentsvollstrecker diese Rechte zugeordnet sind, ist der Gesellschafter/Erbe gehindert, sie konkurrierend mit ihm oder an dessen Stelle auszuüben, wenn der Testamentsvollstrecker ihn hierzu nicht besonders ermächtigt; eine Ausnahme ist nur für das unentziehbare Kontrollrecht nach § 716 Abs. 2 zu machen.[323] Den weitreichenden Befugnissen des Testamentsvollstreckers innerhalb der Gesellschaft entspricht es dann freilich auch, ihn hinsichtlich der *Treupflicht* einem Gesellschafter gleichzustellen.[324] Die Mitgesellschafter sind dadurch bei treuwidrigem Verhalten des Testamentsvollstreckers nicht auf ein Vorgehen gegen den Gesellschafter/Erben beschränkt, sondern können unmittelbar gegen den Testamentsvollstrecker klagen, sei es auf Zustimmung zu im Gesellschaftsinteresse dringend gebotenen Gesellschafterbeschlüssen oder auf Feststellung der Unbeachtlichkeit einer treuwidrigen Stimmabgabe.[325]

Die Befugnis des Testamentsvollstreckers zur Wahrnehmung der mit dem Anteil verbun- **118** denen Verwaltungsrechte bezieht sich nach zutr. Ansicht auch auf das Recht zur **Geschäftsführung und Vertretung der GbR**.[326] Soweit es um den Aspekt des Abspaltungsverbots geht, greifen die Bedenken gegen die Bejahung dieser Befugnis des Testamentsvollstreckers aus den in RdNr. 117 genannten Gründen nicht durch. Entsprechendes gilt aber auch mit Blick auf den Grundsatz der *Selbstorganschaft* (§ 709 RdNr. 5) und den ihm zu Grunde liegenden Gedanken der Einheit von Herrschaft und Haftung.[327] Auch wenn man ihn als

---

[321] Vgl. näher *Ulmer* NJW 1990, 73, 79; *Muscheler* (Fn. 290) S. 504 ff.; *Dörrie* (Fn. 290) S. 132 ff., 134; ferner *Brandner*, FS Kellermann, 1991, S. 37, 45; *K. Schmidt* GesR § 45 V 7 c; *D. Mayer* ZIP 1990, 976, 978; in diese Richtung wohl auch BGHZ 108, 187, 198 = NJW 1989, 3152 und BGHZ 98, 48, 57, wo allerdings jeweils nur davon die Rede ist, dass der Gesellschafter-Erbe nicht mehr über den Anteil verfügen kann; vgl. auch *Priester*, FS Stimpel, 1985, S. 463, 473 (für GmbH-Anteil).
[322] BGHZ 108, 187, 199 = NJW 1989, 3152; 4. Aufl. § 2205 RdNr. 37, 48; *Soergel/Hadding/Kießling* § 727 RdNr. 51; *Westermann* Hdb. RdNr. I 1339, 1343; *Dörrie* (Fn. 90) S. 44 ff.; *Muscheler* (Fn. 290) S. 462; *Quack* BB 1989, 2271, 2274; *Raddatz* (Fn. 290) S. 170 ff.; *Rowedder*, FS Goerdeler, 1987, S. 445, 464; *Ulmer* NJW 1990, 73, 78; *Weidlich* (Fn. 290) S. 59 ff.
[323] So auch *Brandner* (Fn. 291) S. 37, 45; *Dörrie* (Fn. 290) S. 132 ff.; *Muscheler* (Fn. 290) S. 504 ff. Vgl. zum Vorbehalt betr. § 716 Abs. 2 auch *Stimpel*, FS Brandner, 1996, S. 779, 796.
[324] *Dörrie* (Fn. 290) S. 103 ff.; *D. Mayer* ZIP 1990, 976, 979; *Raddatz* (Fn. 290) S. 172; *Ulmer* NJW 1990, 73, 81; aA *Faust* DB 2002, 190 f.; *Muscheler* (Fn. 290) S. 527 ff. mwN.
[325] Näher *Ulmer* NJW 1990, 73, 81.
[326] Dagegen *Dörrie* (Fn. 290) S. 43 (rechtsgeschäftlich erteilte Vollmacht erforderlich) und *Hehemann* BB 1995, 1301, 1307; aA (Selbstorganschaft steht der Wahrnehmung der Geschäftsführungsbefugnis nicht entgegen) zu Recht die hM, vgl. *Stimpel*, FS Brandner, 1996, S. 779, 783 f.; 4. Aufl. § 2205 RdNr. 37; MünchKommHGB/*K. Schmidt* § 139 RdNr. 47; *Westermann* Hdb. RdNr. I 1339; im Ergebnis auch *Weidlich* (Fn. 290) S. 124.
[327] Vgl. dazu etwa *Wiedemann* GesR I § 10 III 2.

allgemeines Rechtsprinzip anerkennt, hat er doch nicht das Gewicht, um darauf konkrete Rechtsfolgen wie die Unzulässigkeit der von allen Gesellschaftern akzeptierten Ausübung von Organrechten durch den Testamentsvollstrecker zu stützen, ganz abgesehen von den indirekt auch diesen treffenden Haftungsfolgen fehlerhaften Organhandelns.[328]

119 Nach wie vor umstritten ist, ob das Handeln des Testamentsvollstreckers seine Schranke am **Kernbereich** der Rechte des Gesellschafter/Erben findet.[329] Die besseren Gründe sprechen gegen diese Ansicht.[330] Denn der aus der Anerkennung eines mehrheitsfesten Kernbereichs resultierende Gesellschafterschutz ist der Sache nach ein Recht der Minderheit gegenüber der Mehrheit, das im Verhältnis zwischen Testamentsvollstrecker und Gesellschafter/Erben keine Entsprechung findet.[331] Auch wäre es widersprüchlich, dem Testamentsvollstrecker zwar – in den Grenzen des § 2205 S. 3 – das Recht zur Verfügung über den ganzen Anteil einzuräumen, ihn aber bei weniger weitreichenden Maßnahmen an die Zustimmung des Gesellschafter/Erben zu binden.[332] Daher fällt auch die *Umwandlung* der Personen- in eine Kapitalgesellschaft in den Kompetenzbereich des Testamentsvollstreckers;[333] anderes gilt für das höchstpersönliche Wahlrecht des Gesellschafter/Erben analog § 139 Abs. 1 HGB (vgl. § 727 RdNr. 46 ff.).

120 **Grenzen** bei der Ausübung der Verwaltungsrechte durch den Testamentsvollstrecker ergeben sich allerdings aus **§ 2205 S. 3,** sofern unentgeltliche Verfügungen über den Anteil in Frage stehen. Das ist nicht nur bei Abtretung des Anteils oder beim einvernehmlichen *Ausscheiden* gegen ein nicht vollwertiges bzw. hinter der vertraglichen Abfindungsregelung zurückbleibendes Entgelt der Fall, sondern auch bei der Zustimmung zu *Vertragsänderungen,* die zur Verschlechterung der Rechtsstellung des Gesellschafter/Erben ohne vollwertige Kompensation führen. In derartigen Fällen bedarf es zur vollen Wirksamkeit dieser Maßnahmen der Mitwirkung des betroffenen Gesellschafter/Erben; andernfalls greifen bei Vollzug der Änderung die Grundsätze über fehlerhafte Vertragsänderungen ein (RdNr. 360 ff.).

121 Unter den in RdNr. 115 bezeichneten Voraussetzungen wird die letztwillig angeordnete Testamentsvollstreckung auch dann wirksam, wenn der **Gesellschafter/Erbe schon vor dem Erbfall Gesellschafter** war. Der vererbte Anteil bleibt in diesem Fall trotz grundsätzlicher Einheitlichkeit der Mitgliedschaft als selbstständiger bestehen, solange die Testamentsvollstreckung andauert (RdNr. 64). Er kann daher unabhängig vom Eigenanteil des Gesellschafter/Erben dem Sonderregime der Testamentsvollstreckung unterliegen (RdNr. 63).[334]

---

[328] So zutr. auch *Faust* DB 2002, 194 f. mwN zum Diskussionsstand.

[329] Dafür noch *K. Schmidt* GesR § 45 V 7 c und *Schlegelberger/K. Schmidt* § 139 HGB RdNr. 51 (anders jetzt MünchKommHGB/*K. Schmidt* § 139 RdNr. 51); *Bamberger/Roth/Timm/Schöne* § 717 RdNr. 12; *Hüffer* ZHR 151 (1987), 396, 403; *D. Mayer* ZIP 1990, 976, 978; *Quack* BB 1989, 2271, 2273; *Raddatz* (Fn. 290) S. 173 ff.; *Weidlich* (Fn. 290) S. 46 ff., 69 f.; für die GmbH auch *Priester,* FS Stimpel, 1985, S. 463, 482 ff.; offen lassend BGHZ 108, 187, 198 = NJW 1989, 3152; wohl auch *Westermann* Hdb. RdNr. I 1341 f., 1344. Dagegen 4. Aufl. § 2205 RdNr. 37 *(Zimmermann);* Soergel/Hadding/Kießling § 727 RdNr. 53; Staub/ *C. Schäfer* § 139 HGB RdNr. 62; *Muscheler* (Fn. 290) S. 506 f.; *Brandner,* FS Kellermann, 1991, S. 37, 45; *Lorz,* FS Boujong, 1996, S. 319, 325 ff.; *Rowedder,* FS Goerdeler, 1987, S. 445, 464 f.; *Siegmann* (Fn. 290) S. 240 f.; *Hehemann* BB 1995, 1301, 1309.

[330] An der gegenteiligen Ansicht (*Ulmer* NJW 1990, 73, 79) halte ich nicht fest.

[331] So zutr. insbes. *Muscheler* (Fn. 290) S. 506 f.; *Hehemann* BB 1995, 1301, 1309; *Lorz,* FS Boujong, 1996, S. 330 f.

[332] Zutr. *Muscheler* (Fn. 290) S. 604 f. gegen *Priester,* FS Stimpel, 1985, S. 464 und *D. Mayer* ZIP 1990, 976, 978.

[333] So auch LG Mannheim NZG 1999, 824; *Staudinger/Reimann* (2003) § 2005 RdNr. 147; MünchKommHGB/*K. Schmidt* § 139 RdNr. 51; einschränkend *Westermann* Hdb. RdNr. I 1342.

[334] Ebenso BGHZ 98, 48, 57 = NJW 1986, 2431; BGH NJW 1996, 1284, 1286; MünchKomm-HGB/*K. Schmidt* § 105 HGB RdNr. 78; Staub/*C. Schäfer* § 139 HGB RdNr. 63; *Bippus* AcP 195 (1995), 13, 27 f., 31; *Ulmer* ZHR 167 (2003), 103, 115; offen lassend BGHZ 108, 187, 199 = NJW 1989, 3152 (II. Senat). AA noch BGHZ 24, 106, 113 = NJW 1957, 1026 (II. Senat); *Ulmer* NJW 1990, 73, 76 f.; Staub/ *Schilling* § 177 HGB RdNr. 21. In BGH NJW 1985, 1953, 1954 stellte sich die Frage für den BGH deshalb nicht in gleicher Weise, weil er aus der Sicht der Abspaltungsthese davon ausging, dass ausschließlich die mit dem Anteil verbundenen Vermögensrechte dem Testamentsvollstrecker zugeordnet seien.

ee) Ersatzkonstruktionen. Scheitert die Testamentsvollstreckung am GbR-Anteil an 122 der fehlenden Zustimmung der Mitgesellschafter oder an haftungsrechtlichen Bedenken, so stellt sich die Frage nach Ersatzlösungen, um das vom Erblasser verfolgte Ziel einer Wahrnehmung der Gesellschafterrechte des Nachfolger/Erben durch den Testamentsvollstrecker auf anderem Wege zu erreichen. Genannt werden insbesondere die Treuhand- und die Vollmachtlösung. Sie sind in der Vergangenheit in der Literatur ausführlich behandelt worden.[335] Angesichts des inzwischen eingetretenen Meinungsumschwungs zu Gunsten der grundsätzlichen Zulässigkeit der Testamentsvollstreckung kommt ihnen heute nur noch eingeschränkte Bedeutung zu. Zudem setzen beide grundsätzlich eine Rechtseinräumung durch den Nachfolger/Erben gegenüber dem Testamentsvollstrecker voraus. Zwar kann der Erblasser hierauf durch Erbeinsetzung unter Auflage (§ 1940) oder Bedingung (§§ 2074, 2075) hinwirken. Jedoch erlangt eine solche letztwillige Anordnung mit Rücksicht auf die beschränkte Verpflichtungsbefugnis des Testamentsvollstreckers (§ 2206 Abs. 1) nur dann Wirksamkeit, wenn sie nicht zur unbeschränkten Haftung des Nachfolger/Erben mit seinem Privatvermögen führt.[336]

Die Schranke des § 2206 Abs. 1 hat Konsequenzen vor allem für die **Vollmachtlösung,** 123 dh. die letztwillig angeordnete Verpflichtung des in die Gesellschafterstellung nachrückenden Erben, dem Testamentsvollstrecker eine unwiderrufliche Vollmacht zur Wahrnehmung der mit dem Gesellschaftsanteil verbundenen Rechte zu erteilen. Sie hätte die persönliche Haftung des Nachfolger/Erben mit seinem Privatvermögen zur Folge, wenn der Testamentsvollstrecker rechtsgeschäftlich als Vertreter des Erben auftritt, und würde überdies dessen akzessorische Haftung als Gesellschafter für die Verbindlichkeiten der GbR begründen. Eine erbrechtliche Verfügung, die den Erben zu einer solchen unbeschränkten Vollmacht anhalten soll,[337] ist daher unwirksam.[338] Bedenkt man überdies, dass die Vollmachtlösung auch nur mit entsprechender Zustimmung der Mitgesellschafter durchsetzbar wäre,[339] wird man sie insgesamt als überholt betrachten müssen, da in den Fällen, in denen die Testamentsvollstreckung an der fehlenden Zustimmung der Mitgesellschafter scheitert, auch die Vollmachtlösung keine Abhilfe bringt.

Anderes gilt im Ausgangspunkt für die **Vollrechts-Treuhand,** weil bei ihr die Gefahr 124 einer persönlichen Haftung des Nachfolger/Erben nicht besteht. Da zu ihrer Realisierung der Anteil vom Nachfolger/Erben auf den Testamentsvollstrecker als Treuhänder zu übertragen ist,[340] erlangt dieser nach außen die volle Gesellschafterstellung mit der Folge, dass er seinerseits für die Gesellschaftsverbindlichkeiten mit seinem Privatvermögen haftet. Auch bedarf die Treuhandlösung der Zustimmung der Mitgesellschafter.[341] Schon deshalb steht diese Lösung unter erheblichen praktischen Vorbehalten, da ernsthaft wohl nur Personen, die selbst bereits Gesellschafter sind und daher der akzessorischen Haftung unterliegen, zur Übernahme der Treuhänderstellung bereit sein werden.[342] Das Haftungsrisiko des Testamentvollstrecker/Treuhänders verschärft sich zudem weiter dadurch, dass er Gefahr läuft,

---

[335] Vgl. 4. Aufl. § 2205 RdNr. 24 ff.; *Soergel/Damrau* § 2205 RdNr. 33 ff.; *Staudinger/Reimann* (2003) § 2205 RdNr. 80 ff.; *Ulmer* Großkomm. zum HGB § 139 Anm. 76 ff. und ZHR 146 (1982), 555, 569 ff.; MünchKommHGB/*K. Schmidt* § 177 RdNr. 38 ff.; *Westermann* Hdb. RdNr. I 1345.

[336] Ebenso 4. Aufl. § 2205 RdNr. 26; *Brandner,* FS Stimpel, 1996, S. 991, 1001 f.; *Dörrie* (Fn. 290) S. 175 ff.

[337] Zu denken ist an Gestaltungen, die den Erben durch aufschiebend bedingte Erbeinsetzung oder durch Auflage entweder zur Erteilung einer unwiderruflichen Bevollmächtigung des Testamentsvollstreckers zwingen oder aber zu einer zwar widerruflichen Bevollmächtigung, wobei jedoch der Widerruf zur auflösenden Bedingung der Erbeinsetzung gemacht wird, vgl. dazu *Dörrie* (Fn. 290) S. 172 f.

[338] Ebenso auch *Stimpel,* FS Brandner, 1996, S. 779, 788 f.

[339] Vgl. 4. Aufl. § 2205 RdNr. 38; *Ulmer* ZHR 146 (1982), 555, 570; aA anscheinend *Schmitz* ZGR 1988, 140, 161. Zur Frage, ob eine Nachfolgeklausel im Gesellschaftsvertrag als Zustimmung gewertet werden kann, vgl. RdNr. 115.

[340] Zur Vollrechts-Treuhand eingehend *Dauner-Lieb,* Unternehmen in Sondervermögen, 1998, S. 282 ff.; zur Treuhand an Gesellschaftsanteilen vgl. auch 4. Aufl. § 2205 RdNr. 27; *Soergel/Damrau* § 2205 RdNr. 34; *Westermann* Hdb. Rn. I 1345.

[341] Vgl. die Nachweise in Fn. 339 sowie MünchKommHGB/*K. Schmidt* § 177 RdNr. 39.

[342] Vgl. *Dörrie* (Fn. 290) S. 183 mN entsprechender Vorschläge.

§ 705 125–127   Abschnitt 8. Titel 16. Gesellschaft

nicht in vollem Umfang beim Erben Regress nehmen zu können. Geht man nämlich davon aus, dass im Verhältnis zwischen Erben/Treugeber und Testamentsvollstrecker/Treuhänder die §§ 2205 ff. (analog) gelten[343] und dass demgemäß der Regressanspruch des Treuhänders wegen persönlicher Inanspruchnahme auf §§ 2218, 670 beruht, so ist dieser Regressanspruch nach zutr. Ansicht als Nachlassverbindlichkeit einzustufen mit der Folge, dass der Erbe/Treugeber hierfür nicht mit seinem Privatvermögen haftet. Im Ergebnis bietet somit auch die Treuhandlösung keinen befriedigenden Ersatz für eine – aus sonstigen Gründen unzulässige – Testamentsvollstreckung.

125   **d) Insolvenz, Nachlassverwaltung.** Die Eröffnung des **Insolvenzverfahrens** über das (Privat-)Vermögen eines **Gesellschafters** führt nach § 728 Abs. 2 zur Auflösung der Gesellschaft, wenn der Gesellschaftsvertrag keine Fortsetzungsklausel (§ 736 Abs. 1) enthält. Im Falle der *Auflösung* fällt der Anteil an der Liquidationsgesellschaft in die Insolvenzmasse (§ 35 InsO); die damit verbundenen Verwaltungs- und Vermögensrechte stehen grundsätzlich dem Insolvenzverwalter zu.[344] Kommt es dagegen nach § 736 Abs. 1 zur *Fortsetzung* der Gesellschaft unter Ausscheiden des Gemeinschuldners, so wird der Abfindungsanspruch (§ 738) Massegegenstand und ist vom Insolvenzverwalter einzuziehen.

126   Für **Nachlassverwaltung** und **Nachlassinsolvenz** (§ 1975) ist im Grundsatz an die Ausführungen über die Testamentsvollstreckung anzuknüpfen (RdNr. 115 ff.). Angesichts der Nachlasszugehörigkeit trotz Sondervererbung wird der Anteil auch von der Anordnung von Nachlassverwaltung oder der Eröffnung des Nachlassinsolvenzverfahrens erfasst. Indessen führt das selbst im Fall der **Nachlassinsolvenz** nicht ohne weiteres dazu, dass die Gesellschaft aufgelöst wird oder der Gesellschafter/Erbe aus der Gesellschaft ausscheidet.[345] Die auf die Gesellschafterinsolvenz bezogenen Vorschriften der §§ 728, 736 Abs. 1 sind angesichts der fortbestehenden Zahlungsfähigkeit des Gesellschafters/Erben und der ihm dadurch zu Gebote stehenden Möglichkeit, den Gesellschaftsanteil durch Zahlung mit Mitteln seines Privatvermögens aus der Insolvenzmasse auszulösen, nicht einschlägig.[346] Der Nachlassinsolvenzverwalter kann aber – über § 725 – den Anteil kündigen und den Abfindungsanspruch geltend machen.

127   Für die **Nachlassverwaltung** stellt sich die Frage der Auflösung ohnehin nicht, solange der Nachlassverwalter nicht von dem ihm analog § 725 zustehenden Kündigungsrecht (§ 725 RdNr. 4) Gebrauch macht. Allerdings beschränken sich die Befugnisse des Nachlassverwalters jeweils auf die Wahrnehmung der mit dem Anteil verbundenen *Vermögensrechte* einschließlich des Kündigungsrechts entsprechend § 725.[347] Die Verwaltungsrechte bleiben im Unterschied zum Fall der Testamentsvollstreckung (RdNr. 117 f.) seinem Zugriff schon deshalb entzogen, weil es insoweit in aller Regel an der Zustimmung der Mitgesellschafter fehlen wird und eine solche selbst bei Übertragbarkeit der Anteile nicht zu vermuten ist. Im Übrigen ist der Verwalter entsprechend seiner auf die Abwicklung des Nachlassvermögens im Gläubigerinteresse beschränkten Funktion auf die Verwaltungsrechte auch nicht angewiesen. Soweit es um die Wahrnehmung der Vermögensrechte durch den Nachlassverwalter

---

[343] So zutr. *Rob. Fischer* in Großkomm. zum HGB § 105 Anm. 28 c; *Staub/C. Schäfer* § 139 HGB RdNr. 66; *Soergel/Damrau* § 2205 RdNr. 24; *Dörrie* (Fn. 290) S. 184; im Ergebnis auch § 2205 RdNr. 28; aA *Wiedemann* (Fn. 160) S. 343 f.
[344] § 728 RdNr. 38; für die OHG vgl. § 146 Abs. 3 HGB, dazu *Staub/C. Schäfer* § 131 HGB RdNr. 92; *Staub/Habersack* HGB § 146 RdNr. 44.
[345] So zutr. BGH DB 2002, 2526 sowie zuvor schon BGHZ 91, 132, 135 f., 138 = NJW 1984, 2104 (allerdings in erster Linie mit der Begründung, dass nur die Vermögensrechte in den Nachlass fallen); *Stodolkowitz*, FS Kellermann, 1991, S. 439, 454; *Flume* NJW 1988, 161, 162. So im Ergebnis schon *Ulmer*, FS Schilling, 1973, S. 79, 98 f.; aA MünchKommHGB/*K. Schmidt* § 131 RdNr. 73; *Baumbach/Hopt* § 131 HGB RdNr. 22; *K. Schmidt*, FS Uhlenbruck, 2000, S. 655 ff. Vgl. dazu § 728 RdNr. 35 mwN.
[346] Ebenso BGHZ 91, 132, 138 f. = NJW 1984, 2104 und *Stodolkowitz*, FS Kellermann, 1991, S. 439, 454; vgl. auch *Staub/C. Schäfer* § 131 HGB RdNr. 89; *Ulmer/Schäfer* ZHR 160 (1996), 413, 438 und die Nachweise in Fn. 345.
[347] BGHZ 47, 293, 296 = NJW 1967, 1961 f.; BGHZ 91, 132, 136 = NJW 1984, 2104; BayObLG NJW-RR 1991, 361 f.; MünchKommHGB/*K. Schmidt* § 139 RdNr. 55; *Westermann* Hdb. RdNr. II 1346. Näher *Kick*, Die Haftung des Erben eines Personenhandelsgesellschafters, 1997, S. 143 ff.

geht, ist diese, wie auch bei der Testamentsvollstreckung (RdNr. 116), ohne Zustimmung der Mitgesellschafter zulässig.

III. Der Inhalt des Gesellschaftsvertrags

1. Überblick. a) Notwendige Vertragsbestandteile. Der Vertrag über die Gründung einer GbR muss mindestens Regelungen über die beiden zentralen, in § 705 genannten Tatbestandsmerkmale enthalten: den gemeinsamen Zweck und die Art seiner Verwirklichung, dh. den Gegenstand und Inhalt der vertraglichen Förderpflichten der Parteien. Der **gemeinsame Zweck** (RdNr. 142 ff.) bildet als das *gemeinschaftsrechtliche* Element das charakteristische Merkmal der Gesellschaft und grenzt sie von sonstigen vertraglichen Schuldverhältnissen, darunter namentlich Austauschverträgen, ab; die vertragliche Einigung hierüber steht notwendig am Beginn jeder gesellschaftsrechtlichen Zusammenarbeit. Demgegenüber enthalten die Abreden über die **Förderpflichten** der Parteien, insbesondere über die Leistung von Beiträgen (RdNr. 153 f.), in erster Linie das *obligatorische* Element, das die Gesellschaft als vertragliches Schuldverhältnis von der Rechtsgemeinschaft (§ 741) unterscheidet. Zugleich ergänzen sie die Regelung über den gemeinsamen Zweck und konkretisieren die Art und Weise seiner Verwirklichung. Weist der Vertrag in diesem Punkt Lücken auf oder ist er teilunwirksam, so kann gegebenenfalls auch die ergänzende Vertragsauslegung (§ 157) eingreifen.[348]

Sonstige Mindestvoraussetzungen für den Gesellschaftsvertrag **bestehen nicht.** Insbesondere ist es nicht erforderlich, dass die Parteien ihr Rechtsverhältnis ausdrücklich als Gesellschaft bezeichnen oder Vereinbarungen über dessen Rechtsnatur als GbR treffen (RdNr. 22). In Zweifelsfällen, so namentlich bei der Abgrenzung von Gesellschaft und partiarischen Rechtsverhältnissen, enthält die Bezeichnung als Gesellschaft, Darlehen, Miete o. Ä. allerdings zumindest dann einen Hinweis auf das tatsächlich Gewollte, wenn der Vertrag auf Grund rechtlicher Beratung erstellt wurde.[349] Eine sachlich unzutreffende rechtliche Bezeichnung ist jedoch unschädlich; die Möglichkeit der Irrtumsanfechtung begründet sie nur dann, wenn der Parteiwille speziell auf das im Vertrag genannte Rechtsverhältnis gerichtet war.[350]

b) Andere Vereinbarungen. Neben den beiden in RdNr. 128 genannten Bestandteilen finden sich in Gesellschaftsverträgen häufig eine Vielzahl weiterer Regelungen, so über Geschäftsführung und Vertretung, über Rechnungslegung und Gewinnverteilung, über Vertragsdauer und Vertragsänderungen, über Gesellschafterwechsel und Abfindungsansprüche.[351] Nötig sind derartige Vereinbarungen freilich nicht. Fehlen sie, so greifen die dispositiven Vorschriften der §§ 706 bis 740 ein, soweit die Vertragsauslegung nicht zu der Feststellung führt, dass die Parteien übereinstimmend von anderen Regelungsinhalten ausgegangen sind oder solche bei Kenntnis des dispositiven Rechts vereinbart hätten. Abweichungen vom dispositiven Recht, ja selbst von den vertraglich getroffenen Vereinbarungen, können sich auch aus einer entsprechenden, vom Änderungswillen aller Beteiligten getragenen tatsächlichen Übung ergeben (RdNr. 26, 56).

Die für das Recht der *Kapitalgesellschaften* wesentliche Frage, ob die für das Gesellschaftsverhältnis getroffenen Vereinbarungen vollständig in die Satzung der AG oder GmbH aufgenommen sind,[352] ist für das Personengesellschaftsrecht angesichts seiner schuldvertraglichen Grundlage und angesichts des Fehlens bestimmter Formerfordernisse grundsätzlich

---

[348] Zur Unanwendbarkeit der Auslegungsregel des § 154 Abs. 1 beim Vollzug einer lückenhaften Einigung vgl. RdNr. 29, zur Behandlung formnichtiger Einlageversprechen RdNr. 40.
[349] Vgl. auch BGH WM 1966, 188, 190.
[350] So etwa bei einer als KG geplanten GbR (vgl. RdNr. 21).
[351] Vgl. dazu näher die Vertragsmuster für die GbR, darunter *Blaum* in Beck'sches Formularbuch zum Bürgerlichen, Handels- und Wirtschaftsrecht, 9. Aufl. 2006, S. 1283 ff.; *Marsch-Barner* in Münchener Vertragshandbuch, Bd. 1, Gesellschaftsrecht, 6. Aufl. 2005, S. 1 ff.
[352] Näher hierzu für das GmbH-Recht *Ulmer* in: Ulmer/Winter/Habersack § 3 GmbHG RdNr. 36 ff., 112 ff. mwN.

ohne Bedeutung. So können einerseits **Teile des Gesellschaftsvertrags auf mündlicher oder konkludenter Abrede beruhen,** auch wenn der Vertrag im Übrigen schriftlich niedergelegt ist.[353] Formlos mit Bindungswillen vereinbarte Abreden verpflichten die Gesellschafter und deren Rechtsnachfolger grundsätzlich in gleicher Weise wie die in die Vertragsurkunde aufgenommenen Vereinbarungen. Und ebenso ist es andererseits möglich, mit dem Gesellschaftsvertrag in derselben Urkunde den Abschluss eines sonstigen Vertrags zwischen denselben Parteien zu verbinden oder Elemente des Gesellschaftsvertrags mit denjenigen eines oder mehrerer sonstiger Vertragstypen zu mischen. Zur Behandlung derartiger kombinierter oder gemischter Verträge vgl. Vor § 705 RdNr. 113 ff.

132 **2. Vertragsfreiheit und Inhaltskontrolle. a) Schranken der Vertragsfreiheit. aa) Allgemeines.** Die Vertragsfreiheit ist für das Recht der GbR in besonders weitgehendem Maße maßgebend. So enthalten die §§ 705 bis 740 für das **Außenverhältnis** im Unterschied zur OHG und KG keine zwingenden Schranken. Den Gesellschaftern ist sogar die Entscheidung darüber überlassen, ob sie überhaupt – dann freilich nach neuerer höchstrichterlicher Rechtsprechung regelmäßig mit Haftungsfolgen für alle Gesellschafter[354] – im Rechtsverkehr gemeinsam in Erscheinung treten oder aber sich auf eine bloße Innengesellschaft beschränken wollen (RdNr. 275 ff.). Unzulässig ist es allerdings, die Rechte von Gesellschaftergläubigern durch vertraglichen Ausschluss oder einseitige Beschränkung des Abfindungsanspruchs im Fall der §§ 725, 728 zu verkürzen (§ 738 RdNr. 47 f.).

133 Der Grundsatz der Vertragsfreiheit gilt weitgehend auch für das **Innenverhältnis.** Ausdrückliche **gesellschaftsrechtliche Schranken** finden sich insoweit nur einerseits in §§ 716 Abs. 2, 723 Abs. 3, 724. Sie betreffen die Einschränkung der Kontrollrechte sowie des Kündigungsrechts der Gesellschafter (vgl. § 716 RdNr. 18 f.; § 723 RdNr. 50 ff.). Andererseits ist für die Vertragsgestaltung das auf § 717 S. 1 gestützte Abspaltungsverbot zu beachten. Es trägt dem auf persönlicher Grundlage beruhenden Zusammenschluss der Beteiligten zu einer GbR Rechnung und steht der Einräumung von unübertragbaren Verwaltungsrechten an Dritte entgegen.[355] Schließlich sind ungeschriebene gesellschaftsrechtliche Schranken der Vertragsfreiheit zu beachten, soweit es um die Vereinbarung unangemessener, die Kündigungsfreiheit wesentlich einschränkender Abfindungsklauseln geht oder um ein nicht an sachlich berechtigte Gründe geknüpftes, in den Kernbereich der Mitgliedschaft eingreifendes Ausschließungsrecht eines Teils der Gesellschafter gegenüber den Mitgesellschaftern.[356]

134 **bb) § 138 Abs. 1.** Unter den nach allgemeinem Vertragsrecht bestehenden Schranken ist namentlich diejenige des § 138 Abs. 1 zu beachten. Sittenwidrig kann danach zum einen der verfolgte **Gesellschaftszweck** sein; das gilt etwa bei dessen Unvereinbarkeit mit dem im GG verankerten Wertesystem oder bei grundlegenden Verstößen gegen sonstige, der Rechtsordnung immanente rechtsethische Werte und Prinzipien.[357] Zum anderen kann der Vorwurf der Sittenwidrigkeit auch auf einer **groben Ungleichbehandlung der Gesellschafter** unter Ausnutzung der wirtschaftlichen Vormachtstellung des einen oder des Ver-

---

[353] Zur Wirksamkeit von *Vertragsänderungen* bei Nichteinhaltung gewillkürter Schriftform vgl. RdNr. 49 ff.
[354] Vgl. BGHZ 142, 315, 318 ff. = NJW 1999, 3483; BGHZ 146, 341, 358 = NJW 2001, 1056; näher dazu § 714 RdNr. 5, 35 ff.
[355] Zum Abspaltungsverbot vgl. § 717 RdNr. 7 f. Es greift nach zutr. neuerer Ansicht nur ein, wenn der begünstigte Dritte nicht in einer besonderen, im Einvernehmen mit den Mitgesellschaftern begründeten Rechtsbeziehung (Treuhand, Nießbrauch, Testamentsvollstreckung) zum betroffenen Gesellschafter steht (RdNr. 91, 96, 117).
[356] Str., vgl. näher § 738 RdNr. 44 ff. (Grenzen zulässiger Abfindungsklauseln), § 737 RdNr. 17 ff. (Ausschließung ohne wichtigen Grund) mN.
[357] Die Rspr. hält sich mit dem Sittenwidrigkeitsvorwurf gegenüber dem Gesellschaftszweck deutlich zurück und lässt dabei namentlich die Motive für die Eingehung der Gesellschaft und die konkrete Art und Weise der Zweckverwirklichung außer Betracht (vgl. nur BGH LM § 138 (Cd) Nr. 18 = NJW 1970, 1540, 1541; WM 1974, 749, 750; 1976, 1027, 1028; NJW 1982, 877, 879). Grds. zum Wertmaßstab der Sittenwidrigkeit in § 138 Abs. 1 vgl. § 138 RdNr. 11 ff.; *Soergel/Hefermehl* § 138 RdNr. 2; *Palandt/Heinrichs* § 138 RdNr. 2 ff.

trauens und der Unerfahrenheit des anderen Teils beruhen, so bei grobem Missverhältnis zwischen dem tatsächlichen Wert der Einlagen und den hierfür vereinbarten Wertansätzen[358] oder bei entsprechend unterschiedlicher, durch keine Sachgründe bedingter Abrede über die Gewinnverteilung (zur Zulässigkeit eines einvernehmlich vereinbarten Ausschlusses der Gewinnbeteiligung eines Gesellschafters vgl. aber RdNr. 149 ff., zum – verzichtbaren – Gleichbehandlungsgrundsatz RdNr. 244 ff.). Einen dritten Bereich sittenwidriger Vereinbarungen bilden Klauseln, die einen Teil der Gesellschafter praktisch rechtlos stellen oder unvertretbaren, einer Knebelung gleichkommenden Bedingungen unterwerfen;[359] der danach zu respektierende Mindestbestand an Gesellschafterrechten wird meist mit dem Begriff des **unverzichtbaren Kernbereichs** umschrieben.[360]

Nicht unter diese durch § 138 garantierte Kernbereichsgrenze fallen **Mehrheitsklauseln** zur Änderung des Gesellschaftsvertrags. Sie bedürfen freilich, wenn sie sich auf die Änderung zentraler, zum Kernbereich gehörender Mitgliedschaftsrechte erstrecken sollen, als vorweggenommene Zustimmung der Minderheit einer hinreichenden Konkretisierung im Gesellschaftsvertrag (vgl. § 709 RdNr. 91 f.). Auch ist das Ergebnis solcher Mehrheitsbeschlüsse über die Schranken hinaus, die sich aus dem Gleichbehandlungsgebot und der Treupflicht für die Ausübung der Mehrheitsherrschaft ergeben (RdNr. 137, 251), je nach Lage des Falles an § 138 zu messen. Die Sittenwidrigkeit einzelner Vertragsklauseln lässt entgegen § 139 die Wirksamkeit des Restvertrages meist unberührt (RdNr. 53). Zu weiteren Schranken der Vertragsfreiheit, darunter namentlich zur Nichtigkeit wegen Verstoßes gegen ein gesetzliches Verbot (§ 134), sowie zu den Rechtsfolgen fehlerhafter Verträge vgl. RdNr. 333 f., 342 ff.

cc) Bewegliche Schranken.[361] Von den vorstehenden, zur Nichtigkeit der betroffenen Vereinbarungen führenden festen Schranken der Vertragsfreiheit strikt zu unterscheiden sind die der *Rechtsausübung* gesetzten Grenzen der Gesellschafterautonomie. Bei ihnen geht es um allgemeine gesellschaftsrechtliche Grundsätze, die der Mehrheitsherrschaft in der GbR zum Schutz der Minderheit oder einzelner Gesellschafter Schranken setzen.[362] Sie sind sowohl für die **Auslegung** des Vertrages als auch für die **Ausübung** der darin vorgesehenen, als solche grundsätzlich wirksamen *Rechte und Befugnisse* der Gesellschafter zu beachten.

Im Einzelnen gehört zu diesen beweglichen Schranken erstens der sog. **Bestimmtheitsgrundsatz** bzw. dessen Fortentwicklung im Rahmen der **Kernbereichslehre**. Entgegen der früheren Rechtsprechung ist er zwar nicht allgemein bei der Auslegung von auf Vertragsänderungen gerichteten Mehrheitsklauseln zu beachten, wohl aber insoweit, als es um die Änderung zentraler, den Kernbereich der Mitgliedschaft betreffender Vertragsbestandteile wie Gesellschaftsdauer, Beitragsleistung, Geschäftsführung, Gewinnverteilung und Zusammensetzung des Gesellschafterkreises geht; sie stehen grundsätzlich nur insoweit zur Disposition der Mehrheit, wie dies ausdrücklich und mit der für die Annahme antizipierter Zustimmung gebotenen Eindeutigkeit in der Klausel vorgesehen ist (§ 709 RdNr. 91 f.). Eine zweite bewegliche Schranke enthält der **Gleichbehandlungsgrundsatz**

---

[358] BGH WM 1975, 325 (grob einseitige Einlagebewertung durch einen Mitgesellschafter, der als Rechtsberater und Generalbevollmächtigter des Sacheinlegers mit der Ausgestaltung des Gesellschaftsvertrags betraut war); BGH WM 1998, 1020, 1023 ff. (in concreto verneinend); OLG Schleswig ZIP 2002, 1244, 1245 f. Vgl. auch *Kuhn* WM 1975, 718, 723, mwN.
[359] Vgl. namentlich BGHZ 44, 158, 161 = NJW 1965, 2147 (Entziehung sämtlicher Verwaltungsrechte eines Gesellschafters der OHG trotz Fortbestands der persönlichen Haftung); BGH WM 1985, 772, 773 (Recht eines Gesellschafters zum Ausschluss von Mitgesellschaftern nach freiem Ermessen); zu den Grenzen aus § 138 für Abfindungsbeschränkungen vgl. § 738 RdNr. 45 f.
[360] *Staub/Ulmer* § 109 HGB RdNr. 36 f.; *Staub/Schilling* § 163 HGB RdNr. 6 f.; *K. Schmidt* GesR § 16 III 3 b; *Wiedemann* GesR I § 3 III 1 b und 2 d; *Martens* DB 1973, 1413, 1417 mwN.
[361] Vgl. hierzu namentlich *Zöllner*, Die Schranken mitgliedschaftlicher Stimmrechtsmacht bei den privatrechtlichen Personenverbänden, 1963, S. 287 ff.; *H. P. Westermann* AcP 175 (1975), 375, 415 f.; *ders.*, Vertragsfreiheit und Typengesetzlichkeit im Recht der Personengesellschaften, 1970, insbes. S. 157 ff.; ferner *Wiedemann* GesR I § 8 II, S. 424 ff.; *K. Schmidt* GesR § 5 III § 21 II 3; *Bamberger/Roth/Timm/Schöne* RdNr. 77 f.; *Staudinger/Habermeier* RdNr. 14; *Soergel/Hadding* RdNr. 34; *Roitzsch*, Minderheitenschutz im Verbandsrecht, 1981, S. 40 ff., 173 ff.
[362] Vgl. näher *M. Winter*, Mitgliedschaftliche Treubindungen im GmbH-Recht, 1988, S. 135 ff.

(RdNr. 244 ff.). Er ist ebenfalls vor allem bei Mehrheitsbeschlüssen zu beachten und steht der Veränderung, insbesondere der Verschlechterung der Rechtsposition einzelner Gesellschafter entgegen, soweit sie ohne deren Zustimmung von der Mehrheit beschlossen wird (RdNr. 251 f.). Die dritte und wichtigste Schranke bildet schließlich die gesellschaftsrechtliche **Treupflicht** (RdNr. 221 ff.). Sie macht die Wirksamkeit der Rechtsausübung im Einzelfall in wesentlich stärkerem Maß als bei Austauschverträgen oder sonstigen Dauerschuldverhältnissen davon abhängig, dass dabei auch die Interessen des oder der betroffenen Mitgesellschafter bedacht werden. Zwar sind die Gesellschafter außerhalb von Geschäftsführungsmaßnahmen im Grundsatz nicht gehindert, bei Wahrnehmung ihrer Gesellschafterrechte eigene Interessen zu verfolgen. Die Rechtsausübung steht aber umso stärker unter dem Vorbehalt der Treupflicht, je größer der daraus für Gesellschaft und Mitgesellschafter drohende Nachteil ist und je eher dem einzelnen Gesellschafter die Rücksichtnahme auf die Belange der Gesamtheit bei der Verfolgung seiner Interessen zuzumuten ist (RdNr. 231). Zur Ausübungskontrolle bei aus nachträglicher Sicht inhaltlich unangemessenen Abfindungsklauseln vgl. § 738 RdNr. 53 ff.

138   **dd) Grenzen atypischer Gestaltung?** Neben diesen teils festen, teils beweglichen Schranken von Vertragsfreiheit und Gesellschafterautonomie haben die im Recht der OHG und KG namentlich in den 60er und 70er Jahren vielerörterten Grenzen atypischer Gestaltung[363] für die GbR **keine selbstständige Bedeutung.** Unabhängig davon, ob und welche rechtliche Relevanz der Typuslehre im Gesellschaftsrecht generell zuzuerkennen ist,[364] führt sie für die GbR doch schon wegen des Fehlens gesetzlich ausgeprägter Gesellschaftstypen nicht weiter. Wie die schwer überschaubare Vielfalt der tatsächlichen Erscheinungsformen der GbR zeigt (Vor § 705 RdNr. 36 ff.), kommt dieser Rechtsform gegenüber den entsprechenden handelsrechtlichen Sonderformen OHG und KG in erster Linie eine Auffangfunktion zu. Sie ist einer Typisierung nach Art dieser Gesellschaften nicht in entsprechendem Maße zugänglich.

139   **b) Inhaltskontrolle.** Die in den §§ 307 bis 309 (den früheren §§ 9 bis 11 AGBG) geregelte Inhaltskontrolle einseitig vorformulierter Vertragsbestimmungen erstreckt sich nach § 310 Abs. 4 auch dann **nicht** auf Gesellschaftsverträge, wenn diese ausnahmsweise für eine Vielzahl von Verträgen vorformuliert sein und dadurch die Voraussetzungen der AGB-Definition (§ 305 Abs. 1) erfüllen sollten. Der Grund für diese Sonderbehandlung liegt nicht etwa darin, dass die Gefahr eines Missbrauchs der Vertragsfreiheit im Gesellschaftsrecht grundsätzlich ausgeschlossen erscheint, sondern in den besonderen, durch das auf Austauschverträge zugeschnittene AGB-Recht nicht berücksichtigten Anforderungen an die Inhaltskontrolle von Gesellschaftsverträgen. Wo dieser Vorbehalt nicht zutrifft, so namentlich bei zweiseitigen Innengesellschaften im Grenzbereich zu partiarischen Rechtsverhältnissen, sollte man daher unter teleologischer Reduktion der Ausnahmevorschrift des § 310 Abs. 4 zur Einbeziehung typisierter Vertragsklauseln in die AGB-rechtliche Inhaltskontrolle kommen.[365]

140   Auch abgesehen von diesen Sonderfällen ist ein Bedürfnis nach **richterlicher Inhaltskontrolle einseitig vorformulierter Gesellschaftsverträge** nicht ohne weiteres zu ver-

---

[363] Vgl. namentlich *Paulick,* Die eingetragene Genossenschaft als Beispiel gesetzlicher Typenbeschränkung, 1954; *O. Kuhn,* Strohmanngründung bei Kapitalgesellschaften, 1964; *Ott,* Typenzwang und Typenfreiheit im Recht der Personengesellschaft, Diss. Tübingen 1966; *Koller,* Grundfragen einer Typuslehre im Gesellschaftsrecht, 1967. Tendenziell auch *Teichmann,* Gestaltungsfreiheit in Gesellschaftsverträgen, 1970, insbes. S. 127 ff. („Institutionalisierung") und *H. P. Westermann* Vertragsfreiheit (Fn. 361) insbes. S. 123 ff.

[364] Vgl. etwa die krit. Rezensionsabhandlungen von *Schultze-v. Lasaulx* ZGesGenW 21 (1971), 325 ff. und *Duden* ZGR 1973, 360 ff. zu den Monographien von *Teichmann* und *H. P. Westermann;* dazu auch *Flume* I/1 § 13 I, S. 189 ff.; *K. Schmidt* GesR § 5 III 2 m. umfassenden Literaturangaben.

[365] *Ulmer/Brandner/Hensen* § 310 RdNr. 128; so auch *H. Schmidt* ZHR 159 (1995), 734, 742 f.; diff. *Wolf/Horn/Lindacher* § 23 AGBG RdNr. 75; *MünchKommHGB/K. Schmidt* § 230 RdNr. 122 ff.; aA die hM, vgl. BGHZ 127, 176, 182 ff. = NJW 1995, 192; OLG Köln ZIP 1982, 1424, 1428; LG Koblenz ZIP 1982, 165, 166; LG Mannheim ZIP 1982, 558, 559; *Löwe/v. Westphalen/Trinkner* § 23 AGBG Abs. 1 RdNr. 12; *Soergel/Stein* § 23 AGBG RdNr. 9; *Staudinger/Schlosser* (2006) § 310 RdNr. 76; *Erman/Roloff* § 310 RdNr. 27 f.; *Grunewald,* FS Semler, 1993, S. 179, 187 f.

Inhalt des Gesellschaftsvertrags 141 § 705

neinen. Das gilt selbst dann, wenn man die oben genannten Schranken der Vertragsfreiheit und der Rechtsausübung im Gesellschaftsrecht berücksichtigt. Denn während die festen, vor allem auf § 138 Abs. 1 gestützten Schranken nur in Extremfällen eingreifen und zur Nichtigkeit der fraglichen Klauseln führen, beschränkt sich die Bedeutung der beweglichen Ausübungsschranken auf ein Einschreiten im jeweiligen Einzelfall; auch haben sie nur rechtsbegrenzende, nicht auch rechtsbegründende Wirkung. Der BGH[366] hat daher zu Recht und unter Zustimmung im Schrifttum[367] die Grundsätze seiner ursprünglich auf § 242 gestützten richterlichen Inhaltskontrolle auch in Fällen einer sog. **Publikums-KG** mit einer Vielzahl untereinander nicht verbundener Kommanditisten angewandt, deren Gesellschaftsvertrag von den Initiatoren zuvor einseitig vorformuliert und im eigenen Interesse ausgestaltet worden war. Mit dieser Begründung hat er Vertragsklauseln über eine weitgehende Haftungsbeschränkung von Aufsichtsratsmitgliedern und über die kurzfristige Verjährung der gegen sie gerichteten Schadensersatzansprüche für unwirksam erklärt. An diesen Rechtsgrundsätzen hat sich durch die AGB-rechtliche Inhaltskontrolle nichts geändert;[368] sie sind für die Publikums-KG in einer Reihe von Urteilen fortgeführt und zu einer ständigen Rechtsprechung entwickelt worden.[369] Diese greift gegenüber einseitig vorformulierten Verträgen ein, die die Grundlage bilden für den Beitritt zu einer auf eine Vielzahl von Mitgliedern angelegten GbR (vgl. Vor § 705 RdNr. 4).

Über diese Fälle hinaus wird vereinzelt gefordert, auch Verträge von **typischen Per-** 141 **sonengesellschaften** schon dann einer richterlichen Inhaltskontrolle zu unterwerfen, wenn sie (als „Adhäsionsverträge") nicht auf individuell-konkretem Aushandeln der gegenwärtigen Gesellschafter beruhen, sondern auf der **Unterwerfung des** durch rechtsgeschäftlichen Anteilserwerb, Aufnahmevertrag oder erbrechtliche Gesellschafternachfolge zum Mitglied gewordenen **Gesellschafters** unter die schon bestehende Vertragsordnung.[370] Gegenüber einer derartigen Verallgemeinerung ist indes *Vorsicht geboten*. So fehlt es selbst dann, wenn die jetzige Gesellschaftergeneration nicht an der Vertragsgestaltung beteiligt war, bei derartigen Familiengesellschaften regelmäßig an der für den Kontrollbedarf typischen Vorformulierung durch einen Teil der Parteien; der Vertrag war vielmehr zumindest anfänglich meist das *Produkt individuellen Aushandelns* aller Beteiligten. Hinzu kommt das rechtsdogmatische Bedenken, dass dem Rechtsnachfolger grundsätzlich keine weitergehenden Rechte aus der auf ihn übergegangenen Mitgliedschaft erwachsen können, als sie bereits dem Veräußerer oder Erblasser zustanden. Soweit aber Verträge dieser Art im Einzelfall wirklich bewusst zum Nachteil nicht der gegenwärtigen Vertragspartner, sondern später beitretender Gesellschafter ausgestaltet worden sein sollten, liegt die Annahme der Sittenwidrigkeit nach § 138 nahe. Daneben greifen zum Schutz der Gesellschafter auch die sonstigen festen und beweglichen

---

[366] Erstmals BGHZ 64, 238, 241 = NJW 1975, 1318; vgl. dazu die umfassende Zusammenstellung der BGH-Rspr. bei *A. Krieger*, FS Stimpel, 1985, S. 307, 311 ff. Grundlegend zur eingeschränkten Dispositionsfreiheit bei vorformulierter Vertragsgrundlage („Satzungsgesellschaften") *Reuter*, Privatrechtliche Schranken der Perpetuierung von Unternehmen, 1973, insbes. S. 59 f.
[367] *H. P. Westermann* AcP 175 (1975), 375, 408 ff.; *Martens* JZ 1976, 511 ff.; *Schulte* ZGR 1976, 97 ff.; *U. H. Schneider* ZGR 1978, 1, 6 ff.; *Wiedemann* GesR I § 9 III 2, S. 502 f.; aus neuerer Zeit *Fastrich*, Richterliche Inhaltskontrolle im Privatrecht, 1992, S. 124 ff.; *Schlegelberger/Martens* § 161 HGB RdNr. 138 ff. Vgl. auch § 310 RdNr. 81 f. sowie die Kommentierungen des AGB-Rechts von *Ulmer/Brandner/Hensen* § 310 RdNr. 131, 134 f.; *Staudinger/Schlosser* (2006) § 310 RdNr. 82; *Wolf/Horn/Lindacher* § 23 AGBG RdNr. 81 ff. Krit. aber MünchKommHGB/*Grunewald* § 161 RdNr. 116 ff.; *Kraft*, FS Rob. Fischer, 1979, S. 321 ff.; *Lieb* DNotZ 1989, 274, 281; *Zöllner*, FS 100 Jahre GmbHG, 1992, S. 97 ff., 102 ff.; *Hille*, Die Inhaltskontrolle der Gesellschaftsverträge von Publikumsgesellschaften, 1986, S. 40 ff., 65 ff., 103 ff.
[368] *Löwe/v. Westphalen/Trinkner* § 23 AGBG Abs. 1 RdNr. 17; *Ulmer/Brandner/Hensen* § 310 RdNr. 135 f.; *Wolf/Horn/Lindacher* § 23 AGBG RdNr. 81.
[369] Vgl. BGHZ 84, 11, 14 = NJW 1982, 2303; BGHZ 102, 172 = NJW 1988, 969; BGHZ 104, 50 = NJW 1988, 1903; BGH LM § 276 (Ci) Nr. 31 = NJW 1977, 2311; LM AktG § 116 Nr. 2 = NJW 1978, 425; WM 1983, 1407.
[370] *Martens* DB 1973, 413, 419; *Wiedemann*, FS Westermann, 1974, S. 585, 589 f. und *ders.* GesR I § 3 II 3 a, S. 173 f.; Anklänge auch bei *Teichmann* (Fn. 363) S. 112 ff. und *Wolf/Horn/Lindacher* § 23 AGBG RdNr. 86 (unter Hinweis auf die Rspr. zur Hinauskündigung sowie zur Abfindungsbeschränkung, dazu § 737 RdNr. 17 ff.; § 738 RdNr. 44 ff.).

Schranken für Vertragsgestaltung und Mehrheitsherrschaft ein (RdNr. 136 f.). Angesichts der Vielzahl dieser gegen unangemessene Vorgänge in typischen Personengesellschaften gerichteten Schranken sollte sich die richterliche Inhaltskontrolle daher auch künftig auf einseitig vorformulierte, dem Beitritt einer Vielzahl von Gesellschaftern offen stehende Gesellschaftsverträge beschränken.[371]

142 **3. Der gemeinsame Zweck. a) Vorbemerkungen.** Gemeinsamer Zweck und Förderpflicht als die beiden nach § 705 konstitutiven Merkmale des Gesellschaftsvertrags hängen untrennbar zusammen (vgl. RdNr. 128).[372] Die Vergemeinschaftung des Zwecks kommt einerseits darin zum Ausdruck, dass die Gesellschafter als Vertragspartner eine Einigung über bestimmte, gemeinsam zu verfolgende Interessen oder Ziele herbeiführen, um dadurch gemeinsam einen bestimmten Erfolg zu erzielen.[373] Andererseits und vor allem übernehmen sie damit die Verpflichtung, ihr Handeln an diesem Zweck auszurichten und seine Verwirklichung zu fördern. Die getrennte Behandlung der beiden Gesellschaftsmerkmale in der folgenden Darstellung dient ihrer genaueren Analyse, darf über diesen Zusammenhang jedoch nicht hinwegtäuschen.

143 Der gemeinsame Zweck war bis zur GWB-Novelle 1998 konstitutives Merkmal nicht nur des Gesellschaftsvertrags, sondern nach § 1 aF GWB auch des **Kartellvertrags.** Dementsprechend war die Gleichsetzung der beiden Begriffe früher verbreitet; es herrschte die Ansicht vor, der Kartellvertrag sei ein durch seine Ausrichtung auf die Veränderung der Marktverhältnisse qualifizierter Unterfall des Gesellschaftsvertrags.[374] Nachdem im Kartellrecht zunächst schon durch Ausdehnung des § 1 aF GWB auf das „gesellschaftsähnliche Verhältnis" eine gewisse Lockerung eingetreten war[375] und der BGH zu Recht klargestellt hatte, dass der Begriff des „gemeinsamen Zwecks" iS von § 1 aF GWB *eigenständig* unter Berücksichtigung der Zielsetzung des GWB auszulegen sei,[376] zog der Gesetzgeber durch Neufassung des § 1 GWB in der GWB-Novelle 1998 die gebotenen Konsequenzen und ersetzte das Merkmal des Vertrags „zu einem gemeinsamen Zweck" durch dasjenige der Vereinbarungen „zwischen miteinander in Wettbewerb stehenden Unternehmen".[377] Damit entfiel auch die Möglichkeit, aus der Praxis zum Kartellverbot Rückschlüsse auf die Auslegung des § 705 zu ziehen. Das gilt umso mehr für die ab 2005 geltende Fassung des § 1 GWB, die nur noch auf die Wettbewerbsbeschränkung als Vertragsgegenstand abstellt.

144 **b) Arten des Zwecks.** Grundsätzlich kann **jeder erlaubte Zweck** Gegenstand der GbR sein.[378] In Betracht kommen wirtschaftliche, auf den Betrieb eines (nichtkaufmännischen oder freiberuflichen) Erwerbsgeschäfts oder Unternehmens gerichtete sowie vermögensverwaltende Zwecke, aber auch ideelle Zwecke, seien sie wissenschaftlicher, kultureller, politischer oder religiöser Art. Der Zweck kann auf einen materiellen (körperlichen) Erfolg gerichtet sein, etwa auf den Erwerb oder die Herstellung einer Sache; er kann aber

---

[371] So neben den in Fn. 367 angeführten Gegnern der BGH-Rspr. zur Publikums-KG auch *K. Schmidt* GesR § 5 III 4; *Staudinger/Habermeier* RdNr. 15; wohl auch *H. P. Westermann* AcP 175 (1975), 410 ff. AA (für Einbeziehung aller Arten von Gesellschaftsverträgen) *Schulte,* FS Westermann, 1974, S. 525, 535 sowie die Nachweise in Fn. 370.
[372] Näher dazu *U. Lenz,* Personenverbände – Verbandspersonen – Kartellverträge, 1987, S. 51 ff., 61 ff., 71 ff.
[373] Das Erfolgsziel als Teil des gemeinsamen Zwecks betont zutr. *Böhmer* JZ 1994, 982, 984.
[374] BGHZ 31, 105, 110 = NJW 1960, 145 – Gasglühkörper; *Müller-Henneberg,* Gemeinschaftskomm. zum GWB, 3. Aufl. 1972, § 1 RdNr. 35. So auch bereits die hM zu § 1 KartVO 1923, vgl. Nachweise bei *Müller-Henneberg* aaO Vor § 1 GWB RdNr. 1; wN bei *Fikentscher,* FS Westermann, 1974, S. 87, 96 ff.
[375] BGH WuW/E 810, 814 – Zimcofot; OLG Düsseldorf WuW/E OLG 1479 – Schnittblumen-Transport; vgl. auch *Müller-Henneberg* (Fn. 374), 4. Aufl. 1980, § 1 RdNr. 33 mN.
[376] BGHZ 68, 6 = NJW 1977, 806 (Fertigbeton) m. Anm. *Ulmer;* vgl. dazu und zur nicht ganz einheitlichen späteren Rspr. namentlich *Immenga/Mestmäcker* GWB, 2. Aufl. 1992, § 1 RdNr. 148 ff., 152 ff., und *K. Schmidt* ZHR 149 (1985), 1, 14 ff. mwN.
[377] Vgl. dazu näher *Immenga/Mestmäcker/Zimmer* GWB, 3. Aufl. 2001, § 1 RdNr. 164 ff.
[378] Ganz hM; vgl. hierzu und zum Folgenden vor allem *Ballerstedt* JuS 1963, 253 ff. So auch *Soergel/Hadding* RdNr. 35; *Erman/Westermann* RdNr. 30; *Westermann* Hdb. RdNr. I 35 f.; *Bamberger/Roth/Timm/Schöne* RdNr. 63; *Staudinger/Habermeier* RdNr. 18; *Böhmer* JZ 1994, 983 f.

Inhalt des Gesellschaftsvertrags 145–147 § 705

auch der gemeinsamen Ausübung einer (frei-)beruflichen Tätigkeit oder der Herbeiführung eines immateriellen Erfolgs wie einer gemeinsamen Reise oder Theateraufführung dienen.[379] Der verfolgte Zweck kann schließlich ein einmaliger sein wie die Errichtung eines Bauwerks durch eine Arbeitsgemeinschaft,[380] die Platzierung bestimmter Wertpapiere durch ein Konsortium, die Produktion und der Vertrieb eines bestimmten Verlagswerkes[381] oder das Führen eines Prozesses. Er kann aber auch auf Dauer angelegt sein und sein Ende nicht durch Zweckerreichung, sondern durch Zeitablauf oder Kündigung finden (vgl. Vor § 705 RdNr. 87 f.).

Einen zulässigen Gesellschaftszweck bildet auch das **Halten und Verwalten** von beweglichen und unbeweglichen Sachen. Die früher abweichende, zu Recht auf allgemeinen Widerspruch gestoßene Auffassung des OLG Düsseldorf[382] ist seit langem überholt.[383] Dass es sich insoweit um Aufgaben handelt, die zu den regelmäßigen Eigentümerfunktionen gehören und daher auch im Rahmen der schlichten Rechtsgemeinschaft an einer Sache wahrgenommen werden können, steht nicht entgegen. Den gemeinschaftlich an einer Sache Beteiligten ist es vielmehr unbenommen, ihre Beziehung durch Abschluss eines Gesellschaftsvertrags zu einem persönlichen Zusammenschluss mit entsprechenden wechselseitigen Bindungen zu verdichten und sich gegenseitig auf ein dauerhaftes, keinem personellen Wechsel unterworfenes und unter besondere Rechtspflichten gestelltes Zusammenwirken bei Nutzung der Sache festzulegen. Zur Abgrenzung von Gesellschaft und Gemeinschaft vgl. Vor § 705 RdNr. 124 f.

Ihre **Grenze** findet die Autonomie der Gesellschafter bei Bestimmung des gemeinsamen Zwecks einerseits insoweit, als es um die Vereinbarung gesetz- oder sittenwidriger Zwecke geht (RdNr. 134, 333). Andererseits sind die Schranken zu beachten, die sich aus dem Rechtsformzwang für den gemeinsamen Betrieb eines Handelsgewerbes (RdNr. 3) ergeben. Sie schließen es aus, als Zweck der GbR die Ausübung einer kaufmännischen Tätigkeit zu vereinbaren. Ein Rechtsformzwang besteht mit Rücksicht auf das Rechtsinstitut der Ehe schließlich auch für den ausschließlich auf Begründung einer eheähnlichen Lebensgemeinschaft (§ 1353 Abs. 1) gerichteten Zweck (Vor § 705 RdNr. 81).

Von dem Zweck der Gesellschaft iS des gemeinsamen Zwecks der Gesellschafter zu unterscheiden sind die häufig als „Endzweck" bezeichneten, nicht zum Gegenstand der Zweckvereinbarung (RdNr. 148) gemachten **Motive der Parteien** für ihre Beteiligung an der Gesellschaft.[384] Sie wurden früher nicht selten mit dem gemeinsamen Zweck vermengt.

---

[379] Sofern es sich um eine Zweckverfolgung auf rechtsgeschäftlicher Grundlage handelt und nicht lediglich um freund- oder gesellschaftliche Beziehungen außerrechtsgeschäftlicher Art (RdNr. 17 ff.). Rechtsgeschäftliche Förderpflichten bei einer Lotto- und Tippgemeinschaft verneinte BGH LM § 762 Nr. 4 = NJW 1974, 1705; BayObLGSt 1971, 69. Das Vorliegen einer GbR bejaht *Weimar* MDR 1973, 907 für das Verhältnis zwischen den Mitgliedern einer Wohn-Kommune. Zur Rechtsnatur von Theaterbesuchervereinigungen (Idealverein oder Genossenschaft?) vgl. *Marx/Probst* UFITA 72 (1975), 147.
[380] Zur Abgrenzung gegenüber einem Austauschvertrag bei Vereinbarung betr. die Erstellung eines Wohngebäudes mit mehreren Wohneinheiten s. BGH NJW-RR 1991, 1186; dazu noch RdNr. 153 und Fn. 406.
[381] BGH LM § 276 (Hb) Nr. 33 = NJW 1983, 1188.
[382] DNotZ 1973, 91 und BB 1973, 1325. Abl. namentlich *Flume* DB 1973, 2470, *ders.* I/1 § 3 III, S. 45 ff., und *Petzoldt* BB 1973, 1332 unter Hinweis auf die in der Gesellschaftsgründung zum Ausdruck kommende Absicht der Parteien, sich weitergehenden wechselseitigen Bindungen zu unterwerfen als im Rahmen einer Bruchteilsgemeinschaft. So auch die hM, vgl. *Soergel/Hadding* RdNr. 35; *Staudinger/Habermeier* RdNr. 18; *K. Schmidt* AcP 182 (1982), 482 ff., 506 f.; zweifelnd *Erman/Westermann* RdNr. 30; *Bamberger/Roth/Timm/ Schöne* RdNr. 63; einschr. auch OLG Frankfurt NJW-RR 1998, 415, 416.
[383] Vgl. etwa BGH LM § 1353 Nr. 21 = NJW 1982, 170, 171 (Ehegattengesellschaft zum Erwerb und Halten eines Familienheims); BGH NJW-RR 1991, 422 (Verwalten und Bewohnen des einem der Vertragspartner gehörenden Hauses durch mehrere Verwandte). Für Fortbestand der OHG/KG als GbR trotz Verpachtung des Handelsgeschäfts auch BGH BB 1962, 349. Eine Gesellschaft zur Verwaltung von GmbH-Anteilen bejaht BGH WM 1969, 790. Vgl. auch die Nachweise bei *Petzoldt* BB 1975, 905, 908 Fn. 58 zu der von der Ansicht des OLG Düsseldorf abw. Praxis anderer Instanzgerichte.
[384] BGH NJW 1951, 308; BB 1960, 15; *Ballerstedt* JuS 1963, 253, 254 f.; *Fikentscher*, FS Westermann, 1974, S. 94 f. So inzwischen die hM, vgl. *Westermann* Hdb. RdNr. I 37; *H. P. Westermann* ZHR 144 (1980), 232, 238; *Soergel/Hadding* RdNr. 36; *Wiedemann* GesR I § 1 I 1 b, S. 9 f.; wohl auch *Bamberger/Roth/Timm/Schöne* RdNr. 64.

§ 705 148, 149   Abschnitt 8. Titel 16. Gesellschaft

Auch das Begriffspaar der eigennützigen oder uneigennützigen Gesellschaftsbeteiligung umschreibt nicht etwa den gemeinsamen Zweck,[385] sondern den – damit freilich im Regelfall übereinstimmenden – Beweggrund der Beteiligten für die Errichtung der Gesellschaft. Der Zweck eines Zusammenschlusses zur Finanzierung und zum Bau eines Museums, eines Krankenhauses u. a. erschöpft sich in dieser durch die vertraglichen Förderpflichten näher umschriebenen Tätigkeit. Die damit von einigen oder auch allen Beteiligten verfolgte, meist gemeinnützige Absicht verbleibt im Bereich der außervertraglichen Motive.[386] Dass einer der Beteiligten, etwa als Bauunternehmer, mit dem Bau zugleich eigene Interessen verfolgt, steht der Anerkennung des Zusammenschlusses als Gesellschaft daher nicht entgegen.[387] Entsprechendes gilt umgekehrt für das Betreiben eines Unternehmens in Gewinnerzielungsabsicht. Auch hier beschränkt sich der gemeinsame Zweck auf das – erwerbswirtschaftliche – Betreiben des Unternehmens. Die Teilnahme an dem dabei erwirtschafteten Ergebnis ist Motiv für die Gesellschaftsbeteiligung, aber nicht Gegenstand des gemeinsamen Zwecks. Daher schließt auch die altruistische, anderen Gesellschaftern (Kindern u. a.) zugute kommende Motivation eines der Beteiligten dessen Gesellschafterstellung nicht grundsätzlich aus (vgl. auch RdNr. 150 f.).

148   c) **Vergemeinschaftung des Zwecks.** Sie wird durch die vertragliche Festlegung auf die Förderung des mit dem Zusammenschluss verfolgten Zwecks bewirkt und unterscheidet ihn dadurch von bloß gleichgerichteten, nicht zum Gegenstand rechtsgeschäftlicher Bindungen gemachten Interessen der Beteiligten. Dieser vertraglichen **Verschmelzung der Interessen zum gemeinsamen Zweck** der GbR kommt zentrale Bedeutung zu. Sie macht nicht nur, wie die in § 726 vorgesehene Auflösung der Gesellschaft bei Zweckerreichung oder deren Unmöglichkeit zeigt, den Bestand des Vertrages vom Schicksal des gemeinsamen Zwecks abhängig. Vielmehr stellt sie auch die Verwendung der Beiträge und die sonstigen Handlungspflichten der Gesellschafter in seinen Dienst. Durch die Einigung auf den gemeinsamen Zweck werden die gemeinsamen Vorstellungen der Parteien über Grundlage und Ziel des Vertrags, die bei Austauschverträgen zur Geschäftsgrundlage gehören, zum Vertragsinhalt erhoben.[388] Er bildet die *causa* für die von den Gesellschaftern übernommenen Förderpflichten.[389] Dadurch unterscheidet sich die GbR namentlich von den auf Leistungsaustausch angelegten partiarischen Rechtsverhältnissen, auch wenn die Abgrenzung im Einzelfall Schwierigkeiten bereitet (Vor § 705 RdNr. 107 ff.). Dagegen ist das gemeinsame Tragen des mit der Zweckgemeinschaft verbundenen Risikos, insbesondere die **Verlustbeteiligung** im Rahmen eines gemeinsam betriebenen Erwerbsgeschäfts, ebenso wenig wie die Beteiligung am Gewinn (RdNr. 149 f.) ein Wesensmerkmal der Gemeinsamkeit des Zwecks und damit der Gesellschaft;[390] sie kann daher kraft Dispositionsfreiheit der Gesellschafter abbedungen werden.

149   d) **Beteiligung am Gewinn?** Sie wurde früher als entscheidend angesehen für das Vorliegen eines gemeinsamen Zwecks, sei es in Form gleichmäßiger oder doch zumindest eingeschränkter Gewinnbeteiligung.[391] Demgegenüber hängt nach der heute im Schrifttum

---

[385] So aber *Ballerstedt* JuS 1963, 253, 254. Zum Nichtausreichen des abstrakten gemeinsamen Gewinninteresses für die Annahme einer Gesellschaft vgl. auch schon RGZ 73, 286, 287; 95, 147, 149.
[386] Zutr. *Rob. Fischer* in Großkomm. zum HGB § 105 Anm. 9, 9 a; vgl. ferner *Soergel/Hadding* RdNr. 36.
[387] *Böhmer* JZ 1994, 989.
[388] Das zeigt sich namentlich beim Vergleich zwischen partiarischem Rechtsverhältnis, für das die Ausübung einer auf Gewinn gerichteten Tätigkeit durch einen Vertragspartner Geschäftsgrundlage bleibt, und stiller Gesellschaft; vgl. dazu auch Vor § 705 RdNr. 107 ff.
[389] *Ballerstedt* JuS 1963, 253, 254.
[390] Ganz hM, vgl. nur *Soergel/Hadding* RdNr. 36; *Westermann* Hdb. RdNr. I 37. AA *Schulze-Osterloh*, Der gemeinsame Zweck der Personengesellschaften, 1973, S. 25 f., der die Verlustbeteiligung als ausschlaggebend für die Abgrenzung zwischen Gesellschaft und partiarischen Rechtsverhältnissen ansieht. Dem ist jedoch schon wegen § 231 Abs. 2 HGB nicht zu folgen.
[391] Vgl. etwa RGZ 95, 149; RG JW 1925, 2655. Im Schrifttum wurde diese Meinung im Hinblick auf das Merkmal des Gewerbebetriebs früher vor allem für OHG und KG vertreten, vgl. *Wieland*, Handelsrecht I, 1921, S. 462 f.; *Staub/Pinner* HGB, 14. Aufl. 1932/33, § 105 Anm. 4; RGRK/*Weipert*, 2. Aufl. 1950, § 105

Inhalt des Gesellschaftsvertrags 150–152 § 705

ganz hM³⁹² die Anerkennung eines gemeinsamen Zwecks **nicht** von der Gewinnbeteiligung jedes Gesellschafters ab. Dem hat sich inzwischen auch der BGH angeschlossen.³⁹³ Der Annahme einer Gesellschaft steht danach nicht entgegen, dass sich ein Teil der Gesellschafter aus eigennützigen, andere aus uneigennützigen Motiven an ihrer Gründung beteiligen. Verwiesen sei insbesondere auf Fälle, in denen ein Teil der Gesellschafter – etwa der Vater oder die Eltern – auf eine Beteiligung am Gewinn des gemeinsam betriebenen Unternehmens verzichtet, um den Kindern als Mitgesellschaftern den Aufbau einer Existenz zu ermöglichen.³⁹⁴

Stellungnahme. Der von der hM vertretenen Unterscheidung zwischen gemeinsamem 150 Zweck und Gewinnbeteiligung ist aus den in RdNr. 149 genannten Gründen zuzustimmen. Die allseitige **Gewinnbeteiligung** enthält auch dann **kein Wesensmerkmal** der Gesellschaft, wenn der gemeinsame Zweck auf eine erwerbswirtschaftliche Tätigkeit gerichtet ist. Die Grenze zwischen Gesellschaft und unentgeltlicher Zuwendung wird damit nicht etwa verwischt.³⁹⁵ Vielmehr verbleibt es auch für den uneigennützig Beteiligten bei der im Gesellschaftsvertrag übernommenen Förderpflicht; die mit seiner Beteiligung verfolgte Zuwendungsabsicht kann demgegenüber den Gegenstand eines von der Beteiligung an der Gesellschaft zu unterscheidenden Schenkungsversprechens zwischen ihm und den begünstigten Gesellschaftern bilden. Soll sich die Mitwirkung des uneigennützig Beteiligten dagegen auf eine einmalige Leistung im Zuge der Gründung der Gesellschaft beschränken, so ist für die Annahme seiner Mitgliedschaft in der Gesellschaft regelmäßig kein Raum; es handelt sich vielmehr um eine Zuwendung an alle oder einen Teil der Gründer.

Nach diesen Grundsätzen ist auch die sog. **societas leonina** zu beurteilen, bei der ein 151 Teil der Gesellschafter von der Teilnahme am Gewinn ausgeschlossen oder auf einen geringen Gewinnanteil beschränkt ist.³⁹⁶ Wenn derartige Gestaltungen auch außergewöhnlich sind und schon mit Rücksicht auf den Gleichbehandlungsgrundsatz (RdNr. 244 ff.) auf Bedenken stoßen, so scheitert die Annahme einer Gesellschaft doch nicht etwa am Fehlen eines gemeinsamen Zwecks, sofern nur alle Beteiligten entsprechende Förderpflichten (RdNr. 153 f.) übernommen haben.³⁹⁷ Die Eigen- oder Fremdnützigkeit der Beteiligung ist nicht Bestand des gemeinsamen Zwecks, sondern bildet das jeweilige Motiv der Beteiligung (RdNr. 147). Wohl aber kann im Einzelfall, insbesondere bei unfreiwilliger Schlechterstellung eines Teils der Gesellschafter, fraglich sein, ob der Gesellschaftsvertrag nicht wegen einseitiger Ausgestaltung gegen § 138 Abs. 1 verstößt.³⁹⁸

e) Gemeinsame Organisation? Kein Wesensmerkmal des gemeinsamen Zwecks 152 oder der Gesellschaft bildet schließlich die in Rechtsprechung und Literatur wiederholt erwähnte gemeinsame Organisation.³⁹⁹ Das gilt jedenfalls dann, wenn darunter das Vorhan-

---

HGB Anm. 9, § 121 HGB Anm. 12; so auch in neuerer Zeit noch *Ballerstedt* JuS 1963, 253, 255; *Schulze-Osterloh* (Fn. 390) S. 25, 66 sowie die Meinungsübersicht bei *Müller-Gugenberger,* GS Rödig, 1978, S. 274, 277 f. Für zumindest festen Gewinnbetrag als Gesellschaftsvoraussetzung auch *Düringer/Hachenburg/Flechtheim* § 105 HGB Anm. 2.

³⁹² *Soergel/Hadding* RdNr. 36 f.; *Erman/Westermann* RdNr. 32; *Staub/Ulmer* § 105 HGB RdNr. 22; MünchKommHGB/*K. Schmidt* § 105 RdNr. 28; *Heymann/Emmerich* § 105 HGB RdNr. 28; *Westermann* Hdb. RdNr. I 38; *Flume* I/1 § 3 II, S. 44; *Hueck* OHG § 1 I 1 b; *U. Huber* (Fn. 92) S. 296 bis 299; *Teichmann* (Fn. 363) S. 146 f.

³⁹³ BGH NJW 1987, 3124, 3125 (Geschäftsführervergütung genügt als Erfolgsbeteiligung).

³⁹⁴ Vgl. das Beispiel bei *Ballerstedt* JuS 1963, 253, 255; so auch *Böhmer* JZ 1994, 990 (heute ganz hM).

³⁹⁵ Das befürchtete anscheinend *Ballerstedt* JuS 1963, 253, 255.

³⁹⁶ Vgl. dazu auch *Böhmer* JZ 1994, 989; *Westermann* Hdb. RdNr. I 38; *Hingst, Die societas leonina in der europäischen Privatrechtsgeschichte,* 2003.

³⁹⁷ So auch *Hueck* OHG § 1 I 1 b; *Soergel/Hadding* RdNr. 36; *Erman/Westermann* RdNr. 32; *Staudinger/Habermeier* RdNr. 17; *Flume* I/1 § 3 V, S. 48 ff.; aA noch *Ballerstedt* JuS 1963, 253, 255; *Staudinger/Keßler* (12. Aufl.) Vor § 705 RdNr. 179.

³⁹⁸ Zu den danach zu beachtenden Schranken vgl. RdNr. 134; eine grob einseitige Einlagenbewertung wertet BGH WM 1975, 325 als Verstoß gegen § 138 Abs. 1.

³⁹⁹ So aber BGH NJW 1951, 308; OLG München NJW 1968, 1384, 1386; RGRK/*v. Gamm* Vor § 705 RdNr. 1.

§ 705 153–155 Abschnitt 8. Titel 16. Gesellschaft

densein von Gesellschaftsorganen und eines Gesellschaftsvermögens verstanden wird. Derartige Merkmale finden sich zwar bei der typischen Außengesellschaft,[400] nicht aber bei der – von der ganz hM ebenfalls als GbR anerkannten – Innengesellschaft ieS (vgl. RdNr. 282). Die Rechtsprechung scheint den Begriff der gemeinsamen Organisation denn auch nur im Sinne des Vorhandenseins von Kontroll- und Überwachungsrechten der Mitgesellschafter zu verstehen.[401] Insofern ist er aber zumindest missverständlich und bezeichnet im Übrigen nicht etwa eine Voraussetzung, sondern eine Rechtsfolge (§ 716) der GbR. Er sollte daher nicht weiter als GbR-Voraussetzung erwähnt werden.

153 **4. Die Förderpflicht.** Die Pflicht der Gesellschafter zur Förderung des gemeinsamen Zwecks ist notwendiger Gegenstand der mit der Beteiligung an einer GbR begründeten **rechtsgeschäftlichen Bindung.** Keine Gesellschaft liegt daher vor, wenn die Beteiligten entweder keine Förderpflichten übernommen haben[402] oder wenn die in Frage stehenden Pflichten sich nach Art und Ausmaß bereits aus anderen, unabhängig vom Gesellschaftsvertrag zwischen ihnen bestehenden Bindungen ergeben:[403] in diesen Fällen fehlt es an den für die Annahme eines rechtsgeschäftlichen Zusammenschlusses wesentlichen Rechtswirkungen.[404] Die Förderpflicht muss wegen des Charakters des Gesellschaftsvertrags als Dauerschuldverhältnis[405] grundsätzlich eine **dauernde** sein, solange der gemeinsame Zweck verfolgt wird. Erschöpft sich die Bindung für einzelne Beteiligte in einer einmaligen Beitragspflicht, so spricht das gegen eine Gesellschaft und für ein Schenkungs- oder Austauschverhältnis.[406]

154 Als **Gegenstand** der Förderpflicht kommen alle Arten von Handlungen in Betracht; auch vertraglich geschuldete Unterlassungen wie etwa die Übernahme eines Wettbewerbsverbots fallen darunter.[407] Neben der Pflicht zur Leistung von gegenständlichen Beiträgen (s. § 706 RdNr. 3, 10 ff.) sind vor allem Tätigkeitspflichten im Rahmen der Gesellschaft zu nennen.[408] In Betracht kommt daneben auch die mittelbare Förderung durch Stärkung der Kreditgrundlage oder des good will der Gesellschaft als Folge des Gesellschafterbeitritts. Selbst die gesellschaftsrechtliche Treupflicht ist nicht etwa nur eine auf § 242 gestützte, der Unterlassung vertragswidriger Handlungen dienende Nebenpflicht, sondern bildet einen Teil der vertraglich geschuldeten, je nach Lage des Falles selbstständig durchsetzbaren Hauptpflichten (vgl. näher RdNr. 221 ff.). Zur Frage beitragsfreier Beteiligungen vgl. § 706 RdNr. 17.

IV. Die Rechtsnatur des Gesellschaftsvertrags

155 **1. Schuldvertrag.** Grundlage der GbR und zentrale Entstehensvoraussetzung (RdNr. 1) ist der Gesellschaftsvertrag zwischen zwei oder mehr Personen als Gründern und künftigen Mitgliedern der Gesellschaft. Nach *Aufbau und System des BGB* wird er als schuldrechtlicher Vertrag eingeordnet; die Vorschriften der §§ 705 bis 740 bilden einen Titel des Abschnitts „Einzelne Schuldverhältnisse". Vorbehaltlich der organisationsrechtlichen Elemente (RdNr. 158 ff.) zeigt sich in dieser Einteilung der römischrechtliche

---

[400] So auch *Wiedemann* ZGR 1996, 286, 288 ff. unter Differenzierung zwischen „organisierten" und „vertraglichen" Gesellschaften.
[401] So etwa BGH NJW 1951, 308; OLG München NJW 1968, 1384, 1386.
[402] So etwa bei Gefälligkeitsverhältnissen ohne Leistungspflichten (RdNr. 17 ff.).
[403] So namentlich im Verhältnis zwischen Ehegatten oder Miterben; vgl. dazu auch RdNr. 27 f. und Vor § 705 RdNr. 53 ff.; ferner BGH WM 1972, 1122, 1123 (Hausgemeinschaft zwischen Mutter und Sohn).
[404] Dazu grdlg. *v. Tuhr* II 1 S. 161 ff.
[405] Zu der dafür vorausgesetzten dauernden, nicht durch einmalige Leistung zu erfüllenden Pflichtenanspannung vgl. Näheres bei *Ulmer*, Der Vertragshändler, 1969, S. 252 f. mwN; *Oetker*, Das Dauerschuldverhältnis und seine Beendigung, 1994, S. 105 ff.; dazu jetzt auch § 314 nF RdNr. 5 f.
[406] RGZ 77, 223, 227 f. Vgl. auch BGH NJW-RR 1991, 1186, 1187 (Verpflichtung nur eines der Beteiligten zur Bebauung des einem anderen Beteiligten gehörenden und von diesem an den Bauherrn veräußerten Grundstücks; ähnlich OLG München NJW 1968, 1384, 1385 (einseitige Verpflichtung zur Bebauung des gemeinsam zu erwerbenden Grundstücks).
[407] Zutr. *Ballerstedt* JuS 1963, 253.
[408] *Ballerstedt* JuS 1963, 253, 256.

Ursprung der GbR: die societas war ein reines Schuldverhältnis zwischen den Gesellschaftern ohne jede Außenwirkung.[409] Im Erfordernis einer Mindestzahl von zwei Gesellschaftern (RdNr. 60 ff.) und in Form der Innengesellschaft ohne Gesamthandsvermögen (RdNr. 275 ff., 282) lebt sie im Wesentlichen unverändert auch heute noch fort.[410]

Entsprechend der gesetzlichen Systematik sind neben den Bestimmungen der §§ 705 bis 740 grundsätzlich auch die **Vorschriften des allgemeinen Schuldrechts** auf Gesellschaftsverträge anwendbar, soweit nicht die Besonderheiten des Gesellschaftsrechts entgegenstehen.[411] So gelten die Vorschriften der §§ 311 b, 311 c über Inhalt, Form und Umfang bestimmter vertraglicher Leistungsversprechen auch für Einlagevereinbarungen in Gesellschaftsverträgen.[412] Vereinbarungen über noch zu bestimmende Einlageleistungen können nach Maßgabe der §§ 315, 317 im Gesellschaftsvertrag getroffen werden.[413] Die Vorschriften der §§ 241 ff. greifen vorbehaltlich abweichender Vereinbarungen im Gesellschaftsvertrag jedenfalls insoweit ein, als es um die Art (Gegenstand, Ort, Zeit) der Erbringung der Einlageleistung geht.

Die Anwendbarkeit des allgemeinen Schuldrechts auf Gesellschaftsverträge erfährt freilich eine Reihe von **Einschränkungen.** So ist der Verschuldensmaßstab des § 276 durch § 708 modifiziert. Zur Problematik der Rechtsfolgen bei Verzug, Unmöglichkeit und Schlechterfüllung und zur grundsätzlichen Unanwendbarkeit der Vorschriften der §§ 320 bis 326 über den gegenseitigen Vertrag auf Gesellschaftsverträge vgl. RdNr. 163 ff. Gesellschaftsverträge zu Gunsten Dritter (§ 328), die Dritten ohne deren Zutun eine Gesellschafterstellung verschaffen sollen, scheitern im Regelfall daran, dass daraus neben Rechten auch Pflichten aus der Mitgliedschaft erwachsen;[414] derartigen Vereinbarungen steht beim Fehlen einer entsprechenden Ermächtigung durch den Dritten das Verbot von Verträgen zu Lasten Dritter entgegen.[415] Soweit die Regelungen über das Erlöschen der Schuldverhältnisse durch Erfüllung, Erfüllungssurrogate oder Erlass (§§ 362 bis 397) in Frage stehen, ist deren Anwendung typischerweise unvereinbar mit dem Dauerschuldcharakter des Gesellschaftsvertrags (vgl. auch § 314). Gleiches gilt nach Vollzug der Gesellschaft für das Rücktrittsrecht (§§ 346 ff.); an seine Stelle tritt die Kündigung (§ 723). Zur Anwendbarkeit der Vorschriften über Rechtsgeschäfte aus dem Allgemeinen Teil des BGB vgl. RdNr. 20 ff.

2. Organisationsvertrag. Die GbR begründet nach gesetzlicher Regel (§§ 718, 719) nicht nur ein Schuldverhältnis, sondern – deutschrechtlichen Einflüssen folgend[416] – zugleich einen rechtsfähigen Personenverband zwischen den Gesellschaftern (RdNr. 160, 289), soweit sie als Außengesellschaft mit Gesamthandsvermögen und Gesellschaftsorganen ausgestaltet ist. Dementsprechend beschränkt sich der Gesellschaftsvertrag nicht auf die Begründung schuldrechtlicher Beziehungen zwischen den Gesellschaftern, das sog. Innenverhältnis,

---

[409] *Kaser*, Das römische Privatrecht, Bd. I, 2. Aufl. 1971, § 133.3 II, S. 574. Zum Einfluss von societas und Gesamthand auf die Ausgestaltung der §§ 705 bis 740 und zum Gang des Gesetzgebungsverfahrens vgl. *Flume* ZHR 136 (1972), 177 ff., und I/1 § 1 II, S. 2 ff.; *Wächter*, Die Aufnahme der Gesamthandsgemeinschaften in das BGB, 2002, insbes. S. 115 ff.

[410] Vgl. nur *Flume* ZHR 136 (1972), 177, 180, und I/1 § 1 III, S. 4 ff.

[411] Grds. abw. *Bälz*, FS Zöllner, 1998, S. 35, 39, 41, 56 u. a., der im Ansatz strikt zwischen Schuld- und Organisationsvertrag trennt, wobei er für *Außengesellschaften* als rechtsfähigen Einheiten vom Vorliegen nur eines Organisationsvertrags ohne Gesamthandsstruktur ausgeht, auf den neben OHG-Recht nur die Vorschriften der §§ 705 bis 707, nicht aber diejenigen der §§ 718 bis 720, anwendbar sein sollen, während es für *Innengesellschaften* bei einem Schuldvertrag ohne organisatorische Elemente, aber ggf. mit einem gesamthänderisch strukturierten Sondervermögen bewende.

[412] Vgl. nur RdNr. 36 zu den Formvorschriften des § 311 b.

[413] *Soergel/Hadding* RdNr. 42; vgl. auch BGH LM HGB § 109 Nr. 6 = NJW 1960, 963, 964 zur Übertragung von Entscheidungsbefugnissen in Gesellschaftsangelegenheiten an Dritte entsprechend § 317.

[414] Daher haben sich rechtsgeschäftliche Nachfolgeklauseln zu Gunsten Dritter, die ohne deren Mitwirkung Rechtswirkungen entfalten sollen, zu Recht nicht durchgesetzt, vgl. BGHZ 68, 225, 231 f. = NJW 1977, 1339, 1341, gegen *Säcker*, Gesellschaftsvertragliche und erbrechtliche Nachfolge in Gesamthandsmitgliedschaften, 1970, S. 43 ff. Dazu auch § 727 RdNr. 49 f.; MünchKommHGB/*K. Schmidt* § 139 RdNr. 23 f. und *Staub/C. Schäfer* § 139 HGB RdNr. 12.

[415] Statt aller *Palandt/Grüneberg* Einf. vor § 328 RdNr. 10.

[416] *Wächter* (Fn. 409) S. 43 ff.; vgl. auch *Flume* I/1 § 1 II.

sondern bildet zugleich die **Grundlage für den Personenverband,** dh. die aus den Gesellschaftern bestehende, als rechtsfähige Personengesellschaft (§ 14 Abs. 2) durch ihre Organe (RdNr. 255 ff.) handlungsfähige Gruppe.[417] In dieser Besonderheit liegt der Grund für die verbreitete Bezeichnung des Gesellschaftsvertrags als Organisationsvertrag[418] oder gemeinschaftsbegründender Vertrag,[419] früher auch personenrechtliches Verhältnis.[420] Dabei handelt es sich freilich nicht um einen Gegensatz zum Schuldvertrag[421] oder gar um ein zweites, neben den Schuldvertrag als reinen Gründungsakt tretendes Rechtsverhältnis;[422] die Einheitlichkeit des Gesellschaftsvertrags steht außer Frage. Wohl aber enthält der Vertrag Bestandteile, die über ein bloßes Schuldverhältnis der Gesellschafter untereinander hinausgehen, wenn er auf Verfolgung des gemeinsamen Zwecks im Rahmen einer Außengesellschaft mit eigenen Organen und gesamthänderisch gebundenem Vermögen gerichtet ist.[423]

159 Folge dieser – im BGB selbst angelegten – Fortentwicklung des Gesellschaftsvertrags vom bloßen Schuldverhältnis zur Organisation mit Außenwirkung ist einerseits seine größere **Bestandskraft** nach Maßgabe der Lehre von der fehlerhaften Gesellschaft (RdNr. 326 ff., 354 ff.). Andererseits findet die auf dem Organisationsaspekt des Gesellschaftsvertrags beruhende Fortentwicklung der schuldrechtlichen Beziehung zum Personenverband ihre Anerkennung auch darin, dass die Mitgliedschaft in der Gesellschaft, der **Gesellschaftsanteil,** nach ganz hM ein eigenständiges, gesonderter Übertragung fähiges Rechtsobjekt bildet.[424] Über die bloße Vertragsposition und die sich damit verbindenden Rechte und Pflichten gegenüber den Vertragspartnern hinaus verkörpert der Anteil die Mitgliedschaftsrechte und -pflichten des Gesellschafters gegenüber der Gesamthand sowie die damit untrennbar verbundene, nicht selbstständig übertragbare Beteiligung am Gesellschaftsvermögen (näher dazu RdNr. 179 ff.).[425]

160 **3. Rechtsfähige Gesamthand.** Als gesamthänderisch strukturierter Personenverband auf vertraglicher Grundlage verfügt die GbR als *Außengesellschaft* (RdNr. 253 f.) nach heute ganz hM über eigene Rechts- und Parteifähigkeit. Sie ist keine einheitliche juristische Person, sondern eine aus zwei oder mehr Gesellschaftern bestehende rechtsfähige Personenverbindung (§ 14 Abs. 1). Die ursprüngliche, der BGB-Regelung zugrundeliegende Qualifikation der gesellschaftsrechtlichen Gesamthand als *Objekt* (Sondervermögen) hat kraft höchstrichterlicher Rechtsfortbildung der Behandlung als *Subjekt* Platz gemacht. Näheres zu den Voraussetzungen und Rechtsfolgen dieser Fortentwicklung vgl. in RdNr. 296 ff.

161 **4. Der Gemeinschaftscharakter des Gesellschaftsvertrags. a) Unterschiede zum Austauschvertrag.** Nach § 705 verpflichten sich die Gesellschafter durch den Gesellschaftsvertrag „gegenseitig", zur Förderung des gemeinsamen Zwecks bestimmte Leistungen zu

---

[417] AA *Bälz* (Fn. 411): Außengesellschaft als rechtsfähige Organisation ohne schuldrechtliche Beziehungen zwischen den Gesellschaftern und dem Gesamthandsvermögen.
[418] *Würdinger,* Gesellschaften, Teil I, 1937, § 8 II 3; *K. Schmidt* GesR § 59 I 2 c; *Soergel/Hadding* RdNr. 43; *Wiedemann* GesR I § 3 II 1; *ders.* ZGR 1996, 286 ff.
[419] *Westermann* Hdb. RdNr. I 33.
[420] So im Anschluss an *O. v. Gierke* (Deutsches Privatrecht, Bd. I, S. 660 ff.) etwa *Staudinger/Keßler* (12. Aufl.) Vor § 705 RdNr. 21, 23; RGRK-HGB/*Weipert* (2. Aufl.) § 105 Anm. 31. Gegenüber dem Aussagewert dieser Bezeichnung mit Recht zweifelnd *Hueck* OHG § 6 II 2.
[421] Nicht frei von Missverständnissen daher die ursprüngliche Gegenüberstellung der beiden Begriffe bei *Flume* ZGR 136 (1972), 177, 179, 182. Klärend dann *Flume* I/1 § 2 II, S. 12 f.
[422] So aber *Staudinger/Keßler* (12. Aufl.) RdNr. 5, der zwischen „Gründungsvertrag" und „Normierungsvertrag" (bezüglich der Ausgestaltung der Gesellschaftsbeziehungen) unterschied. Ähnlich *ders.* Vor § 705 RdNr. 20 f.: Doppelstruktur aus rechtlich organisierter Personengemeinschaft und Schuldverhältnis.
[423] Eingehend zum Strukturwandel der GbR vom Vertrags- zum Organisationsmodell vgl. AK-BGB/*Teubner* RdNr. 1 ff. und *ders.* Vor § 705 RdNr. 1 ff., 11 ff.
[424] St. Rspr. seit RG DNotZ 1944, 195; vgl. BGHZ 13, 179, 184 = NJW 1954, 1155; BGHZ 24, 106, 114 = NJW 1957, 1026; BGHZ 45, 221, 222 = NJW 1966, 1307; BGHZ 81, 82, 84 = NJW 1981, 2747; BGH NJW-RR 1987, 286, 287 = WM 1986, 1314; dazu *Flume* I/1 § 9, S. 125 ff.; *K. Schmidt* GesR § 45 III 2; § 719 RdNr. 25 f.
[425] IE hierzu *U. Huber* (Fn. 92) S. 16 ff., 369 ff.; AK-BGB/*Teubner* Vor § 705 RdNr. 25 f.; *Lutter* AcP 180 (1980), 84, 97 ff.; *K. Schmidt* JZ 1991, 157 f., aber auch *Hadding,* FS Steindorff, 1990, S. 31 ff.

erbringen. Diese Aussage ist zutreffend, soweit sie den Gesellschaftsvertrag von den einseitig verpflichtenden[426] und den unvollkommen zweiseitigen Verträgen[427] abgrenzt. Die Gesellschaft ist ein Schuldverhältnis gegenseitiger, richtiger **wechselseitiger Verpflichtung** der Vertragspartner in dem Sinne, dass alle Gesellschafter gleichrangig und vorbehaltlich abweichender Vereinbarungen auch gleichmäßig zur Förderung des gemeinsamen Zwecks beizutragen haben.

Die Wechselseitigkeit der Vertragspflichten begründet freilich kein typisches Gegenseitigkeitsverhältnis zwischen diesen, **kein Synallagma** wie etwa der Kauf, die Miete oder der Werkvertrag. Die jeweiligen Leistungen eines Gesellschafters werden nicht um der von den Mitgesellschaftern zugesagten Leistungen willen versprochen, sondern zur Förderung des vereinbarten gemeinsamen Zwecks. Dieser grundsätzliche Unterschied zwischen Austausch- und Gemeinschaftsverträgen[428] wird auch durch die Wechselseitigkeit der übernommenen Verpflichtungen nicht berührt. Das gilt jedenfalls für das Verhältnis der Beitragsleistungen untereinander, im Ansatz aber auch für den Zusammenhang zwischen Beitragsleistung und Gewinnanspruch.[429] Auch insoweit fehlt es am Synallagma; der Gewinn ist nicht etwa die Gegenleistung der Gesellschaft für die Beiträge der Gesellschafter, sondern Ausdruck der im Gemeinschaftsverhältnis begründeten Erfolgsbeteiligung.[430] Die Interessenverbindung trägt, wie *Esser/Schmidt*[431] zutreffend formulieren, genossenschaftsähnliche Züge.

b) Folgerungen für Leistungsstörungen. aa) Grundsatz. Mit der Verpflichtung zur Förderung des gemeinsamen Zwecks ist es im Grundsatz **unvereinbar,** die eigene Einlageleistung nach Maßgabe der für gegenseitige Verträge geltenden Vorschriften der **§§ 320 bis 322** von dem Erbringen der anderen Beitragsleistungen abhängig zu machen; an die Stelle dieser Vorschriften tritt im Fall von Leistungsstörungen bei Mitgesellschaftern vielmehr die Berufung auf den Gleichbehandlungsgrundsatz (vgl. RdNr. 244 ff.). Unanwendbar sind im Grundsatz auch die Rechtsfolgen, die die **§§ 323 bis 326** für den Fall der Pflichtverletzung des Schuldners hinsichtlich einer der im Gegenseitigkeitsverhältnis stehenden Leistungen vorsehen. Sie beruhen auf der synallagmatischen Verknüpfung dieser Leistungen, die ihren Sinn und Zweck in der jeweiligen Gegenleistung finden, während im Mittelpunkt der Gesellschaft die Verpflichtung aller Vertragspartner auf den gemeinsamen Zweck steht. Die Vorschriften der §§ 323 bis 326 über die Folgen von Leistungsstörungen in gegenseitigen Verträgen sind daher auf Gesellschaftsverträge nach zutr. Ansicht **grundsätzlich unanwendbar.**[432] Eine *Ausnahme* kommt im Analogiewege für solche Gesellschaften in Betracht, bei denen – wie bei auf das Innenverhältnis beschränkten Zweipersonengesellschaften, darunter insbesondere der typischen stillen Gesellschaft – das zweiseitige Schuldverhältnis im Vordergrund steht (vgl. näher RdNr. 169).

Soweit Leistungshindernisse der in §§ 323 ff. genannten Art im Rahmen der Gesellschaft auftreten, ist ihnen vielmehr mit den Mitteln des nicht auf synallagmatische Leistungspflichten abstellenden **allgemeinen Schuldrechts** sowie mit den spezifischen **Rechtsinstituten des Gesellschaftsrechts** Rechnung zu tragen. Unter den Letztgenannten bieten sich

---

[426] Schenkungsversprechen, §§ 516, 518.
[427] Leihe (§ 595), Auftrag (§ 662) u. a., auch „zweiseitig verpflichtende" Schuldverhältnisse genannt, vgl. *Larenz* I § 2 I.
[428] Vgl. insbes. AK-BGB/*Teubner* Vor § 705 RdNr. 25; so zB auch *Esser/Schmidt* SchuldR AT § 12 III 3; *Larenz,* SchuldR II, 12. Aufl. 1981, § 60 I b; aA mit beachtlichen Gründen aus der Entstehungsgeschichte des BGB insbes. *Hüttemann,* Leistungsstörungen bei Personengesellschaften, 1998, S. 19 ff., 48 ff., der im Ergebnis freilich ebenfalls die unmittelbare Anwendbarkeit der §§ 320 ff. wegen der bei Gesellschaftsverträgen bestehenden Besonderheiten ausschließt (vgl. RdNr. 167).
[429] AA *Hüttemann* (Fn. 428) S. 137 ff., 486 f.; ihm jetzt im Ansatz folgend *Westermann* Hdb. RdNr. I 136 und *Erman/Westermann* RdNr. 43.
[430] So zu Recht die hM, vgl. *Soergel/Hadding* RdNr. 44; *Erman/Westermann* RdNr. 41; *Staub/Ulmer* § 105 HGB RdNr. 149; *Esser/Schmidt* AT § 12 III 3.
[431] AT § 12 III 3.
[432] Str., im Grundsatz aA insbes. *K. Schmidt* und *Hüttemann* (vgl. RdNr. 166 f.). Wie hier *Soergel/Hadding* RdNr. 44; tendenziell auch *Bamberger/Roth/Timm/Schöne* RdNr. 67; für analoge Anwendung bei vergleichbarer Interessenlage *Staudinger/Habermeier* § 706 RdNr. 18.

in schwerwiegenden Fällen die Vorschriften über die Kündigung aus wichtigem Grund (§ 723 Abs. 1 S. 2), über die Auflösung der Gesellschaft bei Zweckverfehlung (§ 726) sowie über die Ausschließung eines Gesellschafters nach Maßgabe von § 737 an. Bei ihrer Anwendung können je nach Lage des Falles auch die in §§ 323 ff. zum Ausdruck kommenden Wertungen berücksichtigt werden.[433] Geht es dagegen um Leistungsstörungen seitens einzelner Gesellschafter, die die *Grundlagen der Gesellschaft* unberührt lassen, so kann ihnen durch Vertragsanpassung im Rahmen der Treupflicht Rechnung getragen werden. Für die Leistungs- und Schadensersatzpflicht des Gesellschafters, bei dem das Leistungshindernis auftritt, bewendet es bei den allgemeinen Vorschriften der §§ 275 ff. (vgl. näher § 706 RdNr. 24 ff.).

165 **bb) Meinungsstand.** Abweichend von dem vorstehend (RdNr. 163) aufgestellten Grundsatz war der Meinungsstand zur Anwendung aller oder einzelner der Vorschriften der §§ 320 bis 327 aF auf die Gesellschaft in der Zeit bis zur Schuldrechtsreform 2002 uneinheitlich. Während das Reichsgericht in st. Rspr. die Gesellschaft als gegenseitigen Vertrag beurteilte und dementsprechend grundsätzlich die Anwendbarkeit dieser Normen bejaht hatte,[434] ließ der **BGH** die Grundsatzfrage offen;[435] in den wenigen einschlägigen Fällen kam er jeweils zur Verneinung ihres Eingreifens.[436] Das **Schrifttum** ging *früher* davon aus, die Gesellschaft sei ein gegenseitiger Vertrag „im weiteren Sinne", auf den die Vorschriften der §§ 320 ff. insoweit anwendbar seien, als sich das mit den Besonderheiten der Gesellschaft vereinbaren lasse.[437] Demgegenüber stand die *neuere Lehre* vor der Schuldrechtsreform der Anwendbarkeit jedenfalls der §§ 320 bis 322 überwiegend ablehnend gegenüber;[438] nur für Zweipersonengesellschaften wurde sie überwiegend bejaht.[439] Auch hinsichtlich der §§ 323 bis 327 aF überwogen diejenigen Stimmen, die sich unter Hinweis auf die besondere Rechtsnatur des Gesellschaftsvertrags gegen die Anwendbarkeit dieser Vorschriften aussprachen.[440] Das lag auf der Linie des in RdNr. 163 aufgestellten Grundsatzes.

166 In betontem Gegensatz zu den in Fn. 438, 440 angeführten neueren Lehren aus der Zeit vor der Schuldrechtsreform, die sich für die grundsätzliche Nichtanwendung der §§ 320 bis 327 aF auf Beitragsleistungen in der GbR aussprachen, heben zwei neuere Ansichten den Gegenseitigkeitscharakter der Rechtsbeziehungen in der Gesellschaft hervor; sie verdienen daher besondere Erwähnung. Die erste dieser Ansichten stammt von *Karsten Schmidt*.[441] Mit der von ihm entwickelten **Differenzierungs-These** wendet er sich nachdrücklich gegen die Ansicht der hM, der Anwendbarkeit dieser Vorschriften stehe der fehlende Austausch-

---

[433] Insoweit ist *Hüttemann* (Fn. 428) S. 234 ff., 488 f. zu folgen.

[434] RGZ 76, 276, 279; 78, 303, 305; 81, 303, 305; 100, 1, 3; 147, 340, 342; 163, 385, 388.

[435] Vgl. BGH LM HGB § 105 Nr. 11 = BB 1954, 92; LM § 276 (Hb) Nr. 33 = NJW 1983, 1188, 1189; WM 1959, 53, 54 f.; dazu auch die Rspr.-Analyse von *Wertenbruch* NZG 2001, 306 f. In BGH NJW 1951, 308 wird der Gesellschaftsvertrag zwar (obiter) als gegenseitiger Vertrag bezeichnet, dabei aber ausdrücklich der Unterschied zum Austauschvertrag hervorgehoben.

[436] Vgl. neben den drei erstgenannten Urteilen in Fn. 435 auch BGHZ 10, 44, 51 = NJW 1953, 1548 (Wegfall der Geschäftsgrundlage) und BGH WM 1967, 419, 420; so auch OLG München ZIP 2000, 2255, 2256 f. (außerordentliche Kündigung statt Berufung auf § 326 aF).

[437] Vgl. namentlich *A. Hueck* OHG § 6 II 3; näher dazu 2. Aufl. RdNr. 141 mwN; aus dem neueren Schrifttum noch *Heymann/Emmerich* § 105 HGB RdNr. 5 und *Bamberger/Roth/Timm/Schöne* RdNr. 67.

[438] Vgl. aus der Zeit vor 2002 insbes. die früheren Aufl. von *Soergel/Hadding* RdNr. 44; *Staudinger/Keßler* (12. Aufl.) RdNr. 11 ff.; aA *Baumbach/Hopt* § 105 HGB RdNr. 48; *Larenz*, SchuldR II, 12. Aufl. § 60 I b; ungeachtet ihres die Anwendbarkeit der §§ 320 ff. grds. bejahenden Ansatzes auch *Heymann/Emmerich* § 105 HGB RdNr. 6; mit Einschränkungen auch *Erman/Westermann* RdNr. 41 („nicht gänzlich unpassend"); *Flume* I/1 § 2 IV, S. 29 ff.

[439] So insbes. *Hadding, Emmerich* (jeweils Fn. 438); für Anwendbarkeit des § 273 *Staudinger/Keßler* (12. Aufl.) RdNr. 15; aA *Baumbach/Hopt* § 105 HGB RdNr. 48 („uU § 242").

[440] So vor 2002 *Erman/Westermann* RdNr. 43; *Soergel/Hadding* RdNr. 44 f.; *Staudinger/Keßler* (12. Aufl.) RdNr. 11 ff.; *Larenz* II, 12. Aufl., § 60 I b; aA noch *Soergel/Schultze-v. Lasaulx* 10. Aufl. 1969, § 705 RdNr. 35 ff.; vorbehaltlich gesellschaftsrechtlicher Besonderheiten auch *A. Hueck* OHG § 6 II 3, S. 52 ff.; *Flume* I/1 § 2 IV, S. 29 ff.; für Zulässigkeit privatautonom vereinbarter Geltung des § 326 aF an Stelle von § 723 *Wertenbruch* NZG 2001, 306, 307 f.

[441] GesR § 20 III; so dann auch MünchKommHGB/*K. Schmidt* § 105 RdNr. 186; ihm im Ansatz folgend *Staudinger/Habermeier* § 706 RdNr. 18 ff.

Inhalt des Gesellschaftsvertrags 167 § 705

charakter des typischen Gesellschaftsvertrags entgegen. Geboten sei vielmehr die systematische Differenzierung zwischen dem gestörten *Beitragsverhältnis* und dem *Organisationsverhältnis* im Ganzen. Zwar beruhen beide Rechtsbeziehungen auf dem Gesellschaftsvertrag als einem beide Teile umfassenden, einheitlichen Rechtsverhältnis; die Unterscheidung gestatte es jedoch, den für sie jeweils geeigneten unterschiedlichen Rechtsfolgen angemessen Rechnung zu tragen.[442] Wie die nähere Betrachtung lehrt, bringt diese differenzierende Betrachtung freilich nichts wirklich Neues; sie führt über die Ergebnisse der neueren Lehre nicht eigentlich hinaus. Denn es entspricht allgemeiner Ansicht, dass das Schicksal der jeweils gestörten Hauptleistung des Schuldners (dem „Beitragsverhältnis" iS von *K. Schmidt*) sich nach den Vorschriften der §§ 275 ff. richtet; das gilt selbstverständlich auch für die gesellschaftsvertraglichen Beitragspflichten. Die mit Blick auf die Rechtsnatur umstrittene Frage betrifft vielmehr das Schicksal der Gegenleistung bzw. des Gesamtvertrages (das „Organisationsverhältnis"), dh. das Eingreifen der §§ 320 ff. Da sich auch *Karsten Schmidt* für das „Organisationsverhältnis" gegen das Eingreifen der Rücktrittsvorschriften der §§ 323 ff. ausspricht und die Mitgesellschafter stattdessen auf die gesellschaftsrechtliche Sonderregelung des § 723 verweist,[443] reduziert sich der Unterschied aus seiner Sicht auf die Anwendung der §§ 320, 322 betr. die Leistung Zug-um-Zug. Und auch insoweit räumt der Verf. ein, dass für die Anwendung dieser Vorschriften bei „organisierten Verbänden" mit besonderen, zur Geltendmachung von Sozialansprüchen berufenen Organen kein Raum sei. An die Stelle des § 320 trete bei ihnen vielmehr der Gleichbehandlungsgrundsatz, auf den sich die Beitragsschuldner ggf. berufen könnten.[444] Anderes gelte (nur) bei Gesellschaften ohne besondere Organisation wie insbesondere rein schuldrechtlichen Innengesellschaften;[445] auch das entspricht indessen dem Ergebnis der hM (vgl. RdNr. 165).

Im Ansatz grundsätzlicher und von dogmatisch größerer Tragweite sind demgegenüber 167 die im Jahr 1998 veröffentlichten Untersuchungen von *Hüttemann*[446] zur **modifizierten Anwendung der §§ 320 ff. aF** auf Gesellschaftsverträge. Unter Rückgriff auf das gemeine Recht und die BGB-Motive unternimmt er den Nachweis, dass der Gesetzgeber auch den Gesellschaftsvertrag als gegenseitigen Vertrag ansah und daher von der grundsätzlichen Anwendbarkeit der hierauf bezogenen BGB-Vorschriften ausging.[447] Freilich räumt auch *Hüttemann*[448] ein, dass die Anwendung der §§ 320 ff. (1) nicht pauschal erfolgen dürfe, sondern eine Prüfung der jeweiligen Einzelregelung und des dort enthaltenen allgemeinen Rechtsgedankens auf seine Eignung für Gesellschaftsverträge erforderlich mache, dass sie (2) unter Berücksichtigung der anders ausgestalteten Leistungsrichtung der jeweiligen Vertragspflichten in der Gesellschaft (Gegenseitigkeit zwischen Beitragspflichten und Teilhabe am Gesellschaftsergebnis) zu erfolgen habe und dass (3) eine Abstimmung zwischen den Rechtsfolgen der §§ 323 ff. aF und den gesellschaftsrechtlichen Sonderregelungen der §§ 723, 737 erforderlich sei, so insbesondere bei in Vollzug gesetzten Gesellschaften. Diesen Einschränkungen wäre, wollte man mit Rücksicht auf die Entstehungsgeschichte des BGB dem Ansatz von *Hüttemann* im Grundsatz folgen, voll zuzustimmen. Freilich reduzieren sich damit auch die Unterschiede seiner Ansicht gegenüber den Ergebnissen der hM wesentlich: während diese von der Geltung der §§ 705 ff. unter Einschluss der nicht auf gegenseitige Verträge bezogenen Vorschriften des allgemeinen Schuldrechts ausgeht, dabei aber den analogen Rückgriff auf die §§ 320 ff. in geeigneten Fällen nicht ausschließt, kommt *Hüttemann* ungeachtet seines umgekehrten Ausgangspunkts zu überwiegend ähnlichen Schlussfolgerun-

---

[442] *K. Schmidt* GesR § 20 III 1 a und b; zust. *Staudinger/Habermeier* § 706 RdNr. 19 ff.; wohl auch *Westermann* Hdb. RdNr. I 136 aE.
[443] GesR § 20 III 5; MünchKommHGB/*K. Schmidt* § 105 RdNr. 186.
[444] *K. Schmidt* GesR § 20 III 2 b aa; vgl. auch MünchKommHGB/*K. Schmidt* § 105 RdNr. 186: Frage der (ergänzenden) Vertragsauslegung.
[445] AaO § 20 III 2 b bb.
[446] AaO (Fn. 428).
[447] *Hüttemann* (Fn. 428) S. 37 ff., 48 ff.
[448] Passim; vgl. zusammenfassend S. 485 f.

§ 705   168, 169

gen.[449] Dann aber besteht kein Anlass, abweichend von der inzwischen weitgehend akzeptierten Unterscheidung zwischen Austausch- und Gesellschaftsverträgen zur ursprünglichen Beurteilung durch Motive und RG-Rechtsprechung zurückzukehren.

168   cc) **Folgerungen.** (1) §§ 320 bis 322. Was die **Einrede des nichterfüllten Vertrags** und die Verurteilung Zug um Zug angeht, so steht der Berufung des Beitragsschuldners auf die Vorschriften der §§ 320, 322 typischerweise das Fehlen eines Synallagmas zwischen den Einlageleistungen der verschiedenen Gesellschafter entgegen.[450] Der einzelne Beitrag wird nicht als Gegenleistung für diejenigen der Mitgesellschafter geschuldet, sondern zur Förderung des gemeinsamen Zwecks und mit Blick auf den aus der Gesellschaftsbeteiligung erwarteten Gewinn.[451] Wohl aber kann sich der Beitragsschuldner gegenüber der Einforderung des Beitrags durch die Gesellschaftsorgane auf den *Gleichbehandlungsgrundsatz* (RdNr. 244 ff.) berufen, sofern er nach dem Gesellschaftsvertrag nicht vorleistungspflichtig ist.[452] Mit dieser Begründung kann er entsprechend § 273 die Leistung der Einlage verweigern, wenn und solange die Einlagen der Mitgesellschafter weder eingefordert noch geleistet sind; die pflichtwidrige Nichtleistung nur durch einzelne, ihrerseits ebenfalls säumige Mitgesellschafter reicht für diese Einrede freilich nicht aus. Für *laufende* Verpflichtungen der Gesellschafter (Beiträge iwS) wie etwa die Übernahme von Geschäftsführungsfunktionen scheidet die Berufung auf die §§ 320, 322 ohnehin aus.[453]

169   Eine zum Eingreifen der §§ 320, 322 führende **Ausnahme** von diesem Grundsatz ist für *Zweipersonengesellschaften* anzuerkennen.[454] Hier nähern sich die wechselseitigen Beitragspflichten angesichts der besonderen Konstellation des Gesellschaftsverhältnisses denjenigen in einem Austauschverhältnis so weitgehend an, dass der entsprechenden Anwendung der §§ 320, 322 keine Bedenken entgegenstehen.[455] Der Erfüllung verlangende Mitgesellschafter, dessen Beitrag ebenfalls noch aussteht, kann also nur Verurteilung des säumigen Gesellschafters auf Leistung gleichzeitig mit der Erbringung des eigenen Beitrags in das Gesellschaftsvermögen verlangen. Ob diese Ausnahme auch auf Mehrpersonengesellschaften ohne besondere Organverfassung zu erstrecken ist,[456] lässt sich nicht generell beantworten, sondern hängt von der Vergleichbarkeit der jeweiligen Konstellation mit den von §§ 320, 322 erfassten Schuldverhältnissen ab. Der Einwand der **Vermögensverschlechterung** eines Teils der oder aller Mitgesellschafter kann in vollem Umfang im Rahmen der §§ 723 Abs. 1, 726, 737 berücksichtigt werden. Das entspricht den Besonderheiten der Gesellschaft besser als das Leistungsverweigerungsrecht des § 321.[457]

---

[449] So insbes. für die Ersetzung des § 320 durch den Gleichbehandlungsgrundsatz in mehrseitigen Gesellschaftsverhältnissen (aaO S. 87 ff., 487) sowie für den Rückgriff auf §§ 723, 737 im Fall von Leistungsstörungen bei in Vollzug gesetzten Gesellschaften (aaO S. 234 ff., 381 ff., 488 f., 491 u. a.). Abw. von der hM will *Hüttemann* (S. 455 ff., 492) zwar uneingeschränkt die rückwirkende „Aufhebung des Beteiligungsverhältnisses" im Fall der Wandlung wegen mangelhafter Beitragsleistung nach §§ 493, 462 aF zulassen; dabei übergeht er jedoch die Problematik des in Vollzug gesetzten Gesellschaft.

[450] Ebenso *Soergel/Hadding* RdNr. 45; *Staudinger/Habermeier* § 706 RdNr. 24; *Erman/Westermann* RdNr. 44; im Ergebnis auch *K. Schmidt* GesR § 20 III 2 b und *Hüttemann* (Fn. 428) S. 87 ff., 486 f.

[451] Die Einrede der Gesellschaft aus § 320 gegenüber dem *Gewinnanspruch* des säumigen Beitragsschuldners daher zu Recht zulassend *Hüttemann* (Fn. 428) S. 137 ff., 145.

[452] HM, vgl. die Nachweise in Fn. 438.

[453] Vgl. *Soergel/Hadding* RdNr. 45; *Hueck* OHG § 6 II 3 b; näher *Hüttemann* (Fn. 428) S. 118 ff. unter Hinweis auf die typische Vorleistungspflicht des Geschäftsführers gegenüber den Mitgesellschaftern. Vgl. auch BGH LM HGB § 105 Nr. 11 = BB 1954, 92 sowie BGH WM 1959, 54 zur Frage, ob ein auf Einlageleistung verklagter Gesellschafter dem namens der Gesellschaft klagenden Geschäftsführer die „Einrede gemäß § 320" mit der Begründung entgegensetzen kann, dass er von diesem zu Unrecht an der Geschäftsführung gehindert werde (vom BGH zutr. verneint).

[454] Im Ergebnis ganz hM, vgl. die Nachweise in Fn. 439; so auch *RGRK/v. Gamm* RdNr. 9; *Hueck* OHG § 6 II 3 b; wohl auch *Flume* I/1 § 2 IV S. 30.

[455] Die Anwendung des § 320 in derartigen Fällen dokumentiert also nicht die „Konzeptionslosigkeit" der hM (so aber *K. Schmidt* GesR § 20 III 2 a), sondern beruht auf einem Analogieschluss.

[456] Dafür *K. Schmidt* GesR § 20 III 2 b bb.

[457] Zust. *Soergel/Hadding* RdNr. 45; *Erman/Westermann* RdNr. 44; *Staudinger/Habermeier* § 706 RdNr. 24; für Eingreifen des § 321 im Falle einer Vermögensverschlechterung bei allen Mitgesellschaftern aber noch

(2) Leistungsstörungen. Zur Beurteilung von Leistungsstörungen (Unmöglichkeit, Schlechterfüllung, Verzug) in Bezug auf die Beitragsleistungen der Gesellschafter und deren Rechtsfolgen wie Anpassung des Gesellschaftsvertrags, Kündigung der Gesellschaft oder Ausschließung des betroffenen Gesellschafters vgl. die Erläuterungen zu § 706. Die *Schuldrechtsreform* hat insoweit – durch Zusammenfassung der verschiedenen Tatbestände des allgemeinen Schuldrechts zur Kategorie der Pflichtverletzung (§ 280) und durch Gleichstellung der Rechtsfolgen kaufrechtlicher Sach- und Rechtsmängel in § 437 – eine Modernisierung gebracht, die auch für die Rechtslage des betroffenen Gesellschafters Berücksichtigung verdient. Einzelheiten vgl. in § 706 RdNr. 21 ff.

V. Die Auslegung des Gesellschaftsvertrags

1. Auslegungsmaßstäbe. a) Grundsatz. Die Auslegung des Gesellschaftsvertrags einer GbR richtet sich – anders als diejenige der Satzung einer Kapitalgesellschaft[458] – grundsätzlich nach den in **§§ 133, 157** normierten, für die Auslegung von Rechtsgeschäften geltenden Maßstäben.[459] Ausgehend vom Vertragswortlaut sind daneben Entstehungsgeschichte und Systematik, Sinn und Zweck des Vertrags sowie die Besonderheiten seiner Durchführung zu berücksichtigen, um den übereinstimmenden oder für alle Beteiligten erkennbaren, zum Vertragsgegenstand gemachten **wirklichen Willen** der Parteien zu erforschen.[460] Das gilt jedenfalls für typische Personengesellschaften mit einem überschaubaren, untereinander verbundenen Kreis von Gesellschaftern, der sich seit der Gründung oder der Neufassung des Gesellschaftsvertrags nicht wesentlich durch Anteilserwerb Dritter verändert hat. Besonderheiten sind demgegenüber einerseits für Publikums-Gesellschaften zu beachten (RdNr. 175), andererseits für sonstige auf einen Gesellschafterwechsel angelegte oder von einem solchen betroffene Gesellschaften (RdNr. 172 f.).[461] Die Verteilung der Darlegungs- und Beweislast im Hinblick auf Auslegungsdifferenzen ist für die Vertragsauslegung als Akt der Rechtsanwendung grundsätzlich ohne Belang. Sie kann aber Bedeutung erlangen, soweit es um für die Auslegung erhebliche Tatsachen geht.[462]

b) Besonderheiten. Auch wenn die Auslegung von Gesellschaftsverträgen sich im Grundsatz nach den allgemeinen rechtsgeschäftlichen Auslegungsgrundsätzen richtet, sind insbesondere bei schon länger zurückliegendem Vertragsschluss, bei einem größeren Gesellschafterkreis oder bei zwischenzeitlich eingetretenem Gesellschafterwechsel einige Besonderheiten zu beachten.[463] Sie beruhen einerseits auf dem Eigenleben, das die Gesellschaft im Laufe ihres Bestehens entfaltet, andererseits auf der gegenüber sonstigen Rechtsgeschäften stärkeren, auch für die Auslegung zu beachtenden Bedeutung des Vertragszwecks und der Treupflicht der Gesellschafter. So verliert der individuelle Wille der Gründer, zumal wenn er

---

RGRK/*v. Gamm* RdNr. 9; *Rob. Fischer* in Großkomm. zum HGB § 105 Anm. 47 c; *Hueck* OHG § 6 II 3 c; diff. *Hüttemann* (Fn. 428) S. 128 ff. – Für Berufung auf § 610 aF (= § 490) gegenüber den auf Kapitaleinlagen gerichteten Beitragsansprüchen der Gesellschaft bei wesentlicher Verschlechterung von deren Vermögensverhältnissen BGH WM 1968, 876.

[458] Zu deren rein objektiver, nach Art der Gesetzesauslegung am Sinngehalt der Satzungsregelungen anknüpfender Auslegung vgl. näher *Ulmer* in: *Ulmer/Winter/Habersack* § 2 GmbHG RdNr. 142 ff.

[459] Ganz hM, vgl. *Erman/Westermann* RdNr. 34; *Soergel/Hadding* RdNr. 38; *Staudinger/Habermeier* RdNr. 13; *Coing* ZGR 1978, 659 ff.; aus der Rspr. vgl. etwa BGH NJW 1995, 3313, 3314; WM 1957, 512 f.; 1975, 662; RGZ 159, 272, 278; 165, 68, 73. Allgemein zur Auslegung von Gesellschaftsverträgen vgl. auch *Wiedemann* GesR I § 3 II 2; *ders.* GesR II § 2 III 2; *Grunewald* ZGR 1995, 68 ff.; ferner *K. Schmidt* GesR § 5 I 4, der zwischen Satzungsregelungen im materiellen Sinne und nicht korporativen (individuellen) Vereinbarungen differenziert und allein letztere den allg. Grundsätzen über die Auslegung von Rechtsgeschäften unterstellt.

[460] Vgl. nur BGH NJW 1995, 3313, 3314; NJW 2005, 2618, 2619; ZIP 2008, 1075, 1077; WM 1998, 1535, 1536. Zum Ganzen näher *Wiedemann* DNotZ 1977, Sonderheft S. 99 ff.; *Grunewald* ZGR 1995, 68 f.

[461] Vgl. dazu näher *Grunewald* ZGR 1995, 68 f.

[462] BGHZ 20, 109, 110 = NJW 1956, 665; BGH WM 1973, 285, 286; ZIP 1996, 750, 752; *Wiedemann* DNotZ 1977, Sonderheft S. 109.

[463] Allgemein zur Notwendigkeit modifizierter Anwendung der Auslegungsregeln der §§ 125, 139, 154 vgl. RdNr. 29, 50, 53.

§ 705 173, 174   Abschnitt 8. Titel 16. Gesellschaft

im Vertragswortlaut nicht hinreichend zum Ausdruck gekommen ist, als Auslegungsmaxime im Laufe der Vertragsdauer mehr und mehr an Gewicht. Auch gestattet die **einverständliche tatsächliche Handhabung** des Vertrags abweichend vom Vertragswortlaut nicht selten den Schluss auf einen gegenüber dem Vertragsabschluss geänderten Parteiwillen und kann deshalb für die Auslegung nach den Grundsätzen über die *konkludente Vertragsänderung* (RdNr. 56) Bedeutung erlangen.

173   **Im Einzelnen** sind danach für die Auslegung das Vorhandensein einer umfangreichen Organisation und erheblicher gemeinsam geschaffener Werte zu berücksichtigen; sie sprechen für eine im Zweifel von allen Beteiligten gewollte größere **Bestandskraft** der Gesellschaft und unterscheiden den Gesellschaftsvertrag dadurch deutlich von gewöhnlichen Rechtsgeschäften. Dieser Umstand verdient namentlich in Krisensituationen Beachtung. Er kann etwa dazu führen, abweichend vom dispositiven Recht auch ohne ausdrückliche Fortsetzungsklausel einen Fortsetzungswillen der Beteiligten beim Ausscheiden eines Partners zu bejahen.[464] Die **Treupflicht** legt bei mehrdeutigem Wortlaut eine Auslegung nahe, die den sachlich berechtigten Belangen der Gesellschaftergesamtheit am besten Rechnung trägt.[465] Namentlich bei Familiengesellschaften ist auch die **Grundtendenz des Vertrages,** etwa die gleichberechtigte Beteiligung der einzelnen Stämme oder die Aufteilung der Geschäftsführungsbefugnisse auf verschiedene Gesellschaftergruppen zu beachten.[466] Die Rechtsprechung berücksichtigt diese Umstände auf Grund der „allgemeinen Lebenserfahrung".[467] Damit sind rechtliche Gesichtspunkte allgemeiner Art gemeint, die nach der Lebenserfahrung für bestimmte, häufig wiederkehrende gesellschaftsvertragliche Bestimmungen von Bedeutung sind.[468]

174   **c) Ergänzende Vertragsauslegung; geltungserhaltende Reduktion.** Von der eigentlichen Auslegung zu unterscheiden ist die sog. „ergänzende Vertragsauslegung", dh. die richterliche Vertragsergänzung nach Maßgabe des hypothetischen Parteiwillens (§ 157 RdNr. 26 ff., 45 ff.). Sie greift nicht nur ein, wenn der Gesellschaftsvertrag sich auf Grund der Auslegung nach den in RdNr. 171 genannten, am wirklichen Willen der Parteien orientierten Auslegungsmethoden als lückenhaft erweist, sondern auch bei erst durch spätere Entwicklungen oder durch Rechtsmängel (Teilnichtigkeit) sich als unvollständig erweisendem Vertragsschluss (vgl. RdNr. 29, 53).[469] Ihre Bedeutung erlangt die richterliche Vertragsergänzung namentlich in denjenigen Fällen, in denen mangels wirksamer abweichender Vereinbarung die Anwendung dispositiven Rechts in Frage steht, das Gesamtsystem des Vertrages aber die Annahme nahelegt, dass die Parteien eine andere Lösung getroffen hätten, wenn ihnen die Vertragslücke und die im dispositiven Recht angelegte Rechtsfolge bewusst gewesen wäre. Das fehlende Bewusstsein betr. den Regelungsbedarf ist bei Gesellschaftsverträgen angesichts des inhaltlich weitgehend überholten dispositiven Rechts nicht selten anzunehmen.[470] Zur Vertragsänderung kraft Treupflicht und zur Änderung der Geschäftsgrundlage vgl. RdNr. 231.

---

[464] Vgl. etwa BGHZ 68, 225, 229 = NJW 1977, 1339, 1341 zur Auslegung von Vereinbarungen über die Rechtsfolgen des Todes eines Gesellschafters iS der für den Fortbestand der Gesellschaft günstigeren Nachfolgeklausel. Ferner BGH BB 1973, 166 (Fortsetzungsklausel) und *Rob. Fischer* LM HGB § 138 Nr. 3.
[465] Vgl. Rspr.-Nachweise in Fn. 460. Recht weitgehend freilich BGH BB 1977, 1271, wo durch „Auslegung" eine Pflicht der Mitgesellschafter bejaht wurde, einer angemessenen Erhöhung der Geschäftsführerbezüge zuzustimmen.
[466] *Wiedemann* DNotZ 1977, Sonderheft S. 104.
[467] BGHZ 23, 17, 29 = NJW 1957, 591.
[468] So *Rob. Fischer* in Anm. zu diesem Urteil (LM HGB § 138 Nr. 3). Hierzu und zur Kritik an der herrschenden Auslegung von Gesellschaftsverträgen vgl. auch *Teichmann* (Fn. 363) S. 129 ff., 132.
[469] Vgl. dazu *Chr. Hey,* Ergänzende Vertragsauslegung und Geschäftsgrundlagen-Störung im Gesellschaftsrecht, 1990.
[470] Für grds. Vorrang ergänzender Auslegung vor der Anwendung dispositiven Gesellschaftsrechts daher zu Recht die ganz hM, vgl. BGHZ 123, 281, 286 = NJW 1993, 3193; BGH LM § 157 (D) Nr. 33 = NJW 1979, 1705; LM § 722 Nr. 1 = NJW 1982, 2816; BGH NJW 1985, 192, 193; 2004, 2449, 2450; so auch § 157 RdNr. 44 f.; *Erman/Westermann* RdNr. 36; *Soergel/Hadding* RdNr. 38; *Wiedemann* GesR I § 3 II 2 b S. 170 f.; *Grunewald* ZGR 1995, 70 f.

Inhalt des Gesellschaftsvertrags 174 a–175 § 705

Bisher in methodisch-sytematischer Sicht nicht abschließend geklärt ist das Verhältnis der 174 a ergänzenden Vertragsauslegung zur **geltungserhaltenden Reduktion** übermäßiger Vertragsklauseln; diese wird gerade im Gesellschaftsrecht von der Rechtsprechung nicht selten praktiziert.[471] Insoweit steht immerhin fest, dass sich die ergänzende Auslegung lückenhafter Verträge am *hypothetischen,* von den Parteien bei redlichem Verhalten verfolgten Willen zu orientieren hat, dh. nach der objektiven Sinnhaftigkeit der zur Lückenfüllung bestimmten Regelung fragt, während die geltungserhaltende Reduktion vom *tatsächlichen* Parteiwillen ausgeht und es aus dieser Sicht unternimmt, übermäßige und deshalb unwirksame Regelungen auf das rechtlich noch vertretbare Maß zurückzuführen.[472] Die Ergebnisse beider Korrekturmethoden können zwar übereinstimmen; sie werden aber in der Mehrzahl der Fälle differieren und bei ergänzender Vertragsauslegung zu einer besser ausgewogenen Vertragsgestaltung führen. Das ist auch der Grund dafür, dass bei einseitig vorformulierten Verträgen wie im AGB-Recht,[473] aber auch bei Verträgen für Publikums-Personengesellschaften (RdNr. 175), für die am Willen des Vorformulierers ausgerichtete geltungserhaltende Reduktion als methodischer Ansatz kein Raum ist.[474]

Soweit es um **typische Personengesellschaftsverträge** geht, liegt das Abstellen auf den 174 b *tatsächlichen* Parteiwillen als Korrekturmaßstab nicht nur wegen des Fehlens einseitiger Vorformulierung, sondern auch aus einem weiteren Grunde nahe. Er beruht auf der weiten Verbreitung von *salvatorischen Klauseln* in Gesellschaftsverträgen; sie verpflichten die Parteien, Vertragslücken auf Grund rechtlich unwirksamer Vereinbarungen unter möglichst weitgehender Annäherung an das tatsächlich Gewollte zu schließen. In dieselbe Richtung weist die auch für Anpassungen von Gesellschaftsverträgen an rechtliche Vorgaben relevante *Treupflicht* der Gesellschafter, die sie zur Mitwirkung bei der Schließung von Vertragslücken entsprechend dem tatsächlich Gewollten, wenn auch unter Beachtung der Übermaßschranken verpflichtet.[475] **Beispiele** für das Eingreifen geltungserhaltender Reduktion bilden die wegen Verstoßes gegen § 723 Abs. 3 unwirksamen Vereinbarungen betr. übermäßig lange Vertragslaufzeiten[476] oder als Kündigungshindernis wirkende Abfindungsbeschränkungen,[477] aber auch das uneingeschränkte Recht eines Teils der Gesellschafter, Mitgesellschafter unbefristet und ohne sachlichen Grund aus der Gesellschaft auszuschließen.[478] Ihre Grenze findet die Methode geltungserhaltender Reduktion einerseits bei vertraglicher Aberkennung unverzichtbarer Rechte zu Lasten eines Teils der Gesellschafter, die nicht „reduziert" werden kann, und andererseits bei Verstößen gegen § 138 Abs. 1 oder Abs. 2, da die angemessene Rechtsfolge hier nicht die Orientierung am verwerflichen tatsächlichen Willen eines Teils der Gesellschafter ist, sondern der Rückgriff auf dispositives Recht oder auf die an objektiven Vorgaben ausgerichtete Vertragsergänzung.

2. Publikums-Personengesellschaften. Für die Auslegung der Verträge von sog. Pu- 175 blikums-Personengesellschaften gelten nach allgM in mehrfacher Hinsicht Besonderheiten.[479] Sie beruhen darauf, dass derartige Verträge typischer Weise von einem mit den

---

[471] Vgl. immerhin § 157 RdNr. 26 ff., 36 zum unterschiedlichen methodischen Ansatz, und *H. P. Westermann,* FS Stimpel, 1985, S. 69, 87 ff. zu den Besonderheiten geltungserhaltender Reduktion im Gesellschaftsrecht.
[472] Vgl. die Nachweise in Fn. 471.
[473] Das folgt nach ganz hM aus § 306 Abs. 2 (= § 6 Abs. 2 AGBG aF). Vgl. näher *H. Schmidt* in: Ulmer/Brandner/Hensen § 306 RdNr. 14 f., 33 ff. mwN.
[474] AA anscheinend *Erman/Westermann* RdNr. 42.
[475] So zutr. *H. P. Westermann,* FS Stimpel, 1985, S. 69, S. 88 f.
[476] Dazu BGH NJW 2007, 295, 297 (Verkürzung 30jähriger Bindung an RA-Sozietät auf 14 Jahre); NJW 1994, 2886, 2888; BB 1967, 309; dazu § 723 RdNr. 63.
[477] BGHZ 123, 281, 285 f. = NJW 1993, 3193; BGH NJW 1985, 192, 193; 1973, 651, 652; dazu § 738 RdNr. 74.
[478] BGHZ 105, 213, 220 f. = NJW 1989, 834; BGH ZIP 2004, 903, 905; näher § 737 RdNr. 16 ff., 20.
[479] Vgl. zu diesen vor allem für die Publikums-KG entwickelten besonderen Grundsätzen BGH WM 1978, 87 f.; NJW 1979, 2102; 1982, 877, 878; 1985, 195; 1989, 786; *Staub/Ulmer* § 105 HGB RdNr. 21; *Erman/Westermann* RdNr. 38; *Coing* ZGR 1978, 659, 661; *Grunewald* ZGR 1995, 72 f.; *Wiedemann* DNotZ 1977, Sonderheft S. 99, 105.

Gesellschaftern nicht oder nur zu kleinen Teilen identischen Kreis von Personen, den sog. Initiatoren, erstellt werden und zum Beitritt für eine meist große Zahl von über den Kapitalmarkt geworbenen, untereinander nicht verbundenen Anlegern offen stehen. Daher richtet sich die Auslegung dieser Verträge grundsätzlich nach *objektiven,* an Wortlaut, Systematik und (auch steuerrechtlicher) Zielsetzung des Vertragswerks orientierten Kriterien;[480] davon abweichende subjektive Vorstellungen der Initiatoren oder Gründer sind nur ausnahmsweise und zwar dann zu berücksichtigen, wenn sie sich *zu Gunsten* der Anleger auswirken und insbesondere ihnen gegenüber bei der Werbung zum Beitritt hervorgehoben wurden. Mehrjährige tatsächliche Abweichungen der Gesellschaftspraxis vom Vertragswortlaut reichen anders als im Fall der Normal-GbR (RdNr. 56) regelmäßig nicht aus, um daraus auf eine konkludente, vom Willen auch der dadurch nachteilig betroffenen Anleger getragene Vertragsänderung zu schließen.[481] Bei der ergänzenden Vertragsauslegung bietet es sich ebenso wie bei der Inhaltskontrolle derartiger Verträge (RdNr. 140 mN in Fn. 366, 367, 369) an, auch die im Aktienrecht getroffenen Regelungen für den entsprechenden Fragenkomplex zu berücksichtigen.[482] Für eine geltungserhaltende Reduktion übermäßiger Klauseln ist in derartigen Fällen kein Raum (RdNr. 174 a). – Die vorstehenden Grundsätze gelten auch für Treuhandkonstruktionen, bei denen die Anleger an der Publikums-GbR nicht unmittelbar, sondern unter Zwischenschaltung eines gemeinsamen Treuhänders beteiligt sind.[483]

176 **3. Nachprüfung in der Revisionsinstanz.** Die Auslegung von Gesellschaftsverträgen ist ebenso wie diejenige sonstiger Rechtsgeschäfte in der Revisionsinstanz grundsätzlich nur darauf nachprüfbar, ob entweder allgemein anerkannte Auslegungsregeln, Denk- und Erfahrungssätze verletzt worden oder wesentliche Tatsachen unberücksichtigt geblieben sind.[484] Die für Satzungen juristischer Personen anerkannte unbeschränkte Nachprüfung im Interesse objektiver, einheitlicher Auslegung[485] findet bei *Personengesellschaftsverträgen* mit Ausnahme der Publikums-Gesellschaften (RdNr. 175) keine Entsprechung. Auch für sie ist jedoch die Tendenz des BGH unverkennbar, in weitergehendem Maße eine eigene Auslegungskompetenz in Anspruch zu nehmen als bei gewöhnlichen zweiseitigen Rechtsgeschäften. Den Einstieg hierzu eröffnet die Formel von der bei der Auslegung zu berücksichtigenden Lebenserfahrung (RdNr. 173). Dieser Tendenz ist zuzustimmen.[486] Sie gestattet es, den Besonderheiten des jeweiligen Gesellschaftsvertrags möglichst weitgehend Rechnung zu tragen, zugleich aber eine einheitliche Rechtsentwicklung unabhängig von der im Einzelfall gewählten, häufig zufälligen Formulierung sicherzustellen.[487]

VI. Der Vorvertrag

177 Vom Gesellschaftsvertrag, auch dem unvollständig abgeschlossenen (RdNr. 29 f.), ist der **Vorvertrag** zu unterscheiden. Er enthält nicht selbst die für § 705 kennzeichnende verbindliche Festlegung der Beteiligten auf einen gemeinsamen Zweck und dessen wechselseitige Förderung, sondern beschränkt sich auf die Verpflichtung der Parteien, unter den im Vorvertrag näher genannten Voraussetzungen zum Abschluss eines solchen Vertrags zu kommen.

---

[480] BGH NJW 1990, 2684, 2685; WM 1989, 786, 788; NJW 1979, 2102; MünchKommHGB/*Grunewald* § 161 RdNr. 108; *Baumbach/Hopt* Anh. § 177 a HGB RdNr. 67.
[481] BGH NJW 1990, 2684, 2685; *Grunewald* ZGR 1995, 72 f.
[482] Dazu sowie zu den damit verbundenen Schwierigkeiten *Stimpel,* FS Rob. Fischer, 1979, S. 771, 775 ff.
[483] BGH NJW-RR 1989, 993, 994; *Baumbach/Hopt* Anh. § 177 a HGB RdNr. 67; *Grunewald* ZGR 1995, 73.
[484] BGH ZIP 2001, 1414; WM 2000, 1195; 1995, 1545; NJW 1994, 2228; so auch *Erman/Westermann* RdNr. 37; *Staub/Ulmer* § 105 HGB RdNr. 204.
[485] St. Rspr., vgl. BGHZ 9, 279, 281 = NJW 1953, 1021; BGHZ 36, 296, 314 = NJW 1962, 864; RGZ 86, 283, 284; 170, 358, 366; wN bei *Ulmer* in: *Ulmer/Winter/Habersack* § 2 GmbHG RdNr. 150.
[486] So auch *Erman/Westermann* RdNr. 37.
[487] Für Zurückhaltung bei Heranziehung von Erfahrungsgrundsätzen für die Auslegung aber *Wiedemann* DNotZ 1977, Sonderheft S. 111. Sein Hinweis, Verträge von Personengesellschaften seien typische Individualverträge, unterschätzt die Rolle der Kautelarjurisprudenz bei der Vertragsformulierung.

Zur notwendigen **inhaltlichen Bestimmtheit** des Vorvertrags (Vor § 145 RdNr. 53) **178** bedarf es der Vereinbarung der wesentlichen Grundlagen für den künftigen Gesellschaftsvertrag, darunter namentlich des gemeinsamen Zwecks und der Beitragspflichten;[488] anstelle der Bestimmtheit genügt auch die Bestimmbarkeit nach Maßgabe der §§ 315, 317. Ist der Gesellschaftsvertrag wegen der Art der Einlageverpflichtungen oder wegen des Gesellschaftszwecks formbedürftig (RdNr. 33), so gilt das grundsätzlich auch für den auf seinen Abschluss gerichteten Vorvertrag.[489] Die gerichtliche **Durchsetzung** des vorvertraglichen Anspruchs auf Gründung der Gesellschaft erfolgt gegebenenfalls nach § 894 ZPO (Vor § 145 RdNr. 56). Dabei sind im Vorvertrag nicht geregelte Punkte, ähnlich wie beim unvollständigen Vertragsschluss, im Wege der richterlichen Vertragsergänzung zu schließen.[490] Der Vorvertrag kann aus wichtigem Grund gekündigt werden.[491] Er endet mit dem Abschluss des Hauptvertrags als Erfüllungshandlung.

C. Rechte und Pflichten der Gesellschafter

I. Grundlagen

1. Die Mitgliedschaft. a) Wesen. Die Mitgliedschaft in einer Personengesellschaft, der **179** „Gesellschaftsanteil" (RdNr. 159), verkörpert die aus dem Gesellschaftsvertrag resultierenden Rechte und Pflichten der einzelnen Gesellschafter. Ihre Ausgestaltung im Einzelnen ist gesetzlich nicht vorgegeben, sondern richtet sich nach dem Inhalt des jeweiligen Vertrages. Das gilt vor allem für die GbR, da sie wegen der hier besonders weitgehenden Dispositionsfreiheit der Gesellschafter (RdNr. 132), aber auch wegen der Vielfalt der in Betracht kommenden Gesellschaftszwecke, über eine besonders große Variationsbreite in der Gestaltung der Mitgliedschaftsrechte und -pflichten verfügt. Sogar der Ausschluss einzelner Gesellschafter von der Erfolgsbeteiligung im Rahmen der sog. societas leonina ist nicht ohne weiteres unzulässig (RdNr. 151). Die vertragliche Grundlage der Mitgliedschaftsrechte und -pflichten macht es zugleich notwendig, bei Auslegung und Anwendung der fraglichen Vereinbarungen auf die das Gesellschaftsverhältnis beherrschenden Grundsätze der Treupflicht (RdNr. 221 ff.) und der Gleichbehandlung (RdNr. 244 ff.) Rücksicht zu nehmen.

b) Rechtsnatur. Für die Rechtsnatur der Mitgliedschaft in der GbR[492] hat sich, ent- **180** sprechend der inzwischen vollzogenen Anerkennung der *Rechtsfähigkeit der Außengesellschaft* und ihrer Eigenständigkeit gegenüber den Mitgliedern (RdNr. 303 ff.), die Ansicht durchgesetzt, dass die Mitgliedschaft nicht nur die Stellung der Gesellschafter als Beteiligte des mitgliedschaftlichen Rechtsverhältnisses verkörpert, sondern zugleich als **subjektives Recht** zu qualifizieren ist.[493] Dem entspricht es, dass die Gesellschafter in der Lage sind, die Mitgliedschaft als solche (den Gesellschaftsanteil) zum Gegenstand rechtsgeschäftlicher Verfügungen zu machen. Die Übertragung der Mitgliedschaft oder die Begründung eines beschränkten dinglichen Rechts (Nießbrauch, Pfandrecht) an ihr führt zum Eintritt des

---

[488] BGH LM Nr. 3 = BB 1953, 97; RGZ 66, 116, 121; 156, 129, 138; *Staudinger/Habermeier* RdNr. 8; *Soergel/Hadding* RdNr. 15; *Staub/Ulmer* § 105 HGB RdNr. 206.
[489] Jedenfalls wenn die Formvorschriften, wie im Fall der §§ 311b, 518, die Beteiligten vor übereilten Bindungen schützen sollen. Zum Eingreifen der Formvorschriften auch für den Vorvertrag in diesen Fällen vgl. *Henrich*, Vorvertrag, Optionsvertrag, Vorrechtsvertrag, 1965, S. 147 f. und Vor § 145 RdNr. 54, jeweils mN der Rspr.
[490] Für Ergänzung nach § 287 ZPO aber BGH LM Nr. 3 = BB 1953, 97; RG JW 1938, 2740, 2743.
[491] BGH DB 1958, 955; *Staub/Ulmer* § 105 HGB RdNr. 207, dort auch zum Argument, das Eingehen einer GbR sei unzumutbar; allg. dazu auch Vor § 145 RdNr. 55 mwN.
[492] Für die Mitgliedschaft in OHG und KG s. *Staub/Ulmer* § 105 HGB RdNr. 208 ff. mwN.
[493] Vgl. namentlich *Flume* I/1 § 9, S. 125 ff.; *Habersack*, Die Mitgliedschaft – subjektives und sonstiges Recht, 1996, S. 62 ff., 98 ff.; *Huber* (Fn. 92) S. 164; *Lutter* AcP 180 (1980), 84, 97 ff.; *K. Schmidt* GesR § 19 I 3, § 19 IV; *Wiedemann* Übertragung S. 39 f.; aA *Soergel/Hadding* RdNr. 46 und 67 a mwN; vgl. auch *Hadding*, FS Reinhardt, 1972, S. 249 ff.; ders., FS Steindorff, 1990, S. 31 ff.; *Lamprecht*, Die Zulässigkeit der mehrfachen Beteiligung an einer Personengesellschaft, 2002, S. 116 ff., 125 f.

§ 705   181, 182   Abschnitt 8. Titel 16. Gesellschaft

Empfängers in das mitgliedschaftliche Rechtsverhältnis, wobei freilich die Wirksamkeit der Verfügung davon abhängt, dass der Gesellschaftsvertrag diese zulässt oder die Gesellschafter ihr zustimmen (s. für die Anteilsübertragung § 719 RdNr. 27, für sonstige Verfügungen § 719 RdNr. 48 ff.). Den **Inhalt** des subjektiven Rechts bilden die verschiedenen aus der Gesellschafterstellung entspringenden Mitsprache-, Kontroll- und Vermögensrechte (näher dazu vgl. RdNr. 188) und die ihnen korrespondierenden mitgliedschaftlichen Verpflichtungen. Deren Bestehen steht der Qualifizierung als subjektives Recht nicht entgegen, wie die Beispiele der Aktie und des GmbH-Geschäftsanteils als nahezu allgemein anerkannte Gegenstände subjektiver Rechte zeigen.[494] Als Herrschaftsrecht[495] ist die Mitgliedschaft **„sonstiges Recht" iS des § 823 Abs. 1;** daher genießt sie bei Eingriffen in die Substanz des Rechts – nicht dagegen bei Beeinträchtigung ihres Wertes, insbesondere im Fall der Schädigung der Gesellschaft – Schutz sowohl gegenüber außenstehenden Dritten[496] als auch innerhalb des Verbands.[497]

181   c) **Einheitlichkeit der Mitgliedschaft?** Der Grundsatz, dass die Mitgliedschaft jedes Gesellschafters in einer Personengesellschaft eine einheitliche ist, dh. nicht in zwei oder mehr Anteile aufgeteilt sein kann, gehörte viele Jahrzehnte lang zum **gesicherten Bestand des Personengesellschaftsrechts;**[498] er wurde bis zur 3. Aufl.[499] uneingeschränkt auch in dieser Kommentierung vertreten. Dafür sprach der unmittelbare rechtliche Zusammenhang der Mitgliedschaft mit der Stellung des Mitglieds als *Vertragspartner* des Gesellschaftsvertrags (§ 705). Ebenso wie diese Stellung sich auf die jeweiligen am Gesellschaftsvertrag beteiligten natürlichen und juristischen Personen sowie rechtsfähigen Gesamthandsgesellschaften als solche beschränkt, während die Mehrfachbeteiligung einer Person an ein und demselben Vertragsverhältnis ausscheidet, schien auch die Anerkennung unterschiedlicher Mitgliedschaften in der Hand desselben Gesellschafters ausgeschlossen. Das abweichende Strukturprinzip bei Kapitalgesellschaften, die gegenüber dem Gründungsvertrag und seinen Beteiligten verselbstständigte juristische Personen bilden und an denen die Gesellschafter mehrere Anteile entweder von Anfang an in beliebiger Zahl (§§ 8, 23 Abs. 1 Nr. 2 AktG) oder jedenfalls bei späterem Hinzuerwerb (§§ 5 Abs. 2, 15 Abs. 2 GmbHG) erwerben können, lässt sich auf die davon zu unterscheidende, auf Gesellschaftsvertrag und Gesamthandsorganisation beruhende Grundstruktur der Personengesellschaft nicht übertragen, und zwar unabhängig davon, ob diese in der Rechtsform der GbR, der OHG oder der KG organisiert ist. Deswegen ist auch die Gründung einer Einpersonen-GbR nach zutreffender hM ausgeschlossen (RdNr. 60). Selbst für den Fortbestand einer ursprünglich aus zwei oder mehr Gesellschaftern bestehenden GbR ist, wenn alle Anteile auf einen einzigen Gesellschafter übergehen, im Grundsatz kein Raum (zu Ausnahmen vgl. RdNr. 63 ff.).

182   Der Einheitlichkeitsgrundsatz bedarf allerdings – darin ist den neueren Ansichten[500] zuzustimmen – der **Einschränkung** mit Blick auf bestimmte Sonderkonstellationen der Mitgliedschaft. Die wichtigste Ausnahme betrifft das Zusammentreffen von zwei oder mehr Gesellschaftsanteilen in der Hand eines Gesellschafters, sofern an einem dieser Anteile

---

[494] So zutr. *Lutter* AcP 180 (1980), 84, 101 f.; näher dazu *Habersack* (Fn. 493).
[495] So zu Recht *K. Schmidt* JZ 1991, 157, 158; *Habersack* (Fn. 493) S. 142 ff.; ähnlich bereits *Wiedemann* Übertragung S. 39; *Lutter* AcP 180 (1980), 84, 102.
[496] So insbes. *K. Schmidt* GesR § 19 I 3 a, § 21 V 4; *Lutter* AcP 180 (1980), 84, 130 f.; *Habersack* (Fn. 493) S. 152 ff.; aA *Reuter*, FS Lange, 1992, S. 707, 712 f.; *Hadding*, FS Kellermann, 1991, S. 91, 102 ff.
[497] So für die Mitgliedschaft in einem Verein BGHZ 110, 323, 327 f., 334 = NJW 1990, 2877; dem BGH zust. *K. Schmidt* JZ 1991, 157, 158 f.; *Habersack* (Fn. 493) S. 187 ff. mwN; abl. *Reuter* und *Hadding*, jeweils aaO (Fn. 496).
[498] St. Rspr. vgl. BGHZ 24, 106, 108 f. = NJW 1957, 1026; BGHZ 101, 123, 129 = NJW 1987, 3184; KG AG 1992, 64, 67 mwN; so auch die früher ganz hM in der Lit., vgl. *Schlegelberger/Martens* § 161 HGB RdNr. 41; *Staub/Schilling* 161 HGB RdNr. 38; *Staub/Ulmer* § 105 HGB RdNr. 71; *K. Schmidt* GesR § 45 I 2 b; wN vgl. in Fn. 130 betr. die – mit dem Einheitlichkeitsgrundsatz eng zusammenhängende – Nichtanerkennung einer Einmann-Personengesellschaft.
[499] § 705 RdNr. 152, 152 a.
[500] Vgl. Nachweise in Fn. 131.

Inhalt des Gesellschaftsvertrags **183** § 705

Rechte Dritter bestehen. Das gilt in erster Linie für die dingliche Belastung eines Anteils mit einem *Nießbrauch* oder einem *Pfandrecht*.[501] Es ist aber auch für einen der *Testamentsvollstreckung* oder *Nachlassverwaltung* unterliegenden, als Nachlassbestandteil vom persönlichen Anteil des Erben separierten und der Verwaltungsbefugnis des Testamentsvollstreckers oder Nachlassverwalters unterstellten Gesellschaftsanteil anzunehmen[502] (vgl. RdNr. 64). Geht es demgegenüber um die Rechtsfolgen einer anteilsbezogenen **letztwilligen Verfügung,** so erscheint zwar das *Anteilsvermächtnis* geeignet, zur vorübergehenden Aufrechterhaltung des vererbten Anteils als solchen in der Hand des Gesellschafter/Erben zu führen (vgl. § 2175, dazu RdNr. 65). Demgegenüber reicht die Anordnung von Vor- und Nacherbschaft nicht aus, um die Einheitlichkeit der Mitgliedschaft des Gesellschafter/Erben zu durchbrechen und den Fortbestand einer allein aus ihm bestehenden Gesellschaft zu ermöglichen (str., vgl. näher RdNr. 65). Entsprechendes gilt bei qualifizierter Nachfolge seitens des letztverbliebenen Gesellschafters ungeachtet der Vererbung des Nachlasses als solchen an eine Erbengemeinschaft (RdNr. 65).

Keinen Ausnahmegrund bildet – entgegen neueren Ansichten[503] – die Ausstattung der **183** ursprünglich in verschiedenen Händen liegenden **Anteile mit unterschiedlichen Mitgliedschaftsrechten** wie Gewinn- oder Stimmrecht, Sonderrecht auf Geschäftsführung, auf einseitigen Austritt oder auf Hinauskündigung von Mitgesellschaftern. Zwar gehen diese unterschiedlichen Rechte durch das Zusammentreffen der Anteile in einer Hand im Zweifel nicht unter, sondern bestehen in der Person des jeweiligen Anteilserwerbers fort;[504] sie können durch Weiterverfügung über den hinzuerworbenen, kraft gesellschaftsvertraglicher Zulassung oder mit Zustimmung der Mitgesellschafter wieder verselbstständigungsfähigen Anteil erneut separiert werden. Die Anerkennung mehrfacher Mitgliedschaften in der Hand einer Person und ein daraus resultierender Fortbestand des ehemaligen Verbands als eine *Außenwirkungen* entfaltende Einpersonen-Gesellschaft lässt sich auf die unterschiedliche Rechtsausstattung von ursprünglich getrennten Anteilen jedoch nicht stützen.[505] Daran ändert auch der Hinweis auf die den Gesellschaftern zustehende *Privatautonomie* bei Ausgestaltung des Gesellschaftsverhältnisses nichts.[506] Da sie nur innerhalb der strukturellen Grenzen des Personengesellschaftsrechts besteht, ist sie nicht geeignet, entgegen den gesetzlichen Vorgaben die Einmann-Gründung einer Personengesellschaft zu ermöglichen oder den einzelnen Gründern bzw. ihren Rechtsnachfolgern eine mehrfache Mitgliedschaft zu verschaffen. Auch der persönlich haftende Gesellschafter einer Mehrpersonen-KG erlangt durch Hinzuerwerb eines Kommanditanteils nicht etwa eine doppelte Gesellschafterstellung, sondern bleibt – vorbehaltlich der Umwandlung seiner (Gesamt-)Beteiligung in diejenige eines Kommanditisten durch Vereinbarung mit den übrigen Gesellschaftern oder durch Ausübung eines Gestaltungsrechts – Komplementär, wenn auch mit entsprechend erhöhtem Kapitalanteil.[507]

---

[501] Heute in der Lit. wohl schon hM, vgl. die Nachweise in Fn. 138.
[502] So – wenn auch auf das Innenverhältnis(?) beschränkt – erstmals BGHZ 98, 48, 57 = NJW 1986, 2431 (IVa-Senat); offen lassend BGHZ 108, 187, 199 = NJW 1989, 3152, und BGHZ 113, 132, 137 = NJW 1991, 844 (II. Senat). Ebenso die neuere Lit., vgl. Nachweise in Fn. 133.
[503] So – unter Hinweis auf die Privatautonomie der Gesellschafter, wenn auch nicht durchweg deutlich zwischen Innen- und Außenverhältnis unterscheidend – *Esch* BB 1996, 1625 f.; *Baumann* BB 1998, 229 f.; *Kanzleiter*, FS Weichler, 1997, S. 49 f.; *Priester* DB 1998, 55, 60.
[504] *Ulmer* ZHR 167 (2003), 103, 115 f.
[505] Vgl. näher *Ulmer* ZHR 167 (2003), 103, 115 f; so auch *Wiedemann*, FS Zöllner, 1998, S. 635, 643 ff. Ähnlich – wenn auch unter problematischer Unterscheidung zwischen einheitlicher Mitgliedschaft und mehrfacher „Beteiligung" – *Bippus* AcP 195 (1995), 13, 22 ff.; wohl auch *Steinbeck* DB 1995, 761, 763 ff.
[506] So aber die in Fn. 136 genannten Autoren.
[507] Vgl. etwa BGHZ 66, 98, 101 = NJW 1976, 848; BGHZ 101, 123, 129 = NJW 1987, 3184; BGH WM 1963, 989; NJW 1984, 362, 363; OLG Hamm NJW 1982, 835; OLG Hamburg ZIP 1984, 1226; BayObLG DB 2003, 762, 763; *Westermann* Hdb. RdNr. I 78, 78 a; *Wiedemann*, FS Zöllner, 1998, S. 635, 645 (unter zutr. Hinweis auch auf die notwendig einheitliche Eintragung der Mitgliedschaft im Handelsregister). AA MünchKommHGB/*Grunewald* § 161 RdNr. 4 f.; *Esch* BB 1993, 664, 666 ff. und BB 1996, 1626; *Baumann* BB 1998, 229; *Priester* DB 1998, 59 f.

184 Demgegenüber sind die Gesellschafter in der **Ausgestaltung des Innenverhältnisses** ihrer Verbindung grundsätzlich frei; sie können einzelnen von ihnen daher eine Rechtsstellung einräumen, die derjenigen im Fall mehrfacher Beteiligung gleichkommt. Allerdings bedarf es für eine derart ungewöhnliche Gestaltung eindeutiger Vereinbarungen der Beteiligten. Will daher ein Gesellschafter, nachdem er seine Mitgliedschaft wirksam gekündigt hat, von einem Mitgesellschafter einen ungekündigten Anteil erwerben, so erlangt dieser Erwerb auch dann, wenn die Anteile unter Gesellschaftern nach dem Gesellschaftsvertrag im Grundsatz frei handelbar sind, in der Regel Wirksamkeit nur mit Zustimmung der Mitgesellschafter.[508] Denn der Sache nach läuft ein solcher Erwerb entweder auf eine Teilkündigung unter fortbestehender Mitgliedschaft mit dem hinzuerworbenen Anteil oder auf Verkürzung der vertraglichen Kündigungsfrist für diesen Anteil hinaus; beides ist für die Mitgesellschafter ohne entsprechende gesellschaftsvertragliche Abrede nicht zumutbar. Anderes gilt nur dann, wenn der Gesellschaftsvertrag sowohl die Teilabtretung eines Anteils zwischen Gesellschaftern als auch den erneuten Anteilserwerb nach kündigungsbedingtem Ausscheiden gestattet.[509]

185 **2. Mitgliedschaftsrechte und -pflichten. a) Überblick.** Die Mitgliedschaftsrechte und -pflichten in einer Personengesellschaft lassen sich in zweifacher Hinsicht unterscheiden. Die erste Unterscheidung knüpft an den **Gegenstand der Rechte und Pflichten** an. Insoweit hat sich die Differenzierung zwischen *Vermögens- und Verwaltungsrechten* bzw. -pflichten durchgesetzt (RdNr. 189 ff.). Sie ist von Bedeutung zum einen für die Frage, ob und inwieweit die Mitgliedschaftsrechte abtretbar sind (§ 717), und zum anderen, ob die Pflichten auf vertretbare Leistung gerichtet oder aber höchstpersönlicher Natur sind.

186 Eine zweite Unterscheidung bezieht sich auf die jeweilige **Gläubiger- und Schuldnerbeziehung.** Insoweit sind in der Personengesellschaft trotz der einheitlichen Vertragsgrundlage zwei Ebenen streng zu trennen: die Beziehung zwischen Gesellschafter und *Gesellschaft* (Sozialsphäre, RdNr. 197 ff.) und diejenige der Gesellschafter untereinander, dh. zu den jeweiligen *Mitgesellschaftern* (Individualsphäre, RdNr. 215 ff.). Die Art der Rechtsbeziehung entscheidet auch über die Aktiv- und Passivlegitimation von Gesellschaft oder Gesellschaftern bei gerichtlicher Geltendmachung der Ansprüche[510] sowie über das für den Haftungszugriff in Betracht kommende Vollstreckungsobjekt.

187 Von den auf dem Gesellschaftsvertrag beruhenden Mitgliedschaftsrechten und -pflichten *strikt zu trennen* sind schließlich diejenigen Rechtsverhältnisse, die sich aus *laufenden Rechtsgeschäften* der Gesellschaft mit Gesellschaftern ergeben, namentlich aus Austauschverträgen (Kauf, Miete, Dienst- und Werkvertrag u. a.) zur Verwirklichung des Gesellschaftszwecks. Derartige **Drittgeschäfte** kann die Gesellschaft nicht nur mit dritten Personen, sondern auch mit einzelnen Gesellschaftern schließen. Sozialansprüche oder -verbindlichkeiten werden hierdurch nicht begründet, da die daraus resultierenden Rechte und Pflichten ihre Grundlage nicht im Gesellschaftsvertrag finden, sondern in den jeweiligen von der Gesellschaft abgeschlossenen Rechtsgeschäften. Dementsprechend stehen auch die jeweiligen Gesellschafter der Gesellschaft insoweit grundsätzlich wie Dritte gegenüber. Sie können ihre rechtsgeschäftlichen Ansprüche gegen die Gesellschaft grundsätzlich wie ein Drittgläubiger durchsetzen, ohne den gesellschaftsvertraglichen, das Innenverhältnis bestimmenden Schranken unterworfen zu sein (vgl. näher RdNr. 203).

188 **b) Stammrecht und Einzelrechte.** Für sämtliche Mitgliedschaftsrechte ist zwischen dem die Mitgliedschaft umfassenden Stammrecht als gesellschaftsvertraglicher Rechtsquelle

---

[508] So im Ergebnis auch BGH WM 1989, 1221, 1224 *(Röchling)*; vgl. dazu auch *Wiedemann*, FS Zöllner, 1998, S. 635, 644 (entgegen dem BGH für vorübergehende(?) Verlängerung der Mitgliedschaft); *Lamprecht* (Fn. 493) S. 241. AA OLG München DB 2004, 479, 480, wenn der Gesellschaftsvertrag den Anteilserwerb eines zuvor durch Kündigung ausgeschiedenen Gesellschafters zulässt.
[509] So (unter Missbrauchsvorbehalt) zutr. OLG München DB 2004, 479, 480.
[510] Individualansprüche können die Gesellschafter uneingeschränkt selbst geltend machen, Gesellschafts-(Sozial-)Ansprüche dagegen nur im Rahmen der actio pro socio (RdNr. 204 ff.), soweit sie nicht kraft Vertretungsmacht für die Gesellschaft für diese handeln können.

und der Durchsetzung dieses Rechts im konkreten Fall bzw. – im Fall von Vermögensrechten – dem einzelnen vermögensrechtlichen Anspruch iS von § 717 S. 2 zu unterscheiden.[511] Von Bedeutung ist die Unterscheidung namentlich im Hinblick auf die Übertragbarkeit der verschiedenen Rechte. Für die jeweilige *Rechtsquelle* gilt nämlich, dass sie als untrennbarer Bestandteil der Mitgliedschaft trotz Zustimmung der Mitgesellschafter nicht von dieser abgespalten werden kann (allg. zum Abspaltungsverbot vgl. § 717 RdNr. 7 f.). Das gilt auch für den – gelegentlich als Vermögensstammrecht[512] bzw. Vermögenswert der Beteiligung[513] bezeichneten – Inbegriff der dem Gesellschafter auf Grund des Gesellschaftsvertrags zustehenden Vermögensrechte (§ 717 RdNr. 15 f.): für dessen Anerkennung als disponible Rechtsposition besteht zumal vor dem Hintergrund der Mitgliedschaft als subjektives und daher (mit Zustimmung der Mitgesellschafter) übertragbares und belastbares Recht kein Bedürfnis. Demgegenüber verselbstständigen sich die *vermögensrechtlichen Ansprüche* iS des § 717 S. 2 (RdNr. 189; näher § 717 RdNr. 34 ff.) gegenüber der Mitgliedschaft im Zeitpunkt ihrer Entstehung und können sodann im Wege der Abtretung gemäß § 398 übertragen sowie gemäß §§ 1279 ff. verpfändet oder gemäß § 1070 mit einem Nießbrauch belastet werden. Demgegenüber können das mitgliedschaftliche *Stimmrecht* sowie die sonstigen mitgliedschaftlichen *Teilhabe- und Kontrollrechte* zwar nicht von der Mitgliedschaft abgespalten werden, auch soweit es um ihre Ausübung im konkreten Einzelfall geht; doch können sie im Einvernehmen mit den Mitgesellschaftern Dritten zur Ausübung überlassen werden (§ 717 RdNr. 9 f.).

3. Vermögensrechte und -pflichten. Unter den nach § 717 S. 2 selbstständig übertragbaren Vermögensrechten der Gesellschafter steht der **Gewinnanspruch** im Vordergrund. Seine anteilige Höhe ist regelmäßig im Gesellschaftsvertrag selbst bestimmt; anderenfalls gilt nach § 722 Abs. 1 Gewinnverteilung nach Köpfen, soweit nicht die ergänzende Vertragsauslegung als vorrangige Rechtsquelle (RdNr. 174) zu einem abweichenden Ergebnis führt. Ist die Gesellschaft auf längere Dauer angelegt, wird der Gewinn im Zweifel nicht erst nach ihrer Auflösung, sondern periodisch zum jeweiligen Geschäftsjahresende verteilt (§ 721 Abs. 2). In diesem Fall ist wie bei den Handelsgesellschaften zwischen dem Recht auf Rechnungslegung und den einzelnen, auf das jeweilige Geschäftsjahr bezogenen und im Anschluss an die Gewinnverteilung realisierbaren Gewinnansprüchen zu unterscheiden (vgl. § 721 RdNr. 8, 11). Ein besonderes, neben den jährlichen Gewinnanspruch tretendes oder dessen Geltendmachung beschränkendes *Entnahmerecht* ist in der GbR nach gesetzlicher Regel unbekannt. Im Gesellschaftsvertrag kann es freilich vereinbart werden (§ 721 RdNr. 13). 189

Neben den Gewinnanspruch tritt als weiteres zentrales Vermögensrecht der **Anspruch auf das Auseinandersetzungsguthaben** (§ 717 S. 2), dh. auf Rückerstattung der Einlagen und Verteilung des aus der Liquidation resultierenden Überschusses (§§ 733, 734). Er bildet zunächst einen künftigen Anspruch und kommt im Zeitpunkt der Auflösung der Gesellschaft zur Entstehung. Fällig wird er regelmäßig erst mit der Schlussabrechnung (§ 730 RdNr. 61). Scheidet ein Gesellschafter aus, während die Gesellschaft im Übrigen fortbesteht, so steht ihm anstelle des Auseinandersetzungsguthabens ein *Abfindungsanspruch* in grundsätzlich entsprechender Höhe zu (§§ 738, 740). Er richtet sich ebenso wie der Anspruch auf das Auseinandersetzungsguthaben gegen die Gesellschaft (§ 738 RdNr. 217). 190

Ein weiteres aus der Mitgliedschaft fließendes Vermögensrecht bildet der Anspruch auf **Aufwendungsersatz** (§ 713 RdNr. 15). Er bezieht sich einerseits auf den Ausgleich derje- 191

---

[511] Näher dazu *Wiedemann* WM 1992, Sonderbeilage 7 S. 23 ff., 29 ff. Vgl. auch (in der Sache ähnlich) *Soergel/Hadding* RdNr. 67 a.
[512] So noch *Staudinger/Keßler* (12. Aufl.) § 717 RdNr. 26; *Soergel/Schultze-v. Lasaulx*, 10. Aufl. 1969, § 717 RdNr. 12; *Siebert* BB 1956, 1126; *Sudhoff* NJW 1971, 483 f.; auch noch die 2. Aufl. RdNr. 83 *(Ulmer)* und *Ulmer* in Großkomm. zum HGB § 139 RdNr. 88; aA zu Recht *Flume* I/1 § 17 VI; *Habersack* (Fn. 493) S. 86 ff., 88; *Huber* (Fn. 92) S. 414 f.; *Wiedemann*, Übertragung und Vererbung, S. 400 f.; MünchKomm-HGB/K. Schmidt Vor § 230 RdNr. 14 (heute ganz hM).
[513] Vgl. dazu (im Ergebnis ein eigenes „Wertrecht" zu Recht abl.) *Huber* (Fn. 92) S. 145 ff., 165 ff.; gegen Anerkennung des „Vermögenswerts der Beteiligung" als eigenes abspaltbares Mitgliedschaftsrecht insbes. auch *Habersack* (Fn. 493) S. 89 ff.

§ 705 192–196 Abschnitt 8. Titel 16. Gesellschaft

nigen Leistungen, die der einzelne Gesellschafter auf Grund seiner gesamtschuldnerischen Haftung für die Gesellschaftsschulden an Dritte erbracht hat, anderseits auf den Ersatz der im Rahmen der Geschäftsführung für die Gesellschaft getätigten, nach §§ 713, 670 ersatzfähigen Aufwendungen. Der Anspruch richtet sich gegen die Gesellschaft. Zur Frage des gesamtschuldnerischen Ausgleichs zwischen den Mitgesellschaftern vgl. RdNr. 217.

192 Zu den auf der Mitgliedschaft beruhenden **Vermögenspflichten** gehört in erster Linie die im Gesellschaftsvertrag festgelegte **Beitragspflicht** (§ 706), soweit sie nicht ausnahmsweise in Tätigkeitspflichten besteht oder sich auf Beiträge ohne konkreten Vermögenswert bezieht (§ 706 RdNr. 14, 17). Sie ist regelmäßig nicht höchstpersönlicher Natur, sondern kann auch von Mitgesellschaftern oder Dritten an Stelle des Beitragsschuldners erfüllt werden (vgl. aber RdNr. 195). Zur Einwilligung in eine nachträgliche Erhöhung der Beiträge sind die Gesellschafter nach gesetzlicher Regel nicht verpflichtet (§ 707 RdNr. 6 f.). Von der Beitragspflicht ist die vom Liquidationsergebnis abhängige **Nachschusspflicht** nach § 735 zu unterscheiden. Sie richtet sich anteilig gegen alle am Verlust beteiligten Gesellschafter und setzt voraus, dass die Liquidation zu einer Unterbilanz führt. Beim Ausscheiden eines Gesellschafters aus der unter den übrigen fortbestehenden Gesellschaft entspricht ihr die Haftung auf den in der Abfindungsbilanz ermittelten anteiligen Fehlbetrag (§ 739).

193 **4. Verwaltungsrechte und -pflichten. a) Arten.** Zu den **Verwaltungsrechten** gehören je nach vertraglicher Ausgestaltung das Recht auf Geschäftsführung und Vertretung (§§ 709, 714), das Widerspruchsrecht gegen Geschäftsführungsmaßnahmen von Mitgesellschaftern (§ 711), das Stimmrecht (§ 709 RdNr. 60 ff.), das Informations- und Kontrollrecht (§ 716), das Recht auf Rechnungslegung (§ 721), das Kündigungsrecht (§ 723), das Recht auf Mitwirkung bei der Liquidation (§ 730 RdNr. 40) sowie die außerordentlichen Entziehungs- und Ausschließungsrechte der §§ 712, 715, 737. Wegen der Einzelheiten dieser Rechte vgl. die Erläuterungen zu den jeweiligen Vorschriften.

194 Den Verwaltungsrechten entsprechen bestimmte vertraglich übernommene oder aus der Treupflicht folgende **Pflichten,** darunter namentlich die – *uneigennützig* auszuübende (RdNr. 196) – Pflicht zur Geschäftsführung und Vertretung, die Pflicht zur Rechnungslegung sowie die Pflicht, diejenigen Rechte auszuüben, deren Wahrnehmung im Interesse der Gesellschaft geboten ist. Die *Treupflicht* kann je nach Lage des Falles auch die Ausübung der *eigennützigen* Verwaltungsrechte beeinflussen (RdNr. 196) und ggf. zur Bejahung einer Verpflichtung führen, bestimmten Vertragsänderungen zuzustimmen oder an der Entziehung der Geschäftsführung bzw. an der Ausschließung eines Gesellschafters mitzuwirken (RdNr. 231 ff.).

195 **b) Besonderheiten.** Eine erste Besonderheit der Verwaltungs- oder Mitspracherechte in der Gesellschaft besteht in ihrer **höchstpersönlichen,** mit der Mitgliedschaft untrennbar verbundenen **Natur.** Daher können die Verwaltungsrechte an Nichtgesellschafter weder abgetreten noch ihnen ohne Zustimmung der Mitgesellschafter zur Ausübung überlassen werden (sog. Abspaltungsverbot, vgl. § 717 RdNr. 7 f.). Auch die Verwaltungspflichten einschließlich der auf Dienstleistung gerichteten Beitragspflichten (§ 706 Abs. 3) sind grundsätzlich höchstpersönlich zu erfüllen.

196 Von besonderer Bedeutung für die Verwaltungsrechte ist weiter der **Einfluss der Treupflicht** auf ihre Ausübung. Insoweit ist strikt zwischen eigennützigen, den Gesellschaftern im eigenen Interesse verliehenen Verwaltungsrechten und uneigennützigen, im Interesse der Gesellschaft auszuübenden Rechten zu unterscheiden. Zu den **eigennützigen** Rechten gehören namentlich das Stimmrecht in anderen als Geschäftsführungsfragen, das Informations- und Kontrollrecht und das Kündigungsrecht. Insoweit beschränkt sich der Einfluss der Treupflicht grundsätzlich darauf, bei der dem Eigeninteresse dienenden Ausübung dieser Rechte auf die Belange der Gesellschaft und der Mitgesellschafter Rücksicht zu nehmen und das schonendste Mittel zu wählen. Das Zurückstellen der eigenen Interessen kann nur ausnahmsweise, unter der doppelten Voraussetzung verlangt werden, dass es wegen überragender Interessen der Gesellschaft geboten und dem betroffenen Gesellschafter zumutbar ist (RdNr. 227, 229). Anderes gilt bei den **uneigennützigen** Rechten, darunter in erster

Linie dem Recht (und der Pflicht) zur Geschäftsführung und Vertretung, daneben aber auch dem Widerspruchsrecht bei Einzelgeschäftsführung (§ 711). Insoweit handelt es sich um mitgliedschaftliche Aufgaben im Interesse der Gesellschaft. Bei deren Wahrnehmung sind die Gesellschafter der Gesellschaft verpflichtet und müssen namentlich auch die eigenen Interessen dem gemeinsamen Zweck und seiner Förderung unterordnen (RdNr. 226).

II. Rechtsstellung gegenüber der Gesellschaft (Gesamthand)

1. Ansprüche des Gesellschafters gegen die Gesellschaft (Sozialverbindlichkeiten). **197**
a) Vermögensrechte. Die aus der Mitgliedschaft der einzelnen Gesellschafter fließenden Vermögensrechte (RdNr. 189 ff.) richten sich nur **gegen die Gesellschaft** und nicht auch gegen die Mitgesellschafter.[514] So müssen Gewinnanspruch, Anspruch auf Geschäftsführervergütung (§ 709 RdNr. 32 ff.) und auf Aufwendungsersatz gegen die parteifähige GbR,[515] ansonsten gegen die übrigen Gesellschafter als Gesamthänder geltend gemacht werden; im letztgenannten Fall waren (sind) diese nach zutr. Ansicht notwendige Streitgenossen auf der Passivseite.[516] In diesen Fällen kann abweichend von § 736 ZPO mit einem nur gegen die übrigen Gesellschafter gerichteten Titel in das Gesellschaftsvermögen vollstreckt werden; der Gesellschafter braucht sich nicht selbst zu verklagen (§ 718 RdNr. 56). Eine *Haftung der Mitgesellschafter* mit ihrem Privatvermögen für die Sozialverbindlichkeiten wird – abgesehen vom Abfindungsanspruch ausgeschiedener Gesellschafter (RdNr. 218) – von der ganz hM im Grundsatz zu Recht abgelehnt;[517] bei unzureichendem Gesellschaftsvermögen greift in derartigen Fällen allerdings eine subsidiäre pro-rata-Haftung ein (vgl. näher RdNr. 217).

Bei **Schadensersatzansprüchen einzelner Gesellschafter** wegen eines ihnen persönlich durch Vertrags- oder Treupflichtverletzung von Mitgesellschaftern entstandenen Schadens, etwa wegen Behinderung in der Ausübung von Gesellschafterrechten oder wegen Beschädigung einer zum Gebrauch eingebrachten Sache, ist zu unterscheiden. Ansprüche gegen die *Gesellschaft* (Sozialverbindlichkeiten) werden dadurch nur dann begründet, wenn der Schaden auf Geschäftsführungshandlungen von Mitgesellschaftern beruht; diese muss die Gesellschaft sich nach § 278 zurechnen lassen (hierzu und zum Nichteingreifen von § 31 in diesen Fällen vgl. § 718 RdNr. 30). In sonstigen Fällen, so insbesondere wegen Vorgängen auf der Gesellschafterebene,[518] steht dem geschädigten Gesellschafter ein Anspruch nur gegen den oder die schädigenden *Mitgesellschafter* und zwar nur dann zu, wenn die Verschuldensvoraussetzungen des § 708 erfüllt sind; er unterliegt der regelmäßigen Verjährungsfrist der §§ 195, 199. – Zur Geltendmachung eines Schadensersatzanspruchs der *Gesellschaft* gegen Mitgesellschafter sind die nicht geschäftsführungsbefugten Gesellschafter nur im Rahmen der actio pro socio befugt (RdNr. 204 ff.). **198**

b) Verwaltungsrechte. Auch sie richten sich in erster Linie **gegen die Gesellschaft**, **199**
vertreten durch die Geschäftsführer. Das gilt etwa für die Durchsetzung der Befugnis zur Geschäftsführung, für die Ausübung des Stimmrechts, für das Recht auf Rechnungslegung

---

[514] Vgl. näher *Wiedemann* WM 1992, Sonderbeilage 7 S. 36 f.; *Walter* JuS 1982, 81, 82 ff., jeweils mN.
[515] Vgl. dazu BGHZ 146, 341, 348 ff. = NJW 2001, 1056; eingehend RdNr. 318 ff.
[516] So – in der Zeit vor Anerkennung der Parteifähigkeit der (Außen-)GbR – die überwM, vgl. BGH NJW-RR 1990, 967 = WM 1990, 1113; *Stein/Jonas/Bork* § 62 ZPO RdNr. 20 a; *Heller*, Der Zivilprozess der GbR, 1989, S. 74 ff.; *Erman/Westermann* § 718 RdNr. 14; *Kornblum* BB 1970, 1445, 1448; *K. Schmidt* GesR § 60 IV 1 b (betr. die schlicht zivilistische Gesamthand). AA – notwendige Streitgenossenschaft nur in Fällen der eine unteilbare Leistung betreffenden „echten Gesamthandsschuld" – *Rosenberg/Schwab/Gottwald* Zivilprozessrecht § 49 III 1 b (1), S. 253; *MünchKommZPO/Schilken* § 62 RdNr. 32; wohl auch *Thomas/Putzo* § 62 ZPO RdNr. 14. Noch anders (notwendige Streitgenossenschaft der beklagten Gesellschafter generell abl.) *Staudinger/Keßler* (12. Aufl.) § 714 RdNr. 20. Gegen die einschr. bzw. abl. Ansichten spricht, dass Prozess- (und Vollstreckungs-)ziel in diesen Fällen ausschließlich der Zugriff auf die Gesamthand und das gesamthänderisch gebundene Vermögen ist (vgl. näher § 718 RdNr. 51).
[517] BGHZ 37, 299, 301 f. = NJW 1962, 1863; BGH WM 1967, 275 (Sonderfall unmittelbaren Zugriffs im Zuge der Abwicklung); BGH ZIP 1989, 852; *Soergel/Hadding* RdNr. 52; *Erman/Westermann* RdNr. 54, jeweils mN auch zur Rspr. des RG.
[518] Vgl. OLG Düsseldorf WM 1983, 1320, 1321 (treuwidrige Mitwirkung an einem unberechtigten Ausschließungsbeschluss); s. dazu auch *Soergel/Hadding* RdNr. 54.

sowie für die Informations- und Kontrollrechte (RdNr. 193). Immerhin lässt die hM insoweit die unmittelbare Geltendmachung *auch gegen widersprechende Mitgesellschafter* zu.[519] Dem ist zuzustimmen. Denn einerseits kann der klagende Gesellschafter die Respektierung dieser aus dem Gesellschaftsvertrag fließenden Rechte auch von den Mitgesellschaftern als seinen Vertragspartnern verlangen. Und zum anderen geht es hier nicht um die Erbringung von Vermögensleistungen, so dass sich die für die Geltendmachung mitgliedschaftlicher Vermögensrechte erhebliche Frage, ob durch Vollstreckung in das Privatvermögen der Mitgesellschafter deren Beitragspflichten entgegen § 707 vermehrt werden (RdNr. 217), nicht stellt. Anderes gilt zwar für die Prozesskosten, die dem beklagten Mitgesellschafter zur Last fallen; jedoch kann er sie von der Gesellschaft ersetzt verlangen, wenn er die Prozessführung im Interesse der Gesellschaft für erforderlich halten durfte (§§ 713, 670).[520] – Der Gesellschaftsvertrag kann vorsehen, dass der Klageerhebung bei gesellschaftsrechtlichen Streitigkeiten ein gesellschaftsinterner *Schlichtungsversuch* durch ein Gesellschaftsorgan (Beirat) vorauszugehen hat; die Anrufung der Gerichte darf hierdurch jedoch nicht unangemessen erschwert werden.[521]

200 Soweit demgegenüber die **Vertragsgrundlage** als solche, dh. die Auslegung und Änderung des Gesellschaftsvertrags, den Gegenstand des Rechtsstreits bildet, ist die Gesellschaft selbst (die Sozialsphäre) nicht die richtige Partei; ihr steht die Dispositionsbefugnis hierüber nicht zu. Derartige Auseinandersetzungen betreffen vielmehr ausschließlich die **Rechtsbeziehungen zwischen den** einzelnen **Gesellschaftern.** Dementsprechend sind Streitigkeiten über die personelle Zusammensetzung der Gesellschaft im Wege der Feststellungsklage zwischen den hierüber streitenden Gesellschaftern auszutragen;[522] anderes gilt nur dann, wenn das Bestehen der Mitgliedschaft eine bloße Vorfrage in einem Rechtsstreit über die Geltendmachung von Sozialansprüchen oder -verbindlichkeiten bildet, oder wenn die Gesellschaft von den Mitgesellschaftern zur Prozessführung ermächtigt worden ist.[523] Zwischen mehreren an der Feststellungsklage auf der Aktiv- oder Passivseite beteiligten Gesellschaftern besteht keine notwendige Streitgenossenschaft.[524] Ist freilich das Bestehen oder Nichtbestehen der Mitgliedschaft zwischen sämtlichen Gesellschaftern rechtskräftig festgestellt, so ist diese Entscheidung auch bindend im Verhältnis zwischen Gesellschafter und Gesellschaft, soweit die Geltendmachung von Rechten aus der Mitgliedschaft in Frage steht.[525] Zu den Ansprüchen auf treupflichtbedingte Mitwirkung bei Vertragsänderungen u. a., die ebenfalls die Individualsphäre zwischen den einzelnen Gesellschaftern betreffen, vgl. RdNr. 221 ff.

201 **2. Verpflichtungen des Gesellschafters gegenüber der Gesellschaft (Sozialansprüche).** Den Mitgliedschaftsrechten gegen die Gesellschaft („Sozialverbindlichkeiten") stehen die aus dem Gesellschaftsvertrag folgenden Rechte der Gesamthand gegen die einzelnen Mitglieder („Sozialansprüche") gegenüber. Unter ihnen sind die wichtigsten die Beitragspflicht einschließlich der Nachschusspflicht, die Pflicht zur Geschäftsführung, die Treupflicht sowie die Schadensersatzpflicht bei Vertragsverletzungen mit Schadensfolge für die Gesellschaft.[526] Die Sozialansprüche bilden, soweit sie auf vermögenswerte Leistungen gerichtet

---

[519] BGH WM 1955, 1585, 1586; 1970, 1223, 1224; 1992, 57, 58; RG DR 1944, 245, 246; *Erman/Westermann* RdNr. 56; *Staub/Ulmer* § 105 HGB RdNr. 214; einschr. (subsidiär) *Wiedemann*, FS Kellermann, 1991, S. 529, 535 f.; aA *W. Lüke* ZGR 1994, 266, 277.
[520] Zust. *Erman/Westermann* RdNr. 54.
[521] BGH WM 1977, 997.
[522] BGHZ 48, 175, 176 f. = NJW 1967, 2159 mwN; *Erman/Westermann* RdNr. 56; *Wiedemann* GesR I § 5 III 1, S. 267.
[523] Dazu für OHG und KG BGH WM 1990, 309 und 675; OLG München NZG 2001, 762; krit. *Bork* ZGR 1991, 125, 135 ff.
[524] BGHZ 30, 195, 198 = NJW 1959, 1683; *Soergel/Hadding* RdNr. 46; *Erman/Westermann* RdNr. 56; aA wohl *Rosenberg/Schwab/Gottwald* Zivilprozessrecht § 49 III 1 b (2), S. 254 mwN.
[525] BGHZ 48, 175, 178 f. = NJW 1967, 2159 unter Offenlassen der Begründung (materielle Folge des Gesellschaftsverhältnisses und des Missbrauchseinwands oder Rechtskrafterstreckung); zust. *Soergel/Hadding* RdNr. 46; zweifelnd *Erman/Westermann* RdNr. 56.
[526] Vgl. statt aller *Soergel/Hadding* RdNr. 47; *Erman/Westermann* RdNr. 53; *Staudinger/Habermeier* RdNr. 40.

sind, einen **Teil des Gesamthandsvermögens**.[527] Sie sind für die parteifähige GbR von den geschäftsführenden Gesellschaftern, bei Gesamtgeschäftsführung und -vertretung aller Gesellschafter (§§ 709, 714) von den übrigen Gesellschaftern gegen den Verpflichteten geltend zu machen. Zur Möglichkeit auch nicht geschäftsführungsbefugter Gesellschafter, von Mitgesellschaftern die Erfüllung derartiger Sozialansprüche gegenüber der Gesamthand zu verlangen (actio pro socio), vgl. RdNr. 204 ff.

3. Rechte und Pflichten der Gesellschafter aus Drittgeschäften mit der Gesellschaft. Die einzelnen Gesellschafter können auch als „Dritte", dh. außerhalb des Gesellschaftsvertrags, mit der Gesellschaft in Rechtsbeziehungen treten, Forderungen gegen sie erwerben und Verbindlichkeiten eingehen (RdNr. 187). Voraussetzung hierfür ist freilich, dass sie zum Abschluss derartiger Verträge oder zur Erbringung der Leistungen **nicht in ihrer Eigenschaft als Gesellschafter** verpflichtet sind. So liegt etwa ein Mietvertrag zwischen Gesellschafter und Gesellschaft nur vor, wenn die Gebrauchsüberlassung der betreffenden Sache nicht als Beitrag geschuldet, sondern zwischen den Parteien frei ausgehandelt wird. Aber auch wenn die Leistung, wie etwa die darlehensweise Hingabe von Geld, auf Grund eines besonderen Rechtsgeschäfts erbracht wird, wird dadurch eine echte Drittgläubigerforderung doch nur begründet, wenn der Gesellschafter sich nicht im Gesellschaftsvertrag zur Darlehensgewährung verpflichtet hatte (vgl. auch § 706 RdNr. 5).

Auch wenn sich die Ansprüche und Verbindlichkeiten von Gesellschaftern aus Drittgeschäften entsprechend der unterschiedlichen Rechtsgrundlage deutlich von den im Gesellschaftsvertrag begründeten Sozialverbindlichkeiten und -ansprüchen unterscheiden, lassen sich die Grenzen der Geltendmachung derartiger Drittgläubigerforderungen doch *nicht isoliert von der Gesellschafterstellung* des Berechtigten beurteilen. Vielmehr **überlagert** die Gesellschaftsbeziehung auch diese außergesellschaftsrechtlichen Rechtsverhältnisse. So kann der Gesellschafter eine Drittgläubigerforderung zwar grundsätzlich auch außerhalb der Liquidation unmittelbar gegen Mitgesellschafter verfolgen (zur Lage in der Abwicklungsgesellschaft vgl. § 730 RdNr. 53). Diese haften ihm wie einem Dritten als Gesamtschuldner;[528] sie können ihn nicht etwa auf die vorrangige Inanspruchnahme der Gesellschaft verweisen.[529] Wohl aber muss er sich im Verhältnis zu den Mitgesellschaftern den im Innenverhältnis auf ihn entfallenden *Verlustanteil* anrechnen lassen;[530] der Geltendmachung des vollen Anspruchs stünde der Arglisteinwand entgegen. Darüber hinaus ist die Geltendmachung auch dieser Ansprüche nicht ganz ohne Rücksicht auf die **Treupflicht** möglich. Sie kann es je nach Lage des Falles gebieten, bei der Durchsetzung des Anspruchs im Rahmen des Zumutbaren auf überragende Belange vor allem von Mitgesellschaftern, ggf. auch der Gesellschaft selbst Rücksicht zu nehmen.[531] Zusätzliche Beitragspflichten des Gesellschafters als Drittgläubiger abweichend von § 707 lassen sich hierdurch freilich nicht begründen. –

---

[527] EinhM, vgl. BGH WM 1961, 426, 427; NJW 2001, 1210, 1211; RGZ 76, 276, 278; 111, 77, 83; *Soergel/Hadding* RdNr. 47; *Erman/Westermann* RdNr. 53; *Staudinger/Habermeier* RdNr. 40. Eine Ausnahme gilt nur für die reine Innengesellschaft ohne Gesamthandsvermögen (RdNr. 282).

[528] Schon vor Durchsetzung der Akzessorietätstheorie (§ 714 RdNr. 5, 33 f.) ganz hM, vgl. statt aller BGH LM Nr. 30 = NJW 1983, 749; WM 1970, 280 (KG); *Soergel/Hadding* RdNr. 57; *Erman/Westermann* RdNr. 61; *Staub/Habersack* § 128 HGB RdNr. 13, jeweils mwN, auch zur Rspr. des RG; für pro rata-Haftung aber *Walter* JuS 1982, 86 und JZ 1983, 261. – Zur Durchsetzbarkeit des Anspruchs im Abwicklungsstadium vgl. § 730 RdNr. 53 (str.); zur abw. Beurteilung (pro rata-Haftung) beim Regress eines Gesellschafters wegen Inanspruchnahme aus Gesellschaftsschulden vgl. RdNr. 217.

[529] RGZ 85, 157, 162; 153, 305, 311 f.; *Soergel/Hadding* RdNr. 57; *Erman/Westermann* RdNr. 61; *Staudinger/Habermeier* RdNr. 42; *Bamberger/Roth/Timm/Schöne* RdNr. 130; weitergehend – für Subsidiarität der Gesellschafterhaftung – *Walter* JuS 1982, 85 f. und das Schrifttum zum OHG-Recht (*Staub/Habersack* § 128 HGB RdNr. 13, 26; *Hueck* OHG § 21 V 1; *MünchKommHGB/K. Schmidt* § 128 RdNr. 20; *Baumbach/Hopt* § 128 HGB RdNr. 24); offen lassend BGH LM Nr. 30 = NJW 1983, 749.

[530] Ganz hM, vgl. BGH LM Nr. 30 = NJW 1983, 749; ZIP 2002, 394, 396; *Soergel/Hadding* RdNr. 57; *Staudinger/Habermeier* RdNr. 42; *Staub/Habersack* § 128 HGB RdNr. 13, 25; *Baumbach/Hopt* § 128 HGB RdNr. 24; stärker einschr. (pro rata-Haftung) aber *Walter* JuS 1982, 85 f.

[531] Vgl. *Soergel/Hadding* RdNr. 57; *Erman/Westermann* RdNr. 61; *Staub/Habersack* § 128 HGB RdNr. 13, 26; *Walter* JZ 1983, 261 mwN.

Aus dem Gesellschaftsverhältnis resultierende Einwendungen gegen die Drittgläubigerforderung können nach § 404 auch einem dritten Zessionar entgegengesetzt werden.[532]

204 4. Die actio pro socio. a) Überblick. Unter actio pro socio versteht man abweichend von dem gleichnamigen römischrechtlichen Institut[533] das Recht jedes Gesellschafters, von Mitgesellschaftern Erfüllung ihrer Verpflichtungen gegenüber der Gesellschaft zu verlangen und **im eigenen Namen Klage auf Leistung an die Gesellschaft** zu erheben.[534] Die Befugnis bezieht sich ausschließlich auf **Sozialansprüche,** dh. auf solche Verpflichtungen von Gesellschaftern, die ihre Grundlage unmittelbar oder mittelbar im Gesellschaftsvertrag haben (RdNr. 201). Praktische Bedeutung hat sie in erster Linie für *Beitragspflichten sowie für Schadensersatzpflichten* gegenüber der Gesellschaft aus der Verletzung des Gesellschaftsvertrags oder der in ihm begründeten Geschäftsführungspflichten. Die Klage kann grundsätzlich auch im Liquidationsstadium erhoben werden; insoweit ist es im Einzelfall auch zulässig, dass Mitgesellschafter auf Leistung an sich selbst klagen.[535] – Unterlassungsansprüche gegen Gesellschafter in Bezug auf Maßnahmen der Geschäftsführung können mit der actio pro socio nicht durchgesetzt werden, da ein solches Vorgehen auf einen Eingriff in das Geschäftsführungsrecht hinausliefe;[536] anderes gilt nur bei gesellschaftswidrigem Zusammenwirken zwischen klagebefugtem Geschäftsführer und Gesellschaftsschuldner (vgl. Nachweise in RdNr. 206).

205 Die grundsätzliche Anerkennung der actio pro socio als „eigenes Klagerecht" jedes Gesellschafters zur Durchsetzung von Sozialansprüchen (RdNr. 201) und ihre Qualifizierung als fester Bestandteil der Gesellschaftsrechtsordnung[537] dürfen nicht darüber hinwegtäuschen, dass eine Reihe von **Rechtsfragen** im Zusammenhang mit der actio pro socio, darunter ihre Zulässigkeitsvoraussetzungen, ihre prozessualen Wirkungen, aber auch ihre Rechtsgrundlagen, nach wie vor **umstritten** sind. Unter ihnen kommt praktische Bedeutung vor allem der Frage zu, ob die actio pro socio nur subsidiär eingreift und ihre Geltendmachung daher besonderer Rechtfertigung bedarf oder ob sie grundsätzlich gleichrangig neben der Klagebefugnis der Geschäftsführer steht (vgl. RdNr. 210), sowie welche prozessualen Folgen die actio pro socio für das Rechtsverhältnis zwischen Gesellschaft und verklagtem Gesellschafter hat (RdNr. 213 f.). In grundsätzlicher Hinsicht geht die Auseinandersetzung darum, ob der Gesellschafter mit der actio pro socio ein eigenes materielles Recht geltend macht oder ob er in Prozessstandschaft für die Gesellschaft handelt, dh. ein dieser zustehendes Recht im eigenen Namen einklagt (RdNr. 207 f.).

206 **Keinen** Gegenstand der actio pro socio als mitgliedschaftliche Klagebefugnis bilden **sonstige Ansprüche der Gesellschaft gegen Gesellschafter oder Dritte als Schuldner,** die nicht auf dem Gesellschaftsvertrag beruhen, sondern auf Rechtsgeschäften der Gesellschaft mit dem Schuldner. Die Rechtsprechung lässt die gerichtliche Durchsetzung auch derartiger Ansprüche durch nicht geschäftsführungs- und vertretungsbefugte Gesellschafter unter bestimmten Voraussetzungen ausnahmsweise in zwei Fällen dann zu, wenn die Klage im eigenen

---

[532] BGH LM Nr. 30 = NJW 1983, 749; *Staub/Habersack* § 128 HGB RdNr. 25; MünchKommHGB/*K. Schmidt* § 128 RdNr. 20; *Baumbach/Hopt* § 128 HGB RdNr. 24; einschr. – nur bezügl. der Anrechnung des Verlustanteils – *Walter* JZ 1983, 261; *Schlegelberger/K. Schmidt* § 128 HGB RdNr. 20; *A. Hueck* OHG § 21 V 2, S. 330.

[533] Dazu *Hadding,* Actio pro socio. Die Einzelklagebefugnis des Gesellschafters bei Gesamthandsansprüchen aus dem Gesellschaftsverhältnis, 1966, S. 17 ff. mwN; *Diederichsen* ZHR 132 (1969), 290, 291 f.; *Altmeppen,* FS Musielak, 2004, S. 2 f. Vgl. aber auch *Schanbacher* AG 1999, 21, 26 f., der gegen die heute vorherrschenden Ansicht die Zusammenhänge zwischen römischrechtlicher und heutiger actio pro socio betont.

[534] Vgl. nur *Soergel/Hadding* RdNr. 48 ff.; *Erman/Westermann* RdNr. 57 f.; *Staudinger/Habermeier* RdNr. 46 ff.; *Bamberger/Roth/Timm/Schöne* RdNr. 116 ff.; *K. Schmidt* GesR § 21 IV 1. Eingehend *M. Schwab,* Das Prozessrecht gesellschaftsinterner Streitigkeiten, 2005, S. 45 ff.

[535] Vgl. BGH WM 1967, 275 und § 730 RdNr. 35.

[536] BGHZ 76, 160, 168 = NJW 1980, 1463 (KG); *Erman/Westermann* RdNr. 57; *Staudinger/Habermeier* RdNr. 46; *Bamberger/Roth/Timm/Schöne* RdNr. 120; im Ergebnis ebenso *Zöllner* ZGR 1988, 392, 431; aA *Grunewald,* Die Gesellschafterklage in der Personengesellschaft und der GmbH, 1990, S. 30 f. (bei offensichtlich unvertretbaren Maßnahmen); noch weitergehend *Raiser* ZHR 153 (1989), 1, 27, 33 und *Bork/Oepen* ZGR 2001, 515, 537 f. (auch Klage auf Erzwingung von bestimmten Maßnahmen).

[537] So *Wiedemann* GesR I § 5 III 2 b, S. 272.

Namen auf Leistung an die Gesellschaft erhoben wird.[538] *Voraussetzungen* für die erste dieser Fallgruppen sind (1) das berechtigte Interesse des Gesellschafters an der Geltendmachung des Anspruchs, (2) die gesellschaftswidrige Untätigkeit der vertretungsbefugten Geschäftsführer sowie (3) das Zusammenwirken des Dritten als Schuldner mit dem gesellschaftswidrig Handelnden.[539] Für die zweite Fallgruppe stellt die Rechtsprechung analog § 744 Abs. 2 darauf ab, dass die Einzelklage – als Notkompetenz – angesichts der pflichtwidrigen Untätigkeit des Geschäftsführers und angesichts seines Zusammenwirkens mit dem Schuldner zur Durchsetzung der geltendgemachten Forderung im vorrangigen Interesse der Gesellschaft oder gar zur Rettung der Gesellschaft insgesamt erforderlich ist.[540] Eine *Gleichsetzung* dieser außergewöhnlichen Fälle einer quasi-gesetzlichen Prozessstandschaft[541] mit der actio pro socio[542] ist allerdings *nicht* veranlasst;[543] ihr stehen nicht nur die jeweils unterschiedlichen Klagevoraussetzungen entgegen, sondern auch und vor allem der fehlende Zusammenhang dieser beiden ao. Klagebefugnisse mit der für die actio pro socio kennzeichnenden Mitgliedschaftssphäre.

b) Mitgliedschaftsrecht (Prozessstandschaft). Darüber, dass es sich bei der actio pro **207** socio um ein aus der Mitgliedschaft fließendes Klagerecht des Gesellschafters handelt, besteht heute im Wesentlichen Einigkeit.[544] Zu Recht wird in der neueren Diskussion namentlich auch seine Funktion als *Minderheitsrecht* betont.[545] Daraus ergibt sich jedoch noch keine Antwort auf die Frage, wer Inhaber des mit der Klage geltend gemachten materiellrechtlichen Anspruchs ist. Die **früher überwM** ging insoweit trotz unstreitiger Zugehörigkeit der Sozialansprüche zum Gesamthandsvermögen (RdNr. 201) von der Geltendmachung eines **eigenen Rechts** durch den klagenden Gesellschafter aus; es handle sich um Ansprüche aus dem Gesellschaftsvertrag, deren Erfüllung sich die Gesellschafter bei Vertragsschluss *wechselseitig zugesagt* hätten.[546] Soweit man sich um eine dogmatische Absicherung dieser Ansicht bemühte, die der Sache nach auf die Annahme zweier im Ansatz zu unterscheidender, auf dasselbe Ziel gerichteter Ansprüche hinauslief, wurde auf die ähnliche Rechtslage beim berechtigenden Vertrag zu Gunsten Dritter (§§ 328, 335) verwiesen; wie dort sei der Anspruch der Gesellschaft (als begünstigter Dritter) auf Erfüllung, derjenige der Mitgesellschafter (als Versprechensempfänger) auf Leistung an die Gesellschaft gerichtet.[547] Trotz

---

[538] Dazu näher *Bork/Oepen* ZGR 2001, 515, 543 ff.; vgl. auch *Kort* DStR 2001, 2164 f.
[539] Grdlg. BGHZ 39, 14, 16 ff. = NJW 1963, 641; so auch BGHZ 102, 152, 154 f. = NJW 1988, 558; BGH NJW 2000, 734; OLG Dresden NZG 2000, 248, 249; OLG Düsseldorf NZG 2000, 475; vgl. dazu § 719 RdNr. 11.
[540] BGHZ 17, 181, 187 = NJW 1955, 1027; BGH NJW 2000, 3272; BayObLGZ 1990, 260, 263; OLG Dresden NZG 2000, 248, 250; vgl. dazu § 709 RdNr. 21.
[541] Ebenso *Kort* DStR 2001, 2162, 2163 f.; aA – für gewillkürte Prozessstandschaft – *Bork/Oepen* ZGR 2001, 515, 549 ff.
[542] Für diese Gleichsetzung aber *Bork/Oepen* und *Kort* (Fn. 538).
[543] Sie lässt sich weder auf die Rspr. zu den beiden Fallgruppen noch auf die hM zur actio pro socio stützen, die sich ausdrücklich auf *Sozialansprüche* beschränkt (vgl. RdNr. 204).
[544] Diesen Aspekt betonen namentlich BGH NJW 1992, 1890, 1892, *Flume* I/2 § 8 V 1, S. 301 (anders noch AT I/1 § 10 IV, S. 142); *Lutter* AcP 180 (1980), 84, 133 f.; *Soergel/Hadding* RdNr. 50; *Erman/Westermann* RdNr. 57; *Teichmann* AcP 179 (1979), 475, 485; *Wiedemann* GesR I § 5 III 2 b, S. 273 f., § 8 IV 1 c, S. 459 ff.; *Altmeppen*, FS Musielak, 2004, S. 25.
[545] So schon *Hueck* OHG § 18 II 3, S. 266, Fn. 21; ebenso *Flume* I/1 § 10 IV, S. 144; *Staudinger/Habermeier* RdNr. 46; *Bamberger/Roth/Timm/Schöne* RdNr. 117; *Rob. Fischer* ZGR 1979, 251, 260 f. und die in Fn. 544 genannten Autoren. Unter diesen hebt *Wiedemann* GesR I § 5 III 2 b, S. 274, § 8 IV 1 c, S. 459 besonders die Kontrollfunktion der actio pro socio hervor. Nach *K. Schmidt* GesR §§ 16 III 2 b, 21 IV 1 c, handelt es sich zwar nicht um ein Minderheitsrecht, wohl aber um ein „Minderheitsschutzinstrument".
[546] So BGHZ 25, 47, 49 = NJW 1957, 1358; BGH LM HGB § 105 Nr. 31 = NJW 1973, 2198; WM 1956, 88, 89; 1960, 399, 400; *Staudinger/Keßler* (12. Aufl.) RdNr. 64; *Rob. Fischer* in Großkomm. zum HGB § 124 Anm. 11; *Flume*, FS Raiser, 1974, AT I/1 § 10 IV, S. 142 (anders jetzt aber *ders.* AT I/2 § 8 V 1, S. 301); *Hueck* OHG § 18 II 3, S. 261 ff.; *Nitschke* ZHR 128 (1966), 48, 87 ff.; in neuerer Zeit noch *Reuter* GmbHR 1981, 138; *Raiser* ZHR 153 (1989), 1, 11; *Schanbacher* AG 1999, 21, 27; *Altmeppen*, FS Musielak, 2004, S. 14 ff.; *Kreutz*, FS Hadding, 2004, S. 513, 518 ff., 526 f.; wohl auch *Lutter* AcP 180 (1980), 133 f. trotz seines Hinweises auf den Charakter der actio pro socio als Mitgliedschaftsrecht. Gegenansichten vgl. in Fn. 550, 552.
[547] So *Ganssmüller* DB 1954, 860; *U. Huber* (Fn. 92) S. 24 ff.; aA *Hadding* (Fn. 533) S. 43 ff.; *Nitschke* ZHR 128 (1966), 48, 88 f. Für Parallele zu §§ 428, 432 aber *Altmeppen*, FS Musielak, 2004, S. 14 f. Allgemein zur

§ 705 208, 209

dieser Aufspaltung in zwei Ansprüche wurde freilich einhellig betont, dass verfügungsbefugt über den (?) Anspruch grundsätzlich nur die Gesellschaftergesamtheit sei.[548] Das trifft jedenfalls dann zu, wenn es bei der Verfügung um eine Vertragsänderung geht:[549] diese bedarf regelmäßig der Zustimmung aller Gesellschafter.

208 Der Lehre von der actio pro socio als Verfolgung eines *eigenen* Rechts des klagenden Gesellschafters ist indessen **nicht zu folgen**.[550] Denn sie verträgt sich nur schwer mit dem Charakter des Gesellschaftsvertrags als eines nicht auf Austausch, sondern auf Begründung einer Zweckgemeinschaft gerichteten, regelmäßig mit Gesamthandsvermögen ausgestatteten Rechtsverhältnisses (RdNr. 161 f.). Auch führt sie im Hinblick auf die Anspruchsverdoppelung und das Verhältnis zwischen gesamthänderisch gebundenem Sozialanspruch und individuellen Gesellschafteransprüchen zu unnötigen Schwierigkeiten. Wie nicht zuletzt das Beispiel der §§ 309 Abs. 4 S. 1 und 2, 317 Abs. 4 AktG zeigt, setzt die Anerkennung eines aus der Mitgliedschaft folgenden Rechts von Gesellschaftern zur prozessualen Geltendmachung von Gesellschaftsforderungen *nicht* voraus, dass dieses sich auf die Durchsetzung eines *eigenen* Anspruchs des Klägers richtet.[551] Bei der actio pro socio handelt es sich vielmehr um einen Fall der **Prozessstandschaft**.[552] Dieser Sicht hat sich neuerdings wohl auch die höchstrichterliche Rechtsprechung angeschlossen.[553]

209 **Umstritten** ist unter den Vertretern der Prozessstandschaft, ob es sich bei dieser um eine **gewillkürte**[554] oder eine **gesetzliche Befugnis**[555] handelt. Zugunsten *gewillkürter* Prozessstandschaft wird vorgebracht, dass es insoweit an einer ausdrücklichen gesetzlichen Regelung fehle. Die Befugnis soll sich vielmehr, da die Gesellschaftsverträge durchweg keine entsprechende Regelung enthalten, kraft ergänzender Vertragsauslegung (!) ergeben; ihr Ausschluss (?) könnte in Verbindung mit weiteren Einschränkungen des Minderheitenschutzes gegen § 138 Abs. 1 oder § 242 verstoßen.[556] Diese Ansicht ist für den Regelfall[557] nicht nur methodisch unhaltbar, sondern verkennt auch die historischen Wurzeln der actio pro socio in der Lehre von der societas.[558] Vielmehr handelt es sich um eine *quasigesetzliche* Befugnis

---

Unterscheidung des Leistungsanspruchs des Dritten von dem in § 335 geregelten Erfüllungsanspruch des Versprechensempfängers vgl. § 335 RdNr. 1; *Palandt/Grüneberg* § 335 RdNr. 1; *Erman/Westermann* § 335 RdNr. 3; aA auch insoweit *Hadding* AcP 171 (1971), 403, 413 ff.

[548] Ganz hM, vgl. BGHZ 25, 47, 50 = NJW 1957, 1358; BGH NJW 1985, 2830, 2831; *Hueck* OHG § 18 II 3, S. 263; *Wiedemann* GesR I § 5 III 2 b, S. 274; § 8 IV 1 c, S. 460; *Staudinger/Habermeier* RdNr. 48; *Bamberger/Roth/Timm/Schöne* RdNr. 122; *Hadding* (Fn. 533) S. 97 f.; anders aber *Raiser* ZHR 153 (1989), 1, 23.

[549] Ebenso BGH NJW 1985, 2830, 2831; *Grunewald* (Fn. 536) S. 37 f.; *Hadding* (Fn. 533) S. 93 ff.; *Hueck* OHG § 18 II 3, S. 265.

[550] So zutr. *Teichmann* AcP 179 (1979), 475, 485 in Auseinandersetzung mit der gegenteiligen Ansicht von *Flume* I/1 § 10 IV, S. 142 ff., noch dazu vor dem Hintergrund von dessen Lehre betr. die GbR als teilrechtsfähige Gruppe. Vgl. auch die Nachweise in Fn. 552.

[551] Vgl. nur *Hüffer* § 309 AktG RdNr. 21 a.

[552] Heute wohl schon hM, so *Soergel/Hadding* RdNr. 50; *Erman/Westermann* RdNr. 57; *Staudinger/Habermeier* RdNr. 46; *Bamberger/Roth/Timm/Schöne* RdNr. 117; *Baumbach/Hopt* § 107 HGB RdNr. 32; *Berger*, Die subjektiven Grenzen der Rechtskraft bei der Prozessstandschaft, 1992, S. 275 f.; *Grunewald* (Fn. 536) S. 13 f.; *Hadding* (Fn. 533) S. 58 f., 65, 101 und *ders.* JZ 1975, 164; *Bork/Oepen* ZGR 2001, 520 ff.; *Teichmann* AcP 179 (1979), 475, 485; *Wiedemann* GesR I § 8 IV 1 c, S. 461; *Mock* RabelsZ 72 (2008), 270; tendenziell auch *Flume* I/2 § 8 V 1, S. 301; *Lutter* AcP 180 (1980), 134; nach der Struktur der GbR diff. *K. Schmidt* GesR § 21 IV 3 und 4.

[553] Vgl. BGH NJW 2000, 505, 506 (Ablehnung eines auf Nichterfüllung auch der Verpflichtung aus actio pro socio vorgehenden Klägers gestützten Zurückbehaltungsrechts des Beklagten nach § 273); offen lassend noch BGH NJW 1985, 2830, 2831; 1992, 1890, 1891.

[554] So *Grunewald* (Fn. 536) S. 12 ff.; *Soergel/Hadding* RdNr. 50; *Bork/Oepen* ZGR 2001, 526 f.; nicht eindeutig *Erman/Westermann* RdNr. 57; *Bamberger/Roth/Timm/Schöne* RdNr. 117.

[555] So insbes. *Berger*, Die subjektiven Grenzen der Rechtskraft bei der Prozessstandschaft, 1990, S. 277; *Becker*, Verwaltungskontrolle durch Gesellschafterrechte, 1997, S. 543; *Kort* DStR 2001, 2163; *Mock* RabelsZ 72 (2008), 271; MünchHdbGesR I/*Weipert* § 6 RdNr. 25; wohl auch *Staudinger/Habermeier* RdNr. 46.

[556] So *Grunewald* (Fn. 536) S. 36; *Bork/Oepen* ZGR 2001, 527.

[557] Gewillkürte Prozessstandschaft liegt allerdings dann vor, wenn die vertretungsberechtigten Gesellschafter der Klage im Namen des nicht vertretungsberechtigten Gesellschafters zustimmen (dazu BGH NJW 1988, 1585, 1586 f.; OLG Düsseldorf ZIP 1985, 1000).

[558] Vgl. dazu *Schanbacher* AG 1999, 21, 26 f.

Inhalt des Gesellschaftsvertrags 210, 211 § 705

kraft ungeschriebenen (Gewohnheits-)Rechts.[559] In ihren Wirkungen entspricht sie nach wohl hM einer gesetzlichen, dh. die Eigenbefugnisse der Gesellschaft nicht einschränkenden Prozessstandschaft (vgl. RdNr. 213 f.). Als Minderheitsrecht kann sie im Gesellschaftsvertrag zwar eingeschränkt, insbesondere von erschwerenden Voraussetzungen abhängig gemacht, aber nicht völlig abbedungen werden;[560] als Grenze der Privatautonomie bietet sich der Maßstab des § 716 Abs. 2 an.[561]

c) Folgerungen. aa) Klagevoraussetzungen. Die **Zulässigkeit** der actio pro socio 210 hängt einerseits ab von der *Gesellschafterstellung des Klägers*. Fehlt sie oder entfällt sie während des Rechtsstreits, so ist die Klage als unzulässig abzuweisen;[562] die auf den Übergang der Sachlegitimation abstellende Vorschrift des § 265 ZPO greift insoweit nicht ein.[563] Darüber hinaus liegt die *Darlegungs- und Beweislast für die Notwendigkeit der Klageerhebung* entgegen der hM[564] bei dem aus actio pro socio vorgehenden Kläger.[565] Die damit verbundene Einschränkung der Klagebefugnis beruht freilich nicht auf deren Rechtsnatur als Prozessstandschaft, sondern auf ihrem Charakter als Minderheitsrecht und der mit dessen Ausübung verbundenen Durchbrechung der gesellschaftsrechtlichen Zuständigkeitsordnung für die Geltendmachung von Sozialansprüchen.[566] Die Klage ist daher nicht erst dann unzulässig, wenn das Vorgehen des Klägers sich nach Lage des Falles als treuwidrig erweist.[567] Vielmehr muss der Kläger als Zulässigkeitsvoraussetzung seinerseits die Gründe vortragen und ggf. beweisen, aus denen sich die Erforderlichkeit der Klage durch ihn ergibt.

An die **Darlegung und den Beweis der Zulässigkeitsvoraussetzungen** sind keine 211 zu hohen Anforderungen zu stellen, wenn das Minderheitsrecht nicht leerlaufen soll.[568] Schon gar nicht kommt es auf die Zustimmung der Mitgesellschafter zur Klageerhebung

---

[559] Der Einwand der Gegner (quasi-)gesetzlicher Prozessstandschaft, der Streit um Voraussetzungen und Rechtsfolgen der actio pro socio stehe der Anerkennung als Gewohnheitsrecht entgegen (so *Bork/Oepen* ZGR 2001, 526; *Altmeppen*, FS Musielak, 2004, S. 10 f., 14 f.) verkennt, dass umstritten nur die Details der Ausgestaltung der Rechtsfigur sind, während die grds. Anerkennung der actio pro socio allg. Rechtsüberzeugung und tatsächlicher Übung entspricht.

[560] So mit unterschiedlicher Grenzziehung zutr. die ganz hM, vgl. *Bamberger/Roth/Timm/Schöne* RdNr. 122; *Staudinger/Habermeier* RdNr. 46; *U. Huber* (Fn. 92) S. 28 f.; *Flume* I/1 § 10 IV, S. 144; *Lutter* AcP 180 (1980), 84, 132; *Grunewald* (Fn. 536) S. 34 ff.; *Wiedemann* GesR I § 5 III 2 b S. 274; *Martens*, Mehrheits- und Konzernherrschaft, 1970, S. 96; aA – für Abdingbarkeit – noch *Soergel/Schultze-v. Lasaulx* 10. Aufl. 1969, RdNr. 8; *Hueck* OHG § 18 II 3, S. 267; *Hadding* (Fn. 533) S. 65; offen lassend BGH WM 1973, 1291, 1292; NJW 1985, 2830, 2831.

[561] Ebenso *Wiedemann* GesR I § 5 III 2 b, S. 274.

[562] OLG Karlsruhe NJW 1995, 1296; *Früchtl* NJW 1996, 1327 f.; *Erman/Westermann* RdNr. 59; *Staudinger/Habermeier* RdNr. 47; *Bamberger/Roth/Timm/Schöne* RdNr. 118; aA *Hörstel* NJW 1995, 1271; nach Art des Ausscheidens diff. *Bork/Oepen* ZGR 2001, 529 f.

[563] Insoweit aA BGH LM ZPO § 265 Nr. 7 = NJW 1960, 964, aber auch *Hadding* (Fn. 533) S. 102; wie hier *Wiedemann* GesR I § 8 IV 1 c, S. 46; *Erman/Westermann* RdNr. 59.

[564] Sie beschränkt sich darauf, die aus der Treupflicht folgende Grenze der actio pro socio zu betonen (vgl. Nachweise in Fn. 567), und kommt insoweit zur Darlegungs- und Beweislast des sich auf den Treupflichtverstoß berufenden Beklagten.

[565] Ebenso zu Recht *Erman/Westermann* RdNr. 59 und *Grunewald* (Fn. 536) S. 14 f., 21; im Ansatz auch *Hadding* (Fn. 533) S. 59 ff.; *Nitschke* ZHR 128 (1966), 48 ff., und – ihnen folgend – *Lutter* AcP 180 (1980), 84, 134, allerdings unter zu starker Betonung der Subsidiaritätsschranke auf Kosten der Minderheitsschutzfunktion der actio pro socio; zu weitgehend auch RGZ 171, 51, 54 f. (dagegen zu Recht BGHZ 25, 47, 50 = NJW 1957, 1358 und die ganz hM im Schrifttum, vgl. Nachweise in Fn. 567). Auf den Charakter der actio pro socio als bloßes „Hilfsrecht" hinweisend BGH LM HGB § 115 Nr. 3 = NJW 1974, 1555; für „organisierte" Personengesellschaften auch *K. Schmidt* GesR § 21 IV 4.

[566] Darauf haben vor allem *Hadding* (Fn. 532) S. 53 ff. und *Nitschke* ZHR 128 (1966), 48, 86 zu Recht hingewiesen; so im Ergebnis auch *Kreutz*, FS Hadding, 2004, S. 526 f.; für Ableitung aus der Treupflicht *Altmeppen*, FS Musielak, 2004, S. 15.

[567] So aber BGHZ 25, 47, 50 = NJW 1957, 1358; 3. Aufl. RdNr. 149; *Hueck* OHG § 18 II 3, S. 266 f.; *Flume* I/1 § 10 IV, S. 143; *Raiser* ZHR 153, (1989), 1, 23; *Altmeppen*, FS Musielak, 2004, S. 15; wohl auch *Wiedemann* GesR I § 5 III 2 b, S. 274, § 8 IV 1 c, S. 460. AA einerseits *U. Huber* (Fn. 92) S. 27, der eine Einschränkung unter dem Gesichtspunkt der Treupflicht ganz ablehnt, andererseits (Zulassung der Klage nur bei Handlungsbedarf wegen Untätigkeit der Geschäftsführer) die in Fn. 565 genannten Autoren.

[568] Zu weitgehend daher *Hadding, Nitschke* (Fn. 566) und ihnen folgend *Windel*, Der Interventionsgrund des § 66 Abs. 1 ZPO als Prozessführungsbefugnis, 1992, S. 169, aber auch *Bork/Oepen* ZGR 2001, 534.

an;[569] in einer solchen Zustimmung läge vielmehr die Übertragung gewillkürter Prozessführungsbefugnis an den klagenden Gesellschafter.[570] Stattdessen genügt der schlüssige Vortrag, dass der Gesellschaft ein durchsetzbarer Sozialanspruch gegen den oder die verklagten Mitgesellschafter zusteht und dass die Aufforderung an die Geschäftsführer, den Anspruch geltend zu machen, entweder erfolglos oder – wegen deren eigener Betroffenheit – nicht Erfolg versprechend war.[571] Im Übrigen ist zu verlangen, dass der klagebereite Gesellschafter die *Interessen der Gesellschaft* berücksichtigt und sich nicht vorrangig vom eigenen Interesse leiten lässt. Das gilt namentlich bei der Geltendmachung von Schadensersatzansprüchen;[572] der Verzicht hierauf ist ihm umso eher zuzumuten, je geringer Tragweite und Auswirkungen der Vertragsverletzung sind und je größere Nachteile sich aus dem einseitigen Vorgehen für den Gesellschaftsfrieden ergeben können. Daher wird das Gericht bei Schadensersatzklagen gegen Mitgesellschafter auch darüber zu befinden haben, ob nicht der Widerspruch eines an der Pflichtverletzung unbeteiligten Geschäftsführers gemäß § 711 der Klageerhebung entgegensteht.[573] Demgegenüber ist ein Widerspruch gegen die Klage auf Beitragszahlung in aller Regel als unbeachtlich zurückzuweisen, weil sich die Beitragspflicht unmittelbar und ausreichend bestimmt aus dem Gesellschaftsvertrag ergibt.[574]

212 Für die **Begründetheit** der im Wege der actio pro socio erhobenen Klage sind der materiellrechtliche Bestand und die Durchsetzbarkeit des Sozialanspruchs maßgebend. Schreibt etwa der Gesellschaftsvertrag für die Einziehung der Beiträge einen entsprechenden Gesellschafterbeschluss vor, so kann sich der Beitragsschuldner hierauf auch der actio pro socio gegenüber berufen. Gleiches gilt, wenn die Mitgesellschafter auf Grund eines vertraglich zugelassenen Mehrheitsbeschlusses wirksam auf den Sozialanspruch verzichtet oder ihn gestundet haben: durch einen solchen Beschluss wird auch der mit der actio pro socio geltend gemachte Erfüllungsanspruch entsprechend umgestaltet.[575] Der Minderheitsgesellschafter ist ausreichend dadurch geschützt, dass er gegen den Beschluss selbst vorgehen und ggf. die Wirksamkeit der darin liegenden Vertragsänderung angreifen kann.[576] Über den geltendgemachten Anspruch als solchen kann er auch im Rechtsstreit nicht verfügen; daher sind ihm Prozessvergleich oder Anspruchsverzicht verwehrt.

213 **bb) Prozessuale Wirkungen.** Die Klage begründet ein Prozessrechtsverhältnis des im *eigenen* Namen klagenden Gesellschafters zum Beklagten. Der Kläger kann freilich nur solche Prozesshandlungen vornehmen, die nicht (wie der Vergleich) zugleich eine materiellrechtliche Verfügung über den Anspruch enthalten (RdNr. 212). Der Kläger und nicht die Gesellschaft ist Kostenschuldner;[577] im Fall der Klageabweisung hat er regelmäßig auch keinen Aufwendungsersatzanspruch gegen die Gesellschaft.

214 **Umstritten** ist, ob gegenüber einer Klage der GbR der *Einwand der Rechtshängigkeit* mit Rücksicht auf eine anhängige actio pro socio eingreift und inwieweit sich *Rechtskraftwirkungen* aus einem im Verfahren der actio pro socio erstrittenen Urteil für oder gegen die

---

[569] So aber RGZ 171, 51, 54 und jetzt auch *Bork/Oepen* ZGR 2001, 535 f.; dagegen zu Recht BGHZ 25, 47, 50 = NJW 1957, 1358 und die ganz hM im Schrifttum (vgl. schon *Hueck* OHG § 18 II 3, S. 265).
[570] BGH NJW 1988, 1585, 1586 f.; OLG Düsseldorf ZIP 1985, 100; vgl. auch BGH NJW 1987, 3121, 3122: Umdeutung einer unwirksamen Abtretung der Schadensersatzforderung in die Einräumung der Prozessführungsbefugnis.
[571] AA *Hadding* (Fn. 533) S. 59 ff., der die actio pro socio nur für zulässig hält, wenn entweder eine Gesamtwillensbildung in der Gesellschaft wegen der geringen Gesellschafterzahl nicht möglich oder die Ablehnung der Anspruchsdurchsetzung durch die Mehrheit treuwidrig ist oder schließlich wenn der Anspruch sich gegen den einzigen vertretungsbefugten Gesellschafter richtet; ähnlich auch *Bork/Oepen* ZGR 2001, 532 ff.
[572] Vgl. auch *Hadding* JZ 1975, 160 zur damit verbundenen Gefährdung des Vertrauensverhältnisses.
[573] *Grunewald* (Fn. 536) S. 22; zum pflichtwidrigen Widerspruch vgl. § 711 RdNr. 11 f.
[574] So auch *Grunewald* (Fn. 536) S. 22.
[575] BGHZ 25, 47, 50 = NJW 1957, 1358, *Staudinger/Habermeier* RdNr. 49; *Bamberger/Roth/Timm/Schöne* RdNr. 122; *Hueck* OHG § 18 II 3, S. 263.
[576] Vgl. dazu BGH NJW 1985, 2830, 2831; *Grunewald* (Fn. 536) S. 37 ff.
[577] EinhM, vgl. *Staudinger/Habermeier* RdNr. 48; *Bamberger/Roth/Timm/Schöne* RdNr. 123; *Ganssmüller* DB 1954, 860, 862; *Hueck* JZ 1957, 626, 627; *Hadding* (Fn. 533) S. 106.

Gesellschaft ergeben können.[578] Wendet man die für die gesetzliche Prozessstandschaft geltenden, nicht abschließend geklärten Grundsätze[579] auf die actio pro socio an, so sind beide Fragen im Grundsatz zu verneinen.[580] Daher kann die Gesellschaft ungeachtet der actio pro socio den Anspruch selbst klageweise geltend machen. Für die actio pro socio hat ihre Klageerhebung freilich zur Folge, dass dadurch im Regelfall die Notwendigkeit der Gesellschafterklage als Prozessvoraussetzung entfällt und sie als unzulässig abzuweisen ist.[581] Der Frage der *Rechtskraft* kommt meist nur im Hinblick auf ein *klageabweisendes* Urteil im Rahmen der actio pro socio Bedeutung zu, da die Gesellschaft bei erfolgreicher Klage diese genehmigen und dadurch Rechtskrafterstreckung erreichen kann;[582] die Klageabweisung hindert die spätere eigene Rechtsverfolgung durch die Gesellschaft nicht. Wird andererseits der von der *Gesellschaft* geltendgemachte Sozialanspruch dieser gegenüber rechtskräftig aberkannt, so ist das auch für die actio pro socio von Bedeutung, da der Schuldner insoweit alle Einwendungen erheben kann, die ihm gegen die Gesellschaft zustehen, einschließlich des Einwands der Rechtskraft des Abweisungsurteils.[583] Der Einwand kann vom beklagten Gesellschafter auch im Wege der Vollstreckungsgegenklage nach § 767 ZPO geltend gemacht werden.[584]

III. Rechte und Pflichten gegenüber Mitgesellschaftern

1. Ansprüche gegen Mitgesellschafter. Leistungsansprüche von Gesellschaftern aus **dem Gesellschaftsvertrag** bestehen im Regelfall nur gegen die Gesellschaft (Sozialverbindlichkeiten, RdNr. 197 ff.), aber nicht gegen die Mitgesellschafter. Abweichungen sind möglich, so etwa im Rahmen einer Innengesellschaft, namentlich einer stillen Gesellschaft, bei der sich der „Stille" zur Beitragsleistung an den Geschäftsinhaber verpflichtet (§ 230 Abs. 1 HGB, vgl. auch RdNr. 282). – Zur ausnahmsweisen Geltendmachung von gegen die Gesellschaft gerichteten Ansprüchen (Sozialverbindlichkeiten) gegenüber Mitgesellschaftern vgl. RdNr. 217 ff., zur Durchsetzung von gesellschaftsvertraglichen Sozial-(Gesamthands-)ansprüchen seitens einzelner Gesellschafter gegen Mitgesellschafter im Wege der Prozessstandschaft (actio pro socio) RdNr. 204 ff.

Der Umstand, dass unmittelbare vertragliche Leistungsansprüche im Verhältnis zwischen den Gesellschaftern regelmäßig fehlen, darf nicht dahin missverstanden werden, es gebe zwischen ihnen keine vertraglichen Beziehungen. Diese Ansicht wäre unvereinbar mit der schuldvertraglichen Grundlage der Gesellschaft (RdNr. 155); sie würde die hieraus resultierenden **wechselseitigen Bindungen** außer Acht lassen. So sind die Geschäftsführer auch den Mitgesellschaftern zu sorgfältiger Geschäftsführung verpflichtet. Aus der auch zwischen Mitgesellschaftern bestehenden Treupflicht können sich nicht nur Unterlassungs-, sondern je nach Lage des Falles auch Handlungspflichten einzelner Gesellschafter ergeben (RdNr. 229 f.). Die Verletzung einer dieser Pflichten begründet, soweit sie zu einem Schaden nicht bei der Gesellschaft, sondern bei Mitgesellschaftern führt, *persönliche Schadensersatz-*

---

[578] Für Rechtskraftwirkung des die actio pro socio abweisenden Urteils gegenüber der Gesellschaft *Berger* (Fn. 555) S. 277 ff., *Hadding* (Fn. 533) S. 104 ff.; *Wiedemann* GesR I § 8 IV 1 c, S. 461 und *Bork/Oepen* ZGR 2001, 540; aA zu Recht *Hueck* OHG § 18 II 3, S. 264; *Staudinger/Habermeier* RdNr. 48; *Bamberger/Roth/ Timm/Schöne* RdNr. 123; *Erman/Westermann* RdNr. 60; *Raiser* ZHR 153 (1989), 1, 23 f.; ebenso der Meinungsstand zum Einwand der Rechtshängigkeit gegenüber einer nachträglich von der Gesellschaft erhobenen Klage, dafür *Hadding* S. 101 f. und *Wiedemann* aaO; wohl auch *Bork/Oepen* ZGR 2001, 540 f.; dagegen die als aA zit. Autoren.
[579] Vgl. näher *Zöller/Vollkommer* Vor § 50 ZPO RdNr. 21 ff., 33 ff. und *Berger* (Fn. 555).
[580] HM, vgl. BGHZ 78, 1, 7 = NJW 1980, 2463; BGHZ 79, 245, 247 f. = NJW 1981, 1097, mwN. Krit. dazu im Hinblick auf den unzureichenden Schutz des beklagten Schuldners *Zöller/Vollkommer* Vor § 50 ZPO RdNr. 39; aA *Häsemeyer* ZZP 101 (1988), 404 f.; *Berger* (Fn. 555) S. 277 ff.
[581] AA – für Nebenintervention der Gesellschaft im Prozess des Gesellschafters – *Hadding* (Fn. 533) S. 102 und *Bork/Oepen* ZGR 2001, 541 f.; wieder anders *Windel* (Fn. 568) S. 168 f.: § 64 ZPO analog. Wie hier *Staudinger/Habermeier* RdNr. 48; *Bamberger/Roth/Timm/Schöne* RdNr. 118; *Erman/Westermann* RdNr. 60.
[582] *Zöller/Vollkommer* Vor § 50 ZPO RdNr. 38.
[583] Eingehend *Berger* (Fn. 555) S. 280 ff.
[584] Ebenso *Flume* I/1 § 10 IV, S. 145.

§ 705 217–219   Abschnitt 8. Titel 16. Gesellschaft

ansprüche für diese gegen den Schädiger (RdNr. 198). Die vertraglichen Beitragspflichten begründen allerdings keine eigenen Ansprüche der Mitgesellschafter, sondern nur Sozialansprüche (RdNr. 207 f.).

217 **2. Haftung für Sozialverbindlichkeiten.** Die Haftung der Mitgesellschafter für **vermögensrechtliche Ansprüche,** die einem Gesellschafter aus dem Gesellschaftsvertrag gegen die Gesellschaft zustehen, ist *grundsätzlich ausgeschlossen.*[585] Ihr steht die Beschränkung der vertraglichen Leistungspflichten auf die vereinbarten Beiträge (§ 707) entgegen. Anderes gilt vor allem im Fall der Liquidation, soweit ein Ausgleich zwischen den Gesellschaftern nach Maßgabe von § 735 zu erfolgen hat (s. § 735 RdNr. 4 ff.). Über diesen Sonderfall hinaus lässt die hM eine *eng begrenzte Ausnahme* zu für die Geltendmachung von **Regress- und Freistellungsansprüchen** gegen Mitgesellschafter aus der Inanspruchnahme einzelner Gesellschafter durch Gesellschaftsgläubiger (RdNr. 191). Sie ist unter den im Folgenden genannten Voraussetzungen schon während des Bestehens der Gesellschaft und außerhalb der in § 735 begründeten Nachschusspflicht möglich.[586] Das folgt aus der Stellung der Gesellschafter als Gesamtschuldner der akzessorischen Gesellschafterhaftung (§ 426 Abs. 1 S. 1) sowie aus dem Umstand, dass das Risiko der Inanspruchnahme insoweit grundsätzlich jeden Gesellschafter in gleicher Weise trifft und dessen Realisierung beim einen oder anderen Gesellschafter häufig auf Zufall beruht. Die Ausnahme greift ein, wenn der vom Gesellschaftsgläubiger gegen den zahlenden Gesellschafter geltend gemachte Anspruch zu Recht bestand, und eine Erstattung aus dem Gesamthandsvermögen voraussichtlich an dessen Unzulänglichkeit scheitert. Die Mitgesellschafter haften grundsätzlich gemäß § 426 **pro rata** entsprechend ihrer Verlustbeteiligung, sofern sie nicht im Innenverhältnis allein verpflichtet sind. Ein Ausfall bei zahlungsunfähigen Gesellschaftern ist in entsprechender Weise auf den Erstattungsgläubiger und die zahlungskräftigen Mitgesellschafter umzulegen.[587] Bei drohender Inanspruchnahme wegen einer bereits fälligen Schuld kann jeder Gesellschafter als Haftungsschuldner anteilige Befreiung von den Mitgesellschaftern verlangen.[588]

218 Nach hM zulässig ist auch die Durchsetzung von **Abfindungsansprüchen** ausgeschiedener Gesellschafter gegen ihre ehemaligen Mitgesellschafter.[589] Dem ist abweichend von der 3. Aufl. (§ 738 RdNr. 12) zuzustimmen, nachdem das Hindernis eines in deren Person fehlenden Haftungsgrundes infolge der höchstrichterlichen Anerkennung akzessorischer Gesellschafterhaftung (§ 714 RdNr. 5, 39) entfallen ist. § 707 steht wegen der erloschenen Mitgliedschaft des Ausgeschiedenen nicht entgegen. Der Ausgeschiedene ist bei Zahlungsunfähigkeit oder -unwilligkeit der Gesellschaft auch nicht auf ein Vorgehen gegen die verbliebenen Gesellschafter pro rata der jeweiligen Verlustbeteiligung beschränkt, sondern kann sich grundsätzlich in vollem Umfang an jeden von ihnen halten, soweit nicht die nachvertragliche Treupflicht entgegensteht. Zur Relevanz einer Haftungsbeschränkung im Gesellschaftsvertrag vgl. § 738 RdNr. 17, zur Rechtslage nach Auflösung der Gesellschaft s. § 730 RdNr. 62.

219 Soweit es um die Durchsetzung von **Verwaltungsrechten** einzelner Gesellschafter geht, können diese ohne Einschränkung auch unmittelbar gegenüber den hierfür nach der internen Geschäftsverteilung zuständigen oder das Recht bestreitenden Mitgesellschaftern geltend gemacht werden. Das gilt etwa für das Recht auf Geschäftsführung, auf Information

---

[585] Vgl. Nachweise in Fn. 517.
[586] BGHZ 37, 299, 302 = NJW 1962, 1853; BGHZ 103, 72, 76 = NJW 1988, 1375; BGH NJW 1980, 339, 340; WM 1979, 1282; ZIP 2007, 2313, 2314; *Soergel/Hadding* RdNr. 52; *Erman/Westermann* § 714 RdNr. 24; *Staudinger/Habermeier* RdNr. 45; MünchKommHGB/*K. Schmidt* § 128 RdNr. 34; *Staub/Habersack* § 128 HGB RdNr. 12, 48 f.; eingehend vor allem auch *Hadding/Häuser* WM 1988, 1585, 1588 f. und *Walter* JuS 1982, 83 f. Vgl. auch § 714 RdNr. 56.
[587] BGHZ 37, 299, 302 = NJW 1962, 1863; *Staub/Habersack* § 128 HGB RdNr. 49.
[588] BGH ZIP 2007, 2313, 2314.
[589] So für das Ausscheiden aus einer OHG oder KG BGH WM 1971, 1454; *Staub/Habersack* § 128 HGB RdNr. 12; MünchKommHGB/*K. Schmidt* § 131 RdNr. 128; *Heymann/Emmerich* § 138 HGB RdNr. 20. Für die GbR jetzt auch BGHZ 148, 201, 206 = NJW 2001, 2718.

und Einsicht in die Geschäftsunterlagen sowie auf Rechnungslegung und Aufstellung der Abfindungsbilanz. Die Schranke des § 707 steht hier nicht entgegen (vgl. auch RdNr. 199).

3. Haftung für Drittgläubigerforderungen. Ansprüche von Gesellschaftern aus Rechtsgeschäften mit der Gesellschaft, die nicht auf dem Gesellschaftsvertrag beruhen („Drittgläubigerforderungen"), können anders als die Sozialverbindlichkeiten grundsätzlich **auch gegen Mitgesellschafter** durchgesetzt werden, sofern diese als Gesamtschuldner haften (§ 714 RdNr. 39). Der Gesellschafter/Gläubiger ist nicht verpflichtet, sich primär an die Gesellschaft zu halten. Für den seiner Verlustbeteiligung entsprechenden Forderungsanteil kann er freilich Zahlung von den Mitgesellschaftern nicht verlangen. Im Übrigen sind dem Vorgehen gegen die Mitgesellschafter Schranken nur im Hinblick auf die gesellschaftsrechtliche Treupflicht gesetzt (näher RdNr. 203).

IV. Treupflicht

1. Grundlagen. a) Rechtlicher Ansatz. Die gesellschaftsrechtliche Treupflicht ist ein **zentraler Rechtssatz** des Personengesellschaftsrechts. Seine Entwicklung geht auf die Rechtsprechung des Reichsgerichts vor dem 1. Weltkrieg zurück.[590] Nach zeitbedingter Übersteigerung des Treuegedankens während des NS-Regimes hat der BGH den Grundsatz der Treupflicht auf seinen sachgerechten Kern zurückgeführt und sich in einer Vielzahl von Entscheidungen darum bemüht, ihm schärfere Konturen zu verleihen.[591] Im Schrifttum hat sich als einer der ersten Autoren *Alfred Hueck* um die Herausarbeitung des Treuegedankens im Gesellschaftsrecht verdient gemacht;[592] seine Überlegungen haben die Rechtsprechung des BGH maßgeblich beeinflusst.

Die **Grundlage** der gesellschaftsrechtlichen Treupflicht bildet der **Gesellschaftsvertrag** (zur nachvertraglichen Treupflicht vgl. § 738 RdNr. 4); die Pflicht besteht daher auch während der *Liquidationsphase* fort.[593] Auf die in der Literatur umstrittene Frage, ob die Treupflicht sich im Personengesellschaftsrecht als gesellschaftsrechtliche Verdichtung des allgemein für Schuldverhältnisse geltenden Grundsatzes von Treu und Glauben (§ 242) erweist[594] oder ob sie einen selbstständigen Inhalt des Schuldverhältnisses bildet,[595] kommt es angesichts der Übereinstimmung über ihre vertragliche Wurzel nicht an.[596] Insbesondere kann auch der Grundsatz von Treu und Glauben nicht isoliert vom jeweiligen Schuldverhältnis gesehen werden; er beschränkt sich nicht etwa darauf, die Art und Weise der Leistungsbewirkung zu bestimmen.[597] Zu eng ist es allerdings, die Treupflicht lediglich als Teil der im Gesellschaftsvertrag übernommenen Verpflichtung zur Förderung des Gesell-

---

[590] Nachweise bei *Rob. Fischer* in Großkomm. zum HGB § 105 Anm. 31 a.
[591] Vgl. den Überblick von *M. Winter* (Fn. 592) S. 23 ff., über die BGH-Rspr. zur Treupflicht, untergliedert nach deren Hauptanwendungsbereichen und Funktionen.
[592] *A. Hueck*, Der Treuegedanke im Recht der Offenen Handelsgesellschaft, FS Hübner, 1935, S. 72 f.; *ders.*, Der Treuegedanke im modernen Privatrecht, 1947; eingehend auch *Zöllner*, Die Schranken mitgliedschaftlicher Stimmrechtsmacht bei den privatrechtlichen Personenverbänden, 1963, S. 335 bis 356, und *M. Winter*, Mitgliedschaftliche Treubindungen im GmbH-Recht, 1988. Speziell zur Treupflicht des herrschenden Gesellschafters und dem daraus folgenden Minderheitenschutz vgl. *Wiedemann* GesR I § 8 II 3, S. 431 ff.
[593] Zur treupflichtbedingten Pflicht, die Mitgesellschafter mit Blick auf die Auseinandersetzungsrechnung über Umstände zu informieren, die die mitgliedschaftlichen Vermögensinteressen berühren, vgl. BGH ZIP 2003, 73, 74.
[594] So etwa § 242 RdNr. 153; *Erman/Westermann* RdNr. 47; *Bamberger/Roth/Timm/Schöne* RdNr. 101; *Larenz* II § 60 II a; für die Ausübung eigennütziger Rechte sowie für die Treupflicht gegenüber den Mitgesellschaftern auch *M. Winter* (Fn. 592) S. 12 ff. mwN zum Streitstand; näher zum Ganzen *Staub/Ulmer* § 105 HGB RdNr. 232 ff.; *Hüffer*, FS Steindorff, 1990, S. 56, 64 ff., 70 ff., jeweils mwN.
[595] So insbes. (unter Einstufung der Treupflicht als Hauptpflicht) *Hueck*, Der Treuegedanke im modernen Privatrecht, 1947, S. 18 f.; *Rob. Fischer* in Großkomm. zum HGB § 105 Anm. 31a; *Soergel/Hadding* RdNr. 58.
[596] Zutr. *Zöllner* (Fn. 592) S. 336 f.
[597] So aber *Rob. Fischer* in Großkomm. zum HGB § 105 Anm. 31a; *Soergel/Hadding* RdNr. 58; vgl. dagegen nur § 242 RdNr. 144, 153.

schaftszwecks zu sehen.[598] Durch ein solches Verständnis wird weder die Pflicht zur Rücksichtnahme auf die Belange der Mitgesellschafter noch auch die in Sonderfällen eingreifende Zustimmungspflicht zu Änderungen der Vertragsgrundlage erfasst, die beide nach heute hM Ausprägungen der Treupflicht sind (RdNr. 229, 231 ff.).

223 **b) Zur Konkretisierung relevante Umstände.** Die Treupflicht beschränkt sich in ihrem Anwendungsbereich nicht auf das Verhältnis des Gesellschafters zur Gesellschaft, sondern umfasst entsprechend ihrer Grundlage im Gesellschaftsvertrag auch dasjenige zu den **Mitgesellschaftern** als Vertragspartnern (RdNr. 229 f.). Inhaltlich kann die Treupflicht je nach Lage des Falles zu **Unterlassungs-,** aber auch zu **Handlungspflichten** der Gesellschafter führen. Letztere sind vor allem insoweit zu bejahen, als es um die vertraglich vereinbarte, *uneigennützig* zu leistende Förderung des gemeinsamen Zwecks geht, also um Angelegenheiten der *Geschäftsführung* einschließlich der Ausübung des Widerspruchsrechts (§ 711) und der Beschlussfassung über Geschäftsführungsmaßnahmen: hier kommt dem Gesellschaftsinteresse grundsätzlich der Vorrang zu vor den Einzelinteressen der Gesellschafter (RdNr. 226). Auch ein Wettbewerbsverbot zu Lasten der Gesellschafter im Tätigkeitsbereich der Gesellschaft ist jedenfalls für die Geschäftsführer aus der Treupflicht abzuleiten (RdNr. 235). Soweit demgegenüber die Ausübung *eigennütziger,* den Gesellschaftern im eigenen Interesse verliehener Gesellschafterrechte in Frage steht, hat die Treupflicht in erster Linie *Schrankenfunktion;* sie verpflichtet den Gesellschafter zur Wahl eines für Gesellschaft und Mitgesellschafter möglichst schonenden Mittels bei Verfolgung seiner Interessen und kann bei rücksichtslosem Vorgehen zum Eingreifen des Missbrauchseinwands führen (RdNr. 229 f.). Schließlich kann sich unter dem Gesichtspunkt der Treupflicht ausnahmsweise sogar eine Pflicht zur Mitwirkung bei Vertragsänderungen ergeben; hieran sind freilich im Grundsatz hohe Anforderungen zu stellen (RdNr. 231 ff.).

224 Der Umfang und die **Intensität der Treupflicht** differieren je nach dem Gegenstand der Rechtsausübung und der Art des Gemeinschaftsverhältnisses. Eine erste, allgemein anerkannte und besonders wichtige Unterscheidung stellt darauf ab, ob es um die Ausübung **uneigennütziger,** zur Förderung des gemeinsamen Zwecks verliehener Befugnisse geht oder um den Gebrauch **eigennütziger** Mitgliedschaftsrechte (RdNr. 226 bis 228). Im ersten Fall haben die Interessen der Gesellschaft unbedingten Vorrang; eigene Interessen können nur insoweit verfolgt werden, als Gesellschaftsbelange nicht entgegenstehen.[599] Dagegen ist der Gesellschafter bei den eigennützigen Rechten grundsätzlich nicht gehindert, das eigene Interesse trotz abweichender Interessen der Gesellschaft oder der Mitgesellschafter zu verfolgen.[600] Wohl aber verbietet es die Treupflicht, von eigennützigen Rechten im Widerspruch zu dem mit ihrer Einräumung verbundenen Zweck Gebrauch zu machen.[601] Auch muss der Gesellschafter auf die Belange der anderen Beteiligten bei der Rechtsausübung im Rahmen des Zumutbaren Rücksicht nehmen; er darf sich nicht willkürlich oder grundlos über anerkennenswerte Interessen der Gemeinschaft oder der Vertragspartner hinwegsetzen. Das gilt umso mehr, je einschneidender die Folgen dieser Rechtsausübung für Gesellschaft oder Mitgesellschafter sind.[602] Dementsprechend ist der Einfluss der Treupflicht

---

[598] So namentlich *Lutter* AcP 180 (1980), 84, 102 ff. (freilich unter Differenzierung gegenüber einer daneben bestehenden „Rücksichtspflicht" im Verhältnis zu den Mitgesellschaftern, S. 120 ff.) und neuerdings *Lettl* AcP 202 (2002), 3, 13 ff., 17; vgl. auch RG JW 1935, 1773 (Nr. 6); *Soergel/Hadding* RdNr. 58; *Larenz* II § 60 II a; dagegen zu Recht schon *Rob. Fischer* in Großkomm. zum HGB § 105 Anm. 31 a; *M. Winter* (Fn. 592) S. 13; *Hüffer,* FS Steindorff, 1990, S. 70 ff.

[599] Ganz hM, vgl. *Soergel/Hadding* RdNr. 59; *Erman/Westermann* RdNr. 48 f.; *Staudinger/Habermeier* RdNr. 51; *Bamberger/Roth/Timm/Schöne* RdNr. 103 f.; *Hueck* OHG § 13 I 1; näher dazu und mwN *Staub/Ulmer* § 105 HGB RdNr. 237, 239 ff. Die Unterscheidung zwischen uneigennützigen und eigennützigen Rechten findet sich schon bei *Hachenburg* LZ 1907 Sp. 460, 466.

[600] Vgl. die Nachweise in Fn. 599.

[601] Dazu *M. Winter* (Fn. 592) S. 29 mwN.

[602] Diesen Aspekt betont zu Recht *Zöllner* (Fn. 592) S. 337 ff., 343; dazu auch *M. Winter* (Fn. 592) S. 27 f., 121 ff.

stärker, wenn es um zentrale Belange wie die Beschlussfassung über die Entziehung der Geschäftsführungs- und Vertretungsbefugnis eines ungeeigneten Mitgesellschafters geht, als bei der Ausübung von Informations- und Kontrollrechten. Auch für die Kündigungserklärung oder die Ausübung eines vertraglichen Übernahmerechts können Schranken der Treupflicht je nach Lage des Falles relevant werden; dass diese Gestaltungsrechte der gemeinsamen Zweckverfolgung ein Ende setzen, steht nicht entgegen.[603]

Was andererseits die **Art des Gesellschaftsverhältnisses** angeht, so hat der Treupflichtgrundsatz umso größere Bedeutung, je enger der persönliche Zusammenschluss ausgestaltet ist[604] und über je weitergehende Mitspracherechte der einzelne Gesellschafter verfügt. Zwar besteht jedenfalls bei Geltung des Einstimmigkeitsgrundsatzes regelmäßig kein Anlass, je nach dem Ausmaß der Beteiligung und dem Stimmgewicht der einzelnen Gesellschafter zu differenzieren. Anderes gilt jedoch bei Vereinbarung des **Mehrheitsprinzips** im Hinblick auf die Einflussmöglichkeiten, die der Mehrheit dadurch im Verhältnis zur Minderheit zustehen; sie erfordern namentlich bei Vertragsänderungen besondere Rücksichtnahme auf die Interessen der überstimmten Minderheit (vgl. näher § 709 RdNr. 100). Diesem Aspekt kommt auch in einer **Publikumsgesellschaft,** trotz der dort regelmäßig fehlenden persönlichen Beziehungen zwischen den Gesellschaftern, Bedeutung zu.[605] In derartigen Gesellschaften ist die Treupflicht jedenfalls insoweit zu beachten, als es um das Verhältnis der Gesellschafter zur Gesellschaft geht; sie kann je nach Lage des Falles auch der Durchsetzung gesellschaftsvertraglicher Ansprüche entgegenstehen, wenn andernfalls die Lebensfähigkeit der Gesellschaft ernsthaft gefährdet würde.[606] **225**

2. Gegenstände und Inhalt der Treupflicht. a) Treupflicht gegenüber der Gesellschaft. Den Schwerpunkt für das Eingreifen der Treupflicht bildet das Verhältnis des Gesellschafters zur Gesellschaft bzw. zur *Gesamtheit der Gesellschafter,* darunter insbesondere der Bereich der **uneigennützigen** oder **Pflicht-Rechte.** Hierzu zählen in erster Linie das Geschäftsführungsrecht (§ 709) einschließlich des Rechts zur Durchführung der Liquidation (§ 730 Abs. 2), ferner das Zustimmungs- und Widerspruchsrecht in Geschäftsführungsangelegenheiten (§§ 709, 711)[607] sowie sonstige Arten der Einflussnahme auf die Geschäftsführung.[608] Aber auch das Recht zur Entziehung der Geschäftsführungs- und Vertretungsbefugnis aus wichtigem Grunde (§§ 712, 715) ist – trotz seiner vertragsändernden Wirkung – im Interesse der Gesellschaftergesamtheit auszuüben (vgl. auch RdNr. 234). Kennzeichen dieser Rechte ist es, dass sie dem Gesellschafter nicht im eigenen Interesse, sondern zur Förderung des gemeinsamen Zwecks zustehen. Den durch den Gesellschaftsvertrag definierten **gemeinsamen Interessen** kommt daher hier der **absolute Vorrang** zu; für die Verfolgung eigener Interessen ist nur Raum, soweit dadurch die Belange der Gesellschaft **226**

---

[603] So aber – jedenfalls gegenüber der Gesellschaft – Zöllner (Fn. 592) S. 344; tendenziell auch BGHZ 76, 352, 353 = NJW 1980, 1278 (GmbH). Wie hier *Ulmer,* FS Möhring, 1975, S. 295 ff.; vgl. auch BGH WM 1968, 874 (Hinwirken auf die Insolvenz einer Personengesellschaft ist dann nicht treuwidrig, wenn die Lage der Gesellschaft aussichtslos ist und eine schnelle Liquidation objektiv im Interesse aller Berechtigten liegt). Zum Ganzen vgl. näher § 723 RdNr. 57 ff.

[604] Zu dem hierfür maßgebenden Grund: den gesteigerten Einwirkungsmöglichkeiten der einzelnen Gesellschafter auf Gesellschaft und Mitgesellschafter, s. grdl. *Zöllner* (Fn. 592) S. 340 ff.; *Soergel/Hadding* RdNr. 59; *Lutter* AcP 180 (1980), 84, 105 ff., 128 f.; für die GmbH auch *M. Winter* (Fn. 592) S. 186 ff.

[605] BGHZ 71, 53, 59 = NJW 1978, 1382; vgl. auch die Rspr.-Nachweise in Fn. 606 und dazu näher *M. Winter* (Fn. 592) S. 18 f.; ferner zur Treupflicht des Aktionärs BGHZ 103, 184, 194 f. = NJW 1988, 1579; BGH NJW 1995, 1739, 1741 f. AA unter Betonung des Rechtsform-bezogenen Treupflichtansatzes *Reuter* GmbHR 1981, 129, 130, 137; § 34 RdNr. 22 f. (in Auseinandersetzung mit *Lutter* AcP 180 (1980), 84, 105 ff. und *Wiedemann* GesR I § 8 II 3, S. 432 ff.).

[606] So BGH NJW 1985, 974 f. (Verzicht auf Verzinsung des eingesetzten Kapitals zur Erhaltung des Unternehmens); vgl. auch BGH NJW 1985, 972 f. (wirkame Ermächtigung an den Beirat einer Publikums-KG, solche in die Rechtsstellung der Gesellschafter eingreifende Vertragsänderungen – hier: Stundung von Zinsen – zu beschließen, denen diese kraft Treupflicht zustimmen müssten).

[607] RGZ 158, 302, 310; 163, 35, 38; *A. Hueck* ZGR 1972, 237, 240 bis 244; *Erman/Westermann* RdNr. 48 f (hM).

[608] BGH LM HGB § 105 Nr. 31 = NJW 1973, 2198 (Veranlassung des KG-Geschäftsführers durch einen Kommanditisten zu pflichtwidrigem Handeln).

nicht tangiert werden.[609] Im Gesellschaftsvertrag können zwar gewisse Einschränkungen gegenüber diesem Grundsatz vereinbart werden, etwa durch ausdrücklichen Verzicht auf das aus der Treupflicht folgende Wettbewerbsverbot des Geschäftsführers (RdNr. 235). Entsprechendes gilt für die Begründung eigennütziger Liefer- oder Bezugsrechte gegenüber der Gesellschaft für bestimmte Gesellschafter; die daraus resultierenden Befugnisse der betreffenden Gesellschafter können auch die Grundlage für eine *wechselseitige Treupflicht* zwischen ihnen und der GbR bilden. Die genannten Einschränkungen dürfen jedoch nicht so weit gehen, dass sie die für die Annahme einer Gesellschaft wesentliche Pflicht aller Vertragspartner zur Förderung des gemeinsamen Zwecks (RdNr. 142 ff.) aufheben oder ernsthaft in Frage stellen.

227 Von vergleichsweise geringerer Bedeutung ist die Treupflicht gegenüber der Gesamtheit dagegen bei **eigennützigen,** dem Gesellschafter im eigenen Interesse verliehenen **Mitgliedschaftsrechten.** Hierzu gehören einerseits die Vermögensrechte (Dispositionsrecht über den Anteil, Gewinn- und Entnahmerecht, Recht auf Aufwendungsersatz und auf Auseinandersetzungsguthaben), andererseits die nicht auf die Geschäftsführung bezogenen Verwaltungs- und Kontrollrechte wie das Stimmrecht, das Recht auf Information und Einsicht in die Geschäftsunterlagen (§ 716) und das Recht auf Rechnungslegung (§ 721). Ein Vorrang des Gesellschaftsinteresses bei Ausübung dieser Rechte besteht nicht. Wohl aber führt die Treupflicht dazu, dass der Gesellschafter diese Rechte, soweit sie Nachteile für die Gesellschaft zur Folge haben können, *nicht willkürlich* und ohne Rücksicht auf die Interessen der Gesellschaft gebrauchen darf, dass er sich des aus der Sicht der Gesellschaft *schonendsten Mittels* bedienen und dass er den Grundsatz der Verhältnismäßigkeit beachten muss.[610] Die Treupflicht hat insoweit daher in erster Linie **Schrankenfunktion.**[611] Sie setzt der Durchsetzung des Gewinnanspruchs ohne Rücksichtnahme auf die finanzielle Lage der Gesellschaft Grenzen[612] und steht der Geltendmachung des Informations- und Einsichtsrechts in einer die Geschäftsführung erschwerenden Art und Weise oder zum Zweck gesellschaftsfremder Verwertung der Informationen entgegen.[613]

228 Auch die **Kündigung** der Gesellschaft darf nicht zur Unzeit geschehen (§ 723 Abs. 2) oder sich wegen des damit verfolgten Zwecks oder der Begleitumstände als treuwidriges, die berechtigten Interessen der Gesamtheit schädigendes Verhalten darstellen (vgl. dazu näher § 723 RdNr. 50 ff.). Das Festhalten an vertraglich eingeräumten **Sonderrechten** ist zwar grundsätzlich nicht zu beanstanden.[614] Anderes gilt jedoch dann, wenn der Anlass für das Sonderrecht entfallen ist oder die weitere Berufung hierauf sich als unvereinbar mit der gebotenen Rücksicht auf Gesellschaft und Mitgesellschafter erweist. – Zum Einfluss der

---

[609] Dazu aus der Rspr.: BGHZ 37, 381, 384 = NJW 1962, 1811 (der Verpflichtung eines Gesellschafters, seine Arbeitskraft für die Gesellschaft einzusetzen, steht dessen Nebentätigkeit im eigenen Interesse nicht entgegen, soweit hierdurch keine Gesellschaftsinteressen berührt werden); BGH NJW 1986, 584, 585 (treuwidriges Handeln eines Geschäftsführers, der ein notwendiges Betriebsgrundstück nicht durch die Gesellschaft, sondern durch seine Ehefrau erwerben lässt und es von dieser gegen erhöhten Mietzins für die Gesellschaft anmietet); BGH NJW 1986, 844 (Widerspruch gegen die vom Mitgeschäftsführer beabsichtigten Gehaltserhöhungen für Mitarbeiter der Gesellschaft ist deshalb unbeachtlich, weil der Widersprechende damit auch sein Interesse an einem höheren Gesellschaftsgewinn verfolgt); BGH NJW 1989, 2687 f. (treuwidriger Erwerb eines notwendigen Betriebsgrundstücks durch Kommanditisten für eigene Zwecke); OLG Nürnberg WM 1962, 731, 732 (Treuwidrigkeit – auch gegenüber den Mitgesellschaftern – eines Verhaltens, das diesen die Kontrolle und Verfügungsbefugnis über Vermögenswerte der Gesellschaft entzieht, selbst wenn die Gesellschaft hierdurch keinen Nachteil erleidet). Ferner KG OLGZ 1969, 311 (treuwidrige Nutzung einer Wohnung in dem der GbR gehörenden Mietshaus für eigene Zwecke des Geschäftsführers).
[610] Dazu namentlich *Zöllner* (Fn. 592) S. 349 ff.; vgl. auch *Soergel/Hadding* RdNr. 60; *Erman/Westermann* RdNr. 49; *Staub/Ulmer* § 105 HGB RdNr. 240.
[611] Vgl. nur *Erman/Westermann* RdNr. 51; allg. dazu *Zöllner* (Fn. 592) S. 97 ff., 287 ff.; *Wiedemann* GesR I § 8 II 3, S. 431 ff.
[612] Vgl. BGH NJW 1985, 972 f. und 974 f., OLG Koblenz WM 1984, 1051 (durch Treupflicht gebotener Verzicht auf Verzinsung von Gesellschafterdarlehen in der Publikums-KG).
[613] So auch § 51 a Abs. 2 GmbHG als gesetzliche Verkörperung der treupflichtbedingten Schranken des Informationsrechts.
[614] BGHZ 14, 25, 38 = NJW 1954, 1401 (Stimmausübung zur Erhaltung der Sperrminorität in einer GmbH).

Treupflicht bei der Durchsetzung von Drittgläubigerforderungen gegenüber GbR oder Mitgesellschaftern vgl. RdNr. 203.

b) Treupflicht gegenüber Mitgesellschaftern. Die Treupflicht gegenüber den einzelnen Mitgesellschaftern beschränkt sich auf den vom Gesellschaftsvertrag erfassten, durch den Gesellschaftszweck definierten **mitgliedschaftlichen Bereich;** der private Bereich wird allenfalls mittelbar, im Hinblick darauf erfasst, dass sich private Auseinandersetzungen in einer das gegenseitige Vertrauen gefährdenden Weise auf die Gesellschaft auswirken können.[615] Eigenständige Bedeutung gegenüber der Treupflicht zur Gesellschaft hat diejenige gegenüber Mitgesellschaftern nur dann, wenn nicht gleichzeitig die Interessen der Gesellschaft bzw. aller Mitgesellschafter berührt sind.[616] Das kommt namentlich im Rahmen der Liquidation sowie bei der Ausübung von Ausschluss- und Übernahmerechten in Betracht, ferner bei Zulässigkeit mehrheitlicher Vertragsänderungen (§ 709 RdNr. 84 ff.) sowie in sonstigen Fällen, in denen besonders schutzwürdige Belange einzelner Gesellschafter in der werbenden Gesellschaft in Frage stehen. Inhaltlich gebietet die Treupflicht gegenüber den Mitgesellschaftern zwar nicht, deren Interessen zu fördern oder deren persönliche Ziele zu unterstützen. Wohl aber begründet sie die *Pflicht zur Rücksichtnahme* auf die Belange der Mitgesellschafter bei der Verfolgung eigener Interessen.[617] Dementsprechend sind die Gesellschafter nicht nur gegenüber der Gesellschaft, sondern auch im Verhältnis zu ihren Mitgesellschaftern gehalten, deren willkürliche Schädigung zu unterlassen und bei der Rechtsausübung das schonendste Mittel zu wählen. Treuwidrig ist es namentlich, ein Mitgliedschaftsrecht funktionswidrig und nur zu dem Zweck auszuüben, um sich dadurch einen vertraglich nicht vorgesehenen Sondervorteil gegenüber Mitgesellschaftern zu verschaffen.[618]

Im Einzelnen wurde es in der **Rechtsprechung** als treuwidrig angesehen, von einem vertraglich eingeräumten *Übernahmerecht* nicht zur Fortführung des Unternehmens, sondern nur deshalb Gebrauch zu machen, um den zu erwartenden Liquidationsgewinn ungeteilt zu erlangen.[619] Als treuwidrig beurteilt wurde auch die *Berufung auf das kündigungsbedingte Ausscheiden* eines Mitgesellschafters oder auf ein Übernahmerecht, wenn deren Voraussetzungen zuvor von dem derart vorgehenden Gesellschafter treuwidrig herbeigeführt worden waren;[620] ferner die *Eingliederung* des Unternehmens der Gesellschaft in dasjenige des herrschenden Gesellschafters ohne Absicherung der Minderheit.[621] Ein *Widerspruch gegen die Auflösung von der Mehrheit gewünschte* einer Gesellschaft ist wegen Treuflichtverstoßes unbeachtlich, wenn deren dauernde Unrentabilität feststeht und die Fortführung sich zum Nachteil der Mitgesellschafter auswirkt.[622] Zur Pflicht der Gesellschafter, im Einzelfall auch einer

---

[615] Zutr. *Zöllner* (Fn. 592) S. 349; vgl. auch *Soergel/Hadding* RdNr. 60; *Staub/Ulmer* § 105 HGB RdNr. 243; *Lutter* AcP 180 (1980), 84, 128 f.; *Lindacher* NJW 1973, 1169 (hM); für das Aktienrecht BGH NJW 1992, 3167, 3171; s. ferner § 723 RdNr. 31.

[616] Zust. *Bamberger/Roth/Timm/Schöne* RdNr. 101; grdlg. *M. Winter* (Fn. 592) S. 88 ff.

[617] Vgl. namentlich *Zöllner* (Fn. 592) S. 349 ff.; so auch OLG Nürnberg WM 1962, 731; BGH WM 1966, 511, 512 (für die Partner eines Poolvertrags); *Soergel/Hadding* RdNr. 60; *Erman/Westermann* RdNr. 52; allg. für das Verbandsrecht *Roitzsch* Minderheitenschutz S. 183 ff. Zurückhaltender (für Treupflicht nur „in besonderen Fällen", im Hinblick auf die bisherige Zusammenarbeit und den Erfolg der gemeinsamen Arbeit) noch BGHZ 34, 80, 83 = NJW 1961, 504; *Rob. Fischer* in Großkomm. zum HGB § 105 Anm. 31 e; noch enger OGHZ 4, 66, 73. Vgl. iÜ die Nachweise in RdNr. 221.

[618] So für die Ausübung eines Übernahmerechts zur Erlangung eines besonderen Liquidationsvorteils BGH LM HGB § 142 Nr. 10 = NJW 1959, 432 (LS). Vgl. weiter BGH LM HGB § 156 Nr. 2 = NJW 1971, 802; LM HGB § 145 Nr. 6 = NJW 1980, 1628, dazu auch § 734 RdNr. 9.

[619] BGH LM HGB § 142 Nr. 10 = NJW 1959, 432 (LS); für die AG BGHZ 103, 184, 194 f. = NJW 1988, 1579.

[620] BGHZ 30, 195, 201 f. = NJW 1959, 1683 (Berufung auf Fortsetzungsklausel im Fall der durch einen Mitgesellschafter veranlassten Kündigung seitens eines zwischenzeitlich befriedigten Privatgläubigers); RGZ 162, 388, 394 (Übernahme nach einer durch Treuwidrigkeit ausgelösten Kündigung). – Zur Frage eines Fortsetzungsanspruchs im Fall der Befriedigung des kündigenden Privatgläubigers vor dem Ausscheiden des betroffenen Gesellschafters vgl. § 725 RdNr. 22 f.

[621] BGH LM HGB § 135 Nr. 46 = NJW 1980, 231 (Gervais).

[622] BGH LM HGB § 161 Nr. 13 = NJW 1960, 434 (Widerspruch eines Kommanditisten gegen den Verkauf des Unternehmens).

§ 705 231, 232   Abschnitt 8. Titel 16. Gesellschaft

mehrheitlich angestrebten Erhöhung der Geschäftsführervergütung eines Mitgesellschafters entsprechend der Änderung der wirtschaftlichen Verhältnisse der Gesellschaft zuzustimmen, vgl. RdNr. 234, zur Treupflicht im Rahmen des Abwicklungsverfahrens vgl. § 730 RdNr. 29, zum Ausgleichsanspruch kraft Treupflicht wegen Vermögensvorteilen, die im Zuge der Liquidation nur einem Mitgesellschafter zugute kommen, vgl. § 734 RdNr. 9.

231   c) **Vertragsänderung und Treupflicht.** Die **Auswirkungen der Treupflicht** beschränken sich nicht auf die Rechtsausübung im Rahmen und auf der Grundlage des bestehenden Gesellschaftsvertrags sowie auf die Kontrolle mehrheitlicher Vertragsänderungen (§ 709 RdNr. 100). Vielmehr kann in besonders gelagerten Fällen auf Grund der Treupflicht auch eine Änderung des Gesellschaftsvertrags durchgesetzt werden.[623] Bedeutung kommt einem solchen Vorgehen vor allem bei *Geltung des Einstimmigkeitsprinzips* zu, wenn eine im Interesse der Gesamtheit gebotene und allen Beteiligten zumutbare Änderung am Widerspruch einzelner Gesellschafter zu scheitern droht.[624] Aber auch im Geltungsbereich von Mehrheitsklauseln sind Fälle denkbar, in denen sich eine qualifizierte Minderheit oder gar eine Mehrheit treuwidrig gegen die im gemeinsamen Interesse gebotenen Beschlüsse sperrt. Der Rückgriff auf die **Lehre von der Geschäftsgrundlage (§ 313)** hilft in derartigen Fällen schon wegen ihres außergewöhnlichen, an hohe Voraussetzungen gebundenen Charakters meist nicht weiter; ihr kommt nach zutr. Ansicht nur bei Störungen in der Sphäre einzelner Gesellschafter Bedeutung zu.[625]

232   Eine aus der Treupflicht fließende **Pflicht, Vertragsänderungen zuzustimmen,** ist nur **mit Zurückhaltung** und in besonders gelagerten Fällen anzuerkennen, wenn der richterlichen Vertragsgestaltung nicht ein zu weiter Spielraum eröffnet werden soll.[626] Die von der Rechtsprechung[627] geprägte Formel, die Änderung müsse nicht nur dem widersprechenden Gesellschafter **zumutbar,** sondern auch mit Rücksicht auf das bestehende Gesellschaftsverhältnis, etwa zur Erhaltung wesentlicher gemeinsam geschaffener Werte oder zur Vermeidung wesentlicher Verluste, **erforderlich** sein, enthält insoweit eine zutreffende Richtschnur.[628] Derartige Pflichten sind bisher vor allem bejaht worden, wenn es um die *Zustimmung zum Ausscheiden* eines für die Gesellschaft nicht mehr tragbaren Gesellschafters[629] bzw. um die Mitwirkung bei einer *Ausschlussklage*[630] ging. Hierher gehört auch die Pflicht, einem Beschluss zuzustimmen, der auf *Auflösung* einer auf Dauer unrentablen Gesellschaft[631] oder darauf gerichtet ist, mit Rücksicht auf das Bestandsinteresse der Gesellschaft den Gesellschaftszweck an die veränderten Umstände anzupassen.[632] In einem Son-

---

[623] Ganz hM (vgl. Nachweise in Fn. 627, 628). AA einerseits (grds. abl.) *Kollhosser,* FS Westermann, 1974, S. 275 ff.; *ders.,* FS Bärmann, 1975, S. 533 ff.; *ders.* NJW 1976, 144, andererseits *Konzen* AcP 172 (1972), 317, 339.

[624] Hierauf weisen zutr. besonders *A. Hueck* ZGR 1972, 237, 239 f. und *Zöllner* (Fn. 592) S. 353 hin. Weitere Gründe bei *Zöllner,* Anpassung von Personengesellschaftsverträgen an veränderte Umstände, 1979, S. 14 ff.

[625] So mit guten Gründen *Lettl* AcP 202 (2002), 23, 39; aA *Konzen* AcP 172 (1972), 317, 339. Für Eingreifen von § 313 neben der Treupflicht zur Vertragsänderung auch *Baier* NZG 2004, 356 ff.

[626] Zu Recht zurückhaltend daher OLG Hamm NZG 2000, 252, 253; OLG München NZG 2001, 793, 794.

[627] BGH LM HGB § 105 Nr. 8 = BB 1954, 456; LM HGB § 138 Nr. 8 = NJW 1961, 724; NJW 1970, 706; 1975, 1410, 1411; WM 1985, 256, 257; NJW 1987, 952, 953; für die GmbH BGHZ 98, 276, 279 ff. = NJW 1987, 189; BGH WM 1994, 2244, 2246; vgl. auch die Nachweise in Fn. 630, 631.

[628] Zust. auch *Soergel/Hadding* RdNr. 63; *Erman/Westermann* § 709 RdNr. 35 f.; *Staub/Ulmer* § 105 HGB RdNr. 244 ff.; *Heymann/Emmerich* § 119 HGB RdNr. 18 f.; *M. Winter* (Fn. 592) S. 31 ff.; für großzügigere Anpassungspraxis *Zöllner* Anpassung (Fn. 624) S. 25 ff.; wohl auch *H. P. Westermann,* FS Hefermehl, 1976, S. 229 ff.; zurückhaltend (nur bei „ganz überwiegenden Interessen" aller oder der Mehrheit der Mitgesellschafter) *A. Hueck* ZGR 1972, 237, 244 ff.; für Anpassung nur im Rahmen der Zweckförderungspflicht *Lettl* AcP 202 (2002), 3, 16 f.

[629] BGH LM HGB § 138 Nr. 8 = NJW 1961, 724; vgl. auch BGH NJW-RR 1986, 256: Pflicht zum Ausscheiden aus aufgelöster Gesellschaft, falls beachtliche Gründe gegen deren Abwicklung sprechen und durch das Ausscheiden kein schutzwürdiges Interesse des Gesellschafters berührt wird.

[630] BGHZ 64, 253, 257 f. = NJW 1975, 1410; BGHZ 68, 81, 84 = NJW 1977, 1013 (zu § 140 HGB). Abl. *Hueck* OHG § 29 I 2 c, S. 443 und ZGR 1972, 237, 247.

[631] BGH LM HGB § 161 Nr. 13 = NJW 1960, 434.

[632] So *Lettl* AcP 202 (2002), 3, 16 ff. unter Hinweis auf die vertragliche Förderpflicht als Rechtsgrundlage.

derfall hat der BGH einen Gesellschafter sogar für verpflichtet gehalten, der vorübergehenden Aufnahme eines geschäftsführenden Gesellschafters (Komplementär-GmbH) unter Verschlechterung seiner eigenen Rechtsstellung zuzustimmen, um die Fortsetzung der Gesellschaft zu ermöglichen.[633]

Eine Bejahung von Änderungspflichten scheidet grundsätzlich aus, sofern die Änderung 233 eine **Vermehrung der Pflichten** des widersprechenden Gesellschafters zur Folge hat; das folgt aus § 707. So hat der BGH zutreffend die Pflicht eines Mitgesellschafters verneint, anstelle des vertraglich vorgesehenen, wegen Konzessionsentzugs ausgefallenen Geschäftsführer/Gesellschafters die Geschäftsführung selbst zu übernehmen.[634] Ebenso wird man die Weigerung eines Gesellschafters, einer im Interesse der Gesellschaft liegenden Erhöhung seiner Beitragspflicht oder einer Vertragsverlängerung zuzustimmen, nur in ganz seltenen Fällen als treuwidrig ansehen können.[635] Zur Frage antizipierter Zustimmung zu künftigen Beitragserhöhungen vgl. § 707 RdNr. 8.

Erleichterte Voraussetzungen für eine Zustimmungspflicht zur Vertragsänderung sind 234 als Ausnahme unter zwei Gesichtspunkten denkbar. Einmal kann es sich um Änderungen handeln, die sich inhaltlich auf die **Geschäftsführung** beziehen, ohne dem widersprechenden Gesellschafter zusätzliche Pflichten aufzuerlegen, so bei der Entziehung der Geschäftsführungs- und Vertretungsbefugnis eines Mitgesellschafters aus wichtigem Grund (vgl. dazu § 712 RdNr. 9ff.). Hier kommt dem Gesellschaftsinteresse grundsätzlich der Vorrang zu, auch wenn den Gesellschaftern bei dessen Konkretisierung ein weiter Beurteilungsspielraum verbleibt.[636] Eine zweite Ausnahme bilden diejenigen Fälle, in denen es darum geht, eine nachträglich aufgetretene, nicht durch ergänzende Vertragsauslegung zu behebende **Vertragslücke** zu schließen.[637] Unter diesem Gesichtspunkt kann namentlich auch die Anpassung einer unangemessen niedrigen Geschäftsführervergütung an die geänderten Verhältnisse verlangt werden;[638] die entgegenstehende Entscheidung BGHZ 44, 40 = NJW 1965, 1960, in der eine derartige Anpassung auf seltene Ausnahmefälle beschränkt worden war, erscheint seit langem als überholt.

d) Wettbewerbsverbot. Ein Wettbewerbsverbot ist im Unterschied zur OHG (§ 112 235 HGB) für die Gesellschafter einer GbR gesetzlich nicht vorgesehen. Von Bedeutung ist es namentlich bei sog. Erwerbsgesellschaften (Vor § 705 RdNr. 89). Auch ohne ausdrückliche vertragliche Verankerung ergibt es sich für die **geschäftsführenden Gesellschafter** schon allein aus dem Inhalt ihrer Treupflicht, im Bereich der uneigennützigen Mitgliedschaftsrechte die eigenen Interessen hinter diejenigen der Gesellschaft zurückzustellen (RdNr. 226). Damit

---

[633] BGH LM HGB § 105 Nr. 47 = WM 1979, 1058; vgl. auch BGH NJW 1987, 952, 953: Pflicht, der Übertragung der Geschäftsführerstellung vom Vater auf den hierfür geeigneten Sohn in vorweggenommener Gesellschafternachfolge zuzustimmen.
[634] BGH LM HGB § 105 Nr. 8 = BB 1954, 456; zust. *Lettl* AcP 202 (2002), 21.
[635] So auch BGH ZIP 2005, 1455, 1456f. und OLG Celle ZIP 2006, 807, 809 (Zustimmungspflicht zu Beitragserhöhung oder Nachschuss trotz Sanierungsbedarfs der GbR nur in ganz außergewöhnlichen – hier verneinten – Fällen); BGH WM 1973, 990, 991 f. (grds. keine Pflicht, einer Vertragsverlängerung zuzustimmen); vgl. ferner BGHZ 98, 276, 280 ff. = NJW 1987, 189: keine Pflicht des GmbH-Gesellschafters zur Übernahme neuer Anteile; Pflicht zur Zustimmung zu einer Kapitalerhöhung nur unter der Voraussetzung, dass die Rechtsstellung des betr. Gesellschafters durch die von anderen durchgeführte Kapitalerhöhung nicht beeinträchtigt wird.
[636] *Zöllner* (Fn. 592) S. 345 ff.; eine Mitwirkungspflicht abl. aber *Hueck* OHG § 10 VII 4, S. 148 und ZGR 1972, 237, 247 (für die OHG). Vgl. auch RdNr. 226.
[637] OLG Bremen NJW 1972, 1952 (bestätigt durch BGH LM § 242 Nr. 72 = NJW 1974, 1656); vgl. *H. P. Westermann*, FS Hefermehl, 1976, S. 236 ff.; *Zöllner* Anpassung (Fn. 592) S. 53 f.; *Lettl* AcP 202 (2002), 16 ff.
[638] So auch BGH BB 1977, 1271 für den Fall, dass einer von mehreren Erben die Stellung als persönlich haftender, geschäftsführender Gesellschafter der KG annimmt, ohne iÜ kapital- und gewinnmäßig bevorzugt zu werden. Der BGH begründete den Anspruch auf eine „angemessene" Vergütung allerdings nicht mit der Treupflicht, sondern – methodisch problematisch – mit ergänzender Vertragsauslegung, wohl um von der (einen Erhöhungsanspruch ablehnenden) Entscheidung BGHZ 44, 40, 41 f. = NJW 1965, 1960 nicht offen abzuweichen. Anders wieder BGH WM 1978, 1230, 1231 und 1232, 1233 (Treupflicht als maßgebender Gesichtspunkt). Für Anpassung namentlich auch *Zöllner* Anpassung (Fn. 592) S. 17, 57 f. sowie im Grundsatz *H. P. Westermann*, FS Hefermehl, 1976, S. 230.

wäre es unvereinbar, wollten die Geschäftsführer Geschäfte, die vom Gesellschaftszweck erfasst werden, auf eigene Rechnung tätigen und dadurch in Wettbewerb zur Gesellschaft treten.[639]

236 Für die **von der Geschäftsführung ausgeschlossenen Gesellschafter** ist die Lage weniger eindeutig. Zwar ist es als treuwidrig anzusehen, wenn sie die auf Grund ihrer Mitgliedstellung, namentlich durch Ausübung ihrer Informations- und Einsichtsrechte erlangten Kenntnisse zum Schaden der Gesellschaft einsetzen.[640] Indessen ist das Betreiben einer Konkurrenztätigkeit nicht notwendig mit der Verwertung von Geschäftsgeheimnissen der Gesellschaft verbunden. Namentlich in den Fällen, in denen die Informations- und Kontrollrechte der von der Geschäftsführung ausgeschlossenen Gesellschafter vertraglich auf das nach § 716 Abs. 2 zulässige Mindestmaß beschränkt sind, ist für die Annahme eines aus der Treupflicht fließenden Wettbewerbsverbots daher regelmäßig kein Raum.[641]

237 Ein **nachvertragliches Wettbewerbsverbot** lässt sich auf die Treupflicht schon deshalb nicht stützen, weil diese sich grundsätzlich – vorbehaltlich der Anerkennung bestimmter nachvertraglicher Treupflichten (§ 738 RdNr. 7) – auf die Dauer der Zugehörigkeit zur Gesellschaft beschränkt und mit dem Ausscheiden entfällt.[642] Zulässig ist allerdings die *Vereinbarung* eines solchen Verbots, wenn es sich in zeitlicher, räumlicher und gegenständlicher Hinsicht darauf bezieht, den Mitgesellschaftern die gemeinsam geschaffenen Werte zu erhalten, ohne den Ausgeschiedenen in sittenwidriger (§ 138 Abs. 1) oder gegen § 1 GWB verstoßender Weise in seiner Entfaltungsfreiheit zu beschränken.[643] Derartige Abreden begegnen vor allem beim Ausscheiden von Freiberuflern, wenn ihnen anstelle der Mitnahme ihrer Mandanten eine finanzielle, am Wert der Sozietät ausgerichtete *Abfindung* zusteht (vgl. § 738 RdNr. 7). Sie können sich in dem sachlich notwendigen Ausmaß je nach Lage des Falles auch konkludent aus einer derartigen Abfindungsvereinbarung ergeben. Schließlich kommt ein nachvertragliches Wettbewerbsverbot auch auf Grund von § 249 Abs. 1 in Betracht, wenn der Ausgeschiedene sein Ausscheiden schuldhaft, insbesondere durch treuwidrigen Wettbewerb, herbeigeführt hat und zur *Schadensbegrenzung* auch der Verzicht auf die Fortsetzung dieses Wettbewerbs für eine Übergangszeit gehört.[644]

238 Die im Recht der OHG früher vieldiskutierte Frage, inwieweit dem Wettbewerbsverbot des § 112 HGB das **Kartellverbot** des § 1 nF GWB entgegensteht,[645] ist für die Gesellschafter einer GbR schon deshalb von geringerem Gewicht, weil wegen des typischerweise nichtkaufmännischen Zwecks von Gesellschaften in dieser Rechtsform die Gefahr eines Eingreifens der GWB-Vorschriften weniger naheliegt. Soweit jedoch die Voraussetzungen des § 1 GWB im Einzelfall zu bejahen sind, tritt die Vorschrift nach den in der höchstrichterlichen Rechtsprechung[646] entwickelten Grundsätzen doch immer dann hinter ein aus dem Gesellschaftsvertrag folgendes oder ausdrücklich darin verankertes Wettbewerbsverbot zurück, wenn das Verbot sich in denjenigen Grenzen hält, deren Beachtung allein schon

---

[639] Ganz hM, vgl. *Soergel/Hadding* RdNr. 62; *Staudinger/Habermeier* RdNr. 52; *Bamberger/Roth/Timm/Schöne* RdNr. 105; *Erman/Westermann* RdNr. 50; *Armbrüster* ZIP 1997, 261, 272.
[640] Vgl. Fn. 613.
[641] So auch *Soergel/Hadding* RdNr. 62; *Erman/Westermann* RdNr. 50; zu § 112 HGB auch *Armbrüster* ZIP 1997, 261, 266 f.
[642] So zu § 112 HGB auch *Baumbach/Hopt* § 112 HGB RdNr. 14, § 131 RdNr. 37; *Staub/Ulmer* § 112 HGB RdNr. 13; *MünchKommHGB/Langheim* § 112 RdNr. 20.
[643] Vgl. näher BGH NJW 1991, 699; WM 1997, 1707, jeweils mit umfassenden Rspr.-Nachweisen, sowie die umfassende Rspr.-Analyse von *A. Krämer*, FS Röhricht, 2005, S. 335, 337 ff. Die Vereinbarkeit des im Gesellschaftsvertrag einer Ärztesozietät vorgesehenen Verzichts eines während der Probezeit ausscheidenden Arztes auf seine Kassenarztzulassung mit § 138 Abs. 1 bejaht BGH NJW 2002, 3536 f.
[644] Vgl. eingehend *Paefgen* ZIP 1990, 839 ff.; so auch *Kandaras*, Das Wettbewerbsverbot in Personengesellschaften, 1968, S. 45 f.; aA OLG Düsseldorf ZIP 1990, 861 f.
[645] Vgl. *Immenga/Mestmäcker/Zimmer*, GWB, 4. Aufl. 2007, Bd. 2, § 1 RdNr. 175 ff.; s. zum früheren Diskussionsstand auch *Immenga/Mestmäcker/Zimmer*, GWB, 3. Aufl. 2001, § 1 RdNr. 282 ff. mwN.
[646] BGHZ 38, 306, 311 ff. = NJW 1963, 646 – Kino; BGHZ 70, 331, 335 f. = NJW 1978, 1001 – Gabelstapler; BGHZ 89, 162 = NJW 1984, 1351 – Werbeagentur; BGH BB 1993, 1899 – Taxigenossenschaft II; vgl. auch BGH NJW 1994, 384 (betr. Wettbewerbsverbot zu Lasten eines ausscheidenden Gesellschafters). Dazu auch *Kellermann*, FS Rob. Fischer, 1979, S. 307 ff. und *Zimmer* (Fn. 645).

Inhalt des Gesellschaftsvertrags 239, 240 § 705

durch die Treupflicht geboten und damit gesellschaftsimmanent ist (RdNr. 235). Nicht zu verwechseln mit dieser Frage, die sich allein auf das Wettbewerbsverbot im Rahmen einer ansonsten kartellrechtsneutralen Gesellschaft bezieht, ist die Beurteilung eines zu Wettbewerbszwecken abgeschlossenen Gesellschaftsvertrags unter kartellrechtlichen Aspekten. Dient der Vertrag der kartellrechtswidrigen Kooperation zwischen selbstständig bleibenden Unternehmen, so bietet auch die Rechtsform der GbR keinen Grund, ihn dem Geltungsbereich des GWB zu entziehen.[647]

3. Rechtsfolgen von Treupflichtverstößen. Die Nichtbeachtung der Treupflicht kann 239 eine Reihe unterschiedlicher, sich überlagernder oder ergänzender Rechtsfolgen auslösen. Im Rahmen der – verschuldensunabhängigen – Schrankenfunktion (RdNr. 227) besteht die primäre Rechtsfolge in der **Unbeachtlichkeit der** gegen die Treupflicht verstoßenden **Rechtsausübung.**[648] Danach ist ein treuwidriger Widerspruch gegen Geschäftsführungsmaßnahmen unwirksam, eine treuwidrige Übernahmeerklärung löst keine Gestaltungswirkung aus. Soweit die Treupflicht eine Zustimmungspflicht des Gesellschafters begründet, steht der Gesellschaft oder den Mitgesellschaftern ein **Erfüllungsanspruch** zu, der im Wege der Leistungsklage über § 894 ZPO durchgesetzt werden kann; das gilt namentlich für die Pflicht, einer Vertragsänderung zuzustimmen oder an einer Ausschluss- oder Entziehungsklage mitzuwirken.[649]

Nach wie vor *umstritten* ist die Frage, ob und unter welchen Voraussetzungen auf eine 240 Zustimmungsklage verzichtet und die **treuwidrig verweigerte Zustimmung** als erteilt unterstellt werden kann.[650] Die *Rechtsprechung* ist zur Fiktion der Zustimmung unabhängig vom Beschlussgegenstand grundsätzlich nur bereit, wenn der umstrittene Beschluss und seine rasche Umsetzung für die Gesellschaft von existenzieller Bedeutung sind;[651] großzügiger urteilt sie nur im Hinblick auf Vertragsänderungsbeschlüsse in einer dem Mehrheitsprinzip unterstehenden Publikumsgesellschaft.[652] In der *Literatur* reichen die Ansichten vom grundsätzlichen Erfordernis der Zustimmungsklage[653] über die Differenzierung danach, ob dem Beschluss Außenwirkung zukommt,[654] bis zur Unterscheidung zwischen Geschäftsführungs- und Vertragsänderungs-(Grundlagen-)beschlüssen unter Beschränkung des Erfordernisses einer – ggf. über § 894 ZPO durchzusetzenden – Zustimmungserklärung auf die letzteren.[655]

---

[647] Einhellige, wenn auch meist nicht besonders betonte (weil selbstverständliche) Ansicht. Im Gegenteil wurde früher überwiegend die Meinung vertreten, für das Eingreifen von § 1 aF GWB müsse eine Gesellschaft oder ein gesellschaftsähnliches Verhältnis vorliegen (vgl. nur *Müller-Henneberg* in Gemeinschaftskomm. zum GWB, 4. Aufl. 1980, § 1 RdNr. 34; anders sodann BGHZ 68, 6 = NJW 1977, 804 – Fertigbeton, m. Anm. *Ulmer,* dazu o. RdNr. 143).
[648] HM, vgl. schon RGZ 158, 302, 310; *Soergel/Hadding* RdNr. 64; *Bamberger/Roth/Timm/Schöne* RdNr. 107; *M. Winter* (Fn. 592) S. 36 f.; grdlg. dazu *Zöllner* (Fn. 592) S. 366 ff.; enger – nur bei evidenter Treuwidrigkeit – *Flume* I/1 § 15 II 3, S. 268 f.; *Wiedemann,* FS Heinsius, 1991, S. 949, 957.
[649] BGH (Fn. 629); RGZ 163, 35, 38; *Bamberger/Roth/Timm/Schöne* RdNr. 107; *Zöllner* (Fn. 592) S. 32 ff. Vgl. auch RdNr. 231 ff.
[650] Näher zum Folgenden Staub/*Ulmer* § 105 HGB RdNr. 250. Vgl. aber auch *Sester,* Treupflichtverletzung bei Widerspruch und Zustimmungsverweigerung im Recht der Personenhandelsgesellschaften, 1996, S. 41 ff., 107 ff.
[651] So BGH WM 1979, 1058 (vorübergehende Aufnahme einer Komplementär-GmbH zur Fortsetzung der KG als werbende); ähnlich sodann auch BGH WM 1986, 1556, 1557 und WM 1988, 23, 25 (freilich jeweils in concreto verneinend). Weitergehend noch BGH NJW 1960, 434 (treupflichtwidriger und daher unbeachtlicher Widerspruch gegen die faktische Auflösung einer KG).
[652] So BGH NJW 1985, 974; WM 1985, 195, 196; WM 1988, 23, 25 f. Vgl. aber auch BGH NJW 1995, 194, 195 (Einschränkung des Informationsrechts eines Kommanditisten in einer Normal-KG trotz Kernbereichs-Relevanz dann auf Grund einer Mehrheitsklausel ohne seine Zustimmung möglich, wenn er kraft Treupflicht zur Duldung verpflichtet ist, dazu auch § 709 RdNr. 112).
[653] So *Korehnke,* Treuwidrige Stimmen in Personengesellschafts- und GmbH-Recht, 1997, S. 188 ff. (mit Ausnahme von Publikumsgesellschaften); grds. auch *Wiedemann,* FS Heinsius, 1991, S. 949, 957 (außer wenn Treuwidrigkeit offenkundig).
[654] So 3. Aufl. RdNr. 197 a (*Ulmer*).
[655] Vgl. MünchKommHGB/*K. Schmidt* § 105 RdNr. 164, 166; *Heymann/Emmerich* § 119 HGB RdNr. 50; *M. Winter* (Fn. 592) S. 37; tendenziell *Soergel/Hadding* RdNr. 64; offen lassend *Bamberger/Roth/Timm/Schöne* RdNr. 107; eingehend dazu *Sester* (Fn. 650) S. 134 ff.

241 **Stellungnahme.** Der Unterscheidung nach dem Beschlussinhalt, dh. zwischen Geschäftsführungs- und Grundlagenbeschlüssen, ist zuzustimmen.[656] Sie bietet einen relativ klaren Abgrenzungsmaßstab und verteilt die Klagelast zwischen der die Änderung betreibenden Mehrheit und der widersprechenden Minderheit im Regelfall angemessen. Bei **Grundlagenbeschlüssen,** insbesondere Vertragsänderungen, bedarf es danach regelmäßig einer Leistungsklage der an der Änderung interessierten Gesellschafter gegen den Widersprechenden. In Fällen besonderer, mit Existenzgefährdung für die Gesellschaft verbundener Dringlichkeit kann die Mehrheit eine kurzfristige (Vor-)Entscheidung über § 940 ZPO herbeiführen.[657] Soweit demgegenüber **Geschäftsführungsmaßnahmen** in Frage stehen, kann die Mehrheit von einer Leistungsklage absehen und alsbald – wenn auch auf das Risiko der die Maßnahmen vollziehenden Gesellschafter[658] – entsprechend der angestrebten Änderung verfahren.[659] Sache des widersprechenden Gesellschafters ist es dann, sich gegen das eigenmächtige Vorgehen der Mitgesellschafter zur Wehr zu setzen. Seine Klage ist wegen des „dolo petit"-Einwands (s. § 242 RdNr. 373) als missbräuchlich abzuweisen, wenn er kraft Treupflicht zur Zustimmung verpflichtet ist und durch seine Klage eine Widerklage auf Zustimmung auslösen würde.

242 War das treuwidrige Verhalten *schuldhaft* (§ 708) und hat es zu einem Schaden bei Gesellschaft oder Mitgesellschaftern geführt, so begründet es eine **Schadensersatzpflicht** des Gesellschafters (RdNr. 198). Bei fortgesetzten oder besonders schwerwiegenden Verstößen kann schließlich auch ein wichtiger Grund zur **Entziehung** von Geschäftsführungs- und Vertretungsbefugnis oder zum **Ausschluss** aus der Gesellschaft gegeben sein.

243 Hinsichtlich der **Klagebefugnis** zur Durchsetzung des Anspruchs auf Schadensersatz oder auf Zustimmung ist zu unterscheiden. Soweit das Verhältnis zur Gesellschaft betroffen ist, handelt es sich um einen *Sozialanspruch* der Gesellschaft, der nicht nur von ihr selbst, sondern im Rahmen der actio pro socio (RdNr. 204 ff.) auch von einzelnen Mitgesellschaftern geltend gemacht werden kann. Demgegenüber sind zur Geltendmachung von Zustimmungspflichten zu *Grundlagengeschäften,* insbesondere Vertragsänderungen, nur die Mitgesellschafter als solche – und zwar jeder für sich – aktivlegitimiert und klagebefugt. Klagt ein Gesellschafter, der treuwidrig die Zustimmung zu einem Grundlagenbeschluss verweigert hat, seinerseits auf Feststellung von dessen Unwirksamkeit, so kann ihm je nach Lage des Falles der dolo petit-Einwand entgegengesetzt werden.

V. Gleichmäßige Behandlung der Gesellschafter

244 **1. Grundlagen.** Wie die Treupflicht (RdNr. 221 ff.), so gehört auch der Grundsatz der gleichmäßigen Behandlung der Gesellschafter zu den **zentralen Rechtssätzen des Gesellschaftsrechts;**[660] in § 53 a AktG ist er ausdrücklich normiert. Für das Recht der GbR hat er in einer Reihe dispositiver Normen seinen gesetzlichen Niederschlag gefunden (vgl. §§ 706 Abs. 1, 709 Abs. 1 und 2, 711, 722 Abs. 1, 734, 735).[661] Sein Anwendungsbereich beschränkt sich jedoch nicht auf diese Fälle, sondern erfasst die mitgliedschaftliche Stellung der einzelnen Gesellschafter und deren daraus resultierende Rechte und Pflichten grundsätzlich in jeder Beziehung, sowohl hinsichtlich des Inhalts des Gesellschaftsvertrags als auch hinsichtlich seiner Durchführung. Die Frage, ob und inwieweit der Gleichbehandlungsgrundsatz als ein überpositiver, unmittelbar aus der Gerechtigkeitsidee zu entwickelnder

---

[656] Abw. noch 3. Aufl., vgl. Nachweise in Fn. 654.
[657] Ebenso *Wiedemann,* FS Heinsius, 1991, S. 949, 957; *Lettl* AcP 202 (2002), 37.
[658] Zur Haftung bei Überschreitung der Geschäftsführungsbefugnis und zur Bedeutung des Sorgfaltsmaßstabs des § 708 in derartigen Fällen vgl. § 708 RdNr. 8 ff.
[659] So wohl auch *Hueck* OHG § 11 III 3, S. 175; enger *Sester* (Fn. 650) S. 141 f., 168 f.; aA BGH WM 1986, 1556, 1557 (dazu Fn. 651).
[660] Vgl. näher *Wiedemann* GesR I § 8 II 2 S. 427 ff. Allg. zum Grundsatz gleichmäßiger Behandlung im Privatrecht vgl. *L. Raiser* ZHR 111 (1948), 75 ff.; *G. Hueck,* Der Grundsatz der gleichmäßigen Behandlung im Privatrecht, 1958 (S. 35 ff., 278 ff. zur Anwendung im Gesellschaftsrecht).
[661] Vgl. dazu *Soergel/Hadding* RdNr. 65 ff.; *Erman/Westermann* RdNr. 39 ff.; *Staudinger/Habermeier* RdNr. 53 ff.; *Bamberger/Roth/Timm/Schöne* RdNr. 108 ff.; *Hueck* OHG § 9 III.

Rechtssatz[662] im Privatrecht allgemein oder doch für alle Gemeinschaftsverhältnisse[663] Geltung beanspruchen kann, kann hier dahinstehen (zur Gleichbehandlung in der Bruchteilsgemeinschaft vgl. § 741 RdNr. 36. Für den Bereich der Gesellschaft beruht seine **Geltung** jedenfalls darauf, dass die Gesellschafter sich im Gesellschaftsvertrag als *gleichrangige Partner* zu einer Zweckgemeinschaft zusammengeschlossen haben.[664] Der Gleichbehandlungsgrundsatz lässt sich somit ebenso wie die gesellschaftsrechtliche Treupflicht auf die *Vertragsgrundlage* des Personenverbands zurückführen; er ist der Treupflicht auch inhaltlich nahe verwandt.[665] Allerdings betrifft er nur das Verhältnis zwischen Gesellschaft und Gesellschaftern; eine Pflicht der Gesellschafter, die Mitgesellschafter gleichzubehandeln, besteht nicht.

Inhaltlich ist der Grundsatz der gleichmäßigen Behandlung nicht etwa auf schematische 245 oder formale Gleichstellung der Gesellschafter gerichtet.[666] Er schließt vielmehr nur die sachlich nicht gerechtfertigte, **willkürliche Ungleichbehandlung** aus.[667] Demgegenüber ist die Beachtung solcher Unterschiede bei dem jeweiligen Zusammenschluss, die aus der Sicht des gemeinsamen Zwecks entweder in Bezug auf die Personen der Gesellschafter oder auf die Art ihrer Beteiligung bestehen, nicht nur zulässig, sondern entspricht der üblichen Vertragspraxis und kann angesichts des Gerechtigkeitsgehalts des Gleichbehandlungsgrundsatzes im Einzelfall sogar geboten sein. Dementsprechend wird anstelle der in § 722 Abs. 1 vorgesehenen Gewinnverteilung nach Köpfen meist eine Ergebnisbeteiligung entsprechend der Einlagen und der sonstigen Beitragsleistungen der einzelnen Gesellschafter vereinbart. Auch die internen Mitspracherechte sind im Gesellschaftsvertrag häufig danach abgestuft, welche Bedeutung der Mitwirkung der verschiedenen Beteiligten und ihrem Beitrag zur Förderung des gemeinsamen Zwecks jeweils zukommt. Differenzierungskriterien sind insoweit neben unterschiedlichem Kapitaleinsatz namentlich die jeweilige Tätigkeit der Gesellschafter in der Gesellschaft einschließlich deren Bedeutung für die Gesamtheit, ferner Alter und Erfahrung, Verdienste um die Gesellschaftsgründung sowie unterschiedliches Haftungspotenzial.[668]

Sind Unterschiede der in RdNr. 245 genannten Art vorhanden, so begründet zwar der 246 Grundsatz gleichmäßiger Behandlung nicht ohne weiteres einen Anspruch auf Differenzierung, sondern überlässt es grundsätzlich den Gesellschaftern, ihnen im Rahmen der Vertragsgestaltung Rechnung zu tragen.[669] Wohl aber schafft er die **Legitimation für abgestufte Mitgliedschaftsrechte** auch in denjenigen Fällen, in denen diese nicht einstimmig mit Einverständnis aller Beteiligten, sondern durch vertraglich zugelassenen Mehrheitsbeschluss begründet oder modifiziert werden (vgl. auch RdNr. 251). Fällt der Grund für die im Gesellschaftsvertrag vereinbarte Differenzierung später weg, stellt etwa der mit einem Gewinnvorzug bedachte Geschäftsführer seine Tätigkeit für die Gesellschaft aus Alters- oder Gesundheitsgründen nicht nur vorübergehend ein, so können die Mitgesellschafter von ihm die **Zustimmung zur Vertragsanpassung** entsprechend den eingetretenen Änderungen

---

[662] So *L. Raiser* ZHR 111 (1948), 75 (81 ff., 83 f., 90); ähnlich *G. Hueck* (Fn. 660) S. 169.
[663] Dazu namentlich *G. Hueck* (Fn. 660) S. 128 ff., 153, 169.
[664] Ähnlich *Hueck* OHG § 9 III (freiwilliger Zusammenschluss), *G. Hueck* (Fn. 660) S. 152 f. (Gemeinschaftsbindung). Teilweise wird der Grundsatz auch nach Art einer Rechtsanalogie aus seiner Kodifizierung in § 706 Abs. 1 und anderen Normen abgeleitet (vgl. *Soergel/Hadding* RdNr. 65 und *Erman/Westermann* RdNr. 39, die unter Hinweis auf § 53 a AktG von einem allg. Prinzip des Gesellschaftsrechts ausgehen). Für Ableitung aus der Gestaltungsmacht des Verbands oder der ihn bestimmenden Personen *Wiedemann* GesR I § 8 II 2 a, S. 428 f.; *K. Schmidt* GesR § 16 II 4 b.
[665] So auch *G. Hueck* (Fn. 660) S. 107 ff., 112 f., 171; für methodischen Vorrang des Gleichbehandlungsgrundsatzes *L. Raiser* ZHR 111 (1948), 75, 83 f. Vgl. auch OGHZ 4, 66, 74 (kein Anspruch aus Treupflicht, soweit dessen Durchsetzung die Gleichbehandlung der Gesellschafter gefährdet).
[666] EinhM, vgl. BGH WM 1965, 1284, 1286; *G. Hueck* (Fn. 660) S. 278 f.; *Soergel/Hadding* RdNr. 65; *Staudinger/Habermeier* RdNr. 53; *Bamberger/Roth/Timm/Schöne* RdNr. 108; *Wiedemann* GesR I § 8 II 2, S. 427; *K. Schmidt* GesR § 16 II 4 b.
[667] So namentlich *G. Hueck* (Fn. 660) S. 179 ff., 182 ff., in Abgrenzung zum positiven Gebot gleicher bzw. gleichmäßiger Behandlung; ebenso *Erman/Westermann* RdNr. 39; *Soergel/Hadding* RdNr. 65.
[668] Vgl. dazu auch *Soergel/Hadding* RdNr. 65; *Staudinger/Habermeier* RdNr. 53; zu den Maßstäben für die Gleichbehandlung siehe *G. Hueck* (Fn. 660) S. 198 ff., 323 ff.
[669] Vorbehaltlich einer Pflicht zur Vertragsänderung unter dem Gesichtspunkt der Treupflicht (RdNr. 231 ff.).

§ 705 247–249

verlangen.[670] Entsprechendes gilt umgekehrt für später eintretende, bei Vertragsschluss noch nicht absehbare Differenzierungsgründe.

247 Der Grundsatz gleichmäßiger Behandlung ist **dispositiver Natur**,[671] soweit nicht die Schranke des § 138 eingreift (RdNr. 134). Die einzelnen Gesellschafter sind also nicht gehindert, in eine sachlich nicht gebotene Vorzugsstellung eines Mitgesellschafters oder eine relative Verschlechterung ihrer eigenen Position einzuwilligen, solange der unverzichtbare Kernbereich ihrer Mitwirkungsrechte dadurch nicht berührt wird. Die Einwilligung kann durch Zustimmung zur konkreten Vertragsgestaltung erteilt werden. Denkbar ist aber auch eine Mehrheitsklausel im Gesellschaftsvertrag, die der Mehrheit das Recht gibt, Vertragsänderungen in Abweichung vom Gleichbehandlungsgrundsatz zu beschließen. Solche Vereinbarungen sind freilich durchaus ungewöhnlich und setzen zu ihrer Wirksamkeit nicht nur die eindeutige Einbeziehung der fraglichen Regelungsgegenstände in ihren Anwendungsbereich voraus, sondern auch die vertragliche Bestimmung der **Grenzen**, innerhalb derer sich die Ungleichbehandlung durch Mehrheitsbeschluss halten muss, wenn sie Wirksamkeit erlangen soll (RdNr. 251). Zur Änderung des Gesellschaftsvertrags durch Mehrheitsbeschluss vgl. im Übrigen § 709 RdNr. 84 ff.

248 **2. Ausprägungen des Grundsatzes gleichmäßiger Behandlung. a) Ordnungsprinzip und Auslegungsgrundsatz.** Der Gleichbehandlungsgrundsatz enthält ein rechtserhebliches Ordnungsprinzip[672] für die Ausgestaltung der Mitgliedschaftsrechte und -pflichten und deren Durchsetzung während der Dauer der Gesellschaft (RdNr. 244). Er wirkt sich einerseits im Bereich der dispositiven Normen aus, beim Fehlen abweichender Vertragsgestaltung sowie bei der *Ausfüllung von Vertragslücken*. Zum anderen und vor allem erlangt er Bedeutung, soweit die *Auslegung des Gesellschaftsvertrags* und die Konkretisierung der Rechtsstellung der Gesellschafter in Frage steht.[673] Dementsprechend bestimmen sich die Mitsprache- (Stimm-) und Vermögensrechte der Gesellschafter in denjenigen Fällen, in denen der Vertrag mit Rücksicht auf die unterschiedlichen Beiträge erkennbar von abgestuften Beteiligungsrechten ausgeht, im Zweifel jeweils nach diesem Maßstab; dem Gewinnverteilungsschlüssel entspricht im Zweifel auch die Verlustbeteiligung. Andererseits ist für die Anerkennung von Sonderrechten, die einem Gesellschafter wegen seiner persönlichen Verdienste um die Gesellschaft eingeräumt worden waren, gegenüber seinen Rechtsnachfolgern im Zweifel kein Raum.

249 **Im Einzelnen** wirkt sich der Grundsatz gleichmäßiger Behandlung vor allem in drei Bereichen aus: bei den Beiträgen, den Geschäftsführungs- und Stimmrechten sowie bei der Gewinn- und Verlustverteilung. Hinsichtlich der **Beitragsleistung** kann jeder Gesellschafter sich unter Berufung auf den Gleichbehandlungsgrundsatz weigern, früher oder in stärkerem Maß als die Mitgesellschafter auf Erfüllung in Anspruch genommen zu werden, wenn weder ein sachlich gerechtfertigter Grund für dieses Vorgehen vorliegt noch die Ungleichbehandlung im Gesellschaftsvertrag vorgesehen ist.[674] Auch Mehrheitsbeschlüsse über unproportionale Beitragserhöhungen u. a. sind im Zweifel ausgeschlossen (RdNr. 251). Im Bereich der **Geschäftsführung** wird die Gleichbehandlung vor allem durch das Widerspruchsrecht des § 711 gesichert, soweit nicht alle Gesellschafter gemeinschaftlich geschäftsführungsbefugt sind. Es greift im Zweifel auch dann ein, wenn die Geschäftsführer die Leitung der Gesellschaft unter sich nach Sachgebieten aufgeteilt und

---

[670] Vgl. einerseits OLG München NZG 2001, 558, 560 (gleiches „Entgelt" für gleiche Beiträge), andererseits OLG München NZG 2001, 793, 794 (kein Verzicht auf Vorabvergütung durch invaliden Komplementär, wenn sie auch Entgelt für Haftungsrisiko enthält).
[671] EinhM, vgl. BGH WM 1965, 1284, 1286; RGZ 151, 321, 326; *Soergel/Hadding* RdNr. 65; *Staudinger/Habermeier* RdNr. 53; *Bamberger/Roth/Timm/Schöne* RdNr. 109; *Erman/Westermann* RdNr. 40 mwN.
[672] *G. Hueck* (Fn. 660) S. 278 ff.; *Staudinger/Habermeier* RdNr. 54.
[673] So neben den in Fn. 672 Genannten auch *Soergel/Hadding* RdNr. 66; *Bamberger/Roth/Timm/Schöne* RdNr. 111; *Erman/Westermann* RdNr. 39.
[674] *Staudinger/Habermeier* RdNr. 55; *Heymann/Emmerich* § 109 HGB RdNr. 13; *G. Hueck* (Fn. 660) S. 40 f.; OLG München NZG 2001, 558, 560. Vgl. auch § 706 RdNr. 20.

Inhalt des Gesellschaftsvertrags 250–252 § 705

einzelne Geschäftsführungsbereiche bestimmten Gesellschaftern allein zugewiesen haben (§ 709 RdNr. 16).

Für die **Gewinnverteilung** hat die Gleichbehandlung einmal dann Bedeutung, wenn die 250 Gesellschafter in ungleichem Ausmaß zur Erbringung der vereinbarten Beiträge herangezogen worden sind: das kann zu einer Abweichung vom vertraglich vereinbarten Schlüssel solange Anlass geben, bis das Ungleichgewicht durch Erbringung auch der noch ausstehenden Beiträge beseitigt ist. Mit der gebotenen Gleichbehandlung unvereinbar ist es aber auch, von der **Benutzung von Gesellschaftseinrichtungen** ohne sachlichen Grund einen Teil der Gesellschafter auszunehmen, von ihnen unterschiedliche Nutzungsentgelte zu verlangen oder ihnen die Vorteile der Nutzung vorzuenthalten.[675] Ebenso sind die Liefer- oder Bezugsquoten in einem zugelassenen Kartell grundsätzlich gleichmäßig aufzuteilen.[676] Schließlich kann auch eine an der jeweiligen Steuerbelastung ausgerichtete vertragliche **Entnahmeregelung** Gestaltungsprobleme aus der Sicht des Gleichbehandlungsgrundsatzes jedenfalls dann mit sich bringen, wenn die Gesellschafter in unterschiedlichem Maße der Steuerprogression unterliegen. In Fällen dieser Art ist es ohne Verstoß gegen den Gleichbehandlungsgrundsatz jedenfalls dann zulässig, das Entnahmerecht der einzelnen Gesellschafter an der jeweiligen Höhe ihrer auf die Gesellschaftsbeteiligung entfallenden Steuern auszurichten, wenn der nichtentnahmefähige Teil des Gewinns auf Darlehenskonten gebucht und angemessen verzinst wird.[677]

b) **Minderheitenschutz.** Besondere Bedeutung gewinnt der Gleichbehandlungsgrund- 251 satz im Hinblick auf den Minderheitenschutz **gegenüber Mehrheitsbeschlüssen**.[678] Auch wenn Mehrheitsklauseln im Gesellschaftsvertrag abweichend vom Einstimmigkeitsprinzip grundsätzlich vereinbart werden können und die jeweilige Minderheit damit in Kauf nimmt, Änderungen des Gesellschaftsvertrags hinnehmen zu müssen (§ 709 RdNr. 84 ff.), darf die Beschlussfassung doch jedenfalls nicht zur willkürlichen oder sachlich nicht gerechtfertigten Schlechterstellung der Minderheit führen, soweit die Mehrheitsklausel nicht im Einzelfall mit der erforderlichen Eindeutigkeit eine Abweichung auch vom Gleichbehandlungsgrundsatz deckt.[679] Nach diesen Grundsätzen ist zumal bei mehrheitlichen Vertragsänderungen, die die Rechtsstellung einzelner Gesellschafter unterschiedlich betreffen,[680] Vorsicht geboten. Lässt etwa der Gesellschaftsvertrag in wirksamer Weise (§ 707 RdNr. 8) Kapitalerhöhungen durch Mehrheitsbeschluss zu, so muss – wenn nicht eine allgemeine Beitragserhöhung in Frage steht – grundsätzlich sichergestellt werden, dass jeder Gesellschafter die Möglichkeit erhält, sich in gleichem Verhältnis und unter gleichen Bedingungen an der Kapitalerhöhung zu beteiligen.[681]

3. **Rechtsfolgen eines Verstoßes.** Soweit die Gefahr eines Verstoßes gegen den Gleich- 252 behandlungsgrundsatz nicht durch Auslegung (RdNr. 248) beseitigt werden kann, sind Vereinbarungen und Beschlüsse, die zu einer willkürlichen oder sachlich nicht gerechtfertigten Ungleichbehandlung der Gesellschafter führen, ohne Zustimmung der benachteiligten Gesellschafter **unwirksam**.[682] Die Unwirksamkeit kann durch Zustimmung der betroffenen

---

[675] BGH LM GenG § 18 Nr. 2 = NJW 1960, 2142, 2143 (Genossenschaft); LM § 39 Nr. 2 = NJW 1954, 953 (LS) (Verein); LM GmbHG § 29 Nr. 2 = WM 1972, 931 (GmbH); OLG Saarbrücken NJW 1985, 811 (GbR); *Soergel/Hadding* RdNr. 66; *Bamberger/Roth/Timm/Schöne* RdNr. 111.
[676] BGHZ 16, 59, 70 = NJW 1955, 384.
[677] BGH WM 1977, 1022.
[678] HM, vgl. *Erman/Westermann* RdNr. 41; *Bamberger/Roth/Timm/Schöne* RdNr. 108, 110. An der Effektivität des Gleichbehandlungsgrundsatzes als Mittel des Minderheitenschutzes zweifelnd aber *Wiedemann* GesR I § 8 II 2, S. 427 f., 429 f. und *Roitzsch* Minderheitenschutz S. 33 ff.
[679] RGZ 151, 321, 327; *G. Hueck* (Fn. 660) S. 41 Fn. 4 (Nachweise), 305 ff., 307; *Soergel/Hadding* RdNr. 66.
[680] Zur Frage der Aufhebung von Sonderrechten abw. von § 35 durch Mehrheitsbeschluss vgl. § 709 RdNr. 99.
[681] BGH WM 1974, 1151, 1153; *Hueck* OHG § 9 III, *G. Hueck* (Fn. 660) S. 345 ff. Vgl. auch § 186 Abs. 1, 3 AktG (Bezugsrecht), dazu statt aller *Hüffer* § 186 AktG RdNr. 4 ff., 25 ff., 39 a ff.; *Lutter* ZGR 1979, 401 ff. – Zur Erhöhung von Mitgliedschaftspflichten durch Mehrheitsbeschluss vgl. § 707 RdNr. 6.
[682] EinhM, vgl. *Soergel/Hadding* RdNr. 67; *Erman/Westermann* RdNr. 41; *Staudinger/Habermeier* RdNr. 56.

Gesellschafter oder durch Behebung des Verstoßes geheilt werden.[683] Sozialansprüche (Beitragsforderungen), deren Geltendmachung auf einer Ungleichbehandlung beruht, sind nicht durchsetzbar. Hat eine schuldhafte Ungleichbehandlung zu einem Schaden des benachteiligten Gesellschafters geführt, so kann er von der Gesellschaft und den am Verstoß beteiligten Mitgesellschaftern **Schadensersatz** verlangen. Ein Anspruch darauf, einen einzelnen Gesellschaftern gewährten Vorzug auf alle Beteiligten auszudehnen, besteht dagegen grundsätzlich nicht. Es ist Sache der Gesamthand, auf welche Weise sie den Verstoß gegen den Gleichbehandlungsgrundsatz beseitigen will; sie kann stattdessen auch Rückgewähr von den begünstigten Gesellschaftern verlangen.[684] Werden freilich einzelne Gesellschafter von einer allgemein gewährten Vergünstigung willkürlich ausgeschlossen, steht ihnen grundsätzlich ein Erfüllungsanspruch zu.[685] – Zur Möglichkeit, unter Berufung auf den Gleichbehandlungsgrundsatz eine Vertragsänderung zu verlangen, vgl. auch RdNr. 246.

D. Außen- und Innengesellschaft

I. Die Außengesellschaft

253 **1. Grundlagen. a) Gesetzlicher Normaltypus.** Das BGB geht in den §§ 705 bis 740 von der Außengesellschaft als Regeltyp aus.[686] Nach heute ganz hM handelt es sich dabei um eine **rechtsfähige Personenvereinigung (Gesamthand),** die sich nicht auf interne Beziehungen zwischen den Vertragspartnern betreffend Förderung des gemeinsamen Zwecks, Tätigkeit auf gemeinsame Rechnung und Ergebnisbeteiligung beschränkt,[687] sondern *als solche über organschaftliche Vertreter am Rechtsverkehr teilnimmt* (RdNr. 254, 279). Hierfür sieht § 709 Abs. 1 die gemeinschaftliche Geschäftsführungsbefugnis aller Gesellschafter vor, und § 714 stellt im Auslegungswege klar, dass die Geschäftsführungsbefugnis der Gesellschafter sich im Zweifel mit einer entsprechenden Vertretungsmacht verbindet. § 718 begründet die gesamthänderische Bindung nicht nur für die Beiträge der Gesellschafter (zur gesamthänderischen Bindung auch der Beitragsforderungen vgl. RdNr. 201, 269), sondern auch für diejenigen Gegenstände des Gesellschaftsvermögens, die im Rahmen der Geschäftsführung „für die Gesellschaft", dh. also durch Rechtsgeschäft in deren Namen (§ 718 RdNr. 25), erworben werden. § 725 behandelt in Übereinstimmung mit § 736 ZPO das Gesellschaftsvermögen als ein dem unmittelbaren Zugriff von Privatgläubigern einzelner Gesellschafter entzogenes, besonderes Vollstreckungsobjekt. Auch die Regelungen über die Auflösung der Gesellschaft (§§ 730 bis 733) gehen von der Vorstellung aus, dass die Gesellschaft durch Teilnahme am Rechtsverkehr Gesamthandsvermögen gebildet und Gesellschaftsverbindlichkeiten begründet hat. Beim einseitigen Ausscheiden (§ 738 Abs. 1) schließlich ist davon die Rede, dass der Gesellschafter von der Haftung für die „gemeinschaftlichen", dh. im Namen der Gesellschaft eingegangenen Schulden zu befreien ist.

---

[683] Dazu und zu den Möglichkeiten der Heilung näher *G. Hueck* (Fn. 660) S. 319.

[684] Zutr. *Tries, Verdeckte Gewinnausschüttungen im GmbH-Recht,* 1991, S. 228 f. AA *Bamberger/Roth/Timm/Schöne* RdNr. 112.

[685] Ebenso *G. Hueck* (Fn. 660) S. 302 ff.; *Soergel/Hadding* RdNr. 67; *M. Winter* ZHR 148 (1984), 579, 600; ähnlich auch BGH LM GmbHG § 29 Nr. 2 = WM 1972, 931 (GmbH); OLG Saarbrücken NJW 1985, 811 (GbR).

[686] Zust. *Erman/Westermann* RdNr. 64; so im Ergebnis (unter Abstellen auf den typischen Inhalt des Gesellschaftsvertrags) auch *Soergel/Hadding* Vor § 705 RdNr. 28 ff. Eine gesetzliche Vermutung für das Vorliegen einer Außengesellschaft lässt sich hieraus freilich nicht ableiten; wer sich auf den Außencharakter beruft, ist beweispflichtig (BGHZ 12, 308, 315 = NJW 1954, 1159; BGH LM Nr. 11 = NJW 1960, 1851; vgl. aber auch RdNr. 279 zur Auslegungsregel des § 714).

[687] Zur Innengesellschaft vgl. näher RdNr. 275 ff. – Die Berechtigung der allg. üblichen Unterscheidung zwischen Außen- und Innengesellschaft wird grds. bestritten von *Steckhan, Die Innengesellschaft,* 1966, insbes. S. 54 ff., 129 f. Vgl. demgegenüber aber RdNr. 284 f. zu den rechtlichen Besonderheiten von Innengesellschaften.

b) Charakteristische Merkmale der Außengesellschaft. Die Außengesellschaft wird 254 im Regelfall durch eine *Reihe typischer Merkmale* gekennzeichnet (zur Abgrenzung gegenüber der Innengesellschaft im Einzelnen vgl. RdNr. 279 bis 282). Zu ihnen gehören die über die (Innen-)Gesellschaft iS eines bloßen Schuldverhältnisses hinausgehende, zum Auftreten nach außen erforderliche **Organisation** (RdNr. 152), darunter namentlich das Vorhandensein von Gesellschaftsorganen (RdNr. 255 ff.), ferner das Vorhandensein von **Gesamthandsvermögen** sowie schließlich die Begründung von Gesellschaftsverbindlichkeiten als besonderen, von der persönlichen Haftung der Gesellschafter als Gesamtschuldner zu unterscheidenden Verpflichtungen der GbR (§ 718 RdNr. 24 ff.). *Begriffsnotwendig* für die Außengesellschaft ist unter diesen Merkmalen nur das Auftreten nach außen (mit den sich daraus ergebenden Haftungsfolgen) und die hierfür erforderliche Organisation, während die Begründung von Gesamthandsvermögen vertraglich ausgeschlossen werden kann (vgl. RdNr. 266 ff.). Soweit die Gesellschaft sich als solche, dh. unter eigenem Namen und mit eigener Identitätsausstattung (RdNr. 306) am Rechtsverkehr beteiligt, kommt ihr Rechtsfähigkeit zu (RdNr. 303 ff.). Zur Namensfähigkeit der Gesamthand vgl. RdNr. 270, zur Haftung für Organverschulden (§ 31) vgl. RdNr. 260 ff.

2. Gesellschaftsorgane. a) Wesen und Begriff. Als von den einzelnen Mitgliedern zu 255 unterscheidende Personenvereinigung ist die als Außengesellschaft strukturierte GbR fähig, am Rechtsverkehr teilzunehmen und im eigenen Namen Rechte und Verbindlichkeiten zu begründen (RdNr. 303, 310 f.). Da sie ebenso wie juristische Personen oder sonstige rechtsfähige Personenvereinigungen (OHG, KG) nicht selbst handlungsfähig ist, bedarf sie wie diese der Mitwirkung natürlicher Personen als für sie handelnde „Organe". Diese unterscheiden sich, auch wenn sie typischerweise *im Namen der Gesellschaft* am Rechtsverkehr teilnehmen, deutlich von Bevollmächtigten; sie haben eine den **gesetzlichen Vertretern verwandte Stellung** (vgl. Vor § 164 RdNr. 7 ff.). Für Personengesellschaften kommen als Organmitglieder nach dem hier geltenden Grundsatz der *Selbstorganschaft* (§ 709 RdNr. 5) nur Gesellschafter in Betracht. Zu den verschiedenen Arten möglicher Organe einer GbR vgl. RdNr. 257 ff.

Der **Organbegriff** hatte in der gesellschafts- und verbandsrechtlichen Diskussion bis in 256 die jüngste Zeit keine umfassende Klärung erfahren.[688] Teilweise wurde er in Zusammenhang mit der „Organhaftung" des Verbands aus § 31 gebracht und dahin umschrieben, es müsse sich um Personen (-gruppen) handeln, die für den Verband *nach außen wirksam handeln* können (vgl. etwa § 31 RdNr. 19 ff., 24). Gegen eine derartige Verengung auf vertretungsbefugte Organe spricht jedoch, dass das Organhandeln auch und sogar in erster Linie der internen Willensbildung und deren Umsetzung innerhalb des Verbands dient und die gesetzliche oder gesellschaftsvertragliche Einsetzung von Organen notwendige Folge der fehlenden eigenen Handlungsfähigkeit des Verbandes ist (vgl. RdNr. 255). Zu Recht versteht die vorherrschende Ansicht unter Organen nicht nur der juristischen Personen, sondern auch der rechtsfähigen Personengesellschaften daher – vorbehaltlich der Unterscheidung zwischen Organen und Organwaltern (RdNr. 256 a) – diejenigen verbandsinternen Einrichtungen oder Personen, die auf Grund der Verbandsverfassung befugt sind, den *Willen* einer als (teil-)rechtsfähig anerkannten Einheit oder Gruppe *zu bilden oder in die Tat umzusetzen*.[689]

---

[688] Vgl. etwa die Definitionen bei *Flume* I/1 § 11 I; *Wiedemann* GesR I § 4 II 3 a; *K. Schmidt* GesR § 14 II 1; dazu auch *Ulmer*, FS Wiedemann, 2002, S. 1297, 1304 ff. In BGHZ 16, 17, 25 = NJW 1955, 499 wurde der Abschlussprüfer einer AG im Hinblick auf die ihm gesetzlich übertragenen Aufgaben (übermäßig weit) als „Organ" der AG qualifiziert, dem mit Rücksicht auf seine Treupflicht eine Warnfunktion gegenüber der AG zukomme, wenn er bei der Abschlussprüfung schwerwiegende Bedenken gegen die Geschäftsführung, die Rentabilität oder Liquidität der Gesellschaft bekäme. AA die hM, vgl. statt aller *Schürnbrand* (Fn. 692) S. 214 ff., 222, der den Abschlussprüfer zutr. als unabhängigen, außerhalb der Organverfassung der Gesellschaft stehenden Sachverständigen mit öffentlicher Funktion qualifiziert.

[689] So tendenziell übereinstimmend *Staudinger/Weick* (1995) Vor § 21 RdNr. 50; *Soergel/Hadding* § 26 RdNr. 3; *Baltzer*, Der Beschluss als rechtstechnisches Mittel organschaftlicher Funktion im Privatrecht, 1965, S. 29 ff.; *Nitschke*, Die körperschaftlich strukturierte Personengesellschaft, 1970, S. 94; *Lewerenz*, Leistungsklagen zwischen Organen und Organmitgliedern der AG, 1977, S. 63 f. Eingehender Überblick über den Diskussionsstand in Rspr. und Schrifttum bei *Schürnbrand* (Fn. 692) S. 35 ff.

§ 705   256a–258   Abschnitt 8. Titel 16. Gesellschaft

Dementsprechend werden bei der AG als notwendige Organe Vorstand, Aufsichtsrat und Hauptversammlung angesehen;[690] bei der GmbH gilt Entsprechendes für Geschäftsführer und Gesellschafterversammlung.[691]

256a Durch eine grundlegende **neue Untersuchung** zum Organbegriff aus der Feder von *Schürnbrand*[692] ist der in RdNr. 256 aufgezeigte Diskussionsstand wesentlich vorangebracht worden. Das gilt namentlich für zwei dieser Untersuchung zu verdankende, eingehend begründete Erkenntnisse. Deren erste betrifft den verbandsrechtlichen **Organbegriff** als solchen, dh. die Qualifikation des Organs als *abstrakte Verbandsinstitution* bzw. verbandsinternen „Zuständigkeitskomplex" mit institutionellem und funktionalem Charakter.[693] Institutionell sind die Organe danach zwar organisatorisch, nicht aber (im Außenverhältnis) rechtlich verselbständigte Teile der auf Gesetz und Gesellschaftsvertrag beruhenden Verbandsverfassung; ihr Bestand ist unauflöslich mit der Existenz des jeweiligen Rechtsträgers verbunden.[694] Aus *funktionaler* Sicht besteht die Aufgabe der Organe darin, die Willens- und Handlungsfähigkeit des Verbandes herzustellen.[695] Die zweite Erkenntnis bezieht sich auf die zwar nicht neue,[696] im privaten Verbandsrecht bisher aber meist nur eingeschränkt beachtete Unterscheidung zwischen Organ und **Organwalter**.[697] Unter letzteren sind die *natürlichen Personen* zu verstehen, die nach der Verbandsverfassung oder auf Grund von Wahlen zu Mitgliedern des jeweiligen Organs berufen sind und dessen Kompetenzen durch ihr Organhandeln wahrnehmen.[698] Die Unterscheidung macht deutlich, dass das Organ als solches auch bei Wegfall seiner sämtlichen Mitglieder bestehen bleibt und dass bei der Frage nach fehlerhaftem Organhandeln nicht auf das jeweilige Organ als Institution, sondern auf das Handeln seiner Mitglieder(-mehrheit) abzustellen ist.

257 **b) Arten. aa) Geschäftsführer.** Geborenes Organ der GbR ist nach gesetzlicher Regel (§ 709) die *Gesamtheit der Gesellschafter* als zur Geschäftsführung berufener Organisationsteil; für juristische Personen oder Personengesellschaften als Gesellschafter treten an deren Stelle die als Geschäftsführer für sie handelnden Mitglieder. Ist nach dem Gesellschaftsvertrag nur ein Teil der Gesellschafter geschäftsführungsbefugt oder sieht der Vertrag Einzelgeschäftsführung vor, so modifiziert sich auch die Organstellung entsprechend; entscheidend ist die gesellschaftsvertragliche Ausgestaltung der Mitspracherechte in der Geschäftsführung (§ 709 RdNr. 13 ff.). Organqualität kommt weiter den gesetzlich (§ 714) oder gesellschaftsvertraglich berufenen **Vertretern** der GbR zu (§ 714 RdNr. 13 ff.). Das gilt auch dann, wenn Geschäftsführungsbefugnis und Vertretungsmacht abweichend von § 714 im Einzelfall auseinanderfallen.

258 **bb) Gesellschafterversammlung.** Im Unterschied zu AG und GmbH ist die Gesellschafterversammlung in der GbR und in den Personenhandelsgesellschaften *kein geborenes Organ;* ihr sind kraft Gesetzes keine eigenen Kompetenzen zugewiesen.[699] Zwar können sämtliche Gesellschafter durch einstimmigen Beschluss grundsätzlich jederzeit den Gesellschaftsvertrag ändern (RdNr. 55 ff.); insoweit handeln sie jedoch nicht als Organ der GbR, sondern gestalten als Partner des Gesellschaftsvertrags und „Herren der Gesellschaft" deren

---

[690] *K. Schmidt* GesR § 26 IV 2; *Th. Raiser/Veil*, Recht der Kapitalgesellschaften, 4. Aufl. 2006, § 13 RdNr. 7 ff.
[691] *K. Schmidt* GesR § 36 I 1 und *Th. Raiser/Veil* (Fn. 690) § 31 RdNr. 1 ff., jeweils auch zum obligatorischen Aufsichtsrat der mitbestimmten GmbH.
[692] *Schürnbrand*, Organschaft im Recht privater Verbände (Mainzer Habil.-Schrift), 2007.
[693] *Schürnbrand* (Fn. 692) S. 48 ff., 68 ff., 94.
[694] *Schürnbrand* (Fn. 692) S. 49 ff., 435 f.
[695] *Schürnbrand* (Fn. 692) S. 69 ff., 436.
[696] So erstmals *Hans J. Wolff*, Organschaft und juristische Person, 1929, S. 224 ff.
[697] *Schürnbrand* (Fn. 692) S. 41 ff. So bisher im Ansatz schon *Beuthien*, FS Zöllner, Bd. I, 1997, S. 87, 97 f.; *Beuthien/Gätsch* ZHR 156 (1992), 459, 468 ff.; *K. Schmidt* GesR § 14 III 1 b; *Ulmer*, FS Wiedemann, 2002, S. 1297, 1307; *Staub/Ulmer* § 109 HGB RdNr. 46.
[698] *Schürnbrand* (Fn. 692) S. 42, 46 ff.
[699] HM, vgl. *Staudinger/Habermeier* § 709 RdNr. 11; *Bamberger/Roth/Timm/Schöne* RdNr. 147; näher § 709 RdNr. 71.

Grundlagen um.⁷⁰⁰ Sieht der **Gesellschaftsvertrag** die Einberufung einer Gesellschafterversammlung vor und weist er dieser bestimmte, über Geschäftsführungsfragen hinausgehende Aufgaben in Gesellschaftsangelegenheiten zu (Bilanzfeststellung, Gewinnverteilung, Entnahmeregelung, Kontrollaufgaben, Wahlen u. a.), so begründet er damit zugleich die Organstellung der Gesellschafterversammlung.

cc) Beirat. Weiteres mögliches Gesellschaftsorgan ist je nach gesellschaftsvertraglicher **259** Regelung ein Beirat (Verwaltungsrat, Gesellschafterausschuss u. a.). Er findet sich nicht selten bei Personenhandelsgesellschaften⁷⁰¹ und solchen Gesellschaften mbH, die nicht kraft Gesetzes einen Aufsichtsrat bilden müssen.⁷⁰² Demgegenüber besteht bei BGB-Gesellschaften wegen ihrer insgesamt meist weniger verfestigten Struktur seltener ein Bedürfnis zur Einsetzung eines Beirats. Organqualität kommt dem Beirat nur zu, wenn er im Gesellschaftsvertrag oder durch einen mit vertragsändernder Mehrheit gefassten Beschluss eingesetzt ist und **eigenständige,** nicht von der Gesellschafterversammlung abgeleitete oder auf Beratung und Kontrolle der Geschäftsführung beschränkte **Mitspracherechte** besitzt.⁷⁰³ In diesem Fall sind für seine Zusammensetzung die Grundsätze der Selbstorganschaft und der Verbandssouveränität zu beachten. Die Mitgliedschaft gesellschaftsfremder Personen in Beiräten ist grundsätzlich ausgeschlossen, soweit dem Beirat eigene Entscheidungsbefugnisse hinsichtlich der Geschäftsführung oder etwaiger Änderungen des Gesellschaftsvertrags zustehen sollen.⁷⁰⁴

c) Haftung für Organverschulden. aa) Überblick. Soweit die Schadensersatzhaftung **260** gegenüber Dritten für **Erfüllungsmängel** bei Schuldverhältnissen in Frage steht, greift auch gegenüber der GbR als Schuldnerin die Zurechnungsvorschrift des § 278 über das Einstehen für das Verschulden gesetzlicher Vertreter und Erfüllungsgehilfen ein (§ 718 RdNr. 30); es bewendet bei den allgemeinen Grundsätzen. Anderes gilt in Bezug auf die Begründung einer Haftung der Gesellschaft für solches Handeln ihrer Organwalter und Verrichtungsgehilfen, das zu einer **deliktischen Schädigung** von Vertragspartnern oder Dritten führt. Ein Bedürfnis hierfür besteht trotz der typischerweise konkurrierenden Eigenhaftung des Schädigers auf Grund eines der Haftungstatbestände der §§ 823 ff. jedenfalls dann, wenn der Schädiger im Interesse der GbR bzw. in Ausführung der ihm in der Gesellschaft übertragenen Aufgaben tätig wurde und sein Handeln daher der Gesellschaftssphäre zuzurechnen ist. Als Haftungsgrundlage kommt insoweit zwar nicht § 831, wohl aber § 31 analog in Betracht (RdNr. 261 ff.).

bb) § 831? Die in § 831 geregelte Haftung des Geschäftsherrn für widerrechtliche, in **261** Ausführung der Verrichtung begangene Schädigungen Dritter durch einen Verrichtungsgehilfen lässt sich bei deliktischem Handeln von Geschäftsführern der GbR nach verbreiteter Ansicht deshalb nicht auf die GbR übertragen, weil die Geschäftsführer als Organwalter im Regelfall nicht weisungsgebunden sind und daher die an einen Verrichtungsgehilfen zu stellenden Anforderungen (§ 831 RdNr. 14) nicht erfüllen.⁷⁰⁵ Das ist im Ansatz zwar zutreffend; es lässt aber außer Betracht, dass § 831 keine (reine) Zurechnungsnorm enthält,

---

⁷⁰⁰ AA *Kießling* WM 1999, 2391, 2400 unter – sachlich nicht weiterführendem – Hinweis auf die Notwendigkeit von Gesellschafterbeschlüssen. Zu Recht offener *Wiedemann* ZGR 1996, 286, 292, der von der „Gesellschaftergesamtheit" als oberstem Organ für fehlender Regelung im Gesellschaftsvertrag spricht. Nicht eindeutig *K. Schmidt* GesR § 14 III 1 a.
⁷⁰¹ Vgl. dazu näher *Staub/Ulmer* § 109 HGB RdNr. 51 ff.; *Voormann,* Der Beirat im Gesellschaftsrecht, 2. Aufl. 1990, S. 12 ff.; *Wiedemann,* FS Schilling, 1973, S. 105 ff.; zu Haftungsfragen vgl. auch *Hüffer* ZGR 1981, 348 ff.
⁷⁰² Vgl. *Scholz/U. H. Schneider* § 52 GmbHG RdNr. 2 ff.; *Voormann* (Fn. 701) S. 20 ff.; *Hölters,* Der Beirat der GmbH und GmbH & Co. KG, 1979; *ders.* BB 1977, 105 ff.; *Reuter,* FS 100 Jahre GmbH, 1992, S. 631 ff.
⁷⁰³ Näher dazu *Staub/Ulmer* § 109 HGB RdNr. 53. – Einen Fall abgeleiteter, unter dem Vorbehalt der Rücknahme durch die Gesellschafterversammlung stehender Befugnisse des Beirats einer Publikums-KG behandelt etwa BGH NJW 1985, 972 f.
⁷⁰⁴ Vgl. näher *Staub/Ulmer* § 109 HGB RdNr. 54 ff.; ferner mit zT unterschiedlicher Akzentsetzung *Nitschke* (Fn. 689) S. 289 ff.; *Voormann* (Fn. 701) S. 110 ff.; *Wiedemann,* FS Schilling, 1973, S. 105, 109 ff. mwN.
⁷⁰⁵ BGHZ 45, 311, 313 = NJW 1966, 1807; § 31 RdNr. 14 *(Reuter); Soergel/Hadding* § 714 RdNr. 40; zweifelnd *Jauernig/Stürner* §§ 714, 715 RdNr. 7; vorbehaltlich der unten (§ 709 RdNr. 6) genannten Einschränkungen des Grundsatzes der Selbstorganschaft auch *Erman/Westermann* RdNr. 66; einschränkend auch *Martinek,* Repräsentantenhaftung, 1979, S. 66. Zur Frage der Weisungsbindung von Geschäftsführern vgl. § 713 RdNr. 7.

§ 705 262, 263 Abschnitt 8. Titel 16. Gesellschaft

sondern eine *Haftung für vermutetes eigenes Verschulden* des Geschäftsherrn bei Auswahl oder Überwachung des Verrichtungsgehilfen begründet (§ 831 RdNr. 11, 32). Da die GbR als nicht selbst handlungsfähiger Personenverband nicht schuldfähig ist, scheidet ihre Haftung nach § 831 schlechthin aus, und dies selbst dann, wenn entweder die handelnden Geschäftsführer ausnahmsweise weisungsabhängig sind, oder wenn die widerrechtliche Schädigung von einem Angestellten der GbR begangen wurde. Ob insoweit die *Außen*haftung des nach *interner* Kompetenzverteilung für die Verrichtung verantwortlichen Geschäftsführers nach § 831 in Betracht kommt, wenn er den Nachweis sorgfältiger Auswahl und Überwachung des Verrichtungsgehilfen nicht führen kann, ist angesichts seiner fehlenden Qualifikation als eigenverantwortlicher Geschäftsherr zweifelhaft.[706] Die GbR haftet ggf. nach § 31 iVm. § 831 (§ 718 RdNr. 31).

262   cc) Analogie zu § 31. Der *Normzweck* der in § 31 geregelten „Organhaftung" des **Vereins** für schädigende Handlungen seines Vorstands oder anderer verfassungsmäßig berufener Vertreter gegenüber Dritten geht dahin, den Verein für schädigendes Außenhandeln seiner Organe ebenso einstehen zu lassen wie eine natürliche Person für ihr eigenes Handeln (§ 31 RdNr. 2). Über die Verallgemeinerungsfähigkeit dieses Rechtssatzes und über die Notwendigkeit seiner analogen Anwendung auf **andere Verbände** besteht heute im Wesentlichen Einigkeit. Nach ganz hM greift die Vorschrift über das Vereinsrecht hinaus nicht nur bei juristischen Personen des privaten und öffentlichen Rechts[707] ein, sondern auch bei Personenhandelsgesellschaften[708] und nichtrechtsfähigen Vereinen.[709] Denn auch diese Vereinigungen verfügen über handlungsfähige Organe, durch die sie ihren Willen bilden und umsetzen; sie haben daher entsprechend § 31 für deren deliktisches Verhalten im Rahmen der Organtätigkeit einzustehen.

263   Im Unterschied zu den in RdNr. 262 erwähnten Verbänden verneinte die früher hM für die **Gesellschaft bürgerlichen Rechts** eine Analogie zu § 31.[710] Das beruhte auf der Annahme, diese Gesellschaftsform lasse sich in ihrem Außenhandeln nicht hinreichend deutlich von demjenigen ihrer Mitglieder unterscheiden. Sie sei, wie der BGH noch in einer Grundsatzentscheidung aus dem Jahr 1966 formulierte, „zu wenig körperschaftlich organisiert, als dass man die für sie handelnden Gesellschafter als „Organe" bezeichnen könnte".[711] Demgegenüber ist nach zutreffender, inzwischen ganz hM die analoge Anwendung des § 31 grundsätzlich auch gegenüber der GbR geboten.[712] Soweit sie als Außengesellschaft über ein verselbstständigtes Sondervermögen und eine den Personenhandelsgesellschaften vergleichbare, der Teilnahme am Rechtsverkehr dienende Organstruktur verfügt (RdNr. 264), liegt auch bei ihr eine die Analogie zu § 31 rechtfertigende Regelungslücke vor. Das gilt jedenfalls für die „organisierte" Außen-GbR als teilrechtsfähigen Personenverband (RdNr. 305 f.)

---

[706] Dafür BGH NJW 1975, 533, 534 f.; *Soergel/Hadding* § 714 RdNr. 40; *Erman/Westermann* RdNr. 66; grdlg. aA *Kleindiek*, Deliktshaftung und juristische Person, 1997, S. 238 ff., der § 31 in derartigen Fällen auch ohne deliktisches, die Eigenhaftung gegenüber dem geschädigten Dritten begründendes Organhandeln eingreifen lässt.
[707] Zur Anwendung auf diese Organisationen vgl. § 89 Abs. 1 und dazu § 89 RdNr. 6 ff.; *Soergel/Hadding* § 89 RdNr. 3 ff., 34 ff.
[708] BGH LM HGB § 126 Nr. 1 = NJW 1952, 537, 538; MünchKommHGB/*K. Schmidt* § 124 RdNr. 17; *Staub/Habersack* § 124 RdNr. 16; *Baumbach/Hopt* § 124 HGB RdNr. 25; *Hueck* OHG § 19 III, jeweils mwN.
[709] BGHZ 50, 325, 329 = NJW 1968, 1830; *Soergel/Hadding* § 54 RdNr. 22; *Erman/Westermann* § 54 RdNr. 15.
[710] BGHZ 45, 311, 312 = NJW 1966, 1807; so auch noch *Staudinger/Keßler* (11. Aufl.) § 713 RdNr. 17; RGRK/*v. Gamm* § 714 RdNr. 9; *Palandt/Thomas*, 56. Aufl. 1997, § 714 RdNr. 5; *John* Rechtsperson S. 154. Gegenansichten vgl. in Fn. 712.
[711] BGHZ 45, 311, 312 = NJW 1966, 1807.
[712] So erstmals wohl *Fabricius*, GS Rudolf Schmidt, 1966, S. 171, 194; heute ganz hM, vgl. *Beuthien* DB 1975, 773, 775; *Flume* I/1 § 16 IV 2, S. 322 f.; *Grunewald* GesR RdNr. 1 A 110; *Habersack* JuS 1993, 1, 3; *Hadding*, FS Rittner, 1991, S. 133, 143; *Hueck/Windbichler* GesR § 9 RdNr. 5; *Martinek* (Fn. 705) S. 113 ff.; *Nicknig*, Die Haftung der Mitglieder einer BGB-Gesellschaft für Gesellschaftsschulden, 1972, S. 34 ff., 43 f.; *Palandt/Sprau* § 714 RdNr. 6; *K. Schmidt* GesR § 60 II 4; *Sellert* AcP 175 (1975), 77, 98 ff., 106 f.; *Staudinger/Weick* (2005) § 31 RdNr. 45; *Erman/Westermann* RdNr. 66; *Wiedemann* GesR I § 5 II 3a; *ders.*, FS Kellermann, 1991, S. 529, 543; *Zöllner*, FS Gernhuber, 1993, S. 563, 575; *Larenz* II § 60 IV; so auch § 31 RdNr. 16 (*Reuter*).

Nachdem der BGH inzwischen die Rechtsfähigkeit der Außen-GbR anerkannt hatte (näher RdNr. 300 f. mN in Fn. 818), war es nur folgerichtig, dass er auch die Haftung analog § 31 unter Aufgabe von BGHZ 45, 311 in einer Reihe von Grundsatzurteilen bejahte.[713]

Nach den in RdNr. 263 aufgestellten Grundsätzen bedarf es zur analogen Anwendung des § 31 somit einer den Personenhandelsgesellschaften vergleichbaren Struktur der Außen-GbR, dh. einer gewissen **Verselbstständigung des Gesellschaftsvermögens** und der zum Handeln für die Gesellschaft berufenen **Organe** gegenüber den Verbandsmitgliedern. Diese Voraussetzung ist jedenfalls dann gegeben, wenn die GbR über eine bloße Gelegenheitsgesellschaft hinaus auf gewisse Dauer angelegt ist und wenn abweichend von § 709 nicht alle Gesellschafter gemeinschaftlich (mit der deliktischen Rechtsfolge der §§ 830, 840) für die Gesellschaft tätig werden, sondern die Geschäftsführung entweder als Einzelbefugnis ausgestaltet oder einem Teil der Gesellschafter anvertraut ist.[714] In Fällen dieser Art ist die Stellung der Geschäftsführer derjenigen der in § 31 genannten Organwalter im Hinblick auf den Regelungszweck dieser Vorschrift voll vergleichbar. Daraus folgt die deliktische Haftung einerseits der GbR, andererseits aber auch der Mitgesellschafter persönlich als Folge ihrer akzessorischen Haftung für Gesellschaftsschulden (§ 714 RdNr. 38). Wegen der Einzelheiten der Organhaftung[715] vgl. die Erläuterungen zu § 31. 264

3. Gesellschaftsvermögen. a) Gesamthänderische Bindung. Entsprechend seiner Bestimmung, der Verfolgung des gemeinsamen Zwecks zu dienen, unterliegt das Gesellschaftsvermögen als Sondervermögen gesamthänderischer Bindung („Gesamthandsvermögen"). Das gilt sowohl für die geleisteten *Beiträge* einschließlich der ihnen zu Grunde liegenden, im Gesellschaftsvertrag begründeten Sozialansprüche (§ 718 RdNr. 16 f.), als auch für *rechtsgeschäftlich namens der Gesellschaft begründete Forderungen* und die hierauf bewirkten Leistungen. Die gesamthänderische Zuordnung wird bei neuen Forderungen und sonstigen Rechten dadurch bewirkt, dass sie im Namen der Gesellschaft bzw. für diese begründet werden,[716] im Übrigen durch *Verfügung an die Gesamthand*. Einer besonderen, zur Forderungsbegründung oder Leistungsbewirkung hinzutretenden Vereinbarung der Gesellschafter bedarf es nicht, um diese Gegenstände dem Gesamthandsvermögen zuzuweisen. Vielmehr muss umgekehrt die Regelung des § 718 Abs. 1 abbedungen werden, wenn die Gesellschafter die Begründung von Gesamthandsvermögen verhindern wollen (RdNr. 267 ff.). 265

b) Sondergestaltungen. Nach **ganz hM** bildet das Gesamthandsvermögen kein notwendiges Merkmal der Außengesellschaft.[717] Es soll vielmehr auch möglich sein, das Gesellschaftsvermögen seitens der Gesellschafter als Bruchteilseigentum zu halten, es einem der Gesellschafter als – gegebenenfalls treuhänderisch gebundenes – Alleineigentum zuzuweisen oder schließlich auf die Bildung von Gesellschaftsvermögen ganz zu verzichten.[718] 266

Stellungnahme. An dieser Ansicht ist richtig, dass **§ 718 nachgiebiges Recht** enthält; hiervon abweichende Regelungen können auch für die Außengesellschaft wirksam getroffen werden (vgl. auch § 741 RdNr. 4). Vom Sonderfall der Beitragsansprüche abgesehen (vgl. dazu RdNr. 269) reicht freilich eine entsprechende Vereinbarung im Gesellschaftsvertrag hierzu nicht aus. Vielmehr muss eine von § 718 Abs. 1 abweichende Zuordnung des aus **Rechtsgeschäften für die Gesellschaft resultierenden Vermögens** auch in den jeweili- 267

---

[713] BGHZ 154, 88, 93 f. = NJW 2003, 1445; BGHZ 155, 205, 210 = NJW 2003, 2984; BGH NJW 2007, 2490, 2491 (Scheinsozius); so auch schon *Erman/Westermann, Palandt/Sprau* u. a. (Fn. 712).

[714] Ähnlich diff. *Wiedemann*, FS Kellermann, und *Zöllner* (Fn. 712); weitergehend *Fabricius*, GS Rudolf Schmidt, 1966, S. 187 f.

[715] Dazu vgl. namentlich auch die Überlegungen zum OHG-Recht (Art der Organtätigkeit; Kreis der Personen, für die die Haftung nach § 31 eingreift) bei *Staub/Habersack* § 124 RdNr. 14 und *Hueck* OHG § 19 III.

[716] Zur Rechtsfähigkeit der GbR als Teilnehmerin am Rechtsverkehr vgl. RdNr. 303 ff.

[717] RGZ 80, 268, 271; 92, 341, 342; 142, 13, 20 f. (st. Rspr.); so auch OLG München NJW 1968, 1384, 1385; *Düringer/Hachenburg/Geiler* HGB Bd. II 1 Anm. 53, 307; *Soergel/Hadding* Vor § 705 RdNr. 28, § 718 RdNr. 9; *Erman/Westermann* Vor § 705 RdNr. 28; aA aber *K. Schmidt* JuS 1988, 444 f.; *ders.* GesR § 58 II 2; *Bamberger/Roth/Timm/Schöne* RdNr. 136 f.; wohl auch *Staudinger/Habermeier* RdNr. 59, 61.

[718] Vgl. dazu iE *Geiler, Soergel/Hadding* und *Erman/Westermann* (Fn. 717).

gen, namens der (Außen-)Gesellschaft mit Dritten geschlossenen Verträgen zum Ausdruck kommen, wenn sie dingliche Wirkung haben soll.[719] So muss die Übereignung einer der Gesellschaft geschuldeten Sache im Falle einer abweichend von § 718 Abs. 1 gewollten Zuordnung eindeutig an die einzelnen Gesellschafter als *Bruchteilseigentümer* erfolgen; es bedarf so vieler Verfügungen über die Sache, wie auf der Erwerberseite Gesellschafter beteiligt sind. Entsprechendes gilt bei Übereignung zu Alleineigentum eines Gesellschafters.[720] Aber auch der Erfüllungsanspruch aus einem namens der Gesellschaft geschlossenen Vertrag steht den Gesellschaftern nur dann nicht als Gesamthandsforderung, sondern nach Bruchteilen zu, wenn eine dahingehende Vereinbarung im Kausalgeschäft getroffen ist; der Sache nach handelt es sich dabei um eine Art Abrede zu Gunsten Dritter (der Gesellschafter persönlich).

268 Zweifelhaft ist die Rechtslage demgegenüber im Falle der **Beiträge.** Insoweit steht zwar außer Streit, dass die Gesellschafter Vereinbarungen über die *Art der Beitragsleistung* treffen können; die Begründung von Gesamthandseigentum an den Einlagen ist keine notwendige Voraussetzung für eine Gesellschaft iS von § 705. Insbesondere gibt es auch die Möglichkeit, die geschuldeten Gegenstände nur zum Gebrauch oder dem Werte nach in die Gesellschaft einzubringen, während das Eigentum entweder beim Gesellschafter verbleibt (§ 706 RdNr. 12 f.) oder aber auf einen Mitgesellschafter übertragen wird. Ebenso ist denkbar, einen für die Verfolgung des gemeinsamen Zwecks bestimmten Vermögensgegenstand entweder im – bisher schon bestehenden – Bruchteilseigentum der Gesellschafter zu belassen oder auf diese nach Bruchteilen zu übertragen;[721] zu denken ist namentlich an die Behandlung von Grundstücken (zur Abgrenzung derartiger Fälle gegenüber der reinen Bruchteilsgemeinschaft vgl. Vor § 705 RdNr. 124 ff. und § 741 RdNr. 4 ff.).

269 Von der Art der Beitragsleistung zu unterscheiden ist jedoch die **Begründung der Sozialansprüche** im Gesellschaftsvertrag, darunter namentlich derjenigen auf Beitragsleistung (RdNr. 201). Sie stehen per definitionem der (Außen-)Gesellschaft als solcher zu und bilden damit notwendig Gesamthandsvermögen, wenn sie nicht entsprechend § 328 ausnahmsweise für einen oder bestimmte Gesellschafter persönlich begründet werden (zum Sonderfall der Innengesellschaft ieS nach Art der stillen Gesellschaft mit nur einem nach außen in Erscheinung tretenden, die Geschäfte der Gesellschaft führenden Gesellschafter vgl. RdNr. 275 ff., 282). Demgegenüber vermag der Einwand, die Leistung von Beiträgen und dementsprechend die vertragliche Begründung von gesamthänderisch gebundenen Sozialansprüchen sei für die Gesellschaft nicht begriffsnotwendig,[722] nicht durchzudringen. Denn er setzt stillschweigend Beitrags*forderungen* und als Einlage *erbrachte* Vermögensgegenstände gleich. Auch bleiben dabei sonstige, für die Förderungspflicht des § 705 in Betracht kommende vermögenswerte Verpflichtungen aus dem Gesellschaftsvertrag außer Betracht, wie insbesondere die Einbringung der Arbeitskraft, der Kenntnisse oder Geschäftsverbindungen eines Gesellschafters, obwohl auch die diesen Verpflichtungen entsprechenden Sozialansprüche, soweit sie einen Vermögenswert haben, Gegenstand gesamthänderischer Bindung sind. Große praktische Bedeutung kommt dieser Unterscheidung zwar nicht zu. Immerhin zeigt sie aber, dass Vorsicht geboten ist gegenüber der verbreiteten Aussage, es gebe (Außen-)Gesellschaften ohne jedes Gesamthandsvermögen. Derartige Gestaltungen sind allenfalls in seltenen Ausnahmefällen denkbar.

270 **4. Gesellschaftsname. a) Grundlagen.** Die Gesamthand als rechtsfähige Personengesellschaft (RdNr. 303) kann sich als solche am Rechtsverkehr beteiligen. Dazu bedarf sie einer unterscheidungskräftigen Bezeichnung. Der Gebrauch einer Firma kommt nicht in Betracht, da das Recht zur Firmenführung ausschließlich Kaufleuten zusteht (§§ 1, 17 ff. HGB) und

---

[719] So zutr. *Flume* ZHR 136 (1972), 177, 184; *ders.* I/1 § 1 IV. AA etwa *Larenz* II § 60 V a.
[720] Dazu § 718 RdNr. 18; *Staudinger/Habermeier* § 718 RdNr. 6.
[721] *Westermann* Hdb. RdNr. I 44; *Erman/Westermann* § 718 RdNr. 2; iE auch *Staudinger/Habermeier* § 718 RdNr. 4.
[722] So *Geiler* (Fn. 717) Anm. 307 sowie die Rspr.-Nachweise in Fn. 717. Zu Recht zweifelnd unter Hinweis auf die gesamthänderisch gebundenen Sozialansprüche aber *Flume* ZHR 136 (1972), 177, 181; *Westermann* Hdb. RdNr. I 45; *Soergel/Hadding* Vor § 705 RdNr. 28.

Inhalt des Gesellschaftsvertrags   271, 272   § 705

der Betrieb eines Handelsgewerbes als Zweck der GbR kraft Rechtsformzwang (RdNr. 3) ausgeschlossen ist. Auch eine entsprechende Heranziehung des Firmenrechts scheidet bei der GbR im Unterschied zur Partnerschaftsgesellschaft (vgl. § 2 Abs. 2 PartGG) aus. Da der Gesetzgeber bewusst davon abgesehen hat, für das Auftreten der GbR im Rechtsverkehr Regelungen zu treffen, ging er ersichtlich davon aus, dass die Gesellschaft bei Bedarf durch die Namen sämtlicher Gesellschafter identifiziert werden sollte – eine Lösung, die insbesondere im Grundbuchrecht und im Prozessrecht lange Zeit dominierte (vgl. RdNr. 312 ff., 318 ff.). Außerhalb derartiger Sondergebiete, in denen die formellen Anforderungen an Klarheit und Eindeutigkeit der Personenbezeichnung besonders hoch sind, war es den Gesellschaftern jedoch schon bisher unbenommen, sich unter einem unterscheidungskräftigen, schlagwortartigen **Gesamtnamen** am Rechtsverkehr zu beteiligen, solange dadurch weder Rechte Dritter verletzt wurden noch Verkehrsverwirrung zu befürchten war. Die ursprünglich gegen die Zulässigkeit eines besonderen Gesellschaftsnamens erhobenen Bedenken[723] waren schon lange Zeit vor Anerkennung der Rechtsfähigkeit der Außen-GbR überholt.[724]

Die **Auswahl** des Gesamtnamens kann entweder im Gesellschaftsvertrag selbst oder durch 271 späteren Gesellschafterbeschluss getroffen werden. Sie unterliegt als solche keinen gesetzlichen Vorschriften oder Mindestvoraussetzungen.[725] Im Interesse der Namensfunktion und der Schutzfähigkeit des Namens (RdNr. 272 f.) sollten sich die Gesellschafter freilich um die Wahl einer unterscheidungskräftigen Bezeichnung bemühen. In negativer Hinsicht wird die Wahlfreiheit in erster Linie durch das handelsrechtliche Firmenrecht und die dem Registergericht zustehenden Befugnisse gegen einen unzulässigen Firmengebrauch (§ 37 Abs. 1 HGB) eingeschränkt; sie richten sich auch dagegen, andere Bezeichnungen nach Art einer Firma zu gebrauchen.[726] Weiter sind auch Rechte Dritter nach Maßgabe der §§ 12 BGB, 5, 15 MarkenG zu beachten. *Unbedenklich* dürften danach regelmäßig solche Bezeichnungen sein, die sich aus dem Namen eines oder mehrerer Gesellschafter zusammensetzen und einen deutlichen, auf die Rechtsform als GbR hinweisenden Zusatz enthalten (vgl. RdNr. 274). Aber auch die Aufnahme eines Sachbestandteils in den Gesellschaftsnamen[727] erscheint jedenfalls dann zulässig, wenn durch entsprechende Zusätze („Arbeitsgemeinschaft", „Konsortium" oä) der Gefahr der Verkehrsverwirrung vorgebeugt wird.

b) Namensschutz. Als Grundlage eines Schutzes des Gesellschaftsnamens bietet sich in 272 erster Linie die **Vorschrift des § 12** an. Über Wortlaut und systematische Stellung hinaus erstreckt sie sich nach heute hM auch auf die Namen von Personengesellschaften.[728] Auf die Verkehrsgeltung des Gesellschaftsnamens kommt es für den Schutz gegen Eingriffe Dritter nicht an;[729] für eine derartige Verschärfung der Schutzvoraussetzungen gegenüber dem

---

[723] So noch *Lehmann/Dietz* GesR, 3. Aufl. 1970, S. 109 und *Wessel* BB 1978, 1084; wN zum älteren Schrifttum, in dem diese Ansicht freilich meist ohne Begründung referiert wurde, bei *Holstein*, Der Name der BGB-Gesellschaft, Diss. Münster 1968, S. 2.
[724] So schon RG JW 1906, 452, 453 und die heute ganz hM, vgl. OLG Karlsruhe BB 1978, 519, 520; OLG München NJW-RR 1993, 621; *Soergel/Heinrich* § 12 RdNr. 31, 137; *Soergel/Hadding* RdNr. 68; *Erman/Westermann* RdNr. 69; *Staudinger/Habermann* (2004) § 12 RdNr. 77; *Staub/Hüffer* § 17 HGB RdNr. 13; *K. Schmidt* DB 1987, 1181 ff.; *Westermann/Wertenbruch* Hdb. RdNr. I 219 f.; *Holstein* (Fn. 724) und die dort auf S. 3 angeführten Stimmen. Zur entspr. Beurteilung beim Namen nichtrechtsfähiger Vereine vgl. *Soergel/Heinrich* § 12 RdNr. 31 und (vor Aufhebung des § 16 UWG im Zuge der Markenrechtsreform) *Baumbach/Hefermehl* Wettbewerbsrecht, 18. Aufl. 1995, § 16 UWG RdNr. 21, jeweils mwN.
[725] So auch *Soergel/Heinrich* § 12 RdNr. 138; *Westermann/Wertenbruch* Hdb. RdNr. I 220; zur Bildung des Namens einer RA-Sozietät *Wellkamp* NJW 1993, 2715 ff. AA *Wessel* BB 1978, 1084, der unter Berufung auf § 15 b GewO stets die Angabe der Namen sämtlicher Gesellschafter im Geschäftsverkehr fordert; einschr. auch *Zwernemann* BB 1987, 774, 778.
[726] BayObLG BB 1960, 996; OLG Frankfurt BB 1975, 247, 248; OLG Karlsruhe BB 1978, 519; *Staub/Hüffer* § 37 HGB RdNr. 8, 10; *Baumbach/Hopt* § 37 HGB RdNr. 2.
[727] Rechenzentrum, vgl. OLG Karlsruhe BB 1978, 519.
[728] Vgl. § 12 RdNr. 41 ff.; *Soergel/Heinrich* § 12 RdNr. 31; *Soergel/Hadding* RdNr. 69; *Erman/Westermann* RdNr. 70; *Fezer*, Markenrecht, 3. Aufl. 2001, § 15 RdNr. 29, 51 f.
[729] So aber noch *Soergel/Schultze-v. Lasaulx* (10. Aufl.) RdNr. 79; tendenziell auch *Holstein* (Fn. 723) S. 113 f., 133, offenbar in der – rechtstatsächlich nicht belegten – Annahme, nur bei Verkehrsgeltung könne der Gesamtname Namensfunktion für die GbR entfalten.

§ 705 273, 274

gesetzlichen Anwendungsbereich des § 12 besteht kein Anlass, sofern nur die Bezeichnung Namensfunktion entfaltet.[730] Wohl aber setzt die Berufung auf § 12 die individuelle Unterscheidungskraft der fraglichen Bezeichnung voraus sowie ihre Verwendung zur *Identifizierung der Gesellschaft als Namensträger* in deren durch den gemeinsamen Zweck geprägtem Wirkungskreis.[731] Auch räumlich wird der Namensschutz durch den Wirkungsbereich der Gesellschaft begrenzt; ein grundsätzlich unbeschränkter Schutz ist anders als bei natürlichen Personen nicht veranlasst.[732]

273 Wird der Name der GbR **im geschäftlichen Verkehr** benutzt, so genießt er als Unternehmenskennzeichen iS des § 5 Abs. 2 MarkenG Schutz gemäß **§ 15 MarkenG**.[733] Dieser ist an die Stelle des durch Art. 25 Nr. 2 Markenrechtsreform G[734] aufgehobenen § 16 UWG (aF) getreten. Nach § 15 Abs. 4 und 5 MarkenG können Dritte insbesondere bei Verwendung einer verwechslungsfähigen, prioritätsjüngeren Bezeichnung auf Unterlassung (Abs. 4) und Schadensersatz (Abs. 5) in Anspruch genommen werden. Die Ansprüche aus § 15 MarkenG stehen der GbR gemäß § 5 Abs. 2 MarkenG nicht nur bezüglich ihres etwaigen Gesamtnamens, sondern auch dann zu, wenn sie zur Unterscheidung ihres Geschäfts von anderen Unternehmen im geschäftlichen Verkehr ein Unternehmenskennzeichen verwendet.

274 **c) Rechtsformhinweis.** Im Unterschied zu den Personenhandels- und Kapitalgesellschaften kennt das Recht der GbR keinen „amtlichen" oder allgemein im Verkehr durchgesetzten Rechtsformzusatz. Hierfür bestand bisher auch kein Bedürfnis, weil es keine gesetzliche Pflicht zur Aufnahme eines solchen Zusatzes in den Namen der GbR gab; auch lässt sich ein Ausschluss oder die Beschränkung der persönlichen Haftung der Gesellschafter hierauf nicht stützen.[735] Inzwischen ist allerdings durch **§ 11 S. 3 PartGG** eine partielle Änderung eingetreten. Denn nach dieser Vorschrift darf der Zusatz „Partnerschaft" oder „und Partner", wenn er schon vor dem 1. 7. 1995 im Namen einer GbR verwendet wurde, über den 30. 6. 1997 hinaus dann weitergeführt werden, wenn dem Namen ein Hinweis auf die von der Partnerschaftsgesellschaft abweichende, andere Rechtsform des Namensträgers beigefügt wird. Angesichts der Verbreitung des Partner-Zusatzes speziell bei Freiberufler-Sozietäten in der Rechtsform der GbR kommt dieser Vorschrift besonders für freiberuflich tätige Gesellschaften Bedeutung zu. Darüber hinausgehend sprechen gute Gründe dafür, im obligatorischen Rechtsformzusatz des § 19 HGB ein allgemeines Prinzip zu sehen, wonach die am Rechtsverkehr teilnehmenden Gesellschaften ihre Rechtsform auch dann offenzulegen haben, wenn sie nicht firmenpflichtig sind, sondern einen firmenähnlichen Namen führen.[736] Dabei reicht neben der ausdrücklichen Rechtsformbezeichnung „BGB-Gesellschaft" oder „Gesellschaft bürgerlichen Rechts" angesichts der zwischenzeitlich erreichten Verkehrsdurchsetzung auch die Abkürzung **GbR** als Rechtsformhinweis aus. Irreführend und daher entsprechend § 18 Abs. 2 nF HGB unzulässig ist freilich die Aufnahme des weiteren Zusatzes „mit beschränkter Haftung" oder „mbH".[737]

---

[730] So auch *Soergel/Hadding* RdNr. 69; *Erman/Westermann* RdNr. 70; für ein Vereinsemblem auch BGH GRUR 1976, 644, 646 – Kyffhäuser.

[731] Zu Unterscheidungskraft und Namensfunktion der Bezeichnung als Voraussetzung für das Eingreifen des § 12 vgl. statt aller *Soergel/Heinrich* § 12 RdNr. 115 ff. (118, 137, 145 f.); *Fezer* (Fn. 728) § 15 RdNr. 40 ff.

[732] *Fezer* (Fn. 728) § 15 RdNr. 46 f.

[733] Näher hierzu *Ingerl/Rohnke* NJW 1994, 1247, 1255; *Starck* WRP 1994, 698, 700 f. Vgl. auch *Fezer*, Markenrecht, 3. Aufl. 2001, § 15 MarkenG RdNr. 122, 139.

[734] Gesetz vom 25. 10. 1994, BGBl. I S. 3082.

[735] Ebenso *Soergel/Hadding* RdNr. 68; *Wertenbruch* in: *Westermann* Hdb. RdNr. I 222; tendenziell auch LG Berlin BB 1985, 1691.

[736] So mit guten Gründen *Wertenbruch* in: *Westermann* Hdb. RdNr. I 221; tendenziell auch *Staudinger/Habermeier* Vor § 705 RdNr. 23.

[737] Ganz hM, vgl. *Soergel/Hadding* RdNr. 69; *Wertenbruch* in: *Westermann* Hdb. I RdNr. 222; *Bamberger/Roth/Timm/Schöne* RdNr. 149; so auch schon BayObLG NJW 1999, 297, 298 (der Sache nach bestätigt durch BGHZ 142, 315, 318 ff. = NJW 1999, 3483); ebenso OLG München DB 1998, 2012; offen lassend noch OLG Jena ZIP 1998, 1797, 1798.

II. Die Innengesellschaft

1. Begriff und Erscheinungsformen. a) Typische Merkmale. Als typische Merkmale einer Innengesellschaft, die geeignet sind, sie vom gesetzlichen Normaltyp der Außengesellschaft (RdNr. 253) zu unterscheiden, werden in Rechtsprechung[738] und Literatur[739] zwei Negativ-Umstände genannt: einerseits die vertraglich geregelte *Nichtteilnahme der Gesellschaft am Rechtsverkehr* und dementsprechend das Fehlen von Vertretungsregelungen im Gesellschaftsvertrag, zum anderen der *Verzicht auf die Bildung von Gesamthandsvermögen* (RdNr. 277).[740] Beide Merkmale hängen deshalb zusammen, weil die Begründung von Gesamthandsvermögen – von den Sonderfällen der Sozialansprüche (RdNr. 269) und der Surrogation (§ 718 Abs. 2) abgesehen – Rechtsgeschäfte mit der Gesellschaft bzw. Verfügungen an diese voraussetzt (§ 718 Abs. 1, vgl. RdNr. 265).

Die (Innen-)Gesellschaft verfügt in der Regel über **keine** besondere, die schuldrechtlichen Beziehungen der Gesellschafter überlagernde **Organisation.** Ein organisationsrechtliches Element (RdNr. 158) ist bei derartigen Gesellschaften allenfalls in rudimentärer Form vorhanden. Daher ist entgegen der hM auch eine Anwendung der Grundsätze über die fehlerhafte Gesellschaft auf die Innengesellschaft ohne Gesamthandsvermögen abzulehnen (RdNr. 359). Zum anderen kommt es gewöhnlich auch nicht zur Entstehung von Gesellschaftsverbindlichkeiten, da für Rechtsgeschäfte im Namen der GbR bei Innengesellschaften schon mangels Teilnahme am Rechtsverkehr kein Raum ist oder solche Geschäfte, sollten sie doch vorkommen, jedenfalls nicht von einer entsprechenden Vertretungsmacht der Gesellschafter gedeckt sind.[741] Auf weitere charakteristische Merkmale kommt es daneben nicht an. Insbesondere ist für die Innengesellschaft nicht etwa entscheidend, dass die Gesellschafter die Existenz der Gesellschaft gegenüber Dritten geheim halten.[742]

b) Begriffsbestimmung. aa) Grundlagen. Besteht über die typischen Merkmale der Innengesellschaft im Wesentlichen Einigkeit, so ist doch der **Begriff der Innengesellschaft umstritten.** Meist wird er dahin bestimmt, die Innengesellschaft trete nicht nach außen in Erscheinung bzw. es fehle an der gemeinsamen Vertretung.[743] Überwiegend stellt man zusätzlich auf das Nichtvorhandensein von Gesamthandsvermögen ab[744] bzw. darauf, ob die Beziehungen zwischen den Beteiligten sich auf ein reines Schuldverhältnis beschränken.[745]

---

[738] BGHZ 12, 308, 314 f. = NJW 1954, 1159; BGHZ 126, 226, 234 ff. = NJW 1994, 2536; BGH LM Nr. 11 = NJW 1960, 1851, 1852; WM 1965, 793; 1973, 296, 297; RGZ 166, 160, 163; OLG Frankfurt BB 1969, 1411.

[739] So jedenfalls im Grundsatz *Düringer/Hachenburg/Geiler* HGB Bd. II 1 Anm. 315 bis 317; *Soergel/Hadding* Vor § 705 RdNr. 28; *Bamberger/Roth/Timm/Schöne* RdNr. 159, 162 f.; *Staudinger/Keßler* (11. Aufl.) Vor § 705 RdNr. 91 f.; *Erman/Westermann* Vor § 705 RdNr. 28; *K. Schmidt* GesR § 43 II 3 b; *Westermann*, Vertragsfreiheit und Typengesetzlichkeit im Recht der Personengesellschaften, 1970, S. 186 ff.; *Blaurock* (Fn. 97) S. 89 ff. Nur auf den Verzicht auf Gesamthandsvermögen abstellend *Staudinger/Habermeier* Vor § 705 RdNr. 63.

[740] Grds. aA und die Berechtigung der Unterscheidung zwischen Außen- und Innengesellschaft bestreitend aber *Steckhan* (Fn. 687) passim.

[741] Zum Sonderfall einer Haftung der Innengesellschaft iwS kraft objektiver Zurechnung vgl. RdNr. 281 (bei Fn. 757).

[742] BGH LM Nr. 11 = NJW 1960, 1851, 1852; *Soergel/Hadding* Vor § 705 RdNr. 29; *Steckhan* (Fn. 687) S. 96.

[743] Vgl. die Nachweise in Fn. 738 und 739 mit Ausnahme von *H. P. Westermann*, der in dem fehlenden Auftreten nach außen (und ebenso im Verzicht auf Gesamthandsvermögen) nur typusbestimmende Merkmale sieht (Fn. 739, S. 187). Grds. aA sind *Steckhan* (Fn. 687) insbes. S. 20 ff., der Differenzierung zwischen Innen- und Außengesellschaft überhaupt ablehnt, sowie *Flume* ZHR 136 (1972), 177, 10 ff. und AT I/1 § 1 III, S. 6 f., der die Unterscheidung danach vornimmt, ob die Gesellschafter nach außen als „Gruppe" (Gesamthand) auftreten oder sich auf schuldrechtliche Beziehungen beschränken.

[744] So ausdrücklich BGH WM 1973, 296, 297; RGZ 166, 160 163; wohl auch BGHZ 126, 226, 234 f. = NJW 1994, 2536; aus dem Schrifttum insbes. *Ballerstedt* JuS 1963, 253, 255; *Flume* I/1 § 1 III, S. 6; *Larenz* II § 60 V b; sowie *Geiler, Soergel/Hadding, Staudinger/Keßler* (Fn. 739) und *Blaurock* (Fn. 97); nur auf das Fehlen von Gesamthandsvermögen abstellend *Staudinger/Habermeier* RdNr. 63. Gegenansichten in Fn. 748; wN zum Meinungsstand über die vor allem früher umstrittene Frage, ob eine Innengesellschaft Gesamthandsvermögen bilden kann, bei *Soergel/Hadding* Vor § 705 RdNr. 28 und *Steckhan* (Fn. 687) S. 74 Fn. 2.

[745] So *Flume* ZHR 136 (1972), 177, 180 ff. und AT I/1 § 1 III, S. 6 f. in Abweichung von der hM.

§ 705 278, 279 Abschnitt 8. Titel 16. Gesellschaft

Die Gegner dieser Definitionsversuche halten dem entgegen, der Charakter der GbR als Innen- oder Außengesellschaft könne nicht von dem häufig zufälligen Umstand abhängen, ob die Gesellschaft – trotz grundsätzlicher Beschränkung auf das Innenverhältnis – im einen oder anderen Fall nach außen hervortrete.[746] Auch gebe es keinen notwendigen Zusammenhang zwischen Beschränkung auf das Innenverhältnis und Fehlen von Gesamthandsvermögen.[747] Umstritten ist indessen nicht nur die Begriffsbestimmung, sondern auch schon die Vorfrage, ob über die Typusumschreibung hinaus eine *Begriffsbestimmung* der Innengesellschaft überhaupt *erforderlich* ist.[748] Die §§ 705 bis 740 differenzieren bekanntlich nicht zwischen Innen- und Außengesellschaft, auch wenn sie von der Außengesellschaft als Normaltyp ausgehen (RdNr. 253). Gesetzliche Regelungsunterschiede sind mit der begrifflichen Einteilung als solcher daher nicht verbunden, sieht man ab vom Sonderfall der stillen Gesellschaft (RdNr. 286 ff.).

278 Der Charakter als Innen- oder Außengesellschaft ist für eine Reihe von Fragen gleichwohl von **rechtlicher Bedeutung**. Das gilt etwa für die Vertretungsmacht der GbR-Geschäftsführer und in Verbindung damit für die akzessorische Haftung der Mitgesellschafter.[749] Relevant werden kann der Unterschied auch in Bezug auf die Bildung von Gesamthandsvermögen. Sie interessiert sowohl im Hinblick auf die Verfügungsberechtigung über die der gemeinsamen Zweckverfolgung dienenden Gegenstände als auch mit Rücksicht auf die Möglichkeit der Zwangsvollstreckung; auch können sich bei Innen- und Außengesellschaft unterschiedliche Auflösungsfolgen ergeben (§ 730 RdNr. 10, 12). Schließlich ist der Charakter als Innengesellschaft nach zutr. Ansicht auch für das Recht der fehlerhaften Gesellschaft von Bedeutung (str., vgl. RdNr. 358 f.). Alle diese Umstände sprechen zumindest aus Gründen der terminologischen Vereinfachung dafür, sich um eine begriffliche Abgrenzung zu bemühen. Allerdings geht es dabei nicht um einen einheitlichen Begriff der Innengesellschaft. Vielmehr ist zwischen Innengesellschaften iwS und solchen ieS zu unterscheiden (vgl. RdNr. 279, 282).

279 **bb) Innengesellschaft iwS.** Ihre Definition hat anzusetzen bei dem für die Innengesellschaft im Vordergrund stehenden Merkmal, dem **fehlenden Auftreten der Gesellschaft nach außen**. Im Hinblick auf die Haftungs- und Vermögensfolgen handelt es sich hierbei um ein zentrales Strukturelement der Gesellschaft. Für den Begriff der Innengesellschaft kommt es insoweit nicht auf die objektive Lage, das tatsächliche Verhalten der geschäftsführenden Gesellschafter an,[750] sondern darauf, welche *Vereinbarungen* hierüber *im Gesellschaftsvertrag* getroffen worden sind.[751] Sollte die Gesellschaft nach dem Vertragsinhalt nicht selbst am Rechtsverkehr teilnehmen, sollten die Geschäfte vielmehr vom geschäftsführenden Gesellschafter zwar auf Rechnung der Gesellschaft, aber im eigenen Namen getätigt werden, so handelt es sich um eine Innengesellschaft, und zwar grundsätzlich um eine solche *im weiteren Sinn* (im Unterschied zur Innengesellschaft ohne Gesamthandsvermögen, dazu RdNr. 282). Das gilt unabhängig davon, ob die Beteiligten abweichend vom Vertragsinhalt entweder einem Gesellschafter im Einzelfall Vollmacht zum Handeln für sie gemeinsam erteilen oder ob alle Gesellschafter gemeinsam rechtsgeschäftlich tätig werden, solange sich damit nicht entweder eine Änderung des Gesellschaftsvertrags und des daraus resultierenden Charakters der Gesellschaft verbindet oder die Grundsätze über die Schein-(Außen-)sozietät

---

[746] *Koenigs*, Die stille Gesellschaft, 1961, S. 339, *Steckhan* (Fn. 687) S. 20 ff., *H. P. Westermann* (Fn. 739) S. 187 f.
[747] So gegen *Düringer/Hachenburg/Geiler* HGB Bd. II 1 Anm. 316 vor allem *Steckhan* (Fn. 687) S. 74 ff.; ebenso *Koenigs* (Fn. 746) S. 337 f.; *H. P. Westermann* (Fn. 739) S. 188, 201 ff.; *Erman/Westermann* RdNr. 67; *ders.* § 718 RdNr. 2; *Soergel/Hadding* Vor § 705 RdNr. 28; aA – gegen ein Gesamthandsvermögen der Innengesellschaft – namentlich *K. Schmidt* GesR § 43 II 3 b und *ders.* JuS 1988, 444 f.; Staudinger/ *Habermeier*RdNr. 63; aus früherer Zeit vgl. die Nachweise bei *Steckhan* (Fn. 687) S. 74 Fn. 2.
[748] Abl. *Steckhan* (Fn. 687) und *H. P. Westermann* (Fn. 739).
[749] Vgl. etwa BGH WM 1966, 31, 32.
[750] So aber *Blaurock* (Fn. 97) S. 91 f.
[751] So zutr. BGH WM 1966, 31, 32; ebenso zB *Wiedemann* WM 1994, Beilage 4 S. 3 f.; *Geibel* WM 2007, 1496, 1499.

Inhalt des Gesellschaftsvertrags   280–282 § 705

eingreifen. Eine gesetzliche Vermutung gegen das Vorliegen einer Innengesellschaft besteht nicht; wer sich – etwa aus Haftungsgründen – darauf beruft, es handele sich um eine Außengesellschaft oder die Beteiligten hätten einen entsprechenden Rechtsschein gesetzt, hat dieses zu *beweisen*.[752] Ist freilich im Gesellschaftsvertrag einem oder bestimmten Gesellschaftern Geschäftsführungsbefugnis übertragen, ohne dass zugleich ausdrücklich oder konkludent die Vertretungsmacht ausgeschlossen ist, so greift die Auslegungsregel des § 714 ein; die Gesellschaft hat im Zweifel den Charakter einer Außengesellschaft.

Das **Fehlen von Gesamthandsvermögen** ist – darin ist den Kritikern[753] Recht zu geben – *kein begriffsnotwendiges Merkmal* für den Charakter als Innengesellschaft iwS. Auch abgesehen von der Gesamthandsnatur der Sozialansprüche (RdNr. 269) kann es bei ihr trotz vertraglichen Verzichts auf das Auftreten nach außen zur Entstehung von Gesamthandsvermögen kommen.[754] Zu denken ist etwa an Fälle, in denen die Gesellschafter ihre Einlagen auf die Gesellschaft übertragen oder in denen sie auf Rechnung der Gesellschaft erworbene Gegenstände in das Gesellschaftsvermögen einbringen. *Der Charakter als Innengesellschaft* in dem vorgenannten, durch gesellschaftsvertraglichen Verzicht auf Außenhandeln sowie auf die Bestellung von organschaftlichen Vertretern gekennzeichneten Sinn *wird hierdurch nicht tangiert*. Insbesondere führt auch der Erwerb von Grundeigentum durch die Gesellschaft nicht etwa zur Änderung ihres Rechtscharakters oder setzt gar die Bestellung organschaftlicher Vertreter voraus.[755] Auf die Frage, ob die Innengesellschaft geheim gehalten wird oder nach außen in Erscheinung tritt, kommt es ohnehin nicht an (RdNr. 276 aE). 280

Nicht zu verkennen sind zwar die **Risiken für Vertragspartner** der nach außen unter ihrem persönlichen Namen auftretenden Gesellschafter hinsichtlich der Durchsetzbarkeit der Forderungen und des Vollstreckungszugriffs auf die geleisteten Vermögensgegenstände; sie können sich dadurch ergeben, dass diese von den Gesellschaftern an die (Innen-)Gesellschaft zu Gesamthandseigentum weiterübertragen werden. Indessen lässt sich auch hierauf ein generelles Verbot von Innengesellschaften mit Gesamthandsvermögen nicht stützen.[756] Einem Teil dieser Fälle lässt sich durch Anerkennung von *Gesellschaftsverbindlichkeiten kraft objektiver Zurechnung* Rechnung tragen[757] mit der Folge, dass die Möglichkeit der Vollstreckung in das Gesamthandsvermögen erhalten bleibt. Im Übrigen ist zu bedenken, dass weder § 718 noch auch § 736 ZPO Schutzgesetze für die Gesellschaftsgläubiger sind und dass sie sich daher auch nicht dazu eignen, die Gestaltungsfreiheit der Gesellschafter bei der Regelung ihrer Innenbeziehungen einzuschränken.[758] Auch ist nicht ausgeschlossen, dass entweder die Begründung von Gesamthandseigentum in einer Innengesellschaft, soweit sie zur Gläubigerbenachteiligung führt, der Gläubiger- oder Insolvenzanfechtung unterliegt oder dass die Berufung der Gesellschafter auf § 771 ZPO sich im Einzelfall als missbräuchlich erweist. Grundsätzliche Einwendungen gegen die Anerkennung von Gesamthandsvermögen im Rahmen einer Innengesellschaft sind nach allem nicht begründet. 281

cc) Innengesellschaft ieS. Ist somit das Fehlen von Gesamthandsvermögen kein geeignetes Definitionsmerkmal für die durch gesellschaftsvertraglichen Verzicht auf Außenbezie- 282

---

[752] BGHZ 12, 308, 315 = NJW 1954, 1159; BGH LM Nr. 11 = NJW 1960, 1851. Vgl. aber auch OLG Köln DB 1973, 1065 (gemeinsames Auftreten der Gesellschafter in Gesellschaftsangelegenheiten lässt rechtsgeschäftliches Handeln im Namen der Gesellschaft vermuten).

[753] Vgl. Nachweise in Fn. 748.

[754] Abweich. wohl auch *Bälz*, FS Zöllner, 1998, S. 35, 44 f., der in derartigen Fällen von einer schlichten Rechtsgemeinschaft zwischen den Beteiligten auszugehen und das Eingreifen der §§ 718, 719 Abs. 1 abzulehnen scheint.

[755] So zutr. *Koenigs* (Fn. 747) S. 339; *Steckhan* (Fn. 687) S. 95 bis 97; *H. P. Westermann* (Fn. 740) S. 207; aA *Bamberger/Roth/Timm/Schöne* RdNr. 138.

[756] AA *Blaurock* (Fn. 97) S. 98 ff., 100, freilich ohne deutlich zu machen, worin die Sanktionen gegenüber einer Innengesellschaft mit Gesamthandsvermögen bestehen sollen.

[757] Vgl. dazu näher *Brehm* KTS 1983, 21, 25 f., *M. Winter* KTS 1983, 349, 356 f., und unten § 718 RdNr. 29.

[758] So zutr. *Koenigs* (Fn. 746) S. 337 bis 339; *Steckhan* (Fn. 686) S. 100 ff.; *H. P. Westermann* (Fn. 740) S. 207 f. insbes. gegen *Geiler* (Fn. 748) Anm. 316 und die dort begründete Position der früher hM.

hungen gekennzeichnete Innengesellschaft, so steht doch außer Zweifel, dass es **Innengesellschaften ohne Gesamthandsvermögen** gibt und dass ihnen eigenständige Bedeutung zukommen kann.[759] Zu erinnern ist nur einerseits an die Vollstreckungsproblematik sowie an die Auflösungsfolgen (§ 730 RdNr. 12), andererseits an die Lehre von der fehlerhaften Gesellschaft (RdNr. 323 ff.). Daher empfiehlt es sich, neben dem oben (RdNr. 279) umschriebenen Begriff der Innengesellschaft im weiteren Sinn einen engeren, auf das Fehlen nicht nur von Außenbeziehungen, sondern auch von Gesamthandsvermögen abstellenden Begriff anzuerkennen. Einen Sonderfall dieser Innengesellschaft im engeren Sinn bildet die *stille Gesellschaft* (§ 230 HGB), bei der es ausschließlich zu schuldrechtlichen Beziehungen zwischen Geschäftsinhaber und Stillem kommt, wobei der Stille die Einlage in das Vermögen des Inhabers zu leisten hat und besondere Sozialansprüche daneben nicht bestehen. Vereinbarungen dieser Art können auch mit Nichtkaufleuten als Geschäftsinhabern getroffen werden; die Vorschriften der §§ 230 ff. HGB greifen insoweit nicht unmittelbar ein.[760] Aber auch abgesehen hiervon sind Innengesellschaften ieS denkbar, wenn die Gesellschafter einerseits vertraglich von der Bildung von Gesamthandsvermögen einschließlich vermögensrechtlicher Sozialansprüche absehen und andererseits die Einlagen entweder nur zur Nutzung oder dem Wert nach einbringen oder hierfür Bruchteilseigentum bzw. Alleineigentum eines Mitgesellschafters begründen (vgl. dazu auch RdNr. 267 f.).

283 c) **Erscheinungsformen.** Innengesellschaften begegnen in einer Vielzahl von Arten und Formen.[761] Es sprechen sogar gute Gründe dafür, dass sie in der Rechtswirklichkeit nicht weniger häufig anzutreffen sind als die den gesetzlichen Normaltyp verkörpernde Außengesellschaft.[762] Neben der bereits in RdNr. 282 erwähnten *stillen Gesellschaft* als Sonderfall einer Innengesellschaft ieS und ihrer Variante, der GbR zwischen einem nichtkaufmännischen Geschäftsinhaber und einem stillen Kapitalgeber, sind hier namentlich die *Konsortien* und *Metaverbindungen* zu nennen (vgl. dazu Vor § 705 RdNr. 68 ff.). Weitere Beispiele bilden die *Poolverträge*[763] einschließlich der dem Interessenausgleich zwischen den Muttergesellschaften eines Gemeinschaftsunternehmens dienenden GbR („Doppelgesellschaft"),[764] ferner nicht nach außen hervortretende, in der Rechtsform der GbR organisierte und vom Kartellverbot des § 1 nF GWB freigestellte *Kartelle* („Interessengemeinschaften") sowie die verschiedenen Arten von *Unterbeteiligungen*.[765] Schließlich gehören zu den Innengesellschaften regelmäßig auch die *Ehegattengesellschaften* (Vor § 705 RdNr. 73 ff.) sowie eine Vielzahl unterschiedlicher Gelegenheitsgesellschaften an der Grenze zum Gefälligkeitsverhältnis (RdNr. 26). In der Mehrzahl der genannten Fälle dürfte es sich um Innengesellschaften ieS handeln; das gilt neben der stillen Gesellschaft namentlich für Metaverbindungen, Kartelle und Unterbeteiligungen. Jedoch ist die Bildung von Gesamthandsvermögen bei ihnen nicht etwa begriffsnotwendig ausgeschlossen (RdNr. 280). – Die gelegentlich[766] ebenfalls als Beispiel der Innengesellschaft erwähnten *Arbeitsgemeinschaften* treten dagegen heute typi-

---

[759] Ebenso namentlich *Flume* (Fn. 744), der überhaupt nur diese Fälle als Innengesellschaften behandeln will.

[760] Näheres hierzu und zur Analogiefähigkeit der einzelnen Vorschriften der §§ 230 ff. HGB vgl. in RdNr. 286 ff.

[761] Vgl. dazu *Steckhan* (Fn. 687) S. 38 f.; *H. P. Westermann* (Fn. 740) S. 189 f.; *Bamberger/Roth/Timm/Schöne* RdNr. 161.

[762] So mit Recht *Steckhan* (Fn. 687) S. 36.

[763] Vgl. dazu *Fikentscher*, Die Interessengemeinschaft, 1966, S. 15 f., 19 f.; *Geiler* (Fn. 748) Anm. 445; *Soergel/Hadding* Vor § 705 RdNr. 49; *Erman/Westermann* Vor § 705 RdNr. 42, 40. Zur Zulässigkeit von Stimmbindungsvereinbarungen vgl. auch § 717 RdNr. 20 ff.

[764] Vor § 705 RdNr. 65 ff.; dazu auch RGZ 151, 321, 325 ff.; *Gansweid* (Fn. 182) S. 60 ff., 71 ff. mwN; *Erman/Westermann* Vor § 705 RdNr. 42.

[765] Dazu RdNr. 67 und Vor § 705 RdNr. 92 ff. Vgl. auch *Blaurock* (Fn. 97) S. 151 ff.; *Friehe*, Die Unterbeteiligung bei Personengesellschaften, 1974; *Paulick* ZGR 1974, 253 ff.; *Ulbrich*, Die Unterbeteiligungsgesellschaft an Personengesellschaftsanteilen, 1982; *Soergel/Hadding* Vor § 705 RdNr. 33 bis 36; *Erman/Westermann* Vor § 705 RdNr. 39 bis 41; *Staudinger/Habermeier* Vor § 705 RdNr. 64; *MünchKommHGB/K. Schmidt* Vor § 230 RdNr. 97 ff.

[766] *Steckhan* (Fn. 687) S. 39.

Inhalt des Gesellschaftsvertrags 284, 285 § 705

scherweise unter eigenen Namen nach außen hervor und nehmen für die Gesamtheit ihrer Mitglieder am Rechtsverkehr teil. Sie gehören daher im Regelfall zur Kategorie der Außengesellschaften (Vor § 705 RdNr. 43 ff.).

2. Rechtliche Besonderheiten der Innengesellschaften. a) Innengesellschaft iwS. 284
Sie hat zwar keine vertretungsbefugten Organe und beteiligt sich regelmäßig auch nicht am Rechtsverkehr mit Dritten, kennt jedoch ein gesamthänderisch gebundenes Gesellschaftsvermögen (RdNr. 279 f.) und entspricht insofern dem gesetzlichen Normaltyp. Besonderheiten weist sie vor allem dadurch auf, dass bei ihr wegen der fehlenden Außenbeziehungen eine **Außenhaftung der Gesamthand** und der nicht an der Geschäftsführung beteiligten Gesellschafter persönlich im Regelfall **ausscheidet.** Gleiches gilt für diejenigen Gesellschafter, die nicht im eigenen Namen, sondern als Bevollmächtigte des allein nach außen hervortretenden „Hauptgesellschafters" für diesen Verträge schließen; sie verpflichten grundsätzlich nur den Hauptgesellschafter. Handeln Gesellschafter ohne entsprechende Ermächtigung der Mitgesellschafter im Namen der Gesellschaft, so richten sich die Rechtsfolgen grundsätzlich nach den Regeln über die Vertretung ohne Vertretungsmacht (§§ 177 bis 179); jedoch können die Grundsätze über die Duldungs- oder Anscheinsvollmacht eingreifen und zur Annahme einer Schein-(Außen-)gesellschaft führen.[767] Im Innenverhältnis bleiben die Vorschriften über die Geschäftsführung (§§ 709 bis 713) anwendbar, soweit der Vertrag nicht ausdrücklich oder konkludent Abweichungen enthält.[768] Die vertragliche Beschränkung des Außenhandelns auf den Hauptgesellschafter hat nicht etwa notwendig oder im Regelfall den Ausschluss der Mitgesellschafter von der Geschäftsführung zur Folge. Auch soweit die tatsächliche Geschäftsführung in erster Linie beim Hauptgesellschafter liegt, steht den übrigen doch grundsätzlich das Zustimmungsrecht des § 709 Abs. 1 zu. Die Vorschriften der §§ 714, 715 über die Vertretung finden allerdings keine Anwendung.[769] Ebenso ist für eine Haftung der Gesellschaft für Organverschulden entsprechend § 31 regelmäßig kein Raum (RdNr. 263).

b) Innengesellschaft ieS. Weitergehende Abweichungen vom gesetzlichen Normaltyp 285 zeigen sich bei diesem durch das zusätzliche Fehlen von Gesamthandsvermögen gekennzeichneten Unterfall der Innengesellschaft (RdNr. 282). Bei ihm entfallen nicht nur die Außenbeziehungen der Gesellschaft; vielmehr sind auch die **Innenbeziehungen** im Regelfall **rein schuldrechtlicher Art,** ggf. verbunden mit Miteigentum der Gesellschafter an den gemeinsamen Zwecken dienenden Vermögensgegenständen; es fehlt an einer sie überlagernden organisationsrechtlichen Komponente. Soweit von den Mitgesellschaftern Vermögensgegenstände als Beiträge zu leisten sind, sind diese im Regelfall in das Alleineigentum des Hauptgesellschafters zu übertragen. Er hat notwendig Geschäftsführungsbefugnis; eine Entziehung derselben kommt nicht in Betracht (§ 712 RdNr. 8). Bei Auflösung der Gesellschaft greifen im Zweifel nicht die Rechtsfolgen der §§ 730 ff. ein. Vielmehr ist es Sache des Hauptgesellschafters, darüber zu entscheiden, ob er das Unternehmen liquidieren oder aber es fortführen und die Mitgesellschafter abfinden will (§ 730 RdNr. 12 f.). Auch für die Anwendung der Grundsätze über die actio pro socio[770] sowie derjenigen über die fehlerhafte Gesellschaft ist in Fällen dieser Art kein Raum (str., vgl. zu dieser Frage RdNr. 359). Zur Frage der Formbedürftigkeit von Verträgen über Innengesellschaften ieS unter dem Gesichtspunkt der §§ 311 b, 518 vgl. RdNr. 37, 44 f., zur analogen Anwendung der §§ 230 ff. HGB auf die stille Gesellschaft bürgerlichen Rechts RdNr. 287 f., zur Unterbeteiligung an einem Gesellschaftsanteil vgl. Vor § 705 RdNr. 92 ff.

---

[767] *Steckhan* (Fn. 687) S. 69 bis 71. Allgemein zur Rechtsscheinhaftung im bürgerlichen Recht vgl. § 167 RdNr. 46 ff., 54 ff.
[768] BGH WM 1966, 31, 32; vgl. auch *Steckhan* (Fn. 687) S. 45 ff.; *Soergel/Hadding* Vor § 705 RdNr. 30; jeweils unter Hinweis auf abw. Gestaltungsmöglichkeiten sowie auf die Notwendigkeit, den Gesellschaftsvertrag insoweit unter Berücksichtigung der Eigentumsverhältnisse und der dem Hauptgesellschafter insgesamt zustehenden Kompetenzen auszulegen.
[769] Vgl. *Erman/Westermann* RdNr. 68; MünchKommHGB/*K. Schmidt* § 230 RdNr. 10.
[770] BGH NJW 1995, 1353, 1355; wohl auch *Bälz*, FS Zöllner, 1998, S. 43.

286 **3. Insbesondere: die stille Gesellschaft des bürgerlichen Rechts.** Um eine solche handelt es sich bei denjenigen zweiseitigen[771] Gesellschaftsverträgen, in denen einer der Partner, der „Stille", gegen Gewinnbeteiligung die Leistung seiner Einlage in das Vermögen des Hauptgesellschafters verspricht. Ihre Besonderheit gegenüber der stillen Gesellschaft des Handelsrechts (§ 230 HGB) liegt darin, dass der Hauptgesellschafter kein Handelsgeschäft, sondern ein **nichtkaufmännisches Unternehmen** (Landwirtschaft u. a.) betreibt **oder einen freien Beruf** ausübt. Im Übrigen zeigen sich aber weitgehende Parallelen: beide Typen stiller Gesellschaften kennen als Innengesellschaften ieS (RdNr. 282) kein Gesamthandsvermögen, bei beiden entfällt mangels Vertretungsmacht des Hauptgesellschafters eine Außenhaftung des Stillen, und für beide gilt als Regelfall, dass der Stille nicht an der Geschäftsführung teilnimmt.[772] Daher ist für die Anwendung der §§ 709, 711, 712, 714, 715, 718 bis 720 hier regelmäßig kein Raum.

287 Aber auch hinsichtlich der sonstigen Vorschriften der §§ 705 bis 740 ist mangels abweichender Gestaltung im Gesellschaftsvertrag davon auszugehen, dass sie im Wege teleologischer Reduktion insoweit zurücktreten, als die **analog** anwendbaren Vorschriften über die **stille Gesellschaft des Handelsrechts** (§§ 230 ff. HGB) Spezialnormen enthalten.[773] Das gilt zunächst für die *Gewinn- und Verlustbeteiligung* des Stillen: §§ 231 Abs. 1, 232 Abs. 2 HGB enthalten mit dem flexiblen Maßstab des „angemessenen Anteils" und der Beschränkung der Verlustbeteiligung auf die Höhe der Einlage des Stillen eine geeignetere, der Ergebnisbeteiligung der Kommanditisten (§§ 167 Abs. 3, 168 Abs. 2 HGB) entsprechende Verteilungsregelung als die starre Vorschrift des § 722. Bei den sonstigen Regelungen der §§ 231, 232 HGB zeigen sich keine materiellen Unterschiede gegenüber dem Recht der GbR;[774] die Analogiefrage stellt sich daher nicht. Für die *Mitverwaltungsrechte* des Stillen bewendet es – auch hier in Parallele zur Rechtsstellung von Kommanditisten (§ 166 HGB) – bei dem in § 233 Abs. 1 HGB geregelten, analog anwendbaren jährlichen Informations- und Einsichtsrecht; die Einräumung der weitergehenden Kontrollrechte des § 716 Abs. 1 ist angesichts der Gesellschaftsstruktur nicht veranlasst.[775] Anstelle der nach § 716 Abs. 2 unentziehbaren Mindestkontrollrechte findet das außerordentliche Informationsrecht des § 233 Abs. 3 HGB einschließlich des dort geregelten gerichtlichen Verfahrens analoge Anwendung. Die Entziehung der Geschäftsführungsbefugnis des Hauptgesellschafters durch den Stillen scheidet aus (§ 712 RdNr. 8).

288 Unter den **Auflösungsgründen** wird die in § 234 Abs. 1 S. 1 HGB vorgesehene Befristung der ordentlichen Kündigung dem Bestandsschutzinteresse des Hauptgesellschafters besser gerecht als die jederzeitige Kündigungsmöglichkeit des § 723 Abs. 1 S. 1; sie ist auch für den Stillen und dessen Privatgläubiger zumutbar.[776] Hinsichtlich der außerordentlichen

---

[771] Zur mehrgliedrigen stillen Gesellschaft, bei der die Stillen ggf. untereinander eine GbR bilden, s. BGHZ 125, 74, 77 = NJW 1994, 1156; BGH ZIP 1995, 738, 742 f.; *Staub/Zutt* § 230 HGB RdNr. 44 ff., jeweils mwN; weitergehend MünchKommHGB/*K. Schmidt* § 230 RdNr. 84, der im Fall koordinierter stiller Beteiligungen neben dem zweiseitigen, für jeden Stillen begründeten stillen Gesellschaftsverhältnis oder an dessen Stelle eine verbandsmäßige Organisation der stillen Gesellschaft bejaht; so dann auch BGH NJW 1998, 1946, 1948 für den Fall einer als Publikumsgesellschaft organisieren atypischen stillen Gesellschaft mit mehr als 150 Mitgliedern.
[772] So auch *Erman/Westermann* RdNr. 68.
[773] So im Grundsatz auch *Staub/Zutt* § 230 HGB RdNr. 11; *Erman/Westermann* RdNr. 68; im Ergebnis auch MünchKommHGB/*K. Schmidt* § 230 RdNr. 25, 196 ff. AA entspr. seinem grds. abw. Verständnis von der Innengesellschaft *Steckhan* (Fn. 687) S. 44 ff. Nach *Koenigs* (Fn. 746) S. 335, 349 soll die Frage der analogen Anwendung der §§ 230 ff. HGB von deren zwingender oder dispositiver Natur abhängen; die Unterscheidung leuchtet methodisch nicht ein.
[774] § 231 Abs. 2 HGB entspricht § 722 Abs. 2; die Regelung des § 232 Abs. 3 HGB lässt sich auch aus § 707 ableiten.
[775] Ebenso wohl *Westermann* und *Zutt* (Fn. 773); im Ergebnis auch MünchKommHGB/*K. Schmidt* § 233 RdNr. 13 f., 25 f.
[776] Für analoge Anwendung wohl auch *Koenigs* (Fn. 746) S. 343. Zur zwingenden Geltung des Kündigungsrechts auch im Recht der stillen Gesellschaft entspr. § 723 Abs. 3 vgl. BGHZ 23, 10, 12 = NJW 1957, 461; BGH LM HGB § 132 Nr. 2 = NJW 1954, 106; allg. für die Innengesellschaft BGHZ 126, 226, 230 ff. = NJW 1994, 2536.

Kündigung besteht kein Regelungsunterschied zwischen bürgerlichem und Handelsrecht (§ 234 Abs. 1 S. 2 HGB). Der Tod des Stillen bildet ebenso wenig wie derjenige eines Kommanditisten (§ 177 HGB) einen sachgerechten Auflösungsgrund; vielmehr geht § 234 Abs. 2 HGB im Analogiewege der Vorschrift des § 727 Abs. 1 vor. Für eine **Liquidation** des im Eigentum des Hauptgesellschafters stehenden Unternehmens ist abweichend von §§ 730 ff. regelmäßig kein Raum. Für die Auseinandersetzung empfiehlt sich vielmehr eine Analogie zu § 235 HGB, dh. die Auszahlung des dem Stillen nach Abwicklung der schwebenden Geschäfte zustehenden, grundsätzlich ohne Berücksichtigung eingetretener Wertsteigerungen zu berechnenden Abfindungsguthabens.[777] Analog anwendbar auf die stille Gesellschaft bürgerlichen Rechts ist auch § 236 HGB betr. die Geltendmachung der Einlageforderung bzw. die Zahlungspflicht des Stillen im Insolvenzverfahren über das Vermögen des Hauptgesellschafters.[778]

E. Die (Außen-)Gesellschaft als rechtsfähiger Personenverband

I. Einführung

1. Die BGB-Gesamthand als gebundenes Sondervermögen einer Personenmehrheit. a) Arten, Gemeinsamkeiten und Unterschiede der Gesamthand. Die Rechtsfigur der Gesamthand wurde bei Erlass des BGB – als *Zweckschöpfung* des Gesetzgebers – für je ein Rechtsinstitut aus den Bereichen des Schuldrechts (Gesellschaft bürgerlichen Rechts), des Familienrechts (eheliche Gütergemeinschaft) und des Erbrechts (Erbengemeinschaft) gesetzlich geregelt. Terminologisch knüpfte das BGB damit zwar an die deutsch-rechtliche Tradition an; wie neuere rechtswissenschaftliche Forschungen bestätigt haben, gab es jedoch keine feststehende oder allgemein akzeptierte Rechtsfigur der Gesamthand in der Zeit vor 1900, auf die man hätte zurückgreifen können.[779] Dementsprechend war der BGB-Gesetzgeber frei in deren rechtlicher Ausgestaltung. Er hat von dieser Möglichkeit unter Berücksichtigung der Besonderheiten der jeweiligen Rechtsinstitute Gebrauch gemacht.[780] *Eine einheitliche Rechtsfigur der BGB-Gesamthand wurde damit nicht geschaffen;* sie gibt es auch heute nicht.

Gemeinsames Kennzeichen der verschiedenen Arten der Gesamthand und der mit ihr verfolgten Zwecke ist die Zusammenfassung der Vermögensgegenstände, die der jeweiligen Personenmehrheit als solcher zuzuordnen sind, zu einem *einheitlichen Sondervermögen,* um dessen Bestand für die spezifische Funktion der betreffenden Personenmehrheit zu sichern und ihn dadurch vor eigenmächtigen Verfügungen der einzelnen Gesamthänder zu schützen.[781] So ist in allen drei Fällen das Recht der Gesamthänder, über ihren „Anteil" an den einzelnen zum Gesamthandsvermögen gehörenden Gegenständen zu verfügen, gesetzlich ausgeschlossen (§§ 719 Abs. 1, 1419 Abs. 1, 2033 Abs. 2). Der Sache nach besagt diese Regelung, dass es einen derartigen Anteil an den einzelnen Gegenständen nicht gibt; sie ist daher zwingend (vgl. näher § 719 RdNr. 4). Die dingliche Position der Gesamthänder beschränkt sich vielmehr auf den *vermögensrechtlichen Anteil an der Gesamthand* als solcher, dh.

---

[777] Vgl. BGH WM 1968, 278 und *Karsten Schmidt* ZHR 140 (1976), 475, 483. Zur Unanwendbarkeit der Liquidationsvorschriften der §§ 730 ff. auch bei einer atypischen, durch Beteiligung des Stillen an der Wertsteigerung des Unternehmens gekennzeichneten stillen Gesellschaft vgl. BGH WM 1961, 574; MünchKommHGB/*K. Schmidt* § 235 RdNr. 55 ff.; *Staub/Zutt* § 235 HGB RdNr. 24.

[778] Vgl. zu § 236 Abs. 1 HGB und zur fehlenden Außenhaftung des Stillen als Regelungsgrund dieser Vorschrift BGHZ 51, 350, 352 = NJW 1969, 1211; zu der Kreditfunktion der Einlage des Stillen als Regelungsgrund des § 236 Abs. 1 und 2 HGB betont *Karsten Schmidt* ZHR 140 (1976), 475, 482. Gegen eine analoge Anwendung von § 236 Abs. 2 HGB aber *Koenigs* (Fn. 746) S. 345.

[779] Eingehend *Wächter,* Die Aufnahme der Gesamthandsgemeinschaften in das Bürgerliche Gesetzbuch, 2002, insbes. S. 37 ff., 205 ff.

[780] Vgl. *Wächter* (Fn. 779) S. 243 ff., 258 ff., 267 ff.

[781] *Wächter* (Fn. 779) S. 284 ff., 307 f.

§ 705 291–293 Abschnitt 8. Titel 16. Gesellschaft

als Inbegriff der gebundenen Vermögensgegenstände, also den Anteil am Gesellschaftsvermögen (§ 718), am Gesamtgut (§ 1416) oder am Nachlass (§ 2032). Soweit Verfügungen über die einzelnen Vermögensgegenstände vorgenommen werden sollen, setzt das entweder das Zusammenwirken aller Gesamthänder (so insbesondere bei der Erbengemeinschaft, vgl. § 2040 Abs. 1) oder das Tätigwerden der für sie handelnden Vertreter (so im Fall der §§ 714, 1422) voraus.

291 Demgegenüber überwiegen die **Unterschiede** zwischen den verschiedenen Arten von Gesamthandsgemeinschaften. Sie bestehen einerseits darin, dass den Gesamthändern die *Verfügung über ihren Anteil am Gesamtgut* zwar bei der Erbengemeinschaft freisteht (§ 2632 Abs. 1 S. 1), während sie im Fall der GbR – als untrennbarer Teil der Verfügung über die Mitgliedschaft als solche – von der Zulassung im Gesellschaftsvertrag bzw. der Zustimmung der Mitgesellschafter abhängt (§ 719 RdNr. 27). Im Fall der Gütergemeinschaft ist sie gänzlich ausgeschlossen; vorbehaltlich der Fortsetzung der Gütergemeinschaft mit den Erben (§ 1483) bedarf es zur Beendigung der familienrechtlichen Gesamthand vielmehr stets der Auseinandersetzung des Gesamtguts nach den Regeln der §§ 1471 ff. Weitere charakteristische Unterschiede zwischen den drei Gesamthandsgemeinschaften finden sich vor allem darin, dass zwar die Gütergemeinschaft und typischerweise auch die (Außen-)GbR auf *Dauer* angelegt ist und es für beide einer *Vertragsgrundlage* bedarf, während die Erbengemeinschaft nach gesetzlicher Regel der ordnungsgemäßen Auseinandersetzung des Nachlasses zwischen den Miterben dient und ihre Entstehung deren gemeinsamer Stellung als gesetzliche oder testamentarische Erben verdankt.

292 Entsprechend den Unterschieden in Struktur und Funktion der verschiedenen Gesamthandsgemeinschaften lässt sich auch die Frage ihrer Einstufung als **Sondervermögen (Objekt) oder rechtsfähiger Personenverband (Subjekt)** nicht einheitlich beantworten. Aus heutiger Sicht entspricht es zwar ganz hM, dass der *(Außen-)GbR* jedenfalls dann die Qualität als rechtsfähiger Personenverband zukommt, wenn sie über einen Namen, über für sie handelnde Organe und über Gesellschaftsvermögen (Haftungsmasse) verfügt, dh. für den Rechtsverkehr identifizierbar ist (vgl. näher RdNr. 303 ff., 306). Demgegenüber haben sich Bestrebungen, auch die *Erbengemeinschaft*[782] oder sogar die *Gütergemeinschaft*[783] als rechtsfähig zu qualifizieren, bisher zu Recht nicht durchgesetzt. Mangels einer einheitlichen Rechtsfigur der Gesamthand und angesichts der unverkennbaren Unterschiede zwischen der typischen (Außen-)GbR als auf Teilnahme am Rechtsverkehr ausgerichteter Personenmehrheit (Gruppe) und den funktional davon klar zu unterscheidenden Sondervermögen des gemeinschaftlichen Nachlasses bzw. des ehelichen Gesamtguts fehlt es aber auch an einem Bedürfnis des Rechtsverkehrs, für diese Arten der Gesamthand zur Fortbildung des Sondervermögens zu einem Personenverband zu kommen. – Zu den trotz dieser Rechtsfortbildung fortbestehenden Unterschieden zwischen rechtsfähigem Personenverband (GbR, aber auch OHG und KG) und juristischer Person (AG, GmbH) vgl. RdNr. 307 ff.

293 **b) Gesellschaftsrechtliche Gesamthand.** Die für die gesellschaftsrechtliche Gesamthand kennzeichnenden Vorschriften, darunter in erster Linie diejenigen der §§ 718 bis 720 über das Gesellschaftsvermögen und dessen gesamthänderische Bindung sowie des § 738 Abs. 1 S. 1 über die Anwachsung des Anteils eines ausscheidenden Gesellschafters bei denjenigen der übrigen Gesellschafter, wurden in den Entwurf des BGB bekanntlich erst

---

[782] So *Grunewald* AcP 197 (1997), 305 ff.; *Ann*, Die Erbengemeinschaft, 2001, S. 397 ff.; *M. Wolf*, FS Canaris, 2007, S. 1313, 1318 ff.; *Eberl* ZEV 2002, 125 (127 ff., 132); für Teilrechtsfähigkeit zuvor schon *Jaschke*, Gesamthand und Grundbuchrecht, 1991, S. 27 ff.; zweifelnd *K. Schmidt* GesR § 8 III 3 (für die unternehmenstragende Erbengemeinschaft bejahend *ders.* NJW 1985, 2785, 2788 ff.); aA BGH NJW 1989, 2133, 2134; 2002, 3389, 3390; 2006, 3715 f. (st. Rspr.); so auch *Ulmer* AcP 198 (1998), 113, 124 ff.; *Lange/Kuchinke*, Erbrecht, 5. Aufl. 2001, § 42 I 4 b Fn. 39; *Schlüter*, Erbrecht, 16. Aufl. 2007, § 32 RdNr. 643 (hM); eingehend dazu *Dauner-Lieb*, Unternehmen in Sondervermögen, 1998, S. 391 ff., 396.

[783] So *Fabricius*, Relativität der Rechtsfähigkeit, 1963, S. 152 ff.; *Schünemann* FamRZ 1976, 137 f.; aA *Gernhuber/Coester-Waltjen* § 38 II 9 f.; *M. Wolf*, FS Canaris, 2007, S. 1313, 1317 f.; *Schulze-Osterloh*, Das Prinzip der gesamthänderischen Bindung, 1972, S. 8 ff., 13 ff., 26.

Inhalt des Gesellschaftsvertrags 294–296 § 705

von der 2. Kommission aufgenommen.[784] Dadurch wurde die im 1. Entwurf als bloßes Schuldverhältnis *(societas)*, ggf. verbunden mit Bruchteilseigentum der Gesellschafter, ausgestaltete Rechtsform der GbR[785] zur Gesamthandsgemeinschaft erweitert.[786] Nach den Vorstellungen der Gesetzesverfasser sollten die Änderungen dazu dienen, mit der Rechtsfigur der Gesamthand die Grundlage für ein der Verfolgung des gemeinsamen Zwecks dienendes **Sondervermögen der GbR** zu schaffen und dessen Bestand gegenüber dem Zugriff einzelner Gesellschafter und ihrer Privatgläubiger abzusichern. Diesem vermögensrechtlichen Zweck trug neben dem Ausschluss von Verfügungen der Gesellschafter über ihren „Anteil" an den einzelnen Vermögensgegenständen (RdNr. 290) einerseits die Vorschrift des § 736 ZPO über das Erfordernis eines Titels gegen alle Gesellschafter zur Vollstreckung in das Gesellschaftsvermögen Rechnung, andererseits die Regelungen des § 725 über das Sonderkündigungsrecht des Privatgläubigers eines Gesellschafters zur Ermöglichung des Zugriffs auf den Anteilswert sowie diejenigen der §§ 730 ff. über die Auseinandersetzung des Gesellschaftsvermögens nach Auflösung der Gesellschaft unter vorrangiger Berichtigung der gemeinschaftlichen Schulden. Auch die Vorschrift des § 714 über die Vertretungsmacht der geschäftsführenden Gesellschafter war ersichtlich nicht im Sinne einer Organstellung für den Personenverband der Gesellschafter als solchen (die Gruppe) konzipiert, sondern als Befugnis, „die anderen Gesellschafter Dritten gegenüber zu vertreten".

Aufgrund der Verweisung in §§ 105 Abs. 3 (Abs. 2 aF), 161 Abs. 2 HGB wurde die **294** Gesamthandsstruktur im Grundsatz auch für die **Personenhandelsgesellschaften** übernommen. Dies geschah zwar mit der Maßgabe, dass deren Behandlung als am Rechtsverkehr unter eigener Firma und mit eigenen Organen teilnehmender *Personenverband* in den §§ 124 bis 127 HGB abweichend vom GbR-Recht ausdrücklich geregelt wurde. An der Gesamthandsstruktur auch von OHG und KG als den handelsrechtlichen Sonderformen der Personengesellschaft bestand jedoch kein Zweifel.

Entgegen der deutlichen Unterscheidung im BGB und HGB des Jahres 1900 zwischen **295** GbR einerseits, OHG und KG andererseits haben die **neueren Entwicklungen im GbR-Recht** dazu geführt, die Rechts- und Parteifähigkeit auch der Außen-GbR anzuerkennen und sie damit insoweit den Personenhandelsgesellschaften gleichzustellen (vgl. näher RdNr. 303 ff.). Die Sondervorschrift des **§ 124 HGB** hat sich damit zu einer auch für die Außen-GbR maßgeblichen, das Wesen der gesellschaftsrechtlichen Gesamthand definierenden **Grundlagennorm** entwickelt. *Unverändert* geblieben ist demgegenüber der Charakter der (Außen-)GbR als *Schuldverhältnis der Gesellschafter* mit gesamthänderisch strukturierter Organisation; Gleiches gilt für die Personengesellschaften des Handelsrechts (OHG und KG). Ihre Qualifizierung als juristische Person ist abzulehnen (RdNr. 308 f.). Dementsprechend sind die Vorschriften der §§ 718 bis 720 nach wie vor maßgebend für die Strukturierung des Gesellschaftsvermögens und dessen gesamthänderische Bindung (vgl. die Erläut. daselbst). Und ebenso bleibt es bei dem in § 738 Abs. 1 S. 1 verankerten Prinzip der An- und Abwachsung beim Ausscheiden oder Neueintritt eines Gesellschafters. Für eine isolierte Verfügung von Gesellschaftern über ihren „Anteil am Gesellschaftsvermögen" (§ 719 Abs. 1) ohne gleichzeitige Übertragung der Mitgliedschaft als solcher ist kein Raum.

2. Die GbR-Gesamthand: Vom Objekt zum Subjekt. a) Die traditionelle Lehre. 296 Die traditionelle, bis in die Mitte der 80er Jahre hL zur Rechtsnatur der GbR knüpfte an den *Normenbefund des Jahres 1900* an. Entsprechend der Funktion der Rechtsfigur der Gesamthand, das gemeinschaftliche Vermögen der Gesellschafter als **Sondervermögen** für die Zwecke der GbR zu binden und vor dem Zugriff einzelner Gesellschafter und ihrer Privatgläubiger zu bewahren, beurteilte sie die Außen-GbR als ein auf vertraglicher Grundlage beruhendes Schuldverhältnis der Gesellschafter, denen durch die damit verbundene gesamthänderische Struktur das Gesellschaftsvermögen als **Objekt** zur gesamten Hand

---

[784] *Wächter* (Fn. 779) S. 243 ff.; vgl. auch schon *Flume* ZHR 136 (1972), 177 ff. und *dens.* I/1 § 1 II mN.
[785] Vgl. näher *Wächter* (Fn. 779) S. 115 ff.; *Flume* I/1 § 1 II.
[786] Eingehend *Wächter* (Fn. 779) S. 243 ff.; dazu auch *Flume* I/1 § 1 II.

zustehe.[787] Dementsprechend sah man in den für die GbR tätigen Geschäftsführern die Vertreter aller Gesellschafter (§ 714) und ordnete diesen (und nicht der GbR als solcher) das Gesellschaftsvermögen als gemeinschaftliches Vermögen zu (§ 718 Abs. 1). Das rechtsgeschäftliche Handeln für die GbR sollte nach §§ 421, 427 grundsätzlich die gesamtschuldnerische Haftung der Gesellschafter begründen, und zwar sowohl mit ihrem Privatvermögen als auch mit dem Gesellschaftsvermögen.[788] Für eine deliktische Organhaftung der GbR analog § 31 war aus dieser Sicht mangels handlungsfähiger Organisation kein Raum.[789] Ansprüche der Gläubiger gegen die GbR waren gegen die Gesellschafter als Beklagte einzuklagen mit der Vollstreckungsmöglichkeit nach § 736 ZPO. Bestätigt sah sich die traditionelle („gesetzestreue") Lehre durch die Vorschrift des § 124 HGB, da diese im Umkehrschluss die fehlende Rechts- und Parteifähigkeit der (Außen-)GbR unterstrich.

297 Auf **Bedenken** stieß die traditionelle Lehre aus neuerer Sicht (vgl. RdNr. 298) einerseits wegen ihres rein objektiven, vermögensbezogenen Gesamthandsverständnisses, andererseits und vor allem wegen ihrer unbefriedigenden Rechtsfolgen mit Blick auf die Teilnahme der GbR am Rechtsverkehr.[790] Schwierigkeiten bereitete allein schon der auf dem Rechtsformzwang des § 105 HGB beruhende, sich nach Art und Umfang der Geschäftstätigkeit der Gesellschaft richtende und von der Handelsregistereintragung weitgehend unabhängige *Rechtsformwechsel* von der GbR zur OHG und umgekehrt. Er hatte zur Folge, dass die Anerkennung der Rechtsfähigkeit der Gesellschaft von deren jeweiliger faktischer Situation abhing und zumal im Rahmen von Dauerschuldverhältnissen sachfremden Schwankungen unterlag – man denke nur an die nur für Rechtssubjekte mögliche Mitgliedschaft in anderen Personenverbänden (vgl. RdNr. 316 f.). Auch ein *Gesellschafterwechsel* wirkte sich aus traditioneller Sicht nachteilig auf bestehende Rechtsverhältnisse der GbR mit Dritten und insbesondere auf die Gläubigerrechte der Dritten aus. Denn neu beitretende Gesellschafter unterlagen nur im Falle eines (nicht zu vermutenden) Schuldbeitritts der Außenhaftung für Altverbindlichkeiten; ohne einen Schuldtitel gegen sie war jedoch die Vollstreckung der Dritten in das Gesellschaftsvermögen nach § 736 ZPO ausgeschlossen.[791] Weitere Probleme verursachte der Gesellschafterwechsel in Bezug auf die Reichweite der Vertretungsmacht der Geschäftsführer und auf die Zuständigkeit zur Genehmigung eines ohne Vertretungsmacht für die Mitgesellschafter namens der GbR abgeschlossenen Vertrags durch die Vertretenen nach § 177.[792] Insgesamt wurde zunehmend deutlich, dass die Vorstellung von der gesellschaftsrechtlichen Gesamthand als bloßes Objekt (Sondervermögen) zu kurz griff, da sie nicht in der Lage war, den vielgestaltigen Erscheinungsformen der GbR und deren nicht seltener Teilnahme unter eigenem Namen am Rechtsverkehr angemessen Rechnung zu tragen.

298 b) **Die „Gruppen"-Lehre** *(Flume).* Das Gegenkonzept zur traditionellen Lehre von der gesellschaftsrechtlichen Gesamthand als bloßes Zuordnungsobjekt wurde seit Beginn der 70er Jahre von *Flume* präsentiert.[793] Er knüpfte damit an eine von *Otto von Gierke* schon vor

---

[787] Vgl. aus neuerer Zeit insbes. *Zöllner,* FS Gernhuber, 1993, S. 563 ff. und *Hueck,* FS Zöllner, 1998, S. 275 ff., jeweils mit umfassenden Lit.-Nachweisen zur traditionellen Lehre auf S. 563 Fn. 1 bzw. S. 277 Fn. 8; so auch noch *Huber,* Vermögensanteil, 1970, S. 61 ff., 102 ff. (anders dann *ders.,* FS Lutter, 2001, S. 107, 122 ff., 139) und *Wiedemann* GesR I § 5 I 2 (anders dann *ders.,* FS Kellermann, 1991, S. 529 ff. und GesR II § 7 III 2); *Kraft/Kreutz* GesR, 11. Aufl. 2000, C I 1 d; wohl auch *Kübler/Assmann* GesR 6. Aufl., § 4 III, § 6 III 3 c.
[788] Dazu eingehend *Aderhold,* Das Schuldmodell der BGB-Gesellschaft, 1981, S. 74 ff., 192 ff. mzN; ihm folgend *Dauner-Lieb* (Fn. 782) S. 522 ff. Vgl. auch BGHZ 142, 315, 320 = NJW 1999, 3483 zur unbeschränkten Gesellschafterhaftung auf der Grundlage der traditionellen Lehre.
[789] BGHZ 45, 311, 312 = NJW 1966, 1807.
[790] Vgl. dazu näher *Ulmer* AcP 198 (1998), 134 ff.; aA insbes. *Zöllner,* FS Kraft, 1998, S. 710 ff. („heiße Luft") und zuvor schon *ders.,* FS Gernhuber, 1993, S. 572 f.
[791] Konstruktiv unbehelfliche Versuche zur Lösung dieses Dilemmas auf dem Boden der traditionellen Lehre bei *Zöllner,* FS Gernhuber, 1993, S. 575 f. und in FS Kraft, 1998, S. 701, 714 f.
[792] Vgl. nur BGHZ 79, 374, 379 = NJW 1981, 1213; dazu *Ulmer* AcP 198 (1998), 141 f.
[793] *Flume* ZHR 136 (1972), 177 ff. und sodann *ders.* AT I/1 § 4 II; vgl. zuvor auch schon *Fabricius* (Fn. 783) S. 158 ff.

Inhalt des Gesellschaftsvertrags 299, 300 § 705

Verabschiedung des BGB entwickelte, damals jedoch nicht auf Zustimmung gestoßene Ansicht an, wonach die gesamthänderische Gesellschaft bürgerlichen Rechts sich als eine auf personenrechtlicher Verbundenheit beruhende Personenmehrheit darstelle, die durch das Gesamthandsprinzip zu einer *Personeneinheit* werde.[794] Vor diesem Hintergrund zeigte Flume auf, dass als **Rechtsubjekt** nicht nur OHG und KG, sondern auch die gesamthänderisch strukturierte GbR in Gestalt der gesellschaftsvertraglich zu einer „Gruppe" verbundenen Gesellschafter anzusehen sei, ein Rechtssubjekt, das hinsichtlich seiner Rechtsfähigkeit den Regeln des § 124 HGB unterliege.[795] Das Gesamthandsprinzip erschöpfe sich maW nicht in der Bündelung der gemeinsamen Vermögensgegenstände zu einem Sondervermögen, sondern eröffne der Gesamthand als Personenverband in Gestalt ihrer Gesellschafter oder der für sie handelnden Geschäftsführer zugleich auch die Teilnahme am Rechtsverkehr. *Zuordnungssubjekt* für das Gesamthandsvermögen und Haftungsschuldner waren aus dieser Sicht nicht die Gesellschafter „in ihrer gesamthänderischen Verbundenheit", sondern die Gesamthand (Gruppe) als solche, dh. als Personenverband unabhängig von dessen jeweiliger Zusammensetzung. Die neue (Gruppen-)Lehre erwies sich damit zugleich als geeignet, die gegen die traditionelle Lehre bestehenden praktischen Bedenken (RdNr. 297) zu überwinden, da sowohl der Rechtsformwechsel von der GbR zur OHG/KG oder umgekehrt als auch der Gesellschafterwechsel Bestand und Rechtsfähigkeit der Personengesellschaft und die ihr gegenüber bestehenden Rechte Dritter unberührt ließ.[796]

c) **Entwicklung und Stand der Diskussion.** Im **Schrifttum** zum *Gesellschaftsrecht* setzte 299 sich die Gruppenlehre, beginnend mit der 1. Auflage dieses Kommentars,[797] in den letzten dreißig Jahren zunehmend durch.[798] Trotz einiger an der traditionellen Lehre festhaltender Stimmen[799] konnte sie schon im Jahr 1997 als inzwischen ganz hM bezeichnet werden,[800] während in den *Lehrbüchern und Kommentaren zum BGB-Schuldrecht* der Meinungsumschwung zunächst nur vereinzelt zur Kenntnis genommen wurde.[801] Ein Aufruf Ende der 90er Jahre an die Gegner der Gruppenlehre, die Kontroverse zu beenden und sich der auch in der Rechtsprechung zunehmend rezipierten neuen Lehre anzuschließen,[802] hatte freilich zunächst den gegenteiligen Effekt und wurde von den Adressaten als Herausforderung verstanden.[803] Erst dem Grundsatzurteil des BGH vom 29. 1. 2001 (RdNr. 301) ist es gelungen, dieses Ziel zu erreichen und der neuen Lehre endgültig zum Durchbruch zu verhelfen.[804]

Die höchstrichterliche **Rechtsprechung** hat es zwar lange Zeit vermieden, ausdrücklich 300 für oder gegen die Gruppenlehre Stellung zu beziehen. Insbesondere die Urteile des für das Gesellschaftsrecht zuständigen II. ZSs des BGH ließen jedoch seit Ende der 70er Jahre mit zunehmender Deutlichkeit erkennen, dass der Senat der Anerkennung der (Teil-)Rechts-

---

[794] *O. v. Gierke*, Deutsches Privatrecht I, 1895 (Nachdruck 1936), S. 671 ff.
[795] *Flume* ZHR 136 (1972), 177, 187 ff. und *ders*. AT I/1 § 4 I und II.
[796] So zutr. resümierend auch BGHZ 146, 341, 344 ff. = NJW 2001, 1056.
[797] Hier (1980) RdNr. 130 ff.; vgl. zuvor schon *Schünemann*, Grundprobleme der Gesamthandsgesellschaft, 1975, S. 110 ff., 148 ff.
[798] Vgl. nur *Soergel/Hadding* (11. Aufl.) Vor § 705 RdNr. 20 f.; *K. Schmidt* GesR §§ 8 III, 58 IV; *Westermann* Hdb. RdNr. I 561 (2000); *Wiedemann* WM 1994, Sonderbeilage 4 S. 4 ff.; so jetzt auch *Palandt/Sprau* § 705 RdNr. 24; wN bei *Ulmer* AcP 198 (1998), 114 Fn. 6 und *Hueck*, FS Zöllner, 1998, S. 277 Fn. 9.
[799] So insbes. noch *Hueck, Zöllner* und *Kübler*, vgl. Nachweise bei *Ulmer* AcP 198 (1998), 114 Fn. 6; seither noch *Berndt/Boin* NJW 1998, 2854 ff. und *Cordes* JZ 1998, 545 ff. Zweifelnd auch *Schöpflin*, Der nichtrechtsfähige Verein, 2003, S. 95 ff.
[800] *Ulmer* AcP 198 (1998), 114.
[801] So von *Larenz* SchuldR II, 12. Aufl. 1981, Bd. 2 § 60 IV c S. 392 ff.; vgl. demgegenüber die Nachweise bei *Ulmer* AcP 198 (1998), 115 Fn. 13 und 14 zu den an der traditionellen Lehre festhaltenden Autoren (*Fikentscher, Medicus, Palandt/Thomas, Jauernig/Stürner*).
[802] So *Ulmer* AcP 198 (1998), 113, 151.
[803] Insbes. von *Zöllner*, FS Kraft, 1998, S. 701 ff.; vgl. auch *Hueck*, FS Zöllner, 1998, S. 275 ff.; *Kraft/Kreutz* (Fn. 787).
[804] So der einhell. Stand in den neueren Kommentaren zu § 705, vgl. *Staudinger/Habermeier* Vor § 705 RdNr. 8; *Bamberger/Roth/Timm/Schöne* RdNr. 13, 16 f.; *Palandt/Sprau* RdNr. 24; *Westermann/Wertenbruch* Hdb. RdNr. I 840 ff.; *Wiedemann* GesR II § 7 III 2; wohl auch *Soergel/Hadding* Vor § 705 RdNr. 21 und § 718 RdNr. 3; *Erman/Westermann* RdNr. 64 ff., 71.

§ 705 301

fähigkeit der Außen-GbR zuneigte. Das gilt für die in zahlreichen Urteilen[805] akzeptierte Doppelverpflichtungstheorie zu § 714, die bekanntlich zwischen der GbR und den Gesellschaftern als je selbstständigen Haftungsschuldnern unterscheidet,[806] und für die Zuweisung der Genehmigungskompetenz nach § 177 Abs. 1 an den *nach* schwebend unwirksamem Vertragsschluss eingetretenen Rechtsnachfolger eines nicht wirksam vertretenen Gesellschafters,[807] aber auch für die Anerkennung der Mitgliedschaft der GbR als solcher in GmbH,[808] AG,[809] eGen[810] und anderer GbR.[811] In die gleiche Richtung weist auch die Bejahung der Scheckfähigkeit der GbR durch den XI. ZS,[812] während die Verneinung der Markenfähigkeit[813] und der WEG-Verwalterfähigkeit der GbR[814] durch zwei andere ZSe des BGH noch auf der traditionellen Lehre beruhte. Vor diesem Hintergrund wirkte es umso erstaunlicher, dass sogar der II. ZS selbst in einem „Grundsatzurteil" vom 27. 9. 1999,[815] in dem er dem Ausschluss der persönlichen Haftung der Gesellschafter unter Berufung auf den „mbH"-Zusatz im Gesellschaftsnamen eine Absage erteilte, abweichend von seiner früheren Rechtsprechung die dogmatische Begründung dieses Ergebnisses ausdrücklich offen ließ.[816] Er schien damit die Möglichkeit einer Abkehr der Rechtsprechung von der Gruppenlehre zu signalisieren.[817]

301 Die Irritation der Fachwelt durch das Urteil vom 27. 9. 1999 war allerdings nur von kurzer Dauer. Denn die dadurch ausgelöste Diskussion trug vermutlich wesentlich dazu bei, dass der Senat sich kurz darauf im **Grundsatzurteil vom 29. 1. 2001**[818] kraft richterlicher Rechtsfortbildung ausdrücklich für die grundsätzlich uneingeschränkte *Rechts- und Parteifähigkeit der Außen-GbR* aussprach und damit die traditionelle Lehre endgültig verabschiedete.[819] Mit Recht wurde das Urteil im Schrifttum ganz überwiegend positiv aufgenommen[820] und als Meilen-,[821] Mark-[822] oder Schlussstein[823] bezeichnet. Dass es sich um ein Versäumnisurteil handelte, gegen das die Beklagten erfolgreich Einspruch einlegten, und dass das Verfahren wegen zwischenzeitlicher Erledigung der Hauptsache mit einer Kostenentscheidung endete,[824] tat der rechtlichen Tragweite der Urteilsgründe keinen Abbruch.[825] Dies

---

[805] Vgl. nur BGHZ 74, 240, 242 = NJW 1979, 1821; BGHZ 79, 374, 377 = NJW 1981, 1213; BGHZ 117, 168, 176 = NJW 1992, 1615; BGHZ 136, 254, 257 f. = NJW 1997, 2754; BGH NJW 1998, 2904, 2905.
[806] Vgl. dazu näher *Ulmer* ZIP 1999, 509, 510 f. und § 714 RdNr. 3.
[807] BGHZ 79, 374, 379 = NJW 1981, 1213.
[808] BGHZ 78, 311, 313 = NJW 1981, 682.
[809] BGHZ 118, 89, 99 = NJW 1992, 2222.
[810] BGHZ 116, 86, 88 ff. = NJW 1992, 499.
[811] BGH NJW 1998, 376.
[812] BGHZ 136, 254, 257 = NJW 1997, 2754.
[813] BGH GRUR 2000, 1028, 1030 – Ballermann (I. ZS); aA dann BPatG GRUR 2004, 1030; *Westermann/Wertenbruch* Hdb. RdNr. I 848; *Fezer*, FS P. Ulmer, 2003, S. 119, 123; *Hildebrandt* DStR 2004, 1924, 1925 f.
[814] BGHZ 107, 268, 271 = NJW 1989, 2059; so allerdings auch neuerdings wieder NJW 2006, 2189, 2190 (V. Senat); dazu mit Recht krit. *C. Schäfer* NJW 2006, 2160 ff.
[815] BGHZ 142, 315 = NJW 1999, 3483.
[816] So BGHZ 142, 315, 319 ff. = NJW 1999, 3483.
[817] Vgl. die krit. Urteilsrez. von *Altmeppen* ZIP 1999, 1758, 1759 f., und *Ulmer* ZGR 2000, 339, 343 ff.; so tendenziell auch *Dauner-Lieb* DStR 1999, 1992, 1996.
[818] BGHZ 146, 341, 344 ff. = NJW 2001, 1056 – ARGE Weißes Ross; ebenso dann BGH NJW 2002, 1207 (Folgeentscheidung); BGHZ 148, 291, 293 f. = NJW 2001, 3121; BGHZ 151, 204, 206 = NJW 2002, 3593; BGHZ 154, 88, 94 = NJW 2003, 1445 u. a.
[819] Der „soweit"-Zusatz im 1. LS steht nicht entgegen, vgl. RdNr. 310.
[820] Vgl. insbes. *Dauner-Lieb* DStR 2001, 356 ff.; *Derleder* BB 2001, 2485 ff.; *Hadding* ZGR 2001, 712 ff.; *Habersack* BB 2001, 477 ff.; *K. Schmidt* NJW 2001, 993 ff.; *Ulmer* ZIP 2001, 585 ff.; *Westermann* NZG 2001, 289 ff.; *Wertenbruch* NJW 2002, 324 ff.; *Wiedemann* JZ 2001, 513 ff.; *Heil* NZG 2001, 300 ff.; *Peifer* NZG 2001, 296 ff.
[821] *K. Schmidt* NJW 2001, 993, 995.
[822] *Ulmer* ZIP 2001, 585.
[823] *Hadding* ZGR 2001, 712, 714.
[824] BGH NJW 2002, 1207; krit. zu diesem Verfahrensablauf *Jauernig* NJW 2001, 2231 f.
[825] Der Senat betont selbst ausdrücklich (aaO Fn. 824), dass er an seinen Ausführungen in BGHZ 146, 341 = NJW 2001, 1056 unter Abstellen auf die Begründung von Rechten und Pflichten der (Außen-)GbR „durch Teilnahme am Rechtsverkehr" festhalte; zust. auch *Hadding* ZGR 2001, 715 f.

umso mehr, weil das Nachverfahren dem Senat die Gelegenheit verschaffte, die zunächst unterlassene Abstimmung mit zuvor divergierenden BGH-Senaten nachzuholen,[826] während er auf eine Anrufung des Gemeinsamen Senats der obersten Gerichtshöfe des Bundes wegen fehlender Divergenzen verzichten konnte.[827] Auch das *BVerfG* hat das Grundsatzurteil inzwischen zustimmend zur Kenntnis genommen und sich zugleich für die *Grundrechtsfähigkeit* der GbR ausgesprochen.[828]

d) Fazit. Als Ergebnis der sich über ein Jahrhundert hinziehenden Diskussion zur Rechtsnatur der GbR-Gesamthand ist nach allem festzuhalten, dass aus heutiger Sicht an der grundsätzlichen Rechts- und Parteifähigkeit der Außen-GbR nicht länger gezweifelt werden kann. Die Gruppen-Lehre hat sich voll durchgesetzt; die traditionelle Lehre ist trotz ihres „gesetzestreuen" Ansatzes überwunden. Auf die Frage, ob die Qualität als Rechtssubjekt sämtlichen oder aber nur den „höherstufigen", über eine eigene Identitätsausstattung verfügenden Außengesellschaften zusteht, ist zurückzukommen (RdNr. 305 f.). Ebenso bleibt zu prüfen, wie weit die Rechtsfähigkeit der GbR trägt und ob Vorbehalte in Bezug auf bestimmte Rechtspositionen wegen der wenig ausgeprägten Verfassung der GbR oder wegen der fehlenden Registereintragung veranlasst sind (vgl. RdNr. 312 ff., 317). Hiervon abgesehen unterliegt die Rechtsfähigkeit der GbR aus heutiger Sicht jedoch keinen weiteren Schranken. § 124 HGB findet analoge Anwendung. Eine Gleichsetzung der GbR mit Kapitalgesellschaften als juristische Personen scheidet aus (RdNr. 307 ff.).

II. Die Rechtsfähigkeit der Außengesellschaft

1. Grundlagen. a) Rechtsfähige Personengesellschaft (Gesamthand). Zur Entwicklung und zum Stand der Lehre von der Rechtsfähigkeit der **Außen-GbR** als gesamthänderische Personenverbindung (Gruppe), dh. als Zuordnungssubjekt des Gesellschaftsvermögens und der Gesellschaftsverbindlichkeiten, vgl. RdNr. 299 ff. Die Rechtsfähigkeit[829] ist von der inzwischen **ganz hM** in der *Literatur* anerkannt (RdNr. 299) und durch die höchstrichterliche *Rechtsprechung* seit 2001 in einer Reihe von Grundsatzurteilen bestätigt worden (RdNr. 301). Sie ist damit geltendes Recht.

Auch in der **Gesetzgebung** der letzten 15 Jahre hat diese Entwicklung ihren Niederschlag gefunden. So unterscheidet die im Jahr 2000 in das BGB aufgenommene Vorschrift des **§ 14 Abs. 1** für den Begriff des Unternehmens zwischen natürlichen Personen, juristischen Personen und *rechtsfähigen Personengesellschaften;* eine entsprechende Differenzierung zwischen den beiden letztgenannten Rechtssubjekten findet sich bereits seit 1996 in **§ 1059 a** betreffend die Übertragbarkeit des Nießbrauchs. Die Vorschrift des **§ 191 UmwG 1994** rechnet zu den aus einem Formwechsel hervorgehenden „Rechtsträgern neuer Rechtsform" in Abs. 2 Nr. 1 auch die GbR. Nach **§ 7 Nr. 3 MarkenG 1994** können auch rechtsfähige Personengesellschaften Inhaber eingetragener Marken sein. Schließlich bestimmt **§ 11 Abs. 2 InsO 1994,** dass ein Insolvenzverfahren auch über das Vermögen einer „Gesellschaft ohne Rechtspersönlichkeit", darunter neben OHG und KG auch dasjenige einer GbR, eröffnet werden kann. Auch wenn die Terminologie der zitierten Regelungen ersichtlich noch schwankt, ist doch unverkennbar, dass die (Außen-)GbR vom Gesetzgeber seit 1994 zunehmend als Rechtssubjekt angesehen wird und bereits mehrfach Adressat gesetzlicher Regelungen geworden ist.

---

[826] Vgl. dazu BGH NJW 2002, 1207 f.; *Kellermann,* FS Wiedemann, 2002, S. 1069, 1071; krit. zu dem vom Senat hierfür praktizierten informellen Verfahren *Prütting,* FS Wiedemann, 2002, S. 1177, 1181 f.

[827] BGH NJW 2002, 1208 (vorbehaltlich einer informellen Anfrage beim BFH); *Kellermann,* FS Wiedemann, 2002, S. 1069, 1071; krit. *Prütting,* FS Wiedemann, 2002, S. 1177, 1182.

[828] BVerfG NJW 2002, 3533, bezogen auf die Eigentumsgarantie und die Verfahrensgrundrechte der Art. 101 Abs. 1 S. 2, 103 Abs. 1 GG; krit. dazu *Stürner* JZ 2003, 44 f.

[829] Im Sinne einer „nicht personengebundenen", von den jeweiligen Gesellschaftern losgelösten Rechtsfähigkeit, so treffend *M. Wolf,* FS Canaris, 2007, S. 1313, 1315 im Unterschied zu Erben- und Gütergemeinschaft.

§ 705 305, 306

305 **b) Abgrenzungskriterien.** Zum Begriff der *Außengesellschaft* und deren Abgrenzung von Innengesellschaften vgl. schon RdNr. 253 f., 277 ff. Nach zutr. hM ist entscheidende Voraussetzung das Auftreten nach außen, dh. die im Gesellschaftsvertrag vorgesehene **Teilnahme der GbR** als solcher **am Rechtsverkehr** durch ihre für sie als rechtsfähige Einheit handelnden Organe (vgl. näher RdNr. 253 f., 279). Das bloße Vorhandensein von Gesamthandsvermögen bei einer im Übrigen vertraglich auf das Innenverhältnis beschränkten GbR reicht dagegen nicht aus, um sie als rechtsfähig zu qualifizieren (vgl. RdNr. 279 f., 284). Man denke an eine Ehegatten-Grundstücksgesellschaft, in deren Rahmen sich die Ehegatten auf das Halten und Verwalten der gemeinsam genutzten Immobilie beschränken, oder an eine Wettgemeinschaft mit regelmäßigen Beitragspflichten bzw. die Vereinbarung über eine Urlaubsreise mehrerer Personen mit gemeinsamer Reisekasse, jeweils ohne zum Handeln für die Gemeinschaft berufene Organe. In diesen Fällen kommt es zwar entsprechend den vertraglichen Abreden zur Bildung von Gesamthandsvermögen (vgl. § 718 RdNr. 16 f.). Es fehlt jedoch an der gemeinsamen Teilnahme der Gruppe am Rechtsverkehr. Schon deshalb besteht auch kein Bedürfnis dafür, derartige Personenverbindungen als rechtsfähige Einheit anzuerkennen. Das Gesamthandsvermögen bleibt gemeinsames Rechtsobjekt der Beteiligten.

306 Auch wenn die vertraglich vorgesehene Teilnahme der GbR am Rechtsverkehr somit eine notwendige Bedingung für die Anerkennung der Rechtsfähigkeit der GbR bildet, ist sie hierfür doch nicht ohne weiteres hinreichend. Das zeigen insbesondere Gelegenheitsgesellschaften, bei denen die Beteiligten nicht planmäßig und zielgerichtet, sondern fallweise und ohne für Dritte erkennbare Organisation gemeinsam nach außen in Erscheinung treten. In derartigen Fällen geht der Rechtsverkehr typischerweise vom gemeinsamen Handeln einer vertraglich nicht koordinierten Personenmehrheit aus und rechnet mit der Begründung von Gesamtschulden durch deren gemeinsames Handeln nach §§ 421, 427. Die Anerkennung der Rechts- und der Parteifähigkeit der GbR verlangt jedoch wegen ihrer rechtlichen und insbesondere prozessualen Tragweite nach klaren Abgrenzungskriterien. Entgegen der wohl überwM[830] empfiehlt es sich daher, sie auf die Fälle höherstufiger oder „organisierter",[831] durch eine eigene **Identitätsausstattung** (Name und Sitz, Handlungsorganisation, Haftungsverfassung) gekennzeichneter Außengesellschaften zu beschränken.[832] Sache der Gesellschafter ist es sodann, bei Ausgestaltung ihres Zusammenwirkens für das Vorliegen dieses Merkmals Sorge zu tragen. Sie werden hierzu regelmäßig schon im *Gesellschaftsvertrag* selbst, durch Einigung auf einen Namen[833] und Sitz der Gesellschaft, durch Bestellung von Geschäftsführern als Gesellschaftsorganen und durch Schaffung einer Haftungsgrundlage in Gestalt der Beiträge, das Nötige veranlassen. Insbesondere bei gewerblich oder unternehmerisch tätigen, auf Gewinnerzielung ausgerichteten Außengesellschaften zum gemeinsamen Betrieb eines Kleingewerbes oder eines freien Berufs, aber auch bei der gemeinsamen Vermietung oder Verpachtung von Gesellschaftsvermögen im Rahmen eines Geschäftsbetriebs, liegen diese Voraussetzungen einer organisierten, über eigene Rechts- und Parteifähigkeit verfügenden GbR in aller Regel vor. Entsprechendes gilt für Bau-Arbeitsgemeinschaften.

---

[830] So ausdrücklich *Habersack* BB 2001, 477, 478 f.; *Pohlmann* WM 2002, 1421, 1423; *Wertenbruch* NJW 2002, 324, 328; jetzt wohl auch *K. Schmidt* NJW 2003, 1897, 1904 (Verzicht auf unternehmenstrag. Tätigkeit); *Hadding* ZGR 2001, 716 f. (für Notwendigkeit der „Individualisierung" dann aber *ders.* aaO S. 721); auch der BGH (Nachweise in Fn. 818) hat bisher eine Einschränkung nicht vorgenommen; die Frage war aber wohl auch nicht entscheidungserheblich.
[831] So treffend *Wiedemann* ZGR 1996, 286, 291, 298 f.
[832] So im Anschluss an die von *John,* Die organisierte Rechtsperson, 1977, S. 72 ff., entwickelte Lehre von den „organisierten Rechtspersonen" näher *Ulmer* AcP 198 (1998), 113, 126 ff. und ZIP 2001, 585, 593 f.; zust. *Reuter* AcP 207 (2007), 673, 681 ff.; ähnlich schon *Breuninger,* Die BGB-Gesellschaft als Rechtssubjekt im Wirtschaftsverkehr, 1991, S. 34 ff.; *Wiedemann* ZGR 1996, 286, 290 ff. und *ders.* GesR II § 7 III 2 b; *Derleder* BB 2001, 2485 ff.; für Begrenzung der Rechtsfähigkeit auf die „unternehmenstragende" GbR bis vor kurzem *K. Schmidt* (zuletzt GesR §§ 58 V 1, 60 I 1 und NJW 2001, 993, 1002); aA (gegen Begrenzung) *Habersack* BB 2001, 477, 478 f.; *Pohlmann* WM 2002, 1421, 1423; *Wertenbruch* NJW 2002, 324, 328; *Geibel* WM 2007, 1496, 1498; wohl auch *K. Schmidt* NJW 2003, 1897, 1904 (Verzicht auf unternehmenstragende Tätigkeit); *Hadding* ZGR 2001, 716 f. (anders aber *ders.* aaO S. 721).
[833] Das kann auch der Name aller Gesellschafter als Gesamtname sein, vgl. dazu RdNr. 270 f.

c) Verbleibende Unterschiede zu juristischen Personen. In der *Rechtslehre* hat es seit 307 der sich abzeichnenden Anerkennung der Außen-GbR als rechtsfähige Einheit nicht an Bemühungen gefehlt, Personengesellschaften **als juristische Personen zu qualifizieren**[834] oder sie ihnen doch weitgehend gleichzustellen.[835] Unter Berufung auf die in der Kautelarpraxis verbreitete Typenvermischung in Fällen der GmbH & Co. KG sowie auf gesetzliche Mischtypen nach Art der KGaA,[836] aber auch unter Hinweis auf die Gleichstellung der Personengesellschaften mit Kapitalgesellschaften als „personnes morales" im romanischen Rechtskreis,[837] wird gelehrt, die Differenzierung zwischen gesellschaftsrechtlichen Gesamthandsgemeinschaften und juristischen Personen sei überholt; entscheidend sei das Kriterium der Rechtsfähigkeit der Personenverbände.

Diesen Ansichten ist **nicht** zu folgen.[838] Gegen sie spricht schon die vor allem in § 14 308 zum Ausdruck gekommene Absicht des Gesetzgebers, terminologisch eindeutig zwischen juristischen Personen und rechtsfähigen Personengesellschaften zu unterscheiden (vgl. näher RdNr. 304). Bestätigt und unterstrichen wird diese Differenzierung durch die *unterschiedlichen Strukturen von Personen- und Kapitalgesellschaften,* die ihrer einheitlichen Behandlung als juristische Personen entgegenstehen (vgl. Vor § 705 RdNr. 12 f.). So ist für die **Kapitalgesellschaften** die klare Trennung zwischen Gesellschaft und Gesellschaftern als Folge ihrer mit der Eintragung im Handelsregister erlangten Rechtsnatur als juristische Person kennzeichnend. Der Gesellschaftsvertrag verselbstständigt sich dadurch zur Satzung der AG oder GmbH. Er ist autonom auszulegen und kann durch qualifizierten Mehrheitsbeschluss geändert werden. Die Anteile sind grundsätzlich frei übertragbar; sie können auch von der Gesellschaft selbst erworben werden. Der Rückgang der Gesellschafterzahl auf eine Person lässt die Existenz der Gesellschaft unberührt; sie kann sogar als Einmann-Gesellschaft gegründet werden. Auch die Zulassung der Drittorganschaft zeigt die für Kapitalgesellschaften als juristische Personen typische strikte Trennung von Gesellschafts- und Gesellschafterebene.

In allen vorgenannten Punkten weist die **Personengesellschaft** deutliche Unterschiede 309 auf. Ihre Existenz setzt grundsätzlich den Fortbestand des Gesellschaftsvertrags, dh. das Vorhandensein von mindestens zwei Gesellschaftern voraus.[839] Es gelten Einstimmigkeitsgrundsatz (dispositiv) und Selbstorganschaft (zwingend). Der Erwerb eigener Anteile ist schlechthin ausgeschlossen, eine Anteilsübertragung nur mit Zustimmung der Mitgesellschafter oder kraft Zulassung im Gesellschaftsvertrag möglich. Gemeinsames Kennzeichen aller Personengesellschaften ist ferner die persönliche Verbindung zwischen den Gesellschaftern; sie kann (insbesondere bei sog. Publikumsgesellschaften) zwar wesentlich gelockert, aber nicht beseitigt werden. Auch die Regelung des § 124 HGB bestätigt, dass die Anerkennung der Rechtsfähigkeit der Personengesellschaft diese Besonderheiten ihrer Organisationsstruktur unberührt lässt. An der hergebrachten Differenzierung zwischen Personen- und Kapitalgesellschaften bzw. zwischen Gesamthand und juristischer Person führt nach allem kein Weg vorbei, jedenfalls solange auch der Gesetzgeber hieran festhält.

2. Folgerungen. a) Uneingeschränkte Vermögensfähigkeit. aa) Grundsatz. Nach 310 ganz hM unterliegt die Vermögensfähigkeit der (Außen-)GbR aus heutiger Sicht keinen

---

[834] So wiederholt insbes. *Raiser,* vgl. AcP 194 (1994), 495, 503 ff., 510, AcP 199 (1999), 104, 107 f. und FS Zöllner, 1998, S. 469, 474 ff.; ähnlich auch *Timm* NJW 1995, 3209, 3214 und ZGR 1996, 247, 251 f.; *Hadding,* FS Kraft, 1998, S. 137 ff., und ZGR 2001, 718 f.

[835] So *K. Schmidt* GesR § 8 I 2; vgl. auch schon *dens.* AcP 191 (1991), 495, 505 ff., 509; ferner *Mülbert* AcP 199 (1999), 38, 66 f.

[836] *Raiser* AcP 194 (1994), 508 f.

[837] Vgl. *Raiser* AcP 194 (1994), 499 f., 511.

[838] So auch *Flume* I/1 § 7 I, III; *Grunewald* GesR RdNr. 1. A.99 und 3.12; *Huber,* FS Lutter, 2000, S. 107, 113 f.; *Reuter* AcP 207 (2007), 673, 627, 687 ff.; ebenso BGHZ 146, 344, 347 f. = NJW 2001, 1056; mit Blick auf das VerbrKrG unter zutr. Differenzierung gegenüber der Rechtsfähigkeit der Außen-GbR auch BGHZ 149, 80, 84 = NJW 2002, 368; im Ergebnis auch *Mülbert/Gramse* WM 2002, 2085, 2093 f.; ebenso vom traditionellen Standpunkt aus *Kübler/Assmann* GesR § 4 III, IV und *Zöllner,* FS Gernhuber, 1993, S. 563, 567 f.

[839] Nach wie vor ganz hM unter Hinweis auf § 705, vgl. näher RdNr. 60 ff.

§ 705 310a, 311

rechtlichen Beschränkungen.[840] Der vorsichtige „Soweit"-Zusatz im ersten Leitsatz des Grundsatzurteils BGHZ 146, 341[841] lässt sich nicht etwa im Sinne einer „gespaltenen" Rechtsfähigkeit der jeweiligen GbR unter Beschränkung auf die rechtsgeschäftlich begründeten (im Unterschied zu den auf Einlageleistung beruhenden) Aktiva und Passiva der Gesellschaft verstehen.[842] Die GbR kann **Eigentum** an beweglichen und unbeweglichen Sachen erwerben (zur davon zu unterscheidenden „formellen" Grundbuchfähigkeit vgl. RdNr. 312 ff.), Schuldverträge abschließen und die daraus resultierenden **Gläubigerrechte** als Gesamthandsforderungen begründen, sie kann eine Bankverbindung eingehen und Bankkonten eröffnen,[843] als Vermieterin auftreten (RdNr. 311 f.), Dienstverträge abschließen und die Stellung eines Arbeitgebers erlangen.[844] Auch die Bedenken anderer BGH-Senate gegen die *Markenfähigkeit* der GbR oder gegen ihr Tätigwerden als *WEG-Verwalter* erscheinen aus heutiger Sicht als überholt.[845] In allen diesen Fällen gehören die aus diesen Rechtsverhältnissen resultierenden Rechte nach § 718 Abs. 1 zum Gesamthandsvermögen, soweit die für die GbR handelnden Geschäftsführer nicht im Rahmen ihrer Vertretungsmacht anderweitig disponieren, dh. die Gegenstände als Bruchteilseigentum der Gesellschafter erwerben (vgl. RdNr. 221 f.). Auch für die Entstehung **gesetzlicher Ansprüche** (§§ 812, 823 u. a.) zu Gunsten der Gesamthand bestehen keine Besonderheiten. Zur Stellung der Gesamthand als *Besitzer* vgl. § 718 RdNr. 35 ff.

310a Die vorstehenden Grundsätze gelten entsprechend für die Begründung von **Gesamthandsverbindlichkeiten**. Auch sie unterliegt keinen rechtlichen Beschränkungen, wobei die Verbindlichkeiten der GbR im Ansatz klar von der ihnen korrespondierenden akzessorischen Haftung der Gesellschafter analog §§ 128, 129 HGB zu unterscheiden sind (vgl. näher § 714 RdNr. 31 f., § 718 RdNr. 25 ff.). Die Verpflichtungsfähigkeit ist höchstrichterlich für die *Scheck- und Wechselfähigkeit* der GbR ausdrücklich anerkannt;[846] sie gilt aber auch hinsichtlich aller sonstigen vertraglichen und gesetzlichen Schuldverhältnisse. Auch in dieser Beziehung hat der „Soweit"-Vorbehalt im ersten Leitsatz von BGHZ 146, 341 (RdNr. 310) nach ganz hM keine praktische Bedeutung.

311 **bb) GbR als Vermieterin.** Ist die GbR kraft ihrer Rechtsfähigkeit Eigentümerin oder Besitzerin eines *Wohngrundstücks* und schließt sie insoweit als Vermieterin[847] Mietverträge mit Dritten, kann sich die Frage nach der Zulässigkeit einer **Kündigung wegen Eigenbedarfs** stellen. Sie wird von der ganz überwiegenden Ansicht im Grundsatz zu Recht bejaht.[848] Umstritten sind freilich die Voraussetzungen für ein solches, auf § 573 Abs. 2 Nr. 2 gestütztes Vorgehen der GbR. Eigener Wohnbedarf der GbR scheidet kraft Natur der Sache aus; gewerblicher Bedarf der GbR oder solcher als Freiberufler-Zusammenschluss bildet nach § 573 keinen Kündigungsgrund. Stattdessen geht es um die Frage, ob und

---

[840] St. Rspr. des II. ZSs und ganz hM in der Lit. Früher abw. Urteile anderer ZSe sind heute überholt (vgl. RdNr. 300).
[841] Er erklärte sich wohl aus der Rücksicht des Senats auf mögliche Einschränkungen seitens anderer Oberster Bundesgerichte in ihrem Zuständigkeitsbereich (vgl. BGH NJW 2002, 1207, 1208 und dazu *Kellermann*, FS Wiedemann, 2002, S. 1069, 1073).
[842] So aber (schwer nachvollziehbar) *Kreutz*, FS Hadding, 2004, S. 513, 520 ff.
[843] So zutr. *Hadding* ZGR 2001, 722 f.
[844] Heute wohl schon hM, vgl. *Lessner/Klebeck* ZIP 2002, 1385 ff. unter Hinweis auf die abw. frühere Rspr. des BAG (BAG NJW 1989, 3034, 3035); *Diller* NZA 2003, 401, 402; *Bamberger/Roth/Timm/Schöne* RdNr. 142; offen lassend noch BGH NJW 2002, 1207, 1208.
[845] Vgl. RdNr. 300 und die Nachweise in Fn. 813, 814. Der V. ZS des BGH hält freilich – zu Unrecht (*C. Schäfer* NJW 2006, 2160 ff.) – an der fehlenden WEG-Verwalterfähigkeit der GbR fest (BGH NJW 2006, 2189, 2190; zutr. dagegen auch *Palandt/Bassenge* § 26 WEG RdNr. 1; *Bamberger/Roth/Timm/Schöne* RdNr. 142.
[846] BGHZ 136, 254, 257 = NJW 1997, 2754; BGHZ 146, 341, 358 = NJW 2001, 1056.
[847] So zutr. *Weitemeyer*, GS Sonnenschein, 2003, S. 431 ff., 451, und ZMR 2004, 153 ff., in Auseinandersetzung mit BGHZ 138, 82, 85 = NJW 1998, 1220, das unzutr. von der Anwendbarkeit des § 566 (= § 571 aF) beim Gesellschafterwechsel auf Vermieterseite ausging.
[848] § 573 RdNr. 67; *Staudinger/Rolfs* (2006) § 573 RdNr. 70; *Palandt/Weidenkaff* § 573 RdNr. 26; *Sonnenschein*, FS Kraft, 1998, S. 607, 625 f.; wN, auch zu den wenigen Gegenstimmen, bei BGH NJW 2007, 2845 (re. Sp.).

inwieweit *Eigenbedarf von Gesellschaftern* als Kündigungsgrund ausreicht. Der BGH[849] hat die Frage im Fall einer Grundstücks-GbR bejaht, nachdem Bewohner des Hauses zum Zweck von dessen gemeinsamem Erwerb die Vermieter-GbR gegründet hatten. Zur Begründung führte er an, dass die gesamthänderisch verbundenen Eigentümer nicht schlechter gestellt werden dürften als solche Personen, die das Haus als Miteigentümer erworben hätten.[850] Daraus folge zugleich, dass für die Kündigung entsprechender Eigenbedarf schon bei einem Teil der Gesellschafter ausreiche;[851] diese müssten jedoch schon beim Grundstückserwerb Gesellschafter gewesen sein.[852] Auf die Zahl der an der Gesellschaft Beteiligten komme es nicht an.[853] Demgegenüber überwiegt in der Literatr der Ansatz, der eine besondere Nähe der Gesellschafter zur Vermieter-GbR als Kündigungsvoraussetzung fordert.[854]

Stellungnahme. Bleibt man sich bewusst, dass es sich bei der Eigenbedarfskündigung durch die Grundstücks-GbR um ein **Analogieproblem** handelt, so geht die entscheidende Frage dahin, unter welchen Voraussetzungen Gesellschafter mit Eigenbedarf *Familienangehörigen* des kündigungsberechtigten Vermieters gleichzustellen sind, dh. die Gesellschaft sich auf deren Eigenbedarf berufen kann. Maßgebend dafür sollte *Zweck und Struktur der Gesellschaft* sein: richtet sich ihr Zweck auf das Halten und Verwalten eines Wohnhauses im Interesse der unter sich persönlich verbundenen Gesellschafter,[855] so steht der Analogie nichts entgegen und zwar auch dann, wenn die über Eigenbedarf verfügenden Personen der Gesellschaft erst nach der Gründung beigetreten sind.[856] Der Analogiebereich wird erst dann überschritten, wenn es entweder um eine GbR geht, die von einer Vielzahl untereinander nicht verbundener Personen als Immobilienfonds zum Zweck der Kapitalanlage gegründet wurde, oder wenn die Gesellschaft (frei-)berufliche oder gewerbliche Zwecke verfolgt und das von ihr gehaltene Wohnhaus kein für diese Zwecke zentrales Aktivum bildet. Damit erfasst der Analogiebereich typischerweise Fälle einer Grundstücks-GbR als Vermieterin mit einem untereinander verbundenen Kreis von solchen Gesellschaftern, die zumindest potentiell auch als Träger eines Eigenbedarfs in Betracht kommen. Bei Miteigentümern als Vermieter-Mehrheit ist das entgegen der BGH-Rechtsprechung nicht notwendig der Fall.

cc) Grundbuchfähigkeit. Die Grundbuchfähigkeit der GbR richtet sich nicht nach materiellem Recht, sondern nach der **GBO** als dem für Grundbucheintragungen maßgebenden formellen Recht. Ihre Beurteilung ist klar zu unterscheiden von der aus heutiger Sicht unbestreitbaren Fähigkeit der GbR, als Teil des Gesamthandsvermögens Rechte an Immobilien zu erwerben.[857] Die Frage beschränkt sich auf das *Wie* des Rechtserwerbs, dh. die Art und Weise der Eintragung der zum Gesamthandsvermögen gehörenden Liegenschaftsrechte im Grundbuch. Nach *früher ganz hM* und einhelliger Praxis der Grundbuchämter richtete sich die Eintragung gesamthänderischen Grundeigentums der GbR nach der für *gemeinschaftliche Rechte* geltenden Vorschrift des § 47 GBO: als Berechtigte eingetragen wurden die **Gesellschafter** mit dem Zusatz „als Gesellschafter bürgerlichen Rechts".[858] Das war solange zutreffend, als die gesellschaftsrechtliche Gesamthand nicht selbst als rechtsfähig

---

[849] BGH NJW 2007, 2845, 2846; so auch schon (ohne nähere Begründung) OLG Karlsruhe NJW 1990, 3278, 3279; OLG Köln ZMR 2004, 33, 34.
[850] BGH NJW 2007, 2845, 2846.
[851] Bei einer Vermieter-Mehrheit ganz hM, vgl. Nachweise bei BGH NJW 2007, 2845, 2846 (re. Sp.).
[852] So BGH NJW 2007, 2845, 2846, ohne auf den darin (bei Miteigentümern) liegenden Widerspruch zu § 566 einzugehen.
[853] BGH NJW 2007, 2845, 2846 unter Ablehnung der Notwendigkeit personalistischer Struktur der GbR.
[854] So insbes. § 573 RdNr. 67; *Sonnenschein*, FS Kraft, 1998, S. 607, 625; *Weitemeyer* ZMR 2004, 153, 165 f.
[855] Das war in allen drei in der Rspr. behandelten Fällen (Fn. 849) gegeben.
[856] So zutr. *Häublein* NJW 2007, 2847, 2849 unter Hinweis auf § 566.
[857] Vgl. nur *Wertenbruch* WM 2003, 1785 ff. Zu Unrecht aA offenbar noch BayObLG (2. ZS) ZIP 2002, 2175, 2176 f. in ausdrücklicher Abweichung von BayObLG (3. ZS) Rpfleger 2002, 536, das in der Eintragung der Gesellschafter mit dem Gesamthands-Zusatz zutr. diejenige der GbR als Eigentümerin sah.
[858] Vgl. nur *Demharter*, GBO, 26. Aufl. 2008, § 19 GBO RdNr. 108; *Meikel/Böhringer*, 9. Aufl. 2004, § 47 GBO RdNr. 179; *Schöner/Stöber*, 14. Aufl. 2008, RdNr. 240 e; *Eickmann* Rpfleger 1985, 85, 88; aus der Rspr. vgl. BGHZ 45, 338, 348 = NJW 1966, 1311; BayObLG DB 1985, 2140 und BB 1991, 2106; OLG Düsseldorf NJW 1997, 1991; OLG Frankfurt Rpfleger 1975, 177 und 1982, 469.

§ 705   313, 314   Abschnitt 8. Titel 16. Gesellschaft

anerkannt war, die hierzu gehörenden Liegenschaftsrechte maW als gemeinschaftliches Eigentum der Gesellschafter angesehen wurden. Diese Praxis hatte den Vorteil, dass jedenfalls in Bezug auf den *Eintragungszeitpunkt* der Gesellschafterbestand unmittelbar aus dem Grundbuch erkennbar war. Als nachteilig wirkte sich aus, dass jeder Gesellschafterwechsel eine entsprechende Grundbuchberichtigung erforderlich machte.

313 Mit der Anerkennung der Rechtsfähigkeit der GbR ist die **Grundlage für** die bisherige, auf § 47 GBO gestützte Eintragungspraxis als gemeinschaftliches Recht **entfallen**.[859] Auch auf § 15 Abs. 3 S. 1 GBV[860] lässt sich deren unveränderte Beibehaltung nicht stützen, da es sich insoweit um gegenüber der GBO nachrangiges Verfahrensrecht handelt. Das dort unterstellte Eingreifen des § 47 GBO in Bezug auf gesamthänderisch gehaltene Immobilienrechte hat, wie erwähnt, durch die Anerkennung der GbR als rechtsfähige Personengesellschaft seine Berechtigung verloren. Andererseits ist es auch nicht möglich, sich zu Gunsten der Grundbuchfähigkeit der GbR auf § 15 Abs. 1 lit. b GBV[861] zu berufen, da die dort in Bezug genommenen Personengesellschaften im Unterschied zur GbR sämtlich über eine Registerpublizität verfügen, auf die das Grundbuchverfahren sich stützen kann (vgl. § 32 Abs. 2 GBO).[862] Nach allem erweist sich die GBO auf Grund der eingetretenen materiellrechtlichen Rechtsfortbildung als *lückenhaft*, soweit es um die Eintragung von Liegenschaftsrechten einer Außen-GbR geht, und es mag sich deshalb fragen, ob anstelle der Eintragung der GbR als Rechtsinhaberin die Beibehaltung der bisherigen Praxis in *Analogie zu* § 47 GBO geboten ist. Vor dem Hintergrund der eingetretenen Rechtsfortbildung könnte dafür insbesondere die Publizitätsfunktion des Grundbuchs[863] und das Fehlen eines GbR-Registers im Unterschied zum Handels- und Partnerschaftsregister[864] sprechen.

314 Den *Vorzug* verdient gleichwohl – entgegen BayObLG NJW 2003, 70, 72 und der dieser Linie folgenden Mehrzahl der Obergerichte[865] – die Anerkennung der (formellen) **Grundbuchfähigkeit der GbR**, dh. der Gleichklang von materiellem und Verfahrensrecht auch in Bezug auf die Grundbucheintragung.[866] Für sie spricht nicht zuletzt die Entlastung der Grundbuchämter von nicht selten erheblichem, mit der Eintragung der Namen aller Gesellschafter und deren Berichtigung beim Gesellschafterwechsel verbundenem Arbeitsaufwand.[867] Die Publizitätsfunktion des Grundbuchs wird dadurch nicht wesentlich beeinträchtigt. So war schon bisher die Grundbuchfähigkeit einiger Personenverbände trotz feh-

---

[859] Vgl. näher *Ulmer/Steffek* NJW 2002, 330, 331; so der Sache nach auch die in Fn. 867 genannten Autoren; offen lassend *K. Schmidt* GesR § 60 II 1.

[860] Er lautet: „Steht das Eigentum oder ein beschränktes dingliches Recht nach dem Inhalt des Grundbuchs den Mitgliedern einer Gesellschaft bürgerlichen Rechts zur gesamten Hand zu und wird diese Gesellschaft bürgerlichen Rechts eine Handels- oder Partnerschaftsgesellschaft, so ist das Grundbuch auf Antrag zu berichtigen, indem die Handelsgesellschaft oder die Partnerschaft als Eigentümerin oder Inhaberin des Rechts eingetragen wird."

[861] Er lautet: „Zur Bezeichnung des Berechtigten im Grundbuch sind anzugeben: a) ... b) bei juristischen Personen, Handels- und Partnerschaftsgesellschaften der Name oder die Firma und der Sitz".

[862] So zutr. statt aller BayObLG ZIP 2002, 2175, 2176; aA *Leipold*, FS Canaris, Bd. II, 2007, S. 221, 231 f.

[863] Dazu näher *Demharter* Einl. RdNr. 1 und Anh. § 13 mN der Rspr.; KEHE/*Dümig* 6. Aufl. 2006, Einl. RdNr. A 7; *Schöner/Stöber* RdNr. 2 und 336; *Ulmer/Steffek* NJW 2002, 333 f.

[864] So insbes. BayObLG NJW 2003, 70, 72; im Ansatz auch *K. Schmidt* GesR § 60 II 1.

[865] So BayObLG ZIP 2004, 2375; OLG Celle NJW 2006, 2194, 2195; OLG München DB 2005, 1621, 1622; OLG Schleswig NJW 2008, 306 f.; aA mit guten Gründen aber OLG Stuttgart NJW 2007, 304, 305; KG ZIP 2008, 1178, 1179 f. (BGH-Vorlage nach § 79 Abs. 2 S. 1 GBO); bisher offen lassend BGH NJW 2004, 3632, 3634; NJW 2006, 3716; NJW 2008, 1378, 1379.

[866] Eingehend *Ulmer/Steffek* NJW 2002, 330, 334 ff.; so im Grundbuchrecht auch *Demuth* BB 2002, 1555, 1556; *Dümig* Rpfleger 2002, 53, 59; *Eickmann* ZfIR 2001, 433, 435 ff.; *Hess* ZZP 117 (2004), 267, 299 f.; *Wagner* ZZP 117 (2004), 305, 352 f.; ebenso aus zivil- und gesellschaftsrechtlicher Sicht *Hadding* ZGR 2001, 712, 724 f.; *Kirberger*, FS Leser, 1999, S. 219, 233 f.; *Pohlmann* WM 2002, 1421, 1430; *Ott* NJW 2003, 1223; *Bamberger/Roth/Timm/Schöne* RdNr. 145; *G. Wagner* ZIP 2005, 637, 643 f.; *M. Wolf*, FS Canaris, Bd. I, 2007, S. 1313, 1317; *Bielicke* Rpfleger 2007, 441; *Böttcher/Blasche* NZG 2007, 121, 122 ff.; *Kesseler* ZIP 2007, 421, 422 ff.; *Tavakoli/Fehrenbacher* DB 2007, 382, 383 ff.; zuvor auch schon *Breuninger*, Die BGB-Gesellschaft als Rechtssubjekt im Wirtschaftsverkehr, 1991, S. 84 f.; *Timm* NJW 1995, 3209, 3214. Gegenansichten vgl. in Fn. 873.

[867] Vgl. nur den Fall LG Stuttgart NJW-RR 1999, 743; dazu *Ulmer/Steffek* NJW 2002, 330 f.

lender Registerpublizität anerkannt, darunter neben der Vor-GmbH auch diejenige der Vor-OHG und der Vor-KG, ohne dass sich daraus spürbare Nachteile für den Rechtsverkehr ergaben.[868] Vor allem aber kann dem Bedürfnis des Rechtsverkehrs nach Kenntnis von Gesellschafterkreis und Vertretungsverhältnissen der GbR im Grundbuchverfahren auch dadurch Rechnung getragen werden, dass die Grundbuchämter zum Zwecke der Identifizierung der GbR die Grundbucheintragung von der Vorlage einer der Form des § 29 Abs. 1 S. 1 GBO genügenden *Gesellschafterliste* abhängig machen und darüber hinaus einen *Nachweis der Vertretungsverhältnisse* in dieser Form verlangen. Der Rechtsverkehr kann auf diese in den Grundbuchakten enthaltenen Informationen mittels des Einsichtsrechts gemäß § 12 Abs. 1 S. 1 GBO zugreifen; es erstreckt sich gemäß § 46 GBV auf den gesamten *Bestand der Grundbuchakten*. Auf diese Weise wird jedenfalls für den Zeitpunkt der Eintragung zugleich dem (ungeschriebenen) Bestimmtheitsgrundsatz des Grundbuchrechts Rechnung getragen,[869] wonach Verwechslungen der im Grundbuch eingetragenen Berechtigten ausgeschlossen und deren sofortige Bestimmtheit im Unterschied zur bloßen späteren Bestimmbarkeit gewährleistet sein müssen.[870] Auch die materiellrechtlichen Eintragungswirkungen und die Reichweite des aus § 892 folgenden Gutglaubensschutzes werden durch die Grundbuchfähigkeit der rechtsfähigen GbR nicht nachteilig beeinflusst.[871]

Den Befürwortern eines Festhaltens an der bisherigen Praxis ist zwar zuzugeben, dass die Grundbucheintragung der GbR unter dem **Fehlen einer komplementären Registereintragung** dieser Rechtsform leidet.[872] Dieser Mangel beruht indessen nicht auf der Anerkennung der Grundbuchfähigkeit der GbR, sondern ist Ausfluss der Entscheidung des Gesetzgebers gegen ein GbR-Register. Dass er bereits der hergebrachten Eintragungsart anhaftete, zeigt sich am Beispiel späterer *Veränderungen im Gesellschafterbestand*. Denn weder nach der traditionellen, noch nach der hier vertretenen, neuen Eintragungsmethode besteht insoweit eine gesetzliche Anmeldungspflicht; in Betracht kommt nur eine Richtigstellung außerhalb des Verfahrens nach § 22 GBO.[873] Ähnliches gilt mit Blick auf den *Bestand der Gesellschaft und deren Vertretungsverhältnisse*. Für ihren Nachweis sollte die Form notarieller Beglaubigung gemäß § 29 Abs. 1 S. 1 GBO genügen;[874] anderenfalls würde man jede über Grundbesitz verfügende GbR dem Zwang notarieller Beurkundung des Gesellschaftsvertrags und seiner Änderungen unterwerfen.[875] Eine ins Gewicht fallende Verschlechterung der Publizitätsfunktion des Grundbuchs ist durch Anerkennung der Grundbuchfähigkeit der GbR nach allem nicht zu befürchten.[876] *Für diese Art der Eintragung spricht auch, dass sie in Fällen der „Massen-GbR"* mit bis zu vierstelliger Mitgliederzahl eine gesteigerte Übersichtlichkeit der Grundbucheintragungen bewirkt und dass sie die Ressourcen der Grundbuchämter weniger bindet.[877]

b) Mitgliedschaft in Personenverbänden. Die Fähigkeit der Außen-GbR, Mitglied in **Kapitalgesellschaften** zu werden und an deren Gründung mitzuwirken, ist in der höchstrichterlichen Rechtsprechung schon seit Jahrzehnten anerkannt. Die erste einschlägige Entscheidung aus dem Jahr 1980 betraf die Mitwirkung einer GbR an der Gründung einer GmbH.[878] Der BGH ließ sie zu, allerdings noch unter Hinweis auf § 18 Abs. 2 GmbHG

---

[868] Ausf. dazu (mN) *Ulmer/Steffek* NJW 2002, 334f.
[869] Dazu *Meikel/Ebeling* Vorbem. GBV RdNr. 40; BGH NJW 1981, 176, 177.
[870] S. dazu BGH NJW 1981, 176, 177; BayObLGZ 1981, 391, 393; *Meikel/Ebeling* § 15 GBV RdNr. 1; *Schöner/Stöber* RdNr. 229; *Stöber* MDR 2001, 544, 545.
[871] Näher ausgeführt von *Ulmer/Steffek* NJW 2002, 330, 337f.
[872] An der hergebrachten Eintragung gemäß § 47 GBO wollen daher – mit unterschiedlicher Begründung – weiter festhalten *Demharter* § 19 GBO RdNr. 108; *Schöner/Stöber* RdNr. 240c; *Zöller/Stöber* § 867 ZPO RdNr. 8a; *Meikel/Ebeling* § 15 GBV RdNr. 30a; *Münch* DNotZ 2001, 535; *Heil* NJW 2002, 2158; *Schöpflin* NZG 2003, 117; *Staudinger/Habermeier* Vor § 705 RdNr. 26a; *Wertenbruch* WM 2003, 1785ff.; wohl auch *Erman/Westermann* RdNr. 72.
[873] Dazu *Schöner/Stöber* RdNr. 290f.; *Demharter* § 22 GBO RdNr. 22f.
[874] Dafür überzeugend *Dümig* Rpfleger 2002, 53, 56.
[875] So aber *Demharter* Rpfleger 2001, 329, 330.
[876] So überzeugend auch OLG Stuttgart ZIP 2007, 419, 420f.
[877] LG Stuttgart NJW-RR 1999, 743 = Rpfleger 1999, 272.
[878] Vgl. Nachweise in Fn. 808.

§ 705 317, 318 Abschnitt 8. Titel 16. Gesellschaft

und mit Urteilsgründen, die darauf schließen ließen, dass er letztlich doch die Gesellschafter selbst, wenn auch in ihrer gesamthänderischen Verbundenheit, als Gründer ansah.[879] Auf dieser Linie lag auch noch ein Urteil von 1992 über die Zeichnung und Übernahme von *Aktien* durch ein Konsortium in der Rechtsform der GbR.[880] Erstmals klar betont wurde die Mitgliedstellung der GbR als solcher demgegenüber in einem den Beitritt zu einer **Genossenschaft** betreffenden Beschluss von 1991;[881] zu Recht hob der BGH hervor, dass der GbR unabhängig von ihrer Mitgliederzahl nur *eine* Stimme in der Genossenschaft zusteht und dass die Voraussetzungen zum Erwerb der Mitgliedschaft, darunter insbesondere der Betrieb des genossenschaftlich zu fördernden Unternehmens, bei der GbR und nicht etwa bei ihren Gesellschaftern vorliegen müssen.

317 Die Fähigkeit einer Außen-GbR zur Beteiligung an einer **Personengesellschaft** bejahte der BGH erstmals 1997 in Bezug auf eine *andere GbR*;[882] zu Recht sah er insoweit keine Publizitätsprobleme. Die Frage fehlender Registerpublizität der GbR stellte sich dann allerdings im Jahr 2001, als der BGH auf Vorlage des BayObLG[883] über die *Kommanditisten-Fähigkeit* einer Außen-GbR zu entscheiden hatte. Abweichend von seiner früheren Rechtsprechung[884] bejahte er sie im Einklang mit einer sich seit den letzten 20 Jahren deutlich im Vordringen befindenden Ansicht der Literatur,[885] wobei er davon ausging, dass die auf der fehlenden GbR-Registrierung beruhende Publizitätslücke durch analoge Anwendung der nach §§ 106 Abs. 2, 162 Abs. 1 HGB für Kommanditisten bestehenden Eintragungspflicht im Handelsregister auf die GbR-Gesellschafter zu schließen sei;[886] dem ist der Gesetzgeber inzwischen durch Einfügung des § 162 Abs. 1 S. 2 nF HGB gefolgt.[887] Noch nicht höchstrichterlich entschieden wurde über die Fähigkeit der GbR, *persönlich haftende Gesellschafterin* einer OHG oder KG zu werden.[888] Gegen ihre Bejahung spricht zwar nicht die damit verbundene unbeschränkte Haftung auch der GbR-Gesellschafter persönlich (zu ihrer höchstrichterlichen Anerkennung seit 2001 vgl. § 714 RdNr. 4 ff., 33 f.), wohl aber das durch die Anmeldepflicht nach §§ 106 Abs. 2 Nr. 4, 107 HGB abgesicherte vorrangige Interesse des Rechtsverkehrs an Klarheit über die Vertretungsverhältnisse in einer OHG oder KG. Ein Analogieschluss zu diesen Vorschriften wie im Fall der Beteiligung der GbR als Kommanditistin ist zwar nicht ausgeschlossen,[889] führt aber zur Gefahr von Unklarheiten für den Rechtsverkehr.

III. Parteifähigkeit im Zivilprozess

318 **1. Grundlagen.** Die aktive und passive Parteifähigkeit der Außen-GbR im Zivilprozess bejahte der BGH – unter Berufung auf § 50 Abs. 1 ZPO als aus seiner Sicht logische Folge

---

[879] BGHZ 78, 311, 313 = NJW 1981, 682; dazu krit. *Ulmer* AcP 198 (1998), 113, 146 f.; ebenso schon *U. Koch* ZHR 146 (1982), 130.
[880] BGHZ 118, 89, 99 = NJW 1992, 2222.
[881] BGHZ 116, 86, 88 ff. = NJW 1992, 499; so dann auch OLG Brandenburg ZIP 2006, 1733 (LS).
[882] BGH NJW 1998, 376; vgl. RdNr. 79, 300.
[883] BayObLG ZIP 2000, 2165.
[884] BGHZ 46, 291, 296 = NJW 1967, 826; BGH WM 1966, 188, 190; 1986, 1280; 1990, 586, 587; offen lassend BFH (Großer Senat) DB 1991, 889, 891 ff., 894.
[885] So *Schlegelberger/K. Schmidt* § 105 HGB RdNr. 71; *Soergel/Hadding* § 718 RdNr. 6; *Breuninger* (Fn. 866) S. 64 ff., 71; *Brodersen*, Die Beteiligung der BGB-Gesellschaft an den Handelsgesellschaften, 1988, S. 15 ff., 109 ff.; *Klamroth* BB 1983, 796 ff.; *K. Schmidt* DB 1990, 94 f.; so jetzt auch *Baumbach/Hopt* § 161 HGB RdNr. 4 iVm. § 105 RdNr. 28; aA noch *Staub/Ulmer* § 105 HGB RdNr. 96; *Hohner* NJW 1975, 718 f.; offen lassend *Westermann* Hdb. RdNr. I 166.
[886] BGHZ 148, 291, 293 ff. = NJW 2001, 3121; dazu *Baumann* JZ 2002, 402 ff.; *Ulmer* ZIP 2001, 1714 ff.
[887] Eingefügt (auch für die Fachwelt überraschend) durch Art. 1 ERJuKoG vom 10. 12. 2001, BGBl. I S. 3422.
[888] Dafür MünchKommHGB/*K. Schmidt* § 105 RdNr. 96, 98; *Erman/Westermann* RdNr. 21; *Brodersen* (Fn. 885) S. 98 ff.; *Steinbeck* DStR 2001, 1162, 1164 f.; *Weipert*, FS Bezzenberger, 2000, S. 439 ff.; so auch LG Berlin GmbHR 2003, 719, 721; wohl auch *Staudinger/Habermeier* RdNr. 28; aA bisher hM, vgl. *Staub/Ulmer* § 105 HGB RdNr. 97 mwN.
[889] So im Grundsatz zutr. LG Berlin GmbHR 2003, 719, 721.

Inhalt des Gesellschaftsvertrags **319 § 705**

der Anerkennung der Rechtsfähigkeit der GbR[890] – ebenfalls im **Grundsatzurteil vom 29. 1. 2001**.[891] Auch wenn für den Schluss von der Rechtsfähigkeit auf die Parteifähigkeit gute Gründe sprechen (vgl. RdNr. 319), erscheint die damit verbundene *Rechtsfortbildung* doch ungleich gewichtiger als diejenige bei Anerkennung ihrer Rechtsfähigkeit. Sie setzt sich nicht nur über die Sondervorschrift des § 50 Abs. 2 ZPO betreffend die (nur) passive Parteifähigkeit des nichtrechtsfähigen Vereins und über den insoweit nahe liegenden Umkehrschluss mit Blick auf die GbR hinweg, sondern auch über die von der fehlenden Parteifähigkeit der GbR ausgehende Vollstreckungsvorschrift des § 736 ZPO.[892] Ob sie noch als *praeter* legem oder doch schon als *contra* legem zu qualifizieren ist, erscheint zweifelhaft.[893] Dementsprechend hatte sich in der gesellschaftsrechtlichen Literatur vor dem Grundsatzurteil von 2001 auch nur eine Minderheit für die Parteifähigkeit der GbR ausgesprochen.[894] Das galt erst recht für das prozessrechtliche Schrifttum, das die Parteifähigkeit der GbR nahezu durchweg ablehnte,[895] während sich nur vereinzelte Stimmen zu Gunsten dieser Ansicht fanden.[896]

Gleichwohl ist auch diese Rechtsfortbildung in den Rezensionen des BGH-Urteils von **319** 2001 ganz überwiegend auf *Zustimmung* gestoßen.[897] Für sie sprechen die erheblichen **Vorteile**, die die Anerkennung der Parteifähigkeit der GbR im Vergleich zum bisher für Gesamthandsprozesse praktizierten Streitgenossenschaftsmodell[898] für die forensische Praxis mit sich bringt.[899] Das gilt vor allem in Bezug auf die Kompetenz der geschäftsführenden Gesellschafter, die Außen-GbR in Aktiv- und Passivprozessen zu vertreten und dadurch für ein einheitliches, den Organstrukturen der GbR entsprechendes prozessuales Vorgehen zu sorgen, während nach bisherigem Recht die einzelnen Gesellschafter als Kläger oder Beklagte trotz der zwischen ihnen bestehenden notwendigen Streitgenossenschaft nicht gehindert waren, in Bezug auf Prozesshandlungen, Parteivortrag und Rechtsmittel je eigenständig zu disponieren.[900] Auch die im Rahmen der Streitgenossenschaftslösung bestehende Notwendigkeit, als Kläger bzw. Beklagte grundsätzlich sämtliche Gesellschafter anzuführen, und die hieraus für Gesellschaftsgläubiger mangels Registerpublizität der GbR resultierenden Schwierigkeiten sind infolge der Parteifähigkeit der unter eigenem Namen auftretenden GbR entfallen.[901] Schließlich erledigen sich dank der Rechtsfortbildung auch die bisher mit einem Gesellschafterwechsel bei der GbR während des Vollstreckungsverfahrens verbunde-

---

[890] BGHZ 146, 341, 347 f. = NJW 2001, 1056; dazu krit. unter zutr. Hinweis auf die abw. Bedeutung des Begriffs „rechtsfähig" in § 50 Abs. 1 ZPO *Prütting*, FS Wiedemann, 2002, S. 1177, 1187 f.

[891] BGHZ 146, 341, 348 bis 357; so dann auch BGHZ 151, 204 = NJW 2002, 3539; BGH NJW 2002, 1207 (jeweils II. ZS); NJW 2003, 1043, 1044 (XII. ZS); NJW 2008, 1378, 1379 (V. ZS); OLG Karlsruhe NJW 2001, 1072; aA noch BGHZ 80, 222, 227 = NJW 1981, 9153, 1954; BGH ZIP 1990, 715, 716; NJW 1997, 1236; 2000, 291, 292.

[892] So zutr. insbes. *Prütting*, FS Wiedemann, 2002, S. 1177, 1187 ff.; BAG NZG 2005, 264 f.

[893] Vgl. *Ulmer* ZIP 2001, 585, 591; eine Rechtsfortbildung contra legem nimmt *Prütting*, FS Wiedemann, 2002, S. 1177, 1193, 1195 an; aA *Kellermann*, FS Wiedemann, 2002, S. 1069, 1077 und schon *Hüffer*, FS Stimpel, 1985, S. 165, 177.

[894] So *Soergel/Hadding* § 714 RdNr. 52; *Breuninger* (Fn. 866) S. 85; *Hüffer*, FS Stimpel, 1985, S. 177 ff.; *Schünemann* (Fn. 797) S. 212; *Wiedemann* WM 1994, Beilage 4 S. 9; für die unternehmenstragende GbR auch *K. Schmidt* GesR, 3. Aufl. 1997, § 60 IV 1 c; aA die bis dahin hM, vgl. 3. Aufl. § 718 RdNr. 42 f. mN in Fn. 67.

[895] Vgl. insbes. *Heller*, Der Zivilprozess der Gesellschaft bürgerlichen Rechts, 1992, S. 84 ff.; *Lücke* ZGR 1994, 266 ff.; sowie die umfassenden Nachweise bei *Prütting*, FS Wiedemann, 2002, S. 1177, 1192 Fn. 40.

[896] So MünchKommZPO/*Lindacher* (2. Aufl.) § 50 RdNr. 26; *Musielak/Weth* § 50 ZPO RdNr. 22.

[897] Vgl. nur *Dauner-Lieb* DStR 2001, 356, 358; *Derleder* BB 2001, 2485, 2487 f.; *Habersack* BB 2001, 477, 480; *Hadding* ZGR 2001, 712, 729 ff.; *Pohlmann* WM 2002, 1421 ff.; *K. Schmidt* NJW 2001, 993, 999 f.; *Ulmer* ZIP 2001, 585, 590 f.; *Westermann* NZG 2001, 289, 292 f.; *Wiedemann* JZ 2001, 661 f.; *Rosenberg/Schwab/Gottwald* Zivilprozessrecht § 43 RdNr. 18; MünchKommZPO/*Lindacher* (3. Aufl.) § 50 RdNr. 26; aA auch neuerdings noch Stein/Jonas/*Bork* (22. Aufl.) § 50 ZPO RdNr. 23 ff.; *Schilken* ZPR 5. Aufl. RdNr. 263; *Prütting*, FS Wiedemann, 2002, S. 1177, 1192 ff.; *Stürner* JZ 2002, 1108, 1109 f.; *Jauernig* Zivilprozessrecht § 19 II.

[898] Vgl. näher 3. Aufl. § 718 RdNr. 45 ff. sowie die Nachweise zur früheren BGH-Rspr. in Fn. 892 (unter aA).

[899] Dazu eingehend BGHZ 146, 348 = NJW 2001, 1056.

[900] BGHZ 146, 348 f. = NJW 2001, 1056.

[901] So zutr. BGHZ 146, 350 f. = NJW 2001, 1056.

§ 705 320, 321   Abschnitt 8. Titel 16. Gesellschaft

nen Probleme: die Rolle der GbR als Prozesspartei oder Vollstreckungsgläubiger bzw. -schuldner bleibt von derartigen Veränderungen unberührt, ohne dass es hierzu des Rückgriffs auf §§ 239, 241, 246 ZPO bzw. §§ 265, 325, 727 ZPO bedarf.[902]

320 Die herausgehobene prozessuale Stellung, die der Außen-GbR als Prozesspartei und Vollstreckungsbeteiligte zukommt, macht freilich die **Abgrenzung der rechts- und parteifähigen GbR** gegenüber sonstigen, nicht über die erforderlichen Identifizierungsmerkmale verfügenden GbR-Gesamthandsgemeinschaften umso dringlicher.[903] Das sieht wohl auch der BGH, wenn er auf die Schwierigkeit hinweist, eine GbR im Prozess so klar zu bezeichnen, dass dem Prozessgericht die ihm kraft Amtes (§ 56 Abs. 1 ZPO) obliegende eindeutige Identifizierung möglich ist,[904] freilich ohne auf die insoweit zu fordernden Kriterien näher einzugehen. Orientiert man sich aus den oben (RdNr. 306) genannten Gründen an dem Erfordernis einer eigenen *Identitätsausstattung* (Name und Sitz, Handlungsorganisation und Haftungsverfassung) der Außen-GbR für die Anerkennung ihrer Rechts- und vor allem ihrer Parteifähigkeit, so lassen sich die insoweit mangels Registerpublizität zu erwartenden praktischen Schwierigkeiten zumindest reduzieren. Fehlt es an dieser Identitätsausstattung oder ist sie für die Gesellschaftsgläubiger nicht erkennbar, so bleibt im Fall von Gesellschaften mit Gesamthandsvermögen immer noch der Rückgriff auf den Gesamthandsschuldprozess gegen alle Gesellschafter als notwendige Streitgenossen; einem begründeten Hinweis der Beklagten auf die Parteifähigkeit ihrer GbR kann durch *Parteiwechsel* iS einer sachdienlichen Klageänderung (§ 263 ZPO) Rechnung getragen werden.[905]

321 **2. Folgerungen.** Liegen die Voraussetzungen für die Parteifähigkeit der Außen-GbR vor, so ist sie, vertreten durch ihre Geschäftsführer, die richtige Klägerin oder Beklagte in Bezug auf die gesamthänderischen Rechte und Verbindlichkeiten.[906] Eine Klage aller oder gegen alle Gesellschafter, sei es auch als notwendige Streitgenossen, ist als unbegründet abzuweisen, sofern dem Mangel nicht durch Parteiwechsel (RdNr. 320) abgeholfen wird. Gläubiger der GbR sind freilich nicht gehindert, unter Berufung auf die akzessorische Haftung der Gesellschafter (§ 714 RdNr. 33 f.) zugleich gegen diese persönlich vorzugehen, um in deren Privatvermögen vollstrecken zu können;[907] die Vollstreckung gegen sie persönlich aus einem gegen die GbR gerichteten Schuldtitel scheidet analog § 129 Abs. 4 HGB aus. Ebenso ist im Fall der Parteifähigkeit der GbR eine Vollstreckung in das Gesellschaftsvermögen auf Grund von Schuldtiteln gegen die Gesellschafter persönlich abzulehnen; das folgt aus analoger Anwendung des § 124 Abs. 2 HGB.[908] Die Vorschrift des § 736 ZPO ist auf Grund der eingetretenen Rechtsfortbildung auf diejenigen Fälle zu reduzieren, in denen Gesellschaftsgläubiger im Wege der Gesamthandsschuldklage einen Titel gegen alle Gesellschafter als notwendige Streitgenossen erstritten haben.[909] Dieser Weg kommt aus den

---

[902] BGHZ 146, 351 = NJW 2001, 1056; *M. Wolf,* FS Canaris, 2007, S. 1313, 1315.
[903] So zu Recht *Prütting,* FS Wiedemann, 2002, S. 1177, 1184, 1191, im Anschluss an *Schemmann,* Parteifähigkeit im Zivilprozess, 2002, S. 27 ff., 31 ff., unter Betonung der „eigenständigen Funktionalität" der Parteifähigkeit im Zivilprozess; ebenso der Sache nach schon *Ulmer* ZIP 2001, 585, 591; tendenziell auch *Hadding* ZGR 2001, 712, 721; aA *Hess* ZZP 117 (2004), 267, 280 f.; *G. Wagner* ZZP 117 (2004), 305, 338.
[904] BGHZ 146, 341, 356. Der sich anschließende Rat (aaO S. 357), in Passivprozessen der GbR auch die Gesellschafter *persönlich* zu verklagen, hilft freilich nicht weiter, soweit es um den Gesamthandsschuldprozess, dh. die Beklagtenstellung der GbR, geht.
[905] Vgl. dazu nur *Zöller/Stephan* § 263 ZPO RdNr. 6; so auch BGH NJW 2002, 3536, 3538 (II. ZS); für bloße Berichtigung des Rubrums BGH BB 2003, 438 (XII. ZS); NJW 2008, 1378, 1380 (V. ZS); OLG Köln NZG 2003, 326; OLG Dresden NZG 2006, 622.
[906] Zu den prozessrechtlichen Folgen von BGHZ 146, 341 eingehend *Derleder* BB 2001, 2485 ff.; *Pohlmann* WM 2002, 1421 ff.; *Hess* ZZP 117 (2004), 267, 277 ff.; *K. Schmidt,* FS Lindacher, 2007, S. 143, 145 ff.; *ders.* NJW 2008, 1841 ff.; *G. Wagner* ZZP 117 (2004), 305, 317 ff., 337 ff. Für Parteifähigkeit der GbR auch bei Einklagung von Sozialansprüchen zu Recht *K. Schmidt* DB 2003, 703 f.
[907] Insoweit zutr. BGHZ 146, 341, 357 = NJW 2001, 1056; vgl. dazu § 718 RdNr. 40 aE.
[908] AA anscheinend (wenig folgerichtig) BGHZ 146, 341, 356 = NJW 2001, 1056.
[909] Ebenso *Hadding* ZGR 2001, 712, 731; *Pohlmann* WM 2002, 1421, 1427; *K. Schmidt* NJW 2001, 993, 1000 f.; *ders.* NJW 2008, 1841, 1843; *Wertenbruch* NJW 2002, 324, 328 f.; *Westermann* NZG 2001, 289, 293 entgegen der früher hM; vgl. dazu auch § 718 RdNr. 44, 57 ff.

vorstehend genannten Gründen künftig nur noch bei fehlender Parteifähigkeit einer mit Gesamthandsvermögen ausgestatteten GbR in Betracht.[910]

IV. Insolvenzfähigkeit

Die Insolvenzfähigkeit einer GbR steht angesichts ihrer ausdrücklichen gesetzlichen Anerkennung in **§ 11 Abs. 2 Nr. 1 InsO** außer Zweifel. Ihre Ablehnung durch die früher hM unter der Geltung der KO ist infolge der Neuregelung überholt. Entscheidend für die Möglichkeit, ein Insolvenzverfahren für die GbR zu eröffnen, ist im Unterschied zur Anerkennung der Rechts- und Parteifähigkeit nicht das Vorhandensein einer besonderen, zur Teilnahme am Rechtsverkehr geeigneten Identitätsausstattung der GbR (vgl. dazu RdNr. 306), sondern das Vorhandensein eines *Gesamthandsvermögens*.[911] Das folgt aus der Regelung des § 11 Abs. 2 Nr. 2 InsO, die ein Insolvenzverfahren auch für Gesamthandsvermögen ohne Rechtsfähigkeit (Nachlass) nach näherer Maßgabe der §§ 315 ff. InsO zulässt. Zu den mit der GbR-Insolvenz verbundenen Rechtsfolgen und Verfahrensfragen sei auf die InsO-Kommentare und auf das einschlägige sonstige Schrifttum verwiesen.[912]

F. Die fehlerhafte Gesellschaft

I. Grundlagen

1. Herkunft und Entwicklung. Die Rechtsfigur der fehlerhaften, auf einem nichtigen oder anfechtbaren Gesellschaftsvertrag beruhenden Gesellschaft ist in der Rechtsprechung des Reichsgerichts ursprünglich für das Recht der **Kapitalgesellschaften** entwickelt worden.[913] Sie sollte dazu dienen, im Interesse des Rechtsverkehrs den Bestand und die Kapitalgrundlage der durch Eintragung ins Leben getretenen juristischen Person trotz fehlerhafter Gründungs- oder Beitrittsvereinbarungen im Interesse des Rechtsverkehrs zu sichern. In den entsprechenden, durch die EG-Rechtsangleichung modifizierten **Nichtigkeitsvorschriften** (§§ 275 bis 277 AktG, 75 bis 77 GmbHG) hat sie seit langem ihren ausdrücklichen gesetzlichen Niederschlag gefunden. Nach zutreffender Ansicht[914] sind auch die auf den Bestandsschutz für eingetragene Verschmelzungen zielende Norm des **§ 20 Abs. 2 UmwG** 1994 und die Vorläuferbestimmung des § 352a AktG Ausdruck dieser Rechtsfigur. Sie enthalten ebenfalls eine Kodifizierung der Lehre von der fehlerhaften Gesellschaft, die zudem über den engeren Bereich des Kapitalgesellschaftsrechts hinausgeht (zu den möglichen Rechtsformen des übernehmenden und des neuen Rechtsträgers im Zuge der Verschmelzung vgl. § 3 Abs. 1 UmwG).

Für das Recht der **Personengesellschaften** beschränkte sich das **Reichsgericht** ursprünglich darauf, die *rückwirkende Geltendmachung* von Gründungs- oder Beitrittsmängeln mit Wirkung für das Außenverhältnis auszuschließen.[915] Ausschlaggebend waren dabei in erster Linie Rechtsscheingrundsätze; das zeigt die entweder an die Handelsregistereintragung des fehlerhaft Beigetretenen[916] oder an sein Auftreten als Gesellschafter[917] anknüpfende

---

[910] So auch *Habersack* BB 2001, 477, 481; *Hadding* ZGR 2001, 712, 784; *Scholz* NZG 2002, 153, 163. Eingehend *Leipold*, FS Canaris, Bd. II, 2007, S. 221, 235 ff. Großzügiger, wenn auch den Übergangsaspekt betonend, *K. Schmidt,* FS Lindauer, 2007, S. 143, 150 f. AA (für alternatives Vorgehen) BGH NJW 2004, 3632, 3634 und BGH NZG 2007, 140, 141.
[911] Zweifelnd unter Hinweis auf die ggf. damit verbundene Benachteiligung gemeinschaftlicher, nicht mit der GbR als solcher kontrahierender Gläubiger der Gesellschafter *Häsemeyer,* Insolvenzrecht, 4. Aufl. 2007, RdNr. 91.70.
[912] Vgl. insbes. *Hans-Fr. Müller,* Der Verband in der Insolvenz, 2002, S. 48 ff., 322 ff., 392 ff.; dazu auch *Häsemeyer* (Fn. 912) RdNr. 31.70 ff.; *K. Schmidt* ZGR 1998, 633 ff.; *Wellkamp* KTS 2000, 331 ff.
[913] Nachweise und Übersicht bei *Wiedemann* GesR I § 3 I 2a, S. 148 f.
[914] So eingehend *C. Schäfer,* Die Lehre vom fehlerhaften Verband, 2002, S. 182 ff. mN zum Meinungsstand.
[915] Vgl. *Staub/Ulmer* § 105 HGB RdNr. 332 mN.
[916] So als Haftungsgrund analog § 28 HGB für Altschulden.
[917] So mit Haftungsfolge entsprechend §§ 123 Abs. 2, 128 HGB.

Rechtsprechung.[918] Erst in den letzten Jahren seines Bestehens ging das Reichsgericht generell dazu über, den fehlerhaft zu Stande gekommenen Gesellschaftsvertrag nach dessen Invollzugsetzung grundsätzlich *nach außen und innen als wirksam* zu behandeln und Gesellschafter, die sich auf den Mangel beriefen, auf den Weg der einseitigen Auflösung (§§ 723 Abs. 1 S. 2 BGB, 133 HGB) zu verweisen.[919] Dadurch sollte neben dem Verkehrsschutz zu Gunsten Dritter dem ebenfalls als rechtserheblich angesehenen Bestandsschutzinteresse der Gesellschafter Rechnung getragen und die rückwirkende Abwicklung fehlerhafter Gesellschaften vermieden werden. Etwa gleichzeitig kam es in der *Literatur* zu einem ersten, heute überholten Begründungsversuch, der sich auf die Theorie der „faktischen Vertragsverhältnisse" stützte.[920]

325 Der **BGH** hat diese Rechtsprechung mit gewissen Modifikationen[921] und Verfeinerungen[922] in einer Vielzahl von Entscheidungen fortgeführt und weiter ausgebaut.[923] Nach nicht nur vereinzelt vertretener Ansicht[924] soll sie in ihrem Kernbestand inzwischen sogar den Rang von Gewohnheitsrecht erlangt haben. Auch wenn man dem im Grundsatz folgen wollte, schließt das freilich nicht aus, dass sowohl über eine Reihe von Einzelfragen als auch und vor allem über die dogmatische Begründung der Lehre von der fehlerhaften Gesellschaft bis heute nicht unerhebliche Meinungsunterschiede fortbestehen.[925]

326 **2. Voraussetzungen.** Die Anwendung der Grundsätze über die fehlerhafte Gesellschaft hängt für den Fall von **Gründungsmängeln** von zwei positiven und einer negativen Voraussetzung ab, d.h. einem fehlerhaften Vertragsschluss (RdNr. 327 ff.), dessen Vollzug (RdNr. 331) sowie dem Fehlen besonders schutzwürdiger Interessen (RdNr. 332 ff.). Umstritten ist, ob die gleichen Grundsätze auch für **fehlerhafte Vertragsänderungen** einschließlich des Gesellschafterwechsels (Beitritt und Ausscheiden) Geltung beanspruchen können, oder ob es insoweit gewisser Modifikationen bedarf (RdNr. 360 ff.).

326a Hervorzuheben ist auch die Nähe der LfG zu den Erscheinungsformen und Rechtsproblemen der **fehlerhaften Bestellung gekorener Organwalter** und deren fehlerhafter

---

[918] RGZ 51, 33, 36 f.; 76, 439, 441; 89, 97, 98; 93, 227, 229; 142, 98, 107 (st. Rspr.). Dazu krit. *Canaris*, Die Vertrauenshaftung im deutschen Privatrecht, 1971, S. 175 ff.

[919] So die Grundsatzentscheidung RGZ 165, 193, 204 f.; zuvor schon RG JW 1935, 2617 zur Abfindung des fehlerhaft Beigetretenen nach § 738. Vgl. näher zur RG-Rspr. *Ronke*, FS Laufke, 1971, S. 217 ff.

[920] Vgl. die Nachweise in Fn. 2 (*Haupt, Siebert, Simitis*). Krit. dazu statt aller *Staub/Ulmer* § 105 HGB RdNr. 333 a; *Hueck* OHG § 7 Fn. 6; *Soergel/Hadding* RdNr. 70, 85; *K. Schmidt* AcP 186 (1986), 421, 422 f. Einschränkend später auch *Siebert*, Faktische Vertragsverhältnisse, 1958, S. 56 ff. Überblick zu dieser Diskussionsphase bei *Lambrecht*, Die Lehre von den faktischen Vertragsverhältnissen, 1994, S. 70 ff., 125 ff.

[921] Zusammenstellung bei *Rob. Fischer* in Großkomm. zum HGB § 105 Anm. 73.

[922] So namentlich durch terminologischen Übergang von der „faktischen" zur „fehlerhaften" Gesellschaft seit BGH LM HGB § 105 Nr. 19 = BB 1964, 619.

[923] Vgl. namentlich BGHZ 3, 285 = NJW 1952, 97 (Auflösung einer fehlerhaften Gesellschaft); BGHZ 8, 157 = NJW 1953, 818 (Anwendung der Lehre auf die atypische stille Gesellschaft); BGHZ 11, 190 = NJW 1954, 231 (Erfordernis eines wenn auch fehlerhaften Gesellschaftsvertrags); BGHZ 17, 160 = NJW 1955, 1067 (fehlerhafter Beitritt eines Minderjährigen); BGHZ 26, 330 = NJW 1958, 668 (Einlageverpflichtung des fehlerhaft Beigetretenen); BGHZ 44, 235 = NJW 1966, 107 (Haftung des fehlerhaft Beigetretenen für Altschulden trotz zwischenzeitlichen Ausscheidens); BGHZ 55, 5 = NJW 1971, 375 (Anwendung auf die typische stille Gesellschaft); BGHZ 62, 20 = NJW 1974, 498 (fehlerhafte Vertragsänderung); BGHZ 62, 234 = NJW 1974, 1201 (Nichtanwendung bei verbotenem Gesellschaftszweck, § 134); BGH NJW 2005, 1784, 1785 (Bestätigung der Anwendung auf stille Gesellschaft); BGH ZIP 2008, 1018, 1019 (dem HaustürWG unterlieg. Beitritt zu geschloss. Immobilienfonds). – Zu den Besonderheiten bei der Publikums-KG oder -GbR mit Blick auf die Anwendung der LfG vgl. auch BGHZ 63, 338, 344 f. = NJW 1975, 1022, BGH LM HGB § 132 Nr. 4 = NJW 1975, 1700 und BGH NJW 1976, 894 (jeweils Anerkennung eines außerordentlichen Kündigungsrechts des durch arglistige Täuschung zum Beitritt veranlassten Anlegers). Zusammenfassende Rspr.-Übersicht bei *Goette* DStR 1996, 266 ff. und *C. Schäfer* ZHR 170 (2006), 373 ff. (betr. die Vereinbarkeit der LfG mit der Anerkennung von Schadensersatzansprüchen getäuschter Anleger im Fall stiller Gesellschaften, dazu auch RdNr. 359 a).

[924] *Gursky*, Das fehlerhafte Ausscheiden eines Gesellschafters aus einer Personalgesellschaft, Diss. Köln 1969, S. 10 ff.; *Lieberich*, Fehlerhafte Abänderungen des Gesellschaftsvertrages bei Personenhandelsgesellschaften, Diss. Bonn 1972, S. 34 ff.; *Hartmann*, FS Schiedermair, 1976, S. 257, 259.

[925] Vgl. dazu umfassend *C. Schäfer* (Fn. 914) S. 137 ff.; *Kort*, Bestandsschutz fehlerhafter Strukturänderungen im Kapitalgesellschaftsrecht, 1998, S. 5 ff.; näher RdNr. 347 ff. und *Wiedemann* GesR II § 2 V.

Abberufung, und dies nicht nur im Recht der Kapital-, sondern auch der Personengesellschaften. Auf sie ist im neueren Schrifttum zutreffend wiederholt hingewiesen worden.[926] Wie bei der fehlerhaften Gesellschaft kommt es auch hier neben dem fehlerhaften Bestellungs- oder Abberufungsakt auf dessen jeweiligen Vollzug an. Auch bedarf es zur Geltendmachung des Fehlers eines Aktes der formalen Kundgabe, also des Widerrufs der Bestellung seitens des zuständigen Gesellschaftsorgan oder Amtsniederlegung seitens des Organwalters. Wegen der Einzelheiten sei auf das in Fn. 926 angeführte Spezialschrifttum verwiesen.

a) Fehlerhafter Vertragsschluss. Erste und grundlegende Voraussetzung ist der von den Beteiligten angestrebte **Abschluss eines Gesellschaftsvertrags** auf Grund von ihnen zurechenbaren – wenn auch fehlerhaften – Willenserklärungen.[927] Die Lehre von der „faktischen" Gesellschaft, die die Anerkennung der Gesellschaft allein an die Tatsache des Zusammenwirkens nach Art von Gesellschaftern knüpfen wollte, ist seit langem überholt. Daher kommt durch eine *Scheingründung* eine fehlerhafte Gesellschaft auch dann nicht zur Entstehung, wenn die Beteiligten nach außen gemeinsam auftreten und ihre „Gesellschaft" zum Schein in Vollzug setzen.[928] Auch das Handeln eines *Vertreters ohne Vertretungsmacht* reicht mangels Zurechenbarkeit gegenüber dem Vertretenen für die Bejahung einer fehlerhaften Gesellschaft mit diesem nicht aus.[929] Die Mitgesellschafter haben nach § 179 Abs. 1 die Wahl, den Vertreter an seiner in fremdem Namen abgegebenen Beitrittserklärung festzuhalten oder ihn auf Schadensersatz in Anspruch zu nehmen und entweder die Gesellschaft unter sich als werbende fortzusetzen oder sie unter Berufung auf den Beitrittsmangel zur Auflösung zu bringen.

Der Vertragsabschluss muss zweitens an Mängeln leiden, die seinem Wirksamwerden nach allgemeinen Rechtsgeschäftsgrundsätzen entgegenstehen.[930] Diese **Vertragsmängel** lassen sich im Grundsatz in *drei Gruppen* einteilen. Die **erste** und praktisch wichtigste Kategorie bilden die *Anfechtungstatbestände der §§ 119, 123*, dh. die Fälle des auf Irrtum, Täuschung oder Drohung beruhenden, nach allgemeinen Grundsätzen (§ 142) rückwirkend vernichtbaren Vertragsschlusses. In eine **zweite** Gruppe sind die Fälle ursprünglich unwirksamen (nichtigen) Vertragsschlusses zusammenzufassen, darunter *Formnichtigkeit* (§ 125), *Dissens* (§§ 154, 155)[931] oder sonstige dem wirksamen Zustandekommen des Vertrags entgegenstehende Gründe.[932] Die praktische Bedeutung dieser Gruppe ist freilich gering, weil in den Fällen der §§ 125, 154, 155 die Bewirkung der formnichtig versprochenen Einlageleistung oder der sonstige, in Kenntnis des Mangels erfolgende Vertragsvollzug nicht selten zur Heilung des Formmangels oder zur Bestätigung des Rechtsgeschäfts führt,[933] während bei einer durch den verbots- oder sittenwidrigen Gesellschaftszweck bedingten Nichtigkeit (§§ 134, 138) die rechtliche Anerkennung der Gesellschaft nach zutreffender Ansicht an

---

[926] *C. Schäfer* (Fn. 914) S. 473 ff.; *Schürnbrand* (Fn. 692) S. 267 ff.
[927] Heute einhM, vgl. BGHZ 11, 190, 191 = NJW 1954, 231; *Soergel/Hadding* RdNr. 72; *Staudinger/Habermeier* RdNr. 65; *Staub/Ulmer* § 105 HGB RdNr. 340; *Flume* I/1 § 2 III; *Hueck* OHG § 7, S. 72 f. Zur sachlich überholten – Ansicht der Vertreter der Lehre von der „faktischen" Gesellschaft vgl. Fn. 2, zur Problematik der fehlerhaften Fortsetzung der Gesellschaft mit einem Scheinerben vgl. RdNr. 376.
[928] Zur Scheingesellschaft vgl. RdNr. 377. Sie verwandelt sich freilich dann in eine vollwirksame Gesellschaft, wenn die Geschäftsaufnahme als rechtsgeschäftliche Bestätigung der ursprünglich zum Schein eingegangenen Gesellschaft zu verstehen ist (*Flume* I/1 § 2 III, S. 20).
[929] So zutr. *C. Schäfer* (Fn. 914) S. 208 ff., 211.
[930] Vgl. dazu eingehend *C. Schäfer* (Fn. 914) S. 213 ff.; *Wiesner*, Die Lehre von der fehlerhaften Gesellschaft, 1980, S. 103 ff.
[931] Insofern ist für die Lehre von der fehlerhaften Gesellschaft freilich nur Raum, falls nicht im Vollzug des nach § 154 lückenhaften Vertrags ein einvernehmliches Ingeltungsetzen liegt bzw. falls in der Wertung des § 155 ausnahmsweise ein Wirksamkeitsdefizit begründet ist; dazu näher *C. Schäfer* (Fn. 914) S. 215 f.
[932] Zum Sonderfall des – nach Genehmigungsverweigerung endgültig unwirksamen – Vertragsschlusses unter Mitwirkung eines Vertreters ohne Vertretungsmacht (§ 177), bei dem die Anwendung der Lehre von der fehlerhaften Gesellschaft auf den Vertretenen an der fehlenden Zurechenbarkeit des Vertreterhandelns scheitert, vgl. RdNr. 327 aE.
[933] Vgl. RdNr. 29, 41, 357 u. a.; zur Heilung eines Formmangels (etwa aus §§ 311b Abs. 1 BGB, 15 Abs. 4 GmbHG) namentlich auch *Wiesner* NJW 1984, 95 ff.

übergeordneten Interessen der Allgemeinheit scheitert (RdNr. 334). In die **dritte** Gruppe schließlich fallen Gründungen unter *fehlerhafter Mitwirkung einzelner, besonders schutzwürdiger Personen* (insbesondere Geschäftsunfähige und beschränkt Geschäftsfähige, vgl. Näheres in RdNr. 335 ff.). Dem gesetzlichen Schutz dieser Personen kommt zwar grundsätzlich Vorrang vor der Rechtsfigur der fehlerhaften Gesellschaft zu mit der Folge, dass für den fehlerhaft Beigetretenen vertragliche Bindungen nicht zur Entstehung kommen (RdNr. 337 f.). Für das Verhältnis zwischen den Mitgesellschaftern greifen die Grundsätze über die fehlerhafte Gesellschaft jedoch gleichwohl ein, wenn der Restvertrag sich im Auslegungswege nicht sogar als vollgültig erweisen sollte (RdNr. 339).

329   **Zweifelhaft** ist die Rechtslage in Fällen, in denen ein Verbraucher in einer **Haustürsituation** zum Gesellschaftsbeitritt veranlasst wurde. Folgt man der für den Beitritt zu Publikumsgesellschaften verbreiteten Ansicht, Gesellschaftsverträge trotz ihrer abweichenden Struktur *Verträgen über eine entgeltliche Leistung* iS von § 312 Abs. 1 S. 1 gleichzustellen,[934] so steht die Wirksamkeit des Beitritt in derartigen Fällen unter dem Vorbehalt fristgerechten Widerrufs (§ 355 Abs. 1 S. 1). Nach §§ 357 Abs. 1, 346 ff. hätte das freilich zur Folge, dass der Widerruf zur Rückabwicklung des Beitritts führt (§ 355 RdNr. 32), ggf. verbunden mit der Fehlerhaftigkeit des Gesellschaftsvertrags insgesamt (vgl. dazu RdNr. 339). Gegen eine derartige Rückabwicklung sprechen jedoch die für den fehlerhaften Beitritt zu einer Gesellschaft geltenden Besonderheiten.[935] Die Anwendung der Lehre von der fehlerhaften Gesellschaft führt vielmehr grundsätzlich (nur) zum Recht des an der Haustüre geworbenen Gesellschafters, seine Beteiligung fristlos zu kündigen (RdNr. 345); ein Vorrang des Verbraucherschutzes ist aus BGH-Sicht nicht veranlasst.[936] *Rechtsfolge* dieser gesellschaftsrechtlichen Besonderheit ist es, dass der Kündigende anstelle der Rückgewähr seiner Einlage (§ 357 Abs. 1 iVm. § 346 Abs. 1) nur eine Abfindung nach Maßgabe von § 738 verlangen kann;[937] anderes soll nach umstrittener höchstrichterlicher Rechtsprechung zum Anlagemodell der „Göttinger Gruppe" nur für stille Beteiligungen von Anlegern an einer AG als Inhaber des Handelsgeschäfts gelten (vgl. näher RdNr. 359 a). Diese Rechtsfolge zeigt freilich zugleich, dass mit der Erstreckung des Anwendungsbereichs des § 312 Abs. 1 auf den haustürinitiierten Gesellschaftsbeitritt der Sache nach wenig gewonnen ist. Näher liegt es daher, die Beitrittswerbung in einer Haustürsituation vor dem Wertungshintergrund des § 312 Abs. 1 als wichtigen Grund zu beurteilen, der den Geworbenen innerhalb angemessener Frist zur *fristlosen Kündigung* seiner Beteiligung nach § 723 Abs. 1 S. 2 berechtigt. Entsprechendes gilt bei Widerruf eines Verbraucherkreditvertrags mit Blick auf den damit *finanzierten Beitritt zu einem Immobilienfonds*, wenn Beitritt und Kreditvertrag eine wirtschaftliche Einheit nach Maßgabe von § 358 Abs. 3 S. 3 bilden (vgl. dazu § 358 RdNr. 14, 50 ff.).

330   **Kein** grundlegender, zur künftigen Auflösung der in Vollzug gesetzten Gesellschaft auf Verlangen auch nur eines Gesellschafters führender **Vertragsmangel** ist demgegenüber in denjenigen Fällen gegeben, in denen nur *einzelne Vertragsteile* unwirksam sind, denen für die gemeinsame Verfolgung des Gesellschaftszwecks keine entscheidende Bedeutung zukommt. Das gilt namentlich bei Unvereinbarkeit einzelner Vertragsbestimmungen mit geschriebenem oder ungeschriebenem zwingendem Gesellschaftsrecht[938] oder bei Fehlerhaftigkeit einzelner, für die Gesellschaftsgründung nicht grundlegender Beitrittserklärungen

---

[934] So für den Beitritt zu einer Publikums-Gesellschaft die st. Rspr., vgl. BGHZ 133, 254, 261 f. = NJW 1996, 3414; BGHZ 148, 201, 203 = NJW 2001, 2718; BGH ZIP 2005, 254, 255; 2005, 753, 756; 2005, 1124, 1126; OLG Dresden ZIP 2002, 1293, 1295; OLG Rostock ZIP 2001, 1009, 1010; OLG Köln ZIP 2007, 2212; OLG München NZG 2007, 225; dazu näher § 312 RdNr. 30 mwN.
[935] Eingehend dazu jetzt BGH ZIP 2008, 1018, 1019 ff. in einem Vorlagebeschluss an den EuGH betr. die Vereinbarkeit der LfG-Rechtsfolgen mit Art. 5 Abs. 2 der HaustürW-RL 85/577/EWG; dazu *Goette* DStR 2008, 1103 f.; *Kindler/Libbertz* DStR 2008, 1335 ff.; *C. Schäfer* ZIP 2008, 1022 ff.; vgl. auch *Klaus-R. Wagner* NZG 2008, 447 ff.
[936] So eingehend mit umf. Nachweisen aus Rspr. und Lit. BGH ZIP 2008, 1018, 1019 ff. (Fn. 935).
[937] Vgl. Nachweise in Fn. 934.
[938] Zur Lückenfüllung bei Verstößen gegen zwingendes Recht unter Vermeidung der Fehlerhaftigkeit des Gesellschaftsvertrags als solchen vgl. eingehend *C. Schäfer* (Fn. 914) S. 217 ff.

Inhalt des Gesellschaftsvertrags 331, 332 § 705

oder Einlageverpflichtungen.[939] Von der **Wirksamkeit des Restvertrags** ist insbesondere in denjenigen Fällen auszugehen, in denen der jeweils betroffene Gesellschaftsvertrag eine *salvatorische Klausel* über die Anpassung fehlerhafter Bestimmungen enthält. Aber auch beim Fehlen einer derartigen Klausel wird die Vertragsauslegung abweichend von der Auslegungsregel des § 139 doch meist zum Vorrang des Bestandsinteresses der Gesellschafter führen (RdNr. 52 f.). Die Vertragslücke ist sodann im Wege ergänzender Vertragsauslegung,[940] hilfsweise durch Rückgriff auf dispositives Recht zu schließen. Sollte im Einzelfall einem Gesellschafter das Festhalten an dem solcherart ergänzten Vertrag trotz der Orientierung der Entscheidung am hypothetischen Parteiwillen ausnahmsweise unzumutbar sein, so hat er auch ohne Rückgriff auf die Rechtsfigur der fehlerhaften Gesellschaft einen wichtigen Grund zur außerordentlichen Kündigung.[941]

b) Vollzug. Die zweite Voraussetzung dafür, der Gesellschaft trotz der bestehenden 331 Gründungsmängel Wirksamkeit zuzuerkennen, bildet nach ganz hM das Invollzugsetzen der Gesellschaft, dh. der Beginn der Vertragsdurchführung.[942] Vollzug liegt jedenfalls dann vor, wenn die Gesellschaft mit Zustimmung der Gesellschafter[943] ihre **Tätigkeit nach außen** aufgenommen hat, sei es auch nur im Rahmen von Vorbereitungsgeschäften.[944] Darauf, ob bereits die Handelsregistereintragung als solche ausreicht,[945] kommt es bei der GbR im Unterschied zur OHG und KG nicht an. Entsprechend dem Grundgedanken der Lehre von der fehlerhaften Gesellschaft, einer über das bloße Schuldverhältnis hinaus zur Organisation fortgebildeten Personenverbindung trotz der ihr anhaftenden Vertragsmängel Wirksamkeit zuzuerkennen (str., vgl. RdNr. 347 ff.), kann es für den Vollzug entgegen der hM aber schon ausreichen, wenn mit der Vertragsdurchführung lediglich **intern,** insbesondere durch *Einlageleistung,* begonnen und dadurch liquidationsbedürftiges *Gesamthandsvermögen* begründet worden ist.[946] Wird der Mangel in Fällen dieser Art ausnahmsweise schon vor Geschäftsaufnahme bemerkt und als Auflösungsgrund geltendgemacht, so können die (Sach-)Einlagen, sofern sie in diesem Zeitpunkt noch unverändert vorhanden sind, den Gründern trotz grundsätzlichen Eingreifens der Lehre von der fehlerhaften Gesellschaft in natura zurückerstattet werden.[947] Zur möglichen Heilungswirkung des Vollzugs vgl. RdNr. 357.

c) Kein Vorrang sonstiger schutzwürdiger Interessen. Die Anerkennung voller 332 Wirksamkeit der fehlerhaft zu Stande gekommenen Gesellschaft für die Zeit bis zur Geltend-

---

[939] Vgl. etwa OLG Rostock NZG 2000, 930, 931 sowie RdNr. 41 zur Formnichtigkeit von Einlageversprechen und RdNr. 357 zur Abgrenzung fehlerfreier und fehlerhafter Verträge.
[940] Zu ihrer Bedeutung für die Auslegung von Gesellschaftsverträgen vgl. RdNr. 174 und *C. Schäfer* (Fn. 914) S. 217 ff.
[941] *Ulmer*, FS Flume, 1978, S. 301 ff.
[942] Abw. *Wiesner* (Fn. 930) S. 117 ff. mit der im Ansatz zutr. Überlegung, entscheidend für die fehlerhafte Gesellschaft sei die Bildung von Gesamthandsvermögen (vgl. RdNr. 354, 356), und dieses entstehe in Form der Beitragsansprüche schon mit dem Vertragsschluss. Vgl. dazu *Westermann* Hdb. RdNr. I 185 sowie den folgenden Text.
[943] Auf dieses – aus Gründen der Zurechenbarkeit ihnen gegenüber unverzichtbare – Erfordernis zutr. hinweisend *C. Schäfer* (Fn. 914) S. 252 ff.
[944] Ganz hM, vgl. BGHZ 3, 285, 288 = NJW 1952, 97; RGZ 165, 193, 205; RG DR 1941, 1943, 1944; 1943, 1221; *Soergel/Hadding* RdNr. 75; *Erman/Westermann* RdNr. 79; *Staudinger/Habermeier* RdNr. 66; *C. Schäfer* (Fn. 914) S. 157 ff., 160 f. weitergehend wohl *K. Schmidt* AcP 186 (1986), 441, und GesR § 6 III 1 b, der auf das „Ingangsetzen einer verfassten Organisation" abstellt, damit jedoch kein klareres Abgrenzungskriterium bietet.
[945] So *Hueck* OHG § 7 III 6, S. 98; dagegen aber *Westermann* Hdb. RdNr. I 185 a; *Staub/Ulmer* § 105 HGB RdNr. 343; *C. Schäfer* (Fn. 914) S. 159.
[946] So auch BGHZ 13, 320, 321 = NJW 1954, 1562 und RGZ 166, 51, 59 (für die Vor-GmbH), ferner *Flume* I/1 § 2 III, S. 17 f., *Ulmer*, FS Flume, 1978, S. 311; MünchKommHGB/*K. Schmidt* § 105 RdNr. 236; tendenziell auch *Staudinger/Habermeier* RdNr. 66; *Soergel/Hadding* RdNr. 75. AA *Rob. Fischer* in Großkomm. zum HGB § 105 Anm. 85; *Hueck* OHG § 7 III 6; *Bamberger/Roth/Timm/Schöne* RdNr. 85; *C. Schäfer* (Fn. 914) S. 157 ff.
[947] Für Sacheinlagen lässt sich dieses Ergebnis abw. von § 733 Abs. 2 S. 2 auch bereits durch ergänzende Vertragsauslegung erreichen, ohne dass es deshalb einer Durchbrechung der Grundsätze über die fehlerhafte Gesellschaft bedarf.

machung des Mangels setzt drittens voraus, dass ihr nicht höherrangige rechtlich geschützte Interessen der Allgemeinheit oder besonders schutzwürdiger Personen entgegenstehen. Daher findet die Lehre von der fehlerhaften Gesellschaft findet ihre **Grenze** nach ganz hM im Fall einer Gesamtnichtigkeit des Gesellschaftsvertrags nach §§ 134, 138 sowie beim Eingreifen von Schutzvorschriften zu Gunsten nicht voll Geschäftsfähiger (RdNr. 333 ff.). Zum Sonderfall des § 1365 vgl. RdNr. 341.

333 **aa) Verbotener oder sittenwidriger Gesellschaftszweck.** Die Unvereinbarkeit **einzelner,** nicht unmittelbar den Gesellschaftszweck selbst betreffender **Klauseln** mit §§ 134, 138 steht der rechtlichen Anerkennung der Gesellschaft als solcher nicht entgegen.[948] Sie lässt die **Wirksamkeit des Restvertrags** im Regelfall unberührt und führt lediglich dazu, dass die jeweilige vom Mangel betroffene Klausel – die verbotswidrige Einlageverpflichtung, der sittenwidrige Gewinnverteilungsschlüssel u. a.[949] – unanwendbar ist und die Lücke durch ergänzende Vertragsauslegung oder dispositives Recht geschlossen wird (RdNr. 330). Anderes gilt zwar, wenn der Mangel wegen des ihm nach dem Regelungsplan der Beteiligten zukommenden Gewichts ausnahmsweise die *Fehlerhaftigkeit des ganzen Vertrags* zur Folge hat. Jedoch greift in diesem Fall die Lehre von der fehlerhaften Gesellschaft bezüglich der nicht selbst gesetz- oder sittenwidrigen Vertragsteile ein und sorgt für deren Fortgeltung bis zur Geltendmachung des Mangels.

334 Eine andere Beurteilung ist dann veranlasst, wenn der **Gesellschaftszweck** selbst mit Gesetz oder guten Sitten unvereinbar ist.[950] Die wichtigsten Fälle dieser Art sind dadurch gekennzeichnet, dass die Gesellschaft ein an besondere, im gegebenen Fall *nicht erfüllte gesetzliche Voraussetzungen* des Inhabers (Sachkunde, Konzession u. a.) geknüpftes Unternehmen betreibt[951] oder dass der Hauptzweck der Gesellschaft auf Steuerhinterziehung oä gerichtet ist.[952] Entsprechendes gilt bei einem Gesellschaftsvertrag, der insgesamt gegen eines der *Kartellverbote* des § 1 GWB oder Art. 81 EG verstößt.[953] Eine rechtliche Anerkennung der Gesellschaft als Unternehmensträgerin kommt hier nicht in Frage, will die Rechtsordnung sich nicht mit sich selbst in Widerspruch setzen.[954] Das gilt unabhängig davon, ob den Parteien der Gesetzes- oder Sittenverstoß bewusst war; auf subjektive Kriterien kommt es nicht an.[955]

---

[948] Ganz hM, vgl. BGH LM § 138 (Cd) Nr. 18 = NJW 1970, 1540; WM 1973, 900, 901; DB 1976, 2106; NJW 1982, 877, 879; *Soergel/Hadding* RdNr. 81; *Erman/Westermann* RdNr. 75; *Bamberger/Roth/Timm/Schöne* RdNr. 87; *Staub/Ulmer* 105 HGB RdNr. 341, 355; *Hueck* OHG § 7 III 4 a; *K. Schmidt* AcP 186 (1986), 447. AA jetzt aber OLG Schleswig BKR 2002, 1004, 1008 f.; dazu mit Recht krit. *C. Schäfer* ebd. S. 1011 f.

[949] Kasuistik zu § 138 vgl. in RdNr. 134.

[950] HM, vgl. BGHZ 62, 234, 241 = NJW 1974, 1201; BGHZ 75, 214, 217 = NJW 1980, 638; *Staub/Ulmer* § 105 HGB RdNr. 355; *Hueck* OHG § 7 III 4 a; *Staudinger/Habermeier* RdNr. 68; *Wiesner* (Fn. 930) S. 130; *Paschke* ZHR 155 (1991), 1, 19; *Goette* DStR 1996, 266, 270; jetzt wohl auch *Soergel/Hadding* RdNr. 81; grds. aA MünchKommHGB/*K. Schmidt* § 105 RdNr. 237, 243; *C. Schäfer* (Fn. 615) S. 260 ff. und die in Fn. 954 für die Gegenansicht angeführten Autoren.

[951] Vgl. etwa BGHZ 62, 234, 241 = NJW 1974, 1201 und BGH NJW 2003, 1252, 1254 (Verstoß gegen das RBerG); WM 1967, 229 (Güterfernverkehr ohne Konzession); BGHZ 75, 214, 217 f. = NJW 1980, 638 (stille Beteiligung an Apotheke, die den Apotheker als Erlaubnisinhaber entgegen dem ApothG in persönliche und wirtschaftliche Abhängigkeit bringt); BGHZ 97, 243, 250 = NJW 1987, 65 (Verstoß gegen NRW-BerufsO für öffentlich bestellte Vermessungsingenieure); BGH NJW-RR 1988, 1379 (Bordellbetrieb); OLG Hamm NZG 2001, 747, 748 (Spielhallenbetrieb ohne Konzession).

[952] BGH WM 1973, 156; OLG Koblenz WM 1979, 1436.

[953] So zutr. OLG Hamm WuW/E OLG 3748 = NJW-RR 1986, 1487 und WUW/E OLG 4033 = WRP 1988, 48; OLG Frankfurt WRP 1989, 396, 398; aA *Soergel/Hadding* RdNr. 81; *Staudinger/Habermeier* RdNr. 68; *Bamberger/Roth/Timm/Schöne* RdNr. 87; OLG Stuttgart WuW/E OLG 1083/1090 (Fahrschulverkauf); OLG Düsseldorf WuW DE-R 344, 348 (Innengesellschaft ohne Verbandsstruktur); MünchKommHGB/*K. Schmidt* § 105 RdNr. 237, 243; krit. auch *K. Schmidt* AcP 186 (1986), 421, 446, 448; *ders.,* FS Mestmäcker, 1996, S. 763, 767 ff.; *C. Schäfer* (Fn. 914) S. 264 ff.; *Schwintowski* NJW 1988, 937, 939; *Wertenbruch* FIW-Heft 138, 1990, S. 59 ff.; zum Ganzen *Barth,* Öffentliche Interessen, insbes. kartellrechtliche Interessen, als Grenze der Anerkennung fehlerhafter Gesellschaften, 1994, S. 59 ff.

[954] Zust. *Paschke* ZHR 155 (1991), 1, 19 ff.; aA *K. Schmidt, C. Schäfer, Schwintowski* und *Wertenbruch* (Fn. 953).

[955] AA BGH LM HGB § 105 Nr. 8 = BB 1954, 456 (Geschäftsaufnahme in entschuldbarer Unkenntnis über das Erfordernis einer Konzession); dagegen zu Recht krit. *Siebert* (Fn. 920) S. 63, wohl auch *Hueck* OHG § 7 III 4 a Fn. 66; *Schwintowski* NJW 1988, 937, 939.

Im Innenverhältnis ist die Gesellschaft nach Bereicherungsrecht abzuwickeln, wobei namentlich auch § 817 zu beachten ist. Nach außen können die Beteiligten sich gutgläubigen Dritten gegenüber freilich nicht auf die Nichtigkeit berufen, sondern haften ihnen nach Rechtsscheingrundsätzen.

bb) Fehlerhafte Beteiligung nicht voll Geschäftsfähiger. (1) Grundlagen. Beteiligen sich nicht voll Geschäftsfähige ohne Mitwirkung ihres gesetzlichen Vertreters (Vormunds) an einer Gesellschaft, so ist die Beitrittserklärung bei Geschäftsunfähigkeit nichtig (§ 105 Abs. 1), bei beschränkter Geschäftsfähigkeit schwebend unwirksam (§ 108 Abs. 1). Schwebende Unwirksamkeit tritt bei der Beteiligung an einer auf Erwerb gerichteten Gesellschaft auch dann ein, wenn die Beitrittserklärung zwar vom gesetzlichen Vertreter oder mit dessen Einwilligung abgegeben wird, es aber an der erforderlichen Genehmigung des Familien- oder Vormundschaftsgerichts (§§ 1643 Abs. 1, 1822 Nr. 3) fehlt (vgl. auch RdNr. 70 f.).

Die Einwilligung des gesetzlichen Vertreters oder die Genehmigung des Familien- oder Vormundschaftsgerichts können **bei schwebend unwirksamer Beteiligung** auch *nachträglich* erteilt werden; sie heilen den Beitrittsmangel und führen zur rückwirkenden Wirksamkeit des Gesellschaftsvertrags auch im Verhältnis zum fehlerhaft Beigetretenen (§ 184). Eine Frist für die nachträgliche Genehmigung läuft nur dann, wenn einer der Mitgesellschafter den gesetzlichen Vertreter zur Erklärung über das Vorliegen der Genehmigung auffordert; sie beträgt nach §§ 108 Abs. 2, 1829 Abs. 2 einheitlich zwei Wochen, berechnet vom Zugang der Aufforderung ab. Solange die Genehmigung des gesetzlichen Vertreters nicht erteilt ist, steht jedem der Mitgesellschafter, der den Mangel bei Vertragsabschluss nicht kannte, nach § 109 Abs. 1 ein *Widerrufsrecht* zu (vgl. § 109 RdNr. 6 f.). Dessen Ausübung führt zur endgültigen Unwirksamkeit der Beteiligung des Minderjährigen, lässt die Wirksamkeit der in Vollzug gesetzten Gesellschaft zwischen den übrigen Gesellschaftern bis zur Auflösung aber unberührt (RdNr. 339). Fehlt die Genehmigung des Familien- oder Vormundschaftsgerichts, so richtet sich das Widerrufsrecht nach § 1830.

(2) Rechtsstellung des nicht voll Geschäftsfähigen. In dieser Beziehung ist zu unterscheiden. Die Mitwirkung des *Geschäftsunfähigen* an der Gründung oder dessen spätere Beitrittserklärung ist von Anfang an **nichtig** (§ 105); die Lehre von der fehlerhaften Gesellschaft greift nicht ein. Der gesetzliche Vertreter kann von der Gesellschaft und den übrigen Gesellschaftern Herausgabe erbrachter *Einlageleistungen* nach Maßgabe der §§ 812, 818, 985 ff. verlangen. Eine Teilnahme des Geschäftsunfähigen an Gewinn oder Verlust entfällt. Das ist für die Verlustbeteiligung ganz überwiegend anerkannt und ergibt sich eindeutig aus dem Vorrang des Schutzes nicht voll Geschäftsfähiger;[956] auch die Einfügung der §§ 1629 a, 723 Abs. 1 S. 3 bis 5 durch das MBhG von 1998 hat hieran nichts geändert.[957] Demgegenüber wurde die *Gewinnbeteiligung* des nicht wirksam Beigetretenen von einer früher verbreiteten Ansicht für die Zeit bis zur Geltendmachung des Mangels bejaht, da ihr der Schutzzweck des § 105 nicht entgegenstehe.[958] Dagegen spricht jedoch, dass dem Gesellschaftsrecht die Stellung eines „hinkenden", nur berechtigten aber nicht zugleich verpflichteten Gesellschafters unbekannt ist.[959] Haben die Mitgesellschafter aus den Einlagen des

---

[956] Vgl. Vor § 104 RdNr. 7; so zutr. auch *Soergel/Hadding* RdNr. 82; *Erman/Westermann* RdNr. 76; *Heymann/Emmerich* § 105 HGB RdNr. 87 a; *Baumbach/Hopt* § 105 HGB RdNr. 84; *Westermann* Hdb. RdNr. I 177. AA nur *Flume* II § 13 7, S. 208; offen lassend aber dann *ders.* AT I/1 § 2 III, S. 19 f.

[957] Das folgt allein schon aus der Beibehaltung des Genehmigungserfordernisses des § 1822 Nr. 3 sowie aus dem Umstand, dass das MBhG sich darauf beschränkt, den Minderjährigen vor der Überschuldung bei Eintritt der Volljährigkeit zu schützen, während der Schutzzweck der §§ 105 ff., 1643, 1822 Nr. 3 u. a. deutlich weiter reicht (vgl. auch § 723 RdNr. 38 ff., 45). Dezidert aA aber *C. Schäfer* (Fn. 914) S. 271 ff.; so auch schon *Habersack/Schneider* FamRZ 1997, 649, 655; tendenziell auch MünchKommHGB/*K. Schmidt* § 105 RdNr. 239.

[958] *Ganssmüller* DB 1955, 257, 260 und NJW 1958, 1067; *Hueck* OHG § 7 III 4 c, S. 95; so auch *Staudinger/Keßler* RdNr. 134; *Schlegelberger/Geßler* (3. Aufl.) § 105 HGB RdNr. 62 k; *Flume* II § 13 7, S. 207 f.

[959] Zutr. *Rob. Fischer* in Großkomm. zum HGB § 105 Anm. 100 unter Aufgabe seiner früheren aA NJW 1955, 851; so jetzt auch die hM, vgl. *Soergel/Hadding* RdNr. 82; *Erman/Westermann* RdNr. 76; *Bamberger/Roth/Timm/Schöne* RdNr. 88; offen lassend *Staudinger/Habermeier* RdNr. 69.

Geschäftsunfähigen Nutzen gezogen, so haben sie diesen nach Maßgabe der §§ 818 Abs. 1, 987 ff. herauszugeben. Auch eine Außenhaftung kommt nicht in Betracht; der Schutz Geschäftsunfähiger geht der Rechtsscheinhaftung vor.[960]

338 Geht es um die Beteiligung eines *beschränkt Geschäftsfähigen,* die zunächst **schwebend unwirksam** war, und ist sie später durch Verweigerung der Genehmigung oder durch Widerruf anderer Gesellschafter endgültig gescheitert, so gelten die vorstehenden Grundsätze entsprechend; auch insoweit hat das MBhG keine Änderung bewirkt. Im Unterschied zum nichtigen Beitritt haben es der gesetzliche Vertreter und das Familien- oder Vormundschaftsgericht hier jedoch während des Schwebezustands in der Hand, die Interessen des Minderjährigen an einer ertragreichen Beteiligung durch rückwirkende Erteilung der Genehmigung zu wahren.[961] Eine *Außenhaftung* des fehlerhaft beigetretenen Minderjährigen wird erst begründet, nachdem die erforderlichen Genehmigungen erteilt sind.

339 **(3) Rechtsverhältnis zwischen den übrigen Gesellschaftern.** Für dieses ist bei gescheiterter Beteiligung eines nicht voll Geschäftsfähigen an der Gründung zunächst zu prüfen, ob der Gesellschaftsvertrag unter den verbliebenen Gesellschaftern trotz des Mangels Bestand haben soll (RdNr. 330). Dafür spricht namentlich das Vorhandensein einer gesellschaftsvertraglichen Fortsetzungsklausel,[962] doch kann sich der Wille zum Festhalten an dem (subjektiv unvollständigen) Vertragsschluss auch aus anderen Umständen ergeben (vgl. näher RdNr. 54). Nur wenn der Beitrittsmangel sich auf den ganzen Vertrag erstreckt, gelten die Grundsätze der fehlerhaften Gesellschaft: der Zusammenschluss ist trotz Ausfalls eines Vertragspartners unter den übrigen zwar wirksam, sobald mit dem Vollzug begonnen ist, kann aber ex nunc aufgelöst werden. Für die Anerkennung einer (voll wirksamen oder fehlerhaften) *Gesellschaft* ist allerdings dann kein Raum, wenn an der Gesellschaftsgründung außer dem nicht voll Geschäftsfähigen nur noch eine weitere Person beteiligt war;[963] insoweit fehlt es beim Scheitern der Beteiligung des nicht voll Geschäftsfähigen an der erforderlichen Mindestzahl von zwei Gesellschaftern (RdNr. 60).

340 **cc) Sonstige Fälle schutzwürdiger Interessen?** Nach einem in *früheren* BGH-Urteilen wiederholt anzutreffenden obiter dictum sollte die Anwendung der Rechtsfigur der fehlerhaften Gesellschaft auch ausscheiden gegenüber solchen Personen, die durch besonders schwere Fälle arglistiger **Täuschung** oder widerrechtlicher **Drohung** zur Mitwirkung an der Gründung oder zum späteren Beitritt veranlasst worden waren.[964] Dem wurde im *Schrifttum zu Recht widersprochen;*[965] auch die neuere höchstrichterliche Rechtsprechung belässt es bei den Grundsätzen der fehlerhaften Gesellschaft.[966] Dem ist zustimmen. Denn vorbehaltlich der Fälle der vis absoluta fehlt es insoweit nicht an zurechenbaren Willenserklärungen, an die für die Lehre von der fehlerhaften Gesellschaft angeknüpft werden kann. Entsprechendes gilt bei sittenwidriger Übervorteilung einzelner Gesellschafter unter Verstoß gegen § 138; sie führt zur Nichtigkeit nur der sittenwidrigen Klauseln; die Fehlerhaftigkeit der Gesellschaft als solcher hat sie nur dann zur Folge, wenn der Mangel auf den ganzen Vertrag ausstrahlt (vgl. RdNr. 334). Den berechtigten Belangen der getäuschten, bedrohten oder sittenwidrig übervorteilten Gesellschafter kann trotz Beschränkung des Betroffenen auf das Recht zum Ausscheiden aus der Gesellschaft auch auf andere Weise (Schadensersatz-

---

[960] So im Ergebnis auch *K. Schmidt* JuS 1990, 521 f. und MünchKommHGB/*K. Schmidt* § 105 RdNr. 239 trotz Bejahung der Beteiligung des nicht voll Geschäftsfähigen an der fehlerhaften Gesellschaft unter Beschränkung des rückwirkenden Ausscheidens auf das Innenverhältnis.
[961] *Staub/Ulmer* § 105 HGB RdNr. 349.
[962] HM, vgl. *Staub/Ulmer* § 105 HGB RdNr. 350; *Hueck* OHG § 7 I 2, S. 77; *Staudinger/Habermeier* RdNr. 69; *Larenz* § 60 VII; *C. Schäfer* (Fn. 914) S. 241 ff.
[963] AA *K. Schmidt* (Fn. 960).
[964] Vgl. etwa BGHZ 13, 320, 323 = NJW 1954, 1562; BGHZ 26, 330, 335 = NJW 1958, 668; BGHZ 55, 5, 9 = NJW 1971, 375.
[965] *Flume* I/1 § 2 III, S. 24; *Hueck* OHG § 7 III 4 d, S. 95 f.; *Wiesner* (Fn. 930) S. 134 f.; so auch *Soergel/Hadding* RdNr. 83; *K. Schmidt* AcP 186 (1986), 421, 445 f.; *C. Schäfer* (Fn. 914) S. 279 ff. (ganz hM).
[966] So BGHZ 63, 338, 345 f. = NJW 1975, 1022; BGHZ 148, 201, 207 = NJW 2001, 2001, 2718; BGHZ 159, 280, 291 = NJW 2004, 2731; BGH NJW 1976, 894; 1979, 1604; ZIP 2008, 1018, 1021.

Inhalt des Gesellschaftsvertrags 341–343 § 705

ansprüche gegen die an der Täuschung beteiligten Personen, Vertragsanpassung u. a.) Rechnung getragen werden. Eine Ausnahme von den allgemein für fehlerhafte Gesellschaften anerkannten Grundsätzen ist nicht veranlasst.

Eine weitere Ausnahme gegenüber der Lehre von der fehlerhaften Gesellschaft wird teilweise für den Fall bejaht, dass ein im gesetzlichen Güterstand lebender Vertragspartner sich **ohne die nach § 1365 erforderliche Zustimmung** seines Ehegatten mit seinem ganzen Vermögen an einer Gesellschaft beteiligt; insofern soll der mit § 1365 bezweckte Schutz der wirtschaftlichen Grundlage der Familie Vorrang genießen.[967] Auch abgesehen von der geringen praktischen Bedeutung derartiger Fälle[968] ist dieser Einschränkung indessen **nicht** zu folgen.[969] Sie lässt sich mit den dogmatischen Grundlagen der Lehre nur schwer in Einklang bringen[970] und geht angesichts des mit dem Beitritt verbundenen Erwerbs der Gesellschaftsbeteiligung durch den Ehegatten auch sachlich weiter, als es der Schutzzweck des § 1365 erfordert. Die Lösung ist vielmehr in der grundsätzlichen *Unwirksamkeit der Einlageverpflichtung* zu finden.[971] Im Falle einer gleichwohl erbrachten Einlageleistung scheitert die Wirksamkeit der Verfügung an § 1365 Abs. 1 S. 2; der übergangene Ehegatte hat einen Anspruch auf Rückgewähr nach §§ 985, 1368.[972] Die Beantwortung der Frage, ob der danach lückenhafte Gesellschaftsvertrag durch richterliche Vertragsergänzung heilbar ist oder ob die Geschäftsgrundlage für den Beitritt des den Beschränkungen des § 1365 unterliegenden Ehegatten entfallen und die Gesellschaft zwischen den übrigen Beteiligten dadurch fehlerhaft geworden ist, richtet sich nach allgemeinen Grundsätzen (RdNr. 330, 339). Im Fall der Fehlerhaftigkeit steht jedem Gesellschafter ein außerordentliches Kündigungsrecht zu; es kann nach § 1368 auch von dem übergangenen Ehegatten ausgeübt werden.

3. Rechtsfolgen. a) Überblick. Liegen die Voraussetzungen eines insgesamt fehlerhaften, in **Vollzug** gesetzten Gesellschaftsvertrags vor, und stehen der Anerkennung der fehlerhaften Gesellschaft nicht ausnahmsweise höherrangige schutzwürdige Interessen entgegen, so ist die Gesellschaft für die Zeit bis zur Geltendmachung des Fehlers vorbehaltlich der Anpassung einzelner Klauseln (RdNr. 330) als wirksam zu behandeln. Die Geltendmachung des Fehlers erfolgt bei der GbR durch Kündigung (RdNr. 345); diese führt im Regelfall zur Abwicklung der Gesellschaft nach allgemeinen Grundsätzen (RdNr. 346). Zu den Rechtsfolgen eines fehlerhaften Beitritts vgl. RdNr. 368. **Vor Invollzugsetzung** (RdNr. 331) sind die Gesellschafter im rückwirkenden Geltendmachen von Vertragsmängeln dagegen nicht beschränkt. Jeder Gesellschafter kann den Gesellschaftsvertrag anfechten oder sich auf dessen Nichtigkeit berufen und mit dieser Begründung das Erbringen der Einlage verweigern. Die Anfechtung muss gegenüber allen Mitgesellschaftern erklärt werden.[973]

b) Volle Wirksamkeit nach innen und außen. Bis zur Geltendmachung des Fehlers ist die in Vollzug gesetzte Gesellschaft grundsätzlich voll wirksam.[974] Im *Innenverhältnis* gelten die Vereinbarungen über die Geschäftsführung. Die Rechte und Pflichten der Gesellschafter

---

[967] *Rob. Fischer* in Großkomm. zum HGB § 105 Anm. 102a; *Soergel/Lange* § 1365 RdNr. 52 f.; *Tubbesing* BB 1966, 829, 832; Gegenansichten vgl. in Fn. 969.
[968] Das liegt neben dem in Fällen dieser Art häufig anzutreffenden Ausschluss des gesetzlichen Güterstands (§ 1365 RdNr. 70) auch daran, dass eine das Vermögen als solches betreffende Einlagepflicht kaum vorkommen dürfte und die Anwendung des § 1365 auf die Einbringung von einzelnen Gegenständen, die das wesentliche Vermögen des Gesellschafters bilden, nach der herrschenden subjektiven Theorie (§ 1365 RdNr. 27 ff.) nur in engen Grenzen in Betracht kommt.
[969] So auch *Soergel/Hadding* RdNr. 84; *Bamberger/Roth/Timm/Schöne* RdNr. 90; *Staudinger/Habermeier* RdNr. 70; *Wiedemann* (Fn. 160) S. 260 f.; *Sandrock*, FS Duden, 1977, S. 524 f.; *Erman/Westermann* RdNr. 77.
[970] *Ulmer*, FS Flume, 1978, S. 301, 316 Fn. 76.
[971] Vgl. zur entspr. Rechtslage bei formnichtigen Einlageversprechen RdNr. 40.
[972] AA anscheinend aber *Wiedemann* (Fn. 160) S. 261.
[973] Vgl. nur BGH BB 1976, 528, 529; *Hueck* OHG § 7 I 3, S. 78.
[974] HM, vgl. etwa *Soergel/Hadding* RdNr. 76; *Erman/Westermann* RdNr. 81 f.; *Palandt/Sprau* RdNr. 18; *Staub/Ulmer* § 105 HGB RdNr. 328, 357; einschränkend aber *Hueck* OHG § 7 III 2, S. 88 ff. sowie die in Fn. 975 genannten Autoren.

richten sich nach dem Gesellschaftsvertrag; auch die Treupflicht ist zu beachten. Gesellschafter, die sich vertragswidrig verhalten, können auf Schadensersatz in Anspruch genommen werden. Einlageleistungen führen (ebenso wie der rechtsgeschäftliche Erwerb von Vermögensgegenständen seitens der fehlerhaften Gesellschaft) zur Begründung von Gesamthandsvermögen. Die Wirksamkeit der Gesellschaft beschränkt sich auch nicht etwa auf das Innenverhältnis,[975] sondern gilt in gleicher Weise *nach außen,* gegenüber Dritten. Dazu bedarf es weder eines „Erst-recht-Schlusses" vom Innen- auf das Außenverhältnis[976] noch des Rückgriffs auf Rechtsscheingesichtspunkte. Vielmehr beruht die Anerkennung der Wirksamkeit auch im Außenverhältnis darauf, dass die in Vollzug gesetzte, über Gesamthandsvermögen verfügende Gesellschaft als rechtsfähiger Personenverband (RdNr. 303 ff.) nach innen und außen eine Einheit bildet, die sich nicht in voneinander getrennte, unterschiedliche Rechtswirkungen entfaltende Teile aufspalten lässt.[977]

344 Der Grundsatz voller Wirksamkeit der fehlerhaften Gesellschaft bis zur Geltendmachung des Mangels erfährt eine **Einschränkung** allerdings insoweit, als es um bestimmte, für sich genommen *fehlerhafte Klauseln* geht, deren nach allgemeinen Regeln eintretende Unwirksamkeit den Bestand der Gesellschaft als solcher nicht in Frage stellt (vgl. auch RdNr. 330 zur Teilunwirksamkeit). Das gilt etwa für Vereinbarungen mit rein schuldrechtlicher Wirkung,[978] aber auch für formnichtige oder aus sonstigen Gründen unwirksame, noch nicht erfüllte Einlageverpflichtungen.[979] Ebenso kann sich ein Gesellschafter nicht auf eine ihn besonders begünstigende, durch Täuschung oder sittenwidrige Übervorteilung erreichte Gewinnverteilungsabrede[980] berufen;[981] insofern greift auch der Arglisteinwand durch. Auch fehlerhafte, einen Teil der Gesellschafter unangemessen benachteiligende Abwicklungsklauseln oder die übermäßige Beschränkung von Gesellschafterrechten können keine Geltung beanspruchen. Voraussetzung ist jeweils, dass es sich um Vereinbarungen handelt, die entweder nur die Innenbeziehungen der Gesellschafter regeln oder deren Nichtgeltung keine Auswirkungen auf die durch Vollzug zur Entstehung gekommene, das gesellschaftsvertragliche Schuldverhältnis überlagernde und dessen rückwirkende Nichtigkeit ausschließende gesellschaftlichen Organisation hat.[982] Infolge der Unwirksamkeit einzelner Klauseln eintretende Vertragslücken sind vorbehaltlich einer salvatorischen Klausel im Wege ergänzender Vertragsauslegung zu schließen (RdNr. 174).

345 **c) Geltendmachung des Fehlers.** Die für das Recht der Handelsgesellschaften vieldiskutierte, durch die Notwendigkeit einer Auflösungs- oder Ausschlussklage (§§ 133, 140 HGB) komplizierte Frage nach den Voraussetzungen für die Geltendmachung des Vertragsmangels ist für die GbR im Grundsatz unproblematisch zu beantworten. Die Anwendung der allgemeinen Auflösungsgrundsätze bedeutet hier, dass der sich auf den Mangel berufende Gesellschafter nach § 723 Abs. 1 S. 2 durch Erklärung gegenüber den Mitgesellschaftern von seinem Recht zur **außerordentlichen Kündigung** Gebrauch macht.[983] Eines besonderen wichtigen Grundes bedarf es hierfür nicht; es genügt der Nachweis des – noch

---

[975] So entgegen der hM aber *Canaris* (Fn. 918) S. 121 ff., 175 ff.; ihm teilweise folgend *Möschel,* FS Hefermehl, 1976, S. 171 ff.
[976] So aber *Staudinger/Keßler* RdNr. 112; *Hueck* OHG § 7 II, S. 79; dagegen zu Recht krit. *Canaris* (Fn. 918) S. 120 f.
[977] Dazu näher *Ulmer,* FS Flume, 1978, S. 301, 314 ff.
[978] So zutr. BGH LM HGB § 138 Nr. 11 = NJW 1969, 1483, und *Flume* I/1 § 2 III, S. 26; vgl. dazu auch RdNr. 362.
[979] Vgl. etwa BGH WM 1977, 783 (Mangel der nach § 313 aF vorgeschriebenen Form). Zur Haftungsproblematik nach § 176 HGB in derartigen Fällen vgl. *Riegger* BB 1979, 1380, 1382.
[980] Vgl. Rspr.-Beispiele in RdNr. 134 (Fn. 358).
[981] *Rob. Fischer* NJW 1958, 971; *Staub/Ulmer* § 105 HGB RdNr. 360; *Soergel/Hadding* RdNr. 83; *Hueck* OHG § 7 III 2 a.
[982] *Flume* I/1 § 2 III, S. 26; *Ulmer,* FS Flume, 1978, S. 301, 312; vgl. auch RdNr. 354 f. zur dogmatischen Begründung der Lehre von der fehlerhaften Gesellschaft.
[983] So zutr. auch *C. Schäfer* (Fn. 914) S. 173 ff. in Auseinandersetzung mit denjenigen Ansichten, die im Falle fehlerhafter Dauerschuldverhältnisse für Geltendmachung des Fehlers durch *Anfechtung ex nunc* plädieren.

Inhalt des Gesellschaftsvertrags 346–348 **§ 705**

fortbestehenden (RdNr. 357) – Vertragsmangels,[984] soweit die Berufung hierauf sich nicht ausnahmsweise als treuwidrig erweisen sollte.[985] Ist im Gesellschaftsvertrag anstelle der ao. Kündigung ein Ausschluss- oder Fortsetzungs-(Übernahme-)recht der übrigen Gesellschafter (§ 737) vorgesehen, so kann auch dieses unter Berufung auf den Vertragsmangel ausgeübt werden, sofern er seinen Grund in der fehlerhaften Beteiligung eines Mitgesellschafters hat (zum Sonderfall des fehlerhaften Beitritts vgl. RdNr. 366 ff.).

d) Abwicklung. Für die Abwicklung der wegen eines Vertragsmangels aufgelösten 346 Gesellschaft gelten die **Liquidationsvorschriften der §§ 730 bis 735,** sofern der Gesellschaftsvertrag hierfür keine abweichenden Regelungen enthält.[986] Sind die Einlagen noch im Wesentlichen unverändert vorhanden, so kommt abweichend von § 733 Abs. 2 S. 2 auch deren Rückgabe in natura in Betracht (RdNr. 331). Ein Rückgriff auf die allgemeinen Rechtsfolgen gescheiterter Vertragsbeziehungen, insbesondere auf die Vorschriften der §§ 812 ff., ist nur dann veranlasst, wenn die Grundsätze über die fehlerhafte Gesellschaft ausnahmsweise nicht zum Zuge kommen (vgl. auch RdNr. 359). Auch insoweit bedarf es freilich meist keiner **Rück**abwicklung. Vielmehr ist das Gesellschaftsvermögen nach Maßgabe des § 818 Abs. 1 bis 3 unter Berücksichtigung des allgemein für Dauerschuldverhältnisse geltenden, in § 346 Abs. 2 für bestimmte Konstellationen zum Ausdruck gekommenen Prinzips, die Vergangenheit bei Rückabwicklungsschwierigkeiten möglichst unberührt zu lassen, unter den Beteiligten entsprechend deren Kapitalanteilen aufzuteilen.[987]

4. Dogmatische Begründung. a) Überblick. Die Entwicklung der Lehre von der 347 fehlerhaften Gesellschaft war lange Zeit in erster Linie das Verdienst der höchstrichterlichen **Rechtsprechung.**[988] Im Vordergrund standen dabei Argumente der Interessenabwägung, darunter neben dem – teilweise schon durch Rechtsscheingesichtspunkte gewährleisteten – *Verkehrsschutz* vor allem der auf das Innenverhältnis der Gesellschafter bezogene, der Vermeidung einer unerwünschten Rückabwicklung dienende Gedanke des *Bestandsschutzes* für die Vergangenheit. Hinzu kam insbesondere bei fehlerhaften Publikumsgesellschaften die Vermeidung eines unerwünschten „Windhundrennens" der in gleicher Weise vom Fehler betroffenen Gesellschafter.[989] Der Nachteil dieses in erster Linie pragmatischen Vorgehens besteht darin, dass es der Rechtsprechung nicht immer gelungen ist, auch in Randbereichen der Lehre zu systematisch überzeugenden, klare Abgrenzungen gestattenden Lösungen zu kommen. Das gilt namentlich für die Behandlung fehlerhafter Innengesellschaften (RdNr. 358, 359 a) sowie für die Anwendung der Grundsätze über die fehlerhafte Gesellschaft auf fehlerhafte Vertragsänderungen (RdNr. 360 ff.).

Im **Schrifttum** stand ursprünglich das Konzept der „faktischen", unabhängig vom Ver- 348 tragsschluss allein an die Tatsache des Vollzugs anknüpfenden Gesellschaft im Vordergrund (vgl. RdNr. 324 und Fn. 920). Es ist der Sache nach seit langem überholt, auch wenn der faktische Bezug in der Diskussion nur allmählich überwunden wurde.[990] Hiervon abgesehen lassen sich im Wesentlichen drei Gruppen von Ansichten unterscheiden: (1) die auf eine Beschränkung der Nichtigkeits- oder Abwicklungsfolgen abzielende Ansicht, die die Wirk-

---

[984] St. Rspr. und hM seit BGHZ 3, 285, 290 = NJW 1952, 97; *Soergel/Hadding* RdNr. 78; *Staub/Ulmer* § 105 HGB RdNr. 361; *Hueck* OHG § 7 III 1 b; aA *Flume* I/1 § 2 III, S. 21 f. sowie früher das RG (RG DR 1943, 1221, 1223; ebenso *Rob. Fischer* in Großkomm. zum HGB § 105 Anm. 73).

[985] *Soergel/Hadding* RdNr. 78; *Hueck* OHG § 7 III 1 b, S. 85 f.; *Erman/Westermann* RdNr. 83; *Staudinger/Habermeier* RdNr. 67.

[986] Ganz hM, vgl. BGHZ 3, 285, 289 = NJW 1952, 97; *Soergel/Hadding* RdNr. 78; *Staudinger/Habermeier* RdNr. 67; *Hueck* OHG § 7 III 3, S. 92; *Wiesner* (Fn. 930) S. 128 f.

[987] Vgl. dazu näher *Rödig,* Bereicherung oder Rechtfertigung durch Gesellschaftsvertrag, 1972, S. 43 f., 59 ff. sowie *H. Weber,* Zur Lehre von der fehlerhaften Gesellschaft, 1978, S. 94 ff., 174 ff.; auf § 346 S. 2 aF wies auch schon *Siebert* (Fn. 920) S. 54 hin.

[988] Vgl. die Nachweise Fn. 918 sowie die Rechtsprechungsberichte von *Ronke,* FS Laufke, 1971, S. 217 f. (RG), und FS Paulick, 1973, S. 55 ff. (BGH).

[989] So zutr. BGH ZIP 2008, 1018, 1021.

[990] Das hebt vor allem *Canaris* (Fn. 918) S. 121 zutr. hervor. So im Grundsatz auch *Esser* AcP 157 (1958/59), 86 ff., 93; *Hueck* OHG § 7, S. 74 Fn. 6.

samkeit der Gesellschaft für die Zeit bis zur Geltendmachung des Mangels in der Schwebe lässt (RdNr. 349 f.); (2) die „gesetzestreue", von den allgemeinen Rechtsmängelgrundsätzen nur im Rahmen des Unvermeidbaren abweichende Meinung (RdNr. 351 f.), sowie (3) die auf die Besonderheiten in Vollzug gesetzter Gesellschaften gestützte, an deren Doppelnatur als Schuldverhältnis und Organisation anknüpfende Lehre (RdNr. 354) und ihre Fortentwicklung zu einem allgemeinen verbandsrechtlichen Prinzip (RdNr. 355).

349 **b) Beschränkung der Nichtigkeitsfolgen.** Die im Schrifttum lange Zeit vorherrschende, als „Lehre von der Beschränkung der Nichtigkeitsfolgen" bekannte Ansicht[991] begründet die Lehre von der fehlerhaften Gesellschaft mit der mangelnden Eignung der Rechtsfolgen der Nichtigkeit oder Anfechtung von Verträgen zur Anwendung auf in Vollzug gesetzte Gesellschaftsverträge. An ihrer Stelle sei es im Interesse der Rechtssicherheit geboten, den Vertragsmangel grundsätzlich im Wege der Auflösung der Gesellschaft (durch außerordentliche Kündigung oder – bei Handelsgesellschaften – durch Auflösungsklage) geltend zu machen. Die Abwicklung richte sich nicht nach dem dafür ungeeigneten Bereicherungsrecht, sondern nach den entsprechend anwendbaren Liquidationsvorschriften des Gesellschaftsrechts. Eine besondere Variante dieser Lehre vertrat *Larenz*:[992] er wollte grundsätzlich nur die Abwicklung anstelle des hierfür ungeeigneten Bereicherungsrechts dem Gesellschaftsrecht unterstellen, während es im Übrigen offenbar bei den allgemeinen Grundsätzen bleiben sollte.[993]

350 **Stellungnahme.** Die methodische Grundlage dieser Ansichten (teleologische Reduktion und Analogie) ist zwar deutlich.[994] Ihre Schwäche liegt jedoch darin, dass sie eine klare Antwort auf die Frage schuldig bleiben, wie sich die Rechtslage zwischen Vollzug des fehlerhaften Vertrags und erfolgreicher Geltendmachung des Mangels gestaltet und ob die Gesellschaft in dieser Zeit grundsätzlich als voll wirksam zu behandeln ist oder nicht. Zwar bejaht die Mehrheit der Autoren in Übereinstimmung mit der Rechtsprechung die volle Wirksamkeit des fehlerhaften Vertrags jedenfalls im Innenverhältnis bis zur Auflösung;[995] ihr auf Auflösung und Abwicklung an Stelle rückwirkender Nichtigkeit beschränkter *methodischer Ansatz vermag diese Rechtsfolge jedoch nicht zu begründen*.[996] Auch an dem bei den Anhängern dieser Lehre verbreitet anzutreffenden „Erst-recht-Schluss" von der Gültigkeit des Innen- auf das Außenverhältnis ist aus methodischer Sicht berechtigte Kritik angemeldet worden.[997] Angesichts dieser methodischen Schwächen ist der Lehre von der Beschränkung der Nichtigkeitsfolgen nicht zu folgen.

351 **c) „Gesetzestreue" Ansichten (Einschränkungen der Lehre).** Zu einer zweiten Gruppe seien diejenigen Ansichten zusammengefasst, die – wenn auch mit unterschiedlicher Begründung – die Notwendigkeit in Frage stellen, für fehlerhafte Gesellschaften zu weitgehenden Abweichungen von den allgemein für Dauerschuldverhältnisse geltenden Grundsätzen zu kommen, und die dementsprechend auf eine **Korrektur der Rechtsprechung** zur fehlerhaften Gesellschaft hinzielen.

352 Die Kritik dieser Autoren bezieht sich zum Teil auf das **Innenverhältnis** der fehlerhaften Gesellschaft. Insoweit wird geltend gemacht, Gesamthandsvermögen könne auch ohne Gesellschaftsvertrag begründet werden.[998] Auch sei das Bereicherungsrecht mit seinen flexi-

---

[991] Vgl. etwa *Staudinger/Keßler* RdNr. 115 (anders aber RdNr. 117); *Rob. Fischer* in Großkomm. zum HGB § 105 Anm. 78; *Hueck* OHG § 7 III, S. 81 f.; wohl auch noch *Erman/Westermann* RdNr. 74; der Sache nach auch Einl. Bd. 2 RdNr. 68 ff.
[992] *Larenz* II § 60 VII.
[993] Vgl. jedoch auch *Larenz* Methodenlehre S. 379 f., der die analoge Anwendung der Auflösungsvorschriften des Gesellschaftsrechts auf die fehlerhafte Gesellschaft als Beispiel einer Rechtsfortbildung durch Rspr. und Lehre anführt.
[994] So ausdrücklich *Larenz* Methodenlehre S. 380.
[995] Vgl. die Nachweise in Fn. 991.
[996] Dazu treffend *Siebert* (Fn. 920) S. 59; vgl. auch *Flume* I/1 § 2 II, S. 17 Fn. 18; die Kritik relativierend aber *C. Schäfer* (Fn. 914) S. 127 f.
[997] Vgl. RdNr. 343 und Fn. 918 *(Canaris)*.
[998] So mit iE unterschiedlichen Gründen *Schulze-Osterloh*, Das Prinzip der gesamthänderischen Bindung, 1972, S. 237 ff., 242 ff., 258 f., *Rödig* (Fn. 987) S. 54 ff., *H. Weber* (Fn. 987) S. 86 f.; wohl auch *Canaris* (Fn. 918) S. 523 f. Vgl. dagegen näher *Ulmer*, FS Flume, 1978, S. 301, 306 ff.; *C. Schäfer* (Fn. 914) S. 131 ff.

Inhalt des Gesellschaftsvertrags 353, 354 § 705

blen Regelungen in § 818 Abs. 1 bis 3 durchaus in der Lage, eine geeignete Grundlage für die Auseinandersetzung zwischen den Beteiligten zu bilden.[999] Demgegenüber wird von anderer Seite[1000] bezweifelt, ob die Anerkennung der fehlerhaften Gesellschaft mit Wirksamkeit für das **Außenverhältnis** veranlasst sei. Eine solche Rechtsfolge sei weder methodisch begründbar noch durch die berechtigten Interessen des Verkehrs und der auf die Wirksamkeit der Gesellschaft vertrauenden Gläubiger geboten; hierfür genüge vielmehr die allgemeine Rechtsschein- und Vertrauenshaftung.[1001]

Stellungnahme. Den Kritikern ist zuzugeben, dass die Beschränkung der Nichtigkeits- 353 folgen als dogmatische Begründung für die fehlerhafte Gesellschaft nicht ausreicht (RdNr. 350). Auch mag es sein, dass – vorbehaltlich der Gesamthandsproblematik und der bei Verneinung des Entstehens von Gesamthandsvermögen eintretenden Übereignungsprobleme – die Ausgleichsordnung der §§ 812, 818 in der Lage wäre, eine angemessene Auseinandersetzung zwischen den an der fehlerhaften Gesellschaft Beteiligten ohne Rückabwicklung der Gesellschaft zu ermöglichen. *Nicht* gefolgt werden kann den Vertretern dieser Richtung jedoch darin, dass gesellschaftsrechtliches *Gesamthandsvermögen* unabhängig vom Zustandekommen eines – sei es auch fehlerhaften – Gesellschaftsvertrags gebildet werden kann. Denn diese These ist unvereinbar mit der eine Vertragsgrundlage erfordernden gesetzlichen Gesamthandsordnung der §§ 718 bis 720, 738; sie führt zu einer unzutreffenden Angleichung von Gesamthand und Bruchteilsgemeinschaft.[1002] Berücksichtigt man zudem, dass die gesellschaftsrechtliche Gesamthand sowohl für das Innen- wie für das Außenverhältnis der Gesellschaft von zentraler Bedeutung ist, indem sie nach innen – als Teil der „Organisation" – die vermögensrechtliche Grundlage für die gemeinsame Zweckverfolgung durch die gesamthänderisch verbundene Personenmehrheit (Gruppe) bildet und nach außen den Gesellschaftsgläubigern den vorrangigen Zugriff auf das Gesellschaftsvermögen sichert, so erweist sich die Kritik an der Anerkennung der Wirksamkeit der fehlerhaften Gesellschaft als unhaltbar.[1003] Aus demselben Grunde muss auch der Versuch fehlschlagen, die Rechtswirkungen der fehlerhaften Gesellschaft auf das *Innenverhältnis* zu beschränken. Eine derartige Aufspaltung ist bei Gesamthandsgemeinschaften wegen des engen Wirkungszusammenhangs zwischen Innen- und Außenverhältnis ausgeschlossen (vgl. auch RdNr. 343 aE).

d) Doppelnatur der Gesellschaft als Schuldverhältnis und Organisation; allgemei- 354 **nes verbandsrechtliches Prinzip.** Die heute vorherrschende dritte Ansicht begründet die volle Wirksamkeit der in Vollzug gesetzten fehlerhaften Gesellschaft mit der einverständlichen Schaffung von Gesellschaftsorganen und Gesamthandsvermögen. Da sie zur Überlagerung des bis dahin uneingeschränkt den Nichtigkeits- und Anfechtungsregeln unterliegenden Schuldverhältnisses durch die gesellschaftliche „Organisation" führe, mache sie die Auflösung dieses komplexen Gebildes ex nunc erforderlich.[1004] Durch den Vollzug verlören die Gesellschafter die unbeschränkte Dispositionsbefugnis über ihre das Innenverhältnis überschreitenden Beziehungen; sie müssten sich für die Zeit bis zur Geltendmachung des Mangels grundsätzlich an der Existenz der Gesamthandsgemeinschaft unter Einschluss deren Vertragsgrundlage festhalten lassen. Eine Änderung ihres Gesellschaftsverhältnisses sei abweichend von den allgemeinen Grundsätzen (Anfechtung, Rücktritt u. a.) nur für die Zukunft möglich. Entspre-

---

[999] *Rödig* (Fn. 987) S. 43 f., 59 ff.; *H. Weber* (Fn. 987) S. 94 ff., 174 ff.

[1000] *Canaris* (Fn. 918) S. 121 ff.; ihm insoweit folgend *Möschel*, FS Hefermehl, 1976, S. 171 ff., und *H. Weber* (Fn. 987) S. 172 ff.

[1001] *Canaris* (Fn. 918) S. 121 ff., 175 ff.; *H. Weber* (Fn. 987) S. 171 f.; in Bezug auf die Haftung fehlerhaft beigetretener Gesellschafter einer OHG oder KG gegenüber Altgläubigern aus §§ 28, 130, 173 HGB nach dem Zweck dieser Vorschriften diff. *Möschel*, FS Hefermehl, 1976, S. 171, 176 ff.

[1002] So gegen *Schulze-Osterloh* (Fn. 998) zutr. auch *Blaurock* ZHR 137 (1973), 435 und *Schünemann*, Grundprobleme der Gesamthandsgemeinschaft, 1975, S. 80 f. Näher dazu *Ulmer*, FS Flume, 1978, S. 301, 306 f.; *C. Schäfer* (Fn. 914) S. 133 f.

[1003] *Ulmer*, FS Flume, 1978, S. 301, 308; *C. Schäfer* (Fn. 914) S. 132 f.

[1004] *Flume* I/1 § 2 III; *Ulmer*, FS Flume, 1978, S. 301, 310 ff., *Wiesner* (Fn. 930) S. 81 ff., 110 ff. Ähnlich *Soergel/Hadding* RdNr. 88; *K. Schmidt* AcP 186 (1986), 421, 425 f.; *ders.* GesR § 6 I 3; AK-BGB/*Teubner* RdNr. 11.

chendes gelte bei anfänglich nichtigem, in Vollzug gesetztem Gesellschaftsvertrag. Insoweit habe das als einvernehmlich gewollte Zusammenwirken der Gesellschafter vorbehaltlich der Ausnahmetatbestände (RdNr. 332 ff.) zumindest die Wirkung, die Berufung auf die Nichtigkeit für die Zeit bis zur Geltendmachung des Mangels auszuschließen,[1005] wenn es nicht – wie häufig – sogar zur Heilung des Mangels durch konkludente Bestätigung des ursprünglich fehlgeschlagenen Vertragsschlusses führe (RdNr. 357).

355 Zumindest *im Ergebnis* trifft sich die Lehre von der Doppelnatur mit denjenigen neueren Ansichten, die in der rechtlichen Anerkennung der fehlerhaften Gesellschaft den Ausdruck eines **allgemeinen verbandsrechtlichen Prinzips** sehen.[1006] Es wird dahin umschrieben, dass als *rechtsfähig* gegründete, wenn auch fehlerhafte Verbände nur mit Wirkung für die Zukunft aufgelöst werden können.[1007] Das deckt sich der Sache nach mit dem Abstellen der Doppelnatur-Vertreter auf das Vorhandensein einer besonderen Handlungsorganisation.[1008]

356 **Stellungnahme.** Die Doppelnatur der Gesellschaft als Schuldverhältnis und Gesamthand (Organisation) betont zu haben, ist das Verdienst von *Flume*.[1009] Wie schon erwähnt (RdNr. 298), hat er mit seiner Lehre von der Gesamthand als „Gruppe" Gedanken *Otto von Gierkes* aufgegriffen und weitergeführt.[1010] Diese Sicht der Dinge bringt die Besonderheit der (Außen-)Gesellschaft gegenüber anderen Dauerschuldverhältnissen treffend zum Ausdruck. Sie bietet eine *tragfähige systematische Grundlage* auch für die Rechtsfigur der fehlerhaften Gesellschaft[1011] und eignet sich nicht zuletzt als Baustein für die Entwicklung eines allgemeinen, auch die Kapitalgesellschaften umfassenden verbandsrechtlichen Prinzips der fehlerhaften Gesellschaft. Zugleich eröffnet sie die Möglichkeit, in *Grenzfällen* zu einer kongruenten, am System der Personengesellschaft orientierten Präzisierung der Grundsätze über die fehlerhafte Gesellschaft zu kommen; das gilt insbesondere für die Beurteilung fehlerhafter Innengesellschaften und fehlerhafter Vertragsänderungen. Aus dieser Sicht erweist sich daher auch eine Anpassung der bisherigen Rechtsprechung als notwendig (RdNr. 358 f., 360 ff.).

II. Einzelfragen

357 **1. Fehlerbeseitigung durch Vollzug.** Voraussetzung für die Anwendbarkeit der Grundsätze zur fehlerhaften Gesellschaft ist ein fortdauernder, durch Kündigung geltend zu machender wesentlicher Vertragsmangel (RdNr. 328). Zu dessen Beseitigung durch Neuvornahme oder Bestätigung des fehlerhaften Rechtsgeschäfts sind die Gesellschafter einander zwar grundsätzlich nicht verpflichtet.[1012] Wohl aber kann je nach Lage des Falles das einverständliche **Invollzugsetzen der Gesellschaft in Kenntnis des Mangels** als wirksame rechtsgeschäftliche Bestätigung des ursprünglich nichtigen oder anfechtbaren Vertrags verstanden werden. Eine solche Heilung tritt entgegen der Auslegungsregel des § 154 Abs. 1 namentlich dann ein, wenn die Gesellschafter mit der gemeinsamen Zweckverfolgung beginnen, ehe sie sich über alle offenen Punkte geeinigt oder den Vertrag wie beabsichtigt schriftlich niedergelegt haben.[1013] Aus den gleichen Gründen wird sich regelmäßig auch der Mangel der

---

[1005] Zur dogmatischen Begründung – Verwahrung (protestatio facto contraria) oder Folge rechtsgeschäftlichen, wenn auch fehlerhaften Zusammenwirkens – vgl. *Ulmer*, FS Flume, 1978, S. 301, 314.
[1006] So insbes. *K. Schmidt* AcP 186 (1986), 421, 424 ff. und *ders.* GesR § 6 I 3 und III 1; ihm folgend *C. Schäfer* (Fn. 914) S. 129 f., 137 ff.
[1007] Vgl. *K. Schmidt* und *C. Schäfer* (Fn. 1006).
[1008] So zutr. *C. Schäfer* (Fn. 914) S. 126, 137, 147 f.
[1009] Vgl. nach einer Reihe von Aufsätzen die zusammenfassende Darstellung bei *Flume* I/1 §§ 2, 4 und 5.
[1010] Dazu näher *Flume* I/1 § 4 II, S. 55 f. unter Bezugnahme auch auf *Buchda* und *v. Tuhr* (vgl. auch *K. Schmidt* AcP 186 [1986], 421, 425). Auch *Larenz* II § 60 I e hebt zutr. diese Besonderheit des Gesellschaftsvertrags hervor, freilich ohne daraus entsprechende Folgerungen für die Behandlung fehlerhafter Gesellschaften zu ziehen.
[1011] Dazu näher *Flume* I/1 § 2 III und *Ulmer*, FS Flume, 1978, S. 301, 308 ff.
[1012] So zutr. *Soergel/Hadding* RdNr. 72.
[1013] BGHZ 11, 190, 191 = NJW 1954, 231; BGH LM HGB § 105 Nr. 13 a = NJW 1960, 430; WM 1958, 1105; vgl. auch RdNr. 29.

Inhalt des Gesellschaftsvertrags 358–359 § 705

gewillkürten Form (§ 125 S. 2) durch den Vollzug des formnichtigen erledigen (RdNr. 50 f.). In derartigen Fällen besteht der Vertragsmangel nicht fort; die Gesellschaft ist voll wirksam. – Zur Heilung von Formmängeln durch Bewirken der Einlageleistung vgl. RdNr. 41, zur Aufrechterhaltung des Vertrags trotz einzelner fehlerhafter Klauseln in Abweichung von § 139 und zur Schließung der Lücke durch ergänzende Vertragsauslegung vgl. RdNr. 330.

2. Fehlerhafte Innengesellschaft (stille Gesellschaft). Nach ständ. **Rechtsprechung** 358 des BGH sollen die Grundsätze über die fehlerhafte Gesellschaft auch auf Innengesellschaften ohne Gesamthandsvermögen anwendbar sein. Das wurde zunächst für eine *atypische* stille Gesellschaft entschieden, bei der die Innenbeziehungen (Tätigkeitspflicht des Stillen und Teilhabe an den Wertsteigerungen des Geschäftsvermögens) abweichend von den §§ 230 ff. HGB ausgestaltet waren.[1014] Später dehnte der BGH diese Rechtsprechung auch auf *typische* stille Gesellschaften aus, um dadurch zu möglichst einheitlicher Beurteilung der verschiedenen Arten von Innengesellschaften zu kommen und Abgrenzungsschwierigkeiten zu vermeiden.[1015] Seit dem hat er zwar gelegentlich Zweifel hieran anklingen lassen.[1016] Das hat ihn in der Folgezeit freilich nicht gehindert, im Grundsatz an der Einbeziehung stiller Gesellschaften selbst dann festzuhalten, wenn er – im Ergebnis zutreffend – keine Bedenken trug, deren Rückabwicklung unter voller Entschädigung des Stillen zuzulassen (vgl. dazu RdNr. 359 a).[1017]

Im **Schrifttum** überwiegt die Differenzierung zwischen typischer und atypischer stiller 358 a Gesellschaft.[1018] Neuere Stimmen schließen sich aber zunehmend der von der Rechtsprechung vertretenen Einheitsbehandlung an.[1019] Zum Teil wird auch darauf abgestellt, ob die Innengesellschaft eine lediglich schuldrechtliche (dann Nichtanwendung) oder eine zugleich verbandsrechtliche Struktur aufweist.[1020]

Stellungnahme. Geht man aus von der zutreffenden dogmatischen Begründung der 359 Lehre von der fehlerhaften Gesellschaft, die unter Anknüpfung an die Doppelnatur der Gesellschaft als Schuldverhältnis und Organisation (Gesamthand) die Lehre als Ausprägung eines allgemeinen verbandsrechtlichen Prinzips versteht (RdNr. 354 f.), so erweist sich die **Einbeziehung der Innengesellschaften** jedenfalls dann als **unzutreffend,** wenn sie als Innengesellschaften ieS (RdNr. 282) über kein Gesamthandsvermögen verfügen; dies gilt unabhängig von der typischen oder atypischen Ausgestaltung des Innenverhältnisses. Ein über rein pragmatische Erwägungen hinausgehender, rechtfertigender Grund zur abweichenden Behandlung der Innengesellschaften im Vergleich zu anderen, insbesondere par-

---

[1014] BGHZ 8, 157, 167 = NJW 1953, 818; so zuletzt auch OLG Dresden BB 2002, 1776, 1777; OLG Hamm BB 2003, 653, 654; OLG Braunschweig ZIP 2003, 1154; aA OLG Jena ZIP 2003, 1444, 1446.
[1015] BGHZ 55, 8 = NJW 1971, 375; BGHZ 62, 234, 237 = NJW 1974, 498; BGH WM 1973, 900, 901; 1977, 196, 197; 1980, 12, 14.
[1016] So BGH WM 1990, 1543, 1546 (betr. als GbR ohne Gesamthandsvermögen organisierte Bauherrengemeinschaft); anders dann wieder BGH NJW-RR 1991, 613. Vgl. jetzt aber auch *Goette* DStR 1996, 269; OLG Schleswig ZIP 2002, 1244, 1247 f.; 2003, 74, 77 f.
[1017] So die st. Rspr. des II. ZSs zum Anlagemodell der sog. „Göttinger Gruppe", das auf einer Vielzahl paralleler stiller Gesellschaftsverträge zwischen einer AG als Inhaber des Handelsgeschäfts und dem jeweiligen Stillen als Kapitalanleger beruhte (vgl. Nachweise in Fn. 1024).
[1018] So mit iE unterschiedlicher Abgrenzung *Soergel/Hadding* RdNr. 92; *Rob. Fischer* JR 1962, 203, *Brox* BB 1964, 523, 527, *Schlegelberger/Geßler* (3. Aufl.) § 335 HGB RdNr. 56. Generell gegen die Anwendung der Lehre von der fehlerhaften Gesellschaft auf stille Gesellschaften aber *Koenigs*, Die stille Gesellschaft, 1961, S. 90 ff., 111 ff., *Bamberger/Roth/Timm/Schöne* RdNr. 162; *Bayer/Riedel* NJW 2003, 2567 sowie *Wiesner* (Fn. 930) S. 165 ff., der S. 177 ff. zu Recht darauf hinweist, dass die stattdessen eingreifenden Grundsätze über die Vertrauenshaftung nicht selten zu ähnlichen Ergebnissen führen.
[1019] So schon vor BGHZ 55, 5 = NJW 1971, 375: *Schilling* in Großkomm. zum HGB § 335 Anm. 42 und *Steckhan*, Die Innengesellschaft, 1966, S. 112 ff., 128; seither auch *Staudinger/Keßler* RdNr. 139 bis 141; *Palandt/Sprau* RdNr. 19; *Blaurock* (Fn. 97) § 11 RdNr. 11.5 f.; *Stimpel* ZGR 1973, 73, 101; tendenziell auch *Erman/Westermann* RdNr. 88 (vorbehaltlich der Zweipersonen-Innengesellschaft) und *Westermann* Hdb. RdNr. I 181 a, 181 b.
[1020] So *K. Schmidt* AcP 186 (1986), 421, 432 f. und MünchKommHGB/*K. Schmidt* § 230 RdNr. 133 f.; ähnlich auch *Röwer*, FS Weichler, 1997, S. 115, 127 f.; zweifelnd *Erman/Westermann* RdNr. 88. *Heymann/Horn* § 230 HGB RdNr. 28 beziehen darüber hinaus den Fall der Dienstleistung durch den Stillen mit ein.

tiarischen Dauerschuldverhältnissen ist nicht ersichtlich.[1021] Hinzu kommt, dass die Differenzierung der Rechtsprechung zu unerwünschten Abgrenzungsproblemen zwischen stillen Gesellschaften und partiarischen Rechtsverhältnissen führt, während mit dem Merkmal des *Gesamthandsvermögens* ein eindeutiges Abgrenzungskriterium zur Verfügung steht. Auch aus Gründen des Verkehrsschutzes besteht für eine Anerkennung fehlerhafter, nicht am Rechtsverkehr teilnehmender Innengesellschaften ieS kein Anlass. Schließlich sind auch die Auseinandersetzungsprobleme bei der Innengesellschaft nicht so schwerwiegend, dass sie die Anwendung von Organisationsrecht erforderlich machen würden. Vielmehr kann dem erforderlichen Ausgleich im Innenverhältnis auch durch die flexiblen Wertmaßstäbe des § 818 Abs. 1 bis 3 Rechnung getragen werden, ohne dass es hierzu einer Rückabwicklung der Innenbeziehungen bedarf.[1022] *Innengesellschaften ohne Gesamthandsvermögen sollten daher aus dem Anwendungsbereich der Lehre von der fehlerhaften Gesellschaft schlechthin ausgeklammert werden.*[1023]

359a Die mangelnde Eignung der Grundsätze der fehlerhaften Gesellschaft für die Anwendung auf Innengesellschaften ieS zeigt sich mit besonderer Deutlichkeit beim Blick auf die **widersprüchliche Rechtsprechung des II. ZSs des BGH zu stillen Gesellschaften,** die eine AG als Kapitalanlagegesellschaft (Inhaberin des Handelsgeschäfts iS von § 230 HGB) je einzeln mit einer Vielzahl von Kapitalanlegern als Stillen geschlossen hatte.[1024] Die Stillen waren in diesen Fällen von der „Göttinger Gruppe" durchweg mit falschen Versprechungen für die Kapitalanlage geworben worden; sie verlangten nach Aufdeckung des Vertragsmangels ihre Einlagen zurück. Der BGH gab ihnen – trotz Festhaltens am Eingreifen der Grundsätze über die fehlerhafte Gesellschaft mit der Auflösungsfolge ex nunc und entsprechend vermindertem Abfindungsanspruch der Stillen – im Ergebnis dadurch Recht, dass er das Bestehen entsprechender **Schadensersatzansprüche** der Stillen gegen die AG aus § 280 iVm. §§ 241 Abs. 2, 311 Abs. 2 Nr. 1 (cic) und/oder aus § 826 bejahte.[1025] Zu Recht wies er darauf hin, dass Gründe des Verkehrsschutzes dieser letztlich zur *Rückabwicklung* des Vertragsabschlusses führenden Rechtsfolge nicht entgegenstünden, da die jeweilige stille Gesellschaft als solche – im Unterschied zur AG als Inhaberin – am Rechtsverkehr nicht teilgenommen habe.[1026] Auch für einen Schutz der Interessen von Mitgesellschaftern bestand angesichts der jeweils zweiseitigen stillen Gesellschaftsverträge kein Anlass. Im Ergebnis verdient diese Rechtsprechung daher Zustimmung.[1027] Ihre Begründung ist jedoch unhaltbar, wenn man die vom BGH gesetzte Prämisse zugrundelegt, dh. die Grundsätze der fehlerhaften Gesellschaft eingreifen lässt.[1028]

360 **3. Fehlerhafte Vertragsänderungen. a) Allgemeines.** Hinsichtlich der **Gründe** für die Fehlerhaftigkeit von Vertragsänderungen kann auf die Feststellungen in RdNr. 328 ff. verwiesen werden; es gilt Entsprechendes wie für den Vertragsschluss. Eine fehlerhafte Vertragsänderung liegt auch dann vor, wenn der Mangel auf dem Fehlen oder der Unwirksamkeit der zur Änderung erforderlichen Zustimmung einzelner Gesellschafter beruht, der

---

[1021] Das gilt auch für den Einwand von *Larenz* II § 60 VII gegen die Anwendung von Bereicherungsrecht auf fehlerhafte Gesellschaftsverträge, bei der Gesellschaft fehle es an Leistungen zwischen den Gesellschaftern, durch die der eine auf Kosten eines anderen bereichert würde: er trifft nicht die Rechtsverhältnisse in der Innengesellschaft, bei der die Einlagen nicht in die Gesamthand, sondern in das Vermögen eines der Gesellschafter geleistet werden. – Zur Unanwendbarkeit der Grundsätze der fehlerhaften Gesellschaft auf einen „Eierpartnerschaftsvertrag" als partiarisches Rechtsverhältnis vgl. BGH WM 1976, 1307, 1309.
[1022] So auch *Koenigs* (Fn. 1018) S. 107 f. sowie allg. *Rödig* (Fn. 987) S. 59 ff.; *H. Weber* (Fn. 987) S. 102 ff., 174 ff.; vgl. dazu auch *Ulmer*, FS Flume, 1978, S. 301, 318.
[1023] So auch *Koenigs, Timm/Schöne, Beyer/Riedel* und *Wiesner* (Fn. 1018); *C. Schäfer* (Fn. 914) S. 143 ff.; *ders.* BKR 2002, 1004. Ähnlich *K. Schmidt* (Fn. 1020).
[1024] BGH ZIP 2004, 1706, 1708; 2005, 254, 256; 2005, 753, 757; 2005, 763, 764; 2005, 2060, 2062; NJW 2005, 1784, 1786. Dazu *Armbrüster* ZflR 2004, 928 ff.; *Armbrüster/Joos* ZIP 2004, 189 ff.; *C. Schäfer* ZHR 170 (2006), 373 ff.
[1025] Vgl. die Nachweise in Fn. 1024 (insbes. BGH ZIP 2004, 1706, 1708).
[1026] So zutr. BGH ZIP 2004, 1706, 1708.
[1027] So zu Recht *C. Schäfer* ZHR 170 (2006), 397.
[1028] Eingehend dazu *C. Schäfer* ZHR 170 (2006), 382 ff.

Änderungsbeschluss jedoch scheinbar den gesellschaftsvertraglichen Anforderungen entspricht. An dem Erfordernis einer (wenn auch mangelhaften) vertraglichen Einigung fehlt es hier ebenso wenig wie beim Dissens oder bei der Unwirksamkeit der Beitrittserklärung einzelner Gesellschafter.[1029] Anderes gilt dann, wenn die für die Änderung stimmenden Gesellschafter trotz des Fehlens der notwendigen Zustimmung von Mitgesellschaftern und gegen deren alsbald erhobenen Widerspruch nach der Änderung verfahren. Denn insoweit kann von übereinstimmendem Vollzug keine Rede sein.

Was die **rechtliche Behandlung** fehlerhafter Vertragsänderungen angeht, so wird im **361** Unterschied zur fehlerhaften Gründung teilweise die Ansicht vertreten, die Grundsätze über die fehlerhafte Gesellschaft seien hier nur mit **Zurückhaltung** anwendbar;[1030] anderes soll nur für den Gesellschafterwechsel gelten (vgl. dazu RdNr. 365 ff.). Dementsprechend hat auch der BGH eine wegen unbemerkten Wegfalls der Geschäftsgrundlage fehlerhaft geänderte Nachfolgeklausel als rückwirkend unwirksam beurteilt, obwohl inzwischen ein Nachfolgefall eingetreten und der Nachfolger im Vertrauen auf die fehlerhafte Änderung in der Kommanditistenstellung verblieben war, statt entsprechend der ursprünglichen Regelung Stellung und Rechte eines Komplementärs einzunehmen.[1031] Fehlerhafte Vertragsänderungen sollen nach dieser Ansicht nur dann wirksam sein, wenn sie den „Status" der Gesellschaft betreffen.[1032] Dagegen soll der fehlerhaften Änderung der Beziehungen der Gesellschafter untereinander keine Bestandskraft zukommen.[1033]

Diese Differenzierung vermag **nicht zu überzeugen.** Auch abgesehen von der Unschär- **362** fe des „Status"-Kriteriums[1034] gibt es keinen Rechtsgrund für die Annahme, dass Mängel im Zuge einer Vertragsänderung, die sich durch Vollzug der Änderung über den rein schuldrechtlichen Bereich hinaus auf die Gesellschaftsorganisation ausgewirkt haben, zu einer grundsätzlich anderen Beurteilung als Gründungsmängel führen sollten. Vielmehr kommt es auch für den Fall fehlerhafter Änderungen darauf an, ob der Mangel, wie bei der Änderung der Gewinnverteilung u. a., lediglich die schuldrechtlichen Beziehungen der Gesellschafter untereinander betrifft oder ob er zu **Folgen für die Organisation** geführt, insbesondere in der Geschäftsführung, der Vertretung, dem Gesamthandsvermögen (Beiträge) oder dem Haftungsumfang seinen Niederschlag gefunden hat.[1035] Im letztgenannten Fall greifen die Grundsätze über die fehlerhafte Gesellschaft ein, soweit der Mangel nicht zwischenzeitlich geheilt ist (RdNr. 357). Eine rückwirkende Berufung auf den Mangel scheidet aus; das Recht auf Anpassung des Gesellschaftsvertrags oder – bei grundlegenden, sich auf den Gesamtvertrag auswirkenden Mängeln – ein einseitiges Auflösungsrecht greift vielmehr nur für die Zukunft ein. Fehlt es dagegen an derartigen Organisationsfolgen, so gilt mangels Heilung der Gesellschaftsvertrag in seiner ursprünglichen, nicht geänderten Fassung fort.

Im Einzelnen gelten die Grundsätze über die fehlerhafte Gesellschaft danach für folgende **363** fehlerhaft zustande gekommene Änderungsbeschlüsse:[1036] die Aufnahme, das Ausscheiden oder die Ausschließung von Gesellschaftern sowie die Änderung ihrer Rechtsstellung;

[1029] BGH NJW 1988, 1321, 1323; weitergehend *C. Schäfer* (Fn. 914) S. 368 ff., der es für das (fehlerhafte) Rechtsgeschäft schon genügen lässt, wenn nur *ein* Gesellschafter für die Änderung gestimmt hat; aA *Wiesner* (Fn. 930) S. 143 ff.

[1030] Vgl. etwa *Rob. Fischer* in Großkomm. zum HGB § 105 Anm. 84; *Hueck* OHG § 7 III 7 c, S. 100 f.; aA MünchKommHGB/*K. Schmidt* § 105 RdNr. 252; *Soergel/Hadding* RdNr. 91; *Wiesner* (Fn. 930) S. 138 ff.; *C. Schäfer* (Fn. 914) S. 289 ff.; im Grundsatz auch *Flume* I/1 § 2 III, S. 28; nicht eindeutig *Erman/Westermann* RdNr. 84.

[1031] BGHZ 62, 20, 27 = NJW 1974, 498, freilich ohne im Ergebnis zu einer rückwirkenden Anpassung zu kommen. Dazu krit. auch *Finger* ZGR 1976, 240, 243 ff.; 248.

[1032] BGHZ 62, 20, 29 = NJW 1974, 498; BGH DB 1956, 65; LM HGB § 138 Nr. 11 = NJW 1969, 1483.

[1033] So auch *Flume* I/1 § 2 III, S. 29; *Müller-Laube* JuS 1985, 885, 887.

[1034] So schon *Ganssmüller* NJW 1956, 698; *Hueck* OHG § 7 III 7 c, S. 100; ebenso *Staub/Ulmer* § 105 HGB RdNr. 366; *C. Schäfer* (Fn. 914) S. 301 f., 361; wohl auch MünchKommHGB/*K. Schmidt* § 105 RdNr. 252.

[1035] So im Ansatz auch *Soergel/Hadding* RdNr. 91. Vgl. näher *Ulmer*, FS Flume, 1978, S. 301, 319 f. und o. RdNr. 354 ff.; *C. Schäfer* (Fn. 914) S. 357 ff.

[1036] Vgl. zum Folgenden die Positiv- und die Negativliste bei *C. Schäfer* (Fn. 914) S. 357 ff.

Maßnahmen der Kapitalerhöhung und Kapitalherabsetzung;[1037] Änderungen der Rechtsform der Gesellschaft; Änderungen der Organstruktur und der Organkompetenzen;[1038] Änderungen der mit der Mitgliedschaft verbundenen Verwaltungsrechte, darunter insbesondere des Geschäftsführungs- und des Stimmrechts.[1039] **Nicht** erfasst werden demgegenüber Änderungen der Vermögensrechte, darunter insbesondere des Gewinnverteilungsschlüssels, da deren rückwirkende Korrektur problemlos möglich ist und die Organisation der Gesellschaft unberührt lässt[1040] Entsprechendes gilt für „klassische" Vermögensübertragungen außerhalb des UmwG.[1041] *Zweifelhaft* ist die Beurteilung im Blick auf Änderungen des Gesellschaftszwecks und des Unternehmensgegenstands; vorbehaltlich der Auflösung (RdNr. 364) sprechen die besseren Gründe insoweit gegen ihre Einbeziehung in den Anwendungsbereich der Lehre von der fehlerhaften Gesellschaft.[1042]

364 Die Grundsätze über die fehlerhafte Gesellschaft gelten auch für den Fall **fehlerhafter Auflösung** infolge Nichtigkeit oder Anfechtbarkeit des Auflösungsbeschlusses oder Unwirksamkeit der Kündigung. Ist mit der Abwicklung schon begonnen, dh. die fehlerhafte Auflösung in Vollzug gesetzt worden, so entfällt grundsätzlich die Möglichkeit, sich rückwirkend auf den Auflösungsmangel zu berufen.[1043] Auch ein einseitiges Gestaltungsrecht jedes vom Fehler betroffenen Gesellschafters zur Rückumwandlung der Gesellschaft in eine werbende ist nicht anzuerkennen; die Verhältnisse bei der fehlerhaften Auflösung unterscheiden sich so wesentlich von denjenigen bei Geltendmachung von Gründungs- oder Änderungsmängeln, dass sich das Gestaltungsrecht des § 723 Abs. 1 S. 2 nicht ohne weiteres auf diesen Fall übertragen lässt.[1044] Wohl aber steht jedem Gesellschafter, der sich auf den Auflösungsmangel beruft, ein durch Leistungsklage gegen die Mitgesellschafter geltend zu machender Anspruch auf Fortsetzung der Gesellschaft zu, wenn nicht die Abwicklung schon weit fortgeschritten und dadurch die Grundlage für die gemeinsame Fortsetzung der Gesellschaft entfallen ist.[1045]

365 b) **Gesellschafterwechsel.** Einen Sonderfall der Vertragsänderung stellt – vorbehaltlich der Anteilsübertragung (RdNr. 374) – der Beitritt oder das Ausscheiden eines Gesellschafters durch *Vereinbarung mit den Mitgesellschaftern* dar. Anders als bei Inhaltsänderungen handelt es sich hier streng genommen nicht um eine Änderung des bestehenden, sondern um den Abschluss eines neuen Vertrags zwischen einem veränderten Kreis von Vertragspartnern. Das mag einer der Gründe dafür sein, warum die hM hier – im Unterschied zu sonstigen Vertragsänderungen – keine Bedenken hat, die Grundsätze der fehlerhaften Gesellschaft uneingeschränkt zur Anwendung zu bringen.[1046] Im Einzelnen ist wie folgt zu unterscheiden.

[1037] *C. Schäfer* (Fn. 914) S. 452 ff., 454.
[1038] *C. Schäfer* (Fn. 914) S. 473 ff., 477 f. Zur fehlerhaften Bestellung und Abberufung von Organwaltern vgl. auch *Schürnbrand* (Fn. 692) S. 267 ff.
[1039] *C. Schäfer* (Fn. 914) S. 483 ff., 488.
[1040] So zutr. *C. Schäfer* (Fn. 914) S. 487 f.
[1041] *C. Schäfer* (Fn. 914) S. 359 f.
[1042] So – allerdings unter Einbeziehung auch des fehlerhaften Auflösungsbeschlusses – auch *C. Schäfer* (Fn. 914) S. 418 ff.
[1043] So im Anschluss an *Steines*, Die faktisch aufgelöste offene Handelsgesellschaft, 1964, die heute hM, vgl. *Soergel/Hadding* RdNr. 91; *Hueck* OHG § 7 III 8, S. 101; *Staub/Ulmer* § 105 HGB RdNr. 367; *Erman/Westermann* RdNr. 86; weitergehend *Wiesner* (Fn. 930) S. 156. Zur früher überwiegenden Gegenansicht vgl. *Ulmer* in Großkomm. zum HGB § 131 Anm. 120; so auch noch gegenwärtig *C. Schäfer* (Fn. 914) S. 402 ff.
[1044] Die Rechtslage bei der GbR ist insoweit auch nicht mit derjenigen bei der OHG vergleichbar, bei der gute Gründe für die Zulassung einer Gestaltungsklage analog § 133 HGB (so *Steines* [Fn. 1043] S. 33 ff.; aA *C. Schäfer* [Fn. 914] S. 385 f.) sprechen.
[1045] Hierzu und zu weiteren Problemen fehlerhaft aufgelöster Gesellschaften vgl. *Ulmer* in Großkomm. zum HGB § 131 Anm. 122 ff. und *Staub/C. Schäfer* § 130 HGB RdNr. 190 f.
[1046] So insbes. für den fehlerhaften Beitritt BGHZ 26, 330, 335 = NJW 1958, 668; BGHZ 44, 235, 237 = NJW 1966, 107; BGHZ 63, 338, 340 = NJW 1975, 1022; BGH NJW 1973, 1604; 1977, 1820, 1821; 1988, 1321, 1323 und 1324, 1325; 1992, 1501, 1502; NZG 2003, 277, 278 f.; OHGZ 4, 241, 245; *Soergel/Hadding* RdNr. 89 f.; *Erman/Westermann* RdNr. 85 f.; *Bamberger/Roth/Timm/Schöne* RdNr. 94 f.; *Rob. Fischer* in Großkomm. zum HGB § 105 Anm. 84; *Hueck* OHG § 7 III 7 a bb; *MünchKommHGB/K. Schmidt* § 105 RdNr. 248 ff.; *K. Schmidt* AcP 186 (1986), 421, 435 ff.; *Wiedemann* WM 1990, Beilage 8 S. 29; *Wiesner* (Fn. 930) S. 148 ff. Eingehend jetzt *C. Schäfer* (Fn. 914) S. 302 ff., 310 f., 321 ff.

aa) Fehlerhafter Beitritt. Der fehlerhafte Beitritt zu einer fehlerfreien Gesellschaft[1047] wird meist auf entsprechenden Gründen beruhen wie die fehlerhafte Beteiligung an der Gründung.[1048] Neben Irrtum, Täuschung[1049] und Drohung (sei es auf Seiten des Beitretenden oder der bisherigen Gesellschafter) sowie neben der Nichteinhaltung von Formvorschriften für die Übernahme bestimmter Vertragspflichten (§ 311b Abs. 1 u. a., vgl. RdNr. 32 ff.) ist vor allem an den fehlerhaften Beitritt nicht voll Geschäftsfähiger zu denken (RdNr. 335 ff.). Erforderlich ist auch hier jeweils, dass dem Beitritt ein – wenn auch fehlerhaftes – **rechtsgeschäftliches Handeln** auf Seiten der bisherigen Gesellschafter und des Beitretenden als der für die Vertragsänderung zuständigen Personen zu Grunde liegt. Die fehlende Mitwirkung eines Teils der bisherigen Gesellschafter macht den Beitrittsvertrag fehlerhaft, schließt dessen Vorliegen als solches jedoch nicht aus, sofern nur mindestens einer von ihnen am Vertragsschluss beteiligt war; sie steht der Anwendung der Grundsätze über die fehlerhafte Gesellschaft nach Vollzug des Beitritts nicht entgegen.[1050] Entsprechendes gilt a fortiori beim Beitritt zu einer *Publikumsgesellschaft* durch fehlerhaften Vertragsschluss zwischen Beitretendem und Geschäftsführung der Gesellschaft, wenn diese – wie üblich – im Gesellschaftsvertrag zur Aufnahme neuer Gesellschafter ermächtigt werden sollte.[1051] Die fehlende oder fehlerhafte Ermächtigung betrifft hier nicht die Vertragsgrundlage, sondern ist lediglich Wirksamkeitsvoraussetzung.[1052]

Vollzogen ist der Beitritt bei **nichtigem** oder schwebend unwirksamem Vertragsschluss erst mit der Leistung der Einlage durch den Beitretenden oder mit dessen Teilnahme an Geschäftsführungsmaßnahmen (vgl. allgemein RdNr. 331);[1053] erst dadurch wird die anfängliche Unwirksamkeit des mit ihm geschlossenen Beitrittsvertrags überwunden. Dagegen führen **anfechtbare** Beitrittserklärungen wegen ihrer vorläufigen Wirksamkeit schon vom Beitrittszeitpunkt an zur Gesamthänderstellung des fehlerhaft Beigetretenen und haben damit über die rein schuldrechtlichen Beziehungen hinaus sofortige Auswirkungen auf die Gesellschaftsorganisation; dem darin liegenden Vollzugselement ist durch alsbaldige Anwendung der Lehre von der fehlerhaften Gesellschaft Rechnung zu tragen.[1054]

Die **Rechtsfolgen** des vollzogenen fehlerhaften Beitritts bestehen vorbehaltlich des Schutzes nicht voll Geschäftsfähiger (RdNr. 335 ff.) im rückwirkend nicht vernichtbaren Erwerb der Mitgliedschaft mit den entsprechenden Rechten und Pflichten nach innen und außen.[1055] Der Fehler ist, solange er nicht geheilt ist (RdNr. 357), von den dadurch

---

[1047] Im Unterschied zum fehlerfreien Beitritt zu einer fehlerhaften Gesellschaft, bei dem sich der Beitretende auf den Vertragsmangel nur dann berufen kann, wenn dieser auch seinen Beitritt tangiert, vgl. *Hueck* OHG § 7 III 7 a aa, S. 99.

[1048] Einen Fall fehlerhaften Beitritts wegen (angeblichen) Verstoßes gegen § 138 behandelt OLG Koblenz WM 1979, 1435. Für Vorrang des § 138 bei sittenwidrig herbeigeführtem Beitritt zu stiller Gesellschaft OLG Schleswig ZIP 2002, 1244, 1247.

[1049] Sie hat namentlich in der Rspr. zu den Publikumsgesellschaften Bedeutung erlangt, vgl. neben BGHZ 26, 330 = NJW 1958, 668 insbes. BGHZ 63, 338 = NJW 1975, 1022; BGH LM HGB § 132 Nr. 4 = NJW 1975, 1700; NJW 1976, 894; dazu *U. H. Schneider* ZHR 142 (1978), 228 ff.

[1050] So zutr. *C. Schäfer* (Fn. 914) S. 324 f. und schon BGH NJW 1988, 1321, 1323; aA noch BGH WM 1962, 1353, 1354; MünchKommHGB/K. *Schmidt* § 105 RdNr. 248; *Wiesner* (Fn. 930) S. 149.

[1051] Näher *C. Schäfer* (Fn. 914) S. 326 f., 330. Zur grds. Ermächtigung der Geschäftsführer einer Publikums-KG, weitere Kommanditisten aufzunehmen, vgl. BGH NJW 1978, 1000; so auch schon BGH LM HGB § 132 Nr. 3 = NJW 1973, 1604 (Unanwendbarkeit von § 278 auf die Gesellschafter einer Publikums-KG, wenn der handelnde Geschäftsführer weitere Kommanditisten durch Täuschung zum Beitritt veranlasst); BGHZ 63, 338, 345 = NJW 1975, 1022.

[1052] Vgl. *C. Schäfer* (Fn. 914) S. 327.

[1053] Ebenso *Bamberger/Roth/Timm/Schöne* RdNr. 94; aA *Schlegelberger/K. Schmidt* § 130 HGB RdNr. 6, und *C. Schäfer* (Fn. 914) S. 311 f. die es unabhängig von der Art des Beitrittsmangels als ausreichend ansehen, dass die fehlerhafte Gesellschaft selbst – sei es auch vor dem Beitritt – in Vollzug gesetzt war.

[1054] So auch *Bamberger/Roth/Timm/Schöne* RdNr. 94; im Ergebnis auch *Schlegelberger/K. Schmidt* § 130 HGB RdNr. 6, freilich ohne zwischen den verschiedenen Fehlerarten zu differenzieren; aA einerseits BGH NJW 1992, 1502, der für den Vollzug des Beitritts generell darauf abstellt, dass der Beitretende Beiträge geleistet und Gesellschafterrechte ausgeübt hat, andererseits *C. Schäfer* (Fn. 914) S. 332 ff., der auch für diesen Fall den Vollzug der Gesellschaft als solcher genügen lässt.

[1055] AA für das Außenverhältnis *Canaris* und *Möschel* (vgl. RdNr. 352 mN).

betroffenen Gesellschaftern grundsätzlich durch fristlose Kündigung geltend zu machen.[1056] Beruht er auf dem Verhalten oder der Person des Beitretenden, so haben die Mitgesellschafter ein Ausschlussrecht entsprechend § 737. Darauf, ob der Gesellschaftsvertrag eine Fortsetzungsklausel enthält, kommt es in diesem Fall nicht an; die durch den fehlerhaften Beitritt betroffenen Mitgesellschafter sind auch ohne eine solche Klausel berechtigt, die Gesellschaft in der ursprünglichen Zusammensetzung fortzusetzen.

369 Gegen die Einlageforderung der Gesellschaft kann dem fehlerhaft Beigetretenen im Einzelfall ein **Leistungsverweigerungsrecht** zustehen, so wenn er durch Täuschung oder Drohung zum Beitritt veranlasst wurde und die Erfüllung der Einlageverpflichtung im Wesentlichen dem oder den Täuschenden selbst zugute käme.[1057] Anderes gilt mit Rücksicht auf den Gleichbehandlungsgrundsatz, wenn die Täuschung nur wenigen Gesellschaftern zuzurechnen ist und von ihr die Mehrzahl der oder sämtliche übrigen Gesellschafter gleichmäßig betroffen sind.[1058] Im Übrigen führt das kündigungsbedingte Wiederausscheiden des fehlerhaft Beigetretenen zwar zur Umgestaltung seines Rechtsverhältnisses zur Gesamthand in ein Abwicklungsverhältnis. Die noch nicht erfüllte Einlageforderung entfällt dadurch jedoch nicht ersatzlos, sondern geht – zumal bei negativem Geschäftsergebnis – nach Maßgabe der Auseinandersetzungsbilanz im Anspruch der Gesamthand gegen den fehlerhaft Beigetretenen auf Zahlung des sich daraus ergebenden Saldos auf.[1059] Zur Rechtslage bei haustürinitiiertem Beitritt vgl. RdNr. 329.

370 **bb) Fehlerhaftes Ausscheiden.** Ebenso wie der Beitritt kann auch das auf **Vereinbarung** beruhende Ausscheiden oder der einstimmige Ausschließungsbeschluss der übrigen Gesellschafter (§ 737 RdNr. 13) fehlerhaft (nichtig oder anfechtbar) sein.[1060] Für das Eingreifen der Grundsätze über die fehlerhafte Gesellschaft kommt es auch in diesem Fall darauf an, ob der Fehler die Gesellschaftsorganisation betrifft oder ob er sich nur auf die schuldrechtlichen Beziehungen zwischen den Beteiligten auswirkt (RdNr. 362 f.). Letzteres ist namentlich bei fehlerhaften Abfindungsvereinbarungen der Fall,[1061] soweit nicht der Mangel nach den gesellschaftsrechtlichen Auslegungsgrundsätzen (RdNr. 53) auch die Abrede über das Ausscheiden selbst erfasst. Betrifft der Mangel das fehlerhafte Ausscheiden eines *nicht voll Geschäftsfähigen,* wie namentlich bei fehlender Genehmigung des Vormundschaftsgerichts im Fall von Erwerbsgesellschaften (RdNr. 70), so ist das Ausscheiden entgegen den allgemein für die Rechtsposition Minderjähriger in der fehlerhaften Gesellschaft geltenden Grundsätzen (RdNr. 335 ff.) gleichwohl wirksam, weil diese Rechtsfolge seinem Schutzbedürfnis besser entspricht.[1062] Im Übrigen kann dem berechtigten Interesse des Minderjährigen problemlos durch dessen Anspruch auf Wiederaufnahme Rechnung getragen werden (RdNr. 372).

[1056] Das ist für die GbR im Hinlick auf § 723 Abs. 1 S. 2 unproblematisch. Für OHG und KG ist dagegen umstritten, ob dem Beitretenden im Falle der Täuschung nicht abw. von § 133 HGB ein einseitiges Kündigungs- oder Austrittsrecht einzuräumen ist (so für den auf Täuschung beruhenden Beitritt zu einer Publikums-KG die st. Rspr., vgl. die Nachweise in Fn. 1049; für Zuerkennung eines Übernahmerechts gegenüber einem Mitgesellschafter, der seinerseits durch Täuschung seine Aufnahme erreicht hat, BGHZ 47, 293, 301 f. = NJW 1967, 1961; zum Meinungsstand im Schrifttum vgl. *C. Schäfer* (Fn. 914) S. 385 f.).
[1057] BGHZ 26, 330, 335 = NJW 1958, 668; *Rob. Fischer* NJW 1955, 851; *Erman/Westermann* RdNr. 85; *Lieberich* (Fn. 924) S. 57; weitergehend *Hueck* OHG § 7 III 2 a, S. 88.
[1058] BGHZ 26, 330, 334 f. = NJW 1958, 668; OLG Köln BB 1970, 1460; *Lieberich* (Fn. 924) S. 58.
[1059] BGH LM HGB § 132 Nr. 3 = NJW 1973, 1604; Näheres dazu vgl. § 735 RdNr. 3, § 738 RdNr. 38.
[1060] Vgl. dazu neben *Hueck* OHG § 7 III 7 b, S. 99 namentlich auch *Däubler* BB 1966, 1292 ff., *Gursky,* Das fehlerhafte Ausscheiden eines Gesellschafters aus einer Personalgesellschaft, Diss. Köln 1969, *Lieberich* (Fn. 924) S. 85 ff., und *Hartmann,* FS Schiedermair, 1976, S. 257 ff.; aus der Rspr. vgl. BGH LM HGB § 138 Nr. 11 = NJW 1969, 1483; NJW 1988, 1324; 1992, 1503, 1504; WM 1975, 512, 514; NZG 2003, 276.
[1061] BGH LM HGB § 138 Nr. 11 = NJW 1969, 1483; LM § 738 Nr. 8 = NJW 1979, 104.
[1062] Für die vorläufige Wirksamkeit des fehlerhaften Austritts Minderjähriger daher auch *Däubler* BB 1966, 1294, und *Hartmann,* FS Schiedermair, 1976, S. 257, 264 ff.; aA BGH NJW 1992, 1503, 1504; *Baumbach/Hopt* § 105 HGB RdNr. 95.

Hinsichtlich des **Vollzugs** ist wie beim Beitritt (RdNr. 367) zu unterscheiden.[1063] Bei **371** anfechtbarer Austrittsvereinbarung genügt deren Zustandekommen, um die organisationsrechtlichen Folgen des Ausscheidens und der Anwachsung (§ 738 Abs. 1 S. 1) herbeizuführen. Dagegen bedarf es bei nichtiger oder schwebend unwirksamer Austrittsvereinbarung besonderer Vollzugsmaßnahmen wie der Weiterführung der Restgesellschaft ohne den fehlerhaft Ausgeschiedenen oder dessen Abfindung, um das Ausscheiden trotz des ihm anhaftenden Fehlers wirksam werden zu lassen.

Die **Rechtsfolge** des vollzogenen fehlerhaften Ausscheidens besteht in dessen Wirksamkeit unter Anwachsung des Gesamthandsanteils des Ausgeschiedenen bei den Mitgesellschaftern und Entstehung des Abfindungsanspruchs.[1064] Der fehlerhaft Ausgeschiedene kann jedoch, wenn der Fehler nicht ihm zur Last fällt, seine **Wiederaufnahme** in die Gesellschaft verlangen.[1065] Dabei ist ihm hinsichtlich der Verwaltungsrechte grundsätzlich die alte Rechtsstellung einzuräumen. Zwischenzeitliche, nicht durch sein Ausscheiden veranlasste Vertragsänderungen muss er freilich hinnehmen.[1066] Zu welchen Bedingungen seine Wiederaufnahme zu erfolgen hat und welche Bedeutung zwischenzeitlichen Gewinnen und Verlusten, Wertsteigerungen oder -minderungen des Gesellschaftsvermögens zukommt, hängt von den Umständen des Einzelfalls ab.[1067] **372**

cc) **Fehlerhafte Gesellschafternachfolge.** Die vorstehenden Grundsätze gelten auch **373** dann, wenn es durch sachlich und zeitlich zusammenhängende **Vereinbarungen** des Ausscheidenden und des Beitretenden **mit den übrigen Gesellschaftern** (Doppelvertrag, vgl. § 719 RdNr. 17) zur Gesellschafternachfolge kommt. Unabhängig von Art und Zahl der Vertragsurkunden liegt hier sowohl eine Ausscheidens- als auch eine Beitrittsvereinbarung vor, wobei die Fehlerhaftigkeit der einen Vereinbarung nicht notwendig diejenige der anderen zur Folge haben muss.[1068]

Nach bisher hM sollte Entsprechendes auch im Fall der zweiseitigen **Anteilsübertragung** (§ 719 RdNr. 25) gelten, obwohl diese nicht auf einer Vereinbarung aller Gesellschafter (RdNr. 365), sondern auf – fehlerhaftem – Vertrag zwischen Ausscheidendem und Beitretendem unter Zustimmung der Mitgesellschafter beruht. Das wurde damit begründet, dass erst die Erteilung der Zustimmung die Verfügung über den Anteil wirksam mache und dementsprechend die Zusammensetzung des Gesellschafterkreises und die gesamthänderische Berechtigung am Gesellschaftsvermögen ändere; diese Änderung könne nicht rückwirkend beseitigt werden.[1069] Der fehlerhaft Ausgeschiedene könne jedoch seine Wiederaufnahme durch Rückübertragung des Anteils verlangen.[1070] Dieser Ansicht ist in neuerer Zeit zu Recht widersprochen worden, weil sie nicht hinreichend zwischen dem – ggf. von der Zustimmung der Mitgesellschafter abhängigen – zweiseitigen Veräußerungsvertrag über den Anteil und dem davon zu unterscheidenden, von der Anteilsveräußerung nicht berühr- **374**

[1063] AA *Gursky* (Fn. 924) S. 117 ff., 120, und *Lieberich* (Fn. 925) S. 115 f., die ohne Differenzierung jeweils auf das Ausscheiden selbst bzw. dessen Wirksamkeit(?) abstellen; undiff. auch *Soergel/Hadding* RdNr. 90; *Bamberger/Roth/Timm/Schöne* RdNr. 95; *Erman/Westermann* RdNr. 86.

[1064] Ganz hM; insoweit zust. auch *Möschel*, FS Hefermehl, 1976, S. 171, 184.

[1065] HM, vgl. BGH LM HGB § 138 Nr. 11 = NJW 1969, 1483; WM 1975, 512, 515; NJW 1988, 1324, 1325; *Hueck* OHG § 7 III 7 b, S. 99 f.; *Staub/C. Schäfer* § 131 HGB RdNr. 191; aA *Hartmann*, FS Schiedermair, 1976, S. 257, 267 ff. Zu der nur für die Personenhandelsgesellschaften relevanten Frage, ob die Wiederaufnahme nur durch Aufnahmevertrag oder auch analog § 133 HGB durch Gestaltungsklage durchgesetzt werden kann, vgl. *Wiedemann* Übertragung S. 70 f.; *C. Schäfer* (Fn. 914) S. 385 f.; *Däubler* BB 1966, 1292, 1293 f.; *Gursky* (Fn. 924) S. 106 ff.; *Lieberich* (Fn. 924) S. 133 f.; *Steines* (Fn. 1043) S. 36 f.; dazu auch RdNr. 345.

[1066] *Däubler* BB 1966, 1294; *Wiesner* (Fn. 930) S. 154; *Erman/Westermann* RdNr. 86.

[1067] So zutr. *Hueck* OHG § 7 III 7 b, S. 100; für grds. Wiedereinräumung des bisherigen Kapitalanteils gegen Rückzahlung der Abfindungssumme aber *Däubler* BB 1966, 1294.

[1068] Näheres dazu bei *Däubler* BB 1966, 1294 f., und *Lieberich* (Fn. 924) S. 197 ff.; ebenso *Wiesner* (Fn. 930) S. 155; vgl. auch *U. Huber* (Fn. 92) S. 409, 412. Aus der Rspr. vgl. (ohne Begründung) BGH WM 1968, 892.

[1069] So aА BGH WM 1968, 892; NJW 1988, 1324, 1325; *Wiesner* (Fn. 930) S. 155; *Müller-Laube* JuS 1985, 887; aA *K. Schmidt* AcP 186 (1986), 421, 438 f. und *ders.* BB 1988, 1053, 1059 f.

[1070] BGH NJW 1988, 1324, 1325 (vgl. auch RdNr. 372).

ten Gesellschaftsvertrag als Bezugspunkt der Lehre von der fehlerhaften Gesellschaft unterscheidet.[1071] Diese Beurteilung trifft zu; *für das Eingreifen der LfG ist kein Raum.* Gesellschaft und Mitgesellschafter werden durch die Unwirksamkeit der Anteilsübertragung in ihrem Interesse an Rechtssicherheit nicht substanziell berührt, weil ihnen gegenüber Rechtshandlungen von und gegenüber dem Schein-Nachfolger gleichwohl Wirksamkeit erlangen. Das folgt, will man sich nicht zu analoger Anwendung des § 16 Abs. 1 GmbHG[1072] entschließen, aus einer erweiternden Anwendung der für Rechtsübertragungen geltenden allgemeinen Schutzvorschriften der §§ 413, 409, 407.[1073] Angesichts dieser Fortentwicklung ist zugleich auch das Bedürfnis für eine abweichende Beurteilung der Anteilsübertragung in einer Publikums-Gesellschaft[1074] entfallen.

375 **dd) Beteiligung Minderjähriger am Gesellschafterwechsel.** Besondere Probleme können im Fall fehlerhaften Gesellschafterwechsels dann auftreten, wenn an ihm als Ausscheidender oder Beitretender ein **Minderjähriger** beteiligt ist mit der Folge, dass für ihn die besonderen Minderjährigenschutzgrundsätze (RdNr. 69 ff.) Beachtung finden müssen. Für die Beurteilung ist zwischen Fehlern beim Ausscheiden und solchen beim Beitritt des Minderjährigen zu differenzieren. Das fehlerhafte *Ausscheiden* erlangt grundsätzlich auch im Fall Minderjähriger zunächst Wirksamkeit; er kann jedoch seine Wiederaufnahme verlangen (vgl. RdNr. 370). Für den fehlerhaften *Beitritt* gilt der Vorrang des Minderjährigenschutzes, falls der Mangel nicht nachträglich geheilt wird (RdNr. 335 ff.). Demgegenüber finden auf die fehlerhafte *Anteilsübertragung* unter Beteiligung eines Minderjährigen die allgemeinen Vorschriften über Verträge mit nicht voll Geschäftsfähigen Anwendung; die Lehre von der fehlerhaften Gesellschaft greift insoweit nicht ein (vgl. RdNr. 374).

376 **ee) Fehlerhafte Gesellschafternachfolge im Todesfall.** Zur fehlerhaften Gesellschafternachfolge im Todesfall kann es im Rahmen einer gesellschaftsvertraglichen **Nachfolgeklausel** dadurch kommen, dass an Stelle des wahren der *vermeintliche Erbe* von den Mitgesellschaftern als Berechtigter behandelt wird und die Mitgliedschaftsrechte ausübt. Soweit in diesen Fällen nicht besondere rechtsgeschäftliche Vereinbarungen zwischen den Beteiligten über die Mitgliedschaft des vermeintlichen Erben getroffen werden, fehlt es an einem (fehlerhaften) Vertragsschluss als Voraussetzung für die rechtliche Anerkennung der fehlerhaften Beteiligung (RdNr. 327). Der bloße Vollzug der Nachfolgeregelung reicht hierfür nicht aus. Gesellschafter ist der wahre Erbe. Die Auseinandersetzung zwischen den Beteiligten richtet sich nach allgemeinen Grundsätzen, wobei der Gesellschaft bei Vorliegen eines Erbscheins der Schutz des § 2367 zugute kommt.[1075] Anderes gilt im Falle einer den Erben zum Beitritt berechtigenden gesellschaftsvertraglichen **Eintrittsklausel,** zu deren Vollzug es einer rechtsgeschäftlichen Beitrittsvereinbarung mit den Mitgesellschaftern bedarf (vgl. § 727 RdNr. 57). Wird sie mit dem vermeintlichen Erben getroffen, so ist sie wirksam und kann nach Vollzug des Beitritts (RdNr. 367) trotz Fehlerhaftigkeit des Beitrittsvertrags (Anfechtbarkeit nach §§ 119, 123 u. a.) nur durch fristlose Kündigung bzw. Ausschluss (vgl. RdNr. 368) korrigiert werden.

377 **4. Scheingesellschaft. a) Grundsatz.** Wird eine Gesellschaft nur zum **Schein** gegründet (§ 117) und lässt sich nach Lage des Falles ein konkludenter Vertragsschluss auch nicht

---

[1071] So zutr. erstmals *K. Schmidt* AcP 186 (1986), 421, 438 f. und *ders.* BB 1988, 1053, 1059 f.; eingehend *C. Schäfer* (Fn. 914) S. 312 ff., 320; so auch *Balz/Ilina* BB 2006, 2764, 2765 f.; für den Fall freier Übertragbarkeit des Anteils auch *Erman/Westermann* RdNr. 87; *Bamberger/Roth/Timm/Schöne* RdNr. 96.

[1072] Für dessen Anwendung auf die fehlerhafte Abtretung eines GmbH-Anteils zu Recht BGH NJW 1990, 1915, 1916, bestätigt durch BGH NJW-RR 1995, 1182, 1183.

[1073] Ebenso *K. Schmidt* BB 1988, 1051, 1060; *C. Schäfer* (Fn. 914) S. 318 f.; vgl. auch schon *Huber* (Fn. 91) S. 411; für Orientierung an § 16 GmbHG *Wiedemann* WM 1990, Beilage 8 S. 30.

[1074] So noch (mN) 3. Aufl. RdNr. 290.

[1075] Ebenso *K. Schmidt* AcP 186 (1986), 421, 437 f.; *C. Schäfer* (Fn. 914) S. 317 f.; aA – für weitgehende Anwendung der Grundsätze über fehlerhafte Gesellschaften – *Konzen* ZHR 145 (1981), 29, 61 ff. Näheres vgl. § 727 RdNr. 67.

Inhalt des Gesellschaftsvertrags 378, 379 § 705

darin finden, dass die Geschäfte sodann im Einvernehmen der Beteiligten aufgenommen werden,[1076] so fehlt es an einem rechtsgeschäftlichen Zusammenwirken der Beteiligten und einem – wenn auch fehlerhaften – Vertragsschluss. Der Nichtigkeitstatbestand des § 117 unterscheidet sich insoweit deutlich von den sonstigen – ohne oder gegen den Willen der Beteiligten eintretenden – Nichtigkeitsfällen.[1077] Die **Grundsätze über die fehlerhafte Gesellschaft** sind daher nach zutr. hM **unanwendbar**.[1078] Es entsteht kein Gesamthandseigentum (RdNr. 353). Die vermögensrechtlichen Beziehungen der Beteiligten sind, soweit diese trotz der Scheingründung Beiträge geleistet haben, nach Bereicherungsrecht abzuwickeln. Im Außenverhältnis bewendet es bei den Grundsätzen der Rechtsscheinhaftung.[1079] Die Scheingesellschafter haften neben dem Geschäftsinhaber nur Neugläubigern gegenüber, die auf deren Gesellschafterstellung vertrauen konnten; eine Haftung für deliktische oder für Altverbindlichkeiten scheidet aus.[1080]

Entscheidend für das **Vorliegen eines Scheingeschäfts** (§ 117 Abs. 1) ist, dass die 378 Parteien darin übereinstimmen, ihre Beziehungen nicht nach gesellschaftsrechtlichen Gesichtspunkten zu regeln und ihr Auftreten nach außen nicht für ihr Verhältnis zueinander als maßgeblich gelten zu lassen.[1081] Vorbehaltlich der rechtlich irrelevanten protestatio facto contraria kann das etwa dann der Fall sein, wenn die Wahl der Gesellschaftsform nur dazu dient, ein anderes Geschäft zu verdecken.[1082] Dagegen macht die Einschaltung eines Treuhänders oder Strohmanns in die Gesellschaftsgründung diese nicht etwa zu einem Scheingeschäft, solange die Parteien bereit sind, die gesellschaftsrechtlichen Folgen ihres Verhaltens für ihre Rechtsbeziehungen zu akzeptieren.[1083]

b) Schein-RA-Sozietät. Scheinsozietäten begegnen typischerweise zwischen Freiberuf- 379 lern, insbes. Rechtsanwälten. Bei ihnen trifft man nicht selten auf ein Auftreten nach außen, das – insbesondere auf Praxisschildern und Briefköpfen – keinen erkennbaren Unterschied zwischen echten Sozien und angestellten oder als freie Mitarbeiter tätigen Rechtsanwälten erkennen lässt.[1084] Die höchstrichterliche Rechtsprechung hat in derartigen Fällen stets das Vorliegen einer Scheinsozietät unter Einschluss der Nichtsozien bejaht, sei es als reine Scheinsozietät mit einem alleinigen Kanzleiinhaber oder als eine um die Scheinsozien erweiterte, rechtlich nur aus den wirklichen Sozien bestehende Sozietät.[1085,1086] Relevant ist diese Rechtsfigur hauptsächlich aus **Haftungsgründen** (vgl. RdNr. 380). Denn über die allgemeinen Grundsätze der Anscheins- oder Duldungsvollmacht (§ 167 RdNr. 46 ff.) hinausgehend bejaht die Rechtsprechung in derartigen Fällen beim Abschluss eines Anwaltsvertrages regelmäßig das Zustandekommen des Vertrages mit der (Schein-)Sozietät als solcher mit entsprechenden Haftungsfolgen für alle Beteiligten einschließlich der Scheinso-

---

[1076] Vgl. Fn. 928.
[1077] So zu Recht *Rob. Fischer* in Großkomm. zum HGB § 105 Anm. 108; aA wegen der mit der Scheingründung typischerweise verbundenen Drittwirkung *C. Schäfer* (Fn. 914) S. 206.
[1078] Ganz hM, vgl. BGH LM HGB § 105 Nr. 5 = NJW 1954, 231; *Staub/Ulmer* § 105 HGB RdNr. 381; *Hueck* OHG § 7 III 4 b, S. 94 f.; *MünchKommHGB/K. Schmidt* § 105 RdNr. 258, 260; grds. aA jetzt *C. Schäfer* (Fn. 914) S. 204 ff.
[1079] Vgl. dazu näher *Staub/Ulmer* § 105 HGB RdNr. 386 für die Schein-OHG.
[1080] So zutr. *Peres/Depping* DStR 2006, 2261, 2263 unter Hinweis auf OLG Celle DStR 2006, 2095; OLG Köln DStRE 2004, 485; OLG Saarbrücken NJW-RR 2006, 707.
[1081] BGH LM HGB § 105 Nr. 4 = NJW 1953, 1220; *Staub/Ulmer* § 105 HGB RdNr. 381.
[1082] Vgl. BGH DB 1976, 2057 zum Fall einer Grundstücksübertragung in Gesellschaftsform (Scheingesellschaft verneint); für steuerliche Nichtanerkennung BFH WM 1980, 939.
[1083] Zur entspr. Problematik bei der GmbH vgl. *Ulmer* in: *Ulmer/Habersack/Winter* § 2 GmbHG RdNr. 60, 125.
[1084] Vgl. näher *C. Schäfer* DStR 2003, 1078; *Peres/Depping* DStR 2006, 2261, 2262.
[1085] Vgl. nur *Grunewald* FS Ulmer, 2003, S. 141 ff.; *C. Schäfer* DStR 2003, 1078, 1079 f. und *Peres/Depping* DStR 2006, 2261 ff., jeweils mit Rspr.-Hinweisen.
[1086] Missverständlich daher das Urteil BGHZ 148, 97, 103 = NJW 2001, 2402, das eine Scheinsozietät als „sog. Außensozietät" bezeichnet (so auch schon BGH NJW 1991, 49, 50 und DStR 1993, 25, 26; dazu mit Recht krit. *Peres/Depping* DStR 2006, 2261). Zutr. BGH NJW 2001, 165, 166: die Rechtsfigur der Scheinsozietät begründet keine Sozietät mit den Scheinsozien, sondern soll nur deren Rechtsscheinhaftung ermöglichen.

zien.[1087] Begründet wird das damit, die rechtlich relevante Erwartung des Mandanten gehe typischerweise dahin, dass ihm alle beteiligten Rechtsanwälte sorgfältigen Rechtsrat schulden und dass sie daher auch je persönlich für Beratungsfehler oder sonstige Pflichtverletzungen, auch solche bei der Verwahrung von Mandantengeldern, einzustehen haben. Für Treuhand- oder sonstige Vermögensbetreuungsverträge mit Anwälten ohne rechtsberatende Aufgaben soll der Grundsatz allerdings nicht gelten; insoweit soll sich die personelle Tragweite des jeweiligen Vertragsschlusses vielmehr nach den konkreten Umständen richten.[1088]

380 Die **Haftungsfolgen** der Rechtsprechung zur Scheinsozietät bestehen einerseits darin, dass die **Sozietät** aus dem rechtsgeschäftlichen Handeln eines Scheinsozius bei Abschluss des Anwaltsvertrags auch dann verpflichtet wird und für Mandatsfehler und sonstige Vertragsverletzungen einzustehen hat, wenn der Scheinsozius im eigenen Namen aufgetreten ist, sofern nur in seiner Person der Rechtsschein des Handelns als Sozius erweckt wurde.[1089] Ebenso haftet umgekehrt auch der **Scheinsozius** persönlich, wenn der Anwaltsvertrag ordnungsgemäß mit der Sozietät abgeschlossen wurde und die Rechtsberatung durch diese fehlerhaft war.[1090] Über die vertragliche Haftung hinausgehend bejaht die Rechtsprechung auch eine **deliktische Haftung** der Sozietät und der (Schein-)Sozien nach § 31 BGB iVm. § 128 HGB analog, wenn das Delikt (wie die Veruntreuung von Mandantengeldern) im Rahmen der Mandatsbeziehung begangen wurde.[1091] Dass ein *Scheinsozius* als deliktisch Handelnder beteiligt war, steht der Anwendung des § 31 zu Lasten der Sozietät mit daraus folgender Mithaftung der echten (und sonstigen Schein-)Sozien nicht entgegen.[1092] Missverständlich ist es allerdings, wenn der BGH eine Rechtsscheinhaftung der „Mitglieder einer Scheinsozietät"(?) für solche Forderungen verneint, die nicht die anwaltstypische – rechtsberatende oder rechtsvertretende – Tätigkeit betreffen.[1093] Dem ist nur insoweit zuzustimmen, als es um die in RdNr. 379 erwähnte, hier nicht eingreifende *Erweiterung* der Rechtsscheinhaftung im Rahmen von Mandatsbeziehungen geht. Das Eingreifen der allgemeinen, für rechtsgeschäftliches Handeln aller Art geltenden Rechtsscheingrundsätze bleibt hiervon unberührt; ein Freibrief für das Handeln von Scheinsozien ist auch bei mandatsfremden Tätigkeiten nicht veranlasst.

§ 706 Beiträge der Gesellschafter

(1) Die Gesellschafter haben in Ermangelung einer anderen Vereinbarung gleiche Beiträge zu leisten.

(2) ¹Sind vertretbare oder verbrauchbare Sachen beizutragen, so ist im Zweifel anzunehmen, dass sie gemeinschaftliches Eigentum der Gesellschafter werden sollen. ²Das Gleiche gilt von nicht vertretbaren und nicht verbrauchbaren Sachen, wenn sie nach einer Schätzung beizutragen sind, die nicht bloß für die Gewinnverteilung bestimmt ist.

(3) Der Beitrag eines Gesellschafters kann auch in der Leistung von Diensten bestehen.

Übersicht

	RdNr.		RdNr.
I. Normzweck	1	a) Begriffe	2–4
II. Die Beitragsverpflichtung	2–17	b) Abgrenzung von sonstigen Leistungen der Gesellschafter	5, 6
1. Beitrag, Einlage	2–6		

[1087] BGHZ 70, 247, 249 = NJW 1978, 996; BGHZ 124, 47, 50 f. = NJW 1994, 257; BGH NJW 1991, 1225; 1999, 3040, 3041.
[1088] BGH NJW 1999, 3040, 3041 f.; BGHReport 2008, 886; OLG Celle NJW 2006, 3441, 3433.
[1089] BGHZ 172, 169, 172 f. = NJW 2007, 2490; vgl. auch die Nachweise in Fn. 1087.
[1090] BGHZ 70, 247, 249 = NJW 1978, 996.
[1091] BGHZ 172, 169, 175 f. = NJW 2007, 2490.
[1092] BGHZ 172, 169, 175 f. = NJW 2007, 2490.
[1093] BGHReport 2008, 886 (LS) betr. Kauf einer PC-Anlage für die Sozietät durch den Scheinsozius.

	RdNr.		RdNr.
2. Festsetzung im Gesellschaftsvertrag	7–9	5. Beitragsfreie Beteiligungen?	17
a) Allgemeines	7, 8	**III. Die Beitragsleistung**	18–29
b) Die Auslegungsregeln in Abs. 2	9	1. Die Erfüllung der Beitragspflicht	18–20
3. Inhalt der Beitragspflicht	10–14	2. Leistungsstörungen	21–29
a) Überblick	10	a) Meinungsstand zum alten Recht	21, 22
b) Art der Einbringung	11–13	b) Schuldrechtsreform	23
c) Leistung von Diensten (Abs. 3)	14	c) Stellungnahme	24–29
4. Beitragshöhe	15, 16		

I. Normzweck

§ 706 enthält die zentrale – über §§ 105 Abs. 2, 161 Abs. 2 HGB auch auf das Recht der OHG und KG anwendbare – Regelung des Personengesellschaftsrechts für die Gesellschafterbeiträge. Sein Regelungsgehalt ist allerdings begrenzt. Eine Beitragsverpflichtung wird durch § 706 nicht begründet; sie muss vielmehr im Gesellschaftsvertrag selbst vereinbart sein (vgl. RdNr. 7; § 705). Auch allgemeine Rechtsgrundsätze für die Beitragsleistung werden in § 706 nicht geregelt, sondern gelten kraft ungeschriebenen Rechts. Die Vorschrift beschränkt sich vielmehr darauf, in **Abs. 1** dem gesellschaftsrechtlichen Gleichbehandlungsgrundsatz durch eine Auslegungsregel Rechnung zu tragen, wonach die Gesellschafter beim Fehlen besonderer Vereinbarungen *gleiche Beiträge* zu leisten haben (RdNr. 15). Auch **Abs. 2** enthält eine Auslegungsregel, und zwar des Inhalts, dass vertretbare, verbrauchbare sowie nach einer Schätzung einzubringende sonstige Beitragsleistungen in das *Eigentum der Gesellschaft* übergehen sollen (RdNr. 9). **Abs. 3** schließlich stellt klar, dass auch *Dienstleistungen* einen tauglichen Beitragsgegenstand in der GbR bilden (RdNr. 14); das entspricht dem großen Gestaltungsspielraum, der den Gesellschaftern bei Festlegung der Beiträge offensteht. 1

II. Die Beitragsverpflichtung

1. Beitrag, Einlage. a) Begriffe. Zu den **Beiträgen iwS** gehören alle Arten von *Leistungen,* die die Gesellschafter *zur Förderung des gemeinsamen Zwecks* im Gesellschaftsvertrag versprechen.[1] Die Leistungen können materieller oder immaterieller, realer oder ideeller Art sein (RdNr. 10). Darauf, ob und welchen Geldwert die versprochene Leistung hat, kommt es abweichend vom Kapitalgesellschaftsrecht[2] für die Beiträge in der GbR nicht an, da diese Rechtsform keinen Mindesthaftungsfonds kennt und die – nach außen nicht offengelegte – Beitragsvereinbarung nur Bedeutung für das Innenverhältnis hat. Beiträge iwS können daher auch der Gegenstand von sog. *Einbringungsvereinbarungen* sein, durch die sich Gesellschafter zur Erbringung entgeltlicher Leistungen gegenüber der Gesellschaft verpflichten.[3] Zur Frage beitragsfreier Beteiligungen vgl. RdNr. 17. 2

§ 706 Abs. 2 und 3 nennen als Hauptfälle von Beiträgen die Einbringung von Sachen und die Leistungen von Diensten (vgl. RdNr. 11 ff.). Bei ihnen handelt es sich um wichtige Arten *vermögenswerter Leistungen,* die dem Gesellschaftsvermögen zufließen sollen. Sie lassen sich als **Beiträge ieS** von dem weiten Beitragsbegriff (RdNr. 2) unterscheiden.[4] Dieser enge Begriff, der alle als Beitrag geschuldeten, das Gesellschaftsvermögen vermehrenden vermögenswerten Leistungen der Gesellschafter umfasst, liegt der Regelung der §§ 705 bis 707 zu Grunde. Das folgt neben den in § 706 genannten Beispielen auch aus der Differenzierung 3

---
[1] Die Differenzierung zwischen Beiträgen iwS und ieS wird besonders von *Hueck* OHG § 14 I betont. IdS auch *Soergel/Hadding* RdNr. 1; *Erman/Westermann* RdNr. 1; *U. Huber* Vermögensanteil S. 293 f.; *K. Schmidt* GesR § 59 III 1a, S. 1742 hält die Unterscheidung für überflüssig, weil für den Beitragsbegriff der Vermögenswert unerheblich sei.
[2] Zu dem dort geltenden Verbot der Unterpari-Emission vgl. § 9 Abs. 1 AktG, §§ 9 Abs. 1, 9 c GmbHG; dazu *Ulmer* in: *Ulmer/Habersack/Winter* § 5 GmbHG RdNr. 80, 185 ff.
[3] Vgl. etwa OLG München NZG 2000, 1124 betr. die entgeltliche Einbringung eines Grundstücks als Beitragsverpflichtung iwS; dazu auch *Wertenbruch* NZG 2001, 306, 307.
[4] So auch *Hueck* OHG § 14 I; *Erman/Westermann* RdNr. 1.

in § 705 zwischen der vertraglichen Förderungspflicht und der Beitragsleistung als ihrem wichtigsten, aber nicht einzigen Fall. Nicht zu den Beiträgen ieS gehören daher etwa die aus der Treuepflicht (§ 705 RdNr. 226 f.) entspringenden Förderungspflichten wie das Wettbewerbsverbot, aber auch sonstige Gesellschafterpflichten (Sozialansprüche, § 705 RdNr. 201) rein ideeller Natur ohne eigenen Vermögenswert. Die Unterscheidung ist vor allem für die in § 707 geregelte Beitragserhöhung von Bedeutung. Sie gestattet eine Beschränkung des Anwendungsbereichs dieser Vorschrift auf diejenigen Beiträge (ieS), gegen deren einseitige Vermehrung ein Schutzbedürfnis der Gesellschafter anzuerkennen ist.

4 Neben dem Begriff des Beitrags verwendet das BGB denjenigen der **Einlage** (vgl. §§ 707, 733 bis 735, 739). Hierunter werden klassischerweise die an die Gesellschaft *geleisteten Beiträge ieS* verstanden.[5] Demgegenüber bezieht sich der Begriff des Beitrags danach auf den Gegenstand der Beitragsverpflichtung.[6] Die gegen dieses Begriffsverständnis gewendete Kritik[7] weist allerdings nicht zu Unrecht auf die Wertlosigkeit einer solchen Differenzierung hin. Andererseits ist der alternativ vorgeschlagene Beitragsbegriff, demzufolge als „Einlage" nur solche Beiträge zu verstehen sind, welche die Haftungsmasse vermehren, für die GbR seinerseits nicht wesentlich, weil die Einlagepflicht eben kein Begriffsmerkmal der GbR ist. Immerhin mag er hier etwas zur Abgrenzung zwischen vermögenswerten und rein ideellen Beitragsleistungen beizusteuern (RdNr. 3), zumal letztere für den Kapitalanteil nicht zu berücksichtigen sind (RdNr. 15).

5 **b) Abgrenzung von sonstigen Leistungen der Gesellschafter.** Die Rechtsbeziehungen der Gesellschafter zur Gesamthand sowie die von ihnen an die Gesamthand zu erbringenden Leistungen müssen nicht ausschließlich gesellschaftsrechtlicher Natur sein. Vielmehr können zwischen Gesellschaftern und Gesellschaft auch sog. **Drittgeschäfte** zustande kommen, in denen sich die Parteien im Grundsatz wie Dritte gegenüberstehen (§ 705 RdNr. 202). Das gilt auch insoweit, als die Erbringung von Vermögensgegenständen oder sonstigen Leistungen an die Gesellschaft durch einen Gesellschafter in Frage steht. Die Abgrenzung zwischen Beiträgen und Leistungen im Rahmen von Drittgeschäften richtet sich in erster Linie nach den hierüber getroffenen Vereinbarungen. Fehlt eine entsprechende Festlegung, so besteht jedenfalls für alle im **Gesellschaftsvertrag** enthaltenen Leistungspflichten die Vermutung für ihren gesellschaftsrechtlichen Charakter, dh. für ihre Behandlung als Beitrag.[8] Das gilt auch dann, wenn für die im Gesellschaftsvertrag vereinbarten Leistungen eine Gegenleistung der Gesellschaft vorgesehen ist (sog. Einbringungsvereinbarung, vgl. RdNr. 2). Hier wird es zwar für die Ausführung der gesellschaftsvertraglichen Verpflichtung idR zum Abschluss eines besonderen Rechtsgeschäfts (Darlehen, Kaufvertrag, Miete u. a.) zwischen Gesellschafter und Gesellschaft kommen. Von einem gewöhnlichen Drittgeschäft unterscheidet es sich jedoch dadurch, dass es seinen Rechtsgrund im Gesellschaftsvertrag findet. Es kann daher auch nicht ohne Rücksicht auf dessen Fortbestand beendet werden und tritt in der Insolvenz hinter andere Drittgeschäfte zurück.[9]

---

[5] HM, vgl. BGH WM 1980, 402, 403; RGZ 76, 278; *Soergel/Hadding* RdNr. 5; *Palandt/Sprau* RdNr. 1; *Erman/Westermann* RdNr. 1; *Bamberger/Roth/Timm/Schöne* RdNr. 7; diff. MünchKommHGB/*K. Schmidt* § 105 RdNr. 177 (Beitrag sei jedes den Gesellschaftszweck förderndes Tun, Einlage nur solches, das auf Eigenkapitalbildung durch Leistung in das Gesellschaftsvermögen zielt).
[6] Für „Beitrag" als Oberbegriff auch gegenüber „Einlage" daher *Soergel/Hadding* RdNr. 5.
[7] Vgl. namentlich *Huber* Vermögensanteil S. 191; *K. Schmidt* GesR § 20 II 1 a, S. 566 f.; ders. ZHR 154 (1990), 237, 240; *Bork* ZHR 154 (1990), 205, 206; *Wiedemann* WM 1992, Sonderbeilage 7 S. 14; *ders.* GesR II § 3 II 1 a, S. 184.
[8] So auch BGHZ 70, 61, 63 = NJW 1978, 376 und BGHZ 93, 159, 161 ff. = NJW 1985, 1468 für die im Vertrag einer Massen-KG enthaltene Pflicht der Kommanditisten zur Gewährung von Darlehen, deren Höhe sich nach der jeweiligen Kommanditeinlage bestimmt. Ebenso *Erman/Westermann* RdNr. 2. Vgl. auch *Westermann*, FS Fleck, 1988, S. 423, 430 ff.
[9] BGHZ 70, 61 = NJW 1978, 376; BGHZ 93, 159, 161 = NJW 1985, 1468; so auch schon RGZ 153, 305, 310 f. Ebenso *Soergel/Hadding* RdNr. 3; *Erman/Westermann* RdNr. 2. Zur Behandlung von „Darlehenskonten" im Zuge der Auseinandersetzung vgl. § 730 RdNr. 49 ff.; zum „Mitarbeitervertrag" des Kommanditisten mit seiner KG und dessen Kündigung vgl. BAG NJW 1979, 999, 1000.

Aufwendungen, die ein Gesellschafter im Interesse der Gesellschaft tätigt, sowie sonstige 6 nicht im Gesellschaftsvertrag vorgesehene Leistungen zugunsten der Gesellschaft sind mangels abweichender Vereinbarungen der Gesellschafter *keine Beiträge*.[10] Sie verändern daher auch nicht die für Gewinnbeteiligung und Auseinandersetzungsguthaben des Gesellschafters maßgebende Einlage, den sog. Kapitalanteil. Soweit es sich nicht um vertraglich geschuldete Nachschüsse oder um unentgeltliche Zuwendungen handelt, steht dem Gesellschafter in diesen Fällen vielmehr ein Ersatzanspruch gegen die Gesamthand nach §§ 713, 670 zu. Gegen die Mitgesellschafter kann der Anspruch grundsätzlich erst nach Auflösung der Gesellschaft durchgesetzt werden, sofern die Gesellschaft noch zahlungsfähig ist (§ 705 RdNr. 217). Keine Beiträge sind auch die nach Maßgabe von § 735 geschuldeten, erst nach Liquidation des Gesellschaftsvermögens zu erbringenden **Nachschüsse** zum Ausgleich eines während der Gesellschaftsdauer entstandenen Fehlbetrags (§ 735 RdNr. 1). Für sie gilt daher auch nicht die Begrenzung aus § 707.

2. Festsetzung im Gesellschaftsvertrag. a) Allgemeines. Die Beitragsverpflichtung 7 ist die zentrale vertragliche Förderungspflicht im Rahmen der Gesellschaft. Vom Sonderfall der Geschäftsführungspflicht (§ 709) abgesehen, bedarf sie daher der Regelung im Gesellschaftsvertrag. Das gilt auch für spätere Änderungen (vgl. auch § 707). **Zuständig** hierfür ist die Gesamtheit der **Gesellschafter.** Die Vertretungsmacht der Geschäftsführer (§ 714) erstreckt sich nicht auf die Festsetzung oder Änderung von Beiträgen (§ 714 RdNr. 25). Wohl aber kann ihnen ausdrücklich oder stillschweigend die Befugnis übertragen sein, über die Einforderung der Beiträge zu entscheiden und dadurch deren Fälligkeit herbeizuführen (RdNr. 19).

Beitragsvereinbarungen sind ebenso wie die sonstigen Teile des Gesellschaftsvertrags 8 grundsätzlich **nicht formgebunden;** Ausnahmen ergeben sich namentlich aus den Formerfordernissen der §§ 311b Abs. 1, 518 (vgl. näher § 705 RdNr. 36 ff., 42 f.). In der Festsetzung der Beiträge nach Art und Höhe und in deren – nur für das Innenverhältnis erheblicher (RdNr. 2) – Bewertung haben die Gesellschafter weitgehende **Gestaltungsfreiheit;** Schranken bestehen nur nach Maßgabe der allgemeinen Grundsätze.[11] Eine Änderung der Beitragsfestsetzung, insbesondere die Beitragserhöhung, bedarf der Zustimmung des betroffenen Gesellschafters; in der Entscheidung hierüber ist er grundsätzlich frei (§ 707 RdNr. 1).

b) Die Auslegungsregeln in Abs. 2. Absatz 2 stellt für die Vereinbarung von **Sachen** 9 als Beiträge zwei Auslegungsregeln auf.[12] Sie beziehen sich auf die verschiedenen Arten ihrer Einbringung (zu Eigentum, dem Werte nach, zum Gebrauch, vgl. RdNr. 11 ff.). Nach **Satz 1** geht bei vertretbaren und verbrauchbaren Sachen (§§ 91, 92) die – widerlegliche – Vermutung dahin, dass ihre Einbringung zu **Eigentum der Gesellschaft (quoad dominium)** erfolgen soll. Ein entsprechender voller Rechtsübergang auf die Gesellschaft ist im Zweifel auch für diejenigen sonstigen Beitragsgegenstände (Forderungen und sonstigen Rechte) gewollt, die wie vertretbare und verbrauchbare Sachen den Charakter von Umlaufvermögen haben. Auf **sonstige,** dh. nicht vertretbare oder verbrauchbare Sachen (Grundstücke u. a.) dehnt **Satz 2** die Vermutung einer Übereignungspflicht unter der eng begrenzten Voraussetzung aus, dass die Einbringung nach einer – nicht nur zum Zwecke der Gewinnverteilung angeordneten – Schätzung erfolgen soll. Liegen die Vermutungsvoraussetzungen des Abs. 2 nicht vor, so bewendet es bei den allgemeinen Auslegungsgrundsätzen. Ein Umkehrschluss gegen die Einbringung zu Eigentum und für die Vereinbarung einer der sonstigen Einbringungsarten ist nicht veranlasst.[13]

---

[10] BGH WM 1975, 196; *Soergel/Hadding* RdNr. 4; *Bamberger/Roth/Timm/Schöne* RdNr. 6.
[11] Zur Sittenwidrigkeit einer grob einseitigen Einlagebewertung vgl. BGH WM 1975, 325 und *Kuhn* WM 1975, 718, 723; zum Einfluss des Gleichbehandlungsgrundsatzes vgl. RdNr. 15, 19.
[12] Vgl. *Soergel/Hadding* RdNr. 13; *Erman/Westermann* RdNr. 6; *Bamberger/Roth/Timm/Schöne* RdNr. 10; vgl. auch RGZ 109, 380, 381 zur Auslegung einer Vereinbarung über die Einbringung eines Grundstücks.
[13] Ebenso *Soergel/Hadding* RdNr. 13; *Bamberger/Roth/Timm/Schöne* RdNr. 11 und *Erman/Westermann* RdNr. 6 unter Berufung auf RGZ 109, 381.

10 **3. Inhalt der Beitragspflicht. a) Überblick.** Die Beiträge sind zur Förderung des gemeinsamen Zwecks bestimmt (§ 705, vgl. RdNr. 1 f.). Da die GbR die Rechtsform zur Verfolgung grundsätzlich beliebiger, insbesondere auch ideeller Zwecke ist und da den Gesellschaftern nach § 705 ein entsprechend großer Gestaltungsspielraum offensteht (§ 705 RdNr. 128, 132), kommen die **verschiedensten Arten von Beiträgen** in Betracht.[14] Ihre Auswahl und Festlegung erfolgt im Gesellschaftsvertrag (RdNr. 7). Es kann sich um einmalige oder um wiederkehrende Leistungen handeln. In Betracht kommen neben übertragbaren Vermögenswerten wie Geld, Sachen und Sachgesamtheiten (Unternehmen) sowie Rechten (Forderungen,[15] Immaterialgüterrechten u. a.) auch das Zurverfügungstellen von Diensten (RdNr. 14), Werkleistungen,[16] Kenntnissen und Erfahrungen (Know How,[17] Kundschaft oder sonstige Absatz- und Bezugsquellen,[18] good will). Aber auch die durch den Beitritt eines Gesellschafters erwartete Stärkung des Rufs oder der Kreditfähigkeit der Gesellschaft bilden mögliche, der Förderung des gemeinsamen Zwecks dienende Beitragsgegenstände.[19]

11 **b) Art der Einbringung.** Die Einbringung von Sachen oder sonstigen Gegenständen kann grundsätzlich auf drei verschiedene Arten erfolgen. Ihre Auswahl und Festlegung richtet sich nach dem Gesellschaftsvertrag; bei seinem Schweigen gibt Abs. 2 eine – freilich begrenzte – Auslegungsregel (RdNr. 9). Den wesentlichsten und häufigsten Fall bildet die Einbringung **zu Eigentum (quoad dominium)** der Gesellschaft. Sie erfordert eine Übertragung an die Gesamthand nach Maßgabe der allgemeinen Vorschriften (RdNr. 18). Ein Rückforderungsrecht des einbringenden Gesellschafters nach Auflösung der Gesellschaft oder nach seinem Ausscheiden ist gesetzlich nicht vorgesehen; an dessen Stelle besteht ein Geldanspruch (§§ 733 Abs. 2 S. 2, 738 Abs. 1). Entsprechend liegt auch die Gefahr für den zufälligen Untergang der Sache bei der Gesellschaft (§ 733 RdNr. 13).[20]

12 Der Einbringung zu Eigentum kommt im Ergebnis die Einbringung **dem Werte nach (quoad sortem)** nahe. Sie zielt darauf ab, der Gesellschaft ohne formelle Rechtsänderung den wirtschaftlichen Wert der Sache zur Verfügung zu stellen.[21] Für die Wahl dieser Art der Einbringung kommen unterschiedliche Gründe in Betracht, darunter neben der Ersparung von Notarkosten (s. unten) oder der Vermeidung von Übertragungshindernissen vor allem das Interesse des einbringenden Gesellschafters, seine formale Eigentümerposition zu wahren und sein Mitspracherecht bei Verfügungen über den Gegenstand zu erhalten, während Steuervorteile für ihn idR nicht eintreten.[22] Im Innenverhältnis wird die Sache als Teil des Gesellschaftsvermögens behandelt; der Gesellschaft steht ein (obligatorisches) Wertrecht am eingebrachten Gegenstand zu.[23] Die *Wertberechnung* gegenüber

---

[14] EinhM; vgl. *Soergel/Hadding* RdNr. 7; *K. Schmidt* GesR § 20 II 2, S. 568 ff.; *Erman/Westermann* RdNr. 7; *Bamberger/Roth/Timm/Schöne* RdNr. 6; jeweils mwN.

[15] Zur Umwandlung einer Darlehensforderung in eine Kapitalbeteiligung vgl. BGH WM 1963, 1230; dazu auch *K. Schmidt* GesR § 20 II 2e, S. 571 f.; *Wiedemann* WM 1992, Sonderbeilage 7 S. 15; *ders.* GesR II § 3 II 1 c, S. 187, § 4 III 4 d, S. 378 f.

[16] BGH WM 1980, 402, 403.

[17] *Erman/Westermann* RdNr. 7; *Bamberger/Roth/Timm/Schöne* RdNr. 6; *Soergel/Hadding* RdNr. 7; *Staudinger/Habermeier* RdNr. 3. Dazu *Barz*, FS W. Schmidt, 1959, S. 157; vgl. auch („Geheimverfahren") BGHZ 16, 172, 175 (Know-How als betrieblicher Vermögenswert); BFHE 115, 518, 520 f. (Know-How als Gegenstand der Vermögenseinlage des stillen Gesellschafters).

[18] Dazu RGZ 95, 147, 150.

[19] So auch *Soergel/Hadding* RdNr. 6; *Hueck* OHG § 14 I.

[20] Die für den Versendungskauf geltende Vorverlegung des Gefahrübergangs (§ 447) greift dabei nicht ein (*Soergel/Hadding* RdNr. 22; *Staudinger/Habermeier* RdNr. 5; aA *Palandt/Sprau* RdNr. 5; diff. auch nach dem Ort der Versendung *Hueck* OHG § 14 II). Allg. zur Unabwendbarkeit von Kaufrecht auf Mängel bei der Erfüllung gesellschaftsrechtlicher Beitragsverpflichtungen vgl. RdNr. 21, 24.

[21] BGH WM 1965, 746; RGZ 109, 380, 382; 54, 278, 280; *Soergel/Hadding* RdNr. 23; *Erman/Westermann* RdNr. 8; *Staudinger/Habermeier* RdNr. 6. Näher zu dieser Einbringungsart *Berninger*, Die Societas Quoad Sortem, 1994, passim.

[22] Vgl. näher *Berninger* (Fn. 21) S. 42 ff., 48 f., 115.

[23] *Berninger* (Fn. 21) S. 93 f.; *Huber* Vermögensanteil S. 165 ff.; *Gädcke*, Dem Werte nach eingebrachte Grundstücke im Gesellschaftsvermögen, 1987, S. 20.

dem Gesellschafter richtet sich im Zweifel nach den Verhältnissen bei Vertragsschluss.[24] Nutzungen und Wertsteigerungen fließen dem Gesellschaftsvermögen zu; dieses trägt auch die Lasten und die Sachgefahr. Im Zuge der Liquidation oder beim Ausscheiden des einbringenden Gesellschafters ist die dem Wert nach eingebrachte Sache analog § 732 S. 1 dem Gesellschafter zurückzugeben (str., vgl. § 732 RdNr. 8 ff.). Auch vor der Rückgabe bewendet es nach außen, gegenüber Gesellschaftsgläubigern und sonstigen Dritten, während der Gesellschaftsdauer beim Alleineigentum des Gesellschafters.[25] Daher bedarf der Gesellschaftsvertrag bei Einbringung eines Grundstücks quoad sortem auch nicht der Form des § 311 b Abs. 1 S. 1, sofern nicht der Gesellschaft auch die Verfügungsbefugnis über das Grundstück zustehen soll.[26] Bei fehlender Beurkundung kommt die Umdeutung einer als Einbringung quoad dominium gewollten formbedürftigen Beitragsleistung in eine solche quoad sortem in Betracht,[27] solange der Mangel nicht nach § 311 b Abs. 1 S. 2 o. Ä. geheilt ist. Von der *bilanziellen Behandlung* des Einlagegegenstands in der Steuerbilanz der Gesellschaft ist eine Auslegungshilfe für die Art der vereinbarten Beitragsleistung nicht zu erwarten.[28]

Eine dritte Art der Einbringung bildet die **Gebrauchsüberlassung** (Einbringung **13** quoad usum). Sie soll der Gesellschaft nicht die Substanz oder den Wert der Sache oder des Rechts verschaffen, sondern nur deren Gebrauch ermöglichen, wobei der Umfang der Nutzungsbefugnis durch den Gesellschaftszweck begrenzt wird;[29] insofern hat sie mietähnlichen Charakter. Den Rechtsgrund für die Überlassung bildet unmittelbar der Gesellschaftsvertrag. Ein besonderer Mietvertrag kommt daneben nicht zustande; auch die Formvorschrift des § 550 greift nicht ein.[30] Der Gesellschafter hat keinen Anspruch auf Mietzins, sondern auf Gewinnbeteiligung. Im Gesellschaftsvertrag oder durch dessen Auslegung ist zu bestimmen, wer die Unterhaltungskosten und sonstigen laufenden Lasten der Sache trägt.[31] § 535 Abs. 1 S. 2 (= § 536 aF) ist nicht anwendbar.[32] Im Zuge der Liquidation oder beim Ausscheiden kann der Gesellschafter die Rückgabe der Sache verlangen. Im Unterschied zur Einbringung quoad sortem behält er nicht nur die Sachgefahr (§ 732 RdNr. 5) und bleibt nach außen veräußerungsbefugt, sondern wird im Zweifel auch obligatorisch, im Innenverhältnis, als Inhaber der Sache oder des Rechts respektiert. Im Fall der Veräußerung steht der Gesellschaft gegen den Erwerber der Einwand aus § 986 Abs. 1 oder 2 zu.[33]

c) Leistung von Diensten (Abs. 3). Absatz 3 stellt klar, dass der Beitrag (ieS, vgl. **14** RdNr. 3) auch im Leisten von Diensten bestehen kann.[34] Wichtigster, wenn auch nicht einziger Anwendungsfall ist die **Verpflichtung zur Geschäftsführung.** Dass sie mangels abweichender Vereinbarung nach § 709 jeden Gesellschafter trifft, steht ihrer Qualifikation als Beitrag nicht entgegen. Für ein besonderes, die Dienstleistung betreffendes Anstellungsverhältnis zur Gesellschaft ist nur insoweit Raum, als sich die Tätigkeitspflicht nicht bereits

---

[24] *Berninger* (Fn. 21) S. 118.
[25] Gegen Vollstreckungsmaßnahmen durch einen Privatgläubiger des Gesellschafters kann die Gesellschaft sich nicht auf § 771 ZPO berufen (vgl. *Berninger* [Fn. 21] S. 180 ff.).
[26] Vgl. näher § 705 RdNr. 37 mwN in Fn. 79.
[27] BGH WM 1967, 951; 1965, 746; *Soergel/Hadding* RdNr. 23.
[28] BGH WM 1965, 746; 1986, 1109; *Soergel/Hadding* RdNr. 23; aA *Berninger* (Fn. 21) S. 98 ff.; *Wiedemann* WM 1992, Sonderbeilage 7 S. 14; *ders.* GesR II § 3 II 1 b, S. 186. Vgl. zur Behandlung von dem Werte nach eingebrachten Gegenständen in der Handelsbilanz der Gesellschaft und zur Vollstreckung aus einem Titel gegen die Gesamthand (§ 718 RdNr. 44, 55) in diese Gegenstände auch *Ullrich* NJW 1974, 1486, 1489 ff.; *Reinhardt* DStR 1991, 588.
[29] *Soergel/Hadding* RdNr. 25; *Staudinger/Habermeier* RdNr. 7; *Bamberger/Roth/Timm/Schöne* RdNr. 10.
[30] *Soergel/Hadding* RdNr. 24; *Staudinger/Habermeier* RdNr. 7; *Bamberger/Roth/Timm/Schöne* RdNr. 6.
[31] Ebenso BGH WM 1986, 1109 f.
[32] *Staudinger/Habermeier* RdNr. 7; so grds. auch *Soergel/Hadding* RdNr. 29.
[33] So auch *Soergel/Hadding* RdNr. 26; *Staudinger/Habermeier* RdNr. 7.
[34] Vgl. etwa BGH LM § 276 (Hb) Nr. 33 = NJW 1983, 1188 (Pflicht zum Vertrieb eines Verlagsprodukts). Zur bilanzrechtlichen Behandlung von Dienstleistungen als Gesellschaftereinlagen in Handelsgesellschaften vgl. *Sudhoff* NJW 1964, 1249 ff.

aus dem Gesellschaftsverhältnis ergibt.[35] Ist vertraglich eine Geschäftsführervergütung vereinbart, so handelt es sich regelmäßig nicht um ein Entgelt, sondern um einen Gewinnvoraus (§ 709 RdNr. 33); doch können die Gesellschafter hiervon einvernehmlich abweichen und eine feste Vergütung vorsehen.[36] Die Dienstleistung bleibt auch in diesem Falle ein aufgrund des Gesellschaftsvertrages geschuldeter Beitrag.[37] Außerdem ist dann prinzipiell denkbar, die Dienstvertragsvorschriften unter dem Vorbehalt gesellschaftsrechtlicher Besonderheiten analog anzuwenden.[38] Allerdings kommt das Vorliegen einer Lücke nur ausnahmsweise in Betracht – zumal unter Berücksichtigung des § 713 sowie der für das Innenverhältnis der Gesellschafter geltenden Vorschriften und Grundsätze (hinsichtlich der für Leistungsstörungen geltenden Regeln vgl. ferner RdNr. 29). Zur Möglichkeit, die Geschäftsführervergütung bei Dienstunfähigkeit des Geschäftsführers zu verweigern, vgl. § 709 RdNr. 34. Macht ein Gesellschafter im Rahmen seiner – gesellschaftsvertraglich geschuldeten – Tätigkeit für die GbR eine Erfindung, so stehen die Rechte hieraus grundsätzlich ihm selbst zu; das Gesetz über Arbeitnehmererfindungen greift nicht ein.[39] Die Auslegung kann allerdings ergeben, dass die Gesellschaft von dem für sie tätigen Erfinder die Überlassung dieser Rechte verlangen kann oder dass sie ihr im Gesellschaftsvertrag schon vorausabgetreten sind.[40]

15 **4. Beitragshöhe.** Ebenso wie der Inhalt der Beitragsverpflichtung wird auch deren Höhe regelmäßig im Gesellschaftsvertrag selbst festgelegt. Auf die in **Abs. 1** enthaltene Auslegungsregel, die *Ausdruck des Gleichbehandlungsgrundsatzes* (§ 705 RdNr. 244 ff.) ist, kommt es daher nur an, soweit der Vertrag weder ausdrückliche Regelungen hierüber enthält noch konkludent abweichende Vereinbarungen aufgrund sonstiger Anhaltspunkte feststellbar sind. Das Eingreifen des Abs. 1 setzt überdies voraus, dass es sich bei den vertraglich vereinbarten Beiträgen um vertretbare Sachen (namentlich Geld) oder sonst geldwerte Leistungen handelt. Sind den Gesellschaftern unterschiedliche Rechte eingeräumt und lässt sich daraus auf entsprechend unterschiedliche Beteiligungsquoten (Kapitalanteile) schließen, so ist dem auch durch Abweichung von Abs. 1 Rechnung zu tragen.[41] Eine schematische rechnerische Gleichbemessung der Beiträge lässt sich nicht auf den Gleichbehandlungsgrundsatz stützen und folgt daher auch nicht aus der Auslegungsregel des Abs. 1.

16 Ebenso wie der Gleichbehandlungsgrundsatz generell steht auch das Prinzip gleicher Beitragsleistung zur **Disposition der Gesellschafter** (zur Frage beitragsfreier Beteiligungen vgl. RdNr. 17). Seine Einhaltung kann mit Zustimmung der dadurch benachteiligten Gesellschafter abbedungen werden (§ 705 RdNr. 247). Ist im Gesellschaftsvertrag allerdings eine Kapitalerhöhung wirksam durch **Mehrheitsbeschluss** zugelassen (vgl. § 707 RdNr. 7 f., § 709 RdNr. 92), so kann die Mehrheit von dieser Ermächtigung grundsätzlich nur unter Beachtung des Gleichbehandlungsgrundsatzes Gebrauch machen (§ 705 RdNr. 244 ff., 251). Auch in diesem Falle ist der einzelne Gesellschafter regelmäßig aber nicht verpflichtet, sich an der Kapitalerhöhung zu beteiligen (§ 707 RdNr. 10).

17 **5. Beitragsfreie Beteiligungen?** Die Frage, ob einzelne Gesellschafter generell von der Beitragspflicht ausgenommen werden können, war früher lebhaft umstritten;[42] die höchst-

---

[35] Vgl. auch BAG NJW 1979, 999; *Soergel/Hadding* RdNr. 30; *Erman/Westermann* RdNr. 9.
[36] Vgl. dazu *K. Schmidt* GesR § 20 II 2 b, S. 569; *Erman/Westermann* RdNr. 9; enger noch Vorauf. RdNr. 14 (stets Voraus).
[37] Zutr. *K. Schmidt* GesR § 20 II 2 b, S. 569.
[38] So mit iE unterschiedlicher Akzentsetzung auch *Soergel/Hadding* RdNr. 30 ff. („hinsichtlich einer analogen Anwendung zurückhaltend vorzugehen"); *Erman/Westermann* RdNr. 9 („nur in Ausnahmefällen"); enger Vorauf. RdNr. 14 („schon im Ansatz verfehlt").
[39] BGH LM PatG § 3 Nr. 1 = NJW 1955, 541 m. Anm. *Vollmer* 789; *Reimer/Schade/Schippel*, Recht der Arbeitnehmererfindung, 7. Aufl. 2000, § 1 RdNr. 4; *Bartenbach/Volz*, Arbeitnehmererfindergesetz, 4. Aufl. 2002, § 1 RdNr. 70; so auch *Soergel/Hadding* RdNr. 33; *Bamberger/Roth/Timm/Schöne* RdNr. 13.
[40] BGH LM PatG § 3 Nr. 1 = NJW 1955, 541; *Soergel/Hadding* RdNr. 33; *Bamberger/Roth/Timm/Schöne* RdNr. 13.
[41] *Soergel/Hadding* RdNr. 9; *Bamberger/Roth/Timm/Schöne* RdNr. 8; vgl. auch RGZ 151, 321, 329.
[42] Nachweise bei *Staudinger/Habermeier* RdNr. 10.

richterliche Rechtsprechung ließ keine einheitliche Linie erkennen.[43] Inzwischen geht die überwiegende Ansicht zu Recht dahin, dass der Frage zumindest praktisch keine Bedeutung zukommt.[44] Denn auch abgesehen von den hier nicht relevanten Fällen, in denen die Beitragspflicht zwar besteht, die Leistung zugunsten des Gesellschafters aber von einem Dritten bewirkt wird (schenkweise zugewandte Beteiligungen u. a.),[45] ergeben sich aus der Mitgliedschaft auch ohne Vereinbarung einer Pflicht zu Beiträgen ieS doch zumindest die aus der Gesellschafterstellung fließenden Förderungspflichten (§ 705), dh. also Beitragspflichten iwS (RdNr. 2). In diesem Sinne ist also schon das „Halten" einer Beteiligung als Beitrag zu verstehen.[46] Es gilt daher: Eine *pflichtenlose Gesellschaftsbeteiligung ist mit dem Schuldvertragscharakter der GbR unvereinbar*. Schon deshalb bedarf der Beitritt eines Minderjährigen zu einer Erwerbsgesellschaft stets auch der Genehmigung des Vormundschaftsgerichts (§ 1822 Nr. 3, vgl. § 705 RdNr. 70).

III. Die Beitragsleistung

1. Die Erfüllung der Beitragspflicht. Sie bestimmt sich nach dem jeweiligen Gegenstand der geschuldeten Beiträge (RdNr. 10 ff.). Besteht die Verpflichtung in der Einbringung *zu Eigentum*, so sind die Gegenstände (Sachen oder Rechte) nach Maßgabe der **allgemeinen Vorschriften** (§§ 873, 925; 929 ff.; 398 ff. u. a.) an die Gesellschaft zu übertragen;[47] sie werden Gesamthandsvermögen der Gesellschafter (§ 718 Abs. 1). Zur Notwendigkeit rechtsgeschäftlicher Einbringung von Gegenständen, die den Gesellschaftern bisher schon aus anderem Grunde gemeinsam zustanden, vgl. § 705 RdNr. 15. – Bei Einbringung *dem Werte nach oder zum Gebrauch* genügt Einräumung des Besitzes oder Erfüllung der sonstigen je nach Lage des Falles bestehenden Erfordernisse, um der Gesellschaft den Besitz bzw. die sonstige Möglichkeit der Nutzung der Gegenstände zu verschaffen. Des Abschlusses eines besonderen Miet- oder sonstigen Nutzungsvertrags bedarf es angesichts der gesellschaftsvertraglichen Rechtsgrundlage nicht. Bei der Entgegennahme der Beiträge wird die Gesellschaft durch ihre Geschäftsführer vertreten. Soweit der leistende Gesellschafter zugleich Geschäftsführer ist und daher auf beiden Seiten handelt, steht das Verbot des Selbstkontrahierens wegen der auf die Erfüllung einer Verbindlichkeit bezogenen Ausnahme in § 181 aE nicht entgegen.

Die Beitragsverpflichtungen sind **im Zweifel sofort** mit Wirksamwerden des Gesellschaftsvertrages oder des Beitritts **fällig** (§ 271 Abs. 1). Die Gesellschafter können Abweichendes vereinbaren. Sie können auch unterschiedliche Fälligkeitstermine für die jeweiligen Beiträge vorsehen; beim Fehlen ausdrücklicher Abreden sind solche Abweichungen vom Gleichbehandlungsgrundsatz (§ 706 Abs. 1) von demjenigen zu beweisen, der sich darauf beruft. Auch aus den Umständen kann sich ein späterer Fälligkeitstermin für die Leistungspflicht ergeben, so wenn der Geschäftsbeginn auf einen wesentlich späteren Zeitpunkt festgesetzt wird oder es aus sonstigen Gründen ersichtlich ist, dass alle oder bestimmte Beiträge erst zu einem Zeitpunkt eingefordert werden sollen, in dem sie benötigt werden. Hängt der für die Fälligkeit maßgebende Zeitpunkt von objektiv bestimmbaren Umständen ab oder soll er sich an Beginn oder Ausweitung der Geschäftstätigkeit orientieren, so bedarf es im Zweifel keines besonderen Gesellschafterbeschlusses zur Herbeiführung der Fälligkeit. Die Entscheidung über die Einforderung der Einlagen ist in diesem Fall vielmehr Sache der

---

[43] Für beitragsfreie Beteiligung etwa RGZ 80, 268, 271; abw. (bezogen auf Beiträge iwS) RGZ 95, 147, 149. BGH WM 1987, 689, 690 lässt jedenfalls die Geschäftsführungspflicht des Gesellschafters als Beitrag genügen.
[44] *Soergel/Hadding* RdNr. 6; *U. Huber* Vermögensanteil S. 293 f.; *Erman/Westermann* RdNr. 3; so tendenziell auch *Bamberger/Roth/Timm/Schöne* RdNr. 8; aA – für Notwendigkeit von Beiträgen ieS als Voraussetzung einer Gesellschaft – *Herrmann* ZHR 147 (1983), 313, 317.
[45] Vgl. zur Beitragsleistung durch einen Mitgesellschafter als Dritten und zu ihrer Erfüllungswirkung etwa BGH NJW 1984, 2290; zur Anwendbarkeit von § 516 Abs. 1 auf schenkweise zugewandte Beteiligungen vgl. § 705 RdNr. 42 ff. sowie BGH WM 1990, 1379, 1380 ff. (Kommanditanteile).
[46] S. auch *K. Schmidt* GesR § 59 II 4, S. 1736.
[47] Kasuistik bei *Staudinger/Habermeier* RdNr. 13.

Geschäftsführer. – Zur Geltendmachung von Leistungsverweigerungsrechten durch einen Gesellschafter gegenüber der Beitragsforderung der GbR, insbesondere der Einrede des nichterfüllten Vertrages, vgl. RdNr. 20, zur Durchsetzbarkeit der Beitragsverpflichtungen nach Auflösung der Gesellschaft vgl. § 730 RdNr. 30 f.

20 Für die **Einrede des nichterfüllten Vertrags (§ 320)** und die Berufung auf §§ 321, 322 ist wegen des fehlenden Synallagmas zwischen den jeweiligen Beitragspflichten der Gesellschafter im Regelfall kein Raum; an ihre Stelle tritt der Gleichbehandlungsgrundsatz, der je nach Lage des Falles auch einredeweise geltend gemacht werden kann (vgl. näher § 705 RdNr. 161 ff., 168). Der Rückgriff auf §§ 320 bis 322 kommt nur ausnahmsweise – im Analogiewege – in Betracht, wenn das zu beurteilende Rechtsverhältnis einem Austauschvertrag vergleichbar ist; zu denken ist insbesondere an zweigliedrige Innengesellschaften (§ 705 RdNr. 169). Die generelle Anwendbarkeit der §§ 320 ff. auf Drittbeziehungen zwischen Gesellschaft und Gesellschafter bleibt hiervon unberührt; sie gilt etwa auch für solche Dienstleistungspflichten, namentlich zur Geschäftsführung, deren Eingehung der Gesellschafter zwar als Beitrag schuldet, die aber nicht schon durch einen Gewinnvoraus abgegolten sein sollen (vgl. RdNr. 14).

21 **2. Leistungsstörungen. a) Meinungsstand zum alten Recht.** Die in den §§ 705 bis 740 nicht ausdrücklich geregelte Frage, welche Rechtsfolgen sich im Falle von Leistungsstörungen bei Erbringung der Beiträge (Unmöglichkeit, Verzug, Schlechterfüllung) ergeben, hat *vor der Schuldrechtsreform* in der Literatur zu einer lebhaften Diskussion geführt, während die höchstrichterliche Rechtsprechung zumal des BGH – offenbar mangels einschlägiger Fälle – hierzu wenig beitrug.[48] So lehnte die Literatur für den Fall der **Unmöglichkeit**, des **Verzugs** und der **pVV** in neuerer Zeit die unmittelbare Anwendung der §§ 323 bis 327 aF überwiegend ab und verwies stattdessen auf die besonderen Vorschriften der §§ 723, 737 für diejenigen Fälle, in denen die Fortsetzung der Gesellschaft mit dem Beitragsschuldner unzumutbar war (vgl. die Übersicht in § 705 RdNr. 165, dort – RdNr. 166 f. – auch zu neueren Gegenstimmen).

22 Demgegenüber wurde unter Berufung auf §§ 445, 493 aF für **Rechts- oder Sachmängel** der zu Eigentum der Gesellschaft einzubringenden Gegenstände gelehrt, dass sich deren Rechtsfolgen nach *Kaufrecht* richten.[49] Für die Einbringung von Sachen zum Gebrauch wurde grundsätzlich auf die Mängelvorschriften des Mietrechts (§§ 537 ff. aF) verwiesen,[50] für Leistungsstörungen bei den als Beiträge geschuldeten Dienstleistungen auf die analoge Heranziehung von Vorschriften des Dienstvertragsrechts.[51] Allerdings sollten die Rechtsfolgen der Wandelung und Minderung bzw. der entsprechenden mietrechtlichen Mängelvorschriften (§ 536 = §§ 537, 541 aF) nicht in der Minderung oder dem Wegfall der – bei der GbR meist fehlenden – vertraglichen Gegenleistung bestehen, sondern in entsprechenden zusätzlichen Leistungspflichten des Gesellschafters, der die mangelhafte Sache eingebracht hat.[52] Diese Lösungen vermochten aus dogmatischer Sicht schon nach bisherigem Recht *nicht zu überzeugen* (vgl. § 705 RdNr. 161 ff.). Sie trugen den Besonderheiten der Gesellschaft als einem von Austauschverträgen (Kauf, Miete) klar zu unterscheidenden Verhältnis der Interessengemeinschaft nicht hinreichend Rechnung.[53] Darüber hinaus ließen

---

[48] Vgl. die Nachweise in § 705 RdNr. 165 und die Rspr.-Analyse von *Wertenbruch* NZG 2001, 306 f.

[49] Vgl. *Soergel/Hadding*, 11. Aufl. 1985, RdNr. 19 ff.; *Staudinger/Keßler*, 12. Aufl. 1979, RdNr. 19 ff.; *Hueck* OHG § 14 II 1; *G. Hueck* GesR § 7 I 1 a (in *Hueck/Windbichler* § 7 I 1); so auch *Hüttemann*, Leistungsstörungen bei Personengesellschaften, 1998, S. 442 ff. Stark einschr. aber *Erman/Westermann*, 10. Aufl. 2000, RdNr. 10. Vgl. auch die umfangreichen Nachweise bei *K. Schmidt* GesR § 20 III 3 d, Fn. 100, der aufgrund seines abw. Ansatzes eine (analoge) Anwendung der Kaufrechtsvorschriften insgesamt ablehnt.

[50] *Soergel/Hadding*, 11. Aufl. 1985, RdNr. 27; *Staudinger/Keßler*, 12. Aufl. 1979, RdNr. 33; *Hüttemann* (Fn. 49) S. 476 ff.; einschr. aber *Hueck* OHG § 14 II 2.

[51] Vgl. Nachweise in Fn. 38; eingehend (zu § 616) *Hüttemann* (Fn. 49) S. 344 ff.

[52] Vgl. *Soergel/Hadding*, 11. Aufl. 1985, RdNr. 21, 27; *Staudinger/Keßler*, 12. Aufl. 1979, RdNr. 23.

[53] Das gilt auch für die These von *K. Schmidt* GesR § 20 III 3 d, es sei zwischen Beitrags- und Gesellschaftsverhältnis zu unterscheiden und auf jenes seien die §§ 320 ff. aF (modifiziert) anwendbar (vgl. § 705 RdNr. 166).

sie auch das Bemühen vermissen, die Lösung der jeweiligen Fragen zunächst aus den für Gesellschaftsverträge geltenden Regelungen des allgemeinen und besonderen Schuldrechts abzuleiten und auf die analoge Anwendung sonstiger Regelungen allenfalls insoweit zurückzugreifen, als die Analogievoraussetzungen (Regelungslücke, vergleichbares Regelungsproblem) zweifelsfrei vorliegen (vgl. RdNr. 24 bis 27).

b) Schuldrechtsreform. Sie hat – durch Modernisierung des Rechts der Leistungsstörungen – die Fragestellung zwar vereinfacht. Denn seither kommt es nicht mehr prinzipiell auf den Unterschied zwischen anfänglicher objektiver Unmöglichkeit und sonstigen Fällen anfänglicher oder nachträglicher Leistungsstörungen an; auch wurde die Differenzierung zwischen den verschiedenen Arten von Leistungsstörungen durch die einheitlich für *Pflichtverletzungen* aller Art geltende Regelung des § 280 nF, wenn auch mit zT unterschiedlichen Rechtsfolgen, ersetzt. Schließlich hat auch das Kaufmängelrecht eine entsprechende Fortschreibung erfahren; insbesondere wurden in § 437 nF die Rechtsfolgen für Sach- und Rechtsmängel einheitlich ausgestaltet. Die Grundfrage, ob sich das an Austauschverträgen orientierte Leistungsstörungs- oder Kaufmängelrecht für die Anwendung auf die Nicht- oder Schlechterfüllung von Beitragspflichten eignet oder welche gesellschaftsrechtlichen Besonderheiten insoweit geboten sind, hat sich damit jedoch nicht erledigt. Sie ist für das neue Schuldrecht nicht anders zu beantworten als für das bisherige Recht (vgl. 3. Aufl. RdNr. 21 ff.). 23

c) Stellungnahme. Die Frage, ob die anfängliche Unmöglichkeit einer Beitragsverpflichtung zur Nichtigkeit des Gesellschaftsvertrags oder der betroffenen Beitrittserklärung führen kann, hat sich durch Aufhebung der Nichtigkeitsvorschrift des § 306 aF erledigt. Demgegenüber bleiben die **unterschiedlichen Rechtsfolgen** einer Nicht- oder Schlechterfüllung der Beitragspflicht eines Gesellschafters zu bedenken; insoweit ist trotz grundsätzlicher Vereinheitlichung zwischen den verschiedenen Arten von Erfüllungsmängeln zu differenzieren. 24

Für die – anfängliche oder nachträgliche – **Unmöglichkeit** der Beitragsleistung gelten grundsätzlich die Vorschriften der §§ 275, 280, 281, 283 bis 285. Hat der Gesellschafter nach Maßgabe von § 708 die Unmöglichkeit zu vertreten, so haftet er auf *Schadensersatz* (§ 283 Abs. 1). Einen seinerseits erlangten Ersatz hat er der Gesellschaft nach § 285 herauszugeben. Für die Anwendung der auf gegenseitige Verträge bezogenen Rücktrittsvorschriften der §§ 323 bis 326 nF ist ebenso wenig Raum wie nach bisherigem Recht (vgl. RdNr. 21 und § 705 RdNr. 163).[54] Wohl aber haben die Mitgesellschafter bei ersatzlosem Ausfall der vereinbarten Beitragsleistung[55] einen Anspruch auf Vertragsanpassung insbesondere hinsichtlich der Kapital- und Gewinnbeteiligung des Beitragsschuldners; maßgebend hierfür sind nicht die Grundsätze über die Störung der Geschäftsgrundlage (§ 313),[56] sondern diejenigen über die treupflichtbedingte Zustimmungspflicht zu Vertragsänderungen.[57] Je nach Lage des Falles kann stattdessen auch entweder die Auflösung der Gesellschaft nach § 726 wegen Unmöglichkeit der Zweckerreichung in Betracht kommen, oder die 25

---

[54] Zutr. OLG München ZIP 2000, 2255, 2256 f.; so im Ergebnis auch *K. Schmidt* GesR § 20 III 2, 3, freilich aufgrund seines abw. Ansatzes. Zu diesem vgl. § 705 RdNr. 166.

[55] Zur Geltendmachung von Schadensersatzansprüchen eines in der Gesellschaft tätigen Gesellschafters gegen einen Dritten wegen des durch den Ausfall seiner Arbeitskraft entstandenen Schadens als Gesellschafter vgl. BGH VersR 1963, 433, 434 und 585, 586; DB 1972, 2201, 2202: dort akzeptierte der BGH im Wege der hypothetischen Schadensberechnung die Geltendmachung der (fiktiven) Aufwendungen für eine Ersatzkraft. Ebenso OLG Karlsruhe FamRZ 1975, 341, 343 (Kosten einer Ersatzkraft, selbst einer nicht eingestellten, als liquidationsfähiger Schaden des Gesellschafters) m. krit. Anm. *Fenn*. Vgl. auch § 709 RdNr. 35.

[56] So aber BGH DB 1972, 2201, 2202, vorbehaltlich einer im Wege ergänzender Vertragsauslegung zu erzielenden Lösung (hier: Geldersatz für den unfallbedingten Arbeitsausfall?). Zur Anpassung der Geschäftsführervergütung bei nicht nur vorübergehender Verhinderung des Geschäftsführers vgl. § 709 RdNr. 34.

[57] So zutr. *Lettl* AcP 202 (2002), 3, 16 f., 23, 39 unter Differenzierung zwischen Störungen bei Verfolgung des Gesellschaftszwecks als Gegenstand treupflichtbedingter Vertragsanpassung und nachteiligen Änderungen in der Sphäre einzelner Gesellschafter als Gegenstand des § 313 (vgl. näher § 705 RdNr. 231); für Vertragsanpassung auch OLG München NZG 2001, 558, 560.

Mitgesellschafter können ein Kündigungs- oder Ausschlussrecht nach §§ 723, 737 erlangen, wenn ihnen die Fortsetzung der Gesellschaft mit dem Schuldner wegen des Ausfalls von dessen Beitragsleistung nicht zumutbar ist (vgl. näher § 705 RdNr. 164). Der **Verzug** des Beitragsschuldners und seine Folgen regeln sich nach §§ 286 bis 290. Auch hier kommt bei Unzumutbarkeit der Fortsetzung mit dem Beitragsschuldner eine einseitige Lösungsmöglichkeit der Mitgesellschafter nach §§ 723, 737 in Betracht.

26 Bei **Sach- oder Rechtsmängeln** der in das **Eigentum** der Gesellschaft geleisteten Einlage fragt sich zunächst, ob die Leistung überhaupt Erfüllungswirkung hat. Hier hat das seit 2002 geltende Schuldrecht insofern eine Änderung gebracht, als für Rechts- und Sachmängel nach §§ 435, 437 jetzt einheitliche Rechtsfolgen gelten (§ 435 RdNr. 1). Diese, nicht die allgemeinen Leistungsstörungsregeln, sind bei Rechts- oder Sachmangelhaftigkeit im maßgeblichen Zeitpunkt anwendbar. Bei Sachmängeln handelt es sich um den Zeitpunkt des Gefahrübergangs (§ 434, § 434 RdNr. 44 f.), bei Rechtsmängeln um den Zeitpunkt des vorgesehenen Rechtserwerbs der Gesellschaft (§ 435 RdNr. 6). Ist jedoch der Inferent im Zeitpunkt des vorgesehenen Rechtserwerbs der Gesellschaft gar nicht Eigentümer einer von ihm geschuldeten **Sache**, so liegt nach wohl überwiegend vertretener Auffassung kein Rechtsmangel, sondern Unmöglichkeit vor, sofern nicht die Gesellschaft gutgläubig erwirbt.[58] Entsprechendes wird für den Fall angenommen, dass der Inferent die Übertragung eines in Wahrheit nicht existenten **Rechts,** insbesondere einer Forderung, schuldet.[59] Hier sind also die für die Unmöglichkeit geltenden Grundsätze anwendbar (RdNr. 25).

27 Für die **Fälle mangelhafter Einlageleistung** können die kaufrechtlichen Gewährleistungsregeln hingegen in weiterem Umfang herangezogen werden, als dies bis 2002 der Fall war (Voraufl. RdNr. 27), zumal § 438 die Verjährung der Rechtsbehelfe des Käufers an die allgemeine Verjährungsregelung angeglichen hat.[60] Für nicht behebbare **Rechts- oder Sachmängel,** die schon bei Vertragsschluss vorlagen, ergibt sich hieraus eine Schadensersatzpflicht nach § 311 a Abs. 2 (§ 435 RdNr. 7 bzw. § 437 RdNr. 22, 26), sofern nicht die Voraussetzungen des § 311 a Abs. 2 S. 2 vorliegen, der Inferent hinsichtlich des Mangels also nicht einmal fahrlässig ohne Kenntnis war. Auch die bei nachträglichen Mängeln eingreifenden Schadensersatzansprüche aus § 281 (bei Behebbarkeit des Mangels) bzw. § 283 (im Falle der Unbehebbarkeit) kommen, wenn der Mangel zu vertreten ist, prinzipiell ebenso in Betracht wie das Nacherfüllungsrecht aus § 439. Lediglich die Rechte des Käufers zum Rücktritt (§§ 323, 326 Abs. 5) und zur Minderung (§ 441) bleiben aus gesellschaftsrechtlichen Gründen unverändert ausgeschlossen.[61] Hat der Inferent die Mangelhaftigkeit nicht zu vertreten und ist eine Nacherfüllung ausgeschlossen, so bleibt vielmehr nur der Weg der treupflichtbedingten Vertragsanpassung oder der Kündigung bzw. des Ausschlusses wegen Unzumutbarkeit unveränderter Fortsetzung der Gesellschaft. Demgegenüber führte die Lösung der früher hM, die den Beitragsschuldner unter Berufung auf §§ 459, 462 aF auch bei nicht zu vertretenden Mängeln stets entweder auf Zahlung der Wertdifferenz oder – im Fall der Rückgabe der Sache („Wandelung") – des vollen Geldwerts in Anspruch nehmen wollte,[62] nicht selten zu für den Schuldner unzumutbaren Lösungen. Auch nach neuem Recht wäre einer solchen auf Rücktritt oder Minderung (nur scheinbar) gestützten Ansicht daher nicht zu folgen.[63]

---

[58] Vgl. § 435 RdNr. 7; *Palandt/Weidenkaff* § 435 RdNr. 8; *Bamberger/Roth/Faust* § 435 RdNr. 15; aA etwa *Jauernig/Chr. Berger* § 435 RdNr. 5; *Canaris* JZ 2003, 832; *Scheuren-Brandes* ZGS 2005, 295 ff.; *Medicus* SchR II § 74 II 3.

[59] § 435 RdNr. 9; *Palandt/Weidenkaff* § 453 RdNr. 19; *Bamberger/Roth/Faust* § 453 RdNr. 12; *Eidenmüller* NJW 2002, 1626; aA *Jauernig/Chr. Berger* § 453 RdNr. 4.

[60] Ebenso jetzt auch *Ulmer* in: *Ulmer/Habersack/Winter* § 5 GmbHG RdNr. 109; § 433 RdNr. 6; teilweise abw. noch Voraufl. RdNr. 27.

[61] *Ulmer* in: *Ulmer/Habersack/Winter* § 5 GmbHG RdNr. 109; Voraufl. RdNr. 27.

[62] Vgl. Nachweise in Fn. 52.

[63] Im Ergebnis wie hier auch *K. Schmidt* GesR § 20 III 3 d und *Hüttemann* (Fn. 49) S. 455 ff. Zur ähnlichen Problematik bei Sacheinlagen im GmbH-Recht vgl. *Ulmer* in: *Ulmer/Habersack/Winter* § 5 GmbHG RdNr. 105 ff.

Erhöhung des vereinbarten Beitrags **1 § 707**

Die in RdNr. 26, 27 dargelegten Grundsätze finden auch Anwendung bei Mängeln einer 28
Sache oder eines Rechts, die der Gesellschaft **dem Werte nach** oder **zum Gebrauch überlassen** werden sollen. Sind die Mängel vom Beitragsschuldner zu vertreten, so bedarf es eines Rückgriffs auf § 536a (= § 538 aF) schon deshalb nicht, weil die Schadensersatzfolge sich bereits aus §§ 280, 281 ergibt. Ist der Mangel dagegen nicht zu vertreten, so kann der von der hM befürworteten Umgestaltung der Rechtsfolgen des § 536 so wenig zugestimmt werden wie im Fall der §§ 459, 462 aF (RdNr. 27).[64] Auch hier bleiben vielmehr nur Vertragsanpassung oder Gebrauchmachen von den Lösungsmöglichkeiten der §§ 723, 737.

Entsprechendes gilt schließlich für Störungen bei der Erbringung von **Dienstleistungen**. 29
Sie führen bei zu vertretender Schlechterfüllung zu Schadensersatzansprüchen wegen Pflichtverletzung nach §§ 280, 281.[65] Zu den Folgen einer Verhinderung des Geschäftsführers für das Gesellschaftsverhältnis vgl. § 709 RdNr. 31.

§ 707 Erhöhung des vereinbarten Beitrags

Zur Erhöhung des vereinbarten Beitrags oder zur Ergänzung der durch Verlust verminderten Einlage ist ein Gesellschafter nicht verpflichtet.

Übersicht

	RdNr.		RdNr.
I. Auslegung der Vorschrift	1–6	1. Voraussetzungen	7, 8
1. Normzweck und Inhalt	1, 2	2. Wirksamkeitsschranken	9
2. Geltungsbereich	3–5	**III. Pflicht zur Teilnahme an Beitragserhöhungen?**	10
3. Grenzen	6		
II. Beitragserhöhungen durch Mehrheitsbeschluss	7–9		

I. Auslegung der Vorschrift

1. Normzweck und Inhalt. § 707 bezieht sich auf die Beiträge ieS, dh. die im Gesell- 1
schaftsvertrag übernommenen Verpflichtungen der Gesellschafter, zur Förderung des gemeinsamen Zwecks vermögenswerte Beiträge zu leisten (vgl. § 706 RdNr. 3; zum Begriff der Einlage § 706 RdNr. 4). Beitragserhöhungen setzen somit eine **Vertragsänderung** voraus. Dies folgt allerdings nicht aus § 707, sondern aus der allgemeinen *Abgrenzung zwischen Geschäftsführungs- und Grundlagenbereich* (§ 714 RdNr. 25). Mit der Zuweisung des Grundlagenbereichs an sämtliche Gesellschafter ist es, unabhängig von § 707, insbesondere unvereinbar, die Entscheidung über die Erhöhung der Beiträge an die Geschäftsführer zu delegieren; lediglich die Einforderung fest vereinbarter Beiträge kann ihnen überlassen werden (RdNr. 4). Zwar bedarf die Vertragsänderung bei der GbR nach dem Gesetz ohnehin eines einstimmigen Beschlusses (§ 709 RdNr. 53). Dass die Vorschrift des § 707 das Zustimmungsrecht jedes Gesellschafters für den Fall der Beitragserhöhung gleichwohl besonders hervorhebt, erklärt sich aus dem besonderen Gewicht, das dem **Schutz vor einer unfreiwilligen Vermehrung ihrer Beitragspflichten** beigemessen wird.[1] Es handelt sich um die Ausprägung eines allgemeinen verbandsrechtlichen „Grundrechts",[2] das sich im Recht der Kapitalgesellschaft etwa bei § 53 Abs. 3 GmbHG und § 180 Abs. 1 AktG wiederfindet.[3] Es dient

---

[64] Für § 537 aF von der hM abw. auch *Hueck* OHG § 14 II 2; zweifelnd auch *Erman/Westermann* RdNr. 11.
[65] Vgl. BGH NJW 1983, 1188, 1189 (mangelhafter Vertrieb eines Verlagswerks durch den hierzu verpflichteten Gesellschafter).
[1] EinhM, vgl. RGZ 68, 93, 96; 151, 321, 326; 163, 385, 391; BGHZ 20, 363, 369f. = NJW 1956, 1198 (st. Rspr.); zuletzt BGH DStR 2007, 1263 = ZIP 2007, 1458; WM 2006, 774 = ZIP 2006, 754; WM 2006, 577 = ZIP 2006, 562; WM 2005, 1608 = ZIP 2005, 1455; *Staudinger/Habermeier* RdNr. 1; *Wiedemann* GesR I § 7 IV 1a.
[2] So treffend *Wiedemann* GesR I § 7 IV 1a.
[3] Vgl. dazu nur *C. Schäfer*, Der stimmrechtslose GmbH-Geschäftsanteil, 1997, S. 162ff., speziell zur Wertungsgleichheit von Leistungsvermehrung und Rechtsverkürzung, S. 171f.

§ 707 2, 3

nicht dem Minderheiten-, sondern dem **Individualschutz,** nämlich vor unabsehbarer Belastung,[4] und ist demgemäß Ausprägung der *Kernbereichslehre,* die den Bereich der unverzichtbaren Rechte umschreibt (§ 709 RdNr. 98).[5] Folglich setzt sich das aus § 707 abzuleitende Zustimmungsrecht auch gegenüber Mehrheitsbeschlüssen durch (vgl. RdNr. 7) und ist ferner bei Auslegung des Gesellschaftsvertrags zu beachten. Eine aus der Treuepflicht abgeleitete Pflicht zur Einwilligung in eine Beitragserhöhung (§ 705 RdNr. 233) wird durch § 707 zwar nicht schlechthin ausgeschlossen. An die Bejahung einer solchen Pflicht sind aber besonders hohe Anforderungen zu stellen.[6] Die Tatsache, dass das Unternehmen sanierungsbedürftig ist, reicht hierfür nicht aus;[7] das gilt selbst dann, wenn die Gesellschafter zur Finanzierung der Sanierungsaktion unschwer in der Lage wären. Davon zu unterscheiden ist die Frage, ob Gesellschafter kraft Treupflicht gehalten sein können, im Sanierungsfall einer Beitragserhöhung seitens der hierzu bereiten Mitgesellschafter zuzustimmen (vgl. RdNr. 10).

2 Das aus § 707 abzuleitende Zustimmungsrecht ist seinem Individualschutzzweck entsprechend *unverzichtbar,* § 707 also **zwingender Natur.** Insofern gilt nichts anderes als für § 53 Abs. 3 GmbHG.[8] Herkömmlicherweise wird zwar das Gegenteil gesagt,[9] doch ist dies auf die andere – und im Prinzip zu bejahende – Frage gemünzt, ob die nach § 707 erforderliche Zustimmung zur Betragserhöhung auch im Voraus, namentlich bereits im Gesellschaftsvertrag, erteilt werden kann (RdNr. 7). Demgegenüber ist man sich in der Sache weithin darin einig, dass der Gesellschaftsvertrag die Regelung des § 707 nicht kurzerhand für unanwendbar erklären kann (was aber bei nur dispositiver Geltung möglich sein müsste).[10] Es handelt sich daher bei der (angeblichen) Dispositivität in Wahrheit nur um eine terminologische Ungenauigkeit. Das Thema der Unverzichtbarkeit eines Rechts sollte freilich schon aus Gründen dogmatischer Klarheit und zur Vermeidung von Missverständnissen[11] deutlich von der Frage unterschieden werden, ob das Recht antizipiert ausgeübt werden kann.[12] Im Übrigen ergibt sich die zwingende Geltung des § 707 unmittelbar aus dem Schutzcharakter des daraus abgeleiteten Zustimmungsrechts als eines individuellen „Grundrechts" im beschriebenen Sinne (RdNr. 1). Ein solcher Zweck steht ebenso wenig zur Disposition der Gesellschafter(mehrheit) wie bei § 53 Abs. 3 GmbHG. Die zwingende Geltung der Vorschrift ist das dogmatische Rückgrat des auf § 707 basierenden Schutzkonzepts; ihr stehen weder Sonderformen der GbR entgegen noch steht sie in einem Wertungswiderspruch zur persönlichen Gesellschafterhaftung (vgl. RdNr. 4).[13]

3 **2. Geltungsbereich.** § 707 greift nur ein, soweit es um eine Erhöhung der im Vertrag festgelegten Beiträge geht. **Keine** spätere **Erhöhung** liegt vor, wenn die Höhe der Beiträge im Vertrag nicht beziffert werden, sondern nur in objektiv bestimmbarer, künftiger Entwicklungsmöglichkeiten Rechnung tragender Weise ausgestaltet ist. Zu denken ist etwa an

---

[4] Prägnant etwa BGH NJW-RR 2006, 827 = WM 2006, 577, 578; NJW-RR 2006, 829 = WM 2006, 774, 775 (jeder Gesellschafter soll das Maß seiner durch die Mitgliedschaft eingegangenen Belastung sicher abschätzen können).

[5] Ebenso etwa *Wiedemann* GesR II § 3 III 2, S. 220f.; s. auch *Abram* MDR 2006, 7, 8.

[6] Vgl. BGH NJW-RR 2006, 829 = WM 2006, 774, 775; BGH NJW-RR 2006, 827 = WM 2006, 577, 578; NJW-RR 2005, 1347 = WM 2005, 1608; allg. etwa BGH LM HGB § 105 Nr. 8 (keine Pflicht, an Stelle des krankheitshalber ausfallenden Mitgesellschafters die Geschäftsführung zu übernehmen). So im Grundsatz auch *K. Schmidt* BMJ-Gutachten S. 525; *ders.* GesR § 5 IV 5 b; *Erman/Westermann* RdNr. 1.

[7] BGH NJW-RR 2006, 827 = WM 2006, 577, 578; NJW-RR 2006, 829 = WM 2006, 774; NJW-RR 2005, 1347 = WM 2005, 1608; ebenso bereits RG JW 1938, 1522; *K. Schmidt* BMJ-Gutachten S. 525; *ders.* GesR § 5 IV 5 b, S. 135.

[8] Zur zwingenden Geltung s. nur *Hachenburg/Ulmer* § 53 GmbHG RdNr. 74 mwN; auch *C. Schäfer* (Fn. 3) S. 162 f.

[9] BGH NJW-RR 2006, 827 = WM 2006, 577; NJW-RR 2008, 419 = WM 2007, 2381, 2382 Tz. 17; *Erman/Westermann* RdNr. 1; *Bamberger/Roth/Timm/Schöne* RdNr. 8; *Soergel/Hadding* RdNr. 3; *K. Schmidt* ZGR 2008, 1, 20; so auch noch 4. Aufl. RdNr. 6.

[10] Vgl. namentlich BGH DStR 2007, 1263, wo der Vertrag § 707 ausdrücklich „abbedungen" hatte – der Senat hielt dies aber mit Recht für unbeachtlich.

[11] Vgl. etwa *Wagner* WM 2006, 1273.

[12] S. schon *C. Schäfer* (Fn. 3) S. 163 f.

[13] Näher *C. Schäfer* in: VGR (Hrsg.), Gesellschaftsrecht in der Diskussion 2007, 2008, S. 137, 141 ff.

Erhöhung des vereinbarten Beitrags　　　　　　　　　　　　　　　　　4, 5　§ 707

die Vereinbarung aufschiebend bedingter Nachschusspflichten schon bei Gesellschaftsgründung oder an die Ausrichtung der Beitragshöhe an objektivierbaren Daten des Geschäftsumfangs oder entsprechenden Veränderungen des Gesellschaftszwecks.[14] Allerdings muss sich die *Verpflichtung eindeutig aus dem Gesellschaftsvertrag* ergeben; aus einer Vertragsbestimmung, dass Gewinne und Verluste „auf Privatkonto verbucht" werden, lässt sich eine Pflicht zum Verlustausgleich vor Auflösung der Gesellschaft (§ 735) nicht ableiten.[15] Ebenso wenig kann von einer eindeutigen Festsetzung der (ursprünglichen) Beiträge die Rede sein, wenn die Gesellschafter zum Ausgleich von „Unterdeckungen" aus der „laufenden Bewirtschaftung" des Anlageobjekts verpflichtet werden sollen.[16] Zudem fehlt es immer dann an einer solchen Festsetzung, wenn die konkrete Höhe der Beiträge sich erst aus einer konkretisierenden Entscheidung der Geschäftsführer bzw. Gesellschafter ergibt.[17]

Sind die Beitragspflichten im Gesellschaftsvertrag nach Art und Höhe von vornherein klar **4** fixiert, so bedarf ihre **Geltendmachung** im Zweifel keines weiteren Gesellschafterbeschlusses, sondern ist Sache der Geschäftsführer (RdNr. 1; § 706 RdNr. 19). Mit der Zuständigkeit der Gesellschafter in Grundlagenangelegenheiten wäre es jedoch unvereinbar und hielte sich nicht mehr in den Grenzen privatautonomer Gestaltung, wollte man eine Beitragsfestsetzung oder -erhöhung der einseitigen Bestimmung der Geschäftsführer oder eines Dritten überlassen.[18] In diesem Falle handelt es sich nicht mehr um die bloße Geltendmachung einer schon zuvor begründeten Einlageforderung, welche zu den Aufgaben der Geschäftsführer gehört. Sind die eingeforderten Beiträge nicht ausreichend im Vertrag fixiert (näher RdNr. 3), so bedarf es vielmehr zum einen eines Gesellschafterbeschlusses, um das (Fest-)Kapital der Gesellschaft zu erhöhen, zum anderen aber nach § 707 auch der Zustimmung sämtlicher Gesellschafter, die sich an dieser Kapitalerhöhung durch eigene Einlagen beteiligen sollen, damit die Beitragspflicht ihnen gegenüber wirksam begründet wird (RdNr. 7, 10).

Der Grundsatz freier Entscheidung der Gesellschafter über Beitragserhöhung und Verlust- **5** ausgleich gilt *während der Gesellschaftsdauer.* § 707 gilt unabhängig davon, ob von **Beiträgen, Nachschüssen oder Einlagen** die Rede ist; Entsprechendes gilt für sonstige vertraglicher Festsetzung bedürftige Sozialansprüche der Gesellschaft gegen die Gesellschafter (zur Verlustdeckung nach § 735 vgl. RdNr. 5). Vor Auseinandersetzung schließt er ferner grundsätzlich aus, dass die Mitgesellschafter für Sozialansprüche eines Gesellschafters gegen die Gesellschaft haften.[19] Eine **Ausnahme** wird von der hM zu Recht dann zugelassen, wenn ein Gesellschafter von einem Gesellschaftsgläubiger auf Zahlung einer Gesellschaftsschuld in Anspruch genommen worden ist und bei der Gesellschaft keinen Ersatz erlangen kann; hier kann er

---

[14] BGH NJW-RR 2006, 827 = WM 2006, 577, 578; NJW-RR 2006, 829 = WM 2006, 774, 775; NJW-RR 2005, 1347 = WM 2005, 1608, 1609; WM 1979, 1282, 1283; wohl auch BGH WM 1961, 32, 34; weitergehend *Soergel/Hadding* RdNr. 1, der es genügen lassen will, dass die Beitragshöhe sich aus dem sachlich und wirtschaftlich begrenzten Gesellschaftszweck ergibt. Einschr. aber *Kaligin* DB 1981, 1172 ff. für Nachschussklauseln in einer Publikums-Gesellschaft unter Hinweis auf den früheren § 3 AGBG.
[15] BGH LM Nr. 3 = NJW 1983, 164.
[16] BGH NJW-RR 2006, 827 = WM 2006, 577, 578; NJW-RR 2006, 829 = WM 2006, 774, 775 (die Ausgleichspflicht sollte jeweils durch einen von den Geschäftsführern zu erstellenden Wirtschaftsplan konkretisiert werden).
[17] Zutr. BGH NJW-RR 2005, 1347 = WM 2005, 1608; NJW-RR 2006, 827 = WM 2006, 577; NJW-RR 2007, 832 = WM 2007, 835.
[18] Vgl. KG DB 1978, 1922 und *Barfuß* DB 1977, 571, 573 f. betr. die Unwirksamkeit einer Klausel im Gesellschaftsvertrag einer Publikums-KG, wonach eine Erhöhung der Kommanditeinlagen um bis zu 20% auch ohne Gesellschafterbeschluss verlangt werden kann, wenn ein Kreditinstitut es verlangt. Für restriktive Auslegung der Pflicht der Gesellschafter einer Publikums-KG, auf Anforderung der Geschäftsführung die Beiträge zu erhöhen oder „Auflagen" von Kreditinstituten bei Finanzierung der Gesellschaft zu erfüllen, auch BGH WM 1978, 1399, 1400 und KG DB 1978, 1025. Vgl. auch *Erman/Westermann* RdNr. 1 aE, der im Falle vertraglich zugelassener Beitragsbestimmung durch ein Gesellschaftsorgan eine Inhalts- und Angemessenheitskontrolle verlangt; wie hier auch *Bamberger/Roth/Timm/Schöne* RdNr. 5 (zu Unrecht relativierend dann aber in RdNr. 9, wo die Delegation (nur?) am Grundsatz der Selbstorganschaft zu messen sei).
[19] EinhM; vgl. RGZ 80, 268, 272; BGH ZIP 1989, 852 f. (auch während des Liquidationsstadiums); *Soergel/Hadding* RdNr. 1; *Erman/Westermann* RdNr. 3.

seinen *Regressanspruch* gegen die Mitgesellschafter pro rata bereits während der Gesellschaftsdauer verfolgen.[20] Gleiches hat bei Vermögenslosigkeit der Gesellschaft für Aufwendungsersatzansprüche von Geschäftsführern zu gelten (vgl. § 713 RdNr. 15). Andererseits hat der BGH aber mit Recht entschieden, dass der Geschäftsführer wegen § 707 seine Befugnisse überschreitet, wenn er Belastungen eingeht, die erkennbar nicht mehr vom Gesellschaftsvermögen (oder bereits konsentierten Nachschüssen) gedeckt sind.[21] Der Geltendmachung von **Drittgläubigerforderungen** eines Gesellschafters gegen seine Mitgesellschafter steht § 707 naturgemäß nicht entgegen.

6   3. Grenzen. § 707 schließt Beitragserhöhungen ohne Zustimmung der Gesellschafter nur während der Gesellschaftsdauer aus. Die Pflicht zur *Verlustdeckung* im Zuge der **Liquidation** oder des **Ausscheidens** (§§ 735, 739) wird dadurch nicht berührt. Ebenso kann § 707 nicht Gesellschaftsgläubigern entgegengesetzt werden, da ihnen neben der GbR auch die Gesellschafter persönlich haften (§ 714 RdNr. 33 ff.). Die für Kommanditisten bestehende Möglichkeit, ihre Haftung auf die Hafteinlage zu beschränken (§ 171 Abs. 1 HGB), ist im Recht der GbR nicht vorgesehen.

II. Beitragserhöhungen durch Mehrheitsbeschluss

7   1. Voraussetzungen. Zwar ist das durch § 707 gewährte Zustimmungsrecht **unverzichtbar** (RdNr. 2), doch kann die Zustimmung nach einhM antizipiert, also im Vorwege ausgeübt werden. Die Zustimmung bei Leistungsvermehrung bzw. Kernbereichseingriff ist dogmatisch zu trennen von der Stimmabgabe bei der Beschlussfassung; und Entsprechendes gilt folglich für die Voraussetzungen mehrheitlicher Beschlussfassung einerseits (§ 709 RdNr. 84 ff.), und den Bedingungen für eine antizipierte Zustimmung zu Kernbereichseingriff oder Beitragserhöhung andererseits (§ 709 RdNr. 92).[22] Über die Frage, ob für eine „Kapitalerhöhung" in der Personengesellschaft – ausgedrückt in der Erhöhung der Einlagen – ein Mehrheitsbeschluss zulässig ist, enthält § 707 unmittelbar keine Aussage; sie richtet sich nach den allgemeinen Regeln, so dass es lediglich einer allgemeinen, auch auf Vertragsänderungen bezogenen Mehrheitsklausel bedarf (§ 709 RdNr. 84 ff.); eindeutig ist zudem, dass eine solche Maßnahme *nur* durch die Gesellschafter beschlossen werden kann (RdNr. 4). Durch einen entsprechenden Beschluss kann freilich nur allgemein über die Durchführung der Kapitalmaßnahme beschlossen, nicht dagegen eine individuelle Verpflichtung jedes einzelnen Gesellschafters zur Übernahme eines eigenen Beitrags wirksam begründet werden; dies ist vielmehr wegen § 707 nur mit seiner Zustimmung möglich. Sie kann zwar mit der Ausübung des Stimmrechts bei der Beschlussfassung verbunden werden, ist aber dogmatisch von ihr deutlich zu unterscheiden. Konsequentermaßen kann auch die **Versäumung einer vertraglichen Beschlussanfechtungsfrist** nicht zur Begründung einer Nachschusspflicht führen.[23] Denn ein Beschlussmangel liegt gar nicht vor; vielmehr fehlt es an einer Wirksamkeitsvoraussetzung für die individuelle Nachschusspflicht.[24]

8   Es versteht sich daher, dass nicht schon die Mehrheitsklausel als solche – bzw. der auf ihrer Grundlage gefasste Mehrheitsbeschluss – zur **Wirksamkeit** der Vertragsänderung führen kann; sie wird deshalb zu Recht von *strengen Voraussetzungen* abhängig gemacht. Zwar kennt das bürgerliche Recht auch (zulässige) Generaleinwilligungen,[25] doch würde eine solche

---

[20] BGHZ 37, 299, 302 = NJW 1962, 1863; BGH NJW 1980, 339, 340; WM 1974, 749, 751; 1988, 446, 448; *Soergel/Hadding* RdNr. 1; *Erman/Westermann* RdNr. 3; *Hueck* OHG § 18 III 2; vgl. auch *Staub/Ulmer* § 110 HGB RdNr. 32.
[21] So BGH NJW 1980, 339, 340; idS auch *Staub/Ulmer* § 116 HGB RdNr. 13; MünchKomm-HGB/*K. Schmidt* § 116 HGB RdNr. 13; *Wertenbruch* DStR 2007, 1680, 1683.
[22] Zum Ganzen näher *C. Schäfer* (Fn. 3) S. 35 ff.
[23] So zu Recht BGH NZG 2007, 381; NJW-RR 2007, 1477 = WM 2007, 1333; näher *C. Schäfer* (Fn. 13) S. 145 f.
[24] Dazu *C. Schäfer* (Fn. 13) S. 145 f.
[25] Etwa bei § 107 (§ 107 RdNr. 13 f.) und bei der Vollmacht (§ 167 RdNr. 82 f.).

hier klar dem Schutzzweck des § 707 widersprechen (RdNr. 1, 2). Eine nur allgemein auf Vertragsänderungen bezogene Mehrheitsklausel reicht somit keineswegs aus; vielmehr muss die gesellschaftsvertragliche Mehrheitsklausel oder eine andere Vertragsklausel als *Spezialeinwilligung* des einzelnen Gesellschafters in die Beitragserhöhung interpretiert werden können. Hierzu bedarf es neben der eindeutigen Einbeziehung der Beitragserhöhung in den Anwendungsbereich der Mehrheitsklausel[26] zusätzlich der *Angabe einer Obergrenze* oder sonstiger Kriterien, die der Eingrenzung der Erhöhungsrisiken für mehrheitlich zu beschließende Kapitalerhöhungen dienen.[27] Es gelten also ähnliche Grundsätze wie bei § 26 GmbHG, der ebenfalls die Angabe eines *bestimmten* Betrages verlangt. Dem ist angesichts des allgemeinen verbandsrechtlichen Charakters von Kernbereichsschutz und Schutz vor Leistungsvermehrung (RdNr. 1) unbedingt zuzustimmen.[28] Die Obergrenze braucht freilich nicht notwendigerweise in der (ursprünglichen) Vertragsklausel fixiert zu sein; vielmehr ist es auch ausreichend, wenn sie in der individuellen Beitragserklärung enthalten ist.[29] Nach der zutreffenden jüngeren Rechtsprechung des BGH gelten diese Regeln **auch für Publikumsgesellschaften**.[30] Hiervon unberührt bleibt naturgemäß die bloße Befugnis zur mehrheitlichen Beschlussfassung über eine Kapitalerhöhung, sofern sich diese *nicht* mit einer individuellen Verpflichtung zur Teilnahme, also mit neuen Beiträgen, verbindet (vgl. auch RdNr. 10).[31]

2. Wirksamkeitsschranken. Auch wenn die in RdNr. 8 genannten Voraussetzungen für Mehrheitsbeschlüsse erfüllt sind, also aufgrund einer entsprechend präzise gefassten Klausel wirksam in die künftige Beitragserhöhung eingewilligt wurde, kann die Mehrheit von den ihr danach zustehenden Befugnissen doch nicht beliebigen Gebrauch machen. Schranken der Wirksamkeit von Erhöhungsbeschlüssen können sich namentlich im Hinblick auf Treupflicht und Gleichbehandlungsgrundsatz ergeben. So steht die **Treupflicht** Erhöhungsbeschlüssen entgegen, die nicht durch einen entsprechenden Kapitalbedarf der Gesellschaft veranlasst sind, sondern als Mittel zur Zurückdrängung der finanzschwachen Minderheit dienen. Aber auch wenn die Beitragserhöhung im Gesellschaftsinteresse liegt, setzt ihre Rechtmäßigkeit doch weiter voraus, dass der damit verbundene Eingriff in die Rechte der Minderheit dem Grundsatz der Erforderlichkeit und Verhältnismäßigkeit genügt (näher § 709 RdNr. 100 f.). Und mit dem **Gleichbehandlungsgrundsatz** sind Beschlüsse unvereinbar, die rechtlich oder faktisch (durch die Art der Beiträge) der Minderheit nicht die gleiche Chance auf Teilnahme an der Erhöhung einräumen.[32]

III. Pflicht zur Teilnahme an Beitragserhöhungen?

Einseitige Änderungen, insbesondere auch Erhöhungen der im Gesellschaftsvertrag vereinbarten Beiträge einzelner Gesellschafter sind ohne **Zustimmung der Mitgesell-**

---

[26] Näher zu den Voraussetzungen einer wirksamen Einbeziehung spezieller Vertragsänderungen in die Mehrheitsklausel § 709 RdNr. 84 ff.

[27] St. Rspr, prägnant etwa BGH NJW-RR 2006, 827 = WM 2006, 577, 578; NJW-RR 2006, 829 = WM 2006, 774, 775 (m. Anm. C. *Schäfer* EWiR § 707 BGB 1/06, 301); wN zur Rspr. in Fn. 23 und 30, vgl. ferner *Abram* MDR 2006, 7, 8 f.; *Barfuß* DB 1977, 571, 572; *Wagner* WM 2006, 1273; 1274; *Wiedemann* ZGR 1977, 690, 692; *Leenen*, FS Larenz, 1983, S. 371, 386; *K. Schmidt* GesR § 16 III 3 b; *ders.* ZGR 2008, 1, 20 f. (Obergrenze muss absolut sein).

[28] Vgl. C. *Schäfer* EWiR § 707 BGB 1/06, 302 sowie näher *ders.* (Fn. 3) S. 264 ff.; ebenso *Abram* MDR 2006, 7, 8.

[29] So zu Recht BGH NJW-RR 2007, 832 = WM 2007, 835 f.; NJW-RR 2008, 419 = WM 2007, 2381, 2383 Tz. 19 ff. – gespaltene Beitragspflicht; dazu zust. auch *Frings* NZG 2008, 218, 219.

[30] BGH NJW-RR 2007, 832 = WM 2007, 835 f.; NJW-RR 2006, 827 = WM 2006, 577, 578; NJW-RR 2006, 829 = WM 2006, 774, 775 (m. Anm. C. *Schäfer* EWiR § 707 BGB 1/06, 301); NJW-RR 2005, 1347 = WM 2005, 1608, 1609; s. ferner die in Fn. 23 zitierten Entscheidungen; überholt demgemäß BGH NJW 1975, 958, 959. Vgl. zur neueren Rspr. auch *Abram* MDR 2006, 7; *Wagner* WM 2006, 1273.

[31] Konsequent daher BGHZ 66, 82, 85 = NJW 1976, 958, dazu *Barfuß* DB 1977, 571 f.; *Wiedemann* ZGR 1977, 690 ff.

[32] BGH WM 1974, 1151; OLG München NZG 2001, 558, 560; *Soergel/Hadding* RdNr. 3; *Bamberger/Roth/Timm/Schöne* RdNr. 9.

schafter wegen ihrer Rückwirkungen auf die Beteiligungsverhältnisse grundsätzlich ausgeschlossen.[33] Ebenso ist es regelmäßig ausgeschlossen, den einzelnen Gesellschafter zur Übernahme zusätzlicher Beiträge zu zwingen.[34] Wohl aber kann sich aus der Treupflicht im Einzelfall eine *Pflicht* der Mitgesellschafter ergeben, der von einem Gesellschafter angebotenen Beitragserhöhung zuzustimmen, so wenn die Gesellschaft dringend auf weiteres Kapital angewiesen ist, die Mitgesellschafter aber nicht bereit oder in der Lage sind, an der im Gesellschaftsinteresse gebotenen Kapitalerhöhung teilzunehmen.[35] Sollte es also für die Kapitalerhöhung auf ihre Stimme ankommen, so können sie zur Zustimmung, nicht jedoch zur Übernahme neuer Beiträge verpflichtet sein. Demgegenüber ist die von manchen Autoren diskutierte Möglichkeit, widerstrebende Gesellschafter gegen Abfindung aus der Gesellschaft auszuschließen,[36] nicht nur unverhältnismäßig aus Sicht der betroffenen Gesellschafter; vielmehr kann sie auch die Liquidität der Gesellschaft empfindlich belasten, sofern die Abfindung zum vollen Verkehrswert zu erfolgen hat. Dies könnte selbst dann der Fall sein, wenn der Gesellschaftsvertrag eine Abfindungsbeschränkung vorsieht, um einen Konflikt mit dem verfassungskräftigen Eigentumsschutz zu vermeiden.[37] Hielte man die Abfindungsklausel auch in diesem Fall für wirksam, käme es im Übrigen erst recht nicht in Betracht, den beitragsunwilligen Gesellschafter aus der Gesellschaft auszuschließen. Wer also sein „Bezugsrecht" nicht ausübt, muss eine verringerte Beteiligungsquote in Kauf nehmen, kann aber nicht aus der Gesellschaft gedrängt werden.[38] Er hat dem Erhöhungsbeschluss zuzustimmen, nicht aber ist er zur Übernahme neuer eigener Beitragspflichten verpflichtet.[39] Hierdurch werden die sanierungsbereiten Gesellschafter nicht unbillig belastet, weil sich ihre Beteiligungsquote zulasten der unwilligen Gesellschafter durch die Kapitalerhöhung verbessert.[40] Sollte das Festkapital der Gesellschaft im Zeitpunkt der Sanierung nicht mehr durch ihr Vermögen gedeckt sein, haben die sanierungswilligen Gesellschafter zudem die Möglichkeit, einen von den übrigen Gesellschaftern hinzunehmenden „**Kapitalschnitt**" durchzuführen, also zunächst das Festkapital und die ursprünglichen Einlagen auf den Betrag des tatsächlich vorhandenen Vermögens herabzusetzen, um es anschließend um den um den Betrag der konsentierten Beitragsleistungen der nachschusswilligen Gesellschafter wieder heraufzusetzen. Auf diese Weise lässt sich auch in dieser Situation ein Vermögenstransfer zugunsten der beitragsunwilligen Gesellschafter vermeiden und neue Beteiligungsquoten bilden, die den jeweiligen Beiträgen an der Sanierung exakt entsprechen. Zwingend ist dieses Vorgehen aber nicht.[41]

§ 708 Haftung der Gesellschafter

Ein Gesellschafter hat bei der Erfüllung der ihm obliegenden Verpflichtungen nur für diejenige Sorgfalt einzustehen, welche er in eigenen Angelegenheiten anzuwenden pflegt.

---

[33] EinhM, vgl. *Soergel/Hadding* RdNr. 4; *Erman/Westermann* RdNr. 4; *Bamberger/Roth/Timm/Schöne* RdNr. 10.
[34] RdNr. 1 aE mN in Fn. 7, namentlich BGH NJW-RR 2006, 829 = WM 2006, 774; ebenso auch *K. Schmidt* GesR § 5 IV 5, S. 134 f.; *Müller* DB 2005, 95, 96; *Wertenbruch* DStR 2007, 1680 sowie die Vorstellung des historischen Gesetzgebers, vgl. *Mugdan* Mot. Bd. II 1899 S. 333 f.
[35] Vgl. *Hueck* OHG § 14 IV und die Nachweise in Fn. 33.
[36] So etwa *Wagner* WM 2006, 1273, 1276 f.
[37] So für den zwangsweisen Ausschluss aus der Aktiengesellschaft BVerfGE 14, 263, 283; 100, 289, 303; s. auch BVerfG (Nichtannahmebeschluss) NJW 2007, 3268, 3269 f. Tz. 17 ff. = BB 2007, 1515, 1516 (betr. Squeeze Out).
[38] *C. Schäfer* (Fn. 13) S. 148 f.
[39] Wie hier auch *K. Schmidt* GesR § 5 IV 5, S. 134 f.; missverständlich insoweit die Interpretation von *Wagner* WM 2006, 1273, 1276.
[40] Näher dazu *C. Schäfer* (Fn. 13) S. 149.
[41] *C. Schäfer* (Fn. 13) S. 149 f.

Übersicht

	RdNr.		RdNr.
I. Grundsatzfragen	1–4	b) Überschreitung der Geschäftsführungsbefugnis	8–11
1. Normzweck und Kritik	1, 2	aa) Meinungsstand	8
2. Systematische Stellung	3, 4	bb) Stellungnahme	9–11
II. Anwendungsbereich, Voraussetzungen	5–15	c) Handeln im Straßenverkehr	12–15
1. Personengesellschaften	5	**III. Die eigenübliche Sorgfalt**	16–20
2. Gesellschafterhandeln in Erfüllung gesellschaftsvertraglicher Obliegenheiten.	6–15	1. Sorgfaltsmaßstab	16–18
a) Allgemeines	6, 7	2. Beweisfragen	19, 20
		IV. Rechtsfolgen	21–23

I. Grundsatzfragen

1. Normzweck und Kritik. Die aus dem römischen Recht stammende Haftungsbeschränkung auf Verletzung der in eigenen Angelegenheiten üblichen Sorgfalt (diligentia quam in suis rebus) bezieht sich auf das *Innenverhältnis* der Gesellschafter. In den Protokollen[1] heißt es zum **Normzweck,** es müsse angenommen werden, „dass Parteien, die miteinander einen Gesellschaftsvertrag einzugehen beabsichtigen, *sich gegenseitig so nehmen wollten, wie sie einmal seien,* dass jeder Teil von vornherein die Individualität des anderen ins Auge fasse und daher nur verlange, dass er in den gemeinschaftlichen Angelegenheiten dieselbe Sorgfalt wie in den eigenen Angelegenheiten übe". Dieser Gedanke ist trotz der an ihm seit langem geübten Kritik (RdNr. 2) jedenfalls im Ansatz zutreffend. Er schöpft die für die Haftungsbeschränkung sprechenden Gründe indessen nicht voll aus.[2] Zu berücksichtigen ist nämlich weiter der dem Gesamthandsprinzip entsprechende Umstand, dass Gesellschaftsangelegenheiten stets zugleich auch *eigene Angelegenheiten der beteiligten Gesellschafter* sind und dass zudem jeder von ihnen nach der Regel des § 709 an der Führung der gemeinsamen Geschäfte auch persönlich beteiligt ist.[3] Jeder Gesellschafter ist somit – wenn auch nicht allein oder ausschließlich – „Herr des Geschäfts". Er sollte daher auch den Mitgesellschaftern nicht zu einem höheren Maß an Sorgfalt verpflichtet sein, als er sie in seinem eigenen Bereich anwendet.

Trotz dieser an den Besonderheiten der Gesellschaft orientierten, zutreffenden Grundgedanken ist die **rechtspolitische Kritik** an der Regelung des § 708 verbreitet.[4] Neben der – zu Recht beanstandeten – Unangemessenheit in Bezug auf diejenigen Gesellschaften, bei denen die in § 708 vorausgesetzte persönliche Verbundenheit schlechthin fehlt (RdNr. 5), wird namentlich geltend gemacht, die Haftungsbeschränkung möge zwar für Gelegenheitsgesellschaften an der Grenze zu Gefälligkeitsverhältnissen geeignet sein, sie vertrage sich aber nicht mit den Grundsätzen eines arbeitsteiligen, auf sorgfältige Erfüllung der übernommenen Aufgaben angelegten Geschäftsverkehrs. Wenn etwa von Rechtsanwälten im Rahmen des Anwaltsvertrags eine gewissenhafte Erledigung der übertragenen Aufgaben erwartet werde, gehe es nicht an, ihnen im Innenverhältnis, gegenüber den anderen Mitgliedern der Sozietät, einen großzügigeren Sorgfaltsmaßstab zuzugestehen. Auf entsprechenden Überlegungen beruht die auf eine Art teleologischer Reduktion gestützte Nichtanwendung von § 708 auf Sorgfaltsverletzungen im Straßenverkehr (RdNr. 12). Dogmatisch gesehen erklären sich

---

[1] *Mugdan* Bd. II S. 985; vgl. zur Entstehungsgeschichte auch *Ballerstedt* JuS 1963, 253, 258.

[2] Zur Frage weiterer Aspekte des Normzwecks vgl. *Müller-Graff* AcP 191 (1991), 475, 480 ff. (dazu Fn. 3).

[3] Gegen die Maßgeblichkeit dieses Aspekts aber *Müller-Graff* AcP 191 (1991), 475, 482 f.: allein entscheidend sei vielmehr, dass Personengesellschafter durch ihre Verbindung die Bereitschaft dokumentieren, auch das „Risiko des individualüblichen Verhaltens des Mitgesellschafters" einzugehen.

[4] Vgl. nur *Soergel/Hadding* RdNr. 1; *K. Schmidt* GesR § 59 III 2 a; *Hueck* OHG § 9, Fn. 10; *Hauss*, FS Möhring, 1965, S. 345, 361; *Rother*, Haftungsbeschränkung im Schadensrecht, 1965, S. 192. Diff. *Ballerstedt* JuS 1963, 253, 258. De lege ferenda für Streichung von § 708 auch *K. Schmidt*, Gutachten und Vorschläge zur Überarbeitung des Schuldrechts, Bd. III, 1981, S. 526 f.; *Schlechtriem* ebd. Bd. II S. 1622. – *Wiedemann* GesR II § 3 II 2 b, S. 190 f.

§ 708   3–5   Abschnitt 8. Titel 16. Gesellschaft

diese Ansichten aus einer unhaltbaren Vermengung von Außen- und Innenverhältnis. Sie könnte selbst dann nicht überzeugen, wenn man der rechtspolitischen Kritik im Ansatz zustimmen wollte (RdNr. 13). Für grundsätzliche Beibehaltung der Vorschrift spricht auch der Umstand, dass die Rechtsprechung sonst unausweichlich Zuflucht bei stillschweigenden (fiktiven) Haftungsbeschränkungsabreden sucht, soweit es um die Haftung im Rahmen von Gelegenheitsgesellschaften geht.[5]

3   **2. Systematische Stellung.** § 708 enthält als Regelung des Innenverhältnisses der Gesellschafter **nachgiebiges Recht**.[6] Den Parteien steht es nicht nur frei, die Haftung zwischen sich generell auf Vorsatz zu beschränken. Sie können vielmehr auch auf die Entlastungsmöglichkeit des § 708 verzichten und sich zur Einhaltung der im Verkehr erforderlichen Sorgfalt (§ 276 Abs. 1 S. 2) auch für das Innenverhältnis verpflichten. Den methodisch unhaltbaren Versuchen, unter Berufung auf die rechtspolitische Kritik an § 708 zur Annahme einer stillschweigend vereinbarten Haftungsverschärfung zu kommen,[7] ist freilich zu Recht eine Absage erteilt worden.[8]

4   Die Vorschrift des § 708 bezieht sich auf **vertragliche** Schadensersatzansprüche von Gesellschaft und Mitgesellschaftern. Im Rahmen ihres Anwendungsbereichs schließt sie jedoch auch die Geltendmachung **deliktischer** Ansprüche wegen derselben schädigenden Handlung aus.[9] Andernfalls würde das Haftungsprivileg auf dem Umweg über § 823 praktisch weitgehend außer Kraft gesetzt.[10] – Zur Frage des Eingreifens des § 708 oder der §§ 677 ff. im Fall der Überschreitung der Geschäftsführungsbefugnis vgl. RdNr. 8 ff.

II. Anwendungsbereich, Voraussetzungen

5   **1. Personengesellschaften.** § 708 beruht auf der engen persönlichen Verbundenheit der Gesellschafter und dem besonderen Vertrauensverhältnis im Rahmen einer Personengesellschaft. Er gilt nicht nur zwischen den Gesellschaftern einer **GbR,** sondern kraft der Verweisung der §§ 105 Abs. 3, 161 Abs. 2 HGB auch zwischen denjenigen einer personalistisch strukturierten **OHG** und **KG.** Auf das Innenverhältnis des nichtrechtsfähigen Vereins wird er wegen dessen andersartiger Struktur trotz der pauschalen Verweisung auf das Recht der GbR in § 54 S. 1 zu Recht nicht angewandt.[11] Gleiches hat für die strukturell dem Verein vergleichbaren Verhältnisse in einer **Publikums-Gesellschaft** zu gelten; zu Recht hat daher der BGH die Anwendung des § 708 auf eine Publikums-KG im Wege teleologischer Reduktion verneint.[12] Aber auch bei sonstigen *kapitalistisch strukturierten,* nicht auf engen persönlichen Bindungen der Gesellschafter und gegenseitigem Vertrauen beruhenden Personengesellschaften ist mit Rücksicht auf den Normzweck (RdNr. 1) Zurückhaltung gegenüber dem Eingreifen der Haftungsbeschränkung veranlasst.[13] An diesen Grundsätzen hat sich auch der Sorgfaltsmaßstab für die Gesellschafter/Geschäftsführer einer **GmbH &**

---

[5] Vgl. nur BGH JZ 1979, 101, Fn. 37 und die weiteren Beispiele bei *K. Schmidt* Gutachten (Fn. 4) S. 526 f. Im Ergebnis wie hier *Müller-Graff* AcP 191 (1991), 475, 483 und *Erman/Westermann* RdNr. 1 aE gegen *K. Schmidt* GesR § 59 III 2 c, der für einschr. Interpretation des § 708 als Auslegungsregel plädiert.

[6] EinhM; vgl. *Soergel/Hadding* RdNr. 2; *Staudinger/Habermeier* RdNr. 15; *Bamberger/Roth/Timm/Schöne* RdNr. 3; *Müller-Graff* AcP 191 (1991), 475, 494.

[7] Vgl. etwa RGZ 143, 212, 215 (für den nichtrechtsfähigen Verein).

[8] BGHZ 46, 313, 317 = NJW 1967, 558; *Hueck* OHG § 9, Fn. 10; vgl. auch *Müller-Graff* AcP 191 (1991), 475, 478 f.

[9] St. Rspr., vgl. BGHZ 46, 313, 316 = NJW 1967, 558; BGH VersR 1960, 802 und LM § 252 Nr. 2 = NJW 1954, 145; RGZ 66, 363 und 88, 317; vgl. zur Konkurrenzproblematik näher Vor § 823 RdNr. 73.

[10] BGHZ 46, 313, 316 f. = NJW 1967, 558; BGHZ 93, 23, 29 = NJW 1985, 794; *Soergel/Hadding* RdNr. 7 aE; *Bamberger/Roth/Timm/Schöne* RdNr. 13. Zur im Ergebnis abw. Beurteilung in den Straßenverkehrsfällen vgl. RdNr. 12 ff. einschr. *Erman/Westermann* RdNr. 5.

[11] EinhM; vgl. RGZ 143, 212, 215; *Staudinger/Habermeier* RdNr. 18; *Soergel/Hadding* RdNr. 2; *Erman/Westermann* RdNr. 3; *Bamberger/Roth/Timm/Schöne* RdNr. 5.

[12] BGHZ 69, 207, 209 f. = NJW 1977, 2311; BGHZ 75, 321, 327 f. = NJW 1980, 589; BGH NJW 1995, 1353, 1354; zust. *Hüffer* ZGR 1981, 348, 361 f.; *Grunewald,* FS Kropff, 1997, S. 91 ff.; *Erman/Westermann* RdNr. 3; *Soergel/Hadding* RdNr. 2; *Bamberger/Roth/Timm/Schöne* RdNr. 6.

[13] So auch *K. Schmidt* Gutachten (Fn. 4) S. 526; vgl. auch *dens.* GesR § 59 III 2 b.

Co. KG zu orientieren.[14] Es geht nicht um den Vorrang von § 708 BGB oder § 43 GmbHG; das Eingreifen von § 708 richtet sich vielmehr nach der personalistischen oder kapitalistischen Struktur der Gesellschaft. In einer Familien-GmbH & Co. KG können sich daher auch die GmbH-Gesellschafter/Geschäftsführer gegenüber Ansprüchen aus § 43 GmbHG auf das zwischen KG und GmbH geltende, inhaltlich durch die eigenübliche Sorgfalt der GmbH-Organe ausgefüllte Haftungsprivileg berufen.[15]

2. Gesellschafterhandeln in Erfüllung gesellschaftsvertraglicher Obliegenheiten. 6
a) Allgemeines. Die Anwendung von § 708 beschränkt sich nicht auf Geschäftsführer. Die Haftungsbeschränkung kommt vielmehr auch sonstigen Gesellschaftern zugute, soweit diese aufgrund des Gesellschaftsvertrags und nicht etwa kraft eines davon zu unterscheidenden Anstellungsverhältnisses für die Gesellschaft tätig werden[16] oder soweit sie auf sonstige Weise als Gesellschafter mit ihr in Verbindung treten und dabei einen Schaden verursachen. Ob die Tätigkeit unentgeltlich oder entgeltlich (Gewinnvoraus) erbracht wird sowie ob die Gesellschaft ideelle oder wirtschaftliche Zwecke verfolgt, ist für das Eingreifen von § 708 ohne Bedeutung.[17] Die Vorschrift greift auch ein, soweit es um Leistungsstörungen bei der Erfüllung der Beitragspflichten geht (vgl. § 706 RdNr. 25).

§ 708 knüpft das Eingreifen der Haftungsbeschränkung daran, dass die schadensverursa- 7
chende Handlung **bei der Erfüllung der** dem Gesellschafter obliegenden, **durch den Gesellschaftsvertrag begründeten Verpflichtungen** begangen wurde. Diese in ähnlicher Weise in §§ 31, 831 angelegte Begrenzung klammert zunächst solche Schadensverursachungen aus, die lediglich bei Gelegenheit eines Gesellschafterhandelns eingetreten sind, mit ihm aber in keinem unmittelbaren inneren Zusammenhang stehen.[18] Ebenso gilt § 708 nicht für Sorgfaltsverletzungen von Gesellschaftern als Partner eines Unternehmensvertrags[19] oder für solche im Rahmen sog. Drittgeschäfte, die Gesellschafter nicht kraft gesellschaftsvertraglicher Verpflichtung, sondern wie Dritte mit der Gesellschaft schließen (§ 705 RdNr. 202). Dagegen ist eine Ausnahme von § 708 für Schäden aus der Verletzung bloßer **Neben- oder Schutzpflichten** nicht veranlasst.[20] Auch deren Erfüllung gehört zu den aus dem Gesellschaftsvertrag folgenden, den Mitgesellschaftern gegenüber bestehenden Obliegenheiten. Zudem würde es wenig einleuchten, dass die Gesellschafter für die Verletzung von Nebenpflichten schärfer haften sollen als für diejenige von Hauptpflichten.

b) Überschreitung der Geschäftsführungsbefugnis. aa) Meinungsstand. Die Be- 8
handlung der Fälle einer Schadensverursachung durch Handlungen von Geschäftsführern außerhalb der ihnen eingeräumten Geschäftsführungsbefugnis (§ 709 RdNr. 25) oder trotz des Widerspruchs hierzu berechtigter Mitgesellschafter ist seit Jahrzehnten Gegenstand von Auseinandersetzungen. Das **RG** bejahte in diesen Fällen ursprünglich eine verschuldensunabhängige Haftung des Handelnden,[21] ohne die Anspruchsgrundlage zu

---

[14] AA *Krebs,* Geschäftsführerhaftung in der GmbH & Co. KG, 1991, S. 68 ff., 72.
[15] Ebenso *Hüffer* ZGR 1981, 362 f. Für Nichtanwendung von § 708 auf Gesellschaften, an denen juristische Personen beteiligt sind, aber *Ballerstedt* JuS 1963, 258 f. (dagegen zu Recht *Erman/Westermann* RdNr. 3).
[16] RGZ 89, 99, 102; *Soergel/Hadding* RdNr. 4; *Erman/Westermann* RdNr. 4; *Staudinger/Habermeier* RdNr. 5; *Bamberger/Roth/Timm/Schöne* RdNr. 8.
[17] So zutr. bereits GroßkommHGB/*Rob. Fischer,* 3. Aufl. 1967, § 116 Anm. 18; einschr. *Erman/Westermann* RdNr. 4 (zehrt Geschäftsführervergütung erheblichen Teil des Überschusses auf, liegt konkludenter Ausschluss des § 708 nahe).
[18] Vgl. näher § 31 RdNr. 33 f.; § 831 RdNr. 24 ff.
[19] BGH LM HGB § 105 Nr. 46 = NJW 1980, 231, 232.
[20] So aber für die Verletzung von Schutzpflichten *Schwerdtner* NJW 1971, 1673, 1675 und *Larenz,* FS Westermann, 1974, S. 299, 302 f. mit der Begründung, dass die Herausbildung derartiger Vertragspflichten durch die Rspr. anderenfalls zu einer Verschlechterung der Rechtslage des Geschädigten führe, da dieser seine ursprünglich rein deliktischen Ansprüche ohne Rücksicht auf vertragliche Haftungsbeschränkungen durchsetzen konnte. Dagegen zu Recht auch *K. Schmidt* GesR § 59 III 2 b; *Soergel/Hadding* RdNr. 4; *Müller-Graff* AcP 191 (1991), 475, 488 f. *Bamberger/Roth/Timm/Schöne* RdNr. 8; krit. auch *Erman/Westermann* RdNr. 5.
[21] RG LZ 1914, 580 Nr. 9; JW 1930, 705, 706; wN bei *Hueck* OHG § 10 VI 5, Fn. 76 und bei *Häuser,* FS Kraft, 1998, S. 147, 152 f.

§ 708 9, 10

nennen.[22] Später schränkte es diese Rechtsprechung dahin ein, dass eine Haftung auf der Grundlage des GoA-Rechts nach § 678 die schuldhafte Überschreitung der Geschäftsführungsbefugnis voraussetze.[23] Von *Hueck*[24] wurden diese Grundsätze unter weitgehender Zustimmung der späteren Literatur[25] dahin präzisiert und verfeinert, dass die Prüfung des Verschuldens hinsichtlich der *Überschreitung der Geschäftsführungsbefugnis* nicht nach § 276, sondern auf der Basis von § 708 erfolgen müsse. Nur wenn die Überschreitung nach diesem Maßstab vorwerfbar sei, komme das GoA-Recht mit seiner in § 678 geregelten strikten Haftung bei erkennbarem Handeln gegen den wirklichen oder mutmaßlichen Willen des Geschäftsherrn (der Gesamtheit der Gesellschafter) zum Zuge. Habe der Geschäftsführer demgegenüber bei Prüfung seiner Handlungsbefugnis die eigenübliche Sorgfalt beachtet, so finde Gesellschaftsrecht auf die Geschäftsführung Anwendung; für einen der Gesellschaft bei *Durchführung* der Maßnahme verursachten Schaden müsse der Geschäftsführer nur in den Grenzen des § 708 einstehen. Noch weitergehend lehnte der **BGH**[26] im Anschluss an *Robert Fischer*[27] das Eingreifen von GoA-Recht in Fällen dieser Art generell ab, da die Vorschriften der §§ 677 ff. das Fehlen einer vertraglichen Bindung zwischen Geschäftsführer und Geschäftsherrn voraussetzten und für diesen Fall eine außervertragliche Haftung begründeten. Demgegenüber gehe es bei der Überschreitung von Geschäftsführungsbefugnissen um – ggf. fehlerhaftes – Geschäftsführerhandeln, das zur Schadensersatzpflicht im Fall eines nach § 708 vorwerfbaren Übernahmeverschuldens führe, ohne dass es zusätzlich auf ein Ausführungsverschulden ankomme.[28] Den im Ergebnis entgegengesetzten Standpunkt vertritt *Wiedemann*.[29] Auch er hält zwar den Weg über die GoA-Regeln für nicht gangbar, will aber § 708 auf Geschäftsführerhandeln überhaupt nicht anwenden, soweit nicht alle Gesellschafter an der Geschäftsführung beteiligt sind, sondern diese nach § 710 einzelnen Gesellschaftern übertragen ist.

9   bb) **Stellungnahme.** Den Kritikern des RG ist mit der in der Literatur hM darin zuzustimmen, dass der Sorgfaltsmaßstab des § 708 auch dann eingreift, wenn es um die Prüfung der Frage geht, ob dem Gesellschafter die Verletzung der Geschäftsführungsbefugnis vorwerfbar ist. Denn an der Zugehörigkeit der Handlung zum Bereich der (sei es auch unbefugten) **Geschäftsführung** kann, wenn es sich um eine Tätigkeit für die Gesellschaft handelt, kein Zweifel bestehen. Und ebenso steht außer Frage, dass die Prüfung seiner Handlungsbefugnis zu den dem Geschäftsführer obliegenden Verpflichtungen gehört. Nicht zu folgen ist demgegenüber dem Einwand von *Wiedemann*,[30] wonach § 708 in Fällen der nach § 710 auf einzelne Gesellschafter übertragenen Geschäftsführung generell keine Anwendung findet; für eine derartige Restriktion des § 708 gibt es keine überzeugenden Sachgründe.

10   Was andererseits die Auseinandersetzung zwischen *Hueck* und *Robert Fischer* über die **Haftung nach GoA-Recht** im Falle einer nach § 708 *schuldhaften* Überschreitung der Geschäftsführungsbefugnis angeht,[31] so beschränkt sich ihre Bedeutung im Ergebnis darauf, ob der Geschäftsführer sich auch wegen *zusätzlicher* Fehler, die er bei Durchführung der

---

[22] So zutr. *Häuser*, FS Kraft, 1998, S. 147 entgegen dem in der Lit. vorherrschenden Verständnis, das RG habe die Haftung auf § 678 gestützt. Vgl. dann aber RGZ 158, 302, 312 f.
[23] RGZ 158, 302, 313.
[24] OHG § 10 VI 5, S. 142 bis 144.
[25] *Soergel/Hadding* RdNr. 5; *Erman/Westermann* RdNr. 7; *Staudinger/Keßler*, 12. Aufl. 1979, RdNr. 10; *Müller-Graff* AcP 191 (1991), 475, 487 f. Im Ergebnis ähnlich – trotz prinzipieller Ablehnung unter Berufung auf BGH WM 1988, 968, 970 – *Schlegelberger/Martens* § 114 HGB RdNr. 37. Vgl. auch *dens.* ZHR 147 (1983), 377, 397 ff.
[26] BGH NJW 1997, 314 (OHG) und schon WM 1988, 968, 970. Vgl. auch BGH WM 1989, 1335, 1339 (Nichtanwendung der GoA-Regeln auf angemaßte Eigengeschäftsführung in der GmbH); zust. *Bamberger/Roth/Timm/Schöne* RdNr. 16.
[27] In GroßkommHGB, 3. Aufl. 1967, § 116 Anm. 29.
[28] BGH NJW 1997, 314 (für OHG); zust. *Häuser*, FS Kraft, 1998, S. 147, 163 ff.
[29] WM 1992, Sonderbeilage 7 S. 16; GesR II § 3 II 2 b, S. 190 f.
[30] AaO (Fn. 29).
[31] AaO (Fn. 24, 27).

seine Kompetenz überschreitenden Handlung begeht und die auch ihrerseits schadensverursachend wirken, auf § 708 berufen kann (so *Robert Fischer*) oder ob insoweit der allgemeine, im Rahmen des § 678 sogar verschärfte Haftungsmaßstab eingreift (so *Hueck*). Gegen die Lösung von *Robert Fischer* lässt sich zwar nicht einwenden, dass der Geschäftsführer für bewusst eigenmächtiges Handeln stets einzustehen habe und sich zur Rechtfertigung nicht auf Interesse und mutmaßlichen Willen der Mitgesellschafter (§ 677) berufen könne.[32] Denn der Gedanke der Notgeschäftsführung, der der Regelung des § 677 zugrunde liegt, lässt sich auch auf das Geschäftsführungsrecht in der GbR übertragen (vgl. auch § 709 RdNr. 21). Wohl aber überzeugt der Einwand von *Hueck*,[33] dass die Mitgesellschafter das in § 708 zum Ausdruck kommende besondere Vertrauen in die Tätigkeit des Geschäftsführers auf den Kreis der ihm im Gesellschaftsvertrag übertragenen Geschäfte beschränkt und ihm nicht etwa einen generellen Freibrief in den Grenzen des § 708 ausgestellt haben.[34] Dementsprechend kommt auch der BGH mittlerweile zur Haftung des Geschäftsführers für den Schaden, der der Gesellschaft durch nach § 708 pflichtwidrige Überschreitung der Geschäftsführungsbefugnis entstanden ist, ohne zusätzlich auf ein Ausführungsverschulden in Bezug auf die Schadensverursachung zu fragen.[35]

Dieser zur verschärften Geschäftsführerhaftung führenden Ansicht des BGH ist für den Regelfall zu folgen.[36] Beruht der Schaden allerdings nicht auf der Überschreitung der Geschäftsführungsbefugnis, sondern auf einer davon unabhängigen, erneuten **Schadensverursachung bei späteren Geschäftsführungshandlungen** bezüglich desselben Vermögensgegenstands, so kommt es für die Haftung des Geschäftsführers erneut darauf an, ob er insoweit die eigenübliche Sorgfalt verletzt hat; man denke an den sorgfaltswidrig unterlassenen Versicherungsschutz für eine außerhalb der Geschäftsführungsbefugnis zum Gesamthandsvermögen erworbene, später durch Zufall untergegangene Sache. 11

c) Handeln im Straßenverkehr. Eine zumal für Gelegenheitsgesellschaften zur gemeinsamen Benutzung eines Kraftfahrzeugs erhebliche **Einschränkung** des Anwendungsbereichs von § 708 wird vom **BGH** seit Mitte der 60er Jahre für solche Schäden an Körper und Eigentum von Mitgesellschaftern gemacht, die durch fehlerhaftes Verhalten des als Geschäftsführer tätigen Gesellschafters im Straßenverkehr verursacht wurden; insoweit soll § 708 nicht eingreifen.[37] Ob die Ausnahme auch auf Schädigungen im Luftverkehr zu erstrecken ist, hat er offen gelassen.[38] Die Rechtsprechung ist in Teilen der Literatur begrüßt worden.[39] Angesichts ihrer zwischenzeitlichen Fortführung und Bestätigung im Rahmen von § 1359 für die ähnlich gelagerte Ehegattenhaftung[40] muss sie als gesicherter Bestand der Auslegung von § 708 angesehen werden. 12

---

[32] So aber *Hueck* OHG § 10 VI 5 Fn. 83 a; wohl auch MünchKommHGB/*Rawert* § 114 RdNr. 64.
[33] AaO (Fn. 32).
[34] Im Fall BGH WM 1988, 968, 970 kam der BGH denn auch nicht zur Anwendung des § 708 auf das Geschäftsführerhandeln, freilich ohne dass der Grund hierfür aus den Urteilsgründen ersichtlich ist. Klarstellend sodann BGH NJW 1997, 314.
[35] BGH NJW 1997, 314 (betr. OHG).
[36] Vgl. schon *Staub/Ulmer* § 114 HGB RdNr. 58 a.
[37] BGHZ 46, 313, 317 f. = NJW 1967, 558; ebenso BGHZ 54, 352, 355 = NJW 1970, 1271 zu § 1359; anders noch BGH VersR 1960, 802. Für Haftungseinschränkung zwischen mehreren an einer gemeinschaftlichen Urlaubsreise Beteiligten im Wege ergänzender Vertragsauslegung (dh. letztlich aber für Wiederherstellung der Rechtsfolge von § 708) dann aber BGH JZ 1979, 101.
[38] BGH JZ 1972, 88; dazu *Brandenburg* JuS 1974, 16.
[39] *Soergel/Hadding* RdNr. 3; *Böhmer* NJW 1969, 595 und JR 1969, 178; *Larenz*, FS Westermann, 1974, S. 299, 306 f.; so zuvor schon *Böhmer* VersR 1960, 943; *Stoll* JZ 1964, 61 und *Hauss*, FS Möhring, 1965, S. 345, 361 f. Krit. demgegenüber *Hoffmann* NJW 1967, 1207; *Deutsch* JuS 1967, 496, 497; *Schütz* VersR 1968, 633; *Döpp* JR 1969, 14 und NJW 1969, 1472; *Medicus* BR RdNr. 930; *Müller-Graff* AcP 191 (1991), 475, 489 ff.; aA Erman/*Westermann* RdNr. 6; *Bamberger/Roth/Timm/Schöne* RdNr. 14.
[40] BGHZ 53, 352, 355 = NJW 1970, 1271; BGHZ 61, 101, 105 = NJW 1973, 1654; BGHZ 63, 51, 57 = NJW 1974, 2124; dazu 4. Aufl. § 1359 RdNr. 17 ff. und die Nachweise zum Meinungsstand im Familienrecht daselbst (Fn. 49).

13 Die verschiedenen für diese Einschränkung von § 708 angeführten **Gründe** vermögen aus gesellschaftsrechtlicher Sicht freilich **nicht zu überzeugen**. Sieht man ab von dem verbreiteten Unbehagen an der Sonderregelung des § 708 (RdNr. 2), das sich auch in der Straßenverkehrsrechtsprechung des BGH manifestiert, ohne dazu einen besonderen Sachbezug aufzuweisen, so finden sich zu ihrer Begründung im Wesentlichen drei Argumente. Nach einer ersten, vom BGH inzwischen wieder aufgegebenen Ansicht soll § 708 sich nur auf Vermögens- und nicht auf Körperschäden beziehen.[41] Wäre das richtig, so bestünde kein Anlass für eine Sonderbehandlung der im *Straßenverkehr* verursachten Körperschäden. Eine zweite Begründung geht dahin, mit Rücksicht auf die besonderen Gefahren im Straßenverkehr sei eine eingehende Normierung gerade des Verhaltens im Straßenverkehr und seiner Haftungsfolgen getroffen worden; sie beanspruche Geltung auch für die Innenbeziehungen der Gesellschafter.[42] Dem ihr zugrunde liegenden Schluss von der Außenhaftung der Gesellschafter gegenüber geschädigten Dritten auf das Verhältnis zwischen den Gesellschaftern steht allerdings nicht nur dessen Systemwidrigkeit entgegen. Vielmehr sind auch keine überzeugenden Gründe ersichtlich, einem derartigen normativen Sorgfaltsmaßstab zwar im Bereich des Straßenverkehrs den Vorrang vor § 708 zu geben, nicht aber in anderen Fällen der Verletzung deliktischer oder vertraglich (gegenüber Dritten) geschuldeter Sorgfaltspflichten.[43]

14 Als eigentlicher Kern für die Sonderbeurteilung von im öffentlichen Straßenverkehr verursachten Schäden von Mitgesellschaftern bleibt der Grundsatz der **haftungsrechtlichen Gleichbehandlung aller Verkehrsteilnehmer** unter Wahrung des Schadensausgleichs entsprechend den Verantwortungsanteilen (§ 17 StVG);[44] er hat inzwischen auch zur Nichtanwendung des Verweisungsprivilegs des § 839 Abs. 1 S. 2 auf Schäden im Straßenverkehr geführt.[45] Auch wenn dieser Grundsatz Anerkennung verdient, folgt daraus doch nicht die Unanwendbarkeit von § 708 im *Innenverhältnis* zwischen schädigendem und geschädigtem Gesellschafter, sondern nur die Verpflichtung des nicht selbst haftpflichtigen Schädigers zum anteiligen Schadensausgleich gegenüber einem dritten Mitschädiger, soweit nicht die Haftung auch des Dritten entsprechend gemindert wird.[46]

15 Eine *Haftungsverschärfung* gegenüber der durch § 708 eingeschränkten allgemeinen Vertrags- und Deliktshaftung im Innenverhältnis der Gesellschafter ließe sich nach allem nur mit dem Gesichtspunkt der **besonderen Gefahr** im Straßenverkehr[47] und der dem Haftungsmaßstab zukommenden Präventivwirkung begründen.[48] Dann aber müsste die Verschärfung folgerichtig auch auf sonstige typische Gefahrenbereiche, insbesondere solche mit gesetzlicher Gefährdungshaftung, ausgedehnt werden. Ein isoliertes Eingreifen nur für Schäden im Straßenverkehr ist abzulehnen.

III. Die eigenübliche Sorgfalt

16 **1. Sorgfaltsmaßstab.** Die Vorschrift des § 708 schränkt die Haftung der Gesellschafter für vertragswidriges Verhalten ein, indem sie an die Stelle der nach § 276 Abs. 2 maßgeben-

---

[41] So BGHZ 46, 313, 318 = NJW 1967, 558 im Anschluss an *Hauss*, FS Möhring, 1965, S. 345, 361 f.; anders dann BGHZ 53, 352, 354 = NJW 1970, 1271 und BGH JZ 1972, 88.
[42] BGHZ 46, 313, 317 f. = NJW 1967, 588; ebenso *Stoll* JZ 1964, 61, 62; *Larenz*, FS Westermann, 1974, S. 299, 305; *Brandenburg* JuS 1974, 16, 19.
[43] Vgl. die in RdNr. 4 angeführten allg. Grundsätze über die Auswirkung von § 708 auch auf deliktische Ansprüche.
[44] Vgl. hierzu sowie allg. zum Regressproblem § 840 RdNr. 40 sowie *Deutsch* JuS 1967, 496, 497; *Hanau* VersR 1967, 516; *Hoffmann* NJW 1967, 1207 und *J. Prölss* JuS 1966, 400.
[45] BGHZ 68, 217, 224 = NJW 1977, 1238; vgl. auch § 839 RdNr. 313.
[46] Zust. *Müller-Graff* AcP 191 (1991), 475, 491. Allg. zu diesem Ausgleichsproblem vgl. § 426 RdNr. 62 ff., 66.
[47] Seine Nichtberücksichtigung bei Entstehung von § 708 betonen zur Begründung der teleologischen Reduktion der Vorschrift BGHZ 46, 313, 318 = NJW 1967, 558 und *Larenz*, FS Westermann, 1974, S. 299, 305 f. (vgl. auch 4. Aufl. § 1359 RdNr. 19 und *Deutsch* JuS 1967, 498).
[48] Auf die Präventivwirkung abstellend etwa BGHZ 53, 352, 356 = NJW 1970, 1271 mwN; ebenso *Böhmer* JR 1969, 178, 179; dies freilich jeweils ohne auf die danach nahe liegende Frage einer Ausdehnung der Grundsätze über den Straßenverkehrsbereich hinaus einzugehen.

Haftung der Gesellschafter 17–20 § 708

den verkehrserforderlichen Sorgfalt den Maßstab der Sorgfalt **in eigenen Angelegenheiten** setzt (vgl. § 277 RdNr. 2 f.). Die Untergrenze der danach geschuldeten Sorgfalt ist durch § 277 bestimmt: Gegenüber *grobfahrlässigem* Verhalten versagt die Berufung auf die eigenübliche Sorgfalt. Andererseits hat § 708 keine Ausweitung der Haftung über § 276 hinaus zur Folge.[49] Auch ein in eigenen Angelegenheiten ungewöhnlich sorgfältiger Gesellschafter kann nur dann auf Schadensersatz in Anspruch genommen werden, wenn sein Verhalten gemessen am Sorgfaltsmaßstab des § 276 pflichtwidrig war. Zur Bedeutung der Einwilligung der Mitgesellschafter vgl. RdNr. 23.

Die Beschränkung des § 708 gilt auch insoweit, als eine **Haftung** des Gesellschafters **für** 17 **Verschulden Dritter** in Frage steht. So kann er für ein Fehlverhalten von *Erfüllungsgehilfen* (§ 278) nicht weitergehend in Anspruch genommen werden, als wenn er selbst tätig geworden wäre und die Schadensursache gesetzt hätte.[50] Zu beachten ist freilich, dass ihn für Angestellte der Gesellschaft, zu deren Einstellung er befugt war, im Innenverhältnis keine Haftung aus § 278 trifft. Im Unterschied zu privat von ihm bestellten Gehilfen sind sie nicht Erfüllungsgehilfen des Geschäftsführers, sondern eben Angestellte der Gesellschaft. Insoweit haftet er dieser gegenüber daher nur für eigenes Verschulden bei Auswahl, Anleitung und Überwachung.[51]

Zu den Fällen **typischen Fehlverhaltens** eines Geschäftsführers gehören insbesondere 18 Verstöße gegen das aus der Treupflicht folgende Gebot uneigennütziger Geschäftsführung (§ 705 RdNr. 226), darunter die Vornahme von Geschäften aus der Gesellschaftssphäre auf eigene Rechnung[52] sowie die Verwendung von Gesellschaftsvermögen im eigenen Interesse.[53] Außerhalb der Geschäftsführung kann die Haftung vor allem im Zusammenhang mit zu vertretender Unmöglichkeit der Schlechterfüllung von Beitragspflichten (§ 706 RdNr. 25 ff.) oder beim Verstoß gegen ein Wettbewerbsverbot praktisch werden.

2. Beweisfragen. Die **Beweislast** für den Nachweis der Schadensverursachung durch 19 den Gesellschafter, der Schadenshöhe sowie des **Fehlverhaltens iS von § 276 Abs. 1** trifft grundsätzlich die Geschädigten, im Regelfall also die *Gesellschaft* (RdNr. 21). Soweit es um Verstöße der als Geschäftsführer tätigen Gesellschafter in dem ihnen übertragenen Pflichtenkreis geht, greifen als Ausnahme allerdings die ursprünglich in der Rechtsprechung zur Haftung von Organmitgliedern entwickelten, sodann in §§ 93 Abs. 2, 116 AktG verankerten besonderen Beweislastregeln ein.[54] Danach braucht die Gesellschaft nur den Schadenseintritt und dessen Verursachung durch ein Handeln oder Unterlassen des Geschäftsführers nachzuweisen. Mit Rücksicht auf die Rechenschaftspflicht des Geschäftsführers ist es sodann dessen Sache, darzutun und zu beweisen, dass er seine Sorgfaltspflicht erfüllt hat.

Die Darlegungs- und Beweislast für die gegenüber dem objektiven Sorgfaltsmaßstab des 20 § 276 Abs. 1 geringere **eigenübliche Sorgfalt** ist stets Sache des in Anspruch genommenen *Gesellschafters,* nachdem die Gegenseite die klagebegründenden Tatsachen dargetan hat. An den Nachweis sind strenge Anforderungen zu stellen.[55] Der Umstand, dass der Gesellschafter sich durch die schadensbegründende Handlung zugleich selbst geschädigt hat, reicht zum

---

[49] EinhM; vgl. § 277 RdNr. 3; *Staudinger/Löwisch* (2004) § 277 RdNr. 3; *Staudinger/Habermeier* RdNr. 7; *Soergel/Hadding* RdNr. 7.
[50] § 278 RdNr. 49; *Soergel/Hadding* § 713 RdNr. 5; *Hueck* OHG § 10 V 2.
[51] Vgl. *Staub/Ulmer* § 114 HGB RdNr. 36, 52; zur Frage der Haftung des Geschäftsführers aus § 831 vgl. auch § 705 RdNr. 261.
[52] RGZ 89, 99; BGH NJW 1986, 584; 1989, 2687; zu dem letztgenannten Urteil und zur sog. Geschäftschancenlehre allg. *Kübler/Waltermann* ZGR 1991, 162 ff. Vgl. auch *Staub/Ulmer* § 114 HGB RdNr. 46; *Erman/Westermann* § 709 RdNr. 17; *K. Schmidt* GesR § 47 II 2 b; zur entspr. Rechtslage im GmbH-Recht *Scholz/Emmerich* § 3 GmbHG RdNr. 98; *Raiser* in: *Ulmer/Habersack/Winter* § 14 GmbHG RdNr. 98; *Rowedder/Schmidt-Leithoff/Pentz* § 13 GmbHG RdNr. 62.
[53] RGZ 82, 10; weitere Beispiele bei *Soergel/Hadding* RdNr. 7.
[54] RG JW 1931, 40; 1936, 2313; 1938, 2019 u. a.; dazu und zum Eingreifen dieser Grundsätze bei der Haftung von Geschäftsführern einer Personengesellschaft vgl. *Staub/Ulmer* § 114 HGB RdNr. 63; MünchKommHGB/*Rawert* § 114 RdNr. 69; *Soergel/Hadding* § 713 RdNr. 4; zu § 93 Abs. 2 AktG näher MünchKommAktG/*Hefermehl/Spindler* § 93 RdNr. 86 ff.
[55] BGH NJW 1990, 573, 575; *Soergel/Hadding* RdNr. 8; *Staudinger/Habermeier* RdNr. 8.

§ 709 Abschnitt 8. Titel 16. Gesellschaft

Nachweis der nicht auf den konkreten Schädigungsfall, sondern auf das generelle Verhalten des Schädigers in dem entsprechenden Pflichtenkreis abstellenden Entlastungsvoraussetzungen des § 708 nicht aus.[56]

IV. Rechtsfolgen

21   Schadensersatzansprüche gegen Gesellschafter wegen Verletzung der von diesen im Rahmen des § 708 geschuldeten Sorgfaltspflicht stehen der **Gesellschaft** zu, soweit sich – wie meist – der Schaden auf das Gesamthandsvermögen ausgewirkt hat. Schadensberechtigung und -höhe sowie Durchsetzbarkeit bestimmen sich nach den allgemein für Vertragsverstöße geltenden Haftungsgrundsätzen. Zur Geltendmachung des Anspruchs sind nicht nur die vertretungsberechtigten Geschäftsführer befugt, sondern (im Rahmen der actio pro socio, vgl. § 705 RdNr. 204 ff.) auch jeder der übrigen Gesellschafter. Die Klage richtet sich auf Leistung an die Gesellschaft.

22   Ist über den der Gesamthand entstandenen Schaden hinaus oder an dessen Stelle einem oder mehreren **Mitgesellschaftern** unmittelbar ein Schaden aus dem pflichtwidrigen Handeln entstanden, so haben sie insoweit auch persönliche Schadensersatzansprüche gegen den Schädiger (§ 705 RdNr. 198, 216). Wurde der Schaden von einem der Geschäftsführer im Rahmen der ihm übertragenen Aufgaben verursacht, so kann der Geschädigte nach § 278 auch von der Gesellschaft Ersatz verlangen (§ 705 RdNr. 198).

23   Beruht die schadensverursachende Handlung auf einem wirksamen **Beschluss der Gesellschafter** oder haben ihr alle Gesellschafter, sei es auch nachträglich, in Kenntnis der Risiken zugestimmt, so ist trotz eines etwa sorgfaltswidrigen Handelns des Geschäftsführers für Schadensersatzansprüche von Gesamthand oder Mitgesellschaftern abweichend von RdNr. 21 f. grundsätzlich kein Raum. Die Anerkennung eines vom Willen aller Gesellschafter abweichenden, rechtlich geschützten Eigeninteresses der Gesamthand ist bei der GbR abzulehnen. Der Handelnde haftet jedoch, wenn ihm wegen der Herbeiführung des Beschlusses ein Vorwurf zu machen ist, er es namentlich versäumt hat, die Mitgesellschafter ausreichend zu informieren und auf die mit der Maßnahme voraussichtlich verbundenen Risiken hinzuweisen.[57]

§ 709 Gemeinschaftliche Geschäftsführung

(1) Die Führung der Geschäfte der Gesellschaft steht den Gesellschaftern gemeinschaftlich zu; für jedes Geschäft ist die Zustimmung aller Gesellschafter erforderlich.

(2) Hat nach dem Gesellschaftsvertrag die Mehrheit der Stimmen zu entscheiden, so ist die Mehrheit im Zweifel nach der Zahl der Gesellschafter zu berechnen.

Übersicht

	RdNr.		RdNr.
A. Die Geschäftsführung	1–37	sellschaftern obliegenden Angelegenheiten	10, 11
I. Grundlagen	1–12	3. Gegenstände der Geschäftsführung	12
1. Regelung der §§ 709 bis 715	1–6	II. Arten der Geschäftsführungsbefugnis	13–22
a) Überblick und Normzweck	1, 2	1. Die gesetzlichen Regeltypen	13–15
b) Systematik	3, 4	a) Gesamtgeschäftsführung (§ 709)	13
c) Selbstorganschaft	5, 6	b) Einzelgeschäftsführung aller oder mehrerer Gesellschafter (§ 711)	14
2. Geschäftsführung	7–11	c) Übertragung der Geschäftsführung (§ 710)	15
a) Begriff	7, 8		
b) Verhältnis zur Vertretung	9		
c) Abgrenzung zu Grundlagengeschäften und sonstigen allen Ge-			

---

[56] So zutr. BGH NJW 1990, 573, 575; näher *Soergel/Hadding* RdNr. 8 in Auseinandersetzung mit abw. älterer RG-Rspr.; heute hM, vgl. *Bamberger/Roth/Timm/Schöne* RdNr. 19; *Staudinger/Habermeier* RdNr. 8.
[57] *Staub/Ulmer* § 114 HGB RdNr. 51; *Hueck* OHG § 10 VI 4; *Erman/Westermann* RdNr. 9.

	RdNr.		RdNr.
2. Abweichende Gestaltungen	16–20	5. Stimmrechtsausschluss bei Interessenkollision	65–70
a) Allgemeines	16	a) Geltungsgrund und Anwendungsbereich	65, 66
b) Funktionell beschränkte Einzelgeschäftsführung	17	b) Bei Rechtsgeschäften mit einem Gesellschafter	67–70
c) Geschäftsführung in ehemaliger OHG oder KG	18, 19	aa) Meinungsstand	67
d) Ausschließung aller Gesellschafter von der Geschäftsführung?	20	bb) Abgrenzung von § 181	68, 69
3. Sonderfälle	21, 22	cc) Stellungnahme	70
III. Umfang der Geschäftsführungsbefugnis	23–25	**II. Beschlussfassung**	71–101
1. Maßgeblichkeit des Gesellschaftszwecks	23, 24	1. Allgemeines	71–73
2. Überschreitung	25	2. Stimmabgabe	74–80
IV. Rechtsstellung des Geschäftsführers	26–37	a) Willenserklärung	74–76
1. Allgemeines	26, 27	b) Bevollmächtigte	77, 78
2. Recht auf Geschäftsführung	28	c) Vertreterklauseln	79, 80
3. Pflicht zur Geschäftsführung	29–31	3. Mehrheitsklauseln	81–95
4. Vergütung	32–36	a) Allgemeines	81, 82
5. Sonderaufträge	37	b) Geschäftsführungsbeschlüsse	83
B. Gemeinschaftliche Geschäftsführung nach § 709	38–49	c) Vertragsänderungen	84–94
		aa) Bestimmtheitsgrundsatz	84–86
I. Der Grundsatz der Einstimmigkeit (Abs. 1)	38–44	bb) Kritik am Bestimmtheitsgrundsatz	87–89
1. Allgemeines	38–41	cc) Folgerungen: Kernbereichslehre	90–93
2. Zustimmungspflicht?	42–44	dd) Besonderheiten für Publikumsgesellschaften	94
II. Die mehrheitliche Geschäftsführung (Abs. 2)	45–49	d) Sonstige Gesellschafterbeschlüsse	95
		4. Berechnung der Mehrheit	96, 97
C. Gesellschafterbeschlüsse	50–114	5. Grenzen der Mehrheitsherrschaft	98–101
I. Grundlagen	50–70	a) Kernbereich der Mitgliedschaft	98
1. Willensbildung durch Beschluss	50	b) Sonderrechte	99
2. Rechtsnatur des Beschlusses	51, 52	c) Bewegliche Schranken	100, 101
3. Beschlussgegenstände	53–59	**III. Beschlusswirkungen**	102, 103
a) Arten	53–55	**IV. Mängel der Beschlussfassung**	104–114
b) Rechtliche Besonderheiten	56–59	1. Grundlagen	104
4. Stimmrecht	60–64	2. Beschlussmängel	105–110
a) Allgemeines	60–62	a) Allgemeines	105
b) Vereinbarter Stimmrechtsausschluss	63, 64	b) Verfahrensfehler	106, 107
		c) Inhaltsmängel	108
		d) Einschränkungen der Nichtigkeit	109
		e) Heilung	110
		3. Mängel der Stimmabgabe	111, 112
		4. Gerichtliche Geltendmachung	113, 114

A. Die Geschäftsführung

I. Grundlagen

1. Regelung der §§ 709 bis 715. a) Überblick und Normzweck. Die Rechtsfragen 1 der Geschäftsführung und Vertretung in der GbR sind in den Vorschriften der §§ 709 bis 715 geregelt. Die dispositive, insgesamt knapp gefasste Regelung ist angesichts der neueren Entwicklungen und Erkenntnisse betreffend die gesellschaftsrechtliche Gesamthand teilweise überholt. Der Begriff der Geschäftsführung (RdNr. 7) wird nicht besonders definiert. Die Vertretungsmacht ist nach § 714 auf die Vertretung der Mitgesellschafter – statt auf diejenige der Gesamthand (Gesellschaft) – bezogen. Ungenau ist schließlich auch die Verknüpfung der mehrheitlichen Geschäftsführung in § 709 Abs. 2 mit den allgemeinen Beschlussgrundsätzen im Recht der GbR (vgl. demgegenüber die Trennung zwischen §§ 114, 115 und

§ 709 2-5   Abschnitt 8. Titel 16. Gesellschaft

§ 119 HGB im Recht der OHG). Der Unterschied hat namentlich in denjenigen Fällen Bedeutung, in denen nicht Geschäftsführungsbeschlüsse, sondern sonstige Akte der internen Willensbildung der GbR in Frage stehen (vgl. näher RdNr. 53 ff.).

2   Im Einzelnen beschränken sich die *Geschäftsführungsvorschriften* der §§ **709 bis 711** auf die Regelung typischer Ausgestaltungen der Geschäftsführungsbefugnis und ihrer Folgen für die Mitspracherechte der Gesellschafter in Geschäftsführungsangelegenheiten; entsprechend ihrem dispositiven Charakter lassen sie die Privatautonomie im Grundsatz unberührt (RdNr. 16). § **712** ermöglicht die Entziehung oder Niederlegung der Geschäftsführungsbefugnis aus wichtigem Grund. § **713** schließlich bringt eine Verweisung auf das Auftragsrecht, soweit es um die Rechtsstellung des Geschäftsführers und um dessen Beziehungen zur Gesamthand geht. Die Verweisung erfasst freilich nur einen Teil der Auftragsregelungen. Sie hat überdies subsidiären Charakter und darf nicht etwa dahin missverstanden werden, dass die Rechtsstellung des Geschäftsführers derjenigen eines Beauftragten im Grundsatz vergleichbar sei (vgl. Näheres bei § 713).

3   **b) Systematik.** Zur **Geschäftsführung** sind nach der Regel des § 709 alle Gesellschafter berufen. Die Geschäftsführung ist *Ausfluss der Gesellschafterstellung* und beruht auch dann, wenn sie einem oder bestimmten Gesellschaftern übertragen ist (§ 710), nicht auf einem Anstellungsverhältnis, sondern unmittelbar auf dem Gesellschaftsvertrag (RdNr. 26). Dementsprechend führen auch Umgestaltungen der Geschäftsführungsbefugnis jeweils zugleich zu Änderungen des Gesellschaftsvertrags; das gilt auch für einseitige Änderungen iS von § 712. Inhaltlich umfasst die Geschäftsführerstellung grundsätzlich nicht nur das Recht auf, sondern auch die Pflicht zur Geschäftsführung (RdNr. 29). Es handelt sich um eine **Tätigkeitspflicht zur Förderung des gemeinsamen Zwecks** und damit um eine Beitragspflicht iS von §§ 705, 706 (§ 706 RdNr. 14). Haben Gesellschafter im Gesellschaftsvertrag die Übernahme der Geschäftsführung für sich ausgeschlossen oder haben sich die Beteiligten aus sonstigen Gründen darauf geeinigt, die Geschäftsführung einem oder bestimmten Gesellschaftern zu übertragen, so sind die übrigen grundsätzlich auch später nicht verpflichtet, in deren Übernahme einzuwilligen (§ 707 RdNr. 1).

4   Ausgeübt wird die Geschäftsführung nicht für die Mitgesellschafter je persönlich, sondern für alle Gesellschafter in ihrer gesamthänderischen Verbundenheit, dh. also für die personenrechtliche **Gesamthand ("Gruppe")** als – bei Außengesellschaften grundsätzlich rechtsfähigen – Personenverband.[1] Rechte und Pflichten aus der Geschäftsführung betreffen nach § 718 Abs. 1 das Gesamthandsvermögen. Die Vorschrift des § 714, wonach ein Gesellschafter im Umfang der Geschäftsführungsbefugnis im Zweifel auch ermächtigt ist, „die anderen Gesellschafter" Dritten gegenüber zu vertreten, steht nicht entgegen. Aus heutiger Sicht ist sie vielmehr missverständlich formuliert, da sie die notwendige Unterscheidung zwischen der Vertretung der Gesellschaft und derjenigen der Gesellschafter persönlich nicht erkennen lässt (hierzu und zur Haftung der Gesellschafter für Gesamthandsverbindlichkeiten vgl. § 714 RdNr. 13, 35 ff.).

5   **c) Selbstorganschaft.** Als Ausfluss der Mitgliedschaft ist die *Geschäftsführerstellung* notwendig den *Gesellschaftern vorbehalten*. Im Unterschied zu den Kapitalgesellschaften gilt für die GbR ebenso wie für OHG und KG der **Grundsatz der Selbstorganschaft**.[2] Er

---

[1] Das betont zutr. *Flume* I/1 § 10 I in Auseinandersetzung mit der verbreiteten Gegenansicht (Nachweise vgl. aaO S. 129 Fn. 1). Allg. zur (Außen-)Gesellschaft als rechtsfähiger Personenverband und Zuordnungssubjekt des Gesamthandsvermögens nicht nur bei den Personenhandelsgesellschaften, sondern auch im Recht der GbR vgl. § 705 RdNr. 303 ff.

[2] Ganz hM, vgl. BGHZ 33, 105, 106 ff. = NJW 1960, 1997; BGHZ 146, 341, 360 = NJW 2001, 1056; BGH WM 1994, 237, 238; für einen Sonderfall relativierend BGH NJW 1982, 1817 (Holiday Inn). Aus der Lit. iS der hM *Soergel/Hadding* RdNr. 22; *Flume* I/1 § 14 VIII; *Wiedemann* GesR I § 6 IV 1; *ders.* GesR II § 4 II 2 c, S. 333; *Staub/Ulmer* § 109 HGB RdNr. 34 f., § 114 RdNr. 9 f.; *MünchKommHGB/Rawert* § 114 RdNr. 23; vgl. auch *Staudinger/Habermeier* RdNr. 12; *Bamberger/Roth/Timm/Schöne* RdNr. 4; *Heidemann*, Der zwingende und dispositive Charakter des Prinzips der Selbstorganschaft bei Personengesellschaften, 1999; *Werra*, Zum Stand der Diskussion um die Selbstorganschaft, 1991, S. 109 f. mwN zur Gegenansicht; zweifelnd *K. Schmidt* GesR § 14 II 2; *ders.*, GS Knobbe-Keuk, 1997, S. 307 ff.; einschränkend auch *Erman/Westermann*

schließt es zwar nicht aus, dass *Dritten* im Rahmen eines Anstellungs- oder Auftragsverhältnisses Geschäftsführungsaufgaben übertragen werden. Das kann im Sinne einer „Generalvollmacht" auch in sehr weitgehendem Umfang mit der Folge geschehen, dass sämtliche in der GbR anfallenden Aufgaben erfasst werden. Immer bleibt die Befugnis des Dritten jedoch *abgeleiteter* Natur. Sie steht ihm anders als dem Gesellschafter nicht kraft eigenen Rechts zu und kann ihm daher auch ohne sein Zutun wieder entzogen werden.[3] Mit der Geschäftsführerstellung iS der §§ 709 bis 711 ist die Befugnis des Dritten nicht vergleichbar; §§ 712, 713 finden auf ihn keine Anwendung (vgl. auch RdNr. 20). Die vor allem für OHG und KG lebhaft diskutierte Frage, ob und unter welchen Voraussetzungen vom Grundsatz der Selbstorganschaft ausnahmsweise abgewichen werden kann,[4] ist jedenfalls für das Recht der GbR zu verneinen.[5] Allerdings kann auch in die GbR eine *geschäftsführende GmbH* aufgenommen und dadurch mittelbar Fremdorganschaft ermöglicht werden. Zum Sonderfall der Geschäftsführung im Abwicklungsstadium vgl. § 730 RdNr. 47.

Eine faktische **Einschränkung** des Grundsatzes der Selbstorganschaft hat der BGH 6 für **Publikumsgesellschaften** in der Rechtsform der *GbR* zugelassen (vgl. auch Vor § 705 RdNr. 3 a).[6] Dort liegt die Geschäftsführung nach dem Gesellschaftsvertrag üblicherweise in den Händen von Personen, die zum Kreis der Initiatoren gehören, jedoch nicht selbst Gesellschafter sind. Trotz der Nähe derartiger Vereinigungen zum körperschaftlich strukturierten Verein hat der BGH die gewählte Rechtsform der GbR nicht beanstandet. Mit Rücksicht auf den Grundsatz der Selbstorganschaft hat er vielmehr die Gesamtheit der Gesellschafter als oberstes Geschäftsführungsorgan angesehen, gegen die Ausübung der Geschäftsführung durch den oder die im Gesellschaftsvertrag benannten Dritten jedoch keine Bedenken erhoben.[7] Darüber hinaus hat er sogar den Ausschluss des Widerrufs der Vollmacht des Drittgeschäftsführers für die Dauer des Anstellungsvertrags zugelassen, zugleich aber das Recht der Gesellschafter zum Widerruf der Vollmacht aus wichtigem Grund durch einfachen Mehrheitsbeschluss sowie zur außerordentlichen Kündigung des Anstellungsvertrags hervorgehoben.[8] Noch über diese bedenkliche Aushöhlung der Selbstorganschaft hinausgehend, sieht es der XI., für Bankrecht zuständige Senat des BGH sogar noch als zulässig an, dass einem Dritten die gesamte Geschäftsführung der Gesellschaft durch Geschäftsbesorgungsvertrag übertragen wird, sofern nur die Gründungsgesellschafter die organschaftliche Geschäftsführungsbefugnis behalten.[9]

2. Geschäftsführung. a) Begriff. Als **Geschäftsführung** ist jede zur Förderung des 7 Gesellschaftszwecks bestimmte, für die Gesamthand wahrgenommene Tätigkeit zu verstehen, mit Ausnahme solcher Maßnahmen, die die Grundlagen der Gesellschaft betreffen (vgl.

RdNr. 4 (für Abdingbarkeit) und *Grunewald* GesR RdNr. 1. A. 41 ff. Grundlegend aA in jüngerer Zeit besonders *Beuthien* ZIP 1993, 1589, 1595 ff.

[3] BGHZ 36, 292, 294 = NJW 1962, 738; BGH NJW 1982, 1817; WM 1994, 237; für Publikumsgesellschaften in der Rechtsform der GbR vgl. Nachweise in Fn. 7, 8.

[4] So namentlich *Teichmann* Gestaltungsfreiheit S. 116 ff.; *H. P. Westermann* Vertragsfreiheit S. 153 ff., 445 ff.; *Reinhardt/Schultz* GesR RdNr. 167 ff. Vgl. auch *Erman/Westermann* RdNr. 3 sowie *Heidemann* (Fn. 2) S. 106 ff. und *Werra* (Fn. 2) S. 101 ff.

[5] So offenbar auch BGHZ 33, 105, 107 = NJW 1960, 1997; aA für die Dauer eines Rechtsstreits über den Entzug der Geschäftsführungs- und Vertretungsbefugnis des Alleingeschäftsführers *Flume* I/1 § 14 VIII S. 242 f. Zum Ganzen vgl. auch RdNr. 20.

[6] Wie hier *Bamberger/Roth/Timm/Schöne* RdNr. 6; abw. *Erman/Westermann* RdNr. 4, der hieraus die Abdingbarkeit des Grundsatzes ableitet; für Zulassung der Fremdorganschaft in derartigen Fällen auch *Arlt* NZG 2002, 407, 409 ff.; unklar *Staudinger/Habermeier* RdNr. 12 (Durchbrechung des Grundsatzes der Selbstorganschaft durch die Rspr.).

[7] Vgl. BGH LM Nr. 9 = NJW 1982, 877; LM § 712 Nr. 1 = NJW 1982, 2495.

[8] BGH LM § 712 Nr. 1 = NJW 1982, 2495 f.

[9] BGH NJW 2006, 2980, 2981; noch ohne einschränkenden Zusatz und daher jedenfalls zu weit: BGH ZIP 2005, 1361, 1363 = BeckRS 2005, 3951 (Beauftragung des Dritten als Geschäftsbesorger mit der Vornahme aller zur Erreichung des Gesellschaftszwecks erforderlichen oder zweckmäßigen Rechtsgeschäfte und Erteilung einer entsprechenden Vollmacht begegne keinen rechtlichen Bedenken); mit Recht krit. hierzu *Habersack* BB 2005, 1695; so auch schon *Ulmer* ZIP 2005, 1341, 1343.

§ 709   8–10

RdNr. 10 f.).[10] Darauf, ob es um Handlungen tatsächlicher oder rechtsgeschäftlicher Natur geht, ob die Tätigkeit sich auf das Innenverhältnis beschränkt oder ob sie Außenwirkungen hat, namentlich in der Vertretung der Gesellschaft Dritten gegenüber besteht (RdNr. 9), kommt es für ihre Zugehörigkeit zur Geschäftsführung nicht an. Demgegenüber ist die *Beitragsleistung* zwar ebenfalls zur Förderung des Gesellschaftszwecks bestimmt, von der Geschäftsführungstätigkeit für die Gesellschaft jedoch im Grundsatz dadurch zu unterscheiden, dass es bei ihr um die Erfüllung einer persönlichen Verpflichtung des Beitragsschuldners gegenüber der GbR geht. Soweit freilich ein Geschäftsführer mit seiner Tätigkeit für die Gesellschaft zugleich seiner entsprechenden Beitragspflicht genügt, fallen Beitragsleistung und Geschäftsführung de facto zusammen; das hat insbesondere für Sozietäten von *Freiberuflern* Bedeutung.[11] Zur Vereinbarkeit der Behandlung der Freiberufler-Tätigkeit als Geschäftsführung mit dem in § 6 Abs. 2 PartGG verankerten Prinzip unabhängiger Ausübung eines Freien Berufs vgl. § 6 PartGG RdNr. 13 ff.

8   Von der Geschäftsführung als einer Tätigkeit im Interesse der Gesellschaft zu unterscheiden ist die **Geschäftsführungsbefugnis,** dh. das Recht des Gesellschafters zum Handeln für die Gesamthand (sein „rechtliches Dürfen"). Ihre Ausgestaltung und ihr Umfang richten sich nach gesellschaftsvertraglicher Vereinbarung, bei deren Fehlen nach Gesellschaftszweck und gesetzlicher Regel (§ 709). Um Geschäftsführung handelt es sich grundsätzlich auch dann, wenn Geschäftsführer bei ihrer Tätigkeit die Grenzen ihrer *Befugnisse* überschreiten (RdNr. 25). Kannten sie die Überschreitung oder hätten sie sie nach Maßgabe von § 708 erkennen müssen, so bestimmen sich die Rechtsfolgen ihres Handelns gegenüber der Gesellschaft nach den Vorschriften über die Geschäftsführung ohne Auftrag (vgl. § 708 RdNr. 8 ff., 10).

9   b) **Verhältnis zur Vertretung.** Die Vertretung der Gesamthand gegenüber Dritten ist keine qualitativ von der Geschäftsführung zu unterscheidende Tätigkeit, sondern derjenige **Teilbereich der Geschäftsführung,** der das *rechtsgeschäftliche Außenhandeln* der Geschäftsführer umfasst. Die verbreitet anzutreffende Gegenüberstellung von Geschäftsführung als Handeln im Innenverhältnis und Vertretung als Außenhandeln ist daher unzutreffend.[12] Wohl aber ist – ähnlich wie zwischen Auftrag und Vollmacht – zwischen Geschäftsführungsbefugnis und Vertretungsmacht zu unterscheiden. Jene bestimmt das „rechtliche Dürfen", diese das „rechtliche Können". Zwar richtet sich bei der GbR, anders als bei OHG und KG (§ 126 Abs. 2 HGB), der *Umfang* der Vertretungsmacht im Zweifel nach demjenigen der Geschäftsführungsbefugnis (§ 714). Dieser Zusammenhang bezieht sich aber nur auf deren generelle Ausgestaltung. Er geht nicht so weit, die Vertretungsmacht schon dann zu verneinen, wenn einzelne, an sich vom Gesellschaftszweck gedeckte Geschäftsführungsmaßnahmen sich wegen der Besonderheiten des Einzelfalls (Widerspruch von Mitgesellschaftern, Sorgfaltspflichtverletzung u. a.) als Überschreitung der Geschäftsführungsbefugnis erweisen (vgl. § 714 RdNr. 25, 28).

10   c) **Abgrenzung zu Grundlagengeschäften und sonstigen allen Gesellschaftern obliegenden Angelegenheiten.** Nicht zur Geschäftsführung gehören schließlich alle diejenigen Maßnahmen, die die Grundlagen der Gesellschaft, insbesondere deren Struktur und Organisation betreffen.[13] Darauf, ob sie sich in einer (formellen) Vertragsänderung manifestieren oder bloß faktisch in die bestehende Struktur oder Organisation der Gesellschaft eingreifen, kommt es nicht an; die Unterscheidung dient vielmehr dem Schutz der Mit-

---

[10] Ähnlich die Definition bei *Soergel/Hadding* RdNr. 3; *Erman/Westermann* RdNr. 5 f.; *Staudinger/Habermeier* RdNr. 1 f.; *Bamberger/Roth/Timm/Schöne* RdNr. 3; *Hueck* OHG § 10 I 1. Sachliche Unterschiede kommen den Formulierungsabweichungen nicht zu.

[11] So für die Freiberufler-GbR zutr. *Michalski,* Das Gesellschafts- und Kartellrecht der berufsrechtlich gebundenen freien Berufe, 1989, S. 202; *Steindorff,* FS Robert Fischer, 1979, S. 747, 750; der Sache nach auch BGHZ 56, 355, 358 = NJW 1971, 1801. Für strikte Trennung zwischen Berufsausübung (= Beitragsleistung) in der Anwalts-GbR und Geschäftsführung aber *Gail/Overlack,* Anwaltsgesellschaften, 2. Aufl. 1996, S. 41 f.

[12] So zu Recht namentlich *Hueck* OHG § 10 I 2; wie hier auch *Wiedemann* GesR II § 4 1 b, S. 330.

[13] EinhM; vgl. statt aller *Soergel/Hadding* RdNr. 11 f. mwN; vgl. auch *dens.,* FS Lutter, 2000, S. 851, 859 f.

gesellschafter vor der Umgestaltung der Gesellschaftsgrundlagen durch Handlungen der hierzu nicht berufenen Geschäftsführer. Entsprechendes gilt auch für andere, meist wiederkehrende Angelegenheiten, die von sämtlichen Gesellschaftern zu entscheiden sind. Für sie fehlt angesichts ihres Auffangcharakters bislang ein plastischer Begriff (RdNr. 11). Bei den Grundlagengeschäften geht es um Angelegenheiten, die der Gestaltung durch die **Gesamtheit der Gesellschafter** im Rahmen des Gesellschaftsvertrags vorbehalten sind.[14] Dessen jeweilige Ausgestaltung bildet die Basis der Geschäftsführung. Sie steht nicht zur Disposition der Geschäftsführer, soweit ihnen nicht ausnahmsweise im Gesellschaftsvertrag eine entsprechende Ermächtigung eingeräumt ist. So hat es die Rechtsprechung insbesondere bei Publikumsgesellschaften zugelassen, dass das Recht zur Auswahl neuer Gesellschafter auf die Gesellschaft selbst und damit indirekt auf deren Geschäftsführer übertragen werden kann.[15] Der von der Rechtsprechung hierbei gelegentlich verwendete Begriff der „Ermächtigung" der Geschäftsführer durch sämtliche Gesellschafter[16] bleibt hier allerdings unscharf; richtigerweise führt diese Ermächtigung dazu, dass der Beitrittsvertrag – wie bei der Körperschaft – zwischen Gesellschaft und Gesellschafter geschlossen wird, wodurch er in den Aufgabenbereich der Geschäftsführer fällt.[17]

Beispiele. Zu den grundsätzlich der Regelung im Gesellschaftsvertrag vorbehaltenen **Grundlagen-** **11** **geschäften** gehören die Bestimmungen über Art, Umfang und Aufteilung der Geschäftsführungsbefugnis, über Gegenstand und Änderungen des Gesellschaftszwecks sowie über Veräußerung des wesentlichen Gesellschaftsvermögens, über Beitragserhöhungen, über Änderungen der Rechtsform sowie über Auflösung und deren Folgen.[18] Eine **besondere Kategorie** bilden Beschlüsse in sonstigen, wiederkehrenden Angelegenheiten wie die Entlastung der Geschäftsführer, Wahlen zu fakultativen Gesellschaftsorganen oder die Wahl des Abschlussprüfers; nach der neueren Rechtsprechung gehört hierzu auch die Feststellung des Jahresabschlusses: Es handelt sich demnach zwar nicht (mehr) um eine Grundlagenentscheidung, andererseits fällt sie aber auch nicht in die Kompetenz der Geschäftsführer, sondern ist von sämtlichen Gesellschaftern zu beschließen; der BGH spricht, nicht ganz glücklich, von einer „den Gesellschaftern obliegende Angelegenheit der laufenden Verwaltung".[19] Soweit sich Organisationsmaßnahmen demgegenüber im Rahmen des Gesellschaftsvertrags und des darin festgelegten gemeinsamen Zwecks halten, sind sie grundsätzlich[20] der **Geschäftsführungsebene** zuzurechnen, unabhängig von ihrem gewöhnlichen oder ungewöhnlichen Charakter.[21] Ältere Literaturansichten, die auf eine darüber hinausgehende Einschränkung des Geschäftsführungsbereichs unter genereller Ausklammerung organisatorischer Maßnahmen schließen lassen,[22] mögen auf einer Vermengung von Geschäftsführungstätigkeit und -befugnis beruhen. Auf das der Gesellschaftergesamtheit vorbehaltene Recht der (formellen oder faktischen) Vertragsänderung lassen sie sich jedenfalls nicht stützen.

3. Gegenstände der Geschäftsführung. Sie sind nach dem zuvor Gesagten (RdNr. 7, **12** 9) außerordentlich vielfältig und entziehen sich daher einer abschließenden oder auch nur repräsentativen Aufzählung. Für die Zugehörigkeit zur Geschäftsführung maßgebend sind

---

[14] Dazu *Wiedemann* ZGR 1996, 286, 292 f.; *ders.* GesR II § 4 I 1 c, S. 295 f.
[15] BGHZ 63, 338, 344 f.; BGH BB 1976, 15, 16; NJW 1978, 1000; ferner BGH NJW 1973, 1604; LM § 404 Nr. 13 = NJW 1975, 1022; dazu näher *Wiedemann* ZGR 1996, 286, 296 f.; *C. Schäfer* ZHR 170 (2006), 373, 383 f. – Zu Möglichkeiten und Grenzen einer Ermächtigung der Geschäftsführer, eine Beitragserhöhung vorzunehmen, vgl. § 707 RdNr. 2.
[16] So etwa BGHZ 63, 338, 345; BGH WM 1976, 15, 16.
[17] *Wiedemann* ZGR 1996, 286, 296 f.; *C. Schäfer* ZHR 170 (2006), 373, 384.
[18] Vgl. näher Staub/*Ulmer* § 114 HGB RdNr. 15 f.; dazu auch *Wiedemann* ZGR 1996, 293; *ders.* GesR II § 4 I 1 a, S. 294.
[19] BGHZ 170, 283 = NJW 2007, 1685 (LS b); anders (für Grundlagencharakter) noch BGH NJW 1999, 571, 572. Allg. zur Kategorie der sonstigen, den Gesellschaftern obliegenden Angelegenheiten Staub/*Ulmer* § 119 HGB RdNr. 14.
[20] Vorbehaltlich abweichender Vereinbarung im Gesellschaftsvertrag, vgl. BGH NJW 1999, 571, 572.
[21] Zur fehlenden Differenzierung zwischen gewöhnlichen und ungewöhnlichen Geschäften (§ 116 Abs. 1, 2 HGB) im Recht der GbR vgl. RdNr. 24; für Behandlung des Eingehens einer stillen Beteiligung als Geschäftsführungsmaßnahme zutr. RGZ 153, 371, 373.
[22] Vgl. etwa RGRK/*v. Gamm* RdNr. 2 („Maßnahmen, die die Grundlagen der Gesellschaft und die Gestaltung ihrer Organisation betreffen", sowie solche, „die die Rechtsbeziehungen der Gesellschafter zueinander zum Gegenstand haben"); Staudinger/*Keßler*, 12. Aufl. 1979, Vorb. RdNr. 7 („alle Fragen organisatorischer Art").

vielmehr Funktion und Zweckbestimmung der jeweiligen Tätigkeit (RdNr. 7). Im Einzelnen fallen hierunter einerseits **tatsächliche Handlungen** für die Gesellschaft, seien sie organisatorischer, betriebsleitender oder ausführender Art (Buchführung und Rechnungslegung, Schriftwechsel, Planung und Gestaltung der Geschäftsabläufe und des Personaleinsatzes), andererseits **Rechtsgeschäfte** namens der Gesellschaft wie die Einstellung von Personal oder der Abschluss von Verträgen mit Dritten sowie schließlich die **Prozessführung** im Interesse der Gesellschaft. Zur Geschäftsführung gehört auch die Geltendmachung von Sozialansprüchen (§ 705 RdNr. 201) gegenüber Gesellschaftern, darunter die Einziehung von Beiträgen oder die Durchsetzung von Schadensersatzansprüchen. Soweit Mitgesellschafter im Rahmen der actio pro socio (§ 705 RdNr. 204) derartige Ansprüche geltend machen, nehmen auch sie der Sache nach Funktionen der Geschäftsführung wahr. Aus der Qualifizierung einer Maßnahme als Geschäftsführungstätigkeit folgt allerdings nicht schon die Befugnis des Gesellschafters, die Maßnahme zu treffen (RdNr. 8).

II. Arten der Geschäftsführungsbefugnis

13 **1. Die gesetzlichen Regeltypen. a) Gesamtgeschäftsführung (§ 709).** Sie gilt beim Fehlen abweichender Vereinbarungen im Gesellschaftsvertrag. Dabei bedarf es nach § 709 Abs. 1 grundsätzlich der **Einstimmigkeit** aller Gesellschafter, dh. entweder ihres gemeinsamen Handelns oder der Zustimmung der Mitgesellschafter zum Tätigwerden eines von ihnen. Abweichend hiervon kann nach § 709 Abs. 2 die Gesamtgeschäftsführung im Gesellschaftsvertrag auch dem **Mehrheitsprinzip** unterstellt werden. In diesem Fall ist das jeweilige Tätigwerden eines oder mehrerer Gesellschafter zur Förderung des Gesellschaftszwecks bereits dann zulässig, wenn die Mehrheit sich für die betreffende Maßnahme ausgesprochen hat; ein Widerspruchsrecht der Minderheit besteht nicht. Wegen der Einzelheiten vgl. RdNr. 38 ff.

14 **b) Einzelgeschäftsführung aller oder mehrerer Gesellschafter (§ 711).** Sie kann – auch stillschweigend[23] – im Gesellschaftsvertrag vereinbart werden; eine Notwendigkeit hierfür kann sich bei Freiberufler-Sozietäten aus berufsrechtlichen Gründen ergeben (vgl. § 6 PartGG RdNr. 16 ff.). Das Gewollte ist durch Auslegung zu ermitteln. Wer sich auf Einzelgeschäftsführung beruft, trägt hierfür wegen des Abweichens von der Grundnorm des § 709 Abs. 1 die Darlegungs- und Beweislast. Die Regelung des § 711 entspricht dem für OHG und KG geltenden Grundmodell des § 115 Abs. 1 HGB. Funktionell ist die Einzelgeschäftsführung der Gesamtgeschäftsführung deshalb verwandt, weil den ebenfalls geschäftsführungsbefugten Mitgesellschaftern durch das Recht zum Widerspruch auch hier ein – freilich eingeschränktes – Mitspracherecht zusteht und sie dadurch die Möglichkeit haben, von ihnen nicht gebilligte Maßnahmen zu verhindern. Näheres vgl. bei § 711.

15 **c) Übertragung der Geschäftsführung (§ 710).** Sie setzt voraus, dass im Gesellschaftsvertrag entweder bestimmte Gesellschafter mit der Geschäftsführung betraut oder andere davon ausgeschlossen werden. Entscheidend ist die *Beschränkung* der Geschäftsführungsbefugnis *auf einen* **Teil der Gesellschafter.** Ob diese als Gesamt- oder als Einzelgeschäftsführer handeln sollen, bestimmt sich ebenfalls nach dem Gesellschaftsvertrag. Schweigt er zu diesem Punkt und ist sein Schweigen auch nicht durch Auslegung zu beheben, so gilt nach § 709 Gesamtgeschäftsführung der zu Geschäftsführern bestellten Gesellschafter. Vgl. Näheres bei § 710.

16 **2. Abweichende Gestaltungen. a) Allgemeines.** Die Regelungen der §§ 709 bis 711 sind vorbehaltlich des Grundsatzes der Selbstorganschaft (RdNr. 5) in vollem Umfang *dispositiver Natur*. Ob und welche von der Grundnorm des § 709 Abs. 1 abweichende Geschäftsführungsgestaltung die Beteiligten getroffen haben, ist nach den allgemein für Gesellschaftsverträge geltenden Auslegungsgrundsätzen zu ermitteln (§ 705 RdNr. 171 ff.) Ebenso wie im Fall der §§ 710, 711 (RdNr. 14, 15) bedarf es auch für die Wahl sonstiger Gestaltungen keiner ausdrücklichen Regelung oder der Einhaltung einer bestimmten Form. Wohl aber muss der

---

[23] BGHZ 16, 394, 396 f. = NJW 1955, 825.

auf eine Abweichung von § 709 gerichtete übereinstimmende Wille der Parteien unzweideutig erkennbar sein, sei es aus dem **Gesellschaftsvertrag** selbst, sei es aus einem **Gesellschafterbeschluss** oder aus einer im Einverständnis aller Gesellschafter praktizierten **langjährigen Übung** (§ 705 RdNr. 56). Hierfür reicht es freilich nicht aus, dass die Geschäftsführer untereinander, ohne Billigung durch die übrigen, nicht an der Geschäftsführung beteiligten Gesellschafter, nach einer bestimmten Geschäftsaufteilung verfahren, indem sie sich etwa gegenseitig ermächtigen, im kaufmännischen oder im technischen Bereich, im Ein- oder Verkauf je allein tätig zu werden. Derartige Absprachen können die zu den Gesellschaftsgrundlagen gehörende Ausgestaltung der Geschäftsführung als solche (RdNr. 10) und die ihr entsprechende, grundsätzlich gemeinsame Verantwortung aller Geschäftsführer nicht modifizieren.[24] Sie sind vielmehr als *Maßnahmen interner Arbeitsteilung* zu verstehen, die im Sinne einer generell erteilten Zustimmung der übrigen Geschäftsführer (§ 709 Abs. 1) zu einer bestimmten Art von Geschäften das Alleinhandeln des jeweiligen Gesamtgeschäftsführers ermöglichen sollen. Auch insoweit sind sie freilich nur dann beachtlich, wenn nicht der Gesellschaftsvertrag ein solches Vorgehen in Abweichung von echter Gemeinschaftstätigkeit ausschließt.

b) **Funktionell beschränkte Einzelgeschäftsführung.** Sie ist die am häufigsten anzutreffende Abweichung von den Regelungsmodellen der §§ 709 bis 711. Inhaltlich zielt sie darauf ab, an Stelle gemeinschaftlicher Verantwortung und entsprechender Mitsprache aller Geschäftsführer eine funktionelle, nach **Tätigkeitsbereichen** unterschiedliche Aufteilung der Geschäftsführung zu begründen.[25] Sind im Gesellschaftsvertrag oder durch Gesellschafterbeschluss etwa Produktion, Vertrieb, Verwaltung u. a. je einem oder bestimmten Gesellschaftern zur Wahrnehmung zugewiesen, so ist im Zweifel davon auszugehen, dass es sich um eine je *ausschließliche Zuweisung* dieser Gebiete handelt mit der Maßgabe, dass den für andere Ressorts zuständigen Mitgeschäftsführern insoweit kein Widerspruchsrecht zusteht, sie aber auch keine Mitverantwortung tragen. Gehen einzelne Maßnahmen oder Rechtsgeschäfte über die Zuständigkeit eines Ressorts hinaus oder ist die Ressortzuständigkeit im Gesellschaftsvertrag auf Vorgänge geringerer Bedeutung begrenzt, so gilt im Übrigen mangels abweichender Vertragsgestaltung gemeinsame Geschäftsführungsbefugnis der mehreren beteiligten bzw. sämtlicher Geschäftsführer (§ 709). 17

c) **Geschäftsführung in ehemaliger OHG oder KG.** Kommt es infolge Änderung des Gesellschaftszwecks oder Schrumpfung des unter gemeinsamer Firma betriebenen Gewerbes zur Umwandlung einer OHG oder KG in eine GbR (vgl. § 705 RdNr. 11), so soll sich nach Ansicht des **BGH** dadurch die bisher geltende **Geschäftsführungsregelung nicht ändern.**[26] Ebenso soll die nach Gesellschaftsvertrag und angestrebter Rechtsform vorgesehene Geschäftsführungsbefugnis auch dann maßgebend sein, wenn die Eintragung einer als KG beabsichtigten Gesellschaft im Handelsregister an deren nicht unter § 105 Abs. 2 HGB fallendem Geschäftsbetrieb scheitert.[27] Dem einzigen als Komplementär vorgesehenen Gesellschafter soll in der GbR abweichend von § 709 somit Alleingeschäftsführungsbefugnis auch dann zustehen, wenn der Gesellschaftsvertrag für diesen Fall – wie meist – keine Vorsorge getroffen hat. 18

Der Ansicht des BGH ist trotz der an ihr in Teilen der Literatur geübten Kritik[28] **im Grundsatz zu folgen.**[29] Zwar trifft angesichts des Durchbruchs der Akzessorietätstheorie 19

---

[24] So zutr. *Hueck* OHG § 10 II 2, S. 120; ebenso *Erman/Westermann* RdNr. 8.
[25] Dazu *Schwamberger* BB 1963, 279; *Soergel/Hadding* RdNr. 21; *Staudinger/Habermeier* RdNr. 13; *Bamberger/Roth/Timm/Schöne* RdNr. 22; *Wiedemann* GesR II § 4 II 3 a aa, S. 336 f. sowie die Nachweise in Fn. 24.
[26] BGH LM Nr. 6 = NJW 1971, 1968 (Zweckänderung); vgl. dazu auch *Stimpel* ZGR 1973, 73, 80 ff., sowie allg. zur Fortgeltung von OHG-Recht bei Umwandlung einer OHG in eine GbR schon BGH NJW 1960, 1664, 1666.
[27] BGH WM 1972, 21, 22 (Geschäftsbetrieb war nicht auf den Umfang eines [voll-]kaufmännischen Gewerbes iS von § 4 Abs. 2 HGB aF angelegt).
[28] Vgl. namentlich *Beyerle* NJW 1972, 229 und BB 1973, 1376; *Kornblum* BB 1972, 1032; ferner *Staudinger/Habermeier* RdNr. 14.
[29] Vgl. § 705 RdNr. 14; so für den Fall der „Schrumpfung" des Geschäftsbetriebs auch *K. Schmidt* BB 1973, 1612, 1613.

(§ 714 RdNr. 33 f.) der Einwand der Kritiker zu, durch Verlust der Kommanditistenstellung infolge der Umwandlung vergrößere sich das aus der Alleingeschäftsführung folgende Haftungsrisiko der Mitgesellschafter erheblich. Die Kritiker unterstellen jedoch zu Unrecht Fähigkeit und Bereitschaft der ehemaligen oder potentiellen Kommanditisten, an der Geschäftsführung mitzuwirken. Auch für eine schematische Differenzierung der Umwandlungsfälle danach, ob sie auf einer Schrumpfung des Geschäftsbetriebs oder einer Zweckänderung der Gesellschaft beruhen, und für eine Beschränkung der BGH-Lösung auf den ersten Fall[30] ist kein Raum. Zunächst ist die „Schrumpfung" des Geschäftsbetriebs bei der eingetragenen Gesellschaft seit 1998 nur noch insoweit relevant, als die Gesellschaft nach Verringerung des Geschäftsumfangs nicht einmal mehr ihr eigenes Vermögen verwaltet.[31] Überdies geht es in beiden Fällen der Sache nach um ein Problem der *ergänzenden Vertragsauslegung*, sofern es an einer ausdrücklichen oder stillschweigenden Geschäftsführungsregelung der Parteien für den Fall der Umwandlung fehlt. Dabei sprechen die besseren Gründe im Zweifel dafür, die Geschäftsführungsvereinbarungen trotz Änderung der Rechtsform fortgelten zu lassen.[32] Sollte sich für von der Geschäftsführung ausgeschlossene Gesellschafter das Haftungsrisiko im Einzelfall gleichwohl als unzumutbar erweisen, so bleibt ihnen das Recht zur Kündigung aus wichtigem Grund, wenn die Mitgesellschafter nicht bereit sind, ihrem Verlangen nach Vertragsänderung Rechnung zu tragen. Entsprechendes gilt wegen § 6 Abs. 3 PartGG auch für den Fall, dass die Eintragung einer Partnerschaft (vgl. § 7 Abs. 1 PartGG) scheitert.

20 **d) Ausschließung aller Gesellschafter von der Geschäftsführung?** Sie ist entgegen einer namentlich früher verbreiteten Ansicht[33] **unzulässig**.[34] Die Übertragung der Geschäftsführung im Gesellschaftsvertrag an einen Dritten wäre unvereinbar mit dem Grundsatz der Selbstorganschaft (RdNr. 5). Wird ein *Dritter* zum Geschäftsführer bestellt, so handelt es sich rechtlich gesehen um eine – dem einseitigen Widerruf unterliegende – *Beauftragung des Dritten* im Rahmen eines Anstellungsverhältnisses (RdNr. 5). Die Geschäftsführung selbst liegt demgegenüber – als Gesamtgeschäftsführung (§ 709) – in den Händen der Gesellschafter, die im Fall entsprechender Willensübereinstimmung entweder selbst handeln oder dem Dritten Weisungen erteilen können.[35] Damit stimmen im Ergebnis auch die Vertreter der Gegenansicht überein, freilich mit der unzutreffenden Begründung, in einem solchen einvernehmlichen Vorgehen der Gesellschafter liege eine konkludente Änderung der Vereinbarung über den Ausschluss der Gesellschafter von der Geschäftsführung.[36]

21 **3. Sonderfälle.** Außerhalb der gesetzlich bzw. vertraglich geregelten Geschäftsführungsbefugnis kann in Einzelfällen eine Befugnis zur **Notgeschäftsführung** analog § 744 Abs. 2 gegeben sein (§ 705 RdNr. 206).[37] Über den Wortlaut dieser Vorschrift hinaus ist sie nicht nur dann anzuerkennen, wenn die fraglichen Maßnahmen zur Erhaltung eines bestimmten Gegenstandes des Gesamthandsvermögens notwendig sind. Vielmehr greift sie auch dann ein, wenn der *Gesellschaft* selbst eine akute *Gefahr droht* und zu ihrer Abwendung rasches Handeln erforderlich ist.[38] Auf § 744 Abs. 2 kann sich jeder Gesellschafter berufen, auch der von der Geschäftsführung ausgeschlossene. Die Notgeschäftsführungsbefugnis umfasst auch

---

[30] *K. Schmidt* BB 1973, 1612, 1613 und DB 1971, 2345.
[31] Führt die Gesellschaft ihre Geschäfte in verringertem Umfang fort, bleibt sie gemäß § 5 HGB OHG. Verwaltet sie nur noch ihr eigenes Vermögen, gilt das Gleiche aufgrund einer analogen Anwendung des § 5 HGB, vgl. *Staub/C. Schäfer* § 131 HGB RdNr. 11.
[32] Ebenso *Soergel/Hadding* RdNr. 20; *Bamberger/Roth/Timm/Schöne* RdNr. 23.
[33] Vgl. *Hueck* OHG § 10 II 2, S. 119 sowie die Nachweise bei *Soergel/Hadding* RdNr. 22.
[34] Vgl. näher *Staub/Ulmer* § 114 HGB RdNr. 9, 36; *Staub/Habersack* § 125 HGB RdNr. 5 f.; ebenso *Soergel/Hadding* RdNr. 22; *MünchKommHGB/Rawert* § 114 HGB RdNr. 24; wohl auch *Staudinger/Habermeier* RdNr. 12; für Abdingbarkeit hingegen *Erman/Westermann* RdNr. 4. Ausf. Nachweise bei *Werra* (Fn. 2) S. 95 f.
[35] BGH LM Nr. 9 = NJW 1982, 877; vgl. dazu auch RdNr. 6.
[36] So etwa *Hueck* OHG § 10 II 2, S. 120.
[37] HM; vgl. BGHZ 17, 181, 183 = NJW 1955, 1027; BayObLG 1990, 2468, 2469 (in concreto verneinend); LG Bonn WM 1992, 22, 24; *Erman/Westermann* RdNr. 8; *Hueck* OHG § 10 II 7; *Flume* I/1 § 15 II 1, Fn. 17. Vgl. aber auch die einschränkende Tendenz in §§ 744, 745 RdNr. 50.
[38] Vgl. die Nachweise in Fn. 37. Offen lassend noch RGZ 158, 302, 311.

das Recht des Gesellschafters, ein Recht der Gesellschaft im eigenen Namen geltend zu machen; Vertretungsmacht für die Gesellschaft ist damit nicht verbunden.[39] – *Weitere Fälle* eines zulässigen Geschäftsführungshandelns außerhalb der gesetzlich oder vertraglich eingeräumten Geschäftsführungsbefugnis bilden die actio pro socio (§ 705 RdNr. 204) und die nach § 677 zulässige Geschäftsführung ohne Auftrag. Zur grundsätzlichen Unanwendbarkeit von § 432 auf die Einziehung von Gesamthandsforderungen vgl. § 719 RdNr. 11.

Eine die Geschäftsführung im **Liquidationsstadium** betreffende Sonderregelung findet sich schließlich in § 730 Abs. 2. Danach ist die Liquidation unabhängig von der Ausgestaltung der laufenden Geschäftsführung grundsätzlich Sache aller Gesellschafter, auch der bisher von der Geschäftsführung ausgeschlossenen (vgl. näher § 730 RdNr. 40).

III. Umfang der Geschäftsführungsbefugnis

1. Maßgeblichkeit des Gesellschaftszwecks. Von der Qualifikation einer Handlung als Maßnahme der Geschäftsführung (RdNr. 7) sowie von den Arten der Geschäftsführungsbefugnis (RdNr. 13 ff.) zu unterscheiden ist der **sachliche Umfang** der Geschäftsführungs*befugnis*. Er gibt Antwort auf die Frage, ob die betreffende, nicht der Grundlagen-, sondern der Geschäftsführungsebene zugehörende Handlung des oder der Geschäftsführer von der durch den Gesellschaftsvertrag erteilten Ermächtigung erfasst ist. Soweit der Vertrag hierüber keine besonderen Absprachen enthält, indem er etwa wichtige Geschäfte an die Zustimmung der Mitgesellschafter bindet, richtet sich der Umfang der Geschäftsführungsbefugnis nach dem **Gesellschaftszweck**. Da die Geschäftsführung der Förderung dieses Zwecks zu dienen hat (RdNr. 13), begrenzt er auch die den Geschäftsführern zustehende Befugnis zum Handeln für die Gesellschaft.[40] Zur Überschreitung vgl. RdNr. 25.

Eine Differenzierung zwischen **gewöhnlichen** und **außergewöhnlichen Geschäften,** wie sie der Vorschrift des § 116 Abs. 2 HGB zugrunde liegt, ist im dispositiven Recht der GbR nicht vorgesehen.[41] Soweit nicht der Gesellschaftsvertrag derartige Beschränkungen enthält, erstreckt sich die Geschäftsführungsbefugnis daher auch auf ungewöhnliche Handlungen. Dies freilich nur dann, wenn die fraglichen Maßnahmen sich im Rahmen der Förderung des Gesellschaftszwecks halten und nicht zu einer Veränderung der Vertragsgrundlagen führen (RdNr. 10). *Nicht* mehr durch die Geschäftsführungsbefugnis gedeckt sind daher etwa Änderungen im Mitgliederbestand sowie solche Handlungen, die wie der Verkauf des gesamten Gesellschaftsvermögens oder der für die Zweckverfolgung wesentlichen Aktiva zur **stillen Liquidation der Gesellschaft** führen. Demgegenüber gibt es keine allgemeinen Schranken nach Art von § 116 Abs. 3 HGB hinsichtlich der Vollmachtserteilung für das Personal. Auch über deren Zulässigkeit entscheidet mangels abweichender Vertragsgestaltung das Kriterium der Förderung des Gesellschaftszwecks.

2. Überschreitung. Zur Überschreitung der Geschäftsführungsbefugnis kann es einerseits dann kommen, wenn die Maßnahme nicht mehr durch die Förderungspflicht gedeckt ist oder wenn sie die Gesellschaftsgrundlagen berührt (RdNr. 23). Daneben kommt eine Verletzung der Geschäftsführungsbefugnis aber auch im Hinblick auf das Verhalten der Mitgesellschafter in Betracht, so wenn deren nach §§ 709, 710 S. 2 erforderliche Zustimmung fehlt oder wenn einer von ihnen nach § 711 einer geplanten Maßnahme rechtzeitig und wirksam widersprochen hat.[42] – Zu den Folgen der Überschreitung für die Verantwortlichkeit des Geschäftsführers vgl. § 708 RdNr. 8 ff., zur Frage der Vertretungsmacht bei fehlender Geschäftsführungsbefugnis § 714 RdNr. 24, 28.

---

[39] BayObLG ZIP 1980, 904.
[40] *Staudinger/Habermeier* RdNr. 3.
[41] EinhM, vgl. *Soergel/Hadding* RdNr. 14; *Erman/Westermann* RdNr. 5; *Bamberger/Roth/Timm/Schöne* RdNr. 15; *Staudinger/Habermeier* RdNr. 3.
[42] Näheres hierzu vgl. bei *Glasenapp,* Verletzung der Geschäftsführungsbefugnisse eines Gesellschafters der Personengesellschaft, 1970, S. 23 ff. Dazu auch *Soergel/Hadding* RdNr. 14; *Bamberger/Roth/Timm/Schöne* RdNr. 18 f.

IV. Rechtsstellung des Geschäftsführers

26 **1. Allgemeines.** Als Folge der Mitgliedschaft (RdNr. 3) ist die Geschäftsführerstellung von derjenigen eines Angestellten klar zu unterscheiden.[43] Die mit ihr verbundenen Rechte und Pflichten sind **gesellschaftsrechtlicher Art;** eine vertraglich vereinbarte Geschäftsführervergütung ist aus steuerlichen Gründen kein Entgelt, sondern Gewinnvoraus (RdNr. 32). Soweit der Gesellschaftsvertrag keine abweichenden Vereinbarungen enthält, bestimmen sich die Rechtsbeziehungen des Geschäftsführers zur Gesamthand nach dispositivem Gesellschaftsrecht. Seine Haftung ist nach § 708 auf Verletzung der eigenüblichen Sorgfalt beschränkt. Für Rechnungslegung, Aufwendungsersatz u. a. gilt das nach § 713 subsidiär anwendbare Auftragsrecht. Bei dessen Heranziehung ist freilich auf die gesellschaftsrechtlichen Besonderheiten Rücksicht zu nehmen (§ 713 RdNr. 2, 7 ff.). Zur Möglichkeit eines Gesellschafters, sich nicht als Geschäftsführer, sondern im Rahmen eines Drittgeschäfts mit der Gesellschaft zur Erbringung von Dienstleistungen zu verpflichten, vgl. RdNr. 37.

27 Als Geschäftsführer einer GbR kommt grundsätzlich auch ein **Minderjähriger** in Betracht.[44] Zu denken ist namentlich an Fälle, in denen abweichend von § 727 Abs. 1 Anteile, mit denen sich nach dem Gesellschaftsvertrag Geschäftsführungsbefugnis verbindet, vererblich gestellt sind und beim Tod von Gesellschaftern auf noch nicht volljährige Erben übergehen. Problematisch ist hier nicht die Erlangung der Geschäftsführungsbefugnis, sondern die Entscheidung der Frage, ob der Minderjährige selbst als Geschäftsführer handeln kann oder ob er hierfür seines gesetzlichen Vertreters bedarf, wobei dieser bei fehlender Gesellschafterstellung freilich nur mit Zustimmung der Mitgesellschafter in Angelegenheiten der GbR tätig werden könnte.[45] Ihre Beantwortung richtet sich für **tatsächliche Handlungen** nach der Reife und Einsichtsfähigkeit des Minderjährigen.[46] Für **Rechtsgeschäfte** namens der Gesamthand kommt es wegen deren auch den Minderjährigen selbst betreffenden Haftungsfolgen darauf an, ob ihm entsprechend § 112 Abs. 1 vom gesetzlichen Vertreter mit Genehmigung des Vormundschaftsgerichts eine Ermächtigung zum selbständigen Handeln für die GbR generell erteilt ist[47] oder ob der gesetzliche Vertreter im jeweiligen Einzelfall seine Einwilligung bzw. Genehmigung zu dem fraglichen Rechtsgeschäft nach Maßgabe von §§ 107, 108 gegeben hat.

28 **2. Recht auf Geschäftsführung.** Das Recht auf Geschäftsführung folgt nach § 709 grundsätzlich aus der Gesellschafterstellung (vgl. RdNr. 3). Zu seiner Begründung bedarf es daher abweichend vom Kapitalgesellschaftsrecht keiner besonderen Bestellung der Gesellschafter als Geschäftsführer. Auch kann die Geschäftsführungsbefugnis – vom Sonderfall des § 712 abgesehen – nicht einseitig entzogen werden, soweit der Gesellschaftsvertrag nicht derartige Gestaltungsrechte für die Mitgesellschafter vorsieht (zu den Anforderungen an die Konkretisierung der Eingriffsvoraussetzungen vgl. RdNr. 92 und § 712 RdNr. 22). Mit dem Recht auf Geschäftsführung wäre es namentlich **unvereinbar,** aus § 713 iVm. § 665 auf ein grundsätzliches **Weisungsrecht** der Mitgesellschafter oder der Gesellschafterversammlung gegenüber den Geschäftsführern zu schließen (§ 713 RdNr. 7). Diese können zwar aufgrund der verweigerten Zustimmung oder des Widerspruchs von Mitgeschäftsführern nach Maßgabe der §§ 709 bis 711 an der Vornahme bestimmter Handlungen gehindert, nicht aber zu einem bestimmten Tätigwerden gezwungen werden. Ein *Vorbehalt*

---

[43] RGZ 142, 13, 18.
[44] *Soergel/Hadding* RdNr. 7; *Erman/Westermann* RdNr. 12; *Bamberger/Roth/Timm/Schöne* RdNr. 13.
[45] *Gogos*, Die Geschäftsführung der offenen Handelsgesellschaft, 1953, S. 70 ff.; aA *Hueck* OHG § 20 V 1 a, S. 307, der beim Fehlen gesellschaftsvertraglicher Regelungen für diesen Fall ein Recht des gesetzlichen Vertreters zum Tätigwerden bejaht (so auch *Erman/Westermann* RdNr. 12). Zuzustimmen ist *Hueck* allerdings insoweit, als er (S. 307 bis 309) einerseits eine Pflicht des gesetzlichen Vertreters zum Tätigwerden grds. verneint, andererseits die gesellschaftsrechtliche Treupflicht im Fall von dessen Tätigwerden auch auf den Vertreter erstreckt.
[46] *Soergel/Hadding* RdNr. 7; *Erman/Westermann* RdNr. 12.
[47] Zur Anwendbarkeit von § 112 auch auf Geschäftsführungstätigkeiten von Minderjährigen in einer Personenhandelsgesellschaft vgl. *Hueck* OHG § 20 V 1 a, S. 306.

gilt neben der Vereinbarung von *Mehrheitsbeschlüssen* in Geschäftsführungsangelegenheiten nach § 709 Abs. 2 (dazu RdNr. 45 ff.) nur für diejenige Fälle, in denen die *Treupflicht* ein Einschreiten des Geschäftsführers im Gesellschaftsinteresse erfordert (§ 705 RdNr. 226). – Zum Sonderfall des minderjährigen Geschäftsführers, der nur mit Hilfe seines gesetzlichen Vertreters handeln kann, vgl. RdNr. 27.

3. Pflicht zur Geschäftsführung. Dem Recht auf Geschäftsführung entspricht grundsätzlich eine Pflicht zum Tätigwerden für die Gesellschaft einschließlich der Ausübung eines Zustimmungs- oder Widerspruchsrechts, soweit der Gesellschaftsvertrag nicht im Einzelfall Abweichendes bestimmt.[48] Der Geschäftsführer ist zwar nicht gehindert, im Rahmen des durch den Gesellschaftszweck Gebotenen Mitarbeiter einzustellen und sich ihrer zur Durchführung der laufenden Geschäfte zu bedienen. Eine Übertragung von Geschäftsführerstellung oder -aufgaben auf einen Dritten iS einer Substitution nach § 664 Abs. 1 S. 2 ist aber ausgeschlossen.[49] Das folgt nicht nur aus der Verweisung auf § 664 Abs. 1 S. 1 in § 713, sondern auch aus dem Grundsatz der Selbstorganschaft und der dem Gesellschaftsvertrag vorbehaltenen Regelungskompetenz für die Ausgestaltung der Geschäftsführung (RdNr. 5, 8). Die Leitung der Gesellschaft und die damit verbundene Verantwortung bleiben daher auch in denjenigen Fällen den Geschäftsführern vorbehalten, in denen sie die laufenden Aufgaben durch Angestellte ausführen lassen.

Von der Pflicht zur Geschäftsführung zu unterscheiden ist die Konkretisierung der **Anforderungen an die Geschäftsführungstätigkeit**.[50] Insoweit steht zunächst außer Zweifel, dass die Geschäftsführer zwar aufgrund der Treupflicht zur *uneigennützigen Tätigkeit* verpflichtet sind; sie müssen ihre eigenen Interessen dem gemeinsamen Zweck grundsätzlich unterordnen (§ 705 RdNr. 226). Im Übrigen liegt die Entscheidung der Geschäftsführer über die Art und Weise, wie sie den gemeinsamen Zweck fördern, innerhalb der ihnen durch die Pflicht zu sorgfältiger Geschäftsführung gesetzten Grenzen (vgl. § 708 RdNr. 18, 21 ff.) jedoch grundsätzlich in ihrem *Ermessen*. Sowenig sie hierbei Weisungen von Mitgesellschaftern unterliegen (RdNr. 28), sowenig ist es grundsätzlich auch Sache der Gerichte, bei Uneinigkeit zwischen zwei oder mehr Geschäftsführern eine Entscheidung über die Vornahme bestimmter Maßnahmen zu treffen, auch wenn diese objektiv zur Förderung des gemeinsamen Zwecks geeignet sind.[51] Ein gerichtliches Einschreiten im Rahmen einer Klage auf Zustimmung zu einer Geschäftsführungsmaßnahme bzw. auf Feststellung der Pflichtwidrigkeit des Widerspruchs kommt nur bei Ermessensmissbrauch in Betracht (vgl. RdNr. 42 f. und § 711 RdNr. 11). Zur Möglichkeit der Entziehung der Geschäftsführungsbefugnis im Falle ihres dauernd oder schwerwiegend missbräuchlichen Gebrauchs vgl. § 712 RdNr. 10.

Die Pflicht zur Geschäftsführung findet ihre **Grenze** in denjenigen Fällen, in denen der Gesellschafter durch *Krankheit* oder andere *unverschuldete Umstände* an der Führung der Geschäfte verhindert ist.[52] Zu solchen die gesellschaftsrechtliche Pflicht einschränkenden Umständen gehört mit Rücksicht auf Art. 48 Abs. 2 S. 1 GG auch die Ausübung eines Abgeordnetenmandats.[53] Die nicht zu vertretende Verhinderung begründet weder eine Schadensersatzpflicht des Gesellschafters wegen Nichterfüllung, noch gibt sie – vorbehaltlich abweichender Vertragsabreden – der Gesellschaft einen Anspruch auf Ersatzleistung (§ 706 RdNr. 25, 29). Wohl aber kann sie Folgen für die vereinbarte Geschäftsführervergütung als Teil der Gewinnverteilung haben (RdNr. 34). Ist die Verhinderung nicht nur vorüber-

---

[48] EinhM; vgl. RGZ 142, 13, 18; *Soergel/Hadding* RdNr. 8; *Erman/Westermann* RdNr. 16; *Hueck* OHG § 10 V 1.

[49] OGH SJZ 1948, 751, 754; *Soergel/Hadding* RdNr. 8; *Bamberger/Roth/Timm/Schöne* RdNr. 12; *Hueck* OHG § 10 V 2; *Gogos* (Fn. 45) S. 22 ff.

[50] So zu Recht *Flume* I/1 § 15 II 1, S. 263: „Die Pflicht zur Entscheidung ist nicht gleichzusetzen mit der Verpflichtung zu einem bestimmten Inhalt der Entscheidung.".

[51] BGH LM Nr. 7 = NJW 1972, 862; *Soergel/Hadding* RdNr. 16. Den Gesichtspunkt der Privatautonomie der Gesellschafter in Geschäftsführungsangelegenheiten betont besonders nachdrücklich *Flume* I/1 § 15 II.

[52] BGHZ 43, 384, 387 = NJW 1965, 1958.

[53] BGHZ 43, 384, 387 = NJW 1965, 1958. Vgl. dazu auch *Bettermann* BB 1967, 270; *Flume* I/1 § 10 II, S. 134; *Hueck* OHG § 10 IV 2, Fn. 59 a; *Erman/Westermann* RdNr. 16; krit. *Konzen* AcP 172 (1972), 317.

§ 709 32, 33　　　　　　　　　　　　　　　　　Abschnitt 8. Titel 16. Gesellschaft

gehender Art, so kann je nach Lage des Falles auch die Entziehung der Geschäftsführungsbefugnis (§ 712 Abs. 1), der Ausschluss des Gesellschafters (§ 737) oder die Auflösung der Gesellschaft (§§ 723 Abs. 1 S. 2, 726) in Betracht kommen. Auch der betroffene Gesellschafter kann nach Maßgabe von § 712 Abs. 2 die Geschäftsführung kündigen, wenn ihm die Beibehaltung der Geschäftsführerstellung und die Erfüllung der damit verbundenen Pflichten unzumutbar geworden ist (§ 712 RdNr. 25).

32　　**4. Vergütung.** Die Geschäftsführertätigkeit ist als Ausfluss der Gesellschafterstellung keine entgeltliche Dienstleistung. Ein Anspruch auf Vergütung nach § 612 Abs. 1 scheidet daher aus.[54] Ebenso ist für eine Vergütung unter dem Gesichtspunkt des Aufwendungsersatzes (§§ 713, 670) meist kein Raum. Wohl aber kann eine Geschäftsführervergütung **im Gesellschaftsvertrag** vereinbart werden.[55] Bedeutung kommt ihr insbesondere in den Fällen zu, in denen nicht alle Gesellschafter gleichmäßig an der Geschäftsführung beteiligt sind und die Tätigkeitspflicht auch nicht etwa ein Äquivalent für das von anderen Gesellschaftern zur Verfügung gestellte Kapital bildet. Rechtlich handelt es sich bei der Vergütungsregelung nicht um die Vereinbarung eines Entgelts für die Leistung von Diensten, sondern um eine *Gewinnverteilungsabrede*.[56] Dies entspricht auch der steuerlichen Behandlung; demnach kann der Gesamtgewinn der Mitunternehmerschaft nicht durch eine Geschäftsführervergütung gemindert werden, gleichviel ob es sich um einen Gewinnvoraus oder eine Sondervergütung handelt.[57] Die Vergütungsvereinbarung kann auch stillschweigend getroffen werden. Nach der Rechtsprechung[58] soll das schon dann anzunehmen sein, wenn die einem Gesellschafter übertragenen Dienste über das Maß des Üblichen hinausgehen. Als nicht ausreichend wurde es hingegen angesehen, dass von mehreren Gesellschaftern nur einige Geschäftsführer sind.[59]

33　　**Inhaltlich** kann die Vergütung entweder in einer entsprechenden *Erhöhung des prozentualen Gewinnanteils* des oder der Geschäftsführer bestehen oder aber – wie namentlich bei Personenhandelsgesellschaften, aber auch bei Freiberufler-Sozietäten – in einem festen oder erfolgsabhängigen, als *Gewinnvoraus* des oder der Geschäftsführer zu behandelnden, periodisch zu zahlenden Geldbetrag.[60] Frage der Vertragsauslegung ist es, ob die Vergütung auch in den Jahren zu zahlen ist, in denen entweder der von der Gesellschaft erzielte Gewinn hinter der Höhe der Vergütung zurückbleibt oder die Gesellschaft sogar Verluste erwirtschaftet. Für die Bejahung spricht namentlich die Vereinbarung einer *festen,* in regelmäßigen Teilbeträgen zu zahlenden Vergütung.[61] Sie wirkt sich im Innenverhältnis dahin aus, dass auf die nicht an der Geschäftsführung beteiligten Mitgesellschafter rechnerisch ein höherer Verlustbetrag entfällt, als es ihrem Anteil am (negativen) Geschäftserfolg ohne Berücksichtigung der Vergütung entsprechen würde.

---

[54] Vgl. etwa OLG Brandenburg DB 2007, 1130.
[55] Vgl. dazu BGHZ 44, 40, 41 f. = NJW 1965, 1960; OLG Koblenz WM 1986, 590, 591; OLG Brandenburg DB 2007, 1130; *Soergel/Hadding* § 713 RdNr. 12.
[56] Das wird nicht immer klar gesehen; wie hier *Riegger* DB 1983, 1909, 1910; OLG Koblenz WM 1986, 590, 591. Vgl. aber auch BGH LM § 249 (Cb) Nr. 11 = NJW 1963, 1051, 1052 (Vergütungsabrede im Gesellschaftsvertrag als Vereinbarung dienstvertragsähnlicher Art) sowie *Soergel/Hadding* § 713 RdNr. 13; *Erman/Westermann* RdNr. 14 (Gewinnvoraus könne nicht ohne weiteres angenommen werden); *K. Schmidt* GesR § 59 III 3 a; *Schlegelberger/Martens* § 114 HGB RdNr. 24; OLG Brandenburg DB 2007, 1130 (sowohl dienstvertragliche Gehaltsvereinbarung als auch Gewinnverteilungsregelung möglich); ebenso *Bamberger/Roth/Timm/Schöne* RdNr. 14 (Frage der Auslegung im Einzelfall); *MünchKommHGB/Rawert* § 114 RdNr. 79; *Wiedemann* GesR II § 4 II 4 a, S. 341. – Für Pfändbarkeit einer erfolgsunabhängigen Tätigkeitsvergütung nach den für Arbeitseinkommen geltenden Grundsätzen OLG Düsseldorf MDR 1970, 934.
[57] Vgl. nur *Schmidt/Wacker* § 15 EStG RdNr. 440.
[58] BGHZ 17, 299, 301 = NJW 1955, 1277; RGZ 170, 392, 396.
[59] OLG Koblenz WM 1986, 590, 591.
[60] Zu Ausgestaltung und Inhalt von Vergütungsansprüchen vgl. BGH WM 1986, 1556, 1557; *Ganssmüller,* Die Tätigkeitsvergütung geschäftsführender Gesellschafter der OHG und KG, 1961, insbes. S. 4 ff.; *Staub/Ulmer* § 114 HGB RdNr. 47 f.; *Hueck* OHG § 17 II 3.
[61] Für Qualifizierung einer auch in Verlustjahren zu zahlenden Vergütung als gesellschaftsrechtlicher Ausgleichsanspruch analog §§ 713, 670 BGB, § 110 HGB: *Bork* AcP 184 (1984), 465, 478. Vgl. auch OLG Brandenburg DB 2007, 1130, 1131.

Ist der Gesellschafter nicht nur kurzfristig an der Wahrnehmung seiner Geschäftsführer- 34
pflichten **verhindert,** so fragt sich, ob und in welchem Umfang ein *Vergütungsanspruch,* der
ihm mit Rücksicht auf die Pflicht zur Geschäftsführung vertraglich eingeräumt wurde,
durchsetzbar bleibt. In Rechtsprechung und Literatur wird insoweit teilweise auf § 616 Abs. 1
verwiesen;[62] jedoch stehen die von einem Dienstvertragsentgelt deutlich zu unterscheidende
Rechtsnatur der Tätigkeitsvergütung und die Besonderheiten der Geschäftsführerstellung
nicht nur der unmittelbaren, sondern auch einer analogen Anwendung dieser Vorschrift
entgegen.[63] Soweit bestimmte, feste oder erfolgsabhängige Zahlungen im Gesellschaftsvertrag als Tätigkeitsvergütung für die Geschäftsführer vorgesehen sind, wird meist schon die
Vertragsauslegung dazu führen, dass sie nur so lange zu gewähren sind, als auch die den
Zahlungsgrund bildende Geschäftsführung von dem Gesellschafter wahrgenommen wird[64]
oder dieser bei nur vorübergehender Verhinderung für die erforderliche Ersatzkraft sorgt.[65]
Lässt sich im Auslegungswege keine Lösung finden, so bleibt die Vertragsanpassung wegen
Änderung der Geschäftsgrundlage (RdNr. 36).

Ist die Verhinderung des Geschäftsführers durch einen **Dritten** verursacht und haftet 35
dieser auf **Schadensersatz,** so ist nach den allgemein für die Begrenzung einer Vorteilsausgleichung geltenden Grundsätzen[66] seine Ersatzpflicht gegenüber dem geschädigten Gesellschafter nicht dadurch ausgeschlossen oder gemindert, dass die Geschäftsführervergütung
an diesen weitergezahlt wird. Der geschädigte Gesellschafter kann vom Dritten als eigenen
Schaden auch denjenigen Teil des der Gesellschaft durch den Ausfall seiner Arbeitskraft
entstehenden Schadens ersetzt verlangen, der ihn durch anteilige Gewinnminderung, Wegfall der Geschäftsführervergütung oder vertragliche Pflicht zur Stellung einer Ersatzkraft
unmittelbar betrifft.[67] Der Gesellschaft selbst steht für den weitergehenden Schaden ein
unmittelbarer Ersatzanspruch gegen den Dritten nicht zu, soweit nicht ausnahmsweise die
Voraussetzungen eines Eingriffs in den Gewerbebetrieb (§ 823 RdNr. 187 ff.) gegeben sind;
bei Weiterzahlung der Geschäftsführervergütung kann sie aber vom Geschäftsführer verlangen, dass er ihr seine Ansprüche gegen den Dritten abtritt.[68]

---

[62] BGH (VI. ZS) LM § 249 (Cb) Nr. 11 = NJW 1963, 1051, 1052; *Ganssmüller* NJW 1965, 1948, 1949; *Hüttemann,* Leistungsstörungen bei Personengesellschaften, 1998, S. 358 ff.; im Grundsatz wohl auch *Soergel/Hadding* § 713 RdNr. 14; zust. bei dienstvertraglicher Grundlage MünchKommHGB/*Rawert* § 114 RdNr. 79.

[63] Dazu näher *Staub/Ulmer* § 114 HGB RdNr. 49; so auch OLG Koblenz DB 1980, 247, 248; *Erman/Westermann* RdNr. 15; *Schlegelberger/Martens* § 114 HGB RdNr. 27.

[64] BGHZ 10, 44, 53 = NJW 1953, 1548; *Staub/Ulmer* § 114 HGB RdNr. 49; im Grundsatz auch *Soergel/Hadding* § 713 RdNr. 14; einschränkend wohl OLG Koblenz DB 1980, 247, 249.

[65] BGH DB 1972, 2201, 2202.

[66] Vgl. dazu § 249 RdNr. 222 ff. und *Staudinger/Schiemann* (2005) § 249 RdNr. 132 ff. Die hM leitet dieses Ergebnis aus den zur Lohnfortzahlung nach § 616 entwickelten Grundsätzen ab (BGH LM § 249 (Cb) Nr. 11 = NJW 1963, 1051, 1052; WM 1964, 1271, 1272; *Ganssmüller* (Fn. 60) S. 23, 25 f. und NJW 1965, 1948, 1949; *Soergel/Hadding* § 713 RdNr. 14). Einer analogen Heranziehung dieser Grundsätze für den Schadensersatzanspruch des Geschäftsführers bedarf es indessen schon deshalb nicht, weil auch sie nur ein Ausprägung der Lehre von der Vorteilsausgleichung bilden (so auch *Staudinger/Schiemann* (2005) § 249 RdNr. 153). Allg. zur Nichtberücksichtigung der Lohnfortzahlung aus Gründen der Vorteilsausgleichung vgl. BGHZ 7, 30, 49 = NJW 1952, 1249; BGHZ 10, 107, 108 = NJW 1953, 1346; BGHZ 107, 325, 328 = NJW 1989, 2062; § 249 RdNr. 250 ff.; *Erman/Ebert* Vor § 249 RdNr. 93 f., 105; *Staudinger/Schiemann* (2005) § 249 RdNr. 152; speziell zum Schadensersatzanspruch des geschäftsführenden Komplementärs einer KG trotz Fortzahlung der erfolgsunabhängigen Vergütung BGH LM § 249 (Cb) Nr. 11 = NJW 1963, 1051, sowie für den GmbH-Geschäftsführer BGH LM § 249 (D) Nr. 15 = NJW 1977, 1283.

[67] So im Ergebnis auch BGH VersR 1963, 433, 434 und 585, 586; DB 1972, 2201 f., allerdings unter problematischer Zugrundelegung einer Pflicht des verletzten Geschäftsführers zur Stellung einer Ersatzkraft auch ohne ausdrückliche gesellschaftsvertragliche Regelung; weitergehend OLG Karlsruhe FamRZ 1975, 341, 343 m. abl. Anm. *Fenn,* das dem Geschädigten neben dem Anspruch auf Ersatz der anteiligen Gewinnminderung kumulativ die Erstattung der Kosten für eine fiktive Ersatzkraft zuspricht. Vgl. auch § 706 RdNr. 25 Fn. 55.

[68] So für den Schadensersatzanspruch des Gesellschafter-Geschäftsführers einer GmbH BGH LM § 823 (Eb) Nr. 18 = NJW 1970, 95, 96. Als Rechtsgrundlage für das Abtretungsverlangen wurde in den Lohnfortzahlungsfällen § 255 genannt (BGHZ 21, 112, 119 = NJW 1956, 1473; BGHZ 107, 325, 329 = NJW 1989, 2062; *Palandt/Heinrichs* Vor § 249 RdNr. 136, § 255 RdNr. 3); in § 6 EFZG ist für Ansprüche von Arbeitnehmern ein gesetzlicher Forderungsübergang angeordnet.

§ 709 36–39 Abschnitt 8. Titel 16. Gesellschaft

36 Die Regelungen über die Geschäftsführervergütung unterliegen in besonderem Maß der Gefahr, durch eine *Änderung der Geschäftsgrundlage* anpassungsbedürftig zu werden, soweit nicht bereits im Gesellschaftsvertrag selbst für den jeweiligen Fall Vorsorge getroffen ist. Auch abgesehen vom Sonderfall der nicht nur kurzfristigen Verhinderung des Geschäftsführers (RdNr. 34) kann sich die Notwendigkeit einer **Anpassung** aus einer Reihe von Gründen ergeben. So kann der dauernde Rückzug eines der Gesellschafter aus der ursprünglich von allen gemeinsam übernommenen Geschäftsführung Anlass dazu geben, zu einer Differenzierung bei der Gewinnverteilung zu kommen.[69] Ist im Gesellschaftsvertrag ein monatlicher oder jährlicher Festbetrag als Vergütung vorgesehen, so kann sich für ihn mit Rücksicht auf wesentliche Änderungen von Kaufkraft, Gehaltsniveau oder Tätigkeitsumfang längerfristig ein Anpassungsbedarf ergeben.[70] Soweit in derartigen Fällen eine Lösung nicht ausnahmsweise durch Vertragsauslegung gefunden werden kann, sind *Ansprüche auf Vertragsanpassung* unter dem Gesichtspunkt der Treupflicht im Klageweg durchsetzbar (§ 705 RdNr. 234).

37 **5. Sonderaufträge.** Die vorstehenden Grundsätze gelten für den Fall, dass Gesellschafter aufgrund dispositiver (§ 709) oder gesellschaftsvertraglicher Regelung zur Geschäftsführung berufen sind. Nicht ausgeschlossen wird dadurch zwar die Vereinbarung besonderer Tätigkeitspflichten eines Gesellschafters im Wege eines **Drittgeschäfts** (§ 705 RdNr. 202), seien sie entgeltlicher (§ 611) oder unentgeltlicher (§ 622) Natur.[71] Derartige – entgeltliche oder unentgeltliche – Sonderaufträge bilden jedoch schon deshalb die *Ausnahme*, weil die GbR im Unterschied zur KG nach gesetzlicher Regel keine von der Geschäftsführung ausgeschlossenen Gesellschafter kennt. Insbesondere bei Tätigkeitspflichten für Gesellschafter, die im Gesellschaftsvertrag selbst begründet sind, handelt es sich in aller Regel um Geschäftsführungspflichten gesellschaftsrechtlicher Art und nicht etwa um davon zu unterscheidende Dienstleistungspflichten auf der Grundlage entgeltlicher oder unentgeltlicher Drittgeschäfte.

B. Gemeinschaftliche Geschäftsführung nach § 709

I. Der Grundsatz der Einstimmigkeit (Abs. 1)

38 **1. Allgemeines.** Zu Begriff und Gegenständen der Geschäftsführung, zu Umfang der Befugnis und Rechtsstellung der Geschäftsführer vgl. zunächst RdNr. 7 ff. Die Vorschrift des § 709 Abs. 1 sieht als gesetzlichen **Regelfall** der Geschäftsführung in der GbR die *gemeinschaftliche Befugnis aller Gesellschafter* vor (RdNr. 13). Sie greift dann ein, wenn die Gesellschafter nicht ausdrücklich oder stillschweigend[72] im Gesellschaftsvertrag Abweichendes vereinbaren. Eine *zwischen den Geschäftsführern vereinbarte Arbeitsteilung* führt nur dann zu einer Abweichung von § 709 Abs. 1, wenn sie aufgrund der Mitwirkung aller Gesellschafter oder der Billigung seitens der Mitgesellschafter als Vertragsänderung zu werten ist; anderenfalls handelt es sich nur um eine geschäftsführungsinterne Ressortaufteilung kraft generell erteilter gegenseitiger Zustimmung (RdNr. 16).

39 Aufgrund des in § 709 Abs. 1 verankerten **Einstimmigkeitsprinzips** bedarf es grundsätzlich der Zustimmung aller Gesellschafter zu jeder Geschäftsführungsmaßnahme; anderes gilt nur im Falle eines Stimmrechtsausschlusses wegen Interessenkollision (RdNr. 65, 69). Gemeinsames Handeln bei Durchführung der Maßnahme ist dagegen zumindest im Innen-

---

[69] *Rob. Fischer* NJW 1959, 1063; *Hueck* OHG § 10 VII 10, S. 156.
[70] So jetzt auch BGH BB 1977, 1271 unter Bejahung eines Anspruchs auf Anpassung der Geschäftsführervergütung an die veränderten Verhältnisse nach billigem Ermessen, sofern die Gewinnbeteiligung des Geschäftsführers sich iÜ nicht von derjenigen der Nichtgeschäftsführer unterscheidet; ebenso *Soergel/Hadding* § 713 RdNr. 15; *Bamberger/Roth/Timm/Schöne* RdNr. 14. Grundsätzlich abl. noch BGHZ 44, 40, 41 f. = NJW 1965, 1960 sowie GroßkommHGB/*Rob. Fischer*, 3. Aufl. 1967, § 114 Anm. 15.
[71] *Soergel/Hadding* RdNr. 13.
[72] BGHZ 16, 394, 396 f. = NJW 1955, 825. Vgl. RdNr. 14.

verhältnis nicht erforderlich (zur Vertretung vgl. § 714 RdNr. 19). **Stimmenthaltung** kommt einer Ablehnung gleich (§ 709 Abs. 1 aE).[73]

Ist ein Handeln im Interesse der Gesellschaft dringend geboten, die erforderliche Zustim- 40 mung der Mitgesellschafter aber nicht rechtzeitig zu erlangen, so ist ausnahmsweise eine **Notgeschäftsführung** nach § 677 oder entsprechend § 744 Abs. 2 möglich (RdNr. 21).

Eine Einschränkung der Gesamtgeschäftsführung unter Berufung auf § 432 scheidet 41 grundsätzlich aus (§ 719 RdNr. 11). Auch soweit es um die **Einziehung von Gesellschaftsforderungen** geht, hat die (vertragliche) Ausgestaltung der Geschäftsführungsbefugnis schon deshalb Vorrang gegenüber den Vorschriften über die Gläubigermehrheit, weil die Forderung der Gesellschaft zusteht.[74] Auszunehmen sind *Fälle kollusiven Zusammenwirkens* zwischen Mitgesellschafter und Schuldner.[75] Darüber noch hinausgehend lässt der BGH schon seit jeher zu, dass einzelne Gesellschafter eine Gesellschaftsforderung auch dann einklagen können, wenn sie ein berechtigtes Interesse an der Geltendmachung haben, weil die anderen Gesellschafter dies aus gesellschaftswidrigen Gründen verweigern und der verklagte Schuldner an diesem gesellschaftswidrigen Verhalten auch selbst beteiligt ist.[76]

2. **Zustimmungspflicht?** In der Entscheidung darüber, ob sie der von einem oder 42 mehreren Mitgesellschaftern vorgeschlagenen Maßnahme zustimmen wollen, sind die Gesellschafter **grundsätzlich frei**. Bei Uneinigkeit muss die Maßnahme unterbleiben. *Differenzen über die Zweckmäßigkeit* von Geschäftsführungshandlungen *unterliegen nicht gerichtlicher Entscheidung*.[77] **Anderes** gilt mit Rücksicht auf die Pflicht der Gesellschafter zu sorgfältiger Geschäftsführung dann, wenn die fragliche Maßnahme im Interesse der Gesellschaft geboten ist und den Geschäftsführern kein Entscheidungsspielraum zusteht, so namentlich bei der Erfüllung von Gesellschaftsverbindlichkeiten, deren Durchsetzbarkeit nicht ernsthaft in Frage gestellt werden kann. In Fällen dieser Art ist die Verweigerung der Zustimmung *pflichtwidrig*[78] und daher unbeachtlich (§ 705 RdNr. 240 f.); auch kann sie Schadensersatzansprüche auslösen. Der pflichtwidrig Handelnde kann sich gegenüber den Mitgesellschaftern daher auch nicht auf seine fehlende Zustimmung berufen und hieraus ihnen gegenüber den Vorwurf einer Überschreitung der Geschäftsführungsbefugnis ableiten.[79]

Mit der Pflicht zur Geschäftsführung (RdNr. 30) unvereinbar und pflichtwidrig ist na- 43 mentlich auch die durch sachfremde Gründe veranlasste **beharrliche Weigerung** eines Gesellschafters, sich an der Geschäftsführung zu beteiligen oder den von den Mitgesellschaftern geplanten Maßnahmen zuzustimmen. Der BGH hat in einem derartigen Fall die Möglichkeit eines Verlusts des Zustimmungsrechts unter dem Gesichtspunkt der Verwirkung bejaht.[80] Methodisch richtiger erscheint es demgegenüber, die Mitgesellschafter auf das Recht zur *Entziehung* der Geschäftsführungsbefugnis zu verweisen und ihnen dieses Recht in extensiver Auslegung von § 712 Abs. 1 auch dann einzuräumen, wenn die Geschäftsführung ursprünglich allen Gesellschaftern gemeinsam zustand (vgl. § 712 RdNr. 6).

---

[73] Vgl. auch *Ermann/Westermann* RdNr. 9; zur grds. entsprechenden Rechtslage bei Mehrheitsentscheidungen vgl. RdNr. 47.

[74] Im Ergebnis ebenso bereits BGHZ 12, 308 = NJW 1954, 1149; BGHZ 17, 340, 346 = NJW 1955, 1393; BGHZ 102, 153, 154 = NJW 1988, 558; BGH WM 1979, 366; *Flume* I/1 § 15 II 4, S. 272.

[75] BGHZ 39, 14, 20 = NJW 1963, 1401; LG Bonn WM 1992, 22, 24.

[76] BGHZ 102, 153, 155 = NJW 1988, 558; BGH NJW 2000, 734; ebenso OLG Karlsruhe OLGR 2006, 236; OLG Düsseldorf NZG 2003, 323. Krit. dazu aber *K. Schmidt* GesR § 21 IV 3.

[77] Vgl. BGH LM Nr. 7 = NJW 1972, 862; NJW 1986, 844; OLG Stuttgart NZG 2007, 102 (LS).

[78] BGH LM Nr. 7 = NJW 1972, 862. Für Zustimmungspflicht zu einer durch gemeinsamen Zweck und Gesellschaftsinteresse gebotenen Geschäftsführungsmaßnahme schon RGZ 97, 329, 331; 162, 78, 83. So auch *Soergel/Hadding* RdNr. 16; *Erman/Westermann* RdNr. 9; *Staudinger/Habermeier* RdNr. 41; *Wiedemann* GesR II § 4 II 3 b bb, S. 339; krit. aber *Flume* I/1 § 15 II, S. 263 f.

[79] Zu den Voraussetzungen der Unbeachtlichkeit pflichtwidriger Zustimmungsverweigerung vgl. *Sester*, Treupflichtverletzung bei Widerspruch oder Zustimmungsverweigerung im Recht der Personenhandelsgesellschaften, 1996, S. 77 ff.; 168.

[80] LM Nr. 7 = NJW 1972, 862, 864. Dem folgend *Soergel/Hadding* RdNr. 16; *Bamberger/Roth/Timm/Schöne* RdNr. 12; wohl auch *Erman/Westermann* RdNr. 9.

44 *Streitig* ist, ob der die Zustimmung verweigernde oder einer Geschäftsführungsmaßnahme widersprechende Gesellschafter die *Gründe für sein Verhalten offenlegen* muss.[81] Zur Entscheidung der Frage bedarf es der Berücksichtigung der Umstände des jeweiligen Falles. Dabei ist mit Rücksicht auf die Geschäftsführungs- und Treupflicht des Gesellschafters eine **Begründungspflicht** umso eher zu bejahen, je mehr sein Verhalten den Anschein erweckt, von sachfremden Erwägungen beeinflusst zu sein, namentlich also bei grundsätzlicher, nicht auf bestimmte Einzelfälle beschränkter Verweigerung der Zustimmung oder Erhebung des Widerspruchs. Die Ablehnung einer Begründung legt in derartigen Fällen den Schluss auf die Pflichtwidrigkeit und daher Unbeachtlichkeit der Zustimmungsverweigerung oder des Widerspruchs nahe; sie erlaubt es den Mitgesellschaftern, gegen den Willen des Ablehnenden zu handeln.[82] Ein *allgemeiner Begründungszwang* lässt sich aus § 709 jedoch *nicht* ableiten; er würde auf eine bedenkliche Einschränkung des privatautonomen Entscheidungsspielraums der Geschäftsführer hinauslaufen.[83] Einer besonderen Begründung bedarf es insbesondere dann nicht, wenn die Gründe bereits aus etwaigen Gegenvorschlägen des die Zustimmung verweigernden Gesellschafters erkennbar sind.

II. Die mehrheitliche Geschäftsführung (Abs. 2)

45 Die Regel der Gesamtgeschäftsführung kann im **Gesellschaftsvertrag** oder durch dessen spätere Änderung dahin modifiziert sein, dass die Geschäftsführungsbefugnis zwar sämtlichen Gesellschaftern zusteht, ein Handeln für die Gesellschaft aber schon dann gestattet ist, wenn sich die Mehrheit hierauf verständigt hat.

46 Die Mehrheitsklausel erstreckt sich, soweit der Vertrag keine Sonderregelung enthält, auf **gewöhnliche** und **außergewöhnliche** Geschäftsführungsmaßnahmen; Ausnahmen gelten entsprechend § 35 für solche Maßnahmen, auf deren Vornahme einem Gesellschafter ein Sonderrecht zusteht (vgl. auch RdNr. 99).

47 Hinsichtlich der Anforderungen an die Mehrheit kommt es grundsätzlich auf die **absolute** Mehrheit der stimmberechtigten Mitglieder an, soweit nicht im Einzelfall die relative Mehrheit als maßgebend vereinbart oder ein Gesellschafter wegen Interessenkollision an der Mitwirkung verhindert ist (RdNr. 65 ff.). Wegen der Erfordernisse der absoluten Mehrheit wirken *Stimmenthaltungen* wie eine Ablehnung; Gleiches gilt bei Nichtbeteiligung an der Abstimmung.[84]

48 Für die **Berechnung der Mehrheit** steht nach der Auslegungsregel des Abs. 2 *jedem Gesellschafter im Zweifel eine Stimme* zu (Mehrheit nach Köpfen). Der Gesellschaftsvertrag kann aber auch insoweit ausdrücklich oder stillschweigend Abweichendes vorsehen, insbesondere auf die Höhe der Einlagen oder der Kapitalanteile abstellen.[85] Sind die sonstigen Gesellschafterrechte, darunter namentlich das Stimmrecht in der Gesellschafterversammlung, aber auch die Gewinnansprüche, am Einlagen- oder Kapitalschlüssel ausgerichtet, so spricht das dafür, dass dieser Schlüssel abweichend von Abs. 2 auch für die Beschlussfassung in Geschäftsführungsfragen Geltung haben soll.

49 Die **Wirkung des Mehrheitsbeschlusses** besteht einerseits darin, dass er die Geschäftsführungsmaßnahme legitimiert. Andererseits verpflichtet er die überstimmte Mehrheit, an der Durchführung der Maßnahme mitzuwirken, soweit es ihrer Mitwirkung – wie nament-

---

[81] Die Frage wird überwiegend im Hinblick auf den Widerspruch nach § 115 Abs. 1 HGB erörtert. Grundsätzlich für Begründungszwang GroßkommHGB/*Rob. Fischer*, 3. Aufl. 1967, § 115 Anm. 11 und *Schlegelberger/Martens* § 115 HGB RdNr. 11; MünchKommHGB/*Rawert* § 115 HGB RdNr. 23; mit Einschränkungen auch *Staub/Ulmer* § 115 HGB RdNr. 18; *Hueck* OHG § 10 III 4, S. 128 und *Erman/Westermann* RdNr. 10; generell abl. aber *Flume* I/1 § 15 II 2, S. 267. Für „regelmäßige" Pflicht zur Begründung der Zustimmungsverweigerung anscheinend BGH LM Nr. 7 = NJW 1972, 862, 863 (obiter dictum).
[82] *Staub/Ulmer* § 115 HGB RdNr. 21; vgl. auch *Hueck* OHG § 10 Fn. 38.
[83] So für den Widerspruch zutr. *Flume* I/1 § 15 II 2, S. 267.
[84] *Soergel/Hadding* RdNr. 38.
[85] Vgl. auch *Soergel/Hadding* RdNr. 17; zur Möglichkeit stillschweigender Abweichungen vgl. BGHZ 16, 394, 396 = NJW 1955, 825.

lich im Fall der Gesamtvertretung aller Gesellschafter – bedarf.[86] Insoweit kommt nach §§ 713, 665 ausnahmsweise auch eine Weisungsbindung der Minderheit in Betracht. Voraussetzung ist freilich jeweils, dass die umstrittene Maßnahme sich noch im Rahmen des für den Umfang der Geschäftsführungsbefugnis maßgebenden Gesellschaftszwecks hält (RdNr. 23). Eine mehrheitliche Ausdehnung dieses Umfangs liefe auf eine Vertragsänderung hinaus; sie ist weder durch die auf Geschäftsführungsmaßnahmen bezogene Mehrheitsklausel noch im Zweifel durch ein der Mehrheit vorbehaltenes, generelles Recht zur Vertragsänderung gedeckt (vgl. auch RdNr. 84, 90 ff.).

C. Gesellschafterbeschlüsse

I. Grundlagen

1. Willensbildung durch Beschluss. Nicht nur hinsichtlich der Geschäftsführungsmaß- 50 nahmen, sondern auch in den anderen Angelegenheiten der Gesellschaft (Änderungen des Gesellschaftsvertrags, sonstige gemeinschaftliche Angelegenheiten, vgl. RdNr. 53, 55) erfolgt die Willensbildung grundsätzlich durch Beschluss aller oder der jeweils zuständigen Gesellschafter. Die Vorschrift des § 709 bildet dadurch, dass sie in Abs. 1 und 2 Grundsätze über das Zustandekommen der Gesellschafterbeschlüsse aufstellt, über die Grundnorm für die Geschäftsführung hinaus zugleich die **Grundlage für das Beschlussrecht in der GbR** (vgl. RdNr. 1). Insgesamt ist dieser Regelungsgegenstand allerdings sehr rudimentär ausgestaltet. Insbesondere *verzichtet das BGB* (ebenso wie das HGB in Bezug auf OHG und KG) darauf, die *Gesellschafterversammlung* als Gesellschaftsorgan vorzusehen und Vorschriften für deren Zuständigkeit und Verfahren zu treffen (vgl. § 705 RdNr. 258). Diese Zurückhaltung ist allerdings unproblematisch nur für die gesetzestypische Gesellschaft, deren Beschlüsse nur mit der Zustimmung jedes einzelnen Gesellschafters zustande kommen. Für den typischen Fall, dass die Gesellschafter die Geltung des Mehrheitsprinzips vereinbart haben (RdNr. 81 ff.), besteht hingegen ein Normmangel, erst recht wenn sich die Mehrheit lediglich auf die *abgegebenen* Stimmen bezieht, so dass Vorkehrungen getroffen werden müssen, die jedem Gesellschafter die Teilnahme an der Abstimmung ermöglichen. Beim Fehlen gesellschaftsvertraglicher Regelungen für diese Fragen erweist sich daher die analoge Heranziehung vereins- und GmbH-rechtlicher Vorschriften über die Willensbildung der Gesellschafter durch Beschlussfassung (§§ 34, 35 BGB, § 47 Abs. 4 GmbHG, vgl. RdNr. 65 ff.) jedenfalls dann als erforderlich, wenn der Gesellschaftsvertrag das Mehrheitsprinzip auf die abgegebenen Stimmen bezieht und so die Gesellschafterversammlung als Beschlussorgan etabliert (RdNr. 71 f.).

2. Rechtsnatur des Beschlusses. Nach heute wohl einhM ist der Beschluss ein **mehr-** 51 **seitiges Rechtsgeschäft;**[87] es setzt sich aus den für sein Zustandekommen erforderlichen Stimmabgaben iS von empfangsbedürftigen Willenserklärungen (RdNr. 74) zusammen.[88] *Vertragsqualität* hat der Beschluss nicht nur insoweit, als Änderungen des Gesellschaftsvertrags in Frage stehen (RdNr. 53), sondern auch soweit über sonstige das Verhältnis der Gesellschafter untereinander betreffende Gegenstände wie die Bilanzfeststellung (§ 721 RdNr. 8) zu beschließen ist.[89] In den *übrigen Fällen,* darunter namentlich bei Geschäftsführungs-

---

[86] *Soergel/Hadding* RdNr. 17; *Bamberger/Roth/Timm/Schöne* RdNr. 21.
[87] So wohl auch *Mülbert/Gramse* WM 2002, 2085, 2086 ungeachtet der von ihnen für Beschlüsse in rechtsfähigen Personengesellschaften propagierten, nicht ohne weiteres einsichtigen Unterscheidung zwischen „Vertragsmodell" und „Beschlussmodell" (aaO S. 2086 f.).
[88] Vgl. statt aller *Larenz* AT § 18 II 3 a, S. 320; *Soergel/Hadding* RdNr. 24; *Staudinger/Habermeier* RdNr. 17; *Erman/Westermann* RdNr. 19; *Wiedemann* GesR I § 3 III 1 b, S. 178 ff.; *ders.* GesR II § 4 I 2 a, S. 297; *K. Schmidt* GesR § 15 I 2; eingehend schon *Bartholomeyczik* ZHR 105 (1938), 293 ff., 300 f. mwN zur früheren Diskussion.
[89] Näher dazu *Ulmer,* FS Niederländer, 1991, S. 424 ff. Anders aber die hM (Nachweise ebd. in Fn. 52). Vgl. auch RdNr. 74.

beschlüssen, geht es demgegenüber um die interne *Willensbildung der Gesamthand;* bei ihr kommt der jeweiligen Stimmabgabe aber ebenfalls die Qualität einer Willenserklärung zu, auch wenn sie nicht auf den Abschluss bzw. die Änderung des Vertrages gerichtet ist (RdNr. 74). Denn sie löst bestimmungsgemäß Rechtsfolgen für das Organhandeln oder die Durchsetzung von Sozialansprüchen gegen Mitgesellschafter (§ 705 RdNr. 201) aus. Eine besondere Kategorie von **Sozialakten,** die von gesellschaftsinternen Rechtsgeschäften zu unterscheiden wäre und nicht den allgemeinen Rechtsgeschäftsgrundsätzen unterstünde, ist nicht anzuerkennen.[90] Die BGH-Rechtsprechung, die diesen Begriff früher im GmbH-Recht verwendet hatte, um die betreffenden Gesellschafterbeschlüsse dem Anwendungsbereich des § 181 zu entziehen,[91] ist durch die zutreffend, wertende Auslegung des Selbstkontrahierungsverbots seit langem überholt.[92]

52 Aus der Rechtsgeschäftsqualität der Beschlüsse folgt die Anwendbarkeit der **allgemeinen Rechtsgeschäftsgrundsätze** der **§§ 104 ff.** für das Zustandekommen und die Wirksamkeit von Beschlüssen; Gleiches gilt für die Behandlung der Stimmabgaben nach den Vorschriften über Willenserklärungen (dazu RdNr. 74). Soweit es um **Vertragsänderungen** geht, sind dabei die für Gesellschaftsverträge geltenden Besonderheiten zu beachten, darunter neben der Bedeutung und Häufigkeit konkludenter Vereinbarungen (§ 705 RdNr. 56) und den Auslegungsmaßstäben für Gesellschaftsverträge (§ 705 RdNr. 172) namentlich die Grundsätze über die fehlerhafte Gesellschaft. Neben sonstigen Vertragsänderungen (§ 705 RdNr. 360 ff.) können sie auch für die Fälle eines fehlerhaften Gesellschafterwechsels (§ 705 RdNr. 365 ff.) Bedeutung erlangen (RdNr. 109).

53 **3. Beschlussgegenstände. a) Arten.** Die Gesellschafterbeschlüsse lassen sich nach ihrem jeweiligen Gegenstand in drei Arten unterteilen.[93] Den wichtigsten Beschlussgegenstand bilden die **Änderungen der Gesellschaftsgrundlagen, insbesondere des Gesellschaftsvertrags** (RdNr. 10). Hierfür sind ausschließlich die Gesellschafter zuständig, soweit das *Gesetz* nicht ausnahmsweise wie in § 725 einem Dritten ein entsprechendes Gestaltungsrecht einräumt.[94] Zu den durch Gesellschafterbeschluss zu bewirkenden Vertragsänderungen gehören neben den Inhaltsänderungen auch sonstige auf mehrseitigem Rechtsgeschäft beruhende *Grundlagenänderungen* wie die Aufnahme oder das Ausscheiden eines Gesellschafters sowie die Auflösung der Gesellschaft (Vor § 723 RdNr. 18). Durch Mehrheitsbeschluss sind Vertragsänderungen möglich, sofern der Gesellschaftsvertrag eine hierauf bezogene Mehrheitsklausel enthält (RdNr. 73, 90 ff.). Das Gesetz selbst lässt – in den Fällen der §§ 712 Abs. 1, 715, 737 – Mehrheitsentscheidungen mit vertragsändernder Wirkung nur aus wichtigem Grund und mit der Maßgabe zu, dass es eines übereinstimmenden Beschlusses der übrigen, von der Entziehung oder dem Ausschluss nicht betroffenen Gesellschafter bedarf.

54 Einen zweiten Beschlussgegenstand bilden **Geschäftsführungsangelegenheiten.** Für sie gilt nach gesetzlicher Regel der Grundsatz der einstimmigen Gesamtgeschäftsführung (§ 709 Abs. 1). Mangels abweichender Vertragsgestaltung erfordert daher jede Geschäftsführungs-

---

[90] Gegen diesen Begriff und seine Anerkennung als besondere Rechtsgeschäftskategorie mit Recht die im Schrifttum hM in Auseinandersetzung mit der früheren Rspr. des BGH (Fn. 91); vgl. namentlich *Wiedemann* JZ 1970, 291; *Winkler* ZGR 1973, 177, 212; *Schilling,* FS Ballerstedt, 1975, S. 259 ff., 261. Dem folgend bereits *Rob. Fischer,* FS Hauß, 1978, S. 61, 75 ff.; ferner *Soergel/Hadding* RdNr. 24; *Erman/Westermann* RdNr. 19.
[91] BGHZ 33, 189, 191 = NJW 1960, 2285 (Satzungsänderung); BGHZ 48, 163, 167 = NJW 1967, 1963 (Abtretungsgenehmigung); BGHZ 51, 209, 217 = NJW 1969, 841 (Organbestellung); BGHZ 52, 316, 318 = NJW 1970, 33 (Auflösungsbeschluss). Anders BGH LM HGB § 138 Nr. 8 = NJW 1961, 724 (Ausscheiden eines Gesellschafters aus der OHG).
[92] BGHZ 65, 93, 96 f. = NJW 1976, 49, offenbar unter Aufgabe des Begriffs „Sozialakt"; ferner BGHZ 112, 339, 341 f. = NJW 1991, 691; vgl. auch RdNr. 57, 59.
[93] BGHZ 65, 93, 96 = NJW 1976, 49. Zur rechtlichen Bedeutung der Unterscheidung vgl. RdNr. 56 ff.
[94] Zu vertraglichen Möglichkeiten und Grenzen, die Befugnis zu Vertragsänderungen einem Gesellschafterausschuss oder Dritten zu überlassen, vgl. näher *Barfuß* DB 1977, 571, 573 f.; *Teichmann* Gestaltungsfreiheit S. 217 ff.; *Wiedemann,* FS Schilling, 1973, S. 105, 119 f.; *ders.* GesR II § 4 I 1 c; § 7 III; § 8 V und *Voormann,* Der Beirat im Gesellschaftsrecht, 2. Aufl. 1989, S. 82 ff. Vgl. auch § 717 RdNr. 7 f. zum sog. Abspaltungsverbot sowie § 717 RdNr. 9 f. zu den Schranken der Begründung von Rechten Dritter im Gesellschaftsvertrag.

maßnahme eine entsprechende Beschlussfassung (RdNr. 39); die Geschäftsführer können sich freilich im Wege interner Arbeitsteilung zur Vornahme bestimmter Geschäftsarten gegenseitig durch generell erteilte Zustimmung ermächtigen (RdNr. 16). Aber auch wenn die Gesellschafter Gesamtgeschäftsführung nach Mehrheitsprinzip vereinbart haben (§ 709 Abs. 2, dazu RdNr. 45 f.), bedarf es zur Feststellung des Mehrheitswillens doch regelmäßig der Beschlussfassung. Nur im Falle von *Einzelgeschäftsführung* (RdNr. 14 f.) ist für Gesellschafterbeschlüsse in Geschäftsführungsfragen mangels abweichender Vertragsgestaltung kein Raum. Erhebt ein Mitgeschäftsführer nach § 711 *Widerspruch* gegen eine geplante Maßnahme, so muss diese unterbleiben. Der Widerspruch kann nicht etwa durch Beschluss der übrigen Gesellschafter entkräftet werden. Anscheinend in Abweichung von dieser Ansicht ließ ein Teil des älteren Schrifttums allgemein Beschlussfassung in Geschäftsführungsangelegenheiten mit der Begründung zu, die Gesellschafter seien „Herren der Gesellschaft" und könnten daher auch über deren Geschäftsführung beschließen.[95] Das trifft nur insoweit zu, als die Beschlussfassung sich auf Fragen der Ausgestaltung der Geschäftsführung bezieht; insoweit handelt es sich dann aber um eine generelle oder auf den Einzelfall bezogene, grundsätzlich nur einstimmig mögliche Vertragsänderung. In der Ausübung ihrer Befugnisse unterliegen die geschäftsführenden Gesellschafter dagegen anders als bei der GmbH grundsätzlich keinen Weisungen der Gesellschafterversammlung (§ 713 RdNr. 7). Auch kommt es für die Ausübung der Einzelgeschäftsführung nicht auf die Zustimmung der Mitgesellschafter an.

Als dritter Beschlussgegenstand kommen schließlich **sonstige**, nicht zu den Vertragsgrundlagen oder zur Geschäftsführung gehörende **gemeinsame Gesellschaftsangelegenheiten** in Betracht.[96] Dabei handelt es sich um eine recht heterogene Gruppe von Gegenständen. Von Geschäftsführungsangelegenheiten unterscheiden sie sich dadurch, dass sie nicht das Handeln der Gesamthand zur Förderung des gemeinsamen Zwecks betreffen, sondern sich auf die Organisation der Gesellschaft sowie auf das Verhältnis der Gesellschafter untereinander oder gegenüber der Gesamthand beziehen. *Im Einzelnen* fallen hierunter einerseits Beschlüsse über Bilanzfeststellung und Gewinnverwendung, die zu den Grundlagengeschäften gehören (vgl. aber RdNr. 11); für sie gelten hinsichtlich der rechtlichen Qualifizierung des Beschlusses keine Besonderheiten (RdNr. 51 f.). Davon zu unterscheiden sind andererseits Beschlüsse über Gegenstände innergesellschaftlicher Willensbildung, bei denen die Gesellschafter nicht als Vertragspartner, sondern als oberstes Gesellschaftsorgan abstimmen.[97] Für sie ist daher ausnahmsweise die Vertragsnatur des Beschlusses zu verneinen (vgl. RdNr. 75). Hierzu zählen die Entlastung der Geschäftsführer, ferner die Geltendmachung des gemeinsamen Auskunftsrechts (§ 713 RdNr. 8) sowie die Entscheidung über außergewöhnliche, nicht von der Geschäftsführungsbefugnis gedeckte Geschäfte. Der Gesellschaftsvertrag kann den Gesellschaftern weitere Gegenstände zur Beschlussfassung übertragen wie etwa die Einforderung von Beiträgen, die Wahl eines Beirats oder eines Abschlussprüfers u. a.

b) Rechtliche Besonderheiten. Trotz Übereinstimmung in zahlreichen Einzelfragen der Beschlussfassung (Stimmrecht und Stimmabgabe, Förmlichkeiten und Wirksamwerden der Beschlüsse, Mehrheitsberechnung u. a.) unterliegen die verschiedenartigen Beschlussgegenstände in einer Reihe von Punkten unterschiedlicher rechtlicher Beurteilung; das gilt insbesondere für die Intensität der Treupflicht, aber auch für das Eingreifen des § 181 und des Stimmverbots wegen Interessenkollision sowie für die Beurteilung von Mehrheitsklauseln (vgl. RdNr. 57 ff.). Bei der Prüfung von Einzelfragen ist daher immer auch die Art des in Frage stehenden Beschlussgegenstandes zu berücksichtigen.

So ist für **Geschäftsführungsfragen** anerkannt, dass die Ausübung der entsprechenden Mitgliedschaftsrechte sich am *Interesse der Gesellschaft* zu orientieren hat (§ 705 RdNr. 226) und dass die Gesellschafter insoweit grundsätzlich eine Stimmpflicht trifft. Daraus kann sich

---

[95] Vgl. etwa *Soergel/Hadding* RdNr. 27, 29; GroßkommHGB/*Rob. Fischer*, 3. Aufl. 1967, § 119 Anm. 2; *Hueck* OHG § 11 I 1.
[96] BGHZ 65, 93, 96 = NJW 1976, 49; vgl. auch *Staudinger/Keßler*, 12. Aufl. 1979, RdNr. 20.
[97] Vgl. *Ulmer*, FS Niederländer, 1991, S. 415, 428.

§ 709 58, 59

im Einzelfall die Pflicht ergeben, einer vorgeschlagenen Geschäftsführungsmaßnahme zuzustimmen oder die Ablehnung zu begründen (RdNr. 42 ff.). Eine Stimmrechtsausübung in offensichtlicher Verletzung des Gesellschaftsinteresses ist unwirksam[98] und braucht von den Mitgesellschaftern nicht beachtet zu werden. Durch das Verbot des § 181 wird der Vertreter eines Gesellschafters nicht gehindert, zugleich im eigenen Namen oder als Vertreter weiterer Gesellschafter an der Abstimmung teilzunehmen.[99] In Fällen typischer Interessenkollision wie insbesondere bei der Beschlussfassung über ein Rechtsgeschäft zwischen der Gesamthand und einem Gesellschafter hat dieser kein Stimmrecht (RdNr. 65, 70). Mehrheitsklauseln bezogen auf Geschäftsführungsentscheidungen sind nichts Ungewöhnliches (vgl. § 709 Abs. 2).

58   Demgegenüber steht bei **Vertragsänderungen** das *Eigeninteresse der Gesellschafter* im Vordergrund. Eine Zustimmungspflicht zu Änderungsvorschlägen von Mitgesellschaftern kommt nur in seltenen Ausnahmefällen in Betracht (§ 705 RdNr. 231 ff.). Das Verbot des Selbstkontrahierens steht der Abstimmung sowohl im eigenen als auch in fremdem Namen oder der gleichzeitigen Vertretung von zwei oder mehr Mitgesellschaftern entgegen, soweit nicht einer der in § 181 genannten Ausnahmefälle eingreift.[100] Ein Stimmverbot wegen Interessenkollision ist gesetzlich nur im Rahmen der §§ 712 Abs. 1, 715, 737 vorgesehen (zur Möglichkeit einer Rechtsanalogie vgl. RdNr. 65 f.). An Mehrheitsklauseln im Gesellschaftsvertrag sind hohe Anforderungen hinsichtlich ihrer inhaltlichen Konkretisierung zu stellen, soweit es um Eingriffe in zentrale Mitgliedschaftsrechte oder um die Begründung weiterer Pflichten geht (vgl. RdNr. 91); im Anwendungsbereich der Mehrheitsklauseln ist dem Schutz überstimmter Gesellschafter durch Prüfung der Erforderlichkeit und Verhältnismäßigkeit des Mehrheitsbeschlusses Rechnung zu tragen (RdNr. 100).

59   Für Beschlüsse über **sonstige gemeinsame Gesellschaftsangelegenheiten** ist die Herausarbeitung der für sie geltenden Besonderheiten nicht ohne Berücksichtigung des jeweiligen Beschlussgegenstands und der Einzelfallumstände möglich. So steht etwa bei der Ausübung gemeinsamer Befugnisse wie des Auskunftsrechts oder der Geschäftsführerentlastung das Gesellschaftsinteresse im Vordergrund, während die Gesellschafter sich bei der Wahl eines Beirats, bei der Beschlussfassung über die Gewinnverwendung sowie namentlich über Geschäfte außerhalb des eigentlichen Gesellschaftszwecks auch, wenn nicht sogar in erster Linie, vom Eigeninteresse leiten lassen dürfen. Dementsprechend ist auch für das Eingreifen von § 181 beim Handeln von Vertretern in Übereinstimmung mit der in der neueren Rechtsprechung im Vordergrund stehenden wertenden Betrachtung[101] danach zu differenzieren, ob nach der Art des Beschlussgegenstandes typischerweise mit einem Interessenwiderstreit gerechnet werden muss oder ob, wie bei der Entscheidung über Geschäftsführungsmaßnahmen, das gemeinsame Interesse im Vordergrund steht (vgl. RdNr. 68, 78, dazu auch § 705 RdNr. 72). Ein Stimmrechtsausschluss wegen Interessenkollision kommt nach den hierfür maßgeblichen Rechtsgrundlagen (RdNr. 65 ff.) nur in Fällen typischer Interessenkollision in Betracht. Wohl aber kann die Stimmabgabe im Einzelfall wegen Treupflichtverletzung unbeachtlich sein (RdNr. 112). Mehrheitsklauseln, die sich auf laufende Gesellschaftsangelegenheiten beziehen, gelten im Zweifel nicht nur für Geschäftsführungsfragen, sondern auch für diejenigen sonstigen gemeinsamen Angelegenheiten, über die nach Gesetz oder Gesellschaftsvertrag in regelmäßigen Abständen Beschluss zu fassen ist.[102]

---

[98] Vgl. § 705 RdNr. 239 und § 711 RdNr. 11, dazu auch Nachweise in Fn. 79.
[99] BGHZ 65, 93, 96 f. = NJW 1976, 49, dazu RdNr. 59.
[100] Vgl. näher § 705 RdNr. 58 mwN. Zur stillschweigenden Befreiung vom Verbot des § 181 bei Vollmachterteilung an einen Mitgesellschafter vgl. BGHZ 66, 82, 86 = NJW 1976, 958 (Publikums-KG).
[101] BGHZ 65, 93, 97 = NJW 1976, 49 mwN; wohl auch BGHZ 112, 339, 341 f. = NJW 1991, 691. Allg. zum Stand der Diskussion vgl. § 181 RdNr. 4 ff.; grundlegend *U. Hübner*, Interessenkonflikt und Vertretungsmacht, 1977, S. 138 ff., 265 ff.; aus neuerer Zeit etwa *Tiedtke*, Teleologische Reduktion und analoge Anwendung des § 181, 2002, S. 32 f.
[102] So auch *Soergel/Hadding* RdNr. 25; enger noch BGH WM 1961, 303, 304, der eine nicht näher konkretisierte Mehrheitsklausel nur auf Geschäftsführungsfragen bezogen wissen wollte (zutr. idS allerdings RGZ 114, 393, 395 bei einer auf „geschäftliche Fragen" bezogenen Mehrheitsklausel). Vgl. auch BGH WM

4. Stimmrecht. a) Allgemeines. Als Mitgliedschaftsrecht ist das Stimmrecht *höchstper-* 60
sönlicher Natur. Es steht grundsätzlich jedem Gesellschafter in gleichem Umfang zu
(RdNr. 97). Einem Dritten kann es – selbst mit Zustimmung der Mitgesellschafter – weder
übertragen noch auf Dauer zur Ausübung überlassen werden (§ 717 RdNr. 7, 9). Stimmbindungsverträge gegenüber Mitgesellschaftern sind grundsätzlich wirksam; gegenüber Dritten bestehen weitergehende Schranken (vgl. Näheres in § 717 RdNr. 20 ff.). Zur Zulässigkeit gesellschaftsvertraglicher *Vertreterklauseln* vgl. RdNr. 79 f. Das Stimmrecht nicht voll
Geschäftsfähiger wird vom *gesetzlichen Vertreter* ausgeübt.[103]

Stimmabgabe durch **Bevollmächtigte** ist grundsätzlich nur mit Zustimmung der Mit- 61
gesellschafter zulässig (vgl. näher RdNr. 77). Unerfahrene Gesellschafter können in schwierigen Fragen die *Zulassung eines* vertrauenswürdigen, der Verschwiegenheitspflicht unterliegenden *Beistands* verlangen.[104]

Die **Funktion** des Stimmrechts besteht – abgesehen von der Beschlussfassung über 62
Vertragsänderungen und über sonstige Rechtsbeziehungen zwischen den Gesellschaftern
(RdNr. 53, 55) – darin, an der Willensbildung auf der Gesellschaftsebene mitzuwirken.[105]
Soweit das Stimmrecht sich auf Geschäftsführungsfragen bezieht (RdNr. 54), werden die
stimmberechtigten Gesellschafter daher als Organe der Gesellschaft tätig (zur Wirkung des
Mehrheitsbeschlusses in diesen Fällen vgl. RdNr. 49). Zum Stimmrechtsausschluss wegen
Interessenkollision vgl. RdNr. 58 f., 65, zur Frage einer Stimmpflicht RdNr. 57 f., zur
Stimmabgabe und zu den Mehrheitserfordernissen RdNr. 74 ff.

b) Vereinbarter Stimmrechtsausschluss. Der vertragliche Ausschluss einzelner Gesell- 63
schafter vom Stimmrecht ist mit ihrem Einverständnis **im Grundsatz zulässig.** Für
Geschäftsführungsfragen folgt das schon aus den gesetzlich vorgesehenen Gestaltungsmöglichkeiten der §§ 710, 711. Es gilt aber auch für Vertragsänderungen[106] und sonstige gemeinsame Gesellschaftsangelegenheiten (RdNr. 55). Zwingende **Schranken** für den Stimmrechtsausschluss gelten freilich insoweit, als die Beschlussfassung sich auf unmittelbare Eingriffe in die Rechtsstellung der stimmrechtslosen Gesellschafter richtet. Solche Beschlüsse
wirken nur dann gegenüber dem Stimmrechtslosen, wenn dieser *zugestimmt* hat;[107] die
Ausübung des Zustimmungsrechts aufgrund der Kernbereichslehre (RdNr. 91 f.) oder nach
§ 707 ist von der Stimmabgabe bei der Abstimmung deutlich zu unterscheiden; das indivi-
dualschützende Zustimmungsrecht steht nach seiner Zielrichtung auch dem Stimmrechtslosen zu (s. § 707 RdNr. 1, 7 f.).[108] Allerdings kann der Vertrag bereits die antizipierte
Zustimmung der Gesellschafter zu einem späteren Eingriff enthalten (§ 707 RdNr. 8 sowie

---

1973, 100, 101 (mehrheitliche Abberufung eines Beiratsmitglieds von Mehrheitsklausel gedeckt). Allg. zur
Auflockerung des Bestimmtheitsgrundsatzes in der neueren Diskussion vgl. RdNr. 86 ff.

[103] EinhM, vgl. BGHZ 44, 98, 100 f. = NJW 1965, 1961; *Soergel/Hadding* RdNr. 28; *Staudinger/Habermeier*
RdNr. 21; *Wiedemann* GesR II § 4 I 4 a, S. 307. Zur Pflegerbestellung als Voraussetzung für Vertragsänderungen bei eigener Gesellschafterstellung der Eltern als gesetzliche Vertreter minderjähriger Gesellschafter vgl.
§ 705 RdNr. 58.

[104] LG Köln BB 1975, 342 = NJW 1975, 981 (für KG); *Soergel/Hadding* RdNr. 28; *Kirberger* BB 1978,
1390 ff.; vgl. auch *Saenger* NJW 1992, 348.

[105] Vgl. nur *Zöllner,* Schranken mitgliedschaftlicher Stimmrechtsmacht, 1960, S. 11.

[106] HM, vgl. BGHZ 20, 363, 368 = NJW 1956, 1198 (für einen Kommanditisten); BGH NJW 1993,
2100; *Soergel/Hadding* RdNr. 30; *Erman/Westermann* RdNr. 24; *Bamberger/Roth/Timm/Schöne* RdNr. 48; aA
Wiedemann GesR I § 7 II 1 a, S. 368 f. und WM 1992, Sonderbeilage 7 S. 28 für Grundlagenentscheidungen
(dagegen *C. Schäfer,* Der stimmrechtslose GmbH-Geschäftsanteil, 1997, S. 95 ff.). Allg. zum Stimmrechtsausschluss vgl. *Teichmann* (Fn. 4) S. 208 f. mwN; *C. Schäfer* ebd. S. 19 f., 35 ff. (zwar aus Sicht der GmbH,
doch handelt es sich um eine allg. verbandsrechtliche Problematik).

[107] BGH NJW 1985, 972 und 974 in Fortführung von BGHZ 20, 363, 369 = NJW 1956, 1198, das noch
von einem zwingenden Stimmrecht ausging; vgl. auch BGH NJW 1995, 194, 195. Ebenso die ganz hM im
Schrifttum, vgl. *Hadding* ZHR 151 (1987), 396, 402; *K. Schmidt* GesR § 16 III 3 b und c; *Röttger,* Die
Kernbereichslehre im Recht der Personengesellschaften, 1989, S. 126 ff., 148; *Hermanns,* Unverzichtbare
Mitverwaltungsrechte des Personengesellschafters, 1993, S. 118 f.; *Mecke* BB 1988, 2258, 2263; *M. Winter*
GesRZ 1986, 74, 83; *C. Schäfer* (Fn. 106) S. 19 f., 153 ff., jeweils mwN auch zu Gegenansichten.

[108] Zur notwendigen Unterscheidung zwischen Stimmrecht und Zustimmungsrecht vgl. näher *C. Schäfer*
(Fn. 106) S. 35 ff.

unten RdNr. 92).[109] Freilich muss den stimmrechtslosen Gesellschaftern auch in derartigen Fällen jedenfalls die Mitwirkung an der Beratung und damit die Möglichkeit der indirekten Einflussnahme auf das Ergebnis offen bleiben (RdNr. 64). Sonderrechte können ebenfalls grundsätzlich nur mit Zustimmung des Betroffenen entzogen oder eingeschränkt werden (RdNr. 99).

64 Soweit nach dem Vorstehenden ein Stimmrechtsausschluss wirksam vereinbart ist, verbleiben dem Gesellschafter doch die Informations- und Kontrollrechte sowie die Befugnis zur **Anwesenheit und Mitsprache in Gesellschafterversammlungen**.[110] Kommt es zu einer für den stimmrechtslosen Gesellschafter verbindlichen Beschlussfassung, so steht diesem doch das Recht zu, im Klagewege eine richterliche Inhaltskontrolle auf Verstöße gegen die beweglichen Schranken der Stimmrechtsmacht, insbesondere gegen die Treupflicht herbeizuführen (RdNr. 100). Entfaltet der Beschluss jedoch ihm gegenüber deshalb keine Wirkung, weil die erforderliche Zustimmung fehlt (RdNr. 63), kann dieser Mangel unbeschränkt von gesellschaftsvertraglichen Beschlussanfechtungsregeln, namentlich auch außerhalb einer bestimmten Klagefrist, geltend gemacht werden.[111]

65 **5. Stimmrechtsausschluss bei Interessenkollision. a) Geltungsgrund und Anwendungsbereich.** Ausdrückliche Regelungen über einen Stimmrechtsausschluss des betroffenen Gesellschafters enthält das BGB nur in §§ 712, 715, 737 S. 2. Über diese Vorschriften hinaus ist anerkannt, dass ein Stimmrechtsausschluss wegen Interessenkollision jedenfalls in denjenigen Fällen eingreift, in denen es um die Beschlussfassung über die *Entlastung* eines Gesellschafters, über seine *Befreiung von einer Verbindlichkeit* oder über die *Einleitung eines Rechtsstreits* gegen ihn geht;[112] das folgt aus einer **Rechtsanalogie** zu den gemeinsamen Grundlagen der verschiedenen gesetzlichen Stimmrechtsausschlusstatbestände im Verbandsrecht (§ 34 BGB, § 47 Abs. 4 GmbHG, § 136 Abs. 1 AktG, § 43 Abs. 6 GenG). Zur umstrittenen Frage des Stimmrechtsausschlusses des interessierten Gesellschafters bei der Beschlussfassung über ein Rechtsgeschäft mit ihm vgl. RdNr. 67, 69.

66 Bei **sonstigen Gesellschafterbeschlüssen**, namentlich solchen über die *Änderung des Gesellschaftsvertrags*, aber auch über Fragen der innergesellschaftlichen Organisation (RdNr. 53, 55) oder über *Wahlen* zu den Gesellschaftsorganen, greift das Stimmverbot wegen Interessenkollision nach einhM *nicht* ein.[113]

67 **b) Bei Rechtsgeschäften mit einem Gesellschafter. aa) Meinungsstand.** Nach früher hM sollte der Stimmrechtsausschluss wegen Interessenkollision außer für die in RdNr. 65 erwähnten Fälle auch für Beschlüsse über den Abschluss eines Rechtsgeschäfts mit dem interessierten Gesellschafter gelten.[114] Demgegenüber mehrten sich im Anschluss an die

---

[109] Ebenso die BGH-Rspr. zur Beitragserhöhung (Nachweise bei § 707 Fn. 1, 27, 30), ferner *Löffler* NJW 1989, 2656, 2260; eingehend *C. Schäfer* (Fn. 106) S. 256 ff. Von vornherein gegen die Möglichkeit antizipierter Zustimmung im Kernbereich aber *Immenga* ZGR 1974, 385, 425; *Göbel*, Mehrheitsentscheidungen in Personengesellschaften, 1992, S. 184; wohl auch *Martens* DB 1972, 413, 418 und *Röttger*, Die Kernbereichslehre im Recht der Personengesellschaften, 1989, S. 171 f. (Kernbereich gegenüber Mehrheitsentscheidungen unüberwindbar). Vgl. auch die Nachweise in Fn. 181.
[110] So zutr. BGHZ 14, 264, 270 f. = NJW 1954, 1563 (für einen stimmrechtslosen GmbH-Anteil); *C. Schäfer* (Fn. 106) S. 277 f., 288 ff.; *Teichmann* (Fn. 4) S. 209 f.
[111] Zutr. BGH NZG 2007, 381; NJW-RR 2007, 1477 = WM 2007, 1333 (zum Parallelfall des § 707, vgl. § 707 RdNr. 7); näher *C. Schäfer*: in: VGR (Hrsg.), Gesellschaftsrecht in der Diskussion 2007, 2008, S. 137, 145 f.
[112] Insoweit einhM, vgl. neben den in Fn. 113 Genannten auch *Schlegelberger/Martens* § 119 HGB RdNr. 39; *Staudinger/Habermeier* RdNr. 24; *MünchKommHGB/Enzinger* § 119 RdNr. 32; *Staub/Ulmer* § 119 HGB RdNr. 66 f.; *Hueck* OHG § 11 III 2; *Wiedemann* GesR II § 4 I 4 e aa, S. 317; für Einleitung eines Rechtsstreites auch BGH WM 1974, 834, 835; 1983, 60.
[113] Vgl. nur *Spengler*, FS Möhring, 1965, S. 165, 169; *Hueck* OHG § 11 III 2, S. 172 und die Nachweise in Fn. 112.
[114] RGZ 136, 236, 245 (offen lassend aber RGZ 162, 370, 373 und BGHZ 48, 251, 256 = NJW 1967, 2157); *Staudinger/Keßler*, 12. Aufl. 1979, RdNr. 9; *RGRK/Weipert*, 2. Aufl. 1950, § 119 HGB Anm. 6; *Herzfelder*, Stimmrecht und Interessenkollision bei den Personenverbänden des deutschen Reichsprivatrechts, 1927, S. 60 f. So in neuerer Zeit auch noch *Baumbach/Hopt* § 119 HGB RdNr. 8; *Flume* I/1 § 14 IX, S. 248; *Soergel/Hadding* RdNr. 29; *Erman/Westermann* RdNr. 26; *Bamberger/Roth/Timm/Schöne* RdNr. 49; *Zöllner* (Fn. 105) S. 184, 193 f. (mwN zum noch älteren Schrifttum, aaO S. 190 Fn. 8).

Reduktion von § 136 Abs. 1 AktG 1965 und § 43 Abs. 6 nF GenG auf die Fälle der Entlastung eines Gesellschafters, seiner Befreiung von einer Verbindlichkeit und der Geltendmachung eines Anspruchs gegen ihn diejenigen Stimmen, die auch bei Personengesellschaften den Abschluss von Rechtsgeschäften mit einem Gesellschafter aus dem generellen Stimmverbot *ausnehmen* und Begrenzungen insoweit nur im Einzelfall, wegen treuwidriger Stimmrechtsausübung, anerkennen wollen.[115] Im Rahmen der GbR hat die Frage namentlich *Bedeutung bei Geltung des Mehrheitsprinzips* nach § 709 Abs. 2: ihre Beantwortung entscheidet darüber, ob die Stimme des am Rechtsgeschäft interessierten Gesellschafters bei der Berechnung der Mehrheit mitgezählt wird. Unerheblich ist der Streit demgegenüber meist in denjenigen Fällen, in denen die Geschäftsführung sich nach dem Einstimmigkeitsprinzip (§ 709 Abs. 1) richtet, da hier jeder Mitgesellschafter die Vornahme des Rechtsgeschäfts verhindern kann. In diesen Fällen sowie bei Einzelgeschäftsführung mit Widerspruchsrecht kann die Frage freilich dann Bedeutung gewinnen, wenn es um die Kündigung eines Vertrages zwischen der Gesellschaft und dem interessierten Gesellschafter geht (vgl. § 711 RdNr. 2).

bb) Abgrenzung von § 181. Begründung und Umfang eines Stimmverbots wegen Interessenkollision bei Rechtsgeschäften mit dem interessierten Gesellschafter sind zumindest im Ansatz von dem grundsätzlichen Verbot von Insichgeschäften nach § 181 zu unterscheiden.[116] Denn auch wenn beide Verbote auf den gleichen, an die Gefahr der Interessenkollision anknüpfenden Rechtsgrundsätzen beruhen,[117] so haben sie doch einen **unterschiedlichen Schutzzweck.** Während es bei den verbandsrechtlichen Stimmverboten um den Schutz der *verbandsinternen Willensbildung* vor schädlichen, durch Interessenkollision geprägten Einflüssen geht, richtet sich § 181 auf den Schutz der Interessen des *Vertretenen;* er ist bei der Beschlussfassung über Geschäftsführungsangelegenheiten nicht unmittelbar tangiert.[118]

Dem unterschiedlichen Schutzzweck entsprechend unterscheidet sich auch der **Anwendungsbereich** beider Stimmrechtseinschränkungen. Derjenige des § 181 beschränkt sich auf die Vertretung beim Abschluss von Rechtsgeschäften und diesen vergleichbaren Rechtsakten (vgl. RdNr. 78). Hierunter fällt nach zutreffender Ansicht zwar nicht nur die rechtsgeschäftliche, sondern auch die organschaftliche – für die GbR durch ihre Geschäftsführer wahrgenommene – Vertretung.[119] Nicht um Insichgeschäfte iS von § 181 handelt es sich jedoch insoweit, als die gesellschaftsinterne Willensbildung über eine Geschäftsführungsmaßnahme und nicht etwa deren Umsetzung durch Vertragsschluss mit dem Gesellschafter in Frage steht.[120] In diesen Fällen kann ein Ausschluss des Stimmrechts nicht auf § 181, sondern nur auf die Schranken bei Interessenkollision gestützt werden.

---

[115] *Hueck* OHG § 11 III 2, S. 170 unter Berufung auf RGZ 162, 370, 373; ihm folgend GroßkommHGB/*Rob. Fischer,* 3. Aufl. 1967, § 119 Anm. 22; *Schlegelberger/Geßler* § 119 HGB RdNr. 3; MünchKommHGB/*Enzinger* § 119 RdNr. 33.

[116] HM, vgl. Nachweise in Fn. 120; aA *Flume* I/1 § 14 IX, S. 248 und *Wilhelm,* Rechtsform und Haftung bei der juristischen Person, 1981, S. 66 ff.; *ders.* JZ 1976, 674 ff.; NJW 1983, 912 f. (Stimmverbote als verbandsrechtliche Ergänzung des § 181; Stimmrechtsverbot des § 34 daher als im Hinblick auf die Zuständigkeit der Mitgliederversammlung abgewandeltes Verbot des Insichgeschäfts, also mit diesem identisch). So im Ergebnis wohl auch *U. Hübner* (Fn. 101) S. 282 ff., der von der grds. Überlagerung von Stimmverboten und § 181 ausgeht.

[117] Insoweit zutr. *Wilhelm* JZ 1976, 674 ff.

[118] So zutr. *U. Hübner* (Fn. 101) S. 277, 282.

[119] *U. Hübner* (Fn. 101) S. 265 ff., 284 ff. mwN.

[120] BGHZ 65, 93, 96 = NJW 1976, 49; vgl. auch BGHZ 112, 339, 341 = NJW 1991, 691 (betr. die Vertretung anderer Gesellschaften, zu der der handelnde Gesellschafter bevollmächtigt war, dazu noch RdNr. 77). *Rob. Fischer,* FS Hauß, 1978, S. 61, 78; *Schilling,* FS Ballerstedt, 1975, S. 25, 264, 271; *Wiedemann* GesR I § 3 III 2 a aa, S. 181 f.; *ders.* GesR II § 4 I 4 e bb, S. 318 f. Gegen Begründung des Stimmverbots mit § 181 auch *Erman/Westermann* RdNr. 26; *Schlegelberger/Martens* § 119 HGB RdNr. 4; *Baumbach/Hopt* § 119 RdNr. 8; MünchKommHGB/*Enzinger* § 119 RdNr. 21, 33; *Soergel/Hadding* RdNr. 29 (aber Heranziehung des dem § 181 zugrunde liegenden Rechtsgedankens); so wohl auch *Bamberger/Roth/Timm/Schöne* RdNr. 49; *Staudinger/Habermeier* RdNr. 24. Gegenansichten vgl. in Fn. 116.

70 **cc) Stellungnahme.** Ungeachtet der Notwendigkeit der Differenzierung iS von RdNr. 68 f. ist der früher hM darin zuzustimmen, dass der **Stimmrechtsausschluss** wegen Interessenkollision sich auf *Beschlüsse über Rechtsgeschäfte des betreffenden Gesellschafters mit der Gesellschaft* erstreckt;[121] die Stimmverbote der §§ 34 BGB, 47 Abs. 4 GmbHG sind unter Berücksichtigung auch der Wertung des § 181 analog auf die GbR anzuwenden. Der Umstand, dass der Gesetzgeber die Beschlussfassung über Rechtsgeschäfte mit einem Gesellschafter aus den jüngeren Vorschriften der §§ 136 Abs. 1 AktG, 43 Abs. 6 GenG eliminiert hat, steht schon deshalb nicht entgegen, weil die Kompetenzverteilung in Geschäftsführungsfragen bei AG und Genossenschaft wesentlich von derjenigen bei der GbR abweicht: bei ihnen ist die Mitgliederversammlung an derartigen Entscheidungen regelmäßig nicht beteiligt. Auch hat der Gesetzgeber der GmbH-Novelle 1980 die im Zuge der großen GmbH-Reform vorgesehene entsprechende Reduktion der Stimmverbotsregelung nicht vorgenommen, sondern die bisherige Regelung des § 47 Abs. 4 GmbHG unverändert beibehalten.[122] Eine generelle Tendenz zur Beseitigung des auf den Abschluss von Rechtsgeschäften mit einem Gesellschafter bezogenen Stimmverbots lässt sich daher nicht feststellen. Schließlich reicht auch die Verweisung auf die Treupflicht nicht aus, um Gesellschaft und Mitgesellschaftern den nötigen Schutz gegen die Gefahren einer Mitwirkung des interessierten Gesellschafters an der Willensbildung über Rechtsgeschäfte mit ihm zu gewähren, zumal Argumentations- und Beweislast insoweit bei denjenigen liegen würden, die sich auf die Unwirksamkeit der Stimmrechtsausübung des interessierten Gesellschafters berufen wollten.[123] Sollte ausnahmsweise der Abschluss eines bestimmten Rechtsgeschäfts mit einem Gesellschafter im Interesse der Gesellschaft dringend geboten sein, so könnte der interessierte Gesellschafter von den übrigen die Vornahme der Handlung nach den allgemeinen Grundsätzen verlangen (RdNr. 30, 42).

II. Beschlussfassung

71 **1. Allgemeines.** Vorbehaltlich gesellschaftsvertraglicher Regelungen über die Beschlussfassung (RdNr. 73) kommen **Gesellschafterbeschlüsse** dadurch zustande, dass sich sämtliche Gesellschafter oder – soweit der Gesellschaftsvertrag Mehrheitsentscheidungen zulässt – die erforderliche Mehrheit für den betreffenden Beschlussantrag aussprechen, so dass dieser angenommen ist (zu Stimmabgabe und Zugang vgl. RdNr. 74). Eine **Gesellschafterversammlung** als Gesellschaftsorgan wie bei der AG und GmbH kennt das Personengesellschaftsrecht nach gesetzlicher Regel **nicht** (vgl. § 705 RdNr. 258). Auch die Einhaltung bestimmter Förmlichkeiten bei der Beschlussfassung ist im dispositiven Recht der GbR nicht vorgeschrieben.[124] Die Vorschrift des § 32 über die Mitgliederversammlung des Vereins findet keine entsprechende Anwendung.[125] Es wurde aber bereits betont, dass anderes gilt, wenn nach dem Gesellschaftsvertrag Beschlüsse mit der Mehrheit der abgegebenen Stimmen gefasst werden können (RdNr. 50 aE; näher RdNr. 73).

72 Die zur Beschlussfassung erforderliche **Stimmabgabe** kann grundsätzlich **jederzeit** und auf **beliebige Weise** erfolgen, sei es schriftlich oder mündlich, gleichzeitig oder nacheinander.[126] Voraussetzung für eine nachträgliche Zustimmung ist freilich, dass die Mitgesell-

---

[121] So namentlich auch *Flume* und *Zöllner* (vgl. die Nachweise in Fn. 114) sowie *Baumbach/Hopt* § 119 HGB RdNr. 8; *Soergel/Hadding* RdNr. 29; *Erman/Westermann* RdNr. 26; *Schlegelberger/Martens* § 119 HGB RdNr. 40; vgl. auch § 34 RdNr. 4 ff., 11 f. *(Reuter)*.

[122] § 82 Abs. 3 RegE GmbHG (BT-Drucks. 6/3088), der eine Anpassung an § 136 Abs. 1 AktG bringen sollte, ist in die GmbH-Novelle (BT-Drucks. 8/1374) nicht übernommen worden.

[123] So zu Recht *Flume* I/1 § 14 IX, S. 248.

[124] EinhM; vgl. *Soergel/Hadding* RdNr. 38; *Staudinger/Habermeier* RdNr. 16; *Bamberger/Roth/Timm/Schöne* RdNr. 41; so auch für die Personenhandelsgesellschaften *Staub/Ulmer* § 119 HGB RdNr. 5, 17; MünchKommHGB/*Enzinger* § 119 RdNr. 40; *Schlegelberger/Martens* § 119 HGB RdNr. 5; *Hueck* OHG § 11 II 2.

[125] BGH ZIP 1994, 1523, 1525 (gegen entspr. Anwendung von § 32 Abs. 1 S. 2 jedenfalls bei Geltung des Einstimmigkeitsprinzips); *Schlegelberger/Martens* § 119 HGB RdNr. 5; *Staub/Ulmer* § 119 HGB RdNr. 5; *Baumbach/Hopt* § 119 HGB RdNr. 27; MünchKommHGB/*Enzinger* § 119 RdNr. 40 (ganz hM).

[126] RGZ 128, 172, 177; 163, 385, 392 f.; BGH NJW-RR 1990, 798, 799; *Soergel/Hadding* RdNr. 38; *Erman/Westermann* RdNr. 19; *Bamberger/Roth/Timm/Schöne* RdNr. 41; *Schlegelberger/Martens* § 119 HGB RdNr. 5; *Staub/Ulmer* § 119 HGB RdNr. 5; *Hueck* OHG § 11 II 2.

Gemeinschaftliche Geschäftsführung 73, 74 § 709

schafter noch an ihrer Stimmabgabe festhalten.[127] Regelmäßig genügt auch eine **konkludente** Willensübereinstimmung der Gesellschafter, um einen Beschluss zustande zu bringen. Zum Nachweis für eine Vertragsänderung kann auf eine entsprechende tatsächliche Handhabung verwiesen werden, soweit diese nicht nur einmaliger oder vorübergehender Natur oder durch außergewöhnliche Umstände veranlasst ist (vgl. näher § 705 RdNr. 25 ff., 50 f., 56).

Der **Gesellschaftsvertrag** kann *Abweichendes* regeln. Er kann Bestimmungen über Beschlussfassung und Gesellschafterversammlung enthalten und die bei der Einberufung zu beobachtenden Förmlichkeiten (Ladungsfrist, Mitteilung der Tagesordnung u. a.) festsetzen (vgl. auch RdNr. 106).[128] Ein Bedürfnis hierfür besteht namentlich bei Zulassung von *Mehrheitsbeschlüssen,* da hier neben der Feststellung der Mehrheit auch das Mitspracherecht der Minderheit gewährleistet sein muss, wenn der Beschluss Wirksamkeit erlangen soll.[129] Jedenfalls soweit die Mehrheit der abgegebenen Stimmen den Ausschlag geben soll, ist **§ 32 entsprechend** anwendbar. Demnach sind alle Beschlüsse unwirksam, sofern zu der Versammlung nicht ordnungsgemäß, namentlich unter Angabe der Gegenstände der Tagesordnung **eingeladen** wurde (näher § 32 RdNr. 14 ff.). Darüber hinaus gelten in jedem Falle auch die § 34 bzw. § 47 Abs. 4 GmbHG analog, so dass der befangene Gesellschafter vom Stimmrecht ausgeschlossen ist (RdNr. 65). Zur Bedeutung vertraglicher Formvorschriften für die Änderung des Gesellschaftsvertrags vgl. § 705 RdNr. 50 f. 73

2. Stimmabgabe. a) Willenserklärung. Die Teilnahme der Gesellschafter an der Beschlussfassung vollzieht sich in Gestalt von Willenserklärungen.[130] Dies gilt unabhängig davon, ob die Stimmabgabe inhaltlich auf Zustimmung, Ablehnung oder Stimmenthaltung gerichtet ist.[131] Als *Rechtsgeschäft* ist allerdings nur der nach seinem Gegenstand hierfür geeignete Beschluss als solcher, nicht bereits die jeweils abgegebene Stimme zu qualifizieren (RdNr. 51). Der Unterscheidung zwischen Stimmabgabe und Beschluss kommt selbst dann Bedeutung zu, wenn bereits die Stimmabgabe eines Gesellschafters den Beschluss herbeiführt.[132] Es gelten die Vorschriften der §§ 116 ff. Auf Irrtum oder Täuschung beruhende Stimmabgaben können angefochten werden, soweit nicht die Lehre von der fehlerhaften Gesellschaft entgegensteht (RdNr. 109). Erfolgt die Stimmabgabe nicht in einer Gesellschafterversammlung oder sonst in Anwesenheit aller Gesellschafter oder ihrer Vertreter, so wird sie mangels abweichender Vertragsgestaltung oder Einsetzung des Versammlungsleiters als Empfangsvertreter erst mit dem *Zugang gegenüber Abwesenden* wirksam (§ 130).[133] Im Falle einer Mehrheit von Empfängern kommt es auf den Zugang beim ersten von ihnen an.[134] Die vorstehenden Grundsätze gelten auch in den Fällen zugelassener Mehr- 74

---

[127] RGZ 128, 172, 176 f.; offen lassend RGZ 163, 385, 392 f. (jedenfalls so lange, als alle an der Einigung festhalten) und BGH NJW-RR 1990, 798, 799. Ausf. Nachweise bei *Ulmer,* FS Niederländer, 1991, S. 417. Zur Bindung an die Stimmabgabe näher RdNr. 75.
[128] Beispiele bei *Staub/Ulmer* § 119 HGB RdNr. 6. Zum Selbsteinberufungsrecht der Gesellschafter einer Publikumsgesellschaft vgl. BGHZ 102, 172, 175 = NJW 1988, 558 und dazu *Reichert/Winter* BB 1988, 981, 985 f. Zur Bedeutung einer im Gesellschaftsvertrag begründeten Pflicht zur Protokollierung von Gesellschafterbeschlüssen vgl. *Rutenfranz* BB 1965, 601 und unten RdNr. 107.
[129] RG HRR 1937 Nr. 1220; vgl. auch BGH ZIP 1994, 1523, 1525 (Anforderungen an Einberufung einer Gesellschafterversammlung aus Gründen des Minderheitenschutzes); *Soergel/Hadding* RdNr. 38; *Bamberger/Roth/Timm/Schöne* RdNr. 41; *Staub/Ulmer* § 119 HGB RdNr. 6; *U. H. Schneider* AG 1979, 57, 68.
[130] BGHZ 65, 93, 96 f. = NJW 1976, 49; *Soergel/Hadding* RdNr. 32; *K. Schmidt* GesR § 15 I 2 b. So auch für die Stimmabgabe in der GmbH BGHZ 14, 264, 267 = NJW 1954, 1563 und 48, 163, 173 = NJW 1967, 1963. Umfassende Schrifttumsnachweise bei *Zöllner* (Fn. 105) S. 10 Fn. 29 und *Hueck* OHG § 11 V 1 Fn. 52; *Wiedemann* GesR II § 4 I 4 a, S. 308.
[131] Eingehend *Ulmer,* FS Niederländer, 1991, S. 415, 418 f.
[132] Vgl. *Ulmer,* FS Niederländer, 1991, S. 415, 420 f. Anders anscheinend *Messer,* FS Fleck, 1988, S. 226.
[133] RGZ 163, 385, 393 f.; BGHZ 65, 93, 97; OLG Hamburg AG 2006, 48, 49; *Soergel/Hadding* RdNr. 32, 38; *Erman/Westermann* RdNr. 28; *Staudinger/Habermeier* RdNr. 18; *Hueck* OHG § 11 II 3. AA anscheinend *Schilling,* FS Ballerstedt, 1975, S. 257, 263 unter Hinweis darauf, dass es einer Verkündung des Beschlusses im Personengesellschaftsrecht nicht bedarf; das ist richtig, besagt aber nichts über die Voraussetzungen wirksamer Stimmabgabe.
[134] *Ulmer,* FS Niederländer, 1991, S. 415, 421.

heitsentscheidungen sowie beim gesetzlichen Ausschluss einzelner Gesellschafter vom Stimmrecht (§§ 712 Abs. 1, 715, 737).

75 Die **Bindung an die Stimmabgabe** richtet sich nach §§ 145 ff., soweit es um *Vertragsänderungen* und um ihnen hinsichtlich der Vertragsqualität gleichzustellende Grundlagenbeschlüsse geht.[135] Abweichend von § 147 Abs. 1 ist den Mitgesellschaftern bei wichtigen Beschlussvorschlägen für die Zustimmung eine Bedenkzeit einzuräumen; während deren Dauer bleibt der Antragsteller an seinen Vorschlag gebunden.[136] Demgegenüber ist für Beschlüsse in Geschäftsführungsfragen von einer Bindung an die abgegebene Stimme nur bis zur Beendigung des laufenden Abstimmungsprozesses auszugehen.[137] Auf das von der hM befürwortete Recht zum Widerruf aus wichtigem Grund kommt es daher nur an, soweit die Bindung an die Stimmabgabe nach den §§ 130, 146 ff. fortbesteht; ist das der Fall, so ist aus Gründen der Treupflicht ein ungeschriebenes *Widerrufsrecht aus wichtigem Grund* anzuerkennen. Es greift in erster Linie bei Beschlüssen in Geschäftsführungsfragen ein, wenn geänderte Verhältnisse oder nachträglich erlangte Informationen ein Abrücken von der Stimmabgabe im Geschäftsinteresse erforderlich machen. Bei Beschlüssen in Grundlagenfragen kommt es demgegenüber nur ausnahmsweise in Betracht.[138]

76 Ein **Widerruf** aus wichtigem Grund ist auch noch **nach Zustandekommen des Beschlusses** zuzulassen. Er berührt dessen Bestand jedoch nur, wenn die widerrufene Stimme für den Beschluss kausal war. Ist der Beschluss vollzogen, kommt allerdings nur ein Anspruch aus Treupflicht auf Wiederherstellung des status quo ante in Frage.[139] – Zur Frage der Stimmpflicht und zum Anwendungsbereich von § 181 bei Gesellschafterbeschlüssen vgl. RdNr. 56 ff., zur Bedeutung treuwidriger oder aus sonstigen Gründen fehlerhafter Stimmabgaben für die Gültigkeit des Beschlusses RdNr. 111 f.

77 **b) Bevollmächtigte.** Die Ausübung des Stimmrechts durch Dritte als Bevollmächtigte kann entweder **im Gesellschaftsvertrag oder durch ad hoc-Zustimmung** seitens der Mitgesellschafter zugelassen werden, soweit es sich nicht um eine sog. verdrängende Vollmacht als Ersatz unzulässiger Stimmrechtsübertragung handelt (§ 717 RdNr. 16). Die Zustimmung muss nicht ausdrücklich erklärt werden, sondern kann auch im Nichtwiderspruch gegen die Stimmabgabe durch einen Bevollmächtigten liegen.[140] Ein Anspruch des Vollmachtgebers gegen die Mitgesellschafter auf Zustimmung ist wegen der höchstpersönlichen Natur des Stimmrechts als Mitverwaltungsrecht (RdNr. 60) im Regelfall ausgeschlossen. Anderes gilt mit Rücksicht auf die *Treupflicht* dann, wenn der Gesellschafter an der persönlichen Stimmabgabe gehindert und die Bevollmächtigung eines Mitgesellschafters ihm wegen des potentiellen Interessenwiderstreits oder aus sonstigen Gründen nicht zumutbar ist.[141] Bei der Auswahl des Bevollmächtigten muss er freilich auf die Mitgesellschafter Rücksicht nehmen.

---

[135] Eingehend *Ulmer*, FS Niederländer, 1991, S. 415, 424 ff. Für uneingeschränkte Bindung nach Zugang aber *Messer*, FS Fleck, 1988, S. 224 ff., 228; *Bartholomeyczik* ZHR 105 (1938), 327 f.; wohl auch MünchKommHGB/*Enzinger* § 119 RdNr. 41; für Widerruflichkeit aus wichtigem Grunde *Staudinger/Keßler*, 12. Aufl. 1979, RdNr. 26; *Soergel/Hadding* RdNr. 32; *Erman/Westermann* RdNr. 28; *Schlegelberger/Martens* § 119 HGB RdNr. 5; wohl auch *Staudinger/Habermeier* RdNr. 19; für uneingeschränkte Widerruflichkeit wohl RGZ 128, 172, 177 und RGZ 163, 385, 393 f. Offenlassend BGH NJW-RR 1990, 798, 799 f. (wegen konkludent vereinbarter Bindung an die Stimmabgabe).
[136] Ebenso *Staudinger/Habermeier* RdNr. 19.
[137] Näher dazu *Ulmer*, FS Niederländer, 1991, S. 415, 424 ff.; dort auch Nachweise zur abw. hM (Fn. 45 f.), die die Vertragsnatur von Beschlüssen generell verneint. Gegen die hier vertretene Differenzierung ausdrücklich auch *Wiedemann* WM 1992, Sonderbeilage 7 S. 26 f.; *ders.* GesR II § 4 I 4 b, S. 310.
[138] *Ulmer*, FS Niederländer, 1991, S. 415, 421 ff., 432 f. Grundsätzlich zust. *Schlegelberger/Martens* § 119 HGB RdNr. 5; im Ergebnis auch die hM, vgl. Nachweise in Fn. 135. AA *Wiedemann* WM 1992, Sonderbeilage 7 S. 27; *ders.* GesR II § 4 I 4 b, S. 310 (Bindung ab Wirksamwerden des Beschlusses).
[139] *Ulmer*, FS Niederländer, 1991, S. 415, 432 f. mwN. AA *Wiedemann* WM 1992, Sonderbeilage 7 S. 26 f.; *ders.* GesR II § 4 I 4 b, S. 310.
[140] RGZ 123, 289, 300.
[141] BGH LM HGB § 109 Nr. 8 = NJW 1970, 706; *Hueck* OHG § 11 II 3; *Staudinger/Habermeier* RdNr. 21; *Soergel/Hadding* RdNr. 28; *Erman/Westermann* RdNr. 23; *Bamberger/Roth/Timm/Schöne* RdNr. 52; *Wiedemann* Übertragung S. 350; vgl. auch § 716 RdNr. 15 zur Ausübung von Kontrollrechten durch Bevollmächtigte.

Hat der vertretene Gesellschafter wegen **Interessenkollision** kein Stimmrecht (vgl. 78 RdNr. 65 ff.), so kann es auch nicht von einem Vertreter ausgeübt werden. Wird ein Gesellschafter zugleich als Vertreter eines Mitgesellschafters tätig, so greift § 181 nur ein, wenn es bei der Beschlussfassung nicht um Maßnahmen der Geschäftsführung geht, sondern um Grundlagenbeschlüsse, insbesondere Vertragsänderungen, oder ihnen gleichstehende Rechtsakte auf Gesellschafterebene wie die Bestellung eines Geschäftsführers.[142] – Zur Stimmabgabe durch gesetzliche Vertreter und zur Zuziehung eines Beistands vgl. RdNr. 60 f.

c) Vertreterklauseln. Von der Bevollmächtigung von Mitgesellschaftern oder Dritten 79 zur Stimmabgabe für den Vollmachtgeber zu unterscheiden sind gesellschaftsvertragliche Regelungen, durch die bestimmte Gesellschafter(-gruppen) auf die gemeinsame Stimmrechtsausübung über ein entweder im Gesellschaftsvertrag benanntes oder von den betroffenen Gesellschaftern mehrheitlich bestelltes Mitglied als **gemeinsamer Vertreter** festgelegt werden.[143] Derartige Vertragsgestaltungen finden sich insbesondere in Kommanditgesellschaften mit entsprechend großer, durch Anteilsvererbung angewachsener Mitgliederzahl;[144] sie kommen aber auch bei sonstigen Personengesellschaften mit zahlreichen Mitgliedern (GbR, OHG) in Betracht.[145] Die typische Funktion solcher Vertreterklauseln besteht darin, die Willensbildung in der Gesellschaft trotz der Vielzahl der Gesellschafter überschaubar zu halten und hierzu die **gebündelte**, inhaltlich übereinstimmende Abgabe der Stimmen der jeweils betroffenen Mitglieder durch den gemeinsamen Vertreter vorzuschreiben. Dadurch unterscheiden sie sich nicht nur von Regelungen über stimmrechtslose Anteile (RdNr. 63), sondern auch von Mehrheitsklauseln in Bezug auf die Beschlussfassung auf Gesellschaftsebene unter unmittelbarer Beteiligung der Gesellschafter (RdNr. 81 ff.).

Die grundsätzliche **Zulässigkeit** solcher Klauseln ist heute anerkannt.[146] Dabei wird 80 freilich vorausgesetzt, dass der gemeinsame Vertreter selbst Mitglied der betroffenen Gesellschaftergruppe ist und dass die übrigen Mitglieder das Recht haben, ihn aus wichtigem Grund durch ein anderes Mitglied der Gruppe zu ersetzen.[147] Ihre Grenze findet die Vertreterklausel bei Abstimmungen, die in den Kernbereich der Gesellschafterrechte der gebundenen Mitglieder eingreifen.[148] Ein solcher Eingriff bedarf ihrer jeweiligen persönlichen Zustimmung (RdNr. 91); diese kann nicht durch die Stimmenmehrheit in der Gruppe ersetzt werden. Zu den Anforderungen an die Willensbildung innerhalb der Gesellschaftergruppe vgl. das einschlägige Schrifttum.[149]

3. Mehrheitsklauseln. a) Allgemeines. Für Gesellschafterbeschlüsse in der GbR gilt 81 nach gesetzlicher Regelung das **Einstimmigkeitsprinzip**; erforderlich ist danach die *Zustimmung aller stimmberechtigten Gesellschafter* zu dem Beschlussvorschlag.[150] Das folgt auch ohne generelle Regelung nach Art des § 119 Abs. 1 HGB aus der Struktur der GbR als

---

[142] BGHZ 112, 339, 341 = NJW 1991, 691; vgl. auch BGHZ 51, 209, 217 = NJW 1969, 841 (Geschäftsführerbestellung in der GmbH). Dazu auch *Schlegelberger/Martens* § 119 HGB RdNr. 41 f.; *Erman/Westermann* RdNr. 23; *Staudinger/Habermeier* RdNr. 21.
[143] Vgl. dazu *Schlegelberger/Martens* § 161 HGB RdNr. 79 ff.; *Staub/Schilling* § 163 HGB RdNr. 15 ff.; *K. Schmidt* ZHR 146 (1982), 525 ff.; *Westermann* Hdb. RdNr. I 537 ff. Aus der Rspr. vgl. nur BGHZ 46, 291 = NJW 1967, 826.
[144] Vgl. Nachweise in Fn. 143.
[145] Zur OHG vgl. *Staub/Ulmer* § 119 HGB RdNr. 63; einschränk. *Westermann* Hdb. RdNr. I 539 f.
[146] *Schlegelberger/Martens* § 161 HGB RdNr. 80; *Staub/Schilling* § 163 HGB RdNr. 15 f.; *Staub/Ulmer* § 119 HGB RdNr. 64; *MünchKommHGB/Enzinger* § 119 HGB RdNr. 52.
[147] *Schlegelberger/Martens* § 161 HGB RdNr. 84, 86 f.; *Staub/Schilling* § 163 HGB RdNr. 17; *Staub/Ulmer* § 119 HGB RdNr. 64; *MünchKommHGB/Enzinger* § 119 HGB RdNr. 52; *K. Schmidt* ZHR 146 (1982), 525, 547, 551; weitergehend *Westermann* Hdb. RdNr. I 542 (auch nicht gesellschaftsangehörige Dritte).
[148] BGHZ 119, 346, 354 f. = NJW 1993, 1267; *Westermann* Hdb. RdNr. I 541.
[149] Dazu *Schlegelberger/Martens* § 161 HGB RdNr. 88; *Staub/Schilling* § 163 HGB RdNr. 17; *Staub/Ulmer* § 119 HGB RdNr. 65; *Westermann* Hdb RdNr. I 544 f.; *K. Schmidt* ZHR 146 (1982), 525, 545 ff. Vgl. auch BGHZ 119, 346, 353 = NJW 1993, 1267 und BGHZ 121, 137, 150 = NJW 1993, 2114 (jeweils Kartellsenat).
[150] EinhM; vgl. nur RGZ 114, 392, 395; BGHZ 8, 35, 41 = NJW 1953, 102; aus dem Schrifttum statt aller *Soergel/Hadding* RdNr. 16; *Staudinger/Habermeier* RdNr. 7; *K. Schmidt* GesR § 16 II 2 a.

persönlicher Zusammenschluss der Gesellschafter auf vertraglicher Grundlage ohne Verselbständigung der Gesellschaft zur juristischen Person. Für Geschäftsführungsmaßnahmen ist es in § 709 Abs. 1 ausdrücklich geregelt.

82 Der Gesellschaftsvertrag kann durch sog. **Mehrheitsklauseln** vom Grundsatz der Einstimmigkeit abweichen. An die Vereinbarung derartiger Abweichungen werden je nach Art des Beschlussgegenstands unterschiedlich hohe Anforderungen gestellt (RdNr. 83 f., 95). Insbesondere für mehrheitliche *Vertragsänderungen* wird auch heute noch verbreitet gefordert, dass der der Mehrheitsentscheidung unterliegende Beschlussgegenstand sich eindeutig aus der Mehrheitsklausel ergibt (sog. Bestimmtheitsgrundsatz, vgl. näher RdNr. 84 f.). Sieht der Gesellschaftsvertrag bei grundsätzlicher Geltung des Mehrheitsprinzips für einzelne Beschlussgegenstände Einstimmigkeit oder höhere Mehrheiten vor, so setzt auch die Abänderung derartiger Sonderregelungen die Einhaltung des betreffenden höheren Quorums voraus.[151] Ein Beschlussquorum, das an die *jeweiligen* Stimmverhältnisse bei einer Beschlussfassung anknüpft, vermittelt selbstverständlich weder ein Sonderrecht des einzelnen Gesellschafters iS von § 35[152] noch sonst eine individuelle Rechtsposition unter dem Aspekt der Kernbereichslehre (allgemein RdNr. 91 f.).[153] Es liegt vielmehr auf der Hand, dass gesellschaftsrechtliche Sperrminoritäten bzw. Einstimmigkeitserfordernisse als – zumindest faktische – Minderheitsbefugnisse nicht zum Kernbereich der individuellen Mitgliedschaft des einzelnen Gesellschafters gehören können; Minderheitsbefugnis und Individualrecht sind vielmehr kategorial verschieden. Ein Quorum kann daher stets mit der von ihm selbst festgesetzten Mehrheit wieder geändert (herauf- oder herabgesetzt) werden; der Zustimmung jedes einzelnen Gesellschafters bedarf es hierfür nicht. – Zur Berechnung der Mehrheiten vgl. RdNr. 96 f., zum Ausschluss mehrheitlichen Eingriffs in Sonderrechte einzelner Gesellschafter und zu den sonstigen generellen Schranken der Mehrheitsherrschaft vgl. RdNr. 99 ff.

83 b) **Geschäftsführungsbeschlüsse.** In Geschäftsführungsfragen richtet sich die Art der Willensbildung nach der jeweiligen Ausgestaltung der Geschäftsführung in der GbR (RdNr. 13 ff.). Mehrheitsbeschlüsse finden sich namentlich in den Fällen, in denen mehrheitliche Gesamtgeschäftsführung nach Art von § 709 Abs. 2 gilt (RdNr. 45 ff.). Nach dem Prinzip der Einzelgeschäftsführung (§ 711) kann auf eine Beschlussfassung aber auch ganz verzichtet und die Mitsprache der anderen Geschäftsführer auf ein Widerspruchsrecht beschränkt werden. Für die Feststellung, welche Geschäftsführungsregelung der Gesellschaftsvertrag enthält, gelten die allgemeinen Auslegungsgrundsätze (§ 705 RdNr. 171 f.). Die generelle Zulassung von Mehrheitsbeschlüssen im Gesellschaftsvertrag ohne nähere Angabe der Art der Beschlussgegenstände lässt auf mehrheitliche Gesamtgeschäftsführung schließen.[154] Auch konkludente Abweichungen vom Regelfall einstimmiger Gesamtgeschäftsführung sind möglich.[155]

84 c) **Vertragsänderungen. aa) Bestimmtheitsgrundsatz.** Soweit es um die Zulassung von Vertragsänderungen durch Mehrheitsbeschluss geht, soll es für Wirksamkeit und Anwendungsbereich der Klausel nach früher verbreiteter Ansicht nicht allein darauf ankommen, dass sie nach allgemeinen Auslegungsgrundsätzen auch *Änderungen des Gesellschaftsvertrages* umfasst. Erforderlich sei vielmehr außerdem, dass sich aus der Mehrheitsklausel auch die Erstreckung auf den jeweils in Frage stehenden Gegenstand der Vertragsänderung mit

---

[151] So für die AG BGHZ 76, 191, 196 = NJW 1980, 1465; vgl. auch BGH NJW 1988, 411, 412 (Anwendung des Bestimmtheitsgrundsatzes auf den Beschluss über die Herabsetzung des Quorums); ebenso *Leenen*, FS Larenz, 1983, S. 371, 386. Anders aber OLG Hamm ZIP 2001, 1915, 1917 = NZG 2002, 783, 784 f.: Erfordernis einstimmiger Zustimmung zur Veräußerung von GmbH-Anteilen kann grds. mit qualifizierter Mehrheit geändert werden.

[152] So ausdrücklich und insoweit zutr. auch OLG Hamm ZIP 2001, 1915, 1917 = NZG 2002, 783, 784 f.

[153] Unzutr. MünchHdbGesR II/*Weipert* § 14 RdNr. 63, demzufolge die „Stimmqualität" eine individuelle Rechtsposition des einzelnen Gesellschafters sei.

[154] Vgl. Nachweise Fn. 102.

[155] BGHZ 16, 394, 396 f. = NJW 1955, 825; RGZ 151, 321, 326 f.; vgl. auch RdNr. 13 ff.

Bestimmtheit ergibt (sog. Bestimmtheitsgrundsatz).[156] Hierfür wird zwar nicht die ausdrückliche Aufzählung der Einzelnen in Betracht kommenden Beschlussgegenstände gefordert, wohl aber die **eindeutige**, für jeden Gesellschafter unverkennbare Einbeziehung des in Frage stehenden Gegenstands der Vertragsänderung. Die Anforderungen an die Konkretheit der Mehrheitsklausel seien umso höher, je schwerer der potentielle Eingriff des Mehrheitsbeschlusses in die Gesellschafterstellung wiege.[157] Die Kautelarpraxis bemüht sich, dem durch möglichst umfassende Angabe der in Betracht kommenden Beschlussgegenstände Rechnung zu tragen.[158]

Die **Rechtsprechung** hat den Bestimmtheitsgrundsatz am Beispiel mehrheitlich in Abweichung von § 707 zu beschließender *Beitragserhöhungen* entwickelt[159] und ihn in der Folgezeit auch auf sonstige ungewöhnliche, die Rechtsstellung einzelner Mitgesellschafter wesentlich berührende **Beschlussgegenstände** ausgedehnt.[160] Angewendet wurde er auf die Änderung des Gewinnverteilungsschlüssels,[161] die Vertragsverlängerung,[162] die Änderung der Kündigungs-[163] oder Liquidationsfolgen,[164] die Umwandlung der Stellung eines persönlich haftenden Gesellschafters in diejenige eines Kommanditisten unter gleichzeitiger Umwandlung der KG in eine GmbH & Co. KG,[165] die Einschränkung der actio pro socio,[166] die Gestattung nicht vorgesehener Entnahmen[167] oder die Herabsetzung eines für Vertragsänderungen vorgesehenen Quorums.[168]

In neuerer Zeit hat der **BGH** – nicht zuletzt wohl unter dem Eindruck der zunehmenden Kritik am Bestimmtheitsgrundsatz (RdNr. 87 f.) – eine Reihe von **Einschränkungen** gegenüber dem Anwendungsbereich des Bestimmtheitsgrundsatzes entwickelt und hat zudem obiter die Frage der *Abdingbarkeit* des Bestimmtheitsgrundsatzes aufgeworfen.[169] Die Einschränkungen betreffen in erster Linie den Bereich der sog. *Publikumsgesellschaften* (vgl. RdNr. 94), aber auch sonstige *große* Personengesellschaften, die durch Mitgliederzahl und

---

[156] BGHZ 8, 35, 41f. = NJW 1953, 102 (obiter); *Soergel/Hadding* RdNr. 39f.; *Erman/Westermann* RdNr. 30; *Staudinger/Keßler*, 12. Aufl. 1979, RdNr. 23; *Schlegelberger/Martens* § 119 HGB RdNr. 17 ff.; *Baumbach/Hopt* § 119 HGB RdNr. 37 ff.; *Heymann/Emmerich* § 119 HGB RdNr. 30 ff.; *Marburger* NJW 1984, 2252, 2257; *Wiedemann* GesR I § 8 I 2 a, S. 410 f.; *ders.* GesR II § 4 I 3 a, S. 300 f.; *K. Schmidt* GesR § 16 II 2; *ders.* ZHR 158 (1994), 205, 218 ff.; *Westermann* Hdb. RdNr. I 518 f.; *Röttger*, Die Kernbereichslehre im Recht der Personengesellschaften, 1989, S. 151 ff.; *Göbel*, Mehrheitsentscheidungen in Personengesellschaften, 1992, S. 131 ff., 167 f.; *Nils Heinrichs*, Mehrheitsbeschlüsse bei Personengesellschaften, 2006, S. 103 ff.; *Kübler* GesR § 7 II 5, S. 68; zu Recht enger (nur für ungewöhnliche Beschlüsse) aber *Hueck* OHG § 11 IV 3; *U. H. Schneider* ZGR 1972, 371. Für Anwendbarkeit nur bei Änderungen ,korporativer' Vertragsbestandteile *Flume* I/1 § 14 III, S. 220 mit Ergänzung in FS Rittner, 1991, S. 119, 120 ff. Rspr.-Nachweise vgl. in Fn. 159 bis 168.
[157] So ausdr. *Westermann* Hdb. RdNr. I 519.
[158] Vgl. *K. Schmidt* ZHR 158 (1994), 205, 206, der (S. 218 ff.) dieser Entwicklung entgegentritt, weil sie vom Bestimmtheitsgrundsatz gefordert sei. Zu Formulierungsvorschlägen für die Praxis vgl. Münchener Vertragshandbuch, Bd. I, Gesellschaftsrecht, 6. Aufl. 2005, Form. III 10, § 27 Abs. 1 (*Riegger/Götze*), sowie die Nachweise in Fn. 176.
[159] RGZ 91, 166, 168; 151, 321, 327; 163, 385, 391. Vgl. dazu näher § 707 RdNr. 6.
[160] Überblick über die Rspr.-Entwicklung bei *Goette*, FS Sigle, 2000, S. 145, 149 ff.; neuerdings BayObLG NZG 2005, 173: Mehrheitsbeschluss (3/4) über den Eintritt einer zu diesem Zweck gegründeten GmbH als Kompl. einer KG (dazu auch *Werner* GmbHR 2005, 366).
[161] BGH BB 1976, 948; WM 1986, 1556, 1557; OLG Hamm BB 1978, 120, 121; vgl. auch BGH WM 1973, 100, 101 f. und WM 1975, 662, 663 (Beschlüsse mit Auswirkungen auf die Gewinnverteilung grds. nur einstimmig).
[162] BGH LM § 723 Nr. 11 = NJW 1973, 1602; OLG Düsseldorf NJW 1977, 2216, 2217.
[163] BGHZ 48, 251, 253 f. = NJW 1967, 2157; anders BGHZ 8, 35, 44 = NJW 1953, 102 für die Rückumwandlung einer durch Tod des einzigen Komplementärs aufgelösten KG in eine werbende Gesellschaft wegen einer das Bestandsinteresse der Gesellschaft betonenden Mehrheitsklausel.
[164] BGH WM 1966, 876; RGZ 114, 393, 395.
[165] OLG Düsseldorf OLGZ 1983, 191 = BB 1983, 459.
[166] BGH NJW 1985, 2830, 2831.
[167] BGH WM 1986, 1109.
[168] BGH NJW 1988, 411, 412; vgl. auch Nachweise in Fn. 139.
[169] BGH NJW 1988, 411, 412. Insoweit aus methodischen Gründen zu Recht krit. *Marburger* ZGR 1989, 146, 153; *K. Schmidt* ZHR 158 (1994), 205, 219 f.; abl. auch *Westermann* Hdb. RdNr. I 523; für Abdingbarkeit aber *Brändel*, FS Stimpel, 1985, S. 95, 104.

"körperschaftliche Verfassung" vom gesetzlichen Leitbild abweichen und bei denen die Erzielung einstimmiger Beschlüsse daher auf besondere Schwierigkeiten stößt. In derartigen Fällen hat der BGH die Wirksamkeit von Klauseln über mehrheitliche Vertragsänderungen einschließlich solcher über sonstige zentrale Fragen wie die Wirksamkeit einer mehrheitlichen Umwandlungsbefugnis bejaht, ohne eine nähere Bezeichnung der unter die Mehrheitsklausel fallenden Beschlussgegenstände zu verlangen.[170] Aber auch für die *dem gesetzlichen Leitbild entsprechende Personengesellschaft* hat er wiederholt Zweifel am Bestimmtheitsgrundsatz angedeutet und die Frage aufgeworfen, ob an ihm festzuhalten sei oder ob er unter stärkerer Berücksichtigung der gesellschaftlichen Treupflicht aufgelockert bzw. durch die Kernbereichslehre ersetzt werden sollte.[171] Zuletzt hat er zwar – weiterhin – verbal am Bestimmtheitsgrundsatz festgehalten,[172] zugleich aber betont, dass die Beschlussgegenstände im Vertrag nicht einzeln aufgelistet zu werden brauchten, sondern die Erstreckung der Mehrheitsklausel hierauf lediglich aufgrund allgemeiner Auslegungsgrundsätze dem Vertrag müsse entnommen werden können.[173] Zudem sei die materielle Zulässigkeit eines Eingriffs in Gesellschafterrechte erst auf einer „zweiten Stufe" mit Hilfe der Kernbereichslehre zu überprüfen. Damit ist der „Bestimmtheitsgrundsatz" im Wesentlichen auf den Stand der hier schon in den Vorauﬂ. (RdNr. 90 f.) vertretenen Auffassung reduziert, namentlich auf allgemeine Auslegungsgrundsätze zurückgeschnitten. Für das Gebot einer *restriktiven* Auslegung von Mehrheitsklauseln wie der BGH es bislang mit dem Gebot einer gegenstandsscharfen Formulierung der Mehrheitsklausel verfolgt hat,[174] ist somit aufgrund der neuesten Rechtsprechung kein Raum mehr. Es ist danach vielmehr ausreichend, wenn der Vertrag verdeutlicht, dass Vertragsänderungen bzw. Grundlagenentscheidungen *generell* einer Mehrheitsentscheidung unterworfen sein sollen.

87   **bb) Kritik am Bestimmtheitsgrundsatz.** Schon seit längerem war der Bestimmtheitsgrundsatz in der Literatur auf *verbreitete Kritik* gestoßen.[175] Gegen ihn wird eingewandt, dass er seine Minderheitenschutzfunktion schon deshalb nicht erfüllen kann, weil die Kautelarjurisprudenz zunehmend dazu übergegangen ist, in den Gesellschaftsverträgen die in Frage kommenden Änderungsgegenstände katalogmäßig aufzulisten.[176] Auf Grund dieser Entwicklung ist die ihm zugedachte **Warnfunktion** weitgehend **entfallen**.[177] Auch ist es nicht

---

[170] BGHZ 85, 350, 355 ff. = NJW 1983, 1056.
[171] BGHZ 71, 53, 57 f. = NJW 1978, 1382; BGHZ 85, 350, 356 = NJW 1983, 1056; BGHZ 132, 263, 268 = NJW 1996, 1678; BGH NJW 1995, 194 f.
[172] BGHZ 170, 283, 286 ff. = NJW 2007, 1685, 1686 f. = ZIP 2007, 475, 476 f. insbes. Tz. 9 f.; dazu *K. Schmidt* ZGR 2008, 1; *Haar* NZG 2007, 601; *Wertenbruch* ZIP 2007, 798; s. auch *Priester* DStR 2008, 1386 sowie DStR 2007, 28 (zur Vorinstanz OLG Hamburg ZIP 2006, 895); ferner *Binz/Mayer* DB 2007, 1739 mit Vorschlägen für die „moderne" Praxis (S. 1740).
[173] BGHZ 170, 283, 287 = NJW 2007, 1685, 1686 = ZIP 2007, 475, 476 Tz. 9 (mit ausdrücklicher Bezugnahme auf die Auslegung des Vertrages [„und sei es auch durch dessen Auslegung"]).
[174] Vgl. *C. Schäfer* (Fn. 106) S. 124 m. Fn. 32.
[175] Vgl. schon *Rob. Fischer*, FS Barz, 1974, S. 32, 41 ff.; *Hadding* ZGR 1979, 636, 646; *U. H. Schneider* AG 1979, 57, 60; *Leenen*, FS Larenz, 1983, S. 371, 381 ff.; *Hennerkes/Binz* BB 1983, 713, 715 ff.; *Autenrieth* DB 1983, 1034 f.; *Brändel*, FS Stimpel, 1985, S. 95 ff., 102; *M. Winter* GesRZ 1986, 74, 78 ff.; *Hüffer* ZHR 151 (1987), 396, 406 f.; *Mecke* BB 1988, 2258, 2261 ff.; MünchKommHGB/*Enzinger* § 119 RdNr. 81; tendenziell auch *Wiedemann* GesR I § 8 I 2a, S. 409 ff., 412; *ders.* GesR II § 4 I 3 a, S. 302 (Warn- oder Schutzfunktion sei aber weiterhin erfüllt); ZGR 1977, 690, 694 und JZ 1983, 559 f. Für grds. Beibehaltung des Bestimmtheitsgrundsatzes aber *Marburger* NJW 1984, 2252 ff.; *ders.* GesR 1989, 146, 150 f.; *K. Schmidt* ZHR 158 (1994), 205, 218 ff.; *ders.* GesR § 16 II 2 c, d aa; *Röttger* und *Göbel* (jeweils wie Fn. 156); *Flume*, FS Rittner, 1991, S. 119, 124 ff.; ferner *Erman/Westermann* RdNr. 30; *Soergel/Hadding* RdNr. 40; *Schlegelberger/Martens* § 119 HGB RdNr. 19 ff.; *Baumbach/Hopt* § 119 HGB RdNr. 39; *Heymann/Emmerich* § 119 HGB RdNr. 35; *Westermann* Hdb. RdNr. I 517 a; für personalistische Personengesellschaften („Vertragsgesellschaften") auch *Reuter* ZGR 1981, 364, 372; *ders.* GmbHR 1981, 129 ff.
[176] Vgl. auch die Hinweise zur Vertragsgestaltung bei *Sudhoff*, Personengesellschaften, 8. Aufl. 2005, § 12 RdNr. 72 f (deutlicher noch die 6. Aufl., S. 227 f., 684 f.). Hiergegen krit. *K. Schmidt* ZHR 158 (1994), 205, 208 f., 218 ff., nach dessen Auffassung der Bestimmtheitsgrundsatz das Katalogprinzip nicht verlangt.
[177] So schon *Rob. Fischer*, FS Barz, 1974, S. 32, 33, 41 f.; ebenso *Leenen*, FS Larenz, 1983, S. 371, 387, 389; *Hennerkes/Binz* BB 1983, 714; *Wiedemann* ZGR 1977, 694; *ders.* JZ 1983, 560; *U. H. Schneider* AG 1979, 57, 60; aA wohl nunmehr *Wiedemann* GesR II § 4 I 3, S. 302.

selten eine Frage des Zufalls oder der detaillierten Vertragsgestaltung, ob die fraglichen Beschlussgegenstände in der Mehrheitsklausel besonders erwähnt sind. Fehlt es hieran, so besteht die Gefahr, dass im Interesse der Gesellschaft gebotene, von der qualifizierten Mehrheit gewünschte Vertragsänderungen unter Berufung auf den Bestimmtheitsgrundsatz blockiert werden,[178] zumal die Rechtsprechung eine Zustimmungspflicht zu Vertragsänderungen kraft Treupflicht nur in engen Grenzen anerkennt (vgl. § 705 RdNr. 231 ff.). Überdies wird eine sachgerechte inhaltliche Beschlusskontrolle durch den Bestimmtheitsgrundsatz eher verhindert.[179]

Zu Recht *kritisiert* werden aber auch die **dogmatischen Begründungen,** die für die Geltung des Bestimmtheitsgrundsatzes in seiner bisherigen Form vorgebracht worden sind. Sollte die Maßgeblichkeit des Mehrheitsbeschlusses für sämtliche Gesellschafter sich aus deren *antizipiert erklärter* Zustimmung zu dem später gefassten Beschluss ergeben,[180] so wäre folgerichtig nicht nur die Aufzählung der Beschlussgegenstände, sondern zumindest auch eine grobe Skizzierung des zulässigen Beschlussinhalts zu verlangen.[181] Erst dann ließe sich nicht nur fiktiv von einem vorweggenommenen Einverständnis mit der konkreten Vertragsänderung sprechen. Ist die Mehrheitsklausel dagegen als grundsätzlich wirksame Einräumung eines *Gestaltungsrechts* an die Gesellschafterversammlung zu mehrheitlicher Vertragsänderung zu verstehen,[182] so lässt sich der Schutz der überstimmten Minderheit effektiv nur durch offene Ausübungskontrolle anhand der beweglichen Schranken der Mehrheitsherrschaft (§ 705 RdNr. 136 f.) sicherstellen.[183] Demgegenüber läuft die Berufung auf den Bestimmtheitsgrundsatz und den danach ggf. fehlenden „Unterwerfungswillen" der überstimmten Minderheit nicht selten auf eine *verdeckte Inhaltskontrolle* hinaus, ohne dass die entscheidenden Wertungsgrundlagen offengelegt werden.[184] Denn das Gebot einer restriktiven Auslegung und ein daraus abgeleitetes Erfordernis gegenstandsscharfer Formulierung der Mehrheitsklausel lässt sich unter keinem Aspekt rechtfertigen und auch nicht mit *allgemeinen* Auslegungsregeln vereinbaren (näher RdNr. 90).

Zur „Rettung" des Bestimmtheitsgrundsatzes ist von *Karsten Schmidt* die These entwickelt worden, er beziehe sich auf die *formelle Voraussetzung wirksamer Mehrheitsermächtigung,* also auf die **Legitimation** der Gesellschafter, mit der vertraglich vorgesehenen Mehrheit über Vertragsänderungen zu beschließen. Davon zu unterscheiden seien die – ebenfalls erforderlichen – *materiellen* Voraussetzungen wirksamer Mehrheitsbeschlüsse, sei es im Sinne der

---

[178] Vgl. dazu *Leenen,* FS Larenz, 1983, S. 371, 382 ff.
[179] Vgl. in diesem Zusammenhang *Leenen,* FS Larenz, 1983, S. 371, 389 f.; *Hennerkes/Binz* BB 1983, 714 f.; *Mecke* BB 1988, 2258, 2262; zust. auch BGHZ 170, 283, 286 f. = NJW 2007, 1685, 1686 f. = ZIP 2007, 475, 476 Tz. 9. Anders aber *K. Schmidt* ZHR 158 (1994), 205, 215 f.; *ders.* ZGR 2008, 1, 8 f.
[180] So namentlich *Martens,* Mehrheits- und Konzernherrschaft in der personalistischen GmbH, 1970, S. 64 ff.; *ders.* DB 1973, 415; ähnlich *Immenga* ZGR 1974, 419.
[181] So mit Recht *Leenen,* FS Larenz, 1983, S. 371, 376; ihm folgend *Schiemann* AcP 185 (1985), 73, 75; ebenso auch *Hüffer* ZHR 151 (1987), 396, 407; *K. Schmidt* ZHR 158 (1994), 205, 212 f. (als zweite Schranke neben dem Bestimmtheitsgrundsatz); *C. Schäfer* (Fn. 106) S. 119 ff.
[182] So *Bötticher,* Gestaltungsrecht und Unterwerfung im Privatrecht, 1964, S. 28 ff.; *Thiele,* Die Zustimmungen in der Lehre vom Rechtsgeschäft, 1966, S. 48; *Menk,* Das Verhältnis des Bestimmtheitsgrundsatzes zur Kernbereichslehre im Recht der offenen Handelsgesellschaft, 1975, S. 62 ff.; *Marburger* NJW 1984, 2254; *M. Winter* GesRZ 1986, 74, 79; ähnlich *Röttger* (Fn. 156) S. 141 f.; krit. *Leenen,* FS Larenz, 1983, S. 371, 377 ff., dessen Deutung der Mehrheitsklausel als Verfahrensregel (S. 379 ff., zust. *Schiemann* AcP 185 [1985], 75) freilich ebenfalls eine überzeugende dogmatische Begründung der Mehrheitskompetenz vermissen lässt. Den Aspekt der Verfahrensregel modifiziert *K. Schmidt* ZHR 158 (1994), 205, 214 f. zur formalen Begrenzung (?) der Mehrheitskompetenz.
[183] So denn auch *Westermann* Hdb. RdNr. I 517, 524, 527 f. trotz grds. Festhaltens am Bestimmtheitsgrundsatz.
[184] Ein Beispiel hierfür bietet BGH BB 1976, 948, das die mehrheitliche Rücklagenbildung unter Durchbrechung der gesellschaftsvertraglichen Regelung als von der Mehrheitsklausel gedeckt, eine mehrheitliche Änderung des Gewinnverteilungsschlüssels dagegen als unzulässig ansah, ohne dass sich aus der Mehrheitsklausel Anhaltspunkte für diese Differenzierung ergaben. Zur Kritik an der Begründung der Entscheidung vgl. *Ulmer* BB 1976, 950; *Wiedemann* ZGR 1977, 694. Wieder anders dann BGHZ 132, 263, 268 = NJW 1996, 1678 (mehrheitliche Bilanzfeststellung erfordert besondere Legitimation), insofern aber aufgegeben durch BGHZ 170, 283, 287 = NJW 2007, 1685, 1686 = ZIP 2007, 475, 476.

Kernbereichslehre oder der Respektierung ungeschriebener Inhaltsschranken nach Art der Treupflicht oder des Gleichbehandlungsgrundsatzes.[185] Von anderen wird bezweifelt, ob und worin die von den Kritikern postulierte Kernbereichslehre sich vom Bestimmtheitsgrundsatz – verstanden als Erfordernis des Einverständnisses aller Gesellschafter mit der mehrheitlichen Beschlussfassung über kernbereichsrelevante Gegenstände – unterscheide, dh. ob es nicht letztlich nur um *Unterschiede sprachlicher Art* zwischen beiden Ansichten geht.[186] Beiden Ansätzen ist letztlich nicht zu folgen (vgl. RdNr. 90).

90   cc) Folgerungen: Kernbereichslehre. (1) Aufgabe des Bestimmtheitsgrundsatzes. Die berechtigte Kritik am Bestimmtheitsgrundsatz steht seiner Beibehaltung in der bisherigen Form entgegen; er ist **inhaltlich überholt**.[187] Die neueste Rechtsprechung des BGH hat diesen Schritt mittlerweile denn auch weitgehend vollzogen (RdNr. 86); allerdings wäre es konsequent, auf den missverständlichen Begriff künftig ganz zu verzichten. Auch die neueren auf Einführung eines zweistufigen Schutzsystems aus formellen und materiellen Komponenten gerichteten Rettungsversuche vermögen dem Bestimmtheitsgrundsatz letztlich keine plausible Grundlage zu verschaffen (vgl. RdNr. 89). Denn die Vertreter dieser Ansicht bleiben die Erklärung dafür schuldig, warum es zur Legitimation der Mehrheit, über Vertragsänderungen zu beschließen, abweichend von den allgemein für Gesellschaftsverträge geltenden Auslegungskriterien (§ 705 RdNr. 171) besonderer, auf *restriktive* Auslegung eindeutig abgefasster Vertragsklauseln abzielender Grundsätze bedarf, wenn damit keine (verdeckte) Inhaltskontrolle bezweckt ist, und worin die Funktion eines derartigen zweistufigen Schutzsystems liegen sollte. So wenig allein die katalogartige Aufzählung aller der Mehrheitsherrschaft unterworfenen Beschlussgegenstände eine materielle Rechtfertigung für die auf ihrer Grundlage mit qualifizierter Mehrheit beschlossenen Vertragsänderungen enthält, so wenig sollten andererseits mehrheitliche Vertragsänderungen an der formalen Schranke scheitern, dass der fragliche Beschlussgegenstand zwar klar und deutlich, jedoch nicht in einer den besonderen Anforderungen restriktiver Auslegung standhaltenden Art und Weise von der auf Vertragsänderungen bezogenen Mehrheitsklausel gedeckt ist.[188] Gleichviel wie die Mehrheitsklausel dogmatisch fundiert wird, lässt sich der Bestimmtheitsgrundsatz nicht „materiell", also mit Hilfe seiner dogmatischen Grundlage, sondern allein als Auslegungsregel rechtfertigen, und hiermit wiederum ist ein wie immer gefasstes Gebot gegenstandsscharfer Formulierung der Klausel nicht zu vereinbaren.[189] § 709 ist nun einmal keine materiale Beweisregel, sondern dispositives Recht.[190] Es geht mit anderen Worten um den Übergang von der Betonung formeller, auf besondere Auslegungsgrundsätze gestützter Schranken zu materiellen Anforderungen an die Wirksamkeit von Mehrheitsbeschlüssen, wie sie durch das Erfordernis einer besonderen Zustimmung zur mehrheitlichen Vertrags-

---

[185] *K. Schmidt* GesR § 16 II 2 c, d aa und schon *ders.* ZHR 158 (1994), 205, 215 ff.; bekräftigend *ders.* ZGR 2008, 1, 8 f.; dem folgend *Goette*, FS Sigle, 2000, S. 145, 157 f.; *Hermanns* ZGR 1996, 103, 105 f.

[186] So *Goette*, FS Sigle, 2000, S. 145, 149, 153; *Lockowandt*, Stimmrechtsbeschränkungen im Recht der Personengesellschaften, Kernbereichslehre und Stimmrechtsausschluss, 1996; tendenziell auch *Westermann* Hdb. RdNr. I 520.

[187] AA auch neuerdings noch insbes. *K. Schmidt* ZHR 158 (1994), 205, 214 ff.; *ders.* ZGR 2008, 1, 8 ff.; ähnlich *Westermann* Hdb. RdNr. I 517.

[188] So der Sache nach *Brändel*, FS Stimpel, 1985, S. 95, 103 f.; *Hadding* ZGR 1979, 636, 642; *Mecke* BB 1988, 2258, 2261 ff. Zu Gegenansichten vgl. Fn. 187; enger auch *Flume* I/1 § 14 III, S. 216 ff., der Mehrheitsbeschlüsse nur insoweit zulassen will, als sie den „Status der Gesellschaft" (Auflösung und Umwandlung, Gesellschafterwechsel), nicht aber die Rechtsstellung der einzelnen Gesellschafter ändern; vgl. auch *dens.*, FS Rittner, 1991, S. 126 f. unter Betonung der Parallele zum Kernbereichsschutz. Deutlich weitergehend *U. H. Schneider* AG 1979, 57, 62, der unter Berufung auf §§ 117, 127, 133, 140 HGB Mehrheitsentscheidungen sogar ohne entsprechende vertragliche Regelung zulassen will, wenn sie im Interesse der Gesellschaft erforderlich und dem dissentierenden Gesellschafter zumutbar sind; dagegen mit Recht *Wiedemann* GesR I § 8 I 2 a, S. 411.

[189] Vgl. *C. Schäfer* (Fn. 106) S. 120 ff. (zur Einordnung der Mehrheitsklausel) und S. 124 gegen *K. Schmidt* ZHR 158 (1994), 205, 218, namentlich dessen – schon stark relativierende – Auffassung, eine „konkludente Gegenstandsschärfe" reiche aus.

[190] *C. Schäfer* (Fn. 106) S. 123 f.

änderung für die Kernbereichslehre kennzeichnend sind (vgl. RdNr. 92). Davon unberührt bleiben die Anforderungen *allgemeiner Auslegungsgrundsätze*. Hiernach ist es für die Erstreckung auf Vertrags- und sonstige Grundlagenänderungen aber allemal ausreichend, wenn die Klausel dies *generell* zu erkennen gibt, namentlich also auch von Vertragsänderungen spricht. Soweit man den Bestimmtheitsgrundsatz, wie die jüngste Rechtsprechung (RdNr. 86 aE), hierauf reduziert, mag man den Begriff für unschädlich halten; zur Vermeidung weiterer Missverständnisse sollte man ihn aber gleichwohl und definitiv verabschieden.[191] Insbesondere gilt es im Ansatz klar zu unterscheiden zwischen der durch eine allgemein formulierte Klausel eingeräumten Mehrheitsbefugnis, einen Beschluss zustande zu bringen, und der für die Wirksamkeit des Beschlusses gegenüber dem betroffenen Gesellschafter nach der Kernbereichslehre ggf. erforderlichen Zustimmung der betroffenen Gesellschafter iS von § 182 (RdNr. 91).[192]

(2) Ersetzung durch die Kernbereichslehre. Eine Einschränkung der Mehrheitsbefugnis ist allerdings bei solchen Vertragsänderungen veranlasst, die in den **Kernbereich der Mitgliedschaft** des einzelnen Gesellschafters eingreifen. Die Kernbereichslehre war ursprünglich zur Abgrenzung derjenigen Beschlussgegenstände entwickelt worden, bei denen das Stimmrecht des Gesellschafters als unverzichtbar angesehen wurde.[193] Demgegenüber wird der überwiegende Teil der zum Kernbereich zählenden Rechte heute als *nur mit Zustimmung des betroffenen Gesellschafters entziehbar* angesehen.[194] Die erforderliche Zustimmung des betroffenen Gesellschafters ist daher nicht Bestandteil des Beschlusses und somit nicht mit der „Zustimmung" nach § 709 (im Sinne einer positiven Stimmabgabe) zu verwechseln; vielmehr ist sie Zustimmung iS von § 182 und somit ein gegenüber dem Beschluss selbständiges Rechtsgeschäft, das freilich mit der Ausübung des Stimmrechts verbunden werden kann. Es gilt mithin das Gleiche wie im Falle des § 707 (dort RdNr. 7 f.). Werden mithin Beschlüsse, die in den Kernbereich der Mitgliedschaft eingreifen, ebenso wie bei Begründung von Nachschusspflichten, nur mit Zustimmung der betroffenen Gesellschafter wirksam und sind sie in diesem Sinne „mehrheitsfest", so ist damit nicht ausgeschlossen, dass der Gesellschafter seine Zustimmung schon im Voraus („antizipiert") erklärt (s. RdNr. 63, 92). Da es hierbei aber nicht um die Auslegung der Mehrheitsklausel geht, sondern eben darum, ob die Gesellschafter ihre Zustimmung zu konkreten Eingriffen vorab erklärt haben, sollte diese Frage nicht mit dem (Fehl-)Etikett des Bestimmtheitsgrundsatzes versehen werden.

Um eine Vertragsklausel als *„antizipiertes" Einverständnis* mit einem konkreten Eingriff in ein „relativ unentziehbares" Recht ansehen zu können, muss sie besonderen Anforderungen genügen.[195] Insofern gilt im Ansatz das Gleiche, wie der **Bundesgerichtshof** jüngst für die parallele Frage einer nachträglichen Erhöhung der Beitragspflichten entschieden hat (§ 707 RdNr. 8). Demnach bedarf es neben der eindeutigen Einbeziehung der Beitragserhöhung in den Anwendungsbereich der Mehrheitsklausel zusätzlich der *Angabe einer Obergrenze* oder sonstiger Kriterien, die der Eingrenzung der Erhöhungsrisiken für mehrheitlich zu beschlie-

---

[191] AA *K. Schmidt* und *Westermann* (Fn. 187).
[192] Hierzu näher *C. Schäfer* (Fn. 106) S. 140 f.
[193] BGHZ 20, 363, 368 = NJW 1956, 1198; vgl. auch RdNr. 63.
[194] Vgl. BGH NJW 1985, 974; 1995, 194, 195 (dort allerdings mit der zweifelhaften Aussage, dass die Pflicht zur Zustimmung selbst dann ausreichen kann, wenn es nicht um eine Publikumsgesellschaft geht, vgl. RdNr. 94 aE); OLG Hamm DB 1989, 815; *K. Schmidt* ZHR 158 (1994), 205, 227; *ders.* ZGR 2008, 1, 17 f.; *Mecke* BB 1989, 2258, 2263; *M. Winter* GesRZ 1986, 74, 83; *Hüffer* ZHR 187 (1987), 396, 402; *Röttger* (Fn. 156) S. 148 ff.; *Hermanns*, Mitverwaltungsrecht des Personengesellschafters, 1993, S. 118 f.; *Löffler* NJW 1989, 2656, 2666; *Göbel* (Fn. 156) S. 183 ff.; *Schlegelberger/Martens* § 119 HGB RdNr. 24; *Baumbach/Hopt* § 119 HGB RdNr. 36; MünchKommHGB/*Enzinger* § 119 RdNr. 70; *Wiedemann* GesR I § 7 I 1 b, S. 362 mwN; *ders.* GesR II § 4 I 3 b, S. 302 f.
[195] Zur Zulässigkeit einer „antizipierten Zustimmung" (Einwilligung) und zu den hieran zu stellenden Anforderungen vgl. näher *M. Winter* GesRZ 1986, 74, 83; *Schilling/M. Winter*, FS Stiefel, 1987, S. 670 f.; *C. Schäfer* (Fn. 106) S. 256 ff.; einschränkend *Löffler* NJW 1989, 2656, 2661; aA (nur ad hoc-Zustimmung relevant) *Immenga* ZGR 1974, 385, 425; *Göbel* (Fn. 156) S. 184 f.; MünchKommHGB/*Enzinger* § 119 RdNr. 66, 70.

ßende Kapitalerhöhungen dienen.[196] Diese Anforderungen gelten mutatis mutandis ganz allgemein für Kernbereichseingriffe. Daher muss sich die Vertragsklausel **eindeutig** auf einen solchen Eingriff beziehen und sie muss **Art und Ausmaß** des Eingriffs exakt erkennen lassen.[197] Eine generelle Unterwerfung der einzelnen Gesellschafter unter den Mehrheitswillen bezüglich derartiger zum Kernbereich der Mitgliedschaft gehöriger Rechte genügt danach ebenso wenig[198] wie eine pauschale Zulassung mehrheitlicher Eingriffe in den Kernbereich durch katalogmäßige Auflistung im Gesellschaftsvertrag. Soweit es um einen Eingriff in den Kernbereich der Mitgliedschaft geht, hat das Erfordernis eines antizipierten Einverständnisses und die daraus resultierende Forderung somit seine Berechtigung, die Auslegung der Vertragsklausel müsse mit hinreichender Deutlichkeit eine entsprechende Eingriffsbefugnis der Mehrheit ergeben und eine konkrete Obergrenze für den Eingriff benennen. Dem Gesellschafter muss insofern von vornherein erkennbar sein, bis zu welchem Grad er ggf. eine Verkürzung seiner Rechtsstellung hinzunehmen hat.

93   Die Frage, **welche Rechte** zum **Kernbereich** der Mitgliedschaft zu zählen sind, lässt sich nicht ohne Kenntnis der Besonderheiten der jeweiligen Gesellschaft beantworten;[199] gleichwohl besteht mittlerweile hinsichtlich der Einbeziehung einer Reihe von Gesellschafterrechten weithin Einigkeit. So bedürfen jedenfalls Beitragserhöhungen der Zustimmung der betroffenen Gesellschafter (vgl. § 707 RdNr. 7f.), ferner unmittelbare Eingriffe in das Stimmrecht, eine Änderung des *Gewinnverteilungsschlüssels* und der *Liquidationsfolgen,* sowie *Zweckänderungen* (vgl. § 33 Abs. 1 S. 2) einschließlich der *Auflösung* der Gesellschaft (Vor § 723 RdNr. 11), Änderungen bei der Ausgestaltung der *Geschäftsführung* sowie *Vertragsverlängerungen.*[200] Der BGH hat neben dem Stimm- und Gewinnrecht, dem Geschäftsführungsrecht sowie dem Recht auf Beteiligung am Liquidationserlös auch das gesellschaftsvertragliche *Informationsrecht* in den Kernbereich einbezogen.[201] Keine klare Linie hat der Bundesgerichtshof in Bezug auf (Mehrheits-)Entscheidungen mit *Gewinnverwendungscharakter* verfolgt. Während der zuständige Senat in einer Grundsatzentscheidung aus dem Jahre 1996[202] Entscheidungen zur Bildung offener oder verdeckter Rücklagen als einen Eingriff in das Gewinnrecht jedes einzelnen Gesellschafters gewertet hatte, welcher nur mit dessen Zustimmung wirksam werde,[203] ist der Senat neuerdings von dieser Linie teilweise wieder abgerückt.[204] Er lässt es nunmehr ausdrücklich dahin stehen, ob die Feststellung des Jahresabschlusses, soweit sie Gewinnverwendungscharakter trage, ein „bilanzrechtliches Grundlagengeschäft" sei, das „wegen seiner ‚Kernbereichsrelevanz' einer besonderen Mehrheitsermächtigung im Gesellschaftsvertrag mit Begrenzung nach Ausmaß und Umfang bedarf."[205] Dies allerdings deshalb, weil der Vertrag eine Klausel enthielt, mit der ein 20%iger Anteil des Gewinns in eine Rücklage eingestellt werden durfte. Nur sofern mit einer solchen

---

[196] BGH NJW-RR 2006, 827 = WM 2006, 577, 578; NJW-RR 2006, 829 = WM 2006, 774, 775; NJW-RR 2005, 1347 = WM 2005, 1608, 1609; dazu eingehend auch C. *Schäfer* (Fn. 111) S. 137ff.
[197] Vgl. BGH NJW 1995, 194, 195 (mehrheitliche Einschränkung des Informationsrechts); ebenso *Leenen,* FS Larenz, 1983, S. 371, 386 und *M. Winter* GesRZ 1986, 74, 83; *C. Schäfer* (Fn. 106) S. 260ff., 269f., alle mwN.
[198] Ebenso *Hüffer* ZHR 151 (1987), 396, 408; *Mecke* BB 1988, 2263; *K. Schmidt* ZHR 158 (1994), 205, 227f.; der Sache nach auch OLG Hamm DB 1989, 815f. mit zu Unrecht krit. Anm. *Tiedtke* DB 1989, 813. AA *Erman/Westermann* RdNr. 31 (unter Hinweis auf „Obstruktionsmöglichkeiten" der Minderheit); vgl. auch zur Leistungsvermehrung durch Satzungsänderung bei der GmbH *Hachenburg/Ulmer* § 53 GmbHG RdNr. 74ff.
[199] Vgl. näher *Staub/Ulmer* § 119 HGB RdNr. 40ff.; ähnlich *K. Schmidt* GesR § 16 III 3b; *Baumbach/Hopt* § 119 HGB RdNr. 36; *Westermann* Hdb. RdNr. I 524a.
[200] Vgl. *M. Winter* GesRZ 1986, 74, 84 und die Nachweise in Fn. 199. Ähnliche Abgrenzungen auch bei *Hennerkes/Binz* BB 1983, 716; *Löffler* NJW 1989, 2656, 2657ff. (wenn auch im Einzelfall zu weitgehend).
[201] BGH NJW 1995, 194, 195 m. Anm. *Flume* ZIP 1995, 651 und *K. Schmidt* JZ 1995, 313.
[202] BGHZ 132, 263 = NJW 1996, 1678.
[203] Dazu näher *Staub/Ulmer* § 120 HGB RdNr. 34ff., 40ff.; sowie *Schön,* FS Beisse, 1997, S. 471ff.
[204] BGHZ 170, 283 = NJW 2007, 1685 = ZIP 2007, 475 und dazu *Wertenbruch* ZIP 2007, 798, 800; *Haar* NZG 2007, 601; *Binz/Mayer* DB 2007, 1739; *K. Schmidt* ZGR 2008, 1, 22 (der Verwendungsentscheidungen den Kernbereichsschutz explizit abspricht); für Kernbereichsrelevanz *Staub/Ulmer* § 120 HGB RdNr. 31f.
[205] BGHZ 170, 283, 290f. = NJW 2007, 1685, 1687f. = ZIP 2007, 475, 477f. Tz. 15.

Klausel die *Höchstgrenze* zulässiger Rücklagenbildung umschrieben wird,[206] lässt sie sich aber als Zustimmung mit dem Eingriff in das Gewinnbezugsrecht auffassen und nur mit dieser Maßgabe ist der neuen Entscheidung daher zuzustimmen (näher zur Problematik der Rücklagenbildung § 721 RdNr. 9 ff.). Soweit es des Weiteren um Änderungen im *Bestand und in der Zusammensetzung der Mitglieder* geht, betreffen sie jedenfalls dann den Kernbereich der Mitgliedschaft, wenn die Gesellschaft entsprechend dem gesetzlichen Leitbild als personenbezogene Arbeits- und Haftungsgemeinschaft ausgestaltet ist. Indizien hierfür bilden etwa die Einschränkung der Vererblichkeit der Anteile oder die Beschränkung der Gesellschafternachfolge auf bestimmte Personen (zur sog. qualifizierten Nachfolgeklausel vgl. § 727 RdNr. 41 ff.). Sind dagegen die Anteile im Gesellschaftsvertrag generell übertragbar gestellt, so kann auch die Aufnahme neuer ohne gleichzeitiges Ausscheiden bisheriger Gesellschafter trotz der damit verbundenen Verschiebung der Beteiligungsverhältnisse aufgrund einer vertraglichen Mehrheitsklausel (RdNr. 90) erfolgen.[207] Den Schutz der Minderheit gewährleistet in diesen Fällen die Inhaltskontrolle des Mehrheitsbeschlusses (RdNr. 100 f.).

dd) Besonderheiten für Publikumsgesellschaften. Bei Publikumsgesellschaften, die 94 sich aus einer Vielzahl untereinander nicht persönlich verbundener, ja nicht selten anonymer Gesellschafter zusammensetzen, hat die Rechtsprechung schon seit langem die **Anwendung des Bestimmtheitsgrundsatzes abgelehnt.**[208] Den einschlägigen Urteilen ist sogar die Tendenz zu entnehmen, in derartigen Fällen mehrheitliche Vertragsänderungen ohne besondere Mehrheitsklausel zuzulassen.[209] Diese Sonderbeurteilung verdient schon deshalb Zustimmung, weil Mehrheitsbeschlüsse in derartigen Fällen nicht selten das effizienteste Mittel sind, um den als Kapitalanleger beteiligten Gesellschaftern die Möglichkeit zu eröffnen, auf die Geschicke der Gesellschaft Einfluss zu nehmen und die im Interesse des Anlegerschutzes gebotenen Vertragsänderungen durchzusetzen.[210] Gut begründet ist zudem die Forderung, kapitalgesellschaftsrechtliche *Mindestquoren* entsprechend anzuwenden.[211] Eine andere Frage ist es, ob auch die Gesellschafter von Publikumsgesellschaften Schutz durch die **Kernbereichslehre** genießen. Während dies bislang zum Teil verneint wurde,[212] und der BGH eine Leistungsklage auf Zustimmung selbst bei Eingriffen in den Kernbereich für überflüssig gehalten hat, sofern der Gesellschafter kraft Treupflicht zur Zustimmung verpflichtet war,[213]

---

[206] Problematisch war allerdings, dass der Vertrag auch die Entscheidung über eine höhere Rücklagenbildung zuließ, sofern diese mit qualifizierter Mehrheit (76%) getroffen wurde; weiterhin war problematisch, dass der Senat auf Tochterebene gebildete Rücklagen offenbar nicht einbeziehen wollte; krit. insoweit auch *Wertenbruch* ZIP 2007, 798, 803; *C. Schäfer* Status Recht 2007, 116 f.; s. auch *Haar* NZG 2007, 601, 604 f.; großzügiger (und deshalb problematisch) aber *Priester* DStR 2007, 28, 31 f.
[207] So wohl auch *Hennerkes/Binz* BB 1983, 717.
[208] BGHZ 66, 82, 85 f. = NJW 1976, 958; BGHZ 69, 160 = NJW 1977, 2160; BGHZ 71, 53, 58 = NJW 1978, 1382; zust. auch die Befürworter des Bestimmtheitsgrundsatzes, vgl. *Soergel/Hadding* RdNr. 41; *Flume* I/1 § 14 III, S. 219; *Westermann* Hdb. RdNr. I 519; *Barfuß* DB 1977, 572; *Wiedemann* ZGR 1977, 690 f.; *K. Schmidt* ZHR 158 (1994), 205, 220 ff.; *ders.* ZGR 2008, 1, 13 f.; *Goette*, FS Sigle, 2000, S. 145, 146; *Röttger* (Fn. 156) S. 154 f.; *Göbel* (Fn. 156) S. 150 ff.; *Heinrichs* (Fn. 156) S. 134 f.
[209] Vgl. etwa BGHZ 71, 53, 58 f. = NJW 1978, 1382; dazu *Stimpel*, FS Rob. Fischer, 1979, S. 771, 779 f.; ferner OLG Köln BB 1994, 455 (keine Bedenken gegen Mehrheitsbeschluss in PublikumsGbR zur Ausschließung insolventer Gesellschafter trotz unspezifischer Mehrheitsklausel); krit. zu dieser „durch die Rspr. kaum belegten" These aber *K. Schmidt* ZGR 2008, 1, 13 (der aber eine entsprechende ergänzende Vertragsauslegung für unproblematisch hält).
[210] Grundlegend *Stimpel*, FS Rob. Fischer, 1979, S. 771, 778 f.; vgl. auch BGH LM § 712 Nr. 1 = NJW 1982, 2495 und WM 1983, 1407: Unwirksamkeit einer gesellschaftsvertraglichen Regelung, durch die Initiatoren eine Sperrminorität bei Abberufung und Bestellung des Geschäftsführers gesichert werden sollte. Dazu auch RdNr. 6.
[211] So etwa *K. Schmidt* ZGR 2008, 1, 15 (mit Hinweis auf die entsprechende Kautelarpraxis); *Priester* DStR 2008, 1386, 1388.
[212] 4. Aufl. RdNr. 94 („regelmäßig nicht veranlasst"). Vgl. auch OLG Köln BB 1994, 455 f. (Ausschluss insolventer Gesellschafter trotz Erhöhung der anteiligen Außenhaftung der übrigen Gesellschafter durch einfachen Mehrheitsbeschluss möglich).
[213] BGH NJW 1985, 972, 973 und 974; diese Grundsätze scheint der BGH inzwischen sogar auf die personalistische Personengesellschaft zu übertragen, freilich ohne dies näher zu begründen, BGH NJW 1995, 194, 195.

entscheidet der zuständige Senat zur Parallelfrage einer Erhöhung der Beitragspflichten inzwischen entgegengesetzt und erklärt den durch § 707 begründeten Schutz ausdrücklich auch in der Publikumsgesellschaft für anwendbar.[214] Dem ist wegen des parallelen Individualschutzzwecks auch für die Kernbereichslehre zu folgen; Leistungsvermehrung und Rechtsverkürzung entsprechen sich und verlangen daher in gleichem Maße nach Individualschutz. Allerdings ist der Charakter der Publikumsgesellschaft bei der Bestimmung der kernbereichsrelevanten Rechte bzw. des Eingriffscharakters zu berücksichtigen. So stellt etwa die *Aufnahme* neuer Gesellschafter in eine Anlagegesellschaft naturgemäß *keinen* Eingriff in den Kernbereich der übrigen Gesellschafter dar (vgl. RdNr. 93); und auch in anderen Fällen mag Abweichendes im Vergleich zur personalistisch strukturierten Gesellschaft gelten. Nicht begründbar ist hingegen, warum etwa der Gesellschafter einer Publikumsgesellschaft einen unmittelbaren Eingriff in seine Gewinn- oder Stimmquote sollte hinnehmen müssen. Hier vermag auch ein außerordentliches Austrittsrecht keine angemessene Kompensation zu verschaffen.[215]

95   **d) Sonstige Gesellschafterbeschlüsse.** Soweit es um Beschlüsse der Gesellschafter in sonstigen, nicht zu den Vertragsänderungen gehörenden gemeinsamen Angelegenheiten geht (RdNr. 55), ist der Bestimmtheitsgrundsatz schon bisher im Regelfall nicht angewandt worden. Die *Auslegung der Mehrheitsklausel* führt bei ihnen im Zweifel dazu, dass sie sich auf **alle derartigen Angelegenheiten** erstreckt.[216] Einer Aufzählung der möglichen Beschlussgegenstände bedarf es nicht. Sie würde schon an deren Vielzahl scheitern und überdies einen allenfalls begrenzten Minderheitenschutz bewirken. Aber auch auf die sachliche Notwendigkeit des jeweiligen Mehrheitsbeschlusses[217] kann es für den Anwendungsbereich der Klausel nicht ankommen. Dieser Gesichtspunkt ist vielmehr im Rahmen der Inhaltskontrolle des Beschlusses auf Verstöße gegen die „beweglichen", auf der Treupflicht oder dem Gleichbehandlungsgrundsatz beruhenden Schranken (vgl. RdNr. 100) zu beachten.

96   **4. Berechnung der Mehrheit.** Soweit der Gesellschaftsvertrag Mehrheitsbeschlüsse zulässt, kommt es im Zweifel, also beim Fehlen einer anderslautenden Vertragsklausel, auf die Mehrheit der **stimmberechtigten Mitglieder** an und nicht etwa auf diejenige der erschienenen oder der an der Abstimmung teilnehmenden Gesellschafter (RdNr. 47). Vom Sonderfall der Publikumsgesellschaften[218] abgesehen, scheidet eine analoge Anwendung von § 32 Abs. 1 S. 3 aus. Stimmenthaltungen stehen danach Gegenstimmen gleich. Vom Stimmrechtsausschluss betroffene Gesellschafter (RdNr. 63, 65 ff.) werden bei der Mehrheitsberechnung nicht mitgezählt. Der *Gesellschaftsvertrag* kann aber Abweichendes vorsehen; oftmals wird die Mehrheit auf die Zahl der *abgegebenen* Stimmen bezogen, was die analoge Anwendung des § 32 nach sich zieht (RdNr. 73). Die Einhaltung bestimmter Mindesterfordernisse für Beschlussmehrheiten, etwa soweit es um Vertragsänderungen geht, ist im Übrigen gesetzlich nicht vorgeschrieben.

97   Für die Mehrheitsberechnung gilt nach dem gesellschaftsrechtlichen Gleichbehandlungsgrundsatz im Zweifel **Mehrheit nach Köpfen.**[219] Abweichend hiervon finden sich

---

[214] Vgl. die Nachweise in § 707 RdNr. 8 m. Fn. 30; ebenso bereits BGH NJW 1985, 974: Beschluss zur Aufhebung einer gesellschaftsvertraglich vorgesehenen Einlagenverzinsung grds. nur mit Zustimmung aller Gesellschafter wirksam.
[215] Vgl. zur parallelen Frage, ob der sanierungsunwillige Gesellschafter aus der Gesellschaft gedrängt werden kann, § 707 RdNr. 10 mwN.
[216] *Staub/Ulmer* § 119 HGB RdNr. 48; wohl auch schon GroßkommHGB/*Rob. Fischer*, 3. Aufl. 1967, § 119 Anm. 12; *Hueck* OHG § 11 IV 3; abw. *Soergel/Hadding* RdNr. 39 (nur Geschäftsführungsangelegenheiten).
[217] So anscheinend aber BGH BB 1976, 948, 949 zur Zulässigkeit eines Gewinnverwendungsbeschlusses (Rücklagenzuweisung). Dazu krit. *Ulmer* BB 1976, 950; *Wiedemann* ZGR 1977, 694.
[218] Bei ihnen richtet sich die Mehrheitsberechnung nach der Zahl der an der Abstimmung *teilnehmenden* Gesellschafter, vgl. BGH WM 1998, 1028, 1031 unter Hinweis auf die Berechnung im Kapitalgesellschaftsrecht (RGZ 106, 258, 263; BGHZ 104, 66, 74 f. = NJW 1988, 1844).
[219] *Soergel/Hadding* RdNr. 38 unter zutr. Hinweis auf den in § 119 Abs. 2 HGB zum Ausdruck kommenden, allg. für Personengesellschaften geltenden Grundsatz. Ebenso *Erman/Westermann* RdNr. 32; *Bamberger/Roth/Timm/Schöne* RdNr. 21; *Staudinger/Habermeier* RdNr. 48; *Wiedemann* GesR II § 4 I 4, S. 308.

namentlich bei Personenhandelsgesellschaften im Falle ungleicher Beitrags- oder Beteiligungsverhältnisse verbreitet besondere Stimmrechtsregelungen, die das Stimmrecht nach Kapitalanteilen o. Ä. staffeln (RdNr. 48). Zulässig ist in den Grenzen des § 138 auch die einvernehmliche Gewährung eines **mehrfachen Stimmrechts** an bestimmte Gesellschafter. Soweit gegenüber dem Stimmrechtsausschluss Schranken zu beachten sind (vgl. RdNr. 63), stehen diese ungleichen Stimmrechten oder Mehrheitsklauseln nicht entgegen.[220]

5. Grenzen der Mehrheitsherrschaft. a) Kernbereich der Mitgliedschaft. Eingriffe **98** in den sog. Kernbereich der Mitgliedschaft des überstimmten Gesellschafters, dh. die Verkürzung der individuellen Gesellschafterrechte (Stimmrecht, Gewinnrecht, Geschäftsführungsrecht u. a.) oder die Vermehrung der Beitragspflichten (Erl. zu § 707), sind der Mehrheit grundsätzlich verwehrt (RdNr. 91 f.). Derartige Mehrheitsbeschlüsse benötigen zu ihrer Wirksamkeit gegenüber dem einzelnen Gesellschafter zwingend dessen Zustimmung, die allerdings unter strengen Voraussetzungen auch antizipiert, namentlich im Gesellschaftsvertrag, erteilt werden kann (RdNr. 91 ff., 94).

b) Sonderrechte. Die Beantwortung der Frage, ob entsprechend § 35 eine Beeinträchtigung von Sonderrechten einzelner Gesellschafter in jedem Fall die konkrete Zustimmung des Betroffenen voraussetzt oder ob auch insoweit Mehrheitsbeschlüsse vorgesehen werden können, hängt von der **Definition** des „Sonderrechts" ab.[221] Versteht man darunter mit der hM nur solche mitgliedschaftlichen Vorrechte, die nach dem *Gesellschaftsvertrag* nicht ohne Zustimmung des Begünstigten entzogen werden können, dh. mehrheitsfest sein sollen,[222] so folgt die Unentziehbarkeit schon aus der Natur des Sonderrechts. Die Fragestellung verlagert sich also dahin, ob die betreffende Rechtsposition im Gesellschaftsvertrag als Sonderrecht ausgestaltet worden ist. Hiervon unberührt bleibt aber die Möglichkeit einer antizipierten Zustimmung nach den zu § 707 bzw. für die Kernbereichslehre entwickelten Grundsätzen (RdNr. 92). Legt man demgegenüber einen weiteren, auf den *Inhalt* der Befugnis als **Vorzugsrecht** abstellenden Begriff zugrunde (vgl. Beispiele in § 35 RdNr. 4 f.), so ist damit über die Möglichkeit einseitiger Beeinträchtigung durch Mehrheitsbeschluss noch nichts Abschließendes gesagt. Sollte sich ein Recht danach durch Mehrheitsbeschlüsse einschränkbar erweisen, findet die Mehrheitsherrschaft aber jedenfalls ihre Grenze doch in der Beachtung der sog. beweglichen Schranken (insbesondere Gleichbehandlungsgrundsatz und Treupflicht, vgl. RdNr. 100). Im Sinne begrifflicher Klarheit vorzugswürdig erscheint es aber, mit der hM die Unentziehbarkeit eines Rechts schon mit dem Begriff des Sonderrechts zu verknüpfen.

c) Bewegliche Schranken. Die Erweiterung der Mehrheitsherrschaft aufgrund entsprechender Mehrheitsklauseln erfordert zum Ausgleich eine inhaltliche Verstärkung des Minderheitenschutzes, auch soweit es um die nicht zum Kernbereich gehörenden Beschlussgegenstände geht. Sie ist durch **Kontrolle des Inhalts des Mehrheitsbeschlusses** auf Verstöße gegen die sog. „beweglichen Schranken" der Mehrheitsherrschaft zu bewirken.[223] Hierzu gehören in erster Linie der Gleichbehandlungsgrundsatz und die Treupflicht (§ 705 RdNr. 221 ff., 244 ff.; vgl. auch RdNr. 108). Darüber hinaus kann die vom BGH für den

---

[220] Vgl. zur grds. Zulässigkeit von Mehrstimmrechten BGHZ 20, 363, 370 = NJW 1956, 1198; *K. Schmidt* GesR § 21 II 1 e; *Schlegelberger/Martens* § 119 HGB RdNr. 38; *Staudinger/Habermeier* RdNr. 48; s. auch § 32 RdNr. 28. Zu den Schranken für Mehrheitsklauseln vgl. RdNr. 82 ff.

[221] So zutr. *Hueck* OHG § 11 IV 3 und Fn. 51. Nicht eindeutig *Spengler*, FS Möhring, 1965, S. 165, 179, der offenbar Vorrechte generell als Sonderrechte wertet, wenn ihre Entziehung durch Mehrheitsbeschluss nicht ausdrücklich im Gesellschaftsvertrag festgelegt ist; zur Terminologie und zur historischen Entwicklung der Sonderrechtsdiskussion vgl. *Wiedemann* GesR I § 7 I 1 a, S. 358 ff.

[222] Vgl. § 35 RdNr. 5 aE; *Wiedemann* GesR I § 7 I 1 a, S. 358 f.

[223] Ebenso *Westermann* Hdb. RdNr. I 524, 527; *M. Winter* GesRZ 1986, 74, 84 f.; *Staudinger/Habermeier* RdNr. 53; im Grundsatz auch *Schlegelberger/Martens* § 119 HGB RdNr. 30 f.; *K. Schmidt* GesR § 21 II 3; MünchKommHGB/*Enzinger* § 119 RdNr. 83 f. (für die Bildung von Fallgruppen); *Wiedemann* GesR II § 4 I 3 c, S. 304 ff. Für Beschlusskontrolle unter Rückgriff auf § 138 aber *Hadding* ZGR 1979, 636, 647 und *Soergel/Hadding* RdNr. 41.

Bezugsrechtsausschluss im Aktienrecht entwickelte,[224] für Beschlüsse über Strukturänderungen in der GmbH übernommene[225] Lehre vom Erfordernis sachlicher Rechtfertigung auf Mehrheitsbeschlüsse in Personengesellschaften übertragen werden, soweit sie die Rechtsstellung der überstimmten Gesellschafter beeinträchtigen.

101 Die **Überprüfung** des Mehrheitsbeschlusses erfolgt danach grundsätzlich **in drei Stufen.**[226] Die mehrheitliche Vertragsänderung muss erstens im *Gesellschaftsinteresse* liegen,[227] wobei der Mehrheit bei dessen Konkretisierung ein Ermessensspielraum verbleibt.[228] Der Eingriff in die Rechte der Minderheit muss zweitens *erforderlich* sein zur Erreichung des angestrebten Ziels; es darf kein die Minderheit weniger belastendes Mittel zur Verfügung stehen. Schließlich müssen die für die Gesellschaft angestrebten Vorteile *in einem angemessenen Verhältnis* zu den Eingriffen in die Rechte der überstimmten Minderheit stehen; dabei sind die Anforderungen an die sachliche Rechtfertigung umso strenger, je weitergehend durch den Beschluss in die Rechte der Minderheit eingegriffen wird.[229] Führt etwa die Befreiung des Mehrheitsgesellschafters von einem gesellschaftsvertraglichen Wettbewerbsverbot dazu, dass die Gesellschaft zu einem abhängigen Unternehmen wird, ist der Beschluss angesichts der mit der Konzernierung für die abhängige Gesellschaft verbundenen Gefahren nur wirksam, wenn andernfalls der Bestand der Gesellschaft ernsthaft gefährdet wäre.[230]

III. Beschlusswirkungen

102 Im **Innenverhältnis** entfalten Gesellschafterbeschlüsse bereits unmittelbar mit ihrem Zustandekommen (RdNr. 71) Rechtswirkungen. Besonderer Umsetzungsmaßnahmen bedarf es nicht. Das gilt sowohl für Vertragsänderungen einschließlich der Entziehungs- und Ausschließungsbeschlüsse der §§ 712 Abs. 1, 715, 737, als auch für Beschlüsse in Geschäftsführungs- oder sonstigen gemeinsamen Angelegenheiten. Da die für das Zustandekommen des jeweiligen Beschlusses erforderlichen Stimmabgaben empfangsbedürftige Willenserklärungen und als solche allen Mitgesellschaftern gegenüber abzugeben sind (RdNr. 74), ist gewährleistet, dass Änderungen der Rechtslage nicht ohne entsprechende Information der Gesellschafter zustande kommen. – Zur Bindung an Gesellschafterbeschlüsse bis zu ihrer einvernehmlichen Aufhebung vgl. RdNr. 75.

103 Unmittelbare **Außenwirkung** kann Gesellschafterbeschlüssen zwar in den Fällen zukommen, in denen es um die Einsetzung oder Abberufung vertretungsberechtigter Gesellschaftsorgane geht; im letztgenannten Fall bleibt die Notwendigkeit der Zerstörung des Rechtsscheins fortbestehender Vertretungsmacht (§ 714 RdNr. 28) hiervon unberührt. Im Übrigen bedarf es aber einer Umsetzung der Gesellschafterbeschlüsse gegenüber den hiervon betroffenen Dritten. So setzt die Aufnahme neuer Gesellschafter einen Vertragsschluss zwischen

---

[224] BGHZ 71, 40 = NJW 1978, 1316; BGHZ 83, 319 = NJW 1982, 2444; BGHZ 120, 141, 145 f. = NJW 1993, 400; aus der Lit. insb. *Lutter* ZGR 1979, 401 ff. und *M. Winter*, Mitgliedschaftliche Treuebindungen im GmbH-Recht, 1988, S. 262 ff. Krit. zur neuerlichen Relativierung des Bezugsrechts insbes. *Zöllner* AG 2002, 585 ff.

[225] BGHZ 80, 69, 73 ff. = NJW 1981, 1512. Vgl. auch *Hachenburg/Ulmer* § 53 GmbHG RdNr. 62 f., § 55 GmbHG RdNr. 46 f.; *M. Winter* (Fn. 224) S. 141 ff.

[226] So zutr. MünchKommAktG/*Hüffer* § 243 RdNr. 47 f., 57 und *ders.* § 243 AktG RdNr. 24; *Staudinger/Habermeier* RdNr. 53. Grundlegend zur Übertragung der für heikle Eingriffe entwickelten Schranken der Erforderlichkeit und Verhältnismäßigkeit des Eingriffs auf die Beschlusskontrolle in privatrechtlichen Verbänden schon *Zöllner* (Fn. 105) S. 352; *ders.* in Kölner Komm. zum AktG § 243 RdNr. 202.

[227] BGHZ 71, 40, 44 = NJW 1978, 1316; BGHZ 80, 69, 74 f. = NJW 1981, 1512; BGHZ 120, 141, 146 = NJW 1993, 400; vgl. aber auch BGHZ 76, 352 = NJW 1980, 1278 zum Auflösungsbeschluss nach § 60 Abs. 1 Nr. 2 GmbHG; dazu *Lutter* ZGR 1981, 171 ff.; *Timm* JZ 1980, 665 ff.

[228] BGHZ 71, 40, 49 f. = NJW 1978, 1316.

[229] BGHZ 80, 69, 74 = NJW 1981, 1512; dazu auch *Staub/Ulmer* Anh. § 105 HGB (Konzernrecht) RdNr. 43 f. und *Hachenburg/Ulmer* § 55 GmbHG RdNr. 46, 47 f.

[230] BGHZ 80, 69, 74 f. = NJW 1981, 1512; allg. zur Personengesellschaft als abhängiges Unternehmen *Staub/Ulmer* Anh. § 105 HGB (Konzernrecht) RdNr. 23 f.; MünchKommHGB/*Mülbert* KonzernR RdNr. 114 ff.; *Reuter* ZHR 146 (1982), 1 ff.; *Raiser* ZGR 1980, 558 ff.; *U. H. Schneider* ZGR 1980, 511 ff. und *Emmerich*, FS Stimpel, 1985, S. 743 ff.

diesen und den Mitgesellschaftern voraus, soweit es sich nicht um den Sonderfall einer Anteilsübertragung handelt (§ 719 RdNr. 17, 20 ff.). Geschäftsführungsbeschlüsse führen erst dann zu Rechtsbeziehungen der Gesellschaft gegenüber Dritten, wenn die vertretungsberechtigten Gesellschafter das entsprechende Rechtsgeschäft für die Gesellschaft abschließen.

IV. Mängel der Beschlussfassung

1. Grundlagen. Der Beschluss als Rechtsgeschäft (RdNr. 51) setzt sich aus der nach Gesetz oder Gesellschaftsvertrag erforderlichen Zahl von Willenserklärungen der Gesellschafter in der Gestalt von Stimmabgaben zusammen (RdNr. 71, 74). Dementsprechend ist auch bei Mängeln danach zu unterscheiden, ob sie sich auf den Beschluss als solchen oder auf einzelne der ihm zugrunde liegenden Willenserklärungen beziehen.[231] Während der Beschluss im ersten Fall grundsätzlich nichtig ist (RdNr. 105 ff.), ist das im zweiten Fall (bei Mangelhaftigkeit einzelner Stimmabgaben) nur dann anzunehmen, wenn die fehlerhafte Stimme für das Zustandekommen des Beschlusses erforderlich war und ihre Unwirksamkeit es nicht etwa gestattet, den Beschluss gleichwohl, ggf. auch mit anderem Inhalt, aufrechtzuhalten (vgl. näher RdNr. 111).

2. Beschlussmängel. a) Allgemeines. Die Mängel können sowohl das Zustandekommen als auch den Inhalt des Beschlusses betreffen und führen nach hM grundsätzlich zur **Nichtigkeit** des Beschlusses[232] (Ausnahmen vgl. in RdNr. 109). Eine Analogie zum aktienrechtlichen Beschlussmängelrecht der §§ 241 ff. AktG ist abzulehnen.[233] Als *Fehlergründe* kommen Verfahrensmängel und Ordnungsverstöße sowie Verstöße gegen allgemeine Inhaltsschranken (RdNr. 108) oder gegen den Gesellschaftsvertrag in Betracht.

b) Verfahrensfehler. Sie bilden einen Nichtigkeitsgrund nur dann, wenn nicht ausgeschlossen werden kann, dass das *Zustandekommen* des Beschlusses durch den Fehler beeinflusst ist, so bei Fehlern in der Feststellung des Beschlussergebnisses, Mitzählen von wegen Interessenkollision ausgeschlossenen Stimmen, Nichtmitwirkung fehlerhaft nicht geladener Gesellschafter u. a. *Ladungsmängel,* also Verstöße gegen gesellschaftsvertragliche Regelungen über Form, Frist und Inhalt der Einberufung einer Gesellschafterversammlung, führen nach der Rechtsprechung dann zur Unwirksamkeit, wenn hierdurch die Teilnahme eines Gesellschafters oder die Vorbereitung auf die Tagesordnungspunkte vereitelt oder erschwert wird.[234] Demgegenüber bleibt der Beschluss trotz des Mangels gültig, wenn die fehlerhaft mitgezählte Stimme für das Zustandekommen des Beschlusses ohne Bedeutung ist oder der versehentlich nicht geladene Gesellschafter gleichwohl an der Beschlussfassung mitwirkt.[235]

---

[231] Diese besonders von *Zöllner* (Fn. 105) S. 359 ff., 373 f. zutr. betonte Unterscheidung hat sich inzwischen allg. durchgesetzt; vgl. *Soergel/Hadding* RdNr. 45; *Erman/Westermann* RdNr. 37 f.; *Staudinger/Habermeier* RdNr. 26; *Staub/Ulmer* § 119 HGB RdNr. 76 f., 82 ff.; MünchKommHGB/*Enzinger* § 119 RdNr. 94; *Hueck* OHG § 11 V.

[232] BGH WM 1983, 1407, 1408; 1988, 23, 24; 1995, 701, 706; offen lassend aber BGH WM 1990, 675, 676; *Soergel/Hadding* RdNr. 44; *Erman/Westermann* RdNr. 37 f.; *Staub/Ulmer* § 119 HGB RdNr. 82 ff.; *Schlegelberger/Martens* § 119 HGB RdNr. 31 f.; *Timm,* FS Fleck, 1988, S. 365, 372; *Wiedemann* GesR II § 4 I 5 b, S. 323.

[233] HM, vgl. MünchKommAktG/*Hüffer* § 241 RdNr. 100; *ders.* ZGR 2001, 833, 839; *Staub/Ulmer* § 119 HGB RdNr. 79 f.; *Casper* ZHR 163 (1999), 54, 72 ff.; *Scholz* WM 2006, 897, 904; *Bamberger/Roth/Timm/Schöne* RdNr. 65. Einschränkend *K. Schmidt* FS Stimpel, 1985, S. 217 ff. und *Scholz/K. Schmidt* Anh. § 45 GmbHG RdNr. 48 ff., 52; *ders.* GesR § 15 II 3 (Bindung der Mangelgeltendmachung an Klage nach dem Vorbild der §§ 243, 246 AktG); dem folgend auch MünchKommHGB/*Enzinger* § 119 RdNr. 99, 108 und *Staudinger/Habermeier* RdNr. 26 (für unternehmenstragende Gesellschaften); abw. auch *Noack,* Fehlerhafte Beschlüsse in Gesellschaften und Vereinen, 1989, S. 49 ff., 170 ff. (Unterscheidung zwischen genereller und interner Nichtigkeit, von der nur letztere zur Disposition der Mitglieder steht).

[234] BGH WM 1995, 701, 706; KG GmbHR 1995, 524; OLG Dresden NZG 2000, 782, 783 f. Vgl. zu den Anforderungen an die Ladung zur Gesellschafterversammlung weiter BGH WM 1994, 1925, 1927; zur Kausalität bei Ladungsfehlern BGH WM 1983, 1407, 1408; NJW 1988, 1262, 1263; zur Beweislastverteilung in diesen Fällen auch BGH NJW 1987, 1262, 1263; WM 1987, 927, 928.

[235] HM, vgl. *Zöllner* (Fn. 105) S. 374 f.; *Soergel/Hadding* RdNr. 43, 45; *Hueck* OHG § 11 V 2 a. Vgl. auch BGHZ 59, 369, 373 = NJW 1973, 235 (Verein). Zur Heilung von Ladungsmängeln durch Anwesenheit s.

§ 709 107–109

Enthält der Gesellschaftsvertrag Bestimmungen zur Beschlussfassung (Ladung, Durchführung der Versammlung, Beschlussfähigkeit), lässt sich diese differenzierende Fehlerbehandlung auf eine Analogie zum GmbH-Recht stützen,[236] anderenfalls auf § 125 S. 2.[237]

107 Die Wirksamkeit des Beschlusses soll nach verbreiteter Ansicht auch dann zu bejahen sein, wenn der Mangel auf der **Nichtbeachtung bloßer Ordnungsvorschriften** beruht, wobei als Beispiel das Fehlen einer im Gesellschaftsvertrag vorgesehenen Protokollierung des Gesellschafterbeschlusses genannt wird.[238] Gegenüber dieser Kategorie ist indessen Vorsicht geboten, zumal die Grenzen zwischen Ordnungs- und sonstigen Verfahrensvorschriften fließend sind. Die Entscheidung über die Folgen des Beschlussmangels richtet sich vielmehr wie bei der Nichteinhaltung der gewillkürten Schriftform für Vertragsänderungen (§ 705 RdNr. 50) danach, welche Bedeutung der Ordnungsvorschrift nach allgemeinen Auslegungsgrundsätzen zukommt sowie ob die Beteiligten sich bei der Beschlussfassung bewusst und mit der hierfür erforderlichen Mehrheit über die Vertragsbestimmung hinweggesetzt haben.[239]

108 c) **Inhaltsmängel.** Nichtigkeit wegen inhaltlicher Mängel ist namentlich dann zu bejahen, wenn der Beschlussinhalt entweder gegen Gesetz und gute Sitten oder gegen vorrangige Vereinbarungen im Gesellschaftsvertrag verstößt. Beispiele für einen *Gesetzesverstoß* bilden die Verletzung des Gleichbehandlungsgrundsatzes[240] oder der Treupflicht[241] durch Mehrheitsbeschluss, oder der Verstoß gegen das Kartellverbot.[242] Der Nichtigkeit wegen *Sittenverstoßes* durch Machtmissbrauch der Mehrheit gegenüber der Minderheit kommt angesichts der Anerkennung der Treupflicht als – im Vorfeld greifende – inhaltliche Schranke der Mehrheitsmacht nur geringe Bedeutung zu.[243] Zur *Unwirksamkeit* des Beschlusses gegenüber dem nicht zustimmenden Gesellschafter führt die Erhöhung der Beitragspflichten (§ 707 RdNr. 7 f.) sowie der mehrheitliche Eingriff in unentziehbare Sonderrechte bzw. den Kernbereich der Mitgliedschaft (RdNr. 98 f.). Insoweit haben gesellschaftsrechtliche Anfechtungsfristen keine Präklusionswirkung (vgl. RdNr. 114).

109 d) **Einschränkungen der Nichtigkeit.** Eine Einschränkung gegenüber der Nichtigkeit fehlerhafter Gesellschafterbeschlüsse folgt aus den Grundsätzen über die **fehlerhafte Gesellschaft**. Diese gelten nicht nur für den Abschluss des Gesellschaftsvertrags, sondern auch für dessen Änderungen einschließlich des Gesellschafterwechsels (§ 705 RdNr. 360 ff.). Voraussetzung für ihr Eingreifen ist, dass **Änderungen des Gesellschaftsvertrags** in Frage stehen, die sich nicht auf die schuldrechtlichen Beziehungen der Gesellschafter untereinander beschränken, sondern auch Bedeutung für die Gesellschaftsorganisation haben (§ 705

---

auch BGHZ 100, 264, 269 f. = NJW 1987, 2580 (zu § 51 Abs. 3 GmbHG); RGZ 104, 413, 415; 122, 367, 369; *Soergel/Hadding* RdNr. 45; *Schlegelberger/Martens* § 119 HGB RdNr. 11; *Heymann/Emmerich* § 119 RdNr. 10; *Hueck* OHG § 11 V 2 a.

[236] Näher *Staub/Ulmer* § 119 HGB RdNr. 82 ff.

[237] Vgl. *C. Schäfer*, Die Lehre vom fehlerhaften Verband, 2002, S. 16 f.; aA *Noack* (Fn. 233) S. 32 (der Interessenlage entspreche es nicht, Verfahrensfehler dem § 125 S. 2 zuzuordnen; das ist in dieser Allgemeinheit nicht zutr.).

[238] RGZ 104, 413, 415; 122, 367, 369; *Soergel/Hadding* RdNr. 45; *Schlegelberger/Martens* § 119 HGB RdNr. 11; *Hueck* OHG § 11 V 2 a. Vgl. dazu auch *Rutenfranz* BB 1965, 601.

[239] So im Grundsatz auch KG GmbHR 1995, 524 (förmliche Mitteilung der Tagesordnung ist Wirksamkeitsvoraussetzung; kein Verzicht auf Einhaltung der Formvorschriften ohne Gelegenheit zur Aussprache über wichtigen Beschlussgegenstand und Abgabe einer Gegenstimme).

[240] BGHZ 20, 363, 369 = NJW 1956, 1198; *Spengler*, FS Möhring, 1965, S. 165, 181.

[241] Zum GmbH-Recht vgl. BGHZ 65, 15 = NJW 1976, 191 (Anm. *Ulmer*); dazu auch *E. Rehbinder* ZGR 1976, 386 ff.; zur rechtsbegrenzenden Funktion der Treupflicht unter Mitgesellschaftern eingehend *M. Winter* (Fn. 224) S. 23 ff., 135 ff. Allg. zum Minderheitenschutz in Personengesellschaften vgl. *Rob. Fischer*, FS Barz, 1974, S. 32, 41 ff.; *U. H. Schneider* ZGR 1972, 357 ff.; *ders.* ZGR 1975, 253 ff.; *ders.*, FS Bärmann, 1975, S. 873 ff.; *K. Schmidt* GesR § 16 II 4 c, § 20 IV 3; *Schlegelberger/Martens* § 119 HGB RdNr. 12; dazu näher RdNr. 100.

[242] Vgl. dazu *K. Schmidt*, FS Rob. Fischer, 1979, S. 693 ff. Zum Verstoß des Gesellschaftszwecks gegen § 1 GWB vgl. § 705 RdNr. 334.

[243] Auf die Sittenwidrigkeit des Mehrheitsbeschlusses abstellend aber noch *Hueck* OHG § 11 V 2 b; *Spengler*, FS Möhring, 1965, S. 165, 179 f.; in neuerer Zeit auch wieder *Hadding* ZGR 1979, 647 und *Soergel/Hadding* RdNr. 43.

RdNr. 362), und dass die Änderungen in Vollzug gesetzt sind. Sieht der Gesellschaftsvertrag mehrheitliche Vertragsänderungen vor, so greifen die Grundsätze der Lehre von der fehlerhaften Gesellschaft bei Vorliegen der sonstigen Voraussetzungen auch dann ein, wenn die Beteiligten wegen eines Berechnungsfehlers zu Unrecht davon ausgegangen sind, der Beschluss habe die erforderliche Mehrheit erreicht.[244]

e) Heilung. Eine Heilung nichtiger Beschlüsse ist einerseits durch deren ausdrückliche 110 oder konkludente Bestätigung unter Beseitigung des Mangels möglich.[245] So wie die Gesellschafter nicht gehindert sind, jederzeit einen neuen, mangelfreien Beschluss zu fassen, können sie die Wirksamkeit des Beschlusses auch durch unwidersprochenen Vollzug in Kenntnis des Mangels herbeiführen, soweit es nicht um Verstöße gegen §§ 134, 138 geht. Aber auch das längere Nichtgeltendmachen eines allen Beteiligten bekannten Mangels kann im Ergebnis zu dessen Heilung führen. Zwar gibt es im Unterschied zum Aktienrecht **keine gesetzlichen Klagefristen** bei mangelhaften Beschlüssen von Personengesellschaften. Auch wenn der Gesellschaftsvertrag keine materiellen Ausschlussfristen bestimmt,[246] sind die Gesellschafter jedoch schon mit Rücksicht auf die Treupflicht gehalten, sich in angemessener Zeit auf den Mangel zu berufen, wenn sie sich nicht dem Verwirkungseinwand aussetzen wollen.[247]

3. Mängel der Stimmabgabe. Sie beschränken sich im Unterschied zu den Beschluss- 111 mängeln auf die jeweiligen der Beschlussfassung zugrunde liegenden Willenserklärungen von Gesellschaftern. Auf die Wirksamkeit des Beschlusses haben sie nur Einfluss, wenn – wie namentlich bei Geltung des Einstimmigkeitsprinzips (RdNr. 81) – das für den Beschluss erforderliche Quorum ohne sie nicht erreicht wird. Ansonsten lässt die fehlerhaft abgegebene Stimme im Falle ihrer Nichtberücksichtigung die Wirksamkeit des Beschlusses unberührt; sie kann aber je nach dem Verhältnis der verbleibenden Stimmen ein anderes Beschlussergebnis zur Folge haben.[248] Ist die Beschlussfassung noch nicht abgeschlossen, so kann die Stimmabgabe grundsätzlich wiederholt werden;[249] andernfalls gilt sie als Enthaltung.[250] Dem fehlerhaft abstimmenden Gesellschafter kann aber im Einzelfall, aus Gründen der Treupflicht, auch ein Anspruch auf Wiederholung der Abstimmung zustehen.[251]

---

[244] AA *Wiesner*, Die Lehre von der fehlerhaften Gesellschaft, 1980, S. 145 f. (vorbehaltlich des fehlerhaften Beitritts, S. 149 f.).
[245] RG Recht 1921 Nr. 72; *Soergel/Hadding* RdNr. 45; *Bamberger/Roth/Timm/Schöne* RdNr. 65; *Staub/Ulmer* § 119 HGB RdNr. 92; *Hueck* OHG § 11 V 2 a, Fn. 60 a; vgl. auch *Staudinger/Habermeier* RdNr. 27.
[246] Vgl. zu derartigen Vereinbarungen BGHZ 68, 212, 216 = NJW 1977, 1292; BGHZ 112, 339, 344 = NJW 1991, 691; BGH NJW 1988, 411, 413; dort auch zur Anwendung des § 270 Abs. 3 (§ 167 nF) ZPO auf diese Fristen.
[247] Im Schrifttum werden hier zT recht enge zeitliche Grenzen aufgestellt (vgl. namentlich *Hueck* OHG § 11 V 1 d und 2 a, der unverzüglichen Widerspruch verlangt, aber auch *Westermann* Hdb. RdNr. I 553: Monatsfrist). Vgl. ferner *Noack* (Fn. 233) S. 72 ff., 174, der nur bei von ihm sog. interner Nichtigkeit die Erhebung eines Widerspruchs innerhalb angemessener Zeit fordert. In BGH WM 1973, 100, 101 wurde die Geltendmachung der Nichtigkeit einer Änderung des Gewinnverteilungsschlüssels nach vielen Jahren als verspätet zurückgewiesen, wobei zugunsten der Beklagten besonders die Unklarheit der Rechtslage betont wurde. Nach BGH WM 1991, 509, 510 tritt eine „Heilung" durch Fristablauf jedenfalls nicht bereits nach sechs Monaten ein. Auch für die Anfechtungsklage im GmbH-Recht lässt der BGH Klageerhebung innerhalb „angemessener" Frist genügen (BGHZ 111, 224, 225 = NJW 1990, 2625; BGHZ 80, 212, 216 f. = NJW 1981, 2225, 2227; *Scholz/K. Schmidt* § 45 GmbHG RdNr. 142 f.), während einer Nichtigkeitsklage gegen eingetragene GmbH-Beschlüsse die Dreijahresfrist des § 242 Abs. S. 1 AktG entgegenstehen soll (BGH aaO und WM 1984, 473). Dazu *Scholz/K. Schmidt* § 45 GmbHG RdNr. 89.
[248] Vgl. Rspr.-Nachweise in Fn. 253; so für die GmbH auch schon BGHZ 76, 154, 158 = NJW 1980, 1527 (Stimmabgabe unter Verstoß gegen § 47 Abs. 4 S. 2 GmbHG); BGHZ 88, 320, 329 f. = NJW 1983, 489 (treuwidrige Stimmabgabe). Grundlegend *Zöllner* (Fn. 105) S. 359 ff., 373 f., gegen die früher hM. Ihm folgend *Soergel/Hadding* RdNr. 45; *Erman/Westermann* RdNr. 37; *Staudinger/Habermeier* RdNr. 26, 29; *Bamberger/Roth/Timm/Schöne* RdNr. 54; *Staub/Ulmer* § 119 HGB RdNr. 72; MünchKommHGB/*Enzinger* § 119 RdNr. 94; *Hueck* OHG § 11 V 1 c; so auch § 32 RdNr. 44 aE.
[249] *Hueck* OHG § 11 V 1 b. Vgl. auch Nachweise in Fn. 126, 127; aA *Bamberger/Roth/Timm/Schöne* RdNr. 54.
[250] HM, vgl. *Zöllner* (Fn. 105) S. 359; *Soergel/Hadding* RdNr. 45; *Bamberger/Roth/Timm/Schöne* RdNr. 54; *Hueck* OHG § 11 V 1 b.
[251] *Hueck* OHG § 11 V 1 b Fn. 58; *Staudinger/Habermeier* RdNr. 29.

112 Die möglichen **Gründe** für eine wegen Fehlerhaftigkeit nichtige oder unbeachtliche Stimmabgabe sind vielfältig.[252] Neben einer auf Irrtum, Täuschung oder Drohung gestützten Anfechtung kommen auch fehlende Geschäftsfähigkeit des Abstimmenden oder die Tatbestände der §§ 116 bis 118 in Betracht. Weitere Gründe bilden die Nichtbeachtung eines Stimmrechtsausschlusses wegen Interessenkollision oder die Stimmabgabe durch einen Vertreter unter Verletzung von § 181. Schließlich kann auch ein in der Stimmabgabe liegender **Treupflichtverstoß** zur Nichtigkeit der Stimmabgabe wegen unzulässiger Rechtsausübung führen.[253] Hier wird freilich häufig der Treupflichtverstoß auf den Beschlussinhalt durchschlagen und die Nichtigkeit des Beschlusses zur Folge haben (RdNr. 108).

113 **4. Gerichtliche Geltendmachung.** Ein besonderes Verfahren zur Geltendmachung von Beschlussmängeln ist im Personengesellschaftsrecht abweichend vom Aktienrecht nicht vorgesehen.[254] Wer sich auf die Nichtigkeit des Beschlusses oder die Unrichtigkeit des festgestellten Beschlussergebnisses beruft, kann hierzu **Feststellungsklage** erheben.[255] Die Klage richtet sich gegen diejenigen Gesellschafter, die der beantragten Feststellung widersprechen. Die Gesellschaft ist ggf. verpflichtet, dem Klagewilligen die Namen und Anschriften der Mitgesellschafter bekannt zu geben.[256] Notwendige Streitgenossenschaft besteht weder auf der Aktiv- noch auf der Passivseite.[257] Im Interesse der gewünschten Klärung ist es freilich zweckmäßig, die Feststellungsklage zugleich gegen sämtliche widersprechenden Gesellschafter zu erheben.

114 Der **Gesellschaftsvertrag** kann – auch konkludent[258] – vorsehen, dass die Geltendmachung der Mangelhaftigkeit von Beschlüssen gegenüber der Gesellschaft erfolgen muss.[259] Er kann hierfür auch **Anfechtungsfristen** statuieren.[260] Diese Anfechtungsfristen präkludieren den Gesellschafter jedoch nur bei Nichtigkeit des Beschlusses, nicht dagegen bei Unwirksamkeit wegen Fehlens einer erforderlichen Zustimmung des einzelnen Gesellschafters (aufgrund von § 707, § 35 oder der Kernbereichslehre, s. RdNr. 108). Nach der zutreffenden neueren Rechtsprechung des BGH bezieht sich die Frist nur auf Beschlussmängel, nicht aber auf die Unwirksamkeit des Beschlusses gegenüber dem einzelnen Gesellschafter.[261] Ein Beschluss, der in Kernbereichsrechte eingreift oder die Gesellschafter zu Nachschüssen verpflichtet, ist als solcher nicht mangelhaft, wenn einzelne Gesellschafter nicht zugestimmt haben. Gegenüber den zustimmenden Gesellschaftern treten seine bestimmungsgemäßen

---

[252] Dazu näher *Zöllner* (Fn. 105) S. 360 ff.
[253] BGHZ 65, 93, 98 = NJW 1976, 49 (Verletzung des Gesellschaftsinteresses aus Selbstsucht); BGH LM HGB § 105 Nr. 47 = WM 1979, 1060; BGHZ 102, 172, 176 = NJW 1988, 969; BGH ZIP 1991, 23, 24; OLG Hamburg WM 1992, 272, 273; aus der Lit. vgl. *Spengler*, FS Möhring, 1965, S. 165, 181; *Zöllner* (Fn. 105) S. 366.
[254] AA – für Unterscheidung zwischen nichtigen und anfechtbaren Beschlüssen auch im Personengesellschaftsrecht und für Anerkennung eines Anfechtungsverfahrens nach dem Vorbild der §§ 241 ff. AktG – *K. Schmidt*, FS Stimpel, 1985, S. 217 ff. und GesR § 15 II 3; vgl. auch schon *dens*. AG 1977, 243, 251 f.; ebenso MünchKommHGB/*Enzinger* § 119 RdNr. 107 f.; *Staudinger/Habermeier* RdNr. 26 (für unternehmenstragende Gesellschaften). Abw. auch *Noack* (Fn. 233) S. 85 ff., 174, der das Konzept von *K. Schmidt* zwar ablehnt, aber gleichwohl für eine Beschlussmängelklage gegen den Verband plädiert.
[255] HM; vgl. BGH NJW 1999, 3113, 3115; *Soergel/Hadding* RdNr. 44; *Erman/Westermann* RdNr. 39; *Bamberger/Roth/Timm/Schöne* RdNr. 65; *Staub/Ulmer* § 119 HGB RdNr. 94; *Hueck* OHG § 11 V 2 d; *Hüffer* ZGR 2001, 833, 839; *Wiedemann* GesR II § 4 I 5 c, S. 324.
[256] So zutr. BGH NJW 1988, 411, 413.
[257] So BGHZ 30, 195, 197 = NJW 1959, 1683 und die Nachweise in Fn. 255 gegen die im Schrifttum früher hM (näher GroßkommHGB/*Rob. Fischer*, 3. Aufl. 1967, § 119 Anm. 18 mwN); aA *K. Schmidt*, FS Stimpel, 1985, S. 220, 236 f.: die kassatorische Anfechtungsklage sei bei den parteifähigen Personenhandelsgesellschaften gegen diese, bei der GbR gegen sämtliche Mitgesellschafter als notwendige Streitgenossen zu erheben. Ebenso im Ergebnis *Noack* (Fn. 233) S. 174 f.
[258] BGH NJW 1999, 3113, 3115.
[259] Zur Zulässigkeit einer solchen Klausel bei den Personenhandelsgesellschaften vgl. BGHZ 85, 350, 353 = NJW 1983, 1056; BGH WM 1966, 1036.
[260] *Staub/Ulmer* § 119 HGB RdNr. 94 f.
[261] BGH NZG 2007, 381; NJW-RR 2007, 1477 = WM 2007, 1333; dazu § 707 RdNr. 7.

Wirkungen allemal ein. Dadurch, dass der Gesellschafter mit dem Vorbringen von Beschlussmängeln aufgrund von Vertragsklauseln präkludiert ist, kann seine fehlende Zustimmung also nicht ersetzt werden.[262] Bei fehlender Parteifähigkeit der (Innen-)GbR (vgl. § 705 RdNr. 320) ist eine solche Klausel dahin auszulegen, dass die Klage gegen die übrigen Gesellschafter als notwendige Streitgenossen zu richten ist. – Zur Klagefrist vgl. RdNr. 110.

§ 710 Übertragung der Geschäftsführung

[1] Ist in dem Gesellschaftsvertrag die Führung der Geschäfte einem Gesellschafter oder mehreren Gesellschaftern übertragen, so sind die übrigen Gesellschafter von der Geschäftsführung ausgeschlossen. [2] Ist die Geschäftsführung mehreren Gesellschaftern übertragen, so findet die Vorschrift des § 709 entsprechende Anwendung.

I. Normzweck

1. Auslegungsregel (S. 1). Ähnlich wie § 709 Abs. 2 enthält auch § 710 – abgesehen von der Verweisung in Satz 2 – eine Auslegungsregel. Sie setzt die gesellschaftsvertragliche Übertragung der Geschäftsführung abweichend von § 709 Abs. 1 auf bestimmte Gesellschafter dadurch voraus und stellt für diesen Fall klar, dass die übrigen Gesellschafter von der Geschäftsführung ausgeschlossen sind. Das hat Bedeutung namentlich für das Widerspruchsrecht nach § 711 (RdNr. 7).

2. Voraussetzungen. Die Geschäftsführung muss im Gesellschaftsvertrag abweichend von § 709 Abs. 1 in der Weise geregelt sein, dass die Befugnis hierzu nur einem Teil der Gesellschafter zusteht (§ 709 RdNr. 15). Das kann entweder dadurch geschehen, dass sie – ausdrücklich oder stillschweigend[1] – auf die als Geschäftsführer vorgesehenen Gesellschafter **übertragen** wird, **oder** dadurch, dass bestimmte Gesellschafter von der Geschäftsführung **ausgeschlossen** werden. Um eine Übertragung iS von § 710 S. 1 handelt es sich auch dann, wenn sie sich auf einen *Teilbereich* beschränkt, sei es in gegenständlicher (technische Leitung, Kassenführung u. a.) oder in qualitativer Hinsicht (gewöhnliche Geschäfte). Ein Ausschluss der Mitgesellschafter von der Geschäftsführung tritt in diesen Fällen nicht generell, sondern nur insoweit ein, als die Übertragung reicht.[2] Von der Übertragung zu unterscheiden sind Maßnahmen bloß interner Arbeitsteilung (§ 709 RdNr. 16). – Zur Unzulässigkeit des Ausschlusses sämtlicher Gesellschafter von der Geschäftsführung bzw. deren Übertragung auf einen *Dritten* vgl. § 709 RdNr. 20.

Sachlich ist die „Übertragung" sowohl von der bei Kapitalgesellschaften erforderlichen Bestellung zum Mitglied des Geschäftsführungsorgans als auch von der rechtsgeschäftlichen Beauftragung klar zu unterscheiden. Unabhängig davon, ob der Gesellschaftsvertrag den Weg der Übertragung auf bestimmte Gesellschafter wählt oder denjenigen des Ausschlusses der anderen von der Geschäftsführung, geht es jeweils darum, die nach gesetzlicher Regel allen Gesellschaftern zustehende **Geschäftsführungsbefugnis auf einen Teil der Gesellschafter zu konzentrieren.** Der abweichende Wortlaut der Vorschrift erklärt sich aus der überholten Vorstellung, dass die typische GbR keine für sie handelnden Organe habe, vielmehr alle Gesellschafter gemeinschaftlich für die Förderung des gemeinsamen Zwecks tätig würden. Aus dieser Sicht schien die „Übertragung" der Geschäftsführung in der Tat einer Beauftragung nahezukommen (vgl. auch § 713). Besinnt man sich demgegenüber auf die in § 718 angelegte, inzwischen höchstrichterlich anerkannte Qualität der (Außen-)Gesellschaft als rechtsfähiger Personenverband und Zuordnungssubjekt des Gesamthandsver-

---

[262] *C Schäfer* (Fn. 111) S. 145 f.
[1] BGHZ 16, 394, 396 f. = NJW 1955, 825.
[2] *Soergel/Hadding* RdNr. 2; *Erman/Westermann* RdNr. 1; *Staudinger/Habermeier* RdNr. 3; *Bamberger/Roth/ Timm/Schöne* RdNr. 6.

mögens (§ 705 RdNr. 303 ff.) und auf die bei jeder Außengesellschaft anzutreffenden Organisationselemente (§ 705 RdNr. 158 f.), so zeigt sich die dogmatische Ungenauigkeit des Begriffs der Übertragung. Vielmehr ist die in § 710 geregelte Gestaltungsmöglichkeit als ein Fall der *Beschränkung der Geschäftsführungsbefugnis* anzusehen. Die Frage hat nach bisher ganz überwiegender, freilich unzutreffender Ansicht Bedeutung vor allem für den Anwendungsbereich des § 712 (vgl. § 712 RdNr. 1, 4 ff.).

II. Die Rechte der Geschäftsführer

4 Allgemein zur Rechtsstellung der Geschäftsführer vgl. § 709 RdNr. 26 ff. Die dortigen Feststellungen gelten auch für die Fälle „übertragener", dh. auf einen Teil der Gesellschafter beschränkter Geschäftsführungsbefugnis (RdNr. 3). Die Frage, ob die als Geschäftsführer ausgewählten Gesellschafter **Gesamt-** oder **Einzelgeschäftsführungsbefugnis** haben, richtet sich nach dem Gesellschaftsvertrag, bei seinem Schweigen nach § 709 Abs. 1 (§ 710 S. 2). Bei Auslegung des Gesellschaftsvertrags ist auch auf etwaige, den Partnern bekannte *berufsrechtliche Anforderungen* an die Ausgestaltung der Geschäftsführungsbefugnis (vgl. § 6 PartGG RdNr. 16 ff.) Rücksicht zu nehmen. Ist im Gesellschaftsvertrag die Geschäftsführung zwar einem Teil der Gesellschafter vorbehalten, über die Art ihres Tätigwerdens aber nichts gesagt, so gilt nach § 709 Abs. 1 *Gesamtgeschäftsführung* der betreffenden Gesellschafter in dem Sinne, dass es zu jeder Maßnahme grundsätzlich der *Zustimmung aller Geschäftsführer* bedarf (vgl. näher § 709 RdNr. 38 ff.).

5 Ist von zwei Gesamtgeschäftsführern einer **auf Dauer verhindert** oder erlischt seine Geschäftsführungsbefugnis durch Tod, Ausscheiden u. a., so erstarkt die Befugnis des anderen im Zweifel nicht zur Einzelgeschäftsführung; vielmehr greift der gesetzliche Regelfall des § 709 Abs. 1 ein.[3] Gleiches gilt bei Wegfall des einzigen zur Geschäftsführung berufenen Gesellschafters.

6 **Abweichende Gestaltungen** sind einerseits in der Weise möglich, dass *Gesamtgeschäftsführung,* verbunden mit *Mehrheitsprinzip,* vorgesehen wird (§ 709 Abs. 2, vgl. § 709 RdNr. 45 ff.). Das setzt regelmäßig die Beteiligung von mehr als zwei Gesellschaftern an der Geschäftsführung voraus. Daneben kommt auch die Einräumung von *Einzelgeschäftsführungsbefugnis* für zwei oder mehr Geschäftsführer in Betracht. In diesem Fall steht jedem von ihnen nach § 711 ein Widerspruchsrecht gegen die Maßnahmen der Mitgeschäftsführer zu. Beschränkt sich die Geschäftsführungsbefugnis schließlich auf *einen* Gesellschafter, so entscheidet er allein über Geschäftsführungsfragen. Der Gesellschaftsvertrag kann freilich auch in diesem Fall ungewöhnliche Geschäfte an die Zustimmung der Mitgesellschafter binden. – Zu den Möglichkeiten sonstiger Ausgestaltung der Geschäftsführung vgl. § 709 RdNr. 16 ff.

III. Die Rechte der von der Geschäftsführung ausgeschlossenen Gesellschafter

7 Die Beschränkung der Geschäftsführungsbefugnis auf einen Teil der Gesellschafter hat zur Folge, dass die übrigen von der Geschäftsführung ausgeschlossen sind (RdNr. 1). Sie dürfen nicht selbst in Angelegenheiten der Gesellschaft tätig werden. Auch haben sie **kein Widerspruchsrecht** gegen Maßnahmen eines Geschäftsführers;[4] dieses ist nach § 711 den Mitgeschäftsführern vorbehalten.

8 Die sonstigen **Gesellschafterrechte,** darunter neben den Vermögensrechten (§ 705 RdNr. 197 f.) auch das *Kontrollrecht* (§ 716), das Recht auf *Rechnungslegung* (§ 721) und das

---

[3] So für den Wegfall eines von zwei Gesamtvertretern BGHZ 41, 367, 368 f. = NJW 1964, 1624; wie hier auch *Soergel/Hadding* RdNr. 6; *Bamberger/Roth/Timm/Schöne* RdNr. 10; aA *Staudinger/Habermeier* RdNr. 6; diff. *Erman/Westermann* RdNr. 2 (für Einzelgeschäftsführung, soweit es bei der Übertragung der Geschäftsführung auf mehrere nicht um die Gewährleistung einer Kontrolle im Kreise der Geschäftsführungsbefugten ging).
[4] EinhM; vgl. RGZ 102, 410, 412; *Soergel/Hadding* RdNr. 5; *Erman/Westermann* RdNr. 1; *Staudinger/Habermeier* RdNr. 7; *Bamberger/Roth/Timm/Schöne* RdNr. 8; RGRK/*v. Gamm* RdNr. 2.

Stimmrecht, stehen den von der Geschäftsführung ausgeschlossenen Gesellschaftern demgegenüber uneingeschränkt zu. Bei Vorliegen eines wichtigen Grundes können die Mitgesellschafter dem oder den Geschäftsführern auch die Geschäftsführungsbefugnis entziehen (§ 712). Bei der Liquidation der Gesellschaft geht nach § 730 Abs. 2 S. 2 die Geschäftsführungsbefugnis nach gesetzlicher Regel auf alle Gesellschafter, auch die davon bis zur Auflösung ausgeschlossenen, gemeinschaftlich über.

§ 711 Widerspruchsrecht

¹ Steht nach dem Gesellschaftsvertrag die Führung der Geschäfte allen oder mehreren Gesellschaftern in der Art zu, dass jeder allein zu handeln berechtigt ist, so kann jeder der Vornahme eines Geschäfts durch den anderen widersprechen. ² Im Falle des Widerspruchs muss das Geschäft unterbleiben.

Übersicht

	RdNr.		RdNr.
I. Wesen und Funktion des Widerspruchsrechts	1–5	3. Notgeschäftsführung entsprechend § 744 Abs. 2	8
1. Normzweck und Systematik	1, 2	III. Geltendmachung und Rechtsfolgen	9–16
2. Unterrichtungspflicht	3	1. Die Ausübung des Widerspruchsrechts	9, 10
3. Dispositive Natur	4, 5	2. Der pflichtwidrige Widerspruch	11, 12
II. Voraussetzungen	6–8	3. Wirkungen des Widerspruchs	13–15
1. Einzelgeschäftsführung	6	4. Verspäteter Widerspruch	16
2. Gesamtgeschäftsführung	7		

I. Wesen und Funktion des Widerspruchsrechts

1. Normzweck und Systematik. Das Widerspruchsrecht ist nach § 711 den geschäftsführenden Gesellschaftern vorbehalten. Es handelt sich um ein **Geschäftsführungsrecht,** das ähnlich wie das Zustimmungsrecht bei Gesamtgeschäftsführung dazu bestimmt ist, Mitsprache und gleichberechtigten Einfluss der Geschäftsführer auf die Leitung der Gesellschaft zu sichern.[1] Der Unterschied zur Gesamtgeschäftsführung liegt darin, dass das Modell der Einzelgeschäftsführung mit Widerspruchsrecht eine schnellere und **flexiblere Handlungsfähigkeit** der Geschäftsführung ermöglicht. Abweichend von § 709 ist dieses Modell daher für OHG und KG in § 115 HGB als gesetzliche Regel gewählt worden. Auf die meist ausführliche Kommentierung dieser Vorschrift[2] kann auch für das Widerspruchsrecht in der GbR verwiesen werden.

Aus dem Geschäftsführungscharakter des Widerspruchsrechts ergeben sich eine Reihe von **Folgerungen.** So gelten für die Ausübung des Widerspruchs die gleichen Anforderungen aus der gesellschaftsrechtlichen Sorgfalts- und Treupflicht wie für sonstige Geschäftsführungsmaßnahmen.[3] Pflichtwidrig kann sowohl der willkürliche Widerspruch sein (RdNr. 11) als auch der Nichtwiderspruch gegen gesellschaftsschädigende Handlungen eines Mitgesellschafters (RdNr. 10). Soweit ein Gesellschafter wegen *Interessenkollision* von der Entscheidung über bestimmte Geschäftsführungsmaßnahmen ausgeschlossen ist (§ 709 RdNr. 65, 70), steht ihm

1

2

---

[1] So zutr. namentlich *Schmidt/Rimpler*, FS Knur, 1972, S. 235, 244; dem folgend auch *Staudinger/Habermeier* RdNr. 1; MünchKommHGB/*Rawert* § 115 RdNr. 9.

[2] Vgl. insbes. *Schlegelberger/Martens* § 115 HGB; *Staub/Ulmer* § 115 HGB; MünchKommHGB/*Rawert* § 115; *Hueck* OHG § 10 III.

[3] *Staub/Ulmer* § 115 HGB RdNr. 5 ff.; *Erman/Westermann* RdNr. 2; *Hueck* OHG § 10 III 5; *Gogos*, Die Geschäftsführung der OHG, 1953, S. 39; einschr. unter Betonung der Privatautonomie der Gesellschafter *Flume* I/1 § 15 II 2, S. 265 f. Für familienrechtliche Aspekte im Rahmen der Ausübungskontrolle *Weygand* AcP 158 (1959/60), 150, 163 ff.

§ 711 3, 4   Abschnitt 8. Titel 16. Gesellschaft

auch kein Widerspruchsrecht zu. Er kann daher der Erhebung einer gegen ihn gerichteten Klage der Gesamthand nicht widersprechen.[4] Gleiches gilt für die Kündigung einer zwischen der Gesellschaft und ihm bestehenden Geschäftsverbindung;[5] sie darf freilich, um Wirksamkeit zu erlangen, weder ein ihm etwa eingeräumtes Sonderrecht verletzen noch sich aus sonstigen Gründen ihm gegenüber als treuwidrig erweisen. – Schließlich richtet sich das Widerspruchsrecht auch nur gegen *Geschäftsführungshandlungen* von Mitgesellschaftern.[6] Gegen deren Ausübung sonstiger Gesellschafterrechte wie namentlich der Informations- und Kontrollrechte (§ 716), aber auch der actio pro socio (§ 705 RdNr. 204), ist der Widerspruch nicht gegeben. Das Widerspruchsrecht kann aus wichtigem Grund entzogen werden (RdNr. 5).

3 **2. Unterrichtungspflicht.** Damit die grundsätzliche Mitsprachemöglichkeit der Mitgeschäftsführer im Rahmen des Widerspruchsrechts nicht nur auf dem Papier steht, ist der zum Handeln bereite Geschäftsführer verpflichtet, die Mitgeschäftsführer jedenfalls in solchen Fällen vorher zu unterrichten, in denen wegen der grundsätzlichen Bedeutung oder außergewöhnlichen Natur des betreffenden Geschäfts oder wegen des dem Handelnden bekannten Vorhandenseins unterschiedlicher Auffassungen in der Geschäftsführung über die Zweckmäßigkeit der Maßnahme damit zu rechnen ist, dass Mitgeschäftsführer von ihrem Widerspruchsrecht nach § 711 Gebrauch machen wollen.[7] Die Ausgestaltung der Geschäftsführung als Einzelbefugnis mit Widerspruchsrecht darf *nicht zur Überrumpelung der Mitgeschäftsführer* missbraucht werden.[8] Handelt ein Geschäftsführer unter Verletzung dieser Informationspflicht und ist der Widerspruch der anderen deshalb verspätet, so können sie nach § 249 im Rahmen des tatsächlich und rechtlich Möglichen **Rückgängigmachung** des betreffenden Geschäfts verlangen oder selbst die entsprechenden Gegenmaßnahmen treffen,[9] ohne dass der vorschnell Handelnde seinerseits hiergegen Widerspruch einlegen könnte (vgl. auch RdNr. 16).

4 **3. Dispositive Natur.** Die Regelung des § 711 ist insgesamt dispositiver Natur.[10] Ebenso wie die Gesellschafter frei sind, sich anstelle der Einzelgeschäftsführung für die Gesamtgeschäftsführung des § 709 zu entscheiden oder eine sonstige Ausgestaltung der Geschäftsführung zu vereinbaren (§ 709 RdNr. 16 ff.), können sie **Einzelgeschäftsführung** für zwei oder mehr Gesellschafter auch **ohne Widerspruchsrecht** vorsehen. Der Sache nach wird eine solche Regelung meist auf eine funktionell beschränkte Einzelgeschäftsführung (§ 709 RdNr. 17) hinauslaufen. Möglich ist ferner eine Regelung im Gesellschaftsvertrag, wonach die Mitgeschäftsführer einen Widerspruch durch Mehrheitsbeschluss für unbeachtlich erklären können.[11] Denkbar, wenn auch nicht empfehlenswert, ist schließlich auch eine konkurrierende, auf eine Ressortabgrenzung verzichtende Einzelgeschäftsführung von zwei oder mehr Gesellschaftern ohne Widerspruchsrecht.

---

[4] BGH NJW 1974, 1555, 1556.
[5] Vgl. *Staub/Ulmer* § 115 HGB RdNr. 11; ebenso *Schlegelberger/Martens* § 115 HGB RdNr. 10; *Staudinger/Habermeier* RdNr. 6. AA anscheinend RGZ 81, 92, 94, das den Gesichtspunkt der Interessenkollision nicht erwähnt; so auch GroßkommHGB/*Rob. Fischer*, 3. Aufl. 1967, § 115 Anm. 4 a aE.
[6] EinhM; vgl. *Soergel/Hadding* RdNr. 1; *Erman/Westermann* RdNr. 3; *Staudinger/Habermeier* RdNr. 7; *Bamberger/Roth/Timm/Schöne* RdNr. 4; *Gogos* (Fn. 3) S. 43 f.
[7] So auch BGH WM 1971, 819 für Maßnahmen, „bei denen nach ihrer Bedeutung anzunehmen ist, dass der Mitgeschäftsführer auf eine vorherige Unterrichtung Wert legt". Die Unterrichtungspflicht betonen auch Weidenbaum ZHR 99 (1934), 35 ff.; *Staudinger/Habermeier* RdNr. 3; *Erman/Westermann* RdNr. 2; *Soergel/Hadding* RdNr. 2; *Bamberger/Roth/Timm/Schöne* RdNr. 5; *Staub/Ulmer* § 115 HGB RdNr. 15; *Schlegelberger/Martens* § 115 HGB RdNr. 10; *Heymann/Emmerich* § 115 HGB RdNr. 8; MünchKommHGB/*Rawert* § 115 RdNr. 20; *Hueck* OHG § 12, 1 (ganz hM); *Wiedemann* GesR II § 4 II 3 a bb, S. 337; aA noch *Düringer/Hachenburg/Flechtheim* § 115 HGB Anm. 4; *Gogos* (Fn. 3) S. 45.
[8] Zu der auf entspr. Erwägungen beruhenden Behandlung des Widerspruchsrechts der Kommanditisten nach § 164 HGB als Zustimmungsrecht vgl. RGZ 158, 302, 307 und *Staub/Schilling* § 164 HGB RdNr. 2 mwN.
[9] BGH WM 1971, 819.
[10] EinhM; vgl. *Soergel/Hadding* RdNr. 9; *Erman/Westermann* RdNr. 1; *Staudinger/Habermeier* RdNr. 2; *Bamberger/Roth/Timm/Schöne* RdNr. 2; *Wiedemann* GesR II § 4 II 3 a bb, S. 337.
[11] Vgl. den Fall BGH WM 1988, 968, 969.

Ausgeschlossen ist wegen des Grundsatzes der Selbstorganschaft (§ 709 RdNr. 5, 20) die Übertragung des Widerspruchsrechts auf einen *Nichtgesellschafter*.[12] – Wird im Gesellschaftsvertrag ein Widerspruchsrecht für bestimmte – etwa *ungewöhnliche* – Geschäfte auch für solche Gesellschafter begründet, die von der laufenden Geschäftsführung ausgeschlossen sind, so wird es dadurch nicht etwa zum Individualrecht. Vielmehr liegt in dieser Vereinbarung die Einräumung einer, wenn auch auf bestimmte Geschäfte und auf ein bloßes **Vetorecht** beschränkten Geschäftsführungsbefugnis an diese Gesellschafter. Die allgemeinen Schranken für die Ausübung des Widerspruchs (RdNr. 2) gelten daher auch in diesem Fall. Als Geschäftsführungsrecht kann auch ein solches auf die Vetofunktion beschränktes Widerspruchsrecht nach § 712 Abs. 1 entzogen werden (§ 712 RdNr. 2).

II. Voraussetzungen

1. Einzelgeschäftsführung. Nach § 711 S. 1 setzt das Widerspruchsrecht voraus, dass **zwei oder mehr** Gesellschaftern je *Einzelgeschäftsführungsbefugnis* eingeräumt ist. In diesem Fall ist jeder Mitgeschäftsführer zum Widerspruch gegen die von einem der anderen beabsichtigten Geschäftsführungsmaßnahmen berechtigt. **Abweichendes** gilt dann, wenn die Einzelgeschäftsführung im Gesellschaftsvertrag als *Ressortaufteilung* zwischen den Geschäftsführern ausgestaltet (§ 709 RdNr. 17) oder das Widerspruchsrecht der Mitgeschäftsführer aus sonstigen Gründen ausdrücklich ausgeschlossen ist (RdNr. 4). Beschränkt sich die Einzelbefugnis auf einen bloßen *Teilbereich* der Geschäftsführung (§ 710 RdNr. 2), so besteht auch das Widerspruchsrecht nur in diesem Umfang.[13]

2. Gesamtgeschäftsführung. Über den Wortlaut des § 711 S. 1 hinaus kann ein Widerspruchsrecht grundsätzlich auch dann vereinbart werden, wenn die Geschäftsführung nach dem Gesellschaftsvertrag je zwei oder mehr Gesellschaftern gemeinschaftlich übertragen ist. Voraussetzung hierfür ist entsprechend der dem Zustimmungsvorbehalt vergleichbaren Funktion des Widerspruchs (RdNr. 1), dass die Geschäftsführung auf **zwei oder mehr Gruppen** von Geschäftsführern aufgeteilt ist, die je für sich handeln dürfen, sei es jeweils als Gesamtgeschäftsführungsgruppen, sei es in einem Mischsystem von Einzel- und Gesamtgeschäftsführung. Soweit das Widerspruchsrecht von Gesamtgeschäftsführern ausgeübt wird, setzt das ebenso wie bei sonstigen Geschäftsführungsmaßnahmen die Zustimmung aller zur Gesamtgeschäftsführung befugten Gesellschafter nach Maßgabe von § 709 voraus.[14] Die früher anzutreffenden abweichenden Ansichten,[15] die das Widerspruchsrecht jedem Gesamtgeschäftsführer persönlich geben wollten, sind heute überholt.

3. Notgeschäftsführung entsprechend § 744 Abs. 2. Zu ihren Voraussetzungen vgl. § 709 RdNr. 21. Das Recht hierzu besteht nach Maßgabe von § 744 Abs. 2 für *jeden Gesellschafter*, unabhängig davon, ob und inwieweit ihm Geschäftsführungsbefugnis eingeräumt ist. Es ist Folge seiner Gesellschafterstellung und berechtigt ihn, zur Abwendung akuter Gefahren tätig zu werden. Dementsprechend wird gegen Maßnahmen, die sich im Rahmen von § 744 Abs. 2 halten, zu Recht **kein Widerspruchsrecht** der (Mit-)Geschäftsführer anerkannt.[16]

---

[12] So auch *Soergel/Hadding* RdNr. 1; *Erman/Westermann* RdNr. 1; *Staub/Ulmer* § 115 HGB RdNr. 26; *MünchKommHGB/Rawert* § 115 RdNr. 41; am Grundsatz der Selbstorganschaft zweifelnd *Staudinger/Habermeier* RdNr. 2, § 709 RdNr. 22; aA BGH LM HGB § 109 Nr. 6 = NJW 1960, 936 f. = JZ 1960, 490 m. zust. Anm. *Hueck*; *Schlegelberger/Martens* § 115 HGB RdNr. 30; dazu vgl. auch § 717 RdNr. 1.

[13] *Staudinger/Habermeier* RdNr. 5; *Bamberger/Roth/Timm/Schöne* RdNr. 3; *MünchKommHGB/Rawert* § 115 RdNr. 12; *Hueck* OHG § 10 III 3, S. 127; *Schlegelberger/Martens* § 115 HGB RdNr. 3; *Staub/Ulmer* § 115 HGB RdNr. 25.

[14] *Soergel/Hadding* RdNr. 2; *Erman/Westermann* RdNr. 3; *Staudinger/Habermeier* RdNr. 4; *MünchKommHGB/Rawert* § 115 RdNr. 11; *Staub/Ulmer* § 115 HGB RdNr. 9; *Schlegelberger/Martens* § 115 HGB RdNr. 6; *Hueck* OHG § 10 III 3.

[15] *Düringer/Hachenburg/Flechtheim* § 115 HGB Anm. 3 und 9; *RGRK/Weipert*, 2. Aufl. 1950, § 115 HGB Anm. 4.

[16] *Hueck* OHG § 10 III 6; *Gogos* (Fn. 3) S. 10 ff., 39 ff.; *Schmidt/Rimpler*, FS Knur, 1972, S. 235, 246; *Soergel/Hadding* RdNr. 3; *Staudinger/Habermeier* RdNr. 5; *Bamberger/Roth/Timm/Schöne* RdNr. 4; *MünchKommHGB/Rawert* § 115 RdNr. 40, 60; *Staub/Ulmer* § 115 HGB RdNr. 14, 38; zweifelnd *Erman/Westermann* RdNr 3.

III. Geltendmachung und Rechtsfolgen

9 **1. Die Ausübung des Widerspruchsrechts.** Die Einlegung des Widerspruchs ist empfangsbedürftige, gegenüber dem handlungswilligen Geschäftsführer abzugebende **Willenserklärung**. Einer besonderen Form bedarf er nicht. Er kann sich auch konkludent aus einem entsprechenden, die Ablehnung erkennen lassenden Verhalten des Mitgeschäftsführers ergeben. Inhaltlich muss sich der Widerspruch gegen *bestimmte* Maßnahmen eines Geschäftsführers richten. Er kann eine *einzelne Handlung* betreffen, aber auch bestimmte *Pläne* oder bestimmte *Gattungen* von sich *wiederholenden Handlungen*.[17] Dieses weite Verständnis des Rechtsinstituts ist mit Rücksicht auf die vorbeugende Natur des Widerspruchsrechts und seine Funktion als Zustimmungsäquivalent erforderlich. Seine Grenze findet es, abgesehen vom willkürlichen und daher pflichtwidrigen Widerspruch (RdNr. 11), in einem Vorgehen, das auf den Entzug der Geschäftsführungsbefugnis nach § 712 Abs. 1 hinausläuft. Der Widerspruch darf daher weder so weit gehen, die Geschäftsführungstätigkeit eines Mitgeschäftsführers zu blockieren, noch darf er in seiner Wirkung einer – dem Beschluss aller Mitgesellschafter vorbehaltenen – Entziehung der Geschäftsführungsbefugnis aus wichtigem Grund gleichkommen.[18] Zur Frage einer Begründungspflicht für den Widerspruch vgl. RdNr. 12, § 709 RdNr. 44. Ein Widerspruch gegen den Widerspruch ist mit Rücksicht auf dessen Vetofunktion ausgeschlossen.[19]

10 Als Geschäftsführungsrecht (RdNr. 1) gelten für die Ausübung des Widerspruchsrechts die gleichen Grundsätze wie für sonstige Geschäftsführungsmaßnahmen. Der Widersprechende muss sich, wenn er von dem Recht Gebrauch macht, von den **Interessen der Gesellschaft** leiten lassen, wobei ihm freilich ein weiter Ermessensspielraum verbleibt.[20] Die Orientierung am Gesellschaftsinteresse gilt nicht nur für die Frage, unter welchen Voraussetzungen ein Widerspruch *pflichtwidrig* und daher unbeachtlich ist (RdNr. 11). Vielmehr kann das Interesse der Gesellschaft im Einzelfall auch eine *Pflicht zum Widerspruch* begründen,[21] wenn etwa der Gesellschafter von einer bevorstehenden, für die Gesellschaft offensichtlich nachteiligen Maßnahme eines Mitgeschäftsführers erfährt oder von diesem hierüber unterrichtet wird. Der Sorgfaltsmaßstab des Widerspruchsberechtigten richtet sich ebenso wie bei sonstigen Geschäftsführungshandlungen nach § 708.

11 **2. Der pflichtwidrige Widerspruch.** Dass der Widerspruch im Einzelfall pflichtwidrig sein kann, folgt bereits aus dem allgemeinen, in der GbR angesichts der gesellschaftsrechtlichen Treupflicht verstärkt zu beachtenden Missbrauchsvorbehalt des § 242. Schwierig ist allerdings die Grenzziehung zwischen einem noch zulässigen und dem die Treupflicht verletzenden Widerspruch. Mit der Rechtsprechung[22] wird man einen Widerspruch jedenfalls dann als unbeachtlich anzusehen haben, wenn er **willkürlich und unter offensichtlichem Verstoß gegen die Treupflicht** erklärt wird. Zwar ist es grundsätzlich nicht Sache der Gerichte, die Zweckmäßigkeit des Widerspruchs nachzuprüfen[23] und auf diesem Wege eine Entscheidung in umstrittenen Sachfragen der Geschäftsführung zu treffen; die Anerkennung eines Ermessensspielraums auch für den Widersprechenden wird vom BGH zu

---

[17] Vgl. dazu namentlich *Staudinger/Habermeier* RdNr. 8; *Soergel/Hadding* RdNr. 3; *Staub/Ulmer* § 115 HGB RdNr. 13; *Hueck* OHG § 10 III 2; MünchKommHGB/*Rawert* § 115 HGB RdNr. 18; *Wiedemann* GesR II § 4 II 3 a bb, S. 337; zu weitgehend RGZ 84, 136, 139, wonach erst der praktische Ausschluss der Geschäftsführungsbefugnis die Grenze des zulässigen Widerspruchs bildet. AA *Schlegelberger/Martens* § 115 HGB RdNr. 7 (kein Widerspruch gegen Gattung von Handlungen, weil diese situationsgebunden beurteilt werden müssten).
[18] Vgl. RGZ 84, 136, 139.
[19] So auch *Staudinger/Habermeier* RdNr. 7; *Soergel/Hadding* RdNr. 3; *Bamberger/Roth/Timm/Schöne* RdNr. 4.
[20] BGH NJW 1986, 844; WM 1988, 968, 970; *Soergel/Hadding* RdNr. 7; *Staub/Ulmer* § 115 HGB RdNr. 6. Vgl. auch RdNr. 2 sowie § 709 RdNr. 42.
[21] *Soergel/Hadding* RdNr. 8; *Bamberger/Roth/Timm/Schöne* RdNr. 12; *Staudinger/Keßler*, 12. Aufl. 1979, RdNr. 1; *Staub/Ulmer* § 115 HGB RdNr. 7 ff.
[22] BGH NJW 1986, 844; WM 1988, 968, 970; vgl. auch schon RGZ 158, 302, 310 und 163, 35, 39 (jeweils obiter).
[23] BGH NJW 1986, 844; WM 1988, 968, 970; RGZ 109, 56, 59; *Flume* I/1 § 15 II 2, S. 267.

Recht betont.[24] Anderes gilt jedoch für den Vorwurf, der Widerspruch diene nicht dem Gesellschaftsinteresse, sondern der Wahrung individueller Belange.[25] Da der Widerspruch eine Geschäftsführungsmaßnahme ist, darf der Widersprechende eigene Interessen damit nur verfolgen, wenn dadurch die Belange der Gesellschaft nicht tangiert werden (§ 705 RdNr. 226); anderenfalls kann er sich nicht auf sein Geschäftsführungsermessen berufen. Für die *Prüfung der Pflichtwidrigkeit* ist namentlich auch von Bedeutung, ob der Widerspruch mit sonstigen im Rahmen der Mitgliedschaft zu beachtenden Grundsätzen in Konflikt gerät, etwa mit dem Wettbewerbsverbot zulasten des Widersprechenden oder mit dem Gleichbehandlungsgrundsatz. Pflichtwidrig und damit unbeachtlich ist der Widerspruch auch in den Fällen, in denen der dissentierende Gesellschafter bei Gesamtgeschäftsführungsbefugnis zur Zustimmung verpflichtet wäre.[26]

Die **Vermutung für** einen willkürlichen oder offensichtlich **sachfremden Widerspruch** ist umso stärker, je häufiger oder wahlloser ein Mitgeschäftsführer von seinem Widerspruchsrecht Gebrauch macht.[27] Ein Missbrauch liegt namentlich vor, wenn ein Geschäftsführer sein Widerspruchsrecht bei Streit zwischen den Gesellschaftern dazu benutzt, die Geschäftsführungstätigkeit zu blockieren oder auf diesem Wege sachfremde eigene Interessen, etwa das Verlangen nach einer Vertragsänderung, durchzusetzen. Erweckt das Vorgehen eines Gesellschafters den Anschein eines solchen willkürlichen oder sachfremden Widerspruchs und lehnt der Widersprechende es auch ab, Sachgründe für die jeweilige Ablehnung der Maßnahmen von Mitgeschäftsführern anzuführen, so kann diesen, wenn sie sich über den Widerspruch hinwegsetzen, selbst dann kein Vorwurf gemacht werden, wenn sich in einem späteren Rechtsstreit die Berechtigung des Widerspruchs herausstellen sollte.[28]

3. Wirkungen des Widerspruchs. Im **Innenverhältnis** hat der Widerspruch nach § 711 S. 2 zur Folge, dass das beabsichtigte Geschäft unterbleiben muss. Die grundsätzlich bestehende Einzelgeschäftsführungsbefugnis des Handlungswilligen wird also für die betreffende Einzelmaßnahme oder Art von Geschäften (RdNr. 9) durch den Widerspruch ausgeschlossen. Setzt der Mitgeschäftsführer sich unter Verletzung der eigenüblichen Sorgfalt (§ 708 RdNr. 8 ff.) über den Widerspruch hinweg und kann er sich auch nicht auf § 744 Abs. 2 berufen (RdNr. 8), so haftet er als Geschäftsführer ohne Auftrag nach § 678. Anderes gilt bei Pflichtwidrigkeit des Widerspruchs (RdNr. 11).

Umstritten sind die **Außenwirkungen** des Widerspruchs, dh. dessen Bedeutung für den Umfang der – nach § 714 im Zweifel der Geschäftsführungsbefugnis entsprechenden – Vertretungsmacht. Nach hM wird die *Vertretungsmacht* durch den wirksam erklärten Widerspruch *nicht berührt*.[29] Dritten könne der Widerspruch nur nach den Grundsätzen über den Vollmachtsmissbrauch[30] entgegengesetzt werden.

Stellungnahme. Den Kritikern der in RdNr. 14 dargelegten überwiegenden Ansicht[31] ist einzuräumen, dass die Verweisung des BGH auf die in §§ 712, 715 geregelten, besonde-

---

[24] BGH NJW 1986, 844; WM 1988, 968, 970 (Treuwidrigkeit jeweils verneint): der Widerspruch sei erst dann unbeachtlich, wenn der Gesellschafter wegen seines Handelns aus eigennützigen Motiven gegen das Gesellschaftsinteresse verstoße.

[25] So BGH LM HGB § 105 Nr. 11 = BB 1956, 92 und die Nachweise in Fn. 24. Vgl. auch *Staub/Ulmer* § 115 HGB RdNr. 7.

[26] Dazu vgl. § 709 RdNr. 42 ff.; zum funktionellen Zusammenhang zwischen Gesamtgeschäftsführung und Widerspruchsrecht bei Einzelgeschäftsführung vgl. auch RdNr. 1.

[27] Anhaltende Streitigkeiten unter den Geschäftsführern reichen als solche nach BGH NJW 1986, 844 allerdings nicht aus, um darauf die Vermutung zu stützen.

[28] Zur Anwendung des § 708 bei Überschreitung der Geschäftsführungsbefugnis vgl. auch § 708 RdNr. 8 ff.; zur Begründungspflicht des Widersprechenden § 709 RdNr. 44.

[29] So BGHZ 16, 394, 398 f. = NJW 1955, 825; BGH (III. Senat) WM 2008, 1552, 1557 Tz. 47; *Soergel/Hadding* RdNr. 6; *Staudinger/Habermeier* RdNr. 10; *Erman/Westermann* RdNr. 5; *Bamberger/Roth/Timm/Schöne* RdNr. 8; *Palandt/Sprau* RdNr. 1. Für den Widerspruch nach § 115 HGB folgt das bereits aus § 126 Abs. 2; vgl. *Staub/Ulmer* § 115 HGB RdNr. 22; *Schlegelberger/Martens* § 115 HGB RdNr. 21; *MünchKommHGB/Rawert* § 115 RdNr. 30.

[30] Dazu vgl. näher § 164 RdNr. 106 ff.

[31] *Baur* JZ 1955, 609; *Schmidt/Rimpler*, FS Knur, 1972, S. 235, 247 ff.; *Flume* I/1 § 15 II 4, S. 270 ff.

§ 712

ren Entziehungsvoraussetzungen als Begründung für die fehlende Außenwirkung nicht trägt. Denn diese Vorschriften schließen es nicht aus, dass bezüglich *einzelner* Maßnahmen die Geschäftsführungsbefugnis abweichend von § 712 Abs. 1 durch bloßen Widerspruch eines Mitgeschäftsführers beseitigt werden kann.[32] Gleichwohl ist der überwiegenden Meinung im Ergebnis zu folgen. Der Dritte muss sich auf die aus Gesetz (§ 714) oder Gesellschaftsvertrag ersichtliche Vertretungsmacht verlassen können. Auf Auseinandersetzungen zwischen den Gesellschaftern über die Durchführung bestimmter Maßnahmen sowie über die in Fällen dieser Art meist umstrittene Beachtlichkeit des Widerspruchs braucht er grundsätzlich selbst dann keine Rücksicht zu nehmen, wenn sie ihm zur Kenntnis kommen. Daher scheidet auch eine Anwendung von § 173[33] aus; ihr stünde auch entgegen, dass die organschaftliche Vertretungsmacht in der GbR anders als die rechtsgeschäftliche Vollmacht (§ 168) nicht zur beliebigen Disposition der Mitgeschäftsführer steht. Der Geschäftsführer bleibt daher trotz des Widerspruchs vertretungsberechtigt; Schranken findet sein Außenhandeln nur nach den Grundsätzen über den Vollmachtsmissbrauch.

16 **4. Verspäteter Widerspruch.** Er ist **grundsätzlich unbeachtlich** und gibt dem Widersprechenden namentlich nicht das Recht, vom Mitgeschäftsführer das Rückgängigmachen der Maßnahme zu verlangen.[34] Auch die Vornahme des Gegengeschäfts durch den Widersprechenden selbst würde regelmäßig eine Verletzung von dessen Geschäftsführungsbefugnis darstellen, da ihm die ablehnende Haltung des zuerst Handelnden bekannt ist und er sich deshalb nicht auf das Fehlen eines ausdrücklichen Widerspruchs berufen könnte. Eine **Ausnahme** von der Unbeachtlichkeit des verspäteten Widerspruchs gilt in den Fällen, in denen die Verspätung darauf beruht, dass der Handelnde seiner Unterrichtungspflicht nicht genügt hat: Hier kommt neben dem Verlangen nach Rückgängigmachen[35] auch ein darauf gerichtetes eigenes Handeln des Widersprechenden in Betracht (RdNr. 3).[36]

§ 712 Entziehung und Kündigung der Geschäftsführung

(1) Die einem Gesellschafter durch den Gesellschaftsvertrag übertragene Befugnis zur Geschäftsführung kann ihm durch einstimmigen Beschluss oder, falls nach dem Gesellschaftsvertrag die Mehrheit der Stimmen entscheidet, durch Mehrheitsbeschluss der übrigen Gesellschafter entzogen werden, wenn ein wichtiger Grund vorliegt; ein solcher Grund ist insbesondere grobe Pflichtverletzung oder Unfähigkeit zur ordnungsmäßigen Geschäftsführung.

(2) Der Gesellschafter kann auch seinerseits die Geschäftsführung kündigen, wenn ein wichtiger Grund vorliegt; die für den Auftrag geltende Vorschrift des § 671 Abs. 2, 3 findet entsprechende Anwendung.

Übersicht

	RdNr.		RdNr.
I. Die Entziehung (Abs. 1)............	1–23	b) Gesamtgeschäftsführung nach § 709..................	4–6
1. Anwendungsbereich	1–8		
a) Übertragene Geschäftsführung......	1–3	c) Innengesellschaft.................	7, 8

---

[32] So zu Recht namentlich *Schmidt/Rimpler*, FS Knur, 1972, S. 235, 241 ff.
[33] So aber *Flume* I/1 § 15 II 4, S. 270 ff.; im Ergebnis auch RGZ 81, 92, 94. Wie hier *Soergel/Hadding* RdNr. 6; *Schlegelberger/Martens* § 115 HGB RdNr. 21; *Staudinger/Habermeier* RdNr. 10.
[34] *Soergel/Hadding* RdNr. 2; *Erman/Westermann* RdNr. 5; *Bamberger/Roth/Timm/Schöne* RdNr. 6; *Staudinger/Habermeier* RdNr. 12; *Staub/Ulmer* § 115 HGB RdNr. 19; *Hueck* OHG § 10 III 4, S. 129 f.; *MünchKommHGB/Rawert* § 115 RdNr. 25; *Baumbach/Hopt* § 115 HGB RdNr. 2; aA noch *Düringer/Hachenburg/Flechtheim* § 115 HGB Anm. 4; *Weidenbaum* ZHR 99 (1934), 35, 41 f.
[35] Vgl. dazu BGH BB 1971, 759 = WM 1971, 819, 821.
[36] So wohl auch *Staudinger/Habermeier* RdNr. 12; *Bamberger/Roth/Timm/Schöne* RdNr. 6 und im Ergebnis MünchKommHGB/*Rawert* § 115 RdNr. 28, der aber einen Schadensersatzanspruch wegen Verletzung der Geschäftsführerpflichten (Nichtinformation) gewähren will.

	RdNr.		RdNr.
2. Voraussetzungen	9–18	II. Die Kündigung (Abs. 2)	24–30
a) Wichtiger Grund	9–11	1. Anwendungsbereich und Voraussetzungen	24–28
b) Beschluss der Mitgesellschafter	12–15	a) Allgemeines	24, 25
c) Gegenstand des Entziehungsbeschlusses	16, 17	b) Kündigung der Gesamtgeschäftsführungsbefugnis nach § 709?	26, 27
d) Gerichtliche Nachprüfung	18	c) Kündigungserklärung und -frist	28
3. Rechtsfolgen	19–21	2. Rechtsfolgen	29
4. Abweichende Vereinbarungen	22, 23	3. Abweichende Vereinbarungen	30

I. Die Entziehung (Abs. 1)

1. Anwendungsbereich. a) Übertragene Geschäftsführung. Die Vorschrift des 1 § 712 Abs. 1 beschränkt ihrem Wortlaut nach die Entziehungsmöglichkeit auf diejenigen Fälle, in denen die Befugnis zur Geschäftsführung dem betroffenen Gesellschafter durch den Gesellschaftsvertrag „übertragen" worden ist. Voraussetzung für die Entziehung ist nach dem Wortlaut der Norm somit, dass die Geschäftsführungsbefugnis im Gesellschaftsvertrag abweichend von § 709 ausgestaltet ist.[1] Hierunter fällt nicht nur die ausdrückliche Übertragung auf bestimmte Gesellschafter, sondern auch der Ausschluss eines Teils der Gesellschafter von der Geschäftsführung (vgl. § 710 RdNr. 3) sowie die Einräumung von Einzelgeschäftsführung nach § 711, sei es an alle oder einen Teil der Gesellschafter. – Zur Möglichkeit der Entziehung der Gesamtgeschäftsführungsbefugnis iS von § 709 Abs. 1 vgl. RdNr. 4 ff.

Auf **Art** und **Inhalt der Geschäftsführungsbefugnis** kommt es für die Anwendbarkeit 2 von § 712 Abs. 1 nicht an. Die Entziehungsmöglichkeit besteht bei Übertragung sowohl von Gesamt- wie von Einzelgeschäftsführungsbefugnis. Sie erstreckt sich auch auf Fälle eingeschränkter Geschäftsführung bis hin zum bloßen Widerspruchsrecht.[2] Wohl aber sind Art und Inhalt der Geschäftsführungsbefugnis bei *Prüfung des wichtigen Grundes* zu berücksichtigen. Je eingeschränkter die Befugnis ausgestaltet ist und je geringere Gefahren der Gesellschaft von ihrer unsachgemäßen Ausübung drohen, desto höhere Anforderungen sind an die Bejahung des wichtigen Grundes zu stellen (vgl. auch RdNr. 10).

Unanwendbar ist § 712 Abs. 1 in denjenigen Fällen, in denen die Geschäftsführung 3 einem *Nichtgesellschafter* „übertragen", dh. zur Ausübung überlassen ist.[3] Die Ausgestaltung des Entziehungsrechts in § 712 Abs. 1 entspricht der mitgliedschaftlichen Natur der Geschäftsführungsbefugnis (§ 709 RdNr. 3) und der mit ihrer Entziehung verbundenen Vertragsänderung. Diese Merkmale liegen bei der Betrauung eines Dritten mit Geschäftsführungsaufgaben nicht vor. Unabhängig von der Auflösbarkeit des Dienst- oder Auftragsverhältnisses mit dem Dritten bleiben die Gesellschafter als Geschäftsherren jederzeit berechtigt, die Geschäftsführungsbefugnis wieder an sich zu ziehen, soweit nicht Besonderheiten der Gesellschaftsstruktur wie bei der Publikums-GbR entgegenstehen (vgl. § 709 RdNr. 6). Für den Widerruf der Vertretungsmacht des Dritten gilt § 168.

b) Gesamtgeschäftsführung nach § 709. In Übereinstimmung mit dem Wortlaut der 4 Vorschrift (RdNr. 1) soll die *Entziehungsbefugnis* des **§ 712 Abs. 1** nach früher hM **nicht eingreifen,** wenn die einem Gesellschafter „gesetzlich" zustehende Gesamtgeschäftsführungsbefugnis in Frage steht.[4] Dem entspricht das von der überwiegenden Meinung befürwortete „Wiederaufleben" der Gesamtgeschäftsführungsbefugnis aller – auch der von der Entziehung betroffenen – Gesellschafter (§ 709) als Rechtsfolge jeder wirksamen Entzie-

---

[1] Darauf abstellend *Staudinger/Keßler*, 12. Aufl. 1979, RdNr. 1; tendenziell auch *Erman/Westermann* RdNr. 2; Gegenansichten vgl. in Fn. 6.
[2] *Hueck* OHG § 10 VII 2, S. 146; *Erman/Westermann* RdNr. 1; vgl. auch § 711 RdNr. 2.
[3] BGHZ 36, 292, 294 = NJW 1962, 738; *Hueck* OHG § 10 VII 2; *Soergel/Hadding* RdNr. 1; vgl. auch § 709 RdNr. 5 f., 20.
[4] Vgl. Nachweise in Fn. 1.

§ 712 5–7   Abschnitt 8. Titel 16. Gesellschaft

hung übertragener Geschäftsführung (vgl. näher RdNr. 20). Konsequenz dieser Ansicht ist es, dass störendem, für die Mitgesellschafter unzumutbarem Verhalten (etwa: grundsätzliche Verweigerung der Zustimmung) eines Gesamtgeschäftsführers nicht mit dem milderen Mittel der Entziehung[5] begegnet werden kann, sondern nur mit demjenigen der *Kündigung der Gesellschaft* aus wichtigem Grunde *oder* – falls der Gesellschaftsvertrag eine Fortsetzungsklausel enthält – mit der **Ausschließung** des störenden Gesellschafters (§ 737).

5   **Stellungnahme.** Die **wenig sachgerechten Folgen,** zu denen die Verneinung der Entziehungsmöglichkeit gegenüber der Gesamtgeschäftsführungsbefugnis nach § 709 Abs. 1 durch die hM führt, geben Anlass, nach den Gründen für die im Anschluss an Wortlaut und Entstehungsgeschichte des § 712 Abs. 1 vertretene Differenzierung zwischen „übertragener" und „gesetzlicher" Geschäftsführungsbefugnis zu fragen. Wie nicht zuletzt der Vergleich mit der abweichenden Gestaltung in §§ 115, 117 HGB zeigt, ging der Gesetzgeber bei Ausgestaltung des Rechts der GbR von einem wenig gefestigten, dem Typus der Gelegenheitsgesellschaft (Vor § 705 RdNr. 86) entsprechenden Zusammenschluss mit gemeinsamem Tätigwerden aller Gesellschafter aus. Aus der Sicht dieses „Leitbilds" mag die regelmäßige Auflösung der Gesellschaft als Folge schwerwiegender Störungen im Zusammenwirken aller Beteiligten als die geeignete Rechtsfolge erschienen sein. Sie ist es aber nicht mehr, wenn man die Fortentwicklung zu einer weitgehend verselbständigten, über eine dauerhafte Organisation verfügenden Einheit oder „Gruppe" berücksichtigt, die die GbR sowohl in rechtstatsächlicher Hinsicht als auch in der rechtlichen Beurteilung (§ 705 RdNr. 155 ff.) seither erfahren hat. Diese Fortentwicklung hat dazu geführt, dass die (Außen-)GbR heute rechtlich weitgehend den Personenhandelsgesellschaften angenähert ist. Sie wird wie diese als rechtsfähig angesehen (§ 705 RdNr. 303 ff.). Ebenso wie im Handelsrecht haben auch die Geschäftsführer der GbR die Stellung von Organen, und zwar sowohl im Fall übertragener Geschäftsführung als auch bei gemeinschaftlicher Befugnis nach § 709 Abs. 1 (§ 705 RdNr. 257, § 709 RdNr. 4 f., § 714 RdNr. 16 f.).

6   Angesichts dieser Entwicklung erweist sich die Beschränkung der Entziehungsbefugnis in § 712 Abs. 1 auf die übertragene im Unterschied zur „gesetzlichen" (freilich gleichwohl auf vertraglicher Grundlage beruhenden) Geschäftsführung als **überholt**. Sachliche Gesichtspunkte für die in § 712 Abs. 1 abweichend von § 117 HGB getroffene Differenzierung sind nicht ersichtlich. Vielmehr bedarf es, um im Falle von Gesamtgeschäftsführung die unerwünschte Folge vorzeitiger Auflösung der Gesellschaft oder einer den störenden Geschäftsführer ungleich härter treffenden Ausschließung nach Maßgabe von § 737 zu vermeiden, einer erweiternden Anwendung von § 712. Über den Wortlaut von Abs. 1 hinaus ist die *Entziehungsmöglichkeit* bei Vorliegen eines wichtigen Grundes daher auch gegenüber einem Gesellschafter mit Gesamtgeschäftsführungsbefugnis nach § 709 Abs. 1 zuzulassen.[6] Sie ist auch sachgerechter als die von anderer Seite[7] für derartige Fälle empfohlene Klage gegen widersprechende Gesellschafter auf treupflichtbedingte Zustimmung zur Vertragsänderung.

7   **c) Innengesellschaft.** Bei Innengesellschaften **iwS,** die durch das Vorhandensein von Gesamthandsvermögen und gesellschaftlicher Organisation bei gesellschaftsvertraglichem Verzicht auf eine Beteiligung am Rechtsverkehr mit Dritten gekennzeichnet sind (§ 705 RdNr. 279 f., 284), bestehen gegen die Anwendbarkeit von § 712 Abs. 1 keine Bedenken. Abgesehen von der fehlenden Vertretungsmacht der Geschäftsführer unterscheiden sie sich nicht grundlegend von der Außengesellschaft als gesetzlichem Regeltyp der GbR. Es

---

[5] Zum Verhältnis zwischen Entziehung, Ausschluss und Auflösung vgl. *Staub/Schäfer* § 133 HGB RdNr. 13, § 140 HGB RdNr. 16; BGH BB 1971, 759 = WM 1971, 819, 821 mwN; MünchKommHGB/*Jickeli* § 117 RdNr. 13 ff. Zur Situation in der Publikumsgesellschaft vgl. *Reichert/Winter* BB 1988, 981, 987.
[6] So auch *Baumbach/Hopt* § 117 HGB RdNr. 3; *Schlegelberger/Martens* § 117 HGB RdNr. 1; *Staudinger/Habermeier* RdNr. 5; *Bamberger/Roth/Timm/Schöne* RdNr. 7; tendenziell auch *Soergel/Hadding* RdNr. 1; aA *Link,* Die Amtsniederlegung durch Gesellschaftsorgane, 2003, S. 99 f.
[7] *Erman/Westermann* RdNr. 2.

bewendet daher bei den Vorschriften der §§ 709 bis 713, soweit der Vertrag keine Abweichungen enthält.[8]

Anderes gilt bei der auf rein schuldrechtliche Innenbeziehungen reduzierten, durch das Fehlen von Gesamthandsvermögen gekennzeichneten **Innengesellschaft ieS** (§ 705 RdNr. 285). Wie das Beispiel der *stillen Gesellschaft* als wichtigster Fall der Innengesellschaft ieS zeigt, wird hier gewöhnlich nur einer der Beteiligten, der Hauptgesellschafter, nach außen tätig; er ist regelmäßig auch Inhaber des der gemeinsamen Zweckverfolgung dienenden Vermögens. Für eine Entziehung seiner Geschäftsführungsbefugnis ist hier schon deshalb kein Raum, weil dadurch die Grundstruktur des vertraglichen Zusammenschlusses verändert würde.[9] Den Mitgesellschaftern bleibt nur die Möglichkeit der Kündigung der Gesellschaft, wenn die Belassung der Geschäftsführung beim Hauptgesellschafter für sie unzumutbar geworden ist. 8

2. Voraussetzungen. a) Wichtiger Grund. Materiellrechtlich entscheidende Voraussetzung für die Entziehung der Geschäftsführungsbefugnis ist das Vorliegen eines wichtigen Grundes, dh. von Umständen, die die Belassung der Geschäftsführungsbefugnis und der damit verbundenen **Mitspracherechte des Störers** für die Mitgesellschafter **unzumutbar** machen.[10] Da die Geschäftsführungsbefugnis als Pflichtrecht der Förderung des gemeinsamen Zwecks zu dienen hat (§ 709 RdNr. 3), beurteilt sich auch das Gewicht der jeweils in Frage stehenden Umstände danach, welche Bedeutung ihnen für die Verfolgung dieses Zwecks zukommt. Die beiden in Abs. 1 aE genannten Fälle, grobe Pflichtverletzung oder Unfähigkeit zur ordnungsmäßigen Geschäftsführung, enthalten Hauptbeispiele eines wichtigen Grundes. Das zuletzt genannte Beispiel macht zugleich deutlich, dass je nach Lage des Falles ein **Verschulden** des Geschäftsführers **keine notwendige Voraussetzung** der Entziehung ist. Die grobe Pflichtverletzung muss zwar grds. verschuldet sein, um die Entziehung zu rechtfertigen.[11] In sonstigen Fällen genügt es, das Verschulden des Störers bei der Gewichtung des Grundes zu beachten.[12] 9

Das Vorliegen eines wichtigen Grundes lässt sich nur aufgrund einer **Gesamtbetrachtung** aller Umstände des Einzelfalls beurteilen. Das gilt auch für die ihrerseits ausfüllungsbedürftigen Beispiele eines wichtigen Grundes in § 712 Abs. 1[13] sowie für das sittenwidrige oder arglistige Verhalten eines Geschäftsführers.[14] Neben den in RdNr. 9 genannten Gesichtspunkten sind dabei namentlich auch Art und Inhalt der zu entziehenden Geschäftsführungsbefugnis zu berücksichtigen (RdNr. 2). Mit dieser Maßgabe kann auch die Rechtsprechung zu §§ 117, 127 HGB herangezogen werden, soweit es um die Ausfüllung des unbestimmten Rechtsbegriffs „wichtiger Grund" in § 712 Abs. 1 geht.[15] Blockiert ein Gesellschafter durch 10

---

[8] So zutr. *Düringer/Hachenburg/Geiler* II/1 Allg. Einl. HGB Anm. 320; *H. P. Westermann* Vertragsfreiheit S. 197, 199; *Erman/Westermann* RdNr. 2 und *Steckhan* Innengesellschaft S. 69 bis 71; wohl auch *Staudinger/Habermeier* RdNr. 3. Vgl. auch § 705 RdNr. 284. Nicht eindeutig wegen fehlender Unterscheidung nach der Art der Innengesellschaft *Soergel/Hadding* Vor § 705 RdNr. 30.
[9] HM, vgl. BGH DB 2008, 806, 807 Tz. 16; *H. P. Westermann* Vertragsfreiheit S. 196 ff. und *Erman/Westermann* RdNr. 2 sowie für die stille Gesellschaft *Staudinger/Habermeier* RdNr. 3; *Bamberger/Roth/Timm/Schöne* RdNr. 8; *Staub/Zutt* § 230 HGB RdNr. 93; *Koenigs*, Die stille Gesellschaft, S. 154 (anders zutr. *ders.* S. 158 für die Entziehung einer dem Stillen übertragenen Geschäftsführung; dem folgend auch *Staub/Zutt* § 230 HGB RdNr. 95).
[10] Vgl. etwa *Soergel/Hadding* RdNr. 2 mit Hinweisen zur Kasuistik; *Staudinger/Habermeier* RdNr. 7; *Wiedemann* GesR II § 4 5 a aa, S. 350; Beispiele zur Publikums-Gesellschaft bei *Reichert/Winter* BB 1988, 981, 988.
[11] BGH NJW 1984, 173 (grds. keine Entziehung bei entschuldbarem Irrtum); *Soergel/Hadding* RdNr. 2; *Schlegelberger/Martens* § 117 HGB RdNr. 17; *MünchKommHGB/Jickeli* § 117 HGB RdNr. 47; *Staudinger/Habermeier* RdNr. 7.
[12] BGH LM HGB § 140 Nr. 2 = BB 1952, 649; *Staub/Schäfer* § 140 HGB RdNr. 9; *Erman/Westermann* RdNr. 3.
[13] Vgl. *Staub/Ulmer* § 117 HGB RdNr. 32 f., 36; *Schlegelberger/Martens* § 117 HGB RdNr. 20; *Soergel/Hadding* RdNr. 2; *Staudinger/Habermeier* RdNr. 8; *Erman/Westermann* RdNr. 3; *Bamberger/Roth/Timm/Schöne* RdNr. 11.
[14] AA noch RG JW 1935, 696.
[15] Vgl. dazu *Staub/Ulmer* § 117 HGB RdNr. 31 ff.; *Wiedemann* GesR II § 4 II 5 a aa, S. 350 und *Schlegelberger/Martens* § 117 HGB RdNr. 15 ff. mwN; *Staudinger/Habermeier* RdNr. 8.

nachhaltige Verweigerung der Zustimmung oder dauernden Widerspruch die Tätigkeit der Mitgeschäftsführer aus offensichtlich sachfremden Motiven, so ist ein wichtiger Grund im Zweifel zu bejahen.[16] Das Gleiche gilt für das hartnäckige Ignorieren der Mitwirkungsrechte anderer Gesellschafter.[17] Dagegen reicht Vertrauensentzug seitens der Mitgesellschafter nicht ohne weiteres aus;[18] hier sind weiter die Art der Geschäftsführungsbefugnis und die Gründe für den Vertrauensentzug zu berücksichtigen. So vermag etwa ein unrechtmäßiger Eingriff des Geschäftsführers in das Vermögen einer *anderen* GbR wegen Erschütterung des Vertrauens den Entzug der Geschäftsführungsbefugnis zu rechtfertigen. Dabei braucht sich die Unzuverlässigkeit nicht notwendigerweise schon auf die Gesellschaft ausgewirkt zu haben.[19]

11 Geht es – wie namentlich bei Spannungen in Zweipersonengesellschaften – um **beiderseits veranlasste Unverträglichkeiten** in der Geschäftsführung, so ist es nicht sachgerecht, die Entziehung davon abhängig zu machen, welcher der beiden Gesellschafter sich gegenüber dem anderen Teil als erster auf § 712 Abs. 1 beruft (RdNr. 13) oder eine entsprechende Feststellungsklage erhebt.[20] Vielmehr sind die Gesellschafter in derartigen Fällen auf den Weg der Kündigung aus wichtigem Grund zu verweisen, soweit nicht das störende Verhalten eines der Geschäftsführer deutlich überwiegt.

12 **b) Beschluss der Mitgesellschafter.** Neben dem wichtigen Grund setzt die Entziehung weiter einen Beschluss der Mitgesellschafter voraus. Er hat nicht nur formale Bedeutung, sondern sorgt mit Rücksicht auf die vertragsändernde Natur der Entziehung (§ 709 RdNr. 3) und die sich aus der Entziehung ergebenden Folgerungen für die Ausgestaltung der Geschäftsführung (RdNr. 20) für das **Einverständnis der Mitgesellschafter** mit dieser Änderung. Eine Aberkennung der Geschäftsführungsbefugnis im Wege der Verwirkung und ohne Einverständniserklärung der Mitgesellschafter[21] ist mit dieser Funktion des Beschlusses nicht vereinbar.

13 Der Beschluss bedarf grundsätzlich der **Einstimmigkeit** der Mitgesellschafter. Anderes gilt dann, wenn der Gesellschaftsvertrag entweder hierfür oder allgemein für Vertragsänderungen **Mehrheitsentscheidungen** zulässt (§ 709 RdNr. 81 f., 84 ff.). Bei Publikumsgesellschaften ist die Kompetenz der Mehrheit zur Entscheidung über die Entziehung sogar zwingend.[22] Die vertragliche Organisation der Geschäftsführung nach dem Mehrheitsprinzip iS von § 709 Abs. 2 reicht als Grundlage für eine Mehrheitsentscheidung nicht aus, da sie sich nicht auf Vertragsänderungen bezieht.[23] Der betroffene Gesellschafter selbst hat nach ausdrücklicher Vorschrift des Abs. 1 mit Rücksicht auf die Interessenkollision kein Stimmrecht. Erklärt er sich seinerseits mit der Maßnahme einverstanden, so handelt es sich nicht um eine (einseitige) Entziehung, sondern um einen der Parteidisposition überlassenen, nicht von besonderen Voraussetzungen abhängigen Fall einvernehmlicher Vertragsänderung.

14 In der **Zweipersonengesellschaft** tritt an die Stelle der Beschlussfassung die einseitige *Erklärung des Mitgesellschafters*.[24] Sie wird ebenso wie der Beschluss in der mehrgliedrigen Gesellschaft erst wirksam, wenn sie dem betroffenen Gesellschafter zugeht.

15 Gesellschafter, die an der Entziehung nicht mitwirken wollen, können von den übrigen **auf Zustimmung verklagt** werden.[25] Zur Verurteilung genügt freilich nicht der Nachweis

---

[16] BGH LM § 709 Nr. 7 = NJW 1972, 862.
[17] BGH NJW 1984, 173; vgl. auch OLG Köln OLGR 2005, 610 (Verletzung von Informationspflichten).
[18] *Staudinger/Keßler*, 12. Aufl. 1979, RdNr. 3. Anders jedoch bei Publikumsgesellschaften, so zutr. *Reichert/Winter* BB 1988, 981, 988.
[19] BGH NZG 2008, 298 = DB 2008, 806, 807 f. Tz. 18.
[20] So auch OLG Zweibrücken OLGR 2005, 444, 445.
[21] So BGH LM § 709 Nr. 7 = NJW 1972, 862, 864; vgl. dazu auch § 709 RdNr. 43.
[22] BGHZ 102, 172, 178 f. = NJW 1988, 969. Dazu näher *Reichert/Winter* BB 1988, 981, 986.
[23] Ebenso *Erman/Westermann* RdNr. 4; *Soergel/Hadding* RdNr. 3; *Staudinger/Habermeier* RdNr. 9; *Bamberger/Roth/Timm/Schöne* RdNr. 13. AA zu Unrecht *Flume* I/1 § 15 III, S. 273 f. (vgl. dazu Fn. 27).
[24] RGZ 162, 78, 83; *Soergel/Hadding* RdNr. 3; *Staudinger/Habermeier* RdNr. 9; *Bamberger/Roth/Timm/Schöne* RdNr. 14.
[25] Vgl. BGHZ 64, 253, 257 f. = NJW 1975, 1410 und BGHZ 68, 81, 82 = NJW 1977, 1013 (für die Mitwirkung an einer Ausschließungsklage nach § 140 HGB); speziell zur Zustimmungspflicht im Rahmen

eines wichtigen Grundes für die Entziehung. Vielmehr muss dem Beklagten die Mitwirkung auch *zumutbar* sein.[26] Dabei ist neben engen Beziehungen zu dem von der Entziehung bedrohten Gesellschafter vor allem auch zu berücksichtigen, welche Folgen sich aus der Entziehung für die eigene Geschäftsführertätigkeit der Beklagten ergeben (RdNr. 20). Die *Anforderungen* an die Zustimmungspflicht sind im Fall von § 712 Abs. 1 freilich regelmäßig weniger hoch anzusetzen als bei sonstigen Vertragsänderungen. Mit Rücksicht auf den Inhalt der begehrten Änderung hat sich die Entscheidung primär am Gesellschaftsinteresse zu orientieren und nicht am Individualinteresse der einzelnen Gesellschafter.[27]

c) **Gegenstand des Entziehungsbeschlusses.** Der Beschluss nach § 712 Abs. 1 betrifft die Entziehung der **Geschäftsführungsbefugnis.** Hiervon unterscheidet das Gesetz die in § 715 geregelte, von entsprechenden Voraussetzungen abhängige Entziehung der **Vertretungsmacht.** Letztere ist nach § 715 nur zusammen mit der gleichzeitigen Entziehung der dem betroffenen Gesellschafter zustehenden Geschäftsführungsbefugnis zulässig. Demgegenüber kann nach § 712 Abs. 1 die Geschäftsführungsbefugnis auch isoliert entzogen und die Vertretungsmacht gleichwohl belassen werden.[28] Dem steht auch § 714 nicht entgegen, da er nur eine Auslegungsregel enthält. Zu vermuten ist ein solches auf die Geschäftsführung beschränktes Vorgehen freilich schon deshalb nicht, weil die Beteiligten am Fortbestehen einer isolierten Vertretungsmacht des betroffenen Gesellschafters nur selten interessiert sein dürften. Auch soweit der Beschluss nur auf Entziehung der Geschäftsführungsbefugnis lautet, ist er daher im Zweifel dahin auszulegen, dass er sich *auch auf die Vertretungsmacht erstrecken* soll.

Eine **Beschränkung der Geschäftsführungsbefugnis** anstelle ihrer Entziehung *ist im Rahmen von § 712 Abs. 1 nicht möglich,* soweit der Gesellschaftsvertrag nicht Abweichendes bestimmt.[29] Für das Gestaltungsurteil nach § 117 HGB wird die Möglichkeit einer Teilentziehung (Beschränkung) heute ganz überwiegend anerkannt.[30] Auf den Entziehungsbeschluss lässt sich diese Ansicht nicht übertragen, weil den Mitgesellschaftern anderenfalls die Möglichkeit einseitiger Vertragsgestaltung über die in § 712 Abs. 1 vorgesehene Rechtsfolge hinaus eröffnet würde. Das aber würde dem für Vertragsänderungen geltenden Einstimmigkeitsgrundsatz widersprechen. Eine Ausnahme kommt nur dann in Betracht, wenn der Gesellschaftsvertrag dem betroffenen Gesellschafter verschiedenartige, je selbständig für sich bestehende Arten der Geschäftsführungsbefugnis eingeräumt hat (etwa Einzelgeschäftsführung in bestimmten laufenden Angelegenheiten, Widerspruchsrecht bei außergewöhnlichen Geschäften) und der wichtige Grund nur für einen Teil dieser Befugnisse zu bejahen ist.[31] Dem von der Entziehung bedrohten Gesellschafter bleibt es freilich unbenommen, von sich aus in eine für die Mitgesellschafter akzeptable Beschränkung einzuwilligen, um dem völligen Ausschluss von der Geschäftsführung zuvorzukommen. Die gegen eine Teilentziehung bestehenden Bedenken stehen einer *befristeten* Entziehung in Einschränkung von § 712 Abs. 1 nicht entgegen.

---

von § 712 Abs. 1 RGZ 162, 388, 397; BGH NJW 1984, 173, 174; *Soergel/Hadding* RdNr. 3; *Erman/Westermann* RdNr. 4; *Staudinger/Habermeier* RdNr. 10; MünchKommHGB/*Jickeli* § 117 RdNr. 63; *Wiedemann* GesR II § 4 II 5 a bb, S. 351; *Schlegelberger/Martens* § 117 HGB RdNr. 25 f.; *Flume* I/1 § 15 III, S. 273 ff. sowie § 705 RdNr. 226, 234.

[26] Vgl. zu diesem Merkmal und seiner Bedeutung bei Klagen auf Zustimmung zu Vertragsänderungen § 705 RdNr. 232 sowie *Staub/Schäfer* § 140 HGB RdNr. 39 (für die Ausschließungsklage). Auf die Zweckverfolgungspflicht der Gesellschafter abstellend *Zöllner,* Anpassung von Personengesellschaftsverträgen, S. 42.

[27] Vgl. § 705 RdNr. 226, 234. Zu weit geht allerdings die Ansicht von *Flume* (Fn. 23), der aus dem Inhalt des Beschlusses unzutr. auf dessen Rechtsnatur als „außerordentliche" Geschäftsführungsmaßnahme schließt.

[28] So auch *Soergel/Hadding* RdNr. 4; *Staudinger/Habermeier* RdNr. 11; *Bamberger/Roth/Timm/Schöne* RdNr. 18.

[29] RG WarnR 1913 Nr. 51; *Soergel/Hadding* RdNr. 4. Abw. *Erman/Westermann* RdNr. 7 (Pflicht zur Vertragsänderung bei wichtigem Grund).

[30] Vgl. *Staub/Ulmer* § 117 HGB RdNr. 15 ff.; MünchKommHGB/*Jickeli* § 117 RdNr. 19; *Schlegelberger/Martens* § 117 HGB RdNr. 9; *Baumbach/Hopt* § 117 RdNr. 5; so auch BGHZ 51, 198, 203 = NJW 1969, 507; BGH WM 1977, 500, 502; NJW 1984, 173 f.; so auch schon RG JW 1935, 696; OGHZ 1, 33, 39.

[31] Vgl. die zutr. Differenzierung bei *Lukes* JR 1960, 41.

18   d) Gerichtliche Nachprüfung. Der Entziehungsbeschluss unterliegt wie jede Streitigkeit zwischen Gesellschaftern gerichtlicher Kontrolle. Anders als bei den Handelsgesellschaften (§§ 117, 127 HGB) erfolgt sie nicht im Wege der Gestaltungs-, sondern der **Feststellungsklage**. Klagebefugt ist nach Maßgabe von § 256 ZPO jeder Gesellschafter, auch der von der Entziehung betroffene. Die Darlegungs- und Beweislast für das Vorliegen des wichtigen Grundes und für das Zustandekommen des Gesellschafterbeschlusses trägt derjenige, der sich auf die Wirksamkeit der Entziehung beruft.

19   3. Rechtsfolgen. Die Rechtsfolgen der Entziehung treten, sofern die Voraussetzungen des § 712 Abs. 1 gegeben sind, mit der **Bekanntgabe des Beschlusses** an den betroffenen Gesellschafter ein. Ist dieser bei der Beschlussfassung nicht anwesend, so gilt § 130. Eine gerichtliche Entscheidung (RdNr. 18) hat nur feststellende Wirkung.

20   Inhaltlich geht die Rechtsfolge entgegen einer teilweise vertretenen Ansicht[32] *nicht ohne Weiteres* auf Ersetzung der vertraglichen Regelung durch die *Gesamtgeschäftsführung nach § 709 Abs. 1*. Zum Eingreifen von § 709 kommt es im Falle **übertragener Geschäftsführung** (RdNr. 1) vielmehr nur dann, wenn infolge der Entziehung die Vertragsgestaltung außer Kraft gesetzt ist, also beim Entzug gegenüber dem einzigen Geschäftsführer[33] oder gegenüber einem von zwei Gesamtgeschäftsführern.[34] Ist im Gesellschaftsvertrag demgegenüber die Geschäftsführung auch anderen Gesellschaftern übertragen, ohne dass diese an die Mitwirkung des Betroffenen gebunden sind, so bleibt deren Befugnis mangels abweichender Vereinbarung unberührt; für ein Eingreifen der dispositiven Gesamtgeschäftsführung nach § 709 ist kein Raum.[35] Ist Gegenstand der Entziehung andererseits die **Gesamtgeschäftsführungsbefugnis** eines der Beteiligten nach § 709 (RdNr. 5), so führt das notwendig zu deren Beschränkung auf die übrigen Gesellschafter. Die Rechtslage entspricht hier dem Fall, dass der Betroffene nach § 710 von der Geschäftsführung ausgeschlossen worden ist.

21   Ist im Gesellschaftsvertrag eine besondere **Geschäftsführervergütung** vorgesehen, so entfällt sie für die Zeit nach dem Wirksamwerden des Entziehungsbeschlusses.[36] Fehlt eine derartige Vereinbarung, etwa weil zunächst alle Gesellschafter an der Geschäftsführung beteiligt waren, so kann sich infolge der Entziehung die Notwendigkeit ergeben, zu einer Anpassung der Gewinnverteilungsabrede zu kommen. Vgl. näher § 709 RdNr. 34, 36.

22   4. Abweichende Vereinbarungen. Die Vorschrift des § 712 Abs. 1 enthält in vollem Umfang **dispositives Recht**.[37] Der Gesellschaftsvertrag kann die Entziehung *erleichtern*, indem er etwa bestimmte Umstände ohne Rücksicht auf ihr Gewicht als wichtigen Grund bezeichnet oder auf das Erfordernis eines wichtigen Grundes ganz verzichtet.[38] Im letztgenannten Fall sind im Hinblick auf den mit der Entziehung der Geschäftsführungsbefugnis verbundenen Eingriff in den Kernbereich der Mitgliedschaft die besonderen Anforderungen an die vertragliche Konkretisierung der Eingriffsbefugnis zu beachten (§ 709 RdNr. 91). Der Gesellschaftsvertrag kann auch Regelungen über die Beschlussmehrheiten und das Verfahren

---

[32] OLG München DRZ 1950, 280; *Palandt/Sprau* RdNr. 2; vgl. auch Gegenansichten in Fn. 35.

[33] RGZ 162, 78, 83; *Flume* I/1 § 10 II, S. 135.

[34] BGHZ 33, 105, 108 = NJW 1960, 1997; BGHZ 41, 367, 368 = NJW 1964, 1624 (abw. jedoch bezüglich der Vertretungsmacht des einzigen von der Entziehung nicht betroffenen Komplementärs einer KG; BGHZ 51, 198, 201 = NJW 1969, 507; *Flume* I/1 § 10 II, S. 135; *Link* (Fn. 6) S. 109; *Hueck* OHG § 10 VII 9, S. 154 mwN zu § 117 HGB.

[35] Ebenso *Erman/Westermann* RdNr. 8; *Staudinger/Habermeier* RdNr. 13; *Bamberger/Roth/Timm/Schöne* RdNr. 18; *Link* (Fn. 6) S. 109; wohl auch *Flume* I/1 § 10 II; *Soergel/Hadding* RdNr. 4.

[36] So auch *Staudinger/Habermeier* RdNr. 14.

[37] Ebenso *Soergel/Hadding* RdNr. 5; *Erman/Westermann* RdNr. 9; *Staudinger/Habermeier* RdNr. 6; *Bamberger/Roth/Timm/Schöne* RdNr. 3; einschr. *Wiedemann* GesR II § 4 II 5 a aa, S. 349 (kein vollständiger Ausschluss des Entziehungsrechts). Vgl. auch die wN in Fn. 39, 40.

[38] So auch BGH LM HGB § 119 Nr. 9 = NJW 1973, 651 für die einseitige „Herabstufung" eines Komplementärs zum Kommanditisten; *Schlegelberger/Martens* § 117 HGB RdNr. 53. Zu Recht einschr. (nur bei Vorliegen ganz besonderer Umstände) – anders gelagerten – Fall eines Ausschließungsrechts ohne wichtigen Grund BGHZ 68, 212, 215 = NJW 1977, 1292; BGHZ 81, 263, 266 ff. = NJW 1981, 2565; BGHZ 105, 213, 217 = NJW 1989, 834; BGHZ 107, 351, 356 = NJW 1989, 2681; vgl. näher § 737 RdNr. 17 ff.

bei der Entziehung treffen. Ebenso kann er andererseits die Entziehung *erschweren*, indem er nur bestimmte, besonders schwerwiegende Umstände als wichtigen Grund gelten lässt.

Entgegen einer namentlich früher verbreiteten Ansicht[39] ist auch der **Ausschluss des Entziehungsrechts** zulässig. Die Mitgesellschafter werden dadurch nicht der Willkür des oder der Geschäftsführer ausgeliefert, da ihnen in jedem Fall das Recht zur Kündigung aus wichtigem Grund, im Rahmen von § 737 auch das Ausschließungsrecht verbleibt.[40]

II. Die Kündigung (Abs. 2)

1. Anwendungsbereich und Voraussetzungen. a) Allgemeines. Der mit der Geschäftsführungsbefugnis verbundenen **Tätigkeitspflicht** (§ 709 RdNr. 29) entspricht das Recht der einzelnen Gesellschafter, die Pflicht zur Geschäftsführung auch ihrerseits aus wichtigem Grund zu kündigen.[41] Der Geschäftsführer wird dadurch vor der Notwendigkeit bewahrt, bei Unzumutbarkeit weiterer Tätigkeit in der Gesellschaft diese selbst nach § 723 kündigen und dadurch zur Auflösung bringen zu müssen. Insofern unterscheidet sich das Kündigungsrecht des § 712 Abs. 2 namentlich auch von den Regelungen über die Kündigung von Dienst- und Geschäftsbesorgungsverträgen aus wichtigem Grund in § 626 BGB oder in § 89a HGB, die jeweils zur Beendigung des Vertragsverhältnisses führen. Folge der Kündigung der Geschäftsführung kann es freilich sein, dass nunmehr ein Mitgesellschafter von sich aus den Gesellschaftsvertrag aus wichtigem Grund kündigt, wenn sich etwa die Folgen der Niederlegung der Geschäftsführung durch den Kündigenden (RdNr. 29) für ihn als unzumutbar erweisen.

Voraussetzung für die Kündigung ist das Vorliegen eines **wichtigen Grundes** aufseiten des Kündigenden, dh. von Umständen, die die Fortführung der Geschäfte in der vereinbarten Art *für ihn unzumutbar* machen. Welche Anforderungen an den wichtigen Grund zu stellen sind, hängt ebenso wie im Fall der Entziehung (RdNr. 9) von einer Gesamtbeurteilung aller Umstände des Einzelfalls ab. Darauf, dass der Kündigende aus von ihm nicht zu vertretenden Umständen verhindert ist, die Geschäfte zu führen, kommt es nicht an, da in einem derartigen Fall die Geschäftsführungspflicht auch ohne Kündigung ruht (§ 709 RdNr. 31).

b) Kündigung der Gesamtgeschäftsführungsbefugnis nach § 709? Ebenso wie die Entziehung (RdNr. 1) wurde auch das Recht zur Kündigung von der früher **hM** auf die **übertragene Geschäftsführungsbefugnis** beschränkt.[42] § 712 Abs. 2 stellt im Unterschied zu Abs. 1 hierauf zwar nicht ausdrücklich ab, doch entspricht die Gleichbehandlung beider Fälle dem systematischen Zusammenhang der Regelungen in § 712. Demgegenüber lässt die hM im Recht der OHG eine Kündigung auch der „gesetzlichen" Geschäftsführerstellung zu, da es sich hier abweichend von § 709 um Einzelgeschäftsführung handele, die meist mit erheblichen Belastungen für die Geschäftsführer verbunden sei.[43]

Aus den oben (RdNr. 5 f.) genannten Gründen ist der früher hM auch im Rahmen von § 712 Abs. 2 hinsichtlich der **Differenzierung** zwischen übertragener und dispositiver Geschäftsführung in der GbR **nicht zu folgen**.[44] Der Umstand, dass die übertragene

---

[39] RG JW 1935, 696; *Staudinger/Keßler*, 12. Aufl. 1979, RdNr. 6; *RGRK/v. Gamm* RdNr. 1.
[40] Ebenso *Soergel/Hadding* RdNr. 6; *Erman/Westermann* RdNr. 9; *Bamberger/Roth/Timm/Schöne* RdNr. 3; für den Ausschluss von § 117 HGB *Staub/Ulmer* § 117 HGB RdNr. 10; *Schlegelberger/Martens* § 117 HGB RdNr. 51; *Hueck* OHG § 10 VII 11a, S. 157; *Gogos*, Die Geschäftsführung der OHG, 1953, S. 67; aA *Wiedemann* GesR II § 4 II 5a aa, S. 349.
[41] Ebenso *K. Schmidt* DB 1988, 2241, 2243 unter zutr. Betonung des Umstands, dass die Kündigung den Sinn hat, den Gesellschafter von der *Verpflichtung* zur Geschäftsführung zu befreien. Wegen deren Charakter als Pflichtrecht erstreckt sie sich entgegen *K. Schmidt* aaO freilich auch auf die Geschäftsführungs*befugnis*; wie hier auch *Link* (Fn. 6) S. 103; *Wiedemann* GesR II § 4 II 5b, S. 357.
[42] *Soergel/Hadding* RdNr. 7; *Erman/Westermann* RdNr. 10; *Staudinger/Keßler*, 12. Aufl. 1979, RdNr. 8; *RGRK/v. Gamm* RdNr. 5.
[43] *Staub/Ulmer* § 117 HGB RdNr. 81; *Hueck* OHG § 10 VII 12, S. 159; *Schlegelberger/Martens* § 117 HGB RdNr. 57; *Baumbach/Hopt* § 114 HGB RdNr. 19; *Gogos* (Fn. 40) S. 69 f.
[44] So jetzt auch *K. Schmidt* DB 1988, 2241, 2243; *Schlegelberger/Martens* § 117 HGB RdNr. 57; *Baumbach/Hopt* § 114 HGB RdNr. 19; *Staudinger/Habermeier* RdNr. 18; *Bamberger/Roth/Timm/Schöne* RdNr. 22; *Wiedemann* GesR II § 4 II 5b, S. 357; aA *Link* (Fn. 6) S. 99 f.

Geschäftsführung in der GbR oder die Einzelgeschäftsführung in der OHG häufig belastender sein wird als die Gesamtgeschäftsführung nach § 709, steht nicht entgegen. Ihm ist vielmehr bei Prüfung des wichtigen Grundes (RdNr. 25) Rechnung zu tragen. Das mag dazu führen, dass die Voraussetzungen des § 712 Abs. 2 bei Gesamtgeschäftsführung nach § 709 nur selten vorliegen. Es ist jedoch kein Grund, die vom Gesetzgeber eröffnete Möglichkeit, sich anstelle einer Kündigung der Gesellschaft auf die Kündigung der Geschäftsführung zu beschränken, bei Vorliegen eines wichtigen Grundes nicht auch einem Gesamtgeschäftsführer iS von § 709 zugute kommen zu lassen.

28 c) **Kündigungserklärung und -frist.** Die Kündigung ist als empfangsbedürftige, auf Änderung des Gesellschaftsvertrags gerichtete Willenserklärung **allen Mitgesellschaftern gegenüber** zu erklären.[45] Sie bedarf zu ihrer Wirksamkeit zwar nicht der Einhaltung einer Kündigungsfrist. Wohl aber muss der Kündigende nach § 712 Abs. 2 iVm. § 671 Abs. 2 den Mitgesellschaftern Gelegenheit geben, sich rechtzeitig auf die veränderten Umstände einzustellen. Eine **Kündigung zur Unzeit** ist wirksam;[46] jedoch hat der Kündigende der Gesellschaft den ihr hieraus entstehenden Schaden zu ersetzen (§ 671 Abs. 2 S. 2). Anderes gilt nach § 671 Abs. 2 S. 1 aE nur dann, wenn auch das fristlose, zur Unzeit erfolgende Vorgehen durch den wichtigen Grund gedeckt ist.

29 2. **Rechtsfolgen.** Es gelten uneingeschränkt die oben (RdNr. 20 f.) für den **Fall der Entziehung** genannten Rechtsfolgen.[47] Gesamtgeschäftsführung nach § 709 als Folge der Kündigung tritt nur dann ein, wenn die vertragliche Regelung der Geschäftsführung durch die Kündigung hinfällig geworden ist. Anderes gilt, wenn die übertragene Geschäftsführung bei anderen Gesellschaftern fortbesteht oder wenn die Kündigung von einem der Gesamtgeschäftsführer iSv. § 709 erklärt wird. Wird infolge der Kündigung Gesamtgeschäftsführung auch für Gesellschafter begründet, die bisher von der Geschäftsführung freigestellt waren, so können diese sich bei Unzumutbarkeit ihrerseits entweder auf § 712 Abs. 2 berufen oder die Gesellschaft aus wichtigem Grund kündigen. Zu den Folgen für Geschäftsführervergütung und Gewinnverteilung vgl. RdNr. 21.

30 3. **Abweichende Vereinbarungen.** Auch § 712 Abs. 2 ist im Grundsatz **dispositiv**; insbesondere kann die Kündigung unter erleichterten Bedingungen zugelassen werden (RdNr. 22). Eine **Grenze** für die Vertragsgestaltung ergibt sich jedoch aus der Verweisung auf **§ 671 Abs. 3**. Danach kann im Voraus auf das Recht zur Kündigung aus wichtigem Grund nicht wirksam verzichtet werden (vgl. § 671 RdNr. 14).

§ 713 Rechte und Pflichten der geschäftsführenden Gesellschafter

Die Rechte und Verpflichtungen der geschäftsführenden Gesellschafter bestimmen sich nach den für den Auftrag geltenden Vorschriften der §§ 664 bis 670, soweit sich nicht aus dem Gesellschaftsverhältnis ein anderes ergibt.

Übersicht

	RdNr.		RdNr.
I. Normzweck und Anwendungsbereich	1–5	II. Die entsprechend anwendbaren Auftragsvorschriften	6–17
1. Die Rechtsstellung der Geschäftsführer	1–4	1. Ausschluss der Substitution (§ 664)	6
a) Grundlagen	1, 2	2. Weisungsbindung (§ 665)?	7
b) Folgerungen	3, 4	3. Auskunfts- und Rechenschaftspflicht (§ 666)	8–11
2. Auftragstätigkeit von Gesellschaftern	5		

---

[45] *Staudinger/Habermeier* RdNr. 19; *Soergel/Hadding* RdNr. 7; *Erman/Westermann* RdNr. 11; *Hueck* OHG § 10 VII 12, S. 160; *Wiedemann* GesR II § 4 II 5 b, S. 357.

[46] HM, vgl. § 671 RdNr. 13 mwN; *Baumbach/Hopt* § 114 HGB RdNr. 19; aA *Link* (Fn. 6) S. 105 ff.; *van Venrooy* JZ 1981, 53, 57.

[47] AA *K. Schmidt* DB 1988, 2241, 2243 f., der das Erlöschen der Geschäftsführungsbefugnis zwar als regelmäßige, nicht aber als zwingende Folge einer Kündigung der Geschäftsführungspflicht ansieht.

	RdNr.		RdNr.
a) Sozialanspruch	8	5. Aufwendungsersatz und Vorschuss	
b) Auskunft	9	(§§ 669, 670)	15–17
c) Rechenschaft	10, 11	III. Unanwendbare Auftragsvor-	
4. Herausgabepflicht (§§ 667, 668)	12–14	schriften	18, 19

I. Normzweck und Anwendungsbereich

1. Die Rechtsstellung der Geschäftsführer. a) Grundlagen. Die Geschäftsführungs- 1
befugnis der Gesellschafter **folgt unmittelbar aus ihrer Mitgliedschaft** (§ 709 RdNr. 3).
Sie unterscheidet sich dadurch grundsätzlich von der Stellung eines durch zweiseitige
schuldrechtliche Abrede (§ 662) beauftragten Dritten. Das gilt auch im Falle „übertragener",
dh. auf einen Teil der Gesellschafter beschränkter Geschäftsführungsbefugnis (§ 710
RdNr. 3) sowie im Falle sonstigen befugten Tätigwerdens von Gesellschaftern in Gesellschaftsangelegenheiten; der Begriff „geschäftsführender Gesellschafter" in § 713 ist in einem
weiten Sinn zu verstehen.[1]

Eine unmittelbare Anwendung von Auftragsrecht auf das Verhältnis zwischen Geschäfts- 2
führer und Gesamthand ist aus den in RdNr. 1 genannten Gründen ausgeschlossen. Demgegenüber ordnet § 713 zwar die **entsprechende Anwendung der §§ 664 bis 670** an,
stellt sie aber unter den *Vorbehalt*, dass sich nicht aus dem *Gesellschaftsverhältnis* ein anderes
ergibt. Solche Abweichungen kommen einerseits kraft ausdrücklicher oder stillschweigender
Vereinbarung im Gesellschaftsvertrag in Betracht; wie die übrigen Geschäftsführungsvorschriften ist auch § 713 dispositiver Natur. Andererseits steht auch die mitgliedschaftliche
Struktur des Geschäftsführungsrechts der Anwendung bestimmter Auftragsgrundsätze entgegen (zur Weisungsbindung vgl. etwa RdNr. 7).

b) Folgerungen. Wegen der Einzelheiten der Rechtsstellung der Gesellschafter-Ge- 3
schäftsführer vgl. namentlich § 709 RdNr. 26ff. (Recht auf und Pflicht zur Geschäftsführung, Geschäftsführervergütung u. a.). Die dort genannten Grundsätze gehen dem Auftragsrecht vor. Das gilt auch für die in § 708 geregelte, auf die Verletzung der Sorgfalt in eigenen
Angelegenheiten beschränkte Haftung der Geschäftsführer anstelle des für Beauftragte geltenden Sorgfaltsmaßstabs des § 276. Zur Rechtslage eines Geschäftsführers bei Überschreitung seiner Befugnis vgl. § 708 RdNr. 8ff.

Ist die Geschäftsführung einem **Nichtgesellschafter** zur Ausübung überlassen (§ 709 4
RdNr. 20), so handelt es sich regelmäßig um ein Geschäftsbesorgungsverhältnis. Insoweit
greift Auftragsrecht uneingeschränkt bereits nach § 675 ein. Die Verweisungsvorschrift des
§ 713 findet keine Anwendung.

2. Auftragstätigkeit von Gesellschaftern. Denkbar ist, dass Gesellschafter sich im 5
Einzelfall nicht aufgrund ihrer Mitgliedstellung, sondern *im Rahmen eines Drittgeschäfts* mit
der Gesellschaft (Sonderauftrag, § 709 RdNr. 37) dazu verpflichten, für diese bestimmte
Geschäfte zu führen oder in deren Interesse tätig zu werden. Insoweit handelt es sich um
eine von der Geschäftsführung zu unterscheidende Geschäftsbesorgungstätigkeit, für die wie
bei Nichtgesellschaftern Auftragsrecht nach §§ 662ff., 675 grundsätzlich uneingeschränkt
zum Zuge kommt. Das Haftungsprivileg des § 708 greift in derartigen Fällen nur ein, wenn
sich dessen Ausdehnung auf diese Tätigkeit abweichend von der gesetzlichen Regel kraft
Vertragsauslegung ergibt (vgl. § 708 RdNr. 6).[2]

II. Die entsprechend anwendbaren Auftragsvorschriften

1. Ausschluss der Substitution (§ 664). Die **Unübertragbarkeit** der Geschäftsfüh- 6
rungsbefugnis folgt unabhängig von §§ 713, 664 bereits aus ihrer mitgliedschaftlichen Natur
(§ 709 RdNr. 29). Bedeutung hat die Verweisung auf § 664 daher nur, soweit es darum

---

[1] Vgl. dazu *Staub/Ulmer* § 110 HGB RdNr. 34.
[2] Generell bejahend wegen des Zusammenhangs mit dem Gesellschaftsverhältnis aber *Staudinger/Habermeier*
RdNr. 3.

geht, im Falle einer nach dem Gesellschaftsvertrag gestatteten Überlassung der Geschäftsführung zur Ausübung durch einen Dritten die Haftung des Geschäftsführers auf **Auswahlverschulden** zu beschränken.³ In Fällen schuldhaft unerlaubter Substitution haftet der Geschäftsführer demgegenüber nach Maßgabe von § 708 für den vom Substituten verursachten Schaden. Hiervon abgesehen kommt eine Haftung der Geschäftsführer wegen Verschuldens von **Erfüllungsgehilfen** nur in denjenigen Fällen in Betracht, in denen diese nicht als Angestellte der Gesellschaft (Gesamthand) tätig werden, sondern Aufgaben erfüllen, deren Wahrnehmung nach dem Gesellschaftsvertrag den Geschäftsführern selbst vorbehalten sein sollte (§ 708 RdNr. 17).

7   **2. Weisungsbindung (§ 665)?** Die Vorschrift des § 665 beruht auf der regelmäßigen Weisungsbindung des Beauftragten.⁴ Auf den Geschäftsführer ist sie grundsätzlich **unanwendbar,** weil sie sich nicht mit dessen eigenverantwortlicher, auf der Mitgliedschaft beruhender Stellung verträgt.⁵ **Ausnahmen** bestehen nur insoweit, als entweder infolge der Gestaltung der Geschäftsführung nach dem Mehrheitsprinzip (§ 709 Abs. 2) überstimmte Gesellschafter an die Mehrheitsentscheidung gebunden und je nach Lage des Falles zu deren Ausführung verpflichtet sind (§ 709 RdNr. 49) oder der Gesellschaftsvertrag in den Grenzen von § 138 Geschäftsführer den Weisungen der Gesellschafterversammlung unterwirft.⁶ Ist in derartigen Fällen eine Weisungsbindung ausnahmsweise gegeben, so richten sich die *Grenzen der Weisungsbindung* und die Verhaltenspflichten des Geschäftsführers im Falle ihrer Nichtbefolgung nach § 665.

8   **3. Auskunfts- und Rechenschaftspflicht (§ 666). a) Sozialanspruch.** Die Informationsrechte der **einzelnen** Gesellschafter und ihr Anspruch auf Rechenschaft nach Auflösung der Gesellschaft oder Geschäftsjahresende sind abweichend von § 713 in §§ 716, 721 geregelt. Demgegenüber steht der in §§ 713, 666 gewährte Auskunfts- und Rechenschaftsanspruch gegenüber den Geschäftsführern als kollektives Recht der **Gesamtheit** der übrigen Gesellschafter zu.⁷ Da er sich von den Rechten aus §§ 716, 721 auch in sachlichen Voraussetzungen und Umfang unterscheidet, hat er ihnen gegenüber selbständige Bedeutung.⁸ Folgerichtig kann der Anspruch aus § 666 daher grundsätzlich auch im Rahmen der *actio pro socio* (§ 705 RdNr. 204) von einzelnen Gesellschaftern zugunsten der Gesamthand geltend gemacht werden.⁹ Allerdings kommt dem Subsidiaritätseinwand (§ 705 RdNr. 210) insoweit besondere Bedeutung zu. Es kann nicht Zweck der Berufung auf § 666 sein, sich ohne Sachgrund über die aus §§ 716, 721 folgenden Schranken der Informationsrechte hinwegzusetzen.¹⁰

---

³ *Soergel/Hadding* RdNr. 5; *Erman/Westermann* RdNr. 2; *Staudinger/Habermeier* RdNr. 4; vgl. auch § 709 RdNr. 29.

⁴ Dazu § 665 RdNr. 14 und *Erman/Ehmann* § 665 RdNr. 11 f.

⁵ Ganz hM; vgl. *Soergel/Hadding* RdNr. 6; *Erman/Westermann* RdNr. 2; *Palandt/Sprau* RdNr. 3; *Staudinger/Habermeier* RdNr. 5; *Bamberger/Roth/Timm/Schöne* RdNr. 4; MünchKommHGB/*Rawert* § 114 RdNr. 38; *Staub/Ulmer* § 114 HGB RdNr. 19; *Hueck* OHG § 10 V 3, S. 138 f.; *U. Huber* ZGR 1982, 544 f.; *Schlegelberger/Martens* § 114 HGB RdNr. 18; *Baumbach/Hopt* § 114 RdNr. 9.

⁶ Der früher teilweise (RGRK/*v. Gamm* RdNr. 2) erwähnte Ausnahmefall, dass Weisungen bei Übertragung der Geschäftsführung erteilt werden, hat daneben keine selbständige Bedeutung, da eine nicht schon im Gesellschaftsvertrag geregelte „Übertragung" dessen nachträgliche Änderung voraussetzt, soweit sie sich nicht auf eine rein intern wirkende Geschäftsaufteilung beschränkt (§ 709 RdNr. 16).

⁷ Dazu näher *K. Schmidt*, Informationsrechte in Gesellschaften und Verbänden, 1984, S. 18 f., 28 f.; so auch *Soergel/Hadding* RdNr. 7; *Erman/Westermann* RdNr. 3; *Staudinger/Habermeier* RdNr. 6; *Bamberger/Roth/Timm/Schöne* RdNr. 5; *Wiedemann* GesR II § 4 II 4 b bb, S. 343 f.; relativierend mit Blick auf die actio pro socio *U. Huber* ZGR 1982, 539, 546 ff.

⁸ RGZ 148, 278, 279; *Soergel/Hadding* RdNr. 7; *Erman/Westermann* RdNr. 3; *Staudinger/Habermeier* RdNr. 6 f. Anders für das OHG-Recht *Hueck* OHG § 12, 5.

⁹ RGZ 91, 34, 36; *Staudinger/Habermeier* RdNr. 6; *Erman/Westermann* RdNr. 3; *Bamberger/Roth/Timm/Schöne* RdNr. 5; *U. Huber* ZGR 1982, 539, 546 ff.; BGH NJW 1992, 1890, 1892 mit der unzutr. Begründung, auf diesem Wege könnten nur Rechte geltend gemacht werden, die sich aus dem jeweiligen Mitgliedschaftsrecht ableiten ließen.

¹⁰ So im Ergebnis zutr. BGH NJW 1992, 1890, 1892 betr. die Geltendmachung der dem Verwaltungsrat einer KG eingeräumten weitergehenden Informationsrechte durch einen Kommanditisten.

b) Auskunft. Die Auskunftspflicht der Geschäftsführer besteht während der ganzen **9** Dauer der Geschäftsführungstätigkeit und nicht nur zu bestimmten Stichtagen. Im Unterschied zu § 716 beschränkt sie sich nicht darauf, den Mitgesellschaftern Einsicht in die Geschäftsunterlagen zu ermöglichen, sondern verpflichtet die Geschäftsführer zu eigener Informationstätigkeit. Im Einzelnen unterscheidet § 666 dabei zwischen der nicht von einer entsprechenden Anfrage abhängigen Pflicht, die erforderlichen *Nachrichten* zu erteilen, und der nur auf Verlangen zu erteilenden *Information über den Stand des Geschäfts*.[11] Adressat der zu erteilenden Nachrichten und Auskünfte ist die Gesellschaftergesamtheit. Ihr kann die Information entweder auf schriftlichem Wege oder im Rahmen einer Gesellschafterversammlung erteilt werden. Für die in § 260 vorgesehene Pflicht, bei Auskünften über einen Inbegriff von Gegenständen ein Bestandsverzeichnis vorzulegen, besteht wegen der Rechnungslegungspflicht nach § 721 allerdings im Zweifel kein Bedürfnis. Auch im Übrigen darf das Auskunftsverlangen, zumal wenn es von einzelnen Gesellschaftern ausgeht, nicht überspannt werden. Primäres Informationsmittel der nicht an der Geschäftsführung beteiligten Gesellschafter sind die individuellen Einsichts- und Kontrollrechte des § 716.

c) Rechenschaft. Zur Rechenschaft ist der Beauftragte nach § 666 erst verpflichtet, **10** nachdem der Auftrag durchgeführt ist. Übertragen auf die Geschäftsführer der GbR bedeutet das, dass entweder die Gesellschaft aufgelöst oder die Geschäftsführungstätigkeit einzelner Gesellschafter aus sonstigen Gründen beendet sein muss.[12] Da sich die Pflicht zur Rechnungslegung im erstgenannten Fall schon aus §§ 721 Abs. 1, 730 ergibt, hat § 666 insoweit vor allem für das vorzeitige Ausscheiden von Gesellschaftern aus der Geschäftsführung Bedeutung. Wenn die Mitgesellschafter in derartigen Fällen ein auf § 666 gestütztes Verlangen nach umfassender Rechnungslegung entsprechend § 259 verweigern, kann daraus das Recht überstimmter Gesellschafter folgen, den Anspruch im Wege der actio pro socio geltend zu machen.[13] Ein genereller vertraglicher Ausschluss der Rechenschaftspflicht aus § 666 verstößt zumindest bei Gesellschaften mit erheblichem Vermögenswert gegen § 138.[14] – Der Rechenschaftspflicht der Geschäftsführer bei Beendigung ihrer Tätigkeit entspricht ein *Anspruch auf Entlastung*.[15]

Inhaltlich bestimmt sich die Rechenschaftspflicht grundsätzlich nach § 259. Die dort **11** vorgeschriebene Pflicht, eine die geordnete Zusammenstellung der Einnahmen und Ausgaben enthaltende Rechnung mitzuteilen, macht es regelmäßig erforderlich, dass die Geschäftsführer schon während der Dauer ihrer Tätigkeit *Geschäftsbücher führen*; Ausnahmen kommen nur bei leicht überschaubaren Verhältnissen, insbesondere bei Gelegenheitsgesellschaften ohne erwerbswirtschaftliche Ziele in Betracht.[16] Eine von den Geschäftsführern zu beachtende Buchführungspflicht ist außerhalb von § 141 AO für die GbR gesetzlich zwar nicht statuiert. Dass der Gesetzgeber von einer Pflicht zur Buchführung auch bei der GbR ausgeht, zeigen jedoch schon die Vorschriften der §§ 716, 721, die das Vorhandensein entsprechender Unterlagen voraussetzen.

4. Herausgabepflicht (§§ 667, 668). Sie besteht nach § 667 für alle aus der Geschäfts- **12** besorgung erlangten Gegenstände. Die Bedeutung der Vorschrift ist bei *Außengesellschaften* im

---

[11] Vgl. näher § 666 RdNr. 6 und *Erman/Ehmann* § 666 RdNr. 20, 24.
[12] *Soergel/Hadding* RdNr. 8; *Erman/Westermann* RdNr. 3; *Bamberger/Roth/Timm/Schöne* RdNr. 8; *Staudinger/Habermeier* RdNr. 8.
[13] So im Ergebnis auch RG JW 1927, 368 (für die OHG); ähnlich *Soergel/Hadding* RdNr. 8 mwN der Rspr.; *Erman/Westermann* RdNr. 3; für grds. Beschränkung der Rechenschaftspflicht auf die Vorlegung der Bücher entspr. § 716 aber noch *Staudinger/Keßler*, 12. Aufl. 1979, RdNr. 9.
[14] BGH WM 1965, 709, 710.
[15] Ebenso *Soergel/Hadding* RdNr. 8; *Staudinger/Habermeier* RdNr. 8; *Bamberger/Roth/Timm/Schöne* RdNr. 9.
[16] Wie hier für grds. Buchführungspflicht in der GbR *Staudinger/Habermeier* RdNr. 8; enger RGZ 103, 71, 72, wonach eine Buchführungspflicht bei solchen Geschäften entfällt, die weder kaufmännischen Charakter noch erheblichen Umfang haben; so auch *Soergel/Hadding* RdNr. 8 (Frage der Art der Gesellschaft und ihrer Geschäfte); *Erman/Westermann* RdNr. 3 (Frage der Auslegung des Gesellschaftsvertrages); *Bamberger/Roth/Timm/Schöne* RdNr. 8.

Regelfall gering, da die Leistungen Dritter beim Handeln des Geschäftsführers namens der GbR schon nach § 718 Abs. 1 unmittelbar in das Gesamthandsvermögen übergehen (§ 718 RdNr. 18). Anderes gilt beim **Auftreten des Geschäftsführers im eigenen Namen,** das bei Innengesellschaften iwS trotz Vorhandensein eines Gesamthandsvermögens die Regel darstellt (§ 705 RdNr. 279, 284). Hier richtet sich seine Herausgabepflicht schon während der Gesellschaftsdauer grundsätzlich nach § 667. Demgegenüber verbleibt im Falle einer Innengesellschaft ieS (§ 705 RdNr. 282) das zur Förderung des gemeinsamen Zwecks bestimmte Vermögen während der Vertragsdauer beim Hauptgesellschafter; § 667 greift nicht ein.

13   Nach der zu § 667 ergangenen ständigen Rechtsprechung[17] kann die Gesamthand vom Geschäftsführer auch die **Vorteile** (Sonderprovisionen, Schmiergelder u. a.) herausverlangen, die ihm in Zusammenhang mit der Geschäftsführertätigkeit von Dritten zugeflossen sind. – Gegenüber dem Herausgabeanspruch aus § 667 kann der Geschäftsführer mit Aufwendungsersatzansprüchen (§ 670) aufrechnen bzw. ein Zurückbehaltungsrecht geltend machen.

14   Nach § **668** hat der Geschäftsführer Geld zu **verzinsen,** das er entgegen seiner Geschäftsführungspflicht für eigene Zwecke verwendet hat. Ein weitergehender vertraglicher oder deliktischer Schadensersatzanspruch der Gesamthand wird dadurch nicht berührt.

15   **5. Aufwendungsersatz und Vorschuss (§§ 669, 670).** Der Geschäftsführer kann – wie sämtliche Gesellschafter (§ 714 RdNr. 54) – nach § **670** *Aufwendungsersatz* verlangen und sich nach Maßgabe von § **669** einen *Vorschuss* hierauf zahlen lassen. Demgegenüber scheidet ein Befreiungsanspruch nach § 257 aus; er wäre unvereinbar mit der Haftungsstruktur der GbR (vgl. § 714 RdNr. 55). Die Ansprüche richten sich, auch soweit es um den Regress des Gesellschafters wegen Inanspruchnahme analog § 128 HGB geht, gegen die Gesellschaft.[18] Eine anteilige Haftung der Mitgesellschafter hierfür ist mit Rücksicht auf § 707 vor der Auseinandersetzung grundsätzlich ausgeschlossen, zumal § 128 HGB auf Sozialverbindlichkeiten keine Anwendung findet (§ 714 RdNr. 39).[19] Zwar haften die Gesellschafter gemäß § 128 HGB untereinander als Gesamtschuldner.[20] Der Gesamtschuldregress gemäß § 426 steht aber wegen § 707 unter dem Vorbehalt, dass aus dem Gesellschaftsvermögen kein Ersatz zu erlangen ist, und beschränkt sich außerdem auf den Verlustanteil des einzelnen Gesellschafters (§ 707 RdNr. 5).[21] Entgegen der hM[22] ist es mit Rücksicht auf die zwingende Natur des § 707 (§ 707 RdNr. 1 f.) nicht möglich, dass der Gesellschaftsvertrag von der Subsidiarität des Regressanspruchs abweicht, namentlich also eine primäre Haftung anordnet oder die Gesellschafter untereinander von der Beschränkung auf einen bloß anteiligen Regress befreit. Abgesehen davon, dass für eine solche Abweichung kein anerkennenswertes Bedürfnis ersichtlich ist, scheitert sie schon daran, dass sich eine Obergrenze für eine Inanspruchnahme des einzelnen Gesellschafters im Regresswege kaum sinnvoll bestimmen

---

[17] Vgl. § 667 RdNr. 17; *Erman/Ehmann* § 667 RdNr. 4, 16 ff.; *Staudinger/Habermeier* RdNr. 9.
[18] So schon zur alten Rechtslage (Doppelverpflichtungslehre) BGH NJW 1980, 339, 340.
[19] BGHZ 37, 299, 301 = NJW 1962, 1863, 1864; *Staub/Habersack* § 128 HGB RdNr. 12.
[20] Vgl. *Staub/Ulmer* § 110 HGB RdNr. 31 f. sowie die Nachweise in Fn. 21.
[21] Vgl. auch § 705 RdNr. 217 und § 714 RdNr. 56 sowie insbes. BGH NJW-RR 2008, 256 = WM 2007, 2289, 2290 Tz. 14; *Bamberger/Roth/Timm/Schöne* RdNr. 13; *Soergel/Hadding* RdNr. 10; *Staub/Ulmer* § 110 HGB RdNr. 32; MünchKommHGB/*Langheim* § 110 RdNr. 10; MünchKommHGB/*K. Schmidt* § 128 RdNr. 34; wohl auch *Staudinger/Habermeier* RdNr. 10; ähnlich auch *Erman/Westermann* RdNr. 5 (der den Regressanspruch gegen die übrigen Gesellschafter offenbar ebenfalls auf § 670 stützt); iE auch *Staub/Habersack* § 128 HGB RdNr. 20, 26, 47 ff. (der die Nachrangigkeit jedoch nicht aus § 707 herleitet, sondern aus der Entsprechung zur Bürgenhaftung [RdNr. 49]); vgl. auch BGHZ 37, 299, 301 = NJW 1962, 1863, 1864; BGH ZIP 1989, 852 = NJW-RR 1989, 866; WM 2002, 291, 293. Demgegenüber wollte die früher hM (vgl. *Hueck* OHG § 18 III 2; *Walter* JZ 1983, 260; *ders.* JuS 1982, 82 f.) Ansprüche gegen Mitgesellschafter vor beendeter Abwicklung der Gesellschaft überhaupt nur dann zulassen, wenn der Gesellschaftsvertrag Entsprechendes vorsah; nach dem geltenden Haftungsregime ist diese Abweichung vom OHG-Recht jedoch obsolet.
[22] Anders noch Voraufl. RdNr. 15 und *Staub/Ulmer* § 110 HGB RdNr. 31, 42; ferner *Bamberger/Roth/Timm/Schöne* RdNr. 13; *Soergel/Hadding* RdNr. 10; wohl auch *Staudinger/Habermeier* RdNr. 10; BGH NJW 1980, 339, 340; KG NZG 2001, 556, 557 (noch auf Basis der Doppelverpflichtungslehre); ebenso zur OHG auch BGH WM 1961, 32; MünchKommHGB/*Langheim* § 110 RdNr. 10; *Staub/Habersack* § 128 HGB RdNr. 53.

ließe, was wegen § 707 aber erforderlich wäre (§ 707 RdNr. 8). Dies gilt für den Regress im Falle der Inanspruchnahme eines Gesellschafters analog § 128 HGB (s. auch § 714 RdNr. 56) ebenso wie für sonstige Fälle des Regresses wegen der von einem Gesellschafter gemachten Aufwendungen. Dass andererseits § 707 einem Regress nicht im Wege steht, wenn die Gesellschaft nicht zum Ersatz in der Lage ist, ergibt sich daraus, dass es mit dem Schutzzweck des § 707 gerade unvereinbar wäre, einen Gesellschafter hinsichtlich seiner im Gesellschaftsinteresse gemachten Aufwendungen zugunsten der übrigen regresslos zu stellen.

Zu den Aufwendungen gehören nach heute hM auch die **Verluste**, dh. Vermögens- **16** nachteile aufgrund von Körper-, Sachschäden u. a., die der Geschäftsführer als *notwendige Folge der Geschäftsführung* und in unmittelbarem Zusammenhang mit ihr erlitten hat. Dieser in § 110 HGB für OHG- oder KG-Geschäftsführer ausdrücklich geregelte Rechtsgedanke hat sich inzwischen auch im Rahmen von § 670 durchgesetzt.[23] Da es sich in beiden Fällen um das gleiche Regelungsanliegen handelt,[24] sollten auch Voraussetzungen und Umfang der Verlustübernahme im Auftrags- und Gesellschaftsrecht nicht differieren.[25] Dann besteht aber auch keine Notwendigkeit, einer Analogie zu § 110 HGB insoweit den Vorrang vor § 670 einzuräumen.[26] Wegen der Einzelheiten vgl. die Kasuistik zu § 110 HGB.[27]

Die Geltendmachung einer **Geschäftsführervergütung** als Aufwendungsersatz ist mit **17** Rücksicht auf die mitgliedschaftliche Geschäftsführungspflicht *grundsätzlich ausgeschlossen*.[28] Die Geschäftsführungstätigkeit ist vielmehr als Beitragsleistung im Rahmen der Gewinnverteilung zu berücksichtigen (§ 709 RdNr. 32). Eine *Ausnahme* kommt nach den Grundsätzen in RdNr. 16 allenfalls dann in Betracht, wenn der Geschäftsführer durch eine übermäßige Inanspruchnahme für die Gesellschaftsangelegenheiten in einem bei Vertragsschluss nicht vorhersehbaren Ausmaß gehindert wird, seine Arbeitskraft anderweitig zu verwenden, und dadurch *Vermögensnachteile* in unmittelbarem Zusammenhang mit der Geschäftsführertätigkeit erleidet.[29]

III. Unanwendbare Auftragsvorschriften

Von der Verweisung ausgenommen sind einerseits §§ 662, 663. Der Vorschrift des **§ 662** **18** über die Unentgeltlichkeit des Auftrags steht allein schon die vom Auftrag als zweiseitigem Rechtsgeschäft zu unterscheidende Struktur des Gesellschaftsvertrags als Gemeinschaftsverhältnis (§ 705 RdNr. 162) entgegen. Für die Annahme von Leistung und Gegenleistung ist hier kein Raum. Eine etwa vereinbarte Geschäftsführervergütung hat den Charakter eines Gewinnvoraus (§ 709 RdNr. 32 f.). Für **§ 663** fehlt es an einem entsprechenden auf die Besorgung gewisser Geschäfte gerichteten Angebot der Geschäftsführer.

Was andererseits die Vorschrift des § 671 über Widerruf und Kündigung des Auftrags **19** angeht, so wird sie grundsätzlich durch die Sonderregelung in § 712 über Entziehung oder Kündigung der Geschäftsführungsbefugnis verdrängt. Allerdings verweist § 712 Abs. 2 für das Kündigungsrecht in beschränktem Umfang auf § 671 Abs. 2 und 3. Mit Blick auf die Vorschriften der **§§ 672 bis 674** über den Tod eines der Beteiligten und die fiktiv fortbestehende Geschäftsführungsbefugnis, finden sich die für die GbR vorrangigen Vorschriften in §§ 727, 729.

---

[23] Vgl. § 670 RdNr. 14, 17 und *Erman/Ehmann* § 670 RdNr. 12 ff. AA (kein Verlustausgleich in der Gelegenheitsgesellschaft) *Fitz*, Risikozurechnung bei Tätigkeit im fremden Interesse, 1985, S. 140 ff.
[24] So zutr. *Genius* AcP 173 (1973), 481, 512; ihm folgend *Erman/Ehmann* § 670 RdNr. 17.
[25] AA *Fitz* (Fn. 23), der im Anschluss an *Steindorff*, FS Dölle, 1963, S. 288 f. bei Gelegenheitsgesellschaften eine Verlustübernahme, wie sie § 110 HGB ermöglicht, für nicht sachgerecht hält.
[26] *Soergel/Hadding* RdNr. 11; wohl auch *Staudinger/Habermeier* RdNr. 10.
[27] Dazu *Staub/Ulmer* § 110 HGB RdNr. 24 f.
[28] HM, vgl. *Soergel/Hadding* RdNr. 12; *Erman/Westermann* RdNr. 5; *Staudinger/Habermeier* RdNr. 10; *Bamberger/Roth/Timm/Schöne* RdNr. 14; *Staub/Ulmer* § 110 HGB RdNr. 3, § 114 RdNr. 47; *Köhler* JZ 1985, 359, 361; *Wiedemann* GesR II § 4 II 4 a, S. 340; so auch OLG Koblenz WM 1986, 589, 590. Vgl. auch § 709 RdNr. 32 f.
[29] Wie hier auch *Erman/Westermann* RdNr. 5; *Staudinger/Habermeier* RdNr. 10; *Bamberger/Roth/Timm/Schöne* RdNr. 14; vgl. auch *Staub/Ulmer* § 110 HGB RdNr. 15; *Schlegelberger/Martens* § 110 HGB RdNr. 17.

§ 714 Vertretungsmacht

Soweit einem Gesellschafter nach dem Gesellschaftsvertrag die Befugnis zur Geschäftsführung zusteht, ist er im Zweifel auch ermächtigt, die anderen Gesellschafter Dritten gegenüber zu vertreten.

Übersicht

	RdNr.
A. Einführung	1–11
I. Normzweck	1
II. Vertretung und Haftung in der Außen-GbR	2–7
1. Rechtsentwicklung	2–6
2. Aufbau der Kommentierung	7
III. Haftungsfragen in der Innen-GbR	8–11
1. Keine Haftung der GbR	8
2. Haftung der Gesellschafter	9–11
B. Die Vertretung der (Außen-)Gesellschaft (§ 714)	12–30
I. Grundlagen	12–17
1. Vertretungsbefugnis als Mitgliedschaftsrecht	12
2. Vertretung der Gesellschaft	13–15
3. Organschaftliche Vertretung	16, 17
II. § 714 als Auslegungsregel	18–23
1. Regelungsinhalt	18–20
2. Von der Geschäftsführungsbefugnis abweichende Vertretungsregelung	21, 22
3. Innengesellschaft	23
III. Umfang und Grenzen der Vertretungsmacht	24–30
1. Die Geschäftsführungsbefugnis als Maßstab	24, 25
2. Ergänzende Anwendung des allgemeinen Vertretungsrechts	26–30
a) Allgemeines; Gesamtvertretung	26, 27
b) Überschreitung der Vertretungsmacht	28
c) Verbot des Selbstkontrahierens (§ 181)	29, 30
C. Akzessorische Haftung der Gesellschafter	31–75
I. Grundlagen	31–34
1. Unterscheidung gegenüber der Haftung der Gesellschaft	31, 32
2. Akzessorische Gesellschafterhaftung	33, 34
II. Die Ausgestaltung der Gesellschafterhaftung	35–45
1. Rechtsgrund	35–42
a) Grundlagen	35, 36
b) Sachliche Reichweite	37–39
aa) Grundsatz	37
bb) Ausnahme für deliktische Verbindlichkeiten?	38
cc) Nicht: Sozialverbindlichkeiten	39
c) Persönliche Reichweite	40–42

	RdNr.
2. Haftungsinhalt	43, 44
3. Geltendmachung in der Insolvenz der GbR	45
III. Folgen der akzessorischen Gesellschafterhaftung	46–57
1. Akzessorietät in Bezug auf Haftungsumfang und Gläubigerstellung	46–48
a) Maßgeblichkeit des jeweiligen Bestands der Gesellschaftsverbindlichkeit	46
b) Unanwendbarkeit der §§ 422 bis 425	47
c) Gläubigerstellung	48
2. Einwendungen und Einreden des Gesellschafters	49–53
a) Persönliche	49
b) Aus abgeleitetem Recht (§ 129 Abs. 1 bis 3 HGB analog)	50, 51
c) Keine Zwangsvollstreckung aus Schuldtiteln gegen die Gesellschaft (§ 129 Abs. 4 HGB)	52, 53
3. Regress- und Freistellungsanspruch gegen die Gesellschaft	54, 55
4. Ausgleichsansprüche gegen Mitgesellschafter	56, 57
IV. Möglichkeiten der Haftungsbeschränkung	58–69
1. Fragestellung	58–61
a) Der Übergang zur akzessorischen Gesellschafterhaftung als Paradigmenwechsel	58, 59
b) Die Vielgestaltigkeit der GbR-Erscheinungsformen als Problem	60
c) Gründe für Ausschluss oder Beschränkung der Gesellschafterhaftung	61
2. Wege zur Haftungsbeschränkung	62–69
a) Reduktion der Analogie zu § 128 HGB – institutionelle Haftungsbeschränkung	62–65
aa) Einführung und Meinungsstand	62
bb) Stellungnahme	63–65
b) Vertraglicher Haftungsausschluss	66, 67
c) Beschränkung der Vertretungsmacht der Geschäftsführer?	68, 69
V. Haftung beim Gesellschafterwechsel	70–75
1. Haftung des Ausgeschiedenen	70, 71
2. Haftung des Eintretenden für Altverbindlichkeiten?	72–75

A. Einführung

I. Normzweck

Die Vorschrift befasst sich mit der **Vertretung** der Gesellschafter (aus heutiger Sicht 1
richtiger: der **Gesellschaft**) im Rechtsverkehr durch die für die (Außen-)GbR handelnden
Geschäftsführer. Sie enthält eine **Auslegungsregel** des Inhalts, dass Geschäftsführungsbefugnis und Vertretungsmacht im Zweifel nach Art und Umfang übereinstimmen. Relevant wird diese Regel in den Fällen, in denen abweichend von § 709 die Geschäftsführungsbefugnis im Gesellschaftsvertrag einem Teil der Gesellschafter vorbehalten oder
einzelnen von ihnen übertragen ist, sei es als Gesamt- oder Alleinbefugnis. Entsprechendes
ist mangels abweichender vertraglicher Regelung sodann auch für die Vertretungsmacht
anzunehmen.

II. Vertretung und Haftung in der Außen-GbR

1. Rechtsentwicklung. Die Rechtsfragen und dogmatischen Zusammenhänge der **Ver-** 2
tretung und Haftung im Recht der GbR gehörten lange Zeit zu den viel diskutierten und
lebhaft umstrittenen Bereichen des Personengesellschaftsrechts.[1] Die Auseinandersetzungen bezogen sich in **erster** Linie auf das Verhältnis und die Entstehungsvoraussetzungen von
Gesamthands-(Gesellschafts-)schuld und Gesellschafterschuld bei rechtsgeschäftlichen und
gesetzlichen Gesellschaftsverbindlichkeiten. Aus der Sicht der modernen, von der Rechtsfähigkeit der (Außen-)GbR ausgehenden Gesamthandslehre (RdNr. 14) spitzte sich die
Frage darauf zu, ob die Doppelverpflichtungstheorie oder die am OHG-Modell des § 128
HGB orientierte Akzessorietätstheorie den Vorzug verdient.

In der Rechtsprechung herrschte lange die auch in der Literatur[2] überwiegend befür- 3
wortete **Doppelverpflichtungstheorie** vor.[3] Sie ging für **rechtsgeschäftliche** Verbindlichkeiten davon aus, dass der oder die für die (Außen-)GbR handelnden Geschäftsführer
diese typischerweise durch gleichzeitiges Handeln als Vertreter sowohl für die GbR wie auch
die Mitgesellschafter als Verpflichtete begründeten.[4] Schwierigkeiten hatte diese Theorie
jedoch damit, zu einer Haftung der Gesellschafter persönlich auch für **gesetzliche** Verbindlichkeiten der GbR zu kommen.[5] Demgegenüber bejahten die Anhänger der **Akzessorie-**

---

[1] Vgl. aus den letzten Jahrzehnten (vor der Trendwende der BGH-Rspr.) *Aderhold*, Das Schuldmodell der BGB-Gesellschaft, 1981; *Alberts*, Die Gesellschaft bürgerlichen Rechts im Umbruch, 1994, S. 95 ff.; *M. Beck*, Die Haftung der Gesellschafter bei der BGB-Gesellschaft, 1999; *Beuthien* DB 1975, 725 und 773; *Breuninger*, Die BGB-Gesellschaft als Rechtssubjekt im Wirtschaftsverkehr, 1991, S. 18 ff.; *Dauner-Lieb*, Unternehmen in Sondervermögen, 1998, S. 520 ff.; *dies.* DStR 1998, 2014; *Flume*, FS Westermann, 1974, S. 119; *ders.* I/1 § 16 IV, S. 314 ff.; *Gummert*, Haftung und Haftungsbeschränkung in der BGB-Außengesellschaft, 1991; *ders.* ZIP 1993, 1063; *Habersack* JuS 1993, 1; *Hadding*, FS Rittner, 1991, S. 133; *Heckelmann*, FS Quack, 1991, S. 243; *Heermann* BB 1994, 2421; *Kindl* NZG 1999, 517; *Kornblum*, Die Haftung der Gesellschafter für Verbindlichkeiten von Personengesellschaften, 1972; *Leuthe*, Die gewerblich geprägte Gesellschaft bürgerlichen Rechts, 1993, S. 74 ff.; *Lieb*, FS Westermann, 1974, S. 309; *Nicknig*, Die Haftung der Mitglieder einer BGB-Gesellschaft für Gesellschaftsschulden, 1972; *Plambeck*, Die Vereinbarung der Haftungsbeschränkung in der Gesellschaft bürgerlichen Rechts, 1993; *Reiff*, Die Haftungsverfassungen nichtrechtsfähiger unternehmenstragender Verbände, 1996; *ders.* ZIP 1999, 517; *K. Schmidt* GesR §§ 8 III, 60 II, III; *ders.*, FS Fleck, 1988, S. 271; *ders.* NJW 2003, 1897; *Schwark*, FS Heinsius, 1991, S. 753; *Ulmer* ZIP 1999, 509; *ders.* ZIP 1999, 554; *ders.* ZIP 2003, 1113; *Wackerbarth* ZGR 1999, 365; *Wiedemann* WM 1975, Sonderbeilage 4, S. 41 ff.; *ders.* WM 1994, Sonderbeilage 4, S. 10 ff.; *ders.* GesR I § 5 IV, S. 277 ff.; *Wolf*, Vertragliche Haftungsbeschränkungen der Gesellschafter bürgerlichen Rechts, 1991.

[2] So *Beuthien, Brandner, Grunewald, Habersack, Hadding, Heckelmann, Heermann, Henssler, Hommelhoff, Hüffer, Kirberger, Kübler, Ulmer, H. P. Westermann* u. a., vgl. Nachweise in 3. Aufl. RdNr. 26 Fn. 53 und bei *Ulmer* ZIP 1999, 511 Fn. 22.

[3] BGHZ 74, 240, 242 = NJW 1979, 1281; BGHZ 79, 374, 377 = NJW 1981, 1213; BGHZ 117, 168, 176 = NJW 1992, 1615; BGH NJW 1987, 3124, 3125; 1998, 2904, 2905; WM 1989, 377, 379; 1990, 1035, 1037.

[4] Vgl. *Soergel/Hadding* RdNr. 10, 29; *Erman/Westermann*, 10. Aufl. 2000, RdNr. 10; 3. Aufl. RdNr. 26, 31 f.

[5] Vgl. statt aller 3. Aufl. RdNr. 53 ff. mwN.

tätstheorie[6] die grundsätzlich uneingeschränkte akzessorische Mithaftung der Gesellschafter für die Gesellschaftsverbindlichkeiten analog § 128 HGB unabhängig von deren rechtsgeschäftlicher oder gesetzlicher Grundlage; dies freilich um den Preis einer nicht selten als übermäßig rigide empfundenen, der Vielgestaltigkeit der GbR nicht hinreichend Rechnung tragenden Haftungsverfassung der GbR.[7] Die dritte, am Wortlaut des § 714 orientierte, sog. **traditionelle oder gesetzestreue Theorie**[8] sah als Schuldner nur die Gesellschafter an; das Gesellschaftsvermögen stufte sie als diesen zur gesamten Hand zugeordnetes, dem Gläubigerzugriff nach Maßgabe des § 736 ZPO unterliegendes Sondervermögen ohne eigene Rechtsfähigkeit ein. Im gesellschaftsrechtlichen Schrifttum der letzten Jahrzehnte war diese Theorie deutlich rückläufig; sie wird heute nur noch selten vertreten.[9]

4   Durch **zwei Grundsatzurteile des BGH** aus den Jahren 1999 und 2001[10] ist die Rechtsentwicklung in eine **neue Phase** getreten. Im **ersten** dieser Urteile, das sich mit der – im Ergebnis verneinten – Möglichkeit befasste, die persönliche Haftung der Gesellschafter für Gesellschaftsverbindlichkeiten durch einen entsprechenden Namenszusatz (GbR mit beschränkter Haftung o. Ä.) auszuschließen oder zu beschränken,[11] erteilte der 2. ZS des BGH zwar der **Doppelverpflichtungstheorie** eine **Absage**, ließ aber die Entscheidung zwischen der Akzessorietätstheorie und der traditionellen Lehre mit der Begründung (scheinbar) offen, dass beide zum selben Ergebnis (der von Gesetzes wegen unbeschränkten Gesellschafterhaftung) führten.[12] Dass damit zugleich die in vielen vorangegangenen Urteilen akzeptierte (Teil-)Rechtsfähigkeit der (Außen-)GbR in Frage gestellt war,[13] schien den Senat nicht zu stören.

5   Umso begrüßenswerter war dann der anderthalb Jahre später im **zweiten** Grundsatzurteil erfolgte „Durchbruch" zur Anerkennung der Rechtsfähigkeit der Außen-GbR und, in Verbindung damit, zur Akzessorietätstheorie unter gleichzeitiger Verabschiedung der traditionellen Lehre;[14] das Urteil wurde zu Recht verbreitet als „Meilen-" oder „Markstein" gewertet.[15] Zur Begründung bezog sich der Senat zwar nicht unmittelbar auf die nahe liegende Analogie zu § 128 HGB, sondern formulierte vorsichtig, **soweit** der Gesellschafter für Verbindlichkeiten der Gesellschaft persönlich hafte, entspreche das Verhältnis zwischen Gesellschafts- und Gesellschafterhaftung der in der OHG geltenden Rechtslage akzessorischer Gesellschafterhaftung.[16] Das deckte sich im Ergebnis mit der Bezugnahme im ersten Urteil auf einen (angeblichen[17]) allgemeinen Grundsatz des bürgerlichen Rechts und des

---

[6] So *Bälz, Flume, Mülbert, Schwark, Timm* u. a.; für die „unternehmenstragende" GbR auch *Dauner-Lieb, Reiff, G. H. Roth, K. Schmidt, Schünemann, Wiedemann*, vgl. Nachweise in 3. Aufl. RdNr. 26 Fn. 55, 56 und bei *Ulmer* ZIP 1999, 512 Fn. 25.
[7] Die Akzessorietätstheorie deshalb vor 1999 in st. Rspr. abl. BGHZ 74, 240, 243 = NJW 1979, 1281; BGHZ 117, 168, 176 = NJW 1992, 1615; BGH NJW 1998, 2904, 2905.
[8] So noch *Hueck*, GesR, 19. Aufl. 1991, § 9 IV 1; *ders.*, FS Zöllner, 1998, S. 275, 286 ff.; *Larenz*, SchuldR II, 12. Aufl. 1981, § 60 IV c; *Zöllner*, FS Gernhuber, 1993, S. 563, 573; *ders.*, FS Kraft, 1998, S. 701, 704 ff.
[9] Vgl. aber *Cordes* JZ 1998, 545; *Berndt/Boin* NJW 1998, 2854 sowie neuerdings noch *Kraft/Kreutz*, GesR, 11. Aufl. 2000, C I 1 d und wohl auch *Hueck/Windbichler*, GesR, 21. Aufl. 2008, § 8 RdNr. 11 ff., § 9 RdNr. 6.
[10] BGHZ 142, 315 = NJW 1999, 3483; BGHZ 146, 341 = NJW 2001, 1056.
[11] BGHZ 142, 315 = NJW 1999, 3483 (27. 9. 1999).
[12] BGHZ 142, 315, 320 ff. = NJW 1999, 3483.
[13] Krit. dazu *Ulmer* ZGR 2000, 339, 343; so tendenziell auch *Dauner-Lieb* DStR 1999, 1992, 1996; *Hadding* WuB II J. § 705 BGB 1.00.
[14] BGHZ 146, 341, 343 ff., 358 = NJW 2001, 1056 (29. 1. 2001); der Sache nach bestätigt durch BGH NJW 2002, 1207 (Kostenbeschluss als abschließende Entscheidung nach Einspruch der Beklagten gegen das Versäumnisurteil vom 29. 1. 2001 und anschließender Erledigungserklärung der Hauptsache durch die Parteien).
[15] So *K. Schmidt* NJW 2001, 993, 995; *Ulmer* ZIP 2001, 585; ähnlich *Dauner-Lieb* DStR 2001, 356 ff.; *Habersack* BB 2001, 477 ff.; *Hadding* ZGR 2001, 712 ff.; *Westermann* NZG 2001, 289 ff.; *Wiedemann* JZ 2001, 661 ff.
[16] BGHZ 146, 341, 358 und LS c.
[17] Krit. dazu *Ulmer* ZIP 1999, 555 f. und ZGR 2000, 339, 346 f. unter Hinweis auf die Gegenbeispiele des nichtrechtsfähigen Vereins mit unternehmerischem Nebenzweck und der Fortführung eines Handelsgeschäfts durch eine Erbengemeinschaft; krit. insofern auch *Canaris* ZGR 2004, 69, 91 f.; *Westermann*, FS Konzen,

Handelsrechts, dass derjenige, der in Gemeinschaft mit anderen Geschäfte betreibt, für die daraus entstehenden Verpflichtungen mit seinem ganzen Vermögen haftet.[18] Inhaltlich kann aber kein Zweifel daran bestehen, dass der Senat mit der Entscheidung zugunsten einer **akzessorischen Haftung** der Gesellschafter für die Gesellschaftsverbindlichkeiten das **Regelungsmodell des § 128 HGB** im Blick hatte[19] und in neueren Urteilen sprechen die beteiligten Senate meist ausdrücklich von der entsprechenden Anwendung.[20] Die Frage, welche Folgerungen sich aus dieser Perspektive für die Einzelausgestaltung der Gesellschafterhaftung ergeben (näher RdNr. 35 ff.) und auf welchem Wege insbesondere eine Haftungsbeschränkung der Beteiligten in hierfür geeigneten Fällen zu erreichen ist (vgl. RdNr. 58 ff., 63 f.), ist aber noch nicht vollends geklärt (vgl. näher RdNr. 35 ff., 62 ff.).

Angesichts der mit diesen Grundsatzurteilen erreichten, seither nicht nur vom II. Senat, sondern auch von anderen Fachsenaten des BGH sowie weiteren Bundesgerichten vielfach bestätigten[21] Rechtsfortbildung ist es geboten, für eine aktuelle Kommentierung des § 714 von der **Geltung der Akzessorietätstheorie** in Analogie zu § 128 HGB in Bezug auf die Gesellschafterhaftung in der (Außen-)GbR auszugehen. Soweit es um die Beurteilung der Rechtsfragen nach Maßgabe der Doppelverpflichtungstheorie geht, kann auf die Erläuterungen in der 3. Aufl. verwiesen werden. Aus heutiger Sicht sind sie überholt, wenngleich die Akzessorietätstheorie im Schrifttum nach wie vor umstritten ist.[22]

2. Aufbau der Kommentierung. Eine übersichtliche, systemkonforme Behandlung der Haftungsprobleme in der (Außen-)GbR ist nur möglich, wenn klar zwischen der **Haftung der Gesellschaft** (Gesamthand) und der **Haftung der einzelnen Gesellschafter** unterschieden wird. Daher werden im Folgenden zunächst (unter B) die Vertretung der (Außen-)Gesellschaft und die damit verbundenen Auslegungsfragen zu § 714 behandelt. Daran schließt sich (unter C) die Problematik der Gesellschafterhaftung nach Rechtsgrund, Inhalt und Beschränkungsmöglichkeiten an. Die unterschiedlichen Entstehungsgründe für die Haftung der Gesellschaft werden in § 718 RdNr. 25 ff., die verfahrens- und vollstreckungsrechtlichen Konsequenzen der Trennung von Gesamthands- und Gesellschafterschuld in § 718 RdNr. 44 f., 50 ff. erörtert.

III. Haftungsfragen in der Innen-GbR

1. Keine Haftung der GbR. Kennzeichen der Innen-GbR und Unterscheidungskriterium gegenüber der Außen-GbR ist die **fehlende Teilnahme als GbR am Rechtsverkehr**, sei es durch alle Gesellschafter oder durch vertretungsbefugte Organe (näher § 705 RdNr. 275). Aus diesem Grunde scheidet die Möglichkeit aus, kraft Rechtsgeschäfts Gesell-

---

2006, S. 957, 962; zust. hingegen *Wiedemann* GesR II § 7 III 4, S. 658; *A. Meyer*, Der Grundsatz der unbeschränkten Verbandsmitgliederhaftung, 2006, S. 195 ff.; aus institutionen-ökonomischer Sicht grds. zust. auch *Tröger*, FS Westermann, 2008, S. 1533, 1555 ff.

[18] BGHZ 142, 315, 319 = NJW 1999, 3483.

[19] Vgl. nur den Hinweis in BGHZ 146, 341, 358, das Verhältnis zwischen Gesellschafts- und Gesellschafterhaftung entspreche „damit" der Rechtslage in den Fällen der akzessorischen Gesellschafterhaftung gemäß §§ 128 f. HGB bei der OHG.

[20] BGH WM 2007, 2289, 2290 Tz. 14; NJW 2006, 3716, 3717 Tz. 14, 19; NJW-RR 2006, 1268, 1269 Tz. 10, 14 f.; NJW 2006, 765, 766 Tz. 12: Haftung analog § 130 HGB; vgl. ferner BGH NJW 2004, 836, 837; 2006, 683, 685 Tz. 20; NZG 2007, 140, 141 Tz. 22.

[21] II. Senat: NJW 2002, 1207 (Kostenbeschluss, vgl. Fn. 14); BGHZ 150, 1 = NJW 2002, 1642; BGH NJW-RR 2006, 1268, 1269 Tz. 10, 14 f.; NJW 2006, 3716, 3717 Tz. 14, 19; WM 2007, 2289, 2290 Tz. 14; IX. Senat: NJW 2004, 836, 837; XI. Senat: NJW-RR 2006, 683, 685 Tz. 20; NZG 2007, 140, 141 Tz. 22; NZG 2007, 183 Tz. 18. Unklar aber VI. Senat NJW 2006, 437, 439 Tz. 16: Haftung wird über Doppelverpflichtung konstruiert, obgleich Voraussetzungen einer Außen-GbR zweifelsfrei vorlagen. Vgl. ferner BFH BFH/NV 2005, 1141; NJW-RR 2006, 1696 = ZIP 2006, 1860 (offen lassend noch BFH BFH/NV 2005, 827); BSG MedR 2007, 669; unklar aber BAG NZG 2006, 507, 509 (Haftung der Gesellschafter iE wohl nach §§ 705 ff.(?), Tz. 18 f., betr. unechte Vor-GmbH).

[22] Grds. krit. insbes. *Hadding*, FS Raiser, 2005, S. 130, 137 ff.; hinsichtlich einzelner Aspekte (Altverbindlichkeiten; gesetzliche Verbindlichkeiten; Beschränkbarkeit der Haftung) etwa *Canaris* ZGR 2004, 69, 86 ff. mwN; *Armbrüster* ZGR 2005, 34, 49 ff., 56 ff.

schaftsverbindlichkeiten zu begründen. Entsprechendes gilt regelmäßig auch für gesetzliche Verbindlichkeiten. Dies schon deshalb, weil die Innen-GbR, auch wenn sie (als Innen-GbR iwS) über Gesamthandsvermögen verfügt, nach außen nicht in Erscheinung tritt; sie kommt daher nicht als Zurechnungssubjekt für gesetzliche Handlungs- oder Unterlassungspflichten in Betracht. Auch für die Frage ihrer (Teil-)Rechtsfähigkeit und ihrer Anerkennung als Haftungsschuldner ist kein Raum.

9 **2. Haftung der Gesellschafter.** Soweit es um die Haftungsfolgen des – persönlichen – Handelns der Gesellschafter einer Innen-GbR geht, ist danach zu unterscheiden, ob sie **gemeinschaftlich** oder **individuell** nach außen hervortreten, Verträge schließen, deliktisch handeln oder in sonstiger Weise (GoA o. Ä.) einen gesetzlichen Haftungsgrund auslösen.

10 **Gemeinschaftliche Teilnahme am Rechtsverkehr,** wenn auch ohne Offenlegung der bestehenden Personenvereinigung als Geschäftsherr, führt nach § 427 bei teilbarer Leistungsverpflichtung im Zweifel zur **gesamtschuldnerischen** Haftung der Beteiligten. Zugleich werden sie **Gesamtgläubiger** der Gegenleistung nach Maßgabe von § 428; für die Begründung einer Gesamthandsforderung (§ 718 RdNr. 18) ist mangels Offenlegung des Gesellschaftsverhältnisses grundsätzlich kein Raum; ein Vorbehalt gilt nur für den Sonderfall von Geschäften für „den, den es angeht" (vgl. § 164 RdNr. 47 ff.). Bei unteilbarer Leistungsverpflichtung der Gesellschafter folgt ihre Stellung als Gesamtschuldner aus § 431. Gemeinschaftliches deliktisches Handeln begründet ihre gesamtschuldnerische Haftung nach §§ 830, 840.

11 Demgegenüber treffen die Haftungsfolgen bei **individuellem Auftreten** einzelner Gesellschafter nach außen im eigenen Namen nur den jeweils Handelnden. Er wird Vertragspartner bzw. Deliktsschuldner. Für eine deliktische Haftung auch der nicht selbst beteiligten Mitgesellschafter fehlt es regelmäßig an einer Zurechnungsnorm. Die Regressmöglichkeiten des Haftenden gegen die Mitgesellschafter richten sich nach §§ 713, 670 (vgl. § 713 RdNr. 15).

B. Die Vertretung der (Außen-)Gesellschaft (§ 714)

I. Grundlagen

12 **1. Vertretungsbefugnis als Mitgliedschaftsrecht.** Ebenso wie die Geschäftsführungsbefugnis (vgl. § 709 RdNr. 5) ist auch die **organschaftliche** Vertretungsmacht der Geschäftsführer der GbR als mitgliedschaftliche ausgestaltet und dementsprechend **nicht auf Dritte übertragbar.**[23] Das wird auch ohne ausdrückliche Regelung nach Art der §§ 125 Abs. 1, 170 HGB durch die enge Verbindung bestätigt, die das BGB zwischen den beiden Befugnissen herstellt. So richtet sich die Ausgestaltung der Vertretungsmacht in der GbR aufgrund der Auslegungsregel des § 714 im Zweifel danach, welche gesellschaftsvertraglichen Vereinbarungen die Gesellschafter über die Geschäftsführung getroffen haben. Und nach § 715 kann beim Fehlen abweichender Vereinbarungen die gesellschaftsvertragliche Vertretungsmacht ebenso wie nach § 712 Abs. 1 die Geschäftsführungsbefugnis nur aus wichtigem Grund, dazu nur zusammen mit dieser entzogen werden. Demgegenüber bewendet es auch in der GbR bei der grundsätzlich freien Widerruflichkeit der **gewillkürten** Vertretungsmacht nach § 168, wenn diese entweder – nach Art einer Generalvollmacht – einem Nichtgesellschafter erteilt oder außerhalb des Gesellschaftsvertrags, insbesondere durch Delegation seitens vertretungsbefugter Geschäftsführer, einem Mitgesellschafter eingeräumt ist (RdNr. 22).

13 **2. Vertretung der Gesellschaft.** Die Vorschrift des § 714 bezeichnet die Vertretungsmacht in der Gesellschaft als die Ermächtigung, „die anderen Gesellschafter Dritten gegenüber zu vertreten". Der **Wortlaut** deutet auf eine **Vertretungsbefugnis gegenüber den nichtgeschäftsführenden Mitgesellschaftern** persönlich hin. Von der aus heutiger Sicht

---
[23] HM, vgl. *Soergel/Hadding* RdNr. 8; *Erman/Westermann* RdNr. 4; *Staudinger/Habermeier* RdNr. 2; *Bamberger/Roth/Timm/Schöne* RdNr. 2; dazu allg. § 717 RdNr. 16 f.

Vertretungsmacht 14–16 § 714

in erster Linie interessierenden Befugnis des Geschäftsführers als **Gesellschaftsorgan,** namens der Gesellschaft mit Wirkung für diese handeln zu können, ist in § 714 **nicht** die Rede. Das geht zurück auf die dem ersten Entwurf des BGB zugrunde gelegte, am Vorbild der römisch-rechtlichen societas orientierte rein schuldvertragliche Behandlung der GbR (§ 705 RdNr. 293).[24] Sie erfuhr zwar eine Modifikation im zweiten Entwurf durch Aufnahme des Gesamthandsprinzips (§ 718). Auf eine Anpassung des § 714 an diese Änderung glaubte man aber deshalb verzichten zu können, weil das **Gesamthandsvermögen** zunächst nur als besonderes **Haftungsobjekt** der gemeinschaftlich – sei es persönlich (§ 709) oder über Vertreter (§ 714) – handelnden Gesellschafter angesehen wurde. In Übereinstimmung mit dieser rein vermögensrechtlichen Betrachtung wurde auch der Gläubigerzugriff hierauf nach § 736 ZPO von einem gegen alle Gesellschafter gerichteten Titel abhängig gemacht.

Die Gründe für die **Unrichtigkeit dieser rein vermögensbezogenen Betrachtung** (vgl. § 705 RdNr. 296 ff.) wurden schon bald nach Inkrafttreten des BGB erkannt.[25] In den Jahren nach 1970 hat vor allem *Flume*[26] unter Hinweis auf *Otto v. Gierke*[27] zutreffend herausgearbeitet, dass die gesellschaftsrechtliche Gesamthand nicht nur im Fall der OHG und KG, sondern auch bei der GbR kein bloßes Sondervermögen ist. Die von ihm begründete „Gruppenlehre", die die **(Außen-)Gesellschaft** als **Zuordnungssubjekt** der durch die gemeinsame Tätigkeit begründeten Rechte und Verbindlichkeiten ansieht und ihr eigene **Rechtsfähigkeit** zuerkennt, wurde im Schrifttum weitgehend übernommen; sie hat sich inzwischen dank höchstrichterlicher Rechtsfortbildung allgemein durchgesetzt (vgl. näher § 705 RdNr. 303 ff.). Danach nehmen die für die GbR handelnden Gesellschafter nicht etwa je persönlich, sondern als Organe der Gesellschaft (Gruppe) am Geschäftsverkehr teil. Die Gesellschaft kann unter eigenem Namen handeln (§ 705 RdNr. 270), haftet entsprechend § 31 für deliktisches Verhalten ihrer Organe (§ 705 RdNr. 263 f.) und wird infolge des Anwachsungsprinzips in ihrer Position als Rechtsinhaberin durch das Ausscheiden oder den Eintritt von Mitgliedern nicht berührt.[28]

Praktisch bedeutsam ist diese Rechtsfortbildung vor allem insoweit, als es um die Haftung für **gesetzliche** Gesamthandsverbindlichkeiten geht (RdNr. 37 f.). Aber auch die Durchsetzung von Ansprüchen gegen die Gesellschaft als solche wird aus dieser neueren Sicht erleichtert (zur Parteifähigkeit der Außen-GbR vgl. § 705 RdNr. 318 ff.). Das hat Bedeutung nicht zuletzt in Fällen eines Gesellschafterwechsels (§ 718 RdNr. 45). Soweit die mitgliedschaftliche Vertretungsbefugnis der Geschäftsführer (§ 714) in Frage steht, ist damit entgegen der früher hM[29] die **organschaftliche Vertretung der Gesamthand** gemeint, dh. nicht der Gesellschafter persönlich, sondern in ihrer gesamthänderischen Verbundenheit.

3. Organschaftliche Vertretung. Die Vertretungsmacht der Geschäftsführer gegenüber der Gesamthand ist bei der als Außengesellschaft auftretenden GbR ebenso wie im Fall der OHG und KG nicht rechtsgeschäftlicher (§ 166), sondern organschaftlicher Natur. Das wurde von der **früher** überwM[30] **bestritten,** obwohl sie das Vorhandensein von Organisati-

---

[24] Mot. II S. 591; Prot. II S. 428; Denkschrift S. 86 ff.; vgl. auch *Flume* I/1 § 1 II, S. 2 ff. und *K. Schmidt* BMJ-Gutachten S. 472 ff.
[25] So *v. Gierke* ArchBürgR 19 (1901), 114, 115 ff. und schon *ders.* in: Die Genossenschaftstheorie und die Deutsche Rspr., 1887, S. 353 ff.; aA noch *Joerges* ZHR 49 (1900), 140, 172 ff., der entgegen *v. Gierke* von „gebundenem Miteigentum" spricht.
[26] I/1 § 5, S. 68 ff. und ZHR 136 (1972), 177, 184 f.
[27] Vgl. Nachweise in Fn. 25.
[28] So auch BGHZ 79, 374, 379 = NJW 1981, 1213 m. Anm. *Brandes* LM § 177 Nr. 14.
[29] Vgl. nur *Soergel/Schultze-v. Lasaulx,* 10. Aufl. 1969, RdNr. 1; RGRK/v. *Gamm* RdNr. 1; *Staudinger/ Keßler,* 12. Aufl. 1979, RdNr. 3; *Nicknig* (Fn. 1) S. 8 und in früherer Zeit noch *Alberts* (Fn. 1) S. 107 ff.; *Breuninger* (Fn. 1) S. 18 ff.; wie hier aber *Flume* I/1 § 10 I, S. 129 ff.; *Soergel/Hadding* RdNr. 3; *Erman/Westermann* RdNr. 4; *Staudinger/Habermeier* RdNr. 1; *K. Schmidt* GesR § 8 III; *Wiedemann* GesR I S. 279 ff.; *ders.* GesR II § 7 III 3 b, S. 654.
[30] *Soergel/Schultze-v. Lasaulx,* 10. Aufl. 1969, RdNr. 1; RGRK/v. *Gamm* RdNr. 1; *Staudinger/Keßler,* 12. Aufl. 1979, RdNr. 5; *Düringer/Hachenburg/Geiler* Allg. Einl. RdNr. 136; so auch noch BGHZ 45, 311, 312 = NJW 1966, 1807; BGH LM § 709 Nr. 6 = NJW 1971, 1698. Gegenmeinungen vgl. in Fn. 31.

onselementen bei der Außengesellschaft nicht in Frage stellte (vgl. § 705 RdNr. 158 und Vor § 705 RdNr. 8). Diese Ansicht beruhte darauf, dass die Gesamthand meist nur in ihren vermögensrechtlichen Aspekten, nicht aber als eigenständiges Zuordnungssubjekt beurteilt wurde (vgl. RdNr. 13; § 705 RdNr. 293, 296). Sie ist spätestens seit Anerkennung der Rechtsfähigkeit der Außen-GbR überholt (eingehend § 705 RdNr. 303 ff.).

17 **Organschaftlich** handeln Personen, die den Willen einer im Rechtsverkehr als rechtsfähig anerkannten Organisation (eines Verbands) bilden und in die Tat umsetzen (näher § 705 RdNr. 256 f. mN). Von dieser Definition ausgehend kann mit Blick auf die (Außen-)Gesellschaft als rechtsfähiges Zuordnungssubjekt des Gesellschaftsvermögens nicht zweifelhaft sein, dass die vertretungsberechtigten Geschäftsführer **Organqualität** haben (vgl. § 705 RdNr. 255, 257).[31] Dem entspricht nicht nur die heute anerkannte analoge Anwendung des § 31 auf die GbR (§ 705 RdNr. 263 f.), sondern auch die in § 715 zum Ausdruck kommende Sonderstellung der mitgliedschaftlichen im Vergleich zur gewillkürten Vertretungsmacht. Demgegenüber sind die Regelungen der §§ 164 ff. in erster Linie auf rechtsgeschäftlich erteilte Vollmachten bezogen. Auf die Vertretung der GbR durch ihren Geschäftsführer finden sie daher nur ergänzende Anwendung (vgl. RdNr. 26).

II. § 714 als Auslegungsregel

18 **1. Regelungsinhalt.** Anders als § 125 Abs. 1 HGB enthält die Vorschrift des § 714 **keine gesetzliche,** mangels abweichender Vertragsgestaltung gültige **Regelung der Vertretungsmacht** in der GbR. Sie beschränkt sich vielmehr auf eine an die Geschäftsführungsbefugnis anknüpfende **Auslegungsregel** und sorgt dadurch für regelmäßige Übereinstimmung in der Ausgestaltung beider Befugnisse. Für sie spricht, dass die Tätigkeiten als Geschäftsführer und Vertreter regelmäßig zusammenfallen, soweit es um das Außenhandeln für die Gesellschaft geht (§ 709 RdNr. 9). Mangels besonderer Vereinbarung wird es daher in aller Regel dem Willen der Gesellschafter einer **Außengesellschaft** entsprechen, dass die jeweilige Ausgestaltung der Geschäftsführungsbefugnis auch für die Vertretungsmacht maßgebend ist (zum Sonderfall der Innengesellschaft vgl. RdNr. 23). Ein Rückschluss von der Vertretungsmacht auf die Geschäftsführungsbefugnis ist durch § 714 freilich nicht gedeckt. – Die **Notgeschäftsführung** entsprechend § 744 Abs. 2 (§ 709 RdNr. 21) setzt keine Vertretungsbefugnis voraus; auch die Auslegungsregel des § 714 greift insoweit nicht ein.[32]

19 Zu den unterschiedlichen Möglichkeiten der **Ausgestaltung** der Geschäftsführungsbefugnis vgl. § 709 RdNr. 13 ff. Die dort getroffenen Feststellungen gelten nach § 714 im Zweifel auch für die **Vertretung** der Gesellschaft. Insbesondere ist bei der Vertretung ebenso wie bei der Geschäftsführung (§ 709 RdNr. 16 aE) zwischen der Regelung im Gesellschaftsvertrag und einer bloß internen, der Arbeitsteilung zwischen den Geschäftsführern dienenden ein- oder gegenseitigen Ermächtigung nach Art des § 125 Abs. 2 S. 2 HGB zu unterscheiden. Bei **mehrheitlicher Gesamtgeschäftsführung** (§ 709 Abs. 2) reicht im Zweifel auch zur Vertretung die Mitwirkung der Mehrheit aus.[33] Bestimmt sich die Geschäftsführung – als **Gesamtgeschäftsführung aller Gesellschafter** – nach der dispositiven Vorschrift des § 709 Abs. 1, so wurde früher das Vorliegen einer „Vertretung" angesichts des

---

[31] So allg. auch *Flume* I/1 § 10 I, S. 131; K. *Schmidt* GesR § 60 II 2 b; *Soergel/Hadding* RdNr. 7; *Erman/Westermann* RdNr. 4; *Staudinger/Habermeier* RdNr. 2; *Bamberger/Roth/Timm/Schöne* RdNr. 2; *Wiedemann* GesR I S. 262, 281 f.; *ders.* GesR II § 7 III 3 b, S. 654; *Beuthien* DB 1975, 725, 729 f.; *Fabricius*, GS R. Schmidt, 1966, S. 171, 188 und 196; *Nitschke*, Die körperschaftlich strukturierte Personengesellschaft, 1970, S. 100; für Organqualität iS von § 31 auch *Nicknig* (Fn. 1) S. 43. Vgl. auch Vor § 164 RdNr. 8.

[32] BGHZ 17, 181, 184 = NJW 1955, 1027; BayObLG ZIP 1980, 904; *Erman/Westermann* RdNr. 6; *Staudinger/Habermeier* RdNr. 3; *Bamberger/Roth/Timm/Schöne* RdNr. 14; vgl. auch LG Berlin WM 1992, 22, 24 f. (Prozessführungsbefugnis betr. GbR-Forderung des unter Bezugnahme auf § 744 Abs. 2 handelnden Gesellschafters).

[33] *Soergel/Hadding* RdNr. 14; RGRK/v. *Gamm* RdNr. 2; *Staudinger/Habermeier* RdNr. 4; *Bamberger/Roth/Timm/Schöne* RdNr. 5; wohl auch *Erman/Westermann* RdNr. 5.

Gesamthandelns aller Beteiligten teilweise verneint.[34] Aus heutiger Sicht ist diese Ansicht schon deshalb überholt, weil es in § 714 um die Vertretung der – selbst nicht handlungsfähigen – Gesellschaft geht. – Sollte die Gesellschaft nach der Vorstellung der Gründer als **KG** zur Entstehung kommen oder handelt es sich bei der GbR um eine **ehemalige KG,** so bestimmen sich Geschäftsführungsbefugnis und Vertretungsmacht im Zweifel nach derjenigen Regelung, die die Gesellschafter für die KG vorgesehen hatten (§ 709 RdNr. 18 f.). Der **Wegfall eines von zwei Gesamtvertretern** führt im Zweifel nicht zur Einzelvertretung, sondern zur Gesamtbefugnis der verbleibenden Gesellschafter.[35]

Umstritten ist die Frage, ob der **Widerspruch** gegen eine Geschäftsführungsmaßnahme 20 (§ 711) Auswirkungen auf die Vertretungsmacht des handlungswilligen Geschäftsführers hat.[36] Aus den in § 711 RdNr. 14 f. genannten Gründen ist der Rechtsprechung[37] jedenfalls im Ergebnis darin zu folgen, dass der Widerspruch die **Vertretungsmacht unberührt** lässt, auch soweit es um die konkret davon betroffene Maßnahme geht. Angesichts der auf dem Gesellschaftsvertrag beruhenden und nur unter den erschwerten Voraussetzungen des § 715 entziehbaren Befugnis brauchen Dritte von gesellschaftsinternen Auseinandersetzungen über die Durchführung einer Maßnahme keine Kenntnis zu nehmen. Grenzen der Wirksamkeit eines trotz des Widerspruchs eines Mitgeschäftsführers abgeschlossenen Rechtsgeschäfts ergeben sich nur unter dem Gesichtspunkt des Missbrauchs der Vertretungsmacht. Gleiches gilt – vorbehaltlich der Überschreitung der durch den Gesellschaftszweck begrenzten Handlungsbefugnis (RdNr. 25) – für sonstige Fälle pflichtwidrigen Geschäftsführungshandelns; auch sie lassen die Vertretungsmacht grundsätzlich unberührt.

2. Von der Geschäftsführungsbefugnis abweichende Vertretungsregelung. Wie 21 die Auslegungsregel des § 714 zeigt, sind die Gesellschafter nicht gehindert, Geschäftsführung und organschaftliche Vertretung der GbR in verschiedene Hände zu legen. Auch abgesehen vom Sonderfall der Innengesellschaft (RdNr. 23) kann es für eine unterschiedliche Behandlung **Sachgründe** geben. So mag ein geschäftsführungsbefugter Gesellschafter nur an einer internen Tätigkeit für die Gesellschaft oder daran interessiert sein, das mit der Geschäftsführung nach § 711 verbundene Widerspruchsrecht zu erlangen, ohne für die Gesellschaft nach außen handeln zu wollen. Gesamt- und Einzelvertretung können auch in der Weise kombiniert werden, dass dem B nur Gesamtvertretung mit A, diesem aber zugleich Einzelvertretung eingeräumt wird.[38] – Lagen Geschäftsführungsbefugnis und Vertretungsmacht ursprünglich in einer Hand, so kann die Vertretungsmacht nach § 715 nur zusammen mit jener entzogen werden; anderes gilt für den umgekehrten Fall (§ 712 RdNr. 16).

Nicht um eine von § 714 abweichende Vertretungsregelung handelt es sich, wenn Gesell- 22 schaftern oder Dritten außerhalb des Gesellschaftsvertrags **Vollmacht** eingeräumt wird.[39] Insoweit geht es nicht um die Begründung organschaftlicher, sondern um gewillkürte Vertretungsmacht iS von §§ 164 ff. Hierzu gehören auch diejenigen Fälle, in denen zwei oder mehr Gesamtvertreter einen von ihnen (konkludent) bevollmächtigen, die Gesellschaft allein zu vertreten.[40] Unabhängig davon, ob eine solche Vollmacht einmalig oder im

---

[34] Vgl. etwa *Soergel/Schultze–v. Lasaulx*, 10. Aufl. 1969, RdNr. 1; *Staudinger/Keßler*, 12. Aufl. 1979, RdNr. 3.
[35] BGHZ 41, 367, 368 f. = NJW 1964, 1624; *Soergel/Hadding* RdNr. 19; *Staudinger/Habermeier* RdNr. 4. Zur entsprechenden Lage bei der Gesamtgeschäftsführung vgl. § 710 RdNr. 5; zum Sonderfall eines wegen Interessenkollision im Einzelfall nach § 181 verhinderten Gesamtvertreters s. RdNr. 30.
[36] Vgl. die Nachweise in § 711 Fn. 29, 31.
[37] BGHZ 16, 394, 398 f. = NJW 1955, 825; ebenso BGH (III. Senat) WM 2008, 1552, 1557 Tz. 47.
[38] So zutr. RGZ 90, 21, 22, unter Hervorhebung der eigenständigen Bedeutung auch einzelner Gesamtvertreter.
[39] EinhM, vgl. statt aller *Soergel/Hadding* RdNr. 8.
[40] BGHZ 16, 394, 396 f. = NJW 1955, 825; sehr weitgehend BGH NZG 2005, 345: ein gesamtvertretungsbefugter Gesellschafter kann dem anderen konkludent die generelle (gewillkürte) Alleinvertretungsmacht erteilen; das wird man allg. nur mit Billigung der übrigen Gesellschafter zulassen; im konkreten Fall war sie angesichts der konkreten Konstellation aber unproblematisch, vgl. zur Kritik auch *Wertenbruch* NZG 2005, 462 sowie *Wiedemann/Wimber* EWiR 2005, 629 (keine Vermischung von gewillkürter und organschaftlicher Vertretung); zur entsprechenden Lage bei der internen Aufteilung der Geschäftsführung vgl. § 709 RdNr. 16.

§ 714 23–25   Abschnitt 8. Titel 16. Gesellschaft

Rahmen entsprechender Geschäftsverteilung auf Dauer erteilt wurde, kann sie nach § 168 grundsätzlich jederzeit widerrufen werden. Die Einräumung weitreichender, wenn auch abgeleiteter Geschäftsführungs- und Vertretungsbefugnisse an Dritte kann allerdings mit dem Grundsatz der Selbstorganschaft kollidieren; ihn hat der BGH freilich bei Publikumsgesellschaften in nicht unproblematischer Weise relativiert (§ 709 RdNr. 6).

23 **3. Innengesellschaft.** Das gemeinsame Kennzeichen der verschiedenen Arten von Innengesellschaften besteht darin, dass sie nach gesellschaftsvertraglicher Ausgestaltung nicht als solche am Rechtsverkehr mit Dritten teilnehmen (RdNr. 8). **Daher greift,** wenn Gesellschafter sich zu einer Innengesellschaft mit oder ohne Gesamthandsvermögen zusammenschließen, **die Auslegungsregel des § 714 nicht ein.** Auch wenn die Vertretungsmacht des oder der Geschäftsführer nicht ausdrücklich ausgeschlossen ist, ergibt sich der entsprechende Wille der Gesellschafter doch konkludent daraus, dass sie ihren Zusammenschluss vertraglich auf die Innenbeziehungen beschränken.[41] Ein gelegentliches gemeinsames Außenhandeln der Beteiligten ändert an dieser Grundausrichtung nichts (§ 705 RdNr. 279). Zur Frage einer Haftung der Gesamthand kraft objektiver Zurechnung auch ohne rechtsgeschäftliches Handeln im Namen der GbR, wenn die Gegenleistung in das Gesellschaftsvermögen geflossen ist, vgl. § 718 RdNr. 29.

III. Umfang und Grenzen der Vertretungsmacht

24 **1. Die Geschäftsführungsbefugnis als Maßstab.** Eine unbeschränkte und unbeschränkbare Vertretungsmacht entsprechend **§ 126 HGB** wird durch den Zusammenschluss zu einer GbR nach hM **nicht** begründet.[42] Es sprechen zwar gute Gründe für die analoge Anwendung des § 126 HGB in der unternehmenstragenden (Außen-)GbR.[43] Weil sich diese bislang aber (noch) nicht durchzusetzen vermochten,[44] soll für das Folgende gleichwohl und ohne weiteres die hM zugrunde gelegt werden. Demgemäß richtet sich der **Umfang** der Vertretungsmacht im Prinzip bei **allen** Außen-GbR ebenso wie ihre Ausgestaltung (RdNr. 19) im Zweifel nach dem Umfang der Geschäftsführungsbefugnis, wie sich vor allem aus der Verwendung des Wortes „soweit" in § 714 ableiten lässt. Maßgebend ist die Ausgestaltung der Geschäftsführungsbefugnis im **Gesellschaftsvertrag,** nicht die Situation des Einzelfalls. Deshalb lässt der Widerspruch eines Mitgesellschafters oder die Pflichtwidrigkeit der Handlung des Geschäftsführers die Vertretungsmacht unberührt (RdNr. 20). Ein Missbrauch der Geschäftsführungsbefugnis wirkt sich nur dann auf die Vertretungsmacht aus, wenn es zu einem kollusiven Handeln des Geschäftsführers mit dem Vertragspartner der GbR kommt.[45]

25 Zum **Umfang der Geschäftsführungsbefugnis** und zu den auch für die Vertretungsmacht relevanten Möglichkeiten ihrer unterschiedlichen Ausgestaltung vgl. im Einzelnen § 709 RdNr. 7, 23 ff. Auch soweit der Gesellschaftsvertrag keine besonderen Beschränkungen enthält, folgt aus dem Zusammenhang mit der Geschäftsführungsbefugnis doch einer-

---

[41] Vgl. BGHZ 12, 308, 314 = NJW 1954, 1159; BGH WM 1966, 31, 33; RGRK/*v. Gamm* RdNr. 8; *Soergel/Hadding* RdNr. 18; *Erman/Westermann* RdNr. 6; *Staudinger/Habermeier* RdNr. 7; *Bamberger/Roth/Timm/Schöne* RdNr. 12.

[42] Zur früheren Rechtslage bereits BGHZ 38, 26, 34 = NJW 1962, 2344; BGHZ 61, 59, 67 = NJW 1973, 1691; seither BGHZ 142, 315, 321 = NJW 1999, 3483; *Armbrüster* ZGR 2005, 34, 38 f.; *Canaris* ZGR 2004, 69, 80 ff., 88 ff.; *Hadding,* FS Raiser, 2005, S. 129, 140 f.; *Westermann,* FS Konzen, 2006, S. 957, 964; aA *C. Schäfer* ZIP 2003, 1225, 1233 f.; *Hasselbach* MDR 1998, 1200, 1203; *Dauner-Lieb* DStR 2001, 361; *Bamberger/Roth/Timm/Schöne* RdNr. 7; *Kazele* INF 2003, 667, 671; *Hasselmann,* Die Lehre Ulmers zur Gesellschaft bürgerlichen Rechts im Wandel der Jahrzehnte, 2007, S. 131 ff.; wohl auch MünchHdbGesR I/*Gummert* § 18 RdNr. 83; tendenziell auch *K. Schmidt* GesR § 58 V 2 a; *Wiedemann* GesR II § 7 III 34, S. 656 (unwiderlegliche Vermutung für Vertretungsbefugnis im Geschäftsbereich); offen lassend hingegen *Erman/Westerman* RdNr. 17. Vgl. auch die Nachweise in Fn. 182, 183.

[43] *C. Schäfer* ZIP 2003, 1225, 1233 f.; zust. *Bamberger/Roth/Timm/Schöne* RdNr. 7; *Kazele* INF 2003, 667, 671; wN in Fn. 42.

[44] Vgl. namentlich *Canaris, Westermann, Armbrüster* (Fn. 42); obiter und ohne jede Diskussion auch BGH NZG 2005, 345.

[45] Vgl. dazu BGH WM 1985, 997, 998; allg. zu Fällen des kollusiven Zusammenwirkens vgl. § 164 RdNr. 107 ff.

seits, dass die Vertretungsmacht sich **nicht** auf Rechtshandlungen erstreckt, die die **Grundlagen der Gesellschaft** betreffen.[46] Neben der Änderung des Gesellschaftsvertrags, der Erhöhung der Beiträge (§ 707) oder der Aufnahme neuer Gesellschafter gehören dazu auch Rechtsgeschäfte namens der Gesellschaft, die wie der Verkauf des gemeinsamen Unternehmens oder die Veräußerung des gesamten Vermögens faktisch den Gesellschaftszweck ändern.[47] Aber auch **Geschäfte außerhalb des Gesellschaftszwecks** überschreiten nicht nur die Geschäftsführungsbefugnis, sondern sind mit Rücksicht auf § 714 auch von der Vertretungsmacht im Regelfall nicht gedeckt.[48] Verbindlichkeit für die GbR können sie allerdings nach Rechtsscheingrundsätzen erlangen.[49] Zur (zwingenden) Empfangszuständigkeit jedes Geschäftsführers für Klagen und Titel vgl. § 718 RdNr. 45.[50]

2. Ergänzende Anwendung des allgemeinen Vertretungsrechts. a) Allgemeines; 26 **Gesamtvertretung.** Die Vorschriften der §§ 164 ff. finden auf die organschaftliche Vertretungsmacht nur Anwendung, soweit für diese keine Sonderregelungen gelten.[51] Im Unterschied zu der gesetzlich stärker verfestigten organschaftlichen Vertretung bei Handelsgesellschaften kommt dem Rückgriff auf das Recht der Vollmacht bei der GbR allerdings erhöhte Bedeutung zu. So wird eine Verpflichtung der Gesellschaft nach **§ 164 Abs. 1 iVm. Abs. 2** grundsätzlich nur begründet, wenn für den Dritten erkennbar ist, dass der Geschäftsführer namens der GbR handelt.[52] Ein von einem Organvertreter einem Dritten gegenüber vorgenommenes einseitiges Rechtsgeschäft kann von diesem entsprechend **§ 174 S. 1** unverzüglich zurückgewiesen werden.[53]

Auch Ausgestaltung, Befugnisse und Wirkungen der **Gesamtvertretung** richten sich 27 nach allgemeinem Vertretungsrecht. Danach bedarf es zur wirksamen Verpflichtung der Gesellschaft zwar grundsätzlich des gemeinsamen Handelns aller Gesamtvertreter, soweit diese sich nicht im Rahmen des Zulässigen gegenseitig zum Alleinhandeln ermächtigen.[54] Doch ist jeder der Gesamtvertreter allein zur Entgegennahme empfangsbedürftiger Willenserklärungen befugt;[55] auch **Klagen und Titel** brauchen nur einem Geschäftsführer zugestellt zu werden.[56] Ferner reicht bereits die Kenntnis rechtserheblicher Tatsachen bei einem der Gesamtvertreter aus, um sie allen Vertretern mit der Folge des § 166 Abs. 1 zuzurechnen.[57]

---

[46] HM, vgl. *Soergel/Hadding* RdNr. 16; *Bamberger/Roth/Timm/Schöne* RdNr. 9 f.; *Staub/Habersack* § 126 HGB RdNr. 12 ff.; MünchKommHGB/*K. Schmidt* § 126 RdNr. 10; tendenziell abw. aber *Erman/Westermann* RdNr. 9; *Staudinger/Habermeier* RdNr. 8; zum Ganzen näher *Schlüter*, Die Vertretungsmacht des Gesellschafters und die Grundlagen der Gesellschaft, 1965, unter Aufgliederung nach den verschiedenen in Betracht kommenden Fallgruppen.

[47] So für § 126 HGB, trotz des mit dieser Vorschrift bezweckten besonderen Verkehrsschutzes, auch MünchKommHGB/*K. Schmidt* § 126 RdNr. 10 ff.; *Staub/Habersack* § 126 HGB RdNr. 12 ff.; *Hueck* OHG § 20 III 1 c, S. 294; für Sonderfälle auch BGH LM HGB § 161 Nr. 13 = NJW 1960, 434; RGZ 162, 370, 375 f.; aA noch *Schlüter* (Fn. 46) S. 50 f., 90.

[48] RGRK/*v. Gamm* RdNr. 6; im Grundsatz auch *Soergel/Hadding* RdNr. 17; einschränkend namentlich *K. Schmidt* GesR § 8 V 2; *Bamberger/Roth/Timm/Schöne* RdNr. 10.

[49] Der Frage kommt vor allem in der Liquidationsphase Bedeutung zu, wenn für den Vertragspartner nicht erkennbar ist, dass das Geschäft nicht vom Liquidationszweck gedeckt ist; vgl. BGH NJW 1984, 982; *K. Schmidt* GesR § 8 V 2.

[50] Vgl. Nachweise auch in Fn. 56.

[51] So auch *Soergel/Hadding* RdNr. 19; *Erman/Westermann* RdNr. 7; *Staudinger/Habermeier* RdNr. 9; *Bamberger/Roth/Timm/Schöne* RdNr. 3.

[52] *Soergel/Hadding* RdNr. 19; *Erman/Westermann* RdNr. 7; *Bamberger/Roth/Timm/Schöne* RdNr. 3; vgl. auch OLG München NJW-RR 1988, 1268. Zum Sonderfall des Handelns im Namen eines Unternehmens, das auch ohne besonderen Hinweis dem Geschäftsinhaber zugerechnet wird, vgl. § 164 RdNr. 23 f. und § 718 RdNr. 18.

[53] BGH NJW 2002, 1194, 1195; zust. *Wertenbruch* DB 2003, 1099, 1100 f.

[54] § 164 RdNr. 85 ff.; vgl. auch schon Fn. 40.

[55] RGZ 53, 227, 230 f.; BGHZ 62, 166, 173 = NJW 1974, 1194; *Erman/Westermann* RdNr. 8; *Staudinger/Habermeier* RdNr. 11.

[56] BGH NJW 2006, 2191 f. (§ 170 Abs. 1, 3 ZPO); 2007, 995, 997; 2006, 2189, 2190 f. (§ 170 Abs. 1 ZPO); s. auch *C. Schäfer* NJW 2006, 2160; *Scholz* NJW 2002, 153, 159; *Wertenbruch* NJW 2002, 324, 326.

[57] BGHZ 140, 54, 61 f. = NJW 1999, 284; *Staub/Habersack* § 125 HGB RdNr. 24; vgl. auch § 166 RdNr. 17 und 23.

28   b) **Überschreitung der Vertretungsmacht.** Zu ihr kann es schon deshalb kommen, weil das Recht der GbR keine unbeschränkbare Vertretungsmacht nach Art des § 126 HGB kennt (RdNr. 24). Es greifen die Rechtsfolgen der §§ 177 bis 179 ein, falls sich die Verpflichtung der Gesellschaft nicht auf die Grundsätze der **Duldungs- oder Anscheinsvollmacht** stützen lässt.[58] Eine Anscheinsvollmacht kommt insbesondere in den Fällen in Betracht, in denen die Gesellschaft durch die Art ihres Auftretens im Rechtsverkehr, durch die Verwendung eines firmenähnlichen Namens, den **Anschein einer Handelsgesellschaft** erweckt.[59] Wegen der bei Handelsgesellschaften fehlenden Beschränkungsmöglichkeit kann sich auch die GbR in derartigen Fällen auf eine Überschreitung des Umfangs der Vertretungsmacht nicht berufen.[60] Die Mithaftung der anderen Gesellschafter folgt unabhängig davon, ob der Rechtsschein auch ihnen persönlich zuzurechnen ist, aus der analogen Anwendung des § 128 HGB (RdNr. 36).

29   c) **Verbot des Selbstkontrahierens (§ 181).** Das Selbstkontrahierungsverbot gilt auch für Geschäftsführer der GbR, soweit sie namens der Gesellschaft mit sich im eigenen Namen oder als Vertreter Dritter rechtsgeschäftlich handeln und soweit keine der in § 181 vorgesehenen oder in Ergänzung hierzu von der Rechtsprechung anerkannten Ausnahmen[61] eingreift. Das Verbot ist nicht zu verwechseln mit der die interne Beschlussfassung betreffenden Frage, wann ein Gesellschafter wegen Interessenkollision gehindert ist, an der Entscheidung über eine Geschäftsführungsmaßnahme mitzuwirken (§ 709 RdNr. 65 ff.). Der Gesellschaftsvertrag kann Ausnahmen vom Verbot des Selbstkontrahierens zulassen.[62]

30   Ist von **mehreren Gesamtvertretern einer** nach § 181 an der Vertretung der Gesellschaft **gehindert,** so sollten nach der früher im Schrifttum hM auch die verbleibenden Vertreter nicht handeln können; vielmehr sollte Gesamtvertretung sämtlicher übrigen Gesellschafter gelten.[63] Das Reichsgericht, auf das sich diese Ansicht stützte, hatte sich demgegenüber auf die Feststellung beschränkt, bei Verhinderung eines von zwei Gesamtvertretern erstarke die Vertretungsmacht des anderen nicht zur Einzelvertretung.[64] Für zulässig hatte es demgegenüber auch in diesem Fall die (formal von § 181 nicht erfasste) Bestellung eines Unterbevollmächtigten durch die Gesamtvertreter und dessen Einschaltung in den Vertragsschluss gehalten;[65] das ist als Umgehung von § 181 mit Recht allgemein auf Ablehnung gestoßen.[66] Folgt man mit der neueren Rechtsprechung der **teleologischen,** formale Interessenkonflikte ausklammernden **Auslegung von § 181** (§ 181 RdNr. 8 f., 20), so sollten im Interesse der Praktikabilität keine Bedenken dagegen bestehen, bei Verhinderung eines von zwei Gesamtvertretern **den verbleibenden allein** mit Wirksamkeit für die Gesellschaft handeln zu lassen.[67] Dem Interesse der Mitgesellschafter am Schutz gegen eine einseitige Interessenwahrnehmung durch den auf beiden Seiten beteiligten

---

[58] EinhM, vgl. statt aller *Soergel/Hadding* RdNr. 20; dazu näher § 167 RdNr. 46 ff., 54 ff.
[59] Zurückhaltend zur Lehre vom Scheinkaufmann beim Führen einer „Firma" aber *K. Schmidt* HandelsR § 10 VIII 3 a, § 12 I 2 b.
[60] So zutr. RGRK/*v. Gamm* RdNr. 9.
[61] Näher § 181 RdNr. 15 ff.; *Hübner,* Interessenkonflikt und Vertretungsmacht, 1977, S. 142 f., 261 f.; *Schubert* WM 1978, 290 ff., jeweils mN der Rspr.
[62] Dazu und zur Möglichkeit der Gestaltung im Einzelfall vgl. *Hübner* (Fn. 61) S. 108 ff.
[63] *Soergel/Schultze-v. Lasaulx,* 10. Aufl. 1967, § 164 RdNr. 21; RGRK/*v. Gamm* RdNr. 1; *Staudinger/ Keßler,* 12. Aufl. 1979, RdNr. 9.
[64] RGZ 103, 417; 116, 116, 117; so auch BGH LM § 709 Nr. 2/3 = NJW 1960, 91; einschränkend jetzt aber BGH NJW-RR 1991, 1441 für den Fall einer zweigliedrigen Gesellschaft, in der der verhinderte Gesellschafter seinen Anteil treuhänderisch für den verbliebenen Gesellschafter hält.
[65] RGZ 103, 417, 418; 108, 405, 406 ff.; 157, 24, 31.
[66] Vgl. BGHZ 64, 72, 74 = NJW 1975, 1117; BGHZ 91, 334, 336 = NJW 1984, 2085; BGH NJW 1991, 692; so auch § 181 RdNr. 24; *Erman/Westermann* RdNr. 7; *Hübner* (Fn. 61) S. 236 f.
[67] So im Ergebnis auch BGHZ 64, 72, 76 f. = NJW 1975, 1117, wenn auch unter problematischem Hinweis auf eine (wirksame?) Ermächtigung des verhinderten an den anderen Gesamtvertreter zum Alleinhandeln. Krit. zu diesem Urteil *Klamroth* BB 1975, 851; *Plander* BB 1975, 1493, 1496; *Hübner* (Fn. 61) S. 273 f.

Gesellschafter ist regelmäßig bereits durch das Handeln eines verantwortlichen, nicht selbst von der Interessenkollision betroffenen Geschäftsführers aufseiten der Gesellschaft Genüge getan.[68]

C. Akzessorische Haftung der Gesellschafter

I. Grundlagen

1. Unterscheidung gegenüber der Haftung der Gesellschaft. Aus traditioneller ("gesetzestreuer") Sicht war **lange Zeit zweifelhaft,** ob und inwieweit in einer Außen-GbR für die Unterscheidung zwischen Gesamthands-(Gesellschafts-)verbindlichkeiten und Gesellschafterhaftung Raum sei. **Gegen** sie sprach die Qualifizierung der Gesamthand als **Sondervermögen,** das im Unterschied zur Rechtslage in OHG oder KG (vgl. § 124 Abs. 1 HGB) nicht selbst Verbindlichkeiten eingehen könne. Haftungsschuldner seien vielmehr die jeweiligen Gesellschafter im Zeitpunkt der Haftungsbegründung; sie hafteten grundsätzlich sowohl mit ihrem Privatvermögen als auch mit dem gesamthänderisch gebundenen Gesellschaftsvermögen.[69] **Für** die Notwendigkeit einer Unterscheidung wurden demgegenüber eine **Reihe teils rechtlicher, teils praktischer Gründe** vorgebracht, darunter das in § 719 Abs. 2 geregelte Verbot des GbR-Schuldners, mit einer ihm gegen einen Gesellschafter zustehenden Forderung aufzurechnen, die Haftungssituation bei Eintritt und Ausscheiden von Gesellschaftern, die den Zugriff der Gläubiger auf das Gesamthandsvermögen unberührt lassen muss, ferner die Beschränkung der Geltendmachung von Aufwendungsersatz- oder Regressansprüchen einzelner Gesellschafter auf das Gesamthandsvermögen unter grundsätzlicher Verneinung einer persönlichen Haftung der Mitgesellschafter vor Liquidation der Gesellschaft, sowie schließlich die in § 733 Abs. 1 getroffene Anordnung, bei Liquidation des Gesamthandsvermögens zunächst die „gemeinschaftlichen Schulden" zu berichtigen.[70] Diese Gründe führten zur Anerkennung einer besonderen „Gesamthandsschuld" der Gesellschafter neben ihrer persönlichen Haftung gewissermaßen als Vorstufe zur Behandlung der GbR als rechtsfähiger und daher auch verpflichtungsfähiger Personenverband.

Spätestens mit der Durchsetzung der (Gruppen-)Lehre von der **Rechtsfähigkeit der Außen-GbR** (§ 705 RdNr. 298) und – daraus folgend – der Fortentwicklung der gesellschaftsrechtlichen Gesamthand vom Sondervermögen (Objekt) zum Subjekt von Rechten und Verbindlichkeiten hat sich diese Streitfrage erledigt. Seither kann an der **Notwendigkeit der Unterscheidung** zwischen Gesellschaftsverbindlichkeiten und Gesellschafterhaftung kein Zweifel mehr bestehen. Sie sorgt für klare Separierung des Gesellschaftsvermögens zugunsten der Gesellschaftsgläubiger unter Verweisung der Privatgläubiger auf die Kündigungsmöglichkeit nach § 725, stellt die Forthaftung der Gesellschaft unabhängig vom jeweiligen Gesellschafterbestand sicher und gestattet den Gesellschaftsgläubigern, unmittelbar auf Befriedigung aus dem Gesamthandsvermögen zu klagen.[71] Zugleich begründet sie die Notwendigkeit eines besonderen Haftungsgrunds aufseiten der Gesellschafter, um sie wegen der Gesellschaftsschuld auch persönlich in Anspruch nehmen zu können (RdNr. 36), eröffnet die Möglichkeit, zwischen dem Inhalt von Gesellschaftsschuld und Gesellschafterhaftung zu unterscheiden (RdNr. 43 f.) und ermöglicht eine Haftungsbeschränkung auf das

---

[68] So auch *Soergel/Hadding* RdNr. 27; im Ergebnis ähnlich *Hübner* (Fn. 61) S. 186 ff., 238 f., der die Gültigkeit des Rechtsgeschäfts freilich zusätzlich von dem Nachweis des allein handelnden Gesamtvertreters abhängig machen will, dass das betreffende Geschäft ordnungsgemäß war und dem Interesse der Gesellschaft entsprach.

[69] Vgl. Darstellung des Meinungsstands bei *Aderhold* (Fn. 1) S. 74 ff., 111 ff., und bei *Dauner-Lieb*, Unternehmen in Sondervermögen, 1998, S. 522 ff.

[70] Vgl. näher 3. Aufl. RdNr. 23 a mN; tendenziell in diesem Sinn (trotz grds. Festhaltens am traditionellen Ansatz) auch *Zöllner*, FS Kraft, 1998, S. 701, 710 ff.

[71] Das galt schon vor Anerkennung der Parteifähigkeit der Außen-GbR (§ 705 RdNr. 318) aufgrund der Rechtsfigur der sog. Gesamthandsschuldklage (vgl. § 718 RdNr. 53).

Gesellschaftsvermögen unter Ausschluss der persönlichen Haftung der Gesellschafter (vgl. näher RdNr. 62 ff.).

33 **2. Akzessorische Gesellschafterhaftung.** Der Rechtsgrund der Gesellschafterhaftung war **lange Zeit umstritten.** Wie bereits in RdNr. 3 aufgezeigt, standen sich aus der Sicht der modernen (Gruppen-)Lehre von der Rechtsfähigkeit der Außen-GbR mit der Doppelverpflichtungs- und der Akzessorietätstheorie zwei sowohl im Ansatz als auch in den Haftungsfolgen wesentlich differierende Ansichten gegenüber, ganz abgesehen von der traditionellen, primär auf die Gesellschafterhaftung abstellenden Ansicht derjenigen Autoren, die an der Beurteilung der gesellschaftsrechtlichen Gesamthand als bloßes Haftungsobjekt (Sondervermögen) festhielten.

34 Aus heutiger Sicht hat sich die **Akzessorietätstheorie** durch höchstrichterliche Rechtsfortbildung (RdNr. 4 f.) durchgesetzt.[72] Die gegen sie bestehenden Bedenken, darunter vor allem die mit der Vielfalt der GbR-Zwecke nicht ohne weiteres zu vereinbarenden, der Rechtslage in der OHG entsprechenden scharfen Haftungsfolgen für die Gesellschafter,[73] sind durch die erweiterten Möglichkeiten haftungsgünstiger Rechtsformenwahl für Personengesellschafter, darunter einerseits derjenigen der KG über §§ 105 Abs. 2 nF, 161 HGB, andererseits (für Freiberufler) derjenigen der PartG, deutlich relativiert worden.[74] Auch bleibt trotz Geltung der Akzessorietätstheorie die Möglichkeit bestehen, im Hinblick auf bestimmte (haftungsprivilegierte) Gesellschaftszwecke zu einem vertraglichen Ausschluss oder einer Beschränkung der persönlichen Gesellschafterhaftung zu kommen (vgl. näher RdNr. 66 f.). Deshalb wird die Akzessorietätstheorie auch der folgenden Kommentierung zugrunde gelegt. Gegenüber der früheren Doppelverpflichtungslehre (von *Peter Ulmer* bis zur 3. Aufl. vertreten) verbinden sich eine Reihe nicht unerheblicher **Rechtsänderungen,** soweit die **Gesellschafterhaftung** in Frage steht, darunter vor allem deren Bejahung auch für gesetzliche Gesamthandsverbindlichkeiten sowie gegenüber neu eintretenden Gesellschaftern mit Blick auf Altschulden der GbR, aber auch die strikte Bejahung des Akzessorietätsprinzips für Bestand und Umfang der jeweiligen Gesellschafterhaftung sowie die Notwendigkeit eines neuen Ansatzes, um zum Ausschluss oder zur Beschränkung der Gesellschafterhaftung zu kommen.

II. Die Ausgestaltung der Gesellschafterhaftung

35 **1. Rechtsgrund. a) Grundlagen.** Als Anspruchsgrundlage für die akzessorische Gesellschafterhaftung wurden in der bisherigen Diskussion **unterschiedliche Begründungen** genannt. Während *Flume* als Vater der Gruppenlehre auf das „Wenn der Gesamthand" abstellte,[75] verwiesen die meisten Anhänger der Akzessorietätstheorie, teils freilich beschränkt auf die „unternehmenstragende" GbR, auf eine Analogie zu § 128 HGB als der Grundnorm für die akzessorische Gesellschafterhaftung im Handelsrecht.[76] Der BGH schließlich bezog sich im ersten, den Übergang zur Akzessorietätstheorie signalisierenden Grundsatzurteil von 1999 auf ein „allgemeines Rechtsprinzip", wonach derjenige, der allein oder zusammen mit anderen Geschäfte betreibe, auch mit seinem persönlichen Vermögen hafte, sofern er sich nicht auf eine vertraglich vereinbarte oder gesetzlich vorgesehene

---

[72] Grundsatzkritik aber bei *Canaris* ZGR 2004, 69, 86 ff. (in der konkreten Form verfassungswidrig; akzessorische Haftung als solche allerdings konsequent; gegen ihn *Altmeppen* NJW 2004, 1563); weiterhin abl. auch *Hadding*, FS Raiser, 2005, S. 130, 143 f. und *Soergel/Hadding* RdNr. 11 (wegen § 714 mit seiner unwiderlegbaren Vermutung der Vertretungsmacht fehle es an einer Regelungslücke); und tendenziell *Armbrüster* ZGR 2005, 39, 61; mit Blick auf drohende Haftungsverschärfung bei nichtrechtsfähigem Verein auch *Beuthien* NJW 2005, 855, 858.

[73] Vgl. die hierauf gestützten langjährigen Bedenken des BGH gegen die Akzessorietätstheorie (Nachweise in Fn. 7).

[74] Das war auch der Grund für *Peter Ulmer* noch vor dem Rspr.-Wandel durch BGHZ 142, 315 von der Doppelverpflichtungs- zur Akzessorietätstheorie überzugehen, *Ulmer* ZIP 1999, 554, 559 ff.

[75] *Flume* I/1 § 16 IV 3, S. 326 f.

[76] Vgl. die Nachweise in Fn. 6.

Haftungsbeschränkung berufen könne.[77] Hieran hat er auch in seinem zweiten Grundsatzurteil von 2001 festgehalten,[78] inzwischen hat er die Haftung aber mehrfach ausdrücklich auf die Analogie zu § 128 HGB gestützt.[79]

Stellungnahme. Unter den drei in RdNr. 35 genannten Ansätzen verdient die **Analogie zu § 128 HGB** den Vorzug. Für sie spricht vor allem, dass damit eine aus dem OHG-Recht bekannte, für die akzessorische Gesellschafterhaftung geschaffene Rechtsfigur zur Verfügung steht, auf die grundsätzlich auch für die Haftungsverhältnisse in der GbR zurückgegriffen werden kann. Die Analogievoraussetzungen – Regelungslücke und vergleichbarer Regelungsgegenstand – sind deshalb erfüllt, weil die Vorschriften der §§ 705 ff. wegen ihres die Gesamthand als Sondervermögen behandelnden, heute überholten Ansatzes auf eine die Mithaftung der Gesellschafter betreffende Regelung verzichtet haben, das Fehlen besonderer Gläubigerschutznormen aber die grundsätzliche Mithaftung der Gesellschafter persönlich vergleichbar dem OHG-Recht erforderlich erscheinen lässt. Demgegenüber trägt die Berufung auf das „Wesen der Gesamthand" zu weit, bedenkt man die andersartige, für eine akzessorische Haftung aller Beteiligten ungeeignete Rechtslage bei der Erben- und der Gütergemeinschaft als sonstige Gesamthandsgemeinschaften, aber auch diejenige in der Innen-GbR iwS, dh. mit Gesamthandsvermögen, aber ohne gemeinsames Außenhandeln (vgl. RdNr. 8). Bei dem vom BGH zunächst bemühten „allgemeinen Rechtsprinzip" fragt sich schließlich, ob es ein solches in der umfassenden Umschreibung durch den Senat überhaupt gibt;[80] bezieht man es aber auf die Tätigkeit mehrerer unter gemeinsamer Firma oder gemeinsamem Namen, so hat es seinen gesetzlichen Niederschlag unzweifelhaft in § 128 HGB gefunden. Hierauf und nicht auf ein schwer greifbares allgemeines Prinzip sollte sich die Analogie daher auch beziehen.[81] Damit sind zugleich die Weichen gestellt für die analoge Anwendung der auf die Einwendungen der Gesellschaft bezogenen, eine wesentliche Ausprägung der Haftungsakzessorietät enthaltenden Vorschrift des § 129 HGB (RdNr. 50 ff.), ferner für die inzwischen gleichfalls vom BGH befürwortete, aber immer noch umstrittene Analogie zu § 130 HGB (vgl. RdNr. 72 ff.).

b) Sachliche Reichweite. aa) Grundsatz. Die akzessorische Gesellschafterhaftung erstreckt sich auf grundsätzlich **alle Gesellschaftsverbindlichkeiten,** unabhängig von deren Rechtsgrund. Die für die Doppelverpflichtungstheorie charakteristische Differenzierung zwischen **rechtsgeschäftlich begründeten und gesetzlichen** Verbindlichkeiten der GbR unter Beschränkung der Gesellschafterhaftung auf die erstgenannten (3. Aufl. RdNr. 34 ff., 53 ff.) ist damit überholt,[82] sofern man nicht die Haftung für deliktische Verbindlichkeiten generell aus dem Anwendungsbereich des § 128 HGB ausschließt (RdNr. 38). Die Gesellschafter haben danach auch für Ansprüche gegen die GbR aus culpa in contrahendo, aus ungerechtfertigter Bereicherung und aus Produkt- oder Gefährdungshaftung einzustehen. Entsprechendes gilt für Steuerschulden der GbR, ohne dass es hierzu auf eine steuerrechtliche Haftungserstreckung ankommt.[83] Erfasst werden auch Ansprüche gegen die GbR, die aus einer Sachgründung unter Einbringung eines (Handels-)Geschäfts nach oder analog § 28 HGB (vgl. dazu RdNr. 75) oder aus dem Formwechsel eines Rechtsträgers sonstiger

---

[77] BGHZ 142, 315, 319 = NJW 1999, 3483.
[78] BGHZ 146, 341, 358 = NJW 2001, 1056; BGH NJW 2002, 1642; dazu mit Recht krit. *Casper* JZ 2002, 1112.
[79] BGH NJW 2006, 3716, 3717 Tz. 14, 19; NJW-RR 2006, 1268, 1269 Tz. 10, 14 f.; NJW 2006, 765, 766 Tz. 12; vgl. ferner BGH NJW 2004, 836, 837; 2006, 683, 685 Tz. 20; NZG 2007, 140, 141 Tz. 22.
[80] Vgl. Fn. 17.
[81] So zutr. *Casper* JZ 2002, 1112 f.; ebenso *C. Schäfer* ZIP 2003, 1225, 1226; *Erman/Westermann* RdNr. 11; aA *Wiedemann* GesR II § 7 III 4, S. 658.
[82] So jetzt ausdrücklich auch BGHZ 154, 88 = NJW 2003, 1445; vgl. auch *Erman/Westermann* RdNr. 13; *Wiedemann* GesR II § 7 III 4, S. 659.
[83] Diese sah der BFH in st. Rspr. vor allem in § 191 AO iVm. §§ 421, 427; inzwischen geht er ebenfalls von einer analogen Anwendung des § 128 HGB aus, BFH NJW-RR 2006, 1696, 1697; BFH/NV 2005, 1141; offen lassend noch BFH/NV 2005, 827; ebenso etwa *Erman/Westermann* RdNr. 13; *Haunhorst* DStZ 2003, 751, 752.

§ 714 38, 39   Abschnitt 8. Titel 16. Gesellschaft

Rechtsform in eine GbR resultieren (§§ 191 Abs. 2 Nr. 1, 202 Abs. 1 Nr. 1 UmwG).[84] Mit der **Umwandlung einer KG in eine GbR** entfällt für die bisherigen Kommanditisten die Möglichkeit, sich nach § 171 HGB auf ihre Haftungsbeschränkung zu berufen; auch für eine Fortdauer dieser Haftungsbeschränkung kraft Rechtsscheins[85] ist kein Raum. Allerdings ist seit 1998 wegen § 105 Abs. 2 HGB kaum mehr zu befürchten, dass sich eine KG aufgrund des Rechtsformzwangs kraft Gesetzes in eine GbR umwandelt; dies kommt vielmehr nur in Betracht, wenn die eingetragene KG weder ein Gewerbe betreibt noch ihr eigenes Vermögen verwaltet.[86]

38   **bb) Ausnahme für deliktische Verbindlichkeiten?** Die vorstehenden Grundsätze (RdNr. 37) gelten auch für aus der Zurechnungsnorm des § 31 resultierende deliktische Verbindlichkeiten der GbR (vgl. § 705 RdNr. 263 f.). Diese Frage ist im Anwendungsbereich des § 128 HGB allerdings nach wie vor **umstritten**;[87] eine Reihe von Autoren[88] lehnt die Haftung mit dem systematischen Argument ab, dass der Normzweck des § 128 HGB keine Haftung der Gesellschafter für deliktische Verbindlichkeiten trage, zumal die Deliktsschuld nicht in Hinblick auf einen bestimmten Haftungsfonds der Gesellschaft begründet werde und die Haftung des Handelnden zudem selbstverständlich sei. Der BGH hat sich mit den gegen eine Haftung sprechenden Gründen zwar nicht näher auseinandergesetzt, lehnt eine Differenzierung aber im Ergebnis ab. Mit der Zurechnung des deliktischen Handelns der Geschäftsführer gegenüber der Gesellschaft hat diese Frage unmittelbar freilich nichts zu tun; sie ist durch die analoge Anwendung des § 31 auch auf die GbR mittlerweile beantwortet.[89] Allerdings entsteht die Problematik der Gesellschafterhaftung für Deliktsschulden überhaupt erst durch diesen Analogieschluss; dem historischen Gesetzgeber war die Zurechnung deliktischen Handelns der Geschäftsführer noch unbekannt. Sieht man allerdings die persönliche Haftung als Ersatz für einen gesetzlich gesicherten, bei Personengesellschaften fehlenden Haftungsfonds zugunsten der Gläubiger,[90] erscheint die Annahme einer Haftung auch für deliktische Verbindlichkeiten gleichwohl vertretbar.[91] Man wird sie daher spätestens durch BGHZ 155, 205 im Sinne der hM als geklärt anzusehen haben.

39   **cc) Nicht: Sozialverbindlichkeiten. Unanwendbar** ist § 128 HGB – auch bei analoger Anwendung – auf sog. Sozialverbindlichkeiten der GbR, dh. aus dem Gesellschafts-

---

[84] Vgl. *Heidinger* GmbHR 1996, 890 ff. für den Fall des Formwechsels einer GmbH in die Rechtsform der GbR.
[85] So noch BGH LM § 709 Nr. 6 = NJW 1971, 1698 (Umwandlung aufgrund Rechtsformzwangs) freilich unter gleichzeitiger Betonung einer aus dem Gesellschaftsvertrag folgenden Pflicht der Geschäftsführer, die Haftungsbeschränkung in dem durch den Verkehrsschutz gebotenen Maß erkennbar zu machen. Abl. *Flume* I/1 § 16 IV 5, S. 338. Eingehend zur Haftungsproblematik der „bürgerlich-rechtlichen KG" namentlich *K. Schmidt* DB 1973, 653 ff. und 703 ff. und *Plambeck* (Fn. 1) S. 127 ff.
[86] Dazu näher *Staub/C. Schäfer* § 131 HGB RdNr. 9 ff.
[87] Für Eingreifen der akzessorischen Gesellschafterhaftung auch insoweit die hM, vgl. BGHZ 154, 88, 94 = NJW 2003, 1445, 1446; BGHZ 155, 205, 212 = NJW 2003, 2984; OLG Koblenz OLGR 2005, 572; *Bamberger/Roth/Timm/Schöne* RdNr. 20; *Staub/Habersack* § 128 HGB RdNr. 10; *MünchKommHGB/ K. Schmidt* § 128 RdNr. 10; *Baumbach/Hopt* § 128 HGB RdNr. 2; *Beuthien* DB 1975, 725, 726; *Schwark*, FS Heinsius, 1991, S. 753, 764; *Ulmer* ZIP 2003, 1113, 1115; *K. Schmidt* NJW 2003, 1897, 1900; *Wiedemann* GesR II § 7 III 4, S. 659; *Grunewald* JZ 2004, 439, 440; *Reiff* ZGR 2003, 550, 553 f.; *Casper/Eberspächer* Jura 2003, 770, 772 f.; *Damm*, FS Raiser, 2005, S. 23, 33 f.; wohl auch *Erman/Westermann* RdNr. 13; *Reiff* ZGR 2003, 550, 553 f.; mit ökonomischer Begründung auch *Tröger*, FS Westermann, 2008, S. 1533, 1559 ff.; aA *Flume* I/1, S. 343 f.; *ders.* DB 2003, 1775; *Altmeppen* NJW 2003, 1554 f.; *C. Schäfer* ZIP 2003, 1225, 1227 f.; *Armbrüster* ZGR 2004, 34, 56 f.; grds. auch *Canaris* ZGR 2004, 69, 110 ff.
[88] *Flume* I/1 § 16 IV 6; *ders.*, FS H. Westermann, 1974, S. 119, 143; *Altmeppen* NJW 1996, 1017, 1021 ff.; *H. Baumann* JZ 2001, 895, 900 f.; *C. Schäfer* ZIP 2003, 1225, 1227 f.; *Armbrüster* ZGR 2004, 34, 56 f.; grds. auch *Canaris* ZGR 2004, 69, 110 ff.; mit Einschränkung auch *Schöpflin* DStR 2003, 1349.
[89] Dazu BGHZ 155, 205 = NJW 2003, 2984, 2985.
[90] Dafür auch *K. Schmidt* GesR § 18 IV 2 c, S. 542 f.; *Wiedemann* GesR I § 5 IV 1 c, S. 284; *Zöllner*, FS Gernhuber, 1993, S. 563, 575; krit. zu diesem Argument aber *Altmeppen* NJW 2003, 1553, 1555 f.; *Canaris* ZGR 2004, 69, 112 f.; vgl. auch *Tröger*, FS Westermann, 2008, S. 1533, 1547 f.
[91] So auch *Canaris* ZGR 2004, 69, 111 (der Haftung und Argumentation für die GbR im Ergebnis jedoch ablehnt).

Vertretungsmacht 40, 41 § 714

verhältnis entspringende Verbindlichkeiten gegenüber Mitgesellschaftern.[92] Einer solchen Haftung steht die in § 707 geregelte **Begrenzung der Beitragspflichten** auf die im Gesellschaftsvertrag vereinbarte Höhe entgegen; sie würde durchbrochen, wenn Gesellschafter sich wegen ihrer Ansprüche gegen die Gesellschaft, sei es auf Aufwendungsersatz, Geschäftsführervergütung, Gewinn o. Ä. anteilig auch an die Mitgesellschafter halten könnten (§ 707 RdNr. 5 – dort auch zu einer begrenzten Ausnahme). Derartige Ansprüche bilden vielmehr grundsätzlich einen im Zuge der Auseinandersetzung zu berücksichtigenden Rechnungsposten (§ 730 RdNr. 49 ff.). Der Haftungsausschluss gilt **nicht** für **Drittgläubigerforderungen** eines Gesellschafters gegen die GbR; dieser muss sich bei der Inanspruchnahme der Mitgesellschafter lediglich seine Haftungsquote anrechnen lassen (vgl. § 705 RdNr. 220). Auch gegenüber dem **Abfindungsanspruch** eines ausgeschiedenen Gesellschafters können die Mitgesellschafter sich nicht auf den aus § 707 resultierenden Einwand berufen (vgl. § 705 RdNr. 218).

c) **Persönliche Reichweite.** Die Haftung analog § 128 HGB erfasst grundsätzlich **alle** 40 **Gesellschafter** der GbR, darunter auch die **ausgeschiedenen** für die während ihrer Mitgliedschaft begründeten Gesellschaftsschulden (RdNr. 70 f.; zur Haftung Beitretender für Altverbindlichkeiten vgl. RdNr. 72 f., zum Wahlrecht der Gesellschafter/Erben analog § 139 HGB vgl. RdNr. 74). Sie gilt nach Rechtsscheingrundsätzen auch für **Scheingesellschafter** oder Mitarbeiter einer **Scheinsozietät**, etwa auf dem Briefkopf oder dem Praxisschild einer Freiberufler-Sozietät als Sozien aufgeführte Angestellte.[93] Selbst für **geschäftsunfähige und beschränkt geschäftsfähige Gesellschafter** sieht das Gesetz keine Ausnahme vor, sofern sie wirksam Gesellschafter geworden sind (§ 705 RdNr. 69 f.). Das zum 1. 1. 1999 in Kraft getretene Gesetz zur Beschränkung der Haftung Minderjähriger (MHbeG)[94] gibt dem volljährig gewordenen Minderjährigen zwar nach § 1629 a Abs. 1 im Grundsatz das Recht, seine Haftung für vor Eintritt der Volljährigkeit begründete Gesellschaftsverbindlichkeiten auf den Bestand seines Vermögens zu diesem Zeitpunkt zu beschränken und ggf. die Gesellschaft nach § 723 Abs. 1 S. 3 Nr. 2 fristlos zu kündigen (vgl. näher § 723 RdNr. 38 ff.). Eine Ausnahme von der aus § 128 HGB oder dessen analoger Anwendung folgenden Haftung für Gesellschaftsverbindlichkeiten ist mit dieser gegenständlichen Haftungsbeschränkung jedoch nicht verbunden. – Zur Möglichkeit einer Beschränkung oder des Ausschlusses der Gesellschafterhaftung durch Vertrag der GbR mit dem jeweiligen Gläubiger vgl. RdNr. 66.

Eine **Einschränkung** gegenüber der gesamtschuldnerischen Gesellschafterhaftung hat der 41 BGH zugunsten der Mitglieder von als Außen-GbR organisierten **Bauherrengemeinschaften** getroffen (RdNr. 62): sie sollen auch „weiterhin grundsätzlich nur anteilig nach den bisherigen Rechtsprechungsgrundsätzen" haften.[95] Dem ist zwar im Ergebnis (vgl. RdNr. 63 f.), nicht aber in der – mit der Akzessorietätstheorie schwer vereinbaren – Begründung zu folgen.[96] Geboten erscheint allerdings eine Reduktion der Analogie zu

---

[92] Vgl. nur MünchKommHGB/*K. Schmidt* § 128 RdNr. 12; *Staub/Habersack* § 128 HGB RdNr. 12; *Staudinger/Habermeier* Vor § 705 RdNr. 46; *Erman/Westermann* RdNr. 12.
[93] Vgl. zur Scheinsozietät BGHZ 70, 247, 249 = NJW 1978, 996; BGHZ 148, 97, 103 f. = NJW 2001, 2462; BGH NJW 1971, 1801, 1802; 1990, 827, 828 f.; 1991, 1225; 1999, 3040, 3041; 2001, 165, 166; 2007, 2490, 2492 (IX. Senat: Haftung der Sozien für deliktisches Handeln eines nach § 31 zurechenbaren Handelns eines Scheinsozius; BGH NJW 2008, 2330 (VIII. Senat: keine Haftung eines Scheinsozius für nicht die anwaltstypische Tätigkeit betreffende Forderungen; vgl. dazu *Lux* NJW 2008, 2309); BFH NJW-RR 2006, 1696, 1697; OLG Saarbrücken NJW 2006, 2862 (keine Rechtsscheinhaftung für Altverbindlichkeiten – zutr.); NJW-RR 2006, 707 (zur Erstreckung eines Mandats auf eintretenden Scheinsozius); OLG Celle NJW 2006, 3431, 3433 (mit Recht abl. für deliktische Verbindlichkeiten); OLG Celle OLGR 2006, 611; KG KGR 2005, 752; zum Ganzen näher *C. Schäfer* DStR 2003, 1078; *Roth* BB 2007, 616; *Odersky*, FS Merz, 1992, S. 439, 448 ff.; *Kamps/Alvermann* NJW 2001, 2121 ff.; *Grunewald*, FS P. Ulmer, 2003, S. 141, 144 ff.; *Erman/Westermann* RdNr. 14.
[94] Gesetz zur Beschränkung der Haftung Minderjähriger vom 25. 8. 1998 (BGBl. I S. 2487); vgl. dazu 4. Aufl. § 1629 a RdNr. 6 ff., 31 ff.; *Habersack* FamRZ 1999, 1 ff.
[95] BGHZ 150, 1, 6 = NJW 2002, 1642; zur früheren Rspr. vgl. 3. Aufl. RdNr. 43.
[96] So zu Recht *Casper* JZ 2002, 1112, 1113 f.; krit. auch *Hadding* WuB II J. § 705 BGB 4.02 S. 865, 868.

§ 714 42, 43 Abschnitt 8. Titel 16. Gesellschaft

§ 128 HGB in Fällen der **Dauertestamentsvollstreckung** über GbR-Anteile, und zwar in der Weise, dass die Haftung für Gesellschaftsverbindlichkeiten während des Bestehens der Testamentsvollstreckung nur den Nachlass und nicht auch die Gesellschafter/Erben persönlich trifft.[97] Begründen lässt sich diese Modifikation der Akzessorietätstheorie mit der Berücksichtigung des Interesses der Beteiligten. Denn die Gesellschaftsgläubiger sind durch ihr fortbestehendes vorrangiges Zugriffsrecht auf den Nachlass in aller Regel hinreichend gesichert, während den Gesellschaftern/Erben die persönliche Haftung angesichts der ihrer Verwaltung entzogenen GbR-Beteiligung nicht zugemutet werden kann (vgl. näher § 705 RdNr. 114). Auf rechtsgeschäftlichem Wege ließe sich eine derart umfassende, sachlich gebotene Haftungsbeschränkung auf den Nachlass nicht erreichen (vgl. RdNr. 66).

42 Eine **Erweiterung** der Haftung analog § 128 HGB über den Kreis der Gesellschafter hinaus ist demgegenüber geboten, soweit es um den **Nießbrauch** am Gesellschaftsanteil geht.[98] Da der Nießbraucher kraft seiner „dinglichen" Berechtigung (§§ 1068, 1069) nicht nur nach innen, sondern auch nach außen in den Gesellschafterverband eintritt, ist es nur folgerichtig, ihn auch in die Außenhaftung der Gesellschafter einzubeziehen (vgl. § 705 RdNr. 106). Anderes gilt dagegen für sonstige, mittelbar am Anteil Beteiligte wie **Treugeber** oder **Unterbeteiligte**. Sie erlangen selbst bei qualifizierter (offener) Treuhand oder Unterbeteiligung nur interne Rechte und Pflichten (vgl. näher § 705 RdNr. 93, Vor § 705 RdNr. 101); eine analoge Anwendung des § 128 HGB ihnen gegenüber ist daher nicht begründbar.[99] Auch der **Testamentsvollstrecker** am GbR-Anteil kommt – als Partei kraft Amtes – nicht selbst in die Gesellschafterhaftung analog § 128 HGB, sofern er der Gesellschaft nicht als Treuhänder beitritt; zum Ausschluss der persönlichen Haftung der Gesellschafter/Erben vgl. RdNr. 41.

43 **2. Haftungsinhalt.** Im **Recht der OHG und KG** ist – unter den Stichworten „Haftungs- oder Erfüllungstheorie" – lebhaft umstritten, welchen Inhalt die in §§ 128, 171 HGB angeordnete Gesellschafterhaftung hat, dh. ob der Gläubiger von den Gesellschaftern persönlich nur ein Einstehen für fremde Schuld verlangen oder sie unmittelbar auf Erfüllung in Anspruch nehmen kann. Nach **Ansicht des BGH** besteht ein Erfüllungsanspruch gegen die Gesellschafter persönlich auch bei anderen als Geldschulden jedenfalls dann, wenn ihnen die Erfüllung zumutbar ist, sie diese namentlich durch Geldeinsatz bewirken können.[100] In der **Literatur** bejahte die **früher** überwiegende Meinung einen Erfüllungsanspruch gegenüber den Gesellschaftern bei anderen als Geldschulden nur, sofern der Gesellschafter sich der Gesellschaft gegenüber seinerseits zu der geschuldeten Leistung verpflichtet hatte; im Übrigen sollte sich die Haftung der Gesellschafter auf eine primäre – also nicht von einer vorherigen Inanspruchnahme der Gesellschaft abhängige – Einstandspflicht für die Erfüllung durch die Gesellschaft beschränken, im Zweifel also auf Geld gerichtet sein.[101] Demgegenüber wird **in neuerer Zeit** die Differenzierung des Inhalts von Gesellschafts- und Gesellschafterschuld überwiegend abgelehnt; grundsätzlich sollen danach auch die Gesellschafter

---

[97] So auch *Erman/Westermann* RdNr. 14; aA *Everts* MittBayNot 2003, 427.
[98] AA *Erman/Westermann* RdNr. 14.
[99] *Erman/Westermann* RdNr. 14. Zum KG-Recht (bei Zwischenschaltung eines Treuhand-Kommanditisten) hM, vgl. OLG Düsseldorf DB 1991, 1274; MünchKommHGB/K. *Schmidt* Vor § 230 RdNr. 60; *Armbrüster*, Die treuhänderische Beteiligung an Personengesellschaften, 2001, S. 420; *Tebben* ZGR 2001, 586, 612; *Wiesner*, FS P. Ulmer, 2003, S. 673, 681; *Baumbach/Hopt* § 105 HGB RdNr. 34; aA *Schiemann*, FS Zöllner, 1998, S. 503, 511; so auch noch *Staub/Ulmer* § 106 HGB RdNr. 17 (aus heutiger Sicht überholt).
[100] BGH NJW 1981, 1095, 1096; aA *Hadding/Häuser* WM 1988, 1585, 1590 (weiterhin Subsidiarität).
[101] So mit iE unterschiedlicher Begründung namentlich *Rob. Fischer* in Großkomm. zum HGB, 3. Aufl. 1971, § 128 Anm. 11 f.; *Hueck* OHG § 21 II 5, S. 315 ff.; *Heymann/Emmerich* § 128 HGB RdNr. 21, 22; *Wiedemann* GesR I, S. 288; vgl. aber jetzt *dens.* GesR II § 8 III 3 b cc, S. 737 (Erwartung des Rechtsverkehrs entscheidet; innergesellschaftliche Verpflichtung stellt Indiz für Zumutbarkeit dar); *Kornblum* BB 1971, 1434, 1439 f.; *Lindacher* JuS 1982, 352 ff.; sowie für einen Einzelfall BGHZ 23, 302, 306 = NJW 1957, 871. AA einerseits *Hadding* ZGR 1981, 581 f. (dezidiert gegen eine Berücksichtigung des Innenverhältnisses für die Bestimmung des Haftungsinhalts); andererseits *John*, Die organisierte Rechtsperson, 1977, S. 250 ff., insbes. S. 267 ff. (primäre Erfüllungsansprüche gegen die Gesellschafter generell abl.). Vgl. auch Nachweise in Fn. 102, 103.

persönlich auf Erfüllung in Anspruch genommen werden können.[102] Anderes soll nur bei personenbezogenen, ihrer Art oder ihrem Inhalt nach nur von der Gesamthand oder ihren Organen zu erfüllenden Verbindlichkeiten gelten, wie etwa bei einem Wettbewerbsverbot der Gesellschaft oder der Erbringung unvertretbarer Leistungen; in derartigen Fällen soll sich die Haftung der Gesellschafter auch dann auf eine bloße Einstandspflicht beschränken, wenn sie im Innenverhältnis zur Erbringung der entsprechenden Leistungen für die Gesamthand verpflichtet sind.[103] So ist etwa eindeutig, dass die Gesellschafter nicht aus § 128 HGB verpflichtet sind, von der Gesellschaft geschuldete Willenserklärungen (in eigenem Namen) abzugeben.[104]

Für eine grundsätzliche Stellungnahme zu diesen Fragen besteht **aus GbR-Sicht** derzeit 44 kein Anlass; es kann vielmehr auf die Diskussion zum OHG-Recht verwiesen werden (RdNr. 43).[105] Allerdings gibt die **Vielfalt der GbR-Zwecke** und die entsprechende Unterschiedlichkeit des jeweiligen Zusammenwirkens der Gesellschafter Anlass, diesen dem Rechtsverkehr meist bekannten Umständen auch mit Blick auf den Inhalt der Gesellschafterhaftung stärkere Bedeutung zu verleihen, als das für den Bereich der Handelsgesellschaften anerkannt ist. So berechtigen **berufsspezifische Leistungspflichten,** die Freiberufler-Sozietäten im Rahmen von Mandatsverträgen übernehmen, die Mandanten regelmäßig dazu, Erfüllung durch jeden der der jeweiligen Berufsgruppe angehörenden Gesellschafter zu verlangen und diesen Anspruch auch unmittelbar gegen die fraglichen Personen durchzusetzen, während es im Falle **interprofessioneller** Sozietäten für die Angehörigen **anderer** Berufsgruppen bei der Einstandspflicht in Geld bleibt.[106] Bei **Bau-Arbeitsgemeinschaften** beschränkt sich die Erfüllungspflicht der einzelnen Partner analog § 128 HGB entsprechend dem vereinbarten Zusammenwirken der Partner im Zweifel auf die von ihnen jeweils auch intern übernommenen Beitrags-(Werk-)Leistungen.[107] Entsprechendes ist aufgrund des Inhalts der mit Dritten abgeschlossenen Geschäftsbesorgungsverträge auch bei **Emissions-, Kredit- und Finanzierungskonsortien** anzunehmen. Soweit es schließlich um die – typischerweise auf Geld gerichteten – Pflichten einer als GbR organisierten **Bauherrengemeinschaft** geht, modifiziert sich die Haftung der einzelnen Bauherren typischerweise zusätzlich dadurch, dass jeder von ihnen nur auf den ihn anteilig treffenden Betrag der Bausumme oder des Finanzierungsdarlehens in Anspruch genommen werden kann (vgl. RdNr. 62 ff.).

3. Geltendmachung in der Insolvenz der GbR. Wird das Insolvenzverfahren über das 45 Vermögen einer Außen-GbR eröffnet, so geht die Befugnis zur Geltendmachung der Gläubigeransprüche gegen die Gesellschafter auf den Insolvenzverwalter über. Das folgt aus der auf persönlich haftende Gesellschafter einer OHG oder KG bezogenen Vorschrift des § 93 InsO; sie gilt infolge der Durchsetzung der Akzessorietätstheorie auch für die Gesell-

---

[102] So namentlich *Flume* I/1 § 16 III 2 bis 4, S. 303 f., 305, 306 f.; *Staub/Habersack* § 128 HGB RdNr. 27 ff.; MünchKommHGB/*K. Schmidt* § 128 RdNr. 24; *ders.* GesR § 49 III 1; *Baumbach/Hopt* § 128 HGB RdNr. 8 f. Weitergehend (generell für Erfüllungshaftung) *Hadding* ZGR 1981, 581 f.

[103] *Flume* I/1 § 16 III 5, S. 312 f. unter Hinweis darauf, dass unmittelbare Ansprüche gegen Gesellschaftsorgane auf Erfüllung von Gesellschaftsschulden auch sonst nicht gewährt werden (vgl. demgegenüber für die Durchsetzung mitgliedschaftlicher Verwaltungsrechte aber § 705 RdNr. 199); ähnlich *Staub/Habersack* § 128 HGB RdNr. 36; MünchKommHGB/*K. Schmidt* § 128 RdNr. 29; *ders.* GesR I § 49 III 2 c; *Wiedemann* GesR II § 8 III 3 b, S. 735 ff.

[104] Vgl. etwa BGH ZIP 2008, 501, 502 Tz. 8 = NJW 2008, 1378, 1379 betr. die von der Gesellschaft geschuldete Bestellung einer Dienstbarkeit; dazu auch *K. Schmidt* NJW 2008, 1841 ff.

[105] Ebenso *Erman/Westermann* RdNr. 20.

[106] Vgl. etwa BGH WM 1982, 743, 744; 1993, 1677, 1681; dazu auch *Grunewald*, FS Peltzer, 2001, S. 129, 132 f.; *Sieg* WM 2002, 1432, 1436. Zu eng BGH NJW 2000, 1333, 1334 (Verneinung der Haftung von Steuerberatern und Wirtschaftsprüfern einer interprofessionellen Sozietät für Veruntreuung von Mandantengeldern durch einen der Sozietät angehörenden Rechtsanwalt, weil es zu einem Rechtsberatungsvertrag mit diesem zustande gekommen sei); dazu mit Recht krit. *Grunewald* aaO S. 131 ff.; *Damm/Micklitz* JZ 2001, 76; *A. Schmidt* NJW 2001, 1911 f.; relativierend *Sieg* WM 2002, 1432, 1435 f.

[107] Im Ansatz aA die zu § 128 HGB herrschende Erfüllungstheorie (vgl. Fn. 102 und BGHZ 73, 217, 221 = NJW 1979, 1361), die eine Leistungspflicht der Gesellschafter im Fall *vertretbarer* Handlungen im Grundsatz bejaht, über §§ 280, 281 bzw. – bei Verurteilung zur Erfüllung – über §§ 787, 788 ZPO dann aber ebenfalls zu einem Zahlungsanspruch des Gläubigers gelangt.

§ 714 46–48   Abschnitt 8. Titel 16. Gesellschaft

schafter einer Außen-GbR.[108] Prozesse von Gesellschaftsgläubigern gegen Gesellschafter zur Durchsetzung ihrer akzessorischen Haftung werden durch Eröffnung des GbR-Insolvenzverfahrens unterbrochen.[109]

III. Folgen der akzessorischen Gesellschafterhaftung

46 **1. Akzessorietät in Bezug auf Haftungsumfang und Gläubigerstellung. a) Maßgeblichkeit des jeweiligen Bestands der Gesellschaftsverbindlichkeit.** Die Analogie zu § 128 hat zur Folge, dass sich die Gesellschafterhaftung nicht nur in Bezug auf die Entstehung, sondern ebenso auf den **Fortbestand** nach derjenigen der Gesellschaft richtet.[110] Die **Tilgung** seitens der Gesellschaft führt zum Wegfall auch der Gesellschafterhaftung, diejenige seitens eines Mitgesellschafters zum Übergang der Gläubigerforderung auf ihn kraft cessio legis (RdNr. 54). Entsprechendes wie für die Tilgung gilt für einen **Forderungserlass** im Verhältnis zwischen Gläubiger und Gesellschaft;[111] der gegenteiligen Rechtsprechung des BGH[112] ist nicht zu folgen. Demgegenüber lässt der Erlass gegenüber einem Mitgesellschafter den Bestand der Forderung gegen Gesellschaft und übrige Gesellschafter regelmäßig unberührt (vgl. § 423).[113]

47 **b) Unanwendbarkeit der §§ 422 bis 425.** Zwischen Gesellschaft und Gesellschaftern besteht **kein Gesamtschuldverhältnis,** da es insoweit an der Gleichstufigkeit zwischen Gesellschaftshaftung und akzessorischer Gesellschafterhaftung fehlt;[114] der Hinweis „als Gesamtschuldner" in § 128 S. 1 bezieht sich nur auf das (Gesamtschuld-)Verhältnis zwischen den Gesellschaftern (RdNr. 56). Die Haftung der Gesellschafter ist vielmehr, was ihre Akzessorietät gegenüber der Gesellschaftsschuld angeht, dem Verhältnis zwischen (selbstschuldnerischer) Bürgenhaftung und Hauptschuld nachgebildet.[115] Daraus folgt die Unanwendbarkeit der §§ 422 ff. im Verhältnis zwischen Gesellschaft und Gesellschaftern: Erfüllung (§ 422), Erlass (§ 423), Stundung sowie der in § 425 verankerte Grundsatz der Einzelwirkung von Pflichtverletzungen u. a. aufseiten der Gesellschaft und sonstige Modifikationen des Schuldverhältnisses haben unmittelbare Auswirkungen auf die akzessorische Gesellschafterhaftung. Vorbehaltlich abweichender Abreden zwischen Gläubiger und Gesellschafter hängt die Haftung in Entwicklung, Fortbestand und Durchsetzbarkeit voll von der jeweiligen Rechtslage zwischen Gläubiger und Gesellschaft ab.[116] Zum Recht der Gesellschafter, sich gegenüber den Gläubigern auf Einreden der Gesellschaft zu berufen, vgl. RdNr. 50 f.

48 **c) Gläubigerstellung.** Auch insoweit ist die Akzessorietät der Gesellschafterhaftung zu beachten. Nach §§ 398, 412 iVm. § 401 stellt sie sicher, dass die Forderung des Gesellschaftsgläubigers aus § 128 HGB kein selbständiger Verfügungsgegenstand ist, sondern der

---

[108] BGH NJW 2003, 590; DStR 2007, 125 (mit Hinweis, dass § 93 InsO gesetzliche Prozessstandschaft darstellt); OLG Jena NZG 2002, 172, 173; OLG Stuttgart DB 2002, 1929; *Wiedemann* GesR II § 7 IV 2 b, S. 674; *Erman/Westermann* § 728 RdNr. 3; vgl. näher § 728 RdNr. 21.
[109] Im Ergebnis einhM, vgl. BGH NJW 2003, 590, 591 unter analoger Anwendung von § 17 Abs. 1 S. 1 AnfG entgegen der überwM in der Lit., die die Unterbrechung auf unmittelbare oder analoge Anwendung des § 240 ZPO stützt (Nachweise bei BGH aaO).
[110] So aus Sicht der Doppelverpflichtungstheorie auch schon die bisher überwM unter Hinweis auf eine rechtsgeschäftlich begründete Akzessorietät zwischen Gesellschaftsschuld und Gesellschafterhaftung (so *Habersack* JuS 1993, 1, 5 ff.; ders. AcP 198 (1998), 152, 166 ff.; ähnlich *Soergel/Hadding* RdNr. 37) bzw. auf das Vorliegen einer „unechten" Gesamtschuld (so 3. Aufl. RdNr. 45; ähnlich *Erman/Westermann* RdNr. 14).
[111] Vgl. statt aller MünchKommHGB/*K. Schmidt* § 128 RdNr. 17; *Staub/Habersack* § 128 HGB RdNr. 21.
[112] BGHZ 47, 376, 378 = NJW 1967, 2155; BGH WM 1975, 974.
[113] MünchKommHGB/*K. Schmidt* § 128 RdNr. 14; *Staub/Habersack* § 128 HGB RdNr. 24.
[114] Ganz hM, vgl. MünchKommHGB/*K. Schmidt* § 128 RdNr. 19; *Staub/Habersack* § 128 HGB RdNr. 23; *Erman/Westermann* RdNr. 22; *Wiedemann* GesR II § 8 III 3 a c, S. 732.
[115] So zutr. *Habersack* AcP 198 (1998), 152, 159 ff.; s. a. *Wiedemann* GesR II § 7 III 4 a, S. 659.
[116] So im Fall von Freiberufler-Sozietäten in Bezug auf die Nichtanwendung des § 425 seit RGZ 85, 306 st. Rspr.; vgl. BGHZ 56, 355, 361 f. = NJW 1971, 1801; BGHZ 70, 247, 251 = NJW 1978, 996; BGHZ 83, 328, 329 ff. = NJW 1982, 1866; BGHZ 97, 273, 276 ff. = NJW 1986, 2364; *Steindorff*, FS Rob. Fischer, 1979, S. 751, 756 f.; *Grunewald*, FS Peltzer, 2001, S. 129 ff. Aus Sicht der Akzessorietätstheorie vgl. die Nachweise in Fn. 114, 115; zur Beurteilung aus Sicht der Doppelverpflichtungstheorie vgl. 3. Aufl. RdNr. 49.

jeweiligen Zuständigkeit für die fragliche Hauptforderung entspricht. Das gilt sowohl für den Fall rechtsgeschäftlichen wie auch gesetzlichen Übergangs der Forderung gegen die Gesellschaft; die Gläubigeridentität ist zwingender Natur.[117] Einer Änderung auf der Schuldnerseite, sei es kraft Schuldübernahme oder kraft Gesellschafterwechsels (RdNr. 70 ff.), steht die Akzessorietät demgegenüber nicht entgegen.[118]

2. Einwendungen und Einreden des Gesellschafters. a) Persönliche. Das Recht des Gesellschafters, ihm persönlich gegen den Gesellschaftsgläubiger zustehende Einwendungen und Einreden geltend zu machen, richtet sich nach **allgemeinem Schuldrecht**.[119] Maßgebend ist das jeweilige Rechtsverhältnis zwischen dem (analog § 128 HGB haftenden) Gesellschafter und dem Gesellschaftsgläubiger, insbesondere die hierauf bezogenen Abreden zwischen ihnen bzw. zwischen Gesellschaft und Gläubiger iS eines Vertrags zugunsten Dritter (vgl. dazu RdNr. 66). Hierunter fallen etwa die Berufung des Gesellschafters auf einen Erlass oder die Stundung der Gläubigerforderung ihm gegenüber, die Aufrechnung mit einer Gegenforderung gegen den Gläubiger sowie die Berufung auf ein mögliches Zurückbehaltungsrecht, aber auch diejenige auf den Eintritt der **Verjährung;** sofern sie sich auf die persönliche Haftung des Gesellschafters bezieht, wird sie durch Unterbrechungshandlungen des Gläubigers gegenüber der Gesellschaft nicht tangiert.[120] Zu den dem Gesellschafter aus abgeleitetem Recht zustehenden persönlichen Einreden der Anfechtbarkeit und der Aufrechenbarkeit (§ 129 Abs. 2 und 3 HGB analog) vgl. RdNr. 51.

b) Aus abgeleitetem Recht (§ 129 Abs. 1 bis 3 HGB analog). Die akzessorische Gesellschafterhaftung analog § 128 HGB hat notwendig zur Folge, dass zugunsten des Gesellschafters auch eine Analogie zu § 129 Abs. 1 bis 3 HGB eingreift.[121] Soweit es um rechtshindernde **Einwendungen** der Gesellschaft geht (Nichtigkeit, erfolgreiche Anfechtung u. a.), folgt das Recht des Gesellschafters, sich darauf zu berufen, schon aus dem Akzessorietätsprinzip selbst, da es in derartigen Fällen an einer wirksamen Gesellschaftsverbindlichkeit fehlt.[122] Entsprechendes gilt für rechtsvernichtende Einwendungen (Erfüllung, Aufrechnung, Erlass u. a.). Bedeutung erlangt die **Analogie zu § 129 Abs. 1 HGB** hingegen für **Einreden** der Gesellschaft wie Stundung, Zurückbehaltungsrecht, Verjährung, rechtskräftige Klageabweisung. Auf sie kann sich der Gesellschafter auch seinerseits berufen, solange sie von der Gesellschaft erhoben werden können (vgl. § 129 Abs. 1 aE HGB). Wegen der Einzelheiten wird auf die Kommentierungen zu § 129 Abs. 1 HGB verwiesen.

Nicht von § 129 Abs. 1 HGB erfasst werden die der Gesellschaft zustehenden rechtshindernden oder -vernichtenden **Gestaltungsrechte,** solange sie hiervon noch keinen Gebrauch gemacht hat. Dieser Problematik tragen **§ 129 Abs. 2 und 3 HGB** Rechnung, indem sie dem haftenden Gesellschafter eine aus derartigen Anfechtungs- bzw. Aufrechnungsbefugnissen der Gesellschaft abgeleitete **persönliche Einrede** gewähren.[123] Auch insoweit ist infolge der akzessorischen Gesellschafterhaftung eine analoge Anwendung auf das Recht der GbR geboten.[124] Die Gesellschafter können danach die Einrede der Anfecht-

---

[117] Vgl. nur *Staub/Habersack* § 128 HGB RdNr. 22; *Erman/Westermann* RdNr. 22.
[118] *Staub/Habersack* § 128 HGB RdNr. 22.
[119] MünchKommHGB/*K. Schmidt* § 129 RdNr. 2; *Staub/Habersack* § 129 HGB RdNr. 2, 17 ff.
[120] Str., vgl. *Staub/Habersack* § 129 HGB RdNr. 6 f.; aA MünchKommHGB/*K. Schmidt* § 129 HGB RdNr. 7 f.
[121] So jetzt auch ausdrücklich BGH NJW-RR 2006, 1268, 1269 Tz. 10, 15; vgl. bereits den Hinweis in BGHZ 146, 341, 358 auf die Parallele der Gesellschafterhaftung zu „§§ 128 f. HGB"; ebenso *Erman/Westermann* RdNr. 22; *Bamberger/Roth/Timm/Schöne* RdNr. 26; *Wiedemann* GesR II § 7 III 4, S. 659; wohl auch *Hadding* ZGR 2001, 712, 741 f.
[122] Vgl. nur *Staub/Habersack* § 129 HGB RdNr. 4; *Erman/Westermann* RdNr. 22; s. jetzt auch BGH NJW-RR 2006, 1268, 1269 Tz. 15: auch nach rechtskräftiger Verurteilung der Gesellschaft können Einwendungen der Gesellschaft unmittelbar gegenüber der Inanspruchnahme geltend gemacht werden.
[123] Vgl. dazu statt aller MünchKommHGB/*K. Schmidt* § 129 HGB RdNr. 17 ff.; *Staub/Habersack* § 129 HGB RdNr. 20 ff.
[124] Ebenso *Habersack* BB 2001, 477, 483; *Erman/Westermann* RdNr. 22; *Bamberger/Roth/Timm/Schöne* RdNr. 26.

barkeit oder der Aufrechenbarkeit solange erheben und den Gläubiger an der Durchsetzung seines Anspruchs hindern, als der Gesellschaft das fragliche Gestaltungsrecht zusteht.

52 **c) Keine Zwangsvollstreckung aus Schuldtiteln gegen die Gesellschaft (§ 129 Abs. 4 HGB).** Die Vorschrift des § 129 Abs. 4 HGB zieht die im Grundsatz selbstverständliche Konsequenz aus der Parteifähigkeit der Personenhandelsgesellschaften und dem Erfordernis eines besonderen, gegen sie gerichteten Schuldtitels zur Vollstreckung in das Gesellschaftsvermögen (§ 124 Abs. 1 und 2 HGB); ihre rechtliche Bedeutung beschränkt sich darauf, eine Titelumschreibung nach § 727 ZPO ohne Gesamtrechtsnachfolge des Gesellschafters auszuschließen.[125] Für das Recht der GbR stellte sich die Frage ihrer Anwendbarkeit solange nicht, als die Gesellschaft selbst weder als rechts- noch als parteifähig angesehen und die Vollstreckung in das Gesellschaftsvermögen nach § 736 ZPO von entsprechenden Titeln gegen alle Gesellschafter abhängig gemacht wurde; diese berechtigten aus traditioneller Sicht selbstverständlich auch zur Vollstreckung in das Privatvermögen der Gesellschafter.[126] Die Rechtslage änderte sich schon dadurch, dass es mit Rücksicht auf die besonderen Haftungsverhältnisse im GbR-Recht zur Herausbildung einer **Gesamthandsschuldklage** gegen die jeweiligen Gesellschafter kam; sie unterscheidet sich von der gegen einzelne oder alle Gesellschafter je persönlich gerichteten Gesamtschuldklage dadurch, dass sie – nur – auf Vollstreckung in das Gesamthandsvermögen gerichtet ist (näher § 718 RdNr. 53).

53 Seit Anerkennung der **Parteifähigkeit der Außen-GbR** (§ 705 RdNr. 318) bedarf es dieses Umwegs nicht mehr. Vielmehr lassen sich die unterschiedlichen Beklagten seither schon aus dem jeweiligen Rubrum des Urteils erkennen. Damit erledigt sich auch die früher nicht ohne weiteres auszuschließende Gefahr mangelnder Differenzierung zwischen Gesamthands- und Gesamtschuldtitel. Eine Vollstreckung in das persönliche Vermögen von Gesellschaftern ist schon nach allgemeinem Vollstreckungsrecht nur aufgrund eines gegen sie persönlich gerichteten Schuldtitels möglich, ohne dass es hierfür einer Analogie zu § 129 Abs. 4 HGB bedarf. Unvereinbar mit diesen Grundsätzen ist eine jüngere Rechtsprechung des XI., für Bankrecht zuständigen Senats des BGH, wonach aus der akzessorischen Haftung folge, dass sich die Gesellschafter persönlich der **Zwangsvollstreckung** für Gesellschaftsschulden zu **unterwerfen** hätten, sofern die Gesellschaft eine entsprechende Unterwerfungserklärung abgegeben habe.[127] Eine solche persönliche Verpflichtung kann indessen niemals Inhalt der akzessorischen Haftung sein; diese setzt vielmehr voraus, dass die Erfüllung durch die Gesellschaft einerseits, durch die Gesellschafter andererseits **inhaltsgleich** sind, woran es hinsichtlich der Unterwerfung unter die sofortige Zwangsvollstreckung offensichtlich fehlt; eine entsprechende Verpflichtung hätte also nur durch die Gesellschafter selbst oder durch **für sie** handelnde Vertreter begründet werden können.[128]

54 **3. Regress- und Freistellungsanspruch gegen die Gesellschaft.** Erfüllt ein vom Gesellschaftsgläubiger in Anspruch genommener Gesellschafter dessen durchsetzbare, analog § 128 HGB ihm gegenüber bestehende Forderung, so tätigt er eine Aufwendung im Interesse der Gesellschaft als Primärschuldnerin und kann von dieser nach **§§ 713, 670** Regress verlangen (vgl. § 705 RdNr. 191; § 713 RdNr. 15). Streitig ist, ob sich mit der Leistung zugleich ein Übergang der gegen die Gesellschaft gerichteten Forderung auf den Leistenden im Wege der cessio legis verbindet.[129] Die Frage ist entgegen der früher hM zu bejahen, wobei als Rechtsgrund freilich § 426 Abs. 2 mangels Gesamtschuldverhältnisses zwischen Gesellschafter und Gesellschaft ausscheidet. Der **Forderungsübergang** beruht vielmehr auf

---

[125] So zutr. MünchKommHGB/K. *Schmidt* § 129 HGB RdNr. 27; *Staub/Habersack* § 129 HGB RdNr. 26.
[126] Vgl. dazu 3. Aufl. § 718 RdNr. 51 ff.
[127] BGH WM 2005, 1698 (Gesellschafter dürfe sich nicht auf die Unwirksamkeit einer Unterwerfungserklärung berufen, weil er aus § 128 HGB ohnehin zur Unterwerfung verpflichtet sei); ebenso in der Sache auch BGH NZG 2007, 140, 141 Tz. 18; ZIP 2007, 1650, 1653 Tz. 26; zu Recht aA jetzt BGH ZIP 2008, 501 (V. Senat).
[128] Näher dazu *Ulmer* ZIP 2005, 1341, 1344 f.
[129] Dagegen die bisher hM, vgl. BGHZ 39, 319, 323 f. = NJW 1963, 1873; *Hueck* OHG § 21 II 7; *Baumbach/Hopt* § 128 HGB RdNr. 25; dafür *Flume* I/1 § 16 II 2 c; *Staub/Habersack* § 128 HGB RdNr. 43.

einem aus §§ 774 Abs. 1, 1143 Abs. 1, 1225 abzuleitenden, für akzessorische Verbindlichkeiten kennzeichnenden **allgemeinen Prinzip,** wonach die Hauptforderung auf den akzessorisch Haftenden übergeht, soweit dieser den Gläubiger befriedigt.[130] Bedeutung hat dieser Übergang nach §§ 412, 401 vor allem für etwaige akzessorische Sicherheiten und Vorzugsrechte, die sich mit der Hauptforderung verbinden.

Freistellung von der akzessorischen Haftung können die Gesellschafter im Regelfall nur 55 verlangen, wenn und soweit ihnen die Inanspruchnahme durch den Gesellschaftsgläubiger droht. Das folgt aus §§ 713, 669 (§ 713 RdNr. 15).[131] Wie auch zu § 128 HGB anerkannt ist,[132] wäre ein weitergehender, schon durch die Fälligkeit oder gar die Begründung der akzessorischen Haftung ausgelöster Freistellungsanspruch mit der Haftungsstruktur der Personengesellschaft und der Pflicht der Gesellschafter zur Förderung des Gesellschaftszwecks unvereinbar. Zum Freistellungsanspruch ausscheidender Gesellschafter vgl. § 738 Abs. 1 S. 2 (§ 738 RdNr. 77 f.), zur besonderen Situation bei ausdrücklich oder konkludent im Gesellschaftsvertrag vereinbartem Anspruch von Gesellschaftern auf Ausschluss oder Beschränkung der akzessorischen Gesellschafterhaftung vgl. RdNr. 57, 69.

4. Ausgleichsansprüche gegen Mitgesellschafter. Werden die Gesellschafter erfolg- 56 reich auf Erfüllung in Anspruch genommen, so können sie bis zur Liquidation zwar von der Gesellschaft (RdNr. 54), im Regelfall jedoch **nicht** von ihren Mitgesellschaftern Ausgleich verlangen. Das folgt aus der Vorschrift des § 707, wonach Gesellschafter nicht zur Erhöhung ihrer Beiträge verpflichtet werden können; sie geht dem in § 426 Abs. 1 vorgesehenen, zwischen den Gesellschaftern als Gesamtschuldnern grundsätzlich eingreifenden Ausgleichsanspruch vor (§ 707 RdNr. 5; § 713 RdNr. 15; § 705 RdNr. 217). Hat die Gesellschaft allerdings keine zur Bezahlung verfügbaren Mittel, so kann der zahlende Gesellschafter seinen Ausgleichsanspruch nach § 426 in anteiliger Höhe **alsbald** gegen die Mitgesellschafter geltend machen (§ 713 RdNr. 15; § 707 RdNr. 5).[133] Dieser Ausgleichsanspruch entsteht nicht erst mit Befriedigung des Gesellschaftsgläubigers, sondern als Befreiungsanspruch schon mit der Entstehung des Gesamtschuldverhältnisses, sofern zu diesem Zeitpunkt bereits feststeht, dass die Gesellschaft nicht über freie Mittel verfügt.[134] Die Höhe der Ausgleichspflicht bestimmt sich nach der jeweiligen Verlustbeteiligung. Ein **ausgeschiedener** Gesellschafter haftet als Gesamtschuldner einer vor seinem Ausscheiden begründeten Verbindlichkeit nur dann anteilig für den Regressanspruch, wenn der den Gläubiger befriedigende Gesellschafter aus dem verbliebenen Gesellschaftsvermögen keine Befriedigung zu erlangen vermag.[135] Anderes gilt, wenn der zahlende Gesellschafter seinerseits aus der Gesellschaft ausscheidet: Er kann von den Mitgesellschaftern alsbald anteiligen Ausgleich verlangen, ohne sich auf die vorrangige Inanspruchnahme des Gesamthandsvermögens verweisen lassen zu müssen.[136] Zur Haftung der Mitgesellschafter für Drittgläubigerforderungen eines Gesellschafters vgl. RdNr. 39.

Von der Ausgleichshaftung zu unterscheiden ist die Frage eines **Schadensersatz-** 57 **anspruchs** des in Anspruch genommenen Gesellschafters gegen den handelnden Geschäfts-

---

[130] So zutr. *Habersack* AcP 198 (1998), 152, 159 ff.; ähnlich auch MünchKommHGB/*K. Schmidt* § 128 RdNr. 31 (für Analogie zu § 774 Abs. 1).
[131] Ebenso *Erman/Westermann* RdNr. 24.
[132] *Staub/Ulmer* § 110 HGB RdNr. 40; *Staub/Habersack* § 128 HGB RdNr. 41 (für treupflichtbedingt eingeschränkten Freistellungsanspruch aus § 257); LG Hagen BB 1976, 763; weitergehend MünchKommHGB/*K. Schmidt* § 128 HGB RdNr. 35 (Grenze nur bei fehlendem Rechtsschutzinteresse); für analoge Anwendung des § 257 auch *Baumbach/Hopt* § 128 HGB RdNr. 26.
[133] BGH NJW 1980, 339, 340; ZIP 2002, 394, 396; WM 2007, 2289, 2290 Tz. 14; OLG Koblenz OLGR 2006, 965; zust. *Erman/Westermann* RdNr. 24; *Bamberger/Roth/Timm/Schöne* RdNr. 29; *Baumbach/Hopt* § 128 HGB RdNr. 27; *Hadding/Häuser* WM 1988, 1585, 1588; wN bei § 707 RdNr. 5; § 705 Fn. 586.
[134] BGH WM 2007, 2289, 2290 Tz. 14 ff. – Gesellschaftsvermögen bestand lediglich aus Anspruch gegen Versicherer; aA als Vorinstanz OLG Koblenz OLGR 2006, 965, 966 (Anspruch entsteht erst mit Befriedigung des Gläubigers).
[135] BGH LM § 426 Nr. 54 = NJW 1981, 1095; BGHZ 103, 72, 76 f. = NJW 1988, 1375.
[136] BGH NJW 1981, 1095, 1096; *Baumbach/Hopt* § 128 HGB RdNr. 36 mwN; weitergehend MünchKommHGB/*K. Schmidt* § 128 RdNr. 62, § 131 RdNr. 109 f. (Haftung der verbleibenden Gesellschafter nach § 128 HGB); aA *Hadding/Häuser* WM 1988, 1585, 1590 (weiterhin Subsidiarität).

führer, wenn dieser die Durchsetzung einer Haftungsbeschränkung zu seinen Gunsten unterlässt. Er kommt nur dann in Betracht, wenn sich eine Pflicht zur Durchsetzung von Haftungsbeschränkungen aus dem Innenverhältnis ergibt und diese schuldhaft verletzt wurde.

IV. Möglichkeiten der Haftungsbeschränkung

58 **1. Fragestellung. a) Der Übergang zur akzessorischen Gesellschafterhaftung als Paradigmenwechsel.** Unter der Geltung der Doppelverpflichtungstheorie, dh. vor dem Rechtsprechungswandel seit 1999 (RdNr. 3 ff.), bereitete die Beschränkung der Haftung in der GbR auf das Gesellschaftsvermögen konstruktiv keine Schwierigkeiten. Da nicht die Gesellschaftsschuld, sondern die gesamtschuldnerische Haftung der Gesellschafter persönlich einer besonderen Begründung (in Gestalt der „Doppelverpflichtung" für rechtsgeschäftliche Verbindlichkeiten) bedurfte, ließ sich die Beschränkung schon dadurch herbeiführen, dass die Geschäftsführer beim rechtsgeschäftlichen Handeln für die GbR klar erkennen ließen, nicht gleichzeitig namens der Gesellschafter persönlich zu handeln;[137] im Fall gesetzlicher Verbindlichkeiten der GbR entsprach die Nichthaftung der Gesellschafter persönlich ohnehin dem Regelfall.[138]

59 Die Rechtslage änderte sich grundlegend, seit der BGH der Möglichkeit der Gesellschafter einen Riegel vorschob, durch einen bloßen **Haftungsbeschränkungszusatz** zum GbR-Namen („mit beschränkter Haftung" o. Ä.) zum Ausschluss der persönlichen Haftung zu kommen.[139] Spätestens durch den offenen Übergang zur Akzessorietätstheorie im Jahr 2001[140] hat sich die Darlegungslast umgekehrt: Die Mithaftung der Gesellschafter entspricht seither der Regel; Abweichungen hiervon bedürfen besonderer, vom BGH bisher nur in engen Grenzen zugelassener Gründe, und zwar unabhängig davon, ob es um rechtsgeschäftliche oder gesetzliche Verbindlichkeiten geht.

60 **b) Die Vielgestaltigkeit der GbR-Erscheinungsformen als Problem.** Die Problematik dieses jedenfalls im theoretischen Ansatz radikalen Umschwungs ergibt sich aus der – vom BGH[141] früher wiederholt zur Ablehnung der Akzessorietätstheorie angeführten – Vielgestaltigkeit der Erscheinungsformen der GbR in einem breiten Spektrum zwischen unternehmerischer (kleingewerblicher oder freiberuflicher) und ideeller Zweckverfolgung. Vor diesem Hintergrund wirft die am OHG-Modell orientierte, mangels KG-Alternative sogar noch verschärfte neue Haftungsverfassung der Außen-GbR die Frage auf, ob die höchstrichterliche Rechtsfortbildung nicht über das Ziel des angemessenen Gläubigerschutzes hinausschießt und die künftige Verwendung der GbR-Rechtsform in „haftungssensiblen" Bereichen übermäßig erschwert. Die Problematik zeigt sich nicht zuletzt mit Blick auf den – im Grenzbereich zur GbR mit einer Vielzahl von Mitgliedern angesiedelten – nichtrechtsfähigen Verein,[142] da bei ihm die Haftungsbeschränkung auf das Vereinsvermögen, verbunden mit der Handelndenhaftung nach § 54 S. 2, seit jeher anerkannt ist (§ 54 RdNr. 49). Durch Öffnung des Zugangs zu OHG und KG für kleingewerbliche und vermögensverwaltende Gesellschaften im Zuge der Handelsrechtsreform 1998 (§ 105 Abs. 2 nF HGB) sowie durch Schaffung des Haftungsprivilegs des § 8 Abs. 2 PartGG für Freiberufler-Sozietäten, die die Rechtsform der Partnerschaftsgesellschaft wählen, hat sich die Frage zwar teilweise entschärft. Die Notwendigkeit, auch bei Verwendung der GbR-Rechtsform Wege zur Beschränkung oder zum Ausschluss der Gesellschafterhaftung für rechtsgeschäftliche Verbindlichkeiten der GbR in den hierfür nach der Interessenlage der Beteiligten in Betracht kommenden Fällen zu eröffnen, ist dadurch jedoch nicht entfallen. So ist man sich heute denn auch im Ergebnis darin einig, dass die Vielgestaltigkeit der Erscheinungsformen,

---

[137] Vgl. 3. Aufl. RdNr. 41, 44.
[138] 3. Aufl. RdNr. 53.
[139] BGHZ 142, 315, 318 ff. = NJW 1999, 3483.
[140] BGHZ 146, 341, 358 = NJW 2001, 1056; vgl. dazu RdNr. 5.
[141] Vgl. Nachweise in Fn. 7.
[142] Zu den insoweit bestehenden Abgrenzungsproblemen vgl. Vor § 705 RdNr. 136 ff.

Vertretungsmacht   61 § 714

in denen die (Außen-)GbR begegnet, nach einer Differenzierung bei der persönlichen Gesellschafterhaftung verlangt, zumal es der Gesellschaftsrechtssenat des BGH abgelehnt hat, Rechtsfähigkeit und gesamtschuldnerische Haftung auf unternehmenstragende Gesellschaften oder solche mit Identitätsausstattung zu beschränken (näher RdNr. 62).

c) Gründe für Ausschluss oder Beschränkung der Gesellschafterhaftung. Was das 61 Bedürfnis für eine derartige Haftungsbeschränkung entweder allein auf das Gesellschaftsvermögen oder zusätzlich auf die anteilige Gesellschafterhaftung angeht, liegt es im Ansatz nahe, sich an den insoweit unter der Geltung der Doppelverpflichtungstheorie anerkannten, auch aus heutiger Sicht sachgerechten **Sonderkonstellationen „privilegierungsbedürftiger" Gesellschaften** zu orientieren.[143] Danach erscheint ein **Verzicht** auf die persönliche Gesellschafterhaftung jedenfalls bei der Verfolgung gemeinnütziger und sonstiger ideeller (nichtwirtschaftlicher) Zielsetzungen im Grenzbereich zum nichtrechtsfähigen Verein bei entsprechender Anwendung der Handelndenhaftung aus § 54 S. 2 BGB sachgerecht;[144] er sollte von der Rechtsprechung respektiert werden. Eine **Beschränkung** der Gesellschafterhaftung liegt insbesondere im Bereich der Vermögensverwaltung mit voller Zugriffsmöglichkeit der Gläubiger auf das gemeinsame Vermögen nahe, wie der BGH für geschlossene Immobilienfonds und als Außen-GbR organisierte **Bauherrengemeinschaften** auch selbst anerkannt hat.[145] Während mit dem BGH für die Bauherrengemeinschaft eine anteilige Haftung zu befürworten ist,[146] sollte auf Fondsgesellschaften und sonstige **Publikumsgesellschaften** das Haftungsmodell der KG angewandt werden, so dass die Haftung auf die Einlage beschränkt ist (RdNr. 64). Soweit es andererseits um die gemeinsame Verfolgung **erwerbswirtschaftlicher Ziele** geht, erscheint es im Interesse der Gesellschaftsgläubiger grundsätzlich[147] angemessen, die Beteiligten an der persönlichen Außenhaftung analog § 128 HGB festzuhalten, wenn sie darauf verzichten, von der ihnen offen stehenden Wahl der KG oder der PartG als im Vergleich zur GbR haftungsprivilegierten Rechtsformen Gebrauch zu machen.[148] **Abzulehnen** ist eine beschränkte Haftung auch dann, wenn sie, wie die ARGE, ihre unternehmerische Tätigkeit nur für begrenzte Zeit entfalten.[149] Dies gilt insbesondere auch bei der **Freiberuflersozietät**. Das im Ansatz berechtigte Interesse an einer beschränkten persönlichen Haftung lässt sich hier ohne weiteres durch die Wahl einer anderen Rechtsform, namentlich der Partnerschaftsgesellschaft befriedigen (zur Frage einer

---

[143] Dazu 3. Aufl. RdNr. 42 f. und unten RdNr. 66; so im Ansatz (ausgehend von der „traditionellen" Haftungsverfassung) auch *H. Baumann* JZ 2001, 895, 903 f.

[144] Vgl. OLG Breslau OLGE 32, 362, 363 (Breslauer Brunnen) als Musterbeispiel; dem Ausschluss der Gesellschafterhaftung in derartigen Fällen zust. *Soergel/Hadding* RdNr. 31; *Flume* I/1 § 16 IV 5; *Ulmer* ZIP 2003, 1113, 1119; *Casper* JZ 2002, 1112, 1114; *Armbrüster* ZGR 2005, 36, 47; iE auch *Bamberger/Roth/Timm/Schöne* RdNr. 44; *Wiedemann* GesR II § 7 III 4 b bb, S. 662; *Reiff* ZGR 2003, 550, 574; *Beuthien* NZG 2005, 493, 494; *J. Jacobs*, Die institutionelle Haftungsbeschränkung bei atypischen Erscheinungsformen der Außen-GbR, 2007, S. 141 ff.; *C. Schäfer*, FS Nobbe, 2009; insbes. zur Handelndenhaftung auch *Canaris* ZGR 2004, 69, 105; ähnlich im Ergebnis auch *Brand* AcP 208 (2008), 490, 504 ff., der aber insofern weiterhin (wenig überzeugend) auf die Doppelverpflichtungslehre zurückgreifen will; aA *Nicknig* (Fn. 1) S. 19; *Hasselmann* (Fn. 42) S. 126 ff.; *Dauner-Lieb* in: VGR (Hrsg.), Gesellschaftsrecht in der Diskussion, Bd. 5, 2002, S. 117, 135 f.; *Schöpflin*, Der nichtrechtsfähige Verein, 2003, S. 405 ff.; *A. Meyer* ZGR 2008, 712, 718, 719; wohl auch *Schwark*, FS Heinsius, 1991, S. 753, 756; *Reuter* NZG 2004, 217, 220.

[145] BGHZ 150, 1, 4 ff. = NJW 2002, 1642, vgl. auch schon OLG Bamberg NZG 2000, 364, 365; ebenso für Fondsgesellschaften auch die neuere Rspr. des XI. Senats: BGH ZIP 2006, 1622, 1625 f. Tz. 31 ff.; ZIP 2007, 169, 170; ZIP 2008, 1317, 1319 f. Tz. 18 ff.: keine Haftung analog § 128 HGB für Bereicherungsanspruch einer Bank gegenüber der Gesellschaft infolge der Unwirksamkeit eines Darlehensvertrages wegen Verstoßes gegen Art. 1 § 1 RBerG.

[146] So auch *Bamberger/Roth/Timm/Schöne* RdNr. 43; sowie eingehend *J. Jacobs* (Fn. 144) S. 114 ff.

[147] Eine Ausnahme gilt für Publikumsgesellschaften (RdNr. 63); vgl. zum dort nach bisherigem Recht anerkannten Haftungsausschluss BGH NJW 1979, 2304, 2306; ähnlich auch BGHZ 113, 216, 219 = NJW 1991, 922 (für die Gesellschafter einer Schein-KG).

[148] So jetzt eingehend *Reiff* ZGR 2003, 550, 565 ff. Zur Frage analoger Anwendung des Haftungsprivilegs des § 8 Abs. 2 PartGG auf Freiberuflersozietäten vgl. immerhin *H. Baumann* JZ 2001, 895, 901; *Sieg* WM 2002, 1432, 1434 f.

[149] Der Fall von BGHZ 146, 341 = ZIP 2001, 330, der den BGH zur Anwendung des § 128 HGB veranlasst hatte, betraf eine bauwirtschaftliche ARGE („Weißes Roß").

§ 714 62   Abschnitt 8. Titel 16. Gesellschaft

Haftungskonzentration analog § 8 Abs. 2 PartGG für die Gesellschafter einer Freiberufler-GbR vgl. RdNr. 67 aE). Keine wesentliche praktische Bedeutung kommt der Frage für die **ehemalige KG** zu, seit gemäß § 105 Abs. 2 HGB auch die nur eigenes Vermögen verwaltende Gesellschaft, sofern sie nur eingetragen ist, im Stadium der Handelsgesellschaft verbleibt. Keine Bedeutung hat sie zudem für sog. **Emissionskonsortien,** die aufgrund der Interessenlage der Parteien in aller Regel als BGB-Innengesellschaft zu qualifizieren sind.[150]

62 **2. Wege zur Haftungsbeschränkung. a) Reduktion der Analogie zu § 128 HGB – institutionelle Haftungsbeschränkung. aa) Einführung und Meinungsstand.** Diesen Weg ist der BGH – abgesehen von der Nichtanwendung der Analogie auf **Altfälle** aus der Zeit vor September 1999[151] – in Bezug auf **Bauherrengemeinschaften** in der Rechtsform der Außen-GbR gegangen; insoweit hat der Senat obiter an der jeweils anteiligen Haftung der Bauherren in Anknüpfung an die frühere Rechtsprechung[152] festgehalten,[153] hierfür aber keine formularvertragliche Haftungsbeschränkungsklausel verlangt, mithin einen institutionellen Ansatz verfolgt.[154] Im selben Urteil, das eine vor 1995 gegründete Immobilienfonds-GbR betraf, deren Gesellschaftsvertrag eine akzessorische Haftung der Gesellschafter ausdrücklich ausschloss, nahm er aber für die Anlegerhaftung in der Fondsgesellschaft an, dass die Haftung durch eine formularvertragliche Regelung beschränkt werden könne. Weil der Rechtsverkehr vernünftigerweise die Übernahme einer persönlichen Haftung für das gesamte Investitionsvolumen vom einzelnen Anleger nicht erwarten könne, sei auch eine vorformulierte Haftungsbeschränkung zulässig; sie bewirke keine unangemessene Benachteiligung des Vertragspartners. In der Sache ist dem Senat zu folgen; zu Recht geht er wegen der Eigenart dieser Fonds als reine Kapitalanlagegesellschaft davon aus, dass eine unbeschränkte Gesellschafterhaftung nicht in Betracht kommt.[155] Anderes gilt hingegen für den insoweit gewählten methodischen Ansatz. Dieser dürfte aber auch noch nicht fest gefügt sein, zumal er wiederum in ein obiter dictum gekleidet wurde; denn für Altfälle gewährt der Senat grundsätzlich Vertrauensschutz entsprechend den bisher anerkannten Grundsätzen, den er allerdings im konkreten Fall versagt hat. Für diese – nicht weiter begründete – Differenzierung im methodischen Ansatz ist der Senat nicht ohne Grund kritisiert worden;[156] denn ohne eindeutig erkennbare methodische Grundlage für Haftungsbeschränkung bzw. -ausschluss lassen sich die Folgefragen kaum konsistent lösen. Darüber, welcher der beiden Wege vorzugswürdig ist, wird derzeit lebhaft gestritten. Den Befürwortern des (formular-)vertraglichen Ansatzes[157] steht das inzwischen annähernd gleich starke Lager der Anhänger einer institutionellen, also gesetzlichen Haftungsbeschränkung gegenüber.[158]

---
[150] Dazu nur *C. Schäfer* ZGR 2008, 455 ff.
[151] So mit Blick auf geschlossene Immobilienfonds BGHZ 150, 1, 4 ff. = NJW 2002, 1642, unter Hinweis auf BGH NJW-RR 1990, 867; bestätigt durch BGH NJW 2006, 3716, 3717 Tz. 19; zur Entbehrlichkeit der – im Detail zweifelhaften – Übergangsregelung vgl. aber RdNr. 65 aE; vgl. auch RdNr. 72.
[152] Vgl. nur BGHZ 75, 26, 28 f. = NJW 1979, 2101; BGH NJW 1980, 992, 994 (insoweit in BGHZ 76, 86 nicht abgedruckt); wN bei *Leuthe* (Fn. 1) S. 104 in Fn. 220; vgl. auch *Breuninger* (Fn. 1) S. 159 ff.
[153] BGHZ 150, 1, 6 = NJW 2002, 1642 (bestätigt von BGH ZIP 2006, 2128 = NJW 2006, 3716); dazu etwa *Casper* JZ 2002, 1112; *Böken* DStR 2004, 558; *Reiff* ZGR 2003, 550, 564 f.
[154] So insbes. *Wiedemann* GesR II § 7 III 4 b, S. 662; *J. Jacobs* (Fn. 144) S. 45 ff.; *Bamberger/Roth/Timm/Schöne* RdNr. 42 ff.; im Ansatz auch *Reiff* ZGR 2003, 550, 565 ff.
[155] BGHZ 150, 1, 6 = NJW 2002, 1642; vgl. auch BGH NJW 2006, 3716 (keine Haftung aus § 128 HGB, sondern nach Maßgabe der gesellschaftsvertraglichen Regelung wg. Vertrauensschutzes). – Ebenso im Ergebnis bereits Voraufl. RdNr. 66.
[156] *Casper* JZ 2002, 1112 f.; Voraufl. RdNr. 62 *(Ulmer)*; ähnlich *Hadding* WuB II J. § 705 BGB 4.02, S. 865, 868; iE auch *Bamberger/Roth/Timm/Schöne* RdNr. 40, 42; *J. Jacobs* (Fn. 144) S. 49 ff.
[157] *Ulmer* ZIP 2003, 1113, 1118; *Casper* JZ 2002, 1112, 1113; *Hasenkamp* BB 2004, 230, 232; *Wälzholz* MittBayNot. 2003, 35, 39; *Wössner* ZIP 2003, 1235, 1237; s. auch *Ulmer/Brandner/Hensen/Fuchs* § 307 RdNr. 318 ff.; so auch noch *C. Schäfer* ZIP 2003, 1225, 1232 (aber unter der Prämisse, dass für gesetzliche Verbindlichkeiten generell nicht gehaftet werde); für Fortführung der Doppelverpflichtungslehre in diesen Fällen *Brand* AcP 208 (2008), 490, 504 ff. (s. Fn. 153).
[158] *Wiedemann* GesR II § 7 III 4 b, S. 662; *Reiff* ZGR 2003, 550, 565 ff.; *J. Jacobs* (Fn. 144) S. 45 ff.; *Bamberger/Roth/Timm/Schöne* RdNr. 42 ff.; *Staudinger/Habermeier* Vor § 705 RdNr. 40, 70; so jetzt auch *C. Schäfer*, FS Nobbe, 2009.

bb) Stellungnahme. Inzwischen sprechen die besseren Gründe dafür, entgegen Voraufl. **63** RdNr. 62 für die in RdNr. 61 erwähnten atypischen Gesellschaften einheitlich eine **institutionelle Haftungsbeschränkung** bzw. einen Ausschluss anzunehmen:[159] Der **Bedarf** nach einer Einschränkung der Analogie zu § 128 HGB für bestimmte Fallgruppen ist seit der Ausgangsentscheidung des II. Senats von 2002 erheblich gewachsen. Zwischenzeitlich hat der Senat nämlich festgestellt, dass die Gesellschafter auch für gesetzliche Verbindlichkeiten haften,[160] und die Haftung für gesetzliche Verbindlichkeiten lässt sich naturgemäß nicht auf vertraglichem Wege beschränken. Es ist deshalb eine erhebliche Schwäche des formularvertraglichen Ansatzes, ausgerechnet dort zu versagen, wo die Gläubigerinteressen an einer weiteren Haftungsmasse, also an der persönlichen Gesellschafterhaftung, am schwächsten ausgeprägt sind.[161] Gerade am Beispiel der Publikumsgesellschaften zeigt sich eine weitere Schwäche des formularvertraglichen Ansatzes: Die Gesellschafter, um deren Interessen es geht, tragen das Einbeziehungsrisiko; denn sie sind darauf angewiesen, dass die Geschäftsführer bereit und in der Lage sind, die formularvertragliche Haftungsbeschränkung gegenüber den Gesellschaftsgläubigern durchzusetzen. Eine solche Risikozuweisung ist indessen nicht gerechtfertigt; denn die Gesellschafter können das Risiko nicht selbst steuern. Zugleich rechtfertigt die Interessenlage auch nach Ansicht des BGH selbst den völligen Haftungsausschluss. Entsprechendes gilt auch hinsichtlich des **Umfangs** der Gesellschafterhaftung. Er ist vor allem durch die Rechtsprechung des XI. Senats[162] in den Blick geraten, welcher in mehreren Fällen von einer (nur) quotalen Haftungsbeschränkung ausgegangen ist und diese überdies auf Altverbindlichkeiten erstreckt hat. Ist es aber gerechtfertigt, wovon auch der II. Senat ausgeht, bei Anlagegesellschaften die Haftung völlig auszuschließen, ist nicht ersichtlich, warum die Gesellschafter das Risiko tragen sollten, dass in der konkreten Fondsgesellschaft nicht diese für sie günstigste Variante ausgewählt, sondern die Haftung lediglich quotal beschränkt worden ist. Allgemeiner lässt sich formulieren, dass der institutionelle Ansatz ohne weiteres Raum lässt, durch ein differenziertes Haftungsmodell auf die jeweilige, zum Ausschluss oder zur Beschränkung der Gesellschafterhaftung führenden Interessenlage gerecht zu werden (RdNr. 64). – Zum erbrechtlich geprägten Sonderfall der Haftungsbeschränkung auf den Nachlass bei Gesellschaftsanteilen unter Testamentsvollstreckung vgl. RdNr. 41.

Die Frage nach dem **Umfang der Haftung in der atypisch gestalteten GbR** ist **64** differenziert zu beantworten: Für die **Ideal-GbR** ist weithin anerkannt, dass die Haftung der Gesellschafter ganz ausgeschlossen ist und nur die Handelnden analog § 54 S. 2 BGB haften (RdNr. 61). Im Anschluss an das obiter dictum des II. Senats[163] ist ferner anerkannt, dass **Bauherren,** die sich zu einer GbR zusammengefunden haben, nur anteilig, entsprechend ihrer Beteiligung am Gesamtinvestment für die Gesellschaftsschulden einzustehen haben (RdNr. 61). Komplizierter liegen die Dinge bei der **Fondsgesellschaft.** Der II. Senat des BGH hält hier sowohl eine Haftungsbegrenzung auf das Gesellschaftsvermögen, also den völligen Ausschluss der Haftung, wie auch eine quotale Außenhaftung für prinzipiell angemessen und will es der Vertragsgestaltung überlassen, welche dieser Alternativen im Einzelfall gilt;[164] ebenso hält es der XI. Senat. Indessen passt das Modell der quotalen Außenhaftung nicht für die Anlagegesellschaften; es begegnet im Personengesellschaftsrecht sonst nur bei der Partenreederei (§ 507 HGB), die aber einer Publikumsgesellschaft gewiss nicht vergleichbar ist. Vorzugswürdig ist insofern ein schon im Schrifttum vorgeschlagenes,[165] an der Kommanditistenhaftung der §§ 171 ff. HGB orientiertes Haftungsmodell; es

---

[159] Näher *C. Schäfer,* FS Nobbe, 2009.
[160] BGHZ 154, 88, 94 = ZIP 2003, 664 = NJW 2003, 1445.
[161] *C. Schäfer,* FS Nobbe, 2009; vgl. ferner insbes. *Wiedemann* GesR II § 7 III 4 b, S. 662; *Reiff* ZGR 2003, 550, 554 ff.; *J. Jacobs* (Fn. 144) S. 57 f.; eingehend zur Interessenlage bei gesetzlichen Verbindlichkeiten und mwN *C. Schäfer* ZIP 2003, 1225, 1227 f.
[162] Vgl. insbes. BGH ZIP 2006, 1622, 1625 f. Tz. 31 ff.; ZIP 2007, 169, 170.
[163] BGHZ 150, 1, 4 ff. = NJW 2002, 1642.
[164] BGHZ 150, 1, 4 ff. = NJW 2002, 1642 f.
[165] *M. Wolf* WM 2000, 704, 708 ff.; *J. Jacobs* (Fn. 144) S. 190 ff.; dem folgend *Bamberger/Roth/Timm/Schöne* RdNr. 45.

entspricht eher dem Konzept des Gesetzgebers als der völlige Ausschluss der Haftung.[166] Denn auch der Kommanditist ist nach dem Plan des Gesetzes ein passiver, nur kapitalistisch interessierter Gesellschafter (vgl. §§ 164 f., 166 Abs. 2, 170 HGB) und unterliegt dennoch einer (beschränkten) persönlichen Haftung. Daher sind die §§ 171 ff. HGB analog anzuwenden, sofern sie nicht zwingend die Eintragung voraussetzen (näher unter RdNr. 65). Hierzu passt im Übrigen auch, dass die geschäftsführenden Gesellschafter, die regelmäßig zum Kreis der Initiatoren gehören, unverändert analog § 128 HGB haften.[167] Dass die – der Einlage entsprechende – „Haftsumme" bei der GbR im Übrigen keiner Registerpublizität unterliegt, ist zwar nicht ideal, aber kein zwingender Gegengrund, wie § 176 HGB zeigt.[168] Es ist dann Sache des Anlagegesellschafters, seine ihm nach dem Gesellschaftsvertrag obliegende Einlagepflicht und deren Erfüllung vorzutragen und gegebenenfalls zu beweisen. Im Innenverhältnis begrenzt § 167 Abs. 3 HGB die Verlustteilnahme. Dieses Haftungsmodell ist auf sämtliche Formen der Publikums-GbR zu übertragen.[169]

65 Speziell für die **Publikumsgesellschaft** ergibt sich aus den in RdNr. 64 genannten Gründen das folgende **Haftungsmodell:**[170] Wie bei allen atypischen GbR ist die beschränkte Haftung auch hier zunächst eine **gesetzliche;** auf den Inhalt des Gesellschaftsvertrages kommt es daher zur Haftungsbegründung ebenso wenig an wie auf (formular-)vertragliche Vereinbarungen mit den Gläubigern. Die beschränkte Gesellschafterhaftung gilt nur für die (passiven) Anlagegesellschafter; die geschäftsführenden Gesellschafter haften dagegen analog § 128 HGB. Der Charakter einer Publikumsgesellschaft ist den Gläubigern in der Regel schon aus dem Namen bzw. Zweck der Gesellschaft erkennbar, im Übrigen aus der Gesellschafterstruktur. Sollte die Erkennbarkeit im Einzelfall zu verneinen sein, kommt eine Rechtsscheinhaftung infolge des Auftretens als Außengesellschaft in Betracht. Der **Umfang** der Haftung der Anlagegesellschafter ist auf die Einlage (= Haftsumme) beschränkt; wie bei der KG ist die Außenhaftung der Gesellschafter somit erst dann ausgeschlossen, wenn die sich aus dem Beitrittsvertrag ergebende Einlagepflicht erfüllt ist. Eine quotale Haftung ist damit unvereinbar und ist deshalb in keinem Falle anzunehmen. Die **Rückgewähr der Einlage** führt analog § 172 Abs. 4 HGB zum Wiederaufleben der Haftung. Die Gesellschafter haften analog § 173 HGB auch für **Altverbindlichkeiten,** jedoch wiederum begrenzt auf die Haftsumme. Die reduzierte Haftung entspricht dabei auch für Altverbindlichkeiten dem begrenzten Einfluss des Kommanditisten auf die Gesellschaft und ihr Vermögen. Denn die Haftung für Altverbindlichkeiten ist als Ausgleich dafür anzusehen, dass der Beitretende kraft seiner Gesellschafterstellung Einfluss auf das Gesellschaftsvermögen und damit auf einen Haftungsfonds gewinnt, der – im Zeitpunkt des Eintritts – exklusiv den Altgläubigern der Gesellschaft zugewiesen ist.[171] Bei nur geringem Einfluss ist folglich auch nur ein geringer Haftungsumfang gerechtfertigt. Im Verhältnis zur Gesellschaft gilt überdies § 167 Abs. 3 HGB entsprechend. Einer **Übergangslösung** für Altfälle bedarf es nicht, da die Haftung nicht wesentlich über den Umfang hinausgeht, wie er sich auf der Grundlage der Doppelverpflichtungslehre ergab. Das gilt auch in Bezug auf die (beschränkte) Haftung für Altverbindlichkeiten. Eine solche bestand zwar nach der Doppelverpflichtungslehre überhaupt nicht; doch trifft sie den Anlagegesellschafter richtigerweise ohnehin nur, sofern er seine Einlage nicht geleistet oder zurückerhalten hat. Das hier vertretene Haftungsmodell hat den Vorzug, auf die sehr zweifelhafte Unterscheidung

---

[166] Näher *C. Schäfer,* FS Nobbe, 2009.
[167] LG Gera EWiR 2003, 405 f. m. zust. Anm. *Bayer.* Ebenso auch *J. Jacobs* (Fn. 144) S. 181 ff.; ähnlich auch *Canaris* ZGR 2004, 69, 105; *Erman/Westermann* RdNr. 19; abl. aber *Hasenkamp,* Die Haftungsbeschränkungen bei der Gesellschaft bürgerlichen Rechts, 2003, S. 225.
[168] Darauf zu Recht hinweisend *J. Jacobs* (Fn. 144) S. 193; *Mülbert* AcP 1999 (1999), 38, 96 ff.; *M. Wolf* WM 2000, 704, 709.
[169] So bereits Voraufl. RdNr. 66; ferner auch *Wiedemann* GesR II § 7 III 4 b, S. 662; *J. Jacobs* (Fn. 144) S. 197 f.; *C. Schäfer,* FS Nobbe, 2009; im Ergebnis auch *Canaris* ZGR 2004, 69, 101.
[170] Näher *C. Schäfer,* FS Nobbe, 2009.
[171] *Canaris* ZIP 1989, 1161, 1167; *ders.,* Handelsrecht, 23. Aufl. 2000, § 7 RdNr. 93; *C. Schäfer* ZIP 2003, 1225, 1230; dem folgend auch BGHZ 154, 88, 94 = NJW 2003, 1445.

danach, ob der eintretende Gesellschafter eine bestimmte Verbindlichkeit hätte erkennen können oder sonstige für eine Haftung sprechende Einzelfallumstände vorliegen,[172] völlig verzichten zu können. Denn der Gläubiger konnte und kann stets nur auf eine auf die Einlage beschränkte Haftung der Anlagegesellschafter vertrauen.

b) Vertraglicher Haftungsausschluss. Angesichts der in RdNr. 61 ff. angesprochenen atypischen Gestaltungen, bei denen schon eine institutionelle Haftungsbeschränkung (kraft Gesetzes) zu befürworten ist, fragt sich, ob darüber hinaus auch ein rechtsgeschäftlicher Ausschluss der persönlichen Gesellschafterhaftung anzuerkennen ist. Wie aus § 128 S. 2 HGB folgt, genügt hierfür jedenfalls keine entsprechende Vereinbarung im Gesellschaftsvertrag; eine solche kann Dritten auch dann nicht entgegengesetzt werden, wenn sie nach außen erkennbar ist.[173] Es bedarf vielmehr einer **Freistellungsabrede** oder eines **Erlassvertrages** mit dem jeweiligen Gesellschaftsgläubiger, sei es als Vertrag zugunsten der Gesellschafter (§ 328) zwischen GbR und Gläubiger, sei es unmittelbar zwischen Gläubiger und Haftungsschuldner.[174] Eine solche individualvertragliche Abrede ist unproblematisch zulässig, wirkt allerdings nur in Bezug auf **rechtsgeschäftliche GbR-Verbindlichkeiten**. Demgegenüber kommt bei **gesetzlichen Verbindlichkeiten** nur ein nachträglicher Erlassvertrag in Betracht. Hierin liegt ein wesentlicher Grund, für die Haftungsbeschränkung bei „privilegierungsbedürftigen" Gesellschaften (RdNr. 61) auf den institutionellen Begründungsansatz zurückzugreifen (RdNr. 63). Deshalb ist der **formularvertragliche** Weg zur Haftungsbeschränkung zwar möglich; insbesondere trifft es nicht zu, dass eine Haftungsbeschränkung auf das Gesellschaftsvermögen prinzipiell nur individuell vereinbar wäre.[175] Denn aus der speziellen Generalklausel des § 307 Abs. 2 Nr. 1 folgt zwar eine gesetzliche Vermutung („im Zweifel") für die Unangemessenheit der abweichenden Vereinbarung.[176] Liegen jedoch Sachgründe für den Ausschluss oder die Beschränkung der persönlichen Gesellschafterhaftung vor, so sind die Beteiligten nicht gehindert, diese auch in AGB-Gestalt zu vereinbaren, sofern die Einbeziehung in den Einzelvertrag nicht am Überraschungseinwand des § 305 c Abs. 1 scheitert. Hierauf kommt es jedoch wegen der bei atypischen GbR anzuerkennenden institutionellen Haftungsbeschränkung (RdNr. 63) bei diesen letztlich nicht mehr an. Vielmehr führt eine zum Haftungsausschluss bzw. zur Haftungsbeschränkung führende atypische Interessenlage (dazu auch Voraufl. RdNr. 66) schon kraft Gesetzes zum jeweiligen Haftungsmodell. Dies gilt sowohl für **geschlossene Immobilienfonds** wie auch für sonstige **Publikums-Gesellschaften;** für die **Bauherrengemeinschaft** ebenso wie in Fällen, in denen die Beteiligten mit der GbR **ideelle Zwecke** verfolgen (RdNr. 61). Für weitere Fälle einer – ausnahmsweise – zulässigen formularvertraglichen Haftungsbeschränkung dürfte deshalb weder Rechtfertigung noch Bedarf bestehen.

Sonderregeln für vorformulierte Haftungsbeschränkungen gelten zugunsten von Angehörigen rechts- und wirtschaftsberatender Berufe. Sie lassen einerseits eine höhenmäßige Haftungsbeschränkung auf das Vierfache der Mindestversicherungssumme in Verträgen zwischen bestimmten Freiberuflern und ihren Mandanten zu (§§ 51 a Abs. 1 Nr. 2 BRAO, 67 a Abs. 1 Nr. 2 StBerG, 54 a Abs. 1 Nr. 2 WPO), andererseits sehen sie eine an § 8 Abs. 2

---

[172] So BGHZ 150, 1 = NJW 2002, 1642; BGH ZIP 2006, 82, 84 = NJW 2006, 765; dem folgend BGH ZIP 2006, 1622, 1626 Tz. 34; 2007, 169; krit. zur Einzelfallbetrachtung auch *Casper* JZ 2002, 1112, 1114.

[173] MünchKommHGB/*K. Schmidt* § 128 HGB RdNr. 13, 15; *Staub/Habersack* § 128 HGB RdNr. 15.

[174] Vgl. MünchKommHGB/*K. Schmidt* § 128 HGB RdNr. 14; *Staub/Habersack* § 128 HGB RdNr. 16; *Erman/Westermann* RdNr. 18.

[175] So aber noch BGHZ 142, 315, 323 = NJW 1999, 3483; ebenso BGH NZG 2005, 209, 210; anders dann aber BGHZ 150, 1, 6 = NJW 2002, 1642. Vgl. zu BGHZ 142, 315 auch die authentische Interpretation durch zwei Senatsmitglieder (*Goette* DStR 1999, 1797; *Henze* BB 1999, 2262), es sei um die vorsorgliche Abwehr möglicher vorformulierter Haftungsausschlussklauseln gegangen. Ebenso OLG Stuttgart NZG 2002, 84, 85. Dagegen aber *Ulmer* ZGR 2000, 339, 347 f. und Voraufl. RdNr. 64 f.

[176] Dazu *Ulmer/Brandner/Hensen/Fuchs* § 307 RdNr. 193 ff.; allg. zur Inhaltskontrolle auch *Hasenkamp* BB 2004, 34, 38 ff.; *Furmans* NJW 2007, 1400 ff.; sowie eingehend *Canaris*, FS P. Ulmer, 2003, S. 1073, 1075 ff., 1081.

PartGG orientierte, formularmäßige Haftungskonzentration vor bei Schadensersatzansprüchen des Mandanten auf diejenigen Mitglieder der Freiberufler-Sozietät, die mit dem Mandat persönlich befasst waren (§§ 51 a Abs. 2 S. 2 BRAO, 67 a Abs. 2 S. 1 StBerG, 54 a Abs. 2 WPO). In derartigen Fällen ist für eine Inhaltskontrolle aufgrund einer der Generalklauseln des § 307 oder gar für die vom BGH postulierte absolute Unwirksamkeit von Haftungsbeschränkungsklauseln von vornherein kein Raum. Demgegenüber scheidet eine Analogie zur gesetzlichen Haftungskonzentration des § 8 Abs. 2 PartGG aus;[177] angesichts dieses speziell für die PartG geschaffenen Haftungsprivilegs und angesichts der vorgenannten Sondervorschriften für rechts- und wirtschaftsberatende Berufe fehlt es an der für die Analogie erforderlichen Gesetzeslücke.

68   **c) Beschränkung der Vertretungsmacht der Geschäftsführer?** Wie schon dargelegt (RdNr. 24), sind die Gesellschafter einer GbR grundsätzlich nicht gehindert, den Umfang der Vertretungsmacht der Geschäftsführer privatautonom festzulegen; eine Analogie zu dem für Handelsgesellschaften geltenden Rechtsprinzip unbeschränkter und unbeschränkbarer Vertretungsmacht der Gesellschaftsorgane (so §§ 126 HGB, 82 Abs. 1 AktG, 37 Abs. 2 GmbHG) wird von der hM abgelehnt (vgl. Nachweise in Fn. 42). Dementsprechend kann die Vertretungsmacht der GbR-Organe grundsätzlich in der Weise eingeschränkt werden, dass sie sich nur auf solche Verträge bezieht, in denen die persönliche Haftung der Gesellschafter ausgeschlossen oder beschränkt wird.[178] Vorbehaltlich der Fälle einer – weitergehenden – Duldungs- oder Anscheinsvertretungsmacht[179] müssen auch die Vertragspartner der GbR eine derartige Beschränkung hinnehmen, wenn diese entweder allgemein deutlich erkennbar oder ihnen gegenüber unmissverständlich offengelegt ist.[180]

69   Trifft diese Prämisse zu, so folgt daraus zunächst, dass die GbR-Geschäftsführer im Rahmen ihrer Vertretungsmacht nur dann wirksam für die GbR handeln können, wenn sie den genannten Beschränkungen durch **Vereinbarung von Haftungsbeschränkungsklauseln** zugunsten der Gesellschafter Rechnung tragen; andernfalls setzen sie sich der persönlichen Haftung nach Maßgabe des § 179 aus.[181] Nicht allein der BGH will indes dieser Konsequenz ausweichen;[182] vielmehr lehnt auch das Schrifttum die Möglichkeit überwiegend ab, über eine Begrenzung der Vertretungsmacht in weiterem Umfang zur beschränkten Gesellschafterhaftung zu gelangen, als durch die Sonderkonstellationen (RdNr. 61 ff.) vorgezeichnet.[183] Nachdem man sich allerdings einstweilen nicht auf die Unbeschränkbarkeit der Vertretungsmacht analog § 126 HGB in der (unternehmenstragenden) GbR verständigen kann (oben RdNr. 24), versuchen neuere Ansätze eher im Wege der Inhaltskontrolle der Vertretungsmachtbeschränkung als solcher zum gewünschten Er-

---

[177] Offenlassend aber BGH NJW 2003, 1803, 1805; wie hier abl. aber LG Frankenthal NJW 2004, 3190; LG Hamburg NJW 2004, 3492, 3495; *K. Schmidt* NJW 2005, 2801, 2805 f.; *Wiedemann* GesR II § 7 III 4 b bb, S. 664 ff.; *Armbrüster* ZGR 2005, 35, 55; *Arnold/Dötsch* DStR 2003, 1398, 1402; *Damm*, FS Raiser, 2005, S. 23, 42; *Habersack/Schürnbrand* JuS 2003, 739, 742; *Bamberger/Roth/Timm/Schöne* RdNr. 47; wohl auch *Grunewald* JZ 2004, 439, 440.
[178] *Ulmer* ZIP 1999, 564 und ZGR 2000, 345 f.
[179] Dazu RdNr. 28; für grds. unwiderlegliche Vermutung einer (gegenständlich) unbeschränkten Vertretungsmacht innerhalb des „Geschäftsbereichs" *Wiedemann* GesR II § 7 III 3 b, S. 656; tendenziell auch *Armbrüster* ZGR 2005, 36, 41 f. (Vermutung unbeschränkter Vertretungsmacht hinsichtlich einer Haftung der Gesellschafter setze sich gegenüber Vollmachtbeschränkungen im Innenverhältnis ebenso wie gegenüber unwirksamen Haftungsbeschränkungsklauseln durch); dagegen aber *Westermann*, FS Konzen, 2006, S. 957, 964 f.
[180] Anders aber die in Fn. 179 Genannten.
[181] *Ulmer* ZIP 1999, 554, 564; *ders.* ZGR 2000, 339, 345 f. – Erfüllt allerdings der Geschäftsführer den Anspruch des Dritten aus § 179 Abs. 1, so wird man hierin eine regressfähige Aufwendung gegenüber der Gesellschaft iS der §§ 713, 670 zu sehen haben; denn der Vertragsschluss mit der Gesellschaft als solcher überschreitet nicht die Geschäftsführungsbefugnis.
[182] So BGHZ 142, 315, 321 = NJW 1999, 3483; dem zust. *Dauner-Lieb* DStR 1999, 1995 f.; *Kindl* WM 2002, 697, 702 f.; wie hier aber *Altmeppen* ZIP 1999, 1795; *Nagel* NZG 2001, 202, 203 ff.; *Petersen/Rothenfußer* GmbHR 2000, 757, 760 f., 803 f.
[183] *Dauner-Lieb* VGR (Hrsg.), Gesellschaftsrecht in der Diskussion, 2001, 2002, S. 117, 126 ff.; *C. Schäfer* ZIP 2003, 1225, 1233; *Reiff* ZIP 1999, 1329, 1334; *Wiedemann* JZ 2001, 661, 664; *Dauner-Lieb* DStR 1999, 1992, 1995; *Kindl* WM 2000, 697, 702 f.; wN in der folgenden Fn.

gebnis zu gelangen.[184] Sie müssen sich hierfür allerdings nicht nur offen über den AGB-rechtlichen Grundsatz hinwegsetzen, dass einseitige Erklärungen des Verwenders nicht „gestellt" werden.[185] Vielmehr bereitet es auch erhebliche Probleme, auf diesem Wege zur erwünschten Rechtsfolge zu gelangen, nämlich einer in Bezug auf die Haftung unbeschränkten Vertretungsmacht und folglich einem wirksamen Vertragsschluss.[186] Hierfür bedarf es letztlich doch einer unbeschränkbaren Vertretungsmacht als Leitbild, beruhe sie nun auf einer Analogie zu § 125 f. HGB oder zumindest auf einer entsprechenden Verkehrserwartung. Die Berufung auf die Unwirksamkeit formularmäßiger Haftungsbeschränkungen führt als solche jedenfalls noch nicht weiter, da sie am Tatbestand fehlender Vertretungsmacht für die uneingeschränkte, die Haftungsfolgen des § 128 HGB auslösende Verpflichtung der GbR nichts ändert. Verzichten immerhin die Geschäftsführer im Interesse des Vertragsschlusses auf die Durchsetzung derartiger Haftungsbeschränkungsklauseln und nehmen die Mitgesellschafter das hin, so lässt sich darin die konkludente Erweiterung der Vertretungsmacht oder ein auf Rechtsscheingründe gestützter Vertragsschluss sehen; auch mag je nach Lage des Falles die Rechtsfigur der protestatio facto contraria (dazu Vor § 116 RdNr. 40) eingreifen. Im Übrigen steht nach wie vor eine überzeugende Begründung dafür aus, warum der Weg über die Beschränkung der Vertretungsmacht nicht grundsätzlich geeignet sein soll, um zum Haftungsausschluss zugunsten der GbR-Gesellschafter zu kommen.

V. Haftung beim Gesellschafterwechsel

1. Haftung des Ausgeschiedenen. Die Forthaftung ausscheidender Gesellschafter für sog. Altschulden, dh. während ihrer GbR-Mitgliedschaft begründete Gesellschafterverbindlichkeiten, richtete sich aufgrund der im Jahr 1994 eingeführten **Verweisungsnorm des § 736 Abs. 2** schon bisher nach OHG-Recht (§ 160 HGB). Hieran hat sich durch den Übergang zur akzessorischen Gesellschafterhaftung in der GbR nichts geändert; eines Analogieschlusses bedarf es insoweit nicht. Der Sache nach wird der Ausgeschiedene mit dem Ablauf von fünf Jahren seit seinem Ausscheiden bzw. dessen Kundbarmachung gegenüber den Gläubigern **enthaftet** (vgl. § 736 RdNr. 26 f.), sofern er den jeweiligen Anspruch nicht zuvor schriftlich anerkannt hat oder dieser ihm gegenüber gerichtlich geltend gemacht wurde. Der Ablauf einer kürzeren Verjährungsfrist bleibt hiervon unberührt. Wegen der Einzelheiten dieser Haftungsbegrenzung ist auf die Erläuterungen zu § 736 Abs. 2 zu verweisen.

Vom Ausschluss der Außenhaftung mit Ablauf der Fünfjahresfrist des § 736 Abs. 2 iVm. § 160 Abs. 1 HGB zu unterscheiden ist der in § 738 Abs. 1 S. 2 geregelte **interne Anspruch** des Ausgeschiedenen gegen die GbR **auf Befreiung** von der akzessorischen Gesellschafterhaftung. Er wird schon wegen der mit seiner Erfüllung verbundenen Schwierigkeiten für die GbR regelmäßig vertraglich ausgeschlossen (§ 738 RdNr. 77); dem Ausgeschiedenen bleibt dann nur der Regressanspruch gegen GbR und Gesellschafter im Fall seiner Inanspruchnahme durch einen Gesellschaftsgläubiger (RdNr. 56). Den Gläubigern kann der Befreiungsanspruch in keinem Fall entgegengesetzt werden.

---

[184] So namentlich *Canaris* ZGR 2004, 69, 96 ff.; trotz Kritik an diesem Begründungsansatz ähnlich auch *Armbrüster* ZGR 2005, 43, 39 ff. (Vermutung hinsichtlich der Haftung unbeschränkter Vertretungsmacht); wieder anders und mit Kritik an beiden Ansätzen *Westermann*, FS Konzen, 2006, S. 957, 966 f., der im Ergebnis eine Vollmachtsbeschränkung aber ebenfalls nur dann durchgreifen lassen will, wenn der Gläubiger eine unbeschränkte Haftungsübernahme nicht erwarten kann.

[185] So die hM, vgl. die Nachweise bei *C. Schäfer* ZIP 2003, 1225, 1233 und *Canaris* ZGR 2004, 69, 98. Nach *Canaris* soll das „zumindest für die vorliegende Konstellation" aber nicht gelten; krit. dazu aber *Armbrüster* ZGR 2005, 34, 40 f.; nicht erörtert wird das Problem bei *Westermann*, FS Konzen, 2006, S. 957, 965; *Hasenkamp* BB 2004, 230.

[186] Vgl. die Kritik („doppelter Rittberger") von *Westermann*, FS Konzen, 2006, S. 957, 966 f. am Vorschlag von *Armbrüster*, FS Raiser, 2005, S. 41 und ZGR 2005, 34, 41 ff., der wiederum den Vorschlag *Canaris'* ZGR 2005, 69, 97 ff. kritisiert. Eine friktionsfreie Lösung ist offenbar kaum möglich (das gilt auch für den eigenen Vorschlag *Westermanns*).

§ 714   72, 73

72 **2. Haftung des Eintretenden für Altverbindlichkeiten?** Bis 2003 war die Haftung des einer Außen-GbR beitretenden Gesellschafters für die vor seinem Eintritt begründeten GbR-Verbindlichkeiten noch lebhaft umstritten. Im OHG-Recht folgt sie nicht bereits aus § 128 HGB, sondern aus der ergänzenden Vorschrift des **§ 130 HGB**. Auch wenn es schon aus systematischen Gründen nahelag, die mit dem Übergang zur Akzessorietätstheorie verbundene Analogie zu §§ 128, 129 HGB auf § 130 HGB zu erstrecken, ließ der BGH diese Frage doch zunächst offen.[187] In der Literatur hielten sich Befürworter der Analogie zu § 130 HGB[188] und deren Gegner[189] etwa die Waage. Gegen die Analogie wurde insbesondere eingewandt, sie sei weder die notwendige Folge der analogen Anwendung des § 128 HGB noch lasse sie sich auf den – wenig klaren – Normzweck des § 130 HGB stützen.[190] Auch führe sie zu einer deutlichen Haftungsverschärfung zulasten neu eintretender Gesellschafter, wie sich insbesondere bei freiberuflichen Sozietäten mit uU erheblichen, beim Eintritt nicht ohne weiteres erkennbaren Haftungsrisiken gegenüber Mandanten aus früherer Zeit zeige; ein solcher Schritt müsse dem Gesetzgeber vorbehalten bleiben.[191] Mit seinem Urteil vom 7. 4. 2003[192] hat der BGH sich – vorbehaltlich des Vertrauensschutzes für bisher beigetretene Gesellschafter[193] – **für** die analoge Anwendung des § 130 HGB ausgesprochen und damit ein wesentliches Datum für den weiteren Gang der Diskussion gesetzt.[194]

73 **Stellungnahme.** Den Gegnern einer Analogie zu § 130 HGB ist einzuräumen, dass der Normzweck dieser Vorschrift nicht eindeutig ist und dass ihre analoge Anwendung auf die Außen-GbR aus bisheriger Sicht zu einem „überraschenden Geschenk" für diejenigen GbR-Gläubiger führen konnte, die bei Anspruchsbegründung mit der Haftung künftig beitretender Gesellschafter nicht rechneten.[195] Auch lassen sich Beweisschwierigkeiten für

---

[187] So jedenfalls wurde der Hinweis auf die Parallele zu §§ 128 f. (nicht: ff.) HGB in BGHZ 146, 341, 358 = NJW 2001, 1056 verstanden, vgl. nur *Hadding* ZGR 2001, 740.

[188] *Habersack* BB 2001, 477, 482; *K. Schmidt* NJW 2001, 993, 999; *Ulmer* ZIP 2001, 585, 598; *Derleder* BB 2001, 2485, 2492; *Hasenkamp* DB 2002, 2632, 2635 f.; *Scholz* NZG 2002, 153, 162; so tendenziell auch *Bruns* ZIP 2002, 1602; *Hadding* ZGR 2001, 712, 740; *Peifer* NZG 2001, 296, 299; aus der Rspr. OLG Hamm ZIP 2002, 527, 529 sowie zuvor schon OLG München NZG 2000, 736, 737 und BGHZ 124, 47, 49 f. = NJW 1994, 257 (für den Eintritt in eine Anwaltssozietät). Seit 2003 befürwortend auch *C. Schäfer* ZIP 2003, 1225, 1230 f.; *Habersack/Schürnbrand* JuS 2003, 739, 741 f.; *Erman/Westermann* RdNr. 17 (mit Blick auf die sonst drohende Haftungslücke, § 736 Abs. 2); *K. Schmidt* NJW 2005, 2801, 2806 ff.; *Wössner* ZIP 2003, 1235; *Tröger*, FS Westermann, 2008, S. 1533, 1556 f.; *Bamberger/Roth/Timm/Schöne* RdNr. 52; mit Einschränkung auch *Staudinger/Habermeier* Vor § 705 RdNr. 41 a (nur bei „ausgeprägt professioneller" Unternehmung); speziell für Steuerschulden auch *Haunhorst* DStZ 2003, 751, 752 ff. (nach § 191 Abs. 1 S. 1 Halbs. 1 AO sollen aber vorrangig Altgesellschafter in Anspruch genommen werden müssen).

[189] *Wiedemann* JZ 2001, 661, 664; *ders.* GesR II § 7 III 4 c, S. 666 f. (hält die Analogie nicht für zwingend, akzeptiert aber offenbar die Entscheidung des BGH); *H. Baumann* JZ 2001, 895, 900 f.; *H. Baumann/Rößler* NZG 2002, 793 ff.; *Dauner-Lieb*, FS P. Ulmer, 2003, S. 73, 79 ff.; *Lange* NZG 2002, 401, 403 ff.; *Wertenbruch*, Die Haftung von Gesellschaften und Gesellschaftsanteilen in der Zwangsvollstreckung, 2000, S. 182, 223; wohl auch *Westermann* NZG 2001, 289, 294 f.; aus der Rspr. vgl. OLG Düsseldorf ZIP 2002, 616, 618 f.; aus Sicht der Doppelverpflichtungstheorie folgerichtig auch noch BGHZ 74, 240, 242 f. = NJW 1979, 1281; neuerdings abl. *Canaris* ZGR 2005, 69, 114 ff.; *Armbrüster* ZGR 2005, 34, 49 f.; *Soergel/Hadding* RdNr. 46; für Gesellschafter einer Gemeinschaftspraxis in Bezug auf vertragsarztrechtliche (Regress-)Ansprüche insbes. der Kassenärztlichen Vereinigung *Engelmann*, FS 50 Jahre BSG, 2004, S. 429, 446 f.

[190] *Dauner-Lieb*, FS P. Ulmer, 2003, S. 78, 85; so auch wieder *Canaris* ZGR 2004, 69, 114 ff., 118.

[191] *Dauner-Lieb*, FS P. Ulmer, 2003, S. 85.

[192] BGHZ 154, 370, 377 = NJW 2003, 1803.

[193] Vgl. dazu neuerdings BGH NJW 2006, 3716, 3717 (ohne Einschränkung) sowie die einschränkenden Entscheidungen BGH NJW 2006, 675 und DStR 2007, 125 Tz. 10 (kein Vertrauensschutz, sofern Altverbindlichkeiten bekannt oder erkennbar waren) m. krit. Anm. *Segna* NJW 2006, 1566; ebenso auch BGH NZG 2007, 140, 142 Tz. 31 f.; NJW 2006, 2980, 2983 Tz. 14; KGR 2005, 76, 77 f.; 2005, 670, 673 f.; OLG Dresden NZG 2005, 549 (nur Beschränkung auf quotale Haftung) m. abl. Anm. *Gutmann* 544 und *Weisemann* DZWiR 2007, 183, 187; OLG Brandenburg NotBZ 2005, 263 (Berufung auf Vertrauensschutz nach § 242 treuwidrig, wenn sich Gesellschafter gegenüber den übrigen Gesellschaftern zur (anteiligen) Übernahme der Verbindlichkeiten verpflichtet hat).

[194] Bestätigt durch BGH NJW 2006, 675; DStR 2007, 125 Tz. 10; so auch BGH NJW 2006, 2980, 2983; NZG 2007, 183, 183 f. Tz. 18.

[195] So *Dauner-Lieb*, FS P. Ulmer, 2003, S. 76.

Gläubiger in Bezug auf das jeweilige Beitrittsdatum der Gesellschafter, die aus dem Fehlen eines GbR-Registers resultieren,[196] durch Verlagerung der Beweislast auf den sachlich näher stehenden Gesellschafter ausräumen.[197] Es bleibt freilich das grundsätzliche Bedenken, dass eine Haftungsdifferenzierung in Bezug auf die akzessorische Gesellschafterhaftung nur schwer mit dem Wesen der (Außen-)GbR als **Haftungsgemeinschaft** und der gemeinschaftlichen Verantwortung aller jeweiligen Gesellschafter für die ordnungsmäßige Erfüllung der von der GbR übernommenen Aufgaben zu vereinbaren wäre. Berücksichtigt man weiter, dass einerseits die Beitragshöhe für den Beitretenden sich typischerweise am anteiligen Gesellschaftswert orientiert und dass in die Ermittlung jedenfalls des Substanzwerts neben den Aktiven auch die Passiven der Gesellschaft eingehen, während der Neueintretende auch die Tilgung der Altverbindlichkeiten aus dem Gesellschaftsvermögen hinnehmen muss, und bedenkt man andererseits die Tragweite des Begriffs der Altverbindlichkeiten zumal mit Blick auf Dauerschuldverhältnisse für die Haftungsverfassung der GbR,[198] so sprechen auch diese Umstände dafür, den neu Eintretenden in gleicher Weise wie die bisherigen Gesellschafter für die Altschulden haften zu lassen.[199] Der BGH hat daher zu Recht die analoge Anwendung des § 130 HGB auf die Außen-GbR im Grundsatz bejaht und einen Vorbehalt nur einerseits für Altfälle, andererseits im Hinblick auf den Eintritt in eine Freiberufler-GbR gemacht.[200] Von der Außenhaftung unberührt bleiben interne Ausgleichs- oder Schadensersatzansprüche des Eintretenden gegen die Mitgesellschafter beim nachträglichen Auftreten unbekannter oder unerwarteter Altverbindlichkeiten der GbR.

Beruht der Eintritt eines Gesellschafters auf **Vererbung** des Gesellschaftsanteils (§ 727 RdNr. 28 ff.), so führt die analoge Anwendung des § 130 HGB dazu, dass er nicht nur kraft Erbrechts mit den entsprechenden Beschränkungsmöglichkeiten (§§ 1967, 1975 ff., 2058 f.), sondern auch persönlich und unbeschränkt aufgrund seiner Gesellschafterstellung der Haftung für Altverbindlichkeiten unterliegt. Dieser mit den Besonderheiten der beschränkten Erbenhaftung schwer vereinbaren Rechtsfolge trägt bei persönlich haftenden Gesellschaftern einer OHG oder KG das **Wahlrecht des § 139 HGB** Rechnung; es soll den Nachfolger/Erben vor der Zwangslage schützen, entweder die Erbschaft auszuschlagen oder für die Verbindlichkeiten der Gesellschaft mit seinem Privatvermögen haften zu müssen.[201] Die ratio dieser Vorschrift trifft angesichts der analogen Anwendung der §§ 128, 130 HGB auf die Gesellschafterhaftung in der GbR nunmehr auch auf diese zu. Daher ist eine **Analogie zu § 139 HGB** in der Weise zu bejahen, dass der Nachfolger/Erbe – soweit nach §§ 105 Abs. 2, 161 HGB möglich – die Umwandlung der GbR in eine KG unter Einräumung der Kommanditistenstellung beantragen kann und bei Scheitern seines Antrags das Recht hat, innerhalb von drei Monaten nach Kenntnis vom Erbfall ohne persönliche Haftungsfolgen aus der Gesellschaft auszuscheiden (vgl. § 727 RdNr. 46 ff.).

Einen **Sonderfall** bilden schließlich diejenigen Konstellationen, in denen einer der Beteiligten in das Unternehmen eines anderen eintritt und es dadurch zur Gründung einer GbR kommt. Nach der insoweit für den „Eintritt in das Geschäft eines Einzelkaufmanns" geltenden Vorschrift des § 28 HGB haftet die neugegründete **Gesellschaft** mangels abweichender Handelsregistereintragung für die im Betrieb des Geschäfts entstandenen Verbindlichkeiten des Einzelkaufmanns. Als **Folge dieser Haftung** kommt es sodann auch zur

---

[196] So OLG Hamm ZIP 2002, 529 unter Hinweis auf *Habersack* BB 2001, 477, 481.
[197] Zutr. *Dauner-Lieb*, FS P. Ulmer, 2003, S. 76.
[198] Vgl. näher *C. Schäfer* ZIP 2003, 1225, 1230 f. mit Hinweis auf *Staub/Habersack* § 128 HGB RdNr. 63 ff.; dort (S. 1230) auch zur Kompensation des internen Einflusses auf das Gesellschaftsvermögen als einem den Gesellschaftsgläubigern reservierten Haftungsfonds durch die Außenhaftung.
[199] Auf den Normzweck des § 130 HGB, die interne Abrechnung zwischen den Gesellschaftern zu vereinfachen, weisen – freilich mit gegenteiliger Schlussfolgerung – auch hin *Wertenbruch* (Fn. 189) S. 56 und 182; *Baumann/Rößler* NZG 2002, 793, 795; *Lange* NZG 2002, 401, 405.
[200] BGHZ 154, 370, 377 f. = NJW 2003, 1803, 1805.
[201] Vgl. nur *Staub/C. Schäfer* § 139 HGB RdNr. 1; sowie *C. Schäfer* NJW 2005, 3665.

Haftung des eintretenden Gesellschafters. Die vergleichbare Lage beim Eintritt in ein nichtkaufmännisches Unternehmen legt – trotz fehlender Handelsregistereintragung – eine **Analogie zu § 28 Abs. 1 HGB** nahe.[202] Bejaht man sie, so folgt die akzessorische Haftung des zum Zwecke der GbR-Gründung eintretenden Mitgesellschafters bereits aus der analogen Anwendung des § 128 HGB, da es sich – aus der nunmehr maßgebenden Sicht der GbR – um Neuverbindlichkeiten handelt. Der Beitretende käme somit auch dann in die akzessorische Außenhaftung, wenn man eine Analogie zu § 130 HGB entgegen der höchstrichterlichen Rechtsprechung (RdNr. 72 f.) ablehnen wollte.

§ 715 Entziehung der Vertretungsmacht

Ist im Gesellschaftsvertrag ein Gesellschafter ermächtigt, die anderen Gesellschafter Dritten gegenüber zu vertreten, so kann die Vertretungsmacht nur nach Maßgabe des § 712 Abs. 1 und, wenn sie in Verbindung mit der Befugnis zur Geschäftsführung erteilt worden ist, nur mit dieser entzogen werden.

1   **1. Normzweck.** Die – regelmäßig mit der Geschäftsführungsbefugnis zusammenfallende (§ 714) – organschaftliche Vertretungsmacht der Gesellschafter ist ein ihnen kraft gesellschaftsvertraglicher Regelung zustehendes Mitgliedschaftsrecht. Ihre Entziehung erfordert eine *Vertragsänderung;* sie ist wegen des damit verbundenen Eingriffs in den Kernbereich der Mitgliedschaft des betroffenen Gesellschafters grundsätzlich nur mit dessen Zustimmung möglich, auch wenn der Gesellschaftsvertrag eine Mehrheitsklausel enthält (§ 709 RdNr. 93). Liegt ein *wichtiger Grund* in der Person des vertretungsbefugten Gesellschafters vor, der den Fortbestand der Vertretungsmacht für die übrigen Gesellschafter unzumutbar macht, so gewährt § 715 ihnen ein durch einstimmigen Beschluss auszuübendes **Gestaltungsrecht;** sein Inhalt richtet sich auf Änderung des Gesellschaftsvertrags durch Entziehung der Vertretungsmacht sowie der damit ggf. verbundenen Geschäftsführungsbefugnis des betroffenen Gesellschafters.

2   **2. Anwendungsbereich.** Das in § 715 geregelte Entziehungsrecht aus wichtigem Grund betrifft nur die mitgliedschaftliche Vertretungsmacht der Gesellschafter. Dabei geht es entgegen dem missverständlichen Wortlaut nicht um die Befugnis zur Vertretung der Gesellschafter persönlich, sondern um die **organschaftliche** Befugnis zum Außenhandeln **für die Gesellschaft** (§ 714 RdNr. 12ff.). Abweichend vom allgemeinen Vertretungsrecht (§ 168) ist ein einseitiger Widerruf insoweit grundsätzlich ausgeschlossen (RdNr. 1). Anderes gilt für außerhalb des Gesellschaftsvertrags von den Gesellschaftsorganen an Gesellschafter oder Dritte erteilte Vollmachten; sie unterstehen voll den Vorschriften der §§ 164ff.[1] Die unter der Geltung der Doppelverpflichtungstheorie (vgl. § 714 RdNr. 3) relevante Frage gleichzeitiger Entziehung der von den Gesellschaftern *persönlich* erteilten

---

[202] Dafür *K. Schmidt* HandelsR § 8 III 1 b bb; *ders.* DB 1973, 653, 703 ff.; *ders.* ZHR 145 (1981), 2, 19 f., 22 f.; *ders.* NJW 2003, 1897, 1903; *ders.* BB 2004, 785 (krit. zu BGH NJW 2004, 836); *ders.* NJW 2005, 2801, 2807; *Grunewald* JZ 683, 684; *Staub/Hüffer* § 28 HGB RdNr. 28; MünchKommHGB/*Lieb* § 28 RdNr. 12; *ders.,* FS H. Westermann, 1974, S. 309, 320 ff.; *Bamberger/Roth/Timm/Schöne* RdNr. 54; *Möschel,* FS Hefermehl, 1976, S. 171, 182 f.; *Waskönig,* Rechtsgrund und Tragweite der §§ 25, 28 HGB, 1979, S. 186 ff.; *Erman/Westermann* RdNr. 16; *Kleindiek,* FS Röhricht, 2005, S. 315, 320 ff.; *Arnold/Dötsch* DStR 2003, 1398, 1402 f. (für unternehmenstragende GbR); OLG Naumburg NZG 2006, 711, 712 (Mietzins) m. zust. Anm. *Knöfel* AnwBl. 2006, 373; LSG NRW MedR 2006, 310 (betr. Haftung für alte Honorarrückforderungen der Kassenärztlichen Vereinigung; aufgehoben durch BSG MedR 2007, 669); mit Einschränkung für freie Berufe auch *Eckart/Fest* WM 2007, 396, 397, 400 f. = NJW 1960, 624; BGHZ 143, 314, 317 f. = NJW 2000, 1193; BGH NJW 1966, 1917; WM 1972, 20, 21; im Allgemeinen offenlassend jetzt aber BGHZ 157, 361 = NJW 2004, 836, 837 f. (bei Anwalts-GbR mit Rücksicht auf besondere Pflicht zur persönlichen Leistungserbringung abgelehnt); OLG Düsseldorf ZIP 2002, 616, 619; *Baumbach/Hopt* § 28 HGB RdNr. 2; *Schlegelberger/Hildebrandt* § 28 HGB RdNr. 3; *Canaris* Handelsrecht § 7 RdNr. 80 ff., 88; *Koller/Roth/Morck* § 28 HGB RdNr. 5; *Römermann* BB 2003, 1084, 1086; grds. auch *Heymann/Emmerich* § 28 HGB RdNr. 14.

[1] *Soergel/Hadding* RdNr. 2; *Palandt/Sprau* RdNr. 1; *Staudinger/Habermeier* RdNr. 1; *Bamberger/Roth/Timm/Schöne* RdNr. 3; diff. *Erman/Westermann* RdNr. 1. Vgl. auch § 714 RdNr. 22.

Vertretungsmacht (3. Aufl. RdNr. 2) stellt sich infolge der Durchsetzung der Akzessorietätstheorie (näher § 714 RdNr. 5 f.) nicht mehr. Die Haftung der Gesellschafter für die GbR-Verbindlichkeiten folgt seither aus einer Analogie zu § 128 HGB (vgl. § 714 RdNr. 33 f.). Einer Vertretungsbefugnis der Geschäftsführer ihnen gegenüber bedarf es nicht.

Die Vorschrift des § 715 erfasst aus den zu § 712 Abs. 1 genannten Gründen (§ 712 RdNr. 5 f.) nicht nur diejenigen Fälle, in denen die organschaftliche Vertretungsmacht, sei es als **Einzel- oder Gesamtvertretung,** auf einen Teil der Gesellschafter beschränkt ist.[2] Ebenso wie hinsichtlich der Geschäftsführungsbefugnis kann auch im Falle der *Gesamtvertretung nach §§ 709, 714* ein Bedürfnis bestehen, einen der Gesamtvertreter aus wichtigem Grund abzuberufen. § 715 kann darüber hinaus auch eingreifen, soweit es darum geht, aus wichtigem Grund den **Umfang** der organschaftlichen Vertretungsmacht zu reduzieren.[3] Allerdings scheiden beliebige Reduzierungen wegen der grundsätzlich nur einstimmig möglichen Vertragsänderung aus; es gilt das zu § 712 (RdNr. 17) Ausgeführte. *Für die Ausdehnung von § 715 auf Fälle dieser Art spricht der Verhältnismäßigkeitsgrundsatz; er räumt einem milderen Mittel Vorrang vor dem weitergehenden Eingriff der völligen Entziehung ein.*[4]

3. Voraussetzungen und Rechtswirkungen. Die **Voraussetzungen** des § 715 entsprechen im Grundsatz den in § 712 Abs. 1 genannten. Die Entziehung der Vertretungsmacht erfordert das Vorliegen eines wichtigen Grundes und einen Beschluss der übrigen Gesellschafter. Wegen der Einzelheiten vgl. § 712 RdNr. 9 ff. Der Begriff des wichtigen Grundes und die Maßstäbe hierfür stimmen in beiden Vorschriften in aller Regel überein. Ein Beschluss über die Entziehung der Geschäftsführungsbefugnis erstreckt sich im Zweifel, wenn auch nicht notwendig,[5] auf die Vertretungsmacht (§ 712 RdNr. 16). Demgegenüber kann die Vertretungsmacht, wenn sie mit der Geschäftsführungsbefugnis verbunden ist, nach ausdrücklicher Vorschrift des § 715 nur zusammen mit dieser entzogen werden.[6] Zur Abdingbarkeit des Entziehungsrechts vgl. § 712 RdNr. 23.

Die **Wirkungen** der Entziehung der Vertretungsmacht entsprechen denjenigen im Fall von § 712 Abs. 1: der Gesellschafterbeschluss führt zur Änderung des Gesellschaftsvertrags in Bezug auf die Vertretungsregelung. Gesamtvertretung nach §§ 709, 714 greift nur ein, wenn infolge der Entziehung die vertragliche Ausgestaltung der Vertretung insgesamt außer Kraft gesetzt ist (§ 712 RdNr. 20).

4. Keine Kündigung der Vertretungsmacht. Für ein Kündigungsrecht des organschaftlichen Vertreters aus wichtigem Grund entsprechend § 712 Abs. 2 ist kein Raum.[7] Im Unterschied zur Geschäftsführungsbefugnis als Pflichtrecht (§ 709 RdNr. 29) begründet die Vertretungsbefugnis eines Gesellschafters keine Tätigkeitspflichten, deren Fortbestehen für ihn unzumutbar werden könnte. Sofern ein Gesellschafter nach § 712 Abs. 2 seine Geschäftsführungsbefugnis kündigt, erlischt damit freilich nach § 714 im Zweifel auch seine Vertretungsmacht.[8]

---

[2] So aber noch *Staudinger/Keßler*, 12. Aufl. 1979, RdNr. 1 und die hM zu § 712 Abs. 1 (vgl. § 712 RdNr. 4); wie hier *Soergel/Hadding* RdNr. 4; *Erman/Westermann* RdNr. 2; *Staudinger/Habermeier* RdNr. 2.
[3] *Erman/Westermann* RdNr. 2; *Staudinger/Habermeier* RdNr. 2; aA *Soergel/Hadding* RdNr. 1.
[4] Vgl. näher zum Verhältnismäßigkeitsgrundsatz § 709 RdNr. 101 und *Erman/Westermann* § 712 RdNr. 7.
[5] *Erman/Westermann* RdNr. 3; *Soergel/Hadding* RdNr. 4; *Staudinger/Habermeier* RdNr. 3; *Bamberger/Roth/Timm/Schöne* RdNr. 5.
[6] *Soergel/Hadding* RdNr. 4; *Erman/Westermann* RdNr. 3; *Staudinger/Habermeier* RdNr. 3; *Bamberger/Roth/Timm/Schöne* RdNr. 8.
[7] So auch *Soergel/Hadding* RdNr. 6; *Staudinger/Habermeier* RdNr. 4; aA *Bamberger/Roth/Timm/Schöne* RdNr. 9.
[8] Ebenso *Soergel/Hadding* RdNr. 6; *Erman/Westermann* RdNr. 5; *Staudinger/Habermeier* RdNr. 5; weitergehend die frühere hM, die diese Folge als zwingend ansah und sich hierzu trotz des bei Kündigung der Geschäftsführungsbefugnis fortbestehenden Gesellschaftsvertrags auf § 168 S. 1 berief (RGRK/v. *Gamm* RdNr. 2; *Staudinger/Keßler*, 12. Aufl. 1979, RdNr. 3; wohl auch *Palandt/Sprau* RdNr. 1).

§ 716 Kontrollrecht der Gesellschafter

(1) Ein Gesellschafter kann, auch wenn er von der Geschäftsführung ausgeschlossen ist, sich von den Angelegenheiten der Gesellschaft persönlich unterrichten, die Geschäftsbücher und die Papiere der Gesellschaft einsehen und sich aus ihnen eine Übersicht über den Stand des Gesellschaftsvermögens anfertigen.

(2) Eine dieses Recht ausschließende oder beschränkende Vereinbarung steht der Geltendmachung des Rechts nicht entgegen, wenn Grund zu der Annahme unredlicher Geschäftsführung besteht.

Übersicht

	RdNr.		RdNr.
I. Grundlagen	1–12	II. Höchstpersönliche Natur	13–16
1. Gegenstand; Abgrenzung gegenüber sonstigen Informationsrechten	1, 2	1. Das Kontrollrecht als Gesellschafterrecht	13, 14
2. Anwendungsbereich	3–5	2. Bevollmächtigte, Sachverständige	15, 16
3. Inhalt des Rechts	6–12	III. Abweichende Vereinbarungen	17–19
a) Allgemeines	6, 7	1. Allgemeines	17
b) Unterrichtung und Einsicht	8–10	2. Der zwingende Mindestbestand (Abs. 2)	18, 19
c) Anfertigung von Auszügen	11		
d) Auskunftsrecht?	12		

I. Grundlagen

1. Gegenstand; Abgrenzung gegenüber sonstigen Informationsrechten. § 716 1
Abs. 1 gewährt den einzelnen Gesellschaftern ein **höchstpersönliches** (RdNr. 13) **Recht**, sich durch Einsicht in die Bücher und Papiere der Gesellschaft über deren Angelegenheiten zu unterrichten. Es richtet sich grundsätzlich gegen die *Gesamthand* (zur Anwendung auf Innengesellschaften vgl. RdNr. 3), kann aber auch unmittelbar gegen die für die Einsichtsgewährung zuständigen *Geschäftsführer* durchgesetzt werden.[1] In den Grenzen des § 716 Abs. 2 ist es zwingender Natur (RdNr. 18f.).

Vom **Anspruch auf Rechnungslegung (§ 721)** unterscheidet sich das Kontrollrecht des 2
§ 716 durch seinen primär auf Duldung gerichteten Inhalt, seinen weiterreichenden gegenständlichen Anwendungsbereich und durch die während der ganzen Gesellschaftsdauer einschließlich des Liquidationsstadiums[2] bestehende, vom Rechnungsabschluss unabhängige Möglichkeit seiner Geltendmachung. Die Abgrenzung gegenüber dem **auf §§ 713, 666 beruhenden Auskunftsrecht der Gesellschaft,** das sich gegen die Geschäftsführer persönlich richtet (vgl. § 713 RdNr. 8ff.) folgt daraus, dass das Kontrollrecht des § 716 nicht der Gesellschaft als solcher zusteht, sondern als Mitgliedschaftsrecht jedes einzelnen Gesellschafters ausgestaltet ist.

2. Anwendungsbereich. § 716 findet grundsätzlich auf **alle Arten von GbR** Anwen- 3
dung, einschließlich solcher ohne Gesamthandsvermögen (Innengesellschaften ieS, dazu vgl. § 705 RdNr. 282, 285).[3] Eine **Ausnahme** gilt – abgesehen von der Unterbeteiligung (RdNr. 4) – für *typische stille Gesellschaften* des bürgerlichen Rechts, bei denen sich der Stille auf die Leistung einer Einlage in das Vermögen des ein nichtkaufmännisches Unternehmen betreibenden Hauptgesellschafters gegen Einräumung einer Gewinnbeteiligung beschränkt. Angesichts der Strukturgleichheit zur stillen Gesellschaft des Handelsrechts steht dem Stillen bei solchen Gesellschaften lediglich ein jährliches Informations- und Einsichtsrecht analog

---

[1] BGH BB 1962, 899; RG DR 1944, 246; OLG Saarbrücken NZG 2002, 669. Ebenso *K. Schmidt*, Informationsrechte in Gesellschaften und Verbänden, 1984, S. 65; *Soergel/Hadding* RdNr. 1; *Erman/Westermann* RdNr. 1; vgl. auch § 705 RdNr. 199 und Fn. 519.
[2] BGH BB 1970, 187; RGZ 148, 278, 280; *Soergel/Hadding* RdNr. 1; *Wohlleben*, Informationsrechte der Gesellschafter, 1989, S. 64; vgl. auch BayObLG BB 1987, 2184 (zu § 166 HGB).
[3] BGH WM 1982, 1403f.

§ 233 Abs. 1 HGB zu (vgl. § 705 RdNr. 287).[4] Für andere Innengesellschaften ist eine teleologische Reduktion der weitergehenden Kontrollrechte des § 716 dagegen schon mangels handelsrechtlicher Spezialvorschriften nicht veranlasst.[5]

Dem **Unterbeteiligten** stehen keine Rechte aus § 716 gegen die Hauptgesellschaft zu.[6] Er kann Rechnungslegung entsprechend § 233 HGB nur von dem mit ihm verbundenen Hauptgesellschafter verlangen (Vor § 705 RdNr. 99).

Entsprechendes gilt, wenn die **Gesellschaft an anderen Unternehmen beteiligt** ist. Auch in derartigen Fällen hat der Gesellschafter grundsätzlich weder ein eigenes Einsichtsrecht gegenüber den Beteiligungsgesellschaften noch kann er die Rechte seiner Gesellschaft gegenüber der Beteiligungsgesellschaft geltend machen; ein solcher Anspruch ist nur dann zu bejahen, wenn sich die Anteile des Beteiligungsunternehmens zu 100% in der Hand der Gesellschaft befinden.[7] Der Gesellschafter kann jedoch von der Gesellschaft bzw. deren Geschäftsführern Auskunft über Vorgänge in den Beteiligungsgesellschaften verlangen, soweit nicht berechtigte Interessen dieser Gesellschaften entgegenstehen.[8]

3. Inhalt des Rechts. a) Allgemeines. Das Recht auf Unterrichtung umfasst die **Einsicht** in die Unterlagen und die **Anfertigung einer Übersicht** (RdNr. 8 ff.). Zur Erteilung von Auskünften sind die Geschäftsführer nach § 716 nur ausnahmsweise verpflichtet (RdNr. 12). Der *Nachweis eines besonderen Interesses ist nicht erforderlich*, wenn ein Gesellschafter sich nach § 716 Abs. 1 vom Stand der Geschäfte unterrichten will.[9] Vom Einsichtsrecht darf freilich *nicht missbräuchlich* oder in treuwidriger Weise Gebrauch gemacht werden. Ein Missbrauch liegt namentlich in der Ausübung des Rechts zur Störung des Geschäftsablaufs oder zur Beschaffung von Informationen für vertragswidriges Handeln,[10] aber auch in der Ausübung zur Unzeit.[11]

Ist ein Gesellschafter als **Konkurrent** tätig und besteht der begründete Verdacht, dass er die durch Einsicht erlangten Kenntnisse im eigenen Interesse verwerten will, so kann ihm der persönliche Einblick verwehrt und er stattdessen auf die Möglichkeit verwiesen werden, die Kontrollrechte durch einen neutralen Buchsachverständigen auszuüben.[12] Eine **Entziehung** des Kontrollrechts analog § 712 Abs. 1 kommt angesichts von dessen eigennütziger, mit der Geschäftsführungsbefugnis nicht vergleichbarer Natur selbst bei Konkurrenztätigkeit des Gesellschafters nur als äußerstes Mittel in Betracht;[13] wohl aber kann seine Durchsetzung je nach Lage des Falles am Missbrauchseinwand scheitern.[14]

---

[4] So auch *Staudinger/Habermeier* RdNr. 2; *Bamberger/Roth/Timm/Schöne* RdNr. 3; aA *Erman/Westermann* RdNr. 4.
[5] So jetzt auch *Staudinger/Habermeier* RdNr. 2; *Bamberger/Roth/Timm/Schöne* RdNr. 3.
[6] *Erman/Westermann* RdNr. 4; *Bamberger/Roth/Timm/Schöne* RdNr. 3.
[7] BGHZ 25, 115, 118 = NJW 1957, 1555; vgl. näher *Staub/Ulmer* Anh. § 105 HGB RdNr. 85.
[8] BGH BB 1984, 1271, 1272; OLG Karlsruhe BB 1984, 2016.
[9] *Erman/Westermann* RdNr. 1; *Soergel/Hadding* RdNr. 1; *Staudinger/Habermeier* RdNr. 3; vgl. auch RGZ 148, 278, 279 zur Möglichkeit, trotz Erfüllung der Geschäftsführerpflichten aus §§ 713, 666 und Bilanzfeststellung durch die Gesellschaftergesamtheit die Kontrollrechte aus § 716 geltend zu machen; aA *K. Schmidt* (Fn. 1) S. 63.
[10] RGZ 148, 278, 280; *Soergel/Hadding* RdNr. 11; MünchKommHGB/*Enzinger* § 118 RdNr. 29; vgl. auch § 51 a Abs. 2 GmbHG.
[11] *Soergel/Hadding* RdNr. 11; *Staudinger/Habermeier* RdNr. 3; die Einhaltung der Geschäftsstunden kann allerdings nicht ohne weiteres verlangt werden (*Staub/Ulmer* § 118 HGB RdNr. 39; *Soergel/Hadding* aaO).
[12] BGH BB 1970, 187; 1979, 1315, 1316 (zur KG); WM 1982, 1403 f.; RGZ 103, 71, 73; MünchKommHGB/*Enzinger* § 118 RdNr. 21, 29 mwN; *Bamberger/Roth/Timm/Schöne* RdNr. 3; *Palandt/Sprau* RdNr. 1.
[13] BGH NJW 1995, 194, 195 mwN (zu § 166 HGB); weitergehend OGHZ 1, 33, 39 im Anschluss an RGRK/*Weipert*, 2. Aufl. 1950, § 117 HGB Anm. 2, der § 117 HGB grds. in diesen Fällen analog auf das Informationsrecht eines Kommanditisten anwenden wollte; aA – gegen jegliche Analogie zu § 117 HGB – *Rob. Fischer* NJW 1959, 1057, 1058; *Peters* NJW 1965, 1212 f.; *Soergel/Hadding* RdNr. 14; *Erman/Westermann* RdNr. 6.
[14] BGH NJW 1995, 194, 196; *Rob. Fischer* NJW 1959, 1057, 1058; *Peters* NJW 1965, 1212, 1214; *Erman/Westermann* RdNr. 6.

8   b) Unterrichtung und Einsicht. Das Einsichtsrecht erstreckt sich grundsätzlich auf *alle* **Bücher und Papiere der Gesellschaft,** soweit sie über deren Angelegenheiten und insbesondere die Geschäftsvorgänge Aufschluss geben.[15] Hierzu zählen auch in Datenverarbeitungsanlagen gespeicherte Informationen. Insoweit kann ein Ausdruck oder die Darstellung auf einem Bildschirm verlangt werden; ein Anspruch auf ständigen Zugriff durch ein eigenes EDV-Gerät des Gesellschafters besteht nicht.[16] In seiner Reichweite entspricht das Einsichtsrecht voll dem Informationsrecht der Gesellschafter einer OHG nach § 118 Abs. 1 HGB. Eine Beschränkung auf die Kontrolle des Rechnungsabschlusses, wie sie § 166 Abs. 1 HGB für Kommanditisten vorsieht, ist in § 716 nicht vorgesehen. Grundsätzlich kann auch Einsicht in Papiere verlangt werden, die die Rechtsbeziehungen der Gesellschaft zu Beteiligungsunternehmen betreffen.[17] Eigene Kontrollrechte gegenüber den Beteiligungsgesellschaften stehen dem Gesellschafter dagegen grundsätzlich nicht zu (RdNr. 5).

9   Voraussetzung für die effektive Ausübung des Einsichtsrechts ist eine entsprechende **Buchführung** durch die Geschäftsführer. Die Pflicht hierzu ergibt sich zwar nicht aus § 716, wohl aber im Regelfall aus §§ 713, 666 (vgl. § 713 RdNr. 11). Fehlt es gleichwohl an entsprechenden Unterlagen, so kommt ausnahmsweise ein Auskunftsanspruch aus § 716 in Betracht (RdNr. 12). Die Tatsache, dass der Geschäftsführer geschäftliche und persönliche Aufzeichnungen nicht getrennt hat, berechtigt ihn nicht zur Verweigerung der Einsicht.[18]

10   Die Einsicht hat in der Regel in den **Geschäftsräumen** stattzufinden. Erschwert jedoch die Gesellschaft die Ausübung des Einsichtsrechts in unzumutbarer Weise, so kann der Gesellschafter ausnahmsweise auch vorübergehende Überlassung der Unterlagen verlangen.[19] Zur Hinzuziehung von Sachverständigen vgl. RdNr. 16.

11   c) Anfertigung von Auszügen. Zur Anfertigung einer **Übersicht über den Vermögensstand** darf der Gesellschafter grundsätzlich auch Abschriften und Auszüge aus den Unterlagen anfertigen. Darunter fällt auch das Recht, Kopien der Unterlagen auf eigene Kosten zu fertigen. Die Gesellschaft darf ihn daran nur hindern, wenn entweder die betreffenden Unterlagen für die Vermögensübersicht ohne Aussagekraft sind oder wenn die Gesellschaft ein anerkennenswertes Geheimhaltungsinteresse daran hat.[20]

12   d) Auskunftsrecht? Auskunft oder laufende Berichterstattung können die einzelnen Gesellschafter nach § 716 Abs. 1 **grundsätzlich nicht** verlangen. Ein solcher Anspruch steht vielmehr nur der Gesamthand selbst gegen die Geschäftsführer in den Grenzen der §§ 713, 666 zu.[21] Anderes gilt jedoch dann, wenn der Zweck des Kontrollrechts, dem Gesellschafter die Möglichkeit persönlicher Unterrichtung über die Angelegenheiten der Gesellschaft zu verschaffen, durch die Einsicht nicht erreicht werden kann. Ein Auskunftsrecht ist daher auch im Rahmen von § 716 Abs. 1 **ausnahmsweise anzuerkennen,** wenn entweder Bücher und Geschäftspapiere nicht vorhanden sind oder diese wegen Lückenhaftigkeit, Widersprüchlichkeit oder aus sonstigen Gründen keine geeignete Grundlage für die Beschaffung der Information bilden;[22] es richtet sich gegen die Gesamthand, kann aber auch unmittelbar gegen die

---

[15] Vgl. näher *Akerman,* Der Kernbereich des Informationsrechts im Recht der Personengesellschaften, 2002, S. 25 ff.
[16] *Schlegelberger/Martens* § 118 HGB RdNr. 10; *Ebenroth/Boujong/Joost/Strohm/Mayen* § 118 HGB RdNr. 11; *Staub/Ulmer* § 118 HGB RdNr. 20; *Wohlleben* (Fn. 2) S. 116 f. mwN.
[17] BGH BB 1984, 1271 f. und 1273 f.
[18] BGH BB 1970, 187; RGZ 103, 71, 73; MünchKommHGB/*Enzinger* § 118 RdNr. 15; *Wohlleben* (Fn. 2) S. 119 f.
[19] OLG Zweibrücken OLGR 2005, 444; *Soergel/Hadding* RdNr. 11; *Bamberger/Roth/Timm/Schöne* RdNr. 6; *Staub/Ulmer* § 118 HGB RdNr. 36; MünchKommHGB/*Enzinger* § 118 RdNr. 26.
[20] OLG Köln ZIP 1985, 800, 802; *Staub/Ulmer* § 118 HGB RdNr. 22; MünchKommHGB/*Enzinger* § 118 RdNr. 9; *Wohlleben* (Fn. 2) S. 126 f.
[21] Vgl. § 713 RdNr. 9; so auch *K. Schmidt* GesR § 47 V 3; *Staudinger/Habermeier* RdNr. 8; *Bamberger/Roth/Timm/Schöne* RdNr. 7; aA *U. Huber* ZGR 1982, 546 ff.
[22] HM; BGH BB 1972, 1245; 1984, 1271, 1272; OLG Saarbrücken NZG 2002, 669, 670; *Soergel/Hadding* RdNr. 8; *Erman/Westermann* RdNr. 1; *Staudinger/Habermeier* RdNr. 8; *Bamberger/Roth/Timm/Schöne* RdNr. 7; *Staub/Ulmer* § 118 HGB RdNr. 25; ausf. *Wohlleben* (Fn. 2) S. 82 ff.; vgl. auch BGHZ 14, 53, 59 =

Geschäftsführer geltend gemacht werden (RdNr. 1). Entsprechendes gilt, wenn sich die Auskunft auf wesentliche Vorgänge in Tochtergesellschaften beziehen soll.[23] Im Einzelfall kann der Auskunftsanspruch daher auch in eine Informationsbeschaffungspflicht des Geschäftsführers umschlagen.[24] Der fehlende Sachverstand eines Gesellschafters reicht zur Begründung eines Auskunftsrechts freilich nicht aus; wohl aber kann sich grundsätzlich jeder Gesellschafter auf seine Kosten eines Buchsachverständigen bedienen (RdNr. 16).

II. Höchstpersönliche Natur

1. Das Kontrollrecht als Gesellschafterrecht. Die Rechte aus § 716 Abs. 1 sind als Mitverwaltungsrechte höchstpersönlicher Natur und **nicht übertragbar.**[25] Sie stehen den jeweiligen Gesellschaftern bis zu ihrem Ausscheiden oder bis zur Beendigung der Gesellschaft zu. **Ausgeschiedene** Gesellschafter haben ein Einsichtsrecht nicht aus § 716, wohl aber im Rahmen von § 810.[26] Gleiches gilt für abfindungsberechtigte *Erben* eines Gesellschafters bei Fortsetzung der Gesellschaft unter den Überlebenden.[27] Geht der Gesellschaftsanteil dagegen auf den oder die Erben über (§ 727 RdNr. 31 ff.), so steht ihnen als Gesellschaftern auch das Einsichtsrecht zu. Auch ein Testamentsvollstrecker kann das Kontrollrecht des Gesellschafters ausüben (vgl. näher zur Ausübung der Verwaltungsrechte durch den Testamentsvollstrecker § 705 RdNr. 117).

Haben Gesellschafter einen **gesetzlichen Vertreter**, so ist dieser auch befugt, für sie die Kontrollrechte aus § 716 wahrzunehmen. Das Interesse der Gesellschafter, unter sich zu bleiben, tritt hier gegenüber dem Schutzinteresse des Vertretenen zurück.[28] Da der gesetzliche Vertreter aber nicht als solcher der gesellschaftsrechtlichen Treuepflicht unterliegt, muss er sich zuvor zur Verschwiegenheit verpflichten.[29] Gleiches gilt im Falle der Anordnung einer **Pflegschaft;**[30] einer etwaigen Unvereinbarkeit zwischen Gesellschaftsinteresse und Person des Pflegers ist durch Antrag auf Bestellung eines anderen Pflegers Rechnung zu tragen.[31]

2. Bevollmächtigte, Sachverständige. Ebenso wie die Übertragung des Kontrollrechts (RdNr. 13) scheidet auch dessen Überlassung an einen **Bevollmächtigten** ohne Einverständnis der Mitgesellschafter grundsätzlich aus.[32] Eine Ausnahme gilt namentlich dann,

---

NJW 1954, 1564 (für die GmbH); MünchKommHGB/*Enzinger* § 118 RdNr. 11 f.; weitergehend *Goerdeler,* FS Stimpel, 1985, S. 125, 132 ff.; *Akerman* (Fn. 15) S. 55 ff.

[23] BGH BB 1984, 1271, 1272; *Staub/Ulmer* § 118 HGB RdNr. 14; enger *Wohlleben* (Fn. 2) S. 102 ff. Vgl. auch RdNr. 6.

[24] Ähnlich OLG Hamm NJW 1986, 1693, 1694 (zu §§ 166 HGB, 51a GmbHG); *Wohlleben* (Fn. 2) S. 134 ff., der diese als Teil des Informationsanspruchs qualifiziert; für eine umfassendere Informationspflicht der Geschäftsführung MünchKommHGB/*Enzinger* § 118 RdNr. 14.

[25] EinhM, vgl. BGHZ 25, 115, 122 f. = NJW 1957, 1555; *Soergel/Hadding* RdNr. 10; *Erman/Westermann* RdNr. 3; *Staudinger/Habermeier* RdNr. 4.

[26] BGH NZG 2008, 623, 628 Tz 29; NJW 2000, 2276; WM 1994, 1925, 1928; 1989, 878, 879 (zu § 166 HGB); 1988, 1447, 1448 (zu § 51a GmbHG); OLG Frankfurt BB 1982, 143; *Soergel/Hadding* RdNr. 2; *Erman/Westermann* RdNr. 4; *Staudinger/Habermeier* RdNr. 4; *Bamberger/Roth/Timm/Schöne* RdNr. 4; *Wiedemann* GesR II § 3 III 4 c, S. 256; *Wohlleben* (Fn. 2) S. 63; *Staub/Ulmer* § 118 HGB RdNr. 8; so für die aus einer stillen Gesellschaft Ausgeschiedenen auch BGHZ 50, 316, 324 = NJW 1968, 2003, aA unter Außerachtlassung von § 810 OLG Hamburg MDR 1961, 325 und OLG Hamm OLGZ 1970, 388, 393; *Heymann/Emmerich* § 118 HGB RdNr. 4. – Zum Inhalt des Einsichtsrechts nach § 810 vgl. § 810 RdNr. 13.

[27] OGHZ 1, 33, 39; *Schlegelberger/Martens* § 118 HGB RdNr. 5; MünchKommHGB/*Enzinger* § 118 RdNr. 18; *Staub/Ulmer* § 118 HGB RdNr. 8; *Soergel/Hadding* RdNr. 2; aA *Heymann/Emmerich* § 118 HGB RdNr. 4.

[28] BGHZ 44, 98, 100 f., 103 = NJW 1965, 1961.

[29] Ebenso *Staudinger/Habermeier* RdNr. 4; *Bamberger/Roth/Timm/Schöne* RdNr. 9; *Schlegelberger/Martens* § 118 HGB RdNr. 22; *Staub/Ulmer* § 118 HGB RdNr. 32; *Goerdeler,* FS Stimpel, 1985, S. 125, 135 f.; aA wohl MünchKommHGB/*Enzinger* § 118 RdNr. 20 (gesetzlicher Vertreter tritt grds. in die Pflichtenlage des Vertretenen ein).

[30] BGHZ 44, 98, 100 f., 103 = NJW 1965, 1961.

[31] BGHZ 44, 98, 102 f. = NJW 1965, 1961.

[32] HM, vgl. BGHZ 25, 115, 122 f. = NJW 1957, 1555; BGH BB 1962, 899; RG DR 1944, 245; *Soergel/Hadding* RdNr. 10; *Staudinger/Habermeier* RdNr. 4; MünchKommHGB/*Enzinger* § 118 RdNr. 22; *Staub/Ulmer* § 118 HGB RdNr. 33.

wenn ein Gesellschafter für längere Zeit durch Abwesenheit, Krankheit u. a. gehindert ist, das Kontrollrecht selbst wahrzunehmen. Hier können die Mitgesellschafter der Bevollmächtigung eines Dritten nicht widersprechen, soweit nicht in dessen Person besondere Hinderungsgründe gegeben sind.[33]

16 Eine grundsätzlich andere Beurteilung gilt nach hM für die Hinzuziehung von freiberuflichen **Sachverständigen,** namentlich von Wirtschaftsprüfern und Steuerberatern.[34] Sie soll den Gesellschaftern unbenommen sein, wenn der betreffende Sachverständige für die Aufgabe geeignet und zur Verschwiegenheit verpflichtet ist, gegen ihn aus Gesellschaftssicht keine besonderen Ablehnungsgründe bestehen[35] und die Verantwortung für die Büchereinsicht einschließlich der Verhandlungen hierüber mit der Gesellschaft beim Gesellschafter verbleibt.[36] Dem ist zwar im Ergebnis zuzustimmen. *Die Grenzziehung zwischen Bevollmächtigtem und Sachverständigem sollte allerdings nicht überspitzt werden.* Insbesondere kann es nicht darauf ankommen, ob der Gesellschafter bei der Einsicht durch den Sachverständigen persönlich zugegen ist und ob er für die „Leitung der Büchereinsicht" die Verantwortung trägt.[37] Entscheidend ist vielmehr die **Funktion** der Hilfsperson als Sachverständiger, dh. der Umstand, dass er das Einsichtsrecht nicht selbständig, sondern im Einvernehmen mit dem Gesellschafter und nach dessen mit der Gesellschaft abgestimmten Weisungen wahrzunehmen hat. Ist der einsichtsberechtigte *Gesellschafter potenzieller Wettbewerber* der Gesellschaft, kann das zur Folge haben, dass er sein Einsichtsrecht *nur* durch einen zur Berufsverschwiegenheit verpflichteten Sachverständigen ausüben lassen darf, sofern die Gefahr besteht, dass er die erlangten Informationen zu Wettbewerbszwecken verwenden würde.[38]

III. Abweichende Vereinbarungen

17 **1. Allgemeines.** Die Vorschrift des § 716 Abs. 1 ist vorbehaltlich der Schranken aus Abs. 2 (RdNr. 18) dispositiver Natur. Der Gesellschaftsvertrag kann die Informationsrechte **erweitern,** etwa durch Einführung laufender Berichts- oder Auskunftpflichten der Geschäftsführer oder durch Gewährung der Kontrollrechte des § 716 auch an Unterbeteiligte, ausgeschiedene Gesellschafter und sonstige an den Gesellschaftsergebnissen interessierte Personen. Er kann die Befugnisse aus § 716 Abs. 1 aber auch **beschränken,** indem er ihre Geltendmachung an bestimmte Termine bindet oder vorschreibt, dass das Einsichtsrecht nur von Repräsentanten der Gesellschafter oder von neutralen Sachverständigen, namentlich Wirtschaftsprüfern, ausgeübt werden darf.[39] Zulässig ist sogar ein Ausschluss der ordentlichen

---

[33] BGHZ 25, 115, 122 f. = NJW 1957, 1555; *Staudinger/Habermeier* RdNr. 4; *Bamberger/Roth/Timm/Schöne* RdNr. 9; *Staub/Ulmer* § 118 HGB RdNr. 33; *Schlegelberger/Martens* § 118 HGB RdNr. 23; wohl auch *Soergel/Hadding* RdNr. 10.

[34] BGHZ 25, 115, 123 = NJW 1957, 1555; BGH BB 1984, 1274 f.; 1962, 899, 900; RGZ 170, 392, 395; RG DR 1942, 279; *Soergel/Hadding* RdNr. 10; *Staudinger/Habermeier* RdNr. 4; *Bamberger/Roth/Timm/Schöne* RdNr. 9; *Hueck* OHG § 12, 3; *MünchKommHGB/Enzinger* § 118 RdNr. 23; *Staub/Ulmer* § 118 HGB RdNr. 31; *Hirte* BB 1985, 2208, 2209 f.; abw. *Saenger* NJW 1992, 348, 351 f. (Interessenabwägung).

[35] BGH BB 1962, 899, 900.

[36] BGHZ 25, 115, 123 = NJW 1957, 1555; *Wohlleben* (Fn. 2) S. 60 f.; krit. *Goerdeler*, FS Stimpel, 1985, S. 125, 127 f.

[37] So aber BGHZ 25, 115, 123 = NJW 1957, 1555; *Wohlleben* (Fn. 2) S. 62; *Staudinger/Habermeier* RdNr. 4; wie hier *Staub/Ulmer* § 118 HGB RdNr. 31; *Goerdeler*, FS Stimpel, 1985, S. 125, 128 f.; *Bamberger/Roth/Timm/Schöne* RdNr. 9.

[38] BGH NJW 1995, 194, 195 (zu § 166 HGB); WM 1982, 1403 f.; BB 1979, 1315 f.; zust. *MünchKommHGB/Enzinger* § 118 RdNr. 29; *Staudinger/Habermeier* RdNr. 4; *Bamberger/Roth/Timm/Schöne* RdNr. 10; *Wohlleben* (Fn. 2) S. 62 f.; *Goerdeler*, FS Stimpel, 1985, S. 125, 129; *Hirte* BB 1985, 2208, 2209 f.

[39] BGH WM 1984, 807, 808 (zu § 338 HGB aF); *Soergel/Hadding* RdNr. 12; *Staudinger/Habermeier* RdNr. 9; *Bamberger/Roth/Timm/Schöne* RdNr. 12; *MünchKommHGB/Enzinger* § 118 RdNr. 31; eingehend *Staub/Ulmer* § 118 HGB RdNr. 43 f.; *Akerman* (Fn. 15) S. 88 ff., 171 ff.; tendenziell kritischer BGH WM 1988, 1447 f. im Hinblick auf § 51 a GmbHG, vgl. dazu auch *Martens* aaO RdNr. 32; *Grunewald* ZGR 1989, 545, 549 ff.

Kontrollrechte insoweit, als kein Verdacht unredlicher Geschäftsführung besteht.[40] Ob die Beschränkung oder der Ausschluss sich auch auf das gesamthänderische Auskunftsrecht der übrigen Gesellschafter gegen die Geschäftsführer aus §§ 713, 666 (vgl. § 713 RdNr. 8) erstrecken oder jedenfalls dessen Geltendmachung im Wege der actio pro socio verhindern soll, ist Frage der Vertragsauslegung.[41]

2. Der zwingende Mindestbestand (Abs. 2). Eine Einschränkung erfährt die Dispositionsfreiheit durch die zwingende Gewährung der Kontrollrechte bei *Verdacht unredlicher Geschäftsführung.* Abs. 2 steht nicht nur dem gänzlichen **Ausschluss** der Kontrollrechte im Gesellschaftsvertrag entgegen, sondern auch dem einseitigen **Verzicht** des berechtigten Gesellschafters. Auch die Berufung auf den Missbrauchseinwand (RdNr. 6) scheidet bei Vorliegen der Voraussetzungen von Abs. 2 in aller Regel aus. 18

Die **Anforderungen** an das Eingreifen von Abs. 2 dürfen nicht überspannt werden, wenn die Vorschrift nicht leerlaufen soll. Auf einen Nachweis des unredlichen Verhaltens kann es nicht ankommen, zumal die Feststellungen hierzu regelmäßig erst durch Ausübung des Kontrollrechts getroffen werden können.[42] Andererseits reicht eine unsubstantiierte Vermutung nicht aus. Erforderlich, aber auch genügend ist vielmehr ein durch Tatsachenbehauptungen **glaubhaft vorgetragener** und von der Gegenseite **nicht ausgeräumter Verdacht,** dass Gesellschaft oder Mitgesellschafter durch das Verhalten von Geschäftsführern pflichtwidrig geschädigt werden.[43] Auf ein strafrechtliches Verhalten oder eine Schädigungsabsicht der Geschäftsführer iS des § 826 kommt es für das Eingreifen des Abs. 2 nicht an. Es genügt die fehlerhafte Führung der Geschäftsunterlagen oder die grundlose Verweigerung der Ausübung des Kontrollrechts.[44] 19

§ 717 Nichtübertragbarkeit der Gesellschafterrechte

¹ Die Ansprüche, die den Gesellschaftern aus dem Gesellschaftsverhältnis gegeneinander zustehen, sind nicht übertragbar. ² Ausgenommen sind die einem Gesellschafter aus seiner Geschäftsführung zustehenden Ansprüche, soweit deren Befriedigung vor der Auseinandersetzung verlangt werden kann, sowie die Ansprüche auf einen Gewinnanteil oder auf dasjenige, was dem Gesellschafter bei der Auseinandersetzung zukommt.

Übersicht

	RdNr.		RdNr.
I. Grundlagen	1–15	c) Abtretbarkeit von Vermögensrechten (Satz 2)	14, 15
1. Die Vorschriften der §§ 717 bis 719	1–4	**II. Verwaltungsrechte**	16–29
2. Normzweck des § 717	5, 6	1. Überblick	16, 17
3. Zwingende Geltung von Satz 1	7, 8	2. Stimmbindungsverträge	18–29
4. Grenzen des Abspaltungsverbots	9–15	a) Wesen und Arten	18, 19
a) Überlassung zur Ausübung	9, 10	b) Zulässigkeit	20–27
b) Treuhand, Nießbrauch, Testamentsvollstreckung	11–13	aa) Allgemeines	20–22

---

[40] Zweifelnd BGH WM 1988, 1447 f. im Hinblick auf § 51 a Abs. 3 GmbHG.
[41] Zur Frage der Abdingbarkeit der actio pro socio im Gesellschaftsvertrag vgl. § 705 RdNr. 209.
[42] EinhM, vgl. BGH WM 1984, 807, 808; *Erman/Westermann* RdNr. 5; *Soergel/Hadding* RdNr. 13; *Staudinger/Habermeier* RdNr. 10; *Staub/Ulmer* § 118 HGB RdNr. 45; *Hueck* OHG § 12, 4; *Wiedemann* GesR I § 7 II 2a, S. 376.
[43] So auch BGH WM 1984, 807, 808; *Staub/Ulmer* § 118 HGB RdNr. 45; *Erman/Westermann* RdNr. 5; *Staudinger/Habermeier* RdNr. 10; *Bamberger/Roth/Timm/Schöne* RdNr. 12; *MünchKommHGB/Enzinger* § 118 RdNr. 34; *Baumbach/Hopt* § 118 HGB RdNr. 18; im Ergebnis auch *Soergel/Hadding* RdNr. 13; enger noch *Staudinger/Keßler*, 12. Aufl. 1979, RdNr. 9 und *Hueck* OHG § 12, 4, die einen „durch Tatsachen unterstützten Verdacht" fordern und insoweit wohl den Nachweis der Tatsachen voraussetzen.
[44] *Schlegelberger/Martens* § 118 HGB RdNr. 34; *MünchKommHGB/Enzinger* § 118 RdNr. 35; *Staub/Ulmer* § 118 HGB RdNr. 46.

§ 717 1–3 Abschnitt 8. Titel 16. Gesellschaft

	RdNr.		RdNr.
bb) Stimmbindung gegenüber Mitgesellschaftern...	23, 24	2. Die einzelnen Vermögensrechte nach Satz 2...	34–39
cc) Stimmbindung gegenüber Dritten...	25–27	a) Aufwendungsersatz...	34
		b) Gewinn...	35, 36
c) Durchsetzbarkeit von Stimmbindungsverträgen...	28, 29	c) Auseinandersetzungsguthaben...	37–39
		3. Rechtsstellung des Zessionars...	40, 41
III. Vermögensrechte...	30–41	IV. Pfändung und Verpfändung...	42–45
1. Allgemeines...	30–33	1. Pfändung...	42–44
a) Grundlagen...	30	2. Verpfändung...	45
b) Künftige Ansprüche...	31, 32		
c) Sonstige Vermögensrechte...	33		

I. Grundlagen

1   **1. Die Vorschriften der §§ 717 bis 719.** Sie enthalten zentrale Regelungen zur Rechtsstellung der Gesellschafter als Mitglieder der Gesellschaft, zur Bildung des Gesamthandsvermögens sowie zu den Möglichkeiten und Grenzen einer Verfügung über den Anteil am Gesellschaftsvermögen und über Rechte aus der Mitgliedschaft. Die Übergänge zwischen den drei Vorschriften scheinen auf den ersten Blick fließend. Das gilt vor allem für das Verhältnis der §§ 717, 719, die sich beide mit Verfügungsmöglichkeiten der Gesellschafter beschäftigen. Bei näherer Prüfung zeigt sich jedoch, dass jeder der drei Paragraphen seinen eigenständigen und unverwechselbaren Regelungsbereich hat (RdNr. 2 bis 4).

2   Als grundlegende Vorschrift ist zunächst § 719 zu nennen: sie dient dem **Schutz des Gesamthandsvermögens** in seinem Bestand gegen Verfügungen nichtberechtigter Gesellschafter. Die Regelung bezieht sich entgegen früher verbreiteter Ansicht nicht auf die Verfügung über den Gesellschaftsanteil als Inbegriff der Mitgliedschaftsrechte; diese ist gesetzlich nicht geregelt und nach heute ganz hM mit Zustimmung der Mitgesellschafter zulässig (§ 719 RdNr. 21 ff., 27 ff.). Vielmehr schließt § 719 in **Abs. 1** die isolierte Verfügung über die Gesamthandsbeteiligung des Gesellschafters sowie über den Anteil an den einzelnen Gesamthandsgegenständen aus. Das Verbot beruht auf dem Wesen der gesellschaftsrechtlichen Gesamthand und ist zwingender Natur. Denn die Gesamthänderstellung als solche kann nicht von der Mitgliedschaft getrennt werden, während es einen Anteil der Gesellschafter an den einzelnen Gesamthandsgegenständen als möglicher Gegenstand selbstständiger Rechte im Unterschied zur Bruchteilsgemeinschaft nicht gibt (§ 719 RdNr. 4, 8). Wohl aber kann die Gesellschaft selbst durch ihre Organe über die zum Gesamthandsvermögen gehörenden Gegenstände ganz oder teilweise verfügen. Das weiter in Abs. 1 genannte, den Bestand des Gesamthandsvermögens bedrohende Teilungsverlangen ist nur während der Dauer der „werbenden" Gesellschaft ausgeschlossen; nach der Auflösung gelten die Vorschriften der §§ 730 ff. – Auch das in § 719 **Abs. 2** enthaltene Aufrechnungsverbot für Gesellschaftsschuldner ist Ausdruck der Gesamthandszugehörigkeit der betreffenden Forderung. Angesichts der mangelnden Gegenseitigkeit von Gesellschaftsforderung und Forderung des Schuldners gegen einen Gesellschafter folgt es bereits aus dem Fehlen der Aufrechnungsvoraussetzungen des § 387.

3   Im Unterschied zu § 719 Abs. 1 bezieht sich die Vorschrift des **§ 717** nicht auf das Vermögen der Gesellschaft, sondern auf die **einzelnen aus der Mitgliedschaft fließenden Rechte**, dh. die individuellen Verwaltungs- und Vermögensrechte der Gesellschafter (§ 705 RdNr. 189 ff.). Sie stellt in **Satz 1** den Grundsatz der Unübertragbarkeit dieser Rechte auf; insoweit ist sie im Wesentlichen zwingender Natur (RdNr. 7). Die in **Satz 2** zugelassenen Ausnahmen für bestimmte Vermögensrechte beruhen auf der Vorstellung des Gesetzgebers, bei ihnen handele es sich trotz des gesellschaftsvertraglichen Ursprungs um von der Mitgliedschaft trennbare Ansprüche, deren Abtretung aus der Sicht der Mitgesellschafter im Grundsatz unbedenklich sei.[1] Dementsprechend erwirbt der Zessionar mit der Abtretung derartiger Ansprüche nicht auch die auf ihre Geltendmachung gerichteten oder diese

---
[1] Mot. II S. 613 ff. (zu § 644 E I); vgl. dazu auch RGZ 67, 17 ff.

erleichternden Verwaltungs- und Kontrollrechte; er kann sich insoweit vielmehr nur an den Zedenten halten (RdNr. 40).

Die Vorschrift des § 718 schließlich enthält die erst im zweiten Entwurf[2] in das BGB aufgenommene gesetzliche **Grundlage der gesellschaftsrechtlichen Gesamthand**. Sie regelt die Zugehörigkeit bestimmter Gegenstände (Beiträge, rechtsgeschäftlicher Erwerb namens der Gesellschaft, Surrogate) zum Gesamthandsvermögen. Dementsprechend sind auch Gesamthandsverbindlichkeiten, ohne dass dies in § 718 besonders erwähnt wird, als besondere, von der Gesellschafterhaftung zu unterscheidende Verpflichtungen anzuerkennen (§ 714 RdNr. 31 f.). Von § 717 unterscheidet sich die Vorschrift des § 718 deutlich dadurch, dass jene nicht von den Gesamthandsbefugnissen, sondern von den individuellen Mitgliedschaftsrechten handelt. Demgegenüber besteht ein unmittelbarer Zusammenhang von § 718 mit § 719, da auch bei diesem die Gesamthandszugehörigkeit des Gesellschaftsvermögens betont und daraus der Ausschluss der Verfügung über Anteile an den dazu gehörenden Gegenständen sowie das Verbot der Aufrechnung zwischen Gesamthandsforderungen und Gesellschafterschulden abgeleitet wird.

2. Normzweck des § 717. Die Vorschrift bezieht sich auf *sämtliche aus der Mitgliedschaft fließenden Rechte*. Sie stellt mit Ausnahme von Satz 2 den **Grundsatz der Unübertragbarkeit** auf. Der Begriff „Ansprüche" in Satz 1 ist missverständlich, da er den Bereich der Mitgliedschaftsrechte nur unzureichend erfasst. Nach ganz hM[3] gehören hierzu nicht nur die mitgliedschaftlichen Individualansprüche gegen die Gesellschaft (Sozialverbindlichkeiten, § 705 RdNr. 197 ff.), sondern auch die sonstigen Verwaltungsrechte der Gesellschafter wie Geschäftsführung, Vertretung, Stimmrecht u. a. (RdNr. 16).

Nicht unter § 717 fallen demgegenüber sonstige Ansprüche, die Gesellschaftern unabhängig von ihrer Mitgliedstellung gegen Gesamthand und Mitgesellschafter zustehen, darunter namentlich **Drittgläubigerforderungen.** Sie bleiben auch dann übertragbar, wenn im Gesellschaftsvertrag die Abtretung der in Satz 2 genannten Vermögensansprüche ausgeschlossen ist. Nicht erfasst werden von § 717 auch die **Sozialansprüche** wie Beitragsforderungen u. a. (§ 705 RdNr. 201); sie stehen nicht den Mitgliedern persönlich zu, sondern der Gesellschaft, und unterliegen als Teil des Gesamthandsvermögens nach § 718 der Verfügung nur durch die vertretungsbefugten Gesellschafter.[4]

3. Zwingende Geltung von Satz 1. Die in § 717 angeordnete grundsätzliche Unübertragbarkeit der Mitgliedschaftsrechte ist, soweit es die **Verwaltungsrechte** angeht, zwingender Natur; sie führt zur Nichtigkeit dagegen verstoßender Vereinbarungen. Das wird nicht nur vom BGH unter Hinweis auf das Wesen der Gesamthandsgemeinschaft und die mit der Gesellschafterstellung unvereinbare Abspaltung von Mitgliedschaftsrechten in st. Rspr. betont,[5] sondern es entspricht auch der einhM in der neueren Literatur.[6] Die früher verbreitete Ansicht, bei dem Abtretungsverbot handele es sich um ein relatives Verbot iS von § 135, auf das die Gesellschafter verzichten könnten,[7] wird heute nicht mehr vertreten. Auch die in neuerer Zeit verschiedentlich anzutreffenden Versuche, zu einer Durchbrechung des Grundsatzes der Selbstorganschaft (näher § 709 RdNr. 5), dh. also zur

---

[2] Prot. II S. 426 ff.; vgl. auch *Flume* I/1 § 1 II, S. 2 ff.
[3] Anders nur *U. Huber* Vermögensanteil S. 352, der § 717 S. 1 auf Ansprüche ieS beschränkt.
[4] *Soergel/Hadding* RdNr. 2; *Erman/Westermann* RdNr. 2; vgl. auch RGZ 76, 276, 280 (Pfändung einer Beitragsforderung nur nach § 736 ZPO).
[5] BGHZ 3, 354, 357 = NJW 1952, 178; BGHZ 20, 363, 365 = NJW 1956, 1198; BGHZ 36, 292, 293 ff. = NJW 1962, 738; BGH LM HGB § 105 Nr. 6 = BB 1953, 926; NJW 1987, 780 (zu § 134 AktG); BayObLG GmbHR 1986, 87; einschr. nur BGHZ 33, 105, 108 ff. = NJW 1960, 1997 für den Sonderfall der Einsetzung eines Dritten als Geschäftsführer der OHG während der Dauer des Ausschließungsprozesses gegen den einzigen geschäftsführungs- und vertretungsberechtigten Gesellschafter.
[6] Statt aller *Staudinger/Habermeier* RdNr. 4; *Soergel/Hadding* RdNr. 20; *Erman/Westermann* RdNr. 3; *Staub/Ulmer* § 109 HGB RdNr. 26; *Ulmer*, FS Fleck, 1988, S. 383, 384 ff.; ebenso im Ergebnis auch *Bamberger/Roth/Timm/Schöne* RdNr. 6, die die Unwirksamkeit allerdings auf § 134 stützen.
[7] So namentlich RG JW 1919, 933 und LZ 1921, 617; seither noch *Soergel/Schultze-v. Lasaulx*, 10. Aufl. 1969, RdNr. 1 (unter unzutr. Berufung auf Urteile zu § 719 Abs. 1) und *Erman/Schultze-Wenck*, 7. Aufl., RdNr. 3.

Übertragbarkeit der Geschäftsführungs- und der Vertretungsbefugnis als zwei der wichtigsten Mitgliedschaftsrechte auf Dritte zu kommen,[8] haben sich nicht durchgesetzt. Wenn auch die Begründungen für das Abspaltungsverbot differieren,[9] so steht doch im Ergebnis außer Streit, dass die Unübertragbarkeit der Mitgliedschaftsrechte nicht nur dem Schutz der Mitgesellschafter gegen eine Mitsprache Dritter in Gesellschaftsangelegenheiten Rechnung trägt, sondern dass sie die *unselbstständige,* von der Mitgliedschaft als Stammrecht nicht trennbare *Natur der einzelnen Mitgliedschaftsrechte* zum Ausdruck bringt. Daher steht es den Gesellschaftern auch nicht frei, im Gesellschaftsvertrag oder durch Einzelvereinbarung Ausnahmen vom Abspaltungsverbot zuzulassen. Zu den Grenzen des Abspaltungsverbots vgl. RdNr. 9 ff.

8 **Dispositiv** ist die in **Satz 2** zugelassene Ausnahme vom Abspaltungsverbot für bestimmte Vermögensrechte. Daher ist es den Gesellschaftern unbenommen, nach § 399 deren Unübertragbarkeit im Gesellschaftsvertrag festzulegen.[10]

9 **4. Grenzen des Abspaltungsverbots. a) Überlassung zur Ausübung.** Das Abspaltungsverbot hindert die Gesellschafter nicht, *im allseitigen Einvernehmen* einzelne Mitgliedschaftsrechte *Dritten zur Ausübung* zu überlassen. Das ist namentlich für Geschäftsführung und Vertretung anerkannt; sie können einem Dritten im Rahmen eines Auftrags mit Generalvollmacht übertragen werden.[11] Es gilt aber auch für sonstige Mitgliedschaftsrechte wie etwa die Kontrollrechte des § 716, das Recht auf Rechnungslegung sowie das Stimmrecht. Der Unterschied ist nicht rein formaler Natur, sondern zeigt sich darin, dass die Rechte dem Dritten *nicht auf Dauer* zur Ausübung überlassen, sondern ihm ohne sein Zutun wieder entzogen werden können und dass die **Gesellschafter als Rechtsinhaber** frei bleiben in der Entscheidung darüber, ob sie unter Ausschluss des Dritten wieder selbst tätig werden wollen. Die Überlassung von Mitgliedschaftsrechten zur Ausübung an Dritte lässt das Abspaltungsverbot somit unberührt. Eine gegen § 717 S. 1 verstoßende und daher nichtige Übertragung von Mitgliedschaftsrechten kann nach Maßgabe von § 140 in eine Überlassung zur Ausübung *umgedeutet* werden.[12] – Zur Wahrnehmung der Mitgliedschaftsrechte nicht voll Geschäftsfähiger durch ihre *gesetzlichen Vertreter* vgl. § 709 RdNr. 60, § 716 RdNr. 14; zur Möglichkeit verhinderter Gesellschafter, sich zur Rechtsausübung eines *Bevollmächtigten* zu bedienen, § 709 RdNr. 77, § 716 RdNr. 15.

10 Nach einer (vereinzelt gebliebenen) Entscheidung des 7. ZS des BGH soll das Abspaltungsverbot einer gesellschaftsvertraglichen **Einräumung originärer,** nicht von bestehenden Mitgliedschaften abgespalteter **Stimm-** und **Kontrollrechte an Nichtgesellschafter** nicht entgegenstehen. Da die Mitgliedschaftsrechte der Gesellschafter hiervon nicht betroffen seien, sei die Einheit von Mitgliedschaft und Verwaltungsrechten gewahrt.[13] Diese

---

[8] *Teichmann* Gestaltungsfreiheit S. 116 ff.; *H. P. Westermann* Vertragsfreiheit S. 153 ff., 445 ff.; *Reinhardt/Schultz* GesR RdNr. 167 ff.; aus der Rspr. vgl. den Sonderfall BGHZ 33, 105, 108 (Fn. 5).

[9] Eingehend hierzu *Wiedemann* Übertragung S. 276 ff.; *K. Schmidt,* GS Knobbe-Keuk, 1997, S. 307 ff.; *Westermann,* FS Lutter, 2000, S. 955 ff.; vgl. auch *K. Schmidt* GesR § 14 II 2 e; *Reuter* ZGR 1978, 633 ff.; *ders.,* FS Steindorff, 1990, S. 229, 232 ff.

[10] BGH WM 1978, 514, 515 (auch zur Auslegung gesellschaftsvertraglicher Abtretungsverbote); *Staudinger/Habermeier* RdNr. 12; *Soergel/Hadding* RdNr. 7; *Bamberger/Roth/Timm/Schöne* RdNr. 22.

[11] BGHZ 36, 292, 295 = NJW 1962, 738; vgl. dazu § 709 RdNr. 5 und *Wiedemann* GesR II § 2 III 2 c aa, S. 215 f. und 2 e, S. 221 f.

[12] BGHZ 20, 363, 366 = NJW 1956, 1198; *Soergel/Hadding* RdNr. 22; vgl. auch OLG Koblenz ZIP 1992, 844, 846 (Umdeutung der Stimmrechtsübertragung an einen Nießbraucher in eine widerrufliche Stimmrechtsvollmacht); OLG Hamm NZG 1999, 995 (Umdeutung unwirksamer Stimmrechtsabspaltung in Treuhand am Gesellschaftsanteil); OLG Hamburg NJW 1987, 1865, 1867 und ZIP 1989, 298, 300 (zur GmbH).

[13] BGH NJW 1960, 936 f. = JZ 1960, 490 m. zust. Anm. *A. Hueck;* dem BGH folgend noch *Staudinger/Keßler,* 12. Aufl. 1979, § 709 RdNr. 10; *Soergel/Schultze-v. Lasaulx,* 10. Aufl. 1969, § 709 RdNr. 41; GroßkommHGB/*Rob. Fischer,* 3. Aufl. 1967, § 119 RdNr. 24; MünchKommHGB/*Enzinger* § 109 RdNr. 12; Gegenansichten in Fn. 14. Abw. aber BGH NJW 1982, 877, 878 (sub I 2): Vereinbarung im Gesellschaftsvertrag einer Publikums-GbR, wonach ein Dritter mit Geschäftsführungsangelegenheiten betraut werden soll, begründet als solche keine Rechte des am Gesellschaftsvertrag nicht beteiligten Dritten; hierfür bedarf es eines gesonderten Anstellungs- bzw. Geschäftsbesorgungsvertrags mit diesem.

Ansicht ist in der Literatur zu Recht verbreitet auf **Kritik** gestoßen.[14] Zwar ist angesichts der Doppelnatur des Vertrags einer Personengesellschaft als Schuld- und Organisationsvertrag (§ 705 RdNr. 158) die Begründung von Rechten für Nichtgesellschafter im Wege einer Vereinbarung zugunsten Dritter nach § 328 nicht per se ausgeschlossen.[15] Ihre Unzulässigkeit wegen Verstoßes gegen das Abspaltungsverbot folgt jedoch aus der unselbstständigen, von der Mitgliedschaft abgeleiteten Natur der Verwaltungsrechte (RdNr. 7) und der legitimierenden Funktion insbesondere des Stimmrechts als Instrument der innergesellschaftlichen Willensbildung.[16] Soweit der Gesellschaftsvertrag Mitwirkungsrechte Dritter in Gesellschaftsangelegenheiten vorsieht, kann es sich deshalb nur um zur Ausübung überlassene, *keine eigenen Rechte begründende Befugnisse* handeln; sie können den Dritten von den Gesellschaften grundsätzlich jederzeit wieder entzogen werden.[17] Die vertragliche Einräumung eines „Sonderrechts" für Nichtgesellschafter ist nicht möglich.[18]

b) Treuhand, Nießbrauch, Testamentsvollstreckung. Besonderheiten gegenüber dem Abspaltungsverbot gelten für bestimmte auf die Mitgliedschaft als solche einwirkende Rechtsverhältnisse. Ist der Gesellschaftsanteil Gegenstand einer **Treuhand,** so steht die formelle Rechtsstellung als Gesellschafter und damit auch die Ausübung der Mitgliedschaftsrechte grundsätzlich dem *Treuhänder* zu (vgl. näher § 705 RdNr. 84 ff., 89 ff.). Der Treugeber hat bei *einfacher* (verdeckter) Treuhand keine unmittelbaren Beziehungen zur Gesellschaft, sondern steht ihr wie ein beliebiger Dritter gegenüber. Handelt es sich dagegen um eine *qualifizierte* (offene), mit Zustimmung der Mitgesellschafter eingegangene Treuhand, so können sich damit nicht nur unmittelbare, auf entsprechender Vereinbarung beruhende Rechtsbeziehungen zwischen Treugeber und Mitgesellschaftern verbinden. Vielmehr kann es mit Einverständnis der Mitgesellschafter in Fällen dieser Art auch zu einer internen Aufteilung der Rechte aus dem Gesellschaftsanteil zwischen Treuhänder und Treugeber kommen, ohne dass das Abspaltungsverbot eingreift (§ 705 RdNr. 91 ff.). – Zur ähnlichen Rechtslage bei der *Unterbeteiligung* vgl. Vor § 705 RdNr. 92 ff., 96 ff.

Eine Aufteilung der Mitgliedschaft ist auch beim **Nießbrauch** anzunehmen, wenn dieser mit Zustimmung der Mitgesellschafter den ganzen Anteil erfasst und sich nicht auf den Gewinn beschränkt (§ 705 RdNr. 96 ff.). Da der Nießbrauch nach § 1030 eine dingliche Berechtigung an den damit belasteten Gegenständen verleiht, ist die Stellung des Nießbrauchers am Anteil nach zutreffender, wenn auch bestrittener Ansicht (§ 705 RdNr. 96 f.) **mitgliedschaftlicher** Art. Der Nießbraucher ist neben dem Besteller in den Gesellschafterverband einbezogen; er kann mangels abweichender Vereinbarungen die auf *laufende* Angelegenheiten bezogenen Verwaltungsbefugnisse (Stimmrecht, Kontrollrechte u. a.) anstelle des Bestellers kraft eigenen Rechts ausüben. Das Abspaltungsverbot greift auch hier nicht ein.

Im Fall einer mit Zustimmung der Mitgesellschafter angeordneten **Testamentsvollstreckung** am Gesellschaftsanteil kommt es demgegenüber grundsätzlich nicht zu einer Aufteilung der Mitgliedschaft. Vielmehr ist der Testamentsvollstrecker an dem zum Nachlass gehörenden Gesellschaftsanteil kraft Amtes mitberechtigt und übt in dieser Eigenschaft alle wesentlichen, mit dem Anteil verbundenen Vermögens- und Verwaltungsrechte unter Ausschluss der Gesellschafter/Erben aus (vgl. § 705 RdNr. 116 f.). Soweit er bestimmte Verwaltungsrechte

---

[14] Abl. *Flume* I/1 § 14 VII, S. 235 ff.; *Nitschke,* Die kapitalistisch strukturierte Personengesellschaft, 1970, S. 286 ff.; *Priester,* FS Werner, 1984, S. 657, 664; *Teichmann* Gestaltungsfreiheit S. 218 ff.; *Schlegelberger/Martens* § 109 HGB RdNr. 14; jetzt wie hier auch *Staudinger/Habermeier* RdNr. 4; *Bamberger/Roth/Timm/Schöne* RdNr. 8. Allg. zum Abspaltungsverbot vgl. auch *K. Schmidt* GesR §§ 14 II 2 b, 19 III 4.

[15] Vgl. zur gesellschaftsvertraglichen Eintrittsklausel beim Tod eines Gesellschafters § 727 RdNr. 53 ff. Zur abw. Rechtslage bei der GmbH im Hinblick auf die Rechtsnatur der Satzung als körperschaftlichen Organisationsvertrag *Ulmer,* FS Werner, 1984, S. 911 ff. und FS Wiedemann, 2002, S. 1297, 1309 ff.; vgl. auch *Ulmer* in: *Ulmer/Habersack/Winter* § 3 GmbHG RdNr. 39 ff.

[16] So zutr. *Scholz/K. Schmidt* § 47 GmbHG RdNr. 19 für die GmbH.

[17] So mit Recht *Flume* I/1 § 14 VII, S. 238 f.; aA *Staudinger/Keßler; Soergel/Schultze-v. Lasaulx* und *Rob. Fischer* (aaO Fn. 13), die einen Widerruf des dem Dritten eingeräumten Stimmrechts nur aus wichtigem Grund zulassen.

[18] Vgl. BGH LM HGB § 109 Nr. 8 = WM 1970, 246 (in NJW 1970, 706 insoweit nicht abgedruckt).

§ 717 14–16　　　　　　　　　　　　　　　　　　　Abschnitt 8. Titel 16. Gesellschaft

wie die Geschäftsführung und die Vertretung der GbR nicht selbst ausüben kann (vgl. aber § 705 RdNr. 118), ruhen diese und stehen nicht etwa dem Gesellschafter/Erben zu. Da es an einer Aufteilung der Mitgliedschaft fehlt, scheidet ein Verstoß gegen das Abspaltungsverbot bei der Testamentsvollstreckung am Gesellschaftsanteil von vornherein aus (vgl. auch § 705 RdNr. 111, 117). Dies gilt auch in Fällen, in denen ausnahmsweise der Gesellschafter/Erbe persönlich unentziehbare Rechte wie das nach § 716 Abs. 2 unentziehbare Kontrollrecht als Notbefugnis neben dem Testamentsvollstrecker ausüben kann (vgl. § 705 RdNr. 117).

14　**c) Abtretbarkeit von Vermögensrechten (Satz 2).** Eine ausdrückliche Ausnahme vom Abspaltungsverbot lässt § 717 Satz 2 für bestimmte Vermögensrechte zu. Ihr gemeinsames Kennzeichen besteht darin, dass es sich jeweils um obligatorische Ansprüche gegen die Gesamthand handelt, die sich nach ihrer Entstehung von der Mitgliedschaft gelöst haben und vorbehaltlich etwaiger auf ihrer gesellschaftsvertraglichen Herkunft beruhenden Durchsetzungsschranken zu selbstständigen Gläubigerrechten geworden sind (RdNr. 3, 30). Schutzwürdige Belange der Mitgesellschafter oder Besonderheiten der Mitgliedschaft als Inbegriff unübertragbarer Rechte stehen ihrer Abtretung daher nicht entgegen. Zur Frage der Abtretbarkeit künftiger Ansprüche vgl. RdNr. 31 f.

15　Über die in Satz 2 genannten Ansprüche hinaus erscheint es im Unterschied zu den ihrer Art nach höchstpersönlichen Verwaltungsrechten zulässig, mit Einverständnis aller Gesellschafter auch einen gesellschaftsvertraglich eingeräumten **Anspruch auf gewinnunabhängige Entnahmen** (RdNr. 36) abzutreten. Anderes gilt dagegen für den vereinzelt als besonderes Vermögensrecht angesehenen, den Inbegriff der dem Gesellschafter aufgrund des Gesellschaftsvertrags zustehenden Vermögensrechte repräsentierenden *Vermögenswert der Beteiligung* (gegen seine rechtliche Anerkennung vgl. aber § 705 RdNr. 188)[19] sowie für sonstige angebliche Vermögensstammrechte, darunter insbesondere das *Gewinnstammrecht* (§ 705 RdNr. 108). Auch wenn man von den konstruktiven Bedenken absieht, die allgemein gegen die Figur eines – zudem auf ein Gesamtvermögen bezogenen – Wertrechts sprechen,[20] haben sich mit der Verselbstständigung der Mitgliedschaft und ihrer Anerkennung als übertragbares und belastbares subjektives Recht (§ 705 RdNr. 180) Ersatzkonstruktionen nach Art der Anerkennung eines besonderen Gewinnstammrechts oder auch des Vermögenswerts der Beteiligung erübrigt. Gegen sie spricht auch, dass die Übertragung des Vermögenswerts der Beteiligung zu Mitspracherechten des Zessionars in Vermögensangelegenheiten führen würde, die sich als unvereinbar mit dem Abspaltungsverbot des § 717 S. 1 erweisen.[21] Soweit es darum geht, das Risiko des Zessionars aus einer Vorausabtretung des Anspruchs auf das Auseinandersetzungsguthaben (RdNr. 32) zu vermeiden, lässt sich das mittels *Verpfändung der Mitgliedschaft* an den Zessionar und unter Einbeziehung des Pfandgläubigers in den Gesellschafterverband erreichen.[22]

II. Verwaltungsrechte

16　**1. Überblick.** Nicht von der Mitgliedschaft abspaltbar und daher **unübertragbar** sind nach § 717 S. 1 sämtliche Verwaltungsrechte (§ 705 RdNr. 193), darunter namentlich das Geschäftsführungsrecht einschließlich des Widerspruchsrechts, das Stimmrecht, das Informations- und Kontrollrecht, das Kündigungsrecht, die actio pro socio und das Recht auf Mitwirkung bei der Liquidation.[23] Zur zwingenden Geltung des auf die Verwaltungsrechte

---

[19] Zu Recht gegen Übertragbarkeit dieser Vermögenspositionen *Flume* I/1 § 11 IV, S. 164; *Huber* Vermögensanteil S. 150, 156 f., 365; *Wiedemann* Übertragung S. 54; *ders.* WM 1992, Sonderbeilage 7 S. 23; wohl auch BGHZ 97, 392, 394 = NJW 1986, 1991; aA noch 3. Aufl. RdNr. 5; wohl auch BGH ZIP 1987, 1042, 1043 („ohne Zustimmung der Mitgesellschafter von der Mitgliedschaft nicht zu trennender Anteil am Gesellschaftsvermögen").
[20] Dazu *Wiedemann* WM 1975, Sonderbeilage 4 S. 33; s. ferner bereits *Ehrenberg*, FG Regelsberger, 1901, S. 1, 39 ff., in Auseinandersetzung mit der Wertrechtslehre *J. Kohlers* AcP 91 (1901), 155 ff.
[21] Vgl. näher *Habersack*, Die Mitgliedschaft, 1996, S. 82 ff. insbes. S. 89 ff.; die bis zur 2. Aufl. in RdNr. 36 vertretene gegenteilige Ansicht wurde daher aufgegeben.
[22] Vgl. für den rechtsähnlichen Fall der Nießbrauchsbestellung *Ulmer*, FS Fleck, 1988, S. 383, 393 ff.; *Flume* I/1 § 17 VI, S. 362 f.; näher dazu § 705 RdNr. 99 ff.
[23] Vgl. auch *Soergel/Hadding* RdNr. 5; *Erman/Westermann* RdNr. 3.

bezogenen Abspaltungsverbots vgl. RdNr. 7, zur Möglichkeit, Verwaltungsrechte Dritten zur Ausübung zu überlassen, sowie zum nicht vom Abspaltungsverbot erfassten Sonderfall von Treuhand, Nießbrauch und Testamentsvollstreckung RdNr. 9 f., 11 ff. Die Einräumung einer auch den Gesellschafter selbst von der Ausübung des betreffenden Verwaltungsrechts ausschließenden, *verdrängenden Vollmacht* steht der verbotenen Abspaltung gleich und ist daher wie diese grundsätzlich unwirksam.[24]

Das Abspaltungsverbot beschränkt sich entsprechend dem Wortlaut von § 717 S. 1 darauf, die Übertragung von Verwaltungsrechten an *Nichtgesellschafter* auszuschließen. Davon scharf zu unterscheiden und von dem Verbot *nicht erfasst* sind Vereinbarungen über eine vom dispositiven Recht abweichende, insbesondere auch **unterschiedliche Ausgestaltung der Mitgliedschaftsrechte** von Gesellschaftern. Sie sind in den allgemein für Gesellschaftsverträge geltenden Grenzen der Vertragsfreiheit (§ 705 RdNr. 132) zulässig. So kann insbesondere die Geschäftsführungs- und Vertretungsbefugnis auf einen Teil der Gesellschafter beschränkt sein (§§ 710, 714). Es kann das Stimmrecht einzelner Gesellschafter ausgeschlossen werden, soweit nicht unmittelbare Eingriffe in die Rechtsstellung des stimmrechtslosen Gesellschafters in Frage stehen (§ 709 RdNr. 63 f.). Auf das Informations- und Kontrollrecht kann in den Grenzen des § 716 Abs. 2 verzichtet werden. Der unverzichtbare Mindestbestand an Gesellschafterrechten („Kernbereich") wird nicht durch § 717 S. 1, sondern durch § 138 garantiert (§ 705 RdNr. 134). Aus den gleichen Gründen fällt auch das einem Gesellschafter eingeräumte erhöhte Stimmrecht (§ 709 RdNr. 97) nicht unter das Abspaltungsverbot. Selbst wenn ihm eine entsprechende Verminderung oder ein Ausschluss des Stimmrechts bei einem Mitgesellschafter gegenübersteht, ist darin doch keine verbotene Stimmrechtsübertragung iS von § 717 S. 1 zu sehen.[25]

2. Stimmbindungsverträge. a) Wesen und Arten. Besondere Beachtung in der Diskussion um das Abspaltungsverbot und seine Grenzen haben sog. Stimmbindungsverträge erlangt.[26] Dabei handelt es sich nicht um eine Stimmrechtsabspaltung, sondern um **schuldrechtlich bindende Verträge** darüber, in welcher Weise der gebundene Gesellschafter von dem rechtlich nach wie vor ihm zustehenden Stimmrecht Gebrauch zu machen hat. Allerdings hat der BGH[27] wiederholt die Vollstreckbarkeit derartiger Vereinbarungen nach § 894 ZPO im Grundsatz anerkannt und ihnen dadurch eine Art mittelbarer Außenwirkung verliehen (RdNr. 28).

Stimmbindungsverträge sind **rechtstatsächlich** verbreitet anzutreffen. Sie dienen in erster Linie dazu, den an der Vereinbarung beteiligten *Gesellschaftern* durch übereinstimmende

---

[24] St. Rspr., vgl. BGHZ 3, 354, 359 = NJW 1952, 178; BGHZ 20, 363, 365 = NJW 1956, 1198; BGH LM HGB § 105 Nr. 27 = NJW 1970, 468; so auch *Soergel/Hadding* RdNr. 22; *Staub/Ulmer* § 119 HGB RdNr. 71; *Hueck* OHG § 11 II 3, S. 166 f.; dies gilt auch für eine verdrängende Vollmacht des Erben an den Testamentsvollstrecker in Bezug auf den vererbten Gesellschaftsanteil, vgl. § 705 RdNr. 123.
[25] So zu Recht *Flume* I/1 § 14 IV, S. 221 gegen BGHZ 20, 363, 365, 367 = NJW 1956, 1198; vgl. auch *Staub/Ulmer* § 119 HGB RdNr. 72; *C. Schäfer,* Der stimmrechtslose GmbH-Anteil, 1997, S. 83 ff.; aA *Lockowandt,* Stimmrechtsbeschränkungen im Recht der Personengesellschaften, 1996, S. 231 ff.
[26] Vgl. dazu *Behrens,* FS 100 Jahre GmbHG, 1992, S. 539; *Beuthien* ZGR 1974, 26; *Busse* BB 1961, 261; *Rob. Fischer* GmbHR 1953, 65; *ders.,* FS Kunze, 1969, S. 95, 98 ff.; *Fleck,* FS Rob. Fischer, 1979, S. 107; *Flume* I/1 § 14 VI, S. 229 ff.; *Habersack* ZHR 164 (2000), 1; *Herfs,* Einwirkung Dritter auf den Willensbildungsprozess der GmbH, 1994, S. 166 ff.; *A. Hueck,* FS Nipperdey, 1965, Bd. I, S. 401; *H. Lübbert,* Abstimmungsvereinbarungen in den Aktien- und GmbH-Rechten der EWG-Staaten, der Schweiz und Großbritanniens, 1971, S. 95 ff.; *Mühlhäuser,* Stimmrechtsbindung in der Personengesellschaft und Nachlassplanung, 1999; *Noack,* Gesellschaftervereinbarungen bei Kapitalgesellschaften, 1994, S. 133 ff., 144 ff.; *Odersky,* FS Lutter, 2000, S. 557; *Overrath,* Die Stimmrechtsbindung, 1973; *Priester,* FS Werner, 1984, S. 657; *Rodemann,* Stimmrechtsvereinbarungen in den Aktien- und GmbH-Rechten Deutschlands, Englands, Frankreichs und Belgiens, 1998, S. 24 ff.; *K. Schmidt* GesR § 21 II 4; *Scholz/K. Schmidt* § 47 GmbHG RdNr. 35 ff.; *Teichmann* (Fn. 8) S. 226 ff.; *Christoph Weber,* Privatautonomie und Außeneinfluss im Gesellschaftsrecht, 2000, S. 92 ff., 338 ff.; *Wiedemann,* FS Schilling, 1973, S. 105, 115 ff.; *Zluhan* AcP 128 (1928), 62 ff., 257 ff.; *Zöllner* ZHR 155 (1991), 168; *Zutt* ZHR 155 (1991), 190.
[27] BGHZ 48, 163, 169 ff. = NJW 1967, 1963 betreffend die Stimmbindung eines GmbH-Gesellschafters; so auch BGH ZIP 1989, 1261; dazu und zur Entwicklung der Rspr. vgl. *Rob. Fischer,* FS Kunze, S. 98 ff.; *Zöllner* ZHR 155 (1991), 168, 186 f.

Stimmabgabe vermehrten Einfluss auf die Willensbildung der Gesellschaft zu verschaffen. Dementsprechend kommen Stimmbindungsverträge (ähnlich der Bestellung eines gemeinsamen Vertreters mehrerer Kommanditisten[28]) namentlich zwischen den Angehörigen eines Gesellschafterstamms in Familiengesellschaften vor. Es finden sich aber auch Stimmbindungsverträge zwischen Gesellschaftern und **Dritten,** die diesen Einflussmöglichkeiten auf bestimmte oder alle Gesellschaftsangelegenheiten verschaffen sollen. Hintergrund derartiger Vereinbarungen ist häufig ein Interessenwahrungs-, namentlich Treuhandverhältnis,[29] doch sind auch sonstige Fälle denkbar.[30] – Zum Sonderfall der **Stimmrechtspools** (Stimmbindungs- und Beteiligungskonsortien) in der Rechtsform der (Innen-)GbR, deren Gesellschaftsvertrag die Stimmbindung der Beteiligten begründet, um ihre vereinigte Stimmenmacht in einer *anderen Gesellschaft* (vielfach einer AG oder GmbH) zur Geltung zu bringen, vgl. Vor § 705 RdNr. 68 ff.

20   b) **Zulässigkeit. aa) Allgemeines.** Hinsichtlich der Zulässigkeit von Stimmbindungsverträgen ist im Grundsatz danach zu unterscheiden, ob der Gesellschafter sich gegenüber Mitgesellschaftern (RdNr. 23 f.) oder aber gegenüber außenstehenden Dritten (RdNr. 25 ff.) gebunden hat. Im letzteren Fall bestehen gegen die Wirksamkeit eines umfassenden Stimmbindungsvertrags entgegen der hM grundlegende Bedenken, außer wenn der Dritte der Gesellschaft im Rahmen eines offenen Treuhandverhältnisses u. a. nahesteht und entsprechenden Treupflichten unterliegt (RdNr. 26). Von dieser Unterscheidung abgesehen ergeben sich **generelle Schranken** für die Zulässigkeit von Stimmbindungsverträgen aus **§ 138,** soweit die Verträge im Einzelfall auf sittenwidrige Schädigung von Gesellschaft oder Mitgesellschaftern gerichtet sind oder soweit sie eine solche Schädigung angesichts der Interessenlage (Stimmbindung zugunsten eines Konkurrenten der Gesellschaft) mit Wahrscheinlichkeit erwarten lassen.[31] Schranken im Hinblick auf die gesellschaftsvertragliche *Treupflicht* können sich für die Wirksamkeit von Stimmbindungsverträgen dann ergeben, wenn *beide* Vertragspartner durch *Eingehung der Stimmbindung* gegen die Treupflicht verstoßen.[32] Das setzt einen Stimmbindungsvertrag zwischen Gesellschaftern oder mit der Gesellschaft nahestehenden Dritten (RdNr. 26) voraus und erfordert darüber hinaus, dass der Vertrag einen treuwidrigen Inhalt hat; zumindest an dem zuletzt genannten Erfordernis wird es meist fehlen.

21   Bedeutsamer sind **Treupflichtschranken für die inhaltliche Weisungsbindung des Gesellschafters** aus einer an sich wirksamen Stimmbindung. Sie werden von der hM in weitem Umfang anerkannt, wenn die Weisung des Mitgesellschafters oder Dritten auf eine treuwidrige Stimmabgabe durch den Gebundenen gerichtet ist.[33] Dem ist zuzustimmen, soweit es um die Stimmbindung des Gesellschafters gegenüber *Mitgesellschaftern* oder

---

[28] BGHZ 46, 291 = NJW 1967, 826; BGH LM § 723 Nr. 11 = NJW 1973, 702; MünchKommHGB/ *Grunewald* § 161 RdNr. 162 ff.; *Heymann/Horn* § 164 HGB RdNr. 16 ff.; *Flume* I/1 § 14 V; *K. Schmidt* ZHR 146 (1982), 525 ff. Vgl. dazu für das Recht der GbR auch § 709 RdNr. 79 f.
[29] Vgl. namentlich *Beuthien* ZGR 1974, 26, 43 ff. und *Zutt* ZHR 155 (1991), 190, 214; zum Vorkommen von Stimmbindungen vgl. insbes. *Mühlhäuser* (Fn. 26) S. 125 ff. und *Zutt* ZHR 155 (1991), 190, 213 ff.; allg. zur Treuhand an Gesellschaftsanteilen vgl. § 705 RdNr. 84 ff.
[30] Vgl. die Beispiele bei *Zutt* ZHR 155 (1991), 190, 213 f.
[31] Das RG hat Stimmbindungsverträge nur in seltenen Ausnahmefällen (RGZ 69, 134, 137; 88, 220, 222) für sittenwidrig gehalten und das Eingreifen von § 138 meist abgelehnt (RGZ 80, 385, 390 f.; 107, 67, 70 f.; 133, 90 (94, 96); 160, 257, 264 f.; RG DR 1940, 244, 245). Einschlägige BGH-Urteile sind nicht bekannt.
[32] So für die Stimmbindung zwischen Gesellschaftern zutr. *A. Hueck,* FS Nipperdey, 1965, Bd. I, S. 401, 409 ff.; zust. *Soergel/Hadding* § 709 RdNr. 35; *Habersack* ZHR 164 (2000), 1, 8 f.; im Ergebnis auch *Noack* (Fn. 26) S. 146 ff.; stark einschr. aber *Mühlhäuser* (Fn. 26) S. 166 ff., 181 f.; zur Auswirkung von Treupflichtverstößen auf Stimmbindungsverträge mit Dritten vgl. Nachweise in Fn. 33, 35.
[33] GroßkommHGB/*Rob. Fischer,* 3. Aufl. 1967, § 119 Anm. 33 f.; *ders.* GmbHR 1953, 65, 66 f.; *A. Hueck,* FS Nipperdey, 1965, Bd. I, S. 401, 407, 409 ff., 419 f.; *Fleck,* FS Rob. Fischer, 1979, S. 107, 115 f.; *Rodemann* (Fn. 26) S. 28 ff., 36; für das GmbH-Recht ebenso *Hüffer* in: Ulmer/Habersack/Winter § 47 GmbHG RdNr. 75 f.; *Scholz/K. Schmidt* § 47 GmbHG RdNr. 50; für das Aktienrecht *Zöllner* in Kölner Komm. zum AktG § 136 RdNr. 90 f. (zu Recht zweifelnd aber *ders.* ZHR 155 [1991], 168, 172 ff.); noch weitergehend *Overrath* (Fn. 26) S. 76 ff., der den Verpflichteten von seiner Bindung schon dann frei werden lässt, wenn er vertretbare Gründe dafür hat, anders als vereinbart zu stimmen; grds. aA *Mühlhäuser* (Fn. 26) S. 166 ff. (nur „relative" Wirkung der Treupflicht).

anderen ebenfalls der gesellschaftsrechtlichen Treupflicht unterliegenden Personen (Treugeber bei qualifizierter Treuhand u. a.) geht.[34] Dagegen führt ein *einseitiger* Treupflichtverstoß nur des aus einem Vertrag mit *Dritten* gebundenen Gesellschafters entgegen der hM weder zur Unwirksamkeit einer an sich zulässigen Stimmbindung noch zur Unbeachtlichkeit der auf treuwidrige Stimmabgabe gerichteten Weisung;[35] die Verletzung der Interessen Nichtbeteiligter (hier: der Gesellschaft) hat nur dann die Sittenwidrigkeit der Vereinbarung zur Folge, wenn sie beiden Parteien vorwerfbar ist.[36] Die Befolgung treuwidriger Weisungen eines Nichtgesellschafters kann der Gebundene jenem gegenüber deshalb nur dann verweigern, wenn die Auslegung des Stimmbindungsvertrags ergibt, dass der Gebundene sich zur Weisungsbefolgung nur in den durch seine Treupflicht gezogenen Grenzen verpflichten wollte.[37] Diese Rechtsfolge ist angesichts der sich daraus für die Gesellschaft ergebenden Risiken bei der Beurteilung der Zulässigkeit von Stimmbindungsverträgen mit Dritten zu berücksichtigen (RdNr. 25). Zwar befreit die Stimmbindung den gebundenen Gesellschafter nicht von seiner Treupflicht gegenüber der Gesellschaft; eine treuwidrige Stimmabgabe ist dementsprechend unwirksam (§ 709 RdNr. 112). Dennoch eröffnet die Stimmbindung gegenüber Außenstehenden diesen faktisch einen erheblichen, mit der Verbandsautonomie häufig nur schwer vereinbaren Einfluss auf die Entscheidungen in der Gesellschaft.

Einem **Stimmrechtsausschluss wegen Interessenkollision** (§ 709 RdNr. 65 ff.) kommt im Fall von Stimmbindungsverträgen auch dann Bedeutung zu, wenn die Interessenkollision nicht beim gebundenen Gesellschafter besteht, sondern beim weisungsbefugten Vertragspartner. So kann ein *Gesellschafter* in den vom Stimmrechtsausschluss erfassten Fällen (§ 709 RdNr. 65, 70) nicht nur nicht selbst abstimmen, sondern ist auch gehindert, ein ihm im Grundsatz wirksam eingeräumtes Weisungsrecht gegenüber einem Mitgesellschafter durchzusetzen. Gleiches gilt für einen *Dritten* in Angelegenheiten, in denen er als Gesellschafter nicht mitstimmen könnte, namentlich bei dem Beschluss über die Vornahme eines Rechtsgeschäfts zwischen der Gesellschaft und ihm.[38] Der gebundene, nicht selbst von der Interessenkollision betroffene Gesellschafter behält in derartigen Fällen zwar das Stimmrecht; er ist bei dessen Ausübung jedoch weisungsfrei. Geht es dagegen wie im Fall einer von der Zustimmung der Mitgesellschafter abhängigen Anteilsübertragung darum, Ansprüche des Bindenden gegen den Gebundenen mit Hilfe eines Gesellschafterbeschlusses durchzusetzen, so unterliegt die Weisungserteilung unter dem Gesichtspunkt des Stimmrechtsausschlusses wegen Interessenkollision keinen Schranken.[39]

bb) Stimmbindung gegenüber Mitgesellschaftern. Sie ist **grundsätzlich zulässig,** auch wenn sie sich nicht auf einzelne Gegenstände beschränkt, sondern alle Arten von Abstimmungen erfasst. Der Zustimmung der Mitgesellschafter bedarf es hierfür nicht,[40] falls der Gesellschaftsvertrag ein solches Erfordernis nicht ausdrücklich oder stillschweigend aufstellt. Auch lässt sich eine ungeschriebene Pflicht zur Offenlegung von Stimmbindungen nicht generell, sondern nur im Einzelfall, insbesondere bei einem besonders ausgeprägten Vertrauensverhältnis zwischen den Gesellschaftern, bejahen.

---

[34] Ebenso BGH WM 1970, 904 f.; *Flume* I/1 § 14 VI, S. 231; speziell für Weisungsbindung in Geschäftsführungsangelegenheiten auch *Staub/Ulmer* § 119 HGB RdNr. 74; *Mühlhäuser* (Fn. 26) S. 159 ff.
[35] So zutr. *Flume* I/1 § 14 VI, S. 231; im Grundsatz auch *Zöllner* ZHR 155 (1991), 168, 172 ff.
[36] Vgl. BGH NJW 1990, 567, 568 (in BGHZ 109, 314 insoweit nicht abgedruckt); BGH NJW 1995, 2284; *Palandt/Heinrichs* § 138 RdNr. 40; *Erman/Palm* § 138 RdNr. 47.
[37] Nach *A. Hueck*, FS Nipperdey, 1965, Bd. I, S. 401, 411, 419 soll die Auslegung regelmäßig zu diesem Ergebnis führen; ähnlich *Zöllner* ZHR 155 (1991), 176 f.
[38] *Flume* I/1 § 14 VI, S. 234; so auch *Overrath* (Fn. 26) S. 40 f.; *Scholz/K. Schmidt* § 47 GmbHG RdNr. 47; *Rowedder/Koppensteiner* § 47 GmbHG RdNr. 55.
[39] Vgl. den Fall BGHZ 48, 163 = NJW 1967, 1963 betr. die Verpflichtung des gebundenen Gesellschafters, der Übertragung seines Gesellschaftsanteils an den Dritten zuzustimmen.
[40] So wohl auch – allerdings meist ohne besondere Hervorhebung – die hM, vgl. etwa *Soergel/Hadding* § 709 RdNr. 35; *Scholz/K. Schmidt* § 47 GmbHG RdNr. 40; *Mühlhäuser* (Fn. 26) S. 136 ff., 146; *Wiedemann* GesR II § 4 I 2 d, S. 314; aA aber *Flume* I/1 § 14 VI, S. 232; *Herfs* (Fn. 26) S. 364 ff.

24 **Schranken** für innergesellschaftliche Stimmbindungen bestehen, abgesehen von dem nach Lage des Falles denkbaren Treupflichtverstoß (RdNr. 20), einerseits dann, wenn ein geschäftsführungsbefugter Gesellschafter sein Verhalten in **Geschäftsführungsfragen** den Weisungen eines Mitgesellschafters unterstellt.[41] Eine solche Bindung verstößt, zumal wenn sie gegenüber einem Nichtgeschäftsführer eingegangen ist, gegen die im Gesellschaftsvertrag übernommene Pflicht zu eigenverantwortlicher und uneigennütziger Geschäftsführung (§ 709 RdNr. 3) und ist daher unwirksam. Mit Rücksicht auf den unverzichtbaren **Kernbereich** von Mitgliedschaftsrechten ist eine Stimmbindung andererseits auch in Bezug auf solche unmittelbar in die Rechtsstellung des gebundenen Gesellschafters eingreifende Beschlüsse unwirksam, die nicht ohne dessen Zustimmung gefasst werden können.[42] Anderes gilt freilich dann, wenn die Bindung sich auf einen *konkreten* Beschluss bezieht und die Vereinbarung hierüber daher als vorweggenommenes Einverständnis des Gebundenen mit dem Beschlussinhalt zu werten ist (§ 709 RdNr. 91 f.). – Steht infolge der Stimmbindung mehreren Gesellschaftern gemeinsam die **Stimmenmehrheit** zu, so unterliegen sie bei der Stimmrechtsausübung den gleichen Schranken, die gegenüber dem Machtmissbrauch durch einen Mehrheitsgesellschafter eingreifen (§ 709 RdNr. 100, 105).

25 cc) **Stimmbindung gegenüber Dritten.** Auch sie wird nach der Rechtsprechung des **BGH** grundsätzlich **zugelassen** und soll nach § 894 ZPO vollstreckbar sein.[43] Dem hat sich die überwiegende Literatur trotz zT gewichtiger, auf den mittelbaren Einfluss der Nichtgesellschafter ohne entsprechende vermögensmäßige Risiken aus der Gesellschafterstellung gestützter Bedenken angeschlossen.[44] Ein Vorbehalt wird zwar zu Recht insoweit gemacht, als die Stimmbindung als uneingeschränkte ausgestaltet ist und dem Dritten ein umfassendes Weisungsrecht gegenüber dem Stimmverhalten des Gebundenen einräumt;[45] hier folgt die Unwirksamkeit bereits aus den Grenzen, die § 138 der Selbstentmündigung eines Gesellschafters zieht.[46] Entgegen der hM unterliegt die nicht konkret eingegrenzte bzw. als vertragliche Nebenpflicht begründete Stimmbindung gegenüber Dritten aber schon grundsätzlich Bedenken und zwar *mit Rücksicht auf das Abspaltungsverbot*. Denn nachdem der BGH die Durchsetzung wirksamer Stimmbindungen im Vollstreckungswege zugelassen hat (RdNr. 28), ist deren funktionale Vergleichbarkeit mit einer Abspaltung von Gesellschafterrechten unverkennbar.[47] Eine vollstreckbare Stimmbindung stellt tendenziell die Unselb-

---

[41] Für Differenzierung zwischen Geschäftsführungsangelegenheiten und sonstigen die Gesellschaftsgrundlagen betreffenden Beschlüssen als Gegenstand der Bindung mit guten Gründen *A. Hueck*, FS Nipperdey, 1965, Bd. I, S. 401, 410; zust. *Soergel/Hadding* § 709 RdNr. 35; *Erman/Westermann* § 709 RdNr. 22; MünchKommHGB/*Enzinger* § 119 RdNr. 37; *Staub/Ulmer* § 119 HGB RdNr. 74; *Mühlhäuser* (Fn. 26) S. 159 ff.; aA *Flume* I/1 § 14 VI, S. 233; *K. Schmidt* GesR § 21 II 4 a; OLG Köln WM 1988, 974, 976 ff. (für eine KG); im Ergebnis auch *Wiedemann*, FS Schilling, 1973, S. 105, 115 ff., 118.

[42] *Flume* I/1 § 14 VI, S. 232; *Erman/Westermann* § 709 RdNr. 22; *Soergel/Hadding* § 709 RdNr. 35; *Hüffer* in: *Ulmer/Habersack/Winter* § 47 GmbHG RdNr. 78; *Mühlhäuser* (Fn. 26) S. 165 f.; zu den Grenzen eines vereinbarten Stimmrechtsausschlusses vgl. § 709 RdNr. 63.

[43] BGHZ 48, 163 = NJW 1967, 1963 (dazu vgl. *Rob. Fischer*, FS Kunze, 1969, S. 95, 98 ff.); BGH NJW 1983, 1910, 1911; 1987, 1890, 1892; OLG Köln WM 1988, 974, 976; OLG Koblenz NJW 1986, 1692.

[44] Vgl. *Zöllner* ZHR 155 (1991), 168, 180 f.; MünchKommHGB/*Enzinger* § 119 RdNr. 37; *Herfs* (Fn. 26) S. 177; *Wiedemann* GesR II § 4 I 4 d, S. 315; einschr. *Scholz/K. Schmidt* § 47 GmbHG RdNr. 42 (keine dauernde und umfass. Bindung); für grds. Unzulässigkeit *Mühlhäuser* (Fn. 26) S. 197 ff. und *Hüffer* in: *Ulmer/Habersack/Winter* § 47 GmbHG RdNr. 75; Bedenken auch bei *Erman/Westermann* § 709 RdNr. 22 und *Rowedder/Koppensteiner* § 47 GmbHG RdNr. 24, 29.

[45] *Flume* I/1 § 14 VI, S. 230; *Beuthien* ZGR 1974, 26, 45; *Habersack* ZHR 164 (2000), 1, 11; *Overrath* (Fn. 26) S. 35 f., 48 ff.; *K. Schmidt* GesR § 21 II 4 a cc und *Scholz/K. Schmidt* § 47 GmbHG RdNr. 42, 48; *Chr. Weber* (Fn. 26) S. 338 ff.; *Wiedemann*, FS Schilling, 1973, S. 115; für weitergehende Zulassung wohl *A. Hueck*, FS Nipperdey, 1965, Bd. I, S. 401, 417 f.

[46] So zutr. *Flume* I/1 § 14 VI, S. 230; *Zöllner* ZHR 155 (1991), 176 f.; *Rodemann* (Fn. 26) S. 30 f.; *Mühlhäuser* (Fn. 26) S. 147 f.; im Ergebnis auch *Chr. Weber* (Fn. 26) S. 338 ff., 362. Vgl. auch BGHZ 44, 158, 161 = NJW 1965, 2147 zur Sittenwidrigkeit einer Vereinbarung, durch die die Verwaltungsrechte des Gesellschafters einer OHG einem Treuhänder überlassen werden sollten, auf dessen Auswahl und Abberufung der Gesellschafter keinen Einfluss hatte.

[47] So zutr. *Fleck*, FS Rob. Fischer, 1979, S. 107, 116; *Priester*, FS Werner, 1984, S. 657, 667 ff.; *Mühlhäuser* (Fn. 26) S. 198 ff.; *Hüffer* in: *Ulmer/Habersack/Winter* § 47 GmbHG RdNr. 75.

ständigkeit des Stimmrechts als Teil der Mitgliedschaft in Frage und eröffnet Dritten einen unzulässigen Einfluss auf die Entscheidungen in der Gesellschaft. Das gilt sowohl für den Bereich der Geschäftsführung, in dem die Stimmbindung zudem in Konflikt mit dem zwingenden Grundsatz der Selbstorganschaft gerät, als auch für Vertragsänderungen, die grundsätzlich in die Alleinentscheidungskompetenz der Gesellschafter fallen.[48] Der Hinweis darauf, dass die Zwangsvollstreckung ein rechtskräftiges Urteil voraussetzt (zur Unzulässigkeit einer einstweiligen Verfügung vgl. RdNr. 29), mag zwar wegen des damit verbundenen Zeitaufwands die praktischen Probleme entschärfen; er ist jedoch nicht geeignet, die gegen die Stimmbindung gerichteten grundsätzlichen Bedenken zu entkräften. Sie verstärken sich weiter dadurch, dass ein drohender Verstoß gegen die immanenten Schranken des Stimmrechts auf einen Stimmbindungsvertrag mit Dritten im Allgemeinen nicht durchschlägt (RdNr. 20 f.). **Stimmbindungsverträge mit Nichtgesellschaftern** sind deshalb grundsätzlich wegen Verstoßes gegen das Abspaltungsverbot **nichtig.**[49]

Ausnahmen von dem in RdNr. 25 aufgestellten Grundsatz sind insoweit anzuerkennen, als der Dritte zumindest partiell die wirtschaftliche Stellung eines Gesellschafters innehat.[50] Dies gilt einmal für den Fall der **qualifizierten** (offenen), mit Zustimmung der Mitgesellschafter eingeräumten **Treuhand.**[51] Hier ist eine Stimmbindung zwischen Treuhänder und Treugeber zulässig, sofern es nicht ohnehin mit Zustimmung der Mitgesellschafter zu einer Aufteilung der Rechte aus dem Gesellschaftsanteil kommt (RdNr. 11, § 705 RdNr. 92). Entsprechendes gilt bei einer mit Zustimmung der Mitgesellschafter eingeräumten **qualifizierten (offenen)** Unterbeteiligung für die Stimmbindung des Hauptgesellschafters gegenüber dem Unterbeteiligten.[52] Aufgrund der in diesem Fall regelmäßig bestehenden unmittelbaren Rechtsbeziehungen zwischen Unterbeteiligtem und Mitgesellschaftern (vgl. Vor § 705 RdNr. 101) gelten die gesellschaftsimmanenten Stimmrechtsschranken auch für den Unterbeteiligten bei Ausübung seiner Rechte aus dem Stimmbindungsvertrag. Verstößt seine Weisung an den Hauptgesellschafter etwa gegen die Treupflicht, ist dieser zur Befolgung nicht verpflichtet. Wird die Unterbeteiligung dagegen ohne Zustimmung der Mitgesellschafter eingeräumt, ist eine Stimmbindung des Hauptgesellschafters gegenüber dem Unterbeteiligten ebenso wie gegenüber einem Dritten wegen Verstoßes gegen das Abspaltungsverbot unwirksam.[53] Für den **Nießbrauch** gilt Entsprechendes wie im Fall der qualifizierten Treuhand, soweit das Stimmrecht kraft interner Vereinbarung zwar beim Besteller verblieben ist, er sich jedoch einer Stimmbindung gegenüber dem Nießbraucher unterworfen hat.[54]

Eine *weitere Ausnahme* von der grundsätzlichen Unzulässigkeit von Stimmbindungen mit Dritten ist schließlich für den Fall anzuerkennen, dass sich die Stimmpflicht als Nebenpflicht aus einem Austauschvertrag zwischen Gesellschafter und Drittem ergibt und sich auf bestimmte, damit in sachlichem Zusammenhang stehende **Einzelpunkte** der Beschlussfassung beschränkt. Unbedenklich ist etwa die Pflicht des seinen Anteil veräußernden

---

[48] So mit Recht *Priester*, FS Werner, 1984, S. 657, 671 f.; aA *Zöllner* ZHR 155 (1991), 181 f.
[49] So grds. auch *Soergel/Hadding* § 709 RdNr. 36; *Bamberger/Roth/Timm/Schöne* RdNr. 15; *Hüffer* in: *Ulmer/Habersack/Winter* § 47 GmbHG RdNr. 75; *Flume* I/1 § 14 IV, S. 220 f.; *Staub/Ulmer* § 119 HGB RdNr. 75; *Baumbach/Hopt* § 119 HGB RdNr. 18; *Mühlhäuser* (Fn. 26) S. 197 ff.; tendenziell auch *Staudinger/ Habermeier* RdNr. 11 („engere Grenzen").
[50] Ebenso *Priester*, FS Werner, 1984, S. 657, 672 ff.; *Bamberger/Roth/Timm/Schöne* RdNr. 15; ähnlich *Hüffer* in: *Ulmer/Habersack/Winter* § 47 GmbHG RdNr. 78; *Scholz/K. Schmidt* § 47 GmbHG RdNr. 42; vgl. auch *Fleck*, FS Rob. Fischer, 1979, S. 107, 127 (für eine begrenzte Ausnahme vom Abspaltungsverbot); *Mühlhäuser* (Fn. 26) S. 223 ff.
[51] So auch *Flume* I/1 § 14 IV, S. 232; *Soergel/Hadding* § 709 RdNr. 36; *Bamberger/Roth/Timm/Schöne* RdNr. 15; *Hüffer* in: *Ulmer/Habersack/Winter* § 47 GmbHG RdNr. 78; *Baumbach/Hopt* § 119 HGB RdNr. 18; *Beuthien* ZGR 1974, 43, 45; weitergehend (für grds. Zulässigkeit von Stimmbindungsverträgen auch bei einfacher Treuhand) *Blaurock*, Unterbeteiligung und Treuhand an Gesellschaftsanteilen, 1981, S. 189 ff.
[52] Vgl. BGH WM 1977, 525, 528.
[53] Zur Frage des „Vorrangs der Hauptgesellschaft" vgl. Vor § 705 RdNr. 95.
[54] Zur regelmäßigen Einräumung des Stimmrechts in laufenden Angelegenheiten an den Nießbraucher vgl. § 705 RdNr. 99.

Gesellschafters gegenüber dem Anteilserwerber, in der Gesellschafterversammlung für die Zustimmung zur Anteilsübertragung zu stimmen, sofern hierüber nach dem Gesellschaftsvertrag mit Mehrheit zu entscheiden ist.[55]

28 **c) Durchsetzbarkeit von Stimmbindungsverträgen.** Soweit Verpflichtungen aus Stimmbindungsverträgen von der Rechtsordnung als wirksam anerkannt werden, können sie durch Leistungsklage gegen den Gebundenen mit Wirkung für die Gesellschaft **gerichtlich durchgesetzt** werden. Das wird seit der Grundsatzentscheidung BGHZ 48, 163 = NJW 1967, 1963 in der Literatur[56] ganz überwiegend bejaht.[57] Die praktische Bedeutung der Frage wird freilich dadurch relativiert, dass Klage und Urteil auf Erfüllung eines Stimmbindungsvertrages fast immer zu spät kommen werden[58] und die Durchsetzung der Stimmbindung meist auf anderem Wege, etwa durch Stimmrechtsvollmachten,[59] Treuhänderbestellung[60] oder Vertragsstrafen, gesichert wird.[61] Die **Vollstreckung** des Urteils auf Stimmabgabe richtet sich nach **§ 894 ZPO**. Wegen des Zugangserfordernisses bei Stimmabgaben (§ 709 RdNr. 74) ist zusätzlich die Mitteilung des rechtskräftigen Urteils an die Mitgesellschafter oder einen von ihnen Bevollmächtigten erforderlich.[62] Das rechtskräftige Urteil ersetzt nur die Stimmabgabe, führt jedoch nicht noch den Beschluss herbei.[63] Davon zu unterscheiden ist das Urteil auf Unterlassung der Stimmabgabe. Bei ihm richtet sich die Vollstreckung nach § 890 ZPO;[64] eine abweichende Stimmabgabe bleibt also wirksam.

29 Eine **einstweilige Verfügung** mit dem Gebot, in dem vereinbarten Sinn zu stimmen, wurde nach früher überwiegender Ansicht als unzulässig angesehen.[65] Dasselbe galt hinsichtlich des Verbots abredewidriger Stimmrechtsausübung.[66] Demgegenüber mehren sich in neuerer Zeit zwar die Stimmen, die eine einstweilige Verfügung zulassen wollen.[67] Gegen

---

[55] Vgl. den Fall BGHZ 48, 163 ff. = NJW 1967, 1963; ebenso *Scholz/K. Schmidt* § 47 GmbHG RdNr. 42; *Hüffer* in: *Ulmer/Habersack/Winter* § 47 GmbHG RdNr. 75; *Baumbach/Hopt* § 119 HGB RdNr. 18; *Mühlhäuser* (Fn. 26) S. 221 f.; stark einschr. aber *Zöllner* in Kölner Komm. zum AktG § 136 RdNr. 94. Vgl. auch BGH WM 1983, 1279, 1280: Verpflichtung des Zedenten der Gewinnansprüche gegenüber dem Zessionar, bei der Bilanzfeststellung dafür einzutreten, dass entstandene Gewinne als solche ausgewiesen werden.

[56] So im Anschluss an die Rspr. *Soergel/Hadding* § 709 RdNr. 37; *Erman/Westermann* § 709 RdNr. 21; *Staudinger/Habermeier* RdNr. 11; *Bamberger/Roth/Timm/Schöne* RdNr. 17; *MünchKommHGB/Enzinger* § 119 RdNr. 39; *Scholz/K. Schmidt* § 47 GmbHG RdNr. 55; *Rowedder/Koppensteiner* § 47 GmbHG RdNr. 34.

[57] Anders noch das RG in st. Rspr., vgl. RGZ 112, 273, 279; 119, 386, 389 f.; 133, 90, 95 f.; RG JW 1927, 2993. So auch Teile der älteren Lit., vgl. zB *Max Wolff* JW 1929, 2116 f.; aus neuerer Zeit noch *Overrath* (Fn. 26) S. 101 ff.; *Hüffer* in: *Ulmer/Habersack/Winter* § 47 GmbHG RdNr. 80; *Eckardt* in: *Geßler/Hefermehl/Eckardt/Kropff* § 136 AktG RdNr. 56 für das Aktienrecht; Bedenken äußert auch *Zöllner* in Kölner Komm. zum AktG § 136 RdNr. 112 und *ders.* ZHR 155 (1991), 186 f.; wN bei *H. Lübbert* (Fn. 26) S. 176 f. Fn. 355 ff.

[58] So zutr. *A. Hueck*, FS Nipperdey, 1965, Bd. I, S. 401, 407; *K. Schmidt* GesR § 21 II 4 a; *Hüffer* in: *Ulmer/Habersack/Winter* § 47 GmbHG RdNr. 80; *Zutt* ZHR 155 (1991), 190, 192. Dem vom BGH (Fn. 55) entschiedenen Fall lag insoweit ein atypischer Sachverhalt zugrunde (vgl. auch RdNr. 27).

[59] *Scholze*, Das Konsortialgeschäft der deutschen Banken, 1973, S. 670.

[60] Dazu *A. Hueck*, FS Nipperdey, 1965, Bd. I, S. 401, 407; *Janberg/Schlaus* AG 1967, 33 ff., 34; *Beuthien* ZGR 1974, 43 ff. Zu weiteren Sicherungsmitteln *H. Lübbert* (Fn. 26) S. 97.

[61] So auch *Schlegelberger/Martens* § 119 HGB RdNr. 51; *Hüffer* in: *Ulmer/Habersack/Winter* § 47 GmbHG RdNr. 81; *H. Lübbert* (Fn. 26) S. 127.

[62] HM, vgl. BGHZ 48, 174 = NJW 1967, 1963; BGH ZIP 1989, 1261; *Scholz/K. Schmidt* § 47 GmbHG RdNr. 56; *Hüffer* in: *Ulmer/Habersack/Winter* § 47 GmbHG RdNr. 81; *Zluhan* AcP 128 (1928), 257, 297; *Rob. Fischer* GmbHR 1953, 65, 107; *H. Lübbert* (Fn. 26) S. 190; *Overrath* (Fn. 26) S. 128. AA *Peters* AcP 156 (1957), 311, 326 ff. (für § 887 ZPO); *Max Wolff* JW 1929, 2116 (für § 888 Abs. 1 ZPO); *Zutt* ZHR 155 (1991), 190, 197 f. (für Konkurrenz von § 894 und § 888 ZPO).

[63] BGH ZIP 1989, 1261.

[64] EinhM, *Scholz/K. Schmidt* § 47 GmbHG RdNr. 56; *Hüffer* in: *Ulmer/Habersack/Winter* § 47 GmbHG RdNr. 81; *Zutt* ZHR 155 (1991), 190, 198; *Max Wolff* JW 1929, 2116; *Rob. Fischer* GmbHR 1953, 70; *Peters* AcP 156 (1957), 311, 341 f.; *Overrath* (Fn. 26) S. 114.

[65] *A. Hueck*, FS Nipperdey, 1965, Bd. I, S. 401, 407; *H. Lübbert* (Fn. 26) S. 193; *Overrath* (Fn. 26) S. 140 f. mwN.

[66] *A. Hueck*, FS Nipperdey, 1965, Bd. I, S. 401, 407; *Overrath* (Fn. 26) S. 142.

[67] Grdlg. *v. Gerkan* ZGR 1985, 179 ff.; *Damm* ZHR 154 (1990), 413 ff.; *Zutt* ZHR 155 (1991), 190, 199 ff.; vgl. ferner *Westermann* Hdb. RdNr. I 508; *Lutter/Hommelhoff* § 47 GmbHG RdNr. 6; *Scholz/K. Schmidt* § 47 GmbHG RdNr. 59; *Herfs* (Fn. 26) S. 171 ff.; für das Aktienrecht s. nur MünchKommAktG/*Schröer* § 136 RdNr. 89 ff. mwN; für Einwirkung auf Gesellschafterbeschlüsse in der GmbH im Wege des einstweiligen Rechtsschutzes bei Darlegung eines qualifizierten Rechtsschutzbedürfnisses *Nietsch* GmbHR 2006, 393, 395 ff.;

diese Ansicht spricht jedoch das *Verbot der Vorwegnahme der Hauptsache*.[68] Soweit davon vor allem im Unterhaltsrecht Ausnahmen bei sog. Leistungsverfügungen anerkannt werden, lassen sie sich nicht ohne weiteres auf die Durchsetzung von Stimmbindungsverträgen übertragen. Die Tatsache, dass ein Hauptsacheverfahren idR zu spät kommt, reicht für die Vergleichbarkeit nicht aus. Vielmehr ist es grundsätzlich Sache des Gläubigers der Stimmbindung, die Realisierung seines Anspruchs durch eine Vertragsstrafe oder ähnliche Maßnahmen bis zum Eintritt der Rechtskraft zu sichern.[69] Im Übrigen wäre auch die Vollstreckung einer derartigen einstweiligen Verfügung ausgeschlossen. Zwar wird von der Rechtsprechung und von Teilen des prozessrechtlichen Schrifttums eine einstweilige Verfügung mit Blick auf § 894 ZPO dann für möglich erachtet, wenn die Willenserklärung nur auf eine vorläufige Regelung oder Sicherung abzielt.[70] Selbst wenn man dem zustimmen wollte, scheidet die Parallele für die Stimmpflicht aus, da die Stimmabgabe den Beschluss herbeiführen soll und somit auf eine endgültige Regelung gerichtet ist.[71]

III. Vermögensrechte

1. Allgemeines. a) Grundlagen. Die nach § 717 Satz 2 übertragbaren Ansprüche (RdNr. 14) sind solche, die sich mit ihrer Entstehung von dem ihnen zugrunde liegenden Gesellschaftsverhältnis lösen und die Qualität selbstständiger Geldforderungen annehmen (RdNr. 3). Jedoch kann die gesellschaftsvertragliche Grundlage der Ansprüche sich auf ihre Durchsetzbarkeit auswirken und die Gesellschafter als Gläubiger aus Gründen der Treupflicht zur Rücksichtnahme auf das Gesellschaftsinteresse verpflichten (§ 705 RdNr. 227). Stehen der Gesellschaft hieraus im Einzelfall Einwendungen gegen einen dieser Ansprüche zu, so können sie nach § 404 auch dem Zessionar entgegengesetzt werden; das gilt namentlich für Entnahmebeschränkungen bei Gewinnansprüchen. Auch eine **Sicherungsabtretung** der in Satz 2 genannten Vermögensrechte ist möglich.[72] Soweit es sich dabei um künftige Ansprüche handelt, hängt die Rechtsstellung des Sicherungsnehmers als Zessionar und die Möglichkeit seines Zugriffs auf das Sicherungsgut im Zeitpunkt der Anspruchsentstehung davon ab, dass der Sicherungsgeber nicht zwischenzeitlich über den Anteil verfügt (vgl. RdNr. 31 f., 38, 40). – Zur Möglichkeit, die Übertragbarkeit der in Satz 2 genannten Vermögensrechte im Gesellschaftsvertrag auszuschließen, vgl. RdNr. 8. 30

b) Künftige Ansprüche. Die Übertragbarkeit nach Satz 2 erstreckt sich nach einhM nicht nur auf schon entstandene (einschließlich bedingter), sondern auch auf künftige Ansprüche. Bei ihnen hängt die *Wirksamkeit der Abtretung* jedoch davon ab, dass der Zedent *im Zeitpunkt der Anspruchsentstehung* seinen Anteil noch nicht weiterveräußert hat.[73] Das gilt namentlich für die vorweggenommene Abtretung von **Gewinnansprüchen**; diese stehen 31

---

ausnahmsweise für die Durchsetzung eines Stimmverbotes bei eindeutiger Rechtslage oder besonders schwerwiegender Beeinträchtigung *Hüffer* in: *Ulmer/Habersack/Winter* § 47 GmbHG RdNr. 81 f.; aus der Rspr. OLG Koblenz ZIP 1986, 563 f. (zumindest bei Geboten); einschr. aber OLG Koblenz NJW 1991, 1119, 1120; OLG Hamburg NJW 1992, 186, 187; OLG Stuttgart NJW 1987, 2449; OLG Frankfurt NJW-RR 1992, 934.

[68] Vgl. OLG Koblenz NJW 1991, 1119, 686; *Erman/Westermann* § 709 RdNr. 21; *Staudinger/Habermeier* RdNr. 11; *Bamberger/Roth/Timm/Schöne* RdNr. 17.

[69] So zutr. *Hüffer* in: *Ulmer/Habersack/Winter* § 47 GmbHG RdNr. 81; MünchKommHGB/*Enzinger* § 119 RdNr. 39; ähnlich auch *Rowedder/Schmidt-Leithoff/Koppensteiner* § 47 GmbHG RdNr. 36.

[70] So OLG Frankfurt MDR 1954, 686; OLG Stuttgart NJW 1975, 908; LG Braunschweig NJW 1975, 782, 783; weitergehend (auch endgültige Willenserklärungen könnten aufgrund einer einstweiligen Verfügung nach § 894 ZPO vollstreckt werden) aber OLG Köln NJW-RR 1997, 59, 60; dagegen aber OLG Hamburg NJW-RR 1991, 382. Aus der Lit. für grds. Zulässigkeit *Thomas/Putzo/Hüßtege* § 894 ZPO RdNr. 2 ff.; *Zöller/Vollkommer* § 938 ZPO RdNr. 5.

[71] So auch *Mühlhäuser* (Fn. 26) S. 252 ff.; tendenziell auch *Staudinger/Habermeier* RdNr. 11; aA *v. Gerkan* ZGR 1985, 179, 188 ff.; *Zutt* ZHR 155 (1991), 190, 202 f.

[72] Dazu näher *Serick*, Eigentumsvorbehalt und Sicherungsübereignung II, 1965, S. 483 ff.; *Riegger* BB 1972, 115; zust. *Soergel/Hadding* RdNr. 8; *Erman/Westermann* RdNr. 7.

[73] *Soergel/Hadding* RdNr. 8; eingehend *G. Müller* ZIP 1994, 342, 351 ff.; offen lassend *Erman/Westermann* RdNr. 7. Zum Schicksal mit dem Anteil verbundener, nach § 717 Satz 2 aber selbstständig abtretbarer, bereits entstandener Ansprüche im Fall der Anteilsübertragung vgl. § 719 RdNr. 43.

demjenigen zu, der im Zeitpunkt des Beschlusses über die Gewinnverteilung (§ 721 RdNr. 8) Anteilsinhaber ist. Hat der Zedent vor diesem Zeitpunkt wirksam über den Anteil verfügt oder ist der Anteil zwischenzeitlich gepfändet worden, so kommt der jeweilige Gewinnanspruch nicht mehr in seiner Person zur Entstehung, sondern in derjenigen des neuen Anteilsinhabers, oder er unterliegt dem Pfandrecht.[74] Die Vorausabtretung des Gewinnanspruchs erweist sich in diesen Fällen aus der auf den Entstehungszeitpunkt bezogenen Sicht als Verfügung eines Nichtberechtigten; der Zessionar hat ihn nicht erworben. Dieses Ergebnis wird bestätigt durch die Regelung des § 566 b, auch wenn man sie nicht analog anwendet.[75] Aus dieser Vorschrift ergibt sich, dass periodisch wiederkehrende künftige Ansprüche grundsätzlich demjenigen zustehen, der im Zeitpunkt der Anspruchsentstehung aus dem Vertragsverhältnis selbst berechtigt ist, und dass Vorausverfügungen seines Rechtsvorgängers ihm gegenüber keine Wirkung haben.

32 Hinsichtlich des Anspruchs auf das **Auseinandersetzungsguthaben** (näher RdNr. 37) bzw. auf die Abfindung im Fall vorzeitigen Ausscheidens war früher zweifelhaft, ob es sich um einen aufschiebend bedingt entstandenen oder um einen künftigen, den in RdNr. 31 genannten Abtretungsschranken unterliegenden Anspruch handelt. Die Rechtsprechung zu dieser Frage war lange Zeit uneinheitlich;[76] inzwischen geht der BGH jedoch von einem *künftigen Anspruch* aus.[77] Dieser auch in der neueren Literatur vorherrschenden Ansicht[78] ist zu folgen; für sie spricht aus teleologischer Sicht, dass das auf Vorausverfügung, insbesondere Sicherungszession, beruhende Auseinanderfallen von Mitgliedschaft und Anspruch auf das Auseinandersetzungsguthaben für Gesellschaft und Mitgesellschafter unerwünscht ist und zu erheblichen Problemen bei der späteren Auseinandersetzung oder dem Ausscheiden des betroffenen Gesellschafters führen kann.[79] Die Wirksamkeit der Vorausverfügung über den Anspruch auf das Auseinandersetzungsguthaben hängt somit davon ab, dass der Zedent im Zeitpunkt der Auflösung der Gesellschaft noch Gesellschafter ist, dh. nicht anderweitig über seinen Anteil verfügt hat (RdNr. 31, 39).

33 c) **Sonstige Vermögensrechte.** Über die nach Satz 2 abtretbaren Ansprüche (dazu näher RdNr. 34 ff.) hinaus ist aus den in RdNr. 15 genannten Gründen mit Zustimmung aller Gesellschafter auch eine Verfügung über sonstige Vermögensrechte zuzulassen, darunter namentlich ein vom jeweiligen Gewinnanspruch unabhängiges *vertragliches Entnahmerecht*.[80]

---

[74] BGHZ 88, 205, 207 = NJW 1984, 492 und BGHZ 104, 351, 353 f. = NJW 1989, 458 (betr. Abfindungsanspruch beim Ausscheiden aus einer GmbH); BGH JZ 1987, 880 m. Anm. *Ulmer*; *Flume* I/1 § 11 III, S. 160 und § 17 III, S. 354; *Hueck* OHG § 17 IV 2, S. 254; im Ergebnis auch *Wiedemann* Übertragung S. 299 ff., 301; *Armbrüster* NJW 1991, 606, 607 f.; *G. Müller* ZIP 1994, 342, 351 ff.; ebenso für den Gewinnanspruch in der GmbH *Rob. Fischer* ZHR 98, 318, 320; einschr. aber *Rob. Fischer* ZHR 130 (1968), 359, 363 f. und *Marotzke* ZIP 1988, 1509, 1514 ff., die für eine Analogie zu § 566 b (= § 573 aF) eintreten; aA wohl noch RGZ 60, 126, 130. Allg. zur Vorausabtretung künftiger Forderungen, deren Rechtsgrund im Zeitpunkt der Zession bereits gelegt ist, vgl. *Serick*, Eigentumsvorbehalt und Sicherungsübereignung IV, 1976, S. 260 f., 330 ff., der ein Anwartschaftsrecht des Zessionars an der künftigen Forderung bejaht und die Abtretung daher wohl trotz zwischenzeitlicher Verfügung über das Stammrecht für wirksam hält.

[75] Vgl. BGHZ 88, 205, 207 = NJW 1984, 492 (zur GmbH); *Soergel/Hadding* RdNr. 8; für Analogie aber *Rob. Fischer* und *Marotzke* (Fn. 74).

[76] Für aufschiebend bedingt entstandenen Anspruch noch BGHZ 58, 327, 330 = NJW 1972, 1193 (zur eG); so wohl auch die Rspr. des RG, vgl. RGZ 60, 126, 130; 90, 19, 20; 91, 428, 431; 95, 231, 234 f.

[77] So – ohne Auseinandersetzung mit den in Fn. 76 zitierten Urteilen – BGH NJW 1997, 3370, 3371; ebenso schon BGHZ 88, 205, 207 = NJW 1984, 492; BGHZ 104, 351, 353 = NJW 1989, 458 (jeweils für den Abfindungsanspruch beim Ausscheiden aus einer GmbH); zust. *Fleischer* WuB II H § 235 HGB 1.98.

[78] *Flume* und *Wiedemann* (Fn. 74); so auch *Soergel/Hadding* RdNr. 11; *D. Weber*, FS Stiefel, 1987, S. 829, 856 ff.; *Konzen* ZHR 145 (1981), 44 f.; *Bommert* BB 1984, 181.

[79] *Wiedemann* Übertragung S. 301; *D. Weber*, FS Stiefel, 1987, S. 829, 858 f.

[80] Die früher hM beschränkt sich insoweit auf die Feststellung, dass ein Anspruch auf Entnahmen nicht nach § 717 S. 2 abtretbar ist, soweit diese nicht durch entsprechende Gewinne gedeckt sind; vgl. RGZ 67, 13, 17 ff.; *Soergel/Hadding* RdNr. 10; *Wiedemann* Übertragung S. 294 ff.; so auch noch *ders.* GesR II § 3 III 3 c, S. 231; zu § 122 HGB auch *Schlegelberger/Martens* § 122 HGB RdNr. 13. Demgegenüber lässt eine neuere Auffassung die selbstständige Abtretbarkeit des Entnahmerechts generell zu, vgl. *Ganßmüller* DB 1967, 1531, 1534; *Muth* DB 1986, 1761, 1762 mwN in Fn. 13; *Winnefeld* DB 1977, 897 ff.; *Erman/Westermann* RdNr. 6; *Staudinger/Habermeier* RdNr. 18; *Bamberger/Roth/Timm/Schöne* RdNr. 20; einschr. (nur bei vertrag-

Ihr wird außerhalb von Nießbrauch und Sicherungsabtretung freilich meist nur geringe Bedeutung zukommen.

2. Die einzelnen Vermögensrechte nach Satz 2. a) Aufwendungsersatz. Abtretbar ist der Aufwendungsersatzanspruch des Geschäftsführers nach §§ 713, 670 (vgl. näher § 713 RdNr. 15). Anderes gilt für den Anspruch auf Vorschuss nach §§ 713, 669, da er sich im Unterschied zum Aufwendungsersatzanspruch nicht von der Geschäftsführungsmaßnahme, für die der Vorschuss zweckbestimmt ist, trennen lässt,[81] sowie für den Freistellungsanspruch nach §§ 713, 670, 257 (§ 713 RdNr. 15); dieser kann nur von demjenigen Gläubiger gepfändet werden, dem gegenüber die Freistellung zu erfolgen hat.[82] Dem Aufwendungsersatzanspruch gleichzustellen ist der **gesamtschuldnerische Ausgleichsanspruch** des von einem Gesellschaftsgläubiger auf Zahlung in Anspruch genommenen Gesellschafters gegen Mitgesellschafter (§ 714 RdNr. 56);[83] auch bei ihm handelt es sich um ein verselbständigtes Gläubigerrecht (RdNr. 3). Nicht zu den Ansprüchen aus der Geschäftsführung, sondern zum Gewinn gehören die Ansprüche auf Geschäftsführervergütung, auch soweit sie im Innenverhältnis gewinnunabhängig ausgestaltet sind.[84] Beschränkt sich die Abtretung auf die „Ansprüche aus der Geschäftsführung", so wird die Auslegung freilich meist zu dem Ergebnis führen, dass hiervon auch die Geschäftsführervergütung erfasst sein soll.

b) Gewinn. Zum Gewinnanspruch, seiner Entstehung und Fälligkeit vgl. § 721 RdNr. 13. Die Wirksamkeit seiner **Vorausabtretung** hängt nach den in RdNr. 31 getroffenen Feststellungen davon ab, dass der Zedent noch im Zeitpunkt der Anspruchsentstehung Gesellschafter ist. Andernfalls kommt der Gewinnanspruch beim Rechtsnachfolger zur Entstehung; der Zedent hat hierüber als Nichtberechtigter verfügt. Zum Fehlen eines Rechts des Zessionars gegenüber der Gesamthand auf Gewinnfeststellung und Kontrolle vgl. RdNr. 40.

Der **Zessionar erwirbt** den Gewinnanspruch mit dem Inhalt, wie er auch dem Zedenten zustand (§ 404). Vertragliche Entnahmebeschränkungen können daher auch ihm entgegengesetzt werden. Auch ist er nicht dagegen geschützt, dass die Gesellschafter einvernehmlich die Gewinnbeteiligung des Zedenten oder die Entnahmeregelung **ändern,** solange der vorausabgetretene Gewinnanspruch noch nicht entstanden ist;[85] anderes gilt bei Verstoß gegen § 826. Gewinnunabhängige **Ansprüche auf Entnahme** (§ 721 RdNr. 15) stehen dem Zessionar des Gewinnanspruchs nicht zu. Sie unterfallen nicht der Ausnahmeregelung des Satzes 2 und können nur mit Zustimmung aller Gesellschafter abgetreten werden (RdNr. 33). Abweichendes kommt nach dem Regelungszweck des Satzes 2 (RdNr. 3) freilich dann in Betracht, wenn das Entnahmerecht im Gesellschaftsvertrag nach Art einer festen *Vorausdividende* oder eines Zinsanspruchs konkretisiert ist und zur Entstehung selbständiger, nicht von der Geltendmachung durch den Gesellschafter abhängiger periodischer Ansprüche gegen die Gesellschaft führt.[86]

c) Auseinandersetzungsguthaben. Der Anspruch auf dasjenige, was dem Gesellschafter bei der Auseinandersetzung zukommt, umfasst je nach Lage des Falles die Rückerstattung der Einlagen (§ 733 Abs. 2), den anteiligen Liquidationserlös (§ 734) sowie etwaige

---

lichem Entnahmerecht) *Baumbach/Hopt* § 122 HGB RdNr. 4. Wie hier – für Abtretbarkeit bei Zustimmung der Gesellschafter – *Teichmann* Gestaltungsfreiheit S. 156; *Staub/Ulmer* § 122 HGB RdNr. 15; MünchKommHGB/*Priester* § 122 RdNr. 23. Vgl. auch RdNr. 36.

[81] *Soergel/Hadding* RdNr. 9; *Palandt/Sprau* RdNr. 5; *Staudinger/Habermeier* RdNr. 15.
[82] Vgl. *Stein/Jonas/Brehm*, 22. Aufl. 2004, § 851 ZPO RdNr. 38; MünchKommZPO/*Smid* § 851 RdNr. 8 f.
[83] *Staudinger/Habermeier* RdNr. 15; *Soergel/Hadding* RdNr. 9.
[84] Vgl. § 709 RdNr. 32. Für ihre Behandlung als Ansprüche, die aus der Geschäftsführung herrühren, aber *Staudinger/Habermeier* RdNr. 15; *Soergel/Hadding* RdNr. 9; wohl auch *Erman/Westermann* RdNr. 6.
[85] BGH WM 1985, 1343, 1344; *Soergel/Hadding* RdNr. 14; *Erman/Westermann* RdNr. 7; *Staudinger/Habermeier* RdNr. 19; *Bamberger/Roth/Timm/Schöne* RdNr. 23; *Staub/Ulmer* § 121 HGB RdNr. 6; *Hueck* OHG § 17 IV 2, S. 256; MünchKommHGB/*Priester* § 122 RdNr. 28.
[86] BGH WM 1985, 1343, 1344; *Soergel/Hadding* RdNr. 10; *Erman/Westermann* RdNr. 6. Für Veräußerlichkeit des für das laufende Geschäftsjahr geltend gemachten(?) Entnahmeanspruchs entsprechend § 717 Satz 2 *Wiedemann* Übertragung S. 296.

§ 717 38–40 Abschnitt 8. Titel 16. Gesellschaft

Ausgleichsansprüche gegen Mitgesellschafter nach § 735. Im Falle des Ausscheidens des Zedenten aus der fortbestehenden Gesellschaft tritt an seine Stelle der Anspruch auf das Abfindungsguthaben (§§ 738 bis 740). Ob im Zusammenhang mit der Abtretung dieser Ansprüche auch das beim Gesellschafter verbliebene Eigentum an den der Gesellschaft zur Benutzung überlassenen, nach § 732 bei Vertragsende zurückzugebenden Gegenständen auf den Zessionar übergehen soll, ist Frage der Vertragsauslegung, soweit es hierfür nicht besonderer formgebundener Übertragungsakte (§§ 925, 873) bedarf. Zur *Entstehung und Fälligkeit des* Anspruchs auf das Auseinandersetzungsguthaben oder die Abfindung vgl. § 730 RdNr. 61, § 738 RdNr. 19 ff., zu den fehlenden Rechten des Zessionars auf Mitwirkung bei der Auseinandersetzung oder der Festsetzung der Abfindung RdNr. 40.

38 Für **Änderungen** des Anspruchs auf das Auseinandersetzungsguthaben gilt Entsprechendes wie beim Gewinnanspruch (RdNr. 36). Sie sind trotz Vorausabtretung des Anspruchs solange möglich, als dieser noch nicht entstanden ist. Die Gesellschafter können daher mit Wirkung gegenüber dem Zessionar einvernehmlich eine vom Gesetz oder Gesellschaftsvertrag abweichende Art der Auseinandersetzung beschließen oder Beschränkungen des Abfindungsanspruchs für den Fall vorzeitigen Ausscheidens vorsehen.[87] Auch ist die Abtretung der genannten Ansprüche **wirkungslos,** wenn der Zedent den Gesellschaftsanteil vor ihrer Entstehung wirksam an einen Dritten veräußert hat.[88] Eine zwischenzeitliche Pfändung des Anteils am Gesellschaftsvermögen nach § 859 Abs. 1 ZPO geht der Abtretung vor.[89] Anderes gilt bei einer Pfändung des künftigen Anspruchs auf das Auseinandersetzungsguthaben; sie geht ins Leere, wenn der Gesellschafter den Anspruch im Voraus an einen Dritten abgetreten hat.[90]

39 Will der Zessionar sich gegen die in RdNr. 38 genannten Gefahren schützen, so muss er sich außer der Vorausabtretung des Anspruchs auf das Auseinandersetzungsguthaben auch den Gesellschaftsanteil selbst verpfänden lassen. Nur bei einem solchen Vorgehen ist er sowohl **gegen einseitige Veränderungen** des ihm abgetretenen künftigen Rechts als auch dagegen **geschützt,** dass die Abtretung infolge zwischenzeitlicher Verfügung des Zedenten über den Anteil oder infolge einer Anteilspfändung durch dessen Privatgläubiger ins Leere geht bzw. zu einer nachrangigen Berechtigung des Zessionars führt. Die Rechtsstellung der Mitgesellschafter wird dadurch nicht unzulässig beeinträchtigt, weil die Verpfändung der Mitgliedschaft abweichend von § 717 S. 2 nur mit ihrer Zustimmung möglich ist, sofern sie oder die Anteilsabtretung nicht bereits im Gesellschaftsvertrag zugelassen wurde (vgl. näher § 719 RdNr. 27, 52).

40 **3. Rechtsstellung des Zessionars.** Durch die Abtretung der Rechte nach § 717 S. 2 erwirbt der Zessionar nur die Forderung als solche, **nicht** aber die zu ihrer Geltendmachung und Kontrolle erforderlichen **Verwaltungsrechte**.[91] Diese verbleiben als unübertragbare Mitgliedschaftsrechte beim Zedenten; nur ihre Ausübung kann mit Einverständnis der Mitgesellschafter dem Zessionar überlassen werden (RdNr. 9, 16). Die Abtretung künftiger Gewinnansprüche gibt dem Zessionar also nicht das Recht, nach § 721 Rechnungslegung und Gewinnverteilung zu verlangen.[92] Entsprechendes gilt für die Abtretung des künftigen Anspruchs auf das Auseinandersetzungsguthaben oder die Abfindung: auch hier stehen dem

---

[87] Vgl. Nachweise in Fn. 85 sowie *Riegger* BB 1972, 116; aA noch RGZ 90, 19, 20 (eingeschränkt in RGZ 91, 428, 431).
[88] BGH (Fn. 74); so auch BGH NJW 1997, 3370, 3371 (vorbehaltlich der Fälle zwischenzeitlicher Anteilsverpfändung). Ebenso *Flume* I/1 § 11 IV, S. 162 und § 17 III, S. 356; *Soergel/Hadding* RdNr. 15; *Staudinger/Habermeier* RdNr. 17; im Ergebnis auch *U. Huber* Vermögensanteil S. 396; aA wohl RGZ 60, 126, 130; vgl. auch RdNr. 31 f. und Fn. 76 ff.
[89] BGHZ 104, 351, 353 ff. = NJW 1989, 458 (Pfändung eines GmbH-Anteils); *Flume* I/1 § 17 III, S. 355; *Soergel/Hadding* RdNr. 16 a; *Staudinger/Habermeier* RdNr. 18; aA noch RGZ 95, 231, 234 f.; offen lassend BGH WM 1981, 648, 649.
[90] Vgl. BGH WM 1981, 648, 649; *Staub/C. Schäfer* § 135 HGB RdNr. 7.
[91] BGH WM 1983, 1279, 1280; 1981, 648, 649; OLG Hamm NZG 2006, 823 (gilt auch bei liquidationslosem Erlöschen der Gesellschaft).
[92] HM, vgl. *Soergel/Hadding* RdNr. 14; *Hueck* OHG § 17 IV 2, S. 254; *Staudinger/Habermeier* RdNr. 19; *Bamberger/Roth/Timm/Schöne* RdNr. 24. Vgl. auch die Nachweise in Fn. 91.

Zessionar keine Möglichkeiten zu, die Gesellschaft aufzulösen oder an der Aufstellung der Auseinandersetzungs- oder Abschichtungsbilanz mitzuwirken.[93] In beiden Fällen ist jedoch eine **Mitteilungspflicht** der Gesamthand gegenüber dem Zessionar über die Höhe des festgestellten Anspruchs zu bejahen.[94]

Das außerordentliche **Kündigungsrecht des § 725 Abs. 1** kann nur von demjenigen geltend gemacht werden, der nach § 859 Abs. 1 ZPO eine Anteilspfändung erwirkt hat. Eine analoge Anwendung auf den Zessionar ist ausgeschlossen.[95] Er kann sich vielmehr grundsätzlich nur an den Zedenten halten und ihn auf Schadensersatz in Anspruch nehmen, wenn dieser den vertraglich übernommenen Pflichten zur Herbeiführung der Fälligkeit der abgetretenen Ansprüche unter Wahrung der Interessen des Zessionars nicht nachkommt. 41

IV. Pfändung und Verpfändung

1. Pfändung. Die Pfändbarkeit von **Forderungen** hängt nach § 851 ZPO grundsätzlich von ihrer Abtretbarkeit ab; ein in Abweichung von § 717 S. 2 vereinbarter Abtretungsausschluss steht der Pfändung allerdings nicht entgegen (§ 851 Abs. 2 ZPO iVm. § 399 BGB). Die Pfändung in Gesellschafterrechte setzt einen in das Privatvermögen des Gesellschafters vollstreckbaren Titel voraus (§ 718 RdNr. 54). Sie erstreckt sich auch auf künftige und bedingte Forderungen. 42

Im Einzelnen wird auf die Ausführungen zu den nach § 717 Satz 2 übertragbaren Ansprüchen verwiesen (RdNr. 30 ff.). Sie gelten entsprechend für deren Pfändung.[96] Auch der Pfändungsgläubiger einer **künftigen Forderung** ist gegen zwischenzeitliche Verfügungen des Schuldners über den Anteil vor Entstehung der Forderung nicht geschützt.[97] Die Pfändung des Anspruchs auf das künftige Auseinandersetzungsguthaben, die nach § 717 Satz 2 iVm. § 851 Abs. 1 ZPO möglich ist, stellt ihn also nicht besser als den Zessionar des Anspruchs (RdNr. 38) und gibt ihm ebenso wenig wie diesem einen Realisierungsanspruch.[98] Den wesentlich zweckmäßigeren und Erfolg versprechenderen Weg eröffnet daher die **Pfändung des Gesellschaftsanteils** nach § 859 Abs. 1 ZPO in Verbindung mit dem außerordentlichen Kündigungsrecht des Pfändungsgläubigers nach § 725 Abs. 1. Zum Sonderfall der Pfändung und Verwertung eines im Gesellschaftsvertrag übertragbar gestellten Gesellschaftsanteils (der Mitgliedschaft) als Vermögensrecht nach § 857 ZPO vgl. § 725 RdNr. 8 ff. 43

Sonstige Vermögensrechte, deren Übertragung ausgeschlossen ist, sind nach § 857 Abs. 3 ZPO insoweit der Pfändung unterworfen, als ihre Ausübung einem Dritten überlassen werden kann. Angesichts der höchstpersönlichen Natur der nicht unter § 717 Satz 2 fallenden Mitgliedschaftsrechte scheidet diese Möglichkeit regelmäßig aus, soweit nicht der Gesellschaftsvertrag im Einzelfall Abweichendes vorsieht. Eine Zwangsvollstreckung wegen einer Geldforderung in **Verwaltungsrechte** des Schuldners ist in jedem Fall ausgeschlossen[99] (zu der davon zu unterscheidenden Vollstreckung aus einem Stimmbindungsvertrag vgl. RdNr. 28). 44

2. Verpfändung. Für die Verpfändung von Forderungen gelten die Ausführungen über deren Übertragbarkeit in vollem Umfang entsprechend (§§ 1273, 1274 Abs. 2, 1280). Der Gesellschaftsanteil selbst kann verpfändet werden, wenn er im Gesellschaftsvertrag übertragbar gestellt ist oder wenn sämtliche Mitgesellschafter zustimmen. Näheres vgl. § 719 RdNr. 51 ff. 45

---

[93] RGZ 90, 19, 20; *Riegger* BB 1972, 117 mwN in Fn. 18. Zur abw. Rechtslage für den Fall der Anteilspfändung und Kündigung, wonach dem Pfandgläubiger ein Anspruch gegen die Gesellschafter auf Durchführung der Auseinandersetzung zugebilligt wird, vgl. § 725 RdNr. 20 f.
[94] BGH BB 1976, 11; vgl. auch schon RGZ 52, 35, 37 f.
[95] So auch *Erman/Westermann* RdNr. 7; *Soergel/Hadding* RdNr. 15; *Bamberger/Roth/Timm/Schöne* RdNr. 24.
[96] Ebenso *Soergel/Hadding* RdNr. 16 a; aA *Marotzke* ZIP 1988, 1509, 1519 betr. § 566 b (= § 573 aF). Zur Pfändbarkeit von auf dem Entnahmerecht beruhenden, zu selbstständigen Forderungen gewordenen Ansprüchen vgl. RdNr. 36 und Fn. 86.
[97] *Soergel/Hadding* RdNr. 16 a; aA RGZ 60, 126, 130; vgl. auch Nachweise in Fn. 74.
[98] Vgl. Nachweise in Fn. 93.
[99] So auch *Soergel/Hadding* RdNr. 16 a.

§ 718 Gesellschaftsvermögen

(1) Die Beiträge der Gesellschafter und die durch die Geschäftsführung für die Gesellschaft erworbenen Gegenstände werden gemeinschaftliches Vermögen der Gesellschafter (Gesellschaftsvermögen).

(2) Zu dem Gesellschaftsvermögen gehört auch, was auf Grund eines zu dem Gesellschaftsvermögen gehörenden Rechts oder als Ersatz für die Zerstörung, Beschädigung oder Entziehung eines zu dem Gesellschaftsvermögen gehörenden Gegenstands erworben wird.

Übersicht

	RdNr.
A. Normzweck	1
B. Das Gesellschaftsvermögen	2–38
I. Grundlagen	2–11
1. Wesen und Funktion der Gesamthand	2–5
a) Rechtlicher Ansatz	2, 3
b) Gesetzliche Ausgestaltung	4, 5
2. Gesellschafterstellung und Gesamthandsberechtigung	6–9
3. Gesellschaften ohne Gesamthandsvermögen	10, 11
II. Entstehung und Wegfall des Gesamthandsvermögens	12–15
1. Allgemeines	12, 13
2. Umwandlungsfälle	14, 15
III. Erwerb von Gesamthandsvermögen	16–23
1. Beiträge	16, 17
2. Rechtsgeschäftlicher Erwerb	18, 19
3. Erwerb durch Surrogation (Abs. 2)	20, 21
4. Sonstige Erwerbstatbestände	22, 23
IV. Begründung von Gesamthandsverbindlichkeiten	24–34
1. Überblick	24
2. Entstehungsgründe	25–29
a) Rechtsgeschäft	25
b) Gesellschaftsvertrag	26
c) Gesetz	27
d) Gesamtrechtsnachfolge	28
e) Haftung kraft objektiver Zurechnung?	29
3. Haftung aus §§ 278, 831	30, 31
4. Keine Haftung für Privatschulden der Gesellschafter	32–34
V. Die Gesamthand als Besitzer	35–38
1. Grundsatz	35–37
2. Rechtsfolgen	38
C. Die GbR in Zivilprozess und Zwangsvollstreckung	39–66

	RdNr.
I. Überblick	39–43
1. Ausgangslage im Jahr 1900	39
2. Rechtsentwicklung bis 2001	40–42
3. Gang der Kommentierung	43
II. Die Parteifähigkeit der Außen-GbR	44–48
1. Grundlagen	44, 45
2. Schranken der persönlichen Reichweite	46–48
a) Außen-GbR ohne Identitätsausstattung	46, 47
b) Innen-GbR mit Gesamthandsvermögen	48
III. Prozess- und Vollstreckungsfragen bei der nicht parteifähigen Gesamthands-GbR	49–66
1. Verbleibender Anwendungsbereich	49
2. Rechtlicher Ansatz	50–52
a) Parteistellung aufseiten der Gesamthand	50, 51
b) Vollstreckung	52
3. Die Gesamthandsschuldklage	53, 54
a) Grundsatz	53
b) Keine Vollstreckung ins Privatvermögen	54
4. Die Vollstreckung in das Gesellschaftsvermögen	55–59
a) Vollstreckungstitel	55–58
aa) Grundsatz	55, 56
bb) Vollstreckung aus Gesamtschuldtiteln?	57, 58
b) Gewahrsam	59
5. Gesellschafterwechsel	60–64
a) Während der Rechtshängigkeit	60–63
aa) Ausscheiden eines Gesellschafters	60
bb) Neueintritt	61, 62
cc) Gesellschafterwechsel	63
b) Im Vollstreckungsverfahren	64
6. Rechtsformwechsel der Gesamthand	65, 66

A. Normzweck

1 Die Vorschrift des § 718 enthält die **gesetzliche Anerkennung des** für die gesellschaftsrechtliche Gesamthand kennzeichnenden, vom Privatvermögen der Gesellschafter abgesonderten **Gesellschaftsvermögens** als Regelfall der Vermögensorganisation der GbR. Abs. 1 regelt die Begründung dieses Vermögens durch die Beiträge der Gesellschafter – genauer: durch die vertraglichen Beitragsansprüche (RdNr. 16) – sowie durch rechtsgeschäftlichen Erwerb namens der Gesellschaft. Abs. 2 stellt die Geltung des Surrogationsprinzips für das Gesellschaftsvermögen klar. – Zum Verhältnis von § 718 gegenüber den Regelungen der §§ 717, 719 vgl. § 717 RdNr. 4; zur Anerkennung von Gesamthandsverbindlichkeiten als einer besonderen, der Vermögensfähigkeit der Gesamthand entsprechenden und neben die Gesellschafterhaftung tretenden Kategorie von Gesellschaftsschulden vgl. § 714 RdNr. 31 f.

B. Das Gesellschaftsvermögen

I. Grundlagen

1. Wesen und Funktion der Gesamthand. a) Rechtlicher Ansatz. Die Regelung 2 über das gesellschaftsrechtliche Gesamthandsvermögen (§ 718) wurde erst von der 2. Kommission in das ursprünglich ganz an der *societas* des römischen Rechts ausgerichtete Recht der GbR eingeführt (vgl. § 705 RdNr. 293). Es dient der Zusammenfassung der zur Förderung des Gesellschaftszwecks bestimmten, in § 718 bezeichneten Gegenstände zu einem Sondervermögen (dem „Gesellschaftsvermögen") und ihrer dinglichen Zuordnung zur Gesellschaft. Inhaber des Gesamthandsvermögens sind die Gesellschafter in ihrer gesamthänderischen Verbundenheit, dh. als eine von den einzelnen Mitgliedern zu unterscheidende, aus heutiger Sicht rechtsfähige Personenverbindung (vgl. Näheres in § 705 RdNr. 289 ff.). Das Gesamthandsvermögen erweist sich somit als die **vermögensrechtliche (dingliche) Komponente** des gesellschaftsrechtlichen Zentralbegriffs Gesamthand. Dessen personenrechtliches Element besteht in der Verbindung (Gruppe) der Gesellschafter, dh. einer rechtsfähigen Organisation in Gestalt der *Außen-GbR*, die auch ohne ausdrückliche Gesetzesregelung inzwischen als rechtsfähiger Teilnehmer am Rechtsverkehr anerkannt ist (§ 705 RdNr. 303 ff.). Die **Gültigkeit** des Gesamthandsprinzips **für die rechtsfähige GbR** wird zwar bisweilen bestritten;[1] für diese Abweichung von der gesetzlichen Regelung besteht jedoch keinerlei Notwendigkeit; überdies verbindet sie sich zT mit inakzeptablen Folgerungen.[2] Sie missachtet zudem, dass bei der GbR die Rechtsfähigkeit keiner eigenständigen Rechtsperson zukommt, sondern den Gesellschaftern als Gruppe (näher § 705 RdNr. 298, 307 ff.).

Der Zusammenhang zwischen personen- und vermögensrechtlichen Elementen der Ge- 3 samthand ist für das Verständnis des **Rechts der GbR als** eines über bloß schuldvertragliche Beziehungen der Beteiligten hinausgehenden **Organisationsrechts** von entscheidender Bedeutung. Er findet seinen Niederschlag in einer Reihe von Rechtsgrundsätzen wie der Rechtsfähigkeit der Außen-GbR (§ 705 RdNr. 310 ff.), der Stellung der Geschäftsführer als Organe der Gesamthand (§ 705 RdNr. 257, § 714 RdNr. 12 f., 16 f.), der Lehre von der fehlerhaften Gesellschaft (§ 705 RdNr. 323 ff., 354), dem Prinzip der An- und Abwachsung bei Veränderungen im Gesellschafterbestand (RdNr. 5) und der selbständigen Übertragbarkeit der Gesellschaftsanteile bei Zustimmung der Mitgesellschafter (§ 719 RdNr. 25 ff.).

b) Gesetzliche Ausgestaltung. Der Gesetzgeber hat sich im Wesentlichen auf die 4 Regelung der **sachenrechtlichen Aspekte der Gesamthand** iS der Vermögensverfassung der GbR beschränkt. Er hat damit das Ziel verfolgt, die dem gemeinsamen Zweck gewidmeten Beiträge und die rechtsgeschäftlich für die Gesamthand erworbenen Gegenstände einschließlich deren Surrogate zu einem *Sondervermögen* zusammenzufassen, dieses gegen Verfügungen einzelner nicht vertretungsbefugter Gesellschafter und gegen den Zugriff von

---

[1] Vgl. Kießling, FS Hadding, 2004, S. 477, 484 ff.; ähnlich auch *Staudinger/Habermeier* RdNr. 1 f.
[2] So wird das für die Personengesellschaft wesentliche Anwachsungsprinzip (§ 738 Abs. 1 S. 1) als Ausdruck des Gesamthandsprinzips in Abrede gestellt, Kießling, FS Hadding, 2004, S. 477, 489 f. (unter Vermengung der Mitgliedschaft mit deren Vermögenswert).

§ 718 5–7   Abschnitt 8. Titel 16. Gesellschaft

Privatgläubigern zu sichern sowie den sachenrechtlichen Bestand des Gesellschaftsvermögens von der jeweiligen personellen Zusammensetzung der Gesellschaft unabhängig zu machen.[3]

5 Im Einzelnen dienen diesem Ziel neben den Liquidationsvorschriften der §§ 731 ff. vor allem die drei das Gesamthandsprinzip kennzeichnenden **„Basisregeln"** der §§ 718, 719 und 738 Abs. 1.[4] Unter ihnen legt § 718 *Bestand und Umfang des Gesamthandsvermögens* fest und grenzt dieses Sondervermögen gegenüber dem jeweiligen Privatvermögen der Gesellschafter ab (zu Entstehungsgeschichte und systematischer Stellung der Norm vgl. § 717 RdNr. 4). § 719 stellt klar, dass die *Verfügung über Gegenstände des Gesamthandsvermögens* den Gesellschaftsorganen vorbehalten ist, während die Gesellschafter je persönlich insoweit keine Verfügungsmacht haben und auch nicht etwa Inhaber von Anteilen an den einzelnen Gegenständen des Gesamthandsvermögens sind. In Übereinstimmung damit behalten auch die vollstreckungsrechtlichen Vorschriften der §§ 736, 859 Abs. 1 ZPO den Zugriff auf das Gesamthandsvermögen den gemeinsamen Gläubigern vor und verweisen die Privatgläubiger der Gesellschafter auf den Weg der Anteilspfändung mit anschließender Verwertungsmöglichkeit nach § 725 (vgl. auch RdNr. 32 f.). Den Schlussstein bildet das in **§ 738 Abs. 1 S. 1** nur unvollkommen zum Ausdruck kommende *Prinzip der An- und Abwachsung.* Es gewährleistet die Übereinstimmung zwischen der sachenrechtlichen Zuordnung des Gesellschaftsvermögens und dem jeweiligen Gesellschafterbestand. Ebenso wie das Ausscheiden eines Gesellschafters automatisch zum Verlust der gesamthänderischen Mitberechtigung des Ausscheidenden am Gesellschaftsvermögen führt und damit zu deren „Anwachsung" bei den übrigen Gesellschaftern (RdNr. 7), hat umgekehrt der Eintritt eines neuen Gesellschafters beim Vorhandensein von Gesamthandsvermögen zwangsläufig dessen Mitberechtigung hieran im Wege der „Abwachsung" zur Folge (RdNr. 8). Zu Gesellschaften ohne Gesamthandsvermögen vgl. RdNr. 10 f.

6 **2. Gesellschafterstellung und Gesamthandsberechtigung.** Für das Verständnis der Gesamthand und namentlich für dasjenige der in § 738 Abs. 1 gesetzlich verankerten An- und Abwachsung (RdNr. 5) ist von entscheidender Bedeutung, dass klar zwischen der **Gesamthandsberechtigung** als dinglicher Zuordnung und der jeweiligen **wertmäßigen Beteiligung** der Gesellschafter in Gestalt der Mitgliedschaft unterschieden wird. Das Gesamthandsvermögen als Sondervermögen steht sachenrechtlich der aus den jeweiligen Gesellschaftern gebildeten Personengruppe (Gesamthand) zu. Auf die jeweilige Höhe der versprochenen oder geleisteten Einlage kommt es zwar für den jeweiligen Vermögenswert der Beteiligung und seine Berücksichtigung bei der Auseinandersetzung oder Abfindung an, nicht aber für die dingliche Mitberechtigung der einzelnen Gesamthänder am Gesamthandsvermögen (RdNr. 7). Auch wenn ein Gesellschafter ohne vermögenswerte Einlage aufgenommen worden ist (§ 706 RdNr. 17) oder wenn er die versprochene Einlage noch nicht geleistet hat, ist er gleichwohl als Mitglied der Personenverbindung automatisch auch Mitinhaber des Gesamthandsvermögens. An dieser Zuordnung ändert sich auch dann nichts, wenn die Gesellschaft aufgelöst wird. Es bedarf vielmehr zusätzlich der Liquidation des bis dahin fortbestehenden Sondervermögens unter Verteilung des Überschusses an die Gesellschafter.

7 Das **Ausscheiden** eines Gesellschafters führt wegen des Wegfalls der Mitgliedstellung zwangsläufig zum Verlust der Gesamthandsberechtigung des Ausscheidenden. Diese *wächst* den übrigen Gesellschaftern *an,* ohne dass es hierzu rechtsgeschäftlicher Verfügungsakte bedarf (zum Sonderfall des Ausscheidens des vorletzten Gesellschafters vgl. Vor § 723 RdNr. 9). Darin bestätigt sich, dass das Anwachsungsprinzip nichts anderes ist als der Ausdruck der sachenrechtlichen Zuordnung des Gesellschaftsvermögens zum jeweiligen Gesellschafterkreis.[5] Da der Ausgeschiedene nicht mehr Gesellschafter ist, hat er auch seine Mitberechtigung am Gesamthandsvermögen verloren. Der vermögensrechtliche Ausgleich

---

[3] So zutr. namentlich *U. Huber* Vermögensanteil S. 102 ff., 103; vgl. auch *Wiedemann* GesR I § 5 I 2, S. 248 ff.; *Erman/Westermann* RdNr. 3.
[4] *Wiedemann* GesR I § 5 I 2 a, S. 249.
[5] So zu Recht *Flume* I/1 § 17 VIII, S. 370; *K. Schmidt* BMJ-Gutachten S. 473.

vollzieht sich unabhängig hiervon über den nach §§ 738 bis 740 zu berechnenden Abfindungsanspruch.

Das in RdNr. 7 Ausgeführte gilt mit umgekehrten Vorzeichen entsprechend für den **Neueintritt** eines Gesellschafters durch Aufnahmevertrag (§ 719 RdNr. 17 f.; zur abweichenden Rechtslage bei Anteilsübertragung vgl. § 719 RdNr. 21 ff.). Der neue Gesellschafter wird mit dem Tage seines Eintritts als Mitglied der Gesellschaft automatisch – durch „*Abwachsung*" bei den Mitgesellschaftern – Mitberechtigter am Gesamthandsvermögen. Davon zu unterscheiden sind die vermögensrechtlichen Beziehungen zwischen ihm und der Gesamthand, für die es unabhängig hiervon auf die Vereinbarungen über seine Beitragsleistung und deren Erfüllung ankommt. Voraussetzung für die gesamthänderische Mitberechtigung im Wege der „Ab- und Anwachsung" ist freilich, dass im Zeitpunkt des Eintritts bereits eine Gesellschaft mit Gesamthandsvermögen besteht. Beim „Eintritt" in ein Einzelunternehmen durch Gründung einer Gesellschaft bedarf es demgegenüber der Einbringung der vereinbarten Einlagen beider Gesellschafter in das neu entstehende Gesellschaftsvermögen durch rechtsgeschäftliche Übertragungsakte (§ 706 RdNr. 18). 8

Die Konsequenzen der An- und Abwachsung lassen sich am besten verdeutlichen am **Beispiel eines zum Gesamthandsvermögen gehörenden Grundstücks.** Insoweit ist im Falle des Ausscheidens oder Neueintritts der Grundbucheintrag hinsichtlich der gesamthänderischen Eigentümer jeweils nur zu berichtigen, sofern man nicht die GbR selbst für unter ihrem Namen grundbuchfähig hält.[6] Dagegen bedarf es der Auflassung und Umschreibung, wenn entweder der Ausgeschiedene Rückgabe eines von ihm eingebrachten Grundstücks verlangen kann oder der Neueingetretene sich seinerseits zur Einbringung eines Grundstücks verpflichtet hat. Zum Sonderfall der Anteilsveräußerung im Fall einer GbR, deren Gesellschaftszweck sich auf das Halten und Verwalten von Grundstücken beschränkt, vgl. § 719 RdNr. 33, 35 f. 9

3. Gesellschaften ohne Gesamthandsvermögen. Sie sind nicht etwa ausgeschlossen; vielmehr ist § 718 abweichender Parteivereinbarung zugänglich. Die wichtigste Ausnahme vom Gesamthandsprinzip bilden die **Innengesellschaften ieS**, bei denen die Beteiligten im Gesellschaftsvertrag nicht nur auf Außenbeziehungen verzichten, sondern auch auf die Bildung gemeinsamen Vermögens (§ 705 RdNr. 282, 285). Prototyp dieser Gesellschaftsart ist die stille Gesellschaft (§ 705 RdNr. 286 ff.). Demgegenüber steht der bloße Verzicht auf Außenbeziehungen als Kennzeichen der Innengesellschaften iwS (§ 705 RdNr. 279) der Bildung von Gesamthandsvermögen nicht entgegen. Das zeigt allein schon die Gesamthandsnatur der Sozialansprüche, darunter namentlich der Ansprüche der Gesellschaft auf die Beiträge (§ 705 RdNr. 269, 280). 10

Aber auch bei **Außengesellschaften** können die dem gemeinsamen Zweck dienenden Gegenstände abweichend von der gesetzlichen Regel als **Bruchteilseigentum** gehalten werden (Vor § 705 RdNr. 124), so etwa beim vertraglichen Zusammenschluss von Miteigentümern eines Grundstücks zu dessen gemeinsamer Bewirtschaftung ohne Begründung von Gesamthandseigentum an diesem. Soll auch der rechtsgeschäftliche Erwerb aus einem Handeln namens der Gesellschaft (RdNr. 18) nicht der gesamthänderischen Bindung unterfallen, sondern unmittelbar den Mitgliedern nach Bruchteilen zustehen, so reicht hierfür eine entsprechende innergesellschaftliche Abrede in Abweichung von § 718 Abs. 1 freilich nicht aus. Hinzukommen muss vielmehr grundsätzlich[7] eine dahin gehende Vereinbarung in den jeweiligen, namens der Gesellschaft mit Dritten geschlossenen dinglichen Rechtsgeschäften, da nur auf diesem Wege die rechtsgeschäftliche Begründung von Bruchteilseigentum abweichend von § 718 Abs. 1 mit dinglicher Wirkung möglich ist (§ 705 RdNr. 267). Fehlt es an 11

---

[6] Vgl. zu dieser umstr. Frage näher § 705 RdNr. 312 ff., 314. Zur Unanwendbarkeit des § 311 b Abs. 1 auf Vereinbarungen über den Gesellschafterwechsel bei Zugehörigkeit eines Grundstücks zum Gesamthandsvermögen vgl. § 719 RdNr. 33 ff.

[7] Zum Sonderfall des „Geschäfts für den, den es angeht", bei dem die Person des Verfügungsempfängers für den Geschäftspartner ausnahmsweise ohne Interesse ist und ihm gegenüber daher auch nicht offengelegt werden muss, näher § 164 RdNr. 47 ff. mwN.

einer entsprechenden Vereinbarung mit dem Dritten und erwirbt die Gesellschaft als Verfügungsempfänger daher zunächst Gesamthandseigentum, so setzt die Begründung von Miteigentum die Weiterverfügung durch die vertretungsberechtigten Gesellschafter im Namen der Gesamthand zu Miteigentum der Gesellschafter persönlich voraus.[8]

II. Entstehung und Wegfall des Gesamthandsvermögens

12 **1. Allgemeines.** Als dingliche Komponente des Gesamthandsprinzips (RdNr. 2) richtet sich das Gesamthandsvermögen in Entstehung und Bestand nach der Existenz der **Personenvereinigung als Zuordnungssubjekt.** Daher kommt Gesamthandsvermögen (in Form von Sozialansprüchen) regelmäßig bereits mit dem Abschluss des Gesellschaftsvertrags, also schon vor Aufnahme der Geschäftstätigkeit oder Erbringung der Beiträge, zur Entstehung (§ 705 RdNr. 201, 269). Die anschließende, durch Rechtsgeschäfte mit der Gesamthand zu bewirkende Leistung der Einlagen dient der Erfüllung der gesamthänderischen Ansprüche. Es besteht so lange fort, als noch mindestens zwei Gesellschafter vorhanden sind und das Gesellschaftsvermögen nicht vollständig verteilt ist. Die Auflösung der Gesellschaft hat auf den Bestand des Gesamthandsvermögens grundsätzlich keinen Einfluss; zu seiner Aufhebung bedarf es vielmehr der Liquidation. Zur Wirkung eines Gesellschafterwechsels vgl. RdNr. 7 f.

13 Anderes gilt, wenn die **Gesellschaft** mit der Auflösung zugleich **beendet** wird, sei es durch Ausscheiden des vorletzten Gesellschafters oder durch Ausübung eines vertraglichen Übernahmerechts (Vor § 723 RdNr. 8 f.). Die Beendigung der Gesellschaft führt dazu, dass auch für das ihr zugeordnete Gesamthandsvermögen die Grundlage entfällt. Es tritt Anwachsung bei dem allein verbleibenden Gesamthänder ein mit der Besonderheit, dass die Gesamthandsberechtigung sich zu Alleineigentum in seiner Person umwandelt.[9] Der Sache nach handelt es sich dabei um einen Fall der **Rechtsnachfolge** (zu den Haftungsfolgen vgl. RdNr. 28).

14 **2. Umwandlungsfälle.** Im Rahmen der Umwandlung durch **Formwechsel** (§§ 1 Abs. 1, 190 ff. UmwG, dazu § 705 RdNr. 8 f.) kann Gesamthandsvermögen dadurch neu zur Entstehung kommen, dass eine Kapitalgesellschaft (AG, KGaA oder GmbH) oder eine sonstige privatrechtliche Körperschaft nach den Vorschriften des UmwG in eine GbR umgewandelt wird. Mit der Eintragung des Umwandlungsbeschlusses in das für die betroffene Kapitalgesellschaft zuständige Handelsregister (Abteilung B) entsteht die GbR (§§ 228, 235 Abs. 1 iVm. §§ 198 Abs. 1, 202 UmwG). Das bisher der Kapitalgesellschaft zustehende Vermögen wandelt sich in Gesamthandsvermögen der GbR um. Ein Wegfall des Gesamthandsvermögens einer GbR kommt auf diesem Wege dagegen nicht in Betracht, da eine übertragende Umwandlung aus der Rechtsform der GbR in diejenige einer Kapitalgesellschaft auch im neuen UmwG nicht vorgesehen ist.[10] Um einen Fall der formwechselnden Umwandlung handelt es sich auch, wenn die Gesellschafter einer KG sämtliche KG-Anteile als Einlagen in eine GbR einbringen. Die KG, die als Einpersonengesellschaft nicht fortbestehen kann, erlischt daraufhin liquidationslos; ihr Vermögen geht im Wege der Universalsukzession auf die GbR über und verschmilzt auf diese Weise mit deren Vermögen (näher § 719 RdNr. 26).[11]

15 Vom Formwechsel iS des UmwG zu unterscheiden ist die außerhalb des UmwG eintretende **Änderung der Rechtsform von Personengesellschaften** (GbR, PartG, OHG oder KG, dazu § 705 RdNr. 11 ff.). Sie richtet sich in erster Linie nach der Art des gemein-

---

[8] So auch *Soergel/Hadding* RdNr. 9.
[9] Vgl. eingehend *Staub/C. Schäfer* § 131 HGB RdNr. 8 mwN sowie § 730 RdNr. 11 und § 738 RdNr. 8; aA *Wiedemann*, GS Lüderitz, 2000, S. 839, 843, der für die Anwachsung den Fortbestand der Gesellschaft verlangt.
[10] Folge der abschließenden Aufzählung in § 191 Abs. 1 UmwG; vgl. näher zur Umwandlung durch Formwechsel nach neuem Recht § 705 RdNr. 8 ff. Zur davon abw. Möglichkeit der Übertragung sämtlicher Anteile einer GbR auf eine Kapitalgesellschaft vgl. § 719 RdNr. 26.
[11] Vgl. BGH NJW-RR 1990, 798, 799.

samen Zwecks (§ 705 RdNr. 3), im Verhältnis zwischen OHG und KG auch nach dem Hinzutritt beschränkt haftender Gesellschafter. Auf Bestand und Rechtsnatur des Gesellschaftsvermögens sind diese Fälle einer Umwandlung ohne Auswirkung.[12] Das Vermögen ist sowohl bei der GbR oder der PartG als auch bei OHG oder KG den Gesellschaftern in ihrer gesamthänderischen Verbundenheit zugeordnet. Die in § 124 HGB zum Ausdruck kommende weitgehende Verselbstständigung von OHG und KG dient der Vereinfachung des Rechtsverkehrs, indem sie das Auftreten der Gesamthand unter gemeinsamer Firma gestattet und dieser aktive und passive Parteifähigkeit im Prozess einräumt. Für Struktur und Funktion des Gesamthandsvermögens und für seine Zuordnung zur Gesamtheit der Mitglieder sind diese Besonderheiten jedoch ohne Bedeutung; das gilt auch abgesehen von der inzwischen erreichten Gleichstellung der Außen-GbR als rechts- und parteifähiger Personenverband mit der Regelung des § 124 HGB (§ 705 RdNr. 310 ff., 318 ff.). – Zur anders gelagerten „Umwandlung" einer sonstigen Gesamthandsgemeinschaft (Güter-, Erbengemeinschaft) in eine GbR vgl. demgegenüber § 705 RdNr. 15.

III. Erwerb von Gesamthandsvermögen

1. Beiträge. Sie bilden nach § 718 Abs. 1 1. Fall die Basis des Gesamthandsvermögens. **16** Gesamthänderisch gebunden sind nicht nur die Einlagen, dh. die durch Verfügung an die Gesamthand (§ 706 RdNr. 18) geleisteten Beiträge, sondern auch schon die Ansprüche auf die von den Gesellschaftern vertraglich zugesagten Beiträge. Auch sie stehen als **Sozialansprüche** der Gesamthand zu (§ 705 RdNr. 269) und gehören daher, soweit sie einen Vermögenswert haben (§ 706 RdNr. 3), zum Gesamthandsvermögen.[13] Dementsprechend können Gesellschaftsgläubiger mit einem Titel gegen die (Außen-)Gesellschaft (RdNr. 44) bzw., bei fehlender Parteifähigkeit, gegen die Gesellschafter (§ 736 ZPO, vgl. RdNr. 52, 55 ff.) auch bereits die Beitragsforderungen pfänden und sich zur Einziehung überweisen lassen.

Wegen der **Einzelheiten** der Beitragsverpflichtungen, insbesondere ihrer Arten und **17** Gegenstände, ihrer Abgrenzung von sonstigen Gesellschafterleistungen, ihrer Fälligkeit und Erfüllung sowie wegen der Rechtsfolgen von Leistungsstörungen vgl. die Erläuterungen zu § 706. Zum Gesamthandsvermögen gehören nicht nur die von den Gesellschaftern in das Eigentum der Gesellschaft geleisteten Einlagen, sondern auch die der Gesellschaft dem Werte nach oder zum Gebrauch überlassenen Einlagen (§ 706 RdNr. 12 f.). In den beiden letztgenannten Fällen verbleibt das Eigentum zwar beim einbringenden Gesellschafter; der Gesamthand steht jedoch das Nutzungsrecht an den Gegenständen sowie gegebenenfalls das Recht auf die Wertsteigerungen zu.

2. Rechtsgeschäftlicher Erwerb. Die Zugehörigkeit rechtsgeschäftlich erworbener Ge- **18** genstände zum Gesamthandsvermögen setzt nach § 718 Abs. 1 2. Fall voraus, dass der Erwerb „durch die Geschäftsführung für die Gesellschaft" erfolgt ist. Erforderlich ist ein **Handeln namens der Gesellschaft**.[14] Tritt ein vertretungsbefugter Gesellschafter nach außen im eigenen Namen auf oder lässt er das Handeln für die Gesamthand nicht erkennen (§ 164 Abs. 2), so wird grundsätzlich nur er selbst aus den von ihm geschlossenen Rechtsgeschäften berechtigt und verpflichtet; eine Ausnahme gilt nur im Rahmen der Lehre von den „Geschäften für den, den es angeht" (vgl. Fn. 7). Nach §§ 713, 667 ist er im Innenverhältnis gehalten, das Erlangte an die Gesamthand zu übertragen (§ 713 RdNr. 12); Surrogationserwerb nach § 718 Abs. 2 greift nicht ein (RdNr. 20). Die gleiche rechtliche

---

[12] BGH NJW 1967, 821; vgl. auch BGH WM 1975, 99 zum Fortbestand eines Mietvertrags im Fall eines Gesellschafterwechsels aufseiten der Gesamthand.

[13] *Erman/Westermann* RdNr. 4; *Soergel/Hadding* RdNr. 10; *Staudinger/Habermeier* § 705 RdNr. 40.

[14] Ganz hM, vgl. RGZ 54, 103, 106; OLG Celle NZG 2004, 613, 614; *Staudinger/Habermeier* RdNr. 6; *Soergel/Hadding* RdNr. 11; *Erman/Westermann* RdNr. 4 *Habersack* JuS 1990, 179, 184. Weitergehend *K. Schmidt* BMJ-Gutachten S. 534, der für den Erwerb in das Gesellschaftsvermögen auch einen Erwerb im Namen der Gesellschafter ohne Hervorhebung des Gesellschaftsverhältnisses genügen lässt.

§ 718 19–22   Abschnitt 8. Titel 16. Gesellschaft

Beurteilung ist aber auch dann veranlasst, wenn **sämtliche Gesellschafter** aufseiten der Gesellschaft am Rechtsgeschäft beteiligt sind. Auch insoweit bedarf es einer Offenlegung ihres Organhandelns (§ 714 RdNr. 26 f.) bzw. der zwischen ihnen bestehenden gesamthänderischen Verbindung, wenn der Gegenstand des rechtsgeschäftlichen Erwerbs ihnen nicht als Gesamtgläubigern (§ 428) zustehen oder nach Bruchteilen übertragen werden, sondern in das Gesamthandsvermögen übergehen soll. Das gilt entgegen der früheren höchstrichterlichen Rechtsprechung auch für Honorarforderungen von Freiberufler-Sozietäten.[15]

19   Hinsichtlich der **Gegenstände des rechtsgeschäftlichen Erwerbs** sind der GbR als Berechtigter grundsätzlich keine Grenzen gesetzt. Es kann sich um Sachen, Wertpapiere, Forderungen, immaterielle Rechte oder sonstige Vermögensgegenstände handeln; eine Ausnahme gilt nur für die Beteiligung der GbR an einer OHG (str., vgl. § 705 RdNr. 317). Für die Rechtsübertragung an die Gesamthand gelten die allgemeinen Grundsätze. Bei beweglichen Sachen muss zur Einigung die Besitzverschaffung an die Gesamthand (RdNr. 36 f.) hinzukommen, bei Liegenschaftsrechten die Eintragung der Gesellschaft im Grundbuch, sei es im eigenen Namen oder unter dem Namen sämtlicher Gesellschafter mit Gesamthandszusatz (str., vgl. näher § 705 RdNr. 312 ff.).

20   **3. Erwerb durch Surrogation (Abs. 2).** Die Vorschrift des § 718 Abs. 2 kennt zwei Tatbestände dinglicher Surrogation. Im ersten Fall geht es um Gesamthandserwerb **aufgrund eines zum Gesellschaftsvermögen gehörenden Rechts.** Hierzu rechnen alle Arten von *Sach- und Rechtsfrüchten* (§ 99), darunter die der Gesamthand nach §§ 953 ff. gebührenden Erzeugnisse von Sachen, aber auch die ihr als Nießbraucher u. a. zustehenden Rechtsfrüchte wie Miet- und Pachtzinsen usw.[16] **Nicht** unter diese Alternative fallen die auf *rechtsgeschäftlichem Erwerb* beruhenden Gegenstände;[17] ihre Zugehörigkeit zum Gesamthandsvermögen ist abschließend bereits in § 718 Abs. 1 geregelt (RdNr. 18). Daher bildet die Kaufpreisforderung für eine aus dem Gesellschaftsvermögen veräußerte Sache nur dann einen Gesamthandsbestandteil, wenn die Veräußerung namens der Gesellschaft erfolgt ist; als rechtsgeschäftliche Gegenleistung für die veräußerte Sache ist sie kein Surrogat iS von Abs. 2.

21   Als zweiten Surrogationstatbestand nennt § 718 Abs. 2 den Gesamthandserwerb als **Ersatz für** die **Zerstörung, Beschädigung** oder **Entziehung** eines Gesamthandsgegenstands. Insoweit handelt es sich um Surrogate, wie sie als „stellvertretendes commodum" auch in § 285 Abs. 1 erfasst sind, wobei sich der Erwerb ohne besonderen Übertragungsakt unmittelbar mit Wirkung für die Gesamthand vollzieht. Im Einzelnen gehören hierzu Ansprüche auf Schadensersatz und sonstige Entschädigung, ferner Versicherungs- und Bereicherungsansprüche einschließlich der zu ihrer Erfüllung erbrachten Leistungen, soweit diese nicht schon nach Abs. 1 Gesamthandsvermögen werden.

22   **4. Sonstige Erwerbstatbestände.** Die Vorschrift des § 718 ist nicht abschließender Natur, sondern umschreibt nur die wichtigsten Fälle gesamthänderischen Erwerbs. Entsprechend der Qualität der Außen-GbR als rechtsfähige Personenvereinigung kann sie im Rechtsverkehr auch auf sonstige Weise Vermögen erwerben, soweit nicht strukturelle Besonderheiten entgegenstehen. Derartige Schranken wurden von der früher hM[18] gegenüber einer *Erbeinsetzung der Gesellschaft* betont, weil nach geltendem Erbrecht bei Einsetzung mehrerer Personen zwingend eine Erbengemeinschaft entstehe und mit den hierauf bezogenen erbrechtlichen Vorschriften die Anerkennung der Erbfähigkeit einer Personengruppe unvereinbar sei. Demgegenüber wird neuerdings zu Recht die **Erbfähigkeit** nicht nur der

---

[15] So zutr. BGH NJW 1996, 2859. Anders noch BGH NJW 1963, 1301, 1302; 1980, 2407 (für Gesamtgläubigerschaft der Sozien auch bei Vertrag mit der Sozietät).
[16] KG SeuffA 68 Nr. 8; *Soergel/Hadding* RdNr. 12; vgl. näher die Erl. zu § 99.
[17] EinhM, vgl. *Soergel/Hadding* RdNr. 12; *Erman/Westermann* RdNr. 5; *Staudinger/Habermeier* RdNr. 8.
[18] So generell für Personengesellschaften *Flume* I/1 § 7 III 6, S. 107 f.; für die GbR auch noch 2. Aufl. RdNr. 18; *Soergel/Schultze-v. Lasaulx*, 10. Aufl. 1969, RdNr. 5; RGRK/*v. Gamm* RdNr. 7; *Staudinger/Keßler*, 12. Aufl. 1979, RdNr. 6; aus dem erbrechtlichen Schrifttum *Soergel/Stein* § 1923 RdNr. 8; *Lange/Kuchinke*, Erbrecht, 4. Aufl. 1995, § 4 III 1 S. 75.

OHG oder KG, sondern auch diejenige der GbR anerkannt.[19] Sie entspricht der Rechtsfähigkeit der GbR und führt im Erbrecht dazu, dass die GbR als solche je nach dem Inhalt der letztwilligen Verfügung des Erblassers entweder Alleinerbin oder Mitglied einer aus mehreren Erben bestehenden Erbengemeinschaft werden kann, ohne dass sich eine Unvereinbarkeit zwischen Gesellschaftsrecht und Erbrecht ergibt. Der von *Flume*[20] vorgeschlagenen Ersatzkonstruktion, die Gesellschafter persönlich als Erben einzusetzen verbunden mit der Auflage, die Erbschaft der Gesellschaft zuzuwenden, bedarf es nicht. Unproblematisch ist es auch, für die Gesellschaft letztwillig ein *Vermächtnis* anzuordnen; die Anordnung hat zur Folge, dass der Vermächtnisanspruch unmittelbar mit dem Erbfall zum Gesamthandsvermögen gehört.[21] Entsprechendes gilt beim Abschluss eines echten (begünstigenden) Vertrags zugunsten der Gesellschaft (**§ 328 Abs. 1**).[22] Eine schenkweise Zuwendung fällt dagegen als rechtsgeschäftlicher Erwerb schon unter Abs. 1.

Weitere denkbare Erwerbstatbestände bilden **Verbindung** und **Vermischung** (§§ 946 bis 948) sowie **Verarbeitung** für die Gesellschaft (§ 950). Bei ihnen handelt es sich weder um Erwerb kraft Rechtsgeschäft noch kraft Surrogation. Auch ein besonderer Geschäftswert kann durch die Tätigkeit für die Gesellschaft als Aktivum des Gesellschaftsvermögens zur Entstehung kommen.[23] Macht ein Geschäftsführer im Rahmen seiner Tätigkeit als Gesellschaftsorgan eine **Erfindung,** so stehen die Rechte hieran nach § 6 S. 1 PatG allerdings nicht der Gesamthand zu, sondern dem Erfinder persönlich,[24] auch wenn die Gesamthand einen Anspruch auf die Erfindung hat (vgl. § 706 RdNr. 14). Zur Rechtsverschaffung bedarf es daher eines besonderen Übertragungsaktes, soweit der Gesellschaftsvertrag nicht schon eine entsprechende Vorausverfügung enthält. 23

IV. Begründung von Gesamthandsverbindlichkeiten

1. Überblick. Der gesetzlichen Begründung eines eigenständigen, vom Privatvermögen 24 der Gesellschafter zu unterscheidenden Gesamthandsvermögens in § 718 entspricht die **Anerkennung von Gesellschaftsschulden** als einer besonderen, von der gesamtschuldnerischen Gesellschafterhaftung zu unterscheidenden, die unmittelbare Vollstreckung in das Gesamthandsvermögen ermöglichenden Kategorie von Verbindlichkeiten.[25] Dass solche Gesamthandsschulden nicht nur bei OHG und KG, sondern auch im Recht der GbR anzuerkennen sind und dass sie scharf zu unterscheiden sind von der regelmäßig daneben bestehenden *Gesellschafterhaftung,* ist heute im Wesentlichen außer Streit (§ 714 RdNr. 32). Auch hat sich kraft höchstrichterlicher Rechtsfortbildung inzwischen die *Akzessorietätstheorie* in der Außen-GbR durchgesetzt (§ 714 RdNr. 4 ff.): sie führt zur – grundsätzlich unbeschränkten – Gesellschafterhaftung für Gesellschaftsverbindlichkeiten analog § 128 HGB (vgl. näher § 714 RdNr. 33 ff.). Daraus folgt die zentrale Bedeutung der Entstehung von Gesellschaftsschulden für die Haftungsverhältnisse in der GbR.

2. Entstehungsgründe. a) Rechtsgeschäft. Die Gesellschaft nimmt, vertreten durch 25 ihre Geschäftsführer als Organe (§ 705 RdNr. 257), als Personenverbindung oder Gruppe am Rechtsverkehr teil. Sie wird aus den **in ihrem Namen** geschlossenen Rechtsgeschäften innerhalb der organschaftlichen Vertretungsmacht (§ 714 RdNr. 18 ff.) nicht nur berechtigt (RdNr. 18), sondern auch verpflichtet. Entsprechendes gilt auch ohne ausdrückliches Handeln namens der Gesamthand nach den Grundsätzen des *unternehmensbezogenen Ge-*

---

[19] So zutr. *Soergel/Hadding* RdNr. 5, 13; *Habersack* JuS 1990, 179, 184; *Hadding* ZGR 2001, 712, 725; *Mülbert* AcP 199 (1999), 38, 74; *Erman/Westermann* RdNr. 6; *Staudinger/Habermeier* RdNr. 11; *Elsing* BB 2003, 909, 914; *Scherer/Feick* ZEV 2003, 341, 342. Näher dazu *Ulmer* ZIP 2001, 585, 596.
[20] *Flume* I/1 § 7 III 6, S. 107, dort in Fn. 61.
[21] *Soergel/Hadding* RdNr. 5; *Erman/Westermann* RdNr. 6; *Bamberger/Roth/Timm/Schöne* RdNr. 7.
[22] AA *Soergel/Hadding* RdNr. 13 (Fall des Abs. 1).
[23] Vgl. BGH BB 1967, 95 (Anwaltssozietät); *Soergel/Hadding* RdNr. 13.
[24] Bei gemeinschaftlichen Erfindungen steht das Patentrecht nach § 6 S. 2 PatG den mehreren Erfindern zwar gemeinschaftlich zu, nicht aber der Gesellschaft. Zu derartigen Fällen vgl. *B. Homma,* Der Erwerb des Miterfinderrechts, 1998.
[25] So in der Rspr. erstmals wohl BGHZ 72, 267, 271 f. = NJW 1979, 308; wN vgl. in § 714 Fn. 3.

§ 718 26–29　　　　　　　　　　　　　　　　　　　Abschnitt 8. Titel 16. Gesellschaft

schäfts,[26] wenn die Gesellschaft als Erwerbsgesellschaft über eigene Geschäftsräume verfügt und unter einem auf Geschäftsbriefen, Bestellformularen, Rechnungen etc. erscheinenden Gesamtnamen auftritt. Die Wirkungen des rechtsgeschäftlichen Handelns der Gesellschaftsorgane treffen das Gesellschaftsvermögen somit sowohl in positiver Hinsicht, durch Erwerb weiterer Aktiva, als auch in negativer, durch Begründung entsprechender Verbindlichkeiten.

26　**b) Gesellschaftsvertrag.** Er bildet eine zweite wesentliche Quelle für Gesellschaftsverbindlichkeiten, die sog. **Sozialverbindlichkeiten** (§ 705 RdNr. 197). Bei ihnen geht es um Forderungen, die den einzelnen Gesellschaftern im Rahmen ihrer Mitgliedschaftsrechte gegen die Gesamthand zustehen; sie sind das Äquivalent für deren Handeln zugunsten der Gesellschaft und die dem Gesellschaftsvermögen zugeflossenen Beiträge. Im Einzelnen handelt es sich um die Ansprüche auf Gewinn einschließlich einer Geschäftsführervergütung (§ 721 RdNr. 13) sowie auf das Auseinandersetzungsguthaben (§ 730 RdNr. 61) oder die Abfindung (§ 738 RdNr. 14). Hierzu gehören aber auch die Forderungen auf Ersatz von Aufwendungen aus der Geschäftsführung (§ 713 RdNr. 15) sowie auf gesamtschuldnerischen Ausgleich für Zahlungen an Gesellschaftsgläubiger (§ 714 RdNr. 54).

27　**c) Gesetz.** Gesetzliche Gesamthandsverbindlichkeiten können sich aus einer Reihe von Verpflichtungsgründen ergeben (vgl. auch § 714 RdNr. 37 f.). Zu nennen sind neben §§ 683, 670 und 812 ff. vor allem die Haftung für Organverschulden entsprechend § 31 (§ 705 RdNr. 262 ff.), ferner Verbindlichkeiten der Gesamthand aus §§ 278, 831 (RdNr. 30 f.) sowie aus dem Gesichtspunkt der Halterhaftung (§§ 833 ff.). Die frühere Haftung wegen Vermögensübernahme (§ 419 aF) ist zum 31. 12. 1998 aufgehoben worden (vgl. näher 3. Aufl. RdNr. 24 f.).

28　**d) Gesamtrechtsnachfolge.** Einen weiteren Haftungsgrund für die GbR bildet ihre Gesamtrechtsnachfolge in das Vermögen (und die Verbindlichkeiten) einer anderen Gesellschaft oder eines Einzelunternehmers. Zu unterscheiden sind im Wesentlichen zwei Fälle: (1) der Formwechsel einer Kapitalgesellschaft in die Rechtsform einer GbR nach §§ 190 ff. UmwG (vgl. RdNr. 14) und (2) die Übertragung aller Anteile an einer Personengesellschaft auf die GbR mit Anwachsungsfolge bei dieser. Ihnen steht im Ergebnis gleich die Einbringung des Geschäfts eines Einzelunternehmers in eine von ihm gemeinsam mit einem Dritten neu gegründete GbR, da sie mangels abweichender Vereinbarungen zur Mithaftung der neuen GbR für die Verbindlichkeiten des Einzelunternehmers analog § 28 HGB führt (§ 714 RdNr. 75). Nicht zu diesen Haftungsgründen zählen die Fälle eines Formwechsels von der OHG, KG oder PartG in die Rechtsform einer GbR; sie lassen die Gesamthandsstruktur der betroffenen Personengesellschaft und die Zusammensetzung der Aktiva und Passiva ihres Gesellschaftsvermögens unberührt (RdNr. 15). Zum früheren Haftungstatbestand der Vermögensübernahme (§ 419 aF) vgl. RdNr. 27 aE.

29　**e) Haftung kraft objektiver Zurechnung?** Fehlt es an den Voraussetzungen für die Haftungsbegründung der Gesamthand aus einem der vorgenannten Gründe (RdNr. 25 ff.), so scheidet die Möglichkeit einer Zwangsvollstreckung in das Gesellschaftsvermögen grundsätzlich aus (vgl. näher RdNr. 32 f., 57 f.). Das gilt auch dann, wenn die *Gegenleistung* des Gläubigers *in das Gesamthandsvermögen gelangt* ist, dieser aber mangels Auftretens der Gesellschafter namens der Gesamthand rechtsgeschäftliche Ansprüche nur gegen die Gesellschafter persönlich erlangt hat. Dieser Befund und die daraus resultierende Gläubigergefährdung[27] rechtfertigen es zwar nicht, die Haftung des Gesamthandsvermögens auf diejenigen Verbindlichkeiten der Gesellschafter auszudehnen, für die sie dem betroffenen Gläubiger gegenüber gesamtschuldnerisch haften.[28] Dadurch würde die Unterscheidung zwischen Gesell-

---

[26] Dazu vgl. § 164 RdNr. 19, 23 f. und *K. Schmidt* HandelsR § 5 III 16; aus der Rspr. vgl. BGHZ 62, 216, 218 ff. = NJW 1974, 1191; BGHZ 64, 11, 14 ff. = NJW 1975, 1166; BGHZ 91, 148, 152 = NJW 1984, 2164; BGHZ 92, 259, 268 = NJW 1985, 136; BGH NJW 1983, 1844 f.; 1990, 2678; 1992, 1380 f.; 1998, 2897; 2000, 2984.
[27] Auf sie weist zu Recht *Brehm* KTS 1983, 21, 25 hin.
[28] So aber *Brehm* KTS 1983, 26 f., 29 ff.

schafts- und Gesellschafterschulden letztlich wieder aufgehoben; auch würde nur ein Teil der problematischen Fälle – nämlich das gemeinsame Handeln *aller* Gesellschafter in Verfolgung des Gesellschaftszwecks – erfasst.[29] Zu erwägen ist aber, in Anlehnung an die für das Erbrecht entwickelten Grundsätze der sog. Nachlasseigenschulden[30] die Entstehung von Gesellschaftsverbindlichkeiten im Wege objektiver Zurechnung zu bejahen, sofern ein oder mehrere Gesellschafter ohne Offenlegung des Gesellschaftsverhältnisses, aber *in Verfolgung des Gesellschaftszwecks* persönliche Verbindlichkeiten eingehen.[31]

3. Haftung aus §§ 278, 831. Die Gesellschaft als Haftungsschuldnerin (RdNr. 25 ff.) hat den Gläubigern gegenüber nach § 278 für das **Verschulden ihrer Erfüllungsgehilfen** einzustehen (zur Haftung analog § 31 vgl. § 705 RdNr. 262 ff.). Zu diesen zählen nicht nur die Angestellten der Gesellschaft, sondern auch ihre Organe; für das Eingreifen von § 278 kommt es anders als bei § 831 auf eine Weisungsabhängigkeit des Erfüllungsgehilfen nicht an.[32] Die im Vereinsrecht umstrittene Frage, ob die Organhaftung nach § 31 zur Unanwendbarkeit der Zurechnungsnorm des § 278 für Organhandeln führt,[33] stellt sich für das Recht der GbR schon deshalb nicht, weil die analoge Heranziehung von § 31 nur möglich ist, soweit eine Regelungslücke besteht (§ 705 RdNr. 263). Eine solche ist im Hinblick auf § 278 für das Handeln von Organen als Erfüllungsgehilfen aber zu verneinen.[34]

Die in § 831 begründete Haftung des Geschäftsherrn für rechtswidriges Verhalten von Verrichtungsgehilfen ist im Unterschied zu § 278 als Haftung für *vermutetes eigenes Verschulden* bei Auswahl und Überwachung des Verrichtungsgehilfen ausgestaltet. Da die Gesellschaft selbst – als Geschäftsherrin – nicht schuldfähig ist, scheidet § 831 als selbständige Anspruchsgrundlage ihr gegenüber aus (§ 705 RdNr. 261). Wohl aber kann sich eine Haftung der *Gesellschaft* für Verrichtungsgehilfen auf dem Weg über die – insoweit wegen der Regelungslücke gebotene – **analoge Anwendung von § 31** (§ 705 RdNr. 263 f.) ergeben. Voraussetzung hierfür ist, dass die Geschäftsführer oder sonstigen Repräsentanten (§ 30) der Gesellschaft innerhalb ihres organschaftlichen Zuständigkeitsbereichs bei der Auswahl oder Überwachung der Verrichtungshilfen unsorgfältig handeln; das ist der Gesellschaft entsprechend § 31 zuzurechnen.[35] Dagegen scheidet eine unmittelbare deliktische Haftung von *Gesellschaftern* oder Geschäftsführern für rechtswidriges Verhalten von Mitgeschäftsführern regelmäßig schon deshalb aus, weil diese ihnen gegenüber nicht weisungsgebunden und damit nicht abhängig iS von § 831 sind (zur akzessorischen Haftung vgl. § 714 RdNr. 38).[36] Soweit Geschäftsführer im Rahmen ihrer Tätigkeit für die Gesellschaft persönlich eine zum Schadensersatz verpflichtende Handlung begehen, folgt die Haftung der Gesamthand unabhängig von § 831 aus der analogen Anwendung von § 31.

4. Keine Haftung für Privatschulden der Gesellschafter. Nach früher verbreiteter Ansicht sollte das Gesellschaftsvermögen auch solchen (Privat-)Gläubigern sämtlicher Gesellschafter haften, deren Forderungen ihre Grundlage nicht in einer Gesamthandsverbindlichkeit haben, sondern in beliebigen sonstigen Verpflichtungen der Gesellschafter persönlich.[37] Die Ansicht beruhte auf der Gleichsetzung von Gesellschafts- und Gesellschafter-

---

[29] So auch *M. Winter* KTS 1983, 349, 352 f., 356.
[30] Neue Nachlassverbindlichkeiten, vgl. grdlg. RGZ 90, 91 ff.; dazu 4. Aufl. § 1967 RdNr. 15 ff.; *Staudinger/Marotzke* (2002) § 1967 RdNr. 39 ff., 50 mN der Rspr.; eingehend dazu *Dauner-Lieb*, Unternehmen als Sondervermögen, 1998, S. 120 ff., 142 ff.
[31] So zutr. *M. Winter* KTS 1983, 356 ff.
[32] Vgl. § 278 RdNr. 44; BGHZ 62, 119, 121 ff. = NJW 1974, 692.
[33] So *Soergel/Hadding* § 31 RdNr. 4; *Erman/Westermann* § 31 RdNr. 10; *K. Schmidt* GesR § 10 IV 3; zu Recht abl. aber *Flume* I/1 § 16 IV 2, S. 321; *Medicus* AT RdNr. 1135; *Staudinger/Weick* (2005) § 31 RdNr. 3; diff. § 31 RdNr. 29 f. *(Reuter)*.
[34] *Flume* I/1 § 16 IV 2, S. 321; *Erman/Westermann* RdNr. 8; *Nicknig* Haftung S. 12 f.; aA *Beuthien* DB 1975, 725, 729; *Soergel/Hadding* RdNr. 22; *Wiedemann* GesR § 5 II 3 a, S. 263 f.
[35] Vgl. näher *Kleindiek*, Delikthaftung und juristische Person, 1997, insbes. S. 256 ff., 273 ff., 286 ff.
[36] BGHZ 45, 311, 313 = NJW 1966, 1807; vgl. dazu auch § 705 RdNr. 261.
[37] Vgl. etwa RGRK/*v. Gamm* RdNr. 10; *Staudinger/Keßler*, 12. Aufl. 1979, RdNr. 10; *Soergel/Schultze-v. Lasaulx*, 10. Aufl. 1969, RdNr. 8; so auch noch *Stein/Jonas/Münzberg*, 21. Aufl. 1995, § 736 ZPO

schulden. Sie konnte sich überdies auf den Wortlaut von § 736 ZPO berufen, wonach zur Vollstreckung in das Gesellschaftsvermögen ein gegen alle Gesellschafter ergangenes Urteil erforderlich (und genügend) ist.

33 **Stellungnahme.** Aus heutiger Sicht, vor dem Hintergrund klarer Differenzierung zwischen Gesellschafts- und Gesellschafterverbindlichkeiten, ist die in RdNr. 32 wiedergegebene Ansicht **überholt**.[38] Sie kann sich auch nicht auf § 736 ZPO berufen. Denn diese Vorschrift regelt lediglich die formelle Vollstreckungsbefugnis, die mit der materiellen Haftung nicht notwendig kongruent ist.[39] Zudem trägt sie den Besonderheiten der gesellschaftsrechtlichen Gesamthand und der Notwendigkeit, im Rahmen von § 718 das *Gesamthandsvermögen den Gesellschaftsgläubigern zu reservieren,* nicht hinreichend Rechnung.[40] Der früher überwM zu § 736 ZPO kann daher nicht gefolgt werden. Auch wenn die Vollstreckung in das Gesellschaftsvermögen bei nicht parteifähigen Gesellschaften aufgrund eines Titels gegen alle Gesellschafter nach § 736 ZPO formell rechtmäßig ist (RdNr. 57), können die Geschäftsführer doch durch *Drittwiderspruchsklage* analog § 771 ZPO diesem Vorgehen entgegentreten und die ausschließliche Haftung des Gesellschaftsvermögens für Gesamthandsschulden vollstreckungsrechtlich gegenüber denjenigen Privatgläubigern sicherstellen, die ohne entsprechende Rechtsbeziehungen zur Gesellschaft über Schuldtitel gegen sämtliche Gesellschafter verfügen (vgl. RdNr. 58).

34 Für die **Erbengemeinschaft** hat der BGH zwar entschieden, dass der Zugriff auf den gesamthänderisch gebundenen Nachlass vor Anordnung von Nachlassverwaltung und -konkurs auch Privatgläubigern der Erben offensteht, denen diese gesamtschuldnerisch haften.[41] Diese Rechtsprechung steht der Beschränkung der Haftung des Gesellschaftsvermögens auf Gesamthandsschulden jedoch nicht entgegen. Vielmehr rechtfertigen die bestehenden *Strukturunterschiede zwischen Erbengemeinschaft und GbR* sowie die unterschiedlichen Zugriffsmöglichkeiten von Nachlass- und Gesellschaftsgläubigern auf das jeweilige Privatvermögen der Beteiligten die Ungleichbehandlung.[42]

V. Die Gesamthand als Besitzer

35 **1. Grundsatz.** Der **Besitz** als tatsächliche Sachherrschaft sollte nach früher hM jedenfalls bei der GbR[43] nicht der Gesamthand als solcher zustehen, sondern *dem oder den die Sachherrschaft ausübenden Gesellschaftern*.[44] Die für juristische Personen anerkannte Zurechnung des

---

RdNr. 5; *Thomas/Putzo/Hüßtege* § 736 ZPO RdNr. 2; MünchKommZPO/*Heßler* § 736 RdNr. 24 ff., 27; *Noack* MDR 1974, 811, 812; im Ergebnis auch *Brehm* KTS 1983, 26 f., 29 ff. und aus neuerer Zeit (mit eingehender Begründung aus der Entstehungsgeschichte) *Wertenbruch,* Die Haftung von Gesellschaften und Gesellschaftsanteilen in der Zwangsvollstreckung, 2001, S. 141 ff., 149 f. Gegenansichten vgl. in Fn. 38.
[38] Ebenso namentlich *Wiedemann* GesR I § 5 I 2 a, S. 250; *Soergel/Hadding* § 714 RdNr. 55, 56; *Erman/Westermann* RdNr. 11; *Nicknig* Haftung S. 130 f.; *Schünemann* Grundprobleme S. 232 f.; *M. Winter* KTS 1983, 352 ff.; *K. Schmidt* GesR § 60 IV 2 b; so im Ergebnis auch bereits Staudinger/*Geiler,* 9. Aufl. 1929, § 718 Anm. III 1 a; aus der prozessrechtlichen Lit. ebenfalls *Heller,* Der Zivilprozess der Gesellschaft bürgerlichen Rechts, 1989, S. 232; *Göckeler,* Die Stellung der Gesellschaft bürgerlichen Rechts im Erkenntnis-, Vollstreckungs- und Konkursverfahren, 1992, S. 201 ff.; *Neumann,* Der Konkurs der BGB-Gesellschaft, 1986, S. 83 f.; jetzt wohl auch *Stein/Jonas/Münzberg,* 22. Aufl. 2002, § 736 ZPO RdNr. 7; *Thomas/Putzo/Hüßtege* § 736 ZPO RdNr. 2. Die Frage war in der zweiten BGB-Kommission umstritten und wurde dort mehrheitlich entgegen der hier vertretenen Auffassung entschieden (Prot. II S. 434 ff. = Mugdan II S. 993 f.; vgl. dazu *Wertenbruch* Fn. 37 S. 141 f.).
[39] Zutr. *Brehm* KTS 1983, 34; *K. Schmidt* GesR § 60 IV 2 a; *Neumann* (Fn. 38) S. 83; vgl. auch RdNr. 57 f. und *Göckeler* (Fn. 38) S. 202 f.
[40] So auch *Soergel/Hadding* § 714 RdNr. 56; aA *Wertenbruch* (Fn. 37) S. 146 ff.
[41] BGHZ 53, 110, 113 ff. = NJW 1970, 473; zust. *Dauner-Lieb* (Fn. 30) S. 336.
[42] So zutr. *M. Winter* KTS 1983, 353 ff.; aA *Wertenbruch* (Fn. 37) S. 139, 145 ff.
[43] Anders überwiegend für die OHG, vgl. BGH JZ 1968, 69 (offenlassend aber BGHZ 57, 166 = NJW 1972, 43); OLG Celle NJW 1957, 27; *Flume* I/1 § 6 II, S. 79; *Hueck* OHG § 19 II, S. 272; *K. Schmidt* GesR § 10 III 3; *Staub/Ulmer* § 105 HGB RdNr. 296; *Klett,* Die Besitzverhältnisse bei der Personengesellschaft, 1989, S. 48 ff.; im Ergebnis auch *Steindorff* JZ 1968, 70.
[44] BGHZ 86, 300, 307 = NJW 1983, 1114; BGHZ 86, 340, 344 = NJW 1983, 1123; *U. Huber* Vermögensanteil S. 113; *Ballerstedt* JuS 1965, 272, 276 f.; *Festge/Seibert* BB 1983, 1819, 1821; *Baur/Stürner* § 7 RdNr. 80; *Staudinger/Bund* (2000) § 866 RdNr. 16; *Erman/O. Werner* § 854 RdNr. 5; *Klett* (Fn. 43) S. 86 ff.;

Gesellschaftsvermögen   36–38 § 718

von Angestellten als Besitzdiener oder von Organen ausgeübten Besitzes[45] scheide bei der GbR wegen ihrer von juristischen Personen deutlich abweichenden Struktur und wegen des Fehlens besonderer Organe aus.[46] Als Regelfall nahm die früher hM in der GbR schlichten Mitbesitz aller Gesellschafter (§ 866) an,[47] wobei teilweise weiter zwischen unmittelbarem Mitbesitz der Geschäftsführer und mittelbarem Mitbesitz der übrigen Gesellschafter unterschieden wurde.[48] Mit dieser Fragestellung nicht zu verwechseln ist der im Anschluss an *Martin Wolff*[49] auch heute noch verbreitet anzutreffende Begriff des „gesamthänderischen Mitbesitzes"; er setzt kein rechtliches Gesamthandsverhältnis voraus, sondern ist iS von Mitverschluss mehrerer Mitbesitzer bzw. iS von deren gemeinsamer Herrschaftsausübung gegenüber einem Besitzdiener zu verstehen.[50]

Stellungnahme. Aus der Sicht der heute herrschenden, die gesellschaftsrechtliche Ge- 36 samthand als rechtsfähige Personengruppe mit eigenen Organen behandelnden Gesamthandslehre (§ 705 RdNr. 296, § 714 RdNr. 16 f.) ist die Annahme, die Gesellschaft könne nicht Besitzer sein, überholt.[51] Wie schon *Flume*[52] im Einzelnen zutreffend dargelegt hat, lässt die Gegenüberstellung der Besitzposition von juristischer Person und Gesamthand unter Beschränkung der Besitzzurechnung auf die juristische Person nicht nur in ihren Voraussetzungen zahlreiche Fragen offen. Vielmehr erweisen sich auch die Rechtsfolgen der Anerkennung der Gesellschaft als Besitzer denjenigen gegenüber als überlegen, zu denen die Annahme schlichten Mitbesitzes der Gesellschafter führen müsste (RdNr. 38).

Soweit es um die **Zurechnung des Besitzes,** den Geschäftsführer oder Angestellte der 37 GbR ausüben, **gegenüber der Gesellschaft** geht, kommt es demnach ebenso wie bei juristischen Personen auf zwei Momente an, nämlich einmal auf die *Willensrichtung* der natürlichen Person, die die tatsächliche Herrschaft für die Gesellschaft als Besitzdiener ausübt, und zweitens auf die Zugehörigkeit der die Sachherrschaft ausübenden natürlichen Person und der Sache zum *Organisationskreis* der Gesellschaft.[53] Die Gesellschaft kann, muss aber nicht Besitzer sein.[54] Ändert die natürliche Person ihren Willen nach außen erkennbar dahin, nunmehr für sich selbst besitzen zu wollen, oder behält sie die Sachherrschaft auch nach ihrem Ausscheiden aus dem Herrschaftsbereich der Gesellschaft bei, so begeht sie dieser gegenüber verbotene Eigenmacht (§ 858), soweit nicht die zum Besitzverlust der Gesellschaft führende Änderung mit Einverständnis ihrer Geschäftsführer vorgenommen wurde, und ist den Besitzschutzansprüchen der Gesellschaft ausgesetzt.[55]

2. Rechtsfolgen. Die Ansicht, dass nicht diejenigen Gesellschafter Besitzer sind, die die 38 Sachherrschaft für die Gesellschaft tatsächlich ausüben, sondern dass deren Sachherrschaft

---

aA aber schon BGH WM 1963, 560, 561; 1964, 788; 1985, 997, 999 und 1433, 1434. Neuere Gegenansicht in der Lit. vgl. in Fn. 51.
[45] Vgl. dazu BGHZ 57, 166, 167 = NJW 1972, 43; BGH WM 1971, 589, 592; 4. Aufl. § 854 RdNr. 17; *Wolff/Raiser* § 5 I, S. 24; *Palandt/Bassenge* § 854 RdNr. 10; *Erman/O. Werner* § 854 RdNr. 5.
[46] So ausdrücklich etwa *Steindorff*, FS Kronstein, 1967, S. 151, 153.
[47] *Erman/O. Werner* § 854 RdNr. 6; *Staudinger/Bund* (2000) § 866 RdNr. 16; *Klett* (Fn. 43) S. 98 f.; im Grundsatz auch *Steindorff*, FS Kronstein, 1967, S. 151, 155.
[48] So *Ballerstedt* JuS 1965, 272, 276; *U. Huber* Vermögensanteil S. 113; *Baur/Stürner* § 7 RdNr. 80; *Staudinger/Bund* (2000) § 866 RdNr. 16; *Klett* (Fn. 43) S. 99 f. Noch anders *Kuchinke*, FS Paulick, 1973, S. 45, 53 f. (Mitbesitz aller Gesellschafter zur gesamten Hand).
[49] JherJb. 44 (1902), 143, 159 ff.
[50] Vgl. dazu *Flume* I/1 § 6 I, S. 76; *Baur/Stürner* § 7 RdNr. 79; *Staudinger/Bund* (2000) § 866 RdNr. 16.
[51] Heute hM, vgl. *Flume* I/1 § 6 II, S. 79 ff.; *K. Schmidt* GesR § 60 II 3; *Soergel/Hadding* RdNr. 18; *Hadding* ZGR 2001, 712, 723; *Habersack* BB 2001, 477, 479; *Derleder* BB 2001, 2485, 2491; *Gesmann-Nuissl* WM 2001, 973; aus sachenrechtlicher Sicht jetzt auch *Soergel/Stadler* § 854 RdNr. 15; *Palandt/Bassenge* § 854 RdNr. 12; *Wolff* SachenR, 23. Aufl. 2007, § 8 RdNr. 193; im Ergebnis auch schon *Steindorff* (Fn. 46) S. 169 f. und die in Fn. 44 unter aA zitierte BGH-Rspr.
[52] Fn. 51.
[53] *Flume* I/1 § 6 II, S. 81; *Soergel/Hadding* RdNr. 18.
[54] So zutr. *K. Schmidt* GesR § 60 II 3.
[55] *Flume* I/1 § 6 III, S. 82; *Soergel/Hadding* RdNr. 19; aA *U. Huber* Vermögensanteil S. 113, der die Besitzschutzansprüche den Geschäftsführern persönlich als unmittelbaren Besitzern geben will und dementsprechend wohl auch die Möglichkeit verbotener Eigenmacht durch sie verneint.

der Gesellschaft als Besitz zuzurechnen ist und die Gesellschaftsorgane demgemäß Besitzdiener sind, erweist sich der früher hM auch in den Rechtsfolgen als überlegen.[56] So lässt sich damit etwa die zum Eigentumsübergang an beweglichen Sachen erforderliche Besitzverschaffung für die Gesamthand (§ 929) unschwer begründen, während aus der Sicht der früher hM streng genommen Einigung und Besitzverschaffung auseinanderfielen.[57] Die Gesellschaft ist gegen gutgläubigen Erwerb Dritter bei Verfügungen durch andere als die Organmitglieder oder in ihrem Auftrag handelnde Personen geschützt (§ 935); das gilt auch für Verfügungen nichtberechtigter Gesellschafter.[58] Sie hat Besitzschutzansprüche gegen ehemalige Gesellschafter/Geschäftsführer, die trotz ihres Ausscheidens die Sachherrschaft über Gesamthandsgegenstände behalten haben und sie jetzt im eigenen Interesse ausüben.[59] Die Rechtsfolgen der §§ 937, 955, 1006 kommen der Gesellschaft zugute und nicht etwa den geschäftsführenden Gesellschaftern.[60] Gleiches gilt für den deliktischen Besitzschutz nach § 823 Abs. 1 und das Geltendmachen der Rechte aus §§ 1007, 987 ff.[61] Herausgabeansprüche nach § 985 wegen Gegenständen im Herrschaftsbereich der Gesellschaft führen zu Gesellschaftsschulden und sind daher gegen diese zu richten, nicht aber gegen die jeweiligen Geschäftsführer persönlich.[62] Schließlich geht auch beim Tod eines Gesellschafters der (Mit-)Besitz nicht auf dessen Erben über (§ 857), sondern verbleibt unverändert bei der Gesellschaft.[63] Beim Eintritt eines neuen Gesellschafters erlangt dieser eine gesamthänderische Mitbeteiligung an der Besitzstellung der Gesellschaft, ohne dass es darauf ankommt, ob und inwieweit ihm die tatsächliche Sachherrschaft zusteht.

C. Die GbR in Zivilprozess und Zwangsvollstreckung

I. Überblick

39 **1. Ausgangslage im Jahr 1900.** Der BGB-Gesetzgeber ging bei der Regelung des Gesellschaftsrechts bekanntlich davon aus, dass die Gesellschaft ein zwar **um Gesamthandselemente** (Sondervermögen) **angereichertes Schuldverhältnis** sei, dass ihr aber weder eigene Rechtsfähigkeit zukomme noch dass sie eine gegenüber den Gesellschaftern verselbstständigte, handlungsfähige Organisation bilde. Dementsprechend beschränkte er sich auf einige das Gesamthandsvermögen betreffende Grundvorschriften (§§ 718 bis 720, 738) in Ergänzung des Schuldrechtstitels „Gesellschaft", verzichtete jedoch im Unterschied zum OHG-Recht (§ 124 Abs. 1; §§ 115, 125 HGB) darauf, die Rechts- und Parteifähigkeit der Gesellschaft (und sei es auch nur durch fiktive Annäherung im Außenverhältnis an eine juristische Person[64]) zu normieren und Regelungen über besondere Gesellschaftsorgane zu treffen. Folgerichtig sah er abweichend von § 124 Abs. 2 HGB auch davon ab, die Zwangsvollstreckung in das Gesellschaftsvermögen von einem Schuldtitel gegen die Gesellschaft

---

[56] Dazu iE *Flume* I/1 § 6 III, S. 81 ff. und *Soergel/Hadding* RdNr. 19.
[57] Anders freilich *U. Huber* Vermögensanteil, unter Berufung auf die zu § 929 entwickelte Lehre von der „Geheißperson"; wie hier *Soergel/Hadding* RdNr. 19.
[58] So auch *K. Schmidt* GesR § 10 III 3 (für die OHG). Nach BGHZ 57, 166, 168 = NJW 1972, 43 und *Flume* I/1 § 6 III, S. 83 soll sich die Frage des Abhandenkommens nach der Vertretungsmacht des handelnden Gesellschafters beantworten; so wohl auch *Soergel/Hadding* RdNr. 19.
[59] Vgl. Fn. 55.
[60] *Flume* I/1 § 6 III, S. 83; *Soergel/Hadding* RdNr. 19.
[61] *Flume* I/1 § 6 III, S. 83; *Soergel/Hadding* RdNr. 19.
[62] *Flume* I/1 § 6 III, S. 84; *Soergel/Hadding* RdNr. 19. Zur prozessualen Bedeutung dieses Unterschieds selbst bei fehlender Parteifähigkeit der GbR vgl. RdNr. 51.
[63] *Flume* I/1 § 6 III, S. 81 f.; *Steindorff*, FS Kronstein, 1967, S. 151, 167 f.; *Soergel/Hadding* RdNr. 19; aA *U. Huber* Vermögensanteil S. 113.
[64] Vgl. idS das früher vorherrschende, die Berechtigung der Gesellschafter als gesamthänderische Inhaber des Gesamthandsvermögens betonende Verständnis von der Rechtsnatur der OHG und KG angesichts der Regelungen des § 124 HGB, dazu *Düringer/Hachenburg/Flechtheim*, 3. Aufl. 1932, § 124 HGB Anm. 1; *Staub/Pinner*, 12./13. Aufl. 1926, § 105 HGB Anm. 8; zum Ganzen näher *U. Huber* Vermögensanteil S. 90 ff., 101 f.

abhängig zu machen. Stattdessen stellte die einschlägige Vollstreckungsnorm des § 736 ZPO auf ein „gegen alle Gesellschafter ergangenes Urteil" ab; die Gesellschafter – und nicht die GbR als solche – waren aus dieser Sicht die maßgebenden, für den Zugriff auf das Gesamthandsvermögen zuständigen Rechtspersonen.

2. Rechtsentwicklung bis 2001. Die im BGB geregelte Behandlung der gesellschaftsrechtlichen Gesamthand als *Rechtsobjekt,* dh. als gesamthänderisch gebundenes Sondervermögen der Gesellschafter, bestimmte viele Jahrzehnte lang die Diskussion zum Recht der GbR (§ 705 RdNr. 297 f.). Eine grundlegende Neubesinnung setzte bekanntlich erst in den 70er Jahren des 20. Jahrhunderts ein, ausgelöst durch die von *Flume* im Anschluss an *Otto v. Gierke* entwickelte Lehre von der Gesamthand als *Gruppe,* dh. als zwar aus den Gesellschaftern zusammengesetzte, aber von ihnen gleichwohl zu unterscheidende Personenverbindung im Sinne eines eigenständigen Rechtssubjekts (vgl. § 705 RdNr. 298). Mit Blick auf den **Zivilprozess** entsprach dieser materiellrechtlichen Entwicklung die prozessuale Differenzierung zwischen der *Gesamthands(schuld)klage* seitens der oder gegen die unter sich eine notwendige Streitgenossenschaft bildende Gesellschaftergesamtheit, vertreten durch die Geschäftsführer, und einer *Gesamt(schuld)klage,* an der auf der Aktiv- bzw. Passivseite alle oder mehrere Gesellschafter als je einfache Streitgenossen beteiligt sind.[65] Der Unterschied zwischen Gesamthands- und Gesamtschuldklage beruhte darauf, dass bei jener der Antrag des Klägers auf Leistung aus dem Gesamthandsvermögen abzielte, während es dem Kläger bei der Gesamtschuldklage um die Geltendmachung der persönlichen Gesellschafterhaftung ging. Dementsprechend sollte aus dieser neueren Sicht ein gegen alle Gesellschafter erzielter Titel zur **Vollstreckung** in das Gesamthandsvermögen nach § 736 ZPO auch nur dann ausreichen, wenn er das Ergebnis einer Gesamthandsschuldklage war. Anderes sollte bei Titeln gegen die einzelnen Gesellschafter gelten, die auf je persönlichen Haftungsgründen beruhten; insoweit wurde der Gesamthand das Recht zugebilligt, sich gegen die Vollstreckung nach § 771 ZPO zur Wehr zu setzen (vgl. näher RdNr. 57, 58). Selbstverständlich stand nichts entgegen und entsprach auch verbreiteter Praxis, Gesamthands- und Gesamtschuldklage im Wege der **Klagehäufung** ebenso zu verbinden, wie das im OHG- und KG-Recht bei gleichzeitigen Klagen gegen Gesellschaft und persönlich haftende Gesellschafter der Fall ist.[66] Daran hat sich auch durch die Anerkennung der Parteifähigkeit der Außen-GbR (RdNr. 41) nichts geändert.

Über diese aus der Sicht des Prozessrechts komplizierten, keine vollwertige Alternative zur Parteifähigkeit der Gesellschaft bildenden *Ersatzkonstruktionen*[67] ist der BGH mit seinem rechtsfortbildenden Grundsatzurteil **BGHZ 146, 341** in zweierlei Hinsicht deutlich hinausgegangen. Einerseits hat er – unter nicht unproblematischer Berufung auf § 50 Abs. 1 ZPO[68] und ohne sich mit dem nahe liegenden Umkehrschluss aus § 50 Abs. 2 ZPO auseinanderzusetzen – aus der Anerkennung der Rechtsfähigkeit der (Außen-)GbR auf diejenige ihrer **Parteifähigkeit** geschlossen und die Gesellschaft auch insoweit der nach § 124 Abs. 1 HGB parteifähigen OHG und KG gleichgestellt.[69] Und andererseits hat er das in § 736 ZPO enthaltene Erfordernis von Vollstreckungstiteln gegen alle Gesellschafter dahin relativiert, insoweit allerdings inkonsequent, dass es ihrer nur dann bedürfe, wenn der Vollstreckungsgläubiger keinen **Titel gegen die GbR** als solche besitze.[70]

---

[65] So etwa *Soergel/Hadding* § 714 RdNr. 54; *K. Schmidt* GesR § 60 IV 1 b; aus der Rspr. erstmals BGH WM 1990, 1113, 1114; aus der Instanz-Rspr. etwa OLG Frankfurt NZG 2005, 712; zum Ganzen näher 3. Aufl. RdNr. 49 f.
[66] 3. Aufl. RdNr. 49; für Klagen von GbR-Gläubigern ebenso schon BGH WM 1990, 1113, 1114; *K. Schmidt* GesR § 60 IV 1 b; aus neuer Sicht auch BGHZ 146, 341, 357 = NJW 2001, 1056.
[67] So zutr. BGHZ 146, 341, 348 ff. unter Hinweis auf eine ganze Reihe verbleibender Probleme aus der Sicht der Gesamthandsschuldklage.
[68] Dazu mit Recht krit. *Prütting,* FS Wiedemann, 2002, S. 1177, 1187 f.
[69] BGHZ 146, 341, 347 f.; ebenso dann BGHZ 151, 204 = NJW 2002, 3539 und BGH NJW 2002, 1207.
[70] BGHZ 146, 341, 353 ff. im Anschluss an *Wertenbruch* (Fn. 37) S. 122 ff., 135 (für Gleichstellung eines Titels gegen die GbR mit einem solchen gegen „alle Gesellschafter" aufgrund der Entstehungsgeschichte des § 736 ZPO); ebenso auch BGH NZG 2007, 140, 141; OLG Schleswig WM 2006, 583, 586; dagegen aber *Prütting,* FS Wiedemann, 2002, S. 1177, 1183 f.; *Soergel/Hadding* § 714 RdNr. 56.

42 Diese **Rechtsfortbildung** seitens des II. ZS des BGH hat auch insoweit, als es um die Parteifähigkeit der (Außen-)GbR und die Vollstreckungsfolgen geht, in der Literatur verbreitete **Zustimmung** gefunden;[71] andere Gerichte sind ihr **alsbald** gefolgt.[72] Auch die Auswirkungen der Rechtsprechungsänderung auf *laufende Prozesse* dürften inzwischen überwiegend geklärt sein.[73] Die neue Sichtweise liegt abweichend von der Kommentierung bis zur 3. Aufl.[74] auch den folgenden Erläuterungen zugrunde. Allerdings bleibt ihr persönlicher Anwendungsbereich mit Blick auf solche Gesellschaften zu prüfen, die zwar über Gesamthandsvermögen verfügen, jedoch entweder keine für Rechtspersonen kennzeichnende, eigene Identitätsausstattung aufweisen oder – als Innengesellschaften iwS (vgl. § 705 RdNr. 279 f.) – von den Beteiligten selbst nicht zur Teilnahme am Rechtsverkehr bestimmt sind (vgl. RdNr. 47 f.).

43 **3. Gang der Kommentierung.** Die Kommentierung des § 718 folgt aus den in RdNr. 42 genannten Erwägungen im Grundsatz der neuen, durch Anerkennung der Parteifähigkeit der GbR gekennzeichneten Rechtslage (vgl. RdNr. 44 f.). Mit Rücksicht auf die bisher nicht eindeutige Abgrenzung des persönlichen Anwendungsbereichs mit Blick auf Fälle unzureichend organisierter, keine eigene Identitätsausstattung aufweisender Außen-GbR und mit Rücksicht auf die Existenz von Innen-GbR mit Gesamthandsvermögen, für die die neue Rechtslage sich als nicht geeignet erweist, geht sie allerdings *ergänzend* auf die bisherige Beurteilung der gesellschaftsrechtlichen Gesamthand nach Prozess- und Vollstreckungsrecht ein (vgl. RdNr. 49 ff.).

II. Die Parteifähigkeit der Außen-GbR

44 **1. Grundlagen.** Die Gründe, die für die Maßgeblichkeit der mit BGHZ 146, 341 erreichten Anerkennung der Parteifähigkeit der Außen-GbR sprechen, und die sich daran anknüpfenden Rechtsfolgen sind bereits in § 705 RdNr. 318 ff. dargestellt; hierauf wird verwiesen. Die Parteifähigkeit ist unabhängig davon zu bejahen, ob es sich um Rechtsstreitigkeiten der GbR mit Dritten oder solche mit Gesellschaftern handelt; anderes gilt für Streitigkeiten zwischen Gesellschaftern, bei denen die GbR (nach wie vor) nur Objekt ist.[75] Sie erstreckt sich nicht nur auf das Erkenntnis-, sondern auch auf das Vollstreckungsverfahren. Für ein Vorgehen von Vollstreckungsgläubigern gegen die parteifähige Außen-GbR nach § 736 ZPO ist daher kein Raum; ein aus einer Gesamthandsschuldklage resultierender, gegen alle Gesellschafter gerichteter Vollstreckungstitel ist ggf. nach § 727 ZPO auf die Außen-GbR als Vollstreckungsschuldnerin umzuschreiben.[76] Im Rahmen eines von allen Gesellschaftern als Kläger oder Beklagte in notwendiger Streitgenossenschaft geführten, auf Gegenstände oder Verbindlichkeiten des Gesamthandsvermögens bezogenen Prozesses ist dem begründeten Einwand des Prozessgegners, die Außen-GbR selbst sei die richtige Partei, künftig durch *Parteiwechsel* iS einer sachdienlichen Klageänderung Rechnung zu tragen (§ 705 RdNr. 320).[77]

---

[71] Vgl. Nachweise in § 705 Fn. 897.
[72] So BGH BB 2003, 438 (XII. ZS); BVerfG JZ 2003, 43 (m. Anm. *Stürner*); BAGE 113, 50 = NJW 2005, 1004, 1005; BPatG GRUR 2004, 1030, 1031 (Patentfähigkeit; Abweichung von BGH GRUR 2000, 1028 – „Ballermann", dazu *Fezer*, FS Ulmer, 2001, S. 119, 124; *Hildebrandt* DStR 2001, 1924); OLG Karlsruhe NJW 2001, 1072; zur abw. früheren Rspr. vgl. die Nachweise in § 705 Fn. 891 aE.
[73] Dazu die Nachweise in Fn. 77.
[74] 3. Aufl. RdNr. 45 ff.
[75] Vgl. dazu *Ulmer* ZIP 2001, 585, 591 f.; ebenso *K. Schmidt* NJW 2001, 993, 1000.
[76] Anders – aus der Sicht der Parteifähigkeit der Außen-GbR inkonsequent – BGHZ 146, 341, 356; dem folgend aber BGH NJW 2004, 3632, 3633 (zur Vollstreckung in Grundstück der Gesellschaft reicht Unterwerfungserklärung aller Gesellschafter nach § 800 ZPO aus); vgl. auch BGH ZIP 2008, 501, 502 Tz. 10 = NJW 2008, 1378, 1379; als Übergangsfrage auch *K. Schmidt* NJW 2001, 993, 1000 f.; *Westermann* NZG 2001, 289, 293; *Wertenbruch* NJW 2002, 324, 328 f.; aA – wie hier – *Habersack* BB 2001, 477, 481; *Hadding* ZGR 2001, 712, 734; und *Soergel/Hadding* § 714 RdNr. 56; *Gesmann-Nuissl* WM 2001, 973, 976; *Pohlmann* WM 2002, 1421, 1426 f.; *Scholz* NZG 2002, 153, 163.
[77] BGH NJW 2002, 3536, 3538 (II. ZS); in Altfällen soll dagegen die bloße Berichtigung des Rubrums ausreichen, vgl. BGH NJW 2003, 1043 (XII. ZS; dazu auch *Jacoby* NJW 2003, 1644 f.); darüber hinausgehend aber BGH NZG 2006, 16 (VIII. ZS; auch bei Klagen nach 2001 Rubrumsberichtigung, wenn Klageschrift

Wegen der **einzelnen Rechtsfolgen** aus der Anerkennung der Parteifähigkeit der Außen-GbR kann auf die für OHG und KG anerkannten Grundsätze zu § 124 Abs. 1 HGB verwiesen werden.[78] Die Gesellschaft selbst ist *nicht prozessfähig*, sondern handelt analog § 51 Abs. 1 ZPO durch die Geschäftsführer als organschaftliche Vertreter nach Maßgabe von deren Vertretungsmacht.[79] *Zustellungen* können an jeden einzelnen Geschäftsführer bewirkt werden (§ 170 Abs. 1, 3 ZPO).[80] Diese haben – im Unterschied zu den übrigen Gesellschaftern – im Prozess die *Stellung als Partei* und können daher nicht als Zeugen vernommen werden.[81] Ein *Gesellschafterwechsel* während des Prozesses hat auf die Parteistellung der GbR und grundsätzlich auch auf die Vertretungsbefugnis keinen Einfluss. *Allgemeiner Gerichtsstand* für Passivprozesse der Außen-GbR ist nach § 17 Abs. 1 ZPO ihr Sitz. Als solcher ist, wenn der Gesellschaftsvertrag hierüber keine Regelung enthält, der tatsächliche Sitz bzw. der Ort anzusehen, von dem aus sie die Geschäfte betreibt.[82] Dieser Gerichtsstand ist nach § 22 ZPO auch maßgebend für Klagen der GbR gegen ihre Gesellschafter bzw. für solche zwischen Gesellschaftern.[83] Die *Parteibezeichnung* (§ 253 Abs. 2 Nr. 1 ZPO) richtet sich nach dem Namen der Gesellschaft (vgl. § 705 RdNr. 270); ohne einen solchen Namen fehlt es im Zweifel an der für die Anerkennung der Parteifähigkeit erforderlichen Identitätsausstattung der GbR (vgl. RdNr. 46 f.). Die *Rechtskraft* eines im Gesellschaftsprozess ergehenden Urteils beschränkt sich auf das Verhältnis zwischen Gesellschaft und Prozessgegner; jedoch wirkt das Urteil analog § 129 Abs. 1 HGB auch für und gegen die Gesellschafter persönlich, soweit es um ihre Haftung analog § 128 HGB geht.[84] Für die *Vollstreckung in ein Grundstück* der Gesellschaft sollen Unterwerfungserklärungen der Gesellschafter (§ 800 ZPO) ausreichen.[85]

2. Schranken der persönlichen Reichweite. a) Außen-GbR ohne Identitätsausstattung. Nach Ansicht des BGH[86] und der überwM im Schrifttum[87] steht die Rechtsfähigkeit und damit auch die Parteifähigkeit *jeder* Außen-GbR zu; auf die Möglichkeit ihrer eindeutigen Identifizierung soll es nicht ankommen.[88] Zu *Aktivprozessen* der Gesellschaft sei es Sache der für sie handelnden Organe, die Gesellschaft „identifizierbar zu beschreiben"; gelinge das nicht, sei die Klage mit Kostenfolge abzuweisen.[89] In *Passivprozessen* sei es „praktisch immer ratsam", neben der Gesellschaft auch die Gesellschafter persönlich zu verklagen; auch wenn die Klage gegen die Gesellschaft mangels Existenz einer Außen-GbR mit Gesamthandsvermögen abzuweisen sei, blieben dem Gläubiger sodann immer noch die Titel gegen die gesamtschuldnerisch nach § 427 haftenden Gesellschafter.[90]

---

ergibt, dass Gesellschaftsforderung durchgesetzt werden soll); OLG Rostock NZG 2006, 941 (auch rechtskräftiges „Aktivrubrum" kann dahin berichtigt werden, dass Klägerin die Gesellschaft ist).
[78] Vgl. näher MünchKommHGB/*K. Schmidt* § 124 RdNr. 1 ff.; *Staub/Habersack* § 124 HGB RdNr. 23 ff.
[79] *Staub/Habersack* § 124 HGB RdNr. 27 (für die OHG).
[80] BGH NJW 2006, 2191 f.; OLG Celle NZG 2004, 613 (§ 170 Abs. 1, 3 ZPO); NJW 2007, 995, 997; BGH NJW 2006, 2189, 2190 f. (§ 170 Abs. 1 ZPO); s. auch BGH NJW-RR 2005, 119 (Rubrumsbezeichnung als Geschäftsführer meint geschäftsführende Gesellschafter); dazu auch § 714 RdNr. 27.
[81] *Staub/Habersack* § 124 HGB RdNr. 33 (für die OHG).
[82] Ähnlich *Pohlmann* WM 2002, 1421, 1423 (hilfsweise Wohnsitz des geschäftsführenden Organs).
[83] AA (vor BGHZ 146, 341) BayObLG DB 1996, 1819 für eine Klage zwischen Gesellschaftern einer GbR (Gerichtsstand am Wohnsitz des Schuldners; Sitz der GbR bedeutungslos).
[84] *Staub/Habersack* § 124 HGB RdNr. 36 (für die OHG); zur analogen Anwendung von § 129 Abs. 1 HGB gegenüber der rechtsfähigen Außen-GbR vgl. § 714 RdNr. 50.
[85] BGH NJW 2004, 3632, 3633; dazu schon die Hinweise in Fn. 76.
[86] Vgl. den Hinweis auf mögliche Identifizierungsprobleme in BGHZ 146, 341, 356 f.
[87] *Habersack* BB 2001, 477, 478 f.; *Hadding* ZGR 2001, 712, 716 f. (einschr. aber S. 721 f.); *Pohlmann* WM 2002, 1421, 1423; ähnlich wie schon *Wiedemann* WM 1994, Beilage 4 S. 4; für Abstellen auf den Gesellschafterwillen (Wahl einer Kollektivbezeichnung zur Identifikation der GbR) *Derleder* BB 2001, 2485, 2489 f. Vgl. zum Ganzen näher *Ulmer* ZIP 2001, 585, 593 f. und *ders*. AcP 198 (1998), 113, 126 ff. im Anschluss an *John*, Die organisierte Rechtsperson, 1977, S. 72 ff.
[88] Dazu aus prozessrechtlicher Sicht zu Recht krit. *Prütting*, FS Wiedemann, 2002, S. 1177, 1184, 1191 unter Hinweis auf *Schemmann*, Parteifähigkeit im Zivilprozess, 2002, S. 27 ff., 31 ff.
[89] BGHZ 146, 341, 356 f.
[90] BGHZ 146, 341, 357.

47 **Stellungnahme.** Dieser – überraschend großzügigen – Beurteilung des BGH ist **nicht zu folgen.** Sie läuft angesichts die Vielgestaltigkeit der GbR-Erscheinungen und angesichts des nicht selten fließenden Übergangs von Innen- und Außen-GbR mit Gesamthandsvermögen Gefahr, die Anerkennung nicht nur der Rechts-, sondern vor allem auch der Parteifähigkeit der (Außen-)GbR ad absurdum zu führen und *unerwünschte Rechtsunsicherheit* in das durch Formenstrenge gekennzeichnete Prozess- und Vollstreckungsrecht hineinzutragen. Gegen sie spricht insbesondere auch das aus § 56 Abs. 1 ZPO folgende Erfordernis, die als Klägerin oder Beklagte fungierende GbR in der Klageschrift so klar zu bezeichnen, dass dem Prozessgericht die ihm kraft Amtes obliegende Identifizierung der Parteien mit der gebotenen Eindeutigkeit möglich ist.[91] Das gilt umso mehr angesichts der fehlenden Registerpublizität der GbR. Aus diesem Grund erscheint es unverzichtbar, an dem **Erfordernis eigener Identitätsausstattung** der Außen-GbR (Name und Sitz, Handlungsorganisation und Haftungsverfassung) festzuhalten (vgl. § 705 RdNr. 306, 320). Fehlt es hieran, so ist die Klage vorbehaltlich des Übergangs des Klägers auf die Gesamthands(schuld)klage im Wege der Klageänderung (§ 705 RdNr. 320) abzuweisen.

48 **b) Innen-GbR mit Gesamthandsvermögen.** Zu Begriff und Vorkommen der Innen-GbR iwS vgl. § 705 RdNr. 279 ff., 284. Für sie ist kennzeichnend, dass die Gesellschafter zwar, sei es durch Einlagen oder gemeinsamen Erwerb, Gesamthandsvermögen geschaffen haben, dass sie aber auf eine Teilnahme der GbR am Rechtsverkehr bewusst verzichten und aus diesem Grund auch keine Gesellschaftsorgane eingesetzt haben. Derartige Gestaltungen finden sich nicht selten in Fällen, in denen der Gesellschaftszweck sich, wie bei typischen Ehegattengesellschaften, auf das gemeinsame Halten und Verwalten einzelner Immobilien oder sonstiger Vermögensgegenstände beschränkt (Vor § 705 RdNr. 46). Eine Bejahung der Rechts- und Parteifähigkeit solcher Verbindungen scheidet schon nach den eigenen Vorstellungen der Beteiligten aus; ihrer GbR fehlt es nicht nur an der Identitätsausstattung, sondern auch an dem erforderlichen Minimum einer über die gemeinsame Vermögensverwaltung hinausgehenden Organisation. Für Rechtsstreitigkeiten für oder gegen die Innen-GbR und für die Vollstreckung in das Gesamthandsvermögen bleibt daher, sofern ausnahmsweise die Geltendmachung von Gesamthandsforderungen oder -verbindlichkeiten in Frage steht, nur der „klassische" Weg der Gesamthands(schuld)klage (vgl. näher RdNr. 49 ff.).

III. Prozess- und Vollstreckungsfragen bei der nicht parteifähigen Gesamthands-GbR

49 **1. Verbleibender Anwendungsbereich.** Die folgenden, aus der dritten Auflage (RdNr. 42 ff.) übernommenen und fortgeführten Feststellungen knüpfen an den Diskussionsstand vor BGHZ 146, 341 an. Sie beziehen sich auf diejenigen GbR *mit Gesamthandsvermögen*, für die die Anerkennung der Parteifähigkeit der GbR wegen der besonderen Struktur der jeweiligen Personenverbindung ausscheidet.[92] Das gilt nach den getroffenen Feststellungen (RdNr. 48) in erster Linie für die **Innen-GbR mit Gesamthandsvermögen.** Bei ihr fehlt nicht nur eine nach außen in Erscheinung tretende Gesellschaftsorganisation (Name, GbR-Organe); vielmehr ist regelmäßig auch der Wille der Beteiligten darauf gerichtet, die GbR nicht als solche am Rechtsverkehr mit Dritten teilnehmen zu lassen. Für die Anerkennung ihrer Rechts- und Parteifähigkeit ist daher schon *mangels* der von BGHZ 146, 341 vorausgesetzten *Außen-GbR* kein Raum. Entsprechend ist aber auch – unter Reduktion von BGHZ 146, 341 – in Fällen einer **Außen-GbR ohne eigene Identitätsausstattung** zu entscheiden, da sie nicht über die Mindesterfordernisse für ihre Behandlung als eigenständiges Rechtssubjekt in Zivilprozess und Zwangsvollstreckung verfügt (RdNr. 47).

---

[91] So zutr. *Prütting* unter Berufung auf *Schemmann* (jeweils Fn. 88).
[92] Zur umstrittenen Frage, ob Innengesellschaften Gesamthandsvermögen bilden können, vgl. näher § 705 RdNr. 280.

2. Rechtlicher Ansatz. a) Parteistellung aufseiten der Gesamthand. Mangels Par- 50
teifähigkeit der Innen-GbR iwS und der Außen-GbR ohne Identitätsausstattung verbleibt
es in derartigen Fällen für Gesamt*hands*prozesse bei der Parteistellung der *Gesellschafter*, und
zwar *in notwendiger Streitgenossenschaft*. Das entspricht für **Aktivprozesse** der Gesamthand,
dh. die prozessuale Geltendmachung gesamthänderisch gebundener Rechte, der schon
bisher hM[93] (zur Ausnahme für diejenigen Fälle, in denen ein Gesellschafter von der actio
pro socio Gebrauch macht, vgl. § 705 RdNr. 204 ff. und 3. Aufl. RdNr. 45). *Vertreten*
werden die Gesellschafter nach Maßgabe des Gesellschaftsvertrags durch die vertretungsbefugten **Geschäftsführer**; sind solche nicht vorgesehen, handeln alle Gesellschafter gemeinsam nach § 714. Zu einer Beschränkung der Vertretungsmacht auf rechtsgeschäftliches
Handeln unter Ausklammerung der Prozessführung[94] besteht kein Anlass. Dementsprechend
sind Prozesshandlungen mit Wirkung für die Gesamthand von bzw. gegenüber den Geschäftsführern vorzunehmen;[95] ein nichtgeschäftsführungs- und vertretungsberechtigter Gesellschafter kann ihrer Vornahme nicht widersprechen. Ein die Vollstreckung in das Gesamthandsvermögen ermöglichendes Versäumnisurteil gegen alle Gesellschafter kann auch dann
ergehen, wenn nicht vertretungsberechtigte Gesellschafter zum Termin erschienen sind.[96] –
Aus der Parteistellung aller Gesellschafter folgt, dass sie im Gesamthandsprozess auch dann
nicht als Zeugen, sondern nur als Partei vernommen werden können, wenn sie nicht
geschäftsführungs- und vertretungsberechtigt sind.[97]

Entsprechendes wie in RdNr. 50 gilt auch für **Passivprozesse** der Gesamthand, dh. für 51
sog. *Gesamthandsschuldklagen*. Sofern sich das Klageziel auf *Leistung aus dem bzw. Vollstreckung in das Gesellschaftsvermögen* richtet, ist die Rechtsverteidigung durch die als Gesamthänder betroffenen Gesellschafter eine notwendig gemeinsame iS von § 62 Abs. 1
Alt. 2 ZPO;[98] auch insoweit greift die gesellschaftsvertragliche Vertretungsregelung (wenn
vorhanden) ein (RdNr. 50). Ebenso ist für *Feststellungsklagen* gegen die Gesamthand aus
Rechtsbeziehungen mit Dritten zu entscheiden; eine notwendige Streitgenossenschaft liegt
auch hier vor, weil eine einheitliche Sachentscheidung erforderlich ist (§ 62 Abs. 1
Alt. 1 ZPO). Für das Feststellungsinteresse reicht das Bestreiten durch einen geschäftsführungsbefugten Gesellschafter aus.[99] – Zur Unterscheidung der Gesamthands(schuld)kla-
gen von den *Gesamt(schuld)klagen*, bei denen es um Rechte oder Verbindlichkeiten der
einzelnen Gesellschafter geht und an denen diese als einfache Streitgenossen beteiligt sind,
vgl. RdNr. 40.

b) Vollstreckung. Für die Zwangsvollstreckung in das Gesellschaftsvermögen verbleibt 52
es in den hier erörterten Fällen (RdNr. 49) bei der Regelung des **§ 736 ZPO**. Sie behält bei
fehlender Parteifähigkeit der (Außen-)GbR schon deshalb ihren gesetzlich bestimmten

---

[93] BGHZ 30, 195, 197 = NJW 1959, 1683; *Stein/Jonas/Bork*, 22. Aufl. 2002, § 62 ZPO RdNr. 18, 20 a; *Baumbach/Lauterbach/Albers/Hartmann* § 62 ZPO RdNr. 11; *Thomas/Putzo/Hüßtege* § 714 RdNr. 13; *Erman/Westermann* RdNr. 15; *Staudinger/Keßler*, 12. Aufl. 1979, § 714 RdNr. 20; *Heller* (Fn. 38) S. 60 ff.
[94] So unter Hinweis auf § 63 ZPO, jedoch ohne Auseinandersetzung mit der Organstellung der geschäfts-
führenden Gesellschafter, anscheinend BGHZ 146, 341, 348 f.; ebenso *Heller* (Fn. 38) S. 144 f. Wie hier schon
RGZ 57, 90, 92 f. (für den nichtrechtsfähigen Verein); BGH NJW 1997, 1236; zust. *Erman/Westermann*
RdNr. 14.
[95] RGZ 57, 90, 92; *Soergel/Schultze-v. Lasaulx*, 10. Aufl. 1969, § 714 RdNr. 15; aA *Heller* (Fn. 38)
S. 159 f.; *Göckeler* (Fn. 38) S. 121 ff.; allg. zur Vornahme von Prozesshandlungen durch die nach materiellem
Recht Verfügungsbefugten in den Fällen notwendiger Streitgenossenschaft *Baumbach/Lauterbach/Albers/Hart-
mann* § 62 ZPO RdNr. 17 ff.; *Stein/Jonas/Bork*, 22. Aufl. 2002, § 62 ZPO RdNr. 39 f.; *Zöller/Vollkommer*
§ 62 ZPO RdNr. 24 ff.
[96] So zutr. *Lindacher* JuS 1982, 594 f.; aA *Heller* (Fn. 38) S. 171 f. und *Göckeler* (Fn. 38) S. 134.
[97] So trotz Bejahung der Parteifähigkeit der GbR auch *Hüffer*, FS Stimpel, 1985, S. 165, 182; im Ergebnis
auch *Göckeler* (Fn. 38) S. 130 f.; *Heller* (Fn. 38) S. 166.
[98] Str., wie hier *Erman/Westermann* RdNr. 15; *H. Westermann*, FS Baur, 1981, S. 723, 731;
RGRK/*v. Gamm* § 714 RdNr. 10; *Stein/Jonas/Bork*, 22. Aufl. 2002, § 62 ZPO RdNr. 20 a; *Kornblum* BB
1970, 1449 ff., 1454; *ders.* Haftung S. 61; *Heller* (Fn. 38) S. 76 f.; *K. Schmidt* GesR § 60 IV 1 b; *Göckeler*
(Fn. 38) S. 65 ff.; offen gelassen in BGH ZIP 1990, 715, 716; aA RGZ 68, 221, 223; *Staudinger/Keßler*,
12. Aufl. 1979, § 714 RdNr. 20; wohl auch *Stein/Jonas/Münzberg*, 22. Aufl. 2002, § 736 RdNr. 3.
[99] *Stein/Jonas/Bork*, 22. Aufl. 2002, § 62 ZPO RdNr. 23; *Göckeler* (Fn. 38) S. 67 f.; *Heller* (Fn. 38) S. 82 f.

§ 718 53–55 Abschnitt 8. Titel 16. Gesellschaft

Anwendungsbereich, weil ein Urteil gegen die Gesellschaft als solche in derartigen Fällen nicht ergehen kann. Wegen der Einzelheiten vgl. RdNr. 55 ff.

53 **3. Die Gesamthandsschuldklage. a) Grundsatz.** Die Klage richtet sich gegen die Gesamthänder als Gruppe, vertreten durch ihre Geschäftsführer, hilfsweise durch alle Gesellschafter. Sämtliche Gesamthänder bilden eine notwendige Streitgenossenschaft auf der Passivseite (RdNr. 51). Klageziel ist die Erfüllung des eingeklagten Anspruchs aus dem Gesamthandsvermögen, Klagegrund das Bestehen einer Gesamthandsverbindlichkeit (RdNr. 24 ff.). Auf Einwendungen, die nicht der Gesellschaft, sondern den Gesellschaftern als Gesamtschuldner persönlich zustehen, können sich die Streitgenossen nicht berufen. Der korrekte **Urteilstenor** hat entsprechend dem Klageantrag auf *Leistung aus dem Gesamthandsvermögen* zu lauten.[100] Die Beschränkung kann im Rahmen von § 321 ZPO auch noch nachträglich durch Urteilsergänzung in den Tenor aufgenommen werden. Dagegen ist für die von einem Teil der Literatur[101] entsprechend §§ 780, 786 ZPO bejahte Möglichkeit, das Urteil auf Antrag der Beklagten unter Vorbehalt ihrer Haftungsbeschränkung auf das Gesamthandsvermögen ergehen zu lassen und über die Berechtigung der Haftungsbeschränkung nach §§ 785, 767 ZPO im Rahmen einer Vollstreckungsabwehrklage zu befinden, schon deshalb kein Raum, weil der Kläger mit der Gesamthandsschuldklage nur Leistung aus dem Gesamthandsvermögen begehrt (RdNr. 51). Aus dem gleichen Grunde scheidet auch die Vollstreckung aus einem Gesamthandsschuldtitel in das Privatvermögen der Gesellschafter aus (RdNr. 54). – Zu den Auswirkungen eines Gesellschafterwechsels auf den Gesamthandsprozess und die Vollstreckung in das Gesellschaftsvermögen vgl. RdNr. 60 ff., 64.

54 **b) Keine Vollstreckung ins Privatvermögen.** Ist im Urteilstenor eine ausdrückliche Anordnung der Haftungsbeschränkung auf das Gesamthandsvermögen unterblieben, ergibt sich jedoch durch Auslegung des Urteils aufgrund der Entscheidungsgründe, dass die Verurteilung der Gesamthänder nur im Rahmen der Gesamthandsschuldklage erfolgt und die Vollstreckung daher auf das Gesamthandsvermögen zu beschränken ist, so können sich die Gesellschafter gegen Vollstreckungsmaßnahmen in ihr Privatvermögen mit der *Drittwiderspruchsklage* nach § 771 ZPO zur Wehr setzen. „Dritter" iS dieser Vorschrift kann auch der Vollstreckungsschuldner selbst sein, wenn entweder seine Haftung auf einen bestimmten Vermögenskomplex beschränkt oder ein solcher von der Haftung ausgenommen ist.[102] Daneben kommt auch ein Vorgehen nach § 766 iVm. § 750 ZPO in Betracht,[103] sofern zwischen den Parteien Streit über die (andere) Frage besteht, ob der Titel auch zur Vollstreckung in das Privatvermögen der Gesellschafter berechtigt.

55 **4. Die Vollstreckung in das Gesellschaftsvermögen. a) Vollstreckungstitel. aa) Grundsatz.** Die Vorschrift des § 736 ZPO trägt der fehlenden Parteifähigkeit der nicht von der Rechtsfortbildung durch BGHZ 146, 341 erfassten GbR dadurch Rechnung, dass sie zur Zwangsvollstreckung in das Gesellschaftsvermögen ein gegen alle Gesellschafter ergangenes Urteil erfordert (RdNr. 52). Mit der hM ist die Vorschrift nicht im strikten Wortsinn („*ein* Urteil") zu verstehen, sondern dahin auszulegen, dass hierfür *auch mehrere* in getrennten Verfahren gegen jeden einzelnen Gesellschafter erstrittene *Urteile* ausreichen.[104]

---

[100] *Staudinger/Keßler,* 12. Aufl. 1979, § 714 RdNr. 20; *Erman/Westermann* RdNr. 15; RGRK/*v. Gamm* § 714 RdNr. 10. Vgl. auch § 728 RdNr. 41 und *Oehlerking* KTS 1980, 17 f. zur Zulässigkeit der auf Leistung aus dem Gesamthandsvermögen gerichteten Klage gegen einen Gesellschafter-Gemeinschuldner trotz der Sperrwirkung des § 87 InsO.

[101] *Kornblum* BB 1970, 1452; *Nicknig* Haftung S. 134 ff.; *Noack* MDR 1974, 813 f.; *Hennecke,* Das Sondervermögen der Gesamthand, 1976, S. 134; *Fehl,* FS Trinkner, 1995, S. 135, 147 ff.

[102] *Stein/Jonas/Münzberg,* 22. Aufl. 2002, § 771 ZPO RdNr. 45; MünchKommZPO/*K. Schmidt* § 771 RdNr. 18; *Thomas/Putzo/Hüßtege* § 771 ZPO RdNr. 9, 20.

[103] *Stein/Jonas/Münzberg,* 22. Aufl. 2002, § 766 ZPO RdNr. 21, 34; MünchKommZPO/*K. Schmidt* § 766 RdNr. 5, 27; *Ullrich* NJW 1974, 1490.

[104] BGHZ 53, 110, 113 = NJW 1970, 473; RGZ 68, 221, 223 (jeweils zu § 747 ZPO); vgl. auch die Nachweise in Fn. 76 zur neueren Rspr. betr. Außen-GbR; ferner *Hüffer,* FS Stimpel, 1985, S. 165, 184 f.; *Kornblum* BB 1970, 1450 f.; so auch die hM im Vollstreckungsrecht, vgl. MünchKommZPO/*Heßler* § 736 RdNr. 9; *Stein/Jonas/Münzberg,* 22. Aufl. 2002, § 736 ZPO RdNr. 5 und Vor § 735 ZPO RdNr. 6; *Zöller/*

Einer Klage gegen alle Gesamthänder gemeinsam als notwendige Streitgenossen (Gesamthandsschuldklage, vgl. RdNr. 53) bedarf es nicht (RdNr. 57). Die Zwangsvollstreckung in das Gesamthandsvermögen aufgrund von Gesamtschuldtiteln gegen alle Gesellschafter ist *formell* auch dann möglich, wenn eine Gesamthandsschuld daneben nicht besteht und das Gesellschaftsvermögen dem Gläubiger deshalb materiell nicht haftet. Die Gesellschaft kann jedoch einer Vollstreckung in das Gesellschaftsvermögen durch einen Privatgläubiger nach § 771 ZPO entgegentreten (RdNr. 58), wenn dieser aufgrund von Ansprüchen, die mit der Gesellschaftssphäre in keinem Zusammenhang stehen, Titel gegen sämtliche Gesellschafter erlangt hat. Zur Vollstreckung aus Gesamtschuldtiteln vgl. RdNr. 57 f.

Machen **Gesellschafter selbst** Ansprüche gegen die Gesellschaft geltend, sei es im Sinne 56 von Sozialverbindlichkeiten (§ 705 RdNr. 197) oder von Drittgläubigerforderungen (§ 705 RdNr. 202 f.), so genügt für die Vollstreckung in das Gesamthandsvermögen abweichend von § 736 ZPO ein *Titel gegen die übrigen Gesellschafter*.[105] Da die Gesellschafter am Gesamthandsprozess der GbR als Partei beteiligt sind (RdNr. 51), müssten sie sich andernfalls selbst verklagen.[106]

bb) **Vollstreckung aus Gesamtschuldtiteln?** Fraglich ist, ob *Titel gegen sämtliche Gesell-* 57 *schafter*, die im Wege der Gesamtschuldklage erstritten wurden, zur Vollstreckung in das Gesamthandsvermögen berechtigen.[107] Die Frage ist mit der ganz überwiegenden Meinung in *formeller* Hinsicht zu bejahen, und zwar auch dann, wenn neben den titulierten Gesamtschulden der Gesellschafter materiell eine Gesamthandsschuld nicht vorliegt, der Titel vielmehr reine Privatverbindlichkeiten der Gesellschafter betrifft (RdNr. 55). Dass das Gesellschaftsvermögen für diese Verbindlichkeiten materiellrechtlich nicht haftet, lässt die **formelle Rechtmäßigkeit der Zwangsvollstreckung** unberührt. Eine restriktive Auslegung des § 736 ZPO in dem Sinne, dass eine Vollstreckung unzulässig ist, wenn dem Gesamtschuldtitel reine Privatverbindlichkeiten der Gesellschafter zugrunde liegen, würde dem Vollstreckungsorgan die von ihm nicht zu leistende Prüfung des Rechtsgrundes der titulierten Verbindlichkeit auferlegen und die Frage der materiellen Haftung systemwidrig in das Erinnerungsverfahren nach § 766 ZPO verlagern.[108] In den Fällen der Zwangsvollstreckung in das Gesellschaftsvermögen aufgrund von Gesamtschuldtiteln führt § 736 ZPO daher zu einer Erstreckung der Vollstreckbarkeit gegen Dritte (die Gesamthand), wie sie auch für andere im systematischen Zusammenhang mit § 736 ZPO stehende Vorschriften – etwa § 741 ZPO – allgemein anerkannt ist.[109] Das Fehlen einer materiellen Gesamthandsschuld berechtigt die Gesamthand allerdings zur Erhebung der *Drittwiderspruchsklage* analog § 771 ZPO (vgl. RdNr. 58). – Der Unterschied zwischen Gesamtschuld- und Gesamthandsschuldklage bleibt für § 736 ZPO auch abgesehen von § 771 ZPO deshalb bedeutsam, weil eine Umschreibung des Titels nach § 727 ZPO beim Eintritt neuer Gesellschafter nur möglich ist, soweit der Titel auf einer Gesamthandsschuldklage beruht (RdNr. 64).

Stöber § 736 ZPO RdNr. 3; *Thomas/Putzo/Hüßtege* § 736 ZPO RdNr. 2; *Baumbach/Lauterbach/Albers/Hartmann* § 736 ZPO RdNr. 4; aA (einheitlicher Titel über die Gesamthandsschuld erforderlich) *Soergel/Hadding* § 714 RdNr. 54; *Göckeler* (Fn. 38) S. 201 ff.; *Heller* (Fn. 38) S. 230 und 232; *Nicknig* Haftung S. 133; *Aderhold* S. 165; *Schünemann* Grundprobleme S. 228; im Ergebnis auch *Lindacher* JuS 1982, 592, 595 sowie offenbar – von seinem die Gruppenlehre abl. Ausgangspunkt schwer nachvollziehbar – *Staudinger/Keßler*, 12. Aufl. 1979, § 714 RdNr. 20 (anders aber *ders.* § 718 RdNr. 10).

[105] *Erman/Westermann* RdNr. 16; *Staudinger/Keßler*, 12. Aufl. 1979, § 705 RdNr. 78; aA *Schünemann* Grundprobleme S. 254 f.

[106] Ganz hM für die auf Haftung des Nachlasses gerichtete sog. Gesamthandsklage eines Miterben, vgl. 4. Aufl. § 2059 RdNr. 27 *(Heidrich)*; *Stein/Jonas/Münzberg*, 22. Aufl. 2002, § 747 ZPO RdNr. 2; MünchKommZPO/*Heßler* § 747 RdNr. 14.

[107] Vgl. die Nachweise in Fn. 104.

[108] So zutr. *Brehm* KTS 1983, 33 f.; *M. Winter* KTS 1983, 365 f.; zust. *Erman/Westermann* RdNr. 13 und *Hüffer*, FS Stimpel, 1985, S. 165, 184 f. trotz Bejahung der Parteifähigkeit der GbR; dagegen *Göckeler* (Fn. 38) S. 204 ff.

[109] Vgl. nur *Stein/Jonas/Münzberg*, 22. Aufl. 2002, Vor § 735 ZPO RdNr. 2 f.; MünchKommZPO/*Heßler* § 741 RdNr. 4, *Zöller/Stöber* § 741 ZPO RdNr. 1.

58 Erfolgt die Zwangsvollstreckung in das Gesamthandsvermögen aufgrund von Gesamtschuldtiteln, kann die Gesamthand analog § 771 ZPO die materielle Nichthaftung im Wege der **Drittwiderspruchsklage** geltend machen.[110] Begründet ist eine solche Klage freilich nur, wenn neben der titulierten Gesamtschuld, die die Grundlage der Vollstreckung bildet, nicht zugleich eine entsprechende Gesamthandsschuld besteht. Andernfalls kann der Vollstreckungsgläubiger dem Widerspruchskläger den *Einwand der materiellen Mithaft* entgegenhalten. Dass die Forderung gegen den Widerspruchskläger nicht tituliert ist, steht der Geltendmachung des Einwands im Verfahren nach § 771 ZPO nicht entgegen.[111] Das Bestehen einer Gesamthandsschuld führt somit zur Abweisung der Widerspruchsklage. Nur wenn die Gesamtschuldtitel auf reinen Privatschulden der Gesellschafter beruhen, hat das Gericht die Zwangsvollstreckung in das Gesellschaftsvermögen für unzulässig zu erklären.[112]

59 b) **Gewahrsam.** Die Zwangsvollstreckung in bewegliche Sachen setzt grundsätzlich voraus, dass diese sich im Gewahrsam des Vollstreckungsschuldners befinden (§§ 808, 883 ZPO). Unter Gewahrsam wird die tatsächliche Herrschaft über die Sache verstanden; der Gewahrsamsbegriff entspricht damit dem sachenrechtlichen Begriff des unmittelbaren Besitzes.[113] Da der Besitz in der GbR der Gesamthand als solcher zuzurechnen ist und nicht etwa den die Sachherrschaft für sie ausübenden Gesellschaftern persönlich (RdNr. 35 f.), ist auch die **Gewahrsamsfähigkeit der Gesellschaft** zu bejahen.[114] Des problematischen Rückgriffs auf den Gewahrsam der Gesellschafter als im Titel genannter Vollstreckungsschuldner[115] bedarf es daher nicht. Erfolgt die Vollstreckung aufgrund eines Gesamtschuldtitels (RdNr. 57), steht der Gewahrsam der Gesamthand der formellen Rechtmäßigkeit der Zwangsvollstreckung nicht entgegen.[116] Die Erweiterung der Vollstreckungsbefugnis durch § 736 ZPO deckt auch den Eingriff in den Gewahrsam der Gesellschaft.

60 5. **Gesellschafterwechsel. a) Während der Rechtshängigkeit. aa) Ausscheiden eines Gesellschafters.** Das ersatzlose Ausscheiden eines Gesamthänders aus der Gesellschaft führt entgegen der hM,[117] die § 265 Abs. 2 ZPO anwendet, zu einer *gesetzlichen Parteiänderung*; die auf der Mitgliedschaft in der Gesamthand beruhende aktive oder passive Parteistellung (RdNr. 50 f.) des Ausscheidenden entfällt.[118] Die Vorschrift des § 265 Abs. 2 ZPO passt auch bei weiter Auslegung[119] nicht, da sie eine Änderung der Sachlegitimation voraussetzt. Demgegenüber bleibt die materiellrechtliche Berechtigung oder Verpflichtung der Gesamthand durch den Mitgliederwechsel unberührt; lediglich die auf der Mitgliedschaft

---

[110] Trotz Bejahung der Parteifähigkeit der GbR auch *Hüffer*, FS Stimpel, 1985, S. 165, 184 f.; im Grundsatz auch *Fehl*, FS Trinkner, 1995, S. 135, 143, der jedoch auch den Gesellschaftsgläubigern eine Klagebefugnis zuerkennt; aA *Wertenbruch* (Fn. 37) S. 148 f.

[111] St. Rspr., vgl. zuletzt BGHZ 80, 296, 302 f. = NJW 1981, 1835; ebenso für § 774 ZPO *Stein/Jonas/Münzberg*, 22. Aufl. 2002, § 771 RdNr. 59; krit. dazu MünchKommZPO/*K. Schmidt* § 771 RdNr. 49.

[112] Ebenso *M. Winter* KTS 1983, 367 f.; *Hüffer*, FS Stimpel, 1985, S. 165, 184 f.; aA *Wertenbruch* (Fn. 37) S. 148 f.

[113] MünchKommZPO/*Gruber* § 808 RdNr. 6; *Stein/Jonas/Münzberg*, 22. Aufl. 2002, § 808 ZPO RdNr. 6; *Baumbach/Lauterbach/Albers/Hartmann* § 808 ZPO RdNr. 10; *Jauernig/Berger*, Zwangsvollstreckungs- und Insolvenzrecht, 22. Aufl. 2007, § 17 II RdNr. 7.

[114] KG NJW 1977, 1160 (zur KG); *Schünemann* Grundprobleme S. 264 ff.; vgl. auch – zum Besitz – *Flume* I/1 § 6 II, S. 79 ff. Zur früher überwiegend abw. Meinung für den Besitz in der GbR vgl. Nachweise in Fn. 44. Noch anders *Göckeler* (Fn. 38) S. 195, der die Frage offen lässt, da der Gesellschafter zumindest nicht Dritter iS des § 809 ZPO sei.

[115] So MünchKommZPO/*Heßler*, 2. Aufl. 2002 § 736 RdNr. 39 (anders dann 3. Aufl. 2007 RdNr. 39) und noch *Stein/Jonas/Münzberg*, 21. Aufl. 1995, § 736 RdNr. 7 (anders dann 22. Aufl. 2002 RdNr. 9).

[116] AA offenbar *Brehm* KTS 1983, 33.

[117] RGZ 78, 101, 105; BGH WM 1963, 729, 730; *Staudinger/Keßler*, 12. Aufl. 1979, § 738 RdNr. 19; *Stein/Jonas/Roth*, 22. Aufl. 2002, § 265 ZPO RdNr. 21; *Göckeler* (Fn. 38) S. 165 ff.

[118] So im Ergebnis auch *Heller* (Fn. 38) S. 196 f. und die Befürworter der Parteifähigkeit der GbR, vgl. MünchKommZPO/*Becker-Eberhard* § 265 RdNr. 47.

[119] Dazu *Stein/Jonas/Roth*, 22. Aufl. 2002, § 265 ZPO RdNr. 18 f.; *Baumbach/Lauterbach/Albers/Hartmann* § 265 ZPO RdNr. 3.

beruhende Parteistellung ändert sich.[120] Für eine Unterbrechung des Verfahrens entsprechend §§ 239 ff. ZPO ist im Fall des ersatzlosen Ausscheidens eines Gesellschafters im Allgemeinen kein Anlass, da die verbliebenen Gesellschafter, denen der Anteil des Ausgeschiedenen am Gesamthandsvermögen anwächst, wegen der fortbestehenden Vertretungsbefugnis der Gesellschaftsorgane (RdNr. 50 f.) keines Schutzes bedürfen;[121] eine Ausnahme gilt beim Ausscheiden des einzigen geschäftsführungs- und vertretungsberechtigten Gesellschafters.[122] Ebenso besteht kein Anlass, mit Rücksicht auf die Prozesskosten im Austritt des Gesellschafters eine teilweise Erledigung der Hauptsache iS von § 91 a ZPO zu sehen.[123] Haftungsmasse für Kostenerstattungsansprüche ist bei Gesamthandsprozessen trotz der Parteistellung der Gesellschafter nur das Gesamthandsvermögen.[124]

bb) Neueintritt. Auch die Erweiterung der GbR durch Neueintritt eines weiteren **61** Gesamthänders führt entsprechend der materiellrechtlichen An- und Abwachsung und ihrer Folgen für die Prozessführungsbefugnis zu einer *gesetzlichen Parteiänderung.* Einer Anwendung des § 265 Abs. 2 ZPO steht auch hier die unveränderte Sachlegitimation der Gesamthand entgegen.[125] Die prozessualen Folgen ergeben sich vielmehr aus der entsprechenden Anwendung der §§ 241, 246 ZPO.[126] Im Regelfall, in dem die am Gesamthandsprozess beteiligten Gesellschafter durch einen von den Geschäftsführern bestellten Prozessbevollmächtigten vertreten werden, wird der Prozess nicht kraft Gesetzes unterbrochen; es besteht nur die Möglichkeit der antragsweisen **Aussetzung des Verfahrens** gemäß § 246 ZPO.[127] Entsprechendes gilt, wenn die Gesamthänder zwar nicht anwaltlich vertreten sind, aber ein oder mehrere Geschäftsführer der GbR den Prozess im Namen der Gesellschafter führen. Nur falls kein Anwalt bestellt war und in der betroffenen GbR mangels gesellschaftsvertraglicher Vertretungsregelung der Prozess von allen Gesellschaftern geführt wird, tritt bis zur Aufnahme des Prozesses durch den Neuen entsprechend § 241 ZPO eine Unterbrechung des Verfahrens ein. Während der Dauer der Unterbrechung sind Entscheidungen des Gerichts vorbehaltlich § 249 Abs. 3 ZPO unzulässig.[128]

Wird in den Fällen des § 246 ZPO **kein Aussetzungsantrag** gestellt, hat der Neueintritt **62** auf die Fortsetzung des Rechtsstreits keinen Einfluss. Wird dem Gericht der Neueintritt des Gesellschafters mitgeteilt, so ist die *Parteibezeichnung* auf Antrag zu *berichtigen.*[129] Bleibt der Eintritt des neuen Gesellschafters dem Gericht unbekannt und erscheint dessen Name deshalb nicht im Rubrum des Urteils, wird die Wirkung des Urteils auch für und gegen den

---

[120] Die Unanwendbarkeit des § 265 ZPO im Fall einer Änderung der Prozessführungsbefugnis ist in der Rspr. anerkannt; vgl. zum Erlöschen der Prozessführungsbefugnis des Testamentsvollstreckers RGZ 155, 350, 353; zum früheren ehelichen Güterrecht BGHZ 1, 65, 67 f. = NJW 1951, 311. Vgl. auch *Rosenberg/Schwab/Gottwald* Zivilprozessrecht § 46 RdNr. 46, S. 278 mwN.
[121] So im Ergebnis auch *Riegger,* Die Rechtsfolgen des Ausscheidens eines Gesellschafters aus einer zweigliedrigen Personalgesellschaft, 1969, S. 65 f., und *Heller* (Fn. 38) S. 196 f.
[122] In diesem Fall tritt Geschäftsführungs- und Vertretungsbefugnis sämtlicher übrigen Gesellschafter ein (§ 710 RdNr. 5); die prozessualen Folgen bestimmen sich nach §§ 241, 246 ZPO (vgl. näher RdNr. 61).
[123] So *Riegger* (Fn. 121) S. 68 ff.
[124] Vgl. zur Kostentragung des verwalteten Sondervermögens im Falle der Prozessführung durch den Verwalter als Partei kraft Amtes *Stein/Jonas/Bork,* 22. Aufl. 2002, Vor § 91 ZPO RdNr. 23, § 91 RdNr. 1 mwN sowie zum Testamentsvollstrecker 4. Aufl. § 2212 RdNr. 13.
[125] AA *Göckeler* (Fn. 38) S. 169.
[126] Zust. *Heller* (Fn. 38) S. 200 f.; aA *Reichert,* Die BGB-Gesellschaft im Zivilprozess, 1988, S. 66 (gewillkürter Parteiwechsel analog § 264 ZPO). Zur entspr. Anwendung des § 241 ZPO in den Fällen des Verlusts der Prozessführungsbefugnis durch eine Partei kraft Amtes vgl. *Stein/Jonas/Roth,* 22. Aufl. 2002, § 241 ZPO RdNr. 7; *Zöller/Greger,* 21. Aufl. 1999, § 241 ZPO RdNr. 1 und *Rosenberg/Schwab/Gottwald* Zivilprozessrecht § 40 RdNr. 19 und RdNr. 52, die auch eine analoge Anwendung von § 239 ZPO erwägen.
[127] So auch *Heller* (Fn. 38) S. 200. Zum Zweck des § 246 ZPO s. *Stein/Jonas/Roth,* 22. Aufl. 2002, § 246 ZPO RdNr. 1 f. und MünchKommZPO/*Gehrlein* § 246 RdNr. 1 f.
[128] Vgl. statt aller *Stein/Jonas/Roth,* 21. Aufl. 1993, § 249 ZPO RdNr. 23 f., 26 ff.; *Thomas Putzo/Hüßtege* § 249 ZPO RdNr. 8; MünchKommZPO/*Gehrlein* § 249 RdNr. 19 ff.
[129] BGH ZIP 1990, 715, 716; NJW 1997, 1236; 2000, 291, 292; allg. zur Berichtigung der Parteibezeichnung im Falle des gesetzlichen Parteiwechsels vgl. *Stein/Jonas/Roth,* 22. Aufl. 2002, § 246 ZPO RdNr. 9.

§ 718 63–65   Abschnitt 8. Titel 16. Gesellschaft

neueingetretenen Gesellschafter dadurch nicht berührt.[130] Die unrichtige Parteibezeichnung kann dadurch berichtigt werden, dass das Urteil analog § 727 ZPO auf den Neueingetretenen umgeschrieben wird (vgl. näher RdNr. 64); dass die Rechtsänderung bereits vor Urteilserlass eingetreten war, steht nicht entgegen.[131]

63 **cc) Gesellschafterwechsel.** Das Vorstehende gilt entsprechend im Fall des Gesellschafterwechsels, und zwar unabhängig davon, ob dieser auf einem Rechtsgeschäft mit den Mitgesellschaftern über Ausscheiden und Eintritt beruht (§ 719 RdNr. 17 f.) oder auf einer Anteilsübertragung zwischen bisherigem und neuem Gesellschafter (§ 719 RdNr. 21 ff.).[132] Auch die gleichzeitige Auswechslung sämtlicher Gesellschafter lässt die Identität der Gesamthand und ihre Sachlegitimation unberührt (vgl. auch § 719 RdNr. 26). Eine Anwendung des § 265 ZPO scheidet daher auch in diesem Fall aus.[133]

64 **b) Im Vollstreckungsverfahren.** Tritt die Änderung in der Zusammensetzung des Mitgliederkreises erst nach Erlass eines vollstreckbaren Urteils im *Gesamthandsprozess* ein, so hat das keine Auswirkungen auf die Vollstreckung in das Gesamthandsvermögen. Das *Ausscheiden* eines im Urteil genannten Gesellschafters ist ohnedies unschädlich. Entsprechendes gilt aber auch für den *Eintritt* eines neuen Gesellschafters im Hinblick auf die damit verbundene, durch Ab- und Anwachsung eintretende Rechtsänderung (RdNr. 61).[134] Das gegen die Gesamthand ergangene Urteil bindet auch den neueingetretenen Gesellschafter als Mitglied der Gesamthand. Der **Vollstreckungstitel ist entsprechend § 727 ZPO umzuschreiben,**[135] und zwar unter Beschränkung auf das Gesellschaftsvermögen.[136] Dass der Gesellschafterwechsel nicht unter §§ 265, 325 ZPO fällt (RdNr. 60 ff.), steht der Anwendung des § 727 ZPO schon deshalb nicht entgegen, weil die Anwendungsbereiche der Vorschriften sich nicht notwendig decken.[137] – Kann der Gläubiger den Neueintritt nicht in der in § 727 ZPO vorgesehenen Weise nachweisen, muss er Klage gemäß § 731 ZPO erheben.

65 **6. Rechtsformwechsel der Gesamthand.** Die Änderung der Rechtsform einer GbR in eine Personenhandelsgesellschaft (OHG oder KG) oder eine Partnerschaft hat ebenso wie der umgekehrte Vorgang auf die materiellrechtliche Identität der Gesamthand keinen Einfluss; Gesellschafterbestand und Zuordnung des Gesamthandsvermögens bleiben von dem Rechtsformwechsel unberührt (vgl. näher § 705 RdNr. 11 ff., 13). Im Prozess um Rechte und Verbindlichkeiten einer nicht selbst parteifähigen GbR kommt es dagegen wegen der nach § 124 Abs. 1 HGB iVm. § 7 Abs. 2 PartGG für OHG, KG und PartG zu bejahenden Parteifähigkeit zu einem **gesetzlichen Parteiwechsel.**[138] Dem ist durch *Berichtigung der Parteibezeichnung* (des Rubrums) Rechnung zu tragen.[139] Die fehlende Parteifähigkeit der

---

[130] Vgl. *Stein/Jonas/Roth*, 21. Aufl. 1993, § 246 ZPO RdNr. 2.
[131] *Stein/Jonas/Münzberg*, 22. Aufl. 2002, § 727 ZPO RdNr. 12; MünchKommZPO/*Wolfsteiner* § 727 RdNr. 7.
[132] *Heller* (Fn. 38) S. 201.
[133] Zweifelnd *Heller* (Fn. 38) S. 201 Fn. 48; aA *Göckeler* (Fn. 38) S. 169 f.
[134] *Bettermann*, Die Vollstreckung des Zivilurteils in den Grenzen seiner Rechtskraft, 1948, S. 197 (betr. OHG); *Bruns/Peters*, Zwangsvollstreckungsrecht, 3. Aufl. 1987, S. 57.
[135] BGHZ 120, 387, 392 = NJW 1993, 1396; BGHZ 146, 341, 352 = NJW 2001, 1056; *Stein/Jonas/Münzberg*, 22. Aufl. 2002, § 736 ZPO RdNr. 4; *Göckeler* (Fn. 38) S. 170 f.; *Heller* (Fn. 38) S. 202 f. So für die Begründung oder Beendigung der Stellung als Partei kraft Amtes auch § 727 ZPO RdNr. 27, 30.
[136] So auch MünchKommZPO/*Heßler* § 736 RdNr. 16 f.; *Wieczorek*, 3. Aufl. 1999, § 736 ZPO RdNr. 15; Zöller/*Stöber* § 736 ZPO RdNr. 5. S. auch BGH NZG 2007, 140, 142 (Titelumschreibung auf den Erwerber eines Gesellschaftsanteils hinsichtlich dessen persönlicher Haftung scheidet aus, soweit dieser nicht haftet).
[137] *Stein/Jonas/Münzberg*, 22. Aufl. 2002, § 727 ZPO RdNr. 4; *Baumgärtl* DB 1990, 1905; teilweise aA *Bettermann* (Fn. 134) S. 44 ff. und MünchKommZPO/*Wolfsteiner* § 727 RdNr. 2.
[138] So auch *Heller* (Fn. 38) S. 223; *Göckeler* (Fn. 38) S. 174 ff.; anders – für gewillkürten Parteiwechsel – *Reichert* (Fn. 126) S. 68 f.
[139] So für den Übergang von der Gesamthandsschuldklage zur Klage gegen die GbR auch BGH NJW 2003, 1043 (dazu Fn. 77); offen lassend BGH NJW 2002, 3536, 3538; zur durch zu unterscheidenden irrtümlichen Verklagung einer parteifähigen GbR als Gesamthand der Gesellschafter (Parteiwechsel iS sachdienlicher Klageänderung) vgl. § 705 RdNr. 320 aE.

Gesamthänderische Bindung § 719

GbR ohne Identitätsausstattung steht der Bezeichnungsänderung für die Fälle der Gesamthandsprozesse (RdNr. 50 f., 53) nicht entgegen.[140] Auf Klagen gegen die Gesellschafter persönlich (Gesamtschuldklagen) ist der Rechtsformwechsel der Gesamthand ohnedies ohne Einfluss; insoweit bedarf es daher auch keiner Anpassung der Parteibezeichnung.

Darüber, ob und wie der mit dem Rechtsformwechsel verbundene gesetzliche Parteiwechsel, wenn er im Prozess unbeachtet blieb oder erst nach Prozessende eintrat, für das **Vollstreckungsverfahren** berücksichtigt werden kann, gehen die Ansichten auseinander. Während der BGH in einem Sonderfall für die Wirksamkeit der Pfändung die bloße Auslegung des Vollstreckungstitels ausreichen ließ,[141] wird in Teilen der Literatur[142] die Umstellung des Titels in Form einer „Klarstellungsklausel" befürwortet, da die Voraussetzungen für eine Berichtigung des Urteils oder eine Umschreibung des Titels nach §§ 319, 727 ZPO regelmäßig nicht vorlägen. Ein Bedürfnis für einen derartigen außergesetzlichen Rechtsbehelf ist jedoch nicht ersichtlich. Dem Kläger bleibt es vielmehr unbenommen, eine *Urteilsberichtigung nach § 319 ZPO* zu betreiben, wenn während des Rechtsstreits ein Rechtsformwechsel eingetreten war und dieser von den Parteien vorgetragen wurde.[143] Unstreitig erfasst nämlich § 319 ZPO auch die Berichtigung von Parteibezeichnungen[144] und ist insoweit im Interesse der Prozessökonomie weit auszulegen.[145] Etwas anderes gilt, wenn die Entscheidung mangels entsprechenden Parteivortrags „richtig" ergangen ist. Diesen Fällen kann indessen ebenso wie einer Umwandlung der Gesellschaft nach Erlass des Urteils durch *Umschreibung des Titels entsprechend § 727 ZPO* Rechnung getragen werden, soweit nicht bereits die Auslegung des Titels zur Feststellung des richtigen Vollstreckungsschuldners führt.[146]

66

§ 719 Gesamthänderische Bindung

(1) Ein Gesellschafter kann nicht über seinen Anteil an dem Gesellschaftsvermögen und an den einzelnen dazu gehörenden Gegenständen verfügen; er ist nicht berechtigt, Teilung zu verlangen.

(2) Gegen eine Forderung, die zum Gesellschaftsvermögen gehört, kann der Schuldner nicht eine ihm gegen einen einzelnen Gesellschafter zustehende Forderung aufrechnen.

Übersicht

	RdNr.		RdNr.
A. Die Regelungen des § 719	1–16	III. Der Ausschluss des Teilungsanspruchs	12
I. Normzweck	1–3	IV. Die Aufrechnung bei Gesellschaftsforderungen	13–16
II. Die Verfügungsverbote des Abs. 1	4–11	1. Der Aufrechnungsausschluss (Abs. 2)	13, 14
1. Anteil am Gesellschaftsvermögen	4–7	2. Unberührte Aufrechnungsbefugnisse	15, 16
2. Anteil an den einzelnen Vermögensgegenständen	8–11		

---

[140] Anders im Fall der Klage namens einer schon vor Klageerhebung in eine GbR umgewandelten ehemaligen KG, vgl. LG Regensburg WM 1979, 594.
[141] BGH NJW 1967, 821, 822.
[142] *Eickmann* Rpfleger 1970, 113, 115; *Noack* JR 1971, 225; *Schünemann* Grundprobleme S. 248 f.; wohl auch *Lindacher* ZZP 96 (1983), 497 f.
[143] Zust. *Heller* (Fn. 38) S. 221 f.; *Göckeler* (Fn. 38) S. 175 f.
[144] *Stein/Jonas/Leipold*, 22. Aufl. 2007, § 319 ZPO RdNr. 5; *Baumbach/Lauterbach/Albers/Hartmann* § 319 ZPO RdNr. 18. *Eickmann* Rpfleger 1970, 113, 115 verneint allerdings eine Unrichtigkeit des Urteilstenors; dies ist angesichts der falschen Rechtsformangabe unzutr.
[145] IdS zB BGH JZ 1964, 591; NJW 1985, 742; *Thomas/Putzo/Reichold* § 319 ZPO RdNr. 2; *Baumbach/Lauterbach/Albers/Hartmann* § 319 ZPO RdNr. 12; einschr. *Stein/Jonas/Leipold*, 22. Aufl. 2007, § 319 ZPO RdNr. 1.
[146] *Heller* (Fn. 38) S. 222 f. Anders für den Fall der Vollbeendigung der Gesellschaft, da die Titelumschreibung auf die (ehemaligen) Gesellschafter dazu führen würde, ihnen die persönlichen Einwendungen gegen den Gläubiger zu entziehen (OLG Hamm NJW 1979, 51).

	RdNr.		RdNr.
B. Die Übertragung der Mitgliedschaft	17–60	III. Rechtsstellung des Erwerbers	40–47
I. Grundlagen	17–24	1. Grundsatz; Verwaltungsrechte	40, 41
1. Ausscheiden und Eintritt	17–20	2. Vermögensrechte und -pflichten	42–47
2. Verfügung über den Gesellschaftsanteil	21–23	a) Überblick	42
		b) Ansprüche des Veräußerers	43
3. Gang der Darstellung	24	c) Verbindlichkeiten	44–47
II. Die Anteilsübertragung	25–39	IV. Sonstige Verfügungen über den Anteil	48–60
1. Wesen	25, 26	1. Teilübertragung	48, 49
2. Voraussetzungen	27–32	2. Nießbrauch	50
a) Zustimmung der Mitgesellschafter	27, 28	3. Verpfändung	51–58
b) Einzelheiten	29–31	a) Gegenstände	51
c) Sonstige Erfordernisse	32	b) Voraussetzungen	52
3. Form	33–37	c) Rechtsstellung des Pfandgläubigers	53–56
a) Grundsatz	33, 34	d) Verwertung des Gesellschaftsanteils	57, 58
b) Ausnahmen	35–37	4. Pfändung	59, 60
4. Vollzug und Wirkungen	38, 39		

A. Die Regelungen des § 719

I. Normzweck

1   Die Verfügungsverbote des § 719 **Abs. 1** gehörten lange Zeit zu den umstrittensten Regelungen des Rechts nicht nur der GbR, sondern (über die Verweisung in § 105 Abs. 3 HGB) auch der Personenhandelsgesellschaften. Anlass des Streits war die Frage, ob und inwieweit die Verbote auch die Übertragung des Gesellschaftsanteils erfassten und ob es vertretbar sei, von der ersten der beiden Verbotsalternativen Abweichungen zu gestatten, obwohl die zweite – wie allgemein anerkannt – zwingend ausgestaltet ist.[1] Demgegenüber wurde in dem Aufrechnungsverbot des **Abs. 2** angesichts der fehlenden Gegenseitigkeit der Forderungen zu Recht nur eine Klarstellung gesehen.

2   Indessen ist seit langem dank einiger grundlegender Untersuchungen,[2] die ihren Niederschlag in der höchstrichterlichen Rechtsprechung gefunden haben,[3] auch für Abs. 1 eine weitgehende Klärung eingetreten. So steht heute fest, dass die Verfügungsverbote des § 719 Abs. 1 sich entsprechend seinem Wortlaut darauf beschränken, im 1. *Fall* den **unauflöslichen Zusammenhang zwischen Gesellschafterstellung und Gesamthandsberechtigung** zu betonen und im *2. Fall,* im Interesse der **Erhaltung des Gesellschaftsvermögens,** Eingriffen durch nicht verfügungsbefugte Gesellschafter vorzubeugen. Die Vorschrift dient damit der Absicherung des in § 718 gesetzlich verankerten Gesamthandsprinzips und spiegelt die *gemeinsame* Berechtigung aller Gesellschafter am Gesellschaftsvermögen wider (§ 718 RdNr. 2).[4] Dadurch unterscheidet sie sich zugleich deutlich von dem auf die Mitgliedschaftsrechte der einzelnen Gesellschafter bezogenen grundsätzlichen Abtretungsverbot des § 717 S. 1 (§ 717 RdNr. 3).

3   Anerkannt ist heute auch, dass der **Gesellschafterwechsel durch Verfügung über die Mitgliedschaft** im Ganzen nicht unter § 719 Abs. 1 fällt, sondern sich mangels besonderer Regelung nach allgemeinen Grundsätzen richtet (RdNr. 21). Dabei ist im Einzelnen scharf zu unterscheiden zwischen den auf einer Vereinbarung mit den übrigen Gesellschaftern

---

[1] Vgl. die Kritik an der früher hM bei *Wiedemann* Übertragung S. 31 f. und *U. Huber* Vermögensanteil S. 360.
[2] *Wiedemann* Übertragung S. 58 ff.; *U. Huber* Vermögensanteil S. 349 ff.; *Flume* I/1 § 17.
[3] So erstmals deutlich in BGHZ 44, 229, 231 = NJW 1966, 499; vgl. auch BGH NJW 1975, 166; noch auf den Gedanken einer Abweichung von § 719 Abs. 1 gestützt BGHZ 13, 179, 183 = NJW 1954, 1155.
[4] Abw. *Kießling,* FS Hadding, 2004, S. 477, 487 f., der das Gesamthandsprinzip auf nichtrechtsfähige Gesellschaften beschränken will und § 719 daher bei der rechtsfähigen GbR für obsolet hält; dem ist nicht zu folgen.

beruhenden, sich durch Ausscheiden und Eintritt vollziehenden Änderungen des Mitgliederkreises (RdNr. 17 ff.) und der Übertragung der Mitgliedschaft durch zweiseitigen Vertrag zwischen Veräußerer und Erwerber aufgrund genereller oder für den Einzelfall erteilter Zustimmung der Mitgesellschafter (RdNr. 21 ff.).

II. Die Verfügungsverbote des Abs. 1

1. Anteil am Gesellschaftsvermögen. Das Verbot, über den Anteil am Gesellschaftsvermögen iS von § 719 Abs. 1 1. Fall zu verfügen, bezieht sich nicht auf die Vermögensstellung des Gesellschafters, sondern auf seine **Gesamthandsbeteiligung**.[5] Diese steht ihm in seiner Eigenschaft *als Mitglied der Personenverbindung* unabhängig davon zu, wie hoch die kapital- oder stimmenmäßige Beteiligung des einzelnen Gesellschafters am Gesellschaftsvermögen ist, dh. welche Anteilsquote auf ihn entfällt (§ 718 RdNr. 6 f.). Dementsprechend ist auch eine Rechtsänderung hinsichtlich der Gesamthandsberechtigung der einzelnen Gesellschafter nicht möglicher Gegenstand von Rechtsgeschäften zwischen ihnen oder mit Dritten. Sie tritt vielmehr als notwendige *Folge eines Gesellschafterwechsels,* dh. im Wege der An- oder Abwachsung ein (§ 718 RdNr. 5). Aus diesem Grund, dh. wegen der untrennbaren Verbindung zwischen Mitgliedschaft und Gesamthandsbeteiligung (= Mitberechtigung an der Gesamtheit der der Gesellschaft zugeordneten Gegenstände),[6] kann der „Anteil am Gesellschaftsvermögen" nicht Gegenstand selbstständiger Verfügung sein (zu der davon scharf zu unterscheidenden Verfügung über den *Gesellschaftsanteil* vgl. RdNr. 21 ff.). 4

Das „Verbot" der Verfügung über die Gesamthandsberechtigung ist aus den in RdNr. 4 genannten Gründen **zwingender Natur;** denn es markiert eben die Grenze bestehender Rechtsmacht.[7] Die früher[8] vielfach zum Beweis des Gegenteils angeführte Vorschrift des § 2033 Abs. 1, die die Verfügung über den Miterbenanteil gestattet, steht wegen der grundsätzlich anderen Struktur der Miterbengemeinschaft als einer reinen Vermögensgemeinschaft nicht entgegen. Sie beruht darauf, dass die Miterbengemeinschaft ohne vertragliche Grundlage entsteht und von Anfang an auf Auseinandersetzung angelegt ist.[9] 5

Die **Umdeutung** einer unwirksamen Verfügung über den Anteil am Gesellschaftsvermögen in eine solche über die nach § 717 S. 2 selbstständig abtretbaren Rechte, gegebenenfalls auch in die Einräumung einer Unterbeteiligung am Gesellschaftsanteil (Vor § 705 RdNr. 92 ff.), ist möglich.[10] Demgegenüber kann von einer beabsichtigten Verfügung über den Vermögensanteil (die Vermögensrechte) im Allgemeinen nicht auf den Willen der Beteiligten geschlossen werden, die Mitgliedschaft im Ganzen zu übertragen.[11] 6

Mit der Verfügung über den Anteil am Gesellschaftsvermögen iS der Gesamthandsberechtigung nicht zu verwechseln und vom „Verbot" des § 719 Abs. 1 (1. Fall) nicht erfasst, ist die Verfügung über **einzelne Vermögensrechte.** Sie ist hinsichtlich des Anspruchs auf den Gewinn und das Auseinandersetzungsguthaben in § 717 S. 2 auch ohne Zustimmung der 7

---

[5] So zu Recht die heute hM, vgl. *Soergel/Hadding* RdNr. 2; *Flume* I/1 § 17 II, S. 350 f.; *U. Huber* Vermögensanteil S. 360; *Wiedemann* Übertragung S. 31 f. und GesR I S. 256 f.; anders früher BGHZ 13, 179, 183 = NJW 1954, 1155; RGRK/*v. Gamm* RdNr. 1; *Hueck* OHG § 27 II 2, S. 395 f.; *Staudinger/Keßler,* 12. Aufl. 1979, RdNr. 4 und *Weber-Grellet* AcP 182 (1982), 316, 325 f., 331 f.

[6] Krit. zu dieser Definition *Soergel/Hadding* RdNr. 5, der sie dahin missversteht, sie würde bei Forderungen zu einer Gläubigermehrheit von Gesellschaft und Gesellschaftern führen.

[7] Vgl. nur *Soergel/Hadding* RdNr. 3, 7; *Kießling,* FS Hadding, 2004, S. 477, 487 Fn. 35 (mit Überbetonung eines nur vermeintlich bestehenden Gegensatzes; mit „Verbot" ist hier kein Verbotsgesetz iS von § 134 gemeint).

[8] Vgl. etwa BGHZ 13, 179, 183 = NJW 1954, 1155; RGRK/*v. Gamm* RdNr. 1; so auch noch *Staudinger/Keßler,* 12. Aufl. 1979, RdNr. 4.

[9] So zu Recht *U. Huber* Vermögensanteil S. 361; *Soergel/Hadding* RdNr. 3 m. Fn. 5; vgl. auch *Wiedemann* Übertragung S. 58.

[10] So im Grundsatz auch *Staudinger/Habermeier* RdNr. 4; RGRK/*v. Gamm* RdNr. 5; *Hueck* OHG § 27 II 1; im Ergebnis auch *Soergel/Hadding* RdNr. 7; *Bamberger/Roth/Timm/Schöne* RdNr. 3 (für ergänzende Vertragsauslegung; die Möglichkeit zur Umdeutung hängt indes nicht davon ab, ob die Verfügung nichtig oder unwirksam ist, vgl. nur § 140 RdNr. 13 und *Bamberger/Roth/Wendtland* § 140 RdNr. 6 f.).

[11] So aber offenbar *Hueck* OHG § 27 II 2, S. 395 f.

§ 719 8–10

Mitgesellschafter zugelassen (näher § 717 RdNr. 30 ff.). Demgegenüber sind der vereinzelt als besonderes Vermögensrecht behandelte *Vermögenswert der Beteiligung* (vgl. § 705 RdNr. 188) sowie das sog. *Gewinnstammrecht* nicht von der Mitgliedschaft abspaltbar und damit als solche keiner Verfügung bzw. Pfändung zugänglich (§ 717 RdNr. 15). Vgl. auch § 705 RdNr. 107 f. betr. den Nießbrauch am Gesellschaftsanteil sowie § 725 RdNr. 8 ff. zur Pfändung der Mitgliedschaft.

8 **2. Anteil an den einzelnen Vermögensgegenständen.** Auch dieses in § 719 Abs. 1 2. Fall geregelte „Verfügungsverbot" ist **zwingender** Natur.[12] Das folgt nach zutreffender Ansicht[13] schon daraus, dass es derartige Einzelberechtigungen der Gesellschafter an den zum Gesamthandsvermögen gehörenden Gegenständen weder gibt noch geben kann; auch insofern mangelt es dem Gesellschafter daher von vornherein an der erforderlichen Rechtsmacht. Im Unterschied zum Bruchteilseigentum, das ideelle Bruchteile der Teilhaber an dem ihnen gemeinschaftlich zustehenden Recht kennt und den Teilhabern nach § 747 die getrennte Verfügung hierüber gestattet, beruht das Gesamthandseigentum auf dem Prinzip der Zusammenfassung der in § 718 genannten Gegenstände zu einem *einheitlichen Sondervermögen* und seiner umfassenden Zuordnung zur Mitgliedergesamtheit oder Gruppe der Gesamthänder (§ 705 RdNr. 265). Für die Annahme von Anteilen der Gesamthänder an den einzelnen Gegenständen des Sondervermögens ist daher entgegen der missverständlichen Formulierung in §§ 719 Abs. 1 BGB, 859 Abs. 1 S. 2 ZPO kein Raum.[14] Dementsprechend ist es auch ausgeschlossen, den „Anteil" eines Gesellschafters an einem Gesellschaftsgrundstück mit einem Grundpfandrecht zu belasten[15] oder eine Gesamthandsforderung in Höhe des der jeweiligen Gesellschaftsbeteiligung entsprechenden Teils zum Gegenstand der Verfügung des Gesellschafters zu machen oder dem Vollstreckungszugriff seines Privatgläubigers zu unterwerfen.[16] Derartige Verfügungen sind – wie für die Pfändung in § 859 Abs. 1 S. 2 ZPO ausdrücklich klargestellt ist – mangels Verfügungsobjekt rechtlich wirkungslos.

9 **Nicht** von § 719 Abs. 1 erfasst werden **Verfügungen über Gesamthandsgegenstände,** die *namens der Gesamthand* durch die hierfür zuständigen Organe (§ 714 RdNr. 13, 16) oder in deren Auftrag vorgenommen werden. Sie unterliegen als Rechtsgeschäfte der rechtsfähigen (Außen-)GbR den allgemeinen Grundsätzen; für eine vormundschaftsgerichtliche Genehmigung nach § 1821 ist auch dann kein Raum, wenn an der Gesellschaft Minderjährige beteiligt sind (str., vgl. § 705 RdNr. 70 aE). Die GbR kann insoweit auch einzelne Gegenstände des Gesamthandsvermögens entweder an die Gesellschafter oder auch an Dritte zu *Bruchteilen* übertragen und mit diesen hieran eine Bruchteilsgemeinschaft bilden. Im letzten Fall gehört der auf die GbR entfallende Bruchteil wiederum zum Gesamthandsvermögen. – Von der Geschäftsverteilung in der GbR unberührt bleibt die Möglichkeit einer Verfügung des nichtberechtigten Gesellschafters über Gegenstände des Gesamthandsvermögens, die nach § 185 oder den Vorschriften über den gutgläubigen Erwerb Wirksamkeit erlangen kann.

10 Eine **Verfügungsberechtigung einzelner,** nicht selbst vertretungsberechtigter **Gesellschafter** über Gesamthandsgegenstände ist nur *ausnahmsweise* anzuerkennen, und zwar im Rahmen der *actio pro socio* (§ 705 RdNr. 204). Danach ist jeder Gesellschafter berechtigt, Sozialansprüche gegen Mitgesellschafter im eigenen Namen geltend zu machen. Er kann freilich Leistung nicht an sich, sondern nur an die Gesellschaft verlangen.

---

[12] Ganz hM, vgl. *Bamberger/Roth/Timm/Schöne* RdNr. 1; *Soergel/Hadding* RdNr. 3; *Staudinger/Habermeier* RdNr. 1; *Jauernig/Stürner* RdNr. 4; *Flume* I/1 § 17 II, S. 351; *Wiedemann* GesR I S. 257; *K. Schmidt* GesR § 59 IV 2 a; aA *Weber-Grellet* AcP 182 (1982), 316, 331 aufgrund unzutr. Bejahung der Existenz von Anteilen der Gesellschafter an einzelnen Gegenständen des Gesamthandsvermögens.
[13] *Flume* I/1 § 17 II, S. 351; vgl. auch die Nachweise in Fn. 14.
[14] *Soergel/Hadding* RdNr. 6; *Erman/Westermann* RdNr. 2; *Bamberger/Roth/Timm/Schöne* RdNr. 4; *K. Schmidt* GesR § 58 IV 2 a, S. 1436; aA *Weber-Grellet* AcP 182 (1982), 316, 331.
[15] KGJ 24 (1902) Nr. 36 S. A 126 f.
[16] KG SeuffA 68 (1913) Nr. 8 (Pfändung des Anteils an einer Mietforderung; so auch *Staudinger/Habermeier* RdNr. 2.

Die **Anwendbarkeit von § 432** mit ihrer weitergehenden Befugnis für die einzelnen 11
Gesamtgläubiger wird für das Recht der GbR von der hM schon deshalb zu Recht
verneint, weil den in der Gesamthand geltenden Geschäftsführungsregelungen Vorrang
zukommt, zumal allein die (rechtsfähige) Gesellschaft Gläubigerin von Gesellschaftsforderungen ist.[17] Eine Ausnahme hat die BGH-Rechtsprechung für die GbR nur in denjenigen
Sonderfällen zugelassen, in denen ein nicht (allein) geschäftsführungsbefugter Gesellschafter
wegen der besonderen Umstände des Falles ein überragendes Interesse an unmittelbarem
Vorgehen gegen den Gesellschaftsschuldner hat, so entweder bei bewusstem gesellschaftswidrigem Zusammenwirken zwischen Geschäftsführer und Gesellschaftsschuldner,[18] oder
wenn der Dritte von dem gesellschaftswidrigen Verhalten des Geschäftsführers wusste oder
wissen musste.[19] Mit Rücksicht auf die inzwischen anerkannte Rechtsfähigkeit der GbR ist
es systematisch allerdings konsequenter, diese Ausnahmebefugnis künftig auf ein Notgeschäftsführungsrecht (§ 709 RdNr. 21, § 705 RdNr. 206) bzw. auf die actio pro socio
(RdNr. 10, § 705 RdNr. 204) zu stützen.

III. Der Ausschluss des Teilungsanspruchs

§ 719 Abs. 1 3. *Fall* schließt ausdrücklich das Recht des Gesellschafters aus, Teilung zu 12
verlangen. Die Vorschrift beschränkt sich auf eine **Klarstellung** dahin gehend, dass das für
die Bruchteilsgemeinschaft in § 749 bzw. für die Miterbengemeinschaft in § 2042 zugelassene Recht jedes Teilhabers/Miterben, jederzeit die Aufhebung der Gemeinschaft verlangen
zu können, für die Gesellschaft nicht gilt. Ein Anspruch auf Verteilung des Gesamthandsvermögens ist nur im Rahmen der Auseinandersetzung nach §§ 730 ff. vorgesehen. Er setzt
die vorherige **Auflösung** der Gesellschaft voraus; sie kann im Rahmen des Kündigungsrechts nach § 723 Abs. 1 auch von den einzelnen Gesellschaftern herbeigeführt werden
(vorbehaltlich einer gesellschaftsvertraglichen Fortsetzungsklausel, vgl. § 736 und die Erl.
dazu). Der Anwendungsbereich des § 719 Abs. 1 3. Fall beschränkt sich somit auf die
werbende Gesellschaft. Auch insoweit steht er freilich einer einvernehmlichen Teilauseinandersetzung trotz Fortführung der Gesellschaft nicht entgegen, da die GbR im Unterschied
zu den Kapitalgesellschaften keine zwingenden Vorschriften über die Kapitalerhaltung im
Gläubigerinteresse kennt.[20]

IV. Die Aufrechnung bei Gesellschaftsforderungen

1. Der Aufrechnungsausschluss (Abs. 2). Nach § 719 Abs. 2 ausgeschlossen ist das 13
Recht eines **Gesellschaftsschuldners**, gegen die Gesamthandsforderung mit einer ihm
gegen einen Gesellschafter persönlich zustehenden Forderung aufzurechnen.[21] Das folgt
wegen der notwendigen Unterscheidung zwischen Gesamthands- und Privatvermögen der
Gesellschafter (§ 718 RdNr. 32 f.) bereits aus dem *Fehlen der* in § 387 als Aufrechnungsvoraussetzung genannten *Gegenseitigkeit* von Forderung und Schuld; die Vorschrift erklärt
sich aus der Konzeption des ersten Entwurfs des BGB, in dem ein Gesamthandsvermögen

---

[17] St. Rspr., vgl. BGHZ 12, 308, 311 = NJW 1954, 1159 (mN zur abw. RG-Praxis); BGHZ 17, 340, 346 = NJW 1955, 1393; BGHZ 39, 14 = NJW 1963, 641; BGH WM 1979, 366; so auch *Wiedemann* GesR I S. 459; dazu auch § 432 RdNr. 7 und *Erman/Ehmann*, 11. Aufl. 2004, Vor § 420 RdNr. 13 ff., § 432 RdNr. 14, jeweils mN der Lit.; *Palandt/Grüneberg* § 432 RdNr. 4; aA *K. Schmidt* GesR § 21 IV 3 für Gesellschaften, in denen keine selbstständige, von den §§ 709, 714 abw. Vertretungsorganisation besteht.

[18] BGHZ 17, 340, 347 = NJW 1955, 1393; BGHZ 39, 14, 20 = NJW 1963, 641; für generelle Unanwendbarkeit von § 432 bei Personenhandelsgesellschaften BGH LM HGB § 105 Nr. 31 = NJW 1973, 2198, 2199.

[19] BGHZ 102, 152, 155 = NJW 1988, 558; zust. *Grunewald* Gesellschafterklage S. 40 ff.; vgl. zu diesen Fällen näher § 705 RdNr. 206.

[20] EinhM, vgl. nur *Erman/Westermann* RdNr. 5; *Soergel/Hadding* RdNr. 8.

[21] Für Verjährungsunterbrechung (heute: -hemmung) der im Prozess erklärten Aufrechnung nach § 209 Abs. 2 Nr. 3 aF (= § 204 Abs. 1 Nr. 3 nF) trotz des Aufrechnungshindernisses fehlender Gegenseitigkeit BGHZ 80, 222, 227 = NJW 1981, 1953; abl. *Tiedtke* BB 1981, 1920, 1923 f.

der GbR noch nicht vorgesehen war. Auch § 719 Abs. 2 hat daher nur klarstellende Bedeutung. Der Aufrechnungsausschluss greift mangels Gegenseitigkeit selbst dann ein, wenn sich die Gegenforderung des Gesellschaftsschuldners zwar nicht gegen die Gesellschaft, wohl aber gegen *alle* Gesellschafter richtet.[22]

14 Auch der **Gesellschafter** selbst kann gegen eine persönliche Verbindlichkeit nicht mit einer der Gesellschaft zustehenden Forderung aufrechnen. Das ergibt sich unabhängig von der Frage seiner Verfügungsbefugnis über Gesamthandsgegenstände ebenfalls bereits aus § 387; es gilt daher auch für einen vertretungsberechtigten Gesellschafter.[23] Wohl aber kann ein Gesellschafter sich analog § 129 Abs. 3 HGB auf eine der Gesellschaft wegen einer Gegenforderung zustehende Aufrechnungsbefugnis berufen, wenn er von einem Gesellschaftsgläubiger im Rahmen seiner akzessorischen Haftung (vgl. § 714 RdNr. 33 f.) auf Zahlung in Anspruch genommen wird.[24]

15 **2. Unberührte Aufrechnungsbefugnisse.** Durch § 719 Abs. 2 unberührt ist einerseits die Aufrechnungsbefugnis der **Gesellschaft** mit der gegen einen Gesellschaftsgläubiger gerichteten Gegenforderung. Auf eine Privatforderung eines Gesellschafters gegen den Gesellschaftsgläubiger kann sie sich allerdings trotz der akzessorischen Gesellschafterhaftung nicht berufen. Auch die Einrede der Aufrechenbarkeit ist ihr verwehrt; der Rechtsgedanke der §§ 129 Abs. 3 HGB, 770 Abs. 2 BGB kommt ihr nicht zugute, da Gesellschafter gegenüber der Gesellschaft zur Befriedigung des Gesellschaftsgläubigers nicht verpflichtet sind.

16 Der einzelne **Gesellschafter,** der von einem Gesellschaftsgläubiger im Rahmen seiner akzessorischen Mithaftung in Anspruch genommen wird, kann seinerseits die Aufrechnung mit einer gegen diesen gerichteten Privatforderung erklären.[25] Gleiches gilt umgekehrt für die Aufrechnung eines **Gesellschaftsgläubigers** gegenüber der Privatforderung eines Gesellschafters, da das Merkmal der Gegenseitigkeit angesichts der akzessorischen Gesellschafterhaftung regelmäßig erfüllt ist. § 719 Abs. 2 steht dieser Aufrechnung schon deshalb nicht entgegen, weil das Gesamthandsvermögen hierdurch nicht berührt wird; nach § 426 Abs. 2 tritt vielmehr nur ein Gläubigerwechsel ein.

B. Die Übertragung der Mitgliedschaft

I. Grundlagen

17 **1. Ausscheiden und Eintritt.** Ein Gesellschafterwechsel kann einerseits dadurch zustande kommen, dass ausscheidender und neueintretender Gesellschafter nacheinander oder gleichzeitig jeweils entsprechende **Vereinbarungen mit den übrigen Gesellschaftern** treffen (Theorie des *Doppelvertrags*).[26] Die Gesellschafter als „Herren der Gesellschaft" sind in der Entscheidung über Änderungen des Gesellschaftsvertrags grundsätzlich frei. Das gilt auch für die Ausgestaltung der personellen Zusammensetzung der Gesellschaft. Ob Ausscheiden und Neuaufnahme in einer einheitlichen Vertragsurkunde oder in zwei getrennten

---

[22] So auch *Soergel/Hadding* RdNr. 9; aA RGRK/*v. Gamm* RdNr. 11; nicht eindeutig *Staudinger/Habermeier* RdNr. 22.
[23] *Soergel/Hadding* RdNr. 9; *Bamberger/Roth/Timm/Schöne* RdNr. 7; RGRK/*v. Gamm* RdNr. 10 mN der Rspr.
[24] So schon bisher hM, vgl. BGHZ 38, 122, 127 f. = NJW 1963, 244 (zur Erbengemeinschaft); *Soergel/Hadding* RdNr. 10; *Erman/Westermann* RdNr. 6; *Staudinger/Habermeier* RdNr. 23; *Bamberger/Roth/Timm/Schöne* RdNr. 7. Zur analogen Anwendung von § 129 Abs. 3 HGB als Folge der Akzessorietätstheorie vgl. § 714 RdNr. 51.
[25] So schon bisher BGHZ 26, 241, 243 = NJW 1958, 666; RGRK/*v. Gamm* RdNr. 11; *Soergel/Hadding* RdNr. 10; *Erman/Westermann* RdNr. 6; *Bamberger/Roth/Timm/Schöne* RdNr. 7.
[26] EinhM, vgl. BGHZ 44, 229, 231 = NJW 1966, 499; BGH NJW 1975, 166, 167; *Soergel/Hadding* RdNr. 11; *Erman/Westermann* RdNr. 7; *Bamberger/Roth/Timm/Schöne* RdNr. 8; dazu eingehend *U. Huber* Vermögensanteil S. 354 ff. mwN.

Verträgen vereinbart werden, ist ohne Belang. In jedem Fall handelt es sich sachlich um zwei zu unterscheidende Rechtsgeschäfte, die zwar grundsätzlich jeweils der Zustimmung aller verbleibenden Gesellschafter bedürfen (zur Möglichkeit von Mehrheitsklauseln vgl. § 709 RdNr. 93), nicht aber der Mitwirkung des jeweils anderen wirtschaftlich am Gesellschafterwechsel beteiligten, bisherigen bzw. künftigen Gesellschafters. Der „Übergang" der gesamthänderischen Berechtigung auf den Neueintretenden vollzieht sich im Wege der Anwachsung mit anschließender Abwachsung bei den Mitgesellschaftern (§ 718 RdNr. 5, 7 f.).

Zwischen dem ausscheidenden und dem neueintretenden Gesellschafter bestehen bei dieser Art des Gesellschafterwechsels im Regelfall **keine unmittelbaren gesellschaftsrechtlichen Beziehungen.** Auch soweit es zwischen ihnen zu unmittelbaren Vereinbarungen kommt, etwa über die Frage der Verrechnung von Abfindungsanspruch und Beitragsverpflichtung, sind diese doch nicht gesellschaftsvertraglicher Art. Der Abfindungsanspruch des Ausgeschiedenen richtet sich nur gegen die Gesellschaft und die übrigen Gesellschafter (vgl. § 738 RdNr. 16 f.); eine Haftung des Neueintretenden folgt allerdings aus analoger Anwendung des § 130 HGB.[27] **18**

Aus dem Fehlen von Gesellschaftsbeziehungen zwischen Ausscheidendem und Neueintretendem folgt zugleich, dass ein Gesellschafterwechsel der hier genannten Art nur im Rahmen einer mehrgliedrigen Gesellschaft möglich ist. In einer **Zweipersonengesellschaft** führt er demgegenüber zumindest für eine logische Sekunde zum Verbleib nur eines Gesellschafters und damit zur Beendigung der Gesellschaft.[28] Dadurch verwandelt sich zugleich das Gesamthandseigentum in Alleineigentum des letzten Gesellschafters und muss auf rechtsgeschäftlichem Wege neu begründet werden (§ 718 RdNr. 7, 13). Um diese meist unerwünschte Folge zu vermeiden, bietet sich entweder der Weg der rechtsgeschäftlichen Anteilsübertragung an (RdNr. 21) oder derjenige der Aufnahme des Neueintretenden vor dem Zeitpunkt des Ausscheidens des nicht fortsetzungsbereiten Gesellschafters. **19**

Einen insbesondere bei *Publikums-Personengesellschaften* begegnenden Sonderfall des Neueintritts zusätzlicher Gesellschafter (ohne in sachlichem und/oder zeitlichem Zusammenhang damit stehendem Ausscheiden anderer) bildet die **Aufnahme durch Vertrag mit der GbR** (bzw. OHG oder KG), vertreten durch ihre Geschäftsführer. Sie wird in der höchstrichterlichen Rechtsprechung seit langem zugelassen, wenn der Gesellschaftsvertrag eine entsprechende Regelung enthält.[29] Die *Rechtsfolgen* einer derartigen „organisationsrechtlichen Gestaltung des Neueintritts"[30] für die neuentstehende Mitgliedschaft entsprechen im Ergebnis denjenigen eines Aufnahmevertrags mit den schon vorhandenen Gesellschaftern (§ 709 RdNr. 10). Der Eintretende erwirbt einen Gesellschaftsanteil in Höhe der vereinbarten Beteiligungsquote, er wird Vertragspartner der Mitgesellschafter und tritt im Wege der Abwachsung in die Gesamthänderstellung ein. Als Minderjähriger bedarf er der Genehmigung des Vormundschaftsgerichts (§§ 1643, 1822 Nr. 3). Verpflichtet er sich zur Einbringung von Grundbesitz oder GmbH-Anteilen, ist der Aufnahmevertrag formbedürftig nach § 311 b Abs. 1 BGB oder § 15 Abs. 4 GmbHG. Demgegenüber zeigen sich *Unterschiede* mit Rücksicht auf die organisationsrechtliche Gestaltung darin, dass die an den Verhandlungen unbeteiligten Mitgesellschafter – vorbehaltlich der ggf. abdingbaren (§ 714 RdNr. 62, 67 f.) akzessorischen Gesellschafterhaftung – nicht nach § 278 für Verschulden **20**

---

[27] Vgl. dazu § 714 RdNr. 72 f. – Dazu, dass § 128 HGB auch die Haftung für den Abfindungsanspruch eines ausgeschiedenen Gesellschafters erfasst, vgl. nur *Staub/Habersack* § 128 HGB RdNr. 12.

[28] *Soergel/Hadding* RdNr. 11; *Staub/Habersack* § 130 HGB RdNr. 6; *Staub/Ulmer* § 105 HGB RdNr. 303. Zu den Grunderwerbsteuerfolgen der vorübergehenden Beendigung vgl. BFH NJW 1979, 1000.

[29] Vgl. BGHZ 63, 338, 345 = NJW 1975, 1022, 1024; BGH WM 1976, 15, 16; 1983, 118, 120; 1985, 125, 126; BayObLG ZIP 2001, 1812, 1813 (jeweils zur Publikums-KG); zust. MünchKommHGB/*Grunewald* § 161 RdNr. 132; *Staub/Schilling* Anh. § 161 HGB RdNr. 10; *Baumbach/Hopt* Anh. § 177 a HGB RdNr. 57; *Wiedemann* ZGR 1996, 286, 296 (einhM).

[30] So treffend *Wiedemann* ZGR 1996, 296 f.; vgl. zu den Gestaltungsmöglichkeiten auch *C. Schäfer* ZHR 170 (2006), 373, 384.

der Geschäftsführer bei den Vertragsverhandlungen haften[31] und dass eine auf Änderungen des Gesellschaftsvertrags bezogene Schriftformklausel sich nicht ohne weiteres auf den Aufnahmevertrag erstreckt.[32]

21 **2. Verfügung über den Gesellschaftsanteil.** Eine zweite, vom jeweils getrennten rechtsgeschäftlichen Ausscheiden und Eintritt (RdNr. 17) scharf zu unterscheidende Art des Gesellschafterwechsels vollzieht sich in der Form der **Anteilsübertragung** zwischen ausscheidendem und neueintretendem Gesellschafter.[33] Ihre Zulässigkeit bei Zustimmung der Mitgesellschafter steht heute außer Streit. Auch wird die früher verbreitete Ansicht, es handele sich um eine zulässige Abweichung von dem als dispositiv verstandenen Verbot des § 719 Abs. 1 (1. Fall), über den Anteil am Gesellschaftsvermögen zu verfügen, aus heutiger Sicht nicht mehr vertreten.[34]

22 Ausgehend vom klassischen Verständnis der GbR als eines um Organisationselemente erweiterten Schuldvertrags schien es naheliegend, die mit Zustimmung der Mitgesellschafter zwischen Veräußerer und Erwerber vereinbarte Anteilsübertragung einzuordnen als Verfügung über eine *Vertragsposition,* dh. über den Inbegriff der aus der Stellung des Mitglieds als Vertragspartner fließenden Rechte und Pflichten.[35] Eine solche Betrachtung würde freilich der heute jedenfalls bei rechtsfähigen Außengesellschaften eingetretenen Verselbständigung der Gesellschaft gegenüber ihren Mitgliedern (§ 705 RdNr. 296 ff., 303 ff.) und der Anerkennung der Mitgliedschaft als subjektives Recht (§ 705 RdNr. 180) nicht gerecht. Vielmehr ist die Veräußerung des Gesellschaftsanteils als **Rechtsgeschäft über ein selbständiger Verfügung fähiges Recht** zu beurteilen.[36] Der Gesellschaftsanteil der Personengesellschaften nähert sich bei dieser Betrachtung dem Geschäftsanteil der GmbH, ohne dass es für die rechtliche Zulassung der Anteilsübertragung einer Analogie zu § 15 GmbHG bedarf.[37]

23 Die *Unterscheidung zwischen Doppelvertrag und Anteilsübertragung* als zwei rechtlich unterschiedlichen Formen des Gesellschafterwechsels ist nicht nur theoretischer Natur, sondern hat eine Reihe **praktischer Auswirkungen.**[38] So ist die von der heute ganz hM anerkannte gleichzeitige Auswechslung sämtlicher Gesellschafter unter Aufrechterhaltung der Gesellschaftsidentität[39] nur auf der Basis der Anteilsübertragung möglich (RdNr. 26), nicht dagegen aufgrund eines Doppelvertrags mit Ausscheidendem und Eintretendem; Gleiches gilt für den Gesellschafterwechsel im Rahmen einer Zweipersonengesellschaft (RdNr. 19). Auch

---

[31] St. Rspr. seit BGH NJW 1973, 1604; vgl. BGHZ 71, 284, 286 = NJW 1978, 1625; BGH WM 1984, 1529, 1530; NJW 1985, 380; ZIP 1987, 912, 913; *Wiedemann* ZGR 1996, 297 f.; einschr. Münch-KommHGB/*Grunewald* § 161 RdNr. 135 f.; näher und dabei krit. zur Begründung der Rspr. *C. Schäfer* ZHR 170 (2006), 373, 385 f. (richtige Begründung muss beim Verhältnis zwischen dem auf c. i. c. gestützten Schadensersatzanspruch und der Lehre von der fehlerhaften Gesellschaft ansetzen).

[32] So zutr. *Wiedemann* ZGR 1996, 298.

[33] So in der Rspr. erstmals RG DNotZ 1944, 195 = WM 1964, 1130 für den Übergang einer Kommanditbeteiligung unter Vermeidung der Haftungsfolgen aus § 172 Abs. 4 HGB. Ebenso die heute ganz hM (vgl. Nachweise in Fn. 36).

[34] Anders noch die in Fn. 5 zitierten Gegenstimmen.

[35] Dazu allg. *Pieper,* Vertragsübernahme und Vertragsbeitritt, 1963, insbes. S. 210 ff.; speziell für den Gesellschafterwechsel *U. Huber* Vermögensanteil. S. 363 ff.; vgl. auch § 398 RdNr. 4 ff.

[36] So auch die heute ganz hM, vgl. BGHZ 81, 82, 84 = NJW 1981, 2747; BGHZ 71, 296, 299 = NJW 1978, 1525; BGHZ 44, 229, 231 = NJW 1966, 499; *Wiedemann* Übertragung S. 58 ff. und GesR I S. 257; *U. Huber* Vermögensanteil S. 358 ff., 369 ff.; *Flume* I/1 § 17 II, S. 349 f.; *Erman/Westermann* RdNr. 7; Bamberger/Roth/Timm/Schöne RdNr. 1; *Staub/Ulmer* § 105 HGB RdNr. 302; *Lutter* AcP 180 (1980), 84, 98 f.; im Ergebnis auch *Kießling*, FS Hadding, 2004, S. 477, 498; nicht eindeutig *Hueck* OHG § 27 II, S. 395 f., 398; einschr. noch *Hadding*, FS Reinhardt, 1972, S. 249, 257, der die Mitgliedschaft nicht als verfügungsfähiges subjektives Recht anerkennt und stattdessen von der Globalübertragung eines Inbegriffs von Rechten ausgeht; vgl. nunmehr *Soergel/Hadding* RdNr. 14 (Vertragsübernahme iS von § 311); eingehend zur Mitgliedschaft als tauglicher Verfügungsgegenstand auch *Habersack* Mitgliedschaft S. 98 ff., 104 ff.

[37] So zu Recht *Flume* I/1 § 17 II, S. 351 gegen *U. Huber* Vermögensanteil S. 369 ff., 387. Für eine von der jeweiligen Verbands- oder Gesellschaftsart unabhängige, einheitliche rechtliche Struktur der Mitgliedschaft und deren Übertragbarkeit *Lutter* AcP 180 (1980), 84, 101, 155; *Habersack* Mitgliedschaft S. 98 ff., 104 ff.

[38] Vgl. auch *Flume* I/1 § 17 V, S. 358; *Wiedemann* Übertragung S. 52.

[39] BGHZ 44, 229, 231 = NJW 1966, 499; *Staub/Ulmer* § 105 HGB RdNr. 303; wN in Fn. 40.

sind die Bestellung eines Nießbrauchs am Gesellschaftsanteil (§ 705 RdNr. 94 ff.) oder dessen Verpfändung (RdNr. 51 ff.) nur möglich, wenn der Anteil ein übertragbares Recht bildet (§§ 1069 Abs. 2, 1274 Abs. 2).

3. Gang der Darstellung. Im Folgenden (RdNr. 25 ff.) ist vor allem auf **Voraussetzungen und Rechtsfolgen der Anteilsübertragung** als eines gesetzlich nicht besonders geregelten, *zahlreiche Rechtsfragen* aufwerfenden Instituts einzugehen. Demgegenüber geht es im Fall eines Gesellschafterwechsels, der durch Doppelvertrag mit Ausscheidendem und Neueintretendem zustande kommt, in erster Linie um Fragen der Vertragsauslegung. Insoweit kann auf die allgemeinen Grundsätze verwiesen werden.

II. Die Anteilsübertragung

1. Wesen. Der Gesellschafterwechsel durch Anteilsübertragung unterscheidet sich vom Ausscheiden und Neueintritt kraft Doppelvertrages dadurch, dass er auf einer unmittelbaren Rechtsbeziehung zwischen Anteilsveräußerer und -erwerber beruht, ohne den Anteil als solchen zu verändern (RdNr. 21 f.); auch tritt in diesen Fällen *keine An- oder Abwachsung* ein. Die Verfügung bedarf zwar der Zustimmung der Mitgesellschafter (RdNr. 27 ff.), doch werden diese dadurch nicht Partner des Veräußerungsvertrags. Wohl aber besteht die Wirkung der Verfügung darin, dass der Erwerber anstelle des Veräußerers seinerseits in den im Übrigen grundsätzlich unverändert fortbestehenden Gesellschaftsvertrag eintritt. Daher unterscheidet sich auch die *Rechtsstellung des Erwerbers* regelmäßig nicht von derjenigen des Veräußerers (RdNr. 40), während beim Gesellschafterwechsel durch Doppelvertrag hierüber nicht selten abweichende Vereinbarungen mit dem Neueintretenden getroffen werden. Ein *Abfindungsanspruch* des Anteilsveräußerers kommt abweichend von §§ 738 bis 740 wegen der Rechtsnachfolge des Erwerbers in den Anteil nicht zur Entstehung (§ 738 RdNr. 14).

Die mit der Anteilsübertragung erreichte weitgehende Verselbständigung der Mitgliedschaft gegenüber der Stellung des Gesellschafters als Partner des Gesellschaftsvertrags ermöglicht sogar die vollständige und **gleichzeitige Auswechslung aller Mitglieder** unter Wahrung der Identität der Personengesellschaft und unter Aufrechterhaltung des ihr zugeordneten Gesamthandsvermögens. Sie ist höchstrichterlich zu Recht anerkannt worden.[40] In der Konsequenz dieser Rechtsprechung liegt es, auch die gleichzeitige **Übertragung aller Anteile auf einen Erwerber**[41] sowie diejenige von einem Mitgesellschafter auf den anderen zuzulassen, auch wenn der Erwerber der letzte verbleibende Gesellschafter ist.[42] In beiden Fällen wird die *Gesellschaft infolge der Anteilsvereinigung ohne Liquidation beendet,* das Gesamthandseigentum wird durch Anwachsung zu Alleineigentum des Anteilserwerbers, ohne dass es dazu einer Verfügung über die einzelnen Vermögensgegenstände bedarf.[43] Übertragen alle Gesellschafter einer KG ihre Anteile auf eine personenidentische GbR, so führt das zum liquidationslosen Erlöschen der KG unter Übergang ihres Vermögens auf die GbR. Diese wandelt sich zugleich kraft Rechtsformzwangs in eine Handelsgesellschaft um; zur Umwandlung in eine KG unter Vermeidung der OHG bedarf es allerdings einer wirksamen Haftungsbeschränkung bei einem Teil der bisherigen GbR-Gesellschafter gemäß §§ 172, 176 HGB aufgrund entsprechender Vereinbarung im Gesellschaftsvertrag.[44] Auf der Grundlage der inzwischen geltenden akzessorischen Haftung der Gesellschafter (§ 714 RdNr. 31 ff.) ist indes ungewiss, ob die Haftungs-

---

[40] BGHZ 44, 229, 231 = NJW 1966, 499; zust. *Soergel/Hadding* RdNr. 11; *Bamberger/Roth/Timm/Schöne* RdNr. 8; *Staudinger/Keßler*, 12. Aufl. 1979, RdNr. 4; *RGRK/v. Gamm* RdNr. 2; *Flume* I/1 § 17 V, S. 358; *Hueck* OHG § 27 II 5, S. 399; vgl. auch *Müller-Laube*, FS E. Wolf, 1985, S. 501, 513 ff.

[41] *U. Huber* Vermögensanteil S. 406 f.; *Soergel/Hadding* RdNr. 11; *Staub/Ulmer* § 105 HGB RdNr. 303. So für KG-Anteile und ihre Übertragung auf eine GmbH auch BGHZ 71, 296, 299 = NJW 1978, 1525; bestätigt durch BGH WM 1979, 249 f. (Übertragung auf eine KG).

[42] *Flume* I/1 § 17 VIII, S. 373 f.; *Staub/Ulmer* § 105 HGB RdNr. 303; *Soergel/Hadding* RdNr. 11.

[43] BGHZ 71, 296, 297 = NJW 1978, 1525; BGH WM 1979, 249 f.; OLG Düsseldorf Rpfleger 1999, 70; ebenso LG Essen EWiR 2005, 403 = BeckRS 2006, 945 (für die PartG); zust. *Soergel/Hadding* RdNr. 11; *Staub/C. Schäfer* § 131 HGB RdNr. 8, 107 f.; aA noch OLG Zweibrücken OLGZ 1975, 405.

[44] BGH NJW-RR 1990, 798, 799.

gefahr in solchen Fällen durch Vorkehrungen im Gesellschaftsvertrag der GbR zu bannen wäre. Denn eine gesellschaftsvertragliche Regelung reicht zur Haftungsbeschränkung im Allgemeinen nicht aus (§ 714 RdNr. 62 ff.), so dass die Rechtsprechung einen weiteren Ausnahmefall von der akzessorischen Haftung anerkennen müsste. Hierfür spricht allerdings, dass der Unternehmensträger sowohl in der Ausgangskonstellation als auch bei Abschluss des Umwandlungsvorgangs stets eine KG war, so dass die Gläubiger niemals mit einer unbeschränkten Haftung aller Gesellschafter rechnen konnten; die vorbehaltlose Anwendung des § 176 Abs. 1 HGB würde ihnen also ein unberechtigtes Geschenk verschaffen. – Die Übertragung von mindestens 95% der Anteile an einer Gesellschaft mit Grundbesitz sowie die Verpflichtung hierzu sowie die Vereinigung von mindestens 95% der Anteile in einer Hand machen den Vorgang nach § 1 Abs. 3 GrEStG *grunderwerbsteuerpflichtig*.[45]

27 **2. Voraussetzungen. a) Zustimmung der Mitgesellschafter.** Wichtigste Voraussetzung für die Wirksamkeit der Anteilsübertragung ist die *Zustimmung aller Mitgesellschafter* zum Verfügungsgeschäft zwischen Veräußerer und Erwerber.[46] Das folgt entgegen der früher hM nicht aus dem Verfügungsverbot des § 719 Abs. 1 (RdNr. 3), sondern aus dem höchstpersönlichen Charakter des Zusammenschlusses der Mitglieder einer Personengesellschaft.[47] Das Zustimmungserfordernis bezieht sich nur auf das Verfügungsgeschäft, nicht dagegen auf die Verpflichtung des bisherigen Gesellschafters zur Anteilsveräußerung.[48] Die Zustimmung kann in genereller Form schon im *Gesellschaftsvertrag* selbst erteilt sein,[49] wie auch aus der Anerkennung von Nachfolgeklauseln herleiten lässt (§ 139 HGB, dazu näher § 727 RdNr. 28 ff.); sie kann aber auch als Spezialeinwilligung oder nachträglich – als Genehmigung (§ 184) – *ad hoc* erklärt werden.[50]

28 **Mehrheitsklauseln** betreffend die Ad-hoc-Zustimmung zur Anteilsübertragung sind grundsätzlich zulässig. Sie bedürfen aber schon deshalb einer speziell auf die Anteilsübertragung bezogenen Ermächtigung der Mehrheit im Gesellschaftsvertrag, weil diese keine Vertragsänderung darstellt, sondern eine Verfügung über die Mitgliedschaft (RdNr. 21 f.) unter Abweichung vom Charakter des höchstpersönlichen Zusammenschlusses. Eine allgemeine bzw. allgemein auf Vertragsänderungen bezogene Mehrheitsklausel ist daher schon nach allgemeinen Auslegungsregeln unzureichend,[51] ohne dass hierfür der – obsolete – Bestimmtheitsgrundsatz (§ 709 RdNr. 84 ff.) bemüht werden müsste. Eine nähere Eingrenzung des potentiellen Erwerberkreises ist, wie § 139 HGB zeigt (RdNr. 27), grundsätzlich nicht erforderlich; vorbehalten bleiben aber die Fälle, in denen Veränderungen im Mitgliederbestand ausnahmsweise einen Kernbereichseingriff darstellen (vgl. näher § 709 RdNr. 93 aE).

29 **b) Einzelheiten.** Bis zur Erteilung der Zustimmung ist die Anteilsübertragung *schwebend unwirksam*;[52] wird sie auch nur von einem Mitgesellschafter definitiv verweigert, tritt

---

[45] So § 1 Abs. 3 GrEStG (Fassung 2000; vgl. dazu den gleich lautenden Länder-Erlass NJW 2000, 2005 f.); vgl. zur ähnlichen Rechtslage schon seit 1997 näher *Ulmer/Löbbe* DNotZ 1998, 711, 722 ff.
[46] EinhM, vgl. *Soergel/Hadding* RdNr. 14; *Erman/Westermann* RdNr. 8; *K. Schmidt* GesR § 45 III 2 d; *Staudinger/Habermeier* RdNr. 8; dazu *Wiedemann* GesR II § 5 II 1 c, S. 427; eingehend schon *ders.* Übertragung S. 58, 61 f.; *U. Huber* Vermögensanteil S. 353, 369 f., 388 f.
[47] So zu Recht *Flume* I/1 § 17 II, S. 352; vgl. auch schon *Wiedemann* Übertragung S. 58; *U. Huber* Vermögensanteil S. 388; ferner *Bamberger/Roth/Timm/Schöne* RdNr. 8; abw. *Soergel/Hadding* RdNr. 14 (Einverständnis wegen Vertragsübernahme erforderlich).
[48] BGH BB 1958, 57; WM 1961, 303, 304.
[49] EinhM, vgl. BGHZ 13, 179, 184 = NJW 1954, 1155; *Erman/Westermann* RdNr. 8; *Soergel/Hadding* RdNr. 14; *K. Schmidt* GesR § 45 III 2 d; *Staudinger/Habermeier* RdNr. 8 und § 736 RdNr. 14 mN.
[50] Ganz hM, vgl. BGHZ 13, 179, 186; *Bamberger/Roth/Timm/Schöne* RdNr. 10; *Staudinger/Habermeier* RdNr. 10; *MünchKommHGB/K. Schmidt* § 105 RdNr. 219; *Staub/Ulmer* § 105 HGB RdNr. 313; aA – keine Rückwirkung der Genehmigung nach § 184 – *Soergel/Hadding* RdNr. 14.
[51] So im Ergebnis auch BGH WM 1961, 303, 304; *Soergel/Hadding* RdNr. 14; *Staudinger/Habermeier* RdNr. 8; *Bamberger/Roth/Timm/Schöne* RdNr. 10; *Jauernig/Stürner* RdNr. 8; *MünchKommHGB/K. Schmidt* § 105 RdNr. 220.
[52] BGHZ 13, 179, 185 f. = NJW 1954, 1155 unter Aufgabe der abw., relative Unwirksamkeit iS von § 135 bejahenden Praxis des RG (RGZ 92, 398, 400; 93, 292, 294); zust. *Soergel/Hadding* RdNr. 15; *Erman/Westermann* RdNr. 9; *Bamberger/Roth/Timm/Schöne* RdNr. 10.

Gesamthänderische Bindung 30, 31 § 719

endgültige Unwirksamkeit ein.[53] Die Geschäftsführer sind für die Erteilung der Zustimmung nur zuständig, wenn sie hierzu im Gesellschaftsvertrag oder durch Gesellschafterbeschluss ermächtigt worden sind.[54] Der *Gesellschaftsvertrag* kann anstelle genereller oder auf bestimmte Erwerber beschränkter Zulassung der Übertragbarkeit dem Veräußerer auch einen Anspruch auf Zustimmung gewähren oder die generell erteilte Zustimmung unter den Vorbehalt des Widerrufs aus wichtigem Grund stellen.[55] Die Zustimmung zur Anteilsübertragung kann sich auch ohne ausdrückliche Erklärung aus den Umständen ergeben. Mangels abweichender Bestimmung erstreckt sich die *Zustimmung zur sicherungsbedingten Anteilsübertragung* auch auf die Rückübertragung des Anteils an den Sicherungsgeber nach Erreichung des Sicherungszwecks; insoweit ist sie mit Rücksicht auf den treuhänderischen, nur vorübergehenden Charakter der Sicherungsabtretung des Anteils unwiderruflich, wenn die Mitgesellschafter ihre Zustimmung zur Sicherungsübertragung nicht entsprechend einschränken.[56]

Die Übertragung des Anteils ist **unwirksam,** wenn die im Voraus erteilte Zustimmung 30 der Mitgesellschafter vor der Übertragung wirksam **widerrufen** worden ist.[57] Ohne Widerrufsvorbehalt sind die einzelnen Gesellschafter an ihre Zustimmungserklärung so lange gebunden, als der Zustimmungsbeschluss noch wirksam gefasst werden kann.[58] Im Übrigen muss der Anteilsveräußerer die allgemeinen gesellschaftsrechtlichen Schranken der Rechtsausübung, darunter namentlich die **Treupflicht,** beachten. Eine Anteilsübertragung ist daher auch dann unwirksam, wenn die Mitgliedschaft des Erwerbers den Mitgesellschaftern unzumutbar ist.[59] Das ist im Regelfall anzunehmen, wenn beim Erwerber ein wichtiger Grund zum Ausschluss nach § 737 gegeben ist.[60] Ist nach dem Gesellschaftsvertrag der Anteil an Mitgesellschafter ohne Zustimmung übertragbar, so ist die Übertragung auch dann unwirksam, wenn der Erwerber bereits Gesellschafter war und seinen bisherigen Anteil gekündigt hatte. Andernfalls würden die Kündigungsfristen umgangen, da eine Aufspaltung des neuen, einheitlichen Anteils in einen gekündigten und einen nichtgekündigten Anteil ausscheidet.[61]

Ist eine **andere Gesellschaft** (Personen- oder Kapitalgesellschaft) **Gesellschafterin ei-** 31 **ner GbR,** so bedarf die *Übertragung der Anteile jener Gesellschaft* im Zweifel nicht der Zustimmung der GbR-Mitgesellschafter. Gesellschafterin der GbR bleibt in diesen Fällen die andere Gesellschaft; ihre Mitgliedstellung in der GbR wird durch Veränderungen in ihrem Gesellschafterkreis formell nicht berührt. Werden allerdings sämtliche Anteile oder die Anteilsmehrheit der anderen Gesellschaft übertragen und tritt dadurch mittelbar ein Gesellschafterwechsel bei der GbR ein, so kann dieser Umstand den übrigen Gesellschaftern ein Recht zur Ausschließung der anderen Gesellschaft nach § 737 oder zur Kündigung aus

---

[53] BGHZ 13, 179, 187 = NJW 1954, 1155; BGH WM 1964, 878, 879; *Soergel/Hadding* RdNr. 15; *Erman/Westermann* RdNr. 9; *Bamberger/Roth/Timm/Schöne* RdNr. 10; MünchKommHGB/*K. Schmidt* § 105 RdNr. 219.
[54] So auch *Erman/Westermann* RdNr. 9; *Soergel/Hadding* RdNr. 15; vgl. auch *Wiedemann* ZGR 1996, 297 f. (Neueintritt).
[55] BGH WM 1968, 303, 305; 1961, 303, 304; vgl. auch RGRK/*v. Gamm* RdNr. 2; *Wiedemann* Übertragung S. 61 ff.; *Erman/Westermann* RdNr. 8.
[56] BGHZ 77, 392, 395 ff. = NJW 1980, 2708; zur Frage eines Rechts zum Widerruf aus wichtigem Grund bei unwiderruflich erteilter Zustimmung vgl. BGH (aaO) S. 397 ff. (in concreto aus Vertrauensschutzgründen verneinend).
[57] BGHZ 77, 392, 396 = NJW 1980, 2708; zust. *Erman/Westermann* RdNr. 9.
[58] BGH NJW-RR 1990, 798, 799 f.; zust. *Bamberger/Roth/Timm/Schöne* RdNr. 10; *Staudinger/Habermeier* RdNr. 10; vgl. auch § 709 RdNr. 75.
[59] So BGH ZIP 1982, 309, 310 betr. die Anteilsübertragung auf einen Wettbewerber der Gesellschaft trotz eines gesellschaftsvertraglichen Wettbewerbsverbots; *Soergel/Hadding* RdNr. 15; *Erman/Westermann* RdNr. 9; *Bamberger/Roth/Timm/Schöne* RdNr. 10.
[60] BGH ZIP 1982, 309, 310; *Soergel/Hadding* RdNr. 15; so wohl auch *Wiedemann* Übertragung S. 58. Für geringere Anforderungen an das Vorliegen des wichtigen Grundes in den Fällen einer Zustimmung mit Widerrufsvorbehalt BGH WM 1961, 303, 305.
[61] BGH NJW-RR 1989, 1259, 1260; zust. *Erman/Westermann* RdNr. 8; zur grds. Einheitlichkeit der Beteiligung an einer Personengesellschaft vgl. § 705 RdNr. 181 ff.

wichtigem Grund geben.⁶² Beschränkt sich der Zweck der anderen Gesellschaft im Wesentlichen auf das Halten der GbR-Beteiligung, so kommt ausnahmsweise auch eine Bindung der Übertragung der an ihr bestehenden Anteile im Durchgriffswege an die Zustimmung der GbR-Gesellschafter in Betracht.

32 **c) Sonstige Erfordernisse.** Sonstige generelle Wirksamkeitsvoraussetzungen bestehen nicht. Versteht man die Anteilsübertragung als Verfügung über die Mitgliedschaft (RdNr. 22), so ist es auch nicht notwendig, auf das Vorliegen eines Gesamthandsvermögens abzustellen;⁶³ mit Zustimmung der Mitgesellschafter können vielmehr auch *Beteiligungen an Innengesellschaften ieS* (§ 705 RdNr. 282) übertragen werden, darunter auch stille Beteiligungen.⁶⁴ Wohl aber kann sich im Einzelfall entsprechend den allgemein für die Beteiligung an einer GbR geltenden Grundsätzen die Notwendigkeit ergeben, nach **§§ 1643, 1822 Nr. 3** die Genehmigung des Vormundschaftsgerichts zum Beitritt oder Ausscheiden nicht voll Geschäftsfähiger bzw. nach **§ 1365** die Einwilligung des anderen Ehegatten zum Beitritt oder Ausscheiden eines im gesetzlichen Güterstand lebenden, über sein gesamtes Vermögen verfügenden Ehegatten einzuholen (§ 705 RdNr. 70, 73).

33 **3. Form. a) Grundsatz.** Eine besondere Form für die **Anteilsübertragung** als Verfügungsgeschäft iS von § 413⁶⁵ oder für das Verpflichtungsgeschäft hierzu ist *nicht* erforderlich.⁶⁶ Das gilt grundsätzlich auch dann, wenn zum Gesellschaftsvermögen Gegenstände gehören, bei denen die Übertragung oder die hierauf gerichtete Verpflichtung, wie bei *Grundstücken oder GmbH-Anteilen* (§§ 311 b Abs. 1 S. 1, 925 BGB, §§ 15 Abs. 3, 4 S. 1 GmbHG), für sich genommen formbedürftig ist. Denn Gegenstand der Veräußerung ist nicht eine Beteiligung des veräußernden Gesellschafters an Gegenständen des Gesamthandsvermögens, sondern die Mitgliedschaft als solche (vgl. auch § 705 RdNr. 36). Dementsprechend richtet sich auch das der Anteilsübertragung zugrunde liegende Verpflichtungsgeschäft nicht auf die Übertragung von Gegenständen des Gesamthandsvermögens; die Änderung in der gesamthänderischen Mitberechtigung am Gesellschaftsvermögen tritt ohne weiteres als gesetzliche *Folge* der Anteilsübertragung ein.⁶⁷ Die **Formfreiheit** ist grundsätzlich unabhängig von der Zahl der übertragenen Anteile und ihrer Erwerber; sie besteht im Regelfall auch dann, wenn sämtliche Anteile auf mehrere oder auch nur auf einen Erwerber übertragen werden sollen.⁶⁸ Dass in derartigen Fällen bei Sachmängeln an Gegenständen des Gesellschaftsvermögens kaufrechtliche Gewährleistungsvorschriften auf die Anteilsveräußerung Anwendung finden können,⁶⁹ steht dieser Beurteilung wegen des unterschiedlichen Regelungszwecks der genannten Vorschriften nicht entgegen.

34 Ist die Anteilsübertragung Gegenstand einer **Schenkung,** dh. der in Zuwendungsabsicht zu bewirkenden *unentgeltlichen Verfügung* eines Gesellschafters über seinen Gesellschaftsanteil oder über Teile davon zugunsten eines Mitgesellschafters oder Dritten,⁷⁰ so stellt sich die Frage

---

⁶² Vgl. OLG Naumburg NZG 2004, 775, 778 zur Umgehung von Vinkulierungsklauseln im GmbH-Recht; dazu eingehend *Winter/Löbbe* in: *Ulmer/Habersack/Winter* § 15 GmbHG RdNr. 250 ff. mwN.
⁶³ So aber *U. Huber* Vermögensanteil S. 387 f.; dagegen zu Recht *Flume* I/1 § 17 II, S. 351.
⁶⁴ *Flume* I/1 § 17 II, S. 351; *Blaurock*, Handbuch der stillen Gesellschaft, 6. Aufl. 2003, RdNr. 10.33.
⁶⁵ S. nur *MünchKommHGB/K. Schmidt* § 105 RdNr. 214; *K. Schmidt* GesR § 45 III 3 a; vgl. iÜ RdNr. 22 mN.
⁶⁶ EinhM, vgl. § 311 b RdNr. 14 *(Kanzleiter)*; *Soergel/Hadding* RdNr. 15; *Erman/Westermann* RdNr. 10; *Bamberger/Roth/Timm/Schöne* RdNr. 9; *MünchKommHGB/K. Schmidt* § 105 RdNr. 216; *Wiedemann* GesR II § 5 II 1 f aa, S. 435 ff.; *Heckschen*, Die Formbedürftigkeit mittelbarer Grundstücksgeschäfte, 1987, S. 147 ff.
⁶⁷ BGHZ 86, 367, 369 f. = NJW 1983, 1110; BFHE 209, 62, 69 = NZG 2005, 525, 527; OLG Frankfurt DB 1996, 1177; so auch *Soergel/Hadding* RdNr. 16; *Erman/Westermann* RdNr. 10; *MünchKommHGB/ K. Schmidt* § 105 RdNr. 216.
⁶⁸ So zutr. BGHZ 86, 367, 370 = NJW 1983, 1110; § 311 b RdNr. 14 *(Kanzleiter)*; *Petzoldt* BB 1975, 905, 907 f.; *MünchKommHGB/K. Schmidt* § 105 RdNr. 208; *Erman/Westermann* RdNr. 10.
⁶⁹ Vgl. näher § 453 RdNr. 17 ff., 23 f. *(H. P. Westermann)*; *Heckschen* (Fn. 66) S. 151 f. Nachweise zur Grunderwerbsteuerpflicht bei Übertragung bzw. Vereinigung von mindestens 95% der Anteile vgl. in Fn. 45.
⁷⁰ Zu den denkbaren Fallgestaltungen und Motiven derartiger Verfügungen vgl. eingehend *U. Huber* Vermögensanteil S. 203 f.

Gesamthänderische Bindung 35 § 719

nach dem Formerfordernis iS von § 518 Abs. 1 S. 1 für das Schenkungsversprechen. Da insoweit Schenkungsabrede und Anteilsübertragung typischerweise zusammenfallen, dh. es alsbald zum *Schenkungsvollzug* kommt, so wird der Mangel der notariellen Form nach § 518 Abs. 2 in aller Regel alsbald geheilt; die Einhaltung der Form wird dadurch gegenstandslos.[71] Das gilt jedenfalls dann, wenn die Anteilsübertragung entweder im Gesellschaftsvertrag zugelassen ist oder die Mitgesellschafter ihr zugestimmt haben, da sie andernfalls schwebend unwirksam, dh. noch nicht vollzogen ist. Für eine Unterscheidung zwischen Außen- und Innengesellschaft ist im Hinblick auf § 518 Abs. 2 kein Anlass. Selbst wenn Gegenstand der Schenkung eine – schon bestehende – stille Beteiligung ist, greift § 518 Abs. 2 ein.[72] Zur abweichenden Beurteilung bei unentgeltlicher *Begründung einer typischen stillen Beteiligung* am Unternehmen des Schenkers durch Abschluss eines Gesellschaftsvertrags vgl. § 705 RdNr. 46.

b) Ausnahmen. Eine eng begrenzte Ausnahme von dem in RdNr. 33 angeführten 35 Grundsatz der Formfreiheit ist dann geboten, wenn die Änderungen im Gesellschafterkreis bei wirtschaftlicher Betrachtung darauf gerichtet sind, unter Vermeidung der für das *Verpflichtungsgeschäft* geltenden Formvorschriften den Rechtsgrund für die Verfügung über das Eigentum an Grundstücken oder GmbH-Anteilen zu schaffen. Für diese Ausnahme spricht das aus der Formfreiheit der Verpflichtung zur Anteilsveräußerung resultierende potentielle *Defizit* des mit den Formvorschriften bezweckten Schutzes der Beteiligten vor Übereilung; es beruht bei Gesellschaften mit Grund- oder Anteilsvermögen darauf, dass formeller Gegenstand des Verpflichtungsgeschäfts nicht die Rechtsänderung betreffend Grundstücke oder GmbH-Anteile ist, sondern der Erwerb (oder die Aufgabe) eines Gesellschaftsanteils.[73] Berücksichtigt man zudem, dass sich der Zweck einer GbR nach ganz hM auch auf das bloße Halten und Verwalten von Grundstücken oder sonstigen Vermögensgegenständen richten kann (§ 705 RdNr. 145) und dass hieran nicht zuletzt wegen der anders kaum befriedigend lösbaren Abgrenzungsschwierigkeiten festzuhalten ist,[74] so kann sich in derartigen Fällen ein Bedürfnis für die **analoge Anwendung der §§ 311b Abs. 1 BGB, 15 Abs. 4 GmbHG auf das Verpflichtungsgeschäft** ergeben (vgl. RdNr. 36). Dadurch wird nicht nur dem Schutzzweck der Formvorschriften Rechnung getragen, sondern auch der Gefahr entgegengewirkt, dass der Anteilsinhaber durch die Anteilsveräußerung zu Lasten seiner Gläubiger erhebliche Vermögenswerte in intransparenter Weise der Einzelzwangsvollstreckung oder dem Insolvenzbeschlag entzieht.[75] Das gilt selbst unter Beachtung der grundsätzlich begrenzten Analogiefähigkeit von Formvorschriften und des Erfordernisses ihrer strikten Auslegung und Anwendung.[76] Auf eine Umgehungsabsicht kommt es nicht an;[77] entscheidend ist, ob objektive Umstände unter Berücksichtigung des Normzwecks der §§ 311b Abs. 1 BGB, 15 Abs. 4 GmbHG ihre analoge Anwendung rechtfertigen (vgl. RdNr. 36).[78] Dagegen scheidet eine Analogie zu den Formvorschriften für die entsprechenden **Verfügungstatbestände** (§§ 925, 873 BGB, 15 Abs. 3 GmbHG) in jedem Fall aus; sie wäre mit der Anwachsungsfolge der Anteilsübertragung oder des Beitritts bzw. Ausscheidens nicht vereinbar.[79]

---

[71] Vgl. nur *K. Schmidt* BB 1990, 1992, 1993 f. unter Hinweis auf BGHZ 112, 40, 44 ff. = NJW 1990, 2616; so auch OLG Frankfurt DB 1996, 1177.
[72] Dazu näher *K. Schmidt* DB 2002, 829, 830 und in MünchKommHGB § 230 RdNr. 98 ff., 101.
[73] *K. Schmidt* AcP 182 (1982), 481, 491, 498 f. und *ders.* BMJ-Gutachten S. 413, 490.
[74] So zutr. *K. Schmidt* AcP 182 (1982), 481, 507 im Anschluss an *Staudinger/Langhein* § 741 RdNr. 218 f.
[75] Über ein unveröffentlichtes Rspr.-Beispiel berichtet *K. Schmidt* BMJ-Gutachten S. 413, 490; vgl. auch *dens.* BB 1983, 1697, 1701 f.
[76] Vgl. statt aller *Häsemeyer*, Die gesetzliche Form der Rechtsgeschäfte, 1971, S. 204 ff.
[77] Vgl. nur *Teichmann*, Die Gesetzesumgehung, 1962, S. 69 f.; *Sieker* Umgehungsgeschäfte, 2001, S. 39 ff.; *Soergel/Hefermehl* § 134 RdNr. 40; *Heckschen* (Fn. 66) S. 157 f.; aA BGHZ 86, 367, 371 = NJW 1983, 1110; BGH WM 1997, 2220, 2222; OLG Frankfurt NJW-RR 1996, 1123; § 134 RdNr. 18.
[78] Zust. *Heckschen* (Fn. 66) S. 147 ff., insbes. 157 f.; ferner *Bamberger/Roth/Timm/Schöne* RdNr. 9; wohl auch *Erman/Westermann* RdNr. 10; die Anwendung von § 313 aF nicht grds. abl. auch BGHZ 86, 367, 371 = NJW 1983, 1110.
[79] Vgl. zur Anteilsübertragung an Gesellschaften mit Grundvermögen näher *Ulmer/Löbbe* DNotZ 1998, 711, 729 ff.; so im Ergebnis auch *K. Schmidt* AcP 182 (1982), 481, 511 f.; *Soergel/Hadding* RdNr. 15; für Anwendbarkeit von § 15 Abs. 3 GmbHG aber *K. Schmidt* BB 1983, 1697, 1702.

36 Die **Analogievoraussetzungen** sind unter Berücksichtigung des Umgehungsaspekts vor allem dann zu bejahen, wenn sich der tatsächliche Gesellschaftszweck auf das *Halten und Verwalten von Grundstücken oder GmbH-Anteilen* beschränkt.[80] Die deutliche Nähe derartiger Fälle zur Bruchteilsgemeinschaft, die sich funktional in der Rolle der GbR als „Trägerin modifizierten Miteigentums" widerspiegelt,[81] rechtfertigt es, die im Fall unmittelbarer Veräußerung von Gegenständen des Gesellschaftsvermögens für das *Verpflichtungsgeschäft* geltenden Formvorschriften auch bei der ihr wirtschaftlich entsprechenden Verpflichtung zur Anteilsveräußerung bzw. zu sonstigem vertraglichem Gesellschafterwechsel heranzuziehen. Besteht das Gesellschaftsvermögen ganz oder im Wesentlichen aus Grundstücken, so ist darin ein *Indiz* für einen grundstücksspezifischen, die Analogievoraussetzungen erfüllenden Gesellschaftszweck zu sehen.[82] Auch wenn der „wirtschaftlichen Betrachtungsweise" bei der Frage, ob der Weg der Anteilsveräußerung im Ergebnis die formfreie Verpflichtung zur Veräußerung von Gegenständen des Gesellschaftsvermögens ermöglicht, im Grundsatz zu Recht der Einwand mangelnder Schärfe entgegengehalten wurde,[83] so überwiegt in derartigen Fällen, zumal wenn die Pflicht zur *Veräußerung aller Anteile* in Frage steht, doch die Gefahr der Schutzzweckverfehlung;[84] das Abstellen auf den im Gesellschaftsvertrag vereinbarten, im allseitigen Einvernehmen abweichender Gestaltung zugänglichen Gesellschaftszweck bietet insoweit keinen hinreichenden Schutz.[85] Das gilt namentlich bei der beabsichtigten Anteilsveräußerung an einen *einzigen Erwerber,* da dieser infolge der Anwachsung Alleineigentum erwirbt und damit an die Stelle der GbR als bisherige Inhaberin des Grundstücks oder GmbH-Anteils tritt. Das Formerfordernis greift aber auch bei der Verpflichtung zu *sukzessiver* Anteilsübertragung ein, wenn die einzelnen Übertragungsakte in unmittelbarem sachlichem und zeitlichem Zusammenhang stehen und deshalb wirtschaftlich auf die Veräußerung der genannten Gegenstände gerichtet sind.

37 Die **Nichtbeachtung der Formvorschriften** für das auf Anteilsübertragung gerichtete Verpflichtungsgeschäft führt zu dessen Nichtigkeit, lässt die Wirksamkeit der dinglichen Rechtsänderung am Gesellschaftsanteil aber unberührt. Dem aus dem Gesellschaftsverband ausscheidenden Gesellschafter steht daher ein auf Rückübertragung seines Anteils gerichteter *Bereicherungsanspruch* gegen den Anteilserwerber zu; auf ihn können seine Privatgläubiger im Wege der Pfändung und in der Insolvenz der Insolvenzverwalter zugreifen. Ist die Gesellschaft infolge der Übertragung aller Anteile auf einen Gesellschafter beendet worden, so steht den bisherigen Mitgesellschaftern ein Anspruch auf Neugründung zu. Die analoge Anwendung des § 311 b Abs. 1 nF erstreckt sich freilich auch auf die Vorschrift des § 311 b Abs. 1 S. 2; die *Heilung* des Formmangels tritt durch die – zwar nur deklaratorisch wirkende,

---

[80] So im Ansatz zutr. *K. Schmidt* AcP 182 (1982), 481, 511 und BB 1983, 1698, 1702; *Heckschen* (Fn. 66) S. 157; eingehend *Ulmer/Löbbe* DNotZ 1998, 724 ff. (betr. Grundstücksgesellschaften); zust. *Staudinger/Wufka* (2001) § 313 RdNr. 124; enger wohl BGHZ 86, 367, 371 = NJW 1983, 1110, § 311 b RdNr. 14 *(Kanzleiter)* und *Erman/Westermann* RdNr. 10, die auf die Gesellschaftsgründung zum Zweck der erleichterten Verlagerung von Grundeigentum abstellen. Vgl. auch BFH WM 1981, 274, 275 = BStBl. 1980 II S. 598: Bejahung der Grunderwerbsteuerpflicht unter dem Gesichtspunkt der Steuerumgehung bei Übertragung aller Anteile an einer GbR, deren Gesellschaftszweck im Wesentlichen in der Grundstücksverwaltung besteht; dazu *Ulmer/Löbbe* DNotZ 1998, 722 ff. mwN.

[81] So treffend *K. Schmidt* AcP 182 (1982), 481, 511.

[82] Ebenso *Heckschen* (Fn. 66) S. 157; § 311 b RdNr. 14; *Winter/Löbbe* in: *Ulmer/Habersack/Winter* § 15 GmbHG RdNr. 53 (zu § 15 Abs. 4 GmbHG); aA BGHZ 86, 367, 370 f. = NJW 1983, 1110; im Grundsatz auch *K. Schmidt* AcP 182 (1982), 481, 510 f. und BB 1983, 1698, 1702.

[83] Vgl. BGHZ 86, 367, 371 = NJW 1983, 1110.

[84] Insoweit stark zurückhaltend jedoch (zu § 313 aF) BGHZ 86, 367, 370 f. = NJW 1983, 1110; *Petzoldt* BB 1975, 905, 907 f.; *Reinelt* NJW 1992, 2052, 2053 f. und im Grundsatz *K. Schmidt* AcP 182 (1982), 481, 510 f.; wie hier dagegen § 311 b RdNr. 14; im Ergebnis ebenso zu § 15 GmbHG *Winter/Löbbe* in: *Ulmer/Habersack/Winter* § 15 GmbHG RdNr. 53; im Grundsatz auch *Scholz/H. Winter/Seibt* § 15 GmbHG RdNr. 44, § 18 GmbHG RdNr. 7 a.

[85] Zu den Fallgruppen eines grundstücksbezogenen, zur Analogie führenden Gesellschaftszwecks und zu dessen Ermittlung vgl. näher *Ulmer/Löbbe* DNotZ 1998, 725 ff.

jedoch den Publizitätsmangel ausräumende – Grundbuchberichtigung nach § 47 GBO ein.[86]

4. Vollzug und Wirkungen. Der **Vollzug** des Anteilsübergangs richtet sich nach dem 38 *Wirksamwerden der Verfügung;* eine nachträglich erteilte Zustimmung wirkt im Zweifel auf den Zeitpunkt des Vertragsschlusses zurück (§ 184 Abs. 1).[87] Sonstige Vollzugserfordernisse bestehen nicht. Ist der Anteil im Gesellschaftsvertrag generell übertragbar gestellt, so bedarf es für die Wirksamkeit des Anteilsübergangs namentlich auch nicht der Mitteilung gegenüber Gesellschaft oder Mitgesellschaftern. Sie empfiehlt sich freilich mit Rücksicht auf § 413 iVm. §§ 407, 408.

Die **Wirkungen** der Verfügung bestehen darin, dass der Erwerber anstelle des Veräußerers 39 Gesellschafter wird und damit die Gesamthandsberechtigung erlangt sowie in die Mitgliedschaftspflichten eintritt (RdNr. 40, 44 ff.). Einlageverpflichtungen gegenüber der Gesellschaft werden dadurch nicht neu begründet. Vielmehr vollzieht sich der vermögensmäßige Ausgleich unmittelbar zwischen Veräußerer und Erwerber; §§ 738, 739 finden keine Anwendung.[88] Zur Haftung von Anteilsveräußerer und -erwerber für Gesellschaftsschulden vgl. § 714 RdNr. 70 ff., zu den prozess- und vollstreckungsrechtlichen Folgen des Gesellschafterwechsels vgl. § 718 RdNr. 44 f., 60 ff. Rechtsmängel der Anteilsübertragung führen – anders als bei Ausscheiden und Eintritt im Wege des Doppelvertrags – nicht zum Eingreifen der Lehre von der fehlerhaften Gesellschaft (str., vgl. § 705 RdNr. 374); sie unterliegen daher den allgemeinen Vorschriften und können auch rückwirkend geltend gemacht werden.

III. Rechtsstellung des Erwerbers

1. Grundsatz; Verwaltungsrechte. Der Gesellschaftsanteil geht im Fall der Anteilsüber- 40 tragung grundsätzlich mit demjenigen Inhalt über, den er beim Veräußerer hatte; der Erwerber rückt als neuer Gesellschafter voll in die **Rechtsstellung des Veräußerers** ein.[89] Das bedarf hinsichtlich der selbstständig abtretbaren Vermögensrechte (§ 717 S. 2) und der gesellschaftsvertraglichen Verbindlichkeiten des Veräußerers näherer Präzisierung (RdNr. 42 ff.). Für die dem Abspaltungsverbot unterliegenden **Verwaltungsrechte** (§ 717 RdNr. 16) folgt es allein schon aus dem Umstand, dass sie nicht vom Anteil getrennt werden können, dh. dass der Veräußerer sie im Falle der Übertragung der Mitgliedschaft nicht zurückbehalten kann.[90] Anderes gilt dann, wenn die Veräußerung unter Nießbrauchsvorbehalt erfolgt (vgl. § 705 RdNr. 99).

Eine *Einschränkung* erfährt der vorgenannte Grundsatz im Hinblick auf **höchstpersönli-** 41 **che Rechte des Veräußerers.** Sie sind, wie die Einräumung eines an die Person des Veräußerers gebundenen Mehrfachstimmrechts oder eines nicht durch entsprechende Beitragsleistungen bedingten erhöhten Gewinnanteils zeigt, unübertragbar und kommen daher infolge der Anteilsveräußerung in Wegfall. Ob dem Mitgliedschaftsrecht höchstpersönlicher Charakter zukommt, ist durch Vertragsauslegung festzustellen.[91] Schwierigkeiten kann dabei namentlich die Regelung der *Geschäftsführungs- und Vertretungsbefugnis* bereiten. Steht sie – sei

---

[86] Vgl. § 705 RdNr. 41; so auch *K. Schmidt* AcP 182 (1982), 481, 512; in den Fällen des § 15 GmbHG scheidet eine Heilung mangels Abtretung des GbR-Anteils in notarieller Form (vgl. § 15 Abs. 4 S. 2 GmbHG) idR freilich aus.
[87] HM, vgl. die Nachweise in Fn. 50.
[88] BGH NJW 1981, 1095, 1096; zust. *Erman/Westermann* RdNr. 11.
[89] EinhM, vgl. BGH WM 1986, 1314, 1315; NJW 1999, 715, 717; DB 2003, 497; *Soergel/Hadding* RdNr. 16; *Erman/Westermann* RdNr. 11; *Bamberger/Roth/Timm/Schöne* RdNr. 11; MünchKommHGB/ *K. Schmidt* § 105 RdNr. 222; vgl. auch BGHZ 81, 82, 89 = NJW 1981, 2747: mit der Übertragung eines Kommanditanteils geht das Recht des Veräußerers, sich nach § 171 Abs. 1 HGB auf den Haftungsausschluss zu berufen, auf den Erwerber über; und BGH NJW 1998, 371 (Schiedsvereinbarung).
[90] Daher zu Recht für Übergang der Genehmigungsbefugnis nach § 177 auf den Anteilserwerber bei einem vor Anteilsübertragung durch einen Vertreter ohne Vertretungsmacht namens der GbR geschlossenen Vertrag BGHZ 79, 374, 377 ff. = NJW 1981, 1213; vgl. auch *Soergel/Hadding* RdNr. 17; *Erman/Westermann* RdNr. 11.
[91] Vgl. eingehend *Wiedemann* Übertragung S. 71 ff.; so auch *Soergel/Hadding* RdNr. 17; GroßkommHGB/ *Rob. Fischer*, 3. Aufl. 1967, § 130 Anm. 16; *Hueck* OHG § 27 II 3, S. 399; *Teichmann* NJW 1966, 2336, 2339.

§ 719 42–44 Abschnitt 8. Titel 16. Gesellschaft

es als Gesamt- oder Einzelbefugnis – nicht sämtlichen, sondern nur einem Teil der Gesellschafter zu, so kommt es für die Rechtsstellung des Erwerbers darauf an, ob die vertragliche Regelung auf der Zuweisung der Geschäftsführung an bestimmte, hierfür ausgewählte Gesellschafter beruht oder ob umgekehrt der Ausschluss einzelner Gesellschafter von der Geschäftsführung durch besondere persönliche Umstände bei ihnen bedingt ist. Im letztgenannten Fall bildet die Befugnis zu Geschäftsführung und Vertretung die Regel; sie steht dementsprechend grundsätzlich auch dem Erwerber zu. Im Einzelfall kann daher sogar der Nachfolger eines von Geschäftsführung und Vertretung ausgeschlossenen Gesellschafters diese Befugnisse erlangen, wenn der Ausschluss auf persönliche Gründe (Alter u. a.) beim Veräußerer gestützt und erkennbar auf die Zeit seiner Zugehörigkeit zur Gesellschaft beschränkt war.[92]

42   **2. Vermögensrechte und -pflichten. a) Überblick.** Der Grundsatz des inhaltlich unveränderten Übergangs der Gesellschafterstellung (RdNr. 40 f.) greift auch ein, soweit es um die Beurteilung der auf der Mitgliedschaft beruhenden, der Gesellschaft gegenüber bestehenden Ansprüche und Verbindlichkeiten (Sozialverbindlichkeiten und -ansprüche) geht.[93] Allerdings können hinsichtlich der nach § 717 S. 2 getrennt übertragbaren *Ansprüche* Abweichungen zwischen Veräußerer und Erwerber auch ohne Mitwirkung der Mitgesellschafter vereinbart werden (RdNr. 43). Bei den *Verbindlichkeiten* fragt sich, ob und inwieweit bei Schuldübernahme durch den Erwerber auch der Veräußerer verpflichtet bleibt (RdNr. 44 f.).

43   **b) Ansprüche des Veräußerers.** Hinsichtlich der bereits *entstandenen* selbständig übertragbaren Ansprüche **aus dem Gesellschaftsvertrag** (§ 717 S. 2) sind Veräußerer und Erwerber grundsätzlich frei, über deren Schicksal abweichend von der Anteilsübertragung zu bestimmen.[94] Haben sie hierüber *keine* ausdrückliche oder stillschweigende *Vereinbarung* getroffen, so ist für die Annahme eines Verbleibs dieser Ansprüche beim Veräußerer unter Separierung vom Anteil im Regelfall kein Raum. Das gilt jedenfalls für gesellschaftsvertragliche Ansprüche wie auf Privatkonto verbuchte, entnahmefähige Gewinne,[95] *nicht aber für Drittgläubigerforderungen* des Veräußerers.[96] Entscheidend ist, ob die fraglichen Ansprüche in der Auseinandersetzungsbilanz zugunsten des auf den Anteil entfallenden Guthabens zu berücksichtigen wären (§ 730 RdNr. 49 ff.). Erfolgt die Übertragung auf der Grundlage einer Bilanz, so sind im Zweifel diejenigen Ansprüche gegen die Gesellschaft davon ausgenommen und verbleiben beim Veräußerer, die aus den in der Bilanz enthaltenen Konten des Veräußerers nicht ersichtlich sind.[97] Hat der Veräußerer über bereits *entstandene* Ansprüche vor der Anteilsübertragung anderweitig verfügt, so ist die Verfügung auch dem Erwerber gegenüber wirksam.[98] *Künftige* Ansprüche stehen dem Erwerber unabhängig von ihrer etwaigen Vorausabtretung an einen Dritten zu, wenn der Vertrag über die Anteilsübertragung insoweit keinen Vorbehalt enthält (§ 717 RdNr. 35, 38).

44   **c) Verbindlichkeiten.** Auch für die mit dem Anteil verbundenen, schon bestehenden gesellschaftsvertraglichen Verpflichtungen (Sozialansprüche) hat der BGH festgestellt, Veräußerer und Erwerber stehe es grundsätzlich frei, nach eigenem Ermessen zu *vereinbaren,* in welchem Umfang sie den Veräußerer treffen oder vom Erwerber übernommen werden sollen.[99]

---

[92] *Rob. Fischer* BB 1956, 840; *Soergel/Hadding* RdNr. 17; *Erman/Westermann* RdNr. 11; s. auch *Staub/C. Schäfer* § 139 HGB RdNr. 50; einschr. *Hueck* OHG § 28 II 1 b; *Wiedemann* Übertragung S. 74.
[93] Vgl. BGH WM 1986, 1314, 1315; näher dazu *Wertenbruch,* Die Haftung von Gesellschaften und Gesellschaftsanteilen in der Zwangsvollstreckung, 2000, S. 507 ff., 567.
[94] Insoweit zutr. BGHZ 45, 221, 222 = NJW 1966, 1307; vgl. ferner BGH WM 1986, 1314, 1316; *Soergel/Hadding* RdNr. 18.
[95] BGH LM HGB § 105 Nr. 29 = NJW 1973, 328; WM 1986, 1314, 1315; *Soergel/Hadding* RdNr. 18; *Erman/Westermann* RdNr. 11; *Ganssmüller* DB 1967, 891, 892; aA *Flume* I/1 § 17 III, S. 353.
[96] Vgl. BGH LM HGB § 120 Nr. 5 = DB 1978, 877 zur selbstständigen Behandlung des Guthabens eines Gesellschafters auf einem im Gesellschaftsvertrag von den Beteiligungskonten deutlich unterschiedenen „Darlehnskonto" im Rahmen der Auseinandersetzung; zust. *Soergel/Hadding* RdNr. 18.
[97] BGHZ 45, 221, 223 = NJW 1966, 1307; so wohl auch BGH WM 1986, 1314, 1315; *Soergel/Hadding* RdNr. 18; *Bamberger/Roth/Timm/Schöne* RdNr. 11.
[98] BGH BB 2003, 545, 546.
[99] BGHZ 45, 221, 222 = NJW 1966, 1307; so grds. auch BGH WM 1968, 892.

Gesamthänderische Bindung　　　　　　　　　　　　　　　　　　　45–48 § 719

Dies ist im Schrifttum zu Recht auf verbreitete Kritik gestoßen.[100] Denn soweit die Beteiligten einen Übergang auf den Erwerber vereinbaren, bedarf dieser als **befreiende Schuldübernahme** nach § 415 der Genehmigung der Gesellschaft. Sie kann zwar je nach Lage des Falles darin liegen, dass die Mitgesellschafter in Kenntnis des Vertragsinhalts der Anteilsveräußerung zustimmen,[101] keinesfalls aber in der *generellen* Zulassung der Übertragung im Gesellschaftsvertrag.[102] Entsprechendes gilt auch umgekehrt für Vereinbarungen, wonach der Erwerber nicht für rückständige Einlagen, unzulässige Entnahmen oder sonstige auf der Mitgliedschaft beruhende Sozialansprüche haften soll. Auch sie sind wegen des mit dem Anteilsübergang verbundenen Eintritts des Erwerbers in die Rechtsstellung des Veräußerers nur mit Zustimmung der Mitgesellschafter wirksam.[103]

Im **Regelfall** führt die Anteilsveräußerung daher zur *gesamtschuldnerischen Haftung von* 45 *Veräußerer und Erwerber* für bestehende gesellschaftsvertragliche Verbindlichkeiten des Veräußerers (zur akzessorischen Haftung des Erwerbers für Verbindlichkeiten der GbR vgl. § 714 RdNr. 72 f.). Abweichende Vereinbarungen zwischen den Beteiligten haben ohne die erforderliche Zustimmung der Mitgesellschafter nur interne, den Ausgleichsanspruch nach § 426 Abs. 1 betreffende Wirkungen.[104] Eine Ausnahme gilt für Schadensersatzansprüche der Gesellschafter gegen den Anteilsveräußerer wegen Verletzung der Geschäftsführer- oder Treupflicht, wegen Verstoßes gegen das Wettbewerbsverbot u. Ä. Trotz ihrer Natur als Sozialansprüche knüpfen sie nicht unmittelbar an die Gesellschafterstellung an, sondern hängen vom Vorliegen weiterer Voraussetzungen in der Person des Veräußerers ab. Den Erwerber binden sie nur kraft besonderen Verpflichtungsgrundes.[105]

Schuldet der Anteilsveräußerer einem Mitgesellschafter, der einen Gesellschaftsgläubiger 46 befriedigt hat, aufgrund § 426 Abs. 1 S. 1 **gesamtschuldnerischen Ausgleich** (§ 714 RdNr. 56), so bedarf die befreiende Schuldübernahme durch den Anteilserwerber der Zustimmung des ausgleichsberechtigten Gesellschafters.[106] Die generelle Zulassung der Anteilsveräußerung im Gesellschaftsvertrag genügt auch insoweit nicht (vgl. RdNr. 44). Ohne derartige Schuldübernahme trifft den Anteilserwerber grundsätzlich keine Haftung gegenüber dem ausgleichsberechtigten Gesellschafter. Die Pflicht zur Ausgleichsleistung bildet keinen der Mitgliedschaft folgenden und deshalb auch gegen den Erwerber persönlich gerichteten Sozialanspruch, sondern findet ihre Grundlage in der gesamtschuldnerischen Verpflichtung des Anteilsveräußerers iVm. § 426 Abs. 1 S. 1 (§ 714 RdNr. 56).

Haben die an der Anteilsveräußerung Beteiligten **keine** besonderen **Vereinbarungen** 47 über die Behandlung der Verbindlichkeiten getroffen, so ist der Erwerber gegenüber dem Veräußerer jedenfalls bezüglich aller im Abtretungszeitpunkt bekannten Verbindlichkeiten im Zweifel zur Erfüllung verpflichtet und kann von diesem nach § 426 auf Ausgleich in Anspruch genommen werden.

IV. Sonstige Verfügungen über den Anteil

1. Teilübertragung. Sie ist entsprechend den Grundsätzen über die Vollübertragung 48 (RdNr. 25 ff.) mit Zustimmung der Mitgesellschafter zulässig.[107] Die Zustimmung muss sich

---

[100] *Teichmann* NJW 1966, 2336 ff.; *Ganssmüller* DB 1967, 891 ff.; *Flume* I/1 § 17 III, S. 353; so auch *Staudinger/Habermeier* RdNr. 16; *Bamberger/Roth/Timm/Schöne* RdNr. 11; diff. *Wiedemann* GesR II § 5 II 1 e aa, S. 433; *Soergel/Hadding* RdNr. 19.
[101] Weitergehend BGH WM 1968, 892; wie hier für das Erfordernis konkreter Zustimmung zu der vereinbarten Pflichtenverteilung *Teichmann* NJW 1966, 2336, 2339 f.; *Ganssmüller* DB 1967, 891, 893; *Erman/Westermann* RdNr. 12.
[102] So auch *Erman/Westermann* RdNr. 12.
[103] *Teichmann* NJW 1966, 2336, 2339 f.
[104] *Wiedemann* Übertragung S. 76; *Ganssmüller* DB 1967, 891 ff.; *Bamberger/Roth/Timm/Schöne* RdNr. 11; im Ergebnis auch *Soergel/Hadding* RdNr. 19: Erstreckung des Einverständnisses der Mitgesellschafter mit der Übertragung der Mitgliedschaft auch hierauf.
[105] Vgl. *Staub/Ulmer* § 105 HGB RdNr. 321 Fn. 655 a; so auch OLG Frankfurt DB 1996, 1177.
[106] Vgl. BGH LM § 426 Nr. 54 = NJW 1981, 1095, 1096; *Erman/Westermann* RdNr. 12.
[107] HM, vgl. *Wiedemann* Übertragung S. 64 f.; *Staudinger/Habermeier* § 719 RdNr. 18; *Soergel/Hadding* RdNr. 21; *Erman/Westermann* RdNr. 13; *Flume* I/1 § 11 II 2, S. 151, § 17 II, S. 352.

freilich eindeutig auch auf die *Teil*übertragung als solche beziehen, da diese im Unterschied zur Vollübertragung nicht zum Gesellschafterwechsel führt, sondern zur Vermehrung der Zahl der Gesellschafter und entsprechend auch zum Entstehen zusätzlicher Verwaltungsrechte (RdNr. 49). Die generelle Zulassung der Anteilsübertragung im Gesellschaftsvertrag berechtigt daher nicht auch zur Teilübertragung.[108]

49 Schwierigkeiten bereitet im Fall der Teilübertragung die Bestimmung der **Rechtsstellung** von **Veräußerer** und **Erwerber**. Hinsichtlich der auf den bisherigen Anteil entfallenden *Vermögensrechte und -pflichten* ist dabei davon auszugehen, dass diese durch die Teilung keine inhaltliche Änderung erfahren sollen.[109] Die Ansprüche auf Gewinn und Auseinandersetzungsguthaben werden daher im Zweifel entsprechend dem Beteiligungsverhältnis zwischen Veräußerer und Erwerber aufgeteilt, während den Erwerber die auf seinen Beteiligungsanteil entfallenden Verbindlichkeiten als Gesamtschuldner neben dem Veräußerer treffen. Dagegen stehen die *Verwaltungsrechte* im Zweifel jedem der beiden Gesellschafter voll zu;[110] die Teilübertragung bewirkt insoweit also eine der Vermehrung der Mitgliederzahl entsprechende, durch die Zustimmung der Mitgesellschafter gedeckte Ausweitung. Das gilt jedenfalls für das Informations- und Kontrollrecht, das Kündigungsrecht sowie im Zweifel für das Stimmrecht, wenn dieses im Gesellschaftsvertrag nicht nach Maßgabe der Kapitalanteile gestaffelt, sondern nach Köpfen verteilt ist (§ 709 RdNr. 97). Dagegen kommt es für das Recht zu Geschäftsführung und Vertretung in erster Linie auf die hierüber im Gesellschaftsvertrag getroffenen Vereinbarungen an.[111]

50 **2. Nießbrauch.** Die Zulässigkeit des Nießbrauchs am Gesellschaftsanteil richtet sich nach dessen Übertragbarkeit (§ 1069 Abs. 2). Auf die Ausführungen zur Anteilsübertragung kann daher verwiesen werden (RdNr. 27 ff.). Wegen der Einzelheiten der Nießbrauchsbestellung vgl. § 705 RdNr. 96 ff.

51 **3. Verpfändung. a) Gegenstände.** Die Anerkennung der **Mitgliedschaft** als eines selbstständiger Verfügung zugänglichen Rechts ermöglicht nach zutreffender, wenn auch umstrittener Ansicht grundsätzlich auch ihre Verpfändung (RdNr. 52).[112] Hiervon zu unterscheiden ist die Bestellung eines Pfandrechts an den **einzelnen Vermögensrechten** des Gesellschafters aus dem Gesellschaftsverhältnis iS von § 717 S. 2. Im Unterschied zur Anteilsverpfändung eröffnet dieses Vorgehen nur den Zugriff auf das jeweilige Vermögensrecht und setzt dessen Bestand im Zeitpunkt der Verpfändung voraus.[113]

52 **b) Voraussetzungen.** Die wirksame Verpfändung des **Gesellschaftsanteils** (der Mitgliedschaft) ist grundsätzlich von dessen **Übertragbarkeit** abhängig (§ 1274 Abs. 2).[114] Die Verpfändung kann auch als solche im Gesellschaftsvertrag generell zugelassen sein;[115] fehlt es hieran, so bedarf sie der Zustimmung der Mitgesellschafter im Einzelfall. Eine Anzeige der

---

[108] So zutr. *Wiedemann* Übertragung S. 65; *Soergel/Hadding* RdNr. 21; *Erman/Westermann* RdNr. 13; nicht eindeutig *Staudenmaier* DNotZ 1966, 724, 726 f.

[109] *Hueck* OHG § 27 II 7, S. 400; so auch *Staudinger/Keßler*, 12. Aufl. 1979, § 736 RdNr. 25.

[110] *Wiedemann* Übertragung S. 65; *Hueck* OHG § 27 II 7, S. 400; *Soergel/Hadding* RdNr. 21; *Erman/Westermann* RdNr. 13; aA *Staudenmaier* DNotZ 1966, 724, 727, der von gemeinschaftlicher Zuständigkeit beider Teile bei „nicht aufspaltbaren" Verwaltungsrechten ausgeht.

[111] So auch *Erman/Westermann* RdNr. 13; abw. *Soergel/Hadding* RdNr. 21 (im Rahmen der Vertragsübernahme zu regeln).

[112] Ebenso MünchKommHGB/*K. Schmidt* § 105 RdNr. 225; *Erman/Westermann* § 717 RdNr. 10; *Bamberger/Roth/Timm/Schöne* § 717 RdNr. 25; *Wiedemann* GesR II § 5 II 2b aa, S. 449 und die Nachweise in Fn. 113; aA noch *Soergel/Hadding* § 717 RdNr. 17; *Hadding* in: Gesellschaftsanteile als Kreditsicherheit, 1979, S. 37, 40, 42 f.

[113] EinhM, vgl. nur MünchKommHGB/*K. Schmidt* § 105 RdNr. 225; so auch 4. Aufl. § 1274 RdNr. 70 f.; *Soergel/Hadding* § 717 RdNr. 17; *Erman/Westermann* § 717 RdNr. 10.

[114] OLG Hamm Rpfleger 1977, 136, 137; 4. Aufl. § 1274 RdNr. 70; MünchKommHGB/*K. Schmidt* § 105 RdNr. 225; *Rümker* WM 1973, 626, 630; *K. Schmidt* JR 1977, 177, 178; *Palandt/Bassenge* § 1274 RdNr. 6.

[115] MünchKommHGB/*K. Schmidt* § 105 RdNr. 225; *Wiedemann* GesR II § 5 II 2bb, S. 449; enger *Flume* I/1 § 17 VII, S. 367, *Wiedemann* Übertragung S. 423 und *Soergel/Habersack* § 1274 RdNr. 40, die eine ausdrückliche Zustimmung zur Verpfändung verlangen.

Verpfändung nach § 1280 an die Gesellschaft ist nicht erforderlich.[116] Mit Rücksicht auf das regelmäßig nur geringe Interesse, GbR-Anteile auf dem freien Markt zu erwerben, geht es dem Gläubiger im Zweifel in erster Linie darum, mit dem Pfandrecht am Anteil auch die Kündigungsmöglichkeit nach § 725 Abs. 1 zu erlangen, um auf diese Weise den Vermögenswert des Anteils zu realisieren. Dementsprechend kann der Gläubiger bei der Verwertung des Pfandrechts im Regelfall zwischen der Anteilsveräußerung und der Kündigung nach § 725 Abs. 1 wählen (RdNr. 57 f.). Die Mitgesellschafter haben es freilich in der Hand, auf die Vereinbarungen zwischen Besteller und Pfandgläubiger über die Art der Verwertung Einfluss zu nehmen, sofern die Verpfändung ihrer Zustimmung bedarf. Sie können die Zustimmung etwa davon abhängig machen, dass der Gläubiger auf das Recht zur Kündigung der Gesellschaft bei Pfandreife verzichtet.

c) **Rechtsstellung des Pfandgläubigers.** Sie richtet sich nach dem Gegenstand des Pfandrechts. Die auf den **Gesellschaftsanteil** bezogene Verpfändung (RdNr. 52) berechtigt den Gläubiger nach § 1277 zur Verwertung des Anteils im Wege der Zwangsvollstreckung (RdNr. 57) und zur Mitsprache nach § 1276 bei Aufhebung oder Änderung der mit dem Anteil verbundenen Vermögensrechte.[117] Mangels abweichender Vereinbarung (RdNr. 52) gibt sie ihm auch das *Kündigungsrecht nach § 725* und ermöglicht ihm auf diesem Wege den Zugriff auf das Auseinandersetzungsguthaben. Hierzu muss der Pfandgläubiger allerdings zunächst einen rechtskräftigen Titel auf Duldung der Zwangsvollstreckung erworben haben, um damit den Gesellschaftsanteil zu pfänden und sich gemäß § 835 ZPO überweisen zu lassen (RdNr. 58).[118]

Beschränkt sich die Verpfändung auf die nach § 717 S. 2 getrennt übertragbaren und daher ohne Zustimmung der Mitgesellschafter verpfändbaren **Vermögensrechte,** so gibt sie dem Pfandgläubiger zwar das Recht zur Forderungseinziehung nach Maßgabe der §§ 1281, 1282. Dagegen steht ihm ein eigenes Kündigungsrecht zur Liquidierung des gepfändeten Anspruchs auf das Auseinandersetzungsguthaben nach § 725 nicht zu. Auch das in § 1283 Abs. 3 vorgesehene Recht des Pfandgläubigers, nach Pfandreife das Kündigungsrecht des Schuldners auszuüben, um den Anspruch durchsetzen zu können, greift mit Rücksicht auf § 717 S. 1 im Regelfall nicht ein. Abweichendes kommt nur dann in Betracht, wenn die Mitgesellschafter der Verpfändung zugestimmt und dem Pfandgläubiger dadurch eine über die reinen Vermögensrechte hinausgehende Stellung gegenüber der Gesellschaft verschafft haben.

Mit Ausnahme des Kündigungsrechts (RdNr. 58) stehen dem Gläubiger **Verwaltungsrechte** trotz Verpfändung des Gesellschaftsanteils *nicht* zu.[119] Die Zustimmung der Mitgesellschafter beschränkt sich auf die dingliche Sicherung des Gläubigers durch Belastung des Gesellschaftsanteils; sie soll ihm nicht etwa die damit verbundenen Mitspracherechte verschaffen. Daher kommt es grundsätzlich auch nicht zur Abspaltung von Verwaltungsrechten zugunsten des Gläubigers. Eine **Ausnahme** ist in entsprechender Anwendung der §§ 1258 Abs. 1, 1273 Abs. 2 S. 1 nur hinsichtlich solcher Verwaltungsbefugnisse veranlasst, die, wie *Kontroll- und Informationsrechte,* zum Schutz des Pfandgläubigers erforderlich sind.[120] Diese Rechte kann neben dem Gesellschafter/Schuldner daher auch der Gläubiger geltend ma-

---

[116] RGZ 57, 414, 415; so auch 4. Aufl. § 1274 RdNr. 70; *H. Roth* ZGR 2000, 187, 204; aA *Hadding* (Fn. 112) S. 47 und *Erman/Westermann* § 717 RdNr. 10, auf der Grundlage der Verpfändung nur der einzelnen Vermögensrechte.
[117] Vgl. zu § 1276 näher *Flume* I/1 § 17 VII und *Wiedemann* Übertragung S. 429 ff.
[118] *Hadding* (Fn. 112) S. 58; *Hackenbroch*, Die Verpfändung von Mitgliedschaftsrechten, 1970, S. 109 f.; *Wiedemann* Übertragung S. 417 f.; MünchKommHGB/*K. Schmidt* § 135 RdNr. 38 (alle zur OHG).
[119] *Flume* I/1 § 17 VII; *Hadding* (Fn. 112) S. 49 ff.; so auch 4. Aufl. § 1274 RdNr. 71; *Staudinger/Wiegand* (2002) § 1274 RdNr. 52; *Wiedemann* GesR II § 5 II 2 b cc, S. 451 f.; zur Verpfändung eines GmbH-Anteils auch RGZ 139, 224, 227 f.; OLG Hamm WM 1987, 972, 973.
[120] MünchKommHGB/*K. Schmidt* § 135 RdNr. 35; *Soergel/Habersack* § 1274 RdNr. 40; ähnlich *Wiedemann* Übertragung S. 432; *H. Roth* ZGR 2000, 204, 210; aA *Hadding* (Fn. 112) S. 51; abw. auch OLG Düsseldorf NJW-RR 2004, 1111 (mit Verpfändung verbundene Verfügungsbeschränkung rechtfertige Eintragung eines Verpfändungsvermerks im Grundbuch); dagegen aber zutr. *Wertenbruch* NZG 2006, 408, 418.

chen. Das ist unbedenklich, weil die Verpfändung des Anteils nur mit genereller oder im Einzelfall erteilter Zustimmung der Mitgesellschafter zulässig ist. Der weitergehenden Ansicht, die § 1258 Abs. 1 uneingeschränkt auf die Anteilsverpfändung anwenden will,[121] ist nicht zu folgen.[122]

56 **Verfügungen der Gesellschaft** über Gegenstände des Gesellschaftsvermögens werden durch das Pfandrecht am Gesellschaftsanteil nicht eingeschränkt. Dementsprechend ist auch für die Grundbucheintragung eines Verpfändungsvermerks kein Raum, wenn zum Gesellschaftsvermögen Grundstücke gehören.[123]

57 **d) Verwertung des Gesellschaftsanteils.** Sie erfolgt nach § 1277 S. 1 **im Wege der Zwangsvollstreckung.**[124] Erforderlich ist ein zumindest vorläufig vollstreckbarer Duldungstitel gegen den Anteilsinhaber und die Pfändung des Anteils nach § 859 Abs. 1 ZPO (vgl. RdNr. 59); zur stattdessen möglichen Kündigung nach § 725 Abs. 1 vgl. RdNr. 58. Drittschuldner ist nach heute überwiegender Ansicht die Gesellschaft selbst; daher genügt die Zustellung des Pfändungsbeschlusses an einen Geschäftsführer als ihren Vertreter (§ 725 RdNr. 12). Ist die Pfändung erfolgt, so richtet sich die Verwertung des Anteils nach §§ 857 Abs. 5, 844 ZPO; sie geschieht durch *öffentliche Versteigerung* oder *freihändigen Verkauf* des Anteils.

58 Anstelle der Anteilsverwertung durch Versteigerung oder freihändigen Verkauf (RdNr. 57) hat der Pfandgläubiger auch die Möglichkeit der **Kündigung nach § 725,** um auf diesem Wege das Auseinandersetzungsguthaben zu liquidieren und es sich nach § 835 Abs. 1, 857 Abs. 1 ZPO zur Einziehung überweisen zu lassen (§ 725 RdNr. 16). Mit Rücksicht auf die ausdrückliche Regelung des § 725 Abs. 1 setzt diese Art der Verwertung freilich die Anteilspfändung (RdNr. 59) sowie einen rechtskräftigen, dh. nicht nur vorläufig vollstreckbaren Titel voraus.[125]

59 **4. Pfändung.** Zur Pfändung der **Mitgliedschaft** vgl. näher § 725 RdNr. 10; sie ist der in § 859 Abs. 1 ZPO gemeinte „Anteil am Gesellschaftsvermögen".[126] Der Pfändungsgläubiger ist zwar nicht gehindert, im Vollstreckungswege stattdessen auf einzelne Vermögensrechte wie den Gewinnanspruch oder das Auseinandersetzungsguthaben zuzugreifen. Zur Kündigung nach § 725 Abs. 1 bedarf es jedoch der Pfändung der Mitgliedschaft als solcher (§ 725 RdNr. 14). Die Pfändung ist auch ohne Zustimmung der Mitgesellschafter wirksam.[127] Sie hat zur Folge, dass der Pfändungspfandgläubiger in den Gesellschafterverband einbezogen wird. Die Pfändung bewirkt eine Verstrickung der aus der Mitgliedschaft folgenden Vermögensrechte des Gesellschafters/Schuldners, während die Verwaltungsrechte grundsätzlich beim Gesellschafter verbleiben (vgl. näher § 725 RdNr. 11).

60 Die **Befriedigung** des Pfändungspfandgläubigers erfolgt durch Überweisung der laufenden Gewinnansprüche zur Einziehung sowie nach erfolgter Kündigung gemäß § 725 durch Einziehung des anteiligen Liquidationserlöses bzw. der Abfindung, falls der Gesellschafts-

---

[121] Vgl. *Soergel/Mühl*, 12. Aufl. 1987, § 1258 RdNr. 1; *Staudinger/Wiegand* (2002) § 1258 RdNr. 3 (anders aber *Staudinger/Wiegand* [2002] § 1274 RdNr. 52); *Erman/Michalski* § 1258 RdNr. 1; jeweils unter Berufung auf RGZ 83, 27, 30 und 84, 395, 396 f. (betr. Pfandrecht an Anteilen einer Miterbengemeinschaft); generell gegen die Anwendung von § 1258 Abs. 1 auf Gesellschaftsanteile außer *Hadding* (Fn. 112) S. 49 auch *Flume* I/1 § 17 VII; *Rupp/Fleischmann* Rpfleger 1984, 223, 227; wohl auch 4. Aufl. § 1258 RdNr. 12.
[122] So auch MünchKommHGB/*K. Schmidt* 135 RdNr. 35; *Soergel/Habersack* § 1274 RdNr. 40.
[123] So auch OLG Zweibrücken OLGZ 1982, 406; OLG Hamm WM 1987, 972, 973 mwN; *Rupp/Fleischmann* Rpfleger 1984, 223, 227 (anders *dies.* S. 226 für die Pfändung); aA LG Hamburg Rpfleger 1982, 142.
[124] Vgl. näher *Hadding* (Fn. 112) S. 58 f.; *Hackenbroch* (Fn. 118) S. 113 ff.; *H. Roth* ZGR 2000, 211. Allg. zu § 1277 S. 1 und zum Erfordernis der Pfändung des verpfändeten Anteils vgl. 4. Aufl. § 1277 RdNr. 4.
[125] MünchKommHGB/*K. Schmidt* 135 RdNr. 38; *Hadding* (Fn. 112) S. 47; *Hackenbroch* (Fn. 118) S. 109 f.
[126] HM, vgl. Nachweise in Fn. 127; aA *Wertenbruch* (Fn. 93) S. 487 ff., 502 f. (Wertanteil am Reinvermögen der Gesellschaft).
[127] Heute hM, vgl. *Flume* I/1 § 5 und § 11 IV; *Staub/Habersack* § 124 HGB RdNr. 7, 43; *U. Huber* Vermögensanteil S. 348, 417; MünchKommHGB/*K. Schmidt* § 135 RdNr. 8, 12; *Bamberger/Roth/Timm/Schöne* § 717 RdNr. 25; *Staudinger/Habermeier* RdNr. 19; MünchKommZPO/*Smid* § 859 RdNr. 4; *Wiedemann* Übertragung S. 399 f.; *Wössner*, Die Pfändung des Gesellschaftsanteils bei Personengesellschaften, 2000, S. 36 ff., 41 f.

vertrag bei Ausscheiden des Gesellschafter/Schuldners die Fortsetzung unter den verbleibenden Gesellschaftern vorsieht (vgl. § 725 RdNr. 20 f.). Ist der Gesellschaftsanteil ausnahmsweise bereits im Gesellschaftsvertrag selbst übertragbar gestellt, so kann die Verwertung des Anteils auch im Wege der Zwangsvollstreckung durch öffentliche Versteigerung oder freihändigen Verkauf erfolgen.[128] Zusätzliche Voraussetzung hierfür ist nach §§ 857 Abs. 4, 844 ZPO zwar, dass die Einziehung des Abfindungsanspruchs *mit Schwierigkeiten verbunden* ist.[129] Bei der Pfändung von Gesellschaftsanteilen ist das freilich regelmäßig anzunehmen.[130]

§ 720 Schutz des gutgläubigen Schuldners

Die Zugehörigkeit einer nach § 718 Abs. 1 erworbenen Forderung zum Gesellschaftsvermögen hat der Schuldner erst dann gegen sich gelten zu lassen, wenn er von der Zugehörigkeit Kenntnis erlangt; die Vorschriften der §§ 406 bis 408 finden entsprechende Anwendung.

1. Normzweck und Bedeutung. Die Vorschrift des § 720 dient dem **Schutz des Schuldners** einer der Gesellschaft nach § 718 Abs. 1 zustehenden Forderung, der von der Zugehörigkeit der Forderung zum Gesellschaftsvermögen keine Kenntnis hat. Sie erklärt die für die Forderungsabtretung geltenden Vorschriften der §§ 406 bis 408 (Erhaltung der Aufrechnungsbefugnis gegenüber dem bisherigen Gläubiger, Leistung mit befreiender Wirkung an den bisherigen Gläubiger bzw. – bei mehrfacher Abtretung – an den nichtberechtigten Dritten) für entsprechend anwendbar; ihre Bedeutung ist freilich gering (RdNr. 2). 1

Die Verweisung auf die §§ 406 bis 408 findet sich auch bei den anderen Gesamthandsgemeinschaften des BGB (vgl. §§ 1473 Abs. 2, 2019 Abs. 2). Sie knüpft an die **Vermutung des § 420** an.[1] Nach dieser Vorschrift stehen die auf teilbare Leistung gerichteten Forderungen im Falle einer Mehrheit von Gläubigern diesen im Zweifel zu gleichen Teilen zu. Ein Schuldner, der in Unkenntnis der gesamthänderischen Verbundenheit der Gläubiger Teilleistungen an einzelne Gesellschafter erbringt, würde daher Gefahr laufen, erneut an die Gesellschaft leisten zu müssen. Zu seinem Schutz sind daher die Vorschriften der §§ 406 bis 408 für entsprechend anwendbar erklärt. Da allerdings der originäre Erwerb von Gesamthandsforderungen im Wege der Geschäftsführung für die Gesellschaft nach **§ 718 Abs. 1** grundsätzlich ein Handeln namens der Gesamthand voraussetzt, ist die Begründung neuer Gesamthandsforderungen kaum ohne Kenntnis des Schuldners von der Gesamthandszugehörigkeit vorstellbar.[2] Ist dem Vertragspartner zwar das Vorhandensein einer Personenmehrheit, nicht aber deren gesamthänderische Verbundenheit bekannt, so führt die rechtsgeschäftliche Einigung im Zweifel nur zur Entstehung von Teilforderungen.[3] Eines Schuldnerschutzes bedarf es daher regelmäßig nur beim *derivativen Erwerb* durch die Gesamthand, solange der Schuldner zwar Kenntnis vom Gläubigerwechsel, nicht dagegen auch von der gesamthänderischen Verbundenheit der neuen Gläubiger hat. In diesem Sonderfall kann die Verweisung auf die §§ 406 bis 408 praktische Bedeutung erlangen (vgl. aber auch RdNr. 4). 2

2. Analoge Anwendung auf Surrogationserwerb. Ein Bedürfnis für die Anwendung von § 720 kann sich entsprechend seinem Schutzzweck (vgl. RdNr. 1) vor allem gegenüber Forderungen ergeben, die nach **§ 718 Abs. 2** als **Surrogate** für ein zum Gesamthands- 3

---

[128] HM, vgl. schon *Furtner* MDR 1965, 613, 614; *Rupp/Fleischmann* Rpfleger 1984, 223, 224 f.; so auch MünchKommHGB/*K. Schmidt* § 135 RdNr. 14; MünchKommZPO/*Smid* § 859 RdNr. 14; Stein/Jonas/ *Brehm*, 22. Aufl. 2004, § 859 ZPO RdNr. 8; *Thomas/Putzo/Hüßtege* § 859 ZPO RdNr. 5; *Wertenbruch* (Fn. 93) S. 560 f., 567.

[129] Das betonen im Ansatz zu Recht *Westermann* Hdb. RdNr. I 663 und *Wössner* (Fn. 127) S. 230 ff.

[130] So zutr. *Wertenbruch* (Fn. 93) S. 560; für Anteile an Publikumsgesellschaften auch *Wössner* (Fn. 127) S. 233 f.

[1] Vgl. Prot. II S. 434; so auch *Staudinger/Habermeier* RdNr. 1.

[2] Heute einhM, vgl. § 718 RdNr. 18 unter Vorbehalt der „Geschäfte für den, den es angeht". Zu früheren abw. Ansichten vgl. 3. Aufl. Fn. 2.

[3] Vgl. § 718 RdNr. 18; *Bamberger/Roth/Timm/Schöne* RdNr. 2; aA *K. Schmidt* BMJ-Gutachten S. 534 f.

§ 721 1

vermögen gehörendes Recht oder als Ersatz für einen zerstörten oder entzogenen Gegenstand gesamthänderischer Bindung unterliegen (§ 718 RdNr. 20 f.).[4] Insoweit kann es zu originärem Rechtserwerb durch die Gesamthand kommen, ohne dass der Schuldner hiervon Kenntnis erlangt. Er ist daher aus der Sicht des § 720 schutzbedürftig. Die fehlende Verweisung auf § 718 Abs. 2 beruht offenbar auf einem Redaktionsversehen;[5] sie steht der entsprechenden Anwendung des § 720 auf diese Fälle nicht entgegen.

4 **3. Unmittelbare Anwendung der §§ 406 bis 408.** Keiner Anwendung von § 720 bedarf es, wenn die Gesellschaft von einem Gesellschafter oder einem Dritten eine Forderung erwirbt, ohne dass der Schuldner von dem Erwerb Kenntnis erlangt. Zu denken ist namentlich an die Einbringung einer Forderung des Gesellschafters in das Gesamthandsvermögen im Rahmen der Beitragspflicht oder an den (Durchgangs-)Erwerb einer Forderung durch einen im eigenen Namen für Rechnung der Gesamthand handelnden Gesellschafter. Der Forderungserwerb durch die Gesellschaft vollzieht sich hier durch Abtretung; die Vorschriften der §§ 406 bis 408 greifen daher ohne die Verweisung in § 720 unmittelbar zugunsten des Schuldners ein.[6] Der Verweisung des § 720 bedarf es schließlich auch nicht in Fällen des gesetzlichen Forderungsübergangs (§§ 268 Abs. 3, 426 Abs. 2, 774 Abs. 1 u. a.) auf die Gesamthand, da insoweit bereits § 412 das Eingreifen der §§ 406 bis 408 regelt.[7]

§ 721 Gewinn- und Verlustverteilung

(1) Ein Gesellschafter kann den Rechnungsabschluss und die Verteilung des Gewinns und Verlusts erst nach der Auflösung der Gesellschaft verlangen.

(2) Ist die Gesellschaft von längerer Dauer, so hat der Rechnungsabschluss und die Gewinnverteilung im Zweifel am Schluss jedes Geschäftsjahrs zu erfolgen.

Übersicht

	RdNr.		RdNr.
I. Der gesetzliche Regelfall des Abs. 1	1–3	1. Allgemeines	4, 5
1. Normzweck	1	2. Rechnungsabschluss	6, 7
2. Anwendungsbereich	2, 3	3. Gewinnverteilung	8–12
II. Die jährliche Gewinnverteilung (Abs. 2)	4–16	4. Gewinnanspruch	13, 14
		5. Entnahmen und Beschränkungen	15, 16

I. Der gesetzliche Regelfall des Abs. 1

1 **1. Normzweck.** Die GbR ist vom Gesetzgeber als typische *Gelegenheitsgesellschaft* von vorübergehender Dauer konzipiert (Vor § 705 RdNr. 86 f.). Dementsprechend ist in § 721 Abs. 1 abweichend von § 120 Abs. 1 HGB als Regelfall die Gewinn- und Verlustverteilung nicht zum Ende jedes Geschäftsjahres vorgesehen, sondern nur *einmalig* nach Auflösung der Gesellschaft. Für diesen Zeitraum gelten aber nicht mehr die allgemeinen Normen des GbR-Rechts, sondern die besonderen Liquidationsvorschriften der §§ 730 ff. Nach ihnen richtet sich daher auch die in Abs. 1 genannte Gewinn- und Verlustverteilung (vgl. Näheres bei §§ 733 bis 735).[1] Funktion und Bedeutung von **§ 721**

---

[4] HM, vgl. *Soergel/Hadding* RdNr. 3; *Bamberger/Roth/Timm/Schöne* RdNr. 1; *Erman/Westermann* RdNr. 2; *Palandt/Sprau* RdNr. 1; *Jauernig/Stürner* RdNr. 6; *K. Schmidt* BMJ-Gutachten S. 535; wohl auch *Staudinger/Habermeier* RdNr. 1.

[5] Der Tatbestand des Surrogationserwerbs (§ 718 Abs. 2) wurde erst während der Gesetzesberatungen in den zweiten Entwurf des BGB aufgenommen, ohne dass es in diesem Zusammenhang zu einer Diskussion um die Anpassung auch des § 720 kam (Prot. VI S. 195). Zweifelnd bezüglich eines Redaktionsversehens aber *Soergel/Hadding* RdNr. 3.

[6] *Soergel/Hadding* RdNr. 1; *Bamberger/Roth/Timm/Schöne* RdNr. 4; aA *Jauernig/Stürner* RdNr. 6 (zur mittelbaren Stellvertretung).

[7] So auch *Bamberger/Roth/Timm/Schöne* RdNr. 4; für entsprechende Anwendung des § 720 aber *Soergel/Hadding* RdNr. 4.

[1] So auch *Staudinger/Habermeier* RdNr. 1; *Bamberger/Roth/Timm/Schöne* RdNr. 2.

Gewinn- und Verlustverteilung 2–4 § 721

Abs. 1 beschränken sich in derartigen Fällen somit darauf, einen *Anspruch auf Rechnungsabschluss und Gewinnverteilung vor Auflösung der Gelegenheitsgesellschaft auszuschließen;* Entsprechendes gilt für die Aufteilung eines etwaigen Verlustes. Zu dem von § 721 Abs. 1 zu unterscheidenden, gegen die Geschäftsführer gerichteten Anspruch der Gesamtheit der Mitgesellschafter auf Rechnungslegung nach §§ 713, 666 und zu seiner Abgrenzung gegenüber dem Individualanspruch auf Rechnungsabschluss nach § 721 Abs. 1 vgl. § 713 RdNr. 8 ff.

2. Anwendungsbereich. Die **Abgrenzung** zwischen einmaliger und jährlicher (Abs. 2) 2 Gewinnverteilung entspricht derjenigen zwischen Gelegenheits- und Dauergesellschaft (Vor § 705 RdNr. 87 f.). Maßgebend hierfür ist in erster Linie der *Gesellschaftszweck*.[2] Dauergesellschaften mit jährlichem Rechnungsabschluss sind namentlich bei Zusammenschlüssen anzunehmen, die *Erwerbszwecken* dienen, darunter solchen zwischen Freiberuflern, Minderkaufleuten oder Landwirten (Vor § 705 RdNr. 88). Geht es dagegen um Durchführung sowie Abwicklung eines oder einer begrenzten Anzahl von Einzelgeschäften auf gemeinsame Rechnung (vgl. Beispiele Vor § 705 RdNr. 87), so handelt es sich im Zweifel um eine nach § 721 Abs. 1 zu beurteilende Gelegenheitsgesellschaft.

Die Vorschrift des § 721 Abs. 1 ist **dispositiv.** Daher kann zwischen den Gesellschaftern 3 auch im Fall von Gelegenheitsgesellschaften periodische oder an bestimmte Geschäftsvorfälle anknüpfende Gewinnverteilung vereinbart werden.[3] Insoweit greifen dann die für die Anwendung von Abs. 2 maßgebenden Grundsätze ein (RdNr. 4 ff.). Handelt es sich um eine *Gelegenheitsgesellschaft von längerer,* ein Geschäftsjahr deutlich überschreitender *Dauer,* mit der die Erzielung laufender Einkünfte angestrebt wird, so wird vielfach die Vertragsauslegung dazu führen, dass die Beteiligten die Gewinnverteilung und -ausschüttung nicht bis zur Auflösung der Gesellschaft zurückstellen wollten.[4] Zu denken ist etwa an eine für ein mehrjähriges Großprojekt gegründete, nach außen im eigenen Namen und auf eigene Rechnung handelnde Arbeitsgemeinschaft.

II. Die jährliche Gewinnverteilung (Abs. 2)

1. Allgemeines. Zur Abgrenzung des Anwendungsbereichs von § 721 **Abs. 2** betr. 4 Gesellschaften von längerer Dauer von demjenigen des Abs. 1 vgl. RdNr. 2. Die in Abs. 2 geregelten Ansprüche auf Rechnungsabschluss und auf Gewinnverteilung sind zwar beide *mitgliedschaftlicher Natur* und stehen daher jedem Gesellschafter zu. Sie unterscheiden sich jedoch nicht nur hinsichtlich ihres Inhalts, sondern auch in Bezug auf die Durchsetzung deutlich voneinander. So richtet sich der Anspruch auf **Rechnungsabschluss** gegen die Geschäftsführer, soweit es um die Bilanz*aufstellung* (RdNr. 6) geht,[5] im Übrigen – hinsichtlich der Zustimmung zur Bilanzfeststellung (RdNr. 8) – gegen alle der Feststellung widersprechenden bzw. die Zustimmung verweigernden Mitgesellschafter.[6] In beiden Fällen besteht keine notwendige Streitgenossenschaft.[7] Als von § 717 S. 1 erfasste Verwaltungsrechte können diese Ansprüche nicht selbständig abgetreten werden (§ 717 RdNr. 7, 16); sie stehen daher auch keinem Zessionar des Gewinnanspruchs zu (§ 717 RdNr. 40). Demgegenüber ist der Anspruch auf **Auszahlung des Gewinns** (RdNr. 13) während der Gesellschaftsdauer nur gegen die Gesellschaft geltend zu ma-

---

[2] *Soergel/Hadding* Vor § 705 RdNr. 27; *Staudinger/Habermeier* RdNr. 2.
[3] RGZ 95, 147, 152 (Gewinnverteilung nach Durchführung jedes auf gemeinsame Rechnung getätigten Geschäfts); *Erman/Westermann* RdNr. 1.
[4] RG JR 1927 Nr. 1388; *Staudinger/Habermeier* RdNr. 2; *Bamberger/Roth/Timm/Schöne* RdNr. 2.
[5] BGH BB 1980, 121, 122; WM 1983, 1279, 1280; OLG Saarbrücken NZG 2002, 669, 670; MünchKommHGB/*Priester* § 120 RdNr. 47; *Staub/Ulmer* § 120 HGB RdNr. 21; *Bormann/Hellberg* DB 1997, 2415.
[6] So zutr. BGH NJW 1999, 571, 572 unter Hinweis auf BGH WM 1990, 309 (die Gesellschaftsgrundlagen betr. Streit zwischen Gesellschaftern); der Sache nach auch BGHZ 132, 263, 274 ff. = NJW 1996, 1678; ebenso *Staub/Ulmer* § 120 HGB RdNr. 21.
[7] BGH NJW 1999, 571, 572; *Soergel/Hadding/Kießling* RdNr. 8; MünchKommHGB/*Priester* § 120 RdNr. 53; offenlassend noch BGH WM 1983, 1279, 1280; aA *Staudinger/Habermeier* RdNr. 7.

§ 721   5–8   Abschnitt 8. Titel 16. Gesellschaft

chen;[8] seine Entstehung setzt im Unterschied zum Anspruch auf Gewinnverteilung die Feststellung des Jahresabschlusses (Bilanz sowie Gewinn- und Verlustrechnung) voraus.[9] Die Ansprüche aus § 721 Abs. 2 greifen auch bei Innengesellschaften ohne Gesamthandsvermögen ein; Abweichungen kommen dort nur für den gesetzlichen Gewinnverteilungsschlüssel in Betracht (§ 722 RdNr. 4).

5   Einer *besonderen Vereinbarung* über die jährliche anstelle der einmaligen Ergebnisverteilung bedarf es bei Dauergesellschaften iS von § 721 Abs. 2 *nicht;* das Eingreifen der Vorschrift ergibt sich vielmehr unmittelbar aus der durch den Gesellschaftszweck geprägten Gesellschaftsstruktur (RdNr. 2). In **Abweichung von Abs. 2** können die Gesellschafter aber andere Perioden für Rechnungsabschluss und Gewinnverteilung vereinbaren (vgl. auch RdNr. 3). Es kann auch die Zahlung einer am voraussichtlichen Geschäftserfolg orientierten Vorausdividende oder fester Zinsen auf die Einlagen zu Lasten des Ergebnisses vereinbart werden.[10] Zur Geschäftsführervergütung als besonderer Fall der Gewinnverteilung und ihrer Auszahlung vgl. näher § 709 RdNr. 32 ff.

6   **2. Rechnungsabschluss.** Insoweit geht es um die **Bilanzaufstellung** sowie die Aufstellung einer den Verhältnissen der GbR angepassten Gewinn- und Verlustrechnung (GuV) als Grundlage für die Ermittlung und Verteilung des periodengerechten Ertrags. Die Pflicht zur Aufstellung von Bilanz und GuV obliegt den **Geschäftsführern**.[11] Sie sind dabei zwar nicht unmittelbar an die Regelungen der §§ 238 ff. HGB sowie die im Handelsrecht maßgebenden *Grundsätze ordnungsgemäßer Buchführung* (GoB) gebunden.[12] Die GoB bilden jedoch im Zweifel auch für die GbR die am besten geeignete Rechnungsgrundlage, wenn sie nicht sogar ausdrücklich oder stillschweigend im Gesellschaftsvertrag als maßgebend vereinbart wurden. Die Aufstellung hat innerhalb der einem ordnungsgemäßen Geschäftsgang entsprechenden Frist zu erfolgen.[13] Zur Pflicht, Geschäftsbücher zu führen, vgl. § 713 RdNr. 10 f.

7   **Streitigkeiten** über die Bilanzaufstellung sind unmittelbar zwischen den beteiligten Gesellschaftern auszutragen (RdNr. 4); eine Klage gegen die Gesellschaft scheidet aus. Soweit es um Einwände gegen die inhaltliche Richtigkeit der Bilanz geht, betreffen diese allerdings nicht die Bilanzaufstellung. Sie bleiben der Bilanzfeststellung vorbehalten, an der alle Gesellschafter beteiligt sind (RdNr. 8). Bei Streitigkeiten hierüber besteht keine notwendige Streitgenossenschaft zwischen Klägern bzw. Beklagten.[14]

8   **3. Gewinnverteilung.** Sie erfolgt durch **Bilanzfeststellung** unter Anwendung des nach Gesetz oder Gesellschaftsvertrag maßgebenden Gewinnverteilungsschlüssels (§ 722 RdNr. 1, 5). Dabei handelt es sich nicht um ein abstraktes, sondern um ein *kausales* Schuldanerkenntnis bzw. einen **Feststellungsvertrag**[15] **zwischen allen Gesellschaftern**.[16] Er dient dazu,

---

[8] BGH WM 1960, 187 f.; RGZ 120, 135, 137; bei nicht selbst parteifähiger GbR genügt dazu Klage gegen den alleinigen Mitgesellschafter, da der Kläger sich nicht selbst verklagen muss (RGZ 170, 392, 395; zur Vollstreckung in diesen Fällen vgl. § 718 RdNr. 56).
[9] BGHZ 80, 357, 358 = NJW 1981, 2563. Vgl. RdNr. 8, 13.
[10] Vgl. Fn. 3.
[11] BGH BB 1980, 121, 122 und 695, 696; *Schulze-Osterloh* BB 1980, 1402, 1404 mwN.
[12] Die Vorschrift des § 262 aF HGB, die die Geltung der §§ 238 ff. HGB auf die nach § 2 aF HGB eintragungspflichtigen Unternehmen ausdehnte, ist durch das HRefG 1998 gestrichen worden.
[13] So § 243 Abs. 3 HGB für die handelsrechtliche Bilanzierungspflicht, vgl. dazu *Baumbach/Hopt* § 243 HGB RdNr. 10.
[14] Vgl. Fn. 7.
[15] Dazu *Kübler*, Feststellung und Garantie, 1967, S. 90 f.
[16] Vgl. näher § 781 RdNr. 19 ff. sowie *Ulmer*, FS Hefermehl, 1976, S. 207, 214 f. und *Staub/Ulmer* § 120 HGB RdNr. 19; so auch BGHZ 132, 263, 266 = NJW 1996, 1678; *Zunft* NJW 1959, 1945, 1946; *Schulze-Osterloh* BB 1980, 1402, 1404; *Schlegelberger/Martens* § 120 HGB RdNr. 5; *Erman/Westermann* RdNr. 2; *Bamberger/Roth/Timm/Schöne* RdNr. 4; aA MünchKommHGB/*Priester* § 120 RdNr. 57 und *ders.* DStR 2007, 28, 31, der die Bilanzfeststellung als Organisationsbeschluss qualifiziert; zust. *Soergel/Hadding/Kießling* RdNr. 5; in diese Richtung jetzt wohl auch BGHZ 170, 283, 289 f. = NJW 2007, 1685, 1687 = ZIP 2007, 475, 477 (Tz. 13 f. – allerdings ohne positive Aussage zur Qualifikation; dazu RdNr. 9). Die von einem abstrakten, zur Begründung neuer Verbindlichkeiten führenden Schuldanerkenntnis ausgehende Gegenansicht (vgl. BGH WM 1960, 187, 188; GroßkommHGB/*Rob. Fischer*, 3. Aufl. 1967, § 120 Anm. 11; *Hueck* OHG § 17 I 4, S. 243) ist heute jedenfalls überholt.

Gewinn- und Verlustverteilung 9 § 721

die Bilanzwerte als Grundlage der Gewinnverteilung zwischen den Gesellschaftern verbindlich festzulegen. Damit bildet er zugleich die notwendige Voraussetzung für die Entstehung und Fälligkeit der jeweiligen Gewinnansprüche, soweit der Gesellschaftsvertrag nicht Abweichendes regelt.[17]

Der Beschluss über die Bilanzfeststellung bedurfte nach bisheriger Rechtsprechung des BGH der Einstimmigkeit, wenn der Gesellschaftsvertrag keine Mehrheitsklausel für Grundlagengeschäfte enthält.[18] Hiervon ist der zuständige Senat in einer neueren Entscheidung im rechtlichen Ansatz abgerückt.[19] Demnach handelt es sich bei der Bilanzfeststellung zwar um ein Grundlagengeschäft, weil darüber nicht lediglich die für die Aufstellung zuständigen Geschäftsführer, sondern alle Gesellschafter zu entscheiden haben;[20] im Übrigen bezeichnet der Senat die Feststellung aber als eine Angelegenheit der laufenden Verwaltung[21] und sieht sie von einer **einfachen Mehrheitsklausel** gedeckt. Abgesehen von der unüblichen Terminologie, ist dem im Ergebnis zuzustimmen, zumal hiermit der Bestimmtheitsgrundsatz richtigerweise auf den Gehalt einer allgemeinen Auslegungsregel zurückgeführt wird (näher § 709 RdNr. 90).[22] Zutreffend ist ferner der Ausgangspunkt, dass alle Gesellschafter über die Bilanzfeststellung zu entscheiden haben, dabei aber grundsätzlich an die Vorschläge der Geschäftsführer gebunden sind, sofern diese sachlich begründet sind und der bisherigen Bilanzpraxis entsprechen. Im Übrigen brauchte der Senat die Frage nicht zu entscheiden,[23] ob die Bildung offener Rücklagen als Eingriff in den **Kernbereich,** namentlich das Gewinnrecht jedes einzelnen Gesellschafters, zu werten ist, so dass sie einer Mehrheitsentscheidung nur im Falle einer gesellschaftsvertraglichen Begrenzung nach Ausmaß und Umfang zugänglich ist.[24] Denn der Gesellschaftsvertrag enthielt eine Thesaurierungsgrenze in Höhe von 20%, und hierin kann grundsätzlich die Zustimmung zur konkreten Verwendungsentscheidung gesehen werden. Im Unterschied zur nachträglichen Beitragserhöhung (§ 707 RdNr. 8) ist es unmöglich und somit nicht erforderlich, eine absolute Obergrenze für die thesaurierungsfähigen Gewinnanteile festzusetzen. Es reicht vielmehr aus, wenn eine auf das jeweilige Geschäftsjahr bezogene **relative Obergrenze** vertraglich definiert wird. Man wird den Senat, der ausdrücklich auf die Kernbereichslehre verweist, auch in diesem Sinne verstehen können.[25] Damit steht fest: Nur sofern der Vertrag die (relative) Obergrenze zulässiger Rücklagenbildung umschreibt, kann die Klausel als (antizipierte) Zustimmung mit

9

---

[17] BGHZ 80, 357, 358 = NJW 1981, 2563; BGHZ 132, 263, 266 = NJW 1996, 1678; RGZ 112, 19, 23; MünchKommHGB/*Priester* § 121 RdNr. 10; *Staub/Ulmer* § 120 HGB RdNr. 17; *Hueck* OHG § 17 III 3, S. 252; *Ulmer*, FS Hefermehl, 1976, S. 207, 215.
[18] BGHZ 132, 263, 266 = NJW 1996, 1678; dort auch Näheres zur Aufteilung der Kompetenzen für Rechnungslegung und Gewinnermittlung in der KG zwischen Geschäftsführern und sonstigen Gesellschaftern.
[19] BGHZ 170, 283 = NJW 2007, 1685 = ZIP 2007, 475 und dazu *K. Schmidt* ZGR 2008, 1; *Wertenbruch* ZIP 2007, 798; *Haar* NZG 2007, 601; *Binz/Mayer* DB 2007, 1739.
[20] BGHZ 170, 283, 285f., 289f. = NJW 2007, 1685, 1686f. = ZIP 2007, 475, 476f. Tz. 6, 13.
[21] BGHZ 170, 283, 289f. = NJW 2007, 1685, 1687 = ZIP 2007, 475, 477 Tz. 13.
[22] Da der streitgegenständliche Vertrag eine auf die Feststellung bezogene Mehrheitsklausel enthielt (BGH aaO Tz. 12), kam es letztlich nicht auf die Frage an, ob die Mehrheitsklausel sich wenigstens allg. auf Vertragsänderungen bzw. Grundlagenangelegenheiten beziehen muss. Dies folgt indes schon aus allg. Auslegungsregeln (§ 709 RdNr. 90) und hat nichts mit dem – der Sache nach – jetzt auch vom Senat verabschiedeten Bestimmtheitsgrundsatz (BGH aaO Tz. 9) zu tun.
[23] BGHZ 170, 283, 290f. = NJW 2007, 1685, 1687f. = ZIP 2007, 475, 477 Tz. 15.
[24] Dies allerdings deshalb, weil der Vertrag eine Klausel enthielt, mit der ein 20%iger Anteil des Gewinns in eine Rücklage eingestellt werden konnte.
[25] Problematisch war allerdings, dass der Vertrag auch die Entscheidung über eine höhere Rücklagenbildung zuließ, sofern diese mit qualifizierter Mehrheit (76%) getroffen wurde; weiterhin war problematisch, dass der Senat auf Tochterebene gebildete Rücklagen offenbar nicht einbeziehen wollte; krit. insoweit auch *Wertenbruch* ZIP 2007, 798, 803; *C. Schäfer* Status Recht 2007, 116f.; s. auch *Haar* NZG 2007, 601, 604f.; großzügiger (und deshalb problematisch) aber *Priester* DStR 2007, 28, 31 f. und – ihm folgend – *K. Schmidt* ZGR 2008, 1, 22 (Ergebnisverwendung niemals Kernbereichseingriff); wie hier im Ansatz auch schon *Staub/Ulmer* § 120 HGB RdNr. 31 f.; zweifelhaft OLG Stuttgart OLGR 2008, 184 ff. (n. rkr. – Gesellschaftsvertrag könne Kommanditisten von Beschlussfassung über Rücklagenbildung ausschließen; Thesaurierungsquote auch über 20% unproblematisch).

dem damit insofern verbundenen Eingriff in das Gewinnbezugsrecht interpretiert werden (s. § 709 RdNr. 93).

10   Die Thesaurierungsquote braucht jedoch **nicht als starre Grenze** definiert zu werden. Ist nämlich die Obergrenze benannt, als solche konsentiert und in der Höhe nicht unangemessen, kommt es den Minderheitsgesellschaftern nur zugute, wenn einer – einfachen oder qualifizierten – Mehrheit die Befugnis eingeräumt wird, in *geringerem Umfang* Rücklagen zu bilden. Die durch die Kernbereichslehre vorgegebenen materiellen Anforderungen an den konkreten Gehalt der Zustimmung (§ 709 RdNr. 92) sind aus diesem Grund auch dann erfüllt, wenn die Voraussetzungen der einer Mehrheitsentscheidung zugänglichen Rücklagenbildung *bis zu einer bestimmten Höchstgrenze* umschrieben werden. Was die angemessene Höhe der Rücklagenquote betrifft, so ist eine vom Gesellschaftsvertrag definierte Grenze, weil von allen Gesellschaftern akzeptiert, grundsätzlich auch dann nicht zu beanstanden, wenn sie bis an die Hälfte des ausschüttungsfähigen Gewinns reicht (freilich unter Einbeziehung der Bilanzierungswahlrechte mit Gewinnverwendungscharakter). Sie steht allerdings unter dem Vorbehalt, dass die Gesellschafter jedenfalls ihre auf den Gewinn entfallende Steuerschuld mittels der ausgeschütteten Beträge erfüllen können; hohe Thesaurierungsquoten sind daher durch entsprechende Steuerklauseln zu ergänzen. Die **Erhöhung** der vertraglichen Thesaurierungsquote kommt bei Fehlen einer antizipierten Zustimmung nur unter den besonderen Voraussetzungen einer Zustimmungspflicht in Betracht (RdNr. 11); sie ist daher auch einer qualifizierten Mehrheit grundsätzlich versperrt.

11   Soweit es danach der **Zustimmung** aller Gesellschafter zur **Thesaurierungsentscheidung** bedarf, insbesondere also beim völligen Fehlen einer vertraglichen Obergrenze (RdNr. 10) oder wenn die Thesaurierungsquote ohne antizipierte Zustimmung im Einzelfall *erhöht* werden soll, kann die Gesellschafter eine Zustimmungspflicht treffen. Abweichend von der Rechtslage im Falle einer Beitragserhöhung, wo eine Zustimmungspflicht auch in Sanierungsfällen grundsätzlich ausscheidet (§ 707 RdNr. 10), kann der Gesellschafter wegen der unterschiedlichen Interessenlage im Einzelfall verpflichtet sein, einer erhöhten Thesaurierung zuzustimmen, sofern dies im Interesse der Gesellschaft wegen eines besonders hohen Eigenkapitalbedarfs dringend geboten und den einzelnen Gesellschaftern – insbesondere unter Berücksichtigung ihrer Steuerlast – zumutbar ist (allgemein § 705 RdNr. 232). Hiervon unberührt bleibt die Mitwirkungspflicht an der **Bilanzfeststellung** als solcher; sie wird jedoch nur dann relevant, wenn der Vertrag keine – zulässige (RdNr. 9) – Mehrheitsklausel enthält und ist dann als Ausprägung der gesellschaftsvertraglichen Treupflicht grundsätzlich zu bejahen; denn die Bilanzfeststellung ist nicht nur für Gewinnermittlung und Entstehung der Gewinnansprüche bedeutsam; sie fungiert vielmehr auch als Grundlage künftiger Rechnungsabschlüsse.[26] Sie kann demgemäß gegenüber widersprechenden oder untätigen Gesellschaftern gerichtlich durchgesetzt werden, wobei die Gerichte in diesem Rahmen gegebenenfalls auch über umstrittene Bilanzansätze zu entscheiden haben (vgl. RdNr. 7). Dem Zessionar des Gewinnanspruchs steht ein Mitwirkungsrecht an der Bilanzfeststellung nicht zu (§ 717 RdNr. 40).[27]

12   Eine **Verlustverteilung** iS einer *Nachschusspflicht* ist in § 721 Abs. 2 im Unterschied zu Abs. 1 **nicht** vorgesehen. Das erklärt sich aus der Vorschrift des § 707; sie schließt Beitragserhöhungen während der Gesellschaftsdauer ohne entsprechende Vertragsänderung aus. Nachschüsse der Gesellschafter können nach Maßgabe von § 735 erst im Zuge der Liquidation verlangt werden. Dagegen schließt § 721 Abs. 2 eine *Ermittlung* des Verlustes und dessen Aufteilung auf die Kapitalkonten der Gesellschafter nach Maßgabe des Verlustverteilungsschlüssels (§ 722 RdNr. 3 f.) im Rahmen der Bilanzfeststellung nicht aus.[28]

---

[26] MünchKommHGB/*Priester* § 120 RdNr. 55; *Staub/Ulmer* § 120 HGB RdNr. 16 ff., 20 und schon *Ulmer*, FS Hefermehl, 1976, S. 211; vgl. auch BGHZ 80, 357, 358 = NJW 1981, 2563.
[27] BGH WM 1983, 1279, 1280.
[28] So auch *Erman/Westermann* RdNr. 2; *Soergel/Hadding/Kießling* RdNr. 19; *Staudinger/Habermeier* RdNr. 8; enger *Bamberger/Roth/Timm/Schöne* RdNr. 7 (nur bei entsprechender Vereinbarung).

4. Gewinnanspruch. Der **Anspruch auf Auszahlung des Gewinns** für das abgelaufene Geschäftsjahr richtet sich gegen die Gesellschaft, nicht aber gegen die Mitgesellschafter persönlich (RdNr. 4). Er *entsteht* nicht bereits zum Ende des Geschäftsjahrs, sondern erst *mit dem Beschluss über die Bilanzfeststellung* (RdNr. 8), da regelmäßig erst zu diesem Zeitpunkt die für die Gewinnermittlung maßgebenden Werte festliegen.[29] Erst von da an kann er auch geltend gemacht werden, soweit die Gewinnentnahme nicht vertraglich beschränkt ist (RdNr. 16). Schon weil der Gewinnanspruch erst bei Bilanzfeststellung entsteht, kann seine *Pfändung* sich nicht etwa auf Ansprüche der Gesellschaft gegen einen anderen Gesellschafter erstrecken.[30] Nach §§ 195, 199 Abs. 1 unterliegt der Anspruch der regelmäßigen, mit dem Schluss des Entstehungsjahrs beginnenden *Verjährungsfrist* von drei Jahren.[31] Zu Entnahmebeschränkungen vgl. RdNr. 16.

Die **Abtretung** des Gewinnanspruchs als *künftiger* Anspruch ist zwar schon vor dessen jeweiliger Entstehung möglich; ihre Wirksamkeit steht aber unter dem Vorbehalt, dass der Zedent im Zeitpunkt der Anspruchsentstehung seinen Anteil noch nicht veräußert hat (§ 717 RdNr. 31). Zu Möglichkeit und Voraussetzungen einer Verpfändung der Mitgliedschaft, um dem Pfandgläubiger die Anwartschaft auf den künftigen Gewinnanspruch zu sichern, vgl. § 719 RdNr. 51 ff.

5. Entnahmen und Beschränkungen. Einen Anspruch auf **gewinnunabhängige Entnahmen** oder Vorschriften über Entnahmebeschränkungen kennt das Recht der GbR nicht; § 122 Abs. 1 HGB ist nicht etwa analog anwendbar.[32] Wohl aber können Vereinbarungen hierüber im Gesellschaftsvertrag getroffen werden.[33] So finden sich gewinnunabhängige Entnahmerechte namentlich im Zusammenhang mit Bestimmungen über eine Geschäftsführervergütung (§ 709 RdNr. 32 ff.).

Der Gesellschaftsvertrag kann auch **Beschränkungen der Gewinnentnahme** vorsehen. Mehrheitsbeschlüsse hierüber haben sich, auch wenn sie im Gesellschaftsvertrag ausdrücklich zugelassen sind, an der Treupflicht und am Gleichbehandlungsgrundsatz zu orientieren (näher RdNr. 9; vgl. außerdem § 705 RdNr. 229, 250, § 709 RdNr. 100 f.). Auch ohne derartige Klauseln kann sich je nach finanzieller Lage der Gesellschaft im Einzelfall aus der Treupflicht die Verpflichtung der Gesellschafter ergeben, Teile des Gewinns in der Gesellschaftskasse zu belassen;[34] eine versteckte Beitragserhöhung darf sich mit dem Treupflichteinwand aber nicht verbinden (§ 707).[35] Der Treupflichteinwand kann nach § 404 auch dem Zessionar entgegengesetzt werden. Stehengelassene Gewinne erhöhen entgegen § 120 Abs. 2 HGB nicht die Kapitalanteile der Gesellschafter, wenn diese nicht einstimmig oder mit den für Vertragsänderungen erforderlichen Mehrheiten (§ 709 RdNr. 84 ff.) Abweichendes beschließen.[36] Dementsprechend können Ansprüche auf den Gewinn des vergangenen Geschäftsjahrs grundsätzlich auch noch nach Feststellung des Abschlusses für das folgende Geschäftsjahr geltend gemacht werden.[37]

---

[29] Vgl. die Nachweise in Fn. 17.
[30] So aber OLG Celle NZG 2004, 613, 614 in Bezug auf einen Erlösherausgabeanspruch wegen unberechtigter Vermietung im eigenen Namen; der „Pfändungsdurchgriff" erspare den rechtstechnischen Umweg der Zahlung; das trifft allenfalls im entschiedenen Fall, nicht aber als allg. Rechtssatz das Richtige; zutr. *Wertenbruch* NZG 2006, 408, 414 m. Fn. 146.
[31] Vgl. § 195 RdNr. 6; *Palandt/Heinrichs* § 195 RdNr. 3; *Palandt/Sprau* RdNr. 2. Zur früher geltenden dreißigjährigen Regelverjährung vgl. BGHZ 80, 357, 359 = NJW 1981, 2563 und die Nachweise in 3. Aufl. Fn. 22.
[32] So auch *Soergel/Hadding/Kießling* RdNr. 18; aA *K. Schmidt* GesR § 58 V 2 für die Mitunternehmer-GbR; dem folgend *Staudinger/Habermeier* RdNr. 10.
[33] Vgl. BGH NJW-RR 1994, 996: Entnahmerecht nur bei entspr. Vereinbarung.
[34] BGHZ 132, 263, 276 = NJW 1996, 1678.
[35] *Rob. Fischer*, FS Barz, 1974, S. 33, 45 f.; so, freilich unter Abstellen auf einen von § 169 HGB abw. hypothetischen Parteiwillen, auch BGH BB 1973, 999 zur Entnahmebeschränkung eines Kommanditisten.
[36] *Soergel/Hadding/Kießling* RdNr. 16; *Palandt/Sprau* RdNr. 4; für nicht unternehmenstragende Gesellschaften auch *Staudinger/Habermeier* RdNr. 10 (vgl. Fn. 32).
[37] Anders das Entnahmerecht nach § 122 HGB, vgl. *Staub/Ulmer* § 122 HGB RdNr. 10.

§ 722 Anteile am Gewinn und Verlust

(1) Sind die Anteile der Gesellschafter am Gewinn und Verlust nicht bestimmt, so hat jeder Gesellschafter ohne Rücksicht auf die Art und die Größe seines Beitrags einen gleichen Anteil am Gewinn und Verlust.

(2) Ist nur der Anteil am Gewinn oder am Verlust bestimmt, so gilt die Bestimmung im Zweifel für Gewinn und Verlust.

I. Inhalt der Vorschrift

1   1. **Grundlagen.** § 722 schreibt in **Abs. 1** als Maßstab für die Verteilung von Gewinn und Verlust die **Aufteilung nach Köpfen** vor (zum Beschluss über die Gewinnverteilung und zum Gewinnanspruch vgl. § 721 RdNr. 8 ff.). Der Gesellschaftsvertrag kann jedoch – und wird häufig – abweichende Vereinbarungen enthalten (RdNr. 5 f.). Ebenso wie § 706, der in Abs. 1 mangels abweichender Vereinbarung gleiche Beitragsleistungen vorsieht, ist auch § 722 Abs. 1 Ausdruck des gesellschaftsrechtlichen Gleichbehandlungsgrundsatzes (§ 705 RdNr. 244 ff.).

2   Sind die **Beitragspflichten unterschiedlich** ausgestaltet, so reicht dieser Umstand für sich genommen zwar nicht schon aus, um zu einer von § 722 Abs. 1 abweichenden Ergebnisverteilung zu kommen;[1] anderes gilt im Zweifel für die Zusammenarbeit zwischen gewerblichen Unternehmern (vgl. RdNr. 6). Die unterschiedliche Beitragshöhe kann aber je nach Fallgestaltung, namentlich bei unvorhersehbaren Änderungen in Bezug auf die Beitragsleistung oder ihrer Wertverhältnisse, Anlass zu einer ergänzenden Vertragsauslegung geben oder einen Anspruch auf Vertragsänderung begründen.[2] Unterschiedlichen Zeitpunkten der Erbringung der vereinbarten Beiträge ohne entsprechend unterschiedliche Fälligkeitsregelungen im Gesellschaftsvertrag kann auch ohne generelle Vertragsänderung durch vorübergehende Differenzierung des Gewinnverteilungsschlüssels Rechnung getragen werden (§ 705 RdNr. 250).

3   Nach der **Auslegungsregel des Abs. 2** stimmen *Gewinn- und Verlustanteil* mangels abweichender Vereinbarung überein; die Vorschrift greift ein, wenn der Gesellschaftsvertrag Vereinbarungen nur entweder über die Gewinn- oder die Verlustbeteiligung enthält. Die Teilnahme jedes Gesellschafters nicht nur an den Gewinnen, sondern auch an den Verlusten der Gesellschaft entspricht zwar gesetzlicher Regel; sie ist aber keine notwendige Voraussetzung für das Vorliegen einer Gesellschaft.[3]

4   2. **Sonderfälle.** Die Vorschrift des § 722 bezieht sich grundsätzlich auf alle Arten von GbR, auch die Innengesellschaft.[4] Eine Abweichung ist entsprechend § 231 Abs. 1 HGB allerdings insoweit veranlasst, als es um die Ergebnisbeteiligung in der **stillen Gesellschaft** und bei der **Unterbeteiligung** geht. Wegen der Vergleichbarkeit der Interessenlage kommt dem nach § 231 Abs. 1 HGB geltenden, auf eine *angemessene* Gewinn- und Verlustbeteiligung des Stillen abstellenden flexiblen Maßstab auch in denjenigen Fällen einer Innenge-

---

[1] So auch BGH LM Nr. 1 = NJW 1982, 2816, 2817.
[2] Vgl. dazu § 705 RdNr. 245 sowie – für die Anpassung von Geschäftsführervergütungen an Kaufkraftänderungen u. a. – § 709 RdNr. 36; eine Anpassung in concreto verneinend BGH WM 1998, 1020, 1025 (Künstler-GbR mit unterschiedlichem Gewicht der jeweils eingebrachten Nutzungsrechte). Zur Frage des zivilrechtlichen Ausgleichs der Steuerbelastungen zwischen Gesellschaftern bei steuerrechtlicher Nichtanerkennung gesellschaftsvertraglicher Gewinnverteilungsabreden vgl. *Felix/Streck* DB 1975, 2213.
[3] Ganz hM, vgl. BGH WM 1967, 346, 347; BAG NJW 1993, 2458, 2460; *Soergel/Hadding* Vor § 705 RdNr. 11; *Staudinger/Habermeier* RdNr. 2; so auch *Jud*, FS Wilburg, 1975, S. 119, 133 und *Müller-Gugenberger*, GS Rödig, 1978, S. 274, 280, jeweils mwN auch zu Gegenmeinungen; aA *Schulze-Osterloh*, Der gemeinsame Zweck der Personengesellschaften, 1973, S. 25 f.
[4] HM, vgl. BGH WM 1967, 346, 347; NJW-RR 1990, 736; NJW 1999, 2962, 2964 (Ehegatten-Innengesellschaft); RGZ 147, 112, 113; *Soergel/Hadding/Kießling* RdNr. 2; *Staudinger/Habermeier* RdNr. 4; *Erman/Westermann* RdNr. 2. Für analoge Anwendung von § 121 HGB auf Mitunternehmer-GbR dagegen *K. Schmidt* GesR § 59 III 4, § 58 V 2.

sellschaft der Vorrang vor der Aufteilung nach Köpfen zu, in denen eine unmittelbare Anwendung dieser Vorschrift wegen Fehlens einer der in § 230 HGB genannten Voraussetzungen ausscheidet (vgl. Vor § 705 RdNr. 98; § 705 RdNr. 287).[5]

II. Abweichende Vereinbarungen

Sie sind im Rahmen der allgemeinen Schranken der Vertragsfreiheit (§ 705 RdNr. 132 ff.) grundsätzlich beliebig möglich. Verbreitet ist namentlich die **Ergebnisverteilung entsprechend** der jeweiligen **Einlagenhöhe** (dem Kapitalanteil) sowie die Gewährung eines festen oder variablen Gewinnvoraus als **Geschäftsführervergütung** (§ 709 RdNr. 32 ff.). Zulässig ist auch die Zusage eines garantierten Mindestgewinns an bestimmte Gesellschafter[6] oder die Anwendung unterschiedlicher Schlüssel für Gewinn- und Verlustverteilung. Ist im Gesellschaftsvertrag die Bestimmung des jeweiligen Gewinn- und/oder Verlustanteils einem der Gesellschafter überlassen worden, finden §§ 315 ff. Anwendung. Im Einzelfall kann nicht nur die Verlust- (RdNr. 3), sondern auch die *Gewinnbeteiligung* einzelner Gesellschafter ganz *ausgeschlossen* werden.[7] Entgegen einer zumal für Personenhandelsgesellschaften auch heute noch anzutreffenden Ansicht bildet sie kein notwendiges oder unverzichtbares Mitgliedschaftsrecht (vgl. Näheres in § 705 RdNr. 149 ff.).

5

Für die Anforderungen an das **Zustandekommen** abweichender Gewinn- und Verlustverteilungsabreden und für ihre **Auslegung** gelten die allgemeinen Grundsätze (§ 705 RdNr. 20 ff., 171 ff.).[8] Die Vereinbarungen hierüber können ausdrücklich oder konkludent getroffen werden; sie können sich aber auch aufgrund ergänzender Vertragsauslegung ergeben.[9] *Konkludente Abreden* sind namentlich anzunehmen im Falle von kapitalistisch strukturierten Beteiligungen oder bei aus sonstigen Gründen erkennbar an der jeweiligen Beteiligungshöhe ausgerichteten Gesellschaftsanteilen. Das gilt insbesondere für Gesellschaften zwischen Unternehmern mit erwerbswirtschaftlichem Zweck, wenn der Umfang der Beitragsleistungen sich an der tatsächlichen Geschäftsentwicklung orientiert; mangels abweichender Umstände ist insoweit davon auszugehen, dass sich auch Gewinn- und Verlustanteil entsprechend kaufmännischen Grundsätzen nach dem jeweiligen Tätigkeitsbeitrag und den eingesetzten Vermögenswerten richten sollen.[10] Erfolgt die Gewinnverteilung im Einverständnis aller Gesellschafter lange Jahre hindurch abweichend vom vertraglichen Verteilungsschlüssel, so begründet das die tatsächliche Vermutung für eine entsprechende *Vertragsänderung*. Wer sich demgegenüber auf die ursprüngliche Abrede beruft, ist für deren Fortgeltung beweispflichtig.[11] Zu den Schranken von Mehrheitsklauseln über Änderungen der Gewinn- und Verlustverteilung vgl. § 709 RdNr. 91 f.

6

---

[5] Ebenso *Soergel/Hadding/Kießling* RdNr. 2; *Staudinger/Habermeier* RdNr. 4; *Bamberger/Roth/Timm/Schöne* RdNr. 1. Vgl. auch *Erman/Westermann* RdNr. 2: für entsprechende Anwendung von § 232 Abs. 2 HGB (beschränkte Verlustbeteiligung) auf eine der stillen Gesellschaft nachgebildete GbR, in der der stille Gesellschafter keinen Einfluss auf die Geschäftstätigkeit nimmt.
[6] BGH WM 1989, 1850, 1851.
[7] Vgl. näher § 705 RdNr. 149 f.; ebenso *Soergel/Hadding/Kießling* RdNr. 3; MünchKommHGB/*Priester* § 121 RdNr. 37; *Jauernig/Stürner* RdNr. 6.
[8] Vgl. dazu *Jud*, FS Wilburg, 1975, S. 119, 122 ff.
[9] So zu Recht BGH LM Nr. 1 = NJW 1982, 2816, 2817; NJW-RR 1990, 736.
[10] BGH LM Nr. 1 = NJW 1982, 2816, 2817 (zur Arge); *Soergel/Hadding/Kießling* RdNr. 3; *Bamberger/Roth/Timm/Schöne* RdNr. 3; auch bei der Ehegatteninnengesellschaft können aber unterschiedlich hohe Beiträge Indiz für eine abw. Regelung sein, vgl. BGH WM 1990, 877, 878; OLG Schleswig NJW-RR 2004, 972.
[11] BGH LM HGB § 105 Nr. 22 = NJW 1966, 826 (trotz Nichteinhaltung der für Vertragsänderungen vorgesehenen Form); allg. zu konkludenten Vertragsänderungen und entgegenstehenden Formvorschriften vgl. § 705 RdNr. 50 f., 56.

Vorbemerkungen

Übersicht

	RdNr.		RdNr.
I. Die Regelungen der §§ 723 bis 740	1–4	2. Sonstige	13–21
II. Auflösung und Beendigung	5–11	a) Zeitablauf	14–16
1. Umwandlung in Abwicklungsgesellschaft	5–7	b) Vereinigung aller Anteile	17
		c) Gesellschafterbeschluss	18–20
2. Ausnahmefälle sofortiger Vollbeendigung	8–10	d) Auflösende Bedingung	21
		IV. Auflösungsfolgen	22–24
3. Rückumwandlung in werbende Gesellschaft	11	1. Im Innenverhältnis	22
		2. Gegenüber Dritten	23, 24
III. Auflösungsgründe	12–21	V. Streitigkeiten	25
1. Gesetzliche	12		

I. Die Regelungen der §§ 723 bis 740

1   Mit § 723 beginnt sachlich ein **neuer Abschnitt** im Recht der GbR, auch wenn die Einteilung äußerlich nicht hervortritt. Während die Vorschriften der §§ 705 bis 722 sich mit den Grundbegriffen des Personengesellschaftsrechts sowie mit den Rechtsverhältnissen zwischen den Gesellschaftern und gegenüber Dritten für die Dauer der *werbenden* GbR beschäftigen, sind die Rechtsfragen der *Auflösung* der GbR und ihrer Folgen sowie des Ausscheidens einzelner Gesellschafter in den §§ 723 bis 740 geregelt. Im Einzelnen lassen sich dabei drei Normengruppen unterscheiden (RdNr. 2 bis 4).

2   Die **gesetzlichen Auflösungsgründe** finden sich in §§ **723 bis 728**; sie sind nicht erschöpfend (RdNr. 13). Unter ihnen ist der wichtigste derjenige der *Kündigung*. Dabei unterscheidet das Gesetz zwischen der ordentlichen Kündigung unbefristeter oder ihnen gleichzustellender Gesellschaften (§§ 723 Abs. 1 S. 1, 724), der Kündigung aus wichtigem Grund (§ 723 Abs. 1 S. 2 und 3) und der Kündigung durch den Pfändungspfandgläubiger (§ 725). *Weitere* gesetzliche Auflösungsgründe bilden das Erreichen oder Unmöglichwerden des Gesellschaftszwecks (§ 726), der Tod eines Gesellschafters (§ 727) sowie die Eröffnung des Insolvenzverfahrens über das Vermögen der Gesellschaft oder eines Gesellschafters (§ 728). Zu den sonstigen Auflösungsgründen vgl. RdNr. 13 ff.

3   Eine zweite Normengruppe bilden die **Vorschriften über die Abwicklungsgesellschaft**. Zu ihnen zählen in erster Linie die §§ **730 bis 735**. Sie betreffen die Auseinandersetzung der aufgelösten Gesellschaft einschließlich der Ergebnisverteilung unter den Gesellschaftern und gehen insoweit den allgemeinen Vorschriften der §§ 705 ff. vor. Hierher gehört aber auch die Bestimmung des § 729. Ihre systematisch ungewöhnliche Einordnung vor der Grundnorm des § 730 erklärt sich aus ihrem auf vorübergehenden Fortbestand der Geschäftsführungsregelungen der werbenden Gesellschaft gerichteten Inhalt; er verleiht der Vorschrift eine Art Übergangscharakter.

4   Den Abschluss bilden als dritte Normengruppe die Vorschriften über das **Ausscheiden eines Gesellschafters** unter Fortsetzung der Gesellschaft zwischen den übrigen (**§§ 736 bis 740**). Sie regeln die Voraussetzungen des einseitigen Ausscheidens (§§ 736 Abs. 1, 737) und die damit verbundenen Fragen der Haftungsfortdauer (§ 736 Abs. 2) sowie der Abfindungsfolgen (§§ 738 bis 740). Systematisch enthalten sie Abweichungen sowohl gegenüber den Regelungen über die Auflösung als auch gegenüber denjenigen über die sich anschließende Auseinandersetzung. Die Rechtsverhältnisse innerhalb der von den Mitgesellschaftern als werbende fortgesetzten Gesellschaft richten sich nach den allgemeinen Vorschriften der §§ 705 bis 722.

II. Auflösung und Beendigung

1. Umwandlung in Abwicklungsgesellschaft. Als Dauerschuldverhältnis mit Gesamt- 5
handsvermögen und sonstigen organisationsrechtlichen Elementen (§ 705 RdNr. 155 ff.)
wird die Gesellschaft im Regelfall nicht etwa durch Erfüllung (Zweckerreichung) oder
Zeitablauf beendet. Auch wenn sie für eine befristete Zeit eingegangen ist, führt der Zeitablauf doch nur zur Auflösung (RdNr. 15); anschließend muss sie nach Maßgabe der
§§ 730 ff. oder der hiervon abweichenden Vertragsvereinbarungen **abgewickelt** werden.
Entsprechendes gilt in den Fällen, in denen die Auflösung nicht durch Zeitablauf, sondern
aus anderen Gründen eintritt (zu den Ausnahmen sofortiger Vollbeendigung vgl.
RdNr. 8 ff.). Bis zur vollständigen Durchführung der Abwicklung, dh. der Verteilung des
gesamten Gesellschaftsvermögens, nicht notwendig aber der Erfüllung der Gesellschaftsverbindlichkeiten und der Ausgleichung der gegenseitigen Vermögensansprüche der Mitglieder
(§ 730 RdNr. 38), besteht die Gesellschaft somit fort. Eine Änderung ihrer Identität, ihrer
Rechtsfähigkeit oder ihres Mitgliederbestands wird durch die Auflösung als solche nicht
bewirkt; der Fortbestand ist auch nicht etwa ein nur fiktiver.[1] Die *Vollbeendigung der Gesellschaft* unter Wegfall der gesellschaftsvertraglichen Bindung tritt erst mit dem Abschluss der
Liquidation ein.

Das **Wesen der Auflösung** lässt sich somit bestimmen als eine *zur Zweckänderung führende* 6
Vertragsumgestaltung. Je nach Art des Auflösungsgrundes kann die Auflösung im Wege einvernehmlicher Vertragsänderung (RdNr. 18), durch einseitige Gestaltungserklärung (§§ 723 bis
725) oder durch objektive Umstände (§§ 726 bis 728) bewirkt werden. Anstelle des werbenden, auf die Verwirklichung der mit der Gesellschaft verfolgten Ziele gerichteten gemeinsamen Zwecks tritt der **Abwicklungszweck.** Zugleich ändern sich damit die Rechte und
Pflichten der Beteiligten. Rückständige Beiträge können nur noch insoweit eingefordert
werden, als es für die Zwecke der Abwicklung erforderlich ist (vgl. Näheres in § 730
RdNr. 26 ff.). Die Geschäftsführung geht nach dispositivem Recht (§ 730 Abs. 2 S. 2) auf
alle Gesellschafter als Liquidatoren über.

Die Regelungen über Auflösung und Beendigung gelten grundsätzlich für jede in Vollzug 7
gesetzte Gesellschaft (zum Begriff des Vollzugs vgl. § 705 RdNr. 331). Eine rückwirkende
Vernichtung scheidet in diesen Fällen aus. Das gilt namentlich auch für die **fehlerhafte
Gesellschaft;** sie kann trotz bestehender Anfechtungs- oder Nichtigkeitsgründe regelmäßig
nur durch Kündigung und anschließende Liquidation beendet werden (§ 705 RdNr. 323 ff.).
Aus den gleichen Gründen wandelt sich ein gesetzliches oder vertragliches **Rücktrittsrecht**
nach Invollzugsetzung der Gesellschaft in ein Kündigungsrecht aus wichtigem Grund um.[2]
Und schließlich ist auch für eine **rückwirkende Auflösung** nach § 158 Abs. 2 kein Raum.
Der Eintritt einer auflösenden Bedingung führt vielmehr zur Auflösung ex nunc.[3]

2. Ausnahmefälle sofortiger Vollbeendigung. Auflösung und Vollbeendigung der 8
Gesellschaft fallen in *zeitlicher* Hinsicht abweichend vom gesetzlichen Regelfall (RdNr. 5)
dann zusammen, wenn der zur Auflösung führende Umstand ausnahmsweise zugleich die
gesellschaftsvertraglichen Beziehungen beendet, ohne dass es hierzu der in §§ 730 ff. vorgesehenen Liquidation bedarf. Dabei sind zwei Fälle zu unterscheiden.

Den wichtigsten Fall sofortiger Vollbeendigung bildet der **Rückgang der Mitglie-** 9
derzahl auf einen Gesellschafter und in Verbindung damit der Übergang des
Gesellschaftsvermögens in dessen Alleineigentum (§ 718 RdNr. 13). Hierzu kann es
namentlich bei Zweipersonengesellschaften aus einer Reihe von Gründen kommen, so
beim Tod eines Gesellschafters, sei es unter Beerbung durch den alleinigen Mitgesell-

---

[1] So entgegen dem auf eine Fiktion hindeutenden Wortlaut von § 730 Abs. 2 S. 1 (vgl. § 730 RdNr. 24) die heute einhM, vgl. *Soergel/Hadding/Kießling* RdNr. 10; *Erman/Westermann* § 723 RdNr. 1; *Bamberger/Roth/Timm/Schöne* RdNr. 3; *Staudinger/Habermeier* RdNr. 17.
[2] BGH WM 1967, 419. Zu diesem allg. für Dauerschuldverhältnisse geltenden Grundsatz vgl. § 314 RdNr. 3 mwN.
[3] Vgl RdNr. 21; so auch *Staudinger/Habermeier* RdNr. 8; *Erman/Westermann* § 723 RdNr. 4.

schafter[4] oder aufgrund einer gesellschaftsvertraglichen Eintrittsklausel (§ 727 RdNr. 53), beim Ausscheiden des vorletzten Gesellschafters auf Grund einer gesellschaftsvertraglichen Fortsetzungsklausel (§ 736 RdNr. 8) oder bei der Ausübung eines vertraglichen oder gesetzlichen Übernahmerechts (§ 730 RdNr. 81 f.). Weitere Beispiele bilden die Vereinigung aller Anteile in einer Hand aufgrund rechtsgeschäftlicher Anteilsübertragung (§ 719 RdNr. 26) sowie die Fusion zweier als einzige Gesellschafter an einer GbR beteiligter Kapitalgesellschaften (RGZ 163, 142, 149). In allen genannten Fällen kommt infolge des Rückgangs der Mitgliederzahl auf *einen* Gesellschafter die für den Bestand einer Personengesellschaft unerlässliche Vertragsgrundlage in Wegfall (vgl. näher § 705 RdNr. 60 ff.); die Gesellschaft ist zugleich mit der Auflösung vollbeendet. – Auflösung und sofortige Vollbeendigung treten demgegenüber *nicht* ein, wenn die Ehegatten bei einer zwischen ihnen bestehenden GbR die Gütergemeinschaft vereinbaren. Die Gesellschaftsanteile der Ehegatten fallen nicht etwa in das Gesamtgut, sondern gehören mit Rücksicht auf ihre Rechtsnatur auch dann zum Sondergut des jeweiligen Ehegatten, wenn sie im Gesellschaftsvertrag übertragbar ausgestaltet sind.[5]

10 Einen zweiten Fall sofortiger Vollbeendigung bildet die **Auflösung einer Innengesellschaft** ieS, namentlich einer stillen Gesellschaft (§ 705 RdNr. 285 ff.). Das beruht nicht auf dem Wegfall des Vertragspartners, sondern auf dem Fehlen eines abzuwickelnden Gesamthandsvermögens. An die Stelle des Gesellschaftsverhältnisses tritt mit dem Zeitpunkt der Auflösung ein *einseitiger Abfindungsanspruch* des oder der bisherigen Innengesellschafter gegenüber dem nach außen im eigenen Namen auftretenden Geschäftsführer als Inhaber des Gesellschaftsvermögens.[6] Für die Annahme einer fortbestehenden Abwicklungsgesellschaft mit gegenseitigen Pflichten der Beteiligten besteht daher kein Bedürfnis.[7] Von den gesetzlichen Auseinandersetzungsvorschriften der §§ 730 ff. ist allenfalls ein Teil kraft Analogie oder ergänzender Vertragsauslegung auf das Verhältnis der Beteiligten anwendbar (§ 730 RdNr. 12 ff.).

11 **3. Rückumwandlung in werbende Gesellschaft.** Sie bleibt grundsätzlich möglich, solange die Abwicklung andauert, dh. die Gesellschaft nicht vollbeendet ist. Sachlich handelt es sich bei der Rückumwandlung entsprechend der Lage bei der Auflösung um eine Änderung des Gesellschaftsvertrages durch Änderung des auf Abwicklung gerichteten Zwecks in einen werbenden. Die Rückumwandlung bedarf eines Gesellschafterbeschlusses, der auch konkludent, durch einvernehmliche Geschäftsfortführung, gefasst werden kann.[8] Sie setzt grundsätzlich die *Zustimmung aller Gesellschafter* voraus.[9] Fraglich ist jedoch, ob der Gesellschaftsvertrag wenigstens mit hinreichender Deutlichkeit für Fortsetzungsbeschlüsse eine Mehrheitsentscheidung zulassen kann.[10] Richtig ist zwar, dass schon wegen § 33 Abs. 1 S. 2 jedenfalls eine allgemein gefasste Mehrheitsklausel unzureichend wäre, und zwar unabhängig davon, dass der Bestimmtheitsgrundsatz im Allgemeinen obsolet ist (§ 709 RdNr. 90).[11] Zu bedenken ist jedoch, dass die Fortsetzung der aufgelösten Gesellschaft den

---

[4] BGHZ 65, 79, 82 = NJW 1975, 1774; BGHZ 113, 132, 133 = NJW 1991, 844.
[5] Vgl. näher § 705 RdNr. 74; so jetzt auch *Staudinger/Habermeier* § 705 RdNr. 32.
[6] BGH NJW 1982, 99, 100; *Erman/Westermann* § 723 RdNr. 5; zur entsprechenden Anwendung des für die typische stille Gesellschaft geltenden § 235 Abs. 1 HGB auf vergleichbare Fälle von BGB-Innengesellschaften vgl. § 705 RdNr. 288.
[7] *Koenigs*, Die stille Gesellschaft, 1961, S. 260 f.; *Staub/Zutt* § 239 HGB RdNr. 27.
[8] BGH NJW 1995, 2843, 2844 (im konkreten Fall verneint).
[9] EinhM, vgl. BGH NJW 1995, 2843, 2844; *Soergel/Hadding/Kießling* RdNr. 3; *Staudinger/Habermeier* RdNr. 22; *Erman/Westermann* § 723 RdNr. 6; *Staub/C. Schäfer* § 131 HGB RdNr. 63; *Wiedemann* GesR II § 3 III 5, S. 269; zur Frage mehrheitlicher Beschlussfassung in den Sonderfällen der Publikums-GbR vgl. § 709 RdNr. 94.
[10] Im Ausgangspunkt tendenziell abw. Vorauft. RdNr. 11 (aber mit bedeutsamer Einschränkung in RdNr. 18: Vorbehalt der Kernbereichslehre); idS auch *Soergel/Hadding/Kießling* RdNr. 17.
[11] BGHZ 8, 35, 43 lässt es, insofern zu Recht, nicht ausreichen, dass sich die Mehrheitsklausel explizit auf die *Auflösung* der Gesellschaft bezieht, sondern verlangt weitere Anhaltspunkte dafür, dass auch die Fortsetzung erfasst sein soll, hat diese dann aber zu Unrecht in der Abbedingung von Auflösungsgründen nach § 131 HGB aF gesehen; damit wird der Aspekt der Zweckänderung aber nicht erfasst.

bereits entstandenen Anspruch auf das anteilige Auseinandersetzungsguthaben wieder entfallen lässt und deshalb grundsätzlich eine nur mit Zustimmung *jedes* Gesellschafters wirksam zu beschließende *Leistungsvermehrung* darstellt.[12] Dem steht jedoch die Vereinbarung eines durch Gesellschafterbeschluss auszuübenden Fortsetzungsrechts der *übrigen* Gesellschafter im Falle eines personenbezogenen Auflösungsgrundes nicht entgegen, sofern der betroffene Gesellschafter zum *vollen Verkehrswert* abgefunden wird; denn in diesem Falle bleibt seine Rechtsstellung unberührt; er erhält das gleiche wie bei Abwicklung der aufgelösten Gesellschaft (vgl. § 736 RdNr. 17).[13] Demgemäß können die übrigen Gesellschafter die Fortsetzung auch ad hoc beschließen, sofern der zur Fortsetzung nicht bereite Gesellschafter zum vollen Wert abgefunden wird. Soll die Gesellschaft dagegen mit *allen* Gesellschaftern fortgesetzt werden, bedarf es bei einer nach §§ 725, 728 Abs. 2 herbeigeführten Auflösung für die Rückumwandlung oder Fortsetzung der Zustimmung von *Pfändungspfandgläubiger oder Insolvenzverwalter,* solange die Pfändung oder das Insolvenzverfahren andauert.[14] Eine Rückumwandlung scheidet im Übrigen nicht deshalb aus, weil die Auflösung wegen Erreichung oder Unmöglichwerden des Gesellschaftszwecks eingetreten ist; allerdings bedarf es hier gleichzeitig der Vereinbarung eines neuen, nicht von § 726 erfassten Zwecks.

III. Auflösungsgründe

1. Gesetzliche. Das Gesetz regelt in den §§ 723 bis 728 insgesamt sechs Auflösungsgründe (vgl. RdNr. 2). Davon setzen die ersten drei die Ausübung eines entsprechenden Gestaltungsrechts, dh. die Kündigung, voraus (vgl. §§ 723 Abs. 1 S. 1 bis 3, 725 Abs. 1); die Auflösung wird hier erst bewirkt, wenn die Kündigungserklärung allen Mitgesellschaftern zugegangen ist (§ 723 RdNr. 19). Demgegenüber bildet die Auflösung in den Fällen der §§ 726 bis 728 die unmittelbare Folge des Eintritts eines der dort genannten Auflösungsgründe (Zweckerreichung, Tod oder Insolvenzverfahren). Die Mitteilung hierüber an die Mitgesellschafter hat daher nur deklaratorische Wirkung. Dem trägt die Vorschrift des § 729 Rechnung, indem sie den begrenzten Fortbestand der bisherigen Geschäftsführungsbefugnis bis zur Kenntnis oder zum Kennenmüssen des Auflösungsgrundes anordnet.

2. Sonstige. Die gesetzlichen Auflösungsgründe sind nach einhM nicht abschließender Natur.[15] Das zeigt allein schon der Vergleich mit § 131 Abs. 1 HGB, dessen ersten beiden Nummern (Zeitablauf, Gesellschafterbeschluss) ebenso für die GbR von Bedeutung sind. Der Verzicht des BGB-Gesetzgebers auf ihre ausdrückliche Regelung dürfte sich daraus erklären, dass die fraglichen Gründe sich nach der damals vorherrschenden Beurteilung der GbR als Schuldverhältnis der Gesellschafter bereits aus dem allgemeinen Vertragsrecht ergaben. Im Einzelnen vgl. RdNr. 14 ff., 18 ff.

a) Zeitablauf. § 723 Abs. 1 unterscheidet für das Kündigungsrecht zwischen befristeten und unbefristeten Gesellschaften. Als *Befristungen* kommen die Vereinbarung von Mindest- und/oder Höchstdauern in Betracht. Die **Mindestdauer** hat die Funktion, für den fraglichen Zeitraum die ordentliche Kündigung auszuschließen; ihr Ablauf führt daher nicht zur Auflösung der Gesellschaft, sondern zu deren *Fortbestand als unbefristete.*[16] Entsprechendes gilt bei Vereinbarungen, nach denen die Gesellschaft jeweils für eine weitere Periode fortbesteht, wenn sie nicht auf einen bestimmten Zeitpunkt gekündigt wird; auch hier liegt funktionell gesehen eine unbefristete Gesellschaft vor, freilich mit der in § 723 Abs. 1 S. 6 berück-

---

[12] *Staub/C. Schäfer* § 131 HGB RdNr. 63.
[13] So auch Voraufl. RdNr. 11.
[14] Zur erforderlichen Zustimmung der Pfandgläubiger vgl. BGHZ 51, 84; *Soergel/Hadding/Kießling* RdNr. 17 und § 725 RdNr. 15; *Erman/Westermann* § 723 RdNr. 6 und § 725 RdNr. 5; *Bamberger/Roth/Timm/Schöne* § 723 RdNr. 4; *Staudinger/Habermeier* RdNr. 23.
[15] *Soergel/Hadding/Kießling* RdNr. 3, 7; *Staudinger/Habermeier* RdNr. 3; *Bamberger/Roth/Timm/Schöne* RdNr. 1.
[16] *Staudinger/Habermeier* RdNr. 6; *Erman/Westermann* § 723 RdNr. 3; *Staub/C. Schäfer* § 132 HGB RdNr. 4.

sichtigten Besonderheit vertraglicher Vereinbarung einer Kündigungsfrist sowie periodischer Kündigungstermine (§ 723 RdNr. 71). In derartigen Fällen bedarf es zur Auflösung somit stets eines besonderen Auflösungstatbestandes, darunter im Regelfall desjenigen der *ordentlichen Kündigung* nach § 723 Abs. 1 S. 1.

15 Anderes gilt bei Vereinbarung einer **Fest- oder Höchstdauer.** Ihr Ablauf hat unmittelbar die *Auflösung* zur Folge, wenn die Gesellschafter nicht rechtzeitig vor dem Endtermin eine Verlängerung beschließen. Als Vertragsänderung bedarf der Fortsetzungsbeschluss grundsätzlich der Einstimmigkeit (vgl. auch RdNr. 11). Mehrheitsklauseln sind mit Rücksicht auf § 723 Abs. 3 nur wirksam, wenn sie nicht nur mit hinreichender Deutlichkeit die Einbeziehung der Vertragsverlängerung in ihren Anwendungsbereich erkennen lassen, sondern darüber hinaus auch bestimmte Grenzen für den Verlängerungsbeschluss festlegen (§ 709 RdNr. 91 f.).[17]

16 Zu den **Anforderungen** an vertragliche Zeitbestimmungen vgl. näher § 723 RdNr. 65 f. Nicht erforderlich ist die Vereinbarung eines kalendermäßig bestimmten Zeitraumes oder Endzeitpunkts. Es genügt, dass die *Zeitdauer objektiv bestimmbar* ist, so wenn die Gesellschaft auf die Dauer eines anderen befristeten Rechtsverhältnisses eingegangen ist[18] oder der Endtermin sich nach dem Eintritt eines künftigen, bestimmten Ereignisses richten soll.[19] Der Unterschied zur auflösenden Bedingung (RdNr. 21) liegt darin, dass der Eintritt des Ereignisses zwar gewiss ist, nicht aber dessen Zeitpunkt. *Beispiele* bilden die Durchführung eines bestimmten Projekts,[20] die Nutzungsdauer eines gemeinsam auszuwertenden gewerblichen Schutzrechts[21] oder der Fortbestand einer für den Gesellschaftszweck wesentlichen Rechtslage;[22] insoweit kann sich der Auflösungsgrund des Zeitablaufs auch mit demjenigen des § 726 decken. Immer muss der Eintritt des fraglichen Ereignisses *absehbar* sein, da nur so die den Gesellschaftern durch § 723 Abs. 3 gewährleistete Überschaubarkeit ihrer Bindung erhalten bleibt.[23]

17 **b) Vereinigung aller Anteile.** Sie führt nach den oben (RdNr. 9) getroffenen Feststellungen nicht nur zur Auflösung, sondern gleichzeitig zur *Beendigung* der Gesellschaft, da infolge des Rückgangs der Mitgliederzahl auf eine Person das Schuldverhältnis als Grundlage der Gesellschaft erlischt und das Gesamthandsvermögen sich in Alleineigentum umwandelt.[24] Zu den Gründen für die Anteilsvereinigung vgl. RdNr. 9.

18 **c) Gesellschafterbeschluss.** Die Auflösung der Gesellschaft ist dadurch gekennzeichnet, dass an die Stelle des werbenden der auf Abwicklung gerichtete Gesellschaftszweck tritt (RdNr. 6). Es handelt sich somit um eine *Vertragsänderung;* sie kann nicht nur durch einseitige Gestaltungserklärung oder durch objektive Umstände, sondern auch einvernehmlich durch Gesellschafterbeschluss herbeigeführt werden. Als „Herren der Gesellschaft" sind die Gesellschafter grundsätzlich in der Lage, jederzeit einvernehmlich die Gesellschaftsgrund-

---

[17] BGH NJW 1973, 1602; dazu auch § 723 RdNr. 67.
[18] BGH NJW 1979, 2304, 2305 (befristeter Mietvertrag).
[19] HM, vgl. BGH NJW 1994, 2886, 2888; 1992, 2696, 2698; BGHZ 50, 316, 321 f. = NJW 1968, 2003; BGHZ 10, 91, 98 = NJW 1953, 1217; RG JW 1911, 323; OLG Frankfurt NZG 1999, 492; OLG Köln NZG 2001, 1082; *Wiedemann* WM 1992, Beilage 7 S. 23, 50; *Soergel/Hadding/Kießling* RdNr. 8; *Staudinger/Habermeier* RdNr. 7; MünchKommHGB/*K. Schmidt* § 131 RdNr. 12; *Staub/C. Schäfer* § 131 HGB RdNr. 17; aA *Merle*, FS Bärmann, 1975, S. 631 (632 ff., 637 in eingehender Auseinandersetzung mit der st. Rspr.).
[20] BGH WM 1962, 880, 881 (Erwerb eines Grundstücks); OLG Köln NZG 2001, 1082, 1083 (Bauprojekt); OLG Frankfurt NZG 1999, 492 (Ausstellung); RG Recht 1911 Nr. 3807, 1916 Nr. 592; vgl. auch RG SeuffA 85 (1931) Nr. 190 und 94/95 (1940/1941) Nr. 3 (Mindestdauer).
[21] RG LZ 1911, 298.
[22] So etwa die Dauer der für die Tätigkeit der GbR erforderlichen Kartellerlaubnis. – Auf den Gesellschaftszweck abstellend auch BGH LM HGB § 339 Nr. 2 bei einer zur Versorgung des Unterbeteiligten eingegangenen Unterbeteiligungsgesellschaft. Vgl. iÜ § 723 RdNr. 22.
[23] BGHZ 50, 316, 322 = NJW 1968, 2003; *Wiedemann* WM 1992, Beilage 7 S. 23, 50; *Staub/C. Schäfer* § 131 HGB RdNr. 17.
[24] Zum Erfordernis von mindestens zwei Gesellschaftern und zum Grundsatz der Einheitlichkeit der Mitgliedschaft vgl. § 705 RdNr. 60 ff., 181 ff.

Vorbemerkungen

lagen zu ändern; sie können daher auch eine auf bestimmte Zeit eingegangene Gesellschaft vorzeitig auflösen. Mehrheitsklauseln müssen wegen des mit dem Beschluss verbundenen Eingriffs in die Rechtsstellung der Gesellschafter den hierfür geltenden verschärften Voraussetzungen genügen (§ 709 RdNr. 91 f.).

Der Auflösungsbeschluss kann **konkludent** zustande kommen, etwa durch die einstimmige oder mit der nötigen Mehrheit gefasste Entscheidung, den Geschäftsbetrieb oder das wesentliche Gesellschaftsvermögen zu veräußern und den Erlös unter den Gesellschaftern zu verteilen.[25] Die **Genehmigung des Vormundschaftsgerichts** im Falle nicht voll geschäftsfähiger Gesellschafter ist nach § 1822 Nr. 3 nur dann erforderlich, wenn der Auflösungsbeschluss auf die Veräußerung eines von der GbR betriebenen Erwerbsgeschäfts gerichtet ist.[26] Gehört zu den Gesellschaftern ein im gesetzlichen Güterstand lebender Ehegatte, so bedarf es nach § 1365 der **Zustimmung des anderen Ehegatten** zum Auflösungsbeschluss, wenn der Gesellschaftsanteil das wesentliche Vermögen des beteiligten Ehegatten bildet.[27]

Die Einräumung eines vertraglichen **Rücktrittsrechts** im Rahmen des Auflösungsbeschlusses, etwa um den Gesellschaftern hinsichtlich der Auflösung eine Bedenkzeit einzuräumen, ist zulässig.[28] Ein **fehlerhafter Auflösungsbeschluss** kann nicht rückwirkend beseitigt werden, sobald mit der Abwicklung begonnen ist. Wohl aber kann ein Gesellschafter, der sich auf den Auflösungsmangel beruft, von den Mitgesellschaftern Fortsetzung der Gesellschaft verlangen, sofern die Abwicklung nicht schon weit fortgeschritten und dadurch die Geschäftsgrundlage für die Fortsetzung entfallen ist (§ 705 RdNr. 364).

d) **Auflösende Bedingung.** Eng verwandt mit dem Auflösungsgrund des Zeitablaufs, dh. der vertraglichen Befristung der Gesellschaft (RdNr. 15), ist derjenige der Vereinbarung einer auflösenden Bedingung (§ 158 Abs. 2). Sie führt beim Eintritt des als Bedingung vereinbarten künftigen ungewissen Ereignisses die Auflösung der Gesellschaft ex nunc herbei (RdNr. 7). Sachlich dient sie häufig dazu, die Unmöglichkeit der Zweckerreichung (§ 726) zu konkretisieren. Im Einzelfall mag die Unterscheidung zwischen Befristung und auflösender Bedingung Schwierigkeiten bereiten.[29] Rechtlich ist sie gleichwohl von Bedeutung, da die ordentliche Kündigung des § 723 Abs. 1 S. 1 zwar im Falle einer wirksamen Befristung, nicht aber bei Vereinbarung einer auflösenden Bedingung ausgeschlossen ist.[30]

IV. Auflösungsfolgen

1. **Im Innenverhältnis.** Die Auflösung führt zu einer Zweckänderung der Gesellschaft (RdNr. 6) und in Verbindung damit zur Umgestaltung der innergesellschaftlichen Rechte und Pflichten. An die Stelle der Geschäftsführungsregelung in der werbenden Gesellschaft (§ 709 RdNr. 13 ff.) tritt die Liquidationsgeschäftsführung aller Gesellschafter nach Maßgabe von § 730 Abs. 2, soweit der Vertrag für den Abwicklungszeitraum keine Abweichungen vorsieht. Sozialansprüche sind nur noch insoweit durchsetzbar, als es ihrer Erfüllung für den Abwicklungszweck bedarf. Ansprüche der Gesellschafter aus dem Gesellschaftsverhältnis werden unselbständige Rechnungsposten, die ebenso wie die Forderungen auf Rückzahlung

---

[25] BGHZ 26, 126, 130 = NJW 1958, 299; BGH NJW 1960, 434; WM 1958, 1105, 1106; vgl. auch *Staub/C. Schäfer* § 131 HGB RdNr. 23.
[26] So unter zutr. Hinweis auf die strikte Auslegung der §§ 1821, 1822 durch die Rspr. (BGHZ 38, 26, 28 = NJW 1962, 2344; BGHZ 52, 316, 319 = NJW 1970, 33) *Hueck* OHG 23 II 2; *Soergel/Hadding/Kießling* RdNr. 12; s. auch *Staub/C. Schäfer* § 131 HGB RdNr. 24; aA MünchKommHGB/*K. Schmidt* § 131 RdNr. 18; wohl auch *Wiedemann* Übertragung S. 246, die die Genehmigung generell für erforderlich halten. Zum Begriff des Erwerbsgeschäfts vgl. § 1822 RdNr. 11.
[27] So *Wiedemann* Übertragung S. 263 f.; *Soergel/Hadding/Kießling* § 723 RdNr. 12; *Staub/C. Schäfer* § 131 HGB RdNr. 25; aA 4. Aufl. § 1365 RdNr. 75 (*Koch*). – Zur Anwendbarkeit von § 1365 auf die Kündigung durch einen im gesetzlichen Güterstand lebenden Gesellschafter vgl. § 723 RdNr. 9.
[28] RG JW 1936, 1953; *Staub/C. Schäfer* § 131 HGB RdNr. 27; aA noch RG JW 1929, 2147; *Düringer/Hachenburg/Flechtheim* § 133 HGB Anm. 1.
[29] Auf die Unterscheidung verzichtend daher *Hueck* OHG § 23 II 1 Fn. 8.
[30] So auch *Soergel/Hadding/Kießling* RdNr. 11; *Erman/Westermann* § 723 RdNr. 2, 4.

§ 723

der Einlagen und auf den Liquidationserlös den Gesellschaftern in der Auseinandersetzungsbilanz gutzuschreiben sind; Nachschusspflichten werden nach Maßgabe von § 735 fällig. Wegen der Einzelheiten vgl. § 730 RdNr. 49 ff.

23 **2. Gegenüber Dritten.** Im Verhältnis zu den Geschäftspartnern der Gesellschaft tritt abgesehen von dem nach gesetzlicher Regel eintretenden Wechsel in der Geschäftsführung (§ 730 Abs. 2) durch die Auflösung zunächst *keine Änderung* ein; anderes gilt nur im Fall sofortiger Vollbeendigung durch Rückgang der Mitgliederzahl auf einen Gesellschafter (RdNr. 9). Die **Identität der Gesellschaft** bleibt erhalten, auch der Bestand des Gesellschaftsvermögens wird durch die Auflösung nicht unmittelbar tangiert. Ob und inwieweit die Gesellschaft sich Dritten gegenüber zur Kündigung von Dauerschuldverhältnissen aus wichtigem Grund auf die Auflösung berufen kann, beurteilt sich nach dem auf das jeweilige Schuldverhältnis anwendbaren Recht.[31]

24 Die fälligen **Gesellschaftsschulden** sind von den Liquidatoren nach § 733 Abs. 1 zu erfüllen; für noch nicht fällige oder streitige Verbindlichkeiten sind die erforderlichen Mittel zurückzustellen. Auf die Einhaltung der in § 733 festgelegten Reihenfolge, wonach vor der Erstattung der Einlagen die gemeinsamen Schulden zu berichtigen sind, haben die Gläubiger zwar keinen Anspruch (§ 733 RdNr. 10). Kommt es zur Einlagenerstattung ohne vorherige Berichtigung der Gesellschaftsschulden, so bleibt den Gesellschaftsgläubigern immer noch der Rückgriff auf die fortbestehende akzessorische Gesellschafterhaftung (§ 714 RdNr. 33 f.). – Zur analogen Anwendung des § 159 HGB vgl. § 736 RdNr. 29.

V. Streitigkeiten

25 Streitigkeiten über den Eintritt der Auflösung sind **zwischen den Gesellschaftern,** regelmäßig im Wege der *Feststellungsklage,* auszutragen (vgl. auch § 709 RdNr. 113). Sie beziehen sich auf den Gesellschaftsvertrag als Grundlage des Gesellschaftsverhältnisses und dessen Änderung (RdNr. 6) und betreffen damit die Rechtsstellung der Gesellschafter als Vertragspartner. Die Gesellschaft selbst bildet den Gegenstand der Auflösung; ihr stehen Dispositionsbefugnisse hierüber daher nicht zu.[32] Eine Klage gegen die GbR scheidet daher im Regelfall aus, es sei denn, dass der Gesellschaftsvertrag eine solche ausnahmsweise zulässt.[33]

§ 723 Kündigung durch Gesellschafter

(1) ¹Ist die Gesellschaft nicht für eine bestimmte Zeit eingegangen, so kann jeder Gesellschafter sie jederzeit kündigen. ²Ist eine Zeitdauer bestimmt, so ist die Kündigung vor dem Ablauf der Zeit zulässig, wenn ein wichtiger Grund vorliegt. ³Ein wichtiger Grund liegt insbesondere vor,
1. wenn ein anderer Gesellschafter eine ihm nach dem Gesellschaftsvertrag obliegende wesentliche Verpflichtung vorsätzlich oder aus grober Fahrlässigkeit verletzt hat oder wenn die Erfüllung einer solchen Verpflichtung unmöglich wird,
2. wenn der Gesellschafter das 18. Lebensjahr vollendet hat.
⁴Der volljährig Gewordene kann die Kündigung nach Nummer 2 nur binnen drei Monaten von dem Zeitpunkt an erklären, in welchem er von seiner Gesellschafterstellung Kenntnis hatte oder haben musste. ⁵Das Kündigungsrecht besteht nicht, wenn der Gesellschafter bezüglich des Gegenstands der Gesellschaft zum selbständigen Betrieb eines Erwerbsgeschäfts gemäß § 112 ermächtigt war oder der Zweck der Gesellschaft allein der Befriedigung seiner persönlichen Bedürfnisse

---

[31] Vgl. näher *Staub/C. Schäfer* § 131 HGB RdNr. 49.
[32] BGHZ 85, 350, 353 = NJW 1983, 1056; BGHZ 81, 263, 264 f. = NJW 1981, 2565; BGHZ 48, 175, 176 f. = NJW 1967, 2159.
[33] BGH WM 1966, 1036 f.; vgl. dazu § 709 RdNr. 114.

diente. ⁶ Unter den gleichen Voraussetzungen ist, wenn eine Kündigungsfrist bestimmt ist, die Kündigung ohne Einhaltung der Frist zulässig.

(2) ¹ Die Kündigung darf nicht zur Unzeit geschehen, es sei denn, dass ein wichtiger Grund für die unzeitige Kündigung vorliegt. ² Kündigt ein Gesellschafter ohne solchen Grund zur Unzeit, so hat er den übrigen Gesellschaftern den daraus entstehenden Schaden zu ersetzen.

(3) Eine Vereinbarung, durch welche das Kündigungsrecht ausgeschlossen oder diesen Vorschriften zuwider beschränkt wird, ist nichtig.

Übersicht

	RdNr.		RdNr.
I. Grundlagen	1–19	3. Volljährigkeit als wichtiger Grund (S. 3 Nr. 2)	38–45
1. Regelungsinhalt	1	a) Regelungsanlass	38, 39
2. Anwendungsbereich im Gesellschaftsrecht	2, 3	b) Anwendungsbereich	40, 41
3. Systematik	4, 5	c) Kündigungsvoraussetzungen	42–44
4. Das gesellschaftsrechtliche Kündigungsrecht	6–10	d) Kündigungswirkungen	45
a) Funktion	6	4. Kündigung der fehlerhaften Gesellschaft; fehlerhafter Beitritt	46
b) Rechtsinhaber	7, 8	5. Verzicht, Verwirkung	47, 48
c) Zustimmung Dritter?	9, 10	6. Kündigung und Schadensersatz	49
5. Die Kündigungserklärung	11–18	**IV. Kündigungsschranken**	50–60
a) Rechtsnatur, Form und Frist	11–13	1. Allgemeines, Missbrauchseinwand	50–52
b) Inhalt	14–16	2. Kündigung zur Unzeit (Abs. 2)	53–56
c) Umdeutung	17	a) Begriff der Unzeit	53
d) Rücknahme, Anfechtung	18	b) Wichtiger Grund	54
6. Kündigungsfolgen	19	c) Rechtsfolgen	55, 56
II. Die ordentliche Kündigung (Abs. 1 S. 1)	20–25	3. Sonstige Kündigungsschranken	57–60
1. Unbefristete Gesellschaft	20, 21	**V. Schranken abweichender Vereinbarungen (Abs. 3)**	61–76
2. Konkludente Befristung	22–25	1. Allgemeines	61–63
a) Rechtlicher Ansatz	22, 23	2. Befristung der Gesellschaft	64–69
b) Folgerungen	24, 25	a) Zulässigkeit und Grenzen	64–67
III. Die Kündigung aus wichtigem Grund (Abs. 1 S. 2 und 3)	26–49	b) Mindest- und Höchstfristen	68
1. Wesen und Voraussetzungen	26, 27	c) Verlängerungsklauseln	69
2. Der wichtige Grund nach Satz 3 Nr. 1	28–37	3. Vereinbarungen über die ordentliche Kündigung	70–73
a) Begriff	28, 29	a) Kündigungsausschluss	70
b) Gründe in der Person eines Gesellschafters	30–34	b) Kündigungsbeschränkungen	71–73
c) Objektive, nicht personenbezogene Umstände	35	4. Einschränkungen der Kündigung aus wichtigem Grund	74, 75
d) Nachprüfung in der Revisionsinstanz	36, 37	5. Abfindungsausschluss; übermäßige Abfindungsbeschränkungen	76

I. Grundlagen

1. Regelungsinhalt. Die Vorschrift des § 723 **Abs. 1** unterscheidet zwischen ordentlicher und außerordentlicher Kündigung. Letztere ist nur bei Vorliegen eines wichtigen Grundes möglich, berechtigt dann aber zur sofortigen Auflösung auch befristet eingegangener Gesellschaften und macht die Beachtung vertraglicher Kündigungsfristen entbehrlich. Ergeht eine den Anforderungen des Abs. 1 genügende Kündigung zur Unzeit, so ist sie nach **Abs. 2** zwar wirksam, jedoch begründet das unzeitige Vorgehen im Regelfall einen Schadensersatzanspruch der Mitgesellschafter. Nach **Abs. 3** sind die Kündigungsvorschriften nur *beschränkt dispositiv*. Das Kündigungsrecht ist in beiden Varianten unentziehbar. Sein vertraglicher Ausschluss oder seine wesentliche Erschwerung sind unzulässig (RdNr. 61 ff.).

2. Anwendungsbereich im Gesellschaftsrecht. Für den *Anwendungsbereich* von § 723 ist zu differenzieren. Die Vorschrift des Abs. 1 S. 1 über die **ordentliche** Kündigung einschließlich des Verbots, das Kündigungsrecht zur Unzeit auszuüben (Abs. 2), gelten nur für die GbR, da nicht nur für unbefristete Personenhandelsgesellschaften (§ 132 HGB), sondern auch für die stille Gesellschaft des Handelsrechts (§ 234 Abs. 1 S. 1 iVm. § 132 HGB) Sonderregelungen mit gesetzlichen Kündigungsfristen und -terminen bestehen. Wegen ihrer größeren Sachnähe sind diese handelsrechtlichen Vorschriften entsprechend auch auf BGB-Innengesellschaften ieS nach Art der stillen Gesellschaft (§ 705 RdNr. 288) und der Unterbeteiligung (Vor § 705 RdNr. 102) anzuwenden. Demgegenüber gilt der in § 723 Abs. 3 verankerte Grundsatz der *Unverzichtbarkeit* des ordentlichen Kündigungsrechts auch für die Personengesellschaften des Handelsrechts (RdNr. 62).

Der Anwendungsbereich des **außerordentlichen** Kündigungsrechts (Abs. 1 S. 2, 3) einschließlich des in Abs. 3 geregelten Verbots seiner Beeinträchtigung erstreckt sich über die GbR hinaus infolge der Verweisung in § 234 Abs. 1 S. 2 HGB auch auf die stille Gesellschaft des Handelsrechts. Für OHG und KG ist im Interesse der Rechtssicherheit stattdessen in § 133 HGB die Auflösung aus wichtigem Grund durch Gestaltungsurteil und die Unverzichtbarkeit des Klagerechts bestimmt. – Zur Frage der analogen Anwendung der Kündigungsvorschriften auf sog. gesellschaftsähnliche Rechtsverhältnisse, dh. gemischte Verträge, vgl. Vor § 705 RdNr. 106; zur Nichtgeltung der allgemeinen Kündigungsvorschrift des § 314 für Gesellschaften vgl. RdNr. 5.

3. Systematik. Das Kündigungsrecht als Recht zur einseitigen Vertragsänderung aus wichtigem Grund (Auflösung oder Beendigung, vgl. Vor § 723 RdNr. 5 ff.) ersetzt bei der Gesellschaft als Dauerschuldverhältnis den *Rücktritt* als das generell auf gegenseitige Verträge anwendbare einseitige Lösungsrecht im Fall von **Leistungsstörungen** u. a. (§§ 323 ff.). Es greift schon vom Zeitpunkt des Vertragsschlusses an ein, auch wenn mit dem Vollzug der Gesellschaft noch nicht begonnen wurde.[1] Anderes gilt in den Fällen einer auf **nichtigem oder anfechtbarem Vertragsschluss** beruhenden Gesellschaft; nach der insoweit einschlägigen Lehre von der fehlerhaften Gesellschaft (§ 705 RdNr. 326 ff.) wird die *Berufung auf den* jeweils einschlägigen *Willensmangel* erst durch den Vollzugsbeginn versperrt und durch das Recht zur Kündigung aus wichtigem Grund ersetzt (§ 705 RdNr. 345). Demgegenüber ist **Störungen der Geschäftsgrundlage** auch bei Gesellschaftsverträgen in erster Linie durch Vertragsanpassung nach der allgemeinen Vorschrift des § 313 Abs. 1 Rechnung zu tragen. Nur wenn sich diese Anpassung als unmöglich oder unzumutbar erweist, tritt an ihre Stelle nach § 313 Abs. 3 S. 2 das Kündigungsrecht aus wichtigem Grund.[2]

Das im Zuge der Schuldrechtsreform in **§ 314** allgemein für Dauerschuldverhältnisse eingeführte Kündigungsrecht aus wichtigem Grund findet auf Gesellschaften keine unmittelbare Anwendung, da § 723 insoweit als *lex specialis* vorgeht.[3] Praktische Bedeutung hat der Vorrang vor allem im Hinblick auf die **Nichtgeltung des § 314 Abs. 2** betreffend die vergebliche Abhilfefrist oder Abmahnung als Kündigungsvoraussetzung für das Recht der GbR; stattdessen ist hier das grundsätzliche Verbot der Kündigung zur Unzeit zu beachten (§ 723 Abs. 2). Demgegenüber können die *in § 314 kodifizierten allgemeinen Grundsätze* für die außerordentliche Kündigung, darunter der Begriff des wichtigen Grundes (§ 314 Abs. 1 S. 2) sowie die Kündigung binnen angemessener Frist (§ 314 Abs. 3), auch im Rahmen des § 723 Abs. 1 S. 2 bis 6 Bedeutung erlangen.

4. Das gesellschaftsrechtliche Kündigungsrecht. a) Funktion. Die Kündigung dient zur **einseitigen Beendigung von Dauerschuldverhältnissen.**[4] Es handelt sich um ein für

---

[1] BGH WM 1995, 1277 unter Hinweis auf BGHZ 73, 350, 351 = NJW 1979, 1288 (Mietvertrag).
[2] Vgl. *Soergel/Hadding/Kießling* RdNr. 4; s. auch *Baier* NZG 2004, 356 f. (der allerdings § 313 Abs. 3 S. 2 als durch § 723 Abs. 1 S. 2 verdrängt ansieht; das mag dahinstehen).
[3] So unter Hinweis auf die Begr. zu § 314 RegE (BT-Drucks. 14/6040 S. 177) auch § 314 RdNr. 9; *Soergel/Hadding/Kießling* RdNr. 3; *Palandt/Sprau* RdNr. 3.
[4] Vgl. schon Vor § 705 RdNr. 116; allg. zur Kündigung von Dauerschuldverhältnissen vgl. § 314 RdNr. 1, 5, 10 ff.; *Oetker*, Das Dauerschuldverhältnis und seine Beendigung, 1994, insbes. S. 258 ff.

Dauerschuldverhältnisse in § 314 allgemein sowie in einer Reihe von Spezialvorschriften (vgl. §§ 489 f., 542 f., 594 a ff., 605, 620 ff., 649, 651 e, 651 j, 671, 676 a) geregeltes Rechtsinstitut mit der Rechtsnatur eines **Gestaltungsrechts**. Seine wirksame Ausübung führt bei Gesellschaften zur Auflösung unter Umwandlung in eine Abwicklungsgesellschaft (Vor § 723 RdNr. 5 ff.). – Zur – grundsätzlich unwirksamen – Vereinbarung eines Rechts für bestimmte Gesellschafter zur *Hinauskündigung* (Ausschließung) der übrigen *ohne wichtigen Grund* vgl. § 737 RdNr. 17 ff.

b) Rechtsinhaber. Zur Kündigung berechtigt ist nach Maßgabe des § 723 Abs. 1 und etwaiger hiervon wirksam abweichender Vereinbarungen **jeder Gesellschafter**. Denkbar ist auch, dass die übrigen Gesellschafter **gemeinschaftlich** kündigen, um auf diese Weise ausschlussähnliche Wirkungen zu erzielen.[5] Eine solche Kündigung hat allerdings zur Folge, dass die Gesellschaft erlischt und das Unternehmen im Wege der Universalsukzession auf den einzigen verbleibenden Gesellschafter übergeht. Der **Gesellschaft** steht das Kündigungsrecht nicht zu; sie ist Objekt der Kündigung. Als Verwaltungsrecht kann es nicht von der Mitgliedschaft getrennt und auf Dritte übertragen werden (§ 717 RdNr. 16). Auch der *Nießbraucher* hat kein eigenes Kündigungsrecht; die Kündigung durch den Nießbrauchsbesteller als Inhaber des belasteten Anteils hängt trotz § 1071 jedenfalls dann nicht von seiner Zustimmung ab, wenn es um die außerordentliche Kündigung geht.[6] Eine Ausübung durch Bevollmächtigte ist zulässig.[7] Das Kündigungsrecht der einzelnen Gesellschafter kann *nicht unterschiedlich ausgestaltet* werden, etwa dadurch, dass eine nur einen Teil der Gesellschafter bindende Mindestdauer der Gesellschaft vereinbart wird.[8] Auch ist die Einräumung eines Übernahme- anstelle des Kündigungsrechts für bestimmte Gesellschafter möglich (§ 730 RdNr. 68); der Gleichbehandlungsgrundsatz steht bei Zustimmung der benachteiligten Gesellschafter nicht entgegen (§ 705 RdNr. 247). Zur Rechtslage bei der auf Lebenszeit eines Gesellschafters eingegangenen Gesellschaft vgl. § 724, zum eigenständigen Kündigungsrecht des Pfandgläubigers vgl. § 719 RdNr. 58 und Erl. zu § 725.

Eine aufschiebend bedingte **Verfügung über die Mitgliedschaft auf den Todesfall** des Verfügenden (rechtsgeschäftliche Nachfolgeklausel, vgl. § 727 RdNr. 30) schränkt das Kündigungsrecht des Verfügenden nicht ein. Die Kündigung erlangt ohne Zustimmung des Erwerbers Wirksamkeit; die Vorschrift des § 161 Abs. 1 S. 1 greift wegen § 723 Abs. 3 nicht ein.[9] Mit Bedingungseintritt erlangt der Erwerber jedoch ein vertragliches *Eintrittsrecht* gegenüber den übrigen Gesellschaftern, das er ggf. im Klagewege durchsetzen kann.[10] Ist das Abfindungsguthaben schon ausbezahlt, muss der neue Gesellschafter eine entsprechende Einlage erbringen; bei wirksamem Verpflichtungsgeschäft zwischen ihm und dem Verstorbenen kann er jedoch von den Erben Schadensersatz nach §§ 160 Abs. 1, 1967 Abs. 1 verlangen.[11]

c) Zustimmung Dritter? Die Kündigung durch den *gesetzlichen Vertreter oder Vormund* eines nicht voll geschäftsfähigen Gesellschafters ist auch **ohne** Zustimmung des **Vormundschaftsgerichts** wirksam; § 1822 Nr. 3 greift nicht ein.[12] Zwar hat der *Vormund* im Falle

---

[5] Dazu in Bezug auf Mitunternehmergesellschaften *Henssler/Kilian* ZIP 2005, 2229 ff., insbes. 2237.
[6] Str., wie hier *Flume* I/1 § 17 IV, S. 363 f.; *Teichmann* ZGR 1972, 1, 15 f.; *Staub/Ulmer* § 105 HGB RdNr. 125; *Ulmer*, FS Fleck, 1988, S. 383, 393 f.; und jetzt auch *Staudinger/Habermeier* RdNr. 3; weitergehend *Wiedemann* Übertragung S. 417, der dem Besteller trotz § 1071 auch das ordentliche Kündigungsrecht allein vorbehalten will.
[7] RG JW 1929, 368, 369; *Wiedemann* WM 1992, Beilage 7 S. 23, 49; *Staudinger/Habermeier* RdNr. 3.
[8] Vgl. BGHZ 23, 10, 12 ff.; 50, 316, 320 f. sowie näher *Staub/C. Schäfer* § 132 HGB RdNr. 6; aA noch 4. Aufl. § 723 RdNr. 7 *(Ulmer)* sowie MünchKommHGB/*K. Schmidt* § 132 RdNr. 12, jeweils unter Berufung auf RGZ 156, 129, 135 (für eine stille Gesellschaft).
[9] So zutr. *Becker* AcP 201 (2001), 629, 644 ff., 651.
[10] *Becker* AcP 201 (2001), 629, 651, 653.
[11] *Becker* AcP 201 (2001), 629, 652, 655 ff.
[12] *Staub/C. Schäfer* § 132 HGB RdNr. 8; § 1822 RdNr. 20; MünchKommHGB/*K. Schmidt* § 132 RdNr. 13; *Reimann* DNotZ 1999, 179, 205; wohl auch *Soergel/Hadding/Kießling* RdNr. 20; aA *Wiedemann*

§ 723 10, 11   Abschnitt 8. Titel 16. Gesellschaft

der Kündigung einer auf Erwerb gerichteten GbR § 1823 zu beachten; als Ordnungsvorschrift[13] steht ihre Nichteinhaltung der Wirksamkeit einer ohne Genehmigung des Vormundschaftsgerichts ausgesprochenen Kündigung aber nicht entgegen. Ebenso bedarf es nicht der Zustimmung eines **Pfandgläubigers** des Gesellschaftsanteils (vgl. § 719 RdNr. 58, § 725 RdNr. 28). Bei verheirateten Gesellschaftern, die im gesetzlichen Güterstand leben, bedarf die ordentliche Kündigung zur Wirksamkeit der Einwilligung des **Ehegatten** nach § 1365 Abs. 1, sofern der Gesellschaftsanteil das wesentliche Vermögen des Gesellschafters bildet und dieses den Mitgesellschaftern bekannt ist;[14] eine Ausnahme ist – in teleologischer Reduktion von § 1365 Abs. 1 – für die Kündigung aus wichtigem Grund zuzulassen. Wegen ihrer zur Auflösung der Gesellschaft führenden Wirkungen ist die Kündigung ein einseitiges Verfügungsgeschäft iS von § 1365 Abs. 1.[15]

10 Im Fall der **Vor- und Nacherbschaft** kann der Vorerbe ohne Zustimmung des Nacherben kündigen. Das gilt nicht nur bei Geltung der auf Ersatz des vollen Anteilswerts gerichteten Abfindungsregelung des § 738 Abs. 1 S. 2,[16] sondern auch im Fall dahinter zurückbleibender gesellschaftsvertraglicher, für den Gesellschaftsanteil maßgeblicher und deshalb auch vom Nacherben hinzunehmender Abfindungsbeschränkung;[17] die Vorschrift des § 2113 Abs. 2 über die Unwirksamkeit unentgeltlicher Verfügungen des Vorerben über Erbschaftsgegenstände greift nicht ein.[18]

11 5. Die Kündigungserklärung. a) Rechtsnatur, Form und Frist. Die Kündigung ist **empfangsbedürftige Willenserklärung**. Es gelten die Vorschriften der §§ 116 ff. (vgl. aber RdNr. 18). Die Wirksamkeit der Kündigung setzt grundsätzlich voraus, dass sie allen Mitgesellschaftern **zugeht**. Ein Zugang gegenüber den vertretungsberechtigten Gesellschaftern reicht nicht aus; deren Befugnis erstreckt sich nicht auf die Vertretung der Mitgesellschafter in Bezug auf die Gesellschaftsgrundlagen.[19] Anderes gilt dann, wenn entweder der Gesellschaftsvertrag die Organe zur Entgegennahme derartiger Erklärungen ermächtigt oder sie eine an die Gesellschaft gerichtete Kündigungserklärung von sich aus an die übrigen Gesellschafter zur Kenntnisnahme weiterleiten.[20] Hiervon ist auch dann auszugehen, wenn der Beitrittsvertrag, wie häufig bei Publikumsgesellschaften, zwischen der Gesellschaft und dem Beitretenden geschlossen wird bzw. die Organe zum Abschluss bevollmächtigt sind.[21] Im Falle des drittfinanzierten Fondsbeitritts hat es der BGH überdies aufgrund des Einwendungsdurchgriffs (§ 359) zugelassen, dass die Kündigung wegen Fehlerhaftigkeit des Beitritts unmittelbar der finanzierenden Bank gegenüber erklärt wird.[22]

Übertragung S. 246. Vgl. auch Vor § 723 RdNr. 19 und Nachweise daselbst in Fn. 23 für den Fall des Auflösungsbeschlusses.
[13] Vgl. § 1823 RdNr. 1.
[14] Vgl. Vor § 723 RdNr. 19 mN in Fn. 27; *Staub/C. Schäfer* § 132 HGB RdNr. 8; *Soergel/Hadding/Kießling* RdNr. 20; so wohl auch MünchKommHGB/*K. Schmidt* § 132 RdNr. 13; aA 4. Aufl. § 1365 RdNr. 75 *(Koch)*; diff. *Rob. Fischer* NJW 1960, 937, 942 f., der die Einwilligung des Ehegatten nur im Falle des Ausscheidens des Kündigenden, nicht aber bei der Auflösung der Gesellschaft für erforderlich hält.
[15] Vgl. 4. Aufl. § 1365 RdNr. 36, 39.
[16] BGHZ 78, 177, 183 = NJW 1981, 115.
[17] So zutr. *Lutter* ZGR 1982, 108, 116; *Paschke* ZIP 1985, 129, 135 f.; aA 4. Aufl. § 2113 RdNr. 22 a *(Grunsky)*.
[18] Einschr. für den Fall, dass „der Nachlass ohne Kündigung offensichtlich besser gefahren wäre", *Lutter* ZGR 1982, 108, 116.
[19] EinhM, vgl. *Soergel/Hadding/Kießling* RdNr. 14; *Staudinger/Habermeier* RdNr. 9; *Erman/Westermann* RdNr. 9. Zur fehlenden Vertretungsmacht der Geschäftsführer in Fragen der Vertragsgrundlagen vgl. § 714 RdNr. 25.
[20] BGH NJW 1993, 1002; RGZ 21, 93, 95 (für eine KG); OLG Celle NZG 2000, 586; *Soergel/Hadding/Kießling* RdNr. 14; *Staudinger/Habermeier* RdNr. 9.
[21] Vgl. zur Dogmatik des Beitrittsvertrages § 709 RdNr. 10 sowie *C. Schäfer* ZHR 170 (2006), 373, 383 f. mwN.
[22] BGHZ 156, 46, 53 = NJW 2003, 2821, 2823; BGHZ 159, 294, 312 f. = NJW 2004, 2736, 2740; BGHZ 159, 280, 291 f. = NJW 2004, 2731, 2734 (anders noch BGH NJW 2000, 3558, 3560); näher § 705 RdNr. 223 und (insoweit krit.) § 359 RdNr. 17 *(Habersack)*.

Die Kündigung ist grundsätzlich **formlos** möglich, sofern der Gesellschaftsvertrag nicht 12
die Einhaltung einer bestimmten Form vorschreibt.[23] Das Schweigen auf eine nicht formgerechte Kündigung bedeutet nicht Verzicht auf die Beachtung der Form. Wohl aber kann das Verhalten der Gesellschafter im Anschluss an die Kündigung, etwa der einvernehmliche Beginn von Abwicklungsmaßnahmen, den Rückschluss auf einen solchen Verzicht oder auf einen konkludent gefassten Auflösungsbeschluss gestatten.

Fristen oder Termine für die Kündigung sind in § 723 Abs. 1 **nicht** vorgesehen; das 13
gilt selbst für den Fall ordentlicher Kündigung. Das Gesetz begnügt sich in Abs. 2 mit dem flexibleren Instrument eines schadensersatzbewehrten Verbots der Kündigung zur Unzeit. Dem im Kontext der bürgerlichrechtlichen Kündigungsregelungen (RdNr. 6) ganz ungewöhnlichen Verzicht auf eine Frist für die ordentliche Kündigung[24] trägt die Praxis dadurch Rechnung, dass sie im Auslegungswege großzügig zur Bejahung einer Mindestdauer der Gesellschaft kommt (RdNr. 23).[25] Die vertragliche Vereinbarung von Kündigungsfristen und -terminen fällt grundsätzlich nicht unter die nach Abs. 3 verbotenen Kündigungserschwerungen (vgl. Abs. 1 S. 6 und RdNr. 64 ff.).

b) Inhalt. Die Erklärung muss den Willen des Kündigenden, die Auflösung der Gesell- 14
schaft herbeizuführen oder aus ihr auszuscheiden, **eindeutig** erkennen lassen. Eine Verwendung des Begriffs „Kündigung" ist nicht erforderlich. Es genügen auch sonstige Erklärungen wie Rücktritt, Anfechtung, Auflösung, Austritt o. Ä., die den Mitgesellschaftern den Kündigungswillen deutlich erkennbar machen.[26] Eine Kündigung unter dem „Vorbehalt" einer vom Kündigenden gewünschten Vertragsänderung ist im Zweifel als Änderungskündigung zu verstehen.[27] – Zum Erfordernis der Angabe der Kündigungsgründe im Fall der außerordentlichen Kündigung vgl. RdNr. 27. Die bloße Androhung einer Kündigung reicht freilich nicht aus.

Ein Recht zur **Teilkündigung** wird von der ganz hM in Rechtsprechung[28] und Schrift- 15
tum[29] abgelehnt, sofern die Teilkündigung nicht ausnahmsweise für bestimmte Dauerschuldverhältnisse kraft Gesetzes gestattet[30] oder vertraglich den Beteiligten vorbehalten ist. Daran ist entgegen nachdrücklicher Kritik an dieser Ansicht[31] auch für das *Gesellschaftsrecht* festzuhalten. Vorbehaltlich der Möglichkeit einer Änderungskündigung[32] und der auf eine subjektive Teilkündigung hinauslaufenden Ausschließung eines Gesellschafters aus wichtigem Grund (§ 737) bzw. der Entziehung von Geschäftsführungsbefugnis und Vertretungs-

---

[23] Zur Heilung des Mangels der „eingeschriebenen" Form durch tatsächlichen Zugang des Kündigungsbriefs beim Empfänger vgl. RGZ 77, 70.
[24] So zu Recht *Raisch* BB 1968, 526, 530; *Strothmann/Vieregge*, FS Oppenhoff, 1985, S. 451 ff.
[25] Weitergehend (für analoge Anwendung von § 132 HGB auf die Mitunternehmer-GbR) *Strothmann/Vieregge*, FS Oppenhoff, 1985, S. 467 ff. im Anschluss an *K. Schmidt* GesR § 59 V 1 g aa, § 58 V 2 a.
[26] BGH NJW 1993, 1002; RGZ 89, 398, 400; RG LZ 1917, 457; *Staudinger/Habermeier* RdNr. 9; *Soergel/Hadding/Kießling* RdNr. 15; *Bamberger/Roth/Timm/Schöne* RdNr. 9. Zur Auslegung einer Klage auf Durchsetzung von Ausscheidensfolgen als Kündigungserklärung vgl. BGH WM 1979, 1062, 1063; zur (verneinten) Frage, ob die Kündigung eines zwischen GbR und einem Gesellschafter geschlossenen Mietvertrages über die von ihr betriebene Diskothek zugleich als Kündigung der Gesellschaft auszulegen ist, vgl. OLG Saarbrücken OLGR 2006, 200; vgl. ferner OLG Düsseldorf NJW-RR 1998, 658 (Auszug aus gemeinsamer Wohnung als Kündigung); OLG Düsseldorf NZG 2001, 746 (Erteilen eines Hausverbots in Bezug auf ein gemeinsam bewirtschaftetes Grundstück als Kündigung).
[27] Vgl. zur Änderungskündigung etwa *Erman/Westermann* RdNr. 9; *Soergel/Hadding/Kießling* RdNr. 17.
[28] BGH NJW 1993, 1320, 1322 (Vertriebsvertrag); LM § 242 (Bc) Nr. 21; OLG Karlsruhe NJW 1983, 1499; BAG BB 1983, 1791; NJW 1989, 1562, 1563; zu Sonderfällen ausnahmsweise zulässiger Teilkündigung vgl. BGHZ 96, 275, 280 ff. = NJW 1986, 925 (Bauträgervertrag); BGH NJW 1999, 2269, 2270 (Darlehensvertrag).
[29] So etwa § 314 RdNr. 19 – allerdings mit erheblichen Einschränkungen; ferner *Palandt/Grüneberg* Einf. v. § 346 RdNr. 12; *Staudinger/Emmerich* § 543 RdNr. 86; *Ferner, Die Teilkündigung von Dauerschuldverhältnissen*, 1988, S. 49 ff.
[30] So für bestimmte Fälle von Darlehensverträgen (§§ 489 Abs. 1, 608 Abs. 2) sowie bei Mietverträgen in Bezug auf nicht zum Wohnen bestimmte Nebenräume oder Teile eines Grundstücks (§ 573 b).
[31] *Kießling/Becker* WM 2002, 578, 580 ff.; *Soergel/Hadding/Kießling* RdNr. 22.
[32] Vgl. *Erman/Westermann* RdNr. 9; *Soergel/Hadding/Kießling* RdNr. 17.

macht (§§ 712, 715), jeweils durch Beschluss der übrigen Gesellschafter, ist der kündigungswillige Gesellschafter durch § 723 darauf beschränkt, den Gesellschaftsvertrag *insgesamt* zu kündigen. *Partielle* Vertragsänderungen kann er nicht durch Kündigung, sondern nur ausnahmsweise dadurch erreichen, dass er unter Berufung entweder auf eine Störung der Geschäftsgrundlage (§ 313) oder auf die Treupflicht von den Mitgesellschaftern die Zustimmung zur Vertragsanpassung verlangt.

16 Die Kündigung **unter einer Bedingung** ist unwirksam, sofern sie zu *Ungewissheit* über den Eintritt der Kündigungswirkungen führt. Die Kündigung ist zwar nicht schon wegen ihrer Rechtsnatur als Gestaltungsrecht schlechthin bedingungsfeindlich.[33] Unschädlich sind aber nur solche Bedingungen, deren Eintritt entweder vom Willen des Vertragspartners abhängt[34] oder die sich auf ein mit Wahrscheinlichkeit bevorstehendes und leicht feststellbares Ereignis beziehen.[35] Von Bedeutung ist die Abgabe einer derart aufschiebend bedingten Kündigungserklärung namentlich im Fall vereinbarter Kündigungsfristen, da die Frist dann erst mit dem Eintritt des in der Bedingung genannten Ereignisses zu laufen beginnt.

17 c) **Umdeutung.** Es gilt § 140. Danach kann je nach Lage des Falles eine fristlose außerordentliche Kündigung bei Fehlen des wichtigen Grundes in eine solche unter Einhaltung der vertraglichen Kündigungsfrist umgedeutet werden, wenn die ordentliche Kündigung vom Willen des Kündigenden mit erfasst ist und dieser Wille für die Kündigungsempfänger erkennbar zum Ausdruck kommt.[36] Auch kann eine verspätete Kündigung im Einzelfall als rechtzeitig zum nächsten Termin erklärt aufrechterhalten werden.[37]

18 d) **Rücknahme, Anfechtung.** Wegen ihrer Gestaltungswirkung ist die einseitige **Rücknahme** der Kündigung nur so lange möglich, als die Erklärung noch nicht allen Mitgesellschaftern zugegangen (§ 130 Abs. 1 S. 2) und die Kündigung deshalb noch nicht wirksam geworden ist (RdNr. 11).[38] Nach diesem Zeitpunkt bedarf die Rücknahme ebenso wie der Fortsetzungsbeschluss (Vor § 723 RdNr. 11) der Zustimmung aller Gesellschafter, auch wenn die Auflösung wegen einer vertraglichen Kündigungsfrist noch nicht eingetreten ist. Die **Anfechtung** der Kündigung oder die Berufung auf deren Nichtigkeit setzen voraus, dass mit der Abwicklung noch nicht begonnen wurde. Andernfalls gelten nach herkömmlicher Auffassung die Grundsätze über die fehlerhaft aufgelöste Gesellschaft (§ 705 RdNr. 323 ff., 364 und Vor § 723 RdNr. 20).[39] Abgesehen von der zweigliedrigen Gesellschaft, ist die Auflösung jedoch richtigerweise kein Anwendungsfall der Lehre von der fehlerhaften Gesellschaft.[40]

19 6. **Kündigungsfolgen.** Die Gestaltungswirkungen der Kündigung treten nach § 723 Abs. 1 grundsätzlich ein, sobald die Erklärung allen Gesellschaftern zugegangen ist; anderes gilt im Falle einer vereinbarten Kündigungsfrist.[41] Die Gesellschaft wird dadurch aufgelöst und muss nach Maßgabe der §§ 730 ff. abgewickelt werden. Enthält der Gesellschaftsvertrag allerdings eine Fortsetzungsklausel iS von § 736 Abs. 1, so führt die Kündigung nicht zur

---

[33] RGZ 91, 307, 309; *Enneccerus/Nipperdey* § 195 II 2; *Erman/C. Armbrüster* Vor § 158 RdNr. 18; *Flume* II § 38, 5, S. 697 f.; *Staudinger/Bork* (2003) Vor §§ 158–163 RdNr. 40 ff.

[34] Sog. Potestativbedingung; ihre Zulässigkeit bei Kündigungserklärungen wird allg. bejaht, vgl. etwa *Wiedemann* GesR II § 3 III 5, S. 268; *Soergel/Hadding/Kießling* RdNr. 4; *Bamberger/Roth/Timm/Schöne* RdNr. 9; *Hueck* OHG § 24 I 2, S. 362 sowie die Nachweise in Fn. 33.

[35] So *Hueck* OHG § 24 I 2, S. 362 f.; *Erman/Westermann* RdNr. 9; *Staub/C. Schäfer* § 132 HGB RdNr. 11; MünchKommHGB/*K. Schmidt* § 132 RdNr. 18.

[36] St. Rspr., vgl. BGHZ 20, 239, 249 f. = NJW 1956, 906; BGH NJW 1981, 976; 1982, 2603; 1998, 76 und 1551; so auch *Soergel/Hadding/Kießling* RdNr. 16; *Bamberger/Roth/Timm/Schöne* RdNr. 11.

[37] RG LZ 1908, 699; *Soergel/Hadding/Kießling* RdNr. 16; *Erman/Westermann* RdNr. 9; auf die Art des Kündigungsgrunds abstellend RG WarnR 1908 Nr. 616.

[38] So auch LG Frankenthal NZG 1998, 939; *Erman/Westermann* RdNr. 9.

[39] 4. Aufl. RdNr. 18; ebenso auch *Soergel/Hadding/Kießling* RdNr. 23.

[40] *C. Schäfer*, Die Lehre vom fehlerhaften Verband, 2002, S. 402 ff. und *Staub/C. Schäfer* § 131 HGB RdNr. 53 ff.

[41] Vgl. BGH WM 1983, 170, 171: nach Kündigung einer stillen Gesellschaft kann der Stille noch bis zum Ende der Kündigungsfrist von dem ihm gesellschaftsvertraglich eingeräumten Recht zur Umwandlung seiner stillen in eine Kommanditbeteiligung Gebrauch machen.

Auflösung, sondern zum Ausscheiden des Kündigenden unter Fortbestand der Gesellschaft zwischen den übrigen Gesellschaftern (zur Möglichkeit sonstiger Fortsetzungsgestaltungen vgl. § 736 RdNr. 17 ff.). Dies gilt auch in der **zweigliedrigen Gesellschaft**.[42] Abweichend von der Rechtslage in der OHG,[43] wird die Gesellschaft hier durch die Kündigung eines Gesellschafters aufgelöst; allerdings kann der Gesellschaftsvertrag nach einem Urteil des BGH für diesen Fall die Übernahme des Gesellschaftsvermögens durch den anderen Gesellschafter vorsehen.[44] Dem ist schon deshalb zuzustimmen, weil die Rechtsfolgen den im Falle einer nach § 736 Abs. 1 zweifellos zulässigen Fortsetzungsklausel entsprechen, die in der zweigliedrigen Gesellschaft zu deren liquidationslosem Erlöschen und zum Übergang des Gesellschaftsvermögens auf den anderen, verbliebenen Gesellschafter im Wege der Universalsukzession führt.[45] Zur Abwicklungsgesellschaft vgl. im Übrigen Vor § 723 RdNr. 5 ff. und § 730 RdNr. 24 ff.

II. Die ordentliche Kündigung (Abs. 1 S. 1)

1. Unbefristete Gesellschaft. Das Recht zur ordentlichen Kündigung setzt nach § 723 Abs. 1 S. 1 voraus, dass der Gesellschaftsvertrag **nicht für eine bestimmte Zeit eingegangen** ist (RdNr. 22 f.), dass es sich also um eine unbefristete Gesellschaft handelt. Der unbefristeten Gesellschaft steht nach § 724 eine auf Lebenszeit eingegangene oder nach Ablauf der bestimmten Zeit fortgesetzte Gesellschaft gleich. Bei Gesellschaften, die für eine bestimmte Zeit geschlossen sind, tritt als Auflösungsgrund an die Stelle der ordentlichen Kündigung der Zeitablauf (Vor § 723 RdNr. 15). Auflösung durch Zeitablauf tritt auch bei Vereinbarung einer **Höchstdauer** ein. Im Unterschied zur Vereinbarung einer festen Dauer schließt eine solche Klausel aber nicht notwendig das ordentliche Kündigungsrecht aus. Sie kann sich vielmehr auch darauf beschränken, die maximale Dauer der Gesellschaft festzulegen; das Gewollte ist durch Auslegung zu ermitteln (RdNr. 68). – Zu den Anforderungen an die Kündigungserklärung vgl. RdNr. 11 ff. 20

Der Einhaltung einer **Kündigungsfrist** bedarf es nach gesetzlicher Regel **nicht**; ebenso verzichtet das Gesetz auf die Festlegung von Kündigungsterminen. Zu gesellschaftsvertraglichen Abweichungen hiervon vgl. RdNr. 71. Die in Abs. 2 enthaltene Einschränkung für Kündigungen zur Unzeit beeinträchtigt nicht die Wirksamkeit der Kündigung, sondern begründet nur Schadensersatzpflichten für den Kündigenden (RdNr. 55). 21

2. Konkludente Befristung. a) Rechtlicher Ansatz. Der in Abs. 1 S. 1 enthaltene Verzicht auf Fristen für die ordentliche Kündigung ist im Vergleich zu sonstigen Dauerschuldverhältnissen durchaus ungewöhnlich.[46] Er lässt sich zwar als Ausdruck des vom Gesetzgeber dem Recht der GbR zu Grunde gelegten Regeltyps der *Gelegenheitsgesellschaft* mit entsprechend lockeren Bindungen der Beteiligten erklären (Vor § 705 RdNr. 86 f.). Schon in den *Motiven* (Mot. II S. 618) findet sich jedoch auch der Hinweis, die Vereinbarung einer bestimmten Vertragsdauer, dh. aber der Ausschluss der ordentlichen Kündigung während dieser Zeitspanne, könne nicht nur ausdrücklich getroffen werden, sondern auch auf andere Weise, etwa durch einen Vertragsschluss zur gemeinsamen Durchführung bestimmter Geschäfte. 22

Im Einklang mit den Motiven hat sich die Praxis recht *großzügig* gezeigt bei der **Bejahung konkludenter,** aus dem Gesellschaftszweck oder aus sonstigen zentralen Vertragsbestandteilen wie etwa den Beitragsvereinbarungen ableitbarer **Befristungen** (vgl. RdNr. 24), sofern die Dauer nur *objektiv*, wenn auch nicht notwendig kalendermäßig, *bestimmbar* ist (vgl. Beispiele Vor § 723 RdNr. 16). Im Ergebnis zu Recht wird dadurch der Anwendungsbereich der ordentlichen Kündigung zumal bei Gelegenheitsgesellschaften eingeschränkt. 23

---

[42] Vgl. etwa BGH NJW 2006, 844 zur Kündigung aus wichtigem Grund.
[43] Dazu näher *Staub/C. Schäfer* § 131 HGB RdNr 8, 107 f. mwN.
[44] BGH NJW 2005, 2618, 2619.
[45] *Staub/C. Schäfer* § 131 HGB RdNr. 8, 107 f.
[46] Vgl. näher *Oetker* (Fn. 4) S. 272 ff.

Bei Dauergesellschaften sehen die Parteien vielfach ohnehin Regelungen über Vertragszeit und Kündigungsmöglichkeiten vor. Zu den Grenzen zulässiger Befristungen vgl. RdNr. 65 f., zur Bindung der Dauer einer Gesellschaft an diejenige einer an ihr als Gesellschafter beteiligten juristischen Person oder Gesamthand vgl. § 724 RdNr. 8.

24 **b) Folgerungen.** In den Fällen einer aus dem **Gesellschaftszweck** ableitbaren Befristung (vgl. Vor § 723 RdNr. 14 ff.) geht es überwiegend um *Gelegenheitsgesellschaften*, die zur Durchführung eines oder einer bestimmten Zahl von Geschäften, zur Auswertung eines befristeten Schutzrechts oder zum Abbau einer begrenzten Menge von Bodenschätzen gegründet sind.[47] Sie sollen nach dem übereinstimmenden, wenn auch häufig nicht ausdrücklich hervorgehobenen Willen der Parteien während der Verfolgung dieses zeitlich befristeten Zwecks nur aus wichtigem Grund gekündigt werden können.[48]

25 Eine zweite Gruppe von Gesellschaften, für die die Annahme einer konkludenten Befristung naheliegt, bilden diejenigen Zusammenschlüsse, bei denen aus dem **Inhalt der Beitragsvereinbarungen** auf den Willen der Beteiligten geschlossen werden kann, zumindest für eine Anlaufperiode das Recht zur jederzeitigen Kündigung auszuschließen. So hat die Rechtsprechung für den Fall des von einem der Beteiligten eingebrachten Know-how (vorteilhafte Bezugsquelle) festgestellt, die Gesellschafter hätten stillschweigend das Kündigungsrecht jedenfalls solange ausgeschlossen, bis der Einbringende aus seiner Gewinnbeteiligung eine angemessene Entschädigung für das dem Partner mitgeteilte Know-how erhalten hätte.[49] Der BGH hat eine Kündigung, die einer der Partner im Interesse der alleinigen Fortsetzung des Unternehmens kurze Zeit nach der Gründung einer Gesellschaft zum Betrieb eines Adressbuchverlags ausgesprochen hatte, für unwirksam erklärt, da die Parteien die Dauer ihrer Zusammenarbeit jedenfalls bis zur Publikation bestimmter, zunächst geplanter Werke konkludent fest vereinbart hätten.[50] Insoweit steht also jeweils die Annahme einer stillschweigend vereinbarten *Mindestdauer* in Frage (vgl. auch Vor § 723 RdNr. 14). Die Grenze zur missbräuchlichen Ausübung des Kündigungsrechts (RdNr. 50 ff.) ist freilich fließend. Auch reicht die Tatsache der noch nicht lange zurückliegenden Gründung nicht aus, um allein deshalb zur Annahme einer stillschweigend vereinbarten Mindestdauer zu kommen.[51]

III. Die Kündigung aus wichtigem Grund (Abs. 1 S. 2 und 3)

26 **1. Wesen und Voraussetzungen.** Das in § 723 Abs. 1 S. 2 und 3 Nr. 1 enthaltene Recht zur *außerordentlichen* Kündigung der Gesellschaft bei Vorliegen eines wichtigen, die Fortsetzung unzumutbar machenden Grundes ist Ausdruck eines seit der Schuldrechtsreform in § 314 kodifizierten **allgemeinen Rechtsgrundsatzes.** Er gilt für alle Arten von Dauerschuldverhältnissen, die eine persönliche Bindung der Beteiligten begründen, und gibt diesen das Recht, unabhängig von der befristeten oder unbefristeten Vertragsdauer das Schuldverhältnis bei Vorliegen eines wichtigen Grundes einseitig mit sofortiger Wirkung zur Auflösung zu bringen.[52] Funktionell übernimmt das außerordentliche Kündigungsrecht damit eine Reihe von Aufgaben, für die bei gewöhnlichen Austauschverträgen die Rechtsinstitute des Rücktritts, der Anfechtung[53] und der Störung der Geschäftsgrundlage zur

---

[47] Vgl. Vor § 723 Fn. 20, 21; *Soergel/Hadding/Kießling* RdNr. 25; *Strothmann/Vieregge*, FS Oppenhoff, 1985, S. 451, 459 f. mwN; abl. *Merle*, FS Bärmann, 1975, S. 631, 633 f.
[48] So auch BGH WM 1967, 315, 316 für eine zur lebenslangen Versorgung des Unterbeteiligten vereinbarte Unterbeteiligung.
[49] RGZ 95, 147, 151; vgl. auch OLG Hamm NJW-RR 1993, 1383, 1384 (stillschweigend vereinbarte Befristung bei Einbringung von Geschäftsidee und Kundenkontakt).
[50] BGHZ 10, 91, 98 = NJW 1953, 1217.
[51] Vgl. BGH WM 1977, 736, 738.
[52] Vgl. BGH NJW 1951, 836; RGZ 53, 19, 22; 65, 37, 38; 78, 385, 389; 79, 156, 161; 128, 1, 16; dazu auch *Wiedemann* GesR II § 3 III 5, S. 273 f.; *Beitzke*, Nichtigkeit, Auflösung und Umgestaltung von Dauerrechtsverhältnissen, 1948, S. 21; *Ulmer*, Vertragshändler, 1969, S. 258 f.; *Oetker* (Fn. 4) S. 264 ff.
[53] Vgl. RdNr. 46 betr. die Lehre von der fehlerhaften Gesellschaft.

Verfügung stehen.[54] Entsprechend *vielseitig* sind auch die Umstände, die bei der Prüfung der Frage, ob ein wichtiger Grund vorliegt, berücksichtigungsfähig sind. Dem Recht zur Kündigung aus wichtigem Grund kommt umso größere Bedeutung zu, je länger die Beteiligten bei Eintritt des Grundes noch an den Vertrag gebunden sind, sei es auf Grund einer Befristung der Gesellschaft oder auf Grund langer Kündigungsfristen und -termine. Zum Sonderkündigungsrecht bei Vollendung des 18. Lebensjahrs (S. 3 Nr. 2) vgl. RdNr. 38 ff., zur Unentziehbarkeit des außerordentlichen Kündigungsrechts vgl. RdNr. 74 f., zu den Anforderungen an die Kündigungserklärung und deren Wirkungen vgl. RdNr. 11 ff.

Der wichtige Grund als Voraussetzung der außerordentlichen Kündigung muss bereits *im Zeitpunkt der Kündigung* vorliegen; spätere Vorgänge haben allenfalls indizielle Bedeutung.[55] Schon mit Rücksicht auf die Treupflicht ist die **Angabe des Kündigungsgrundes** in der Kündigungserklärung im Regelfall geboten, wenn der Grund den Mitgesellschaftern nicht ohnehin bekannt ist.[56] Die Rechtsprechung hat allerdings in Einzelfällen zugelassen, dass die Kündigung auch auf Gründe gestützt werden kann, die nicht in der Erklärung erwähnt wurden, sofern sie im Zeitpunkt der Erklärung objektiv vorhanden, wenn auch nicht notwendigerweise schon bekannt waren.[57] Indes ist daran festzuhalten, dass ein **Nachschieben** von Gründen unter der doppelten Voraussetzung steht, dass die Gründe nicht erst später eingetreten sind *und* dass die Mitgesellschafter mit ihrer nachträglichen Geltendmachung rechnen mussten.[58] Letzteres ist namentlich dann der Fall, wenn zwischen geltend gemachten und nachgeschobenen Gründen ein innerer Zusammenhang besteht und die Mitgesellschafter daher nicht darauf vertrauen durften, der Kündigende werde hierauf nicht zurückgreifen.[59] War ein früher gegebener Grund zwischenzeitlich entfallen, etwa durch Verzicht oder Verwirkung (RdNr. 47), so ist auch für dessen Nachschieben kein Raum.[60] Sind andererseits Gründe erst nachträglich entstanden oder mussten die Mitgesellschafter nicht mit ihrem Nachschieben rechnen, so kann in ihrer späteren Geltendmachung allerdings eine erneute, entsprechend später wirksam werdende fristlose Kündigung zu sehen sein.[61] Zur Umdeutung einer mangels hinreichender Gründe unwirksamen außerordentlichen in eine ordentliche Kündigung vgl. RdNr. 17. 27

2. Der wichtige Grund nach Satz 3 Nr. 1. a) Begriff. Der Begriff des in Satz 3 Nr. 1 geregelten, für *alle Gesellschafter* geltenden wichtigen Grundes wird gewöhnlich dahin umschrieben, dass dem Kündigenden nach Lage des Falles eine Fortsetzung der Gesellschaft bis zum Vertragsende oder zum nächsten ordentlichen Kündigungstermin *nicht zugemutet* werden kann, weil das Vertrauensverhältnis grundlegend gestört oder ein gedeihliches Zusammenwirken aus sonstigen, namentlich auch wirtschaftlichen Gründen nicht mehr möglich ist.[62] Dem kommt im Ergebnis die ebenfalls wiederholt anzutreffende, die Notwendigkeit 28

---

[54] Vgl. RdNr. 4 f.; so auch *Staudinger/Habermeier* RdNr. 24. Zur Frage, ob auch im Anwendungsbereich der außerordentlichen Kündigung Raum für eine Vertragsanpassung wegen Störung der Geschäftsgrundlage verbleibt, vgl. § 313 RdNr. 141 ff. *Haarmann,* Wegfall der Geschäftsgrundlage bei Dauerrechtsverhältnissen, 1979, S. 127 ff.
[55] BGH NJW 2000, 3491, 3492.
[56] Die hM im Dienstvertragsrecht ist hinsichtlich der Forderung nach Angabe des Kündigungsgrunds zurückhaltend (Vor § 620 RdNr. 109; *Soergel/Kraft* Vor § 620 RdNr. 27). Die Kommentare zu § 723 beschäftigen sich nur mit dem Nachschieben von Gründen. Im Mietrecht begründen die §§ 573 Abs. 3, 573 a Abs. 3 die Pflicht des Vermieters zur Angabe der Kündigungsgründe.
[57] BGH NJW 1999, 3485; OLG Köln NZG 2001, 1084; zust. *Soergel/Hadding/Kießling* RdNr. 30.
[58] BGHZ 27, 220, 225 f. = NJW 1958, 1136; RGZ 122, 38, 40; *Wiedemann* WM 1992, Beilage 7 S. 23, 52; *Soergel/Hadding/Kießling* RdNr. 29; s. auch OLG München NZG 1998, 937.
[59] BGHZ 27, 220, 225 f. = NJW 1958, 1136; BGH NJW 2000, 3492; RG JW 1938, 1392, 1393; *Soergel/Hadding/Kießling* RdNr. 29.
[60] BGH WM 1967, 251.
[61] Bejahend BGH BB 1954, 647; RGRK/*v. Gamm* RdNr. 10.
[62] Vgl. etwa BGHZ 4, 108, 113 = NJW 1952, 46; BGHZ 31, 295, 304 = NJW 1960, 625; BGHZ 84, 379, 382 f. = NJW 1982, 2821; BGH WM 1975, 329, 330 f.; 1963, 282, 283; OGHZ 2, 3; 350; RGZ 65, 37, 38; 142, 212, 215; RG JW 1938, 1392, 1393; *Soergel/Hadding/Kießling* RdNr. 34; *Staudinger/Habermeier* RdNr. 26.; *Wiedemann* GesR II § 3 III 5, S. 275.

der *Interessenabwägung* betonende Formel nahe, wonach das auf dem wichtigen Grund beruhende Individualinteresse an der sofortigen Auflösung höher zu bewerten sein müsse als das Interesse der Mitgesellschafter an der unveränderten Fortsetzung der Gesellschaft.[63] Beide Formeln *zusammengenommen* umschreiben das Merkmal des wichtigen Grundes im Grundsatz zutreffend; sie haben inzwischen in der **Legaldefinition des § 314 Abs. 1 S. 2** ihren gesetzlichen Niederschlag gefunden.[64]

29 Die Definition des wichtigen Grundes in § 314 Abs. 1 S. 2 bestätigt den schon bisher anerkannten Grundsatz, dass die Feststellung des wichtigen Grundes zur Kündigung der GbR nicht ohne eingehende **Würdigung der Gesamtumstände des Einzelfalls**, darunter der Art und des Zwecks sowie der bisherigen Dauer[65] der Gesellschaft, des Zeitraums bis zum nächsten ordentlichen Auflösungstermin,[66] der Intensität der persönlichen Zusammenarbeit und der Stellung des Kündigenden in und zu der Gesellschaft möglich ist;[67] das gilt auch für die in Abs. 1 S. 3 Nr. 1 als Regelbeispiele genannten Fälle der groben Pflichtverletzung und der Unmöglichkeit der Pflichterfüllung. Mit Rücksicht auf diese Gesamtwürdigung kann ein bestimmter Umstand somit bei der einen Gesellschaft die außerordentliche Kündigung rechtfertigen, bei einer anderen die an einen wichtigen Grund zu stellenden Anforderungen dagegen nicht erfüllen.[68] Bei Gründen in der Person eines Gesellschafters ist jeweils auch zu prüfen, ob nicht bereits der Entzug der Geschäftsführungs- und Vertretungsbefugnis nach §§ 712, 715 als das *mildere Mittel* ausreicht, um die gemeinsame Fortführung der Gesellschaft zumutbar erscheinen zu lassen.[69] Zur Nachprüfbarkeit des wichtigen Grundes in der Revisionsinstanz vgl. RdNr. 36 f.

30 **b) Gründe in der Person eines Gesellschafters.** Die beiden in **Abs. 1 S. 3 Nr. 1** beispielhaft genannten Gründe (grob schuldhafte Verletzung wesentlicher Pflichten oder Unmöglichkeit ihrer Erfüllung) entsprechen wörtlich denjenigen, die § 133 Abs. 2 HGB als Voraussetzung für eine Auflösungsklage bei Personenhandelsgesellschaften nennt. Angesichts von deren größerer praktischer Bedeutung kann auf die Auslegung der HGB-Vorschrift auch für die außerordentliche Kündigung der GbR zurückgegriffen werden.[70] Zum Verhältnis zwischen der Kündigung aus wichtigem Grund in der Person eines Gesellschafters und der Ausschließung dieses Gesellschafters nach Maßgabe von § 737 vgl. § 737 RdNr. 9.

31 Eine grob schuldhafte **Verletzung wesentlicher Verpflichtungen** aus dem Gesellschaftsvertrag (Nr. 1, 1. Fall) liegt insbesondere in der hartnäckigen Weigerung eines Gesellschafters, seinen vertraglich übernommenen Beitrags- oder sonstigen Förderpflichten nachzukommen.[71] Dazu gehört die nachhaltige Nichtleistung fälliger Einlagen, aber auch schwerwiegende Sorgfaltspflichtverstöße im Rahmen der Geschäftsführertätigkeit. Auch schwerwiegende Treupflichtverstöße kommen als Kündigungsgrund in Betracht.[72] Dabei

---

[63] BGHZ 84, 379, 383 = NJW 1982, 2821; BGH NJW 2007, 589, 590; *Soergel/Hadding/Kießling* RdNr. 34, 36; *Staudinger/Habermeier* RdNr. 26; *Bamberger/Roth/Timm/Schöne* RdNr. 17.
[64] Vgl. dazu § 314 RdNr. 10 ff.
[65] BGH DB 1977, 87, 88.
[66] BGH WM 1975, 329, 331.
[67] EinhM, vgl. BGHZ 84, 379, 382 = NJW 1982, 2821; BGH NJW 1996, 2573; *Soergel/Hadding/Kießling* RdNr. 35; *Staudinger/Habermeier* RdNr. 26; *Erman/Westermann* RdNr. 11; vgl. auch die entspr. Regelung in § 626 Abs. 1 zum Dienstvertragsrecht.
[68] *Staudinger/Habermeier* RdNr. 26.
[69] Ebenso *Soergel/Hadding/Kießling* RdNr. 36.
[70] Näheres dazu bei *Staub/C. Schäfer* § 133 HGB RdNr. 23 ff. und 28 ff.
[71] Vgl. auch BGH NZG 2005, 472 = ZIP 2005, 753, 758; NJW 2005, 1784 (Göttinger Gruppe; stille Gesellschaft: Weigerung des Unternehmens, dem Stillen das Auseinandersetzungsguthaben vertragsgemäß ratierlich auszuzahlen, ist wichtiger Grund); BGH NJW 2007, 589, 592 (Vor-AG: mangelnde Leistungsfähigkeit eines Gesellschafters zur Erbringung der Einlagen, die zum Scheitern der Gründung führt, ist wichtiger Grund).
[72] BGHZ 4, 108, 113 = NJW 1952, 461; BGH NJW 2000, 3491, 3492; vgl. auch BGH WM 1963, 282 (objektiver Tatbestand tiefgreifender Zerrüttung als wichtiger Grund); BGH DB 1977, 87, 88 (Zerstörung des Vertrauensverhältnisses durch Nichteinhaltung wesentlicher Zusagen); BGH WM 1975, 329, 330 f. (trotz Zerstörung des Vertrauensverhältnisses Abwarten des nächsten Kündigungstermins zumutbar); OLG Mün-

stehen im Vordergrund **Störungen des Vertrauensverhältnisses** im *geschäftlichen* Bereich wie die ungehörige Behandlung, Beschimpfung oder Verleumdung von Mitgesellschaftern[73] oder die treuwidrige nachhaltige Verweigerung der Zusammenarbeit in der Gesellschaft. Aber auch das *außergeschäftliche* Verhalten kann, soweit es Rückwirkungen auf die Gesellschaftssphäre hat, nicht unberücksichtigt bleiben. Das gilt etwa für die nachhaltige üble Nachrede gegenüber Familienmitgliedern eines Mitgesellschafters.[74] Ebenso kann das Unterhalten ehewidriger Beziehungen zur Ehefrau eines Mitgesellschafters zu einer unerträglichen Belastung des Gesellschaftsverhältnisses führen und die Auflösung gebieten.[75]

Einen Kündigungsgrund bilden typischerweise auch nachhaltige **Verstöße gegen Geschäftsführungspflichten,** insbesondere wenn sie schuldhaft herbeigeführt wurden. Hierunter fallen namentlich die bewusste und gesellschaftsschädigende Überschreitung der Geschäftsführungsbefugnisse, die fortlaufende Verletzung eines Wettbewerbsverbots oder sonstige grobe Unredlichkeiten in der Geschäftsführung.[76] Sie können allein schon mit Rücksicht auf die Wiederholungsgefahr die gemeinsame Fortsetzung der Gesellschaft unzumutbar machen, wenn nicht bereits der Entzug von Geschäftsführungsbefugnis und Vertretungsmacht als das mildere Mittel (RdNr. 29) Abhilfe schafft. Bei weniger schwerwiegenden oder erstmals auftretenden Pflichtverstößen bedarf es vor der Kündigung im Regelfall einer auf die Einstellung des pflichtwidrigen Verhaltens gerichteten Abmahnung. 32

Verschulden des Gesellschafters, auf dessen Person sich der für den wichtigen Grund in Betracht kommende Umstand bezieht, ist ebenso wie in § 133 HGB für den wichtigen Grund **nicht erforderlich.**[77] Ein Kündigungsgrund kann deshalb auch in schwerer körperlicher oder geistiger Krankheit oder in hohem Alter eines Gesellschafters liegen, wenn diese Umstände für die Mitgesellschafter die Fortsetzung der Zusammenarbeit in der Gesellschaft unzumutbar machen, oder in der nachträglichen unverschuldeten **Unmöglichkeit** der für den Geschäftserfolg wesentlichen **Beitragsleistung** eines Gesellschafters. Weitere denkbare unverschuldete Gründe bilden der finanzielle Zusammenbruch eines Gesellschafters oder Minderungen seines Ansehens, die sich schwerwiegend auf den Geschäftserfolg auswirken.[78] 33

Die Vorwerfbarkeit des **eigenen Verhaltens des Kündigenden,** insbesondere dessen Mitursächlichkeit für den eingetretenen Vertrauensschwund, schließt die Berufung auf den Auflösungsgrund nicht ohne weiteres aus. Sogar die schuldhafte Verursachung des Auflösungsgrundes in erster Linie durch den Kündigenden selbst steht seiner Anerkennung als wichtiger Grund nicht notwendig entgegen, wenn in ihrer Folge das für die Erreichung des Gesellschaftszwecks erforderliche Zusammenwirken der Gesellschafter unmöglich geworden ist;[79] Schadensersatzansprüche der Mitgesellschafter bleiben hiervon unberührt (RdNr. 49). Wer allerdings selbst wesentlich zur Verschärfung der Spannungen in der Gesellschaft beigetragen hat, kann auf unfreundliche Reaktionen der Mitgesellschafter die fristlose Kündi- 34

---

chen NZG 2002, 85, 86 (Herabwürdigung eines Gesellschafters im Rundbrief an Mandanten unter Beifügung einer Strafanzeige gegen ihn).
[73] BGHZ 46, 392, 394, 396 = NJW 1967, 1081; BGHZ 4, 108, 120 f. = NJW 1952, 461.
[74] BGH DB 1977, 87, 88.
[75] BGHZ 46, 392, 394 = NJW 1967, 1081; BGHZ 4, 108, 114 = NJW 1952, 461; *Lindacher* NJW 1973, 1169. Zum Wegfall der Geschäftsgrundlage für die Beteiligung eines „eingeheirateten" Gesellschafters infolge Ehescheidung vgl. BGH LM HGB § 140 Nr. 12 = NJW 1973, 92.
[76] Vgl. BGH WM 1985, 997 (Vollmachtsmissbrauch durch geschäftsführenden Gesellschafter); weitere Beispiele bei *Staub/C. Schäfer* § 133 HGB RdNr. 25.
[77] So auch *Wiedemann* GesR II § 3 III 5, S. 275; *Soergel/Hadding/Kießling* RdNr. 39; *Bamberger/Roth/Timm/Schöne* RdNr. 21; zurückhaltend *Erman/Westermann* RdNr. 12 für den Fall unverschuldeter schwerer Pflichtverstöße, da sie nicht zu einer Zerstörung des Vertrauensverhältnisses führen.
[78] *Staudinger/Habermeier* RdNr. 29; *Staub/C. Schäfer* § 133 HGB RdNr. 28 f. (sofern keine Kompensation durch Hilfskräfte in Frage kommt); vgl. dazu auch BGHZ 84, 379, 382 = NJW 1982, 2821: Auflösung der KG als Geschäftsinhaberin als wichtiger Kündigungsgrund für den Stillen; BGH NJW 2007, 589, 592 (Vor-AG: mangelnde Leistungsfähigkeit eines Gesellschafters zur Erbringung der Einlagen, die zum Scheitern der Gründung führt, ist wichtiger Grund); vgl. auch die Nachweise in Fn. 80.
[79] RGZ 122, 312, 313; OGHZ 2, 253, 259; *Soergel/Hadding/Kießling* RdNr. 42; *Staub/C. Schäfer* § 133 HGB RdNr. 30; zurückhaltend *Erman/Westermann* RdNr. 12 aE, der in diesen Fällen Rechtsmissbrauch in Betracht zieht; für stärkere Berücksichtigung der Schuldfrage wohl auch BGH WM 1960, 49, 50; 1966, 1051.

§ 723   35, 36   Abschnitt 8. Titel 16. Gesellschaft

gung nicht ohne weiteres stützen.[80] Schafft ein Gesellschafter vorsätzlich die Voraussetzungen für die Unzumutbarkeit der Fortsetzung der Gesellschaft, um einen Auflösungsgrund zu haben, so handelt er missbräuchlich. Seiner Kündigung steht der Arglisteinwand entgegen (RdNr. 59).

35   **c) Objektive, nicht personenbezogene Umstände.** Unter ihnen ist der *wichtigste*, die Erreichung oder Unmöglichkeit des Gesellschaftszwecks, abweichend von § 133 HGB[81] im Recht der GbR durch § 726 zu einem *eigenständigen Auflösungsgrund* gemacht. Einer Kündigung bedarf es insoweit zur Herbeiführung der Auflösung nicht. Die **Abgrenzung zu § 726** ist allerdings je nach Lage des Falles nicht einfach;[82] im Zweifel empfiehlt sich eine Kündigungserklärung. Unter § 726 fällt etwa die voraussichtlich dauernde Unrentabilität des Unternehmens (§ 726 RdNr. 5). Für die fristlose Kündigung nach **§ 723 Abs. 1 S. 2** genügen demgegenüber weniger eindeutige Umstände, die aber doch so *schwerwiegende Bedenken gegenüber dem Erfolg der weiteren Zusammenarbeit* oder dem Erreichen des Gesellschaftszwecks begründen, dass sie das Festhalten an der Gesellschaft für den Kündigenden unzumutbar machen. So liegt es beim Eintritt nachhaltiger, auf der allgemeinen Geschäftslage oder der mangelnden Konkurrenzfähigkeit des Unternehmens beruhender *Verluste*, wenn eine Wende zum Besseren zwar möglich, aber nicht konkret absehbar ist.[83] Entsprechendes gilt, wenn die Kapitalbasis der Gesellschaft zwar im Wesentlichen noch vorhanden, aber durch deren Fortsetzung ernsthaft und in einem über das allgemeine oder das bei der Gesellschaftsgründung konkret in Kauf genommene Risiko deutlich hinausgehenden Maß gefährdet ist. Auch der Wegfall der Gewinnerwartung lässt in aller Regel die Geschäftsgrundlage der Gesellschaft entfallen. Das gilt erst recht, wenn einem Gesellschafter aus der Fortsetzung der wirtschaftliche Zusammenbruch droht.[84] Unter den genannten Voraussetzungen kann ein Festhalten am Vertrag mit weiterem Einsatz von Kapital und Arbeit nach ständiger Rechtsprechung keinem Gesellschafter zugemutet werden.[85]

36   **d) Nachprüfung in der Revisionsinstanz.** Nach §§ 549, 550 ZPO sind die Revisionsrügen auf Gesetzesverletzungen beschränkt. Die dem angegriffenen Urteil zugrunde liegenden tatsächlichen Feststellungen, die „Tatfrage" im Unterschied zur „Rechtsfrage", sind mit der Revision nicht angreifbar. Die Abgrenzung bereitet besonders für den Bereich des wichtigen Grundes Schwierigkeiten.[86] Das beruht darauf, dass hier über die Sachverhaltsermittlung und die Herausarbeitung des Rechtsbegriffs wichtiger Grund hinaus zusätzlich die – nur in wertender Betrachtung mögliche – *Subsumtion der festgestellten Tatsachen unter den Obersatz des wichtigen Grundes* erforderlich ist. Dabei handelt es sich zwar im Ansatz um eine Rechtsfrage; ihr mischen sich aber unvermeidlich auch tatsächliche Wertungen bei.[87]

---

[80] BGH NJW 1996, 2573, 2574 (Auseinandersetzungen in einer RA-GbR); BGH NJW 2000, 3491, 3492; 2005, 3061 (bei Zerwürfnis kommt es darauf an, wer dieses ausgelöst und maßgeblich geschürt hat); BGH NJW 2006, 844, 845 (zweigliedrige GbR: die Frage der Zumutbarkeit kann nicht ohne Berücksichtigung der beiderseitigen Verhaltensweisen der Gesellschafter berücksichtigt werden; eine – unwirksame – Kündigung aus wichtigem Grund des einen Gesellschafters stellt nicht ohne weiteres einen wichtigen Grund für den anderen Gesellschafter dar).
[81] *Staub/C. Schäfer* § 133 HGB RdNr. 34.
[82] Vgl. BGH WM 1980, 868, 869: wesentliche Umgestaltung des tatsächlichen Gesellschaftszwecks durch Austausch des zu finanzierenden Filmprojekts als wichtiger Kündigungsgrund; LG München NJW-RR 1993, 334 f.: Scheitern der nichtehelichen Lebensgemeinschaft als wichtiger Grund für die Kündigung einer als GbR zu qualifizierenden Wohnungsgemeinschaft.
[83] RG JW 1913, 265; *Soergel/Hadding/Kießling* RdNr. 41; *Bamberger/Roth/Timm/Schöne* RdNr. 21; vgl. auch RG WarnR 1917 Nr. 289; vgl. BGH NJW 1992, 2696, 2697 f. (zur Kündigung des [atypischen] stillen Gesellschafters aus wichtigem Grund, nachdem sich herausstellt, dass Gesellschaft keine Geschäfte tätigt).
[84] *Soergel/Hadding/Kießling* RdNr. 41.
[85] BGH NJW 1960, 434; RG JW 1913, 265; 1927, 1684; 1928, 1568; *Staudinger/Habermeier* RdNr. 32.
[86] Vgl. namentlich *Gottwald*, Die Revisionsinstanz als Tatsacheninstanz, 1975; *Henke*, Die Tatfrage, 1965; *Kuchinke*, Grenzen der Nachprüfbarkeit tatrichterlicher Würdigung und Feststellungen in der Revisionsinstanz, 1964; ferner *Henke* ZZP 81 (1968), 196, 321.
[87] Weitergehend – für grds. Untrennbarkeit von Tat- und Rechtsfragen bei der Rechtsanwendung – *Kuchinke* (Fn. 86) insbes. S. 67 ff.; mit Recht abl. aber *Henke* ZZP 81 (1968), 209 ff. und *Rosenberg/Schwab/Gottwald* Zivilprozessrecht § 141 RdNr. 32.

Im Unterschied zur zurückhaltenden Revisionspraxis des Reichsgerichts, die die Nach- 37
prüfung jeweils darauf beschränkte, ob das tatrichterlich festgestellte Verhalten in abstracto
einen wichtigen Grund bilden könne,[88] nimmt der **BGH** grundsätzlich das Recht zur **konkreten Nachprüfung** des wichtigen Grundes für sich in Anspruch, freilich unter Anerkennung eines „tatrichterlichen Beurteilungsspielraumes".[89] Zu den voll nachprüfbaren Umständen rechnet er neben dem Begriff des wichtigen Grundes als „Obersatz" auch die Frage, ob sämtliches für den wichtigen Grund erhebliche Parteivorbringen vom Berufungsgericht im Rahmen der erforderlichen Abwägung (RdNr. 29) berücksichtigt worden ist.[90] Dagegen legt er sich bei der Würdigung dieser Umstände Zurückhaltung auf und prüft nur nach, ob das Berufungsgericht die Grenzen seines tatrichterlichen Beurteilungsspielraumes überschritten hat.[91] Neben Fehlern in der Subsumtionsmethode werden dadurch auch die Fälle offenbar unrichtiger tatrichterlicher Würdigung erfasst.[92] Diesem Vorgehen ist zumindest im Ergebnis **zuzustimmen,** da es unabhängig von der Qualifikation des Subsumtionsvorgangs als Rechtsanwendung sowohl der Wahrung der Rechtseinheit als vorrangigem Revisionszweck als auch der meist größeren Sachferne des Revisionsgerichts im Vergleich zu der mit den Einzelheiten des Falles besser vertrauten Tatsacheninstanz angemessen Rechnung trägt.[93]

3. Volljährigkeit als wichtiger Grund (S. 3 Nr. 2). a) Regelungsanlass.

Der in 38
Abs. 1 S. 3 Nr. 2 geregelte wichtige Grund zur fristlosen Kündigung, die *Vollendung des 18. Lebensjahrs* des kündigenden Gesellschafters, steht nur *rechtstechnisch* auf der gleichen Stufe wie der durch die Regelbeispiele des S. 3 Nr. 1 gekennzeichnete, auf der Unzumutbarkeit der Fortsetzung der Gesellschaft (RdNr. 28) beruhende „klassische" Kündigungsgrund. Wie dieser gewährt er dem betroffenen Gesellschafter das Recht, seine Beteiligung an der werbenden Gesellschaft einseitig durch deren Auflösung oder durch Herbeiführung seines Ausscheidens (§ 736 Abs. 1) zu beenden. Der **Kündigungsanlass** ist jedoch von *qualitativ anderer Art* (vgl. RdNr. 42). Die Kündigung soll es dem volljährig Gewordenen erleichtern, das Risiko einer Haftung seines (Neu-)Vermögens für (Alt-)Verbindlichkeiten aus der Zeit vor Eintritt der Volljährigkeit auszuschließen und bei Berufung auf die Haftungsbeschränkungseinrede des § 1629 a Abs. 1 der ihn benachteiligenden doppelten Vermutung des § 1629 a Abs. 4 zu entgehen (vgl. RdNr. 45).

Der **Normzweck** der im Jahr 1998 im Zuge des Minderjährigenhaftungsbeschränkungs- 39
gesetzes[94] eingeführten Regelung des S. 3 Nr. 1 iVm. S. 4 und 5 erschließt sich aus dessen *Entstehungsgeschichte*. Bekanntlich hatte das **BVerfG** durch Beschluss vom 13. 5. 1986[95] es für unvereinbar mit dem allgemeinen Persönlichkeitsrecht Minderjähriger (Art. 2 Abs. 1 iVm. Art. 1 Abs. 1 GG) erklärt, „dass Eltern ihre Kinder kraft elterlicher Vertretungsmacht (§ 1629) bei Fortführung eines ererbten Handelsgeschäfts in ungeteilter Erbengemeinschaft finanziell unbegrenzt verpflichten können". Um dieser Vorgabe zu entsprechen, hatte sich der Gesetzgeber nach langer Bedenkzeit gegen das Modell einer Begrenzung der elterlichen Vertretungsmacht und für die Einführung des Rechts des volljährig gewordenen Minderjäh-

---

[88] RGZ 78, 22; 110, 297, 300; RG JW 1919, 309 und 504; 1925, 945; 1938, 2833; dazu *Henke* (Fn. 86) S. 19, 228 ff., 269 f.
[89] Vgl. etwa BGHZ 4, 108, 111 ff. = NJW 1952, 461; BGHZ 46, 392, 396 = NJW 1967, 1081; aus neuerer Zeit etwa BGH NZG 2005, 472 = ZIP 2005, 753, 758; NJW 2006, 844, 845 (jeweils vorbehaltlich einer tatrichterlichen „Gesamtabwägung"); zur Problematik auch *Henke* ZZP 81 (1968), 236 ff.; vgl. auch *Bamberger/Roth/Timm/Schöne* RdNr. 27; *Soergel/Hadding/Kießling* RdNr. 44.
[90] BGHZ 4, 108, 111, 116 f. = NJW 1952, 461; BGHZ 46, 392, 396 = NJW 1967, 1081; BGH JZ 1952, 276; BB 1952, 649; WM 1966, 1051; DB 1977, 87, 88; vgl. auch die Nachweise in Fn. 89.
[91] BGHZ 46, 392, 396 = NJW 1967, 1081.
[92] *Henke* (Fn. 86) S. 260, 269 f.
[93] Krit. zur Zubilligung eines „tatrichterlichen Beurteilungsspielraums" aber *Erman/Westermann* RdNr. 16 aE.
[94] Gesetz zur Beschränkung der Haftung Minderjähriger vom 25. 8. 1998, BGBl. I S. 2487; vgl. dazu *Behnke* NJW 1998, 3078 ff.; *Grunewald* ZIP 1999, 597 ff.; *Habersack* FamRZ 1999, 1 ff.; *Muscheler* WM 1998, 2271 ff.; *Coester*, FS Werner Lorenz, 2003, S. 113 ff.
[95] BVerfGE 72, 155 = NJW 1986, 1859; dazu *K. Schmidt* BB 1986, 1238 ff.; *Fehnemann* JZ 1986, 1055 ff.; *Hertwig* FamRZ 1987, 124 ff.

rigen entschieden, seine Haftung für Verbindlichkeiten aus der früheren Zeit auf den Bestand seines (ererbten oder aus anderen Quellen stammenden) Altvermögens zu beschränken.[96] Dadurch sollte der Begünstigte die Chance haben, im ungünstigsten Fall zwar vermögenslos, aber ohne Vorbelastungen aus der Zeit vor Vollendung des 18. Lebensjahrs ins Leben zu treten. Die materiellrechtlichen Voraussetzungen für die Berufung auf die Haftungsbeschränkung finden sich in § 1629 a; hierauf wird verwiesen. Demgegenüber hat die Ergänzung des § 723 Abs. 1 um den neuen Kündigungsgrund des S. 3 Nr. 2 nur flankierende, der Beweiserleichterung des Kündigenden dienende Funktion (RdNr. 45).

40 **b) Anwendungsbereich.** Die Neuregelung gilt unmittelbar für Gesellschafter einer **GbR**, die ihre Mitgliedschaft, sei es auf erbrechtlichem oder rechtsgeschäftlichem Wege, vor Vollendung des 18. Lebensjahrs erlangt haben. Sie bezieht sich mit Blick auf die Haftungsrisiken in erster Linie auf *Außengesellschaften*, kann aber auch für Innengesellschaften Bedeutung erlangen, wenn die Zugehörigkeit zu ihnen absehbare Haftungsfolgen im Innenverhältnis, insbesondere mit Bezug auf die Auseinandersetzung nach einem das Gesellschaftsvermögen übersteigenden Verlust, zur Folge hat.

41 Auf die *persönlich haftenden Gesellschafter* einer **OHG oder KG** sollte der Kündigungsgrund des S. 3 Nr. 2 nach der Regierungsbegründung[97] auch ohne Änderung des § 133 Abs. 1 und 2 HGB „ausstrahlen". Das ist angesichts des Normzwecks der Vorschrift (RdNr. 39) folgerichtig, bereitet jedoch in seiner rechtlichen Umsetzung Schwierigkeiten.[98] Denn einer entsprechenden Ausdehnung des wichtigen Grundes in § 133 Abs. 1 HGB auf dem Weg über die Verweisung des § 105 Abs. 3 HGB steht das Vorhandensein dieser von § 723 Abs. 1 grundsätzlich abweichenden Sonderregelung des HGB entgegen, da sie einen Rückgriff auf das subsidiär geltende BGB-Gesellschaftsrecht versperrt. Auch greifen die Gründe der Rechtssicherheit und des Verkehrsschutzes, die anstelle des Kündigungsrechts des § 723 Abs. 1 S. 2 zur Einführung einer *Auflösungsklage* für OHG und KG Anlass gegeben haben,[99] angesichts des regelmäßig unschwer nachprüfbaren Kündigungsgrundes der Erlangung der Volljährigkeit nicht ein. Aus diesen Gründen ist für OHG und KG von einer – vom Gesetzgeber ungewollten – Regelungslücke auszugehen, die durch *Anerkennung eines Kündigungsrechts des volljährig Gewordenen* in **Analogie zu § 723 Abs. 1 S. 2, 3 Nr. 2** zu schließen ist.[100] Der Analogieschluss ermöglicht es den Mitgesellschaftern zugleich, die Gesellschaft nach § 131 Abs. 3 Nr. 3 HGB ohne den Kündigenden fortzusetzen und diesen abzufinden.[101] Für *Kommanditisten* kommt das Kündigungsrecht nur ausnahmsweise dann in Betracht, wenn ihnen wegen nicht voll erbrachter Haft- oder Pflichteinlage ein persönliches Haftungsrisiko droht.[102]

42 **c) Kündigungsvoraussetzungen.** Zentrale, wenn auch ungeschriebene Kündigungsvoraussetzung ist neben der Vollendung des 18. Lebensjahrs das **Risiko von Altverbindlichkeiten,** das dem Gesellschafter aus seiner Mitgliedstellung in der GbR (oder OHG/KG) droht. Darauf, ob es um die Haftung gegenüber Gesellschaftsgläubigern nach oder analog § 128 HGB oder um diejenige für interne Sozialansprüche (§ 705 RdNr. 201) geht, kommt es nach dem Normzweck des Kündigungsgrundes (RdNr. 39) nicht an. Allerdings ist der Wortlaut des § 1629 a Abs. 1 S. 1 mit seiner Definition der relevanten Verbindlichkeiten zu eng gefasst. Denn jedenfalls die Haftung für Gesellschaftsverbindlichkeiten nach oder analog § 128 HGB lässt sich nicht auf ein Handeln der Eltern oder sonstiger vertretungsberechtigter Personen „für das Kind" zurückführen, sondern auf dessen Mitgliedstellung in der Per-

---

[96] Zum Für und Wider der beiden im Anschluss an den BVerfG-Beschluss diskutierten Regelungsalternativen vgl. näher RegBegr., BT-Drucks. 13/5624 S. 6 f., und *Muscheler* WM 1998, 2272, 2274 ff.; umfassende Lit.-Nachweise zu dieser Diskussion bei *Coester*, FS Werner Lorenz, 2003, S. 113.
[97] BT-Drucks. 13/5624 S. 10.
[98] So zu Recht schon *Behnke* NJW 1998, 3078, 3082.
[99] Vgl. näher *Staub/C. Schäfer* § 133 HGB RdNr. 2.
[100] Ebenso *Staub/C. Schäfer* § 133 HGB RdNr. 32 m. Fn. 113; im Ergebnis ebenso, aber für unmittelbare Anwendung *K. Schmidt* JuS 2004, 361, 362 und *Wiedemann* GesR II § 3 III 5, S. 278.
[101] So – wenn auch ohne Stellungnahme zur Analogiefrage – auch *Grunewald* ZIP 1999, 597, 599.
[102] Ebenso *Grunewald* ZIP 1999, 597, 599 f.

sonengesellschaft. Nach Normzweck und Entstehungsgeschichte der Vorschrift besteht aber kein Zweifel, dass auch diese Haftungsrisiken den volljährig Gewordenen zur Kündigung berechtigen.[103]

Eine **Einschränkung** gegenüber dem Kündigungsrecht gilt nach **Abs. 1 S. 5** für solche Haftungsrisiken, die auf einer vom Minderjährigen kraft Ermächtigung nach § 112 eingegangenen Gesellschaftsbeteiligung[104] oder auf einer Mitgliedschaft beruhen, deren Zweck allein der Befriedigung der persönlichen Bedürfnisse des Gesellschafters dient.[105] Die Einschränkung trägt der entsprechenden Vorschrift des § 1629a Abs. 2 Rechnung, die für derartige Verbindlichkeiten eine Ausnahme von der Haftungsbeschränkung des § 1629a Abs. 1 dekretiert. Sie bestätigt zugleich das Erfordernis des Haftungsrisikos des volljährig Gewordenen als ungeschriebene Kündigungsvoraussetzung (RdNr. 42). 43

Für die Ausübung des Kündigungsrechts sieht **Abs. 1 S. 4** eine **Kündigungsfrist** von drei Monaten vor. Im Unterschied zur entsprechenden Vorschrift des § 1629a Abs. 4 S. 1 beginnt die Frist nicht schon mit dem Eintritt der Volljährigkeit, sondern erst mit dem Zeitpunkt, in dem der Berechtigte von seiner Gesellschafterstellung Kenntnis hat oder haben muss;[106] auf die Kenntnis vom Haftungsrisiko kommt es für den Fristbeginn nicht an. Da die Kündigungserklärung des volljährig Gewordenen ihm nicht als solche, sondern nur in Verbindung mit der Vermutungsregelung des § 1629a Abs. 4 einen gewissen Schutz vor den Haftungsrisiken aus Altverbindlichkeiten verschafft (RdNr. 45), bedarf es *verfassungskonformer Auslegung* der zu rigiden Frist in dieser Vorschrift, um zum einheitlichen Fristablauf für beide Vorschriften in Fällen der Gesellschaftskündigung zu kommen und dadurch dem Normzweck der Neuregelung gerecht zu werden.[107] 44

d) Kündigungswirkungen. Die Kündigung nach Abs. 1 S. 3 Nr. 2 lässt die *gesellschaftsrechtliche* (Fort-)Haftung des volljährig Gewordenen für Altverbindlichkeiten unberührt; das gilt unabhängig davon, ob sie zur Auflösung der Gesellschaft oder zum Ausscheiden des Kündigenden führt (vgl. § 730 RdNr. 10, § 737 RdNr. 7); das Ausscheiden des Kündigenden setzt, wie auch sonst, eine Fortsetzungsklausel voraus.[108] Auch die Berufung auf die *Einrede der Haftungsbeschränkung* nach § 1629a Abs. 1 S. 1 hängt nicht von der Ausübung des Kündigungsrechts ab. Deren Rechtswirkung ergibt sich vielmehr aus der **Vermutungsregel des § 1629a Abs. 4**. Danach führt die *Nichtausübung* des Kündigungsrechts innerhalb der Dreimonatsfrist zu der *doppelten Vermutung* zu Lasten des volljährig Gewordenen, dass (1) die auf seiner Mitgliedschaft beruhenden Verbindlichkeiten nach Eintritt der Volljährigkeit entstanden sind und (2) sein gegenwärtiges Vermögen bereits bei Eintritt der Volljährigkeit vorhanden war, dh. dem Haftungszugriff auch der Altgläubiger unterliegt. Zur Verlagerung der Beweislast in beiden Punkten auf die Gläubiger bedarf es daher der fristgemäßen Ausübung des neugeschaffenen Kündigungsrechts.[109] 45

---

[103] Ebenso *Grunewald* ZIP 1999, 598; *Muscheler* WM 1998, 2280; zur Einbeziehung der Gesellschafterhaftung vgl. auch schon RegBegr., BT-Drucks. 13/5624 S. 8, 10.

[104] Zur Behandlung der Gesellschafterstellung in einer Personenhandelsgesellschaft als „Erwerbsgeschäft" iS von § 112 vgl. § 112 RdNr. 6; *Soergel/Hefermehl* § 112 RdNr. 2; MünchKommHGB/*K. Schmidt* § 125 RdNr. 18 (ganz hM).

[105] Vgl. dazu *Muscheler* WM 1998, 2282f. Die RegBegr. (BT-Drucks. 13/5624 S. 13) verweist insoweit – wenig lebensnah – auf eine Gesellschaft zur Befriedigung persönlicher Bedürfnisse Minderjähriger (Kleingeschäfte oder für die Altersgruppe typische, keine unzumutbar hohen Verbindlichkeiten auslösende Geschäfte).

[106] Nach der RegBegr. (BT-Drucks. 13/5624 S. 12) sind damit Fälle gemeint, in denen die Eltern den Minderjährigen nicht über seine Gesellschafterstellung informiert hatten.

[107] Für eine modifizierende Lesart des § 1629a Abs. 4 und einheitlichen Fristbeginn *Staudinger/Coester* (2002) § 1629a RdNr. 82. In den Kommentaren zu § 1629a Abs. 4 wird diese Frage sonst bisher nicht behandelt.

[108] Vgl. *Soergel/Hadding/Kießling* RdNr. 48; unzutr. *Klump* ZEV 1998, 413.

[109] Die Kommentare zu § 1629a Abs. 4 beschränken sich zwar – entsprechend dem Wortlaut der Vorschrift – auf die Aussage, dass die dort geregelte Vermutung bei rechtzeitiger Kündigung nicht eingreift, vgl. § 1629a RdNr. 75; *Palandt/Diederichsen* § 1629a RdNr. 17. Dann bliebe aber die Beweislast für das Vorliegen der Voraussetzungen des § 1629a Abs. 1 S. 1 gleichwohl beim Kündigenden, der sich auf die Haftungsbeschränkung beruft (vgl. nur *Muscheler* WM 1998, 2284); das wäre mit dem Normzweck schwer vereinbar. Aus teleologischen Gründen ist vielmehr eine Beweislastumkehr geboten.

46   **4. Kündigung der fehlerhaften Gesellschaft; fehlerhafter Beitritt.** Für die fristlose Kündigung einer trotz der Fehlerhaftigkeit ihres Zustandekommens in Vollzug gesetzten Gesellschaft bzw. eines fehlerhaften Beitritts bedarf es keines besonderen wichtigen Grundes. Es genügt der Nachweis des – noch fortbestehenden – **Vertragsmangels,** es sei denn, dass sich die Berufung hierauf ausnahmsweise als treuwidrig erweist. Wegen der Einzelheiten vgl. § 705 RdNr. 345, 360. Beim fehlerhaften **Beitritt** tritt an die Stelle der Auflösungskündigung auch ohne explizite Fortsetzungsklausel ausnahmsweise ein außerordentliches Austrittsrecht.[110] Eine Anfechtungserklärung des Gesellschafters ist dabei als Kündigung auszulegen.[111] Die Lehre vom fehlerhaften Verband begrenzt – entgegen einer zur stillen Gesellschaft ergangenen Rechtsprechung des BGH[112] – auch **konkurrierende Schadensersatzansprüche** auf Rückabwicklung des Beitrittsvertrages wegen fahrlässiger oder vorsätzlicher Verletzung von Aufklärungspflichten.[113]

47   **5. Verzicht, Verwirkung.** Das Recht zur außerordentlichen Kündigung ist als solches zwar zwingender Natur und daher unverzichtbar (Abs. 3). Wohl aber kann im Einzelfall nachträglich auf die Geltendmachung bestimmter Umstände als Kündigungsgrund **verzichtet** werden. Der Verzicht kann ausdrücklich oder stillschweigend, etwa durch längeres widerspruchsloses Festhalten am Vertrag und Fortführen der Geschäfte trotz Kenntnis des Kündigungsgrundes, erfolgen.[114] Da das Kündigungsrecht ein Individualrecht ist (RdNr. 7), liegt auch die Entscheidung über den Verzicht bei den einzelnen Gesellschaftern je persönlich. Vom Verzicht als einseitiges, einen entsprechenden Verzichtswillen voraussetzendes Rechtsgeschäft zu unterscheiden ist die **Verwirkung** der Geltendmachung des betreffenden Kündigungsgrundes. Sie tritt auch ohne Verzichtswillen des Kündigungsberechtigten dann ein, wenn dieser sich über einen längeren Zeitraum hinweg so verhalten hat, dass sich der andere Teil darauf eingerichtet hat und darauf vertrauen durfte, mit der Ausübung des Rechts werde nicht mehr zu rechnen sein.[115] Hieran fehlt es, wenn der Berechtigte wiederholt durch Erklärungen zu erkennen gegeben hat, dass er sich die Geltendmachung seines Rechts vorbehalte.

48   Auch wenn die vorgenannten Voraussetzungen von Verzicht oder Verwirkung nicht vorliegen, kann die **verzögerte Ausübung des Kündigungsrechts** dennoch, wie § 314 Abs. 3 nF bestätigt, für die Wirksamkeit der Kündigung Bedeutung erlangen. Zu Recht hat der BGH am Beispiel einer erst 15 Monate nach Kenntnis von den Verfehlungen eines Mitgesellschafters ausgesprochenen Kündigung festgestellt, in derartigen Fällen spreche eine tatsächliche Vermutung dafür, dass der Kündigungsgrund nicht so schwer wiegt, die Fortsetzung für den Kündigenden unzumutbar zu machen, oder dass er dieses Gewicht jedenfalls in der Zwischenzeit, infolge der seitherigen Entwicklung der persönlichen und gesellschaftlichen Verhältnisse, verloren hat.[116] Sache des Kündigenden ist es sodann, durch Darlegung und Beweis der für die Verzögerung maßgebenden, auf anerkennenswerten Gründen beruhenden Umstände die Vermutung zu widerlegen. Eine die Vermutung begründende *Verzögerung* ist zwar nicht schon dann anzunehmen, wenn der Kündigungsberechtigte von

---

[110] Näher § 705 RdNr. 368; *Staub/C. Schäfer* § 133 HGB RdNr. 3, 38; *ders.,* Die Lehre vom fehlerhaften Verband, 2002, S. 334, jeweils mwN.
[111] BGHZ 63, 338, 344 f. = NJW 1975, 1022; BGH NJW 2003, 1252, 1254.
[112] Vgl. insbes. BGH NJW-RR 2004, 1407 = ZIP 2004, 1706 – Realdirekt II, dazu etwa *Armbrüster* ZfIR 2004, 942; *C. Schäfer* BGHR 2004, 1500; BGH NJW-RR 2005, 627 = ZIP 2005, 254, 256 – Securenta/Göttinger Gruppe und NZG 2005, 472 = ZIP 2005, 753, 757 – Göttinger Gruppe; NJW 2005, 1784, 1786 f. = ZIP 2005, 759 – Göttinger Gruppe; NZG 2005, 476 = ZIP 2005, 763, 764 – Göttinger Gruppe; dazu *C. Schäfer* BGHR 2005, 845 f.; BGH ZIP 2005, 2060, 2062; vgl. auch § 705 RdNr. 359 a.
[113] Dazu eingehend *C. Schäfer* ZHR 170 (2006), 373, 382 ff.
[114] BGH LM HGB § 133 Nr. 4 = WM 1959, 134; RGZ 51, 89, 91; 153, 274, 280; RG JW 1935, 2490.
[115] BGHZ 25, 47, 52 = NJW 1957, 1358; BGH NJW 1966, 2160, 2161; allg. zur Verwirkung vgl. auch § 242 RdNr. 296 ff.
[116] BGH NJW 1966, 2160, 2161 (zur Kündigung einer OHG); NJW 1999, 2820, 2821 (zur Ausschließung eines Kommanditisten); so im Ergebnis auch OLG Hamm NJW-RR 1993, 1383, 1384; OLG München DB 2000, 2588, 2589; OLG Stuttgart ZIP 2001, 692, 698 (Verwirkung des Kündigungsrechts des Gesellschafters eines Immobilienfonds); *Soergel/Hadding/Kießling* RdNr. 33; *Bamberger/Roth/Timm/Schöne* RdNr. 22.

seinem Recht nicht unverzüglich Gebrauch macht. Vielmehr ist ihm, zumal bei erheblicher wirtschaftlicher Tragweite der Kündigung, entsprechend § 314 Abs. 3 eine *angemessene Bedenkzeit* zuzubilligen, die je nach Lage des Falles einige Monate erreichen kann.[117] Der vom BGH hervorgehobene Erfahrungssatz greift aber dann ein, wenn diese Frist deutlich überschritten ist und die Fortsetzung der Gesellschaft sich trotz des Kündigungsgrundes als möglich erwiesen hat. Kommt es später zu erneuten Vertragsstörungen, so hindert der zwischenzeitliche Fristablauf allerdings nicht den Rückgriff auf einen früheren wichtigen Grund im Rahmen der gebotenen Gesamtbetrachtung.[118]

6. Kündigung und Schadensersatz. Beruht die Kündigung auf einer schuldhaften, dem verursachenden Gesellschafter nach § 708 vorwerfbaren Vertragsverletzung, insbesondere auf zu vertretender Nichtleistung der Einlagen, mangelhafter Geschäftsführung oder schwerwiegenden Treupflichtverstößen, so können die Mitgesellschafter von ihm Schadensersatz verlangen.[119] Der Anspruch umfasst den durch die **vorzeitige Auflösung** entstandenen Schaden der Mitgesellschafter;[120] er ist nicht mit dem Schadensersatzanspruch wegen unzeitiger Kündigung (RdNr. 55) zu verwechseln. Die Kündigungserklärung durch einen Mitgesellschafter führt nicht etwa zur Verminderung der Ersatzpflicht nach § 254 oder schließt solche Ansprüche gar völlig aus (so auch § 314 Abs. 4).[121] Auch macht sich derjenige, der bei Unzumutbarkeit der Fortsetzung die Gesellschaft aus wichtigem Grund kündigt, nicht seinerseits gegenüber den am Fortbestand interessierten Mitgesellschaftern schadensersatzpflichtig. Wohl aber bestimmt sich die Ersatzpflicht nach § 254, wenn mehrere Gesellschafter je für sich durch Verletzung ihrer Gesellschafterpflichten zu der für den wichtigen Grund ausschlaggebenden Zerstörung des Vertrauensverhältnisses beigetragen haben.[122] Im Ergebnis wird das nicht selten dazu führen, dass es bei der Auseinandersetzung nach §§ 730 ff. bleibt und etwaige Schadensersatzansprüche gegeneinander aufgewogen werden. – Zum Verhältnis eines auf Vertragsaufhebung gerichteten Schadensersatzanspruchs zur Lehre vom fehlerhaften Verband vgl. RdNr. 46 aE; zu der vom Schadensersatzanspruch zu unterscheidenden Möglichkeit eines Ausgleichsanspruchs wegen tatsächlicher Vorteile eines Teils der Gesellschafter aus der Auflösung vgl. § 734 RdNr. 9.

IV. Kündigungsschranken

1. Allgemeines, Missbrauchseinwand. Das Kündigungsrecht steht wie jedes andere Mitgliedschaftsrecht der Gesellschafter unter dem Vorbehalt missbräuchlicher Ausübung (vgl. RdNr. 57 ff.). Die in § 723 Abs. 2 vorgesehene Schadensersatzpflicht im Fall einer *Kündigung zur Unzeit* (RdNr. 53 ff.) ist zwar eine besonders typische, aber keineswegs die einzige Ausprägung dieses Vorbehalts; neben ihr sind im Rahmen der allgemeinen Missbrauchslehre einige weitere Fallgruppen entwickelt worden.[123] Der Vorbehalt beschränkt sich auch nicht auf die *ordentliche* Kündigung, wenn ihm hier auch vorrangige Bedeutung zukommt; vielmehr kann trotz grundsätzlicher Anerkennung eines *außerordentlichen* Auflösungsrechts durch Kündigung aus wichtigem Grund die Art und Weise des Vorgehens des Kündigenden auch insoweit den Missbrauchsvorwurf begründen. Zur Frage der Verwirkung des Kündigungsrechts vgl. RdNr. 47.

---

[117] BGH NJW 1966, 2160.
[118] OLG Köln WM 1993, 325, 328.
[119] BGH WM 1960, 50; RGZ 89, 398, 399 f.; 162, 388, 396; RG Recht 1929 Nr. 232.
[120] BGH WM 1963, 282, 283 und Nachweise in Fn. 119; so auch *Soergel/Hadding/Kießling* RdNr. 43; *Erman/Westermann* RdNr. 15.
[121] Vgl. § 314 RdNr. 24.
[122] Zust. *Erman/Westermann* RdNr. 15.
[123] Vgl. die Ansätze bei *Soergel/Siebert/Knopp*, 10. Aufl. 1967, § 242 RdNr. 262, 263 und *Staudinger/Weber*, 11. Aufl. 1961, § 242 RdNr. A 682, 683; für die Fälle missbräuchlicher Ausübung der ordentlichen Kündigung *Ulmer*, FS Möhring, 1975, S. 295, 308 ff.; *Staub/C. Schäfer* § 132 HGB RdNr. 23 ff.; *Strothmann/Vieregge*, FS Oppenhoff, 1985, S. 451, 461 ff. (für Gesellschaftsverträge). Allg. zu den aus § 242 folgenden Kündigungsschranken auch *Molitor*, Die Kündigung, 2. Aufl. 1951, S. 194 ff.; *Oetker* (Fn. 4) S. 284 ff.

51 Die **Besonderheiten der Kündigung** als einer einseitigen, auf Vertragsauflösung gerichteten Gestaltungserklärung machen es freilich erforderlich, ihnen bei den Voraussetzungen und Rechtsfolgen des gegen die Kündigung gerichteten Missbrauchseinwands Rechnung zu tragen. So ist das Kündigungsrecht zum einen ein **eigennütziges Recht,** bei dessen Ausübung der Kündigende in erster Linie eigene Interessen verfolgen darf. Begrenzt wird sein Vorgehen freilich durch das aus der Treupflicht entspringende Gebot, die Interessen der Mitgesellschafter mitzubedenken und sich über deren Belange nicht rücksichtslos oder willkürlich hinwegzusetzen (vgl. § 705 RdNr. 229). Und zum anderen dürfen die aus dem Missbrauchseinwand folgenden Kündigungsschranken nicht so weit gehen, die der Vertragsfreiheit immanente, durch § 723 Abs. 3 besonders hervorgehobene **Vertragsbeendigungsfreiheit** zu beseitigen oder ernsthaft in Frage zu stellen.[124] Dies umso mehr deshalb, weil die Einschränkung oder der Ausschluss der Kündigung angesichts der besonderen Rechtswirkungen von Dauerschuldverhältnissen, während ihres Bestehens zur ständigen Neubegründung von Pflichten bzw. zu einer dauernden Pflichtenanspannung der Beteiligten zu führen, sich entgegen dem äußeren Anschein letztlich nicht rechtsbegrenzend auswirkt, sondern im Gegenteil die Entstehung weiterer Pflichten als Folge des Missbrauchseinwands bewirkt.[125]

52 Aus den in RdNr. 51 genannten Gründen ist namentlich auch dann Zurückhaltung gegenüber dem Missbrauchseinwand geboten, wenn er darauf abzielt, die Wirksamkeit einer Kündigung trotz Vorliegens der hierfür geltenden Voraussetzungen für einen nicht nur vorübergehenden Zeitraum auszuschließen (vgl. dazu auch RdNr. 58 f.). Ein langfristiger Fortbestand der Gesellschaft, der das nach Abs. 3 zwingende Vertragsbeendigungsrecht im Ergebnis beseitigt, lässt sich hierauf nicht gründen.[126] Gleiches gilt für Schadensersatzansprüche, die die Mitgesellschafter im Ergebnis so stellen sollen, als wäre das Vertragsverhältnis langfristig fortgeführt worden. Der Schwerpunkt der Rechtsfolgen missbrauchsbedingter Kündigungsschranken liegt im Gesellschaftsrecht vielmehr bei **Schadensersatzansprüchen,** mit denen der durch die *missbräuchliche Art und Weise der Kündigung* den Mitgesellschaftern entstandene Schaden ausgeglichen werden soll.[127] Die Regelung des Abs. 2 S. 2 über die Rechtsfolgen der Kündigung zur Unzeit trägt diesen Zusammenhängen zutreffend Rechnung.

53 **2. Kündigung zur Unzeit (Abs. 2). a) Begriff der Unzeit.** Das in § 723 Abs. 2 enthaltene schadensersatzbewehrte Verbot der unzeitigen Kündigung enthält die gesetzliche Sanktionierung eines typischen, durch grundsätzliche Zulassung jederzeitiger fristloser Kündigung in Abs. 1 S. 1 besonders nahe liegenden Treupflichtverstoßes. Kündigung zur Unzeit liegt vor, wenn der Kündigende zwar nach Abs. 1 S. 1 oder den hiervon abweichenden Vertragsvereinbarungen zur Kündigung berechtigt ist, hierzu aber einen Zeitpunkt wählt, der auf die gesellschaftsvertraglich relevanten Interessen der Mitgesellschafter keine Rücksicht nimmt.[128] Zulässig ist die Kündigung zur Unzeit nach Abs. 2 S. 1, wenn hierfür ein wichtiger Grund vorliegt (RdNr. 54). Das Eingreifen des Tatbestands des Abs. 2 kommt in erster Linie bei der ordentlichen Kündigung in Betracht; es ist aber auch bei außerordentlicher Kündigung möglich.

---

[124] BGHZ 23, 10, 16 = NJW 1957, 461; BGH NJW 1954, 106; WM 1977, 736, 738; *Erman/Westermann* RdNr. 19; MünchKommHGB/*K. Schmidt* § 132 RdNr. 20; vgl. zu den Grenzen des Missbrauchseinwands bei der Kreditkündigung auch *Canaris* ZHR 143 (1979), 113, 122 f.; *Oetker* (Fn. 4) S. 289 ff.

[125] Vgl. *Ulmer*, FS Möhring, 1975, S. 301 ff.; ähnlich *Oetker* (Fn. 4) S. 289 ff.; aA *Canaris* ZHR 143 (1979), 113, 123; allg. zur Unterscheidung zwischen der Begrenzung und der Begründung von Ansprüchen aus § 242 vgl. *dens.,* Die Vertrauenshaftung im deutschen Privatrecht, 1971, S. 270, 511 f., 531.

[126] Vgl. Nachweise in Fn. 124.

[127] Sog. Lehre von den „schuldrechtlichen" Kündigungsbeschränkungen, dazu *Molitor* (Fn. 123) S. 194 ff.; *Oetker* (Fn. 4) S. 312 ff.; *Ulmer,* FS Möhring, 1975, S. 307 f.; *Staub/C. Schäfer* § 132 HGB RdNr. 22; *Strothmann/Vieregge,* FS Oppenhoff, 1985, S. 451, 462 ff.; aus der Rspr. BGH NJW 2005, 2618, 2620; WM 1967, 419.

[128] BGH GRUR 1959, 384, 388; RG SeuffA 85 Nr. 3 S. 5, 7; OLG Karlsruhe NZG 2003, 324, 325; *Staudinger/Habermeier* RdNr. 16; *Erman/Westermann* RdNr. 19; *Soergel/Hadding/Kießling* RdNr. 51; *Henssler/Kilian* ZIP 2005, 2229, 2232 f.

b) Wichtiger Grund. Der wichtige Grund iS von Abs. 2 S. 1 darf nicht mit dem 54 wichtigen Kündigungsgrund iS von Abs. 1 S. 2 und 3 verwechselt werden. Anders als dieser entscheidet er nicht über das Bestehen des Kündigungsrechts, sondern nur über die Zulässigkeit des für die Kündigung gewählten *Zeitpunkts*.[129] Zu seiner Ausfüllung bedarf es einer **Abwägung der Interessen** des Kündigenden an schneller Auflösung der Gesellschaft oder Beendigung seiner Mitgliedschaft und derjenigen der Mitgesellschafter an der Wahl eines schoneneren Zeitpunkts,[130] regelmäßig also des Interesses an einer zeitlichen Hinausschiebung der Kündigung. Dabei kommt es auf die Gesamtumstände des Falles an.[131] Der Unzeitvorwurf liegt vor allem im Falle *fristloser ordentlicher Kündigung* nahe, wenn den Mitgesellschaftern dadurch die Möglichkeit genommen ist, sich auf die drohende Auflösung einzurichten. Auf die Nachteile, die sich aus der kündigungsbedingten Auflösung als solcher für die Mitgesellschafter ergeben, kann der Einwand unzeitiger Kündigung nicht gestützt werden, da Abs. 2 hiergegen keinen Schutz gewähren will. Bei *außerordentlicher* Kündigung überwiegt typischerweise das Interesse des Kündigenden am unverzüglichen Gebrauchmachen von seinem Recht. Das gilt wegen der Dreimonatsfrist des Abs. 1 S. 4 namentlich bei Kündigung wegen Vollendung des 18. Lebensjahrs, aber auch bei Auflösung einer fehlerhaften Gesellschaft (RdNr. 46). Wird die außerordentliche Kündigung mit Rücksicht auf das in Abs. 2 enthaltene Verbot hinausgeschoben, so können die Mitgesellschafter hierauf weder den Verwirkungseinwand noch eine tatsächliche Vermutung für die Zumutbarkeit der gemeinsamen Fortführung der Gesellschaft (RdNr. 48) stützen.

c) Rechtsfolgen. Sie bestehen nach Abs. 2 S. 2 nicht in der Unwirksamkeit der Kündi- 55 gung,[132] sondern in einem den Mitgesellschaftern je persönlich zustehenden **Schadensersatzanspruch**. Im Unterschied zu dem auf den Auflösungsschaden bezogenen Anspruch gegen diejenigen Gesellschafter, die schuldhaft einen wichtigen Kündigungsgrund gesetzt haben (RdNr. 49), richtet sich der Anspruch wegen unzeitiger Kündigung stets gegen den Kündigenden selbst. Voraussetzung ist, dass das Vorgehen zur Unzeit dem Kündigenden vorwerfbar ist.[133]

Die **Höhe des Schadens** bemisst sich nach den Nachteilen, die den Mitgesellschaftern 56 durch die treuwidrige Wahl des Kündigungszeitpunkts entstanden sind; ein Ersatz des Auflösungsschadens als solchen (des positiven Interesses) kann nicht verlangt werden.[134] Eine einseitige Rücknahme der Kündigung im Sinne einer Naturalrestitution kommt wegen deren Gestaltungswirkung auch im Fall von Abs. 2 nicht in Betracht (RdNr. 18); sie wäre auch nicht mit dem Schaden auf Grund unzeitiger Kündigung deckungsgleich, da dieser nicht in der Auflösung als solcher besteht, sondern in den Nachteilen aus der treuwidrigen Art und Weise ihrer Herbeiführung.[135] Wohl aber können die Gesellschafter einverständlich die Kündigungswirkung so lange hinausschieben, bis der Einwand unzeitiger Kündigung entfallen ist. Hierfür kann im Einzelfall, unter dem Gesichtspunkt von § 254 Abs. 2, auch eine Obliegenheit der Mitgesellschafter bestehen.

3. Sonstige Kündigungsschranken. Über Abs. 2 hinausgehend kommen auch sonstige 57 den Vorwurf eines Treupflichtverstoßes begründende Kündigungsschranken in Betracht; ein Umkehrschluss scheidet aus. Zwar ist eine umfassende Zusammenstellung wegen der jeweils erforderlichen Berücksichtigung der Besonderheiten des Einzelfalls nicht möglich. Immer-

---

[129] *Soergel/Hadding/Kießling* RdNr. 51; *Bamberger/Roth/Timm/Schöne* RdNr. 28.
[130] BGH DB 1977, 87, 89; RG WarnR 1933 Nr. 116; *Soergel/Hadding/Kießling* RdNr. 51.
[131] Nach BGH DB 1977, 87, 89 soll allerdings derjenige Gesellschafter die Kündigung nicht als unzeitig beanstanden können, der den Anlass für sie in dem fraglichen Zeitpunkt gegeben hat.
[132] So aber *van Venrooy* JZ 1981, 53, 57 f., der zu Unrecht nicht den Umfang des Schadensersatzanspruchs, sondern auch die in RdNr. 51 angeführten Aspekte außer Betracht lässt; wie hier dagegen die ganz hM, vgl. BGH DB 1977, 87, 88 f.; *Soergel/Hadding/Kießling* RdNr. 52; *Bamberger/Roth/Timm/Schöne* RdNr. 29; *Staudinger/Habermeier* RdNr. 37; *Erman/Westermann* RdNr. 19.
[133] So auch *Soergel/Hadding/Kießling* RdNr. 52; *Erman/Westermann* RdNr. 20.
[134] *Strothmann/Vieregge*, FS Oppenhoff, 1985, S. 451, 464; *Erman/Westermann* RdNr. 20. Generell gegen die Möglichkeit eines Schadenseintritts bei wirksamer Kündigung zu Unrecht *van Venrooy* JZ 1981, 53, 58.
[135] *Ulmer*, FS Möhring, 1975, S. 295, 307.

hin lassen sich anhand der in RdNr. 51 aufgestellten allgemeinen Wertungsgesichtspunkte die folgenden Fallgruppen unterscheiden.

58 Die Treuwidrigkeit der Kündigung kann einmal darin liegen, dass der Kündigende in **Schädigungsabsicht** oder doch in **rücksichtsloser Verfolgung eigener Interessen** handelt.[136] Wegen des insoweit bestehenden engen Zusammenhangs mit den Verboten der §§ 138, 226, 826 liegt es hier auch nahe, für eine begrenzte Zeit zur *Unwirksamkeit* der Kündigung als solcher zu kommen.[137]

59 Eine zweite Gruppe treuwidrigen Vorgehens bilden diejenigen Kündigungen, die sich wegen ihrer **Begleitumstände** dem Missbrauchsvorwurf aussetzen. Geht es dabei um gesetzwidriges oder grob missbräuchliches Verhalten wie etwa die Ausnutzung einer arglistig herbeigeführten Kündigungslage[138] oder einer besonderen Notlage des anderen Teils,[139] so kommt auch hier die *Unwirksamkeit* der Kündigung in Betracht. Entsprechendes gilt dann, wenn der kündigende Gesellschafter vor der Kündigung Maßnahmen getroffen hat, um auf die kündigungsbedingte Abwicklung in Verfolgung eigener Interessen Einfluss zu nehmen und sich die Geschäftschancen des von der Gesellschaft betriebenen Unternehmens unter Übergehung der Mitgesellschafter zu sichern.[140] Die Unwirksamkeitsfolge kann je nach Lage des Falles schließlich auch bei ungewöhnlich **widersprüchlichem Verhalten** eingreifen, wenn etwa ein Gesellschafter von seinem Kündigungsrecht Gebrauch macht, nachdem er kurz zuvor Mitgesellschafter zur Erhöhung ihrer Einlage oder zum Verzicht auf eine günstige Gelegenheit, aus der Gesellschaft auszuscheiden, bewogen hatte.[141] Im Übrigen bewendet es aber, wie die in § 723 Abs. 2 für die Kündigung zur Unzeit angeordnete Sanktion zeigt, bei bloßen *Schadensersatzansprüchen*. Zum Kündigungsausschluss wegen Verwirkung vgl. RdNr. 47.

60 Das bloße **Fehlen eines Kündigungsgrundes** reicht demgegenüber gewöhnlich nicht aus, um hierauf den Missbrauchseinwand gegen eine *ordentliche* Kündigung zu stützen.[142] Andernfalls würde die gesetzlich vorgesehene Unterscheidung zwischen dem regelmäßigen und dem außerordentlichen, einen wichtigen Grund erfordernden Auflösungsrecht unzulässig verwischt und die in § 723 Abs. 3 bestimmte Unverzichtbarkeit des ordentlichen Kündigungsrechts in Frage gestellt. Nicht ausgeschlossen ist allerdings, dass im Einzelfall eine willkürliche, die gemeinsam geschaffenen Werte grundlos beeinträchtigende und die übrigen Gesellschafter schädigende Kündigung auch außerhalb von Abs. 2 zu Schadensersatzansprüchen wegen Treupflichtverstoßes führen kann.[143]

V. Schranken abweichender Vereinbarungen (Abs. 3)

61 **1. Allgemeines.** Das in § 723 Abs. 3 geregelte Verbot, das Kündigungsrecht des Abs. 1 auszuschließen oder entgegen dieser Vorschrift zu beschränken, beruht auf dem auch in anderen Kündigungsbestimmungen des BGB (§§ 624, 671 Abs. 3) zum Ausdruck kommenden **allgemeinen Rechtsgrundsatz,** dass das Eingehen persönlicher oder wirtschaftlicher

---

[136] RGZ 164, 257, 258; RG DR 1943, 1220; vgl. auch BGHZ 30, 195, 202 = NJW 1959, 1683 und RdNr. 34 zum Arglisteinwand bei vorsätzlicher Herbeiführung des zur außerordentlichen Kündigung berechtigenden wichtigen Grundes. Zum Verbot rechtsmissbräuchlicher Kündigung s. auch *Henssler/Kilian* ZIP 2005, 2229, 2233 ff.

[137] Ebenso *Strothmann/Vieregge,* FS Oppenhoff, 1985, S. 451, 463.

[138] BGHZ 30, 195, 202 = NJW 1959, 1683 (zu § 135 HGB).

[139] OGH NJW 1950, 503, 504 (Kündigung gegenüber einer Kriegerwitwe, die noch im Ungewissen über das Schicksal ihres Mannes war).

[140] So auch MünchKommHGB/*K. Schmidt* § 132 RdNr. 20; vgl. zur Anfechtbarkeit eines Auflösungsbeschlusses in der GmbH aus diesem Grunde BGHZ 76, 352, 355 ff. = NJW 1980, 1278.

[141] So auch *Strothmann/Vieregge,* FS Oppenhoff, 1985, S. 451, 463 f.; je nach Lage des Falles kann darin sogar die konkludente Vereinbarung einer Mindestdauer zu sehen sein (RdNr. 25).

[142] So aber *Merkel* NJW 1961, 2004, 2005; *Siebel* DNotZ 1954, 71, 73; dagegen zu Recht schon RGRK/ *Weipert,* 2. Aufl. 1950, § 132 HGB Anm. 13; *Schlegelberger/K. Schmidt* § 132 HGB RdNr. 19; im Grundsatz auch *Oetker* (Fn. 4) S. 272 ff.

[143] Vgl. dazu *Ulmer* Vertragshändler S. 466 f. und *Staub/C. Schäfer* § 132 HGB RdNr. 23; *Oetker* (Fn. 4) S. 289 ff., 293 f.

Bindungen ohne zeitliche Begrenzung und ohne Kündigungsmöglichkeit mit der **persönlichen Freiheit der Vertragschließenden** unvereinbar ist und von ihnen daher auch nicht wirksam vereinbart werden kann.[144] Für das Gesellschaftsrecht hat der Grundsatz in § 724 dadurch eine weitere Verstärkung erfahren, dass nach dieser Vorschrift Vereinbarungen über eine Gesellschaftsdauer auf Lebenszeit eines Gesellschafters wegen der daraus resultierenden Bindung auf unüberschaubar lange Zeit unwirksam sind und die betroffenen Gesellschaften grundsätzlich wie unbefristete behandelt werden (vgl. näher § 724 RdNr. 9 f.).

Der grundlegenden Bedeutung der Norm entsprechend ist ihre Geltung auch für den Bereich der **Personenhandelsgesellschaften**[145] und der **stillen Gesellschaft**[146] anerkannt. Für die Kündigung aus wichtigem Grund bzw. die ihr gleichstehende Auflösungsklage folgt die Unentziehbarkeit zwar bereits aus den Vorschriften der §§ 133 Abs. 3, 234 Abs. 1 S. 2 HGB. Darüber hinaus geht die hM inzwischen zu Recht davon aus, dass § 723 Abs. 3 trotz des aus dem Gesetzesaufbau nahe liegenden Umkehrschlusses auch auf die *ordentliche* Kündigung unbefristeter Gesellschaften des Handelsrechts anwendbar ist.[147] **62**

Die **Rechtsfolgen** von § 723 Abs. 3 bestehen in der *Nichtigkeit entgegenstehender Kündigungsbeschränkungen*. Eine Erstreckung der Nichtigkeit auf den Gesellschaftsvertrag im Ganzen scheidet abweichend von § 139 regelmäßig aus (§ 705 RdNr. 53). An die Stelle der nichtigen Vereinbarungen tritt *dispositives Recht*, soweit nicht der Gesellschaftszweck oder die sonstigen zwischen den Beteiligten getroffenen Vereinbarungen erkennen lassen, dass sie übereinstimmend eine zeitlich unbegrenzte oder langanhaltende Bindung gewollt und mit der Nichtigkeit aus § 723 Abs. 3 bzw. der Behandlung der Gesellschaft als unbefristete nach Maßgabe von § 724 nicht gerechnet haben. In derartigen Fällen sind die Gerichte befugt, dem Parteiwillen durch *ergänzende Vertragsauslegung*, dh. Festsetzung einer den Vorstellungen der Beteiligten möglichst nahekommenden, noch zulässigen Befristung Rechnung zu tragen.[148] **63**

2. Befristung der Gesellschaft. a) Zulässigkeit und Grenzen. Vereinbarungen über eine Befristung der Gesellschaft unter Ausschluss der ordentlichen Kündigung (vgl. auch RdNr. 22 ff.) werden von Abs. 3 grundsätzlich **nicht berührt** (arg. §§ 723 Abs. 1 S. 2, 724). Das Recht zur ordentlichen Kündigung ist nur für unbefristete Gesellschaften gewährleistet (RdNr. 20). Allerdings ist die früher verbreitete Ansicht, Befristungen könnten zwar nicht auf die Lebenszeit eines Gesellschafters, im Übrigen aber *zeitlich unbeschränkt* und wesentlich über die Lebenserwartungen der jeweiligen Beteiligten hinaus vereinbart werden,[149] ist seit den 1970er Jahren zunehmend auf **Kritik** gestoßen.[150] Soweit dabei entweder für eine **64**

---

[144] BGHZ 50, 316, 322 = NJW 1968, 2003; BGHZ 126, 226, 230 f. = NJW 1994, 2536, 2537; BGH LM Nr. 11 = NJW 1973, 1602; NJW 1954, 106; BGHZ 23, 10, 15 = NJW 1957, 461 (für die stille Gesellschaft); so mit zT unterschiedlicher Akzentsetzung auch *Soergel/Hadding/Kießling* RdNr. 55; *Wiedemann* GesR I S. 396 f.; *ders.* WM 1992, Beilage 7 S. 23, 50 f.; *Oetker* (Fn. 4) S. 470 ff. Weitergehend *Reuter* AcP 181 (1981), 1, 7 ff., der in wirtschaftlichen Vereinigungen unabhängig von ihrem mehr vereins- oder gesellschaftsrechtlichen Charakter den Beteiligten stets ein kurzfristiges Austrittsrecht nach § 39 gewähren will.

[145] Vgl. für OHG und KG BGH NJW 1954, 106; MünchKommHGB/*K. Schmidt* § 132 RdNr. 30; *Staub/C. Schäfer* § 132 HGB RdNr. 29; *Wiedemann* WM 1992, Beilage 7 S. 23, 50.

[146] BGHZ 23, 10, 14 = NJW 1957, 461; BGH NJW 1992, 2696, 2698; WM 1983, 170, 171; vgl. auch BGHZ 50, 316, 321 = NJW 1968, 2003 (Unterbeteiligung); ebenso *Staub/Zutt* § 234 HGB RdNr. 23; MünchKommHGB/*K. Schmidt* § 234 RdNr. 47; *Wiedemann* WM 1992, Beilage 7 S. 23, 50; aA noch RGZ 156, 129, 134 f.

[147] Vgl. die Nachweise in Fn. 145; ferner *Bamberger/Roth/Timm/Schöne* RdNr. 32; allg. auch *Andörfer*, Ausschluss und Beschränkung des Kündigungsrechts bei Personengesellschaften, 1967, S. 23 ff.

[148] BGH NJW 1994, 2886, 2888; BB 1967, 309; zust. *Flume* I/1 § 13 II, S. 194; *Erman/Westermann* RdNr. 22; MünchKommHGB/*K. Schmidt* § 132 RdNr. 35; *Oetker* (Fn. 4) S. 557 ff. Für richterliche Ersetzung der übermäßigen oder auf Lebenszeit eingegangenen Bindung durch eine noch zulässige auch *G. Hueck*, FS Larenz, 1973, S. 741, 748. Allg. zur ergänzenden Auslegung von Gesellschaftsverträgen vgl. § 705 RdNr. 174.

[149] BGHZ 10, 91, 98 = NJW 1953, 1217; *Flume* I/1 § 13 II, S. 194 ff.; *ders.* ZHR 148 (1984), 503, 520; *Hueck* OHG § 24 I 5, S. 365; GroßkommHGB/*Ulmer*, 3. Aufl. 1971, § 132 RdNr. 31; *Andörfer* (Fn. 147) S. 39; *Merle*, FS Bärmann, 1975, S. 631, 640 ff.; so vorbehaltlich § 138 auch noch *Staudinger/Habermeier* RdNr. 8 und *K. Schmidt* BMJ-Gutachten S. 540.

[150] Mit unterschiedlicher Begründung etwa *Heckelmann*, Abfindungsklauseln in Gesellschaftsverträgen, 1973, S. 132 f.; *U. Huber* Vermögensanteil, 1970, S. 54; *Nitschke*, Körperschaftlich strukturierte Personenge-

entsprechende Anwendung des für Dienstverträge von mehr als fünf Jahren in § 624 zwingend eingeräumten Kündigungsrechts plädiert[151] oder die wirksame Befristung der Gesellschaft auf einen Zeitraum beschränkt wird, der die Lebenserwartung des ältesten Mitglieds nicht übersteigt,[152] oder schließlich die Zulässigkeit der Befristung davon abhängig gemacht wird, dass sie durch den Gesellschaftszweck geboten ist,[153] kann dem zwar nicht gefolgt werden; diese Ansichten sind unvereinbar mit der den Gesellschaftern zustehenden Vertragsgestaltungsfreiheit und lassen sich auch nicht auf § 724 S. 1 stützen. Im Übrigen ist den Kritikern jedoch darin Recht zu geben, dass § 723 Abs. 3 iVm. § 724 S. 1 die Gesellschafter vor der Eingehung unüberschaubarer Bindungen schützen will.[154]

65 Zu den danach wegen übermäßiger Bindung als **unbefristet** zu behandelnden, nach § 723 Abs. 1 S. 1, Abs. 3 grundsätzlich jederzeit kündbaren Gesellschaften gehören nicht nur solche, die durch Bindung der Gesellschaftsdauer an die **Lebenszeit** eines Gesellschafters zu unübersehbaren Bindungen führen, sondern auch auf **überlange** und deshalb für den einzelnen Gesellschafter nicht mehr überschaubare Zeit eingegangene Zusammenschlüsse.[155] Entgegen einer in früheren Jahrzehnten verbreiteten Ansicht sind daher Zeitvereinbarungen „auf 99 Jahre", „bis zum Jahre 2100" o. Ä. nicht nur dann nichtig, wenn sie im Einzelfall wegen sittenwidriger Knebelung gegen § 138 verstoßen. Vielmehr ist in derartigen Fristen angesichts des auf die persönliche Freiheit der Gesellschafter gerichteten Schutzzwecks der §§ 723, 724 eine unzulässige *Umgehung des in § 723 Abs. 3 verbotenen Kündigungsausschlusses* zu sehen.[156] Zu den Rechtsfolgen übermäßig langer und daher nichtiger Bindungen vgl. RdNr. 63.

66 Die Frage, wo die zeitliche **Grenze zulässiger Zeitbestimmungen** verläuft, lässt sich nicht unabhängig vom Einzelfall beantworten. Hierbei sind außer dem schutzwürdigen Interesse der einzelnen Gesellschafter an absehbaren einseitigen, ohne wichtigen Grund gewährten Lösungsmöglichkeiten auch die Struktur der Gesellschaft, sei es als Familiengesellschaft, als Arbeits- und Haftungsgemeinschaft oder als sonstige Interessengemeinschaft, die Art und das Ausmaß der für die Beteiligten aus dem Gesellschaftsvertrag folgenden Pflichten sowie das durch den Gesellschaftszweck begründete Interesse an möglichst langfristigem Bestand der Gesellschaft zu berücksichtigen.[157] Die verschiedentlich genannte Maximaldauer von 30 Jahren[158] erscheint daher als generelle Richtschnur

---

sellschaft, 1970, S. 367 ff.; *Reuter*, Privatrechtliche Schranken der Perpetuierung von Unternehmen, 1972, S. 281 ff.; *Wiedemann* GesR I S. 398 f.; *Gersch* BB 1977, 871, 873 f.; vgl. auch *Staub/C. Schäfer* § 132 HGB RdNr. 33 f.

[151] *Nitschke* (Fn. 150) S. 369 f.; so auch *Wiedemann* WM 1992, Beilage 7 S. 23, 51 und *ders.*, GesR II § 3 III 5, S. 272 (für geschäftsführende Gesellschafter); dagegen *G. Hueck*, FS Larenz, 1973, S. 741, 744 Fn. 4; *Merle*, FS Bärmann, 1975, S. 631, 640 f.; *Gersch* BB 1977, 871, 873, *Staudinger/Habermeier* RdNr. 8.

[152] So *Heckelmann* (Fn. 150) S. 133; aA die ganz hM, vgl. *Soergel/Hadding/Kießling* § 724 RdNr. 1; *Staub/C. Schäfer* § 134 HGB RdNr. 3; *Baumbach/Hopt* § 134 HGB RdNr. 3; *Hueck* OHG § 24 I 1 Fn. 6; vgl. dazu § 724 RdNr. 6.

[153] So *Reuter* (Fn. 150) S. 281, 283; ähnlich *Wiedemann* GesR I S. 399, der sachliche, auf der Situation von Gesellschaft oder Gesellschaftern beruhende Gründe verlangt; dagegen zu Recht *Gersch* BB 1977, 871, 873.

[154] Zutr. weist *Flume* ZHR 148 (1984), 503, 520 Fn. 97 (vgl. schon Mot. in Mugdan II S. 347) zwar darauf hin, dass sich § 723 Abs. 3 nur gegen den Ausschluss der ordentlichen Kündigung bei *unbefristeten* Gesellschaften (und daneben gegen die Beschränkung des Rechts zur Kündigung aus wichtigem Grund) richtet; das schließt es aber nicht aus, unter Umgehungsgesichtspunkten befristete, auf überlange Zeit eingegangene Gesellschaften wie unbefristete zu behandeln.

[155] So im Anschluss an BGHZ 50, 316, 321 (= NJW 1968, 2003) *Gersch* BB 1977, 874; *K. Schmidt* GesR § 50 II 4c; *Soergel/Hadding/Kießling* RdNr. 28; *Erman/Westermann* RdNr. 22; 2003; *Wiedemann* GesR II § 3 III 5, S. 269; vgl. auch *U. Huber* (Fn. 150); aA auch in jüngerer Zeit noch *Flume* I/1 § 13 II und *ders.* ZHR 148 (1984), 503, 520.

[156] So jetzt ausdrücklich auch BGH NJW 2007, 295 f.; vgl. ferner *Staub/C. Schäfer* § 132 HGB RdNr. 33 f. (abw. noch GroßkommHGB/*Ulmer*, 3. Aufl. 1971, § 134 Anm. 7).

[157] Vgl. dazu auch die Erwägungen bei *G. Hueck*, FS Larenz, 1973, S. 741, 746 f. und *Wiedemann* GesR II § 3 III 5, S. 272 (der für kapitalistisch beteiligte Gfter eine Grenze von zehn Jahren vorschlägt).

[158] Vgl. etwa *Gersch* BB 1977, 871, 874; *U. Huber* (Fn. 150); näher dazu *Oetker* (Fn. 4) S. 499 f., 501 ff.

zu schematisch; als Obergrenze mag ihr immerhin eine gewisse Berechtigung zukommen.[159] Je nach Lage des Falles können auch kürzere Fristen gegen § 723 Abs. 3 verstoßen; das gilt nicht zuletzt mit Rücksicht auf das grundsätzlich unbegrenzte Haftungsrisiko der Gesellschafter einer Außen-GbR. In neuerer Zeit hat der BGH Zeitbestimmungen zwischen 5 und 12 Jahren noch als akzeptabel angesehen,[160] während er den Kündigungsausschluss für 30 Jahre bei einem Sozietätsvertrag als Verstoß gegen § 723 Abs. 3 wertete.[161] Die mit übermäßigen Befristungen verbundenen Risiken für die Wirksamkeit der vereinbarten Zeitdauer lassen sich unter Wahrung des Bestandsinteresses der Gesellschafter am besten dadurch vermeiden, dass in Verbindung mit zeitlich überschaubaren Dauerregelungen eine Fortsetzungsklausel für den Kündigungsfall vereinbart (RdNr. 72) und zugleich abweichend von § 723 Abs. 1 S. 1 eine angemessene Frist für die ordentliche Kündigung zum jeweiligen Stichtag vorgesehen wird.

Keinen Fall einer (ggf. übermäßigen) Befristung bildet die Bindung der Gesellschaftsdauer an ein künftiges *ungewisses* Ereignis wie die Auflösung oder Insolvenz einer mit der GbR eng verbundenen Kapitalgesellschaft[162] oder das Aussterben eines Gesellschafterstamms.[163] Derartige Fälle einer **auflösend bedingten Gesellschaft** sind mangels Befristung als *unbefristete* jederzeit kündbar, soweit keine Anhaltspunkte für eine konkludente Befristung oder eine ergänzende Vertragsauslegung bestehen (vgl. Vor § 723 RdNr. 21). Das folgt aus Abs. 1 S. 1, ohne dass es eines Rückgriffs auf Abs. 3 bedarf. 67

b) Mindest- und Höchstfristen. Zur Frage der konkludenten Vereinbarung von Vertragsfristen vgl. Vor § 723 RdNr. 14 ff. und oben RdNr. 22 ff. Als *Mindest*fristen schließen sie die ordentliche Kündigung für die entsprechende Zeit aus; die Grenzen ihrer Zulässigkeit bestimmen sich nach den vorstehend (RdNr. 65 f.) genannten Grundsätzen. Demgegenüber haben *Höchst*fristen (RdNr. 20) in erster Linie die Funktion, die Auflösung allein durch Zeitablauf, ohne besondere Kündigungserklärung, herbeizuführen. Ob sie darüber hinaus nach Art einer **festen** Befristung zugleich die ordentliche Kündigung während ihrer Dauer generell ausschließen sollen, ist Frage der Auslegung; eine Vermutung hierfür lässt sich aus der Vereinbarung einer Höchstdauer nicht ableiten.[164] 68

c) Verlängerungsklauseln. Nach den vorstehend (RdNr. 65 ff.) genannten Maßstäben sind auch Verlängerungsklauseln zu beurteilen, die der **Gesellschaftermehrheit** das Recht einräumen, die befristete Gesellschaft durch Beschluss zu verlängern. Entsprechend den strengen Anforderungen für Mehrheitsbeschlüsse über Vertragsänderungen, die in den Kernbereich der Mitgliedschaft eingreifen (§ 709 RdNr. 91 f.), muss sich die Vereinbarung eindeutig auf die Vertragsverlängerung beziehen und die zeitlichen Grenzen der Verlängerung angeben.[165] Mit § 723 Abs. 3 unvereinbar sind danach nicht nur Verlängerungsklauseln, die keine Bestimmung über die Dauer der Verlängerung enthalten, sondern auch 69

---

[159] Ähnlich *K. Schmidt* GesR § 50 II 4c bb und MünchKommHGB/*K. Schmidt* § 132 RdNr. 33; Staub/*C. Schäfer* § 132 HGB RdNr. 34. Weitergehend noch BGH WM 1967, 315, 316: Bindung der Gesellschafter bis zu 30 Jahren kann im Allgemeinen als unbedenklich angesehen werden.
[160] BGH NZG 2006, 425 (5 Jahre); NJW 2005, 1784, 1786 (10–12 Jahre).
[161] BGH NJW 2007, 295 f. (auch unter Berücksichtigung der Berufsausübungsfreiheit nach Art. 12 GG); vgl. dazu auch die Anm. *Römermann* NJW 2007, 297.
[162] Zur entsprechenden Beurteilung der Bindung eines Konsortialvertrags an die Bestandsdauer der unbefristeten Kapitalgesellschaft der Konsorten vgl. *Noack*, Gesellschaftervereinbarungen bei Kapitalgesellschaften, 1994, S. 231 f.; für Behandlung einer auf die Dauer der Hauptgesellschaft eingegangenen Unterbeteiligung als unbefristete auch BGHZ 50, 316, 321 f. = NJW 1968, 2003; dem folgend auch *Wiedemann* GesR II § 3 III 5, S. 269 f.
[163] Zum Kündigungsausschluss auf unbestimmte Zeit vgl. auch OLG Düsseldorf NZG 2000, 588, 589 (Bindung der Gesellschaftsdauer an die Nutzungszeit eines Bauwerks); OLG Karlsruhe NZG 2000, 304, 305 (Bindung an die Einstellung des Vertriebs sämtlicher in einer Liste aufgeführten Verlagswerke).
[164] BGH WM 1967, 315, 316; MünchKommHGB/*K. Schmidt* § 132 RdNr. 7f.; Staub/*C. Schäfer* § 132 RdNr. 3. Für jederzeitiges Kündigungsrecht bei Vereinbarung einer Höchstdauer *Hueck* OHG § 24 I 1; *Merle*, FS Bärmann, 1975, S. 631, 638.
[165] BGH NJW 1973, 1602 (unter Einschluss auch von Vertreterklauseln); so auch Staudinger/*Habermeier* Vor §§ 723 ff. RdNr. 6.

§ 723 70–73   Abschnitt 8. Titel 16. Gesellschaft

Regelungen, die eine mehrheitliche Verlängerung auf eine zwar bestimmte, aber insgesamt überlange Dauer (RdNr. 65 f.) gestatten; anderes gilt, wenn sie sich mit einem Recht überstimmter Gesellschafter zum vorzeitigen Ausscheiden verbinden.

70   **3. Vereinbarungen über die ordentliche Kündigung. a) Kündigungsausschluss.** Er ist bei unbefristeten, überlangen (RdNr. 65) oder auf Lebenszeit eingegangenen Gesellschaften grundsätzlich **unzulässig.** Das gilt auch für Vereinbarungen, die die Wirksamkeit der Kündigung vom Vorliegen bestimmter Gründe abhängig machen,[166] sie an die Mitwirkung von Mitgesellschaftern oder eines gemeinsamen Vertreters oder gar an einen Mehrheitsbeschluss binden.[167] Einem Kündigungsausschluss steht es regelmäßig gleich, wenn der Gesellschaftsvertrag für den Fall der Kündigung das Ausscheiden des Kündigenden ohne Abfindung vorsieht (vgl. RdNr. 76). Eröffnet der Gesellschaftsvertrag an Stelle der ordentlichen Kündigung ein jederzeitiges oder an bestimmte Fristen gebundenes **Austrittsrecht,** indem er nicht nur die Übertragung der Anteile zulässt, sondern den austrittswilligen Gesellschaftern auch einen Anspruch gegen die Mitgesellschafter auf Anteilsübernahme bei Unveräußerlichkeit einräumt, so ist dem Schutzzweck von § 723 Abs. 3 ausnahmsweise auch dadurch genüge getan;[168] die Vereinbarung steht funktionell einer Fortsetzungsklausel gleich. Entsprechendes gilt für eine gesellschaftsvertraglich vorgesehene Übertragung des Anteils des Kündigenden auf die verbleibenden Gesellschafter gegen angemessene Entschädigung.[169]

71   **b) Kündigungsbeschränkungen.** Sie sind nicht generell, sondern nur insoweit unwirksam, als nicht entweder § 723 Abs. 1 oder die sonstigen GbR-Regelungen (vgl. namentlich § 736 Abs. 1) den Rückschluss auf die Zulässigkeit solcher Vereinbarungen gestatten. Keine Bedenken bestehen demnach gegen *Kündigungsfristen* für die ordentliche Kündigung (vgl. § 723 Abs. 1 S. 6), solange sie nicht ihrerseits auf eine überlange Bindung hinauslaufen; die gleiche Wertung gilt für die ihnen funktionell entsprechenden *Kündigungstermine.* Derartige Vereinbarungen werden von der einhM zu Recht nicht als von Abs. 3 erfasste Beschränkungen gewertet.[170]

72   *Zulässig* sind weiter **Fortsetzungsklauseln,** die entweder unmittelbar zum Ausscheiden des Kündigenden führen oder den Mitgesellschaftern das Recht geben, die Fortsetzung ohne ihn zu beschließen (§ 736 RdNr. 17). Nichtig wäre freilich eine Vereinbarung, die die Mehrheit berechtigt, die Gesellschaft unter Einschluss des Kündigenden fortzusetzen.[171] *Problematisch* im Zusammenhang mit Fortsetzungsklauseln sind aus der Sicht von § 723 Abs. 3 die verbreitet anzutreffenden **Abfindungsklauseln,** soweit sie für den kündigungsbedingt Ausscheidenden zu einer wesentlichen Schlechterstellung im Vergleich zur Lage bei Auflösung der Gesellschaft führen (vgl. RdNr. 76).

73   Als *unzulässige* Beschränkung des ordentlichen Kündigungsrechts ist auch die Vereinbarung einer **Vertragsstrafe** für den Fall der Kündigung anzusehen.[172] Auf die Höhe der

---

[166] Vgl. RdNr. 60 und Fn. 142 f.
[167] BGH NJW 1973, 1602; 1954, 106; RGZ 21, 93, 94; RG LZ 1911, 455; *Soergel/Hadding/Kießling* RdNr. 57; *Staudinger/Habermeier* RdNr. 21; *Wiedemann* GesR I S. 398; einschr. MünchKommHGB/ *K. Schmidt* § 132 RdNr. 32. Zur Frage gesetzlicher Mitwirkungsrechte Dritter vgl. RdNr. 9 f.
[168] So auch *Wiedemann* GesR I S. 397 f.; *ders.* WM 1992, Beilage 7 S. 23, 51; *Simon* DB 1961, 1679, 1682; *Andörfer* (Fn. 147) S. 34 f., *H. P. Westermann* Vertragsfreiheit, 1970, S. 239 f.; weitergehend (für bloße Übertragbarkeit als ausreichendes Kündigungsäquivalent) *Barz* JW 1938, 490, 491; *Siebel* DNotZ 1954, 71, 73; MünchKommHGB/*K. Schmidt* § 132 RdNr. 31 (wenn zusätzlich die persönliche Haftung über die Höhe der Einlage hinaus ausgeschlossen ist); im Grundsatz auch *Nitschke* (Fn. 150) S. 371.
[169] BGHZ 126, 226, 238 = NJW 1994, 2536.
[170] Vgl. etwa *Soergel/Hadding/Kießling* RdNr. 60; *Bamberger/Roth/Timm/Schöne* RdNr. 33.
[171] *Staudinger/Habermeier* RdNr. 23; vgl. auch BGHZ 48, 251, 256 = NJW 1967, 2157 zur Unzulässigkeit einer Mehrheitsklausel, die sich auf die Änderung der Folgen einer bereits ausgesprochenen Kündigung erstreckt. Zu Mehrheitsklauseln über die Verlängerung befristeter Gesellschaften vgl. RdNr 69.
[172] RGZ 61, 328; *Strothmann/Vieregge,* FS Oppenhoff, 1985, S. 451, 457; *Soergel/Hadding/Kießling* RdNr. 29; *Staudinger/Habermeier* RdNr. 20, 23; MünchKommHGB/*K. Schmidt* § 132 RdNr. 30; *Staub/ C. Schäfer* § 132 HGB RdNr. 37; vgl. auch § 344.

Vertragsstrafe kommt es nicht an. Eine unzulässige, der Vertragsstrafe vergleichbare Beschränkung kann auch in einer Abfindungsklausel liegen, wonach das Auseinandersetzungsguthaben oder der Abfindungsanspruch des Kündigenden, ohne sachlichen Grund für die Differenzierung, nach ungünstigeren Maßstäben berechnet wird, als sie in den sonstigen Fällen der Auflösung oder des Ausscheidens gelten.[173] Entsprechendes gilt für Klauseln, nach denen der aus einer als Innen-GbR konstituierten Schutzgemeinschaft kündigungsbedingt ausscheidende Gesellschafter verpflichtet ist, seine der Vertragsbindung unterliegenden Gesellschaftsanteile an die verbleibenden Gesellschafter zu übertragen.[174] Demgegenüber sind nachvertragliche **Wettbewerbsverbote** grundsätzlich nicht als unzulässige Beschränkung des Kündigungsrechts einzuordnen.[175]

4. Einschränkungen der Kündigung aus wichtigem Grund. Beschränkungen des in Abs. 1 Satz 2 und 3 Nr. 1 und 2 vorgesehenen außerordentlichen Kündigungsrechts sind ebenso wie dessen Ausschluss **generell unzulässig** und daher nichtig, soweit sie dazu führen, dass der kündigungswillige Gesellschafter bei Vorliegen eines wichtigen Grundes an der sofortigen Auflösung der Gesellschaft bzw. – im Fall einer Fortsetzungsklausel – am sofortigen Ausscheiden gehindert wird.[176] Nichtig sind danach Klauseln, die die Kündigung von anderen als rein verfahrensmäßigen Voraussetzungen wie der Einhaltung einer bestimmten Form abhängig machen, sie etwa an bestimmte Fristen binden[177] oder die Kündigungswirkung erst zu bestimmten Terminen wie dem Geschäftsjahresende eintreten lassen.[178] Gleiches gilt für Abfindungsbeschränkungen in einem die Entschließungsfreiheit des Kündigungswilligen beeinträchtigenden Umfang (RdNr. 76), während gegen eine Fortsetzungsklausel ebenso wie im Fall der ordentlichen Kündigung (RdNr. 72) keine Bedenken bestehen.[179] Die Feststellungen über die Unzulässigkeit von Beschränkungen des ordentlichen Kündigungsrechts (RdNr. 70 ff.) gelten umso mehr für die Kündigung aus wichtigem Grund. 74

Umstritten ist, inwieweit der Vertrag **Vereinbarungen über den** zur Kündigung berechtigenden **wichtigen Grund** enthalten kann.[180] Keine Bedenken aus der Sicht von § 723 Abs. 3 bestehen zwar gegen Klauseln, die zu einer *Erleichterung* der außerordentlichen Kündigung führen, indem sie bestimmte Tatsachen stets als wichtigen Grund qualifizieren. Dagegen ist eine ins Gewicht fallende Kündigungs*erschwerung* auch dann ausgeschlossen, wenn sie auf dem Umweg über die vertragliche Konkretisierung des wichtigen Grundes erfolgt. Insbesondere kann nicht generell auf die Berücksichtigung 75

---

[173] Vgl. OLG Bamberg NZG 1998, 897 (übermäßiger Abfindungsanspruch des anderen Teils bei kündigungsbedingter Auflösung der Gesellschaft).
[174] AA BGHZ 126, 226, 234 ff. = NJW 1994, 2536 unter der Voraussetzung, dass der Ausscheidende Anspruch auf einen angemessenen finanziellen Ausgleich hat; dem zust. *Westermann* ZGR 1996, 272, 278.
[175] *Staub/C. Schäfer* § 132 HGB RdNr. 38; MünchKommHGB/*K. Schmidt* § 132 RdNr. 30; aA *Soergel/Hadding/Kießling* RdNr. 65; erwogen auch bei BGH NJW 2005, 2618, 2619 (im Ergebnis verneint).
[176] EinhM, vgl. RGZ 162, 388, 393; 136, 236, 243; *Soergel/Hadding/Kießling* RdNr. 65; *Staudinger/Habermeier* RdNr. 41; *Bamberger/Roth/Timm/Schöne* RdNr. 34.
[177] *Bamberger/Roth/Timm/Schöne* RdNr. 35; *Staudinger/Habermeier* RdNr. 42; aA offenbar *Gersch* BB 1977, 871, 875, der längerfristigen, für die ordentliche Kündigung geltenden vertraglichen Schranken sogar durch ein befristetes außerordentliches Kündigungsrecht bei minder(?) wichtigem Grund im Wege der Rechtsfortbildung Rechnung tragen will.
[178] Vgl. Nachweise in Fn. 176.
[179] RGZ 162, 388, 393; *Staudinger/Habermeier* RdNr. 42; *Andörfer* (Fn. 147) S. 154; vgl. auch § 736 RdNr. 10.
[180] Der Streit beschränkt sich auf die Zulässigkeit von Klauseln, die auf eine *Erschwerung* der Kündigung durch vertragliche Einschränkung der wichtigen Gründe gerichtet sind. Nur klarstellende, der Konkretisierung des „wichtigen Grundes" dienende Vereinbarungen lässt die hM zu Recht zu, vgl. RG JW 1938 521, 522 f.; *Staudinger/Habermeier* RdNr. 43; *Erman/Westermann* RdNr. 24; *Hueck* OHG § 25 V 1 a, S. 379; MünchKommHGB/*K. Schmidt* § 132 RdNr. 43; *Staub/C. Schäfer* § 133 HGB RdNr. 69; *Andörfer* (Fn. 147) S. 140 ff.; wohl auch *Soergel/Hadding/Kießling* RdNr. 67; weitergehend wohl *Baumbach/Hopt* § 133 HGB RdNr. 19.

§ 724

bestimmter Umstände bei Feststellung des wichtigen Grundes verzichtet werden. Wohl aber ist es zulässig, dass die Gesellschafter bei Vertragsschluss ihre übereinstimmende Ansicht bekunden, bestimmte Umstände regelmäßig nicht als ausreichend für die vorzeitige Auflösung anzusehen.[181] Da der Rechtsbegriff des wichtigen Grundes der wertenden Ausfüllung unter Berücksichtigung der Gesamtumstände des jeweiligen Falles bedarf, sind solche Klauseln nicht zu beanstanden, mit denen die Beteiligten zum Ausdruck bringen, welche künftigen Störungen sie in Kauf zu nehmen bereit sind, ohne daran die Auflösungsfolge zu knüpfen. Derartige Vereinbarungen können freilich nicht wirksam ausschließen, dass besondere, namentlich unvorhergesehene Umstände des Einzelfalls gleichwohl Anlass zu einer abweichenden Wertung der im Gesellschaftsvertrag als noch zumutbar bezeichneten Tatsachen geben. Sie sind generell unzulässig, soweit sie auf Einschränkung des Kündigungsrechts des Abs. 1 S. 3 Nr. 2 bei Vollendung des 18. Lebensjahrs gerichtet sind.

76   **5. Abfindungsausschluss; übermäßige Abfindungsbeschränkungen.** Mit § 723 Abs. 3 unvereinbar sind nicht nur direkte unangemessene Erschwerungen des Kündigungsrechts der in RdNr. 68 bis 73 genannten Art, sondern auch *indirekt* wirkende, den Kündigungswilligen von der Ausübung seines Rechts abhaltende Beschränkungen. Das gilt in erster Linie für den vertraglichen *Ausschluss* einer Abfindung beim Ausscheiden des Kündigenden aus der von den übrigen Gesellschaftern fortgesetzten Gesellschaft. Er ist in aller Regel unvereinbar mit § 723 Abs. 3; ein Vorbehalt ist nur insoweit veranlasst, als es um eine Beteiligung ohne Vermögenseinlage oder um eine solche an einer Gesellschaft mit ideellem Zweck geht.[182] Vom Verbot des § 723 Abs. 3 erfasst werden aber auch *übermäßige Beschränkungen* des gesetzlichen Abfindungsanspruchs oder der Auszahlungsmodalitäten, wenn sie die Entschließungsfreiheit der Gesellschafter im Kündigungszeitpunkt ernsthaft beeinträchtigen.[183] Sie sind nichtig, wenn sie diese Wirkung schon im Zeitpunkt des Gesellschaftsvertragsschlusses entfalten.[184] Im Fall erst später, infolge zwischenzeitlicher Wertänderungen eintretender unverhältnismäßiger Diskrepanz zwischen gesetzlicher und vertraglicher Abfindung tritt zwar keine nachträgliche Nichtigkeit wegen Verstoßes gegen § 723 Abs. 3 ein. Die verbleibenden Gesellschafter sind jedoch nach § 242 gehindert, sich dem Ausscheidenden gegenüber auf die übermäßige Beschränkung zu berufen.[185] Vgl. zum Ganzen näher § 738 RdNr. 49 ff.

§ 724 Kündigung bei Gesellschaft auf Lebenszeit oder fortgesetzter Gesellschaft

¹ Ist eine Gesellschaft für die Lebenszeit eines Gesellschafters eingegangen, so kann sie in gleicher Weise gekündigt werden wie eine für unbestimmte Zeit eingegangene Gesellschaft. ² Dasselbe gilt, wenn eine Gesellschaft nach dem Ablauf der bestimmten Zeit stillschweigend fortgesetzt wird.

---

[181] Vgl. Nachweise in Fn. 180.
[182] So zutr. *Flume* I/1 § 12 III, S. 178. Vgl. auch § 738 RdNr. 60 f.
[183] HM, vgl. BGH WM 1979, 1064, 1065; 1984, 1506; NJW 1989, 3272; 1993, 2101; NZG 2006, 425 (Liquidationswert betrug mehr als das Dreifache des vertraglich vereinbarten Ertragswerts); BGH NZG 2008, 623, 626; ebenso *Ulmer* NJW 1979, 82; *Soergel/Hadding/Kießling* RdNr. 62; *Erman/Westermann* RdNr. 23; *Staudinger/Habermeier* § 738 RdNr. 25; *Staub/C. Schäfer* § 131 HGB RdNr. 167 ff.; *Baumbach/Hopt* § 131 HGB RdNr. 64; vgl. auch OLG Bamberg NZG 1998, 897 (Fn. 173) sowie zur Unwirksamkeit einer Regelung über die Haftung ausgeschiedener Sozien gegenüber Altsozien für deren Versorgungsansprüche BGH DStR 2008, 785, 786; aA MünchKommHGB/K. *Schmidt* § 131 RdNr. 166 (Kontrolle nach § 138); zum umgekehrten Fall (Abfindung übersteigt Zeitwert der Beteiligung) OLG München OLGR 2006, 516 (kein Fall von § 138).
[184] So zutr. BGHZ 123, 281, 284 = NJW 1993, 3193 und BGHZ 126, 226, 233 = NJW 1994, 2536 entgegen den früher überwiegenden, auch die Möglichkeit späterer Unwirksamkeit bejahenden Ansichten.
[185] Näher dazu *Ulmer/C. Schäfer* ZGR 1995, 134 ff.

Übersicht

	RdNr.		RdNr.
I. Grundlagen	1–5	2. Bindung an die Dauer einer juristischen Person oder Gesamthand als Gesellschafter	8
1. Regelungsinhalt	1		
2. Normzweck	2–4	3. Rechtsfolgen	9, 10
3. Anwendungsbereich	5		
II. Gesellschaft auf Lebenszeit (Satz 1)	6–10	**III. Stillschweigende Fortsetzung (Satz 2)**	11–13
1. Voraussetzungen	6, 7		

I. Grundlagen

1. Regelungsinhalt. Die Vorschrift des § 724 befasst sich aus der Sicht des Kündigungsrechts des § 723 Abs. 1 S. 1 mit zwei besonderen, die Zeitdauer der Gesellschaft betreffenden Vertragsgestaltungen. **Satz 1** bezieht sich auf Gesellschaften, die auf Lebenszeit eines Gesellschafters eingegangen sind, und schreibt ihre Gleichstellung mit einer für *unbestimmte Zeit* eingegangenen Gesellschaft vor. Nach der Regel des § 723 Abs. 1 S. 1 sind sie daher – vorbehaltlich der Berücksichtigung eines abweichenden Parteiwillens (RdNr. 9) – auch ohne wichtigen Grund jederzeit kündbar. Die Vorschrift ist jedenfalls insoweit **zwingend**, als sie auf Lebenszeit eingegangenen Bindungen die Wirksamkeit versagt.[1] – Demgegenüber beschränkt sich **Satz 2** auf eine *Auslegungsregel* für den Fall, dass eine auf bestimmte Zeit eingegangene Gesellschaft stillschweigend fortgesetzt wird.[2] Insoweit sind die Parteien nicht gehindert, ausdrücklich oder stillschweigend im Rahmen des Fortsetzungsbeschlusses Abweichendes festzulegen.

2. Normzweck. Über den Normzweck von Satz 1 ist viel gerätselt worden. Nach den Motiven soll er darin liegen, Gesellschafter vor **Übereilung,** Selbsttäuschungen und Illusionen zu bewahren, wie sie erfahrungsgemäß gerade bei auf Lebenszeit eingegangenen Gesellschaftsverträgen vorkämen.[3] Wäre das richtig, so müssten unter die Vorschrift auch solche Verträge fallen, die auf eine zwar feste, aber die Lebenserwartung zumindest *eines* Gesellschafters übersteigende Zeit eingegangen sind. Diese Auslegung wird indes von der hM seit langem zu Recht abgelehnt (vgl. RdNr. 6). Gerade langfristige Bindungen sprechen vielmehr häufig nicht für Leichtfertigkeit oder Übereilung der Beteiligten, sondern im Gegenteil für einen besonders ausgeprägten Bindungswillen mit Blick auf das gemeinsame Unternehmen. Der in den Motiven aufgestellte Erfahrungssatz lässt sich jedenfalls nicht belegen.

Eine zweite These geht dahin, die lebenslange Bindung einer Person an die Gesellschaft sei mit den Anschauungen über die **persönliche Freiheit** unvereinbar.[4] Auch insoweit überwiegen indessen schon deshalb die Zweifel, weil das BGB an anderen Stellen lebenslange Bindungen ausdrücklich honoriert (so für Miete und Pacht in §§ 544 S. 2, 581 Abs. 2). Im Übrigen beschneidet eine – nach bisher überwM zulässige (§ 723 RdNr. 66) – dreißigjährige Frist je nach dem Alter der Gesellschafter deren persönliche Freiheit in nicht geringerem Maße als eine lebenslange Bindung.

Den *Vorzug* verdient die Ansicht, dass § 724 S. 1 die **Gesellschafter vor unüberschaubaren Bindungen schützen** will.[5] Dabei liegt die Unüberschaubarkeit im Falle der lebens-

---

[1] EinhM, vgl. *Soergel/Hadding/Kießling* RdNr. 1; *Bamberger/Roth/Timm/Schöne* RdNr. 3; *Staudinger/Habermeier* RdNr. 2; *Palandt/Sprau* RdNr. 1.
[2] *Hueck* OHG § 24 I 1, S. 361; *Soergel/Hadding/Kießling* RdNr. 3; abw. *Staudinger/Habermeier* RdNr. 6 (Umdeutung).
[3] Mot. II S. 621.
[4] So etwa RGZ 156, 129, 136; ähnlich *Soergel/Hadding/Kießling* RdNr. 1, die auf das Recht zur freien Entfaltung der Persönlichkeit verweisen; aA *Erman/Westermann* RdNr. 1.
[5] HM, vgl. BGH WM 1967, 315; *G. Hueck,* FS Larenz 1973, S. 741, 742; *Erman/Westermann* RdNr. 1; *Staudinger/Habermeier* RdNr. 1; *Staub/C. Schäfer* § 134 HGB RdNr. 2; *Gersch* BB 1977, 871, 873 f.; *Merle,* FS Bärmann, 1975, S. 631, 646. Vgl. dazu auch § 723 RdNr. 61.

langen Bindung weniger in deren absoluter Länge als in dem nicht vorhersehbaren Zeitpunkt der Auflösung.

5   **3. Anwendungsbereich.** § 724 gilt unmittelbar nur für die **GbR** unter Einschluss der stillen Gesellschaft des bürgerlichen Rechts;[6] bei dieser tritt jedoch an die Stelle jederzeitiger Kündigungsmöglichkeit die befristete Kündigung nach § 234 Abs. 1 S. 1 HGB (vgl. § 705 RdNr. 288). Für die Personenhandelsgesellschaften einschließlich der stillen Gesellschaft des Handelsrechts findet sich eine inhaltsgleiche Regelung in §§ 134, 234 Abs. 1 S. 1 HGB. Eine unterschiedliche Auslegung der jeweiligen Normen ist nicht veranlasst.

II. Gesellschaft auf Lebenszeit (Satz 1)

6   **1. Voraussetzungen.** Das Eingreifen von Satz 1 hängt nach hM davon ab, dass die Gesellschaft **ausdrücklich** auf die Lebenszeit eines oder mehrerer Gesellschafter eingegangen ist.[7] Nicht zu folgen ist den lange überwunden geglaubten[8] abweichenden Stimmen, die auch diejenigen Fälle in die Regelung einbeziehen wollen, in denen zwar eine feste, kalendermäßig bestimmte Dauer vereinbart ist, diese jedoch die voraussichtliche Lebenserwartung mindestens eines Gesellschafters übersteigt.[9] Sie können sich weder auf den richtig verstandenen Schutzzweck der Norm (RdNr. 4) berufen noch bieten sie praktikable Lösungen für die Vertragsgestaltung an.[10] Mit der hM ist vielmehr am Erfordernis einer ausdrücklich auf die Lebenszeit bestimmter Gesellschafter abstellenden Dauervereinbarung festzuhalten. Zur Problematik überlanger kalendermäßig fixierter Bindungen vgl. § 723 RdNr. 65 f.

7   § 724 S. 1 greift nur ein, wenn die Lebenszeit eines Gesellschafters als **Fest- oder Mindestdauer** der Gesellschaft vereinbart ist. Es genügt bereits, dass eine derartige Bindung für *einen* Gesellschafter begründet ist, während die übrigen schon vor dem Ablauf dieser Zeit zur Kündigung berechtigt sind.[11] Dagegen ist die Vorschrift unanwendbar, wenn die Lebenszeit als Höchstdauer gewählt ist und daneben eine feste Mindestzeit oder ein periodisches Kündigungsrecht besteht.[12] In derartigen Fällen fehlt es an der in Satz 1 vorausgesetzten unüberschaubaren, nicht ohne wichtigen Grund lösbaren Bindung.

8   **2. Bindung an die Dauer einer juristischen Person oder Gesamthand als Gesellschafter.** Sie fällt nach zutreffender Ansicht *nicht* unter Satz 1.[13] Das folgt bereits aus Wortlaut und Entstehungsgeschichte der Vorschrift. Es besteht aber auch kein Bedürfnis zu ihrer erweiternden Auslegung oder analogen Anwendung auf Fälle dieser Art. Denn wenn für die Gesellschafter-Gesellschaft wirksam eine Frist vereinbart ist, so gilt die gleiche Befristung auch für die auf deren Dauer eingegangene Gesellschaft; eine unüberschaubare Bindung ist nicht gegeben. Enthält der Vertrag (die Satzung) der Gesellschafter-

---

[6] So auch *Soergel/Hadding/Kießling* RdNr. 4; *Bamberger/Roth/Timm/Schöne* RdNr. 2; im Ansatz übereinstimmend auch *Staudinger/Habermeier* RdNr. 1, der aber auf die unternehmenstragende GbR § 134 HGB anwenden will.

[7] *Soergel/Hadding/Kießling* RdNr. 1; *Staudinger/Habermeier* RdNr. 3; *Hueck* OHG § 24 I 1 Fn. 6; MünchKommHGB/*K. Schmidt* § 134 RdNr. 10; *Gersch* BB 1977, 871, 872 f.

[8] Vgl. nur *Barz* JW 1938, 490, 491 f.; RGRK/*Weipert*, 2. Aufl. 1950, § 134 HGB Anm. 4; *Würdinger* Gesellschaften S. 137.

[9] So *Heckelmann*, Abfindungsklauseln in Gesellschaftsverträgen, 1973, S. 132 f.; *U. Huber* Vermögensanteil S. 54; wohl auch *Teichmann* Gestaltungsfreiheit, 1970, S. 240 f.

[10] Vgl. dazu nur *G. Hueck*, FS Larenz, 1973, S. 741 ff.; *Merle*, FS Bärmann, 1975, S. 631, 639 ff., 647.

[11] RGZ 156, 129, 136; *Soergel/Hadding/Kießling* RdNr. 1; *Bamberger/Roth/Timm/Schöne* RdNr. 3; *Staudinger/Habermeier* RdNr. 3; *Erman/Westermann* RdNr. 1; aA MünchKommHGB/*K. Schmidt* § 134 RdNr. 12.

[12] Ganz hM, vgl. *Soergel/Hadding/Kießling* RdNr. 1; *Hueck* OHG § 24 I 1 Fn. 6; *Staub/C. Schäfer* § 134 HGB RdNr. 4; aA nur *Merle*, FS Bärmann, 1975, S. 631, 648 f.

[13] *Soergel/Hadding/Kießling* RdNr. 2; *Bamberger/Roth/Timm/Schöne* RdNr. 6; *Erman/Westermann* RdNr. 2; *Staub/C. Schäfer* § 134 HGB RdNr. 4; *Baumbach/Hopt* § 134 HGB RdNr. 3; *Hueck* OHG § 24 I 1 Fn. 6; *Simon* DB 1961, 1679, 1681; aA für die unbefristete Gesellschafter-Gesellschaft, sofern die Bindung als Mindestdauer zu verstehen ist, MünchKommHGB/*K. Schmidt* § 134 RdNr. 13.

Gesellschaft dagegen keine Frist, so gilt Entsprechendes auch für die Gesellschaft, an der die Beteiligung besteht;[14] die Bezugnahme auf die unbestimmte Dauer jener Gesellschaft führt bei ihr nicht zu einer Befristung, sondern zu einer auflösenden Bedingung (§ 723 RdNr. 67). Die Gesellschaft ist daher auch ohne Anwendung von § 724 S. 1 grundsätzlich jederzeit kündbar.

3. Rechtsfolgen. In Rechtsprechung und Literatur besteht weitgehend Einigkeit darüber, dass die in § 724 S. 1 angeordnete Gleichstellung der auf Lebenszeit eines Gesellschafters eingegangenen mit einer unbefristeten, *jederzeit kündbaren* Gesellschaft nicht zwingend ist; sie soll vielmehr nur dann eintreten, wenn sich nicht aus den Umständen, insbesondere aus dem Gesellschaftszweck, ein **abweichender Parteiwille** ergibt.[15] Dem ist aus den in § 723 RdNr. 63 genannten Gründen zuzustimmen. Zur Begründung bedarf es nicht des Rückgriffs auf die Störung der Geschäftsgrundlage.[16] Vielmehr sind die Gerichte befugt, dem erkennbaren Parteiwillen trotz Unzulässigkeit der auf Lebenszeit eingegangenen Bindung durch ergänzende Vertragsauslegung (§ 705 RdNr. 174) Rechnung zu tragen. Der Schutzzweck der Norm steht nicht entgegen, weil er nur eine zeitlich unbegrenzte und deshalb unüberschaubare Bindung verhindern will (RdNr. 4).[17] 9

Bewendet es vorbehaltlich der Erwägungen in RdNr. 9 im Grundsatz bei der Rechtsfolge des § 724 S. 1, so steht das **Kündigungsrecht** aus § 723 Abs. 1 S. 1 grundsätzlich **allen** Gesellschaftern zu, dh. nicht nur denjenigen, auf deren Lebenszeit die Gesellschaftsdauer abgestellt war.[18] Die Vertragsauslegung kann freilich auch insoweit zu einem abweichenden Ergebnis führen. Ist den Mitgesellschaftern etwa im Unterschied zu dem auf Lebenszeit Gebundenen ein von bestimmten Fristen und Terminen abhängiges ordentliches Kündigungsrecht schon während dessen Mitgliedstellung eingeräumt, so steht nichts entgegen, an dieser Regelung ihnen gegenüber trotz Eingreifens von § 724 S. 1 festzuhalten und ihr den Vorzug vor der jederzeitigen Kündigung zu geben. 10

III. Stillschweigende Fortsetzung (Satz 2)

Die Vorschrift des Satz 2 greift als **Auslegungsregel** (RdNr. 1) ein, wenn es **nach Auflösung infolge Zeitablaufs** (Vor § 723 RdNr. 14 ff.) zu einem stillschweigenden Fortsetzungsbeschluss (Vor § 723 RdNr. 11) kommt, sich aber keine Feststellungen über die Dauer der von den Parteien beschlossenen Fortsetzung treffen lassen. Entsprechendes gilt im Fall eines ausdrücklichen Fortsetzungsbeschlusses ohne Zeitdauervereinbarung.[19] Ein abweichender, auf befristete Fortsetzung gerichteter Parteiwille geht jeweils vor. Er kann sich auch aus dem Gesellschaftszweck ergeben (§ 723 RdNr. 24), aber auch aus den im Zusammenhang mit der Fortsetzung im Einverständnis aller Gesellschafter getroffenen Geschäftsführungsmaßnahmen.[20] 11

Die gleichen Wertungsgrundsätze gelten auch dann, wenn bereits **vor** der durch Zeitablauf verursachten **Auflösung** stillschweigend die Fortsetzung über das Vertragsende hinaus beschlossen wird. Allerdings genügt die nach außen unveränderte Fortführung des Unter- 12

---

[14] BGHZ 50, 316, 321 f. = NJW 1968, 2003; so auch RGRK/*v. Gamm* RdNr. 2 und *Simon* DB 1961, 1679, 1681.
[15] BGH WM 1967, 315; *Soergel/Hadding/Kießling* RdNr. 1; *Staudinger/Habermeier* RdNr. 2; Münch-KommHGB/*K. Schmidt* § 134 RdNr. 15; *Staub/C. Schäfer* § 134 HGB RdNr. 7; *Erman/Westermann* RdNr. 2; *Simon* DB 1961, 1679, 1682; *Flume* I/1 § 13 II, S. 194 ff.
[16] So aber BGH WM 1967, 315; *Soergel/Hadding/Kießling* RdNr. 1; dagegen treffend *Flume* I/1 § 13 II, S. 194.
[17] BGH WM 1967, 315; *Rob. Fischer* in Anm. zu LM HGB § 132 Nr. 1; *Koenigs*, Die stille Gesellschaft, 1961, S. 263 ff.; vgl. auch RdNr. 2.
[18] MünchKommHGB/*K. Schmidt* § 134 RdNr. 14; *Simon* DB 1961, 1679, 1682; *Staub/C. Schäfer* § 134 HGB RdNr. 8.
[19] So zutr. *Soergel/Hadding/Kießling* RdNr. 3; *Erman/Westermann* RdNr. 3.
[20] Befristete Verlängerung von Schuldverträgen als Grundlage für die Fortführung der GbR u. a., vgl. dazu *Staub/C. Schäfer* § 134 HGB RdNr. 9.

nehmens der Gesellschaft nicht für das Eingreifen von § 724 S. 2, wenn zwischen den Gesellschaftern keine Einigung über die Fortsetzung erzielt werden kann.[21]

13   Für **sonstige** Fälle eines Fortsetzungsbeschlusses, namentlich nach vorzeitiger Auflösung durch Tod oder Insolvenz eines Gesellschafters u. a., ist die Auslegungsregel des Satz 2 nicht geeignet. Insoweit bewendet es vielmehr im Zweifel bei der ursprünglich vereinbarten Zeitbestimmung.[22]

§ 725 Kündigung durch Pfändungspfandgläubiger

(1) Hat ein Gläubiger eines Gesellschafters die Pfändung des Anteils des Gesellschafters an dem Gesellschaftsvermögen erwirkt, so kann er die Gesellschaft ohne Einhaltung einer Kündigungsfrist kündigen, sofern der Schuldtitel nicht bloß vorläufig vollstreckbar ist.

(2) Solange die Gesellschaft besteht, kann der Gläubiger die sich aus dem Gesellschaftsverhältnis ergebenden Rechte des Gesellschafters, mit Ausnahme des Anspruchs auf einen Gewinnanteil, nicht geltend machen.

Übersicht

	RdNr.		RdNr.
I. Grundlagen	1–7	2. Durchführung	12, 13
1. Normzweck	1	III. Die Kündigung (Abs. 1)	14–23
2. Anwendungsbereich	2–5	1. Voraussetzungen	14–16
a) Außen- und Innengesellschaften	2	2. Kündigungserklärung und -frist	17, 18
b) Kündigungsberechtigte	3–5	3. Kündigungsfolgen	19–21
aa) Pfandgläubiger	3	4. Wegfall des Kündigungsgrundes	22, 23
bb) Testamentsvollstrecker, Nachlass(insolvenz)verwalter	4, 5	IV. Rechtsstellung des Pfandgläubigers (Abs. 2)	24–26
3. Verhältnis zu § 717 S. 2	6	V. Rechtsstellung des Gesellschafters/Schuldners	27, 28
4. Zwingendes Recht	7		
II. Die Pfändung	8–13		
1. Gegenstand	8–11		

I. Grundlagen

1   **1. Normzweck.** Die Vorschrift eröffnet **Privatgläubigern** einzelner Gesellschafter, die keine entsprechende Forderung auch gegen die Gesellschaft selbst erlangt haben und daher keinen Titel zur Vollstreckung in das Gesamthandsvermögen erlangen können (§ 718 RdNr. 44, 55), die indirekte Zugriffsmöglichkeit auf das in der Mitgliedschaft gebundene Vermögen ihres Schuldners. Sie greift auch dann ein, wenn der Gläubiger zwar einen Titel gegen alle Mitgesellschafter hat, als deren Privatgläubiger jedoch ggf. der Drittwiderspruchsklage ausgesetzt ist (RdNr. 16, § 718 RdNr. 58). Die Pfändbarkeit des Anteils am Gesellschaftsvermögen ist zwar bereits in § 859 Abs. 1 S. 1 ZPO geregelt. Zur *Realisierung des Anteilswerts* bedarf es im Regelfall aber zusätzlich der Auflösung der Gesellschaft oder des Ausscheidens des Gesellschafters/Schuldners. Daher begründet § 725 Abs. 1 ein **eigenständiges gesetzliches Kündigungsrecht** für den Pfändungspfandgläubiger, wenn er Inhaber eines rechtskräftigen Schuldtitels gegen den betroffenen Gesellschafter ist.[1]

---

[21] BGH NJW 1995, 2843, 2844.
[22] MünchKommHGB/*K. Schmidt* § 134 RdNr. 17; *Staub/C. Schäfer* § 134 HGB RdNr. 13; aA *Soergel/Hadding/Kießling* RdNr. 3; *Bamberger/Roth/Timm/Schöne* RdNr. 7.
[1] Zur Anteilspfändung vgl. die neuen Monografien von *Wertenbruch*, Die Haftung von Gesellschaften und Gesellschaftsanteilen in der Zwangsvollstreckung, 2001 (insbes. S. 483 ff.) und von *Wössner*, Die Pfändung des Gesellschaftsanteils bei den Personengesellschaften, 2001; ferner *H. Roth* ZGR 2000, 187.

2. Anwendungsbereich. a) Außen- und Innengesellschaften. § 725 gilt nicht nur 2 für Außen-, sondern auch für **Innengesellschaften.** Auf das Vorhandensein von Gesamthandsvermögen kommt es entgegen dem insoweit missverständlichen Wortlaut von § 725 Abs. 1 nicht an. Auch die Pfändung iS von § 725 Abs. 1 BGB, § 859 Abs. 1 S. 1 ZPO bezieht sich nach zutreffender Ansicht auf die Mitgliedschaft als solche (RdNr. 10); sie setzt das Bestehen von Gesellschaftsvermögen nicht voraus (vgl. auch § 728 RdNr. 33). Anteilspfändung und Kündigung nach § 725 Abs. 1 sind daher auch im Falle von Innengesellschaften ohne Gesamthandsvermögen zulässig.[2] Gegenüber der stillen Gesellschaft bürgerlichen Rechts und der Unterbeteiligung finden §§ 135, 234 HGB analoge Anwendung (vgl. auch Vor § 705 RdNr. 102, § 705 RdNr. 288).

b) Kündigungsberechtigte. aa) Pfandgläubiger. Das gesetzliche Kündigungsrecht 3 des § 725 Abs. 1 steht in erster Linie dem *Pfändungspfandgläubiger* zu, soweit auch die übrigen Voraussetzungen dieser Vorschrift erfüllt sind (RdNr. 14 ff.). Es greift aber auch für den *Inhaber eines vertraglichen Pfandrechts* am Gesellschaftsanteil oder am Vermögenswert ein, wenn die Pfandreife eingetreten ist und der Pfandgläubiger nach § 1277 zur Befriedigung seiner Ansprüche die Zwangsvollstreckung in den Anteil betreibt (vgl. näher § 719 RdNr. 52 ff., 58).

bb) Testamentsvollstrecker, Nachlass(insolvenz)verwalter. Zur Verfügungsbefugnis 4 des *Testamentsvollstreckers* über einen nach dem Gesellschaftsvertrag übertragbaren Anteil vgl. § 705 RdNr. 116. Zusätzlich ist dem Testamentsvollstrecker auch das **Kündigungsrecht analog § 725** zuzubilligen, damit er zur Erfüllung von Nachlassverbindlichkeiten bzw. zum Wertausgleich unter den Nachlassbeteiligten auch bei fehlender Verfügungsmöglichkeit den Anteilswert realisieren kann.[3] Gleiches gilt für den *Nachlassverwalter*.[4] Auch wenn ihm die Verwaltungsrechte nicht in gleichem Umfang wie einem Testamentsvollstrecker zustehen (§ 705 RdNr. 126), muss er doch entsprechend seiner Aufgabe in der Lage sein, den Wert der Mitgliedschaft notfalls im Kündigungswege zu liquidieren. Aus denselben Gründen ist auch für den *Nachlassinsolvenzverwalter* das Kündigungsrecht anzuerkennen, wenn man nach zutreffender, wenn auch umstrittener Ansicht in der Nachlassinsolvenz keinen Auflösungsgrund nach § 728 Abs. 2 sieht (vgl. § 728 RdNr. 35). Wollte man insoweit das Eingreifen von § 725 ablehnen, bliebe insbesondere bei Nachlassverwaltung nur der Weg über die Gläubigerkündigung, was zur Folge hätte, dass der Verwalter sich auch dann verurteilen lassen müsste, wenn er die Forderung als berechtigt ansähe; das wäre ein auch aus Kostengründen unnötig umständlicher Weg.[5] Freilich kommt die Ausübung des Kündigungsrechts nur in Betracht, wenn sonstiges verwertbares Nachlassvermögen nicht vorhanden ist.[6]

Bei der entsprechenden Anwendung des § 725 kann auf die Erfordernisse des (rechts- 5 kräftigen) **Titels** und der **Pfändung verzichtet** werden. Sie passen zwar für die Gläubigerkündigung, weil Gläubiger nur im Wege der Pfändung auf das Schuldnervermögen zugreifen können. Die Fremdverwalter bedürfen eines solchen Titels jedoch angesichts ihrer *Verwaltungsbefugnis* nicht, da diese erforderlichenfalls das Recht zur Verwertung des Nach-

---

[2] BGH WM 1956, 1026, 1027; *Staudinger/Habermeier* RdNr. 5; *Bamberger/Roth/Timm/Schöne* RdNr. 2; im Ergebnis auch *K. Schmidt* GesR § 45 IV 4; ders. JR 1977, 177, 181; aA *Wernicke* WM 1981, 862, 863.
[3] So schon früher, freilich noch beschränkt auf die Abwicklungsvollstreckung, *Wiedemann* Übertragung S. 340; *Ulmer*, FS Schilling, 1973, S. 79, 97 f.; ferner 4. Aufl. § 2205 RdNr. 41; wie hier auch *Stodolkowitz*, FS Kellermann, 1991, S. 439, 455 f.
[4] BGHZ 91, 132, 137 = NJW 1984, 2104 (Nachlassinsolvenzverwalter); *Stodolkowitz*, FS Kellermann, 1991, S. 439, 455; *Wiedemann* Übertragung S. 347; *Westermann* AcP 173 (1973), 24, 42; *Staudinger/Habermeier* RdNr. 6; *Soergel/Hadding/Kießling* § 727 RdNr. 61; *MünchKommHGB/K. Schmidt* § 139 RdNr. 55; 4. Aufl. § 1985 RdNr. 6; *Staudinger/Marotzke* (2002) § 1985 RdNr. 21; im Ergebnis auch *Flume* NJW 1988, 161, 162 f., allerdings unter Berufung auf § 723.
[5] Zutr. *Stodolkowitz*, FS Kellermann, 1991, S. 439, 455.
[6] S. schon *Ulmer*, FS Schilling, 1973, S. 79, 97; so auch *Stodolkowitz*, FS Kellermann, 1991, S. 439, 455 unter Hinweis auf die andernfalls eintretende Haftung nach §§ 1975, 1915, 1833 (dazu 4. Aufl. § 1985 RdNr. 10 f.).

lasses umfasst. Sie ergibt sich für den Testamentsvollstrecker aus § 2205 (vgl. 4. Aufl. § 2205 RdNr. 10 f.), für den Nachlassverwalter aus § 1985 (vgl. 4. Aufl. § 1985 RdNr. 8) und für den Nachlassinsolvenzverwalter aus § 80 Abs. 1 InsO.

3. Verhältnis zu § 717 S. 2. Die nach § 717 S. 2 für übertragbar erklärten Vermögensrechte, darunter namentlich der Gewinnanspruch und der Anspruch auf das Auseinandersetzungsguthaben, unterliegen der Pfändung bereits nach §§ 829, 851 ZPO; das gilt auch dann, wenn ihre Abtretung im Gesellschaftsvertrag ausgeschlossen worden ist (§ 717 RdNr. 42). Soweit es sich um *künftige* Ansprüche handelt, setzt ihre Verstrickung jedoch voraus, dass sie dem Vollstreckungsschuldner auch noch im Zeitpunkt ihrer Entstehung zustehen (§ 717 RdNr. 43). Bei zwischenzeitlicher Anteilsveräußerung geht die Pfändung daher letztlich ins Leere. Hinzu kommt, dass die Pfändung des Anspruchs auf das Auseinandersetzungsguthaben abweichend von derjenigen der Mitgliedschaft dem Gläubiger nicht das in § 725 Abs. 1 vorgesehene, für die Realisierung des Anspruchs wesentliche Kündigungsrecht verschafft.[7] Angesichts dieser unterschiedlichen Rechtsfolgen sind die verschiedenen Arten von Vollstreckungsgegenständen klar auseinanderzuhalten (vgl. auch RdNr. 9 f.).

4. Zwingendes Recht. Die Kündigungsbefugnis in § 725 Abs. 1 enthält als Gläubigerschutzvorschrift zwingendes Recht.[8] Der Gesellschaftsvertrag kann den dadurch gesicherten Zugriff von Privatgläubigern auf den Anteilswert weder ausschließen noch von zusätzlichen sachlichen oder zeitlichen Anforderungen abhängig machen. Eine **Beschränkung des Auseinandersetzungsguthabens** oder des Abfindungsanspruchs ist im Gesellschaftsvertrag zwar grundsätzlich möglich (§ 738 RdNr. 39 ff.). Ihre Vereinbarung nur für den Fall der Anteilspfändung würde jedoch von den Anfechtungstatbeständen der InsO und des AnfG erfasst oder verstieße als sittenwidrige Gläubigerschädigung gegen § 138.[9] Wohl aber kann gemäß § 736 Abs. 1 eine **Fortsetzungsklausel** für den Fall der Kündigung oder Anteilspfändung in den Gesellschaftsvertrag aufgenommen[10] oder den Mitgesellschaftern das Recht vorbehalten werden, bei Anteilspfändung oder bei Kündigung durch den Pfandgläubiger die Fortsetzung ohne den Gesellschafter/Schuldner zu beschließen (§ 736 RdNr. 17). Eine allgemein auf den Kündigungsfall bezogene Fortsetzungsklausel erstreckt sich im Zweifel auch auf die Kündigung durch einen Privatgläubiger (§ 736 RdNr. 12). Schließlich kann einem der Mitgesellschafter auch ein Übernahmerecht eingeräumt werden (§ 730 RdNr. 68). In allen diesen Fällen erfasst die Anteilspfändung den Abfindungsanspruch des auf Grund der Fortsetzungsklausel oder des Fortsetzungsbeschlusses ausscheidenden Gesellschafters/Schuldners.[11]

II. Die Pfändung

1. Gegenstand. § 725 Abs. 1 setzt für das Kündigungsrecht des Pfandgläubigers voraus, dass dieser den „Anteil des Gesellschafters an dem Gesellschaftsvermögen" gepfändet hat (vgl. dazu auch § 719 RdNr. 59). Er knüpft damit an die gleich lautende Formulierung in § 859 Abs. 1 ZPO an, nach der zwar dieser Anteil (richtiger: die Mitgliedschaft, vgl. RdNr. 10) der Pfändung unterworfen ist (Satz 1), nicht aber der Anteil an den einzelnen zum Gesellschaftsvermögen gehörenden Gegenständen (Satz 2).[12]

---

[7] HM, vgl. *Soergel/Hadding* § 717 RdNr. 15 f.; *Erman/Westermann* § 717 RdNr. 7; *Bamberger/Roth/Timm/Schöne* RdNr. 1; MünchKommZPO/*Smid* § 859 RdNr. 4; *Rupp/Fleischmann* Rpfleger 1984, 223 f.; wohl auch *Staudinger/Habermeier* RdNr. 2; aA *Stein/Jonas/Brehm*, 22. Aufl. 2004, § 859 ZPO RdNr. 9; *K. Schmidt* GesR § 45 IV 3 c; *ders.* JR 1977, 177, 179 f.
[8] EinhM, vgl. *Soergel/Hadding/Kießling* RdNr. 15; *Staudinger/Habermeier* RdNr. 3; *Erman/Westermann* RdNr. 6; *Wiedemann* GesR II § 5 I 2, S. 395; *Bamberger/Roth/Timm/Schöne* RdNr. 1; *Palandt/Sprau* RdNr. 3.
[9] So auch *Erman/Westermann* RdNr. 6; *Soergel/Hadding/Kießling* RdNr. 15. Zum Verhältnis zwischen diesen Rechtsschranken vgl. § 738 RdNr. 47 f.
[10] EinhM, vgl. *Soergel/Hadding/Kießling* RdNr. 15; *Staudinger/Habermeier* RdNr. 4.
[11] BGH BB 1972, 10; OLG Stuttgart NZG 2004, 766, 769; *Soergel/Hadding/Kießling* RdNr. 15.
[12] Zur bloß klarstellenden, auf das Nichtvorhandensein solcher Anteile hinweisenden Bedeutung des § 859 Abs. 1 S. 2 ZPO vgl. § 719 RdNr. 8; aA anscheinend *H. Roth* ZGR 2000, 193 f.

Nach ganz hM umfasst der „Anteil am Gesellschaftsvermögen" alle zur Mitgliedschaft 9
gehörenden **Vermögensrechte,** darunter namentlich das Recht auf den Gewinnanteil und
das Auseinandersetzungsguthaben.[13] Im Anschluss an *Ulrich Huber,*[14] der den Vermögensanteil vom Gesellschaftsanteil als Inbegriff aller Mitgliedschaftsrechte (einschließlich der
Verwaltungsrechte) unterschied und dazu nur die aus der Mitgliedschaft resultierenden
Vermögensrechte rechnete, wurde als Pfändungsgegenstand iS von § 859 Abs. 1 ZPO *früher*
ein besonderes, diese Vermögensrechte repräsentierendes *Wertrecht* angesehen.[15] Noch enger
wollte *Karsten Schmidt*[16] darunter nur die nach § 717 S. 2 ohnehin übertragbaren und daher
auch selbständig pfändbaren Ansprüche auf Gewinn und Auseinandersetzungsguthaben verstehen. Diese Ansichten haben sich nicht durchgesetzt.[17]

Aus heutiger Sicht ist die lange Zeit vorherrschende Differenzierung zwischen Mitglied- 10
schaft (Gesellschaftsanteil) und Wertrecht (Vermögenswert der Beteiligung) überholt. Angesichts der dinglichen Wirkung der Anteilspfändung und der Anerkennung gemeinsamer
Berechtigung mehrerer am Gesellschaftsanteil wie im Fall des Nießbrauchs oder der
qualifizierten (offenen) Treuhand[18] bedarf es derartiger Ersatzkonstruktionen nicht.[19] Gegenstand der Pfändung ist vielmehr die **Mitgliedschaft** (der Gesellschaftsanteil) als solche;[20] durch die Pfändung wird der Pfandgläubiger in den Gesellschafterverband einbezogen.

Die **Rechtsfolge** der Pfändung besteht in der Verstrickung der aus der Mitgliedschaft 11
folgenden *Vermögensrechte.*[21] Dazu gehören neben dem Anspruch auf den anteiligen Liquidationserlös (die Abfindung) und neben den periodisch neu entstehenden Gewinnansprüchen
auch etwaige Ansprüche auf Aufwendungsersatz sowie Ausgleichsansprüche auf Grund von
Leistungen des Gesellschafters/Schuldners im Gesellschaftsinteresse (§ 713 RdNr. 15, § 714
RdNr. 56), nicht aber sonstige Forderungen des Gesellschafters/Schuldners gegen die Gesamthand wie Darlehens- oder andere Drittgläubigeransprüche (§ 730 RdNr. 49 ff.). Hat
der Gesellschafter/Schuldner über derartige gesellschaftsvertragliche Ansprüche nach deren
Entstehung bereits anderweitig verfügt, so geht die Pfändung insoweit ins Leere;[22] anderes
gilt im Falle der Vorausabtretung der in § 717 S. 2 genannten künftigen Ansprüche (§ 717
RdNr. 31, 38). Demgegenüber bleiben die aus der Mitgliedschaft folgenden *Verwaltungsrechte,* darunter das Stimmrecht, das Recht auf Rechnungslegung und das Kontrollrecht,
trotz der Anteilspfändung ausschließlich dem Gesellschafter vorbehalten; die Rechtslage
ändert sich erst nach kündigungsbedingter Auflösung (RdNr. 20). Das entspricht der unübertragbaren Natur dieser Rechte (§ 717 RdNr. 7, 16) und ist in § 725 Abs. 2 ausdrücklich bestimmt (RdNr. 25); die Erstreckung der Pfändung auf die Mitgliedschaft als solche
(RdNr. 10) ändert daran nichts.

---

[13] BGHZ 116, 222, 229 = NJW 1992, 830; BGHZ 97, 392, 394 = NJW 1986, 1992; RGZ 95, 231, 233; *Soergel/Hadding* RdNr. 1; *Staudinger/Habermeier* RdNr. 7; *Stein/Jonas/Brehm,* 22. Aufl. 2004, § 859 ZPO RdNr. 3; *H. Roth* ZGR 2000, 187, 193; *U. Huber* Vermögensanteil S. 148 ff.; *Rupp/Fleischmann* Rpfleger 1984, 223; *Wiedemann* GesR II § 5 I 2 § 395.
[14] *U. Huber* Vermögensanteil S. 143, 147, 164 ff.
[15] So BGHZ 97, 392, 394 = NJW 1986, 1992; *Rupp/Fleischmann* Rpfleger 1984, 223 u. a.; ebenso noch 2. Aufl. RdNr. 7.
[16] JR 1977, 177 ff.; vgl. auch *dens.* BMJ-Gutachten S. 541 f. und AcP 182 (1982), 481, 495; anders jetzt aber MünchKommHGB/*K. Schmidt* § 135 RdNr. 9; *K. Schmidt* GesR § 45 IV 2 b, S. 1093.
[17] Vgl. BGHZ 97, 392, 394 = NJW 1986, 1992; *Staudinger/Habermeier* RdNr. 5; *Erman/Westermann* RdNr. 1; MünchKommZPO/*Smid* § 859 RdNr. 4; *Smid* JuS 1988, 613, 615; *Stodolkowitz,* FS Kellermann, 1991, S. 439, 446.
[18] Vgl. näher § 705 RdNr. 92, 99 f. und *Ulmer,* FS Fleck, 1988, S. 383, 393 ff.; *Flume* I/1 § 17 IV, S. 362 f.
[19] So zu Recht insbes. auch MünchKommZPO/*Smid* § 859 RdNr. 4.
[20] Heute ganz hM, vgl. OLG Köln NJW-RR 1994, 1518; *Staudinger/Habermeier* RdNr. 5; *Erman/Wes-termann* RdNr. 1; *Bamberger/Roth/Timm/Schöne* RdNr. 3; *Wertenbruch* (Fn. 1) S. 487 ff., 562; *Wössner* (Fn. 1) S. 22 ff., 41 f.; *H. Roth* ZGR 2000, 187, 193, jeweils mwN; aA *Soergel/Hadding/Kießling* RdNr. 7.
[21] Vgl. eingehend *Wertenbruch* (Fn. 1) S. 507 ff.; *Wössner* (Fn. 1) S. 180 ff.
[22] Vgl. BGHZ 104, 351, 355 = NJW 1989, 458 (GmbH-Anteil); *Wertenbruch* (Fn. 1) S. 515 ff.; *Wössner* (Fn. 1) S. 194 f.

12 **2. Durchführung.** Die Mitgliedschaft als Pfändungsgegenstand (RdNr. 10) ist ein sonstiges Vermögensrecht. Die Durchführung der Pfändung richtet sich daher nach § 857 ZPO und nicht unmittelbar nach der auf Geldforderungen bezogenen Vorschrift des § 829 ZPO.[23] Als *Drittschuldner* iS von §§ 829 Abs. 2 S. 1, 857 ZPO, dh. **Adressat der Zustellung,** qualifiziert die heute überwiegende Ansicht[24] die *Gesellschaft als solche,* also die Gesamthand und nicht die Mitgesellschafter als die von der Pfändung Mitbetroffenen. Zwar kann ein Gesellschafter ohne Zustimmung der Mitgesellschafter nicht wirksam über seinen Anteil verfügen, weshalb die früher überwiegende Ansicht die Mitgesellschafter als Drittschuldner ansah und eine Zustellung des Pfändungsbeschlusses an alle Gesellschafter forderte.[25] Dagegen spricht jedoch, dass der Pfändungspfandgläubiger mangels Veräußerungsmöglichkeit regelmäßig darauf angewiesen ist, das Gesellschaftsverhältnis zu *kündigen* (zu den Adressaten dieser Erklärung vgl. RdNr. 17). Dadurch erhält er einen durchsetzbaren Anspruch auf Auszahlung des Auseinandersetzungsguthabens oder der Abfindung. Dieser Anspruch richtet sich *gegen die Gesellschaft,* vertreten durch ihre Geschäftsführer, und nicht gegen die Mitgesellschafter. Auch für den Fall, dass der Pfändungspfandgläubiger nicht kündigt, sondern seine Befriedigung durch Einziehung der laufenden Gewinnansprüche sucht und es somit bei seiner Einbeziehung in den Gesellschafterverband (vgl. RdNr. 10 f.) verbleibt, richtet sich sein Anspruch gegen die Gesellschaft. Deshalb genügt die *Zustellung des Pfändungsbeschlusses an einen der Geschäftsführer* als Vertreter des Drittschuldners (der Gesellschaft) für eine wirksame Pfändung. Hierfür spricht bei Gesellschaften mit einer Vielzahl von Gesellschaftern auch der Aspekt der Praktikabilität. Daneben bedarf es einer Zustellung des Pfändungsbeschlusses auch an den Gesellschafter/Schuldner; dies folgt aus § 829 Abs. 2 S. 2 iVm. § 857 ZPO.[26]

13 Eine **Verwertung** des Pfandrechts durch Einziehung der mit der Mitgliedschaft verbundenen vermögensrechtlichen Ansprüche (RdNr. 11) setzt deren Überweisung nach §§ 835 Abs. 1, 857 Abs. 1 ZPO voraus; die *Kündigung* ist beim Vorliegen der Voraussetzungen des § 725 Abs. 1 aber bereits vor der Überweisung möglich.[27] – Zur Rechtsstellung des Pfandgläubigers und des Gesellschafters/Schuldners vgl. im Übrigen RdNr. 24, 27.

III. Die Kündigung (Abs. 1)

14 **1. Voraussetzungen.** Erste Voraussetzung für das in § 725 Abs. 1 geregelte, eigenständige gesetzliche Kündigungsrecht des Pfandgläubigers ist die wirksame **Pfändung des Gesellschaftsanteils** unter Beachtung der in RdNr. 12 genannten Zustellungserfordernisse. Das Pfandrecht muss dem Gläubiger im Zeitpunkt der Kündigungserklärung noch zustehen; es

---

[23] BGHZ 97, 392, 395 = NJW 1986, 1991, 1992; *Soergel/Hadding/Kießling* RdNr. 8; *Bamberger/Roth/Timm/Schöne* RdNr. 3; MünchKommZPO/*Smid* § 859 RdNr. 3; *Zimmer,* Zwangsvollstreckung gegen den Gesellschafter einer Personengesellschaft, 1978, S. 48 ff.; allg. zur Vollstreckung in Anteile an Personengesellschaften vgl. auch *Becker* GmbHR 1950, 133; *Furtner* MDR 1965, 613.

[24] BGHZ 97, 392, 393 ff. = NJW 1986, 1991; *Heller,* Der Zivilprozess der GbR, 1989, S. 234; *Erman/Westermann* RdNr. 2; *Soergel/Hadding/Kießling* RdNr. 8; MünchKommZPO/*Smid* § 859 RdNr. 6; *Stein/Jonas/Brehm,* 22. Aufl. 2004, § 859 ZPO RdNr. 3; *Thomas/Putzo/Hüßtege* § 859 ZPO RdNr. 3; *K. Schmidt* GesR § 45 IV 3 a; *Wertenbruch* (Fn. 1) S. 506 f.; *Wössner* (Fn. 1) S. 151 ff., 169; *Behr* NJW 2000, 1137, 1139; *H. Roth* ZGR 2000, 187, 194 f. Zur entsprechenden Beurteilung im OHG-Recht vgl. Staub/*C. Schäfer* § 135 HGB RdNr. 13. Zu freilich Gegenansichten s. Fn. 25.

[25] *Staudinger/Keßler,* 12. Aufl. 1979, RdNr. 6 (anders jetzt aber *Staudinger/Habermeier* RdNr. 9); RGRK/*v. Gamm* RdNr. 2; *Hintzen* Rpfleger 1992, 262. Nicht eindeutig *Rosenberg/Gaul/Schilken,* Zwangsvollstreckungsrecht, 11. Aufl. 2004, § 58 III 3 a, S. 684; *Baumbach/Lauterbach/Albers/Hartmann* § 859 ZPO RdNr. 3 – sie qualifizieren die Mitgesellschafter in ihrer gesamthänderischen Verbundenheit als Drittschuldner, wollen gleichwohl nur eine Zustellung an die Geschäftsführer genügen lassen. Unzutr. und überholt RGZ 57, 414, 415, wonach es bei der Anteilspfändung keine Drittschuldner geben soll.

[26] Vgl. zur abw. Regelung im Steuerrecht (§ 321 Abs. 1 iVm. § 309 Abs. 2 S. 3 AO, wonach die bloße Mitteilung an den Gesellschafter-Schuldner genügt) BFH NJW 1987, 2703 f.

[27] HM, vgl. *Staudinger/Habermeier* RdNr. 6; *Soergel/Hadding/Kießling* RdNr. 12; *Bamberger/Roth/Timm/Schöne* RdNr. 11; *Erman/Westermann* RdNr. 2; MünchKommZPO/*Smid* § 859 RdNr. 11; *Stein/Jonas/Brehm,* 22. Aufl. 2004, § 859 ZPO RdNr. 5; aA *Stöber,* Forderungspfändung, 14. Aufl. 2005, RdNr. 1566 f.; *Behr* NJW 2000, 1137, 1140.

darf nicht durch Ablösung seitens der Mitgesellschafter nach § 268[28] auf diese übergegangen sein. – Die nach §§ 717 S. 2 BGB, 851 ZPO zulässige Pfändung des künftigen Anspruchs auf das Auseinandersetzungsguthaben (§ 717 RdNr. 42 f.) steht der Anteilspfändung nicht gleich. Sie gibt dem Gläubiger daher auch nicht das gesetzliche Kündigungsrecht des § 725 Abs. 1.[29]

Die Kündigung setzt zweitens einen nicht bloß vorläufig vollstreckbaren, dh. mit ordentlichen Rechtsmitteln nicht mehr angreifbaren, **rechtskräftigen Schuldtitel** voraus.[30] Welcher Art der Vollstreckungstitel ist, ist nicht entscheidend (vgl. im Einzelnen § 794 ZPO). Die Rechtskraft muss nicht schon im Pfändungszeitpunkt eingetreten sein.[31] Die sonstigen in § 135 HGB für die Kündigung einer OHG oder KG genannten Voraussetzungen finden im Recht der GbR keine Anwendung.

Dritte Kündigungsvoraussetzung ist die Stellung des Pfandgläubigers ausschließlich als **Privatgläubiger** des Gesellschafters/Schuldners. Das folgt aus der teleologisch-restriktiven Auslegung von § 725 Abs. 1, wie sie im Interesse des Gesellschaftsbestands geboten ist.[32] Privatgläubiger kann auch ein Mitgesellschafter sein, wenn ihm gegen den Gesellschafter/ Schuldner ein nicht auch gegen die Gesellschaft durchsetzbarer Anspruch zusteht.[33] Haben Gläubiger zugleich einen *Anspruch gegen die Gesellschaft,* so können sie ihn durch Vollstreckung in das Gesamthandsvermögen auf Grund eines gegen die Gesellschaft oder gegen alle Gesellschafter (§ 736 ZPO) erzielten Schuldtitels durchsetzen (dazu vgl. § 718 RdNr. 44, 55). Sie bedürfen nicht der durch § 725 Abs. 1 eröffneten Realisierungsmöglichkeit; allerdings steht es ihnen frei, die nach § 717 S. 2 übertragbaren Vermögensrechte zu pfänden und sich zur Einziehung überweisen zu lassen. *Anderes* gilt für Privatgläubiger, die aufgrund persönlicher, nicht aus der Gesellschaftssphäre resultierender Forderungen gegen alle Gesellschafter einen Titel gegen diese erlangt haben. Sie können nach herkömmlicher, wenn auch überholter Auffassung mit einem solchen Titel zwar nach § 736 ZPO die Vollstreckung in das Gesellschaftsvermögen betreiben.[34] Doch kann die Gesellschaft dem jedenfalls mit der Drittwiderspruchsklage (§ 771 ZPO) entgegentreten und die Vollstreckung abwenden (§ 718 RdNr. 58). Konsequentermaßen bleibt für diese Privatgläubiger daher der Weg über § 725 Abs. 1 offen.[35] Das gilt erst recht, wenn man die Vollstreckung in das Gesellschaftsvermögen nach § 736 ZPO in diesen Fällen von vornherein ablehnt (§ 718 RdNr. 44).

2. Kündigungserklärung und -frist. Die Kündigung durch den Privatgläubiger ist ebenso wie diejenige nach § 723 Abs. 1 **allen Mitgesellschaftern** gegenüber zu erklären.[36] Sie wird erst wirksam, wenn sie jedem von ihnen zugegangen ist (§ 723 RdNr. 11). Eine Erklärung gegenüber den Geschäftsführern reicht vorbehaltlich abweichender Regelung im Gesellschaftsvertrag nicht aus. Darüber hinaus bedarf es aber auch der Erklärung gegenüber dem **Gesellschafter/Schuldner,** da auch mit Wirkung für ihn die Gesellschaft aufgelöst

---

[28] Dazu *Soergel/Hadding/Kießling* RdNr. 11; *Staudinger/Habermeier* RdNr. 17; *Erman/Westermann* RdNr. 5; nach MünchKommHGB/*K. Schmidt* § 135 RdNr. 31 steht das Ablösungsrecht gemäß § 268 zunächst der Gesellschaft zu, den Mitgesellschaftern nur hilfsweise.

[29] Str., vgl. Nachweise Fn. 7.

[30] Dazu Staub/*C. Schäfer* § 135 HGB RdNr. 9; MünchKommZPO/*Smid* § 859 RdNr. 11; *Furtner* MDR 1965, 613 f., 617.

[31] So auch BGH NJW 1982, 2773 (zu § 135 HGB).

[32] *Soergel/Hadding/Kießling* RdNr. 9; *Staudinger/Habermeier* RdNr. 10; *Bamberger/Roth/Timm/Schöne* RdNr. 6; *Schönle* NJW 1966, 1797; *H. Roth* ZGR 2000, 187, 194; aA *Clasen* NJW 1965, 2141, 2142.

[33] Vgl. hierzu und zu den von Mitgesellschaftern als Privatgläubigern zu beachtenden Treupflichtschranken bei Ausübung des Kündigungsrechts BGHZ 51, 84, 87 ff. = NJW 1969, 505; BGH WM 1978, 675; *Soergel/Hadding/Kießling* RdNr. 9; *Bamberger/Roth/Timm/Schöne* RdNr. 7; MünchKommHGB/*K. Schmidt* § 135 RdNr. 6; Staub/*C. Schäfer* § 135 HGB RdNr. 5.

[34] So auch noch BGHZ 146, 341 = NJW 2001, 1056, 1060 (inkonsequent); vgl. demgegenüber zutr. *Soergel/Hadding* § 714 RdNr. 56; näher dazu § 705 RdNr. 321 und § 718 RdNr. 44 mwN.

[35] AA *Noack* MDR 1974, 811, 813 (Pfändung unzulässig); im Ergebnis wie hier *Heller,* Der Zivilprozess der GbR, 1989, S. 234.

[36] BGH WM 1957, 163 (für § 135 HGB); *Staudinger/Habermeier* RdNr. 12; *Bamberger/Roth/Timm/Schöne* RdNr. 12; aA *Wertenbruch* (Fn. 1) S. 536: Kündigung gegenüber den Geschäftsführern; zust. *K. Schmidt* GesR § 45 IV 3 c.

werden soll;³⁷ der kündigende Gläubiger handelt nicht etwa an seiner Stelle, sondern kraft eigenen Rechts. Auf den Wortlaut der Erklärung kommt es nicht an, sofern sie für die Adressaten den Kündigungswillen des Gläubigers klar erkennen lässt. Daher reicht im Allgemeinen auch bereits die allen Gesellschaftern zugegangene Forderung des Gläubigers nach Auszahlung des Auseinandersetzungsguthabens unter Berufung auf die Pfändung und Überweisung als Kündigung aus.³⁸ Dagegen kann die Zustellung des Pfändungs- und Überweisungsbeschlusses als Vollstreckungsmaßnahme die Kündigungserklärung durch den Gläubiger nicht ersetzen.

18 Eine **Kündigungsfrist** ist in § 725 Abs. 1 **nicht** vorgesehen. Die Gesellschaft ist daher aufgelöst, sobald die Kündigungserklärung dem letzten Gesellschafter zugegangen und damit wirksam geworden ist (RdNr. 17). Die vertragliche Vereinbarung einer Kündigungsfrist hat für das zwingende Kündigungsrecht des § 725 Abs. 1 keine Wirkung.³⁹ Auch die Schranken, die einer Kündigung zur Unzeit in § 723 Abs. 2 gezogen sind, sind vom kündigenden Pfandgläubiger nicht zu beachten. – Enthält der Vertrag eine Fortsetzungs- oder Übernahmeklausel (RdNr. 7), so scheidet der Gesellschafter/Schuldner im Zeitpunkt der Kündigung bzw. – wenn die Klausel nur ein Recht der Mitgesellschafter auf entsprechende Beschlussfassung bzw. Übernahmeerklärung begründet – mit der Mitteilung dieser Gestaltungserklärung gegenüber dem Betroffenen aus. Im letztgenannten Fall ist die Gesellschaft in der Zeit zwischen Kündigung und Gestaltungserklärung aufgelöst.

19 **3. Kündigungsfolgen.** Die Kündigung führt je nach Vertragsgestaltung zur Auflösung der Gesellschaft bzw. zum Ausscheiden des Gesellschafters/Schuldners unter Fortsetzung der Gesellschaft zwischen den Mitgesellschaftern (RdNr. 7). Die Auflösungs- oder Ausscheidensfolgen richten sich nach Gesetz (§§ 730 ff., 738 ff.) und Gesellschaftsvertrag.

20 Kommt es zur **Auflösung**, so verneinte die bisher hM unter Hinweis auf § 725 Abs. 2 die Teilnahme des Pfandgläubigers an der Liquidation einschließlich der damit verbundenen Verwaltungsrechte und beließ ihm nur den Zugriff auf die Vermögensrechte.⁴⁰ Dem ist angesichts der Erstreckung der Pfändung auf die Mitgliedschaft als solche und der Einbeziehung des Pfandgläubigers in den Gesellschaftsverband (RdNr. 10) nicht zu folgen. Nachdem inzwischen der BGH⁴¹ zutreffend dem Gläubiger das Recht zugebilligt hat, nach kündigungsbedingter Auflösung den Anspruch des Gesellschafters/Schuldners auf Durchführung der Auseinandersetzung selbst geltend zu machen, bestehen keine Bedenken dagegen, ihm auch die *Geltendmachung der* sonstigen für die Realisierung seines Anspruchs erforderlichen *Verwaltungsrechte,* darunter insbesondere das Informations- und Kontrollrecht und das Recht auf Rechnungslegung, zu gestatten.⁴² Er kann auch – ggf. im Wege der Stufenklage – die Auseinandersetzung im Klagewege durchsetzen,⁴³ nicht aber diese selbst betreiben. Der Vorbehalt des § 725 Abs. 2 steht nicht entgegen, wenn man ihn teleologisch auf die

---

³⁷ Ebenso BGH WM 1957, 163 (für § 135 HGB); *Staudinger/Habermeier* RdNr. 12; MünchKommHGB/ *K. Schmidt* § 135 RdNr. 23; *Staub/C. Schäfer* § 135 HGB RdNr. 20; offen lassend BGH NJW 1993, 1002 (Kenntniserlangung genügt).
³⁸ BGH NJW 1993, 1002; RG SeuffA 98 Nr. 7.
³⁹ *Staudinger/Habermeier* RdNr. 13; *Erman/Westermann* RdNr. 5; *Bamberger/Roth/Timm/Schöne* RdNr. 13; vgl. auch oben RdNr. 7.
⁴⁰ RGZ 60, 126, 130 f.; 95, 231, 232; LG Hamburg MDR 1982, 1028; *Flume* I/1 § 17 III, S. 356; *Soergel/Hadding/Kießling* RdNr. 3; *Erman/Westermann* RdNr. 3; *Hintzen* Rpfleger 1992, 262, 263; *Heller,* Der Zivilprozess der GbR, 1989, S. 234; wohl auch *Staudinger/Habermeier* RdNr. 15; MünchKommZPO/*Smid* § 859 RdNr. 11.
⁴¹ BGHZ 116, 222, 230 = NJW 1992, 832; ebenso LG Konstanz NJW-RR 1987, 1023; *Behr* Rpfleger 1983, 36; *Baumbach/Lauterbach/Albers/Hartmann* § 859 ZPO RdNr. 5; *Zöller/Stöber* § 859 ZPO RdNr. 4; *Stöber* (Fn. 27) RdNr. 1571.
⁴² So auch *H. Roth* ZGR 2000, 187, 197 f.; *Soergel/Hadding/Kießling* RdNr. 14; eingehend *Wössner* (Fn. 1) S. 50 ff., 69; für eigenständigen, aus §§ 836 Abs. 3, 840 ZPO abgeleiteten Informationsanspruch *Wertenbruch* (Fn. 1) S. 533 f., 557 f., 567; so wohl auch schon MünchKommHGB/*K. Schmidt* § 135 RdNr. 29; aA *Bamberger/Roth/Schöne* RdNr. 14 (noch unter Berufung auf RGZ 95, 231).
⁴³ Zur Tenorierung und Vollstreckung eines Auseinandersetzungsurteils vgl. näher *H. Roth* ZGR 2000, 187, 197 ff.; weitergehend *Behr* NJW 2000, 1137, 1140 (für eigenes Verwertungsrecht des Gläubigers).

Verwaltungsrechte in der werbenden Gesellschaft reduziert, weil das Element der persönlichen Verbundenheit der Gesellschafter als Schranke für den Außeneinfluss sich infolge der Auflösung der Gesellschaft verflüchtigt.

Abweichendes gilt im Fall des kündigungsbedingten **Ausscheidens** des Gesellschafter-Schuldners. Mit dem Ausscheiden entfällt die Mitgliedschaft und wandelt sich in einen Abfindungsanspruch um (§ 738 RdNr. 14 ff.). Dementsprechend stehen dem Ausgeschiedenen auch keine Verwaltungsrechte mehr zu, auf die der Pfandgläubiger zugreifen könnte. Wohl aber ist diesem aufgrund seines am Abfindungsanspruch fortbestehenden Pfandrechts das Recht einzuräumen, nicht nur vom Gesellschafter/Schuldner, sondern auch von den Mitgesellschaftern Berechnung und vertragsgemäße Auszahlung des Abfindungsguthabens zu verlangen.[44] Deren schuldhafte Verzögerung macht die Gesellschafter schadensersatzpflichtig. 21

4. Wegfall des Kündigungsgrundes. Wird der Gläubiger *nach Kündigung*, aber vor Durchführung der Auseinandersetzung oder Zahlung des Abfindungsbetrags entweder vom Gesellschafter/Schuldner selbst oder nach § 268 Abs. 1 von den Mitgesellschaftern befriedigt, so stehen ihm am Gesellschaftsanteil und den dazu gehörenden Ansprüchen keine Rechte mehr zu. Gleiches gilt bei Befriedigung aufgrund der Einziehung der mitgepfändeten Gewinnansprüche. Die Gesellschafter sind in diesen Fällen auch ohne Zustimmung des Gläubigers nicht gehindert, die **Fortsetzung der Gesellschaft** mit dem Schuldner oder dessen Wiederaufnahme in die Gesellschaft zu beschließen. Zur Frage eines Anspruchs des Gesellschafters/Schuldners auf gemeinsame Fortsetzung vgl. RdNr. 23. 22

Ist der Gesellschafter/Schuldner infolge der Pfändung oder Kündigung aufgrund einer vertraglichen Fortsetzungsklausel bereits aus der Gesellschaft ausgeschieden, so kann ihm bei voraussichtlich dauernder Beseitigung seiner Zahlungsschwierigkeiten je nach Lage des Falles aus Gründen der Treupflicht ein **Anspruch auf Wiederaufnahme** zustehen.[45] Ein solcher Anspruch kommt namentlich dann in Betracht, wenn Mitgesellschafter von ihrem Fortsetzungs- oder Übernahmerecht Gebrauch gemacht haben, nachdem sie zuvor den Gläubiger zum Vorgehen nach § 725 Abs. 1 veranlasst oder sich selbst zu diesem Zweck einen entsprechenden Schuldtitel verschafft hatten.[46] 23

IV. Rechtsstellung des Pfandgläubigers (Abs. 2)

Nach § 725 Abs. 2 hat der pfändende Gläubiger **vor** dem Ausspruch der **Kündigung** und der dadurch bedingten Auflösung der Gesellschaft oder dem Ausscheiden des Schuldners nur das Recht, dessen **Gewinnanspruch** geltend zu machen. Über den Wortlaut der Vorschrift hinaus ist er auch berechtigt, die sonstigen mit dem Anteil verbundenen, auch ohne Kündigung fälligen Geldforderungen (RdNr. 11) einzuziehen; das gilt jedoch nicht für den Anspruch auf das Auseinandersetzungsguthaben. 24

Auch der Zugriff auf die mit der Mitgliedschaft verbundenen **Verwaltungsrechte** ist dem pfändenden Gläubiger bis zur Kündigung verwehrt (RdNr. 11). Anderes gilt nach erfolgter Kündigung, wenn diese zur Auflösung der Gesellschaft führt; sie berechtigt den Gläubiger dazu, die zu seiner Rechtsverfolgung erforderlichen Verwaltungsrechte des Gesellschafters/Schuldners im Liquidationsstadium wahrzunehmen, ohne dass § 725 Abs. 2 entgegensteht (RdNr. 20). Führt die Kündigung zum Ausscheiden des Schuldners aus der Gesellschaft, so entfallen damit auch dessen Mitgliedschaftsrechte (RdNr. 21). Zu den dem Gesellschafter/Schuldner verbleibenden Mitsprache- und Verfügungsrechten vgl. RdNr. 27. 25

---

[44] Ebenso *Staudinger/Habermeier* RdNr. 16; *Bamberger/Roth/Timm/Schöne* RdNr. 14; *Stein/Jonas/Brehm*, 22. Aufl. 2004, § 859 ZPO RdNr. 7. Zur weitergehenden Rechtsstellung des nach § 135 HGB kündigenden Gläubigers vgl. *Staub/C. Schäfer* § 135 HGB RdNr. 27.

[45] RGZ 169, 153, 156; BGHZ 30, 195, 201 f. = NJW 1959, 1683; BGH NJW 1982, 2773; WM 1957, 163; 1964, 420; *Soergel/Hadding/Kießling* RdNr. 12; *MünchKommHGB/K. Schmidt* § 135 RdNr. 27; *Staub/C. Schäfer* § 135 HGB RdNr. 34.

[46] BGHZ 30, 195, 202 = NJW 1959, 1683; BGH WM 1964, 1127, 1128; *Staub/C. Schäfer* § 135 HGB RdNr. 34.

§ 726 1

26 **Verfügungen der Gesellschaft** über Gegenstände des Gesamthandsvermögens bleiben von der Pfändung des Anteils am Gesellschaftsvermögen unberührt; sie unterliegen der Verstrickung nicht.[47] Daher ist auch für die Grundbucheintragung eines Pfändungsvermerks kein Raum, wenn Grundstücke zum Gesellschaftsvermögen gehören.[48]

V. Rechtsstellung des Gesellschafters/Schuldners

27 Der Gesellschafter/Schuldner ist infolge der *Anteilspfändung* gehindert, Verfügungen über den Anteil zu treffen, soweit hierdurch das Pfändungspfandrecht des Gläubigers beeinträchtigt würde.[49] Bei der **Verfügung über den Gesellschaftsanteil** als solchen mit Zustimmung der Mitgesellschafter oder aufgrund gesellschaftsvertraglicher Ermächtigung (§ 719 RdNr. 27) ist das nicht der Fall; sie lässt die Verstrickung des Anteils und die Rechte des Pfandgläubigers unberührt.[50] Auch an **Gesellschafterbeschlüssen** kann der Gesellschafter/Schuldner vor seinem kündigungsbedingten Ausscheiden weiterhin mitwirken, wenn sie nicht zu einer Verschlechterung seiner Vermögensstellung in der Gesellschaft und damit zu einem Eingriff in die Gläubigerrechte führen. Zulässig bleiben danach Beschlüsse, die sich, wie etwa die Entscheidung über Geschäftsführungsfragen oder die Einführung oder Erweiterung mehrheitlicher Beschlusskompetenz, nur mittelbar auf den Anteilswert auswirken.[51]

28 Auch die Ausübung eines dem Gesellschafter/Schuldner nach Gesetz oder Vertrag zustehenden **Kündigungsrechts** bleibt in aller Regel zulässig.[52] Sie verschlechtert nicht die Vermögensstellung des Pfandgläubigers, sondern trägt im Gegenteil dazu bei, den Anteilswert zugunsten des Gläubigers zu liquidieren.

§ 726 Auflösung wegen Erreichens oder Unmöglichwerdens des Zweckes

Die Gesellschaft endigt, wenn der vereinbarte Zweck erreicht oder dessen Erreichung unmöglich geworden ist.

I. Normzweck und Anwendungsbereich

1 Die Vorschrift des § 726 erhebt für das Recht der GbR[1] einschließlich der stillen Gesellschaft des HGB[2] zwei im Hinblick auf den gemeinsamen Zweck besonders wesentliche Umstände, die *Erreichung und* das *Unmöglichwerden des Gesellschaftszwecks,* zu **unmittelbar wirkenden Auflösungsgründen.** Im Unterschied zu sonstigen wichtigen Gründen, auch solchen objektiver, nicht personenbezogener Art (§ 723 RdNr. 35), bedarf es hier also

---

[47] Ganz hM, vgl. *Soergel/Hadding/Kießling* RdNr. 11; *Staudinger/Habermeier* RdNr. 8; *Bamberger/Roth/Timm/Schöne* RdNr. 10; *Palandt/Sprau* RdNr. 2; *Baumbach/Hopt* § 124 HGB RdNr. 21; vgl. auch die Nachweise in Fn. 48; aA unter unzutr. Hinweis auf § 829 Abs. 1 S. 2 ZPO aber *H. Roth* ZGR 2000, 187, 191, 202.

[48] Ganz hM, vgl. OLG Hamm OLGZ 1987, 175, 178; OLG Zweibrücken Rpfleger 1982, 413; LG Hamburg Rpfleger 1982, 142; *Staudinger/Habermeier* RdNr. 8; *Bamberger/Roth/Timm/Schöne* RdNr. 10; *Stöber* (Fn. 27) RdNr. 1558 mwN; aA *Hintzen* Rpfleger 1992, 262, 263, soweit die Übertragbarkeit des Gesellschaftsanteils im Gesellschaftsvertrag zugelassen ist, auch *Rupp/Fleischmann* Rpfleger 1984, 226; für den Fall der Verpfändung – unzutr. – auch OLG Düsseldorf NZG 2004, 415 (dazu § 719 RdNr. 56).

[49] *Wiedemann* Übertragung S. 429; *Smid* JuS 1988, 613, 616; *Erman/Westermann* RdNr. 7; *Soergel/Hadding/Kießling* RdNr. 11; vgl. allg. zu § 829 ZPO BGH NJW 1968, 2059; *Stein/Jonas/Brehm,* 22. Aufl. 2004, § 829 ZPO RdNr. 90; MünchKommZPO/*Smid* § 829 ZPO RdNr. 49 ff.

[50] So zur Wirksamkeit der Abtretung einer gepfändeten Forderung auch RGZ 73, 276, 278; *Stein/Jonas/Brehm,* 22. Aufl. 2004, § 829 ZPO RdNr. 90; *Tempel* JuS 1967, 75, 79.

[51] Zutr. *Wiedemann* Übertragung S. 431 f.

[52] So auch *Wiedemann* Übertragung S. 430; *Erman/Westermann* RdNr. 7; *Bamberger/Roth/Timm/Schöne* RdNr. 9; MünchKommZPO/*Smid* § 829 RdNr. 53; aA noch RG LZ 1916, 592; RGRK/*v. Gamm* RdNr. 5.

[1] Anders für das Recht der Personenhandelsgesellschaften, da § 726 nach ganz hM durch § 133 HGB verdrängt wird, vgl. MünchKommHGB/*K. Schmidt* § 133 RdNr. 3; *Staub/C. Schäfer* § 131 HGB RdNr. 42.

[2] BGHZ 84, 379, 381 = NJW 1982, 2821.

Auflösung wegen Erreichens oder Unmöglichwerdens des Zweckes 2–5 § 726

keiner Kündigung, um die Auflösung herbeizuführen. Der Unterschied hat einerseits Bedeutung für den Zeitpunkt, in dem sich die Umwandlung in eine Liquidationsgesellschaft mit entsprechend geänderten Rechten und Pflichten im Innenverhältnis vollzieht (Vor § 723 RdNr. 12). Andererseits führt die unmittelbare Wirkung der Auflösung dazu, dass jeder der Beteiligten – auch ein für den Eintritt der Unmöglichkeit allein verantwortlicher Gesellschafter – sich auf die eingetretene Auflösung berufen kann, ohne den Arglisteinwand befürchten zu müssen. Und schließlich kommen im Anwendungsbereich des § 726 Fortsetzungsklauseln nicht zum Zuge, die für den Fall der Kündigung durch einen Gesellschafter dessen Ausscheiden an Stelle der Auflösung vorsehen.

Mit dem Auflösungsgrund der Zweckerreichung steht derjenige des **Zeitablaufs** (Vor § 723 RdNr. 15 f.) in einem engen sachlichen Zusammenhang. Das gilt zumal bei Gelegenheitsgesellschaften, da hier vom Gesellschaftszweck verbreitet auf die stillschweigende Vereinbarung einer Höchst- oder Festdauer der Gesellschaft geschlossen wird (§ 723 RdNr. 24). Zweckerreichung und Zeitablauf werden sich in diesen Fällen nicht selten als Auflösungsgründe überlagern. 2

II. Voraussetzungen

1. Zweckerreichung. Sie kommt vor allem bei *Gelegenheitsgesellschaften* (Vor § 705 RdNr. 87) in Betracht; das folgt aus dem bei ihnen meist eng begrenzten Gesellschaftszweck.[3] **Beispiele** hierfür bilden die Ausnutzung eines befristeten gewerblichen Schutzrechts oder einer Konzession durch die Gesellschaft, die Ausbeutung begrenzter Rohstoffvorkommen oder die Durchführung eines bestimmten Projekts, zB die Bebauung eines Grundstücks durch die hierzu gegründete Gesellschaft.[4] Bei ihnen ist die zeitliche Begrenzung der Gesellschaftsdauer meist auch dann absehbar, wenn es an einem kalendermäßig bestimmten Termin für den Eintritt der Zweckerreichung fehlt. Bei einer *Bauherrengemeinschaft* tritt Zweckerreichung, selbst wenn Entsprechendes im Gesellschaftsvertrag vorgesehen ist, nicht schon mit der Bezugsfertigkeit der Wohnungen ein, solange noch nicht alle Gesellschafter das geschuldete Kapital erbracht haben.[5] Zur Möglichkeit vorzeitiger ordentlicher Kündigung angesichts einer als Höchstfrist gedachten Zeitbegrenzung vgl. § 723 RdNr. 68. 3

2. Unmöglichwerden des Gesellschaftszwecks. Hierbei handelt es sich um die für die Beteiligten einschneidendere, weil im Gesellschaftsvertrag nicht vorgesehene Alternative des § 726. Wegen des mit der Auflösungsfolge verbundenen gravierenden Eingriffs in die Gesellschaftsstruktur werden an den Begriff der Unmöglichkeit von der ganz hM zu Recht *hohe Anforderungen* gestellt.[6] Eine bloß zeitweilige, vorübergehende oder durch organisatorische Änderungen einschließlich der Zufuhr weiteren Kapitals zu behebende Unmöglichkeit reicht nicht ohne weiteres aus.[7] Die Zweckverfolgung muss vielmehr **dauernd und offenbar unmöglich** werden.[8] Bei weniger eindeutigen Umständen bleibt den Gesellschaftern die Möglichkeit einer Kündigung aus wichtigem Grund (§ 723 RdNr. 35). 4

Die **Unrentabilität** des Unternehmens führt meist schon deshalb nicht zur Unmöglichkeit des Gesellschaftszwecks, weil dieser sich in der Regel nicht auf den abstrakten Zweck der Gewinnerzielung richtet, sondern auf das erwerbswirtschaftliche Betreiben der kon- 5

---

[3] Ebenso *Soergel/Hadding/Kießling* RdNr. 1; *Bamberger/Roth/Timm/Schöne* RdNr. 6.
[4] BGH NJW 1981, 749; DStR 2005, 1235, 1236 (Gesellschaft zur Sanierung und Weiterveräußerung eines Hauses endet mit Ablauf der Gewährleistungsfristen); vgl. auch die Beispiele bei *Staudinger/Keßler*, 10./11. Aufl. 1975, RdNr. 3 und die Fälle Vor § 723 RdNr. 16 Fn. 20 bis 22.
[5] BGH WM 1988, 661 f.; *Palandt/Sprau* RdNr. 2.
[6] Vgl. nur *Soergel/Hadding/Kießling* RdNr. 2; *Bamberger/Roth/Timm/Schöne* RdNr. 6; so auch OLG Köln BB 2002, 1167.
[7] Anders bei Ablehnung der für die Fortführung unerlässlichen Kapitalzufuhr durch alle Gesellschafter (OLG Köln BB 2002, 1167).
[8] BGHZ 84, 379, 381 = NJW 1982, 2821; BGHZ 24, 279, 293 = NJW 1957, 1279; RGZ 164, 129, 142 f.

§ 726 6–8   Abschnitt 8. Titel 16. Gesellschaft

kreten Unternehmenstätigkeit (§ 705 RdNr. 147). Nur wenn infolge grundlegender Änderung der wirtschaftlichen Verhältnisse mit Gewinnerzielung auch langfristig nicht gerechnet werden kann und dadurch die Möglichkeit einer erwerbswirtschaftlichen Betätigung entfällt, liegt die für das Eingreifen von § 726 erforderliche Eindeutigkeit vor (vgl. auch § 723 RdNr. 35).[9] Auch **Kapitalmangel** begründet dauernde und offenbare Unmöglichkeit erst dann, wenn die Gesellschafter definitiv die für die Unternehmensfortführung unerlässlichen Sanierungsmaßnahmen wie Beitragserhöhungen, Nachschüsse o. Ä. abgelehnt haben.[10]

6   Dauernde Unmöglichkeit kann weiter auf dem **Verlust** oder Untergang bestimmter für den Gesellschaftszweck **unentbehrlicher Gegenstände** des Gesellschaftsvermögens beruhen, so bei Nichtigerklärung des zur gemeinsamen Auswertung bestimmten Patents,[11] Zerstörung oder Veräußerung von in absehbarer Zeit nicht wieder zu beschaffenden Produktionsmitteln[12] u. a. vorübergehende kriegs- oder mangelbedingte Produktionsunterbrechungen reichen für die Bejahung der Unmöglichkeit regelmäßig nicht aus.[13] Gleiches gilt für Störungen in der Zusammenarbeit der Gesellschafter oder für Änderungen der Interessenlage der Beteiligten;[14] sie bilden aber je nach Lage des Falles einen wichtigen Grund zur außerordentlichen Kündigung. Die Veräußerung des Gesellschaftsanteils, an dem eine Unterbeteiligung besteht, durch den Hauptgesellschafter hat deren Beendigung wegen dauernder Unmöglichkeit zur Folge.[15] Dementgegen führt die Auflösung der Hauptgesellschaft als Inhaberin einer stillen Gesellschaft nicht dazu, dass die Erreichung des Zwecks der stillen Gesellschaft unmöglich wird, wenn mit der Fortsetzung der Hauptgesellschaft zu rechnen ist.[16] Streitigkeiten über das Vorliegen der die Auflösung begründenden Umstände sind regelmäßig zwischen den Gesellschaftern im Wege der Feststellungsklage auszutragen (Vor § 723 RdNr. 25).

III. Rechtsfolgen

7   Hinsichtlich der Rechtsfolgen des § 726 gelten die allgemeinen Grundsätze über die Wirkungen von Auflösungsgründen (Vor § 723 RdNr. 5 ff.). Entgegen dem missverständlichen Wortlaut („endigt") ist regelmäßige Folge nicht die Vollbeendigung, sondern die **Auflösung** der Gesellschaft; anderes gilt für Innengesellschaften ieS ohne Gesamthandsvermögen. Der Zeitpunkt der Auflösung richtet sich nach dem Eintritt der Zweckerreichung oder deren Unmöglichkeit; auf die Kenntnis der Gesellschafter hiervon kommt es nicht an (Vor § 723 RdNr. 12).[17]

8   Der Auflösung hat sich mangels abweichender Vereinbarungen die **Liquidation nach §§ 730 ff.** anzuschließen. Eine sofortige Vollbeendigung kommt im Fall der Zweckerreichung selbst bei Außengesellschaften nur dann in Betracht, wenn zugleich mit dem Eintritt dieses Zeitpunkts auch das Gesellschaftsvermögen verbraucht ist, Gesellschaftsschulden nicht mehr zu berichtigen und gegenseitige Beziehungen zwischen den Parteien nicht mehr abzuwickeln sind. Zum Sonderfall der Vereinigung aller Anteile vgl. Vor § 723 RdNr. 17.

---

[9] So im Ergebnis auch *Staudinger/Habermeier* RdNr. 5; *Bamberger/Roth/Timm/Schöne* RdNr. 7; *Palandt/Sprau* RdNr. 2; wohl auch *Soergel/Hadding/Kießling* RdNr. 3.
[10] RG JW 1938, 1522; OLG Köln BB 2002, 1167; *Soergel/Hadding/Kießling* RdNr. 3; *Bamberger/Roth/Timm/Schöne* RdNr. 7.
[11] Vgl. auch RG JW 1930, 1730 (Verkauf des Patents).
[12] Dazu RGZ 123, 23, 25.
[13] RGZ 164, 129, 142 f.; vgl. auch BGHZ 24, 279, 293 = NJW 1957, 1279 (Ostenteignung der Betriebsstätten einer AG, zwischen deren Aktionären eine Interessengemeinschaft bestand, kein Auflösungsgrund).
[14] BGH WM 1970, 962 (Wegfall des Interesses eines von zwei Großaktionären an dem zwischen ihnen bestehenden Poolvertrag kein Fall von § 726); für Eingreifen von § 726 beim Massenaustritt (93% aller Gesellschafter) aus einer Publikums-GbR, die der einheitlichen Verwaltung der Unternehmen der Gesellschafter dienen soll, aber OLG Stuttgart BB 1983, 13.
[15] Vgl. OLG Hamm NJW-RR 1994, 999.
[16] Vgl. BGHZ 84, 379, 381 f. = NJW 1982, 2821.
[17] Vgl. *Soergel/Hadding/Kießling* RdNr. 2; zum Schutz des geschäftsführenden Gesellschafters vgl. Erl. zu § 729.

IV. Abweichende Vereinbarungen

§ 726 ist insofern **zwingend**, als er den Fortbestand der Gesellschaft als werbende trotz 9
erreichten oder unmöglich gewordenen Gesellschaftszwecks ausschließt. Gesellschaftsvertragliche Vereinbarungen, die die Auflösung nach § 726 erschweren sollen, sind daher unwirksam.[18] Wohl aber kann entweder bereits im Gesellschaftsvertrag ein Eventualzweck vorgesehen[19] oder durch späteren Fortsetzungsbeschluss (Vor § 723 RdNr. 11) der Gesellschaftszweck geändert werden mit der Folge, dass der Auflösungsgrund des § 726 entfällt bzw. die Gesellschaft mit geändertem Zweck fortgeführt wird.[20] Hierfür bedarf es freilich der Zustimmung sämtlicher Gesellschafter, die an der fortgeführten Gesellschaft beteiligt sind.[21] Zulässig sind auch Erleichterungen der Auflösung durch gesellschaftsvertragliche Vereinbarungen über Umstände, die regelmäßig oder stets als Auflösungsgründe iS von § 726 gelten sollen.[22]

§ 727 Auflösung durch Tod eines Gesellschafters

(1) Die Gesellschaft wird durch den Tod eines der Gesellschafter aufgelöst, sofern nicht aus dem Gesellschaftsvertrag sich ein anderes ergibt.

(2) ¹Im Falle der Auflösung hat der Erbe des verstorbenen Gesellschafters den übrigen Gesellschaftern den Tod unverzüglich anzuzeigen und, wenn mit dem Aufschub Gefahr verbunden ist, die seinem Erblasser durch den Gesellschaftsvertrag übertragenen Geschäfte fortzuführen, bis die übrigen Gesellschafter in Gemeinschaft mit ihm anderweit Fürsorge treffen können. ²Die übrigen Gesellschafter sind in gleicher Weise zur einstweiligen Fortführung der ihnen übertragenen Geschäfte verpflichtet. ³Die Gesellschaft gilt insoweit als fortbestehend.

Übersicht

	RdNr.		RdNr.
A. Überblick	1–5	II. Die Stellung der Erben in der Abwicklungsgesellschaft	13–23
I. Einführung	1–3	1. Allgemeines	13, 14
1. Normzweck	1	2. Die Pflichten aus Abs. 2 S. 1	15–19
2. Anwendungsbereich	2, 3	a) Anzeigepflicht	15
II. Häufigkeit abweichender Vereinbarungen	4, 5	b) Notgeschäftsführung	16
B. Die Regelungen des § 727	6–25	c) Kreis der Verpflichteten und Haftungsmaßstab	17–19
I. Die Auflösung und ihre Folgen	6–12	3. Die Willensbildung bei einer Erbenmehrheit	20
1. Der Tod als Auflösungsgrund (Abs. 1)	6–8	4. Haftung der Erben(gemeinschaft) für Gesellschaftsschulden	21
2. Fortbestehende Geschäftsführungspflichten der Mitgesellschafter	9–12	5. Testamentsvollstreckung und Nachlassverwaltung	22, 23
a) Beschränkung auf die übertragene Geschäftsführung (Abs. 2 S. 2)	9	III. Entsprechende Anwendung von Abs. 2 S. 1 bei Fortsetzung der Gesellschaft nach § 736 Abs. 1?	24, 25
b) Fiktion des Fortbestands der Gesellschaft (Abs. 2 S. 3)	10		
c) Verhältnis zu § 729	11, 12		

---

[18] EinhM, vgl. BGH WM 1963, 728, 730; *Staudinger/Habermeier* RdNr. 3.
[19] Vgl. *Soergel/Hadding/Kießling* RdNr. 5; einen Eventualzweck anführend auch *Staudinger/Habermeier* RdNr. 3.
[20] BGH NJW-RR 2004, 472 (wegen Verlust der Zulassung eines Anwalts aufgelöste Sozietät wird mit Steuerberater fortgeführt).
[21] Zu den Voraussetzungen eines Fortsetzungsbeschlusses vgl. Vor § 723 RdNr. 11 sowie *Staub/C. Schäfer* § 131 HGB RdNr. 63 ff.
[22] Ebenso *Staudinger/Habermeier* RdNr. 3 („weitere Auflösungsgründe festzulegen"); vgl. auch Vor § 723 RdNr. 21.

§ 727 1–3

	RdNr.		RdNr.
C. Abweichende Vereinbarungen	26–73	III. Eintrittsklauseln	53–59
I. Überblick	26, 27	1. Unterschiede zur Nachfolgeklausel	53–56
II. Nachfolgeklauseln	28–52	a) Inhalt und Rechtsnatur	53
1. Wesen und Arten	28, 29	b) Folgerungen	54–56
2. Die einfache Gesellschafter-Nachfolge	30–40	2. Das Eintrittsrecht	57
a) Voraussetzungen	30	3. Das Schicksal des Abfindungsanspruchs	58, 59
b) Rechtsfolgen	31–40	IV. Auslegungsfragen	60–62
aa) Unmittelbarer Anteilsübergang	31	1. Allgemeines	60, 61
bb) Gesellschafterstellung der Erben	32, 33	2. Umdeutung	62
cc) Sicherung der Nachlassgläubiger	34–40	V. Sonderfälle	63–73
3. Die qualifizierte Nachfolge	41–45	1. Der vermeintliche Erbe	63–67
a) Voraussetzungen	41, 42	a) Nachfolgeklausel	63–65
b) Rechtsfolgen	43–45	b) Eintrittsklausel	66, 67
aa) Vererbung des ganzen Anteils	43, 44	2. Vor- und Nacherbschaft	68–72
bb) Auseinandersetzung unter den Miterben	45	a) Gesellschafterstellung des Vorerben	68–70
4. Das bedingte Austrittsrecht der Gesellschafter-Erben analog § 139 HGB	46–48	b) Eintritt des Nacherbfalls	71, 72
5. Rechtsgeschäftliche Nachfolgeklauseln	49–52	3. Nießbrauch und Testamentsvollstreckung	73

A. Überblick

I. Einführung

1 1. **Normzweck.** Die Vorschrift des § 727 trägt der höchstpersönlichen Natur der Gesellschafterstellung in der werbenden Gesellschaft und ihrer grundsätzlichen Unübertragbarkeit (§ 719 RdNr. 21, 27) Rechnung. Sie bestimmt daher in **Abs. 1** den Tod eines Gesellschafters als Auflösungsgrund. Die Gesellschaft wandelt sich dadurch in eine Abwicklungsgesellschaft (Vor § 723 RdNr. 5 ff.) um. An die Stelle des verstorbenen Gesellschafters treten der oder die *Erben als Mitglieder der Abwicklungsgesellschaft*. Für diese begründet **Abs. 2 S. 1** kraft ihrer Mitgliedschaft die doppelte Pflicht, den Tod des Gesellschafters/Erblassers den Mitgesellschaftern anzuzeigen und die jenem übertragenen Geschäfte für eine Übergangszeit insoweit fortzuführen, als es zur Abwehr von Gefahren für das Gesellschaftsvermögen erforderlich ist. Eine entsprechend begrenzte Notgeschäftsführungspflicht trifft nach **Abs. 2 S. 2** auch diejenigen Mitgesellschafter, denen die Geschäftsführung in der werbenden Gesellschaft übertragen war. Während dieser Übergangszeit gehen die Bestimmungen des § 727 Abs. 2 den Vorschriften der §§ 730 Abs. 2 BGB, 146 Abs. 1 HGB über die Geschäftsführung in der Abwicklungsgesellschaft vor.

2 2. **Anwendungsbereich.** Die Regelung des **Abs. 1** gilt für **alle Arten der GbR** ohne Unterschied danach, ob es sich um eine Außen- oder eine Innen-GbR handelt. Im Fall der *stillen Gesellschaft* greift sie nur beim Tod des Inhabers ein; der Tod des Stillen lässt den Bestand der Gesellschaft nach § 234 Abs. 2 HGB unberührt. Für Handelsgesellschaften gelten die Sondervorschriften der §§ 131 Abs. 3 Nr. 1, 177 HGB: danach werden OHG und KG beim Tod eines persönlich haftenden Gesellschafters von den übrigen Gesellschaftern, beim Tod eines Kommanditisten unter Einschluss von dessen Erben fortgesetzt.

3 Auch die Regelungen des **Abs. 2** waren ursprünglich auf die **GbR** beschränkt, während § 137 Abs. 1 HGB eine besondere, wenn auch inhaltsgleiche Vorschrift für OHG und KG enthielt. Nachdem diese Vorschrift im Rahmen des HRefG 1998 praktisch funktionslos und daher als entbehrlich gestrichen wurde, kann Abs. 2 über die Verweisung des § 105 Abs. 3 HGB auch auf **Personenhandelsgesellschaften** Anwendung finden. Die Bedeutung der Verweisung ist allerdings schon deshalb gering, weil der Tod eines Gesellschafters bei diesen Gesellschaften seit dem HRefG keinen gesetzlichen Auflösungsgrund mehr darstellt (zur Nichtanwendung des Abs. 2 S. 1 auf die nicht in die fortgesetzte Gesellschaft nachfolgenden Erben vgl. RdNr. 24 f.).

II. Häufigkeit abweichender Vereinbarungen

Die Regelungen des § 727 sind in ihrer Gesamtheit nicht zwingend. Unter den in 4 Gesellschaftsverträgen anzutreffenden Abweichungen stehen im Vordergrund Sonderregelungen gegenüber der Auflösungsfolge des Abs. 1. Dabei ist zwischen Nachfolgeklauseln und Fortsetzungsklauseln zu unterscheiden. **Nachfolgeklauseln** machen den Anteil an der werbenden Gesellschaft für bestimmte oder alle Erben des verstorbenen Gesellschafters vererblich (RdNr. 28 f.). Im Unterschied zu § 727 Abs. 1 führen sie zum Fortbestand der Gesellschaft als werbende unter Übergang des Gesellschaftsanteils des Verstorbenen auf den oder die begünstigten Erben als Gesellschafter; zu Abfindungsansprüchen kommt es nicht. Demgegenüber lassen **Fortsetzungsklauseln** (§ 736) die Gesellschaft unter den übrigen Gesellschaftern fortbestehen, während die Erben mangels Anteilsvererbung auf den Abfindungsanspruch als Nachlassgegenstand verwiesen sind. Verbindet sich die Fortsetzungsklausel mit einer **Eintrittsklausel** (RdNr. 53), so steht den dadurch begünstigten Personen (nicht notwendig den Erben) das Recht zu, ihre Aufnahme in die Gesellschaft zu verlangen.

Vereinbarungen der in RdNr. 4 genannten Art sind vor allem bei Personenhandelsgesell- 5 schaften verbreitet, wie nicht zuletzt die Vorschrift des § 139 HGB erkennen lässt. Die Behandlung der damit zusammenhängenden Fragen hat daher im Handelsrecht einen deutlichen Schwerpunkt.[1] Soweit entsprechende Gestaltungen – wie namentlich bei **BGB-Dauergesellschaften** – auch im Gesellschaftsvertrag einer GbR anzutreffen sind (RdNr. 26), kann angesichts der grundsätzlichen Übereinstimmung der Rechtsfolgen weitgehend auf die Diskussion zum OHG-Recht verwiesen werden.

B. Die Regelungen des § 727

I. Die Auflösung und ihre Folgen

1. Der Tod als Auflösungsgrund (Abs. 1). Mit dem Tod eines Gesellschafters wandelt 6 sich die GbR mangels abweichender gesellschaftsvertraglicher Vereinbarungen (RdNr. 4, 26 ff.) in eine Abwicklungsgesellschaft um. Sie ist nach §§ 730 ff. auseinanderzusetzen, wenn nicht die übrigen Gesellschafter mit Zustimmung der Erben (RdNr. 20) die Fortsetzung der Gesellschaft (Vor § 723 RdNr. 11) oder eine andere Art der Abwicklung beschließen. Dem Tod stehen Todeserklärung oder Feststellung des Todes und dessen Zeitpunkt durch gerichtliche Entscheidung gleich (§§ 9, 39 VerschG). Zu dem im Beschluss über die Todeserklärung oder die Feststellung des Todes genannten Zeitpunkt (§§ 23, 44 VerschG) ist die Gesellschaft aufgelöst.[2]

Die bloße **Verschollenheit** führt die Auflösungsfolgen dagegen nicht herbei. Für den 7 Verschollenen ist nach § 1911 erforderlichenfalls von Amts wegen ein Abwesenheitspfleger

---

[1] Aus früherer Zeit s. die Literaturübersicht bei *Ulmer* ZGR 1972, 195 ff. und 324 ff.; dazu insbes. *Liebisch* ZHR 116 (1954), 128 ff.; *Siebert*, Gesellschaftsvertrag und Erbrecht bei der OHG, 3. Aufl. 1958; *Wiedemann* Übertragung S. 151 ff. Zur weiteren Entwicklung der Diskussion vgl. *Hueck* OHG § 28, S. 401 ff.; *H. P. Westermann* AcP 173 (1973), 24 ff.; *Flume* I/1 § 18, S. 375 ff.; *Schlegelberger/K. Schmidt* § 139 HGB RdNr. 16 ff. sowie *Staub/C. Schäfer* § 139 HGB RdNr. 3 ff., 22 ff., 142 ff. und *Windel*, Über die Modi der Nachfolge in das Vermögen einer natürlichen Person beim Todesfall, 1998, insbes. S. 126 ff., 270 ff.

[2] Näheres dazu bei GroßkommHGB/*Ulmer*, 3. Aufl. 1971, § 131 RdNr. 83.

zu bestellen, der zur Wahrnehmung von dessen Gesellschafterrechten (auch der Verwaltungsrechte) befugt ist. Im Einzelfall kann die Verschollenheit eines Gesellschafters einen wichtigen Grund zur außerordentlichen Kündigung oder zum Ausschluss des Verschollenen bilden; die insoweit gegenüber dem verschollenen Gesellschafter erforderlichen Erklärungen sind an den Pfleger zu richten.[3]

8 Dem Tod einer natürlichen Person steht bei **juristischen Personen** und **Personengesellschaften** als Gesellschaftern nicht schon deren Auflösung, sondern erst die **Vollbeendigung** gleich.[4] Diese setzt die vollständige Liquidation des Vermögens der juristischen Person oder Gesellschaft voraus; sie tritt somit erst ein, nachdem auch der Gesellschaftsanteil liquidiert ist. Daher greift der Auflösungsgrund des § 727 Abs. 1 bei juristischen Personen oder Personengesellschaften als Gesellschafter einer GbR *regelmäßig nicht* ein.[5] Entsprechendes gilt grundsätzlich für den Fall einer Umwandlung der Gesellschafter-Gesellschaft, weil sie auch dadurch nicht ersatzlos in Wegfall kommt, sondern entweder in anderer Rechtsform fortbesteht oder kraft Universalsukzession durch einen anderen Rechtsträger ersetzt wird.[6] Einem Erbfall vergleichbar sind allenfalls Aufspaltung und Verschmelzung auf Seiten der übertragenden (Gesellschafter-)Gesellschaft; doch geht die Übertragbarkeit der GbR-Anteile im Rahmen einer umwandlungsrechtlichen (partiellen) Universalsukzession der Höchstpersönlichkeit vor.[7]

9 **2. Fortbestehende Geschäftsführungspflichten der Mitgesellschafter. a) Beschränkung auf die übertragene Geschäftsführung (Abs. 2 S. 2).** Abweichend von der in § 730 Abs. 2 angeordneten Gesamtgeschäftsführung aller Gesellschafter in der Abwicklungsphase bestimmt Abs. 2 S. 2, dass die übertragene Geschäftsführung (§ 729 RdNr. 3) überlebender Gesellschafter für eine Übergangszeit in einem durch den Zweck der Gefahrenabwehr begrenzten Umfang fortbesteht. Dadurch sorgt die Vorschrift nicht nur für den begrenzten Fortbestand der *Geschäftsführungsbefugnis,* sondern lässt auch eine *Tätigkeitspflicht* dieser Gesellschafter fortbestehen. Entsprechendes gilt für die Vertretungsmacht. Deren Umfang richtet sich im Zweifel (§ 714) nach der fortbestehenden Geschäftsführungsbefugnis (vgl. näher § 729 RdNr. 13 f.); der Vertrag kann Abweichendes regeln.

10 **b) Fiktion des Fortbestands der Gesellschaft (Abs. 2 S. 3).** Der nach Abs. 2 S. 3 fingierte Fortbestand der Gesellschaft als werbende beschränkt sich auf den Bereich der *Geschäftsführung und Vertretung* nach Maßgabe von Abs. 2 S. 1 und 2. Weitergehende Geltung kommt der Fiktion nicht zu. Namentlich lässt sich hierauf nicht etwa die Geltendmachung sonstiger, infolge der Umwandlung in eine Abwicklungsgesellschaft undurchsetzbar gewordener Sozialansprüche, darunter noch offene Beitragsforderungen, Wettbewerbsverbote u. a. stützen (allgemein zu den geänderten Pflichten in der Abwicklungsgesellschaft vgl. § 730 RdNr. 26 ff.). § 727 Abs. 2 dient nicht etwa dazu, für eine Übergangszeit die Fortführung der Gesellschaft als werbende unabhängig von einer Beschlussfassung hierüber zu ermöglichen. Er soll es den Beteiligten vielmehr nur erleichtern, rechtzeitig die zur Abwehr von Gefahren für das Gesellschaftsvermögen erforderlichen Maßnahmen zu treffen, und stellt zugleich die Verantwortlichkeit hierfür während der Übergangszeit klar.

11 **c) Verhältnis zu § 729.** Die Regelung des § 727 Abs. 2 hat nicht etwa Vorrang gegenüber der allgemein für die nicht kündigungsbedingte Auflösung geltenden Fiktion des Fort-

---

[3] GroßkommHGB/*Ulmer,* 3. Aufl. 1971, § 131 RdNr. 84. Dazu, dass entgegen der überwM § 1911 grds. auch dann anzuwenden ist, wenn die Pflegerbestellung rechtserhebliche Maßnahmen gegenüber dem Verschollenen ermöglichen soll, vgl. § 1911 RdNr. 15 mwN.
[4] BGHZ 84, 379 = NJW 1982, 2821 (für eine KG als Gesellschafter); OLG Frankfurt WM 1982, 1266; *Staub/C. Schäfer* § 131 HGB RdNr. 78.
[5] So zutr. *Soergel/Hadding/Kießling* RdNr. 3; *Hueck* OHG § 23 II 4; ähnlich *Erman/Westermann* RdNr. 2 (bei Vollbeendigung der beteiligten Gesellschaft kein Bedürfnis für eine Auflösung der GbR).
[6] *Soergel/Hadding/Kießling* RdNr. 3; *Hueck* OHG § 23 II 4; vgl. näher *Staub/C. Schäfer* § 131 HGB RdNr. 79 ff.
[7] Näher *Staub/C. Schäfer* § 131 HGB RdNr. 79 ff.

bestands der Geschäftsführung (§ 729), sondern ist neben dieser anwendbar. Unterschiede zu § 729 zeigen sich darin, dass Abs. 2 S. 2 nicht nur zu Gunsten, sondern auch **zu Lasten** der Geschäftsführer wirkt und entsprechende, sanktionsbewehrte Tätigkeitspflichten für diese begründet. Auch hängt die Dauer der in § 727 Abs. 2 S. 3 aufgestellten Fiktion anders als nach § 729 nicht von der Gutgläubigkeit der Geschäftsführer ab, sondern davon, wann die durch den Wegfall des verstorbenen Gesellschafters bedingte *Übergangszeit beendet* ist. Hierfür kommt es nach Abs. 2 S. 2 darauf an, wann übrige Gesellschafter und Erben gemeinsam anderweitig Fürsorge für die Geschäftsführung treffen können, dh. in welcher Zeit sie in der Lage sind, sich auf die Umwandlung in eine Abwicklungsgesellschaft und auf den damit verbundenen, in § 730 Abs. 2 geregelten Übergang zur Gesamtgeschäftsführung einzustellen.

Galt in der betroffenen GbR schon bisher **Gesamtgeschäftsführung** nach § 709 Abs. 1, **12** so bedarf es deren Anpassung an die durch den Tod eingetretene Änderung regelmäßig nicht; § 727 Abs. 2 S. 2 ist nicht anwendbar. Ein Unterschied gegenüber § 729 ergibt sich auch daraus, dass § 727 Abs. 2 die fortbestehende Geschäftsführung auf Maßnahmen der **Gefahrenabwehr**[8] im Interesse des Gesamthandsvermögens beschränkt, während der Umfang der nach § 729 als fortbestehend geltenden Befugnisse sich nicht von demjenigen in der werbenden Gesellschaft unterscheidet.

II. Die Stellung der Erben in der Abwicklungsgesellschaft

1. Allgemeines. Die aus dem Anteil des verstorbenen Gesellschafters folgenden, durch **13** die *Auflösung* der GbR modifizierten Rechte gehen mit dem Erbfall auf den oder die Erben über. Das gilt sowohl für die **Vermögens-** als auch für die **Verwaltungsrechte**.[9] Unvererblich ist nach gesetzlicher Regel nur der Anteil an der werbenden Gesellschaft. Dagegen entspricht der erbrechtliche Übergang des Anteils an der durch den Tod **aufgelösten Gesellschaft** auf den oder die Erben dem gesetzlichen Leitbild des § 727 Abs. 1. Das zeigt sich nicht nur in der Zuweisung vorübergehender Geschäftsführungsaufgaben in der als fortbestehend geltenden Gesellschaft an die Erben durch Abs. 2 S. 1, sondern auch in deren Beteiligung an der Geschäftsführung der Abwicklungsgesellschaft (§ 730 RdNr. 41).

Wird der Gesellschafter von **mehreren Erben** beerbt, so stehen die Rechte an der **14** Abwicklungsgesellschaft nach ganz hM sämtlichen Erben gemeinsam zu, dh. also der **Erbengemeinschaft**; der Gesellschaftsanteil bildet einen Teil des gesamthänderisch gebundenen Nachlasses.[10] Der Grundsatz, dass eine Erbengemeinschaft wegen der mit dem Anteil verbundenen Tätigkeitspflichten und Haftungsfolgen nicht Mitglied einer werbenden GbR sein kann (§ 705 RdNr. 81), findet auf die anders strukturierte Abwicklungsgesellschaft keine Anwendung. Wird freilich von Mitgesellschaftern und Erben die Fortsetzung der Abwicklungsgesellschaft als werbende beschlossen, so verbindet sich damit notwendig eine Nachlassteilung in Bezug auf den Gesellschaftsanteil; die Gesellschafterstellung geht auf die Erben je persönlich über.[11] Zur Willensbildung in der Erbengemeinschaft bei Beschlussfassung in Gesellschaftsangelegenheiten sowie zur Ausübung der Abwicklerfunktionen durch einen gemeinsamen Vertreter vgl. RdNr. 20.

---

[8] Vgl. zu diesem Begriff § 672 RdNr. 7.
[9] Heute ganz hM, vgl. BGH NJW 1982, 170; 1995, 3314, 3315; *Liebisch* ZHR 116 (1954), 128, 178; *Siebert* (Fn. 1) S. 29; *Soergel/Hadding/Kießling* RdNr. 4; *Bamberger/Roth/Timm/Schöne* RdNr. 3; *Staub/Habersack* § 146 HGB RdNr. 10; *Staub/C. Schäfer* § 131 HGB RdNr. 84; *Staudinger/Habermeier* RdNr. 7; wohl auch schon BGHZ 1, 324, 327 = NJW 1951, 650 m. zust. Anm. *Hueck*; abw. noch die Rspr. des RG, vgl. RGZ 106, 63, 69; RG DNotZ 1936, 209 und im Anschluss daran etwa *Düringer/Hachenburg/Flechtheim*, 3. Aufl. 1932, § 131 HGB Anm. 7.
[10] BGHZ 98, 48, 58 = NJW 1986, 2431, 2434; BGH NJW 1995, 3314, 3315; *Soergel/Hadding/Kießling* RdNr. 4; *Staudinger/Habermeier* RdNr. 10; *Erman/Westermann* RdNr. 3; *Hueck* OHG § 23 II 4; *Wiedemann* Übertragung S. 171; *Staub/C. Schäfer* § 131 HGB RdNr. 82; s. auch *Wiedemann* GesR II § 5 III 1, S. 464, der die Erbengemeinschaft entspr. § 146 Abs. 1 S. 2 HGB, § 18 GmbHG und § 69 AktG für verpflichtet hält, einen gemeinsamen Vertreter zu bestimmen; aA noch *Liebisch* ZHR 116 (1954), 179.
[11] So auch BGH NJW 1982, 170; *Erman/Westermann* RdNr. 3; *Staub/C. Schäfer* § 131 HGB RdNr. 84 f.

15 2. **Die Pflichten aus Abs. 2 S. 1. a) Anzeigepflicht.** Der Tod des Gesellschafters ist den Mitgesellschaftern von den Erben unverzüglich (§ 121 Abs. 1 S. 1) anzuzeigen. Die Anzeige ist an sämtliche übrige Gesellschafter zu richten, nicht nur an die Geschäftsführer. Die Pflicht hierzu entfällt jedoch, wenn die Mitgesellschafter bereits auf sonstige Weise zuverlässige Kenntnis vom Tod des Gesellschafters erlangt haben. Mit der Absendung der Anzeige in der üblichen Form haben die Erben in der Regel ihre Pflicht erfüllt. Da es um die Vornahme einer tatsächlichen Handlung geht und nicht um die Abgabe einer Willenserklärung, findet § 130 keine Anwendung. Zur Frage einer Anzeigepflicht bei einer auf den Todesfall bezogenen gesellschaftsvertraglichen Fortsetzungsklausel vgl. RdNr. 25.

16 b) **Notgeschäftsführung.** Sie ist nach Abs. 2 S. 1 an drei Voraussetzungen geknüpft.[12] Erstens muss dem Erblasser die in Frage stehende Art der Geschäftsführung in der GbR allein oder mit anderen Gesellschaftern **übertragen** gewesen sein; hieran fehlt es nicht nur beim Ausschluss des Erblassers von der Geschäftsführung, sondern auch bei Gesamtgeschäftsführung aller Gesellschafter (§ 709). Zweitens setzt die Pflicht zum Tätigwerden voraus, dass mit dem Aufschub **Gefahr** für das Gesellschaftsvermögen verbunden ist; nur im Rahmen dieses Fürsorgebedürfnisses sind die Erben auch befugt und zugleich verpflichtet, die dem Erblasser übertragene Geschäftsführung – und über § 714 die Vertretung der GbR – auszuüben. Die dritte Voraussetzung bezieht sich auf die **Dauer** der Pflicht zur Notgeschäftsführung: sie ist auf denjenigen Zeitraum beschränkt, der für die Umstellung der Gesellschaft auf die Abwicklung unter Berücksichtigung der in § 730 Abs. 2 angeordneten Gesamtgeschäftsführung erforderlich ist. Darauf, ob die Beteiligten die Umstellung tatsächlich in dieser Zeit bewirken, kommt es nicht an; die Pflicht der Erben zur Notgeschäftsführung verlängert sich nicht etwa bei Untätigkeit der Mitgesellschafter. Für die Ansprüche aus der Notgeschäftsführung gelten §§ 713, 670 (§ 713 RdNr. 15).

17 c) **Kreis der Verpflichteten und Haftungsmaßstab.** Die Verpflichtungen aus Abs. 2 S. 1 treffen die **Erben** unabhängig von dem Rechtsgrund ihrer Berufung. Sie beginnen mit dem Anfall der Erbschaft (§ 1942), nicht erst mit deren Annahme oder nach dem Ablauf der Ausschlagungsfrist.[13] Die Ausschlagung der Erbschaft lässt die Verpflichtung des betreffenden Erben rückwirkend entfallen (§ 1953). Die von dem Erben in der Zwischenzeit für die Gesellschaft getätigten Geschäfte bleiben Dritten gegenüber aber wirksam. Entsprechendes gilt für das Verhältnis zu den Mitgesellschaftern. Der Ausschlagende wird ihnen gegenüber nicht etwa rückwirkend zum Geschäftsführer ohne Auftrag (anders nur gegenüber dem durch die Ausschlagung berechtigten Erben, vgl. § 1959).

18 **Mehrere Erben** haben die erforderlichen Handlungen im Grundsatz gemeinschaftlich vorzunehmen (§ 2038 Abs. 1; zur Willensbildung vgl. RdNr. 20). Für die Anzeigepflicht genügt freilich das Handeln *eines* Erben; es bringt die Pflicht auch der Miterben zum Erlöschen. Im Übrigen kann jeder Miterbe Handlungen, die zur Erhaltung des Nachlasses (einschließlich der hierzu gehörenden Gesellschaftsbeteiligung) notwendig sind, nach § 2038 Abs. 1 S. 2 auch ohne Mitwirkung der anderen vornehmen. Alleinvertretungsmacht in der Gesellschaft steht ihm freilich auch dann nicht zu, wenn der Erblasser alleinvertretungsbefugt war.

19 Der **Haftungsmaßstab** richtet sich auch für die Erben nach § 708;[14] maßgebend ist die Person des jeweiligen Erben, nicht diejenige des Erblassers.[15] Dabei ist namentlich auch auf mangelnde Erfahrung geschäftsunkundiger Erben Rücksicht zu nehmen. Die Pflichten aus Abs. 2 S. 1 sind gesellschaftsrechtlicher Art; sie treffen die Erben kraft ihrer Mitgliedschaft in

---

[12] Vgl. *Staub/C. Schäfer* § 131 HGB RdNr. 83: mit Wegfall des inhaltsgleichen § 137 HGB durch die HRefG 1998 gilt in der durch Tod aufgelösten OHG/KG über § 105 Abs. 3 HGB § 727 Abs. 2 entsprechend; vgl. auch RdNr. 9 zur Notgeschäftsführung der Mitgesellschafter.
[13] *Soergel/Hadding/Kießling* RdNr. 8; *Bamberger/Roth/Timm/Schöne* RdNr. 7; *Staudinger/Habermeier* RdNr. 7.
[14] EinhM, vgl. *Soergel/Hadding/Kießling* RdNr. 9; *Erman/Westermann* RdNr. 5; *Staudinger/Habermeier* RdNr. 7.
[15] *Staudinger/Habermeier* RdNr. 7.

der Abwicklungsgesellschaft (RdNr. 1). Da der Anteil zum Nachlass gehört, sind auch etwaige Schadensersatzpflichten gegenüber den Mitgesellschaftern wegen Verletzung der Anzeige- oder Notgeschäftsführungspflicht Nachlassverbindlichkeiten. Den Erben steht insoweit das Recht zu, ihre Haftung auf den Nachlass zu beschränken (§§ 1975 ff., 2059). Zur Außenhaftung gegenüber Gesellschaftsgläubigern vgl. RdNr. 21.

3. Die Willensbildung bei einer Erbenmehrheit. Die Rechte aus dem Anteil stehen den Erben gemeinschaftlich zu (RdNr. 14). Sie können den Mitgesellschaftern gegenüber nur einheitlich durch Zusammenwirken der Erben oder durch einen gemeinsamen Vertreter wahrgenommen werden. Gleiches gilt für die Ausübung der Abwicklerfunktion für die Erbengemeinschaft (§ 730 RdNr. 41). Das für die interne Willensbildung in der Erbengemeinschaft nach §§ 2038 Abs. 2, 745 Abs. 1 maßgebende **Mehrheitsprinzip** findet grundsätzlich auch hinsichtlich der Ausübung der Gesellschafterrechte Anwendung, soweit es sich um Maßnahmen der ordnungsgemäßen Verwaltung des Gesellschaftsanteils handelt;[16] ansonsten verbleibt es bei dem Grundsatz der Einstimmigkeit (§ 2038 Abs. 1 S. 1).[17] Ein Fortsetzungsbeschluss (Vor § 723 RdNr. 11) bedarf schon deshalb der Zustimmung sämtlicher Miterben, weil er dazu führt, dass an Stelle der Erbengemeinschaft die Erben persönlich Mitglieder der als werbende fortgesetzten Gesellschaft werden.[18]

4. Haftung der Erben(gemeinschaft) für Gesellschaftsschulden. Zur Unterscheidung zwischen Gesellschafts- und Gesellschafterverbindlichkeiten und zu den Voraussetzungen einer Haftung der Gesellschafter für Gesellschaftsverbindlichkeiten vgl. allgemein § 714 RdNr. 31 ff. Im Fall der Vererbung sind die **vor** dem Erbfall entstandenen Gesellschaftsschulden für die Erbengemeinschaft als Gesellschafter der *Abwicklungsgesellschaft* gewöhnliche **Nachlassverbindlichkeiten.**[19] Aber auch für die **nach** dem Erbfall aus dem rechtsverbindlichen Handeln für die Abwicklungsgesellschaft begründeten Verbindlichkeiten können die Erben die Haftung auf den Nachlass beschränken. Es handelt sich um sog. „Nachlasserbenschulden", die aus Rechtsgeschäften für den Nachlass im Rahmen einer ordnungsmäßigen Verwaltung herrühren und deren Bezug nicht zu den Erben persönlich, sondern zum Nachlass für die Gesellschaftsgläubiger im Regelfall unverkennbar ist.[20] Es gilt insofern das Gleiche wie bei der Nachfolge in die werbende Gesellschaft, bei welcher der – entsprechend anwendbare (RdNr. 47) – § 139 Abs. 4 HGB für die sog. Zwischenneuschulden sogar eine explizite Zuordnung zu den Nachlassverbindlichkeiten vornimmt.[21] Werden die Erben selbst als Notgeschäftsführer tätig, so bleibt freilich § 164 Abs. 2 unberührt.

5. Testamentsvollstreckung und Nachlassverwaltung. Ist Testamentsvollstreckung angeordnet, so erstrecken sich die Verwaltungsbefugnisse des **Testamentsvollstreckers** (§§ 2205, 2209) auch auf den vererbten Anteil an der *Abwicklungsgesellschaft*.[22] Das steht schon deshalb außer Zweifel, weil die Erbengemeinschaft selbst Mitglied der Abwicklungsgesellschaft wird (RdNr. 14).

---

[16] Vgl. *Soergel/Hadding/Kießling* RdNr. 5; *Erman/Westermann* RdNr. 5; *Bamberger/Roth/Timm/Schöne* RdNr. 9; wohl auch *Staub/Habersack* § 146 HGB RdNr. 22; aA *Hueck* OHG § 32 III 1, der das gesellschaftsrechtliche Einstimmigkeitsprinzip abw. von §§ 2038, 745 offenbar auch auf das Innenverhältnis der Erben übertragen will.

[17] Vgl. *Erman/Westermann* RdNr. 4, insbes. zur Abgrenzung zwischen Maßnahmen der ordnungsgemäßen Verwaltung und Entscheidungen iS des § 2038 Abs. 1 S. 1.

[18] BGHZ 1, 324, 328 = NJW 1951, 650; BGH NJW 1982, 170, 171; *Soergel/Hadding/Kießling* RdNr. 6; *Erman/Westermann* RdNr. 4; zur Mitgliedschaft der Erben persönlich (und nicht der Miterbengemeinschaft) in einer werbenden Gesellschaft vgl. RdNr. 33.

[19] BGH NJW 1995, 3314, 3315; *Erman/Westermann* RdNr. 5.

[20] Vgl. näher 4. Aufl. § 1967 RdNr. 15 ff.; *Staudinger/Marotzke* (2002) § 1967 RdNr. 5, 39 ff.; iE ist hier vieles strittig; das gilt für die Frage, ob und unter welchen Voraussetzungen der Erbe die Haftung für die durch sein Handeln für den Nachlass begründeten Verbindlichkeiten auf diesen beschränken kann. Ausf. zum Ganzen und krit. gegenüber der Lehre von der Nachlasserben-(Nachlasseigen-)schuld *Dauner-Lieb*, Unternehmen in Sondervermögen, 1998, S. 120 ff., 142 f.

[21] Dazu *Staub/C. Schäfer* § 139 HGB RdNr. 119, 121 f.

[22] BGHZ 98, 48, 58 = NJW 1986, 912; BGH NJW 1981, 749, 750; 4. Aufl. § 2205 RdNr. 31; *Erman/Westermann* RdNr. 9.

23 Entsprechendes wie in RdNr. 22 gilt auch für den **Nachlassverwalter**.[23] Gesellschaftsrechtliche Hindernisse, die Mitverwaltungsrechte geltend zu machen, bestehen auch für ihn nicht. Anders als bei der Fremdverwaltung des Anteils an einer werbenden Gesellschaft bedarf es hierfür ebenso wenig der Zustimmung der Mitgesellschafter wie für die Vererbung des Anteils als solchen (RdNr. 13). Demgemäß greifen die Beschränkungen, welche in der *werbenden* Gesellschaft für den Nachlass(insolvenz)verwalter (§ 705 RdNr. 126 f.) hinsichtlich der Verwaltungsbefugnisse bestehen, im Falle der auf die Verteilung des Gesellschaftsvermögens gerichteten *Abwicklungsgesellschaft* nicht ein. Im Rahmen seiner Verwaltungsaufgaben treffen den Fremdverwalter auch die Pflichten aus § 727 Abs. 2 S. 1.

III. Entsprechende Anwendung von Abs. 2 S. 1 bei Fortsetzung der Gesellschaft nach § 736 Abs. 1?

24 Im Schrifttum zu der inhaltlich mit § 727 Abs. 2 übereinstimmenden Vorschrift des § 137 Abs. 1 aF HGB wurde teilweise die Ansicht vertreten, die Pflicht zur Anzeige des Todes[24] und sogar diejenige zur Notgeschäftsführung[25] treffe die Erben auch dann, wenn der Gesellschaftsvertrag eine Fortsetzungsklausel enthalte, wonach die Gesellschaft beim Tod eines Gesellschafters abweichend von § 131 Nr. 4 aF HGB nicht aufgelöst, sondern ohne dessen Erben von den übrigen fortgesetzt wird. Dieser Ansicht kann für die **Notgeschäftsführung** der Erben nach Abs. 2 S. 1 nicht gefolgt werden, da die Rechtslage sich im Fall des § 736 Abs. 1 in doppelter Hinsicht von derjenigen in § 727 unterscheidet.[26] So wird die Gesellschaft bei Vereinbarung einer Fortsetzungsklausel zum einen nicht aufgelöst. Die den Mitgesellschaftern übertragene Geschäftsführungsbefugnis besteht daher trotz des Todes eines Gesellschafters im Grundsatz unverändert fort; bei Wegfall des einzigen Geschäftsführers gilt Gesamtgeschäftsführung der verbleibenden Gesellschafter (§ 710 RdNr. 5). Zum anderen haben die Erben im Fall der Fortsetzungsklausel keinerlei mitgliedschaftliche Beziehungen zur Gesellschaft und kommen schon deshalb nicht als Geschäftsführer in Betracht.

25 Auch für eine **Anzeigepflicht** der Erben entsprechend § 727 Abs. 2 S. 1 ist im Fall der fortgesetzten Gesellschaft kein Raum. Zwar mag insoweit ein Interesse der übrigen Gesellschafter daran zu bejahen sein, von den Erben über den Todesfall informiert zu werden. Da jedoch auch die Anzeigepflicht mitgliedschaftlicher Art ist,[27] reicht dieses Interesse nicht aus, um die nicht der Gesellschaft angehörenden Erben zu einem Tätigwerden zu verpflichten.

C. Abweichende Vereinbarungen

I. Überblick

26 Zu den typischen Arten von Vereinbarungen, die in Abweichung von der Auflösungsfolge des § 727 Abs. 1 in Gesellschaftsverträgen anzutreffen sind, vgl. RdNr. 4. Unter ihnen kommen bei solchen **BGB-Dauergesellschaften,** die wie die Zusammenschlüsse von Freiberuflern auf beruflicher Qualifikation und persönlicher Verbindung beruhen, in erster Linie sog. *Fortsetzungsklauseln* nach § 736 Abs. 1 in Betracht; sie machen den Bestand der Gesellschaft vom Tod einzelner Mitglieder unabhängig und beschränken die Erben des

---

[23] Str., wie hier 4. Aufl. § 1985 RdNr. 6 *(Siegmann); Marotzke* EWiR 1991, 155 f.; aA BayObLG BB 1988, 791, 793 und WM 1991, 131, 133; *Soergel/Stein* § 1985 RdNr. 6.

[24] So *Hueck* OHG § 23 II 4; *Schlegelberger/K. Schmidt* § 137 HGB RdNr. 3 f.; dagegen GroßkommHGB/ *Ulmer,* 3. Aufl. 1973, § 137 RdNr. 4 ff.; *Baumbach/Hopt,* 29. Aufl. 1995, § 137 HGB RdNr. 1.

[25] So noch *Schlegelberger/Geßler,* 4. Aufl. 1965, § 137 HGB RdNr. 2.

[26] Ebenso *Soergel/Hadding/Kießling* RdNr. 12.

[27] Vgl. RdNr. 1; so auch *Soergel/Hadding/Kießling* RdNr. 8.

Verstorbenen auf einen Abfindungsanspruch. *Nachfolgeklauseln* zur Ermöglichung auch der Anteilsvererbung in der fortbestehenden Gesellschaft oder die ihnen funktionell vergleichbaren Eintrittsklauseln (vgl. RdNr. 28 ff., 53 ff.) finden sich demgegenüber bei solchen Gesellschaften, bei denen der Zusammenschluss weder höchstpersönlicher Natur ist noch eine bestimmte berufliche Qualifikation der Mitglieder voraussetzt.

Bei **Gelegenheitsgesellschaften** mag sich eine von § 727 Abs. 1 abweichende Gestaltung dann empfehlen, wenn die – meist am Gesellschaftszweck orientierte – Gesellschaftsdauer nicht zusätzlich durch den Tod eines Mitgliedes begrenzt werden soll und der Gesellschaftszweck auch von den übrigen Gesellschaftern, sei es mit oder ohne einen Nachfolger für das verstorbene Mitglied, erreicht werden kann. 27

II. Nachfolgeklauseln

1. Wesen und Arten. Im Gesellschaftsvertrag vereinbarte sog. **erbrechtliche Nachfolgeklauseln** haben die Funktion, abweichend von § 727 Abs. 1 die Auflösung der Gesellschaft beim Tod eines Gesellschafters auszuschließen und den **Anteil** an der werbenden Gesellschaft für den oder die als Nachfolger in Betracht kommenden Personen **vererblich** zu stellen.[28] Sie bilden eine notwendige Voraussetzung für die Gesellschafter-Nachfolge im Todesfall.[29] Deren Vollzug richtet sich dann aber, vorbehaltlich der Sonderzuordnung der Mitgliedschaft zu den Erben persönlich an Stelle der Erbengemeinschaft (RdNr. 33), nicht nach Gesellschaftsrecht, sondern nach allgemeinem Erbrecht. Daher reicht namentlich auch die im Gesellschaftsvertrag erfolgte Benennung einer Person als Nachfolger für den Fall des Todes eines Mitglieds nicht aus, um im Todeszeitpunkt den Anteilsübergang zu bewirken (zur Möglichkeit der Umdeutung in eine rechtsgeschäftliche Nachfolge- oder Eintrittsklausel vgl. RdNr. 62). Hinzukommen muss vielmehr die *Erbenstellung* der als Nachfolger bezeichneten Person, da sie den Rechtsgrund für den durch die Nachfolgeklausel ermöglichten Anteilsübergang bildet (vgl. auch RdNr. 42). 28

Unter den verschiedenen gesellschaftsvertraglich möglichen Nachfolgeklauseln unterscheidet man einfache und qualifizierte. Im Fall der **einfachen** Nachfolgeklausel ist der Anteil generell vererblich gestellt, unabhängig von der Person der jeweiligen Erben (vgl. den Wortlaut des § 139 HGB). Der Erblasser entscheidet mit der testamentarischen Erbeinsetzung auch über die Gesellschafter-Nachfolge; belässt er es bei der gesetzlichen Erbfolge, so ist diese auch für die Nachfolge in die Mitgliedschaft maßgebend. Die einfache Nachfolgeklausel ermächtigt die Gesellschafter somit nahezu unbeschränkt durch Erbeinsetzung ihre jeweiligen Nachfolger zu bestimmen. Demgegenüber beschränkt die **qualifizierte** Nachfolgeklausel die Möglichkeit der Anteilsvererbung auf einen bestimmten, im Gesellschaftsvertrag namentlich genannten oder durch abstrakte Merkmale umschriebenen Personenkreis wie etwa die Kinder, den ältesten Sohn oder die Erben erster Ordnung (§ 1924). Ihr Vollzug setzt voraus, dass eine (oder mehrere) der als Nachfolger in Betracht kommenden Personen vom Erblasser auch zum Erben berufen sind. Der Gesellschaftsvertrag kann es auch den Gesellschaftern überlassen, im Wege letztwilliger Anordnung einen oder eine bestimmte Anzahl von Nachfolgern aus dem Kreis seiner Erben auszuwählen. Das Auswahlrecht des Gesellschafter-Erblassers ist dann zwar deutlich eingeschränkt gegenüber der einfachen Nachfolgeklausel, aber immer noch erheblich größer als bei namentlicher Benennung des Nachfolgers, welche die höchste Qualifizierungsstufe einer Nachfolgeklausel darstellt (RdNr. 44). Solche Auswahlklauseln eignen sich besonders, eine Atomisierung der Anteile 29

---

[28] BGHZ 68, 225, 229 = NJW 1977, 1339; aus dem Schrifttum (Fn. 1) vgl. namentlich *Wiedemann* Übertragung S. 162 ff.; *Soergel/Hadding/Kießling* RdNr. 17 ff.; *Staub/C. Schäfer* § 139 HGB RdNr. 8, 22 ff.; *Windel* (Fn. 1) S. 132 ff. (zum Sonderfall rechtsgeschäftlicher Nachfolgeklauseln vgl. RdNr. 49 ff.). Dagegen soll nach *Flume* I/1 § 18, S. 375 ff., 385 f. die Nachfolgeklausel wegen Unvereinbarkeit der Sondererbfolge (RdNr. 33) mit dem erbrechtlichen Grundsatz der Universalsukzession stets als rechtsgeschäftliche gewollt sein.

[29] Ganz hM; aA aber *Marotzke* AcP 184 (1984), 541, 545 f. für den OHG-Anteil entgegen der insoweit klaren Regelung des § 139 Abs. 1 HGB.

im Wege der Erbfolge vorzubeugen; zugleich wirken sie dem Risiko eines gänzlichen Fehlschlagens der Nachfolgeregelung mangels Erbenstellung des Benannten entgegen (vgl. RdNr. 42).

30 **2. Die einfache Gesellschafter-Nachfolge. a) Voraussetzungen.** Voraussetzung dafür, dass der Anteil an der fortbestehenden Gesellschaft beim Tod eines Gesellschafters an dessen Erben fällt, ist die Vererblichkeit des Anteils durch eine generell gehaltene Nachfolgeklausel im Gesellschaftsvertrag, etwa des Inhalts „Beim Tod eines Gesellschafters geht der Anteil auf dessen Erben über", sowie der Tod des Gesellschafters. Ist der Anteil in dieser Weise generell vererblich gestellt, so hängt der Übergang nicht davon ab, welche Personen als Erben berufen sind. Auch hat es der Erblasser dann nicht in der Hand, den Anteil kraft letztwilliger Verfügung nur einem Teil der von ihm als Erben eingesetzten Personen zuzuweisen. In einer solchen Verfügung wäre eine bloße Teilungsanordnung ohne dingliche Wirkung zu sehen (§ 2048); sie ist im Zuge der Nachlassteilung nur durchsetzbar, wenn entweder die übrigen Gesellschafter der Anteilsübertragung zwischen den Erben von sich aus zustimmen oder an der Gesellschaft nach dem Tod des Erblassers nur Gesellschafter beteiligt sind, die zu den Erben gehören und daher sämtlich der Teilungsanordnung unterliegen.[30] Will der Erblasser trotz einfacher Nachfolgeklausel die Nachfolge mit unmittelbarer gesellschaftsrechtlicher Wirkung auf eine bestimmte Person beschränken, so muss er diese als Alleinerben einsetzen.

31 **b) Rechtsfolgen. aa) Unmittelbarer Anteilsübergang.** Mit dem Tode des Erblassers treten der oder die Erben unmittelbar kraft erbrechtlicher Nachfolge an die Stelle des verstorbenen Gesellschafters. Rechtsgeschäftlicher Erklärungen ihrerseits bedarf es hierfür im Unterschied zum Eintrittsrecht (RdNr. 57) nicht. Wenn die Gesellschafter/Erben diese Rechtsfolge vermeiden wollen, haben sie die Möglichkeit, die Erbschaft auszuschlagen (§§ 1942 ff.); im Übrigen ist für sie mit Rücksicht auf die mit der Anteilsvererbung grundsätzlich verbundene unbeschränkte Gesellschafterhaftung das bedingte Austrittsrecht analog § 139 Abs. 1 und 2 HGB anzuerkennen (RdNr. 46 ff.). Ein Nachfolger/Erbe kann die Gesellschaft auch aus wichtigem Grund kündigen, wenn sich die Gesellschafterstellung für ihn als unzumutbar erweist.[31] Die Mitgesellschafter können in diesem Fall auch ohne Fortsetzungsklausel (§ 736 Abs. 1) die Fortsetzung der Gesellschaft ohne den Kündigenden beschließen.[32]

32 **bb) Gesellschafterstellung der Erben.** Ist der Nachfolger **Alleinerbe,** so tritt er nach § 1922 in vollem Umfang in die Rechte und Pflichten des Verstorbenen ein, soweit diese nicht höchstpersönlicher Natur sind oder soweit der Gesellschaftsvertrag eine Änderung der Rechtsstellung des Erblassers im Zusammenhang mit der Nachfolge vorsieht. Es gilt Entsprechendes wie für den Fall des rechtsgeschäftlichen Anteilsübergangs (vgl. dazu näher § 719 RdNr. 40 ff.).

33 Auch im Fall einer **Erbenmehrheit** geht die Gesellschafterstellung nicht auf die Erbengemeinschaft über, sondern auf die Nachfolger/Erben je persönlich. Nach heute ganz hM wird der erbrechtliche Grundsatz der Gesamtrechtsnachfolge durch die Erbengemeinschaft (§ 2032 Abs. 1) insoweit durchbrochen.[33] Da die Erbengemeinschaft nicht Mitglied einer werbenden Personengesellschaft sein kann (§ 705 RdNr. 81), kommt es zur **Sondererb-**

---

[30] Vgl. BGH WM 1990, 1066.
[31] So zu Recht *Flume* I/1 § 7 III 5, S. 104.
[32] *Flume* I/1 § 7 III 5, S. 104.
[33] St. Rspr. seit RGZ 16, 40, 56; vgl. BGHZ 22, 186, 192 f. = NJW 1957, 180; BGHZ 55, 267, 269 = NJW 1971, 1278; BGHZ 58, 316, 317 = NJW 1972, 1755; BGHZ 68, 225, 237 = NJW 1977, 1339; BGH NJW 1983, 2376; WM 1991, 131, 133; NJW 1999, 571, 572; *Soergel/Hadding/Kießling* RdNr. 21; *Erman/Westermann* RdNr. 8; *Bamberger/Roth/Timm/Schöne* RdNr. 16; *Hueck* OHG § 28 II 2a; *Staub/C. Schäfer* § 139 HGB RdNr. 43; *Windel* (Fn. 4) S. 133 f.; *Kipp/Coing,* Erbrecht, 14. Aufl. 1990, § 91 IV 8 d, S. 510; 4. Aufl. § 2032 RdNr. 63. AA noch *Börner* AcP 166 (1966), 447 f.; *Stötter* DB 1970, 525, 528 f.; *Kruse,* FS Laufke, 1972, S. 179, 184 f.; *Knieper/Fromm* NJW 1980, 2677, 2681; *Weipert,* FS Bezzenberger, 2000, S. 439 ff.; für die GbR (im Unterschied zu OHG und KG) generell auch *Flume* I/1 § 18 III, S. 395 f.

folge der Miterben je persönlich in den ihrer Erbquote entsprechenden Teil der vererbten Gesellschaftsbeteiligung. Entsprechend vermehrt sich auch die Zahl der Gesellschafter. Für die Rechtsstellung der Nachfolger/Erben in der Gesellschaft gelten die gleichen Grundsätze wie für die Teilübertragung eines Anteils durch Rechtsgeschäft unter Lebenden (§ 719 RdNr. 49). Die Verwaltungsrechte vervielfältigen sich entsprechend der Anzahl der Mitglieder der Erbengemeinschaft, da diese Rechte unteilbar sind.[34] Das gilt auch für das Stimmrecht, wenn es nach Köpfen gestaltet ist und der Gesellschaftsvertrag keine an der Beteiligungsquote o. Ä. orientierte Abweichung vorsieht.

cc) Sicherung der Nachlassgläubiger. Sie bereitet keine Probleme im Fall des — grundsätzlich unbeschränkt für die Nachlassschulden haftenden — **Alleinerben**. Betreibt er die Haftungsbeschränkung nach Maßgabe der §§ 1975 ff., so erfasst die beschränkte Erbenhaftung auch den Gesellschaftsanteil und behält ihn unter Ausschluss der Privatgläubiger dem Zugriff der Nachlassgläubiger vor (zu Nachlassverwaltung und Nachlassinsolvenz am Gesellschaftsanteil vgl. § 705 RdNr. 126 f.). Mit besonderen, gesellschaftsrechtlich begründeten Problemen ist insoweit nicht zu rechnen. Zur Frage der gesellschaftsrechtlichen Haftungsbeschränkung analog § 139 HGB vgl. RdNr. 46 ff. 34

Erhebliche **Schwierigkeiten** ergeben sich demgegenüber, angesichts der Nachlasszugehörigkeit des Gesellschaftsanteils, für den Fall einer **Erbengemeinschaft** bei einfacher Gesellschafter-Nachfolge. Insoweit fragt sich zunächst, ob und inwieweit die im Zuge der Anteilsvererbung eintretende partielle Aufteilung des Nachlasses in Bezug auf die den Erben je persönlich zustehende Mitgliedschaft in der Gesellschaft dazu führt, dass die Erben trotz des gesamthänderisch gebundenen übrigen Nachlassvermögens die Einrede der beschränkten Erbenhaftung (§ 2059 Abs. 1) verlieren. Bleibt den Erben diese Einrede im Grundsatz erhalten (ggf. vorbehaltlich der Fälle, in denen der Anteil das wesentliche Nachlassvermögen ausmacht), so stellt sich die weitere Frage, ob und auf welche Weise die *Nachlassgläubiger* gleichwohl auf den jedem Gesellschafter/Erben persönlich zustehenden (Teil-)Gesellschaftsanteil zugreifen und wie sie sich, ggf. über §§ 1975, 1981 Abs. 2, den Vorrang vor dem Zugriff der Privatgläubiger eines (oder aller?) Nachfolger/Erben sichern können. 35

(1) Meinungsstand. Zur **Lösung** dieses Interessenwiderstreits werden in der **Literatur** unterschiedliche Wege eingeschlagen;[35] neuere höchstrichterliche Urteile liegen nicht vor. Eine **erste** Gruppe von Ansichten sieht in der Sondervererbung eine ipso iure eintretende Nachlassteilung jedenfalls dann, wenn der Anteil den *wesentlichen Nachlasswert* ausmacht. In diesem Falle sollen die Nachfolger/Erben die Einrede nach § 2059 Abs. 1 insgesamt verlieren;[36] Nachlass- und Privatgläubiger können danach grundsätzlich gleichrangig auf das gesamte Vermögen des jeweiligen Nachfolger/Erben zugreifen. Unter teleologischer Reduktion des § 2062 Halbs. 2 wird den Nachfolger/Erben von einigen Autoren immerhin die Möglichkeit offengehalten, ohne Mitwirkung der Miterben, also entgegen § 2062 Halbs. 1, Nachlassverwaltung zu beantragen, um nachträglich ihre Haftungsbeschränkung auf den Nachlass herbeizuführen.[37] Macht der Anteil demgegenüber *nicht den wesentlichen Teil* des Nachlasses aus, so soll die Einrede des § 2059 Abs. 1 im Hinblick auf das sonstige Nachlassvermögen erhalten bleiben. Ergänzend soll entweder als Ersatz für den ins Privatvermögen gefallenen Anteil ein aus § 1978 abgeleiteter Wertersatzanspruch in den Nachlass 36

---

[34] Vgl. *Soergel/Hadding/Kießling* RdNr. 22, 29; *Erman/Westermann* RdNr. 8; *Bamberger/Roth/Timm/Schöne* RdNr. 16.

[35] Vgl. die ausf. Darstellung des Streitstands bei *Raddatz,* Die Nachlasszugehörigkeit vererbter Personengesellschaftsanteile, 1991, S. 60 ff.; *Siegmann,* Personengesellschaftsanteil und Erbrecht, 1992, S. 216 f.; *Stodolkowitz,* FS Kellermann, 1991, S. 439, 450 ff. Eingehend dazu sodann *Ulmer/C. Schäfer* ZHR 160 (1996), 413 ff. (s. auch *Staub/C. Schäfer* § 139 HGB RdNr. 49); *Windel* (Fn. 1) S. 278 ff.

[36] So insbes. *Kieserling,* Die erbrechtliche Haftung des Miterben-Gesellschafters, 1972, S. 53 ff.; *H. P. Westermann* AcP 173 (1973), 24, 28 f. (krit. dazu schon *Ulmer* ZGR 1972, 195, 203).

[37] So *H. P. Westermann* AcP 173 (1973), 24, 36 ff.; im Ergebnis auch 4. Aufl. § 2062 RdNr. 9 f.; *Siegmann* (Fn. 35) S. 35; aA *Staudinger/Marotzke* (2002) § 2059 RdNr. 60.

fallen,[38] oder den Nachlassgläubigern soll der unmittelbare Zugriff auf den Anteil unter Beschränkung der Einrede nach § 2059 Abs. 1 auf das sonstige Vermögen der Erben eröffnet bleiben.[39] Die Vertreter dieser Ansicht übertragen also grundsätzlich den objektiven Teilungsbegriff des § 2059 Abs. 1 (vgl. 4. Aufl. § 2059 RdNr. 10) auf die kraft Gesetzes durch die Sondervererbung eintretende Nachlassteilung.

37   Eine **zweite,** im Grundsatz abweichende Ansicht sieht in der Sondervererbung generell *keine* Nachlassteilung, gleichviel ob außer dem Anteil noch weitere wesentliche Nachlassgegenstände vorhanden sind oder nicht.[40] Die §§ 2059 Abs. 1 S. 1, 2062 Halbs. 2 sind danach trotz Sondervererbung anwendbar, wobei der jeweilige Anteil als zum gesamthänderisch gebundenen Nachlass gehörend behandelt wird und dem Zugriff der Nachlassgläubiger unterliegt. Den Nachfolger/Erben bleibt demzufolge die Einrede des § 2059 Abs. 1 S. 1 in Bezug auf ihr sonstiges Privatvermögen erhalten; zur Anordnung von Nachlassverwaltung bedarf es des Antrags sämtlicher Miterben. Im klaren Gegensatz dazu bejaht eine **dritte** Ansicht generell den *Eintritt unbeschränkter Erbenhaftung* als Folge der Sondervererbung des Anteils.[41] Von der erstgenannten Ansicht (RdNr. 36) unterscheidet sie sich einerseits dadurch, dass sie nicht auf die Wertrelation zwischen Gesellschaftsanteil und restlichem Erbteil abstellt. Andererseits will sie jedem Gesellschafter/Erben nur nach Maßgabe der §§ 1975 ff. das Recht einräumen, eine Beschränkung seiner Erbenhaftung herbeizuführen; für eine Berufung auf § 2059 Abs. 1 in Bezug auf das übrige Privatvermögen des Erben soll also kein Raum sein.[42] Kommt es auf diesem Wege (§§ 1975, 1981 Abs. 1) zur Bestellung eines Nachlassverwalters, so soll seinem Zugriff nicht nur der Gesellschaftsanteil, sondern auch der restliche Erbteil des Gesellschafters/Erben unterliegen.[43]

38   Schließlich findet sich ungeachtet der Anerkennung der Nachlasszugehörigkeit der Anteile durch BGHZ 108, 187 noch eine **vierte** Ansicht, wonach entsprechend der *Abspaltungsthese* die Vermögensrechte aus dem Anteil trotz dessen Sondervererbung in den gesamthänderisch gebundenen Nachlass fallen. Folgt man ihr, so erledigt sich die Problematik der Nachlassteilung durch Sondererbfolge, da in diesem Fall die gleiche Rechtslage besteht wie bei Universalsukzession.[44] Auch können Privatgläubiger und Dritte vom Zugriff auf die Vermögensrechte relativ einfach ferngehalten werden, sofern abweichend von allgemeinen Grundsätzen anzunehmen ist, dass Anteilsverfügungen des Erben die Nachlasszugehörigkeit der Vermögensrechte unberührt lassen (vgl. näher 2. Aufl. RdNr. 27 a).

39   **(2) Stellungnahme.** Eine unmittelbar aus dem Gesetz zu gewinnende Problemlösung scheidet aus, da der Gesetzgeber des 5. Buches des BGB den Fall der Sondervererbung des Gesellschaftsanteils nicht bedacht hat. Bedenken bestehen auch gegen die Beibehaltung der auf die Vermögensrechte bezogenen, zu angemessenen Ergebnissen führenden Abspaltungsthese (RdNr. 38), da ihre Grundlage durch Behandlung des Gesellschaftsanteils trotz Son-

---

[38] *H. P. Westermann* AcP 173 (1973), 24, 31 f., 40. Ein Rückgewährungsanspruch aus §§ 1978 Abs. 2, 1991 Abs. 1 entspricht der hM in Bezug auf vorab verteilte Nachlassgegenstände, vgl. RGZ 89, 403, 408 f.; *Soergel/Wolf* § 2059 RdNr. 4; *Palandt/Edenhofer* § 2059 RdNr. 3. Gegenansichten in Fn. 39.
[39] So *Kieserling* (Fn. 36) S. 119 ff., 140; *Raddatz* (Fn. 35) S. 70 ff., 73; *Stodolkowitz,* FS Kellermann, 1991, S. 439, 451. Diese Lösung favorisieren allg. für vorab verteilte Nachlassgegenstände 4. Aufl. § 2059 RdNr. 10; *Jauernig/Stürner* § 2059 RdNr. 3.
[40] *Staudinger/Marotzke* (2002) § 2059 RdNr. 57 f., 62 ff.; 4. Aufl. § 2059 RdNr. 11; grds. auch *Stodolkowitz,* FS Kellermann, 1991, S. 439, 450 ff., 453 (solange der Anteil nicht durch Verfügungen des Erben beeinträchtigt ist).
[41] So jetzt eingehend *Windel* (Fn. 1) S. 283 ff.; ähnlich zuvor schon *Heckelmann,* FS v. Lübtow, 1980, S. 619, 632 f. Für den Fall, dass außer dem Anteil keine weiteren Nachlassgegenstände vorhanden sind, auch *Raddatz* (Fn. 35) S. 76 ff.; ansonsten will er die Einrede des § 2059 Abs. 1 in Bezug auf das sonstige Privatvermögen gewähren; aA *Staudinger/Marotzke* (2002) Vor § 2058 RdNr. 8.
[42] *Windel* (Fn. 1) S. 287 ff.
[43] *Windel* (Fn. 1) S. 287 ff.
[44] *Siegmann* (Fn. 35) S. 222 f. Gegen die Abspaltungsthese aber *Flume* ZHR 155 (1991), 501, 505, 506 f.; *ders.,* FS Müller-Freienfels, 1986, S. 113, 126 und NJW 1988, 161, 162; ferner *Marotzke* JR 1988, 184, 186; *Stodolkowitz,* FS Kellermann, 1991, S. 439, 444.

dervererbung als Teil des Nachlasses entfallen ist.[45] Die Lösung hat sich vielmehr an dem Grundsatz zu orientieren, dass das Erbrecht dem Gesellschaftsrecht bei der Anteilsvererbung *nur insoweit* zu weichen hat, als es mit Rücksicht auf die Besonderheiten der Personengesellschaft, darunter insbesondere ihre Natur als Arbeits- und Haftungsgemeinschaft, unverzichtbar ist.[46]

Geht man von diesen Prämissen aus, so bereitet die **vorrangige Reservierung des Gesellschaftsanteils für die Nachlassgläubiger** unter Zurückdrängung der Privatgläubiger entsprechend der oben (RdNr. 37) angeführten zweiten Ansicht keine unüberwindlichen konstruktiven Schwierigkeiten.[47] Das gilt auch dann, wenn es nicht zu Nachlassverwaltung oder Nachlassinsolvenz (dazu vgl. § 705 RdNr. 126 f.) kommt. Aus *Gläubigersicht* bleibt es vielmehr zunächst bei dem erbrechtlichen Grundsatz, dass der Gesellschaftsanteil mit dem Erbfall Bestandteil des Nachlassvermögens wird und *daher* dem vorrangigen Zugriff der Nachlassgläubiger unterliegen muss. Seine Abgrenzung gegenüber dem sonstigen Privatvermögen der Gesellschafter/Erben ist aus erbrechtlicher Sicht trotz Sondervererbung unschwer möglich,[48] und gesellschaftsrechtlich bestehen gegen diese Rechtsfolge keine Bedenken. Aus der fortbestehenden Nachlasszugehörigkeit folgt einerseits, dass *Nachlassgläubiger* in den jeweiligen (Teil-)Anteil der einzelnen Erben nach Maßgabe von § 725 vollstrecken können, ohne dass diesen dagegen die Einrede der beschränkten Erbenhaftung zusteht;[49] mit Rücksicht auf die Sondervererbung ist für die Vollstreckung freilich ein Titel gegen den jeweiligen Erben erforderlich.[50] Den *Privatgläubigern* andererseits ist der Vollstreckungszugriff verwehrt, auch ohne dass die Erben (gemeinschaftlich oder je für sich handelnd) bzw. die Nachlassgläubiger Nachlassverwaltung beantragen müssen.[51] Gegen eine gleichwohl erfolgende Vollstreckung können die Erben Drittwiderspruchsklage erheben; die Nachlassgläubiger sind stattdessen berechtigt, Nachlassverwaltung zu beantragen.[52] Die Einrede der beschränkten Erbenhaftung entfällt erst dann und insoweit, als einzelne Erben dazu übergehen, den ererbten Anteil zu veräußern oder darüber auf sonstige Weise, durch Verpfändung, Nießbrauchbestellung, Kündigung o. Ä. zu verfügen.[53] In einer solchen Verfügung ist, bezogen auf den jeweiligen Erben, ein der Nachlassteilung iS des §§ 2059 ff. entsprechender Vorgang zu sehen, der den Verlust der Haftungsbeschränkung für ihn zur Folge hat.

3. Die qualifizierte Nachfolge. a) Voraussetzungen. Von der „einfachen" erbrechtlichen Nachfolgeklausel unterscheidet sich die „qualifizierte" dadurch, dass der Anteil nur **für bestimmte Personen vererblich** gestellt ist (RdNr. 29). Die Zulässigkeit einer solchen Vereinbarung ist nicht nur aus gesellschaftsrechtlicher, sondern auch aus erbrechtlicher Sicht heute außer Streit (RdNr. 44). Derartige Klauseln führen nicht etwa zu einer Einschränkung der Testierfreiheit, sondern begründen im Gegenteil erst die Möglichkeit, den Anteil an der

---

[45] Gegen diese These auch *Windel* (Fn. 1) S. 280 f.; aA *Siegmann* (Fn. 35) S. 222 f.
[46] So im Grundsatz zutr. schon *Wiedemann* Übertragung S. 207 ff. Vgl. auch BGHZ 91, 132, 136 f. = NJW 1984, 2104; BGH NJW 1983, 2376.
[47] Dazu und zum Folgenden näher *Ulmer/C. Schäfer* ZHR 160 (1996), 413, 424 ff.; zust. *Soergel/Hadding/Kießling* RdNr. 33.
[48] Zutr. *Stodolkowitz,* FS Kellermann, 1991, S. 439, 451 f.
[49] Die Zubilligung der Einrede aus § 2059 Abs. 1 S. 1 auch bezüglich des Anteils führt nämlich dazu, dass er wie gesamthänderisch gebundenes Nachlassvermögen behandelt wird, vgl. *Stodolkowitz*, FS Kellermann, 1991, S. 439, 450 ff. So im Ergebnis auch *Staudinger/Marotzke* (2002) § 2059 RdNr. 62.
[50] Vgl. näher *Ulmer/C. Schäfer* ZHR 160 (1996), 413, 427 ff. – Für die Vollstreckung der Nachlassgläubiger in (gesamthänderisch gebundene) Nachlassgegenstände bedarf es normalerweise eines Titels gegen sämtliche Miterben gemäß § 747 ZPO, vgl. dazu auch 4. Aufl. § 2058 RdNr. 24.
[51] Weniger weitgehend *Stodolkowitz,* FS Kellermann, 1991, S. 439, 451 und *Staudinger/Marotzke* (2002) § 2059 RdNr. 64, die es beim Antragsrecht der Nachlassgläubiger nach § 1981 Abs. 2 belassen wollen.
[52] Dies entspricht der Situation bei Abwehr des Vollstreckungszugriffs von Privatgläubigern eines Miterben in den noch ungeteilten Nachlass. Vgl. *Ulmer/C. Schäfer* ZHR 160 (1996), 413, 430 ff.; zur Anwendbarkeit des § 771 ZPO in diesem Falle s. auch MünchKommZPO/*K. Schmidt* § 771 RdNr. 19.
[53] Überzeugend *Stodolkowitz,* FS Kellermann, 1991, S. 439, 453; näher *Ulmer/C. Schäfer* ZHR 160 (1996), 413, 427.

werbenden Gesellschaft, wenn auch beschränkt auf die in der Nachfolgeklausel bezeichneten Personen, in die Rechtsnachfolge von Todes wegen einzubeziehen.

42 Voraussetzung für den Anteilsübergang ist auch bei der qualifizierten erbrechtlichen Nachfolgeklausel, dass der Gesellschafter als Erblasser für die **Erbenstellung** der als Nachfolger nach dem Gesellschaftsvertrag in Betracht kommenden Person sorgt.[54] Einer letztwilligen Verfügung bedarf es hierfür jedenfalls dann, wenn die in der Nachfolgeklausel bezeichnete Person nicht schon zu den gesetzlichen Erben gehört. Die Anordnung eines bloßen *Vermächtnisses* für die als Nachfolger vorgesehene Person reicht wegen seiner nur obligatorischen Natur nicht aus; die letztwillige Begründung eines Vermächtnisanspruchs vermag den Anteilsübergang nicht zu bewirken.[55] Ist der potenzielle Nachfolger nicht als Erbe eingesetzt, so geht die Nachfolgeklausel ins Leere. Die Gesellschaft wird zunächst unter den überlebenden Gesellschaftern fortgeführt. Im Übrigen ist es eine Frage des Einzelfalls, ob die Nachfolge- in eine Eintrittsklausel zu Gunsten der als Nachfolger vorgesehenen Person(en) umgedeutet werden kann (RdNr. 62) und welche Folgen das zunächst ersatzlose Ausscheiden des verstorbenen Gesellschafters für den Abfindungsanspruch hat (RdNr. 58 f.).

43 **b) Rechtsfolgen. aa) Vererbung des ganzen Anteils.** Stimmen – wie im Regelfall – Benennung als Nachfolger und Berufung zum Erben überein, so ist hinsichtlich der Rechtsfolgen danach zu unterscheiden, ob sämtliche oder nur ein Teil der als Erben berufenen Personen zu dem in der qualifizierten Nachfolgeklausel des Gesellschaftsvertrags bezeichneten Personenkreis gehören. Erstreckt sich die qualifizierte Nachfolgeklausel auf **sämtliche Erben** des verstorbenen Gesellschafters, so wirkt sie sich wie eine einfache Nachfolgeklausel aus; es gelten die Feststellungen in RdNr. 31 ff.

44 Im Regelfall hat die qualifizierte Nachfolgeklausel freilich zur Folge, dass der Anteil **nur für einen** (bzw. einen Teil der) **Erben** vererblich gestellt ist. Auch eine solche Gestaltung ist, wie in Übereinstimmung mit der in der Literatur ganz hM[56] seit langem höchstrichterlich[57] anerkannt ist, mit unmittelbarer erbrechtlicher Wirkung möglich. Die qualifizierte Nachfolgeklausel führt hier dazu, dass der Anteil nicht nur in Höhe der auf den Nachfolger entfallenden Erbquote,[58] sondern **insgesamt** auf den Nachfolger/Erben übergeht. Wegen der Rechtsstellung des Nachfolgers/Erben im Verhältnis zu den Nachlassgläubigern vgl. im Einzelnen RdNr. 39 f. Solange weder Nachlassverwaltung angeordnet noch das Nachlassinsolvenzverfahren eröffnet ist, stehen ihm die vollen Rechte am Anteil zu. Hat der Nachfolger/Erbe über den Anteil noch nicht verfügt, so steht der Vollstreckungszugriff darauf nur den Nachlassgläubigern offen. Vom Zugriff auf sein sonstiges Privatvermögen kann sie der Nachfolger/Erbe demgegenüber mit der Einrede des § 2059 Abs. 1 fernhalten (näher RdNr. 40).

45 **bb) Auseinandersetzung unter den Miterben.** Bei der Erbauseinandersetzung muss sich der Nachfolger/Erbe grundsätzlich den vollen Anteilswert anrechnen lassen.[59] Über-

---

[54] EinhM seit BGHZ 68, 225, 229, 238 = NJW 1977, 1339; vgl. *Staub/C. Schäfer* § 139 HGB RdNr. 30; MünchKommHGB/*K. Schmidt* § 139 RdNr. 17.

[55] *Staub/C. Schäfer* § 139 HGB RdNr. 31; ebenso MünchKommHGB/*K. Schmidt* § 139 RdNr. 22; so offenbar auch *Erman/Westermann* RdNr. 7 („jedenfalls ein erbrechtlicher Erwerbsvorgang") und *Soergel/Hadding/Kießling* RdNr. 25. Zur davon zu unterscheidenden Möglichkeit der Zuwendung eines *Eintrittsrechts* durch Vermächtnis vgl. RdNr. 54.

[56] Vgl. nur *Soergel/Hadding/Kießling* RdNr. 27; *Staudinger/Habermeier* RdNr. 20 sowie *Staub/C. Schäfer* § 139 HGB RdNr. 45 f., jeweils mwN; ferner die Übersicht zum älteren Schrifttum bei *Ulmer* ZGR 1972, 195, 206 ff. (Hueck, Siebert, Liebisch, H. Westermann, Rüthers, Säcker, Coing, Lange u. a.); aA noch *U. Huber* Vermögensanteil S. 451 ff.

[57] BGHZ 68, 225, 237 f. = NJW 1977, 1339; BGHZ 108, 187, 192 = NJW 1989, 3152; BGH WM 1983, 672.

[58] So noch BGHZ 22, 186, 195 = NJW 1957, 180; ausdrücklich aufgegeben durch BGHZ 68, 225, 229, 238 = NJW 1977, 1339.

[59] Zur Problematik der Anteilsbewertung unter Berücksichtigung künftiger Abfindungsrisiken des Nachfolger/Erben, namentlich im Falle der auf den objektiven Wert abstellenden Pflichtteilsberechnung (§ 2311), vgl. 4. Aufl. § 2311 RdNr. 32; *Staub/C. Schäfer* § 139 HGB RdNr. 157 ff., jeweils mwN.

steigt der Anteilswert den Wert der ihm zustehenden Erbquote, so ist er zur **Zahlung der Differenz** an die Erbengemeinschaft verpflichtet.[60] Die Pflicht ergibt sich weder aus dem – für das Verhältnis zwischen Erben als rechtliche Sonderverbindung ungeeigneten – Bereicherungsrecht,[61] noch lediglich aus Treu und Glauben gemäß § 242,[62] sondern aus einer entsprechenden Anwendung des § 1978, wenn man in dem Anteilsübergang eine vorweggenommene Erbteilung sieht,[63] andernfalls aus einer Analogie zu den für die Ausgleichung lebzeitiger Zuwendungen geltenden Vorschriften der §§ 2050 ff.[64] Die Einschränkung des § 2056 greift nicht ein, weil sie Ausgleichszahlungen nur hinsichtlich eines bereits zu *Lebzeiten* des Erblassers erhaltenen Mehrempfangs verhindern soll.[65] Dem Erblasser steht es zwar in den durch das Pflichtteilsrecht gesetzten Grenzen frei, letztwillig eine Ausgleichspflicht des Nachfolger/Erben ganz oder teilweise auszuschließen, etwa durch Behandlung des Anteils als Vorausvermächtnis (§ 2150).[66] Jedoch ist in der Berufung zum Nachfolger als solcher im Zweifel kein Ausschluss der Ausgleichspflicht zu sehen; über die wertmäßige Verteilung der Nachlassgegenstände sagt sie nichts aus.[67]

4. Das bedingte Austrittsrecht der Gesellschafter-Erben analog § 139 HGB. Die Vorschriften des § 139 Abs. 1 bis 3 HGB gewähren jedem Gesellschafter/Erben im Fall der Nachfolge in die Stellung eines **persönlich haftenden Gesellschafters einer OHG oder KG** das unentziehbare sog. „Wahlrecht", innerhalb von drei Monaten ab Kenntnis von der Erbschaft aus der Gesellschaft fristlos auszuscheiden, sofern die Mitgesellschafter seinen fristgemäßen Antrag auf Einräumung der Kommanditistenstellung abgelehnt haben. Die Mitgesellschafter haben also die Wahl, ob sie sich notfalls auf die Umwandlung der Gesellschaft in eine KG (oder jedenfalls mit der Umwandlung einer Beteiligung) einverstanden erklären oder das – abfindungspflichtige – Ausscheiden des Nachfolgers/Erben riskieren wollen. Dieses bedingte Austrittsrecht soll diesen davor schützen, die Erbschaft ausschlagen zu müssen, wenn er die ihn als Gesellschafter treffende unbeschränkte persönliche Haftung aus §§ 128, 130 HGB vermeiden will.[68] Dementsprechend gestattet ihm § 139 Abs. 4 HGB die *Berufung auf die beschränkte Erbenhaftung* gegenüber den ihn nach §§ 128, 130 HGB treffenden Gesellschaftsverbindlichkeiten, wenn er entweder innerhalb der Dreimonatsfrist mit Einverständnis der Mitgesellschafter in die Kommanditistenstellung überwechselt oder – bei deren fehlendem Einverständnis – seinen Austritt aus der Gesellschaft erklärt.[69]

Der Übergang von der Doppelverpflichtungs- zur Akzessorietätstheorie im **GbR-Recht** (vgl. § 714 RdNr. 3 ff.), namentlich die seither den Nachfolger/Erben aus §§ 128, 130

---

[60] So auch BGHZ 22, 186, 196 f. = NJW 1957, 180; offen gelassen in BGHZ 68, 225, 238 = NJW 1977, 1339; krit. zum Ansatz des BGH bei § 242 *Marotzke* AcP 184 (1984), 541, 576 f.
[61] So aber *Heckelmann*, FS v. Lübtow, 1980, S. 619, 627 f.
[62] So aber anscheinend BGHZ 22, 186, 197 = NJW 1957, 180.
[63] IdS etwa *Rüthers* AcP 168 (1968), 263, 281; dazu *Ulmer* ZGR 1972, 326 f.; *ders.*, FS Schilling, 1973, S. 79, 86 ff.; aA *Heckelmann*, FS v. Lübtow, 1980, S. 619, 626 mit dem unzutr. Hinweis, § 1978 enthalte keine Anspruchsgrundlage.
[64] So *Brox/Walker*, Erbrecht, 22. Aufl. 2007, RdNr. 794; *Flume* I/1 § 18 VI 2, S. 405 ff.; aA *Heckelmann*, FS v. Lübtow, 1980, S. 619, 625 f.; *Marotzke* AcP 184 (1984), 541, 562 ff.; vgl. zum Ganzen auch *Soergel/Hadding/Kießling* RdNr. 32; *Staub/C. Schäfer* § 139 HGB RdNr. 152 f. und 4. Aufl. § 2032 RdNr. 60.
[65] So zu Recht *Brox/Walker* Erbrecht, 22. Aufl. 2007, RdNr. 794; eingehend auch *Säcker*, Gesellschaftsvertragliche und erbrechtliche Nachfolge in Gesamthandsmitgliedschaften, 1970, S. 94 ff., 100 f. AA *Flume* I/1 § 18 VI 2, S. 406; *Heckelmann*, FS v. Lübtow, 1980, S. 619, 626; *Marotzke* AcP 184 (1984), 541, 565 f.
[66] Vgl. *Ulmer* ZGR 1972, 324, 327 f.; *ders.* BB 1977, 805, 807; so auch *Soergel/Hadding/Kießling* RdNr. 32; *Staudinger/Habermeier* RdNr. 20.
[67] Ebenso *Heckelmann*, FS v. Lübtow, 1980, S. 619, 629; wohl auch *Flume* I/1 § 18 VI 2, S. 403 ff., der zwar das Bestehen einer Anrechnungspflicht insgesamt als Problem der Testamentsauslegung sieht, im Falle eines nicht feststellbaren Erblasserwillens dann aber doch auf eine Analogie zu §§ 2050 ff. zurückgreift und sich damit im Zweifel für die Anrechnung ausspricht. Vgl. zum Ganzen auch *Windel* (Fn. 1) S. 307 ff.
[68] Vgl. *Baumbach/Hopt* § 139 HGB RdNr. 6; *Staub/C. Schäfer* § 139 HGB RdNr. 67; MünchKommHGB/*K. Schmidt* § 139 RdNr. 5.
[69] *Baumbach/Hopt* § 139 HGB RdNr. 44; *Staub/C. Schäfer* § 139 HGB RdNr. 118, 153; MünchKommHGB/*K. Schmidt* § 139 RdNr. 111.

§ 727   48

HGB treffende Haftung, hat zur Folge, dass sich der Konflikt zwischen unbeschränkter Gesellschafter- und beschränkter Erbenhaftung seither auch für Gesellschafter/Erben eines GbR-Anteils stellt. Der Normzweck des § 139 HGB trifft daher auch in diesen Fällen zu.[70] Da der Gesetzgeber diese Entwicklung nicht vorhergesehen hat, liegt eine *Regelungslücke* vor, die – mutatis mutandis – durch **analoge Anwendung des § 139 HGB** zu schließen ist; die bisher überwiegende Ablehnung dieser Analogie[71] ist überholt.[72] Das Fehlen von Gestaltungsmöglichkeiten nach Art einer KG im GbR-Recht steht der Analogie angesichts des in §§ 105 Abs. 2, 161 HGB für die meisten GbR-Dauergesellschaften zugelassenen **Formwechsels in die Rechtsform der KG** nicht entgegen.[73] Sind die Mitgesellschafter hierzu innerhalb der Dreimonatsfrist des § 139 Abs. 3 HGB nicht bereit, so kann jeder Gesellschafter analog § 139 Abs. 2 sein fristloses Ausscheiden aus der – im Übrigen fortbestehenden[74] – Gesellschaft erklären. Der Antrag muss allerdings zur Erhaltung des Haftungsprivilegs aus § 139 Abs. 4 HGB so rechtzeitig gestellt werden, dass ggf. auch der Austritt noch innerhalb der Dreimonatsfrist erklärt werden kann.[75] Aufgrund des eindeutigen Schutzzwecks des § 139 HGB gilt all' dies aber selbstverständlich nur in derjenigen (Außen-)GbR, in der auch tatsächlich nach §§ 128, 130 HGB gehaftet wird, insbesondere also nicht bei solchen Erscheinungsformen wie (Immobilien-)Fondsgesellschaften oder Bauherrengemeinschaften, bei denen die Rechtsprechung eine nur beschränkte Gesellschafterhaftung weiterhin anerkennt.[76]

48   Die entsprechende Anwendung von § 139 Abs. 1 HGB scheitert allerdings bei Gesellschaften, deren Zweck nicht auf einen nach § 105 Abs. 2 HGB erforderlichen Gewerbebetrieb oder die Vermögensverwaltung gerichtet ist, so dass die Gesellschafter daher **keinen Formwechsel in die KG** beschließen können. Gleichwohl besteht auch in diesen Fällen, falls es zu einer erbrechtlichen Gesellschafter-Nachfolge kommen sollte, ein **vergleichbares Schutzbedürfnis** der Gesellschafter/Erben. Dass dieses besondere Schutzbedürfnis die Interessen der Mitgesellschafter, das Kapital der Gesellschaft zu erhalten, auch dann überwiegt, wenn die Mitgesellschafter über keine Wahlmöglichkeit verfügen, ergibt sich aus der Parallelwertung des § 9 Abs. 3 S. 3 PartGG, der dem Erben eines Partners gleichfalls ein unbedingtes Austrittsrecht einräumt. Entsprechend dieser Vorschrift ist dem unveränderten Schutzbedürfnis des persönlich haftenden Nachfolger/Erben dadurch Rechnung zu tragen, dass sich die Befugnis des Gesellschafters/Erben analog § 139 HGB darauf beschränkt, innerhalb der Dreimonatsfrist des § 139 Abs. 3 HGB seinen **Austritt** aus der Gesellschaft zu erklären. In *Freiberufler-Sozietäten* sollte den Mitgesellschaftern allerdings ebenfalls das Recht zugebilligt werden, den Austritt durch das Angebot eines Rechtsformwechsels in eine Partnerschaftsgesellschaft mit dem Haftungsprivileg des § 8 Abs. 2 PartGG (vgl. § 8 PartGG RdNr. 14 ff.) abzuwenden. Im Ergebnis

---

[70] *C. Schäfer* NJW 2005, 3665, 3666.
[71] So *Westermann* Hdb. (Ausgabe 1979) RdNr. I 743; *Schröder* ZGR 1978, 578, 599; *Staudinger/Habermeier* RdNr. 16; für Analogie aber schon *Hüfner*, Testamentsvollstreckung an Personengesellschaftsanteilen, 1990, S. 156 f.; so auch *Erman/Schlüter* § 1922 RdNr. 31 (ohne Begr.); tendenziell zust. auch *Staudinger/Marotzke* (2000) § 1922 RdNr. 168; zweifelnd MünchKommHGB/*K. Schmidt* § 139 RdNr. 60 (betr. die unternehmenstragende GbR).
[72] *Ulmer* ZIP 2003, 1113, 1121; *C. Schäfer* NJW 2005, 3665, 3667 f.; ebenso auch *Mock* NZG 2004, 118, 119 f.; *Elsing* BB 2003, 909, 911; *Bamberger/Roth/Timm/Schöne* RdNr. 13; aA auch in neuerer Zeit noch *Soergel/Hadding/Kießling* RdNr. 34 f. (die allerdings auch für die Fortgeltung der Doppelverpflichtungslehre eintreten, vgl. ebd. § 714 RdNr. 29 ff.) sowie *Hoppe* ZEV 2004, 226, 227 f. (wegen – angeblicher – Undurchführbarkeit des Austrittsrechts in der GbR. – Die von ihm genannten Beispiele passen aber entweder nicht [so droht in einer Innen-GbR naturgemäß keine Haftung aus §§ 128, 130 HGB und kommt daher auch § 139 HGB nicht in Betracht; das Gleiche gilt für Fondsgesellschaften] oder belegen eher das Gegenteil [kannkaufmännische GbR]).
[73] Abw. insoweit aber anscheinend *Mock* NZG 2004, 118, 120; dagegen *C. Schäfer* NJW 2005, 3665, 3668.
[74] Vgl. nur *Baumbach/Hopt* § 139 HGB RdNr. 43; *Staub/C. Schäfer* § 139 HGB RdNr. 110.
[75] Näher *Staub/C. Schäfer* § 139 HGB RdNr. 88, 92.
[76] Zur beschränkten Haftung in diesen Gesellschaften BGHZ 150, 1, 6 = NJW 2002, 1642 und näher § 714 RdNr. 61 f.; zum Fehlen der Analogievoraussetzungen in diesen Fällen *C. Schäfer* NJW 2005, 3665, 3668 f.

verbleibt es also auch hier bei einem nur bedingten Austrittsrecht, bedingt nämlich durch die Ablehnung eines – rechtzeitigen – Antrags auf Umwandlung in eine Partnerschaftsgesellschaft.[77]

5. Rechtsgeschäftliche Nachfolgeklauseln. Im Unterschied zu den im Gesellschaftsvertrag enthaltenen „erbrechtlichen" Nachfolgeklauseln, die sich darauf beschränken, den Anteil vererblich zu stellen, den Vollzug des Übergangs aber dem Erbrecht überlassen (RdNr. 31), sollen „rechtsgeschäftliche" Nachfolgeklauseln auf rechtsgeschäftlichem Wege, durch **Verfügungsvertrag** und ohne Rückgriff auf die erbrechtliche Rechtsnachfolge, den Anteilsübergang im Todeszeitpunkt auf die begünstigten Personen bewirken. Ein Interesse der Beteiligten an solchen Klauseln kann namentlich dann bestehen, wenn die Berufung der als Nachfolger in Betracht gezogenen Personen zu Erben aus der Sicht des Verfügenden oder der Mitgesellschafter zweifelhaft oder unwahrscheinlich ist und der Anteilsübergang auf sie gleichwohl sichergestellt werden soll.

Die **Problematik** solcher rechtsgeschäftlicher Nachfolgeklauseln ist, wenn diese ohne Beteiligung der dadurch begünstigten Personen vereinbart sind, doppelter Natur.[78] Einerseits setzen sie sich wegen der damit bezweckten, dem unmittelbaren Anteilsübergang dienenden Verfügungswirkung in Widerspruch zu dem von Rechtsprechung[79] und Teilen der Literatur[80] postulierten Verbot von Verfügungen zugunsten Dritter. Und zum anderen enthalten sie wegen der mit jeder Gesellschafterstellung verbundenen Verpflichtungen auch Elemente eines Vertrages zu Lasten Dritter.[81] Zu Recht hat daher der BGH in seiner Grundsatzentscheidung von 1977 zur Gesellschafter-Nachfolge auf den Todesfall[82] den in der Literatur wiederholt vertretenen Bestrebungen eine Absage erteilt, rechtsgeschäftliche Nachfolgeklauseln gleichrangig neben erbrechtlichen zuzulassen[83] oder gar sämtliche Nachfolgeklauseln im Hinblick auf die mit der Sondererbfolge verbundenen Probleme als rechtsgeschäftliche zu behandeln.[84] *Rechtsgeschäftliche Nachfolgeklauseln sind vielmehr grundsätzlich unwirksam.* Zur Frage der Auslegung von Nachfolgeklauseln und ihrer etwaigen Umdeutung in Eintrittsklauseln vgl. RdNr. 60 ff.

Eine **Ausnahme** von der grundsätzlichen Unzulässigkeit rechtsgeschäftlicher Nachfolgeklauseln greift dann ein, wenn die hierdurch begünstigten Personen selbst an der Vereinbarung beteiligt sind, insbesondere also bei Klauseln, durch die für den Todesfall eines Gesellschafters ein **Mitgesellschafter** als Nachfolger in den Anteil namentlich bestimmt ist.[85] In diesem Fall stehen weder die Bedenken gegen Verfügungen zugunsten Dritter noch das Verbot von Verträgen zu Lasten Dritter der Wirksamkeit des Verfügungsgeschäfts entgegen. Der Sache nach geht es um eine Anteilsübertragung unter Lebenden an den Begünstigten, aufschiebend bedingt durch den Tod des Verfügenden.[86] Die insoweit erforderliche Zustimmung der übrigen Gesellschafter (vgl. § 719 RdNr. 27) liegt in der Nachfolgeklausel

---

[77] *C. Schäfer* NJW 2005, 3665, 3668.
[78] Vgl. dazu BGHZ 68, 225, 231 ff. = NJW 1977, 1339 und *Ulmer* ZGR 1972, 212 ff. mN.
[79] BGHZ 41, 95 f. = NJW 1964, 1124 (mN zur Rspr. des RG); BGHZ 68, 225, 231 = NJW 1977, 1339.
[80] Vgl. *Palandt/Heinrichs* Einf. § 328 RdNr. 8 sowie diejenigen Autoren, die die Anwendbarkeit von § 328 auf Verfügungsverträge zur Begründung von Ansprüchen auf Leistung aus dem Grundstück beschränken (*Enneccerus/Lehmann* § 34 VI; *Wolff/Raiser* § 38 II 3 u. a.); zurückhaltend auch § 328 RdNr. 188 ff. Für generelle Zulassung von Verfügungen zu Gunsten Dritter *Esser/Schmidt* I/2 § 36 IV; *Larenz* I § 17 IV; *Staudinger/Jagmann* (2004) Vor § 328 RdNr. 60 ff.; *Erman/Westermann* § 328 RdNr. 2 f.
[81] BGHZ 68, 225, 232 = NJW 1977, 1339; *Soergel/Hadding/Kießling* RdNr. 37; *Staudinger/Habermeier* RdNr. 23; *Bamberger/Roth/Timm/Schöne* RdNr. 19; *Staub/C. Schäfer* § 139 HGB RdNr. 12; so auch schon *Rüthers* AcP 168 (1968), 263, 274; *Siebert* (Fn. 1) S. 17; aA namentlich *Säcker* (Fn. 65) S. 49 ff., 54, 63 f.
[82] BGHZ 68, 225, 231 ff. = NJW 1977, 1339.
[83] So *Lange/Kuchinke* ErbR § 5 VI 3; ferner *Säcker* (Fn. 65) S. 54, 63 f. Für die Möglichkeit rechtsgeschäftlicher Nachfolgeklauseln auch *H. P. Westermann* JuS 1979, 764 f.; die Zulässigkeit verneinend jetzt aber *Brox/Walker*, Erbrecht, 22. Aufl. 2007, RdNr. 787, 791.
[84] So eingehend *Flume* I/1 § 18, S. 375 ff.
[85] BGHZ 68, 225, 234 = NJW 1977, 1339; BayObLG ZIP 2000, 1614, 1615 f. Vgl. auch *Becker* AcP 201 (2001), 629 ff. (dazu § 723 RdNr. 8).
[86] Vgl. *Marotzke* AcP 184 (1984), 541, 557 ff.; *Soergel/Hadding/Kießling* RdNr. 38 mwN.

als Bestandteil des Gesellschaftsvertrages. Das Fehlen der in § 2301 Abs. 1 vorgeschriebenen Form kann einer solchen Klausel nicht entgegengesetzt werden.[87]

52 Der **Unterschied** derartiger **rechtsgeschäftlicher Nachfolgeklauseln** unter Begünstigung eines Mitgesellschafters gegenüber einer bloßen Fortsetzungsklausel liegt darin, dass in diesem Fall wegen des Anteilsübergangs ein Abfindungsanspruch für die Erben des verstorbenen Gesellschafters nicht zur Entstehung kommt und dass die mit dem Anteil verbundenen Mitgliedschaftsrechte nicht untergehen bzw. sämtlichen Mitgesellschaftern anwachsen, sondern dem durch die Nachfolgeklausel begünstigten Gesellschafter zustehen. Dieser haftet auch gesamtschuldnerisch neben dem Nachlass für die auf dem Gesellschaftsvertrag beruhenden Verbindlichkeiten des verstorbenen Gesellschafters.[88] Ausgleichsansprüche der weichenden Erben und Pflichtteilsberechtigten bestehen mit Rücksicht auf den ihnen durch die Verfügung auf den Todesfall entgehenden Abfindungsanspruch zumindest nach § 2325 gegen die Erben bzw. nach § 2329 gegen den beschenkten Anteilserwerber. Demgegenüber ist umstritten, ob über die Pflichtteilsergänzung hinaus noch Ausgleichsansprüche analog §§ 2050 ff. bzw. § 2048 zu bejahen sind.[89] Konsequentermaßen ist dies jedoch zu verneinen, sofern man von einer lebzeitig vollzogenen Schenkung iS von § 2303 Abs. 2 und damit von einem Anteilsübergang außerhalb des Nachlasses ausgeht.[90]

III. Eintrittsklauseln

53 **1. Unterschiede zur Nachfolgeklausel. a) Inhalt und Rechtsnatur.** Gesellschaftsvertragliche Eintrittsklauseln sind ebenso wie Nachfolgeklauseln dazu bestimmt, im Gesellschaftsvertrag das künftige Schicksal des Anteils eines durch Tod ausscheidenden Gesellschafters zu regeln. Im Unterschied zur Nachfolgeklausel kommt es bei der Eintrittsklausel jedoch nicht zum Anteilsübergang im Zeitpunkt des Todes des bisherigen Gesellschafters. Vielmehr hat der Tod zunächst die Fortsetzung der Gesellschaft unter den übrigen Gesellschaftern zur Folge. Die in der Eintrittsklausel benannten Personen haben jedoch ein **Recht auf Beitritt** zur fortbestehenden Gesellschaft unter den in der Klausel genannten Voraussetzungen.[91] Die Eintrittsklausel verbindet sich daher, auch wenn das nicht ausdrücklich im Gesellschaftsvertrag gesagt ist, in aller Regel mit einer Fortsetzungsklausel iS von § 736 (vgl. auch RdNr. 4).

54 **b) Folgerungen.** Aus der unterschiedlichen Rechtsnatur und Funktion von Nachfolge- und Eintrittsklausel ergeben sich für diese eine Reihe von Abweichungen gegenüber der Vereinbarung einer Nachfolgeklausel.[92] So müssen, was die **Voraussetzungen** einer Nachfolge in den Anteil angeht, im Fall der erbrechtlichen Nachfolgeklausel gesellschaftsvertragliche und erbrechtliche Lage übereinstimmen (RdNr. 42), während das durch die Eintrittsklausel gewährte Eintrittsrecht allein aus dem Gesellschaftsvertrag erwächst und daher auch einer nicht zum Erben berufenen Person als begünstigtem Dritten zustehen kann. Auch muss bei der Nachfolgeklausel die Auswahl des Nachfolgers grundsätzlich vom Erblasser selbst durch Erbeinsetzung vorgenommen werden.[93] Demgegenüber ist die Bestimmung des

---

[87] Eingehend *Ulmer* ZGR 1972, 195, 212 ff., 216; so im Ergebnis auch *Soergel/Hadding/Kießling* RdNr. 38. Vgl. auch RdNr. 58 f.
[88] Vgl. aber auch BGH WM 1974, 834, wonach im Falle eines ersatzlosen Ausscheidens des verstorbenen Gesellschafters unter Ausschluss des Abfindungsanspruchs nur der Nachlass, nicht aber die durch den Abfindungsausschluss begünstigten Mitgesellschafter zur Rückzahlung unzulässiger Entnahmen verpflichtet sind.
[89] Dafür noch 4. Aufl. RdNr. 33 und *Bamberger/Roth/Timm/Schöne* RdNr. 20; dagegen *Marotzke* AcP 184 (1984), 541, 560 ff.; *Ebenroth/Boujong/Joost/Lorz* § 139 HGB RdNr. 53; *Soergel/Hadding/Kießling* RdNr. 38.
[90] *Staub/C. Schäfer* § 139 HGB RdNr. 14.
[91] Zur Eintrittsklausel vgl. etwa *Soergel/Hadding/Kießling* RdNr. 15 f.; *Flume* I/1 § 18 II 3, S. 391 f.; *Siebert* (Fn. 1) S. 12 ff.; *Wiedemann* Übertragung S. 162 ff.; *Säcker* (Fn. 65) S. 39 ff.; *Staub/C. Schäfer* § 139 HGB RdNr. 15 ff., 142 ff. Für Eingreifen von Sondererbfolge auch im Fall der Eintrittsklausel zu Unrecht *Kipp/Coing*, Erbrecht, 14. Aufl. 1990, § 91 IV 8 f., S. 506 f.
[92] Dazu *Wiedemann* Übertragung S. 163 f.; *Staub/C. Schäfer* § 139 HGB RdNr. 15 bis 18.
[93] Das folgt aus § 2065 Abs. 2; vgl. *Staub/C. Schäfer* § 139 HGB RdNr. 26 mwN; *Windel* (Fn. 1) S. 310 f.

Auflösung durch Tod eines Gesellschafters 55–57 § 727

durch die Eintrittsklausel begünstigten Dritten, soweit sie nicht entweder im Gesellschaftsvertrag oder letztwillig, ggf. im Vermächtniswege,[94] erfolgt, auch noch nach dem Tod des Gesellschafters durch eine vertraglich hierzu ermächtigte Person möglich.[95] Andererseits setzt die Eintrittsklausel Regelungen über das Schicksal des Abfindungsanspruchs beim Tod des Gesellschafters voraus (RdNr. 58 f.), während es bei der Nachfolgeklausel wegen des unmittelbaren Anteilsübergangs auf den Nachfolger/Erben von vornherein nicht zur Entstehung eines Abfindungsanspruchs kommt (§ 738 RdNr. 14).

Den unterschiedlichen Voraussetzungen entsprechen auch unterschiedliche **Rechtsfol-** 55 **gen** der beiden Klauselarten. So ist die Entscheidung über die Ausübung des Eintrittsrechts im Fall der Eintrittsklausel dem Begünstigten überlassen, während der Nachfolger/Erbe, wenn er nicht die Erbschaft ausschlägt, ohne sein Zutun Gesellschafter wird und vorbehaltlich der analogen Anwendung des § 139 HGB (RdNr. 47 f.) nur die Möglichkeit hat, durch Kündigung auszuscheiden (RdNr. 31). Ist der Eintrittsberechtigte zugleich Erbe, so kann der Erblasser freilich letztwillig eine *Eintrittspflicht* begründen, sei es durch ein Vermächtnis zugunsten der Mitgesellschafter[96] oder durch Erbeinsetzung unter Auflage oder Bedingung. Steht das Eintrittsrecht einem nicht voll Geschäftsfähigen zu, so bedarf dessen Ausübung im Unterschied zur erbrechtlichen Nachfolge der Mitwirkung des gesetzlichen Vertreters sowie nach Maßgabe von § 1822 Nr. 3 auch derjenigen des Vormundschaftsgerichts. Besteht die Gesellschaft nur noch aus *zwei Personen,* so wird sie im Fall der Eintrittsklausel durch den Tod des vorletzten Gesellschafters beendet (Vor § 723 RdNr. 9, 17). Die Ausübung des Eintrittsrechts macht hier also eine Neugründung erforderlich, während im Falle der Nachfolgeklausel der Fortbestand der Gesellschaft durch den Tod nicht berührt wird.

Unterschiede bestehen auch hinsichtlich der Rechtsstellung der **übrigen Nachlassbetei-** 56 **ligten** (weichende Erben, Pflichtteilsberechtigte und sonstige Nachlassgläubiger). Beim Übergang des Anteils im Wege einer erbrechtlichen Nachfolgeklausel steht der vorrangige Vollstreckungszugriff den Nachlassgläubigern zu (RdNr. 40); der Anteilswert ist grundsätzlich bei der Auseinandersetzung zu berücksichtigen (RdNr. 45). Dagegen bildet der aus dem Anteil folgende Abfindungsanspruch bei der Eintrittsklausel nur dann ein Aktivum zu Gunsten der Nachlassgläubiger und der weichenden Erben, wenn er nicht gesellschaftsvertraglich zu Gunsten des Eintrittsberechtigten ausgeschlossen ist, sondern mit dem Erbfall entsteht und dem Eintrittsberechtigten auf erbrechtlichem Wege zugewendet wird. Andernfalls richtet sich eine etwaige Ausgleichspflicht nach den Grundsätzen über unentgeltliche Verfügungen unter Lebenden (RdNr. 52).

2. Das Eintrittsrecht. Die Eintrittsklausel begründet als **berechtigender Vertrag zu** 57 **Gunsten Dritter** (§ 328 Abs. 1) mit dem Todesfall ein eigenes Recht der dadurch begünstigten Personen auf Beitritt zur Gesellschaft.[97] Ob es zu seiner Ausübung der Mitwirkung der übrigen Gesellschafter bedarf oder ob der Eintritt sich durch einseitige Erklärung des Eintrittsberechtigten gegenüber den Mitgesellschaftern vollzieht, ist durch Auslegung zu klären; beide Gestaltungen sind möglich. Die Annahme eines *einseitigen* Eintrittsrechts – sei es als Options-(Gestaltungs-)Recht oder als Recht auf Annahme eines in der Eintrittsklausel enthaltenen, bindenden Vertragsangebots der übrigen Gesellschafter[98] – liegt dann nahe, wenn die Bedingungen des Eintritts und die Ausgestaltung der Gesellschafterstellung des Eintrittsberechtigten bereits feststehen, er namentlich in vollem Umfang an die Stelle des verstorbenen Gesell-

---

[94] Zur Zuwendung eines Eintrittsrechts durch Vermächtnis vgl. BGH NJW-RR 1987, 989.
[95] § 328 RdNr. 24; im Ergebnis auch *Staudinger/Jagmann* (2004) § 328 RdNr. 14 ff., der lediglich auf die Bestimmbarkeit der Person des Dritten abstellt.
[96] Ebenso *Soergel/Hadding/Kießling* RdNr. 16; *Bamberger/Roth/Timm/Schöne* RdNr. 22; *Hueck* OHG § 28 II 1 a; *Siebert* (Fn. 1) S. 13; aA *v. Godin* JR 1948, 61, 65.
[97] *Staub/C. Schäfer* § 139 HGB RdNr. 144; vgl. auch 4. Aufl. § 1922 RdNr. 70; 4. Aufl. § 2301 RdNr. 45.
[98] Zum Meinungsstand vgl. *Staub/C. Schäfer* § 139 HGB RdNr. 146. Die Unterscheidung hat nur bei Formbedürftigkeit des Gesellschaftsvertrags praktische Bedeutung (*Ulmer* ZGR 1972, 218 Fn. 111).

schafters treten und dessen Rechte und Pflichten unverändert übernehmen soll.[99] Das Eintrittsrecht ist in angemessener Frist auszuüben.[100] Zur Frage einer *Eintrittspflicht* vgl. RdNr. 55.

58 **3. Das Schicksal des Abfindungsanspruchs.** Enthält der Gesellschaftsvertrag keine Nachfolge-, sondern eine Fortsetzungs- und Eintrittsklausel, so empfiehlt es sich, daneben noch Vereinbarungen darüber zu treffen, was mit dem Abfindungsanspruch geschehen und wem er ggf. zustehen soll. Ohne eine derartige *Regelung* entsteht der Abfindungsanspruch nach §§ 736 Abs. 1, 738 Abs. 1 S. 2 mit dem Tod des bisherigen Gesellschafters als **Nachlassgegenstand.** Daran ändert sich auch dann nichts, wenn der durch die Eintrittsklausel Begünstigte sein Eintrittsrecht ausübt. Dadurch wird er zwar Mitglied der Gesellschaft und erwirbt unter Abwachsung bei den anderen Gesellschaftern einen entsprechenden Gesellschaftsanteil, doch ist das für seine vermögensrechtliche Stellung in der Gesellschaft ohne Einfluss (§ 718 RdNr. 6 f.). Insoweit bleibt der Eintrittsberechtigte vielmehr zu einer dem Abfindungsbetrag mindestens entsprechenden Einlage verpflichtet, wenn er die Vermögensposition des verstorbenen Gesellschafters erlangen will.[101] Die Einbringung des Abfindungsanspruchs anstelle einer Geldeinlage ist ihm aber nur dann möglich, wenn ihm dieser – gegebenenfalls im Rahmen der Erbauseinandersetzung – von dem oder den Erben zuvor abgetreten wird. Der Erblasser kann die Voraussetzungen dafür schaffen, indem er letztwillig ein entsprechendes Vermächtnis oder eine Teilungsanordnung zu Gunsten des Eintrittsberechtigten verfügt.[102]

59 Für Gesellschaft und Mitgesellschafter günstiger ist es demgegenüber, wenn dem Eintrittsberechtigten auf *rechtsgeschäftlichem Wege,* durch entsprechende Ausgestaltung des Gesellschaftsvertrags, neben dem Eintrittsrecht auch die **Vermögensstellung des bisherigen Gesellschafters verschafft** wird. Das kann entweder durch Vorausabtretung des Abfindungsanspruchs zwischen bisherigem Gesellschafter und Eintrittsberechtigtem auf den Todesfall entsprechend § 2301 Abs. 2[103] geschehen[104] oder dadurch, dass im Gesellschaftsvertrag der Abfindungsanspruch beim Tod eines Gesellschafters ausgeschlossen wird (§ 738 RdNr. 61) und die übrigen Gesellschafter sich nach § 328 verpflichten, die mit dem Anteil verbundenen Vermögensrechte treuhänderisch für den Eintrittsberechtigten zu halten und bei dessen Eintritt auf ihn zu übertragen.[105] Der letztgenannte Weg ist der aus der Sicht der Mitgesellschafter sicherste und schützt sie am besten gegen die Gefahren eines planwidrigen Kapitalabflusses trotz Ausübung des Eintrittsrechts. § 2301 ist hier nach hM wegen des Vorrangs des Vertrages zugunsten Dritter auch im Valutaverhältnis unanwendbar.[106] Mit der Eintrittsklausel ist daher, wenn der Eintrittsberechtigte voll an die Stelle des verstorbenen Gesellschafters treten und insbesondere dessen Vermögensposition übernehmen soll, im Zweifel eine derartige **Treuhandlösung** gewollt.[107] Angesichts der Ungewissheit über die

---

[99] BGH NJW 1978, 264, 266; *Staub/C. Schäfer* § 139 HGB RdNr. 146 mwN; tendenziell für Aufnahmeanspruch aber *Erman/Westermann* RdNr. 13.
[100] RGZ 170, 98, 108; vgl. dazu auch *Soergel/Hadding* RdNr. 14.
[101] AA anscheinend *Flume* I/1 § 18 II 3, S. 393, der einen Unterschied zwischen Nachfolge- und Eintrittsklausel nur hinsichtlich des Zeitpunkts des Beteiligungserwerbs durch den Eintrittsberechtigten sieht. Auch wenn das den Vorstellungen der Beteiligten entsprechen mag, ändert es jedoch nichts daran, dass dieses Ergebnis bei der Eintritts- im Unterschied zur Nachfolgeklausel nur durch einen – sei es auch stillschweigenden – Ausschluss des Abfindungsanspruchs der Erben und die treuhänderische Wahrnehmung der mit dem Anteil verbundenen Vermögensrechte durch die Mitgesellschafter erreichbar ist.
[102] Sog. erbrechtliche Lösung, vgl. *Ulmer* ZGR 1972, 220.
[103] Zur Frage der Anwendbarkeit von § 2301 Abs. 1 S. 1 oder Abs. 2 in derartigen Fällen vgl. *Michalski,* Gesellschaftsrechtliche Gestaltungsmöglichkeiten zur Perpetuierung von Unternehmen, 1980, S. 190 ff. und *Marotzke* AcP 184 (1984), 541, 573 ff., jeweils mwN.
[104] Für Zulässigkeit auch einer Vorausabtretung zwischen den Gesellschaftern zugunsten des Eintrittsberechtigten *Erman/Westermann* RdNr. 14.
[105] Vgl. dazu *Ulmer* ZGR 1972, 219 f.; *Erman/Westermann* RdNr. 14; so auch BGH NJW 1978, 264, 265 und zuvor schon BGHZ 22, 186, 194 ff. = NJW 1957, 180, freilich für den anders gelagerten und daher ohne Treuhandgestaltung lösbaren Fall der qualifizierten Nachfolgeklausel (RdNr. 43 f.).
[106] Vgl. allg. zum Vorrang des § 331 BGH NJW 1984, 480; 1993, 2171 und eingehend 4. Aufl. § 2301 RdNr. 31 ff.; s. auch *Staub/C. Schäfer* § 139 HGB RdNr. 150.
[107] So im Ergebnis auch RGZ 145, 289, 293; OLG Hamburg MDR 1955, 43.

Ausübung des Eintrittsrechts ist der Abfindungsausschluss freilich im Regelfall als durch den Nichteintritt des Berechtigten auflösend bedingt anzusehen. – Für die Stellung der durch den Abfindungsausschluss betroffenen Erben und Pflichtteilsberechtigten gelten die Feststellungen in RdNr. 52.

IV. Auslegungsfragen

1. Allgemeines. Bei der Auslegung von im Gesellschaftsvertrag für den Todesfall getroffenen Vereinbarungen kommt es entsprechend den allgemeinen Auslegungsmaßstäben (§ 705 RdNr. 171) nicht allein oder in erster Linie auf den Vertragswortlaut an, sondern auf den wirklichen Willen der Beteiligten. Vorbehaltlich des Sonderfalls von Freiberufler-Sozietäten[108] geht dieser wegen der für die Gesellschaft günstigeren Rechtsfolgen *im Zweifel* dahin, nicht eine Eintritts-, sondern eine **erbrechtliche Nachfolgeklausel** vorzusehen, da auf diesem Wege ein sofortiger Anteilsübergang ermöglicht, die bis zur Ausübung des Eintrittsrechts bestehende Rechtsunsicherheit vermieden und der Gefahr eines planwidrigen Kapitalabflusses vorgebeugt wird.[109] Darauf, ob in der Klausel von „Nachfolge", von „Übergang" oder von „Eintritt" die Rede ist und ob der Gesellschaftsvertrag die nachfolgeberechtigten Personen namentlich oder generell bezeichnet, kommt es nicht an.[110]

Eine abweichende, für die Annahme einer **Eintrittsklausel** sprechende Wertung ist demgegenüber dann veranlasst, wenn im Gesellschaftsvertrag die Fortsetzung der Gesellschaft mit Personen vorgesehen ist, die voraussichtlich nicht zum Kreis der Erben des verstorbenen Gesellschafters gehören werden. Die Annahme einer – den verfügenden Gesellschafter schon zu Lebzeiten bindenden – **rechtsgeschäftlichen Nachfolgeklausel** (RdNr. 49, 51) liegt schließlich dann nahe, wenn als Nachfolger ein Mitgesellschafter namentlich bestimmt ist und der Anteilsinhaber sich nicht ausdrücklich die Freiheit anderweitiger Verfügung über den Anteil vorbehalten hat.[111]

2. Umdeutung. Sie setzt nach § 140 voraus, dass die Auslegung der Klausel zu einer vertraglichen Nachfolgeregelung führt, die sich entweder als generell unzulässig und daher nichtig oder als im Einzelfall unwirksam erweist. Ein Beispiel für den erstgenannten Fall bildet die nichtige Vereinbarung einer rechtsgeschäftlichen Nachfolgeklausel zugunsten eines Nichtgesellschafters (RdNr. 50). Bei ihr kommt je nachdem, ob der Begünstigte Erbe geworden ist oder nicht, die Umdeutung entweder in eine erbrechtliche Nachfolgeklausel oder in eine Eintrittsklausel mit treuhänderischer Wahrnehmung der Vermögensrechte aus dem Anteil durch die Mitgesellschafter (RdNr. 59) in Betracht.[112] Scheitert dagegen eine – an sich zulässige – erbrechtliche Nachfolgeklausel an der mangelnden Erbenstellung der als Nachfolger vorgesehenen Person (RdNr. 28), so bietet sich je nach Lage des Falles die Umdeutung in eine Eintrittsklausel an.[113]

---

[108] Zu den insoweit zu beachtenden, gegen eine Nachfolgeklausel sprechenden Besonderheiten vgl. RdNr. 26 und *Erman/Westermann* RdNr. 15.
[109] HM, vgl. BGHZ 68, 225, 231 = NJW 1977, 1339; BGH NJW 1974, 498 (insoweit in BGHZ 62, 20 nicht abgedruckt); BB 1974, 902, 903; WM 1973, 37, 38; *Wiedemann* Übertragung S. 164; *Staub/C. Schäfer* § 139 HGB RdNr. 19; *Ulmer* BB 1977, 805, 807; *Soergel/Hadding/Kießling* RdNr. 39; *Erman/Westermann* RdNr. 15; *Bamberger/Roth/Timm/Schöne* RdNr. 25.
[110] BGHZ 68, 225, 231 = NJW 1977, 1339; *Staub/C. Schäfer* § 139 HGB RdNr. 19.
[111] BGHZ 68, 225, 234 = NJW 1977, 1339.
[112] BGHZ 68, 225, 233 = NJW 1977, 1339; BGH LM HGB § 139 Nr. 9 = NJW 1978, 264, 265.
[113] BGH NJW 1978, 264; *Staub/C. Schäfer* § 139 HGB RdNr. 21; problematisch aber die von BGH ZIP 1987, 1042, 1043 = JZ 1987, 880 f. m. Anm. *Ulmer* in einem Sonderfall vorgenommene ergänzende Auslegung einer fehlgeschlagenen gesellschaftsvertraglichen Nachfolgeklausel als Eintrittsrecht für die nachfolgeberechtigten Abkömmlinge, verbunden mit der Vererbung des Abfindungsanspruchs an die als Alleinerbin eingesetzte Witwe des verstorbenen Gesellschafters; mit der früher für die Sondervererbung vertretenen Abspaltungsthese hatte die vom BGH entschiedene, auf Trennung der Gesellschaftsbeteiligung von den damit verbundenen Vermögensrechten zielende Konstellation in Wahrheit nichts zu tun (näher *Ulmer* JZ 1987, 881 ff., 883).

V. Sonderfälle

63 **1. Der vermeintliche Erbe.**[114] **a) Nachfolgeklausel.** Wie vorstehend ausgeführt (RdNr. 31), tritt der Anteilsübergang auf den oder die Erben im Falle der erbrechtlichen Nachfolgeklausel mit dem Zeitpunkt des Erbfalls ein, ohne dass es hierzu rechtsgeschäftlicher Erklärungen der Nachfolger/Erben oder der Mitgesellschafter bedarf. Der **wahre Erbe wird** daher auch dann **Gesellschafter,** wenn zunächst ein Dritter als vermeintlicher Erbe auftritt und die Gesellschafterrechte in Anspruch nimmt. Die Lehre von der fehlerhaften Gesellschaft greift nicht ein, da die Nachfolge sich ohne (fehlerhaften) Vertragsschluss vollzieht (§ 705 RdNr. 327, 366); anderes gilt nur dann, wenn es in der Folgezeit zu gesellschaftsvertraglichen Vereinbarungen zwischen dem vermeintlichen Erben und den Mitgesellschaftern über den Anteil kommt, etwa zur Änderung seiner gesellschaftsrechtlichen Stellung oder zur Vereinbarung seines Ausscheidens. Die bloße Tatsache seiner Mitwirkung in der Gesellschaft reicht nicht aus, um den Scheinerben unter Verdrängung des wahren Erben zum Gesellschafter zu machen.[115]

64 Hinsichtlich der Wirkungen von **Rechtshandlungen des vermeintlichen Erben** in der Gesellschaft ist danach zu unterscheiden, ob für ihn ein Erbschein ausgestellt war oder nicht. Lag ein **Erbschein** vor, so können sich die Mitgesellschafter dem wahren Erben gegenüber wegen der mit dem vermeintlichen Erben getätigten Verfügungsgeschäfte und der an ihn erbrachten Leistungen auf den öffentlichen Glauben des Erbscheins berufen (§ 2367). Der wahre Erbe muss den Anteil – bzw. den Abfindungsanspruch als Surrogat (§ 2019) bei zwischenzeitlichem Ausscheiden des vermeintlichen Erben – grundsätzlich in dem Zustand übernehmen, in dem er sich bei Aufdeckung des Irrtums befindet.[116] Im Übrigen ist er auf die Ansprüche nach §§ 2018 ff. gegen den vermeintlichen Erben verwiesen. Dieser kann seinerseits von den Mitgesellschaftern entsprechend § 738 Abs. 1 Befreiung von den Verbindlichkeiten verlangen, die für ihn kraft Rechtsscheins während seiner Stellung als Scheingesellschafter entstanden sind.[117] Gegen die Gesellschaft und den wahren Erben hat er wegen seiner in deren Interesse gemachten Aufwendungen gegebenenfalls Ansprüche aus Geschäftsführung ohne Auftrag.

65 **Ohne Erbschein oder gesellschaftsvertragliche,** zum Eingreifen der Lehre von der fehlerhaften Vertragsänderung (§ 705 RdNr. 326 ff., 366) führende **Abreden** der übrigen Gesellschafter mit dem Scheinerben stehen dem wahren Erben nach gesetzlicher Regel die mit dem Erbfall erlangten Anteilsrechte unter Berücksichtigung zwischenzeitlicher Gewinne oder Verluste in vollem Umfang zu.[118] Entnahmen des vermeintlichen Erben oder sonstige von diesem herbeigeführte Verschlechterungen der mit dem Anteil verbundenen Rechtsstellung haben ihm gegenüber keine Wirkung; die Gesellschaft muss sich insoweit an den vermeintlichen Erben halten (Umkehrschluss aus § 2367). Diese für die Gesellschaft unerfreulichen Rechtsfolgen lassen sich allerdings vermeiden, wenn man entsprechend den allgemein für die Abtretung geltenden Schutzvorschriften der §§ 413, 407, 409 zu einer

---

[114] Vgl. dazu *Rob. Fischer,* FS Heymanns Verlag, 1965, S. 271 ff.; *Konzen* ZHR 145 (1981), 29 ff.; *Bode,* Der Irrtum über die Person des fortsetzungsberechtigten Gesellschafter-Erben bei der OHG, 1969; *Roloff,* Der Scheinerbe eines Personenhandelsgesellschafters, 1969; *C Schäfer,* Die Lehre vom fehlerhaften Verband, 2002, S. 317 ff.; *Soergel/Hadding* RdNr. 37 ff.; *Staub/C. Schäfer* § 139 HGB RdNr. 39 bis 41.

[115] *Soergel/Hadding/Kießling* RdNr. 45; *Wiesner,* Die Lehre von der fehlerhaften Gesellschaft, 1980, S. 150; *C. Schäfer* (Fn. 114) S. 317 f.; im Ergebnis auch *Rob. Fischer,* FS Heymanns Verlag, 1965, S. 271, 281 f.; aA – für uneingeschränkte Anwendung der Lehre von der fehlerhaften Gesellschaft auch im Fall des Vollzugs einer Nachfolgeklausel gegenüber dem vermeintlichen Erben – *Konzen* ZHR 145 (1981), 29, 63 ff.

[116] *Rob. Fischer,* FS Heymanns Verlag, 1965, S. 271, 277. Zur Einschränkung für den Fall von Vertragsänderungen mit bindender Wirkung für den wahren Erben vgl. *Konzen* ZHR 145 (1981), 29, 66.

[117] *Rob. Fischer,* FS Heymanns Verlag, 1965, S. 271, 283; *Soergel/Hadding/Kießling* RdNr. 45.

[118] So im Ergebnis auch *Konzen* ZHR 145 (1981), 29, 65 f.

Auflösung durch Tod eines Gesellschafters   66, 67 § 727

Annäherung an § 16 GmbHG kommt.[119] Ist der vermeintliche Erbe zwischenzeitlich durch – fehlerhafte – Vereinbarung mit den Gesellschaftern ausgeschieden, so ist damit zwar auch die Gesellschafterstellung des wahren Erben entfallen; er kann jedoch nach Aufdeckung des Irrtums seine Wiederaufnahme verlangen.[120] Für die Rechtsstellung des vermeintlichen Erben gelten die Ausführungen in RdNr. 64 aE entsprechend.

b) Eintrittsklausel. Unterschiede gegenüber der Lage bei der Nachfolgeklausel ergeben 66 sich für den Fall, dass der vermeintliche Erbe von dem ihm scheinbar zustehenden gesellschaftsvertraglichen Eintrittsrecht Gebrauch macht. Kommt es dadurch zum Abschluss eines Aufnahmevertrags bzw. übt der vermeintliche Erbe ein entsprechendes Gestaltungsrecht (RdNr. 57) des Erben aus, so greifen die Grundsätze über die **fehlerhafte Gesellschaft** ein: der vermeintliche Erbe wird auf Grund des Vollzugs des fehlerhaften Aufnahmevertrags Gesellschafter (§ 705 RdNr. 366) und kann nur ex nunc wieder ausgeschlossen werden.[121] Das gilt nach einhM jedenfalls beim **Fehlen eines Erbscheins** (zur Lage bei Erteilung eines Erbscheins vgl. RdNr. 67). Da in diesem Fall die Rechtshandlungen des vermeintlichen Erben vorbehaltlich einer Annäherung an § 16 GmbHG (RdNr. 65) die Stellung des wahren Erben nicht schmälern können, bleibt diesem unabhängig vom Verhalten des vermeintlichen Erben das gesellschaftsvertragliche Eintrittsrecht oder ersatzweise der Abfindungsanspruch im Grundsatz erhalten.[122] Auf Leistungen an den vermeintlichen Erben kann die Gesellschaft sich nur berufen, wenn man dem Grundgedanken des § 16 GmbHG folgt (RdNr. 65).

War dem vermeintlichen Erben ein **Erbschein erteilt,** so herrschte früher die Ansicht 67 vor, dass aufgrund der Ausübung des Eintrittsrechts abweichend vom Regelfall (RdNr. 66) ein wirksamer Aufnahmevertrag zustande kommt, wobei die Rechte hieraus allerdings nicht dem vermeintlichen, sondern kraft Surrogation (§ 2019) dem wahren Erben zustehen sollten.[123] Gegen diese Ansicht sind seither begründete Bedenken erhoben worden.[124] Sie stützen sich einerseits darauf, dass das Eintrittsrecht als solches kein Nachlassgegenstand ist, über den durch den Eintritt verfügt wurde, und dass selbst eine Verfügung über den Abfindungsanspruch als Nachlassgegenstand sich mit dem Eintritt nur dann verbindet, wenn dieser nicht bereits im Gesellschaftsvertrag für den Eintrittsfall ausgeschlossen wurde (vgl. RdNr. 56). Vor allem aber spricht gegen die Annahme einer Mitgliedschaft des wahren Erben kraft Surrogation (§ 2019) als Folge des Beitritts des vermeintlichen Erben, dass auch der Erbschein diesem keine Verpflichtungsbefugnis zu Lasten des wahren Erben verschafft.[125] Daher erfolgt der Eintritt des vermeintlichen Erben auch beim Vorliegen eines Erbscheins **fehlerhaft** und lässt das Ausschlussrecht der Mitgesellschafter bei Aufdeckung der wahren Rechtslage unberührt;[126] das *Eintrittsrecht des wahren Erben besteht grundsätzlich fort.* Der mit §§ 2366, 2367 bezweckte Verkehrsschutz Dritter bei Rechtsgeschäften mit dem Erbscheinserben beschränkt sich darauf, die Mitgesellschafter insoweit zu schützen, als es um die Wirksamkeit von *Verfügungen* des oder gegenüber dem Erbscheinserben geht, sei es über den Abfindungsanspruch als Nachlassgegenstand oder über Gewinnansprüche und Entnahmen. Dagegen werden vom öffentlichen Glauben des Erbscheins solche Vertragsänderungen *nicht*

---

[119] So vor allem *K. Schmidt* BB 1988, 1051, 1060; ihm folgend *C. Schäfer* (Fn. 114) S. 318 f.; ähnlich auch schon *U. Huber* Vermögensanteil S. 411; *Wiedemann* Übertragung S. 69 ff.; *ders.* WM 1990, Beilage 8 S. 30.
[120] *Konzen* ZHR 145 (1981), 29, 67; vgl. auch § 705 RdNr. 372, 376.
[121] *Rob. Fischer,* FS Heymanns Verlag, 1965, S. 271, 279; *Konzen* ZHR 145 (1981), 29, 49 ff.; *Soergel/Hadding* RdNr. 38.
[122] *Soergel/Hadding/Kießling* RdNr. 43.
[123] *Soergel/Schultze-v. Lasaulx,* 10. Aufl. 1969, RdNr. 32; so auch noch 1. Aufl. RdNr. 49; im Grundsatz auch *Rob. Fischer,* FS Heymanns Verlag, 1965, S. 271, 281, der lediglich die Anwendbarkeit von § 2019 verneint; aA BGH BB 1977, 160, 161 für den Fall, dass sich der vermeintliche Erbe zwar mit Mitteln des Nachlasses, aber ohne ein auf dem Erbfall beruhendes Eintrittsrecht an einer Personengesellschaft beteiligt.
[124] *Konzen* ZHR 145 (1981), 29, 54 ff.; ihm folgend *Soergel/Hadding* RdNr. 39.
[125] So zutr. *Konzen* ZHR 145 (1981), 29, 56 mN in Fn. 165.
[126] Zur Frage einer Pflicht der Mitgesellschafter gegenüber dem wahren Erben, den vermeintlichen Erben auszuschließen, vgl. *Konzen* ZHR 145 (1981), 29, 60.

§ 727   68–70   Abschnitt 8. Titel 16. Gesellschaft

erfasst, die *künftige Pflichten* für den wahren Erben begründen.[127] – Zur Rechtsstellung des vermeintlichen Erben vgl. im Übrigen RdNr. 64 aE.

68 **2. Vor- und Nacherbschaft.**[128] **a) Gesellschafterstellung des Vorerben.** Die Anordnung einer Nacherbschaft steht der Nachfolge des Vorerben in die Gesellschaft oder der Ausübung eines gesellschaftsvertraglichen Eintrittsrechts durch ihn grundsätzlich nicht entgegen, sofern in seiner Person die im Gesellschaftsvertrag bestimmten Nachfolge- oder Eintrittsvoraussetzungen gegeben sind. Die für den Vollerben getroffenen Feststellungen (RdNr. 30 ff., 57) gelten unverändert auch für den Vorerben. Während der Dauer der Vorerbschaft übt er grundsätzlich uneingeschränkt die mit dem Anteil verbundenen Rechte aus. Die Kontrollrechte des Nacherben nach §§ 2121, 2122, 2127 richten sich nach gesetzlicher Regel nicht gegen die Gesellschaft, sondern nur gegen den Vorerben.[129] Einer Verfügungsbeschränkung zu Gunsten des Nacherben unterliegt der Vorerbe nur hinsichtlich unentgeltlicher Verfügungen über den Gesellschaftsanteil (§ 2113 Abs. 2).[130]

69 **Änderungen des Gesellschaftsvertrags,** die mit Zustimmung des Vorerben beschlossen werden, muss der Nacherbe grundsätzlich hinnehmen. Anderes gilt nur hinsichtlich solcher Änderungen, die sich einseitig zum Nachteil des Vor- (oder des Nach-)Erben auswirken, ohne im Gesellschaftsinteresse geboten zu sein; sie sind als quasi unentgeltliche Verfügungen dem Nacherben gegenüber nach § 2113 Abs. 2 unwirksam.[131] Auch das vom Vorerben durch Ausübung eines Kündigungsrechts, Vereinbarung mit den übrigen Gesellschaftern oder Anteilsveräußerung herbeigeführte Ausscheiden ist für den Nacherben verbindlich, wenn es dazu führt, dass dem Nachlass ein angemessenes Entgelt zufließt.[132] Daran fehlt es bei einem unverhältnismäßig hinter dem Anteilswert zurückbleibenden gesellschaftsvertraglichen Abfindungsanspruch[133] oder bei Vereinbarung einer bis zum Eintritt des Nacherbfalls an den Vorerben zu zahlenden Leibrente als Veräußerungserlös.[134] Die mit Zustimmung eines nicht befreiten Vorerben erfolgte Liquidation einer Grundstücks-GbR muss der Nacherbe hinnehmen.[135]

70 Die **Nutzungen** aus dem Anteil stehen dem Vorerben im Verhältnis zum Nacherben insoweit zu, als es sich um die auf den Zeitraum der Vorerbschaft entfallenden entnahmefähigen Gewinne handelt, während vertraglich gebundene, die Kapitalbeteiligung erhöhende Gewinne zusammen mit dem Anteil auf den Nacherben übergehen.[136] Tätigt der Vorerbe über das gesellschaftsvertraglich zugelassene Maß hinaus Entnahmen zu Lasten des Kapitalanteils, so haftet für den Rückzahlungsanspruch auch der Nacherbe, wenn er Rechtsnachfolger in die Mitgliedschaft geworden ist (RdNr. 71). Er hat jedoch gegen den Vorerben einen gesamtschuldnerischen Ausgleichsanspruch nach §§ 426, 2133.

---

[127] Vgl. näher *Konzen* ZHR 145 (1981), 29, 57 ff. So im Grundsatz auch die hM, vgl. 4. Aufl. § 2366 RdNr. 9, 18 mN.

[128] Dazu vgl. *Baur/Grunsky* ZHR 133 (1970), 209 ff.; *Hefermehl*, FS Westermann, 1974, S. 223 ff.; *Lutter* ZGR 1982, 108 ff.; *Paschke* ZIP 1985, 129 ff.; *Stimpel*, FS Rowedder, 1994, S. 477 ff.; *Staub/C. Schäfer* § 139 HGB RdNr. 37, 79 ff.; *J. Timmann*, Vor- und Nacherbschaft innerhalb der zweigliedrigen OHG oder KG, 2000, S. 34 ff., 86 ff.

[129] Vgl. *Ulmer* JuS 1986, 856, 857; weitergehend – für Geltendmachung auch gegenüber der Gesellschaft – *Paschke* ZIP 1985, 129, 137.

[130] St. Rspr. (vgl. Nachweise in Fn. 131, 132). Gegen eine entspr. Anwendung der Verfügungsbeschränkung des § 2113 Abs. 1 auf entgeltliche Verfügungen über den Gesellschaftsanteil zu Recht auch schon *Hefermehl*, FS Westermann, 1974, S. 223, 227.

[131] BGHZ 78, 177, 183 f. = NJW 1981, 115; BGH LM § 2113 Nr. 19 = NJW 1981, 1560; zust. *Lutter* ZGR 1982, 108 ff.; für weitergehende Schranken zugunsten des Nacherben aber *Paschke* ZIP 1985, 129, 134 ff.

[132] BGHZ 69, 47, 50 f. = NJW 1977, 1540; BGH LM HGB § 161 Nr. 82 = NJW 1984, 362; dazu auch *Lutter* ZGR 1982, 108, 113 ff.

[133] BGH LM HGB § 161 Nr. 82 = NJW 1984, 362.

[134] BGHZ 69, 47, 51 f. = NJW 1977, 1540.

[135] OLG Hamburg NJW-RR 1994, 1231.

[136] Vgl. näher *Baur/Grunsky* ZHR 133 (1970), 209, 211 ff.; *Hefermehl*, FS Westermann, 1974, S. 223, 228 ff. mN zum Meinungsstand.

b) Eintritt des Nacherbfalls. Mit dem Eintritt des Nacherbfalls geht die Erbschaft auf den Nacherben über. Dieser wird Rechtsnachfolger nicht des Vorerben, sondern des Erblassers.[137] Freilich übernimmt er die Erbschaft grundsätzlich in dem Zustand, in dem sie sich aufgrund der Verwaltung durch den Vorerben befindet (§§ 2111, 2139). Enthält der Gesellschaftsvertrag eine **Nachfolgeklausel,** so stellt sich der Nacherbfall aus der Sicht der Gesellschaft als neuer Erbfall dar, da er wie dieser den Mitgliederbestand verändert. Der Nacherbe tritt, sofern er zu den von der Nachfolgeklausel erfassten Personen gehört, ipso iure mit dem Eintritt des Nacherbfalls als Gesellschafter anstelle des Vorerben; einer „Herausgabe" des Anteils iS von § 2130 bedarf es hierfür nicht.[138] Hatte der Vorerbe im Fall einer Zweipersonengesellschaft den Anteil seines verstorbenen Mitgesellschafters allein geerbt und war die Gesellschaft deshalb unter Anwachsung beim Vorerben beendet worden, so lebt sie entsprechend §§ 2139, 2143 mit dem Anfall der Nacherbschaft wieder auf.[139] Ist der Anteil für den Nacherben dagegen nicht vererblich gestellt, so scheidet der Vorerbe ersatzlos aus der im Übrigen fortbestehenden Gesellschaft aus; der Abfindungsanspruch steht dem Nacherben zu.[140]

Ist der Vorerbe auf Grund einer **Eintrittsklausel** durch Ausübung der ihm darin verliehenen Befugnis Gesellschafter geworden, so kommt ein unmittelbarer Anteilsübergang auf den Nacherben ebenso wenig in Betracht, wie wenn er die Erbfolge nach dem Vorerben antreten würde. Die Frage, ob der Vorerbe mit dem Nacherbfall entweder ipso iure ausscheidet oder von den übrigen Gesellschaftern ausgeschlossen werden kann, ist durch Auslegung der Eintrittsklausel zu klären; als Indiz für die Begrenzung der Mitgliedschaft auf die Dauer der Vorerbschaft ist der Umstand zu werten, dass das Eintrittsrecht dem Begünstigten nicht ad personam, sondern nur als (Vor-)Erbe eingeräumt war. Dem Nacherben gewährt die Eintrittsklausel beim Nacherbfall nur dann ein eigenes Eintrittsrecht, wenn auch er zum Kreis der dadurch begünstigten Personen gehört. In diesem Fall ist auch das Wahlrecht des Nacherben, ob er Mitglied werden oder die Abfindung beanspruchen will, durch den Gesellschaftsbeitritt des Vorerben nicht verbraucht. Hat freilich bereits der Vorerbe sich unter Verzicht auf den Beitritt die Abfindung auszahlen lassen, so bindet das nach § 2112 grundsätzlich auch den Nacherben,[141] soweit nicht § 2113 Abs. 2 eingreift (RdNr. 68).

3. Nießbrauch und Testamentsvollstreckung. Ihre Voraussetzungen und Besonderheiten im Fall eines Gesellschaftsanteils als Gegenstand des Nießbrauchs oder der Erbschaft sind in § 705 RdNr. 94 ff., 109 ff. behandelt. Hierauf wird verwiesen.

§ 728 Auflösung durch Insolvenz der Gesellschaft oder eines Gesellschafters

(1) ¹**Die Gesellschaft wird durch die Eröffnung des Insolvenzverfahrens über das Vermögen der Gesellschaft aufgelöst.** ²**Wird das Verfahren auf Antrag des Schuldners eingestellt oder nach der Bestätigung eines Insolvenzplans, der den Fortbestand der Gesellschaft vorsieht, aufgehoben, so können die Gesellschafter die Fortsetzung der Gesellschaft beschließen.**

(2) ¹**Die Gesellschaft wird durch die Eröffnung des Insolvenzverfahrens über das Vermögen eines Gesellschafters aufgelöst.** ²**Die Vorschrift des § 727 Abs. 2 Satz 2, 3 findet Anwendung.**

---

[137] EinhM, vgl. BGHZ 57, 186, 188 = NJW 1972, 436; BGHZ 3, 254, 255 = NJW 1952, 102; 4. Aufl. § 2100 RdNr. 1 mwN.
[138] *Hefermehl,* FS Westermann, 1974, S. 223, 228.
[139] Vgl. näher *Stimpel,* FS Rowedder, 1994, S. 477, 481 f.; *J. Timmann* (Fn. 128) S. 92 ff.
[140] Vgl. zum Ganzen auch BGH NJW-RR 1987, 989.
[141] So für das Wahlrecht des Nacherben im Fall eines OHG-Anteils auch *Picot,* Vor- und Nacherbschaft an der Gesellschafterstellung in einer Personenhandelsgesellschaft, 1966, S. 94 f. und *Staub/C. Schäfer* § 139 HGB RdNr. 84 mN zu älteren Gegenansichten.

Übersicht

	RdNr.		RdNr.
I. Einführung	1–3	a) Grundlagen	23, 24
1. Normzweck	1	b) Nach Verfahrenseinstellung	25–27
2. InsO-Hintergrund des Abs. 1	2	c) Nach Bestätigung eines die Fortsetzung der Gesellschaft vorsehenden Insolvenzplans	28–30
3. Zwingende Geltung	3		
II. Gesellschaftsinsolvenz (Abs. 1)	4–30	**III. Gesellschafterinsolvenz (Abs. 2)**	31–44
1. Insolvenzfähigkeit der GbR	4–7	1. Grundlagen	31–33
2. Auflösung	8–14	2. Voraussetzungen	34–36
a) Verfahrenseröffnung	8, 9	3. Rechtsfolgen	37–42
b) Insolvenzgrund	10	a) Insolvenzmasse	37
c) Antragsrecht	11, 12	b) Auseinandersetzung	38
d) Gesellschaft als InsO-Schuldnerin	13, 14	c) Fortgeltung übertragener Geschäftsführung	39
3. Rechtsfolgen	15–22	d) Verbindlichkeiten des Schuldners aus der Gesellschafterstellung	40–42
a) Übergang der Verwaltungsbefugnisse auf den Insolvenzverwalter	15, 16	4. Die Fortsetzung der Gesellschaft	43, 44
b) Insolvenzmasse	17–19	a) Ohne den Gesellschafter/Schuldner	43
c) Gesellschafter als Insolvenzgläubiger	20	b) Mit dem Gesellschafter/Schuldner	44
d) Gesellschafterhaftung (§ 93 InsO)	21, 22		
4. Fortsetzung der Gesellschaft	23–30		

I. Einführung

1. Normzweck. Die Vorschriften des § 728 sehen in Ergänzung des Katalogs der in §§ 723 ff. geregelten Tatbestände im *Gläubigerinteresse* zwei weitere, jeweils **insolvenzbedingte Auflösungsgründe** für die GbR vor. Nach dem neuen **Abs. 1** S. 1 wird die *(Außen-)GbR* durch die Eröffnung des Insolvenzverfahrens über ihr Vermögen aufgelöst; die Regelung trägt der zum 1. 1. 1999 eingeführten Insolvenzfähigkeit der GbR (RdNr. 2) Rechnung. Ergänzend regelt S. 2 die Voraussetzungen für eine Fortsetzung der Gesellschaft nach Einstellung oder Aufhebung des Insolvenzverfahrens. Demgegenüber bestimmt der zu **Abs. 2** gewordene bisherige § 728 als weiteren Auflösungsgrund die Eröffnung des Insolvenzverfahrens über das Vermögen eines *Gesellschafters*; er steht unter dem Vorbehalt einer abweichenden, zum Ausscheiden des Gesellschafters/Schuldners aus der Gesellschaft führenden Fortsetzungsklausel nach § 736 Abs. 1 (vgl. RdNr. 3). Angesichts der höchstrichterlich seit 1999 anerkannten grundsätzlich unbeschränkten Gesellschafterhaftung für Gesellschaftsverbindlichkeiten (§ 714 RdNr. 33 ff.) werden beide Auflösungsgründe trotz getrennter Insolvenzverfahren nicht selten zeitlich zusammenfallen.

2. InsO-Hintergrund des Abs. 1. Die Neuregelung des Abs. 1 beruht auf der zum 1. 1. 1999 in Kraft getretenen InsO als Ergebnis der seit Ende der 1970er Jahre betriebenen *Insolvenzrechtsreform*.[1] Sie hat in **§ 11 Abs. 2 Nr. 1 InsO** die (Außen-)GbR den Personenhandelsgesellschaften insolvenzrechtlich gleichgestellt und sie als eine „Gesellschaft ohne Rechtspersönlichkeit" für insolvenzfähig erklärt. Damit ist einer seit längerem erhobenen rechtspolitischen Forderung entsprochen worden.[2] Zugleich hat sich der jahrzehntelange Streit darüber erledigt, ob und auf welche Weise jedenfalls bei Insolvenz sämtlicher Gesellschafter ein Insolvenzverfahren auch mit Wirkung für das Gesellschaftsvermögen durchgeführt werden kann.[3] Vorbehaltlich der durch die InsO bewirkten generellen Änderungen entspricht das neue Insolvenzverfahren der GbR im Wesentlichen den für das Konkursver-

---

[1] Vgl. dazu statt aller *Häsemeyer* Insolvenzrecht, 3. Aufl. 2003, RdNr. 4.03 ff.
[2] Für Anerkennung der Außen-GbR als insolvenzfähig schon unter der Geltung der KO insbes. *K. Schmidt*, FS 100 Jahre KO, 1977, S. 247, 255 ff.; *ders.* GesR, 3. Aufl. 1997, § 60 IV 3; *Kilger/K. Schmidt*, 16. Aufl. 1993, § 209 KO Anm. 4a; so auch *Hüffer*, FS Stimpel, 1985, S. 165, 185 f.; *Heller*, Der Zivilprozess der GbR, 1989, S. 237 ff.; *Timm* NJW 1995, 3215; aA die hM, vgl. Nachweise in 3. Aufl. § 705 RdNr. 134a Fn. 394 und bei *Prütting* ZIP 1997, 1725, 1728 f. Fn. 27.
[3] Dazu (im Anschluss an BGHZ 23, 307, 314 f. = NJW 1957, 759 und BFH ZIP 1996, 1617, 1618) näher 3. Aufl. RdNr. 13 f.

fahren der OHG schon bisher anerkannten Grundsätzen (vgl. § 209 KO).[4] Hieran kann daher auch für die Auslegung des § 728 Abs. 1 iVm. § 11 Abs. 2 Nr. 1 InsO angeknüpft werden.

3. Zwingende Geltung. Als Vorschriften zum Gläubigerschutz (RdNr. 1) sind die 3 Regelungen des § 728 in ihrem Kern zwingender Natur. Das gilt vor allem für **Abs. 1**; er schließt eine Fortführung der GbR als werbende durch ihre Geschäftsführer als Organe während des Insolvenzverfahrens aus und lässt einen Fortsetzungsbeschluss erst nach Einstellung des Verfahrens oder dessen Aufhebung nach Maßgabe von Abs. 1 S. 2 zu (vgl. näher RdNr. 23 ff.). Demgegenüber steht der Auflösungsgrund des **Abs. 2** unter dem Vorbehalt einer gesellschaftsvertraglichen Fortsetzungsklausel (§ 736 Abs. 1) oder eines im Gesellschaftsvertrag zugelassenen Fortsetzungsbeschlusses (vgl. § 737 RdNr. 7). Das ist für die Eigen-(Privat-)Gläubiger des Gesellschafters/Schuldners schon deshalb hinnehmbar, weil dem Insolvenzverwalter dadurch der erleichterte Zugriff auf den mit dessen Ausscheiden entstehenden Abfindungsanspruch (§ 738 Abs. 1 S. 2) eröffnet wird. Zum Gläubigerschutz gegen Abfindungsklauseln, die speziell für den Pfändungs- oder Insolvenzfall eine (ggf. zusätzliche) Beschränkung des Abfindungsanspruchs vorsehen, vgl. § 738 RdNr. 47 f.

II. Gesellschaftsinsolvenz (Abs. 1)

1. Insolvenzfähigkeit der GbR. Die Insolvenzfähigkeit der GbR ist – dem Vorbild der 4 Personenhandelsgesellschaften (OHG und KG) und der Partnerschaftsgesellschaft folgend – in **§ 11 Abs. 2 Nr. 1 InsO** gesetzlich anerkannt; die Regelung ist, ebenso wie die Neufassung des § 728 Abs. 1, seit 1. 1. 1999 in Kraft (RdNr. 2). Sie bezeichnet die GbR als „Gesellschaft ohne Rechtspersönlichkeit" und stellt sie damit auf die gleiche Stufe wie die OHG, KG und PartG. Diese insolvenzrechtliche Wertung hat zwar keine unmittelbaren Auswirkungen auf die lange umstrittene materiellrechtliche Qualifikation der GbR als Sondervermögen oder Rechtssubjekt; sie korrespondiert jedoch im Ergebnis mit der im Jahr 2001 erreichten höchstrichterlichen Anerkennung der (Außen-)GbR als rechtsfähiger Verband (vgl. näher § 705 RdNr. 303 ff.). Es ist daher nur folgerichtig, auch für die insolvenzrechtliche Behandlung der GbR zu weitgehenden Parallelen mit derjenigen einer insolventen OHG zu gelangen.

Die Insolvenzfähigkeit der GbR setzt das Vorhandensein eines als *Insolvenzmasse* (§ 35 5 InsO) in Betracht kommenden *Gesellschaftsvermögens* voraus. Sie bezieht sich daher in erster Linie auf die **Außen-GbR**. Darauf, ob diese – im Sinne einer höherstufigen, über eigene Identitätsausstattung (Name und Sitz) und über Organe verfügenden Gesamthand – alle Erfordernisse zur Anerkennung als rechts- und parteifähig erfüllt (vgl. § 705 RdNr. 305 f.), kommt es angesichts des auf Abwicklung der Insolvenzmasse im Gläubigerinteresse gerichteten Insolvenzzwecks nicht an. Erforderlich ist allerdings neben dem Gesellschaftsvermögen auch das – für Außengesellschaften typische – Vorhandensein von Gesellschaftsgläubigern; dies schon deshalb, weil es anderenfalls an einem Insolvenzgrund (RdNr. 10) fehlt. Mit diesem Vorbehalt gilt die Insolvenzfähigkeit für alle Außengesellschaften.[5] Auch die Insolvenzfähigkeit einer *fehlerhaften* Gesellschaft ist nach Vollzugsbeginn anzuerkennen.[6]

Die Insolvenzfähigkeit der Außen-GbR erstreckt sich auch auf das **Liquidationsstadi-** 6 **um**.[7] Dass die Auflösung in derartigen Fällen schon aus anderen Gründen eingetreten ist, steht wegen des besonderen Zwecks des Insolvenzverfahrens und wegen des Übergangs der Kompetenzen von den GbR-Liquidatoren (§ 730 Abs. 2 aE) auf den Insolvenzverwalter nicht entgegen. Erst mit der Vollbeendigung der GbR durch Verteilung des gesamten

---

[4] Vgl. dazu insbes. die grundlegenden Erl. von *Jaeger/Weber*, 8. Aufl. 1973, zu §§ 209, 210 KO.
[5] EinhM, vgl. statt aller MünchKommInsO/*Ott* § 11 RdNr. 50; *Kübler/Prütting/Lüke* § 93 InsO RdNr. 46; *Häsemeyer* InsR RdNr. 31.70; *K. Schmidt* ZGR 1998, 633, 640.
[6] Vgl. nur MünchKommInsO/*Ott* § 11 RdNr. 47; HK-InsO/*Kirchhof*, 4. Aufl. 2006, § 11 RdNr. 9; *Häsemeyer* InsR RdNr. 31.05; so bereits *Jaeger/Weber*, 8. Aufl. 1973, §§ 209, 210 KO RdNr. 4, 7 (ebenso wieder *Jaeger/Ehricke* InsO, 2004, § 11 RdNr. 64).
[7] HM, vgl. HK-InsO/*Kirchhof*, 4. Aufl. 2006, § 11 RdNr. 25; *Kübler/Prütting/Prütting* § 11 InsO RdNr. 32; *Häsemeyer* InsR RdNr. 31.05; *K. Schmidt* ZGR 1998, 636.

Vermögens entfällt auch die Insolvenzfähigkeit (§ 11 Abs. 3 InsO). Schon zuvor wird eine Verfahrenseröffnung freilich nicht selten an der infolge fortschreitender Liquidation unzureichend gewordenen Masse scheitern (§ 26 InsO).

7 Für **Innengesellschaften** ist die Insolvenzfähigkeit nach dem Vorstehenden (RdNr. 5) jedenfalls dann abzulehnen, wenn sie – als Innen-GbR ieS (§ 705 RdNr. 282) – kein Gesellschaftsvermögen besitzen; für ein Insolvenzverfahren ist hier von vornherein kein Raum.[8] Entsprechendes ist typischerweise aber auch für die Innen-GbR iwS (§ 705 RdNr. 279) anzunehmen, die – wie die Ehegatten-Grundstücksgesellschaft (§ 705 RdNr. 283) – zwar mit Gesellschaftsvermögen ausgestattet, von den Beteiligten aber nicht zur Teilnahme am Rechtsverkehr bestimmt ist. Insoweit fehlt es mangels Außenhandelns als GbR regelmäßig an Gesellschaftsverbindlichkeiten. Schon deshalb besteht kein Bedarf für ein GbR-Insolvenzverfahren.[9] Kommt es zu ihrer Auflösung durch Gesellschafterinsolvenz (§ 728 Abs. 2), so kann die Abwicklung des Gesellschaftsvermögens unter Mitwirkung des oder der für jene Verfahren bestellten Insolvenzverwalter als GbR-Liquidatoren im Rahmen der §§ 730 ff. erfolgen, ohne dass es eines besonderen, auf das GbR-Vermögen bezogenen Insolvenzverfahrens bedarf (vgl. RdNr. 38).

8 **2. Auflösung. a) Verfahrenseröffnung.** Nach dem eindeutigen Wortlaut des Abs. 1 S. 1 tritt die Auflösung durch die „Eröffnung des Insolvenzverfahrens" ein, dh. mit dem **Wirksamwerden des Eröffnungsbeschlusses** des Insolvenzgerichts nach § 27 Abs. 1 InsO. Maßgebend hierfür ist die richterliche Unterzeichnung des Beschlusses und dessen Herausgabe durch die Geschäftsstelle zum Zwecke der Bekanntgabe;[10] auf die Rechtskraft des Beschlusses oder auf dessen Zugang bei der GbR bzw. ihren Geschäftsführern kommt es nicht an. Wird der Eröffnungsbeschluss im Beschwerdeverfahren aufgehoben, so entfällt rückwirkend auch der Auflösungsgrund. Die Gesellschaft wird wieder zur werbenden.[11] Zwischenzeitliche Geschäftsführungsmaßnahmen durch die Abwickler bleiben zwar wirksam;[12] sie sind jedoch – soweit möglich und durch die Zweckänderung geboten – rückgängig zu machen. – Die in §§ 270 bis 285 InsO geregelte Anordnung der **Eigenverwaltung** der Insolvenzmasse durch den Schuldner unter der Aufsicht eines Sachwalters ist eine Sonderform des Insolvenzverfahrens[13] mit zumindest partieller Einschränkung der Verfügungsbefugnis der Gesellschaftsorgane.[14] Sie führt daher ebenfalls zur Auflösung der Gesellschaft nach Abs. 1 S. 1.

9 Die **Anordnung vorläufiger Sicherungsmaßnahmen** (§ 21 InsO) oder die Einsetzung eines vorläufigen Insolvenzverwalters (§ 22 InsO) ist von den Gesellschaftsorganen zwar zu respektieren; sie lässt das Fortbestehen der GbR als werbende jedoch zunächst noch unberührt.[15] Entsprechendes gilt a fortiori für die Stellung des Insolvenzantrags.[16] Kein Auflösungsgrund ist auch der Beschluss über die **Abweisung des Insolvenzantrags mangels Masse** (§ 26 InsO);[17] für seinen Erlass kommt es nur auf den Stand des Gesellschaftsver-

---

[8] EinhM, vgl. HK-InsO/*Kirchhof*, 4. Aufl. 2006, § 11 RdNr. 16; *Kübler/Prütting/Prütting* § 11 InsO RdNr. 23; MünchKommInsO/*Ott* § 11 RdNr. 53; *K. Schmidt* ZGR 1998, 640; *Soergel/Hadding/Kießling* RdNr. 2.

[9] So zutr. *Prütting* ZIP 1997, 1731 f. entgegen teilweise abw. Abgrenzungsversuchen; zust. *Soergel/Hadding/Kießling* RdNr. 2.

[10] Vgl. nur *Jaeger/Weber*, 8. Aufl. 1973, § 108 KO RdNr. 1; *Soergel/Hadding/Kießling* RdNr. 5.

[11] Vgl. allg. MünchKommInsO/*Schmahl* § 80 RdNr. 86 ff.; wie hier auch *Baumbach/Hopt* § 131 HGB RdNr. 13; *Staub/C. Schäfer* § 131 HGB RdNr. 28; *Soergel/Hadding/Kießling* RdNr. 4; *Erman/Westermann* RdNr. 5; *Staudinger/Habermeier* RdNr. 7; aA *Steines*, Die faktisch aufgelöste OHG, 1964, S. 23, 62 für den Fall, dass mit der Abwicklung schon begonnen war (zu § 728 a. F.).

[12] § 34 Abs. 3 S. 3 InsO; dazu MünchKommInsO/*Schmahl* § 34 RdNr. 92 ff.

[13] Vgl. näher *Häsemeyer* InsR RdNr. 8.01 ff., 8.05.

[14] *Häsemeyer* InsR RdNr. 8.17 f.

[15] So auch *Baumbach/Hopt* § 131 HGB RdNr. 13; zweifelnd wohl *K. Schmidt* ZGR 1998, 646.

[16] *Baumbach/Hopt* § 131 HGB RdNr. 13.

[17] Ganz hM, vgl. (jeweils zur KG) BGHZ 75, 178, 181 = NJW 1980, 233; BGHZ 96, 151, 154 = NJW 1986, 850; BGH NJW 1995, 196; *Soergel/Hadding/Kießling* RdNr. 11; *Bamberger/Roth/Timm/Schöne* RdNr. 6; *Baumbach/Hopt* § 131 HGB RdNr. 13; *Heymann/Emmerich* § 131 HGB RdNr. 10; *Staub/C. Schäfer* § 131

mögens an, ohne Berücksichtigung der Leistungen, mit denen auf Grund der akzessorischen Gesellschafterhaftung zu rechnen ist (RdNr. 22).[18] Demgegenüber lässt die *spätere Einstellung des Verfahrens* mangels Masse (§ 207 InsO) die Auflösungswirkung nicht entfallen. Sie eröffnet den Gesellschaftern jedoch die Möglichkeit, die Fortsetzung zu beschließen und die GbR dadurch wieder in eine werbende umzuwandeln.[19]

b) Insolvenzgrund. Der allgemeine Eröffnungsgrund der **Zahlungsunfähigkeit** (§ 17 InsO) ist auch für die GbR maßgebend; er entfällt nicht dadurch, dass die akzessorisch haftenden Gesellschafter selbst zahlungsfähig sind.[20] Eine Eröffnung wegen *drohender Zahlungsunfähigkeit* (vgl. § 18 Abs. 1 und 2 InsO) setzt nach § 18 Abs. 3 InsO voraus, dass alle Gesellschafter den entsprechenden Antrag stellen. *Überschuldung* kommt bei der GbR als Eröffnungsgrund nur nach § 19 Abs. 3 InsO und zwar dann in Betracht, wenn es sich ausnahmsweise – nach Art der typischen GmbH & Co. KG – um eine Gesellschaft ohne natürliche Personen als voll haftende Gesellschafter handelt.

c) Antragsrecht. Das Recht, Insolvenzantrag zu stellen, steht – neben den Gläubigern, vgl. § 14 Abs. 1 InsO – nach § 15 Abs. 1 InsO auch jedem persönlich haftenden Gesellschafter einer Personengesellschaft zu; das ist im Fall einer (Außen-)GbR **jeder Gesellschafter** (vgl. § 714 RdNr. 40). Einer *Glaubhaftmachung* des Eröffnungsgrundes bedarf es nach § 15 Abs. 2 InsO nur, wenn nicht alle Gesellschafter den Antrag stellen. Ist Zahlungsunfähigkeit eingetreten, so liegt in der Antragstellung durch einen Gesellschafter regelmäßig auch dann kein Treupflichtverstoß, wenn sein Vorgehen sich für die Gesellschaft als kreditschädlich erweist. Anderes kommt dann in Betracht, wenn aussichtsreiche Sanierungsbemühungen im Gang sind, die durch das einseitige Vorgehen des Antragstellers gefährdet oder vereitelt werden.

Eine **Antragspflicht** für die Gesellschafter oder Organe einer GbR ist *insolvenzrechtlich nicht* vorgesehen; eine Ausnahme gilt analog § 130a HGB nur für Gesellschaften ohne natürliche Personen als voll haftende Gesellschafter. Allerdings kann sich eine derartige Pflicht für die vertretungsbefugten Gesellschafter auf Grund ihrer *zivilrechtlichen Sorgfaltspflichten als Geschäftsführer* ergeben;[21] zu diesen gehört auch das rechtzeitige Einleiten von Sanierungsmaßnahmen sowie die Vermeidung weiterer, die persönlich haftenden Gesellschafter auch mit ihrem Privatvermögen treffender Verluste.

d) Gesellschaft als InsO-Schuldnerin. Die Schuldnerrolle kommt im Insolvenzverfahren nach zutreffender neuerer Ansicht nicht den Gesellschaftern zu, sondern der Gesellschaft als solcher.[22] Diese Beurteilung deckt sich mit der Anerkennung der Gesellschaft als insolvenzfähig durch § 11 Abs. 2 Nr. 1 InsO. Dementsprechend ist *Zustellungsadressat* für den Eröffnungsbeschluss (§ 30 Abs. 2 InsO) die GbR als solche; ihr und nicht den Gesellschaftern persönlich steht auch die Beschwerdebefugnis nach § 34 InsO zu.[23] Der Insolvenz-

---

HGB RdNr. 35; zweifelnd allerdings MünchKommHGB/*K. Schmidt* § 131 RdNr. 22; s. ferner *Staudinger/Habermeier* RdNr. 7 (Marktbereinigungsfunktion des § 728 spricht auch insofern für Auflösung).

[18] Die für Kapitalgesellschaften geltenden abw. Vorschriften (vgl. § 262 Abs. 1 Nr. 4 AktG, § 60 Abs. 1 Nr. 5 GmbHG) finden auf Personengesellschaften vorbehaltlich § 131 Abs. 2 Nr. 1 HGB keine Anwendung.

[19] Ebenso *Jaeger/Weber*, 8. Aufl. 1973, §§ 209, 210 KO RdNr. 39; *Häsemeyer* InsR RdNr. 31.08; *K. Schmidt* ZGR 1998, 635; ferner *Bamberger/Roth/Timm/Schöne* RdNr. 3. Zum Fortsetzungsbeschluss in derartigen Fällen vgl. RdNr. 27.

[20] So zutr. *Jaeger/Müller* InsO, 2004, § 17 RdNr. 18; vgl. auch *Soergel/Hadding/Kießling* RdNr. 4; *Staudinger/Habermeier* RdNr. 9.

[21] Vgl. BGH NJW 1960, 434 betr. die aus der Treupflicht folgende Pflicht der Gesellschafter, der Auflösung einer auf Dauer unrentablen Gesellschaft zuzustimmen.

[22] Vgl. dazu eingehend *Hans-Fr. Müller*, Der Verband in der Insolvenz, 2002, S. 46 ff., 53 f.; so auch *Soergel/Hadding/Kießling* RdNr. 6; MünchKommInsO/*Ott* § 80 RdNr. 113; MünchKommHGB/*K. Schmidt* § 124 RdNr. 34; *K. Schmidt* ZGR 1998, 642; *Staub/Habersack* § 124 HGB RdNr. 44; *Staub/C. Schäfer* § 131 HGB RdNr. 36; *Baumbach/Hopt* 124 HGB RdNr. 46; aA noch *Jaeger/Ehricke* InsO, 2004, § 11 RdNr. 71 mwN; *Armbruster*, Die Stellung des haftenden Gesellschafters in der Insolvenz, 1996, S. 22; *Häsemeyer* InsR RdNr. 31.10.

[23] Anders wohl MünchKommInsO/*Schmahl* § 34 RdNr. 45.

§ 728 14–18 Abschnitt 8. Titel 16. Gesellschaft

vermerk nach § 32 Abs. 1 InsO ist bei den für die GbR im *Grundbuch* eingetragenen Grundstücken oder sonstigen dinglichen Rechten einzutragen.[24]

14 Die Erfüllung der **Auskunftspflicht** gegenüber dem Insolvenzgericht und den sonstigen Beteiligten nach §§ 20 Abs. 1, 97 InsO sowie die Abgabe der sonstigen Erklärungen für die GbR als Schuldnerin bzw. das Gebrauchmachen von Rechtsmitteln ist nach § 101 Abs. 1 S. 1 InsO Sache der *vertretungsberechtigten* Gesellschafter (RdNr. 16). **Anderes** gilt für solche Handlungen wie die interne Beschlussfassung über einen Insolvenzplan (RdNr. 29) oder die Zustimmung zur Fortsetzung der Gesellschaft nach Einstellung oder Aufhebung des Insolvenzverfahrens (RdNr. 23 ff.); als Grundlagengeschäfte fallen sie in die Kompetenz *aller* Gesellschafter (RdNr. 16).

15 **3. Rechtsfolgen. a) Übergang der Verwaltungsbefugnisse auf den Insolvenzverwalter.** Die Eröffnung des Insolvenzverfahrens führt nach § 80 Abs. 1 InsO zum Übergang der Rechte und Pflichten der Geschäftsführer, das Gesellschaftsvermögen zu verwalten und darüber zu verfügen, auf den Insolvenzverwalter.[25] Er wird an Stelle der Gesellschafter als **Liquidator** der aufgelösten GbR tätig; seine Aufgaben bestimmen sich nicht nach §§ 730 ff., sondern nach den an deren Stelle tretenden Vorschriften der InsO (vgl. § 730 Abs. 1 aE). Zur Änderung des Gesellschaftsvertrags oder zu sonstigen, den Liquidationszweck überschreitenden Einwirkungen auf die Gesellschaftsgrundlagen ist der Insolvenzverwalter nicht berechtigt.

16 Die Funktionen und Kompetenzen der **Gesellschafter** beschränken sich infolge der Insolvenzeröffnung auf die ihnen nach Maßgabe des Insolvenzrechts verbleibenden Bereiche. So sind die *geschäftsführenden* Gesellschafter berufen, für die GbR als Schuldnerin (RdNr. 13) die gebotenen Auskünfte zu erteilen und die sonstigen erforderlichen Erklärungen abzugeben.[26] Zu ihren Aufgaben gehört auch ein etwaiger Widerspruch namens der GbR gegen die Anmeldung von Insolvenzforderungen zur Tabelle[27] und die Prozessführung gegen eine hiergegen vom Gläubiger angestrengte Klage. Demgegenüber sind Reorganisationsmaßnahmen, die im darstellenden Teil eines Insolvenzplans vorgesehen sind und zur Änderung der Gesellschaftsgrundlagen führen (vgl. RdNr. 28), und sonstige Grundlagenbeschlüsse Sache *aller* Gesellschafter im Rahmen der ihnen im Grundsatz verbleibenden, wenn auch durch den vorrangigen Liquidationszweck eingeschränkten Organisationskompetenz.[28] Sie haben nach § 230 Abs. 1 S. 2 InsO auch gemeinsam zu erklären, ob sie zu der im Insolvenzplan vorgesehenen Fortführung der GbR bereit sind (vgl. näher RdNr. 29).

17 **b) Insolvenzmasse.** Der Verwaltungs- und Verfügungsbefugnis des Insolvenzverwalters unterliegt – als Insolvenzmasse (§ 35 InsO) – das *gesamte Gesellschaftsvermögen* der GbR. Für die Anerkennung sog. massefreien Vermögens einer insolventen Gesellschaft, das den Gesellschaftern zur Disposition verbleibt, ist unter der Geltung der InsO kein Raum;[29] § 36 InsO greift nicht ein.

18 Zur Masse gehören auch die sog. **Sozialansprüche,** dh. auf dem Gesellschaftsvertrag beruhende Ansprüche der Gesellschaft gegen ihre Mitglieder, sei es auf Leistung ausstehender Einlagen, auf Schadensersatz wegen Sorgfalts- oder Treupflichtverletzung oder auf Herausgabe des Erlangten aus der Geschäftsbesorgung.[30] Ebenso wie die GbR bzw. ihre Geschäftsführer sind auch die Mitgesellschafter persönlich wegen des Insolvenzbeschlags

---

[24] So zutr. LG Leipzig Rpfleger 2000, 111; MünchKommInsO/*Ott* § 11 RdNr. 50; zur Grundbucheintragung von GbR-Grundstücken vgl. § 705 RdNr. 312 ff.
[25] MünchKommInsO/*Ott* § 80 RdNr. 7, 43 f.; eingehend *Müller* (Fn. 22) S. 105 ff.
[26] *K. Schmidt* ZGR 1998, 645; MünchKommInsO/*Ott* § 80 RdNr. 112; eingehend *Müller* (Fn. 22) S. 92 ff.
[27] Vgl. *Smid* InsO, 2. Aufl. 2001, § 184 RdNr. 1; *Müller* (Fn. 22) S. 89; grdlg. *Jaeger/Weber*, 8. Aufl. 1973, §§ 209, 210 KO RdNr. 22.
[28] *Häsemeyer* InsR RdNr. 31.11; *K. Schmidt* ZGR 1998, 645; *Soergel/Hadding/Kießling* RdNr. 8.
[29] So zutr. *K. Schmidt* GesR § 11 VI 4 b bb und ZGR 1998, 637 f.; eingehend *Müller* (Fn. 22) S. 25 ff., 45; *Staub/C. Schäfer* § 131 HGB RdNr. 32; aA unter Hinweis auf § 32 Abs. 3 InsO *Staub/Habersack* § 145 HGB RdNr. 56.
[30] Vgl. nur *Jaeger/Müller* InsO, 2004, § 35 RdNr. 202, 205; *Kübler/Prütting/Noack* InsO, Sonderband 1 (Gesellschaftsrecht), 1999, RdNr. 471.

Auflösung durch Insolvenz der Gesellschaft oder eines Gesellschafters   19–21 § 728

gehindert, derartige Ansprüche im Wege der actio pro socio (§ 705 RdNr. 204) geltend zu machen.[31] Auf *Einreden* können sich die Gesellschafter gegenüber dem Insolvenzverwalter nur berufen, soweit dem nicht der Insolvenzzweck entgegensteht; Letzteres ist etwa mit Blick auf die Stundung der Einlagen oder auf das im Gesellschaftsvertrag enthaltene Erfordernis eines Beschlusses der Gesellschafter als Voraussetzung ihrer Einforderung der Fall.[32] Sofern *Nachschusspflichten* oder Einlagenerhöhungen in den engen Grenzen des § 707 (§ 707 RdNr. 7 f.) aufgrund einer gesellschaftsvertraglichen Regelung mehrheitlich beschlossen werden können, ist zu ihrer Begründung allerdings ein entsprechender Beschluss unerlässlich. Ohne ihn fehlt es an Sozialansprüchen, die der Insolvenzverwalter geltend machen könnte.[33]

Verlangt der Insolvenzverwalter Erfüllung einer im Gesellschaftsvertrag vorgesehenen **19 entgeltlichen Beitragspflicht,** etwa die weitere Gebrauchsüberlassung eines Gesellschaftergrundstücks, so übt er damit sein Wahlrecht nach § 103 Abs. 1 InsO aus und begründet eine Masseverbindlichkeit nach § 55 Abs. 1 Nr. 2 InsO in Höhe des Entgelts; der Gesellschafter wird insoweit Massegläubiger. Dass Entsprechendes auch mit Bezug auf die gesellschaftsvertraglich vorgesehene Geschäftsführervergütung gilt, wenn der Verwalter sich für Fortsetzung der Geschäftsführertätigkeit des Gesellschafters entscheidet,[34] ist schon wegen der Rechtsnatur dieser Vergütung als Gewinnvoraus (§ 709 RdNr. 32 f.) abzulehnen. Im Übrigen trifft § 101 Abs. 1 S. 3 iVm. § 100 InsO hierfür anderweitige Vorsorge.

c) **Gesellschafter als Insolvenzgläubiger.** Rückständige Forderungen auf Aufwen- **20** dungsersatz, etwa wegen Tilgung von Gesellschaftsschulden, oder Drittgläubigerforderungen können die Gesellschafter als Insolvenzforderungen anmelden, soweit sie aus der Zeit vor Insolvenzeröffnung stammen.[35] Auch der Abfindungsanspruch eines vor Insolvenzeröffnung ausgeschiedenen Gesellschafters bildet eine Insolvenzforderung.[36] Demgegenüber sind etwaige Sozialverbindlichkeiten aus der Zeit nach Insolvenzeröffnung undurchsetzbar, soweit ein Insolvenzplan keine Abweichungen vorsieht.

d) **Gesellschafterhaftung (§ 93 InsO).** Die Gesellschafterhaftung analog § 128 HGB **21** für *bis zur Insolvenzeröffnung entstandene Verbindlichkeiten* der Gesellschaft (vgl. § 38 InsO) besteht trotz Eröffnung des Insolvenzverfahrens unverändert fort, soweit sie nicht durch einen Insolvenzplan eingeschränkt oder erlassen wird (RdNr. 28); anderes gilt für Neuverbindlichkeiten aus dem Handeln des Insolvenzverwalters.[37] Allerdings geht das Recht zu ihrer Geltendmachung nach § 93 InsO auf den *Insolvenzverwalter* über, um für gleichmäßige Befriedigung der Insolvenzgläubiger zu sorgen und einen Gläubigerwettlauf zu vermeiden.[38] Schwebende Prozesse von Gesellschaftsgläubigern gegen Gesellschafter, die analog § 240 ZPO bzw. § 17 Abs. 1 S. 1 AnfG durch Insolvenzeröffnung bei der GbR unterbrochen werden,[39] kann der Insolvenzverwalter nach § 85 InsO aufneh-

---

[31] *Baumbach/Hopt* § 124 HGB RdNr. 46.
[32] So bereits *Jaeger/Weber*, 8. Aufl. 1973, §§ 209, 210 KO RdNr. 30; *Hueck* OHG § 26 IV.
[33] Vgl. nur *Jaeger/Weber* und *Hueck* (Fn. 32); *Bamberger/Roth/Timm/Schöne* RdNr. 5. Zur Haftung der Gesellschafter wegen eines nach § 735 auszugleichenden Fehlbetrags vgl. RdNr. 40.
[34] So *Häsemeyer* InsR RdNr. 31.22, freilich unter unzutr. Berufung auf *Jaeger/Weber*, 8. Aufl. 1973, §§ 209, 210 KO RdNr. 26.
[35] *Kübler/Prütting/Lüke* § 93 InsO RdNr. 19; *Häsemeyer* InsR RdNr. 31.22, 31.24; *Noack* (Fn. 30) RdNr. 460.
[36] BGHZ 27, 51, 59 = NJW 1958, 787; *Jaeger/Weber*, 8. Aufl. 1973, §§ 209, 210 KO RdNr. 27; *Noack* (Fn. 30) RdNr. 461.
[37] Vgl. nur MünchKommInsO/*Brandes* § 93 RdNr. 7 ff.; *Häsemeyer* InsR RdNr. 31.16; *Müller* (Fn. 22) S. 233 ff.; *Soergel/Hadding/Kießling* RdNr. 7.
[38] So zutr. OLG Jena NZG 2002, 172, 173 (zur GbR); so auch *Soergel/Hadding/Kießling* RdNr. 6; *Staudinger/Habermeier* RdNr. 7; *Bamberger/Roth/Timm/Schöne* RdNr. 6. – Zum auf Gläubigergleichbehandlung gerichteten Normzweck des § 93 vgl. MünchKommInsO/*Brandes* § 93 RdNr. 1; HK-InsO/*Eickmann*, 4. Aufl. 2006, § 93 RdNr. 1; *Kübler/Prütting/Lüke* § 93 InsO RdNr. 3; *Gerhardt* ZIP 2000, 218 f. (ganz hM); aA aber *Brinkmann* ZGR 2003, 264, 267 ff., 272 ff.: Verbesserung der Sanierungs- und Reorganisationsaussichten im Gesellschaftsinteresse.
[39] Die Analogiegrundlage ist umstr.; für § 17 Abs. 1 S. 1 AnfG BGH NJW 2003, 590, 591 mN zum Meinungsstand.

men.[40] Die Gesellschafter können die Erfüllung dieser Ansprüche insoweit verweigern, als offensichtlich ist, dass die entsprechenden Leistungen nicht für die Zwecke des Insolvenzverfahrens benötigt werden.[41] Außerdem verbleibt ihnen das Recht, sich gegenüber dem Insolvenzverwalter analog § 129 Abs. 1 bis 3 HGB auf Einwendungen und Einreden der Gesellschaft und daneben auf eigene Einreden zu berufen. Aus diesem Grunde sind sie auch persönlich berechtigt, der Anmeldung von Gläubigerforderungen zur Insolvenztabelle (§ 174 InsO) zu widersprechen.[42] Auf Ansprüche von Gesellschaftsgläubigern gegen Gesellschafter aus der Einräumung persönlicher oder dinglicher Sicherheiten ist § 93 InsO nicht anwendbar.[43]

22 Leistungen, die der Insolvenzverwalter bei den Gesellschaftern nach § 93 InsO beitreibt, sind in eine **Sondermasse** zugunsten der Insolvenzgläubiger einzustellen und im Zuge des Verfahrens anteilig unter ihnen zu verteilen. Die Massegläubiger und die Inhaber von Aussonderungs- oder Absonderungsrechten nehmen an dieser Verteilung nicht teil. Die Grundlage für die Verteilung bilden die zur Insolvenztabelle der Gesellschaft angemeldeten, unbestrittenen oder rechtskräftig festgestellten Forderungen. Für *Massekosten* hat die Sondermasse *nicht* einzustehen;[44] anderes gilt für die Kosten der Rechtsverfolgung nach § 93 InsO. Dementsprechend bleibt die Chance ihrer Beitreibung auch insoweit außer Betracht, als es um die Prüfung der Frage geht, ob das Gesellschaftsvermögen voraussichtlich ausreicht, um die Verfahrenskosten zu decken, oder ob der Insolvenzantrag nach § 26 Abs. 1 InsO mangels Masse abzuweisen ist.[45] Für *Leistungen ausgeschiedener Gesellschafter* im Rahmen ihrer Nachhaftung (§ 736 RdNr. 21 f.), die ebenfalls von § 93 InsO erfasst wird,[46] sind weitere Sondermassen zugunsten der jeweils begünstigten Altgläubiger zu bilden.[47]

23 **4. Fortsetzung der Gesellschaft. a) Grundlagen.** Sie setzt nach der dem § 144 aF HGB nachgebildeten Vorschrift des Abs. 1 S. 2 die vorzeitige *Beendigung des Insolvenzverfahrens vor (Schluss-)Verteilung der Insolvenzmasse* voraus, sei es durch Einstellung des Verfahrens auf Antrag der Gesellschaft (RdNr. 25) oder durch dessen Aufhebung nach rechtskräftiger Bestätigung eines den Fortbestand der Gesellschaft vorsehenden Insolvenzplans (RdNr. 28). Hinzukommen muss ein **Fortsetzungsbeschluss** der Gesellschafter (vgl. § 736 RdNr. 17).

24 Die **Ablehnung der Eröffnung** des Insolvenzverfahrens, entweder *mangels Glaubhaftmachung* des Eröffnungsgrunds (§§ 14 Abs. 1, 15 Abs. 2 InsO) oder *auf Beschwerde* der Gesellschaft (§ 34 Abs. 2), lässt die in Abs. 1 S. 1 angeordnete Auflösung nicht eintreten (RdNr. 8 f.). Entsprechendes gilt abweichend von der Rechtslage bei Kapitalgesellschaften[48] bei Abweisung des Eröffnungsantrags *mangels Masse* (§ 26 Abs. 1 InsO). Daher bedarf es in derartigen Fällen für die Fortsetzung der Gesellschaft auch keines Beschlusses der Gesellschafter. Nicht ausgeschlossen ist in derartigen Fällen freilich, dass ex lege eine Auflösung nach § 726 wegen Zweckverfehlung eintritt.

---

[40] BGH NJW 2003, 590, 591; MünchKommInsO/*Ott* § 80 RdNr. 84.
[41] *Kübler/Prütting/Lüke* § 93 InsO RdNr. 22 f.; weitergehend (Inanspruchnahme nur, soweit erforderlich) MünchKommInsO/*Brandes* § 93 RdNr. 25; *Baumbach/Hopt* § 128 HGB RdNr. 46; *Noack* (Fn. 30) RdNr. 512; *Soergel/Hadding/Kießling* RdNr. 6; *Staudinger/Habermeier* RdNr. 13.
[42] *Kübler/Prütting/Lüke* § 93 InsO RdNr. 32; *Baumbach/Hopt* § 128 HGB RdNr. 46; *Häsemeyer* InsR RdNr. 31.10, 31.18 (unter Hinweis auf §§ 178 Abs. 2, 201 Abs. 2 InsO); *Müller* (Fn. 22) S. 254 f.
[43] BGH WM 2002, 1361, 1363; LG Bayreuth ZIP 2001, 1782, 1783; *Kübler/Prütting/Lüke* § 93 InsO RdNr. 18; MünchKommInsO/*Brandes* § 93 RdNr. 21; *Soergel/Hadding/Kießling* RdNr. 6; aA für Personalsicherheiten *Bork* NZI 2002, 362 ff.; HK-InsO/*Eickmann*, 4. Aufl. 2006, § 93 RdNr. 4; *Oepen*, Massefremde Masse, 1999, RdNr. 272; unter Beschränkung auf die Sperrwirkung des § 93 InsO auch *Brinkmann* ZGR 2003, 264, 277 f.
[44] HM, vgl. MünchKommInsO/*Brandes* § 93 RdNr. 10; *Kübler/Prütting/Lüke* § 93 InsO RdNr. 26; *Häsemeyer* InsR RdNr. 31.16; *Armbruster* (Fn. 22) S. 192.
[45] So entgegen der RegBegr. (BT-Drucks. 12/2443 S. 140) zu Recht *Häsemeyer* InsR RdNr. 31.13, 31.16; *Kübler/Prütting/Lüke* § 93 InsO RdNr. 26; *Brinkmann*, Die Bedeutung der §§ 92, 93 InsO für den Umfang der Insolvenz- und Sanierungsmasse, 2001, S. 132 f.; aA MünchKommInsO/*Brandes* § 93 RdNr. 10; *Müller* (Fn. 22) S. 245 ff., 247.
[46] So zutr. *Kübler/Prütting/Lüke* § 93 InsO RdNr. 25; MünchKommInsO/*Brandes* § 93 RdNr. 6; *Gerhardt* ZIP 2000, 2181, 2182 f.
[47] Vgl. *Kübler/Prütting/Lüke* § 93 InsO RdNr. 25; *Armbruster* (Fn. 22) S. 190 ff.; *Müller* (Fn. 22) S. 256 f.
[48] Vgl. Nachweise in Fn. 18.

b) Nach Verfahrenseinstellung. Abs. 1 S. 2 lässt einen Fortsetzungsbeschluss der Ge- 25
sellschafter zu, wenn die Einstellung des Verfahrens auf **Antrag der Gesellschaft** als
Schuldner erfolgt. In Betracht kommen *zwei Fälle:* (1) die Einstellung nach § 212 InsO unter
der Voraussetzung, dass die Gesellschaft das Fehlen der Eröffnungsgründe glaubhaft macht,
und (2) diejenige nach § 213 InsO mit Zustimmung aller Insolvenzgläubiger. Der Einstellungsbeschluss ist nach § 215 Abs. 1 InsO öffentlich bekannt zu machen, wobei die Beteiligten vorab zu unterrichten sind; er unterliegt nach § 216 InsO der Anfechtung durch jeden
Insolvenzgläubiger. Als Folge der Einstellung erlangt der Schuldner nach § 215 Abs. 2 InsO
wieder das Recht, über die verbliebene Insolvenzmasse frei zu verfügen. Daher steht sodann
auch einem Fortsetzungsbeschluss der Gesellschafter nichts entgegen.

Zwei weitere, in Abs. 1 S. 2 *nicht* erwähnte Einstellungsgründe finden sich in §§ 207, 211 26
InsO für den Fall der **Massearmut.** Sie greifen ein, wenn sich entweder nach Verfahrenseröffnung herausstellt, dass die Insolvenzmasse nicht zur Deckung der Verfahrenskosten
ausreicht (§ 207 InsO), oder wenn der Insolvenzverwalter nach § 208 InsO dem Gericht die
Masseunzulänglichkeit anzeigt; in diesem Fall hat er aus den noch vorhandenen Mitteln die
Massegläubiger nach Maßgabe von § 209 InsO vor Einstellung des Verfahrens (§ 211 InsO)
zu befriedigen.

Kommt es aus einem der in RdNr. 26 genannten Gründe zur Verfahrenseinstellung, so ist 27
in aller Regel nicht damit zu rechnen, dass nach Verfahrenseinstellung noch nennenswertes
Gesellschaftsvermögen verbleibt. Darauf dürfte auch die – mit § 144 aF HGB übereinstimmende – **Nichteinbeziehung** der Fälle der Massearmut **in die Fortsetzungsregelung des
Abs. 1 S. 2** beruhen. Berücksichtigt man indessen die grundsätzlich umfassende Dispositionsfreiheit, die den Gesellschaftern in Bezug auf die Gestaltung der Rechtsverhältnisse ihrer
Gesellschaft zukommt, so erscheint die in Abs. 1 S. 2 geregelte Eingrenzung der Fortsetzungsgründe *nicht als zwingend.*[49] So wenig die Gesellschafter gehindert sind, anstelle der
aufgelösten Gesellschaft eine neue zu gründen und auf diese das restliche Vermögen zu
übertragen, so wenig sollte ihnen in diesen Fällen die (einstimmige) Fortsetzung der aufgelösten Gesellschaft verwehrt sein, wenn sie bereit und in der Lage sind, sich auf die hierfür
erforderlichen zusätzlichen Einlagen zu einigen und diese zu leisten. Die Gläubiger werden
dadurch in ihren Interessen nicht betroffen, da sie nicht gehindert sind, ihre Forderungen
gegen die Gesellschaft weiterzuverfolgen.

c) Nach Bestätigung eines die Fortsetzung der Gesellschaft vorsehenden Insol- 28
venzplans. Die Regelungen über den **Insolvenzplan** mit seinem von den Bestimmungen
der InsO über die Befriedigung der Insolvenzgläubiger, die Verwertung der Insolvenzmasse
und die Haftung des Schuldners nach Verfahrensbeendigung abweichenden Inhalt (vgl.
§ 217 InsO) finden sich in §§ 218 ff. InsO. Der Plan gliedert sich nach § 219 InsO in einen
darstellenden und einen gestaltenden Teil. Dabei enthält der *darstellende Teil* (§ 220 InsO) die
Reorganisationsmaßnahmen und sonstigen Leistungen, die von den Gesellschaftern als
Voraussetzung für die Annahme des Plans durch die anderen Beteiligten und für dessen
Vollzug zu erbringen sind, während der *gestaltende Teil* (§ 221 InsO) sich auf die Änderungen
der Rechtsstellung der Insolvenzgläubiger, darunter insbesondere die Stundung oder den
(Teil-)Erlass ihrer Forderungen, als Folge der rechtskräftigen Bestätigung des Plans durch das
Insolvenzgericht bezieht (§§ 224, 227, 254 f. InsO).[50] Der Plan kann – und wird nicht selten
– die Fortführung der Gesellschaft als Schuldnerin anstelle ihrer Liquidation vorsehen.[51] Er
bedarf, wenn er vom Insolvenzverwalter vorgelegt wird, einer von den vertretungsbefugten
Gesellschaftern abzugebenden Stellungnahme der Gesellschaft (§ 232 Abs. 1 Nr. 2 InsO)
sowie ihrer – kraft Nichtwiderspruch fingierten – Zustimmung (§ 247 Abs. 1 InsO).

---

[49] So auch *Jaeger/Weber,* 8. Aufl. 1973, §§ 209, 210 KO RdNr. 39; *Häsemeyer* InsR RdNr. 31.08; und
K. Schmidt ZGR 1998, 635; zust. *Bamberger/Roth/Timm/Schöne* RdNr. 7.
[50] Vgl. näher *Müller* (Fn. 22) S. 376 ff.; *Häsemeyer* InsR RdNr. 28.11 ff., 28.18; *K. Schmidt* ZGR 1998,
648 f.
[51] *Müller* (Fn. 22) S. 392 ff.; *Brinkmann* ZGR 2003, 273.

29 Weitere **Voraussetzung** für die Fortsetzung der Gesellschaft in diesem Fall ist die entsprechende, auf einem **Fortsetzungsbeschluss** aller Gesellschafter beruhende Erklärung. Sie ist dem Plan nach § 230 Abs. 1 S. 2 InsO als Anlage beizufügen; daher muss sie schon *vor* Annahme des Plans durch die Gläubiger (§§ 244 ff. InsO) und dessen Bestätigung durch das Gericht (§ 248 InsO) vorliegen. **Wirksam** wird der Beschluss allerdings erst nach Rechtskraft der Bestätigung des Plans (§ 254 Abs. 1 S. 1 InsO) und anschließender Aufhebung des Insolvenzverfahrens durch das Gericht (§ 258 Abs. 1 InsO). Denn erst mit diesem Zeitpunkt entfällt die Fortsetzungssperre des § 728 Abs. 1.

30 **Stundung oder Erlass** der Gläubigerforderungen (§ 227 Abs. 1 InsO) beschränken sich in ihrer Wirkung nicht auf die Gesellschaft als Schuldnerin, sondern kommen auch den persönlich haftenden *Gesellschaftern* einschließlich der forthaftenden ehemaligen Gesellschafter[52] zugute. Das folgt im Grundsatz bereits aus dem für ihre Haftung geltenden Akzessorietätsprinzip; in §§ 227 Abs. 2, 254 Abs. 1 InsO ist es zudem ausdrücklich geregelt. Nach der Wiederauflebensklausel des § 255 Abs. 1 InsO stehen die Beschränkungswirkungen unter der auflösenden Bedingung, dass die Gesellschaft als Schuldnerin mit der Erfüllung des Plans erheblich in Rückstand gerät. Von dem Erlass ausgenommen sind nach § 254 Abs. 2 InsO Forderungen gegenüber solchen Gesellschaftern, die zusätzlich eine Bürgschaft gegenüber Gesellschaftsgläubigern übernommen oder eine dingliche Sicherheit gestellt haben.

III. Gesellschafterinsolvenz (Abs. 2)

31 **1. Grundlagen.** Die Regelung des Abs. 2 entspricht der bis 1998 geltenden Fassung des § 728 (RdNr. 1). Sie stellt mit *zwingender* Geltung sicher, dass die Insolvenzeröffnung über das Vermögen eines Gesellschafters zur Beendigung seiner Mitgliedschaft in der werbenden Gesellschaft und zur Liquidation seiner Beteiligung führt. Die in Abs. 2 angeordnete Auflösungsfolge für die Gesellschaft ist jedoch *dispositiv* und steht unter dem Vorbehalt einer im Gesellschaftsvertrag enthaltenen Fortsetzungsklausel (§ 736 Abs. 1) oder eines den Mitgesellschaftern vorbehaltenen Fortsetzungsbeschlusses, jeweils verbunden mit dem Ausscheiden des betroffenen Gesellschafters und seiner Abfindung nach Maßgabe der §§ 738 bis 740 oder der hierüber im Gesellschaftsvertrag getroffenen Vereinbarungen (vgl. RdNr. 3).

32 Die **GbR-Insolvenz** führt wegen der akzessorischen Gesellschafterhaftung nicht selten zur gleichzeitigen oder alsbald nachfolgenden *Insolvenz der Gesellschafter*. Allerdings sind – vorbehaltlich § 26 InsO – jeweils getrennte Insolvenzverfahren zu eröffnen.[53] An der – schon nach Abs. 1 S. 1 eingetretenen – Auflösung der GbR ändert sich durch die Gesellschafterinsolvenz nichts; eine gesellschaftsvertragliche Fortsetzungsklausel unter Ausscheiden des insolventen Gesellschafters/Schuldners ist jedoch im Zweifel gegenstandslos. Die auf dem Gesellschaftsverhältnis beruhenden, fälligen wechselseitigen Ansprüche (Sozialansprüche und -verbindlichkeiten, vgl. § 705 RdNr. 197 f., 201) sind ggf. jeweils als Insolvenzforderungen geltend zu machen (RdNr. 18, 20, 40). Im Blick auf die akzessorische Gesellschafterhaftung analog § 128 HGB bestimmt § 93 InsO deren gebündelte Geltendmachung durch den Insolvenzverwalter der GbR (RdNr. 21).

33 Der **Anwendungsbereich** des Abs. 2 erstreckt sich, anders als derjenige des Abs. 1 S. 1 (RdNr. 5, 7), auf alle Arten von GbR, darunter auch *Innengesellschaften ieS*. Da es um die Realisierung des Wertes der Mitgliedschaft zu Gunsten der Insolvenzmasse des Gesellschafters als Schuldner geht, kommt es nicht auf das Bestehen von Gesellschaftsvermögen bei der GbR nicht an.[54] Das zu realisierende Auseinandersetzungsguthaben bzw. der Abfindungsanspruch

---

[52] *Kübler/Prütting/Lüke* § 93 InsO RdNr. 55; so zu § 109 Abs. 1 Nr. 1 VerglO auch schon *Schlegelberger/K. Schmidt* § 128 HGB RdNr. 71 entgegen der früher hM.

[53] Gegen Bestellung desselben Insolvenzverwalters sowohl für Gesellschafts- als auch für Gesellschafterinsolvenz wegen des typischen Interessengegensatzes der verschiedenen Gläubigergruppen zu Recht *Häsemeyer* InsR RdNr. 31.27; *Kübler/Prütting/Lüke* § 93 InsO RdNr. 52; MünchKommInsO/*Brandes* § 93 InsO RdNr. 23.

[54] So zutr. *K. Schmidt* KTS 1977, 1, 8; *Staudinger/Habermeier* RdNr. 17; *Bamberger/Roth/Timm/Schöne* RdNr. 2; *Palandt/Sprau* RdNr. 2; wohl auch BAG ZIP 1987, 1588, 1592; aA unter unzutr. Gleichsetzung

umfasst auch die Rückgabe von Gegenständen, die der Gesellschaft zur Nutzung überlassen wurden (§ 732 S. 1). Je nach Lage des Falles kann die Liquidation auch zu Nachschusspflichten der Gesellschafter führen (§ 735); sie sind einfache Insolvenzforderungen (RdNr. 40). Abs. 2 gilt auch für die *stille Gesellschaft* des Handelsrechts, wenn beim Geschäftsinhaber Insolvenz eintritt.[55]

2. Voraussetzungen. Voraussetzung für die Auflösung der Gesellschaft nach Abs. 2 S. 1 **34** bzw. für das ihr gleichstehende insolvenzbedingte Ausscheiden des Gesellschafters/Schuldners (RdNr. 31) ist die Eröffnung des **Insolvenzverfahrens über sein Eigenvermögen**, sei es auch in der Form der Eigenverwaltung (RdNr. 8). Wegen des *maßgeblichen Zeitpunkts* für Auflösung oder Ausscheiden kann auf die entsprechenden Feststellungen zur Auflösungsfolge nach Abs. 1 S. 1 (RdNr. 8) verwiesen werden. Wird der Eröffnungsbeschluss im Beschwerdeverfahren (§ 34 InsO) *aufgehoben*, so entfällt damit auch der Auflösungs- oder Ausscheidensgrund. Gemäß § 34 Abs. 3 S. 3 InsO bleiben hiervon Handlungen des Insolvenzverwalters jedoch unberührt. Daneben ist für das Eingreifen der Lehre über die fehlerhafte Gesellschaft schon deshalb kein Raum, weil die Auflösung kraft Gesetzes erfolgt und somit die erforderliche rechtsgeschäftliche Grundlage fehlt;[56] die Gesellschaft wird bei Aufhebung des Eröffnungsbeschlusses folglich als werbende zusammen mit dem betroffenen Gesellschafter/Schuldner fortgesetzt. Dazu, dass die Auflösung allgemein kein Anwendungsfall der Lehre von der fehlerhaften Gesellschaft ist, vgl. § 723 RdNr. 18.

Keinen Auflösungs- oder Ausscheidensgrund bilden, ebenso wie im Fall des Abs. 1 **35** S. 1 (RdNr. 9), die Anordnung vorläufiger Sicherungsmaßnahmen (§§ 21, 22 InsO), aber auch die Abweisung des Insolvenzantrags mangels Masse (§ 26 InsO). Nicht von Abs. 2 S. 1 erfasst wird auch die Eröffnung des *Nachlassinsolvenzverfahrens* (§§ 315 ff. InsO) über den Nachlass des Gesellschafters/Erben. Das folgt nach zutreffender, wenn auch umstrittener Ansicht aus der gebotenen teleologischen Restriktion des Abs. 2 S. 1, da die Nachlassinsolvenz den Gesellschafter/Erben nicht hindert, an der Mitgliedschaft unter Einsatz seines nicht vom Insolvenzbeschlag erfassten Eigenvermögens festzuhalten.[57] Dem Nachlassinsolvenzverwalter steht allerdings zur Liquidation des Anteilswerts ein Kündigungsrecht analog § 725 zu, wenn der Gesellschafter/Erbe nicht zur Übernahme des Anteils gegen Erstattung von dessen Wert in die Insolvenzmasse bereit ist (§ 725 RdNr. 4 f.).

Die **Einstellung des Insolvenzverfahrens** auf Antrag des Schuldners oder dessen Auf- **36** hebung nach Bestätigung eines Insolvenzplans lässt den Eintritt der Auflösung oder das Ausscheiden des insolventen Gesellschafters unberührt (vgl. die Feststellungen zu Abs. 1 in RdNr. 23 ff). Sie eröffnet den Gesellschaftern jedoch die Möglichkeit, die Rückumwandlung in eine werbende Gesellschaft oder die Wiederaufnahme des kraft Insolvenz ausgeschiedenen Gesellschafters zu beschließen (vgl. RdNr. 25).

3. Rechtsfolgen. a) Insolvenzmasse. Zur Insolvenzmasse gehört nach § 80 InsO das **37** gesamte pfändbare Vermögen des Schuldners. Bezogen auf die Gesellschaft ist das die Mitgliedschaft (der Gesellschaftsanteil) des Gesellschafters/Schuldners (vgl. § 725 RdNr. 10). Dementsprechend steht dem Insolvenzverwalter das Recht zu, anstelle des Schuldners an der Auseinandersetzung mitzuwirken (RdNr. 38). Nicht vom Insolvenzbeschlag erfasst werden

---

von Gesellschaftsvermögen und Vermögenswert der Beteiligung *Wernicke* WM 1981, 862 f. und, ihm folgend, *Soergel/Hadding/Kießling* RdNr. 11.
[55] HM, vgl. RGZ 122, 70, 72; BGHZ 51, 350, 352 = NJW 1969, 1211; BGH NJW 1983, 1855, 1856; *Koenigs*, Stille Gesellschaft, S. 322; *K. Schmidt* KTS 1977, 1, 5 ff.; MünchKommHGB/*K. Schmidt* § 234 RdNr. 11; *Staub/Zutt* § 234 HGB RdNr. 8; *Häsemeyer* InsR RdNr. 31.53.
[56] *Staub/C. Schäfer* § 131 HGB RdNr. 53, 87; abw. Voraufl. RdNr. 34.
[57] So zutr. BGHZ 91, 132, 137 = NJW 1984, 2104 (zur OHG); ebenso schon *Ulmer*, FS Schilling, 1973, S. 79, 98 f.; sodann auch *Flume* NJW 1988, 161, 162; *Stodolkowitz*, FS Kellermann, 1991, S. 439, 454; *Ulmer/C. Schäfer* ZHR 160 (1996), 413, 438; *Staudinger/Habermeier* RdNr. 20; *Heymann/Emmerich* § 131 HGB RdNr. 23 a; *Staub/C. Schäfer* § 131 HGB RdNr. 88. AA MünchKommHGB/*K. Schmidt* § 131 RdNr. 73; *K. Schmidt*, FS Uhlenbruck, 2000, S. 655, 658; *Soergel/Hadding/Kießling* RdNr. 10; *Baumbach/Hopt* § 131 HGB RdNr. 22; *Raddatz*, Die Nachlasszugehörigkeit vererbter Personengesellschaftsanteile, 1991, S. 144 ff., 154.

§ 728 38–40   Abschnitt 8. Titel 16. Gesellschaft

demgegenüber die Gegenstände des Gesamthandsvermögens.[58] Ihre Liquidation erfolgt außerhalb des Insolvenzverfahrens (RdNr. 38).

38   **b) Auseinandersetzung.** Sie vollzieht sich außerhalb des Insolvenzverfahrens (§ 84 Abs. 1 InsO) nach allgemeinem Gesellschaftsrecht. Maßgebend sind die §§ 730 bis 735, soweit der Gesellschaftsvertrag keine abweichenden Vereinbarungen enthält. Im Rahmen der **Gesamtgeschäftsführungsbefugnis** aller Gesellschafter (§ 730 Abs. 2) nimmt der *Insolvenzverwalter* die Funktionen des Schuldners als Geschäftsführer wahr.[59] Dabei ist er nach § 733 Abs. 1 zwar nicht den Gesellschaftsgläubigern (§ 733 RdNr. 11 f.), wohl aber den Gesellschaftern gegenüber gehalten, vor einer Verteilung des Liquidationserlöses für die Berichtigung der Gesellschaftsschulden Sorge zu tragen, um sie vor der persönlichen Inanspruchnahme durch die Gesellschaftsgläubiger (§ 714 RdNr. 37 ff.) zu bewahren.[60] Auch ist er an zuvor zwischen den Gesellschaftern getroffene Abfindungsvereinbarungen gebunden, sofern er sie nicht anfechten kann.[61] Das auf den Schuldner entfallende Auseinandersetzungsguthaben steht der Insolvenzmasse zu. Ein etwa sich ergebender, vom Schuldner nach § 735 auszugleichender Fehlbetrag kann nur als einfache Insolvenzforderung geltend gemacht werden (vgl. RdNr. 40).

39   **c) Fortgeltung übertragener Geschäftsführung.** Sie ist im Falle der durch *Gesellschafterinsolvenz* bedingten Auflösung sowohl nach Abs. 2 S. 2 iVm. § 727 Abs. 2 S. 2 und 3 als auch nach § 729 möglich (zum Verhältnis der beiden Geschäftsführungsregelungen und zu ihren unterschiedlichen Voraussetzungen vgl. § 727 RdNr. 11 f.). Im Rahmen der **Notgeschäftsführung des Abs. 2 S. 2** sind die Mitgesellschafter, soweit ihnen die Geschäftsführungsbefugnis übertragen war, für eine Übergangszeit bei Gefahr für das Gesellschaftsvermögen zur Fortführung der Geschäfte berechtigt und verpflichtet (§ 727 RdNr. 11). Dem Insolvenzverwalter steht diese Befugnis auch dann nicht zu, wenn dem Gesellschafter/Schuldner nach dem Gesellschaftsvertrag die Geschäftsführung übertragen war (Umkehrschluss aus Abs. 2 S. 2 iVm. § 727 Abs. 2 S. 2).[62] Die in § 729 zugunsten *gutgläubiger* Gesellschafter begründete Fiktion des Fortbestands der Geschäftsführungsbefugnis greift auch im Fall einer durch Gesellschafterinsolvenz bedingten Auflösung ein (§ 729 RdNr. 5 f.). Zur Geltendmachung von Ansprüchen Dritter aus der Notgeschäftsführung im Insolvenzverfahren des Schuldners vgl. RdNr. 41.

40   **d) Verbindlichkeiten des Schuldners aus der Gesellschafterstellung.** Forderungen der **Mitgesellschafter,** soweit sie *gesellschaftsrechtlicher Natur* sind, können grundsätzlich nicht getrennt geltend gemacht werden, sondern sind in die Berechnung des Abfindungsguthabens (des Fehlbetrags) einzubeziehen (§ 730 RdNr. 49 ff.). Wenn § 84 Abs. 1 S. 2 InsO den *Gläubigern* insoweit ein Recht auf abgesonderte Befriedigung gewährt, so stellt er nur klar, dass die Saldierung in der Auseinandersetzungsbilanz nicht etwa an der zwischenzeitlichen Insolvenzeröffnung scheitert (§ 733 RdNr. 8). Entsprechendes gilt für die bei Insolvenzeröffnung bestehenden **Sozialansprüche** der Gesamthand gegen den Gesellschafter/Schuldner. Nicht saldierungsfähig sind Verbindlichkeiten des Schuldners aus Geschäften mit der Gesellschaft, die nicht auf dem Gesellschaftsvertrag beruhen.[63] Ein vom Schuldner

---

[58] BGHZ 23, 307, 314 = NJW 1957, 750; OLG Rostock NJW-RR 2004, 260 (keine Eintragung eines Insolvenzvermerks für Grundstück der GbR bei Gesellschafterinsolvenz); OLG Dresden NJW-RR 2003, 46; *Soergel/Hadding/Kießling* RdNr. 12; *Staudinger/Habermeier* RdNr. 4; *Bamberger/Roth/Timm/Schöne* RdNr. 14. Zur früher abw. Beurteilung bei Konkurs sämtlicher Gesellschafter vgl. 3. Aufl. RdNr. 13 f.

[59] So im Anschluss an § 146 Abs. 3 HGB die einhM auch für das Recht der GbR, vgl. schon RG SeuffA 89 Nr. 82; OLG Zweibrücken ZIP 2001, 1207, 1209; *Soergel/Hadding/Kießling* RdNr. 14; *Staudinger/Habermeier* RdNr. 22.

[60] RGRK/*v. Gamm* RdNr. 3.

[61] Vgl. *Erman/Westermann* RdNr. 7; *Soergel/Hadding/Kießling* RdNr. 15.

[62] So im Ergebnis auch *Erman/Westermann* RdNr. 7 (Folge der Sonderstellung des Insolvenzverwalters); aA *Soergel/Hadding/Kießling* RdNr. 15.

[63] RGZ 26, 110, 114; *Soergel/Hadding/Kießling* RdNr. 16; *Staudinger/Habermeier* RdNr. 23; *Bamberger/Roth/Timm/Schöne* RdNr. 15; *Jaeger/Lent* KO, 8. Aufl. 1958, § 51 RdNr. 1, 6; *Kilger/K. Schmidt* KO, 16. Aufl. 1993, § 51 Anm. 3.

nach § 735 auszugleichender **Fehlbetrag** ist als einfache Insolvenzforderung zur Tabelle anzumelden.[64] Anderes gilt nach § 118 S. 1 InsO nur insoweit, als der Fehlbetrag auf Ansprüchen von Mitgesellschaftern aus der Notgeschäftsführung nach Abs. 2 S. 2 beruht; sie bilden Masseschulden iS von § 55 Abs. 1 Nr. 2 InsO.

Gesellschaftsgläubiger sind mit ihren Ansprüchen analog § 128 HGB grundsätzlich 41 einfache Insolvenzgläubiger in der Gesellschafterinsolvenz.[65] Trotz der Mithaftung von Gesellschaft und Mitgesellschaftern können sie ihre Forderung in der bei Insolvenzeröffnung bestehenden Höhe bis zur vollen Befriedigung in der jeweiligen Gesellschafterinsolvenz anmelden (§ 43 InsO);[66] an der Verteilung der Insolvenzmasse nehmen sie freilich nur insoweit teil, als nicht bereits die Zahlungen der Gesellschaft oder der übrigen Gesamtschuldner Erfüllung der Forderung bewirkt haben.[67] Eine Vollstreckung in das Gesellschaftsvermögen bleibt trotz Eröffnung des Gesellschafterinsolvenzverfahrens möglich. Auch steht die Sperrwirkung des § 87 InsO der Verschaffung eines Titels zur Vollstreckung in das nicht selbst insolvenzbefangene Gesellschaftsvermögen nicht entgegen.[68]

Neue Insolvenzforderungen können von den GbR-Geschäftsführern nach Eröffnung 42 des Insolvenzverfahrens über das Vermögen eines Gesellschafters im Rahmen der akzessorischen Gesellschafterhaftung **nicht** begründet werden. Das beruht auch dann, wenn man das Eingreifen des § 729 in Fällen der durch Gesellschafterinsolvenz bedingten Auflösung im Grundsatz bejaht (vgl. § 729 RdNr. 6), auf der Sperrwirkung des § 38 InsO. Aus ihr folgt, dass Rechtshandlungen von Mitgesellschaftern nach insolvenzbedingter Auflösung nicht zu Verbindlichkeiten des Schuldners führen, die im Insolvenzverfahren zu berücksichtigen wären. Abweichendes gilt für solche Gesellschaftsverbindlichkeiten, die aus Rechtshandlungen des Insolvenzverwalters als Liquidator der GbR erwachsen. Sie sind nach § 55 Abs. 1 Nr. 2 InsO Masseschulden in der Gesellschafterinsolvenz.[69]

4. Die Fortsetzung der Gesellschaft. a) Ohne den Gesellschafter/Schuldner. Ent- 43 hält der Gesellschaftsvertrag eine Fortsetzungsklausel für den Fall der Gesellschafterinsolvenz, so scheidet nach § 736 Abs. 1 mit dem Zeitpunkt der Eröffnung des Insolvenzverfahrens (RdNr. 8) der Gesellschafter/Schuldner aus der im Übrigen fortbestehenden Gesellschaft aus. Der Abfindungsanspruch nach § 738 fällt in die Insolvenzmasse. Zu den Möglichkeiten seiner vertraglichen Beschränkung mit Wirkung auch für den Insolvenzfall vgl. § 738 RdNr. 39 ff., 47 f., zur Ausgestaltung von Fortsetzungsklauseln abweichend von § 736 Abs. 1 daselbst RdNr. 10 ff. Fehlt es an entsprechenden gesellschaftsvertraglichen Vorkehrungen für den Insolvenzfall, so ist die Fortsetzung durch die übrigen Gesellschafter als Abweichung von den Auflösungsfolgen der §§ 730 ff. nur mit Zustimmung des Insolvenzverwalters möglich.[70] Eine entsprechende Anwendung des § 131 Abs. 3 Nr. 2 HGB, der die Gesellschafterinsolvenz als einen der gesetzlichen Ausscheidensfälle bestimmt, scheidet angesichts der in § 728 Abs. 2 getroffenen abweichenden Regelung aus.[71]

---

[64] Vgl. *Noack* (Fn. 30) RdNr. 469.
[65] Heute ganz hM, vgl. MünchKommInsO/*Brandes* § 93 RdNr. 29; *Kübler/Prütting/Lüke* § 93 InsO RdNr. 27, 54; *Häsemeyer* InsR RdNr. 31.16; *Soergel/Hadding/Kießling* RdNr. 16; *Bamberger/Roth/Timm/Schöne* RdNr. 17; *Staub/Habersack* § 128 HGB RdNr. 78; so auch schon *Jaeger/Weber*, 8. Aufl. 1973, § 212 KO RdNr. 8; aA – für Erstreckung eines Konkursvorrechts im Konkurs der OHG oder KG auch auf den Gesellschafterkonkurs – aber BGHZ 34, 293, 298 = NJW 1961, 1022; *Schlegelberger/K. Schmidt* § 128 HGB RdNr. 77.
[66] So zutr. MünchKommInsO/*Lwowski/Bitter* § 43 RdNr. 1, 34; *Häsemeyer* InsR RdNr. 31.26; zust. *Soergel/Hadding/Kießling* RdNr. 16; *Bamberger/Roth/Timm/Schöne* RdNr. 17; aA MünchKommInsO/*Brandes* § 93 RdNr. 27 f.; *K. Schmidt* ZIP 2000, 1077, 1085 f.
[67] Vgl. schon *Jaeger/Weber*, 8. Aufl. 1973, § 212 KO RdNr. 2; *Oehlerking* KTS 1980, 16; ebenso *Soergel/Hadding/Kießling* RdNr. 16; so auch BGH WM 1958, 1105 für Gesellschafter einer OHG oder KG.
[68] So zutr. *Oehlerking* KTS 1980, 17 f.
[69] Die Tätigkeit des Insolvenzverwalters als Liquidator entspricht, soweit es um die Haftung der Insolvenzmasse geht, derjenigen eines Gesellschafter-Geschäftsführers.
[70] OLG Hamm BauR 1986, 462; vgl. auch *Erman/Westermann* RdNr. 8; *Bamberger/Roth/Timm/Schöne* RdNr. 11; *Soergel/Hadding/Kießling* RdNr. 17.
[71] AA für unternehmenstragende Gesellschaften *Staudinger/Habermeier* RdNr. 18, 21.

§ 729 1

44 b) Mit dem Gesellschafter/Schuldner. Eine Fortsetzung unter Einschluss des Gesellschafters/Schuldners ist mit Rücksicht auf den Zweck von § 728 (RdNr. 1) **während** des **Insolvenzverfahrens** nur möglich, wenn der Insolvenzverwalter die Gesellschaftsbeteiligung des Schuldners (die Mitgliedschaft, RdNr. 37) – gegebenenfalls gegen eine Vergütung seitens der Mitgesellschafter – aus der Masse freigibt.[72] Ist freilich der Schuldner infolge der Eröffnung des Insolvenzverfahrens kraft gesellschaftsvertraglicher Fortsetzungsklausel (RdNr. 3) aus der fortbestehenden Gesellschaft ausgeschieden, so sind die Mitgesellschafter nicht gehindert, ihn unbeschadet des der Masse zustehenden Abfindungsanspruchs als neues Mitglied aufzunehmen.[73] Insoweit steht seiner Beteiligung auch die nach § 80 InsO aus der Insolvenzeröffnung folgende Verfügungsbeschränkung nicht entgegen, da sie sich nur auf die Massegegenstände bezieht, nicht dagegen auf nach Insolvenzeröffnung vom Schuldner neu erworbene Gegenstände. Ist **nach Einstellung** oder Aufhebung des Gesellschafterinsolvenzverfahrens die Gesellschaft noch nicht völlig abgewickelt, so sind die Gesellschafter nicht gehindert, die Fortsetzung mit dem ehemaligen Schuldner zu beschließen.

§ 729 Fortdauer der Geschäftsführungsbefugnis

¹ Wird die Gesellschaft aufgelöst, so gilt die Befugnis eines Gesellschafters zur Geschäftsführung zu seinen Gunsten gleichwohl als fortbestehend, bis er von der Auflösung Kenntnis erlangt oder die Auflösung kennen muss. ² Das Gleiche gilt bei Fortbestand der Gesellschaft für die Befugnis zur Geschäftsführung eines aus der Gesellschaft ausscheidenden Gesellschafters oder für ihren Verlust in sonstiger Weise.

Übersicht

	RdNr.		RdNr.
I. Grundlagen	1, 2	2. Sonstiger Verlust der Geschäftsführungsbefugnis (S. 2)	7, 8
1. Normzweck	1	3. Gutgläubigkeit des Geschäftsführers	9, 10
2. Entwicklung und Anwendungsbereich	2	III. Rechtsfolgen	11–14
II. Voraussetzungen	3–10	1. Geschäftsführungsbefugnis	11, 12
1. Auflösungsbedingter Wegfall (S. 1)	3–6	2. Vertretungsmacht	13, 14
a) Betroffene Geschäftsführungsbefugnis	3, 4		
b) Auflösungsgründe	5, 6		

I. Grundlagen

1 **1. Normzweck.** Die Vorschrift des § 729 soll – ähnlich wie § 674 im Auftragsrecht – diejenigen **Gesellschafter,** die in der werbenden Gesellschaft zur Geschäftsführung berufen sind, vor den Risiken des durch Auflösung der Gesellschaft oder durch ihr einseitiges Ausscheiden eintretenden Erlöschens dieser Befugnis **schützen.** Solange die Gesellschafter die Auflösung weder kennen noch kennen müssen, wird zu ihren Gunsten der Fortbestand der Geschäftsführungsbefugnis – und damit über § 714 im Zweifel auch derjenige der Vertretungsmacht gegenüber der Gesamthand (RdNr. 13) – fingiert. Sie können aufgrund ihres Organhandelns also weder im Innenverhältnis als Geschäftsführer ohne Auftrag in Anspruch genommen noch nach außen als falsus procurator (§ 179) haftbar gemacht werden. Mittelbar wirkt sich der Fortbestand von Geschäftsführungsbefugnis und Vertretungsmacht auch zugunsten der Gesellschaftsgläubiger aus. Soweit die Geschäftsführer trotz Auflösung der Gesellschaft auch nach §§ 727 Abs. 2 S. 3, 728 Abs. 2 S. 2 zur einstweiligen

---

[72] *Hueck* OHG § 23 V 1; *Staudinger/Habermeier* RdNr. 25; *Bamberger/Roth/Timm/Schöne* RdNr. 11; *Soergel/Hadding/Kießling* RdNr. 17.
[73] *Jaeger/Weber,* 8. Aufl. 1973, § 212 KO RdNr. 6; *Soergel/Hadding/Kießling* RdNr. 17; *Bamberger/Roth/Timm/Schöne* RdNr. 11.

Fortführung der ihnen übertragenen Geschäfte berechtigt und verpflichtet sind (vgl. § 727 RdNr. 9 ff., § 728 RdNr. 39), bedarf es des Schutzes des § 729 nicht. Als Ergänzung der vertraglichen Geschäftsführungsregelungen ist auch § 729 *dispositiv*.[1]

2. Entwicklung und Anwendungsbereich. § 729 galt ursprünglich nur für die **GbR**, während für OHG und KG Sondervorschriften betr. die bei Auflösung fortbestehende Geschäftsführungsbefugnis in § 136 HGB getroffen waren.[2] Diese Vorschrift wurde im Zuge des **HRefG 1998** wegen ihrer schon bisher geringen, durch Reduzierung der Auflösungsgründe in § 131 Abs. 1 HGB noch weiter zurückgehenden Bedeutung gestrichen; zugleich wurde § 729 in S. 1 inhaltlich umgestaltet und durch einen auf den Ausscheidensfall bezogenen S. 2 erweitert.[3] Seither gilt die Vorschrift auf Grund der Verweisungsnorm des § 105 Abs. 3 HGB auch für **Personenhandelsgesellschaften**. Für ihre Auslegung kann in geeigneten Fällen weiterhin auf die Erl. zu § 136 aF HGB zurückgegriffen werden.

II. Voraussetzungen

1. Auflösungsbedingter Wegfall (S. 1). a) Betroffene Geschäftsführungsbefugnis. Gegenüber der **GbR** findet S. 1 nur Anwendung, wenn im Gesellschaftsvertrag die Geschäftsführungsbefugnis bestimmten Gesellschaftern *übertragen* ist;[4] hierunter fallen nicht nur die ausdrückliche Übertragung an bestimmte Gesellschafter, sondern auch der Ausschluss anderer von der Geschäftsführung sowie die Begründung von Einzelgeschäftsführungsbefugnis nach § 711 (vgl. § 712 RdNr. 1). **Nicht** erfasst wird dagegen die *Gesamtgeschäftsführung nach § 709*, sei es als einstimmige oder mehrheitliche. Da hier alle Gesellschafter an der Geschäftsführung beteiligt sind, tritt mit dem Übergang zur Liquidation durch alle Gesellschafter (§ 730 Abs. 2 S. 2) vorbehaltlich der internen Abweichung (§ 730 RdNr. 47) keine Änderung ein; es bedarf im Zweifel auch keines Schutzes nach § 729.[5] – Ist einem von der organschaftlichen Geschäftsführung ausgeschlossenen Gesellschafter nur die *Vornahme einzelner Geschäfte* übertragen, so kann er sich im Fall unverschuldeter Unkenntnis vom Erlöschen des Auftrags zwar nicht auf § 729 S. 1, wohl aber auf § 674 berufen.[6]

Die Auflösung der **OHG und KG** führt beim Fehlen gesellschaftsvertraglicher Regelungen über die Geschäftsführungsbefugnis dazu, dass an die Stelle der in §§ 114 Abs. 1, 115 Abs. 1 HGB vorgesehenen *Einzel*geschäftsführungsbefugnis jedes persönlich haftenden Gesellschafters die *gemeinsame* Handlungsbefugnis aller Gesellschafter als Liquidatoren nach §§ 146 Abs. 1, 150 Abs. 1 HGB tritt. In derartigen Fällen greift § 729 S. 1 nach seinem Normzweck (RdNr. 1) ebenso ein wie dann, wenn der Gesellschaftsvertrag die Geschäftsführungsbefugnis in der werbenden Gesellschaft in anderer Weise regelt als diejenige in der Liquidationsgesellschaft. Zum begrenzten Fortbestand der *Vertretungsmacht* vgl. RdNr. 13 ff.

b) Auflösungsgründe. Angesichts des Gutgläubigkeitserfordernisses des S. 1 aE (RdNr. 9) ist die Vorschrift nur für diejenigen Auflösungsgründe relevant, die ohne Kenntnis der davon betroffenen Geschäftsführer eintreten können. Das gilt bei der GbR in erster Linie für die in §§ 726, 727, 728 Abs. 2 genannten Gründe der Zweckerreichung bzw. -verfehlung, des Todes und der Insolvenz eines Gesellschafters.[7] Demgegenüber ist bei OHG und KG der Eintritt eines der gesetzlichen Auflösungsgründe des § 131 Abs. 1 Nr. 1,

---

[1] HM, vgl. *Soergel/Hadding/Kießling* RdNr. 1; *Staudinger/Habermeier* RdNr. 1.
[2] Dazu GroßkommHGB/*Ulmer*, 3. Aufl. 1972, § 136 RdNr. 3 ff., 12.
[3] Dazu RegBegr. BT-Drucks. 13/10332 S. 30 = ZIP 1996, 1487, 1489 (RefE).
[4] So wörtlich § 729 aF.
[5] Zust. *Soergel/Hadding/Kießling* RdNr. 4; *Staudinger/Habermeier* RdNr. 4; abw. jedoch *Bamberger/Roth/Timm/Schöne* RdNr. 2 (auch § 709).
[6] Vgl. *Erman/Westermann* RdNr. 1; *Soergel/Hadding/Kießling* RdNr. 4; *Bamberger/Roth/Timm/Schöne* RdNr. 2; zu § 136 HGB auch *Schlegelberger/K. Schmidt* § 136 HGB RdNr. 9; GroßkommHGB/*Ulmer* 3. Aufl. § 136 RdNr. 3.
[7] HM, vgl. *Staudinger/Habermeier* RdNr. 5; *Erman/Westermann* RdNr. 1; insoweit auch *Soergel/Hadding/Kießling* RdNr. 2. Näheres zu diesen Auflösungsgründen vgl. Vor § 723 RdNr. 13 ff.

2 oder 4 HGB ohne Kenntnis der geschäftsführenden Gesellschafter schwerlich denkbar; anders mag es bei im Gesellschaftsvertrag geregelten, dem GbR-Recht nachgebildeten Auflösungsgründen stehen. Was die *Kündigung* als Auflösungsgrund angeht, hängt ihre Wirksamkeit regelmäßig vom Zugang der Kündigungserklärung bei allen (Mit-)Gesellschaftern ab (vgl. § 723 RdNr. 11), so dass es des Schutzes durch § 729 S. 1 nicht bedarf. Anderes kommt nur dann in Betracht, wenn der Gesellschaftsvertrag hiervon abweichende Regelungen enthält (§ 723 RdNr. 11).

6   Besonderheiten gelten für den Auflösungsgrund der **Gesellschaftsinsolvenz** (§§ 728 Abs. 1 BGB, 131 Abs. 1 Nr. 3 HGB). Er wird bereits mit Unterzeichnung des gerichtlichen Eröffnungsbeschlusses und dessen Herausgabe zum Zwecke der Bekanntgabe wirksam (§ 728 RdNr. 8), dh. zu einem Zeitpunkt, von dem die Gesellschafter meist erst nachträglich Kenntnis erlangen. Gleichwohl greift § 729 S. 1 insoweit nicht ein, da mit der Verfahrenseröffnung das Recht der Geschäftsführer, das Gesellschaftsvermögen zu verwalten und darüber zu verfügen, nach §§ 80, 148 Abs. 1 InsO zwingend auf den Insolvenzverwalter übergeht.[8] Für die Fiktion ihres Fortbestands nach § 729 S. 1 ist daneben kein Raum. Anderes gilt für die Fiktion des § 729 S. 2; insoweit steht § 80 InsO mit Bezug auf das Gesellschaftsvermögen nicht entgegen.

7   **2. Sonstiger Verlust der Geschäftsführungsbefugnis (S. 2).** Die im Zuge des HRefG 1998 (RdNr. 2) neu aufgenommene Vorschrift des S. 2 dehnt die Fiktionswirkung des S. 1 auf Fälle aus, in denen ein Gesellschafter trotz Fortbestands der Gesellschaft seine Geschäftsführungsbefugnis aus einem in seiner Person eintretenden Grund verliert; sie waren schon bisher kraft Analogie in § 729 aF einbezogen worden.[9] Als ersten Grund nennt S. 2 das **Ausscheiden** eines geschäftsführenden Gesellschafters; infolge des Verlusts der Mitgliedschaft führt es notwendig auch zum Wegfall der mit ihr verbundenen Verwaltungsrechte. *Gesetzliche* Ausscheidensgründe unter Fortsetzung der Gesellschaft finden sich nur für die OHG und KG (§ 131 Abs. 3 HGB); sie können in den Fällen der Nr. 2 und 4 ggf. auch ohne zeitgleiche Kenntnis des Betroffenen eintreten. Bei der GbR setzt das einseitige Ausscheiden eine *gesellschaftsvertragliche* Regelung nach Art der §§ 736 Abs. 1, 737 voraus. Tritt es ausnahmsweise ohne gleichzeitige oder vorherige Kenntnis des Betroffenen ein, so findet § 729 S. 2 auch hier Anwendung.

8   Ein Verlust der Geschäftsführungsbefugnis **in sonstiger Weise** tritt – abgesehen von sonstigen im Gesellschaftsvertrag vorgesehenen Gründen – vor allem bei *Entziehung der Geschäftsführungsbefugnis* ein, sei es durch Beschluss der übrigen Gesellschafter (§ 712) oder durch rechtskräftige gerichtliche Entscheidung (§ 117 HGB). In beiden Fällen erlangt der Betroffene von der Entziehung in aller Regel rechtzeitige Kenntnis (zu § 712 vgl. dort RdNr. 19). Daher ist die Ausdehnung des § 729 insoweit typischerweise ohne Bedeutung.

9   **3. Gutgläubigkeit des Geschäftsführers.** Der Schutz des § 729 greift nicht ein, wenn der Geschäftsführer die Gründe für das Erlöschen seiner Geschäftsführungsbefugnis kannte oder kennen musste. Fällt die Gutgläubigkeit des Geschäftsführers zu einem späteren Zeitpunkt weg, so gilt die Fiktion des § 729 bis dahin. Der Kenntnis des Erlöschens steht die Kenntnis der Tatsachen gleich, die nach Gesetz oder Gesellschaftsvertrag das Erlöschen herbeiführen; Entsprechendes gilt für das „Kennenmüssen". Der Sorgfaltsmaßstab für das „Kennenmüssen", dh. die fahrlässige Unkenntnis vom Erlöschen (§ 122 Abs. 2), richtet sich nach der für die Beziehungen zwischen Gesellschaftern geltenden Haftungsvorschrift des § 708: Entscheidend ist die Sorgfalt in eigenen Angelegenheiten (§ 708 RdNr. 16 ff.). Der Geschäftsführer wird somit ebenso behandelt wie bei Überschreitung des sachlichen Umfangs der ihm zustehenden Befugnis (§ 708 RdNr. 8 ff.).

---

[8] Vgl. nur MünchKommInsO/*Ott* § 80 RdNr. 11, 112 f.; *Häsemeyer* InsR, 3. Aufl. 2003, RdNr. 9.03 ff.; wie hier auch *Staudinger/Habermeier* RdNr. 5; aA *Soergel/Hadding/Kießling* RdNr. 3.
[9] Vgl. 3. Aufl. RdNr. 4.

Die **Beweislast** für das Fehlen oder den Wegfall der Gutgläubigkeit obliegt demjenigen, der sich darauf beruft,[10] im Falle von Schadensersatzansprüchen wegen unbefugter Geschäftsführung also den Mitgesellschaftern. **10**

III. Rechtsfolgen

1. Geschäftsführungsbefugnis. Zu Gunsten des gutgläubigen bisherigen Geschäftsführers **gilt** die Geschäftsführungsbefugnis **als fortbestehend**. Damit kann er sich den Mitgesellschaftern gegenüber für die Schwebezeit weiterhin auf den Umfang der ihm eingeräumten Befugnis berufen und haftet für Sorgfaltsverletzungen nur nach Maßgabe des § 708. Der Fiktion fortbestehender Befugnis entspricht es, dass ihm für diese Zeit auch die Geschäftsführervergütung noch zusteht und er die Aufwendungen aus der Geschäftsführung nach §§ 713, 670 von der Gesellschaft ersetzt verlangen kann. Ein unmittelbarer Anspruch gegen die Mitgesellschafter steht ihm insoweit vor Durchführung der Auseinandersetzung im Regelfall nicht zu (vgl. § 713 RdNr. 15, § 714 RdNr. 56). Das gilt nach § 118 InsO auch im Verhältnis zu einem durch Eröffnung des Insolvenzverfahrens ausgeschiedenen Gesellschafter. **11**

Die Geschäftsführungsbefugnis gilt **nur zu Gunsten des Geschäftsführers** als fortbestehend, nicht zu seinen Lasten. Eine Verpflichtung zur Geschäftsführung lässt sich daraus nicht ableiten.[11] Wegen Unterlassung der ihm übertragenen Geschäftsführung kann der ehemalige Geschäftsführer nicht haftbar gemacht werden. Davon zu unterscheiden ist die Möglichkeit einer Haftung wegen Nichterfüllung der Pflicht zur Fortführung der Geschäfte nach §§ 727 Abs. 2, 728 S. 2 (§ 727 RdNr. 11). **12**

2. Vertretungsmacht. Die organschaftliche Vertretungsmacht in der **GbR** gilt, vorbehaltlich vertraglicher Sonderregelungen, nach Maßgabe des **§ 714** im Umfang der Geschäftsführungsbefugnis als fortbestehend. Begrenzt wird sie durch § 169, wonach die Fiktion nicht zugunsten derjenigen Geschäftsgegner wirkt, die das Erlöschen der Vertretungsmacht kennen oder kennen müssen.[12] In welcher Art die Vertretungsmacht des Geschäftsführers kundgemacht wurde, ist für das Eingreifen der §§ 729, 169 unerheblich, da es insoweit nicht um Rechtsscheintatbestände geht, sondern um Rechtsfolgen kraft Fiktion. Ist umgekehrt der handelnde Geschäftsführer seinerseits nicht gutgläubig, so greifen §§ 729, 714 nicht ein; wohl aber kommt eine Haftung der Gesellschaft gegenüber gutgläubigen Dritten nach Rechtsscheingrundsätzen in Betracht. **13**

In **OHG und KG** entfällt die Vertretungsmacht der vom Verlust der Geschäftsführungsbefugnis betroffenen Gesellschafter alsbald mit Auflösung, Ausscheiden oder Wegfall in sonstiger Weise (§ 127 HGB); für eine Erstreckung der Fiktionen des § 729 hierauf ist mangels einer dem § 714 entsprechenden Vorschrift kein Raum. Allerdings kann sich der betroffene Gesellschafter im *Innenverhältnis* auf den fiktiven Fortbestand der Geschäftsführungsbefugnis berufen, da die Ausübung der Vertretungsmacht insoweit Teil der Geschäftsführung ist.[13] Gegenüber gutgläubigen *Dritten* greift § 143 iVm. § 15 Abs. 1 HGB ein; ihnen gegenüber gilt die Vertretungsmacht solange als fortbestehend, bis ihr Wegfall im Handelsregister eingetragen und bekanntgemacht ist. **14**

§ 730 Auseinandersetzung; Geschäftsführung

(1) Nach der Auflösung der Gesellschaft findet in Ansehung des Gesellschaftsvermögens die Auseinandersetzung unter den Gesellschaftern statt, sofern nicht über das Vermögen der Gesellschaft das Insolvenzverfahren eröffnet ist.

---

[10] *Staudinger/Habermeier* RdNr. 7; *Bamberger/Roth/Timm/Schöne* RdNr. 7.
[11] *Soergel/Hadding/Kießling* RdNr. 6; *Erman/Westermann* RdNr. 2; *Bamberger/Roth/Timm/Schöne* RdNr. 8.
[12] Vgl. näher § 169 RdNr. 2; s. auch *Soergel/Hadding/Kießling* RdNr. 6; *Bamberger/Roth/Timm/Schöne* RdNr. 9.
[13] Statt aller *Staub/Habersack* § 125 HGB RdNr. 3.

§ 730   1

(2) ¹ Für die Beendigung der schwebenden Geschäfte, für die dazu erforderliche Eingehung neuer Geschäfte sowie für die Erhaltung und Verwaltung des Gesellschaftsvermögens gilt die Gesellschaft als fortbestehend, soweit der Zweck der Auseinandersetzung es erfordert. ² Die einem Gesellschafter nach dem Gesellschaftsvertrag zustehende Befugnis zur Geschäftsführung erlischt jedoch, wenn nicht aus dem Vertrag sich ein anderes ergibt, mit der Auflösung der Gesellschaft; die Geschäftsführung steht von der Auflösung an allen Gesellschaftern gemeinschaftlich zu.

Übersicht

	RdNr.		RdNr.
A. Die Auseinandersetzung unter Abwicklung der Gesellschaft nach §§ 730 bis 735	1–62	IV. Das Schicksal der Gesellschafteransprüche	49–56
I. Grundlagen	1–23	1. Grundsatz	49–51
1. Gegenstand und Funktion der Auseinandersetzung	1–6	2. Sachliche Tragweite	52, 53
		3. Ausnahmen	54–56
a) Abwicklung des Gesellschaftsvermögens	1, 2	**V. Schlussabrechnung und Auseinandersetzungsguthaben**	57–62
b) Ausgleich unter den Gesellschaftern	3–5	1. Die Schlussabrechnung	57–60
c) Der Sonderfall der Innengesellschaft ieS.	6	2. Der Anspruch auf das Auseinandersetzungsguthaben	61, 62
2. Der Gang der Auseinandersetzung	7–9	**B. Andere Arten der Auseinandersetzung**	63–92
3. Der Anwendungsbereich der §§ 730 bis 735	10–22	**I. Allgemeines**	63, 64
a) Regelfall	10	**II. Übernahme durch einen Gesellschafter**	65–85
b) Sofortige Vollbeendigung	11		
c) Innengesellschaft ohne Gesamthandsvermögen	12–17	1. Fragestellung	65–67
d) Stille Gesellschaft bürgerlichen Rechts	18, 19	2. Rechtsgrundlagen	68–76
		a) Vereinbarung der Gesellschafter	68–72
e) Gesellschaftsähnliche Rechtsverhältnisse	20	aa) Art der Vereinbarung	68–70
		bb) Regelungsinhalt	71, 72
f) Nichteheliche Lebensgemeinschaft	21, 22	b) Objektives Recht?	73–76
		aa) Grundlagen	73, 74
4. Der Sonderfall der Gesellschaftsinsolvenz	23	bb) Folgerungen	75, 76
II. Die Abwicklungsgesellschaft	24–39	3. Ausübung des Übernehmerrechts; unmittelbar eintretende Gesamtrechtsnachfolge	77–80
1. Unterschiede gegenüber der werbenden Gesellschaft	24, 25	4. Vollzug der Übernahme	81, 82
2. Stellung der Gesellschafter	26–35	5. Rechte und Pflichten des Ausgeschiedenen	83, 84
a) Allgemeines	26–29		
b) Beitragspflicht	30, 31	6. Haftungsfolgen	85
c) Schadensersatzhaftung	32	**III. Sonstige Fälle**	86–92
d) Actio pro socio	33–35	1. Veräußerung des Gesellschaftsvermögens im Ganzen	86–88
3. Stellung der Gläubiger	36, 37		
4. Beendigung der Gesellschaft	38, 39	2. Einbringung in eine GmbH oder AG	89–91
III. Geschäftsführung und Vertretung	40–48	3. Spaltung, Realteilung	92
1. Allgemeines	40–43		
2. Die Aufgaben der Abwickler	44, 45		
3. Abweichende Vereinbarungen	46–48		

A. Die Auseinandersetzung unter Abwicklung der Gesellschaft nach §§ 730 bis 735

I. Grundlagen

1   **1. Gegenstand und Funktion der Auseinandersetzung. a) Abwicklung des Gesellschaftsvermögens.** Die Kündigung oder der Eintritt eines der sonstigen Auflösungs-

gründe führen im Regelfall nicht zur sofortigen Beendigung der Gesellschaft, sondern zu deren Umwandlung in eine Abwicklungsgesellschaft (Vor § 723 RdNr. 5 ff.). Die darin liegende Abweichung von sonstigen Dauerschuldverhältnissen erklärt sich aus den organisationsrechtlichen Elementen der typischen Personengesellschaft, darunter namentlich dem Vorhandensein von Gesellschaftsvermögen (§ 705 RdNr. 158, 161). Dieses würde herrenlos oder müsste sich infolge der Auflösung in Miteigentum der Gesellschafter umwandeln, wenn die Gesellschaft als Zuordnungssubjekt mit dem Eintritt der Auflösung in Wegfall käme. Für die Gesellschaftsgläubiger entfiele mangels Schuldner das ihnen bis dahin zustehende Recht, vorrangig auf das Gesellschaftsvermögen zuzugreifen. Um diese unerwünschten Folgen zu vermeiden, enthält das BGB in den §§ 730 bis 735 eine Reihe von Vorschriften über die Abwicklung des Gesellschaftsvermögens, die Berichtigung der Gesellschaftsverbindlichkeiten und die Verteilung des Überschusses zwischen den Gesellschaftern. Erst wenn das Gesellschaftsvermögen vollständig abgewickelt ist, ist die Gesellschaft beendet (RdNr. 38; vgl. auch RdNr. 10 f.).

Ist **kein Gesellschaftsvermögen** (mehr) vorhanden, so entfällt die Berechtigung für 2 die Annahme eines Fortbestands der Abwicklungsgesellschaft. Die Gesellschaft ist vollbeendet mit der Folge, dass für (weitere) Auseinandersetzungsmaßnahmen kein Raum ist (vgl. auch RdNr. 38).[1] Es bedarf auch nicht der Vorlage einer Auseinandersetzungsbilanz (vgl. zu dieser RdNr. 57 ff.).[2] Eine Auseinandersetzung ist auch dann entbehrlich, wenn sich das Gesellschaftsvermögen in einer Hand vereinigt und zu Alleineigentum des letzten Gesellschafters wird (RdNr. 11). Die *Herbeiführung eines noch ausstehenden Ausgleichs* zwischen den Gesellschaftern wird durch das Ende der Auseinandersetzung nicht gehindert. Des Fortbestehens der Gesellschaft zwischen ihnen bedarf es hierfür ebenso wenig wie bei sonstigen Dauerschuldverhältnissen, bei denen nach Vertragsende ebenfalls die Notwendigkeit einer internen Auseinandersetzung in Betracht kommt.[3] Hierzu sind die Beteiligten im Rahmen der *nachvertraglichen Pflichten* untereinander verpflichtet.[4]

b) Ausgleich unter den Gesellschaftern. Aus der in § 730 Abs. 1 geregelten Funktion 3 der Auseinandersetzung, das Gesellschaftsvermögen zu liquidieren, erklärt sich, dass die hM einen erst nach der Abwicklung (einschließlich der Überschussverteilung) zu veranlassenden **Kontenausgleich** zwischen den Gesellschaftern *nicht* mehr als Gegenstand der Abwicklungsgesellschaft und damit als Aufgabe der Abwickler begreift,[5] wenn er ihnen nicht ausdrücklich oder stillschweigend im Gesellschaftsvertrag übertragen ist.[6] Dem ist im Ansatz zuzustimmen (zum engen sachlichen Zusammenhang zwischen Abwicklung des Gesellschaftsvermögens und internem Ausgleich vgl. aber RdNr. 4).

Unverkennbar ist freilich, dass die theoretisch klare **Unterscheidung zwischen Ab-** 4 **wicklung** und **internem Ausgleich** im Einzelfall **Schwierigkeiten** bereitet. Auseinandersetzung „in Ansehung des Gesellschaftsvermögens" (so § 730 Abs. 1) und solche hinsichtlich der auf dem Gesellschaftsverhältnis beruhenden internen Ansprüche zwischen den (ehemali-

---

[1] Ebenso BGH NJW 1983, 1188; ZIP 1993, 1307; RGJW 1937, 2971; *Soergel/Hadding/Kießling* Vor § 730 RdNr. 5; *Bamberger/Roth/Timm/Schöne* RdNr. 5 f.; aA *Erman/Westermann* RdNr. 1; nicht eindeutig *Palandt/Sprau* RdNr. 1, 9.
[2] BGH ZIP 1993, 1307; NJW-RR 2006, 468, 469; 2007, 245, 246.
[3] *Soergel/Hadding/Kießling* Vor § 730 RdNr. 3; so für die Beendigung von Vertragshändlerverträgen auch BGHZ 54, 338, 345 = NJW 1971, 49; BGH DB 1974, 233; näher *Ulmer,* Der Vertragshändler, 1969, S. 468 ff., 484 ff. Allg. zu den Haftungsfolgen kündigungsbedingter Beendigung von Dauerschuldverhältnissen vgl. auch *Oetker,* Das Dauerschuldverhältnis, 1994, S. 628 ff., 696 ff.
[4] Vgl. dazu außer den Nachweisen in Fn. 1 und 3 auch BGH DB 1960, 352; 1966, 1966; RGZ 101, 47, 49; 161, 330, 338 f.; *Soergel/Teichmann* § 242 RdNr. 59, 167 ff. Einschr. *Erman/Westermann* RdNr. 1, der das Vertragsverhältnis zwischen den Gesellschaftern vor vollständiger Durchführung der internen Auseinandersetzung als noch nicht beendet ansieht. Zur nachvertraglichen Treupflicht eines ausgeschiedenen Gesellschafters vgl. BGH NJW 1980, 881, 882.
[5] BGHZ 24, 91, 93 f. = NJW 1957, 989; BGH WM 1966, 706; *Soergel/Hadding/Kießling* Vor § 730 RdNr. 3. Vgl. auch Nachweise in Fn. 1.
[6] BGH NJW 1978, 424; *Soergel/Hadding/Kießling* Vor § 730 RdNr. 3.

gen) Gesellschaftern lassen sich nur schwer trennen.[7] Daher ist auch allgemein anerkannt, dass es zu den Aufgaben der Abwickler gehört, die verschiedenen, durch die Auflösung zu unselbstständigen Rechnungsposten gewordenen gesellschaftsvertraglichen Ansprüche zwischen ihnen und gegen die Gesellschaft in die Schlussabrechnung (RdNr. 57) einzubeziehen und auf dieser Grundlage das auf jeden Gesellschafter entfallende Guthaben (den Fehlbetrag) zu berechnen (RdNr. 45). Da Liquidation des Gesellschaftsvermögens und interne Auseinandersetzung zwischen den Gesellschaftern in einem notwendigen Zusammenhang stehen (vgl. §§ 733 bis 735), ist dieser aus der Natur der Sache folgenden *Erweiterung der Abwicklerfunktionen zuzustimmen*.

5 In die gleiche Richtung weist die Rechtsnatur der Ansprüche aus § 735 auf **Nachschuss** in Höhe des anteiligen Verlusts. Da es sich bei ihnen um Sozialansprüche der Gesellschaft handelt, tritt die Vollbeendigung in Fällen dieser Art auch nach hM regelmäßig erst dann ein, wenn die nach § 735 zu leistenden Zahlungen verteilt oder die Ansprüche selbst durch Erlass, Abtretung an die ausgleichsberechtigten Gesellschafter o. Ä. aus dem Gesellschaftsvermögen ausgeschieden sind.

6 **c) Der Sonderfall der Innengesellschaft ieS.** Die praktische Bedeutung der Frage, ob die Beziehungen der Gesellschafter einer aufgelösten Gesellschaft sich auch dann nach §§ 730 ff. richten, wenn kein abzuwickelndes Gesellschaftsvermögen (mehr) vorhanden ist, beschränkt sich aus den in RdNr. 3 f. genannten Gründen auf die Fälle der Auflösung einer Innengesellschaft ieS (§ 705 RdNr. 282). Bei dieser ist, streng genommen, mangels Gesellschaftsvermögens für die Annahme einer Abwicklungsgesellschaft ebenso wenig Raum wie bei der Beendigung einer stillen Gesellschaft (§ 235 HGB). Das hindert jedoch nicht, neben §§ 738 bis 740 je nach Lage des Falles auch einzelne der Regelungen der §§ 730 ff. entsprechend auf den auch hier notwendigen internen Ausgleich anzuwenden (RdNr. 12 ff.).

7 **2. Der Gang der Auseinandersetzung.** Die Vorschriften der §§ 730 bis 735 über die Abwicklung der aufgelösten Gesellschaft und die Auseinandersetzung unter den Gesellschaftern bilden sachlich eine **Einheit.** Die Aufteilung in verschiedene Paragraphen gibt einen Anhalt für die sachliche und zeitliche Abfolge der Auseinandersetzungsmaßnahmen; sie darf aber nicht dazu führen, den Gesamtzusammenhang der Auseinandersetzung zu vernachlässigen. Das zeigt sich besonders deutlich am Beispiel der **Schlussabrechnung** als dem Angelpunkt von Abwicklung und internem Ausgleich (RdNr. 57 ff.). Ihre Erstellung ist im Unterschied zu § 154 HGB gesetzlich zwar nicht vorgeschrieben, gleichwohl aber regelmäßiger Bestandteil der in den Vorschriften der §§ 733 bis 735 angeordneten Maßnahmen. Da nach ständiger Rechtsprechung die gesellschaftsvertraglichen Ansprüche der Beteiligten als unselbstständige, in der Schlussabrechnung zu berücksichtigende Rechnungsposten zu behandeln sind (RdNr. 49 ff.), ist sie sogar zu einem Schwerpunkt der Auseinandersetzung geworden. Das hat auch Modifikationen gegenüber den Abwicklungsvorschriften des § 733 zur Folge (RdNr. 50).

8 Unter Berücksichtigung dieser Besonderheiten lassen sich die nach Auflösung der Gesellschaft gebotenen, in §§ 730 bis 735 festgelegten **Abwicklungs- und Auseinandersetzungsmaßnahmen** vorbehaltlich abweichender Vereinbarungen wie folgt **zusammenfassen:** Die Geschäftsführung geht auf alle Gesellschafter als Abwickler über (§ 730 Abs. 2 S. 2). Ihre Aufgaben richten sich entsprechend dem geänderten Gesellschaftszweck zunächst darauf, die schwebenden Geschäfte zu beenden und die zur Erhaltung und Verwaltung des Gesellschaftsvermögens bis zu dessen Abwicklung erforderlichen Maßnahmen zu treffen (§ 730 Abs. 2 S. 1). Der erste Abwicklungsschritt besteht sodann in der Rückgabe derjenigen der Gesellschaft zur Benutzung überlassenen Gegenstände (§ 706 RdNr. 13), die nicht für den Abwicklungszweck benötigt werden, an die Gesellschafter (§ 732). Ihm schließt sich die

---

[7] So auch *Grziwotz* DStR 1992, 1365; ähnlich *Erman/Westermann* RdNr. 1. Für Streichung von „in Ansehung des Gesellschaftsvermögens" und für Bezug der Auseinandersetzung (im Unterschied zur Liquidation des Gesellschaftsvermögens) auf das Rechtsverhältnis zwischen den Gesellschaftern K. *Schmidt* BMJ-Gutachten S. 542.

Berichtigung der Gesellschaftsschulden sowie die Bildung von Rückstellungen für noch nicht fällige oder streitige Verbindlichkeiten an (§ 733 Abs. 1). Dazu und zu der regelmäßig erst bei der Schlussabrechnung fälligen Rückerstattung der Einlagen oder ihres Wertes in Geld (§ 733 Abs. 2) ist das Gesellschaftsvermögen, soweit erforderlich, zu liquidieren (§ 733 Abs. 3).

Im Unterschied zum OHG- und KG-Recht (§ 149 HGB) verzichtet das Recht der GbR auf eine vollständige Liquidation des Gesellschaftsvermögens und ordnet für die Verteilung des Überschusses (§ 734) grundsätzlich die **Teilung in Natur** an (§ 731 S. 2 iVm. § 752). Gegenüber dieser wenig praktikablen Lösung werden die Beteiligten freilich der finanziellen Auseinandersetzung auch in der GbR häufig den Vorzug geben; dann ist den Abwicklern die vollständige Liquidation der Vermögenswerte übertragen. Nach ihrem Abschluss bedarf es für die Schlussabrechnung unter Festsetzung des jedem Gesellschafter gebührenden Überschusses bzw. des von ihm nachzuschießenden Fehlbetrags der Auf- und Feststellung der **Auseinandersetzungsbilanz**. Mit der Auskehrung der Guthaben unter Einziehung etwaiger Nachschüsse ist die Gesellschaft beendet.

3. Der Anwendungsbereich der §§ 730 bis 735. a) Regelfall. Wie oben (Vor § 723 RdNr. 5 ff.) im Einzelnen dargelegt, führt die Auflösung der GbR regelmäßig zu deren Umwandlung in eine Abwicklungsgesellschaft. Das gilt jedenfalls dann, wenn die Gesellschaft über **Gesamthandsvermögen** verfügt und wenn keiner der Sonderfälle vorliegt, die ihre sofortige Vollbeendigung zur Folge haben (RdNr. 11). Die Auseinandersetzung richtet sich sodann grundsätzlich nach den Vorschriften der §§ 730 bis 735. Den Gesellschaftern steht es jedoch frei, im Gesellschaftsvertrag oder später abweichende Vereinbarungen über Art und Durchführung der Auseinandersetzung zu treffen (RdNr. 63 ff.). Die gesetzlichen Auseinandersetzungsvorschriften sind insgesamt **dispositiver** Natur (§ 731 RdNr. 3). – Zur Anwendbarkeit der §§ 730 ff. auf die Abwicklung der *fehlerhaften Gesellschaft* vgl. § 705 RdNr. 346.

b) Sofortige Vollbeendigung. Sie tritt bei Gesellschaften ohne Gesamthandsvermögen im Grundsatz sofort mit der Auflösung ein (vgl. näher RdNr. 6, 12 ff.). Bei Gesellschaften mit Gesamthandsvermögen beruht sie darauf, dass die Mitgliederzahl auf **einen** Gesellschafter zurückgeht (zu den Gründen hierfür vgl. Vor § 723 RdNr. 9). Damit entfällt die Vertragsgrundlage, das Gesamthandsvermögen wird zu Alleineigentum des als einziger verbleibenden bisherigen Gesellschafters. Für eine Abwicklung oder für sonstige Auseinandersetzungsmaßnahmen ist hier kein Raum. Stattdessen stehen dem oder den ausgeschiedenen Gesellschaftern oder ihren Erben nach Maßgabe des § 738 Abs. 1 Abfindungsansprüche gegen den Übernehmer des Gesellschaftsvermögens zu.

c) Innengesellschaft ohne Gesamthandsvermögen. Bei den Innengesellschaften ieS (§ 705 RdNr. 282) ist mangels gesamthänderisch gebundenen Gesellschaftsvermögens für eine Abwicklung nach §§ 730 ff. kein Raum (RdNr. 6).[8] Die Auflösung der Gesellschaft fällt mit ihrer Vollbeendigung zusammen (Vor § 723 RdNr. 10). Für den internen Ausgleich der Gesellschafter bedarf es auch hier keines Fortbestands der Gesellschaft (vgl. RdNr. 2). Vielmehr stehen sich Außen- und Innengesellschafter nach der Auflösung als Schuldner und Gläubiger der schuldrechtlichen Auseinandersetzungsansprüche gegenüber. Bis zur vollständigen Durchführung des internen Ausgleichs sind die Gesellschafter wie die Parteien anderer beendeter Dauerschuldverhältnisse auf Grund nachvertraglicher Pflichten gehalten, einen ordnungsgemäßen Ausgleich untereinander durchzuführen. Insoweit kann *im Einzelfall*, je nach Ausgestaltung der Innengesellschaft, auch eine **entsprechende Anwendung einzel-**

---

[8] HM, vgl. BGH NJW 1990, 573; WM 1986, 1143; NJW 1982, 99, 100; BGHZ 165, 1, 7 f. = NJW 2006, 1268 (Ehegatteninnengesellschaft; schuldrechtlicher Ausgleich unter Anwendung einzelner Vorschriften der §§ 730 ff); RGZ 166, 160, 164; RG LZ 1924, 817; BAG ZIP 1987, 1588, 1592; OLG Düsseldorf WM 1982, 969, 970; *Soergel/Hadding/Kießling* Vor § 730 RdNr. 5; *Staudinger/Habermeier* RdNr. 6; *Erman/Westermann* RdNr. 2; *Bamberger/Roth/Timm/Schöne* RdNr. 6; für § 733 Abs. 3 offen gelassen in RG JW 1934, 3268, 3269. AA ohne nähere Auseinandersetzung mit der Gegenansicht und der Funktion der Abwicklung noch BGH WM 1974, 1162, 1164; 1960, 1121, 1122; RGZ 171, 129, 133; so im Ergebnis auch *Wiedemann* GesR II § 6 III 1, S. 556 f.; *K. Schmidt* BMJ-Gutachten S. 542 (vgl. Fn. 7). Generell zur Liquidation von Innengesellschaften vgl. *Hillers*, Personengesellschaft und Liquidation, 1987, S. 417 ff.

§ 730 13–15 Abschnitt 8. Titel 16. Gesellschaft

ner Vorschriften der §§ 730 ff. in Betracht kommen;[9] sie kann sich mangels ausdrücklicher oder stillschweigender Vereinbarungen auch auf Grund ergänzender Vertragsauslegung ergeben. Zwar findet die Vorschrift des § 730 Abs. 2 S. 2, nach der während der Abwicklung alle Gesellschafter gemeinsam zur Geschäftsführung berechtigt sind, wegen der besonderen Struktur der Innengesellschaften keine Anwendung.[10] Unberührt bleibt jedoch das Recht der Innengesellschafter, an der Schlussabrechnung mitzuwirken (RdNr. 16).

13 Die **Verwertung** des im Eigentum des Vermögensinhabers als „Außengesellschafter" stehenden Gesellschaftsvermögens können die Innengesellschafter im Regelfall nicht verlangen. Abgesehen von der Rückgabe der zum Gebrauch überlassenen Gegenstände (RdNr. 14) steht ihnen lediglich ein schuldrechtlicher **Auseinandersetzungsanspruch analog § 738 Abs. 1 S. 2** auf Abrechnung und Auszahlung zu.[11] Das gilt auch dann, wenn die Innengesellschafter während der Gesellschaftsdauer wirtschaftlich an dem rechtlich ausschließlich dem Außengesellschafter zugeordneten „gemeinschaftlichen" Vermögen beteiligt waren.[12] Der Außengesellschafter ist im Regelfall nicht verpflichtet, das Gesellschaftsvermögen analog § 733 Abs. 3 zu liquidieren oder den den Innengesellschaftern zustehenden wirtschaftlichen Anteil analog §§ 731 S. 2, 752 durch Teilung in Natur auszukehren, wenn er die Abfindung der Innengesellschafter aus sonstigen Mitteln finanzieren kann. Eine Veräußerungspflicht bei Vertragsende würde zudem den Abschluss des Gesellschaftsvertrages unter Beachtung der Form des § 311 b Abs. 1 voraussetzen, sofern sich Grundstücke im „Gesellschafts"-vermögen befinden.[13] Im Einzelfall kann sich freilich aus der Auslegung des Gesellschaftsvertrags ergeben, dass der Außengesellschafter den Innengesellschaftern in Höhe des diesen wirtschaftlich zustehenden Anteils Miteigentum an den der Innengesellschaft gewidmeten Vermögensgegenständen einzuräumen hat.[14]

14 Ansprüche der Gesellschafter untereinander können nach der Auflösung grundsätzlich nicht mehr isoliert geltend gemacht werden, sondern werden wie bei der Außengesellschaft unselbstständige Rechnungsposten im Rahmen der Abrechnung (RdNr. 49 ff.). Haben Innengesellschafter eine **Sacheinlage** in das Vermögen des Außengesellschafters geleistet, so ist diese im Zweifel nicht in Natur, sondern dem Werte nach zurückzuerstatten (§ 733 Abs. 2); entsprechend sind die Innengesellschafter auch ihrerseits nicht verpflichtet, die Sacheinlage unter Anrechnung auf ihren Abfindungsanspruch zurückzunehmen.[15] Bestand die Einlage demgegenüber in einer **Gebrauchsüberlassung** (§ 706 RdNr. 13), insbesondere der Überlassung eines gewerblichen Schutzrechts zur Benutzung, so sind die betreffenden Gegenstände entsprechend §§ 738 Abs. 1 S. 2, 732 zurückzugeben; das Recht zur Benutzung des Schutzrechts entfällt mit der Auflösung.

15 Für von Innengesellschaftern nach gesellschaftsvertraglicher Vereinbarung geleistete **Dienste** kommt ein Ausgleich regelmäßig nicht in Betracht (näher § 733 RdNr. 17 f.); das gilt auch dann, wenn die Dienste in Handelsvertreterfunktionen bestanden.[16] Die geleisteten

---

[9] RGZ 166, 160, 164; BGHZ 165, 1, 7 f. = NJW 2006, 1268 (Ehegatteninnengesellschaft); dazu allg. BGH NJW-RR 1991, 1049; *Soergel/Hadding/Kießling* Vor § 730 RdNr. 11; vgl. auch RdNr. 13 ff. Im Ergebnis ebenso, wenn auch von der grds. Anwendbarkeit der §§ 730 ff. ausgehend BGH WM 1974, 1162, 1164; DB 1961, 704; *Erman/Westermann* RdNr. 2 f. Einen Sonderfall behandelt BGH WM 1975, 268 (Auseinandersetzung einer zu einer Innengesellschaft umgestalteten ehemaligen Außengesellschaft). Vgl. auch die Nachweise in RdNr. 22 Fn. 26 zum Bereicherungsanspruch bei Beendigung einer nichtehelichen Lebensgemeinschaft.
[10] EinhM, vgl. nur RG JW 1934, 3268; *Staudinger/Habermeier* RdNr. 6; *Soergel/Hadding/Kießling* Vor § 730 RdNr. 11; *Erman/Westermann* RdNr. 2.
[11] So auch BGH NJW 1983, 2375; 1982, 99, 100; WM 1974, 1162, 1164 (unter ausdrücklichem Hinweis auf die §§ 738 bis 740); BGHZ 165, 1, 7 f. = NJW 2006, 1268 (Ehegatteninnengesellschaft); OLG Düsseldorf WM 1982, 969, 970; *Soergel/Hadding/Kießling* Vor § 730 RdNr. 9; *Bamberger/Roth/Timm/Schöne* RdNr. 6; *Erman/Westermann* RdNr. 2.
[12] BGHZ 142, 137, 155 f. = NJW 1999, 2967; BGH NJW 1983, 2375; WM 1974, 1162; 1973, 1242; 1966, 639, 640; OLG Karlsruhe FamRZ 1973, 649; OLG Schleswig NJW-RR 2004, 972, 973.
[13] BGH NJW 1983, 2375, 2376; WM 1974, 1162, 1164; RGZ 166, 160, 165.
[14] BGH NJW 1983, 2375, 2376.
[15] So auch *Erman/Westermann* RdNr. 3; *Soergel/Hadding/Kießling* Vor § 730 RdNr. 11.
[16] BGH WM 1978, 461, 465 unter Verneinung eines Ausgleichsanspruchs nach § 89 b HGB.

Dienste sind vielmehr im Zweifel durch die Gewinnbeteiligung und die Teilnahme an der Wertsteigerung des Gesellschaftsvermögens abgegolten. Einer **Schuldenbefreiung** der Innengesellschafter als Auflösungsfolge (§ 738 Abs. 1 S. 2) bedarf es in aller Regel schon deshalb nicht, weil gemeinschaftliche Schulden mangels Teilnahme der Innengesellschaft am Rechtsverkehr nicht begründet worden sind.

Der **Außengesellschafter** ist auf Grund seiner gesellschaftsrechtlichen Stellung gegenüber den Innengesellschaftern verpflichtet, eine **Schlussabrechnung** (vgl. RdNr. 57 ff.) zu erstellen.[17] Eine solche Abrechnung erübrigt sich nicht deswegen, weil kein Gesamthandsvermögen vorhanden ist; jedoch kommen für die Schlussabrechnung vorbehaltlich einer etwaigen Nachschusspflicht nur Ausgleichsansprüche gegen denjenigen (Außen-)Gesellschafter in Betracht, dem das der Gesellschaft dienende Vermögen zusteht.[18] Dass die Erstellung der Schlussabrechnung in erster Linie Aufgabe des (Außen-)Gesellschafters ist, folgt aus der Funktionsverteilung zwischen Außen- und Innengesellschaftern, nach der in der Innengesellschaft der Außengesellschafter mit den Vermögensangelegenheiten der Gesellschaft betraut ist und sich die Erstellung der Schlussabrechnung auch nach Vollbeendigung der Gesellschaft als derartige Vermögensangelegenheit darstellt. § 730 Abs. 2 S. 2 betreffend die gemeinsame Geschäftsführung in der Abwicklungsgesellschaft findet keine Anwendung (RdNr. 12). Verzögert der Außengesellschafter jedoch die Schlussabrechnung, so steht es den Innengesellschaftern frei, an Stelle einer Klage auf Rechnungslegung ihrerseits die Schlussabrechnung zu erstellen, wenn sie auf Grund der verfügbaren Unterlagen hierzu in der Lage sind.[19] Ein Streit über unterschiedliche Wertansätze ist ggf. mittels Feststellungsklage zu klären (RdNr. 51).

Die **Abwicklung schwebender Geschäfte** hat entsprechend § 740 zu erfolgen. Insofern treffen den Außengesellschafter *nachvertragliche Rechenschafts- und Auskunftspflichten*.[20] Ein Einsichtsrecht in Bücher und sonstige Unterlagen steht den Innengesellschaftern nach §§ 740 Abs. 2, 810 zu. Wegen weiterer Einzelheiten vgl. die Ausführungen in § 716 RdNr. 13 und § 740 RdNr. 7.

d) **Stille Gesellschaft bürgerlichen Rechts.** Auf die **typische** stille Gesellschaft finden die Vorschriften der §§ 730 ff. weder unmittelbare noch entsprechende Anwendung. Die Auseinandersetzung erfolgt vielmehr **analog § 235 HGB** (vgl. § 705 RdNr. 288). Der Auseinandersetzungsanspruch des Stillen richtet sich auf Rückerstattung des Wertes der Einlage unter Berücksichtigung nicht ausgeschütteter Gewinne und etwaiger auf den Stillen entfallender Verluste.[21]

Ist der Stille nach Art der **atypischen** stillen Gesellschaft[22] auch an den Wertänderungen des Gesellschaftsvermögens beteiligt, so gelten für die Auseinandersetzung die oben (RdNr. 12 ff.) zur Innengesellschaft ieS getroffenen Feststellungen entsprechend.

e) **Gesellschaftsähnliche Rechtsverhältnisse.** Keine Anwendung finden die Vorschriften der §§ 730 ff. auf sog. gesellschaftsähnliche Rechtsverhältnisse. Bei ihnen handelt es sich um gemischte Verträge mit einzelnen gesellschaftsrechtlichen Elementen (vgl. Vor § 705 RdNr. 106, 113 ff.), bei denen ein Gesellschaftsvermögen selbst im wirtschaftlichen Sinn

---

[17] Zum Erfordernis einer Schlussabrechnung bei Innengesellschaften vgl. BGH NJW-RR 1988, 997; 1991, 422, 423; 1991, 1049; zum Stichtag bei Ehegatteninnengesellschaften BGHZ 165, 1, 10 f. = NJW 2006, 1268 (nicht Trennung der Ehepartner, sondern tatsächliche Beendigung der Zusammenarbeit).
[18] Dazu BGH NJW-RR 1986, 422; 1991, 422, 423; 1991, 1049.
[19] BGH NJW-RR 1986, 1419 = WM 1986, 1143, 1144; *Erman/Westermann* RdNr. 2; *Soergel/Hadding/Kießling* Vor § 730 RdNr. 11; *Bamberger/Roth/Timm/Schöne* RdNr. 6.
[20] BGH WM 1986, 1143, 1144; vgl. auch BGH DB 2002, 2708 betr. den im arglistigen Verschweigen eines Aktivum liegenden Treupflichtverstoß.
[21] BGH NJW 2001, 3777, 3778; WM 1968, 278, 279; *Soergel/Hadding/Kießling* Vor § 730 RdNr. 15; *Bamberger/Roth/Timm/Schöne* RdNr. 7; Einzelheiten vgl. bei *Staub/Zutt* § 235 HGB RdNr. 4 ff.; *Baumbach/Hopt* § 235 HGB RdNr. 1 f.; *Sudhoff* NJW 1960, 2121 ff.; *Koenigs*, Die stille Gesellschaft, 1961, S. 283 ff.
[22] Dazu BGHZ 7, 174, 178 = NJW 1952, 1412; BGHZ 8, 157, 160 = NJW 1953, 818; *Staub/Zutt* § 230 HGB RdNr. 30 ff. und § 235 HGB RdNr. 24 ff.; *MünchKommHGB/K. Schmidt* § 230 RdNr. 74 ff.; *Baumbach/Hopt* § 230 HGB RdNr. 3.

nicht besteht. Eine Auseinandersetzung nach gesellschaftsrechtlichen Grundsätzen kommt bei deren Beendigung daher nicht in Betracht.[23]

21 f) **Nichteheliche Lebensgemeinschaft.** Kommt es im Rahmen einer nichtehelichen Lebensgemeinschaft (vgl. Vor § 705 RdNr. 81 ff.) ausnahmsweise zum ausdrücklichen oder konkludenten **Abschluss eines Gesellschaftsvertrags** zwischen den Partnern, so richtet sich auch die Beendigung dieses Rechtsverhältnisses und die Auseinandersetzung zwischen den Parteien nach Gesellschaftsrecht.[24] Da es sich dabei in aller Regel um eine Innengesellschaft handelt, steht nur eine entsprechende Anwendung der §§ 730 ff. in Frage (RdNr. 12 ff.).

22 Einen vermögensrechtlichen **Ausgleichsanspruch** in entsprechender Anwendung der §§ 730 ff. bejaht der BGH aber auch in bestimmten sonstigen Fällen einer nichtehelichen Lebensgemeinschaft, in denen es an den Voraussetzungen für die Annahme einer **GbR** zwischen den Partnern **fehlt** (vgl. näher Vor § 705 RdNr. 82).[25] *Voraussetzung* hierfür ist der Erwerb von Vermögensgegenständen durch einen der Partner während des Bestehens der Lebensgemeinschaft auf Grund gemeinschaftlicher Leistung beider Partner und mit der Zweckbestimmung, dass die Gegenstände von den Partnern nicht nur gemeinsam genutzt werden, sondern ihnen im Innenverhältnis auch gemeinsam gehören sollen.[26] Hieran fehlt es, wenn ein Partner seine Beiträge zum Vermögenserwerb durch den anderen als Zuwendungen für diesen erbringt, so wenn beide Partner zum Bau oder Erwerb eines im Alleineigentum eines von ihnen stehenden Hauses in der Absicht beitragen, dem Eigentümer den wirtschaftlichen Wert des Hauses zu verschaffen.[27] In derartigen Fällen scheidet ein Ausgleichsanspruch nach gesellschaftsrechtlichen Grundsätzen aus. Zur Möglichkeit der Anwendung sonstiger schuldrechtlicher Vorschriften (Gemeinschafts-, Auftrags-, Bereicherungsrecht u. a.) bei Beendigung einer nichtehelichen Lebensgemeinschaft vgl. Vor § 705 RdNr. 81 aE.

23 **4. Der Sonderfall der Gesellschaftsinsolvenz.** Tritt nach der seit 1. 1. 1999 geltenden Vorschrift des **§ 728 Abs. 1** die Auflösung der GbR infolge der Eröffnung des Insolvenzverfahrens über ihr Vermögen ein (vgl. § 728 RdNr. 8 ff.), so führt das nach §§ 80, 148 Abs. 1 InsO zum Insolvenzbeschlag des Gesellschaftsvermögens, verbunden mit dem Übergang der Verwaltungs- und Verfügungsbefugnis hierüber auf den Insolvenzverwalter. Dessen Aufgabe besteht in der Liquidation des Gesellschaftsvermögens zur Befriedigung der Gesellschaftsgläubiger und in der gebündelten Geltendmachung von deren Ansprüchen gegen die Gesellschafter nach § 93 InsO. Dementsprechend stellt der neu angefügte letzte Halbsatz des § 730 Abs. 1 klar, dass in diesem Sonderfall eine **Auseinandersetzung durch die Gesellschafter** nach Maßgabe der §§ 730 ff. **ausscheidet.** Das ändert sich nur dann, wenn das Insolvenzverfahren vor Schlussverteilung des Gesellschaftsvermögens aufgehoben oder eingestellt wird, ohne dass die Gesellschafter die Fortsetzung der Gesellschaft beschließen (zu den Gründen für eine vorzeitige Beendigung des Insolvenzverfahrens vgl. § 728 RdNr. 25 ff.).

II. Die Abwicklungsgesellschaft

24 **1. Unterschiede gegenüber der werbenden Gesellschaft.** Die Auflösung der Gesamthandsgesellschaft führt zur Umgestaltung des Gesellschaftszwecks (Vor § 723 RdNr. 6) und, damit verbunden, der Rechte und Pflichten der Gesellschafter (RdNr. 26 ff.). Dagegen bleibt die Zuordnung des Gesellschaftsvermögens durch die Auflösung zunächst unberührt, sofern

---

[23] So auch BGH NJW 1983, 1188, 1189; RG JW 1937, 2970, 2971; *Soergel/Hadding/Kießling* Vor § 730 RdNr. 16; *Bamberger/Roth/Timm/Schöne* RdNr. 9; relativierend *Erman/Westermann* RdNr. 4.
[24] Vgl. die Fälle BGHZ 165, 1, 6 f. = NJW 2006, 1268; BGH WM 1965, 793, 794.
[25] So insbes. BGHZ 77, 55, 56 f. = NJW 1980, 1520; BGHZ 84, 388, 389 f.= NJW 1982, 2863; BGHZ 115, 261, 264 f. = NJW 1992, 427; BGH NJW 1992, 906, 907; NJW-RR 1993, 1475, 1476; NJW 1986, 51; 1981, 1502; aus der umfangreichen Rspr. der Instanzgerichte vgl. idS etwa OLG Hamm NJW-RR 1990, 1223; OLG Stuttgart NJW-RR 1993, 1475; LG Bonn NJW-RR 1989, 1498; LG Gießen NJW-RR 1994, 1410. Zur Lit. vgl. die Nachweise Vor § 705 RdNr. 83 Fn. 268.
[26] Vgl. die Nachweise zur BGH-Rspr. in Fn. 25.
[27] So BGHZ 77, 57 = NJW 1980, 1520; BGH NJW-RR 1993, 774, 775; 1475, 1476; 1990, 1223; NJW 1981, 1503; 1983, 2375.

nicht die Ausnahme des § 730 Abs. 1 aE eingreift. Die Gesellschaft bewahrt trotz Umwandlung in eine Abwicklungsgesellschaft ihre **Identität** in **personen-** und **vermögensrechtlicher** Hinsicht. Auch ihre *Rechtsfähigkeit* als Außengesellschaft (§ 705 RdNr. 303 f.) wird nicht berührt; daher treten im Verhältnis zu Dritten, abgesehen von den Auswirkungen auf Geschäftsführung und Vertretung (RdNr. 40 ff.), grundsätzlich keine Änderungen durch die Auflösung ein (RdNr. 36 f.). Die in § 730 Abs. 2 S. 1 aufgestellte *Fiktion* („gilt die Gesellschaft als fortbestehend") bezieht sich nicht auf die Existenz der Gesellschaft,[28] sondern auf ihre Behandlung als werbende bei der Eingehung neuer Verbindlichkeiten.

Die Gesellschafter bleiben, vorbehaltlich der Mitspracherechte des kündigenden Privat- 25 gläubigers oder des Insolvenzverwalters in den Fällen der §§ 725, 728 Abs. 2, weiterhin Herren der Gesellschaft. Sie können **Vertragsänderungen** vornehmen, insbesondere über die Fortsetzung der Gesellschaft beschließen mit der Folge, dass sich die Abwicklungsgesellschaft in eine werbende Gesellschaft zurückverwandelt; ein solcher Fortsetzungsbeschluss bedarf allerdings der Zustimmung aller Gesellschafter, soweit sie weiterhin beteiligt bleiben sollen (Vor § 723 RdNr. 11). Auch ein Gesellschafterwechsel bleibt möglich, sei es durch Aufnahme neuer Gesellschafter,[29] durch Ausscheiden bisheriger oder durch Anteilsübertragung (§ 719 RdNr. 17 ff.). Eine *Ausschließung* nach § 737 oder die Ausübung eines vertraglichen Übernahmerechts unter Berufung auf Gründe, die von der Auflösung unabhängig, insbesondere erst nach dieser eingetreten sind, ist allerdings nur wirksam, wenn die Gründe die ordnungsmäßige Abwicklung der aufgelösten Gesellschaft mit dem auszuschließenden Gesellschafter schwerwiegend gefährden oder sie für die Mitgesellschafter unzumutbar machen.[30] Entsprechendes gilt für eine *Fortsetzungsklausel;* sie greift nur ein, wenn ihre Auslegung ergibt, dass sie auch für den Abwicklungszeitraum gelten soll (§ 736 RdNr. 8).

2. Stellung der Gesellschafter. a) Allgemeines. Die Auflösung hat **grundlegende** 26 **Auswirkungen** auf die Rechte und Pflichten der Gesellschafter. Diese bestehen nur insoweit fort, als es mit dem geänderten, nunmehr auf Abwicklung gerichteten Gesellschaftszweck vereinbar ist.[31] Laufende Gewinnverteilung kann nicht mehr verlangt werden. Bereits entstandene Gewinnansprüche sowie sonstige auf dem Gesellschaftsverhältnis beruhende Forderungen der Gesellschafter werden unselbstständige, im Rahmen der Auseinandersetzungsbilanz zu berücksichtigende Rechnungsposten (RdNr. 49 ff.).

An die Stelle vertraglich übertragener Einzelgeschäftsführung tritt **Gesamtgeschäfts-** 27 **führung aller Gesellschafter als Abwickler** mit entsprechend beschränkten Funktionen, wenn der Gesellschaftsvertrag keine Abweichungen für den Liquidationsfall enthält (§ 730 Abs. 2 S. 2; vgl. RdNr. 40). Geschäftsführervergütungen kommen im Zweifel in Wegfall. Zum Sonderfall vorübergehenden Fortbestands übertragener Geschäftsführung nach §§ 727 bis 729 vgl. § 727 RdNr. 9 ff., 16, § 728 RdNr. 39, § 729 RdNr. 11.

Unter den gesellschaftsvertraglichen **Pflichten im Abwicklungsstadium** steht im Vor- 28 dergrund die regelmäßig schon aus der Stellung als Abwickler folgende Verpflichtung, die Abwicklung nach besten Kräften zu fördern und zur raschen Beendigung der Auseinandersetzung beizutragen.[32] Die Gesellschafter sind namentlich auch zur Mitwirkung an der Schlussabrechnung und zur Erteilung der notwendigen Auskünfte verpflichtet;[33] ein Zu-

---

[28] Heute hM (vgl. Nachweise Vor § 723 Fn. 1).
[29] RGZ 106, 63, 67 (für KG).
[30] BGHZ 1, 324, 330 ff. = NJW 1951, 650; BGH BB 1968, 230; *Soergel/Hadding/Kießling* RdNr. 2; vgl. auch § 737 RdNr. 10 f.
[31] BGH NJW 1978, 424; WM 1966, 639, 640; 1978, 898; RGZ 100, 165, 166; 111, 77, 83; OLG Köln ZIP 1983, 310 (st. Rspr.). So auch *Soergel/Hadding/Kießling* RdNr. 4; *Staudinger/Habermeier* RdNr. 11; *Messer*, FS Stimpel, 1985, S. 205, 211 f.
[32] BGH WM 1969, 591, 592; *Soergel/Hadding/Kießling* RdNr. 4; *Erman/Westermann* RdNr. 6; vgl. auch OLG Hamm NJW-RR 2006, 928, 929 (Pflicht zur Mitwirkung an der Kündigung von Telefonanschlüssen der Gesellschaft).
[33] BGH DB 2002, 2708 = NJW-RR 2003, 169.

§ 730 29–31   Abschnitt 8. Titel 16. Gesellschaft

rückbehaltungsrecht steht ihnen insoweit nicht zu.[34] Schuldhafte Verstöße gegen diese Pflichten führen zu Schadensersatzansprüchen von Mitgesellschaftern.[35]

29 Die **Treupflicht** besteht im Grundsatz fort. Sie reduziert sich in Inhalt und Umfang aber nach Maßgabe des geänderten Gesellschaftszwecks und der fortschreitenden Abwicklung.[36] Für die Abwicklung selbst gilt zwar ebenso wie für die Geschäftsführung in der werbenden Gesellschaft (§ 705 RdNr. 226) der Grundsatz uneigennütziger Tätigkeit. Wird ein Gesellschafter auf dem Geschäftsgebiet der Gesellschaft selbst werbend tätig, so ist darin aber nicht ohne weiteres ein Treupflichtverstoß zu sehen.[37] Insgesamt entsprechen die Pflichten der Beteiligten aus dem trotz Auflösung fortbestehenden Gesellschaftsvertrag somit funktionell im Wesentlichen den nachvertraglichen, der internen Auseinandersetzung zwischen den Beteiligten dienenden Pflichten in sonstigen aufgelösten Dauerschuldverhältnissen (RdNr. 2 aE).

30 **b) Beitragspflicht.** Sozialansprüche auf noch nicht erfüllte Beitragsleistungen werden durch die eingetretene Auflösung zwar nicht undurchsetzbar (arg. § 735). Auch für sie gilt aber der oben (RdNr. 26) betonte allgemeine Grundsatz, dass ihre **Einforderung** nur noch möglich ist, wenn und **soweit** die Beiträge **für den Abwicklungszweck benötigt** werden.[38] Ansonsten ist die Nichterbringung ausstehender Beiträge in der Schlussabrechnung zu berücksichtigen; sie führt zu einer entsprechenden Verminderung des Auseinandersetzungsguthabens des Beitragsschuldners. Eine Einforderung von Leistungen, die im Zuge der Auseinandersetzung alsbald zurückzuerstatten sind, ist im Abwicklungsstadium grundsätzlich ausgeschlossen.

31 Schwer vereinbar mit diesen allgemein anerkannten Grundsätzen über die durch den Abwicklungszweck begrenzte Geltendmachung von Beitragsforderungen hat der BGH in zwei Urteilen,[39] abweichend von der früheren Rechtsprechung, jedoch im Einklang mit der hM im handelsrechtlichen Schrifttum,[40] dem *Beitragsschuldner* zwar nicht die Darlegungslast, wohl aber die **Beweislast** dafür auferlegt, dass die Beiträge für die Zwecke der Auseinandersetzung nicht benötigt werden. Diesem Rechtsprechungswandel steht nicht nur der Ausnahmecharakter der Einforderung von Beiträgen im Liquidationsstadium, sondern auch der Gesichtspunkt entgegen, dass die Abwickler im Hinblick auf ihre Kenntnis der Gesellschaftsinterna wesentlich besser zur Beweisführung in der Lage sind als ein möglicherweise nicht selbst an der Abwicklung beteiligter Gesellschafter.[41] Mit Rücksicht auf die durch die Auflösung nicht eingeschränkte persönliche Gesellschafterhaftung fehlt es regelmäßig auch an überragenden Gläubigerinteressen daran, die Durchsetzung von Beitragsansprüchen im Abwicklungsstadium zu erleichtern. Daher sollte es in der GbR weiterhin Sache der Abwickler sein, die Notwendigkeit der Einforderung der Beiträge zu beweisen.[42]

---

[34] BGH WM 1969, 591, 592; vgl. auch OLG Hamburg BB 1972, 417 zur Herausgabe von Geschäftsunterlagen einer aufgelösten GbR, an denen nur ein Mitglied Interesse hat.
[35] BGH NJW 1968, 2005, 2006; DB 2002, 2708 = NJW-RR 2003, 169.
[36] BGH NJW 1971, 802; DB 2002, 2708 = NJW-RR 2003, 169, 170 (Pflicht zur wahrheitsgemäßen Information über noch offene Honorarforderungen der Sozietät); *Soergel/Hadding/Kießling* RdNr. 4; *Bamberger/Roth/Timm/Schöne* RdNr. 19.
[37] BGH NJW 1971, 802; WM 1971, 723, 725.
[38] Vgl. *Soergel/Hadding/Kießling* RdNr. 5; *Bamberger/Roth/Timm/Schöne* RdNr. 20 sowie die Nachweise in Fn. 31.
[39] So BGH NJW 1980, 1522, 1523 und WM 1978, 898 entgegen BGH WM 1977, 617 und wohl auch BGH NJW 1978, 424. Die Bezugnahme auf RGZ 45, 153, 155 zur Begründung der Abweichung von der bisherigen Linie geht fehl, da es dort um den anders gelagerten Fall rückständiger Einlagen in einer AG ging. Wie BGH NJW 1980, 1522 auch KG GmbHR 1993, 818, 819; OLG Düsseldorf NZG 1999, 989, 990.
[40] *Staub/Habersack* § 149 HGB RdNr. 22; *Schlegelberger/K. Schmidt* § 149 HGB RdNr. 20; *Baumbach/Hopt* § 149 HGB RdNr. 3. So grds. auch *Soergel/Hadding/Kießling* RdNr. 5; *Wiedemann* GesR II § 6 III 3, S. 572; wie hier dagegen *Erman/Westermann* RdNr. 6; *Bamberger/Roth/Timm/Schöne* RdNr. 20; *Staudinger/Habermeier* RdNr. 17.
[41] Dem will BGH WM 1978, 898, 899 dadurch Rechnung tragen, dass dem Abwickler die Darlegungslast obliegen soll.
[42] So grds. auch *Erman/Westermann* RdNr. 6; *Bamberger/Roth/Timm/Schöne* RdNr. 20; *Staudinger/Habermeier* RdNr. 17; aA *Soergel/Hadding/Kießling* RdNr. 5 und die in Fn. 40 zitierten Stimmen.

c) **Schadensersatzhaftung.** Auch Schadensersatzansprüche der Gesellschaft gegen einzelne Gesellschafter wegen Vertragsverletzung sollen durch den Zweck der auf Auseinandersetzung ausgerichteten Abwicklungsgesellschaft begrenzt sein.[43] Das soll sogar dann gelten, wenn es um Schadensersatz wegen schwerwiegender Sorgfaltspflichtverletzung geht.[44] Dem ist zwar zuzustimmen, soweit es um die *Zahlung* von Schadensersatz in die Gesellschaftskasse während der Liquidation geht. Davon unberührt bleibt jedoch die Notwendigkeit, die Schadensersatzpflicht in der Schlussabrechnung zu Lasten des betroffenen Gesellschafters zu berücksichtigen. 32

d) **Actio pro socio.** Hinsichtlich der Geltendmachung von Sozialansprüchen gegen Mitgesellschafter im eigenen Namen eines Gesellschafters (actio pro socio, vgl. § 705 RdNr. 204 ff.) wollte eine ältere Rechtsprechung des BGH im Liquidationsstadium danach unterscheiden, ob es sich um Ansprüche gegen einen Mitgesellschafter auf Schadensersatz oder solche auf Beitragsleistung handelt. Die Durchsetzung von **Schadensersatzansprüchen** soll zwar *grundsätzlich möglich* sein, außer wenn deren Einziehung für die Zwecke der Liquidation nicht mehr erforderlich ist und dem ersatzpflichtigen Gesellschafter per Saldo ein Auseinandersetzungsguthaben verbleibt.[45] Demgegenüber hat die Rechtsprechung für **Beitragsansprüche** den Grundsatz aufgestellt, dass ihre Geltendmachung nach der Auflösung ausschließlich *den Liquidatoren vorbehalten* sei, da die Entscheidung über die Einforderung derartiger Ansprüche außerhalb der Schlussabrechnung Sache der Liquidatoren sein müsse.[46] 33

Stellungnahme. Diese Rechtsprechung führt zu einer sachlich nicht veranlassten Einschränkung des Rechts einzelner Gesellschafter, Beitragsansprüche gegen Mitgesellschafter im Liquidationsstadium unmittelbar geltend zu machen. Sie ist in der Literatur zu Recht auf Kritik gestoßen.[47] Der Gesichtspunkt, dass derartige Ansprüche im Abwicklungszeitraum nur noch insoweit eingefordert werden können, als die Zahlung für die Abwicklungszwecke erforderlich ist, trifft zwar zu (RdNr. 30 f.); er betrifft jedoch nicht die Zulässigkeit, sondern die Begründetheit der Klage.[48] Verlangt ein Mitgesellschafter im eigenen Namen Zahlung an die Gesellschaft, so muss er ebenso wie ein Liquidator (RdNr. 31) die Notwendigkeit der Leistung vor der Schlussabrechnung beweisen. 34

Eine **Ausweitung** erfährt die Lehre von der actio pro socio in denjenigen Fällen, in denen es sich bei dem Sozialanspruch um das **letzte Aktivum** der Gesellschaft handelt und die ausstehende Leistung mangels sonstiger Gesamthandsverbindlichkeiten nur noch zur Zahlung des Auseinandersetzungsguthabens an einen Mitgesellschafter benötigt wird; hier soll dieser unmittelbar Klage auf Leistung an sich selbst erheben können.[49] Dem ist im Interesse der Beschleunigung und Vereinfachung der Abwicklung zu folgen.[50] Zur Frage der Durchsetzbarkeit von gegen die Gesamthand gerichteten Ansprüchen eines Gesellschafters gegenüber Mitgesellschaftern im Liquidationsstadium vgl. RdNr. 49 ff. 35

3. Stellung der Gläubiger. Sie erfährt durch die Auflösung der Gesellschaft grundsätzlich **keine Änderung** (vgl. Vor § 723 RdNr. 23 f.; zur analogen Anwendung von § 159 HGB vgl. § 736 RdNr. 28 ff.). Die Schuldnerstellung der Gesamthand wird hierdurch nicht berührt; 36

---

[43] Vgl. *Soergel/Hadding/Kießling* RdNr. 7; *Erman/Westermann* RdNr. 6; ferner die Nachweise in Fn. 36.
[44] So *Erman/Westermann* RdNr. 6 gegen LG Bielefeld MDR 1981, 845.
[45] BGHZ 10, 91, 101 = NJW 1953, 1217; BGH BB 1958, 603; NJW 1960, 433, 434; WM 1971, 723, 725; 1977, 617; RGZ 158, 302, 314; OLG Köln NZG 2000, 1171, 1173.
[46] So BGH NJW 1960, 433, 434 (obiter dictum unter Hinweis auf RGZ 100, 165, 166); so auch *Staudinger/Habermeier* RdNr. 19; offen lassend jetzt aber BGHZ 155, 121, 125 = NJW 2003, 2676; zu Recht aA OLG Düsseldorf NZG 1999, 989, 990; KG GmbHR 1993, 818, 819; ebenso auch *Soergel/Hadding/Kießling* RdNr. 14.
[47] So namentlich *U. Huber* Vermögensanteil S. 23; vgl. auch *Erman/Westermann* RdNr. 9; *Soergel/Hadding/Kießling* RdNr. 14.
[48] So zu Recht *U. Huber* Vermögensanteil S. 23; *Erman/Westermann* RdNr. 9.
[49] BGHZ 10, 91, 102 = NJW 1953, 1217; BGH WM 1971, 723, 725; BB 1958, 603; RGZ 123, 23, 26; 158, 302, 314; *Bork/Oepen* ZGR 2001, 515, 539; zur Parallelfrage im GmbH-Recht ebenso BGH NZG 2005, 216 = ZIP 2005, 230.
[50] Für diese Ausweitung namentlich auch *Hadding,* Actio pro socio, 1966, S. 87 ff.

§ 730 37–40   Abschnitt 8. Titel 16. Gesellschaft

betagte Forderungen werden im Zweifel nicht vorzeitig fällig (§ 733 Abs. 1 S. 2). Ob die
Auflösung einen wichtigen Grund bildet, um befristete Dauerschuldverhältnisse vorzeitig zu
beenden, beurteilt sich nach dem für das jeweilige Schuldverhältnis geltenden Recht.[51]

37   Auf die Einhaltung der in § 733 festgelegten **Reihenfolge der Abwicklungsmaßnahmen** (Schuldentilgung vor Rückerstattung der Einlagen) haben die Gläubiger keinen Anspruch. § 733 Abs. 1 ist ebenso wie das übrige Liquidationsrecht dispositiv (§ 733 RdNr. 5);
     die Gläubiger sind durch die persönliche Gesellschafterhaftung hinreichend gesichert. Kommt
     es jedoch vor der Schuldentilgung zur Verteilung von Gesellschaftsvermögen, so wird dadurch
     im Umfang des Empfangenen die persönliche Haftung auch derjenigen Gesellschafter begründet, die nach bisherigem Recht nicht als Gesamtschuldner mit ihrem Privatvermögen für
     die Gesamthandsverbindlichkeiten einzustehen hatten (vgl. 3. Aufl. § 714 RdNr. 59 f.).

38   **4. Beendigung der Gesellschaft.** Für den Zeitpunkt der Beendigung ist nach ganz hM
     nicht die Schuldentilgung gegenüber Gesellschaftsgläubigern oder der Kontenausgleich
     zwischen den Gesellschaftern maßgeblich, sondern allein die **vollständige Abwicklung
     des Gesamthandsvermögens.**[52] Dem ist im Grundsatz zuzustimmen. Da jedoch der
     Kontenausgleich im Regelfall mit der Verteilung des Überschusses (§ 734) bzw. der Einforderung und Verteilung von Nachschüssen (§ 735) zusammenfällt und sowohl der Überschuss als auch die Ansprüche auf Nachschuss zum Gesamthandsvermögen gehören, wird
     das Ende der Abwicklungsgesellschaft meist mit dem Kontenausgleich zusammenfallen (vgl.
     RdNr. 4 f.). Zur Beendigung durch Hinterlegung des Restvermögens bei Streit über dessen
     Verteilung vgl. § 734 RdNr. 11.

39   Finden sich nach scheinbar vollständiger Abwicklung **nachträglich** noch Gegenstände des
     Gesamthandsvermögens, nicht jedoch Gesellschaftsverbindlichkeiten,[53] so war die Gesellschaft in Wahrheit noch nicht voll beendet mit der Folge, dass die Auseinandersetzung wieder
     aufzunehmen ist (Nachtragsliquidation). Auch die erst später festgestellten Aktiva bzw. deren
     Wert sind nach Maßgabe des § 734 unter die Gesellschafter zu verteilen.[54] Insoweit bestehen
     grundsätzlich auch die Kompetenzen der Abwickler fort.[55] Die scheinbar beendete Gesellschaft kann auch noch Adressat eines vom Finanzamt erlassenen Steuerbescheids sein.[56]

III. Geschäftsführung und Vertretung

40   **1. Allgemeines.** Die **Geschäftsführung** steht in der Abwicklungsgesellschaft nach
     gesetzlicher Regel allen Gesellschaftern **gemeinschaftlich** zu (§ 730 Abs. 2 S. 2 aE). Das
     gilt auch dann, wenn für die werbende Gesellschaft Einzelgeschäftsführung vereinbart war;
     derartige Vereinbarungen erstrecken sich nicht auf die Abwicklungsgesellschaft.[57] Die
     Rechtslage entspricht insofern derjenigen in der Personenhandelsgesellschaft, bei der gemäß
     §§ 146 Abs. 1, 150 HGB gleichfalls die für die werbende Gesellschaft geltende Geschäftsführungsbefugnis mit der Auflösung erlischt und an deren Stelle – trotz grundsätzlicher
     Einzelgeschäftsführung/-vertretung (§§ 114, 125 HGB) – die *Gesamtgeschäftsführung sämtlicher Gesellschafter* als Liquidatoren tritt.[58] Aufgrund der ähnlichen Interessenlage ist es zudem
     erwägenswert, einzelne Vorschriften der §§ 146 ff. HGB entsprechend heranzuziehen (sogleich RdNr. 41, 47).[59] Wegen der durch die Auflösung entfallenen Gemeinsamkeit der

---

[51] Vgl. *Staub/C. Schäfer* § 131 HGB RdNr. 49.
[52] BGHZ 24, 91, 93 f. = NJW 1957, 989; *Soergel/Hadding/Kießling* RdNr. 32; *Bamberger/Roth/Timm/
Schöne* RdNr. 22. Vgl. auch RdNr. 1 f.
[53] *Soergel/Hadding/Kießling* RdNr. 33.
[54] RGZ 114, 131, 135.
[55] BGH NJW 1979, 1987; vgl. aber auch BayObLG NJW-RR 2000, 1348 (für Publikumsgesellschaft).
[56] Weitergehend BFH DB 1987, 2503 (Vollbeendigung der GbR erst nach Abwicklung des Rechtsverhältnisses zwischen ihr und dem Finanzamt).
[57] Ebenso OLG Köln WM 1995, 1881, 1882.
[58] Vgl. nur *Staub/Habersack* § 146 HGB RdNr. 8.
[59] Dafür *Wiedemann* GesR II § 6 III 1, S. 557 (in Bezug auf § 146 Abs. 1, 2 und § 152); bei unternehmenstragenden Gesellschaften auch *Staudinger/Habermeier* Vor § 705 RdNr. 72.

Interessen geht der Wille der Beteiligten für das Abwicklungsstadium im Zweifel dahin, die Auseinandersetzung gemeinsam vorzunehmen und sich dabei gegenseitig zu kontrollieren.[60]

Für den verstorbenen Gesellschafter nehmen dessen **Erben** gemeinschaftlich an der Abwicklung teil; in (Außen-)Gesellschaft haben sie jedoch analog § 146 Abs. 1 S. 2 HGB einen *gemeinsamen Vertreter* zu bestellen.[61] Die Interessenlage ist insofern die gleiche wie in der Personenhandelsgesellschaft, zumal im Liquidationsstadium auch in der GbR keine Bedenken gegen die Bestellung von Dritten zu Liquidatoren bestehen (RdNr. 47). Für einen insolvenzbetroffenen Gesellschafter nimmt der **Insolvenzverwalter** an der Abwicklung teil (§ 728 RdNr. 37 f.). Zum Fall der Kündigung durch einen Privatgläubiger vgl. § 725 RdNr. 20. Zur **Notgeschäftsführung** einzelner Gesellschafter für eine Übergangszeit nach Eintritt der Auflösung vgl. § 727 RdNr. 9 ff., 16, zur Fiktion fortbestehender Geschäftsführung bei unverschuldeter Unkenntnis von der Auflösung vgl. § 729 RdNr. 3 ff., 11. 41

Eine **Geschäftsführervergütung** kann für die Tätigkeit als Abwickler nicht beansprucht werden, wenn sie nicht vertraglich vereinbart ist.[62] Für die Zeit der werbenden Gesellschaft vereinbarte Vergütungen gelten nicht ohne weiteres auch für das Abwicklungsstadium. Wohl aber können die nicht oder nicht in gleichem Maße an der Abwicklung beteiligten Mitgesellschafter im Einzelfall, ebenso wie bei der werbenden Gesellschaft (§ 705 RdNr. 234), aus Gründen der Treupflicht gehalten sein, der Gewährung einer Vergütung an den oder die Abwickler zuzustimmen. 42

Für die organschaftliche **Vertretung** der Gesellschaft durch die Geschäftsführer gilt der Auslegungsgrundsatz des § 714 auch im Liquidationsstadium.[63] Entsprechend der Gesamtgeschäftsführung sind die Abwickler nach gesetzlicher Regel *nur gemeinsam* zur Vertretung der Gesellschaft berechtigt. Entsprechendes gilt gemäß § 150 HGB – trotz abweichenden Ausgangspunkts – auch in der Personenhandelsgesellschaft (RdNr. 40). Bei Verhinderung eines Abwicklers können die übrigen allein handeln.[64] Der **Umfang** der Vertretungsmacht richtet sich im Zweifel nach den Aufgaben der Abwickler (RdNr. 44 f.). Für Geschäfte, die durch den Abwicklungszweck nicht gedeckt sind und deren Vornahme auch nicht im Einvernehmen aller Gesellschafter erfolgt, haftet die Gesellschaft nur nach Rechtsscheingrundsätzen.[65] 43

2. Die Aufgaben der Abwickler. Vgl. RdNr. 8 f. Die Abwickler haben zunächst die **schwebenden Geschäfte** zu beenden und können hierzu im Rahmen des Erforderlichen auch **neue Geschäfte** tätigen (§ 730 Abs. 2 S. 1).[66] Schwebende Geschäfte sind solche, die im Zeitpunkt der Auflösung entweder bereits zu Stande gekommen oder von der Gesellschaft doch schon so weit vorbereitet waren, dass eine Bindung gegenüber dem Verhandlungspartner eingetreten ist, bei denen die Erfüllung oder anderweitige Beendigung aber noch aussteht.[67] Zur Frage vorzeitiger Kündigung von Dauerschuldverhältnissen aus Anlass 44

---

[60] So zutr. RGZ 100, 165, 166.
[61] Ebenso *Wiedemann* GesR II § 6 III 1, S. 557; *Staudinger/Habermeier* RdNr. 14; aA (die Erben je persönlich) *Soergel/Hadding/Kießling* RdNr. 15 (unter Berufung auf den methodisch schwer vertretbaren Umkehrschluss zu § 146 Abs. 1 S. 2 HGB); *Erman/Westermann* RdNr. 7; *Bamberger/Roth/Timm/Schöne* RdNr. 24; vgl. allg. zur Wahrnehmung der Mitgliedschaftsrechte in einer Erbengemeinschaft auch § 727 RdNr. 20.
[62] HM, vgl. BGH WM 1967, 682, 683 (für KG); *Soergel/Hadding/Kießling* RdNr. 17; *Staudinger/Habermeier* RdNr. 15; *Bamberger/Roth/Timm/Schöne* RdNr. 29.
[63] So auch *Staudinger/Habermeier* RdNr. 16.
[64] BGH WM 1964, 740, 741 (für KG); *Erman/Westermann* RdNr. 7. Allg. zu den Vertretungsfolgen der Verhinderung eines gesamtvertretungsberechtigten Geschäftsführers vgl. § 714 RdNr. 30.
[65] Vgl. *Erman/Westermann* RdNr. 8; *Soergel/Hadding/Kießling* RdNr. 15; *Bamberger/Roth/Timm/Schöne* RdNr. 29; so auch die bisher hM zu § 149 HGB, vgl. BGH NJW 1984, 982; *Hueck* OHG § 32 IV 5 b, S. 497; *Baumbach/Hopt* § 149 HGB RdNr. 7; *v. Gerkan* in *Röhricht/v. Westphalen* § 149 HGB RdNr. 20; aA (für grds. unbegrenzte Vertretungsmacht der OHG auch im Liquidationsstadium) *K. Schmidt* AcP 174 (1974), 55, 68 ff., 76; *ders.* AcP 184 (1984), 529, 583 f.; ihm folgend *Staub/Habersack* § 149 HGB RdNr. 46; ebenso für das Vereinsrecht § 49 RdNr. 13.
[66] BGH NJW 1984, 982; WM 1964, 152, 153 (jeweils für KG); *Soergel/Hadding/Kießling* RdNr. 17; *Erman/Westermann* RdNr. 7; *Bamberger/Roth/Timm/Schöne* RdNr. 25.
[67] RGZ 171, 129, 133; *Soergel/Hadding/Kießling* RdNr. 17. Zu dem durch den Abfindungszweck bestimmten engeren Begriff schwebender Geschäfte in § 740 vgl. ebd. RdNr. 4.

der Auflösung vgl. RdNr. 36, zur einvernehmlichen Erweiterung des Aufgabenkreises der Abwickler auf sonstige neue Geschäfte RdNr. 48.

45 Zu den **sonstigen Aufgaben** der Abwickler gehört die Rückgabe von Gegenständen, die der Gesellschaft zum Gebrauch überlassen waren (§ 732), die Tilgung der Gesellschaftsschulden (§ 733 Abs. 1) und die Liquidation des Gesellschaftsvermögens in dem durch den Abwicklungszweck gebotenen Umfang (§ 733 RdNr. 22). Die aus dem Gesellschaftsvertrag resultierenden, infolge der Auflösung zu unselbstständigen Rechnungsposten gewordenen Ansprüche der Gesellschafter (RdNr. 49) sind in die Schlussabrechnung aufzunehmen, die die Abwickler zum Abschluss ihrer Tätigkeit aufzustellen haben (RdNr. 59). Die Abwicklung findet ihr Ende mit der Auszahlung der jeweiligen Auseinandersetzungsguthaben (§§ 733 Abs. 2, 734) nach vorheriger Einforderung etwaiger sich aus der Schlussabrechnung ergebender Nachschüsse (§ 735).

46 **3. Abweichende Vereinbarungen.** Über Stellung und Aufgaben der *Abwickler* können abweichende Vereinbarungen im Gesellschaftsvertrag oder durch späteren, grundsätzlich einstimmigen[68] Gesellschafterbeschluss getroffen werden, soweit dadurch weder Rechte Dritter beeinträchtigt werden (§§ 725, 728) noch auch die Auseinandersetzung trotz eingetretener Auflösung auf Dauer ausgeschlossen wird.[69] Hiervon zu unterscheiden ist ein – ebenfalls möglicher – *Fortsetzungsbeschluss* (Vor § 723 RdNr. 11). Er wandelt die Gesellschaft wieder in eine werbende um und entzieht der Abwicklung damit die Grundlage. Allgemein zu gesellschaftsvertraglichen Abweichungen von §§ 730 ff. vgl. RdNr. 63 ff.

47 Unter den Abweichungen von § 730 Abs. 2 kommt einerseits die **Übertragung der Abwicklung** an einen oder *bestimmte Gesellschafter* in Betracht. Entsprechend § 146 Abs. 2 S. 2 HGB ist im Abwicklungsstadium als Ausnahme von dem Grundsatz der Selbstorganschaft (§ 709 RdNr. 5) auch die **Einsetzung eines Dritten** als Liquidator durch einstimmigen Gesellschafterbeschluss zuzulassen.[70] Entsprechend § 152 HGB sind freilich Dritte als Liquidator an die einstimmig beschlossenen Weisungen der Gesellschafter gebunden.[71]

48 Auch hinsichtlich des **Tätigkeitsumfangs** sind die Gesellschafter frei, den Abwicklern über die Beendigung schwebender und die Eingehung sonstiger notwendiger Geschäfte hinaus weitere Geschäftsführungsfunktionen zu übertragen; damit verbindet sich im Zweifel (§ 714) eine entsprechende Ausweitung der Vertretungsmacht. Beschließen die Gesellschafter, die Auseinandersetzung auf begrenzte Zeit auszusetzen und die Geschäfte solange fortzuführen, so kann darin je nach Lage des Falles auch ein befristeter Fortsetzungsbeschluss gesehen werden. In diesem Fall gelten im Zweifel die für die werbende Gesellschaft vorgesehenen Geschäftsführungsregeln weiter. Zur Möglichkeit von Abweichungen gegenüber § 733 Abs. 1 vgl. § 733 RdNr. 10 ff.

IV. Das Schicksal der Gesellschafteransprüche

49 **1. Grundsatz.** Nach ständiger, wenn auch durch zahlreiche Ausnahmen (RdNr. 54 ff.) durchbrochener Rechtsprechung führt die Auflösung dazu, dass die Gesellschafter die ihnen gegen Gesamthand und Mitgesellschafter zustehenden Ansprüche nicht mehr selbstständig im Wege der **Leistungsklage** durchsetzen können (sog. **Durchsetzungssperre;** zum Schicksal von Sozialansprüchen vgl. RdNr. 30 f.). Diese sind vielmehr als *unselbstständige Rechnungsposten* in die Schlussabrechnung (Auseinandersetzungsbilanz) aufzunehmen. Der Grund für diesen nicht nur im Recht der Personenhandelsgesellschaften,[72] sondern auch im

---
[68] Zu den Voraussetzungen mehrheitlicher Vertragsänderungen vgl. § 709 RdNr. 81 ff.
[69] Zu dieser zwingenden zeitlichen Schranke vgl. BGHZ 1, 324, 329 = NJW 1951, 650; *Soergel/Hadding/Kießling* RdNr. 17.
[70] Zur entsprechenden Anwendung des § 146 Abs. 2 S. 2 HGB *Wiedemann* GesR II § 6 III 1, S. 557; ebenso auch *Soergel/Hadding/Kießling* RdNr. 16; *Bamberger/Roth/Timm/Schöne* RdNr. 23.
[71] *Wiedemann* GesR II § 6 III 1, S. 557.
[72] BGHZ 37, 299, 305 = NJW 1962, 1863; BGH NJW 1968, 2005, 2006; 1992, 2757, 2758; WM 1964, 740, 741; 1968, 697, 698; 1976, 789; 1977, 973, 974; 1979, 937, 938; 1981, 487; 1995, 109; ZIP 1995, 1085; so auch schon RGZ 158, 302, 314.

GbR-Recht[73] geltenden Rechtssatz liegt darin, dass wechselseitige Zahlungen im Abwicklungsstadium vermieden und die Geltendmachung von Ansprüchen grundsätzlich der Schlussabrechnung vorbehalten werden soll. Vor endgültiger Auseinandersetzung sollen Mitglieder einer Abwicklungsgesellschaft Zahlung nur dann verlangen können, wenn und soweit feststeht, dass ihnen Ansprüche in diesem Umfang mindestens zustehen bzw. dass sie den auf diese Weise erlangten Betrag keinesfalls zurückzahlen müssen.[74] Dies gilt auch beim Ausscheiden eines Gesellschafters aus einer zweigliedrigen GbR.[75]

Der gegen die isolierte Geltendmachung von Gesellschafteransprüchen gerichteten Rechtsprechung ist trotz der darin liegenden **Abweichung von § 733 Abs. 1 und 2** auch für das Recht der GbR zu folgen. Die gesetzliche Regelung trägt dem Gedanken der Einheitlichkeit der Schlussabrechnung nicht hinreichend Rechnung; sie ist durch die zwischenzeitliche Entwicklung überholt. Auch die Rechte der einzelnen Gesellschafter werden durch die Durchsetzungssperre nicht unzumutbar eingeschränkt, solange der Grundgedanke (RdNr. 49) nicht außer Acht gelassen und bei der Zulassung von Ausnahmen dementsprechend großzügig verfahren wird. 50

Die Zulässigkeit von **Feststellungsklagen** zwischen Gesellschaftern über das Bestehen von Ansprüchen oder Verbindlichkeiten aus dem Gesellschaftsverhältnis wird von der Durchsetzungssperre nicht berührt; sie sind im Gegenteil geeignet, die Auseinandersetzung zu fördern.[76] Ist die Leistungsklage eines Gesellschafters im Auseinandersetzungsstadium im Hinblick auf die noch ausstehende Auseinandersetzungsrechnung unbegründet, so kann sie in eine Feststellungsklage abgeändert werden, den Betrag als unselbstständigen Posten in die Auseinandersetzungsrechnung einzustellen.[77] Das gilt auch für eine Stufenklage.[78] Eine derartige Umdeutung findet naturgemäß aber ihre Grenze in einem explizit entgegenstehenden Parteiwillen.[79] Zur Klage auf Mitwirkung an der Schlussabrechnung vgl. RdNr. 60. 51

2. Sachliche Tragweite. Im Einzelnen unterfallen der Durchsetzungssperre nicht nur solche Ansprüche, die wie die Rückzahlung der Einlagen (§ 733 Abs. 2) oder die Ausschüttung des Überschusses die vorherige Liquidation des Gesellschaftsvermögens voraussetzen.[80] Vielmehr wird der Grundsatz auch auf sonstige **gesellschaftsvertragliche Ansprüche** gegen Gesellschaft oder Mitgesellschafter wie Gewinn- oder Aufwendungsersatzansprüche angewandt, selbst wenn sie bis zum Eintritt der Auflösung selbstständig durchsetzbar waren.[81] Auch wenn Gesellschafter Verbindlichkeiten der Gesellschaft erst im Liquidationsstadium tilgen, können sie ihren Ausgleichsanspruch nur als unselbstständigen Rechnungsposten im Rahmen der Schlussabrechnung geltend machen; die Durchsetzungssperre erfasst auch den gemäß § 426 Abs. 2 zu Regresszwecken auf den Gesellschafter übergegangenen Anspruch des Gesellschaftsgläubigers.[82] Entsprechendes hat – trotz der 52

---

[73] BGH WM 1955, 302; NJW 1984, 1455; 1985, 1898; WM 1986, 68; NJW-RR 1988, 1379; 1991, 1049; RGZ 123, 23, 26; OLG Koblenz BB 1988, 91.
[74] St. Rspr. (vgl. Nachweise in Fn. 72, 73). So auch *Staudinger/Habermeier* RdNr. 21 und § 733 RdNr. 6; *Wiedemann* GesR II § 6 III 3, S. 577; *Soergel/Hadding* RdNr. 4; *Messer*, FS Stimpel, 1985, S. 205 ff. (ganz hM).
[75] BGH NJW 1992, 2757; 1999, 3557.
[76] BGH NJW 1984, 1455; 1985, 1898; 2000, 2586; WM 1987, 1073; 1995, 109; 1998, 1020, 1025; OLG München NJW-RR 1995, 485; *Erman/Westermann* RdNr. 13; *Soergel/Hadding/Kießling* RdNr. 13. AA noch OLG Hamm MDR 1985, 345.
[77] BGH NJW 1984, 1455; 1984, 2295; 1992, 2757, 2758; 2000, 2586; BB 1993, 1238; WM 1998, 1020, 1025; NZG 2003, 215.
[78] BGH NJW 1995, 109.
[79] Vgl. OLG Frankfurt OLGR 2007, 97 f.
[80] BGH NJW 2000, 2586; WM 1964, 740, 741; 1969, 591, 592; 1970, 90, 91.
[81] BGHZ 37, 299, 304 = NJW 1962, 1863; BGH WM 1968, 697, 698; NJW-RR 1986, 456; vgl. auch BGH WM 1997, 2220, 2221 (Ausnahme dann, wenn selbstständige Durchsetzbarkeit vertraglich vereinbart).
[82] BGHZ 103, 72, 77 f. = NJW 1988, 1375; BGH NJW 2005, 2618; zust. *Soergel/Hadding/Kießling* RdNr. 11; krit. dagegen *Hadding/Häuser* WM 1988, 1585; *Erman/Westermann* RdNr. 11.

§ 730 53–56   Abschnitt 8. Titel 16. Gesellschaft

insoweit uneinheitlichen Rechtsprechung[83] – für gesellschaftsvertragliche *Schadensersatzansprüche* zu gelten.[84]

53 Unberührt von der Durchsetzungssperre bleiben **Drittgläubigeransprüche** eines Gesellschafters gegen Gesellschaft oder Mitgesellschafter, darunter auch Schadensersatzansprüche aus unerlaubter Handlung oder aus Geschäftsführung ohne Auftrag, da die Parteien sich hier wie Dritte gegenüberstehen.[85] Der Gesellschaft ist es freilich unbenommen, insoweit mit Gegenansprüchen gegen den Gesellschafter aufzurechnen, auch wenn sie von der Durchsetzungssperre erfasst sind, oder unter Berufung auf absehbare, aber mangels Schlussabrechnung noch nicht fällige Ansprüche auf Nachschuss den Missbrauchseinwand zu erheben. Selbstständig durchsetzbar sind auch sonstige Ansprüche eines Gesellschafters gegen einen Mitgesellschafter etwa auf Rückzahlung eines Darlehens, sofern sie ihre Grundlage nicht im Gesellschaftsverhältnis haben.[86]

54 **3. Ausnahmen.** Entsprechend dem für die Undurchsetzbarkeit von Einzelansprüchen der Gesellschafter maßgebenden Grundgedanken, wechselseitige Zahlungen während der Auseinandersetzung nach Möglichkeit zu vermeiden (RdNr. 49), hat die Rechtsprechung zahlreiche Ausnahmen in anders gelagerten Fällen zugelassen. So kann bei entsprechender Liquidität der Gesellschaft die **Rückzahlung von Einlagen** schon vor der Schlussabrechnung verlangt werden, soweit die betreffenden Gesellschafter von der Verlustteilnahme freigestellt sind.[87] Entsprechendes gilt, wenn die Mindesthöhe eines Auseinandersetzungsguthabens schon vor der Schlussabrechnung feststeht.[88] Auch kann sich aus dem Sinn und Zweck der (gesellschafts-)vertraglichen Bestimmungen ergeben, dass bestimmte Ansprüche im Falle der Auflösung ihre Selbständigkeit behalten sollen.[89]

55 Der BGH hat die Durchsetzungssperre weiter für den Fall durchbrochen, dass ein Gesellschafter auf Grund einer vorläufigen Auseinandersetzungsrechnung auf **Zahlung eines Fehlbetrags** in Anspruch genommen wird.[90] Eine Ausnahme von dem o. g. Grundsatz kommt auch dann in Betracht, wenn ein Gesellschafter sich den wesentlichen Teil des Gesellschaftsvermögens eigenmächtig und ohne Gegenleistung zunutze macht.[91]

56 Ein Vorgehen **gegen Mitgesellschafter** wegen der anteiligen Erstattung eines bei der Gesellschaft nicht einzutreibenden *Aufwendungsersatzanspruchs* ist aus dem gleichen Grunde dann zugelassen worden, wenn der Gesellschafter per Saldo zumindest Ausgleich in dieser Höhe verlangen kann.[92] Weiterhin hat die Rechtsprechung wiederholt die Geltendmachung

---

[83] Für grds. Einbeziehung in die Auseinandersetzung BGH NJW 1968, 2005, 2006; WM 1984, 1605, 1606; RGZ 158, 302, 314; aA offenbar BGHZ 10, 91, 101 = NJW 1953, 1217; BGH NJW 1962, 859; WM 1971, 723, 725; 1997, 2220, 2221; unklar BGH WM 1967, 275, 276 (betr. Schadensersatzansprüche gegen Mitgesellschafter); anderes soll in Fällen des durch Täuschung erwirkten Beitritts zur Publikumsgesellschaft gelten, so etwa BGH NJW 2005, 1784; NJW-RR 2006, 178 und dazu *C. Schäfer* ZHR 170 (2006), 373, 381 f., 390 f.

[84] So auch *Staudinger/Habermeier* RdNr. 21; *Erman/Westermann* RdNr. 11; *Soergel/Hadding/Kießling* RdNr. 10; *Bamberger/Roth/Timm/Schöne* RdNr. 20; ferner *C. Schäfer* ZHR 170 (2006), 373, 390 f. Vgl. dazu auch RdNr. 32.

[85] So jetzt auch BGH NJW-RR 2006, 1268, 1270 (unter ausdrücklicher Aufgabe von BGH WM 1978, 89, 90 und WM 1971, 931, 932); NZG 2008, 68, 69; OLG Hamm NZG 2003, 677, 678 (jedenfalls, wenn die unerlaubte Handlung zu einem Zeitpunkt stattfindet, in dem Ausscheiden schon feststeht, arg. § 393); *Soergel/Hadding/Kießling* RdNr. 11; *Staudinger/Habermeier* RdNr. 22; *Bamberger/Roth/Timm/Schöne* RdNr. 30; aA noch OLG Karlsruhe NZG 2001, 748, 749 (im Anschluss an die überholte ältere Rspr. des BGH); *Messer*, FS Stimpel, 1985, S. 205 (vgl. auch § 705 RdNr. 203).

[86] Zu einem derartigen Fall s. BGH WM 1986, 68.

[87] BGH WM 1964, 740, 741; 1967, 346, 347; KG NZG 2001, 556; *Soergel/Hadding/Kießling* RdNr. 9; *Bamberger/Roth/Timm/Schöne* RdNr. 30.

[88] Vgl. nur BGHZ 37, 299, 305 = NJW 1962, 1863; BGH NJW 1980, 1628; 1995, 2843, 2844; 1998, 376; WM 1961, 323, 324; 1968, 1086; 1969, 591, 592; 1981, 487; DB 1977, 87, 89. Dazu auch *Ensthaler*, Die Liquidation von Personengesellschaften, 1985, S. 49 ff.

[89] BGH NJW-RR 2003, 1392, 1393 (betr. Forderungen aus einer Treuhandabrede).

[90] BGH NJW-RR 1991, 549; vgl. auch OLG Koblenz NJW-RR 1988, 1250.

[91] BGH NJW 1980, 1628; ZIP 1995, 1085.

[92] BGHZ 37, 299, 305 = NJW 1962, 1863; BGH WM 1974, 749, 751; *Erman/Westermann* RdNr. 12; *Bamberger/Roth/Timm/Schöne* RdNr. 32.

von *Schadensersatzansprüchen* gegen Mitgesellschafter wegen des einem Gesellschafter persönlich entstandenen Schadens gebilligt;[93] dem ist allerdings nur in den Fällen zu folgen, in denen der Schaden speziell auf der schuldhaft verzögerten Auseinandersetzung beruht.[94] Darüber hinaus können Ansprüche gegen Mitgesellschafter auch dann unmittelbar durchgesetzt werden, wenn das Gesellschaftsvermögen im Wesentlichen erschöpft ist und es angesichts der überschaubaren Verhältnisse einer gesonderten Schlussabrechnung nicht bedarf.[95]

V. Schlussabrechnung und Auseinandersetzungsguthaben

1. Die Schlussabrechnung. Sie bildet als **Schlusspunkt der Auseinandersetzung** zwischen den Gesellschaftern das Ende der Abwicklung (RdNr. 7); man spricht daher auch von *Auseinandersetzungsbilanz*. Bei Gelegenheitsgesellschaften ohne periodische Gewinnverteilung (§ 721 Abs. 1) dient sie gleichzeitig der Berechnung und Verteilung des während der Gesellschaftsdauer erzielten Gewinns oder Verlusts. 57

Im Unterschied zu § 154 HGB ist im Recht der GbR eine **formelle,** nach den Grundsätzen ordnungsgemäßer Buchführung zu erstellende **Schlussbilanz nicht vorgeschrieben.** Ihrer bedarf es nur dann, wenn die finanziellen Verhältnisse der Gesellschaft nicht ohne weiteres überschaubar sind und eine Auseinandersetzung unter Berechnung der auf die einzelnen Gesellschafter entfallenden Guthaben oder Nachschüsse ohne Auseinandersetzungsbilanz zu Unsicherheit führen würde.[96] Zur Einbeziehung der auf dem Gesellschaftsverhältnis beruhenden Ansprüche der Gesellschafter in die Schlussabrechnung vgl. RdNr. 49 ff. 58

Zur **Aufstellung** der Schlussabrechnung verpflichtet sind die Abwickler, im Regelfall also alle Gesellschafter (zur Schlussabrechnung bei Innengesellschaften vgl. RdNr. 16). Der Anspruch hierauf steht nach Eintritt der Auflösung als Teil des Anspruchs auf Auseinandersetzung[97] jedem Gesellschafter zu. Sind abweichend von der gesetzlichen Regel nicht alle Gesellschafter zugleich Abwickler, so umfasst die Schlussabrechnung auch die von den Abwicklern als Geschäftsführer geschuldete Rechenschaftslegung (§ 713 RdNr. 10). Zur *Feststellung* der Schlussabrechnung vgl. § 734 RdNr. 1. 59

Die **klageweise Durchsetzung** ist auf Mitwirkung an den zur Aufstellung der Schlussabrechnung erforderlichen Handlungen zu richten;[98] die Vollstreckung erfolgt im Regelfall nach § 887 ZPO.[99] Eine Schlussabrechnung durch das Gericht kann nicht verlangt, wohl aber Feststellungsklage über die Berechtigung streitiger Rechnungsposten erhoben werden.[100] Entsprechendes gilt bei Streit über den maßgeblichen Auflösungszeitpunkt, etwa wegen zeitlich auseinanderfallender Kündigungserklärungen, soweit er sich auf die Schlussabrechnung auswirkt.[101] 60

---

[93] BGH NJW 1962, 859; dazu krit. *Erman/Westermann* RdNr. 12; wohl auch WM 1967, 275, 276. Vgl. auch Nachweise in Fn. 83.
[94] BGH NJW 1968, 2005, 2006.
[95] BGH NJW-RR 2006, 468, 469 = ZIP 2006, 232; 2007, 245, 246; WM 1965, 793; 1966, 706 und 1052; 1967, 275; 1975, 268; 1978, 1205, 1208; ZIP 1993, 1307; RGZ 123, 23, 26; 158, 302, 314; OLG Hamm DB 2003, 937. So auch *Erman/Westermann* RdNr. 12; *Soergel/Hadding/Kießling* RdNr. 9, 28; *Bamberger/Roth/ Timm/Schöne* RdNr. 31. Vgl. auch RdNr. 35.
[96] So wohl auch BGH WM 1969, 591, 592.
[97] Dazu BGH WM 1955, 302; *Soergel/Hadding/Kießling* RdNr. 4, 12; *Bamberger/Roth/Timm/Schöne* RdNr. 18; *Palandt/Sprau* RdNr. 2.
[98] Vgl. OLG Hamm BB 1983, 1304 und OLG Koblenz NZG 2002, 371 zu den Bestimmtheitsanforderungen an den Vollstreckungstitel.
[99] BGH NJW 1993, 1394, 1395; *Stein/Jonas/Brehm,* 21. Aufl. 1994, § 887 ZPO RdNr. 5, § 888 ZPO RdNr. 2; dazu auch § 738 RdNr. 30; *Staub/C. Schäfer* § 131 HGB RdNr. 148.
[100] Vgl. nur BGHZ 26, 25, 28 = NJW 1958, 57; BGH WM 1964, 1052 (wN zur Rspr. in RdNr. 51); *Soergel/Hadding/Kießling* RdNr. 12; *Bamberger/Roth/Timm/Schöne* RdNr. 18. Allg. zur Problematik gerichtlicher Durchsetzung des Anspruches auf Auseinandersetzung und Bilanzfeststellung vgl. *Staudinger/Habermeier* RdNr. 25, *Staub/C. Schäfer* § 131 HGB RdNr. 148 f.
[101] Vgl. dazu OLG München NJW-RR 1995, 485.

61 **2. Der Anspruch auf das Auseinandersetzungsguthaben.** Zu Begriff und Zusammensetzung des Auseinandersetzungsguthabens vgl. § 734 RdNr. 8. Der Anspruch hierauf wird ebenso wie eine etwaige Nachschusspflicht (§ 735) grundsätzlich erst **fällig, wenn** die **Schlussabrechnung** von den Gesellschaftern **festgestellt** und dadurch über ihren Inhalt Einigkeit erzielt worden ist.[102] Anderes gilt hinsichtlich solcher aus der Gesellschaftskasse schon vorab erfüllbarer Teilbeträge, deren Mindesthöhe feststeht (RdNr. 54).

62 Der Anspruch richtet sich **gegen die Gesellschaft**; er ist nach Maßgabe von §§ 733 Abs. 2, 734 aus dem verbleibenden Vermögen zu befriedigen. Ist sonstiges Gesellschaftsvermögen nicht vorhanden, so kann er auch unmittelbar gegen ausgleichspflichtige **Gesellschafter** durchgesetzt werden.[103] Entsprechendes gilt für Ausgleichsansprüche eines Gesellschafters wegen Aufwendungen im Gesellschaftsinteresse[104] oder dann, wenn es um die Verteilung des letzten Vermögensgegenstands der Gesellschaft geht.[105] Das Vorhandensein oder die Möglichkeit noch offener Gesellschaftsverbindlichkeiten schließt die Ausgleichung zwischen den Gesellschaftern beim Fehlen weiteren Gesellschaftsvermögens nicht aus.[106]

B. Andere Arten der Auseinandersetzung

I. Allgemeines

63 Die Abwicklungsvorschriften der §§ 730 ff. sind in vollem Umfang **dispositiv** (§ 731 RdNr. 3). Ebenso wie die Gesellschafter bestimmte Abwicklungsschritte abweichend von der gesetzlichen Regel gestalten können, steht es ihnen auch frei, anstelle der Abwicklung eine grundsätzlich andere Art der Auseinandersetzung zu wählen.[107] Die wichtigste dieser Abweichungen ist die durch eine **Übernahme-** oder **Fortsetzungsklausel** (RdNr. 69) bewirkte Reduzierung des Mitgliederbestands auf einen Gesellschafter. Sie führt dazu, dass zugleich mit der Auflösung auch die Vollbeendigung der Gesellschaft eintritt (RdNr. 11). Eine Abwicklung kommt hier schon deshalb nicht in Betracht, weil es an dem dazu erforderlichen Fortbestand eines – wenn auch aufgelösten – Gesellschaftsverhältnisses fehlt. Stattdessen stehen dem Ausgeschiedenen oder seinen Erben in Fällen dieser Art meist Abfindungsansprüche gegen den Übernehmer zu.

64 **Weitere Beispiele** einer liquidationslosen Auseinandersetzung der Gesellschafter bilden die Veräußerung des Gesellschaftsvermögens mit Aktiven und Passiven an einen Dritten (RdNr. 86 ff.), sonstige nicht auf einer Übernahme beruhende Fälle der Vereinigung aller Anteile in einer Hand, namentlich zur Weiterverfolgung des Gesellschaftszwecks in der Rechtsform einer GmbH oder AG (RdNr. 89 f.), sowie die Spaltung der GbR unter Realteilung von Aktiven und Passiven (RdNr. 92).

II. Übernahme durch einen Gesellschafter

65 **1. Fragestellung.** Dem Gesellschafter einer aus zwei Personen bestehenden **OHG oder KG** steht das Recht zu, das Handelsgeschäft ohne Liquidation mit Aktiven und Passiven zu übernehmen, wenn in der Person des Mitgesellschafters ein Ausschließungsgrund gegeben ist (vgl. § 140 Abs. 1 S. 2 in sachlicher Übereinstimmung mit § 142 Abs. 1 aF HGB). Die Übernahme selbst vollzieht sich auf Grund eines von dem Berechtigten erwirkten Gestaltungsurteils uno actu im Wege der Gesamtrechtsnachfolge. Das Gesamthandseigentum wandelt sich in Alleineigentum des Übernehmers um; es wird zum Bestandteil seines

---

[102] Vgl. § 734 RdNr. 1 und zur entsprechenden Lage bei der Gewinnverteilung § 721 RdNr. 8. Abw. gilt demgegenüber für den Abfindungsanspruch (§ 738 RdNr. 28).
[103] Vgl. Nachweise in Fn. 95.
[104] BGH NJW-RR 1990, 736.
[105] BGH NJW 1995, 188; 1999, 3557; *Palandt/Sprau* RdNr. 5.
[106] BGHZ 26, 126, 133 = NJW 1958, 299; MünchKommHGB/*K. Schmidt* § 155 RdNr. 41 f.; *Hueck* OHG § 32 IX 1 b, S. 520 f.; aA für die OHG *Ebenroth/Boujong/Joost/Boujong* § 155 HGB RdNr. 12.
[107] Zur Auslegung derartiger Vereinbarungen vgl. BGH NJW-RR 1994, 1187.

persönlichen Vermögens. Kommt es beim einzigen Mitgesellschafter zur Anteilspfändung mit anschließender Kündigung oder zur Insolvenzeröffnung, so können auch diese Umstände entsprechend § 131 Abs. 3 Nr. 2, 4 HGB zur Übernahme durch den letztverbliebenen Gesellschafter führen (vgl. § 142 Abs. 2 aF HGB).

Für die **Gesellschaft bürgerlichen Rechts** hat der Gesetzgeber von einer den in RdNr. 65 genannten HGB-Vorschriften entsprechenden Regelung abgesehen; ein Bedürfnis hierfür wurde bei den Gesetzesberatungen nicht gesehen.[108] Das schließt angesichts der dispositiven Natur des Gesellschafts- und namentlich auch des Abwicklungsrechts die *Vereinbarung eines Übernahmerechts* oder die ihr funktional gleichstehende (RdNr. 69) Aufnahme einer Fortsetzungsklausel (§§ 736 Abs. 1, 737) in den Vertrag einer zunächst mehrgliedrigen Gesellschaft nicht aus. Auch außerhalb solcher Vertragsgestaltungen ist im Analogiewege ein *gesetzliches* Übernahmerecht unter bestimmten, freilich eng begrenzten Voraussetzungen anzuerkennen (RdNr. 73 f.). 66

Von den Voraussetzungen und der Ausübung des Übernahmerechts zu unterscheiden ist der früher für Handelsgesellschaften in § 142 Abs. 3 aF HGB geregelte **Vollzug der Übernahme**. Insoweit fragt sich, ob auch für die GbR eine Gesamtrechtsnachfolge des Übernehmers in das Gesamthandsvermögen unter gleichzeitiger Umwandlung in Alleineigentum anzuerkennen ist (vgl. RdNr. 81 f.). Dass diese Art der Durchführung für den *Übernehmer* am einfachsten ist, steht außer Zweifel. Zu Recht wurde jedoch geltend gemacht,[109] dass die Einräumung eines Übernahmerechts nicht notwendig zugleich die Anerkennung der Gesamtrechtsnachfolge des Übernehmers in das Gesellschaftsvermögen bedingt, sondern dass statt dessen auch die Einzelübertragung der Gegenstände des Gesamthandsvermögens an den Übernahmeberechtigten in Betracht kommt. Die Entscheidung der Frage hängt daher davon ab, ob sich die Gesamtrechtsnachfolge in Fällen dieser Art auf einen allgemein für Gesamthandsverhältnisse geltenden Rechtsgrundsatz stützen lässt und ob dadurch keine schutzwürdigen Belange Dritter gefährdet werden (vgl. RdNr. 81 f.). 67

2. Rechtsgrundlagen. a) Vereinbarung der Gesellschafter. aa) Art der Vereinbarung. Darüber, dass die Gesellschafter kraft Privatautonomie (§ 731) anstelle der Abwicklung die Übernahme des Gesellschaftsvermögens durch einen von ihnen vereinbaren können, besteht heute in Rechtsprechung und Literatur Einigkeit.[110] Die Vereinbarung kann **im Gesellschaftsvertrag** selbst getroffen werden **oder** aus gegebenem Anlass **ad hoc** zu Stande kommen; sie ist bei Zustimmung aller Gesellschafter auch noch nach Auflösung möglich. Ein im Gesellschaftsvertrag enthaltenes Übernahmerecht bindet auch den pfändenden Privatgläubiger oder den Insolvenzverwalter in der Gesellschafterinsolvenz.[111] 68

Der ausdrücklichen Begründung eines Übernahmerechts steht es grundsätzlich gleich, wenn der Gesellschaftsvertrag einer zunächst mehrgliedrigen Gesellschaft eine **Fortsetzungsklausel** enthält und die Gesellschafterzahl später auf zwei Personen schrumpft.[112] Für die Annahme, dass es zum Ausscheiden eines Gesellschafters beim Vorliegen eines der in der Fortsetzungsklausel genannten Gründe nur dann kommen soll, wenn mindestens *zwei* 69

---

[108] *Rimmelspacher* AcP 173 (1973), 1, 10 f. mN; vgl. auch RdNr. 73.
[109] *Canter* NJW 1965, 1553 ff., 1554 in krit. Auseinandersetzung mit dem pauschal auf den „Rechtsgedanken von § 142 HGB" abstellenden Urteil BGHZ 32, 307, 314 ff. = NJW 1960, 1664. Für diese Unterscheidung namentlich auch *Riegger*, Die Rechtsfolgen des Ausscheidens eines Gesellschafters aus einer zweigliedrigen Personalgesellschaft, 1969, S. 8 f.; *Rimmelspacher* AcP 173 (1973), 1, 4, 18.
[110] BGHZ 32, 307, 314 ff. = NJW 1960, 1664; BGH NJW 1966, 827; 1994, 796; NJW-RR 1993, 1443; OLG Köln DB 1981, 1184; OLG Hamm NZG 2000, 250, 251; *Soergel/Hadding/Kießling* Vor § 730 RdNr. 23; *Staudinger/Habermeier* RdNr. 2; *Palandt/Sprau* § 736 RdNr. 4; *Erman/Westermann* RdNr. 17; *Wiedemann* GesR I § 5 II 1, S. 258 f.
[111] Ebenso *Soergel/Hadding/Kießling* Vor § 730 RdNr. 23.
[112] *Rimmelspacher* AcP 173 (1973), 1, 21; *Erman/Westermann* RdNr. 17; *Soergel/Hadding/Kießling* Vor § 730 RdNr. 23; *Bamberger/Roth/Timm/Schöne* RdNr. 38; *Palandt/Sprau* § 736 RdNr. 4; *Staub/C. Schäfer* § 131 HGB RdNr. 8; *Baumbach/Hopt* § 131 HGB RdNr. 81 so auch die hM zu § 138 aF HGB, vgl. BGH WM 1957, 512; *Rötelmann* NJW 1956, 1618; *Baumbach/Hopt*, 29. Aufl. 1995, § 138 HGB RdNr. 6; GroßkommHGB/*Ulmer*, 3. Aufl. 1973, § 138 RdNr. 10. Zur Frage eines Übernahmerechts gegenüber einer Gesellschaftermehrheit vgl. § 737 RdNr. 6.

Gesellschafter verbleiben, während im Übrigen die Abwicklung nach gesetzlicher Regel gewollt ist, bedarf es besonderer Anhaltspunkte aus dem Verhältnis der Gesellschafter oder dem von ihnen verfolgten Zweck.

70 Von einem Übernahmerecht kraft Vereinbarung ist im Zweifel auch dann auszugehen, wenn sich eine **Personenhandelsgesellschaft** durch Schrumpfung des Geschäftsbetriebs oder Änderung des Gesellschaftszwecks **in eine GbR umgewandelt** hat. Insoweit sprechen gute Gründe dafür, dass der Gesellschafterwille sich auf Fortgeltung der handelsrechtlichen Grundsätze einschließlich des Übernahmerechts im Innenverhältnis richtet.[113] Abweichendes gilt freilich dann, wenn aus der Art und Weise des Rechtsformwechsels auf den Willen der Gesellschafter zu schließen ist, ihre Beziehungen künftig voll dem Recht der GbR zu unterstellen.

71 **bb) Regelungsinhalt.** Was den Inhalt der Vereinbarung angeht, so ist zunächst festzulegen, unter welchen Voraussetzungen ein Übernahmerecht zur Entstehung kommen soll. In Betracht kommen namentlich die in § 736 Abs. 1 genannten Umstände einschließlich desjenigen der Anteilspfändung oder der von dem pfändenden Gläubiger ausgesprochenen Kündigung. Stets muss sich aus Wortlaut oder Sinn und Zweck der Vereinbarung ergeben, dass das Übernahmerecht auch für den jeweils in Frage stehenden Umstand gewährt sein sollte. Ein zur „Hinauskündigung" von Mitgesellschaftern ohne besonderen Anlass berechtigendes, in das Belieben des Rechtsinhabers gestelltes Übernahmerecht bedarf zu seiner Wirksamkeit besonderer, die Vertragsgestaltung rechtfertigender Gründe (§ 737 RdNr. 17 ff.).

72 Vertraglich festzulegen sind weiter Regelungen über den **Eintritt der Übernahme.** Die Vereinbarung eines Gestaltungsklagerechts entsprechend § 140 Abs. 1 S. 2 HGB ist nicht möglich.[114] Wohl aber haben die Gesellschafter die Wahl, ob sie den Eintritt des Übernahmefalls ausschließlich von objektiven, im Gesellschaftsvertrag festgesetzten Gründen abhängig machen oder zusätzlich auf eine Gestaltungserklärung des Übernahmeberechtigten abstellen und die Gesellschaft bis dahin unverändert fortbestehen lassen wollen (zur Frage des Vollzugs der Übernahme vgl. RdNr. 81 f.). Begründet der Gesellschaftsvertrag lediglich ein Recht auf Übernahme, so bedarf es im Zweifel einer entsprechenden Gestaltungserklärung des Berechtigten zu dessen Ausübung (RdNr. 77).

73 **b) Objektives Recht? aa) Grundlagen.** Die Frage, ob und unter welchen Voraussetzungen beim Fehlen von Übernahme- oder ihnen nach RdNr. 69 gleichzustellenden Fortsetzungsvereinbarungen ein *Übernahmerecht kraft objektiven Rechts* in Betracht kommt, ist umstritten. Da die Vorschriften der §§ 730 bis 737 keine Übernahmeregelungen enthalten, handelt es sich um ein **Analogieproblem.** Als analogiefähige Normen kommen § 737 BGB und §§ 131 Abs. 3 Nr. 2 und 4, 140 Abs. 1 S. 2 HGB in Betracht.[115] Der Umstand, dass das BGB des Jahres 1900 im Unterschied zu dem gleichzeitig in Kraft getretenen HGB

---

[113] BGH NJW 1960, 1666 f. (insoweit in BGHZ 32, 307 nicht abgedruckt); zust. *Canter* NJW 1965, 1553, 1558; *Soergel/Hadding/Kießling* Vor § 730 RdNr. 23; *Bamberger/Roth/Timm/Schöne* RdNr. 38 und *Erman/Westermann* RdNr. 17; für analoge Anwendung von § 142 Abs. 1 und 2 aF HGB in diesem Fall *Rimmelspacher* AcP 173 (1973), 1, 9 f. Allg. zur Rechtslage bei der als OHG oder KG gegründeten, später zur GbR gewordenen Gesellschaft vgl. § 705 RdNr. 14, § 709 RdNr. 18 f.
[114] Vgl. dazu *Staub/C. Schäfer* § 133 HGB RdNr. 7.
[115] Die Frage war während der Geltung der § 142 Abs. 1 und 2 aF HGB umstritten. Eine Analogie zu diesen Vorschriften befürwortend bei einer GbR, deren Zweck auf den Betrieb eines Unternehmens gerichtet ist, *Raisch* JuS 1967, 533, 540; *Wagner* JuS 1961, 123, 125; *K. Schmidt* GesR § 58 V 2 b; *Schlegelberger/K. Schmidt* § 142 HGB RdNr. 9; *Baumbach/Hopt*, 29. Aufl. 1995, HGB § 142 RdNr. 2; wohl auch *Wiedemann* GesR I § 5 II 1, S. 258 f.; für Anwendung des auf dem Anwachsungsprinzip beruhenden Rechtsgedankens des § 142 aF HGB auf die GbR mit der Folge, dass beim Vorliegen der Voraussetzungen des § 737 der ausschließungsberechtigte Gesellschafter das Recht zur Übernahme des Gesellschaftsvermögens ohne Liquidation mit Aktiven und Passiven hat, BGHZ 32, 307, 317 f. = NJW 1960, 1664; BGH WM 1962, 880; *Rimmelspacher* AcP 173 (1973), 1, 10 ff., 23; *Soergel/Hadding*, 11. Aufl. 1985, RdNr. 20 (ebenso auch wieder *Soergel/Hadding/Kießling* Vor § 730 RdNr. 25); *Erman/Westermann* § 737 RdNr. 8 ff.; aA (gegen jede Anerkennung eines Übernahmerechts im Analogiewege) aber *Canter* NJW 1965, 1553 ff.; *Staudinger/Kessler*, 12. Aufl. 1979, § 737 RdNr. 6 (offenlassend jetzt *Staudinger/Habermeier* § 737 RdNr. 5).

von der gesetzlichen Verankerung eines Übernahmerechts abgesehen hat, lässt nicht etwa auf eine „bewusste Lücke" schließen;[116] er steht der Analogiemöglichkeit daher nicht entgegen. Die Aufnahme von § 142 aF in das HGB von 1900 wurde vielmehr erst in Betracht gezogen, als die Sachverhandlungen zum Entwurf des BGB bereits abgeschlossen waren.[117]

Vergleicht man die Ausschlussmöglichkeiten im Gesellschaftsrecht des BGB und des HGB, so zeigt sich, dass der **Schutz des Gesellschaftsbestandes** für den Fall von Störungen in der Person oder Sphäre eines Gesellschafters im **HGB (§§ 140, 141 aF)** eine deutlich stärkere Ausprägung erfahren hat als bei der **GbR,** bei der die regelmäßige Rechtsfolge auch in derartigen Fällen die Auflösung ist (§§ 723 Abs. 1, 725, 728 Abs. 2). Eine abweichende Wertung hat der Gesetzgeber (abgesehen von den Fortsetzungsvereinbarungen nach § 736 Abs. 1) nur für den Fall des wichtigen Grundes in der Person eines Gesellschafters getroffen: Er berechtigt nach § 737 dann zu dessen Ausschluss aus der im Übrigen fortbestehenden Gesellschaft, wenn die Gesellschafter für den Fall der Kündigung seitens eines Gesellschafters die Fortsetzung ohne ihn vereinbart – und dadurch ihr Interesse an einem zumindest partiellen Bestandsschutz zum Ausdruck gebracht – haben (vgl. § 737 RdNr. 4). **74**

bb) Folgerungen. Geht man von den in RdNr. 74 aufgezeigten Wertungen aus, so ist ein gesetzliches Übernahmerecht unter Ausschluss des Mitgesellschafters beim Vorliegen eines wichtigen Grundes in dessen Person (§ 737 RdNr. 8) in **Analogie zu § 737** jedenfalls dann zu bejahen, wenn der Gesellschaftsvertrag ein *Übernahmerecht bei Kündigung* durch einen Mitgesellschafter vorsieht.[118] Entsprechendes gilt aber auch dann, wenn entweder in einer ursprünglich mehrgliedrigen Gesellschaft für diesen Fall die *Fortsetzung ohne den Kündigenden* bestimmt war[119] oder wenn ein zur Ausschließung berechtigender wichtiger Grund gegenüber allen übrigen Gesellschaftern vorliegt.[120] Zwar geht es bei der Übernahme im Unterschied zur Fortsetzung nicht um den Bestand der Gesellschaft, sondern nur um denjenigen der Organisation. Indessen dient auch die Fortsetzungsklausel bei einer mehrgliedrigen Gesellschaft im Zweifel dazu, neben der Personenverbindung auch das Gesellschaftsvermögen im Hinblick auf den damit verfolgten Zweck in seinem Bestand zu erhalten, und insoweit lässt sich eine Parallele zum Übernahmerecht durchaus bejahen.[121] Darauf, ob der Zweck auf den Betrieb eines Erwerbsgeschäfts gerichtet ist, kommt es beim Vorliegen einer Fortsetzungsklausel nicht an.[122] **75**

Ohne vertragliche, in einer **Fortsetzungsklausel** nach Art des § 737 zum Ausdruck gekommene Anhaltspunkte dafür, dass die Gesellschafter einer GbR am Fortbestand des der Zweckverfolgung gewidmeten Vermögens interessiert sind, ist für die Bejahung eines Übernahmerechts im Analogiewege dagegen kein Raum.[123] Das gilt auch dann, wenn es sich um eine Erwerbsgesellschaft (Vor § 705 RdNr. 89) handelt; zum Sonderfall einer ehemaligen OHG oder KG vgl. RdNr. 70. Eine Analogie zu §§ 131 Abs. 3, 140 Abs. 1 S. 2 HGB scheitert in derartigen Fällen schon daran, dass die BGB-Verfasser abweichend von §§ 140, 141 aF HGB bewusst darauf verzichtet haben, für die GbR ein allgemeines, von einer vertraglichen Fortsetzungsklausel unabhängiges Ausschlussrecht vorzusehen. Diese Wertung ist auch für die Entscheidung der Frage zu beachten, unter welchen Voraussetzungen die Bejahung eines Übernahmerechts im Analogiewege in Betracht kommt. **76**

---

[116] So zu Recht *Rimmelspacher* AcP 173 (1973), 1, 10 f. gegen *Canter* NJW 1965, 1553, 1557.
[117] *Rimmelspacher* AcP 173 (1973), 1, 10 f. mN.
[118] Ebenso, wenn auch unter analoger Heranziehung des § 140 Abs. 1 S. 2 HGB, OLG München NZG 1998, 937; *Palandt/Sprau* § 737 RdNr. 1.
[119] S. Fn. 112.
[120] Zum Übernahmerecht gegenüber einer Gesellschafter*mehrheit* vgl. § 737 RdNr. 6.
[121] So auch *Rimmelspacher* AcP 173 (1973), 1, 20, allerdings bezogen auf § 142 Abs. 3 aF HGB.
[122] Gegen die Erheblichkeit dieses Kriteriums auch BGH NJW 1966, 827; OLG Celle MDR 1978, 846; *Rimmelspacher* AcP 173 (1973), 1, 9, 17 und 20; *Soergel/Hadding/Kießling* Vor § 730 RdNr. 25; Gegenansichten vgl. Fn. 118.
[123] BGH WM 1961, 880, 881; *Rimmelspacher* AcP 173 (1973), 1, 9; *Soergel/Hadding/Kießling* Vor § 730 RdNr. 25; aA die Befürworter einer analogen Anwendung von § 142 Abs. 1 und 2 aF HGB auf eine GbR, deren Zweck auf den Betrieb eines Unternehmens gerichtet ist (vgl. Nachweise in Fn. 115).

77 3. Ausübung des Übernahmerechts; unmittelbar eintretende Gesamtrechtsnachfolge. Zur Ausschließung des oder der Mitgesellschafter unter Berufung auf das Übernahmerecht bedarf es im Regelfall dessen **Ausübung durch Gestaltungserklärung,** wenn der Gesellschaftsvertrag nicht eindeutig Abweichendes bestimmt. Das gilt namentlich für das Übernahmerecht beim *Vorliegen wichtiger Gründe* in der Person eines Mitgesellschafters, aber auch in sonstigen Fällen, in denen der Eintritt der Übernahmevoraussetzungen nicht außer Zweifel steht. Eine Gestaltungserklärung ist auch zur Geltendmachung eines Übernahmerechts analog § 737 erforderlich (RdNr. 75).

78 Demgegenüber liegt bei einem auf den *Tod* des Mitgesellschafters abstellenden Übernahmerecht das **unmittelbare Wirksamwerden** der Übernahme jedenfalls dann nahe, wenn der Gesellschaftsvertrag nicht alternativ eine Nachfolgeklausel zu Gunsten der Erben des Verstorbenen enthält. Bei *sonstigen eindeutig feststellbaren Ereignissen* als Übernahmegrund wie die Anteilspfändung, die Gesellschafterinsolvenz oder die Kündigung durch den Mitgesellschafter ist durch Vertragsauslegung zu klären, ob eine automatisch wirkende Übernahme (RdNr. 72) gewollt ist.[124] Der BGH bejaht eine automatisch eintretende „Übernahme" für die Personenhandelsgesellschaft mit Selbstverständlichkeit, wenn er bei Vorliegen eines Ausscheidensgrundes in der zweigliedrigen Gesellschaft mit Recht und ohne weiteres von der Gesamtrechtsnachfolge des Gesellschaftsvermögens auf den verbliebenen Gesellschafter ausgeht.[125] Der automatische Vollzug entspricht also bei der OHG/KG der Rechtslage wegen der durch das Gesetz selbst angeordneten Ausscheidensfolge in den Fällen des § 131 Abs. 3 HGB. Zwar bedarf es hierfür in der GbR einer gesellschaftsvertraglichen Fortsetzungsklausel (§ 736). Tritt indessen bei Vorliegen einer Fortsetzungsklausel in den von § 736 erwähnten Fällen des Todes, der Gesellschafterinsolvenz oder der Kündigung (§§ 723, 725[126]) die Gesamtrechtsnachfolge auf den verbliebenen Gesellschafter allemal schon kraft Gesetzes ein, sobald der Ausscheidensgrund wirksam wird, so ist kein Grund ersichtlich, warum dies nicht grundsätzlich ebenso im Falle eines Übernahmerechts sollte gelten können. Man wird daher in diesen Fällen sogar im Zweifel von einem automatischen Vollzug auszugehen haben, sofern der Vertrag keine andere Regelung trifft. Demgegenüber mag die in einer älteren Entscheidung getroffene Aussage, in bestimmten Fällen solle es zur Übernahme nicht schon bei Eintritt ihrer Voraussetzungen, sondern nur dann kommen, wenn der berechtigte Gesellschafter sie während der Kündigungsfrist oder einer sonstigen angemessenen Frist erkläre,[127] als flexible Lösung im Interesse des Übernahmeberechtigten erwünscht sein. Gegen ein derartiges Gestaltungsrecht spricht jedoch die mit der „Bedenkzeit" verbundene Rechtsunsicherheit; sie ist daher nur in solchen Fällen in Betracht zu ziehen, in denen der Gesellschaftsvertrag – wie bei der kündigungsbedingten Übernahme – klare Anhaltspunkte zur Bestimmung von Dauer und Ende der Frist für die Übernahmeerklärung enthält.

79 Die Berufung auf das Übernahmerecht kann im Einzelfall dann **missbräuchlich** sein, wenn sie dazu dient, dem Mitgesellschafter dessen ungeschmälerten Anteil am Erlös einer ohnehin unvermeidlichen Abwicklung vorzuenthalten.[128]

---

[124] Wie hier auch *Bamberger/Roth/Timm/Schöne* RdNr. 38; aA *Soergel/Hadding/Kießling* Vor § 730 RdNr. 27 und *Erman/Westermann* § 737 RdNr. 10, die zur Vermeidung einer unerwünschten automatischen Gesamtrechtsnachfolge beim Übernehmer stets dessen Übernahmeerklärung für erforderlich halten.

[125] So für den Fall des insolvenzbedingten Ausscheidens des letzten Komplementärs (§ 131 Abs. 3 Nr. 2 HGB) BGH ZIP 2004, 1047, 1048 = NZG 2004, 611 m. Anm. *Pentz* BGHReport 2004, 1092; vgl. dazu *Staub/C. Schäfer* § 131 RdNr. 8, 108 a; allg. zur Anwachsung analog § 738 Abs. 1 S. 2 bei Ausscheiden des vorletzten Gesellschafters auch *Seibt*, FS Röhricht, 2005, S. 603 f., 614 ff. Ebenso sind die Entscheidungen BGH NJW 2000, 1119 (VII. ZS); NJW-RR 1993, 1443, 1444 (IV. ZS) ohne weiteres von einer Gesamtrechtsnachfolge beim Ausscheiden des vorletzten Gesellschafters ausgegangen; eingehende Nachweise bei *Seibt* aaO S. 605.

[126] Zur Einbeziehung der Gläubigerkündigung vgl. § 736 RdNr. 12.

[127] BGH WM 1980, 496, 497 (insoweit nicht abgedruckt in NJW 1980, 1628).

[128] BGH NJW 1958, 1633; *Soergel/Hadding/Kießling* Vor § 730 RdNr. 26; vgl. auch § 737 RdNr. 10.

Eine **Übernahmeklage** entsprechend § 140 Abs. 1 S. 2 HGB kommt angesichts der **80** grundsätzlichen Beschränkung der Gestaltungsklagebefugnis auf Personenhandelsgesellschaften und der hiervon abweichenden BGB-Regelung (§§ 712 Abs. 1, 715, 723 Abs. 1 S. 2, 737) nicht in Betracht. Ein derartiges Klagerecht kann auch nicht etwa im Gesellschaftsvertrag vereinbart werden.[129] – Zum Vollzug der Übernahme und zu den Haftungsfolgen vgl. RdNr. 81 ff.; zur Frage der Ausübung eines Übernahmerechts nach Auflösung der Gesellschaft vgl. RdNr. 25.

4. Vollzug der Übernahme. Die vermögensrechtliche Übernahme in einer Zweiperson- **81** gesellschaft vollzieht sich nicht durch Einzelübertragung der Vermögensgegenstände von der Gesamthand an den Übernehmer, sondern durch dessen **Gesamtrechtsnachfolge** unter Umwandlung des Gesamthands- in Alleineigentum des Übernehmers. Über diese Art des Vollzugs besteht heute im Wesentlichen Einigkeit.[130] Die *Begründung* bereitet freilich nach wie vor *Schwierigkeiten*. Dem Abstellen auf das Anwachsungsprinzip (§ 738 Abs. 1 S. 1) wird entgegengehalten, es setze den Fortbestand der Gesamthand voraus, weshalb auch § 142 Abs. 3 aF HGB nur von der „entsprechenden" Anwendung dieser Vorschrift gesprochen habe.[131] Die Berufung auf das Wesen der Gesamthand als Grund für die Gesamtrechtsnachfolge[132] stößt teilweise auf den Einwand, bei den diese Rechtsfolge anordnenden §§ 1490 S. 3, 1491 Abs. 4 BGB und § 142 Abs. 3 aF HGB handele es sich um Sondervorschriften, die den Rückschluss auf ein allgemeines Prinzip gerade nicht zuließen,[133] teilweise auf den Hinweis, dass die Anwachsung nach § 738 Abs. 1 S. 1 die Rechtszuständigkeit der GbR unberührt lasse.[134] *Flume*[135] will der Frage dadurch ausweichen, dass er die rechtsgeschäftliche Übernahme als Übertragung des Anteils des ausscheidenden auf den übernehmenden Gesellschafter versteht. Dieser Weg dürfte indessen nur selten den Vorstellungen und dem Willen der ein Übernahmerecht vereinbarenden Parteien entsprechen; bei einer Übernahme entsprechend § 737 liefe er ohnehin auf eine gesetzlich nicht gedeckte Fiktion hinaus.

Für die **Stellungnahme** ist davon auszugehen, dass entsprechend der funktionell vergleichbaren Fortsetzungsklausel (§§ 736 Abs. 1, 737) der **Zweck** sowohl eines vertraglichen **82** Übernahmerechts als auch der analogen Anwendung des § 737 auf das **Ausscheiden des Mitgesellschafters** aus der Zweipersonengesellschaft gerichtet ist. Grundsätzliche Bedenken gegen die Zulässigkeit einer solchen Vereinbarung bestehen nicht; das gilt auch hinsichtlich der Herbeiführung des Ausscheidens aufgrund der Ausübung eines an Sachgründe gebundenen vertraglichen oder gesetzlichen Übernahmerechts. Als Rechtsfolge tritt Vollbeendigung der Gesellschaft durch Rückgang der Gesellschafterzahl auf eine Person ein (RdNr. 11); damit entfällt zugleich die Grundlage für den Fortbestand der vermögensrechtlichen Gesamthand. An ihre Stelle tritt kraft Anwachsung Alleineigentum des als einziger verbleibenden ehemaligen Gesellschafters, während die Gesamthänderstellung des ehemaligen Mitgesellschafters mit dessen Ausscheiden erlischt (§ 719 RdNr. 4).[136] Die Vorschriften

---

[129] S. Fn. 115.
[130] So der BGH in st. Rspr., vgl. BGHZ 32, 307, 314 ff. = NJW 1960, 1664; BGH NJW 1966, 827 sowie die Nachweise bei *Rimmelspacher* AcP 173 (1973), 1, 2 Fn. 5; OLG Celle MDR 1978, 846. Aus der Lit. vgl. statt aller *Soergel/Hadding/Kießling* Vor § 730 RdNr. 28; *Bamberger/Roth/Timm/Schöne* RdNr. 41 f.; *Erman/ Westermann* RdNr. 18; *Rimmelspacher* aaO S. 18 ff.; *Schünemann* Grundprobleme S. 196 f.
[131] So *Canter* NJW 1965, 1553, 1561; *Wiedmann*, GS Lüderitz 2000, S. 839, 843; wohl auch *Schünemann* Grundprobleme S. 197; dagegen etwa *K. Schmidt* JZ 2003, 585, 595.
[132] So etwa RGRK/*v. Gamm* RdNr. 14. Ebenso *Flume* I/1 § 17 VIII, S. 373 und *Riegger* (Fn. 109) S. 10 f., 162, die allerdings den Begriff der Gesamtrechtsnachfolge ablehnen und im Anschluss an BGH LM HGB § 142 Nr. 15 = NJW 1966, 827 und RGZ 65, 227, 240 von einer „dem Wesen einer Gesamthandsgemeinschaft gemäßen Form der Änderung der Rechtszuständigkeit" sprechen.
[133] *Canter* NJW 1965, 1553, 1560 f.; *Rimmelspacher* AcP 173 (1973), 1, 18 f.
[134] Vgl. *Soergel/Hadding/Kießling* Vor § 730 RdNr. 28.
[135] I/1 § 17 VIII, S. 373 f.
[136] Vgl. die Nachweise in Fn. 125. – Aus diesen Gründen scheidet iÜ auch die Möglichkeit aus, eine Übernahmevereinbarung rückwirkend aufzuheben oder hiervon zurückzutreten (BGH ZIP 1982, 1322); es bedarf ggf. der Neugründung der Gesellschaft durch Übernehmer und Ausgeschiedene.

der §§ 1490, 1491, 2033[137] BGB, § 142 Abs. 3 aF HGB enthalten daher in der Tat einen allgemeinen, beim Ausscheiden eines von zwei Gesamthändern eingreifenden Rechtsgrundsatz, der dem Anwachsungsprinzip des § 738 Abs. 1 S. 1 bei der mehrgliedrigen Gesellschaft entspricht. Die als Gegenargument angeführte Vorschrift des § 1502 Abs. 1[138] steht nicht entgegen; sie geht ebenso wie § 1477 Abs. 2 nicht vom Ausscheiden des an der fortgesetzten Gütergemeinschaft mitbeteiligten anderen Teils aus, sondern von der Begründung eines Übertragungsanspruchs hinsichtlich bestimmter (oder aller) Vermögensgegenstände durch den überlebenden Ehegatten gegen einen in das Gesamtgut zu zahlenden Wertersatz.[139] Auch wesentliche Interessen Dritter werden durch diese Art der Beendigung der Gesellschaft nicht tangiert (zu den Rechten von Gesellschaftsgläubigern vgl. RdNr. 85).

83 **5. Rechte und Pflichten des Ausgeschiedenen.** Sie bestimmen sich mangels abweichender Vereinbarungen analog **§§ 738 bis 740.** Der Ausgeschiedene kann vom Übernehmer nicht nur die Zahlung der nach § 738 Abs. 1 S. 2 zu berechnenden Abfindung verlangen, sondern auch die Befreiung von den Gesellschaftsschulden und die Teilnahme am Ergebnis der im Zeitpunkt der Übernahme schwebenden Geschäfte. Dass abweichend vom Grundfall des § 738 die Gesellschaft nicht fortgesetzt wird und die Ansprüche des Ausgeschiedenen sich daher nicht gegen jene, sondern gegen den Übernehmer persönlich richten, ändert nichts am Inhalt der Ansprüche und an den für ihre Durchsetzbarkeit geltenden Grundsätzen (§ 738 RdNr. 11). Zum Einsichtsrecht des Ausgeschiedenen in die Abfindungsbilanz vgl. § 738 RdNr. 27.

84 Im Rahmen der **nachvertraglichen Treupflicht** ist der Ausgeschiedene auch seinerseits verpflichtet, Beeinträchtigungen des vom Übernehmer fortgesetzten Unternehmens zu unterlassen. Schwerwiegende Verstöße hiergegen berechtigen den Übernehmer nicht nur zu Schadensersatz, sondern können auch den Einwand unzulässiger Rechtsausübung gegen den Anspruch auf Abfindungszahlung begründen.[140]

85 **6. Haftungsfolgen.** Die persönliche Haftung der Gesellschafter für die bis zu ihrem Ausscheiden entstandenen Verbindlichkeiten der Gesellschaft gegenüber Dritten wird durch die Übernahme und ihren Vollzug nicht berührt. Der **Übernehmer** haftet auf Grund der bei ihm eintretenden *Gesamtrechtsnachfolge* auch dann unbeschränkt persönlich, wenn seine akzessorische Gesellschafterhaftung analog § 128 HGB während des Bestehens der Gesellschaft ausnahmsweise abbedungen oder aus sonstigen Gründen ausgeschlossen war. Der **Ausgeschiedene** haftet für die bis zu seinem Ausscheiden entstandenen Verbindlichkeiten im Grundsatz unverändert fort. Er kann sich aber nach § 736 Abs. 2 auf die nach fünf Jahren eintretende *Enthaftung* berufen (vgl. § 736 RdNr. 26 f.). Zur akzessorischen Gesellschafterhaftung in der Außen-GbR vgl. näher § 714 RdNr. 33 ff.

III. Sonstige Fälle

86 **1. Veräußerung des Gesellschaftsvermögens im Ganzen.** Wird das Gesellschaftsvermögen im Ganzen an einen Dritten veräußert, so liegt darin zunächst eine **Abweichung von §§ 733 Abs. 3, 734.** Je nach den getroffenen Vereinbarungen über die Übernahme auch der Verbindlichkeiten und über die Auszahlung des Kaufpreises können sich damit weitere Abweichungen, namentlich solche von § 733 Abs. 1 und 2, verbinden. Auch bedarf es in diesen Fällen meist keiner nennenswerten Geschäftsführungstätigkeit der Liquidatoren. Der Beschluss über die Veräußerung erfordert wegen der darin liegenden Abweichung vom dispositiven Recht die **Zustimmung sämtlicher Gesellschafter,** nicht nur der Geschäftsführer.

---

[137] § 2033 spricht zwar nur von der Verfügung über einen Miterbenanteil. Über die Anwachsungsfolge bei Vereinigung aller Anteile besteht aber Einigkeit (OLG Düsseldorf NJW 1977, 1828; *Palandt/Edenhofer* § 2033 RdNr. 4).
[138] So *Rimmelspacher* AcP 173 (1973), 1, 19.
[139] 4. Aufl. § 1477 RdNr. 8 und 11, § 1502 RdNr. 2.
[140] BGH NJW 1960, 718, 719.

Eine **notarielle Beurkundung** des Veräußerungsvertrags ist abweichend von § 311 b 87 Abs. 3 *nicht notwendig*. Dies freilich entgegen der früher hM nicht deshalb, weil hier nur ein Sondervermögen der Mitglieder veräußert würde und diese daneben ihr Privatvermögen behielten;[141] eine solche Begründung ist mit dem modernen Verständnis der Gesellschaft als rechtsfähiges Zuordnungssubjekt des Gesellschaftsvermögens (§ 705 RdNr. 303) nicht vereinbar. Entscheidend ist vielmehr, dass die Gesellschaft als Zweckschöpfung ihrer Mitglieder des Schutzes des § 311 b Abs. 3 nicht bedarf, wenn die Mitglieder sich – sei es auch nur konkludent im Rahmen des Veräußerungsbeschlusses – über deren Auflösung geeinigt haben. Formbedürftig ist der Veräußerungsvertrag jedoch dann, wenn zum Gesellschaftsvermögen Grundstücke (§ 311 b Abs. 1) oder GmbH-Anteile (§ 15 Abs. 4 GmbHG) gehören.[142]

Die **Vermögensübertragung** vollzieht sich im Wege der Einzelverfügung nach all- 88 gemeinen sachenrechtlichen Grundsätzen. Die *Haftung des Erwerbers* für die Gesellschaftsverbindlichkeiten setzt einen besonderen Verpflichtungsgrund auf seiner Seite voraus; er kann bei Übernahme nicht nur der Aktiven, sondern auch der *Passiven* der Gesellschaft in einem Schuldbeitritt oder einer – nur mit Genehmigung der Gläubiger wirksam werdenden – Schuldübernahme (§ 415 Abs. 1) liegen. Andernfalls bewendet es bei einer Erfüllungsübernahme (§ 415 Abs. 3). Für die Haftung aus Vermögensübernahme nach § 419 aF ist seit der Aufhebung dieser Vorschrift zum 1. 1. 1999 kein Raum mehr.

2. Einbringung in eine GmbH oder AG. Die Umwandlung einer GbR in eine 89 GmbH oder AG im Wege des **Formwechsels** ist *ausgeschlossen*. Das folgt aus der abschließenden Aufzählung der Fälle eines Formwechsels in § 191 UmwG; danach kann die GbR nicht als formwechselnder Rechtsträger, sondern nur als neuer Rechtsträger an dieser Art der Umwandlung beteiligt sein (§ 191 Abs. 2 Nr. 1 UmwG).

Entsprechendes wie nach RdNr. 89 gilt grundsätzlich auch für die **übertragende Um-** 90 **wandlung,** sei es als Verschmelzung (§§ 2, 3 Abs. 1 UmwG) oder als Vermögensübertragung ohne Abwicklung (§§ 174, 175 UmwG). Ein diesem Vorgehen vergleichbares Ergebnis lässt sich jedoch in der Weise erreichen, dass die Gesellschafter der GbR *sämtliche* Anteile auf eine schon bestehende GmbH oder AG übertragen. Ob der Übertragung Veräußerungsgeschäfte der Gesellschafter der GbR mit der Kapitalgesellschaft zugrundeliegen oder ob es sich um die Leistung von Sacheinlagen im Rahmen einer Kapitalerhöhung geht, ist für den Eintritt der Umwandlung irrelevant. Diese beruht auf dem für die gesellschaftsrechtliche Gesamthand zwingend geltenden *Anwachsungsprinzip,* dh. auf der Ablösung des Gesamthandseigentums der zwei oder mehr GbR-Gesellschafter durch das Alleineigentum des einzigen Erwerbers bei Vereinigung aller Anteile in einer Hand, verbunden mit dem Zusammenfallen des (bisherigen) Gesellschaftseigentums mit dem Eigentum des Erwerbers (vgl. § 719 RdNr. 26).

Die vorstehende, sich notwendig aus der *Gesamthandsstruktur* der GbR ergebende Rechts- 91 folge enthält **keinen Widerspruch zum numerus clausus der gesetzlich geregelten Umwandlungsfälle** nach Maßgabe des § 1 Abs. 2 UmwG.[143] Zwar beansprucht das UmwG 1994 angesichts seiner in § 191 Abs. 2 Nr. 1 getroffenen Regelung auch Geltung für die GbR. Das ist jedoch nicht dahin zu verstehen, dass das neue Recht strukturimmanenten Rechtsfolgen der gesellschaftsrechtlichen Gesamthand nach Art des Anwachsungsprinzips (§ 738 RdNr. 8) entgegentreten will. Im Ergebnis führt die Vereinigung sämtlicher GbR-Anteile somit zur *Gesamtrechtsnachfolge* des Anteilserwerbers in Aktiva und Passiva der Gesellschaft unter Umwandlung des Gesamthandsvermögens in Alleineigentum des Erwer-

---

[141] So aber im Ergebnis *Palandt/Grüneberg* § 311 b RdNr. 66; *Erman/Grziwotz* § 311 b RdNr. 91.
[142] Zum Schutzzweck von § 311 aF (= § 311 b Abs. 3) vgl. nur BGHZ 25, 1, 5 = NJW 1957, 1514; § 311 b RdNr. 1 f., 14. Aus teleologischer Sicht wenig überzeugend ist daher auch die Anwendung von § 311 b Abs. 3 auf Rechtsgeschäfte über das Vermögen juristischer Personen, zutr. *Kiem* NJW 2006, 2363, 2365 ff.; aA RGZ 137, 348; 76, 1; *Palandt/Grüneberg* § 311 b RdNr. 65; *Staudinger/Wufka* (2006) § 311 b Abs. 3 RdNr. 7; *Erman/Grziwotz* § 311 b RdNr. 88.
[143] Vgl. dazu *Lutter/Drygala* in: *Lutter* UmwG, 3. Aufl. 2004, § 1 RdNr. 34; *Semler/Stengel* UmwG, 2. Aufl. 2007, Einl. A RdNr. 88.

bers. Ein Ausschluss der Haftung für die Gesamthandsverbindlichkeiten ist Dritten gegenüber unwirksam.

92   **3. Spaltung, Realteilung.** Einer von den Vorschriften der §§ 730 bis 735 abweichenden Auseinandersetzung in der Weise, dass die Beteiligten sich nach § 123 UmwG auf eine (Auf-)Spaltung der GbR im Wege partieller Universalsukzession verständigen (zum davon zu unterscheidenden Fall der Betriebsaufspaltung vgl. § 705 RdNr. 12 mN), steht § 124 UmwG entgegen; danach gehört die GbR nicht zum Kreis der in § 3 Abs. 1 UmwG genannten spaltungsfähigen Rechtsträger. Daraus und aus dem in § 1 Abs. 2 UmwG verankerten numerus clausus der gesetzlich geregelten Umwandlungsfälle unter Einschluss der Spaltung ergibt sich, dass eine rechtsgeschäftliche, zu partieller Universalsukzession führende Spaltung ohne entsprechende gesetzliche Grundlage ausgeschlossen ist. Die Gesellschafter sind freilich nicht gehindert, sich auf eine Art der Auseinandersetzung zu verständigen, die – wenn auch durch Einzelübertragung (Realteilung) von Aktiven und Passiven – einer Spaltung iS von § 123 Abs. 1 oder 2 UmwG nahekommt. Wegen der Einzelheiten wird auf das einschlägige Schrifttum verwiesen.[144]

§ 731 Verfahren bei Auseinandersetzung

¹Die Auseinandersetzung erfolgt in Ermangelung einer anderen Vereinbarung in Gemäßheit der §§ 732 bis 735. ²Im Übrigen gelten für die Teilung die Vorschriften über die Gemeinschaft.

1   **1. Normzweck.** Entgegen der zu weit greifenden Überschrift hat § 731 lediglich den Charakter einer **Verweisungsnorm**. Das gilt in erster Linie für S. 2, der die subsidiäre Anwendung der Teilungsvorschriften des Gemeinschaftsrechts (§§ 752 bis 758, RdNr. 4 f.) vorschreibt. Auch der Regelung des S. 1 kommt im Wesentlichen nur klarstellende Bedeutung zu (vgl. auch RdNr. 3). Insgesamt legt § 731 in Übereinstimmung mit den allgemeinen Grundsätzen des Gesellschaftsrechts folgende **Rangfolge** bei der **Rechtsanwendung im Abwicklungsstadium** fest: (1) Vorrang gesellschaftsvertraglicher Abwicklungs- und Auseinandersetzungsvereinbarungen, bei deren Fehlen (2) Rückgriff auf das dispositive Recht der §§ 732 bis 735, aber auch des § 730, sowie schließlich (3) subsidiäre Geltung der §§ 752 bis 758, soweit für ihre Anwendung neben den vorrangigen Rechtsquellen Raum bleibt.

2   **2. Abwicklungsverfahren und Anwendungsbereich.** Zum Gang der Auseinandersetzung und zu den hierfür nach gesetzlicher Regel maßgebenden Grundsätzen vgl. den Überblick in § 730 RdNr. 7 ff. sowie die Erläuterungen zu §§ 730, 732 bis 735. Die Vorschriften beziehen sich auf aufgelöste (Außen-)Gesellschaften mit Gesamthandsvermögen. Sie finden keine Anwendung, wenn die Gesellschaft gleichzeitig mit der Auflösung vollbeendet wird (§ 730 RdNr. 11). Für Innengesellschaften ohne Gesamthandsvermögen kommt trotz des regelmäßigen Zusammenfallens von Auflösung und Vollbeendigung die entsprechende Anwendung einzelner Abwicklungsvorschriften für den Ausgleich zwischen den Beteiligten in Betracht (§ 730 RdNr. 12 ff.).

3   **3. Dispositives Recht.** Ebenso wie der größte Teil der sonstigen Vorschriften zum Recht der GbR (§ 705 RdNr. 130) sind auch die Bestimmungen der §§ 730 bis 735 dispositiver Natur. Soweit sie nur das Innenverhältnis der Gesellschafter betreffen, folgt das nach dem Regelungsprinzip der §§ 705 ff. allein schon daraus, dass der Gesetzgeber im Grundsatz darauf verzichtet hat, ihre zwingende Geltung anzuordnen (arg. §§ 716 Abs. 2, 723 Abs. 3). Eigenständige Bedeutung kommt dem in § 731 S. 1 ausgesprochenen Vorrang der Vertragsgestaltung daher allenfalls für den dispositiven Charakter der auch das Außenverhältnis berührenden, die vorrangige Gläubigerbefriedigung anordnenden Vorschrift des § 733 Abs. 1 zu. Sie ist nach ganz hM ebenfalls abdingbar (§ 733 RdNr. 5, 10 ff.). – Wegen

---

[144] Vgl. *Teichmann* in: *Lutter* UmwG, 3. Aufl. 2004, § 123 RdNr. 24; *Schulze-Osterloh* ZHR 149 (1985), 614 ff.

Rückgabe von Gegenständen **1 § 732**

der Einzelheiten derartiger Abweichungen vgl. insbesondere § 730 RdNr. 65 ff., § 733 RdNr. 4.

4. Subsidiäre Anwendung von Gemeinschaftsrecht. Die in § 731 S. 2 enthaltene 4 Verweisung auf die Teilungsvorschriften der §§ 752 bis 758 setzt wegen ihres subsidiären Charakters voraus, dass überhaupt teilungsfähiges Gesellschaftsvermögen vorhanden ist;[1] auf Innengesellschaften ieS ist sie unanwendbar. Aber auch bei Gesamthandsgesellschaften ist ihre Bedeutung angesichts der bei deren Abwicklung zu berücksichtigenden Besonderheiten nur eine begrenzte. **Unanwendbar** ist namentlich einerseits § 755, da die vorrangige Tilgung der gemeinschaftlichen Schulden bereits aus § 733 Abs. 1 und 3 folgt, sowie andererseits das in § 756 enthaltene Befriedigungsvorrecht der Gemeinschafter wegen gegenseitiger Forderungen; ihm wird in der GbR stattdessen durch die am Ende der Auseinandersetzung stehende Schlussabrechnung unter Saldierung der verschiedenen auf der Gesellschaftsbeziehung beruhenden Ansprüche und Pflichten (§ 730 RdNr. 49 ff., 57 ff.) Rechnung getragen.[2] Auch für den Verjährungsausschluss des § 758 besteht regelmäßig kein Bedürfnis.

Der **Anwendungsbereich der Verweisung** beschränkt sich daher auf die §§ 752 bis 5 754 und 757. Unter ihnen kommt die Vorschrift des **§ 752** nur dann zum Zuge, wenn der Gesellschaftsvertrag keine vollständige Liquidation des Gesamthandsvermögens entsprechend § 149 HGB vorsieht, sondern es bei der Regelung des § 733 Abs. 3 belässt (§ 733 RdNr. 22), da andernfalls für eine Teilung nach Gemeinschaftsrecht kein Raum ist. Für die nach Schuldentilgung und Rückerstattung der Einlagen verbleibenden, nicht veräußerten Vermögensgegenstände schreibt § 752 im Grundsatz Teilung in Natur vor. Soweit die Gegenstände sich nicht oder nur unter Wertminderung teilen lassen oder soweit der Verkauf für die Zwecke des § 733 Abs. 1 und 2 erforderlich ist, soll er nach **§ 753** grundsätzlich im Wege des Pfandverkaufs (§§ 1235 bis 1240, 1246), bei Grundstücken durch Zwangsversteigerung erfolgen (vgl. § 733 RdNr. 23). Das in **§ 754 S. 2** eingeräumte Recht jedes Beteiligten, gemeinschaftliche Einziehung fälliger Forderungen zu verlangen, ergibt sich bei der GbR schon aus der Abwicklerstellung aller Gesellschafter und ihrer Pflicht zur Förderung der Abwicklung (§ 730 RdNr. 28). Nach **§ 757** schließlich finden die kaufrechtlichen Gewährleistungsvorschriften Anwendung, soweit einzelne Gesellschafter Gegenstände des Gesamthandsvermögens im Rahmen der Auseinandersetzung übernehmen; sie können sodann Gewährleistungsansprüche gegen die übrigen Gesellschafter geltend machen.

§ 732 Rückgabe von Gegenständen

¹ **Gegenstände, die ein Gesellschafter der Gesellschaft zur Benutzung überlassen hat, sind ihm zurückzugeben.** ² **Für einen durch Zufall in Abgang gekommenen oder verschlechterten Gegenstand kann er nicht Ersatz verlangen.**

I. Der Rückgabeanspruch

1. Voraussetzungen (S. 1). Der Rückgabeanspruch eines Gesellschafters nach S. 1 setzt 1 voraus, dass die betreffenden Gegenstände der Gesellschaft im Rahmen der Beitragspflicht **zum Gebrauch überlassen** wurden (§ 706 RdNr. 13), ohne in der Zwischenzeit durch bestimmungsgemäße Verwendung oder Zufall untergegangen zu sein (RdNr. 5). Bei *zu Eigentum* eingebrachten Sachen (§ 706 RdNr. 11) erfolgt demgegenüber grundsätzlich Rückerstattung in Geld (§ 733 Abs. 2), soweit die Gesellschafter nichts Abweichendes vereinbart haben; die Behandlung von *dem Werte nach* eingebrachten Sachen (§ 706 RdNr. 12) ist umstritten (vgl. RdNr. 8 f.).

---

[1] EinhM, vgl. RGZ 91, 428, 431; *Soergel/Hadding/Kießling* RdNr. 2; *Staudinger/Habermeier* RdNr. 3; *Bamberger/Roth/Timm/Schöne* RdNr. 4.
[2] Ebenso *Erman/Westermann* RdNr. 2; *Staudinger/Habermeier* RdNr. 4; *Bamberger/Roth/Timm/Schöne* RdNr. 4; aA *Palandt/Sprau* § 733 RdNr. 6; *Soergel/Hadding/Kießling* RdNr. 5.

2 Hat ein Gesellschafter der Gesellschaft eine Sache nicht kraft gesellschaftsvertraglicher Verpflichtung, sondern auf Grund eines **als Drittgeschäft** abgeschlossenen *Miet- oder Pachtvertrags* überlassen, so kommt das Benutzungsrecht der Gesellschaft und ihre Pflicht zur Zahlung des Miet- oder Pachtzinses durch die Auflösung **nicht** in Wegfall; § 732 S. 1 findet keine Anwendung.[1] Die Auflösung kann aber je nach Lage des Falles einen wichtigen Kündigungsgrund für das Drittgeschäft bilden (§ 730 RdNr. 36).

3 **2. Durchsetzbarkeit des Rückgabeanspruchs.** Nach verbreiteter Ansicht soll der einbringende Gesellschafter die Sache grundsätzlich *sofort* mit Eintritt der Auflösung zurückverlangen können.[2] *Dagegen* spricht, dass die Vertragspflichten einschließlich derjenigen auf Leistung von Beiträgen durch die Auflösung nicht ohne weiteres in Wegfall kommen, sondern so lange fortbestehen, als die Beiträge im Rahmen des geänderten, auf Abwicklung gerichteten Zwecks noch benötigt werden.[3] Ein allgemeiner Grundsatz über den **Rückgabezeitpunkt** lässt sich daher nicht aufstellen; das zum Gebrauch überlassene Geschäftslokal ist der Gesellschaft im Zweifel länger zu belassen als bestimmte Produktionsmittel oder gewerbliche Schutzrechte. Die Beweislast dafür, dass die Sache noch für die Zwecke der Abwicklung benötigt wird, liegt bei der Gesellschaft (str., vgl. § 730 RdNr. 31).[4]

4 Ist zu erwarten, dass der nach § 732 S. 1 anspruchsberechtigte Gesellschafter im Rahmen der Schlussabrechnung zur Zahlung eines Nachschusses verpflichtet ist, so steht der Gesellschaft ein **Zurückbehaltungsrecht** an den zum Gebrauch überlassenen, nicht für die Abwicklungszwecke benötigten Gegenständen zu.[5] Mangels Fälligkeit des Anspruchs auf den Nachschuss (§ 735 RdNr. 5) folgt es nicht aus § 273,[6] wohl aber aus dem allgemein zu § 730 entwickelten Grundsatz, dass die Gesellschafter im Abwicklungsstadium vor der Schlussabrechnung Leistungen der Gesellschaft oder der Mitgesellschafter nur dann verlangen können, wenn und soweit feststeht, dass ihnen Ansprüche in diesem Umfang mindestens zustehen (§ 730 RdNr. 49).

5 **3. Gefahrtragung (S. 2).** Die Gefahr für den **zufälligen** Untergang oder die Verschlechterung der zum Gebrauch eingebrachten Sache (Sachgefahr) liegt nach S. 2 bei dem Gesellschafter; anderes gilt für die Nachteile aus der entfallenen Benutzungsmöglichkeit (Benutzungsgefahr) während des Bestehens der Gesellschaft.[7] Als zufällige Verschlechterung ist auch die durch den bestimmungsgemäßen Gebrauch der Sache eingetretene Abnutzung anzusehen;[8] eine Entschädigung hierfür kann der Gesellschafter nicht verlangen.

6 Ist die Verschlechterung oder der Untergang der Sache von einem Angestellten der Gesellschaft **verschuldet** worden, so haftet diese nach § 278 auf Schadensersatz (§ 718 RdNr. 30). Gleiches gilt nach Maßgabe der §§ 708, 278 bei Verschulden durch einen als Geschäftsführer tätigen Mitgesellschafter. Insoweit haften Gesellschaft und schuldhaft handelnder Geschäftsführer dem betroffenen Gesellschafter als Gesamtschuldner.

---

[1] Zum Sonderfall eines kraft gesellschaftsvertraglicher Verpflichtung geschlossenen Miet- oder Pachtvertrags vgl. § 706 RdNr. 5. Insoweit bildet die Auflösung regelmäßig einen wichtigen Kündigungsgrund.

[2] BGH NJW 1981, 2802; RG JW 1938, 457; *Soergel/Hadding/Kießling* RdNr. 2; *Staudinger/Habermeier* RdNr. 4.

[3] Vgl. § 730 RdNr. 26, 30. Eine entspr. Einschränkung wird – freilich als Ausnahme – auch von der hM anerkannt, vgl. RG JW 1938, 457 und 1937, 3155, 3156; *Soergel/Hadding/Kießling* RdNr. 2; *Staudinger/Habermeier* RdNr. 4.

[4] OLG Düsseldorf NZG 1999, 990 (dort bezogen auf einen im Wege der actio pro socio klagenden Gesellschafter); *Bamberger/Roth/Timm/Schöne* RdNr. 20; tendenziell auch *Erman/Westermann* RdNr. 6; *Staudinger/Habermeier* § 739 RdNr. 17; aA *Soergel/Hadding/Kießling* RdNr. 2; BGH NJW 1980, 1522, 1523 (Liquidation einer Publikums-KG).

[5] So auch BGH NJW 1998, 1551, 1552; *Soergel/Hadding/Kießling* RdNr. 2; *Bamberger/Roth/Timm/Schöne* RdNr. 2; zum Zurückbehaltungsrecht der Gesellschaft gegenüber dem Rückgabespruch eines ausgeschiedenen Gesellschafters vgl. BGH NJW 1981, 2802.

[6] So aber *Palandt/Sprau* RdNr. 1; diff. *Bamberger/Roth/Timm/Schöne* RdNr. 2; wie hier dagegen *Soergel/Hadding/Kießling* RdNr. 4.

[7] *Soergel/Hadding/Kießling* RdNr. 3; *Erman/Westermann* RdNr. 4; wohl auch *Staudinger/Habermeier* RdNr. 5; vgl. auch § 706 RdNr. 13.

[8] *Staudinger/Habermeier* RdNr. 5.

II. Anwendung auf sonstige Einlagen

1. Vereinbarte Rückgabe von zu Eigentum eingebrachten Sachen. Für nicht in Geld bestehende Einlagen sieht § 733 Abs. 2 S. 2 nicht die Rückgabe in Natur vor, sondern den Ersatz des Wertes im Zeitpunkt der Einbringung (§ 733 RdNr. 14). Die Gesellschafter sind freilich nicht gehindert, abweichend hiervon die Rückgabe zu vereinbaren. In diesem Fall gelten im Zweifel die vorstehend (RdNr. 3 bis 6) dargestellten Grundsätze für die Rückgabe zum Gebrauch überlassener Gegenstände entsprechend.[9] Neben der Herausgabe an den Gesellschafter bedarf es auch der Rückübereignung an ihn. Wegen der Wertansätze vgl. § 734 RdNr. 5.

2. Dem Werte nach eingebrachte Sachen. Von einer vor allem früher verbreiteten Ansicht wurden dem Werte nach (quoad sortem) eingebrachte Sachen im Zuge der Liquidation den zu Eigentum eingebrachten gleichgestellt.[10] Auch für sie sollte grundsätzlich § 733 Abs. 2 S. 2 gelten; danach wird der einbringende Gesellschafter mit dem Wert im Zeitpunkt der Einbringung abgefunden und muss seinerseits das Eigentum an die Gesellschaft oder auf ihr Verlangen an einen Dritten übertragen, wenn die Beteiligten nicht die Rückgabe an den Einleger vereinbart haben.

Diese Ansicht ist neuerdings zunehmend auf Ablehnung gestoßen. Stattdessen wird eine **Analogie zu § 732 S. 1** befürwortet mit der Maßgabe, dass der Gesellschafter zwar die Sache zurückerhält, der Wert im Rückgabezeitpunkt jedoch der Gesellschaft dadurch verbleibt, dass er als Negativposten vom Kapitalkonto des Gesellschafters abgezogen wird.[11] Übersteigt der Wert das übrige Auseinandersetzungsguthaben des Gesellschafters, so führt dies in Höhe der Differenz zu einem Anspruch der Gesellschaft auf Wertausgleich;[12] in diesem Fall soll der Gesellschafter kraft Treupflicht verlangen können, statt der Anrechnung des Wertes den eingebrachten Gegenstand der Gesellschaft belassen und das Eigentum auf sie übertragen zu können.[13]

Stellungnahme. Aus der Regelung der §§ 732 S. 1, 733 Abs. 2 S. 2 ist eine Lösung der Streitfrage nicht zu gewinnen, da diese Vorschriften sich nicht mit dem Sonderfall der Einbringung quoad sortem befassen.[14] Macht man Ernst mit dem Unterschied der Einbringung quoad sortem gegenüber derjenigen quoad dominium, so sprechen in der Tat die besseren Gründe für die von der bisher hM abweichende neue Ansicht. Denn wenn die Gesellschafter sich in der Beitragsvereinbarung dafür entschieden haben, der Gesellschaft nur schuldrechtlich den Wert der Sache einschließlich seiner etwaigen Veränderungen zukommen zu lassen, die Sache selbst aber im *Eigentum des Einbringenden* zu belassen, leuchtet es wenig ein, warum diese Entscheidung ausgerechnet in der Liquidation der Gesellschaft eine Korrektur erfahren soll. Dies spricht für die Analogie zu § 732 S. 1, freilich im Unterschied zur Einbringung quoad usum in der Weise, dass Wertveränderungen nicht den Gesellschafter treffen, sondern zugunsten bzw. zu Lasten der Gesellschaft gehen. Abweichende Vereinbarungen sind auch insoweit möglich; im Hinblick auf die damit verbundene Übereignungspflicht in der Liquidation sind freilich die ggf. eingreifenden Formvorschriften der §§ 311 b

---

[9] *Erman/Westermann* RdNr. 3.
[10] BGH WM 1965, 744, 745 f.; *Soergel/Hadding* § 706 RdNr. 23 (anders aber *Hadding/Kießling* § 732 RdNr. 1); *Erman/Westermann* RdNr. 1; *Palandt/Sprau* § 732 RdNr. 1, § 733 RdNr. 9, 11; RGRK/*v. Gamm* § 732 RdNr. 5; *Piltz* DStR 1991, 251, 252; *Grziwotz* DStR 1992, 1365, 1366.
[11] FG Schleswig-Holstein BB 1988, 1217, 1221; *Staudinger/Habermeier* § 706 RdNr. 6; § 732 RdNr. 2; § 733 RdNr. 10; *Soergel/Hadding/Kießling* RdNr. 1; *Berninger,* Die Societas quoad sortem: Einbringung im Personengesellschaftsrecht, 1994, S. 136 ff.; *Blaurock/Berninger* JZ 1992, 614, 621; *Reinhardt* DStR 1991, 588, 589; *Sudhoff* NJW 1978, 1401, 1404; *Gädke,* Dem Werte nach eingebrachte Grundstücke im Gesellschaftsvermögen, 1987, S. 136; diff. *Wiedemann* WM 1992, Beilage Nr. 7 S. 14.
[12] *Berninger* (Fn. 11) S. 147 f.; dem folgend *Staudinger/Habermeier* § 706 RdNr. 6; § 732 RdNr. 2; § 733 RdNr. 10; *Soergel/Hadding/Kießling* RdNr. 1.
[13] *Berninger* (Fn. 11) S. 142.
[14] So zutr. *Berninger* (Fn. 11) S. 136.

§ 733 1, 2   Abschnitt 8. Titel 16. Gesellschaft

Abs. 1 BGB, 15 Abs. 4 GmbHG u. a. zu beachten. Vgl. zu den unterschiedlichen Arten der Einbringung auch § 706 RdNr. 11 ff.

§ 733 Berichtigung der Gesellschaftsschulden; Erstattung der Einlagen

(1) ¹Aus dem Gesellschaftsvermögen sind zunächst die gemeinschaftlichen Schulden mit Einschluss derjenigen zu berichtigen, welche den Gläubigern gegenüber unter den Gesellschaftern geteilt sind oder für welche einem Gesellschafter die übrigen Gesellschafter als Schuldner haften. ²Ist eine Schuld noch nicht fällig oder ist sie streitig, so ist das zur Berichtigung Erforderliche zurückzubehalten.

(2) ¹Aus dem nach der Berichtigung der Schulden übrig bleibenden Gesellschaftsvermögen sind die Einlagen zurückzuerstatten. ²Für Einlagen, die nicht in Geld bestanden haben, ist der Wert zu ersetzen, den sie zur Zeit der Einbringung gehabt haben. ³Für Einlagen, die in der Leistung von Diensten oder in der Überlassung der Benutzung eines Gegenstands bestanden haben, kann nicht Ersatz verlangt werden.

(3) Zur Berichtigung der Schulden und zur Rückerstattung der Einlagen ist das Gesellschaftsvermögen, soweit erforderlich, in Geld umzusetzen.

Übersicht

	RdNr.		RdNr.
I. Allgemeines	1–5	1. Erstattungsfähige Einlagen	13
1. Normzweck	1, 2	2. Wertersatz	14–16
2. Anwendungsbereich	3, 4	3. Geleistete Dienste	17, 18
3. Abdingbarkeit	5	4. Zum Gebrauch überlassene Gegenstände	19
II. Schuldentilgung (Abs. 1)	6–12	5. Abweichende Vereinbarungen	20, 21
1. Gemeinschaftliche Schulden	6–8	**IV. Begrenzte Umsetzung des Gesellschaftsvermögens (Abs. 3)**	22, 23
2. Nicht fällige oder streitige Verbindlichkeiten	9	1. Grundsatz	22
3. Abweichende Vereinbarungen	10–12	2. Art der Umsetzung	23
III. Rückerstattung der Einlagen (Abs. 2)	13–21		

I. Allgemeines

1 **1. Normzweck.** Die Vorschrift des § 733 enthält die für die Abwicklung des Gesellschaftsvermögens zentralen Bestimmungen über die Tilgung der Gesellschaftsschulden (Abs. 1), über die Rückerstattung der Einlagen oder ihres Wertes (Abs. 2) sowie über die Umsetzung des Gesellschaftsvermögens in Geld, soweit sie zur Beschaffung der für Schuldentilgung und Einlagenerstattung benötigten Mittel erforderlich ist (Abs. 3). Die Durchführung dieser Maßnahmen ist Sache der Abwickler, im Regelfall also aller Gesellschafter (§ 730 RdNr. 40). Jeder Gesellschafter kann im Rahmen seines Anspruchs auf Auseinandersetzung (§ 730 RdNr. 27, 59) von den Mitgesellschaftern Mitwirkung an den zur Abwicklung erforderlichen Maßnahmen verlangen.

2 Eine besonders auch für § 733 Abs. 1 und 2 zu beachtende **Modifikation** der gesetzlichen Auseinandersetzungsvorschriften ergibt sich daraus, dass nach ständiger Rechtsprechung die den *Gesellschaftern aus dem Gesellschaftsvertrag gegen die Gesellschaft und untereinander zustehenden Ansprüche* infolge der Auflösung grundsätzlich nicht mehr getrennt durchsetzbar sind, sondern zu unselbstständigen Rechnungsposten im Rahmen der **Schlussabrechnung** werden (§ 730 RdNr. 49 f.). Dementsprechend kann ein Gesellschafter vor Erstellung der Schlussabrechnung Zahlung von Gesamthand oder Mitgesellschaftern nur dann und insoweit verlangen, als schon vorher feststeht, dass ihm die fraglichen Beträge endgültig verbleiben (§ 730 RdNr. 54 f.). Abweichend vom Wortlaut des § 733 Abs. 1 und 2 sind die Sozial-

Berichtigung der Gesellschaftsschulden; Erstattung der Einlagen 3–7 § 733

verbindlichkeiten unter Einschluss des Anspruchs auf Einlagenrückgewähr daher grundsätzlich erst im Rahmen der Schlussabrechnung zur Ausgleichung zu bringen (vgl. RdNr. 7, 13).

2. Anwendungsbereich. Die Vorschriften in Abs. 1 und Abs. 3 setzen das Vorhandensein von Gesellschaftsschulden und Gesellschaftsvermögen voraus. Sie sind daher, ebenso wie die Auseinandersetzungsregelungen allgemein, in erster Linie auf aufgelöste, aber noch nicht vollbeendete **Außengesellschaften** anwendbar (§ 730 RdNr. 10). 3

Für **Innengesellschaften ieS** (§ 705 RdNr. 282), bei denen mangels Gesamthandsvermögens Auflösung und Beendigung im Zweifel zusammenfallen, gelten die §§ 730 ff. nicht unmittelbar (§ 730 RdNr. 12). Wohl aber kommt die Anwendung eines Teils dieser Regelungen, darunter auch derjenigen des § 733 Abs. 2 über die Rückerstattung der Einlagen, im Wege der Auslegung oder der Analogie in Betracht (vgl. näher § 730 RdNr. 12 ff.). Die Liquidation des ganz oder überwiegend im Alleineigentum eines Mitglieds stehenden, dem gemeinsamen Zweck dienenden Vermögens können die bisherigen Mitgesellschafter allerdings regelmäßig auch dann nicht verlangen, wenn sie schuldrechtlich am Wertzuwachs beteiligt waren, sofern nur der Vermögensinhaber in der Lage ist, das ihnen zustehende, nach §§ 733, 734 zu berechnende Auseinandersetzungsguthaben auszuzahlen (§ 730 RdNr. 13). 4

3. Abdingbarkeit. § 733 ist insgesamt **dispositiv** (RdNr. 11; § 731 RdNr. 3). Die Gesellschafter können schon im Gesellschaftsvertrag oder durch späteren, grundsätzlich einstimmig zu fassenden Beschluss Abweichendes regeln. Neben der Vereinbarung eines Übernahmerechts eines Gesellschafters (§ 730 RdNr. 68 ff.) oder der einheitlichen Veräußerung des gesamten Gesellschaftsvermögens mit Aktiven und Passiven unter Verteilung des Erlöses (§ 730 RdNr. 86 ff.) können sich die Abweichungen auch unmittelbar auf die Vorschriften des § 733 beziehen, etwa durch Verteilung des Gesellschaftsvermögens ohne vorherige Schuldentilgung (RdNr. 10 f.), durch Vereinbarung anderer Grundsätze über Art und Umfang der Einlagenrückgewähr (RdNr. 20 f.) oder durch eine von Abs. 3 abweichende Regelung über die Liquidation des Gesellschaftsvermögens (RdNr. 22). Solche Abweichungen können entsprechend den allgemein für Gesellschaftsverträge geltenden Auslegungsgrundsätzen (§ 705 RdNr. 171) auch konkludent vereinbart werden. 5

II. Schuldentilgung (Abs. 1)

1. Gemeinschaftliche Schulden. Unter die nach Abs. 1 aus dem Gesellschaftsvermögen zu berichtigenden Verbindlichkeiten fallen alle diejenigen Schulden, deren Erfüllung nach den internen Vereinbarungen der Gesellschafter Sache der Gesellschaft ist. Die Schuldnerstellung der Gesellschaft, dh. das Vorliegen von **Gesamthandsverbindlichkeiten** (§ 718 RdNr. 25 ff.), bildet in diesen Fällen zwar die Regel, ist aber nicht notwendig.[1] Auch wenn Gesellschafter *für Rechnung der Gesamthand,* aber im eigenen Namen Verbindlichkeiten eingegangen sind, können sie nach Abs. 1 deren Berichtigung aus dem ungeteilten Vermögen verlangen.[2] Das zeigt der Hinweis auf die „unter den Gesellschaftern geteilten", also nicht namens der Gesellschaft eingegangenen Verbindlichkeiten (Teilschulden, § 420) in Abs. 1 S. 1. 6

Zu den gemeinschaftlichen Schulden nach Abs. 1 gehören auch die sog. **Sozialverbindlichkeiten** der Gesamthand gegenüber einzelnen Gesellschaftern, dh. diejenigen Verbindlichkeiten, die ihren Rechtsgrund im Gesellschaftsvertrag haben (§ 705 RdNr. 197). Auch sie sind nach gesetzlicher Regel vorab aus dem Gesellschaftsvermögen zu befriedigen.[3] Zu beachten ist allerdings die in ständiger Rechtsprechung betonte Einschränkung, wonach der 7

---

[1] So jetzt auch *Soergel/Hadding/Kießling* RdNr. 2 unter Hinweis auf OLG Braunschweig OLGR 2000, 204.
[2] BGH NJW 1999, 2438, 2439; *Bamberger/Roth/Timm/Schöne* RdNr. 4; *Palandt/Sprau* RdNr. 2.
[3] EinhM, vgl. *Soergel/Hadding/Kießling* RdNr. 7; *Staudinger/Habermeier* RdNr. 6; *Bamberger/Roth/Timm/Schöne* RdNr. 6.

§ 733 8–11 Abschnitt 8. Titel 16. Gesellschaft

Ausgleich derartiger Ansprüche grundsätzlich **erst in der Schlussabrechnung** verlangt werden kann, um unerwünschte gegenseitige Zahlungen im Abwicklungsstadium zu vermeiden (RdNr. 2 und § 730 RdNr. 49 ff.); eine Ausnahme hiervon gilt für solche Ansprüche, bei denen schon vor der Schlussabrechnung feststeht, dass der Gesellschafter jedenfalls in dieser Höhe per Saldo Zahlung beanspruchen kann (§ 730 RdNr. 54). Dieser Rechtsfortbildung ist zwar aus Praktikabilitätsgründen, im Interesse einer zügigen Abwicklung, zu folgen.[4] Die in § 733 betonte Rangfolge bleibt jedoch zumindest insofern von Bedeutung, als bei der Schlussabrechnung die *sonstigen* Sozialverbindlichkeiten mit Vorrang vor der Einlagenrückerstattung zu bedienen sind, wenn das Gesellschaftsvermögen nicht zur Befriedigung aller Ansprüche ausreicht und Nachschusspflichten (§ 735) nicht bestehen oder undurchsetzbar sind. – *Drittgläubigerforderungen* von Gesellschaftern unterfallen der Beschränkung nicht, sondern können grundsätzlich wie sonstige Gesamthandsverbindlichkeiten schon vor der Schlussabrechnung durchgesetzt werden.[5]

8   Nicht zu den gemeinschaftlichen Schulden gehören **Ansprüche zwischen einzelnen Gesellschaftern**, auch wenn sie ihren Rechtsgrund im Gesellschaftsvertrag haben.[6] Das gilt namentlich für Ansprüche auf Ersatz eines einem Gesellschafter persönlich verursachten Schadens[7] oder auf Rückzahlung eines von einem Mitgesellschafter gewährten Einlagevorschusses.[8] Eine Erfüllung aus dem Gesellschaftsvermögen kann insoweit nicht verlangt werden. Wohl aber sind auch derartige Ansprüche im Rahmen der Schlussabrechnung mitzuberücksichtigen und unterfallen zuvor regelmäßig der im Abwicklungsstadium zu beachtenden Durchsetzungssperre (§ 730 RdNr. 49 ff.).[9]

9   **2. Nicht fällige oder streitige Verbindlichkeiten.** Für sie ist nach Abs. 1 S. 2 eine Rückstellung zu bilden, ehe das restliche Vermögen durch Einlagenerstattung und Verteilung des Überschusses an die Gesellschafter abgewickelt wird. Betagte Verbindlichkeiten werden nicht etwa durch Auflösung vorzeitig fällig (§ 730 RdNr. 36). Die zurückbehaltenen Gelder sind mangels abweichender Vereinbarung zwischen den Gesellschaftern nach § 372 zu hinterlegen. Während der Dauer der Hinterlegung besteht die Gesellschaft fort, solange die Rücknahme noch möglich ist (§ 376 Abs. 2). Einer Hinterlegung bedarf es nicht, wenn mit der Inanspruchnahme aus einer streitigen Verbindlichkeit nicht ernsthaft zu rechnen ist und eine Rückstellung auch bei vorsichtiger Prognose nicht veranlasst erscheint.

10 **3. Abweichende Vereinbarungen.** Die Einhaltung der in § 733 Abs. 1 genannten Rangfolge liegt zwar auch, wenn nicht sogar in erster Linie, im **Interesse der Gläubiger**. Sie müssen sich andernfalls mangels verbliebenen Gesellschaftsvermögens an die Gesellschafter persönlich halten und diese im Rahmen der akzessorischen Gesellschafterhaftung auf Leistung aus ihrem Privatvermögen verklagen.

11 Das Gläubigerinteresse an der Einhaltung von Abs. 1 reicht jedoch angesichts der entscheidenden systematischen Gegengründe nicht aus, um mit einer Mindermeinung[10] zur zwingenden Geltung der Vorschrift zu kommen. Vielmehr ist der hM[11] darin zu folgen, dass die Vorschrift des Abs. 1 ebenso wie die sonstigen Auseinandersetzungsregelungen **dispositiv** ist (§ 731 RdNr. 3). Andernfalls wären die Gesellschaftsgläubiger nach der Auflösung

---

[4] Ebenso *Erman/Westermann* RdNr. 2; *Staudinger/Habermeier* RdNr. 6; *Soergel/Hadding/Kießling* RdNr. 7.
[5] Str.; wie hier *Erman/Westermann* RdNr. 2; *Soergel/Hadding/Kießling* RdNr. 7; *Staudinger/Habermeier* RdNr. 6; *Bamberger/Roth/Timm/Schöne* RdNr. 6; *Ensthaler*, Die Liquidation von Personengesellschaften, 1985, S. 7 ff.; Nachweise zur abw. BGH-Rspr. vgl. in § 730 Fn. 85.
[6] *Soergel/Hadding/Kießling* RdNr. 9; *Bamberger/Roth/Timm/Schöne* RdNr. 7.
[7] Vgl. Nachweise in § 730 Fn. 93.
[8] RG JW 1928, 2368; *Bamberger/Roth/Timm/Schöne* RdNr. 7; *Soergel/Hadding/Kießling* RdNr. 9.
[9] *Bamberger/Roth/Timm/Schöne* RdNr. 7; *Soergel/Hadding/Kießling* RdNr. 9.
[10] *Leuthe*, Die gewerblich geprägte Gesellschaft bürgerlichen Rechts, 1993, S. 170 ff.; *Nicknig*, Die Haftung der Mitglieder einer BGB-Gesellschaft für Gesellschaftsschulden, 1972, S. 105 ff.; wohl auch *H.J. Hoffmann* NJW 1969, 724, 727.
[11] BGHZ 23, 307, 315 = NJW 1957, 750; *Erman/Westermann* RdNr. 8; *Soergel/Hadding/Kießling* RdNr. 1, 3; *Staudinger/Habermeier* RdNr. 4; *Bamberger/Roth/Timm/Schöne* RdNr. 2.

stärker gegen die Gefahren einer Einlagenrückgewähr geschützt als vorher; denn Entnahmebeschränkungen zum Gläubigerschutz sind dem Recht der GbR unbekannt. Die Gesellschaftsgläubiger sind allerdings auch durch die Auflösung nicht gehindert, die parteifähige GbR zu verklagen und wegen ihrer Ansprüche die Zwangsvollstreckung in das noch vorhandene Gesellschaftsvermögen zu betreiben.

Im Unterschied zu den Gläubigern kann **jeder Gesellschafter** beim Fehlen abweichender Vereinbarungen **auf** der Einhaltung der Rangfolge des **§ 733 Abs. 1 bestehen**.[12] An einer vorrangigen Gläubigerbefriedigung aus dem Gesellschaftsvermögen hat er mit Rücksicht auf seine gesamtschuldnerische Haftung (§ 714 RdNr. 33 ff.) ein berechtigtes Interesse. — 12

III. Rückerstattung der Einlagen (Abs. 2)

1. Erstattungsfähige Einlagen. Nach Abs. 2 S. 1 und 2 haben die Gesellschafter — 13 grundsätzlich Anspruch auf Rückerstattung des **Wertes** der Einlagen, dh. der von ihnen geleisteten vermögenswerten Beiträge (§ 706 RdNr. 3); ausgenommen sind die Beiträge iS von S. 3 (RdNr. 17 f.). Die Regelung gilt nach zutreffender neuerer Ansicht nur für in das *Eigentum der Gesellschaft* übergegangene Einlagen, während dem Werte nach (quoad sortem) geleistete Beiträge ebenso wie die zum Gebrauch überlassenen Gegenstände den jeweiligen Gesellschaftern entsprechend § 732 S. 1 zurückzugeben sind (näher § 732 RdNr. 8 ff.). Der Gesellschaftsvertrag kann Abweichendes vorsehen (§ 732 RdNr. 7). Bestand die Einlage in der Bestellung eines beschränkten dinglichen Rechts an einem Grundstück des Einlegers auf die Dauer der Gesellschaft, so ist das Recht im Zweifel zurückzugewähren bzw. zu löschen.[13] – Zur Fälligkeit der Erstattungsansprüche und zu dem grundsätzlich bis zur Schlussabrechnung aufgeschobenen Zeitpunkt ihrer Geltendmachung vgl. § 730 RdNr. 52, 54. Durchsetzbar sind die Erstattungsansprüche bei unzureichendem Aktivvermögen nur insoweit, als sie den auf den erstattungsberechtigten Gesellschafter entfallenden Verlust übersteigen (vgl. § 735 RdNr. 3).

2. Wertersatz. Für *ins Eigentum der Gesellschaft* geleistete Sacheinlagen ist ihr Wert zum — 14 Zwecke des in S. 2 vorgeschriebenen Wertersatzes zu ermitteln; dabei ist grundsätzlich der **Wert im Einbringungszeitpunkt** maßgebend. Haben die Gesellschafter sich seinerzeit auf bestimmte Einbringungswerte geeinigt und haben sie danach die Kapitalkonten der Gesellschafter festgesetzt, so sind diese Werte im Zweifel auch für die Einlagenerstattung maßgebend.[14] Hatte die Sache im Zeitpunkt der Einbringung einen Mangel, so mindert sich der Wert entsprechend.[15]

Die – meist steuerrechtlich bedingte – **Einbringung** einer Sache **zum Buchwert** reicht — 15 für sich allein nicht aus, um daraus auf einen entsprechenden Bewertungswillen der Gesellschafter, dh. also auf eine Umverteilung der bei Einbringung bereits vorhandenen stillen Reserven auf die Mitgesellschafter, zu schließen.[16]

Spätere **Wertänderungen** (Erhöhungen oder Verluste) treffen nicht den Einbringenden, — 16 sondern die Gesellschaft. Das gilt entsprechend bei *dem Werte nach* geleisteten Beiträgen; insoweit ist deren Wert im Zeitpunkt ihrer Rückgabe zu ermitteln und dem Gesellschafter in der Auseinandersetzungsbilanz zu belasten (§ 732 RdNr. 8 ff.).

3. Geleistete Dienste. Die Leistung von Diensten eines Gesellschafters führt in der — 17 Regel nicht zu einem konkreten, erstattungsfähigen Vermögenswert im Gesellschafts-

---

[12] EinhM, vgl. *Erman/Westermann* RdNr. 4; *Soergel/Hadding/Kießling* RdNr. 1; *Staudinger/Habermeier* RdNr. 3; *Bamberger/Roth/Timm/Schöne* RdNr. 2.
[13] *Soergel/Hadding/Kießling* RdNr. 14; *Bamberger/Roth/Timm/Schöne* RdNr. 13.
[14] Weitergehend (für *feste* Bindung an die bei Vertragsschluss „fixierten" Werte) *Staudinger/Habermeier* RdNr. 10.
[15] BGH NJW 1986, 51, 52.
[16] BGH WM 1967, 682, 683; *Erman/Westermann* RdNr. 5; *Palandt/Sprau* RdNr. 9; anders offenbar BGH WM 1972, 213, 214. AA auch *Ensthaler* (Fn. 5) S. 21.

vermögen. Schon deshalb würde ihre Einbeziehung in die Rückerstattung zu erheblichen Bewertungsschwierigkeiten im Rahmen der Auseinandersetzung führen.[17] Daher nimmt **Abs. 2 S. 3** Dienstleistungen eines Gesellschafters von der Erstattung aus. Ihr Wert findet jedoch in der Regel durch die – häufig um eine Geschäftsführervergütung erhöhte – Gewinnverteilung schon während der Gesellschaftsdauer Berücksichtigung bzw. kommt bei der Verteilung des Überschusses (§§ 721 Abs. 1, 734) mit in Ansatz. **Ausnahmen** kommen einerseits bei abweichenden Vereinbarungen in Betracht; sie können etwa in der Gutschrift eines Kapitalwertes der versprochenen Dienste bei Gründung der Gesellschaft ihren Niederschlag finden. Aber auch wenn beim Ausscheiden eines Gesellschafters die von ihm geleisteten Dienste sich in einem fest umrissenen und messbaren, dem Gesellschaftsvermögen verbleibenden Vermögenswert niedergeschlagen haben, ohne durch die Gewinnbeteiligung während der Gesellschaftsdauer abgegolten zu sein, können die Umstände für ihre stillschweigend vereinbarte oder durch ergänzende Vertragsauslegung zu erzielende Berücksichtigung in der Schlussabrechnung sprechen.[18]

18 Auf **Werkleistungen** als Einlage findet S. 3 grundsätzlich keine Anwendung. Ihr Wert ist als Sacheinlage erstattungsfähig.[19]

19 **4. Zum Gebrauch überlassene Gegenstände.** Sie sind nach § 732 S. 1 in Natur zurückzugeben. Ein Wertersatz für sie ist nach § 733 Abs. 2 S. 3 ausgeschlossen. Das gilt auch für den Fall zufälligen Untergangs; die Sachgefahr verbleibt insoweit beim Einleger (§ 732 RdNr. 5).

20 **5. Abweichende Vereinbarungen.** Entsprechend dem dispositiven Charakter sämtlicher die Art und Weise der Abwicklung betreffender Vorschriften der §§ 731 bis 735 (vgl. RdNr. 5 und § 731 RdNr. 3) sind die Gesellschafter auch im Blick auf § 733 Abs. 2 nicht gehindert, abweichende Vereinbarungen für den Auflösungsfall zu treffen; das kann auch konkludent geschehen. Neben Vereinbarungen über die Berechnung der Höhe des Erstattungsanspruchs nach Abs. 2 S. 2 (RdNr. 14 f.) und über die Vergütung geleisteter Dienste abweichend von Abs. 2 S. 3 (RdNr. 17) sind derartige Abweichungen auch in Bezug auf den in Abs. 2 S. 1 geregelten Rückerstattungsanspruch als solchen zulässig.

21 Im Einzelnen kann der Gesellschaftsvertrag etwa für einen der Gesellschafter ein **Übernahmerecht** im Auflösungsfall vorsehen, während die Mitgesellschafter auf einen Abfindungsanspruch verwiesen werden (vgl. § 730 RdNr. 63 ff.). Zulässig ist auch die Vereinbarung einer **Teilung in Natur** an Stelle der Liquidation des Gesellschaftsvermögens. Sie bietet sich namentlich bei Auflösung einer *Freiberufler-Sozietät* in der Weise an, dass abgesehen von der Aufteilung der Sachwerte unter den Beteiligten die Auseinandersetzung in Bezug auf den Mandantenstamm als zentrales Aktivum der Sozietät von einer *Mandantenbefragung* abhängig gemacht wird.[20] Das daraus resultierende Ergebnis ist von den Beteiligten im Regelfall auch dann hinzunehmen, wenn es deutlich abweichend von den in der Sozietät geltenden Beteiligungsverhältnissen ausfällt. Haben die Gesellschafter zwar für den Übernahmefall, nicht aber für die Auflösungsfolgen der Sozietätsbeendigung eine entsprechende Vereinbarung getroffen, so bietet sich je nach Lage des Falles deren Ausdehnung auf den Auflösungsfall im Weg ergänzender Vertragsauslegung an.[21]

---

[17] Zum Normzweck des Abs. 2 S. 3 vgl. BGH NJW 1980, 1744. Krit. hierzu *Ensthaler* (Fn. 5) S. 29 ff., der nur „mittelbar" den Gesellschaftszweck fördernde Dienstleistungen, dh. Geschäftsführungs- und Verwaltungstätigkeiten, von der Erstattung ausnehmen will.
[18] BGH NJW 1986, 51; 1966, 501 und NJW-RR 1991, 422, 423 (stille Gesellschaft); *Erman/Westermann* RdNr. 6; *Soergel/Hadding/Kießling* RdNr. 12, 14; vgl. auch BGH WM 1962, 1086 (zugesagte Entschädigung für Arbeitsleistung eines Mitgesellschafters als Abweichung von Abs. 2 S. 3).
[19] BGH NJW 1980, 1744, 1745 (zu Architektenleistungen); so auch *Soergel/Hadding/Kießling* RdNr. 12, 14; *Bamberger/Roth/Timm/Schöne* RdNr. 14; aA *Erman/Westermann* RdNr. 5.
[20] So OLG München NZG 2002, 235, 236 unter Hinweis auf die dahin gehende Abfindungs-Rspr. des BGH (NJW 1995, 1551; NZG 2000, 831); zust. *Palandt/Sprau* RdNr. 9.
[21] OLG München NZG 2002, 235, 236.

IV. Begrenzte Umsetzung des Gesellschaftsvermögens (Abs. 3)

1. Grundsatz. Nach Abs. 3 ist das Gesellschaftsvermögen nicht vollständig in Geld umzusetzen, sondern **nur** insoweit, als es **für Schuldentilgung und Einlagenrückerstattung** geboten ist. Für die Verteilung des Überschusses (§ 734) geht das Gesetz demgegenüber grundsätzlich von einer Teilung in Natur aus (§§ 731 S. 2, 752). Anderes gilt dann, wenn nach der Art der Gegenstände eine Teilung in Natur ausgeschlossen ist (§§ 752 S. 1, 753 Abs. 1) oder wenn die Beteiligten sich einvernehmlich auf eine vollständige Liquidation verständigt haben. Welches Vorgehen danach im Rahmen der Abwicklung jeweils geboten ist, lässt sich nur aufgrund der Umstände des Einzelfalls entscheiden. Das gilt auch für die Auswahl der zum Verkauf bzw. zur Teilung in Natur in Betracht kommenden Gegenstände. Dabei haben die Abwickler sich am Grundsatz der Wirtschaftlichkeit zu orientieren. Deshalb kann es geboten sein, einen gesamthänderisch gebundenen Miteigentumsanteil, dessen Verwertung keinen Ertrag verspricht, in Bruchteilseigentum zu überführen anstatt ihn zu veräußern.[22]

2. Art der Umsetzung. Sie sollte nach früher verbreiteter Ansicht nicht nach den Grundsätzen des Pfandverkaufs (§ 753 iVm. §§ 1235 ff.) bzw. bei Grundstücken durch Zwangsversteigerung erfolgen, sondern nach der Verkehrssitte; § 753 sei nicht anwendbar.[23] Das ist angesichts der in § 731 S. 2 enthaltenen Verweisung auf die Teilungsvorschriften des Gemeinschaftsrechts (beachte auch § 755 Abs. 3!) nur insoweit zutreffend, als aus der Verkehrssitte (§ 157) auf eine von § 753 abweichende Vertragsvereinbarung geschlossen werden kann.[24] Im Übrigen bewendet es grundsätzlich bei der Maßgeblichkeit der §§ 1235 ff. für die Veräußerung beweglicher Sachen und sonstiger Vermögensgegenstände (vgl. § 731 RdNr. 5). Durch das in § 1246 jedem Beteiligten eingeräumte Recht, eine nach billigem Ermessen besser geeignete Art der Umsetzung verlangen zu können, wird die erforderliche Flexibilität auch unter der Geltung von § 753 gewahrt.[25]

§ 734 Verteilung des Überschusses

Verbleibt nach der Berichtigung der gemeinschaftlichen Schulden und der Rückerstattung der Einlagen ein Überschuss, so gebührt er den Gesellschaftern nach dem Verhältnis ihrer Anteile am Gewinn.

1. Allgemeines. Die Verteilung des Überschusses ist der Schlussstein in der Auseinandersetzung nach Auflösung der Gesellschaft. Sie setzt in der Regel die Aufstellung einer **Schlussabrechnung** (Auseinandersetzungsbilanz) durch die Abwickler voraus (§ 730 RdNr. 57 ff.). Sind nach gesetzlicher Regel (§ 730 Abs. 2 S. 2) alle Gesellschafter auch Abwickler und stellen sie als solche einvernehmlich die Schlussabrechnung auf, so liegt darin regelmäßig zugleich die **Feststellung** der in der Abrechnung enthaltenen, für die Verteilung des Überschusses und/oder die Einforderung von Nachschüssen (§ 735) verbindlichen Zahlen.

Schlussabrechnung und Überschussverteilung nach § 734 betreffen in erster Linie den **Abwicklungsgewinn.** Soweit die Gesellschafter freilich, wie namentlich bei Gelegenheitsgesellschaften vorübergehender Dauer (§ 721 RdNr. 1), auf eine Verteilung und Ausschüttung des Gewinns während der Gesellschaftsdauer verzichtet haben, hat die Überschussverteilung auch die Funktion der Gewinnverteilung nach § 721 Abs. 1.

---

[22] OLG Hamm NZG 2004, 1106.
[23] RG JW 1934, 3268 f.; *Soergel/Hadding/Kießling* RdNr. 16; *Bamberger/Roth/Timm/Schöne* RdNr. 19; *Staudinger/Habermeier* RdNr. 13; aA RG LZ 1924, 698, 699; *Erman/Westermann* RdNr. 7; *Palandt/Sprau* RdNr. 11; diff. BGH NJW 1992, 830, 832.
[24] So auch *Staudinger/Habermeier* RdNr. 13; *Soergel/Hadding/Kießling* RdNr. 16.
[25] So auch *Staudinger/Habermeier* RdNr. 13.

3 2. **Überschuss.** Er liegt vor, wenn und soweit das **Aktivvermögen,** das der Gesellschaft nach Berichtigung der Gesellschaftsverbindlichkeiten gegenüber Dritten (§ 733 RdNr. 6) und Hinterlegung der auf betagte oder streitige Forderungen entfallenden Beträge (§ 733 RdNr. 9) verbleibt, die noch offen, in der Schlussabrechnung als Passivposten zu berücksichtigenden Gesellschafterforderungen einschließlich der Ansprüche auf Rückerstattung des Wertes der Einlagen (§ 730 RdNr. 49 ff., § 733 RdNr. 7) **übersteigt.**

4 Zum Aktivvermögen rechnen auch Sozialansprüche gegen Gesellschafter, etwa auf Schadensersatz. Bei Auflösung noch ausstehende, nicht für die Abwicklung benötigte Beitragsleistungen oder übermäßige Entnahmen sind demgegenüber bei Festsetzung der Rückerstattungsansprüche nach § 733 Abs. 2 zu berücksichtigen.

5 Nicht in Geld umgesetzte Gegenstände des Gesellschaftsvermögens sind mit ihrem **Veräußerungswert,** unter *Auflösung stiller Reserven,* in Ansatz zu bringen.[1] Das gilt insbesondere für den Fall, dass die Gegenstände bei der Schlussverteilung ganz oder teilweise einzelnen Gesellschaftern zugewiesen werden (RdNr. 7). Die Erwerber sind gegebenenfalls den Mitgesellschaftern zum Ausgleich verpflichtet.

6 3. **Verteilungsmaßstab.** Die Verteilung des Überschusses richtet sich grundsätzlich nach dem auch für den laufenden Gewinn geltenden vertraglichen **Gewinnverteilungsschlüssel,** soweit keine Sonderregelung für den Liquidationsgewinn vereinbart ist.[2] Im Zweifel gilt Gewinnverteilung nach Köpfen (§ 722 Abs. 1). Auf das Verhältnis der Kapitalanteile kommt es abweichend von § 155 Abs. 1 HGB nicht an. Der Verteilungsschlüssel greift auch dann ein, wenn es nach Feststellung der Schlussabrechnung noch zum Anfall von Gesellschaftsvermögen kommt (§ 730 RdNr. 39).

7 4. **Durchführung der Verteilung.** Da § 733 Abs. 3 eine Umsetzung des Gesellschaftsvermögens nur insoweit vorsieht, als es zur Schuldentilgung und zur Einlagenrückgewähr erforderlich ist, gelten für die Überschussverteilung nach gesetzlicher Regel (§ 731 S. 2) die Vorschriften der §§ 752 ff. über die Teilung des Gemeinschaftsvermögens (vgl. § 731 RdNr. 4 f.). Danach findet grundsätzlich Teilung in Natur statt (§ 752). Sie kann jedoch nur dann verlangt werden, wenn die jeweiligen Gegenstände ihrer Art nach zur Teilung ohne Wertminderung geeignet sind, während es im Übrigen bei der Verwertung im Wege des Pfandverkaufs bleibt (§ 753, vgl. § 733 RdNr. 23). Die Gesellschafter können sich auf einen abweichenden Verteilungsmodus einigen, insbesondere einzelnen von ihnen bestimmte Gegenstände mit oder ohne Anrechnung auf ihr Auseinandersetzungsguthaben zuweisen. Ohne Einigung kann ein Gesellschafter nur unter Billigkeitsaspekten (§ 1246 Abs. 1) verlangen, dass ein Gegenstand in sein (Mit-)Eigentum übertragen wird, wenn eine Teilung zu einem unzumutbaren Ergebnis führte.[3]

8 5. **Das Auseinandersetzungsguthaben. a) Begriff und Zusammensetzung.** Der Begriff des Auseinandersetzungsguthabens findet sich in § 717 S. 2, im Rahmen der Regelung über die selbstständig abtretbaren Vermögensrechte. Sein **Inhalt und Umfang** bestimmen sich danach, welche Ansprüche dem einzelnen Gesellschafter im Zuge der Auseinandersetzung zustehen und in der Schlussabrechnung gutzubringen sind. Im Einzelnen geht es dabei um die zurückzuerstattenden Einlagen und den anteiligen Überschuss sowie ferner um die sonstigen im Zeitpunkt der Auflösung bestehenden und zu unselbstständigen Rechnungsposten (§ 730 RdNr. 49 ff.) gewordenen, auf dem Gesellschaftsvertrag beruhenden Forderungen gegen die Gesellschaft.[4]

9 b) **Ausgleichsanspruch für die einseitige Weiternutzung wesentlicher Vermögenswerte.** Bei der Berechnung des Auseinandersetzungsguthabens kann im Einzelfall

---

[1] BGH WM 1972, 213; *Soergel/Hadding/Kießling* RdNr. 4; *Bamberger/Roth/Timm/Schöne* RdNr. 2.
[2] RGZ 114, 131, 135; *Soergel/Hadding/Kießling* RdNr. 5; *Bamberger/Roth/Timm/Schöne* RdNr. 5.
[3] OLG Hamm NZG 2004, 1106 (Begründung einer Bruchteilsgemeinschaft an einer Wegparzelle als einzigem Vermögensgegenstand der GbR bei Unwirtschaftlichkeit einer Versteigerung mit anschl. Erlösverteilung); OLG Hamm NJW-RR 2001, 245 f.; s. auch OLG Köln OLGR 2002, 406.
[4] Zur Berechnung s. *Sudhoff* ZGR 1972, 157 ff.

neben den in RdNr. 8 genannten Posten ein auf dem Gleichbehandlungsgrundsatz und der Treupflicht beruhender interner Ausgleichsanspruch zwischen den Gesellschaftern in Ansatz zu bringen sein. Voraussetzung hierfür ist, dass sich ein *Teil der Gesellschafter* auf Grund tatsächlicher Umstände *wesentliche Vermögenswerte* aus dem abgewickelten Gesellschaftsvermögen allein *nutzbar macht,* während andere Gesellschafter hieran nicht teilhaben. Insofern kann den benachteiligten Gesellschaftern ein anteiliger Zahlungsanspruch zustehen, der im Rahmen der Auseinandersetzung zu berücksichtigen ist.[5] Bei Freiberufler-Sozietäten belässt es die Rechtsprechung hinsichtlich der Aufteilung des Mandantenstamms hingegen meist bei dessen „Realteilung", dh. der gleichberechtigten Möglichkeit, um die Mandanten (Patienten) zu werben. Denn die Mandanten können selbstverständlich nicht gezwungen werden, ihre Geschäftsbeziehung mit bestimmten Gesellschaftern fortzuführen. Ein Ausgleich wird deshalb grundsätzlich auch dann abgelehnt, wenn sich die Mandanten überwiegend für einzelne Gesellschafter entscheiden.[6] Voraussetzung für die Ablehnung eines Ausgleichs ist allerdings, dass tatsächlich die gleichberechtigte Möglichkeit aller Gesellschafter besteht, um die Fortführung der Mandate zu werben.[7]

c) Durchsetzung. Der Anspruch auf das Auseinandersetzungsguthaben wird grundsätzlich erst mit Feststellung der Schlussabrechnung **fällig,** soweit nicht Einzelbeträge schon feststehen und vorab durchgesetzt werden können (§ 730 RdNr. 54). Bei der Geltendmachung ist allerdings das in §§ 733, 734 aufgestellte **Rangverhältnis** zu beachten, falls das liquide Gesellschaftsvermögen nicht zur Befriedigung aller Ansprüche ausreicht; insoweit bedarf es also einer Differenzierung nach den einzelnen in das Auseinandersetzungsguthaben eingegangenen Posten. Als erste zu befriedigen sind die Sozialverbindlichkeiten nach § 733 Abs. 1 (§ 733 RdNr. 7). Es folgen die Ansprüche auf Rückerstattung des Wertes der Einlagen (§ 733 Abs. 2). An letzter Stelle steht der Anspruch auf den Überschuss. Innerhalb der jeweiligen Kategorien gilt bei unzureichenden Gesellschaftsmitteln anteilige Befriedigung nach dem Gleichbehandlungsgrundsatz (§ 705 RdNr. 244 ff.).

10

6. Hinterlegung. Ist die Verteilung des Restvermögens unter den Gesellschaftern umstritten, so ist der Liquidator nach Maßgabe von § 372 befugt, den Betrag zu hinterlegen. Die Gesellschaft ist beendet, sobald die Hinterlegung unter Verzicht auf die Rücknahme erfolgt ist.[8]

11

7. Abweichende Vereinbarungen. Sie sind innerhalb der allgemeinen Schranken beliebig zulässig. § 734 ist ebenso wie die sonstigen Auseinandersetzungsvorschriften dispositiv (§ 731 RdNr. 3).[9]

12

§ 735 Nachschusspflicht bei Verlust

¹**Reicht das Gesellschaftsvermögen zur Berichtigung der gemeinschaftlichen Schulden und zur Rückerstattung der Einlagen nicht aus, so haben die Gesellschafter für den Fehlbetrag nach dem Verhältnis aufzukommen, nach welchem sie den Verlust zu tragen haben.** ²**Kann von einem Gesellschafter der auf ihn entfallende Beitrag nicht erlangt werden, so haben die übrigen Gesellschafter den Ausfall nach dem gleichen Verhältnis zu tragen.**

---

[5] BGH NJW 1980, 1628; 1971, 802; 1958, 1188; WM 1963, 282, 283; JZ 1954, 194, 195; zur abw. Rspr. zur Auseinandersetzung von Freiberufler-Sozietäten vgl. Fn. 6.
[6] BGH NJW 1994, 796 f. (Facharztsozietät, allerdings bei Vorliegen einer entsprechenden Auseinandersetzungsvereinbarung zwischen Gesellschaftern); OLG Oldenburg NZG 1999, 1157 (kein Anspruch auf Abfindung des immateriellen Werts einer Tierarztpraxis bei Fortführung durch nur einen Gesellschafter nach kündigungsbedingter GbR-Auflösung); OLG München NZG 2002, 235; OLG Schleswig OLGR 2004, 172.
[7] Zutr. OLG Schleswig OLGR 2004, 172, 174 f.; dem folgend auch *Soergel/Hadding/Kießling* RdNr. 7.
[8] BayObLG WM 1979, 655.
[9] *Soergel/Hadding/Kießling* RdNr. 2; *Bamberger/Roth/Timm/Schöne* RdNr. 4.

§ 735 1–6

1. 1. Allgemeines. Die Vorschrift des § 735 enthält eine der Überschussverteilung nach § 734 im Wesentlichen entsprechende Regelung, setzt im Unterschied zu dieser aber einen **Fehlbetrag im Zuge der Schlussabrechnung** voraus. Auf die Erl. zu § 734 (insbesondere RdNr. 1 bis 5) ist daher vorab zu verweisen. Unanwendbar auf die Nachschusspflicht als Teil der Auflösung der Gesellschaft ist die Vorschrift des § 707, die eine Verlustausgleichspflicht während der Dauer der (werbenden) Gesellschaft ausschließt.[1]

2. Die Regelungen des § 735 sind, ebenso wie die sonstigen Auseinandersetzungsvorschriften, **dispositiv**.[2] Sie gelten nur im **Innenverhältnis** und begründen nicht etwa unmittelbare Ansprüche der Gläubiger gegen die zur Ausgleichung des Fehlbetrags verpflichteten Gesellschafter. Wohl aber können die Gläubiger im Vollstreckungswege auf einen der Gesamthand zustehenden Nachschussanspruch zugreifen und sich ihn nach §§ 829, 835 ZPO zur Einziehung überweisen lassen. Daneben haben sie im Regelfall das Recht, von den Gesellschaftern analog § 128 HGB Zahlung zu verlangen. Zur Möglichkeit eines unmittelbaren Vorgehens von *Mitgesellschaftern* aus § 735 vgl. RdNr. 6.

3. 2. Fehlbetrag. Für seine Berechnung gelten die Ausführungen in § 734 RdNr. 3 ff. entsprechend. Maßgebend ist, ob die im Zuge der Schlussabrechnung noch offenen **Gesellschaftsverbindlichkeiten** einschließlich derjenigen gegenüber den Gesellschaftern wegen Ansprüchen aus dem Gesellschaftsverhältnis und Einlagenrückerstattung (§ 733 Abs. 1 und 2) das verbliebene **Aktivvermögen übersteigen.** Überschuss und Fehlbetrag schließen sich gegenseitig aus. Eine Einforderung von Nachschüssen zu dem Zweck, an bestimmte Gesellschafter außer den ihnen aus dem Gesellschaftsverhältnis zustehenden Ansprüchen einen Überschuss auszuschütten, ist nach gesetzlicher Regel ausgeschlossen. Entsprechendes gilt insoweit, als der Anspruch einzelner Gesellschafter auf Einlagenrückgewähr (§ 733 Abs. 2 S. 1 und 2) im Hinblick auf ihre Verlustbeteiligung entfällt.[3]

4. 3. Verlustbeteiligung und Nachschusspflicht. Die Nachschusspflicht nach § 735 S. 1 setzt voraus, dass die Gesellschafter am Verlust beteiligt sind. Ihre Höhe richtet sich nach dem allgemeinen **Verlustverteilungsschlüssel** (§ 722 RdNr. 2), soweit der Gesellschaftsvertrag keine Sonderregelung für den nach Auflösung sich ergebenden Fehlbetrag enthält.[4] Die Verlustbeteiligung einzelner oder aller Gesellschafter kann ausgeschlossen werden;[5] die akzessorische Außenhaftung analog § 128 HGB steht einer solchen Regelung nicht entgegen. Ist die Verlustbeteiligung für sämtliche Gesellschafter ausgeschlossen, so ist im Zweifel auch für eine Ausgleichung zwischen ihnen wegen der von der Gesellschaft nicht erstatteten Aufwendungen oder wegen unterschiedlich hoher Beitragsleistungen kein Raum. Wohl aber können Gesellschafter, die als Gesamtschuldner für eine Gesellschaftsschuld in Anspruch genommen worden sind, nach § 426 Abs. 2 Ausgleich von den mithaftenden Mitgesellschaftern verlangen (§ 714 RdNr. 56).

5. 4. Durchsetzung der Nachschusspflicht und Ausgleich zwischen den Gesellschaftern. Der Anspruch auf Nachschuss steht als Sozialanspruch der **Gesellschaft** zu. Seine Fälligkeit hängt grundsätzlich von der Feststellung der Schlussabrechnung ab (§ 730 RdNr. 61). Er kann auch im Wege der actio pro socio geltend gemacht werden; die eingetretene Auflösung steht dieser Klagebefugnis nicht entgegen (§ 730 RdNr. 33 ff.).

6. Eine Besonderheit gilt, sofern das übrige Gesamthandsvermögen bereits abgewickelt ist und die **Nachschüsse** lediglich **zum Ausgleich unter den Gesellschaftern** benötigt werden. In diesem Fall lässt die hM zu Recht einen unmittelbaren, im Klageweg durchsetzbaren Ausgleich zwischen den Gesellschaftern zu und verzichtet bei Überschaubarkeit

---

[1] RGZ 166, 65, 68 f.
[2] HM, *Staudinger/Habermeier* RdNr. 1; *Soergel/Hadding/Kießling* RdNr. 1; *Bamberger/Roth/Timm/Schöne* RdNr. 1; vgl. § 731 RdNr. 3. AA noch *Aderhold*, Das Schuldmodell der BGB-Gesellschaft, 1981, S. 284 ff.
[3] So zutr. *Ensthaler*, Die Liquidation von Personengesellschaften, 1985, S. 35 ff.
[4] BGH WM 1967, 346, 347; *Soergel/Hadding/Kießling* RdNr. 5; *Staudinger/Habermeier* RdNr. 3; *Bamberger/Roth/Timm/Schöne* RdNr. 8.
[5] Vgl. Nachweise § 722 Fn. 3.

der Verhältnisse auch auf die Erstellung einer besonderen Schlussabrechnung (§ 730 RdNr. 35).

5. Subsidiäre Ausfallhaftung (S. 2). Sie beschränkt sich nicht auf den von einem Gesellschafter nicht zu erlangenden anteiligen Fehlbetrag ieS, sondern umfasst auch die sonstigen gegen ihn gerichteten und uneinbringlichen Sozialansprüche.[6] Voraussetzungen und Umfang der Ausfallhaftung entsprechen denen bei § 426 Abs. 1 S. 2 (vgl. dort RdNr. 35 ff.).

§ 736 Ausscheiden eines Gesellschafters, Nachhaftung

(1) Ist im Gesellschaftsvertrag bestimmt, dass, wenn ein Gesellschafter kündigt oder stirbt oder wenn das Insolvenzverfahren über sein Vermögen eröffnet wird, die Gesellschaft unter den übrigen Gesellschaftern fortbestehen soll, so scheidet bei dem Eintritt eines solchen Ereignisses der Gesellschafter, in dessen Person es eintritt, aus der Gesellschaft aus.

(2) Die für Personenhandelsgesellschaften geltenden Regelungen über die Begrenzung der Nachhaftung gelten sinngemäß.

Übersicht

	RdNr.		RdNr.
I. Allgemeines	1–7	d) Sonstige	15
1. System der §§ 736 bis 740	1–4	3. Fortsetzung im Liquidationsstadium?	16
a) Fortbestand der Gesellschaft ohne den Ausgeschiedenen	1, 2	III. Sonstige Fortsetzungsvereinbarungen	17–19
b) Sonstige Fortsetzungsvereinbarungen	3, 4	1. Fortsetzung durch Beschluss	17
2. Inhalt und Funktion der Regelungen des § 736	5–7	2. Übernahmeklausel	18
a) Abs. 1	5, 6	3. Eintrittsrecht	19
b) Abs. 2	7	IV. Wirkungen der Fortsetzungsklausel	20
II. Die Fortsetzung nach § 736 Abs. 1	8–16	V. Begrenzte Nachhaftung des ausgeschiedenen Gesellschafters (Abs. 2)	21–27
1. Vertragliche Fortsetzungsklausel	8, 9	1. Die Neuregelung des § 160 HGB	21–25
2. Gründe des Ausscheidens	10–15	2. Die sinngemäße Geltung für die GbR	26, 27
a) Kündigung	10–12		
b) Tod eines Gesellschafters	13	VI. Sonderverjährung der Gesellschafterhaftung im Auflösungsfall	28–30
c) Gesellschafterinsolvenz	14		

I. Allgemeines

1. System der §§ 736 bis 740. a) Fortbestand der Gesellschaft ohne den Ausgeschiedenen. Im Unterschied zu den Auflösungs- und Liquidationsvorschriften der §§ 723 bis 735 beschäftigen sich die letzten fünf Paragraphen des Rechts der GbR mit dem **einseitigen Ausscheiden** eines Gesellschafters unter Fortsetzung der Gesellschaft zwischen den übrigen. Die *Voraussetzungen* für eine derartige Veränderung im Gesellschafterbestand sind in §§ 736 Abs. 1, 737 beispielhaft aufgezählt; die Parteien können auch sonstige Gestaltungen vereinbaren. Allerdings hängt auch das Eingreifen der gesetzlichen Regelungen davon ab, dass die Parteien eine dahin gehende *Vertragsgestaltung* getroffen haben. Andernfalls bleibt es bei der dem Prinzip des höchstpersönlichen Zusammenschlusses entsprechenden Auflösungsfolge. Die Neuregelung der gesetzlichen Ausscheidensgründe unter grundsätzlichem Fortbestand der betroffenen OHG oder KG im Zuge des HRefG (§ 131 Abs. 3 nF HGB) ist für das Recht der GbR nicht übernommen worden; einem Analogieschluss steht das Fehlen einer Regelungslücke entgegen.

---

[6] BGH WM 1975, 268.

2 Die **Rechtsfolgen** des Ausscheidens bestimmen sich, von der durch § 736 Abs. 2 begrenzten Nachhaftung ausgeschiedener Gesellschafter abgesehen, mangels abweichender Vereinbarung nach §§ 738 bis 740. Mit dem Wirksamwerden des Ausscheidens verliert der Ausscheidende seine Gesellschafterstellung einschließlich der mit ihr verbundenen gesamthänderischen Berechtigung; diese wächst den Mitgesellschaftern an. Stattdessen hat er nach gesetzlicher Regel einen Anspruch auf Abfindung in Höhe des ihm im Falle der Auflösung zustehenden Auseinandersetzungsguthabens, kann Befreiung von den „gemeinschaftlichen Schulden" und Beteiligung an den schwebenden Geschäften verlangen und hat, wenn die Gesellschaft im Zeitpunkt seines Ausscheidens überschuldet ist, entsprechend § 735 den anteiligen Fehlbetrag zu zahlen.

3 b) **Sonstige Fortsetzungsvereinbarungen.** Mit dem Ausscheiden aufgrund einer Fortsetzungsklausel hängen funktional die **Übernahme** des Gesellschaftsvermögens durch den letztverbleibenden Gesellschafter als Gesamtrechtsnachfolger (§ 730 RdNr. 65 ff.) sowie das Recht eines Dritten zum **Eintritt** anstelle des Ausgeschiedenen eng zusammen. Beide Gestaltungen haben im Gesetz selbst keinen Ausdruck gefunden; ihre Vereinbarung ist gleichwohl zulässig (RdNr. 18 f.). Ist eine ursprünglich mehrgliedrige Gesellschaft im Lauf ihres Bestehens zu einer Zweipersonengesellschaft geschrumpft, so ist die im Gesellschaftsvertrag enthaltene Fortsetzungsklausel im Zweifel als Übernahmeklausel auszulegen (RdNr. 9).

4 Die Vereinbarung eines **Eintrittsrechts in Verbindung mit einer Fortsetzungsklausel** ist namentlich in Gesellschaftsverträgen anzutreffen, die die Rechtsfolgen des Todes eines Gesellschafters abweichend von § 727 regeln, ohne eine Anteilsvererbung zuzulassen (§ 727 RdNr. 53 ff.). Derartige Regelungen können aber auch für sonstige Fälle vorgesehen werden, wobei jeweils auch Vorsorge für das Schicksal des Abfindungsanspruchs und für die Einlageleistung des Eintrittsberechtigten getroffen werden sollte (§ 727 RdNr. 58 f.). Ausscheiden und Eintritt lassen sich schließlich dadurch verbinden, dass der Gesellschaftsvertrag die Anteilsübertragung (§ 719 RdNr. 25 ff.) entweder generell oder aufgrund ad hoc erteilter Zustimmung der Mitgesellschafter zulässt.

5 2. **Inhalt und Funktion der Regelungen des § 736. a) Abs. 1.** Durch § 736 Abs. 1 trägt das Gesetz der Möglichkeit Rechnung, dass Gesellschafter den **Bestand der Gesellschaft** von Veränderungen in der personellen Zusammensetzung unabhängig machen wollen. Hierfür bedarf es freilich jeweils einer entsprechenden *gesellschaftsvertraglichen Fortsetzungsklausel*. Das gilt auch für die Fälle der Gläubigerkündigung (§ 725) oder der Gesellschafterinsolvenz (§ 728 Abs. 2). Darin unterscheidet sich die Regelung von § 131 Abs. 3 HGB, der die OHG oder KG in diesen Fällen auch ohne gesellschaftsvertragliche Regelung fortbestehen lässt und stattdessen das Ausscheiden des betroffenen Gesellschafters bestimmt.

6 Die Funktion des § 736 Abs. 1 besteht nicht etwa darin, den Gesellschaftern eine Vertragsgestaltung entsprechend dieser Vorschrift zu ermöglichen. Diese Möglichkeit haben sie schon auf Grund der allgemein für Gesellschaftsverträge geltenden Gestaltungsfreiheit (§ 705 RdNr. 132 ff.); dementsprechend beschränkt sich der Gestaltungsspielraum auch nicht auf die in § 736 genannten Vereinbarungen (RdNr. 15, 17 ff.). Der Vorschrift kommt somit nur **Hinweisfunktion** zu. Sie soll Gründern einer GbR, die am Bestand der Gesellschaft trotz etwaigen späteren Gesellschafterwechsels interessiert sind, die Notwendigkeit entsprechender gesellschaftsvertraglicher Vorsorge vor Augen führen und ihnen – ähnlich wie etwa §§ 710, 711 – ein entsprechendes *Regelungsmodell* zur Verfügung stellen.

7 b) **Abs. 2.** Gegenstand der im Zuge des Nachhaftungsbegrenzungsgesetzes vom 18. 3. 1994[1] neu aufgenommenen Vorschrift des Abs. 2 ist nicht das Ausscheiden als solches, sondern die Regelung einer damit verbundenen *Rechtsfolge* für den Ausgeschiedenen: die **zeitliche Begrenzung seiner Haftung** für die ihn als Gesellschafter analog § 128 HGB

---

[1] BGBl. I S. 560; vgl. dazu auch Begr. RegE, BT-Drucks. 12/6569 S. 13 sowie die Kommentierungen zu § 160 nF HGB.

treffenden Verbindlichkeiten auf fünf Jahre *nach dem Ausscheiden* (vgl. näher RdNr. 21 ff.). Das Gesetz verweist hierzu – systematisch ungewöhnlich[2] – auf die für das Ausscheiden aus OHG und KG geltenden Vorschriften des § 160 HGB. Demgegenüber wird die ebenfalls die Nachhaftung eines Gesellschafters regelnde Vorschrift des § 159 HGB, wonach Verbindlichkeiten der Gesellschaft ihm gegenüber fünf Jahre nach der *Auflösung der Gesellschaft* verjähren, von der Verweisung des Abs. 2 nicht unmittelbar erfasst; sie findet allerdings aufgrund einer insoweit bestehenden Regelungslücke analoge Anwendung (vgl. hierzu näher RdNr. 28 ff.).

II. Die Fortsetzung nach § 736 Abs. 1

1. Vertragliche Fortsetzungsklausel. Das in § 736 Abs. 1 vorgesehene Ausscheiden 8 eines Gesellschafters aus der im Übrigen fortbestehenden Gesellschaft setzt voraus, dass der Gesellschaftsvertrag eine entsprechende, den jeweils in Frage stehenden Ausscheidensgrund (RdNr. 10 ff.) umfassende Fortsetzungsklausel enthält.[3] Ist das der Fall, so **scheidet** mangels abweichender Vertragsgestaltung der **betroffene Gesellschafter** beim Eintritt des fraglichen Grundes *automatisch* und mit sofortiger Wirkung aus der fortbestehenden Gesellschaft **aus**; einer Herbeiführung des Ausscheidens durch Gesellschafterbeschluss, Gestaltungserklärung u. a. bedarf es nicht. Zu den Wirkungen des Ausscheidens im Verhältnis zwischen den Gesellschaftern vgl. §§ 738 bis 740 und RdNr. 20.

Enthält der Gesellschaftsvertrag eine Fortsetzungsklausel, hat sich die Zahl der Gesell- 9 schafter seit der Gründung jedoch auf **zwei Personen** verringert, so ist das Ausscheiden eines der beiden Gesellschafter unter Fortsetzung der Gesellschaft begrifflich nicht möglich (Vor § 723 RdNr. 9). Die Fortsetzungsklausel ist in diesem Fall typischerweise als **Übernahmeklausel** auszulegen, wenn dem keine besonderen Umstände aus dem konkreten Gesellschaftsverhältnis oder der Art des Ausscheidensgrundes entgegenstehen (§ 730 RdNr. 69). Angesichts der andersartigen Rechtsfolgen der Übernahme (Gesamtrechtsnachfolge des Übernehmers unter Umwandlung des Gesellschaftsvermögens in dessen Alleineigentum) sprechen im Ansatz gute Gründe dafür, in derartigen Fällen das Ausscheiden im Zweifel nicht automatisch eintreten zu lassen, sondern zusätzlich von einer entsprechenden *Gestaltungserklärung* des anderen Teils abhängig zu machen (§ 730 RdNr. 77).[4] Freilich bejaht der BGH inzwischen die automatisch eintretende „Übernahme" für die zweigliedrige Personenhandelsgesellschaft mit Selbstverständlichkeit, sofern ein Ausscheidensgrund iS von § 131 Abs. 3 HGB eintritt.[5] In den von § 736 erwähnten Fällen des Todes, der Gesellschafterinsolvenz oder der Kündigung (§§ 723, 725)[6] ist daher im Zweifel von einem automatischen Vollzug auszugehen (§ 730 RdNr. 78).[7] Beabsichtigt der Erklärende keine Fortführung des Unternehmens der GbR, sondern geht es ihm nur darum, den anderen Teil in beschränkter Höhe abzufinden und die Vorteile der Abwicklung für sich zu behalten, liegt der Missbrauchseinwand nicht fern.[8] Er setzt allerdings voraus, *dass* der ausscheidende Gesellschafter andere als diejenigen Vermögensinteressen geltend machen kann, die bereits durch seinen Abfindungsanspruch kompensiert werden.

2. Gründe des Ausscheidens. a) Kündigung. Eine auf den Fall der Kündigung 10 bezogene Fortsetzungsklausel betrifft in erster Linie die – nach § 723 Abs. 1 S. 1 grund-

---

[2] *Seibert* DB 1994, 461, 463 spricht von einer „verblüffend lapidaren" Formulierung des BT-Rechtsausschusses.
[3] Zur Unanwendbarkeit des Formerfordernisses des § 311 b Abs. 1 trotz Zugehörigkeit von Grundstücken zum Gesellschaftsvermögen vgl. § 705 RdNr. 36.
[4] So allg. noch BGH WM 1957, 512.
[5] So für den Fall des insolvenzbedingten Ausscheidens des letzten Komplementärs (§ 131 Abs. 3 Nr. 2 HGB) BGH ZIP 2004, 1047, 1048 = NZG 2004, 611 m. Anm. *Pentz* BGHReport 2004, 1092; wN bei § 730 RdNr. 78.
[6] Zur Einbeziehung der Gläubigerkündigung nach § 725 vgl. RdNr. 12.
[7] So auch OLG Stuttgart NZG 2004, 766, 768; *Soergel/Hadding/Kießling* RdNr. 13; abw. – vorbehaltlich einer Übernahmeklausel – *Bamberger/Roth/Timm/Schöne* RdNr. 10.
[8] RGZ 162, 388, 394; *Palandt/Sprau* RdNr. 2.

sätzlich jederzeit mit sofortiger Wirkung mögliche – **ordentliche** Kündigung eines Gesellschafters. Sie ist typischerweise auf die Kündigung nur eines oder einzelner Gesellschafter zugeschnitten. Schließen sich die Mitgesellschafter der Kündigungserklärung eines Gesellschafters innerhalb der Kündigungsfrist an, so greift die Fortsetzungsklausel nicht ein; die Gesellschaft wird aufgelöst.[9] Entsprechendes gilt im Fall einer Massenkündigung durch Gesellschafter einer Publikums-GbR, wenn die Fortsetzung der Gesellschaft infolge der Kündigung unmöglich wird.[10] Enthält der Gesellschaftsvertrag *Kündigungsfristen,* so bestimmen diese auch über den Zeitpunkt des Ausscheidens. Eine Kündigung zur Unzeit hindert das sofortige Ausscheiden nicht, begründet aber Schadensersatzansprüche der betroffenen Mitgesellschafter (§ 723 RdNr. 55). Eine unzulässige Einschränkung des Kündigungsrechts (723 Abs. 3) ist in der Fortsetzungsklausel nicht zu sehen; anderes kann für die davon zu unterscheidende, getrennt auf ihre rechtliche Wirksamkeit zu prüfende Vereinbarung über eine weitgehende Beschränkung des Abfindungsanspruchs gelten (§ 738 RdNr. 44 ff.).

11 Ob die Fortsetzungsklausel auch eine **Kündigung aus wichtigem Grund** erfasst, ist Auslegungsfrage.[11] Die Interessen des Kündigenden stehen einer derartigen Erstreckung vorbehaltlich der Abfindungsregelung nicht entgegen, da sein Ausscheiden sogar noch schneller als die Auflösung dazu führt, dass er von der für ihn unzumutbar gewordenen Bindung an die Gesellschaft befreit wird. Im Zweifel ist daher anzunehmen, dass das in der Fortsetzungsklausel zum Ausdruck gekommene Bestandsinteresse der Gesellschafter auch auf diesen Fall bezogen ist;[12] eine Fortsetzung zwischen den Mitgesellschaftern setzt freilich voraus, dass ihr der wichtige Grund nicht entgegensteht. Haben die Mitgesellschafter den wichtigen Grund verursacht, so kann der Kündigende der Fortsetzung doch meist nicht den Einwand unzulässiger Rechtsausübung entgegensetzen:[13] sein Ausscheiden ist Folge der durch Kündigungserklärung eingreifenden Fortsetzungsklausel, und die Berufung der Mitgesellschafter hierauf ist nicht ohne weiteres unzulässig. Wohl aber können dem zur Kündigung gedrängten Gesellschafter in diesem Fall Schadensersatzansprüche gegen die Mitgesellschafter zustehen (§ 723 RdNr. 49).[14] Auch sind etwaige vertragliche Beschränkungen des Abfindungsanspruchs im Falle eines durch Kündigung aus wichtigem Grund veranlassten Ausscheidens besonders kritisch auf ihre Vereinbarkeit mit § 723 Abs. 3 zu überprüfen (§ 738 RdNr. 49 ff.).

12 Vom Wortlaut des § 736 Abs. 1 nicht erfasst ist die **Kündigung durch** einen **Privatgläubiger** (§ 725). Die Gesellschafter sind jedoch nicht gehindert, im Rahmen der Privatautonomie die Fortsetzungsklausel auch hierauf zu erstrecken;[15] die Pfändung erfasst in diesem Fall den Abfindungsanspruch des Ausgeschiedenen (§ 725 RdNr. 11). Eine allgemein auf den Kündigungsfall bezogene Fortsetzungsklausel greift im Zweifel auch bei Kündigung nach § 725 ein.[16] Ist die Anteilspfändung (§ 859 ZPO) bereits erfolgt, so ist eine nachträglich von den Gesellschaftern beschlossene Einbeziehung dieser Art der Kündigung in die Fortsetzungsklausel freilich, ebenso wie der Fortsetzungsbeschluss selbst (Vor § 723 RdNr. 11), nur noch mit Zustimmung des kündigenden Privatgläubigers möglich.

13 b) Tod eines Gesellschafters. Wollen die Gesellschafter abweichend von § 727 den Bestand der Gesellschaft trotz des Todes einzelner Mitglieder sicherstellen, so bietet sich hierfür in erster Linie die – zum Anteilsübergang auf den oder die Nachfolger/Erben

---

[9] BGH DStR 1999, 171; zur Fortsetzung der Gesellschaft bei Kündigung mehrerer Gesellschafter vgl. hingegen BGH NJW 2008, 1943.
[10] Vgl. OLG Stuttgart JZ 1982, 766 (Berufung auf einschr. Auslegung und § 726). Im Ergebnis zust. unter Hinweis auf den Gleichbehandlungsgrundsatz *U. H. Schneider* JZ 1982, 768 f.
[11] Ebenso RGZ 162, 388, 392; *Soergel/Hadding/Kießling* RdNr. 11; *Bamberger/Roth/Timm/Schöne* RdNr. 8; *Palandt/Sprau* RdNr. 11.
[12] Ebenso *Grunewald* ZIP 1999, 597, 598 (betr. Kündigung nach § 723 Abs. 1 S. 3 Nr. 2).
[13] So aber RGZ 162, 388, 394; *Bamberger/Roth/Timm/Schöne* RdNr. 8; *Palandt/Sprau* RdNr. 2; *Soergel/Hadding/Kießling* RdNr. 11.
[14] Ebenso *Erman/Westermann* RdNr. 3, der diesen Anspruch freilich neben dem Einwand nach § 242 bejaht.
[15] EinhM, vgl. *Soergel/Hadding/Kießling* RdNr. 6; *Staudinger/Habermeier* RdNr. 9; *Bamberger/Roth/Timm/Schöne* RdNr. 6.
[16] *Erman/Westermann* RdNr. 3; iE auch *Soergel/Hadding/Kießling* RdNr. 6.

führende – *Nachfolgeklausel* an (§ 727 RdNr. 28 ff.). Sie vermeidet die Rechtsfolgen ersatzlosen Ausscheidens eines Gesellschafters, insbesondere den meist unerwünschten Kapitalabfluss durch Auszahlung des Abfindungsguthabens. Der Gesellschaftsvertrag kann freilich auch für diesen Fall eine *Fortsetzungsklausel* – gegebenenfalls verbunden mit einer Eintrittsklausel zugunsten bestimmter oder noch zu bestimmender Erben oder Dritter (§ 328) – vorsehen. Einzelheiten hierzu vgl. bei § 727 RdNr. 53 ff. Dort (RdNr. 24 f.) auch zur Nichtanwendung des § 727 Abs. 2 S. 1 in der fortgesetzten Gesellschaft.

c) **Gesellschafterinsolvenz.** Eine Fortsetzungsklausel ist auch als Abweichung von der in § 728 Abs. 2 angeordneten Auflösungsfolge zulässig.[17] Der Insolvenzverwalter tritt mit Verfahrenseröffnung in die sich aus dem Gesellschaftsvertrag ergebende Rechtsstellung des insolventen Gesellschafters ein (§ 728 RdNr. 37 f.). Führt die Insolvenzeröffnung zum Ausscheiden des Gesellschafters, so gehört der Abfindungsanspruch zur Insolvenzmasse. Ein Anspruch der Gesellschaft auf den Fehlbetrag (§ 739) kann nur als einfache Insolvenzforderung geltend gemacht werden, soweit kein Ausgleich mit bei Verfahrenseröffnung bestehenden gesellschaftsvertraglichen Gegenansprüchen des betroffenen Gesellschafters in Betracht kommt (§§ 38, 84, 94 InsO). Im Fall der *Gesellschaftsinsolvenz* ist nach § 728 Abs. 1 eine Fortsetzung vor Verfahrensbeendigung ausgeschlossen.

d) **Sonstige.** Die Vorschrift des § 736 Abs. 1 enthält keine abschließende Aufzählung möglicher Ausscheidensgründe. Die Gesellschafter sind innerhalb der Grenzen des § 138 frei, weitere Gründe im Rahmen der Fortsetzungsklausel zu vereinbaren. In Betracht kommen etwa das Erreichen einer bestimmten Altersgrenze, der Verlust der für die Gesellschaftszugehörigkeit maßgeblichen persönlichen Eigenschaften oder Fähigkeiten u. a.[18] Handelt es sich allerdings um Umstände wie etwa das Vorliegen eines wichtigen Kündigungsgrundes, deren Eintritt **nicht** auf **eindeutigen objektiven Kriterien** beruht, so empfiehlt es sich allein schon aus Gründen der Rechtsklarheit, insoweit anstelle eines in der Fortsetzungsklausel bestimmten automatischen Ausscheidens des betroffenen Gesellschafters ein vertragliches, einen Gesellschafterbeschluss erforderndes *Ausschließungsrecht* entsprechend § 737 zu vereinbaren. Dieser Gestaltungsmöglichkeit ist auch bei Auslegung entsprechender, nicht eindeutig als Fortsetzungsklauseln gefasster Regelungen Rechnung zu tragen.

3. Fortsetzung im Liquidationsstadium? Nach hM soll eine vertragliche Fortsetzungsklausel grundsätzlich auch dann eingreifen, wenn der zum Ausscheiden eines Gesellschafters führende Grund erst nach Auflösung der Gesellschaft eintritt.[19] Daran ist richtig, dass die Gesellschafter Entsprechendes vereinbaren können. Allerdings setzt die Fortsetzungsklausel im Zweifel den Fortbestand der Gesellschaft als werbende voraus, da nur in diesem Fall dem damit verfolgten Bestandsinteresse sinnvoll Rechnung getragen werden kann. Für eine Kündigung des Gesellschaftsvertrags als wichtigsten Fortsetzungsfall ist nach Auflösung der Gesellschaft in der Regel ohnehin kein Raum. Zum Ausscheiden kraft Fortsetzungsklausel aus einer aufgelösten Gesellschaft wird es daher nur in Ausnahmefällen kommen.

III. Sonstige Fortsetzungsvereinbarungen

1. Fortsetzung durch Beschluss. Anstelle der automatisch wirkenden Fortsetzungsklausel (RdNr. 8) können die Gesellschafter im Gesellschaftsvertrag auch *vereinbaren,* dass bei Eintritt eines der in § 736 Abs. 1 genannten Gründe oder eines sonstigen Ereignisses (RdNr. 15) die übrigen Gesellschafter **berechtigt** sein sollen, die Gesellschaft unter Aus-

---

[17] Vgl. OLG Köln NZI 2006, 36, 37.
[18] BGH WM 1965, 1035 (Wiederverheiratungsklausel); vgl. zur Auslegung des Gesellschaftsvertrages auch BGH DStR 2004, 97, 98 (längere Krankheit kein Ausscheidensgrund bei Freiberuflersozietät, wenn der Gesellschaftsvertrag in diesem Falle das Recht gewährt, eine Änderung der Gewinnverteilung zu verlangen; anderes gilt bei Eintritt einer dauernden Berufsunfähigkeit).
[19] BGH WM 1963, 728, 730; 1964, 1086; 1965, 1035; *Soergel/Hadding/Kießling* RdNr. 4; *Erman/Westermann* RdNr. 3; enger – wie hier – *Bamberger/Roth/Timm/Schöne* RdNr. 5 (generell nicht bei Gesellschafterkündigung; auch sonst im Zweifel nicht anzunehmen).

§ 736 18–20   Abschnitt 8. Titel 16. Gesellschaft

schluss des betroffenen Gesellschafters fortzusetzen.[20] Das Recht zur Fortsetzung ist in diesem Fall grundsätzlich durch **einstimmigen** Beschluss der übrigen Gesellschafter auszuüben (vgl. § 709 RdNr. 90 f. sowie Vor § 723 RdNr. 11). Aus Gründen der Treupflicht kann sich im Einzelfall eine Zustimmungspflicht der Mitgesellschafter ergeben (§ 737 RdNr. 13). Von dem auch ohne vertragliche Grundlage zulässigen Fortsetzungsbeschluss nach Auflösung der Gesellschaft (Vor § 723 RdNr. 11) unterscheidet sich der Beschluss dadurch, dass die Fortsetzung nicht mit allen Gesellschaftern erfolgt und es auf die Zustimmung des auszuschließenden Mitglieds nicht ankommt. Zum Wirksamwerden des Fortsetzungsbeschlusses vgl. § 737 RdNr. 14.

18   **2. Übernahmeklausel.** Sie kommt in erster Linie in einer Zweipersonengesellschaft in Betracht, ist hierauf aber nicht beschränkt (zur Problematik einer „Hinauskündigungs"-Klausel ohne wichtigen Grund als Sonderrecht eines Gesellschafters vgl. allerdings § 737 RdNr. 17 ff.). Ihre Ausgestaltung kann sich nach § 736 Abs. 1 richten mit der Folge automatischen Ausscheidens des Mitgesellschafters beim Eintritt des fraglichen Ereignisses (RdNr. 9; § 730 RdNr. 78). Die Rechtsfolge der Übernahmeklausel oder der Ausübung eines wirksam vereinbarten Übernahmerechts besteht im Ausscheiden der davon betroffenen Gesellschafter unter Vollbeendigung der Gesellschaft und Gesamtrechtsnachfolge des Übernehmers in das zu dessen Alleineigentum werdende Gesellschaftsvermögen. Näheres vgl. in § 730 RdNr. 81 ff.

19   **3. Eintrittsrecht.** In Verbindung mit einer Fortsetzungsklausel, aber auch unabhängig von ihr, kann der Gesellschaftsvertrag als **Vertrag zugunsten Dritter (§ 328)** ein Eintrittsrecht für bestimmte oder noch zu bestimmende Personen zu vertraglich näher festgelegten Bedingungen begründen. Ein solches Eintrittsrecht findet sich namentlich im Zusammenhang mit einer Fortsetzungsklausel auf den Tod eines Gesellschafters. Auf die Ausführungen hierzu (§ 727 RdNr. 53 ff.) wird verwiesen.

IV. Wirkungen der Fortsetzungsklausel

20   Mit dem Eintritt des Fortsetzungsgrundes scheidet der betroffene Gesellschafter aus der Gesellschaft aus, ohne dass es eines Gesellschafterbeschlusses oder einer Erklärung ihm gegenüber bedarf (RdNr. 8). Die Gesellschaft wird von den übrigen Gesellschaftern ohne ihn fortgesetzt. Die Rechtsfolgen des Ausscheidens bestimmen sich nach §§ 738 bis 740 (vgl. RdNr. 2; zur Haftung des Ausgeschiedenen für bestehende Gesellschaftsschulden vgl. nachfolgend RdNr. 21 ff.).

V. Begrenzte Nachhaftung des ausgeschiedenen Gesellschafters (Abs. 2)

§ 160 HGB [Haftung des ausscheidenden Gesellschafters; Fristen; Haftung als Kommanditist]

(1) [1] Scheidet ein Gesellschafter aus der Gesellschaft aus, so haftet er für ihre bis dahin begründeten Verbindlichkeiten, wenn sie vor Ablauf von fünf Jahren nach dem Ausscheiden fällig und daraus Ansprüche gegen ihn in einer in § 197 Abs. 1 Nr. 3 bis 5 des Bürgerlichen Gesetzbuchs bezeichneten Art festgestellt sind oder eine gerichtliche oder behördliche Vollstreckungshandlung vorgenommen oder beantragt wird; bei öffentlich-rechtlichen Verbindlichkeiten genügt der Erlass eines Verwaltungsakts. [2] Die Frist beginnt mit dem Ende des Tages, an dem das Ausscheiden in das Handelsregister des für den Sitz der Gesellschaft zuständigen Gerichts eingetragen wird. [3] Die für die Verjährung geltenden §§ 204, 206, 210, 211 und 212 Abs. 2 und 3 des Bürgerlichen Gesetzbuches sind entsprechend anzuwenden.

---

[20] BGH WM 1968, 697, 698.

(2) Einer Feststellung in einer in § 197 Abs. 1 Nr. 3 bis 5 des Bürgerlichen Gesetzbuchs bezeichneten Art bedarf es nicht, soweit der Gesellschafter den Anspruch schriftlich anerkannt hat.

(3) *Betr. Nachhaftung als Kommanditist (hier nicht abgedruckt).*

1. Die Neuregelung des § 160 HGB. Nach Abs. 2 finden die für die Personenhandelsgesellschaften geltenden Regelungen über die Begrenzung der Nachhaftung sinngemäße Anwendung auf die GbR. Damit verweist Abs. 2 auf die beim Ausscheiden aus OHG und KG eingreifende Vorschrift des § 160 nF HGB über die Begrenzung der Nachhaftung ausgeschiedener Gesellschafter auf fünf Jahre. Eine Verweisung auch auf die in § 159 HGB geregelte Sonderverjährung der Gesellschafterhaftung im Auflösungsfall ist im Recht der GbR nicht enthalten; diese Vorschrift findet auf Grund der insoweit bestehenden Regelungslücke jedoch analoge Anwendung (vgl. RdNr. 29). 21

Der **Normzweck des § 160 HGB** richtet sich darauf, den ausgeschiedenen (oder in die Kommanditistenstellung übergewechselten, § 160 Abs. 3 HGB) Gesellschafter einer OHG oder KG nach Ablauf von fünf Jahren von der Inanspruchnahme für Gesellschaftsverbindlichkeiten freizustellen.[21] Durch die in § 159 Abs. 1 aF HGB geregelte fünfjährige Sonderverjährung wurde dieses Ziel vor allem in denjenigen Fällen verfehlt, in denen vor dem Ausscheiden begründete sog. Altverbindlichkeiten erst zu einem späteren, ggf. lange Zeit nach Eintragung des Ausscheidens im Handelsregister liegenden Zeitpunkt fällig wurden; denn die Sonderverjährung begann insoweit entsprechend später zu laufen (vgl. § 159 Abs. 3 aF HGB). Das hatte vorbehaltlich höchstrichterlicher Korrekturversuche[22] vor allem für Verbindlichkeiten aus *Dauerschuldverhältnissen* der OHG oder KG mit fortlaufend neu entstehenden Einzelansprüchen die Gefahr einer „Endloshaftung" des Ausgeschiedenen zur Folge.[23] Durch die Neuregelung des Verjährungsrechts im Zuge der Schuldrechtsreform unter Verkürzung der regelmäßigen Verjährungsfrist des § 195 auf drei Jahre ist dieser spezifische Normzweck weder entfallen noch auch nur stark relativiert worden.[24] 22

Kern der Neuregelung des § 160 Abs. 1 HGB ist der Übergang von der Sonderverjährung zum **Haftungsausschluss** nach Ablauf der Fünfjahresfrist. Er erfasst sämtliche Ansprüche der Gesellschaftsgläubiger gegen den Ausgeschiedenen nach §§ 128, 130 HGB aus den vor seinem Ausscheiden begründeten Verbindlichkeiten der OHG oder KG, sofern sie vor Ablauf der Fünfjahresfrist nach Handelsregistereintragung des Ausscheidens aus der Gesellschaft fällig geworden und nicht iS von Abs. 1 S. 1 geltend gemacht worden sind. Für später fällig werdende Ansprüche scheidet eine Nachhaftung angesichts der Neuregelung von vornherein aus.[25] Die Regelung ist im Verhältnis zu den Gesellschaftsgläubigern *dispositiv;* sie steht weder einer Verlängerung noch einer Verkürzung der Enthaftungsfrist durch Vertrag zwischen Gläubiger und ausgeschiedenem Gesellschafter entgegen.[26] 23

Ausnahmen von der zeitlichen Begrenzung der Nachhaftung sieht § 160 **Abs. 1** nF HGB in **Satz 1** für diejenigen Ansprüche vor, die vor Fristablauf nicht nur fällig, sondern vom Gläubiger auch gegen den Ausgeschiedenen entweder nach Maßgabe des § 197 Abs. 1 Nr. 3 bis 5 festgestellt oder gerichtlich oder behördlich geltend gemacht worden 24

---

[21] Vgl. nur *Staub/Habersack* § 160 HGB RdNr. 1, 3.
[22] Vgl. BGHZ 70, 132, 136 = NJW 1978, 636 (zur Kündigungstheorie); BGHZ 87, 286, 291 ff. = NJW 1983, 2254; BGHZ 117, 168, 177 ff. = NJW 1992, 1615; BGH NJW 1983, 2940, 2943; 1985, 1899; BAG NJW 1983, 2283; WM 1990, 1466 (zur Enthaftungstheorie); zur Entwicklung der Rspr. näher *Ulmer/Wiesner* ZHR 144 (1980), 393, 402 ff.; *Lieb* ZGR 1985, 124 ff.; *Ulmer/Timmann* ZIP 1992, 1, 2 ff.
[23] Vgl. *Ulmer/Wiesner* ZHR 144 (1980), 393; *Ulmer* BB 1983, 1865; *K. Schmidt* DB 1990, 2357; *Lieb* GmbHR 1992, 561; *Kollbach* GmbHR 1994, 164; *Seibert* DB 1994, 461.
[24] So aber *Hofmeister* NZG 2002, 851, 853 f. unter Außerachtlassen der Haftungsfolgen aus Dauerschuldverhältnissen (vgl. dazu nur *Staub/Habersack* § 160 HGB RdNr. 1).
[25] Näher dazu *Staub/Habersack* § 160 HGB RdNr. 9 ff., 16 f., 35; *Baumbach/Hopt* § 160 HGB RdNr. 2 ff.
[26] HM unter Hinweis auf die Entstehungsgeschichte des § 160 nF HGB, vgl. *Baumbach/Hopt* § 160 HGB RdNr. 8; *K. Schmidt* GesR § 51 II 2 e; *Röhricht/v. Westphalen/v. Gerkan* § 160 HGB RdNr. 16; *Seibert* DB 1994, 461, 462; *Kollbach* GmbHR 1994, 164, 165; aA *Staub/Habersack* § 160 HGB RdNr. 7; *Leverenz* ZHR 160 (1996), 75 ff.

sind.[27] Eine Feststellung oder Geltendmachung nur gegenüber der Gesellschaft reicht nicht aus; sie lässt den Eintritt der Enthaftung beim Ausgeschiedenen unberührt.[28] Der Ablauf der Enthaftungsfrist ist nach § 160 Abs. 1 **Satz 3** HGB *gehemmt*, solange die in §§ 204, 206, 210 und 211 genannten Voraussetzungen einer (Ablauf-)Hemmung der Verjährungsfrist vorliegen. Ebenfalls nach Satz 3 haben Vollstreckungshandlungen des Gläubigers keinen Einfluss auf den Lauf der Enthaftungsfrist, wenn sie nach Maßgabe von § 212 Abs. 2 später aufgehoben werden oder der Vollstreckungsantrag nach § 212 Abs. 3 erfolglos ist.[29] – Eine Feststellung iS von § 197 Abs. 1 Nr. 3 bis 5 ist nach § 160 **Abs. 2** HGB entbehrlich, soweit der Ausgeschiedene den Anspruch *schriftlich anerkannt* hat; dadurch soll Rechtsstreitigkeiten in solchen Fällen entgegengewirkt werden, in denen die Gesellschaftsverbindlichkeit und die Haftung des Ausgeschiedenen außer Streit stehen.

25 Eine **vorzeitige Enthaftung** des Ausgeschiedenen durch Vertrag mit dem jeweiligen Gläubiger ist zulässig (vgl. RdNr. 23). Ohne eine solche Abrede bleibt es dagegen bei der Fünfjahresfrist. Die von der Rechtsprechung zur Abkürzung der Nachhaftung zunächst entwickelte sog. *Kündigungstheorie*[30] ist durch die Neuregelung überholt.[31]

26 **2. Die sinngemäße Geltung für die GbR.** Von der Frage des Fristbeginns abgesehen (dazu vgl. RdNr. 27), bereitet die sinngemäße Anwendung des § 160 HGB im Recht der (Außen-)GbR zur Begrenzung der Forthaftung des ausgeschiedenen GbR-Gesellschafters keine besonderen Schwierigkeiten; sie war vom BGH schon vor Inkrafttreten der Neuregelung bejaht worden.[32] Die Notwendigkeit der Gleichbehandlung ausgeschiedener GbR-Gesellschafter mit solchen einer OHG steht umso mehr außer Zweifel, nachdem die Rechtsprechung sich für die akzessorische Haftung der GbR-Gesellschafter analog § 128 HGB entschieden hat (§ 714 RdNr. 5 f.). Das Problem der Forthaftung nach dem Ausscheiden stellt sich daher in grundsätzlich ähnlicher Weise wie im Recht der Personenhandelsgesellschaften. Dem hat der Gesetzgeber durch Verweisung auf § 160 nF HGB in § 736 Abs. 2 Rechnung getragen. Für den Inhalt der Verweisung kann weitgehend auf die Ausführungen zu § 160 nF HGB (RdNr. 21 f.) verwiesen werden. Die Regelung gilt auch für den aus einer zweigliedrigen GbR Ausscheidenden unter Übergang des Gesellschaftsvermögens (Aktiva und Passiva) im Wege der Gesamtrechtsnachfolge auf den Letztverbleibenden.[33]

27 Probleme bereitet die Verweisung auf § 160 Abs. 1 HGB allerdings insoweit, als es um den **Beginn der Fünfjahresfrist** für die Nachhaftungsbegrenzung geht, da die in § 160 Abs. 1 S. 2 HGB in Bezug genommene Registereintragung des Ausscheidens im Recht der GbR keine Entsprechung findet. Geht man von der Informationsfunktion der Handelsregistereintragung gegenüber Gläubigern und Rechtsverkehr aus, so macht die sinngemäße Anwendung dieser Vorschrift die Anknüpfung an einen entsprechenden Publizitätsschritt bei der GbR erforderlich. Das Datum des Ausscheidens ist hierfür nicht geeignet.[34] Abzustellen ist vielmehr auf den Zeitpunkt, zu dem die jeweiligen *Gläubiger* vom Ausscheiden des Gesellschafters *Kenntnis erhalten*.[35] Um insoweit zu einem möglichst einheitlichen und überschauba-

---

[27] *Baumbach/Hopt* § 160 HGB RdNr. 3; zur Erstfassung von § 160 Abs. 1 S. 1 HGB (seither angepasst an die Schuldrechtsreform) näher *Staub/Habersack* § 160 HGB RdNr. 26 ff.

[28] Vgl. nur *Staub/Habersack* § 129 HGB RdNr. 15, § 160 HGB RdNr. 36.

[29] Zu diesen dem neuen Verjährungsrecht angepassten Gründen für die Hemmung oder den Neubeginn der Enthaftungsfrist vgl. *Maier-Reimer* DB 2002, 1818 ff.

[30] BGHZ 70, 132, 136 = NJW 1978, 636 im Anschluss an *Hueck* OHG § 29 II 4 Fn. 44.

[31] BGHZ 142, 324, 331 = NJW 2000, 208; *Soergel/Hadding/Kießling* RdNr. 22; *Bamberger/Roth/Timm/Schöne* RdNr. 12; so auch schon OLG Dresden ZIP 1996, 1868; *Staub/Habersack* § 160 HGB RdNr. 34 (ganz hM).

[32] BGHZ 117, 168, 175 ff. = NJW 1992, 1615.

[33] BGHZ 142, 324, 331 f. = NJW 2000, 208; *Siems/Maaß* WM 2000, 2328, 2330 f.; *Soergel/Hadding/Kießling* RdNr. 20.

[34] So aber *Jauernig/Stürner* §§ 738–740 RdNr. 2; *Groth*, Die analoge Anwendung von OHG-Recht auf BGB-Gesellschaften, 1994, S. 178 f.

[35] Ganz hM, vgl. BGH NZG 2007, 941, 942; *Soergel/Hadding/Kießling* RdNr. 23; *Erman/Westermann* RdNr. 8; *Bamberger/Roth/Timm/Schöne* RdNr. 15; *Palandt/Sprau* RdNr. 14; *Eckert* RdA 1994, 215, 222; *Hornung* Rpfleger 1994, 488, 491; *Nitsche* ZIP 1994, 1919, 1922 f.; *Reichhold* NJW 1994, 1617, 1621; *Seibert*

ren Fristenlauf zu kommen und dem Interesse des Ausgeschiedenen an rechtzeitiger Ingangsetzung der Fünfjahresfrist angemessen Rechnung zu tragen, sollte die GbR das Ausscheiden eines Gesellschafters den ihr bekannten Gläubigern alsbald durch *Rundschreiben* mitteilen.

VI. Sonderverjährung der Gesellschafterhaftung im Auflösungsfall

§ 159 HGB [Ansprüche gegen einen Gesellschafter]

(1) Die Ansprüche gegen einen Gesellschafter aus Verbindlichkeiten der Gesellschaft verjähren in fünf Jahren nach der Auflösung der Gesellschaft, sofern nicht der Anspruch gegen die Gesellschaft einer kürzeren Verjährung unterliegt.

(2) Die Verjährung beginnt mit dem Ende des Tages, an welchem die Auflösung der Gesellschaft in das Handelsregister des für den Sitz der Gesellschaft zuständigen Gerichts eingetragen wird.

(3) Wird der Anspruch des Gläubigers gegen die Gesellschaft erst nach der Eintragung fällig, so beginnt die Verjährung mit dem Zeitpunkte der Fälligkeit.

(4) Der Neubeginn der Verjährung und ihre Hemmung nach § 204 des Bürgerlichen Gesetzbuchs gegenüber der aufgelösten Gesellschaft wirken auch gegenüber den Gesellschaftern, die der Gesellschaft zur Zeit der Auflösung angehört haben.

Eine **Verweisung auf § 159 nF HGB** über die fünfjährige Sonderverjährung bei Auflösung von OHG und KG ist mit der Neuregelung des § 736 Abs. 2 **nicht** verbunden.[36] Das folgt nicht nur aus dem Wortlaut des Abs. 2 („zeitliche Begrenzung der Nachhaftung"), sondern auch und vor allem aus der systematischen Stellung des Abs. 2 im Kontext der das Ausscheiden eines Gesellschafters betreffenden Vorschriften der §§ 736 bis 740. Letztlich kommt der Frage jedoch keine entscheidende Bedeutung zu, da in Einklang mit der zum Recht der GbR entwickelten Rechtsprechung[37] und hL[38] betr. die Analogie zu § 159 aF HGB auch die neugefasste Vorschrift des § 159 HGB analoge Anwendung findet.[39]

Die Diskussion um die entsprechende Anwendung des § 159 aF HGB auf die GbR bezog sich zwar in erster Linie auf das *Ausscheiden* eines Gesellschafters und nicht auf die Auflösung einer Gesellschaft. Gegen eine unterschiedliche Behandlung beider Fälle spricht jedoch, dass die Haftungssituation der Gesellschafter bei ihrem Ausscheiden derjenigen bei Liquidation der Gesellschaft weitgehend vergleichbar ist. Gründe dafür, die Gesellschafter einer GbR bei Auflösung der Gesellschaft gegenüber Gesellschaftern einer OHG oder KG verjährungsrechtlich ungünstiger zu stellen, sind nicht ersichtlich. Weder die spezifischen Interessen der Gesellschaftsgläubiger noch die Tatsache, dass für die GbR nicht die Registereintragung der Gesellschaftsauflösung – wie in § 159 Abs. 2 HGB für OHG und KG vorgesehen – als maßgeblicher Zeitpunkt für den Beginn der Verjährung in Betracht kommt, rechtfertigt eine haftungsrechtliche Ungleichbehandlung zwischen Gesellschaftern einer aufgelösten OHG oder KG einerseits und einer GbR andererseits.[40] Durch höchstrichterliche Anerkennung

---

DB 1994, 461, 464; *K. Schmidt* ZIP 1994, 243, 244; *Hasenkamp* DB 2002, 2632, 2634; *Siems/Maaß* WM 2000, 2328, 2330; *Wertenbruch* NZG 2008, 216; so für die Rechtslage vor Inkrafttreten des § 736 Abs. 2 auch schon BGHZ 117, 168, 179 = NJW 1992, 1615.

[36] So auch *Seibert* DB 1994, 461, 463 f.; *Hornung* Rpfleger 1994, 488, 491; aA *Heymann/Sonnenschein/Weitemeyer* § 159 HGB nF RdNr. 1; wohl auch *K. Schmidt* ZIP 1994, 243, 244.

[37] Vgl. BGHZ 117, 168, 179 = NJW 1992, 1615 m. Anm. *Beuthien* JZ 1992, 1128 und die zweite Revision in derselben Sache BGH DStR 1994, 32 m. Anm. *Goette* (jeweils zur analogen Anwendung des § 159 aF HGB für den Fall des *Ausscheidens* eines GbR-Gesellschafters).

[38] *Wiedemann/Frey* DB 1989, 1809, 1811 ff.; *Heymann/Sonnenschein/Weitemeyer* § 159 aF HGB RdNr. 1; *Frey* ZIP 1992, 700; *Lieb* GmbHR 1992, 561, 568; *Ulmer*, FS Fischer, 1979, S. 785, 807.

[39] Ebenso *Erman/Westermann* RdNr. 9; *Soergel/Hadding/Kießling* RdNr. 20 und 730 RdNr. 21 ff.; *Bamberger/Roth/Timm/Schöne* RdNr. 20; *Staub/Habersack* § 159 HGB RdNr. 5; *Kapp* DB 1993, 869; *Seibert* DB 1994, 461, 464.

[40] Ebenso *Wiedemann/Frey* DB 1989, 1809, 1811 ff.; *Kapp* DB 1993, 869.

der akzessorischen Gesellschafterhaftung analog § 128 HGB im Recht der GbR haben sich die Gründe für eine Gleichbehandlung der verschiedenen Gesellschaftsformen weiter verstärkt. Die bestehende Regelungslücke ist daher durch **Analogie zu § 159 HGB** zu schließen. Damit verjähren Ansprüche gegen einen Gesellschafter aus Verbindlichkeiten der GbR in fünf Jahren nach der Auflösung der Gesellschaft, sofern nicht der Anspruch gegen die Gesellschaft einer kürzeren Verjährung unterliegt.

30   Was den **Beginn der Fünfjahresfrist** für die Nachhaftungsbegrenzung anbelangt, ist mangels Registerfähigkeit der GbR ebenso wie im Fall des Ausscheidens eines Gesellschafters (§ 160 Abs. 1 S. 2 HGB; vgl. RdNr. 27) nicht auf den in § 159 Abs. 2 HGB bestimmten Tag abzustellen, an dem die Auflösung der Gesellschaft in das Handelsregister eingetragen wird, sondern auf den Zeitpunkt, zu dem die jeweiligen Gläubiger von der Auflösung der Gesellschaft *Kenntnis erhalten*.

§ 737 Ausschluss eines Gesellschafters

¹ Ist im Gesellschaftsvertrag bestimmt, dass, wenn ein Gesellschafter kündigt, die Gesellschaft unter den übrigen Gesellschaftern fortbestehen soll, so kann ein Gesellschafter, in dessen Person ein die übrigen Gesellschafter nach § 723 Abs. 1 Satz 2 zur Kündigung berechtigender Umstand eintritt, aus der Gesellschaft ausgeschlossen werden. ² Das Ausschließungsrecht steht den übrigen Gesellschaftern gemeinschaftlich zu. ³ Die Ausschließung erfolgt durch Erklärung gegenüber dem auszuschließenden Gesellschafter.

Übersicht

	RdNr.		RdNr.
I. Allgemeines	1–6	**III. Ausschlussverfahren**	14, 15
1. Regelungsinhalt und Normzweck	1–3	1. Mitteilung an den Betroffenen (S. 3)	14
2. Anwendungsbereich	4, 5	2. Rechtliches Gehör?	15
3. Übernahme statt Ausschluss	6	**IV. Abweichende Vereinbarungen**	16–22
II. Voraussetzungen des Ausschlusses	7–13	1. Grundsatz	16
1. Fortsetzungsklausel	7	2. Ausschluss ohne sachlichen Grund (Hinauskündigungsrecht)?	17–22
2. Wichtiger Grund	8–12	a) Meinungsstand	17, 18
a) Begriff	8	b) Stellungnahme	19
b) Verhältnis zu § 723 Abs. 1 S. 2	9	c) Sachlich gerechtfertigte Gründe	20
c) Im Abwicklungsstadium	10, 11	d) Anteilsschenkung unter Widerrufsvorbehalt	21, 22
d) Gerichtliche Nachprüfung	12		
3. Beschluss der Gesellschafter	13		

I. Allgemeines

1   **1. Regelungsinhalt und Normzweck.** § 737 befasst sich mit dem gesellschaftsvertraglichen Recht der Mitgesellschafter, beim Vorliegen eines wichtigen Grundes in der Person eines Gesellschafters anstelle der außerordentlichen Kündigung (§ 723 Abs. 1 S. 2) den **Störer aus der Gesellschaft auszuschließen.** Im Unterschied zu § 140 HGB bedarf es dazu keiner Gestaltungsklage; der Ausschluss erfolgt vielmehr auf Grund eines dem betroffenen Gesellschafter mitzuteilenden, grundsätzlich einstimmigen Beschlusses der übrigen Gesellschafter (RdNr. 13).

2   Weitere Voraussetzung ist abweichend von § 140 HGB das *Vorhandensein einer Fortsetzungsklausel* (§ 736 Abs. 1) im Gesellschaftsvertrag. Diese wird vom Gesetzgeber zu Recht als Ausdruck des Gesellschafterwillens gewertet, den Bestand der Gesellschaft auch bei Veränderungen in der Zusammensetzung der Mitglieder aufrechtzuerhalten (§ 736 RdNr. 5). § 737 ist daher als eine Art gesetzlicher **Auslegungsregel** zu verstehen, wonach die vertragliche Fortsetzungsklausel mangels gegenteiliger Vereinbarung den Mitgesellschaftern auch das Recht zum Ausschluss des Störers geben soll, anstatt sie selbst der Gefahr des

einseitigen Ausscheidens auszusetzen, wenn sie wegen wichtigen Grundes in der Person des Störers von ihrem Kündigungsrecht Gebrauch machen.[1]

Lässt man das Erfordernis einer Fortsetzungsklausel sowie die Durchsetzung des Ausschlusses durch einen dem Auszuschließenden mitzuteilenden Gesellschafterbeschluss anstelle einer Gestaltungsklage außer Betracht, so zeigen sich zahlreiche **Parallelen zwischen § 737 BGB und § 140 HGB**.[2] Das gilt etwa für den Begriff des wichtigen Grundes, für das Verhältnis von Ausschluss und Auflösung sowie für die Notwendigkeit eines einheitlichen Vorgehens der Mitgesellschafter einschließlich der aus der Treupflicht folgenden Verpflichtung widersprechender Mitgesellschafter, je nach Lage des Falles dem Ausschließungsbeschluss zuzustimmen. Insoweit und wegen zahlreicher damit zusammenhängender Einzelfragen kann auf Rechtsprechung und Literatur zu § 140 HGB verwiesen werden; sie haben sich entsprechend der größeren Bedeutung des Ausschlussrechts in OHG und KG wesentlich eingehender als die Diskussion im Recht der GbR mit den auch für § 737 relevanten Problemen beschäftigt.[3]

2. Anwendungsbereich. Die Vorschrift gilt – als Auslegungsregel (RdNr. 2) – nicht schon kraft dispositiven Rechts, sondern setzt für ihr Eingreifen eine entsprechende **vertragliche Grundlage**, die Fortsetzungsklausel für den Kündigungsfall (RdNr. 7), voraus. Damit beschränkt sie sich auf diejenigen Gesellschaften, bei denen der Gesellschaftsvertrag ein *Bestandsinteresse der Gesellschafter* erkennen lässt. Ihnen sind im Zweifel solche Gesellschaften bürgerlichen Rechts gleichzustellen, die als Handelsgesellschaften gegründet waren und durch Rückgang des Geschäftsbetriebs oder Änderung des Gesellschaftszwecks zur GbR geworden sind (zur entsprechenden Lage beim Übernahmerecht vgl. § 730 RdNr. 70).

Auf **Innengesellschaften** ohne Gesamthandsvermögen soll, auch wenn eine Fortsetzungsklausel im Gesellschaftsvertrag vorgesehen ist, die Vorschrift des § 737 nach mehrfach vertretener Ansicht unanwendbar sein.[4] Dem kann in dieser Allgemeinheit nicht gefolgt werden. Zwar ist es richtig, dass insoweit mangels Gesamthandsvermögens eine Anwachsung nach § 738 Abs. 1 S. 1 als Rechtsfolge des Ausschlusses nicht in Betracht kommt und dass der Außengesellschafter das Recht zur alleinigen Fortführung des Unternehmens auch dadurch erlangt, dass er die Gesellschaft aus wichtigem Grund kündigt und die störenden Mitgesellschafter abfindet.[5] Das schließt bei einer *mehrgliedrigen* Innengesellschaft mit Fortsetzungsklausel ein berechtigtes Interesse der Mitgesellschafter aber nicht aus, die Gesellschaft ohne den Störer fortzusetzen.[6] Nur wenn der wichtige Grund in der Person des Außengesellschafters eintritt, wird im Regelfall eine Fortsetzung ohne ihn nicht in Betracht kommen.

3. Übernahme statt Ausschluss. Besteht die Gesellschaft nur aus **zwei** Personen, so ist der Ausschluss eines Gesellschafters unter Fortbestand der Gesellschaft nicht möglich; § 737 ist nicht unmittelbar anwendbar. Dem Mitgesellschafter steht jedoch in analoger Anwendung von § 737 ein durch einseitige Erklärung auszuübendes Übernahmerecht gegenüber dem Störer zu, wenn der Gesellschaftsvertrag für den Fall der Kündigung eine Übernahme- oder Fortsetzungsklausel enthält.[7] Entsprechendes gilt für den Gesellschafter einer **mehrgliedrigen** Gesellschaft, wenn ausnahmsweise in der Person *sämtlicher* Mitgesellschafter ein wichtiger, zum Ausschluss berechtigender Grund gegeben ist.[8] Auch in diesem Fall genügt die

---

[1] Zu der in diese Richtung weisenden Entstehungsgeschichte von § 737 vgl. *Rimmelspacher* AcP 173 (1973), 1, 7.
[2] Dazu auch *Wiedemann* GesR II § 5 I 3, S. 401 f.
[3] Vgl. namentlich *Hueck* OHG § 29 I 2, S. 434 ff. sowie die Kommentierung zu § 140 HGB von MünchKommHGB/*K. Schmidt* und von Staub/*C. Schäfer* HGB.
[4] Palandt/*Sprau* RdNr. 1; so auch OLG Bamberg NZG 1998, 897.
[5] So noch RGRK/*v. Gamm* RdNr. 3; vgl. auch § 730 RdNr. 13.
[6] So auch Soergel/*Hadding/Kießling* RdNr. 2; Erman/*Westermann* RdNr. 2; Bamberger/*Roth/Timm/Schöne* RdNr. 3.
[7] OLG Hamm ZIP 1999, 1484; OLG Frankfurt NZG 2006, 382, 383; vgl. auch § 730 RdNr. 68 f.
[8] So auch Erman/*Westermann* RdNr. 8; Bamberger/*Roth/Timm/Schöne* RdNr. 3; *Rimmelspacher* AcP 173 (1973), 1, 6, 17 f.; *Kulka*, Die gleichzeitige Ausschließung mehrerer Gesellschafter aus Personengesellschaften

einseitige Erklärung des Übernehmers gegenüber allen Mitgesellschaftern; einer Beschlussfassung über den jeweiligen Ausschluss durch die nicht unmittelbar betroffenen Mitgesellschafter bedarf es wegen des auch ihnen gegenüber erklärten Ausschlusses nicht, wenn sich dieser als begründet erweist.[9] Darauf, in welchem Umfang der Übernehmer bisher an der Gesellschaft beteiligt war, kommt es für die Anerkennung des Übernahmerechts nicht an;[10] allerdings kann dieser Umstand bei der Beurteilung des wichtigen Grundes Bedeutung erlangen.

II. Voraussetzungen des Ausschlusses

7 **1. Fortsetzungsklausel.** § 737 greift nur ein, wenn der Gesellschaftsvertrag eine Fortsetzungsklausel enthält (RdNr. 4). Nach Satz 1 der Vorschrift muss die Klausel sich auf den Kündigungsfall beziehen. Damit soll auf das in der Klausel zum Ausdruck kommende Bestandsinteresse der Gesellschafter abgestellt werden; ihr ist daher eine generell gehaltene oder auf sonstige wesentliche personelle Veränderungen bezogene Fortsetzungsvereinbarung als Grundlage für das gesetzliche Ausschlussrecht gleichzustellen.[11] Auch bei einer zweigliedrigen Gesellschaft bedarf es einer Fortsetzungs- oder Übernahmeklausel (RdNr. 6).[12]

8 **2. Wichtiger Grund. a) Begriff.** Zum Begriff des wichtigen Grundes in der Person eines Gesellschafters und zu den hierfür maßgeblichen Umständen vgl. § 723 RdNr. 28 ff. sowie die Erl. zu § 140 HGB. Es muss sich um solche Umstände in der Person eines Gesellschafters handeln, die die Fortsetzung der Gesellschaft mit ihm für die Mitgesellschafter **unzumutbar** machen. Verschulden des Störers wird zwar häufig vorliegen, ist aber nicht erforderlich; auch objektive Gründe reichen bei entsprechender Schwere für die Annahme eines wichtigen Grundes aus (§ 723 RdNr. 33). Maßgebend ist eine *Würdigung der Gesamtumstände* des Einzelfalls, bei der auch das Verhalten der Mitgesellschafter zu berücksichtigen ist.[13] Hat sich auch einer von ihnen oder haben sich gar sämtliche Mitgesellschafter ihrerseits pflichtwidrig verhalten, so ist ein Ausschluss in aller Regel nur möglich, wenn das Verschulden des Auszuschließenden überwiegt.[14] Andernfalls bleibt nur die Kündigung aus wichtigem Grund.

9 **b) Verhältnis zu § 723 Abs. 1 S. 2.** Der Ausschluss ist ebenso wie die Kündigung aus wichtigem Grund das **äußerste Mittel** (§ 723 RdNr. 29). Es kommt nur dann in Betracht, wenn nicht durch mildere Mittel wie etwa die Entziehung von Geschäftsführungsbefugnis und Vertretungsmacht (§§ 712, 715) Abhilfe geschaffen werden kann.[15] Nicht zu folgen ist allerdings (vorbehaltlich der Konstellation in RdNr. 8 aE) der verbreiteten Ansicht, dass an den Ausschluss schärfere Anforderungen zu stellen seien als an die Kündigung aus wichtigem Grund, da sie auf eine Schlechterstellung des Auszuschließenden

---

und GmbH, 1983, S. 210 ff.; ebenso die ganz hM zu § 142 aF HGB, vgl. OLG Stuttgart DB 1961, 1644; *Hueck* OHG § 30 I 3, S. 466 f.; *Schlegelberger/K. Schmidt* § 142 HGB RdNr. 16; GroßkommHGB/*Ulmer* 3. Aufl. § 142 RdNr. 9; aA noch *Cahn* ZBlHR 1927, 271 ff.

[9] HM zur Ausschlussklage nach § 140 HGB, vgl. BGHZ 64, 253, 255 = NJW 1975, 410; BGHZ 68, 81, 84 = NJW 1977, 1013; *Hueck* OHG § 29 I 2 c, S. 444; *Baumbach/Hopt* § 140 HGB RdNr. 19; Staub/C. Schäfer § 140 HGB RdNr. 20, 38 ff.; zu § 737 auch *Bamberger/Roth/Timm/Schöne* RdNr. 18; aA für den Ausschließungsbeschluss *v. Stetten* GmbHR 1982, 105, 107. Vgl. auch RdNr. 13.

[10] So aber *v. Stetten* GmbHR 1982, 105, 107, der das Übernahmerecht bei einer Minderheitsbeteiligung von weniger als 25 % verneint.

[11] Ebenso *Grunewald,* Der Ausschluss aus Gesellschaft und Verein, 1987, S. 32 f.; *Bamberger/Roth/Timm/Schöne* RdNr. 4; *Soergel/Hadding/Kießling* RdNr. 3 f.; *Staudinger/Habermeier* RdNr. 8.

[12] So zutr. auch LG München I NZG 1998, 837.

[13] Vgl. etwa BGH NZG 2005, 843, 845; eingehend auch *Wiedemann* GesR II § 5 I 3 c, S. 405 f.

[14] So auch BGH DB 2003, 1214. Für erhebliches Überwiegen aber *Hueck* OHG § 29 I 2 c β; MünchKommHGB/*K. Schmidt* § 140 RdNr. 30; näher dazu *Staub/C. Schäfer* § 140 HGB RdNr. 11; wie hier auch *Lindacher* BB 1974, 1610, 1612; aus der Rspr. zu § 723 Abs. 1 S. 2 vgl. BGH WM 1996, 1452, 1453.

[15] Nachweise zu § 140 HGB bei *Staub/C. Schäfer* § 140 HGB RdNr. 16; vgl. auch den Überblick bei *Kilian* WM 2006, 1567, 1578.

hinauslaufe.[16] Diese These beruht auf einer sachwidrigen Vermischung von Ausschlussgrund und Ausschlussfolgen. Durch den Ausschluss soll die ungestörte Fortsetzung der Gesellschaft zwischen den übrigen Gesellschaftern ermöglicht, nicht aber der Störer finanziell benachteiligt werden.[17] Ihm steht nach gesetzlicher Regel der volle Wert seines Anteils auf der Basis nicht der Liquidations-, sondern der Fortsetzungswerte zu (§ 738 RdNr. 32); durch die Auflösung der Gesellschaft anstelle des Ausschlusses würde er daher im Grundsatz nicht besser, sondern möglicherweise sogar schlechter gestellt. Anderes gilt zwar dann, wenn – wie häufig – der Abfindungsanspruch vertraglich auf den Buchwert oder auf einen sonstigen unter dem Anteilswert liegenden Betrag beschränkt ist. Zu Recht hat die Rechtsprechung hierzu jedoch den Grundsatz aufgestellt, dass die fehlende Angemessenheit derartiger Abfindungsregelungen nicht die Wirksamkeit des Ausschlusses berührt, sondern nur dazu führen kann, dem Ausgeschiedenen einen Anspruch auf eine angemessene Abfindung zu gewähren (§ 738 RdNr. 74 f.).

c) Im Abwicklungsstadium. Die früher hM ließ einen Ausschluss aus wichtigem **10** Grund bei Vorliegen der Voraussetzungen des § 737 unbeschränkt auch noch im Abwicklungsstadium zu.[18] Dem ist mit der Einschränkung zu folgen, dass für die Beurteilung des wichtigen Grundes dem Eintritt der Auflösung und dem dadurch geänderten Gesellschaftszweck Rechnung getragen werden muss.[19] Grundsätzlich kommt ein Ausschluss im Abwicklungsstadium daher nur *ausnahmsweise* und zwar dann in Betracht, wenn die Umstände in der Person des Störers von solchem Gewicht sind, dass sie die nach §§ 730 bis 735 bzw. nach dem Gesellschaftsvertrag vorgesehene Auseinandersetzung unter seiner Beteiligung für die Mitgesellschafter unzumutbar machen oder ihre sachgemäße Durchführung schwerwiegend gefährden. Das wird nur in seltenen Ausnahmefällen zu bejahen sein.[20]

Anderes gilt dann, wenn die übrigen Gesellschafter bereit und in der Lage sind, die **11** Gesellschaft *fortzusetzen,* hieran aber aus Gründen in der Person des Störers gehindert werden; insoweit ist ein Ausschluss nach den gleichen Maßstäben wie in einer werbenden Gesellschaft möglich. Die bloße Weigerung, einem von den übrigen Gesellschaftern gewünschten Fortsetzungsbeschluss zuzustimmen, stellt als legitimes Gebrauchmachen von Gesellschafterrechten freilich keinen Ausschlussgrund dar.

d) Gerichtliche Nachprüfung. Das Vorliegen eines wichtigen Ausschlussgrundes unter- **12** liegt in vollem Umfang der gerichtlichen Nachprüfung.[21] Der vom Ausschluss Betroffene kann, vorbehaltlich des Eingreifens der Grundsätze über die fehlerhafte Gesellschaft bei vollzogenem Ausschluss (§ 705 RdNr. 360, 370), **Feststellungsklage** gegen die übrigen Gesellschafter auf Fortbestand seiner Gesellschafterstellung erheben.[22] Führt sie zu dem Ergebnis, dass die Ausschlussvoraussetzungen nicht vorlagen und der Kläger noch immer Gesellschafter ist, so können ihm wegen zwischenzeitlicher Verweigerung der Gesellschafterrechte je nach Lage des Falles Schadensersatzansprüche gegen die Mitgesellschafter zustehen.[23] Zur Nachprüfung des wichtigen Grundes in der Revisionsinstanz vgl. § 723 RdNr. 36 f.

---

[16] So noch BGHZ 4, 108, 110 = NJW 1952, 461; BGH WM 1961, 32, 33; RGZ 146, 169, 179; *Palandt/Sprau* RdNr. 2; *Hueck* OHG § 29 I 2 c ß; wie hier dagegen BGH NZG 2003, 625, 626; MünchKommHGB/*K. Schmidt* § 140 RdNr. 13; *Soergel/Hadding/Kießling* RdNr. 7; auf die Umstände des Einzelfalls abstellend *Erman/Westermann* RdNr. 3.
[17] *Staub/C. Schäfer* § 140 RdNr. 15.
[18] BGHZ 1, 324, 331 = NJW 1951, 650; BGH WM 1961, 32; *Palandt/Sprau* RdNr. 1; RGRK/*v. Gamm* RdNr. 1; wN, auch zur abw. früheren RG-Rspr., bei GroßkommHGB/*Ulmer,* 3. Aufl. 1973, § 140 RdNr. 25.
[19] Ebenso *Hueck* OHG § 29 I 2 c; *Staub/C. Schäfer* § 140 HGB RdNr. 30 f.; *Erman/Westermann* § 736 RdNr. 3; *Soergel/Hadding/Kießling* RdNr. 9; *Staudinger/Habermeier* RdNr. 4; *Bamberger/Roth/Timm/Schöne* RdNr. 12.
[20] BGHZ 1, 324, 332 = NJW 1951, 650; OGHZ 3, 203, 217.
[21] EinhM, vgl. BGHZ 13, 5, 10 = NJW 1954, 833; BGHZ 31, 295, 299 = NJW 1960, 625; *Soergel/Hadding/Kießling* RdNr. 15; *Erman/Westermann* RdNr. 5; speziell zum einstweiligen Rechtsschutz gegen den Ausschließungsbeschluss vgl. *Kiethe* NZG 2004, 114.
[22] BGH NJW-RR 1992, 227.
[23] BGHZ 31, 295, 302 = NJW 1960, 625; vgl. auch OLG Düsseldorf WM 1983, 1320, 1321 (keine Schadensersatzpflicht derjenigen Mitgesellschafter, die nicht für den Ausschluss gestimmt haben).

13 **3. Beschluss der Gesellschafter.** Nach § 737 S. 2 steht das Ausschlussrecht den übrigen Gesellschaftern gemeinschaftlich zu. Es ist durch einstimmigen Beschluss auszuüben;[24] der Auszuschließende hat kein Stimmrecht.[25] Im Gesellschaftsvertrag können Abweichungen vereinbart, insbesondere eine Mehrheitsentscheidung für diesen Fall zugelassen[26] oder einem Mitgesellschafter ein einseitiges Gestaltungsrecht zur „Hinauskündigung" des Störers eingeräumt werden. Die von der Rechtsprechung zu § 140 HGB anerkannten Grundsätze, wonach in besonders gelagerten Fällen aus Gründen der Treupflicht eine Mitwirkungs- bzw. **Zustimmungspflicht** der Mitgesellschafter anzuerkennen sein kann,[27] wenn der Ausschluss im gemeinsamen Interesse geboten und dem Ablehnenden zumutbar ist, gelten auch für den Beschluss nach § 737.[28] Zur Frage des „rechtlichen Gehörs" des Auszuschließenden vgl. RdNr. 15, zur Zulässigkeit eines automatischen Ausschlusses bei Eintritt bestimmter Gründe RdNr. 16.

III. Ausschlussverfahren

14 **1. Mitteilung an den Betroffenen (S. 3).** Nach § 737 S. 3 wird der Ausschließungsbeschluss erst **wirksam,** wenn er dem auszuschließenden Gesellschafter zugeht. Eine Erklärung durch sämtliche Gesellschafter ist nicht erforderlich. Es genügt die Mitteilung durch einen Gesellschafter, nicht notwendig einen Geschäftsführer. Der Mitteilende bedarf auch keiner Bevollmächtigung durch die übrigen Gesellschafter, sofern nur der Ausschließungsbeschluss als solcher ohne Einschränkung gefasst ist. War der Betroffene bei der Beschlussfassung selbst anwesend und hat er dabei das Ergebnis der Abstimmung erfahren, so entfällt die Notwendigkeit einer besonderen Erklärung. Der vom Ausschluss betroffene Gesellschafter kann auch die Mitteilung des Ausschließungsgrundes verlangen;[29] die Wirksamkeit des Ausschlusses hängt hiervon jedoch nicht ab.

15 **2. Rechtliches Gehör?** Nach Ansicht eines Teils der Literatur ist es für den rechtlichen Bestand des Ausschließungsbeschlusses erforderlich, dass dem Betroffenen zuvor „rechtliches Gehör" gewährt, dh. er zu den gegen ihn erhobenen Vorwürfen angehört worden ist.[30] Dabei handelt es sich um ein im Vereinsrecht entwickeltes, der Vereinsautonomie und den Besonderheiten der richterlichen Nachprüfung von Vereinsmaßnahmen Rechnung tragendes Erfordernis.[31] Für das Gesellschaftsrecht ist diesen Ansichten **nicht** zu folgen. Die Übernahme derartiger, das Zusammenwirken einer Vielzahl untereinander nicht näher verbundener Personen und ihre Rechtsstellung regelnder allgemeiner Grundsätze eignet sich nicht für die besonderen Verhältnisse in der typischen Personengesellschaft, ganz abgesehen davon, dass hierfür schon angesichts der unbeschränkten richterlichen Nachprüfung des Ausschließungsbeschlusses (RdNr. 12) ein Bedürfnis nicht besteht.[32] Die Nichtanhörung kann jedoch je nach Lage des Falls zu einem Schadensersatzanspruch des Betroffenen wegen Treupflichtverletzung führen.[33]

---

[24] Vgl. *Wiedemann* GesR II § 5 I 3, S. 409 f.; bei ursprünglich mehrgliedriger GbR genügt stattdessen die Gestaltungserklärung des einzigen Mitgesellschafters (OLG Hamm ZIP 1999, 1484).
[25] *Staudinger/Habermeier* RdNr. 10; *Bamberger/Roth/Timm/Schöne* RdNr. 16; das gilt auch bei einer Mehrheit von Auszuschließenden, vgl. BGHZ 97, 28, 34 = NJW 1986, 2694 (betr. Geltendmachung von Ersatzansprüchen in der GmbH).
[26] Näher *Staub/C. Schäfer* § 140 HGB RdNr. 57; enger *Wiedemann* GesR II § 5 I 3, S. 411, der für das Erfordernis einer qualifizierten Mehrheit plädiert; vgl. auch *Mayer* BB 1992, 1497, 1499.
[27] BGHZ 64, 253, 257 f. = NJW 1975, 1410; BGHZ 68, 81, 82 = NJW 1977, 1013; vgl. auch § 705 RdNr. 232 f.
[28] Ebenso *Erman/Westermann* RdNr. 4; *Soergel/Hadding/Kießling* RdNr. 11; *Bamberger/Roth/Timm/Schöne* RdNr. 15; *Mayer* BB 1992, 1497, 1498.
[29] BayObLGZ 9 (1909), 179, 185 (Ausschluss aus nichtrechtsfähigem Verein); *Soergel/Hadding/Kießling* RdNr. 12; *Bamberger/Roth/Timm/Schöne* RdNr. 17.
[30] *Palandt/Sprau* RdNr. 3; *Wiedemann* GesR II § 5 I 3, S. 411; OLG Frankfurt NZG 1999, 993; tendenziell auch *Erman/Westermann* RdNr. 5; aA *Hueck* OHG § 29 Fn. 10; *Soergel/Hadding/Kießling* RdNr. 13; *Bamberger/Roth/Timm/Schöne* RdNr. 16; *Staudinger/Habermeier* RdNr. 10.
[31] Vgl. § 25 RdNr. 48 mN in Fn. 158.
[32] So auch *Hueck* OHG § 29 Fn. 10.
[33] Vgl. *Soergel/Hadding/Kießling* RdNr. 13 und *Erman/Westermann* RdNr. 5.

IV. Abweichende Vereinbarungen

1. Grundsatz. Die Vorschrift des § 737 ist jedenfalls in Bezug auf S. 1 und 2 **dispositiv.** 16
Das folgt schon daraus, dass sie nur bei entsprechender Vertragsgestaltung anwendbar ist (RdNr. 4). Die Gesellschafter sind daher einerseits trotz vertraglicher Aufnahme einer Fortsetzungsklausel nicht gehindert, durch deren Fassung oder auf sonstige Weise klarzustellen, dass ein Recht zum Ausschluss aus wichtigem Grund im Verhältnis zwischen ihnen nicht bestehen soll. Sie können andererseits – vorbehaltlich des Ausschlusses ohne Grund (RdNr. 17 ff.) – den Ausschluss auch auf sonstige Gründe stützen[34] oder vorsehen, dass der Eintritt bestimmter Gründe zum automatischen Ausscheiden des Betroffenen führen soll.[35] Weitere Abweichungen können sich auf den Begriff des wichtigen Grundes (dazu vgl. § 723 RdNr. 75) oder auf den Ausschließungsbeschluss und die hierfür erforderlichen Mehrheiten beziehen (RdNr. 13).

2. Ausschluss ohne sachlichen Grund (Hinauskündigungsrecht)? a) Meinungsstand. Vereinbarungen hierüber wurden in früherer Zeit ohne weiteres als zulässig angesehen.[36] Grenzen zum Schutz betroffener Gesellschafter sollten nur bei der jeweiligen *Ausübung* des Ausschlussrechts unter dem Gesichtspunkt unzulässiger Rechtsausübung in Betracht kommen.[37] Dem ist der **BGH seit der 2. Hälfte der 1970er Jahre** mehrfach entgegengetreten.[38] Neben einer unzweideutigen Regelung über den Verzicht auf einen wichtigen Grund im Gesellschaftsvertrag fordert er für die Wirksamkeit einer solchen Vereinbarung, dass für sie wegen der damit verbundenen Einschränkung der wirtschaftlichen und persönlichen Freiheit der von dem Ausschlussrecht bedrohten Mitgesellschafter **sachlich gerechtfertigte Gründe** bestehen (RdNr. 20). Fehlt es hieran, so soll die Ausschlussklausel wegen der mit ihr verbundenen erheblichen Beeinträchtigung der Entschließungsfreiheit der betroffenen Gesellschafter nach § 138 grundsätzlich nichtig sein;[39] jedoch komme bei teilbarem Inhalt ihre Aufrechterhaltung entsprechend § 139 in ihrem angemessenen Teil in Betracht.[40] Auch in seiner jüngeren, seit 2004 überwiegend zum GmbH-Recht ergangenen Rechtsprechung hält der BGH zwar an dieser Auffassung fest, relativiert sie jedoch durch eine immer großzügigere Anerkennung sachlich gerechtfertigter Gründe, welche einen grundlosen jederzeitigen Ausschluss sollen rechtfertigen können.[41] Hierbei gerät offenbar der ursprünglich gewählte institutionelle Begründungsansatz,[42] dass nämlich der Gesellschafter im Interesse des Verbands als solchem nicht durch das „Damoklesschwert" der Hinauskündigung von der effektiven Wahrnehmung seiner Gesellschafterrechte abge-

---

[34] Vgl. RdNr. 20 betr. sachlich gerechtfertigte Ausschlussgründe. *Gegen* die Zulässigkeit eines Rechts zum Ausschluss bei verweigerter Zustimmung zur Umwandlung einer KG in eine Kapitalgesellschaft (wegen Unvereinbarkeit mit §§ 202, 207 UmwG) aber OLG Karlsruhe ZIP 2003, 78, 79 (dazu mit Recht krit. *Kowalski/Dörrbecker* EWiR § 207 UmwG 1/03, 181).

[35] So BGH ZIP 2003, 843, 844 f. betr. das automatische Ausscheiden aus einer von Wohnungseigentümern gebildeten GbR bei Veräußerung der Eigentumswohnung.

[36] BGHZ 34, 80, 83 = NJW 1961, 504; BGH NJW 1973, 1606; WM 1962, 462, 463; *Soergel/Schultze-v. Lasaulx*, 10. Aufl. 1969, RdNr. 5; RGRK/*v. Gamm* RdNr. 9; *Schlegelberger/Geßler*, 4. Aufl. 1960, § 140 HGB Anm. 19.

[37] Vgl. BGH NJW 1973, 1606 und die Lit.-Nachweise in Fn. 36.

[38] BGHZ 68, 212, 215 = NJW 1977, 1292; BGHZ 81, 263, 266 ff. = NJW 1981, 2565; BGHZ 105, 213, 216 f. = NJW 1989, 834; BGHZ 107, 351, 353 = NJW 1989, 2681; BGH NJW 1985, 2421, 2422; so auch für ein Recht zum Ausschluss ohne Grund aus einer Publikums-KG BGHZ 84, 11, 14 = NJW 1982, 2303; BGHZ 104, 50, 57 f. = NJW 1988, 1903; für atypische stille Gesellschaft BGHZ 125, 74, 79 f. = NJW 1994, 1156; für GmbH BGHZ 112, 103, 108 = NJW 1990, 2622. Anders noch BGH NJW 1973, 1606; RG ZAkDR 1938, 318.

[39] So die st. BGH-Rspr. seit NJW 1985, 2421, 2422 (vgl. Fn. 38).

[40] BGHZ 105, 213, 220 f. = NJW 1989, 834; BGHZ 107, 351, 355 ff. = NJW 1989, 2681; zust. *Behr* ZGR 1990, 370, 386 ff.

[41] BGHZ 164, 98 = NJW 2005, 3641; BGHZ 164, 107 = NJW 2005, 3644 (dazu *Peltzer* ZGR 2006, 702; *Drinkuth* NJW 2006, 410; *Böttcher* NZG 2005, 992; *Werner* WM 2006, 213); BGH NJW 2004, 2013 (dazu *Grunewald* DStR 2004, 1750); ZIP 2005, 706; WM 2007, 1270. Zur Rechtsprechungsentwicklung s. auch *Gehrlein* NJW 2005, 1969.

[42] Dazu etwa auch *Wiedemann* GesR II § 5 I 3, S. 408.

halten werde dürfe,[43] zunehmend in Vergessenheit. Nunmehr fragt der Senat vor allem danach, ob die Rechtsposition des betroffenen Gesellschafters mangels besonderer Schutzwürdigkeit dessen grundlose Hinauskündigung rechtfertigen könne, und hat dies bejaht, soweit die Hinauskündigung eine – zeitlich begrenzte – Probezeit[44] oder ein sog. „Managerbeteiligungsmodell" absichern soll,[45] die Gesellschafterstellung durch einen Kooperationsvertrag überlagert wird,[46] ja der Sache nach selbst dann, wenn die Gesellschafterstellung vererbt wurde[47] (vgl. noch RdNr. 20).

18 In der **Literatur** ist die „klassische" Linie der Rechtsprechung vielfach auf Widerspruch gestoßen,[48] während die Lockerungstendenzen seit 2004 begrüßt werden. Gerügt wurde die damit in Anspruch genommene richterliche Inhaltskontrolle von Personengesellschaftsverträgen auch in solchen Fällen, in denen es sich um personalistische Gesellschaften handelt und in denen daher die besonderen Schutzbedürfnisse der Mitglieder einer Publikums-Gesellschaft nicht vorliegen.[49] Die Rechtsprechung führe zu erheblicher Unsicherheit für die Vertragsgestaltung und verlagere die beweglichen Schranken der Beschlusskontrolle zum Schutze der Minderheit ohne Not auf die Kontrolle der Vertragsgrundlage.[50] Zumindest in denjenigen Fällen, in denen die Abfindung nicht unangemessen beschränkt sei, sei der Ausschluss ohne wichtigen Grund nicht zu beanstanden.[51]

19 b) **Stellungnahme.** Der Rechtsprechung des BGH zur **Nichtigkeit** eines nicht durch sachliche Gründe gerechtfertigten Ausschlussrechts ist entgegen der Literaturkritik **zuzustimmen.** Demgegenüber stößt die seit 2004 eingeschlagene Linie, immer großzügiger sachlich gerechtfertigte Gründe zuzubilligen, auf grundsätzliche Bedenken. Die Zulassung eines willkürlichen Ausschlusses im Gesellschaftsvertrag stellt ähnlich wie die Aberkennung von Mitspracherechten in zentralen Fragen (§ 705 RdNr. 132 ff.) die betroffenen Gesellschafter weitgehend rechtlos und macht sie vom Wohlwollen der bevorrechtigten Gesellschafter abhängig. Derartige Vertragsgestaltungen höhlen den Kernbereich der Mitgliedschaft der betroffenen Gesellschafter aus; das ist, soweit nicht sachlich gerechtfertigte Gründe für die Vereinbarung des Ausschlussrechts vorliegen, trotz der im Personengesell-

---

[43] So vor allem die Grundsatzentscheidung BGHZ 81, 263, 266 ff.
[44] BGH NJW 2004, 2013; WM 2007, 1270 – grds. für die Dauer von maximal drei Jahren zulässige Probezeit bei Laborärzten (allerdings auf der Basis von inzwischen weitgehend obsoletem Berufsrecht, das eine Angestelltenposition verbot).
[45] BGHZ 164, 98 = NJW 2005, 3641; BGHZ 164, 107 = NJW 2005, 3644 (betr. GmbH: Der Fremdgeschäftsführer bzw. Angestellte erhielt für die Dauer seiner Anstellung einen 10%igen Geschäftsanteil, um seine Einsatzfreude zu steigern); zu den „Mitarbeitermodellen" vgl. näher *Habersack/Verse* ZGR 2005, 451.
[46] BGH NZG 2005, 476 = ZIP 2005, 706 (Gesellschaftsverhältnis war durch einen Kooperationsvertrag zur Begründung eines internationalen Paketdienstes überlagert, der ordentlich mit bestimmter Frist gekündigt werden konnte; beide Rechtsverhältnisse sollten gemeinsam enden).
[47] So BGH NZG 2007, 422 = ZIP 2007, 862; 863 f. (Vater hatte seinen Sohn als Unternehmensnachfolger auserkoren, während die Tochter „kapitalmäßig" an der nach dem Tod zu gründenden Gesellschaft beteiligt sein sollte, und demgemäß testamentarisch verfügt, dass der Sohn seine Schwester in der zu gründenden Gesellschaft sollte hinauskündigen können).
[48] Vgl. namentlich *H. Westermann*, FS Larenz II, 1983, S. 723 ff.; *Bunte* ZIP 1983, 8 ff.; *ders.* ZIP 1985, 915, 917; *Koller* DB 1984, 545 ff.; *Krämer* NJW 1981, 2553 ff.; *Kreutz* ZGR 1983, 109 ff.; *Kübler*, FS Sigle, 2000, S. 183, 190 ff.; *Weber/Hickel* NJW 1986, 2752, 2753 f.; im Grundsatz auch *Flume* I/1 § 10 III; *ders.* NJW 1979, 902; *ders.* DB 1986, 629, 632 f.; *Eiselt*, FS v. Lübtow, 1980, S. 643 ff., 656 (jeweils für Zulassung der Ausschlussklausel gegenüber Gesellschaftern „minderen Rechts"); *Schilling* ZGR 1979, 419, 422 f.; *Henssler*, FS Konzen, 2006, S. 267, 270; wN vgl. in Fn. 51. Dem BGH grds. zust. aber *Wiedemann* GesR I § 7 III 2 a cc; GesR II § 5 I 3, S. 406 ff.; *Soergel/Hadding/Kießling* RdNr. 17 f.; *Staudinger/Habermeier* RdNr. 7; *Staudinger/Sack* § 138 RdNr. 379; *Bamberger/Roth/Timm/Schöne* RdNr. 26; *Palandt/Sprau* RdNr. 5; *MünchKommHGB/K. Schmidt* § 140 RdNr. 100; *Staub/C. Schäfer* § 140 HGB RdNr. 62; *Baumbach/Hopt* § 140 HGB RdNr. 24; *Behr* ZGR 1990, 370, 377 f.; wohl auch *Erman/Westermann* RdNr. 6; *Hennerkes/Binz* NJW 1983, 73 ff. sowie *Habersack/Verse* ZGR 2005, 455 f. (die aber den „Trend zu mehr Großzügigkeit" begrüßen, aaO 479).
[49] *H. Westermann, Bunte, Koller, Kreutz* (Fn. 48).
[50] So namentlich *Koller, Krämer* und *H. Westermann* (Fn. 48).
[51] So *Esch* NJW 1979, 1390; *U. Huber* ZGR 1980, 177, 210 f.; *Hirtz* BB 1981, 761 ff.

schaftsrecht grundsätzlich bestehenden Gestaltungsfreiheit und der Möglichkeit wirksamen Verzichts auf die Gleichbehandlung (§ 705 RdNr. 247) mit den Anforderungen an ein privatautonom gestaltetes Verbandsrecht unvereinbar.[52] Es steht insofern keineswegs allein die konkrete Schutzwürdigkeit des betroffenen Gesellschafters in Frage; vielmehr gilt es die Funktionsfähigkeit des Verbands im Ganzen zu schützen, wie der BGH 1981 in mustergültiger Klarheit entschieden hat.[53] Diesen – als solche nicht bezweifelten – Vorgaben wird die jüngere Rechtsprechung nicht immer gerecht. Dies wird besonders deutlich, wenn der Senat mittlerweile selbst die Testierfreiheit als Rechtfertigung für ein Hinauskündigungsrecht ansieht und sich damit in der Sache unverkennbar von BGHZ 81, 263 abwendet.[54] Demgegenüber ist daran festzuhalten, dass es immanente Schranken der Privatautonomie im Verbandsrecht gibt, deren Überschreitung zur Rechtlosstellung der betroffenen Gesellschafter führt und deshalb von der Rechtsordnung im Interesse der Funktionsfähigkeit der Verbände nicht hingenommen werden. Dies gilt ungeachtet des Grundsatzes, dass eine Inhaltskontrolle von Gesellschaftsverträgen im Regelfall, außerhalb der Publikums-Gesellschaft, abzulehnen ist (vgl. näher § 705 RdNr. 139 ff.). Im Ansatz zutreffend ist ferner die *ersatzweise Anerkennung eines Ausschlussrechts aus sachlich gerechtfertigtem Grund*, wenn es vom Willen der Vertragsschließenden umfasst war;[55] sie folgt in Abweichung von § 139 aus ergänzender Vertragsauslegung.

c) Sachlich gerechtfertigte Gründe. Von welchem Gewicht und welcher Art die sachlich gerechtfertigten Gründe sein müssen, damit das Ausschlussrecht Bestand hat, lässt sich positiv nicht abschließend sagen.[56] In Betracht kommen namentlich Gründe aus der Entstehungsgeschichte der Gesellschaft, die Art des – entgeltlichen oder unentgeltlichen – Anteilserwerbs des vom Ausschluss bedrohten Gesellschafters und besondere Verdienste des ausschließungsberechtigten Gesellschafters um die Gesellschaft, aber auch der Tod eines Gesellschafters, wenn das Ausschlussrecht gegenüber den Gesellschafter-Erben zeitlich begrenzt ist.[57] Der bloße Umstand, dass das Recht an ein fest umschriebenes Tatbestandsmerkmal anknüpft, reicht freilich nicht aus, wenn dieses keine Begründung für die sachliche Rechtfertigung enthält.[58] Seit etwa 2004 verfährt die Rechtsprechung des BGH zunehmend großzügiger bei der Anerkennung sachlich gerechtfertigter Gründe und lässt etwa eine Erprobungsphase ebenso als sachlich gerechtfertigten Grund gelten wie die intendierte Koppelung der Mitgliedschaft an die Geschäftsführer- bzw. Angestelltenstellung oder andere Vertragsbeziehungen, ferner auch den Erwerb der Mitgliedschaft aufgrund testamentarischer Verfügung (RdNr. 17 aE). Selbst wenn aber das Ausschlussrecht nach diesen Grundsätzen wirksam vereinbart und seine Ausübung nicht zu beanstanden ist, kann die Abfindungsregelung wegen Unangemessenheit gegen § 138 verstoßen[59] (§ 738 RdNr. 45 f., 73).

[52] Vgl. etwa *Soergel/Hadding/Kießling* RdNr. 17 f.; *Bamberger/Roth/Timm/Schöne* RdNr. 26; MünchKommHGB/*K. Schmidt* § 140 RdNr. 100; *Wiedemann* GesR I § 7 III 2 a cc; GesR II § 5 I 3, S. 408 f.
[53] BGHZ 81, 263, 266 ff. = NJW 1981, 2565 im Anschluss an *Schilling* ZGR 1979, 419, 426.
[54] BGH NJW-RR 2007, 913 = ZIP 2007, 862, 864. – Das Urteil betrifft zwar nicht die Anteilsvererbung, sondern eine testamentarische Verfügung zum Abschluss eines Gesellschaftsvertrages; aus Sicht des betroffenen Gesellschafters ist die Lage aber in beiden Konstellationen nicht in Frage, ob seine Position mit Rücksicht auf die Testierfreiheit des Erblassers relativiert werden darf. – Vgl. iU nur die – zutr. – Wertung bei *Henssler*, FS Konzen, 2006, S. 267, 274, wonach die neuere Rspr. auf die bislang abgelehnte Rechtsfigur des „Gesellschafters minderen Rechts" hinauslaufe.
[55] So BGH (Fn. 40).
[56] Ebenso BGHZ 105, 213, 217 = NJW 1989, 834; Fallgruppenbildung bei MünchKommHGB/*K. Schmidt* § 140 RdNr. 101 ff.; vgl. auch *Behr* ZGR 1990, 370, 380 ff.; *Westermann* Hdb. RdNr. I 1129 ff.; *Henssler*, FS Konzen, 2006, S. 267, 271 ff.; *Peltzer* ZGR 2006, 702, 712 f.
[57] BGHZ 105, 213, 220 f. = NJW 1989, 834; weitergehend jetzt BGH NJW-RR 2007, 913 = ZIP 2007, 862, 864 (dazu bei Fn. 54).
[58] So zutr. *Behr* ZGR 1990, 370, 383 f. in krit. Auseinandersetzung mit der zu weit geratenen Begründung in BGHZ 105, 213, 218 ff. = NJW 1989, 834; aA wohl *Hennerkes/Binz* NJW 1983, 79 f.
[59] Dazu *Peltzer* ZGR 2006, 702, 716 ff.

§ 738

21   **d) Anteilsschenkung unter Widerrufsvorbehalt.** Mit der Problematik des Ausschlusses ohne wichtigen Grund nahe verwandt ist die – nach Schenkungsrecht grundsätzlich zulässige[60] – Schenkung eines Gesellschaftsanteils unter freiem Widerrufsvorbehalt. Sie berechtigt den Schenker, den beschenkten Gesellschafter unter Berufung auf den Widerrufsvorbehalt nach freiem Belieben zur Rückübertragung des Anteils zu verpflichten, und verschafft ihm damit im Fall des Fortbestands der eigenen Mitgliedschaft in der Gesellschaft eine Stellung, die funktional weitgehend mit derjenigen eines über ein freies Hinauskündigungsrecht verfügenden Gesellschafters vergleichbar ist. Für die Wirksamkeit einer solchen Gestaltung spricht das Dogma der Trennung von Gesellschafts- und Schenkungsrecht auch nach Vollzug der Schenkung,[61] dagegen die sachlich übereinstimmenden Folgen der beiden Gestaltungsarten und deren Ausstrahlung auf die Gesellschafterstellung des Beschenkten.[62]

22   Den Vorzug verdient daher das **Bemühen um einheitliche Beurteilungskriterien** für beide Fälle.[63] Sie lassen sich dann finden, wenn man einerseits die Schenkung einer Gesellschaftsbeteiligung im Grundsatz als sachlich gerechtfertigten Grund (RdNr. 20) für das gesellschaftsvertragliche Ausschlussrecht akzeptiert[64] und andererseits den Schenkungswiderruf nicht schrankenlos zulässt, sondern einer Ausübungskontrolle unterwirft.[65] Hiervon abgesehen bleibt es freilich dabei, dass zwischen Schenkungswiderruf und Ausschlussrecht nicht nur nach den rechtlichen Voraussetzungen, sondern auch nach den Rechtswirkungen zu differenzieren ist. Denn der Beschenkte verliert im Fall des Widerrufs, anders als der vom Ausschluss betroffene Gesellschafter, die Mitgliedschaft nicht automatisch, sondern ist zur (regelmäßig von der Zustimmung der Mitgesellschafter abhängigen) Rückübertragung des Anteils verpflichtet; außerdem hat er anders als der vom Ausschluss Betroffene keinen Anspruch auf eine Abfindung.

§ 738 Auseinandersetzung beim Ausscheiden

(1) ¹ Scheidet ein Gesellschafter aus der Gesellschaft aus, so wächst sein Anteil am Gesellschaftsvermögen den übrigen Gesellschaftern zu. ² Diese sind verpflichtet, dem Ausscheidenden die Gegenstände, die er der Gesellschaft zur Benutzung überlassen hat, nach Maßgabe des § 732 zurückzugeben, ihn von den gemeinschaftlichen Schulden zu befreien und ihm dasjenige zu zahlen, was er bei der Auseinandersetzung erhalten würde, wenn die Gesellschaft zur Zeit seines Ausscheidens aufgelöst worden wäre. ³ Sind gemeinschaftliche Schulden noch nicht fällig, so können die übrigen Gesellschafter dem Ausscheidenden, statt ihn zu befreien, Sicherheit leisten.

(2) Der Wert des Gesellschaftsvermögens ist, soweit erforderlich, im Wege der Schätzung zu ermitteln.

---

[60] HM, vgl. nur § 516 RdNr. 93 f.; *Kollhoser* AcP 194 (1994), 231, 237 f. und *Jülicher* ZGR 1996, 82, 84, jeweils mwN.

[61] So insbes. *K. Schmidt* BB 1990, 1992, 1995 f. unter Berufung auf BGHZ 112, 40, 47 = NJW 1990, 2616 (damit schwer vereinbar BGHZ 112, 103, 107 = NJW 1990, 2622); ihm folgend *Jülicher* ZGR 1996, 82, 89 ff.; *Brandner/Bergmann*, FS Sigle, 2000, S. 327, 335 f.; zust. ferner *Bütter/Tonner* NZG 2003, 193 (auch zur Wirksamkeit von Rückkaufsrechten); eingehend *Blanke*, Das Recht zur Ausschließung aus der Personengesellschaft, 1994, S. 218 ff., 227; im Ergebnis ebenso schon *Sudhoff*, Handbuch der Unternehmensnachfolge, 3. Aufl. 1984, S. 99; *Wiedemann/Heinemann* DB 1990, 1649, 1655.

[62] Darauf hinweisend insbes. *Heinemann* ZHR 155 (1991), 447, 460 ff., 469; ebenso *Schöne*, Gesellschafterausschluss bei Personengesellschaften, 1993, S. 90 f.; *Mayer* ZGR 1995, 93, 105.

[63] So namentlich *Kollhosser* AcP 194 (1994), 238 ff.; vgl. auch § 516 RdNr. 93 f. (*Koch*) und *Staub/C. Schäfer* § 140 HGB RdNr. 64 f.

[64] *Kollhosser* AcP 194 (1994), 238 ff. unter zutr. Hinweis darauf, dass der BGH die Frage bisher offen gelassen hat (vgl. zuletzt BGHZ 112, 103, 109 = NJW 1990, 2622).

[65] Dazu unter Hinweis auf zeitliche und sachliche Schranken näher *K. Schmidt* BB 1990, 1996 f. und *Jülicher* ZGR 1996, 82, 100 ff.

Übersicht

	RdNr.		RdNr.
I. Der Regelungsinhalt der §§ 738 bis 740	1–13	a) Gründe abweichender Vertragsgestaltung	39, 40
1. Ausscheiden als partielle Auseinandersetzung	1–5	b) Wirksamkeitsgrenzen (Meinungsstand)	41–43
a) Abfindungsanspruch und Schuldbefreiung	2, 3	2. Schranken für vertragliche Abfindungsvereinbarungen	44–59
b) Forthaftung gegenüber Dritten	4	a) Überblick	44
c) Prozessrechtsfolgen	5	b) Sittenwidrigkeit (§ 138)	45, 46
2. Ausscheiden und Anwachsung (§ 738 Abs. 1 S. 1)	6–9	c) Gläubigerschutz	47, 48
a) Wegfall der Gesellschafterstellung	6, 7	d) Verbotene Kündigungsbeschränkung (§ 723 Abs. 3)	49–52
b) Verlust der Gesamthandsberechtigung	8, 9	e) Ergänzende Vertragsauslegung (§§ 157, 242)	53, 54
3. Anwendungsbereich	10, 11	f) Rechtsmissbrauch; Störung der Geschäftsgrundlage (§§ 242, 313)	55–57
4. Abweichende Vereinbarungen	12, 13	g) Ausnahmen für Beteiligungen minderen Rechts?	58, 59
II. Der Abfindungsanspruch	14–38	3. Typische Vertragsklauseln	60–65
1. Grundlagen	14–18	a) Abfindungsausschluss	60–62
a) Anspruchsvoraussetzungen	14, 15	b) Buchwertklauseln	63, 64
b) Anspruchsgegner	16, 17	c) Auszahlungsvereinbarungen	65
c) Einbeziehung sonstiger gesellschaftsvertraglicher Ansprüche	18	4. Besondere Fallgruppen	66–71
2. Entstehung, Fälligkeit und Verzinsung	19–22	a) Freiberufler-Sozietäten	66–69
3. Die Abfindungsbilanz	23–31	b) Innengesellschaften	70, 71
a) Bedeutung	23–25	5. Rechtsfolgen unwirksamer oder unangemessener Abfindungsklauseln	72–75
b) Aufstellung und Feststellung	26–29	a) Allgemeines	72, 73
c) Gerichtliche Durchsetzung	30, 31	b) Vertragsergänzung und dispositives Recht	74, 75
4. Die Wertermittlung	32–36		
a) Grundlagen	32–34	**IV. Sonstige Ansprüche des Ausgeschiedenen**	76–80
b) Bewertungsverfahren	35, 36	1. Rückgabe von Gegenständen	76
5. Berechnung des Anspruchs auf die Abfindung (den Fehlbetrag)	37, 38	2. Schuldbefreiung	77–79
III. Vertragliche Abfindungsvereinbarungen	39–75	3. Sicherheitsleistung	80
1. Allgemeines	39–43		

I. Der Regelungsinhalt der §§ 738 bis 740

1. Ausscheiden als partielle Auseinandersetzung. Die Rechtsfolgen des Ausscheidens aus einer im Übrigen fortbestehenden Gesellschaft sind für das Verhältnis zwischen Ausgeschiedenen und fortführenden Gesellschaftern in §§ 738 bis 740 geregelt. Die Regelungen beruhen auf dem **Grundgedanken,** trotz Verzichts auf eine Auseinandersetzung der Gesellschaft die *Stellung des Ausgeschiedenen derjenigen bei Liquidation so weit wie möglich anzunähern.* Vermögensmäßige Nachteile aus dem Fortbestand der Gesellschaft anstelle der Auflösung sollen ihm grundsätzlich nicht erwachsen. 1

a) Abfindungsanspruch und Schuldbefreiung. Der **Abfindungsanspruch** des Ausgeschiedenen bemisst sich nach gesetzlicher Regel (§ 738 Abs. 1 S. 2) nach der Höhe des ihm im Fall der Liquidation zustehenden Auseinandersetzungsguthabens (Rückerstattung der Einlagen und Verteilung des Überschusses, §§ 733 Abs. 2 S. 1, 734). Umgekehrt trifft ihn nach dem Vorbild von § 735 eine Zahlungspflicht in Höhe des anteiligen, bei seinem Ausscheiden etwa vorhandenen Verlusts (§ 739). Wie bei der Abwicklung (§ 732) hat der Ausgeschiedene Anspruch auf Rückgabe der der Gesellschaft zur Benutzung überlassenen Gegenstände (§ 738 Abs. 1 S. 2). 2

Anstelle der in § 733 Abs. 1 vorgesehenen Berichtigung der Gesellschaftsverbindlichkeiten kann der Ausgeschiedene nach § 738 Abs. 1 S. 2 und 3 von den übrigen Gesell- 3

§ 738 4–7

schaftern **Schuldbefreiung** bzw. Sicherheitsleistung hinsichtlich derjenigen Verbindlichkeiten verlangen, für die er die persönliche Haftung übernommen hat. Mit Rücksicht darauf, dass die Gesellschaft beim Ausscheiden als werbende fortbesteht und dass ihre Rechtsbeziehungen zu Dritten durch die personellen Veränderungen grundsätzlich nicht berührt werden, sieht § 740 schließlich die Beteiligung des Ausgeschiedenen am **Ergebnis der schwebenden Geschäfte** vor. Das läuft auf eine partielle Fortsetzung der Gesellschaft mit ihm in vermögensrechtlicher Hinsicht hinaus.

4 **b) Forthaftung gegenüber Dritten.** Zu den das Verhältnis zu Dritten betreffenden Haftungsfolgen des Ausscheidens aus der fortbestehenden Gesellschaft vgl. § 714 RdNr. 70 f. und § 736 RdNr. 21 ff. An der Haftung der Gesellschaft ändert sich durch das Ausscheiden nichts. Soweit der Ausgeschiedene – wie regelmäßig – während seiner Zugehörigkeit zur Gesellschaft in die persönliche Haftung für Gesamthandsverbindlichkeiten gekommen war, besteht sie trotz des Ausscheidens fort; der Schuldbefreiungsanspruch nach § 738 Abs. 1 S. 2 richtet sich nicht gegen die Gläubiger, sondern gegen die Gesellschaft (RdNr. 77). Der Ausgeschiedene kann sich aber nach § 736 Abs. 2 auf die fünfjährige Begrenzung der Nachhaftung berufen. Vorbehaltlich des Eingreifens eines Rechtsscheintatbestandes ist eine Neubegründung seiner persönlichen Haftung im Verhältnis zu Gesellschaftsgläubigern nach dem Ausscheiden ausgeschlossen; anderes gilt für Verbindlichkeiten aus schon bestehenden Dauerschuldverhältnissen (§ 736 RdNr. 22).

5 **c) Prozessrechtsfolgen.** Auf Prozesse der **parteifähigen GbR** als Klägerin oder Beklagte ist das Ausscheiden ohne Einfluss. Soweit die Prozesse dagegen (noch) von den Gesellschaftern in ihrer gesamthänderischen Verbundenheit als notwendige Streitgenossen, dh. als Gesamthandsprozess geführt werden, verliert der Ausgeschiedene seine Parteistellung. Die Vorschrift des § 265 ZPO findet keine Anwendung (str., vgl. § 718 RdNr. 60). Auf eine (Gesamtschuld-)Klage gegen den ausgeschiedenen **Gesellschafter persönlich** hat das Ausscheiden keinen Einfluss.

6 **2. Ausscheiden und Anwachsung (§ 738 Abs. 1 S. 1). a) Wegfall der Gesellschafterstellung.** Das Ausscheiden führt dazu, dass die Gesellschafterstellung des Ausgeschiedenen endet. Damit kommen grundsätzlich auch die Gesellschafterrechte und -pflichten in Wegfall, soweit sie nicht bereits zu selbstständigen, vom Anteil gelösten vermögensrechtlichen Ansprüchen und Verbindlichkeiten geworden sind (zu deren Einbeziehung in die Berechnung des Abfindungsanspruchs vgl. RdNr. 18). Die Mitsprache- und Geschäftsführungsrechte erlöschen mit dem Tag des Ausscheidens. Gleiches gilt für die Kontrollrechte; an ihre Stelle tritt der Auskunftsanspruch nach § 810 (§ 716 RdNr. 13).[1]

7 Pflichten zur gegenseitigen Rücksichtnahme treffen den Ausgeschiedenen ebenso wie die übrigen Gesellschafter im Rahmen der **nachvertraglichen Treupflicht**.[2] Sie beziehen sich einerseits auf die *Erstellung der Abfindungsbilanz* und die insoweit gebotene Kooperation der Beteiligten.[3] Andererseits kann der Ausgeschiedene je nach Lage des Falles noch für begrenzte Zeit nach seinem Ausscheiden einem fortbestehenden **Wettbewerbsverbot** unterliegen. Ein solches kann sich, sei es auch konkludent, in den durch §§ 138 BGB, 1 GWB gesetzten Grenzen aus entsprechenden, auf den Ausscheidensfall bezogenen Abreden im Gesellschaftsvertrag ergeben (vgl. RdNr. 68 und § 705 RdNr. 237). Das gilt etwa im Fall einer Abfindungsvereinbarung, die dem Ausgeschiedenen vollen Anteil an dem Ertragswert der fortbestehenden Gesellschaft

---

[1] Zum Informationsrecht ausgeschiedener Gesellschafter vgl. BGH NJW 2000, 2276, 2277; OLG Frankfurt BB 1982, 143.
[2] Zurückhaltend (nur nach § 242) *Westermann* Hdb. RdNr. I 1135.
[3] Vgl. § 730 RdNr. 59 f. mN zur Kooperationspflicht der Gesellschafter in der Abwicklungsphase; BGH ZIP 2003, 73, 74 (Informationspflicht). Speziell zur Treupflicht des aus einer Personengesellschaft Ausgeschiedenen vgl. BGH WM 1980, 462, 464 (Verbot der Einmischung in Geschäftsführungsangelegenheiten) und *Staub/C. Schäfer* § 131 HGB RdNr. 112 mwN.

gewährt.[4] Das Verbot kann auch aus der Pflicht zur Schadensbeseitigung (§ 249) im Falle eines schuldhaft herbeigeführten Ausscheidensgrunds resultieren.[5]

b) Verlust der Gesamthandsberechtigung. Dem mit dem Ausscheiden verbundenen Ende der Mitgliedschaft trägt namentlich auch die in § 738 Abs. 1 S. 1 angeordnete **Anwachsung** der Gesamthandsberechtigung des Ausgeschiedenen bei den übrigen Gesellschaftern Rechnung. Es handelt sich um eine **zwingende Folge** des Ausscheidens, da die Gesamthandsberechtigung, dh. die Mitinhaberschaft an den der Gesellschaft zugeordneten Gegenständen, eine Folge der Zugehörigkeit zur Gesellschaft ist und nicht ohne diese fortbestehen kann. Der Verlust der Gesellschafterstellung hat daher notwendig auch den Wegfall der – nunmehr auf die verbleibenden Gesellschafter beschränkten – Gesamthandsberechtigung zur Folge (vgl. näher § 718 RdNr. 6 ff., zum Sonderfall der Übernahme vgl. § 730 RdNr. 81 f.). Bei der *rechtsfähigen* Personengesellschaft verbindet sich die Anwachsung freilich nicht mit einem dinglichen Erwerbsakt auf Seiten der übrigen Gesellschafter, weil die dingliche Zuordnung des Vermögens zur Gesellschaft als solcher durch das Ausscheiden unberührt bleibt.[6] Dies zwingt aber nicht dazu, das Anwachsungsprinzip insgesamt, also auch bei der *nichtrechtsfähigen* Gesamthandsgesellschaft (§ 705 RdNr. 303 ff., 320) rein „wertmäßig" zu interpretieren.[7]

Im Einzelnen ist wegen der **Anwachsungsfolgen** für eine rechtsgeschäftliche Übertragung der Gegenstände des Gesellschaftsvermögens auf die verbleibenden Gesellschafter kein Raum. Der *Grundbucheintrag über Liegenschaftsrechte der Gesamthand* ist zu berichtigen, sofern er nicht auf den Namen der Gesellschaft, sondern auf denjenigen der Gesellschafter lautet (näher § 705 RdNr. 312 ff.). Der Ausgeschiedene ist verpflichtet, der Berichtigung zuzustimmen.[8] Er hat zwar im Regelfall ein Zurückbehaltungsrecht gemäß § 273 Abs. 1 bis zur Auszahlung der ihm zustehenden Abfindung; dieses ist jedoch dann ausgeschlossen, wenn ohne Grundbuchberichtigung den verbleibenden Gesellschaftern die Fortführung der Geschäfte unmöglich wird.[9] Auf die vermögensrechtliche – im Unterschied zur dinglichen – Stellung des Ausgeschiedenen ist die Anwachsung ohne Einfluss; der Abfindungsanspruch gewährt ihm ein grundsätzlich vollwertiges Äquivalent für den Verlust der gesamthänderischen Mitberechtigung.

3. Anwendungsbereich. Die Vorschriften der §§ 738 bis 740 gelten für **alle** Arten von Personengesellschaften, darunter auf Grund der Verweisung der §§ 105 Abs. 3, 161 Abs. 2 HGB auch für die **OHG und KG** und gemäß § 1 Abs. 4 PartGG für die **PartG**, da weder das HGB noch das PartGG für die Auseinandersetzung zwischen Ausscheidendem und verbleibenden Gesellschaftern Sonderregelungen enthalten.[10] Vom Sonderfall der stillen GbR abgesehen (RdNr. 71), sind sie grundsätzlich auch auf **Innengesellschaften** anwendbar, soweit es bei diesen zum Gesellschafterwechsel iS von §§ 736 Abs. 1, 737 kommt. Von Bedeutung ist das namentlich für die Entstehung und Berechnung des Anspruchs auf die Abfindung (den Fehlbetrag) sowie für die Teilnahme an schwebenden Geschäften, während die Vorschriften über Anwachsung und Schuldbefreiung beim Fehlen von Gesellschaftsvermögen und gesellschaftlichem Außenhandeln leerlaufen.[11] Eine ent-

---

[4] So insbes. beim Ausscheiden aus einer Freiberufler-Sozietät mit Mandantenschutzvereinbarung für diese, vgl. RdNr. 67 f. m. Rspr.-Nachweise sowie auch *Römermann* NJW 2002, 1399 ff.

[5] Vgl. Nachweise in § 705 Fn. 644.

[6] Näher *K. Schmidt*, FS Huber, 2006, S. 969, 975 ff., 981 ff.; *Kießling*, FS Hadding, 2004, S. 477, 489 ff.; s. auch *Soergel/Hadding/Kießling* RdNr. 3.

[7] So aber *K. Schmidt*, FS Huber, 2006, S. 969, 981 ff., wie hier im Ansatz dagegen *Soergel/Hadding/Kießling* RdNr. 3, 9.

[8] Die Eintragungsbewilligung als Berichtigungsvoraussetzung bedarf der Form des § 29 GBO, vgl. OLG Stuttgart NJW 1990, 2757.

[9] BGH NJW 1990, 1171 f.

[10] Vgl. dazu und zu den für Handelsgesellschaften zu berücksichtigenden Besonderheiten bei der Auseinandersetzung mit einem ausgeschiedenen Gesellschafter *Staub/C. Schäfer* § 131 HGB RdNr. 103, 113 ff.

[11] Anders für den Fall der atypischen Personengesellschaft (insbes. für die „GmbH&Still") aber mit guten Gründen *K. Schmidt*, FS Huber, 2006, S. 969, 990 f.: Weil das Anwachsungsprinzip bei den rechtsfähigen

sprechende Anwendung des § 738 Abs. 1 S. 1 auf die Miteigentümergemeinschaft nach WEG ist abzulehnen.[12]

11 Entsprechende Anwendung finden die §§ 738 bis 740 auf die **„Übernahme"** der Gesellschaft durch den Letztverbleibenden beim Ausscheiden des vorletzten Gesellschafters.[13] Für den Ausgeschiedenen bedeutet es, abgesehen von der Person des Abfindungsschuldners (RdNr. 16 f.), nach gesetzlicher Regel keinen Unterschied, ob die Gesellschaft als solche fortbesteht oder das Gesellschaftsvermögen durch Gesamtrechtsnachfolge auf den Übernehmer als Alleininhaber übergeht. Die ihm in §§ 738, 740 eingeräumten Rechte auf Abfindung, Schuldbefreiung, Teilnahme am Ergebnis schwebender Geschäfte u. a. hängen nicht davon ab, welches rechtliche Schicksal die Gesellschaft infolge seines Ausscheidens erleidet. Will der übernahmeberechtigte Mitgesellschafter die Haftung für die Ansprüche des Ausgeschiedenen aus §§ 738, 740 vermeiden, so muss er auf die Ausübung des Übernahmerechts verzichten und stattdessen die Auflösung der Gesellschaft mit den Abwicklungsfolgen der §§ 730 ff. eintreten lassen (vgl. § 736 RdNr. 18).

12 **4. Abweichende Vereinbarungen.** Ebenso wie das sonstige Recht der GbR sind auch die Vorschriften der §§ 738 bis 740 **grundsätzlich dispositiv**. Abweichende Vereinbarungen finden sich mit Rücksicht auf die Kapitalsicherung der Gesellschaft und die Bewertungsprobleme für die Anspruchsberechnung namentlich in Bezug auf die Fälligkeit und Höhe des *Abfindungsanspruchs* (RdNr. 20, 39 ff.), aber auch zum Anspruch auf *Schuldbefreiung* und auf Teilnahme an den schwebenden Geschäften.[14] In Ergänzung zu § 738 Abs. 1 kommt insbesondere die Vereinbarung eines dem Bestandsschutz der Gesellschaft dienenden *nachvertraglichen Wettbewerbsverbots* zu Lasten des Ausgeschiedenen in den Grenzen der §§ 134, 138 in Betracht (vgl. RdNr. 7, 68 mN). Erweist sich eine abweichende Vereinbarung später als undurchführbar und wird der Gesellschaftsvertrag dadurch lückenhaft, so kann für die ergänzende Vertragsauslegung selbstverständlich wieder auf die dispositive Regelung zurückgegriffen werden.[15]

13 Nicht der Parteidisposition zugänglich ist allerdings das **Anwachsungsprinzip** in § 738 Abs. 1 S. 1. Es ist Ausdruck der Struktur der gesellschaftsrechtlichen Gesamthand und beansprucht als solches zwingende Geltung (RdNr. 8).[16] Daher kann auch ein auf Vereinbarung beruhendes, zwischenzeitlich wirksam gewordenes Ausscheiden nicht durch Rücktritt oder Aufhebungsvertrag rückwirkend beseitigt werden. In Betracht kommt vielmehr nur die Neuaufnahme des wirksam ausgeschiedenen Gesellschafters unter Einräumung einer Rechtsstellung, als wenn er nicht ausgeschieden wäre.[17] Nicht ausgeschlossen ist demgegenüber eine abweichende Vereinbarung über die Anwachsungsquote; sie braucht sich also nicht zwingend nach den bisherigen Beteiligungsverhältnissen zu richten.[18]

Personengesellschaften nicht „dinglich", sondern lediglich „wertmäßig" zu verstehen sei, könne dieses Verständnis auch auf die nicht vermögenstragenden Gesellschaften erstreckt werden, bei denen der Stille einen Wertanteil halte.

[12] BGHZ 109, 179, 185 = NJW 1990, 447, 448.

[13] So schon BGH NJW 1966, 827, 828; sodann BGH NJW 1993, 1194; 2008, 2992; WM 2002, 293, 295; s. ferner die Nachweise in § 730 RdNr. 78; ebenso *Soergel/Hadding/Kießling* RdNr. 3 und Vor § 730 RdNr. 28; *Erman/Westermann* § 737 RdNr. 10; *Bamberger/Roth/Timm/Schöne* RdNr. 1; *Palandt/Sprau* RdNr. 1; im Ergebnis auch *K. Schmidt*, FS Huber, 2006, S. 969, 991 ff. (der zwar den Wegfall des vorletzten Gesellschafters nicht als Anwachsungsfall deuten, wohl aber die Anwachsungsfolgen anwenden will). Davon zu unterscheiden ist die Vorfrage nach den Voraussetzungen für eine zum Ausscheiden führende „Übernahme"; sie setzt bei der GbR eine Fortsetzungsklausel voraus (§ 730 RdNr. 68 ff.).

[14] Vgl. dazu auch *Westermann* Hdb. RdNr. I 1136 f. sowie § 740 RdNr. 3 betr. die Unanwendbarkeit des § 740 bei Abfindung zum anteiligen Ertragswert.

[15] Ausdrücklich betont von BGH DStR 2004, 1303 (undurchführbare Regelung zur Altersversorgung ausgeschiedener Partner).

[16] BGH DStR 1993, 1530; *Staudinger/Habermeier* RdNr. 8; *Bamberger/Roth/Timm/Schöne* RdNr. 5; *Soergel/Hadding/Kießling* RdNr. 1.

[17] BGH WM 1982, 1146, 1147.

[18] So zu Recht *K. Schmidt*, FS Huber, 2006, S. 969, 987 f.; s. auch *U. Huber* Vermögensanteil, S. 234; dem folgend *Früchtl* NZG 2007, 368, 369 f.

II. Der Abfindungsanspruch

1. Grundlagen. a) Anspruchsvoraussetzungen. Voraussetzung des in § 738 Abs. 1 **14** S. 2 geregelten Abfindungsanspruchs ist das *ersatzlose Ausscheiden* eines Gesellschafters nach Maßgabe der §§ 736 Abs. 1, 737 aus der im Übrigen fortbestehenden Gesellschaft bzw. die Vollbeendigung der Gesellschaft, sei es durch Ausübung eines Übernahmerechts (§ 730 RdNr. 77 ff.) oder Ausscheiden des vorletzten Gesellschafters (vgl. § 730 RdNr. 11). Beim **Anteilsübergang** auf einen Nachfolger, sei es rechtsgeschäftlich (§ 719 RdNr. 25) oder von Todes wegen (§ 727 RdNr. 28 ff.), kommt es weder zur Anwachsung bei den Mitgesellschaftern noch zur Entstehung eines Anspruchs des Ausgeschiedenen oder seiner Erben auf Abfindung oder Schuldbefreiung.[19] – Zum Abfindungsausschluss und zu abweichenden Abfindungsvereinbarungen vgl. RdNr. 60 ff.

Schwierigkeiten kann die Beurteilung des Inhalts von Vereinbarungen mit den Mitgesell- **15** schaftern über das **Ausscheiden eines Gesellschafters, verbunden mit der Aufnahme eines neuen Mitglieds,** bereiten. Hier ist jeweils im Wege der Vertragsauslegung zu klären, ob von den Beteiligten eine Anteilsübertragung gewollt ist oder ein Ausscheiden mit den Rechtsfolgen der §§ 738 bis 740 und daneben ein Neueintritt (§ 719 RdNr. 17 ff., 21 ff.). Von der Ausgestaltung dieser Rechtsbeziehungen hängen auch die Ansprüche des Ausgeschiedenen ab.[20] Gehen die Vereinbarungen der Beteiligten im allseitigen Einvernehmen dahin, dem Neueintretenden ohne Einlagepflichten gegenüber der Gesellschaft die Rechtsstellung des Vorgängers zu verschaffen, so spricht das für die Annahme einer Anteilsübertragung; der Ausgeschiedene kann sich dann wegen seiner Zahlungsansprüche nur an den Anteilserwerber halten, nicht aber an die Gesellschaft. Fallen – wie namentlich bei der auf den Todesfall eines Gesellschafters bezogenen Eintrittsklausel (§ 727 RdNr. 53 ff.) – Ausscheiden und Neueintritt zeitlich auseinander, so greifen grundsätzlich die Rechtsfolgen der §§ 738 bis 740 ein, soweit nicht die Beteiligten die Rechte des Ausgeschiedenen aus §§ 738, 740 – gegebenenfalls auflösend bedingt für den Fall der Nichtausübung des Eintrittsrechts – im Interesse des Eintrittsberechtigten ausgeschlossen haben.[21]

b) Anspruchsgegner. Der Abfindungsanspruch richtet sich als gesetzlicher, aus dem **16** *Gesellschaftsverhältnis* entspringender Anspruch (Sozialverbindlichkeit, § 705 RdNr. 197) in erster Linie **gegen die Gesellschaft**, im Falle der sofortigen Vollbeendigung als Ausscheidensfolge gegen den Übernehmer. Dass er erst im Zeitpunkt des Ausscheidens entsteht (RdNr. 19), steht dieser Beurteilung nicht entgegen. Es handelt sich um den durch einseitiges Ausscheiden zum Abfindungsanspruch umgestalteten (künftigen) Anspruch auf das Auseinandersetzungsguthaben (§ 717 S. 2, s. § 717 RdNr. 37). *Wirksame Verfügungen* über diesen Anspruch einschließlich solcher im Wege der Zwangsvollstreckung (vgl. § 717 RdNr. 38 f., 43) erstrecken sich daher auch auf den an seine Stelle tretenden Abfindungsanspruch.

Die **Haftung der übrigen Gesellschafter** für den Abfindungsanspruch war früher **17** umstritten;[22] wegen dessen Rechtsnatur als Sozialverbindlichkeit und wegen des Fehlens eines besonderen Verpflichtungsgrundes auf Seiten der Mitgesellschafter wurde sie noch in der 3. Aufl.[23] abgelehnt. Durch den Übergang der höchstrichterlichen Rechtsprechung zur

---

[19] Zur grds. Forthaftung des durch Anteilsübertragung ausgeschiedenen Gesellschafters auch für die gesamtschuldnerischen Ausgleichsansprüche von Mitgesellschaftern nach § 426 vgl. jedoch BGH LM § 426 Nr. 54 = NJW 1981, 1095, 1096; § 719 RdNr. 46.
[20] BGH NJW 1975, 1661; 1995, 3313.
[21] Zur Problematik der Behandlung von Abfindungsanspruch und Einlageverpflichtung bei Vereinbarung einer Eintrittsklausel vgl. näher § 727 RdNr. 58 f.
[22] Dafür RGRK/*v. Gamm* RdNr. 3; *Heckelmann*, Abfindungsklauseln in Gesellschaftsverträgen, 1973, S. 22 ff.; im Grundsatz auch *Palandt/Sprau* RdNr. 2; aA 3. Aufl. RdNr. 12; *Flume* I/1 § 12 I; so auch *Erman/Westermann* RdNr. 4; *Westermann* Hdb. RdNr. I 1143; *Staudinger/Habermeier* RdNr. 12; *Bamberger/Roth/Timm/Schöne* RdNr. 18; *Soergel/Hadding/Kießling* RdNr. 40; wohl auch OLG Köln NZG 2001, 467, 469; OLG Frankfurt NZG 2005, 712.
[23] RdNr. 12; ebenso *Flume* I/1 § 12 I; *Soergel/Hadding/Kießling* RdNr. 40.

akzessorischen Gesellschafterhaftung ist dieser Einwand nach Ansicht des BGH entfallen; er bejaht daher die gesamtschuldnerische Gesellschafterhaftung für den Anspruch.[24] Auch die auf die Rechtsnatur des Anspruchs als Sozialverbindlichkeit und auf die fehlende Haftung der Mitgesellschafter hierfür gegründete, aus § 707 abgeleitete Schranke (§ 705 RdNr. 217) greift nicht durch, weil sie dem Ausgeschiedenen – anders als den Mitgesellschaftern – nicht entgegengesetzt werden kann (§ 705 RdNr. 218). Allerdings muss sich der Ausgeschiedene als ehemaliger Partner des Gesellschaftsvertrags interne Haftungsbeschränkungsabreden zugunsten der Mitgesellschafter entgegenhalten lassen, wie sie sich namentlich im Fall von Bauherrengemeinschaften, geschlossenen Immobilienfonds u. a. finden. Je nach Ausgestaltung führen sie zum Ausschluss oder zur anteiligen Beschränkung der Gesellschafterhaftung.[25] Anderes gilt im Fall der Übernahme des Gesellschaftsvermögens durch den letztverbleibenden Gesellschafter, da der Übernehmer hier als Gesamtrechtsnachfolger voll in die Verbindlichkeiten der Gesellschaft eintritt (§ 730 RdNr. 81).

18 c) **Einbeziehung sonstiger gesellschaftsvertraglicher Ansprüche.** Der Abfindungsanspruch bestimmt sich in seiner Höhe grundsätzlich nach dem auf den Ausscheidenszeitpunkt zu berechnenden, fiktiven Auseinandersetzungsguthaben; das Ausscheiden wird als partielle Auseinandersetzung behandelt (RdNr. 1). Dementsprechend sind auch die in st. Rspr. entwickelten Grundsätze über die Durchsetzungssperre für auf dem Gesellschaftsverhältnis beruhende, den Gesellschaftern zustehende Ansprüche nach Auflösung der Gesellschaft und für ihre Berücksichtigung als **unselbstständige Rechnungsposten** in der Schlussabrechnung (§ 730 RdNr. 49 ff.) im Fall des einseitigen Ausscheidens zu beachten.[26] Der Grund für diese Rechtsprechung, wechselseitige Zahlungen zwischen Gesamthand und Gesellschaftern im Abwicklungsstadium möglichst zu vermeiden, hat auch im Verhältnis von Ausgeschiedenem und Gesamthand Bedeutung. Angesichts der anerkannten Ausnahmen von diesem Grundsatz (§ 730 RdNr. 54f.) sowie angesichts der im Regelfall schon bald nach dem Ausscheiden eintretenden Fälligkeit des Abfindungsanspruchs (RdNr. 20) werden die Interessen des Ausgeschiedenen an der ungehinderten Geltendmachung solcher Ansprüche dadurch nicht unzumutbar beeinträchtigt. Der Grundsatz gilt nicht für unstreitige Einzelansprüche, die der Ausgeschiedene unabhängig von der Berechnung der Abfindung in jedem Fall zu beanspruchen hat,[27] sowie für Drittgläubigerforderungen des Ausgeschiedenen.[28]

19 2. **Entstehung, Fälligkeit und Verzinsung.** Der Abfindungsanspruch **entsteht** – an Stelle des bis dahin als künftiges Recht bestehenden Anspruchs auf das Auseinandersetzungsguthaben (RdNr. 16) – *im Zeitpunkt des Ausscheidens.*[29] Das folgt aus § 738 Abs. 1 S. 1 und 2, dh. aus dem Zusammenhang zwischen Verlust der Mitgliedschaft und Abfindung durch die Gesellschaft. Auf diesen Zeitpunkt ist auch die Berechnung seiner Höhe vorzunehmen. Die Vereinbarung eines bestimmten, vom Zeitpunkt des Ausscheidens abweichenden Abfindungsstichtags ist für die Entstehung des Anspruchs ohne Bedeutung, beeinflusst aber dessen Höhe sowie im Zweifel auch die Fälligkeit und Verzinsung.

20 Die **Fälligkeit** des Anspruchs und damit auch dessen Aufrechenbarkeit (§ 387) sollte nach der früher hM entgegen § 271 Abs. 1 nicht schon mit der Entstehung, sondern regelmäßig

---

[24] BGHZ 148, 201, 207 = NJW 2001, 2718 im Anschluss an die hM zur Rechtslage im Recht der Personenhandelsgesellschaften (vgl. § 705 Fn. 589).
[25] Vgl. *Ulmer* ZIP 2003, 1113, 1120 f.; so auch OLG Köln NZG 2001, 467, 469; OLG Oldenburg NZG 2000, 542, 543.
[26] BGH WM 1978, 89, 90; 1979, 937, 938; 1992, 306, 308; OLG Hamm WM 2004, 129, 132; *Soergel/Hadding/Kießling* RdNr. 21, 23; *Palandt/Sprau* RdNr. 2.
[27] BGH NJW 1992, 2757, 2758; NJW-RR 1988, 1249; WM 1981, 487; 1993, 1340, 1341.
[28] Str., vgl. § 730 RdNr. 53 Fn. 85.
[29] Vgl. BGH DStR 2004, 97 (Ermittlung des Ausscheidenszeitpunkts bei gesundheitsbedingtem Ausscheiden aus Freiberufler-GbR); *Soergel/Hadding/Kießling* RdNr. 37; *Bamberger/Roth/Timm/Schöne* RdNr. 19; *Staudinger/Habermeier* RdNr. 9; ebenso die hM für den mit der Auflösung entstehenden Anspruch auf das Auseinandersetzungsguthaben, vgl. näher § 717 RdNr. 32; aA für den Abfindungsanspruch *Heckelmann* (Fn. 22) S. 25 f. (Entstehung schon bei Abschluss des Gesellschaftsvertrags).

erst mit der Feststellung der Abfindungsbilanz (RdNr. 28) eintreten.[30] Dem ist schon deshalb nicht zu folgen, weil der Akt der Bilanzfeststellung keine konstitutive Bedeutung für den Abfindungsanspruch hat, sondern nur dazu dient, Einvernehmen zwischen den Beteiligten über die Anspruchshöhe zu erzielen.[31] Auch der Umstand, dass die genaue ziffernmäßige Höhe des Anspruchs vor Erstellung der Schlussabrechnung meist noch nicht feststeht, schließt seine alsbaldige Fälligkeit nicht aus, solange der Anspruch wenigstens bestimmbar ist.[32] Allerdings entspricht jedenfalls in denjenigen Fällen, in denen als Abfindung nicht der Buchwert einer schon vor dem Ausscheiden festgestellten Bilanz vorgesehen ist, die sofortige Fälligkeit des Anspruchs regelmäßig nicht den Vorstellungen der Beteiligten. Vielmehr wird aus den Umständen (§ 271 Abs. 1) meist eine *Verschiebung des Fälligkeitszeitpunkts um die für die Erstellung der Abfindungsbilanz voraussichtlich benötigte Zeitdauer* anzunehmen sein.[33] Der tatsächliche Zeitpunkt der Schlussabrechnung ist im Zweifel nur dann maßgebend, wenn es bis dahin nicht zu unerwarteten oder von den übrigen Gesellschaftern zu vertretenden Verzögerungen gekommen ist. Bei Verstößen des Ausgeschiedenen gegen die nachvertragliche Treupflicht kann sich das Auszahlungsverlangen im Einzelfall als unzulässige Rechtsausübung erweisen.[34]

Für **unstreitige Mindestbeträge** der Abfindung kommt es auch nach der hM nicht auf 21 die endgültige Klärung der Abfindungshöhe an; sie sollen schon vorweg durchgesetzt werden können.[35] Dem ist mit der Maßgabe zuzustimmen, dass die Fälligkeit auch insoweit im Zweifel nicht schon im Zeitpunkt der Anspruchsentstehung, also beim Ausscheiden, sondern erst nach Ablauf einer für die Beschaffung der erforderlichen Mittel nötigen Mindestzeit eintritt.

Zinsen sind im Grundsatz nicht schon ab Entstehung oder Fälligkeit des Anspruchs, 22 sondern erst dann zu zahlen, wenn die Gesellschaft nach Eintritt der Fälligkeit auf eine Mahnung des Ausgeschiedenen nicht leistet (§ 286 Abs. 1).[36] Allerdings liegt namentlich dann, wenn die Gesellschafter sich auf eine Abfindung zu einem Stichtag *vor* dem Ausscheiden geeinigt und den Ausscheidenden dadurch von einer Ergebnisbeteiligung schon während der restlichen Zeit seiner Gesellschaftszugehörigkeit ausgeschlossen haben oder wenn der Gesellschaftsvertrag vergleichbare Regelungen enthält, die Annahme einer zumindest konkludenten Verzinsungsabrede nahe.[37] Zu abweichenden Vereinbarungen über Fälligkeit, Stundung und Verzinsung vgl. im Übrigen RdNr. 65.

3. Die Abfindungsbilanz. a) Bedeutung. Nach *herkömmlicher,* durch die in früheren 23 Jahrzehnten als maßgeblich angesehene Abfindung zu **Substanzwerten** geprägter An-

---

[30] RG JW 1917, 539; HRR 1939 Nr. 937; Erman/Westermann RdNr. 4; Soergel/Hadding/Kießling RdNr. 37; Hueck OHG § 29 II 5 a d; Hörstel NJW 1994, 2268, 2271; Sudhoff DB 1964, 1326. Mit anderer Begründung, unter Berufung auf den typischen Parteiwillen ("aus den Umständen", § 271 Abs. 1), auch Heckelmann (Fn. 22) S. 26 ff.
[31] Vgl. zu dieser vor allem für die Feststellung des jeweiligen Jahresabschlusses umstrittenen Frage § 721 RdNr. 8.
[32] So zutr. Riegger, Die Rechtsfolgen des Ausscheidens eines Gesellschafters aus einer zweigliedrigen Personalgesellschaft, 1969, S. 96; ebenso Palandt/Sprau RdNr. 6; Bamberger/Roth/Timm/Schöne RdNr. 19; Staudinger/Habermeier RdNr. 9; Westermann Hdb. RdNr. I 1141; Staub/C. Schäfer § 131 HGB RdNr. 140 f.; Stötter BB 1977, 1219, 1220 sowie BGH WM 1980, 212, 213 für Ansprüche aus § 740.
[33] Dazu näher Staub/C. Schäfer § 131 HGB RdNr. 141. So auch Neuhaus, Unternehmensbewertung und Abfindung, 1990, S. 149 ff.; ähnlich (Fälligkeit ab dem Zeitpunkt, zu dem der Anspruch berechenbar ist) MünchKommHGB/K. Schmidt § 131 RdNr. 129; aA (für grds. sofortige Fälligkeit) Riegger (Fn. 32) S. 96 und Stötter BB 1977, 1219, 1220.
[34] BGH NJW 1960, 718, 719.
[35] BGH 1959, 719; 1961, 348; DB 1977, 87, 89; WM 1981, 487; 1987, 1280, 1281; Soergel/Hadding RdNr. 37; für den Fall der Auseinandersetzung nach §§ 730, 733 vgl. auch § 730 RdNr. 54. Einschr. (wegen der zu erwartenden Prozessflut) Stötter BB 1977, 1220.
[36] So auch Erman/Westermann RdNr. 6. Für Verzinsungspflicht schon vom Zeitpunkt des Ausscheidens an entspr. §§ 354 Abs. 2, 353 HGB aber Stötter BB 1977, 1220. Zur Rechtslage bei OHG und KG vgl. Staub/C. Schäfer § 131 HGB RdNr. 142.
[37] Staub/C. Schäfer § 131 HGB RdNr. 142; so auch bereits Düringer/Hachenburg/Flechtheim § 138 HGB Anm. 14.

sicht[38] sollte es zur Ermittlung des Abfindungsanspruchs des § 738 Abs. 1 S. 2 der Erstellung einer sog. Abschichtungs- oder Abfindungsbilanz bedürfen, die der Schlussabrechnung im Zuge der Auflösung der Gesellschaft (§ 730 RdNr. 57 ff.) entspricht. In ihr seien die Gegenstände des Gesellschaftsvermögens mit ihren Substanzwerten auf der Basis der Fortsetzung der Gesellschaft anzusetzen, im Falle einer unternehmerisch oder freiberuflich tätigen Gesellschaft vermehrt um einen sog. Firmen- oder Geschäftswert (good will).

24   Diese Ansicht ist aus heutiger Sicht *überholt*, nachdem die höchstrichterliche Rechtsprechung unter dem Einfluss der betriebswirtschaftlichen Bewertungslehre die grundsätzliche Maßgeblichkeit des **Ertragswertverfahrens** für die Ermittlung des Abfindungsguthabens anerkannt hat (vgl. RdNr. 35).[39] Auch wenn sich die Differenz zwischen Substanz- und Ertragswert mit Hilfe des Firmen- oder Geschäftswerts ausgleichen ließe, bedarf es des Umwegs über die vorgeschaltete Ermittlung des Substanzwerts aus zutreffender neuerer Sicht doch nicht, es sei denn, dass die Abfindungsregelungen im Gesellschaftsvertrag ausdrücklich hierauf abstellen. Für die Unternehmensbewertung maßgebend ist nach st. Rspr. seit den 1970er Jahren vielmehr die *Schätzung der voraussichtlichen künftigen Jahreserträge* auf der Basis der ordentlichen Erträge und Aufwendungen der letzten Geschäftsjahre und ihre Abzinsung auf den Bewertungszeitpunkt unter Zugrundelegung des hierfür geeigneten Kapitalisierungszinsfußes.[40] Auf den Substanzwert in Gestalt der Liquidations-(Zerschlagungs-)werte kommt es, abgesehen von der gesonderten Bewertung der Gegenstände des nicht betriebsnotwendigen Vermögens,[41] abweichend vom Wortlaut des Abs. 1 S. 2 aE mit seinem Abstellen auf eine fiktive Liquidation, nicht an (RdNr. 33). Abweichendes gilt nur dann, wenn der Ertragswert unter diesem Wert liegt; er bildet die Untergrenze des nach gesetzlicher Regel zu ermittelnden Abfindungswertes.[42] Zu neuen, von der Rechtsprechung bisher nicht rezipierten Bewertungsverfahren vgl. RdNr. 36.

25   Der Übergang von der Substanz- zur Ertragswertermittlung für die Zwecke der Abfindung hat freilich **nicht** schon zur Folge, dass die Erstellung einer **Abfindungsbilanz** dadurch **gegenstandslos** geworden ist.[43] Auch wenn ein solches Rechenwerk seine herkömmliche Bedeutung weitgehend verloren hat, bleibt es doch erforderlich, um aus dem (Ertrags-)Wert des Unternehmens die Höhe des Abfindungsanspruchs abzuleiten. Dabei geht es nicht nur um die Aufteilung des (fiktiven) Auseinandersetzungsgewinns (RdNr. 37) auf die jeweiligen Gesellschafterkonten als Grundlage für die Abfindung des Ausgeschiedenen, sondern auch um den Ansatz derjenigen Posten, die im Rahmen der Ertragswertermittlung außer Ansatz bleiben, aber den Wert der Gesellschaftsanteile modifizieren; dazu zählen neben den nicht betriebsnotwendigen (neutralen) Aktiva[44] vor allem Ansprüche der Gesellschafter auf Rückgewähr der der Gesellschaft zur Benutzung überlassenen oder dem Werte nach eingebrachten Gegenstände (RdNr. 76) sowie sonstige im Rahmen der Abfindung zu berücksichtigende Sozialverbindlichkeiten und -ansprüche (RdNr. 37). Mit diesem be-

---

[38] Vgl. etwa BGH NJW 1974, 312; WM 1971, 1450; *RGRK/v. Gamm* RdNr. 4; *Düringer/Hachenburg/Flechtheim* § 138 HGB Anm. 10 f.; *Schlegelberger/Geßler* 4. Aufl. § 138 HGB RdNr. 17 ff.; diff. jetzt *Soergel/Hadding/Kießling* RdNr. 25.

[39] BGHZ 116, 359, 370 f. = NJW 1992, 892, 895; BGH NJW 1982, 2441; 1985, 192, 193; 1993, 2101, 2103; vgl. dazu *W. Müller*, FS Bezzenberger, 2000, S. 705, 706 ff.; *Ulmer*, FS Quack, 1991, S. 477, 479; *Westermann* Hdb. RdNr. I 1145; *Hülsmann* ZIP 2001, 450 ff.

[40] Vgl. nur *Ulmer*, FS Quack, 1991, S. 490 ff.; *Großfeld*, Unternehmens- und Anteilsbewertung im Gesellschaftsrecht, 4. Aufl. 2002, S. 114 ff., 152 ff.

[41] Vgl. *Großfeld* (Fn. 40) S. 168 ff.; *Piltz*, Die Unternehmensbewertung in der Rspr., 3. Aufl. 1994, S. 30 ff.; *Ulmer*, FS Quack, 1991, S. 479, 497 f.; *MünchKommHGB/K. Schmidt* § 131 RdNr. 141; aus der Rspr. vgl. BGH NJW 1993, 2101, 2103; AG 1984, 216 f.; BayObLG BB 1996, 259; OLG Köln ZIP 1999, 965.

[42] Siehe nur *Großfeld* (Fn. 40) S. 222, der diesem Aspekt des Substanzwertes jedoch nur geringe Bedeutung beimisst.

[43] Ebenso *Bamberger/Roth/Timm/Schöne* RdNr. 24; *Westermann* Hdb. RdNr. I 1144; MünchKommHGB/*K. Schmidt* § 131 RdNr. 135; aA *Schulze-Osterloh* ZGR 1986, 545, 546; wohl auch *Großfeld* (Fn. 40), der die Abfindungsbilanz gänzlich ausklammert.

[44] Vgl. dazu und zur Abgrenzung vom betriebsnotwendigen Vermögen nur *Großfeld* (Fn. 40) S. 168 ff.; *Piltz* (Fn. 41) S. 30 f.; WP-Handbuch 2008, 13. Aufl. 2007, Bd. II RdNr. A 130 ff.

grenzten Inhalt bedarf es also weiterhin der Erstellung einer Schlussabrechnung, während der Ansatz der einzelnen zum betriebsnotwendigen Gesellschaftsvermögen gehörenden Aktiva und der unternehmensbezogenen Passiva durch die Globalziffer des Ertragswerts als des das Unternehmen (die Gesamtheit seiner Aktiva und Passiva) repräsentierenden Aktivums ersetzt wird.

b) Aufstellung und Feststellung. Zur Berechnung des Abfindungsanspruchs kann der Ausgeschiedene von den übrigen Gesellschaftern die **Aufstellung** einer „Abfindungsbilanz" (Abrechnung) auf den Stichtag des Ausscheidens verlangen, soweit sich eine solche nicht wegen der jeweiligen vertraglichen Abfindungsvereinbarungen (Buchwertklausel u. a.) erübrigt.[45] Die Abfindungsbilanz (auch „Abschichtungsbilanz" genannt) dient der Ermittlung des Auseinandersetzungsguthabens auf der Basis des anteiligen Wertes des Unternehmens oder Geschäftsbetriebs der fortgesetzten Gesellschaft (RdNr. 32 ff.). In sie sind auch die zu unselbstständigen Rechnungsposten gewordenen gesellschaftsvertraglichen Ansprüche und Verbindlichkeiten des Ausgeschiedenen (RdNr. 18) einzubeziehen. Hatte der Ausgeschiedene im Wege privater Schuldübernahme Verbindlichkeiten der GbR übernommen, ist auch das für die Berechnung des Abfindungsanspruchs zu berücksichtigen.[46] Zu den für die Bilanzerstellung maßgeblichen Bewertungsgrundsätzen vgl. RdNr. 34 f., zur Berechnung des Abfindungsanspruchs RdNr. 37, zur Nichtberücksichtigung schwebender Geschäfte bei Abfindung auf der Basis des Ertragswerts vgl. § 740 RdNr. 3. 26

Die **Pflicht zur Bilanzaufstellung** trifft gegenüber dem Ausgeschiedenen die *Gesellschaft* (RdNr. 16); im Innenverhältnis ist die Aufstellung Sache der *Geschäftsführer*.[47] Auch der Ausgeschiedene selbst ist im Rahmen der nachvertraglichen Abwicklungspflichten grundsätzlich zur Mitwirkung bei der Aufstellung verpflichtet.[48] Seine Pflicht reicht aber nicht weiter als die ihm hierzu nach dem Ausscheiden verbleibenden Möglichkeiten;[49] dabei ist zu berücksichtigen, dass der Ausgeschiedene im Regelfall keine gesellschaftsrechtlichen Einsichts- und Kontrollrechte nach § 716 Abs. 1 mehr hat, sondern auf das in § 810 geregelte Recht auf Urkundeneinsicht beschränkt ist.[50] Schuldhafte Verzögerungen der Rechnungserstellung seitens der Gesellschaft oder unrichtige Ansätze geben dem Ausgeschiedenen einen Anspruch auf Ersatz des ihm daraus entstehenden Schadens. 27

Von der Bilanzaufstellung zu unterscheiden ist die **Feststellung,** dh. die verbindliche Festlegung der zur Bemessung des Abfindungsanspruchs dienenden Rechnungsposten zwischen den Beteiligten (vgl. dazu und zum Streit um die Rechtsnatur des Feststellungsbeschlusses § 721 RdNr. 8). Im Unterschied zum Gewinnanspruch nach § 721 Abs. 2 ist die Feststellung der Abfindungsbilanz allerdings nicht Voraussetzung für Entstehung und Fälligkeit des Abfindungsanspruchs (RdNr. 19 f.). Deshalb und wegen der auf die Abfindungsberechnung beschränkten Bedeutung des Rechenwerks ist eine gesonderte Feststellung im Unterschied zur Jahresbilanz entbehrlich. Den Beteiligten steht daher insoweit auch kein Anspruch auf einen entsprechenden Feststellungsbeschluss zu. Streitigkeiten über einzelne Ansätze können auch ohne besondere Bilanzfeststellung im Wege der Leistungs- oder Feststellungsklage geklärt werden (RdNr. 30 f.). 28

Ist die Abfindungsbilanz zwischen den Beteiligten festgestellt, so richtet sich die **Bindungswirkung** entsprechend der vergleichsähnlichen, bestätigenden Natur des Feststellungsakts **nach § 779**.[51] Die Feststellung ist unwirksam, wenn sich nachträglich herausstellt, dass beide 29

---

[45] BGH WM 1980, 1362, 1363.
[46] So zutr. OLG Karlsruhe NZG 2000, 1123, 1124.
[47] BGH WM 1979, 1330; *Soergel/Hadding/Kießling* RdNr. 26; *Bamberger/Roth/Timm/Schöne* RdNr. 24.
[48] *Staub/C. Schäfer* § 131 HGB RdNr. 145; *Erman/Westermann* RdNr. 8; *Westermann* Hdb. RdNr. I 1149; *Soergel/Hadding/Kießling* RdNr. 11; zur Mitwirkung der übrigen Gesellschafter s. auch BGH NJW 2000, 2276.
[49] Für Beschränkung der Aufstellungspflicht auf die weiter in der Gesellschaft tätigen Gesellschafter daher BGH NJW 1959, 1491; OLG Hamburg MDR 1964, 511; *Hueck* OHG § 29 II 5 a Fn. 70.
[50] Vgl. dazu BGH NJW 2000, 2276; WM 1989, 878, 879; 1994, 1925, 1928; wN bei § 716 Fn. 26.
[51] Ebenso *v. Westphalen* BB 1982, 1894 ff.; *Schwung* BB 1985, 1374, 1375; *Staudinger/Habermeier* RdNr. 17; *Bamberger/Roth/Timm/Schöne* RdNr. 24; vgl. zum Ganzen näher *Staub/C. Schäfer* § 131 HGB RdNr. 147 und *Staub/Ulmer* § 120 HGB RdNr. 18 f., jeweils mwN.

Seiten von einem unzutreffenden Sachverhalt ausgegangen sind, und wenn die durch die Feststellungsvereinbarung behobene Ungewissheit bei Kenntnis der wahren Sachlage nicht bestanden hätte (§ 779 Abs. 1). Die Unwirksamkeit tritt grundsätzlich ein bei übereinstimmender Berücksichtigung bestimmter in Wahrheit nicht berücksichtigungsfähiger Aktiva oder bei irrtümlicher Nichtansetzung bestehender Sozialverbindlichkeiten. Handelt es sich dabei allerdings nur um einzelne, das Ergebnis der Bilanzfeststellung nicht entscheidend prägende Posten, so kann an die Stelle der Unwirksamkeit die nachträgliche Anpassung der Bilanz unter Vornahme der nach Sachlage gebotenen Änderungen treten.[52] Anderes gilt bei allseitiger ursprünglicher Ungewissheit über die Wertansätze, zu deren Behebung der Feststellungsakt bestimmt war; ihre spätere Klärung lässt die Verbindlichkeit des Vergleichs grundsätzlich unberührt.[53] Eine Irrtumsanfechtung nach § 119 Abs. 2 kommt nur bei einseitigem Irrtum und nur dann in Betracht, wenn die vergleichsweise Regelung nicht dazu bestimmt war, die bestehende Ungewissheit auch für den vom Irrtum betroffenen Punkt zu beseitigen.[54]

30   c) **Gerichtliche Durchsetzung.** Der Anspruch des Ausgeschiedenen auf **Aufstellung** der Abfindungsbilanz kann im Wege der **Leistungsklage** durchgesetzt werden, wenn die übrigen Gesellschafter ihre Rechnungslegungspflicht entweder bestreiten oder ihr nicht rechtzeitig nachkommen. Die Klage richtet sich grundsätzlich auf Vornahme einer vertretbaren Handlung durch den Schuldner; das Urteil ist nach § 887 ZPO zu vollstrecken.[55] Demgegenüber greift § 888 ZPO ein, wenn die Bilanz nicht zuverlässig anhand der Geschäftsbücher durch einen Sachverständigen erstellt werden kann.[56] Auf die Fälligkeit des Abfindungsanspruchs kommt es für die Klage auf Bilanzaufstellung oder auf gerichtliche Feststellung streitiger Posten (RdNr. 31) nicht an. Ist die Fälligkeit eingetreten (RdNr. 20), die Anspruchshöhe aber noch nicht bekannt, so können Klage auf Bilanzaufstellung oder auf gerichtliche Feststellung streitiger Posten und auf Zahlung im Wege der **Stufenklage** (§ 254 ZPO) miteinander verbunden werden.[57] Die Umdeutung des Leistungsbegehrens in einen Feststellungsantrag ist auch im Fall der Stufenklage zulässig.[58] Eine Bilanzaufstellung durch das Gericht ist ausgeschlossen.[59] Geht es nur um die *Berücksichtigung bestimmter Rechnungsposten* (RdNr. 31) im Rahmen der schon vorliegenden Abfindungsbilanz, so kann alsbald nach Eintritt der Fälligkeit auf Zahlung geklagt und im Rahmen dieser Klage der Streit hierüber ausgetragen werden.[60]

31   Eine Klage auf Zustimmung zur Bilanzfeststellung scheidet mangels Feststellungsanspruchs (RdNr. 28) im Regelfall aus. Wohl aber kann über die **Richtigkeit einzelner Bilanzposten** oder Berechnungsgrundsätze durch **Feststellungsklage** gestritten werden, wenn das grundsätzliche Bestehen des Abfindungsanspruchs und die Zahlungsbereitschaft der Gesellschaft außer Zweifel stehen. Nicht nur die verbleibenden Gesellschafter, sondern auch der Ausgeschiedene können danach auf Feststellung der Richtigkeit der streitigen Bilanzansätze oder Bewertungsmethoden klagen, ohne sich auf eine Leistungsklage auf Zahlung des Abfindungsanspruchs verweisen lassen zu müssen.[61] Richtet sich die Klage – zur Kon-

---

[52] BGH NJW 1957, 1834; WM 1960, 187; 1972, 1443, 1444.
[53] *Riegger* (Fn. 32) S. 133 f.; so im Ergebnis auch RG DJZ 1929, 311; *Hueck* § 29 II 5 a g; *Zunft* NJW 1959, 1947.
[54] RGZ 162, 198, 201; *Riegger* (Fn. 32) S. 133 Fn. 270 mwN.
[55] MünchKommHGB/*K. Schmidt* § 131 RdNr. 136; *Heymann/Emmerich* § 138 HGB RdNr. 19; zweifelnd *Westermann* Hdb. RdNr. I 1150.
[56] Vgl. dazu MünchKommZPO/*Schilken* § 887 RdNr. 22, § 888 RdNr. 4; *Baumbach/Lauterbach/Albers/Hartmann* § 887 ZPO RdNr. 22; *Thomas/Putzo* § 887 ZPO RdNr. 2 a; näher *Staub/C. Schäfer* § 131 HGB RdNr. 148.
[57] OLG Karlsruhe BB 1977, 1475; *Stötter* BB 1977, 1219; *Westermann* Hdb. RdNr. I 1150; vgl. auch BGH FamRZ 1975, 35, 38 für den Abfindungsanspruch entsprechend §§ 738 bis 740 bei Beendigung einer Ehegatten-Innengesellschaft.
[58] BGH WM 1995, 109, 110 f.
[59] BGHZ 26, 25, 28 f. = NJW 1958, 57.
[60] BGH NJW-RR 1987, 1386, 1387; WM 1999, 1213 f.; *Westermann* Hdb. RdNr. I 1150.
[61] BGHZ 1, 65, 74 = NJW 1951, 311; BGH NJW 1975, 360; WM 1964, 1052; 1971, 1450; 1972, 1399, 1400; *Erman/Westermann* RdNr. 8; *Soergel/Hadding/Kießling* RdNr. 28; *Hueck* OHG § 29 II 5 a Fn. 71; *Riegger* (Fn. 32) S. 137; *Stötter* DB 1972, 272; *Zunft* NJW 1959, 1945, 1949.

kretisierung des Anspruchs aus § 739 – gegen den Ausgeschiedenen, so kann dieser sich nicht allgemein auf ein Bestreiten der Bilanzansätze beschränken, sondern muss im Einzelnen darlegen, welche Bilanzansätze unrichtig sind.[62] Zum Einsichtsrecht des Ausgeschiedenen nach § 810 vgl. § 716 RdNr. 13.

4. Die Wertermittlung. a) Grundlagen. Auf die Ermittlung des gesetzlichen Anteilswerts kommt es nicht nur dann an, wenn der Gesellschaftsvertrag keine abweichenden Vereinbarungen enthält. Vielmehr hat sie Bedeutung auch für die Prüfung der Frage, ob die vertragliche Abweichung (regelmäßig: Reduktion) der Abfindung der Inhaltskontrolle standhält. Dabei eröffnet § 738 Abs. 2 für die Wertansätze in der Abfindungsbilanz den Weg der **Schätzung**. Sie kommt namentlich dann in Betracht, wenn die zu berücksichtigenden Gegenstände keinen fixierten Wert haben und es auch an objektivierbaren Maßstäben wie einem Börsen- oder Marktpreis fehlt. Schätzungsgrundlage ist dabei nach ganz hM nicht der Zerschlagungs- (Liquidations-)wert, sondern der **(Ertrags-)Wert** auf der Grundlage der als werbend **fortgesetzten Gesellschaft**;[63] dem Unterschied kommt vor allem beim Ausscheiden aus einer Erwerbsgesellschaft (Vor § 705 RdNr. 89 f.) Bedeutung zu. Die Befugnis zur Wertermittlung durch Schätzung liegt nach § 287 Abs. 2 ZPO bei den Gerichten, die sich hierzu in der Regel der Einholung von Sachverständigengutachten bedienen. Die Ermittlung kann vertraglich auch einem Schiedsgutachter übertragen werden; in diesem Fall sind die Gerichte auf eine Billigkeitskontrolle nach § 319 Abs. 1 beschränkt.[64]

Eine **Bewertung auf der Grundlage des Anteilswerts** des Ausgeschiedenen, dh. losgelöst von der Ermittlung des Wertes der Gesellschaft bzw. des von ihr betriebenen Unternehmens, scheidet in aller Regel aus. Dies schon deshalb, weil mangels Handelbarkeit der Anteile von Personengesellschaften die Feststellung eines solchen isolierten Wertes *meist kaum möglich* ist. Aus diesem Grund lässt sich auch die Rechtsprechung des BVerfG zur grundsätzlichen Maßgeblichkeit des zeitnahen *Börsenwerts* der Aktien für die Festsetzung der Abfindung ausscheidender Aktionäre[65] nicht auf die Abfindung von Gesellschaftern einer GbR, OHG oder KG übertragen, selbst wenn man von der nicht selten anzutreffenden, einem solchen Vorgehen entgegenstehenden Stellung dieser Gesellschaften nicht als Kapitalanleger, sondern als Mitunternehmer absieht. Eine Ausnahme kommt allenfalls bei solchen Publikumsgesellschaften in Betracht, bei denen es einen funktionierenden Markt für den Handel mit Anteilen gibt. Gegen das Abstellen auf den Anteilswert sprechen aber auch und vor allem *Wortlaut und Sinn des § 738 Abs. 1 S. 2*. Wenn der Ausscheidende danach so gestellt werden soll, als wäre die Gesellschaft zurzeit seines Ausscheidens aufgelöst worden, folgt daraus, dass für seine Abfindung nicht der Verkehrswert seines Anteils maßgebend ist, sondern sein *Anteil an dem (Verkehrs-)Wert des fortgeführten Unternehmens der Gesellschaft*, den die Beteiligten bei dessen Veräußerung zum Stichtag des Ausscheidens erzielen könnten.[66] Zur Bestimmung dieses Wertes im Wege der Schätzung vgl. RdNr. 32.

Für die Erstellung der **Abfindungsbilanz einer GbR** sind die auf die *Unternehmensbewertung* bezogenen Fragen angesichts der Vielfalt der insoweit in Betracht kommenden Gesellschaftszwecke und angesichts des Rechtsformzwangs für den gemeinsamen Betrieb

---

[62] BGH WM 1965, 974, 975.
[63] BGHZ 17, 130, 136 = NJW 1955, 1025; BGHZ 116, 359, 370 f. = NJW 1992, 892; BGH NJW 1993, 2101; 1985, 192, 193; WM 1961, 323; 1971, 1450; *Großfeld* (Fn. 40) S. 4 f.; *Erman/Westermann* RdNr. 5; *Palandt/Sprau* RdNr. 5; *Soergel/Hadding/Kießling* RdNr. 32; *Bamberger/Roth/Timm/Schöne* RdNr. 24; *Hueck* OHG § 29 II 5 a; *Heckelmann* (Fn. 22) S. 28 f.; *Sudhoff* ZGR 1972, 157 f.; aA wohl nur *Flume* I/1 § 12 I.
[64] HM, vgl. *Baumbach/Hopt* § 131 HGB RdNr. 53; *MünchKommHGB/K. Schmidt* § 131 RdNr. 147; *Staub/C. Schäfer* § 131 HGB RdNr. 150.
[65] So seit BVerfGE 100, 289, 305 ff. = NJW 1999, 3769 st. Rspr.; vgl. dazu auch *Hüffer* § 305 AktG RdNr. 20 a ff.; *Emmerich/Habersack*, Aktien- und GmbH-Konzernrecht, 5. Aufl. 2008, § 305 RdNr. 43 ff., jeweils mwN.
[66] St. Rspr., vgl. schon BGHZ 17, 130, 136 = NJW 1955, 1025; ebenso BGHZ 116, 359, 370 f. = NJW 1992, 892; BGH NJW 1985, 192; WM 1971, 1450; OLG Naumburg NZG 2001, 658 u. a. Dazu auch *Hüttemann* ZHR 162 (1998), 563, 576 f.; *Hülsmann* ZIP 2001, 450 f. Für Bewertungsabschlag gegenüber dem anteiligen Unternehmenswert wegen der geringen Fungibilität der Anteile aber *Sigle* ZGR 1999, 669.

eines Handelsgewerbes (§§ 105 Abs. 1, 161 Abs. 1 HGB) nur von begrenztem Interesse. Daher genügt der folgende Kurzüberblick über die einschlägigen Bewertungsverfahren (RdNr. 35 f.). Wegen der Einzelheiten kann für die unternehmenstragende GbR auf die Kommentierungen zum Recht der Personenhandelsgesellschaften verwiesen werden.[67]

35 **b) Bewertungsverfahren.** Was die für die Wertermittlung geeigneten Verfahren betrifft, so gingen das juristische Schrifttum, aber auch die Rechtsprechung im Rahmen von § 738 früher auch für die Unternehmensbewertung grundsätzlich von der sog. *Substanzwertmethode* aus;[68] bei Erwerbsgesellschaften waren sie bemüht, deren Ertragskraft durch Ansatz eines „Firmenwerts" oder „good will" als einer Art fiktiven Substanzpostens Rechnung zu tragen.[69] Demgegenüber haben sich in der betriebswirtschaftlichen Bewertungspraxis seit Jahrzehnten abweichende, lange Zeit in erster Linie auf den **Ertragswert** bezogene Bewertungsgrundsätze entwickelt.[70] Danach wird für die Unternehmensbewertung grundsätzlich auf den Ertragswert abgestellt und dem Substanzwert, vom Sonderfall dauernd unrentabler Unternehmen und der Bewertung der nicht betriebsnotwendigen Vermögensgegenstände abgesehen, bloße Hilfsfunktion zugemessen.[71] Dementsprechend herrscht heute auch in der Rechtsprechung[72] und dem juristischen Schrifttum zur Unternehmensbewertung[73] die Ertragswertmethode vor. Soweit es daneben noch des Rückgriffs auf die Substanzwertmethode bedarf,[74] kommt es nicht auf die Buchwerte, sondern die *Verkehrswerte* der Gegenstände des Gesellschaftsvermögens an; stille Reserven sind aufzulösen.

36 Seit etwa den 1990er Jahren ist in der *betriebswirtschaftlichen* Literatur eine Entwicklung zu beobachten, die das Ertragswertverfahren gegenüber *neuen Verfahrensarten* zunehmend in den Hintergrund treten lässt.[75] Auch die Bewertungspraxis hat sich entsprechend umgestellt; sie wendet neben dem Ertragswertverfahren oder an dessen Stelle zunehmend das sog. **Discounted cash flow-(DCF-)Verfahren** an.[76] Es gleicht dem Ertragswertverfahren zwar darin, dass es der Wertermittlung ebenfalls den geschätzten Barwert der künftig von der Gesellschaft zu erzielenden finanziellen Überschüsse des betriebsnotwendigen Vermögens zu Grunde legt. Jedoch bildet die Grundlage dieser Bewertung nicht die – im Wesentlichen aus der Plan-Gewinn- und Verlustrechnung ableitbare – Differenz zwischen den Erträgen und den Aufwendungen (einschließlich Fremdkapitalkosten und Unternehmenssteuern) aus der

---

[67] Vgl. nur MünchKommHGB/*K. Schmidt* § 131 RdNr. 133 ff.; *Staub/C. Schäfer* § 131 HGB RdNr. 150 ff.
[68] Vgl. Nachweise in Fn. 38 und *Großfeld* (Fn. 40) S. 20 ff.; dazu auch RdNr. 23.
[69] RGZ 94, 106, 108; 106, 128, 132; RG DR 1942, 140; RGRK/*v. Gamm* RdNr. 4; zur Problematik dieser Betrachtung aus der Sicht neuerer Bewertungsmethoden vgl. schon GroßkommHGB/*Ulmer*, 3. Aufl. 1973, § 138 RdNr. 89 f.
[70] Vgl. *Großfeld* (Fn. 40) S. 152 ff.; *Aurnhammer*, Die Abfindung von BGB-Gesellschaften im Spannungsfeld zwischen Wissenschaft, Rspr. und Betriebswirtschaftslehre, 1996, S. 96 ff.; *Piltz* (Fn. 41) S. 3 ff., 16 ff.; *Westermann* Hdb. RdNr. I 1146 f. sowie die Übersicht bei *Ulmer*, FS Quack, 1991, S. 477, 479 f.
[71] Vgl. nur WP-Handbuch (Fn. 44) Bd. II RdNr. A 246 ff.
[72] Vgl. etwa BGHZ 116, 359, 370 f. = NJW 1992, 892; BGH WM 1993, 1412, 1413; NJW 1985, 192, 193; WM 1974, 129; 1981, 452.
[73] Vgl. näher *Ulmer*, FS Quack, 1991, S. 477 ff.; *W. Müller*, FS Bezzenberger, 2000, S. 705, 706 ff.; *Hülsmann* ZIP 2001, 450, 451 ff.; *Großfeld* (Fn. 40) S. 152 ff.; *Piltz* (Fn. 41) S. 16 ff., jeweils mwN.
[74] So etwa BGH NJW 1991, 1547, 1548 (Bewertung einer freiberuflichen Praxis im Rahmen des Zugewinnausgleichs); NJW 1993, 2101, 2102 (Bewertung bei überdurchschnittlich hohem Anteil nicht betriebsnotwendigen Vermögens); NZG 2006, 425 (Bewertung bei Gesellschaft mit hohen stillen Reserven – Immobilien-/Beteiligungsgesellschaft); vgl. auch *Sommer* GmbHR 1995, 249, 254.
[75] Vgl. etwa die Zusammenstellung bei *Welf Müller* in: *Semler/Volhard,* Hdb. Unternehmensübernahmen, Bd. 1, 2001, § 10 RdNr. 85 ff.; *ders.*, FS Bezzenberger, 2000, S. 705 f. Dazu auch *Großfeld* (Fn. 40) S. 46 ff., 159 ff.; WP-Handbuch (Fn. 44) Band II RdNr. A 76 ff., 304 ff., 350 ff.
[76] Vgl. dazu WP-Handbuch (Fn. 44) Band II RdNr. A 304 ff.; *Großfeld* (Fn. 40) S. 159 ff.; *Ballwieser* WPg 1995, 119 ff.; *Kohl/Schulte* WPg 2000, 1147 ff.; *W. Müller* Hdb. (Fn. 75) § 10 RdNr. 126 ff., 179 ff. Nach *Drukarczyk,* Unternehmensbewertung, 5. Aufl. 2007, S. 101, wird das DCF-Verfahren schon seit ca. 1985 praktiziert; nach einer von *W. Müller*, FS Bezzenberger, 2000, S. 708 zitierten Untersuchung von 1999 hat es – bei Mehrfachnennungen – mit 95% nicht nur das Multiplikatoren-Verfahren (73%), sondern auch und vor allem das Ertragswertverfahren des IDW (46%) deutlich überrundet. Aus Sicht des *IDW-Hauptfachausschusses* (Grundsätze zur Durchführung von Unternehmensbewertungen vom 28. 6. 2000, WpG 2000, 825 ff.) steht das DCF-Verfahren (Tz. 7.3) gleichrangig neben dem Ertragswertverfahren (Tz. 7.2).

persönlichen Geschäftstätigkeit. Maßgeblich ist vielmehr der sog. **Cash flow,** dh. der jährlich zu erzielende *finanzielle Überschuss* nach Abzug von Investitionskosten und Unternehmenssteuern, jedoch *ohne Berücksichtigung von Abschreibungen und Fremdkapitalkosten.*[77] In der Rechtsprechung hat diese Umorientierung bisher, soweit ersichtlich, keinen Niederschlag gefunden.[78] Auf sie ist daher auch im Folgenden nicht näher einzugehen.

5. Berechnung des Anspruchs auf die Abfindung (den Fehlbetrag). Die Höhe 37 dieses Anspruchs ergibt sich aus der auf den Abfindungsstichtag erstellten Abfindungsbilanz. Für seine Zusammensetzung gelten die gleichen Grundsätze wie für die Ermittlung des Auseinandersetzungsguthabens (§ 734 RdNr. 8 f.). Einzubeziehen sind der Anspruch auf **Rückzahlung der Einlage oder ihres Wertes** unter Berücksichtigung der der Gesellschaft nicht zu Eigentum überlassenen, dem Ausgeschiedenen zurückzugewährenden Gegenstände (RdNr. 76), der anteilige Anspruch auf den in der Abfindungsbilanz ausgewiesenen, nach dem beim Ausscheiden geltenden Gewinnverteilungsschlüssel (§ 722 RdNr. 1, 5 f.) zwischen dem Ausgeschiedenen und den übrigen Gesellschaftern aufzuteilenden **fiktiven Liquidationsüberschuss** sowie die sonstigen in die Abfindungsbilanz als Rechnungsposten einzustellenden **gegenseitigen Ansprüche aus dem Gesellschaftsverhältnis** (RdNr. 18). Auf die Frage, ob der Gewinnverteilungsschlüssel während der Gesellschaftsdauer Änderungen erfahren hat, kommt es grundsätzlich nicht an.[79] Ebenso ist es im Grundsatz unerheblich, ob der Ausgeschiedene der Gesellschaft seit der Gründung angehört hat oder ob und zu welchen Bedingungen er ihr später beigetreten ist.[80]

Soweit die Abfindungsbilanz nicht zu einem Überschuss führt, sondern zum Ausweis 38 eines **Liquidationsverlusts,** kann sich je nach den gesellschaftsvertraglichen Vereinbarungen über die Verlustverteilung eine aus § 739 folgende Zahlungspflicht des Ausgeschiedenen gegenüber der Gesellschaft für den Fehlbetrag ergeben. Für die gesonderte Berücksichtigung **schwebender Geschäfte** und des daraus erzielten Ergebnisses nach Maßgabe von § 740 ist nur Raum, wenn der Abfindungsanspruch weder auf der Basis der Ertragswerte berechnet wird noch sich nach dem Buchwert richtet (§ 740 RdNr. 3, 8).

III. Vertragliche Abfindungsvereinbarungen

1. Allgemeines. a) Gründe abweichender Vertragsgestaltung. Verträge von Gesell- 39 schaften, bei denen es nach gesetzlicher Regel (§§ 131 Abs. 3, 140 HGB) oder kraft Fortsetzungsklausel (§§ 736 Abs. 1, 737) zum Ausscheiden eines Gesellschafters unter Fortsetzung der Gesellschaft durch die übrigen kommen kann, enthalten meist auch Vereinbarungen über die Abfindung im Fall des Ausscheidens.[81] Mit derartigen Abfindungsklauseln werden unterschiedliche Motive verfolgt.[82] Es kann lediglich darum gehen, anstelle der mit zahlreichen Schwierigkeiten und Bewertungsproblemen verbundenen Aufstellung einer besonderen Abfindungsbilanz einen **praktikablen Maßstab** für die Berechnung des Abfindungsanspruchs zu vereinbaren.[83] Dieser rechtlich unproblematische Zweck verbindet sich freilich häufig mit dem Bestreben, im Interesse der **Kapitalsicherung** der Gesellschaft und

---

[77] Vgl. zu den beiden Brutto-Varianten des DCF-Verfahrens IDW-HFA (Fn. 76) Tz. 7.3.2 und 7.3.3; *W. Müller* Hdb. (Fn. 75) § 10 RdNr. 127, 179 ff.

[78] Ebenso *Hülsmann* ZIP 2001, 450, 451; *Westermann* Hdb. RdNr. I 1145; unter Hinweis auf das in der Rspr. dominierende Ertragswertverfahren ähnlich *W. Müller,* FS Bezzenberger, 2000, S. 706, 708.

[79] So zu Recht auch die hM zur Liquidation von Personenhandelsgesellschaften, vgl. Nachweise bei *Staub/C. Schäfer* § 131 HGB RdNr. 155; *Neuhaus,* Unternehmensbewertung und Abfindung, 1990, S. 145; *Flume* I/1 § 12 I, S. 169. AA *Schönle* DB 1959, 1427, 1430; ihm folgend *Heckelmann* (Fn. 22) S. 35 f.

[80] Für volle Teilnahme am Liquidationsüberschuss auch bei späterem, nach der Bildung von stillen Reserven erfolgtem Beitritt des Ausgeschiedenen daher BGH WM 1981, 627; *Neuhaus* (Fn. 79) S. 145 ff.

[81] *Bamberger/Roth/Timm/Schöne* RdNr. 26 gehen – allerdings bezogen auf rechtstatsächliche Untersuchungen zur GmbH-Satzung – von einer Verbreitung in knapp 75% aller Gesellschaftsverträge aus.

[82] Dazu näher *Heckelmann* (Fn. 22) S. 37 ff.; *Kost* DStR 1995, 1961 f.; *Knöchlein* DNotZ 1960, 452 ff.; *Ulmer,* FS Quack, 1991, S. 477, 478; *Westermann* RdNr. I 1151 f.; *Hülsmann* NJW 2002, 1673.

[83] Zu den damit verbundenen Problemen vgl. *Hueck* OHG § 29 II 5 a e, S. 459; *Flume* I/1 § 12 II, S. 175, § 12 IV, S. 184; GroßkommHGB/*Ulmer,* 3. Aufl. 1973, § 138 RdNr. 115; *Staub/C. Schäfer* § 131 HGB

zur Vermeidung eines für den Gesellschaftszweck nachteiligen Kapitalabflusses eine Beschränkung des Abfindungsanspruchs, etwa nach Art der Buchwertklausel (RdNr. 63), zu erreichen;[84] zusätzlich wird nicht selten eine Streckung der Auszahlungsdauer auf eine Reihe von Jahren vereinbart (RdNr. 65).

40 Sind spezielle Abfindungsklauseln, darunter insbesondere der Ausschluss jeder Abfindung vereinbart, die beim Tod bestimmter oder aller Gesellschafter gelten sollen, so dienen derartige Klauseln im Zweifel dazu, eine **Verfügung** über den Anteilswert **auf den Todesfall** zu ermöglichen (RdNr. 61). Schließlich ist auch denkbar, dass mit Abfindungsklauseln, namentlich wenn sie gezielt auf den Fall der Anteilspfändung oder der Gesellschafterinsolvenz bezogen sind, eine **Gläubigerbenachteiligung** verbunden ist (RdNr. 47 f.).

41 b) **Wirksamkeitsgrenzen (Meinungsstand).** In der **älteren,** vor allem zu Abfindungsklauseln in Personen*handels*gesellschaften geführten Diskussion herrschte lange Zeit die Ansicht vor, dass Buchwertklauseln, soweit sie sich nicht auf die Fälle der Anteilspfändung oder der Gesellschafterinsolvenz beschränken, sondern alle Ausscheidensfälle gleichermaßen erfassen sollen, rechtlich grundsätzlich nicht zu beanstanden seien.[85] *Abweichendes* galt vor allem für den *Ausschluss* jeder Abfindung sowie für ihre Beschränkung auf einen deutlich *unter dem Buchwert* der Beteiligung (Einlage und einbehaltene Gewinne) liegenden Betrag. Solche Vereinbarungen wurden wegen der damit verbundenen Beschränkung der persönlichen und wirtschaftlichen Freiheit des betroffenen Gesellschafters als im Zweifel nach §§ 138, 723 Abs. 3 unzulässig angesehen, wenn es sich nicht um auf den Todesfall der Gesellschafter bezogene, der Verfügung über den Anteilswert dienende Abfindungsklauseln handelte.

42 Demgegenüber haben verschiedene Entwicklungen in den **letzten Jahrzehnten** dazu geführt, den lange Zeit vorherrschenden Konsens in Frage zu stellen. Insbesondere ist die *Haltung gegenüber Buchwertklauseln* (RdNr. 63) *zunehmend kritischer* geworden.[86] Das beruht nicht nur auf der generell stärkeren Bereitschaft der Rechtsprechung, gegen unangemessene Gestaltungen in Gesellschaftsverträgen anzugehen und ihnen die Wirksamkeit zu versagen.[87] Vielmehr haben auch die wirtschaftliche Entwicklung und die Veränderungen des Geldwerts in den letzten Jahrzehnten dazu beigetragen, dass zumal bei Gesellschaften mit langjährig gehaltenem Grundbesitz Buchwert und realer Wert in einem bei Vereinbarung der Buchwertklausel nicht zu erwartenden Maße auseinanderfallen. Unter Berücksichtigung auch der Erbschaftsteuerreform 1974, die die Differenz zwischen dem Schenkungsteuerwert des Anteils und dem geringeren Abfindungsbetrag beim Ausscheiden eines Gesellschafters als unentgeltliche Zuwendung an die Mitgesellschafter einer bis zu 50% reichenden Schenkungsteuer unterwirft,[88] ist im Hinblick auf Abfindungsvereinbarungen in älteren Gesellschaftsverträgen auch der Einwand einer Störung der Geschäftsgrundlage nicht ausgeschlossen (RdNr. 56). Neuerdings könnte auch das infolge der Entscheidung des BVerfG zur Verfassungswidrigkeit des Erbschaftsteuerrechts[89] zu ändernde (erbschaft-)steuerliche Bewertungsrecht zu einer (noch) kritischeren Haltung gegenüber Buchwertklauseln führen; denn für die steuerliche Bewertung ist nunmehr im Ansatz der – standardisiert zu ermittelnde – Verkehrswert des Anteils heranzuziehen. Deshalb führt eine unter dem Verkehrswert liegen-

---

RdNr. 157; *Eiselt,* FS v. Lübtow, 1980, S. 643, 649 ff. Gestaltungsvorschläge für praktikable Abfindungsklauseln auf Ertragswertbasis bei *Ulmer,* FS Quack, 1991, S. 477, 490 ff.

[84] *Heckelmann* (Fn. 22) S. 37 f.; *Westermann* RdNr. I 1152; *Ulmer,* FS Quack, 1991, S. 478 f.

[85] Vgl. etwa *Erman,* FS Westermann, 1974, S. 75 ff.; *Heyn,* FS Schiedermair, 1976, S. 271 ff.; *Knöchlein* DNotZ 1960, 452 ff.; *Möhring,* FS Barz, 1974, S. 49 ff. sowie die Kommentierung zu § 138 HGB von Schlegelberger/Geßler, 4. Aufl. 1965, (RdNr. 26 ff.) und *Staub/C. Schäfer* § 131 HGB RdNr. 159 ff.

[86] Vgl. namentlich BGHZ 116, 359, 368 = NJW 1992, 892; BGHZ 123, 281, 286 = NJW 1993, 3193, 3194; BGH NJW 1979, 104; 1985, 192, 193; 1989, 2685, 2686.

[87] Ein Beispiel bildet etwa die Verschärfung der Anforderungen an die Vereinbarung eines Rechts zur Ausschließung ohne wichtigen Grund (vgl. § 737 RdNr. 17 ff.) und die Behandlung der für einen derartigen Ausscheidensfall vorgesehenen Buchwertklausel als nach § 138 nichtig (BGH NJW 1979, 104).

[88] §§ 3 Abs. 1 Nr. 2 S. 2, 7 Abs. 7 ErbStG idF der Bekanntmachung vom 27. 2. 1997; vgl. dazu *Meincke,* ErbStG, 14. Aufl. 2004, § 3 RdNr. 62 ff., 66, § 7 RdNr. 142 ff.

[89] BVerfG NJW 2007, 573.

de Abfindung der Erben aufgrund der Anwachsung des Anteils zu einem schenkungssteuerlich relevanten Hinzuerwerb auf Seiten der verbleibenden Gesellschafter, und dies könnte auf die Bewertung der Buchwertklausel ausstrahlen.[90]

Zum Teil gegenläufig gegenüber den in RdNr. 42 genannten Entwicklungen wirkt sich die erkennbare Tendenz der Rechtsprechung aus, stärker als bisher nach dem **Grund der jeweiligen Abfindungsvereinbarung** und den **Voraussetzungen ihres Eingreifens** zu differenzieren. So bezogen sich Urteile, in denen eine Buchwertklausel als problematisch[91] oder gar als unwirksam[92] angesehen wurde, mehrfach auf Fälle vertraglich zugelassener einseitiger Verkürzung der Gesellschafterrechte des Betroffenen bzw. dessen Ausschließung ohne wichtigen Grund. Im Schrifttum wurde zumal von *Heckelmann*[93] und *Flume*[94] auf die Besonderheiten von Gesellschaftern „minderen Rechts" hingewiesen, die ohne eigene Kapitalbeteiligung in die Gesellschaft aufgenommen worden seien und daher auch in stärkerem Maße, bis hin zum vollständigen Abfindungsausschluss, den späteren Verlust der Mitgliedschaft ohne angemessenes Entgelt hinnehmen müssten (vgl. RdNr. 58 f.). Da namentlich bei Handelsgesellschaften die Anteile der gegenwärtigen Gesellschafter nicht selten im Erbwege erlangt wurden, könnte dieser Relativierung des grundsätzlichen Verbots eines Abfindungsausschlusses weittragende Bedeutung zukommen. 43

2. Schranken für vertragliche Abfindungsvereinbarungen. a) Überblick. Soweit der Ausschluss oder die wesentliche Beschränkung des aus § 738 Abs. 1 S. 2 folgenden Abfindungsanspruchs in Frage steht, sind **vier** nach Voraussetzungen und Rechtsfolgen zu trennende **Wirksamkeitsschranken** zu beachten (zu Auszahlungsvereinbarungen vgl. RdNr. 65).[95] Derartige Klauseln können einerseits wegen sittenwidriger Knebelung nach § 138 Abs. 1 (RdNr. 45) oder wegen Gläubigerbenachteiligung (RdNr. 47) nichtig sein. Die Undurchsetzbarkeit kann sich weiter daraus ergeben, dass die Abfindungsvereinbarung wegen der mit der Ausübung des Kündigungsrechts verbundenen nachteiligen Vermögensfolgen zu einer nach § 723 Abs. 3 unzulässigen Einengung der Kündigungsfreiheit des betroffenen Gesellschafters führt (RdNr. 49 ff.). Schließlich kann je nach Lage des Falles die Berufung auf eine an sich wirksam vereinbarte Abfindungsklausel auch am Einwand gestörter Geschäftsgrundlage oder des Rechtsmissbrauchs scheitern (RdNr. 55 ff.). – Zu den Rechtsfolgen unwirksamer oder undurchsetzbarer Abfindungsvereinbarungen vgl. RdNr. 74 f. 44

b) Sittenwidrigkeit (§ 138). Eine erste, allgemein für Gesellschaftsverträge geltende Schranke (§ 705 RdNr. 134) bilden § 138 Abs. 1 und 2. Unter ihnen ist das Eingreifen des Wuchertatbestands (Abs. 2), namentlich unter dem Gesichtspunkt der Ausnutzung der Unerfahrenheit betroffener Gesellschafter, zwar nicht schlechthin ausgeschlossen,[96] dürfte aber nur selten vorkommen. Näher liegt der Tatbestand sittenwidriger **Knebelung** (Abs. 1), bei dem nach zutreffender Ansicht subjektive Umstände wie der vom anderen Teil verfolgte Beweggrund für die Prüfung der Sittenwidrigkeit zwar bedeutsam, nicht aber notwendige Voraussetzung des Eingreifens von § 138 sind (§ 138 RdNr. 129 ff.). Berücksichtigt man die erheblichen Beschränkungswirkungen, die namentlich von einem **Ausschluss** der Abfindung auf die persönliche und wirtschaftliche Freiheit des Ausgeschiedenen in objektiver Hinsicht ausgehen können, so greift in derartigen Fällen beim Fehlen besonderer Umstände im Zweifel die Nichtigkeitsfolge des § 138 ein (RdNr. 60 f.).[97] Solche besonderen Umstän- 45

---

[90] Vgl. näher *Casper* DStR 2008, 2319 (im Ergebnis allerdings verneinend).
[91] BGH NJW 1973, 651; 1973, 1606; 1985, 192; 1994, 2536; GmbHR 1977, 81, 83.
[92] BGH NJW 1979, 104; 1989, 2685; WM 1962, 462, 463; 1978, 1044.
[93] (Fn. 22) S. 113 f.
[94] I/1 § 12 III; *ders.* NJW 1979, 902 ff.; ihm folgend *Soergel/Hadding*, 11. Aufl. 1985, RdNr. 12 aE (anders aber jetzt *Soergel/Hadding/Kießling* RdNr. 51).
[95] Vgl. die Rspr.-Übersichten von *Ulmer*, FS Quack, 1991, S. 485 ff., *Kort* DStR 1995, 1961 ff., *Hülsmann* NJW 2002, 1673 ff. und *Westermann* Hdb. RdNr. I 1155 ff.; zur Rechtslage bei Buchwertklauseln auch *Gerd Müller* ZIP 1995, 1561 ff.
[96] Vgl. das in § 705 RdNr. 134 Fn. 358 angeführte Beispiel.
[97] So die hM, vgl. *Soergel/Hadding/Kießling* RdNr. 52; *Staudinger/Habermeier* RdNr. 23, vgl. auch RdNr. 30; MünchKommHGB/*K. Schmidt* § 131 RdNr. 166; *Staub/C. Schäfer* § 131 HGB RdNr. 164, 181;

§ 738   46–48   Abschnitt 8. Titel 16. Gesellschaft

de hat der BGH bei Gesellschaften mit ideeller Zwecksetzung angenommen und deshalb den Ausschluss jeglicher Abfindung grundsätzlich toleriert (RdNr. 62).

46   **Buchwertklauseln** oder sonstige zur Nichtberücksichtigung stiller Reserven führende Beschränkungen werden schon deshalb nur in Sonderfällen[98] einen Sittenverstoß iS von § 138 Abs. 1 enthalten, weil es für das Eingreifen dieser Vorschrift auf den Zeitpunkt des *Zustandekommens* der Vereinbarung ankommt (§ 138 RdNr. 133). Zu diesem Zeitpunkt besteht aber die mit dem späteren Anstieg der stillen Reserven und/oder des Firmenwerts verbundene Diskrepanz zwischen gesetzlicher und vertraglicher Abfindung meist noch nicht und ist auch nicht vorhersehbar. Auf den Zeitpunkt späterer Vertragsänderungen kommt es nur an, wenn diese sich zumindest mittelbar mit einer Änderung auch der Abfindungsregelung verbinden.[99] Je nach Lage des Falles können Buchwertklauseln sogar zu einer gegenüber dem dispositiven Recht überhöhten Abfindung führen.[100]

47   **c) Gläubigerschutz.** Vereinbarungen, die den Abfindungsanspruch eines Gesellschafters für den Fall seines durch Gläubigerkündigung oder Insolvenzeröffnung bedingten Ausscheidens ausschließen oder in einem über vergleichbare Fälle des Ausscheidens hinausgehenden Maß beschränken, werden von der ganz hM als *wegen Gläubigerbenachteiligung nichtig* angesehen.[101] Soweit die Begründung für dieses Ergebnis sich auf § 138 stützt,[102] ist dem allerdings in neuerer Zeit entgegengehalten worden,[103] dass die im Fall der Gläubigerbenachteiligung eingreifenden *Anfechtungsvorschriften* der §§ *133 Abs. 1 InsO, 3 Abs. 1 AnfG* dem Sittenwidrigkeitstatbestand des § 138 als Spezialvorschriften vorgehen, falls keine weiteren die Sittenwidrigkeit begründenden Umstände vorliegen.[104]

48   **Stellungnahme.** Mit der hM ist an der Nichtigkeit wegen Gläubigerbenachteiligung festzuhalten; für einen Vorrang der Anfechtungstatbestände besteht auch seit Inkrafttreten der InsO kein Anlass.[105] Bei beiden Anfechtungstatbeständen ist die Anfechtungsfrist auf zehn Jahre seit Vornahme des Rechtsgeschäfts beschränkt. Das kann speziell für Gesell-

---

Westermann Hdb. RdNr. I 1153, 1156; *Knöchlein* DNotZ 1960, 455; diff. *Flume* I/1 § 12 III. Grds. abl. auf Grund sehr restriktiver Auslegung von § 138 Abs. 1 aber *Heckelmann* (Fn. 22) S. 112 f., 123; so wohl auch *Erman*, FS Westermann, 1974, S. 75, 77; *Heyn*, FS Schiedermair, 1976, S. 271, 280.

[98] Vgl. BGH NJW 1979, 104: Sittenwidrigkeit einer Buchwertabfindung im Fall der Ausschließung ohne wichtigen Grund (ähnlich, wenn auch auf zusätzliche Umstände gestützt, schon BGH WM 1962, 462, 463); zust. *Schilling* ZGR 1979, 419 ff.; *Ulmer* NJW 1979, 82, 84; *U. Huber* ZGR 1980, 177, 203 f.; *Hirtz* BB 1981, 761, 764 f.; vgl. auch *Gerd Müller* ZIP 1995, 1561, 1565; krit. *Flume* NJW 1979, 902 ff.; *Kreutz* ZGR 1983, 109 ff.; im Grundsatz auch *Eiselt*, FS v. Lübtow, 1980, S. 643, 656 ff., 662; *Esch* NJW 1979, 1390; *Sigle* ZGR 1999, 659, 661 ff.; vgl. auch BGH LM § 738 Nr. 14 = NJW 1989, 2685, 2686 (Sittenwidrigkeit einer Abfindung zum halben Buchwert trotz vorhergegangener Anteilsschenkung bejaht); BGHZ 126, 226, 240 = NJW 1994, 2536 (Sittenwidrigkeit wegen erst später eingetretenem grobem Missverhältnis verneint); BGHZ 116, 359, 368 = NJW 1992, 892 (Sittenwidrigkeit der Abfindung eines GmbH-Gesellschafters nur, wenn die Beschränkung vollkommen außer Verhältnis zu dem grds. unbedenklichen Kapitalsicherungszweck steht); OLG Hamm NZG 2003, 440, 441 (Sittenwidrigkeit der Beschränkung des Abfindungsanspruchs auf ein Drittel des Zeitwerts). Für generelle Unwirksamkeit von Buchwertklauseln in „Satzungsgesellschaften" beim Fehlen eines Verbots, stille Reserven zu bilden, jedoch *Reuter* (Schranken S. 299 f.) unter Berufung auf den – freilich nur bei kündigungsbedingtem Ausscheiden relevanten – Zweck der §§ 723, 724.

[99] *Sigle* ZGR 1999, 659, 666.

[100] So zutr. *Sigle* ZGR 1999, 662; vgl. auch *Sörgel/Engelmann* DStR 2003, 1260 ff. zur Anpassung der Buchwertabfindung an den niedrigeren Verkehrswert.

[101] So BGHZ 65, 22, 28 = NJW 1975, 1835 und BGHZ 144, 365, 366 f. = NJW 2000, 2819 (für die GmbH); *Flume* I/1 § 12 III; *Hueck* OHG § 24 II 4; *Soergel/Hadding/Kießling* RdNr. 49; MünchKommHGB/*K. Schmidt* § 131 RdNr. 160; *Staub/C. Schäfer* § 131 HGB RdNr. 166; *Westermann* Hdb. RdNr. I 1153. Anders bei Einbeziehung auch der kündigungsbedingten Abfindung: BGH NJW 1993, 2101, 2102.

[102] Nachweise bei *Heckelmann* (Fn. 22) S. 106 Fn. 31.

[103] So namentlich *Heckelmann* (Fn. 22) S. 116 ff., 123; ihm folgend *Möhring* FS Barz, 1974, S. 49, 63 ff.; ebenso *Rittstieg* DB 1985, 2285, 2288.

[104] So die st. Rspr. zum Verhältnis der Anfechtungstatbestände der früheren KO und des AnfG gegenüber § 138, vgl. BGHZ 53, 174, 180 = NJW 1970, 752; BGH NJW 1973, 513; *Erman/Palm* § 138 RdNr. 7 sowie die Nachweise bei *Heckelmann* (Fn. 22) S. 117.

[105] Vgl. näher *Ulmer*, FS Quack, 1991, S. 477, 487.

schaftsverträge angesichts ihres nicht selten mehrere Jahrzehnte zurückliegenden Zustandekommens zu einer Schutzlücke führen. Daher verdient trotz der Anfechtungsmöglichkeiten von InsO und AnfG der Rückgriff auf das in §§ 725, 728 Abs. 2 iVm. §§ 736 Abs. 1, 738 Abs. 1 S. 2 verankerte **gesellschaftsrechtliche Gläubigerschutzprinzip** den Vorrang.[106] Die Gläubiger haben zwar keinen Anspruch darauf, dass die Gesellschafter es für den Fall der §§ 725, 728 Abs. 2 bei der gesetzlichen Auflösungs- oder Abfindungsregelung belassen, sondern sind grundsätzlich auf die dem Gesellschafter/Schuldner nach der jeweiligen Vertragsgestaltung zustehenden Vermögensrechte verwiesen. Anderes gilt jedoch, soweit die gesellschaftsvertraglichen Vereinbarungen sich speziell auf eine Verschlechterung der Gläubigerposition richten. So wenig die den Gläubigern aus §§ 725, 728 Abs. 2 zustehenden Rechte generell abdingbar sind (§ 725 RdNr. 7, § 728 RdNr. 3), so wenig ist es gesellschaftsrechtlich auch zulässig, zu einer einseitig die Privatgläubiger eines Gesellschafters treffenden Abfindungsbeschränkung zu kommen.

d) **Verbotene Kündigungsbeschränkung (§ 723 Abs. 3).** Das in § 723 Abs. 3 enthaltene Verbot, die Kündigung entgegen § 723 Abs. 1 und 2 zu beschränken, greift nach Umgehungsgrundsätzen[107] auch dann ein, wenn eine Abfindungsklausel geeignet ist, den kündigungswilligen Gesellschafter wegen der wirtschaftlich nachteiligen Folgen einer Kündigung zum Verzicht auf die Kündigungserklärung zu veranlassen.[108] Dabei kommt es nicht auf eine Umgehungsabsicht der Mitgesellschafter an.[109] Die Wirksamkeitsschranke des § 723 Abs. 3 besaß solange erhebliche Bedeutung, als die hM für ihr Eingreifen nicht auf die Lage bei Vertragsschluss abstellte, sondern auf die Wertverhältnisse im jeweiligen Zeitpunkt der Kündigung, und mit dieser Begründung die *Möglichkeit nachträglicher, ex nunc eintretender Unwirksamkeit* einer ursprünglich mit § 723 Abs. 3 vereinbaren Abfindungsklausel bejahte.[110] Unter dem Eindruck der hieran in Teilen der Literatur geübten Kritik[111] ist der BGH von dieser Konstruktion inzwischen abgerückt und *verneint* seither zu Recht die Möglichkeit nachträglich eintretender Unwirksamkeit.[112] Da ein ursprüngliches Missverhältnis aus ähnlichen Gründen wie bei § 138 nur selten vorliegen dürfte, ist dadurch für die Unwirksamkeitsfolge des § 723 Abs. 3 nur noch in seltenen Fällen Raum (vgl. RdNr. 46).[113] Der Rechtsgedanke des § 723 Abs. 3 rechtfertigt ferner auch nicht die Unwirksamkeit von Abfindungsregelungen, wenn diese zu einem *über dem Zeitwert* des Anteils liegenden Anspruch führen.[114]

---

[106] IdS, wenn auch ohne nähere Auseinandersetzung mit den Anfechtungstatbeständen, vgl. die Nachweise in Fn. 101; aA *Heckelmann* (Fn. 22) S. 166 ff.
[107] Dh. im Analogiewege, vgl. *Teichmann*, Die Gesetzesumgehung, 1970, S. 78 ff.; *Sieker*, Umgehungsgeschäfte, 2001, S. 87 ff.; speziell im Hinblick auf § 723 Abs. 3 *Heckelmann* (Fn. 22) S. 141 ff.
[108] Ganz hM, vgl. BGHZ 123, 281, 283 f. = NJW 1993, 3193; BGH NJW 1954, 106; 1973, 651, 652; 1985, 192, 193; NZG 2006, 425, 426 = NJW-RR 2006, 1270; NJW 2008, 1943, 1945; WM 1979, 1064, 1065; RGZ 162, 388, 393; *Soergel/Hadding/Kießling* § 723 RdNr. 46; *Erman/Westermann* § 723 RdNr. 21; *Staudinger/Habermeier* § 723 RdNr. 21; *Bamberger/Roth/Timm/Schöne* RdNr. 35; für Nichtigkeit nach § 138 aber MünchKommHGB/*K. Schmidt* § 131 RdNr. 156; wN bei *Heckelmann* (Fn. 22) S. 126 Fn. 11.
[109] So zu Recht *Heckelmann* (Fn. 22) S. 128.
[110] BGH WM 1989, 783, 785; NJW 1985, 192, 193; WM 1979, 1064; vgl. auch BGHZ 116, 359, 368 = NJW 1992, 892, 894 und noch 2. Aufl. RdNr. 33 mwN in Fn. 70 bis 72.
[111] So erstmals *Rasner* NJW 1983, 2905, 2907; ihm folgend *Büttner*, FS Nirk, 1992, S. 119, 124 f.; MünchKommHGB/*K. Schmidt* § 131 RdNr. 168.
[112] BGHZ 123, 281, 284 = NJW 1993, 3193; zust. *Dauner-Lieb* ZHR 158 (1994), 271, 280; *Ulmer/C. Schäfer* ZGR 1995, 134, 139 f.; vgl. auch schon BGH NJW 1993, 2101, 2102 (Unzumutbarkeit wegen wesentlicher Änderung der Verhältnisse).
[113] Vgl. aber BGH NZG 2006, 425 = NJW-RR 2006, 1270: Abfindung auf der Grundlage des Ertragswerts kann gegen § 723 Abs. 3 verstoßen, wenn der Liquidationswert den Ertragswert erheblich übersteigt (Ertragswert betrug ca. 29% des Liquidationswerts). Unklar blieb allerdings, ob dieses Wertverhältnis von vornherein bestanden hat, anderenfalls wäre nicht die Unwirksamkeit, sondern lediglich eine Ausübungskontrolle in Betracht gekommen, vgl. auch *Lux* MDR 2006, 1205 f.
[114] OLG München OLGR 2006, 516 (Zweipersonen-KG; verbleibender Gesellschafter hätte bei Auflösung und Liquidation der Gesellschaft in der Hand, sich das Auseinandersetzungsguthaben auszahlen zu lassen, statt dem Mitgesellschafter den hohen Abfindungsbetrag zu zahlen).

§ 738   50–53   Abschnitt 8. Titel 16. Gesellschaft

50   Im *Ergebnis* ist mit diesem **Methodenwandel** freilich *keine wesentliche Änderung* verbunden. Denn der BGH will dem nachträglichen Eintritt eines erheblichen Missverhältnisses zwischen wirklichem Anteilswert und vereinbartem Abfindungsbetrag dadurch Rechnung tragen, dass er für derartige Fälle nach Treu und Glauben vom Vorliegen einer von den Parteien nicht bedachten Vertragslücke ausgeht, die im Wege ergänzender Vertragsauslegung zu schließen sei (RdNr. 53 f.). Diesem Ansatz ist angesichts des von den Beteiligten meist umfassend gewollten Anwendungsbereichs der Abfindungsklausel zwar nicht ohne weiteres zu folgen. Zum gleichen Ergebnis kommt man jedoch mit der methodisch vorzugswürdigen Begründung, dass eine ursprünglich wirksam vereinbarte, durch zwischenzeitliche Entwicklungen unangemessen gewordene Abfindungsklausel wegen Rechtsmissbrauchs undurchsetzbar ist (RdNr. 55).

51   Die Frage, wann ein zum Eingreifen von § 723 Abs. 3 führendes bzw. den Missbrauchseinwand des § 242 auslösendes **erhebliches Missverhältnis** zwischen wirklichem Anteilswert und vereinbartem Abfindungswert zu bejahen ist, bleibt somit trotz des zwischenzeitlichen Rechtsprechungswandels unverändert relevant. Entscheidend ist, ob mit Rücksicht auf den Ausschluss oder die weitgehende Beschränkung des Abfindungsanspruchs die *Entschließungsfreiheit des Gesellschafters im Zeitpunkt der beabsichtigten Kündigung unvertretbar eingeengt* wird. Dieser Maßstab gilt auch bei kapitalistisch strukturierten Personengesellschaften. Er greift insbesondere dann ein, wenn die Abfindungsbeschränkung sogar für den Fall eines durch *außerordentliche* Kündigung verursachten Ausscheidens Geltung beansprucht. Zum Sonderfall der Gesellschafterstellung ohne Kapitalbeteiligung vgl. RdNr. 58.

52   **Im Einzelnen** sind die aus § 723 Abs. 3 folgenden Schranken der vertraglichen Gestaltungsfreiheit noch nicht abschließend geklärt. Der **BGH** hat in einer früheren Entscheidung festgestellt, die kritische Grenze sei jedenfalls bei einem Abfindungsanspruch überschritten, der nur 20% der nach § 738 Abs. 1 S. 2 zu zahlenden Abfindung erreiche.[115] In einem anderen Fall[116] hat er für die Abfindung beim Ausscheiden aus einer Personenhandelsgesellschaft zu Recht betont, Vergleichsmaßstab für die Beurteilung der Wirksamkeit der *Buchwertklausel* sei nicht die Höhe der vorhandenen stillen Reserven, sondern der „wirkliche Wert" der Beteiligung, berechnet auf der Grundlage des Ertragswerts des von der Gesellschaft betriebenen Unternehmens. Allerdings hat er eine prozentuale Mindesthöhe des Abfindungsanspruchs, gemessen am wirklichen Wert, bisher nicht beziffert, bei deren Einhaltung der Einwand eines erheblichen Missverhältnisses auszuschließen sei. Solche Hinweise wären schon aus Gründen der Rechtssicherheit in diesem umstrittenen Bereich erwünscht, auch wenn sie nur eine allgemeine Richtschnur enthalten könnten und die Zulässigkeit stärkerer Einschränkungen in solchen Fällen unberührt lassen würden, in denen die Beteiligung des betroffenen Gesellschafters auf besonderen Umständen beruht (vgl. RdNr. 58 f.). Als Faustregel könnte sich etwa die *Grenzziehung bei zwei Drittel des wirklichen Anteilswerts* anbieten, wenn sich nicht mit den Auszahlungsmodalitäten weitere spürbare Einschränkungen verbinden.[117] – Für die Kündigung einer *Anwaltssozietät* hat der BGH dagegen trotz Abfindungsausschluss ein erhebliches Missverhältnis verneint, wenn der durch die Kündigung ausscheidende Rechtsanwalt das Recht hat, anteilig Mandate mitzunehmen und sich damit die Grundlage für seine weitere Existenz als Anwalt zu erhalten (vgl. RdNr. 67).

53   **e) Ergänzende Vertragsauslegung (§§ 157, 242).** Die Problematik des *nachträglich eintretenden* erheblichen Missverhältnisses zwischen Anteilswert und Abfindungsbetrag (Rd-

---

[115] BGH NJW 1973, 651, 652. Vgl. auch BGH NJW 1989, 2685, 2686 (Sittenwidrigkeit der Abfindung zum halben Buchwert); OLG Hamm DStR 2003, 1178 f. (sittenwidrige Beschränkung auf ein Drittel des Zeitwerts).
[116] BGH NJW 1985, 192, 193.
[117] Vgl. näher *Ulmer/C. Schäfer* ZGR 1995, 134, 153; dem folgend *Bamberger/Roth/Timm/Schöne* RdNr. 41; *Kort* DStR 1995, 1966 f.; restriktiver (Grenze erst bei 50%) *Erman*, FS Westermann, 1974, S. 75, 78 f.; *Heyn*, FS Schiedermair, 1976, S. 271, 285 f.; *Kellermann* StGJB 1986/87 S. 409, 414; *Mecklenbrauck* BB 2000, 2001, 2006; krit. gegenüber solchen Grenzwerten *Flume* I/1 § 12 IV Fn. 51 („Kadi-Erwägungen"); *Erman/Westermann* RdNr. 15; *Büttner*, FS Nirk, 1992, S. 119, 129; so auch OLG Oldenburg GmbHR 1997, 503, 505.

Nr. 49) will der BGH im Wege ergänzender Vertragsauslegung lösen. Dabei unterstellt er, dass für diesen Fall im Gesellschaftsvertrag keine Regelung getroffen und diese Lücke daher nach §§ 157, 242 zu schließen sei.[118] Sowohl hinsichtlich der *Eingreifkriterien* als auch hinsichtlich der *Lückenfüllung* will der BGH dabei eine umfassende Interessenabwägung vornehmen, in die u. a. folgende Umstände einfließen sollen: Wertdifferenz zwischen Klauselwert und Anteilswert; Dauer der Mitgliedschaft des Ausgeschiedenen sowie dessen Beitrag zum Aufbau und Erfolg des Unternehmens; Anlass des Ausscheidens; tatsächliche Entwertung des Kündigungsrechts durch die Abfindungsbeschränkung; Angewiesensein des Ausgeschiedenen auf die Verwertung seines Anteils; finanzielle Situation der Gesellschaft; Auszahlungsmodalitäten.

Stellungnahme. Der neuen Rechtsprechung ist zwar im Grundsatz darin zuzustimmen, 54 dass der lückenfüllenden ergänzenden Vertragsauslegung Vorrang gegenüber den Wirksamkeitsschranken zukommt.[119] Die Methode muss jedoch dort versagen, wo ein eindeutiger Wille der Parteien feststellbar ist, der dahin geht, an der Abfindungsregelung auch bei nachträglich eintretenden Wertänderungen festzuhalten; von einem solchen Willen ist angesichts der Vereinbarung einer umfassenden Abfindungsklausel regelmäßig auszugehen.[120] In solchen Fällen führt kein Weg daran vorbei, Abfindungsregelungen, die aufgrund nachträglicher Entwicklungen zu einem erheblichen Missverhältnis zwischen Klauselwert und wahrem Anteilswert führen, unter Anwendung der allgemeinen Wirksamkeitsschranken zu korrigieren; hierfür bietet sich der Rückgriff auf den *Missbrauchseinwand* an (RdNr. 55). Aber auch gegenüber der vom BGH vertretenen umfassenden Interessenabwägung bei der Lückenfüllung bestehen erhebliche Bedenken, jedenfalls soweit dabei Umstände aus der Privatsphäre des Gesellschafters Berücksichtigung finden sollen.[121] Vielmehr ist die Abfindungshöhe grundsätzlich im Wege einer am Inhalt des Gesellschaftsvertrags orientierten ergänzenden Vertragsauslegung (RdNr. 74) zu bestimmen. Dem methodischen Vorgehen des BGH ist daher nicht zu folgen.

f) Rechtsmissbrauch; Störung der Geschäftsgrundlage (§§ 242, 313). Durch die 55 Änderung der Rechtsprechung zu § 723 Abs. 3 hat die Ausübungskontrolle gegenüber der Wirksamkeitskontrolle des Vertragsinhalts erheblich an Bedeutung gewonnen. Auszugehen ist dabei von der Fallgruppe der **unzulässigen Rechtsausübung**. Für sie ist anerkannt, dass einem Anspruch, dessen vertragliche Vereinbarung im Zeitpunkt seiner Geltendmachung als nichtig oder unwirksam beurteilt werden müsste, nach § 242 der Missbrauchseinwand entgegengesetzt werden kann.[122] Anknüpfend an die frühere Rechtsprechung ist daher in einem ersten Schritt zu prüfen, ob die Abfindungsklausel gegen § 138 Abs. 1 oder § 723 Abs. 3 verstoßen würde, wenn sie *im Zeitpunkt des Ausscheidens* bzw. *im Zeitpunkt der beabsichtigten Kündigung* vereinbart worden wäre. Ist dies nach den in RdNr. 45 f., 49 aufgezeigten Grundsätzen der Fall, so steht der Berufung auf die Abfindungsklausel der Einwand unzulässiger Rechtsausübung entgegen.[123] An ihre Stelle tritt auf Grund ergänzender Vertragsauslegung dasjenige, was die Parteien bei Kenntnis der fehlenden Durchsetzbarkeit vereinbart hätten. Entgegen der Ansicht des BGH bedarf es hierfür keiner umfassenden Interessenabwägung (RdNr. 53 f.).

---

[118] BGHZ 123, 281, 285 f. = NJW 1993, 3193 im Anschluss an BGH NJW 1993, 2101, 2102; 1994, 2536, 2540; zust. *Schulze-Osterloh* JZ 1993, 45 f.; ähnlich *Dauner-Lieb* ZHR 158 (1994), 271, 283 ff.; vgl. auch *Westermann* ZGR 1996, 272, 279 ff.
[119] So auch *Schulze-Osterloh* JZ 1993, 45 f.; *Dauner-Lieb* ZHR 158 (1994), 271, 277.
[120] *Ulmer/C. Schäfer* ZGR 1995, 134, 141 ff.; aA *Dauner-Lieb* ZHR 158 (1994), 271, 284, die für eine Beweislastumkehr eintritt; zur gemeinsamen Vorstellung der Parteien bei Vertragschluss vgl. auch *Gerd Müller* ZIP 1995, 1561, 1568.
[121] Vgl. näher *Ulmer/C. Schäfer* ZGR 1995, 134, 150; krit. auch *Dauner-Lieb* ZHR 158 (1994), 271, 286; *Westermann* Hdb. RdNr. I 1166.
[122] BGH NJW 1983, 2692 f.; § 138 RdNr. 138; *Soergel/Hefermehl* § 138 RdNr. 43; *Erman/Palm* 138 RdNr. 59; *Larenz/Wolf* AT § 41 RdNr. 28.
[123] Näher *Ulmer/C. Schäfer* ZGR 1995, 134, 145 f., 147 ff.; dem folgend *Bamberger/Roth/Timm/Schöne* RdNr. 39; *Kort* DStR 1995, 1961, 1966; *Mecklenbrauck* BB 2000, 2001, 2004; *Sigle* ZGR 1999, 671; so auch OLG Nauenburg NZG 2000, 698.

56 Neben oder an Stelle des Missbrauchseinwands kommt auch die Berufung auf eine **Störung der Geschäftsgrundlage** (§ 313) in Betracht, wenn *erhebliche, zumal unvorhersehbare Wertänderungen* seit dem Abschluss des Gesellschaftsvertrages eingetreten sind (RdNr. 42). Bleibt in derartigen Fällen der Abfindungsbetrag aufgrund unvorhersehbarer Entwicklungen wesentlich hinter dem anteiligen Verkehrswert des Unternehmens zurück und ist die Abfindung zum Klauselwert dem Ausgeschiedenen deshalb unzumutbar, so ist an die Stelle der vereinbarten Abfindung im Wege ergänzender Vertragsauslegung eine angemessene Abfindung zu setzen.[124]

57 Eine schematische Grenze, deren Überschreiten zum Eingreifen des Einwands aus § 242 führen würde, lässt sich auch in derartigen Fällen nach ganz hM nicht aufstellen.[125] Vielmehr bedarf es insoweit einer **Würdigung der Umstände des Einzelfalls.** Dabei sind einerseits die Art und Herkunft der Gesellschafterstellung des Ausgeschiedenen sowie die ihn durch die Abfindungsklausel treffenden Vermögensnachteile zu berücksichtigen. Andererseits ist zu prüfen, ob den Mitgesellschaftern eine Anpassung der Abfindungsklausel an die geänderten Umstände im Hinblick auf die Änderung der Wertrelationen zugemutet werden kann.[126] Zu beachten ist auch die seit 1974 geltende Schenkungsteuerbelastung (RdNr. 42), zu der die Buchwertabfindung bei den Mitgesellschaftern führen kann und die bei deren Vereinbarung in Gesellschaftsverträgen aus früherer Zeit nicht bedacht worden war.

58 **g) Ausnahmen für Beteiligungen minderen Rechts?** In der Diskussion zu den Wirksamkeitsgrenzen von Abfindungsklauseln wird im Ansatz zutreffend darauf hingewiesen, dass für die rechtliche Beurteilung auch die jeweilige Art und Herkunft der Gesellschafterstellung zu berücksichtigen sei.[127] Die Unbedenklichkeit weitgehender Beschränkungen oder gar eines Ausschlusses des Abfindungsanspruchs für einen oder bestimmte Gesellschafter lässt sich daraus entgegen den Vertretern dieser Ansicht freilich nicht ohne weiteres ableiten. Zwar steht der Gleichbehandlungsgrundsatz einer Ungleichbehandlung im Falle allseitiger Zustimmung nicht entgegen (§ 705 RdNr. 247). Jedoch haben auch solche **Gesellschafter, die ohne Kapitaleinlage** beigetreten sind, nach gesetzlicher Regel einen Abfindungsanspruch immerhin in anteiliger Höhe der einbehaltenen Gewinne sowie des sich bei Auflösung stiller Reserven in der Abfindungsbilanz ergebenden Überschusses.[128] Ein Ausschluss dieses Anspruchs kann, wenn er sich auf den Fall kündigungsbedingten Ausscheidens bezieht oder sogar bei Hinauskündigung (Ausschluss) ohne wichtigen Grund eingreifen soll, ebenfalls zur Unwirksamkeit nach § 723 Abs. 3 oder § 138 führen oder sich im Einzelfall als rechtsmissbräuchlich erweisen.

59 Nichts anderes gilt auch für Gesellschafter, denen der Anteil **unentgeltlich oder auf erbrechtlichem Wege** zugewandt worden ist. Auch wenn man die Stellung dieser Gesellschafter mit Rücksicht auf die vertraglichen Abfindungsregelungen als eine solche ohne – oder mit einer Art auflösend bedingter – Kapitaleinlage behandeln und als Gegenstand der Schenkung oder Erbschaft daher nur oder in erster Linie das mit dem Anteil verbundene Gewinnrecht ansehen wollte, könnten ihnen die auch insoweit bestehenden Abfindungsrechte (RdNr. 58) doch nicht entgegen §§ 138, 723 Abs. 3 entzogen werden.[129] Auch

---

[124] So BGHZ 126, 226, 242 = NJW 1994, 2536. Vgl. auch BGH WM 1980, 1362, 1363; 1977, 192, 193 (jeweils obiter); im Ergebnis auch BGH NJW 1993, 2101, 2102f. Ebenso *Ulmer*, FS Quack, 1991, S. 477, 489; *Büttner*, FS Nirk, 1992, S. 119, 128 f.; *K. Schmidt* GesR § 50 IV 2 c ee; *Hueck* OHG § 24 I 5, S. 366; *Heyn*, FS Schiedermair, Rn. 271, 273, 280 f.; *Möhring*, FS Barz, 1974, S. 49, 58 f., 63; aA *Rasner* ZHR 158 (1994), 292, 299 f.; *Sudhoff* ZGR 1972, 168; offen lassend BGHZ 123, 281, 287 = NJW 1993, 3193; allg. zur Störung der Geschäftsgrundlage in derartigen Fällen § 313 RdNr. 42 ff.

[125] Vgl. RdNr. 52 zur Schranke aus § 723 Abs. 3.

[126] Zu diesen auch für die Frage einer Vertragsanpassung kraft Treupflicht maßgebenden Kriterien vgl. § 705 RdNr. 232 ff.; für Gleichbehandlung beider Fälle *Rob. Fischer*, FS Barz, 1974, S. 33, 46 f. (vgl. dazu aber *Flume* I/1 § 12 IV Fn. 41).

[127] Vgl. Nachweise in Fn. 93, 94; ferner *Eiselt*, FS v. Lübtow, 1980, S. 643, 644 f.; *U. Huber* ZGR 1980, 177, 193 ff. Zur Relevanz einer durch Anteilsschenkung erlangten Beteiligung vgl. BGH NJW 1989, 2685, 2686 (tendenziell verneinend); *Nitschke* Personengesellschaft S. 341 ff.

[128] Vgl. auch *Nitschke* Personengesellschaft S. 358.

[129] So zutr. BGH NJW 1989, 2685, 2686; vgl. aber zu Relativierungen in Hinblick auf Hinauskündigungsklauseln § 737 RdNr. 17 ff.

besteht gegenüber Gesellschaftern, denen die Beteiligung unentgeltlich zugewendet wurde, nicht etwa eine geminderte gesellschaftsrechtliche Treupflicht.[130] Die Lehre von den Gesellschaftern „minderen Rechts" vermag weitgehende Abfindungsbeschränkungen daher nicht ohne weiteres zu legitimieren. Zum Sonderfall der Anteilsschenkung unter Vorbehalt freien Widerrufs vgl. § 737 RdNr. 21 f.

3. Typische Vertragsklauseln. a) Abfindungsausschluss. Regelungen über den Ausschluss des Abfindungsanspruchs sind grundsätzlich *unwirksam*.[131] An diesem zutreffenden Standpunkt der hM ist trotz der hieran geübten Kritik[132] festzuhalten. Sie ergibt sich für den Kündigungsfall aus § 723 Abs. 3, im Übrigen regelmäßig aus dem Knebelungsverbot des § 138 Abs. 1. Auch ein einseitiger Abfindungsausschluss zu Lasten von Gesellschaftern ohne Kapitalbeteiligung oder solchen „minderen Rechts" kann nicht ohne weiteres wirksam vereinbart werden (RdNr. 58 f.). Beschränkt sich der Abfindungsausschluss auf die Fälle des durch Kündigung nach § 725 oder durch Gesellschafterinsolvenz bedingten Ausscheidens, so ist er wegen Verstoßes gegen das gesellschaftsrechtliche Gläubigerschutzprinzip nichtig (RdNr. 47 f.). 60

Abgesehen vom Sonderfall des Abfindungsausschlusses bei *Freiberufler-Sozietäten,* verbunden mit dem Recht zur „Mitnahme" des jeweiligen Mandantenstamms (RdNr. 67 f.), sowie der Verwendung dieser Klausel als *Vertragsstrafe* bei besonders schwerwiegenden Pflichtverletzungen eines Gesellschafters[133] sind **Ausnahmen** von der grundsätzlichen Unwirksamkeit des Abfindungsausschlusses einerseits für diejenigen Klauseln anzuerkennen, in denen es um Regelungen auf den **Todesfall** eines Gesellschafters geht (RdNr. 40). Unabhängig davon, ob der Abfindungsausschluss für bestimmte oder alle Gesellschafter gilt, handelt es sich insoweit um vorweggenommene, auf den Todesfall bezogene unentgeltliche gesellschaftsvertragliche Verfügungen über den Anteilswert.[134] Die Formvorschrift des § 2301 Abs. 1 greift nicht ein.[135] Die Rechtsfigur eines „aleatorischen", entgeltlichen Rechtsgeschäfts zwischen sämtlichen Gesellschaftern bei allseitigem Ausschluss des Abfindungsanspruchs[136] ist abzulehnen.[137] Zu den Rechtsfolgen derartiger Vereinbarungen für die Auseinandersetzung unter den Erben vgl. § 727 RdNr. 45 und 4. Aufl. § 2325 RdNr. 19 ff. 61

---

[130] Nicht frei von Missverständnissen daher BGHZ 34, 80, 83 = NJW 1961, 504 (keine Pflicht der Mitgesellschafter zur Rücksichtnahme bei Ausübung eines „Ablösungsrechts" gegenüber einem unentgeltlich in die Gesellschaft aufgenommenen Gesellschafter). Wie hier gegen die Figur der „Gesellschafter minderen Rechts" auch *Schilling* ZGR 1979, 419, 423; *Erman/Westermann* RdNr. 15; *Soergel/Hadding/Kießling* RdNr. 51.
[131] Vgl. RdNr. 45 und Nachweise in Fn. 97.
[132] Durch *Heckelmann* (Fn. 22) S. 104 ff. und *Flume* I/1 § 12 III.
[133] Vgl. dazu *Bamberger/Roth/Timm/Schöne* RdNr. 31; *Kort* DStR 1995, 1961, 1962 in Bezug auf einzelne, im Gesellschaftsvertrag ausdrücklich festgehaltene, besonders schwere Pflichtverletzungen; aA (generell abl.) *Soergel/Hadding/Kießling* RdNr. 50.
[134] So die hM jedenfalls für den einseitigen Abfindungsausschluss zu Lasten bestimmter Gesellschafter, vgl. KG JR 1959, 101; 3. Aufl. § 2325 RdNr. 16 *(Frank);* Soergel/Dieckmann § 2325 RdNr. 27; *Siebert,* Gesellschaftsvertrag und Erbrecht bei der OHG, 3. Aufl. 1958, S. 10 f.; *Huber* Vermögensanteil S. 462 ff.; *Soergel/Hadding/Kießling* RdNr. 53; *Staudinger/Habermeier* RdNr. 31; *MünchKommHGB/K. Schmidt* § 131 RdNr. 161 f.; *Staub/C. Schäfer* § 131 HGB RdNr. 182. Zum allseitigen Abfindungsausschluss auf den Todesfall vgl. Nachweise in Fn. 136, 137.
[135] KG JR 1959, 101; *Siebert* (Fn. 134) S. 10 f.; *Huber* Vermögensanteil S. 463 f.; *G. und D. Reinicke* NJW 1957, 561, 562; *Ulmer* ZGR 1972, 195, 214 ff.; *Soergel/Hadding/Kießling* RdNr. 53; *MünchKommHGB/K. Schmidt* § 131 RdNr. 162; *Staub/C. Schäfer* § 131 HGB RdNr. 182; aA *Rittner* FamRZ 1961, 505, 509 ff.; einschr. auch *Wiedemann* GesR II § 5 III 1 b, S. 465 ff., der § 2301 nur beim allseitigen Abfindungsausschluss für unanwendbar hält.
[136] So die früher hM, vgl. *Schlegelberger/Geßler,* 4. Aufl. 1965, § 138 HGB RdNr. 27; *G. und D. Reinicke* NJW 1957, 561, 562; wohl auch *Wiedemann* Übertragung S. 189 (vgl. aber auch S. 186) sowie die umfassenden Nachweise bei *Heckelmann* (Fn. 22) S. 71 Fn. 177; auch in neuerer Zeit noch *Erman/Schlüter* § 2311 RdNr. 7; *Erman/M. Schmidt* § 2301 RdNr. 3; *Baumbach/Hopt* § 131 HGB RdNr. 62; im Ergebnis auch BGHZ 22, 186, 194 = NJW 1957, 180.
[137] So auch *Heckelmann* (Fn. 22) S. 77 ff., 84; *Huber* Vermögensanteil S. 465; *Soergel/Dieckmann* § 2325 RdNr. 27; *Flume* I/1 § 18 VI 1; zweifelnd *MünchKommHGB/K. Schmidt* § 131 RdNr. 162; anders aber wohl 4. Aufl. § 2325 RdNr. 19 f. *(Lange).*

62 Eine zweite Ausnahme von der grundsätzlichen Unwirksamkeit des Abfindungsausschlusses wird zu Recht für Gesellschaften mit **ideellem Zweck** vertreten.[138] Da die Beteiligung an einem derartigen Zusammenschluss gewöhnlich auf altruistischen Motiven beruht, bedeutet es für die Gesellschafter ebenso wie für die Mitglieder eines Idealvereins regelmäßig keine nach §§ 138, 723 Abs. 3 relevante Beschränkung, dass ihnen beim Ausscheiden kein Abfindungsanspruch zusteht. – Nicht vergleichbar hiermit sind Abfindungsklauseln in **Familiengesellschaften**.[139] Sieht der Gesellschaftsvertrag etwa das Ausscheiden eines angeheirateten Gesellschafters im Falle seiner Scheidung oder Wiederverheiratung vor, so ist das keine Rechtfertigung für einen hiermit verbundenen Abfindungsausschluss.[140]

63 **b) Buchwertklauseln.** Sie sind – im Unterschied zu sog. *Nennwertklauseln*[141] – regelmäßig dahin *auszulegen,* dass sie den Abfindungsanspruch auf die Rückzahlung noch nicht verbrauchter Einlagen, einbehaltener Gewinne sowie sonstiger anteiliger Rücklagen und Rückstellungen mit Eigenkapitalcharakter nach Maßgabe der letzten, auf den Stichtag der Abfindung fortzuschreibenden Handelsbilanz beschränken.[142] Ein nicht aufgelöster Verlustvortrag ist anteilig zu berücksichtigen.[143] Steuerrechtlich bedingte Sonderabschreibungen sind grundsätzlich nicht aufzulösen.[144] Buchwertklauseln führen typischerweise zu einer Beschränkung der Abfindung gegenüber dem anteiligen Ertragswert; sie können je nach Lage des Falles aber auch den gegenteiligen Effekt haben (RdNr. 46).

64 In *rechtlicher* Hinsicht sind Buchwertklauseln, sieht man vom Sonderfall eines wirksam vereinbarten Ausschließungsrechts gegenüber bestimmten Gesellschaftern ohne wichtigen Grund ab,[145] aus der Sicht von § 138 grundsätzlich unbedenklich, da zumindest im **Zeitpunkt ihrer Vereinbarung** eine sittenwidrige Knebelung oder eine Übervorteilung unter Ausnutzung der Unerfahrenheit des betroffenen Gesellschafters angesichts des zunächst meist geringen Unterschieds zwischen Verkehrswert und Buchwert der Beteiligung nur selten gegeben sein wird (RdNr. 46). Entsprechendes gilt nach der neueren Rechtsprechung für die Beurteilung nach § 723 Abs. 3 (RdNr. 49). Dagegen kann die **spätere Entwicklung** den Einwand des Rechtsmissbrauchs oder der gestörten Geschäftsgrundlage begründen (RdNr. 42, 55 f.). Buchwertklauseln, die sich nur auf bestimmte Gesellschafter beziehen, können mit Rücksicht auf Art und Herkunft der betroffenen Beteiligungen in weitergehendem Umfang durchsetzbar sein (RdNr. 58 f.). Privatgläubiger eines Gesellschafters haben eine allgemein für alle Ausscheidensfälle vereinbarte, nicht aus anderen Gründen unwirksame Buchwertklausel grundsätzlich hinzunehmen.[146]

---

[138] BGHZ 135, 387, 390 f. = NJW 1997, 2592; *Erman/Westermann* RdNr. 13; *Sigle* ZGR 1999, 675 ff.; *Bamberger/Roth/Timm/Schöne* RdNr. 31; *Soergel/Hadding/Kießling* RdNr. 52; *Staub/C. Schäfer* § 131 HGB RdNr. 164; vgl. auch OLG Hamm DB 1997, 1612, 1613; OLG Oldenburg GmbHR 1997, 503, 505; *Nitschke* Personengesellschaft S. 338 f.; *Flume* I/1 § 12 III; aA noch GroßkommHGB/*Ulmer* 3. Aufl. § 138 RdNr. 119.

[139] Vgl. näher *Sigle* ZGR 1999, 659 ff. mit Kritik an der aus seiner Sicht zu rigorosen Rspr. und mit zahlreichen Gestaltungshinweisen; ähnlich auch *Kübler,* FS Sigle, 2000, S. 183, 186 ff.

[140] Abw. aber OLG Karlsruhe NZG 2007, 423, 427. Der hinausgekündigte Ehemann hatte seinen Anteil allerdings unentgeltlich erhalten – was nach BGH NJW 1989, 2685 indes keinen Abfindungsausschluss rechtfertigt. Auch wies der Fall weitere Besonderheiten auf; vgl. dazu auch *Wälzholz* NZG 2007, 417 (freilich mit zu weitgehenden Folgerungen für die freie Kündbarkeit geschenkter Beteiligungen). Zur „Hinauskündigungsproblematik" näher § 737 RdNr. 16 ff.

[141] Diese beschränken die Abfindung auf den Nominalbetrag der Kapitaleinlage zuzüglich der nicht entnommenen Gewinne, vgl. OLG Hamm DB 1997, 1612, 1613 und *Jaeger* DB 1997, 1607 (betr. die Abfindungsklausel einer gemeinnützigen Baugesellschaft).

[142] Vgl. BGH NJW 1979, 104; *Staub/C. Schäfer* § 131 HGB RdNr. 183; *Schilling* ZGR 1979, 428; *Sigle* ZGR 1999, 659, 662. Für Einbeziehung auch der Rücklage nach § 6 b EStG OLG München ZIP 1997, 240, 241; aA – für grds. Ausklammerung der Rücklagen – aber *Sudhoff* ZGR 1972, 157, 169.

[143] BGH WM 1978, 1152.

[144] Anderes gilt bei ausdrücklich oder konkludent abweichender Vereinbarung, vgl. dazu BGH WM 1965, 627. Eine konkludente Auflösungsabrede im Rahmen der Buchwertklausel regelmäßig bejahend *Huber* Vermögensanteil S. 339.

[145] Dazu BGH NJW 1979, 104 und Nachweise in Fn. 85; zu den Grenzen vertraglicher Ausschließungsvereinbarungen (Hinauskündigungsklauseln) vgl. § 737 RdNr. 17 ff.

[146] OLG Frankfurt NJW 1978, 328; OLG Hamburg GmbHR 1983, 126.

c) Auszahlungsvereinbarungen. Sie können sich je nach Lage des Falles beziehen auf 65
die Fälligkeit des Abfindungsanspruchs, seine Verzinsung (vgl. auch RdNr. 22), auf die
Auszahlung in Raten statt in einem einmaligen Betrag sowie auf die dem Ausgeschiedenen
einzuräumenden Sicherheiten für die weitere Belassung von Teilen seiner Einlage und der
übrigen Abfindungsbeträge in der Gesellschaft.[147] Für die rechtliche Beurteilung gelten die
in RdNr. 44 ff. entwickelten Maßstäbe entsprechend. Längerfristige, den nötigen Zeitraum
für die Berechnung des Anspruchs und die Beschaffung der zur Abfindung erforderlichen
Mittel deutlich übersteigende Auszahlungsfristen sind im Allgemeinen nur dann unbedenklich, wenn sie zeitlich überschaubar sind, sich mit einer angemessenen Verzinsung für den
Ausgeschiedenen verbinden und ihm keine unzumutbaren Risiken hinsichtlich der späteren
Durchsetzung seiner Ansprüche auferlegen. Unbedenklich sind danach regelmäßig Auszahlungsfristen bis zu fünf Jahren, verbunden mit einer angemessenen Verzinsung des gestunde-
ten Betrags, während Auszahlungsfristen von mehr als zehn Jahren das Maß des noch
Zulässigen grundsätzlich überschreiten.[148] Außerdem hat es der BGH zugelassen, dass statt
einer Abfindung eine lebenslange Rente gezahlt wird.[149]

4. Besondere Fallgruppen. a) Freiberufler-Sozietäten. Sozietäten von Rechts- 66
anwälten oder Ärzten sowie – wenn auch in zT weniger ausgeprägtem Maße – solche von
Wirtschaftsprüfern oder Steuerberatern weisen eine Reihe von **Besonderheiten** gegenüber Gesellschaften mit gewerblichem oder sonstigem unternehmerischem Zweck auf.[150]
Die Besonderheiten beruhen darauf, dass bei diesen Sozietäten die jeweilige Persönlichkeit
der Gesellschafter und die von ihnen zu erbringenden Dienstleistungen für die Mandanten
(Klienten, Patienten) im Mittelpunkt stehen und den Erfolg der Sozietät prägen; demgegenüber fallen die für den Unternehmenserfolg gewerblich tätiger Gesellschaften maßgeblichen Umstände wie Kapitalkraft, schlagkräftige Organisation, marktgängige Produkte,
bekannte Marke u. a. nicht oder nur beschränkt ins Gewicht. Auch ist der Wert der Büro-
oder Praxisausstattung von Freiberufler-Sozietäten im Vergleich zu demjenigen ihres Mandantenstamms meist relativ gering, sieht man von Laborgemeinschaften u. a. mit einem
kapitalintensiven Gerätepark ab. Für die Aufnahme neuer Sozien wird nicht selten eine
vergleichsweise geringe, unter dem anteiligen Ertragswert liegende Einlage verlangt, dafür
aber die Erbringung der vollen Arbeitskraft erwartet. Die genannten Umstände haben zur
Folge, dass der Ertragswert einer Freiberufler-Sozietät wegen seiner Personengebundenheit
in der Regel weniger nachhaltig ist als derjenige einer sonstigen unternehmerisch tätigen
GbR.[151]

Den in RdNr. 66 aufgezeigten Besonderheiten kommt Bedeutung nicht zuletzt für den 67
Abfindungsanspruch ausgeschiedener Sozien zu. Dementsprechend hat die höchstrichterli-

---

[147] *Knöchlein* DNotZ 1960, 466 ff.; *Staub/C. Schäfer* § 131 HGB RdNr. 184.
[148] So für eine 15-jährige Ratenzahlungsvereinbarung mit Verzinsungspflicht BGH NJW 1989, 2685, 2686; für Streckung der Auszahlung auf drei gleiche Abfindungsraten nach 5, 8 und 10 Jahren trotz Verzinsung mit maximal 8% auch schon OLG Dresden NZG 2000, 1042, 1043 m. krit. Anm. *Lange* NZG 2001, 635, 638 f. und von *Heß* NZG 2001, 648, 650. OLG München NZG 2004, 1055 äußert gegen eine auf fünf Jahresraten verteilte Auszahlung keine Bedenken. OLG Hamm NZG 2003, 440 hält eine Auszahlung über einen Zeitraum von 5½ Jahren jedenfalls bei gleichzeitiger erheblicher Kürzung der Abfindung für unzulässig. Für grds. Zulässigkeit der Vereinbarung von Zahlungsfristen bis zu 10 Jahren, jedenfalls wenn sie mit einer angemessenen Verzinsung verbunden sind, *Heckelmann* (Fn. 22) S. 147; *Huber* Vermögensanteil S. 330; *Soergel/Hadding/Kießling* RdNr. 55; stärker einschr. (an der Wirksamkeit einer Zehnjahresfrist zweifelnd) schon RGZ 162, 383, 393; für Grenze bei 5 Jahren *Bamberger/Roth/Timm/Schöne* RdNr. 33; *Staudinger/Habermeier* RdNr. 34. Demgegenüber stellt *Hueck* OHG § 24 I 5, S. 366 darauf ab, ob der „Rahmen des Üblichen" nicht überschritten wird und das Gesellschaftsinteresse die Vereinbarung von Ratenzahlungen rechtfertigt. Gegen das Abstellen auf feste Daten und für Interessenabwägung auch OLG Frankfurt BB 1978, 170, 171; *Westermann* Hdb. RdNr. I 1168.
[149] So BGH NJW 2004, 2449 betr. Freiberuflersozietät.
[150] So zutr. *Ahrens*, FS Geiß, 2001, S. 219, 221 ff.; *Sigle* ZGR 1999, 659, 674 f.; *Westermann* AnwBl 2007, 103; vgl. auch *Westermann* Hdb. RdNr. I 1161 und die Rspr.-Berichte von *Goette* DStR 2000, 1023 f. und von *Hülsmann* NZG 2001, 625 ff. Für die Abfindung beim Ausscheiden aus einer PartG auch *Michalski/Römermann* PartGG, 3. Aufl. 2005, § 9 RdNr. 35; *K. Schmidt* NJW 1995, 1, 4.
[151] Treffend *Ahrens*, FS Geiß, 2001, S. 219, 223: Klientel von Freiberuflern ist ein leicht flüchtiges Gut.

che Rechtsprechung[152] unter Zustimmung der Literatur[153] schon seit längerem **Sonderregeln für** die Beurteilung vertraglicher **Abfindungsklauseln bei Freiberufler-Sozietäten** entwickelt. So wird ein *Ausschluss des Abfindungsanspruchs* oder dessen Beschränkung auf den anteiligen Wert der Büroausstattung bzw. des Praxisinventars unter Ausklammerung des Ertragswerts oder „Good will" dann als grundsätzlich unbedenklich angesehen, wenn der Vertrag auf eine Mandantenschutzklausel oder ein ihr entsprechendes Wettbewerbsverbot zu Lasten des Ausgeschiedenen verzichtet und es ihm dadurch ermöglicht, sich unter **Mitnahme** der schon bisher von ihm betreuten **Mandanten** (Patienten) eine eigene Existenz aufzubauen. Umgekehrt kann aber dem Ausgeschiedenen nicht entgegen gehalten werden, dass der „Good will" sich mit seinem Ausscheiden verflüchtige, sofern der Vertrag insofern *keine* Abfindungsbeschränkung vorsieht.[154] Die Teilung der Sachwerte und die – rechtlich nicht beschränkte – Möglichkeit der Mitnahme von Patienten oder Mandanten gilt nach dieser Rechtsprechung im Regelfall als die angemessene Art der Auseinandersetzung einer als GbR betriebenen Gemeinschaftspraxis von Ärzten oder einer Sozietät von Rechtsanwälten.[155]

68   Aus diesem Grundsatz ergeben sich eine Reihe von **Folgerungen.** So lässt die Vereinbarung eines am Ertragswert der Freiberuflerpraxis orientierten Abfindungsanspruchs, etwa eines solchen in Höhe des auf den Ausgeschiedenen entfallenden anteiligen durchschnittlichen Umsatzes der letzten drei Geschäftsjahre,[156] auf die Vereinbarung eines nachvertraglichen Wettbewerbsverbots schließen, auch wenn ein solches nicht ausdrücklich im Gesellschaftsvertrag verankert ist.[157] Der Ausgeschiedene muss sich daher den Wert der von ihm verbotswidrig mitgenommenen Mandanten auf seinen Abfindungsanspruch anrechnen lassen.[158] Umgekehrt kann die Unwirksamkeit eines nicht nur zeitlich,[159] sondern auch räumlich übermäßigen und daher nicht durch geltungserhaltende Reduktion heilbaren Wettbewerbsverbots[160] dazu führen, einem am Ertragswert (Good will) orientierten vertraglichen Abfindungsanspruch die Grundlage zu entziehen.[161] Insgesamt erkennt die Rechtsprechung für Freiberufler-Sozietäten damit eine deutlich größere Gestaltungsfreiheit in Bezug auf Abfindungsvereinbarungen an, als das – in den Grenzen der §§ 138 Abs. 1, 723 Abs. 3 – bei Gesellschaften mit gewerblichem oder sonstigem unternehmerischem Zweck der Fall ist. Auch können die *persönlichen Umstände des Einzelfalls,* darunter die besonderen Verdienste des Seniors um den Aufbau und Erfolg der Sozietät oder die Aufnahme junger Sozien ohne oder mit nur geringer Bareinlage, für die Beurteilung der Angemessenheit der Abfindungsklausel stärkeres Gewicht erlangen.[162]

---

[152] St. Rspr. seit BGH WM 1979, 1064, 1065; vgl. BGH NJW 1994, 796, 797; 1995, 1551; 2000, 2584; ZIP 1990, 1200, 1201; so auch OLG Celle NZG 2002, 862, 863; OLG Schleswig NZG 2001, 658, 659 f.

[153] Vgl. Nachweise in Fn. 150.

[154] So mit Recht BGH DStR 2004, 97, 99; vgl. zur Berücksichtigung des Good wills auch OLG Schleswig MedR 2004, 215; OLG Celle DB 2007, 1585.

[155] So wörtlich BGH NJW 1994, 796, 797 im Anschluss an BGH WM 1979, 1064, 1065.

[156] So *Piltz* (Fn. 41) S. 56 für die Abfindung bei RA-Sozietäten; vgl. auch die Zahlen bei *Hülsmann* NZG 2001, 625, 627.

[157] Vgl. BGH NJW 2000, 2584 betr. die Auslegung einer unklaren Mandantenschutzklausel; für Alternativität zwischen Abfindung für den Good will und Verzicht auf ein Wettbewerbsverbot auch schon BGH WM 1979, 1064; DStR 1996, 1254; NZG 2004, 35 (Wettbewerbsverbot maximal für zwei Jahre zulässig); *Goette* DStR 2000, 1023. Allg. zur Zulässigkeit von Mandantenschutzklauseln vgl. auch *Hülsmann* NZG 2001, 630 ff.

[158] BGH NJW 2000, 2584.

[159] Zur geltungserhaltenden Reduktion zeitlich überlanger Verbote auf zwei Jahre vgl. nur BGH NJW 1997, 3089; 2000, 2584, 2585; OLG Schleswig NZG 2001, 658, 660; zur Unzulässigkeit eines mehr als zweijährigen Wettbewerbsverbots BGH NZG 2004, 35.

[160] OLG Celle NZG 2002, 862, 863.

[161] So im Ergebnis OLG Celle unter Beschränkung des Abfindungsanspruchs auf den anteiligen Wert der Praxisausstattung und Bemessung des Good will-Wertes mit Null; vgl. zur wechselseitigen Beeinflussung von Abfindung und Wettbewerbsverbot auch OLG Schleswig MedR 2004, 215 = BeckRS 2004, 1397; OLG Celle DB 2007, 1585 = BeckRS 2007, 9677.

[162] So zutr. *Ahrens,* FS Geiß, 2001, S. 219, 226 unter Hinweis auf BGH WM 1979, 104; NJW 1993, 2101, 2102; 1993, 3193, 3194. Vgl. auch OLG Düsseldorf WuW/E DE-R 187.

Die Gestaltungsfreiheit betrifft nicht nur Einschränkungen der Abfindung ausgeschiedener 69
Gesellschafter im Vergleich zum dispositiven Recht, sondern auch die **Besserstellung
Ausgeschiedener** gegenüber der gesetzlichen Regel oder den Rechtsprechungsgrundsätzen. So werden gegen die Kombination eines ertragswertorientierten Abfindungsanspruchs mit dem Recht zur Mitnahme von Patienten keine Bedenken erhoben.[163] Auch hat die Rechtsprechung ein Rentenversprechen zugunsten eines ausscheidenden Sozius für wirksam gehalten, obwohl dessen kapitalisierter Wert das fiktive Auseinandersetzungsguthaben der Mitgesellschafter um ein Mehrfaches überstieg.[164] Soweit derartige Vereinbarungen zu einem entsprechend hohen „Austrittsgeld" kündigender jüngerer Sozien nach § 739 führen, sind sie freilich auf ihre Vereinbarkeit mit § 723 Abs. 3 aus der Sicht dieser Sozien zu überprüfen.

b) Innengesellschaften. Auf das Ausscheiden eines Gesellschafters aus einer im Übrigen 70
fortbestehenden Innengesellschaft finden grundsätzlich die Regelungen über die Abfindung ausscheidender Gesellschafter (Abs. 1 S. 2) Anwendung (RdNr. 10). Das gilt unabhängig davon, ob es sich um eine Innengesellschaft ieS (§ 705 RdNr. 282) oder um eine solche mit Gesamthandsvermögen (§ 705 RdNr. 279) handelt.[165] Dagegen ist für einen Anspruch des Ausgeschiedenen auf Befreiung von den „gemeinschaftlichen Schulden" regelmäßig schon deshalb kein Raum, weil es solche mangels Außenhandelns der Innengesellschaft nicht gibt; anderes kommt dann in Betracht, wenn der Ausgeschiedene persönliche oder dingliche Sicherheiten für die zum Betrieb der (Innen-)Gesellschaft eingegangenen Verbindlichkeiten gestellt hat.

Besonderheiten gelten auch mit Blick auf Abs. 1 S. 2 für die am Regelungsmodell des 71
§ 230 HGB orientierten *stillen Gesellschaften des bürgerlichen Rechts* (vgl. näher § 705 RdNr. 286 f.). Auf sie ist, wenn sie der **typischen** stillen Gesellschaft entsprechen, abweichend von § 738 Abs. 1 S. 2 die Auseinandersetzungsvorschrift des § 235 HGB analog anzuwenden. Danach ist der ausscheidende Innengesellschafter grundsätzlich zum *Buchwert* seiner Beteiligung abzufinden.[166] Eine Beteiligung an den stillen Reserven bzw. am Ertragswert des Unternehmens ist ebenso ausgeschlossen wie die in § 739 vorgesehene Haftung für einen etwaigen Fehlbetrag (arg. § 232 Abs. 2 HGB). Entspricht die Innengesellschaft dagegen einer wegen schuldrechtlicher Vermögensbeteiligung des Innengesellschafters **atypischen** stillen Gesellschaft,[167] so bewendet es grundsätzlich beim Eingreifen des § 738 Abs. 1 S. 2.[168] Insoweit sind dann auch die für Abfindungsbeschränkungen geltenden Grenzen der Dispositionsfreiheit zu beachten.

5. Rechtsfolgen unwirksamer oder unangemessener Abfindungsklauseln. a) All- 72
gemeines. Zur grundsätzlichen Unanwendbarkeit der Gesamtnichtigkeitsvermutung des § 139 auf Gesellschaftsverträge vgl. § 705 RdNr. 53. Ist die nichtige oder unwirksame Abfindungsklausel ausnahmsweise von so zentraler Bedeutung, dass von ihrer Wirksamkeit nach übereinstimmender Vorstellung der Parteien der Bestand der Gesellschaft abhängen soll, so greifen die Grundsätze über die fehlerhafte Gesellschaft ein (§ 705 RdNr. 323 ff.). Im Übrigen bewendet es aber bei der **Vollgültigkeit des Restgeschäfts.** Die durch die unwirksame Abfindungsklausel entstandene Lücke ist durch ergänzende Vertragsauslegung oder dispositives Recht zu schließen (RdNr. 74 f.).

Die Nichtanwendung von § 139 gilt nach zutreffender neuerer Rechtsprechung des BGH 73
auch für das **Verhältnis zwischen Abfindungs- und Ausschließungs-** oder **Fortset-**

---

[163] BGH NJW 1995, 1551; 2000, 2584; OLG Karlsruhe NZG 2001, 654, 655.
[164] OLG München NZG 1999, 821 f.; vgl. auch BGH NJW 2004, 2449 (zum Schicksal einer Versorgungsregelung zugunsten ausgeschiedener Gesellschafter nach Veräußerung der von der Gesellschaft betriebenen Praxis durch die verbliebenen Gesellschafter).
[165] Vgl. zum Verhältnis von Abfindung und Zugewinnausgleich bei einer Ehegatteninnengesellschaft BGHZ 155, 249, 255 = NJW 2003, 249, 255; BGH NJW 2006, 1268, 1269 f. (XII. ZS; m. Anm. Haußleitner 2741): beide Ansprüche bestehen nebeneinander.
[166] Vgl. nur MünchKommHGB/*K. Schmidt* § 235 RdNr. 12 f., 20 f.
[167] Dazu näher MünchKommHGB/*K. Schmidt* § 230 RdNr. 79 f., § 235 RdNr. 57 ff.
[168] BGH NJW 2001, 3777, 3778; NJW-RR 1994, 1185; 1995, 1061.

zungsklausel.[169] Erweist sich der Ausschluss oder die Beschränkung der Abfindung im Hinblick auf den in Frage stehenden Ausscheidensgrund als unwirksam oder unangemessen, so wird die Wirksamkeit des Ausscheidens hiervon doch grundsätzlich nicht berührt; über die Höhe der Abfindung ist vielmehr unabhängig hiervon zu befinden.[170] Daher scheitert das der Mehrheit vertraglich eingeräumte Ausschließungsrecht ohne wichtigen Grund, sofern es inhaltlich den hierfür geltenden Anforderungen entspricht (§ 737 RdNr. 17 ff.), nicht daran, dass der Vertrag für diesen Fall eine unangemessene Abfindungsregelung enthält.[171]

74 **b) Vertragsergänzung und dispositives Recht.** Angesichts der weitgehenden gesetzlichen Abfindungsansprüche eines ausscheidenden Gesellschafters kommt der Frage besondere Bedeutung zu, auf welche Weise die durch Unwirksamkeit oder Unanwendbarkeit der Abfindungsklausel entstandene Lücke zu schließen ist. Soweit nicht der Vertrag durch eine „salvatorische Klausel" entweder eine dem Inhalt der unwirksamen Vereinbarung möglichst entsprechende Vertragsergänzung anordnet oder eine geltungserhaltende Reduktion (§ 705 RdNr. 174 a) der übermäßigen Abfindungsbeschränkung zulässt, kommt es darauf an, ob in diesen Fällen dispositives Recht eingreift oder ob zunächst eine richterliche Vertragsergänzung anzustreben ist. Entsprechend dem im Personengesellschaftsrecht grundsätzlich anerkannten **Vorrang der ergänzenden Vertragsauslegung** vor der Anwendung dispositiven Rechts (vgl. näher § 705 RdNr. 174) ist eine derartige Ergänzung jedenfalls in denjenigen Fällen geboten, in denen eine Abfindungsklausel sich nach § 242 als undurchsetzbar erweist (RdNr. 55).[172] Zum gleichen Ergebnis kommt man auch im Falle einer auf **§ 723 Abs. 3** gestützten Unwirksamkeit (RdNr. 49 f.). Das Eingreifen dieser Verbotsvorschrift richtet sich nicht etwa gegen die Art der vereinbarten Klausel, sondern beruht auf den ihr zukommenden kündigungsbeschränkenden Wirkungen. Es bestehen daher keine grundsätzlichen Bedenken dagegen, dem Parteiwillen durch Rückführung der Abfindungsbeschränkung auf ein mit § 723 Abs. 3 zu vereinbarendes Maß Rechnung zu tragen.[173] Zu der vom BGH vertretenen umfassenden Interessenabwägung für die Ermittlung des hypothetischen Parteiwillens und zu den dagegen bestehenden Bedenken vgl. RdNr. 53 f.

75 **Anderes** gilt im Fall der Nichtigkeit der Abfindungsklausel nach § 138 (RdNr. 45). Wie für den Anwendungsbereich von § 138 ganz überwiegend anerkannt ist, würde es dem Zweck dieser Vorschrift widersprechen, „dem gegen die guten Sitten Handelnden einen Teilerfolg zu belassen".[174] Die Rechtsprechung ist zwar in Sonderfällen trotz Eingreifens von § 138 zu einer quantitativen Zerlegung unter Aufrechterhaltung des Restgeschäfts nach Eliminierung des sittenwidrigen Übermaßes bereit.[175] Parallelen hierzu drängen sich im Fall sittenwidriger Abfindungsbeschränkungen jedoch nicht ohne weiteres auf, ganz abgesehen von der methodischen Problematik eines solchen Vorgehens. Vorbehaltlich des Eingreifens einer salvatorischen Klausel (RdNr. 74) ist die Vertragslücke wegen des zugrunde liegenden

---

[169] Vgl. *Wiedemann* GesR II § 5 I 3 e, S. 417.
[170] BGHZ 105, 213, 220 = NJW 1989, 834, 835 f.; BGH NJW 1973, 651, 652; 1973, 1606, 1607; so auch RGZ 162, 388, 393; *Erman/Westermann* RdNr. 20; *Soergel/Hadding/Kießling* RdNr. 56; aA *Heckelmann* (Fn. 22) S. 156 f.
[171] BGH NJW 1979, 104.
[172] *Ulmer/C. Schäfer* ZGR 1995, 134, 151; so (zur GmbH) auch BGH ZIP 2002, 258, 259; vgl. auch BGHZ 126, 226; ähnlich *Erman/Westermann* RdNr. 20; *Bamberger/Roth/Timm/Schöne* RdNr. 44; *Soergel/Hadding/Kießling* RdNr. 56; für den Fall der Inhaltskontrolle von Gesellschaftsverträgen auch *Stimpel*, FS Rob. Fischer, 1979, S. 775. Vgl. auch *Rob. Fischer*, FS Barz, 1974, S. 46 f. zur Vertragsanpassung nach Treupflichtgrundsätzen.
[173] HM, vgl. BGHZ 123, 281, 285 f. = NJW 1993, 3193; BGH NJW 1973, 651, 652; 1985, 192, 193; *Erman/Westermann* RdNr. 20; *Palandt/Sprau* RdNr. 8; *Bamberger/Roth/Timm/Schöne* RdNr. 44; MünchKommHGB/*K. Schmidt* § 131 RdNr. 173; *Baumbach/Hopt* § 131 HGB RdNr. 73; *Heckelmann* (Fn. 22) S. 154; *Erman*, FS Westermann, 1974, S. 75, 78; einschr. *Büttner*, FS Nirk, 1992, S. 119, 127 (nur im Fall der Ausübungskontrolle nach § 242).
[174] OLG Celle NJW 1959, 1971, 1972; ebenso BGHZ 68, 204, 207 = NJW 1977, 1233 für den Fall einer sittenwidrigen Vereinbarung über das Ausscheiden eines GmbH-Geschäftsführers; vgl. auch § 138 RdNr. 158 mwN, und *Flume* II § 18 9.
[175] So bei überlangen Bierlieferungsverträgen und bei „Mätressentestamenten" mit übermäßiger Verkürzung der Rechte der gesetzlichen Erben (Nachweise in § 138 RdNr. 160).

Sittenverstoßes daher nicht durch ergänzende Vertragsauslegung, sondern durch dispositives Recht zu schließen.[176]

IV. Sonstige Ansprüche des Ausgeschiedenen

1. Rückgabe von Gegenständen. Nach § 738 Abs. 1 S. 2 Halbs. 1 steht der Rückgabeanspruch des § 732 in Bezug auf die der Gesellschaft zum Gebrauch oder dem Werte nach überlassenen Gegenstände (§ 706 RdNr. 12 f.) auch dem ausgeschiedenen Gesellschafter zu. Auf die Erläuterung zu § 732 wird verwiesen. Im Unterschied zum Abfindungsanspruch (RdNr. 19 ff.) wird der Rückgabeanspruch grundsätzlich bereits **im Zeitpunkt des Ausscheidens fällig;** seine Durchsetzbarkeit kann aber daran scheitern, dass der Gesellschaft wegen eines absehbaren Fehlbetragsanspruchs nach § 739 ein Zurückbehaltungsrecht zusteht.[177] Darauf, ob die Gesellschaft die Gegenstände auch nach dem Ausscheiden noch benötigt, kommt es für die Fälligkeit abweichend vom Fall der Auflösung (§ 732 RdNr. 3) in aller Regel nicht an. Nur in besonders gelagerten Fällen kann der Ausgeschiedene aus Gründen nachvertraglicher Treupflicht gehalten sein, der Gesellschaft dringend benötigte Gegenstände noch vorübergehend zu belassen;[178] insoweit ist ihm nach § 242 grundsätzlich ein Benutzungsentgelt als Ausgleich zu gewähren. 76

2. Schuldbefreiung. Der in § 738 Abs. 1 S. 2 Halbs. 2 vorgesehene, allerdings nicht selten gesellschaftsvertraglich abbedungene Anspruch auf Schuldbefreiung richtet sich wie der Abfindungsanspruch gegen die Gesellschaft (RdNr. 16); den Gesellschaftsgläubigern kann er nicht entgegengesetzt werden. Voraussetzung für den Anspruch ist die **persönliche Haftung** des Ausgeschiedenen für fällige Gesellschaftsverbindlichkeiten (§ 714 RdNr. 70 f.). Der Anspruch besteht auch dann, wenn der Ausgeschiedene keine Abfindung verlangen kann, sondern seinerseits nach § 739 den Fehlbetrag schuldet; allerdings kann die Gesellschaft nach § 273 die Schuldbefreiung bis zu dessen Zahlung verweigern.[179] Ist **streitig,** ob eine bestimmte Verbindlichkeit der Gesellschaft besteht oder ob der Ausgeschiedene hierfür auch persönlich haftet, so trägt er als Gläubiger des Schuldbefreiungsanspruchs die Beweislast hierfür;[180] anderes gilt, wenn die Gesellschaft sich auf den Wegfall des Befreiungsanspruchs beruft.[181] Das Recht auf Beteiligung am Ergebnis schwebender Geschäfte (§ 740) lässt den Befreiungsanspruch unberührt. Auf Verbindlichkeiten des Ausgeschiedenen aus dem Gesellschaftsvertrag erstreckt sich der Befreiungsanspruch nicht; sie sind bei der Berechnung des Abfindungsanspruchs zu berücksichtigen. 77

Die Schuldbefreiung kann entweder durch **Tilgung** der Gesamthandsverbindlichkeit seitens der Gesellschaft oder durch Vereinbarung zwischen Gesellschaft und Gläubiger über die **Entlassung** des Ausgeschiedenen **aus der Mithaftung** erfolgen.[182] Wird der Ausgeschiedene vor erreichter Schuldbefreiung von einem Gesellschaftsgläubiger in Anspruch genommen, kann er von der Gesellschaft und grundsätzlich auch von den übrigen Gesellschaftern (RdNr. 17 f.) vollen Ausgleich verlangen.[183] Hatte der Ausgeschiedene als Gesellschafter zusätzlich die Bürgschaft für Gesellschaftsschulden übernommen, so erstreckt sich 78

---

[176] Zust. *Baumbach/Hopt* § 131 HGB RdNr. 73; *Büttner,* FS Nirk, 1992, S. 119, 126 f.; ebenso, freilich ohne Begründung, auch BGH NJW 1979, 104 und WM 1962, 462, 463. Eine Vertragsanpassung ohne Rücksicht auf den Grund der Unwirksamkeit befürworten demgegenüber *Erman/Westermann* RdNr. 20; MünchKommHGB/*K. Schmidt* § 131 RdNr. 173; *Erman,* FS Westermann, 1974, S. 75, 77 ff.; *Heyn,* FS Schiedermair, 1976, S. 271, 285. Krit. gegenüber der grds. Anwendung dispositiven Rechts bei sittenwidrigen Abfindungsklauseln auch *Sigle* ZGR 1999, 659, 668 f.
[177] BGH WM 1981, 1126.
[178] Ebenso *Erman/Westermann* RdNr. 9; *Bamberger/Roth/Timm/Schöne* RdNr. 7.
[179] BGH NJW 1974, 899; *Soergel/Hadding/Kießling* RdNr. 16; *Bamberger/Roth/Timm/Schöne* RdNr. 8.
[180] RGZ 60, 155, 159; *Erman/Westermann* RdNr. 9; *Bamberger/Roth/Timm/Schöne* RdNr. 8.
[181] BGH NJW 2000, 1641, 1642.
[182] BGH NJW 1999, 2438, 2440; RGZ 132, 29, 31; *Soergel/Hadding/Kießling* RdNr. 15.
[183] So, freilich unter Hinweis auf § 670, auch BGH WM 1978, 114, 115; für Eingreifen von §§ 713, 670 und (damit konkurrierend) Ableitung aus dem Schuldbefreiungsanspruch des § 738 Abs. 1 S. 2 *Hadding/Häuser* WM 1988, 1585, 1588 f.

§ 739 1 Abschnitt 8. Titel 16. Gesellschaft

der Befreiungsanspruch auch hierauf.[184] Zum Anspruch des Ausgeschiedenen auf Freigabe von ihm gestellter dinglicher Sicherheiten vgl. RdNr. 80 aE.

79 Einem ehemaligen Gesellschafter, der nicht nach §§ 736, 737 oder durch Vereinbarung mit den Mitgesellschaftern, sondern im Wege der **Anteilsübertragung** aus der Gesellschaft ausgeschieden ist, steht der Befreiungsanspruch ebenso wenig zu wie die sonstigen in §§ 738, 740 geregelten Ansprüche gegen die Gesellschaft (RdNr. 14).[185] Er kann sich wegen etwaiger Befreiungsansprüche nur an den Anteilserwerber kraft besonderer Vereinbarung halten.[186] Maßgebend für das Bestehen solcher Ansprüche ist der Inhalt des Veräußerungsvertrags. Eine entsprechende Anwendung von § 738 scheidet grundsätzlich aus. Anderes muss allerdings für die Befreiung von Verbindlichkeiten gelten, für die der ausscheidende Gesellschafter von Gesellschaftsgläubigern nach § 128 HGB (analog) in Anspruch genommen wird und für die er auch in der OHG nach § 738 Abs. 1 S. 2 Regress nehmen kann.[187] Auf die Art des Ausscheidens kann es hierfür nicht ankommen, weil ein Regress des Anteilserwerbers gegen die Gesellschaft insofern nicht begründbar wäre und die Regresslosigkeit ein völlig unangemessenes Ergebnis wäre, das die Gesellschaft unberechtigt begünstigte.

80 **3. Sicherheitsleistung.** Sie kann dem Ausgeschiedenen von der Gesellschaft unter den vorstehend (RdNr. 77 f.) genannten Voraussetzungen anstelle der Schuldbefreiung für **noch nicht fällige**, ihn im Rahmen seiner akzessorischen Haftung treffende **Altverbindlichkeiten** angeboten werden (§ 738 Abs. 1 S. 3).[188] Diese Ersetzungsbefugnis der Gesellschaft[189] erstreckt sich auch auf Verbindlichkeiten aus schwebenden Geschäften; die Sonderregelung in § 740 betrifft nur die Abrechnung im Innenverhältnis.[190] Zur Behandlung streitiger Verbindlichkeiten vgl. RdNr. 77; sie stehen nicht etwa den betagten Verbindlichkeiten iS von § 738 Abs. 1 S. 3 gleich.[191] Hat der Ausgeschiedene seinerseits für eine noch nicht fällige Gesellschaftsschuld dem Gläubiger Sicherheiten aus seinem Privatvermögen bestellt, so kann er von der Gesellschaft deren Freisetzung schon vom Zeitpunkt des Ausscheidens an verlangen und muss nicht bis zur Fälligkeit der Gesellschaftsschuld zuwarten.[192]

§ 739 Haftung für Fehlbetrag

Reicht der Wert des Gesellschaftsvermögens zur Deckung der gemeinschaftlichen Schulden und der Einlagen nicht aus, so hat der Ausscheidende den übrigen Gesellschaftern für den Fehlbetrag nach dem Verhältnis seines Anteils am Verlust aufzukommen.

1 **1. Normzweck und Voraussetzungen.** Die Haftung nach § 739 beim Ausscheiden aus der fortbestehenden Gesellschaft entspricht der in § 735 bei Auseinandersetzung der aufgelösten Gesellschaft vorgesehenen Nachschusspflicht der Gesellschafter für einen Fehlbetrag im Zuge der Schlussabrechnung. Sie kommt nur beim ersatzlosen Ausscheiden eines Gesellschafters zum Zuge, nicht dagegen bei der Anteilsübertragung auf einen Mitgesellschafter oder Dritten (§ 738 RdNr. 14 f.). Zur Schlussabrechnung beim Ausscheiden als Grundlage für die Berechnung des Fehlbetrags vgl. § 738 RdNr. 27 ff., 37 f.; zu den sonstigen Voraussetzungen der Fehlbetragshaftung vgl. die Erl. zu § 735. Maßgebend für den auf den Ausgeschiedenen entfallenden Anteil des gesamten Fehlbetrags ist der **Verlustverteilungsschlüssel** (§ 735 RdNr. 4); ein negatives Kapitalkonto des Ausgeschiedenen begründet als

---

[184] BGH NJW 1974, 899; *Bamberger/Roth/Timm/Schöne* RdNr. 9.
[185] BGH NJW 1981, 1095, 1096; *Erman/Westermann* RdNr. 9; *Soergel/Hadding/Kießling* RdNr. 19.
[186] BGH NJW 1975, 166, 167; allg. zum Rechtsverhältnis zwischen Veräußerer und Erwerber vgl. § 719 RdNr. 42 ff.
[187] *Staub/Habersack* § 128 HGB RdNr. 45; MünchKommHGB/*K. Schmidt* § 128 RdNr. 61.
[188] Dazu und zur Zweckmäßigkeit vertraglicher Abweichungen von der Pflicht zur Sicherheitsleistung vgl. *Knöchlein* DNotZ 1960, 473.
[189] Ebenso *Bamberger/Roth/Timm/Schöne* RdNr. 12; wohl auch *Soergel/Hadding/Kießling* RdNr. 17.
[190] So zutr. *Riegger* (Fn. 32) gegen *Düringer/Hachenburg/Flechtheim* § 138 HGB Anm. 9.
[191] RGZ 60, 155, 158.
[192] BGH LM § 739 Nr. 1 = NJW 1974, 899; RGZ 132, 29, 32.

solches keinen Anspruch der Gesellschaft gegen ihn, sondern bildet nur einen Posten für die Fehlbetragsrechnung.[1] Eine Zahlungspflicht des Ausgeschiedenen besteht nur dann, wenn der auf ihn entfallende Fehlbetrag einschließlich sonstiger, der Gesellschaft noch geschuldeter Beträge (RdNr. 5) höher ist als die ihm im Rahmen der Abfindung zurückzugewährende Einlage sowie etwaige weitere ihm noch zustehende Ansprüche aus dem Gesellschaftsverhältnis (§ 738 RdNr. 18).[2]

§ 739 gilt entsprechend bei „**Übernahme**" des Gesellschaftsvermögens (§ 730 RdNr. 83), einschließlich dem Fall der Gesamtrechtsnachfolge wegen Ausscheidens des vorletzten Gesellschafters.[3] Der Zahlungsanspruch steht in diesem Fall dem Übernehmer als Gesamtrechtsnachfolger der Gesellschaft zu.

2. Durchsetzbarkeit. Hinsichtlich der Entstehung und Fälligkeit des Zahlungsanspruchs gelten die Feststellungen zum Abfindungsanspruch (§ 738 RdNr. 19 f.) entsprechend. Der Ausgeschiedene kann die Zahlung nach § 273 so lange verweigern, als die Gesellschaft ihrerseits die Pflicht zur Rückgabe der ihr zum Gebrauch überlassenen oder dem Werte nach eingebrachten Gegenstände, zur Schuldbefreiung und zur Sicherheitsleistung nach § 738 Abs. 1 S. 2 und 3 nicht erfüllt.[4] Die Aussicht auf Gewinnansprüche aus § 740 nach Beendigung der beim Ausscheiden schwebenden Geschäfte kann dem Zahlungsverlangen der Gesellschaft nicht entgegengesetzt werden.[5]

Ist der Fehlbetrag vom Ausgeschiedenen nicht zu erlangen, so haften gegenüber der Gesellschaft nicht etwa die Mitgesellschafter entsprechend § 735 S. 2 für den Ausfall. Eine solche **Ausfallhaftung** ist **unvereinbar mit** dem in § 707 während der Dauer der Gesellschaft vorgesehenen Ausschluss einer Verlustausgleichsverpflichtung.[6] Wohl aber führt der Ausfall zur Erhöhung des auf die Mitgesellschafter entfallenden Verlusts und vermindert dementsprechend ihre Kapitalkonten als Grundlage der ihnen beim Ausscheiden zurückzuerstattenden Einlagen.

3. Sonstige Ansprüche der Gesamthand. Neben einer Haftung für den anteiligen Fehlbetrag haben der ehemalige Gesellschafter oder seine Erben auch für sonstige bei seinem Ausscheiden noch offene Ansprüche aus dem Gesellschaftsverhältnis (Sozialansprüche, § 705 RdNr. 201) aufzukommen, soweit sie nicht im Rahmen der Abfindungsbilanz mit Gegenansprüchen des Ausgeschiedenen saldiert worden sind. Das gilt namentlich für Sozialansprüche auf Schadensersatz oder wegen unberechtigter Entnahmen,[7] aber auch für rückständige, zur Verlustdeckung benötigte Einlageforderungen. Soweit derartige Ansprüche der Gesellschaft im Zeitpunkt des Ausscheidens bestanden, kommen sie infolge des Ausscheidens nicht etwa ohne weiteres in Wegfall.

§ 740 Beteiligung am Ergebnis schwebender Geschäfte

(1) ¹Der Ausgeschiedene nimmt an dem Gewinn und dem Verlust teil, welcher sich aus den zur Zeit seines Ausscheidens schwebenden Geschäften ergibt. ²Die übrigen Gesellschafter sind berechtigt, diese Geschäfte so zu beenden, wie es ihnen am vorteilhaftesten erscheint.

(2) Der Ausgeschiedene kann am Schluss jedes Geschäftsjahrs Rechenschaft über die inzwischen beendigten Geschäfte, Auszahlung des ihm gebührenden Betrags und Auskunft über den Stand der noch schwebenden Geschäfte verlangen.

---

[1] BGH NJW 1999, 2438 f.
[2] So auch OLG Hamm NZG 2005, 175; *Bamberger/Roth/Timm/Schöne* RdNr. 1; *Soergel/Hadding/Kießling* RdNr. 5.
[3] Vgl. OLG Hamm NZG 2005, 175.
[4] BGH NJW 1974, 899; *Bamberger/Roth/Timm/Schöne* RdNr. 3.
[5] BGH WM 1969, 494.
[6] So auch *Erman/Westermann* RdNr. 2; *Staudinger/Habermeier* RdNr. 3; ebenso jetzt auch *Soergel/Hadding/Kießling* RdNr. 6.
[7] So BGH WM 1974, 834 auch für den Fall, dass ein Abfindungsanspruch der Erben beim Tod eines Gesellschafters ausgeschlossen ist und diese auch nicht zur Nachfolge berechtigt sind.

I. Allgemeines

1. Normzweck. Die Funktion der Vorschrift ging auf der Grundlage der *früher* für die Ermittlung des Abfindungsguthabens maßgeblichen **Substanzwertmethode** dahin, die Auseinandersetzung mit dem ausgeschiedenen Gesellschafter und die Erstellung der Abfindungsbilanz von der Berücksichtigung der beim Ausscheiden noch in Vollzug befindlichen Geschäfte zu entlasten und an Stelle der Vorwegnahme des voraussichtlichen Ergebnisses im Wege der Schätzung (§ 738 Abs. 2) hierüber erst nach jeweiliger Beendigung gesondert zum Jahresende Rechnung zu legen.[1] Mit Rücksicht hierauf ließ die Rechtsprechung es auch zu, dass der Ausgeschiedene bzw. die Gesellschaft unabhängig vom Stand der Auseinandersetzung nach § 738 Abs. 1 den Anspruch auf das Ergebnis schwebender Geschäfte (Ertrag oder Verlust) schon jeweils mit seiner Entstehung zum Jahresende geltend machen kann.[2] Die dem jeweiligen Schuldner nach allgemeinem bürgerlichem Recht zustehenden Einwendungen und Einreden (vgl. insbesondere §§ 273, 387) wurden dadurch freilich nicht berührt.[3] Bei Ermittlung des Abfindungsguthabens auf Grund der heute vorherrschenden **Ertragswertmethode** (§ 738 RdNr. 35) ist für die Anwendung des § 740 kein Raum (RdNr. 3). Vgl. im Übrigen zum Anwendungsbereich des § 740 auch § 738 RdNr. 10 f.

2. Kein partieller Fortbestand der Mitgliedschaft. Eine – sei es auch partielle – Fortsetzung der Gesellschaft mit dem Ausgeschiedenen über den Stichtag des Ausscheidens hinaus ist mit der Regelung des § 740 nicht verbunden.[4] Der Ausgeschiedene hat keine Mitspracherechte mehr hinsichtlich der Durchführung der schwebenden Geschäfte (RdNr. 6). An Stelle der laufenden Kontrollrechte nach § 716 Abs. 1 ist ihm in § 740 Abs. 2 ein besonderer gesetzlicher Rechenschafts- und Auskunftsanspruch eingeräumt. Auch der Anspruch auf Schuldbefreiung oder Sicherheitsleistung für Verbindlichkeiten aus schwebenden Geschäften ist durch § 740 nicht etwa eingeschränkt (§ 738 RdNr. 77, 80). Dritten gegenüber werden durch § 740 ohnehin keine Rechte oder Pflichten des Ausgeschiedenen begründet. Daher lässt sich aus der Ergebnisteilnahme nach § 740 auch keine Haftung des Ausgeschiedenen für Gesellschaftsschulden ableiten, wenn sie nicht bereits während seiner Gesellschaftszugehörigkeit begründet worden war.

3. Nichtanwendung bei Ertragswertberechnung. Die in § 740 vorgesehene Ergebnisbeteiligung erwies sich schon unter der Herrschaft der Substanzwertmethode als problematisch; sie wurde daher verbreitet abbedungen (RdNr. 8). Gegen sie sprach, dass je nach Art der von der Gesellschaft getätigten Geschäfte noch für eine längere Zeit Rechtsbeziehungen zwischen ihr und dem Ausgeschiedenen aufrechterhalten und Rechenschaftspflichten begründet wurden. Auch war bei Anwendung von § 740 Abs. 1 mit einer Fülle von Schwierigkeiten zu rechnen, da die Vorschrift eine Bestimmung und Aufgliederung der auf die einzelnen Geschäfte entfallenden Kosten der Gesellschaft, einschließlich der anteiligen Gemeinkosten, erforderlich macht.[5] Aus heutiger Sicht, infolge grundsätzlichen Übergangs bei Ermittlung des Abfindungsguthabens zur *Ertragswertmethode* (§ 738 RdNr. 35), ist die Vorschrift im Regelfall **gegenstandslos**. Sie findet kraft teleologischer Reduktion auch dann keine Anwendung, wenn sie nicht ausdrücklich oder konkludent abbedungen ist.[6] Denn die „schwebenden Geschäfte" gehen in die Ermittlung des künftigen Ertrags als

---

[1] BGH NJW 1993, 1194; 1959, 1963; *Staub/C. Schäfer* § 131 HGB RdNr. 123.
[2] BGH NJW 1993, 1194, 1195; WM 1965, 765, 766; 1969, 494, 495; 1971, 130, 131.
[3] BGH NJW 1990, 1171 f.
[4] Ebenso *Erman/Westermann* RdNr. 4; *Bamberger/Roth/Timm/Schöne* RdNr. 5; aA *Wiedemann* GesR II § 5 I 3 e, S. 415 f.
[5] *Hueck* OHG § 29 II 5 d; *Roolf/Vahl* DB 1983, 1964, 1967; *Staub/C. Schäfer* § 131 HGB RdNr. 125; für die „Eigenkosten" der Gesellschaft offen lassend BGH WM 1969, 494, 495.
[6] OLG Hamm NZG 2005, 175 f.; *Baumbach/Hopt* § 131 HGB RdNr. 45; *Großfeld*, Unternehmens- und Anteilsbewertung im Gesellschaftsrecht, 4. Aufl. 2002, S. 87 f.; *Schulze-Osterloh* ZGR 1986, 545, 559 f.; *Staudinger/Habermeier* RdNr. 1; *Soergel/Hadding/Kießling* RdNr. 3; im Ergebnis auch *Erman/Westermann* RdNr. 1 („schlüssig abbedungen"); tendenziell auch MünchKommHGB/*K. Schmidt* § 131 RdNr. 115; speziell aus Sicht der Freiberuflersozietäten *Westermann* AnwBl. 2007, 103, 106.

Grundlage der Abfindung ein, so dass für ihre erneute Berücksichtigung nach jeweiliger Beendigung kein Raum ist. Mit der heutigen Praxis der Unternehmensbewertung wäre es auch schwer vereinbar, den anhand des Ertragswerts berechneten Abfindungsbetrag nachträglich in der Weise zu modifizieren, dass die Wertermittlung nach jeweiliger Beendigung der schwebenden Geschäfte auf Grund der tatsächlich erzielten Ergebnisse korrigiert wird.[7] Auch wenn der Gesetzgeber es unterlässt, inhaltlich überholte Vorschriften aufzuheben oder zu ändern, zwingt das nicht zu ihrer funktionswidrigen Anwendung.[8]

II. Schwebende Geschäfte

1. Begriff. Schwebende Geschäfte sind solche **unmittelbar auf Erwerb gerichtete Rechtsgeschäfte** der Gesellschaft, für die **im Zeitpunkt des Ausscheidens** bzw. dem hiervon abweichenden Abfindungsstichtag (RdNr. 9) bereits eine rechtliche Bindung begründet und mit der Ausführung begonnen war, die aber beiderseits noch nicht voll erfüllt sind.[9] Bloße Hilfsgeschäfte (Geschäftsraummiete, Erwerb von Anlagegegenständen u. a.) fallen nicht unter den Begriff; den hieraus drohenden Risiken ist bei Anwendung der Substanzwertmethode durch Rückstellungen in der Abfindungsbilanz Rechnung zu tragen. Nicht zu folgen ist mit Rücksicht auf die Funktion von § 740 (RdNr. 1) auch denjenigen Ansichten, die die Vorschrift auf sämtliche beim Ausscheiden noch nicht abgewickelten vermögenswerten Rechtsbeziehungen der Gesellschaft gegenüber Dritten[10] oder auf offene Forderungen und Verbindlichkeiten aus sonstigen Rechtshandlungen der Gesellschaft erstrecken und insoweit auch gesetzliche Schuldverhältnisse einbeziehen wollen;[11] eine Ergebnisbeteiligung iS von § 740 steht hier nicht in Frage. Auch solche Erwerbsgeschäfte, die beim Ausscheiden jedenfalls von einer Seite bereits vollständig erfüllt waren und daher unschwer in der Abfindungsbilanz berücksichtigt werden können, bedürfen nicht der Sonderregelung in § 740.[12]

Ob **Dauerschuldverhältnisse** unter den Begriff des schwebenden Geschäfts fallen, war früher umstritten, wird heute aber ganz überwiegend abgelehnt.[13] Auf Grund der Funktion des § 740 Abs. 1 (RdNr. 1) ist dies in der Tat nur für die gegenseitigen Leistungen und ihr Ergebnis in demjenigen abgrenzbaren Zeitabschnitt zu bejahen, der am Stichtag des Ausscheidens bereits begonnen hat; für einen späteren Zeitraum entstehende gegenseitige Ansprüche werden von der Regelung des § 740 nicht erfasst. Für diese Einschränkung spricht auch, dass der Ausgeschiedene auf den Fortbestand und späteren Vollzug des Dauerschuldverhältnisses keinen Einfluss mehr hat und daher insoweit auch nicht wie ein Gesellschafter am Erfolg/Misserfolg der Gesellschaft beteiligt werden sollte.

2. Beendigung. Sie ist nach Abs. 1 S. 2 ausschließlich Sache der übrigen, die Gesellschaft fortsetzenden Gesellschafter; ein Mitspracherecht des Ausgeschiedenen besteht nicht. Das Kriterium des „Vorteilhaften" in Abs. 1 S. 2 gibt ihnen dabei weitgehende kaufmännische Entscheidungsfreiheit. Zwar haben sie nicht nur die Belange der Gesellschaft, sondern

---

[7] Dafür aber *Neuhaus*, Unternehmensbewertung und Abfindung, 1990, S. 136 ff.
[8] AA noch *K. Schmidt* DB 1983, 2401, 2403 f.; *Neuhaus* (Fn. 7) S. 135 f. Einen Sonderfall der Abfindung auf der Basis der Substanzwertmethode, bei der § 740 seinen Sinn behält, behandelt BGH NJW 1993, 1194.
[9] HM, vgl. BGH NJW 1993, 1194; NJW-RR 1986, 454, 455; 1986, 1160; *Soergel/Hadding/Kießling* RdNr. 4; *Staudinger/Habermeier* RdNr. 2; *Hueck* OHG § 29 II 5 d; enger *Westermann* Hdb. RdNr. I 1137: nur voll abgewickelte, aber noch nicht abgerechnete Geschäfte.
[10] So *Riegger*, Die Rechtsfolgen des Ausscheidens eines Gesellschafters aus einer zweigliedrigen Personalgesellschaft, 1969, S. 140 ff., 147.
[11] So RGZ 171, 129, 133; RGRK/*Weipert*, 2. Aufl. 1950, § 138 HGB Anm. 43.
[12] Eingehend GroßkommHGB/*Ulmer*, 3. Aufl. 1973, § 138 RdNr. 96 f.; wie hier im Ergebnis auch *Soergel/Hadding/Kießling* RdNr. 4; *Bamberger/Roth/Timm/Schöne* RdNr. 4.
[13] So im *K. Schmidt* DB 1983, 2401, 2405 f. schon BGH NJW-RR 1986, 454, 455; 1986, 1160 f.; ferner *Erman/Westermann* RdNr. 2; *Palandt/Sprau* RdNr. 1; *Baumbach/Hopt* § 131 HGB RdNr. 46; *Neuhaus* (Fn. 7) S. 140; *Staudinger/Habermeier* RdNr. 2; *Soergel/Hadding/Kießling* RdNr. 4; *Bamberger/Roth/Timm/Schöne* RdNr. 4.

im Rahmen der nachvertraglichen Treupflicht (§ 738 RdNr. 7) auch diejenigen des Ausgeschiedenen zu beachten. Schadensersatzansprüche des Ausgeschiedenen wegen fehlerhafter Beendigungsmaßnahmen kommen allerdings nur dann in Betracht, wenn die Geschäftsführer die Sorgfalt in eigenen Angelegenheiten verletzt haben; der Maßstab des § 708 gilt mangels vertraglicher Abweichung auch im Verhältnis zum Ausgeschiedenen fort.[14]

III. Auskunft und Rechnungslegung (Abs. 2)

7   Zur Durchsetzung und Kontrolle des jeweils zum Jahresende fällig werdenden Anspruchs auf Beteiligung am Ergebnis der im laufenden Geschäftsjahr beendigten Geschäfte kann der Ausgeschiedene nach Abs. 2 **zum Geschäftsjahresende Rechenschaft** von der Gesellschaft verlangen; maßgebend ist der jeweilige Zahlungseingang.[15] Ebenso steht ihm ein **Auskunftsanspruch** hinsichtlich des Stands der noch schwebenden Geschäfte zu. Die *Art und Weise* von Rechnungslegung und Auskunft bestimmt sich nach §§ 259, 260.[16] Über das allgemeine Informationsrecht des § 810 hinaus kommt dem Eingreifen dieser Vorschriften Bedeutung namentlich für das Verlangen auf Abgabe einer eidesstattlichen Versicherung nach § 259 Abs. 2 zu. Der Anspruch auf Rechnungslegung und Auskunft ist mit Rücksicht auf seine gesellschaftsvertragliche Grundlage höchstpersönlicher Natur und nicht übertragbar (§ 717 S. 1); dem Zessionar des Anspruchs auf Ergebnisbeteiligung nach Abs. 1 steht er nicht zu.[17] Die *Auszahlung* des auf die einzelnen Geschäfte entfallenden anteiligen Gewinns kann schon dann verlangt werden, wenn deren Ergebnis objektiv feststeht; auf die gemeinsame Berechnung und Feststellung kommt es nicht an.[18]

IV. Abweichende Vereinbarungen

8   § 740 ist in vollem Umfang **dispositiv.** Abweichende Vereinbarungen sind verbreitet;[19] die Beweislast hierfür trifft denjenigen, zu dessen Gunsten sich die Abweichung auswirkt, im Regelfall also die verbleibenden Gesellschafter.[20] Eine konkludente Abbedingung liegt im Zweifel auch dann vor, wenn der Ausscheidende nach dem Gesellschaftsvertrag Anspruch auf einen festen Abfindungsbetrag oder auf den nach der letzten Jahresbilanz zu berechnenden **Buchwert** seines Anteils hat. Derartige Vereinbarungen sind meist als abschließende gewollt; sie sollen alle Ansprüche aus der früheren Beteiligung erledigen.[21] Zur Unanwendbarkeit von § 740 bei Berechnung der Abfindung nach der Ertragswertmethode vgl. RdNr. 3.

9   Soweit die abweichende **Festsetzung des Abfindungsstichtags** in Frage steht, lässt sich ihr ein Ausschluss der Ansprüche aus § 740 nicht ohne weiteres entnehmen.[22] Wohl aber ist für die Bestimmung des Kreises der in die Ergebnisbeteiligung einzubeziehenden Geschäfte in zeitlicher Hinsicht nicht auf das tatsächliche Ausscheiden, sondern auf den vereinbarten Stichtag abzustellen.

---

[14] EinhM, vgl. *Soergel/Hadding/Kießling* RdNr. 6; *Staudinger/Habermeier* RdNr. 3; *Erman/Westermann* RdNr. 4.
[15] BGH WM 1969, 494, 496; *Soergel/Hadding/Kießling* RdNr. 8.
[16] HM, vgl. BGH NJW 1959, 1963, 1964; WM 1961, 173; OLG Hamm NZG 2005, 175; *Erman/Westermann* RdNr. 4; *Soergel/Hadding/Kießling* RdNr. 8; *Staudinger/Habermeier* RdNr. 4; *Hueck* OHG § 29 II 5 d; aA noch RG JW 1926, 1812.
[17] *Hueck* OHG § 29 II 5 d; *Soergel/Hadding/Kießling* RdNr. 8; *MünchKommHGB/K. Schmidt* § 131 RdNr. 123; aA *Riegger* (Fn. 10) S. 154 ff.
[18] BGH WM 1980, 212, 213.
[19] Beispiele bei *Knöchlein* DNotZ 1960, 472.
[20] BGH WM 1979, 1064, 1065 (Beteiligung an den Gebühren der von der Sozietät weitergeführten Mandate beim Ausscheiden eines Rechtsanwalts).
[21] So richtig *Hueck* OHG § 29 II 5 d; *Baumbach/Hopt* § 131 HGB RdNr. 45; *Westermann* Hdb. RdNr. I 1137; einschr. *Knöchlein* DNotZ 1960, 472.
[22] BGH NJW 1959, 1963; *Hueck* OHG § 29 II 5 d; *Staub/C. Schäfer* § 131 HGB RdNr. 134.

Gesetz über Partnerschaftsgesellschaften Angehöriger Freier Berufe (Partnerschaftsgesellschaftsgesetz – PartGG)

vom 25. Juli 1994 (BGBl. I S. 1744),
zuletzt geändert durch Gesetz vom 23. Oktober 2008 (BGBl. I S. 2026)

Schrifttum (Auswahl – vgl. auch die Angaben zu Vor § 705 BGB): **Kommentare, Handbücher:** *Bösert/Braun/Jochem*, Leitfaden zur Partnerschaftsgesellschaft, 1996; *Feddersen/Meyer-Landrut*, Partnerschaftsgesellschaftsgesetz, 1995; *Feuerich/Weyland*, Bundesrechtsanwaltsordnung, 7. Aufl. 2008; *Gail/Overlack*, Anwaltsgesellschaften, 2. Aufl. 1996; *Henssler*, PartGG, 2. Aufl. 2008; *Kaiser/Bellstedt*, Die Anwaltssozietät, 2. Aufl. 1995; *Meilicke/Graf v. Westphalen/Hoffmann/Lenz/Wolff*, Partnerschaftsgesellschaftsgesetz, 2006, (zit.: *Bearbeiter* in: *M/W/H/L/W*); *Michalski/Römermann*, Kommentar zum Partnerschaftsgesellschaftsgesetz, 3. Aufl. 2005; *Riegger/Weipert* (Hrsg.), Münchener Handbuch zum Gesellschaftsrecht, Band I, 1995; *Römermann* in: *Michalski*, GmbHG, 2002 Syst. Darst. 7; *Seibert*, Die Partnerschaft, 1994; *ders.*, Kommentar zum PartGG, in: *Ebenroth/Boujong/Joost*, HGB, 1. Aufl. 2001 (zit.: *E/B/J/Seibert*).

Monographien, Aufsätze: *Ahlers*, Die GmbH als Zusammenschluß Angehöriger freier Berufe zur gemeinsamen Berufsausübung, FS Rowedder, 1994, S. 1; *Bayer/Imberger*, Nochmals: Die Rechtsform freiberuflicher Tätigkeit, DZWiR 1995, 177; *Beckmann*, Für eine Partnerschaft freier Berufe, FS Kleinert, 1992, S. 210; *Bösert*, Das Gesetz über Partnerschaftsgesellschaften Angehöriger Freier Berufe, ZAP 1994, 765; *Burret*, Das Partnerschaftsgesellschaftsgesetz. Die Partnerschaft – eine Rechtsform für die prüfenden Berufe?, WPK-Mitt. 1994, 201; *Casper*, Interprofessionelle Sozietäten von Anwaltsnotaren – eine Analyse des geltenden und künftigen Rechts, ZIP 1996, 1501; *Eggesiecker/Keuenhof*, Normale Partnerschaften auch für Wirtschaftsprüfer und Steuerberater zulässig, BB 1995, 2049; *Henssler*, Die Freiberufler-GmbH, ZIP 1994, 84; *ders.*, Neue Formen anwaltlicher Zusammenarbeit – Anwalts-GmbH und Partnerschaft im Wettbewerb der Gesellschaftsformen, DB 1995, 1549; *ders.*, Die Haftung der Partnerschaft und ihrer Gesellschafter, FS Vieregge, 1995, S. 361; *ders.*, Die „Limited Liability Partnership" des US-amerikanischen Rechts, FS Wiedemann, 2002, S. 907; *Heydn*, Die erbrechtliche Nachfolge in Anteile an Partnerschaftsgesellschaften, 1999; *Hornung*, Partnerschaftsgesellschaft für Freiberufler, Rpfleger 1995, 481; 1996, 1; *Jawansky*, Haftung und Vertrauensschutz bei Berufsausübung in der Partnerschaftsgesellschaft, DB 2001, 2281; *Knoll/Schüppen*, Die Partnerschaftsgesellschaft – Handlungszwang, Handlungsalternative oder Schubladenmodell?, DStR 1995, 608, 646; *Kögel*, Der Namensbestandteil „und Partner" – Monopol der Partnerschaftsgesellschaften?, Rpfleger 1996, 314; *Krieger*, Partnerschaftsgesellschaft – Eine neue Möglichkeit, in freier Praxis partnerschaftlich zusammenzuarbeiten, MedR 1995, 95; *Kupfer*, Freiberufler-Gesellschaften: Partnerschaft, Anwalts- und Ärzte-GmbH, KÖSDI 1995, 10 130; *Lenz*, Die Partnerschaft – alternative Gesellschaftsform für Freiberufler?, MDR 1994, 741; *Leutheusser-Schnarrenberger*, Die Partnerschaftsgesellschaft – nationale und EG-rechtliche Bestrebungen zu einem Sondergesellschaftsrecht für die freien Berufe, FS Helmrich, 1994, S. 677; *Mahnke*, Das Partnerschaftsgesellschaftsgesetz, WM 1996, 1029; *Michalski*, Das Gesellschafts- und Kartellrecht der berufsrechtlich gebundenen freien Berufe, 1989; *ders.*, Zum RegE eines Partnerschaftsgesellschaftsgesetzes, ZIP 1993, 1210; *Neye*, Partnerschaft und Umwandlung, ZIP 1997, 722; *Oppenhoff*, Anwaltsgemeinschaften, ihr Sinn und Zweck, AnwBl. 1967, 267; *Raisch*, Freie Berufe und Handelsrecht, FS Rittner, 1991, S. 471; *Römermann*, Entwicklungen und Tendenzen bei Anwaltsgesellschaften, 1995; *Schaub*, Das neue Partnerschaftsregister, NJW 1996, 625; *Schirmer*, Berufsrechtliche und kassenarztrechtliche Fragen der ärztlichen Berufsausübung in Partnerschaftsgesellschaften, MedR 1995, 341, 383; *Karsten Schmidt*, Partnerschaftsgesetzgebung zwischen Berufsrecht, Schuldrecht und Gesellschaftsrecht, ZIP 1993, 633; *ders.*, Die Freiberufliche Partnerschaft, NJW 1995, 1; *Seibert*, Zum neuen Entwurf eines Partnerschaftsgesellschaftsgesetzes, AnwBl. 1993, 155; *ders.*, Regierungsentwurf eines Partnerschaftsgesellschaftsgesetzes, ZIP 1993, 1197; *ders.*, Die Partnerschaft für die Freien Berufe, DB 1994, 2381; *Sommer*, Anwalts-GmbH oder Anwaltspartnerschaft?, GmbHR 1995, 249; *Stuber*, Das Partnerschaftsgesellschaftsgesetz unter besonderer Berücksichtigung der Belange der Anwaltschaft, WiB 1994, 705; *Ulmer/Habersack*, Die Haftungsverfassung der Partnerschaftsgesellschaft, FS Brandner, 1996, S. 151; *Wertenbruch*, Partnerschaftsgesellschaft und neues Umwandlungsrecht, ZIP 1995, 712; *ders.*, Die Bezeichnung „und Partner" außerhalb der Partnerschaft, ZIP 1996, 1776; *ders.*, Veräußerungen und Vererbung des Anteils an einer vertragsärztlichen Berufsausübungsgesellschaft, MedR 1996, 485.

Vorbemerkungen

Übersicht

	RdNr.		RdNr.
I. Entstehungsgeschichte	1–10	e) Die Partnerschaftsregisterverordnung	8
1. Die Entwürfe von 1971 und 1975/1976	1–3	3. Seitherige Änderungen	9, 10
a) Die vorparlamentarische Diskussion	1	II. Die Partnerschaft im Vergleich zur GbR, OHG und GmbH	11–25
b) Der Entwurf von 1971	2	1. Vorteile gegenüber der Gesellschaft bürgerlichen Rechts	11, 12
c) Der Entwurf von 1975/1976 und sein Scheitern	3	2. Unterschiede zur OHG	13, 14
2. Das Partnerschaftsgesellschaftsgesetz von 1994	4–8	3. Die Freiberufler-GmbH – Überblick	15–25
a) Die Entwicklung bis zum Referentenentwurf	4	a) Rechtsentwicklung	15–17
b) Der Referentenentwurf	5	b) Jetziger Stand der Diskussion	18–21
c) Der Regierungsentwurf	6	c) Vergleich der Rechtsformen	22–25
d) Die Verabschiedung des PartGG	7	III. Rechtstatsachen	26–28

I. Entstehungsgeschichte

1 **1. Die Entwürfe von 1971 und 1975/1976. a) Die vorparlamentarische Diskussion.** Die Schaffung einer eigenen Rechtsform für Zusammenschlüsse von Freiberuflern hat eine lange Geschichte. Sie begann im Jahr 1957, als das Institut der Wirtschaftsprüfer in Deutschland e. V. beim Bundesjustizministerium anregte, eine neue Gesellschaftsform für die Freien Berufe zu schaffen.[1] Da sich die Mehrzahl der Verbände der Freien Berufe auf eine Anfrage des Bundesjustizministeriums hin ablehnend äußerte, wurde diese erste Anregung nicht weiter verfolgt.[2] Erst Ende der sechziger Jahre lebte die Diskussion wieder auf, nachdem der Anwaltstag 1967 diese Frage zu einem seiner Hauptthemen gemacht hatte.[3] In der Folgezeit erarbeitete *Volmer* einen ersten Gesetzesvorschlag.[4]

2 **b) Der Entwurf von 1971.** Ein auf die Vorarbeiten von *Volmer* (RdNr. 1) zurückgehender, leicht geänderter Vorschlag wurde 1971 von der CDU/CSU-Fraktion im Bundestag als Entwurf für ein Partnerschaftsgesetz[5] eingebracht.[6] Die Partnerschaft war nach § 1 Abs. 1 E als *juristische Person* konzipiert, sollte aber nach § 26 E steuerrechtlich wie eine Personengesellschaft behandelt werden. Die Regeln über den Namen der Partnerschaft, den Partnerschaftsvertrag und ein Partnerschaftsregister sind als Vorläufer für das heutige PartGG zu betrachten.[7] Ferner war in § 9 E eine *generelle Haftungsbegrenzung* für jeden Schadensfall in Höhe von 500 000 DM vorgesehen, verbunden mit einer Verpflichtung zur Deckung durch eine Haftpflichtversicherung. Infolge der vorzeitigen Auflösung des 6. Deutschen Bundestages verfiel der Entwurf der Diskontinuität.[8]

---

[1] *Thümmel* WPg. 1971, 399.
[2] *Michalski/Römermann* Einf. RdNr. 2.
[3] *Thümmel* WPg. 1971, 399; *Oppenhoff* AnwBl. 1967, 267, 274.
[4] *Volmer* StB 1967, 25 ff.; vgl. auch *Rittner* StB 1967, 2, 8; krit. dazu *Oppenhoff* AnwBl. 1967, 267, 274; *Lach,* Die Formen freiberuflicher Zusammenarbeit, 1970, S. 150 ff.
[5] Bis zum Referentenentwurf 1993 wurde durchgängig von Partnerschaftsgesetz statt von Partnerschaftsgesellschaftsgesetz gesprochen. Durch die Bezeichnung Partnerschaftsgesellschaftsgesetz sollte jede Verwechslung mit sonstigen als Partnerschaft bezeichneten Verbindungen wie der nichtehelichen Lebensgemeinschaft ausgeschlossen werden (vgl. näher § 1 RdNr. 6).
[6] BT-Drucks. VI/2047; vgl. hierzu *Thümmel* WPg. 1971, 399, 400; *Sandberger/Müller-Graff* ZRP 1975, 1, 6; und aus jüngerer Zeit *Wüst* JZ 1989, 270, 276; *Beckmann,* FS Kleinert, 1992, S. 210 f.
[7] So auch *Michalski/Römermann* Einf. RdNr. 6.
[8] Der Entwurf war nach Behandlung in erster Lesung vom Bundestag an den Rechtsausschuss überwiesen worden, wo er ein positives Echo gefunden hatte, vgl. näher *Beckmann,* FS Kleinert, 1992, S. 210, 211.

c) **Der Entwurf von 1975/1976 und sein Scheitern.** Eine stark modifizierte Form des 3 Gesetzentwurfs von 1971 wurde 1975, nach einer Anhörung der Kammern und Verbände der Freien Berufe,[9] von verschiedenen Abgeordneten in den Bundestag eingebracht.[10] In diesem Entwurf war die Partnerschaft *nicht mehr als juristische Person* konzipiert. Ferner fehlte die summenmäßige Haftungsbegrenzung des § 9 E 1971. Der BT-Rechtsausschuss erarbeitete eine stark modifizierte Fassung des Entwurfs, die jegliche Haftungsbeschränkung aufgab, im Wesentlichen nur noch Regelungen über das Innenverhältnis enthielt und mit 35 Paragraphen erheblich umfangreicher war.[11] Dieser modifizierte Entwurf wurde 1976 in dritter Lesung vom Bundestag verabschiedet.[12] Man hielt ihn wegen Art. 84 Abs. 1 GG für zustimmungsbedürftig.[13] Der Bundesrat verweigerte die Zustimmung, da sich zahlreiche Verbände der Freien Berufe ablehnend geäußert hatten und einige Länder dem Entwurf aus Kostengründen kritisch gegenüberstanden.[14] Vor allem wurde wegen der Nähe des Entwurfs zur Gesellschaft bürgerlichen Rechts ein Bedürfnis für eine eigenständige Rechtsform im Bundesrat verneint.[15] Da weder Bundestag noch Bundesrat den Vermittlungsausschuss anriefen, war das Gesetz gescheitert.

2. Das Partnerschaftsgesellschaftsgesetz von 1994. a) Die Entwicklung bis zum 4 **Referentenentwurf.** Erst Ende der achtziger Jahre lebte die nach dem Scheitern des Gesetzentwurfs von 1975/1976 zum Erliegen gekommene Diskussion um die Partnerschaft wieder auf.[16] Angesichts der bevorstehenden Öffnung des Binnenmarktes und der überregionalen Verbreitung vieler Freier Berufe und angesichts des immer stärker werdenden Bedürfnisses nach einer interprofessionellen Zusammenarbeit lag diese Entwicklung nahe.[17] Der Bundesverband der Freien Berufe regte beim Bundeswirtschaftsminister die Wiederaufnahme des Gesetzgebungsverfahrens an, was zu einer Anhörung der verschiedenen freiberuflichen Verbände führte. Parallel dazu wurde das Vorhaben der Schaffung einer Partnerschaftsgesellschaft 1991 in die Koalitionsvereinbarung von CDU/CSU und FDP aufgenommen.[18] Es folgte eine Sondierung des Bundeswirtschaftsministeriums bei den bundesweit tätigen freiberuflichen Organisationen, die mit einem *Neun-Punkte-Katalog des Bundeswirtschaftsministeriums* ihren Abschluss fand.[19] Da die Verbände nunmehr auf breiter Front Zustimmung zu einer eigenen Gesellschaftsform für die Freien Berufe signalisierten, ersuchte der Bundestag mit Beschluss vom 3. 6. 1992 die Bundesregierung, einen Gesetzentwurf vorzulegen.[20]

b) **Der Referentenentwurf.** Die Aufforderung des Bundestags führte dazu, dass das 5 Bundesjustizministerium Anfang 1993 einen Referentenentwurf vorlegte.[21] Er war mit 27 Paragraphen wesentlich umfangreicher als das spätere PartGG und enthielt in den §§ 16 bis 26 detaillierte Regelungen zu dem Ausscheiden eines Partners, der Auflösung der Partnerschaft und ihrer Liquidation. Das Fehlen von Verweisungen auf das OHG-Recht zur Entlastung des Entwurfs und die Vermischung von berufs- und gesellschaftsrechtlichen Vorschriften wurden in der Diskussion lebhaft kritisiert.[22]

---

[9] *Michalski/Römermann* Einf. RdNr. 8 mwN in Fn. 18.
[10] BT-Drucks. 7/4089; Überblick hierzu bei *Wüst* JZ 1989, 270, 276; *Beckmann*, FS Kleinert, 1992, S. 210, 211.
[11] BT-Drucks. 7/5402 und BT-Drucks. 7/5413; vgl. hierzu auch *Henssler* JZ 1992, 697, 701.
[12] Sten. Prot. 7/256 S. 18 431 (C).
[13] Demgegenüber wurde das PartGG von 1994 überwiegend für nicht zustimmungsbedürftig gehalten, was wohl auch schon für den Entwurf von 1975/76 zutraf, vgl. *Seibert* AnwBl. 1993, 155; *Leutheusser-Schnarrenberger*, FS Helmrich, 1994, S. 677; *Bösert* ZAP 1994, 765, 770.
[14] BR-Drucks. 444/1/76.
[15] Vgl. BR-Drucks. 444/1/76 S. 1 f. und 444/2/76.
[16] Vgl. *Wüst* JZ 1989, 270, 277; *Beckmann*, FS Kleinert, 1992, S. 210, 212 f.
[17] So auch *Beckmann*, FS Kleinert, 1992, S. 210, 215 f.
[18] Vgl. den Wortlaut der Vereinbarung bei *Beckmann*, FS Kleinert, 1992, S. 210, 213.
[19] Zu dessen Inhalt vgl. *Beckmann*, FS Kleinert, 1992, S. 210, 213 ff.
[20] Sten. Prot. 12/94 S. 7769 (D).
[21] BMJ-Drucks. 7050/2 = ZIP 1993, 153 ff.; auch abgedruckt bei *Seibert*, Partnerschaft, 1994, S. 85 ff.
[22] So insbes. *K. Schmidt* ZIP 1993, 633, 634 ff. mit einem Alternativentwurf; *Michalski* ZIP 1993, 1210, 1211; zu positiven Reaktionen seitens der Verbände vgl. *Seibert* ZIP 1993, 1197, 1198 und *Bösert* ZAP 1994, 765, 770.

6 **c) Der Regierungsentwurf.** In dem vom Bundeskabinett am 20. 7. 1993 verabschiedeten Regierungsentwurf[23] wurde dieser Kritik Rechnung getragen. Der RegE enthielt ebenso wie das spätere Gesetz nur noch elf Paragraphen. Der **Bundesrat** erhob in seiner Stellungnahme zum RegE[24] generelle Bedenken gegen das Gesetz. Insbesondere wurde die weitere Rechtszersplitterung des Gesellschaftsrechts, die Regelung der Haftungskonzentration und die Einrichtung eines eigenen, kostenträchtigen Partnerschaftsregisters kritisiert. Gleichwohl hielt die Bundesregierung an dem Entwurf fest.[25] Auch die nach seiner Beratung im **BT-Rechtsausschuss** vorgenommenen Änderungen waren gering.[26] Der RegE wurde in § 1 Abs. 2 um die Berufsgruppe der *hauptberuflichen Sachverständigen* und in § 1 Abs. 4 um die *Subsidiaritätsklausel* ergänzt. Im Übrigen waren die Änderungen durch den Rechtsausschuss ganz überwiegend redaktioneller Natur.

7 **d) Die Verabschiedung des PartGG.** Der in dieser Weise geringfügig modifizierte Regierungsentwurf wurde am 26. 5. 1994 im **Bundestag** einstimmig als PartGG verabschiedet. In der Zwischenzeit war es zwischen Bundesrat und Bundesregierung zu Auseinandersetzungen darüber gekommen, ob das PartGG der *Zustimmung des Bundesrates* bedürfe. Der Bundesrat folgerte dies aus der Abänderung des FGG und der Schaffung eines Partnerschaftsregisters (Art. 84 Abs. 1 GG).[27] Demgegenüber vertrat die Bundesregierung den Standpunkt, dass es sich bei den Registern zwar um Landeseinrichtungen, nicht aber um Verwaltungsbehörden iS des Art. 84 Abs. 1 GG, sondern um Gerichte handelte, weshalb eine Zustimmungsbedürftigkeit des Bundesrates entfalle.[28] Dies entsprach auch der einhelligen Ansicht im Schrifttum.[29] Die Frage konnte letztlich offen bleiben, da der **Bundesrat** dem Gesetz am 10. 6. 1994 mehrheitlich zustimmte, nachdem ein Antrag des Landes Rheinland-Pfalz[30] auf Anrufung des Vermittlungsausschusses keine Mehrheit gefunden hatte. Das Gesetz wurde am 30. 7. 1994 verkündet (BGBl. I S. 1744). Es sollte nach seinem Art. 9 am 1. 7. 1995 in Kraft treten (vgl. aber RdNr. 8).

8 **e) Die Partnerschaftsregisterverordnung.** Nach Verabschiedung des Gesetzes erkannte man, dass die Ermächtigungsnorm zum Erlass einer Partnerschaftsregisterverordnung in § 160b Abs. 1 S. 2 nF iVm. § 125 Abs. 3 FGG ebenfalls erst am 1. 7. 1995 in Kraft treten sollte, die Länder zur Vorbereitung der Errichtung von Partnerschaftsregistern aber an dem vorzeitigen Erlass einer Verordnung interessiert waren.[31] Deshalb wurde Art. 9 PartGG bereits vor seinem Inkrafttreten durch das Ausführungsgesetz zum Seerechtsübereinkommen 1982/1994 (BGBl. 1995 I S. 778, 780) dahin abgeändert, dass das *Inkrafttreten der Ermächtigungsgrundlage* zum Erlass einer Partnerschaftsregisterverordnung auf den 1. 5. 1995 vorverlegt wurde. Dementsprechend wurde die Partnerschaftsregisterverordnung von der Bundesregierung bereits am 18. 4. 1995 in den Bundesrat eingebracht, der ihr am 2. 6. 1995 zustimmte.[32]

9 **3. Seitherige Änderungen.** Seit seinem Inkrafttreten ist das PartGG im Zusammenhang mit dem Erlass von nicht weniger als *vier Gesetzen* in den Jahren 1998 bis 2001 geändert worden. Drei dieser Änderungen sind allerdings nur von marginaler Bedeutung; sie beschränken sich überwiegend auf die Anpassung an bzw. die Übernahme von entsprechenden Änderungen des OHG-Rechts (zum Sonderfall der PartGG-Novelle 1998 vgl. RdNr. 10).

---

[23] BT-Drucks. 12/6152 = ZIP 1993, 1199 ff.; auch abgedruckt bei *Seibert* (Fn. 21) S. 93 ff. Zum RegE vgl. *Seibert* ZIP 1993, 1197, 1198; *Michalski* ZIP 1993, 1210, 1211 ff.; *Bösert* DStR 1993, 1332 ff.
[24] BT-Drucks. 12/6152 S. 25 ff.
[25] Vgl. die Gegenäußerung der BReg., BT-Drucks. 12/6152 S. 28 ff.
[26] Vgl. die Gegenüberstellung in BT-Drucks. 12/7642 S. 1, 11.
[27] BT-Drucks. 12/6152 S. 25.
[28] BT-Drucks. 12/6152 S. 28 unter Verweis auf BVerfGE 11, 192, 199; 14, 197, 219; so schon *Seibert* AnwBl. 1993, 155 Fn. 4.
[29] Vgl. den Nachweis in Fn. 13.
[30] BR-Drucks. 505/1/94.
[31] Vgl. *Michalski/Römermann* Einf. RdNr. 24.
[32] BR-Drucks. 213/95; BGBl. 1995 I S. 808. Der Text der Verordnung findet sich bei §§ 4, 5 RdNr. 33.

So hat das **HRefG 1998**[33] eine redaktionelle Anpassung der §§ 2, 9 Abs. 2 an die entsprechenden Änderungen des HGB gebracht. Das **ERJuKoG**[34] hat – durch Änderung der §§ 4 Abs. 1 S. 2, 5 Abs. 1 und 7 Abs. 3 – für Anpassung der Vorschriften betreffend die Anmeldung und Eintragung von Partnerschaften in das Partnerschaftsregister an die Neuregelungen zur Handelsregistereintragung der OHG gesorgt (vgl. §§ 4, 5 RdNr. 3, § 7 RdNr. 2) und in § 11 Abs. 2 Übergangsregelungen hierzu getroffen. Schließlich ist im **2. FGOÄndG**[35] durch die Neuregelung des § 7 Abs. 4 die Postulationsfähigkeit einer rechtsberatend tätigen PartG als solcher, dh. nicht nur diejenige der Partner als Rechtsberater, zur Vertretung vor Gerichten und Behörden klarstellend angeordnet worden (§ 7 RdNr. 21 f.).

Für spürbare *materiellrechtliche* Änderungen hat demgegenüber die **UmwG- und PartGG-Novelle von 1998**[36] gesorgt. Die wichtigste Änderung des PartGG findet sich in der *Neufassung des Haftungsprivilegs* des § 8 Abs. 2 durch Übergang von der fakultativen vertraglichen zur kraft Gesetzes eingreifenden Haftungskonzentration für Beratungsfehler bei den persönlich beteiligten Partnern (§ 8 RdNr. 14 ff.). Daneben hat die Novelle auch eine – zunächst nicht geregelte – „Definition" (richtiger: Typusbeschreibung, vgl. § 1 RdNr. 36 f.) der Freien Berufe in § 1 Abs. 2 S. 1 gebracht sowie durch § 7 Abs. 5 iVm. § 125a HGB die Partnerschaft zu bestimmten Angaben auf Geschäftsbriefen verpflichtet und dadurch der Einführung einer entsprechenden Pflicht für OHG und KG im HRefG Rechnung getragen (vgl. § 7 RdNr. 23). Für nennenswerte Änderungen hat auch die Aufnahme der PartG in die Kataloge der verschmelzungs- und formwechselfähigen Rechtsträger des UmwG gesorgt (vgl. § 1 RdNr. 25 ff.). Schließlich wurde durch Ergänzung des § 11 Abs. 2 Nr. 1 InsO auch die Insolvenzfähigkeit der PartG ausdrücklich gesetzlich geregelt. 10

II. Die Partnerschaft im Vergleich zur GbR, OHG und GmbH

1. Vorteile gegenüber der Gesellschaft bürgerlichen Rechts.
Gesetzliche Vorteile der Partnerschaft im Vergleich zur GbR liegen in der auf Freie Berufe zugeschnittenen Ausgestaltung der neuen Rechtsform und – in Verbindung damit – in der größeren **Rechtssicherheit,** die diese Rechtsform dank ihrer gesetzlichen Ausgestaltung und ihrer Eintragung im Partnerschaftsregister sowohl im Verhältnis zwischen den Partnern als auch und vor allem in den Rechtsbeziehungen zu Dritten vermittelt. Im *Innenverhältnis* beruht dies auf der Verweisung des § 6 Abs. 3 auf §§ 110 bis 119 HGB mit ihren speziell auf die Bedürfnisse einer Erwerbsgesellschaft zwischen aktiven Partnern zugeschnittenen Regelungen, darunter namentlich der Alleingeschäftsführung jedes Partners mit Widerspruchsrecht der anderen Partner als gesetzlicher Regel. Für das *Außenverhältnis* sind einerseits die Regelungen des § 2 über den Namen der Partnerschaft in Anlehnung an das Firmenrecht des HGB, darunter auch die Monopolisierung des Partner-Zusatzes für die neue Rechtsform, sowie die Vorschriften der §§ 4, 5 über die Registereintragung, andererseits das Haftungsprivileg des § 8 Abs. 2 zugunsten der nicht selbst an der fehlerhaften Auftragsbearbeitung beteiligten Partner zu nennen. Demgegenüber hat die Verweisung des § 7 Abs. 2 auf § 124 HGB mit dessen Behandlung der OHG und KG in Rechtsverkehr und Zivilprozess als rechtsfähige Einheit ihre rechtliche Relevanz verloren, seit die höchstrichterliche Rechtsprechung diese Qualität auch der Außen-GbR zuerkennt (vgl. näher § 705 BGB RdNr. 303 ff.). Schließlich waren auch die auf *Fortbestand der Partnerschaft* als gesetzliche Regel beim Ausscheiden einzelner Partner gerichteten Regelungen des § 9 Abs. 2 geeignet, zur Bestandskraft der Partnerschaft beizutragen; sie sind inzwischen in der Verweisung des § 9 Abs. 1 auf § 131 Abs. 3 nF HGB aufgegangen. 11

---

[33] Handelsrechtsreformgesetz vom 22. 6. 1998, BGBl. I S. 1474.
[34] Gesetz über elektronische Register und Justizkosten für Telekommunikation vom 10. 12. 2001, BGBl. I S. 3422.
[35] Zweites Gesetz zur Änderung der FGO und anderer Gesetze vom 19. 12. 2000, BGBl. I S. 1757.
[36] Gesetz zur Änderung des UmwG, des PartGG und anderer Gesetze vom 22. 7. 1998, BGBl. I S. 1878.

12 In der **Rechtspraxis** sind die in RdNr. 11 erwähnten gesetzlichen Vorteile der Partnerschaft trotz des im Jahr 1998 verbesserten Haftungsprivilegs des § 8 Abs. 2 bisher *nur beschränkt honoriert* worden, wie die nach wie vor zurückhaltende Reaktion der Freiberufler auf die neue Rechtsform seit Inkrafttreten des PartGG belegt (vgl. RdNr. 26 ff.). Das dürfte einerseits darin begründet sein, dass die *Kautelarpraxis* es gut versteht, die Rechtsform der GbR auf Freiberufler-Sozietäten zuzuschneiden und dadurch in Verbindung mit der höchstrichterlichen Rechtsfortbildung des GbR-Rechts für Rechtsklarheit und -sicherheit zu sorgen, während das neue Partnerschaftsrecht sich trotz inzwischen rund achtjähriger Geltung noch nicht in vergleichbarer Weise durchgesetzt hat.[37] Andererseits wurden von der Praxis auch bestimmte Aspekte der *neuen Rechtsform kritisch* beurteilt, darunter neben der mit dem Partnerschaftsregister verbundenen Publizität auch und vor allem die ursprünglich in § 8 angeordnete grundsätzlich umfassende gesamtschuldnerische Haftung der Partner. Das zwischenzeitlich verbesserte Haftungsprivileg des § 8 Abs. 2 und die höchstrichterliche Anerkennung der Akzessorietätstheorie im Recht der GbR haben offenbar noch nicht zu einem generellen Umdenken geführt. Nachdem sich mit der neuen Rechtsform auch *keine Steuervorteile* gegenüber der GbR verbinden, die steuerrechtliche Behandlung der Partnerschaft vielmehr uneingeschränkt derjenigen der GbR entspricht, sind die verbleibenden Vorteile der Partnerschaft, darunter neben dem Haftungsprivileg des § 8 Abs. 2 nicht zuletzt das Recht auf den „Partner"-Zusatz im Namen der Partnerschaft, offenbar nicht gewichtig genug, um die erwartete Sogwirkung der neuen Rechtsform für Freiberufler-Zusammenschlüsse auf breiter Front auszulösen. Zu dieser Zurückhaltung mag auch die seit einigen Jahren eingetretene, für die Beteiligten jedenfalls aus Haftungsgründen interessante Öffnung der Rechtsform der GmbH für Freiberufler (vgl. näher RdNr. 15 ff.) beitragen.

13 **2. Unterschiede zur OHG.** Wie die zahlreichen Verweisungen in §§ 2, 4 bis 10 auf das HGB und insbesondere das OHG-Recht erkennen lassen, orientiert sich die Ausgestaltung der Partnerschaft als neue Rechtsform weitgehend an derjenigen der OHG. Sie weist ihr gegenüber in vielfacher Hinsicht Ähnlichkeiten auf.[38] Zu den verbleibenden Unterschieden zählen neben dem auf Freiberufler beschränkten Zugang zur Partnerschaft und neben dem in § 8 Abs. 2 enthaltenen Haftungsprivileg vor allem das **Fehlen eines Handelsgewerbes** bei der Partnerschaft. Es hat zur Folge, dass das Recht der Handelsgeschäfte auf die neue Rechtsform unanwendbar ist und dass die PartG auch nicht der Pflicht zu kaufmännischer Rechnungslegung unterliegt. Aus dem gleichen Grunde scheidet im Unterschied zur OHG auch eine Gewerbesteuerpflicht der Partnerschaft aus, während im Übrigen die steuerrechtliche Behandlung beider Rechtsformen keine Unterschiede aufweist.

14 Trotz der am jeweiligen kaufmännischen bzw. freiberuflichen Zweck der Gesellschaft orientierten, den Gesellschaftern im Grundsatz keine Wahlfreiheit eröffnenden gesetzgeberischen Einteilung der beiden Rechtsformen ist der Vergleich zwischen ihnen für die **Rechtspraxis** deshalb nicht ohne Interesse, weil es infolge des weitgefassten Katalogs Freier Berufe in § 1 Abs. 2 S. 2 einen nicht ganz unerheblichen Überschneidungsbereich zwischen den beiden Rechtsformen gibt (vgl. näher § 1 RdNr. 16 ff.). In diesem nach früherer Rechtslage unter die sollkaufmännischen Unternehmenstätigkeiten des § 2 aF HGB fallenden Tätigkeitsbereich haben die Beteiligten die Möglichkeit, durch Herbeiführung der Eintragung im Partnerschafts- oder aber im Handelsregister entweder für die Partnerschaft oder für die OHG bzw. KG zu optieren. Entscheiden sie sich nicht von sich aus zugunsten der Partnerschaft, so unterliegen sie der Pflicht zur Registrierung im *Handelsregister* nach § 106 HGB und sind vom Registergericht nach § 14 HGB durch Festsetzung von Zwangsgeld zur Eintragung anzuhalten.

---

[37] Darauf lässt auch das – mit Ausnahme von Urteilen zum Namen der Partnerschaft und zum „Partner"-Zusatz (§§ 2, 11 PartGG) – nahezu gänzliche Fehlen veröffentlichter Urteile zu Rechtsfragen des PartGG schließen.

[38] So auch *K. Schmidt* ZIP 1993, 633, 635, der von einer Schwestergesellschaft der OHG spricht; *Damm,* FS Brandner, 1996, S. 31, 46.

3. Die Freiberufler-GmbH – Überblick. a) Rechtsentwicklung. Lässt man die seit 15 Jahrzehnten geltenden Sonderregelungen der WPO und des StBerG über die Zulassung von Wirtschaftsprüfer- und Steuerberatungsgesellschaften in der Rechtsform der Kapitalgesellschaft (AG und GmbH; §§ 27 Abs. 1 WPO, 49 Abs. 1 StBerG) außer Betracht, so ging die hM bis zum Beginn der 90er Jahre von der grundsätzlichen **Unzulässigkeit** des Betreibens eines Freien Berufs in der Rechtsform der GmbH aus.[39] Diese Beurteilung beruhte zwar *nicht auf GmbH-Recht*, da die Rechtsform der GmbH zweckneutral und dementsprechend vielseitig verwendbar ist.[40] Wohl aber wurde aus dem Wesen des Freien Berufs, darunter insbesondere der persönlichen Erbringung von Dienstleistungen höherer Art in eigenverantwortlicher, fachlich unabhängiger Art und Weise, dh. aus *berufsrechtlichen* Gründen, auf die Unvereinbarkeit jedenfalls der klassisch freiberuflichen Tätigkeiten wie Rechtsberatung oder Heilbehandlung mit der hierarchisch geprägten, haftungsresistenten Rechtsform der GmbH geschlossen.[41]

Für eine **grundsätzliche Revision** dieses Standpunkts sorgte sodann der **BGH** unter 16 Hinweis auf die Grundrechtsproblematik der Nichtzulassung Freier Berufe für GmbH-Gründungen. Nachdem er es bereits in einer wenig beachteten Entscheidung des Jahres 1991 zugelassen hatte, dass ein *Heilpraktiker* als abhängig Beschäftigter in einer GmbH tätig sein kann,[42] erkannte er erstmals 1994 die Zulässigkeit freiberuflicher Tätigkeit in GmbH-Rechtsform für den Fall einer **Zahnärzte-GmbH** an.[43] Die Kooperation von Zahnärzten in einer GmbH könne wegen der in Art. 12 GG verankerten Freiheit der Berufswahl nur durch ein förmliches Gesetz verboten werden; berufliches Standesrecht genüge als Verbotstatbestand nicht.[44] Auch müsse ein solches, grundsätzlich mögliches gesetzliches Verbot sich hinsichtlich Erforderlichkeit und Verhältnismäßigkeit an Art. 12 GG messen lassen. Das geltende Recht der Zahnärzte enthalte ein solches Verbot nicht. Insbesondere lasse es sich nicht aus § 1 des Gesetzes über die Zahnheilkunde (ZHG) herleiten, der die Ausübung des Zahnarztberufes den approbierten Zahnärzten vorbehält. Denn § 1 ZHG wolle sicherstellen, dass der behandelnde Arzt eine Approbation hat, er betreffe aber nicht die GmbH als solche, mit der der Behandlungsvertrag zustande kommt.[45]

Auf der gleichen Linie lag sodann die Ende 1994 ergangene Entscheidung des **BayObLG** 17 betreffend die grundsätzliche Zulässigkeit der Gründung und des Betreibens einer **Rechtsanwalts-GmbH**.[46] Allerdings stellte das Gericht eine Reihe von berufsrechtlich orientierten *Mindestvoraussetzungen* auf, die die Satzung der GmbH enthalten müsse, um die Unabhängigkeit der Rechtsanwälte zu wahren. Hierzu zählte es die Beschränkung der Geschäftsführungsbefugnis auf Rechtsanwälte, ein Verbot von Einzelweisungen der Gesellschafterversammlung (§ 37 Abs. 1 GmbHG) in Bezug auf die Berufsausübung als Rechtsanwalt im Rahmen der GmbH, die Pflicht zum Abschluss einer Haftpflichtversicherung, die die Mindestversiche-

---

[39] So noch *Hachenburg/Ulmer*, 8. Aufl. 1989, § 1 GmbHG RdNr. 20; *Kremer* GmbHR 1983, 259, 265 mwN: „schlechterdings nicht diskutabel"; wN bei *Henssler* ZIP 1994, 844, 845 in Fn. 7, 37 und in BayObLG NJW 1995, 199, 200.
[40] Vgl. nur *Ulmer* in: *Ulmer/Habersack/Winter* § 1 GmbHG RdNr. 23 ff.; *Scholz/Emmerich* § 1 GmbHG RdNr. 4 ff.; *Baumbach/Hueck/Fastrich* § 1 GmbHG RdNr. 6; *Piper*, FS Odersky, 1996, S. 1063, 1067 f.
[41] Vgl. eingehend *Kremer* GmbHR 1983, 259, 263 ff.; so auch noch *Hachenburg/Ulmer*, 8. Aufl. 1989, § 1 GmbHG RdNr. 20; *Scholz/Emmerich*, 8. Aufl. 1993, § 1 GmbHG RdNr. 13; *Baumbach/Hueck*, 15. Aufl. 1988, § 1 GmbHG RdNr. 9; *Lutter/Hommelhoff*, 14. Aufl. 1995, § 1 GmbHG RdNr. 7.
[42] NJW-RR 1992, 430 f.
[43] BGHZ 124, 224 = NJW 1994, 786; so auch bereits die Vorinstanz: OLG Düsseldorf NJW-RR 1992, 808, 809 f.; vgl. dazu *Henssler* ZIP 1994, 844 ff.
[44] BGHZ 124, 224, 225 ff., 229 f. = NJW 1994, 786.
[45] BGHZ 124, 224, 225 f. = NJW 1994, 786.
[46] BayObLG NJW 1995, 199; bestätigt durch BayObLG NJW 1996, 3217; zust. OLG Bamberg MDR 1996, 423; LG Baden-Baden AnwBl. 1996, 537; *Dauner-Lieb* GmbHR 1995, 259 ff.; *Henssler* DB 1995, 1549 ff.; *ders.* ZHR 161 (1997), 305 ff.; *Hommelhoff/Schwab* WiB 1995, 115 ff.; *Ahlers*, FS Rowedder, 1994, S. 1, 8 f.; grds. auch *Boin* NJW 1995, 371 ff.; eingehend *Piper*, FS Odersky, 1996, S. 1063, 1068 f.; aA noch LG München I NJW 1994, 1882 (Vorinstanz); *Kleine-Cosack* NJW 1994, 2249, 2257; *Taupitz* JZ 1994, 1100, 1102 ff.; *ders.* NJW 1995, 369 ff.; *Feurich/Braun*, BRAO, 3. Aufl. 1995, § 59a RdNr. 16; *Braun* MDR 1995, 477; *Kempter* BRAK-Mitt. 1995, 4.

rungssumme von Einzelanwälten deutlich übersteigen muss, sowie eine Satzungsregelung, wonach die Mehrheit der stimmberechtigten Gesellschafter ihren Beruf in der Kanzlei aktiv ausüben muss, unter gleichzeitiger Beschränkung des Anteilserwerbs durch Dritte, die nicht Rechtsanwälte sind.[47]

18 **b) Jetziger Stand der Diskussion.** Für den Bereich der *Beratung und Vertretung in Rechtsangelegenheiten* (§ 59 c Abs. 1 BRAO) hat der Gesetzgeber seither in den §§ 59 c bis 59 m BRAO Sondervorschriften betreffend die Zulassung von **Rechtsanwaltsgesellschaften** in der Rechtsform der GmbH erlassen.[48] Die rechtstechnisch am Vorbild der einschlägigen Vorschriften der WPO und des StBerG (§§ 27, 28 WPO; §§ 49 bis 50 a StBerG) orientierten Vorschriften sorgen inhaltlich unter Anknüpfung an die Vorgaben des BayObLG für eine in sich konsistente, den Besonderheiten freiberuflicher Rechtsberatung in GmbH-Rechtsform Rechnung tragende Regelung.[49]

19 Unter den **gesetzlichen Zulassungsvoraussetzungen** für die RA-GmbH verdienen einerseits diejenigen Vorschriften Hervorhebung, die die *Unabhängigkeit und Eigenverantwortlichkeit* der Ausübung des Rechtsanwaltsberufs trotz Zwischenschaltung der GmbH als beauftragter Vertragspartner gewährleisten sollen. Vorbehaltlich der Fälle interprofessioneller Gesellschaften unter Beteiligung auch von Patentanwälten, Steuerberatern, Wirtschaftsprüfern u. a. (vgl. § 59 e Abs. 1 S. 1 iVm. § 59 a Abs. 1 S. 1 BRAO) können sich danach als *Gesellschafter* nur aktiv tätige Rechtsanwälte beteiligen (§ 59 e Abs. 1 S. 1 und 2 BRAO). Auch muss die *Geschäftsführung* verantwortlich in den Händen von Rechtsanwälten liegen; diese müssen auch bei interprofessionellen Gesellschaften die Geschäftsführermehrheit bilden (§ 59 f Abs. 1 BRAO). Die Unabhängigkeit der in der RA-GmbH tätigen Rechtsanwälte, auch solcher im Anstellungsverhältnis, bei Ausübung ihres RA-Berufs ist zu gewährleisten; Gesellschafterweisungen oder vertragliche Bindungen sind insoweit unzulässig (§ 59 f Abs. 4 BRAO). Von zentraler Bedeutung sind andererseits die Bestimmungen über die obligatorische *Berufshaftpflichtversicherung* der RA-GmbH in § 59 j BRAO. Sie gehen über die allgemeinen Anforderungen an die Haftpflichtversicherung von Rechtsanwälten in § 51 BRAO nicht unerheblich hinaus, da die Mindestversicherungssumme je Schadensfall sich danach auf 2,5 Mio. Euro beläuft (§ 59 j Abs. 2 S. 1 BRAO). Wegen der Einzelheiten wird auf das Spezialschrifttum verwiesen.[50]

20 Nach wie vor nicht abschließend geklärt ist – trotz der Zulassung einer Zahnärzte-GmbH durch den BGH schon im Jahr 1994 – die Zulässigkeit des Betreibens eines der **Heilberufe** als **Arzt, Zahnarzt oder Tierarzt** in der Rechtsform der GmbH. Das beruht auf den *Kammer- bzw. Heilberufsgesetzen einiger Länder*. Sie schreiben entweder ausdrücklich vor, dass eine ärztliche Praxis nicht in der Rechtsform einer juristischen Person des Privatrechts betrieben werden darf,[51] oder enthalten jedenfalls das – als faktisches GmbH-Verbot verstandene[52] – Gebot, die ärztliche Tätigkeit im Rahmen der Niederlassung in eigener Praxis

---

[47] BayObLG NJW 1995, 199, 201.

[48] Gesetz zur Änderung der BRAO, der PatAnwO und anderer Gesetze vom 31. 8. 1998, BGBl. I S. 2600; dazu eingehend *Henssler* NJW 1999, 241 ff.

[49] Ein Umkehrschluss zu Lasten der Rechtsanwalts-AG ist aufgrund dieser Regelung nicht veranlasst (so zutr. BayObLG NJW 2000, 1647; *Henssler* NJW 1999, 241, 246 f.). Deren Zulassung entspricht vielmehr ganz hM, vgl. die Nachweise in BayObLG aaO und bei *Feuerich/Weyland* Vor § 59 c BRAO RdNr. 8. Hinsichtlich der satzungsrechtlichen Anforderungen liegt es nahe, sich unter Beachtung der Besonderheiten des Aktienrechts an den Vorgaben der §§ 59 c ff. BRAO zu orientieren (vgl. *Kempter/Kopp* NJW 2000, 3449 ff. und *dies.* NJW 2001, 777 ff.; eingehend jetzt *Passarge*, Die Aktiengesellschaft als neue Rechtsform für anwaltliche Zusammenschlüsse, 2003, insbes. S. 75 ff., 85 ff., 169 f.).

[50] Vgl. insbes. die Kommentierung der einschlägigen BRAO-Vorschriften durch *Feuerich/Weyland* sowie die umfassende Darstellung bei *Michalski/Römermann* Syst. Darst. 7 RdNr. 16 ff.; zur verfassungs- und europarechtlichen Fragwürdigkeit berufsrechtlicher Restriktionen, insbes. dem Beteiligungs- und Fremdbesitzverbot, *Kleine-Cosack* DB 2007, 1851; zur Kapitalbeteiligung an Anwaltsgesellschaften *Henssler* BRAK-Mitt. 2007, 188.

[51] So bezeichnenderweise nur noch in Bayern nach Art. 18 Abs. 1 S. 2 BayHKaG; dazu *Meyer/Kreft* GmbHR 1997, 193, 194; *Katzenmeier* MedR 1998, 113, 114.

[52] Vgl. *Meyer/Kreft* GmbHR 1997, 194; *Michalski/Römermann* Syst. Darst. 7 RdNr. 137.

Vorbemerkungen

auszuüben (sog. Niederlassungsgebot).[53] Als indirektes Verbot wirkten sich in der Vergangenheit auch die sozialversicherungsrechtlichen Vorschriften der §§ 32 Ärzte-ZVO, 95 Abs. 1 SGB V aus, die die Zulassung zur ambulanten vertragsärztlichen Versorgung – mit Ausnahme der sog. Ermächtigung – sowohl für eine Heilkunde-GmbH als auch für die von ihr angestellten Ärzte faktisch ausschlossen.[54] Da zudem auch im Rahmen der ambulanten privatärztlichen Versorgung die privaten Krankenkassen die Übernahme der Behandlungskosten weitgehend ablehnten, waren Ärzte-GmbH faktisch von einer Betätigung im Rahmen der *notwendigen* ambulanten medizinischen Versorgung ausgeschlossen.[55] Durch die Reform des Vertragsarztrechts durch das GMG[56] wurde den Heilkunde-GmbH zum 1. 1. 2004 grundsätzlich die Möglichkeit eröffnet, als sog. Medizinische Versorgungszentren (MVZ) an der vertragsärztlichen Versorgung teilzunehmen.[57] In dessen Folge stand dann auch die Ärzte-GmbH insgesamt wieder verstärkt in der Diskussion, was nicht zuletzt zu einer Vielzahl von Änderungen des Berufs- und Standesrechts führte. So ist die Führung einer ärztlichen Praxis in Form einer juristischen Person des Privatrechts mittlerweile nicht nur in einer Vielzahl von Ländern unter bestimmten (teilweise sehr unterschiedlichen) insbesondere die Organisations- und Beteiligungsstruktur betreffenden Voraussetzungen ausdrücklich vorgesehen.[58] Auch die nach den Änderungen durch Beschlüsse des 107. Ärztetages 2004 in Bremen in § 23 a der Musterberufsordnung der deutschen Ärzte geregelte Ärztegesellschaft in der Rechtsform der juristischen Person des Privatrechts[59] hat nunmehr Eingang in die Berufsordnungen einiger Kammern gefunden. In der *Literatur* werden die noch bestehenden berufsrechtlichen Beschränkungen zu Recht verbreitet als unvereinbar mit dem – auch juristischen Personen des Privatrechts zustehenden[60] – Grundrecht auf Freiheit der Berufswahl (Art. 12 Abs. 1 GG) angesehen; im Hinblick auf die Zulässigkeit der ambulanten Versorgung in einer Krankenhaus-GmbH werden sie auch als Verstoß gegen den Gleichheitssatz gewertet.[61] Insoweit bleibt die weitere Entwicklung abzuwarten.

Für **andere** Freie Berufe, darunter sonstige Heilberufe (Physiotherapeuten, Heilpraktiker, Diplom-Psychologen u. a.), Ingenieure und Unternehmensberater, Dolmetscher und Über-

---

[53] So mittlerweile nur noch die Landeskammergesetze von Berlin (§ 4 a Abs. 5 S. 1) und Rheinland-Pfalz (§ 20 Abs. 1 S. 1), die allerdings Abweichungen zulassen, soweit „gesetzliche Bestimmungen etwas anderes zulassen"; krit. zum Niederlassungsgebot *Taupitz* NJW 1992, 2317, 2321 f.; *ders.* NJW 1996, 3033, 3041 f.; *Laufs* MedR 1995, 11, 12 ff.; *Rieger* MedR 1995, 87, 88 f.; *Meyer/Kreft* GmbHR 1997, 93, 194; *Katzenmeier* MedR 1998, 113, 114 ff.; *Butzer* NZS 2005, 344, 350 f.

[54] Dazu *Michalski/Römermann* Syst. Darst. 7 RdNr. 145; *Henssler* ZIP 1994, 844, 847; *Laufs* MedR 1995, 11, 16; *Taupitz* NJW 1992, 2317, 2324; ausf. auch *Attermeyer*, Die ambulante Arztpraxis in der Rechtsform der GmbH, 2005, S. 19 ff.

[55] Dazu *Dreher* VersR 1995, 245; *Taupitz* VersR 1992, 1064, 1066 f.; *ders.* NJW 1992, 2317, 2324 f.; *Uhlenbruck/Schlund* in: *Laufs/Uhlenbruck*, Handbuch des Arztrechts, 3. Aufl. 2002, § 18 RdNr. 14; s. auch *Butzer* NZS 2005, 344, 352.

[56] Gesetz zur Modernisierung der gesetzlichen Krankenversicherung (GKV-Modernisierungsgesetz – GMG) vom 14. 11. 2003 (BGBl. I S. 2190).

[57] Vgl. nur Begr. zum GMG-E, BT-Drucks. 15/1525 S. 107 f. sowie aus dem umfangreichen Schrifttum *Hess* in: Kasseler Kommentar zum Sozialversicherungsrecht, 57. Erg.-Lief. 04/2008, SGB V § 95 RdNr. 9 a ff.; *Rau* in: *Rieger*, Lexikon des Arztrechts, 21. Erg.-Lief. 12/2007, Nr. 3585 (MVZ), RdNr. 82 ff.; *ders.* DStR 2004, 640, 642; *Saenger* MedR 2006, 138, 139; *Wigge* in: *Schnapp/Wigge*, Handbuch des Vertragsarztrechts, 2. Aufl. 2006, § 6 RdNr. 113, 118; *Ziermann* MedR 2004, 540, 541; aA wohl *Henssler* RdNr. 244 f.

[58] So in Brandenburg (§ 31 Abs. 4 S. 1 BbgHeilBerG), Bremen (§ 27 Abs. 2 S. 3 HeilBerG-HB), Hamburg (§ 27 Abs. 3 S. 3 HmbKGH), Mecklenburg-Vorpommern (§ 32 Abs. 2 HeilBerG – MV) Niedersachsen (§ 32 Abs. 1 Nr. 6, Abs. 2 NdsHKG), Nordrhein-Westfalen (§ 29 Abs. 2 S. 3 HeilBerG-NRW), Sachsen (§ 16 Abs. 4 SächsHKaG), Sachsen-Anhalt (§ 20 Abs. 1 Nr. 4 KGHB-LSA), Schleswig-Holstein (§ 29 Abs. 2 S. 4 HeilBG-SH) und Thüringen (§ 20 Abs. 2 ThürHeilBG).

[59] Vgl. hierzu etwa *Braun/Richter* MedR 2005, 685, 686 f.; *Koch* GesR 2005, 241; *Saenger* MedR 2006, 138; *Schäfer-Gölz*, FS Huber, 2006, S. 951, 965 ff.

[60] Vgl. nur *Maunz/Dürig/Dürig* Art. 19 Abs. 3 GG RdNr. 29 ff.; *Maunz/Dürig/Scholz* Art. 12 GG RdNr. 98.

[61] Vgl. die Nachweise in Fn. 54 und 55 sowie *Michalski/Römermann* Syst. Darst. 7 RdNr. 136 ff., 139 ff.; aA BayVerfGH NJW 2000, 3418, 3419, der – mit wenig überzeugender Begründung (vgl. *Bachmann* NJW 2001, 3885) – einen Verstoß gegen die entspr. Grundrechte der Bayr. Verfassung verneint.

setzer, gibt es keine berufs-(standes-)rechtlichen Verbote in Bezug auf das Tätigwerden in GmbH-Rechtsform; für *Wirtschaftsprüfer* und *Steuerberater* ist das Betreiben einer als solche anerkannten GmbH *gesetzlich* sogar seit langem ausdrücklich geregelt.[62] Für **Architekten** sehen die Länder in ihren Architektengesetzen restriktive Voraussetzungen für die Eintragung einer Architekten-GmbH in die Architektenliste vor, insbesondere hinsichtlich Unternehmensgegenstand und Organisationsstruktur der Gesellschaft und der Kapitalbeteiligung an der GmbH, und machen von dieser Eintragung die Verwendung des Wortes „Architekt" in der GmbH-Firma abhängig.[63] Auch wenn die GmbH-Gründung durch Handelsregistereintragung nicht von der Eintragung in der jeweiligen Architektenliste abhängt,[64] wirken sich doch auch derartige Regelungen und insbesondere ihre firmenrechtlichen Folgen[65] nachteilig auf die Verwendung der GmbH-Rechtsform für den Architektenberuf aus; die Frage ihrer Vereinbarkeit mit Art. 12 GG bleibt gestellt.[66]

22 c) **Vergleich der Rechtsformen.** Der Vergleich zwischen PartG und GmbH fällt – trotz des mit § 13 Abs. 2 GmbHG verbundenen grundsätzlichen Haftungsprivilegs für GmbH-Gesellschafter – tendenziell **zugunsten der PartG** und zum Nachteil der GmbH aus. Das beruht teilweise auf *Publizitätsgründen,* da für die GmbH die umfassende Publizität des Handelsregisters bezüglich aller in §§ 8 Abs. 1, 10 GmbHG genannten Daten und Unterlagen gilt, während bei der PartG nur die in § 4 Abs. 1 genannten wenigen Daten offenzulegen sind. Auch ist nach § 325 HGB zwar der Jahresabschluss von Kapitalgesellschaften, nicht jedoch derjenige einer (Normal-)Personengesellschaft publizitätspflichtig.

23 Einen weiteren mit der GmbH-Rechtsform verbundenen *Nachteil* bilden die besonderen gesetzlichen **Voraussetzungen der §§ 59c bis 59g BRAO, 27, 28 WPO, 49, 50 StBerG für die Handelsregistereintragung** anerkannter Rechtsanwalts-, Wirtschaftsprüfer- oder Steuerberatungsgesellschaften, die bei der PartG keine Entsprechung finden; sie sind wegen der Besonderheiten des Freien Berufs mutatis mutandis auch beim Betreiben anderer freiberuflicher Zwecke in GmbH-Rechtsform nachzuweisen. Die gegenüber Partnerschaften höheren gesetzlichen Anforderungen an die *Mindesthaftpflichtversicherung* einer freiberuflich tätigen GmbH[67] fallen für diese ebenfalls nachteilig ins Gewicht. Schließlich stehen auch der Gründung *interprofessioneller* Zusammenschlüsse unter Beteiligung von Rechtsanwälten, Wirtschaftsprüfern und Steuerberatern im Falle der Verwendung der GmbH-Rechtsform größere Hindernisse entgegen als bei derjenigen der PartG.[68] Nach allem überrascht es nicht, dass bezogen auf Rechtsanwalts-Gesellschaften die Rechtsform der PartG mit bundesweit 1725 Eintragungen zum 1.1.2007 (gegenüber 953 zum 1.1.2002) diejenige der GmbH

---

[62] Vgl. den Nachweis in Fn. 1.
[63] So in Baden-Württemberg § 2a ArchG-BW, in Bayern Art. 8 BayBauKaG, in Berlin § 7 BerlABKG, in Brandenburg § 9 BbgArchG, in Bremen § 4 BremArchG, in Hamburg § 10 HmbArchG, in Hessen § 6 HASG, in Mecklenburg-Vorpommern § 6 ArchG-MV, in Niedersachen § 4a NArchtG, in Nordrhein-Westfalen § 8 BauKaG-NRW, in Rheinland-Pfalz § 8 ArchG-RP, im Saarland § 7 SAIG, in Sachsen § 9 SächArchG, in Sachsen-Anhalt § 7 ArchtG-LSA, in Schleswig-Holstein § 11 ArchIngKG-SH und in Thüringen § 10 ThüArchG; vgl. auch Nachweise bei *Michalski/Römermann* Syst. Darst. 7 RdNr. 129 (zum Rechtsstand 2003).
[64] Ein staatliches Genehmigungserfordernis iS von § 8 Abs. 1 Nr. 6 GmbHG ist darin im Unterschied zu den spezialgesetzlich in §§ 59g Abs. 1 BRAO, 29 Abs. 1 WPO, 32 Abs. 3, 49 StBerG geregelten Fällen einer Zulassung bzw. Anerkennung der fraglichen Gesellschaften durch die zuständige Stelle nicht zu sehen; so für die Architekten-GmbH auch *Michalski/Römermann* Syst. Darst. 7 RdNr. 133.
[65] Vgl. dazu OLG Frankfurt GmbHR 2000, 623.
[66] So zu Recht *Michalski/Römermann* Syst. Darst. 7 RdNr. 130, 133f.
[67] Die Mindestversicherungssumme einer RA-GmbH beträgt für jeden Schadensfall 2,5 Mio. Euro, pro Jahr mindestens 10 Mio. Euro, unterhalb mit 250000 bzw. 1 Mio. Euro für den Einzelanwalt (vgl. § 59j Abs. 2, § 51 Abs. 4 BRAO). Zusätzlich ist die Mindestversicherungssumme von 2,5 Mio. Euro bei der GmbH mit der Zahl der als RA tätigen Gesellschafter und Fremdgeschäftsführer zu vervielfältigen. Vgl. näher *Feuerich/Weyland* § 59j BRAO RdNr. 3f.
[68] Das beruht auf den – nicht hinreichend aufeinander abgestimmten – Erfordernissen betr. die Anteils- und Stimmrechtsmehrheit bei interprofessionellen RA-, WP- und StBer-Gesellschaften in GmbH-Rechtsform, vgl. § 59c Abs. 3 BRAO, § 28 Abs. 4 Nr. 3 und 5 WPO, § 50a Abs. 1 Nr. 5 StBerG, dazu auch *Michalski/Römermann* Syst. Darst. 7 RdNr. 43.

mit nur 260 Eintragungen (gegenüber 159 zum 1. 1. 2002) um Längen schlug,[69] ganz zu schweigen von der nach wie vor eindeutig im Vordergrund stehenden Rechtsform der GbR.

In **steuerrechtlicher Hinsicht**[70] scheidet eine eindeutige Aussage zugunsten der einen 24 oder anderen Rechtsform schon wegen der für die jeweilige Steuerbelastung der Beteiligten relevanten, bei ihnen anzutreffenden Besonderheiten, aber auch mit Rücksicht auf den häufigen Wechsel der gesetzlichen Besteuerungsgrundlagen, aus. Ein genereller Vorzug für die PartG als nichtgewerbliche Personengesellschaft lässt sich nicht feststellen. Die – schon durch das Teileinkünfteverfahren (§ 3 Nr. 40 EStG) bzw. die Abgeltungstuer (§§ 20 Abs. 1 Nr. 1, 32d Abs. 1, 43 Abs. 1 Nr. 1, 43a Abs. 1 S. 1 Nr. 1 iVm § 52a EStG) gemilderte – Doppelbesteuerung der Gewinne bei GmbH und Gesellschaftern wird zusätzlich durch den gegenüber der ESt-Progression meist günstigeren Einheitssteuersatz von nunmehr 15%[71] für die bei der GmbH anfallenden Gewinne relativiert. Auch bietet die GmbH den Gesellschaftern den Vorteil, nach § 6a EStG *steuermindernd* Pensionsrückstellungen für geschäftsführende Gesellschafter bilden zu können, eine Möglichkeit, die für Personengesellschaften nicht besteht.[72] Andererseits unterliegt die Freiberufler-GmbH – anders als die PartG – der Gewerbesteuerpflicht; eine Anrechnung der Gewerbesteuerbelastung auf die Steuerschuld, wie sie für natürliche Personen und Personengesellschaften als Gewerbetreibende kürzlich in das EStG eingeführt wurde,[73] ist im Körperschaftsteuerrecht nicht vorgesehen.

Einen **buchführungsrechtlichen,** regelmäßig mit höherem Aufwand verbundenen 25 **Nachteil der GmbH** gegenüber der PartG bildet schließlich die nur für jene Rechtsform geltende Pflicht zur jährlichen Erstellung einer dem Betriebsvermögensvergleich unter Neutralisierung von Einlagen und Entnahmen dienenden Steuerbilanz nach § 4 Abs. 1 iVm. § 5 Abs. 1 EStG. Demgegenüber hat die PartG mangels gesetzlicher Buchführungspflicht nach § 4 Abs. 3 EStG die Möglichkeit, den steuerpflichtigen Gewinn der Gesellschafter anhand der einfacheren Einnahmen-Überschuss-Rechnung zu ermitteln.

III. Rechtstatsachen

Die **Akzeptanz** der neuen Rechtsform in Kreisen der Freiberufler verlief *zunächst* 26 *schleppend;* sie blieb deutlich hinter den Erwartungen der Gesetzesverfasser zurück. So waren ein Jahr nach Inkrafttreten des PartGG zum 1. 7. 1995 insgesamt nur rund 300 Eintragungen in den neu eingerichteten Partnerschaftsregistern zu verzeichnen – eine angesichts von rund 600 000 Freiberuflern überraschend geringe Zahl. Von den einzelnen Berufsgruppen nahmen die Rechtsanwälte und die Steuerberater (mit je rund 25%) die neue Rechtsform am stärksten an. Die Wirtschaftsprüfer kamen auf eine Beteiligung von rund 10%; entsprechende Zahlen galten für Ärzte und Zahnärzte. Relativ stark vertreten waren auch die Ingenieure (über 15%), die Architekten (10%) und die Unternehmensberater (7%); im Übrigen fand sich – ohne signifikante Häufigkeit – eine Reihe sonstiger Freier Berufe als Gegenstand einer Partnerschaft. Etwa ein Drittel der Partnerschaften war *interprofessionell* zusammengesetzt; dabei überwogen klassische Kooperationen wie diejenigen zwischen Rechtsanwälten, Steu-

---

[69] Vgl. die Angaben zum 1. 1. 2007 in BRAK-Mitt. 2007, 110 und zum 1. 1. 2003 in BRAK-Mitt. 2003, 124.
[70] Zu Änderungen im Zuge des UnternehmensteuerreformG 2008 vgl. nur *Rödder* DStR 2007, Sonderbeilage zu Heft 40 S. 1 ff. (mit Belastungsvergleich); *Streck* NJW 2007, 3176 ff.; aktuellste Nachweise unter www.unternehmensteuerreform.de.
[71] So § 23 Abs. 1 KStG, geändert durch Gesetz vom 14. 8. 2007 (BGBl. I S. 1912) ab dem Veranlagungszeitraum 2008, vgl. § 34 Abs. 11a KStG; bis dahin gilt ein Körperschaftsteuersatz von 25%.
[72] BFHE 212, 270 = NZG 2006, 557, 560, *Schmidt/Wacker* EStG, 27. Aufl. 2008, § 15 RdNr. 586 f.; *Hey* in: *Tipke/Lang,* Steuerrecht, 19. Aufl. 2008, § 18 RdNr. 79.
[73] Durch § 35 Abs. 1 EStG, der die Anrechnung mit dem 1,8-fachen Gewerbesteuer-Messbetrag zulässt; das entspricht je nach ESt-Progression einer GewSt-Belastung mit einem Hebesatz zwischen rund 340 und 390% (vgl. näher *Gosch* in: *Kirchhof,* EStG, 7. Aufl. 2007, § 35 RdNr. 22).

erberatern und Wirtschaftsprüfern oder zwischen Kiefer- und Gesichtschirurgen mit Zahnärzten.[74]

27 Als **Grund** für die zurückhaltende Aufnahme der neuen Rechtsform in der Praxis sah man vor allem die aus Sicht der Freiberufler *ungünstige Haftungsregelung* des § 8 an.[75] Sie schrieb in Abs. 1 – sachlich übereinstimmend mit §§ 128 bis 130 HGB – die unbegrenzte gesamtschuldnerische Außenhaftung der Partner für die Verbindlichkeiten der PartG vor und machte in Abs. 2 die Konzentration der Haftung für fehlerhafte Berufsausübung auf die handelnden Partner von einer entsprechenden Abrede mit den jeweiligen Mandanten abhängig. Darin sah man sogar eine Haftungsverschärfung gegenüber der nach der Lehre der Doppelverpflichtung eintretenden Gesellschafterhaftung in der Außen-GbR. Jedoch haben sich in beiden Punkten seither **Änderungen** ergeben, die geeignet sind, das *Interesse an der neuen Rechtsform zu steigern*. So ist die höchstrichterliche Rechtsprechung einerseits für die Außen-GbR seit BGHZ 146, 341 (2001) zur akzessorischen Gesellschafterhaftung übergegangen und hat inzwischen auch die Haftung neu eintretender Gesellschafter für die Altverbindlichkeiten der GbR anerkannt (näher § 714 RdNr. 33 ff., 72 ff.); damit hat sie für eine Gleichstellung mit § 8 Abs. 1 gesorgt. Andererseits hat der Gesetzgeber in der PartGG-Novelle 1998 (RdNr. 10) das Haftungsprivileg des § 8 Abs. 2 betreffend die fehlerhafte Berufsausübung durch Umstellung auf eine gesetzliche Handelndenhaftung deutlich nachgebessert. Unter Berücksichtigung auch der Reservierung des attraktiven „Partner-"Zusatzes im Namen der Gesellschaft für die PartG in § 2 Abs. 1 lassen diese Änderungen erwarten, dass die Rechtsform der PartG dadurch nicht unerheblich an Zugkraft gewonnen hat.

28 Die **FGG-Statistik 2000** unterstreicht diesen Trend. Danach belief sich die Zahl eingetragener Partnerschaften per Ende 1999 bereits auf 2903 Gesellschaften; per Ende 2000 stieg sie um über 20% weiter auf 3587 Gesellschaften. Ein Vergleich mit den – nach wie vor wesentlich zahlreicheren – Freiberufler-GbR ist zwar mangels Publizität dieser Zahlen nicht möglich; auch ist die Aufteilung der rund 3600 PartG auf die verschiedenen Freien Berufe nicht bekannt.[76] Vergleicht man jedoch die Zahlen per Ende 2000 mit denjenigen von 300 PartG am Ende des ersten Jahres (RdNr. 26), so lässt die Steigerung um rund 1100% vermuten, dass der neuen Rechtsform der Durchbruch inzwischen gelungen ist.

§ 1 Voraussetzungen der Partnerschaft

(1) ¹Die Partnerschaft ist eine Gesellschaft, in der sich Angehörige Freier Berufe zur Ausübung ihrer Berufe zusammenschließen. ²Sie übt kein Handelsgewerbe aus. ³Angehörige einer Partnerschaft können nur natürliche Personen sein.

(2) ¹Die Freien Berufe haben im allgemeinen auf der Grundlage besonderer beruflicher Qualifikation oder schöpferischer Begabung die persönliche, eigenverantwortliche und fachlich unabhängige Erbringung von Dienstleistungen höherer Art im Interesse der Auftraggeber und der Allgemeinheit zum Inhalt. ²Ausübung eines Freien Berufs im Sinne dieses Gesetzes ist die selbständige Berufstätigkeit der Ärzte, Zahnärzte, Tierärzte, Heilpraktiker, Krankengymnasten, Hebammen, Heilmasseure, Diplom-Psychologen, Mitglieder der Rechtsanwaltskammern, Patentanwälte, Wirtschaftsprüfer, Steuerberater, beratenden Volks- und Betriebswirte, vereidigten Buchprüfer (vereidigte Buchrevisoren), Steuerbevollmächtigten, Ingenieure, Architekten, Handelschemiker, Lotsen, hauptberuflichen Sachverständigen, Journalisten, Bildberichterstatter, Dolmetscher, Übersetzer und ähnlicher Berufe sowie der Wissenschaftler, Künstler, Schriftsteller, Lehrer und Erzieher.

---

[74] So die Angaben von *Seibert* GmbHR 1996, R 153.
[75] Vgl. nur *Römermann* NZG 1998, 675 und § 8 RdNr. 3.
[76] Zur Zahl der RA-Sozietäten in PartG-Form per 1. 1. 2007 mit 1725 Gesellschaften (gut 80% Steigerung bezogen auf die Gesamtzahl zum 1. 1. 2003) vgl. RdNr. 23.

(3) Die Berufsausübung in der Partnerschaft kann in Vorschriften über einzelne Berufe ausgeschlossen oder von weiteren Voraussetzungen abhängig gemacht werden.

(4) Auf die Partnerschaft finden, soweit in diesem Gesetz nichts anderes bestimmt ist, die Vorschriften des Bürgerlichen Gesetzbuchs über die Gesellschaft Anwendung.

Übersicht

	RdNr.		RdNr.
I. Normzweck	1–4	c) Verkammerte und sonstige berufsrechtlich geregelte Freie Berufe	43, 44
II. Die Partnerschaft (Abs. 1)	5–32	d) Abgrenzungen	45, 46
1. Kennzeichen der Rechtsform	5–8	e) In S. 2 nicht erwähnte Freie Berufe	47, 48
a) Überblick	5, 6	4. Die freiberuflichen Tätigkeiten im Einzelnen	49–76
b) Personengesellschaft	7, 8	a) Die Katalogberufe	49–63
2. Der Partnerschaftsvertrag	9–14	aa) Heilberufe	49–52
a) Überblick	9	bb) Rechts- und wirtschaftsberatende Berufe	53–56
b) Freiberufliche Tätigkeit als gemeinsamer Zweck	10	cc) Naturwissenschaftlich orientierte Berufe	57–59
c) Ausübung des Freien Berufs als Beitragsleistung der Partner	11–14	dd) Berufliche Vermittlung von geistigen Gütern und Informationen	60–62
3. Kein Handelsgewerbe	15–22	ee) Lotsen	63
a) Klassische Freie Berufe	15	b) Den Katalogberufen ähnliche Berufe	64–70
b) Freie Berufe im Grenzbereich zu § 1 HGB	16–18	c) Die Tätigkeitsfelder der Wissenschaftler, Künstler, Schriftsteller, Lehrer und Erzieher	71–76
c) Ausübung gewerblicher neben freiberuflicher Tätigkeit	19–22	aa) Wissenschaftler	72
4. Anforderungen an die Partner	23, 24	bb) Künstler	73, 74
a) Nur natürliche Personen	23	cc) Schriftsteller	75
b) Freiberufliche Tätigkeit	24	dd) Lehrer und Erzieher	76
5. Umwandlung der Partnerschaft	25–32	IV. Der Vorrang des Berufsrechts (Abs. 3)	77–86
a) Überblick	25–27	1. Grundsatz	77, 78
b) Formwechsel in oder aus Kapitalgesellschaft	28–30	2. Berufsrechtlicher Ausschluss der Partnerschaft?	79–81
c) Formwechsel in oder aus anderer Personengesellschaft	31, 32	a) Apotheker, Notare	79, 80
III. Der Kreis der Freien Berufe (Abs. 2)	33–76	b) Sonstige?	81
1. Einführung	33–35	3. Zusätzliche Voraussetzungen des Berufsrechts	82–86
a) Die ursprüngliche Regelungsstruktur des Abs. 2	33, 34	a) Begrenzung interprofessioneller Partnerschaften	82–84
b) Die nachträgliche Umschreibung des Freien Berufs in Abs. 2 S. 1	35	b) Sonstige	85, 86
2. Die „Legaldefinition" in S. 1	36–40	V. Die subsidiäre Anwendung des BGB-Gesellschaftsrechts (Abs. 4)	87, 88
a) Rechtliche Relevanz	36–38		
b) Typuskriterien des Satzes 1	39, 40		
3. Der Regelungsinhalt des Satzes 2: Grundlagen und Einteilungskriterien	41–48		
a) Drei Kategorien Freier Berufe	41		
b) Einteilung der Katalogberufe	42		

I. Normzweck

Die Vorschrift des § 1 definiert in **Abs. 1** die **wesentlichen Tatbestandsmerkmale der** 1 **Partnerschaft** als einer neuen Personengesellschaft für Freiberufler und grenzt sie dadurch zugleich von anderen Personengesellschaften ab. Das gilt insbesondere für das Verhältnis der Partnerschaft *zur OHG und KG*, das durch das Fehlen eines Handelsgewerbes bei der auf freiberuflichem Gebiet tätigen Partnerschaft bestimmt ist (vgl. Abs. 1 S. 2; zu Grenzfällen vgl. RdNr. 16). Demgegenüber richtet sich die *Abgrenzung zur GbR* bei einer Gesellschaft mit freiberuflichem Zweck primär nach dem Willen der Beteiligten: entscheiden sie sich für die Rechtsform der Partnerschaft und führen sie die Eintragung der Gesellschaft in das Partnerschaftsregister nach §§ 4, 5 herbei, so wird die zunächst als GbR bestehende Gesellschaft dadurch zur Partnerschaft (vgl. § 7 RdNr. 3). Im Falle der Rechtsformverfehlung der Gesellschaft, dh. bei ihrer Eintragung in das Partnerschaftsregister trotz Fehlens eines freiberuflichen Gesellschaftszwecks, behält die Gesellschaft die Rechtsform der GbR (bzw. bei einem Handelsgewerbe als Gesellschaftszweck: diejenige der OHG). Die unrichtige Eintragung im Partnerschaftsregister ist nach §§ 160 b Abs. 1, 142 FGG (künftig: § 395 FamFG) von Amts wegen zu löschen (§ 7 RdNr. 9). Die Löschung ist nach § 395 FamFG auch auf Antrag der berufsständischen Organe möglich, zu denen nach § 380 Abs. 1 Nr. 4 FamFG auch die berufsständischen Organe der freien Berufe zählen.

2 Abs. 2 dient – in Anlehnung an § 18 Abs. 1 Nr. 1 EStG – der **Umschreibung und Aufzählung der Freien Berufe** iS des PartGG. Abweichend vom ursprünglichen Regelungsplan des Gesetzgebers[1] enthält die Vorschrift in S. 1 zwar seit 1998[2] eine – schwerlich als Legaldefinition einzustufende (RdNr. 36) – Kennzeichnung des Freien Berufs als Regelungstyp. Angesichts der fehlenden begrifflichen Schärfe des Satzes 1 kommt das entscheidende Gewicht jedoch der Aufzählung der Freien Berufe in S. 2 zu, beginnend mit den sog. Katalogberufen von den Ärzten bis hin zu den Übersetzern, erweitert durch die Generalklausel der ähnlichen Berufe und die Bezeichnung bestimmter freiberuflicher Tätigkeitsfelder wie der selbstständigen Berufstätigkeit als Wissenschaftler, Künstler, Schriftsteller, Lehrer und Erzieher. Eine genauere Einteilungsmöglichkeit für die Freien Berufe bietet deren berufsrechtliche Ausgestaltung: danach lassen sich die Freien Berufe einteilen in die sog. „verkammerten" Berufe, die sonstigen gesetzlich geregelten Berufe sowie in die übrigen, gesetzlich nicht besonders erfassten Freien Berufe (RdNr. 43 f.). Abgrenzungsprobleme zu gewerblichen Tätigkeiten bestehen vor allem im Hinblick auf die Kategorie der gesetzlich nicht besonders erfassten Berufe sowie beim gleichzeitigen Betreiben einer freiberuflichen und einer gewerblichen Tätigkeit in einer Partnerschaft (vgl. RdNr. 19 ff.).

3 Nach **Abs. 3** hat das **Berufsrecht grundsätzlich Vorrang** vor den Vorschriften des PartGG. Das gilt unabhängig davon, ob es sich um Bundes- oder Landesrecht handelt.[3] Der Vorrang kann je nach Lage des Falles dazu führen, dass der Zugang zu der neuen Rechtsform durch das Berufsrecht ausgeschlossen ist (so für Apotheker, vgl. RdNr. 79), dass das Berufsrecht der Gründung einer interprofessionellen, bestimmte untereinander nicht kompatible Berufe umfassenden Partnerschaft entgegensteht oder dass bei der Ausgestaltung des Partnerschaftsvertrags bestimmte berufsrechtliche Anforderungen (Name u. a.) zu beachten sind (vgl. RdNr. 82 ff.). Im PartGG findet sich freilich auch eine partnerschaftsspezifische Sonderregelung in Gestalt des Haftungsprivilegs des § 8 Abs. 2 betreffend die Haftung für Berufsfehler (§ 8 RdNr. 14 ff.); insoweit erfährt die Vorrangregelung des Abs. 3 eine Einschränkung.[4]

4 Schließlich verweist **Abs. 4** subsidiär auf das Eingreifen der **Vorschriften der §§ 705 bis 740 BGB** für die GbR. Angesichts der Rechtsnatur der Partnerschaft als Sonderform der GbR (RdNr. 7) hat diese Regelung lediglich klarstellende Bedeutung (vgl. RdNr. 87 f.).[5]

II. Die Partnerschaft (Abs. 1)

5 **1. Kennzeichen der Rechtsform. a) Überblick.** Mit dem PartGG hat der Gesetzgeber erstmals seit 1900 eine neue, ausschließlich zur gemeinschaftlichen Ausübung freibe-

---

[1] Er verzichtete bewusst auf eine Begriffsbestimmung, vgl. Begr. RegE, BT-Drucks. 12/6152 S. 9 f.; *Seibert*, Die Partnerschaft, 1994, S. 53; *Lenz* in: *M/W/H/L/W* RdNr. 27.
[2] Eingefügt durch das Gesetz zur Änderung des UmwG, des PartGG und anderer Gesetze vom 22. 7. 1998, BGBl. I S. 1878.
[3] Begr. RegE, BT-Drucks. 12/6152 S. 11; *Michalski/Römermann* RdNr. 100, 103; *Lenz* in: *M/W/H/L/W* RdNr. 110 f.
[4] So iE auch *Michalski/Römermann* RdNr. 102 (Konkurrenzproblem durch Neufassung des § 8 Abs. 2 (1998) erledigt).
[5] So auch *Seibert* (Fn. 1) S. 45 in Fn. 55; *Feddersen/Meyer-Landrut* RdNr. 42; wohl auch *Lenz* in: *M/W/H/L/W* RdNr. 129.

ruflicher Tätigkeiten bestimmte Rechtsform der Personengesellschaften geschaffen; zugleich hat er den numerus clausus der Gesellschaftsrechtsformen entsprechend erweitert.[6] Er hat damit dem seit langen Jahren vorgebrachten Wunsch von Freiberuflern[7] entsprochen, eine rechtsfähige, flexible, nicht dem Handelsrecht unterstehende Rechtsform für die gemeinsame Berufsausübung zu schaffen, verbunden mit einer Haftungsbeschränkung zugunsten der nicht selbst an der Auftragsausführung beteiligten Partner für Berufsfehler.[8] Für die Akzeptanz der neuen Rechtsform wesentlich ist nicht zuletzt die Einschätzung der interessierten Kreise, welche Vorteile dieses Haftungsprivileg im Vergleich zur GbR bietet und inwieweit sich auch die GmbH mit ihrem für die Gesellschafter insgesamt günstigeren, deren gesamtschuldnerische Außenhaftung vermeidenden Haftungsregime für freiberufliche Tätigkeiten eignet (Vor § 1 RdNr. 22 ff.).

Gewisse *Unklarheiten* enthält das PartGG im Hinblick auf die **Bezeichnung der neuen Rechtsform.** Denn obwohl es die Überschrift „Gesetz über *Partnerschaftsgesellschaften* Angehöriger Freier Berufe (Partnerschaftsgesellschaftsgesetz – PartGG)" trägt, sprechen die Einzelregelungen des Gesetzes im Hinblick auf die neue Rechtsform jeweils von der *Partnerschaft* ohne Gesellschafts-Zusatz. Auch soll als Rechtsformzusatz nach § 2 Abs. 1 entweder diese Bezeichnung oder der Zusatz „und Partner" ausreichen. Hintergrund der uneinheitlichen Terminologie war das Bestreben des Gesetzgebers, einerseits Verwechslungen mit anderen Arten von „Partnerschaften", insbesondere der *Lebenspartnerschaft* zwischen Personen gleichen Geschlechts,[9] zwar möglichst zu vermeiden,[10] andererseits aber die Beteiligten nicht zur Verwendung der wenig verkehrsfreundlichen Bezeichnung „Partnerschaftsgesellschaft" zu zwingen. Entsprechend der für die Einzelregelungen des PartGG gewählten Terminologie wird auch dieser Kommentierung die Kurzbezeichnung „Partnerschaft" zugrunde gelegt. 6

b) Personengesellschaft. Als Personengesellschaft ohne Mindesthaftungsfonds, ohne Haftungskanalisierung bei der Gesellschaft und ohne rechtliche Verselbstständigung zur juristischen Person ist die Partnerschaft eine **Sonderform der GbR.** Wie diese beruht sie auf einem Gesellschaftsvertrag der Beteiligten, der ebenso wie bei anderen Personengesellschaften Dritten gegenüber nicht offenzulegen ist (§§ 4, 5 RdNr. 4), verfügt nach Maßgabe der §§ 718, 719 BGB über ein gesamthänderisch gebundenes Vermögen (§ 718 RdNr. 2 ff.), unterliegt dem Grundsatz der Selbstorganschaft (§ 709 BGB RdNr. 5 f.) und setzt die Beteiligung von mindestens zwei Gesellschaftern voraus. Über die Abgrenzung zur GbR entscheidet die vom Willen der Beteiligten getragene, konstitutiv wirkende Eintragung in das Partnerschaftsregister (§ 7 RdNr. 3); diese steht nur Gesellschaften mit freiberuflichem Unternehmensgegenstand offen. 7

Die systematische Nähe zur GbR ändert freilich nichts daran, dass die Partnerschaft **rechtlich** weitgehend **der OHG angenähert** ist. Das kommt in den zahlreichen Verweisungen des PartGG auf das Recht der OHG einschließlich der auf diese Rechtsform anwendbaren Vorschriften über die Firma und das Handelsregister zum Ausdruck. Dass die Verweisung der §§ 7, 8 auf die Vorschriften der §§ 124 bis 130 HGB über die Rechts- und Parteifähigkeit der OHG, über ihre organschaftliche Vertretung durch Gesellschafter und über deren gesamtschuldnerische Haftung für die Gesellschaftsverbindlichkeiten infolge der zwischenzeitlichen höchstrichterlichen Annäherung der Außen-GbR an Teile dieser Vorschriften[11] seither an Bedeutung verloren hat, steht nicht entgegen. Wenn der Gesetzgeber gleichwohl nicht so weit gegangen ist, die Partnerschaft der OHG voll gleichzustellen, so 8

---

[6] Vgl. Begr. RegE, BT-Drucks. 12/6152 S. 8; *K. Schmidt* NJW 1995, 1; *Seibert* (Fn. 1) S. 42; *Lenz* in: *M/W/H/L/W* RdNr. 19; *Michalski/Römermann* Einf. RdNr. 37, 44.

[7] *Rittner* StB 1967, 2, 8; *Thümmel* WPg. 1971, 399 f.; *Völlmer* StB 1967, 25 ff. So – jeweils mwN – auch *Michalski/Römermann* Einf. RdNr. 14 f. und *Beckmann,* FS Kleinert, 1992, S. 210, 213 ff.

[8] Ebenso *Michalski/Römermann* Einf. RdNr. 56, 58; *Henssler* NJW 1994, 2137, 2142; *Lenz* MDR 1994, 741, 746; *Stuber* WiB 1994, 705, 710; *Gerken* Rpfleger 1995, 217, 218; *v. Falkenhausen* AnwBl. 1993, 479, 480 f.

[9] Vgl. das Gesetz über die Eingetragene Lebenspartnerschaft (LPartG) vom 16. 2. 2001, BGBl. I S. 266.

[10] Vgl. *Bösert* ZAP 1994, 765, 770; *Seibert* AnwBl. 1993, 155; *Michalski/Römermann* RdNr. 2 mwN in Fn. 4 bis 6.

[11] So insbes. durch BGHZ 146, 341 = NJW 2001, 1056; vgl. § 705 BGB RdNr. 303 ff., § 714 BGB RdNr. 33 f.

wegen der Wesensverschiedenheit zwischen freiberuflicher Tätigkeit und Handelsgewerbe.[12] Dementsprechend stellt § 1 Abs. 1 S. 2 auch klar, dass die Partnerschaft kein Handelsgewerbe ausübt. In der Konsequenz dieser Betrachtung liegt es, dass das PartGG in §§ 4, 5 die Einrichtung eines eigenständigen, neben das Handelsregister tretenden, wenn auch von den gleichen Gerichten geführten Partnerschaftsregisters vorsieht (§§ 4, 5 RdNr. 19 ff.).

9 **2. Der Partnerschaftsvertrag. a) Überblick.** Als Personengesellschaft (RdNr. 7) benötigt die Partnerschaft eine rechtsgeschäftliche Grundlage in Gestalt des Partnerschaftsvertrags. Die hierzu im PartGG getroffenen Regelungen betreffend die Schriftform nach § 3 Abs. 1 und die notwendigen Bestandteile nach § 3 Abs. 2 sind unvollständig und bedürfen der Ergänzung durch § 705 BGB. Danach setzt der Partnerschaftsvertrag eine Einigung der Beteiligten über den gemeinsamen Zweck und über dessen Förderung durch die von den Partnern zu leistenden Beiträge voraus. Für deren inhaltliche Festlegung sind die Anforderungen des § 1 Abs. 1 S. 1, § 3 Abs. 2 zu beachten (vgl. RdNr. 11 f.).

10 **b) Freiberufliche Tätigkeit als gemeinsamer Zweck.** Nach § 1 Abs. 1 S. 1 ist die Partnerschaft ein Zusammenschluss zur gemeinschaftlichen Ausübung Freier Berufe. Diese Berufsausübung bildet nach § 3 Abs. 2 Nr. 3 den – mit dem gemeinsamen Zweck regelmäßig zusammenfallenden – Gegenstand der Partnerschaft. Daraus folgt einerseits, dass die Partnerschaft notwendig eine **Berufsausübungsgemeinschaft** ist. Anderen Arten des Zusammenwirkens von Angehörigen Freier Berufe, sei es als bloße Bürogemeinschaft von Rechtsanwälten[13] oder Praxisgemeinschaft von Ärzten[14] mit je eigenständiger Berufsausübung der Beteiligten, sei es als Arbeitsgemeinschaft von Architekten oder Ingenieuren zur Verwirklichung eines bestimmten gemeinsamen Projekts (Vor § 705 BGB RdNr. 43 ff.) oder als Interessengemeinschaft nach Art der EWIV (Vor § 705 BGB RdNr. 21 f.), steht die Rechtsform der Partnerschaft nicht offen.[15] Andererseits ist die Partnerschaft auf die Ausübung **Freier Berufe** beschränkt; mit Rücksicht auf § 1 Abs. 1 S. 2 darf sie insbesondere kein Handelsgewerbe betreiben. Darüber, welche Arten Freier Berufe innerhalb einer und derselben Partnerschaft ausgeübt werden können, entscheidet das nach § 1 Abs. 3 vorrangige Berufsrecht (sog. interprofessionelle Partnerschaften, vgl. RdNr. 82 ff.).

11 **c) Ausübung des Freien Berufs als Beitragsleistung der Partner.** Wie den Vorschriften der §§ 1 Abs. 1 S. 1, 3 Abs. 2 Nr. 2, 6 Abs. 2, 9 Abs. 3 und 4 zu entnehmen ist, geht das PartGG von der **aktiven Berufstätigkeit** aller Mitglieder einer freiberuflichen Partnerschaft aus. In deren Mitwirkung an der gemeinschaftlichen Berufsausübung in der Partnerschaft sieht es einen, wenn nicht *den* wesentlichen Beitrag der Partner iS von § 706 BGB zur Förderung des gemeinsamen Zwecks. Daraus folgt zugleich, dass Personen, die sich ohne eigene freiberufliche Tätigkeit darauf beschränken wollen, Kapital oder sonstige Gegenstände als Beiträge einzubringen, einer Partnerschaft weder als Partner noch als stille Gesellschafter beitreten können.[16] Diese Regel erleidet zwar Ausnahmen, soweit es um den Fortbestand der Mitgliedschaft bei späterer Verhinderung der Mitwirkung an der gemeinsamen Berufsausübung geht (RdNr. 13 f.). Für die Mitwirkung an der **Gründung** der Partnerschaft (RdNr. 22) oder für den späteren **Beitritt** als Partner ist an ihr jedoch strikt festzuhalten.[17] Dem von der Gegenansicht bemühten Rückschluss von den Ausnahmen auf

---

[12] Vgl. Begr. RegE, BT-Drucks. 12/6152 S. 9; *Seibert* (Fn. 1) S. 43; *Feddersen/Meyer-Landrut* RdNr. 43.

[13] Vgl. Vor § 705 BGB RdNr. 39; *K. Schmidt* GesR § 58 III 5 b; *Steindorff*, FS Rob. Fischer, 1979, S. 747, 750.

[14] Vgl. dazu *K. Schmidt* GesR § 58 III 5 b; *Henke* NJW 1974, 2035 f.; *Michalski*, Das Gesellschafts- und Kartellrecht der berufsrechtlich gebundenen freien Berufe, 1989, S. 136, 181 ff.

[15] So auch *Michalski/Römermann* RdNr. 4; *K. Schmidt* NJW 1995, 1, 2 f.

[16] Ganz hM im Anschluss an Begr. RegE, BT-Drucks. 12/6152 S. 7, 9; vgl. *Henssler* RdNr. 22 ff., 200 f.; *E/B/J/Seibert* RdNr. 6; *Bösert* ZAP 1994, 765, 771; *ders.* DStR 1993, 1332, 1333; *Leutheusser-Schnarrenberger*, FS Helmrich, 1994, S. 677, 682; grds. auch *Stuber* WiB 1994, 705, 706 f.; wN bei *Michalski/Römermann* RdNr. 6 in Fn. 20; nicht eindeutig *Michalski/Römermann* RdNr. 6, 9.

[17] HM, vgl. *Seibert* DB 1994, 2381, 2382; *Bayer/Imberger* DZWiR 1995, 177, 179; *Krieger* MedR 1995, 95, 96; *Bösert* ZAP 1994, 765, 771. Gegenansicht vgl. in Fn. 18.

die Regel[18] ist sowohl aus systematischen als auch aus methodischen Gründen zu widersprechen. Zum zeitlichen Umfang der Tätigkeitspflicht und zu den aus dem Wettbewerbsverbot der Partner folgenden Schranken für Nebentätigkeiten vgl. § 6 RdNr. 28 ff.

Die Beitragsleistung der Partner beschränkt sich typischerweise nicht auf ihre Mitwirkung **12** an der freiberuflichen Tätigkeit. Vielmehr ist die Partnerschaft gerade in der Gründungsphase meist darauf angewiesen, dass die Partner auch **sonstige Arten von Beiträgen** erbringen, sei es in Gestalt von Geld- oder Sachleistungen wie Geschäftsausstattung, Grundstücke oder Räume, sei es als ideelle Gegenstände wie Geschäftsbeziehungen, Namen oder Know-how. Art und Umfang solcher Beitragsleistungen der Partner sind im Partnerschaftsvertrag oder beim späteren Beitritt wegen des Formerfordernisses des § 3 Abs. 1 im Einzelnen festzulegen (§ 3 RdNr. 5). Sie vermögen jedoch nicht die Tätigkeitspflicht im freiberuflichen Bereich als einen jedenfalls zu Beginn unverzichtbaren Beitragsgegenstand zu ersetzen.

Umstritten ist, ob und inwieweit der Grundsatz aktiver Berufsausübung der Partner auch **13** für ihre weitere Mitgliedschaft in der Partnerschaft gilt oder ob bei **späterer Verhinderung** Ausnahmen hiervon in Betracht kommen. Das PartGG beantwortet diese Frage in § 9 Abs. 3 nur für den Fall des – endgültigen (§ 9 RdNr. 21) – Verlusts der Berufszulassung; er führt als zwingende Rechtsfolge zum automatischen Ausscheiden des betroffenen Partners. Für sonstige Hinderungsgründe fehlt es demgegenüber an einer partnerschaftsspezifischen Regelung. Die Gesetzesbegründung[19] führt dazu aus, den Beteiligten solle „eine flexible Handhabung in Fällen, in denen ein Partner sich aus gesundheitlichen oder Altersgründen aus der aktiven Mitarbeit zurückzieht", möglich sein. Auch soll der bloß vorübergehende Verlust oder das Ruhen der Berufszulassung, etwa wegen der Übernahme eines Abgeordnetenmandats, das die gleichzeitige Berufsausübung ausschließt, abweichend von § 9 Abs. 3 unschädlich sein.[20] Entsprechendes wird in der Literatur für sonstige Arten vorübergehender Verhinderung vertreten.[21]

Für die **Stellungnahme** ist zwischen gesellschafts- und berufsrechtlichen Ausscheidens- **14** gründen zu differenzieren. Aus **gesellschaftsrechtlicher** Sicht ist die nur *vorübergehende* Nichterfüllung vertraglich übernommener Tätigkeitspflichten als Leistungsstörung zu qualifizieren. Bei nicht zu vertretenden Ursachen wie Krankheit oder sonstigen Fällen höherer Gewalt, denen in Hinblick auf Art. 48 Abs. 2 S. 1 GG die Übernahme eines Abgeordnetenmandats gleichsteht, begründet sie weder eine Schadensersatzpflicht des Betroffenen noch einen wichtigen Ausschlussgrund, sondern kann lediglich zur Anpassung der Tätigkeitsvergütung führen (vgl. § 709 BGB RdNr. 34, 36). Demgegenüber ist in der *dauernden* Berufsunfähigkeit im Zweifel ein wichtiger Ausschlussgrund zu sehen, wenn der Partnerschaftsvertrag nicht abweichend hiervon als Ausnahme die Fortdauer der Mitgliedschaft zulässt. Eine derartige Ausnahmeregelung kommt namentlich bei dauernder Berufsunfähigkeit aus Krankheits- oder Altersgründen in Betracht.[22] Für den Betroffenen hat sie den Vorteil, ihm entsprechend dem ihm verbleibenden Gewinnanteil eine finanzielle Absicherung zu gewähren, während die Partnerschaft dadurch vor der Notwendigkeit bewahrt wird, den betroffenen Partner abzufinden. Partnerschaftsspezifische Gründe stehen dem nicht entgegen. **Berufsrechtliche** Vorschriften, die in Verbindung mit § 1 Abs. 3 das Ausscheiden eines nicht mehr aktiven Partners unverzichtbar machen, sind soweit ersichtlich nicht anzutreffen.

3. Kein Handelsgewerbe. a) Klassische Freie Berufe. Nach § 1 Abs. 1 S. 2 übt die **15** Partnerschaft kein Handelsgewerbe aus. Soweit es um die in Abs. 2 genannten *klassischen*

---

[18] *Michalski/Römermann* RdNr. 7 ff., 13; *Feddersen/Meyer-Landrut* RdNr. 5; im Ergebnis auch *Lenz* in: *M/W/H/L/W* RdNr. 89 ff., 101.
[19] Begr. RegE, BT-Drucks. 12/6152 S. 20.
[20] Begr. RegE, BT-Drucks. 12/6152 S. 20; *Michalski/Römermann* RdNr. 13, § 9 RdNr. 23.
[21] Vgl. *Michalski/Römermann* RdNr. 13, die darüber hinaus die bloße Berufszugehörigkeit einzelner Partner ohne aktive Berufsausübung in der Partnerschaft genügen lassen wollen; dem zust. *Mahnke* WM 1996, 1029, 1032.
[22] Vgl. zur entsprechenden Rechtslage bei der GbR § 723 BGB RdNr. 33; *Soergel/Hadding* § 723 BGB RdNr. 16; bei der OHG *Baumbach/Hopt* § 133 HGB RdNr. 9.

Freien Berufe geht wie diejenigen des Arztes, des Rechtsanwalts, des Architekten oder des Heilpraktikers, die entweder verkammert oder doch einer berufsrechtlichen Regelung unterstellt sind (vgl. RdNr. 43 f.), hat Abs. 1 S. 2 nur **klarstellende Bedeutung.** Für sie gehört die Unterscheidung zwischen Gewerbe und Freiem Beruf zu den seit alters geltenden Grundlagen des Rechts der Freien Berufe.[23] Schon deshalb findet das Handelsrecht auf die Tätigkeit von Freiberuflern keine Anwendung, und dies unabhängig davon, ob die Tätigkeit vom Freiberufler allein oder gemeinsam mit anderen Berufsangehörigen, sei es als GbR oder als Partnerschaft ausgeübt wird. *Anderes* gilt im Fall der (zulässigen) Wahl der *Rechtsform der GmbH oder AG* für freiberufliche Tätigkeiten, etwa diejenigen der Rechts- oder der Steuerberatung oder der Wirtschaftsprüfung, da diese Gesellschaften trotz freiberuflichen Unternehmensgegenstands kraft Rechtsform Handelsgesellschaften sind (§§ 3 AktG, 13 Abs. 3 GmbHG). Eine zu Unrecht in das Partnerschaftsregister eingetragene, nicht zur Ausübung freiberuflicher Tätigkeit bestimmte Personengesellschaft wird trotz Eintragung nicht zur Partnerschaft. Sie ist nach §§ 160 b Abs. 1, 142 FGG (künftig: § 395 FamFG) von Amts wegen zu löschen. Auf Abs. 1 S. 2 kann sie sich nicht berufen.

16 **b) Freie Berufe im Grenzbereich zu § 1 HGB.** Schwierigkeiten im Hinblick auf Abs. 1 S. 2 kann die Beurteilung von *Grenzfällen Freier Berufe* bereiten, insbesondere bei solchen Gesellschaften, deren Geschäftsbetrieb nach Art und Umfang kaufmännische Einrichtung erfordert und die daher im Falle gewerblicher Tätigkeit nach § 1 Abs. 2 HGB als Handelsgewerbe anzusehen wären. Beispiele bilden eine gemeinsam betriebene, umsatzstarke Tanz- oder Fahrschule, die vorbehaltlich der Regelung in Abs. 1 S. 2 als kaufmännisches Unternehmen anzusehen ist[24] oder die Entwicklung und der Vertrieb von EDV-Software durch eine von Entwicklungsingenieuren gegründete Personengesellschaft.[25] In derartigen Fällen erscheint es *zweifelhaft,* ob die Rechtswirkungen der relativ offenen Umschreibung der Freien Berufe in § 1 Abs. 2 soweit reichen, dem Anwendungsbereich des § 1 HGB schlechthin alle diejenigen noch als freiberuflich zu wertenden Tätigkeiten zu entziehen, die auch als gewerblich eingestuft werden können, oder ob die Lösung nicht richtiger in der Anerkennung eines *Überschneidungsbereichs* von freiberuflicher und gewerblicher Tätigkeit liegen sollte. Erkennt man einen derartigen Überschneidungsbereich an, so steht es den Beteiligten frei, zwischen den Rechtsformen der Partnerschaft und der OHG oder KG durch Anmeldung ihres Zusammenschlusses entweder zum Partnerschafts- oder zum Handelsregister zu wählen. Von dieser Fragestellung zu unterscheiden sind diejenigen Fälle, in denen neben einem anerkannten Freien Beruf zugleich eine gewerbliche (Neben-) Tätigkeit betrieben wird (vgl. RdNr. 19 ff.).

17 Für die **Stellungnahme** ist zunächst davon auszugehen, dass der in Anlehnung an das Einkommensteuerrecht erstellte Katalog der Freien Berufe in Abs. 2 S. 2 und der Begriff des Freien Berufes, wie er im Handelsrecht zur Abgrenzung gegenüber § 1 HGB ver-

---

[23] Vgl. nur *K. Schmidt* NJW 1995, 1, 3; zum fehlenden Gewerbebetrieb der klassischen Freien Berufe vgl. auch *Heymann/Emmerich* § 1 HGB RdNr. 18 ff. mwN in Fn. 50 ff.; *Canaris* Handelsrecht, § 2 RdNr. 8; *Staub/Brüggemann* § 1 HGB RdNr. 18; krit. zum Ganzen unter Hinweis auf die aus heutiger Sicht überholte Differenzierung zwischen Gewerbe und Freiem Beruf *Raisch,* FS Rittner, 1991, S. 471 ff.; *Neuner* ZHR 157 (1993), 243, 263 f., 288; *Treber* AcP 199 (1999), 525, 569 ff. u. a.; anders aber *Henssler* ZHR 161 (1997), 13, 25 ff.

[24] Vgl. zur Qualifikation von Tanz- und Fahrschulen als sollkaufmännische Unternehmen (§ 2 aF HGB) vor dem Erlass des PartGG *Staub/Brüggemann* § 2 HGB RdNr. 3; *Heymann/Emmerich* § 2 HGB RdNr. 4; *K. Schmidt* NJW 1995, 1, 3; vgl. auch OLG Stuttgart BB 1987, 147 und BVerwGE 21, 203 (Fahrschulen als Gewerbebetriebe).

[25] Dazu BayObLG ZIP 2002, 1032, 1033, das einem Antrag der Beteiligten zur Eintragung als OHG unter Hinweis auf die Verkehrsanschauung und den von den Beteiligten angestrebten Geschäftsumfang stattgab und in der Einordnung des Ingenieurberufs unter die Katalogberufe des § 1 Abs. 2 kein Hindernis sah, da sie offensichtlich auf steuerrechtlichen Argumenten beruhe bzw. von dort übernommen und für den handelsrechtlichen Gewerbebegriff nicht maßgebend sei. Eine Verneinung der PartG-Fähigkeit der Software-Entwicklung wird man daraus allerdings schwerlich entnehmen können; die Entscheidung dürfte vor dem Hintergrund des § 1 Abs. 2 S. 2 vielmehr im Sinne der Anerkennung eines Überschneidungsbereichs mit Wahlrecht der Beteiligten zu verstehen sein.

wendet wird, deutliche Unterschiede aufweisen. Bei dem Katalog des Abs. 2 S. 2 handelt es sich um eine erweiterte Fassung des § 18 Abs. 1 Nr. 1 S. 2 EStG und der dazu ergangenen finanzgerichtlichen Rechtsprechung.[26] Er hat wegen der Zielsetzung des Gesetzgebers, möglichst vielen Freien Berufen den Zugang zur Partnerschaft zu eröffnen, entsprechend dem Regelungsvorbild des § 18 Abs. 1 Nr. 1 EStG *extensiven* Charakter. Im Unterschied dazu hat das Schrifttum zum Handelsrecht bisher einen engeren Begriff des Freien Berufs herausgearbeitet, der Überschneidungen mit dem Anwendungsbereich des § 1 (§ 2 aF) HGB vermeiden sollte. So wird häufig bei der Abgrenzung des § 1 HGB von den Freien Berufen betont, dass von diesen nur der Kernbereich der Freien Berufe erfasst werden soll.[27] Das hängt nicht zuletzt damit zusammen, dass die historisch bedingte Herausnahme der Freien Berufe aus dem Gewerbebegriff, obwohl diese regelmäßig sämtliche Merkmale eines Gewerbes erfüllen,[28] heute im Handelsrecht als nicht ohne weiteres verständlich und rechtspolitisch fragwürdig angesehen wird, was zur *restriktiven* Auslegung des Kreises der Freien Berufe führt.[29] Diese beiden gegenläufigen Tendenzen machen deutlich, dass es einen **Überschneidungsbereich** gibt, in dem die Freien Berufe sowohl unter § 1 HGB als auch unter Abs. 2 fallen können. Des Weiteren war es Ziel des Gesetzgebers, möglichst vielen Berufsgruppen im Grenzbereich die Partnerschaft wahlweise neben den bereits bestehenden Gesellschaftsformen zugänglich zu machen.[30] Auch dieser Umstand spricht dafür, Berufsangehörigen in dem Überschneidungsbereich von gewerblicher und freiberuflicher Tätigkeit ein *Wahlrecht zwischen Partnerschaft und OHG/KG* zuzugestehen.

Aus dem Wahlrecht der Beteiligten für die in den Überschneidungsbereich fallenden **18** Berufsarten ergeben sich eine Reihe von **Rechtsfolgen.** Entscheiden sich die Beteiligten für die Partnerschaft und führen sie die Eintragung in das Partnerschaftsregister herbei, so ist die Nicht-Gewerblichkeit ihres Unternehmens die *Folge dieser Rechtsformwahl* und nicht deren Voraussetzung.[31] Damit entfällt auch die Möglichkeit des Registergerichts, nach §§ 1 Abs. 2, 106 Abs. 1, 14 HGB durch Zwangsgeld die Eintragung des Unternehmens herbeizuführen. Nur in diesem Bereich kommt Abs. 1 S. 2 somit rechtsbegründende Funktion auf der Rechtsfolgenseite zu. Das Wahlrecht steht aus teleologischer Sicht aber auch den Gesellschaftern einer bereits ins Handelsregister eingetragenen OHG zu, in der sich Angehörige eines Freien Berufes im Überschneidungsbereich zusammengeschlossen haben. Voraussetzung für eine formwechselnde Umwandlung der OHG in eine Partnerschaft ist die Löschung der OHG im Handelsregister, der Abschluss eines dem § 3 genügenden Gesellschaftsvertrages und die Eintragung der Gesellschaft ins Partnerschaftsregister (vgl. RdNr. 32).

c) **Ausübung gewerblicher neben freiberuflicher Tätigkeit.** Auslegungsprobleme **19** bereitet auch der Fall, dass in einer Sozietät zusätzlich zu der originär freiberuflichen Tätigkeit eine weitere eindeutig gewerbliche (Neben-)Tätigkeit betrieben wird. Als Beispiel diene ein Zusammenschluss von Rechtsanwälten, die zugleich Produkte ihrer juristischen Arbeit verlagsmäßig verwerten, oder eine Ärztesozietät, die auch ein Diagnostik- und Analysezen-

---

[26] Vgl. Begr. RegE, BT-Drucks. 12/6152 S. 10; *Seibert* (Fn. 1) S. 54; *ders.* AnwBl. 1993, 155, 157; krit. zu dieser gesetzlichen Anlehnung *K. Schmidt* ZIP 1993, 633, 637.
[27] *Baumbach/Hopt* § 1 HGB RdNr. 19; MünchKommHGB/*K. Schmidt* § 1 RdNr. 33 f.; noch weitergehend *Michalski* (Fn. 14) S. 118, der freiberufliche Unternehmen sogar grds. zu den gewerblichen zählen will, sofern nicht ausdrücklich im jeweiligen Berufsrecht wie zB in § 2 Abs. 2 BRAO festgelegt wird, dass sie kein Gewerbe ausüben.
[28] So *K. Schmidt* HandelsR § 9 IV 2 a, S. 282; *Staub/Brüggemann* § 1 HGB RdNr. 18; *Roth* in: *Koller/Roth/Morck* § 1 HGB RdNr. 12 ff.; *Raisch,* FS Rittner, 1991, S. 471, 475; *Michalski* (Fn. 14) S. 117 f.
[29] *K. Schmidt* HandelsR § 9 IV 2 a, S. 282; *Staub/Brüggemann* § 1 HGB RdNr. 18; *Roth* in: *Koller/Roth/Morck* § 1 HGB RdNr. 13; *Michalski* (Fn. 14) S. 117 f.; vgl. auch *Raisch,* FS Rittner, 1991, S. 471, 475.
[30] Vgl. Begr. RegE, BT-Drucks. 12/6152 S. 10; *Seibert* (Fn. 1) S. 39, 41 f.; *Leutheusser-Schnarrenberger,* FS Helmrich, 1994, S. 677, 681.
[31] So schon *K. Schmidt* NJW 1995, 1, 3; ihm folgend *Feddersen/Meyer-Landrut* RdNr. 7; im Ergebnis wohl auch *Seibert* (Fn. 1) S. 41 f.; nicht eindeutig *Michalski/Römermann* RdNr. 21.

trum betreibt. Dabei ist ohne weiteres denkbar, dass die gewerbliche (Neben-)Tätigkeit kaufmännischen Umfang erreicht und daher als solche dem Anwendungsbereich des § 1 HGB unterfiele.

20 Als **Lösungsmöglichkeit** ist zunächst an einen Rückgriff auf die nach § 15 Abs. 3 Nr. 1 EStG entwickelte „Abfärbetheorie" zu denken, wonach Einkünfte aus sowohl freiberuflicher wie gewerblicher Mitunternehmerschaft vollumfänglich wie gewerbliche Einkünfte zu versteuern sind.[32] Demzufolge würden die Voraussetzungen für eine Partnerschaft wegen der gewerblichen (Neben-)Tätigkeit entfallen; der Zusammenschluss wäre zwingend als OHG oder KG einzustufen. Gegen eine Übernahme dieser steuerrechtlichen Theorie ins Gesellschaftsrecht spricht indessen schon der funktionale Unterschied zwischen den beiden Rechtsgebieten. Bei ihr handelt es sich um eine unter fiskalischen Gesichtspunkten entwickelte steuerrechtliche Fiktion, die für das PartGG insbesondere bei gewerblichen Nebentätigkeiten nichtkaufmännischen Umfangs zu nicht akzeptablen Ergebnissen führen würde.[33] Ebenfalls nicht zu überzeugen vermag eine im Schrifttum zu § 1 anzutreffende Auffassung, wonach eine Eintragung im Handelsregister erfolgen muss, sobald die gewerbliche Nebentätigkeit kaufmännischen Umfang erreicht, während bei Unterschreitung dieser Grenze die gewerbliche Tätigkeit in der Partnerschaft betrieben werden darf.[34] Gegen sie spricht die Regelung in Abs. 1 S. 2, die einer automatischen Umwandlung der Partnerschaft in eine OHG entgegensteht.[35] Auch eine generelle Rechtspflicht zur Ausgliederung der gewerblichen Nebentätigkeit in eine der Rechtsformen des Handelsrechts lässt sich nicht begründen.

21 Für die rechtliche Beurteilung gemischter freiberuflicher und gewerblicher Tätigkeit ist vielmehr an die **vergleichbare Problematik im Vereinsrecht** anzuknüpfen. Verfolgt ein Idealverein neben ideellen Zwecken zugleich eine wirtschaftliche Tätigkeit, so stellt sich ebenfalls die Frage, in welchem Umfang dies zulässig ist. Zu ihrer Lösung ist das sog. *Nebenzweckprivileg* entwickelt worden.[36] Es gestattet einem Idealverein, neben dem ideellen Hauptzweck auch wirtschaftliche Aktivitäten zu entfalten, sofern die wirtschaftliche Betätigung funktional der Verfolgung des nicht wirtschaftlichen Hauptzwecks dient und sofern sie dem Hauptzweck untergeordnet und Hilfsmittel zu dessen Erreichung ist.[37] Auf absolute Größenkriterien kommt es bei dieser Abgrenzung nicht an.[38] Die *Parallele beider Abgrenzungen* ist offensichtlich: im einen Fall geht es um die Vereinbarkeit von ideeller mit wirtschaftlicher Tätigkeit, im anderen um diejenige von freiberuflicher mit gewerblicher Tätigkeit. Auch der hinter dem vereinsrechtlichen Nebenzweckprivileg stehende Gedanke, eine wirtschaftliche Tätigkeit des Idealvereins dann als rechtsformneutral zu behandeln, wenn sie seinem eigentlichen Zweck zu dienen bestimmt ist, lässt sich auf die Partnerschaft mit gewerblicher Nebentätigkeit übertragen.

22 Aus diesen Überlegungen folgt, dass die gleichzeitige gewerbliche Tätigkeit die Errichtung oder das Fortbestehen einer **Partnerschaft** nicht hindert, solange die gewerbliche der freiberuflichen Tätigkeit dient und ihr untergeordnet ist,[39] wie es zB bei einer ärztlichen

---

[32] Vgl. *Reiß* in: *Kirchhof* EStG, 7. Aufl. 2007, § 15 RdNr. 140 f.; *Lambrecht* daselbst § 18 RdNr. 31, 35.
[33] So auch *Lenz* in: *M/W/H/L/W* RdNr. 84.
[34] So aber *Lenz* in: *M/W/H/L/W* RdNr. 85 ff.; *Henssler* RdNr. 89 (wegen des Rechtsformzwangs des § 105 HGB entstehe sonst eine OHG kraft Gesetzes).
[35] Gegen die automatische Umwandlung einer Partnerschaft in eine Personenhandelsgesellschaft wegen Abs. 1 S. 2 auch *K. Schmidt* NJW 1995, 1, 3, 7 in Fn. 80; *Michalski/Römermann* RdNr. 21; aA *Henssler* RdNr. 89.
[36] Vgl. mit Unterschieden im Detail und im methodischen Vorgehen: RGZ 83, 232, 237; 154, 343, 354; BGHZ 15, 315, 319 = NJW 1955, 422; §§ 21, 22 BGB RdNr. 19 ff.; *Staudinger/Weick* § 21 BGB RdNr. 12 ff.; *Soergel/Hadding* §§ 21, 22 BGB RdNr. 33 ff.; *Erman/Westermann* § 21 BGB RdNr. 3; *K. Schmidt* AcP 182 (1982), 1, 26 ff.
[37] BGHZ 85, 84, 93 = NJW 1983, 569; *Soergel/Hadding* §§ 21, 22 BGB RdNr. 36; *Flume* AT I/2, S. 112; *K. Schmidt* NJW 1983, 543, 546; *Hemmerich*, Möglichkeit und Grenzen wirtschaftlicher Betätigung von Idealvereinen, 1982, S. 97 ff.
[38] AA *Heckelmann* AcP 179 (1979), 1, 22 ff.; *Knauth* JZ 1978, 339, 342 f.
[39] AA *Henssler* RdNr. 91: sobald kleingewerbliche Tätigkeit dauerhaft zum Unternehmensgegenstand zähle, könnten sich Gesellschafter auch im Falle eines bloßen Nebenzwecks nicht mehr auf die Privilegien der PartG berufen; Gesellschaft sei dann als GbR zu qualifizieren.

Gemeinschaftspraxis mit Diagnostikabteilung regelmäßig der Fall sein dürfte. Auf den Umfang der gewerblichen Tätigkeit und deren Einstufung nach § 1 Abs. 2 HGB kommt es entsprechend dem vereinsrechtlichen Nebenzweckprivileg nicht an. Sind die Voraussetzungen des Nebenzweckprivilegs hingegen nicht erfüllt, so ist die Eintragung einer Partnerschaft unzulässig. Eine bereits erfolgte Eintragung ist nach §§ 160b Abs. 1, 142 FGG (künftig: § 395 FamFG) von Amts wegen zu löschen (vgl. RdNr. 15), sofern die Gesellschafter nicht bereit sind, die gewerbliche Nebentätigkeit freiwillig auszugliedern, wozu ihnen im Amtslöschungsverfahren zunächst durch Zwischenverfügung Gelegenheit zu geben ist.

4. Anforderungen an die Partner. a) Nur natürliche Personen. Die Vorschrift des 23 § 1 Abs. 1 S. 3 begrenzt den Kreis tauglicher Partner auf natürliche Personen. Darin liegt eine deutliche Abweichung vom Recht der GbR, das auch juristische Personen und Personenhandelsgesellschaften als Mitglieder zulässt (§ 705 BGB RdNr. 64ff.). Nach der Gesetzesbegründung[40] beruht diese partnerschaftsspezifische Regelung darauf, dass eine solche Begrenzung „am ehesten dem Leitbild der auf ein persönliches Vertrauensverhältnis zum Auftraggeber ausgerichteten freiberuflichen Berufsausübung entspricht". Ungeachtet der an dieser Regelung geübten, nicht voll überzeugenden rechtspolitischen Kritik[41] ist ihr jedenfalls nach geltendem Recht Rechnung zu tragen; sie geht abweichenden berufsrechtlichen Regelungen nach Art des § 28 Abs. 4 S. 1 Nr. 1 WPO[42] vor. Da die Vorschrift des S. 3 jede Mitgliedschaft anderer als natürlicher Personen in einer Partnerschaft verhindert, steht sie auch der kautelarjuristischen Entwicklung von Gestaltungen nach Art der GmbH & Co. KG entgegen. Sollte im Einzelfall ein spezifisches Interesse am Zusammenschluss zwischen Rechtsträgern Freier Berufe mit unterschiedlicher Rechtsform bestehen, einschließlich solcher in der Rechtsform der GmbH, lässt sich dem entweder durch formwechselnde Umwandlung der Partnerschaft in eine GbR mit anschließendem Beitritt der Freiberufler-GmbH oder durch unmittelbaren Beitritt der GmbH-Gesellschafter zur Partnerschaft unter Liquidation der GmbH Rechnung tragen. Zur formwechselnden Umwandlung von Partnerschaften vgl. RdNr. 28ff.

b) Freiberufliche Tätigkeit. Zum Erfordernis der den Gegenstand der Partnerschaft 24 (§ 3 Abs. 2 Nr. 3) bildenden freiberuflichen Tätigkeit als Teil der Beitragspflichten der Partner und zu den Folgen der vorübergehenden oder dauernden Verhinderung von Mitgliedern einer *bestehenden* Partnerschaft in der Ausübung des fraglichen Freien Berufs vgl. näher RdNr. 11, 13 f. Soweit es um die Mitwirkung an der **Gründung** oder den späteren Beitritt eines Partners geht, reicht die *Fähigkeit* des Gründers oder Beitretenden zur Ausübung des gemeinsamen Berufs nicht aus;[43] hinzukommen muss jedenfalls in diesem Zeitpunkt seine wirksame Verpflichtung, die entsprechende Tätigkeit als Beitrag zur gemeinschaftlichen Berufsausübung in der Partnerschaft zu erbringen (RdNr. 11).

5. Umwandlung der Partnerschaft. a) Überblick. Im **Umwandlungsgesetz** vom 25 28. 10. 1994 (BGBl. I S. 3210; ber. BGBl. 1995 I S. 428) war unter den an einer Umwandlung beteiligten Rechtsträgern die Partnerschaft bei seinem Erlass nicht vorgesehen. Das beruhte auf der parallelen Erarbeitung beider Gesetze und ihrer nahezu zeitgleichen Verabschiedung kurz vor Ablauf der 12. Legislaturperiode. Diese Lücke wurde sodann durch die **UmwG-Novelle 1998** geschlossen.[44] Sie hat einerseits – in §§ 3 Abs. 1 Nr. 1, 191

---

[40] Begr. RegE, BT-Drucks. 12/6152 S. 9.
[41] *Michalski/Römermann* RdNr. 25ff.; *K. Schmidt* ZIP 1993, 633, 639f.; *Lenz* in: *M/W/H/L/W* RdNr. 105; *Feddersen/Meyer-Landrut* RdNr. 6.
[42] Nach dieser Vorschrift werden WP-Gesellschaften als Gesellschafter einer WP-Gesellschaft zugelassen; Entsprechendes regelt § 50a Abs. 1 S. 1 StBerG. Vgl. auch die in §§ 24 Abs. 4 S. 3 WPO, 50a Abs. 2 S. 2 StBerG anzutreffende Fiktion, wonach (aus Gründen der Versorgung Hinterbliebener) Stiftung und e. V. unter den dort genannten Voraussetzungen „als Berufsangehörige gelten".
[43] HM, vgl. Begr. RegE, BT-Drucks. 12/6152 S. 7, 9; *E/B/J/Seibert* RdNr. 5; *Bösert* ZAP 1994, 765, 771; *ders.* DStR 1993, 1332, 1333; *Leutheusser-Schnarrenberger*, FS Helmrich, 1994, S. 677, 682; aA *Michalski/Römermann* RdNr. 5f., 9; *Feddersen/Meyer-Landrut* RdNr. 4.
[44] Gesetz zur Änderung des UmwG, des PartGG und anderer Gesetze vom 22. 7. 1998, BGBl. I S. 1878.

Abs. 1 Nr. 1 und Abs. 2 Nr. 2 – die PartG in die Kataloge verschmelzungsfähiger und für einen Formwechsel in Betracht kommender Rechtsträger aufgenommen. Andererseits hat sie mit den §§ 45a bis 45e und §§ 225a bis 225c zwei neue Unterabschnitte betreffend die Verschmelzung bzw. den Formwechsel unter Beteiligung von Partnergesellschaften in das UmwG eingefügt.[45] Die Zulässigkeit der *Spaltung* einer PartG folgt aus der Verweisung des § 124 Abs. 1 auf § 3 Abs. 1 UmwG.

26 Die **Verschmelzung** von Rechtsträgern unter Beteiligung einer PartG richtet sich seither nach den auf diese Rechtsform bezogenen Sondervorschriften der §§ 45a bis 45e UmwG in Verbindung mit den allgemeinen Verschmelzungsvorschriften der §§ 4 bis 38 UmwG und den besonderen Vorschriften der §§ 39 bis 45 UmwG betreffend die Beteiligung von Personengesellschaften an Verschmelzungsvorgängen.[46] Möglich ist danach einerseits die *Verschmelzung auf eine PartG* durch Aufnahme der Anteilsinhaber übertragender Rechtsträger, sofern diese die Voraussetzungen des § 1 Abs. 1 und 2 erfüllen (vgl. § 45a UmwG). Andererseits kann auch eine „Mischverschmelzung" (§ 3 Abs. 4 UmwG) unter Beteiligung einer PartG auf Rechtsträger anderer Rechtsform, darunter auch auf Kapitalgesellschaften, erfolgen, sofern das jeweils für die PartG geltende Berufsrecht nicht entgegensteht (vgl. die Verweisung in § 45a S. 2 UmwG auf § 1 Abs. 3). Es gelten sodann die Vorschriften des UmwG für den aufnehmenden bzw. neuzugründenden Rechtsträger.

27 Mit Blick auf den **Formwechsel** von Partnerschaften ist zu unterscheiden. Soweit es um den Formwechsel in eine *Kapitalgesellschaft* geht, finden die Vorschriften des UmwG Anwendung (RdNr. 28, 30). Demgegenüber richtet sich der Formwechsel der PartG in eine oder aus einer anderen *Personengesellschaft* nach allgemeinem Personengesellschaftsrecht (RdNr. 31 f.).

28 **b) Formwechsel in oder aus Kapitalgesellschaft.** Den Formwechsel einer PartG in einen Rechtsträger neuer Rechtsform beschränkt § 225a UmwG auf eine Kapitalgesellschaft (AG, GmbH, KGaA) oder eine eGen; die Regelung entspricht derjenigen für Personenhandelsgesellschaften in § 214 Abs. 1 UmwG. Aus praktischen Gründen dürfte für Partnerschaften im Wesentlichen nur der **Formwechsel in eine GmbH** in Betracht kommen und auch das nur dann, wenn das jeweilige Berufsrecht der Wahl der GmbH-Rechtsform nicht entgegensteht.[47] Im Übrigen beschränken sich die Sondervorschriften der §§ 225a ff. UmwG auf die Regelungen des § 225b UmwG betreffend das (eingeschränkte) Erfordernis eines Umwandlungsberichts und die Pflicht zur Information der von der Geschäftsführung ausgeschlossenen Partner entsprechend § 216 UmwG. Hiervon abgesehen richtet sich der Formwechsel einer PartG nach den allgemeinen Vorschriften der §§ 192 ff. UmwG iVm. den in § 225c UmwG genannten besonderen Vorschriften für den Formwechsel von Personengesellschaften.

29 Unabhängig von den Vorschriften des UmwG kann der Formwechsel in eine Kapitalgesellschaft auch durch **Simultanübertragung sämtlicher Gesellschaftsanteile** auf eine bestehende Kapitalgesellschaft erfolgen; infolge der Vereinigung aller Anteile bei der Kapitalgesellschaft erlischt die Personengesellschaft und das Gesamthandsvermögen wird zum Vermögen der Kapitalgesellschaft als einzig verbleibender Gesellschafterin (vgl. § 719 BGB RdNr. 26). Aus der Sicht des PartGG scheint einem solchen Vorgehen zwar die Beschränkung des Partnerkreises auf natürliche Personen nach § 1 Abs. 1 S. 3 entgegenzustehen. Berücksichtigt man jedoch, dass sich diese Regelung auf die Beteiligung an einer *bestehenden* Partnerschaft bezieht, während die gleichzeitige Übertragung sämtlicher Anteile auf die Kapitalgesellschaft die Partnerschaft in derselben logischen Sekunde zum *Erlöschen* bringt, sollte eine solche Transaktion trotz § 1 Abs. 1 S. 3 und ohne Zwischenschaltung einer GbR zugelassen werden.[48]

---

[45] Vgl. zu Hintergrund und Inhalt der auf die PartG bezogenen Ergänzungen des UmwG *Neye* ZIP 1997, 722 ff.
[46] Näher *Neye* ZIP 1997, 723 f.
[47] Zu den insoweit zu beachtenden Schranken vgl. Vor § 1 RdNr. 18 ff.
[48] So zutr. *K. Schmidt* NJW 1995, 1, 7; aA – für die Zwischenschaltung einer GbR – *Overlack* in: *Gail/Overlack* RdNr. 309 ff.; *Feddersen/Meyer-Landrut* § 4 RdNr. 5; wN bei *Wertenbruch* ZIP 1995, 712, 716 in Fn. 36.

Der Formwechsel **aus einer Kapitalgesellschaft** (GmbH, AG, KGaA) in eine Partner- 30
schaft richtet sich nach den allgemeinen und besonderen Vorschriften der §§ 192 ff., 228 ff.
UmwG. Er wird durch Eintragung in das Partnerschaftsregister wirksam (§ 202 UmwG).
Voraussetzung ist nach § 228 Abs. 3 UmwG, dass in diesem Zeitpunkt alle Gesellschafter der
Kapitalgesellschaft natürliche Personen sind, die einen Freien Beruf ausüben (vgl. § 1 Abs. 1).

c) Formwechsel in oder aus anderer Personengesellschaft. Im Verhältnis zwischen 31
GbR und Partnerschaft richtet sich der Formwechsel einer freiberuflich tätigen Gesellschaft
danach, welche Rechtsform die Beteiligten für ihren Zusammenschluss wählen, verbunden
mit der *Eintragung oder Löschung im Partnerschaftsregister*. Soll eine GbR in eine Partnerschaft
umgewandelt werden, so bedarf es neben der Änderung des Gesellschaftsvertrags unter
Beachtung der Anforderungen des § 3 auch der nach § 7 Abs. 1 konstitutiv wirkenden
Eintragung im Partnerschaftsregister (vgl. § 7 RdNr. 3). Entsprechendes gilt umgekehrt für
den Fall des Formwechsels aus der Partnerschaft in die GbR: auch hier wirkt die Löschung als
Partnerschaft ausnahmsweise konstitutiv; die Gesellschaft besteht als GbR fort.

Ein Formwechsel zwischen **OHG/KG und Partnerschaft** setzt, abgesehen von der 32
Löschung der Gesellschaft im einen und ihrer Eintragung in das andere Register, wegen des
sich gegenseitig ausschließenden gewerblichen oder freiberuflichen Gesellschaftszwecks auch
und vor allem eine *Änderung des Gesellschaftszwecks* voraus. Der dauerhafte Verzicht auf die
Ausübung eines Gewerbes macht die nicht im Handelsregister eingetragene bisherige OHG/
KG automatisch zur GbR und nach Eintragung im Partnerschaftsregister zur Partnerschaft.
§ 5 HGB greift trotz fortbestehender Handelsregistereintragung nicht ein, wenn die Gesellschaft kein Gewerbe mehr ausübt.[49] Im umgekehrten Fall führt der Übergang vom freiberuflichen zum gewerblichen Gesellschaftszweck zum Wegfall der Rechtsform der Partnerschaft,
auch wenn die Eintragung im Partnerschaftsregister noch fortbesteht. Die Gesellschaft wird
automatisch zur OHG, wenn ihr Zweck sich künftig auf ein *Handelsgewerbe* richtet; sie ist auf
Grund entsprechender Anmeldungen der Beteiligten unter Löschung im Partnerschaftsregister in das Handelsregister einzutragen. Das Registergericht kann die Löschung im
Partnerschaftsregister auch nach §§ 160 b Abs. 1, 141 Abs. 1 FGG (künftig: § 393 FamFG)
von Amts wegen bewirken. § 393 FamFG gestattet ferner die Löschung auf Antrag der
berufsständischen Organe und regelt das weitere Verfahren.

III. Der Kreis der Freien Berufe (Abs. 2)

1. Einführung. a) Die ursprüngliche Regelungsstruktur des Abs. 2. Der „Freie 33
Beruf" bildet im PartGG *den* zentralen Rechtsbegriff; nach § 1 Abs. 1 S. 1 bestimmt er über
den Anwendungsbereich der neuen Rechtsform. Gleichwohl enthielt das Gesetz zunächst
bewusst **keine Legaldefinition** dieses Begriffs. Nach der Begründung beruhte das darauf,
dass es sich beim Freien Beruf „um eine soziologische Wortschöpfung handelt, bezüglich
derer eine juristische Begriffsfassung auf unüberwindliche Schwierigkeiten stößt".[50] Diese
Zurückhaltung stieß in der Literatur auf verbreitete Zustimmung. Für sie sprachen nicht
zuletzt die seinerzeit vorliegenden, wenig überzeugenden Definitionsversuche im rechtswissenschaftlichen Schrifttum wie derjenige von *Michalski*, wonach die Freien Berufe eine
Berufsgruppe sind, deren Angehörige eine zentralwertbezogene, gemeinschaftswichtige
Tätigkeit auf Grund eines zum Vertragspartner bestehenden, durch persönliche oder sachliche Motive begründeten Vertrauensverhältnisses verrichten, sofern ein nicht unerheblicher
Teil der Berufsangehörigen bei gleichzeitig fehlender gesetzlicher Verpflichtung zu wei-

---

[49] Ganz hM, vgl. BGHZ 32, 307, 313 f. = NJW 1960, 1664; *Staub/Brüggemann* § 5 HGB RdNr. 21; *Heymann/Emmerich* § 5 HGB RdNr. 3; aA *K. Schmidt* JZ 2003, 585, 589; MünchKommHGB/*K. Schmidt* § 5 RdNr. 22; zweifelnd MünchKommHGB/*Lieb* 1. Aufl. § 5 RdNr. 4 f.

[50] Begr. RegE, BT-Drucks. 12/6152 S. 9, im Anschluss an *Taupitz*, Die Standesordnungen der freien Berufe, 1991, S. 17 ff. Gleiches gilt für § 18 EStG vgl. BVerfGE 10, 354, 364 = NJW 1960, 619; *Schmidt/Wacker* EStG, 26. Aufl. 2007, § 18 RdNr. 60 f.; *Güroff* in: *Littmann/Bitz/Pust*, Einkommensteuerrecht, 77. Erg.-Lief. Dezember 2007, § 18 RdNr. 81.

sungsabhängigem Tätigwerden wirtschaftlich selbstständig ist.[51] Nicht zu überzeugen vermochten auch die aus berufsrechtlicher Sicht erarbeiteten Definitionsversuche; mit Unterschieden im Einzelnen stellten sie ab auf die geistig-ethische und sachliche Unabhängigkeit des Freiberuflers von Weisungen und seine Eigenverantwortlichkeit in der Berufsausübung, auf sein Erbringen einer persönlichen geistigen Leistung sowie auf seine gemeinschaftswichtige, in Verantwortung für das Gemeinwohl geleistete Tätigkeit unter Hintanstellen des Gewinnstrebens.[52] Alle diese Versuche bemühten sich zwar um eine – mehr oder weniger gelungene – Umschreibung der Typen freier Berufe, eigneten sich angesichts der Unschärfe der verwendeten Kriterien jedoch nicht dazu, als Rechtsbegriff zur Subsumtion der vielfältigen in der Praxis anzutreffenden Berufsbilder verwendet zu werden.

34 Die Schwierigkeiten einer Abgrenzung freiberuflicher insbesondere von gewerblichen Tätigkeiten waren aus dem **Einkommensteuerrecht** bekannt. Sie hatten dort dazu geführt, dass das EStG sich in § 18 Abs. 1 Nr. 1 S. 2 EStG auf eine katalogartige Aufzählung freiberuflicher Tätigkeiten beschränkte, verbunden mit einer Generalklausel in Bezug auf „ähnliche Berufe". In den mehr als vier Jahrzehnten der Geltung dieser Vorschrift[53] hatte sich dazu eine reichhaltige Judikatur der Finanzgerichte entwickelt.[54] Es lag daher nicht fern, dass der Gesetzgeber des PartGG an dieses Regelungsvorbild anknüpfte und es im Wesentlichen unverändert in § 1 Abs. 2 übernahm. Dieses Vorgehen sollte es zugleich ermöglichen, die vorliegende finanzgerichtliche Rechtsprechung auch für die Anwendung des § 1 Abs. 2 zu berücksichtigen, soweit sie nicht durch spezifisch steuerrechtliche Belange geprägt war.[55]

35 **b) Die nachträgliche Umschreibung des Freien Berufs in Abs. 2 S. 1.** Im Zuge der Beratungen der PartGG-Novelle 1998 empfahl der BT-Rechtsausschuss zur Überraschung nicht nur der Fachkreise, sondern offenbar auch des federführenden BMJ,[56] die Vorschrift des § 1 Abs. 2 um eine gesetzliche Definition des Freien Berufs zu ergänzen. Zur Begründung heißt es im Bericht des Rechtsausschusses:[57]

> „Damit wird der Freie Beruf in seiner Bedeutung betont. Die Grenzen zur gewerblichen Tätigkeit sollen sich auch künftig nicht verwischen. Die Definition ist damit zugleich Maßstab und Appell an den Freien Beruf in seiner Besonderheit und seiner gemeinschaftswichtigen Verpflichtung. Rechtstechnisch wurde mit Rücksicht auf die außerordentliche Vielfalt des Freien Berufs eine offene Definition gewählt, eine *Typusbeschreibung*. Es wird dabei allgemein der Freie Beruf als solcher umschrieben und nicht auf den einzelnen Berufsangehörigen abgestellt, um den ständischen Charakter der Umschreibung stärker herauszustellen. Das entscheidende Charakteristikum der Freiberuflichkeit ist die Zugehörigkeit zu bestimmten Tätigkeitsgruppen, die nach der Verkehrsanschauung als freiberuflich verstanden werden. Das Bundesverfassungsgericht hat insoweit von „Diensten höherer Art" gesprochen (BVerfGE 17, 232, 239). Der Begriff der Dienstleistung ist hier nicht zu verstehen und soll nicht auf den Dienstvertrag iS der §§ 611 ff. BGB beschränkt sein. Durch die Worte „im Allgemeinen" soll zum Ausdruck gebracht werden, dass nur ein Typus umschrieben werden soll. Für den konkreten persönlichen Anwendungsbereich des Partnerschaftsgesellschaftsgesetzes bleibt es bei dem bisherigen Katalog in S. 2, der eng an die steuerliche Regelung angelehnt ist."

---

[51] *Michalski* (Fn. 14) S. 15.
[52] Vgl. zu den verschiedenen Definitionsversuchen aus berufsrechtlicher Sicht *Meier-Greve*, Öffentlich-rechtliche Bindungen und freiberufliche Stellung der Kassenärzte, 1968, S. 141; *Fleischmann*, Die freien Berufe im Rechtsstaat, 1970, S. 92 f.; *Vieten*, Der Beruf des Apothekers, 1973, S. 41; *Höppner* BB 1961, 1209 f.; aus handelsrechtlicher Sicht vgl. auch *W. Müller*, Einbeziehung der Freien Berufe in das Handelsrecht, 1968, S. 67.
[53] Die heutige Fassung des § 18 Abs. 1 Nr. 1 S. 2 EStG, in die erstmals eine Generalklausel „ähnlicher Berufe" aufgenommen wurde, gilt seit dem 30. 7. 1960 (BGBl. I S. 610). Im Übrigen hat die Vorschrift bereits ähnlich lautende Vorläufer in § 35 EStG (1925) und § 9 EStG (1920), die wiederum auf das Preußische EStG von 1891 zurückgehen; vgl. ausf. zur Entwicklung *Stuhrmann* in: *Kirchhof/Söhn/Mellinghoff* § 18 EStG RdNr. A 44 ff.
[54] Vgl. die Nachweise bei RdNr. 69 f., bei *Stuhrmann* in: *Kirchhof/Söhn/Mellinghoff* § 18 EStG RdNr. B 150 ff., sowie bei *Lambrecht* in: *Kirchhof* (Fn. 32) § 18 EStG RdNr. 60 ff.
[55] So auch *Michalski/Römermann* RdNr. 41; *Lenz* in: *M/W/H/L/W* RdNr. 27; vgl. näher RdNr. 49 ff.
[56] IdS wohl *E/B/J/Seibert* RdNr. 10; von einer „revolutionären" Vorschrift spricht *Römermann* NZG 1998, 675, 676.
[57] BT-Drucks. 13/10955 S. 12 f.

Allerdings relativiert der Bericht die Bedeutung der Regelung des neuen Satzes 1 angesichts der darin gewählten, um den Zusatz „im Allgemeinen" ergänzten Formulierung zu Recht dahin, dass es sich um eine „offene" Definition bzw. eine „Typusbeschreibung" handele und dass die Bestimmung des konkreten persönlichen Anwendungsbereichs sich weiterhin nach dem Katalog des jetzigen S. 2 richte.[58] Der Sache nach geht es also weniger um einen Definitionsversuch als vielmehr um einen *Programmsatz*.[59] Er dürfte aus Kreisen der Freien Berufe in die parlamentarische Diskussion eingeflossen sein[60] und soll wohl durch seine gesetzliche Verankerung die herausragende Bedeutung dieser Berufsgruppe unterstreichen. Diese Herkunft ändert freilich nichts daran, dass die Regelung als zentraler Bestandteil des § 1 Abs. 2 im Rahmen des Möglichen auch rechtliche Beachtung verdient (vgl. RdNr. 38).

2. Die „Legaldefinition" in S. 1. a) Rechtliche Relevanz. Der Sache nach besteht **36** Einigkeit darüber, dass die in Abs. 2 S. 1 gewählte Formulierung sich nicht zu einer trennscharfen, Freie Berufe von sonstigen, insbesondere gewerblichen Tätigkeiten abgrenzenden Begriffsbestimmung eignet und dass sie hierfür vom Gesetzgeber auch nicht gedacht war.[61] Das folgt unabhängig davon, ob und inwieweit die vier zentralen, in S. 1 aufgenommenen Kriterien (RdNr. 39) je für sich die erforderliche Trennschärfe aufweisen, jedenfalls aus dem Zusatz „im Allgemeinen". Er lässt zweifelsfrei erkennen, dass der Gesetzgeber selbst **keine Legaldefinition** schaffen wollte. Vielmehr sollte der nunmehr zu S. 2 gewordene Katalog Freier Berufe weiterhin seine Bedeutung für die Bestimmung des Anwendungsbereichs des Gesetzes behalten;[62] die Zugehörigkeit der dort ausdrücklich aufgeführten Berufsbilder zu den Freien Berufen wird durch S. 1 nicht in Frage gestellt.

Die fehlende Trennschärfe von S. 1 schließt dessen rechtliche Relevanz als **Typusbe- 37 schreibung** indessen nicht aus,[63] sondern ist für diese sogar kennzeichnend. Denn die methodische Bedeutung des (offenen) Typus im Vergleich zur Begriffsbestimmung liegt gerade darin, dass er (1) den fraglichen Gegenstand nicht in einzelnen, abstrahierenden Kriterien, sondern als „Merkmal-Ganzes" umfasst und (2) durch Vermeidung der klassifikatorischen Strenge des Begriffs die sinngemäße Erfassung und Zuordnung von Zwischenformen ermöglicht.[64] Wie weit die Abweichungen gehen dürfen, ohne die Zuordnung des jeweiligen Gegenstands zum Typus auszuschließen und ihn als „atypisch" erscheinen zu lassen, richtet sich mit anderen Worten nicht nach feststehenden Merkmalen, sondern nach dem „Gesamtbild" des jeweiligen Gegenstands.

Für die **Relevanz von S. 1** folgt aus dieser Typusfunktion, dass er vor allem in *Grenzfällen* **38** möglicher Freier Berufe Bedeutung erlangen kann. Er eignet sich zwar nicht dazu, den in S. 2 ausdrücklich aufgeführten „Katalogberufen" die Qualität des Freien Berufs abzusprechen. Deren Einstufung als Freier Beruf hat der Gesetzgeber in Anlehnung an § 18 Abs. 1 Nr. 1 EStG ausdrücklich geregelt; die Aufnahme des neuen Satzes 1 sollte hieran auch dann nichts ändern, wenn einige der dort aufgeführten Berufe – wie etwa (Heil-)Masseure, Journalisten, Dolmetscher oder Übersetzer – nicht ohne weiteres den Kriterien des Idealtypus „Freier Beruf" entsprechen. Anderes gilt demgegenüber für die beiden anderen in S. 2 aufgeführten Kategorien, die „ähnlichen Berufe" und die Tätigkeitsfelder als Wissenschaft-

---

[58] BT-Rechtsausschuss, BT-Drucks. 13/10955 S. 12 f.
[59] So auch *Michalski/Römermann* RdNr. 31 a.
[60] Vgl. die inhaltlich deutliche Ähnlichkeit mit S. 1 aufweisende, vom Berufsverband der Freien Berufe im Jahr 1995 verabschiedete Definition, nach der Freiberufler „auf Grund besonderer beruflicher Qualifikation persönlich, eigenverantwortlich und fachlich unabhängig geistig-ideelle Leistungen im Interesse ihrer Auftraggeber und der Allgemeinheit" erbringen (BRAK-Mitt. 1995, 157).
[61] Vgl. nur *Michalski/Römermann* RdNr. 31 a und *E/B/J/Seibert* RdNr. 11, jeweils unter Bezugnahme auf den Bericht des BT-Rechtsausschusses, BT-Drucks. 13/10955 S. 12 f.
[62] So ausdrücklich BT-Rechtsausschuss, BT-Drucks. 13/10955 S. 12 f.
[63] AA aber *E/B/J/Seibert* RdNr. 11 („irrelevante Formel"); *Michalski/Römermann* RdNr. 31 a („politischer Programmsatz ohne normativen Gehalt").
[64] Vgl. näher *Larenz*, Methodenlehre der Rechtswissenschaft, 6. Aufl. 1991, S. 460 ff. mwN; dazu auch *Ulmer*, Vertragshändler, 1969, S. 15 f.

ler, Künstler, Schriftsteller und Erzieher. Insoweit kann sich je nach Lage des Falles die Orientierung an der Typusbeschreibung des Satzes 1 für die Zwecke der Abgrenzung als hilfreich erweisen.

39 **b) Die Typuskriterien des Satzes 1.** Die in S. 1 geregelte Umschreibung des Freien Berufs besteht aus *vier* im Ansatz unterscheidbaren, sachlich allerdings jeweils mit einander zusammenhängenden Kriterien. Zentrales Kennzeichen ist die (selbstständige, vgl. S. 2) Erbringung von **Dienstleistungen höherer Art,** worunter neben „Diensten" iS von § 611 Abs. 1 BGB auch erfolgsbezogene Dienstleistungen (Werkleistungen iS von § 631 BGB) sowie Geschäftsbesorgungen iS von § 675 Abs. 1 BGB zu verstehen sind.[65] Die Dienstleistungen müssen ihrer Art nach **persönlich, eigenverantwortlich und fachlich unabhängig** erbracht werden, um den Anforderungen freiberuflicher Qualifikation zu entsprechen; die interne Mitwirkung von Angestellten oder in sonstiger Weise abhängig Tätigen steht nicht entgegen.[66] Die Tätigkeit des Dienstleisters muss ferner **auf besonderer beruflicher Qualifikation oder schöpferischer Begabung** beruhen und sich auch dadurch vom Kreis gewerblicher Tätigkeiten abheben. Schließlich muss die Dienstleistung außer dem **Interesse des Auftraggebers** auch demjenigen **der Allgemeinheit** dienen; auch hierin zeigt sich ein Aspekt der Dienste „höherer Art". Gegenüber den in der Begründung zum PartGG[67] enthaltenen „Wesensmerkmalen" des Freien Berufs[68] weisen die Kriterien des S. 1 zwar eine gewisse Fortschreibung bzw. Akzentverlagerung auf; auch ist auf die dort noch anzutreffenden, möglicherweise als für die umfassende Definition in S. 1 zu anspruchsvoll empfundenen Merkmale der personalvertrauensvollen Beziehung zum Auftraggeber und des über die rein gewerbliche Motivation hinausgehenden Berufsethos verzichtet worden. Spürbare inhaltliche Änderungen dürften sich mit diesen Modifikationen jedoch nicht verbinden.

40 Unverkennbar ist, dass die Kriterien des Satzes 1 sich primär an den **klassischen Freien Berufen** der Ärzte, der Rechts- und Patentanwälte, der Wirtschaftsprüfer und Steuerberater sowie der Freien Architekten und Ingenieure orientieren. Die übrigen „Katalogberufe" sind diesem Idealtyp zwar nur mehr oder weniger angenähert; kraft gesetzlicher Vorgabe sind sie aber gleichwohl in den Kreis der Freien Berufe einbezogen. Demgegenüber liegt bei den **ähnlichen Berufen** in Zweifelsfällen die Orientierung an der Typusbeschreibung des Satzes 1 jedenfalls dann nahe, wenn die finanzgerichtliche Rechtsprechung zu § 18 Abs. 1 Nr. 1 EStG insoweit nicht bereits zu eindeutigen Vorgaben zugunsten der Einstufung als freiberufliche Tätigkeit geführt hat. Zumindest insoweit kann die Regelung des Satzes also zu einer gewissen *Eingrenzung des unscharfen Randbereichs von S. 2* führen. – Zur Abgrenzung freiberuflicher von unselbständigen bzw. gewerblichen Tätigkeiten vgl. im Übrigen RdNr. 45 f.

41 **3. Der Regelungsinhalt des Satzes 2: Grundlagen und Einteilungskriterien. a) Drei Kategorien Freier Berufe.** Die Vorschrift des Satzes 2 beruht auf einer Einteilung in drei nach Art und Inhalt deutliche Unterschiede aufweisende Kategorien: die ausdrücklich aufgeführten Berufsbilder der sog. *Katalogberufe,* die nach Art einer Generalklausel erfassten *ähnlichen Berufe* sowie insgesamt fünf inhaltlich durch den Hauptgegenstand der Berufstätigkeit gekennzeichnete *Tätigkeitsfelder.* Schwierigkeiten bei der Subsumtion sind in erster Linie bei der zweiten und dritten Kategorie zu erwarten, zumal darunter durchweg solche Berufe fallen, die weder „verkammert" sind noch sonst über ein besonderes Berufsrecht verfügen. Insoweit geht es vor allem um die Abgrenzung freiberuflicher von den gewerblichen Tätigkeiten (vgl. RdNr. 16 ff.).

---

[65] So auch BT-Rechtsausschuss, BT-Drucks. 13/10955 S. 12 f., unter Hinweis auf BVerfGE 17, 232, 239.
[66] Ebenso *Henssler* RdNr. 84 f. (solange die Partner neben eigener Tätigkeit die Leitung inne haben).
[67] Begr. RegE, BT-Drucks. 12/6152 S. 7.
[68] Die Begr. nennt die Eigenverantwortung, die Weisungsfreiheit in der Berufsausübung, die personalvertrauensvolle Beziehung zum Auftraggeber, die idR qualifizierte Ausbildung, das über die rein gewerbliche Motivation hinausgehende Berufsethos und die berufsrechtliche Bindung; vgl. näher 3. Aufl. RdNr. 32 ff.

b) Einteilung der Katalogberufe. Für diese hat sich die Einteilung in *fünf Berufsgruppen* **42** bewährt: die Heilberufe, die rechts- und wirtschaftsberatenden Berufe, die naturwissenschaftlich orientierten Berufe, die Berufe zur Vermittlung von geistigen Gütern und Informationen sowie die eigenständige Berufsart der Lotsen (vgl. RdNr. 49 ff.). Die Einteilung erweist sich nicht zuletzt als hilfreich in Bezug auf die Generalklausel der „ähnlichen Berufe", auch wenn es insoweit nach hM primär um die Ähnlichkeit zu einem bestimmten Freien Beruf geht (RdNr. 64 ff.).

c) Verkammerte und sonstige berufrechtlich geregelte Freie Berufe. Die gesetzli- **43** che Einrichtung von **Berufskammern** für bestimmte Tätigkeiten mit Pflichtmitgliedschaft der auf diesen Gebieten selbstständig Tätigen ist ein besonders sicheres, wenn auch nicht notwendiges Kennzeichen für das Vorliegen freiberuflicher Tätigkeiten. Solche Kammern gibt es für Ärzte, Zahnärzte, Tierärzte,[69] Psychotherapeuten,[70] Rechtsanwälte (§§ 60 ff. BRAO), Patentanwälte (§§ 53 ff. PatAnwO), Wirtschaftsprüfer und vereidigte Buchprüfer (§ 4 WPO), Steuerberater und Steuerbevollmächtigte (§§ 73 ff. StBerG), für Lotsen (§§ 27 ff. SeelotG, sog. Seelotsenbrüderschaft), Architekten[71] und beratende Ingenieure.[72] Die ebenfalls zu den „verkammerten" Berufen gehörenden Tätigkeiten als Apotheker[73] und Notar[74] sind nur deshalb nicht in S. 2 aufgeführt, weil aus Sicht des Gesetzgebers das jeweilige Berufsrecht der gemeinschaftlichen Ausübung dieser Berufe in der Rechtsform der Partnerschaft entgegensteht (RdNr. 79 f.).

Über die verkammerten Berufe hinaus findet sich **gesetzliches Berufsrecht** auch bei **44** den „Katalogberufen" der Hebammen,[75] der Heilpraktiker,[76] der Heilmasseure und Krankengymnasten/Physiotherapeuten,[77] ferner bei den Vermessungsingenieuren[78] und bei einem Teilbereich der hauptberuflichen Sachverständigen.[79] Gleichwohl gibt es nicht wenige Berufe wie zB diejenigen der Handelschemiker, der Unternehmensberater, der beratenden Volks- und Betriebswirte, der Journalisten und Bildberichterstatter, der Dolmetscher und Übersetzer, die bisher kein geregeltes Berufsrecht kennen, auch wenn ihre Zuordnung zu den Freien Berufen auf Grund ihrer Aufnahme in den Katalog des Satzes 2 im Grundsatz außer Zweifel steht.

d) Abgrenzungen. Die Abgrenzung freiberuflicher von den **unselbstständig** erbrach- **45** ten Tätigkeiten richtet sich im Regelfall nach dem *Status* der an der Dienstleistung Beteiligten. Wer seine Tätigkeit als *Arbeitnehmer* (Beamter, Angestellter u. a.) erbringt, wird insoweit nicht selbstständig oder eigenverantwortlich tätig, auch wenn der Gegenstand seiner Tätigkeit wie im Fall des angestellten Arztes oder Rechtsanwalts zu den klassischen Freien

---

[69] Geregelt in den Heilberufe- und Kammergesetzen der Länder, zB in Baden-Württemberg durch §§ 1 ff. HKaG-BW oder in Nordrhein-Westfalen in §§ 1 ff. HeilBerG-NRW.
[70] Geregelt in den Kammergesetzen der Länder, in Baden-Württemberg etwa ebenfalls durch §§ 1 ff. HKaG-BW und in Nordrhein-Westfalen in §§ 1 ff. HeilBerG-NRW.
[71] Landesgesetzlich durch die Architektengesetze, zB in Baden-Württemberg durch §§ 10 ff. ArchG-BW oder in Nordrhein-Westfalen durch §§ 12 ff. BauKaG-NRW.
[72] Landesgesetzlich geregelt durch die Ingenieurskammergesetze, etwa in Baden-Württemberg durch §§ 1 ff. IngKG-BW.
[73] Die Verkammerung ist ebenfalls in den (Heilberufe-) Kammergesetzen der Länder geregelt; zB in Baden-Württemberg in §§ 1 ff. HKaG-BW oder in Nordrhein-Westfalen in §§ 1 ff. HeilBerG-NRW.
[74] Die Verkammerung ergibt sich aus §§ 65 ff. BNotO.
[75] Der Beruf der Hebamme ist im HebammenG geregelt; beruflich organisiert sind die Hebammen rein privatrechtlich im Bund Deutscher Hebammen e. V. und dessen Landesverbänden.
[76] Der Beruf des Heilpraktikers ist geregelt im HeilpraktikerG; es existieren ein Reihe von rein privatrechtlichen Berufsorganisationen, etwa der Bund Deutscher Heilpraktiker e. V. oder der Fachverband Deutscher Heilpraktiker e. V.
[77] Die Berufe des Masseurs, medizinischen Bademeisters und Physiotherapeuten regelt das Masseur- und PhysiotherapeutenG (MPhG); auch hier existieren eine Reihe von privatrechtlichen Zusammenschlüssen.
[78] Der Beruf des öffentlich bestellten Vermessungsingenieurs ist landesrechtlich geregelt, zB in Baden-Württemberg durch VO auf Grund von § 21 Abs. 1 VermG-BW; beruflich organisiert sind die Vermessungsingenieure rein privatrechtlich, etwa im Bund der Öffentlich bestellten Vermessungsingenieure e. V.
[79] Keine allg. gesetzliche Regelung (Ausnahme: Sachverständiger für den Kfz-Verkehr, Gesetz vom 2. 3. 1974, BGBl. I S. 469).

Berufen gehört und das Berufsrecht seine inhaltliche Weisungsbindung gegenüber dem Arbeitgeber einschränkt. Die Abgrenzung des Freiberuflers gegenüber unselbstständig tätigen Personen deckt sich im Wesentlichen mit derjenigen zwischen Selbstständigen und Arbeitnehmern. Für sie gibt es zwar keine feststehende Definition, wohl aber eine Reihe in ständiger Rechtsprechung des Bundesarbeitsgerichtes entwickelter Indizien, die freilich im Einzelfall nicht kumulativ erfüllt sein müssen.[80] Danach kennzeichnet den Arbeitnehmer die *Fremdbestimmtheit* von Ort und Zeit der Arbeitsleistung, die persönliche Abhängigkeit in Gestalt der *Weisungsgebundenheit*, die *organisatorische Eingliederung* des Dienstverpflichteten in den Betrieb oder die sonstige vom Dienstberechtigten geschaffene Organisationseinheit und letztlich die *Fremdnützigkeit der Arbeitsleistung*.[81] Auf Besonderheiten aus dem Recht der Freien Berufe kommt es insoweit nicht an.

46 Schwieriger gestaltet sich die Abgrenzung der Freien Berufe zur **gewerblichen Tätigkeit**, da es hier an trennscharfen Abgrenzungskriterien fehlt. Es ist deshalb auch ganz überwiegend anerkannt, dass Freiberufler regelmäßig alle notwendigen Merkmale des Gewerbebegriffs erfüllen oder zumindest erfüllen können.[82] Für die Abgrenzung maßgebend sind vielmehr in erster Linie historische Gründe, die in einer entsprechenden *Verkehrsauffassung* ihren Niederschlag gefunden haben.[83] Dabei kann auf die in S. 1 enthaltenen typischen Merkmale freiberuflicher Tätigkeit (RdNr. 39) zurückgegriffen werden, darunter vor allem auf die *persönliche Leistungserbringung* des Freiberuflers im Gegensatz zu dem beim Gewerbebetrieb im Vordergrund stehenden Kapitaleinsatz. Zwar verfügt heute auch der Freiberufler häufig über ein nicht unerhebliches *Betriebsvermögen;* man denke etwa an die fachwissenschaftliche Bibliothek des Rechtsanwalts oder Wirtschaftsprüfers bzw. die Praxiseinrichtung des Arztes. Jedoch ist dieses Betriebsvermögen bei der freiberuflichen Tätigkeit nur ein notwendiges Hilfsmittel für die persönliche Berufsausübung, während es beim Gewerbetreibenden zumeist unmittelbar der Gewinnerzielung dient.[84] In Fällen, in denen auch die Erbringung gewerblicher Leistungen, wie beim Handwerker oder Handelsvertreter,[85] in erster Linie auf dem Einsatz persönlicher Arbeitskraft beruht, kann zusätzlich auf die Merkmale der Dienstleistungen höherer Art im Interesse auch der Allgemeinheit zurückgegriffen werden. Demgegenüber erweist sich aus heutiger Sicht die Gegenüberstellung von altruistischer Leistungserbringung und Gewinnerzielungsabsicht als für die Abgrenzung wenig hilfreich. Zum Überschneidungsbereich von gewerblicher und freiberuflicher Tätigkeit und deren Behandlung vgl. RdNr. 16 ff.

47 **e) In S. 2 nicht erwähnte Freie Berufe.** Abweichend von § 18 Abs. 1 Nr. 1 EStG sind unter den Katalogberufen des Satzes 2 diejenigen der Dentisten, Vermessungsingenieure und Notare nicht aufgeführt. Das hat in Bezug auf die ersten beiden Berufe keine sachliche, sie aus dem Anwendungsbereich des PartGG ausschließende Bedeutung, sondern erklärt sich aus den Besonderheiten dieser Berufe. So handelt es sich bei den **Dentisten** seit Jahrzenten um einen auslaufenden Beruf, da durch das ZahnheilkundeG von 1952 die Berufe der Zahnärzte und Dentisten unter Einräumung von Bestandsschutz an diese zu einem einheitlichen akademischen Beruf des Zahnarztes zusammengefasst wurden.[86] Die **Vermessungsingenieure** wurden nicht nur wegen ihrer Zugehörigkeit zum Katalogberuf der Ingenieure, sondern auch deshalb nicht besonders aufgeführt, weil sie im Falle öffentlicher Bestellung ein öffentliches Amt ausüben und in dieser Funktion nach Ansicht des Gesetzgebers von der

---

[80] Vgl. *Zöllner/Loritz* Arbeitsrecht, 6. Aufl. 2008, § 4 III 5, S. 39 ff.
[81] Vgl. aus der umfangreichen Rspr. des BAG nur BAG AP BGB § 611 Nr. 3, 10, 20, 26, 37; wN in 4. Aufl. § 611 BGB RdNr. 169 ff.
[82] Vgl. die Nachweise in Fn. 28.
[83] *K. Schmidt* HandelsR § 9 IV 2 a, S. 282; *Staub/Brüggemann* § 1 HGB RdNr. 18; *Heymann/Emmerich* § 1 HGB RdNr. 18; *Raisch*, FS Rittner, 1991, S. 471; *ders.*, Geschichtliche Voraussetzungen, 1965, S. 209 ff.
[84] So auch *Michalski/Römermann* RdNr. 30.
[85] Zur Gewerblichkeit der Tätigkeit eines Handelsvertreters, der die berufsrechtlichen Voraussetzungen für die Ausübung eines Katalogberufs erfüllt, vgl. etwa BFH BFH/NV 2007, 687.
[86] Vgl. *Michalski/Römermann* RdNr. 35.

Teilnahme an einer Partnerschaft ausgeschlossen sind.[87] In beiden Fällen steht die grundsätzliche Zugehörigkeit zu den Freien Berufen iS von Abs. 2 somit außer Zweifel.

Anderes galt bei Erlass des PartGG für die **Notare:** ihre Nichtaufnahme in den Katalog 48 des Abs. 2 wurde in der Gesetzesbegründung damit erklärt, sie seien wegen der Ausübung eines öffentlichen Amtes nicht fähig, an einer PartG teilzunehmen.[88] Dieser Vorbehalt dürfte sich jedoch durch die Neufassung des § 9 BNotO im Jahr 1998 erledigt haben, da sie in Abs. 1 S. 1 die gemeinsame Berufsausübung auch durch Nur-Notare – freilich in den Grenzen des § 9 Abs. 3 BNotO[89] – grundsätzlich zugelassen hat.[90] Ein Sachgrund dafür, dass Nur-Notaren zwar die Rechtsform der GbR offensteht, nicht aber diejenige der PartG, ist nicht ersichtlich.[91] Die Nichtaufnahme der Notare in die Katalogberufe des Satzes 2 steht dieser Beurteilung angesichts der Generalklausel der „ähnlichen Berufe" und angesichts des Wegfalls des berufsrechtlichen Hindernisses nicht entgegen (RdNr. 80). Was schließlich die – üblicherweise ebenfalls als Freiberufler qualifizierten[92] – **Apotheker** angeht, so sind sie deshalb nicht in den Katalog des Abs. 2 aufgenommen worden, weil ihnen § 8 ApothG je nach Größenverhältnissen neben der GbR die Wahl der OHG als zulässige Kooperationsform vorgeschrieben hat.[93] Mit dieser gesetzlichen Qualifikation als Handelsgewerbe würde sich der alternative Zugang zur PartG nicht vertragen.

4. Die freiberuflichen Tätigkeiten im Einzelnen. a) Die Katalogberufe. aa) Heil- 49 **berufe.** Zu den Heilberufen zählen neben den Ärzten, Zahnärzten und Tierärzten auch die Heilpraktiker, Krankengymnasten/Physiotherapeuten, Hebammen und Heilmasseure sowie mit Einschränkungen die Diplompsychologen. Angesichts des Verbots, die Heilkunde ohne Erlaubnis auszuüben (vgl. § 1 Abs. 2 HeilpraktikerG), ist es ein Kennzeichen der Heilberufe, dass sie einer durch besondere Ausbildung erworbenen Berufszulassung bedürfen.

Bei den **Ärzten, Zahnärzten und Tierärzten** berechtigt die sog. Approbation zur 50 Ausübung des Berufes sowie zur Führung des entsprechenden Titels.[94] Die Tätigkeit des Arztes besteht in der Ausübung der Heilkunde. Darunter versteht man in Anlehnung an § 1 Abs. 2 S. 1 MBO-Ä und § 1 Abs. 2 HeilpraktikerG jede berufs- oder erwerbsmäßig vorgenommene Tätigkeit zur Feststellung, Heilung oder Linderung von Krankheiten, Leiden oder Körperschäden bei Menschen[95] unter Einschluss von gutachtlichen Stellungnahmen

---

[87] So Begr. RegE, BT-Drucks. 12/6152 S. 10; zur neuerdings abw. Beurteilung der Kooperation von Nur-Notaren, die ebenfalls ein öffentliches Amt ausüben, vgl. aber RdNr. 80.

[88] Begr. RegE, BT-Drucks. 12/6152 S. 10; so auch neuerdings noch *E/B/J/Seibert* RdNr. 28.

[89] Er statuiert den Vorbehalt, dass durch die gemeinsame Berufsausübung die persönliche und eigenverantwortliche Amtsführung, Unabhängigkeit und Unparteilichkeit des Notars nicht beeinträchtigt werden darf, und lässt sich dahin interpretieren, dass das Mandat im Grundsatz nicht der Notar-Sozietät, sondern einem bestimmten Notar zu erteilen ist.

[90] Vgl. aber auch OLG Stuttgart ZIP 2006, 1491 = NJW-RR 2006, 1723 (und dazu *Henssler/Jansen* EWiR 2006, 603): Eine aus Anwälten und Anwaltsnotaren bestehende Partnerschaftsgesellschaft, bei der die Anwaltsnotare auch mit ihrem Beruf als Notar in die Partnerschaft mit einbezogen werden, ist mit §§ 1 PartGG, 59 a BRAO, 9 BNotO unvereinbar und kann nicht in das Partnerschaftsregister eingetragen werden. § 9 Abs. 2 BNotO regelt die Sondersituation der Anwaltsnotare und ist dahin zu verstehen, dass sich – wie in § 59 a BRAO ausdrücklich geregelt – Anwaltsnotare (nur) mit ihrem Geschäftsbereich als Rechtsanwalt mit Angehörigen der in Abs. 2 genannten Berufen zur gemeinsamen Berufsausübung verbinden können. Vgl. dazu noch RdNr. 80.

[91] Die seit der Reform des § 9 BNotO erschienenen Kommentare haben von der Änderung dieser Vorschrift freilich noch keine Kenntnis genommen, sondern halten ohne sachliche Begründung an der überkommenen Auffassung fest, dass die PartG keine für Nur-Notare zugängliche Rechtsform sei (vgl. *Görk* in: *Schippel/Bracker*, BNotO, 8. Aufl. 2006, § 9 RdNr. 5; *Baumann* in: *Eylmann/Vaasen*, BNotO, BeurkG, 2. Aufl. 2004, § 9 RdNr. 17; unklar *Lerch* in: *Arndt*, BNotO, 5. Aufl. 2003, § 9 RdNr. 3, 9 ff.).

[92] Vgl. *Lenz* in: *M/W/H/L/W* RdNr. 48; *Michalski/Römermann* RdNr. 36; *E/B/J/Seibert* RdNr. 15; wohl auch *Henssler* RdNr. 73; aA aber MünchKommHGB/*K. Schmidt* § 1 RdNr. 34; *Koller/Roth/Morck* § 1 HGB RdNr. 15.

[93] Begr. RegE, BT-Drucks. 12/6152 S. 10; *E/B/J/Seibert* RdNr. 15.

[94] Vgl. §§ 2, 3 BÄO, § 1 ZHG, § 1 BTÄO; dazu auch *Güroff* in: *Littmann/Bitz/Pust* EStR § 18 EStG RdNr. 148; *Schick*, Die freien Berufe im Steuerrecht, 1973, S. 33 f.

[95] *Güroff* in: *Littmann/Bitz/Pust* EStR § 18 EStG RdNr. 150; *Schmidt/Wacker* § 18 EStG RdNr. 87; *Schick* (Fn. 94) S. 34; *Stuhrmann* in: *Kirchhof/Söhn/Mellinghoff* § 18 EStG RdNr. B 86.

über den Gesundheitszustand untersuchter Personen.[96] Ähnlich bezeichnet das Zahnheilkundegesetz als Tätigkeit des Zahnarztes die berufsmäßige, auf zahnärztlich-wissenschaftliche Erkenntnisse gegründete Feststellung und Behandlung von Zahn-, Mund- und Kieferkrankheiten (§ 1 Abs. 2 ZHG). Die Aufgaben eines Tierarztes sind allgemein in § 1 BTÄO umschrieben.[97]

51 Auch soweit es um die **medizinischen Hilfsberufe** geht, werden die als Heilpraktiker, Krankengymnasten/Physiotherapeuten, Heilmasseure und Hebammen tätigen Freiberufler nur auf Grund einer staatlichen Prüfung zugelassen.[98] Sie werden jeweils auf bestimmten, in den jeweiligen berufsrechtlichen Regelungen festgelegten Gebieten der Heilkunde tätig.[99] Für Heilpraktiker fehlt allerdings ein fest umrissenes Berufsbild; daher fällt darunter jede erlaubte Ausübung der Heilkunde außerhalb der gesetzlich geregelten Heilberufe.[100]

52 Auch die **Diplom-Psychologen** lassen sich, soweit sie psychotherapeutisch tätig sind, den Heilberufen zuordnen, weil sie auf Verhaltensstörungen und Leidenszustände mit psychologischen Mitteln einwirken.[101] Wie bei den ärztlichen Heilberufen setzt auch die Berufsbezeichnung „Diplom-Psychologe" ein abgeschlossenes Hochschulstudium voraus.[102] Diplom-Psychologen sind allerdings nicht auf die heilkundliche Tätigkeit als Psychotherapeuten beschränkt. Vielmehr können sie auch beratende Funktionen ausüben und Personen oder Organisationen aus Wirtschaft und Verwaltung bei der Suche, Auswahl, Förderung und Weiterbildung von Mitarbeitern beraten oder sie mit Methoden der angewandten wissenschaftlichen Psychologie unterstützen.[103] Insoweit sind sie zum Kreis der rechts- und wirtschaftsberatenden Berufe in § 1 Abs. 2 zu rechnen.

53 **bb) Rechts- und wirtschaftsberatende Berufe.** Die Gruppe der rechts- und wirtschaftsberatenden Berufe umfasst die Mitglieder der Rechtsanwaltskammern, die Patentanwälte, Wirtschaftsprüfer, Steuerberater, beratende Volks- und Betriebswirte, vereidigte Buchprüfer (vereidigte Buchrevisoren) und Steuerbevollmächtigten.[104] Den Heilberufen vergleichbar zeichnen sich auch die meisten Berufe dieser Gruppe dadurch aus, dass sie nur auf Grund einer speziellen Berufszulassung ausgeübt werden dürfen, die eine besondere Ausbildung erfordert (vgl. zB § 4 BRAO; §§ 35 ff. StBerG, §§ 12 ff. WPO).[105] – Zu den freiberuflichen *Notaren* als von den Rechtsberatern zu unterscheidenden Inhabern eines öffentlichen Amtes und Organen vorsorgender Rechtspflege (§ 1 BNotO) vgl. RdNr. 80.

54 **Mitglieder der Rechtsanwaltskammern** sind die in dem Bezirk eines Oberlandesgerichts zugelassenen Rechtsanwälte (vgl. § 60 Abs. 1 BRAO). Nach § 4 BRAO kann die Zulassung als Rechtsanwalt nur erlangen, wer durch ein Universitätsstudium mit anschließendem Vorbereitungsdienst die Befähigung zum Richteramt erworben hat. Der Rechtsanwalt berät seinen Mandanten in allen Rechtsangelegenheiten und vertritt ihn vor Gericht (vgl. § 3 Abs. 1 BRAO). Demgegenüber beschränkt sich das Tätigkeitsfeld eines **Patentanwaltes** auf das Gebiet des gewerblichen Rechtsschutzes einschließlich der Rechtsberatung

---

[96] BFH BStBl. 1977 II S. 31, 32; BStBl. 1982 II S. 253, 254; *Güroff* in: *Littmann/Bitz/Pust* EStR § 18 EStG RdNr. 150 a; *Schmidt/Wacker* § 18 EStG RdNr. 87; *Stuhrmann* in: *Kirchhof/Söhn/Mellinghoff* § 18 EStG RdNr. B 87.

[97] Vgl. dazu *Schick* (Fn. 94) S. 34.

[98] Vgl. § 1 Abs. 1 HeilpraktikerG; § 1 Masseur- und PhysiotherapeutenG; § 1 Abs. 1 HebammenG; *Güroff* in: *Littmann/Bitz/Pust* EStR § 18 EStG RdNr. 148; *Schmidt/Wacker* § 18 EStG RdNr. 95; *Schick* (Fn. 94) S. 53.

[99] Vgl. § 1 Abs. 2 HeilpraktikerG; § 4 HebammenG; vgl. ferner die Ausbildungsziele in §§ 4, 8 MPhG, auch wenn das MPhG selbst keine Tätigkeitsbeschreibung enthält.

[100] Vgl. *Schick* (Fn. 94) S. 34.

[101] Vgl. Begr. RegE, BT-Drucks. 12/6152 S. 10; *Güroff* in: *Littmann/Bitz/Pust* EStR § 18 EStG RdNr. 153 mwN.

[102] *Güroff* in: *Littmann/Bitz/Pust* EStR § 18 EStG RdNr. 153.

[103] Begr. RegE, BT-Drucks. 12/6152 S. 10; *Michalski/Römermann* RdNr. 51; *Hornung* Rpfleger 1995, 481, 483.

[104] Vgl. *Michalski/Römermann* RdNr. 53 ff.; *Lenz* in: *M/W/H/L/W* RdNr. 49 ff.; aus Sicht des § 18 EStG auch *Güroff* in: *Littmann/Bitz/Pust* EStR § 18 EStG RdNr. 168.

[105] *Schick* (Fn. 94) S. 29.

und Prozessvertretung seiner Mandanten vor dem Bundespatentamt und dem Bundespatentgericht sowie vor den ordentlichen Gerichten.[106] Auch die Zulassung als Patentanwalt setzt eine besondere Ausbildung und Prüfung voraus (vgl. §§ 5 ff. PatAnwO).[107]

Ebenso wie bei Rechtsanwälten und Patentanwälten, für die die jeweilige Berufszulassung 55 eine konstitutive Voraussetzung zum Vorliegen des Katalogberufs darstellt, ist auch **Wirtschaftsprüfer** und **Steuerberater** nur, wer nach bestandener Prüfung von der obersten Landesbehörde als solcher öffentlich bestellt worden ist (§ 1 Abs. 1 S. 1 WPO, §§ 40 Abs. 1, 35 Abs. 1 StBerG). Die Aufgabe eines Wirtschaftsprüfers besteht in erster Linie in der Rechnungsprüfung von Jahresabschlüssen wirtschaftlicher Unternehmen, über deren Vornahme und Ergebnis er Bestätigungsvermerke erteilt; darüber hinaus kann er seinen Auftraggeber in Steuerangelegenheiten beraten und vertreten (§ 2 WPO).[108] Die geschäftsmäßige Hilfe in Steuersachen ist allerdings in erster Linie die Aufgabe der Steuerberater. Deren Tätigkeit reicht nach dem Steuerberatungsgesetz von der Beratung und Vertretung in Steuersachen über die Hilfeleistung in Steuerstrafsachen bis hin zur Unterstützung der Mandanten bei der Erfüllung von Buchführungspflichten (vgl. §§ 32 Abs. 1, 33 StBerG).[109] Für die Berufe des vereidigten Buchprüfers (vereidigten Buchrevisors) und des Steuerbevollmächtigten, die ebenfalls in der Wirtschaftsprüferordnung (Buchprüfer) bzw. dem Steuerberatungsgesetz (Steuerbevollmächtigte) geregelt sind, gilt das zu Wirtschaftsprüfern und Steuerberatern Gesagte im Wesentlichen entsprechend (vgl. § 3 Abs. 1, § 42 StBerG, §§ 128 ff. WPO).

Ein den übrigen rechts- und wirtschaftsberatenden Berufen entsprechendes, gesetzlich 56 fixiertes Berufsbild fehlt der Gruppe der **beratenden Volks- und Betriebswirte**. Selbst die Berufsbezeichnungen sind gesetzlich nicht geschützt, sondern können frei geführt werden.[110] Daher wird auch nicht vorausgesetzt, dass der Berufsträger ein Studium der Volks- oder Betriebswirtschaftslehre oder eine sonstige besondere Ausbildung auf diesem Gebiet erfolgreich abgeschlossen hat. Zwar muss der beratende Volks- oder Betriebswirt über fachliche Kenntnisse in den wesentlichen Bereichen der Volks- oder Betriebswirtschaftslehre verfügen, jedoch können diese auch durch Selbststudium erworben sein.[111] Entscheidend für diesen Beruf ist, dass für die Beratung volks- oder betriebswirtschaftliche Kenntnisse in ihrer ganzen fachlichen Breite benötigt werden. Das ist nur dann der Fall, wenn sich die Beratung auf Grundsatzfragen der BWL oder wenigstens auf einen betrieblichen Hauptbereich (zB das Absatzwesen) erstreckt.[112] Eine Spezialisierung in der Beratungstätigkeit auf bestimmte Aktionsfelder – wie etwa beim Werbe- oder Public-Relations-Berater – fällt dagegen nicht mehr unter den Begriff des beratenden Volks- oder Betriebswirts; insoweit handelt es sich daher regelmäßig um gewerbliche Tätigkeiten.[113]

cc) Naturwissenschaftlich orientierte Berufe. Auch diese Berufe sind nur teilweise 57 gesetzlich geregelt. So ist bei den Ingenieuren und Architekten die Berufsbezeichnung durch Landesgesetze geschützt.[114] **Ingenieur** iS des Satzes 2 ist deshalb grundsätzlich nur, wer berechtigt ist, diese Berufsbezeichnung auf Grund der in den landesrechtlichen Ingenieurge-

---

[106] Vgl. die Tätigkeitsbeschreibung des Patentanwaltes in § 3 Abs. 2 und 3 PatAnwO und die Regelung über die Vertretung seiner Mandanten in § 4 PatAnwO vom 7. 9. 1966, BGBl. I S. 557.

[107] Vgl. die Nachweise in Fn. 106, und die Ausbildungs- und Prüfungsordnung für Patentanwälte vom 8. 12. 1977, BGBl. I S. 2491; dazu auch *Schick* (Fn. 94) S. 36.

[108] Dazu *Schick* (Fn. 94) S. 36.

[109] *Schick* (Fn. 94) S. 37.

[110] *Schmidt/Wacker* § 18 EStG RdNr. 107.

[111] *Michalski/Römermann* RdNr. 60; *Stuhrmann* in: *Kirchhof/Söhn/Mellinghoff* § 18 EStG RdNr. B 125; *Schmidt/Wacker* § 18 EStG RdNr. 107; vgl. eingehend *List* BB 1993, 1488, 1489 mwN in Fn. 11 zur entsprechenden BFH-Rspr.

[112] *Michalski/Römermann* RdNr. 61; *Stuhrmann* in: *Kirchhof/Söhn/Mellinghoff* § 18 EStG RdNr. B 125 mwN in Fn. 179 zur BFH-Rspr.; *Schmidt/Wacker* § 18 EStG RdNr. 107.

[113] *Stuhrmann* in: *Kirchhof/Söhn/Mellinghoff* § 18 EStG RdNr. B 125 mwN in Fn. 180; *Schmidt/Wacker* § 18 EStG RdNr. 107.

[114] Vgl. *Michalski/Römermann* RdNr. 64, 67 und die Zusammenstellung der landesrechtlichen Regelungen für die Ingenieure und Architekten bei *Feddersen/Meyer-Landrut* RdNr. 28 f.

setzen vorgeschriebenen Berufsausbildung zu führen;[115] dafür bedarf es regelmäßig des Studiums an einer Hochschule. Allerdings kann ausnahmsweise der Titel eines Ingenieurs auch ohne die vorgeschriebene Hochschulausbildung kraft behördlicher Verleihung oder aufgrund einer Übergangsregelung erlangt worden sein. In einem solchen Fall ist die betreffende Person nur dann als Ingenieur iS des Satzes 2 einzustufen, wenn sie über theoretische und praktische Kenntnisse verfügt, die denen eines Hochschulabsolventen entsprechen, auch wenn diese im Selbststudium oder durch praktische Berufstätigkeit erlangt worden sind.[116] Wesentlich ist, dass der Ingenieur aufgrund seines Fachwissens fähig ist, in der notwendigen fachlichen Breite und Tiefe technische Werke zu planen und zu konstruieren, deren Ausführung er auch leiten und überwachen kann.[117] Die Ausübung eines Handelsgewerbes als Ingenieur ist durch die Aufnahme unter die Katalogberufe nicht ausgeschlossen.[118]

58 Auch die **Architekten** sind durch die landesrechtlichen Architektengesetze in ihrer Berufsbezeichnung weitgehend geschützt. Für sie gilt im Wesentlichen das zu den Ingenieuren Gesagte entsprechend. Architekt ist grundsätzlich nur, wer eine Architekten-Ausbildung an einer Hochschule oder einer vergleichbaren Einrichtung abgeschlossen hat oder zumindest in sonstiger Weise die Berufsbefähigung als Architekt nachweist.[119] Seine Tätigkeit umfasst neben der gestaltenden, technischen und wirtschaftlichen Planung von Bauwerken auch die Beratung und Vertretung des Bauherrn in den mit der Planung und Durchführung des Vorhabens zusammenhängenden Fragen einschließlich der Überwachung der Ausführung.[120] Auch Aufgaben der Bauleitplanung sowie der Landes- und Regionalplanung werden von Architekten im Rahmen ihrer Berufstätigkeit ausgeführt.[121] Die Errichtung der geplanten Bauwerke gehört jedoch ebenso wenig zur Architektentätigkeit wie die Herstellung der konstruierten technischen Werke eine Ingenieurstätigkeit darstellt.[122] Unter den Architektenbegriff des § 1 Abs. 2 fallen auch Innen- und Landschaftsarchitekten.[123]

59 Im Unterschied zu Ingenieuren und Architekten ist bei den beiden anderen Berufen dieser Berufsgruppe, den **Handelschemikern** und **hauptberuflichen Sachverständigen**, nicht einmal die Berufsbezeichnung gesetzlich geschützt. Trotzdem ist auch für sie zumindest regelmäßig eine wissenschaftliche Vorbildung erforderlich. Die Tätigkeit des Handelschemikers zielt ihrem Wesen nach auf die Erforschung von Stoffen aller Art im Hinblick auf deren chemische Zusammensetzung sowie ihr Verhalten.[124] Als hauptberuflicher Sachverständiger ist einzustufen, wer aufgrund einer besonderen fachlichen Qualifikation für Dritte, insbesondere für Gerichte und Versicherungsunternehmen, Gutachten erstellt. Dabei darf die Tätigkeit als Gutachter nicht bloße Nebentätigkeit einer anderen beruflichen Tätigkeit (etwa als Hochschullehrer) sein.[125] Die hauptberuflichen Sachverständigen sind nur zT

---

[115] *Lenz* in: *M/W/H/L/W* RdNr. 58; *Michalski/Römermann* RdNr. 65; *Schmidt/Wacker* § 18 EStG RdNr. 108; vgl. auch BFH BStBl. 2002 II S. 565; BStBl. 2007 II S. 519.

[116] Vgl. *Michalski/Römermann* RdNr. 65; *Lenz* in: *M/W/H/L/W* RdNr. 58; *Schmidt/Wacker* § 18 EStG RdNr. 109; *Stuhrmann* in: *Kirchhof/Söhn/Mellinghoff* § 18 EStG RdNr. B 126.

[117] *Schmidt/Wacker* § 18 EStG RdNr. 108; s. aber auch BFH BFH/NV 2006, 1270 (zu § 18 EStG), wonach ein konstruierendes Element zur Bejahung einer ingenieurähnlichen Tätigkeit nicht (mehr) erforderlich ist; anders noch BFHE 202, 336 = BStBl. II 2003, 761 (Datenschutzbeauftragter daher keine ingenieursähnliche Tätigkeit). – Zur Freiberuflichkeit eines Wirtschaftsingenieurs, der den Titel „Ingenieur" nach landesrechtlichen Vorschriften führen darf, BFHE 215, 124 = BStBl. II 2007, 118 (zu § 18 EStG).

[118] So BayObLG ZIP 2002, 1032, 1033 betr. die Gründung einer OHG durch EDV–Ingenieure zur Entwicklung und zum Vertrieb von EDV-Software.

[119] *Güroff* in: *Littmann/Bitz/Pust* EStR § 18 EStG RdNr. 198.

[120] *Schmidt/Wacker* § 18 EStG RdNr. 110 f.; *Schick* (Fn. 94) S. 38; *Stuhrmann* in: *Kirchhof/Söhn/Mellinghoff* § 18 EStG RdNr. B 129; ähnlich *Lenz* in: *M/W/H/L/W* RdNr. 59.

[121] *Schmidt/Wacker* § 18 EStG RdNr. 110.

[122] *Schmidt/Wacker* § 18 EStG RdNr. 111 f.

[123] *Lenz* in: *M/W/H/L/W* RdNr. 59; *Stuhrmann* in: *Kirchhof/Söhn/Mellinghoff* § 18 EStG RdNr. B 132 f.

[124] *Michalski/Römermann* RdNr. 69; *Schmidt/Wacker* § 18 EStG RdNr. 113; *Stuhrmann* in: *Kirchhof/Söhn/Mellinghoff* § 18 EStG RdNr. B 134 mwN in Fn. 194 zur BFH-Rspr.

[125] Vgl. dazu *Lenz* in: *M/W/H/L/W* RdNr. 61 und *Michalski/Römermann* RdNr. 70, die eine hauptberufliche Tätigkeit verneinen, wenn mindestens 70% der Berufseinkünfte aus der Gutachtertätigkeit stammen.

dd) Berufliche Vermittlung von geistigen Gütern und Informationen. Den Journalisten, Bildberichterstattern, Dolmetschern und Übersetzern fehlen gesetzlich fixierte Berufsbilder vollständig.[126] **Journalismus** ist eine vornehmlich auf Information über gegenwartsbezogene Ereignisse gerichtete Tätigkeit, deren Berufsbild durch das Sammeln und Verarbeiten von Informationen des Tagesgeschehens, die kritische Auseinandersetzung mit diesen Informationen und die Stellungnahme zu den Geschehnissen auf politischem, gesellschaftlichem, wirtschaftlichem oder kulturellem Gebiet bestimmt wird.[127] Ob der Journalist sich mündlich oder schriftlich äußert und welcher Medien (Printmedien, Rundfunk oder Fernsehen) er sich dabei bedient, ist gleichgültig. Wesentlich ist nur, dass er sich mit den Ergebnissen seiner Arbeit unmittelbar oder über ein Medium an die Öffentlichkeit wendet.[128] Daher sind der Werbeberater und der Public-Relations-Berater keine Journalisten, da sie nicht selbst öffentlich tätig werden.[129]

Für die freiberufliche Tätigkeit des **Bildberichterstatters** kommt es entscheidend auf den journalistischen Charakter an. Die Bilder müssen als aktuelle Nachrichten über politische, wirtschaftliche, gesellschaftliche oder kulturelle Geschehnisse oder Zustände für sich selbst sprechen und damit einen Nachrichtenwert besitzen. Nicht notwendig ist, dass sie mit erklärenden Texten versehen sind. Sinn und Zweck der Bilder muss ebenso wie bei der journalistischen Tätigkeit in der Information der Allgemeinheit bestehen;[130] deshalb fällt die Herstellung und Überlassung von Lichtbildern, die nur individuellen Interessen des Abnehmers – wie etwa Werbezwecken – dienen, nicht unter den Begriff der Bildberichterstattung.[131] Eine besondere Vorbildung ist mangels gesetzlich geschützter Berufsbezeichnungen weder für Journalisten noch für Bildberichterstatter erforderlich.[132]

Auch für **Dolmetscher** und **Übersetzer** besteht weder ein einheitliches Berufsrecht noch eine gesetzlich geschützte Berufsbezeichnung, wenn es auch Studiengänge an Hochschulen gibt, bei denen die Ausbildung mit der Bezeichnung „staatlich geprüfter Dolmetscher bzw. Übersetzer" oder „Diplom-Dolmetscher/Übersetzer" abgeschlossen werden kann.[133] Da jedoch nur ein kleiner Teil der Dolmetscher- und Übersetzertätigkeit staatlich geprüften Dolmetschern und Übersetzern vorbehalten ist,[134] lässt sich der Anwendungsbereich des Katalogberufs nicht auf diese beschränken. Die Tätigkeit von Dolmetschern und Übersetzern unterscheidet sich dadurch, dass der Dolmetscher die sprachliche Verständigung zwischen Menschen verschiedener Sprachen vermittelt, während der Übersetzer schriftliche Gedankenäußerungen von einer Sprache in die andere überträgt.[135]

---

[126] *Güroff* in: *Littmann/Bitz/Pust* EStR § 18 EStG RdNr. 215, 223, 227; *Schick* (Fn. 94) S. 39; *Michalski/Römermann* RdNr. 72 ff.

[127] *Schmidt/Wacker* § 18 EStG RdNr. 120; *Stuhrmann* in: *Kirchhof/Söhn/Mellinghoff* § 18 EStG RdNr. B 135; *Lenz* in: *M/W/H/L/W* RdNr. 65.

[128] *Schmidt/Wacker* § 18 EStG RdNr. 120; so auch *Stuhrmann* in: *Kirchhof/Söhn/Mellinghoff* § 18 EStG RdNr. B 135, der darauf hinweist, dass der frühere Streit zwischen BFH und dem steuerrechtliche Schrifttum um die Abgrenzung zwischen journalistischer Tätigkeit iS von Darstellung gegenwartsbezogener Geschehnisse und schriftstellerischer Tätigkeit überholt ist.

[129] *Michalski/Römermann* RdNr. 73 mwN in Fn. 267; *Güroff* in: *Littmann/Bitz/Pust* EStR § 18 EStG RdNr. 218.

[130] *Güroff* in: *Littmann/Bitz/Pust* EStR § 18 EStG RdNr. 223; *Stuhrmann* in: *Kirchhof/Söhn/Mellinghoff* § 18 EStG RdNr. B 136.

[131] *Güroff* in: *Littmann/Bitz/Pust* EStR § 18 EStG RdNr. 223; *Michalski/Römermann* RdNr. 74.

[132] *Güroff* in: *Littmann/Bitz/Pust* EStR § 18 EStG RdNr. 223 iVm. RdNr. 215.

[133] *Schick* (Fn. 94) S. 39 f.; wohl auch *Lenz* in: *M/W/H/L/W* RdNr. 67 f.: „noch nicht"; grds. auch *Michalski/Römermann* RdNr. 75, die aber die verschiedenen Studien- und Lehrinhalte zur Konkretisierung des Berufsbildes heranziehen wollen. Dies erscheint angesichts der Vielzahl von Ausbildungsstätten und -inhalten wenig praktisch.

[134] *Schick* (Fn. 94) S. 31.

[135] *Stuhrmann* in: *Kirchhof/Söhn/Mellinghoff* § 18 EStG RdNr. B 137; *Schmidt/Wacker* § 18 EStG RdNr. 123; *Michalski/Römermann* RdNr. 76.

63 **ee) Lotsen.** Unter Lotsen versteht man amtlich zugelassene Berater der Schiffsführung auf bestimmten, schwierig zu befahrenden Wasserstraßen, auf denen sie aus Sicherheitsgründen an Bord genommen werden müssen. Voraussetzung der Zulassung als Lotse sind neben dem Kapitänspatent, dem höchsten Befähigungsnachweis für das jeweils zu führende Schiff, genaue Kenntnisse in ihrem Einsatzbereich, die auf Grund einer Sonderausbildung erworben wurden.[136]

64 **b) Den Katalogberufen ähnliche Berufe.** Zur Gruppe der Freien Berufe nach Abs. 2 S. 2 gehören auch die den Katalogberufen ähnlichen Berufe. Diese Generalklausel ist erforderlich, weil eine erschöpfende Aufzählung sämtlicher Freier Berufe weder möglich noch angesichts der Fülle möglicher Tätigkeiten wünschenswert wäre. Außerdem müsste der Gesetzgeber den Katalog ohne ein solches Offenhalten ständig durch Ergänzungen vervollständigen, da im Rahmen der gesellschaftlichen und wirtschaftlichen Entwicklung laufend neue Freie Berufe entstehen können.[137] Der Begriff der **Ähnlichkeit** bezieht sich ausschließlich auf die zuvor aufgeführten **Katalogberufe** und nicht etwa auf Berufstätigkeiten, die sich unter die anschließenden, nach allgemeinen Kriterien umrissenen Tätigkeitsfelder subsumieren lassen. Dies folgt aus Wortlaut und Systematik der Vorschrift, in der der Begriff der „ähnlichen Berufe" unmittelbar am Ende der ausdrücklich aufgeführten Berufstätigkeiten steht, während Wissenschaftler, Künstler, Schriftsteller, Lehrer und Erzieher erst danach aufgeführt werden.[138]

65 Was den **Vergleichsmaßstab** für den Ähnlichkeitsvergleich angeht, ist er im *Steuerrecht* umstritten. Der BFH nimmt in ständiger Rechtsprechung an, dass hierfür stets ein *bestimmter* Katalogberuf gewählt werden muss.[139] Er begründet dies einerseits damit, dass angesichts der Heterogenität der in § 18 EStG aufgezählten Berufe nicht auf die Ähnlichkeit zu einzelnen Kriterien einer beliebigen Auswahl von Katalogberufen, sei es auch aus einer bestimmten Untergruppe, abgestellt werden könne, andererseits mit dem Widerspruch eines solchen Vorgehens zum enumerativen Prinzip des § 18 EStG. Diese Rechtsprechung ist im steuerrechtlichen Schrifttum überwiegend auf Zustimmung gestoßen.[140] Demgegenüber lässt ein Teil der steuerrechtlichen Literatur eine *Gruppenähnlichkeit* ausreichen, sofern der ähnliche Beruf in wesentlichen Punkten jeweils einem der Katalogberufe gleicht, dh. der fragliche Beruf als Zusammenfassung mehrerer Freier Berufe einer der fünf Untergruppen erscheint.[141] Bei der entsprechenden Fragestellung im PartGG wird eine Gruppenähnlichkeit bisher nicht als ausreichend angesehen.[142]

66 Für die **Stellungnahme** ist – vor dem Hintergrund der Typusbeschreibung in Abs. 2 S. 1 – zunächst festzuhalten, dass die Qualifizierung selbst eines ganz *neuen* Berufes als Freier Beruf keinen Widerspruch zum angeblich enumerativen Prinzip des Abs. 2 S. 2 darstellt, da der Gesetzgeber durch die Generalklausel den persönlichen Anwendungsbereich des PartGG bewusst auch neuen Freien Berufen offenhalten wollte. Hinsichtlich des *Vergleichsmaßstabs* empfiehlt es sich, bei der Prüfung in erster Linie auf einen **bestimmten** im Katalog des Abs. 2 S. 2 enthaltenen **Beruf** abzustellen. Ähnlichkeit im Sinne dieser Vorschrift ist dann zu bejahen, wenn der gesetzlich nicht erfasste Beruf mit einem der Katalogberufe in

---

[136] *Güroff* in: Littmann/Bitz/Pust EStR § 18 EStG RdNr. 232; *Michalski/Römermann* RdNr. 77; *Lenz* in: M/W/H/L/W RdNr. 62.
[137] So zu § 18 Abs. 1 Nr. 1 EStG auch *Schick* (Fn. 94) S. 40.
[138] Ebenso *Michalski/Römermann* RdNr. 79; *Lenz* in: M/W/H/L/W RdNr. 75; zu § 18 Abs. 1 Nr. 1 EStG auch *Stuhrmann* in: Kirchhof/Söhn/Mellinghoff § 18 EStG RdNr. B 150.
[139] Vgl. nur BFH BStBl. 1973 II S. 730, 731; BStBl. 1984 II S. 823, 824; BStBl. 1993 II S. 235.
[140] *Stuhrmann* in: Kirchhof/Söhn/Mellinghoff § 18 EStG RdNr. B 159; *Brandt* in: Herrmann/Heuer/Raupach EStG, 228. Erg.-Lfg. 10/2007, § 18 Anm. 215; *Schmidt/Wacker* § 18 EStG RdNr. 126; *Wolff-Diepenbrock* DStZ 1981, 333, 338.
[141] *Güroff* in: Littmann/Bitz/Pust EStR § 18 EStG RdNr. 132; *Erdweg* FR 1978, 417, 421; noch weitergehend *Schick* (Fn. 94) S. 41 ff., der den Gruppenvergleich nicht einmal auf eine der fünf Untergruppen beschränken will; wN bei *Brandt* in: Herrmann/Heuer/Raupach § 18 EStG Anm. 215.
[142] *Lenz* in: M/W/H/L/W RdNr. 75; *Michalski/Römermann* RdNr. 80; aA wohl *Henssler* RdNr. 79 f.

wesentlichen Punkten vergleichbar ist.[143] Hierbei ist auf die für die Freiberuflichkeit typischen, in Abs. 2 S. 1 genannten Merkmale abzustellen; dh. es ist ein *wertender Vergleich der Einzelnen typischen Berufsmerkmale* des Katalogberufes und des als ähnlich behaupteten Berufes vorzunehmen.[144] Ein ähnlicher Beruf liegt dann vor, wenn das Gesamtbild des fraglichen Berufs dem typischen Bild einer der S. 2 ausdrücklich genannten Berufstätigkeiten entspricht.[145]

Keine Bedenken bestehen aber auch dagegen, eine **Berufsgruppe** als solche als Vergleichsmaßstab heranzuziehen, sofern die jeweils darunter fallenden Berufe untereinander so *weitgehende Parallelen* aufweisen, dass die Abgrenzungskriterien trotz des Gruppenvergleichs ein ausreichendes Maß an Bestimmtheit gewinnen. Das ist etwa der Fall bei der Gruppe der rechts- und wirtschaftsberatenden Berufe (RdNr. 53 ff.), für die das Erfordernis einer qualifizierten, zur Beratung der Mandanten in Rechts- oder Wirtschaftsfragen befähigenden Ausbildung kennzeichnend ist. Demgegenüber verfügt die Gruppe der geistige Güter und Informationen vermittelnden Berufe (RdNr. 60 ff.) über kein vergleichsweise homogenes Berufsbild, wie etwa die darunter fallenden, heterogenen Berufe des Journalisten und des Übersetzers zeigen. Insoweit scheidet ein Gruppenvergleich aus, um die willkürliche Heranziehung solcher Merkmale zu vermeiden, die zwar bei einzelnen, nicht aber bei allen der zu dieser Gruppe gehörenden Berufe anzutreffen sind.

Im Einzelnen ist bei **Prüfung der Ähnlichkeit** wie folgt zu verfahren. Setzt der Vergleichsberuf eine *qualifizierte Ausbildung* voraus, so ist diese auch für die Ausbildung zum ähnlichen Beruf zu fordern.[146] Die Ausbildung muss allerdings nicht notwendig in gleicher Weise erlangt worden sein; vielmehr können die erforderlichen fachlichen Kenntnisse, wenn sie qualitativ denen eines Hochschulabsolventen des Vergleichsberufs entsprechen, auch im Selbststudium oder durch praktische Berufstätigkeit erworben worden sein.[147] Bedarf es zur Ausübung des Katalogberufs einer besonderen Erlaubnis in Form einer *Berufszulassung,* so scheidet die Annahme eines erlaubnisfrei zugänglichen ähnlichen Berufs aus, soweit eine vergleichbare Tätigkeit in Frage steht, die wie die Ausübung der Heilkunde oder die rechts- und steuerberatende Tätigkeit nicht ohne eine entsprechende Erlaubnis ausgeübt werden darf. Denn in der unerlaubten Ausübung dieser Tätigkeit könnte schon deshalb kein ähnlicher Beruf gesehen werden, weil eine berufsrechtlich unzulässige oder sogar mit Strafe bedrohte Tätigkeit nicht in einer Partnerschaft betrieben werden kann.[148] Ist dagegen nicht die Tätigkeit als solche von einer Berufszulassung abhängig, sondern geht es nur um die Erlaubnis zum Führen einer bestimmten *Berufsbezeichnung* wie bei Ingenieuren oder Architekten (vgl. RdNr. 57 f.), so steht der Annahme eines ähnlichen Berufs das Fehlen einer entsprechenden Erlaubnis nicht entgegen.[149] Es kommt in einem solchen Fall vielmehr nur auf das Vorhandensein vergleichbarer fachlicher Kenntnisse bei demjenigen an, der den ähnlichen Beruf ausübt.

---

[143] *Lenz* in: *M/W/H/L/W* RdNr. 75; zu § 18 EStG *Schmidt/Wacker* § 18 EStG RdNr. 126.

[144] *Schmidt/Wacker* § 18 EStG RdNr. 126; *Wolff-Diepenbrock* DStZ 1981, 333, 338; *Henssler* RdNr. 79; *Michalski/Römermann* RdNr. 80; *Lenz* in: *M/W/H/L/W* RdNr. 75.

[145] BFH BStBl. 1976 II S. 621; BStBl. 1981 II S. 118; BStBl. 1985 II S. 584; *Schmidt/Wacker* § 18 EStG RdNr. 126; *Stuhrmann* in: *Kirchhof/Söhn/Mellinghoff* § 18 EStG RdNr. B 159.

[146] BFH BStBl. 1992 II S. 494; BStBl. 1990 II S. 64, 66 f.; *Brandt* in: *Herrmann/Heuer/Raupach* § 18 EStG Anm. 217; *Schmidt/Wacker* § 18 EStG RdNr. 127; *Stuhrmann* in: *Kirchhof/Söhn/Mellinghoff* § 18 EStG RdNr. B 152.

[147] *Stuhrmann* in: *Kirchhof/Söhn/Mellinghoff* § 18 EStG RdNr. B 154; *Schmidt/Wacker* § 18 EStG RdNr. 128; *Brandt* in: *Herrmann/Heuer/Raupach* § 18 EStG Anm. 218.

[148] *Michalski/Römermann* RdNr. 82; *Lenz* in: *M/W/H/L/W* RdNr. 76; zu § 18 EStG *Schmidt/Wacker* § 18 EStG RdNr. 130; aA *Güroff* in: *Littmann/Bitz/Pust* EStR § 18 EStG RdNr. 140 d; *Stuhrmann* in: *Kirchhof/Söhn/Mellinghoff* § 18 EStG RdNr. B 166.

[149] *Schick* (Fn. 94) S. 30 f. – Zur Möglichkeit, dass eine auf einzelne heilkundliche Verrichtungen beschränkte Berufstätigkeit, die keiner staatlichen Erlaubnis bedarf, dem Katalogberuf eines Krankengymnasten ähnlich sein kann, vgl. BFH BStBl. 2004 II S. 954 = DStR 2004, 130 (zu § 18 EStG); abl. noch der XI. Senat BFH/NV 1997, 293.

69 Als **ähnliche Berufe** iS von S. 2 sind danach im Anschluss an die finanzgerichtliche Rechtsprechung u. a. einzustufen:[150]

(1) den einzelnen *Heilberufen* ähnliche Tätigkeiten (vgl. auch BMF-Schreiben vom 22. 10. 2004, IV B 2 – S 2246 – 3/04, BStBl. 2004 I S. 1030 = DStR 2004, 1963)

– eines medizinisch diagnostischen Assistenten (BFH BStBl. 1953 III S. 269: ähnlich dem Arzt),
– eines selbstständigen Kranken- und Altenpflegers in Rahmen der häuslichen Alten- und Krankenpflege (§ 37 SGB V), nicht jedoch der häuslichen Pflegehilfe (Pflegesachleistung nach § 36 SGB XI) (BFH BStBl. 2004 II S. 509 = DStR 2004, 903: ähnlich dem Krankengymnasten/Physiotherapeuten – zum Erfordernis leitender und eigenverantwortlicher Tätigkeit, im Falle der Zuhilfenahme qualifizierten Personals s. BFH aaO und BFH/NV 2007, 2280 sowie BStBl. 1995 II S. 732 = NJW 1995, 3078; BFH/NV 2004, 783),
– eines Fachkrankenpflegers für Krankenhaushygiene (BFH BStBl. 2007 II S. 177: ähnlich dem Krankengymnasten/Physiotherapeuten),
– eines Logopäden (BFH BFH/NV 1989, 201; Begr. RegE, BT-Drucks. 12/6152 S. 10: ähnlich dem Krankengymnasten/Physiotherapeuten),
– eines Zahnpraktikers, der Zahnersatzteile nach eigener Vorbehandlung der Zähne anfertigt und einpasst (BFH BStBl. 1965 III S. 692: ähnlich dem Dentisten),
– eines Ergotherapeuten (früher Beschäftigungs- und Arbeitstherapeut) (Begr. RegE, BT-Drucks. 12/6152 S. 29: ähnlich dem Krankengymnasten/Physiotherapeuten),
– eines medizinischen Fußpflegers (aA noch BFH BStBl. 1976 II S. 621, nach Einführung des PodG (Gesetz vom 4. 12. 2001, BGBl. I S. 3320) wohl überholt und den Heilberufen ähnlich (so auch *Schmidt/Wacker* § 18 EStG RdNr. 155; *Henssler* RdNr. 128; vgl. auch BFH BStBl. 2003 II S. 532 zur Steuerbefreiung nach § 4 Nr. 14 UStG).

(2) den *rechts- und wirtschaftsberatenden Berufen* ähnliche Tätigkeiten

– eines (Nur-)Notars (str., vgl. RdNr. 80),
– eines rechtsberatend tätigen Rechtsbeistands (RFH RStBl. 1939 S. 215; BFH BStBl. 1979 II S. 64: ähnlich dem Rechtsanwalt), nicht aber eines Rechtsbeistands, der außergerichtlich Forderungen einzieht (Inkassotätigkeit, vgl. FG Kassel EFG 1964, 597; s. auch Beschluss des BFH BFH/NV 2006, 2076),
– eines Insolvenzverwalters (ähnlich den Rechtsanwälten, Wirtschaftsprüfern und beratenden Betriebswirten (Gruppenähnlichkeit, vgl. RdNr. 66), da bei ihm kaufmännische und rechtliche Aufgaben eng verwoben sind und die rechtliche und kaufmännische Beratung dominiert; aA aber BFH BStBl. 1973 II S. 730, der eine Gruppenähnlichkeit verneint; vgl. auch BStBl. 2002 II S. 202 = NJW 2002, 990 (zur Verwaltertätigkeit eines Rechtsanwalts) und BFH BStBl. 2007 II S. 266 = DStR 2007, 190 (zur Treuhändertätigkeit einer Wirtschaftsprüfer-GbR als gewerbliche Tätigkeit).

(3) den *naturwissenschaftlich orientierten Berufen* ähnliche Tätigkeiten

– eines Baustatikers (BFH BStBl. 1976 II S. 380: ähnlich dem Architekten),
– eines Hochbautechnikers, wenn er über die erforderlichen theoretischen Kenntnisse verfügt (BFH BStBl. 1990 II S. 64: ähnlich dem Architekten),
– eines Diplom-Informatikers, wenn er Systemanalysen erarbeitet und seine Ausbildung der eines Ingenieurs vergleichbar ist (BFH BStBl. 1983 II S. 677: ähnlich dem Ingenieur),
– eines EDV-Beraters, der eine wissenschaftliche Ausbildung zB als Diplom-Informatiker oder Diplom-Mathematiker aufweisen kann und eine ingenieurähnliche Tätigkeit betreibt (BFH BStBl. 1986 II S. 484; BStBl. 2004 II S. 989 = DStR 2004, 1739; BFH/NV 2007, 1854 und *Brandt* in: *Herrmann/Heuer/Raupach* § 18 EStG Anm. 600 mwN zur verzweigten Kasuistik: ähnlich dem Ingenieur), dies gilt auch für den Fall der Entwick-

---

[150] Zusammenstellung nach *Schmidt/Wacker* § 18 EStG RdNr. 155; wN auch bei *Brandt* in: *Herrmann/Heuer/Raupach* § 18 EStG Anm. 600.

lung von Anwendersoftware (so aber noch der IV. Senat des BFH BStBl. 1990 II 337 = BB 1990, 835; mit Zustimmung des IV. Senats [§ 11 Abs. 3 FGO] geändert durch den XI. Senat, DStR 2004, 1739); ohne dem Diplom-Informatiker vergleichbare breite Kenntnisse dagegen gewerblich tätig (BFH BStBl. 2007 II S. 781),
- eines Umweltauditors durch einen promovierten Chemiker (BFH BStBl. 2007 II S. 519: ähnlich dem Handelschemiker).

Keine ähnlichen Berufe liegen nach der BFH-Rechtsprechung zu § 18 EStG vor bei **70** den Tätigkeiten:
- eines medizinischen Bademeisters, wenn die Nutzung der Einrichtungen des Badebetriebs nicht bloßes Hilfsmittel einer freiberuflichen Heiltätigkeit ist (BFH BStBl. 1971 II S. 249),
- eines Arbeitsmediziners als Sicherheitsbeauftragter, ohne besondere Kenntnisse eines Ingenieurs (BFH BFH/NV 2005, 1544,
- eines reinen Zahntechnikers (BFH BFH/NV 2005, 352; vgl. auch *Brandt* in: *Herrmann/Heuer/Raupach* § 18 EStG RdNr. 199),
- einer Fachkosmetikerin (FG Düsseldorf EFG 1965, 567),
- eines Hellsehers (BFH BStBl. 1976 II S. 464),
- eines Viehkastrierers (BFH BStBl. 1956 II S. 90),
- eines selbstständigen Buchhalters (BFH HFR 1963, 368; BFH BStBl. 2002 II S. 338),
- eines Betreibers eines selbstständigen Inventurbüros (BFH BStBl. 1974 II S. 515),
- eines Anlageberaters (BFH BStBl. 1989 II S. 24),
- eines Finanz- und Kreditberaters (BFH BStBl. 1988 II S. 666),
- eines Marktforschungsberaters (BFH BStBl. 1989 II S. 212; BStBl. 1992 II S. 826),
- eines Werbe- und Public-Relations-Beraters (BFH BStBl. 1978 II S. 565),
- eines Personalberaters, der von ihm ausgesuchte Kandidaten für eine zu besetzende Stelle vermittelt (BFH BStBl. 2003 II S. 25 = NJW 2003, 775: keine dem beratenden Betriebswirt ähnliche Tätigkeit; vgl. auch zur Gewerblichkeit der Vermittlung technischem Fachpersonals durch einen Ingenieur BFH BFH/NV 2004, 168),
- eines Auktionators (BFH BStBl. 1957 III S. 106),
- eines Elektroanlagenplaners, der über keine ausreichenden mathematisch-technischen Kenntnisse und keine ausreichende Berufsbreite verfügt (BFH BStBl. 1981 II S. 121); Gleiches gilt für einen Blitzschutzsachverständigen (BFH BFH/NV 2007, 1652),
- eines Baubetreuers (BFH BStBl. 1974 II S. 447), ebenso eines Dipl.-Ingenieurs, der mit der schlüsselfertigen Herstellung eines Gebäudes beauftragt ist (BFHE 216, 518),
- eines Bauleiters ohne wissenschaftliche Ausbildung (BFH BStBl. 1982 II S. 492),
- eines Datenschutzbeauftragten (BFHE 2002, 336 = BStBl. 2003 II S. 761) – allerdings zweifelhaft nachdem der BFH neuerdings zur Bejahung einer ingenieurähnlichen Tätigkeit kein konstruierendes Element mehr fordert (vgl. BFH BFH/NV 2006, 1270),
- eines Fremdenführers (BFH BStBl. 1986 II S. 851),
- eines (nichtanwaltlichen) berufsmäßigen Betreuers iS des § 1897 Abs. 6 S. 1 BGB (BFH NJW 2005, 1006; ebenso *Mann* NJW 2008, 121 mwN; vgl. auch Nds. OVG DVBl. 2007, 1579 (LS – zur Anzeigepflicht nach § 14 GewO)).

c) Die Tätigkeitsfelder der Wissenschaftler, Künstler, Schriftsteller, Lehrer und **71** **Erzieher.** Zu den Freien Berufen iS des Abs. 2 zählt schließlich die **selbstständig** ausgeübte Berufstätigkeit als Wissenschaftler, Künstler, Schriftsteller, Lehrer und Erzieher. Soweit sich unter diese generalklauselartigen Tätigkeitsfelder auch eine Reihe der ausdrücklich genannten Katalogberufe subsumieren lassen, gehen diese als Sonderregelung der Generalklausel vor. Daher ist stets zunächst zu prüfen, ob einer der ausdrücklich aufgeführten Katalogberufe vorliegt. Ist dies der Fall, braucht auf die allgemeinen Merkmale (wissenschaftlich, künstlerisch, schriftstellerisch, unterrichtend oder erzieherisch) nicht zurückgegriffen zu werden.[151]

---

[151] So zu der gleich lautenden Formulierung in § 18 Abs. 1 Nr. 1 S. 2 EStG auch *Schick* (Fn. 94) S. 19.

72 aa) Wissenschaftler. Zur Gruppe der freiberuflich tätigen Wissenschaftler zählt, wer selbstständig nach wissenschaftlichen Grundsätzen, dh. nach streng sachlichen und objektiven Gesichtspunkten und unter Anwendung rationaler und nachprüfbarer Methoden, bestimmte Erkenntnisse erarbeitet.[152] Die wissenschaftliche Tätigkeit ist nicht auf die Grundlagenforschung als solche beschränkt; zu ihr gehört vielmehr auch die Anwendung von deren Ergebnissen auf konkrete Vorgänge im Sinn angewandter Forschung.[153] Die bloße Übertragung bekannter Erkenntnisse auf einen anderen Sachverhalt, die nicht mehr als Ausfluss der eigentlichen wissenschaftlichen Tätigkeit anzusehen ist, reicht jedoch nicht aus.[154] Einer wissenschaftlichen Vorbildung im Sinne eines Hochschulstudiums bedarf ein Wissenschaftler nicht notwendig, wohl aber wissenschaftlicher Kenntnisse. Umgekehrt ist jemand, dessen Beruf eine wissenschaftliche Vorbildung erfordert, nur dann Wissenschaftler, wenn auch die Berufsausübung als solche auf wissenschaftlichen Grundsätzen beruht.[155] Deshalb ist für die Einstufung als Wissenschaftler eine entsprechende Ausbildung nicht mehr als ein Indiz. Entscheidend kommt es auf die vom Berufstätigen angewandten Methoden sowie auf die Zielsetzung seiner Tätigkeit an.[156] Bei wissenschaftlicher Tätigkeit muss es stets darum gehen, grundsätzliche Fragen bzw. konkrete Vorgänge nach streng objektiven und sachlichen Gesichtspunkten in ihren Ursachen zu erforschen, zu begründen und in einen Verständniszusammenhang zu bringen. Dazu gehört insbesondere, dass die Tätigkeit von ihrer Methodik her nachprüfbar und nachvollziehbar ist.[157] Daher sind *Erfinder* nur dann als Wissenschaftler einzustufen, wenn sie mit wissenschaftlichen Methoden arbeiten, die ihre Erfindung als Ergebnis einer systematischen Forschungstätigkeit erscheinen lassen.[158] Ebenso kann die Tätigkeit eines Restaurators wissenschaftlich sein, wenn der Auftrag des Kunden an den Restaurator die Erstellung eines Gutachtens betrifft und dieses Gutachten Gegenstand des gezahlten Entgelts ist oder das Entgelt für die Veröffentlichung einer wissenschaftlichen Arbeit gezahlt wird.[159]

73 bb) Künstler. Schwierigkeiten bereitet die Einordnung als Künstler, da es einen allgemein anerkannten Kunstbegriff nicht gibt. Regelmäßig ist für die freiberufliche Tätigkeit als Künstler eine eigenschöpferische Tätigkeit mit einer gewissen Gestaltungshöhe zu fordern.[160] Das Kennzeichen der künstlerischen Betätigung bildet die **schöpferische Gestaltung**, in der Eindrücke, Erfahrungen und Erlebnisse des Künstlers durch das Medium einer bestimmten Formensprache zu unmittelbarer Anschauung gebracht werden.[161] Dafür ist erforderlich, dass der Künstler bei Herstellung des Werkes an allen künstlerisch relevanten Tätigkeiten selbst mitwirkt und entscheidenden Einfluss auf die Gestaltung nimmt.[162]

---

[152] Vgl. zu § 18 Abs. 1 Nr. 1 EStG BFH BStBl. 1952 III S. 165, 166; BStBl. 1965 III S. 263, 264; BStBl. 1976 II S. 464, 465; *Schmidt/Wacker* § 18 EStG RdNr. 62; zum PartGG auch *Michalski/Römermann* RdNr. 85; *Lenz* in: *M/W/H/L/W* RdNr. 69.
[153] BFH BStBl. 1952 III S. 165, 166; *Schmidt/Wacker* § 18 EStG RdNr. 62; *Schick* (Fn. 94) S. 21.
[154] *Schick* (Fn. 94) S. 22; *Brandt* in: *Herrmann/Heuer/Raupach* § 18 EStG Anm. 92.
[155] *Schick* (Fn. 94) S. 22; *Brandt* in: *Herrmann/Heuer/Raupach* § 18 EStG Anm. 92; *Stuhrmann* in: *Kirchhof/Söhn/Mellinghoff* § 18 EStG RdNr. B 52; *Michalski/Römermann* RdNr. 85; *Lenz* in: *M/W/H/L/W* RdNr. 69.
[156] *Schick* (Fn. 94) S. 22.
[157] BFH BStBl. 1952 III S. 165, 166; BStBl. 1965 III S. 263; BStBl. 1976 II S. 464, 465; *Schmidt/Wacker* § 18 EStG RdNr. 62; *Lenz* in: *M/W/H/L/W* RdNr. 69; *Michalski/Römermann* RdNr. 85.
[158] BFH BStBl. 1976 II S. 464, 465; *Güroff* in: *Littmann/Bitz/Pust* EStR § 18 EStG RdNr. 89 f.; *Stuhrmann* in: *Kirchhof/Söhn/Mellinghoff* § 18 EStG RdNr. B 58; *Michalski/Römermann* RdNr. 86; weiter *Schmidt/Wacker* § 18 EStG RdNr. 64 (Erfinder „idR" wissenschaftlich tätig); vgl. ausf. *List* DB 2004, 1172 und *dens.* DB 2006, 1291 (auch Bespr. zu FG Hamburg EFG 2006, 661).
[159] BFH BStBl. 2005 II S. 362 = NJW 2005, 1454.
[160] BFH BStBl. 1983 II S. 7, 8; BStBl. 1981 II S. 21, 22; *Güroff* in: *Littmann/Bitz/Pust* EStR § 18 EStG RdNr. 91; wohl auch *Michalski/Römermann* RdNr. 88.
[161] BVerfGE 30, 173, 189 = NJW 1971, 1645. Zwar erkennt das BVerfG inzwischen über diesen materiellen Kunstbegriff hinaus weitere Ausdrucksformen als ebenfalls verfassungsrechtlich geschützte Kunst an (sog. offener Kunstbegriff), vgl. BVerfGE 67, 213, 225 ff.= NJW 1985, 261. Für das PartGG hindert das aber nicht das Anknüpfen an den materiellen Kunstbegriff als freiberuflich relevante Kunstform.
[162] BFH BStBl. 1981 II S. 170, 172; *Schmidt/Wacker* § 18 EStG RdNr. 71.

Bei der Frage, ob und inwieweit die eigenschöpferische Leistung über die hinreichende **74**
Beherrschung der Technik hinaus eine gewisse **Gestaltungshöhe** erreichen muss, ist zwischen zweckfreier Kunst und Gebrauchskunst zu unterscheiden. Bei der *freien Kunst,* deren Werke wie im Fall von Bildern oder Kompositionen nicht primär Gebrauchszwecken dienen, sondern vor allem eine ästhetische Wirkung hervorbringen sollen, bedarf es der Feststellung einer ausreichenden künstlerischen Gestaltungshöhe nicht. Hier genügt bereits das Abstellen auf die Verkehrsauffassung, um der Tätigkeit das Attribut künstlerisch zukommen zu lassen.[163] Insoweit kann auch die reproduzierende Tätigkeit, etwa diejenige eines Musikers oder Sängers, als künstlerisch einzustufen sein.[164] Demgegenüber müssen die Arbeitsergebnisse der *Gebrauchskunst,* die einen praktischen Nützlichkeitswert aufweisen, nicht nur eine individuelle Anschauungsweise und besondere Gestaltungskraft des Künstlers zum Ausdruck bringen, sondern auch eine gewisse künstlerische Gestaltungshöhe erreichen.[165] Ein gewerblicher Verwendungszweck – wie etwa bei Werbefotos oder im Rahmen der Gebrauchsgrafik – schließt das Vorliegen einer künstlerischen Tätigkeit solange nicht aus, als der Kunstwert den Gebrauchswert übersteigt.[166] Unter den **Begriff des Künstlers** können daher neben Bildhauern, Malern, Komponisten, Sängern, Musikern, Dirigenten oder Schauspielern je nach Lage des Falles auch Designer, Gebrauchsgrafiker, Modeschöpfer, Restauratoren und im Einzelfall sogar Fotografen fallen.[167]

cc) Schriftsteller. Wissenschaftler oder Künstler kann auch der Schriftsteller sein. Über- **75**
schneidungen zwischen diesen Tätigkeiten sind möglich, ohne dass es letztlich darauf ankommt, unter welchen dieser Begriffe man im Einzelfall die Tätigkeit subsumiert. Im Vergleich zu den Begriffen des Wissenschaftlers und des Künstlers weist derjenige des Schriftstellers allerdings die klareren Konturen auf, so dass er sich leichter als die beiden anderen nach formalen Kriterien abgrenzen lässt.[168] Als **freiberuflicher Schriftsteller gilt,** wer in selbstständiger Gestaltung eigene Gedanken schriftlich *für die Öffentlichkeit* niederlegt.[169] Es kommt also darauf an, dass derjenige, der diese Tätigkeit ausübt, auch tatsächlich schreibt, weshalb etwa der Hersteller von Fernsehdokumentarfilmen kein Schriftsteller ist.[170] Demgegenüber spielt die Art und Weise, wie das Geschriebene an die Öffentlichkeit kommt, keine Rolle. Es schadet daher nicht, wenn die Produkte eines Schriftstellers über Rundfunk oder Fernsehen verbreitet werden.[171] Wesentlich ist vielmehr, dass die Schriftwerke überhaupt am „allgemeinen Öffentlichkeitsverkehr" teilnehmen. Wer ohne Veröffentlichungsabsicht nur für sich selbst oder für einen bestimmten Auftraggeber schreibt, fällt

---

[163] BFH BStBl. 1981 II S. 21; *Schmidt/Wacker* § 18 EStG RdNr. 66; *Stuhrmann* in: *Kirchhof/Söhn/Mellinghoff* § 18 EStG RdNr. B 61; *Michalski/Römermann* RdNr. 88.
[164] BFH BStBl. 1983 II S. 7, 8; *Güroff* in: *Littmann/Bitz/Pust* EStR § 18 EStG RdNr. 101; *Schmidt/Wacker* § 18 EStG RdNr. 66; *Stuhrmann* in: *Kirchhof/Söhn/Mellinghoff* § 18 EStG RdNr. B 59; *Michalski/Römermann* RdNr. 88; *Lenz* in: *M/W/H/L/W* RdNr. 71.
[165] BFH BStBl. 1981 II S. 21, 22; hieran ist für die PartGG trotz der Kritik festzuhalten, die an dem Erfordernis der Gestaltungshöhe aus steuerrechtlicher Sicht geübt wird (vgl. *Schmidt/Wacker* § 18 EStG RdNr. 67; *Stuhrmann* in: *Kirchhof/Söhn/Mellinghoff* § 18 EStG RdNr. B 62; *Heuer* DStR 1983, 638, 639). Gebrauchskünstler, deren Tätigkeit keine Gestaltungshöhe aufweist, üben eher eine handwerkliche Tätigkeit aus. Ihnen stehen über § 105 Abs. 2 HGB geeignete Gesellschaftsformen des Handelsrechts zur Verfügung; so auch *Lenz* in: *M/W/H/L/W* RdNr. 71; *Michalski/Römermann* RdNr. 89.
[166] BFH BStBl. 1977 II S. 474; *Schmidt/Wacker* § 18 EStG RdNr. 68; *Michalski/Römermann* RdNr. 89.
[167] Begr. RegE, BT-Drucks. 12/6152 S. 10; zust. *Michalski/Römermann* RdNr. 89; aA – zumindest hinsichtlich der Designer – *Lenz* in: *M/W/H/L/W* RdNr. 71; vgl. zu den Voraussetzungen der künstlerischen Betätigung eines Restaurators BFH BStBl. 2005 II S. 362 = NJW 2005, 1454.
[168] *Schick* (Fn. 94) S. 25.
[169] BFH BStBl. 1976 II S. 192, 193; *Schmidt/Wacker* § 18 EStG RdNr. 77; *Stuhrmann* in: *Kirchhof/Söhn/Mellinghoff* § 18 EStG RdNr. B 67; *Michalski/Römermann* RdNr. 91; *Lenz* in: *M/W/H/L/W* RdNr. 72.
[170] *Brandt* in: *Herrmann/Heuer/Raupach* § 18 EStG Anm. 112; in diesen Fällen wird freilich idR der Katalogberuf des Journalisten vorliegen.
[171] *Brandt* in: *Herrmann/Heuer/Raupach* § 18 EStG Anm. 112; *Schick* (Fn. 94) S. 25; aA noch RFHE 53, 74, 75.

nicht unter den Begriff des Schriftstellers.¹⁷² Auf den jeweiligen Inhalt des Geschriebenen kommt es nicht an; neben der selbstständigen Niederlegung eigener Gedanken genügt die Tatsache der Veröffentlichung.¹⁷³ Insbesondere ist nicht erforderlich, dass die schriftstellerische Arbeit wissenschaftlicher oder künstlerischer Natur ist.¹⁷⁴

76 **dd) Lehrer und Erzieher.** Schließlich gehört auch die *selbstständige Berufstätigkeit* der Lehrer und Erzieher zu den freien Berufen iS des Satzes 2. Beide Tätigkeiten sind meist eng miteinander verwandt, gehen zT ineinander über und fallen daher häufig auch zusammen.¹⁷⁵ Während der *Lehrer* vornehmlich Kenntnisse und Fertigkeiten an Dritte vermittelt, steht beim *Erzieher* die Bildung des Charakters und der Persönlichkeit insbesondere von Heranwachsenden im Vordergrund.¹⁷⁶ Auf den **Gegenstand des Unterrichts** kommt es nicht an. Unter den Begriff des Lehrers fallen daher auch Reit-, Tanz-, Sport-, Fahrlehrer usw.¹⁷⁷ Für die Tätigkeit des Erziehers ist eine pädagogische Vorbildung oder die Ablegung einer fachlichen Prüfung nicht erforderlich. Sie kann vielmehr auch allein auf Grund eigener praktischer Erfahrungen ausgeübt werden.¹⁷⁸

IV. Der Vorrang des Berufsrechts (Abs. 3)

77 **1. Grundsatz.** Die Vorschrift des § 1 Abs. 3 stellt das im PartGG geregelte, grundsätzlich einheitliche Organisationsrecht für Zusammenschlüsse Freier Berufe unter den – rechtlich selbstverständlichen – Vorbehalt, dass das für einzelne Freie Berufe geltende Berufsrecht die Verwendung der Rechtsform der Partnerschaft entweder ausschließt oder von weiteren Voraussetzungen abhängig macht. Der Vorbehalt ist **nicht** ausschließlich **klarstellender Natur.** Denn streng genommen kann ein **Spezialitätsverhältnis** nur zwischen gleichrangigen Normen bestehen, und bei einer (echten) Kollision mit landesrechtlichem Berufs- oder Standesrecht der Kammern wäre wohl kaum am Vorrang des PartGG nach Art. 31 GG vorbei zu kommen. Man wird deshalb § 1 Abs. 3 nicht lediglich als Bestätigung eines Vorrangs der spezielleren Norm verstehen können; vielmehr verhindert die Vorschrift eine Normenkollision schon im Ansatz eben dadurch, dass sie das PartGG hinsichtlich der die Berufsausübung betreffenden Regelungen ausdrücklich für nicht abschließend erklärt. Ein solches Verständnis korrespondiert im Übrigen zwanglos mit der Kompetenzzuweisung der Art. 70 ff. GG an die Länder, die (spezielle) Berufsausübung (für den Großteil der Freien Berufe; vgl. RdNr. 43) zu regeln. Entsprechendes gilt dann auch für die in die gleiche Richtung zielenden Vorrangregelungen des § 6 Abs. 1 betreffend die Leistungserbringung gegenüber Dritten im Rahmen der Partnerschaft und des § 8 Abs. 3 betreffend die Möglichkeit, für „einzelne Berufe" kraft Gesetzes eine höhenmäßige Haftungsbeschränkung der Partnerschaft für Schäden aus fehlerhafter Berufsausübung zuzulassen. Eine dem Berufsrecht vorgehende, partnerschaftsspezifische **Sonderregelung** findet sich demgegenüber allerdings in dem *Haftungsprivileg des § 8 Abs. 2*; als rechtsformspezifisches Sonderrecht setzt sie sich auch gegen weitergehende berufsrechtliche Haftungsanforderungen durch (§ 8 RdNr. 2).

---

¹⁷² *Brandt* in: *Herrmann/Heuer/Raupach* § 18 EStG Anm. 113. Es kann dann aber eine wissenschaftliche oder künstlerische Tätigkeit vorliegen.
¹⁷³ Es ist also im Gegensatz zum Kunstbegriff kein inhaltlicher Mindeststandard erforderlich, vgl. *Michalski/Römermann* RdNr. 91; *Schick* (Fn. 94) S. 25 f.
¹⁷⁴ BFH BStBl. 1958 III S. 316, 317; *Schmidt/Wacker* § 18 EStG RdNr. 77; *Michalski/Römermann* RdNr. 91; aA *Stuhrmann* in: *Kirchhof/Söhn/Mellinghoff* § 18 EStG RdNr. B 68.
¹⁷⁵ *Schick* (Fn. 94) S. 26. In § 18 Abs. 1 Nr. 1 S. 2 ist der Begriff des Lehrers nicht enthalten; eine unterschiedliche Handhabung der Tätigkeiten von Lehrern und Erziehern war mit der Aufnahme des Begriffes Lehrer ins PartGG nicht beabsichtigt, vgl. Begr. RegE, BT-Drucks. 12/6152 S. 10.
¹⁷⁶ *Michalski/Römermann* RdNr. 92, 94; *Lenz* in: *M/W/H/L/W* RdNr. 73 f.; zum Begriff des Erziehers vgl. auch BFH BStBl. 1975 II S. 389.
¹⁷⁷ BFH BStBl. 1982 II S. 589; *Schmidt/Wacker* § 18 EStG RdNr. 83; *Schick* (Fn. 94) S. 26; teilweise abw. aber *Lenz* in: *M/W/H/L/W* RdNr. 73 (nur Fahr- und Diplom-Sportlehrer).
¹⁷⁸ BFH BStBl. 1974 II S. 642, 643; *Schmidt/Wacker* § 18 EStG RdNr. 83; *Güroff* in: *Littmann/Bitz/Pust* EStR § 18 EStG RdNr. 123; *Michalski/Römermann* RdNr. 93, 95.

Der Vorrang des Berufsrechts ist nicht etwa dahin zu verstehen, dass dessen Regelungen 78
ihrerseits in der Lage sind, das Organisationsrecht des PartGG zu ändern, soweit derartige
Abweichungen nicht, wie beim Namen einer Steuerberatungs- oder Wirtschaftsprüfungs-
Partnerschaft (§ 2 RdNr. 13), kraft Gesetzes ausdrücklich zugelassen sind. Es gilt das **Prinzip des kleinsten gemeinsamen Nenners:**[179] Zusammenschlüsse in der Rechtsform der
Partnerschaft müssen zu ihrer Wirksamkeit grundsätzlich sowohl die Vorgaben des PartGG
als auch die jeweiligen berufsrechtlichen Regelungen beachten. Zur Berücksichtigung des
Berufsrechts durch das Registergericht bei Prüfung der Anmeldung einer Gesellschaft und
zur Einschaltung der Organe des jeweiligen Berufsstands in zweifelhaften Fällen vor Eintragung in das Partnerschaftsregister vgl. §§ 4, 5 RdNr. 11 ff., 40 ff.

2. Berufsrechtlicher Ausschluss der Partnerschaft? a) Apotheker, Notare. Den 79
Apothekern stehen nach § 8 ApothG als zulässige Kooperationsformen ausschließlich die
GbR und die OHG offen; dabei besteht allerdings nur ein eingeschränktes Wahlrecht
zwischen diesen beiden Gesellschaftsformen nach Maßgabe von § 105 Abs. 2 HGB, da im Fall
der Dimensionen eines Handelsgewerbes (§ 1 Abs. 2 HGB) an der Rechtsform der OHG
kein Weg vorbeiführt.[180] Daran sollte sich auch durch das PartGG nichts ändern. Schon
deshalb wurde im PartGG darauf verzichtet, die Apotheker in den Katalog der freien Berufe in
§ 1 Abs. 2 aufzunehmen;[181] ein Vorrang des Berufsrechts vor dem PartGG steht daher genau
genommen nicht in Frage. Ob die Apotheker außerhalb dieses Gesetzes noch als Freier Beruf
anzusehen sind oder ob sie, wegen des seit langem deutlichen Überwiegens der Anschaffung
und Weiterveräußerung von Arzneimitteln gegenüber deren persönlicher Herstellung, ein
Handelsgewerbe betreiben, kann für den Anwendungsbereich des PartGG offen bleiben.[182]

Was den bisher allgemein bejahten Ausschluss der **Notare** vom Zugang zur Rechtsform 80
der Partnerschaft angeht, wurde er nicht nur auf Schranken des Berufsrechts, sondern auch
darauf gestützt, dass der Gesetzgeber die Notare abweichend von § 18 Abs. 1 Nr. 1 EStG
bewusst nicht in die Katalogberufe des Abs. 2 S. 2 aufgenommen habe.[183] Den Grund
hierfür sah man in der Ausübung eines öffentlichen Amtes durch den Notar; sie schließe
eine Teilnahme an der Partnerschaft aus.[184] Vor dem Hintergrund des Art. 12 GG und seiner
Bedeutung für die Zulassung der Kooperation von Freiberuflern[185] vermag diese pauschale
Begründung nicht zu überzeugen. Nachdem der Gesetzgeber durch Neufassung des § 9
Abs. 1 BNotO im Jahr 1998[186] die gemeinschaftliche Berufsausübung von zur hauptberuflichen Amtsausübung bestellten Notaren grundsätzlich zugelassen und zugleich die Ermächtigung der Landesregierungen in Abs. 1 S. 3 aufgrund der Neuaufnahme der Ziff. 2 dahin
präzisiert hat, durch Rechtsverordnung nicht nur die Zulassung von einer Genehmigung
abhängig zu machen, sondern zugleich auch die Voraussetzungen dieser Zulassung zu regeln
(so § 9 Abs. 1 S. 2 Nr. 1 und 2 BNotO),[187] dürfte für einen generellen landesrechtlichen
Ausschluss der gemeinsamen Berufsausübung durch (Nur-)Notare kein Raum mehr sein.[188]

---

[179] Vgl. Begr. RegE, BT-Drucks. 12/6152 S. 11; *Michalski/Römermann* RdNr. 100 mwN in Fn. 413.

[180] Eine GbR können mehrere Apotheker daher nur gründen, wenn ihre Apotheke nichtkaufmännischen Umfang hat, was praktisch kaum noch vorkommt, vgl. *Schiedermair/Pieck,* ApothG, 3. Aufl. 1981, § 8 RdNr. 25 f.; *Hoffmann,* ApothG, 1961, § 8 RdNr. 3; *Breyer,* Gesetz über das Apothekenwesen, 1961, § 8 Anm. 1.

[181] Vgl. Begr. RegE, BT-Drucks. 12/6152 S. 10.

[182] Vgl. dazu BGH NJW 1983, 2085, 2086; *Michalski/Römermann* RdNr. 36; *Lenz* in: *M/W/H/L/W* RdNr. 48; für (Handels-) Gewerbe MünchKommHGB/*K. Schmidt* § 1 RdNr. 35; *Baumbach/Hopt* § 1 HGB RdNr. 19.

[183] *Michalski/Römermann* RdNr. 35 a; unklar *E/B/J/Seibert* RdNr. 14; wie hier dagegen nunmehr auch *Henssler* RdNr. 70; *Lenz* in: *M/W/H/L/W* RdNr. 36.

[184] So Begr. RegE, BT-Drucks. 12/6152 S. 10.

[185] Vgl. dazu nur *Maunz/Dürig/Scholz,* 49. Lfg. 3/2007, Art. 12 GG RdNr. 237 mN zur Rspr. des BVerfG; zur Zulassung interprofessioneller Sozietäten von Anwaltsnotaren auch *Casper* ZIP 1996, 1501, 1502 ff.

[186] Durch Gesetz vom 31. 8. 1998, BGBl. I S. 2585.

[187] Zur Rechtslage vor 1998 vgl. 3. Aufl. RdNr. 80 Fn. 173.

[188] Vgl. RdNr. 48; anders freilich (ohne Begr.) die Kommentare zu § 9 Abs. 1 nF BNotO, (vgl. die Nachweise in Fn. 91).

Damit entfallen aber auch die Gründe des Gesetzgebers, den Notaren die PartG als organisatorischen Rahmen ihrer Zusammenarbeit vorzuenthalten.[189] Dem lässt sich durch Subsumtion der Notare unter die (den rechtsberatenden Berufen) *ähnlichen Berufe* iS von Abs. 2 S. 2 Rechnung tragen, ohne dass es hierfür einer ausdrücklichen Ergänzung der Katalogberufe in Abs. 2 S. 2 bedarf. Der Umstand, dass in der Naturpraxis die Mandate auch bei Notar-Sozietäten mit Rücksicht auf die Anforderungen des § 9 Abs. 3 BNotO typischerweise einem bestimmten Notar als *Einzelmandat* erteilt werden, steht dem Zugang der Nur-Notare zur PartG nicht entgegen. Soweit es um die Kooperation von *Anwaltsnotaren* geht, sind diese durch die Qualifikation als Notar ohnehin nicht gehindert, zur Ausübung ihrer Anwaltstätigkeit gemeinsam mit anderen Rechtsanwälten eine Partnerschaft zu gründen[190] (zur interprofessionellen Kooperation vgl. RdNr. 83).

81 **b) Sonstige?** Ausführlicher diskutiert wurde alsbald nach Erlass des PartGG die Frage eines auf Berufsrecht beruhenden Ausschlusses von der Partnerschaft für *Steuerberater* und *Wirtschaftsprüfer* als Mitglieder einer Partnerschaft.[191] Der Gesetzgeber des PartGG hatte insoweit zwar durch Änderung der §§ 49 Abs. 1 StBerG, 27 Abs. 1 WPO klargestellt, dass eine *Anerkennung* als Steuerberatungs- oder Wirtschaftsprüfungs*gesellschaft* auch für Zusammenschlüsse in der Rechtsform der Partnerschaft möglich ist. Aufgrund eines Redaktionsfehlers hatte er es jedoch zunächst versäumt, eine entsprechende Einbeziehung der Partnerschaft auch in diejenigen Vorschriften vorzusehen, die wie §§ 56 Abs. 1 StBerG, 44 b Abs. 1 WPO den Zusammenschluss von Steuerberatern bzw. Wirtschaftsprüfern zur gemeinschaftlichen Berufsausübung in Sozietäten ohne besondere Erwähnung der PartG gestatten.[192] Nachdem dieses Regelungsdefizit zwischenzeitlich vor allem in Bezug auf die Beteiligung von Wirtschaftsprüfern an „einfachen" Partnerschaften zu Schwierigkeiten geführt hatte,[193] hat der Gesetzgeber jetzt durch Neufassung von § 56 StBerG und § 43 a Abs. 2 S. 1 WPO[194] in der Weise Klarheit geschaffen, dass er die PartG als Rechtsform für die gemeinsame Berufsausübung auch außerhalb anerkannter Steuerberatungs- und Wirtschaftsprüfergesellschaften ausdrücklich erwähnt.[195]

82 **3. Zusätzliche Voraussetzungen des Berufsrechts. a) Begrenzung interprofessioneller Partnerschaften.** Den wichtigsten Regelungsbereich für den Vorrang des Berufsrechts bilden die berufsrechtlichen Schranken interprofessioneller Zusammenarbeit der Angehörigen Freier Berufe. Ausdrückliche Regelungen dieser Art finden sich in § 59 a Abs. 1 BRAO, § 52 a PatAnwO; danach dürfen **Rechtsanwälte** und **Patentanwälte** sich zur gemeinschaftlichen Berufsausübung mit Steuerberatern, Steuerbevollmächtigten, Wirtschaftsprüfern und vereidigten Buchprüfern verbinden. Eine inhaltsgleiche, auf **Steuerbera-**

---

[189] So – für die Anwaltsnotare – auch *Casper* JZ 1996, 1506 f.
[190] Vgl. § 59 a Abs. 1 S. 3 BRAO und § 9 Abs. 2 BNotO; Begr. RegE, BT-Drucks. 12/6152 S. 10. Ebenso OLG Stuttgart ZIP 2006, 1491, 1493 = NJW-RR 2006, 1723, 1724 (m. Anm. *Henssler/Jansen* EWiR 2006, 603): § 9 Abs. 2 BNotO ist entsprechend § 59 a BRAO dahin auszulegen, dass sich Anwaltsnotare (nur) mit ihrem Geschäftskreis als Rechtsanwalt mit Angehörigen der in Abs. 2 genannten Berufe zur gemeinsamen Berufsausübung verbinden können. *Casper* ZIP 1996, 1501 f.; *Michalski/Römermann* RdNr. 35 a; *Hornung* Rpfleger 1995, 481, 483; *Görk* in: *Schippel/Bracker* (Fn. 91) § 9 BNotO RdNr. 9 ff.; vgl. auch RdNr. 48.
[191] Vgl. *Eggesiecker/Keuenhof* BB 1995, 2049 ff.; *Michalski/Römermann* RdNr. 107 ff.; *Seibert* DB 1994, 2381, 2383 f.; *Knoll/Schüppen* DStR 1995, 608, 610; *Bösert* ZAP 1994, 765, 772 f.; *Mittelsteiner* DStR 1994, Beilage zu Heft 37 S. 37; *Gilgan* StB 1995, 28 ff.
[192] Vgl. *Henssler* RdNr. 293 ff., 312 f.; *Michalski/Römermann* RdNr. 107 f.; *Seibert* DB 1994, 2381, 2383 f.
[193] Die Zulässigkeit der Beteiligung von Wirtschaftsprüfern deshalb verneinend AG Mannheim BRAK-Mitt. 1997, 93, 94 (m. abl. Anm. *Seibert*) und zuvor schon *Burret* WPK-Mitt. 1994, 201, 26 f.; so für Steuerberater auch *Mittelsteiner* DStR 1994, Beil. zu Heft 37; aA die hM, vgl. die Nachweise in Fn. 194, 195 und LG München I NJW 1998, 1158.
[194] Die Klarstellung in Bezug auf die Wirtschaftsprüfer war zunächst – leichter nachvollziehbar – in § 44 b Abs. 1 WPO erfolgt (Gesetz vom 31. 8. 1998, BGBl. I S. 2600), hatte dort aber andere Zweifelsfragen ausgelöst. Deshalb entschloss sich der Gesetzgeber zu erneuter Korrektur durch entsprechende Änderung des § 43 a Abs. 2 S. 1 unter gleichzeitiger Rückkehr zu § 44 b Abs. 1 aF WPO (Gesetz vom 19. 12. 2000, BGBl. I S. 1769). Eine sachliche Änderung sollte sich damit aber nicht verbinden (Reg. Begr., BT-Drucks. 14/3649 S. 24).
[195] Dazu *Michalski/Römermann* RdNr. 110 und *E/B/J/Seibert* RdNr. 44 (jeweils betr. § 44 b Abs. 1 WPO) sowie *Henssler* RdNr. 293 ff., 312 f.

ter bezogene Regelung enthält § 56 Abs. 1 StBerG. Demgegenüber wird für **Wirtschaftsprüfer** der Kreis der kompatiblen Berufe in § 44b Abs. 1 WPO durch Verweisung auf diejenigen Freien Berufe definiert, denen nach § 53 Abs. 1 Nr. 3 StPO ein Zeugnisverweigerungsrecht zusteht. Das sind neben Rechtsanwälten, Patentanwälten, vereidigten Buchprüfern, Steuerberatern und Steuerbevollmächtigten auch Ärzte, Zahnärzte und Hebammen, wobei aus der Sicht der zuletzt genannten Freien Berufe die Kompatibilität mit Wirtschaftsprüfern allerdings zu verneinen ist (RdNr. 84).

Einer gesonderten Beurteilung bedürfen die **Anwaltsnotare**. Sie durften sich nach der 83 bisherigen höchstrichterlichen Rechtsprechung auch in ihrer Eigenschaft als Rechtsanwälte nur mit anderen Rechtsanwälten, Steuerberatern und Kammerrechtsbeiständen (vgl. § 209 BRAO), nicht aber mit Wirtschaftsprüfern und vereidigten Buchprüfern zusammenschließen.[196] Dieses Verbot der Assoziierung ließ sich seit Erlass des § 59a Abs. 1 S. 3 BRAO[197] angesichts von dessen eindeutigem Wortlaut entgegen mehreren neueren BGH-Urteilen[198] nicht mehr aufrechterhalten, soweit es den Anwaltsnotar in seiner Funktion als Rechtsanwalt betrifft.[199] Der Gesetzgeber hat den Bedenken gegen die bisherige Praxis inzwischen durch Neuregelung der interprofessionellen Partnerschaften unter Beteiligung von Anwaltsnotaren in § 9 Abs. 2 BNotO[200] Rechnung getragen und ausdrücklich die Wirtschaftsprüfer und vereidigten Buchprüfer als kompatible Freie Berufe aufgenommen.

Vorschriften über die Zulässigkeit gemeinschaftlicher Berufsausübung finden sich auch im 84 Standesrecht der **Ärzte.** Dort bestimmt § 23b der Muster-Berufsordnung der Ärzte (MBO-Ä),[201] die zu ihrer Verbindlichkeit der Umsetzung in die jeweiligen Berufsordnungen der Landesärztekammern bedarf, dass Ärzte sich mit Zahnärzten, Psychotherapeuten, Diplom-Psychologen, Sozial- und Heilpädagogen, Klinischen Chemikern sowie mit Angehörigen einer Reihe staatlich anerkannter, nicht akademischer Heilberufe wie Hebammen, Logopäden, Ergo- und Physiotherapeuten zu einer medizinischen Kooperationsgemeinschaft zusammenschließen dürfen. Demgegenüber scheidet ein Zusammenschluss mit rechts- oder steuerberatenden Berufen u. a. aus.

b) Sonstige. Von § 2 Abs. 1 abweichende Vorschriften über den **Namen** einer aner- 85 kannten Steuerberatungs- oder Wirtschaftsprüfungsgesellschaft finden sich in §§ 53 S. 2 StBerG, 31 S. 2 WPO (§ 2 RdNr. 13).

An den **Inhalt des Partnerschaftsvertrags** und das Innenverhältnis der Partner können 86 berufsrechtlich zusätzliche, über das PartGG hinausgehende Anforderungen gestellt werden.[202] Schließlich finden sich auch für die **Liquidation** einer Partnerschaft vereinzelt berufsrechtliche Sondervorschriften (vgl. § 10 RdNr. 16).

V. Die subsidiäre Anwendung des BGB-Gesellschaftsrechts (Abs. 4)

Die subsidiäre Verweisung auf das BGB-Gesellschaftsrecht in § 1 Abs. 4 hat rein **klar-** 87 **stellende** Funktion. Dessen Anwendung folgt schon daraus, dass die Partnerschaft eine Sonderform der GbR darstellt (RdNr. 7). Dem entspricht das ergänzende Eingreifen des

---

[196] Vgl. nur BVerfGE 80, 269, 279 ff. = DNotZ 1989, 627 (Zulässigkeit der Verbindung auch mit Nur-Steuerberatern); BGHZ 64, 214, 217 ff. = NJW 1975, 1414; BGHZ 75, 296 ff. = NJW 1980, 596; (jeweils Unzulässigkeit der Verbindung mit Wirtschaftsprüfern); aA *Casper* ZIP 1996, 1501, 1503 f.; *Kornblum* NJW 1976, 8, 9 ff.; *Spielberg* WPg. 1976, 8, 10 f.
[197] Durch Gesetz vom 2. 9. 1994, BGBl. I S. 2278.
[198] BGH NJW 1996, 392 f.; ZIP 1996, 1789 m. abl. Anm. *Casper* EWiR 1996, 931 – vorläufig außer Vollzug gesetzt durch BVerfG BB 1996, 2372; BGH DNotZ 1996, 916 und 917 (vereidigte Buchprüfer).
[199] BVerfG NJW 1998, 2269, 2270 ff.; so zutr. auch schon KG AnwBl. 1995, 101, 102 f. (Vorinstanz zu BGH NJW 1996, 392) und *Casper* ZIP 1996, 1501, 1502 ff.
[200] Durch Gesetz vom 31. 8. 1998, BGBl. I S. 2585.
[201] MBO-Ä 1997, zuletzt geändert durch Beschluss des Vorstands der Bundesärztekammer vom 24. 11. 2006.
[202] Etwa die berufsrechtliche Pflicht zum Ausscheiden aus der Partnerschaft, wenn der Partner seinen Beruf in der Gesellschaft nicht mehr aktiv ausübt; ebenso wohl *Feddersen/Meyer-Landrut* RdNr. 41; im Grundsatz auch *Michalski/Römermann* § 3 RdNr. 21.

Rechts der GbR, soweit das PartGG weder unmittelbar noch durch Verweisung auf das OHG-Recht Sondervorschriften enthält. Aus diesen Gründen hatte der RegE PartGG noch auf die Aufnahme einer Vorschrift nach Art des § 1 Abs. 4 verzichtet; auf Intervention des Bundesrats[203] wurde sie dann doch in die Endfassung des PartGG aufgenommen.

88 Die **Bedeutung** der ergänzenden Anwendung von BGB-Gesellschaftsrecht beschränkt sich auf wenige, freilich zentrale Bereiche. So sind die Vorschriften der §§ 705 bis 708 BGB über den Gesellschaftsvertrag, die Beiträge und die Sorgfaltspflichten der Gesellschafter auch auf die Partnerschaft anwendbar (RdNr. 11 f.; § 6 RdNr. 40 f.). Entsprechendes gilt für die Vorschriften der §§ 717 bis 719 BGB über die begrenzte Übertragbarkeit der Mitgliedschaftsrechte und die gesamthänderische Bindung des Gesellschaftsvermögens (RdNr. 7). Anstelle des Gewinnverteilungsrechts in der OHG greifen die Vorschriften der §§ 721 Abs. 2, 722 BGB ein (§ 6 RdNr. 44 ff.). Die Rechtsfolgen des Ausscheidens einzelner Partner aus der fortbestehenden Partnerschaft richten sich nach §§ 738 bis 740 BGB, da das OHG-Recht hierfür keine Sonderregelung bereithält. Rückverweisungen auf das BGB-Gesellschaftsrecht können sich schließlich auch auf dem Weg über § 105 Abs. 3 HGB ergeben, so für das ergänzende Eingreifen von § 723 Abs. 3 BGB im Rahmen der Verweisung des § 9 Abs. 1 auf § 132 HGB (§ 9 RdNr. 7).

§ 2 Name der Partnerschaft

(1) ¹Der Name der Partnerschaft muß den Namen mindestens eines Partners, den Zusatz „und Partner" oder „Partnerschaft" sowie die Berufsbezeichnungen aller in der Partnerschaft vertretenen Berufe enthalten. ²Die Beifügung von Vornamen ist nicht erforderlich. ³Die Namen anderer Personen als der Partner dürfen nicht in den Namen der Partnerschaft aufgenommen werden.

(2) § 18 Abs. 2, §§ 21, 22 Abs. 1, §§ 23, 24, 30, 31 Abs. 2, §§ 32 und 37 des Handelsgesetzbuchs sind entsprechend anzuwenden; § 24 Abs. 2 des Handelsgesetzbuchs gilt auch bei Umwandlung einer Gesellschaft bürgerlichen Rechts in eine Partnerschaft.

Übersicht

	RdNr.		RdNr.
I. Einführung	1–4	**III. Sonstige Namenszusätze**	15
1. Normzweck	1–3	**IV. Verweis auf das HGB-Firmenrecht (Abs. 2)**	16–25
2. Reform	4	1. Funktion der Verweisung	16
II. Notwendige Namensbestandteile (Abs. 1 S. 1)	5–14	2. Namenswahrheit	17–19
1. Grundsatz	5–7	3. Namensbeständigkeit	20–22
2. Name mindestens eines Partners	8–10	a) Grundsatz	20
3. Rechtsformzusatz	11	b) Einschränkungen	21, 22
4. Berufsbezeichnungen	12, 13	4. Namensausschließlichkeit	23
a) Vollständigkeit	12	5. Sonstige Verweisungen	24, 25
b) Sondervorschriften für Steuerberatungs- und Wirtschaftsprüfungsgesellschaften	13	a) Eintragungen von Amts wegen	24
		b) Unzulässiger Namensgebrauch	25
5. Anforderungen des Berufsrechts	14		

I. Einführung

1 **1. Normzweck.** Die Vorschrift des § 2 enthält in **Abs. 1** nähere Regelungen über die **Mindestanforderungen an den Namen der Partnerschaft.** Entsprechend deren Rechts-

---

[203] Vgl. die Stellungnahme des BR (BT-Drucks. 12/6152 S. 25 f.), der befürchtete, dass das Fehlen einer Pauschalverweisung auf das HGB insoweit zu Missverständnissen führen könnte.

natur als Personengesellschaft muss der Name mindestens eines Partners aufgenommen werden. Der in sachlicher Übereinstimmung mit § 19 Abs. 1 HGB obligatorische Rechtsformzusatz „und Partner" oder „Partnerschaft" soll auf die Art der Rechtsform hinweisen und sie im Rechtsverkehr insbesondere von der gemeinsamen Ausübung freiberuflicher Tätigkeiten in der Rechtsform der GbR abgrenzen; zu diesem Zweck wird er durch § 11 Abs. 1 für diese Rechtsform reserviert (RdNr. 6). Die Pflicht zur Angabe aller in der Partnerschaft vertretenen, dh. den Gegenstand ihres Geschäftsbetriebs bildenden (RdNr. 12 f.) Freien Berufe dient der Information des Publikums über das Angebot freiberuflicher Tätigkeiten im Rahmen der Partnerschaft (Begr. RegE, BT-Drucks. 12/6152 S. 11).

Abs. 2 Halbs. 1 führt diejenigen Regelungen des **HGB-Firmenrechts** auf, die kraft 2 Verweisung auch für den Namen der Partnerschaft gelten. Der Verweisung bedarf es, weil die Partnerschaft keine Handelsgesellschaft ist und das HGB-Firmenrecht daher keine unmittelbare Anwendung findet. Auch die zusätzliche, auf die Umwandlung (Rechtsformwechsel, vgl. § 7 RdNr. 11) einer GbR in eine Partnerschaft bezogene Verweisung auf § 24 Abs. 2, die sich in Abs. 2 Halbs. 2 findet, erklärt sich aus Notwendigkeiten der Regelungstechnik: da die umzuwandelnde Gesellschaft bis zum Wirksamwerden der Umwandlung in der Rechtsform einer GbR besteht, bedarf es ihr gegenüber zur Geltung des § 24 Abs. 2 HGB einer besonderen, über den Halbs. 1 hinausgehenden Verweisung. Die Verweisungen in Abs. 2 sind als *abschließende* gedacht; sie lassen daher keinen Raum für die analoge Anwendung derjenigen firmenrechtlichen HGB-Vorschriften ieS, die in Abs. 2 nicht erwähnt sind, darunter zB § 22 Abs. 2 HGB. Anderes gilt für die zwar im Kontext des Firmenrechts enthaltenen, jedoch nicht im engeren Sinn firmenrechtlichen Vorschriften der §§ 25 bis 28 HGB betreffend die Haftung des Erwerbers oder des Erben eines Handelsgeschäfts oder desjenigen, der als Gesellschafter einem Handelsgeschäft beitritt. Insoweit geht es um ein allgemeines *Analogieproblem,* das sich auch in Fällen einer unternehmenstragenden GbR stellt.[1] Die Nichtaufnahme dieser Vorschriften in Abs. 2 gestattet daher nicht den Umkehrschluss, der Gesetzgeber habe ihrer Anwendung auf Partnerschaften damit einen Riegel vorschieben wollen (§ 8 RdNr. 10).

Die Regelungen des § 2 Abs. 2 werden ergänzt durch die Verweisung in § 4 Abs. 1 auf 3 die für die OHG geltenden **Anmeldevorschriften** der §§ 106 Abs. 1, 108 HGB und durch diejenige in § 5 Abs. 2 auf das **Handelsregisterrecht** in §§ 8 ff. HGB (mit Ausnahme der nur für Kapitalgesellschaften geltenden Vorschriften der §§ 13 a, 13 b, 13 e bis 13 g HGB). Unter ihnen kommt der Verweisung auf die *Zwangsbefugnisse* des Registerrichters nach § 14 HGB sowie auf die in § 15 HGB geregelte *Registerpublizität* besondere Bedeutung zu.

2. Reform. Im Zuge des HRefG 1998 sind auch die Vorschriften des § 2 in beiden 4 Absätzen geändert worden. Die Änderungen sind allerdings rein *redaktioneller* Natur; sie wurden durch die Streichung der Abs. 3 und 4 in § 19 aF HGB veranlasst. Deswegen mussten die im HGB gestrichenen Vorschriften aus der Verweisungskette des Abs. 2 entfernt und als eigenständige Regelungen in die neuen Sätze 2 und 3 des Abs. 1 aufgenommen werden. Sachliche Änderungen sind mit diesen Umstellungen nicht verbunden.

II. Notwendige Namensbestandteile (Abs. 1 S. 1)

1. Grundsatz. Der Name der Partnerschaft dient zu ihrer **Identifikation** beim Auftreten 5 als solche im Rechtsverkehr; dieses wird nach dem Vorbild von OHG und KG durch die Verweisung des § 7 Abs. 2 auf § 124 HGB ausdrücklich zugelassen. Damit nähert sich der Name der Partnerschaft funktional weitgehend der Firma einer Personenhandelsgesellschaft an. Angesichts der ausdrücklichen Klarstellung in § 1 Abs. 1 S. 2, dass die Partnerschaft kein

---

[1] Für analoge Anwendung *Staub/Hüffer* § 25 HGB RdNr. 83 ff.; *K. Schmidt* HandelsR § 8 II 1 a und ZHR 145 (1981), 2, 21 ff.; aA RGZ 55, 83, 85; BGHZ 22, 234, 240 = NJW 1957, 179; BGH NJW 1992, 112; *Baumbach/Hopt* § 25 HGB RdNr. 2; diff. *Heymann/Emmerich* § 25 HGB RdNr. 10, 10 a (für Minderkaufleute); *Schricker* ZGR 1972, 121, 155 und MünchKommHGB/*Lieb* § 25 RdNr. 28 ff. (bei Erwerb durch Vollkaufmann).

Handelsgewerbe ausübt, bedurfte es jedoch zur rechtlichen Gleichbehandlung ihres Namens mit der Firma der verschiedenen, in § 2 Abs. 2, § 4 Abs. 1 und § 5 Abs. 2 enthaltenen Regelungen über die entsprechende Anwendung des Firmen- und Handelsregisterrechts auf den Namen und das Eintragungsverfahren der Partnerschaft.

6 In sachlicher Übereinstimmung mit § 19 Abs. 1 nF HGB schreibt Abs. 1 S. 1 außer der Aufnahme mindestens eines Partnernamens (RdNr. 8) zwingend diejenige eines **Rechtsformzusatzes** in den Namen der Partnerschaft vor. Als solcher ist alternativ der Zusatz „und Partner" oder „Partnerschaft" zu wählen (vgl. näher RdNr. 11). Der Zusatz dient in Verbindung mit seiner Reservierung für die PartG durch § 11 Abs. 1 dazu, diese Rechtsform im Rechtsverkehr von anderen Gesellschaftsformen abzugrenzen, darunter vor allem von der GbR als der regelmäßigen Rechtsform des Zusammenwirkens in einer Personengesellschaft zur Verfolgung anderer als handelsgewerblicher Zwecke.[2]

7 Neben dem Rechtsformzusatz verlangt Abs. 1 S. 1 weiter die Aufnahme der **Berufsbezeichnungen** der in der Partnerschaft vertretenen Berufe. Dadurch soll das Vorliegen eines Zusammenschlusses von *Freiberuflern* dokumentiert und zugleich der Verkehr über das Dienstleistungsangebot der Partnerschaft informiert werden. Der Sache nach ähnelt der Name der Partnerschaft dadurch einer gemischten Personen- und Sachfirma. Die Aufnahme und Fortführung dieser Berufsbezeichnungen unterliegt ausschließlich dem Grundsatz der *Namenswahrheit* (RdNr. 17); auf die Namensbeständigkeit (RdNr. 20) kann eine etwaige Fortführung nicht gestützt werden. Neben den Vorgaben des Abs. 1 S. 1 zur Berufsbezeichnung sind nach § 1 Abs. 3 namentlich auch die jeweils einschlägigen *berufsrechtlichen Vorgaben* zu beachten.[3]

8 **2. Name mindestens eines Partners.** Zwingendes Erfordernis bei der erstmaligen Bildung des Partnerschaftsnamens ist die Aufnahme des **Familiennamens** mindestens eines der selbst als Freiberufler in der Partnerschaft tätigen Partner.[4] Die Beifügung des oder der Vornamen ist nach Abs. 1 S. 2 nicht erforderlich, aber auch nicht ausgeschlossen. Welche der Namen die Partner in den Namen der Partnerschaft aufnehmen wollen und ob sie sich mit *einem* Namen begnügen oder die Namen mehrerer bzw. aller Partner verwenden wollen, unterliegt vorbehaltlich der durch Abs. 2 iVm. § 30 HGB gezogenen, der Namensunterscheidbarkeit dienenden Grenzen (RdNr. 23) allein ihrer Entscheidung. Vorbehaltlich eines Pseudonyms (RdNr. 9) muss es sich jedoch um den aus dem Personenstandsregister zu entnehmenden bürgerlichen Namen des oder der Partner handeln.[5] Die Aufnahme der Namen *anderer* Personen als der Partner in den Namen der Partnerschaft ist entsprechend § 19 Abs. 4 aF HGB durch Abs. 1 S. 3 ausgeschlossen.

9 Die Wahl eines **Berufs- oder Künstlernamens (Pseudonym)** an Stelle des Familiennamens ist mit der inzwischen wohl schon hM zum kaufmännischen Firmenrecht zuzulassen.[6] Mangels Eintragung im Personenstandsregister ist freilich zur Identifikation erforderlich, dass das Pseudonym in den beteiligten Verkehrskreisen die betreffende Person kennzeichnet.[7] Auf dessen Eintragung im Personalausweis des Künstlers kommt es nicht an.[8]

---

[2] So zutr. BGHZ 135, 257, 259 = NJW 1997, 1854.
[3] Vgl. RdNr. 14; eingehend *Michalski/Römermann* RdNr. 20 ff.; *Henssler* RdNr. 41 ff.
[4] De lege ferenda krit. zum Festhalten an dem Namenserfordernis trotz des Verzichts hierauf in § 19 Abs. 1 nF HGB *Seibert* EWiR 2001, 287, 288.
[5] Die Namensbildung nur mit dem Geburtsnamen der einen Doppelnamen führenden Partnerin deshalb abl. OLG Karlsruhe NJW 1999, 2284 f.
[6] *Staub/Hüffer* § 19 HGB RdNr. 13, 26; MünchKommHGB/*Heidinger* § 18 RdNr. 66; Heymann/*Emmerich* § 19 HGB RdNr. 5; *Heinrich*, Firmenwahrheit und Firmenbeständigkeit, 1981, S. 116 f.; sowie zur Parallelvorschrift des § 4 GmbHG *Heinrich* in: *Ulmer/Habersack/Winter* § 4 GmbHG RdNr. 20 und *Scholz/Emmerich* § 4 GmbHG RdNr. 31, 36 ff.; so auch *Michalski/Römermann* RdNr. 7. AA KG OLG 40 (1920), 178; KG JW 1939, 423; BayObLG NJW 1954, 1933; *Wellmann* GmbHR 1972, 193, dort Fn. 2; zum PartGG *Meilicke* in: *M/W/H/L/W* RdNr. 2.
[7] Ebenso *Henssler* RdNr. 7 und jetzt auch OLG Frankfurt NJW 2003, 364, 365.
[8] OLG Frankfurt NJW 2003, 364, 365; so – entgegen Vorauff. – jetzt auch *Meilicke* in: *M/W/H/L/W* RdNr. 2a.

Zur Frage **missbräuchlicher Namensverwendung** ist auf die zu § 19 Abs. 1 aF HGB 10 anerkannten Grundsätze zu verweisen. Eine solche liegt jedenfalls dann vor, wenn der Namensgeber sich nur *zum Schein,* um der Partnerschaft auch ohne eigene Mitarbeit die Verwendung seines Namens zu ermöglichen, als Partner ausgibt.[9] Dagegen ist die vorübergehende Beteiligung eines Freiberuflers mit bekanntem Namen an der Partnerschaft nicht allein deshalb unwirksam, weil sein Ausscheiden einige Zeit nach Eintragung der Partnerschaft von Anfang an geplant ist und sein Beitrag sich außer der vorübergehenden Mitwirkung an den von der Partnerschaft erbrachten freiberuflichen Aktivitäten im Wesentlichen in der Einbringung seines Namens erschöpft.[10] Im Einzelnen können sich hier freilich Schranken aus §§ 3, 5 UWG iVm. § 37 HGB ergeben.[11]

3. Rechtsformzusatz. Aus den in RdNr. 6 genannten Gründen ist der Rechtsform- 11 zusatz in Abs. 1 S. 1 **zwingend** angeordnet, wobei den Beteiligten regelmäßig die Wahl zwischen den Zusätzen „und Partner" (auch „& Partner"[12]) und „Partnerschaft" verbleibt. Sind freilich die Namen sämtlicher Partner in den gemeinsamen Namen aufgenommen, so würde der Zusatz „und Partner" den irreführenden Eindruck einer über die Namensgeber hinausgehenden Zahl von Partnern hervorrufen; in diesem Fall reduziert sich die Wahl daher ausnahmsweise auf den Zusatz „Partnerschaft".[13] Sonstige Zusätze wie „Co." oder „Cie.", wie sie im Handelsverkehr üblich waren, sind durch die eindeutige Regelung des Abs. 1 S. 1 im Interesse der Namensklarheit ausgeschlossen.[14] Entsprechendes ist aber auch für gegenüber S. 1 abgewandelte Zusätze wie „PartG" geboten, jedenfalls solange sie noch keine Verkehrsgeltung erreicht haben.[15] – Zu den Übergangsvorschriften des § 11 Abs. 1 S. 2 und 3 für Gesellschaften anderer Rechtsform, die vor dem 1. 7. 1995 den Zusatz „Partnerschaft" oder „und Partner" in ihrem Namen (ihrer Firma) führten, vgl. § 11 RdNr. 6 ff.

4. Berufsbezeichnungen. a) Vollständigkeit. Der Name der Partnerschaft muss nach 12 Abs. 1 S. 1 die Bezeichnung sämtlicher in ihr „vertretenen" Freien Berufe enthalten (zu Ausnahmen vgl. RdNr. 13). Gibt es berufsrechtlich vorgegebene Bezeichnungen, so sind diese zu verwenden. Zu Recht wird das Vollständigkeitsgebot dahin eingeschränkt, dass es um die Angabe der im Rahmen der Partnerschaft **ausgeübten,** nach § 3 Abs. 2 Nr. 3 den Gegenstand der Partnerschaft bildenden **Freien Berufe** geht.[16] Die Beteiligung eines Rechtsanwalts oder Arztes an einer Partnerschaft, der im Nebenberuf, außerhalb der Partnerschaft, als Journalist, Übersetzer o. Ä. tätig ist, führt nicht zur Erweiterung der Berufsangaben im Namen der Partnerschaft.[17] Zur Rechtsfolge eines im späteren Verlauf eingeschränkten Berufsangebots für den Namen der Partnerschaft vgl. RdNr. 18.

b) Sondervorschriften für Steuerberatungs- und Wirtschaftsprüfungsgesellschaf- 13 **ten.** Sie finden sich in den durch Art. 7, 8 PartGG geänderten § 53 S. 2 StBerG, § 31 S. 2 WPO. Danach entfällt für als solche *anerkannte* Steuerberatungs- und Wirtschaftsprüfungs-

---

[9] Begr. RegE, BT-Drucks. 12/6152 S. 11; *Meilicke* in: *M/W/H/L/W* RdNr. 3; weitergehend wohl *Michalski/Römermann* RdNr. 29 und § 1 RdNr. 9, der aber auch verlangt, dass Berufsausübung bei Aufnahme intendiert war oder jedenfalls als möglich angesehen wurde.
[10] *Meilicke* in: *M/W/H/L/W* RdNr. 41; *Michalski/Römermann* RdNr. 50; aA *Stuber* WiB 1994, 705, 706; *Kupfer* KÖSDI 1995, 10 130, 10 132.
[11] *Knoll/Schüppen* DStR 1995, 608, 611; *Michalski/Römermann* RdNr. 50 f.; *Meilicke* in: *M/W/H/L/W* RdNr. 41, 54.
[12] Näher *Henssler* RdNr. 10; für Zulässigkeit auch BayObLG DB 2003, 1504, 1505; *Michalski/Römermann* RdNr. 11; *E/B/J/Seibert* RdNr. 3 (hM).
[13] Ganz hM, vgl. *Meilicke* in: *M/W/H/L/W* RdNr. 4; *Michalski/Römermann* RdNr. 10. Zur Parallelvorschrift des § 19 Abs. 1 aF HGB vgl. *Staub/Hüffer* RdNr. 21; *Heymann/Emmerich* RdNr. 9.
[14] Ebenso *Meilicke* in: *M/W/H/L/W* RdNr. 4 und 10.
[15] Ebenso *E/B/J/Seibert* RdNr. 3; MünchHdbGesR I/*Salger* § 38 RdNr. 18; aA („PartG" ist zulässig) *Meilicke* in: *M/W/H/L/W* RdNr. 4; *Michalski/Römermann* RdNr. 9.
[16] Ganz hM, vgl. *Henssler* RdNr. 14; *Michalski/Römermann* RdNr. 18 f.; *Meilicke* in: *M/W/H/L/W* RdNr. 5; *Mahnke* WM 1996, 1029, 1033; aA noch *Jürgemeyer* BRAK-Mitt. 1995, 143, 144.
[17] Ähnlich *Meilicke* in: *M/W/H/L/W* RdNr. 5; aA MünchHdbGesR I/*Salger* § 38 RdNr. 19.

gesellschaften, die in der Rechtsform einer Partnerschaft betrieben werden, die Pflicht zur Angabe der Berufsbezeichnungen der andere Berufe ausübenden Partner. Es genügt die Bezeichnung Steuerberatungs- oder Wirtschaftsprüfungsgesellschaft bzw. eine Kombination aus diesen beiden Angaben, auch wenn die Partnerschaft darüber hinaus in zulässiger Weise andere Arten freiberuflicher Tätigkeit wie Rechtsberatung o. Ä. zum Gegenstand hat. Die Ausnahmevorschrift ist sachlich wenig überzeugend und aus Gründen der Gleichbehandlung (Art. 3 GG) nicht unproblematisch. Sie ist jedenfalls eng auszulegen und findet im Fall von „einfachen" Steuerberatungs- und Wirtschaftsprüfungsgesellschaften keine Anwendung. Daher reicht auch die Beteiligung einzelner Wirtschaftsprüfer oder Steuerberater an einer im Übrigen aus Angehörigen anderer Freier Berufe bestehenden Partnerschaft nicht aus, um für diese auf das Gebot vollständiger Angabe der Berufsbezeichnungen im Partnerschaftsnamen zu verzichten.[18]

5. Anforderungen des Berufsrechts. Soweit das Berufsrecht zusätzliche oder von § 2 Abs. 1 abweichende Anforderungen an das Namensrecht der Partnerschaft stellt, sind diese entsprechend der Vorrangregel des § 1 Abs. 3 zu beachten. So sind Anwaltsnotare nur in ihrer Funktion als Rechtsanwalt partnerschaftsfähig. Dementsprechend scheidet eine Aufnahme der Berufsbezeichnung „Notar" in den Namen von interprofessionellen oder Anwaltspartnerschaften aus;[19] sie darf aber auf Briefkopf und Praxisschild geführt werden.[20] Für Ärzte schreibt § 17 Abs. 4 MBO-Ä[21] vor, dass auf dem Praxisschild die Namen aller behandelnden Ärzte aufzuführen sind. Dieses Erfordernis bezieht sich auch auf die zu einer Partnerschaft zusammengeschlossenen Ärzte; es berührt jedoch nicht die Namensbildung der Partnerschaft, für die es unverändert bei § 2 Abs. 1 bleibt. Entsprechendes gilt für ein etwaiges standesrechtliches Gebot, die Namen aller Gesellschafter einer RA-Sozietät im Briefkopf anzuführen.

III. Sonstige Namenszusätze

Sonstige, nicht zu den Mindestanforderungen des Abs. 1 S. 1 gehörende Namenszusätze sind **grundsätzlich zulässig,** soweit sich damit nicht eine Irreführung des Verkehrs oder eine sonstige Verkehrsverwirrung verbindet.[22] Es gelten die allgemeinen, insbesondere zu § 18 HGB entwickelten Grundsätze.[23] Unschädlich ist danach etwa die zusätzliche Aufnahme von Vornamen oder des Geburtsnamens eines kraft Heirat einen anderen Namen tragenden Partners, ferner Künstlernamen und Akademische Grade, aber auch die Aufnahme geographischer oder auf die Herkunft der Partnerschaft oder ihren früheren Namen hinweisender Zusätze o. Ä. Mit Rücksicht auf die Unterscheidbarkeit des Namens (§ 2 Abs. 2 iVm. § 30 HGB) oder zur Vermeidung einer ansonsten bestehenden, mit §§ 5, 15 MarkenG unvereinbaren Verwechslungsgefahr kann sich die Aufnahme eines Zusatzes sogar als notwendig erweisen. Wegen der Kasuistik wird auf die HGB-Kommentare zum Firmenrecht verwiesen.[24]

---

[18] Begr. RegE, BT-Drucks. 12/6152 S. 10; zweifelnd MünchHdbGesR I/*Salger* § 38 RdNr. 20 unter Hinweis auf BGHZ 127, 83, 87 ff. = NJW 1995, 529.
[19] Zur umstr. Zulässigkeit einer Partnerschaft zwischen Nur-Notaren vgl. demgegenüber § 1 RdNr. 80.
[20] Begr. RegE, BT-Drucks. 12/6152 S. 10; ebenso *Henssler* RdNr. 14; *E/B/J/Seibert* RdNr. 6; krit. zu dieser Differenzierung *Michalski/Römermann* RdNr. 17.
[21] Musterberufsordnung für die deutschen Ärzte von 1997, zuletzt geändert durch Beschluss des Vorstands der Bundesärztekammer vom 24. 11. 2006.
[22] Unzulässig danach der Zusatz „Institut" für Ärzte-Partnerschaft, weil den Eindruck einer Einrichtung der öffentlichen Hand hervorrufend (so OLG Frankfurt DB 2001, 1664 – zweifelhaft), nicht aber der Zusatz „Gemeinschaftspraxis" (OLG Schleswig DB 2003, 552: in Verbindung mit Partnerschafts-Zusatz keine Verwechslungsgefahr mit GbR). Für Zulässigkeit der Fantasiebezeichnung „artax" im Partnerschaftsnamen zu Recht OLG Karlsruhe EWiR § 2 PartGG 1/01, 287.
[23] *Staub/Hüffer* § 18 HGB RdNr. 24 ff., § 19 RdNr. 7; *Heymann/Emmerich* § 18 HGB RdNr. 14 ff., § 19 RdNr. 3; *Baumbach/Hopt* § 18 HGB RdNr. 9 ff.; MünchKommHGB/*Heidinger* § 18 HGB RdNr. 34 ff.
[24] Insbes. *Staub/Hüffer* § 18 HGB RdNr. 23; *Heymann/Emmerich* § 18 HGB RdNr. 16; *Baumbach/Hopt* § 18 HGB RdNr. 4 ff.

IV. Verweis auf das HGB-Firmenrecht (Abs. 2)

1. Funktion der Verweisung. Die Verweisung auf die in Abs. 2 angeführten Vorschriften des HGB soll sicherstellen, dass die für das Firmenrecht geltenden Vorschriften und Grundsätze der Firmenwahrheit, der Firmenbeständigkeit und der Firmenausschließlichkeit auch für den Namen der Partnerschaft beachtet werden. Mit dieser Regelungstechnik soll ein weitgehender **Gleichklang des Namensrechts der Partnerschaft mit dem HGB-Firmenrecht** erreicht werden; dementsprechend ist auch für die Auslegung der in Bezug genommenen Vorschriften grundsätzlich auf die einschlägigen Erläuterungen in den HGB-Kommentaren zu verweisen. Allerdings dürfen dabei die Besonderheiten des Partnerschafts-Namensrechts nicht außer Betracht bleiben: so reicht der Grundsatz der Beständigkeit der Firma bzw. des Namens nicht so weit, der Partnerschaft die unveränderte Fortführung der Berufsbezeichnungen unabhängig von tatsächlich eingetretenen Änderungen zu gestatten (RdNr. 18). Zur Beschränkung der Verweisung auf die in Abs. 2 angeführten Vorschriften und zur Frage analoger Anwendung des nicht in die Verweisung einbezogenen sonstigen HGB-Firmenrechts vgl. RdNr. 2.

2. Namenswahrheit. Der Grundsatz der Firmenwahrheit gehört – vorbehaltlich seiner Modifikation durch den Grundsatz der Firmenbeständigkeit bei späteren Änderungen – zu den tragenden Pfeilern des HGB-Firmenrechts.[25] Durch die Verweisung des Abs. 2 auf §§ 18 Abs. 2, 23 HGB wird er in vollem Umfang auf das Namensrecht der Partnerschaft ausgedehnt. Von Bedeutung ist dabei besonders die Verweisung auf das **Verbot täuschender Zusätze in § 18 Abs. 2 HGB.** Es steht sowohl der Aufnahme solcher Zusätze bei erstmaliger Namensbildung als auch ihrer Beibehaltung bei späteren namensrechtlich relevanten Änderungen entgegen. – Zur Einschränkung des Grundsatzes der Namenswahrheit durch denjenigen der Namensbeständigkeit in Bezug auf den oder die im Partnerschaftsnamen enthaltenen *Familiennamen von ausscheidenden oder inaktiven Partnern* vgl. RdNr. 20.

Im Hinblick auf die Anforderungen des § 2 Abs. 1 an die Bildung des Partnerschaftsnamens gewinnt das Verbot täuschender Zusätze Bedeutung vor allem für die im Namen enthaltenen **Berufsbezeichnungen** im Fall *späterer Änderungen bei den in der Partnerschaft vertretenen freien Berufen*. Schrumpft die Angebotspalette der Partnerschaft, so hat das notwendig auch eine Streichung der betroffenen Berufsbezeichnungen in ihrem Namen zur Folge;[26] auch der Grundsatz der Namensbeständigkeit (RdNr. 20) gestattet hiervon keine Ausnahme. Demgegenüber folgt bei Ausweitung der Angebotspalette die Pflicht zur Aufnahme der zusätzlichen Berufsbezeichnungen unmittelbar aus Abs. 1 S. 1: das Vollständigkeitsgebot gilt nicht nur bei Errichtung der Partnerschaft, sondern auch im Fall späterer Änderungen.[27]

Die weitere in Abs. 2 enthaltene Verweisung auf **§ 23 HGB,** dh. das **Verbot der sog. Leerübertragung der Firma** ohne das dazugehörige Handelsgeschäft, betrifft zwar ebenfalls einen Aspekt des in § 18 Abs. 2 HGB enthaltenen Täuschungsverbots. Jedoch lässt sich dieses Verbot gerade im Fall von Partnerschaften, angesichts der bei ihnen im Mittelpunkt stehenden *persönlichen* Berufstätigkeit der Partner, verhältnismäßig leicht umgehen. Denn wird entweder das Geschäft der Partnerschaft von dieser veräußert oder scheiden sämtliche bisherigen Partner aus der Partnerschaft aus, dh. verbindet sich mit der Veräußerung ein *Wechsel aller Partner,* so darf nach Abs. 2 iVm. §§ 22 Abs. 1, 24 Abs. 1 HGB gleichwohl der bisherige Name der Partnerschaft fortgeführt werden. Da indessen in der Tätigkeit der Partner, nicht aber in den von ihr benutzten Geschäftsräumen oder der Büroausstattung, das

---

[25] S. nur *K. Schmidt* HandelsR § 12 III 1 a; *Heymann/Emmerich* § 18 HGB RdNr. 1 a. Ausf. dazu *Lindacher* DB 1977, 1676.
[26] Begr. RegE, BT-Drucks. 12/6152 S. 12; *Michalski/Römermann* RdNr. 30, 33; *Hornung* Rpfleger 1995, 481, 485; *Krieger* MedR 1995, 95, 96 (für Fachgebietsbezeichnungen bei Ärzten).
[27] Begr. RegE, BT-Drucks. 12/6152 S. 12; *Michalski/Römermann* RdNr. 30.

§ 2 PartGG 20–22

entscheidende, sie von gleichartigen freiberuflichen Unternehmen unterscheidende Kennzeichen des Geschäftsbetriebs zu sehen ist, eröffnet ein solches Vorgehen letztlich die zwar legale, jedoch problematische Möglichkeit einer Leerübertragung des Namens der Partnerschaft.[28]

20   **3. Namensbeständigkeit. a) Grundsatz.** Der Namensbeständigkeit unter Einschränkung des Grundsatzes der Namenswahrheit dient die Verweisung in Abs. 2 auf die Vorschriften der **§§ 21, 22 Abs. 1, 24 HGB**. Es geht um die Fälle der Änderung des Familiennamens des (oder eines) namensgebenden Partners (§ 21 HGB), der dauernden Veräußerung des Geschäfts der Partnerschaft an einen Dritten (§ 22 Abs. 1 HGB) sowie des Eintritts von sonstigen Änderungen in der Beteiligung eines namensgebenden Partners, insbesondere seinem Ausscheiden oder Tod bei Fortbestand der Partnerschaft (§ 24 HGB). In allen diesen Fällen gestattet es die Verweisung, dass im Namen der Partnerschaft nach dem Vorbild des Firmenrechts der oder die Namen bisheriger Partner beibehalten werden.[29] Im Fall der Veräußerung oder des Ausscheidens steht das unter dem Vorbehalt, dass der Namensgeber oder seine Erben mit der Weiterverwendung des Namens einverstanden sind (§§ 22 Abs. 1, 24 Abs. 2 HGB). Die auf die *Umwandlung* einer GbR in eine Partnerschaft bezogene zusätzliche Verweisung in Abs. 2 Halbs. 2, dehnt die Geltung des § 24 HGB über die Partnerschaft hinaus auf die bis zur Umwandlung bestehende GbR aus (RdNr. 2). Ein im GbR-Gesellschaftsvertrag erteiltes Einverständnis mit der Namensfortführung erstreckt sich im Zweifel auch auf die durch Rechtsformwechsel entstandene Partnerschaft.[30]

21   **b) Einschränkungen.** Eine *gesetzliche* Einschränkung gegenüber dem Grundsatz der Firmenbeständigkeit folgt für den Namen der Partnerschaft daraus, dass Abs. 2 die Regelung des § 22 Abs. 2 HGB über die Firmenfortführung im Falle **vorübergehender Überlassung** des Geschäfts im Wege des Nießbrauchs, eines Pachtvertrags o. Ä. bewusst aus der Verweisung ausnimmt. Die Regierungsbegründung[31] stützt sich hierfür auf das Fehlen eines Bedürfnisses, die bloße Nutzungsüberlassung von Partnerschaften namensrechtlich zu fördern. Sachlich leuchtet diese Einschränkung gegenüber dem Fall dauernder Veräußerung schon deshalb wenig ein, weil gerade die nur vorübergehende Überlassung zum späteren Rückfall des Geschäftsbetriebs an die Partnerschaft führt; in derartigen Fällen läge die Beibehaltung des bisherigen Namens daher umso näher als bei dauernder Veräußerung. Sollte mit der Einschränkung jedoch bestimmten berufsrechtlichen Vorbehalten gegenüber der Verpachtung o. Ä. eines freiberuflichen Geschäfts Rechnung getragen werden,[32] so ist es nach der in § 1 Abs. 3 zum Ausdruck kommenden Regelungssystematik Sache nicht des PartGG, sondern des einschlägigen Berufsrechts, entsprechende Schranken aufzurichten.[33]

22   Auf eine weitere Einschränkung lässt die Regierungsbegründung zu Abs. 2 schließen, wenn es dort heißt, die entsprechend §§ 22 Abs. 1, 24 HGB zugelassene Fortführung des Namens des Partners, „der bisher für den ausgeübten Beruf stand", stehe unter dem Vorbehalt, dass der von der genannten Person ausgeübte Beruf auch zukünftig in der Partnerschaft vertreten sei.[34] In der Tat mag es Fälle geben, in denen ein *Partnername ausnahmsweise so eng mit einer bestimmten Berufsausübung verknüpft* ist, dass aus seiner Beibehaltung nach dem Ausscheiden des Namensträgers und der damit verbundenen Aufgabe dieses Berufszweigs durch die Partnerschaft eine **Täuschung des Publikums** über die tatsächliche Berufsausübung zu befürchten ist. Man denke etwa an einen überregional bekannten Rechtsanwalt, der unter seinem Namen eine Partnerschaft mit zwei oder mehr Steuerbera-

---

[28] Ebenso *Meilicke* in: *M/W/H/L/W* RdNr. 25 f.
[29] Ebenso *Henssler* RdNr. 23 ff.; *Michalski/Römermann* RdNr. 39 ff., 44 ff.
[30] Ebenso BGH NJW 2002, 2093; BayObLG NJW 1998, 1157; OLG München NZG 2000, 367.
[31] BT-Drucks. 12/6152 S. 12.
[32] So *Wollny*, Unternehmens- und Praxisübertragungen, 3. Aufl. 1994, RdNr. 2072.
[33] So im Ergebnis auch *Michalski/Römermann* RdNr. 42 (ausführlicher in der 1. Aufl.).
[34] BT-Drucks. 12/6152 S. 12.

tern betrieben hat und nach dessen Tod die Partnerschaft sich auf die Steuerberatung konzentriert. Indessen wird der Gefahr einer Täuschung in derartigen Fällen regelmäßig schon dadurch vorgebeugt, dass die Berufsbezeichnungen im Namen der Partnerschaft entsprechend zu berichtigen sind, so dass es einer Einschränkung des § 24 Abs. 1 HGB durch das Täuschungsverbot des § 18 Abs. 2 HGB in der Regel nicht bedarf.[35] Die Regierungsbegründung verdient daher allenfalls in besonders gelagerten Extremfällen Beachtung.

4. Namensausschließlichkeit. Die Notwendigkeit hinreichender Unterscheidungskraft des Partnerschaftsnamens ergibt sich aus der Verweisung in Abs. 2 auf **§ 30 HGB**. Sie beschränkt sich nicht auf das Verhältnis zu anderen Partnerschaften gleichen Namens am selben Ort, sondern bezieht auch verwechslungsfähige Personenfirmen von *Unternehmen anderer Rechtsform* mit ein; der unterschiedliche Rechtsformzusatz reicht als Unterscheidungsmerkmal regelmäßig nicht aus.[36] Als derartiger Zusatz kommt vorrangig die Beifügung der Vornamen der namengebenden Partner, ggf. auch die Beifügung unterscheidungskräftiger Sachzusätze in Betracht.[37] Auch die jeweiligen Berufsbezeichnungen wird man als ausreichenden Zusatz iS von § 30 Abs. 2 HGB werten können, jedenfalls wenn sie klar abgrenzbare, eindeutig unterscheidbare Berufsfelder betreffen.[38]

5. Sonstige Verweisungen. a) Eintragungen von Amts wegen. In die Verweisung des Abs. 2 einbezogen sind auch die beiden Regelungen der §§ 31 Abs. 2, 32 HGB, in denen das Gesetz ausnahmsweise ein Tätigwerden des Registergerichts von Amts wegen anordnet. Unter ihnen ist die auf die **Insolvenz** des Firmeninhabers bezogene Vorschrift des **§ 32 HGB** die wichtigere. Sie ordnet ein Tätigwerden des Registergerichts in allen wesentlichen, zu eintragungspflichtigen Tatsachen führenden Etappen des Insolvenzverfahrens an, dh. bei Verfahrenseröffnung, bei Aufhebung des Eröffnungsbeschlusses sowie bei Einstellung oder Aufhebung des Verfahrens. Entsprechendes gilt nach Abs. 2 iVm. **§ 31 Abs. 2 HGB** auch für den Fall des **Erlöschens** des eingetragenen Namens der Partnerschaft, wenn dessen Anmeldung durch die hierzu Verpflichteten nicht auf dem Wege über § 5 Abs. 2 iVm. § 14 HGB, dh. durch Festsetzung von Zwangsgeld herbeigeführt werden kann. Der Partnerschaftsname erlischt, wenn der Geschäftsbetrieb der Partnerschaft nicht nur vorübergehend eingestellt oder ohne das Recht zur Namensfortführung veräußert wird; damit entfällt das Recht zu seiner Fortführung.[39]

b) Unzulässiger Namensgebrauch. Den Zugang zu den Rechtsbehelfen gegen unbefugten Gebrauch eines Partnerschaftsnamens eröffnet die Verweisung des Abs. 2 auf **§ 37 HGB**. Nach dessen Abs. 1 ist das **Registergericht** von Amts wegen befugt, unter Festsetzung von Ordnungsgeld gegen den unberechtigten Gebrauch einzuschreiten. Darauf, ob der Name von Anfang an unberechtigt war oder es auf Grund späterer Änderungen wurde, kommt es für das gerichtliche Vorgehen nicht an. Das Verfahren richtet sich nach § 160 b Abs. 1 S. 2 FGG iVm. §§ 132 bis 140 FGG (künftig: §§ 388 bis 392 FamFG). **Privaten Klägern**, die durch den unbefugten Gebrauch in ihren Rechten verletzt werden, eröffnet § 37 Abs. 2 HGB den Weg der Unterlassungsklage gegen die namenstragende Partnerschaft.

---

[35] Ebenso *Michalski/Römermann* RdNr. 32; aA *Henssler* RdNr. 28 ff., 33 f.
[36] Ganz hM, vgl. grdlg. RGZ 104, 341, 342; so auch KG JW 1933, 117, 118; BGH NJW 1959, 1081; BGHZ 46, 7, 12 = NJW 1966, 1813 m. Anm. *Jansen*; BayObLGZ 1954, 203, 209; 1966, 337, 343; BayObLG DNotZ 1969, 384, 385; OLG Frankfurt BB 1973, 676; *Staub/Hüffer* § 30 HGB RdNr. 17; *Heymann/Emmerich* § 30 HGB RdNr. 17; MünchKommHGB/*Lieb* § 30 HGB RdNr. 15; ausf. *Aschenbrenner*, Die Firma der GmbH & Co. KG, 1976, S. 43 ff. mwN.
[37] Begr. RegE, BT-Drucks. 12/6152 S. 12; enger wohl *Michalski/Römermann* RdNr. 34.
[38] Als nicht ausreichend angesehen wurde der Zusatz „Anwaltssozietät" (OLG Braunschweig AnwBl. 1998, 161).
[39] Vgl. zum Parallelfall des Erlöschens der Firma *Staub/Hüffer* § 31 HGB RdNr. 15 f. mwN; MünchKommHGB/*Krafka* § 31 RdNr. 10.

§ 3 Partnerschaftsvertrag

(1) Der Partnerschaftsvertrag bedarf der Schriftform.

(2) Der Partnerschaftsvertrag muß enthalten
1. den Namen und den Sitz der Partnerschaft;
2. den Namen und den Vornamen sowie den in der Partnerschaft ausgeübten Beruf und den Wohnort jedes Partners;
3. den Gegenstand der Partnerschaft.

Übersicht

	RdNr.		RdNr.
I. Einführung	1–4	2. Name und Sitz der Partnerschaft (Nr. 1)	16–19
1. Normzweck	1, 2	a) Name	16
2. Kritik	3, 4	b) Sitz	17–19
II. Die Schriftform (Abs. 1)	5–13	3. Name, Vorname, ausgeübter Beruf und Wohnort jedes Partners (Nr. 2)	20, 21
1. Grundsatz	5, 6		
2. Rechtsfolgen eines Formmangels	7–13	4. Gegenstand der Partnerschaft (Nr. 3)	22, 23
a) Bei Gründung der Partnerschaft	7–10	IV. Sonstige Vertragsbestandteile	24, 25
b) Bei späteren Vertragsänderungen	11–13	V. Der Vorbehalt des Berufsrechts	26
III. Die notwendigen Vertragsbestandteile (Abs. 2)	14–23		
1. Überblick	14, 15		

I. Einführung

1 **1. Normzweck.** Die Vorschrift begründet in **Abs. 1** das Erfordernis gesetzlicher **Schriftform** (§ 126 BGB) für den Partnerschaftsvertrag. Nach der Regierungsbegründung[1] soll dieses Erfordernis nicht der – mit der Schriftform häufig verfolgten[2] – Warnfunktion oder der Möglichkeit der Kontrolle des fraglichen Rechtsgeschäfts durch eine Aufsichtsinstanz dienen, sondern ausschließlich **Beweisfunktion** haben. Seine Bedeutung wird weiter dadurch eingeschränkt, dass die Beweisfunktion sich nur auf das *Innenverhältnis* der Beteiligten bezieht. Denn der Partnerschaftsvertrag bildet ungeachtet des § 3 Abs. 2 ein *Internum* der Partner; er ist weder der Anmeldung der Partnerschaft zum Register beizufügen noch im Regelfall dem Registergericht gegenüber offenzulegen (vgl. §§ 4, 5 RdNr. 2, 15). Ungeachtet der eingeschränkten Funktion der Vorschrift führt die Nichteinhaltung der Schriftform nach § 125 BGB zur Nichtigkeit des Partnerschaftsvertrags, soweit nicht entweder die Umdeutung in den formfrei wirksamen Gesellschaftsvertrag einer GbR in Betracht kommt oder die Grundsätze über fehlerhafte Gesellschaftsverträge eingreifen (RdNr. 7 ff.).

2 **Abs. 2** legt mit den in Nr. 1 bis 3 genannten Angaben den gesetzlichen **Mindestinhalt des Partnerschaftsvertrags** fest. Die Vorschrift darf freilich nicht darüber hinwegtäuschen, dass auf Grund der Verweisung in § 1 Abs. 4 jedenfalls auch der für Gesellschaftsverträge der GbR erforderliche, die essentialia negotii umfassende Mindestinhalt nach § 705 BGB zu beachten ist (§ 1 RdNr. 7). Daraus folgt die Notwendigkeit von Vereinbarungen über den gemeinsamen Zweck, jedenfalls soweit er über den gemeinsamen Betrieb des Gegenstands der Partnerschaft (§ 3 Abs. 2 Nr. 3) hinausgeht, und über die von den Partnern geschuldeten, sich nicht ohne weiteres in der Ausübung eines Freien Berufs erschöpfenden Beiträge (§ 1 RdNr. 12). Derartige Abreden lassen sich nicht durch Rückgriff auf dispositives Recht ersetzen.

3 **2. Kritik.** Als **Fremdkörper** in dem ansonsten auf Formvorschriften für Gesellschaftsverträge verzichtenden Personengesellschaftsrecht setzt sich die Vorschrift des **§ 3 Abs. 1** berechtigter Kritik aus.[3] Hinsichtlich der in § 3 Abs. 2 vorgeschriebenen Angaben bedarf es

---

[1] Begr. RegE, BT-Drucks. 12/6152 S. 13.
[2] § 125 BGB RdNr. 6; *Larenz/Wolf* AT § 27 RdNr. 8, 27.
[3] *Michalski/Römermann* RdNr. 5 ff.; *Meilicke* in: *M/W/H/L/W* RdNr. 3 ff. So auch *Stuber* WiB 1994, 705, 707; *K. Schmidt* ZIP 1993, 633, 640; vgl. aber auch *dens.* NJW 1995, 1, 3; s. auch *Gail/Overlack* RdNr. 109.

einer derartigen Beweiserleichterung für den Inhalt des Partnerschaftsvertrags schon deshalb nicht, weil sie nach §§ 4, 5 Abs. 1 zugleich den Inhalt der von *sämtlichen* Gesellschaftern zu bewirkenden Anmeldung und der nachfolgenden Eintragung der Partnerschaft bilden. Daher ist regelmäßig bereits auf diesem Wege die Übereinstimmung der Angaben mit den vom Willen der Partner umfassten rechtlichen Verhältnissen der Partnerschaft gesichert. Was die Beweisführung hinsichtlich des sonstigen Inhalts des Partnerschaftsvertrags und die Entscheidung für oder gegen die Schriftform angeht, könnte sie getrost den Partnern selbst überlassen werden. Für das Recht der GbR oder der OHG/KG hat sich insoweit bisher jedenfalls kein Regelungsdefizit gezeigt, das im Interesse der Rechtssicherheit ein Eingreifen des Gesetzgebers erforderlich machen könnte. Im Gegenteil ist zu befürchten, dass das Schriftformerfordernis des § 3 Abs. 1 mit Rücksicht auf die aus § 125 BGB folgende grundsätzliche Nichtigkeit bei Verstößen seinerseits unerwünschte Rechtsunsicherheit für die Partnerschaft bewirkt, womit der Regelungszweck der Vorschrift letztlich ad absurdum geführt wird.

Nicht zu überzeugen vermag aber auch die Regelung des **§ 3 Abs. 2** über den notwendigen Mindestinhalt des Partnerschaftsvertrags. Sie ist nicht nur tendenziell **unvollständig** (vgl. RdNr. 2) und dadurch geeignet, rechtlich unbewanderte Freiberufler irrezuführen, die eine Partnerschaft eingehen wollen. Vielmehr enthält sie mit der Aufzählung derjenigen Angaben, die zugleich den Gegenstand der Anmeldung und Eintragung der Partnerschaft bilden, auch eine im Zusammenhang mit dem Vertragsschluss inhaltlich **überflüssige** Festlegung. Nach allem könnte § 3 ersatzlos gestrichen werden, ohne dass dadurch ein Regelungsdefizit entstünde.

II. Die Schriftform (Abs. 1)

1. Grundsatz. Mit der in § 3 Abs. 1 vorgeschriebenen Schriftform ist die in § 126 BGB näher geregelte **gesetzliche Schriftform** gemeint. Sie setzt die vollständige Wiedergabe der getroffenen Vereinbarungen einschließlich der Nebenabreden in der Vertragsurkunde sowie die Unterzeichnung durch die Vertragsparteien voraus, sei es eigenhändig durch Namensunterschrift oder mittels notariell beglaubigten Handzeichens (vgl. näher § 126 BGB RdNr. 14 ff., 18). Der Schriftform bedürfen grundsätzlich auch spätere Änderungen oder Ergänzungen des Partnerschaftsvertrags, wenn sie Wirksamkeit erlangen sollen (§ 125 BGB RdNr. 16); anderes gilt für solche Änderungen, die – wie etwa die Verlegung des Wohnorts eines Partners (§ 3 Abs. 2 Nr. 2) – auf Grund tatsächlicher Entwicklungen eintreten oder – wie die Ausübung eines vertraglich eingeräumten Kündigungsrechts – auf einseitiger Gestaltung beruhen. – Der *Vorvertrag* auf Eingehung eines Partnerschaftsvertrags bedarf angesichts der bloßen Beweisfunktion des § 3 Abs. 1 nicht auch der für diesen Vertrag vorgesehenen Form.[4]

Eine gegenüber § 126 BGB **strengere Form,** etwa diejenige der notariellen Beurkundung, ist vorbehaltlich der Sonderfälle formgebundener Einlageverpflichtungen iS des § 311b Abs. 1 BGB, § 15 Abs. 4 GmbHG u. a. gesellschaftsrechtlich nicht vorgeschrieben. Insbesondere ergibt sie sich auch nicht aus dem für Partnerschaften geltenden Eintragungsverfahren; dies schon deshalb, weil es zur Anmeldung der Partnerschaft beim Register der Vorlegung der Vertragsurkunde nicht bedarf (§§ 4, 5 RdNr. 2). Besondere aus dem *Berufsrecht* folgende Formvorschriften sind nicht ersichtlich.

2. Rechtsfolgen eines Formmangels. a) Bei Gründung der Partnerschaft. Tritt der Formmangel bereits bei Abschluss des Partnerschaftsvertrages auf, so ist zwischen der Phase vor und nach Eintragung in das Partnerschaftsregister zu unterscheiden. **Bis zur Eintragung** hat die Vereinigung die Rechtsform einer GbR, freilich mit den Besonderheiten für das Innenverhältnis, die aufgrund der geplanten Errichtung einer Partnerschaft zu

---

[4] AA *Michalski/Römermann* RdNr. 9 b. Allg. zur Bedeutung des Formzwecks für die Formbedürftigkeit des Vorvertrags vgl. BGHZ 61, 48 = NJW 1973, 1839; Vor § 145 RdNr. 47; *Henrich,* Vorvertrag, Organisationsvertrag, Vorrechtsvertrag, 1965, S. 147 ff., 152 f.

beachten sind (vgl. § 7 RdNr. 4f.). Zu diesen Besonderheiten gehört nach § 3 Abs. 1 auch die Formbedürftigkeit des Gesellschaftsvertrags. Die fehlende oder unvollständige Form macht den Vertrag nach § 125 S. 1 BGB *nichtig*. Anderes gilt, soweit nach § 140 BGB seine *Umdeutung* in einen formfrei wirksamen GbR-Vertrag in Betracht kommt. Sie bietet sich dann an, wenn es den Beteiligten mit der Entscheidung für die Rechtsform der Partnerschaft nicht speziell darum ging, in den Genuss des Haftungsprivilegs nach § 8 Abs. 2 zu kommen.[5]

8 Wird die formnichtig gegründete, nicht durch Umdeutung geheilte Gesellschaft in **Vollzug** gesetzt, dh. beginnen die Partner durch Aufnahme ihrer Tätigkeit nach außen oder durch Leistung der Einlagen mit der Durchführung der Gesellschaft (§ 705 BGB RdNr. 331), so greifen die Grundsätze über die *fehlerhafte Gesellschaft* ein (vgl. dazu näher § 705 BGB RdNr. 323 ff.). Die Gesellschaft erlangt als GbR Wirksamkeit, wird aber aufgelöst und ist abzuwickeln, sobald sich einer der Partner gegenüber den anderen entsprechend § 723 Abs. 1 S. 2 BGB auf den Formmangel beruft. Die Eintragung der Vereinigung zur Erlangung der Rechtsform der Partnerschaft scheidet aus, wenn das Registergericht Kenntnis vom Formmangel hat (§§ 4, 5 RdNr. 15).

9 Ist trotz des Formmangels die **Eintragung erfolgt,** weil das Registergericht davon keine Kenntnis erlangt hatte, so bewendet es *bis zum Vollzug* der Gesellschaft gleichwohl bei ihrer Nichtigkeit, soweit nicht die – trotz Eintragung mögliche – Umdeutung in eine GbR in Betracht kommt (RdNr. 7). Wegen der Formnichtigkeit des Gesellschaftsvertrags wirkt die Eintragung in derartigen Fällen abweichend von § 7 Abs. 1 nicht konstitutiv; auch führt sie nicht etwa zur Heilung des Formmangels. Wird die Vereinigung nach der Eintragung in *Vollzug* gesetzt, so greifen wiederum die Grundsätze über die fehlerhafte Gesellschaft ein. Die nichtige Vereinigung wird zur wirksamen, aber fehlerhaften Partnerschaft. Sie besteht als solche solange fort, bis sich einer der Partner durch Auflösungsklage nach § 9 Abs. 1 iVm. § 133 HGB erfolgreich auf den Formmangel beruft. Die Umdeutung nach § 140 BGB in eine wirksame GbR scheidet in diesem Stadium, nachdem die eingetragene Partnerschaft infolge des Vollzugs wirksam geworden ist, aus. Erfolgt demgegenüber die Eintragung erst nach dem Vollzug der Gesellschaft, so wandelt sich die zunächst entstandene fehlerhafte GbR (RdNr. 8) mit der Eintragung in eine Partnerschaft um. Der Formmangel wird dadurch freilich nicht geheilt: es bewendet vielmehr bei einer fehlerhaften Gesellschaft, wenn auch in der Rechtsform der Partnerschaft.

10 Kommt es trotz Eintragung der Partnerschaft nicht zu deren Vollzug und scheitert daran das Eingreifen der Grundsätze über die fehlerhafte Gesellschaft, so müssen sich die Beteiligten auf Grund der **Rechtsscheinhaftung** des § 5 Abs. 2 iVm. § 15 Abs. 3 HGB gleichwohl gutgläubigen Dritten gegenüber wie Partner einer wirksamen Partnerschaft behandeln lassen; sie haften ggf. nach § 8 Abs. 1. Freilich setzt diese Haftung voraus, dass die Partnerschaft nach außen, gegenüber den sich auf den Rechtsschein berufenden Dritten, in Erscheinung tritt. Dann aber ist sie in aller Regel auch schon in Vollzug gesetzt mit der Folge, dass sie dadurch, wenn auch als fehlerhafte, zur Entstehung kommt (RdNr. 7 ff.). Daher kommt der Rechtsscheinhaftung entsprechend § 15 Abs. 3 HGB in derartigen Fällen meist keine praktische Bedeutung zu.

11 **b) Bei späteren Vertragsänderungen.** Das **Schriftformerfordernis** des § 3 Abs. 1 gilt auch für spätere, auf Vereinbarung beruhende Änderungen des Partnerschaftsvertrags (RdNr. 5). Seine Nichtbeachtung hat für rein *schuldrechtliche,* lediglich das Innenverhältnis der Parteien berührende Änderungen wie diejenige des Gewinnverteilungsschlüssels ungeachtet ihres Vollzugs Formnichtigkeit (§ 125 BGB) zur Folge; es bewendet bei der ursprünglichen Regelung. Im Fall *organisationsrechtlicher,* die Gesamthand und ihre Außenbeziehungen berührender Änderungen wie der Aufnahme oder dem auf Vereinbarung beruhenden Ausscheiden eines Partners, der Änderung des Namens der Partnerschaft, des Unternehmensgegenstands oder der Vertretungsbefugnis, greifen auch insoweit die Grundsätze der fehler-

---

[5] AA anscheinend *K. Schmidt* NJW 1995, 1, 3; tendenziell wie hier *Michalski/Römermann* RdNr. 9.

haften Gesellschaft ein.[6] Das hat zur Folge, dass ab Invollzugsetzung die formnichtige Vertragsänderung zwar wirksam ist, jeder Gesellschafter jedoch für die Zukunft die Wiederherstellung des früheren Zustands betreiben und von Gesellschaft oder Mitgesellschaftern den Ausgleich etwaiger auf Grund der Änderung erlittener Vermögensnachteile verlangen kann.[7]

Für eine **Umdeutung** formnichtiger schuldrechtlicher Änderungen eines formwirksamen Partnerschaftsvertrags ist regelmäßig *kein Raum*. Zu erwägen bleibt, solchen von allen Partnern gewollten Abweichungen von den im Grundsatz fortgeltenden Regelungen des Partnerschaftsvertrags, die *einmaliger* Natur sind, nach den Grundsätzen über die einvernehmliche Satzungsdurchbrechung im GmbH-Recht[8] Wirksamkeit trotz des Formverstoßes zu verleihen bzw. die Berufung auf die Formnichtigkeit insoweit an § 242 BGB scheitern zu lassen. Demgegenüber scheidet eine Übernahme der aus dem GbR-Recht bekannten Grundsätze über den konkludenten Verzicht auf das Formerfordernis (§ 705 BGB RdNr. 51, 56) schon deshalb aus, weil die gesetzliche Schriftform nicht zur Disposition der Parteien steht. 12

Nicht vom **Formzwang** erfasst und daher ohne Einhaltung der Schriftform wirksam werden Änderungen des Partnerschaftsvertrags, die auf *außervertaglichen* Umständen, insbesondere der Änderung der tatsächlichen Verhältnisse oder der Ausübung eines einseitigen Gestaltungsrechts beruhen. So kann eine Änderung des Partnerkreises einseitig durch den Tod oder die vertraglich zugelassene Kündigung eines Partners unter Fortbestand der Partnerschaft im Übrigen eintreten. Bei bestimmten der in § 3 Abs. 2 genannten Mindesterfordernisse (Name, ausgeübter Beruf und Wohnort der Partner) können Änderungen auch allein auf Grund der tatsächlichen Entwicklung eintreten. In allen diesen Fällen wird die Änderung ohne Zutun der übrigen Partner wirksam; ihr Eintritt kann schon deshalb nicht an die Einhaltung der Schriftform geknüpft werden. Der Partnerschaftsvertrag ist vielmehr in diesen Punkten zu berichtigen.[9] 13

III. Die notwendigen Vertragsbestandteile (Abs. 2)

1. Überblick. Mit der gesetzlichen Festlegung eines **Mindestinhalts** des Partnerschaftsvertrags als Regelungszweck des Abs. 2 (RdNr. 2) wollte der Gesetzgeber ausweislich der Begründung[10] erreichen, dass sich die Partner zu Beginn ihrer Zusammenarbeit auf deren wichtigste Grundlagen einigen. Der Inhalt von Abs. 2 deckt sich mit diesem Ziel freilich nur sehr bedingt. Zwei der drei Nummern (Nr. 1 und 3) betreffen mit Namen, Sitz und Unternehmensgegenstand der Partnerschaft deren Identitätsausstattung, dh. die vertragliche Konkretisierung des organisatorischen Rahmens der Zusammenarbeit, nicht aber die Rechte und Pflichten der Beteiligten als die zentralen Gegenstände eines Gesellschaftsvertrags. Und bei der verbleibenden Nr. 2 geht es in erster Linie um die Identifikation der Gesellschafter einschließlich ihrer für die Partnerschaft relevanten Berufsausübung. 14

Die beiden **Hauptgegenstände jedes Gesellschaftsvertrags,** der gemeinsame Zweck und die Beitragspflichten der Gesellschafter (§ 705 BGB), lassen sich in den Gegenständen des Abs. 2 allenfalls ansatzweise finden, wenn man einerseits den Gegenstand der Partnerschaft (Nr. 3) mit dem gemeinsamen Zweck gleichsetzt und andererseits die Angabe des in der Partnerschaft ausgeübten Berufs (Nr. 2) zugleich als Umschreibung der wesentlichen Beitragspflicht der einzelnen Partner versteht. In ihrem eigenen Interesse und um angesichts des Vollständigkeitsgebots formbedürftiger Rechtsgeschäfte (§ 125 RdNr. 30) Formmängel 15

---

[6] Vgl. näher *Staub/Ulmer* § 105 HGB RdNr. 365 f.; MünchKommHGB/*K. Schmidt* § 105 RdNr. 223.
[7] Vgl. § 705 BGB RdNr. 362; dort auch zur Unterscheidung zwischen schuldrechtlichen und organisationsrechtlichen Bestandteilen des Gesellschaftsvertrags; einschränkend BGHZ 62, 20, 29 = NJW 1974, 498 (Wirksamkeit nur für statusrelevante Vertragsänderungen).
[8] Vgl. dazu *Hachenburg/Ulmer* § 53 GmbHG RdNr. 33; *Rowedder/Schmidt-Leithoff/Zimmermann* § 53 GmbHG RdNr. 34.
[9] So auch *Meilicke* in: M/W/H/L/W RdNr. 26.
[10] Begr. RegE, BT-Drucks. 12/6152 S. 13.

zu vermeiden, sollten die Partner sich bei Errichtung der Partnerschaft um eine vollständige, über die Mindesterfordernisse des Abs. 2 deutlich hinausgehende Vertragsurkunde bemühen und darin in Ergänzung des dispositiven Rechts oder abweichend von ihm die für die Partnerschaft wesentlichen Rechtsverhältnisse möglichst lückenlos niederlegen (zu derartigen, für typische Partnerschaftsverträge bedeutsamen Regelungsgegenständen vgl. RdNr. 25).

16   **2. Name und Sitz der Partnerschaft (Nr. 1). a) Name.** Zur Wahl des Namens der Partnerschaft vgl. § 2 RdNr. 8 ff. Seine Festlegung bildet den Gegenstand notwendiger Vereinbarung zwischen den Partnern. Entsprechendes gilt grundsätzlich für spätere (formbedürftige) Änderungen, soweit sie nicht – wie die Streichung des Namens eines ausgeschiedenen, nicht mit der Fortführung einverstandenen Partners oder diejenige einer infolge Partnerwechsel nicht weiter in der Partnerschaft vertretenen Berufsbezeichnung – von Rechts wegen aufgrund der einschlägigen namensrechtlichen Vorschriften geboten ist.

17   **b) Sitz.** Der Sitz der Partnerschaft als Teil ihrer Identitätsausstattung entscheidet nach § 4 Abs. 1 iVm. § 106 Abs. 1 HGB über die **örtliche Zuständigkeit des Registergerichts** sowie nach § 17 Abs. 1 ZPO über ihren **allgemeinen Gerichtsstand**. Im Hinblick auf die Namensausschließlichkeit des § 2 Abs. 2 iVm. § 30 HGB (§ 2 RdNr. 23) kann die Sitzwahl mittelbar auch Auswirkungen auf die Auswahl des Partnerschaftsnamens haben.

18   Zweifelhaft ist, ob die Partner zur **Wahl des Sitzes** berechtigt sind oder ob der Sitz sich nach objektiven, an den Schwerpunkt der geschäftlichen Tätigkeit anknüpfenden Kriterien bestimmt. Für die Anknüpfung an objektive Kriterien votiert die hM im Recht der Personengesellschaften,[11] während für das GmbH-Recht bis zur Neuregelung des § 4a GmbHG im Jahr 1999[12] das grundsätzliche Recht der Gesellschaft zu freier Sitzwahl anerkannt war.[13] Soweit es um den Sitz der **PartG** geht, spricht allein schon die Regelung des Abs. 2 Nr. 1 für ein Wahlrecht der Partner, da sich nur so die Bestimmung des Sitzes als notwendiger Vertragsbestandteil erklären lässt;[14] auch fehlt es, wie der Fall überörtlicher Sozietäten zeigt, nicht selten an eindeutigen objektiven Anknüpfungskriterien. Allerdings ginge es zu weit, den Partnern das Recht zur beliebigen (willkürlichen), von den Schwerpunkten ihrer Tätigkeit losgelösten Sitzwahl einzuräumen. Entsprechend §§ 4a Abs. 2 GmbHG, 5 Abs. 2 AktG ist das Recht vielmehr dahin einzuschränken, dass es nicht ohne Rücksicht auf die Tätigkeitsschwerpunkte der PartG ausgeübt werden kann. Die Wahl eines willkürlichen Sitzes führt daher zur Ablehnung der Eintragung durch das aufgrund der unrichtigen Sitzwahl zuständige Registergericht.

19   Ein **Doppelsitz** der Partnerschaft ist im PartGG nicht vorgesehen. Auch nach allgemeinem Registerrecht stößt er mit Rücksicht auf die damit verbundenen registerrechtlichen Zuständigkeitsprobleme auf grundsätzliche Bedenken.[15] Soweit eine Partnerschaft Niederlassungen an mehreren Orten unterhält, hat sie dem nach § 5 Abs. 2 iVm. § 13 HGB durch Anmeldung entsprechender Zweigniederlassungen zur Eintragung in das dortige Register Rechnung zu tragen (§§ 4, 5 RdNr. 29). Ob angesichts dieser Regelungen gleichwohl ein rechtlich relevanter Bedarf dafür besteht, nach dem Vorbild des Aktienrechts[16] aus politi-

---

[11] BGHZ WM 1957, 999, 1000; BB 1969, 329; KG WM 1955, 892, 893; MünchKommHGB/*Langhein* § 106 RdNr. 26; *Heymann/Emmerich* § 106 HGB RdNr. 7; aA *Staub/Ulmer* § 106 HGB RdNr. 20; *John*, Die organisierte Rechtsperson, 1977, S. 146; so auch schon LG Köln NJW 1950, 871 f.; *Wieland* HandelsR S. 171 f.

[12] Er reduziert in Übereinstimmung mit § 5 Abs. 2 AktG die Sitzbestimmung im Regelfall auf die Auswahl zwischen mehreren vorhandenen Anknüpfungspunkten (Geschäftsbetrieb, Geschäftsleitung, Verwaltungssitz); vgl. nur *Scholz/Emmerich* § 4a GmbHG RdNr. 10 ff.; *Hüffer* § 5 AktG RdNr. 1, 5 ff.

[13] Vgl. nur *Hachenburg/Ulmer*, 8. Aufl. 1992, § 3 GmbHG RdNr. 9; *Baumbach/Hueck*, 16. Aufl. 1996, § 3 GmbHG RdNr. 6.

[14] So im Ergebnis auch *Michalski/Römermann* RdNr. 15; MünchHdbGesR I/*Salger* 32 RdNr. 3; *Meilicke* in: *M/W/H/L/W* RdNr. 20; *Feddersen/Meyer-Landrut* RdNr. 4.

[15] Hierzu eingehend *Staub/Hüffer* Vor § 13 HGB RdNr. 28; *Krafka/Willer*, Registerrecht, 7. Aufl. 2007, RdNr. 356 ff.

[16] S. statt aller *Hüffer* § 5 AktG RdNr. 10; MünchKommAktG/*Heider* § 5 RdNr. 41 ff.

schen, wirtschaftlichen oder berufsrechtlichen Gründen ausnahmsweise einen Doppelsitz anzuerkennen, ist angesichts der im Vergleich zur AG als Unternehmensträger typisch geringeren Dimensionen von Unternehmen in der Rechtsform der Partnerschaft nicht ohne weiteres anzunehmen.[17] Die Frage kann freilich dann akut werden, wenn sich große überörtliche Sozietäten mit gleichgewichtigen Schwerpunkten an zwei Orten in eine Partnerschaft umwandeln oder Sozietäten von Freiberuflern mit unterschiedlichem Sitz zu einer Partnerschaft fusionieren wollen.[18]

3. Name, Vorname, ausgeübter Beruf und Wohnort jedes Partners (Nr. 2). Für die Bezeichnung von Name, Vorname und Wohnort der Partner bietet sich wegen des mit § 106 Abs. 2 Nr. 1 HGB übereinstimmenden Regelungszwecks und wegen der Verweisung hierauf in § 4 Abs. 1 die Übernahme der für jene Vorschrift anerkannten Auslegungsgrundsätze an.[19] Danach ist mit dem **Namen** der Familienname des Partners gemeint (vgl. auch § 2 RdNr. 8). Hinsichtlich des **Vornamens** genügt die Angabe des Rufnamens, wenn dadurch Unterscheidbarkeit gegenüber anderen Personen mit gleichem Familiennamen und Wohnort gewährleistet ist. Für die Angabe des **Wohnorts** kommt es auf den Ort des *tatsächlichen* dauernden Aufenthalts des Partners an, nicht auf den davon uU abweichenden Wohnsitz nach § 7 BGB.[20] Zur Behandlung von Änderungen der Personalien vgl. §§ 4, 5 RdNr. 5; zur notwendigen Angabe auch des Geburtsdatums jedes Partners bei Anmeldung zum Partnerschaftsregister vgl. §§ 4, 5 RdNr. 4.

Die Angabe des **in der Partnerschaft ausgeübten Berufs** dient – in Verbindung mit § 4 Abs. 1 S. 2 – der Information des Registergerichts und der Öffentlichkeit, welche Freien Berufe von welchen Partnern in der Partnerschaft ausgeübt werden sollen. Sie steht nicht nur in engem Zusammenhang mit § 3 Abs. 2 Nr. 3, sondern dokumentiert zugleich die Beteiligungsfähigkeit des Partners iS von § 1 Abs. 1 (§ 1 RdNr. 11) und konkretisiert damit diejenigen Tätigkeitspflichten, die den Partner als Teil seiner Beitragsleistung in der Partnerschaft treffen. Ist ein Partner in der Lage, **mehrere Freie Berufe** auszuüben, so ist es Sache der Beteiligten, sich darauf zu einigen, welche dieser Berufe er in die Partnerschaft einbringen soll. Hinsichtlich der übrigen, von ihm nicht in der Partnerschaft auszuübenden Berufe behält er vorbehaltlich des Umfangs der von ihm geschuldeten Dienstleistung und des möglichen Eingreifens des Wettbewerbsverbots nach § 6 Abs. 3 iVm. § 112 HGB die Freiheit, insoweit im eigenen Namen tätig zu werden oder sich an einem anderen Zusammenschluss zu beteiligen.

4. Gegenstand der Partnerschaft (Nr. 3). Auch die Festlegung des Gegenstands der Partnerschaft ist in erster Linie im Zusammenhang mit den Angaben gegenüber dem Registergericht nach § 4 Abs. 1 S. 2 bei der Anmeldung zu sehen. Darüber hinaus kommt dem Gegenstand regelmäßig auch Bedeutung zu für den **gemeinsamen Zweck** der Partnerschaft: er definiert diejenigen Freien Berufe, die der gemeinsamen Ausübung in der Partnerschaft vorbehalten sein sollen und zu deren Erbringung sich die Partner im Rahmen ihrer Beitragsleistung verpflichtet haben. Insoweit decken sich typischerweise Unternehmensgegenstand und gemeinsamer Zweck.[21]

Die das Innenverhältnis der Partner betreffende, auch für das Wettbewerbsverbot nach § 6 Abs. 3 iVm. § 112 HGB relevante Festlegung des gemeinsamen Zwecks gilt grundsätzlich auch dann fort, wenn bestimmte Freie Berufe **vorübergehend von keinem der Partner abgedeckt** werden, weil die bisher hierfür zuständigen Partner entweder ausgeschieden oder

---

[17] Für Personenhandelsgesellschaften wird ein Doppelsitz von der hM generell abgelehnt, vgl. MünchKommHGB/*Langhein* § 106 RdNr. 27; *Baumbach/Hopt* § 106 HGB RdNr. 9; *Heymann/Emmerich* § 106 HGB RdNr. 7; *E/B/J/S/Boujong* § 106 HGB RdNr. 13; aA *Staub/Ulmer* § 106 HGB RdNr. 22.
[18] So tendenziell auch *Henssler* § 3 RdNr. 27 f.; so jetzt auch *Michalski/Römermann* RdNr. 15; aA *Kaiser/Bellstedt* RdNr. 205; *E/B/J/Seibert* RdNr. 3.
[19] Vgl. näher *Staub/Ulmer* § 106 HGB RdNr. 15.
[20] Ebenso *Michalski/Römermann* RdNr. 17 a.
[21] Vgl. § 705 BGB RdNr. 128, 144. Ferner *Staub/Ulmer* § 105 HGB RdNr. 21; MünchKommHGB/ *K. Schmidt* § 105 RdNr. 28.

berufsunfähig geworden sind. Im Unterschied zum Namen der Partnerschaft und zur Eintragung im Partnerschaftsregister, die in solchen Fällen nach § 2 Abs. 1 S. 1, § 4 Abs. 1 S. 3, § 5 Abs. 1 zu berichtigen sind, wirken sich derartige Veränderungen nicht automatisch auf den Unternehmensgegenstand der Partnerschaft aus, solange die Partner nicht in der gebotenen Form eine Anpassung des Partnerschaftsvertrags an die eingetretene Änderung beschließen. Das kann dazu führen, dass vertraglicher Unternehmensgegenstand und Eintragung der in der Partnerschaft ausgeübten Berufe im Lauf der Zeit auseinanderfallen; für die Wirksamkeit der Vereinbarungen über den Unternehmensgegenstand ist diese Diskrepanz grundsätzlich ohne Einfluss.

IV. Sonstige Vertragsbestandteile

24   Die Festlegungen in Abs. 2 enthalten, wie schon erwähnt (RdNr. 2), nur einen Mindestbestand notwendiger Vereinbarungen der Partner; hinsichtlich der unverzichtbaren Hauptbestandteile jedes Gesellschaftsvertrags, dem gemeinsamen Zweck und den Beiträgen der Gesellschafter, fordert die Vorschrift sogar nur rudimentäre Ansätze. Da mit Rücksicht auf das Schriftformerfordernis des § 3 Abs. 1 für den Partnerschaftsvertrag die urkundenrechtliche **Vollständigkeitsvermutung** (§ 125 RdNr. 36) eingreift und die unvollständige Beurkundung zur Formnichtigkeit des ganzen Vertrags führen kann (vgl. RdNr. 7; § 125 BGB RdNr. 30, 38), bedarf es besonders sorgfältiger Abfassung des Urkundentextes unter Berücksichtigung auch aller sonstigen Regelungskomplexe, über die die Parteien sich entweder geeinigt haben oder eine Vereinbarung treffen wollten.

25   Wie die verschiedenen Verweisungen in §§ 6 Abs. 3, 7 Abs. 3, 9 Abs. 1, 10 auf das OHG-Recht zeigen, kann sich der Inhalt eines Partnerschaftsvertrags weitgehend an den im **OHG-Recht** anerkannten Grundsätzen orientieren. Wie dort herrscht für das *Innenverhältnis* der Partnerschaft, darunter insbesondere die Regelung der Verwaltungs- und Vermögensrechte und -pflichten der Partner, die Parteiautonomie vor (§ 6 Abs. 3), während das *Außenverhältnis*, dh. die Regelung über die Vertretung der Partnerschaft und über die Haftung für deren Verbindlichkeiten, sich vorbehaltlich des § 7 Abs. 3 iVm. § 125 Abs. 1, 2 HGB der Parteidisposition entzieht. Über *Gesellschafterwechsel*, Vererbung, Dauer und Kündigungsmöglichkeiten der Partnerschaft können die Gesellschafter Vereinbarungen treffen, soweit dem nicht die auf dem Erfordernis freiberuflicher Tätigkeit der Partner beruhenden, insbesondere berufsrechtlichen Grenzen gesetzt sind. Entsprechendes gilt für die Auflösung und Abwicklung der Partnerschaft. Auf Einzelheiten des OHG-Rechts ist hier nicht einzugehen.[22] Soweit nicht bestimmte Fragen im Rahmen der Erläuterung zu §§ 6 bis 10 anzusprechen sind, kann auf die Kommentare zum OHG-Recht verwiesen werden.

V. Der Vorbehalt des Berufsrechts

26   Dem in §§ 1 Abs. 3, 6 Abs. 1 ausgesprochenen Vorrang des Berufsrechts ist auch für den Inhalt des Partnerschaftsvertrages Rechnung zu tragen. Er kann insbesondere im Rahmen von § 3 Abs. 2 Nr. 3 Bedeutung erlangen, soweit es um die Frage der **Inkompatibilität** bestimmter Freier Berufe und ihrer Ausübung innerhalb einer interprofessionellen Partnerschaft geht. Das Berufsrecht kann aber auch **inhaltliche Vorgaben** für Gesellschaftsverträge von Freiberuflern aufstellen, die bei der Abfassung des Partnerschaftsvertrags zu beachten sind. Die Regierungsbegründung[23] erwähnt als Beispiel die Vorschrift des § 85 Abs. 4 lit. b SGB V, die für Berufsgemeinschaften von *Zahnärzten* den vertraglichen Nachweis der gleichberechtigten Teilhaberschaft der beteiligten Zahnärzte im Hinblick auf ihren Vergütungsanspruch fordert.[24]

---

[22] Vgl. dazu MünchKommHGB/*K. Schmidt* § 131 RdNr. 1 ff.; *Heymann/Emmerich* § 131 HGB RdNr. 3 ff.
[23] Begr. RegE, BT-Drucks. 12/6152 S. 13.
[24] Weitere Beispiele und Nachweise bei *Michalski/Römermann* RdNr. 26 ff.

§ 4 Anmeldung der Partnerschaft

(1) ¹Auf die Anmeldung der Partnerschaft in das Partnerschaftsregister sind § 106 Abs. 1 und § 108 des Handelsgesetzbuchs entsprechend anzuwenden. ²Die Anmeldung hat die in § 3 Abs. 2 vorgeschriebenen Angaben, das Geburtsdatum jedes Partners und die Vertretungsmacht der Partner zu enthalten. ³Änderungen dieser Angaben sind gleichfalls zur Eintragung in das Partnerschaftsregister anzumelden.

(2) ¹In der Anmeldung ist die Zugehörigkeit jedes Partners zu dem Freien Beruf, den er in der Partnerschaft ausübt, anzugeben. ²Das Registergericht legt bei der Eintragung die Angaben der Partner zugrunde, es sei denn, ihm ist deren Unrichtigkeit bekannt.

§ 5 Inhalt der Eintragung; anzuwendende Vorschriften

(1) Die Eintragung hat die in § 3 Abs. 2 genannten Angaben, das Geburtsdatum jedes Partners und die Vertretungsmacht der Partner zu enthalten.

(2) Auf das Partnerschaftsregister und die registerrechtliche Behandlung von Zweigniederlassungen sind die §§ 8, 8 a, 9, 10 bis 12, 13, 13 d, 13 h und 14 bis 16 des Handelsgesetzbuchs über das Handelsregister entsprechend anzuwenden; eine Pflicht zur Anmeldung einer inländischen Geschäftsanschrift besteht nicht.

Übersicht

	RdNr.		RdNr.
I. Einführung	1–3	V. Das Partnerschaftsregister (§ 5 Abs. 2)	19–43
1. Normzweck	1, 2	1. Notwendigkeit seiner Einrichtung	19–21
2. Reformen	3	2. Die Verweisung in § 5 Abs. 2 auf das Handelsregisterrecht des HGB	22–32
II. Die Anmeldung (§ 4)	4–9	a) Übersicht	22–24
1. Gegenstände der Anmeldung	4–6	b) Registerführung, Einsicht und Bekanntmachungen	25–27
a) Bei Errichtung der Partnerschaft	4, 4 a	c) Zweigniederlassungen	28, 29
b) Spätere Änderungen	5	d) Sonstige Regelungsbereiche	30–32
c) Zeichnung der Unterschrift	6	3. Die Partnerschaftsregisterverordnung	33–43
2. Anmeldepflichtige Personen	7	a) Erlass und Inkrafttreten; Text der PRV	33, 34
3. Form der Anmeldung; Nachweise	8, 9	b) Anmeldeerfordernisse nach § 3 PRV	35–39
III. Prüfung durch das Registergericht	10–16	c) Einbeziehung der Organe des Berufsstands	40–42
1. Zuständiges Gericht	10	d) Nicht verkammerte Berufe	43
2. Das Prüfungsrecht des Registergerichts	11–16	VI. Zum Vorbehalt des Berufsrechts	44, 45
a) Grundlagen; Reichweite der Einschränkung durch § 4 Abs. 2 S. 2	11–13		
b) Folgerungen	14–16		
IV. Die Eintragung (§ 5 Abs. 1)	17, 18		
1. Inhalt	17		
2. Wirkung	18		

I. Einführung

1. Normzweck. Die Vorschriften der §§ 4, 5 dienen in Verbindung mit der Partner- 1
schaftsregisterverordnung (PRV, vgl. RdNr. 33) dazu, die Anmeldung und Eintragung der Partnerschaft im Partnerschaftsregister umfassend zu regeln. Da das PartGG die Partnerschaft im Verhältnis zu Dritten zwar erst mit deren Registereintragung wirksam werden lässt (§ 7 Abs. 1), aus Gründen der Systemtreue (kein Handelsgewerbe, vgl. § 1 Abs. 1 S. 2) hierfür aber nicht das Handelsregister vorsieht, sondern die Einrichtung eines beson-

§§ 4, 5 PartGG   2, 3

deren Partnerschaftsregisters bei den Amtsgerichten vorschreibt, bedarf es auch besonderer Vorschriften über den **Gegenstand von Anmeldung und Eintragung** und das dabei einzuhaltende Verfahren. Entsprechend der Regelungstechnik in den materiellrechtlichen Teilen verweist das PartGG hierzu in § 4 Abs. 1 S. 1, § 5 Abs. 2 – vorbehaltlich der Einzelregelungen zur Registerführung in der PRV – weitgehend auf das für die OHG geltende Handelsregisterrecht und normiert die Anmeldepflichten im Übrigen in enger Anlehnung an das OHG-Recht. Für das Registerverfahren in Partnerschaftssachen entspricht diesem Vorgehen gegenwärtig die Anordnung in § 160b FGG betreffend die entsprechende Anwendung der meisten der für die Führung der Handelsregister geltenden Vorschriften der §§ 125 bis 143 FGG auf das neue Partnerschaftsregister. Künftig nehmen die §§ 374 bis 395 FamFG (insbes. § 374 Nr. 3 FamFG) direkten Bezug auf das Registerverfahren auch in Partnerschaftsregistersachen, so dass es einer Verweisung nach Art des § 160b FGG nicht mehr bedarf.

2   Eine *Besonderheit* des Registerrechts für die Partnerschaften besteht neben dem Bemühen um Reduktion der anmelde- und eintragungspflichtigen Tatsachen auf ein Mindestmaß vor allem auch darin, dass die **Prüfungspflicht des Registergerichts durch § 4 Abs. 2 S. 2 eingeschränkt** wurde. Den Grund für dieses Vorgehen bildete das bei den Gesetzesberatungen im Bundesrat deutlich gewordene Bestreben der Länder, den mit der Einrichtung und Führung des Partnerschaftsregisters verbundenen Aufwand gering zu halten und die Gerichte nicht mit unlösbaren Prüfungsaufgaben zu belasten.[1] Dementsprechend wurde entgegen früheren Entwürfen[2] zum einen darauf verzichtet, die Beifügung des Partnerschaftsvertrags bei Anmeldung der Partnerschaft vorzuschreiben. Auch wurde mit Rücksicht auf die Regelung in § 7 Abs. 1 auf die Eintragung des Datums des Beginns der Partnerschaft verzichtet. Vor allem aber wurde in Abänderung von § 4 Abs. 2 RegE während des Gesetzgebungsverfahrens auf den Nachweis der Zugehörigkeit der Partner zu den von ihnen auszuübenden Berufen verzichtet und zudem in einem neuen S. 2 ausdrücklich angeordnet, dass das Registergericht bei der Eintragung die Angaben der Partner zugrundezulegen hat, wenn ihm deren Unrichtigkeit nicht positiv bekannt ist. Nicht voll im Einklang mit dieser Zielsetzung befinden sich allerdings §§ 3, 4 PRV, die bestimmte Nachweis- und Ermittlungsanforderungen betreffend die Zulassung zum Freien Beruf u. a. im Zusammenhang mit der Anmeldung und Eintragung von Partnerschaften begründen (vgl. RdNr. 35, 39).

3   **2. Reformen.** Die Vorschriften der §§ 4 Abs. 1 S. 2, 5 Abs. 1 wurden durch Art. 4 des ERJuKoG im Jahr 2001 dahin erweitert, dass künftig auch das *Geburtsdatum* der Partner sowie ihre jeweilige *Vertretungsmacht* anmelde- und eintragungspflichtig sind. Damit wurde den entsprechenden Änderungen des § 106 Abs. 2 HGB Rechnung getragen und für Gleichklang zwischen OHG- und PartG-Recht gesorgt. (Übergangsvorschrift: § 11 Abs. 2). Auch die PRV unterlag mehreren, die entsprechenden Änderungen des PartGG (vgl. Vor § 1 RdNr. 9 f.) berücksichtigenden Anpassungen. Mit Wirkung vom 1. 1. 2007 wurden zudem das Handels-, Genossenschafts- und das Partnerschaftsregister durch das „Gesetz über elektronische Handelsregister und Genossenschaftsregister sowie das Unternehmensregister (EHUG)"[3] auf elektronischen Betrieb umgestellt. Das EHUG hat damit insbesondere die Anforderungen der europarechtlichen Vorgaben von der Publizitätsrichtlinie[4] und teilweise auch der Transparenzrichtlinie[5] umgesetzt. § 5 Abs. 2 Halbs. 2 wurde durch das MoMiG zum 1. 11. 2008 angefügt.

---

[1] Vgl. Stellungnahme BR, BT-Drucks. 12/6152 S. 26 f.; *Seibert,* Die Partnerschaft, 1994, S. 45; *Bösert* ZAP 1994, 765, 772; *Leutheusser-Schnarrenberger* der freie beruf 7–8/1994, 20, 21.
[2] Vgl. RegE, BT-Drucks. 6/2047 S. 1; RegE, BT-Drucks. 7/4089 S. 7; Entwurf des BT-Rechtsausschusses, BT-Drucks. 7/5402 S. 4; 1. RefE in *Seibert* (Fn. 1) S. 85; dazu auch Vor § 1 RdNr. 2 f.
[3] EHUG vom 10. 11. 2006, BGBl. I S. 2553; hierzu BT-Drucks. 16/960 (RegE samt Stellungnahme des Bundesrates und Gegenäußerung der Bundesregierung) und BT-Drucks. 16/2781 (Beschlussempfehlung und Bericht des Rechtsausschusses).
[4] Richtlinie 2003/58/EG, ABl. EU Nr. L 221 S. 13.
[5] Richtlinie 2004/109/EG, ABl. EU Nr. L 390 S. 38.

II. Die Anmeldung (§ 4)

1. Gegenstände der Anmeldung. a) Bei Errichtung der Partnerschaft. Nach § 4 **4** Abs. 1 S. 2 bildet insbesondere der in § 3 Abs. 2 Nr. 1 bis 3 festgelegte **Mindestinhalt des Partnerschaftsvertrags** den Gegenstand der Anmeldung bei Errichtung der Partnerschaft. Anzumelden sind also Name und Sitz der Partnerschaft (Nr. 1), ihr Gegenstand (Nr. 3) und die in Nr. 2 genannten Angaben zur Identifizierung der Partner und des von ihnen in der Partnerschaft ausgeübten Freien Berufs. Diese Angaben sind in die Anmeldeerklärungen der Partner (RdNr. 7) aufzunehmen; ihre Ersetzung durch die Vorlage des Partnerschaftsvertrags mit seinem entsprechenden Inhalt ist weder hinreichend noch erforderlich. **Weitere Gegenstände** der Anmeldung bilden seit der Reform 2001 (RdNr. 3) die *Vertretungsbefugnis* der Partner unabhängig davon, ob sie der gesetzlichen Regelung des § 7 Abs. 1 iVm. § 125 Abs. 1 HGB entspricht, unter Einschluss der Befreiung vom Verbot des Selbstkontrahierens,[6] sowie das *Geburtsdatum* der Partner. Sämtliche Gegenstände der Anmeldung werden nach § 5 Abs. 1 auch in das Partnerschaftsregister eingetragen. Grundsätzlich werden sämtliche Eintragungen in das Partnerschaftsregister nur aufgrund eines Antrags vorgenommen. Seit der Umstellung des Registers auf elektronischen Betrieb zum 1. 1. 2007 ist die elektronische Anmeldung der gesetzliche Normalfall. Dennoch gestattet § 11 Abs. 3 für eine Übergangsfrist bis zum 31. 12. 2009 den Landesregierungen durch Rechtsverordnung eine Einreichung in Papierform vorzusehen.

Im Einzelnen ist die **Rechtsnatur** der Anmeldung umstritten. Einige messen ihr eine rein **4a** verfahrensrechtliche Bedeutung zu, anderes gehen von einer Doppelnatur aus Eintragungsantrag und Rechtsgeschäft aus, wieder andere sprechen von einem auf die Herbeiführung behördlichen Handelns gerichteten organschaftlichen Akt; und schließlich begegnet auch die Auffassung, die Anmeldung sei eine Art Garantieerklärung, die dem Registergericht Vertrauen in die inhaltliche Richtigkeit der angemeldeten Tatsache zusichert. Für die PartG ergeben sich insofern allerdings keine Besonderheiten.[7]

b) Spätere Änderungen. Anmeldepflichtig sind nach § 4 Abs. 1 S. 3 auch Änderungen, **5** die nach Eintragung der Partnerschaft in Bezug auf die Gegenstände der Anmeldung eintreten. Hierunter fallen einerseits Änderungen beim Namen, Sitz oder Unternehmensgegenstand der Partnerschaft ebenso wie das Ausscheiden oder der Beitritt von Partnern, auch soweit sie auf einer Anteilsübertragung beruhen, sowie Änderungen bei den der Identifizierung der Partner dienenden Angaben des § 3 Abs. 2 Nr. 2, andererseits Änderungen in Bezug auf die Vertretungsmacht der Partner. Der Grund der Änderung, dh. das Zustandekommen eines formwirksamen Änderungsbeschlusses, die Ausübung eines einseitigen Gestaltungsrechts oder die Änderung tatsächlicher Verhältnisse wie bei der Verlegung des Wohnsitzes oder dem Eintritt der Berufsunfähigkeit eines Partners, ist für die Anmeldepflicht ohne Belang. Schließlich besteht nach § 9 Abs. 1 iVm. § 143 HGB eine Anmeldepflicht beim Ausscheiden eines Partners oder der Auflösung der Partnerschaft. Im Falle des liquidationslosen Erlöschens der Partnerschaft wegen Ausscheidens des vorletzten Partners ist nicht das Ausscheiden, sondern die Auflösung der Partnerschaft einzutragen.[8] Abweichendes gilt mit Rücksicht auf § 2 Abs. 2 iVm. § 32 HGB nur bei insolvenzbedingter Auflösung der PartG; deren Eintragung ist von Amts wegen zu bewirken. *Sonstige* Vertragsänderungen werden – vorbehaltlich der Beachtung des Schriftformerfordernisses (§ 3 Abs. 1) – alsbald mit ihrer Vereinbarung wirksam; einer Anmeldung zum Handelsregister bedarf es nicht.

---

[6] So zutr. *Sevatius* NZG 2002, 456, 457 unter Hinweis auf die im Kapitalgesellschaftsrecht schon bisher hM, vgl. nur BGHZ 87, 59, 61 = NJW 1983, 1676; dazu *Ulmer* in: *Ulmer/Habersack/Winter* § 10 GmbHG RdNr. 13 f.; *Baumbach/Hueck/Fastrich* § 8 GmbHG RdNr. 17, jeweils mwN.

[7] Vgl. allg. nur *E/B/J/S/Schaub* HGB, § 12 RdNr. 26 ff. mwN.

[8] Vgl. nur BayObLG DB 2001, 2088, 2089; OLG Düsseldorf NJW-RR 1998, 245, 246; *Staub/C. Schäfer* § 143 HGB RdNr. 11 (alle zur OHG); abw. MünchKommHGB/*K. Schmidt* § 143 RdNr. 4 (Eintragung des Erlöschens der Firma nach § 31 HGB) vgl. ferner KG NZG 2007, 665, 667 (tendenziell aber für Eintragung sowohl der Auflösung als auch des Ausscheidens des Gesellschafters).

Gemäß § 5 Abs. 2 iVm. § 12 Abs. 2 HGB ist bei Änderung anmeldepflichtiger Tatsachen in Form einer Urschrift oder einfachen Abschrift die Übermittlung einer elektronischen Aufzeichnung ausreichend. Dagegen ist ein mit einem einfachen elektronischen Zeugnis nach § 39a BeurkG versehenes Dokument zu übermitteln, wenn ein notariell beurkundetes Dokument oder aber eine öffentlich beglaubigte Abschrift von der Änderung einer anmeldepflichtigen Tatsache betroffen sind.[9]

6 **c) Zeichnung der Unterschrift.** Die Verweisung in § 4 Abs. 1 S. 1 aF erstreckte sich auch auf die entsprechende Anwendung von **§ 108 Abs. 2 HGB aF** Danach hatten die vertretungsbefugten Gesellschafter im Zuge der Anmeldung den Namen der Partnerschaft mit ihrer Namensunterschrift zur Aufbewahrung bei dem Gericht zu zeichnen. Entsprechend war bei späteren Änderungen der Vertretungsbefugnis zu verfahren. Für die Form der Unterschriftszeichnung galt § 5 Abs. 2 iVm. § 12 HGB. Im Zuge des EHUG wurde § 108 Abs. 2 HGB aF jedoch ersatzlos gestrichen. Eine persönliche Zeichnung der Unterschrift ist für das elektronisch geführte Partnerschaftsregister damit nicht mehr nötig; auf eingescannte Unterschriften wurde verzichtet, um die Verwaltung der Partnerschaftsregisters zu vereinfachen und zu beschleunigen.[10]

7 **2. Anmeldepflichtige Personen.** Die Anmeldung ist nach § 4 Abs. 1 S. 1 iVm. § 108 HGB von **sämtlichen Partnern** zu bewirken. Ihrer höchstpersönlichen Mitwirkung bedarf es nicht. Die Partner können sich vertreten lassen, jedoch muss die Vollmacht auch zur elektronischen Anmeldung in öffentlich beglaubigter Form ausgestellt sein (§ 5 Abs. 2 iVm. § 12 Abs. 1 S. 2 HGB; vgl. RdNr. 8). Der Anmeldepflicht *jedes* Partners kommt nicht zuletzt dann Bedeutung zu, wenn es um anzumeldende Änderungen aus seiner eigenen Sphäre (Name, Wohnort, ausgeübter Freier Beruf) geht. Sie verpflichtet ihn, von sich aus tätig zu werden und auch die anderen Partner von der Änderung in Kenntnis zu setzen, um sie zur Mitwirkung bei der Anmeldung zu veranlassen. Zur Durchsetzung der Anmeldepflicht steht dem Registergericht nach § 5 Abs. 2 iVm. § 14 HGB die Befugnis zu, Zwangsgelder gegen die anmeldepflichtigen Personen festzusetzen.

8 **3. Form der Anmeldung; Nachweise.** Die **Form** der Anmeldung richtet sich nach § 5 Abs. 2 iVm. § 12 HGB. Die Angaben sind aus Gründen der Rechtssicherheit auch bei elektronischer Anmeldung in öffentlich beglaubigter Form (§ 129 Abs. 1 BGB) einzureichen. Hierbei versieht ein Notar das Dokument mit einem einfachen elektronischen Zeugnis gemäß § 39a BeurkG und übermittelt es sodann an das Registergericht.[11] Dokumente sind dabei grundsätzlich in elektronischer Form einzureichen. Eine elektronische Aufzeichnung genügt, sofern für ein Dokument die Einreichung einer Urschrift, einer einfachen Abschrift oder eines unterschriebenen Dokuments vorgesehen ist. Ein mit einem einfachen elektronischen Zeugnis versehenes Dokument ist einzureichen, sofern es um ein notariell beurkundetes Dokument oder eine öffentlich beglaubigte Abschrift geht. Zur Anmeldung sind nach § 4 Abs. 1 S. 1 iVm. § 108 HGB zwar alle Partner gemeinsam verpflichtet. Eine Stellvertretung ist aber möglich. Auch Vollmachten, die nicht selbst mitwirkende Partner ihren Vertretern erteilen, müssen in öffentlich beglaubigter Form vorliegen.

9 Besondere **Nachweise** gegenüber dem Registergericht bei Anmeldung der Partnerschaft sind im PartGG nicht vorgesehen. Vorbehaltlich der Einschränkung in § 4 Abs. 2 S. 2 kann das Gericht sich solche Nachweise auf Grund des Amtsermittlungsgrundsatzes des § 12 FGG (künftig: § 26 FamFG) vorlegen lassen, wenn es begründete Zweifel an der Richtigkeit von Gegenständen der Anmeldung hat (RdNr. 11, 13). Zu den Nachweisanforderungen, die **§ 3 Abs. 1 S. 2, Abs. 3 PRV** als Sollvorschrift bei staatlicher Zulassung oder staatlicher Prüfung als Voraussetzung für die Berufsausübung der Partner bzw. bei Erforderlichkeit staatlicher Zulassung der Partnerschaft begründet, vgl. RdNr. 35, 37.

---

[9] *Henssler* § 4 RdNr. 24.
[10] *E/B/J/S/Schaub* § 12 HGB RdNr. 62; *Henssler* § 4 RdNr. 19.
[11] *Noack* NZG 2006, 801, 802; *Seibert* DB 2006, 2446 f.; vgl. näher zu § 39a BeurkG *Malzer* DNotZ 2006, 9, 12 ff.

Inhalt der Eintragung; anzuwendende Vorschriften   10–12   §§ 4, 5 PartGG

III. Prüfung durch das Registergericht

1. Zuständiges Gericht. Die **örtliche** Zuständigkeit des Registergerichts folgt aus § 4 **10** Abs. 1 S. 1 iVm. § 106 Abs. 1 HGB. Sie richtet sich nach dem Sitz der Partnerschaft (§ 3 Abs. 2 Nr. 1). Für Zweigniederlassungen gelten die in die Verweisung des § 5 Abs. 2 aufgenommenen Vorschriften der §§ 13 ff. HGB. **Sachlich** zuständig zur Führung des Partnerschaftsregisters sind nach § 160b Abs. 1 S. 1 FGG (künftig: § 23a GVG nF) die Amtsgerichte als Registergerichte. Nach § 160b Abs. 1 S. 2 iVm. § 125 Abs. 2 Nr. 1 FGG (künftig: § 376 Abs. 2 FamFG) sind die Landesregierungen ermächtigt, die Zuständigkeit zur Führung des Partnerschaftsregisters bei einzelnen Amtsgerichten zu konzentrieren; hiervon haben die meisten Länder in unterschiedlicher Art Gebrauch gemacht.[12] Seit dem 1. 1. 2007 besteht mit § 125 Abs. 2 S. 3 FGG (künftig: § 376 Abs. 2 S. 3 FamFG) die Option, die Zuständigkeit einzelner Amtsgerichte auch über Landesgrenzen hinweg auszudehnen. Dies wird durch die Möglichkeit des elektronischen Abrufs begünstigt, in dessen Folge die Ortsgebundenheit der Register an Bedeutung verloren hat.[13] **Funktionell** zuständig ist grundsätzlich gemäß § 3 Nr. 2d RPflG der Rechtspfleger, sofern nicht nach § 17 Nr. 1 RPflG eine ausdrückliche Zuweisung an den Richter erfolgt.

2. Das Prüfungsrecht des Registergerichts. a) Grundlagen; Reichweite der Ein- 11 schränkung durch § 4 Abs. 2 S. 2. Das Registerverfahren unterliegt nach § 160b Abs. 1 iVm. §§ 125 ff. FGG (künftig: § 274 ff. FamFG) auch für das Partnerschaftsregister grundsätzlich dem **Recht der freiwilligen Gerichtsbarkeit** (künftig: dem FamFG). Aufgrund ihrer Aufgabe, für die Ordnungsmäßigkeit und Richtigkeit des Registers zu sorgen, haben die Registergerichte nach *allgemeinem Registerrecht* das Recht und die Pflicht, die in der Anmeldung enthaltenen Angaben zu prüfen; sie bedienen sich dazu des in **§ 12 FGG (künftig: § 26 FamFG)** geregelten *Grundsatzes der Amtsermittlung*.[14] Er besagt, dass die Registergerichte grundsätzlich von den Erklärungen der anmeldepflichtigen Personen ausgehen und sich auf die Prüfung von deren Plausibilität beschränken können, sofern die für Anmeldung und Eintragung geltenden materiellen und verfahrensrechtlichen Vorschriften nicht für einzelne Angaben besondere Nachweise oder Prüfungsschritte erfordern. Im Fall *begründeter Zweifel* sind sie jedoch gehalten, von Amts wegen auf deren Behebung hinzuwirken.[15] Sie können sich zu diesem Zweck einerseits geeignete Nachweise von den Anmeldern vorlegen lassen. Andererseits können sie aber auch die in § 126 FGG (künftig: § 380 FamFG) genannten Organe des Handelsstands sowie anderer Berufsstände (künftig: „berufsständische Organe", s. § 380 Abs. 1 FamFG) um Mitwirkung ersuchen.

Für das **Verfahren des Partnerschaftsregisters** ist *umstritten*, ob und inwieweit der **12** Amtsermittlungsgrundsatz des § 12 FGG (künftig: § 26 FamFG) auch für die Eintragung der PartG gilt. Unter Hinweis auf **§ 4 Abs. 2 S. 2**, wonach das Registergericht bei der Eintragung die „Angaben der Partner" zugrundelegt, sofern es nicht deren Unrichtigkeit kennt, wird verbreitet die Meinung vertreten, der Amtsermittlungsgrundsatz sei dadurch **generell eingeschränkt** und das Registergericht habe sich darauf zu beschränken, die Anmeldung bei Kenntnis der Unrichtigkeit zu beanstanden.[16] Zur Begründung verweisen die Anhänger dieser Ansicht auf die – vom Streben der Länder nach Erleichterung der

---

[12] Vgl. die Zusammenstellung der entsprechenden Verordnungen bei *Keidel/Krafka/Willer*, Registerrecht, 7. Aufl. 2007, RdNr. 2020 und die Übersicht bei *Michalski/Römermann* § 4 RdNr. 12a; vgl. zu den unterschiedlichen Regelungen in den einzelnen Bundesländern die Übersicht bei *Henssler* § 4 RdNr. 11 f.

[13] *E/B/J/S/Schaub* § 8 HGB RdNr. 18; *Henssler* § 4 RdNr. 13.

[14] Vgl. dazu *Staub/Hüffer* § 8 HGB RdNr. 54; *Krafka/Willer* (Fn. 12) RdNr. 153 ff.; *Ulmer* in: *Ulmer/Habersack/Winter* § 9c GmbHG RdNr. 6 ff.

[15] *Staub/Hüffer* § 8 HGB RdNr. 56; Nr. 16; *Krafka/Willer* (Fn. 12) RdNr. 159; *Ulmer* in: *Ulmer/Habersack/Winter* § 9c GmbHG RdNr. 16.

[16] So insbes. *Michalski/Römermann* § 4 RdNr. 4, 25; *Wolff* in: *M/W/H/L/W* § 4 RdNr. 47 ff.; *Feddersen/Meyer-Landrut* § 4 RdNr. 16; tendenziell auch *Henssler* § 4 RdNr. 42, 33; *E/B/J/Seibert* § 4 RdNr. 4; *Krafka/Willer* (Fn. 12) RdNr. 2042 ff.; aA 3. Aufl. RdNr. 10 ff.; *Hornung* Rpfleger 1995, 481.

Prüfungslast der Registergerichte geprägte – *Entstehungsgeschichte* des § 4 Abs. 2;[17] die systematische Stellung des Satzes 2 nicht als eigenständiger Absatz, sondern als Teil des Abs. 2 stehe nicht entgegen.[18] Nicht im Einklang mit dieser verbreiteten Meinung befindet sich allerdings der Inhalt der – vom BMJ mit Zustimmung des Bundesrates erlassenen[19] – **PRV.** Denn sie ordnet in § 3 Abs. 1 S. 2 und Abs. 3 (wenn auch als Sollvorschrift) die Vorlage bestimmter Urkunden an und gibt den Gerichten in § 4 S. 1 auf, in zweifelhaften Fällen den zuständigen Berufskammern Gelegenheit zur Stellungnahme zu geben (vgl. RdNr. 35 ff., 41).

13 **Stellungnahme.** Den Befürwortern einer weitgehenden Einschränkung des Amtsermittlungsgrundsatzes für das Partnerschaftsregister ist zwar darin zuzustimmen, dass § 4 Abs. 2 S. 2 eine Spezialvorschrift gegenüber § 12 FGG (künftig: § 26 FamFG) enthält mit der Folge, in seinem Anwendungsbereich die Eintragungskontrolle des Registergerichts auf Fälle zu reduzieren, in denen ihm die Unrichtigkeit der Angaben der Anmelder bekannt ist. *Nicht gefolgt* werden kann der verbreiteten Meinung jedoch darin, den Anwendungsbereich auf *sämtliche* für die Eintragung einer PartG relevanten Daten und Fakten auszudehnen. Dagegen spricht einerseits die systematische Stellung des Satzes 2 im Kontext der Angaben nach § 4 Abs. 2 S. 1 betreffend die Berufsausübung der Partner. Andererseits lässt auch die Entstehungsgeschichte der Vorschrift erkennen, dass sie sich nur auf die Angaben über die von den Partnern im Rahmen der PartG auszuübenden Freien Berufe beziehen, die Kontrolle sonstiger Angaben wie diejenigen nach § 4 Abs. 1 S. 2 iVm. § 3 Abs. 2 Nr. 1 und 2 (vorbehaltlich des in der PartG ausgeübten Berufs) dagegen unberührt lassen sollte.[20] Schließlich zeigen auch die vorstehend erwähnten Sollvorschriften der §§ 3, 4 PRV, dass der VO-Geber nicht etwa von einer grundsätzlich unkontrollierten Eintragungspraxis des Partnerschaftsregisters ausging, sondern sich darum bemühte, vor dem Hintergrund der vielfältigen, stark unterschiedlichen Freien Berufe einen Mittelweg zwischen Eintragungskontrolle und Vereinfachung des Registerverfahrens einzuschlagen. Auch der zeitliche Zusammenhang zwischen dem Erlass des PartGG und der PRV sowie die jeweilige Federführung durch das BMJ unter Beteiligung des Bundesrates sprechen dafür, die Regelungen der PRV als Interpretationshilfe für § 4 Abs. 2 heranzuziehen. Diese Gründe führen dazu, die Kontrollerleichterung des § 4 Abs. 2 S. 2 auf die Angaben über die freiberufliche Tätigkeit der Partner und den damit unmittelbar zusammenhängenden Gegenstand der Partnerschaft zu beschränken (vgl. RdNr. 14 ff.).

14 **b) Folgerungen.** Von der Einschränkung des § 4 Abs. 2 S. 2 erfasst werden die auf den **Freien Beruf und dessen Ausübung** in der Partnerschaft bezogenen Angaben; das folgt aus der gebotenen teleologischen Auslegung der Vorschrift, die nicht allein auf die „Zugehörigkeit jedes Partners zu dem (in der Partnerschaft auszuübenden) Freien Beruf" zu beziehen ist. Denn wie ihr Entstehungshintergrund zeigt, soll sie die Registergerichte davon entlasten, Zweifeln an der Zugehörigkeit der in der PartG beabsichtigten Tätigkeiten zu den Freien Berufen sowie an der hierfür erforderlichen Vorbildung der Partner nachzugehen. Entsprechendes hat für Zweifel an der berufsrechtlichen Zulässigkeit einer von den Beteiligten angemeldeten interprofessionellen PartG zu gelten. Denn auch sie betreffen den Bereich der Berufsausübung; ihre registergerichtliche Klärung würde zu einer erheblichen Erschwerung des Eintragungsverfahrens führen. Von diesen Einschränkungen unberührt bleiben zwar die Sollvorschriften der §§ 3, 4 PRV über die Vorlage bestimmter Unterlagen seitens der Anmelder und über die Einschaltung der zuständigen Berufskammern in zweifelhaften Fällen. Für Staatshaftungsansprüche nach § 839 BGB iVm. Art. 34 GG gegen das

---

[17] Vgl. Stellungnahme BR, BT-Drucks. 12/6152 S. 26 f.; Begründung des BT-Rechtsausschusses, BT-Drucks. 12/7642 S. 12; dazu auch die Nachweise in Fn. 1.
[18] So *Michalski/Römermann* § 4 RdNr. 4 (Abs. 2 S. 2 wie ein eigener Absatz zu lesen); *Feddersen/Meyer-Landrut* § 4 RdNr. 16.
[19] Ermächtigungsgrundlage ist § 160 b Abs. 1 iVm. § 125 Abs. 3 S. 1 FGG.
[20] Nur auf diese Gegenstände beziehen sich die im Gesetzgebungsverfahren zu § 4 Abs. 2 RegE geäußerten Bedenken (vgl. die Nachweise in Fn. 17).

Inhalt der Eintragung; anzuwendende Vorschriften 15–18 §§ 4, 5 PartGG

zuständige Land wegen Schäden, die jemand im Vertrauen auf die Richtigkeit des Registers betreffend die Berufstätigkeit der Partner erlitten hat, ist jedoch kein Raum.

Soweit es demgegenüber um den **Partnerschaftsvertrag** als Eintragungsvoraussetzung 15 geht, scheidet der Rückgriff auf § 4 Abs. 2 S. 2 aus den in RdNr. 13 genannten Gründen aus. Zwar hat der Gesetzgeber entgegen den ursprünglichen Plänen darauf verzichtet, dessen Vorlage zur Eintragungsvoraussetzung zu machen (RdNr. 2). Daher ist für eine über die Mindestangaben nach § 3 Abs. 2 hinausgehende gerichtliche Inhaltskontrolle kein Raum. Ebenso ist es nach dem Vorstehenden nicht Sache des Registergerichts, die Wirksamkeit des Partnerschaftsvertrags (§ 134 BGB) auf mögliche Verstöße gegen berufsrechtliche Schranken zu kontrollieren. Anderes gilt dagegen insoweit, als es um Verstöße gegen das Schriftformgebot des § 3 Abs. 1, um denkbare Mängel aus der Beteiligung nicht voll geschäftsfähiger Gesellschafter ohne Genehmigung des Familien- oder Vormundschaftsgerichts sowie um Auseinandersetzungen zwischen den Beteiligten über die Wirksamkeit des Vertragsschlusses bzw. die Ausübung eines fristlosen Kündigungsrechts geht. Soweit dem Registergericht substantiierte Hinweise auf derartige Vertragsmängel vorliegen, hat es ihnen im Rahmen seiner Amtsermittlungsfunktion nachzugehen. Sie können ihm auch Anlass geben, sich die Urkunde über den Partnerschaftsvertrag vorlegen zu lassen und die Einhaltung der Schriftform sowie der Mindestbestandteile nach § 3 Abs. 2 zu prüfen. Der Umstand, dass auf die generelle Vorlegung der Vertragsurkunde bei Anmeldung im Zuge der Entstehungsgeschichte des PartGG verzichtet wurde, steht diesem Vorgehen nicht entgegen.[21]

Auch in Bezug auf **sonstige** Gegenstände der Anmeldung ist der Amtsermittlungsgrund- 16 satz durch § 4 Abs. 2 S. 2 nicht eingeschränkt. Für den **Sitz** der PartG folgt das schon aus dessen Bedeutung als Voraussetzung für die örtliche Zuständigkeit des Registergerichts (§ 4 Abs. 1 S. 1 iVm. § 106 Abs. 1 HGB). Die Kontrollbefugnis für den **Namen** der Partnerschaft ergibt sich – in den Grenzen des § 118 Abs. 2 S. 2 HGB – aus den namensrechtlichen Vorgaben des § 2 Abs. 1 iVm. der Verweisung in § 2 Abs. 2 auf das allgemeine Firmenrecht, darunter insbesondere § 30 HGB. Soweit es um die **Personalien** der nach § 4 Abs. 1 S. 1 iVm. § 108 HGB anmeldepflichtigen Partner geht, ist für eine Reduktion des § 12 FGG (künftig: § 26 FamFG) schon wegen ihrer Rolle als Verfahrensbeteiligte kein Raum; im Übrigen sorgen auch die Formerfordernisse des § 5 Abs. 2 iVm. § 12 HGB dafür, dass deren Richtigkeit im Regelfall außer Zweifel steht. Die Kontrolle der Angaben über die **Vertretungsmacht** der Partner schließlich liegt – unbeschadet der Verweisung des § 5 Abs. 2 auf § 15 HGB – im wohlverstandenen Interesse des Rechtsverkehrs und gehört zu den zentralen Aufgaben des Registergerichts; für eine Einschränkung durch § 4 Abs. 2 S. 2 besteht auch insoweit kein Anlass.[22]

IV. Die Eintragung (§ 5 Abs. 1)

1. Inhalt. Der Inhalt der Eintragung der Partnerschaft deckt sich mit den anmelde- 17 pflichtigen Gegenständen (vgl. RdNr. 4 f.). **Einzutragen sind** nach § 5 Abs. 1 in erster Linie die in § 3 Abs. 2 geregelten, nach § 4 Abs. 1 S. 2 anmeldepflichtigen Mindestbestandteile des Partnerschaftsvertrags. Weitere Eintragungsgegenstände bilden das Geburtsdatum und die Vertretungsbefugnis der Partner (§ 5 Abs. 1), die Auflösung der Partnerschaft und das Ausscheiden von Partnern (§ 9 Abs. 1 iVm. § 143 HGB) sowie der Eintritt von Änderungen bei den eingetragenen Angaben (§ 4 Abs. 1 S. 3).

2. Wirkung. Entsprechend der Rechtslage beim Handelsregister sind auch die Eintra- 18 gungen in das Partnerschaftsregister grundsätzlich **deklaratorischer** Natur;[23] sie beschränken sich auf die Verlautbarung von außerhalb des Registers eingetretenen, für die Rechtsverhältnisse der Partnerschaft und die Information der Öffentlichkeit bedeutsamen Ände-

---

[21] So zutr. *K. Schmidt* ZIP 1993, 633, 640; *Henssler* § 3 RdNr. 17; aA *Michalski/Römermann* § 3 RdNr. 6.
[22] Zu den insoweit vom Registergericht zu beachtenden Anforderungen vgl. *Krafka/Willer* (Fn. 12) RdNr. 2036.
[23] Vgl. allg. *Staub/Ulmer* § 106 HGB RdNr. 36; MünchKommHGB/*Langhein* § 106 RdNr. 6, 9, 46.

rungen. Eine **Ausnahme** gilt nach § 7 Abs. 1 für die erstmalige Eintragung der Partnerschaft: sie bringt die Partnerschaft im Außenverhältnis als solche zur Entstehung und hat damit *konstitutive* Wirkung. Ist die Gesellschaft schon vor der Eintragung Dritten gegenüber aufgetreten, hat sie insbesondere schon mit der Geschäftstätigkeit begonnen, so hat die Eintragung die Wirkung eines *Rechtsformwechsels* von der GbR zur Partnerschaft. Zur Behandlung des Innenverhältnisses einer von den Beteiligten als PartG gewollten, noch nicht eingetragenen Gesellschaft nach Partnerschaftsrecht, wenn dem nicht der Wille der Beteiligten entgegensteht, vgl. § 7 RdNr. 5 f.

V. Das Partnerschaftsregister (§ 5 Abs. 2)

19 **1. Notwendigkeit seiner Einrichtung.** Die Einrichtung eines besonderen Registers für eine neue Gesellschaftsform bedeutet einen relativ hohen Gestaltungsaufwand. Dessen Angemessenheit beurteilt sich nach der Dringlichkeit des Regelungsbedürfnisses. Die Amtliche Begründung sieht die Notwendigkeit gerichtlicher *Registrierung* der Partnerschaft darin, dass sie den Informationsbedürfnissen der Personen Rechnung trägt, die die Leistungen einer Partnerschaft in Anspruch nehmen oder sonst mit ihr in geschäftlichen Kontakt treten.[24] Die Einrichtung eines *zusätzlichen,* neben das Handelsregister tretenden *Registers* hält sie deshalb für erforderlich, weil die Partnerschaft kein Handelsgewerbe ausübt. Beide Argumente sahen sich schon während des Gesetzgebungsverfahrens,[25] aber auch danach[26] lebhafter **Kritik** ausgesetzt.

20 **Stellungnahme.** Von diesen Gründen ist jedenfalls dem zweiten, auf die Einrichtung eines **besonderen Registers** gerichteten entgegen der daran geübten Kritik zuzustimmen. Auch wenn man berücksichtigt, dass das Handelsregister sich mit der Zuständigkeit für Einzelkaufleute, OHG, KG, AG, KGaA, GmbH und EWIV als sehr vielseitig erwiesen hat und daher rechtstechnisch ohne weiteres in der Lage wäre, seine Spalten einer weiteren Gesellschaftsform zu öffnen, liegt der rechtsgrundsätzliche Unterschied der Partnerschaft gegenüber den im Handelsregister einzutragenden Gesellschaften doch gerade in ihrem *fehlenden Handelsgewerbe.* Nimmt man diesen Unterschied ernst, wie es der Regelungstechnik nicht nur des HGB, sondern auch des PartGG bei Ausgestaltung der materiellrechtlichen Vorschriften unter Verzicht auf die generelle Unterstellung der Partnerschaft unter OHG-Recht entspricht, so ist es nur folgerichtig, ihm auch bei der Registerführung Bedeutung beizumessen.[27]

21 Weniger überzeugend wirkt zumindest auf den ersten Blick das in der Amtlichen Begründung unterstellte **Bedürfnis des Rechtsverkehrs nach Offenlegung** der eintragungspflichtigen Daten der Partnerschaft. Ihm lässt sich entgegenhalten, dass trotz der verbreiteten Existenz von Freiberufler-Sozietäten in der Rechtsform der GbR ein solches Bedürfnis bisher nicht erkennbar war, und dies ungeachtet des Umstands, dass die Praxis die (in § 7 Abs. 2 für die Partnerschaft vorgesehene) entsprechende Anwendung von § 124 HGB auf die GbR jedenfalls materiellrechtlich schon seit langem vorweggenommen hat und darin inzwischen auch höchstrichterlich bestätigt worden ist (vgl. § 705 BGB RdNr. 296 ff., 303). Wenn gleichwohl im Ergebnis dem Vorgehen des Gesetzgebers auch in diesem Punkt zuzustimmen ist, so deshalb, weil nur auf diese Weise eine verlässliche *Abgrenzung der Partnerschaft von der Freiberufler-GbR* zu erreichen ist und dieser Abgrenzung jedenfalls für das besondere, nach § 8 Abs. 2 für die Partnerschaft geltende Haftungsregime nicht unerhebliche Bedeutung zukommt. Wer mit dem Gesetzgeber das Bedürfnis nach einer eigenständigen Gesellschaftsrechtsform für Freiberufler bejaht, für den ist es nur folgerichtig, dem auch durch ein eigenständiges Partnerschaftsregister Rechnung zu tragen.

---

[24] Vgl. insbes. Gegenäußerung BReg., BT-Drucks. 12/6152 S. 29 f.; so auch schon Begr. RegE, BT-Drucks. 12/6152 S. 14; *Seibert* (Fn. 1) S. 60 f.
[25] Durch *Michalski* ZIP 1991, 1551, 1557; *v. Falkenhausen* AnwBl. 1993, 479, 480 f.
[26] Durch *K. Schmidt* NJW 1995, 1, 3; *Michalski/Römermann* (3. Aufl.) § 4 RdNr. 5 ff.; *Knoll/Schüppen* DStR 1995, 608, 611; aA *Wolff* in: *M/W/H/L/W* § 4 RdNr. 9; *Taupitz* ArztR 1995, 123, 126.
[27] AA *Michalski/Römermann* § 4 RdNr. 8, 11.

2. Die Verweisung in § 5 Abs. 2 auf das Handelsregisterrecht des HGB. a) Übersicht. Die Verweisung des § 5 Abs. 2 auf das Handelsregisterrecht des HGB (ausgenommen die auf Kapitalgesellschaften bezogenen Vorschriften der §§ 13 e, 13 f, 13 g betreffend das Zweigniederlassungsrecht) umfasst eine Reihe heterogener Vorschriften. Sie betreffen die Anlage des Registers, das Recht zur Einsichtnahme, die Bekanntmachung der Eintragungen, die Form der Anmeldungen, das registergerichtliche Verfahren bei Errichtung und Verlegung von Zweigniederlassungen, die Festsetzung von Zwangsgeld, die Publizität des Registers und die Bindung des Registergerichts an rechtskräftige oder vollstreckbare Entscheidungen des Prozessgerichts. Infolge der Verweisung finden diese Vorschriften entsprechend auch auf das Partnerschaftsregister Anwendung; dieses wird registerrechtlich weitgehend dem Handelsregister gleichgestellt. Bislang wird die Gleichstellung verstärkt durch die Vorschrift des **§ 160 b Abs. 1 FGG,** die eine entsprechende Regelung in Bezug auf die Vorschriften der §§ 125 bis 143 FGG betreffend das Registerverfahren in Handelssachen enthält. Das FamFG benötigt diese Verweisung nicht mehr; §§ 374 bis 395 FamFG gelten wegen ausdrücklicher Nennung der Partnerschaftsregistersachen in § 374 FamFG unmittelbar; in der Sache ändert dies nichts. Schließlich hat das Bundesministerium der Justiz mit Zustimmung des Bundesrats am 16. 6. 1995 aufgrund der Ermächtigung in § 160b Abs. 1 S. 2 iVm. § 125 Abs. 3 und 4 FGG (künftig: § 387 Abs. 2 FamFG) die **Partnerschaftsregisterverordnung** erlassen. Sie verweist ihrerseits in § 1 Abs. 1 PRV für die Einrichtung und Führung des Registers im Grundsatz auf die Handelsregisterverfügung (HRV) und beschränkt sich daneben auf relativ wenige, von der HRV abweichende Sonderregelungen (vgl. Text in RdNr. 33).

Insgesamt hat die gewählte Regelungstechnik den Vorzug, für **weitgehende Einheitlichkeit** des Rechts der beiden Arten von Registern zu sorgen. Dies freilich um den Preis, dass sich die schon im Handelsregisterrecht zu beobachtende, auf der Verschiedenheit der einschlägigen Rechtsquellen beruhende *Intransparenz* für das Recht des Partnerschaftsregisters infolge der komplizierten Verweisungstechnik noch weiter verstärkt.

Die folgenden Hinweise beschränken sich darauf, die wesentlichen in die Verweisung des § 5 Abs. 2 einbezogenen HGB-Vorschriften kurz anzuführen. Zu ihrer Interpretation und zu den dabei aufgetretenen Streitfragen kann auf die **HGB-Kommentare** verwiesen werden. Sonderprobleme im Hinblick auf die Anwendung dieser Vorschriften mit Bezug auf das Partnerschaftsregister sind nicht erkennbar.

b) Registerführung, Einsicht und Bekanntmachungen. Die **Registerführung** obliegt auch beim Partnerschaftsregister entsprechend **§ 8 HGB** den Gerichten, wobei funktional die Rechtspfleger zuständig sind (§ 3 Nr. 2d RPflG). Zur Möglichkeit, die Registerführung bei bestimmten Amtsgerichten zu konzentrieren, vgl. RdNr. 10. Die in **§ 8a HGB** enthaltene Ermächtigung der Landesregierungen, durch Rechtsverordnung die Einrichtung automatisierter Dateien anstelle oder in Ergänzung des Handelsregisters zu bestimmen, erstreckt sich auch auf das Partnerschaftsregister. Ergänzende Vorschriften über die vom Handelsregister abweichende Einteilung und Gestaltung des Partnerschaftsregisters enthält § 2 PRV (vgl. RdNr. 33).

Die **Einsicht** des Partnerschaftsregisters und das Anfordern von Abschriften ist entsprechend **§ 9 HGB** jedermann ohne Nachweis eines rechtlichen Interesses – wie dies etwa § 34 FGG (künftig: § 13 Abs. 2 FamFG) fordert – gestattet.[28] Seit 1. 1. 2007 erfolgt der Abruf der Daten über das Internet, wobei dessen nähere Ausgestaltung den einzelnen Bundesländern obliegt. Unter www.handelsregister.de ist von den Ländern ein gemeinsames Portal zur Einsichtnahme eingerichtet. Dabei dürfen Suchmasken jedoch wegen §§ 14 Abs. 2 Nr. 5, 28 Abs. 1 Nr. 3 BDSG keine rein personenbezogene Suchfunktion enthalten.[29] Daneben bleibt eine Einsichtnahme vor Ort auf der Geschäftsstelle des Registergerichts über Terminals möglich (§ 10 HRV).[30] Das Einsichtsrecht umfasst das Partnerschaftsregister selbst sowie die

---

[28] *E/B/J/S/Schaub* § 9 HGB RdNr. 3; *Henssler* § 5 RdNr. 16.
[29] *E/B/J/S/Schaub* § 9 HGB RdNr. 11.
[30] *Henssler* § 5 RdNr. 17; *Seibert* DB 2006, 2446, 2448.

dazu eingereichten Schriftstücke. Sollten Altdokumente noch nicht in elektronischer Form vorliegen, so bestimmt § 9 Abs. 2 HGB, dass die elektronische Übermittlung nur für solche Dokumente verlangt werden kann, die weniger als zehn Jahre vor der Antragstellung beim Register eingereicht wurden. Sofern es sich um ältere Dokumente handelt, gibt es für den Antragsteller nur ein Recht auf Einsichtnahme beim Registergericht und die Fertigung von Kopien in Papierform.[31] § 9 Abs. 3 HGB ermöglichen darüber hinaus nur auf Antrag vom Registergericht die Beglaubigung der Datenübereinstimmung oder die Zusendung eines beglaubigten Ausdrucks zu verlangen. Auf diese Weise wird die Übereinstimmung der übermittelten Daten mit dem Inhalt des Registers beglaubigt, nicht aber deren inhaltliche Richtigkeit. Nach § 9 Abs. 4 HGB besteht auch die Möglichkeit eine beglaubigte Abschrift oder einen beglaubigten Ausdruck zu verlangen. § 9 Abs. 5 HGB regelt schließlich, dass jedermann auch ohne berechtigtes Interesse vom Registergericht ein Negativattest dergestalt verlangen kann, dass bezüglich einer eingetragenen Tatsache keine weiteren Eintragungen vorliegen oder auch, dass eine bestimmte Eintragung nicht besteht.

27 Für die **Bekanntmachung der Eintragungen** und die Auswahl der Bekanntmachungsblätter gelten die Vorschriften der **§§ 10, 11 HGB** entsprechend, wobei die Registereintragungen in vollem Umfang bekanntzumachen sind. Seit dem 1. 1. 2007 ist die Pflicht zur **Bekanntmachung der Eintragung** im Papier-Bundesanzeiger entfallen. Infolgedessen wird die Bekanntmachung gemäß § 5 Abs. 2 iVm. **§ 10 HGB** grundsätzlich in elektronischer Form erfolgen (www.handelsregister.de). Allerdings sieht Art. 61 Abs. 4 EGHGB vor, dass bis 31. 12. 2008 die Bekanntmachung auch in mindestens einem Blatt in Papierform erfolgt. Auch danach bleibt eine ergänzende Bekanntmachung in einer Zeitung möglich, ist dann jedoch nicht mehr verpflichtend. Bezüglich der Wirkungen der Bekanntmachung – insbesondere nach § 15 HGB – ist allein die elektronische Bekanntmachung von Bedeutung. **§ 11 HGB** eröffnet die Möglichkeit die in deutscher Sprache eingereichten Originaldokumente in jeder anderen Amtssprache eines Mitgliedstaates der EU, nicht jedoch eines Drittstaates, zu übermitteln. Eine Überprüfung der Übersetzungen auf ihre Richtigkeit erfolgt durch die Registergerichte jedoch nicht. Nach § 11 Abs. 2 HGB genießt die übersetzte Fassung dabei nur einen eingeschränkten Gutglaubensschutz. Bei Abweichungen in der Übersetzung ist immer die deutsche Fassung maßgeblich. Da § 11 Abs. 2 HGB das abstrakte Vertrauen schützt, kann sich ein Dritter bei mehreren Übersetzungsvarianten auch dann auf eine falsche Variante berufen, wenn die übrigen richtig sind, sofern der Eingetragene nicht nachweisen kann, dass der Dritte die deutsche Fassung kannte.

28 **c) Zweigniederlassungen.** Soweit das Berufsrecht nicht entgegensteht (RdNr. 44), können Partnerschaften ebenso wie Einzelkaufleute und Gesellschaften Niederlassungen an verschiedenen Orten haben. Unter ihnen ist diejenige die *Hauptniederlassung,* die die Beteiligten als Sitz der Partnerschaft bestimmt haben; sie entspricht regelmäßig dem Ort, von dem aus dauerhaft die Geschäftsleitung ausgeübt wird und der dadurch den räumlichen Mittelpunkt des Unternehmens bildet (vgl. § 3 RdNr. 18). Die an anderen Orten unterhaltenen Einrichtungen sind als *Zweigniederlassungen* anzusehen, wenn sie als räumlich getrennter Teil des Unternehmens der Partnerschaft unter deren Leitung dauerhaft zum Abschluss selbstständiger Geschäfte dienen und die dafür erforderliche Organisation in sachlicher und persönlicher Hinsicht aufweisen.[32] Das ist bei örtlich vom Hauptsitz getrennten RA-Kanzleien, Steuerberaterbüros u. a., in denen freiberufliche Tätigkeiten gegenüber Klienten selbstständig erbracht werden, regelmäßig der Fall.

29 Für die **registergerichtliche Behandlung** der Zweigniederlassungen von Partnerschaften gelten nach der Verweisung in § 5 Abs. 2 die Vorschriften der §§ 13, 13d HGB entsprechend. Seit 1. 1. 2007 hat die Eintragung allein bei dem Registergericht der inländischen Hauptniederlassung zu erfolgen. Eine zusätzliche Pflicht zur Eintragung bei dem Gericht am Ort der Zweigniederlassung besteht nicht mehr. Dem entsprechend wurden

---

[31] *E/B/J/S/Schaub* § 9 HGB RdNr. 12.
[32] *Staub/Hüffer* Vor § 13 HGB RdNr. 10; *Heymann/Sonnenschein/Weitemeyer* § 13 HGB RdNr. 4 f.

zum 1. 1. 2007 auch die beim Gericht der Zweigniederlassung geführten Registerblätter geschlossen. Ferner erfolgt von Amts wegen eine Löschung aller Verweise beim Register der Hauptniederlassung auf Registerblätter der Zweigniederlassung. Damit geht einher, dass eine Prüfung, ob die Zweigniederlasung tatsächlich errichtet wurde und die Vorgaben des § 30 HGB eingehalten wurden, entfällt.[33] Die Zulassung eines satzungsmäßigen *Doppelsitzes* der Partnerschaft kommt nur in besonderen Ausnahmefällen in Betracht (str., vgl. § 3 RdNr. 19). Soweit ein Unternehmen mit Sitz im Ausland eine der deutschen Rechtsform der PartG vergleichbare Struktur hat und eine Zweigniederlassung in Deutschland besitzt, so ist diese Zweigniederlassung gemäß § 5 Abs. 2 iVm. § 13 d HGB auch in das Partnerschaftsregister einzutragen.[34] Das Registergericht muss bei der Anmeldung die Anerkennung der ausländischen Gesellschaft nach deutschem Internationalem Gesellschaftsrecht prüfen und dabei insbesondere die Niederlassungsfreiheit nach Art. 43, 48 EG-Vertrag beachten. Dennoch hat die Zweigniederlassung beim für sie zuständigen Registergericht die Anforderungen des deutschen Registerrechts vollständig zu erfüllen.

d) Sonstige Regelungsbereiche. Über die in RdNr. 25 bis 29 genannten Rechtsmaterien hinaus umfasst die Verweisung in § 5 Abs. 2 eine Reihe weiterer, für die Registereintragung der Partnerschaft und ihre Rechtsfolgen bedeutsamer Materien. So regelt **§ 12 HGB** die **Form der Anmeldungen** einschließlich der Form etwaiger Vollmachten und des Nachweises der Rechtsnachfolge in eine Beteiligung (vgl. RdNr. 8). Die Vorschrift des **§ 13 h HGB** befasst sich mit der **Verlegung des Sitzes der Partnerschaft** im Inland und deren registergerichtlichen Folgen. Angesichts der erforderlichen Bestimmung des Partnerschaftssitzes im Partnerschaftsvertrag (§ 3 Abs. 2 Nr. 1) bedarf es dazu einer wirksamen Vertragsänderung, die dem Registergericht im Zuge der Anmeldung der Sitzverlegung mitzuteilen ist.

Die entsprechende Anwendung des **§ 14 HGB** über die **Festsetzung von Zwangsgeld** zur Durchsetzung der gesetzlichen Anmeldepflichten und der Einreichung der vorgeschriebenen Unterlagen gibt dem Registergericht die erforderlichen Rechtsbehelfe, um die anmeldepflichtigen Partner (RdNr. 7) zur Erfüllung dieser im öffentlichen Interesse bestehenden Pflichten zu veranlassen. Mittels der Vorschrift des **§ 16 HGB** über die **bindende Wirkung von Entscheidungen des Prozessgerichts** wird erreicht, dass die Vorlage einer rechtskräftigen oder vollstreckbaren Entscheidung des Prozessgerichts, in der die Verpflichtung des Beklagten zur Mitwirkung bei einer Registeranmeldung festgestellt ist, dessen Mitwirkung bei der Anmeldung ersetzt; das Registergericht ist hieran gebunden und hat insoweit kein eigenes Prüfungsrecht.

Hervorhebung verdient schließlich die in § 5 Abs. 2 ebenfalls enthaltene Verweisung auf **§ 15 HGB** als der zentralen Vorschrift über die **Registerpublizität.** Sie gewährleistet in **Abs. 2,** dass eingetragene und bekanntgemachte Tatsachen einem Dritten auch dann entgegengehalten werden können, wenn dieser sie nicht kannte (positive Publizitätsfunktion), während der Rechtsverkehr beim Unterbleiben der erforderlichen Eintragung und Bekanntmachung durch **Abs. 1** davor geschützt wird, sich die Tatsachen entgegenhalten lassen zu müssen (negative Publizitätsfunktion). **Abs. 3** betrifft den Schutz Dritter im Fall unrichtiger Eintragungen und/oder Bekanntmachungen als Grundlage für eine etwaige Rechtsscheinhaftung derjenigen, in deren Angelegenheit die unrichtige Eintragung oder Bekanntmachung erfolgt ist, dh. denen die Unrichtigkeit zuzurechnen ist. Angesichts der konstitutiven Wirkung der Eintragung der Partnerschaft nach § 7 Abs. 1 und angesichts der auch auf die Partnerschaft anwendbaren Lehre von der fehlerhaften Gesellschaft ist der Anwendungsbereich des § 15 Abs. 3 HGB gegenüber Eintragungen im Partnerschaftsregister jedenfalls insoweit gering, als es um die fehlerhafte Eintragung der Partnerschaft als solche und der sie betreffenden Tatsachen geht (§ 3 RdNr. 10).

3. Die Partnerschaftsregisterverordnung. a) Erlass und Inkrafttreten; Text der PRV. Zur Einrichtung der Partnerschaftsregister hat das Bundesministerium der Justiz von

---

[33] *Seibert* DB 2006, 2446, 2449.
[34] Für eine exemplarische Aufzählung solcher ausländischen Gesellschaften vgl. *Henssler* § 5 RdNr. 30.

der ihm in § 125 Abs. 3 und 4 FGG erteilten, an die Zustimmung des Bundesrats gebundenen und durch § 160 b Abs. 1 FGG (künftig folgt die Verordnungskompetenz unmittelbar aus § 387 Abs. 2 FamFG) auf das Partnerschaftsregister erstreckten Verordnungskompetenz Gebrauch gemacht. Es hat am 6. 6. 1995 mit Zustimmung des Bundesrats die Verordnung über die Einrichtung und Führung des Partnerschaftsregisters (Partnerschaftsregisterverordnung – PRV)[35] erlassen. Ihr Text lautet wie folgt:

Verordnung über die Errichtung und Fortführung des Partnerschaftsregisters (Partnerschaftsregisterverordnung – PRV)

§ 1 Anwendbares Recht

(1) Die Einrichtung und Führung des Partnerschaftsregisters bestimmen sich nach den Vorschriften der Handelsregisterverordnung, soweit nicht nachfolgend etwas anderes vorgeschrieben ist.

(2) Dabei steht die Partnerschaft einer offenen Handelsgesellschaft gleich; an die Stelle der persönlich haftenden Gesellschafter treten die Partner, an die Stelle der Firma der offenen Handelsgesellschaft tritt der Name der Partnerschaft.

§ 2 Einteilung und Gestaltung des Registers

(1) [1]Jede Partnerschaft ist unter einer fortlaufenden Nummer (Registerblatt) in das Register einzutragen. [2]Das Register wird nach dem beigegebenen Muster in Anlage 1 geführt.

(2) Bei der Führung des Registers sind die beigegebenen Muster (Anlagen 1 bis 3) zu verwenden.

§ 3 Anmeldung

(1) [1]In der Anmeldung der Partnerschaft zur Eintragung in das Register ist die Zugehörigkeit jedes Partners zu dem Freien Beruf, den er in der Partnerschaft ausübt, anzugeben. [2]Bedarf die Berufsausübung der staatlichen Zulassung oder einer staatlichen Prüfung, so sollen die Urkunde über die Zulassung oder das Zeugnis über die Befähigung zu diesem Beruf in Urschrift, Ausfertigung oder öffentlich beglaubigter Abschrift vorgelegt werden. [3]Besteht für die angestrebte Tätigkeit keine anerkannte Ausbildung oder ist zweifelhaft, ob die angestrebte Tätigkeit als freiberuflich im Sinne des § 1 Abs. 2 des Partnerschaftsgesellschaftsgesetzes einzustufen ist, können die anmeldenden Partner die Ausübung freiberuflicher Tätigkeit auf sonstige Weise, notfalls auch durch schlichte Erklärung, darlegen. [4]Das Gericht legt in diesem Fall bei der Eintragung die Angaben der Partner zugrunde, es sei denn, ihm ist deren Unrichtigkeit bekannt (§ 4 Abs. 2 Satz 2 des Partnerschaftsgesellschaftsgesetzes).

(2) [1]Die anmeldenden Partner sollen eine Erklärung darüber abgeben, daß Vorschriften über einzelne Berufe (§ 1 Abs. 3 des Partnerschaftsgesellschaftsgesetzes), insbesondere solche über die Zusammenarbeit von Angehörigen verschiedener Freier Berufe, einer Eintragung nicht entgegenstehen. [2]Absatz 1 Satz 4 gilt entsprechend.

(3) Bedarf die Partnerschaft auf Grund von Vorschriften über einzelne Berufe (§ 1 Abs. 3 des Partnerschaftsgesellschaftsgesetzes) der staatlichen Zulassung, so tritt an die Stelle der in den Absätzen 1 und 2 genannten Nachweise die Bestätigung der zuständigen Behörde, daß eine solche Zulassung erfolgen kann.

(4) Die Absätze 1 bis 3 gelten bei Anmeldung des Eintrittes eines Partners in eine bestehende Partnerschaft oder der Umwandlung in oder auf eine Partnerschaft entsprechend.

---

[35] Vom 16. 6. 1995, BGBl. I S. 808, zuletzt geändert durch Gesetz vom 10. 11. 2006, BGBl. I S. 2553, 2574.

§ 4 Stellungnahme der Berufskammer

¹ Bestehen für in der Partnerschaft ausgeübte Berufe Berufskammern, so soll das Gericht diesen in zweifelhaften Fällen vor Eintragung Gelegenheit zur Stellungnahme geben. ² Die anmeldenden Partner sollen dem Gericht mit der Anmeldung mitteilen, ob und welche Berufskammern für die in der Partnerschaft ausgeübten Berufe bestehen. ³ Dabei sollen auch die Anschriften der Berufskammern mitgeteilt werden. ⁴ Weicht das Gericht von einer Stellungnahme ab, so hat es seine Entscheidung der Berufskammer, die die Stellungnahme abgegeben hat, unter Angabe der Gründe mitzuteilen.

§ 5 Inhalt der Eintragungen

(1) In Spalte 1 ist die laufende Nummer der die Partnerschaft betreffenden Eintragungen anzugeben.

(2) ¹ In Spalte 2 sind unter Buchstabe a der Name, unter Buchstabe b der Sitz und die Errichtung oder Aufhebung von Zweigniederlassungen, und zwar unter Angabe des Ortes einschließlich der Postleitzahl und, falls dem Namen der Partnerschaft für eine Zweigniederlassung ein Zusatz beigefügt ist, unter Angabe dieses Zusatzes und unter Buchstabe c der Gegenstand der Partnerschaft und die sich jeweils darauf beziehenden Änderungen anzugeben. ² Zum Namen der Partnerschaft gehören auch die Berufsbezeichnungen aller in der Partnerschaft vertretenen Berufe (§ 2 Abs. 1 des Partnerschaftsgesellschaftsgesetzes). ³ Dies gilt auch für Partnerschaften, an denen Steuerberater, Steuerbevollmächtigte, Wirtschaftsprüfer oder vereidigte Buchprüfer beteiligt sind, es sei denn, die Partnerschaft soll als Steuerberatungs-, Wirtschaftsprüfungs- oder Buchprüfungsgesellschaft anerkannt werden (§ 53 des Steuerberatungsgesetzes, §§ 31, 130 Abs. 2 der Wirtschaftsprüferordnung).

(3) ¹ In Spalte 3 ist unter Buchstabe a die allgemeine Regelung zur Vertretung der Partnerschaft durch die Partner und die Liquidatoren einzutragen. ² In Spalte 3 unter Buchstabe b sind die Partner und die als solche bezeichneten Liquidatoren mit Familiennamen, Vornamen, Geburtsdatum, dem in der Partnerschaft ausgeübten Beruf und Wohnort einzutragen. ³ Ferner ist in Spalte 3 unter Buchstabe b jede Änderung in den Personen der Partner oder Liquidatoren einzutragen. ⁴ Weicht die Vertretungsbefugnis der in Spalte 3 unter Buchstabe b einzutragenden Personen im Einzelfall von den Angaben in Spalte 3 unter Buchstabe a ab, so ist diese besondere Vertretungsbefugnis bei den jeweiligen Personen zu vermerken.

(4) ¹ In Spalte 4 ist unter Buchstabe a die Rechtsform einzutragen. ² In Spalte 4 unter Buchstabe b sind einzutragen:
1. die Auflösung, Fortsetzung und die Nichtigkeit der Partnerschaft; das Erlöschen des Namens der Partnerschaft sowie Löschungen von Amts wegen;
2. Eintragungen nach dem Umwandlungsgesetz;
3. die Eröffnung, Einstellung und Aufhebung des Insolvenzverfahrens sowie die Aufhebung des Eröffnungsbeschlusses; die Bestellung eines vorläufigen Insolvenzverwalters unter den Voraussetzungen des § 32 Abs. 1 Satz 2 Nr. 2 des Handelsgesetzbuchs sowie die Aufhebung einer derartigen Sicherungsmaßnahme; die Anordnung der Eigenverwaltung durch den Schuldner und deren Aufhebung sowie die Anordnung der Zustimmungsbedürftigkeit bestimmter Rechtsgeschäfte des Schuldners nach § 277 der Insolvenzordnung; die Überwachung der Erfüllung eines Insolvenzplans und die Aufhebung der Überwachung

und die sich jeweils darauf beziehenden Änderungen.

(5) In Spalte 5 erfolgt unter a die Angabe des Tages der Eintragung, unter b sonstige Bemerkungen.

(6) Enthält eine Eintragung die Nennung eines in ein öffentliches Unternehmensregister eingetragenen Rechtsträgers, so sind Art und Ort des Registers und die Registernummer dieses Rechtsträgers mit zu vermerken.

§ 6 Mitteilungen an Berufskammern

Besteht für einen in der Partnerschaft ausgeübten Beruf eine Berufskammer, so sind dieser sämtliche Eintragungen mitzuteilen.

§ 7 Bekanntmachungen

Die Bekanntmachungen erfolgen in dem für das Handelsregister bestimmten Veröffentlichungssystem (§ 10 des Handelsgesetzbuchs).

§ 8 Namenslöschung wegen Nichtausübung freiberuflicher Tätigkeit

Wird der Name einer Partnerschaft gelöscht, weil unter diesem keine freiberufliche Tätigkeit ausgeübt wird, so kann auf Antrag der Gesellschafter in der Bekanntmachung der Grund der Löschung erwähnt werden.

§ 9 Übergangsregelung

(aufgehoben)

§ 10 Inkrafttreten

Diese Verordnung tritt am 1. Juli 1995 in Kraft.

34 Die PRV ist – ebenso wie das PartGG – am **1. 7. 1995** in Kraft getreten. Auf einige ihrer Vorschriften wurde bereits im jeweiligen Sachzusammenhang hingewiesen. Für die Zwecke dieser Kommentierung genügt es, auf die in § 3 PRV aufgestellten zusätzlichen Anmeldeerfordernisse und auf die Einbeziehung der Organe des Berufsstands nach §§ 4, 6 PRV einzugehen.

35 b) **Anmeldeerfordernisse nach § 3 PRV**. Die Vorschrift des § 3 PRV ist dazu bestimmt, die Regelung des § 4 Abs. 2 S. 1 über die Angabe der Zugehörigkeit jedes Partners zu dem Freien Beruf, den er in der Partnerschaft ausübt, zu konkretisieren. Sie schreibt dafür in § 3 Abs. 1 S. 2 als *Sollvorschrift* die Vorlage bestimmter Urkunden in Urschrift, Ausfertigung oder öffentlich beglaubigter Abschrift vor, soweit es um verkammerte Berufe mit entsprechender **staatlicher Zulassung** zur Berufsausübung oder um sonstige Freie Berufe geht, deren Ausübung an eine **staatliche Prüfung** als Befähigungsnachweis gebunden ist. Damit gibt sie der „Angabe" der Berufszugehörigkeit iS von § 4 Abs. 2 S. 1 einen recht weitreichenden, entgegen der Entstehungsgeschichte des § 4 Abs. 2[36] letztlich doch auf Nachweisanforderungen hinauslaufenden Sinn (vgl. RdNr. 13).[37] Als *Beispiel* für eine die Berufsbefähigung nachweisende „staatliche Prüfung" erwähnt die PRV-Begründung[38] das Zeugnis eines Diplom-Psychologen oder Logopäden. Da es sich dabei nicht um Staatsprüfungen ieS handelt, sollen offenbar auch *staatlich anerkannte* Prüfungen einbezogen und nachweispflichtig gemacht werden, soweit sie für die Befähigung zum Freien Beruf erforderlich sind. Die Vorlage derartiger Nachweise soll nach der Begründung allerdings dann unterbleiben können, wenn an der Ausübung des Freien Berufs durch den betreffenden Partner keine vernünftigen Zweifel bestehen, etwa weil sie dem Gericht ohnehin bekannt ist.[39] Das dürfte regelmäßig für die im Gerichtsbezirk zugelassenen Rechtsanwälte zutreffen.

36 Schwierigkeiten bereitet die registerrechtliche Behandlung der Ausübung eines Freien Berufs bei nicht verkammerten oder berufsrechtlich geprägten **sonstigen Berufen**. Insoweit begnügt sich die PRV in § 3 Abs. 1 S. 3 damit, die *Darlegung* der Ausübung der freiberuflichen Tätigkeit durch den jeweiligen Partner im Zuge der Anmeldung zu verlangen, und verweist im Übrigen auf die für diese Fälle eingefügte Richtigkeitsunterstellung des § 4 Abs. 2 S. 2 (vgl. RdNr. 12 ff., 14). Im Einzelnen unterscheidet § 3 Abs. 1 S. 3 PRV dabei

---

[36] Vgl. Stellungnahme BR, BT-Drucks. 12/6152 S. 27; Gegenäußerung BReg., BT-Drucks. 12/6152 S. 30; Beschlussempfehlung BT-Rechtsausschuss, BT-Drucks. 12/7642 S. 12; *Seibert* (Fn. 1) S. 45.
[37] Krit. daher *Michalski/Römermann* § 4 RdNr. 14; *Feddersen/Meyer-Landrut* § 4 RdNr. 10, 13.
[38] Begr. RegE PRV, BR-Drucks. 213/95 S. 14.
[39] Begr. RegE PRV, BR-Drucks. 213/95 S. 14 f.

zwei Fälle: das Fehlen einer anerkannten Ausbildung als Voraussetzung für die Berufsbefähigung und den Zweifel darüber, ob der fragliche Beruf zu den Freien Berufen iS von § 1 Abs. 2 gehört. Unter ihnen führt streng genommen nur der *erste Fall* zu den Beurteilungsschwierigkeiten, denen durch die Richtigkeitsunterstellung des § 4 Abs. 2 S. 2 Rechnung getragen werden soll, da das Registergericht aus eigener Kraft meist nicht in der Lage sein dürfte, die Richtigkeit der Angaben über die ausgeübte Tätigkeit zu überprüfen. Demgegenüber geht es bei der Zugehörigkeit des fraglichen Berufs zu den Freien Berufen iS von § 1 Abs. 2 um eine *Rechtsfrage,* zu deren Klärung das Gericht unter Einschaltung auch der Organe des Berufsstands eines nahe stehenden Berufs in der Lage sein sollte.

Soweit es einer **staatlichen Zulassung für die Partnerschaft** bedarf, also nicht nur einer solchen für die innerhalb der Partnerschaft ausgeübten Berufe, verlangt § 3 Abs. 3 PRV an Stelle des Zulassungsnachweises nach § 3 Abs. 1 S. 2 PRV die Bestätigung der zuständigen Behörde, dass die Zulassung im Fall der Eintragung der Partnerschaft erfolgen kann. Ein derartiges Zulassungserfordernis besteht nach §§ 49 Abs. 1 StBerG, 27 Abs. 1, 130 Abs. 2 WPO lediglich für Steuerberatungs-, Wirtschaftsprüfungs- und Buchprüfungsgesellschaften. Die Anerkennungsbehörde hat in derartigen Fällen, soweit es nicht um einen bloßen Rechtsformwechsel geht, zunächst eine Unbedenklichkeitsbescheinigung auszustellen. Nach Eintragung der Partnerschaft erfolgt sodann deren Anerkennung durch die hierfür zuständige Behörde nach Maßgabe des Berufsrechts. **37**

Zur Absicherung des Registergerichts gegen etwaige **Schranken des Berufsrechts** schreibt § 3 Abs. 2 PRV als Soll-Vorschrift weiter eine Erklärung der anmeldenden Partner darüber vor, dass berufsrechtliche Vorschriften einer Eintragung nicht entgegenstehen. Dabei ist vor allem an *Schranken für interprofessionelle Zusammenschlüsse* gedacht. Das Gericht kann, wenn nicht die Einschaltung der Berufskammer nach § 4 PRV zu einem abweichenden Ergebnis führt, entsprechend § 4 Abs. 2 S. 2 von der Richtigkeit der Erklärung der Anmelder ausgehen. – Zu der in § 4 S. 2 und 3 PRV als Sollvorschrift geregelten Pflicht der Anmelder, das Bestehen einer Berufskammer und deren Anschrift für die in der Partnerschaft ausgeübten Freien Berufe mitzuteilen, vgl. RdNr. 41. **38**

Ergänzend hinzuweisen ist einerseits auf § 3 Abs. 4 PRV, wonach die Anmeldeerfordernisse bei der Anmeldung des späteren **Eintritts eines Partners** in die bestehende Partnerschaft entsprechend gelten. Andererseits folgt aus der subsidiären Verweisung in § 1 Abs. 1 PRV auf die *Handelsregisterverfügung,* dass die Regelung des § 24 Abs. 2 HRV über die Angabe der Lage der **Geschäftsräume** bei Anmeldung der Firma auch für die Anmeldung der Partnerschaft zu beachten ist. **39**

c) Einbeziehung der Organe des Berufsstands. Bisher wird durch § 160b Abs. 1 S. 3 FGG klargestellt (zum FamFG s. RdNr. 22), dass in Partnerschaftssachen an die Stelle der Mitwirkung der Organe des Handelsstands nach Maßgabe von **§ 126 FGG** diejenige der Organe des Berufsstands (künftig: „berufsständische Organe" vgl. § 380 FamFG) tritt. Demzufolge sind diese Stellen verpflichtet, die Registergerichte bei der Verhütung unrichtiger Eintragungen zu unterstützen. Auch können sie zu diesem Zweck Anträge bei den Registergerichten stellen und gegen deren Verfügungen Beschwerde einlegen (künftig: gemäß § 380 FamFG). Organe des Berufsstands bzw. berufsständische Organe iS von §§ 126, 160b FGG (bzw. § 380 FamFG) sind die für weite Teile der Freien Berufe bestehenden **Berufskammern,** insbesondere diejenigen der Ärzte, Zahnärzte, Tierärzte, Rechtsanwälte, Patentanwälte, Steuerberater, Steuerbevollmächtigten, Wirtschaftsprüfer, vereidigten Buchprüfer, Architekten, beratenden Ingenieure und Seelotsen.[40] **40**

Im Kontext der Mitwirkungspflichten der Berufskammern nach § 126 FGG (künftig: § 380 FamFG, dazu RdNr. 40) steht zunächst die in **§ 4 S. 1** geregelte Einschaltung der für die ausgeübten Berufe zuständigen Berufskammern in das Eintragungsverfahren. Ihnen soll das Registergericht in zweifelhaften Fällen **Gelegenheit zur Stellungnahme** geben, wobei die Anmelder nach § 4 S. 2 und 3 PRV zu Auskünften über das Bestehen solcher Berufs- **41**

---

[40] Vgl. § 1 RdNr. 43; dazu auch *Taupitz* Standesordnung S. 80, 195 ff.

kammern und zur Mitteilung von deren Anschrift im Rahmen der Anmeldung verpflichtet sind. Von einer Stellungnahme der Berufskammer abweichende Entscheidungen hat das Gericht ihr unter Angabe der Gründe mitzuteilen (§ 4 S. 4 PRV).

42 Die zweite insoweit einschlägige Vorschrift findet sich in § 6 PRV. In sachlicher Übereinstimmung mit der entsprechenden Vorschrift des § 37 HRV sieht sie die **Mitteilung sämtlicher Eintragungen** in das Partnerschaftsregister gegenüber der für den ausgeübten Beruf zuständigen Berufskammer vor. Die Mitteilungen sollen es den Kammern erleichtern, die Eintragungen auf etwaige Verstöße gegen ihr Berufsrecht zu überprüfen und ggf. von ihrem Recht zur Beschwerde nach § 126 aE FGG (künftig: § 380 Abs. 5 FamFG) Gebrauch zu machen.

43 **d) Nicht verkammerte Berufe.** Auch die **nicht verkammerten** partnerschaftsfähigen **Freien Berufe** verfügen zu einem nicht unwesentlichen Teil jeweils über einen, meist als e. V. organisierten Interessenverband. Das gilt für die Heilpraktiker, Hebammen, Heilmasseure, Diplom-Psychologen, Wirtschaftsberater, hauptberuflichen Sachverständigen, Journalisten, Dolmetscher, Übersetzer sowie die verschiedenen Disziplinen der Wissenschaftler, Künstler, Schriftsteller, Lehrer und Erzieher. Die PRV hat zwar aus in der Begründung näher dargelegten Gründen[41] davon abgesehen, diese privaten Verbände als Organe des Berufsstands iS von §§ 126, 160 b FGG (künftig: berufsständischer Organe iS von § 380 FamFG) zu behandeln und in die Mitwirkungspflicht bei Eintragungen in das Partnerschaftsregister einzubeziehen. Das hindert die Registergerichte jedoch nicht, im Rahmen von § 12 FGG (künftig: § 26 FamFG) im Einzelfall auch die gutachterliche Stellungnahme eines dieser Verbände einzuholen, soweit es um die Ausübung freiberuflicher Tätigkeiten nach Art des in ihnen organisierten Freien Berufs oder seines Umfelds geht. Eine Mitwirkungspflicht dieser Verbände besteht freilich nicht.[42]

VI. Zum Vorbehalt des Berufsrechts

44 Der Vorbehalt des Berufsrechts (§ 1 Abs. 3) ist auch im Eintragungsverfahren zu beachten; er kann die mit der Anmeldung beantragte **Eintragung der Partnerschaft unzulässig** machen. Bedeutung kommt ihm insbesondere für die Grenzen interprofessioneller Zusammenschlüsse zu, daneben aber auch für die Wahl und Ausgestaltung des Partnerschaftsnamens, für die Errichtung von Zweigniederlassungen[43] sowie für die Notwendigkeit, bestimmte berufsrechtlich bedingte Vereinbarungen in den Partnerschaftsvertrag aufzunehmen. Auch wenn die Einhaltung berufsrechtlicher Reglementierungen nicht in erster Linie Aufgabe der zur Anwendung des PartGG berufenen Registergerichte ist[44] und wenn diese Gerichte mit der Überprüfung nicht selten überfordert sein dürften, ist doch unverkennbar, dass Verstöße gegen das Berufsrecht zur Unrichtigkeit des Registers führen können. Schon deshalb sind die Registergerichte vorbehaltlich § 4 Abs. 2 S. 2 gehalten, begründeten Zweifeln an der Vereinbarkeit der Anmeldung mit dem einschlägigen Berufsrecht nachzugehen und insbesondere die Auswirkungen etwaiger Verstöße auf die Wirksamkeit des Partnerschaftsvertrags zu überprüfen (vgl. RdNr. 14 f.).

45 Der Erleichterung dieser Aufgabe dient das in §§ 126, 160 b FGG (künftig: § 380 FamFG) angelegte **Zusammenwirken des Registergerichts mit den Berufskammern** und deren Beteiligung an dem Eintragungsverfahren nach Maßgabe der §§ 4, 6 PRV (RdNr. 41 f.). Auch die in § 3 Abs. 2 PRV begründete Pflicht der Anmelder, eine Erklärung über die Vereinbarkeit der beantragten Eintragung mit dem einschlägigen Berufsrecht abzugeben, gehört in diesen Zusammenhang. Insgesamt ist von der durch das PartGG

---

[41] Begr. RegE PRV, BR-Drucks. 213/95 S. 17.
[42] So auch Michalski/Römermann § 4 RdNr. 23.
[43] Dazu näher Henssler § 5 RdNr. 34 ff.; Michalski/Römermann § 5 RdNr. 14 ff.
[44] So zutr. Begr. RegE, BT-Drucks. 12/6152 S. 8; Seibert (Fn. 1) S. 45; Taupitz ArztR 1995, 123, 126; Krieger MedR 1995, 95, 96; Burret WPK-Mitt. 1994, 201, 205; aA Michalski/Römermann § 4 RdNr. 27 (anders aber RdNr. 25); Henssler § 4 RdNr. 33 ff.; Schaub NJW 1996, 625, 627.

formalisierten Gründung von Freiberufler-Sozietäten in der Rechtsform der Partnerschaft sowie von der Einschaltung der Registergerichte in deren Errichtung zu erwarten, dass dem Standesrecht der Freien Berufe künftig größere Bedeutung zukommen wird, als es in der Vergangenheit der Fall war.

§ 6 Rechtsverhältnis der Partner untereinander

(1) Die Partner erbringen ihre beruflichen Leistungen unter Beachtung des für sie geltenden Berufsrechts.

(2) Einzelne Partner können im Partnerschaftsvertrag nur von der Führung der sonstigen Geschäfte ausgeschlossen werden.

(3) ¹Im übrigen richtet sich das Rechtsverhältnis der Partner untereinander nach dem Partnerschaftsvertrag. ²Soweit der Partnerschaftsvertrag keine Bestimmungen enthält, sind die §§ 110 bis 116 Abs. 2, §§ 117 bis 119 des Handelsgesetzbuchs entsprechend anzuwenden.

Übersicht

	RdNr.		RdNr.
I. Normzweck	1–3	e) Die Entziehung der Geschäftsführungsbefugnis (§ 117 HGB)	21, 22
II. Bindung der Partner an das Berufsrecht (Abs. 1)	4–8	IV. Das Innenverhältnis der Partner im Übrigen (Abs. 3)	23–47
1. Grundsatz	4, 5	1. Grundsatz der Vertragsfreiheit	23
2. Berufsrechtliche Anforderungen	6	2. Die entsprechende Anwendung von OHG-Innenrecht	24–39
3. Folgerungen für das Binnenrecht der Partnerschaft	7, 8	a) Aufwendungsersatz, Verzinsungspflicht (§§ 110, 111 HGB)	25–27
III. Grenzen des Ausschlusses von der Geschäftsführung (Abs. 2)	9–22	b) Wettbewerbsverbot (§§ 112, 113 HGB)	28–31
1. Der Regelungsgehalt des Abs. 2	9	c) Geschäftsführung (§§ 114 bis 117 HGB)	32
2. Die Abgrenzung zwischen freiberuflichen und sonstigen (neutralen) Geschäften	10–12	d) Kontrollrechte (§ 118 HGB)	33–36
3. Die Geschäftsführung im freiberuflichen Bereich	13–22	e) Gesellschafterbeschlüsse (§ 119 HGB)	37–39
a) Rechtlicher Ansatz	13	3. Sonstige Fragen des Partnerschaft-Innenrechts	40–47
b) Die Unabdingbarkeit der freiberuflichen Geschäftsführungsbefugnis	14	a) Überblick	40
c) Gestaltungsmöglichkeiten	15–18	b) Beiträge der Partner	41–43
d) Folgerungen	19, 20	c) Gewinnverteilung	44–47

I. Normzweck

Die Vorschrift des § 6 dient mit Ausnahme ihres Abs. 1 der *Regelung des Innenverhältnisses der Partnerschaft,* dh. der Rechtsstellung der einzelnen Partner als Mitglieder des Zusammenschlusses und ihrer damit verbundenen Mitgliedschaftsrechte und -pflichten. Sie verweist hierzu in **Abs. 3** in weitem Umfang auf das **Innenverhältnis der OHG**, soweit der Partnerschaftsvertrag keine eigenständigen, dem dispositiven Gesetzesrecht vorgehenden Regelungen enthält, und führt als Verweisungsnormen ausdrücklich die Vorschriften der §§ 110 bis 116 Abs. 2, 117 bis 119 HGB an. Von der Verweisung ausgenommen sind außer dem auf die Prokuraerteilung abstellenden, ein Handelsgewerbe erfordernden § 116 Abs. 3 HGB auch die Vorschriften über die Gewinnermittlung und -verteilung in der OHG (§§ 120 bis 122 HGB); insoweit bewendet es, ebenso wie hinsichtlich sonstiger, nicht speziell im OHG-Recht geregelter Bereiche wie desjenigen der Gesellschafterbeiträge, aufgrund der Verweisung in § 1 Abs. 4 bei der Anwendung des Rechts der GbR.

2   Eine für die entsprechende Anwendung der §§ 114 bis 117 HGB bedeutsame **Sonderregelung für die Geschäftsführung** der Partnerschaft findet sich in **Abs. 2**. Danach können einzelne Partner von der Führung nur der „sonstigen" Geschäfte ausgeschlossen werden. Anders gewendet heißt das, dass hinsichtlich der Ausübung der *freiberuflichen* Tätigkeit in der Partnerschaft ein vertraglicher Ausschluss einzelner Partner von der Geschäftsführung nicht zulässig ist. Das trägt der besonderen Zielsetzung der Rechtsform Rechnung, den rechtlichen Rahmen für die gemeinschaftliche Ausübung eines oder mehrerer Freier Berufe zu bilden und als Partner nur Personen zuzulassen, die selbst zur freiberuflichen Tätigkeit bereit und in der Lage sind (vgl. § 1 RdNr. 24). So überzeugend diese Regelung im Ansatz ist, führt ihre Auslegung doch zu zahlreichen Abgrenzungsproblemen (vgl. RdNr. 10 ff.).

3   Weniger mit dem Innenverhältnis der Partnerschaft als mit den in ihrem Rahmen von den Partnern zu erbringenden *Leistungen gegenüber Dritten* (den Mandanten) beschäftigt sich schließlich **Abs. 1**. Er ordnet die – ohnehin selbstverständliche – **Beachtlichkeit des Berufsrechts** bei der Ausübung der freiberuflichen Tätigkeit durch die Partner an und ist daher der Sache nach nur klarstellender Natur. Von dem in § 1 Abs. 3 ausgesprochenen Vorrang des Berufsrechts gegenüber dem PartGG unterscheidet sich die Regelung des Abs. 1 in der Akzentsetzung dadurch, dass es ihr nicht um Fragen der Organisation der Partnerschaft geht, sondern um die Ausübung der Berufstätigkeit in ihrem Rahmen. Gleichwohl überschneiden sich die beiden Regelungsbereiche insoweit, als die Geschäftsführung der Partner im Bereich der freiberuflichen Tätigkeit und die Rückwirkungen des für die Partner bindenden Berufsrechts auf Art und Umfang der ihnen einzuräumenden Geschäftsführungsbefugnis in Frage stehen (vgl. RdNr. 14 ff.).

II. Bindung der Partner an das Berufsrecht (Abs. 1)

4   **1. Grundsatz.** Die freiberuflichen Tätigkeiten werden von den Gesellschaftern einer Partnerschaft regelmäßig nicht im eigenen Namen, sondern als Organe der Partnerschaft und in Erfüllung der von dieser Dritten gegenüber übernommenen Verpflichtungen erbracht. Ungeachtet dieser Rechtsbeziehung zwischen PartG und Mandant sind es allerdings grundsätzlich die **Partner in eigener Person** und nicht etwa die Partnerschaft, die die Zulassung oder die sonstige nachgewiesene Befähigung zur Ausübung des Freien Berufs benötigen und den berufsrechtlichen Anforderungen nachkommen müssen (vgl. auch § 9 Abs. 3).[1] Die Approbation als Arzt oder Zahnarzt, die Zulassung als Rechtsanwalt oder Patentanwalt u. a. bezieht sich also nicht auf die Partnerschaft als solche, sondern auf die in ihr als Partner organisierten Berufsangehörigen. Die Regel trägt der grundsätzlichen Selbstständigkeit und Eigenverantwortlichkeit des Freiberuflers und dem höchstpersönlichen Charakter der freiberuflichen Tätigkeit Rechnung. Diese Merkmale unterscheiden sie von sonstigen, insbesondere von gewerblichen Dienstleistungen; sie bilden zugleich den Hintergrund für ihre Ausgrenzung aus dem Kreis der Handelsgewerbe durch § 1 Abs. 1 S. 2.

5   **Ausnahmen** von dieser Regel gibt es nur für Steuerberatungs-, Wirtschaftsprüfungs- und Buchprüfungsgesellschaften. Sie können bei Erfüllung bestimmter in StBerG und WPO geregelter Voraussetzungen *als solche* durch die zuständige Behörde anerkannt werden (vgl. § 2 RdNr. 13), freilich ohne dass dadurch die Anforderungen an die persönliche Qualifikation der in ihnen tätigen Freiberufler und an die Einhaltung der berufsrechtlichen Vorgaben bei deren Tätigkeit entfallen.

6   **2. Berufsrechtliche Anforderungen.** Auf die Frage, welche einzelnen Anforderungen das jeweilige Berufsrecht an die freiberufliche Tätigkeit der Berufsangehörigen stellt, ist hier nicht einzugehen; insoweit sei auf die einschlägigen Erläuterungswerke verwiesen.[2] Als

---

[1] EinhM, vgl. BGHZ 70, 158, 167 = NJW 1978, 589; BGH WiB 1994, 270; OLG München MedR 1993, 24; OLG Hamburg MedR 1994, 451 (alle zur ärztlichen Tätigkeit in Kapitalgesellschaften); *Michalski/Römermann* RdNr. 5; *Meilicke* in: *M/W/H/L/W* RdNr. 3; *Schirmer* MedR 1995, 341, 342; MünchHdbGesR I/*Salger* § 39 RdNr. 4; *ders.*, Die Partnerschaft, S. 52 f.

[2] *Laufs/Uhlenbruck*, Handbuch des Arztrechts, 3 Aufl. 2002; *Narr*, Ärztliches Berufsrecht: Ausbildung – Weiterbildung – Berufsausübung, 2. Aufl. Loseblatt, 18. Erg.-Lief. 9/2007; *Ratzel/Lippert*, Kommentar zur

Beispiele mögen der Hinweis auf die Pflicht der Anwälte, Ärzte u. a. zur selbstständigen, eigenverantwortlichen Berufsausübung (§ 3 Abs. 1 BRAO, § 1 Abs. 2 BÄO) sowie zur Verschwiegenheit hinsichtlich der ihnen in Ausübung ihres Berufs bekanntgewordenen Tatsachen genügen (§ 43a Abs. 2 BRAO, § 9 MBO-Ä),[3] ferner das Verbot für Anwälte, widerstreitende Interessen zu vertreten (§ 43a Abs. 4 BRAO) u. a.[4] Aus der Sicht des Partnerschaftsgesellschaftsrechts handelt es sich um gesellschaftsrechtlich neutrale, bei der Ausgestaltung der Organisation der Partnerschaft zu respektierende Vorgaben (vgl. RdNr. 7 f.).

3. Folgerungen für das Binnenrecht der Partnerschaft. Für das Innenverhältnis der Partnerschaft interessieren die jeweiligen berufsrechtlichen Vorgaben betreffend die Ausübung des Freien Berufs insoweit, als die Organisation der Partnerschaft sich mit ihnen nicht in Widerspruch setzen darf. Bedeutsam ist das in erster Linie hinsichtlich der Ausgestaltung der **Geschäftsführungsbefugnis** der Partner. Zwar folgt bereits aus der Sondervorschrift des § 6 Abs. 2, dass die einzelnen Partner nicht von der Geschäftsführung der Partnerschaft in Bezug auf die freiberufliche Tätigkeit ausgeschlossen werden können (vgl. RdNr. 9, 13 ff.). Insoweit bedarf es keines Rückgriffs auf das jeweilige Berufsrecht und seine unterschiedlichen Standards. *Fraglich* ist jedoch, ob das Berufsrecht, soweit es die Notwendigkeit unabhängiger, eigenverantwortlicher Tätigkeit der Berufsangehörigen regelt, einer *Ausgestaltung der Geschäftsführungsbefugnis* in der Partnerschaft entgegensteht, die entweder entsprechend § 115 Abs. 2 HGB Gesamtgeschäftsführung von zwei oder mehr Partnern vorschreibt oder im Fall von Alleingeschäftsführungsbefugnis den Mitgeschäftsführern ein Widerspruchsrecht nach Maßgabe von § 115 Abs. 1 HGB einräumt. Die Meinungen hierzu sind geteilt (vgl. näher RdNr. 14).

Was zum anderen die **Verschwiegenheitspflicht** von Freiberuflern angeht, so macht ihr Vorrang gegenüber dem Partnerschaftsrecht es trotz der in § 6 Abs. 3 vorgesehenen entsprechenden Anwendung des Kontrollrechts der OHG-Gesellschafter nach § 118 HGB notwendig, zu verhindern, dass auf diesem Wege Personen, die nicht in die Verschwiegenheitspflicht eingebunden sind, Zugang zu den der Verschwiegenheit unterliegenden Tatsachen erlangen. Dem ist durch geeignete Ausgestaltung des Informationsverfahrens in der Partnerschaft Rechnung zu tragen (RdNr. 34).

III. Grenzen des Ausschlusses von der Geschäftsführung (Abs. 2)

1. Der Regelungsgehalt des Abs. 2. Die Vorschrift des Abs. 2 gestattet den **Ausschluss einzelner Partner** von der Geschäftsführung *nur* insoweit, als es um die Führung der „sonstigen", dh. der nicht zur Ausübung des Freien Berufs gehörenden Geschäfte der Partnerschaft geht.[5] Sie beruht auf der Vorstellung, dass innerhalb der Partnerschaft *zwischen freiberuflichen und sonstigen, neutralen Geschäften zu unterscheiden ist* (zur Abgrenzung vgl. RdNr. 10 ff.). Auch bei den sonstigen Geschäften ist zwar eine Gestaltung unzulässig, die

---

Musterberufsordnung der deutschen Ärzte, 4. Aufl. 2006; *Nentwig/Bonive/Hennings,* Das PartGG – Die berufliche Zusammenarbeit von Medizinern, 1995; *Dünisch,* Das Recht des Heilpraktikerberufs und der nichtärztlichen Heilkundeausübung. Bundes- und Landesrecht mit Kommentar zum Heilpraktikergesetz einschließlich Durchführungsverordnung, 1995; *Henssler/Prütting,* Kommentar zur Bundesrechtsanwaltsordnung, mit Rechtsberatungsgesetz und Partnerschaftsgesellschaftsgesetz, 2. Aufl. 2004; *Jessnitzer/Blumberg,* Kommentar zur Bundesrechtsanwaltsordnung, 9. Aufl. 2000; *Feuerich/Weyland,* Kommentar zur Bundesrechtsanwaltsordnung, 7. Aufl. 2008; *Feuerich,* Patentanwaltsordnung, 1997; *Gehre/Borstel,* Kommentar zum Steuerberatungsgesetz (mit Durchführungsverordnungen), 5. Aufl. 2005; *Peter/Charlier,* Steuerberatungsgesetz. Kommentar mit Berufsrecht und Praxis der Steuerberatung, 1994; Wirtschaftsprüferkammer, Handbuch des Berufsrechts für Wirtschaftsprüfer und vereidigte Buchprüfer einschließlich des Berufsrechts der Steuerberater und Rechtsanwälte, 1992.

[3] Musterberufsordnung für die deutschen Ärzte von 1997, zuletzt geändert durch Beschluss des Vorstands der Bundesärztekammer vom 24. 11. 2006.

[4] Vgl. näher *Henssler* RdNr. 4 ff. (Unabhängigkeit, Interessenkollisionen, Verschwiegenheitspflicht); *Michalski/Römermann* RdNr. 7a ff. (interprofessionelle Zusammenschlüsse), 24a ff. (Wettbewerbsverbote), 43 ff. (Geschäftsführung).

[5] Zur Qualifizierung der freiberuflichen Tätigkeit als Geschäftsführung vgl. RdNr. 13.

sämtliche Partner von der Geschäftsführung ausschließt; das folgt unabhängig vom Wortlaut des Abs. 2 („einzelne Partner") bereits aus dem für alle Personengesellschaften einschließlich der Partnerschaft verbindlichen Grundsatz der *Selbstorganschaft* (vgl. näher § 709 BGB RdNr. 5 f.). Im Unterschied zur freiberuflichen Tätigkeit besteht bei den neutralen Geschäften jedoch kein Recht (und keine Pflicht) jedes Partners, an ihrer Führung beteiligt zu werden. Deren Übertragung auf einen oder mehrere Partner bedeutet nach der entsprechend anwendbaren Auslegungsregel des § 114 Abs. 2 HGB den Ausschluss der übrigen. Zur Frage entsprechender Anwendung des Abs. 2 auf die Vertretungsmacht der Partner vgl. § 7 RdNr. 18.

10 **2. Die Abgrenzung zwischen freiberuflichen und sonstigen (neutralen) Geschäften.** Die Abgrenzung der von Abs. 2 erfassten sonstigen (neutralen) Geschäfte gegenüber der freiberuflichen Tätigkeit im Rahmen der Partnerschaft bereitet im *jeweiligen Kern* keine Schwierigkeiten. **Freiberuflich,** dh. im Grundsatz, vorbehaltlich eines abweichenden Geschäftsverteilungsplans, sämtlichen hierfür qualifizierten Partnern als Geschäftsführern der Partnerschaft zugänglich, sind die *Dienst- oder Werkleistungen,* die die Partnerschaft im Rahmen ihres freiberuflichen Unternehmensgegenstands *Dritten* gegenüber aufgrund eines entsprechenden Schuldvertrags oder eines vertragsähnlichen Beratungsverhältnisses erbringt und zu deren Wahrnehmung es der für die jeweilige Tätigkeit erforderlichen Qualifikation bedarf. Demgegenüber rechnen zu den **sonstigen (neutralen) Geschäften** diejenigen Handlungen, die der Schaffung und Aufrechterhaltung des erforderlichen organisatorischen Rahmens zur Erbringung der freiberuflichen Tätigkeit dienen.[6] Hierzu zählen der Erwerb oder das Anmieten von Geschäftsräumen, die Einstellung und Überwachung des Büropersonals, die Anschaffung und Verwaltung der Büroausstattung einschließlich der Fachliteratur u. a., die Erledigung der erforderlichen finanziellen Transaktionen wie Einziehung der Entgelte für die freiberufliche Tätigkeit, Zahlung der Löhne und Gehälter, Erfüllung der sonstigen finanziellen Verbindlichkeiten und Steuern der Partnerschaft sowie die Organisation der Buchhaltung und die Erledigung der insoweit anfallenden Aufgaben.

11 Die im Grundsatz klare Trennung zwischen den beiden Sektoren der Geschäftsführungstätigkeit darf freilich nicht darüber hinwegtäuschen, dass beide Geschäftsfelder sich nicht nur berühren, sondern im **Grenzbereich** auch überschneiden können. Das gilt zwar nicht *mit Blick auf die sonstigen (neutralen) Geschäfte;* sie finden per definitionem dort ihre Grenze, wo es für das Tätigwerden der Befähigung als Freiberufler bedarf. Ein anwaltlicher Rat ist stets Teil der freiberuflichen Geschäftsführung, auch wenn er einem Geschäftspartner im Zusammenhang mit dem Abschluss eines neutralen Geschäfts (der Miete von Geschäftsräumen u. a.) erteilt wird.

12 Eine andere Beurteilung ist demgegenüber *mit Blick auf die freiberufliche Tätigkeit* geboten. Zu deren Entfaltung kann sich die Wahrnehmung von **Hilfsgeschäften** als unverzichtbar erweisen, auch wenn diese nicht selbst freiberuflichen Charakter haben.[7] Das gilt nicht nur für die erforderliche Korrespondenz und die Durchführung von Dienstreisen einschließlich der Benutzung der jeweiligen Beförderungsmittel, sondern auch für die Akquisition von Aufträgen[8] und die Mitwirkung an der Rechnungserstellung durch Bestimmung der für die freiberufliche Leistung zu fordernden Vergütung,[9] ferner für die Teilnahme an Fortbildungsveranstaltungen u. a. Berücksichtigt man den (indirekten) Zweck der Regelung des Abs. 2, den Freiberuflern als Partnern die Ausübung ihres Berufs innerhalb der Partnerschaft auf Geschäftsführungsebene zu gewährleisten, und interpretiert man ihn vor dem Hintergrund der Geschäftsführungsbefugnis als demjenigen Handlungsbereich, der das „rechtliche Dürfen" der Gesellschafter in der Gesellschaft, ihre *Befugnis* zum Tätigwerden innerhalb der

---

[6] *Michalski/Römermann* RdNr. 12; *Henssler* RdNr. 57; *Hornung* Rpfleger 1996, 1; vgl. auch *Römermann,* Entwicklungen und Tendenzen bei Anwaltsgesellschaften, 1995, S. 39 ff.
[7] So zutr. *Michalski/Römermann* RdNr. 12, 15; vgl. auch *Römermann* (Fn. 6) S. 127.
[8] *Henssler* RdNr. 53; *Meilicke* in: *M/W/H/L/W* RdNr. 44; MünchHdbGesR I/*Salger* § 41 RdNr. 18.
[9] *Michalski/Römermann* RdNr. 12; *Henssler* RdNr. 53; MünchHdbGesR I/*Salger* § 41 RdNr. 18; gegen eine Erstreckung auf die Durchsetzung von Honorarforderungen *Meilicke* in: *M/W/H/L/W* RdNr. 44.

Gemeinschaft kennzeichnet (vgl. näher § 709 BGB RdNr. 8), so kann nicht zweifelhaft sein, dass die freiberufliche Tätigkeit auch die hierfür jeweils notwendigen Hilfsgeschäfte umfasst. Auch Partner, die nach dem Partnerschaftsvertrag von der Führung der sonstigen Geschäfte ausgeschlossen sind, sind daher nicht gehindert, die in ihren konkreten Tätigkeitsbereich fallenden, der Erfüllung ihrer freiberuflichen Aufgaben dienenden Hilfsgeschäfte wahrzunehmen. Sie handeln insoweit nicht außerhalb ihrer Geschäftsführungsbefugnis und können den Ersatz der Aufwendungen, die sie für diese Zwecke eingehen, nach § 6 Abs. 3 iVm. § 110 HGB von der Partnerschaft beanspruchen.

3. Die Geschäftsführung im freiberuflichen Bereich. a) Rechtlicher Ansatz. Das 13 Gesetz bringt durch die Regelung des § 6 Abs. 2 unverkennbar zum Ausdruck, dass es die freiberufliche Tätigkeit in einer Partnerschaft trotz ihrer Beitragsqualität (§ 1 RdNr. 11) zugleich als Geschäftsführung behandelt.[10] Damit erledigt sich jedenfalls für die Partnerschaft die im Recht der GbR diskutierte Frage (vgl. § 709 BGB RdNr. 7 aE), ob die Erbringung freiberuflicher Dienstleistungen als Beitrag oder Geschäftsführung zu qualifizieren ist.[11] Im Folgenden ist daher davon auszugehen, dass die von den Partnern erbrachten, der Erfüllung der von der Partnerschaft abgeschlossenen Geschäftsbesorgungsverträge dienenden Dienst- oder Werkleistungen dem Bereich der Geschäftsführung zuzuordnen sind.

b) Die Unabdingbarkeit der freiberuflichen Geschäftsführungsbefugnis. Aus der 14 Regelung des Abs. 2 betreffend die disponible Befugnis zur Führung der sonstigen Geschäfte ergibt sich im *Umkehrschluss*, dass die Partner von der Führung der *freiberuflichen* Geschäfte innerhalb der Partnerschaft nicht ausgeschlossen werden können. Ihrer Befähigung zur Ausübung des jeweiligen Freien Berufs als Erfordernis für den Beitritt zur Partnerschaft (§ 1 RdNr. 24) entspricht die **Unabdingbarkeit** ihrer diesbezüglichen Geschäftsführungsbefugnis; die Verweisung auf § 114 Abs. 2 HGB in § 6 Abs. 3 tritt insoweit zurück. Diese Unabdingbarkeit steht zwar der Einräumung von Mitspracherechten anderer Partner bei der Geschäftsführung oder der Erstellung eines Geschäftsverteilungsplans innerhalb der Partnerschaft nicht entgegen (vgl. RdNr. 15 ff.). Auch hindert sie im Fall interprofessioneller Partnerschaften nicht die *Beschränkung* der Geschäftsführungsbefugnis der einzelnen Partner auf den von ihnen jeweils ausgeübten Freien Beruf; soweit der Freie Beruf eine besondere Qualifikation der Partner voraussetzt, ist diese aus berufsrechtlichen Gründen (§ 6 Abs. 1) sogar unverzichtbar. Die vertragliche Beschränkung darf jedoch nicht so weit gehen, dem Partner die Teilhabe an der Geschäftsführung im freiberuflichen Bereich faktisch unmöglich zu machen. Zur Frage der Entziehung der Geschäftsführungsbefugnis aus wichtigem Grund nach § 6 Abs. 3 iVm. § 117 HGB vgl. RdNr. 21 f.

c) Gestaltungsmöglichkeiten. Die Verweisung des § 6 Abs. 3 S. 2 auf das OHG-In- 15 nenrecht erstreckt sich auf die der Geschäftsführung in der OHG geltenden Vorschriften der §§ 114 bis 116 Abs. 2 HGB. Das führt zu der **Frage,** ob mit Ausnahme des § 114 Abs. 2 HGB (RdNr. 14) diese Vorschriften entsprechend auch für die Ausgestaltung der freiberuflichen Geschäftsführung in der Partnerschaft herangezogen werden können *oder* ob die (mittelbare) Gewährleistung des Geschäftsführungsrechts der einzelnen Partner im freiberuflichen Bereich durch § 6 Abs. 2 insoweit nur Einzelgeschäftsführung zulässt, während andere Gestaltungsmöglichkeiten auf den Bereich der sonstigen (neutralen) Geschäfte beschränkt sind. Die Ansichten in der Literatur zu dieser Frage sind uneinheitlich.[12]

---

[10] Vgl. nur das selbstverständliche Zugrundelegen dieser Annahme in Begr. RegE, BT-Drucks. 12/6151 S. 15.

[11] Wie hier *Michalski/Römermann* RdNr. 14; *Römermann* (Fn. 6) S. 38; aA *Overlack* in: *Gail/Overlack* RdNr. 135 ff., 141.

[12] Für notwendige Alleingeschäftsführung *Michalski/Römermann* RdNr. 16; *Michalski,* Gesellschafts- und Kartellrecht, S. 309 f.; *Römermann* (Fn. 6) S. 127; *Burret* WPK-Mitt. 1994, 201, 204 f.; tendenziell auch *Grunewald,* FS P. Ulmer, 2003, S. 141, 145 f. (für RA-Scheinsozietäten); uneinheitlich *Peres* in: Sozietätshandbuch, 2000, § 6 (dafür RdNr. 12; stark diff. RdNr. 13 ff.); dagegen *Henssler* RdNr. 55; *Meilicke* in: *M/W/H/L/W* RdNr. 46; *Mahnke* WM 1996, 1029, 1035. Vgl. auch die Nachweise in Fn. 13.

16 Stellungnahme. Das Verhältnis von § 6 Abs. 2 und 3 gestattet keine eindeutige Antwort auf die Frage nach den Gestaltungsmöglichkeiten bei Regelung der Geschäftsführungsbefugnis im freiberuflichen Bereich, auch wenn es naheliegt, die Verweisungen des Abs. 3 S. 2 ihrem Wortlaut entsprechend in einem *umfassenden,* mit Ausnahme des § 114 Abs. 2 HGB auch auf die freiberufliche Geschäftsführung bezogenen Sinn zu verstehen. Entscheidend *für* diese Auslegung und damit gegen die zwingende Geltung der Einzelgeschäftsführung im freiberuflichen Bereich der Partnerschaft spricht vor allem die **Systematik des PartGG** und sein Verhältnis einerseits zum allgemeinen Gesellschaftsrecht, andererseits zum Recht der Freien Berufe. Als der OHG weitgehend nachgebildeter Unterfall der GbR (§ 1 RdNr. 8) orientiert sich das Organisationsrecht der Partnerschaft grundsätzlich am allgemeinen Personengesellschaftsrecht, soweit das PartGG keine Abweichungen erfordert. Für das **Personengesellschaftsrecht** ist die Flexibilität des Innenverhältnisses der Gesellschaft einschließlich der Möglichkeit, die Geschäftsführungsbefugnis in den Grenzen der Selbstorganschaft unterschiedlich auszugestalten, aber ein den gesellschaftsrechtlichen Zusammenschluss prägendes Kennzeichen. Eine Abweichung hiervon zugunsten zwingender Geltung der Einzelgeschäftsführung lässt sich einem Umkehrschluss aus § 6 Abs. 2 nicht entnehmen.

17 Die vorstehende Auslegung wird bestätigt durch den **Vorrang des Berufsrechts** nach §§ 1 Abs. 3, 6 Abs. 1. Sollte wirklich das Recht bestimmter Freier Berufe die Einzelgeschäftsführung der Partner unverzichtbar machen, so lässt sich dem durch entsprechende Ausgestaltung des jeweiligen Partnerschaftsvertrags Rechnung tragen. Einer generellen Reduktion der verfügbaren Gestaltungsmöglichkeiten für die freiberufliche Geschäftsführung schon nach Partnerschaftsrecht bedarf es hierfür nicht.

18 Selbst für das **Berufsrecht der Rechtsanwälte,** das in § 3 Abs. 1 BRAO den Grundsatz der *unabhängigen* Beratung und Vertretung in allen Rechtsangelegenheiten besonders hervorhebt, wird die Notwendigkeit der uneingeschränkten Einzelgeschäftsführung in RA-Sozietäten nicht durchweg gefordert.[13] Das Erfordernis der **Unabhängigkeit** steht zwar solchen Gestaltungen entgegen, die einzelne Gesellschafter auf anwaltlichem Gebiet der *Weisung* von Mitgesellschaftern unterwerfen und sie dadurch zu fremdbestimmter Tätigkeit veranlassen.[14] *Anderes* gilt jedoch für das Recht von Mitgesellschaftern, entsprechend § 115 Abs. 1 HGB dem Handeln eines Gesellschafters mit der Folge zu *widersprechen,* dass dieses zu unterbleiben hat;[15] ein Bedürfnis hierfür ergibt sich allein schon aus dem Haftungsrisiko der Partnerschaft für das Fehlverhalten eines Partners. Und selbst gegen das Modell der *Mitgeschäftsführung* entsprechend § 115 Abs. 2 HGB bestehen aus der Sicht des § 3 Abs. 1 BRAO keine grundsätzlichen Einwände, da auch bei dieser Gestaltung keiner der Sozien gezwungen werden kann, eine freiberufliche (anwaltliche) Tätigkeit gegen seine Überzeugung zu entfalten. Bei interprofessionellen Partnerschaften muss sich die Mitgeschäftsführung freilich jeweils auf Angehörige derselben Profession beschränken.[16]

19 d) Folgerungen. Für die vertragliche Ausgestaltung der Geschäftsführung im freiberuflichen Bereich der Partnerschaft folgt aus den vorstehenden Feststellungen, dass mit Ausnahme des § 114 Abs. 2 HGB und vorbehaltlich etwaiger berufsrechtlicher Schranken grundsätzlich alle in §§ 114 bis 116 Abs. 2 HGB vorgesehenen Modifikationen der Geschäftsführung für die freiberufliche Tätigkeit zur Auswahl stehen. Die Geschäftsführung kann als **Einzelgeschäftsführung** *mit oder ohne Widerspruchsrecht* entsprechend **§ 115 Abs. 1 HGB** ausgestaltet sein; mangels besonderer Abrede findet in diesem Fall das Widerspruchs-

---

[13] Dafür außer *Michalski/Römermann* RdNr. 16 und tendenziell *Grunewald,* FS P. Ulmer, 2003, S. 141, 145 f. auch MünchHdbGesR I/*Schmid* § 24 RdNr. 31; dagegen *Henssler* DB 1995, 1549, 1553; *Oppenhoff* AnwBl. 1967, 267, 274; *Feuerich/Weyland* § 59 f. BRAO RdNr. 4 (bezogen auf die RA-GmbH).
[14] BGHZ 70, 158, 167 = NJW 1978, 589; *Michalski/Römermann* RdNr. 6, 16; *Henssler* RdNr. 4; *Kaiser* in: *Kaiser/Bellstedt* RdNr. 196; *Lenz* MDR 1994, 741, 743; aA anscheinend *Meilicke* in: *M/W/H/L/W* RdNr. 46.
[15] So auch *Henssler* DB 1995, 1549, 1553 und *Feuerich/Weyland* § 59 f. BRAO RdNr. 4; uneinheitlich *Peres* (Fn. 12) § 6 RdNr. 15, 29.
[16] So zutr. *Feuerich/Weyland* § 59 f. BRAO RdNr. 5.

recht Anwendung.[17] Sie kann abweichend hiervon aber auch als **Mitgeschäftsführung** von zwei oder mehr Partnern entsprechend **§ 115 Abs. 2 HGB** konzipiert werden, wobei freilich jeder der Partner über die Qualifikation für den jeweiligen Freien Beruf verfügen muss. Schließlich bestehen aus dieser Sicht auch keine Bedenken gegen Regelungen im Partnerschaftsvertrag oder durch Gesellschafterbeschluss, die bindende allgemeine **Richtlinien** über die Art und Weise der Wahrnehmung der freiberuflichen Aufgaben in der Partnerschaft enthalten, indem sie etwa eine interne Geschäftsverteilung festlegen oder Schranken für die Annahme von Mandaten u. a. aufstellen.[18]

Aus der Sicht des PartGG bestehen schließlich auch keine grundsätzlichen Bedenken gegen das **Eingreifen von § 116 Abs. 2 HGB**, wonach zur Vornahme von über den gewöhnlichen Geschäftsbetrieb der Partnerschaft hinausgehenden Handlungen ein Beschluss sämtlicher Partner erforderlich ist. Zwar kommen derartige Fälle außergewöhnlicher Maßnahmen in erster Linie bei den *sonstigen (neutralen)* Geschäften in Betracht, wenn es um für die Ausgestaltung der Ressourcen der Partnerschaft grundlegende, ihre künftige Tätigkeit maßgebend prägende Entscheidungen geht, während die *freiberuflichen* Geschäfte in aller Regel in den Bereich der gewöhnlichen Geschäftstätigkeit fallen werden. Immerhin ist nicht ausgeschlossen, dass entweder das besondere Risiko einzelner Mandate oder ihr gänzlich außerhalb der üblichen Geschäftstätigkeit liegender Gegenstand die Schwelle des § 116 Abs. 2 HGB überschreitet oder dass der außergewöhnliche Charakter auf der mit dem Geschäft verbundenen Gefahr der Interessenkollision beruht.[19] Auch sind die Partner durch den aus § 6 Abs. 2 ableitbaren Umkehrschluss nicht etwa gehindert, bei grundsätzlicher Alleingeschäftsführungsbefugnis sich einem für alle Partner verbindlichen Katalog zustimmungsbedürftiger Geschäfte zu unterwerfen. 20

e) Die Entziehung der Geschäftsführungsbefugnis (§ 117 HGB). Auch für die Verweisung des § 6 Abs. 3 S. 2 auf die Regelung des § 117 HGB über die Entziehung der Geschäftsführungsbefugnis aus wichtigem Grund stellt sich die Frage, ob sie sich auf die Befugnis zur Führung der sonstigen (neutralen) Geschäfte beschränkt oder auch diejenige im freiberuflichen Bereich umfasst. Die *Gesetzesbegründung*[20] will die Verweisung zwar grundsätzlich im umfassenden Sinn verstehen, hält die Entziehung der freiberuflichen Geschäftsführungsbefugnis jedoch nur während einer *vorübergehenden* Zeit für möglich, da die dauernde Entziehung wegen § 6 Abs. 2 auf eine unmögliche Rechtsfolge gerichtet sei; an ihre Stelle habe bei entsprechend wichtigem Grund der Ausschluss aus der Partnerschaft nach § 9 Abs. 1 iVm. § 140 HGB zu treten. In der Literatur ist diese Frage umstritten.[21] 21

Stellungnahme. Für einen umfassenden, auch die freiberufliche Geschäftsführungsbefugnis einbeziehenden Anwendungsbereich des § 117 HGB sprechen die vorstehenden Gründe der Gesetzessystematik (RdNr. 16), wobei für die Anforderungen an den *wichtigen Grund* im Rahmen der allgemein zu § 117 HGB entwickelten Maßstäbe vor allem auf berechtigte Zweifel an der fortbestehenden Befähigung des Partners zur sachgemäßen Erfüllung der freiberuflichen Aufgaben der Partnerschaft abzustellen ist. Zutreffend ist auch, dass im Rahmen des zu § 117 HGB anerkannten Verhältnismäßigkeitsgrundsatzes[22] von den übrigen Gesellschaftern *mildere Mittel* als die definitive Entziehung der Geschäftsführungsbefugnis beantragt werden können, wenn diese geeignet sind, den aufgetretenen Konflikt 22

---

[17] Ebenso *Meilicke* in: *M/W/H/L/W* RdNr. 46; aA *Michalski/Römermann* RdNr. 16.
[18] MünchHdbGesR I/*Salger* § 41 RdNr. 19; *Feuerich/Weyland* § 59 f. BRAO RdNr. 4.
[19] Ebenso wohl *Meilicke* in: *M/W/H/L/W* RdNr. 39; aA *Michalski/Römermann* RdNr. 22.
[20] BT-Drucks. 12/6152 S. 15.
[21] Nur vorübergehende Entziehung möglich: *Henssler* RdNr. 58; *Sommer* GmbHR 1995, 249, 252; *Stucken* WiB 1994, 744, 748; *Hornung* Rpfleger 1996, 1, 2; *Bösert/Braun/Jochem* Leitfaden S. 148 f. Auch dauerhafter Entzug zulässig: *Michalski/Römermann* RdNr. 18 ff.; wohl auch *Meilicke* in: *M/W/H/L/W* § 6 RdNr. 47 a, da er wie *Michalski/Römermann* § 1 RdNr. 5 ff. die aktive Mitarbeit für verzichtbar hält.
[22] BGHZ 51, 198, 203 = NJW 1969, 507; BGH NJW 1984, 173 f.; *Staub/Ulmer* § 117 HGB RdNr. 40; MünchKommHGB/*Jickeli* § 117 RdNr. 43 ff.; *Baumbach/Hopt* § 117 HGB RdNr. 5.

zwischen den Gesellschaftern zu beseitigen.[23] Neben etwaigen Möglichkeiten eingeschränkter Geschäftsführungsbefugnis mag hierfür je nach Lage des Falles auch die befristete Entziehung in Betracht kommen. Zu weit ginge es jedoch, wollte man mit der Regierungsbegründung[24] die *dauerhafte Entziehung* der freiberuflichen Geschäftsführungsbefugnis entsprechend § 117 HGB schlechthin ausschließen. Das zeigt allein schon der Vergleich mit der Möglichkeit des Verbleibens eines Partners in der Partnerschaft, auch wenn er aus Alters- oder Krankheitsgründen dauerhaft gehindert ist, weiter freiberufliche Leistungen zu erbringen (vgl. § 1 RdNr. 13 f.). Trifft diese Ansicht zu, so kann auch für den Bereich des § 117 HGB nichts Abweichendes gelten. Zwar mag je nach Lage des Falles bei einem voraussichtlich dauerhaft wirkenden wichtigen Grund die Ausschließung aus der Partnerschaft das angemessenere Mittel sein. Jedoch ist es aus Rechtsgründen nicht geboten, die Entziehung entsprechend § 117 HGB schlechthin auf vorübergehende Maßnahmen zu beschränken, ohne den Grund der Entziehung und das Alter oder den Gesundheitszustand des betroffenen Partners in die Betrachtung einzubeziehen.

IV. Das Innenverhältnis der Partner im Übrigen (Abs. 3)

23   **1. Grundsatz der Vertragsfreiheit.** Entsprechend dem das Recht der GbR prägenden allgemeinen Grundsatz der Vertragsfreiheit (§ 311 Abs. 1 BGB) und seiner speziellen Ausprägung in § 109 HGB für das Innenrecht der OHG gilt auch für den Partnerschaftsvertrag nach § 6 Abs. 3 S. 1 der **Vorrang der Parteidisposition,** soweit es um das Rechtsverhältnis der Partner untereinander geht und berufsrechtliche Vorschriften nicht im Wege stehen (§ 6 Abs. 1). Bindende Vorgaben des PartGG bestehen nur einerseits hinsichtlich der Beteiligungsfähigkeit der Partner (§ 1 RdNr. 22) einschließlich der sich daraus ergebenden Konsequenzen für den Verlust der Mitgliedschaft (§ 9 Abs. 3) und die Anteilsvererbung (§ 9 Abs. 4), andererseits hinsichtlich des mittelbaren Verbots, einzelne Partner von der Geschäftsführung im freiberuflichen Bereich auszuschließen (§ 6 Abs. 2). Im Übrigen sind neben der zwingenden Vorschrift des § 118 Abs. 2 HGB und den ungeschriebenen allgemeinen Grundsätzen des Gesellschaftsrechts wie Selbstorganschaft und Minderheitenschutz gegen Mehrheitsentscheidungen die allgemeinen Schranken der §§ 134, 138 BGB zu beachten. Zum *Mindestinhalt* des Partnerschaftsvertrags und zu den sonstigen, darin üblicherweise anzutreffenden Vereinbarungen vgl. § 3 RdNr. 14 ff., 24 f.

24   **2. Die entsprechende Anwendung von OHG-Innenrecht.** Die Vorschrift des § 6 Abs. 3 S. 2 verweist mit ihrer Bezugnahme auf §§ 110 bis 116 Abs. 2, 117 bis 119 HGB auf eine Reihe zentraler Vorschriften des OHG-Innenrechts. Sie unterstreicht damit die bereits in anderen Teilen des PartGG begegnende weitgehende **Annäherung** der Partnerschaft **an die OHG,** eine Regelungstechnik, die auch für die Kommentierung des PartGG zu beachten ist. Sie beschränkt den Erläuterungsbedarf in Bezug auf die Verweisungsnormen vor dem Hintergrund der HGB-Kommentare auf diejenigen Fragen, die sich speziell aus der Sicht des Partnerschaftsgesellschaftsrechts stellen.

25   **a) Aufwendungsersatz, Verzinsungspflicht (§§ 110, 111 HGB).** Insoweit kann voll auf das OHG-Recht verwiesen werden; Besonderheiten aus der Sicht des PartGG oder des Rechts der Freien Berufe sind nicht erkennbar. Die **Ersatzfähigkeit der Aufwendungen** der Partner, dh. der im Interesse der Partnerschaft erbrachten freiwilligen vermögenswerten Opfer jeder Art,[25] in *Abgrenzung* von den seitens der Partner im Rahmen ihres Geschäftsführungsentgelts ggf. persönlich zu tragenden Aufwendungen wie die Kosten für ihr auch im dienstlichen Interesse benutztes Kraftfahrzeug, für das häusliche Arbeitszimmer, für auf den eigenen Namen gehaltene Fachliteratur oder für den Besuch von Fortbildungsveranstal-

---

[23] *Staub/Ulmer* § 117 HGB RdNr. 40 f.; MünchKommHGB/*Jickeli* § 117 RdNr. 19; *Heymann/Emmerich* § 117 HGB RdNr. 15.
[24] BT-Drucks. 12/6152 S. 15.
[25] *Staub/Ulmer* § 110 HGB RdNr. 12; MünchKommHGB/*Langhein* § 110 RdNr. 11; *Heymann/Emmerich* § 110 HGB RdNr. 4; *Baumbach/Hopt* § 110 HGB RdNr. 7.

tungen, richtet sich nach den jeweils hierüber zwischen den Partnern getroffenen Vereinbarungen. Fehlt es an derartigen Vereinbarungen und gibt es auch keine der Ersatzfähigkeit der Aufwendungen entgegenstehende Branchenübung, so steht der Geltendmachung eines Anspruchs entsprechend § 110 HGB nichts im Wege.

Außer dem Ersatz der Aufwendungen gewährt § 110 HGB den Gesellschaftern auch einen Anspruch auf **Ersatz von Verlusten** aus der Geschäftsführung oder aus untrennbar damit verbundenen Gefahren. Von den Aufwendungen unterscheiden sich die Verluste durch die *Unfreiwilligkeit* ihres Eintritts.[26] Um derartige grundsätzlich ersatzfähige Verluste handelt es sich auch, wenn Partner als Gesamtschuldner nach § 8 Abs. 1 von Dritten für Verbindlichkeiten der PartG in Anspruch genommen werden, ohne sich auf das Haftungsprivileg des § 8 Abs. 2 berufen zu können. Der Regressanspruch entsprechend § 110 HGB gegen die Partnerschaft genießt in derartigen Fällen Vorrang gegenüber dem Gesamtschuldnerausgleich nach § 426 Abs. 1 BGB.[27]

Für die **Verzinsungspflicht** gelten die §§ 110 Abs. 2, 111 HGB entsprechend. Besonderheiten aus dem Recht der Partnerschaft sind nicht erkennbar.

b) Wettbewerbsverbot (§§ 112, 113 HGB). Dem Wettbewerbsverbot des § 112 Abs. 1 HGB und seiner Sanktion nach Maßgabe von § 113 HGB kommt in einer Partnerschaft, angesichts von deren Ausrichtung auf das *persönliche Zusammenwirken* der Partner, besondere Bedeutung zu. Es bildet eine wesentliche Grundlage für das notwendige Vertrauensverhältnis in der Partnerschaft. Unter das Verbot fällt sowohl die **Vornahme eigener Geschäfte** der Partner im Bereich der vom Unternehmensgegenstand der Partnerschaft (§ 3 Abs. 2 Nr. 3) erfassten freiberuflichen Tätigkeiten unter Einschluss der daran unmittelbar angrenzenden Gebiete (dem sachlich relevanten Markt der Partnerschaft),[28] als auch deren **Beteiligung an einer konkurrierend tätigen Gesellschaft,** es sei denn, dass sie sich auf eine reine Kapitalbeteiligung ohne nennenswerte interne Mitsprache- oder Informationsrechte beschränkt.[29] Zurückhaltung ist aus diesem Grunde sowie angesichts des Schriftformerfordernisses auch geboten, soweit es um die Annahme konkludenter *Einwilligung* der Mitgesellschafter in die Konkurrenztätigkeit eines Partners geht. Wurde eine solche Einwilligung generell oder im Einzelfall tatsächlich erteilt, so kann sie sich gleichwohl aus *berufsrechtlichen* Gründen als unbeachtlich erweisen; entgegenstehendes Standesrecht geht wegen der Vorrangregelung des § 6 Abs. 1 der Erteilung der Einwilligung vor.

Das Wettbewerbsverbot des § 112 Abs. 1 HGB als Ausprägung der gesellschaftsrechtlichen *Treupflicht* steht auch der sonstigen **Wahrnehmung von Geschäftschancen** der Partnerschaft im Eigeninteresse eines Partners oder unter Zwischenschaltung einer ihm nahe stehenden Person entgegen.[30] Das gilt für die Ausnutzung von Informationen aus der Sphäre der Partnerschaft durch einen Partner im eigenen Interesse, aber auch für den (Zwischen-)Erwerb von Vermögensgegenständen, auf die die Partnerschaft angewiesen ist, sowie für das sonstige Voranstellen des Eigeninteresses vor dasjenige der Partnerschaft innerhalb der Gemeinschaftssphäre. Dagegen wird die **Arbeitszeit** der Partner durch § 112 HGB nicht zugunsten der Partnerschaft geschützt.[31] Eine zeitlich aufwändige Nebentätigkeit eines Partners auf einem anderen, von demjenigen der Partnerschaft klar abgegrenzten sachlich relevanten Markt, die keine Interessenkollision erwarten lässt, unterliegt daher nicht den Schranken des § 112 HGB. Sie kann sich jedoch als unvereinbar mit der von den Partnern

---

[26] *Staub/Ulmer* § 110 HGB RdNr. 21; MünchKommHGB/*Langhein* § 110 RdNr. 17; *Heymann/Emmerich* § 110 HGB RdNr. 4; *Baumbach/Hopt* § 110 HGB RdNr. 11.
[27] BGHZ 37, 299, 302 f. = NJW 1962, 1863; *Staub/Ulmer* § 110 HGB RdNr. 32; MünchKommHGB/ *K. Schmidt* § 128 RdNr. 31 ff.; *Baumbach/Hopt* § 128 HGB RdNr. 25; so auch für die Partnerschaft: Begr. RegE, BT-Drucks. 12/6152 S. 18; wohl auch *Michalski/Römermann* RdNr. 40.
[28] Vgl. hierzu *Staub/Ulmer* § 112 HGB RdNr. 14 ff.; *Baumbach/Hopt* § 112 HGB RdNr. 5; für die Partnerschaft auch *Meilicke* in: *M/W/H/L/W* RdNr. 55.
[29] *Staub/Ulmer* § 112 HGB RdNr. 24; MünchKommHGB/*Langhein* § 112 RdNr. 10 ff.
[30] *Staub/Ulmer* § 112 HGB RdNr. 17 aE; *Heymann/Emmerich* § 112 HGB RdNr. 6 a; für die Partnerschaft *Meilicke* in: *M/W/H/L/W* RdNr. 57.
[31] Vgl. *Staub/Ulmer* § 112 HGB RdNr. 2 mwN.

übernommenen, auf Einbringung ihrer Arbeitskraft in die Partnerschaft abzielenden Beitragspflicht erweisen (vgl. RdNr. 41 f.).

30   Das gesetzliche Wettbewerbsverbot **endet** mit dem Ausscheiden aus der Partnerschaft, nach zutr. Ansicht aber auch mit ihrer Auflösung, wenn und soweit sie im Liquidationsstadium nicht mehr selbst freiberuflich tätig wird.[32] Die Vereinbarung eines *nachvertraglichen Wettbewerbsverbots* ist in den Grenzen der §§ 138 BGB, 1 GWB möglich[33] und unterliegt nicht den Schranken der §§ 74 ff. HGB.[34] Die Vornahme bloßer Vorbereitungshandlungen für die eigenständige Berufsausübung nach zeitlichem Ablauf des Wettbewerbsverbots wird von dem Verbot nicht erfasst.[35]

31   Die **Rechtsfolgen** von Verstößen gegen das Wettbewerbsverbot bestimmen sich grundsätzlich nach § 113 HGB. Eine *Modifikation* kann sich freilich aus berufsrechtlichen Gründen in denjenigen Fällen ergeben, in denen die Ausübung des Eintrittsrechts der PartG entsprechend § 113 Abs. 1 HGB mit der berufsrechtlichen Schweigepflicht des verstoßenden Partners in Konflikt zu geraten droht.[36] In diesem Fall verbleibt als Alternative nur die Geltendmachung von Schadensersatzansprüchen.

32   **c) Geschäftsführung (§§ 114 bis 117 HGB).** Die Konsequenzen der entsprechenden Anwendung der Vorschriften über die Geschäftsführung in der OHG auf die Partnerschaft sind bereits vorstehend (RdNr. 15 ff., 19 ff.) im Zusammenhang mit § 6 Abs. 2 behandelt worden. Hierauf wird verwiesen.

33   **d) Kontrollrechte (§ 118 HGB).** Die Kontrollrechte der OHG-Gesellschafter nach § 118 Abs. 1 HGB gehören vor allem für die nicht selbst an der Geschäftsführung beteiligten, aus diesem Grund vom unmittelbaren Zugang zu den Gesellschafts-Interna ausgeschlossenen Gesellschafter zu den zentralen Verwaltungsrechten. Neben dem (grundsätzlich höchstpersönlich auszuübenden) uneingeschränkten **Einsichtsrecht** umfasst § 118 Abs. 1 HGB auch das Recht auf Anfertigung von Abschriften oder *Kopien* auf Kosten des Gesellschafters mit Ausnahme solcher Unterlagen über Geschäftsgeheimnisse, an deren Nichtverbreitung die Gesellschaft ein vorrangig schutzwürdiges Interesse hat.[37] Über den Wortlaut des § 118 Abs. 1 HGB hinausgehend erkennt die hM zu Recht auch ein **subsidiäres Auskunftsrecht** der Gesellschafter gegen die Geschäftsführer in denjenigen Fällen an, in denen der individuelle Informationsbedarf durch die Einsichtnahme in die Geschäftsunterlagen nicht ausreichend befriedigt werden kann.[38] – Einen zwingend ausgestalteten **Mindestbestand** der Kontrollrechte gewährt § 118 Abs. 2 HGB unter der Voraussetzung, dass Grund zur Annahme unredlicher Geschäftsführung besteht. Zu seiner Geltendmachung genügt eine diesbezügliche substantiierte Tatsachenbehauptung; der Nachweis unredlichen Verhaltens oder dessen Glaubhaftmachen nach den Regeln der ZPO ist nicht erforderlich.[39]

34   Aus der **Sicht des PartGG** kann die entsprechende Anwendung des § 118 Abs. 1 HGB insoweit Probleme bereiten, als es um eine mögliche Kollision mit der berufsrechtlichen *Schweigepflicht* geht. Nach Ansicht der Regierungsbegründung[40] soll sich das Kontrollrecht

---

[32] EinhM, vgl. *Staub/Ulmer* § 112 HGB RdNr. 12; *Heymann/Emmerich* § 112 HGB RdNr. 8; *Baumbach/Hopt* § 112 HGB RdNr. 3; *Meilicke* in: *M/W/H/L/W* RdNr. 58.
[33] Vgl. dazu *Staub/Ulmer* § 112 HGB RdNr. 13; *MünchKommHGB/Langhein* § 112 RdNr. 20 ff.; *Henssler* RdNr. 73 ff.; *Meilicke* in: *M/W/H/L/W* RdNr. 62; *Michalski/Römermann* ZIP 1994, 433, 439 ff.; *Römermann* BB 1998, 1489. Gegen eine Beschränkung durch § 1 GWB *Michalski/Römermann* RdNr. 25.
[34] *Michalski/Römermann* RdNr. 25; *Meilicke* in: *M/W/H/L/W* RdNr. 62; *Henssler* RdNr. 73.
[35] *Staub/Ulmer* § 112 HGB RdNr. 11; *MünchKommHGB/Langhein* § 112 RdNr. 20 ff.; *Heymann/Emmerich* § 112 HGB RdNr. 9; *Meilicke* in: *M/W/H/L/W* RdNr. 54.
[36] *Henssler* RdNr. 78; *Michalski/Römermann* RdNr. 24; vgl. zur berufsrechtlichen Schweigepflicht auch RdNr. 34 f.
[37] *Staub/Ulmer* § 118 HGB RdNr. 22; *MünchKommHGB/Enzinger* § 118 RdNr. 7 ff.; *Heymann/Emmerich* § 118 HGB RdNr. 11; für die Partnerschaft auch *Meilicke* in: *M/W/H/L/W* RdNr. 76.
[38] *Staub/Ulmer* § 118 HGB RdNr. 24 f.; *Baumbach/Hopt* § 118 HGB RdNr. 7; *Michalski/Römermann* RdNr. 33; *Meilicke* in: *M/W/H/L/W* RdNr. 72.
[39] Vgl. näher *Staub/Ulmer* § 118 HGB RdNr. 45 mN.
[40] BT-Drucks. 12/6152 S. 15.

deshalb auf die *wirtschaftlichen* Verhältnisse der Partnerschaft beschränken. Mit diesem scheinbar nahe liegenden, um Ausgleich zwischen den unterschiedlichen Interessen einerseits der Partner, andererseits der Mandanten bemühten Lösungsvorschlag wird die Kollision zwischen Informationsrecht und Schweigepflicht indessen nicht ohne weiteres behoben.[41] Das folgt schon daraus, dass für die wirtschaftliche Situation einer Partnerschaft nicht selten die vertraglichen Haftungsrisiken gegenüber den Mandanten von wesentlicher Bedeutung sind und diese meist nicht zureichend ohne Einblick in die Mandatsakten beurteilt werden können.[42] Gegen ein generelles Zurücktreten der Schweigepflicht des mit der Bearbeitung des Mandats betrauten Partners im Innenverhältnis der Partnerschaft spricht andererseits der Umstand, dass die Schweigepflicht ihren Rechtsgrund nicht im Mandatsvertrag, sondern im Berufsrecht hat und dieses idR keine auf Sozietäten bezogene Ausnahmen kennt (vgl. insbesondere die Regelungen zur Schweigepflicht in § 43a BRAO, § 57 StBerG, § 43 WPO, § 9 MBO-Ä); daher rechtfertigt weder die Stellung der Partnerschaft als Vertragspartner des Kunden noch die Bindung aller Partner durch eine gleichartige berufsrechtliche Schweigepflicht, für sich genommen, deren Durchbrechung im Innenverhältnis der Partnerschaft.

Die **Lösung** des Kollisionsproblems ist nach allem nicht aus dem Innenverhältnis der Sozietät als Vertragspartner, sondern aus dem Gesichtspunkt der – ausdrücklichen oder konkludenten – *Einwilligung* des Mandanten in die Aufhebung oder Lockerung der Schweigepflicht zwischen den Partnern abzuleiten. Das Informationsinteresse der anderen Partner reicht dabei, für sich genommen, nicht aus, um daraus auf einen Verzicht des Mandanten auf die partnerschaftsinterne Schweigepflicht zu schließen. Das gilt jedenfalls dann, wenn es wie beim Arzt- oder Anwaltsgeheimnis um höchstpersönliche Informationen geht, an deren Geheimhaltung der Mandant ein vorrangiges Interesse hat. Eine andere Beurteilung ist dann geboten, wenn der Mandant damit einverstanden ist, dass je nach Bedarf auch andere Partner mit der Bearbeitung seines Falles befasst werden; für ein solches Einverständnis spricht die Beauftragung der Partnerschaft als solcher ohne gleichzeitige verbindliche Festlegung des mit der Sache zu betrauenden Partners. Da die Mitwirkung anderer Partner regelmäßig deren umfassende Information über die der beruflichen Schweigepflicht unterfallenden Umstände erfordert, steht in derartigen Fällen die berufliche Schweigepflicht der Durchsetzung des Informationsrechts nach § 118 Abs. 1 HGB im Zweifel nicht entgegen.[43] 35

Über die vorstehend aufgezeigten Grenzen hinausgehend ist im Rahmen von **§ 118 Abs. 2 HGB** dem zwingenden Informationsrecht der Partner grundsätzlich der Vorrang einzuräumen; insoweit versagt die Berufung auf die Schweigepflicht. 36

e) Gesellschafterbeschlüsse (§ 119 HGB). Für die Beschlussfassung der Partner ist entsprechend § 119 Abs. 1 HGB grundsätzlich vom **Einstimmigkeitsprinzip** auszugehen. Das gilt sowohl für Änderungen des Partnerschaftsvertrags, die überdies nach § 3 Abs. 1 zu ihrer Wirksamkeit der Schriftform bedürfen (vgl. § 3 RdNr. 11), als auch für Beschlüsse in sonstigen, den Gesellschaftern vorbehaltenen Grundlagenangelegenheiten sowie schließlich in Fällen wie der Ergebnisfeststellung, der Gewinnanwendung oder der Entscheidung über außergewöhnliche Geschäfte, in denen es nach Gesetz oder Gesellschaftsvertrag eines Gesellschafterbeschlusses bedarf (vgl. näher § 709 BGB RdNr. 50 ff.). Soweit nicht im Einzelfall das Stimmrecht eines Partners aus Gründen der Interessenkollision ausgeschlossen ist, ist zur Wirksamkeit des Beschlusses die *Zustimmung sämtlicher Partner* erforderlich; Stimmenthaltung oder Nichtteilnahme an der Abstimmung verhindern das Erreichen der Einstimmigkeit. Widersprechende Partner können je nach Lage des Falles mit Rücksicht auf ihre Treupflicht 37

---

[41] Die RegBegr. abl. auch *Michalski/Römermann* RdNr. 34; *Meilicke* in: *M/W/H/L/W* RdNr. 76; *Feddersen/Meyer-Landrut* § 6 RdNr. 5; *Mahnke* WM 1996, 1029, 1035 f. Wie die RegBegr. jedoch *Bösert/Braun/Jochem* Leitfaden S. 150.

[42] Ähnlich *Michalski/Römermann* RdNr. 37.

[43] So zutr. *Henssler* RdNr. 23 ff., 81 ff. mN auch zu berufsrechtlichen Regelungen betr. die Schweigepflicht (aaO RdNr. 29 ff.).

gehalten sein, sich an der Abstimmung zu beteiligen und dem Beschluss im Interesse der Partnerschaft zuzustimmen (vgl. näher § 705 BGB RdNr. 231 ff.).

38 Der Partnerschaftsvertrag kann das Einstimmigkeitsprinzip durch das **Mehrheitsprinzip** ersetzen und nähere Regelungen über die Berechnung der Mehrheiten aufstellen; dabei liegt im Fall von Partnerschaften, anders als bei einer OHG mit zT deutlich unterschiedlichen Gesellschaftsanteilen, wegen der grundsätzlichen Gleichberechtigung der Partner die in § 119 Abs. 2 HGB vorgesehene Berechnung der Mehrheit *nach Köpfen* nahe. Allerdings gelten Mehrheitsklauseln nicht ohne weiteres für sämtliche, zumal für besonders weittragende Beschlüsse. Soweit es um mehrheitliche *Eingriffe in den Kernbereich der Mitgliedschaft* geht, setzt deren Wirksamkeit regelmäßig die vorweggenommene, durch Auslegung der Mehrheitsklausel zu gewinnende Zustimmung der später überstimmten Minderheit voraus. Dazu und zur Bedeutung des Bestimmtheitsgrundsatzes vgl. näher § 709 BGB RdNr. 84 ff.

39 Für **Partnerschaften** oder sonstige Gesellschaften zur gemeinsamen Verfolgung freiberuflicher Zwecke besteht vermehrter Anlass, die Grenzen des Mehrheitsprinzips zu betonen, da die Mehrheitsherrschaft bei ihnen in besonderem Maße die Gefahr begründet, mit der gebotenen Wahrung der Unabhängigkeit und Eigenverantwortlichkeit der freiberuflich tätigen Gesellschafter zu kollidieren. Ein grundsätzlich *mehrheitsfester Bereich* ist daher nicht nur insoweit anzuerkennen, als es um Änderungen des Unternehmensgegenstands sowie der persönlichen Verwaltungs- und Vermögensrechte der einzelnen Gesellschafter, dh. um unmittelbare Eingriffe in den Kernbereich ihrer Mitgliedschaft geht. Vielmehr stoßen aus dieser Sicht auch solche Mehrheitsbeschlüsse auf Bedenken, die auf eine Änderung der einvernehmlich festgelegten Grundsätze über die Geschäftsverteilung oder über die Ausübung der freiberuflichen Tätigkeit gerichtet sind.

40 **3. Sonstige Fragen des Partnerschaft-Innenrechts. a) Überblick.** Soweit § 6 Abs. 3 oder die sonstigen Vorschriften des PartGG keine Verweisung auf das OHG-Innenrecht enthalten, bewendet es nach der Auffangvorschrift des **§ 1 Abs. 4** bei der subsidiären Anwendung des **GbR-Innenrechts**. Von dem für das Innenverhältnis der Partner geltenden Sorgfaltsmaßstab des **§ 708 BGB** und von den Gesamthandsvorschriften der **§§ 717 bis 719 BGB** abgesehen, deren Übertragung auf die Verhältnisse in der Partnerschaft keine Schwierigkeiten bereitet, gilt das insbesondere für die Regelungen über die Beiträge (RdNr. 41 ff.) und über die Gewinnverteilung (RdNr. 44 ff.). Zu den Fragen des Beitritts zur und des Ausscheidens aus der Partnerschaft sowie zur Anteilsübertragung und -vererbung vgl. die Erläuterungen zu § 9.

41 **b) Beiträge der Partner.** Vereinbarungen über die von den Partnern zu leistenden Beiträge bilden einen notwendigen Bestandteil des Partnerschaftsvertrags (§ 3 RdNr. 15). Zwar finden die insoweit einschlägigen Vorschriften der **§§ 706, 707 BGB** über § 1 Abs. 4 auf die Partnerschaft Anwendung mit der Folge, dass die Partner mangels abweichender Vereinbarung *gleiche* Beiträge zu leisten haben (§ 706 Abs. 1 BGB) und dass sie zur Erhöhung der vereinbarten Beiträge oder zu Nachschüssen nicht verpflichtet sind (§ 707 BGB). Speziell für die Partnerschaft bedeutsam ist auch die Regelung in § 706 Abs. 3 BGB, wonach die Beiträge auch in der *Leistung von Diensten* bestehen können. Bei diesen Vorschriften handelt es sich jedoch jeweils um bloße Rahmenregelungen, die der inhaltlichen Ausfüllung durch Festlegung des Gegenstands der Beiträge im Gesellschaftsvertrag bedürfen.

42 Aus der **Sicht des PartGG** gewinnt insoweit die Vorschrift des § 3 Abs. 2 Nr. 2 Bedeutung, wonach der Partnerschaftsvertrag den „in der Partnerschaft ausgeübten Beruf" jedes Partners enthalten muss. Da der Beitritt zur Partnerschaft nur solchen Gesellschaftern offensteht, die bereit und in der Lage sind, sich innerhalb der Partnerschaft freiberuflich zu betätigen (§ 1 RdNr. 24), ist die auf die Berufsausübung bezogene Angabe im Partnerschaftsvertrag mangels zusätzlicher Abreden zugleich dahin zu verstehen, dass die Beiträge der Partner sich auf diese **freiberuflichen Leistungen** erstrecken sollen und dass die Partner gleichermaßen verpflichtet sind, ihre volle Arbeitskraft in die Partnerschaft einzubringen.

Insbesondere bei interprofessionellen Partnerschaften und in Fällen, in denen Partner über eine mehrfache Berufsqualifikation verfügen, empfiehlt es sich freilich, eine detaillierte Regelung über die Art und den Umfang der geschuldeten freiberuflichen Leistung im Partnerschaftsvertrag zu treffen.

Sollen die Partner darüber hinaus **Vermögensleistungen** für die Partnerschaft erbringen, ihr insbesondere Geldeinlagen oder sonstige Vermögensgegenstände (Grundstücke oder finanzielle Mittel, Geschäftsausstattung u. a.) zur Verfügung stellen, so bedarf es hierfür besonderer Vereinbarungen in dem der Schriftform unterliegenden Partnerschaftsvertrag. Je nach Art der Gegenstände sollte dabei auch die Art und Weise der Einbringung geregelt werden, sei es zu Eigentum der Partnerschaft, zum Gebrauch oder dem Werte nach (quoad usum). Fehlt es an einer solchen ausdrücklichen Regelung, so greift die Auslegungsregel des § 706 Abs. 2 BGB ein: die Einbringung erfolgt im Zweifel zu *Eigentum* der Partnerschaft (vgl. § 706 BGB RdNr. 11 ff.). 43

c) Gewinnverteilung. Auf den ersten Blick ungewöhnlich ist die Nichteinbeziehung der §§ 120 bis 122 HGB in die Verweisung des § 6 Abs. 3. Ausweislich der Regierungsbegründung[44] beruht sie darauf, dass in der Partnerschaft „kein dringendes Bedürfnis für eine Gewinnverteilungsvorschrift" besteht, da die Partner aktiv mitarbeiten und die Einnahmen der Gesellschaft „im Wesentlichen als Geschäftsführungsgehälter auszahlen werden". Das ist schon deshalb missverständlich, weil eine derartige Praxis weder die Gewinnermittlung gegenstandslos macht noch darüber hinwegtäuschen kann, dass es bei der Auszahlung der „Geschäftsführungsgehälter", unabhängig von der Art ihrer – festen oder variablen – Festsetzung, der Sache nach um Gewinnverteilung geht (vgl. § 709 BGB RdNr. 32 ff.). Zutreffend ist demgegenüber der weitere in der Regierungsbegründung[45] gegen die Verweisung angeführte Grund, dass § 120 Abs. 1 HGB die Erstellung einer Bilanz voraussetzt, während in der Partnerschaft angesichts des fehlenden Handelsgewerbes die Gewinnermittlung auch ohne handelsrechtliche Buchführung und Bilanzierung im Wege der Einnahme-Überschussrechnung nach § 4 Abs. 3 EStG erfolgen kann.[46] Die Nichtverweisung auf §§ 120 bis 122 HGB führt nach § 1 Abs. 4 zum *Eingreifen der §§ 721, 722 BGB* über die Gewinnverteilung in der GbR (vgl. RdNr. 45 f.). 44

Im Einzelnen bedeutet das Eingreifen der GbR-Vorschriften, dass **Rechnungsabschluss und Gewinnfeststellung** mangels abweichender Regelung im Partnerschaftsvertrag nach **§ 721 Abs. 2 BGB** am Schluss jedes Geschäftsjahrs zu erfolgen haben, wobei das Geschäftsjahr im Zweifel mit dem Kalenderjahr übereinstimmt. Zuständig für die Beschlussfassung über den Rechnungsabschluss sind die Gesellschafter; beim Fehlen einer hierauf bezogenen Mehrheitsklausel entscheiden sie einstimmig (§ 721 BGB RdNr. 9). 45

Die **Verteilung** des so festgestellten Gewinns (und ebenso diejenige eines etwaigen Verlusts) richtet sich mangels Festsetzung eines besonderen Gewinnverteilungsschlüssels im Partnerschaftsvertrag nach **§ 722 Abs. 1 BGB**. Danach steht jedem Partner unabhängig von Art und Größe seines Beitrags ein *gleicher Gewinnanteil* zu; konkludente Abweichungen hiervon im Partnerschaftsvertrag scheiden schon wegen des Schriftformerfordernisses des § 3 Abs. 1 regelmäßig aus. 46

Die **Auszahlung** des auf ihn entfallenden, nicht schon durch die periodische „Geschäftsführervergütung" entnommenen Gewinnanteils kann jeder Partner alsbald nach dessen Feststellung verlangen, wenn der Partnerschaftsvertrag keine Einschränkungen vorsieht und auch die gebotene Rücksichtnahme auf die Lage der Partnerschaft keine Thesaurierung erforderlich macht. Eine allgemein gehaltene Mehrheitsklausel berechtigt die Mehrheit nicht dazu, Entnahmebeschränkungen gegen den Willen der Minderheit zu beschließen (vgl. § 721 BGB RdNr. 16). 47

---

[44] BT-Drucks. 12/6152 S. 15.
[45] BT-Drucks. 12/6152 S. 15.
[46] Vgl. Vor § 1 RdNr. 25. So auch *Meilicke* in: *M/W/H/L/W* RdNr. 17, 20; *Seibert* DB 1994, 2381, 2382; zur Überschuss-Rechnung vgl. *Crezelius* in: *Kirchhof* EStG, 7. Aufl. 2007, § 4 RdNr. 107 ff.

§ 7 PartGG 1 Partnerschaftsgesellschaftsgesetz

§ 7 Wirksamkeit im Verhältnis zu Dritten; rechtliche Selbständigkeit; Vertretung

(1) Die Partnerschaft wird im Verhältnis zu Dritten mit ihrer Eintragung in das Partnerschaftsregister wirksam.

(2) § 124 des Handelsgesetzbuchs ist entsprechend anzuwenden.

(3) Auf die Vertretung der Partnerschaft sind die Vorschriften des § 125 Abs. 1 und 2 sowie der §§ 126 und 127 des Handelsgesetzbuchs entsprechend anzuwenden.

(4) [1]Die Partnerschaft kann als Prozess- oder Verfahrensbevollmächtigte beauftragt werden. [2]Sie handelt durch ihre Partner und Vertreter, in deren Person die für die Erbringung rechtsbesorgender Leistungen gesetzlich vorgeschriebenen Voraussetzungen im Einzelfalle vorliegen müssen, und ist in gleichem Umfang wie diese postulationsfähig. [3]Verteidiger im Sinne der §§ 137 ff. der Strafprozessordnung ist nur die für die Partnerschaft handelnde Person.

(5) Für die Angaben auf Geschäftsbriefen der Partnerschaft ist § 125 a Abs. 1 S. 1, Abs. 2 des Handelsgesetzbuchs entsprechend anzuwenden.

Übersicht

	RdNr.		RdNr.
I. Einführung	1, 2	1. Der Verweisungsbereich	13–17
1. Normzweck	1	a) Arten der organschaftlichen Vertretung	13, 14
2. Reform	2	b) Umfang der Vertretungsmacht	15
II. Die konstitutive Wirkung der Eintragung im Partnerschaftsregister (Abs. 1)	3–9	c) Eintragung im Partnerschaftsregister	16
1. Entstehung als Partnerschaft	3–6	d) Entziehung der Vertretungsmacht	17
a) Grundsatz	3, 4	2. Notwendiger Mindestgehalt der Vertretungsbefugnis der Partner?	18, 19
b) Rechtsverhältnisse der Gesellschaft bis zur Eintragung	5, 6	**V. Die Partnerschaft als Prozess- oder Verfahrensbevollmächtigte (Abs. 4)**	20–22
2. Die fehlerhafte Eintragung	7–9	1. Regelungsgrund	20, 21
III. Die Rechtsnatur der Partnerschaft (Abs. 2)	10–12	2. Voraussetzungen	22
1. Grundlagen	10, 11	**VI. Die notwendigen Angaben auf Geschäftsbriefen (Abs. 5)**	23
2. Die Relevanz der Verweisung auf § 124 HGB	12		
IV. Die Vertretung der Partnerschaft (Abs. 3)	13–19		

I. Einführung

1 **1. Normzweck.** Die Vorschrift des § 7 dient der Regelung des **Außenverhältnisses** der Partnerschaft, ihrer Rechtsfähigkeit und ihrer organschaftlichen Vertretung gegenüber Dritten. Dazu legt **Abs. 1** der Eintragung im Partnerschaftsregister *konstitutive* Wirkung bei, soweit es um die Entstehung als Partnerschaft geht; die Regelung entspricht inhaltlich voll derjenigen in § 123 HGB bei Eintragung einer auf den Betrieb eines kannkaufmännischen Handelsgewerbes (§ 2 HGB) gerichteten OHG. Nach **Abs. 2** iVm. § 124 HGB ist die eingetragene Partnerschaft in Rechtsverkehr, Zivilprozess und Zwangsvollstreckung als Gesamthandsgesellschaft *voll rechtsfähig*. **Abs. 3** erklärt die Vorschriften über die organschaftliche Vertretung der OHG für entsprechend anwendbar auf die Partnerschaft; davon ausgenommen bleibt nur die Regelung über die unechte Gesamtvertretung (§ 125 Abs. 3 HGB), weil mangels Handelsgewerbes der Partnerschaft eine Prokurabestellung bei ihr ausscheidet. Zu den in den Jahren 1998 und 2000 neu aufgenommenen Vorschriften der *Abs. 4 und 5* vgl. RdNr. 2. Insgesamt bestätigt § 7 somit auch für das Außenverhältnis die Regelungstendenz des PartGG, die Partnerschaft möglichst weitgehend der OHG gleich-

zustellen, soweit nicht Abweichungen mit Rücksicht auf das bei ihr fehlende Handelsgewerbe (§ 1 Abs. 1 S. 2) oder wegen des Haftungsbeschränkungsprivilegs des § 8 Abs. 2 geboten sind.

2. Reform. Nach Erlass des PartGG wurde § 7 um zwei neue Absätze erweitert. Die 2 erste Erweiterung führte zur Aufnahme eines neuen Abs. 4 – heute **Abs. 5** – im Zuge des HRefG 1998. Die darin enthaltene Verweisung auf § 125a Abs. 1 S. 1, Abs. 2 HGB erstreckte die für die typischen Personenhandelsgesellschaften neugeregelte Pflicht zu bestimmten Angaben auf Geschäftsbriefen auf die PartG (RdNr. 23) und sorgte dadurch auch in diesem Punkt für weitgehende Gleichbehandlung der PartG mit der OHG. Demgegenüber wurde die im Jahr 2000 eingeführte Regelung des **Abs. 4** betreffend Vertretungsbefugnis und Postulationsfähigkeit der PartG durch eine diese Befugnisse für die PartG verneinende BFH-Rechtsprechung ausgelöst; die Vorschrift hat im Wesentlichen klarstellende Bedeutung (RdNr. 21 f.).

II. Die konstitutive Wirkung der Eintragung im Partnerschaftsregister (Abs. 1)

1. Entstehung als Partnerschaft. a) Grundsatz. In Anlehnung an § 123 Abs. 1 HGB 3 macht § 7 Abs. 1 die Wirksamkeit der Partnerschaft im Verhältnis zu Dritten von ihrer **Eintragung** im Partnerschaftsregister abhängig; dieser kommt somit **konstitutive Wirkung** zu. Das gilt auch dann, wenn die Partner die gemeinschaftliche Tätigkeit im Namen der Partnerschaft schon vor Eintragung aufgenommen haben. Die Sonderregelung des § 123 Abs. 2 HGB betreffend den vorzeitigen Geschäftsbeginn der zum Betrieb eines Handelsgewerbes gegründeten OHG wurde bewusst nicht übernommen, weil die Eintragung im Partnerschaftsregister als Kriterium zur Abgrenzung der Partnerschaft gegenüber der Freiberufler-GbR unverzichtbar ist.[1] Einer Erstreckung der konstitutiven Wirkung auf die Eintragung der nach § 4 Abs. 1 S. 2 und 3 anmeldepflichtigen *Vertragsänderungen* bedarf es nicht; der Rechtsverkehr ist insoweit hinreichend durch § 5 Abs. 2 iVm. § 15 HGB geschützt.

Eine Gesellschaft, die von den Beteiligten als Partnerschaft gewollt ist, kommt nach außen 4 bei **vorzeitiger** Geschäftsaufnahme allerdings nicht erst mit der Eintragung im Partnerschaftsregister zur Entstehung. Vielmehr wird der Gesellschaftsvertrag beim Fehlen einer Befristung oder Bedingung schon vom Zeitpunkt des Vertragsschlusses an wirksam und führt alsbald zur Entstehung einer Gesamthandsgesellschaft auch im Verhältnis zu Dritten. Die Gesellschaft hat jedoch unabhängig von der Rechtsformwahl der Beteiligten zunächst die **Rechtsform der GbR**.[2] Zur Partnerschaft wird sie erst mit Eintragung im Partnerschaftsregister; die Eintragung hat in derartigen Fällen somit die Wirkung einer *formwechselnden Umwandlung*.

b) Rechtsverhältnisse der Gesellschaft bis zur Eintragung. Die konstitutive Wir- 5 kung der Eintragung schließt es nicht aus, dem auf die Gründung einer Partnerschaft gerichteten, im schriftlichen Gesellschaftsvertrag zum Ausdruck gekommenen *Parteiwillen* schon vor der Eintragung Rechtswirkungen für das **Innenverhältnis** zuzumessen.[3] Die Rechtsbeziehungen zwischen den Beteiligten unterstehen im Zweifel von Anfang an abweichend vom GbR-Recht dem dispositiven Recht des PartGG, soweit der Gesellschaftsvertrag keine besonderen Regelungen enthält. Das hat Bedeutung namentlich für

---

[1] Begr. RegE, BT-Drucks. 12/6152 S. 15 f.; so auch *Michalski/Römermann* RdNr. 2; *Henssler* RdNr. 2; *Bösert* DStR 1993, 1332, 1334; *Lenz* MDR 1994, 741, 743.
[2] HM, vgl. *Henssler* RdNr. 7; *Meilicke* in: *M/W/H/L/W* RdNr. 4, 5 ff.; *Bayer/Imberger* DZWiR 1995, 177, 179 f.; *Lenz* DStR 1994, 743; *Stuber* WiB 1994, 705, 708; aA *Michalski/Römermann* RdNr. 5, die von der Existenz einer Vorpartnerschaft ausgehen, auf die weitgehend schon die Regeln über die Partnerschaft Anwendung finden sollen.
[3] Ebenso *Henssler* RdNr. 10; weitergehend aber *Michalski/Römermann* RdNr. 5, die in Anwendung der Lehre von der Vorgesellschaft zumindest die §§ 1 Abs. 4, 6 und 9 unabhängig vom Gesellschafterwillen für anwendbar halten.

die regelmäßige *Allein*geschäftsführungsbefugnis in der Partnerschaft (§ 6 Abs. 3 iVm. § 115 Abs. 1 HGB) in Abweichung von § 709 Abs. 1 BGB. Die Rechtslage ist derjenigen einer als OHG geplanten, auf den Betrieb eines kannkaufmännischen Handelsgewerbes gerichteten Gesellschaft vergleichbar, die bis zur konstitutiv wirkenden Handelsregistereintragung (vgl. §§ 2, 123 Abs. 2 HGB) ebenfalls als GbR besteht, im Innenverhältnis aber im Zweifel schon OHG-Recht unterliegt.[4] Das für den Partnerschaftsvertrag geltende Schriftformerfordernis des § 3 Abs. 1 steht nicht entgegen, da die Vereinbarung der Beteiligten über die Gründung einer Partnerschaft regelmäßig als konkludente Verweisung auf das dispositive Recht des PartGG in Abweichung von demjenigen der GbR zu verstehen ist.

6   Von der Rechtslage im Innenverhältnis zu unterscheiden ist das **Auftreten der Gesellschaft gegenüber Dritten.** Insoweit steht § 7 Abs. 1 der alsbaldigen Anwendung des PartG-Rechts zwingend entgegen. Die Vorschriften der §§ 2, 7 und 8 gelten für die Gesellschaft daher erst mit Eintragung. Auch das Haftungsprivileg des § 8 Abs. 2 greift erst von diesem Zeitpunkt an ein. Bis dahin unterliegt die Gesellschaft im Außenverhältnis den dafür geltenden GbR-Grundsätzen.[5] Als rechtsfähige Gesamthand ist sie nach neuer höchstrichterlicher Rechtsprechung allerdings weitgehend der OHG angenähert (vgl. näher § 705 BGB RdNr. 303 ff.). Auch die Haftungsverhältnisse bestimmen sich aus heutiger Sicht nach den analog anwendbaren Vorschriften der §§ 128 bis 130 HGB (§ 714 BGB RdNr. 33 ff.). Angesichts der damit begründeten Haftung nicht nur der Gesellschaft, sondern auch der Gesellschafter persönlich ist für eine weitergehende Haftung der Mitglieder einer noch nicht eingetragenen PartG aus Rechtsscheingründen regelmäßig kein Raum. Auch für die analoge Anwendung der sog. Handelndenhaftung in der Vor-GmbH nach § 11 Abs. 2 GmbHG besteht kein Bedürfnis.

7   **2. Die fehlerhafte Eintragung.** Hinsichtlich der Wirkungen fehlerhafter Eintragungen im Partnerschaftsregister ist nach der *Art des Fehlers* zu unterscheiden. Handelt es sich um Fehler bei den **formellen Anmeldungsvoraussetzungen** wie die Nichtbeachtung der für die Anmeldungsunterlagen vorgeschriebenen Form des § 12 HGB oder die Unvollständigkeit der Anmeldungserklärungen wegen Nichtmitwirkens eines Teils der nach § 4 Abs. 1 anmeldepflichtigen Personen, so wird dadurch die Wirksamkeit einer gleichwohl vollzogenen Eintragung nicht berührt.[6] Die Partnerschaft kommt als solche durch die Eintragung vollwirksam zur Entstehung. Der Inhalt des Registers ist trotz des Verfahrensverstoßes richtig; eine Berichtigung scheidet aus. Ähnliches gilt im Ergebnis, wenn zwar der **Partnerschaftsvertrag** formnichtig oder aus materiellrechtlichen Gründen fehlerhaft ist, die Gesellschaft jedoch in Vollzug gesetzt wurde: mit dem Vollzug entsteht sie als fehlerhafte Partnerschaft bzw. bis zur Eintragung als fehlerhafte GbR; sie kann daher nur für die Zukunft aufgelöst werden (vgl. näher § 3 RdNr. 8 f.).

8   Anders zu beurteilen ist die Eintragung einer Gesellschaft als Partnerschaft bei **fehlendem Freiem Beruf** als Gegenstand der Gesellschaft. Insoweit gleicht die Rechtslage derjenigen bei Eintragung einer Gesellschaft als OHG oder KG im Handelsregister trotz Fehlens der hierfür in § 105 Abs. 1 und 2 HGB genannten Voraussetzungen. Wie dort die Vorschrift des § 5 HGB mangels Gewerbes nicht eingreift[7] mit der Folge, dass die zu Unrecht ins Handelsregister eingetragene Gesellschaft die Rechtsform der GbR behält und nach § 142 FGG (künftig: § 395 FamFG) von Amts wegen (oder künftig auf Antrag der berufsständischen Organe) zu

---

[4] Vgl. *Staub/Habersack* § 123 HGB RdNr. 3; *Schlegelberger/K. Schmidt* § 123 HGB RdNr. 15; MünchKommHGB/*K. Schmidt* § 123 HGB RdNr. 13; *Heymann/Emmerich* § 123 HGB RdNr. 5; *Baumbach/Hopt* § 123 HGB RdNr. 18.

[5] S. die Nachweise in Fn. 2 sowie *Knoll/Schüppen* DStR 1995, 608, 611; *K. Schmidt* NJW 1995, 1, 4; *Mahnke* WM 1996, 1029, 1033; im Ergebnis auch *Michalski/Römermann* (freilich auf Grund der Verweisungsvorschrift des § 1 Abs. 4).

[6] *K. Schmidt* ZIP 1993, 633, 642 f.

[7] Vgl. *Staub/Brüggemann* § 5 HGB RdNr. 21; *Roth* in: *Koller/Roth/Morck* § 5 HGB RdNr. 3; so auch BGHZ 32, 307, 313 f. = NJW 1960, 1664.

löschen ist, verbleibt auch eine Gesellschaft ohne freiberufliche Tätigkeit wegen Fehlens des für die Partnerschaft konstitutiven Unternehmensgegenstands entweder in der **Rechtsform der GbR oder** (im Falle eines Handelsgewerbes als Gesellschaftszweck) derjenigen **der OHG**.[8]

Ist die Eintragung der Gesellschaft im *Partnerschaftsregister* wegen fehlender freiberuflicher 9 Tätigkeit unzulässig, so hat das wegen des Fehlens einer wesentlichen Eintragungsvoraussetzung die **Amtslöschung nach §§ 160 b Abs. 1, 142 FGG bzw. künftig nach § 395 FamFG (auch die Löschung auf Antrag der berufsständischen Organe)** zur Folge. Ggf. sind die Beteiligten nach §§ 106 Abs. 1, 14 HGB zugleich zur Anmeldung der Gesellschaft beim *Handelsregister* anzuhalten. Wer auf die unrichtige Eintragung und Bekanntmachung vertraut, kann die Gesellschafter als Veranlasser nach § 5 Abs. 2 PartGG iVm. § 15 Abs. 3 HGB in Anspruch nehmen. Davon zu unterscheiden ist der Fall, dass zwar eine freiberufliche Tätigkeit, daneben aber auch eine gewerbliche (Neben-)Tätigkeit ausgeübt wird; sie steht der Eintragung der Gesellschaft im Partnerschaftsregister nicht entgegen (vgl. näher § 1 RdNr. 19 ff.).

III. Die Rechtsnatur der Partnerschaft (Abs. 2)

1. Grundlagen. Als Unterfall der Gesellschaft bürgerlichen Rechts (§ 1 RdNr. 7 f.) ist 10 die Partnerschaft nach dem System des deutschen Gesellschaftsrechts keine juristische Person, sondern eine auf Gesellschaftsvertrag beruhende **gesamthänderische Personengesellschaft**. Um ihr ungeachtet der bei Erlass des PartGG im Jahr 1995 noch bestehenden Zweifelsfragen betreffend die Rechtsfähigkeit der (Außen-)GbR die gesicherte Möglichkeit einzuräumen, sich ungehindert als solche, unter ihrem Partnerschaftsnamen, am Rechtsverkehr zu beteiligen, Rechte zu erwerben, Verbindlichkeiten einzugehen, vor Gericht zu klagen und verklagt zu werden, hat der Gesetzgeber in § 7 Abs. 2 auf die für Personenhandelsgesellschaften (OHG und KG) geltende Vorschrift des § 124 Abs. 1 HGB verwiesen. Sie stellt diese Gesellschaften uneingeschränkt juristischen Personen des Handelsrechts gleich und verleiht ihnen dadurch volle Rechts- und Handlungsfähigkeit. Die vollstreckungsrechtlichen Konsequenzen aus dieser Entscheidung zieht der ebenfalls in die Verweisung einbezogene § 124 Abs. 2 HGB, der für die Zwangsvollstreckung in das Gesellschaftsvermögen abweichend von § 736 ZPO einen gegen die Gesellschaft als solche gerichteten Schuldtitel voraussetzt.

Die **Umwandlung** einer Gesellschaft in der Rechtsform der GbR **in eine Partner-** 11 **schaft** führt dank der neuen höchstrichterlichen Entwicklungen zum Recht der GbR zu keinen Problemen aus der Sicht des § 7 Abs. 2. Das gilt nicht nur für die Rechtsfähigkeit der Gesellschaft, die schon vor der Umwandlung besteht (§ 705 BGB RdNr. 303 f.), sondern auch – insoweit abweichend von der 3. Aufl. (RdNr. 8) – für ihre Parteifähigkeit im Zivilprozess und für die Zwangsvollstreckung nach § 7 Abs. 2 iVm. § 124 Abs. 2 HGB aus einem gegen sie gerichteten Urteil (§ 705 BGB RdNr. 318, § 718 RdNr. 40 f.). Die Umschreibung eines vor der Umwandlung gegen alle Gesellschafter ergangenen Vollstreckungstitels auf die Partnerschaft als Vollstreckungsschuldner ist ggf. analog § 727 ZPO zu beantragen, um den Vollstreckungsanforderungen des § 124 Abs. 2 HGB zu genügen (§ 718 BGB RdNr. 64).

2. Die Relevanz der Verweisung auf § 124 HGB. Die praktische Bedeutung der 12 Verweisung auf § 124 HGB ist aus den in RdNr. 10 genannten Gründen aus heutiger Sicht **gering**. Die grundsätzliche höchstrichterliche Gleichstellung der (Außen-)GbR mit der OHG hat den Regelungsgrund des § 7 Abs. 2 weitgehend entfallen lassen. Hinzu trat die ausdrückliche Aufnahme der PartG unter die insolvenzfähigen Vereinigungen durch Erweiterung des § 11 Abs. 2 Nr. 1 InsO im Jahr 1998; damit hat sich auch die Frage einer entsprechenden Anwendung dieser Vorschrift auf die PartG (vgl. noch 3. Aufl. RdNr. 9)

---

[8] AA *Michalski/Römermann* RdNr. 3 a, die die gewerbliche Tätigkeit einer zu Unrecht in das Partnerschaftsregister eingetragenen Gesellschaft gesellschaftsrechtlich für folgenlos erachten und bis zur Löschung das Vorliegen einer PartG bejahen.

erledigt. Bedeutsam bleibt die Verweisung auf § 124 HGB nach gegenwärtigem Diskussionsstand allerdings insoweit, als es um die **Grundbuchfähigkeit** der Partnerschaft geht, dh. um die Eintragung der zum Gesamthandsvermögen gehörenden Grundstücke auf ihren Namen an Stelle derjenigen ihrer Gesellschafter. Zwar ist die Grundbuchfähigkeit nach zutr. neuer Ansicht auch für die (Außen-)GbR zu bejahen (vgl. § 705 BGB RdNr. 314). Solange die Grundbuchämter jedoch an der bisherigen Praxis festhalten, kann die PartG ihre Grundbucheintragung als Eigentümerin jedenfalls unter Berufung auf § 7 Abs. 2 erreichen.[9]

IV. Die Vertretung der Partnerschaft (Abs. 3)

13 **1. Der Verweisungsbereich. a) Arten der organschaftlichen Vertretung.** Entsprechend dem Grundsatz der Selbstorganschaft (§ 709 BGB RdNr. 5) ist die in §§ 125, 126 HGB geregelte organschaftliche **Vertretung der OHG** notwendig den Gesellschaftern vorbehalten und kann nicht auf Dritte übertragen werden. Zumindest *ein* Gesellschafter muss nach dem Gesellschaftsvertrag zur Vertretung der OHG berufen sein, wenn die Beteiligten es nicht entweder bei der *Alleinvertretungsbefugnis jedes Gesellschafters* nach § 125 Abs. 1 HGB als der gesetzlichen Regel belassen oder *Gesamtvertretung* durch zwei oder mehr Gesellschafter nach Maßgabe von § 125 Abs. 2 HGB vereinbaren. Die Gesamtvertretung kann sich nach § 125 Abs. 2 S. 2 HGB mit der Ermächtigung für einzelne Gesamtvertreter zur Vornahme bestimmter Arten von Geschäften verbinden; auch sind die Gesamtvertreter nach § 125 Abs. 2 S. 3 HGB je einzeln zur Passivvertretung der OHG bei Entgegennahme von Willenserklärungen befugt. Alle diese Vertretungsregeln gelten nach der **Verweisung in § 7 Abs. 3** entsprechend für die Vertretung der Partnerschaft; zur Frage besonderer Anforderungen aus Gründen des Freien Berufs vgl. RdNr. 18 f.

14 **Nicht** in die Verweisung des § 7 Abs. 3 einbezogen sind nur diejenigen Vorschriften aus dem Vertretungsrecht, deren Anwendung auf die Partnerschaft schon tatbestandlich ausscheidet. So scheitert die unechte Gesamtvertretung nach **§ 125 Abs. 3 HGB** im Fall der Partnerschaft daran, dass diese mangels Handelsgewerbes keine Prokura erteilen kann. Und für die Pflicht der GmbH & Co. OHG/KG nach **§ 125 a Abs. 1 S. 2 HGB** zur Aufnahme bestimmter Angaben in die Geschäftsbriefe besteht deshalb kein Anlass, weil mit Rücksicht auf § 1 Abs. 1 S. 3 Partnerschaften ohne natürliche Personen als Gesellschafter nicht gebildet werden können.

15 **b) Umfang der Vertretungsmacht.** Der Umfang der Vertretungsmacht ist auch in der Partnerschaft entsprechend § 126 Abs. 1 und 2 HGB unbeschränkt und grundsätzlich unbeschränkbar; hierin liegt eine nicht unerhebliche, dem Verkehrsschutz dienende Abweichung vom Recht der GbR (§ 714 BGB RdNr. 24). Die einzige gesetzlich zulässige Beschränkungsmöglichkeit findet sich in Anknüpfung an die Filialprokura des § 50 Abs. 3 HGB für solche Gesellschaften, die über zwei oder mehr selbstständige, mit unterschiedlichem Namen betriebene Niederlassungen (§§ 4, 5 RdNr. 28 f.) verfügen: sie können die Vertretungsbefugnis der Gesellschafter auf den Bereich der jeweiligen Niederlassung beschränken. All das gilt nach § 7 Abs. 3 auch für die Vertretung der Partnerschaft.

16 **c) Eintragung im Partnerschaftsregister.** Aufgrund der Neufassung des § 5 Abs. 1 im Jahr 2001 ist die Vertretungsmacht der Partner in jedem Fall, dh. nicht nur bei Abweichung von der in § 125 Abs. 1 HGB geregelten Alleinvertretung des dispositiven Rechts, von allen Partnern zur Eintragung in das Partnerschaftsregister anzumelden (vgl. §§ 4, 5 RdNr. 3, 7). Die Eintragung ist zwar kein Wirksamkeitserfordernis für vom gesetzlichen Regelfall abweichende Gestaltungen; jedoch können diese mangels Eintragung gutgläubigen Dritten nach § 5 Abs. 2 iVm. § 15 Abs. 1 HGB nicht entgegengesetzt werden.

---

[9] EinhM, vgl. schon Begr. RegE, BT-Drucks. 12/6152 S. 16; ebenso *Henssler* RdNr. 24; *Michalski/Römermann* RdNr. 14.

d) Entziehung der Vertretungsmacht. Sie richtet sich nach § 7 Abs. 3 iVm. § 127 **17** HGB. Ebenso wie die Entziehung der Geschäftsführungsbefugnis nach § 6 Abs. 3 iVm. § 117 HGB setzt sie das Vorliegen eines wichtigen Grundes voraus und fällt nicht selten mit jener zusammen. Im Unterschied zur Entziehung der Geschäftsführungsbefugnis stellt sich für die Entziehung der Vertretungsmacht in der Partnerschaft jedoch nicht die Frage, ob sie mit der den Partnern nach § 6 Abs. 2 gewährleisteten Teilhabe an der freiberuflichen Tätigkeit der Partnerschaft vereinbar ist (vgl. RdNr. 18); sie kann daher – vorbehaltlich berufsrechtlicher Schranken (RdNr. 19) – nicht nur vorübergehend, sondern auch dauerhaft erfolgen. § 127 HGB ist freilich im Grundsatz dispositiv und damit einer Regelung im Gesellschaftsvertrag zugänglich, die die Entziehung der Vertretungsmacht[10] zwar nicht ausschließen, wohl aber entweder erleichtern oder von weiteren Voraussetzungen abhängig machen kann.

2. Notwendiger Mindestgehalt der Vertretungsbefugnis der Partner? Im Anschluss **18** an die durch § 6 Abs. 2 gewährleistete Geschäftsführungsbefugnis jedes Partners im Bereich der freiberuflichen Geschäftstätigkeit der Partnerschaft (§ 6 RdNr. 13 ff.) wird in der Literatur die Frage diskutiert, ob auch für die *Vertretungsmacht* der Partner ein entsprechender, durch das PartGG gewährleisteter Mindestbestand anzuerkennen ist.[11] Die Frage ist aus systematischen und sachlichen Gründen eindeutig **zu verneinen**. In *systematischer* Sicht folgt das aus dem Fehlen einer dem § 6 Abs. 2 entsprechenden Regelung in § 7 sowie aus der durchgehenden Unterscheidung von Geschäftsführungsbefugnis und Vertretungsmacht im Recht der Personengesellschaften, aber auch aus der Unzulässigkeit einer Beschränkung des Umfangs der Vertretungsmacht auf den freiberuflichen Bereich (§ 126 Abs. 1 HGB). *Sachlich* spricht gegen eine derartige Parallele, dass die Geschäftsführung der Partner im freiberuflichen Bereich, dh. die Erfüllung der von der Partnerschaft gegenüber Dritten geschuldeten Tätigkeitspflichten, nicht notwendig auch organschaftliche Vertretungsmacht für die Partnerschaft erfordert; es genügt Vollmachterteilung für die insoweit anfallenden Tätigkeiten. Auch wenn die Mandanten nicht einzelnen Partnern, sondern der Partnerschaft als solcher Vollmacht für die Ausführung der mit dem Mandat verbundenen Aufgaben eingeräumt haben, sind die vertretungsbefugten Partner im Regelfall nicht gehindert, den in das Mandat eingeschalteten, nicht selbst vertretungsbefugten Sozien namens der Partnerschaft *Untervollmacht* zu erteilen, um ihnen die für die Wahrnehmung des Mandats erforderlichen Handlungsmöglichkeiten zu verschaffen.[12] Auf die Vollmachterteilung haben die nicht selbst vertretungsbefugten Partner einen aus § 6 Abs. 2 ableitbaren Rechtsanspruch gegen die vertretungsbefugten Partner. Schließlich bedarf es auch für die zum freiberuflichen Bereich zu rechnende Akquisitionstätigkeit der Partner (§ 6 RdNr. 12) nicht notwendig deren organschaftlicher Vertretungsmacht. Die Akquisition kann vielmehr auch in der Einwerbung entsprechender Vertragsangebote Dritter bestehen, die sodann von den vertretungsbefugten Partnern angenommen werden.

Der **Vorrang des Berufsrechts** (§§ 1 Abs. 3, 6 Abs. 1) mag bei einzelnen Freien **19** Berufen Abweichungen von den vorstehenden Grundsätzen erforderlich machen. Die Regierungsbegründung[13] lässt diese Möglichkeit offen; sie ist jedoch wenig nahe liegend. Ein Abweichungsbedarf hat sich bisher selbst in so sensiblen Bereichen wie der Rechtsanwaltssozietät nicht gezeigt, und dies trotz der berufsrechtlichen Absicherung der anwaltlichen Unabhängigkeit (§ 3 Abs. 1 BRAO) und der je nach Mandatsinhalt umfassenden Interessenwahrnehmungspflicht der Rechtsanwaltssozietät und des einzelnen Rechtsanwalts gegenüber dem Mandanten.

---

[10] So die heute hM, vgl. BGH NJW 1998, 1225, 1226; *Staub/Habersack* § 127 HGB RdNr. 15; *Schlegelberger/K. Schmidt* § 127 HGB RdNr. 9; MünchKommHGB/*K. Schmidt* § 127 RdNr. 9 ff.; *Baumbach/Hopt* § 127 HGB RdNr. 11.

[11] Für einen solchen Mindestbestand wohl *Michalski/Römermann* RdNr. 17; *Henssler* RdNr. 38; *Knoll/Schüppen* DStR 1995, 608, 646; aA Begr. RegE, BT-Drucks. 12/6152 S. 16; *Meilicke* in: *M/W/H/L/W* RdNr. 27; *E/B/J/Seibert* RdNr. 5; *K. Schmidt* ZIP 1993, 633, 644.

[12] Vgl. *Meilicke* in: *M/W/H/L/W* RdNr. 27.

[13] BT-Drucks. 12/6152 S. 16.

V. Die Partnerschaft als Prozess- oder Verfahrensbevollmächtigte (Abs. 4)

20 **1. Regelungsgrund.** Das PartGG verzichtete ursprünglich – ebenso wie die verschiedenen insoweit relevanten Berufsordnungen (insbesondere BRAO und StBerG) – auf Vorschriften betreffend die Beauftragung einer Sozietät (GbR oder PartG) als *Prozess- oder Verfahrensbevollmächtigte* und über ihre *Postulationsfähigkeit,* dh. die für die ordentlichen Gerichte in § 78 Abs. 1 ZPO geregelte Fähigkeit, vor bestimmten Gerichten auftreten und Prozesshandlungen wirksam vornehmen zu können.[14] Entsprechend der Rechtslage bei der freiberuflich tätigen GbR ging man davon aus, dass es insoweit jeweils auf die Berufszulassung und die Postulationsfähigkeit der für die Sozietät tätigen *Partner* ankomme. Anders als bei der RA-GmbH als juristische Person, für die in §§ 59 c ff. BRAO ein besonderes Zulassungsverfahren und in § 59 l BRAO eine Vorschrift über ihre Beauftragung als Prozess- oder Verfahrensbevollmächtigte vorgesehen ist, wurde eine derartige Regelung wohl wegen der Gesamthandsnatur von GbR und PartG als nicht erforderlich angesehen.

21 Dieser Ansicht ist der **BFH** im Hinblick auf die PartG entgegengetreten und hat deren Postulationsfähigkeit in Verfahren vor dem BFH verneint.[15] Begründet wurde diese Ansicht mit dem – durchaus angreifbaren[16] – Argument, dass die PartG, weil sie anders als die GbR aufgrund der Verweisung in § 7 Abs. 2 auf § 124 HGB über eigene Rechtsfähigkeit verfüge, sich beim Handeln im eigenen Namen nicht auf die Vertretungsbefugnis der für sie handelnden Partner berufen könne. Der **Gesetzgeber** hat diesem Einwand zunächst durch ausdrückliche Erstreckung der die Vertretungsbefugnis vor dem BFH betreffenden Regelung auf die PartG Rechnung getragen.[17] Darüber hinaus hat er durch Erlass des § 7 Abs. 4 nF im Zuge des 2. FGO-ÄndG für eine allgemeine, alle Arten der Vertretung vor Gerichten und Behörden mit Ausnahme der Strafverteidigung (Abs. 4 S. 3) umfassende Regelung gesorgt. Inhaltlich kommt ihr gegenüber der bisherigen Rechtslage freilich nur klarstellende Bedeutung zu.[18]

22 **2. Voraussetzungen.** Die wirksame Beauftragung der PartG als Prozess- oder Verfahrensbevollmächtigte setzt nach Abs. 4 S. 2 das Vorhandensein von Partnern oder angestellten Vertretern der PartG voraus, die selbst zur Erbringung der fraglichen rechtsbesorgenden Leistungen berechtigt sind. Insoweit können sie dann auch für die PartG auftreten und begründen für diese die jeweils erforderliche Postulationsfähigkeit. Sind mit anderen Worten einzelne Partner oder angestellte Vertreter der PartG vor dem LG oder einem OLG postulationsfähig, so ist es auch die PartG selbst. Der ursprünglich bestehende, durch den BFH (RdNr. 21) in Frage gestellte Gleichklang zwischen der Vertretungsbefugnis der Partner und derjenigen der PartG ist somit durch Abs. 4 S. 2 wiederhergestellt. Von § 59 l BRAO unterscheidet sich der Wortlaut des Abs. 4 S. 2 dadurch, dass die PartG danach selbst vertretungsbefugt und postulationsfähig ist, während die RA-GmbH nach § 59 l S. 1 BRAO nur die „Rechte und Pflichten eines Rechtsanwalts" hat.[19] Inhaltlich dürfte diesem Unterschied freilich keine nennenswerte Bedeutung zukommen.

VI. Die notwendigen Angaben auf Geschäftsbriefen (Abs. 5)

23 Die Pflicht der PartG, die in **§ 125 a Abs. 1 S. 1 HGB** für OHG und KG vorgeschriebenen Informationen auf ihren Geschäftsbriefen anzugeben, wurde im Zuge des HRefG 1998 zunächst als Abs. 4 in § 7 geregelt und bei Aufnahme des neuen Abs. 4 im Jahr 2000

---

[14] Zum Begriff der Postulationsfähigkeit vgl. nur *Jauernig*, Zivilprozessrecht, 27. Aufl. 2002, § 21 III 3.
[15] BFH NJW 1999, 2062, 2063 und 3655, 3656; vgl. dazu *Hülsmann* NZG 2001, 625 f.
[16] So zutr. *E/B/J/Seibert* RdNr. 6; anders offenbar *Hülsmann* NZG 2001, 625.
[17] Zunächst durch Einfügung von § 62 a Abs. 2 FGO mit Gesetz vom 19. 12. 2000 (BGBl. I S. 1757), sodann durch Verweisung des neugefassten § 62 a Abs. 2 FGO auf § 3 Nr. 2 StBerG im Zuge der FGO-Fassung vom 28. 3. 2001 (BGBl. I S. 442).
[18] So wohl auch *E/B/J/Seibert* RdNr. 6.
[19] Vgl. RegBegr. zum 2. FGO-ÄndG, BT-Drucks. 14/4061 S. 12.

(RdNr. 21) als Abs. 5 eingeordnet. Inhaltlich geht es um die Erstreckung der durch das HRefG für die Personenhandelsgesellschaften eingeführten Informationspflichten auf die PartG und in Verbindung damit um die Abhebung der PartG von freiberuflichen Sozietäten in GbR-Rechtsform, für die diese Pflichtangaben nicht gelten.[20] Die Erstreckung der Verweisung des Abs. 5 auch auf **§ 125 a Abs. 2 HGB** und – als Weiterverweisung – auf § 37 a Abs. 2 bis 4 HGB dient einerseits der Klarstellung, wie Vordrucke und Bestellscheine der PartG im Hinblick auf die Pflichtangaben des § 125 a Abs. 1 S. 1 HGB zu behandeln sind (vgl. näher § 37 a Abs. 2 und 3 HGB), andererseits – über § 37 a Abs. 4 HGB – der Sanktionierung der Pflichtangaben durch die Androhung von Zwangsgeldern gegen die vertretungsbefugten Partner. Für die *Konkretisierung des Kreises der Pflichtangaben,* dh. die Rechtsform und den Sitz der Gesellschaft, das zuständige Registergericht und die Registernummer, ist mit Problemen nicht zu rechnen; für Zweifelsfragen sei auf die einschlägigen HGB-Kommentare verwiesen.

§ 8 Haftung für Verbindlichkeiten der Partnerschaft

(1) ¹ **Für Verbindlichkeiten der Partnerschaft haften den Gläubigern neben dem Vermögen der Partnerschaft die Partner als Gesamtschuldner.** ² **Die §§ 129 und 130 des Handelsgesetzbuchs sind entsprechend anzuwenden.**

(2) **Waren nur einzelne Partner mit der Bearbeitung eines Auftrags befaßt, so haften nur sie gemäß Absatz 1 für berufliche Fehler neben der Partnerschaft; ausgenommen sind Bearbeitungsbeiträge von untergeordneter Bedeutung.**

(3) **Durch Gesetz kann für einzelne Berufe eine Beschränkung der Haftung für Ansprüche aus Schäden wegen fehlerhafter Berufsausübung auf einen bestimmten Höchstbetrag zugelassen werden, wenn zugleich eine Pflicht zum Abschluß einer Berufshaftpflichtversicherung der Partner oder der Partnerschaft begründet wird.**

Übersicht

	RdNr.		RdNr.
I. Einführung	1–4	a) Grundlagen	21, 22
1. Normzweck	1	b) Nicht betroffene Partner	23
2. Verhältnis zum Berufsrecht	2	c) Benennung der Bearbeiter	24–26
3. Reform	3, 4	4. Die Ausnahme für Bearbeitungsbeiträge von untergeordneter Bedeutung	27, 28
II. Die gesamtschuldnerische Haftung der Partner (Abs. 1)	5–13	5. Abweichende Vereinbarungen	29, 30
1. Akzessorische Partnerhaftung für die Verbindlichkeiten der Partnerschaft	5–8	6. Haftung beim Ausscheiden oder Eintritt von Partnern	31, 32
2. Die Haftung später beitretender Partner	9, 10	**IV. Die Höchstbetragshaftung nach Abs. 3**	33–40
3. Haftung als Scheinpartner	11	1. Einführung	33–35
4. Der interne Ausgleich der Partner	12, 13	a) Regelungsinhalt und Funktion	33, 34
III. Die Handelndenhaftung nach Abs. 2	14–32	b) Verhältnis zu Abs. 1 und 2	35
1. Grundlagen	14–16	2. Voraussetzungen wirksamer Beschränkung der Haftungshöhe	36–38
a) Regelungsziel	14	a) Die Tatbestandsmerkmale des Abs. 3	36
b) Von Abs. 2 erfasste Ansprüche	15	b) Regelungsbeispiele	37
c) Übergangsrecht	16	c) Interprofessionelle Partnerschaften	38
2. Der Auftrag	17–20	3. Höhenmäßige Haftungsbeschränkung beim Fehlen berufsrechtlicher Normen	39, 40
3. Der Kreis der Bearbeiter als Haftungsschuldner	21–26		

---

[20] So ausdrücklich RegBegr. zum HRefG, BR-Drucks. 340/97 S. 81.

I. Einführung

1. Normzweck. Die Vorschrift des § 8 befasst sich mit der für Freiberufler-Sozietäten zentralen Frage der **Haftung der Partner** für Verbindlichkeiten der Partnerschaft, insbesondere soweit es um Ansprüche von Gläubigern wegen fehlerhafter Berufsausübung geht. Mit ihrer Grundentscheidung in **Abs. 1** zugunsten der *akzessorischen Haftung der Partner* für die Verbindlichkeiten der Partnerschaft orientiert sie sich grundsätzlich an dem für Personengesellschaften typischen, kraft höchstrichterlicher Rechtsfortbildung (§ 714 BGB RdNr. 33 f.) auch auf die (Außen-)GbR anwendbaren Haftungsmodell der OHG (§§ 128 bis 130 HGB). Demgegenüber bringt **Abs. 2** eine neuartige, nur auf Partnerschaften anwendbare *Haftungsbeschränkung* zugunsten der nicht oder nur am Rande mit der Bearbeitung eines der PartG erteilten Auftrags (Mandats) befassten Partner, soweit es um die Schadensersatzhaftung *für fehlerhafte Bearbeitung* gegenüber dem Auftraggeber (Mandanten) geht. Sie wirkt sich im Ergebnis als Haftungskonzentration auf die Bearbeiter (sog. „Handelndenhaftung") neben der ohnehin eingreifenden Haftung der PartG als Auftragnehmerin aus (RdNr. 4). Mit der Möglichkeit *summenmäßiger* Haftungsbeschränkung, die im Unterschied zur Haftungskonzentration nach Abs. 2 auch der Partnerschaft selbst zugute kommt, befasst sich die Vorschrift des **Abs. 3**. Anders als die beiden vorangehenden Absätze hat sie freilich keinen erkennbaren eigenen Regelungsgehalt, sondern beschränkt sich darauf, auf entsprechende berufsrechtliche Vorschriften zu verweisen und deren Geltung auch gegenüber einer Partnerschaft als Vertragspartner der geschuldeten freiberuflichen Leistung klarzustellen.

2. Verhältnis zum Berufsrecht. Mit den Vorschriften über die personelle Haftungsbeschränkung (Abs. 2) einerseits, über die summenmäßige Haftungsbeschränkung (Abs. 3) andererseits geht § 8 nicht nur inhaltlich, sondern auch rechtstechnisch unterschiedliche Wege, soweit das Verhältnis zum jeweiligen Berufsrecht in Frage steht. § 8 **Abs. 3** beschränkt sich, wie schon erwähnt (RdNr. 1), darauf, auf die jeweiligen *berufsrechtlichen* Vorschriften über derartige Beschränkungsmöglichkeiten zu verweisen und ihnen im Rahmen des PartGG vorrangige Geltung zu verschaffen (vgl. auch RdNr. 33 f.). Demgegenüber regelt die Vorschrift des § 8 **Abs. 2** eine *neuartige*, partnerschaftsspezifische gesetzliche Haftungsbeschränkung.[1] Als Ausnahme von § 1 Abs. 3 setzt sie sich auch gegenüber abweichenden berufsrechtlichen Vorschriften nach Art der §§ 51 a Abs. 2 BRAO, 67 a Abs. 2 StBerG, 54 a Abs. 2 WPO durch. Das hat Bedeutung nicht zuletzt im Hinblick auf *interprofessionelle*, unterschiedlichen berufsrechtlichen Vorschriften unterworfene Partnerschaften, für die Abs. 2 ein einheitliches Haftungsregime unabhängig vom jeweiligen Berufsrecht sicherstellt.

3. Reform. Die *ursprüngliche Regelung* des § 8 Abs. 2, die die Haftungskonzentration auf die an der fehlerhaften Bearbeitung des Mandats beteiligten Partner von einer entsprechenden Vereinbarung mit dem Mandanten abhängig machte, stieß zu Recht auf verbreitete **Kritik**.[2] Gerügt wurde neben der vertragsrechtlichen Konstruktion vor allem die Praxisferne angesichts der Zumutung für den Mandanten, bei Mandatserteilung in eine Haftungsbeschränkung für Bearbeitungsfehler einzuwilligen, ferner die Rechtsunsicherheit für die übrigen, am jeweiligen Vertragsschluss und den begleitenden Vereinbarungen nicht selbst beteiligten Partner, das unklare Verhältnis zwischen § 8 Abs. 2 aF und konkurrierendem, ebenfalls auf vorformulierte Haftungsbeschränkungen bezogenem Berufsrecht sowie die zu zahlreichen Auslegungsschwierigkeiten führende Ausgestaltung der Vorschrift.[3] Es bestand

---

[1] Vgl. dazu *Henssler*, FS Wiedemann, 2002, S. 907 ff., der (S. 913 ff., 929) auf die bestehende Parallele zur Limited Liability Partnership (LLP) des US-Rechts verweist.
[2] Vgl. etwa *Henssler*, FS Vieregge, 1995, S. 361 ff.; *ders.* ZIP 1997, 1481, 1489; *Sotiropoulos* ZIP 1995, 1879 ff.; *Ulmer/Habersack*, FS Brandner, 1996, S. 151, 153 ff.; *Arnold* BB 1996, 597 ff.; *Mazza* BB 1997, 746 ff.; *Reiff* AnwBl. 1997, 3 ff.
[3] Zusammenstellung der Kritikpunkte bei *Michalski/Römermann* RdNr. 8; vgl. auch 3. Aufl. RdNr. 5 f.

die Befürchtung, dass die Haftungsregelungen des § 8 wenig zur Attraktivität der PartG beitragen würden.[4]

Der Gesetzgeber hat dieser Kritik zu Recht alsbald Rechnung getragen; durch **Neufassung des § 8 Abs. 2** zum 1. 8. 1998 (vgl. Vor § 1 RdNr. 10) hat er für deutliche Verbesserungen gesorgt. Insbesondere hat er das vertragsrechtliche Beschränkungsmodell durch eine kraft Gesetzes eingreifende, an die PartG-Rechtsform anknüpfende Haftungsbeschränkung ersetzt und sich zugleich durch Überarbeitung der Beschränkungsvoraussetzungen um eine klarere Fassung des Beschränkungstatbestands bemüht. Die Reform zielte darauf ab, den betroffenen Angehörigen Freier Berufe Rechts- und Planungssicherheit zu geben, die Haftungsrisiken der Partner kalkulierbarer zu machen und die PartG als attraktive Alternative zur kapitalgesellschaftlichen Organisationsform auszugestalten.[5] Die seither einsetzende Vermehrung von Freiberufler-Sozietäten in PartG-Rechtsform (Vor § 1 RdNr. 28) und das Fehlen bekannt gewordener gerichtlicher Auseinandersetzungen über die persönliche Tragweite der Schadensersatzhaftung für Berufsfehler sprechen dafür, dass die Reform insgesamt gelungen ist.[6] Wenn gleichwohl auch nach neuem Recht nicht wenige Auslegungsprobleme zu § 8 Abs. 2 verblieben sind (vgl. RdNr. 19 ff.), so liegt das auch an der Komplexität nicht weniger Mandatsverhältnisse im freiberuflichen Bereich.

II. Die gesamtschuldnerische Haftung der Partner (Abs. 1)

1. Akzessorische Partnerhaftung für die Verbindlichkeiten der Partnerschaft. Die Vorschrift des § 8 Abs. 1 S. 1 begründet – vorbehaltlich der Haftung für Bearbeitungsfehler (Abs. 2) – die gesamtschuldnerische Haftung aller Partner für die Verbindlichkeiten der Partnerschaft; sie entspricht damit im Grundsatz der heutigen Haftungsverfassung in der GbR (§ 714 BGB RdNr. 31 ff.). Dem **Regelungsvorbild des § 128 S. 1 HGB** entsprechend handelt es sich um eine kraft Gesetzes eintretende, am jeweiligen Stand der Verbindlichkeiten der Partnerschaft orientierte, ihnen gegenüber akzessorische Haftung der Partner mit ihrem gesamten persönlichen Vermögen. Wegen der insoweit in Betracht kommenden Rechtsfragen kann auf die Erläuterungen zu § 128 HGB verwiesen werden. Das gilt auch für den Streit zwischen der Erfüllungs- und der Haftungstheorie, dh. für die Frage, ob die Gläubiger die Partner auch auf Erfüllung der nicht in Geld bestehenden Primärverbindlichkeiten der Partnerschaft oder nur auf Geldleistung wegen Nichterfüllung in Anspruch nehmen können.[7] Stellt man zu ihrer Beantwortung mit der höchstrichterlichen Rechtsprechung[8] auf eine Interessenabwägung ab, so sprechen bei freiberuflichen Leistungspflichten die besseren Gründe für unmittelbare Erfüllungsansprüche der Gläubiger gegen die Partner, sofern die Leistung sich auf den von ihnen jeweils ausgeübten Freien Beruf bezieht.[9]

Die Haftung der Partner nach Abs. 1 erstreckt sich im Grundsatz auf **Verbindlichkeiten aller Art** der Partnerschaft, unabhängig von ihrem Entstehungsgrund; ausgenommen sind nur die von Abs. 2 erfassten Mandantenansprüche wegen Bearbeitungsfehlern (RdNr. 15). Neben vertraglichen Verbindlichkeiten umfasst sie auch solche aus culpa in contrahendo oder aus deliktischem Organhandeln, für das die Partnerschaft analog § 31 BGB einzustehen

---

[4] *Seibert* BRAK-Mitt. 1998, 210; zur ursprünglich geringen Akzeptanz der neuen Rechtsform vgl. 3. Aufl. Vor § 1 PartG RdNr. 29.

[5] So die Begr. RegE zu § 8 Abs. 2 nF, BT-Drucks. 13/9820 S. 21.

[6] Krit. zu der mit § 8 Abs. 2 verbundenen Durchbrechung des Akzessorietätsprinzips aber *Habersack/Schürnbrand* JuS 2003, 739, 742; ebenso schon *Mülbert* AcP 199 (1999), 38, 95 f.; im Grundsatz auch *K. Schmidt* GesR § 64 IV 4.

[7] Vgl. dazu für § 128 HGB Staub/*Habersack* § 128 HGB RdNr. 27 ff.; Schlegelberger/*K. Schmidt* § 128 HGB RdNr. 24 ff.; MünchKommHGB/*K. Schmidt* § 128 HGB RdNr. 24 ff.; Heymann/*Emmerich* § 128 HGB RdNr. 18 ff.; *Baumbach/Hopt* § 128 HGB RdNr. 8 ff.; *Koller* in: Koller/Roth/Morck §§ 128, 129 HGB RdNr. 5.

[8] BGHZ 23, 302, 305 f. = NJW 1957, 871 f.; BGHZ 73, 217, 221 = NJW 1979, 1361 f.; BGH NJW 1987, 2367, 2369.

[9] Ebenso *Michalski/Römermann* RdNr. 15 f.

hat,[10] ferner Verbindlichkeiten aus Gefährdungshaftung, aus ungerechtfertigter Bereicherung oder aus sonstigen gesetzlichen Haftungstatbeständen insbesondere des Steuer- und Sozialversicherungsrechts.[11] Auf Verbindlichkeiten der Partnerschaft gegenüber *Partnern* erstreckt sich die Haftung allerdings nur dann, wenn sie auf sog. Drittgläubigerforderungen beruhen (vgl. § 705 BGB RdNr. 220); demgegenüber können Sozialverbindlichkeiten der Partnerschaft gegenüber einzelnen Partnern gegen die Mitpartner bei fehlender Zahlungsfähigkeit der Partnerschaft erst im Rahmen von deren Liquidation geltend gemacht werden (§ 705 BGB RdNr. 217).

7 Entsprechend § 128 S. 2 HGB ist ein **Ausschluss oder eine Beschränkung der Haftung** der Partner im *Partnerschaftsvertrag* Gläubigern gegenüber unwirksam. Zulässig ist jedoch der mit bestimmten Vertragspartnern individualvertraglich vereinbarte Ausschluss oder die Beschränkung der Partnerhaftung; ihnen steht weder § 128 S. 2 HGB[12] noch die auf vorformulierte Abreden bezogene, auf das jeweilige Berufsrecht verweisende Vorschrift des § 8 Abs. 3 entgegen.

8 Der *akzessorischen* Natur der Partnerhaftung trägt zutreffend auch die **Verweisung** in § 8 Abs. 1 S. 2 **auf § 129 HGB** Rechnung. Diese Vorschrift stellt in Abs. 1 klar, dass der in Anspruch genommene Partner sich außer auf etwaige persönliche Verteidigungsrechte nur auf solche Einwendungen und Einreden jeglicher Art berufen kann, die auch von der Partnerschaft erhoben werden können. Einen Verzicht der Partnerschaft hierauf oder etwaige ihr gegenüber vorgenommene Handlungen des Gläubigers, die wie die Hemmung oder der Neubeginn der Verjährung die Einrede entfallen lassen, muss der Partner auch gegen sich gelten lassen.[13] Das Recht der Partnerschaft zur Anfechtung oder zur Aufrechnung begründet entsprechend § 129 Abs. 2 und 3 HGB ein Leistungsverweigerungsrecht des Partners, solange es besteht.[14] Schließlich findet zugunsten des jeweiligen Partners auch § 129 Abs. 4 HGB entsprechende Anwendung: um ihm die Geltendmachung etwaiger persönlicher Einwendungen und Einreden offenzuhalten, bedarf es zur Zwangsvollstreckung ihm gegenüber eines auf ihn als Vollstreckungsschuldner lautenden Titels. Die Umschreibung eines gegen die Partnerschaft gerichteten Vollstreckungstitels auf die einzelnen Partner scheidet trotz der akzessorischen Partnerhaftung aus.[15]

9 **2. Die Haftung später beitretender Partner.** Die gesamtschuldnerische Haftung von Partnern, die der Partnerschaft erst nach ihrer Errichtung beitreten, für vor ihrem Beitritt begründete, sog. **Altverbindlichkeiten** folgt aus § 8 Abs. 1 S. 2 iVm. **§ 130 HGB**. Darauf, ob der Beitritt auf einem Aufnahmevertrag, auf Anteilsübertragung oder auf erbrechtlicher Gesamtrechtsnachfolge beruht, kommt es nicht an (zur Beschränkungsmöglichkeit im Fall der Anteilsvererbung vgl. § 9 RdNr. 30 f.). Ebenso ist unerheblich, ob der Name der Partnerschaft durch den Beitritt eine Änderung erfährt (§ 130 Abs. 1 aE HGB). Zur Möglichkeit der Haftung später beigetretener Partner nach Abs. 2 für Bearbeitungsfehler vgl. RdNr. 32, zur Fortdauer der Haftung für Altverbindlichkeiten beim Ausscheiden aus der Partnerschaft vgl. § 10 RdNr. 18 f.

10 Eine Haftung entsprechend **§ 28 HGB** beim „Eintritt" als Partner in das Geschäft eines Freiberuflers ist im PartGG nicht ausdrücklich geregelt, aber auch nicht ausgeschlossen. Da

---

[10] Das entspricht der heute ganz hM zur GbR, vgl. näher § 705 BGB RdNr. 263 f.; so jetzt auch BGH NJW 2003, 1445, 1446 unter Aufgabe von BGHZ 45, 311, 312 = NJW 1966, 1807.

[11] Vgl. *Graf v. Westphalen* in: *M/W/H/L/W* RdNr. 7; *Michalski/Römermann* RdNr. 14 f.; *Ulmer/Habersack*, FS Brandner, 1996, S. 151, 152 f.

[12] So auch *Feddersen/Meyer-Landrut* RdNr. 5; *Henssler*, FS Vieregge, 1995, S. 361, 370; allg. zum OHG-Recht *Staub/Habersack* § 128 HGB RdNr. 16; *Heymann/Emmerich* § 128 HGB RdNr. 73; *Baumbach/Hopt* § 128 HGB RdNr. 38.

[13] Vgl. *Staub/Habersack* § 128 HGB RdNr. 14; *Schlegelberger/K. Schmidt* § 129 HGB RdNr. 8; MünchKommHGB/*K. Schmidt* § 129 RdNr. 1; *Heymann/Emmerich* § 129 HGB RdNr. 8.

[14] *Staub/Habersack* § 129 HGB RdNr. 20 ff., 25; *Schlegelberger/K. Schmidt* § 129 HGB RdNr. 16 ff.; MünchKommHGB/*K. Schmidt* § 129 RdNr. 17 f.; *Baumbach/Hopt* § 129 HGB RdNr. 9, 12.

[15] *Graf v. Westphalen* in: *M/W/H/L/W* RdNr. 20; *Heymann/Emmerich* § 129 HGB RdNr. 18; *Baumbach/Hopt* § 129 HGB RdNr. 15; einschr. *Staub/Habersack* § 129 HGB RdNr. 27.

die auf das Firmenrecht des HGB verweisende namensrechtliche Regelung des § 2 Abs. 2 nur firmenrechtliche Vorschriften im engeren Sinn erfasst, ist daraus kein Umkehrschluss gegen die entsprechende Anwendung von § 28 HGB zu entnehmen (§ 2 RdNr. 2). Für die **Analogie** sprechen die weitgehende Annäherung des Haftungsrechts der Partnerschaft an dasjenige der OHG und die Vergleichbarkeit des Eintritts in das Geschäft eines Freiberuflers mit dem in § 28 HGB geregelten Fall des Eintritts in das Geschäft eines Einzelkaufmanns.[16] Die Rechtsfolge der Analogie besteht in der Haftung der *Partnerschaft* für die im Betrieb des Geschäfts des Freiberuflers entstandenen Verbindlichkeiten, sofern nicht eine der in § 28 Abs. 2 HGB geregelten Ausnahmen eingreift. Die Haftung des neu eintretenden Partners für diese Verbindlichkeiten der Partnerschaft folgt sodann aus § 8 Abs. 1.

3. Haftung als Scheinpartner. Ist jemand einer Partnerschaft nicht wirksam beigetreten, aber im **Partnerschaftsregister** als Partner eingetragen und bekanntgemacht worden, so haftet er auch dann, wenn der fehlerhafte Beitritt nicht durch Vollzug wirksam geworden ist, Dritten gegenüber nach § 5 Abs. 2 iVm. § 15 Abs. 3 HGB, es sei denn, dass ihnen die Unwirksamkeit des Beitritts bekannt ist. Darüber hinaus kommt auch ohne Eintragung und Bekanntmachung des angeblichen Beitritts eine **Rechtsscheinhaftung** von „Scheinpartnern" gegenüber gutgläubigen, auf den Rechtsschein vertrauenden Dritten in Betracht, so wenn jemand, ohne Partner zu sein, auf dem Briefkopf oder dem Namensschild der Partnerschaft mit seinem Wissen als Partner geführt wird oder wenn er sich auf sonstige Weise im Rechtsverkehr als Partner ausgibt.[17] Auf den abweichenden Inhalt des Partnerschaftsregisters kann er sich gutgläubigen Dritten gegenüber nicht berufen; § 15 Abs. 2 HGB greift in diesem Fall nicht ein. 11

4. Der interne Ausgleich der Partner. Der Partnerschaftsvertrag kann besondere Regelungen betreffend den Ausgleich der Partner bei Inanspruchnahme wegen einer Partnerschaftsverbindlichkeit enthalten. Ohne solche Regelungen steht dem von einem Partnerschaftsgläubiger in Anspruch genommenen Partner grundsätzlich ein **Regressanspruch gegen die Partnerschaft** zu; das folgt aus § 6 Abs. 3 iVm. § 110 HGB (§ 6 RdNr. 25 f.). Abweichendes gilt insoweit, als es um Schadensersatzansprüche wegen beruflichen Fehlverhaltens des vom Gläubiger nach Abs. 2 auf Zahlung in Anspruch genommenen Partners geht und er den Schaden wegen Verletzung der von ihm als Geschäftsführer nach § 708 BGB geschuldeten Sorgfaltspflicht (§ 6 RdNr. 40) intern selbst zu tragen hat; insoweit handelt es sich nicht um ersatzfähige Aufwendungen iS von § 110 HGB. 12

Die **Ausgleichspflicht zwischen den Partnern** als Gesamtschuldnern richtet sich nach § 426 Abs. 1 BGB. Sie setzt angesichts des Vorrangs des Regressanspruchs entsprechend § 110 HGB voraus, dass der in Anspruch genommene Partner von der Partnerschaft mangels verfügbarer Mittel keinen Ersatz erlangen kann. In diesem Fall sind ihm die übrigen Partner anteilig zum Ausgleich verpflichtet, wobei im Zweifel jeder von ihnen nach § 426 Abs. 1 S. 1 BGB einen gleichen Anteil zu übernehmen hat (vgl. näher § 714 BGB RdNr. 56). Soweit es um den Ausgleich für Schadensersatzleistungen wegen beruflichen Fehlverhaltens einzelner Partner geht, reduziert sich die Ausgleichspflicht auf den oder die hierfür verantwortlichen Partner. 13

III. Die Handelndenhaftung nach Abs. 2

1. Grundlagen. a) Regelungsziel. Zum Normzweck des im Jahr 1998 neugefassten Abs. 2 vgl. schon RdNr. 4. Die Beschränkung der Schadensersatzhaftung für Bearbeitungsfehler auf die Partnerschaft und die an der Bearbeitung beteiligten Partner wirkt sich als 14

---

[16] Str., vgl. nur *Ulmer/Habersack,* FS Brandner, 1996, S. 151, 165 f. und *Ulmer* ZIP 2003, 1113, 1116 (für die GbR); aA *Mahnke* WM 1996, 1029, 1033 (keine analoge Anwendung der §§ 25 ff. HGB).

[17] Vgl. *Henssler,* FS Vieregge, 1995, S. 361, 367 f.; *Grunewald,* FS P. Ulmer, 2003, S. 141, 144 f.; *C. Schäfer* DStR 2003, 1078, 1079 ff.; aus der Rspr. BGHZ 70, 247, 249 = NJW 1978, 996; BGH NJW 1990, 827, 829; 1991, 1225; 1999, 3040, 3041; 2001, 1056, 1061; OLG München DB 2001, 809, 811; allg. auch *Staub/Ulmer* § 105 HGB RdNr. 381 f., 387, sowie die Nachweise in Vor § 705 BGB Fn. 84.

gesetzliches **Haftungsprivileg** zugunsten der nicht selbst mitwirkenden Partner aus. Es soll den Mitgliedern einer PartG Rechts- und Planungssicherheit vermitteln und ihre jeweiligen Haftungsrisiken kalkulierbar machen.[18] Das Haftungsprivileg hat vor allem bei Partnerschaften mit einer großen Mitgliederzahl, überörtlichen und interprofessionellen Partnerschaften Bedeutung (RdNr. 21 ff., 23); es ist geeignet, die Rechtsform der PartG gerade auch im Vergleich zu derjenigen der GbR attraktiv zu machen. Entsprechendes gilt mit Blick auf den einer Partnerschaft Beitretenden, da er nach Abs. 2 trotz grundsätzlicher Geltung des § 130 HGB nicht damit rechnen muss, für Altverbindlichkeiten aus Beratungsfehlern in Anspruch genommen zu werden (RdNr. 32).

15   b) **Von Abs. 2 erfasste Ansprüche.** Der Anwendungsbereich der Haftungskonzentration nach Abs. 2 ist entsprechend dem mit der Vorschrift verfolgten Zweck, die Risiken unbeteiligter Partner aus fehlerhafter Berufsausübung zu minimieren, *weit* zu fassen. Erfasst werden sämtliche Schadensersatzansprüche wegen Pflichtverletzung im Rahmen von Geschäftsbesorgungs-, Dienst- oder Werkverträgen, für die die Partnerschaft nach Maßgabe der §§ 31, 278 BGB einzustehen hat. Neben *vertraglichen* Schadensersatz- und Gewährleistungsansprüchen einschließlich solcher aus Verträgen mit Schutzwirkung für Dritte[19] fallen hierunter auch *deliktische* Ansprüche im Zusammenhang mit der Leistungsbewirkung, für die die Partnerschaft analog § 31 BGB haftet.[20] Schließlich werden von Abs. 2 auch *quasivertragliche* Ansprüche aus culpa in contrahendo erfasst, wenn sie auf Bearbeitungsfehlern bei Eingehung des Mandats beruhen. Nicht unter § 8 Abs. 2 fallen hingegen die Fälle deliktischer Eigenhaftung des tätigen Partners, sofern sie sich nicht mit einer Haftung der PartG analog § 31 BGB verbinden.[21]

16   c) **Übergangsrecht.** Auf eine besondere Übergangsregelung für solche Geschäftsbesorgungsverträge, die eine PartG schon *vor dem Inkrafttreten des Abs. 2 nF am 1. 8. 1998* abgeschlossen hatte (Altverträge), hat der Gesetzgeber verzichtet. Das spricht dafür, Ansprüche aus *nach* diesem Zeitpunkt eingetretenen Bearbeitungsfehlern der Neuregelung zu unterstellen, während es für vor diesem Zeitpunkt entstandene Schadensersatzansprüche bei der früheren Rechtslage bleibt; eine nachträgliche Haftungsbefreiung unbeteiligter Partner unter Berufung auf Abs. 2 nF ist abzulehnen. Hatten die Vertragspartner allerdings vor dem Stichtag der Neuregelung eine Vereinbarung über die Bearbeitungs- und Haftungskonzentration auf bestimmte Partner getroffen,[22] so hat diese ihre Wirksamkeit nicht etwa durch die Neuregelung verloren. Vielmehr findet sie neben und in Ergänzung von Abs. 2 nF Anwendung; sie kann ggf. zu einer über diese Vorschrift hinausgehenden Haftungsprivilegierung der nicht einbezogenen Partner führen (vgl. auch RdNr. 30). – Auf Geschäftsbesorgungsverträge, die eine als PartG auftretende Freiberufler-Sozietät schon *vor ihrer Eintragung* im Partnerschaftsregister geschlossen hat, findet Abs. 2 vom Zeitpunkt der Eintragung an Anwendung (§ 7 RdNr. 6); für zuvor entstandene Schadensersatzansprüche des Mandanten haften alle Gesellschafter als Gesamtschuldner.

17   2. **Der Auftrag.** Der Definition und Abgrenzung des „Auftrags" kommt für das Eingreifen der gesetzlichen Handelndenhaftung nach Abs. 2 zentrale Bedeutung zu. Zwar entspricht dieser Begriff im **Regelfall** eines auf eine bestimmte Dienst- oder Werkleistung bezogenen Anwalts- oder Steuerberatermandats oder eines ärztlichen Behandlungsvertrags dem jeweiligen *Geschäftsbesorgungsvertrag* und seiner inhaltlichen Reichweite.[23] Haftungs-

---

[18] Begr. RegE, BT-Drucks. 13/9820 S. 21; *Seibert* BRAK-Mitt. 1998, 210.
[19] S. schon Begr. RegE, BT-Drucks. 12/6152 S. 18; *Henssler*, FS Vieregge, 1995, S. 361, 374; *Knoll/Schüppen* DStR 1995, 608, 646, 648; *Sotiropoulos* ZIP 1995, 1879, 1880; so zu Abs. 2 nF auch *Michalski/Römermann* RdNr. 24; *Jawansky* DB 2001, 2281 f.
[20] Begr. RegE, BT-Drucks. 12/6152 S. 18; *Michalski/Römermann* RdNr. 25; *E/B/J/Seibert* RdNr. 3; MünchHdbGesR I/*Salgert* § 43 RdNr. 16; *Graf v. Westphalen* in: *M/W/H/L/W* RdNr. 44 f.; *Feddersen/Meyer-Landrut* RdNr. 6; *Henssler*, FS Vieregge, 1995, S. 361, 362 ff.; *Jawansky* DB 2001, 2282.
[21] So auch *Graf v. Westphalen* in: *M/W/H/L/W* RdNr. 47.
[22] Vgl. hierzu näher 3. Aufl. RdNr. 16 ff., 21 ff. mwN.
[23] Begr. RegE, BT-Drucks. 13/9820 S. 21.

schuldner für Bearbeitungsfehler sind in derartigen Fällen alle an der Bearbeitung beteiligten Partner, soweit sie mit nicht nur untergeordneten Beiträgen (RdNr. 27) in die Bearbeitung eingeschaltet sind oder waren. Auf eine besondere Absprache mit dem Auftraggeber (Mandanten) über die Personen der Bearbeiter kommt es nicht an; sie ist freilich durch Abs. 2 nicht ausgeschlossen (vgl. auch RdNr. 30).

Besteht zwischen der PartG und dem Auftraggeber ein **Rahmenvertrag** über die Inanspruchnahme der Dienste der PartG und die dafür geltenden Konditionen, so knüpft die Handelndenhaftung des Abs. 2 doch nicht an diesen Vertrag an, sondern an die auf seiner Grundlage jeweils erteilten **Einzelaufträge.** Erweist sich die Bearbeitung einzelner dieser Aufträge als fehlerhaft, so haften hierfür neben der PartG nur diejenigen Partner, die mit dem konkreten Auftrag befasst waren. Die Mitwirkung von Partnern an anderen, fehlerfrei ausgeführten Einzelaufträgen reicht zur Haftungsbegründung für sie nicht aus. Das folgt nicht nur aus dem Begriff des (Einzel-)Auftrags, sondern auch aus dem Telos des Abs. 2, die Haftung auf die jeweils konkret beteiligten Partner zu kanalisieren und damit das Haftungsrisiko der Mitglieder einer PartG überschaubar zu machen (RdNr. 4). **18**

Sonderprobleme ergeben sich bei **komplexen Aufträgen,** die sich auf unterschiedliche Dienst- oder Werkleistungen der PartG beziehen. Man denke an die Mandatierung einer Anwaltskanzlei mit der sich in mehreren Schritten vollziehenden Vorbereitung und Durchführung eines Unternehmenskaufs, an die Beauftragung einer WP- und StBer-PartG mit der Buchführung, dem Rechnungsabschluss und der Steuerberatung des Mandanten für ein bestimmtes Geschäftsjahr oder an den Abschluss eines Arztvertrags zur Behandlung verschiedener Gesundheitsschäden durch die jeweiligen in einer Arzt-PartG als Vertragspartner zusammengeschlossenen Fachärzte. Soweit die Haftungsfrage sich in derartigen Fällen nicht bereits nach der Berufszugehörigkeit bzw. Fachkompetenz der jeweils beteiligten Partner beantwortet (vgl. RdNr. 23), ist sie in Anlehnung an die Lehre von den *gemischten oder verbundenen Verträgen*[24] zu entscheiden. Haben die Parteien einen *einheitlichen* Vertrag zur Erbringung unterschiedlicher (gemischter) Leistungen geschlossen, so erstreckt sich auch die Haftung für Bearbeitungsfehler grundsätzlich auf alle an der Bearbeitung beteiligten, hierfür fachkompetenten Partner unabhängig von ihrer internen Arbeitsteilung. Handelt es sich dagegen um einen *zusammengesetzten* (kombinierten) Vertrag, so ist im Zweifel von zwei oder mehr Aufträgen mit entsprechend unterschiedlichen Haftungsbereichen nach Abs. 2 auszugehen. Zur Möglichkeit, den Auftragsbegriff und damit auch die Haftungsfolgen nach Abs. 2 vertraglich enger oder weiter zu fassen, vgl. RdNr. 30. **19**

Schwierigkeiten mit Blick auf die Haftungsfolgen können sich auch bei **nachträglicher Ausdehnung** der vertraglichen Leistungen ergeben. Auch insoweit ist grundsätzlich nach der jeweils hierüber getroffenen Vereinbarung zu differenzieren. Beschränkt sie sich auf die Einbeziehung bestimmter sachlich eng mit der Hauptleistung verbundener Zusatzleistungen ohne Modifikation der vereinbarten Konditionen, so spricht das für die bloße *Erweiterung* des nach wie vor einheitlichen Auftrags. Demgegenüber ist von einem *Zusatzauftrag* mit besonderem personellem Haftungskreis auszugehen, wenn die Parteien sich nachträglich über die Erbringung weiterer Dienst- oder Werkleistungen der PartG einigen, die auch Gegenstand eines separaten Vertrags sein könnten; insoweit liegt die Parallele zu verbundenen Verträgen (RdNr. 19) nahe. **20**

3. Der Kreis der Bearbeiter als Haftungsschuldner. a) Grundlagen. Die gesetzliche Handelndenhaftung nach Abs. 2 für Bearbeitungsfehler beschränkt sich auf diejenigen mit der Sache befassten Bearbeiter, die der PartG als **Partner** angehören oder diesen als Scheinpartner gleichgestellt sind.[25] Darauf, ob sie selbst fehlerhaft gehandelt bzw. ihre Überwachungspflicht verletzt haben, kommt es für die *verschuldensunabhängig ausgestaltete Reichweite* der Handelndenhaftung nicht an; die Frage hat allerdings Bedeutung, soweit es um den **21**

---

[24] Vgl. näher § 311 RdNr. 42 ff.; *Palandt/Grüneberg* Überbl. v. § 311 RdNr. 16 ff.
[25] Für Haftung von Scheinpartnern nach § 8 Abs. 2 zutr. OLG München DB 2001, 809, 811; einschr. *Jawansky* DB 2001, 2283 f.

§ 8 PartGG 22–25

internen Gesamtschuldnerausgleich geht (RdNr. 13). Keiner Außenhaftung nach Abs. 2 unterliegen – vorbehaltlich deliktischer Haftungstatbestände – an der Bearbeitung beteiligte Angestellte der PartG. Handeln diese selbst fehlerhaft, so ist das nach § 278 BGB der PartG als Auftragnehmer zuzurechnen. Die Fehler können zu internen Regressansprüchen der PartG gegen die Handelnden führen, begründen jedoch nicht ihre Haftung gegenüber dem Auftraggeber.

22 Zur Bearbeitung nach Abs. 2 gehört auch die **Überwachung** der mit der Auftragsausführung befassten Angestellten durch den oder die hierfür nach internem Geschäftsverteilungsplan zuständigen Partner. Sie haften für Bearbeitungsfehler unabhängig davon, ob sie gegen ihre Überwachungspflichten verstoßen und dadurch den Schaden nicht verhindert haben (vgl. RdNr. 21).[26] **Fehlt** es freilich an einem derartigen Geschäftsverteilungsplan oder hat die PartG aus sonstigen Gründen die Überwachung der Auftragsausführung durch zumindest einen Partner unterlassen, so liegt die für die Haftungskonzentration nach Abs. 2 erforderliche Voraussetzung, dass (nur) einzelne Partner mit der Bearbeitung des Auftrags befasst waren, nicht vor. In diesem Fall verbleibt es bei der in Abs. 1 S. 1 angeordneten akzessorischen *Haftung aller Partner*, die für die Bearbeitung qualifiziert sind, für den Anspruch des Auftraggebers gegen die PartG wegen Pflichtverletzung; keiner von ihnen kann sich auf das aus Abs. 2 folgende Haftungsprivileg für die Nichtbearbeiter berufen.[27]

23 **b) Nicht betroffene Partner.** Typischerweise von der Handelndenhaftung nicht betroffen sind diejenigen Partner einer *interprofessionellen* Partnerschaft, die nicht über die für die Bearbeitung des jeweiligen Auftrags erforderliche Qualifikation verfügen und schon deshalb gehindert sind, an dessen Bearbeitung mitzuwirken.[28] Von ihnen kann weder die Beteiligung an der Ausführung noch diejenige an der Überwachung anderer Bearbeiter erwartet werden. Sie unterliegen deshalb der Haftung nach Abs. 1 auch dann nicht, wenn sich keiner der habilen Partner an der Bearbeitung beteiligt und die Haftungskonzentration nach Abs. 2 ihnen gegenüber leerläuft (RdNr. 22). Auch in *überregionalen* Partnerschaften scheidet typischerweise die Haftung von Partnern anderer Zweigniederlassungen aus. Denn auch insoweit ist – vorbehaltlich besonderer Verhältnisse oder Absprachen – regelmäßig nicht damit zu rechnen, dass Partner anderer Standorte an der für einen Standort vorgesehenen Bearbeitung des Auftrags mitwirken. Schließlich sind auch Partner, die der PartG erst nach der fehlerhaften Bearbeitung beigetreten sind, von der Haftung nicht betroffen (RdNr. 32).

24 **c) Benennung der Bearbeiter.** Um seinen Schadensersatzanspruch wegen Bearbeitungsfehlern gegen die als Bearbeiter beteiligten Partner geltendmachen zu können, hat der Auftraggeber ein berechtigtes Interesse daran, von der PartG über den Kreis dieser Personen informiert zu werden. Das spricht dafür, ihm insoweit einen vertraglichen **Auskunftsanspruch** gegen die PartG zuzugestehen.[29]

25 Bei **Nichtmitteilung der Bearbeiter** ist der Auftraggeber allerdings nicht genötigt, zunächst diesen Auskunftsanspruch gegen die PartG, ggf. in Verbindung mit der Schadensersatzklage gegen sie, geltend zu machen und erst danach auch die jeweiligen als Bearbeiter beteiligten Partner zu verklagen. Angesichts der *Funktion des Abs. 2*, die grundsätzlich für alle Partner bestehende akzessorische Haftung nach Abs. 1 unter Privilegierung der übrigen auf die jeweiligen Bearbeiter zu konzentrieren, kann er sich vielmehr in derartigen Fällen nach

---

[26] HM, vgl. *Henssler*, FS Wiedemann, 2002, S. 929 f.; *E/B/J/Seibert* RdNr. 8; *Jawansky* DB 2001, 2282; so auch schon Begr. RegE, BT-Drucks. 13/9820 S. 21; aA nur *Michalski/Römermann* RdNr. 29 und *Römermann* NZG 1998, 675, 676 (Haftung aller Partner bei Nichtüberwachung entgegen dem Geschäftsverteilungsplan).
[27] So auch Begr. RegE, BT-Drucks. 13/9820 S. 21; *Mülbert* AcP 199 (1999), 38, 95 f.
[28] In derartigen Fällen kommt zwar der „Auftrag" typischerweise (zu Ausnahmen vgl. Nachweise in Vor § 705 BGB Fn. 82) mit der PartG als solcher und nicht nur mit den habilen Mitgliedern zustande (vgl. BGHZ 56, 355, 359 = NJW 1971, 1801; BGHZ 70, 247, 249 = NJW 1978, 996; BGHZ 124, 47, 49 = NJW 1994, 257; zu Unrecht abw. BGH NJW 2000, 1333, 1334; DStR 2000, 599; dagegen zu Recht *C. Schäfer* DStR 2003, 1078, 1081 f.); eine Tätigkeitspflicht hieraus mit dem Haftungsrisiko aus § 8 Abs. 2 trifft jedoch nur die habilen Partner.
[29] So *Michalski/Römermann* RdNr. 34; *E/B/J/Seibert* RdNr. 12; *Jawansky* DB 2001, 2282.

vergeblicher Aufforderung zur Information auf die gesamtschuldnerische Haftung aller habilen (RdNr. 23) Partner berufen und sie alsbald auf Schadensersatz verklagen.[30] Wird die Information von den Beklagten später erteilt, so führt das zur Erledigung der Hauptsache gegenüber den nicht an der Bearbeitung beteiligten Partnern, verbunden mit der Kostentragung seitens der PartG und der hierfür nach Abs. 1 haftenden Partner.[31]

Die **Darlegungs- und Beweislast** für die Personen der an der Bearbeitung beteiligten Partner liegt bei den Partnern, die sich unter Berufung auf ihre Nichtmitwirkung an der Bearbeitung auf die Privilegierungsfunktion des Abs. 2 berufen.[32] Verzichten sie darauf, die Voraussetzungen des Abs. 2 darzulegen und zu beweisen, oder misslingt ihnen dieser Beweis, so bewendet es bei der gesamtschuldnerischen Haftung aller habilen Partner neben der PartG nach Abs. 1. Entsprechendes gilt, wenn die Benennung daran scheitert, dass kein Partner an der Bearbeitung des Auftrags oder der Überwachung der damit betrauten Angestellten beteiligt war; auch in diesem Fall besteht die Rechtsfolge in der unbeschränkten Haftung aller habilen Partner (RdNr. 22).

4. Die Ausnahme für Bearbeitungsbeiträge von untergeordneter Bedeutung. Diese in Abs. 2 aE enthaltene Ausnahme trägt dem kollegialen Zusammenwirken der Mitglieder einer PartG Rechnung und dient dazu, die Haftungskonzentration nicht durch gelegentliche Aushilfen oder Randaktivitäten der nicht selbst mit der Bearbeitung befassten Partner auszuhöhlen. Als *Beispiele* derart untergeordneter Beiträge nennt die Regierungsbegründung die Urlaubsvertretung seitens eines anderen Partners oder dessen konsularische Beiziehung mit Blick auf sonstige, am Rand betroffene Berufsfelder.[33] Dem ist mit Rücksicht auf den Zweck der Haftungskonzentration im Grundsatz zuzustimmen. Für die haftungsneutrale Hinzuziehung eines intern als Berater beteiligten Partners ist freilich nicht entscheidend, dass er nach außen nicht in Erscheinung tritt,[34] sondern dass er sich auf gelegentliche Ratschläge gegenüber dem anfragenden Sachbearbeiter beschränkt, ohne sich selbst intensiver mit der Sache zu befassen oder die interne Mitverantwortung zu übernehmen.[35]

Für das Eingreifen der Ausnahme ist kein Raum, wenn die Mitwirkung eines anderen Partners zur **Fehlerhaftigkeit** der Auftragsbearbeitung beigetragen hat und für den Schaden des Auftraggebers mitursächlich geworden ist.[36] Zwar ist die Handelndenhaftung als solche, anders als die zugrundeliegende Vertragshaftung der PartG wegen Pflichtverletzung, nicht verschuldensabhängig, sondern trifft auch solche an der Bearbeitung beteiligte Partner, die selbst nicht fehlerhaft gehandelt haben (RdNr. 21). Soweit es jedoch um die Eingrenzung der Haftung mit Blick auf untergeordnete Beiträge geht, setzt sie voraus, dass der fragliche Beitrag sich nicht seinerseits auf die Fehlerhaftigkeit ausgewirkt hat, da es andernfalls aus qualitativen Gründen an der Ausnahmevoraussetzung eines untergeordneten Beitrags fehlt.[37] Stellt der Urlaubsvertreter einen unrichtigen, zur Schädigung des Mandanten führenden Prozessantrag oder erteilt der intern hinzugezogene Partner einen fehlerhaften, vom Sachbearbeiter befolgten Rat, so hat er damit die Schwelle untergeordneter Beiträge überschritten und unterliegt auch selbst der Handelndenhaftung nach Abs. 2.

5. Abweichende Vereinbarungen. Die Handelndenhaftung der Partner nach Abs. 2 enthält zwar kein zwingendes Recht. Sie gehört jedoch – als Teil der Haftungsverfassung der

---

[30] Ähnlich *E/B/J/Seibert* RdNr. 12.
[31] Vgl. Begr. RegE, BT-Drucks. 13/9820 S. 22; so auch *Michalski/Römermann* RdNr. 35.
[32] So zutr. Begr. RegE, BT-Drucks. 13/9820 S. 22; *E/B/J/Seibert* RdNr. 14; *Jawansky* DB 2001, 2282; wohl auch *Michalski/Römermann* RdNr. 29 a, 30.
[33] BT-Drucks. 13/9820 S. 21.
[34] So aber *Michalski/Römermann* RdNr. 32; *Jawansky* DB 2001, 2283.
[35] Die Reg. Begr. (aaO S. 21) spricht von „geringfügigen Beiträgen aus nur am Rande betroffenen Gebieten (zB konsularische Beiziehung)". Weitergehend außer *Michalski/Römermann* RdNr. 33 a und *Jawansky* DB 2001, 2283 auch *Henssler* ZIP 1997, 1481, 1490 mit der Begründung, dass eine Haftung des ratgebenden Partners wegen des dann drohenden Verzichts auf interne Sicherungsmaßnahmen kontraproduktiv wirken würde.
[36] So zu Recht Begr. RegE, BT-Drucks. 13/9820 S. 21; zust. *Henssler* ZIP 1997, 1490.
[37] Begr. RegE, BT-Drucks. 13/9820 S. 21.

PartG – zu den wesentlichen Grundgedanken des PartGG iS von § 307 Abs. 2 Nr. 1 BGB. Daher ist zwar ihre Abbedingung oder Einschränkung durch **Individualabrede** der PartG mit dem Auftraggeber, ebenso wie diejenige der Gesellschafterhaftung nach oder analog § 128 HGB (§ 714 BGB RdNr. 66 f.), grundsätzlich wirksam. Jedoch sind vorformulierte Abweichungen im Zweifel unangemessen und halten der Inhaltskontrolle nicht stand (vgl. auch insoweit § 714 BGB RdNr. 66 f.); anderes gilt im Rahmen berufsrechtlicher Beschränkungsmöglichkeiten nach Maßgabe von Abs. 3 (RdNr. 34, 36).

30 Keine grundsätzlichen Bedenken bestehen gegen Vereinbarungen der Parteien, die der näheren Ausgestaltung und **Konkretisierung der Handelndenhaftung** in Bezug auf das jeweilige Auftragsverhältnis dienen. So sind die Parteien nicht gehindert, die Reichweite des jeweiligen „Auftrags" mit Blick auf die Handelndenhaftung vertraglich festzulegen und komplexe oder verbundene Aufträge mit Rücksicht auf unterschiedliche Bearbeiterkreise als jeweils eigenständige Haftungstatbestände zu definieren (vgl. RdNr. 19). Ebenso können sie ausdrücklich oder konkludent Vereinbarungen über die an der Bearbeitung zu beteiligenden Partner treffen mit der Folge, dass jedenfalls diese der Haftung nach Abs. 2 unterliegen, wenn nicht zuvor mit Zustimmung des Auftraggebers ein Bearbeiterwechsel vorgenommen wurde.

31 **6. Haftung beim Ausscheiden oder Eintritt von Partnern.** Das **Ausscheiden** eines Partners hat keinen Einfluss auf seine Haftung für die bis zu seinem Ausscheiden begründeten Verbindlichkeiten der Partnerschaft.[38] Für die *Nachhaftung* gilt § 10 Abs. 2 iVm. § 160 HGB (vgl. § 10 RdNr. 18 f.). Gehörte der Ausgeschiedene zu den nach Abs. 2 verantwortlichen Bearbeitern, so bleibt seine gesamtschuldnerische Außenhaftung für die bis dahin eingetretenen Bearbeitungsfehler unberührt. Auf den Grund des Ausscheidens (Verlust der Berufszulassung, Kündigung, Anteilsübertragung, Tod u. a.) kommt es nicht an. Allerdings kann der Ausgeschiedene im Fall nachträglicher Inanspruchnahme aus dieser Haftung Ersatz nicht nur von der Partnerschaft, sondern nach § 8 Abs. 2 iVm. § 426 Abs. 2 BGB auch von den mithaftenden Partnern verlangen, wenn er den haftungsbegründenden Fehler nicht selbst zu vertreten hat (RdNr. 12 f.).

32 Der **Eintritt** eines Partners nach Abschluss des jeweiligen Geschäftsbesorgungsvertrags führt trotz der grundsätzlichen Haftungserstreckung nach § 8 Abs. 1 S. 2 iVm. § 130 HGB nicht automatisch zu seiner Einbeziehung in den Kreis der für Schäden aus fehlerhafter Berufsausübung haftenden Partner. Das gilt auch dann, wenn der Eintritt auf Anteilsübertragung oder Vererbung beruht, da die Schadensersatzhaftung nicht an der Mitgliedschaft in der Partnerschaft hängt, sondern an der Mitwirkung bei der Bearbeitung, also persönlicher Natur ist.[39] Eine Haftung kommt jedoch dann in Betracht, wenn der Neueintretende nach dem Beitritt in die Erbringung oder Überwachung der Leistung eingeschaltet wird und der zur Schadensersatzhaftung führende Fehler erst während seiner Mitwirkung begangen wird. Dass das Auftragsverhältnis schon vor seinem Beitritt begründet worden war, steht mit Rücksicht auf § 130 HGB nicht entgegen.

IV. Die Höchstbetragshaftung nach Abs. 3

33 **1. Einführung. a) Regelungsinhalt und Funktion.** Die Vorschrift des Abs. 3 eröffnet nicht etwa als solche die Möglichkeit höhenmäßiger Beschränkung der Partnerschaftshaftung, sondern begnügt sich mit einer **Verweisung** auf das einschlägige Berufsrecht. Den beiden von der Regierungsbegründung[40] hierfür angeführten Gründen, nämlich das Bedürfnis für eine je nach Art des Freien Berufs unterschiedliche Festsetzung des Höchstbetrags sowie das Fehlen eines spezifisch partnerschaftsgesellschaftsrechtlichen Regelungs-

---

[38] Vgl. *Staub/Habersack* § 128 HGB RdNr. 62 ff.; *Schlegelberger/K. Schmidt* § 128 HGB RdNr. 41 f.; MünchKommHGB/*K. Schmidt* § 128 RdNr. 40 f.; *Heymann/Emmerich* § 128 HGB RdNr. 31 ff.
[39] Vgl. zu § 8 Abs. 2 aF *Ulmer/Habersack*, FS Brandner, 1996, S. 151, 164 f.; so im Ergebnis auch E/B/J/*Seibert* RdNr. 16.
[40] BT-Drucks. 12/6152 S. 18.

problems,[41] ist zuzustimmen. Kommt der Regelung jedoch, wie es in der Regierungsbegründung heißt, „in erster Linie klarstellender Charakter" zu,[42] so fragt sich, wozu sie angesichts des aus §§ 1 Abs. 3, 6 Abs. 1 ohnehin folgenden Vorrangs des Berufsrechts überhaupt in das PartGG aufgenommen wurde.

In der Tat fällt es schwer, eine eigenständige *Funktion* des Abs. 3 festzustellen.[43] Die **34** Vorschrift ist jedenfalls nicht als Ermächtigung an den (Landes-)Gesetzgeber zum Erlass entsprechender berufsrechtlicher Regelungen aufzufassen. Denn dieser bedarf einer solchen Ermächtigung nicht und könnte vom Bundesgesetzgeber auch gar nicht ermächtigt werden.[44] Damit reduziert sich der Gehalt des Abs. 3 auf die **Aufstellung eines Regelungsmodells** für künftig zu erlassende berufsrechtliche Haftungsbeschränkungsvorschriften, verbunden mit der Einschränkung, dass derartige berufsrechtliche Beschränkungsnormen im Rang unterhalb des formellen Gesetzes und ohne Abschluss einer Berufshaftpflichtversicherung nicht als Rechtsgrund für die Wirksamkeit vertraglicher Beschränkung der höhenmäßigen Haftung einer Partnerschaft anerkannt werden. Berücksichtigt man allerdings, dass derartige Beschränkungsabreden typischerweise in *vorformulierter* Form getroffen werden, so kommt der Vorschrift des Abs. 3 immerhin deshalb Bedeutung für das Eingreifen der §§ 307 bis 309 BGB zu, weil sie sie in Verbindung mit den entsprechenden berufsrechtlichen Vorschriften von der Inhaltskontrolle freistellt (RdNr. 36).

b) Verhältnis zu Abs. 1 und 2. Im Verhältnis zu den beiden ersten Absätzen des § 8 **35** wirkt sich die in Abs. 3 vorgesehene Beschränkungsmöglichkeit jeweils als **Einschränkung der Haftung** aus. Mit Blick auf **Abs. 1** gilt das insoweit, als dort – in Verbindung mit § 7 Abs. 2 und seiner Verweisung auf § 124 HGB – die *Haftung der PartG* in Frage steht; sie kann durch Beschränkungsabreden nach Maßgabe des einschlägigen Berufsrechts auf bestimmte Höchstbeträge beschränkt werden. Die Beschränkung kommt mittelbar auch der Handelndenhaftung der an der Auftragsbearbeitung beteiligten Partner nach **Abs. 2** zugute, da deren Höhe sich entsprechend Abs. 1 nach derjenigen der PartG bestimmt. Im Ergebnis betrifft die Beschränkungsmöglichkeit des Abs. 3 somit den summenmäßigen Haftungsumfang, während sich Abs. 2 auf die personelle Reichweite der Haftung bezieht. Damit dienen beide Vorschriften dem mit § 8 verfolgten Ziel, das Haftungsrisiko der Partner aus Bearbeitungsfehlern in überschaubaren Grenzen zu halten.

2. Voraussetzungen wirksamer Beschränkung der Haftungshöhe. a) Die Tat- 36 bestandsmerkmale des Abs. 3. Die Vorschrift erwähnt *drei Merkmale*, die für eine wirksame Abrede über die Beschränkung der höhenmäßigen Haftung der Partnerschaft vorliegen müssen. Die Beschränkung auf einen bestimmten Höchstbetrag muss (1) in einem formellen, auf bestimmte Freie Berufe bezogenen **Gesetz** zugelassen sein, sie muss sich (2) auf die Haftung für **Ansprüche aus fehlerhafter Berufsausübung** beziehen (zur Abgrenzung vgl. RdNr. 15) und die Haftung der Partnerschaft im Übrigen unberührt lassen und es muss (3) eine gesetzliche Pflicht der den jeweiligen Freien Beruf ausübenden Partner oder der Partnerschaft zum Abschluss einer **Berufshaftpflichtversicherung** bestehen. Dass die Abrede in vorformulierter Form getroffen wird, steht ihrer Wirksamkeit bei Vorliegen der genannten Voraussetzungen nicht entgegen.

b) Regelungsbeispiele. Die in Abs. 3 genannten Anforderungen werden gegenwärtig **37** durch Gesetzesbestimmungen für **vier Arten von Freien Berufen** erfüllt. Es geht um die Regelungen in § 51a Abs. 1 BRAO, § 45a Abs. 1 PatAnwO, § 67a Abs. 1 StBerG und § 54a Abs. 1 WPO. Sie sehen für Rechtsanwälte, Patentanwälte, Steuerberater und Wirtschaftsprüfer im rechtlichen Ansatz übereinstimmend die Möglichkeit vertraglicher Be-

---

[41] So Begr. RegE, BT-Drucks. 12/6152 S. 18.
[42] BT-Drucks. 12/6152 S. 18; so auch *Henssler* ZIP 1997, 1490.
[43] Ebenso *Michalski/Römermann* RdNr. 45 f.; *Ulmer/Habersack*, FS Brandner, 1996, S. 151, 156 f.; vgl. auch *K. Schmidt* NJW 1995, 1, 6; *Mahnke* WM 1996, 1029, 1035.
[44] Ebenso *E/B/J/Seibert* RdNr. 18, der darin unter Hinweis auf die Reg. Begr. auch eine „verfassungsrechtliche(?) Öffnungsklausel für die Gesetzgebungszuständigkeit des Landesberufsgesetzgebers" sieht.

schränkung der Haftungshöhe für fahrlässig verursachte Schäden aus fehlerhafter Berufsausübung vor und begründen jeweils die Pflicht jedes zugelassenen Berufsangehörigen, eine Haftpflichtversicherung in der gesetzlich festgelegten Mindesthöhe je Schadensfall abzuschließen.[45] *Höhenmäßig* kann die Haftung entweder durch *schriftliche Individualvereinbarung* auf die Mindestversicherungssumme oder in *vorformulierter* Form auf deren vierfachen Betrag beschränkt werden, letzteres unter der zusätzlichen Voraussetzung, dass Versicherungsschutz in dieser Höhe besteht. Wegen der näheren Einzelheiten wird auf die genannten Regelungen und deren Erläuterung verwiesen.

38 c) **Interprofessionelle Partnerschaften.** Der Sondersituation interprofessioneller Partnerschaften tragen die jeweils auf bestimmte Freie Berufe ausgerichteten Normen des Berufsrechts keine Rechnung. Aus § 8 Abs. 3 lässt sich jedoch folgern, dass auch interprofessionelle Partnerschaften nicht gehindert sein sollen, für Verträge über bestimmte freiberufliche Leistungen nach den Vorschriften des jeweils einschlägigen Berufsrechts zu verfahren. Sofern sich diese inhaltlich unterscheiden und sofern zwischen ihnen ein gemeinsamer Nenner nicht feststellbar ist, sind interprofessionelle Partnerschaften danach gezwungen, je nach Tätigkeitsbereich mit Haftungsbeschränkungsklauseln unterschiedlicher Höhe zu arbeiten.[46]

39 3. **Höhenmäßige Haftungsbeschränkung beim Fehlen berufsrechtlicher Normen.** Für die große Mehrzahl freiberuflicher Tätigkeiten gibt es bisher keine Gesetzesregelungen über die Zulässigkeit höhenmäßiger Haftungsbeschränkung nach Art der in RdNr. 37 genannten Vorschriften.[47] Soweit eine Haftungsbeschränkung nicht ausnahmsweise dem für bestimmte Berufe geltenden Berufsrecht widerspricht, greift daher für **individuelle** Beschränkungsabreden der Grundsatz der *Vertragsfreiheit* ein. Die Beteiligten sind nicht gehindert, solche Abreden vorbehaltlich § 276 Abs. 3 BGB mit beliebigem Inhalt zu treffen. Das gilt auch für Verträge, die von einer freiberuflich tätigen Partnerschaft geschlossen werden.

40 Typischerweise werden Beschränkungsabreden von Partnerschaften oder einzelnen Freiberuflern allerdings nicht je individuell, sondern in **vorformulierter** Form getroffen. Insoweit müssen sie sich hinsichtlich ihrer Wirksamkeit an §§ 307 bis 309 BGB messen lassen. Danach gelten für die Haftungsfreizeichnung einschließlich der höhenmäßigen Haftungsbegrenzung zT strengere Anforderungen als nach den genannten berufsrechtlichen Regelungen.[48] So ist nach § 309 Nr. 7 lit. b BGB im Verhältnis zu Privatpersonen als Kunden die Begrenzung der Haftung für Vermögensschäden aus *grobfahrlässiger* Vertragsverletzung des Verwenders, seiner Organwalter und Erfüllungsgehilfen unwirksam; entsprechendes gilt nach § 307 Abs. 1 BGB im Verhältnis zu Unternehmern, wenn die Haftungsbegrenzung höhenmäßig hinter dem bei solchen Verträgen typischerweise zu erwartenden Schaden zurückbleibt.[49] Soweit es um *wesentliche* Vertragspflichten geht, wie das bei den von einer Partnerschaft geschuldeten freiberuflichen Leistungen regelmäßig der Fall sein dürfte, beanstandet die Rechtsprechung nach § 307 Abs. 2 Nr. 1 BGB sogar Freizeichnungsklauseln, die sich auf Schäden aufgrund *einfacher Fahrlässigkeit* beziehen.[50] Nach allem sind mit Rücksicht

---

[45] Sie beträgt bei Rechtsanwälten, Patentanwälten und Steuerberatern 250 000 Euro (§ 51 Abs. 4 S. 1 BRAO, § 45 PAO, § 52 Abs. 1 DVStB), bei Wirtschaftsprüfern 1 Mio. Euro (§ 54 Abs. 1 S. 2 WPO iVm. § 323 Abs. 2 S. 1 HGB).
[46] Ebenso *Henssler* RdNr. 109; im Ergebnis wohl auch *Graf v. Westphalen* in: *M/W/H/L/W* RdNr. 71 ff.
[47] Ebenso *Michalski/Römermann* RdNr. 47 f., 60 ff. unter gleichzeitigem Hinweis auf berufsrechtliche Regelungen für Ärzte, Tierärzte und hauptberufliche Sachverständige betr. eine Berufshaftpflichtversicherung. Allg. zur Berufshaftung vgl. *Hirte*, Berufshaftung, 1996; *Poll*, Die Haftung der Freien Berufe zwischen standesrechtlicher Privilegierung und europäischer Orientierung, 1994.
[48] So auch *Henssler* RdNr. 106 ff.
[49] Vgl. *G. Christensen* in: *Ulmer/Brandner/Hensen* § 309 Nr. 7 BGB RdNr. 45; so auch *Graf v. Westphalen* in: *M/W/H/L/W* RdNr. 81 f. mwN; allg. zur Wirksamkeit formularmäßiger Haftungsfreizeichnungsklauseln *Koller* ZIP 1986, 1089.
[50] BGH NJW-RR 1988, 559; NJW 1993, 335; 1994, 1060, 1063; wN bei *Christensen* in: *Ulmer/Brandner/Hensen* § 309 Nr. 7 BGB RdNr. 43.

auf die AGB-Inhaltskontrolle die Möglichkeiten, in vorformulierter Form wirksam eine höhenmäßige Haftungsbeschränkung für Schäden aus fehlerhafter Berufsausübung zu treffen, beim Fehlen entsprechender berufsrechtlicher Regelungen gering einzuschätzen.

§ 9 Ausscheiden eines Partners; Auflösung der Partnerschaft

(1) Auf das Ausscheiden eines Partners und die Auflösung der Partnerschaft sind, soweit im folgenden nichts anderes bestimmt ist, die §§ 131 bis 144 des Handelsgesetzbuchs entsprechend anzuwenden.

(2) (aufgehoben)

(3) Verliert ein Partner eine erforderliche Zulassung zu dem Freien Beruf, den er in der Partnerschaft ausübt, so scheidet er mit deren Verlust aus der Partnerschaft aus.

(4) ¹Die Beteiligung an einer Partnerschaft ist nicht vererblich. ²Der Partnerschaftsvertrag kann jedoch bestimmen, daß sie an Dritte vererblich ist, die Partner im Sinne des § 1 Abs. 1 und 2 sein können. ³§ 139 des Handelsgesetzbuchs ist nur insoweit anzuwenden, als der Erbe der Beteiligung befugt ist, seinen Austritt aus der Partnerschaft zu erklären.

Übersicht

	RdNr.		RdNr.
I. Einführung	1–3	**III. Das Ausscheiden wegen Verlusts der Zulassung (Abs. 3)**	18–23
1. Normzweck	1, 2	1. Regelungsgrund	18
2. Reform	3	2. Sachlich begrenzter Anwendungsbereich	19, 20
II. Die Verweisung auf die §§ 131 bis 144 HGB (Abs. 1)	4–17	3. Verlust der Zulassung	21, 22
1. Tragweite der Verweisung	4, 5	4. Rechtsfolgen	23
2. Die einzelnen Verweisungsbereiche	6–15	**IV. Die Anteilsvererbung (Abs. 4)**	24–31
a) Auflösung der Partnerschaft	6	1. Voraussetzungen	24–26
b) Kündigung	7, 8	2. Erbrechtliche Gestaltungsmöglichkeiten	27–29
c) Sonstiges Ausscheiden eines Partners	9–12	a) Überblick	27
d) Vererbung	13	b) Einfache Nachfolgeklausel	28
e) Anmeldung von Auflösung und Ausscheiden	14	c) Qualifizierte Nachfolgeklausel	29
f) Fortsetzung einer aufgelösten Partnerschaft	15	3. Wahlrecht entsprechend § 139 HGB	30, 31
3. Vertragliche Abweichungen	16, 17	**V. Die rechtsgeschäftliche Anteilsübertragung**	32, 33

I. Einführung

1. Normzweck. Die Vorschrift des § 9 regelt unter weitgehender Verweisung in **Abs. 1** 1 auf das Recht der OHG die Gründe für die **Auflösung** der Partnerschaft sowie für das **Ausscheiden** einzelner Partner und dessen Folgen. Soweit die Abs. 3 und 4 Abweichungen von den durch Abs. 1 in Bezug genommenen §§ 131 bis 144 HGB enthalten, ziehen sie – mit dem Ausscheidensgrund des Zulassungsverlusts in **Abs. 3** und der Beschränkung der Vererbungsmöglichkeit sowie dem Wahlrecht der Erben in **Abs. 4** – die Folgerungen daraus, dass die Beteiligung an einer Partnerschaft nach § 1 Abs. 1 S. 1 nur Freiberuflern offensteht und ein Formwechsel in die KG ausscheidet.

Ebenso wie das entsprechende OHG-Recht ist die auf die Auflösung der Partnerschaft 2 und das Ausscheiden einzelner Partner bezogene Vorschrift des § 9 Abs. 1 **dispositiv**. Von der Gestaltungsfreiheit der Beteiligten **ausgenommen** sind jedoch die durch den freiberuflichen Gegenstand der Partnerschaft bedingten, partnerschaftsspezifischen Regelungen der

Ausscheidensgründe und -folgen nach § 9 Abs. 3 sowie der Grenzen der Anteilsvererbung nach § 9 Abs. 4.

2. Reform. Im Zuge des HRefG 1998[1] wurde Abs. 2 der Vorschrift gestrichen. Eine sachliche Änderung ist damit nicht verbunden. Vielmehr wurde nur die Folgerung daraus gezogen, dass die bisher abweichend von § 131 aF HGB in Abs. 2 geregelten Fortsetzungsgründe durch das HRefG 1998 in § 131 Abs. 3 Nr. 1 bis 4 nF HGB übernommen wurden und deshalb bereits von der Verweisung in Abs. 1 gedeckt sind. Abs. 2 wurde deshalb – als gegenstandslos – zu Recht gestrichen.

II. Die Verweisung auf die §§ 131 bis 144 HGB (Abs. 1)

1. Tragweite der Verweisung. Im Unterschied zu den anderen Verweisungsnormen des PartGG differenziert die Verweisung in Abs. 1 nicht näher zwischen den entsprechend anwendbaren und den von der Verweisung ausgenommenen Vorschriften des HGB. Dass die Verweisung auf die §§ 131 bis 144 HGB nicht umfassend gemeint ist, hat der Gesetzgeber vielmehr indirekt durch den Zusatz „soweit im Folgenden nichts anderes bestimmt ist" zum Ausdruck gebracht. Ihre rechtliche Tragweite erschließt sich daher erst durch Blick auf die **Sonderregelungen in Abs. 3 und 4.** Aus diesen folgt einerseits, dass die Vorschriften des § 139 HGB über die Fortsetzung der Gesellschaft mit den Erben nach Maßgabe von Abs. 4 nur eingeschränkt auf die PartG anwendbar sind. Andererseits bringt Abs. 3 einen partnerschaftsspezifischen, in § 131 Abs. 3 HGB nicht enthaltenen Ausscheidensgrund.

Die Verweisung in Abs. 1 wird ergänzt durch die subsidiäre Geltung des Rechts der GbR nach § 1 Abs. 4. Sie hat Bedeutung für die in **§§ 738 bis 740 BGB** geregelten, nach § 105 Abs. 3 HGB auch auf die OHG anwendbaren Rechtsfolgen des Ausscheidens eines Gesellschafters aus der von den übrigen Gesellschaftern fortgeführten OHG. Diese gelten nach § 1 Abs. 4 auch für das Ausscheiden aus einer Partnerschaft.

2. Die einzelnen Verweisungsbereiche. a) Auflösung der Partnerschaft. Die *Gründe* für die Auflösung einer Partnerschaft finden sich entsprechend der Verweisung des Abs. 1 in § 131 Abs. 1 HGB. Neben dem Zeitablauf (§ 131 Abs. 1 Nr. 1 HGB) und dem Auflösungsbeschluss der Partner (§ 131 Abs. 1 Nr. 2 HGB) als eher atypischen Gründen sind gesetzliche Auflösungsgründe vor allem die Eröffnung des Insolvenzverfahrens über das Vermögen der Partnerschaft (§ 131 Abs. 1 Nr. 3 HGB) sowie der Erlass eines Auflösungsurteils aus wichtigem Grund (§ 131 Abs. 1 Nr. 4 iVm. § 133 HGB). Kommt es aus einem dieser Gründe zur Auflösung, so regeln sich die *Liquidation* der Partnerschaft (vorbehaltlich der Folgen insolvenzbedingter Auflösung) und die Forthaftung der Partner nach den Vorschriften des § 10 iVm. §§ 145 ff., 159 HGB. Zur Auflösung einer *zweigliedrigen* Partnerschaft, freilich verbunden mit ihrer gleichzeitigen Beendigung, kommt es auch dann, wenn einer der beiden Partner nach § 9 Abs. 3 ausscheidet. An die Stelle der durch das HRefG gestrichenen Vorschrift des § 136 HGB über das fiktive Fortbestehen der Geschäftsführungsbefugnis bei Unkenntnis vom Auflösungseintritt ist diejenige des *§ 729 S. 1 BGB* getreten; sie ist nach § 1 Abs. 4 auch auf die PartG anwendbar.

b) Kündigung. Das Recht der **Partner** zur ordentlichen Kündigung einer auf *unbestimmte* Zeit eingegangenen Partnerschaft folgt aus der entsprechenden Anwendung des **§ 132 HGB.** Vorbehaltlich der Kündigungsfristen und -termine ist es nach der ergänzend eingreifenden Vorschrift des § 723 Abs. 3 BGB[2] zwingender Natur. Entsprechend anwendbar ist auch § 134 HGB betreffend die Kündigung einer für die Lebenszeit eines Partners eingegangenen oder nach Ablauf der vereinbarten Zeitdauer stillschweigend fortgesetzten

---

[1] Handelsrechtsreformgesetz vom 22. 6. 1998, BGBl. I S. 1474.
[2] Vgl. § 723 BGB RdNr. 74; *Hoffmann* in: *M/W/H/L/W* RdNr. 15; *Baumbach/Hopt* § 132 HGB RdNr. 1, 12; MünchKommHGB/*K. Schmidt* § 132 RdNr. 30; BGH NJW 2008, 1943, 1945 Tz. 13.

Partnerschaft. Insoweit kann die Kündigung nach Maßgabe von §§ 132, 134 HGB mit Sechsmonatsfrist für das Ende eines Geschäftsjahrs erfolgen. Schließlich tritt entsprechend **§ 133 HGB** an die Stelle des Rechts zur außerordentlichen Kündigung die Klage auf Auflösung der Partnerschaft aus wichtigem Grund, sofern der Partnerschaftsvertrag keine abweichende Regelung enthält, insbesondere die außerordentliche Kündigung statt der Auflösungsklage zulässt.[3] Zu den Rechtsfolgen der Kündigung, dh. dem Ausscheiden des kündigenden Partners, vgl. RdNr. 9 f.

Außer der Kündigung durch einen Partner lässt Abs. 1 iVm. **§ 135 HGB** auch die **8** Kündigung durch **Privatgläubiger** eines Partners zu, wenn sie bei ihm nach Maßgabe dieser Vorschrift trotz eines nicht bloß vorläufig vollstreckbaren Titels keine Befriedigung erlangen können. Dieses Kündigungsrecht leitet sich nicht von demjenigen der Partner ab, sondern ist eigenständiger Natur. Es greift daher auch dann ein, wenn für die Partner wegen der wirksamen Befristung des Partnerschaftsvertrags kein Kündigungsrecht besteht.[4] Ebenso wie die Kündigung durch einen Partner führt auch diejenige seitens eines Privatgläubigers nicht zur Auflösung der Partnerschaft, sondern zum Ausscheiden des betroffenen Partners mit der Folge, dass der Privatgläubiger sich aus dem von ihm gepfändeten, ihm zur Einziehung überwiesenen Abfindungsanspruch Befriedigung verschaffen kann (vgl. § 725 BGB RdNr. 21).

c) Sonstiges Ausscheiden eines Partners. Das Ausscheiden eines Partners regelt die **9** durch das HRefG 1998 neugefasste Vorschrift des **§ 131 Abs. 3 HGB** in inhaltlicher Übereinstimmung mit dem gleichzeitig aufgehobenen Abs. 2 (RdNr. 3). Gesetzliche *Ausscheidensgründe* sind außer der Kündigung (RdNr. 7 f.) auch der Tod eines Gesellschafters sowie die Eröffnung des Insolvenzverfahrens über sein Vermögen, wenn der Partnerschaftsvertrag nichts Abweichendes vorsieht. Einen weiteren Grund bildet das gegen einen Gesellschafter ergehende Ausschlussurteil nach **§ 140 HGB**. Für den *Zeitpunkt* des Ausscheidens maßgebend ist der jeweilige Zeitpunkt des Eintritts des betreffenden Ereignisses, dh. der Tod des Partners, der Zeitpunkt der Insolvenzeröffnung, der Termin für die Wirksamkeit der Kündigung des Partners bzw. seines Privatgläubigers sowie die Rechtskraft des Ausschlussurteils.

Kommt es aus einem der in RdNr. 7 bis 9 genannten Gründen zum Ausscheiden eines **10** Partners unter Fortbestand der Partnerschaft, so bestimmen sich die **Rechtsfolgen** nach § 1 Abs. 4 iVm. **§§ 738 bis 740 BGB**. Der Anteil des Ausgeschiedenen wächst den übrigen Partnern an. Sie setzen die Partnerschaft ohne ihn fort und sind ebenso wie die primär haftende PartG verpflichtet, ihn nach Maßgabe des § 738 Abs. 1 S. 2 BGB zum vollen Anteilswert abzufinden, soweit der Partnerschaftsvertrag keine abweichende Regelung enthält. Eine etwaige Nachschusspflicht des Ausscheidenden richtet sich nach § 739 BGB. Für beim Ausscheiden schwebende, dh. beiderseits noch nicht voll erfüllte Geschäfte (§ 740 BGB RdNr. 4) gilt die Sonderregelung des § 740 BGB, wenn sie in der Abfindungsvereinbarung nicht – wie meist – zugunsten einer am Ertrags- oder Buchwert orientierten Abfindung abbedungen ist (vgl. § 740 BGB RdNr. 3, 8). Zur begrenzten Nachhaftung des ausgeschiedenen Partners für die bei seinem Ausscheiden begründeten, ihn nach § 8 Abs. 1 und 2 treffenden Verbindlichkeiten der Partnerschaft vgl. § 10 Abs. 2 iVm. § 160 HGB.

War der **Name** des Ausgeschiedenen in den Namen der Partnerschaft aufgenommen **11** worden, so setzt dessen unveränderte Beibehaltung die ausdrückliche Einwilligung des Namensgebers oder seiner Erben nach § 2 Abs. 2 iVm. § 24 Abs. 2 HGB voraus; sie kann schon im Partnerschaftsvertrag oder im GbR-Vertrag als seinem Vorläufer erteilt werden.[5]

---

[3] *Seibert* Partnerschaft S. 46 f.; MünchHdbGesR I/*Salger* § 44 RdNr. 19; *K. Schmidt* NJW 1995, 1, 4.
[4] Vgl. nur *Staub/C. Schäfer* § 135 HGB Anm. 17; MünchKommHGB/*K. Schmidt* § 135 RdNr. 25.
[5] Begr. RegE, BT-Drucks. 12/6152 S. 12; *Kaiser* in: *Kaiser/Bellstedt*, Die Anwaltssozietät, RdNr. 162; *K. Schmidt* NJW 1995, 1, 5; vgl. auch § 2 RdNr. 20 und BGH NJW 2002, 2093.

12 Im Fall einer **zweigliedrigen** Partnerschaft tritt entsprechend dem Rechtsgedanken des § 142 aF HGB beim Ausscheiden eines Partners an die Stelle ihres Fortbestands die Übernahme des Geschäfts durch den einzig verbleibenden Partner.[6] Er hat den Ausgeschiedenen abzufinden.

13 d) **Vererbung.** Die Voraussetzungen für eine Vererbung des Anteils beim Tod eines Partners richten sich nach der Sonderreglung des Abs. 4. Sie modifiziert aus partnerschaftsspezifischen Gründen auch die Vorschrift des **§ 139 HGB** einschließlich der allgemeinen, zur Vererbung des OHG-Anteils entwickelten Grundsätze (vgl. näher RdNr. 24 ff.).

14 e) **Anmeldung von Auflösung und Ausscheiden.** Beide Arten einer Änderung der Rechtsverhältnisse der Partnerschaft sind entsprechend **§ 143 HGB** von sämtlichen Partnern, auch dem Ausgeschiedenen,[7] zur Eintragung in das Partnerschaftsregister anzumelden. Für das Ausscheiden eines Partners durch Tod gilt die Sonderreglung des § 143 Abs. 3 HGB entsprechend. Wegen des Anmeldeverfahrens ist auf die Erläuterungen zu §§ 4, 5 (RdNr. 7 ff.) zu verweisen.

15 f) **Fortsetzung einer aufgelösten Partnerschaft.** Die Möglichkeit der Fortsetzung einer durch Eröffnung des *Insolvenzverfahrens* über ihr Vermögen aufgelösten Partnerschaft regelt die nach Abs. 1 entsprechend anwendbare Vorschrift des **§ 144 HGB.** Hiervon abgesehen sind die Partner darin frei, jederzeit *einstimmig* die Fortsetzung einer aufgelösten, noch nicht vollbeendeten Partnerschaft zu beschließen, soweit dem nicht berufsrechtliche Gründe entgegenstehen. Der Partnerschaftsvertrag kann durch dahingehende ausdrückliche Regelung die Fortsetzung auch durch Mehrheitsbeschluss ermöglichen; eine allgemein gefasste Mehrheitsklausel reicht hierfür nicht aus.[8]

16 3. **Vertragliche Abweichungen.** Zum grundsätzlich dispositiven Charakter der in Abs. 1 genannten Verweisungsnormen vgl. schon RdNr. 2. Vorbehaltlich bestimmter zwingender Regelungen wie die Auflösung bei Insolvenz der GbR oder das Recht zur ordentlichen Kündigung unbefristeter Gesellschaften oder zur Erhebung einer Auflösungsklage aus wichtigem Grund (bzw. zur Geltendmachung eines vertraglich an ihrer Stelle vorgesehenen, vergleichbaren Rechtsbehelfs) gilt auch für die Auflösung der Gesellschaft und das Ausscheiden von Gesellschaftern der **Grundsatz der Vertragsfreiheit.** Partnerschaftsspezifische Besonderheiten sind insoweit nicht erkennbar.

17 Zu beachten sind freilich auch für die Partnerschaft diejenigen ungeschriebenen **Schranken,** die die höchstrichterliche Rechtsprechung nach allgemeinem Gesellschaftsrecht zum Schutze einzelner Gesellschafter entwickelt hat. Im Zusammenhang mit dem Ausscheiden und seinen Rechtsfolgen gilt das vor allem für die grundsätzliche Unwirksamkeit von sog. Hinauskündigungs-(Ausschluss-)klauseln ohne wichtigen Grund[9] sowie für übermäßige, nach § 138 BGB oder entsprechend § 723 Abs. 3 BGB unwirksame Abfindungsbeschränkungen.[10] Wegen der Einzelheiten ist auf die einschlägigen Kommentierungen zu verweisen (vgl. § 737 BGB RdNr. 17 ff., § 738 BGB RdNr. 41 ff.). Im Fall der **Abfindung** eines Partners ist dabei zu berücksichtigen, dass der für die Abfindung grundsätzlich maßgebende Ertragswert bei den *freiberuflich tätigen* Partnerschaften häufig in besonderem Maße vom persönlichen Einsatz der jeweiligen Partner abhängt. Das kann je nach Lage des Falles dazu führen, im Partnerschaftsvertrag Abfindungsbeschränkungen in weitergehendem Umfang als bei typischen Handelsgesellschaften mit ihrem stärker objektivierten Ertragswert zuzulassen (vgl. näher § 738 BGB RdNr. 66 ff.).

---

[6] Vgl. *Schlegelberger/K. Schmidt* § 142 HGB RdNr. 25 ff.; so für die PartG auch Begr. RegE, BT-Drucks. 12/6152 S. 19; *E/B/J/Seibert* RdNr. 4; zum Ganzen auch *K. Schmidt,* FS Frotz, 1993, S. 401 ff.

[7] BayObLG DB 1978, 1832; MünchKommHGB/*K. Schmidt* § 143 RdNr. 10; *Baumbach/Hopt* § 143 HGB RdNr. 3.

[8] MünchKommHGB/*K. Schmidt* § 144 RdNr. 8.

[9] St. Rspr. seit BGHZ 68, 212, 214 = NJW 1977, 1292; vgl. näher § 737 BGB RdNr. 17 ff.; *K. Schmidt* GesR § 50 III 3.

[10] Vgl. näher § 738 BGB RdNr. 41 ff.; *Schlegelberger/K. Schmidt* § 138 HGB RdNr. 60 ff.

III. Das Ausscheiden wegen Verlusts der Zulassung (Abs. 3)

1. Regelungsgrund. Der Regelungsgrund des Abs. 3 ist **partnerschaftsspezifischer** 18
Natur. Er knüpft an das in § 1 Abs. 1 S. 1 enthaltene Erfordernis an, wonach Gründungspartner nur Angehörige des oder der in der Partnerschaft vertretenen Freien Berufe sein können (vgl. § 1 RdNr. 24). Für den Fall des Verlusts der erforderlichen Zulassung des Partners zum Freien Beruf, dh. des endgültigen, formalisierten Wegfalls der Befähigung zur Berufsausübung, stellt Abs. 3 sicher, dass damit auch die Mitgliedschaft in der Partnerschaft erlischt. Die Regelung des Abs. 3 ist *zwingender* Natur; dispositiv sind nur die mit dem Ausscheiden verbundenen Rechtsfolgen (RdNr. 23). Für ihre entsprechende Anwendung im Fall eines *strafrechtlichen Berufsverbots* sprechen gute Gründe, wenn dieses nach § 70 Abs. 1 S. 2 StGB nicht befristet, sondern für immer angeordnet wird.

2. Sachlich begrenzter Anwendungsbereich. Abs. 3 gilt nur für Partnerschaften, 19
deren – verkammerte – Freie Berufe eine formelle **Zulassung** zur Berufsausübung voraussetzen. Das ist der Fall bei Ärzten, Zahnärzten, Tierärzten, Rechtsanwälten, Patentanwälten, Wirtschaftsprüfern, vereidigten Buchprüfern, Steuerberatern, Architekten, beratenden Ingenieuren und Lotsen (§ 1 RdNr. 43 f.).

Für **sonstige** Freie Berufe, die das Erfordernis einer besonderen Zulassung nicht kennen, 20
bleibt es im Fall dauernder Unfähigkeit zur Berufsausübung bei den allgemeinen Ausschließungsgründen, insbesondere dem *Ausschluss aus wichtigem Grund* entsprechend § 140 HGB oder kraft eines im Partnerschaftsvertrag zugelassenen Ausschließungsbeschlusses.[11] Über das Betreiben des Ausschlussverfahrens entscheiden die übrigen Partner. Kraft Berufsrechts kann sich deren **Verpflichtung zur Mitwirkung beim Ausschluss** des dauernd berufsunfähigen Partners ergeben. Auch laufen die übrigen Partner Gefahr, in den Grenzen von § 8 Abs. 2 in die Haftung für Schäden wegen fehlerhafter Berufsausübung zu geraten, wenn sie nicht verhindern, dass der berufsunfähige Partner sich trotz des Verlusts seiner Qualifikation an der Erbringung der Leistung beteiligt und dabei einen Fehler begeht. Schließlich kann die aktive Fortsetzung der Partnerschaft mit einem berufsunfähigen Partner auch Mitbewerbern die Möglichkeit eröffnen, gegen die Partnerschaft *Wettbewerbsklage* nach §§ 3, 8 Abs. 3 Nr. 1 UWG wegen unlauteren Vorsprungs durch Rechtsbruch zu erheben.

3. Verlust der Zulassung. Der Verlust der Zulassung richtet sich nach dem jeweils 21
einschlägigen Berufsrecht. Zum Ausscheiden führt er nur im Falle seiner **Endgültigkeit**.[12]
Hieran fehlt es nicht nur beim Verlust der (die Approbation unberührt lassenden) Kassenarztzulassung,[13] sondern auch im Falle der Rücknahme oder des Widerrufs der Zulassung durch die zuständige Berufskammer, solange der ordentliche Rechtsweg gegen deren Entscheidung noch nicht ausgeschöpft und der Verlust nicht unanfechtbar geworden ist. Das bloße *Ruhen* der Zulassung, etwa während der Übernahme eines öffentlichen Amtes, steht ihrem Verlust nicht gleich; es führt daher nicht zum automatischen Ausscheiden.[14] Auch der Eintritt der *Berufsunfähigkeit* bildet keinen gesetzlichen Ausscheidensgrund.[15] Je nach Lage des Falles können derartige Umstände jedoch für die übrigen Partner einen wichtigen Grund zur Erhebung der Ausschlussklage darstellen, wenn sie den Partner nicht nur vorübergehend hindern, den von ihm übernommenen Tätigkeitspflichten nachzukommen.

---

[11] *Henssler* RdNr. 41; *Krieger* MedR 1995, 96; MünchHdbGesR I/*Salger* § 44 RdNr. 26 (§ 9 Abs. 3 gilt nur für verkammerte Berufe).

[12] EinhM, vgl. Begr. RegE, BT-Drucks. 12/6152 S. 20; *Michalski/Römermann* RdNr. 23; *Hoffmann* in: M/W/H/L/W RdNr. 23; *Lenz* MDR 1994, 741, 744.

[13] *E/B/J/Seibert* RdNr. 5.

[14] Ganz hM, vgl. Begr. RegE, BT-Drucks. 12/6152 S. 20; *Henssler* RdNr. 38; *Michalski/Römermann* RdNr. 23; *Hoffmann* in: M/W/H/L/W RdNr. 24; *E/B/J/Seibert* RdNr. 5; *Knoll/Schüppen* DStR 1995, 608, 646, 649; MünchHdbGesR I/*Salger* § 44 RdNr. 28.

[15] So zutr. *E/B/J/Seibert* RdNr. 5.

22   Übt ein Partner in einer *interprofessionellen* Partnerschaft nach dem Inhalt des Partnerschaftsvertrags (§ 3 Abs. 2 Nr. 2) **zwei oder mehr Berufe** aus, so tritt die Rechtsfolge des Abs. 3 nur ein, wenn er für sämtliche dieser Berufe einer Zulassung bedarf und sie in allen ausgeübten Berufen endgültig verloren hat. Im Falle der gleichzeitigen Tätigkeit als Rechtsanwalt und Steuerberater lässt daher der Verlust einer der beiden Zulassungen die Zugehörigkeit zur Partnerschaft unberührt, solange die andere Zulassung fortbesteht. Zur Eintragung in das Partnerschaftsregister ist freilich jede Reduktion der in der Partnerschaft ausgeübten Berufe des betroffenen Partners nach Maßgabe von § 4 Abs. 1 S. 3 iVm. § 3 Abs. 2 Nr. 2 anzumelden.

23   **4. Rechtsfolgen.** Die Rechtsfolgen des automatischen Ausscheidens nach Abs. 3 entsprechen denjenigen im Fall des Ausscheidens aus einem der in Abs. 1 iVm. § 131 Abs. 3 HGB genannten Gründe (vgl. RdNr. 10 f.). Der **Partnerschaftsvertrag** kann die Rechtsfolgen des Ausscheidens unterschiedlich regeln, insbesondere für die Höhe der Abfindung je nach dem Grund des Ausscheidens differenzieren. Die Ausscheidensfolge als solche oder den Zeitpunkt ihres Eintritts kann er jedoch wegen der zwingenden Natur des Abs. 3 (RdNr. 18) nicht verändern.

IV. Die Anteilsvererbung (Abs. 4)

24   **1. Voraussetzungen.** Die auf den *Tod* eines Partners bezogenen Regelungen des § 9 Abs. 4 **unterscheiden sich vom OHG-Recht** in zweifacher Hinsicht. Zum einen kann die Vererblichkeit des Anteils eines Partners an der als werbende fortbestehenden Partnerschaft im Partnerschaftsvertrag nicht generell, sondern nur für taugliche Partner iS von § 1 Abs. 1 S. 1 angeordnet werden. Andererseits ist das Wahlrecht des Gesellschafter-Erben nach § 139 HGB eingeschränkt, da es dem Erben nach Abs. 4 S. 3 nur die Wahl zwischen dem Verbleiben in der Partnerschaft und dem Ausscheiden eröffnet; der Übertritt in die Kommanditistenstellung ist aus Gründen der freiberuflichen Rechtsform ausgeschlossen.[16]

25   Die **Vererblichkeit** des Anteils setzt nach Abs. 4 S. 2 eine entsprechende **Nachfolgeklausel** (RdNr. 27 ff.) im Partnerschaftsvertrag voraus. Sie kann sich nur auf solche Personen als Erben beziehen, die ihrerseits die berufliche Qualifikation für den Beitritt zur fraglichen Partnerschaft erfüllen. Das Abstellen in Abs. 4 S. 2 auf Personen, „die Partner iS des § 1 Abs. 1 und 2 sein können", ist missverständlich, weil es scheinbar jede Art freiberuflicher Qualifikation der als Partner-Erben in Betracht kommenden Personen genügen lässt. Berücksichtigt man allerdings die in § 3 Abs. 2 Nr. 3 verankerte Notwendigkeit, dass sich der *Gegenstand der Partnerschaft* im Partnerschaftsvertrag auf einen oder bestimmte Freie Berufe bezieht, so zeigt sich, dass als Erben nur solche Personen im Partnerschaftsvertrag zugelassen werden können, die ihrerseits die berufliche Qualifikation für zumindest *einen* der vom Gegenstand der Partnerschaft umfassten Freien Berufe besitzen.

26   Neben der Zulassung der Anteilsvererbung sind auch im Partnerschaftsvertrag **sonstige,** im allgemeinen Personengesellschaftsrecht anerkannte **Gestaltungen eines Gesellschafterwechsels im Todesfall** (vgl. § 727 BGB RdNr. 49 ff., 53 ff.) denkbar. In Betracht kommt einerseits die Begründung eines *rechtsgeschäftlichen Eintrittsrechts* für bestimmte oder bestimmbare, als Partner taugliche Erben oder Dritte im Sinne eines Vertrags zugunsten Dritter (§ 328 Abs. 1 BGB), wobei der Abfindungsanspruch der übergangenen Erben im Zweifel auflösend bedingt durch die Nichtausübung des Eintrittsrechts seitens des oder der Berechtigten ausgeschlossen ist, um den Anteil des verstorbenen Partners im wirtschaftlichen Ergebnis dem vom Eintrittsrecht Gebrauch machenden Partner zugute kommen zu lassen.[17] Denkbar ist andererseits auch eine rechtsgeschäftliche Abrede zwischen dem Partner und einem Dritten über die *Anteilsübertragung mit Wirkung auf den Tod des Partners*, wenn der

---

[16] Vgl. zum Ganzen auch *T. Heydn*, Die erbrechtliche Nachfolge in Anteile an Partnerschaftsgesellschaften, 1999; zur Vererbung des Anteils an einer Kassenarzt-PartG *Wertenbruch* MedR 1996, 485, 489 ff.

[17] § 727 BGB RdNr. 58 f.; Begr. RegE, BT-Drucks. 12/6152 S. 21; *Michalski/Römermann* RdNr. 31; MünchHdbGesR I/*Salger* § 44 RdNr. 2.

Partnerschaftsvertrag die Übertragung zulässt oder die übrigen Partner ihr zustimmen und wenn die Form des § 2301 Abs. 1 BGB gewahrt ist.

2. Erbrechtliche Gestaltungsmöglichkeiten. a) Überblick. Soll im Partnerschafts- 27 vertrag die Anteilsvererbung durch eine **Nachfolgeklausel** zugelassen werden, so kann dies auf unterschiedliche Weise geschehen. Denkbar ist zum einen die Vereinbarung einer sog. *einfachen* Nachfolgeklausel zugunsten aller derjenigen Erben des verstorbenen Partners, die die Qualifikation für zumindest einen der in der Partnerschaft ausgeübten Freien Berufe besitzen (RdNr. 28). Der Partnerschaftsvertrag kann die Vererbung aber auch durch eine *qualifizierte* Nachfolgeklausel auf bestimmte dieser tauglichen Erben beschränken (RdNr. 29). Fallen Nachfolgeregelung im Partnerschaftsvertrag und Erbeinsetzung seitens des verstorbenen Partners auseinander, indem etwa in einer Anwalts-Partnerschaft die Vererbung an Rechtsanwälte als Erben zugelassen ist, der verstorbene Partner jedoch unter Übergehung seiner als Rechtsanwältin tätigen Tochter testamentarisch seinen nicht über diese Qualifikation verfügenden Sohn zum Alleinerben eingesetzt hat, so kommt die **Umdeutung** der erbrechtlichen Nachfolgeklausel in ein rechtsgeschäftliches Eintrittsrecht (RdNr. 26) in Betracht (vgl. näher § 727 BGB RdNr. 49). Zur Auseinandersetzung unter mehreren Miterben eines Partners beim Übergang des Anteils auf nur einen von ihnen vgl. § 727 BGB RdNr. 45.

b) Einfache Nachfolgeklausel. Die einfache Nachfolgeklausel hat im *allgemeinen Per-* 28 *sonengesellschaftsrecht* die Funktion, den Anteil für sämtliche Erben des verstorbenen Gesellschafters vererblich zu stellen; sie überlässt diesem also mittels der Erbeinsetzung die Entscheidung über die an seine Stelle tretenden Gesellschafter-Erben (vgl. § 727 BGB RdNr. 29). Dementsprechend wird jeder Erbe in Höhe seiner Erbquote Nachfolger in den Anteil des verstorbenen Gesellschafters, ggf. verbunden mit den Rechten aus § 139 HGB. Im Fall der *Partnerschaft* reduziert sich allerdings die Vererbungsmöglichkeit nach Abs. 4 S. 2 auf diejenigen Personen, die nach ihrer *beruflichen Qualifikation* taugliche Partner sein können. Das können je nach Lage des Falles *mehrere oder sämtliche* der vom verstorbenen Partner letztwillig als Erben berufenen Personen sein. In diesem Sinn kann man also auch für den Partnerschaftsvertrag von einer „einfachen" Nachfolgeklausel sprechen. Besitzt nur ein Teil der Erben die berufliche Qualifikation, so geht der Anteil nicht nur entsprechend ihrer Erbquote, sondern in voller Höhe auf diese tauglichen Erben über.[18] Sie haben die beruflich nicht qualifizierten Erben im Rahmen der Erbauseinandersetzung entsprechend deren Erbquote abzufinden; ein Abfindungsanspruch dieser Erben gegen die Partnerschaft kommt aufgrund des vollen Anteilsübergangs auf die tauglichen Erben nicht zur Entstehung.

c) Qualifizierte Nachfolgeklausel. Bei dieser Art der Nachfolgeregelung im Gesell- 29 schaftsvertrag wird der erbrechtliche Anteilsübergang auf diejenigen Erben des verstorbenen Gesellschafters beschränkt, die bestimmte vertraglich festgelegte zusätzliche Anforderungen erfüllen (ältester Sohn; eheliche Abkömmlinge u. a.); nur für sie ist der Anteil vererblich gestellt (vgl. näher § 727 BGB RdNr. 29, 41 ff.). Auch eine derartige Regelung kann wirksam im Partnerschaftsvertrag getroffen werden, wenn die Anteilsvererbung nicht allen nach ihrer beruflichen Qualifikation tauglichen Erben offen stehen, sondern auf bestimmte von ihnen beschränkt sein soll. Vom Erfordernis beruflicher Qualifikation abgesehen, sind partnerschaftsspezifische Besonderheiten insoweit nicht zu beachten. Auf die für qualifizierte Nachfolgeklauseln allgemein geltenden Grundsätze (vgl. § 727 BGB RdNr. 41 ff.) kann verwiesen werden.

3. Wahlrecht entsprechend § 139 HGB. Nach Abs. 4 S. 3 findet auf den Nachfolger- 30 Erben eines Partners das im OHG-Recht geltende Wahlrecht nach § 139 HGB mit der Maßgabe Anwendung, dass dem oder den Nachfolger-Erben zwar das Wahlrecht nach § 139 Abs. 2 HGB zwischen dem Verbleiben in der Partnerschaft und dem **Austritt** zusteht, dass

---

[18] Begr. RegE, BT-Drucks. 12/6152 S. 21; *Hoffmann* in: *M/W/H/L/W* RdNr. 42; *Baumbach/Hopt* § 139 HGB RdNr. 17; vgl. allg. die st. Rspr. seit BGHZ 68, 225, 237 f. = NJW 1977, 1339; dazu § 727 BGB RdNr. 43 f.

sie von den übrigen Gesellschaftern jedoch abweichend von § 139 Abs. 1 HGB nicht den Rücktritt in die Kommanditistenstellung unter gleichzeitiger – nach § 1 Abs. 1 S. 2 ausgeschlossener – Umwandlung der Partnerschaft in eine KG verlangen können. Von dieser partnerschaftsspezifischen Besonderheit abgesehen, bewendet es bei den allgemein zu § 139 HGB anerkannten Grundsätzen. Das Wahlrecht steht *jedem* der Partner-Erben zur selbstständigen Ausübung zu und kann von ihnen daher auch in unterschiedlichem Sinn ausgeübt werden.[19] Seine Ausübung durch Austrittserklärung gegenüber den übrigen Partnern muss entsprechend § 139 Abs. 3 HGB innerhalb von drei Monaten nach Kenntniserlangung vom Anfall der Erbschaft erfolgen; Unkenntnis von der Vererbung der Mitgliedschaft hindert den Fristbeginn nicht.[20]

31 Die **Austrittserklärung** führt entsprechend § 139 Abs. 2 HGB zum Ausscheiden des Partner-Erben aus der Partnerschaft zu dem Zeitpunkt, in dem die Erklärung innerhalb der Dreimonatsfrist allen übrigen Partnern zugegangen ist. Sie hat die in § 139 Abs. 4 HGB bestimmte Folge, dass der ausscheidende Erbe trotz der vorübergehenden Mitgliedschaft in der Partnerschaft für deren Verbindlichkeiten abweichend von § 8 Abs. 1 iVm. § 130 HGB nur als *Erbe* haftet, dh. das Recht zur Berufung auf die beschränkte Erbenhaftung hat. Dagegen haftet er in vollem Umfang nach Maßgabe von § 8 und ist auch zur Beitragsleistung im Rahmen des den Gegenstand der Partnerschaft bildenden, von ihm ausgeübten Freien Berufs verpflichtet, wenn er sich entweder für das Verbleiben in der Partnerschaft entscheidet oder es versäumt, innerhalb der Dreimonatsfrist des § 139 Abs. 2 HGB wirksam seinen Austritt zu erklären.

V. Die rechtsgeschäftliche Anteilsübertragung

32 Die Möglichkeit rechtsgeschäftlicher Übertragung des Anteils an einer Partnerschaft ist ebenso wenig wie diejenige des Beitritts oder des rechtsgeschäftlichen Ausscheidens eines Partners im PartGG geregelt. Im Unterschied zum rechtsgeschäftlichen Ausscheiden oder Beitritt stellt sie als solche **keine Vertragsänderung** dar und unterliegt daher auch nicht der Schriftform des § 3 Abs. 1.[21] Wohl aber wird sie nach allgemeinen gesellschaftsrechtlichen Grundsätzen nur wirksam, wenn sie entweder im Partnerschaftsvertrag zugelassen ist oder wenn ihr sämtliche Partner – und zwar wegen § 3 Abs. 1 in schriftlicher Form – ad hoc zustimmen (vgl. § 719 BGB RdNr. 27). Die Verpflichtung der Partner, die mit der Anteilsübertragung verbundene Änderung des Mitgliederbestands und der Vertretungsbefugnis zur Eintragung in das Partnerschaftsregister anzumelden, folgt aus § 4 Abs. 1 S. 3 iVm. § 3 Abs. 2 Nr. 2.

33 **Partnerschaftsspezifische Besonderheiten** sind im Hinblick auf die Anteilsübertragung nur insoweit zu beachten, als auch der Anteilserwerber tauglicher Partner der jeweiligen Partnerschaft iS von § 1 Abs. 1 sein, dh. für mindestens einen der in der Partnerschaft vertretenen Freien Berufe die berufliche Qualifikation besitzen muss. Fehlt sie, so ist die Anteilsübertragung wegen Verstoßes gegen § 1 Abs. 1 S. 1 nach § 134 BGB nichtig,[22] es sei denn, dass die Zustimmung der übrigen Partner zu ihr ausnahmsweise als deren Einverständnis mit dem gleichzeitigen Rechtsformwechsel von der Partnerschaft in eine GbR zu qualifizieren ist. Mit besonderen **berufsrechtlichen** Schranken gegenüber der Anteilsübertragung ist jedenfalls dann nicht zu rechnen, wenn der Anteilserwerber zum Kreis der in der Partnerschaft vertretenen Freiberufler gehört und sich schon deshalb mit seinem Beitritt keine Änderung des Gegenstands der Partnerschaft verbindet.

---

[19] EinhM, vgl. BGH NJW 1971, 1268 f.; MünchKommHGB/*K. Schmidt* § 139 RdNr. 68; *Baumbach/Hopt* § 139 HGB RdNr. 37; *Heymann/Emmerich* § 139 HGB RdNr. 36.
[20] *Staub/C. Schäfer* § 139 HGB RdNr. 90; MünchKommHGB/*K. Schmidt* § 139 RdNr. 89.
[21] *Henssler* RdNr. 106; *Hoffmann* in: *M/W/H/L/W* RdNr. 56 (nur Zustimmung der Mitgesellschafter bedarf Schriftform); aA *Feddersen/Meyer-Landrut* RdNr. 12.
[22] So auch Begr. RegE, BT-Drucks. 12/6152 S. 21; dem folgend *Henssler* RdNr. 105; *Knoll/Schüppen* DStR 1995, 649.

§ 10 Liquidation der Partnerschaft; Nachhaftung

(1) Für die Liquidation der Partnerschaft sind die Vorschriften über die Liquidation der offenen Handelsgesellschaft entsprechend anwendbar.

(2) Nach der Auflösung der Partnerschaft oder nach dem Ausscheiden des Partners bestimmt sich die Haftung der Partner aus Verbindlichkeiten der Partnerschaft nach den §§ 159, 160 des Handelsgesetzbuchs.

Übersicht

	RdNr.		RdNr.
I. Normzweck	1, 2	d) Anmeldung des Erlöschens; Geschäftsbücher	13, 14
II. Die Liquidation der Partnerschaft (Abs. 1)	3–16	3. Berufsrecht	15, 16
1. Notwendigkeit der Abwicklung	3, 4	III. Haftung der Partner nach Auflösung oder Ausscheiden (Abs. 2)	17–19
2. Die einzelnen Regelungsbereiche	5–16	1. Die Sonderverjährung nach Auflösung	17
a) Liquidatoren	5–9	2. Die begrenzte Nachhaftung ausgeschiedener Partner	18, 19
b) Berechnung und Verteilung des Liquidationsergebnisses	10, 11		
c) Rechtsverhältnisse zwischen den Partnern	12		

I. Normzweck

Die Norm regelt in **Abs. 1** die **Rechtsverhältnisse der aufgelösten Partnerschaft**. 1 Durch Verweisung auf die Vorschriften der §§ 145 bis 158 HGB betreffend die Liquidation der OHG sieht sie vor, dass beim Fehlen von Vereinbarungen über eine andere Art der Auseinandersetzung anstelle der Liquidation (§ 158 HGB) das Partnerschaftsvermögen zu liquidieren und der verbleibende Rest, nachdem die Gläubiger befriedigt und die schwebenden Geschäfte beendet sind, unter die Partner zu verteilen ist. Berufsrechtlichen Regelungen für die Abwicklung einer Freiberufler-Praxis (vgl. RdNr. 15 f.) kommt nach § 1 Abs. 3 Vorrang gegenüber dem OHG-Recht auch in der Liquidationsphase der Partnerschaft zu.

Abs. 2 übernimmt mit der Verweisung auf §§ 159, 160 HGB für die Partnerschaft das 2 durch das Nachhaftungsbegrenzungsgesetz vom 18. 3. 1994[1] novellierte Sonderrecht über die **Verjährung** der Gesellschaftsverbindlichkeiten nach § 159 HGB bei Auflösung der Gesellschaft und über die **begrenzte Nachhaftung** des aus einer fortbestehenden Gesellschaft ausscheidenden Gesellschafters nach § 160 HGB. Bedeutung kommt vor allem der Neuregelung des § 160 HGB zu; mit der Begrenzung der Nachhaftung auf fünf Jahre sorgt sie dafür, dass der Ausgeschiedene nicht länger Gefahr läuft, für Verbindlichkeiten aus Dauerschuldverhältnissen einer praktisch unbefristeten Forthaftung zu unterliegen.

II. Die Liquidation der Partnerschaft (Abs. 1)

1. Notwendigkeit der Abwicklung. Als rechtsfähige Gesellschaft mit eigenem Gesamt- 3 handsvermögen (Rechten und Verbindlichkeiten) erlischt die Partnerschaft im Regelfall nicht bereits durch ihre Auflösung nach Maßgabe von § 9 Abs. 1 iVm. § 131 Abs. 1 HGB. Vielmehr besteht sie als aufgelöster Verband fort, solange sie noch über **liquidationsfähiges Vermögen** verfügt. Nach gesetzlicher Regel (§ 149 HGB) ist es Aufgabe der hierzu bestellten Liquidatoren, zum Zwecke der Liquidation für die Beendigung der laufenden Geschäfte, den Einzug der Forderungen, die Umsetzung des übrigen Vermögens in Geld und die Befriedigung der Gläubiger zu sorgen. Das danach verbleibende, regelmäßig in Geld bestehende Vermögen ist entsprechend § 155 HGB unter die Partner zu verteilen.

Ausnahmen vom Regelfall der Liquidation einer aufgelösten Partnerschaft entsprechend 4 den Regeln der §§ 145 ff. HGB kommen aus unterschiedlichen Gründen in Betracht. So

---

[1] BGBl. 1994 I S. 560; näher § 736 BGB RdNr. 21 ff.

tritt im Fall der Auflösung durch Eröffnung des Insolvenzverfahrens über das Partnerschaftsvermögen (§ 131 Abs. 1 Nr. 3 HGB) an die Stelle der Abwicklung durch von den Gesellschaftern bestellte Liquidatoren das besonders geregelte **Insolvenzverfahren**; für eine Liquidation entsprechend §§ 145 ff. HGB oder für die Fortsetzung der Partnerschaft entsprechend § 144 HGB ist nur Raum, wenn nach dessen Beendigung noch verteilungsfähiges Vermögen der Partnerschaft verbleibt. Bei Auflösung der Partnerschaft durch **Ausscheiden des vorletzten Partners** (§ 9 RdNr. 6) geht das Partnerschaftsvermögen im Wege der Gesamtrechtsnachfolge auf den zuletzt verbleibenden Partner über (§ 730 BGB RdNr. 81); eine Liquidation ist entbehrlich. Schließlich können die Partner entsprechend § 158 HGB im Partnerschaftsvertrag oder durch einstimmigen Beschluss anstelle der Liquidation eine **andere Art der Auseinandersetzung** vorsehen. Neben dem bloßen Aufschieben der Liquidation kann sie in der Einräumung eines Übernahmerechts an einen der Partner, in der Einbringung des Partnerschaftsvermögens in eine juristische Person im Wege der Umwandlung (vgl. § 1 RdNr. 27) oder in der Naturalteilung bestehen.[2] In allen diesen Fällen kommt es nicht zur entsprechenden Anwendung der §§ 145 ff. HGB.

5 **2. Die einzelnen Regelungsbereiche. a) Liquidatoren.** Der Kreis potentieller Liquidatoren ist in § 146 Abs. 1 S. 1 HGB umschrieben. Danach erfolgt die Liquidation **grundsätzlich durch sämtliche Partner** als Liquidatoren, denen entsprechend § 150 Abs. 1 HGB Gesamtvertretungsmacht zusteht. Die Partner können die Liquidation jedoch abweichend hiervon durch – in der Regel einstimmigen – Beschluss oder durch den Partnerschaftsvertrag *einzelnen Partnern* oder stattdessen *anderen Personen* übertragen. Der Grundsatz der Selbstorganschaft (§ 709 BGB RdNr. 5) findet auf aufgelöste Personengesellschaften einschließlich der Partnerschaft keine Anwendung.[3] Zur Nichtgeltung von § 6 Abs. 2 vgl. RdNr. 12, zur Frage *berufsrechtlicher* Anforderungen an die Auswahl der Liquidatoren im Fall der Liquidation einer Partnerschaft vgl. RdNr. 15 f.

6 **Bestellung und Abberufung** der Liquidatoren richten sich nach §§ 146, 147 HGB. Die *Bestellung* ist grundsätzlich Sache der Partner (§ 146 Abs. 1 S. 1 HGB). Auf Antrag eines Beteiligten erfolgt sie jedoch entsprechend § 146 Abs. 2 HGB bei Vorliegen eines wichtigen Grundes durch das für FG-Sachen zuständige Amtsgericht (§§ 125 Abs. 1, 145 FGG (künftig gilt die differenzierte Zuständigkeitsregelung der §§ 375 bis 377 FamFG;) am Sitz der Partnerschaft. Den wichtigen Grund bildet die Handlungsunfähigkeit der aufgelösten Partnerschaft, sei es wegen Unfähigkeit oder Abberufung vorhandener Liquidatoren ohne einvernehmliche Bestellung von Nachfolgern, sei es wegen gegenseitiger Blockierung bestellter Liquidatoren oder ihrer auf sonstigen Gründen beruhenden Behinderung.[4] Entsprechendes wie für die Bestellung gilt nach § 147 HGB für die *Abberufung*. Auch sie kann auf Antrag eines Beteiligten beim Vorliegen eines wichtigen Grundes durch das Gericht erfolgen, wenn die Partner die erforderliche Abberufung nicht einvernehmlich beschließen.

7 Die **Anmeldung** der Liquidatoren zur Eintragung ins Partnerschaftsregister und diejenige späterer Änderungen in der Person der Liquidatoren oder in ihrer Vertretungsmacht ist entsprechend § 148 Abs. 1 S. 1 und 2 HGB *von sämtlichen Partnern* zu bewirken; es gelten die allgemeinen Grundsätze (§§ 4, 5 RdNr. 7). Abweichend hiervon wird die Eintragung *gerichtlich* bestellter Liquidatoren sowie diejenige der gerichtlichen Abberufung entsprechend § 148 Abs. 2 HGB *von Amts wegen* bewirkt. Die Liquidatoren haben, auch wenn sie nicht zu den anmeldepflichtigen Partnern gehören, entsprechend § 148 Abs. 3 HGB ihre Unter-

---

[2] Vgl. dazu auch *Henssler* RdNr. 32 ff.; *Hoffmann* in: *M/W/H/L/W* RdNr. 10.
[3] So für die PartG Begr. RegE, BT-Drucks. 12/6152 S. 21; *Michalski/Römermann* RdNr. 4; für das OHG-Recht auch *Staub/Habersack* § 146 HGB RdNr. 6; *Heymann/Sonnenschein/Weitemeyer* § 146 HGB RdNr. 9; *Flume*, Die Personengesellschaft, AT I/1, § 14 VIII, S. 241; für modifizierte Selbstorganschaft aber MünchKommHGB/*K. Schmidt* § 146 RdNr. 2, 3; *ders.* ZHR 153 (1989), 270, 287.
[4] OLG Köln BB 1989, 1432 (fehlende Unparteilichkeit); OLG Hamm BB 1960, 918 (Unredlichkeit, Unfähigkeit) und 1355 (Gefährdung des Abwicklungszwecks); OLG Hamm BB 1958, 497 (erhebliche Benachteiligung von Belangen der Gesellschaft); zur Kasuistik iE vgl. *Staub/Habersack* § 146 HGB RdNr. 33 f.; MünchKommHGB/*K. Schmidt* § 146 RdNr. 31.

schrift unter Angabe des Namens der Partnerschaft zur Aufbewahrung beim Registergericht zu zeichnen.

Die **Rechte und Pflichten** der Liquidatoren sind in den §§ 149 bis 153 HGB geregelt. Von diesen Vorschriften umschreibt § 149 HGB die typischen mit der Liquidation verbundenen *Aufgaben* (vgl. RdNr. 3). Er stellt zugleich klar, dass die Liquidatoren zur Beendigung schwebender Geschäfte im Rahmen ihrer Geschäftsführungsbefugnis auch *neue Geschäfte* eingehen dürfen.[5] Das gilt auch für freiberufliche Aktivitäten einer aufgelösten Partnerschaft, sofern mit der Auflösung weder der Verlust der Zulassung der Partner oder der Anerkennung der Partnerschaft verbunden ist noch sonstige berufsrechtliche Schranken der Fortsetzung der Geschäftstätigkeit durch die aufgelöste Partnerschaft entgegenstehen. Nach außen ist die Vertretungsmacht der Liquidatoren ohnehin unbegrenzt (str., vgl. RdNr. 9). Entsprechend § 152 HGB sind die Liquidatoren einschließlich der vom Gericht bestellten an die *Weisungen* gebunden, die die Partner in Bezug auf Geschäftsführungsangelegenheiten einstimmig beschließen. Die Bindung hat in erster Linie Bedeutung für als Liquidatoren tätige, nicht stimmberechtigte *andere* Personen. Demgegenüber können Partner als Liquidatoren durch ihre Gegenstimme eine Fremdbestimmung durch Weisung verhindern, wenn nicht im Einzelfall ein Stimmrechtsausschluss wegen Interessenkollision eingreift.

Für die **Vertretungsmacht** der Liquidatoren gilt entsprechend § 150 Abs. 1 HGB *Gesamt*vertretungsbefugnis, wenn nicht im Partnerschaftsvertrag, durch Beschluss der Partner oder gerichtliche Anordnung (§ 146 Abs. 2 HGB) *Einzel*vertretungsbefugnis vorgesehen ist. Die Vorschrift des § 150 Abs. 2 HGB über die Ermächtigung einzelner Partner zur Vornahme bestimmter Geschäfte und über die Passivvertretung der Partnerschaft entspricht § 125 Abs. 2 HGB. Der **Umfang** der Vertretungsmacht ist entsprechend § 151 HGB wie bei der werbenden Partnerschaft (§ 7 Abs. 3 iVm. § 126 Abs. 2 HGB) unbeschränkt und unbeschränkbar.[6] Der gegenteiligen Ansicht, die eine derartige Beschränkung aus § 149 S. 2 HGB ableiten will,[7] ist nicht zu folgen; gegen eindeutige Überschreitungen der Liquidatorenbefugnisse hilft der Vorbehalt des Missbrauchs der Vertretungsmacht.[8] Für die *Zeichnung der Unterschrift* gilt § 153 HGB; danach ist dem Namen der Partnerschaft außer dem Rechtsformzusatz auch ein Liquidationszusatz („i. L.", „i. A." o. Ä.) beizufügen.

b) Berechnung und Verteilung des Liquidationsergebnisses. Entsprechend § 154 HGB haben die Liquidatoren zu *Beginn* der Liquidation und bei deren *Beendigung* je eine **Liquidationsbilanz** zu erstellen. Das gilt trotz Nichtverweisung auf § 120 HGB in § 6 Abs. 3 auch für die Partnerschaft,[9] da beide Bilanzen für die Berechnung des zur Verteilung nach § 155 Abs. 1 HGB anstehenden Liquidationsergebnisses und des Ausgleichs etwaiger Fehlbeträge durch die Partner unverzichtbar sind.[10] Die Gegenansicht, die sich mit einer

---

[5] *Staub/Habersack* § 149 HGB RdNr. 15 f.; MünchKommHGB/*K. Schmidt* § 149 RdNr. 12 f.; *Baumbach/Hopt* § 149 HGB RdNr. 6; so auch *Michalski/Römermann* RdNr. 5.

[6] Ebenso *Staub/Habersack* § 149 HGB RdNr. 45 f.; MünchKommHGB/*K. Schmidt* § 149 RdNr. 51 f. und § 151 RdNr. 5 ff.; *K. Schmidt* AcP 174 (1974), 55 ff.; MünchHdbGesR I/*Salger* § 44 RdNr. 11; für die PartG auch Begr. RegE, BT-Drucks. 12/6152 S. 22; *Hoffmann* in: *M/W/H/L/W* RdNr. 29; *Lenz* MDR 1994, 741, 744, Fn. 5. Gegenansichten vgl. in Fn. 7.

[7] Für grds. Beschränkung der Vertretungsmacht der Liquidatoren auf den (teilweise weit verstandenen) Liquidationszweck RGZ 44, 80, 82; 146, 376, 378 (für den Verein); BGH NJW 1984, 982, 983; *Hueck* OHG § 32 IV 5 b; *Baumbach/Hopt* § 149 HGB RdNr. 7; *Heymann/Sonnenschein/Weitemeyer* § 149 HGB RdNr. 12.

[8] So auch *Staub/Habersack* § 149 HGB RdNr. 47; MünchKommHGB/*K. Schmidt* § 149 RdNr. 52 und § 151 RdNr. 5 ff.; *K. Schmidt* ZHR 153 (1989), 270, 291 f.

[9] Str., wie hier *Henssler* RdNr. 17; *E/B/J/Seibert* RdNr. 1; aA die hM zur PartG, vgl. *Michalski/Römermann* RdNr. 10; *Hoffmann* in: *M/W/H/L/W* RdNr. 2; *Feddersen/Meyer-Landrut* RdNr. 3; MünchHdbGesR I/*Salger* § 44 RdNr. 7.

[10] So unter zutr. Unterscheidung zwischen interner (den Gesellschaftern geschuldeter) und externer, allg. Bilanzrecht folgender Rechnungslegung auch MünchKommHGB/*K. Schmidt* § 154 RdNr. 3 ff.; *Staub/Habersack* § 154 HGB RdNr. 8 f., 11 f.

Schlussbilanz begnügen, auf die Eröffnungsbilanz aber verzichten will,[11] verkennt, dass eine isolierte Schlussbilanz die von ihr erwartete Funktion, das Liquidationsergebnis auszuweisen, mangels Bezugsmöglichkeit auf die Eröffnungsbilanz nicht leisten kann.

11 Die **Verteilung** des Liquidationsergebnisses richtet sich nach § 155 HGB sowie beim Auftreten etwaiger Fehlbeträge in der Schlussbilanz nach § 1 Abs. 4 iVm. § 735 BGB. Der Überschuss ist entsprechend § 155 Abs. 1 HGB nach dem Verhältnis der aus der Schlussbilanz ersichtlichen *Kapitalanteile* zu verteilen; für die Aufteilung von Fehlbeträgen gilt nach § 735 BGB der Verlustverteilungsschlüssel. Für die Zwecke der Liquidation entbehrliches, weder für nicht fällige noch für streitige Verbindlichkeiten erforderliches Geld ist entsprechend § 155 Abs. 2 HGB vorläufig zu verteilen. Bei Meinungsverschiedenheiten über die geplante Verteilung des restlichen Gesellschaftsvermögens haben die Liquidatoren die Verteilung entsprechend § 155 Abs. 3 HGB auszusetzen, um den Partnern Gelegenheit zu geben, den Streit unter sich im Klagewege vor dem Prozessgericht auszufechten.

12 **c) Rechtsverhältnisse zwischen den Partnern.** Für die Rechtsverhältnisse der Liquidationsgesellschaft nach innen und außen verweist § 156 HGB auf die Regelungen der §§ 109 bis 130 HGB, soweit sich nicht aus den Liquidationsvorschriften oder dem Zweck der Liquidation Abweichendes ergibt. Für die Partnerschaft treten an die Stelle der OHG-Vorschriften in erster Linie diejenigen der §§ 6 bis 8. Allerdings werden die Vorschriften über die Geschäftsführung und Vertretung der werbenden Partnerschaft durch die Liquidationsvorschriften der §§ 149 bis 152 HGB *verdrängt*. Das hat Bedeutung nicht zuletzt für die partnerschaftsspezifische Gewährleistung des Geschäftsführungsrechts sämtlicher Partner im freiberuflichen Bereich nach Maßgabe von § 6 Abs. 2 (§ 6 RdNr. 13 ff.); sie greift im Liquidationsstadium der Partnerschaft nicht ein.[12] Anwendbar aus dem Recht der werbenden Partnerschaft bleiben daher in erster Linie die Vorschriften über Aufwendungsersatz und Verzinsung (§§ 110, 111 HGB), über die Kontrollrechte (§ 118 HGB) sowie über die Beschlussfassung der Partner (§ 119 HGB), während für die Anwendung des Wettbewerbsverbots (§§ 112, 113 HGB) angesichts des auf Auflösung gerichteten Zwecks der Partnerschaft i. L. allenfalls noch vorübergehend Raum ist.[13]

13 **d) Anmeldung des Erlöschens; Geschäftsbücher.** Die Einziehung und Verteilung des restlichen Aktivvermögens der Partnerschaft führt zu deren *Vollbeendigung,* auch wenn noch ungedeckte Verbindlichkeiten offen stehen;[14] für diese dauert die Haftung der Partner vorbehaltlich der Sonderverjährung des § 159 HGB fort. Mit der Vollbeendigung hört die Partnerschaft auf zu bestehen, ihr Name erlischt. Dementsprechend ordnet § 10 Abs. 1 iVm. § 157 Abs. 1 HGB an, dass das **Erlöschen des Namens** der Partnerschaft zur Eintragung in das Partnerschaftsregister anzumelden ist. Zur Anmeldung verpflichtet sind abweichend von § 4 Abs. 1 S. 1 iVm. § 108 HGB nicht die Partner, sondern entsprechend § 157 Abs. 1 HGB die – von jenen uU personenverschiedenen – Liquidatoren, wobei sämtliche Liquidatoren mitzuwirken haben.[15] Ggf. sind sie hierzu nach § 5 Abs. 2 iVm. § 14 HGB durch Zwangsgeld anzuhalten. Die Eintragung hat deklaratorischen Charakter; erfolgt sie nicht rechtzeitig, so können sich Haftungsfolgen für die Beteiligten aus § 15 Abs. 1 HGB ergeben.

14 Die **Geschäftsbücher** (Bücher und Papiere) der beendeten Partnerschaft sind entsprechend § 157 Abs. 2 HGB einem Gesellschafter oder einem Dritten in Verwahrung zu

---

[11] So die früher hM zu § 154 HGB, vgl. *Hueck* OHG § 32 VI 2; *Sudhoff* NJW 1957, 731 ff.; ebenso *Hoffmann* in: *M/W/H/L/W* RdNr. 2, 33; *Michalski/Römermann* RdNr. 10.
[12] AA Begr. RegE, BT-Drucks. 6/6152 S. 22; *Michalski/Römermann* RdNr. 8.
[13] Dazu auch *Meilicke* in: *M/W/H/L/W* § 6 RdNr. 58 (mit Verweis auf den Streitstand zur OHG).
[14] *Staub/Habersack* § 157 HGB RdNr. 6; *Heymann/Sonnenschein/Weitemeyer* § 157 HGB RdNr. 2; MünchHdbGesR I/*Salger* § 44 RdNr. 14; diff. MünchKommHGB/*K. Schmidt* § 157 HGB RdNr. 9 und *Baumbach/Hopt* § 157 HGB RdNr. 1 (die verlangen, dass keine offenen Forderungen gegen Gesellschafter und Liquidatoren mehr bestehen).
[15] EinhM, vgl. *Michalski/Römermann* RdNr. 11; *Henssler* RdNr. 29; *Hoffmann* in: *M/W/H/L/W* RdNr. 35; so auch *Staub/Habersack* § 157 HGB RdNr. 8; MünchKommHGB/*K. Schmidt* § 157 HGB RdNr. 11.

geben und von ihm während der gesetzlichen Fristen des § 257 Abs. 4 HGB aufzubewahren. Können sich die Beteiligten nicht auf die Person des Verwahrers verständigen, so wird dieser durch das FG-Gericht am Sitz der Partnerschaft bestimmt. Das Recht der Partner und deren Erben auf Einsicht und Benutzung der Bücher und Papiere folgt aus § 157 Abs. 3 HGB. Es unterliegt den *berufsrechtlichen,* auf der Schweigepflicht bestimmter Freiberufler beruhenden Einschränkungen, soweit nicht von einer Einwilligung der Mandanten in die innerpartnerschaftliche Aufhebung der Schweigepflicht ausgegangen werden kann (vgl. § 6 RdNr. 34 f.).

3. Berufsrecht. Zu den Aufgaben der Liquidatoren gehört entsprechend § 149 HGB die Beendigung schwebender Geschäfte; in Verbindung damit dürfen die Liquidatoren auch neue Geschäfte eingehen (RdNr. 8). Daraus folgt aus berufsrechtlichen Gründen die Notwendigkeit, dass die **Liquidatoren** die **Fähigkeit zur Ausübung der** in der Partnerschaft vertretenen **Freien Berufe** besitzen und über die ggf. erforderliche Zulassung verfügen müssen. Das ist regelmäßig gewährleistet, wenn entweder sämtliche oder doch einzelne *Partner* zu Liquidatoren bestellt sind.[16] Aber auch in den Fällen *gekorener* Liquidatoren aus dem Kreis anderer Personen als der Partner müssen diese oder ersatzweise das Gericht bei ihrem Vorgehen entsprechend § 146 Abs. 1 oder 2 HGB sicherstellen, dass die von ihnen bestellten Liquidatoren über die nach Berufsrecht erforderliche Qualifikation verfügen. Ein Verstoß hiergegen kann zur Unwirksamkeit der Bestellung führen.[17] Zur Nichtgeltung von § 6 Abs. 2 im Liquidationsstadium vgl. RdNr. 12.

Über diese allgemeinen Grundsätze hinausgehend finden sich in einigen Berufsordnungen **spezielle Regelungen** für den Fall der Abwicklung einer freiberuflichen Praxis. So sieht § 55 Abs. 1 BRAO vor, dass die Landesjustizverwaltung einen *Rechtsanwalt* oder eine andere Person mit Befähigung zum Richteramt als Abwickler der Kanzlei eines verstorbenen Einzelanwalts bestellen kann; die Vorschrift ist auf den Fall der Abwicklung einer RA-Sozietät ohne Beteiligung von Rechtsanwälten als geborene oder gekorene Liquidatoren entsprechend anzuwenden. Nach §§ 54 Abs. 3 und 4 iVm. § 70 Abs. 1 S. 1 StBerG kann die Steuerberaterkammer einen *Steuerberater* oder Steuerbevollmächtigten zum „Abwickler" für die Beendigung der schwebenden Geschäfte einer aufgelösten Steuerberatungs-Gesellschaft bestellen, wenn die Liquidatoren als die gesetzlichen Vertreter der aufgelösten Partnerschaft insoweit keine hinreichende Gewähr zur ordnungsmäßigen Abwicklung bieten.

III. Haftung der Partner nach Auflösung oder Ausscheiden (Abs. 2)

1. Die Sonderverjährung nach Auflösung. Die gesamtschuldnerische Haftung der Partner nach § 8 Abs. 1 einschließlich ihrer personellen Beschränkung nach § 8 Abs. 2 für Ansprüche von Auftraggebern aus Bearbeitungsfehlern erfährt durch die Auflösung der Partnerschaft keine Veränderung. Die Partner können im Regelfall davon ausgehen, dass im Zuge der Liquidation der Partnerschaft deren Gläubiger durch die Liquidatoren befriedigt werden. Um gleichwohl die Haftungsrisiken der Partner nach Auflösung der Partnerschaft in Grenzen zu halten, verweist § 10 Abs. 2 auf die Vorschrift des § 159 HGB betreffend die **fünfjährige Sonderverjährung** der – nicht nach anderen Vorschriften einer kürzeren Verjährung unterliegenden – Ansprüche gegen die Gesellschafter einer aufgelösten OHG aus Verbindlichkeiten dieser Gesellschaft. Die Frist beginnt entsprechend § 159 Abs. 2, 3 HGB mit der Eintragung der Auflösung im Partnerschaftsregister oder mit dem etwaigen späteren Fälligkeitsdatum solcher Ansprüche. Unterbrechungshandlungen der Gläubiger gegenüber der Partnerschaft wirken entsprechend § 159 Abs. 4 HGB auch gegenüber den Partnern, die ihr bei Auflösung angehört haben.

---

[16] Zum Sonderfall der Liquidation einer interprofessionellen Partnerschaft und der insoweit benötigten Mehrfachkompetenz vgl. *Henssler* RdNr. 10.
[17] Begr. RegE, BT-Drucks. 12/6152 S. 22; wohl auch *Michalski/Römermann* RdNr. 5.

§ 11 PartGG

18 **2. Die begrenzte Nachhaftung ausgeschiedener Partner.** Das Ausscheiden eines Partners aus der von den übrigen als werbende fortgeführten Partnerschaft lässt dessen gesamtschuldnerische **Haftung** für die beim Ausscheiden begründeten Verbindlichkeiten der Partnerschaft fortbestehen. Zwar folgt aus § 1 Abs. 4 iVm. § 738 Abs. 1 BGB eine Pflicht der übrigen Partner, den Ausgeschiedenen von den gemeinschaftlichen Verbindlichkeiten zu befreien oder ihm Sicherheit zu leisten. Sie ist jedoch wenig praktikabel und wird in aller Regel abbedungen (§ 738 BGB RdNr. 12). *Problematisch* ist die Forthaftung für den Ausgeschiedenen vor allem insoweit, als es um nachträglich fällig werdende Ansprüche aus bei seinem Ausscheiden bestehenden Dauerschuldverhältnissen geht, für die ihn ohne eine Sonderregelung nach Art des § 160 HGB stets erneut die Haftung treffen würde (vgl. näher § 736 BGB RdNr. 7, 21 ff.).

19 Dieser Situation trägt die **Neufassung des § 160 Abs. 1 HGB** aus dem Jahr 1994 Rechnung. Sie begrenzt die Haftung des Ausgeschiedenen aus § 8 Abs. 1 für bei seinem Ausscheiden begründete Verbindlichkeiten der Partnerschaft grundsätzlich auf den Zeitraum von fünf Jahren nach Eintragung seines Ausscheidens mit der Folge, dass hinsichtlich später fällig werdender Ansprüche Enthaftung eintritt. Gleiches gilt für Ansprüche, die innerhalb der Fünfjahresfrist fällig werden, sofern sie nicht vor Fristablauf vom Gläubiger gegen den ausgeschiedenen Partner gerichtlich geltend gemacht oder entsprechend § 160 Abs. 2 HGB von ihm schriftlich anerkannt worden sind. Wegen der Einzelheiten der Nachhaftungsregelung vgl. die Erläuterungen zu § 736 Abs. 2 BGB. Partnerschaftsspezifische Besonderheiten bestehen nicht.

§ 11 Übergangsvorschriften

(1) ¹Den Zusatz „Partnerschaft" oder „und Partner" dürfen nur Partnerschaften nach diesem Gesetz führen. ²Gesellschaften, die eine solche Bezeichnung bei Inkrafttreten dieses Gesetzes in ihrem Namen führen, ohne Partnerschaft im Sinne dieses Gesetzes zu sein, dürfen diese Bezeichnung noch bis zum Ablauf von zwei Jahren nach Inkrafttreten dieses Gesetzes weiterverwenden. ³Nach Ablauf dieser Frist dürfen sie eine solche Bezeichnung nur noch weiterführen, wenn sie in ihrem Namen der Bezeichnung „Partnerschaft" oder „und Partner" einen Hinweis auf die andere Rechtsform hinzufügen.

(2) ¹Die Anmeldung und Eintragung einer dem gesetzlichen Regelfall entsprechenden Vertretungsmacht der Partner und der Abwickler muss erst erfolgen, wenn eine vom gesetzlichen Regelfall abweichende Bestimmung des Partnerschaftsvertrages über die Vertretungsmacht angemeldet und eingetragen wird oder wenn erstmals die Abwickler zur Eintragung angemeldet und eingetragen werden. ²Das Registergericht kann die Eintragung einer dem gesetzlichen Regelfall entsprechenden Vertretungsmacht auch von Amts wegen vornehmen. ³Die Anmeldung und Eintragung des Geburtsdatums bereits eingetragener Partner muss erst bei einer Anmeldung und Eintragung bezüglich eines der Partner erfolgen.

(3) ¹Die Landesregierungen können durch Rechtsverordnung bestimmen, dass Anmeldungen und alle oder einzelne Dokumente bis zum 31. Dezember 2009 auch in Papierform zum Partnerschaftsregister eingereicht werden können. ²Soweit eine Rechtsverordnung nach S. 1 erlassen wird, gelten die Vorschriften über die Anmeldung und die Einreichung von Dokumenten zum Partnerschaftsregister in ihrer bis zum Inkrafttreten des Gesetzes über elektronische Handelsregister und Genossenschaftsregister sowie das Unternehmensregister vom 10. November 2006 (BGBl. I S. 2553) am 1. Januar 2007 geltenden Fassung. ³Die Landesregierungen können durch Rechtsverordnung die Ermächtigung nach S. 1 auf die Landesjustizverwaltungen übertragen.

Übergangsvorschriften 1–4 § 11 PartGG

Übersicht

	RdNr.		RdNr.
I. Einführung	1–3	3. Bestandsschutz bei Fortführung des Namens einer GbR oder PartG als Firma?	10
1. Normzweck des Abs. 1	1, 2		
2. Reform (Abs. 2 und 3)	3	4. Beweisfragen	11
II. Reservierung des Partner-Zusatzes für die PartG (Abs. 1 S. 1)	4, 5	**IV. Rechtsfolgen unbefugter Verwendung des Partner-Zusatzes**	12, 13
III. Bestandsschutz für Alt-Namen und -Firma (S. 2 und 3)	6–11	**V. Übergangsregelungen für die erweiterte Eintragung im Partnerschaftsregister (Abs. 2)**	14–17
1. Regelungsinhalt	6–8		
a) S. 2 (bis 30. 6. 1997)	6	1. Vertretungsmacht	14–16
b) S. 3 (ab 1. 7. 1997)	7, 8	2. Geburtsdatum	17
2. Bestandsschutz und Namens-(Firmen-)änderung	9		

I. Einführung

1. Normzweck des Abs. 1. Die Vorschrift des Abs. 1 dient in **S. 1** dazu, den in § 2 **1** Abs. 1 für den Namen der Partnerschaft vorgesehenen **Partner-Zusatz** („Partnerschaft" oder „und Partner") für diese Rechtsform zu schützen. Darin liegt eine wesentliche Abweichung vom früheren Namens- und Firmenrecht, da bisher der Zusatz „und Partner" vor allem für den Namen der GbR offenstand, aber auch für die (Personen-)Firma von Handelsgesellschaften benutzt wurde. Entgegen der Überschrift zu § 11 hat die Vorschrift nicht nur Übergangscharakter, sondern iVm. § 2 Abs. 1 S. 1 eigenständigen, den Rechtsform-Bezug des Zusatzes betonenden Regelungsgehalt.[1]

Die Reservierung des Partner-Zusatzes in S. 1 für die PartG macht aus Gründen des **2** **Bestandsschutzes** eine Sonderregelung für die von der Neuregelung betroffenen, bisher den Partner-Zusatz namens- oder firmenmäßig verwendenden *Gesellschaften anderer Rechtsform* erforderlich. Ihnen gewährte **S. 2** eine am 30. 6. 1997 abgelaufene Übergangsfrist von zwei Jahren zur unveränderten Weiterverwendung des Partner-Zusatzes. Auch nach Ablauf dieser Frist dürfen sie den Zusatz im Rahmen ihres bisherigen Namens (ihrer Firma) fortführen; allerdings müssen sie ihm nach **S. 3** zur Unterscheidung von der Partnerschaft einen Hinweis auf ihre davon abweichende Rechtsform beifügen.

2. Reform (Abs. 2 und 3). Mit den im Zuge des ERJuKoG[2] aufgenommenen weiteren **3** Übergangsvorschriften des Abs. 2 hat der Gesetzgeber den Änderungen der §§ 4 Abs. 1 S. 2, 5 Abs. 1 betreffend die neu eingeführte Pflicht zur Anmeldung und Eintragung des *Geburtsdatums* jedes Partners sowie der in der jeweiligen PartG geltenden *Vertretungsmacht* Rechnung getragen. Die Regelungen zielen darauf ab, für die zuvor erfolgten, aus neuer Sicht unvollständigen Eintragungen zu einer flexiblen, grundsätzlich an die anmeldepflichtige Änderung bestehender Eintragungen anknüpfenden Nachholung der zusätzlichen Erfordernisse zu kommen. Die im Zuge des EHUG[3] zum 1. 1. 2007 eingeführte Übergangsregelung des Abs. 3 ermächtigt die Landesregierungen, durch Rechtsverordnung längstens bis zum 31. 12. 2009 eine (auch teilweise) Befreiung von der Pflicht zur elektronischen Anmeldung und Einreichung von Dokumenten zu bestimmen.

II. Reservierung des Partner-Zusatzes für die PartG (Abs. 1 S. 1)

Die Reservierung des Zusatzes „Partnerschaft" oder „und Partner" für die neue Rechts- **4** form der Partnerschaft hat weittragende Bedeutung vor allem für **Freiberufler-Sozietäten** in der Rechtsform der **GbR**. Entgegen bisheriger Übung ist ihnen seit dem 1. 7. 1995 die

---

[1] Zutr. *Wertenbruch* ZIP 1996, 1776, 1777.
[2] Gesetz vom 10. 12. 2001, BGBl. I S. 3422.
[3] Gesetz über das elektronische Handelsregister und Genossenschaftsregister sowie das Unternehmensregister vom 10. 11. 2006, BGBl. I S. 2553.

Aufnahme eines dieser Zusätze verwehrt; dessen weitere Benutzung ist nur in den Grenzen des Abs. 1 S. 3 zulässig. Wollen sie künftig einen dieser Zusätze neu verwenden, so können sie das nur tun, wenn sie sich als Partnerschaft (um-)organisieren und ihre Eintragung im Partnerschaftsregister herbeiführen.[4]

5 Nach heute einhM betrifft die Sperrwirkung des Abs. 1 S. 1 allerdings nicht nur sonstige Personengesellschaften außer der PartG, darunter auch **OHG und KG,** sondern ebenso auch **Kapitalgesellschaften** (AG und GmbH).[5] Der Umstand, dass diese nach § 4 AktG, § 4 GmbHG ohnehin schon bei Erlass des PartGG gezwungen waren, einen entsprechenden Rechtsformzusatz in ihre Firma aufzunehmen, steht nicht entgegen. Auch wenn wegen dieses zwingenden, durch § 19 Abs. 1 HGB auf OHG und KG ausgedehnten Rechtsformzusatzes eine Verwechslungsgefahr durch den „Partner"-Zusatz nicht ohne weiteres zu befürchten ist, soll durch die strikte Regelung des Abs. 1 S. 1 doch der *Rechtsform-Charakter des Partner-Zusatzes unterstrichen* und für seine Durchsetzung im Verkehr zur Kennzeichnung der PartG gesorgt werden.[6]

III. Bestandsschutz für Alt-Namen und -Firma (S. 2 und 3)

6 **1. Regelungsinhalt. a) S. 2 (bis 30. 6. 1997).** Die eigentliche „Übergangsvorschrift" des Abs. 1 für Gesellschaften, die den Partner-Zusatz schon vor dem 1. 7. 1995 in Namen oder Firma verwendet haben, findet sich in S. 2 und 3. Darin werden zwei Zeiträume unterschieden. Den ersten bildete die in S. 2 genannte Zweijahresfrist vom 1. 7. 1995 bis 30. 6. 1997. In dieser Zeit durfte der bisherige „Name" der Gesellschaft, worunter auch die Firma von Handelsgesellschaften zu verstehen ist,[7] trotz des Partner-Zusatzes **unverändert** fortgeführt werden. Im Interesse flexibler Anpassung nahm der Gesetzgeber die Gefahr vorübergehender Verkehrsverwirrung durch das undifferenzierte Nebeneinanderbestehen insbesondere der Namen von GbR und Partnerschaft bewusst in Kauf und verzichtete auf einen klarstellenden Rechtsformzusatz. Aus heutiger Sicht kommt der Regelung keine Bedeutung mehr zu.

7 **b) S. 3 (ab 1. 7. 1997).** Für die Zeit ab 1. 7. 1997 ist der Bestandsschutz durch S. 3 in der Weise *eingeschränkt,* dass die darunter fallenden (Alt-)Gesellschaften ihrem Namen oder ihrer Firma einen – deutlich lesbaren – **Rechtsform-Hinweis** beifügen müssen. Die Bedeutung dieser Regelung beschränkt sich, soweit es um den obligatorischen Rechtsformzusatz geht, aus heutiger Sicht auf diejenigen Fälle, in denen der Partner-Zusatz im **Namen einer GbR** verwendet wird. Die GbR muss ihrem Namen beim Festhalten an dem „Partner"-Bestandteil einen der Zusätze „BGB-Gesellschaft", „Gesellschaft bürgerlichen Rechts" oder auch „GbR" beifügen;[8] der Zusatz „Sozietät" reicht mangels Rechtsformbezug nicht aus.[9] Demgegenüber galt die Pflicht zum obligatorischen Rechtsformzusatz in der *Firma* für Kapitalgesellschaften schon bei Erlass des PartG (RdNr. 5); für Personengesellschaften wurde sie durch § 19 Abs. 1 nF HGB im Zuge des HRefG generell eingeführt. – Auf den restlichen Regelungsgehalt des Abs. 1 S. 3 hat diese Normenkonkurrenz keinen Einfluss (zur Bedeutung von Änderungen der Firma für den Bestandsschutz nach Abs. 1 S. 3 vgl. RdNr. 9).

---

[4] Ganz hM; Begr. RegE, BT-Drucks. 12/6152 S. 23; *Michalski/Römermann* RdNr. 4; *Wolff* in: *M/W/H/L/W* RdNr. 1, 5 ff.; aA *Kögel* Rpfleger 1996, 314, 316 f.

[5] So zutr. BGHZ 135, 257, 259 = NJW 1997, 1854 und zuvor schon BayObLG NJW 1996, 3016; anders noch OLG Frankfurt NJW 1996, 2237 (keine Anwendung auf Kapitalgesellschaften).

[6] Vgl. BGHZ 135, 257, 259 = NJW 1997, 1854 und zuvor schon BayObLG NJW 1996, 3016; zust. *Hülsmann* NJW 1998, 35 ff., unter Stellungnahme zu den zuvor in der Lit. geäußerten, vom BGH jedoch nicht aufgegriffenen, auf verfassungs- und europarechtliche Bedenken gestützten Gegenargumenten.

[7] *Seibert* Partnerschaft S. 50; *ders.* DB 1994, 2381, 2383; *Burret* WPK-Mitt. 1994, 201, 204.

[8] Für Zulässigkeit der Kurzform auch RegE, BT-Drucks. 12/6152 S. 23; *E/B/J/Seibert* RdNr. 3; *ders.* DB 1994, 2381, 2383; *Michalski/Römermann* RdNr. 5 (hM).

[9] So auch *Michalski/Römermann* RdNr. 5.

Der eingeschränkte Bestandsschutz nach Abs. 1 S. 3 gilt nicht nur zugunsten des bisheri- **8** gen Inhabers des Namens oder der Firma, sondern auch im Fall einer nach §§ 22, 24 HGB zulässigen **Firmenfortführung** (zur Fortführung eines GbR-Namens als Firma vgl. RdNr. 10). Der Erwerber der Firma tritt nach § 22 Abs. 1 HGB in vollem Umfang in die Rechte des Veräußerers ein. Entsprechendes gilt bei Fortsetzung des Namens oder der Firma trotz Änderungen im Gesellschafterbestand. Den (neuen) Inhabern kommt daher auch das Privileg des Abs. 1 S. 3 zugute, wenn sie die Firma entweder unverändert fortführen oder nur solche Änderungen vornehmen, die aus der Sicht der §§ 22, 24 HGB unschädlich sind (vgl. RdNr. 9). Die Vorschrift findet auch im Fall eines **Formwechsels** (§ 191 UmwG) Anwendung, wenn dabei nach § 200 Abs. 1 UmwG die bisher geführte Firma beibehalten wird.[10]

2. Bestandsschutz und Namens-(Firmen-)änderung. Die Regelung des Abs. 1 S. 3 **9** hat die Gerichte wiederholt im Hinblick auf die Frage beschäftigt, welche *nachträglichen Änderungen* des Namens oder der Firma sich für den Bestandsschutz als *unschädlich* erweisen. Dabei hat sich im Anschluss an die **Rechtsprechung zur Firmenfortführung nach §§ 22, 24 HGB**[11] die Ansicht durchgesetzt, dass zwischen der – schädlichen – „Umbenennung" der Firma, insbesondere durch Änderung des Firmenkerns, und der – grundsätzlich unschädlichen – Änderung von sach- oder ortsbezogenen Firmenzusätzen zu unterscheiden ist.[12] Zum *Firmenkern* zählen bei den hier regelmäßig in Frage stehenden Personenfirmen der Austausch bzw. die Streichung oder Neuaufnahme von Personennamen als den für die Identifizierung der Gesellschaft zentralen Bestandteilen.[13] Demgegenüber wird die Änderung von *Firmenzusätzen* insbesondere dann als unschädlich für den Bestandsschutz angesehen, wenn sie entweder im Interesse der Allgemeinheit, zur Vermeidung einer Irreführung des Publikums, geboten ist[14] oder bei objektiver Beurteilung einem sachlich berechtigten Anliegen des Firmeninhabers dient und keine Zweifel an der Identität mit der bisherigen Firma aufkommen lässt.[15] An dieser zu §§ 22, 24 HGB entwickelten Linie ist angesichts des vergleichbaren, auf die Firmenkontinuität bezogenen Normzwecks auch für den Bestandsschutz nach Abs. 1 S. 3 festzuhalten. Diese Grundsätze sind auch auf *Änderungen des Namens einer GbR* anwendbar; dafür spricht nicht zuletzt die Verweisung des § 2 Abs. 1 auf §§ 22 Abs. 1, 24 HGB.

3. Bestandsschutz bei Fortführung des Namens einer GbR oder PartG als Firma? 10 Nach Ansicht des OLG Karlsruhe[16] kann sich der kaufmännische Erwerber des Unternehmens einer GbR in Bezug auf den von ihm als *Firma* fortgeführten GbR-Namen nicht auf den Bestandsschutz berufen, da insoweit § 22 HGB nicht eingreife. Dem ist auch dann nicht zu folgen, wenn man in derartigen Fällen mit der hM[17] eine Analogie zu § 22 HGB

---

[10] So zutr. OLG Frankfurt NJW 1999, 2285, 2286.
[11] Vgl. die Leitentscheidung BGHZ 44, 116, 119 f. = NJW 1965, 1915 – Frankona; so auch *Staub/Hüffer* § 22 HGB RdNr. 48 ff.; MünchKommHGB/*Heidinger* § 22 RdNr. 69 ff.; *Heinrich* in: *Ulmer/Habersack/Winter* § 22 GmbHG RdNr. 57 ff.
[12] So insbes. OLG Stuttgart ZIP 2000, 1108, 1109; BayObLG ZIP 2003, 1295, 1296; vgl. auch OLG Karlsruhe NJW 1998, 1160, 1161; LG Köln GmbHR 1999, 411, 412.
[13] OLG Stuttgart ZIP 2000, 1108, 1109; BayObLG ZIP 2003, 1295, 1296; so auch *Staub/Hüffer* § 22 HGB RdNr. 50; MünchKommHGB/*Heidinger* § 22 RdNr. 43, 54.
[14] So bei Erweiterung oder Einschränkung des Geschäftsumfangs, bei Wegfall eines bisherigen oder Aufnahme eines neuen Geschäftszweigs sowie bei Sitzverlegung, vgl. BGHZ 44, 116, 119 f. = NJW 1965, 1915; *Staub/Hüffer* § 22 HGB RdNr. 54 ff.; MünchKommHGB/*Heidinger* § 22 RdNr. 56.
[15] So bei sonstigen Änderungen der geschäftlichen Verhältnisse wie Durchsetzung einer Marke als Geschäftsbezeichnung oder gewandelter Bedeutung des Firmenzusatzes, vgl. BGHZ 44, 116, 120 = NJW 1965, 1915; BayObLG ZIP 2003, 1295, 1296; LG Köln GmbHR 1999, 411, 412; *Staub/Hüffer* § 22 HGB RdNr. 49 f., 57; MünchKommHGB/*Heidinger* § 22 RdNr. 56.
[16] NJW 1998, 1160, 1161.
[17] So BayObLG DB 1988, 2259; OLG Zweibrücken NJW-RR 1988, 998; *Staub/Hüffer* § 22 HGB RdNr. 4; MünchKommHGB/*Heidinger* § 22 RdNr. 26 (der allerdings analoge Anwendung der Firmenfortführungsregeln auf unternehmerisch tätige GbR erwägt); *Baumbach/Hopt* § 22 HGB RdNr. 7; aA *K. Schmidt* HandelsR § 12 I 2 b bb und III 2 b.

ablehnt. Denn entscheidend für die Anwendung des Abs. 1 S. 3 ist der mit dieser Vorschrift verfolgte Zweck, die Namens-(Firmen-)Kontinuität im Falle eines schon vor dem 1. 7. 1995 verwendeten Partner-Zusatzes zu ermöglichen. Die Durchsetzung dieses Zwecks ist von der zwar logisch vorgelagerten, aber sachlich anderen Frage zu unterscheiden, unter welchen Voraussetzungen eine Handelsgesellschaft in der Lage ist, den GbR-Namen als Firma fortzuführen. Dementsprechend bestehen auch keine Bedenken dagegen, der durch Umwandlung einer PartG nach § 191 Abs. 1 UmwG entstandenen Kapitalgesellschaft die Berufung auf den Bestandsschutz des Abs. 1 S. 3 zu gestatten; dafür spricht auch die Regelung der §§ 225 a, 200 Abs. 1 UmwG.

11 **4. Beweisfragen.** Auf die Übergangsvorschrift des Abs. 1 S. 3 können sich nur diejenigen berufen, die den Partner-Zusatz nachweislich schon **vor dem 1. 7. 1995** in ihrem Namen oder ihrer Firma geführt oder seither eine entsprechende Alt-Firma nach Maßgabe von § 22 HGB übernommen haben. Der **Nachweis** kann angesichts des Fehlens einer Registrierung vor allem bei den Freiberufler-Sozietäten in der Rechtsform der GbR, aber auch bei noch nicht eingetragenen Personenhandelsgesellschaften Schwierigkeiten bereiten. Er ist ggf. durch den Briefkopf der vor diesem Stichtag versandten Geschäftsbriefe oder durch Eintragungen in Telefonbüchern oder anderen öffentlichen Verzeichnissen zu führen. Der Abschluss eines Gesellschaftsvertrags unter Vereinbarung eines Namens (einer Firma) mit Partnerzusatz vor dem Stichtag des 1. 7. 1995 reicht nicht aus, wenn die Gesellschaft in dieser Zeit weder im Handelsregister eingetragen worden noch in sonstiger Weise gegenüber Dritten unter dieser Bezeichnung in Erscheinung getreten ist.

IV. Rechtsfolgen unbefugter Verwendung des Partner-Zusatzes

12 Die Durchsetzung des durch Abs. 1 S. 1 geänderten Namensrechts und das Vorgehen gegen eine unbefugte Verwendung des Partner-Zusatzes ist nach § 2 Abs. 2 iVm. § 37 Abs. 1 HGB in erster Linie Sache des **Partnerschaftsregisters.** Es hat Gesellschaften, deren Name oder Firma gegen Abs. 1 S. 1 verstößt, abzumahnen und sie ggf. im Wege des Missbrauchsverfahrens nach § 160 b Abs. 1 iVm. §§ 140, 132 bis 139 FGG (künftig: §§ 388 bis 392 FamFG) durch Festsetzung von Ordnungsgeld zur Unterlassung anzuhalten. Daneben kann auch das *Handelsregister* nach § 37 Abs. 1 HGB iVm. §§ 140, 132 bis 139 FGG (künftig: §§ 388 bis 392 FamFG) einschreiten, soweit es um Verstöße durch Handelsgesellschaften geht.[18] Die Amtslöschung des unzulässigen Firmen-Zusatzes richtet sich nach § 142 FGG (künftig: § 395 FamFG); nach zutr. neuerer Ansicht ist sie auch dann möglich, wenn die Unzulässigkeit der Firma erst nachträglich eintritt.[19]

13 Tritt eine Gesellschaft unter Verstoß gegen Abs. 1 S. 1 mit dem Partner-Zusatz in Namen oder Firma auf, so kann das auch einen **Wettbewerbsverstoß** darstellen. Es löst ggf. Unterlassungsansprüche von Mitbewerbern nach §§ 3, 5 iVm. § 8 Abs. 3 Nr. 1 UWG wegen Irreführung des Verkehrs über die Rechtsform der Gesellschaft aus.

V. Übergangsregelungen für die erweiterte Eintragung im Partnerschaftsregister (Abs. 2)

14 **1. Vertretungsmacht.** Im Zuge des ERJuKoG[20] wurde – über das bisherige Recht hinausgehend – die *generelle* Pflicht der Beteiligten zur Anmeldung und Eintragung der in einer PartG geltenden Vertretungsmacht der Partner begründet, also auch dann, wenn sie

---

[18] So auch *Henssler* RdNr. 13; *Michalski/Römermann* RdNr. 6.
[19] Ebenso RGZ 169, 147, 151 f.; KG NJW 1955, 1926 f.; BayObLGZ 1975, 332, 335; OLG Hamm OLGZ 1977, 53, 54; OLG Frankfurt OLGZ 1979, 318, 321; BayObLGZ 1994, 102, 104 f.; *Michalski/Römermann* RdNr. 6; *Staub/Hüffer* § 37 HGB RdNr. 25; *Heymann/Emmerich* § 37 HGB RdNr. 21; MünchKommHGB/*Krebs* § 37 RdNr. 37; *Bassenge/Herbst* FGG, 11. Aufl. 2007, § 142 RdNr. 6; *Keidel/Kuntze/Winkler* FGG, 15. Aufl. 2003, § 142 RdNr. 10; abw. früher KG JW 1935, 436.
[20] Gesetz vom 10. 12. 2001, BGBl. I S. 3422.

nicht von der Einzelvertretung nach § 7 Abs. 3 iVm. § 125 Abs. 1 HGB abweicht. Dieser Änderung tragen die Übergangsvorschriften des Abs. 2 S. 1 und 2 Rechnung.

In Übereinstimmung mit der entsprechenden, auf die generelle Eintragung der Vertretungsmacht in OHG und KG bezogenen Übergangsvorschrift des Art. 52 EGHGB verzichtet auch S. 1 darauf, die Partner oder Abwickler einer bereits eingetragenen PartG mit gesetzlicher Vertretungsmacht zu deren nachträglicher Anmeldung zu verpflichten. Eine solche Verpflichtung greift vielmehr erst zu demjenigen **späteren Zeitpunkt** ein, in dem die Partner für einzelne Vertreter eine vom gesetzlichen Regelfall abweichende Vertretungsmacht anmelden. Solange es an einer derartigen Eintragung und Bekanntmachung fehlt, kann der Verkehr nach § 5 Abs. 2 iVm. § 15 Abs. 1 HGB auf die Einzelvertretungsmacht aller Partner vertrauen.[21] **15**

S. 2 lässt, ebenfalls in Übereinstimmung mit Art. 52 EGHGB, die Eintragung der in der PartG geltenden gesetzlichen Vertretungsmacht auch **von Amts wegen** zu. Hiervon wird das Registergericht nur dann Gebrauch machen, wenn entweder die nachträgliche Umstellung aller bisherigen, auf die Angabe der (Regel-)Vertretungsmacht verzichtenden Eintragungen auf elektronischem Wege keine Schwierigkeiten bereitet[22] oder für die jeweiligen Partner einer PartG unterschiedliche Vertretungsregelungen gelten und von deren partieller, bisherigem Recht entsprechender Eintragung daher Verwirrung für den Verkehr zu befürchten ist. **16**

2. Geburtsdatum. Mit der nachträglichen Anmeldung und Eintragung des Geburtsdatums bereits eingetragener Partner befasst sich **S. 3** des Abs. 2. Er lässt es genügen, dass diese „erst bei einer Anmeldung und Eintragung bezüglich eines der Partner" erfolgt. Der Wortlaut ist nicht eindeutig, da er offenlässt, ob bei einer nachträglichen, auf *einen* Partner bezogenen Anmeldung die Geburtsdaten auch der *übrigen* Partner anzumelden sind. Geht man von dem Interesse des Gesetzgebers an Vervollständigung des Registerinhalts in überschaubarer Zeit aus, so sprechen die besseren Gründe dafür, die Frage im Sinne einer die **Geburtsdaten aller Partner** umfassenden Anmeldepflicht zu beantworten. **17**

---

[21] AA *Servatius* NZG 2002, 456, 457, da die unveränderte Vertretungsmacht keine „einzutragende Tatsache" iS von § 15 Abs. 1 HGB sei.
[22] So zutr. *Servatius* NZG 2002, 456 f.

Titel 17. Gemeinschaft

§ 741 Gemeinschaft nach Bruchteilen

Steht ein Recht mehreren gemeinschaftlich zu, so finden, sofern sich nicht aus dem Gesetz ein anderes ergibt, die Vorschriften der §§ 742 bis 758 Anwendung (Gemeinschaft nach Bruchteilen).

Schrifttum: *Amann,* Das im Grundbuch verlautbarte Gemeinschaftsverhältnis – eine Halbwahrheit?, FS Hagen, 1999, S. 75; *Becker,* Bruchteilsgemeinschaft, RvglHWB V, 743; *A. Blomeyer,* Einzelanspruch und gemeinschaftlicher Anspruch von Miterben und Miteigentümern, AcP 159 (1961), 385; *de Boor,* Die Kollision von Forderungsrechten, 1928; *Brach,* Die Funktionen der Gesellschaft bürgerlichen Rechts und der Bruchteilsgemeinschaft, 2001; *Buchda,* Geschichte und Kritik der deutschen Gesamthandlehre, 1936; *Crome,* Moderne Teilungsprobleme, SeuffBl. 72 (1907), 1; *Dietz,* Offene Fragen und Perspektiven der Bruchteilsgemeinschaft, 2002; *Engländer,* Die regelmäßige Rechtsgemeinschaft, 1914; *A. Esser,* Rechtsprobleme der Gemeinschaftsteilung, 1951; *Erbarth,* Das Verhältnis der §§ 741 ff. BGB zu den miet- und pachtrechtlichen Vorschriften, NZM 1998, 742; *Fabricius,* Relativität der Rechtsfähigkeit, 1963; *Fikentscher,* Die Interessengemeinschaft, 1966; *Fleitz,* Erwerb durch Miteigentümer, BWNotZ 1977, 36; *Flume,* Allgemeiner Teil des bürgerlichen Rechts I/1, Die Personengesellschaft, 1977; *Gramentz,* Die Aufhebung der Gemeinschaft nach Bruchteilen durch den Gläubiger eines Teilhabers, 1989; *Hadding,* Zur Mehrheit von Gläubigern nach § 432 BGB, FS Ernst Wolf, 1985, S. 107; *ders.,* Zur Abgrenzung von Gläubigermehrheiten und Bruchteilsgemeinschaften, FS Canaris, 2007, Bd. I, S. 379; *Hansen,* Die Rechtsnatur von Gemeinschaftskonto und -depot, 1967; *Hennecke,* Das Sondervermögen der Gesamthand, 1976; *Herold,* Gemeinschaftliche Mietrechte, BlGBW 1963, 12; *Heß,* Miteigentum der Vorbehaltslieferanten und Poolbildung, 1985; *Hilbrandt,* Der Bruchteil bei der Bruchteilsgemeinschaft, AcP 202 (2002), 631; *N. Hilger,* Miteigentum der Vorbehaltslieferanten gleichartiger Ware, 1983; *Götz Hueck,* Der Grundsatz der gleichmäßigen Behandlung im Privatrecht, 1958; *Joerges,* Zur Lehre vom Miteigentum und der gesammten Hand nach deutschem Reichsrecht, ZHR 49 (1900), 140; *Kohler,* Gemeinschaften mit Zwangsteilung, AcP 91 (1901), 309; *Kretzschmar,* Teilungsversteigerung eines Nachlaßgrundstücks auf Antrag eines Miterben oder des die Rechte eines solchen ausübenden Pfändungsgläubigers, DNotZ 1915, 143; *ders.,* Das Wesen der Rechtsgemeinschaften, SächsArch. 1915, 385; *Krönig,* Beweislastprobleme der §§ 752–754, MDR 1951, 602; *Kümpel,* Der Bestimmtheitsgrundsatz bei Verfügungen über Sammeldepotguthaben – Zur Theorie des Bruchteilseigentums sui generis, WM 1980, 422; *Kunz,* Über die Rechtsnatur der Gemeinschaft zur gesamten Hand, 1963; *Langen,* Die Interessengemeinschaft, 1929; *Larenz,* Zur Lehre von der Rechtsgemeinschaft, JherJb. 83 (1933), 83; *Lüdecke,* Erfindungsgemeinschaften, 1962; *Merle,* Das Wohnungseigentum im System des bürgerlichen Rechts, 1979; *Roesch,* Aktivlegitimation zur Kündigung eines Mietverhältnisses über Wohnraum, dessen Eigentümerin eine Personen-Mehrheit ist, WM 1970, 3; *Ropeter,* Die Beteiligung als Bruchteilsgemeinschaft, 1980; *Rütten,* Mehrheit von Gläubigern, 1989; *Saenger,* Gemeinschaft und Rechtsteilung, 1913; *Schlicker,* Das Außen- und Innenverhältnis bei der Bruchteilsgemeinschaft am Familienheim, 1997; *Michael Schmid,* Das Vorkaufsrecht des Miteigentümers bei Teilungsversteigerung, MDR 1975, 191; *Karsten Schmidt,* Prozeß- und Vollstreckungsprobleme der Gemeinschaftsteilung, JR 1979, 317; *ders.,* Das Gemeinschaftskonto: Rechtsgemeinschaft am Rechtsverhältnis, FS Hadding, 2004, S. 1093; *ders.,* Nachdenken über das Oder-Konto. Ein neues Rechtsbild der Gemeinschaftskonten im rechtsdogmatischen und praktischen, FS Nobbe, 2009; *Schnorr,* Die Gemeinschaft nach Bruchteilen, 2004; *Schopp,* Die Kündigung des Mietverhältnisses durch eine Erben- oder Bruchteilsgemeinschaft, ZMR 1967, 193; *Schubert,* Zur schuldrechtlichen Seite der Rechtsgemeinschaft, JR 1975, 363; *Schünemann,* Grundprobleme der Gesamthandsgesellschaft, 1975; *Karl Schultz,* Gemeinschaft und Miteigentum, 1924; *Schulze-Osterloh,* Das Prinzip der gesamthänderischen Bindung, 1972; *Selb,* Mehrheiten von Gläubigern und Schuldnern, 1984; *Sonntag,* Das Miturheberrecht, 1972; *Tzermias,* Zur Regelung des Gebrauchs beim Miteigentum, AcP 157 (1958/1959), 453; *Weitnauer,* Streitfragen zum Wohnungseigentum, DNotZ 1960, 115; *Würdinger,* Theorie der schlichten Interessengemeinschaft, 1934; *ders.,* Gesellschaften. Erster Teil: Recht der Personalgesellschaften, 1937; *Wüst,* Die Gemeinschaftsteilung als methodisches Problem, 1956; *ders.,* Die Interessengemeinschaft, ein Ordnungsprinzip des Privatrechts, 1958; *ders.,* Vom ungebundenen Individualgläubiger zum rücksichtsvollen Mitgläubiger, FS Wilburg, 1965, S. 257.

Übersicht

	RdNr.		RdNr.
I. Begriff und Funktion der Bruchteilsgemeinschaft	1–8	4. Gemeinschaft und Gesellschaft	4, 5
		a) Grundsatz	4
1. Begriff	1	b) Das „Halten und Verwalten" als Gesellschaftszweck	5
2. Rechtsstruktur	2		
3. Funktion	3	5. Gemeinschaft und „Gesamthand"	6–8
		a) Unterschiedliche Rechtszuordnung	6

	RdNr.		RdNr.
b) Umwandlung	7	IV. **Wichtige Einzelfälle**	41–69
c) Funktionsunterschiede?	8	1. Miteigentum	41
II. **Voraussetzungen der Bruchteilsgemeinschaft**	9–31	2. Bruchteils-Gläubigerschaft	42–49
		a) Abgrenzung	43–46
1. Mehrheit von Berechtigten	9	b) Geltendmachung der Forderung	47, 48
2. Rechte als Gegenstand von Bruchteilsgemeinschaften	10–24	c) Prozessfragen	49
		3. Miteigentumslösung nach Investmentgesetz (InvG)	50–53
a) Grundfälle	11		
b) Beschränkte dingliche Rechte	12	4. Gemeinschaftskonto	54–56
c) Öffentlich-subjektive Rechte	13	a) Beurteilung nach hM	54
d) Gesellschaftsanteile	14	b) Stellungnahme	55, 56
e) Erbteil	15	5. Gemeinschaftsdepot	57
f) Bruchteil?	16	6. Sammeldepot, Sammellagerung, Sammelladung	58
g) Besitz?	17		
h) Rechtsverhältnis?	18–22	7. Gemeinschaftserfindungen	59–63
aa) Grundsatzproblem	18	a) Bruchteilsgemeinschaft	59
bb) Abgrenzungsprobleme	19–22	b) Anwendung der §§ 742 ff.	60
i) Verbindlichkeiten?	23	c) Derivative Patentgemeinschaft	61
j) Unternehmen?	24	d) Erfindungsgemeinschaft	62, 63
3. Berechtigung zu ideellen Bruchteilen	25–27	8. Miturheber	64–67
a) Grundsatz	25	a) Bruchteilsgemeinschaft	64, 65
b) Abgrenzungsbeispiele	26, 27	b) Rechtsgrundsätze	66, 67
4. Entstehungsgründe	28–30	9. Mitinhaber von Marken	68
a) Gesetzliche Entstehungsgründe	29	10. Sicherheitenpools	69
b) Entstehung kraft Rechtsgeschäfts	30	V. **Entsprechende Anwendung der §§ 742 ff.**	70–77
5. Endigungsgründe	31		
III. **Rechtsgrundsätze der Bruchteilsgemeinschaft**	32–40	1. Gesetzliche Verweisungen	70
		2. Interessengemeinschaften	71–74
1. §§ 742 ff., 1008 ff.	32	a) Risikogemeinschaften	72, 73
2. Spezialitätsgrundsatz	33	b) Interessenverbände	74
3. Gemeinschaft und Schuldverhältnis	34, 35	3. Nutzungsgemeinschaften	75
4. Gleichbehandlungsgrundsatz	36	4. Mehrere Inhaber gleichartiger Rechte	76
5. Anwachsungsprinzip?	37	5. Lebensgemeinschaft	77
6. Surrogation	38		
7. Zwingendes und dispositives Recht	39		
8. Bruchteilsgemeinschaft unter Ehegatten	40		

I. Begriff und Funktion der Bruchteilsgemeinschaft

1. Begriff. Gemeinschaft iS des § 741 ist die Innehabung eines Rechts durch mehrere 1 Rechtsträger zu ideellen Bruchteilen. Im Anschluss an *Cosak* wird sie häufig als „schlichte", von *Engländer* wird sie als „regelmäßige" Rechtsgemeinschaft bezeichnet. Bezweckt ist mit solcher Terminologie die gemeinsame Einordnung der Gemeinschaft und der Gesamthand unter einen Oberbegriff der „Gemeinschaft".[1] Solche Einheitsterminologie verdeckt unnötig die tiefgreifenden Unterschiede zwischen Gemeinschaft und Gesamthand (RdNr. 6 ff.). Deshalb wird besser von der Gemeinschaft als einer **Bruchteilsgemeinschaft** gesprochen.

2. Rechtsstruktur. Die **dogmatische Struktur** der Bruchteilsgemeinschaft ist str.[2] 2 Weitgehend durchgesetzt hat sich die Einheitstheorie, die allerdings in unterschiedlichen Varianten vertreten wird. Nach ihr ist nicht der gemeinschaftliche Gegenstand geteilt (auch nicht ideell geteilt), aber **geteilt ist die Rechtszuständigkeit.** Jeder Teilhaber hat ein durch die Mitberechtigung der anderen beschränktes Recht an dem ganzen, ungeteilten Gegen-

---

[1] Vgl. auch Karl *Schultz*, Gemeinschaft und Miteigentum, 1924, S. 37.
[2] Eingehende Analysen zB bei *Saenger*, Gemeinschaft und Rechtsteilung, 1913, S. 11 ff.; *Enneccerus/Lehmann* § 183 II; *Staudinger/Langhein* Vor § 741 RdNr. 8 ff.

§ 741 3 Abschnitt 8. Titel 17. Gemeinschaft

stand.[3] Das **Teilrecht** bildet einen selbstständigen Vermögensgegenstand;[4] aber es ist dem Vollrecht wesensgleich.[5] ZB ist der Miteigentumsbruchteil Eigentum (§ 1008 RdNr. 16); das Miturheberrecht ist Urheberrecht. Ein Pfandrecht am Bruchteil eines Miteigentümers ist Pfandrecht an einer Sache, nicht an einem Recht.[6] Das praktische Schwergewicht liegt bei denjenigen Merkmalen, die den **Unterschied zur Gesamthand** ausmachen (RdNr. 6 ff.). Die Bruchteilsgemeinschaft ist **subjektive Vielheit, nicht Einheit**.[7] Es gibt kein ungeteiltes Sondervermögen „der Gemeinschaft", auch keine Einbringung von Gegenständen in „die Gemeinschaft".[8] Die Bruchteilsgemeinschaft besteht auch in objektiver Hinsicht nicht an einem Vermögensinbegriff, sondern nach dem Spezialitätsgrundsatz stets an einem Gegenstand (RdNr. 6; s. auch RdNr. 33, 1008 RdNr. 3). Jedem Bruchteilsberechtigten steht grundsätzlich nur ein – größerer und kleinerer – Bruchteil zu (über Ausnahmen bei Treuhandverhältnissen vgl. RdNr. 9, 31; § 1008 RdNr. 14). Jeder Bruchteil an einem Gegenstand ist uneingeschränkt dem einzelnen Teilhaber zugeordnet, bei ihm pfändbar, von ihm übertragbar usw. Der gemeinschaftliche Gegenstand selbst gehört weder den einzelnen Teilhabern noch „der Gemeinschaft".[9] Wohl aber steht jedem Teilhaber ein dem gemeinschaftlichen Vollrecht wesensgleicher Vollrechts-Bruchteil zu. Die Rechtszuständigkeit hinsichtlich des gemeinschaftlichen Gegenstands setzt sich aus den individuellen Bruchteilen jedes einzelnen Teilhabers zusammen. Die Konsequenz für die Verfügungsbefugnis zieht § 747 (vgl. § 747 RdNr. 1).

3   3. **Funktion.** Die Bruchteilsgemeinschaft hat ein doppeltes Gesicht, das sich teils dem gemeinschaftlichen Gegenstand, teils der Beziehung unter den Bruchteilsberechtigten zuwendet. Sie beruht auf **gemeinsamer Rechtszuständigkeit** mehrerer Personen. Sie ist zugleich **Grundlage gesetzlicher Schuldverhältnisse** unter den Teilhabern.[10] Sie begründet also einzelne Sonderrechtsbeziehungen, für deren Verletzung nach allgemeinen Regeln – auch nach § 278 – gehaftet wird. Das diese gemeinschaftsspezifische Innenbeziehung in Gestalt von Schuldverhältnissen leugnende „dingliche Einheitsmodell" von *Randolf Schnorr*[11] schöpft die Spezifika der Gemeinschaft nach §§ 741 ff. nicht aus und führt konzeptionell nicht weiter. Die Gemeinschaft als solche aber ist nach Ansicht des BGH[12] nur Voraussetzung dieser gesetzlichen Schuldverhältnisse und stellt nicht selbst ein solches Schuldverhältnis dar (str.; dazu RdNr. 34; § 743 RdNr. 13; §§ 744, 745 RdNr. 13). Nach aA sind die sich aus §§ 742 ff. ergebenden schuldrechtlichen Beziehungen ihrerseits Bestandteile, dh. nicht bloß Folgen, der Bruchteilsgemeinschaft.[13] Da beides notwendig zusammengehört, hat diese Debatte kaum mehr als terminologische Bedeutung.[14] Nach *Larenz*[15] ist die Bruchteilsgemeinschaft im Gegensatz zur Gesamthand nicht primär Personengemeinschaft, sondern

---

[3] Vgl. mit Abweichungen *Engländer*, Die regelmäßige Rechtsgemeinschaft, 1914, S. 293; *v. Tuhr* I § 3 IV; *Larenz*, SchuldR II, 12. Aufl. 1981, § 61 I; *ders.* JherJb. 83 (1933), 108, 113; *Soergel/Hadding* Vor § 741 RdNr. 4 f.; krit. Überblick bei *Fabricius*, Relativität der Rechtsfähigkeit, 1963, S. 138 f.; vgl. aber *Wolf* AT § 16 B II 1.
[4] *Staudinger/Langhein* RdNr. 60; aA *Hilbrandt* AcP 202 (2002), 631, 639 f., 660.
[5] Zust. *Staudinger/Langhein* RdNr. 255; aA *Saenger* (Fn. 2) S. 118; s. auch *N. Hilger*, Miteigentum der Vorbehaltslieferanten gleichartiger Ware, 1983, S. 60 ff.
[6] RGZ 146, 334, 335 f.
[7] Zust. *Bamberger/Roth/Gehrlein* RdNr. 2.
[8] RG LZ 1929, 838 = DJZ 1929, 917 f.
[9] AA *Fabricius* (Fn. 3) S. 143 f.; *N. Hilger* (Fn. 5) S. 62 f.
[10] BGHZ 62, 243, 246 = LM § 745 (Ac) Nr. 1 m. Anm. *Dunz* = NJW 1974, 1189, 1190 m. Anm. *Schubert* JR 1975, 363; OLG Köln VersR 1997, 709; *Palandt/Sprau* RdNr. 9; *Soergel/Hadding* Vor § 741 RdNr. 7; die Gemeinschaft insgesamt ist gesetzliches Schuldverhältnis nach *Staudinger/Langhein* RdNr. 260 ff., 275.
[11] *Schnorr*, Die Gemeinschaft nach Bruchteilen, 2004, S. 37 ff., 153 ff.
[12] BGHZ 62, 243, 246 = LM § 745 (Ac) Nr. 1 m. Anm. *Dunz* = NJW 1974, 1189, 1190 m. Anm. *Schubert* JR 1975, 363.
[13] *Brach*, Die Funktion der Gesellschaft bürgerlichen Rechts und der Bruchteilsgemeinschaft, 2001, S. 61 f.
[14] Anderes gilt für die ein notwendig schuldrechtliches Element leugnende Habilitationsschrift von *Schnorr* (Fn. 11).
[15] JherJb. 83 (1933), 108, 164.

primär Rechtsgemeinschaft. Die Gemeinschaft ist **kein organisierter Verband**.[16] Sie ist **nicht – wie eine rechtsfähige Personengesellschaft (§ 14 Abs. 2) – fähig, Trägerin von Rechten und Pflichten zu sein.**[17] Sie nimmt weder selbst noch durch Vertreter am Rechtsverkehr teil.[18] Ebenso wenig kommt eine Zurechnung deliktischen Handelns nach § 31 in Betracht. Die Verwaltungsregelungen nach §§ 744 f. ändern daran nichts. Wie jede Interessengruppe können zwar die Teilhaber untereinander die internen Rechte und Pflichten durch eine kooperative (nicht: korporative!) „Verfassung" regeln.[19] Sie können die Bruchteilsgemeinschaft mit einer Innengesellschaft kombinieren (RdNr. 4 f.; vgl. auch zum Wohnungseigentum § 1008 RdNr. 37; zum Timesharing § 1008 RdNr. 36). Aber eine Verselbstständigung im Außenverhältnis ist auch hiermit nicht verbunden. Die mit der Bruchteilsgemeinschaft verbundenen Rechte und Pflichten wirken nur intern (wenn auch unter Umständen gegenüber Rechtsnachfolgern, §§ 746, 751) und schaffen kein „Außenrecht" der Gemeinschaft. Die Gerichtspraxis erkennt allerdings organisierten „Interessengemeinschaften" sogar die passive Parteifähigkeit zu.[20] Aber die Bruchteilsgemeinschaft als solche kann **nicht parteifähig** sein.[21] Die Parteifähigkeit (§ 50 Abs. 1 ZPO) setzt mindestens das Entstehen eines nach außen organisierten Sondervermögens voraus (s. auch § 50 Abs. 2 ZPO). Daran fehlt es bei der Bruchteilsgemeinschaft. Prozesse können deshalb nur von den Teilhabern und nicht im Namen der Gemeinschaft geführt werden.[22] Auch ist die Gemeinschaft **nicht insolvenzrechtsfähig** (§ 11 InsO).[23] So wenig wie die Bruchteilsgemeinschaft ein Verband ist, ist die Bruchteilsberechtigung ein Mitgliedschaftsrecht.[24] Sie ist nur Teil-Rechtszuständigkeit am gemeinschaftlichen Gegenstand (zur Geltung des sachenrechtlichen Spezialitätsgrundsatzes vgl. RdNr. 34).[25] Demgegenüber wird der **Bruchteilsgemeinschaft im Steuerrecht** sowohl die Teilsteuerrechtsfähigkeit[26] als auch die Beteiligtenfähigkeit und Klagebefugnis[27] zuerkannt.

4. Gemeinschaft und Gesellschaft. a) Grundsatz. Gemeinschaft (§ 741) und Gesellschaft (§ 705) sind unterschiedliche Tatbestände. In vielen Fällen liegt nur das eine oder das andere vor. Aber die Tatbestände schließen einander entgegen verbreiteter Auffassung nicht aus.[28] Beide Rechtsinstitute befassen sich mit unterschiedlichen Fragen: der Gesellschaftsvertrag bei der Gesellschaft bürgerlichen Rechts schafft eine schuldrechtliche Zweck- und Zweckförderungsgemeinschaft (im Fall einer Außengesellschaft zugleich eine rechtsfähige Personengesellschaft iS von § 14 Abs. 2); das Gemeinschaftsverhältnis besteht und erschöpft

---

[16] Bedenklich *Klausing*, Uneinheitliche Ausübung mehrerer Stimmen ..., 1928, S. 157 ff.; *Fabricius* (Fn. 3) S. 139 ff., 144; vermittelnd *Larenz* JherJb. 83 (1933), 108, 140 ff.
[17] *Brach* (Fn. 13) S. 65 ff.; Staudinger/Langhein RdNr. 245.
[18] Es gibt deshalb auch keine „rechtsgeschäftlichen Beziehungen zwischen der Gemeinschaft und einzelnen Teilhabern" (aA Staudinger/Langhein RdNr. 73 ff.); ein Mietverhältnis mit einem Bruchteilsberechtigten ist Vertrag nur unter den Teilhabern.
[19] Soergel/Hadding RdNr. 3 mit Hinweis auf BGHZ 25, 311, 313 = LM Nr. 1 m. Anm. *Fischer* = NJW 1957, 1800 (Waldinteressengemeinschaft) und § 741 RdNr. 12; vgl. besonders OLG Neustadt DNotZ 1959, 243, 244 (ohne krit. Prüfung, ob eine Beschlüsse fassende Organisation überhaupt noch Bruchteilsgemeinschaft ist).
[20] BGHZ 25, 311, 313 = LM Nr. 1 m. Anm. *Fischer* = NJW 1957, 1800; OLG Hamm DNotZ 1973, 549, 550; zust. Soergel/Hadding RdNr. 3.
[21] Vgl. *Brach* (Fn. 13) S. 183.
[22] Zur Prozessführung vgl. Staudinger/Langhein § 744 RdNr. 46 ff.
[23] *Bork* ZIP 2001, 545 ff.; MünchKommInsO/Ott/Vuia § 11 RdNr. 63 a mwN; aA AG Göttingen ZIP 2001, 580, 581 = EWiR 2001, 589 *(Holzer)*.
[24] Unklar *Brach* (Fn. 13) S. 200: „Mitgliedschaft"; aA *Saenger* (Fn. 2) S. 92; *Fabricius* (Fn. 3) S. 139.
[25] Vgl. auch BFHE 206, 168, 173 = NJW 2004, 2774, 2776; aA *Saenger* (Fn. 2) S. 92; *Fabricius* (Fn. 3) S. 141; *N. Hilger* (Fn. 5) S. 61 f.
[26] BFHE 178, 86 = NJW 1985, 2944; BFHE 206, 168, 171 = NJW 2004, 2774, 2775.
[27] BFHE 206, 168, 171 = NJW 2004, 2774, 2775.
[28] Zutr. RGRK/v. Gamm RdNr. 6; jetzt auch Erman/Aderhold RdNr. 2; Staudinger/Langhein RdNr. 12 sowie Vor § 741 RdNr. 9 ff.; nur Unvereinbarkeit der Bruchteilsgemeinschaft mit der Berechtigung „als" Gesellschafter behauptet auch *Schünemann*, Grundprobleme der Gesamthandsgesellschaft, 1975, S. 181.

sich dagegen in der gemeinschaftlichen Innehabung eines Rechts und den daraus folgenden Rechten und Pflichten. Gesellschaftsverhältnis und Bruchteilsgemeinschaft können miteinander verknüpft sein. Unter Gesellschaftern kann zur Förderung des gemeinsamen Zwecks Bruchteilszuständigkeit, zB Miteigentum, gebildet werden (§ 705 RdNr. 266 f.). Gesellschafterbeitrag kann in diesem Fall die von der Regel des § 743 Abs. 2 abweichende Benutzung oder Nutzung des gemeinschaftlichen Gegenstands für Zwecke des unter den Miteigentümern bestehenden Gesellschaftsverhältnisses sein. Auch können Bruchteilsberechtigte über die bloß gemeinsame Rechtsinhaberschaft hinaus ein Gesellschaftsverhältnis eingehen, um den gemeinschaftlichen Gegenstand (zB Miteigentum) dauerhaft im Interesse aller oder sonst zu einem gemeinsamen Zweck zu nutzen. Hier überall treten eine Gesellschaft als Rechtsverhältnis und eine Bruchteilsgemeinschaft als Rechtszuständigkeitsform nebeneinander. Dagegen muss die Rechtszuständigkeit selbst eindeutig sein. Der Gegensatz lautet nicht: Gemeinschaft oder Gesellschaft? Er lautet: Bruchteilszuständigkeit oder Gesellschaftsvermögen? Denn Bruchteilszuständigkeit und „Gesamthandszuständigkeit" schließen einander aus.[29] Die Bruchteilsgemeinschaft ist nichts als die mehrheitliche Rechtszuständigkeit an einem Gegenstand (Sache oder Recht). Wird ein Gegenstand in das Gesellschaftsvermögen überführt, so entsteht keine Bruchteilszuständigkeit der Gesellschafter, sondern Einheitszuständigkeit der Gesellschaft, also zB kein Miteigentum der Gesellschafter an einer Sache, sondern Alleineigentum der Gesellschaft. Das ist bei juristischen Personen (zB AG, GmbH) offenbar, gilt aber auch für die traditionell sog. Gesamthandsgesellschaften (rechtsfähige Personengesellschaften iS von § 14 Abs. 2; zur umstrittenen Frage, ob die rechtsfähige Personengesellschaft Gesamthand oder juristische Person ist, vgl. § 705 RdNr. 296 ff.). Für die Begründung von Gesellschaftsvermögen bedarf es einer Rechtsübertragung zu alleinigem Recht der Gesellschaft (zB Alleineigentum durch Übereignung) auch dann, wenn zuvor bereits Bruchteilszuständigkeit der Gesellschafter (zB Miteigentum) bestand (vgl. auch § 705 RdNr. 15, § 1008 RdNr. 14). Für die umgekehrte Überführung von Gesellschaftsvermögen in Bruchteilsvermögen gilt sinngemäß dasselbe (RdNr. 7). Die Frage **„Gesellschaft oder Gemeinschaft?"** kann im Einzelfall auf unterschiedliche Probleme zielen, je nachdem, ob der Tatbestand der Gesellschaft (§ 705) oder der Bruchteilsgemeinschaft (§ 741) feststeht: Besteht unter mehreren Personen eine **rechtsfähige Personengesellschaft** iS von § 14 Abs. 2 (§§ 705 BGB, 105, 161 HGB, 1 PartGG, Art. 3 EWIV-VO), so kann zweifelhaft sein, ob ein „gemeinschaftlicher" Gegenstand in das Gesellschaftsvermögen übergegangen ist oder den Teilhabern zu Bruchteilen gehört und nur dem gemeinsamen Zweck (§ 705) gewidmet ist. Darüber entscheiden die Gesellschafter selbst (vgl. als Beispiel die Gestaltungsvarianten beim Sicherheitenpool bei RdNr. 69). Sie können den Gegenstand in das Gesellschaftsvermögen einbringen oder von einem Dritten für dieses erwerben (vgl. Erl. zu § 718), aber sie können auch – was die Ausnahme bildet – außerhalb des Gesellschaftsvermögens zur Förderung des gemeinsamen Zwecks Miteigentum oder eine sonstige Bruchteilsgemeinschaft bilden. Steuerrechtlich kann es sich, wenn neben dem Gesellschaftsvermögen ein zweckgebundenes Miteigentum besteht, um sog. **Sonderbetriebsvermögen** der Gesellschafter handeln. Ein Beispielfall für diese Gestaltung ist BGH LM § 745 Nr. 20 = NJW 1989, 1030. Ausgehend vom Tatbestand der Bruchteilsgemeinschaft kann sich die **umgekehrte Frage** stellen, ob der gemeinschaftliche Gegenstand dem gemeinsamen Zweck einer Gesellschaft dient oder ob zum Zweck der Verwaltung oder Nutzung des gemeinschaftlichen Gegenstands (bzw. der Gegenstände) eine **Innengesellschaft** gebildet worden ist (Kombination von Bruchteilsgemeinschaft mit Konsortialbindung). Hierüber entscheiden die Merkmale der Gesellschaft: **gemeinsamer Zweck, Vertragsschluss und vertragliche Förderungspflicht** (Vor § 705 RdNr. 124 f.). Bloße Vereinbarungen der Bruchteilsberechtigten über die Verwaltung und Nutzung des gemeinschaftlichen Gegenstands reichen für die

---

[29] Zust. *Erman/Aderhold* RdNr. 2; unrichtig *Brach* (Fn. 13) S. 195: „Beide Zuständigkeiten sind dergestalt gesamthänderischer Art, dass nur alle Beteiligten gemeinsam über das Recht verfügen können." Nur die „Anteilsbindung" sei verschieden (S. 196).

Annahme einer Gesellschaft nicht aus (arg. § 745). Aber selbst wenn ein (Innen-)Gesellschaftverhältnis vereinbart ist, bleibt die dingliche Bruchteilsgemeinschaft als Tatbestand der Vermögenszuordnung daneben bestehen.[30]

b) Das „Halten und Verwalten" als Gesellschaftszweck. Auch das „Halten und 5 Verwalten" eines einzigen Gegenstands – zB einer beweglichen oder unbeweglichen Sache, eines Gesellschaftsanteils oder eines Erfinderrechts – kann gemeinsamer Zweck iS von § 705 sein, der Gegenstand kann dann also Gesellschaftsvermögen werden (§ 705 RdNr. 145). Dann liegt keine Bruchteilsgemeinschaft (mehr) vor (RdNr. 4). Entgegen der Ansicht des OLG Düsseldorf[31] kann deshalb selbst ein einziges Grundstück mehreren in Gesellschaft bürgerlichen Rechts aufgelassen und als „Gesamthandseigentum (in Gesellschaft bürgerlichen Rechts)" in das Grundbuch eingetragen werden (zur umstrittenen Frage, ob dann die Gesellschaft als solche in das Grundbuch eingetragen wird, vgl. § 705 RdNr. 312 ff.).[32] In gleicher Weise können sich mehrere Personen in Gesellschaft bürgerlichen Rechts als Inhaber eines Gesellschaftsanteils zusammenschließen (zur Fähigkeit der GbR, Gesellschafterin zu sein, vgl. § 705 RdNr. 79).[33] Nicht das Gesetz, sondern der Parteiwille entscheidet darüber, ob Bruchteilsberechtigung oder Gesellschaftsvermögen („Gesamthand") vorliegt.[34] Die Rechtsfolgen sind gravierend, denn die Rechtszuständigkeit ist eine völlig unterschiedliche (RdNr. 4). Liegt Gesellschaftvermögen vor, so steht der Gegenstand ungeteilt der Gesellschaft zu, und die Gesellschafter können als „Gesamthänder" nicht, wie Bruchteilsberechtigte nach § 747 S. 1, über Bruchteile an dem gemeinschaftlichen Gegenstand verfügen, sondern – ohne Beachtung der für den Gegenstand geltenden Publizitätsvorschriften wie zB § 873 BGB, § 15 GmbHG – Rechtsänderungen durch Übertragung der Mitgliedschaft oder durch Austritt und Eintritt herbeiführen können.[35] Aber die Bildung einer Außengesellschaft („Gesamthandsgesellschaft") muss gewollt und erklärt sein. Regelmäßig begründet gemeinschaftlicher Erwerb Miteigentum (§ 1008 RdNr. 12), auch wenn Verwaltungs- und Nutzungsregelungen nach §§ 745 f. getroffen worden sind (vgl. auch RdNr. 4).[36] Nach RG SeuffA 88 Nr. 8 soll das sogar dann gelten, wenn Auflassung und Grundbucheintragung auf Erwerb „zur gesamten Hand" lauten. Das ist zweifelhaft. Nach heute hM genügt es für die Begründung einer Gesamthandsgesellschaft, wenn der Erwerb ausdrücklich „in Gesellschaft bürgerlichen Rechts" erfolgt (so vielfach in den notariellen Urkunden über den Grundstückserwerb). Eines ausdrücklichen Gesellschaftsvertrags unter den Erwerbern bedarf es dann nicht.

5. Gemeinschaft und „Gesamthand". a) Unterschiedliche Rechtszuordnung. 6 Gemeinschaft (Bruchteilsgemeinschaft) und Gesamthand sind unvereinbare Gegensätze (vgl. schon RdNr. 4).[37] Derselbe Gegenstand kann entweder mehreren zu Bruchteilen zustehen, oder er steht einer Gesamthand zu. Beides zugleich ist nicht möglich. **Dieser Gegensatz ist unabhängig von den noch verbliebenen Streitigkeiten um die Rechtsnatur der**

---

[30] Vgl. OLG Düsseldorf NZG 2001, 746.
[31] DNotZ 1973, 91; BB 1973, 1325.
[32] BGH NJW 1982, 170 = JuS 1982, 300 m. Anm. *Karsten Schmidt*; OLG Frankfurt NJW-RR 1996, 1123; *Flume* AT I/1 § 3 III; *ders.* DB 1973, 2470; *Staudinger/Langhein* RdNr. 239 ff.; *Petzoldt* BB 1973, 1332; eingehend *Karsten Schmidt* AcP 182 (1982), 482 ff.; *ders.* NJW 1996, 3325 ff.; ZIP 1998, 2 ff.; vgl. beiläufig auch BGHZ 140, 63, 67 = LM § 741 Nr. 14 m. Anm. *Wilhelm* = NJW 1999, 781, 782.
[33] *Karsten Schmidt* BB 1983, 1697.
[34] Zutr. RGRK/*v. Gamm* RdNr. 4.
[35] Näher *Karsten Schmidt* AcP 182 (1982), 487 ff.; *ders.* BB 1983, 1701; NJW 1996, 3326; ZIP 1998, 4; zur rechtspolitischen Kritik vgl. *Karsten Schmidt*, Gesellschaft bürgerlichen Rechts, in: Gutachten und Vorschläge zur Überarbeitung des Schuldrechts, Bd. III, 1983, S. 413, 484 ff.; dazu aber auch *P. Ulmer* ZGR 1984, 331; *Hüffer* AcP 184 (1984), 588 ff.
[36] *Ballerstedt* JuS 1963, 253, 260; *Staudinger/Langhein* RdNr. 224; RGRK/*v. Gamm* RdNr. 5 mit Hinweis auf BGH vom 17. 10. 1955, II ZR 269/53; s. auch OLG Karlsruhe (Freiburg) NJW-RR 1992, 722; OLG München NZG 1999, 395; OLG Celle NJW-RR 2000, 227 („Heizhausgemeinschaft").
[37] HM, vgl. jetzt Erman/*Aderhold* RdNr. 2; *Staudinger/Langhein* RdNr. 239 ff.; aA zB *Saenger* (Fn. 2) S. 52 f., 61, 118; *Fabricius* (Fn. 3) S. 144 f.; *Schulze-Osterloh*, Das Prinzip der gesamthänderischen Bindung, 1972, S. 131 f.; *Brach* (Fn. 13) S. 195.

„Gesamthand".[38] Die „Gesamthandsgesellschaften" (OHG, KG, Partnerschaftsgesellschaft, EWIV und Außen-GbR) sind nunmehr sämtlich als rechtsfähige Personengesellschaften (14 Abs. 1) anerkannt (§ 705 RdNr. 299 ff.). Der Streit, ob diese rechtsfähigen Personengesellschaften überhaupt noch als „Gesamthandsgesellschaften" oder bereits als juristische Personen einzuordnen sind (Vor § 705 RdNr. 13; § 705 RdNr. 307 ff.), ist hierfür ohne Bedeutung. Auch der „nichtrechtsfähige Verein" ist als Rechtsträger anerkannt (§ 54 RdNr. 15 ff.). Es steht damit fest, dass Gegenstände des sog. „Gesamthandsvermögens" ungeteilt der Gesellschaft bzw. dem Verein zustehen.[39] Bei anderen Fällen der sog. „Gesamthand" ist deren Rechtspersönlichkeit umstritten. Sie wird für die Erbengemeinschaft (§ 2032) verschiedentlich bejaht,[40] jedoch überwiegend verneint (4. Aufl. § 2032 RdNr. 12).[41] Hinsichtlich des Gesamtguts (§ 1416) ist dessen Rechtspersönlichkeit zu verneinen.[42] Rechtsinhaber sind hier eindeutig die Ehegatten in Gütergemeinschaft. Die Unvereinbarkeit mit dem Tatbestand der Bruchteilszuständigkeit ist jedoch hiervon unabhängig. Sie besteht darin, dass die **„Gesamthandszuständigkeit"**, wie immer man sie rechtskonstruktiv einordnet, ungeteilt ist: Jeder Gegenstand ist **ungeteilt Gegenstand eines wechselnden „Gesamthandsvermögens".**[43] Dagegen ist die dingliche **Bruchteilszuständigkeit** subjektiv geteilt (Rechtszuständigkeit aller Bruchteilsberechtigten)[44] und erschöpft sich objektiv in der Gemeinschaft **am konkreten Gegenstand** (RdNr. 4).[45] Über Grenzen des Spezialitätsgrundsatzes vgl. RdNr. 33. Während hinsichtlich der Gegenstände eines Gesamthandsvermögens eine Verfügung über Bruchteile an diesen Gegenständen überhaupt nicht in Betracht kommt (§§ 719 Abs. 1, 2040 Abs. 1), unterliegt der Bruchteil am einzelnen Gegenstand bei der **Gemeinschaft** der Verfügungsbefugnis seines Inhabers (§ 747 S. 1). Selbstverständlich kann eine Bruchteilszuständigkeit derselben Personen an mehreren oder vielen Sachen oder an einer Sachgesamtheit zugleich bestehen.[46] Im Innenverhältnis unter den Bruchteilsberechtigten trägt das Recht dem auch Rechnung (vgl. nur § 752).[47] Das Spezialitätsprinzip bleibt aber hinsichtlich der dinglichen Rechtszuständigkeit unberührt.[48] Die Bruchteilszuständigkeit entsteht hinsichtlich jedes neuen Gegenstandes und hinsichtlich jedes hinzukommenden Teilhabers neu. Einen „Mitgliederwechsel" gibt es im Rahmen der Bruchteilsgemeinschaft ebenso wenig wie ein „Gemeinschaftsvermögen".[49] Das schließt freilich – vor allem bei Vorräten mit wechselnden Hinterlegern, Lieferanten etc. – nicht aus, dass die Rechtswirkungen der Gemeinschaft mindestens in schuldrechtlicher Hinsicht eine Sachgesamtheit (RdNr. 33) und sogar wechselnde Teilhaber (RdNr. 37) erfassen können.

7 **b) Umwandlung.** Eine „Umwandlung" zwischen der Bruchteilsgemeinschaft und „Gesamthand" ist im Rechtssinne nicht möglich. Die Überführung von Gesamthandsvermögen in Bruchteilsvermögen und umgekehrt setzt rechtsgeschäftliche Übertragungsakte voraus (RdNr. 4), und zwar bezüglich jedes Gegenstands (Spezialitätsprinzip). Gesamthandsvermögen kann nur durch Rechtsgeschäft in Bruchteilsvermögen (zB in Miteigentum) überführt

---

[38] Dazu noch (im Ergebnis bereits wie hier) 3. Aufl. RdNr. 6.
[39] Ausführlicher noch 3. Aufl. RdNr. 6 mwN; aA noch *Staudinger/Keßler* (12. Aufl.) Vor § 705 RdNr. 69 ff.; *Kraft/Kreutz* GesR, 11. Aufl. 2000, S. 131; *Schulze-Osterloh* (Fn. 37) S. 8 ff. mwN; *Zöllner*, FS Gernhuber, 1993, S. 566 ff.; *ders.*, FS Kraft, 1998, S. 701 ff.
[40] So *Eberl-Borges*, Die Erbauseinandersetzung, 2000, S. 31 ff.; *Ann* EWiR 1999, 159, 160; *Eberl-Borges* ZEV 2002, 127 ff.; *Grunewald* AcP 197 (1997), 306 ff.
[41] So BGH NJW 2002, 3389, 3390 = DB 2002, 2527; NJW-RR 2004, 1006; 2006, 1385; NJW 2006, 3715; *Staudinger/Werner* (2002) § 2032 RdNr. 4, 5; *Ulmer* AcP 198 (1998), 126 ff.; *Scholz* NZG 2002, 155.
[42] *Scholz* NZG 2002, 155.
[43] *Fabricius* (Fn. 3) S. 145; *v. Tuhr* I § 3 II 2; *Flume* AT I/1 § 8; *Esser/Schmidt* AT/2 § 38 III 1, IV 1 b.
[44] Vgl. nur *Flume* AT I/1 § 8; *Staudinger/Langhein* Vor §§ 741 ff. RdNr. 12.
[45] Wörtlich wie hier BGH WM 1984, 873; zust. auch *Rütten*, Mehrheit von Gläubigern, 1989, S. 82; *Brach* (Fn. 13) S. 41.
[46] Charakteristisch BGHZ 140, 63 = LM § 741 Nr. 14 = NJW 1999, 781, 782.
[47] Vgl. zur ordnungsgemäßen Verwaltung ebd.
[48] Zu Unrecht sieht deshalb *Brach* (Fn. 13) S. 41 ff. einen Konflikt zwischen § 741 und § 752.
[49] AA *N. Hilger* (Fn. 5) S. 57 ff.

werden. Das gilt selbst dann, wenn zwischen den Gesamthändern und den künftigen Teilhabern Personenidentität besteht (§ 705 RdNr. 15; § 1008 RdNr. 13). Entsprechendes gilt für die Einbringung von Miteigentum in das Gesamthandsvermögen einer Gesellschaft. Auch wenn sich eine rechtsfähige Personengesellschaft („Gesamthandsgemeinschaft") in Auflösung befindet (§§ 726 ff. BGB, 131, 145 ff. HGB), steht das Gesellschaftsvermögen („Gesamthandsvermögen") bis zur auseinandersetzenden Rechtsübertragung noch der Gesellschaft zu und nicht den einzelnen Teilhabern in Bruchteilsgemeinschaft.[50] Ein gesetzlicher Anspruch auf Umwandlung von Gesamthandseigentum in Miteigentum besteht auch bei der Auseinandersetzung einer Gesamthandsgemeinschaft – zB Erbteilung – nicht.[51]

c) Funktionsunterschiede? Funktionsunterschiede zwischen Gemeinschaft und Gesamthand haben neben dem Unterschied der Vermögenszuordnung keine prinzipielle Bedeutung.[52] Funktionsmäßige Unterscheidungen, die sich im Schrifttum finden, gehen in Wahrheit nur auf den ungenau formulierten vermeintlichen Gegensatz zwischen Gemeinschaft und Gesellschaft zurück (RdNr. 4) und liefern deshalb nur Unterscheidungen für typische Fälle. Das gilt insbesondere für die übliche Gegenüberstellung von Zweckgemeinschaft (Gesamthand) und zweckfreier (Bruchteils-)Gemeinschaft.[53] Weder muss die Gesamthand Zweckgemeinschaft sein (Beispiel: Erbengemeinschaft!) noch schließt eine gesellschaftsrechtliche Zweckgemeinschaft nach § 705 das Bestehen einer Bruchteilszuständigkeit unter den Gesellschaftern aus (RdNr. 4). 8

II. Voraussetzungen der Bruchteilsgemeinschaft

1. Mehrheit von Berechtigten. Mehrere Teilhaber müssen vorhanden sein (über Ausnahmen bei getrennter Rechtszuordnung [Vorerbschaft, Treuhand] vgl. § 1008 RdNr. 1). Teilhaber können natürliche Personen, juristische Personen, rechtsfähige Personengesellschaften oder sog. Gesamthandsgemeinschaften sein, zB auch eine Erbengemeinschaft.[54] Dies ist keine Frage der Rechtsfähigkeit der, in Wahrheit ganz uneinheitlichen, sog. Gesamthandsgemeinschaften (RdNr. 6), sondern beruht darauf, dass der Bruchteil ungeteilt bleibt, auch wenn er an Miterben vererbt oder durch Ehevertrag Gesamtgut wird. Dagegen kann eine Bruchteilsgemeinschaft, nicht ihrerseits Teilhaberin sein (RdNr. 16: keine Untergemeinschaft). Ist eine juristische Person oder eine Gesamthand Teilhaberin, so muss genau unterschieden werden zwischen der Auseinandersetzung der Teilhaberin und der Teilung der Gemeinschaft. Zur Frage, ob jeder Gesamthänder (zB jeder Miterbe eines Teilhabers) die Teilung der Gemeinschaft nach § 749 verlangen kann, vgl. § 749 RdNr. 17. Von der Mitberechtigung einer Gesamthand ist der umgekehrte Fall zu unterscheiden, dass am Gesamthandsanteil (Gesellschaftsanteil) eine Bruchteilsgemeinschaft besteht (RdNr. 14). Teilhaber ist, wer „dinglich" Inhaber eines Bruchteils ist. Im Fall der **Treuhand am Bruchteil** (RdNr. 19) ist der Treuhänder Teilhaber, nicht der Treugeber. Der Treugeber eines Miteigentumsanteils kann allerdings in das Innenverhältnis der Bruchteilsbeteiligten einbezogen werden.[55] Möglich ist auch, dass ein Bruchteilsberechtigter gleichzeitig Treuhänder eines anderen ist.[56] Möglich ist ferner, dass ein Teilhaber einen Bruchteil für eigene Rechnung und einen 9

---

[50] KG OLGE 6, 260; zur vermeintlichen Vollbeendigung vgl. RdNr. 28.
[51] BGHZ 21, 229, 233 = LM § 181 Nr. 6 m. Anm. *Hückinghaus* = NJW 1956, 1433; RGZ 67, 61, 64; vgl. aber BGH LM § 2033 Nr. 4 = NJW 1963, 1610, 1611.
[52] Insoweit wohl ähnlich *Brach* (Fn. 13) passim.
[53] *Würdinger*, Theorie der schlichten Interessengemeinschaft, 1934, S. 33; *ders.*, Gesellschaften I, 1937, § 2 II; *Müller-Erzbach*, Das private Recht der Mitgliedschaft, 1948, S. 33; *Reinhardt/Schultz*, Gesellschaftsrecht, 2. Aufl. 1981, RdNr. 21; *Staudinger/Keßler* (12. Aufl.) Vor § 705 RdNr. 168; *Soergel/Hadding* Vor § 741 RdNr. 11; RGRK/v. *Gamm* RdNr. 5; *Palandt/Sprau* RdNr. 1; krit. *Buchda*, Geschichte und Kritik der deutschen Gesamthandlehre, 1936, S. 283 ff.
[54] Dazu BGH NJW 1983, 2020; OLG Hamm Rpfleger 1964, 341 m. Anm. *Haegele*; LG Berlin NJW 1960, 1406 m. Anm. *Breetzke*; *Josef* MittBayNot 1926, 165.
[55] BGH LM Nr. 13 = NJW-RR 1991, 683, 684.
[56] OLG Celle NZG 1999, 649; OLG Frankfurt NZG 1999, 819.

anderen treuhänderisch hält (§ 1008 RdNr. 14). Möglich ist schließlich, dass ein Gegenstand (Sache, Recht oder Bruchteil) von einem Treuhänder für mehrere Treugeber gehalten wird (vgl. als Beispiel den Treuhand-Sicherheitenpool; dazu RdNr. 69). Diese sind dann Bruchteilsberechtigte am Treuhandverhältnis (RdNr. 18) und **fiktive Bruchteilsberechtigte** am Treugut (Sache, Recht oder Bruchteil). Es gelten unter ihnen die §§ 742 ff. (RdNr. 19).

10 **2. Rechte als Gegenstand von Bruchteilsgemeinschaften.** Gegenstand der Bruchteilsgemeinschaft ist immer ein Recht. Die Bruchteilsgemeinschaft an einer Sache ist Miteigentum (§ 1008), also Bruchteilsgemeinschaft am Eigentumsrecht. Eine bloß tatsächliche Gemeinschaft kann Interessengemeinschaft sein (RdNr. 71 ff.), aber nicht Bruchteilsgemeinschaft.[57]

11 **a) Grundfälle. Hauptanwendungsfall** der §§ 741 ff. ist das **Miteigentum** (§§ 1008 ff.). Aber auch **Forderungen** können Gegenstand einer Bruchteilsgemeinschaft sein.[58] Das gilt auch für im Grundbuch vormerkungsgesicherte Forderungen.[59] Einzelheiten zur Bruchteils-Gläubigerschaft in RdNr. 42 ff. Über weitere wichtige **Einzelfälle** vgl. RdNr. 50 ff.

12 **b) Beschränkte dingliche Rechte.** Beschränkte dingliche Rechte können mehreren in Bruchteilsgemeinschaft zustehen, nach hM auch in Gesamtberechtigung analog § 428.[60] Die Anwendung des § 428 scheint aber nur bei forderungsakzessorischen Rechten angezeigt. Im Übrigen liegt eine Gemeinschaft nach §§ 741 ff. vor. Für mehrere Berechtigte können zB folgende Rechte bestellt werden: **Hypotheken,**[61] **Grundschulden** und **Eigentümergrundschulden,**[62] **Nießbrauch,**[63] **Dienstbarkeiten,**[64] **dingliche Vorkaufsrechte** (str.).[65] Auch wenn ein **dingliches Wohnrecht** für mehrere „als Gesamtberechtigte nach § 428 BGB" eingetragen ist,[66] kann dies zur Anwendung der §§ 742 ff. führen.[67] Nicht überzeugend lehnt deshalb OLG Köln DNotZ 1965, 686 die Eintragung eines dinglichen Wohnrechts nach § 1093 für mehrere Personen zu Bruchteilen ab.[68] Zur Behandlung des gemeinschaftlichen Sondernutzungsrechts zweier Woh-

---

[57] *Ropeter*, Die Beteiligung als Bruchteilsgemeinschaft, 1980, S. 12; *Erman/Aderhold* RdNr. 4.
[58] Vor § 420 RdNr. 14; § 432 RdNr. 2; BGH LM § 387 Nr. 46 = NJW 1969, 839; NJW 1982, 928; 1984, 795, 796; 2000, 2347, 2348; OLG Oldenburg NJW-RR 1999, 579; *Larenz* JherJb. 83 (1933), 108, 165 ff.; *Hilbrandt* AcP 202 (2002), 632; *Rütten* (Fn. 45) S. 49 ff.; *Hadding*, FS Ernst Wolf, 1985, S. 118 f.; *ders.*, FS Canaris, 2007, S. 379 ff.; *Ennecerus/Lehmann* § 183 III; *Esser/Schmidt* AT/2 § 38 IV 1 a; *Bamberger/Roth/Gehrlein* RdNr. 9; *Soergel/Hadding* RdNr. 13; RGRK/*v. Gamm* RdNr. 8; RGRK/*Weber* Vor § 420 RdNr. 8; *Staudinger/Langhein* RdNr. 78; im Grundsatz aA *Schnorr* (Fn. 11) S. 116 ff., 137 f., 416.
[59] Beispiele: BGHZ 136, 327 = NJW 1997, 3235 (vormerkungsgesichertes Vorkaufsrecht); BayObLG NJW-RR 1999, 310, 311 (Kaufvertrag).
[60] BGHZ 29, 363, 364 = LM § 1115 Nr. 3 (LS) = NJW 1959, 984; BGHZ 46, 253, 254 = LM § 1093 Nr. 4 m. Anm. *Mattern* = NJW 1967, 627; dazu *Faßbender* DNotZ 1967, 189 und *D. Reinicke* JZ 1967, 415; BGH LM § 1008 Nr. 1 = NJW 1975, 445; NJW 1981, 176; LG Lüneburg Rpfleger 1998, 110; *Staudinger/Langhein* RdNr. 131; eingehend § 428 RdNr. 13 mN.
[61] KGJ 31 A 313 Nr. 64; KG HRR 1928 Nr. 518; 1935 Nr. 663; OLG Darmstadt JW 1934, 2485 f.
[62] BGH ZIP 1986, 89; KG HRR 1929 = JW 1938, 3236; BayObLGZ 1962, 184, 188; KG JFG 16 Nr. 92; JW 1938, 230; AG Obernburg MDR 1964, 846; *Bamberger/Roth/Gehrlein* RdNr. 8; *Soergel/Hadding* RdNr. 8; *Staudinger/Langhein* RdNr. 128 ff.
[63] KGJ 49 A 191 Nr. 48; KG HRR 1936 Nr. 1217; s. auch BGH NJW 1981, 176; eingehend 4. Aufl. § 1030 RdNr. 35.
[64] BayObLG NJW 1966, 56; *Bamberger/Roth/Gehrlein* RdNr. 8; *Staudinger/Langhein* RdNr. 128; einschr. für beschränkte persönliche Dienstbarkeiten KG JW 1935, 3564.
[65] *Schulze-Osterloh* (Fn. 37) S. 133; *Amann*, FS Hagen, 1999, S. 92 f.; *Bamberger/Roth/Gehrlein* RdNr. 8; *Staudinger/Langhein* RdNr. 128; *Ischinger* Rpfleger 1949, 493, 494; *Demharter* EWiR 1998, 1031, 1032; *Streuer* Rpfleger 1998, 154; aA wegen § 472 (= § 513 aF) KG DNotZ 1929, 736; OLG Frankfurt NJW-RR 1999, 17, 18; *Erman/Grziwotz* § 1094 RdNr. 3; zu einem durch Vormerkung gesicherten schuldrechtlichen Vorkaufsrecht vgl. BGHZ 136, 327, 330 = LM § 47 GBO Nr. 5 = NJW 1997, 3235.
[66] Dazu BGHZ 46, 253 = NJW 1967, 672; BGH LM § 428 Nr. 23 m. Anm. *Franzen* = NJW 1996, 2153; LG Lüneburg Rpfleger 1996, 110.
[67] Vgl. BGH NJW 1993, 3326; LM § 428 Nr. 23 m. Anm. *Franzen* = NJW 1996, 2153, 2154; dazu *Erbarth* NJW 1997, 974, 976; s. auch *Staudinger/Langhein* RdNr. 131.
[68] Überzeugend *Staudinger/Langhein* RdNr. 128; dem OLG Köln noch folgend 3. Aufl.; *Bamberger/Roth/Gehrlein* RdNr. 8; *Erman/Aderhold* RdNr. 6; *Soergel/Hadding* RdNr. 4, 8.

nungseigentümer an einem Weg s. BayObLG WuM 1992, 705. Zur **Eintragung eines Altenteils** (Wohnrecht und Reallast) zugunsten mehrerer Personen vgl. BGH DNotZ 1979, 499. **Grundbuchrechtlich** muss sich die Art der Gemeinschaft aus der Eintragung (§ 47 GBO), im Fall des § 49 GBO mindestens aus der in Bezug genommenen Bewilligung ergeben.[69] Die Eintragung „als Gesamtberechtigte" genügt nicht, weil sie das Vorhandensein einer Gemeinschaft nach § 741 weder kenntlich macht noch eindeutig ausschließt.[70] Eigentümergrundschulden stehen mehreren gemeinschaftlich zu, wenn mehrere Grundstücke durch eine Gesamtgrundschuld zugunsten ihrer Eigentümer belastet werden.[71] Ferner, wenn mehrere Miteigentümer ihr Grundstück mit einer Eigentümergrundschuld belasten[72] oder wenn sich die an einem Miteigentümer-Grundstück bestellte Hypothek nach §§ 1163, 1177 in eine Eigentümergrundschuld verwandelt.[73] Allerdings ist die ideelle Teilbarkeit gerade bei Eigentümergrundschulden umstritten.[74] Aber die dagegen erhobenen Einwände sind für die Praxis irrelevant und vermögen sachlich nicht zu überzeugen. Der Fall der Belastung von Miteigentum mit einem Grundpfandrecht zugunsten aller Miteigentümer belegt schlagend, dass eine Bruchteilsberechtigung am Eigentümergrundpfandrecht unentbehrlich ist. KG JW 1936, 2747 lässt es bei einem Nießbrauch sogar zu, dass dieses Recht von vornherein nur **zu einem Bruchteil bestellt** wird.[75] Die Folge ist, dass das Nutzungsrecht dem Eigentümer und dem Nießbraucher zu ideellen Bruchteilen zusteht. Auch am **Wohnungseigentum** kann eine Bruchteilsgemeinschaft bestehen (Vor § 1 WEG RdNr. 33).[76] Die Ablehnung einer Bruchteilsgemeinschaft am regulären Bruchteil iS von § 741 (RdNr. 16) ändert daran nichts. Über Komplikationen bei der Begründung von Bruchteils-Wohnungseigentum vgl. allerdings LG München Rpfleger 1969, 431 m. zust. Anm. *Diester*. Danach wird das Wohnungseigentum zunächst als ungeteiltes, erst nachträglich teilbares Wohnungseigentum begründet.[77] Für Rückstände von Lastenbeiträgen haften Bruchteilsberechtigte am Wohnungseigentum als Gesamtschuldner.[78] Über **gemeinschaftliche Vormerkungen** vgl. RdNr. 11.

c) **Öffentlich-subjektive Rechte.** Vermögenswerte öffentlich-subjektive Rechte können Gegenstand einer Bruchteilsgemeinschaft sein.[79] 13

d) **Gesellschaftsanteile.** Bruchteilsgemeinschaften an Gesellschaftsanteilen stellen sich als Miteigentum dar, wo die Rechtsträgerschaft durch das Eigentum an einem Wertpapier bestimmt ist (Namensaktie, Inhaberaktie), sonst als Gemeinschaft nach § 741. Das gilt für **GmbH**[80] und **AG**.[81] § 8 Abs. 3 AktG hindert nicht die ideelle Gemein- 14

---

[69] BGH DNotZ 1979, 499; eingehend *Amann*, FS Hagen, 1999, S. 75 ff.
[70] BGH NJW 1981, 176.
[71] LG Nürnberg-Fürth Rpfleger 1960, 156.
[72] BGH LM Nr. 10 = NJW-RR 1986, 233; LM AnfG § 7 Nr. 20 = NJW 1996, 2231, 2233 (Gesamtgrundschuld in Gesamtgläubigerschaft); RG HRR 1938 Nr. 1593 = JW 1938, 3236; LG Nürnberg-Fürth Rpfleger 1960, 156.
[73] BGH NJW-RR 1986, 233 = ZIP 1986, 89.
[74] Für Gesamthandszuständigkeit zB *Wolff/Raiser* § 148 VII 1 a; dagegen mwN *Soergel/Hadding* RdNr. 8.
[75] Ebenso LG Wuppertal Rpfleger 1995, 209; *Erman/Michalski* § 1030 RdNr. 5; *Soergel/Stürner* § 1030 RdNr. 10; *Staudinger/Frank* (2002) § 1030 RdNr. 39.
[76] BGHZ 49, 250 = LM WEG § 8 Nr. 3 m. Anm. *Mattern* = NJW 1968, 499; BGH NJW-RR 2001, 6, 7; KG OLGZ 1994, 154 = NJW-RR 1994, 278; OLG Neustadt DNotZ 1960, 149; OLG Stuttgart OLGZ 1969, 232 = NJW 1969, 1176; OLG Düsseldorf FGPrax 2003, 216 = WuM 2004, 113 = ZMR 2004, 53; OLG Rostock vom 12. 9. 2005, 7 W 43/03, BeckRS 2005, 12220; OLG Frankfurt NZM 2007, 490; LG München Rpfleger 1969, 431; *Staudinger/Langhein* RdNr. 146; *Tonner/Tonner* WM 1998, 316; *Weitnauer* DNotZ 1960, 115.
[77] Zust. *Weitnauer/Briesemeister*, WEG, 9. Aufl. 2005, § 3 WEG RdNr. 5.
[78] OLG Stuttgart OLGZ 1969, 232 = NJW 1969, 1176, allerdings mit zweifelhafter Begründung.
[79] Vgl. *Staudinger/Langhein* RdNr. 154 ff.; s. auch AG Hamburg HansRGZ 1930 B, 729; nur die Privatrechtsverhältnisse behandelt OLG Hamburg HansRZ 1926, 676; zur Erbengemeinschaft OLG Oldenburg NJW-RR 1996, 136.
[80] RGZ 135, 70, 74; *Ropeter* (Fn. 57) S. 38 ff.; *Scholz/H.Winter/Seibt* § 18 GmbHG RdNr. 5; *M. Winter/Löbbe* in: *Ulmer/Winter/Habersack* § 18 GmbHG RdNr. 2, dort wN.
[81] *Ropeter* (Fn. 57) S. 28 ff.; *Bamberger/Roth/Gehrlein* RdNr. 10; *Staudinger/Langhein* RdNr. 138; *K. Schmidt/Lutter/Bezzenberger* § 69 AktG RdNr. 3; *Lutter* in Kölner Komm. AktG, 2. Aufl. 1988, § 69 AktG RdNr. 3 ff.; dort wN.

schaft an einer Aktie.[82] Dagegen ist die Mitgliedschaft in der **Personengesellschaft** (OHG, KG, GbR, EWIV, Partnerschaftsgesellschaft) nach der bisher hM **nicht ideell teilbar.**[83] Die Mitgliedschaft kann zwar zB beim Tod eines Gesellschafters in mehrere Mitgliedschaften zerfallen (§ 727 RdNr. 33), aber eine Rechtszuständigkeit zu ideellen Bruchteilen an einer Mitgliedschaft gibt es nach bisher ganz hM bei diesen Gesellschaften nicht. Das ist keine Selbstverständlichkeit, wird aber verständlich, wenn man die personengesellschaftliche Mitgliedschaft mit der hM als unteilbar ansieht (§ 705 RdNr. 181 ff.). Zweifelhaft ist die Zulässigkeit einer **Bruchteilsgemeinschaft an einer stillen Beteiligung,**[84] weil stille Einlage und gesellschaftsrechtliche Beteiligung zusammengehören.[85] Die typische stille Einlage als Forderung[86] und die gesetzestypische stille Beteiligung kann als Rechtsverhältnis Gegenstand einer Bruchteilsgemeinschaft sein (RdNr. 18).[87] Aber das gilt nicht für die mitgliedschaftlich ausgestaltete (mitunternehmerische) atypische stille Beteiligung, denn sie ist wie eine Kommanditbeteiligung zu behandeln.[88] Für jede **Bruchteilsberechtigung am Anteil** gilt rechtsgrundsätzlich, dass die Gesellschaft Erklärungen, die sie dem Gesellschafter (Aktionär) gegenüber abzugeben, hat, nur einmal abzugeben braucht, nämlich entweder gegenüber dem benannten Vertreter der Gemeinschaft oder gegenüber einem der Mitberechtigten (§§ 69 Abs. 3 AktG, 18 Abs. 3 GmbHG). Zur Ausübung von Rechten und zur Verwaltung des gemeinschaftlichen Anteils vgl. §§ 744, 745 RdNr. 8. Von der Bruchteilsgemeinschaft am Anteil ist die **Zugehörigkeit des Anteils zu einem Gesamthandsvermögen** zu unterscheiden. Aber die §§ 69 AktG, 18 GmbHG sind auch anwendbar, wenn eine Gesellschaft bürgerlichen Rechts,[89] eine Gütergemeinschaft oder eine Erbengemeinschaft Inhaberin des Gesellschaftsanteils ist.[90] **Keine Bruchteilsgemeinschaft** am Anteil ist die **Unterbeteiligung;** hier ist der Anteil nur einem Hauptbeteiligten zugeordnet, der zu den Unterbeteiligten lediglich in schuldrechtlicher Bindung steht.[91] Ebenso wenig liegt eine Bruchteilsgemeinschaft am Anteil vor, wenn ein einziger Gesellschafter Anteilsinhaber ist, aber von mehreren gesamtvertretungsberechtigten Vertretern vertreten wird.[92]

15 e) **Erbteil.** Eine Bruchteilsgemeinschaft am Erbteil entsteht durch dessen Teilung. So, wenn ein Erbteil vom Miterben nur zu einem Bruchteil veräußert wird oder wenn er zu Bruchteilen an mehrere Erwerber veräußert wird (4. Aufl. § 2033 RdNr. 28).[93] Es tritt dann keine Vermehrung der Erbteile ein, sondern Bruchteilszuständigkeit hinsichtlich des ungeteilten Erbteils.[94] Die **Grundbucheintragung** hinsichtlich eines Nachlassgrundstücks oder

---

[82] *Ropeter* (Fn. 57) S. 32 f.; *Kraft* in Kölner Komm. AktG, 2. Aufl. 1986, § 8 RdNr. 48 mN; *Brändel* in Großkomm. AktG, 4. Aufl. 1992, § 8 Anm. 56.
[83] *Flume* AT I/1 § 7 III 3; *Bamberger/Roth/Gehrlein* RdNr. 10; *Erman/Aderhold* RdNr. 8; *Soergel/Hadding* RdNr. 12; RGRK/*v. Gamm* RdNr. 9; MünchKommHGB/*Karsten Schmidt*, 2. Aufl. 2006, § 105 RdNr. 76; ob die Rechtsentwicklung es hierbei belässt, bleibt abzuwarten; abl. jetzt *Ropeter* (Fn. 57) S. 66 ff., insbes. S. 85 ff. für die übertragbare Mitgliedschaft.
[84] Generell abl. noch die 3. Aufl.; zust. *Staudinger/Langhein* RdNr. 141; aA *Staudinger/Huber* (12. Aufl.) RdNr. 75 mit unzutreffender Parallele zur Frage, ob eine Gesamthand stiller Gesellschafter sein kann.
[85] Dazu MünchKommHGB/*Karsten Schmidt,* 2. Aufl. 2007, § 230 RdNr. 147 ff.
[86] *Karsten Schmidt* ZHR 140 (1976), 475.
[87] Abl. hier noch die 3. Aufl.
[88] Dazu eingehend MünchKommHGB/*Karsten Schmidt* 2. Aufl. 2007 § 230 RdNr. 79 ff., 181 ff.
[89] Zu ihrer Fähigkeit, Anteilsinhaberin zu sein, vgl. § 705 RdNr. 316; *Hohner* NJW 1975, 718.
[90] Vgl. mN *Lutter* in Kölner Komm. AktG, 2. Aufl. 1988, § 69 RdNr. 8; *M. Winter/Löbbe* in: *Ulmer/Winter/Habersack* § 18 GmbHG RdNr. 5 ff.; *Scholz/Winter* § 18 GmbHG RdNr. 6 ff.
[91] Vgl. auch *Staudinger/Langhein* RdNr. 149; zur Unterbeteiligung vgl. Vor § 705 RdNr. 92 ff.; MünchKommHGB/*Karsten Schmidt,* 2. Aufl. 2007, § 230 RdNr. 191 ff.
[92] *Lutter* in Kölner Komm. AktG, 2. Aufl. 1988, § 69 RdNr. 9; MünchKommAktG/*Bayer*, 2. Aufl. 2003, § 69 RdNr. 7 mN.
[93] RG WarnR 1913 Nr. 234; BFH NJW 1975, 2119; BayObLG Rpfleger 1968, 187; OLG Köln Rpfleger 1974, 109; LG Mönchengladbach Rpfleger 1967, 434; LG Berlin Rpfleger 1996, 472 m. Anm. *Bestelmeyer*; *Haegele* Rpfleger 1968, 173; *Erman/Aderhold* RdNr. 10; *Erman/Schlüter* § 2033 RdNr. 4; *Palandt/Edenhofer* § 2033 RdNr. 2; *Staudinger/Werner* (2002) § 2033 RdNr. 7; s. auch BGH NJW 1963, 1611; KGJ 46 A 181, 186; BayObLG DJZ 1921, 836; gegen Zulässigkeit noch *v. Lübtow* Erbrecht II, 1971, S. 817 mwN.
[94] Wie hier *Haegele* Rpfleger 1968, 177; *Staudinger/Langhein* RdNr. 143; *Bamberger/Roth/Gehrlein* RdNr. 10; *Staudinger/Werner* (2002) § 2033 RdNr. 7; hM; unentschieden BayObLG Rpfleger 1968, 187,

eines zum Nachlass gehörenden Grundstücksrechts bezeichnet im Fall der Bruchteilsgemeinschaft am Erbteil neben den anderen Miterben alle Bruchteilsberechtigten, und zwar unter Angabe der unterschiedlichen Rechtsverhältnisse.[95] Überträgt ein Miterbe seinen Erbteil an sämtliche Miterben, so hat er nach BayObLG NJW 1981, 830 die Wahl, ob er ihnen Bruchteile seines Erbteils überträgt oder ob er – wie ein Gesellschafter – aus der Erbengemeinschaft ausscheidet mit der Folge, dass der „übertragene" Erbteil den „Erwerbern" zur gesamten Hand anwächst (4. Aufl. § 2042 RdNr. 14); mangels besonderer Anhaltspunkte (zB Angabe von Bruchteilen) sieht das Gericht das letztere als im Zweifel gewollt an (zweifelhaft). **Keine Bruchteilsgemeinschaft,** sondern Gesamthand ist die **Erbes-Erbengemeinschaft.**[96] Sie entsteht, wenn ein Miterbe vor der Voll-Auseinandersetzung des Nachlasses unter Hinterlassung mehrerer (Erbes-)Erben stirbt. Aus ihr entsteht aber eine Bruchteilsgemeinschaft am Erbteil, wenn die Erbeserbengemeinschaft aufgehoben wird, indem die Erbeserben den Erbteil eines verstorbenen Miterben untereinander zu Bruchteilen aufteilen.[97] Die Auseinandersetzung der Erbengemeinschaft erfolgt nach Stämmen.[98] Die Teilung innerhalb der Bruchteilsgemeinschaft ist Sache der Teilhaber, dh. nach Umwandlung der Erbeserbengemeinschaft in eine Bruchteilsgemeinschaft Sache der Erbeserben untereinander. Von der Bruchteilsgemeinschaft am Erbteil zu unterscheiden ist die **Bruchteilsgemeinschaft an den einzelnen Gegenständen des Nachlasses.** Sie entsteht durch Überführung von Nachlassgegenständen aus der Erbengemeinschaft in eine Bruchteilsgemeinschaft, also durch (Teil-)Auseinandersetzung der Erbengemeinschaft als Gesamthand. Diese „Umwandlung" der Erbengemeinschaft in eine Bruchteilsgemeinschaft erfolgt deshalb durch rechtsgeschäftliche Übertragung der einzelnen Nachlassgegenstände auf (die Erben als) Bruchteilsberechtigte, bei Sachen also durch Übereignung nach §§ 873, 925, 929 ff. (RdNr. 7). Durch bloße Übertragung von Erbteilen entsteht sie nach BFH NJW 1975, 2119, wenn alle Gesamthandsanteile zu gleichen Bruchteilen auf mehrere Erwerber übertragen werden; dann sollen alle Nachlassgegenstände ohne weiteres in Bruchteilseigentum übergehen, und auch bei Grundstücken soll ohne Auflassung Miteigentum der Erwerber entstehen (zweifelhaft, vgl. näher § 1008 RdNr. 11).

f) Bruchteil? Eine Bruchteilsgemeinschaft am ideellen Bruchteil gibt es **nicht** (vgl. dagegen zum Wohnungseigentum RdNr. 12).[99] Nur in den Sonderfällen des Wohnungseigentums (RdNr. 12), des Anteils bei der Kapitalanlagegesellschaft (RdNr. 51) und beim Wertpapiersammeldepot (RdNr. 58; § 1008 RdNr. 29 f.) ist eine Untergemeinschaft möglich.[100] Wird der Bruchteil eines Bruchteils gemäß § 747 S. 1 auf einen Dritten übertragen oder überträgt der Teilhaber den Bruchteil insgesamt zu Bruchteilen auf mehrere Erwerber, so entsteht **keine Untergemeinschaft** am ungeteilten Bruchteil; vielmehr wird nur der Bruchteil geteilt und teilweise übertragen; die Bruchteilsgemeinschaft bleibt eine und dieselbe; die Zahl der Bruchteile in der Gemeinschaft wird größer, die betroffenen Bruchteile selbst werden kleiner.[101] Ebenso, wenn ein ererbter einheitlicher Bruchteil von der Erbengemeinschaft zu Bruchteilen auf die Miterben übertragen wird. Die Bruchteils-Bruch-

---

188; aA *Jaschke,* Gesamthand und GrundbuchR, 1991, S. 68 ff.; *Kehrer* BWNotZ 1957, 262, 265; *Staudenmaier* DNotZ 1966, 724; *Venjakob* Rpfleger 1993, 4 ff.; zum Streitstand auch *Tiedtke* JuS 1977, 159.
[95] Str.; vgl. OLG Düsseldorf Rpfleger 1968, 188; *Haegele* Rpfleger 1968, 173, 177; s. auch LG Köln Rpfleger 1974, 109; LG Dresden Rpfleger 1996, 243, 244 m. zust. Anm. *Böhringer;* aA BayObLG Rpfleger 1968, 187; *Venjakob* Rpfleger 1993, 7.
[96] OLG Düsseldorf Rpfleger 1968, 188; *Rather,* Die Erbeserbengemeinschaft, Diss. Göttingen 1977.
[97] BGH LM § 2033 Nr. 4 = NJW 1963, 1610, 1611; OLG Düsseldorf Rpfleger 1968, 188.
[98] OLG Colmar OLGE 12, 92 f.
[99] BGHZ 13, 133, 141 = LM § 504 Nr. 1 m. Anm. *Pritsch* = NJW 1954, 1035, 1036; KJG 51 A 198 Nr. 55; LG Berlin NJW 1956, 471; LG Mönchengladbach DNotZ 1967, 434, 435; *Bamberger/Roth/Gehrlein* RdNr. 10; *Erman/Aderhold* RdNr. 11; *Ropeter* (Fn. 57) S. 164 ff.; vgl. auch OLG Colmar OLGE 20, 407: keine Belastung des Bruchteils-Bruchteils; im Ausgangspunkt auch *Staudinger/Langhein* RdNr. 146; abw. *Schnorr* (Fn. 11) S. 150 ff.
[100] *Staudinger/Langhein* RdNr. 146.
[101] Vgl. BayObLG DNotZ 1980, 98, 99 mwN; distanziert *Hilbrandt* AcP 202 (2002), 644 f., 652 Fn. 59.

teile gehen in der Gemeinschaft auf. Trotzdem lässt BayObLGZ 1958, 196, 200 f. die Grundbucheintragung eines Ehepaars als Miteigentümer eines Hälfteanteils zu je ½ neben den Kindern (anderer Hälfteanteil) zu.[102] Richtig dagegen BayObLG DNotZ 1980, 98, 99 f.: Um den unzutreffenden Anschein einer Untergemeinschaft zu vermeiden, trägt das Grundbuchamt den Teil-Erwerber eines Bruchteils mit dem endgültigen Anteil an der (einzigen) Bruchteilsgemeinschaft ein. Nach *Weitnauer*[103] bedarf es jedenfalls in schuldrechtlicher Hinsicht der Anerkennung einer **Untergemeinschaft**. Richtig ist, dass schuldrechtliche Sonderabreden und -verpflichtungen unter den „Unterberechtigten" zu beachten sind, aber hierzu bedarf es nicht der Konstruktion einer Bruchteils-Bruchteilsgemeinschaft. Noch weniger ist diese Rechtskonstruktion notwendig, um die Teilung des gemeinschaftlichen Bruchteils innerhalb einer vertraglich unaufhebbaren (Haupt-)Gemeinschaft zu erreichen (Beispiel nach *Weitnauer*). Dies ist ein Scheinkonflikt, der erst entsteht, wenn man eine Untergemeinschaft am Bruchteil konstruiert. Gehen die Bruchteils-Bruchteile in der Bruchteilsgemeinschaft auf, so sind sie von vornherein voneinander geteilt. Vereinigen sich mehrere Bruchteile in einer Hand, so wird aus ihnen ein Bruchteil.[104] Vereinigen sich alle Bruchteile in dieser Weise, so ist eine Gemeinschaft nicht mehr vorhanden (RdNr. 31). Die Bruchteile können allerdings hinsichtlich dinglicher Belastungen ihre Selbstständigkeit bewahren (§ 1008 RdNr. 14). Möglich ist auch, dass ein ungeteilter Bruchteil treuhänderisch für mehrere Treugeber gehalten wird, so dass eine **fiktive Bruchteilsgemeinschaft am Bruchteil** entsteht (RdNr. 9, 19).[105] Auch dann bleibt aber der Bruchteil „dinglich" ungeteilt.

17 **g) Besitz?** Kein tauglicher Gegenstand der Bruchteilsgemeinschaft ist der Besitz.[106] Anders entscheiden die wohl hL[107] und die Rspr.[108] Dabei wird nicht hinreichend unterschieden zwischen dem Recht zum Besitz und dem Besitz;[109] dieser kann Mitbesitz sein (§ 866), aber nicht Besitz zu ideellen Bruchteilen. Das vertrüge sich nicht mit dem Besitz als einem tatsächlichen Herrschaftsverhältnis. Zu der ganz anderen Frage, ob Mitbesitz an erworbenen Sachen – zB bei Ehegatten oder sonst bei Vorliegen einer Lebensgemeinschaft – für Miteigentum spricht, vgl. § 1008 RdNr. 12; hierbei handelt es sich um Bruchteilseigentum und nicht um Besitz nach Bruchteilen. Zur Frage, ob gemeinschaftliche Nutzung ein analog §§ 742 ff. zu behandelndes Rechtsverhältnis begründen kann, vgl. RdNr. 75. Zum Zugangsrecht eines mitverwaltenden Miteigentümers §§ 744, 745 RdNr. 1.

18 **h) Rechtsverhältnis? aa) Grundsatzproblem.** Die Möglichkeit einer Bruchteilsgemeinschaft an einem Rechtsverhältnis – zB einem Mietverhältnis – ist umstritten.[110] Herkömmlich wird und auch hier bis zur 3. Aufl. wurde die Möglichkeit einer solchen Bruchteilsgemeinschaft abgelehnt.[111] Der Gedanke der hM ist der folgende: An einem Rechtsverhältnis, insbesondere an einem Schuldverhältnis, können mehrere (nicht notwen-

---

[102] S. auch *Reithmann*, FS Knur, 1972, S. 183, 190.
[103] DNotZ 1960, 115, 116.
[104] BayObLGZ 18, 161, 163; RGRK/*Pikart* § 1008 RdNr. 6.
[105] Im Ergebnis ebenso (schuldrechtliche Bruchteilsberechtigung) Staudinger/*Langhein* RdNr. 147.
[106] Vgl. schon RGZ 13, 172, 179; JW 1936, 251 f.; *Larenz*, SchuldR II, 12. Aufl. 1981, § 61 I, S. 414 Fn. 1; zust. jetzt *Erman/Aderhold* RdNr. 12; *Palandt/Bassenge* § 866 RdNr. 1.
[107] *Enneccerus/Lehmann* § 183 III; *Bamberger/Roth/Gehrlein* RdNr. 8; *Jauernig/Stürner* RdNr. 5; *Palandt/Sprau* RdNr. 3; *Soergel/Hadding* RdNr. 10; *Staudinger/Langhein* RdNr. 133; ausf. *Schnorr* (Fn. 11) S. 94 ff., 416; s. auch *Brach* (Fn. 13) S. 47 (analoge Anwendung); *Saenger* (Fn. 2) S. 89 ff.; *Schubert* JR 1975, 365.
[108] BGHZ 62, 243, 245 = LM § 823 (Ac) Nr. 4 m. Anm. *Dunz* = NJW 1974, 1189 f.; BGHZ 161, 115, 123 = NJW 2005, 894, 897; KG NJW 1982, 1886, 1887; OLG Hamburg OLGE 43, 208; LG Hamburg ZMR 1964, 307.
[109] Besser *Palandt/Bassenge* § 866 RdNr. 1.
[110] Bejahend *Staudinger/Emmerich* (1995) Vor §§ 535, 536 RdNr. 73; undeutlich BGH WM 1987, 318 = WuB I c 3 Sonderkonto 1.87; BankR-HdB/*Hadding/Häuser* § 35 RdNr. 17.
[111] 3. Aufl. RdNr. 18 im Anschluss an *Flume* AT I/1 § 8; vgl. *Schnorr* (Fn. 11) S. 116 ff.; *Hadding*, FS Canaris, 2007, S. 379, 401; *Bamberger/Roth/Gehrlein* RdNr. 10; *Erman/Aderhold* RdNr. 13; unklar LG Berlin NJW-RR 1999, 1387; *Staudinger/Langhein* RdNr. 124.

dig natürliche) Personen nur entweder als einzelne beteiligt sein oder gesamthänderisch.[112] Auch könnten mehrere Personen hinsichtlich einer Forderung bruchteilsberechtigt sein (RdNr. 42 ff.), nicht jedoch hinsichtlich von Verbindlichkeiten (RdNr. 23). Allerdings mussten die früheren Auflagen bereits Kompromisse eingehen, zB hinsichtlich der Vermietung einer gemeinschaftlichen Sache (RdNr. 21),[113] hinsichtlich der auf Erwerb zu Miteigentum gerichteten Forderung (RdNr. 20),[114] hinsichtlich des Gemeinschaftskontos (RdNr. 54 f.)[115] und des Gemeinschaftsdepots (RdNr. 57).[116] Nach neuerlicher Prüfung und ohne wesentliche Änderung der praktischen Ergebnisse hat die 4. Aufl. diesen Standpunkt geändert.[117] Das Rechtsverhältnis ist im Lauf der Jahrzehnte als Rechts- und Verfügungsgegenstand erkannt worden.[118] Das Rechtsverhältnis ist nicht nur ein rechtliches Band zwischen den daran Beteiligten, sondern es ist selbst auch Gegenstand individuellen oder gemeinschaftlichen Habens. Nicht nur an einzelnen aus einem Rechtsverhältnis – zB einem Schuldverhältnis – erwachsenden Rechten – zB Forderungen – sondern auch an dem Rechtsverhältnis als solchem ist, soweit dies nicht mit dessen spezifischer Rechtsnatur unverträglich ist, eine Bruchteilsberechtigung möglich. Dass die Bruchteilsberechtigten auch aus diesem gemeinschaftlichen Rechtsverhältnis nur als individuelle Gesamt- oder Teilschuldner schulden können (RdNr. 23), ändert an der Möglichkeit gemeinschaftlichen Innehabens des Rechtsverhältnisses (Bruchteilsgemeinschaft am Rechtsverhältnis) ebenso wenig, wie das Vorhandensein der besonderen Regeln des § 432 für die Geltendmachung gemeinschaftlicher Forderungen die Anwendung der §§ 741 ff. auf das Rechtsverhältnis unter den Gläubigern ausschließt (RdNr. 47 f.). Allerdings werden die auf Einzelgegenstände zugeschnittenen Regeln der §§ 743 ff. bei der Gemeinschaft am Rechtsverhältnis weitgehend durch die Rechtsbeziehung zum Vertragspartner überlagert, so insbesondere die Regeln des § 747 (Vertragsübernahme) und der Gemeinschaftsteilung (§ 752 RdNr. 27). Die weitere Entwicklung dieser wenig geklärten Diskussion bleibt abzuwarten.

bb) Abgrenzungsprobleme. Die Möglichkeit einer Bruchteilsgemeinschaft am Rechtsverhältnis löst allerdings Abgrenzungsprobleme nicht, sondern wirft diese Probleme erst auf. Nach den bei RdNr. 4 f., 6 ff. angestellten Überlegungen muss die Bruchteilsgemeinschaft am Rechtsverhältnis von der **Gesamthandszuständigkeit** unterschieden werden. Da auch zum bloßen Halten und Verwalten eines einzigen Gegenstands eine BGB-Außengesellschaft als „rechtsfähige Personengesellschaft" (§ 14 Abs. 2) geschaffen werden kann (RdNr. 4 f.), kann die Begründung eines gemeinschaftlichen Rechtsverhältnisses mit der konkludenten Bildung einer BGB-Außengesellschaft einhergehen und eine Rechtszuständigkeit der Gesellschaft bürgerlichen Rechts begründen (so namentlich RdNr. 21, 22). Das schließt aber nicht aus, dass in begründbaren Fällen das gemeinschaftliche Rechtsverhältnis eine Bruchteilsgemeinschaft begründet (so zB bei der Miteigentumslösung nach dem InvG RdNr. 50; beim Gemeinschaftskonto RdNr. 54; beim Gemeinschaftsdepot RdNr. 57). Gleichfalls gegen die Bruchteilszuständigkeit abzugrenzen und in der Literatur noch nicht behandelt ist die **fiktive Bruchteilsgemeinschaft (Als-ob-Bruchteilsgemeinschaft).** Die an einer solchen Als-ob-Bruchteilsgemeinschaft Beteiligten werden **im Innenverhältnis** wie Bruchteilsberechtigte gestellt, obwohl es am äußeren Tatbestand des § 741 fehlt. Durch fiktive Bruchteilsgemeinschaft können **mehrere Inhaber gleichartiger Rechte** zu einer Quasi-Bruch-

---
[112] Ebd.
[113] 3. Aufl. RdNr. 20.
[114] 3. Aufl. RdNr. 19.
[115] 3. Aufl. RdNr. 19; s. auch BankR-HdB/*Hadding/Häuser* § 35 RdNr. 8, 17; *Canaris* Bankvertragsrecht, 1988, RdNr. 232; *Kümpel*, Bank- und Kapitalmarktrecht, 3. Aufl. 2004, RdNr. 3238 ff.; ausf. *Karsten Schmidt*, FS Hadding, 2004, S. 1093 ff.; *ders.*, FS Nobbe, 2009.
[116] 3. Aufl. RdNr. 19.
[117] Ausf. *Karsten Schmidt*, FS Hadding, 2004, S. 1093 ff.; abl. *Hadding*, FS Canaris, 2007, S. 387, 401; dazu neuerlich *Karsten Schmidt*, FS Nobbe, 2009.
[118] Zur Vertragsübernahme vgl. BGHZ 44, 229, 231; 95, 88, 94 f.; 129, 371, 375; *Larenz* I § 35 III; *Soergel/Zeiss* Vor § 398 RdNr. 5; *Staudinger/Busche* (2005) Einl. §§ 398 ff. RdNr. 196 ff.; *Larenz* JZ 1962, 108; *Karsten Schmidt*, FS Medicus, 1999, S. 555 ff.

teilsgemeinschaft zusammengefasst werden, als handelte es sich nur um einen ihnen gemeinschaftlich zustehenden Gegenstand (Beispiel: obligatorische Gruppenvertretung für einen Gesellschafterstamm in einer Gesellschaft; vgl. dazu auch RdNr. 76 sowie §§ 744, 745 RdNr. 10). Häufiger ist der umgekehrte Fall: **ein Alleinberechtigter** wird hinsichtlich eines Rechtsgegenstands so gestellt, als stehe der Gegenstand mehreren Personen zu Bruchteilen zu. Bei der **Verwaltungstreuhand** kann vereinbart werden, dass ein Treuhänder einen in seinem (Treuhand-)Eigentum stehenden Gegenstand so zu verwalten hat, als stehe er im Bruchteilseigentum der Treugeber.[119] So kann es sich etwa bei einem Sicherheitenpool unter Gläubigern eines Sicherungsgebers verhalten (RdNr. 69). Gleiches gilt für Treuhandkonten etc.[120] Dann sind die Treugeber auf Grund des Treuhandrechtsverhältnisses wie Bruchteilsberechtigte zu stellen. Eine fiktive Bruchteilsgemeinschaft kann auch dadurch zustandekommen, dass der Alleininhaber eines Rechts (zB Bankkontos) dieses in Quasi-Bruchteilsgemeinschaft für sich und einen Dritten verwaltet.[121] Überall hier gelten im Innenverhältnis die §§ 742 ff. Ein Sonderfall der fiktiven Bruchteilsgemeinschaft ist das Sondervermögen einer Kapitalanlagegesellschaft, wenn nicht die Miteigentumslösung gewählt ist (RdNr. 51). Auch an Grundstücken ist eine solche Treuhand-Innenbeteiligung möglich. Zweifelhaft ist deshalb der Standpunkt von BGH WM 1960, 1121, hier könne es sich nur um eine Innengesellschaft handeln (beides ist miteinander verträglich; vgl. auch RdNr. 26 sowie §§ 744, 745 RdNr. 1).

20   **Mehrere Käufer oder Kaufanwärter,** die einen Gegenstand zu Miteigentum erwerben wollen, können zwar untereinander durch eine (Innen-)Gesellschaft verbunden sein, aber der Anspruch aus dem Kaufvertrag steht ihnen im Zweifel nicht zur gesamten Hand, sondern in Bruchteilsgemeinschaft zu.[122] Ebenso entscheidet der BGH beim gemeinsamen „Hausherstellungsvertrag" von Ehegatten.[123] Anders, wenn der Gegenstand nicht zu Miteigentum, sondern in Gesamthandsgesellschaft erworben werden soll (RdNr. 6).

21   Keine Bruchteilsberechtigung, sondern **Parallelität von Schuldverhältnissen** besteht **unter den Mietern** bei parallel nebeneinander herlaufenden Mietverhältnissen in demselben Gebäude.[124] Mieten dagegen mehrere **gemeinschaftlich,** so bilden sie im Zweifelsfall eine rechtsfähige Gesellschaft bürgerlichen Rechts („Gesamthand") als Mieter (anders § 535 RdNr. 47 ff.: im Zweifel Gesamtschuldner, GbR lediglich „denkbar").[125] Aus §§ 709, 714 folgt, dass die mehreren Mieter im Zweifel nicht einzeln kündigen können.[126] Den einzelnen Mietern steht nicht nur in ihrem Verhältnis zu Dritten, sondern auch untereinander ein Besitzrecht zu.[127] Überwiegend wird eine Bruchteilsgemeinschaft zwischen den Mietern angenommen.[128] Doch ist auch hier auf sorgsame Abgrenzung zur Gesellschaft bürgerlichen Rechts (RdNr. 19) zu achten. Durch **Timesharing** entsteht keine Gemeinschaft am

---

[119] Beispiel: BGH LM § 745 Nr. 16 = NJW 1985, 2943; s. auch RGZ 45, 80; *Karsten Schmidt,* FS Hadding, 2004, S. 1093, 1097.
[120] Vgl. auch BGH LM Nr. 13 = NJW-RR 1991, 683.
[121] Vgl. BGH LM § 430 Nr. 5 = NJW 2000, 2347 = WuB I C 2 Sparkonto 3.00 m. Anm. *Meder*; NJW 2002, 3702, 3703 = WuB I C 2 Sparkonto 1.03 m. Anm. *Langbein*; *Karsten Schmidt,* FS Hadding, 2004, S. 1093, 1097.
[122] Vgl. auch BGH NJW 1984, 794; *Palandt/Grüneberg* § 432 RdNr. 2.
[123] BGHZ 94, 117 = NJW 1985, 1826; BGH vom 21. 3. 1985, VII ZR 148/83 (n. v.).
[124] RGZ 64, 182, 183; 102, 233 f.; s. auch OLG Kiel OLGE 25, 14; OLG Hamburg OLGE 41, 115, 116; *Staudinger/Langhein* RdNr. 125; unentschieden BGHZ 62, 243, 245 = LM § 823 (Ac) Nr. 4 m. Anm. *Dunz* = NJW 1974, 1189 f.; über das Verhältnis zum Vermieter (Konkurrentenschutz) vgl. RG LZ 1914, 1028.
[125] BGHZ 136, 314, 323 f. = NJW 1997, 3437, 3439; LG Berlin NJW 1952, 30; 1961, 1406 m. Anm. *Breetzke*; NJW-RR 1999, 1387; LG Köln WoM 1993, 613; *Behrens,* Beteiligung mehrerer am Mietverhältnis, 1989, S. 90 ff.; *Knops* in: *Herrlein/Kandelhard,* Mietrecht, 3. Aufl. 2007, § 535 RdNr. 11; *Roquette* DR 1944, 57; *Herold* BlBGW 1963, 13 f.; *Bettermann* NJW 1956, 1282, 1283; s. auch OLG Hamm BB 1976, 529; *Staudinger/Emmerich* (2006) Vor § 535 RdNr. 77; RGRK/*Gelhaar* Vor § 535 RdNr. 289; aA *Staudinger/Huber* (12. Aufl.) RdNr. 60.
[126] Im Ergebnis übereinstimmend LG Berlin NJW 1951, 374; *Behrens* (Fn. 125) S. 252.
[127] OLG Hamburg OLGE 43, 208.
[128] BGH LM § 387 Nr. 46 = NJW 1969, 839; KG JW 1930, 1314 m. abl. Anm. *Endemann*; OLG Frankfurt JW 1927, 1950; LG Hamburg HansRZ 1926, 474 = HansGZ 1926 B, 120; HansRGZ 1929 B, 633, 634; ZMR 1964, 307; LG Berlin JW 1931, 1394; LG München II NJW-RR 1991, 67; s. auch AG

Schuldverhältnis. Timesharing kann dinglich als Miteigentum oder als Bruchteilsgemeinschaft am Dauerwohnrecht nach § 31 WEG begründet werden (§ 481 RdNr. 11 ff.; § 1008 RdNr. 36). Rein schuldrechtlich kann Timesharing vereinbart werden durch Verträge mit gesellschafts- und mietrechtlichen Elementen.[129] Dann entsteht aber keine Bruchteilsgemeinschaft am Mietverhältnis (eine solche ist nach RdNr. 18 zwar rechtlich möglich, aber in der Regel nicht gewollt). Eine **Bruchteilsgemeinschaft unter Vermietern oder Verpächtern** entsteht nach hM im Fall der **Vermietung oder Verpachtung durch Miteigentümer** (§ 535 RdNr. 60).[130] Dasselbe gilt für die Untervermietung oder Unterverpachtung einer gemeinschaftlich gemieteten oder gepachteten Sache.[131] Tritt durch Veräußerung eines vermieteten Grundstücks oder Wohnraums nach § 566 eine Miteigentümergemeinschaft an die Stelle des Alleineigentümers und Vermieters, so entsteht eine Bruchteilsgemeinschaft am Mietverhältnis (s. auch § 566 RdNr. 22).[132] Eine Gegenansicht sieht als Vermieter oder Verpächter eine aus den Miteigentümern bestehende Gesamthand an.[133] Die hM verdient den Vorzug. Eine Bruchteilsgemeinschaft kann zwar im Gegensatz zur Gesamthand nicht Vermieter sein, aber Vermieter sind im Rahmen der gemeinschaftlichen Verwaltung die Miteigentümer, und aus dem regelmäßigen Parteiwillen folgt, dass sie auch an den Erträgen des Miteigentums zu Bruchteilen berechtigt sind (RdNr. 46). Die **Untervermietung** durch mehrere Mieter wird dagegen in der Regel in BGB-Gesellschaft erfolgen. Auch bei Annahme einer Bruchteilsberechtigung ist aber der einzelne Mieter nicht berechtigt, einen seiner Beteiligung entsprechenden Teil des Untermietzinses einzuziehen; kein Gläubiger kann wegen einer gegen diesen Untervermieter gerichteten Forderung in die Mietzinsforderung vollstrecken, und der Untermieter kann nicht mit einer gegen einen einzelnen Mieter gerichteten Forderung aufrechnen.[134]

Die **Versicherung verbundener Leben** wird teils als Gesellschaft beurteilt,[135] teils als 22 Gemeinschaft.[136] Meistens sind bei der Versicherung verbundener Leben zwei Personen versichert, und die Versicherungssumme wird beim Ableben des Erstversterbenden fällig.[137] Beide Personen sind dann Versicherungsnehmer (VN), nicht bloß Bezugsberechtigte. Nicht immer sind aber beide VN.[138] Mit *Sasse*[139] lassen sich folgende **typische Gestaltungen** unterscheiden: 1. Todesfallversicherung, bezugsberechtigt ist a) der überlebende VN, b) ein Dritter, etwa das Kind der VN; 2. Erlebensfallversicherung, bezugsberechtigt ist a) ein VN, b) beide VN, c) ein Dritter; 3. Todesfall- und Erlebensversicherung, bezugsberechtigt ist a) für den Todesfall der überlebende VN, für den Erlebensfall ein VN oder beide VN, b) ein Dritter. Im **Innenverhältnis** der VN kann eine Gesellschaft vorliegen, auch etwa eine Schenkung.[140] Im **Außenverhältnis** spricht das Vorhandensein mehrerer VN für das Vor-

---

Schöneberg JR 1948, 111; s. auch OLG Hamm NJW-RR 2001, 245 (Telefonanschluss); abl. hier noch die 3. Aufl.
[129] *Martinek*, Moderne Vertragstypen III, 1993, S. 265.
[130] BGH LM § 743 Nr. 1 = NJW 1958, 1723; WM 1983, 604; NJW 2005, 3781 = NZM 2005, 941; RGZ 89, 176, 180; RG DR 1940, 2169 m. Anm. *Roquette*; KG OLGE 20, 107 f.; BFHE 2006, 168, 171 = NJW 2004, 2774, 2775; BFH BB 2007, 2498 = DB 2007, 2352 = DStR 2007, 1906; OLG Frankfurt SeuffA 74 Nr. 132; *Enneccerus/Lehmann* § 127 III; *Larenz* I § 36 I b; *Esser/Schmidt* AT/2 § 38 IV 1 a; *Erman/Aderhold* RdNr. 7; *Soergel/Hadding* RdNr. 13 und § 743 RdNr. 3; RGRK/*Weber* Vor § 420 RdNr. 8; RGRK/*Gelhaar* Vor § 535 RdNr. 284; *Staudinger/Emmerich* (2003) Vor § 535 RdNr. 73; s. auch RGZ 97, 79, 81.
[131] BGH LM § 387 Nr. 46 = NJW 1969, 839; *Erman/Ehmann* § 432 RdNr. 5.
[132] NJW 2005, 3781, 3782; BFH BB 2007, 2498, 2501 = DB 2007, 2352, 2353 = DStR 2007, 1906, 1908; ebenso sogar für die Fortsetzung des Mietverhältnisses im Fall der Realteilung OLG Brandenburg OLG-NL 2006, 153 = GuT 2006, 154 (LS) = WuM 2006, 272 (LS).
[133] *Flume* AT I/1 § 8.
[134] BGH NJW 1969, 839; § 743 RdNr. 5.
[135] AG München VersR 1956, 751 m. Anm. *Sasse*.
[136] OLG Dresden JW 1938, 1660.
[137] *Goll/Gilbert/Steinhaus*, Handbuch der Lebensversicherung, 11. Aufl. 1992, S. 3; *Prölss/Martin* Vor § 159 VVG RdNr. 13; BerlKommVVG/*Schwintowski*, 1999, Vor §§ 159–178 RdNr. 7.
[138] Vgl. *Haasen* VersR 1954, 233.
[139] VersR 1956, 752.
[140] OLG Dresden HRR 1942 Nr. 836; zu § 518 vgl. aber OLG Stuttgart VersR 1954, 186.

§ 741 23–25

handensein einer Gesellschaft bürgerlichen Recht (Gesamthand) unter den Versicherten.[141] Geschäftsführung und Vertretung sind gemeinschaftlich (§§ 709, 714). Wer eine Gesamthand verneint, wird die §§ 744 ff. anwenden. Das Kündigungsrecht nach § 166 VVG kann auch dann von beiden VN nur gemeinsam ausgeübt werden.[142] Ob jeder nach § 749 vom anderen Teilhaber eine solche Erklärung verlangen kann, bestimmt sich nach der schuldrechtlichen Innenbeziehung (zB Ehegatten-Innengesellschaft). In der Regel kann jeder die Aufhebung nur durch außerordentliche Kündigung aus wichtigem Grund erreichen.[143] Dagegen ergibt sich aus § 725 bzw. § 751 S. 2 ein Aufhebungsrecht, wenn der Gläubiger eines VN das Rückkaufrecht gepfändet hat.[144]

23   **i) Verbindlichkeiten?** Verbindlichkeiten sind kein tauglicher Gegenstand der Gemeinschaft.[145] Auch wenn ein Rechtsverhältnis gemeinschaftlich ist (RdNr. 18), besteht an den hieraus resultierenden Schulden keine separate Gemeinschaft nach §§ 741 ff. Zur Lastentragung im Innenverhältnis vgl. § 748. Im Außenverhältnis kommt, wenn die Teilhaber im Hinblick auf den gemeinschaftlichen Gegenstand Verbindlichkeiten eingehen (zB Reparaturauftrag), regelmäßig § 427 zur Anwendung. Es entsteht eine Gesamtschuld (vgl. auch zum debitorischen Gemeinschaftskonto RdNr. 54 aE).[146] Dasselbe gilt im Fall der Vertrags-Rückabwicklung nach § 812 (vgl. § 421 RdNr. 72; § 427 RdNr. 1). Über sonstige gesetzliche Schuldverhältnisse vgl. § 748 RdNr. 2. Eine wechselseitige Haftung der Teilhaber für schadensstiftende Handlungen kommt praktisch nur unter den Voraussetzungen des § 278 in Betracht. § 831 scheidet regelmäßig aus, und eine Haftung „der Gemeinschaft" aus § 31 gibt es nicht.

24   **j) Unternehmen?** Kein tauglicher Gegenstand einer Bruchteilsgemeinschaft ist ein Unternehmen.[147] Die Gemeinschaft kann mangels rechtlicher Verselbststängigung nicht Unternehmensträgerin sein. Sind die einzelnen Teilhaber Mitunternehmer, so liegt eine Gesellschaft vor, und zwar eine OHG bzw. BGB-Gesellschaft, falls keine besondere Rechtsform gewählt ist.[148] Auch die Partenreederei ist nicht Miteigentum an einem Einschiffsunternehmen, sondern eine gesamthänderisch strukturierte Gesellschaft (§ 1008 RdNr. 38). Es kann allerdings eine **Bruchteilsgemeinschaft an einzelnen Anlagegütern** bestehen, zB am Betriebsgrundstück oder an einem Seeschiff. Stehen diese den Gesellschaftern in Miteigentum zu, so können sie steuerlich Sonderbetriebsvermögen sein (vgl. § 1008 RdNr. 39).

25   **3. Berechtigung zu ideellen Bruchteilen. a) Grundsatz.** Die Berechtigung zu ideellen Bruchteilen ist Voraussetzung (nicht Rechtsfolge) der Gemeinschaft. Sobald dieser Tatbestand erfüllt ist, liegt eine Gemeinschaft vor. Wenn er endet, endet auch die Gemeinschaft. Es bedarf auch nicht einer Anwendung der Grundsätze über fehlerhafte Gesellschaften.[149] Die Gemeinschaft ist **kraft Gesetzes** vorhanden oder nicht vorhanden, und zwar auch dann, wenn der Tatbestand der Gemeinschaft durch rechtsgeschäftlichen Erwerb herbeigeführt wird (RdNr. 28 ff.). Sie kann also nicht von den Teilhabern rechtsgeschäftlich

---

[141] AA *Staudinger/Langhein* RdNr. 121, RdNr. 61.
[142] Im Ergebnis ebenso OLG Stuttgart VersR 1954, 186 (analog § 2271 Abs. 1 S. 2); *Haasen* VersR 1954, 233 f.
[143] *Sasse* VersR 1956, 752.
[144] Im Ergebnis übereinstimmend AG München VersR 1956, 751.
[145] Zutr. *Fikentscher* Schuldrecht, 10. Aufl. 2006, § 65 I 2; *Erman/Aderhold* RdNr. 14; *Staudinger/Langhein* RdNr. 123.
[146] *Hennecke*, Das Sondervermögen der Gesamthand, 1976, S. 66; *Selb*, Mehrheiten von Gläubigern und Schuldnern, 1984, § 4 III; aA *Ennecerus/Lehmann* § 4 IV.
[147] Zutr. *Buchwald* BB 1968, 1181, 1183; jetzt auch *Staudinger/Langhein* RdNr. 160. – AA RG Recht 1903 Nr. 478; Gruchot 53, 982, 984 = WarnR 1909 Nr. 139; *Schnorr* (Fn. 11) S. 146 ff.; *Bamberger/Roth/Gehrlein* RdNr. 8; *Soergel/Hadding* RdNr. 14 unter Berufung auf RGZ 33, 31, 33; mit Recht einschränkend RGRK/*v. Gamm* RdNr. 7.
[148] Zum Rechtsformzwang vgl. BGHZ 22, 240, 245 = LM HGB § 105 Nr. 12 = NJW 1957, 218, 219; *Karsten Schmidt*, Zur Stellung der oHG im System der Handelsgesellschaften, 1972.
[149] BGH LM § 745 Nr. 4 m. Anm. *Fischer* = NJW 1961, 1299, 1300 (insoweit nicht in BGHZ 34, 367); RGRK/*v. Gamm* RdNr. 3.

„gegründet" und „abgewickelt" werden. Das bedeutet freilich nicht, dass die Bruchteilsgemeinschaft nur als gesetzliche Zufallsgemeinschaft entstehen kann (sog. communio incidens). Die Voraussetzungen der Gemeinschaft, nämlich das Innehaben eines Rechts durch mehrere Berechtigte, werden in der Mehrzahl der Fälle **durch Rechtsgeschäft** herbeigeführt (RdNr. 30). Aber das ändert nichts daran, dass das Rechtsverhältnis der Bruchteilsgemeinschaft gesetzliche Folge dieses Tatbestands ist. Über einzelne Anwendungsfälle vgl. RdNr. 41 ff.

b) Abgrenzungsbeispiele. Fehlt es an der gemeinschaftlichen Innehabung eines Rechts, 26 so liegt **keine Bruchteilsgemeinschaft** vor (zur entsprechenden Anwendung der §§ 742 ff. auf Interessengemeinschaften vgl. RdNr. 71 ff.). Keine Gemeinschaft iS der §§ 741 ff. entsteht aus dem **nachbarlichen Gemeinschaftsverhältnis**.[150] Die **Innengesellschaft** ist als eine rein schuldrechtliche Verbindung ohne gemeinschaftliche Rechtsträgerschaft keine Bruchteilsgemeinschaft.[151] Die Anwendung der §§ 741 ff. und insbesondere des § 745 ist damit aber entgegen BGH WM 1960, 1121 dann nicht ausgeschlossen, wenn die Beteiligten einander wie Mitberechtigte stellen wollen (RdNr. 19; §§ 744, 745 RdNr. 1). Auch können Gesellschafter einer Innengesellschaft (zB Anwalts-Bürogemeinschaft) selbstverständlich an bestimmten Sachen (zB Telefonanlage oder Bibliothek) oder Rechten (zB Telefonanschluss) eine Bruchteilsgemeinschaft begründen.[152] **Keine Bruchteilsgemeinschaft** entsteht, wenn eine sog. **Gesamthand** besteht (RdNr. 6 ff., 27). Keine Bruchteilsgemeinschaft entsteht durch **Einsetzung von Erben auf einen Bruchteil** des Nachlasses (§§ 2087 ff.) oder durch Einsetzung mehrerer Erben auf denselben Bruchteil der Erbschaft (§ 2093). In beiden Sonderfällen ändert sich nichts daran, dass die mehreren Erben untereinander in Erbengemeinschaft (Gesamthand) stehen. Insbesondere eine **BGB-Gesellschaft als gemeinschaftliche Rechtsinhaberin** begründet Gesamthandseigentum, nicht Miteigentum (RdNr. 4 ff.).[153] Das **Metageschäft** (Geschäftsverbindung a conto metà = auf hälftige Rechnung) begründet keine Gemeinschaft, sondern eine Gesellschaft bürgerlichen Rechts.[154] Das gilt auch dann, wenn mit einer auf Rechtserwerb a conto metà gerichteten Verbindung Erwerb zu Miteigentum bezweckt ist.[155] Keine Bruchteilsgemeinschaft ist die **Akkordkolonne,** und zwar auch nicht bei gemeinschaftlicher Abrechnung.[156] Auch die **Zählergemeinschaft** beim gemeinsamen Energiebezugsrecht stellt keine Gemeinschaft dar.[157] Es liegt regelmäßig eine Gesellschaft vor. Auf das Innenverhältnis können ergänzende Vorschriften der Gemeinschaft nur vorsichtig analog angewendet werden. Eine **Kabelfernsehgemeinschaft** kann als Gesellschaft, aber auch als Bruchteilsgemeinschaft begründet sein.[158] Keine Gemeinschaft besteht zwischen mehreren **Prätendenten eines Rechts,** insbesondere einer Forderung. Über den Forderungsprätendentenstreit vgl. § 75 ZPO. Über das Auslieferungsverlangen konkurrierender **Konnossementsinhaber** vgl. § 649 HGB. Zum Verhältnis unter mehreren Inhabern von **Wechselausfertigungen** vgl. Art. 65 WG. Die **Beweislast** für das Bestehen einer Gemeinschaft trägt, wer daraus Rechte herleiten will. Aus § 742 ergibt sich nicht, dass bei einem Streit über das Bestehen einer Bruchteilsgemeinschaft im Fall eines non liquet eine Gemeinschaft mit gleichen Teilen unterstellt werden darf (zur Beweislastproblematik vgl. auch § 742 RdNr. 7 ff.). Zum **Gemeinschaftskonto** vgl. RdNr. 54 f.

---

[150] BGHZ 42, 374, 380 = LM § 242 (D) Nr. 52 m. Anm. *Rothe* = NJW 1965, 389, 391 m. Anm. *Heiseke*; diff. *Heiseke* MDR 1961, 461, 462, 464.
[151] BGH WM 1960, 1121.
[152] Vgl. OLG Hamm NJW-RR 2001, 245 (Telefonanschluss).
[153] Vgl. über Wald- und Markgenossenschaft OLG Frankfurt NJW-RR 2000, 538, 541.
[154] RG Recht 1915 Nr. 2262; vgl. Vor § 705 RdNr. 72.
[155] Unklar RG Recht 1915 Nr. 2262, wo nicht genau unterschieden wird zwischen dem Miteigentum und der auf seinen Erwerb gerichteten Zweckgemeinschaft.
[156] AA Gewerbegericht Berlin SoergRspr. 1927 Nr. 1.
[157] So aber AG Mölln MDR 1948, 249; eingehend etwa *Arnold* MDR 1948, 278; 1949, 414; *Woesner* NJ 1950, 86; *Trendlenburg* JR 1950, 649; umfangreiche Nachweise bei *Staudinger/Vogel* (11. Aufl.) RdNr. 2 g.
[158] Dazu AG Winsen/Luhe NZM 2000, 717.

27 Keine Gemeinschaft entsteht ferner, wenn ein „gemeinschaftlicher" Gegenstand zwar vorhanden ist, aber die Bruchteilsberechtigung fehlt. Das gilt einerseits für die sog. **Gesamthand,** insbesondere für die rechtsfähige Personengesellschaft (hier ist nicht nur der Gegenstand, sondern auch die Rechtszuständigkeit ungeteilt, RdNr. 6 bis 8), andererseits für die **Realteilung** (hier ist nicht nur die Rechtszuständigkeit, sondern auch der Gegenstand geteilt).[159] Um **Realteilung** und nicht um Bruchteilsgemeinschaft handelt es sich zB bei einem vertikal über der Grundstücksgrenze geteilten Überbau oder bei einem auf der Grenze stehenden Baum.[160] Zur Rechtslage beim Überbau vgl. § 1008 RdNr. 9. Auch das **Wohnungseigentum** ist hinsichtlich des Sondereigentums an den einzelnen Wohnungen (§ 1 Abs. 2 WEG) kein Miteigentum, enthält aber Miteigentumselemente (näher § 1008 RdNr. 37). **Forderungen** sind real geteilt, soweit sie auch im Verhältnis zum Schuldner summenmäßig geteilt sind. Keine Bruchteilsgemeinschaft, sondern reale Teilung besteht deshalb unter **Teilgläubigern** (§ 420).[161] Ebenso wenig nach §§ 1163, 1177 zwischen **Hypothekengläubiger und Grundstückseigentümer** bei teilweiser Tilgung einer Hypothek.[162] Nur am Hypothekenbrief kann in diesem Fall eine Bruchteilsgemeinschaft, nämlich Miteigentum, entstehen (§ 1008 RdNr. 25). In Fällen real geteilter Rechtszuständigkeit können einzelne schuldrechtliche Regeln der Bruchteilsgemeinschaft (§§ 743 bis 745) nach Lage des Falls entsprechend angewandt werden, wenn ein der Bruchteilsgemeinschaft entsprechendes Näheverhältnis vorliegt (RdNr. 76). Das ist zB der Fall, wenn zwei Nachbarn gemeinschaftlich ein Haus über der Grundstücksgrenze gebaut haben (§ 1008 RdNr. 8). Nicht möglich ist dagegen eine Anwendung derjenigen Vorschriften, die sich auf die gemeinschaftliche Rechtszuständigkeit beziehen. Bedenklich RGZ 144, 236, wo einem Teileigentümer ein die Veräußerung hinderndes Recht (§ 771 ZPO) an einer Sachgesamtheit von unwesentlichen Bestandteilen zuerkannt wird (§ 1011 RdNr. 3).

28 **4. Entstehungsgründe.** Die Entstehungsgründe der Gemeinschaft sind entweder gesetzliche oder rechtsgeschäftliche. Aus RdNr. 25 ergibt sich allerdings, dass die Gemeinschaft als solche immer die gesetzliche Folge der Bruchteilsberechtigung und nicht Folge eines auf die Begründung einer Gemeinschaft gerichteten Gründungsvertrags unter den Teilhabern ist. **Gesetzliche und rechtsgeschäftliche Entstehungsgründe** unterscheiden sich demgemäß nur darin, dass die Bruchteile einmal kraft Gesetzes, ein andermal kraft Rechtsgeschäfts **erworben** werden. Der hierdurch begründete Tatbestand der Bruchteilsgemeinschaft ist immer ein gesetzlicher (RdNr. 25).

29 **a) Gesetzliche Entstehungsgründe.** Sie liegen vor, wenn das Recht als gemeinschaftliches entsteht (zB Gemeinschaftserfindung und Miturhebergemeinschaft, RdNr. 59 und 64 f.). Gesetzliche Entstehungsgründe sind außerdem diejenigen, bei denen die Rechtsteilung auf dem Gesetz beruht (vgl. zum Miteigentum § 1008 RdNr. 8 ff.). So bei Verbindung und Vermischung (§§ 947, 948, 963), beim Schatzfund (§ 984).[163] Zur Vermischung bei der Sammelladung im (See-)Frachtrecht vgl. insbesondere § 1008 RdNr. 35. Zur Sammellagerung vgl. § 1008 RdNr. 33 f. Zum Sammeldepot § 1008 RdNr. 29. Zur Bruchteilsberechtigung aufgrund der Überführung von Ehegattenvermögen aus der Eigentums- und Vermögensgemeinschaft nach dem Familiengesetzbuch der DDR in den Güterstand der Zugewinngemeinschaft oder Gütertrennung vgl. Art. 234 § 4a EGBGB. Durch dingliche Surrogation (RdNr. 38) kann sich eine einmal entstandene Bruchteilszuständigkeit an einem anderen Gegenstand als Surrogat fortsetzen. Keine Bruchteilsgemeinschaft entsteht, wenn bei vermeintlicher Vollbeendigung eines Vereins oder einer Gesellschaft in Wahrheit noch restliches Vereins- oder Gesellschaftsvermögen vorhanden ist, zB eine unbekannt gebliebene

---

[159] Vgl. nur *Saenger* (Fn. 2) S. 73 ff.; allgM.
[160] RGZ 70, 200, 201; RG JW 1911, 211, 212; *Soergel/Hadding* RdNr. 3; vgl. aber OLG Schleswig SchlHA 1967, 179 und dazu § 1008 RdNr. 8.
[161] *Larenz* JherJb. 83 (1933), 108, 175.
[162] LG Breslau SoergRspr. 1933 zu § 741.
[163] Vgl. *Bamberger/Roth/Gehrlein* RdNr. 6; *Staudinger/Langheim* RdNr. 49.

Forderung. In diesem Fall ist nach hM die Vollbeendigung nur eine scheinbare, und das Restvermögen gehört noch der nur scheinbar erloschenen juristischen Person oder rechtsfähigen Personengesellschaft (vgl. auch zum Verein § 41 RdNr. 13 f.).

b) Entstehung kraft Rechtsgeschäfts. Rechtsgeschäftliche Entstehungstatbestände liegen vor, wenn ein Recht (zB eine Forderung) durch Rechtsgeschäft als gemeinschaftliches begründet wird oder wenn ein Recht (zB das Eigentum an einer Sache) durch Übertragung auf mehrere Personen oder durch Teilübertragung ideell geteilt wird. Hauptbeispiele sind die Entstehung von **Miteigentum durch gemeinschaftlichen Erwerb** (§ 1008 RdNr. 12) und die rechtsgeschäftliche **Begründung gemeinschaftlicher Forderungen,** zB beim Gemeinschaftsdepot (RdNr. 57) oder bei der Verpachtung einer im Miteigentum stehenden Sache (RdNr. 46). Voraussetzung ist dann, dass die Berechtigten gemeinschaftlich gehandelt haben oder gemeinschaftlich vertreten wurden.[164] Auch die **Überführung von Gesamthandsvermögens in eine Rechtszuständigkeit zu Bruchteilen** erfolgt durch Rechtsgeschäft, und zwar grundsätzlich durch Einzelübertragung (RdNr. 4, 7). Insbesondere bedarf es der Übereignung nach §§ 873, 925, 929 ff., wenn Miterben oder Gesellschafter Miteigentum an einem Gegenstand des Nachlasses oder des Gesellschaftsvermögens erwerben sollen (§ 1008 RdNr. 12). Die **Teil-Übertragung (Teil-Übereignung) durch einen Alleininhaber** (Allein-Eigentümer) an einen Dritten **ohne Realteilung** ist gleichfalls ein häufiger Entstehungstatbestand.[165] Durch rechtsgeschäftliche Gesamtrechtsnachfolge entsteht eine Bruchteilsgemeinschaft im Fall der **Aufspaltung nach § 131 Abs. 3 UmwG:** Ist hier im Spaltungsvertrag ein Gegenstand keinem der übernehmenden Rechtsträger zugeteilt worden und lässt sich die Zuteilung auch nicht durch Auslegung des Vertrages ermitteln, so geht der Gegenstand verhältnismäßig auf die übernehmenden Rechtsträger über (s. auch § 1008 RdNr. 12). Eine **Gläubigergemeinschaft** nach Bruchteilen entsteht gemäß § 2157 **unter mehreren Vermächtnisnehmern,** denen derselbe Gegenstand vermacht ist.[166]

5. Endigungsgründe. Die Gemeinschaft endet ohne weiteres, wenn die Bruchteilszuständigkeit nicht mehr besteht.[167] Wichtigster Fall ist der Fortfall der Mitberechtigung. Es gibt grundsätzlich keine „Einpersonengemeinschaft".[168] Bruchteile, die in einer Hand zusammenfallen, können allerdings einer getrennten rechtlichen Beurteilung unterliegen, wo dies aus praktischen Gründen geboten ist; so zB, wenn einer von zwei Miteigentümern den belasteten Bruchteil des anderen hinzuwirbt oder wenn ein Bruchteil für eigene Rechnung, ein anderer treuhänderisch für fremde Rechnung gehalten wird (näher § 1008 RdNr. 14). Nach BGH NJW 1985, 2031 wird auch im Fall eines nach der InsO oder nach dem AnfG anfechtbaren Erwerbes fingiert, dass der anfechtbar hinzuerworbene Bruchteil fortbesteht (auch dazu § 1008 RdNr. 14). In dinglicher Hinsicht ist die Gemeinschaft gleichwohl beendet. Ein Liquidationsverfahren wie bei einer aufgelösten Gesellschaft gibt es nicht, auch nicht im Fall der Gemeinschaftsteilung nach §§ 749 ff. Nur hinsichtlich der Begleichung wechselseitiger Verbindlichkeiten schafft das Gesetz teilweise Ersatz für ein Liquidationsverfahren (§§ 755, 756).

III. Rechtsgrundsätze der Bruchteilsgemeinschaft

1. §§ 742 ff., 1008 ff. Es gelten die §§ 742 bis 758, im Fall des Miteigentums außerdem die §§ 1008 bis 1011. **Sondervorschriften** sind § 432 (RdNr. 47), §§ 921 bis 923, §§ 946 bis 951, § 963, § 984. Daneben ist eine Reihe allgemeiner Rechtsgrundsätze zu beachten.

---

[164] Vgl. *Staudinger/Langhein* 21; weitergehend für die Mitberechtigung von Ehegatten *Staudinger/Langhein* RdNr. 29 ff.
[165] Beispiel BFH BB 2007, 2498 = DB 2007, 2352 = DStR 2007, 1906.
[166] *Erman/Michael Schmidt* § 2157 RdNr. 1; ebenso wohl trotz bedenklicher Terminologie *Soergel/Wolf* § 2157 RdNr. 3; s. auch *Palandt/Edenhofer* § 2157 RdNr. 2.
[167] Vgl. auch *Soergel/Hadding* RdNr. 2 a; *Staudinger/Langhein* RdNr. 68 ff.
[168] Zust. *Staudinger/Langhein* RdNr. 70.

33 **2. Spezialitätsgrundsatz.** Nach dem Spezialitätsgrundsatz beschränkt sich die Bruchteilsberechtigung jeweils auf einen sonderrechtsfähigen Gegenstand. Das bedeutet nach hM, dass jede Gemeinschaft stets nur an einem Rechtsgegenstand besteht.[169] Dies beruht darauf, dass die Gemeinschaft zunächst ein Tatbestand der gemeinschaftlichen Rechtszuständigkeit und erst sekundär ein die Gemeinschafter umschließendes Schuldverhältnis ist (RdNr. 3, 34). Das gilt auch dann, wenn nach dem Entstehungsgrund – zB durch gemeinschaftlichen Erwerb, durch Vermischung etc. – „eine" zusammengefasste Gemeinschaft an **mehreren Gegenständen** entstanden ist, zB an einem Warenvorrat oder an einem Depot. Dieser Grundsatz ist aber **nur hinsichtlich der („dinglichen") Rechtszuständigkeit** voll durchführbar, nicht hinsichtlich der schuldrechtlichen Rechtsfolgen der Gemeinschaft (vgl. auch § 1008 RdNr. 3).[170] Die Rechtszuständigkeit, also die „dingliche" Rechtslage, muss für jeden Rechtsgegenstand einzeln beurteilt werden, auch zB bei einem Sammelbestand an Waren oder Wertpapieren. Die **schuldrechtlichen Rechtsfolgen** können sich dagegen auf den gesamten gemeinschaftlichen Vorrat erstrecken.[171] Das gilt zB für die Verwaltung (§ 744) und den gemeinschaftlichen Gebrauch (§ 743 Abs. 2). Mit Recht hat BGHZ 140, 63 = LM § 741 Nr. 14 m. Anm. *Wilhelm* = NJW 1999, 781 deshalb im sog. „Rittergutsfall" entschieden, dass die Frage der ordnungsgemäßen Verwaltung nicht isoliert für jede von zahlreichen Grundstücksparzellen, sondern auf Grundlage der Einbindung der Parzellen als Rittergut als Ganzes zu entscheiden ist.[172] Die Gesamtbetrachtung gilt vor allem bei der Teilung nach § 752. Ist der Vorrat in Natur teilbar, so greift § 752 ein, mag auch jeder einzelne Gegenstand für sich unteilbar sein (§ 752 RdNr. 11). Bei der Miteigentumslösung im Investmentrecht, die sich freilich erheblich vom Rechtsbild der Bruchteilsgemeinschaft entfernt, wird der Spezialitätsgrundsatz sogar hinsichtlich der Verfügungen relativiert: Es wird nicht über die dingliche Mitberechtigung an den einzelnen Fondsgegenständen verfügt, sondern über die in dem Anteilschein verbrieften Ansprüche (§ 33 Abs. 2 InvG; s. RdNr. 50).

34 **3. Gemeinschaft und Schuldverhältnis.** Umstritten ist, ob die Gemeinschaft ein **gesetzliches Schuldverhältnis** ist.[173] In der Diskussion gehen Sachfragen und rein terminologische Fragen leicht durcheinander.[174] Die Sachfragen bestehen darin, ob die Gemeinschaft schuldrechtliche Pflichten begründet und welchen Inhalt diese Pflichten ggf. haben; eine mehr theoretische Frage ist sodann, ob das sich ergebende gesetzliche Schuldverhältnis (terminologisch) mit „der Gemeinschaft" identifiziert werden kann. Dabei ist zwischen der **Gemeinschaft als Bruchteilsberechtigung** (als Tatbestand gemeinschaftlichen Habens) und der **Gemeinschaft als Sonderrechtsverhältnis** (als Innenbeziehung) zu unterscheiden.

35 Die **Gemeinschaft als Bruchteilsberechtigung** begründet als bloßer Tatbestand des gemeinsamen Habens kein auf Leistung gerichtetes Schuldverhältnis mit wechselseitigen Erfüllungsansprüchen.[175] Sie gibt die Rechtszuständigkeit vor, begründet aber nicht ohne weiteres primäre Leistungspflichten unter den Teilhabern.[176] Sie schließt aber die rechts-

---

[169] *Brach* (Fn. 13) S. 41; *Saenger* (Fn. 2) S. 8; *Fabricius* (Fn. 3) S. 143; *Schnorr* (Fn. 11) S. 110 ff.; *Fikentscher* (Fn. 145) § 93 I 2; *Kümpel* WM 1980, 424; missverständlich im Hinblick auf BGHZ 140, 63 *Palandt/Sprau* RdNr. 3; *Bamberger/Roth/Gehrlein* RdNr. 11.
[170] Zust. *Staudinger/Langhein* RdNr. 157; abl. *Schnorr* (Fn. 11) S. 110 ff.
[171] Ebenso BGHZ 140, 63 = LM § 741 Nr. 14 m. Anm. *Wilhelm* = NJW 1999, 781; *Erman/Aderhold* RdNr. 3; *Palandt/Sprau* RdNr. 3; *Staudinger/Langhein* RdNr. 157; abl. *Schnorr* (Fn. 11) S. 110 ff., 116.
[172] Dazu *Schulze-Osterloh* WuB IV A § 743 BGB 1.99; *Weber* EWiR 1999, 153; *Wilhelm* LM § 741 Nr. 14; abl. *Schnorr* (Fn. 11) S. 111 ff.
[173] So RGRK/*v. Gamm* RdNr. 12; *Staudinger/Langhein* RdNr. 260 ff., 275; OLG Köln VersR 1997, 709; aA BGHZ 62, 243, 246 = LM § 823 (Ac) Nr. 4 m. Anm. *Dunz* = NJW 1974, 1189; dazu auch *Schubert* JR 1975, 363; *Bamberger/Roth/Gehrlein* RdNr. 12; *Erman/Aderhold* RdNr. 3; abl. *Schnorr* (Fn. 11) S. 153 ff.
[174] Bedenklich BGHZ 62, 243, 246 = LM § 823 (Ac) Nr. 4 m. Anm. *Dunz* = NJW 1974, 1189.
[175] Insofern übereinstimmend LG Köln NJW 1963, 1831, 1832 gegen OLG Düsseldorf NJW 1959, 580, 581; *Soergel/Hadding* Vor § 741 RdNr. 7; unentschieden noch BGHZ 42, 374, 380 = LM § 242 (D) Nr. 52 m. Anm. *Rothe* = NJW 1965, 389, 391; aA RGRK/*v. Gamm* RdNr. 12.
[176] BGHZ 62, 243, 246 = LM § 823 (Ac) Nr. 4 m. Anm. *Dunz* = NJW 1974, 1189 m. Anm. *Schubert* JR 1975, 363; *v. Tuhr* § 3 II 2; aA *Heiseke* MDR 1961, 461, 462 f.

geschäftliche Begründung solcher Verbindlichkeiten nicht aus.[177] Mit dem Gemeinschaftsverhältnis können **besondere Schuldverhältnisse** einhergehen, beispielsweise ein Auftragsverhältnis[178] oder eine Gesellschaft (RdNr. 4f.). Einzelne gesellschaftsrechtliche Vorschriften können auch ohne Abschluss eines Gesellschaftsvertrags anwendbar sein, wenn die Gemeinschaft „gesellschaftsähnlich" ist (Vor § 705 RdNr. 117). Eine solche Gesellschaftsähnlichkeit der Gemeinschaft kann sich aus einer Zweckverbundenheit der Teilhaber im Zuge der Benutzung und Verwaltung (§§ 743 ff.) ergeben. Aber § 708 ist nicht anwendbar.[179] Aufgrund von Verwaltungs- und Nutzungsregelungen können Mietverhältnisse unter den Teilhabern entstehen (§ 743 RdNr. 15 f.). Die Übertragung der Verwaltung auf einen Teilhaber kann Auftrags-, Dienst- oder Geschäftsbesorgungsverhältnisse begründen (§§ 744, 745 RdNr. 7). Aber auch die **Bruchteilsgemeinschaft als solche** ist kraft Gesetzes Grundlage von Rechten und Pflichten, zB nach §§ 745 Abs. 2, 749 (RdNr. 3). Die Gemeinschaft erschöpft sich insofern nicht in dem gemeinsamen Innehaben eines Gegenstands, vielmehr besteht unter den Bruchteilsberechtigten eine **Sonderverbindung**, gerichtet auf ordentliche Erfüllung der sich aus §§ 743 ff. ergebenden Pflichten.[180] Eine Verletzung der sich hieraus ergebenden Pflichten führt unter den Voraussetzungen der §§ 276, 278 zum Schadensersatz. Einen allgemeinen Grundsatz, wonach jede Schädigung eines Teilhabers durch einen anderen, insbesondere jede Unterlassung schadensabwendender Maßnahmen, Forderungsverletzung (§§ 280 Abs. 1, 241 Abs. 2) wäre, gibt es allerdings nicht.[181] Zu eng aber BGHZ 62, 243 = NJW 1974, 1189 sowie OLG Köln VersR 1997, 709 (vgl. §§ 744, 745 RdNr. 13); wenn nach BGH NJW 1980, 2464 selbst schon die gemeinschaftliche Anbahnung eines Rechtsverhältnisses Sorgfalts- und Rücksichtspflichten begründen kann, wird für die Gemeinschaft nicht grundsätzlich etwas anderes gelten können. Zur Haftung für Beeinträchtigungen des gemeinschaftlichen Gegenstands bei der Ausübung des Benutzungsrechts vgl. § 743 RdNr. 13; zur Haftung bei Verwaltungsmaßnahmen vgl. §§ 744, 745 RdNr. 13. Eine verschuldensunabhängige Garantiehaftung zur Sicherung von Nutzungsabreden bejaht BGHZ 40, 326 = NJW 1964, 648. Diese Garantiehaftung kann jedoch nicht verallgemeinernd auf das sonstige Verhältnis der Teilhaber untereinander ausgedehnt werden (§ 743 RdNr. 14). Ansprüche aus unerlaubter Handlung (§§ 823 ff.) bleiben unberührt.

4. Gleichbehandlungsgrundsatz. Der Gleichbehandlungsgrundsatz beherrscht das Recht der Bruchteilsgemeinschaft.[182] Die gesetzliche Regelung erschöpft sich allerdings weitgehend darin, dass keinem Teilhaber alleinige Verwaltungs- und Verfügungsbefugnisse hinsichtlich des gemeinschaftlichen Gegenstands zustehen (§§ 744, 747) und dass Anteil, Nutzung, Lasten und Rechtsmacht größenmäßig koordiniert werden (§§ 743, 745 Abs. 1 S. 2, 748). Ein **Minderheitenschutz** durch Bindung an den Gleichbehandlungsgrundsatz bei Mehrheitsentscheidungen ist im Gesetz nicht ausdrücklich vorgesehen, kann aber über § 745 Abs. 2 gewährleistet werden. Zur Kontrolle von Mehrheitsentscheidungen vgl. §§ 744, 745 RdNr. 29. Beschlüsse müssen im Fall des Verstoßes gegen den Grundsatz gleichmäßiger Behandlung nach § 745 Abs. 2 korrigiert werden. Sie sind dagegen nicht ohne weiteres unwirksam.[183] Näher §§ 744, 745 RdNr. 29.

---

[177] Eingehend *Staudinger/Langhein* RdNr. 260 ff.
[178] Vgl. RGZ 160, 122, 124 f.
[179] BGHZ 62, 243, 245 = LM § 823 (Ac) Nr. 4 m. Anm. *Dunz* = NJW 1974, 1189; so auch *Erman/Aderhold* RdNr. 3; *Palandt/Sprau* RdNr. 9; *Staudinger/Langhein* RdNr. 266; eingehend *Brach* (Fn. 13) S. 152 ff.
[180] Im Ergebnis wie hier jetzt *Brach* (Fn. 13) S. 133 ff.; aA *Schnorr* (Fn. 11) S. 42: nur dingliche Ansprüche.
[181] Insofern übereinstimmend OLG Köln VersR 1997, 709; OLG Düsseldorf DB 1998, 2159; LG Köln NJW 1963, 1831, 1832.
[182] BGH NJW-RR 2008, 984 = ZIP 2008, 966; *Götz Hueck,* Der Grundsatz der gleichmäßigen Behandlung im Privatrecht, 1958, S. 28 ff., 281 ff.; *Fabricius* (Fn. 3) S. 140; *RGRK/v. Gamm* RdNr. 2; *Staudinger/Langhein* RdNr. 72.
[183] AA *Götz Hueck* (Fn. 182) S. 320.

37 5. Anwachsungsprinzip? Es gibt keinen allgemeinen Grundsatz der Anwachsung und Abwachsung.[184] Es kann ihn so wenig geben, wie es einen Eintritt in die Gemeinschaft oder einen Austritt aus der Gemeinschaft gibt. Das beruht darauf, dass die Gemeinschaft auf der Gemeinschaftsberechtigung an einem Vermögensgegenstand basiert und nicht auf einer dem Wechsel unterworfenen mitgliedschaftlichen Organisation (RdNr. 3, 6). Auch ein Verzicht auf den Anteil mit Anwachsungsfolge ist grundsätzlich nicht anzuerkennen (§ 747 RdNr. 16). Das Prinzip der Anwachsung und Abwachsung erklärt sich bei der Gesamthand daraus, dass hier die Gesamthand Trägerin aller Rechte bleibt, auch wenn ein Gesamthänder fortfällt oder ein neuer hinzukommt.[185] Aber die Verneinung des Anwachsungsprinzips darf ebenso wenig wie der Spezialitätsgrundsatz (RdNr. 33) in Doktrinarismus erstarren. Unabhängig von der genauen dogmatischen Einordnung gibt es **Anwachsungswirkungen** bei gesamthandsähnlichen Gemeinschaften. So nach § 8 Abs. 4 S. 3 UrhG beim Miturheberrecht (§ 747 RdNr. 17 mit Versuch einer dogmatischen Einordnung); außerdem bei der Auskehrung von Wertpapieren und Sachen aus einem gemeinschaftlichen Vorrat (zB Sammeldepot und Sammelverwahrung; § 1008 RdNr. 29 f., 33 f.). Zum open-end-Prinzip bei der Bruchteilsgemeinschaft im Investmentrecht vgl. RdNr. 53. Im Sonderfall des § 2158 beruht die Anwachsung auf dem Erblasserwillen.

38 6. Surrogation. Einen allgemeinen Grundsatz dinglicher Surrogation gibt es im geltenden Recht nicht.[186] Aber die Bruchteilsgemeinschaft setzt sich analog § 718 Abs. 2 jedenfalls an solchen Forderungen fort, die kraft Gesetzes an die Stelle des gemeinschaftlichen Gegenstands oder seines Nutzungswerts treten (RdNr. 43, § 753 RdNr. 31).[187] Es geht bei dieser Surrogation nicht darum, dass diese Ansprüche „der Gemeinschaft" zustehen und dass „die Gemeinschaft" zum Geschädigten, zum Entreicherten etc. erklärt werden soll;[188] es geht vielmehr darum, ob die an die Stelle des gemeinschaftlichen Rechts tretenden Ansprüche den gemeinschaftlich Berechtigten nach denselben Grundsätzen zugeordnet werden wie das Primärrecht, nämlich zu Bruchteilen. Diese hier seit der 1. Aufl. vertretene Ansicht hat Zustimmung gefunden.[189] Für Ansprüche aus Rechtsgeschäften (Verkauf, Verpachtung, Vermietung) gilt dieser Grundsatz nicht kraft Gesetzes, aber er entspricht dem regelmäßigen Parteiwillen (RdNr. 46). Weiter reicht die dingliche Surrogation nach § 30 Abs. 2 InvG (RdNr. 50).

39 7. Zwingendes und dispositives Recht. Zwingendes und dispositives Recht ist in §§ 741 ff. zu unterscheiden, soweit es um die obligatorische Beziehung der Teilhaber untereinander geht.[190] Auf die Bruchteilsberechtigung als Voraussetzung der Gemeinschaft passt der Gegensatz nicht. Vielfach heißt es, § 741 sei insofern zwingendes Recht, als eine andere Art der Rechtszuständigkeit in der Gemeinschaft nicht vereinbart werden kann.[191] Richtig ist, dass dann eine Gemeinschaft nicht besteht (RdNr. 25). Die Vorschriften des § 747 über

---

[184] KG JR 1927 Nr. 1325; hM; vgl. zB *Erman/Aderhold* RdNr. 3; *Palandt/Sprau* § 747 RdNr. 1; *Staudinger/Langhein* RdNr. 257; aA *Walsmann*, Der Verzicht, 1912, S. 137 ff. mwN; s. auch *N. Hilger* (Fn. 5) S. 59 ff.; *Soergel/Hadding* Vor § 741 RdNr. 7.
[185] *Flume* AT I/1 § 17 VIII; zum Sonderfall des Anwachsungserwerbs durch den einzig verbleibenden Gesamthänder vgl. BGHZ 71, 296 = LM KO § 29 Nr. 8 m. Anm. *Merz* = NJW 1978, 1525; BGH WM 1979, 249; zu beiden Entscheidungen *Karsten Schmidt* JuS 1979, 668.
[186] BGHZ 33, 66, 71 f. = LM HöfeO § 13 Nr. 7 m. Anm. *Pritsch* = NJW 1960, 1906, 1907; OLG Düsseldorf WM 1998, 1875, 1879; allg. zur dinglichen Surrogation *M. Wolf* JuS 1975, 643, 710; 1976, 32, 104; *Strauch*, Mehrheitlicher Rechtsersatz, 1972.
[187] AA *Würdinger*, Gesellschaften I, 1937, § 2 II 2; im Ergebnis ähnlich wie der Text *Lüdecke*, Erfindungsgemeinschaften, 1962, S. 195.
[188] So krit. *Rütten* (Fn. 45) S. 94 f.
[189] Vgl. BGH NJW-RR 2001, 369; OLG Frankfurt NJW-RR 1996, 101, 102; *Erman/Aderhold* RdNr. 3; *Staudinger/Langhein* RdNr. 122, 258; ausf. auch *Möning*, Bruchteilsgemeinschaften und Mitberechtigung an Surrogaten, 1994, S. 76 ff.; *Habermeier* AcP 193 (1993), 369 ff.; aA *Rütten* (Fn. 45) S. 93 ff.
[190] Vgl. Einzelkommentierung §§ 742 ff.; ausführlicher *Soergel/Hadding* Vor § 741 RdNr. 6 ff.; *Staudinger/Langhein* RdNr. 6 ff.
[191] In dieser Richtung *Staudinger/Vogel* (11. Aufl.) RdNr. 8; *Erman/Aderhold* RdNr. 3; *RGRK/v. Gamm* RdNr. 10.

die Verfügungsbefugnis der Teilhaber können nur mit schuldrechtlicher Wirkung abbedungen werden. So, wenn den Teilhabern die Verfügung über ihre Anteile untersagt wird (§ 137; dazu § 747 RdNr. 11) oder wenn sie zur gemeinschaftlichen Verfügung verpflichtet werden (§ 747 RdNr. 24).

8. Bruchteilsgemeinschaft unter Ehegatten. Bruchteilsgemeinschaften unter Ehegatten unterliegen wichtigen **Modifikationen.**[192] Unter Ehegatten kann eine Gemeinschaft insbesondere als Miteigentum entstehen, sofern nicht die Ehegatten in Gütergemeinschaft leben und Gesamtgut gebildet haben (§§ 1415 ff.). Der Hinzuerwerb während der Ehe erfolgt nach dem Willen der Beteiligten in weitem Umfang zu Bruchteilen (§ 1008 RdNr. 12). Allerdings sollte eine dingliche Mitberechtigung nicht ohne entsprechenden Erwerbswillen fingiert werden (§ 1008 RdNr. 12 f.; vgl. auch RdNr. 54 ff. zum Gemeinschaftskonto). Sind aber Gegenstände gemeinschaftlich, so werden die gemeinschaftlichen Rechte und Pflichten während des Bestehens der Ehe im Innenverhältnis überlagert durch das Recht der ehelichen Lebensgemeinschaft.[193] Es kann sich so verhalten, dass im Innenverhältnis ein Ehegatte alle Kosten und Lasten tragen soll und dass trotzdem – insbesondere bei Auseinandersetzung der Bruchteilsgemeinschaft – das Rechtsverhältnis der Ehegatten untereinander so angesehen werden soll, als wären die gemeinschaftlichen Gegenstände auf gemeinschaftliche Kosten angeschafft und unterhalten worden.[194] Grundlage dieser Modifikation des Gemeinschaftsrechts ist in den Worten des BGH die Anschauung, dass – jedenfalls bei Erwerbstätigkeit nur eines Ehegatten – die finanziellen Beiträge des einen und die Haushaltsführung des anderen grundsätzlich gleichwertige Beiträge zur ehelichen Lebensgemeinschaft darstellen. Nach Trennung bzw. Scheidung der Ehe leben die Rechte und Pflichten aus der Bruchteilsgemeinschaft, zB hinsichtlich Erhaltungsaufwendung, wieder auf (vgl. auch § 748 RdNr. 10).[195] Bezüglich der Nutzung einer Ehewohnung bei Getrenntleben ist § 1361b Spezialnorm (dazu §§ 744, 745 RdNr. 34). Inwieweit dies auch für die **nichteheliche Lebensgemeinschaft** (RdNr. 77) gelten kann, ist noch offen.[196] Die Frage hängt vom Willen der Beteiligten ab.

IV. Wichtige Einzelfälle

1. Miteigentum. Das **Miteigentum** ist praktisch der Hauptfall der Bruchteilsgemeinschaft. Vgl. insoweit §§ 1008 bis 1011. Auch Wohnungseigentum kann Gegenstand einer Bruchteilsgemeinschaft sein (RdNr. 12). Zur **Bruchteilsgemeinschaft an beschränkten dinglichen Rechten** vgl. RdNr. 12.

2. Bruchteils-Gläubigerschaft. Eine Bruchteils-Gläubigerschaft (**Forderungsgemeinschaft zu Bruchteilen**) entsteht, wenn eine ungeteilte Forderung mehreren zu ideellen Bruchteilen zusteht (vgl. auch Vor § 420 RdNr. 15, § 432 RdNr. 3). Die rechtliche Möglichkeit einer solchen Gemeinschaft an der Forderung ist heute anerkannt (RdNr. 11). Diese Gemeinschaften sind praktisch nicht häufig.[197] „Gemeinschaftliche" Forderungen sind oftmals Gesamthandsforderungen. Abgrenzung und Rechtsfolgen bringen aber große Schwierigkeiten mit sich (vgl. auch Vor § 420 RdNr. 15, § 432 RdNr. 3 f.).

a) Abgrenzung. Die Abgrenzung der Forderungsgemeinschaft zu Bruchteilen gegenüber der Gesamthandsforderung ergibt sich aus RdNr. 6. Die Bruchteils-Gläubigerschaft muss ferner unterschieden werden vom Fall der Teilgläubigerschaft (§ 420); die Forderung

---

[192] Eingehend *Staudinger/Langhein* RdNr. 22 ff.
[193] BGHZ 87, 265, 269 f. = NJW 1983, 1845, 1846; BGH NJW 1984, 795, 796; LM § 426 Nr. 99 a = NJW 1997, 731, 733; LM § 675 Nr. 281 = NJW 2000, 1944, 1945.
[194] BGHZ 87, 265, 269 = NJW 1983, 1845, 1846; BGH NJW 1984, 795, 796.
[195] Vgl. OLG Celle OLGR 1997, 166, 167; OLG Brandenburg NJW-RR 2001, 1297.
[196] Entgegen *Staudinger/Langhein* RdNr. 41 bezieht sich dies nicht auf den Erwerb zu Bruchteilen, sondern auf die Modifikation der §§ 742 ff.
[197] Zutr. *Ennecerus/Lehmann* § 183 III; wie hier jetzt auch *Staudinger/Langhein* RdNr. 79.

§ 741 44–46　　　　　　　　　　　　　　　　　Abschnitt 8. Titel 17. Gemeinschaft

ist bei Teilgläubigerschaft „real", wenn auch naturgemäß nur summenmäßig, geteilt. Zu unterscheiden ist die Bruchteils-Gläubigerschaft weiter von der seltenen Gesamtgläubigerschaft, bei der der Schuldner nach seinem Belieben an jeden Gläubiger leisten kann (§ 428).[198] Eine Bruchteils-Gläubigerschaft entsteht, wenn mehrere, die nicht Gesamtgläubiger sind, eine unteilbare Leistung fordern können.[199] Im Fall BGHZ 89, 349 = NJW 1984, 1356 wurde dies für den Fall angenommen, dass Eheleute das einem Ehegatten allein gehörende Hausgrundstück (wie Miteigentümer) gemeinsam verkaufen. Kraft Vermächtnisses entsteht die Gemeinschaft an einer Forderung zB im Fall des § 2157 (RdNr. 30). Ein praktisches Bedürfnis nach Anerkennung der Bruchteils-Gläubigerschaft besteht im Hinblick auf Forderungen, die **Surrogate eines in Bruchteilsgemeinschaft stehenden Gegenstands** sind.[200] Das gilt zunächst für den **Versteigerungserlös** bei der Teilungsversteigerung und den Anspruch auf Auszahlung eines hinterlegten Versteigerungserlöses (§ 753 RdNr. 31). Dasselbe gilt auch für Surrogatsansprüche auf Grund gesetzlicher Schuldverhältnisse (RdNr. 38).[201] So zB für den **Schadensersatzanspruch** wegen Beschädigung[202] oder für den Bereicherungsanspruch aus § 816 Abs. 1 S. 1 wegen wirksamer **Verfügung eines Nichtberechtigten**.[203] Dasselbe gilt für den Anspruch auf **Herausgabe einer unbefugt gezogenen Nutzung** (§ 812 Abs. 1 S. 1, § 816 Abs. 1 S. 1 analog, §§ 987 f.). Hierher gehört auch der Anspruch aus § 906 Abs. 2 oder ein Anspruch wegen enteignungsgleichen Eingriffs. Nach der inzwischen wohl schon hM gilt dasselbe bei Ersatzansprüchen, die an die Stelle der zerstörten gemeinschaftlichen Sache oder des vernichteten gemeinschaftlichen Rechts treten.[204] Der Einwand, hier sei die Gemeinschaft erloschen, überzeugt nicht. Zwar kann die Bruchteilsgemeinschaft an solchen Ansprüchen nicht damit begründet werden, dass die Forderungen aus Ertrag oder Ersatz zu der noch bestehenden Gemeinschaft automatisch „dazugehören" (vgl. zum Spezialitätsgrundsatz RdNr. 33), aber Grundlage ist der Surrogationsgedanke, und dieser gilt auch, wenn der gemeinschaftliche Gegenstand selbst vernichtet ist.

44　Der Anspruch auf **Schadensersatz statt der Leistung** steht mehreren Gläubigern in Gemeinschaft zu, wenn der Primäranspruch ein gemeinschaftlicher war.[205] So im Fall BGH NJW 1984, 795 = WM 1983, 1413, bei dem gemeinschaftliche Kaufanwärter (Ehegatten) nach Fristsetzung und Ablehnungsandrohung Schadensersatz wegen Nichterfüllung gemäß § 326 aF verlangten; stand ihnen der Kaufanwärteranspruch in Bruchteilsgemeinschaft zu (RdNr. 20), so auch der Schadensersatzanspruch. Entsprechendes gilt für Gewährleistungsansprüche.[206]

45　Der **Anspruch von Miteigentümern** auf Befreiung von einer Belastung (zB Grundschuld) oder auf Rückgewähr eines Grundpfandrechts steht den Miteigentümern regelmäßig gemeinschaftlich zu.[207]

46　Auch **aus dem Verkauf, der Vermietung und der Verpachtung durch Miteigentümer** sind diese regelmäßig zu Bruchteilen berechtigt.[208] Hinsichtlich der Vermietung und Verpachtung entspricht dies der st. Rspr.[209] Für den Verkauf gilt dasselbe (aA § 432

---

[198] So auch *Rütten* (Fn. 45) S. 184 ff.; aA *Staudinger/Langhein* RdNr. 105; unentschieden *Brach* (Fn. 13) S. 167.
[199] BGH NJW 1984, 1356, 1357; OLG Düsseldorf WM 1998, 1875, 1879 mwN; abl. *Hadding*, FS Canaris, 2007, S. 379, 394 f.
[200] AA nunmehr *Brach* (Fn. 13) S. 166 ff.; *Hadding*, FS Canaris, 2007, S. 379, 402.
[201] Zutr. *Larenz* JherJb. 83 (1933), 108, 118; zum Folgenden zust. *Staudinger/Langhein* RdNr. 122; s. auch *Möning* (Fn. 189) S. 93 ff.; aA *Flume* AT I/1 § 8 S. 113 f.; *Rütten* (Fn. 45) S. 93 ff.; *Brach* (Fn. 13) S. 174 ff.
[202] RG LZ 1916, 326.
[203] Vgl. im Ergebnis auch BGH NJW 1953, 58, 59; ausf. jetzt *Habermeier* AcP 193 (1993), 368 ff.
[204] Wie hier *Erman/Aderhold* RdNr. 7; *Staudinger/Langhein* RdNr. 122; aA zB *Larenz*, SchuldR II, 12. Aufl. 1981, § 61 I, S. 416 Fn. 1; *Soergel/Hadding* RdNr. 13; RGRK/*v. Gamm* RdNr. 8.
[205] BGH NJW 1984, 795 zum Schadensersatz wegen Nichterfüllung; *Palandt/Grüneberg* § 432 RdNr. 2.
[206] BGHZ 94, 117 = NJW 1985, 1826; BGH vom 21. 3. 1985, VII ZR 148/83 (n. v.).
[207] Vgl. BGH NJW 1982, 928 = DNotZ 1982, 42; NJW-RR 1993, 386, 389; FamRZ 2007, 1667.
[208] Zust. BGH WM 1983, 604; LM Nr. 13 = NJW-RR 1991, 683.
[209] Fn. 130.

Gemeinschaft nach Bruchteilen 47 § 741

RdNr. 3: § 428).²¹⁰ Das lässt sich allerdings nicht aus §§ 744, 745 herleiten.²¹¹ Diese Begründung ist verfehlt, und zwar unabhängig von der umstrittenen Frage, ob §§ 744, 745 nur das Innenverhältnis betreffen (§§ 744, 745 RdNr. 30 f., 45 f.). Darüber, wer Gläubiger ist, entscheidet die Parteivereinbarung.²¹² Aber der Parteiwille ist, wenn mehrere als Miteigentümer verkaufen, vermieten oder verpachten, im Zweifel auf die Begründung einer Bruchteils-Gläubigerschaft gerichtet (vgl. RdNr. 38, 47 f.).²¹³ Auch der Anspruch auf Rückgabe der gemeinschaftlichen Miet- oder Pachtsache ist ebenso wie der dingliche Anspruch (§ 1011!) gemeinschaftlich.²¹⁴ Wird eine gemeinschaftliche Forderung eingezogen, so setzt sich die Gemeinschaft am Leistungsgegenstand fort (§ 754 RdNr. 4). Auch Versicherungsforderungen und Versicherungssummen für gemeinschaftliche Gegenstände stehen im Zweifel dem Berechtigten zu Bruchteilen zu.²¹⁵

b) Geltendmachung der Forderung. Die Geltendmachung der Forderung richtet sich 47 nach § 432.²¹⁶ Die unklar gefasste und umstrittene Bestimmung greift, sofern sie nicht abbedungen ist, in jedem Fall der Bruchteils-Gläubigerschaft ein.²¹⁷ Bezweifelt wird dies nur, weil § 432 unsachgemäß formuliert ist.²¹⁸ § 432 sagt der Sache nach zweierlei:²¹⁹ Haben mehrere, ohne Gesamtgläubiger zu sein, eine unteilbare Leistung zu fordern, so sind sie Gläubiger zu Bruchteilen;²²⁰ jeder Gläubiger zu Bruchteilen (nicht nur der Gläubiger einer unteilbaren Leistung!) kann Leistung an alle fordern. Diese Korrektur des Gesetzeswortlauts wird von der hM allerdings nicht konsequent vollzogen.²²¹ Aber sie entspricht im Ergebnis der hM und vor allem der Rspr. Die Rspr. verdeckt allerdings den Konflikt mit dem Gesetzeswortlaut, indem sie alle unter § 432 fallenden Forderungen als Ansprüche mit einem mindestens „rechtlich" unteilbaren Leistungsgegenstand bezeichnet.²²² In Wahrheit

---

²¹⁰ Vgl. § 747 RdNr. 26; zust. OLG Düsseldorf WM 1998, 1875, 1879; OLG Rostock NotBZ 2005, 449; *Erman/Aderhold* RdNr. 7; *Staudinger/Langhein* RdNr. 121; s. auch BGH LM Nr. 13 = NJW-RR 1991, 683; OLG Kiel SeuffA 75 Nr. 55 = SchlHA 1919, 151: Verkauf mehrerer Parzellen in einem Kaufvertrag ohne Aufteilung des Preises.
²¹¹ So besonders *Larenz* I § 36 I b; ähnlich bereits *Larenz* JherJb. 83 (1933), 108, 118 f., 171: Herleitung aus dem gemeinschaftlichen Fruchtziehungsrecht.
²¹² Insofern wie hier jetzt *Rütten* (Fn. 45) S. 96 f.
²¹³ Die Auffassung der Praxis wird auch dem verfügungsähnlichen Charakter von Vermietung und Verpachtung (*Flume* AT II § 11, 5 a; § 57, 1 d) gerecht. Wie die Teilhaber als solche gemeinschaftlich verfügen (§ 747 S. 2), so wollen sie auch vermieten und verpachten.
²¹⁴ *Erman/Aderhold* RdNr. 7; *RGRK/Weber* § 432 RdNr. 10 mwN.
²¹⁵ Vgl. OLG Frankfurt NJW-RR 1996, 101, 102; OLG Düsseldorf NJW-RR 1997, 604.
²¹⁶ § 432 RdNr. 4; BGH NJW 1958, 1723; *Bamberger/Roth/Gehrlein* RdNr. 3; *Erman/Aderhold* RdNr. 7; *Palandt/Grüneberg* § 432 RdNr. 2; *Staudinger/Langhein* RdNr. 177 ff.; *Rütten* (Fn. 45) S. 99; aA *Enneccerus/Lehmann* § 183 III; *Hadding*, FS Canaris, 2007, S. 379, 399 ff.
²¹⁷ Zusammenfassend BGHZ 106, 222, 226 = NJW 1989, 1091, 1092; BGH NJW-RR 2001, 369, 370; BayObLGZ 1992, 131, 136 ff. = NJW-RR 1992, 1369, 1370; OLG Zweibrücken NJW-RR 1997, 973; OLG Oldenburg NJW-RR 1999, 579; vgl. auch *Larenz* JherJb. 83 (1933), 108, 173; *Selb* (Fn. 146) § 17 I 2; Mot. in *Mugdan* II S. 94 f.; *Erman/Aderhold* RdNr. 7; *Erman/Ehmann* § 432 RdNr. 15; *Staudinger/Noack* (2005) § 432 RdNr. 7, 20; aA zB *Fikentscher* (Fn. 145) § 65 I; *Larenz* I § 36 I b (S. 565 Fn. 5); ausf. Kritik bei *Engländer* (Fn. 3) S. 173 f. Rn. 328, allerdings unter Einbeziehung auch der Gesamthandsforderungen; abl. auch *Brach* (Fn. 13) S. 166 ff.; *Möning* (Fn. 189) S. 42 ff., 62 f.; *Rütten* (Fn. 45) S. 99 ff.; *Soergel/Hadding* RdNr. 13; *Staudinger/Langhein* RdNr. 117; *Hadding*, FS Ernst Wolf, 1985, S. 107, 120 ff.; *ders.*, FS Canaris, 2007, S. 379, 399.
²¹⁸ *Hadding*, FS Canaris, 2007, S. 379, 399, vermisst eine Information darüber, inwieweit der Wortlaut „unsachgemäß" sei und hält entgegen, § 432 sei als systematisches Gegenstück zu § 428 doch „völlig klar". Er ist dies jedoch eben und insoweit, als § 428 nicht vorliegt. Einen positiven Tatbestand über die Rechtsinhaberschaft enthält § 432 nicht.
²¹⁹ Diese Information vermisst sonderbarerweise *Hadding*, FS Canaris, 2007, S. 379, 399; auf S. 394 wird sie nicht vermisst, aber abgelehnt.
²²⁰ Gegen diese Annahme allerdings HKK/*Sonja Meier* §§ 241–432/II RdNr. 68 ff.
²²¹ Zum Streitstand vgl. *Erman/Ehmann* § 432 RdNr. 5; *RGRK/Weber* § 432 RdNr. 3 f.; *Soergel/Wolf* Vor § 420 RdNr. 5; *Staudinger/Langhein* RdNr. 112 ff.; *Staudinger/Noack* § 432 RdNr. 7, 21 f.
²²² BGH LM § 743 Nr. 1 = NJW 1958, 1723; NJW 1982, 2020; WM 1983, 604; RGZ 70, 32, 33; 86, 66, 68; RG DR 1940, 2169, 2170 mwN; s. auch BGH NJW 1984, 1356, 1357 (insoweit in BGHZ 89, 349 nicht abgedruckt); BGH NJW 1998, 1482, 1483; mit Recht krit. zB *Flume* AT I/1 § 8; vgl. schon *Larenz* JherJb. 83 (1933), 108, 171; vgl. auch insoweit *Hadding*, FS Canaris, 2007, S. 379, 400 Fn. 92.

stellt die Rspr. bei der Anwendung des § 432 nicht nur auf den unteilbaren Leistungsgegenstand ab, sondern auch auf die rechtliche Natur und Eigenart der Forderung und der an ihr bestehenden Gemeinschaft.[223] Vor allem die Forderung aus gemeinschaftlicher Vermietung oder Verpachtung einer im Miteigentum stehenden Sache steht nicht nach summenmäßigen Teilen den einzelnen Teilhabern zu. Es liegt keine Teilschuld nach § 420 vor.[224] Der Gläubiger eines Teilhabers kann weder die Forderung insgesamt noch eine Teilforderung gegen den Schuldner pfänden (§ 743 RdNr. 5). Der Schuldner der gemeinschaftlichen Verbindlichkeit kann nicht mit einer Forderung gegen einen einzelnen Teilhaber aufrechnen.[225] Dagegen kann jeder Bruchteils-Gläubiger nach § 432 Leistung an alle verlangen.[226]

48 Diese **Anwendung des § 432 auf alle Bruchteils-Mitgläubiger** entspricht, sofern nicht die Regelung abbedungen ist, dem Gebot der Sachgerechtigkeit. Dem Bruchteilsgläubiger kann ein Klagrecht, das das Gesetz ihm sogar bei unteilbarem Leistungsgegenstand zubilligt, im Fall der Teilbarkeit nicht versagt werden. Es braucht deshalb nicht aus § 744 Abs. 2 hergeleitet zu werden.[227] § 754 S. 2 verdrängt § 432 nicht.[228] Es gibt keine Subsidiarität des § 432, etwa in Parallelität zur actio pro socio (zu dieser § 705 RdNr. 204 ff.).[229] Die Rücksichtnahme im Innenverhältnis unter den Bruchteilsberechtigten kann für eine Verständigung über die Geltendmachung sprechen, aber im Außenverhältnis bleibt die Einziehungsbefugnis und Prozeßstandschaft nach § 432 unbeschränkt. Allerdings ergibt sich aus § 754 S. 2, dass dem Gesetzgeber eine generelle Anwendbarkeit des § 432 nicht vorschwebte.[230] § 754 S. 2 wird aber auch neben dem erweiterten § 432 nicht überflüssig. Um Hinterlegung zu vermeiden, kann die Empfangszuständigkeit mehrerer Gläubiger Mitwirkungshandlungen erfordern.[231] Jeder Teilhaber kann nach § 754 S. 2 entweder gemeinschaftliche Einziehung oder, falls er selbst die Forderung geltend macht, Mitwirkung bei der Empfangnahme des Gegenstands fordern. **Nur für die Geltendmachung von Ansprüchen** gilt § 432, nicht für die Ausübung von Gestaltungsrechten. Insbesondere ergibt sich aus § 432 kein Kündigungsrecht. Die ordentliche Aufhebung des Miet- oder Pachtverhältnisses, an dem mehrere als Vertragspartner beteiligt sind, steht nur allen gemeinschaftlich zu.[232] Anderes kann für außerordentliche Kündigungsrechte gelten, zB für das Kündigungsrecht des Insolvenzverwalters.[233] Aus einer Verwaltungsregelung unter den Teilhabern kann sich ergeben, dass ein einzelner von ihnen zur Kündigung befugt sein soll. Zur Geltendmachung von Ansprüchen aus dem Miteigentum vgl. noch § 1011. Nach OLG Celle NJW-RR 1994, 854 steht die Klagebefugnis bei einer Klage auf Feststellung, dass der Vertrag nichtig ist, bei der Vermietung durch mehrere Vermieter diesen Vermietern nur gemeinschaftlich in notwendiger Streitgenossenschaft zu. Das ist nicht unzweifelhaft. Richtig ist aber, dass § 432 nicht zum Zuge kommt. Für Gemeinschaftskonten gilt § 432 nach dem Parteiwillen nicht (RdNr. 55).

---

[223] Diese Praxis führt allerdings zu einer zweifelhaften Anwendung des § 432 auf Fälle der Gesamthand; BGHZ 12, 308, 312 f. = LM § 709 Nr. 1 m. Anm. *Fischer* = NJW 1954, 1159; BGHZ 17, 340, 346 f. = LM § 432 Nr. 2 m. Anm. *Fischer* = NJW 1955, 1393, 1394; BGHZ 39, 14, 15 = LM § 709 Nr. 4 m. Anm. *Fischer* = NJW 1963, 641; BGH LM § 812 Nr. 15 = NJW 1953, 58, 59; NJW 1958, 1723; 1969, 839; 1996, 1407, 1409; RGZ 70, 32, 33 f., 86, 66, 68 ff.; abl. zB *Flume* AT I/1 § 8; *Diederichsen* MDR 1963, 633; s. auch *Larenz* JherJb. 83 (1933), 108, 171.
[224] So aber zB *Erman/Ehmann*, 9. Aufl. 1993, § 432 RdNr. 3.
[225] BGH NJW 1969, 839.
[226] BGH NJW 1958, 1723; 1969, 839; vgl. auch RG DR 1940, 2169 m. Anm. *Roquette*; ebenso für die Ansprüche mehrerer Mieter KG JW 1929, 3242, 3243; unter mehreren Mietern wird freilich eine Gesamthand bestehen (RdNr. 20).
[227] S. aber BGHZ 94, 117 = NJW 1985, 1826, 1827; BGH vom 21. 3. 1985, VII ZR 302/83 (n. v.).
[228] Anders im Ansatz *Staudingen/Langhein* RdNr. 117 f.
[229] AA *Staudinger/Langhein* RdNr. 118.
[230] *Larenz* JherJb. 83 (1933), 108, 171.
[231] Vgl. auch Mot. in *Mugdan* II S. 95.
[232] RGZ 97, 79, 81; 138, 183, 186; OLG Celle NJW-RR 1994, 854 f.; *Erman/Ehmann* § 432 RdNr. 20; für die Kündigung bei einer Mehrheit von Mietern vgl. KG JW 1929, 3242, 3243 mN.
[233] RGZ 141, 392 f.

Gemeinschaft nach Bruchteilen 49–51 § 741

c) **Prozessfragen.** Das Klagrecht aus § 432 steht im Zusammenhang mit den bei §§ 744, **49** 745 RdNr. 47 und bei § 1011 RdNr. 3 besprochenen Klagrechten. Es liegt ein Fall der **Prozessstandschaft** vor.[234] Kläger ist allein derjenige Teilhaber, der den Anspruch geltend macht. Er ist auf Grund des Klagrechts nicht auch befugt, Leistung an sich zu verlangen (vgl. § 432 Abs. 1). Vielmehr hat sich seine Klage nach dem Anspruchsinhalt zu richten, regelmäßig also auf Leistung an alle zu lauten (§ 432 Abs. 1). Eine Rechtskraftwirkung zu Lasten der anderen Gläubiger besteht nicht,[235] nach der wohl zu Unrecht hM auch nicht zugunsten der anderen Gläubiger, wenn der Klage stattgegeben wird (vgl. § 1011 RdNr. 8).[236] Ein Missbrauch der Prozessführungsbefugnis, der eine Klage unzulässig macht, liegt bei einem fälligen Anspruch nicht schon dann vor, wenn die anderen Teilhaber der Geltendmachung widersprechen.[237]

3. Miteigentumslösung nach Investmentgesetz (InvG). Eine Bruchteilsgemein- **50** schaft[238] entsteht an dem bei einer **Kapitalanlagegesellschaft** eingelegten Sondervermögen, sofern die **Miteigentumslösung** nach § 30 Abs. 1 S. 1 InvG gewählt ist.[239] Bei einer Reihe von Fonds, darunter Grundstücks-Sondervermögen, ist diese Gestaltung nach dem InvG unzulässig.[240] Die Miteigentumslösung entfällt auch bei den geschlossenen Fonds in Gestalt von Investmentaktiengesellschaften.[241] § 30 Abs. 1 S. 1 InvG meint mit Miteigentum die Bruchteilsgemeinschaft nach § 741. Nur soweit das Sondervermögen aus Sachen – auch aus Wertpapieren ieS – besteht, handelt es sich bei der Bruchteilsberechtigung um Miteigentum iS von § 1008, nicht dagegen hinsichtlich der Forderungen und der sonstigen Rechte.[242] Da eine Bruchteilsgemeinschaft auch an Forderungen bestehen kann (RdNr. 11), kann die Einordnung des „Miteigentums"-Fonds als Bruchteilsgemeinschaft in gegenständlicher Hinsicht lückenlos durchgehalten werden.

Hinsichtlich der Rechtsgestaltung im Einzelnen bestehen gravierende **Besonderheiten:** **51** Zur Bruchteilsgemeinschaft gehört auf Grund §§ 2 Abs. 2, 30 Abs. 1 InvG nicht nur das bei der Kapitalanlagegesellschaft eingelegte Geld, sondern alle mit diesem Geld angelegten Vermögensgegenstände; außerdem nach § 30 Abs. 2 InvG alles, was die Kapitalanlagegesellschaft auf Grund eines zum Sondervermögen gehörenden Rechts oder durch ein Rechtsgeschäft erwirbt, das sich auf das Sondervermögen bezieht, oder was derjenige, dem das Sondervermögen zusteht, als **Ersatz für ein zum Sondervermögen gehörendes Recht**

---

[234] RGZ 70, 32, 34 f.; *Henckel*, Parteilehre und Streitgegenstand im Zivilprozess, 1961, S. 46; s. auch RGZ 86, 68, 71; aA *Erman/Ehmann* § 432 RdNr. 41.
[235] BGHZ 39, 14, 15 = LM § 709 Nr. 4 m. Anm. *Fischer* = NJW 1963, 641, 642; RGZ 119, 163, 169; *Henckel* (Fn. 234) S. 46.
[236] Vgl. insoweit auch *Rütten* (Fn. 45) S. 106.
[237] Nur scheinbar aA zu § 2039 BGHZ 44, 367, 371 = LM § 2039 Nr. 7 m. Anm. *Mattern* = NJW 1966, 773, 774; im BGH-Fall klagte ein Miterbe, dessen eigenem Anspruch der Einwand der unzulässigen Rechtsausübung entgegengestanden hätte.
[238] AA *Schulze-Osterloh* (Fn. 37) S. 143 ff.; *Canaris* Bankvertragsrecht, 2. Aufl. 1981, RdNr. 2397; gegen jede Art Rechtsgemeinschaft unter den Anteilinhabern *Ebner v. Eschenbach*, Die Rechte des Anteilinhabers nach dem KAGG, Diss. Erlangen 1959, S. 146 ff.
[239] *Barocka*, Investment-Sparen und Investment-Gesellschaften, 1956, S. 59 ff.; *v. Ebner-Eschenbach*, Die Rechte des Anteilsinhabers nach dem Gesetz über Kapitalanlagegesellschaften, Diss. Erlangen 1959; *Schäcker*, Entwicklung und System des Investmentsparens, 1961, S. 126 ff.; *Reuter*, Investmentfonds und die Rechtsstellung der Anteilinhaber, Diss. Frankfurt 1965, S. 161 ff.; *Weigel*, Die Rechte der Inhaber von Anteilen an Immobilienanlagegesellschaften, Diss. Erlangen 1966, insbes. S. 136 ff.; *Graulich*, Die Rechtsverhältnisse der Sondervermögen (Investmentfonds) nach dem KAGG, Diss. Mainz 1968, S. 17 ff.; *Beckmann-Scholtz*, Investment, 1970 ff.; *Roth*, Das Treuhandmodell des Investmentrechts, 1972, S. 118; *Gläbe*, Der Schutz der Zertifikatsinhaber von Investmentgesellschaften, 1975; *Geßler*, WM-Beilage 4/1957 S. 17, 24; *Gericke* DB 1959, 1276; *v. Caemmerer* JZ 1958, Nr.; *Kümpel* (Fn. 115) RdNr. 12.71; *Schönle*, Bank- und Börsenrecht, 2. Aufl. 1976, § 23; *Schwark*, Börsengesetz, 3. Aufl. 2004; *Siara-Tormann* KAGG, 1957, § 6 Anm. I; *J. Baur* Investmentgesetze, 2. Aufl. 1997, § 6 RdNr. 12; BankR-HdB/*Köndgen/Schmies* § 113; *Brinkhaus/Scherer/Zeller*, KAGG, AusInvestmentG, 2003, § 6 KAGG RdNr. 6.
[240] Weitgehend überholt *Kruhme*, Die Immobilienfondsgesellschaften, Diss. Hamburg 1966; *Weigel* (Fn. 239) insbes. S. 136 ff.
[241] *Kümpel* (Fn. 115) RdNr. 12.50.
[242] *Schäcker, v. Caemmerer* und *J. Baur* (Fn. 239).

erwirbt.²⁴³ Die Regelung ähnelt dem § 718. Über die einzelnen Gegenstände des Sondervermögens **verfügen** nicht nach § 747 S. 2 alle Anteilinhaber, sondern es verfügt die Kapitalanlagegesellschaft im eigenen Namen (§ 31 Abs. 1 InvG). Das **Stimmrecht** aus Aktien wird von der Kapitalanlagegesellschaft ausgeübt, ohne dass es einer Stimmrechtsvollmacht bedürfte (§ 32 Abs. 1 S. 1, 2 InvG). Zur **Interessenwahrung** gegenüber der Kapitalanlagegesellschaft, früheren Depotbanken und Dritten ist, soweit es nicht um den Vertragsanspruch eines einzelnen Anlegers, sondern um die Rechte aller geht, die Depotbank gesetzlich ermächtigt (§ 28 Abs. 1 InvG) und auch verpflichtet.²⁴⁴ Vor allem Drittwiderspruchsklagen wegen einer Vollstreckung aus Titeln gegen die Kapitalanlagegesellschaft führt die Depotbank in Prozessstandschaft für die Anteilinhaber durch. Wegen ihrer Ansprüche auf Vergütung und Aufwendungsersatz sowie wegen der gemäß § 28 Abs. 1 InvG an die Depotbank zu leistenden Beträge kann sich die Kapitalanlagegesellschaft aus dem Sondervermögen befriedigen (§ 31 Abs. 3; vgl. auch § 29 InvG). Das **Sondervermögen** selbst ist (bei der Miteigentumslösung selbstverständlich) nicht Bestandteil des haftenden Kapitals der Kapitalanlagegesellschaft (§ 31 Abs. 2 S. 1 InvG) und gehört in ihrer Insolvenz nicht in die Insolvenzmasse (§ 38 Abs. 3 S. 2 InvG). Im Fall der **Eröffnung des Insolvenzverfahrens** erlischt das Verwaltungsrecht der Kapitalanlagegesellschaft (§ 38 Abs. 3 S. 1 InvG). Die Anleger sind zur Aussonderung berechtigt. Durchgeführt wird die Aussonderung, wie jede Abwicklung beim Erlöschen des Verwaltungsrechts der Kapitalanlagegesellschaft, von der Depotbank (§ 39 InvG). Nach § 38 Abs. 5 InvG kann abweichend von § 749 kein Anteilinhaber – auch nicht sein Insolvenzverwalter oder (Pfändungs-)Pfandgläubiger – die Aufhebung der Gemeinschaft verlangen. Er kann nur verlangen, dass ihm gegen **Rückgabe des Anteilscheins** sein Anteil an dem Sondervermögen ausbezahlt wird (§ 37 Abs. 1, 2 InvG).

52 Die **Verfügung über den Bruchteil** (Miteigentumsanteil) erfolgt unter Durchbrechung des sachenrechtlichen Spezialitätsgrundsatzes ausschließlich durch „Übertragung der in dem Anteilschein verbrieften Ansprüche" (§ 33 Abs. 2 InvG) bzw. durch sonstige Verfügung rechtsgeschäftlicher oder vollstreckungsrechtlicher Art. Indem das Gesetz Verfügungen über den Anteil den Verfügungen über verbriefte Forderungsrechte gleichstellt, ermöglicht es nicht nur die **Loslösung vom Spezialitätsgrundsatz,** sondern es vermeidet auch die Einordnung der Investmentanteilscheine in die umstrittene Kategorie der Traditionspapiere (§§ 448, 479 g, 650 HGB).²⁴⁵ Je nachdem, ob der Anteilschein auf den Inhaber oder auf den Namen lautet,²⁴⁶ erfolgt die Veräußerung nach §§ 929 ff. BGB oder nach §§ 33 Abs. 1 S. 3 InvG, 68 Abs. 1 S. 1 AktG, Art. 11 WG; die Verpfändung erfolgt nach §§ 1204 ff. oder nach § 1292; ein Nießbrauch wird bei dem an Order lautenden Anteilschein durch Indossament und Begebung bestellt; für den mit Blankoindossament versehenen Orderanteilschein und den Inhaberanteilschein gelten die §§ 1081 ff.; die Pfändung und Verwertung erfolgt nach §§ 803 ff., 821 ZPO (Inhaberanteilschein) oder nach §§ 803 ff., 821, 822 ZPO (Orderanteilschein), nicht nach § 831 ZPO, der nur für verbriefte Forderungen gilt.²⁴⁷ **Gutgläubiger Erwerb** des Anteils ist beim Inhaberanteilschein gemäß §§ 932 ff., beim Orderanteilschein gemäß §§ 33 Abs. 1 S. 3 InvG, 68 Abs. 1 S. 2 AktG, Art. 16 Abs. 2 WG möglich.²⁴⁸ *Canaris*²⁴⁹ erklärt – wie bei anderen Inhaber- und Orderpapieren – auch eine Verfügung durch Abtretung unter gleichzeitiger Papierübergabe für möglich. Praktische Bedeutung dürfte dies allenfalls haben, wo es gilt, fehlgeschlagene Indossamente als Abtre-

---

²⁴³ Näher *Canaris* (Fn. 238) RdNr. 2402 ff.; *J. Baur* (Fn. 239) § 6 RdNr. 19, 21.
²⁴⁴ Dazu auch BGHZ 149, 33 = NJW 2001, 3633; *Kümpel* (Fn. 239) RdNr. 12.157 ff.; BankR-HdB/ *Köndgen/Schmies* § 113 RdNr. 133.
²⁴⁵ Vgl. insofern auch *Weigel* (Fn. 239) S. 63 ff.; aA *Geßler* WM-Beilage 4/1957 S. 25.
²⁴⁶ Dazu *Geßler* WM-Beilage 4/1957 S. 24; *Caspers* JZ 1958, 273; *Zöllner* Wertpapierrecht § 30 III 2.
²⁴⁷ *Schuler* NJW 1957, 1052; *Berner* Rpfleger 1960, 33; *Stöber* Forderungspfändung, 14. Aufl. 2005, RdNr. 2096.
²⁴⁸ Näher *Canaris* (Fn. 238) RdNr. 2387.
²⁴⁹ *Canaris* (Fn. 238) RdNr. 2385; *Hueck/Canaris,* Recht der Wertpapiere, 12. Aufl. 1986, § 6 I 4; jetzt auch *J. Baur* (Fn. 239) § 18 RdNr. 9, 22; aA *Klenk,* Die rechtliche Behandlung des Investmentanteils, 1967, S. 60.

tungen aufrecht zu erhalten. Praktisch unbedeutend ist wohl die Frage, ob der Anteilschein auch als Rektapapier ausgestaltet werden kann.[250] Für den Eigentumserwerb bei Einkaufskommission vgl. § 18 Abs. 3 DepG. Investmentanteilscheine im Sammeldepot können nach den bei § 1008 RdNr. 29 f. dargestellten Grundsätzen erworben werden.

Die **Besonderheiten der Anlage-Bruchteilsgemeinschaft** erklären sich aus deren 53 Funktion sowie – in Verbindung hiermit – aus dem sog. open-end-Prinzip. Funktionsmäßig kann nicht die Rechtsgemeinschaft unter den Anlegern im Vordergrund stehen, sondern nur die Vermögensverwaltung durch die Investmentgesellschaft. Denn nicht die Rechtsinnehabung durch mehrere, sondern Risikostreuung und Fremdverwaltung sind das Charakteristikum. Das bringt trotz der gegensätzlichen Rechtskonstruktion eine starke Annäherung von Treuhandlösung und Miteigentumslösung mit sich.[251] Das **open-end-Prinzip**[252] besteht darin, dass die Ausgabe neuer, durch Wertpapierbesitz gedeckter Anteilscheine grundsätzlich unbegrenzt und die entgeltliche Rückgabe von Anteilscheinen an die Kapitalanlagegesellschaft nach § 37 Abs. 1 InvG möglich ist.

4. Gemeinschaftskonto. a) Beurteilung nach hM. Ein Gemeinschaftskonto[253] kann 54 nach hM eine Bruchteilsgemeinschaft an Forderungen begründen. Gemeinschaftskonten sind Eigenkonten, die mehreren Personen gemeinschaftlich zustehen. Ob dies der Fall ist, hängt vom Parteiwillen ab; dass in der Kontenbezeichnung auch der Name eines Dritten erscheint, der das Konto nicht mit errichtet hat, genügt noch nicht.[254] Nicht ausreichend ist selbstverständlich auch die Erteilung einer Kontovollmacht. Über **„Oder-Konten"** kann jeder Inhaber allein verfügen, solange nicht eine entgegenstehende Weisung der Kontoinhaber vorliegt.[255] Dagegen verfügen über **„Und-Konten"** nur alle Inhaber gemeinschaftlich.[256] Das Oder-Konto ist die Regel. Dies ergab sich bis 1992 aus den AGB-Banken von 1984,[257] heute aus den Antragsformularen der Banken.[258] Die **Rechtsnatur** dieser Konten ist umstritten. Wer bei gemeinschaftlichem rechtsgeschäftlichem Handeln gegenüber einem Dritten stets eine Gesamthand annimmt,[259] wird bei beiden Kontoarten zur Annahme eines Gesamthandskontos mit unterschiedlicher Vertretungsregelung neigen.[260] Nach der wohl hM liegt der Unterschied in der Rechtszuständigkeit.[261] Das **Oder-Konto** wird als Gesamtgläubigerschaft iS des § 428[262] bzw. – weil die Bank nicht nach Belieben, sondern an den

---

[250] Bejahend *Hueck/Canaris* (Fn. 249).
[251] Eingehend *Roth* (Fn. 239) S. 140; *Canaris* (Fn. 238) RdNr. 2395 f.
[252] Näher *Roth* (Fn. 239) S. 335 ff.
[253] *van Look*, in: *Claussen*, Bank- und Börsenrecht, 4. Aufl. 2008, § 2 RdNr. 29 ff.; *Bauer*, Das Gemeinschaftskonto, Bank-Information 1/1983 und 2/1983; *Gernhuber* WM 1997, 645 ff.; BankR-HdB/*Hadding/Häuser* § 35; *ders.*, WM-Sonderheft 1994, 1 ff.; *Hansen*, Die Rechtsnatur von Gemeinschaftskonto und -depot, 1967; *Kiethe*, Das Gemeinschaftskonto (joint bank account) von Ehegatten als Testamentsersatz im Recht der Vereinigten Staaten von Amerika, Diss. Kiel 1971; *Kümpel* (Fn. 115) RdNr. 3238 ff.; *Lenkaitis/Messing* ZBB 2007, 364 ff.; MünchKommHGB/*Hadding/Häuser* 1. Aufl. ZahlungsV RdNr. A 96 ff.; *Obermüller*, Insolvenzrecht in der Bankpraxis, 7. Aufl. 2007, RdNr. 2.68 ff.; *Rütten* (Fn. 45) S. 205 ff.; *Karsten Schmidt*, FS Hadding, 2004, S. 1093; *ders.*, FS Nobbe, 2009; *Schönle* (Fn. 239) § 7 II a 2; *Schwintowski/Schäfer*, BankR, 2. Aufl. 2004, § 5 RdNr. 9 ff.; *Staub/Canaris*, HGB, 4. Aufl., Lfg. 1988, Bankvertragsrecht RdNr. 224 ff.
[254] BGHZ 21, 148, 152 = NJW 1956, 1593; BGHZ 61, 72 f. = LM AGB-Banken Ziff. 2 Nr. 3 = NJW 1973, 1759.
[255] KG NJW 1976, 807 = DB 1976, 239; OLG Köln ZIP 1980, 979.
[256] BGH WM 1980, 438; MünchKommHGB/*Hadding/Häuser* 1. Aufl. ZahlungsV RdNr. A 109; vgl. auch *van Look* in *Claussen* (Fn. 253) § 2 RdNr. 80.
[257] Nr. 2 Abs. 3 S. 1 AGB-Banken 1984 enthielt noch die Regel: „Über das Guthaben auf einem Gemeinschaftskonto und über ein Gemeinschaftsdepot kann jeder der Inhaber allein verfügen, es sei denn, dass die Kontoinhaber der Bank schriftlich eine gegenteilige Weisung erteilt haben."
[258] Auch soweit unterschiedliche Formulare verwendet werden, ist das Oder-Konto die Regel, das Und-Konto die Ausnahme.
[259] Dazu *Flume* AT I/1 § 8.
[260] *Schütz* ZgesKredW 1953, 396; krit. *Hansen* (Fn. 253) S. 106 ff.
[261] BGH LM § 428 Nr. 21 = NJW 1991, 420; KG BankA 1937/38, 435; NJW 1976, 807; OLG Nürnberg NJW 1961, 510; *Claussen* (Fn. 253) § 5 RdNr. 79 ff.; *Kümpel* (Fn. 115) RdNr. 3251 ff., 3253 ff.
[262] BGHZ 95, 185 = NJW 1985, 2698; BGH LM § 428 Nr. 21 = NJW 1991, 420; NJW 2000, 2347, 2348; OLG Nürnberg NJW 1961, 510; KG WM 1976, 66, 67; OLG Koblenz NJW-RR 1990, 1385; OLG

Fordernden zu leisten hat – als gesamtgläubigerähnliche Gemeinschaftsberechtigung[263] angesehen. Umstritten ist die rechtliche Einordnung des **Und-Kontos**. Wiederum wird, wer die Vereinigung mehrerer zu rechtsgeschäftlichem Handeln als Gesamthand ansieht, ein Gesamthandskonto – nur mit anderer Verwaltung – annehmen. Die wohl hM nimmt dagegen, sofern nicht im Einzelfall dem Kreditinstitut eine Gesamthand – zB eine Erbengemeinschaft oder eine BGB-Außengesellschaft – gegenübersteht, eine Bruchteilsgemeinschaft an.[264] Der Kontoinhaber kann ein Oder-Konto nicht ohne weiteres durch einseitige Erklärung in ein Und-Konto **umwandeln**.[265] Eine solche Befugnis kann dem Kontoinhaber vertraglich, auch formularmäßig, eingeräumt sein.[266] Dass ein Kontoinhaber ein bloßes Und-Konto erst recht nicht einseitig in ein Oder-Konto verwandeln kann, versteht sich von selbst. Sieht man das Oder-Konto als einen Fall der Gesamtgläubigerschaft und nicht der Gemeinschaft an, so beruht die einseitige Verfügungsbefugnis jedes Kontoinhabers auch nicht auf einer nach § 183 einseitig entziehbaren wechselseitigen Ermächtigung.[267] Vielmehr steht jedem Kontoinhaber nach § 428 die volle Forderung zu, die aber nur einmal erfüllt werden muss. Allerdings können die Kontoinhaber das Oder-Konto durch widersprechende Weisungen faktisch blockieren.[268] Von der einseitigen Weisung ist die Frage zu unterscheiden, ob jeder einzelne Kontoinhaber jedenfalls für die eigene Person die Umwandlung des Oder-Kontos in ein Und-Konto vereinbaren, also die eigene Alleinverfügungsbefugnis abbedingen kann. Das wird man nach wie vor bejahen können, wenn diese Gestaltung gewollt ist.[269] Wird ein Gemeinschaftskonto debitorisch (Überziehung), so entsteht in jedem Fall eine Gesamtschuld.[270] Für diese gelten die §§ 741 ff. nicht (RdNr. 23).

55 **b) Stellungnahme.**[271] Gemeinschaftskonten müssen zunächst von sog. Gesamthandskonten unterschieden werden. Besteht schon unabhängig vom Gemeinschaftskonto eine rechtsfähige Personengesellschaft oder Gesamthand (OHG, KG, EWIV, Partnerschaftsgesellschaft, BGB-Außengesellschaft, Erbengemeinschaft), so kann diese Gesamthand ein Konto führen. Ihre Vertretungs- und Geschäftsführungsregelung gilt dann auch für das seinerseits ungeteilte Konto. Durch gemeinsame Kontoeröffnung kann auch eine sog. Gesamthand, nämlich eine rechtsfähige Außengesellschaft bürgerlichen Rechts, begründet werden. Die Innehabung und Verwaltung des Kontos kann gemeinsamer Zweck iS von § 705 sein (RdNr. 5). Der Unterschied zwischen Und-Konto und Oder-Konto findet dann eine Entsprechung in der Vertretungsregelung (§§ 714, 709: Gesamtvertretung oder Einzelver-

---

Karlsruhe NJW-RR 1990, 1285, 1286; OLG Düsseldorf NJW-RR 1998, 918; *Hadding*, WM-FG Hellner, 1994, S. 5 f.; *Hansen* (Fn. 253) S. 24; MünchKommHGB/*Hadding/Häuser* 1. Aufl. ZahlungsV RdNr. A 101; *Rütten* (Fn. 45) S. 214; *Kümpel* (Fn. 115) RdNr. 3262; BankR-HdB/*Hadding/Häuser* § 35 RdNr. 7; *Schwintowski/Schäfer* (Fn. 253) § 5 RdNr. 16; *Bamberger/Roth/Gehrlein* RdNr. 9; *Erman/Ehmann* Vor § 420 RdNr. 13; *Staudinger/Langhein* RdNr. 87; *Staub/Canaris* (Fn. 253) RdNr. 225; *Soergel/Hadding* RdNr. 13; *Lenkaitis/Messing* ZBB 2007, 364.
[263] KG BankA 1937/38, 434; NJW 1976, 807; OLG Düsseldorf FamRZ 1986, 607; OLG Dresden WM 2001, 1148, 1149; *Pohlmann*, Das von Ehegatten geführte Oder-Konto, Diss. Bayreuth 2002, S. 7 f.; *Larenz* I § 36 I c; *Selb* (Fn. 146) § 16 I 3 a; *Palandt/Grüneberg* § 428 RdNr. 3; *Eb. Wagner* WM 1991, 1145.
[264] BGH WM 1987, 318; LM § 428 Nr. 21 = NJW 1991, 420; OLG Hamburg NZG 2000, 784, 785; 2000, 786; LG Oldenburg WM 1983, 78; *Hadding/Häuser* (Fn. 262) S. 8; *Hansen* (Fn. 253) S. 101 ff., 111 ff., 118 ff.; BankR-HdB/*Hadding/Häuser* 35 RdNr. 17; *Kümpel* (Fn. 115) RdNr. 3246 f.; MünchKommHGB/*Hadding/Hänger* 1. Aufl. ZahlungsV RdNr. A 110; *Staub/Canaris* (Fn. 253) RdNr. 232; *Bamberger/Roth/Gehrlein* RdNr. 9; *Nebelung* ZgesKredW 1954, 97.
[265] BGH LM § 428 Nr. 21 = NJW 1991, 420 mwN; tendenziell auch BGH NJW-RR 1993, 233, 234; aA OLG Karlsruhe NJW 1986, 63; AG Leonberg WM 1978, 1306, diese Gegenansicht war hier entgegen BGH aaO bereits in der 2. Aufl. aufgegeben.
[266] *Hansen* (Fn. 253) S. 148 f.; zust. *Staudinger/Langhein* RdNr. 92.
[267] So aber OLG Karlsruhe NJW 1986, 63.
[268] Vgl. OLG Celle WM 1995, 1871; LG Hannover WM 1972, 638 f.
[269] *Staub/Canaris* (Fn. 253) RdNr. 226.
[270] *Kümpel* (Fn. 115) RdNr. 3267 ff.; BankR-HdB/*Hadding/Häuser* § 35 RdNr. 9, 18; die Gesamtschuld ergab sich bis 1992 ausdrücklich aus AGB-Banken 1984 Nr. 2 Abs. 3 S. 2.
[271] Eingehend *Karsten Schmidt*, FS Hadding, 2004, S. 1093 ff.; *ders.*, FS Nobbe, 2009.

tretung?). Um ein echtes Gemeinschaftskonto mit mehreren Inhabern handelt es sich in diesem Fall nicht. Doch entspricht dies in der Regel nicht dem Parteiwillen, jedenfalls nicht dem Willen der Bank.[272] Sie hat es bei einem Gemeinschaftskonto (Und- oder Oder-Konto) mit mehreren Verfügungsberechtigten zu tun. Doch besteht auch bei einem Oder-Konto kein Grund, aus der bloßen Befugnis jedes Kontoinhabers zur Verfügung über die Forderung mit der hM auf eine Gesamtgläubigerschaft der Kontoinhaber zu schließen. Erst recht besteht kein Grund, die Konto-Inhaberschaft beim Und-Konto und beim Oder-Konto unterschiedlich zu konstruieren.[273] Das Gemeinschaftskonto ist eine Bruchteilsgemeinschaft am Rechtsverhältnis.[274] Auch bei Annahme einer Bruchteilsgemeinschaft unterscheiden sich Und-Konto und Oder-Konto nur in der Befugnis, die Forderung geltend zu machen. Und-Konten unterstehen der Verwaltung und Verfügung nach §§ 744 Abs. 1, 747 S. 2. Die Befugnis jedes Kontoinhabers, nach § 432 Leistung an alle zu verlangen (RdNr. 47), besteht nach dem Parteiwillen bei einem Und-Konto grundsätzlich nicht.[275] Beim Oder-Konto ist dagegen § 432 dahin erweitert, dass jedem Gläubiger die Befugnis erteilt ist, Leistung an sich zu verlangen. Auch kann die Bank ihrerseits mit Forderungen gegen jeden Teilhaber verrechnen. Im **Verhältnis zur kontoführenden Bank** wirkt sich damit die Frage, ob das Gemeinschaftskonto Gesamthandverhältnis oder Bruchteilsgemeinschaft ist, nicht gravierend aus.[276] Im **Innenverhältnis** gilt das Vereinbarte und daneben gelten im seltenen Fall der Gesellschaft die §§ 705 ff., sonst die §§ 742 ff. Im Innenverhältnis kann eine weitere schuldrechtliche Beziehung – Treuhand, Schenkung, Kauf, Gesellschaft – bestehen.[277] Auch insoweit ergeben sich aus §§ 741 ff. keine nennenswerten Besonderheiten. Die Vermutung gleicher Anteile stützt sich auf § 742,[278] nach aA auf § 430.[279] Sie wird nicht ohne weiteres schon durch den Beweis entkräftet, die Mittel auf dem Gemeinschaftskonto stammten nur von einem Teilhaber.[280] § 749 Abs. 1 ist abbedungen. Hinsichtlich der **Verfügung gegenüber Dritten** kann es auf den Gegensatz zwischen Gesamthand (§ 719 Abs. 1) und Bruchteilsgemeinschaft ankommen. Bei der Bruchteilsgemeinschaft unterliegt der Anteil jedes Kontoinhabers der Verfügung und Vollstreckung in der Hand jedes Beteiligten. Den Beteiligten kann nicht ohne besondere Anhaltspunkte unterstellt werden, dass § 747 S. 1 durch eine Vereinbarung im Innenverhältnis ausgeschlossen ist.[281] Dieses Verfügungsverbot hätte auch keine dingliche Wirkung (§ 747 RdNr. 11). Aber der Bankvertrag lässt in der Regel nur Verfügungen über das Konto, nicht Verfügungen über ideelle Bruchteile daran zu.[282]

Eine **Zwangsvollstreckung** in das Konto, dh. in den Anspruch gegen die Bank, findet bei der Gesamthand (§ 736 ZPO)[283] und bei der Bruchteilsgemeinschaft aufgrund eines Titels gegen alle Kontoinhaber statt.[284] Seit dem Urteil BGHZ 146, 341 = NJW 2001, 1056 würde bei der Kontoführung einer BGB-Gesellschaft ein gegen die Gesellschaft gerichteter Titel genügen, aber diese Möglichkeit wird bei einem Gemeinschaftskonto theoretisch

---

[272] So mit Recht gegen die 3. Aufl. *Staudinger/Langhein* RdNr. 87, 94; vgl. zum Folgenden *Karsten Schmidt*, FS Hadding, 2004, S. 1093 ff.; *ders.*, FS Nobbe, 2009.
[273] Insofern aA mit Konzessionen gegenüber der hM *Lenkaitis/Messing* ZBB 2007, 364, 370.
[274] Ausf. *Karsten Schmidt*, FS Hadding, 2004, S. 1093 ff.
[275] OLG Hamburg NZG 2000, 786; *Hansen* (Fn. 253) S. 103 f., 114 ff.; *Staudinger/Langhein* RdNr. 103; *Staub/Canaris* (Fn. 253) RdNr. 232; s. aber BGH WM 1980, 438.
[276] Näher *Karsten Schmidt*, FS Hadding, 2004, S. 1093, 1110 f.
[277] *Hansen* (Fn. 253) S. 70 ff.
[278] Vgl. zB OLG Naumburg FamRZ 2007, 1105 (gemeinsames Sparkonto von Ehegatten).
[279] So BGH LM § 430 Nr. 3 = NJW 1990, 705; NJW-RR 1993, 2; LM § 430 Nr. 4 = NJW 1997, 1734; KG NJW 1976, 807; OLG Köln WM 2000, 2485, 2487.
[280] KG NJW 1976, 807, 808.
[281] *Hansen* (Fn. 253) S. 127 f.; *Nebelung* ZgesKredW 1954, 97.
[282] *Karsten Schmidt*, FS Hadding, 2004, S. 1093, 1112.
[283] Auch nach dem Urteil BGHZ 146, 341 = NJW 2001, 1056 sollte ein gegen alle Gesellschafter gerichteter Titel jedenfalls noch ausreichen; vgl. *Karsten Schmidt* NJW 2003, 1897 f.
[284] Nur für das Und-Konto ist dies hM; *Liesecke* WM 1975, 314, 317; *Hansen* (Fn. 253) S. 128 f.; BankR-HdB/*Hadding/Häuser* § 35 RdNr. 11, 24; *Staub/Canaris* (Fn. 253) RdNr. 228, 233; *Schönle* (Fn. 239) § 8 IV 2 c; *Stöber* (Fn. 247) RdNr. 340.

§ 741   57

bleiben. Fest steht, dass ein gegen einen Kontoinhaber gerichteter Titel nicht ausreicht. Der Gläubiger nur eines einzelnen Teilhabers wird wegen der zweifelhaften Rechtslage diejenige Vollstreckungsart wählen, die bei Gesamthand und Gemeinschaft zum Erfolg führt, nämlich die Vollstreckung in den „Anteil" oder in den Teilungsanspruch.[285] Beim Und-Konto rät auch die hM zu dieser Vollstreckung. Drittschuldner ist hierbei der andere Kontoinhaber. Die Bank ist insofern nicht Drittschuldner.[286] Sie wird von der Pfändung nur in Kenntnis gesetzt. Da aber die Frage umstritten ist, ist eine doppelte Zustellung ratsam. Liegt ein Oder-Konto vor, so widerruft der Gläubiger gleichzeitig die Befugnis der Bank, an den anderen Kontoinhaber zu zahlen. Das Pfändungspfandrecht setzt sich im Fall der Teilung oder Einziehung des Guthabens an der Teilforderung bzw. dem Erlös fort (§ 747 RdNr. 37). Nach hM kann allerdings der Gläubiger eines Kontoinhabers beim Oder-Konto auch dessen Gesamtgläubigerforderung gegen die Bank pfänden.[287] Aus der Anwendung des § 428 (zu dieser hM vgl. RdNr. 54) wird konsequent gefolgert, dass für diese Forderungspfändung ein gegen einen Kontoinhaber gerichteter Titel genügt (vgl. aber zur hier vertretenen Auffassung RdNr. 55).[288] Die Verfügungsbefugnis der anderen Kontoinhaber wird allerdings nach herrschender, wenngleich bestrittener Auffassung durch diese Pfändung nicht berührt.[289] Allerdings kann in der Zustellung des Überweisungsbeschlusses an die Bank ein Zahlungsverlangen aus dem Recht des Schuldners erblickt werden. Hieraus wird teilweise ein eigenes Einziehungsrecht des Pfändungsgläubigers hergeleitet,[290] teils angenommen, dass sich die Bank als Drittschuldnerin schadensersatzpflichtig machen kann, wenn sie auf ein nachträgliches Auszahlungsverlangen an einen anderen Kontoinhaber zahlt.[291] Nicht befriedigend gelöst ist dann aber die Frage, ob nicht der Mit-Kontoinhaber gegen den Zugriff des Gläubigers nach § 771 ZPO intervenieren kann.[292] Nach der hier (RdNr. 55) vertretenen Ansicht ist das zu bejahen.[293] Stellt das Gemeinschaftskonto nicht Bruchteilsvermögen, sondern sog. Gesamthandsvermögen dar (RdNr. 55), so ergibt sich, dass aus einem gegen nur einen Kontoinhaber gerichteten Titel entgegen der hM nur dessen Anteil gepfändet werden kann.

57 **5. Gemeinschaftsdepot.** Ähnlich verhält es sich mit dem Gemeinschaftsdepot[294] beim bankrechtlichen Depotgeschäft. Im Gegensatz zur Sammelverwahrung (§ 1008 RdNr. 29 f.) geht es nicht um das Miteigentum an eingelagerten Papieren, sondern es tritt eine Personenmehrheit als Hinterleger auf.[295] Ist das Gemeinschaftsdepot ein Oder-Depot, so gelten nach hM wiederum die §§ 428 ff.; dagegen steht beim Und-Depot die Verfügungsbefugnis regel-

---

[285] §§ 829, 859 ZPO, 725 BGB (*Karsten Schmidt* JR 1977, 177); für Bruchteilsgemeinschaft vgl. § 747 RdNr. 37; § 749 RdNr. 23; § 751 RdNr. 3.
[286] *Liesecke* WM 1975, 314, 317; aA LG Oldenburg WM 1983, 78; *Staudinger/Huber* (12. Aufl.) RdNr. 57; § 747 RdNr. 48; dagegen jetzt aber *Staudinger/Langhein* RdNr. 94.
[287] BGHZ 93, 315, 320 f. = NJW 1985, 1218; KG BankA 1937/38, 434; OLG Nürnberg NJW 1961, 510, 511; OLG Köln ZIP 1980, 979, 981; OLG Koblenz NJW-RR 1990, 1385, 1386; OLG Dresden WM 2001, 1148, 1149; *Liesecke* WM 1975, 314, 317; *Hansen* (Fn. 253) S. 53 ff.; *Pohlmann* (Fn. 250) S. 68; BankR-HdB/*Hadding/Häuser* § 35 RdNr. 11; MünchKommHGB/*Hadding/Häuser*, 1. Aufl., Bd. V ZahlungsV RdNr. A 108; *Staub/Canaris* (Fn. 241) RdNr. 228; *Schönle* (Fn. 227) § 8 IV 2c; *Stöber* (Fn. 247) RdNr. 339; *Staudinger/Langhein* RdNr. 94; diff. OLG Koblenz NJW-RR 1990, 1385; dazu aber *Wagner* WM 1991, 1145, 1149.
[288] *Staudinger/Langhein* RdNr. 88; *Wagner* WM 1991, 1146.
[289] *Staudinger/Langhein* RdNr. 89; vgl. auch *Kümpel* (Fn. 115) RdNr. 3273; zur Vorpfändung vgl. OLG Dresden WM 2001, 1148; insgesamt unentschieden BGHZ 93, 315, 321 = NJW 1985, 1218.
[290] *Staudinger/Langhein* RdNr. 90.
[291] *Staub/Canaris* (Fn. 253) RdNr. 228; *Kümpel* (Fn. 115) RdNr. 3273; *Wagner* ZIP 1985, 856.
[292] Dafür OLG Koblenz NJW-RR 1990, 1385, 1386; *Staudinger/Langhein* RdNr. 91; dagegen BGH BGHR 2003, 50; OLG Stuttgart OLGR 2002, 77 = InVo 2002, 339; s. auch *Staudinger/Langhein* RdNr. 88.
[293] *Karsten Schmidt*, FS Hadding, 2004, S. 1093, 1113; MünchKommZPO/*Karsten Schmidt* § 771 RdNr. 19.
[294] *Hansen* (Fn. 253) S. 17, 82 ff., 136 ff.; *Canaris* (Fn. 238) RdNr. 2095; BankR-HdB/*Gößmann/Klanten* § 72 RdNr. 71 ff.; MünchKommHGB, 1. Aufl., Bd. V, 2001, Teil VIII RdNr. 131; s. auch *Heinsius/Horn/Than* DepG, 1975, § 2 RdNr. 11.
[295] Nicht ausgeschlossen ist aber das Zusammentreffen von Gemeinschafts- und Sammeldepot.

mäßig – nach hM nicht notwendig – allen Hinterlegern nur gemeinsam zu.[296] Beim Gemeinschaftsdepot muss zwischen der **Eigentumslage** an den Papieren und den Vertragsrechten unterschieden werden.[297] Hinsichtlich der Papiere gelten die §§ 741 ff. iVm. §§ 1008 ff., wenn die Teilhaber Miteigentümer sind. Die Anlage eines Gemeinschaftsdepots besagt nicht, dass Miteigentum vorliegen muss. Solange Papiere, die im Alleineigentum eines Depotinhabers stehen, noch unverändert und unterscheidbar vorhanden sind, bleibt es bei diesem Alleineigentum.[298] Ist mittelbarer Mitbesitz eingeräumt, so spricht die Vermutung des § 1006 Abs. 3 für Miteigentum am Depotbestand,[299] jedoch nur mangels entgegenstehendem Parteiwillen (wie unter Umständen beim Oder-Depot).[300] § 430 gilt insoweit nicht.[301] Für die **Vertragsrechte** gelten unabhängig von der Eigentumslage die §§ 742 ff., sofern nicht die Hinterleger das Depotverhältnis gemeinschaftlich in Gesamthand begründet haben (dann §§ 706 ff., insbesondere 709 ff.). Miteigentümer sind im Zweifel auch aus dem Verwahrungsvertrag zu Bruchteilen berechtigt. Für die Anteile gilt nach hM die Vermutung des § 430,[302] besser die gleichartige des § 742. Die Verfügungen über das Vertragsrecht im Ganzen (§ 747 S. 2) oder über den Bruchteil daran (§ 747 S. 1) und über das Eigentum an den Effekten gehen regelmäßig Hand in Hand; beides ist aber rechtlich zu unterscheiden.[303]

6. Sammeldepot, Sammellagerung, Sammelladung. Sammeldepot, Sammellagerung und Sammelladung sind Sonderfälle des Miteigentums und damit auch der Gemeinschaft. Wie soeben bei RdNr. 57 gesagt, geht es hierbei nicht um die Bruchteilsgemeinschaft mehrerer Hinterleger am Herausgabeanspruch, sondern um Miteigentum an einem Sammelbestand. Diese Fälle sind dargestellt bei § 1008 RdNr. 29 f. (Sammeldepot), § 1008 RdNr. 33 f. (Sammellagerung) und § 1008 RdNr. 35 (Sammelladung).

7. Gemeinschaftserfindungen. a) Bruchteilsgemeinschaft. Gemeinschaftserfindungen[304] nach § 6 S. 2 PatG bzw. §§ 13 Abs. 3 GebrMG iVm. § 6 S. 2 PatG begründen Bruchteilsgemeinschaften.[305] Nicht zu Bruchteilen geteilt ist das Erfinderpersönlichkeitsrecht.[306] Bruchteilsberechtigung besteht aber an den Vermögensrechten der Erfinder. **Voraussetzung** ist nach § 6 S. 2 PatG, dass mehrere gemeinsam eine Erfindung gemacht haben.[307] Anreger und Gehilfen sind keine Miterfinder.[308] Arbeitnehmer können Miterfin-

---

[296] Einzelheiten bei BGHZ 4, 295, 297 f.; OLG München WM 1951, 731, 733; 1953, 594, 596; KG WM 1951, 867, 868.
[297] Wie hier jetzt BGH LM § 430 Nr. 4 = NJW 1997, 1434, 1435; OLG Frankfurt NJW-RR 2005, 87, 88.
[298] OLG Hamm NJW-RR 1990, 708.
[299] BGH LM § 430 Nr. 4 = NJW 1997, 1434, 1435.
[300] BGH LM § 430 Nr. 4 = NJW 1997, 1434, 1435; zust. OLG Köln WM 2000, 2485, 2487.
[301] BGH LM § 430 Nr. 4 = NJW 1997, 1434, 1435.
[302] BGH LM § 430 Nr. 4 = NJW 1997, 1434, 1435.
[303] *Hansen* (Fn. 253) S. 144 f.
[304] *Lüdecke* (Fn. 187) S. 195; *Henke*, Die Erfindergemeinschaft, 2005; *Wunderlich*, Die Gemeinschaftserfindung, 1962; *Zeller*, Die Mitberechtigung an der Erfindung, Diss. Marburg 1923; *Chakraborty/Tilmann*, FS König, 2003, S. 63 ff.; *Storch*, FS Preu, 1988, S. 39 ff.; *Calé* GRUR 1931, 90; *Engländer* GRUR 1924, 53; *Isay* GRUR 1924, 25; *Kisch* GRUR 1952, 267; *Schade* GRUR 1972, 510; *Schippel* GRUR 1966, 561; *Zeller* GRUR 1942, 247; *Kraßer*, Patentrecht, 5. Aufl. 2004, § 19 III 5, V; *Hubmann/Götting*, Gewerblicher Rechtsschutz, 8. Aufl. 2007, § 15; *Klauer/Möhring* PatG, 3. Aufl. 1971, § 3 RdNr. 16 ff.; *Benkard/Bruchhausen*, PatG, 10. Aufl. 2006, § 6 PatG RdNr. 31 ff.; *Busse* PatG, 6. Aufl. 2003, § 6 RdNr. 30 ff.; *Mes*, PatG, GebrMG, 2. Aufl. 2005, § 6 PatG RdNr. 22; *Schulte*, PatG, 7. Aufl. 2005, § 6 RdNr. 20 ff.; *Sefzig* GRUR 1995, 302 ff.; *Villinger* CR 1996, 331 ff., 393 ff.
[305] RGZ 117, 47, 49; RG GRUR 1938, 256, 258; s. auch RG JW 1924, 1430 m. Anm. *Kisch*; *Busse/Keukenschrijver*, PatG, 6. Aufl. 2003, § 6 RdNr. 37.
[306] *Benkard/Bruchhausen* (Fn. 304) § 6 PatG RdNr. 30; *Kraßer* (Fn. 304) § 19 V a 2.
[307] Dazu näher BGH LM PatG § 3 Nr. 2 = GRUR 1966, 558, 559; LM PatG § 1 Nr. 35 = GRUR 1971, 210, 213; RGZ 118, 46, 49; RG GRUR 1938, 256, 262; 1940, 339, 341; OLG Düsseldorf GRUR 1971, 215; LG Hamburg GRUR 1958, 77; LG Nürnberg-Fürth GRUR 1968, 252, 254 f.; *Benkard/Mellulis*, PatG, 10. Aufl. 2006, § 6 RdNr. 30; *Busse/Keukenschrijver* (Fn. 305) § 6 RdNr. 32; *Reimer/Neumar*, PatG und GebrMG, 3. Aufl. 1968 § 3 RdNr. 10; *Klauer/Möhring* (Fn. 304) § 3 RdNr. 17.
[308] *Lüdecke* (Fn. 187) S. 15 ff. mwN; *Benkard/Mellulis* (Fn. 307) § 6 RdNr. 32 d.

§ 741 60, 61   Abschnitt 8. Titel 17. Gemeinschaft

der sein.³⁰⁹ Auch unter ihnen besteht dann eine Bruchteilsgemeinschaft,³¹⁰ solange nicht der Arbeitgeber die Erfindung nach § 7 Abs. 1 ArbnErfG in Anspruch genommen hat. **Gegenstand** der Bruchteilsgemeinschaft ist das materielle Erfinderrecht einschließlich des Rechts auf das Patent bzw. Gebrauchsmuster (§§ 6 PatG, 13 Abs. 3 GebrMG). Alle Miterfinder erwerben gemeinschaftlich **ein** Patent oder Gebrauchsmuster.³¹¹ Hat ein Mitberechtigter das Patent erteilt erhalten, so ergibt sich aus den §§ 6 S. 2, 8 S. 1 und 2 PatG ein Rechtsgrundsatz, wonach ein an der Erfindung Beteiligter die Einräumung einer dinglichen Mitberechtigung verlangen kann; § 8 S. 3 PatG ist auf diesen Anspruch entsprechend anzuwenden.³¹²

60 b) **Anwendung der §§ 742 ff.** Für die **Rechtsbeziehungen unter** den **Teilhabern** sind in erster Linie getroffene Abreden, in zweiter Linie die §§ 741 ff. maßgebend.³¹³ Das hat zur Folge, dass die **Anteile** im Zweifel gleich sind (§ 742 RdNr. 4) und dass sich der Anteil am **Ertrag** nach ihnen richtet (§ 743 Abs. 1). Str. ist das Recht der Teilhaber zum **Gebrauch der Erfindung** (§ 743 Abs. 2; vgl. § 743 RdNr. 10 f., 18). Für die **Verwaltung** gelten die §§ 744 bis 746 (§§ 744, 745 RdNr. 5). Für die **Lasten- und Kostentragung** gilt § 748. Jeder Teilhaber kann über seinen Anteil verfügen (§ 747 S. 1), nur alle gemeinschaftlich dagegen über das Erfinderrecht (§ 747 S. 2).³¹⁴ Für die Aufhebung, die im Zweifel jederzeit verlangt werden kann (§ 749 Abs. 1), gelten die §§ 749 ff. Allerdings passen die §§ 742 ff. gerade auf die Bruchteilsgemeinschaft von Erfindern zT wenig. Deshalb ist zu besonderen **Vereinbarungen** zu raten.³¹⁵ Diese wirken auch gegen Sondernachfolger (§ 746). Wo besondere Vereinbarungen fehlen, kommen vorsichtige Analogien zum Recht der Gesellschaft bürgerlichen Rechts in Betracht.³¹⁶ Immer aber gilt es zu beachten, dass ohne besondere Vereinbarung nicht – wie bei der Gesellschaft – wechselseitige Verpflichtungen bestehen, die über die Ordnung der gemeinsamen Innehabung des Rechts hinausgehen. Deshalb folgt zB aus der Patentgemeinschaft allein noch kein allgemeines Konkurrenzverbot,³¹⁷ sondern nur die Pflicht, beim Gebrauch der gemeinsamen Erfindung die Belange der anderen Teilhaber zu berücksichtigen.³¹⁸ Auch die im Einzelfall nahe liegende Annahme, entgegen § 749 Abs. 1 dürfe nur aus wichtigem Grund die **Aufhebung der Gemeinschaft** verlangt werden,³¹⁹ ist in dieser Allgemeinheit bedenklich.³²⁰ Solange wirklich nur eine communio incidens vorliegt, wird es bei § 749 Abs. 1 bleiben müssen. Abweichungen von dem Recht, jederzeitige Aufhebung der Gemeinschaft zu verlangen, werden sich, wo dies praktisch unentbehrlich ist, aus ausdrücklichen oder stillschweigenden Abreden der Miterfinder – in der Regel also aus einem Gesellschaftsverhältnis – ergeben,³²¹ in engen Grenzen auch aus § 242 (§ 749 RdNr. 11). Zur Frage der Ersteigerung durch Dritte vgl. § 753 RdNr. 10.

61 c) **Derivative Patentgemeinschaft.** Bruchteilsgemeinschaften an Erfinderrechten entstehen nicht nur unter Miterfindern, sondern auch durch derivativen Erwerb. Eine Gemein-

---

³⁰⁹ Einzelheiten bei *Lüdecke* (Fn. 187) S. 71 ff.; *Beier* GRUR 1979, 669.
³¹⁰ *Lüdecke* (Fn. 187) S. 111 ff.
³¹¹ *Kraßer* (Fn. 304) § 19 V a 1; *Lüdecke* (Fn. 187) S. 165.
³¹² Vgl. auch BGH NJW 1979, 1505.
³¹³ RGZ 118, 46, 49; BGH NJW-RR 2001, 477; GRUR 2003, 702; RG GRUR 1940, 339, 341; *Hubmann/Götting* (Fn. 304) § 15 RdNr. 6 ff.; *Busse/Keukenschrijver* (Fn. 305) § 6 RdNr. 37; *Henke* (Fn. 304) RdNr. 839 ff.
³¹⁴ BGH LM PatG § 6 Nr. 3 m. Anm. *Götting* = NJW-RR 2001, 477, 478; LG Leipzig GRUR 1940, 355, 356; *Kraßer* (Fn. 304) § 19 V b 8; vgl. § 747 RdNr. 2; *Mes* (Fn. 304) § 6 RdNr. 26.
³¹⁵ Eingehend *Lüdecke* (Fn. 187) S. 200 ff.; *Tetzner*, Das materielle Patentrecht der Bundesrepublik Deutschland, 1972, § 3 RdNr. 26; diff. *Henke* (Fn. 304) RdNr. 841 ff.
³¹⁶ *Lüdecke* (Fn. 187) S. 104; vgl. auch Vor § 705 RdNr. 127 ff.; vgl. auch *Busse/Keukenschrijver* (Fn. 305) § 6 RdNr. 37 aE.
³¹⁷ RG MuW 1932, 390; *Benkard/Bruchhausen* (Fn. 304) § 6 PatG RdNr. 35.
³¹⁸ § 743 Abs. 2; dazu § 743 RdNr. 18.
³¹⁹ *Reimer/Neumar* (Fn. 307) § 3 RdNr. 11; *Klauer/Möhring* (Fn. 304) § 3 RdNr. 18; s. auch noch *Bernhardt*, Lehrbuch des Patentrechts, 3. Aufl. 1973, § 13 II 2.
³²⁰ § 749 RdNr. 9; *Lüdecke* (Fn. 187) S. 148 f.; *Kraßer* (Fn. 304) § 19 V b 10; *Hubmann/Götting* (Fn. 304) § 15 RdNr. 12; *Busse/Keukenschrijver* (Fn. 305) § 6 RdNr. 43.
³²¹ Wie hier jetzt auch *Kraßer* (Fn. 304) § 19 V b 10; vgl. auch *Benkard/Mellulis* (Fn. 307) RdNr. 36.

schaft nach §§ 741 ff. am Patent kann durch Erteilung einer ausschließlichen Lizenz an mehrere Personen oder durch Veräußerung eines Bruchteils seitens eines Patentinhabers an einen Dritten entstehen.[322] Ferner durch Umwandlung der Gesamthandsberechtigung bei einer Erbengemeinschaft in eine Bruchteilsgemeinschaft. In diesen Fällen gelten die allgemeinen Grundsätze der Bruchteilsgemeinschaft. Die auf der besonderen Interessenlage bei Gemeinschaftserfindungen beruhenden Abweichungen gelten für solche Gemeinschaften nicht.

d) Erfindungsgemeinschaft. Die Erfindungsgemeinschaft muss als vertragliche Verbindung mehrerer zu einem gemeinsamen Zweck (Forschung, Erfindung) von der Bruchteilsgemeinschaft der Erfinder unterschieden werden.[323] Erfindungsgemeinschaft (Gesellschaft bürgerlichen Rechts) und Bruchteilsgemeinschaft am Erfinderrecht können zusammentreffen. Erfindungen im Rahmen einer Gesellschaft begründen bezüglich der Erfinderrechte nicht ohne weiteres die Rechtszuständigkeit zur gesamten Hand.[324]

Verbreitet, aber ungenau ist die Auffassung, Miterfinder seien nur dann zu Bruchteilen berechtigt, wenn es an einer Abrede fehle.[325] Richtig ist, dass bei Fehlen oder bei Unwirksamkeit eines Gesellschaftsvertrags nur eine Bruchteilsberechtigung vorliegen kann.[326] Aber nichts anderes gilt, wenn ein wirksamer Gesellschaftsvertrag vorhanden ist. Miterfinder sind originär zu Bruchteilen berechtigt, auch wenn zwischen ihnen eine Gesellschaft – vielleicht sogar eine Gesellschaft mit dem Zweck gemeinsamer Erfindungen – besteht.[327] Originäre Inhaber des Erfindungsrechts sind stets die Erfinder selbst.[328] Eine Gesellschaft kann die Rechte durch Inanspruchnahme von Arbeitnehmererfindungen (§ 7 Abs. 1 AbnErfG) oder durch Einbringung seitens der Gesellschafter in das Gesellschaftsvermögen erwerben.[329] Das ist nicht anders, als wenn eine juristische Person (GmbH!) Inhaberin des Patents werden soll.[330] Die Einbringung kann schon im Voraus verabredet, dh. schuldrechtlich versprochen, sein. Um eine „Gesellschaftserfindung" oder um eine „gesamthänderische Erfindung" handelt es sich aber auch dann nicht. Selbst eine langjährige Zweckgemeinschaft unter den Erfindern schließt eine Anwendung der §§ 741 ff. nicht aus.[331] Auch der Umstand, dass die Teilhaber die Erfindung gemeinsam zur Schutzrechtserteilung anmelden, verwandelt die Bruchteilsgemeinschaft noch nicht in eine Gesamthand.[332] Denn die Anmeldung ist nur Verwaltungs- und Erhaltungsmaßnahme im Hinblick auf die gemeinschaftliche Erfindung (str.; § 747 RdNr. 3). Sie stellt keinen Akt der Rechtsübertragung dar. Nicht ausreichend für die Annahme einer Gesamthand ist deshalb auch die Abrede, eine Gemeinschaftserfindung zum Patent anzumelden.[333] Aus einer Zweckgemeinschaft unter den Erfindern können sich aber **schuldrechtliche Rechte und Pflichten** ergeben. Diese können auch auf Einbringung der Erfinderrechte in eine Gesamthand (Handelsgesellschaft oder Gesellschaft bürgerlichen Rechts) gerichtet sein. Solche Pflichten schließen den Anspruch aus § 749 aus. Dafür genügt nicht ein Mehrheitsbeschluss,[334] vielmehr ist eine verbindliche vertragliche

---

[322] RG GRUR 1940, 89, 91; 1943, 355, 356; *Reimer/Neumar* (Fn. 307) § 9 RdNr. 110.
[323] Dazu *Götting* (Fn. 304) § 15 III; *A. Schmidt,* Die Rechtsverhältnisse in einem Forscherteam, 1998.
[324] Wie hier jetzt *Kraßer* (Fn. 304) § 19 V a 3; *Staudinger/Langhein* RdNr. 136; vgl. auch Busse/Keukenschrijver (Fn. 305) § 6 RdNr. 22; aA *Lüdecke* (Fn. 187) S. 101 ff., 117 f.; *Götting* (Fn. 304) § 15 RdNr. 13; *Bernhardt* (Fn. 319) § 15 II 1; *Tetzner* (Fn. 315) § 3 RdNr. 27; *Klauer/Möhring* (Fn. 304) § 3 RdNr. 18; wohl auch RG GRUR 1938, 256, 258.
[325] Vgl. aber *Bernhardt* (Fn. 319) § 15 II; *Benkard/Mellulis* (Fn. 307) § 6 RdNr. 34 c; *Mes,* PatG und GebrMG, 2. Aufl. 2005, § 6 RdNr. 11; *Reimer/Neumar* (Fn. 307) § 3 RdNr. 11; s. auch *Lüdecke* (Fn. 187) S. 107.
[326] RGZ 118, 46; RG GRUR 1938, 256, 258; eingehend *Storch,* FS Preu, 1988, S. 38 ff.
[327] AA wohl *Staudinger/Langhein* RdNr. 136.
[328] *Benkard/Bruchhausen* (Fn. 304) § 6 PatG RdNr. 4.
[329] Zutr. RG WuW 1920/21, 160.
[330] Dazu BGH LM PatG § 3 Nr. 1 = GRUR 1955, 286; *Tetzner* (Fn. 315) § 3 RdNr. 27.
[331] Bemerkenswert RGZ 117, 47, 49.
[332] *Tetzner* (Fn. 315) § 3 RdNr. 22.
[333] Dazu mwN *Lüdecke* (Fn. 187) S. 109.
[334] Zutr. *Lüdecke* (Fn. 187) S. 107.

§ 741   64, 65

Absprache unter allen Teilhabern erforderlich. Auch wenn eine Erfindungsgemeinschaft gebildet ist, ist es immer noch eine Frage des Einzelfalls, ob die Verpflichtung bestehen soll, das gemeinsame Recht aus der Bruchteilsgemeinschaft in eine Gesamthand zu überführen.[335]

64   **8. Miturheber. a) Bruchteilsgemeinschaft.** Miturheber[336] sind nach § 8 Abs. 1 UrhG Urheber, die ein Werk gemeinsam geschaffen haben,[337] ohne dass sich die Anteile gesondert verwerten lassen. Nach § 8 Abs. 2 UrhG sind sie **zur gesamten Hand** und nicht als Bruchteilsberechtigte zur Veröffentlichung und zur Verwertung des gemeinschaftlichen Werkes berechtigt. Anders lauteten früher § 6 LUG und § 8 KUG („Gemeinschaft nach Bruchteilen iS des Bürgerlichen Gesetzbuches"). Der Gesetzgeber wollte durch § 8 UrhG der „besonders engen Gemeinschaft" der Miturheber gerecht werden und Misshelligkeiten entgegenwirken, die bei der Anwendung der §§ 741 ff. auf die Rechtsverhältnisse unter Miturhebern entstehen konnten.[338] Die heute **hM** sieht demgemäß Miturheber als gesamthänderisch Berechtigte und nicht als Bruchteilsberechtigte an.[339] Das wird hier seit der ersten Aufl. in Zweifel gezogen. Die Frage hängt davon ab, als was man die Gesamthand ansieht: als Rechtssubjekt oder als modifizierte gebundene Bruchteilsgemeinschaft.[340] Im letzteren Sinne kann man die Miturhebergemeinschaft als „Gesamthand" (dann aber als Gesamthand eigener Art und nicht als Personengesellschaft!) einordnen,[341] im ersteren Sinne nicht. Die Miturhebergemeinschaft ist damit klar von einer der Verwaltung und Wahrnehmung von Miturheberrechten dienenden rechtsfähigen Personengesellschaft zu unterscheiden.[342] Dagegen ist die Anwachsung nach § 8 Abs. 4 S. 3 UrhG bei Zugrundelegung einer Gesamthand besser einzuordnen. Im Übrigen passt diese Gemeinschaft kaum in das herkömmliche Bild der Gesamthandsgemeinschaften und müsste jedenfalls als Gesamthandsgemeinschaft eigener Art betrachtet werden (vgl. Vor § 705 RdNr. 128).

65   **Stellungnahme:** Richtigerweise geht es bei § 8 UrhG nicht um die Verselbstständigung der Gemeinschaft der Miturheber zu einer Rechtsperson, sondern nur um eine **Modifizierung der teilweise unpassenden §§ 741 ff.**[343] Durch die gemeinsame Werkschöpfung entsteht neben dem gemeinschaftlichen Recht, wie auch sonst bei der Bruchteilsgemeinschaft (RdNr. 35) ein gesetzliches Schuldverhältnis unter den Urhebern.[344] Die Gesamt-

---

[335] Unklar *Lüdecke* (Fn. 187) S. 102 ff.
[336] *Erlanger,* Miturheberrecht an Schrift-, Ton- und Bildwerken, 1927; *Kuner,* Gemeinschaft und Abhängigkeit im Urheberrecht, 1956; *Platt,* Urheberschaft, Miturheberschaft und wissenschaftliches Gemeinschaftswerk, 1984; *Stroh,* Werkeinheit und Werkmehrheit im Urheberrecht, 1969; *Schulze-Osterloh* (Fn. 37) S. 33 ff., 133 ff.; *Sontag,* Das Miturheberrecht, 1972; *Reichel* GRUR 1959, 172; 1960, 582; *Hirsch-Ballin* UFITA 46(1966), 56; *Werner* BB 1982, 280; *E. Ulmer,* Urheber- und Verlagsrecht, 3. Aufl. 1980, § 34; *Rehbinder,* Urheber- und Verlagsrecht, 14. Aufl. 2006, § 20; *Fromm/Nordemann* Urheberrecht, 9. Aufl. 1998, § 8 UrhG; *v. Gamm* Urheberrechtsgesetz, 1968, § 8; *Möhring/Nicolini* Urheberrechtsgesetz, 2. Aufl. 2000, § 8; *Schricker/Loewenheim,* Urheberrecht, 3. Aufl. 2006, § 8; *Wandtke/Bullinger/Thum,* Praxiskommentar zum Urheberrecht, 3. Aufl. 2008, § 8; s. auch *Dittrich,* Arbeitnehmer und Urheberrecht, 1978; *Waldenberger,* Die Miturheberschaft im Rechtsvergleich, 1991.
[337] Dazu BGH GRUR 1985, 529; 1994, 39, 40 = MDR 1994, 364; *Sontag* (Fn. 336) S. 4 ff.
[338] RegE UrhG, BT-Drucks. 4/270 S. 41; *Sontag* (Fn. 336) S. 1 mwN; zur Geschichte des § 8 Abs. 2 UrhG vgl. ebd. S. 30 f.
[339] OLG Frankfurt FRUR 2006, 578, 579 = ZUM 2006, 332; *Rehbinder* (Fn. 336) § 20 III; *Schricker/Loewenheim* (Fn. 336) § 8 RdNr. 10; *Wandtke/Bullinger/Thum* (Fn. 336) § 8 RdNr. 22; *Sontag* (Fn. 336) S. 15 ff. mwN; *Schack,* Urheber- und Urhebervertragsrecht, 4. Aufl. 2007, § 10 RdNr. 283; in gleicher Richtung schon BGHZ 33, 20, 30 = LM LitUrhG § 2 Nr. 4 m. Anm. *Krüger-Nieland* = NJW 1960, 2043, 2045; *Staudinger/Langhein* RdNr. 135; *Werner* BB 1982, 280.
[340] Vgl. zu den unterschiedlichen Varianten der „Gesamthand" *Karsten Schmidt,* in: Gutachten und Vorschläge zur Überarbeitung des Schuldrechts III, 1983, S. 480 ff.
[341] Gleichstellung mit einer Personengesellschaft bei OLG Frankfurt GRUR 2006, 578, 579 = ZUM 2006, 332.
[342] Zu einer solchen Gesellschaft vgl. BGH LM UrhG § 8 Nr. 5 m. Anm. *Loewenheim* = NJW-RR 1998, 1639 = EWiR 1998, 504 *(van Look).*
[343] Scharfe Kritik an § 8 UrhG deshalb hier in der 1. bis 3. Aufl. im Anschluss an *Schulze-Osterloh* (Fn. 37) S. 133.
[344] OLG Frankfurt GRUR 2006, 578, 579 = ZUM 2006, 332.

hand, von der § 8 UrhG spricht, ist nur eine durch Sonderregelung **modifizierte Bruchteilsgemeinschaft** am Urheberrecht (zweifelnd Vor § 705 RdNr. 128). Das ändert sich entgegen hM[345] nicht einmal ohne weiteres dann, wenn sich die Miturheber zu einer Zweckgemeinschaft zusammengetan haben, die die Voraussetzungen des § 705 erfüllt.[346] Dann besteht zwar eine Gesellschaft, aber Werkschöpfer bleiben die einzelnen Miturheber; die Gesellschaft ist nicht Urheber (vgl. auch Vor § 705 RdNr. 129). Das Vorhandensein einer Gesellschaft ändert noch nichts an der Rechtszuständigkeit zu Bruchteilen (RdNr. 4 ff.). Erst wenn das Urheberrecht in eine rechtsfähige Personengesellschaft (§ 14 Abs. 2) eingebracht oder von einer solchen begründet worden ist, kann es Gesellschaftsvermögen sein. Für einen Vertrag, den die Miturheber mit einem Dritten schließen – zB für einen Verlagsvertrag – kann Gesellschaftsrecht gelten (vgl. sinngemäß RdNr. 57).[347]

b) Rechtsgrundsätze. Die §§ 741 ff. sind weitgehend modifiziert.[348] Über die Quoten **66** der Miturheber vgl. § 742 RdNr. 4. Die gemeinsame Berechtigung der Miturheber bezieht sich nicht auf das Urheberpersönlichkeitsrecht.[349] Sie bezieht sich auf das **materielle Urheberrecht** insgesamt, nicht einzeln auf Veröffentlichungs- und Verwertungsrechte.[350] § 8 Abs. 2 S. 1 UrhG regelt nicht die Rechtszuständigkeit, sondern die gemeinsame Bestimmung über **Veröffentlichung** und **Verwertung**. **Änderungen** des Werkes sind nur in allseitigem Einvernehmen zulässig (§ 8 Abs. 2 S. 1 Halbs. 2 UrhG). Verwaltungsentscheidungen bedürfen abweichend von § 745 grundsätzlich der Einstimmigkeit.[351] Ein Miturheber darf jedoch seine Einwilligung zur Veröffentlichung, Verwertung oder Änderung nicht wider Treu und Glauben verweigern (§ 8 Abs. 2 S. 2 UrhG).[352] § 744 Abs. 2 gilt auch hier.[353] § 743 Abs. 1 wird in **§ 8 Abs. 3 UrhG** sinngemäß wiederholt. § 743 Abs. 2 ist durch § 8 Abs. 2 S. 1 UrhG ausgeschlossen. Es gibt **keine gesetzliche Vertretung** der Miturheber füreinander.[354] Das **Zugangsrecht** nach § 25 UrhG steht jedem einzelnen Miturheber zu.[355] Wie auch sonst bei der Bruchteilsgemeinschaft an absoluten Rechten (§ 1011 RdNr. 3) kann jeder Miterfinder negatorische Ansprüche zur **Verteidigung des gemeinsamen Urheberrechts** geltend machen. § 8 Abs. 2 S. 3 UrhG enthält eine ausdrückliche Bestimmung auch für andere Ansprüche, insbesondere Zahlungsansprüche: Jeder Miturheber ist berechtigt, Ansprüche aus Verletzungen des gemeinsamen Urheberrechts geltend zu machen; er kann jedoch nur Leistung an alle Miturheber verlangen.[356]

Im Gegensatz zu § 747 S. 1 kann der einzelne Miturheber nicht über seinen Anteil am **67** Urheberrecht **verfügen**. Diese vom Gesetzgeber der Gesamthandsnatur der Gemeinschaft zugeschriebene Abweichung von § 747 beruht auf der Besonderheit des gemeinschaftlichen Rechts.[357] Die Miturheber können das gemeinschaftlich geschaffene Werk nur gemeinschaftlich veröffentlichen oder verwerten.[358] Das Urheberrecht ist nicht unter Lebenden übertragbar (§ 29 Abs. 1 UrhG), folglich können weder alle gemeinsam das Urheberrecht,

---

[345] ZB *Sontag* (Fn. 336) S. 74; *Werner* BB 1982, 280.
[346] S. auch zur Erfindergemeinschaft RdNr. 57; vgl. aber auch *Runge* GRUR 1956, 407, 408.
[347] Vgl. zum Erfordernis gemeinschaftlicher Kündigung BGH NJW 1982, 641 = GRUR 1982, 41.
[348] Nach *Staudinger/Langhein* RdNr. 135 sind sie nicht modifiziert, sondern ausgeschlossen; im Ergebnis dürfte kein Unterschied bestehen: Es liegen Spezialregeln vor, die inhaltlich die Gemeinschaftsregeln modifizieren.
[349] OLG Düsseldorf UFITA 54, 301, 306; *v. Gamm* (Fn. 336) § 8 RdNr. 12, 15; krit. *Sontag* (Fn. 336) S. 32 ff.; *Stroh* (Fn. 336) S. 168.
[350] So wohl auch *Schulze-Osterloh* (Fn. 37) S. 134.
[351] *Sontag* (Fn. 336) S. 38 f.
[352] Dazu iE *Sontag* (Fn. 336) S. 44 ff.; *Wandtke/Bullinger/Thum* (Fn. 336) § 8 RdNr. 33.
[353] Nicht bloß „in analoger Anwendung des Gesellschaftsrechts", wie *Sontag* (Fn. 336) S. 41 meint; wie hier *Wandtke/Bullinger/Thum* (Fn. 336) § 8 RdNr. 45.
[354] Im Ergebnis ebenso mit Hinweis auf § 714 *Sontag* (Fn. 336) S. 41.
[355] OLG Düsseldorf UFITA 54, 301, 306.
[356] BGH GRUR 1994, 39 = MDR 1994, 364; iE *Sontag* (Fn. 336) S. 54 ff.; *Wandtke/Bullinger/Thum* (Fn. 336) § 8 RdNr. 38 ff.
[357] Zur Kritik an der Gesamthandskonstruktion vgl. wiederum *Schulze-Osterloh* (Fn. 37) S. 134.
[358] OLG Frankfurt GRUR 2006, 578 = ZUM 2006, 332.

noch die Miturheber ihre Anteile übertragen. § 8 Abs. 2 S. 1 UrhG besagt nichts über die Übertragbarkeit, wohl aber etwas über die Verwaltung des Miturheberrechts durch **Einräumung von Nutzungsrechten** (§ 31 UrhG). Diese setzt vorbehaltlich des § 8 Abs. 2 S. 2 UrhG Einvernehmen aller Miturheber voraus. **Pfändbar** ist das Urheberrecht nach Maßgabe der §§ 113 UrhG, 857 Abs. 1, 2, 829 ZPO. Dazu bedarf es eines Titels gegen alle Teilhaber.[359] Die Pfändbarkeit des Bruchteils eines einzelnen Miturhebers wird bestritten; nur einzelne dem Miturheber aus der Gemeinschaft erwachsende Ansprüche sollen pfändbar sein.[360] Nach wohl richtiger Auffassung besteht **kein pfändbares Recht des einzelnen Miturhebers auf die Erteilung von Nutzungsrechten** nach § 8 Abs. 2 S. 1 UrhG. Trotzdem ist die Pfändung „des Anteils" zuzulassen, zwar nicht als Pfändung des Bruchteils in seiner Substanz, wohl aber als globale Forderungspfändung aller Ansprüche, die dem Schuldner aus der Einräumung von Nutzungsrechten erwachsen.[361] Nach § 8 Abs. 4 UrhG ist ein **Verzicht des Miturhebers** auf seinen Anteil an den Verwertungsrechten möglich und hat eine „Anwachsung" des Anteils zugunsten der anderen Miturheber zur Folge.[362] Darüber, dass dies keine echte Anwachsung iS von § 738 Abs. 1 S. 1 ist, vgl. § 747 RdNr. 17. Soweit die Miturheber keine abweichende Regelung treffen, erfolgt der Zuwachs nach Anteilen, nicht nach Köpfen.[363] Auf den persönlichkeitsrechtlichen Teil des Miturheberrechts kann nicht verzichtet werden.[364]

68 **9. Mitinhaber von Marken.** Im Gegensatz zum früheren § 1 WZG muss der Inhaber eines als Marke geschützten Kennzeichens (§ 1 MarkenG) nicht mehr Inhaber eines Geschäftsbetriebs sein. Daher stehen die bei RdNr. 24 geschilderten Grundsätze einer Inhaberschaft mehrerer nicht mehr entgegen.[365] Auch § 7 MarkenG, wonach natürliche Personen, juristische Personen und rechtsfähige Personengesellschaften Markeninhaber sein können, hindert nicht, dass mehrere natürliche Personen, juristische Personen oder rechtsfähige Personengesellschaften Inhaber einer Marke sind.[366] Ist dies der Fall, so gelten die §§ 741 ff.[367] Keine Bruchteilsgemeinschaft entsteht durch die Bildung einer Kollektivmarke nach § 97 MarkenG. Inhaber können in diesem Fall nur rechtsfähige Verbände sein (§ 98 MarkenG).

69 **10. Sicherheitenpools.** Sicherheitenpools[368] können auf Bruchteilszuständigkeit – meist Miteigentum – beruhen, so insbesondere beim Pool unter Vorbehaltseigentümern.[369] Die von den Beteiligten getroffene Poolvereinbarung kann sich darin erschöpfen, dass Miteigentümer ihre Bruchteile untereinander verbindlich feststellen und die Modalitäten der Teilung

---

[359] So im Ergebnis auch *Sontag* (Fn. 336) S. 66.
[360] *Sontag* (Fn. 336) S. 67 mit unzutreffendem Hinweis auf § 859 Abs. 1 S. 2 ZPO; wenn man die Gemeinschaft als Eingegenstandsgesamthand ansieht (ebd. S. 21 f.), ist analog § 859 Abs. 1 S. 1 ZPO zu argumentieren.
[361] Selbst § 859 Abs. 1 S. 1 ZPO kann in diesem Sinne gedeutet werden; *Karsten Schmidt* JR 1977, 177 ff.; dagegen aber *Flume* AT I/1 § 17 III (S. 355 f.).
[362] Dazu Begr. RegE, BT-Drucks. 4/270 S. 41; *Wandtke/Bullinger/Thum* (Fn. 336) § 8 RdNr. 47 ff.
[363] *Fromm/Nordemann* (Fn. 317) § 8 UrhG RdNr. 32; *Möhring/Nicolini* (Fn. 336) § 8 RdNr. 47; *Wandtke/Bullinger/Thum* (Fn. 336) § 8 RdNr. 50.
[364] Begr. RegE, BT-Drucks. 4/270 S. 41 f.
[365] *Haedicke* GRUR 2007, 23; *v. Schultz*, Markenrecht, 2. Aufl. 2007, § 7 RdNr. 5; *Ströbele/Hacker/Kirschneck*, MarkenG, 8. Aufl. 2006, § 7; eingehend *Hövelmann* MittDPatAnw. 1999, 129 ff.
[366] Begr. RegE MarkenG, BT-Drucks. 12/6581 S. 69; die Regierungsbegründung will zwar an dieser Stelle nur die damals zu Unrecht angenommene Markenunfähigkeit der Gesellschaft bürgerlichen Rechts kompensieren; sie beruft sich aber allg. darauf, dass mehrere Personen Inhaber einer Marke sein können.
[367] Über Gebrauchs- und Nutzungsrechte der Inhaber vgl. § 743 RdNr. 19.
[368] *Beuck*, Poolvereinbarungen bei Unternehmensinsolvenz, 1985; *Bohlen*, Der Sicherheiten-Pool, 1984; *Bucksch*, Der Poolvertrag, 1987; *Burgermeister*, Der Sicherheitenpool in Insolvenzen, 2. Aufl. 1996; *N. Hilger* (Fn. 5) S. 138; *Martinek* (Fn. 129) § 24; BankR-HdB/*Martinek/Oechsler* Poolverträge; *May*, Der Bankenpool, 1989; *Obermüller*, Insolvenzrecht in der Bankpraxis, (Fn. 253) RdNr. 6122 ff.; *Schröter/v. Westphalen*, Sicherheiten-Poolverträge ..., 1986; *Jauernig* ZIP 1980, 318; *Kilger* KTS 1975, 163 f.; *Marx* NJW 1978, 246; *Reinicke/Tiedtke* WM 1979, 186; *Serick* KTS 1989, 743; *Weitnauer*, FS Baur, 1981, S. 709; *v. Westphalen* BB 1987, 1186; *Wenzel* WiB 1995, 458; *Peters* ZIP 2001, 2238; *Zeidler/Wendt* ZBB 2006, 191, 195 ff.
[369] *Gottwald*, Insolvenzrechts-Handbuch, 3. Aufl. 2006, § 44 RdNr. 4; *Stürner* ZZP 94 (1981), 275.

festlegen.³⁷⁰ Regelmäßig begründen zwar die Pool-Mitglieder untereinander eine Gesellschaft bürgerlichen Rechts,³⁷¹ aber das schließt nicht aus, dass ihnen die Sicherungsrechte zu Bruchteilen zustehen (RdNr. 4). Es liegt dann eine Innengesellschaft, gekoppelt mit Bruchteilsberechtigung der Pool-Beteiligten vor, so zB bei einer Poolverarbeitung unter gesicherten Vorlieferanten über die Verwertung des durch Verbindung, Vermischung oder Verarbeitung Erlangten. Dann treten allerdings auch alle mit der Anwendung der §§ 742 ff. verbundenen Schwierigkeiten auf.³⁷² Einen Ausweg kann die Verwaltung durch einen Treuhänder darstellen.³⁷³ Dann entsteht unter den Poolmitgliedern eine fiktive Bruchteilsgemeinschaft (RdNr. 9, 19). In vielen Fällen wird es sich um die Bildung einer Gesamthandsgesellschaft handeln, also um eine rechtsfähige Personengesellschaft, in die die Sicherheiten eingebracht werden und deren Gesamthandsvermögen dann – auch unter Aufnahme der Inhaber bestrittener Sicherungsrechte – nach Gesellschaftsrecht verwaltet und auseinandergesetzt wird. Diese Gestaltung macht einen Eintritt und Austritt und eine Aufnahme auch zweifelhafter Sicherungsgläubiger in den Kreis der aus einem Gesamtvermögen zu befriedigenden Gläubiger möglich. Mit ihren Rechten beteiligt sind aber stets nur diejenigen Rechtsinhaber oder Rechtsprätendenten, die sich am Poolvertrag beteiligen. Eine Zwangsgemeinschaft aller Sicherungsgläubiger in der Insolvenz gibt es nicht. Sie ist auch nicht aus §§ 741 ff. ableitbar.³⁷⁴

V. Entsprechende Anwendung der §§ 742 ff.

1. Gesetzliche Verweisungen. Hauptfälle der analogen Anwendung sind die gesetzlich benannten Fälle. Verweisungen – vor allem auf Verwaltungs- und Auseinandersetzungsregeln – finden sich im BGB in §§ 731 S. 2, 921 S. 2, 1477 Abs. 1, 2038 Abs. 2, 2042 Abs. 2, 2044 Abs. 1.

2. Interessengemeinschaften. Der Begriff der Interessengemeinschaft ist schillernd und reicht von organisierten Gesellschaften (zB EWIV – Europäische Wirtschaftliche Interessenvereinigung) bis hin zur bloßen Kollektivierung gleichgelagerter Interessen. Entgegen einer im Schrifttum vertretenen Auffassung³⁷⁵ können die §§ 742 ff. auf diese rechtlich diffusen Interessengemeinschaften nur mit starken Einschränkungen und nur sehr differenziert angewandt werden.³⁷⁶ Das beruht einmal darauf, dass unter dem Gesichtspunkt der schlichten Interessengemeinschaft sehr unterschiedliche Fallgruppen zusammengefasst werden, zum anderen darauf, dass die durch §§ 742 ff. geregelten Rechtsfragen auf der gemeinschaftlichen Innehabung eines Rechts beruhen und nicht schlechthin für jedes Zusammentreffen kollektiver Interessen gelten.³⁷⁷ Mit Recht lehnt BGH WM 1979, 111 einen Kostenausgleich nach § 748 zwischen den Mitgliedern einer Wohnungseigentümergemeinschaft und dem an einer Wohnungseinheit Dauernutzungsberechtigten ab. Das gemeinschaftliche Interesse an der Erhaltung von Gemeinschaftsanlagen rechtfertigt die Anwendung nicht. Im Kern geht es den Befürwortern einer Anwendung der §§ 742 ff. auf Interessengemeinschaften um die gleichmäßige Verteilung von Risiken und Lasten unter den Trägern gleicher Interessen. Das geltende Recht sorgt aber nicht durchgehend für die

---

³⁷⁰ *Stürner* ZZP 94 (1981), 275 f.; dazu aber *Heß*, Miteigentum der Vorbehaltslieferanten und Poolbildung, 1985, S. 37 f.
³⁷¹ BGH WM 1988, 1784; BFH WM 1996, 1418; *Bohlen* (Fn. 368) S. 10 f.; *Heß* (Fn. 370) S. 32 ff.; *Martinek* (Fn. 129) § 24 II 3; *Obermüller* (Fn. 368) RdNr. 6127; *Staudinger/Langhein* RdNr. 231; *Weitnauer*, FS Baur, 1981, S. 710; *Peters* ZIP 2000, 2238; vgl. auch Vor § 705 RdNr. 71.
³⁷² Dazu *Martinek* (Fn. 129) § 24 II 4.
³⁷³ Vgl. dazu *Obermüller* (Fn. 253) RdNr. 6.130.
³⁷⁴ Zutr. *Jauernig* ZIP 1980, 324; jetzt auch *Staudinger/Langhein* RdNr. 231.
³⁷⁵ *Würdinger*, Theorie der schlichten Interessengemeinschaft, 1934, S. 70 ff.; *Wüst*, Die Interessengemeinschaft, ein Ordnungsprinzip des Privatrechts, 1958, S. 51; *Esser/Schmidt* AT/2 § 38 IV 3 d.
³⁷⁶ Vgl. auch BGH LM GenG § 7 Nr. 2 = JZ 1961, 91, 93; dazu *Wüst* JZ 1961, 78; *Soergel/Hadding* Vor § 741 RdNr. 10 f.; vollends gegen die Lehre von der Interessengemeinschaft aufgrund eines doktrinär dinglichen Modells der Bruchteilsberechtigung *Schnorr* (Fn. 11) S. 165 ff.
³⁷⁷ Ebenso *Staudinger/Langhein* RdNr. 174; aA *Würdinger* (Fn. 375) S. 16, 68 f., 70.

§ 741 72 Abschnitt 8. Titel 17. Gemeinschaft

Gleichstellung aller Träger gleicher Interessen. Deshalb kann nur in seltenen Fällen eine Gleichbehandlung auf das Verhältnis der Interessengemeinschaft gestützt werden; eher verhilft der privatrechtliche Gleichbehandlungssatz zu einer Risikoverteilung, wenn es um die Gleichbehandlung durch einen Dritten geht (RdNr. 72). Von diesen Fällen zu unterscheiden sind die oft als Interessengemeinschaften bezeichneten Zweckverbände, auf die die §§ 741 ff. grundsätzlich nicht anwendbar sind (RdNr. 74). Zur Anwendung der §§ 743 ff. auf real geteiltes Eigentum vgl. RdNr. 26 und § 1008 RdNr. 8.

72 **a) Risikogemeinschaften.** Risikogemeinschaften mit Risikoverteilung auf einen begrenzten Vermögensbestand können in vorsichtiger Anlehnung an das Recht der großen Haverei (§§ 700 ff. HGB) und an das Recht der Gemeinschaft zu einer anteilsgerechten Risikoverteilung unter den Teilhabern führen. Beispiel ist die **gemeinschaftliche Verwahrung** von Eigentum in Notsituationen.[378] Eine vorsichtige Anwendung von Rechtsgedanken der §§ 742 ff. kommt dabei unter der Voraussetzung in Frage, dass der Gegenstand des gemeinschaftlichen Interesses „verdinglicht" und das Nichtentstehen einer Bruchteilsgemeinschaft eher zufällig ist. Auch § 748 kann sinngemäß anwendbar sein (§ 748 RdNr. 3). Hat nach dem Konnossement das Schiff ein Pfandrecht an der Ladung für Überliegegeld, so verteilt sich diese Last im Innenverhältnis unter den Empfängern nach dem Verhältnis ihrer Anteile an der Ladung.[379] Die meisten Fälle der sog. Interessengemeinschaft haben weniger mit einem Gemeinschaftsverhältnis der Betroffenen zu tun als mit der **Gleichbehandlungspflicht eines Dritten,** insbesondere eines Schuldners. Hierher gehören zB: die **beschränkte Gattungsschuld** gegenüber mehreren Gläubigern;[380] der **Teilverlust bei der Sammelverwahrung und Sammellagerung,** sofern nicht Miteigentum entsteht (§ 1008 RdNr. 36);[381] der Teilverlust bei der **Sammelsendung.**[382] Hier kann sich der Schuldner bei Teil-Unmöglichkeit nicht durch willkürliche Teil-Befriedigung einzelner Gläubiger befreien (§ 275).[383] Er ist nach § 242 zur Gleichbehandlung verpflichtet. Das gilt auch für die Gläubigerkonkurrenz bei der unbeschränkten Gattungsschuld, wenn der Warenbestand nicht ausreicht; die Erfüllung muss anteilig zu gleichmäßigen Lasten jedes Gläubigers gekürzt werden.[384] Mit Recht haben sich die Gerichte in diesen Fällen meist um die Begründung einer schuldrechtlichen Gleichbehandlungspflicht des Schuldners aus seinem Verhältnis zu der Gläubigergesamtheit, nicht aus dem Verhältnis der Gläubiger untereinander, bemüht.[385] Verstößt der Schuldner gegen den Gleichbehandlungsgrundsatz, so hat er im Verhältnis zu dem benachteiligten Gläubiger die insoweit eintretende Unmöglichkeit zu vertreten.[386] Ist der Schuldner ein marktbeherrschendes Unternehmen, so kann sich seine Repartierungspflicht bei unzulänglichen Vorräten auch aus § 20 oder aus § 19 GWB ergeben.[387] Auch hierbei ist eine den Schuldner treffende Pflicht im Spiel, nicht eine Gemeinschaft unter den Gläubigern.

---

[378] *Wüst* (Fn. 375) S. 112 (Flüchtlingsfälle).
[379] LG Hamburg Recht 1908 Nr. 2156.
[380] RGZ 84, 125, 126 ff.; OLG Naumburg OLGE 28, 65, 67; *Götz Hueck* (Fn. 182) S. 76 f. mwN; *Medicus* JuS 1974, 613, 617; *Larenz* I § 11 I; *Fikentscher* (Fn. 145) § 28 III 3 b; *Esser/Schmidt* AT/2 § 38 IV 3 c; aA E. *Wolf* JuS 1962, 104.
[381] *Würdinger* (Fn. 375) S. 52 ff.; *Esser/Schmidt* AT/2 § 38 IV 3 b.
[382] RGZ 88, 389, 390; *Würdinger* (Fn. 375) S. 34 ff.; *Wüst* (Fn. 375) S. 94 ff.; *Götz Hueck* (Fn. 182) S. 149; *Enneccerus/Lehmann* § 1 V 3; *Esser/Schmidt* AT/2 § 38 IV 3 a.
[383] AA E. *Wolf* JuS 1962, 104.
[384] Aus der diff. Rspr.: RGZ 91, 332; 94, 17; 95, 264; *Wüst* (Fn. 375) S. 98 ff.; *Götz Hueck* (Fn. 182) S. 138 ff., 286.
[385] Grdlg. RGZ 84, 125; RG Holdheim 27, 189; OLG Naumburg OLGE 28, 65; treffende Analyse bei *de Boor*, Die Kollision von Forderungsrechten, 1928, S. 139 f.; *Würdinger* (Fn. 375) S. 70 ff.; *Enneccerus/Lehmann* § 1 V 3; insofern übereinstimmend E. *Wolf* JuS 1962, 103 f.; vgl. auch den Gesetzgebungsvorschlag bei *Heinrich Stoll*, Die Lehre von den Leistungsstörungen, 1936, S. 130.
[386] *Esser/Schmidt* AT/2 § 38 IV 3 b.
[387] Dazu *Immenga/Mestmäcker/Möschel/Markert* GWB, 4. Aufl. 2007, § 19 RdNr. 207, § 20 RdNr. 169; ältere Nachweise hier noch in der 3. Aufl. Fn. 305.

Gemeinschaft nach Bruchteilen 73–76 § 741

Keine bloße Interessengemeinschaft, sondern Miteigentum und damit eine Bruch- 73
teilsgemeinschaft entsteht nach § 948 im Fall untrennbarer Vermischung einer Ladung.[388]
Kein Fall der Interessengemeinschaft im hier angesprochenen Sinn ist die Risikogemeinschaft zwischen Geschäftsführer und Geschäftsherr bei der **Geschäftsführung ohne Auftrag.** Für den Fall der Selbstaufopferung im Straßenverkehr hat BGHZ 38, 270 = NJW 1963, 390 mit recht hergeholtem Hinweis auf das Institut der großen Haverei einen Interessenausgleich entwickelt. Auch **unter den konkurrierenden Gläubigern notleidender Forderungen** hat der BGH **keine Interessengemeinschaft** angenommen.[389] Vor der Eröffnung eines Insolvenzverfahrens sieht BGHZ 116, 319, 323 ff. = NJW 1992, 967, 968 die Gläubiger eines insolventen Schuldners nicht zu einer rechtlichen Gefahrengemeinschaft verbunden, so dass ein „Akkordstörer" beim außergerichtlichen Vergleich nicht missbräuchlich handle.

b) **Interessenverbände.** Auf Zweckverbände passen die Vorschriften der §§ 741 ff. 74
nicht, weil es dem Gesetz gerade nicht um die Regelung einer Interessen- und Zweckverbindung, sondern nur um die Konsequenzen gemeinschaftlicher Rechtsträgerschaft geht. Nach BGHZ 6, 296, 302 f. = NJW 1952, 1137 kann der kraft objektiven Rechts entstandene Zusammenschluss einer Landgemeinde und einer Kirchengemeinde in einem Kirchen- und Schulamt einer Gesellschaft ähnlicher sein als einer Gemeinschaft. Auch die ausdrücklich als Bruchteilsgemeinschaft bezeichnete Gemeinschaft „Rittergut Balzheim" im Fall BGHZ 140, 63 = NJW 1999, 781 hat bereits Züge einer Gesellschaft (zu dieser Entscheidung vgl. auch RdNr. 33). Waldinteressentengemeinschaften[390] können im Hinblick auf die Rechtszuständigkeit Gemeinschaften sein. Über ihre Organisation und Selbstständigkeit besagt dies nichts (vgl. RdNr. 3). Kooperative und konzentrative Interessengemeinschaften im Wirtschaftsrecht[391] sind Gegenstand kartellrechtlicher und konzernrechtlicher Betrachtung. Soweit sie wirksam sind, handelt es sich um Gesellschaftsverträge. Der schuldrechtliche Pflichtenkreis der Beteiligten kann nur durch sehr vorsichtige Anleihen beim Gemeinschaftsrecht ergänzt werden. So nimmt nach RGZ 70, 165, 167 jedes Kartellmitglied anteilmäßig an einem durch Syndikatspreise erzielten Mehrgewinn teil. Die Frage ist im Hinblick auf Art. 81 EG, § 1 GWB kaum noch praktisch.[392]

3. Nutzungsgemeinschaften. Auf Nutzungsgemeinschaften, die nicht auf Miteigentum 75
oder sonstiger Bruchteilsberechtigung beruhen und auch nicht durch ein anderes Sonderrechtsverhältnis verbunden sind, können die §§ 742 ff. vorsichtig analog angewandt werden.[393] Dass dies dem Willen des Gesetzgebers entspricht, beweist die Regelung über Grenzeinrichtungen in § 922 S. 4. Nach BGHZ 116, 115 = NJW 2005, 894 gelten für die Nutzungsrechte und Aufwendung zwischen einem Grunddienstbarkeitsberechtigten und dem mitnutzungsberechtigten Eigentümer die §§ 742 ff. sinngemäß. Entsprechend sieht BGH GuT 2006, 257 = MittBayNot 2006, 495 bei Fehlen einer Vertragsregelung bei einem Zugangsweg den Grundstückseigentümer und den Grunddienstbarkeitsberechtigten analog §§ 742 ff. als gleichermaßen unterhaltspflichtig an. Ist ein Miteigentumsbruchteil mit einem Nießbrauch belastet (§ 747 RdNr. 15), so entsteht zwischen dem Nießbrauchberechtigten und den Miteigentümern gleichfalls ein den §§ 742 ff. ähnliches Innenverhältnis.[394]

4. Mehrere Inhaber gleichartiger Rechte. Inhaber gleichartiger Rechte können un- 76
tereinander in einem gemeinschaftsähnlichen Verhältnis stehen, in dem sie wie Bruchteils-

---

[388] RG HansRZ 1926, 333, 334; OLG Hamburg SeuffA 70, 240, 241; vgl. schon RG SeuffA 46, 449.
[389] BGHZ 116, 319 = LM § 779 Nr. 58 m. Anm. *Stürner* = NJW 1992, 967; dazu krit. *Eidenmüller* ZHR 160 (1996), 343 ff.
[390] BGHZ 25, 311 = NJW 1957, 1800; OLG Hamm DNotZ 1973, 549.
[391] Dazu *Immenga/Mestmäcker/Zimmer* (Fn. 387) § 1 RdNr. 263 ff., 315 ff.; ältere Nachweise hier noch in der 3. Aufl. Fn. 308.
[392] Eingehend noch in der 3. Aufl.
[393] Vgl. auch BGH LM § 428 Nr. 23 = NJW 1996, 2153, 2154; *Staudinger/Langhein* RdNr. 134; OLG Hamm OLGZ 1994, 62 (Abwasseranlage).
[394] Vgl. BGH NJW 2007, 149 RdNr. 10.

§ 741 77   Abschnitt 8. Titel 17. Gemeinschaft

berechtigte zu behandeln sind. Häufig wird allerdings eine Innengesellschaft vorliegen. Um ein gemeinschaftsähnliches Verhältnis handelt es sich im Fall der obligatorischen Gruppenvertretung der Gesellschafter eines Gesellschafterstamms, die durch die sog. **Vertreterklausel im Gesellschaftsvertrag** zusammengefasst sind (s. auch § 709 RdNr. 79 f.).[395] Die Vertreterklausel zwingt die mehreren Gesellschafter, die Mitverwaltungsrechte aus ihren Anteilen gemeinschaftlich durch einen Vertreter ausüben zu lassen. Durch die Gruppenvertretung entsteht zwar keine Gemeinschaft nach § 741, weil jeder Gesellschafter Inhaber seines Anteils bleibt; aber die Stimmrechte werden ausgeübt, wie wenn es sich um einen gemeinschaftlichen Anteil handelte. Soweit die Vertreterklausel reicht, fasst sie also die von ihr betroffenen Gesellschafter zu einer **Als-ob-Gemeinschaft** zusammen (vgl. auch RdNr. 19).[396] Die von der Vertreterklausel betroffenen Gesellschafter können ihre Rechtsverhältnisse untereinander durch einen besonderen Gesellschaftsvertrag (Innengesellschaft) ordnen. Geschieht dies nicht, so ist ihr Rechtsverhältnis untereinander nicht ein gesellschaftsähnliches,[397] sondern ein gemeinschaftsähnliches, auf das die §§ 742 ff. sinngemäß anzuwenden sind.[398] Analog § 745 gilt deshalb insbesondere für die Bestellung des gemeinschaftlichen Vertreters das Mehrheitsprinzip.[399] Doch ist die Frage umstritten; vgl. namentlich BGHZ 46, 291, 297: Einstimmigkeitsprinzip mit klagbarem Anspruch auf Wahl eines(?) von einem(?) Gesellschafter benannten „geeigneten" Vertreters. Diese vom BGH theoretisch entworfene und bei kontroversen Situationen nicht praktikable Lösung wird überflüssig, wenn man das Mehrheitsprinzip anerkennt. Inzwischen tendiert auch die Rechtsprechung in diese Richtung.[400] Bestimmt ein Gesellschaftsvertrag, dass die Gesellschafter einheitlich entscheiden müssen, so gilt nach BGH NJW-RR 1990, 99 die für die Gesellschafter geltende Mehrheitsregelung im Zweifel auch innerhalb des jeweiligen Stammes.

77 **5. Lebensgemeinschaft.** Die Lebensgemeinschaft ist keine Gemeinschaft iS der §§ 741 ff. Die Bruchteilsgemeinschaft nach § 741 knüpft an eine gemeinsame Rechtszuständigkeit an und nicht an den Sachverhalt einer sozialen Gemeinschaft.[401] Insbesondere kann auch nicht aus §§ 741 ff. gefolgert werden, die von einem Partner erworbenen Gegenstände würden durch die Lebensgemeinschaft Gemeinschaftseigentum und müssten bei Auflösung der Gemeinschaft – im Zweifel paritätisch (§ 742) – unter den Partnern aufgeteilt werden (ebenso Nach § 1302 RdNr. 16).[402] Selbstverständlich können zwar die Partner Gegenstände zu Bruchteilen – insbesondere als Miteigentümer – erwerben, aber dies muss für jeden Gegenstand besonders festgestellt werden (näher § 1008 RdNr. 12 f.). Ein Quasi-Güterstand unter den Partnern einer Lebensgemeinschaft kann durch Vereinbarung – nach hM auch durch stillschweigende Vereinbarung einer Innengesellschaft – geschaffen werden (Vor § 705 RdNr. 75). In der 4. Aufl. Nach § 1302 RdNr. 17 ff. wird sogar in weitestem Umfang für eine Anwendung des Rechts der Innengesellschaften auf das Vermögensrecht der nichtehelichen Partnerschaft plädiert. Dem ist in dieser Form nicht zu folgen, weil ein entsprechender Parteiwille nicht durchgehend unterstellt werden kann. Ein vermögensrechtlich wirksamer Quasi-Güterstand unter den Partnern lässt sich auch nicht aus den §§ 741 ff.

---

[395] Dazu *Karsten Schmidt* GesR § 21 II 5; *ders.* ZHR 146 (1982), 525; *Schörnig*, Die obligatorische Gruppenvertretung, 2001; *Schmitz-Valkenberg* DNotZ 2006, 156; *Staudinger/Langhein* RdNr. 139; ältere Nachweise noch in der 3. Aufl. Fn. 311.
[396] Schroff abl. allerdings *Schnorr* (Fn. 11) S. 163.
[397] So aber BGHZ 46, 291, 295.
[398] *Karsten Schmidt* ZHR 146 (1982), 540 f.
[399] *Karsten Schmidt* GesR § 21 II 5 c; *ders.* ZHR 146 (1982), 543 ff.; *Scholz/Karsten Schmidt* § 47 GmbHG RdNr. 80; in gleicher Richtung jetzt BGHZ 119, 346, 354 = NJW 1993, 1265, 1267; OLG Düsseldorf ZIP 1994, 1447, 1448; abl. *Wiedemann* GesR II § 4 I 6 b; distanziert auch BGH NJW-RR 2005, 39, 40.
[400] BGHZ 119, 346, 354 (Kartellsenat); OLG Düsseldorf WM 1994, 1800, 1801; distanziert aber BGH NJW-RR 2005, 39, 40: „zu undifferenziert".
[401] Vgl. *Grziwotz*, Nichteheliche Lebensgemeinschaft, 4. Aufl. 2006, § 23; *Lipp* JuS 1982, 18 f.; *ders.* AcP 180 (1980), 564 ff.; zust. *Staudinger/Langhein* RdNr. 41; s. insoweit auch *Derleder* NJW 1980, 548.
[402] *Diederichsen* NJW 1983, 1021; *Messerle* JuS 2001, 30 f.; zur Bedeutung des § 1006 vgl. OLG Düsseldorf MDR 1999, 233.

generalisierend herauslesen.[403] Nach BGH NJW 1996, 2727 begründet das bloße Faktum der Lebensgemeinschaft, wenn die Partner keine besonderen Vereinbarungen treffen, für sich allein keine Rechtsgemeinschaft.[404] BGH NJW 1981, 1502 f. hält zwar wohl eine Auseinandersetzung nach gemeinschaftsrechtlichen Grundsätzen für denkbar, wenn unter den Partnern die Absicht bestand, „einen – wenn vielleicht auch nur wirtschaftlich – gemeinschaftlichen Wert zu schaffen". LG Berlin NJW-RR 1995, 463 gibt in Anlehnung an §§ 745 ff. beiden Partnern ein Mitspracherecht bei der Zuweisung des zuvor gemeinsam genutzten Wohnraums und stellt darüber den Obersatz, auf die nichteheliche Lebensgemeinschaft seien die §§ 741 ff. entsprechend anzuwenden. Solche Formulierungen dürfen aber nicht dazu führen, dass den Partnern, wo eine wirkliche Bruchteilsgemeinschaft fehlt, aus Billigkeitsgründen unterstellt wird, sie hätten eine „Als-ob-Gemeinschaft" mit schuldrechtlichem Vermögensausgleich vereinbart. Selbst die förmliche Begründung einer Lebenspartnerschaft (§ 1 LPartG) begründet kein gemeinschaftliches Vermögen, sondern belässt es bei einer schlichten Vermögenstrennung oder führt zu einer vermögensrechtlichen Ausgleichsgemeinschaft (vgl. §§ 6, 7 LPartG).

§ 742 Gleiche Anteile
Im Zweifel ist anzunehmen, dass den Teilhabern gleiche Anteile zustehen.

Übersicht

	RdNr.		RdNr.
I. Normzweck und Geltungsbereich	1–6	d) Gemeinschaftskonto, Gemeinschaftsdepot	5
1. Normzweck	1	e) Eintragung im Grundbuch	6
2. Geltungsbereich	2–6	II. Beweislastprobleme	7–11
a) Anwendungsbereich	2	1. Meinungsstand	7
b) Spezialvorschriften	3	2. Stellungnahme	8–11
c) Gemeinschaftserfindungen	4		

I. Normzweck und Geltungsbereich

1. Normzweck. Die Vorschrift enthält eine gesetzliche **Vermutung** und für den Fall rechtsgeschäftlicher Begründung der Gemeinschaft zugleich eine **Auslegungsregel**.[1] Sie enthält eine Hilfsregel für die Bestimmung der Bruchteile. Soweit das Verhältnis der Anteile auch im Außenverhältnis von Bedeutung ist, können sich Dritte ebenso wie die Teilhaber auf die Bestimmung berufen.[2] Dagegen lässt sich das Vorhandensein einer Bruchteilsgemeinschaft nicht auf die Vermutungsregel stützen; diese setzt vielmehr voraus, dass eine Gemeinschaft besteht.[3] Insbesondere hebt § 742 die Eigentumsvermutung des § 1362 nicht auf. 1

2. Geltungsbereich. a) Anwendungsbereich. Die Bestimmung gilt **für jede Bruchteilsgemeinschaft,** auch für das Miteigentum an Grundstücken und die Bruchteilsgemeinschaft an Grundstücksrechten. Bei der Feststellung von Bruchteilseigentum an beweglichen Sachen kann die Vermutung des § 1006 helfen.[4] Zur Mitberechtigung bei Gemeinschaftskonten und Gemeinschaftsdepots vgl. § 741 RdNr. 55, 57. Soweit eine Mitberechtigung 2

---

[403] In dieser Richtung aber *Derleder* NJW 1980, 548 ff.; bedenklich auch KG NJW 1982, 1886 f.
[404] Ebenso OLG Schleswig OLGR 1998, 357.
[1] RGZ 169, 232, 239; *Erman/Aderhold* RdNr. 1; *RGRK/v. Gamm* RdNr. 1; *Staudinger/Langhein* RdNr. 3.
[2] Zust. *Staudinger/Langhein* RdNr. 3; aA *Soergel/Hadding* RdNr. 2 mit unzutr. Berufung auf BGHZ 13, 133, 138; richtig ist nur die Ablehnung einer Drittwirkung in dem Sinne, dass der gute Glaube Dritter an die Höhe des Bruchteils durch § 742 geschützt wäre; insofern zutr. *v. Seeler*, Das Miteigenthum, 1899, S. 42; hM; vgl. auch RdNr. 6 sowie § 747 RdNr. 18–20.
[3] BGH NJW 1981, 1502, 1503.
[4] Vgl. zu § 1006 Abs. 3 BGH LM § 430 Nr. 4 = NJW 1997, 1434, 1435.

nur im Innenverhältnis besteht (vgl. § 741 RdNr. 19: fiktive Bruchteilsgemeinschaft), gilt § 742 auch hier.[5]

3 **b) Spezialvorschriften. Jeder spezielle Schlüssel** für die Bestimmung der Quoten **hat Vorrang** vor der Anwendung des § 742. Hierbei können **Sondervorschriften** anzuwenden sein, aus denen sich die Quote ermitteln lässt. So für Vermischung und Vermengung § 948, für das Miteigentum am Sammelbestand von Wertpapieren § 6 Abs. 1 S. 2 DepG, für die Eigentümergesamthypothek § 1172 Abs. 2, für die Reallast bei Teilung des berechtigten Grundstücks § 1109 Abs. 1. Bei der Entstehung der Gemeinschaft durch Rechtsgeschäft entscheidet der **Parteiwille.** Er wird zB bei der Umwandlung einer Erbengemeinschaft in eine Bruchteilsgemeinschaft im Zweifel dahin gehen, dass die Quoten erhalten bleiben. Unter Eheleuten können gleiche Anteile an gemeinsam erwirtschaftetem Eigentum unter Umständen auch für den Fall ungleicher Leistungen vereinbart sein.[6] RGZ 169, 232, 239 (betr. Kartellquote) lässt § 742 sogar schon immer dann zurücktreten, wenn die Gleichteilung infolge besonderer gegen sie sprechender Umstände der Sachlage nicht gerecht wird. Auch über die Quoten beim Miteigentum an einer halbscheidigen **Giebelmauer** (vgl. § 1008 RdNr. 9; § 921) entscheidet nicht § 742, sondern der Anbauende wird Miteigentümer zu demjenigen Bruchteil, der dem Verhältnis der von ihm zugebauten Fläche zur Gesamtfläche der Mauer entspricht.[7] Der Nachweis ungleicher Verteilung der Nutzungen und Lasten enthält nicht ohne weiteres den Nachweis einer von § 742 abw. Verteilung der Quoten.[8] Bei der **Aufspaltung eines Rechtsträgers** (§ 123 Abs. 1 UmwG) kann Miteigentum oder eine sonstige Bruchteilsgemeinschaft nach § 131 Abs. 3 UmwG entstehen (§ 741 RdNr. 30, § 1008 RdNr. 12): Ist ein Gegenstand im Spaltungsvertrag keinem der übernehmenden Rechtsträger zugeteilt worden und lässt sich die Zuteilung auch nicht durch Auslegung ermitteln, so geht der Gegenstand nach dieser Vorschrift auf alle übernehmenden Rechtsträger in dem Verhältnis über, das sich aus der Aufteilung des Überschusses der Aktivseite der Schlussbilanz über deren Passivseite ergibt.

4 **c) Gemeinschaftserfindungen.** Bei Gemeinschaftserfindungen gilt § 742 nach Maßgabe von RdNr. 8. Demnach steht Miterfindern ein gemeinschaftliches Patent (§ 341 RdNr. 59) im Zweifel zu gleichen Teilen zu.[9] Eine Miterfinderschaft setzt aber nicht einmal voraus, dass der schöpferische Beitrag jedes Beteiligten für sich allein patentwürdig ist (zu den Voraussetzungen vgl. § 741 RdNr. 59). Umso sorgsamer ist vor Anwendung des § 742 zu prüfen, ob überhaupt eine solche Gemeinschaft vorliegt und ggf. bewiesen ist.[10] Aber selbst wenn dies bejaht werden kann, sind die Anteile nach hM verschieden, wenn sich die erfinderischen Leistungen erheblich unterscheiden.[11] Die Darlegungs- und Beweislast dessen, der ungleiche Anteile behauptet, ist analog § 287 ZPO verkürzt (RdNr. 10). Das Erfordernis einer Schätzung darf nicht dazu verleiten, schematisch gleiche Anteile anzunehmen.[12] Für **Miturheber** gilt sinngemäß dasselbe.[13]

5 **d) Gemeinschaftskonto, Gemeinschaftsdepot.** Beim **Gemeinschaftskonto** ersetzt § 742 den § 430 (vgl. § 741 RdNr. 55; str.). Die Vermutung gleicher Anteile ist nicht schon dann widerlegt, wenn das Guthaben nur aus Mitteln eines Beteiligten stammt.[14] Beim

---

[5] Vgl. BGH LM § 430 Nr. 5 = NJW 2000, 2347, 2348 = WuB I C 2 Sparkonto 3.00 m. Anm. *Meder.*
[6] LG Münster FamRZ 1960, 117, 118 f.; über Innengesellschaften vgl. § 1356 RdNr. 26.
[7] BGHZ 36, 46, 54 f. = NJW 1962, 149, 151.
[8] RGRK/*v. Gamm* RdNr. 1 mit Hinweis auf RG vom 11. 12. 1907; hM.
[9] RGZ 118, 46, 48 f.; RG GRUR 1924, 21, 22; MuW 1938, 164, 167; Entscheidung des Assistant Comptroller GRUR Int. 1963, 604 m. Anm. *Wunderlich*; *Götting,* Gewerblicher Rechtsschutz, 8. Aufl. 2007, § 15 RdNr. 6; *Lüdecke,* Erfindungsgemeinschaften, 1962, S. 62 ff.; hM.
[10] Dazu RG ZAkDR 1940, 33 m. Anm. *E. Ulmer.*
[11] BGHZ 73, 337, 347 = NJW 1979, 1505, 1506; *Götting* (Fn. 9) § 15 RdNr. 7; *Kraßer,* Patentrecht, 5. Aufl. 2004, § 19 V b 1; *Wunderlich,* Die gemeinschaftliche Erfindung, 1962, S. 99 f.; *ders.* GRUR Int. 1963, 607; *Lüdecke* (Fn. 9) S. 63; *Henke,* Die Erfindungsgemeinschaft, 2005, RdNr. 242 ff.
[12] Vgl. RGZ 169, 232, 239; *Henke* (Fn. 11) RdNr. 244 f.; ausführlicher noch 3. Aufl. RdNr. 4.
[13] *Sontag,* Das Miturheberrecht, 1972, S. 35.
[14] KG NJW 1976, 807, 808 (in Anwendung von § 430).

Gemeinschaftsdepot (§ 741 RdNr. 57) gilt § 742 nur hinsichtlich der Bruchteilsgemeinschaft an den Vertragsansprüchen. Für das Eigentum an den hinterlegten Papieren gilt die Vorschrift nur, wenn feststeht, dass überhaupt Miteigentum an den Papieren besteht (§ 1008 RdNr. 24 ff.).

e) **Eintragung im Grundbuch.** § 742 gilt auch für Bruchteilsgemeinschaften an eintragungsbedürftigen Rechten, zB für das Miteigentum an einem Grundstück (RdNr. 2). Aber das gilt nur im materiellen, nicht im formellen Recht. § 742 ersetzt nach formellem Grundbuchrecht weder die Anmeldung noch die Eintragung bestimmter Bruchteile.[15] Das Grundbuchamt darf weder zu gleichen Teilen eintragen, wenn andere Angaben in der Anmeldung fehlen, noch darf es die Quoteneintragung unterlassen, wenn gleiche Bruchteile einzutragen wären oder die Bruchteile unklar sind.[16] Genaue **Bruchteilsangabe im Grundbuch** ist unerlässlich (vgl. auch § 747 RdNr. 18, § 1008 RdNr. 19).[17] Gleichwohl wird eine Eintragung ohne Quotenangabe nicht einfach als unwirksam anzusehen sein. Das versteht sich bei berichtigenden Eintragungen von selbst (die Eintragung ist dann ggf. hinsichtlich der Mitberechtigung zu Bruchteilen richtig, aber mangels Angabe der Bruchteile unvollständig und unrichtig). Aber auch eine nach § 873 konstitutiv wirkende Eintragung mehrerer Bruchteilsberechtigter (zB Erwerb zu Miteigentum durch Auflassung und Eintragung) ist dann zwar unvollständig und insofern unrichtig, aber wirksam.[18] Der Erwerb zu Bruchteilen scheitert also nicht am Fehlen einer Bruchteilsangabe im Grundbuch. Aber die Eintragung darf selbst dann nicht ohne weiteres aufgrund von § 742 als Eintragung zu gleichen Teilen angesehen werden, wenn entgegenstehende Angaben in den Eintragungsunterlagen fehlen.[19] Das Grundbuch ist vielmehr hinsichtlich der Quoten unvollständig und unrichtig, aber auch nur insoweit. Die Eingetragenen sind dinglich bruchteilsberechtigt und in dieser Hinsicht richtig eingetragen. Die Eintragung kann jederzeit **durch Eintragung der richtigen Quote berichtigt** werden; die Teilhaber sind einander zu den erforderlichen Mitwirkungshandlungen verpflichtet.[20] Zwischenzeitlicher gutgläubiger Erwerb eines nicht auch der Höhe nach eingetragenen Bruchteils, der über den wirklich vorhandenen Bruchteil hinausgeht, scheitert an der Unvollständigkeit der Eintragung (§ 1008 RdNr. 19).[21] Der Gesetzgeber hat eine allgemeine Regel des Inhalts, jede Eintragung zugunsten mehrerer Personen im Grundbuch sei ohne weiteres als Eintragung einer Bruchteilsgemeinschaft mit gleichen Anteilen anzusehen, nicht in das Gesetz aufgenommen.[22] Sind die richtigen Bruchteile unter den Teilhabern streitig, so muss notfalls nach § 894 prozessiert werden. In diesem Prozess kann auch im Immobiliarsachenrecht auf § 742 zurückgegriffen werden.

II. Beweislastprobleme

1. Meinungsstand. § 742 ist **nach hM keine echte Beweislastregel** (vgl. aber RdNr. 8 ff.).[23] Die Bestimmung gilt für Fälle, in denen das Verhältnis der Wertanteile zueinander **in rechtlicher Hinsicht** zweifelhaft ist. Sie gilt nach wohl hM nicht, wenn es lediglich in tatsächlicher Hinsicht am Beweis derjenigen Tatsachen fehlt, die für die Feststellung der Quote ausschlaggebend sind. Doch ist dies im Einzelnen zweifelhaft. Mit dem

---

[15] KGJ 27, A 147; KG SeuffA 57 Nr. 149; OLGE 2, 4; 2, 87; 8, 225; Recht 1901 Nr. 149; OLG Karlsruhe SoergRspr. 1904; Prot. in *Mugdan* III S. 522; RGRK/*v. Gamm* RdNr. 1; *Soergel/Hadding* RdNr. 2; aA *Erman/Aderhold* RdNr. 4.
[16] Ausf. *Staudinger/Langhein* RdNr. 5.
[17] RGZ 54, 85, 86; KGJ 27, A 147; Eintragung „zu gleichen Teilen" kann ausreichen; RGZ 76, 409, 413; *Eickmann*, Grundbuchverfahrensrecht, 3. Aufl. 1994, 5. Kap. § 3 V 4.2 a; *Soergel/Hadding* RdNr. 2; KEHE/*Eickmann* § 47 RdNr. 7; aA *Erman/Aderhold* RdNr. 4.
[18] OLG Hamm DNotZ 1965, 408, 409; eingehend *Staudinger/Langhein* RdNr. 9 ff. mwN.
[19] So aber wohl LG Köln SoergRspr. 1900/01 § 742b.
[20] Ausf. jetzt *Staudinger/Langhein* RdNr. 11.
[21] *Staudinger/Langhein* § 747 RdNr. 22.
[22] Vgl. noch § 827 E I; zur Streichung vgl. Prot. in *Mugdan* III S. 522.
[23] *Baumgärtel/Laumen* § 742 RdNr. 1; *Bamberger/Roth/Gehrlein* RdNr. 3.

§ 742 8–11 Abschnitt 8. Titel 17. Gemeinschaft

Beweis, dass eine Gemeinschaft vorliegt, hat die Bestimmung zweifellos nichts zu tun. Gelingt dem Beweispflichtigen, zB dem Nichtbesitzer (§ 1006), dieser Beweis nicht, so darf nicht aufgrund von § 742 eine Bruchteilsgemeinschaft zu gleichen Teilen angenommen werden.[24] Hinsichtlich der Quoten ist zu differenzieren: Ist unstreitig oder ist nach der Beweislage davon auszugehen, dass eine Gemeinschaft besteht, aber in tatsächlicher Hinsicht streitig, ob eine von § 742 abweichende Rechtsregel eingreift, so trägt die Beweislast, wer die Abweichung von § 742 behauptet; praktisch wird das nur vorkommen, wo eine von § 742 abweichende Abrede behauptet wird. Ist dagegen unstreitig oder bewiesen, dass ein von § 742 abweichender Schlüssel gilt (Beispiele: Vereinbarung; § 948; Gemeinschaftserfindung), so tritt § 742 zurück. Die Frage wird vor allem bei §§ 947, 948 und beim verlängerten Eigentumsvorbehalt praktisch. Wer diese Sachverhalte dargelegt bzw. bewiesen hat, kann nicht ohne weiteres aufgrund von § 742 hälftiges Miteigentum reklamieren. Steht fest, dass eine Bruchteilsberechtigung entstanden ist, so ist für die Quote beweispflichtig, wer auch für das Entstehen der Bruchteilsberechtigung beweispflichtig ist. Bleibt er beweisfällig, so ist nach Beweislastgrundsätzen zu entscheiden.[25] Die noch bei RGZ 112, 102, 104 anklingende Gegenansicht, dass dann auch materiellrechtlich keine Bruchteilsgemeinschaft entstehe, ist überholt. Für den Fall der Beweisfälligkeit werden im Wesentlichen zwei Auffassungen vertreten: Nach einer Auffassung kann dem Beweispflichtigen in diesem Fall keine Quote zugesprochen werden.[26] Nach einer Gegenauffassung greift § 742 ein.[27] Nach ihr verfährt BGH NJW-RR 1991, 946, 947. Die oft als dritte Variante bezeichnete Auffassung von BGH LM KO § 82 Nr. 1 = NJW 1958, 1534 (Entscheidung nach Grundsätzen von Beweisführung und Beweislast) ist keine dritte Auffassung; sie richtet sich nur gegen die Vermengung der materiellrechtlichen Rechtslage mit der prozessualen Beweisbedürftigkeit.[28]

8 2. **Stellungnahme.** Eine schematische Anwendung des § 742 auf Beweislastfragen ist abzulehnen. Drei Fragen sind zu unterscheiden.[29] 1. Wer trägt die Beweislast? 2. Wie hoch sind die Anforderungen an Darlegung und Beweis? 3. Wie lautet die Entscheidung bei Beweisfälligkeit?

9 Träger der **Darlegungs- und Beweislast** (Frage 1) ist, wer im Streitfall auch das Bestehen der Bruchteilsgemeinschaft nachzuweisen hätte (beim Miteigentum also grundsätzlich der Nichtbesitzer, § 1006 und dazu RdNr. 2). Es gibt allerdings Fälle (Gemeinschaftserfindung, Quotenstreit unter Mitbesitzern), in denen eine einseitige Beweislastverteilung nicht möglich ist. Dann muss, wenn die Bruchteilsgemeinschaft als solche nicht mehr im Streit ist, die Abweichung von § 742 bewiesen werden.

10 Betr. die **Beweisführung** (Frage 2) bedarf es strikten Beweises nur hinsichtlich des Bestehens der Gemeinschaft. Die Quoten können analog § 287 ZPO geschätzt werden.[30] Damit ist zugleich die Darlegungslast verkürzt.

11 Trägt der Beweispflichtige auch für eine Schätzung nicht genug vor, so muss die umstrittene **dritte Frage** beantwortet werden,[31] ob nun auf § 742 zurückgegriffen werden darf.

---

[24] Vgl. auch *Soergel/Hadding* RdNr. 5.
[25] BGH NJW 1958, 1534.
[26] Vgl. im Ergebnis RGZ 112, 102, 103 f. m. Anm. *Raape* JW 1926, 799; OLG Hamburg SeuffA 76 Nr. 21; *Leiß* JZ 1959, 25; *Soergel/Mühl* § 948 RdNr. 4 (auf der Grundlage der materiell-rechtlichen Auffassung).
[27] *Flume* NJW 1959, 922; *Raape* JW 1926, 799; *Westermann/Gursky/Eickmann*, Sachenrecht, 7. Aufl. 1998, § 52 III a; *Enneccerus/Wolff/Raiser* § 72 II 2 Fn. 13; *Baur/Stürner*, Sachenrecht, 17. Aufl. 1999, § 53 a II 3; *Palandt/Bassenge* § 948 RdNr. 3; *Staudinger/Langhein* RdNr. 19 ff.; *Baumgärtel/Laumen* § 742 RdNr. 9; eingehend *Heß*, Miteigentum der Vorbehaltslieferanten und Poolbildung, 1985, S. 122 ff.
[28] Dem BGH zust. zB *Hoche* NJW 1958, 1534; *Larenz*, SchuldR II/1, 12. Aufl. 1981, § 61 I, S. 415 Fn. 2; *Erman/F. Ebbing* § 948 RdNr. 2; *Soergel/Hadding* RdNr. 6; *Palandt/Bassenge* § 948 RdNr. 3; abl. *Leiß* JZ 1959, 24 f.; eingehend *Weitnauer*, FS Baur, 1981, S. 717 ff.
[29] Zust. *Erman/Aderhold* RdNr. 5; *Heß* (Fn. 27) S. 97.
[30] *Hoche* NJW 1958, 1534; *Soergel/Hadding* RdNr. 6; *Staudinger/Langhein* RdNr. 22; vgl. auch schon RGZ 169, 232, 239; aA *Leiß* JZ 1959, 25.
[31] Fn. 26 und 27.

Das ist häufig nicht interessengerecht.[32] Interessengerecht ist ein Rückgriff auf § 742 nur, wenn alle Teilhaber in der gleichen Beweisschwierigkeit stehen; dann ist nach § 742 anzunehmen, dass den Teilhabern gleiche Anteile zustehen.[33] Charakteristisch hierfür ist der Fall eines Gemeinschaftskontos bei BGH NJW-RR 1991, 946, 947. § 742 bestimmt auch dann die Beweislast, wenn die Bruchteilsquoten unter Teilhabern streitig sind, von denen keiner hinsichtlich der Entstehung der Bruchteilsgemeinschaft einseitig beweispflichtig ist (zB Gemeinschaftserfindung oder Miteigentum von Mitbesitzern). In diesem Fall führt die Unbeweisbarkeit unterschiedlicher Quoten zu einer Entscheidung nach § 742.[34] Ist die Beweisschwierigkeit einseitig oder steht jedenfalls die Verschiedenheit der Quoten fest, so kann nicht ohne weiteres nach § 742 entschieden werden. Der für das Bestehen der Bruchteilsberechtigung beweispflichtige Prätendent muss den Umfang seiner Beteiligung beweisen. Gelingt dem Beweispflichtigen der Beweis seiner Quote auch nicht mit Hilfe des § 287 ZPO, so ist zu seinem Nachteil ebenso zu entscheiden, als hätte er das Bestehen der Bruchteilsgemeinschaft nicht bewiesen. Anders, wenn der Mindestbruchteil des Beweispflichtigen unstreitig ist oder erwiesenermaßen mindestens dem § 742 entspricht und nur die Überschreitung unbewiesen ist. Denn dann wird nur über die Überschreitung des Mindestbruchteils gestritten. Eine Beweislastumkehr tritt ein, wenn dargelegt und im Streitfall bewiesen ist, dass der an sich nicht Beweispflichtige (zB der besitzende Miteigentümer) die Gemeinschaft durch eine objektiv rechtswidrige Handlung (zB unerlaubte Vermischung) hergestellt hat.[35] Bleibt im Fall des § 948 der Beweispflichtige für den gegenwärtigen Bruchteil beweisfällig, kann er aber seinen Anteil im Zeitpunkt der ersten Vermengung nachweisen, so ist ihm – insofern übereinstimmend mit der überholten materiellrechtlichen Auffassung von RGZ 112, 102 – ein Bereicherungsanspruch aus § 951 zuzusprechen.[36] Die gegenwärtige Quote ist dann nach § 287 ZPO zu schätzen.[37] § 742, der nicht vollständig verdrängt ist, greift nur ganz hilfsweise ein.

§ 743 Früchteanteil; Gebrauchsbefugnis

(1) Jedem Teilhaber gebührt ein seinem Anteil entsprechender Bruchteil der Früchte.

(2) Jeder Teilhaber ist zum Gebrauch des gemeinschaftlichen Gegenstands insoweit befugt, als nicht der Mitgebrauch der übrigen Teilhaber beeinträchtigt wird.

Übersicht

	RdNr.		RdNr.
I. Normzweck und Anwendungsbereich	1, 2	a) Nutzungsvoraussetzungen und Nutzungsbeteiligung	4
1. Normzweck	1	b) Beschränkung auf das Innenverhältnis	5
2. Anwendungsbereich	2	c) Leistungsanspruch	6
II. Der Anspruch auf den Nutzungsbruchteil (Abs. 1)	3–8	3. Anspruchsinhalt	7
1. Früchte und Gebrauchsvorteile	3	4. Abhängigkeit von Nutzungsregelungen	8
2. Der Anspruch auf Beteiligung	4–6		

---

[32] Zutr. BGH LM KO § 82 Nr. 1 = NJW 1958, 1534 m. Anm. *Hoche*; hM; vgl. auch RGZ 112, 102, 103 f.
[33] *Staudinger/Langhein* RdNr. 23.
[34] Insofern treffend *Westermann/Gursky/Eickmann* (Fn. 27) § 52 III a; vgl. auch *Erman/Hefermehl* (10. Aufl.) § 948 RdNr. 2 für den Quotenstreit unter Nichtbesitzern.
[35] In dieser Richtung *Hoche* NJW 1958, 1534; aA *Erman/Hefermehl* § 948 RdNr. 2.
[36] Im Ergebnis übereinstimmend *Leiß* JZ 1959, 25; *Soergel/Mühl* § 948 RdNr. 4; teilweise aA *Erman/Hefermehl* § 948 RdNr. 2: Erhaltung der Quote.
[37] *Staudinger/Langhein* RdNr. 24.

	RdNr.		RdNr.
III. Das Gebrauchsrecht (Abs. 2)	9–18	5. Abweichende Vereinbarungen und Beschlüsse	14
1. Gebrauchsumfang und Benutzungsart	9	6. Anwendung von Mietrecht?	15, 16
2. Inhalt des Rechts	10	7. Das Gebrauchsrecht bei Immaterialgütern	17–19
3. Konkurrierende Gebrauchsrechte	11, 12	a) Miturheberrecht	17
4. Beeinträchtigungen des Gebrauchsrechts und Haftung unter den Teilhabern	13	b) Gemeinschaftserfindung	18
		c) Gemeinschaftsmarke	19

I. Normzweck und Anwendungsbereich

1. Normzweck. Die Bestimmung befasst sich nur mit Rechten der **Teilhaber untereinander**.[1] Die Gemeinschaft unter den Teilhabern erschöpft sich nicht in der bloßen Innehabung des gemeinschaftlichen Gegenstands seiner Substanz nach, sondern sie erstreckt sich auf die Nutzungen und Lasten. § 743 versteht sich als Gegenstück zu § 748.[2] **Grundgedanke** der Regelung ist, dass die Vorteile dem einzelnen Teilhaber in dem Verhältnis zugute kommen, in dem er an der Gemeinschaft beteiligt ist.[3] Zu diesem Zweck gibt **Abs. 1** dem Teilhaber einen Leistungsanspruch gegen die anderen, **Abs. 2** ein Gebrauchsrecht und damit einen Anspruch auf Duldung des Gebrauchs. Beide Ansprüche sind unverjährbar. Für den aus Abs. 1 ergibt sich dies aus § 758 (vgl. § 758 RdNr. 2). Zur Anwendung auf die **Erbengemeinschaft** vgl. § 2038 Abs. 2. Beim Nießbrauch an einem Bruchteil ist § 1066 Abs. 1 zu beachten.

2. Anwendungsbereich. Seinem Anwendungsbereich nach beschränkt sich § 743 auf die Fälle der Bruchteilsgemeinschaft und der Erbengemeinschaft (§ 2038 Abs. 2 und dazu BGH NJW 1984, 45). Unter den Bruchteilsgemeinschaften scheiden diejenigen aus, bei denen gemeinschaftliche Nutzung und Benutzung nicht in Betracht kommt (RdNr. 17 f.). Beim **Sammeldepot** ist die Vorschrift entbehrlich. Unter **Miturhebern** (zur Rechtsnatur der Gemeinschaft vgl. § 741 RdNr. 64 f.) gilt § 8 Abs. 3 UrhG als Spezialvorschrift zu Abs. 1. Die Erträgnisse aus der Nutzung des Werkes gebühren den Miturhebern nach dem Umfang ihrer Mitwirkung an der Schöpfung des Werkes, wenn zwischen ihnen nichts anderes vereinbart ist. Dagegen bleibt es bei Abs. 1 für das Rechtsverhältnis unter Gemeinschaftserfindern und anderen, denen ein gewerbliches Schutzrecht in Bruchteilsgemeinschaft zusteht. Zur Problematik des Abs. 2 in diesen Fällen vgl. RdNr. 18. Für die **Früchte eines Grenzbaums** gilt § 923 Abs. 1. Diese Sonderregel lässt sich auf § 743 nicht übertragen. Es fehlt auch beim ungefällten Grenzbaum am Tatbestand einer Bruchteilsgemeinschaft.

II. Der Anspruch auf den Nutzungsbruchteil (Abs. 1)

1. Früchte und Gebrauchsvorteile. Abs. 1 gewährleistet einen dem Anteil entsprechenden **Bruchteil der Früchte.** Zum **Begriff der Früchte** vgl. zunächst § 99. Unter Abs. 1 fallen aber alle **Nutzungen** (§ 100), dh. nicht nur die Früchte iS von § 99, sondern auch die **Gebrauchsvorteile.**[4] Das Gebrauchsrecht jedes Teilhabers nach Abs. 2 wird allerdings nicht schon durch das vorhandene, sondern nur durch das ausgeübte Gebrauchsrecht der anderen begrenzt (RdNr. 11). Soweit der einzelne Teilhaber dieses Recht nicht ausgeübt oder geltend gemacht hat, kann er auch aus Abs. 1 keinen Ausgleichsanspruch für die Vergangenheit herleiten. Außer den Gebrauchsvorteilen gehören zu den von Abs. 1

---

[1] *Staudinger/Langhein* RdNr. 1; hM; eingehend *Tzermias* AcP 157 (1958/1959), 455 ff.
[2] RG HRR 1940 Nr. 1294.
[3] RGZ 70, 165, 167; vgl. auch BGH LM Nr. 1 = NJW 1958, 1723.
[4] BGH LM Nr. 3/4 = NJW 1966, 1707, 1708; *Bamberger/Roth/Gehrlein* RdNr. 2; *Erman/Aderhold* RdNr. 2; *Soergel/Hadding* RdNr. 5; RGRK/*v. Gamm* RdNr. 2; im Ergebnis auch *Staudinger/Langhein* RdNr. 2.

erfassten Nutzungen zB: Mieteinnahmen,[5] Lizenzeinnahmen bei einem Gemeinschaftspatent,[6] die Gewinnbeteiligung aus einem gemeinschaftlichen Gesellschaftsanteil (§ 741 RdNr. 14), die Dividende aus einem Papier.[7] Für den Fall der Erbengemeinschaft bedeutsam ist ferner der Gewinn eines Unternehmens (eine Bruchteilsgemeinschaft am Unternehmen gibt es nicht, vgl. § 741 RdNr. 24).[8] Für Surrogate des gemeinschaftlichen Gegenstands gelten die Regeln von § 741 RdNr. 38, also nicht § 743.

2. Der Anspruch auf Beteiligung. a) Nutzungsvoraussetzungen und Nutzungsbeteiligung müssen unterschieden werden. **Abs. 1 garantiert nur die Beteiligung an vorhandenen Nutzungen.** Die Voraussetzungen der Nutzung eines gemeinschaftlichen Gegenstands sind hiervon zu unterscheiden. Sie sind Gegenstand von Verwaltungsentscheidungen der Teilhaber (§§ 744, 745 RdNr. 4) und können der Mehrheitsentscheidung nach § 745 Abs. 1 unterliegen.

b) Beschränkung auf das Innenverhältnis. Nur **unter den Teilhabern** gilt Abs. 1. Ist der gemeinschaftliche Gegenstand vermietet oder verpachtet, so besteht nicht etwa ein anteiliger Anspruch jedes Teilhabers auf **Miet- oder Pachtzins** gegen den Mieter bzw. Pächter.[9] Der Gläubiger eines Teilhabers kann zwar den Anspruch gegen die anderen Teilhaber pfänden,[10] nicht aber einen auf § 743 gestützten Anspruch gegen den Mieter oder Pächter auf Zahlung von Miet- oder Pachtzins.[11] Auch nach der Veräußerung des gemeinschaftlichen Gegenstands stehen den bisherigen Teilhabern rückständige Forderungen nicht ohne weiteres als Teilgläubigern zu.[12] Wer Gläubiger des Mieters oder Pächters ist, folgt weder aus § 743 (keine Teilgläubiger) noch ohne weiteres aus § 744.[13] Entscheidend kann nur das Außenverhältnis sein (vgl. auch § 741 RdNr. 46; § 747 RdNr. 2). Wer den gemeinschaftlichen Gegenstand im eigenen Namen vermietet, ist auch Vertragspartner und Gläubiger.[14] Zur Frage, ob die anderen Teilhaber sich einseitig durch Genehmigung zu Mitvermietern machen können, vgl. § 747 RdNr. 2.

c) Leistungsanspruch. Nur einen Leistungsanspruch gibt Abs. 1, nicht dagegen ein Eingriffsrecht. Jeder Teilhaber muss § 744 Abs. 1 respektieren. Ein eigenes Fruchtziehungsrecht – zB auf Vermietung oder auf Verpachtung oder auf Einziehung von Mietzins – steht ihm nicht zu.[15] Ebenso wenig ist der (dingliche) Fruchterwerb in § 743 geregelt.[16] Es gelten für die natürlichen Früchte die §§ 953 ff. Die Rechtszuständigkeit im Außenverhältnis (zB bei Mietzinsansprüchen, Pachtzinsansprüchen) folgt ohnedies nicht aus § 743 (RdNr. 5). Soweit die Früchte hiernach Gemeinschaftsvermögen geworden sind, richtet sich der **Inhalt**

---

[5] AllgM; zB BGHZ 40, 326, 330 = LM § 1010 Nr. 1 m. Anm. *Fischer* = NJW 1964, 648, 649; BGH LM § 812 Nr. 33 = MDR 1958, 686; LM § 387 Nr. 46 = NJW 1969, 839; BB 1972, 1245; RG HRR 1940 Nr. 1294; *Staudinger/Langhein* RdNr. 5 ff.

[6] RG JW 1937, 28; *Kisch* GRUR 1952, 267, 269; vgl. auch *Benkard/Melullis* PatG, 10. Aufl. 2006, § 6 RdNr. 35 c; *Kraßer*, Patentrecht, 5. Aufl. 2004, § 19 V b 7; *Tetzner*, Das materielle Patentrecht der BRD, 1972, § 3 Anm. 24; *Henke*, Die Erfindungsgemeinschaft, 2005, RdNr. 375.

[7] *Staudinger/Langhein* RdNr. 4.

[8] Vgl. *Soergel/Hadding* RdNr. 5 m. Hinweis auf BGHZ 7, 208, 218 = NJW 1952, 1410, 1411.

[9] BGH LM Nr. 1 = NJW 1958, 1723; bestätigt durch BGH LM § 387 Nr. 46 = NJW 1969, 839 (dazu § 741 RdNr. 21); RG DR 1940, 2169 m. Anm. *Roquette*; KG OLGE 17, 1; 20, 107; SeuffA 68 Nr. 8; SoergRspr. 1931 § 1011; JW 1932, 3008 m. Anm. *Stein*; OLG Dresden OLGE 31, 98; OLG Frankfurt NJW 1958, 65; Oertmann Recht 1918, 41; *Enneccerus/Lehmann* § 184, 4; *Larenz*, SchuldR II, 12. Aufl. 1981, § 61 II; *Erman/Aderhold* RdNr. 3; RGRK/*v. Gamm* RdNr. 2; *Staudinger/Langhein* RdNr. 5; hM; aA noch KG OLGE 5, 26; 12, 66.

[10] RGZ 89, 176, 180; OLG Frankfurt NJW 1958, 65; *Staudinger/Langhein* RdNr. 20; unklar LG Frankfurt SoergRspr. 1931 zu § 743.

[11] OLG Köln JW 1932, 3013 m. zust. Anm. *Rühl*; OLG Dresden SeuffA 70 Nr. 124; bestätigend BGH LM § 387 Nr. 46 = NJW 1969, 839.

[12] AA wohl RG SoergRspr. 1909 § 743 Nr. 2.

[13] In anderer Richtung wohl *Soergel/Hadding* RdNr. 3.

[14] *Staudinger/Langhein* RdNr. 9.

[15] *Enneccerus/Lehmann* § 184, 4; *Larenz*, SchuldR II, 12. Aufl. 1981, § 61 II; *Erman/Aderhold* RdNr. 2; *Palandt/Sprau* RdNr. 2; diff. *Oertmann* Recht 1918, 41 ff.

[16] *Planck/Lobe* Anm. 4.

des Anspruchs nach §§ 752, 753,[17] im Übrigen sind diese Bestimmungen jedenfalls analog anzuwenden. **Schuldner sind alle anderen Teilhaber.** Befindet sich der Erlös im alleinigen Besitz oder auf dem Konto nur eines von mehreren Teilhabern, so kann nach BGH NJW 1985, 1160, 1161 ein einzelner Teilhaber von diesem Teilhaber seinen Erlösanteil nur herausverlangen, wenn die anderen dieser Teilungsart zustimmen (zw.).[18] Der Anspruch aus Abs. 1 ist abtretbar und pfändbar.[19]

7 **3. Anspruchsinhalt.** Nur **Anteil am Nettoertrag** kann der Teilhaber verlangen.[20] Der Anspruch geht auf alsbaldige Teilung der Erträge. Nach RG JW 1927, 1854 und 1931, 2722 braucht sich der Teilhaber nicht gefallen zu lassen, dass Einnahmen ohne aktuellen Anlass für spätere Instandsetzungsarbeiten zurückgestellt werden (s. auch §§ 744, 745 RdNr. 24).[21] Die Ansammlung einer angemessenen **Instandhaltungsrücklage** kann auch nicht ohne weiteres nach § 745 durch Mehrheitsbeschluss eingeführt werden (§§ 744, 745 RdNr. 24). Die Wertung des § 21 Abs. 5 Nr. 4 WEG lässt sich nicht generalisieren. Anderes kann sich aus Vereinbarungen und Übungen unter den Bruchteilsberechtigten ergeben.[22] Rücklagenbildung ist auch zulässig, wenn es gilt, sicher bevorstehenden Notmaßnahmen nach § 744 Abs. 2 Rechnung zu tragen und Vorschussstreitigkeiten zuvorzukommen.[23] Dann muss ein Teilhaber in begründeten Einzelfällen eine den Anforderungen des § 745 Abs. 2 genügende Mehrheitsentscheidung hinnehmen; denn Abs. 1 garantiert nur den Nettoerlös. Je größer die finanziellen Belastungen und Risiken einer gemeinschaftlichen Verwaltung sind, umso eher müssen die Beteiligten die Bildung einer **Aufwendungsrücklage** dulden.[24] Die quotenmäßige **Berechnung des Nutzungsanteils** entspricht dem Bruchteil am gemeinschaftlichen Gegenstand, sofern nicht eine abweichende Vereinbarung getroffen worden ist. Etwaige zusätzliche Arbeitsleistungen eines Teilhabers werden nicht im Rahmen des § 743 Abs. 1 vergütet, sondern ggf. auf Grund Dienst- oder Geschäftsbesorgungsvertrags mit den anderen.[25] Vgl. auch §§ 744, 745 RdNr. 7 ff. Die Erträgnisse einer Erbengemeinschaft (§ 2038 Abs. 2) stehen auch dann den Miterben anteilig zu, wenn die für den Betrieb eines ererbten Unternehmens erforderliche Erlaubnis nur einem der Miterben erteilt wird.[26] Die **Darlegungs- und Beweislast** bei der Klage eines Teilhabers auf Herausgabe des ihm zustehenden Anteils der Nutzungen umfasst den Anfall dieser Nutzungen bei den beklagten Teilhabern. Er muss beispielsweise Bruttomieteinnahmen eines anderen Miteigentümers behaupten und ggf. beweisen. Der andere muss dann den Nachweis führen, wo diese Einnahmen geblieben sind und dass ihm nicht mehr verblieben ist, als seinem Anteil entspricht.[27] Bei Einnahmen auf Grund eigenmächtiger Nutzung (zB Erteilung einer Lizenz durch einen der Patentinhaber) braucht nach RG JW 1937, 28 der benachteiligte Teilhaber nicht einmal zu beweisen, dass diese Einnahmen in voller Höhe Früchte des gemeinschaftlichen Gegenstands sind.

8 **4. Abhängigkeit von Nutzungsregelungen.** Der Anspruch aus Abs. 1 ist ein **mehrheitsfestes Individualrecht jedes Teilhabers.** Es kann nach § 745 Abs. 3 S. 2 nicht ohne Zustimmung des betroffenen Teilhabers beeinträchtigt werden.[28] Verein-

---

[17] *Staudinger/Langhein* RdNr. 16.
[18] Zust. *Bamberger/Roth/Gehrlein* RdNr. 3; *Soergel/Hadding* RdNr. 3.
[19] OLG Frankfurt NJW 1958, 65; *Erman/Aderhold* RdNr. 4; hM; jetzt auch *Staudinger/Langhein* RdNr. 24; einschränkend noch *Staudinger/Huber* (12. Aufl.) RdNr. 21.
[20] BGHZ 40, 326, 330 = NJW 1964, 648, 649; BGHZ 140, 63, 72 = NJW 1999, 781, 784; BGH LM Nr. 1 = NJW 1958, 1723; RGZ 89, 176, 180; RG HRR 1940 Nr. 1294; *Schulze-Osterloh*, Das Prinzip der gesamthänderischen Bindung, 1972, S. 54 f.; *Bamberger/Roth/Gehrlein* RdNr. 3; *Erman/Aderhold* RdNr. 4; *Planck/Lobe* Anm. 1; *Staudinger/Langhein* RdNr. 14.
[21] Übereinstimmend *Soergel/Hadding* RdNr. 3; *RGRK/v. Gamm* RdNr. 2; *Staudinger/Langhein* RdNr. 15.
[22] Vgl. BGHZ 140, 63, 73 f. = NJW 1999, 781, 784.
[23] Zust. BGHZ 140, 63, 72 = NJW 1999, 781, 784.
[24] BGHZ 140, 63, 72 f. = NJW 1999, 781, 784; *Staudinger/Langhein* RdNr. 15.
[25] *Lüdecke* Erfindungsgemeinschaften, 1962, S. 69 f.; aA *Kisch* GRUR 1952, 269.
[26] OLG Karlsruhe SoergRspr. 1928, § 743.
[27] BGH BB 1972, 1245; zust. *Palandt/Sprau* RdNr. 3; *Soergel/Hadding* RdNr. 4.
[28] BGH NJW-RR 2008, 984 = ZIP 2008, 966; RG JW 1927, 1854, 1855.

barungen über die Verteilung der Nutzungen und Lasten sind auch steuerrechtlich zu beachten,[29] allerdings nur, soweit sie tatsächlich durchgeführt werden (§§ 744, 745 RdNr. 24).[30] Die **Art der Fruchtziehung** wird dagegen nach § 745 durch Beschlussfassung geregelt. Nur die Ansprüche der Teilhaber aus Abs. 1 sind mehrheitsfest, nicht ihre Voraussetzungen, also nicht die Art und Weise der Fruchtziehung. § 745 Abs. 3 hindert deshalb auch nicht einen Beschluss, wonach der gemeinschaftliche Gegenstand einem der Teilhaber gegen Abfindung zur alleinigen Benutzung überlassen wird.[31] Ist eine mittelbare Nutzung durch die Gemeinschafter beschlossen oder vereinbart (zB Überlassung des gemeinschaftlichen Gegenstands an eine im Besitz der Teilhaber stehende Handelsgesellschaft), so steht einem Teilhaber ein Ausgleichsanspruch zu, wenn er an der mittelbaren Fruchtziehung nicht mehr teilhaben kann (zB Austritt des Teilhabers aus dieser Handelsgesellschaft).[32] Allseitige Vereinbarungen sind unbeschränkt zulässig, also auch unter Beschränkung des Rechts aus Abs. 1 (§§ 744, 745 RdNr. 14). Betreffen sie den Anspruch des Miteigentümers auf periodische Auskehrung des Anteils am Mietertrag eines Grundstücks, so fallen die Vereinbarungen unter §§ 746, 1010; sie sind eintragungsfähig (§ 1010 RdNr. 9). Dieser Eintragung bedarf es, wenn die Vereinbarung gegen Rechtsnachfolger wirken soll.[33] Entgegen OLG Frankfurt NJW 1958, 65 kann sie aber einem Gläubiger, der diesen Anspruch des Miteigentümers gepfändet hat, auch entgegengehalten werden, wenn sie nicht eingetragen ist (§ 1010 RdNr. 3).[34] Die schuldrechtliche Wirksamkeit der Vereinbarung und die Haftung wegen Forderungsverletzung bleibt in jedem Fall unberührt (RdNr. 14; § 1010 RdNr. 6).[35]

III. Das Gebrauchsrecht (Abs. 2)

1. Gebrauchsumfang und Benutzungsart. Regelungsinhalt des Abs. 2 ist **nicht die Benutzungsart,** sondern nur das **Maß des Gebrauchs**.[36] Die Benutzungsart wird durch Vereinbarung, Beschluss oder Gerichtsentscheidung bestimmt (§ 745). Die Bestimmung der Nutzungsart gibt den Ausschlag für die Voraussetzungen der Rechte aus Abs. 2. Nur im Rahmen der unter den Teilhabern geltenden Benutzungsart kann der Teilhaber von seinem Benutzungsrecht Gebrauch machen. Das Recht aus Abs. 2 ist im Gegensatz zu dem aus Abs. 1 (RdNr. 8) **nicht gesichert gegen Mehrheitsentscheidungen** (§ 745 Abs. 1) oder gegen die Durchsetzung eines Anspruchs auf interessengerechte Verwaltung und Benutzung (§ 745 Abs. 2). Es kann auch ohne Zustimmung des einzelnen Teilhabers durch Benutzungsregelung eingeschränkt werden (RdNr. 14).[37] Im Rahmen der unter den Teilhabern geltenden Benutzungsart können neue Bedürfnisse eines Teilhabers Berücksichtigung finden.[38] Mit der Benutzung dürfen unter Umständen auch Eingriffe in den gemeinschaftlichen Gegenstand verbunden sein, wenn die unter den Teilhabern geltende Benutzungsart und der Mitgebrauch der anderen Teilhaber gewahrt bleiben.[39] Nicht mehr vom Mitgebrauchsrecht nach Abs. 2 gedeckt ist eine Gebrauchsform, die jeden Gebrauch anderer

---

[29] BFHE 125, 532 = NJW 1979, 80; im Grundsatz unentschieden BFHE 190, 82, 87 = NJW 2000, 167, 168 = HFR 2000, 275, 276 m. Anm. *Spindler.*
[30] BFHE 190, 82, 86 f. = NJW 2000, 167, 168 = HFR 2000, 275, 276 m. Anm. *Spindler.*
[31] BGH LM § 745 Nr. 2 = NJW 1953, 1427 f.
[32] Vgl. zur Erbengemeinschaft BGH LM § 2038 Nr. 13 = NJW 1984, 127.
[33] OLG Frankfurt NJW 1958, 65; *Staudinger/Langhein* RdNr. 31.
[34] Wie hier jetzt *Staudinger/Langhein* RdNr. 31.
[35] Ebd.
[36] OLG Hamburg SeuffA 57 Nr. 34; OLG Nürnberg ZMR 1956, 368; *Enneccerus/Lehmann* § 184, 4; *Erman/Aderhold* RdNr. 6; *Planck/Lobe* Anm. 9; *Soergel/Hadding* RdNr. 6; *RGRK/v. Gamm* RdNr. 3; *Staudinger/Langhein* RdNr. 38.
[37] BGH NJW 1953, 1427 f.
[38] OLG Celle SeuffA 62 Nr. 207.
[39] RG SeuffA 66 Nr. 189 (Einbau von Treppen bei einer Grenzeinrichtung); vgl. auch BGHZ 41, 177, 178 = LM § 93 Nr. 12 m. Anm. *Grell* = NJW 1964, 1221; BGH WM 1973, 82.

§ 743   10   Abschnitt 8. Titel 17. Gemeinschaft

Teilnehmer andauernd ausschließt.[40] In diesem Fall muss grundsätzlich eine Ausgleichsregelung getroffen werden (RdNr. 14).

10   **2. Inhalt des Rechts.** Abs. 2 verleiht ein **Gebrauchsrecht** und einen **Anspruch auf Duldung** gegenwärtiger und künftiger Benutzung.[41] In der älteren Literatur heißt es, Abs. 2 gebe im Gegensatz zu Abs. 1 keinen Anspruch.[42] Gemeint ist, dass jeder das Gebrauchsrecht, wo er es nicht durch Geltendmachung eines Anspruchs verteidigen muss, ohne weiteres selbst ausüben kann, dh. auch gegen den Willen der anderen.[43] Für vergangene Benutzung ist Abs. 2 **Rechtsgrund.** Ein dem Abs. 2 entsprechender Gebrauch stellt keine rechtsgrundlose Bereicherung dar, und zwar auch dann nicht, wenn dadurch die Vorteile ungleich verteilt sind.[44] Denn es liegt befugte Eigennutzung ohne Eingriff in Mitgebrauchsrechte vor.[45] Nach dem durch BGHZ 162, 342 = NJW-RR 2007, 1200 „Gummielastische Masse II" und BGH GRUR 2006, 401 = MDR 2006, 766 „Zylinderrohr" bestätigten Standpunkt von BGH NJW 1966, 1707, 1708 f. kann **Ausgleich in Geld für ungleich verteilten Gebrauch** nur unter folgenden Voraussetzungen verlangt werden: Es muss entweder eine entsprechende Benutzungsvereinbarung vorliegen (auch stillschweigend),[46] oder es muss ein Antrag auf gerichtliche Entscheidung nach § 745 Abs. 2 gestellt sein,[47] oder der Mitgebrauch der anderen Teilhaber muss hartnäckig verweigert worden sein.[48] Im letzten Fall soll der Anspruch auf § 823 beruhen. Der Auffassung des BGH ist mit der Maßgabe zuzustimmen, dass auch im letzten Fall der Anspruch auf § 812 gestützt werden kann. Deshalb kommt es weder auf ein Verschulden an noch darauf, ob ein nach § 823 geschütztes Rechtsgut (zB Miteigentum) verletzt ist. Früchte, die ein Teilhaber im Rahmen eines die Grenzen des Abs. 2 wahrenden Gebrauchs zieht, braucht er nicht herauszugeben.[49] Allerdings kann eine zur Verrechnung der Nutzungsvorteile führende stillschweigende Vereinbarung zB schon darin liegen, dass ein Miteigentümer (zB geschiedener Ehegatte) den gemeinschaftlichen Gegenstand (zB Ehewohnung) gegen Verrechnung nutzt.[50] Das Gebrauchsrecht ist Bestandteil des gemeinschaftsrechtlichen Rechtsverhältnisses (vgl. zu diesem § 741 RdNr. 34 f.) und als solcher nicht separat abtretbar.[51] Aber der Teilhaber kann über sein Benutzungsrecht durch **Bestellung eines Nießbrauchs** am Anteil verfügen (§ 747 RdNr. 15). In diesem Fall geht zwar die Gebrauchsbefugnis auf den Nießbraucher über, aber nicht auch die Pflicht zur Lasten- und Kostentragung.[52] Allgemein kann ein Miteigentümer Dritte nur nach Maßgabe und im Umfang seines eigenen Benutzungsrechts am Gebrauch der Sache teilhaben lassen, zB bei einer Gemeinschaftsgarage.[53]

---

[40] BGH LM § 743 Nr. 7 = WM 1991, 821, 823.
[41] Vgl. sinngemäß BGH LM § 745 Nr. 2 = NJW 1953, 1427; *Storch*, FS Preu, 1988, S. 46 f.; insoweit auch *Schnorr*, Die Gemeinschaft nach Bruchteilen, 2004, S. 170.
[42] *Enneccerus/Lehmann* § 184, 5; die aktuellen Kommentare haben diesen Standpunkt inzwischen fallengelassen; klarstellend *Jauernig/Stürner* RdNr. 3: nicht „nur" einen Anspruch; vgl. allerdings gegen einen schuldrechtlichen Anspruch wieder *Schnorr* (Fn. 41) S. 169: kein Schuldverhältnis, also kein schuldrechtlicher Anspruch.
[43] Dagegen freilich *Schnorr* (Fn. 41) S. 178 dd.
[44] BGHZ 87, 265, 271 = NJW 1983, 1845, 1847; BGH NJW 1966, 1707, 1708; 1982, 1753; OLG Karlsruhe OLGE 34, 71; KG OLGZ 1969, 311, 314; OLG Koblenz NJW 1994, 463, 464; im Ergebnis auch OLG Celle MDR 1998, 397 (stillschweigende Vereinbarung); *Larenz*, SchuldR II, 12. Aufl. 1981, § 61 II; *Erman/Aderhold* RdNr. 8; *Soergel/Hadding* RdNr. 6; RGRK/v. *Gamm* RdNr. 3; *Staudinger/Langhein* RdNr. 36; missverständlich *Sefzig* GRUR 1995, 304.
[45] Vgl. insoweit auch *Schnorr* (Fn. 41) S. 189.
[46] Vgl. BGH NJW 1986, 1339, 1340.
[47] BGH LM § 745 Nr. 17 = NJW 1986, 1340, 1341.
[48] Zust. die hM; OLG Koblenz NJW 1994, 463, 464; *Bamberger/Roth/Gehrlein* RdNr. 6; *Erman/Aderhold* RdNr. 8; *Haedicke* GRUR 2007, 23, 25; weniger eng *Schubert* JR 1975, 364; aA OLG München GRUR 2004, 323 (jedoch aufgehoben durch BGHZ 162, 342 = NJW-RR 2007, 122 „Gummielastische Masse II"); *Kraßer* (Fn. 6) § 19 V 67; krit. auch *Henke* GRUR 2007, 89 ff.
[49] BGHZ 43, 127, 133 = LM § 912 Nr. 17 = NJW 1965, 811 (insoweit nicht abgedruckt).
[50] Vgl. BGH NJW 1986, 1339, 1340.
[51] AA *Schnorr* (Fn. 41) S. 199 ff.: es handle sich um das Problem der Abtretbarkeit dinglicher Ansprüche.
[52] BGH LM Nr. 3/4 = NJW 1966, 1707, 1709; s. auch § 748 RdNr. 4.
[53] OLG Stuttgart NJW-RR 1987, 1098.

3. Konkurrierende Gebrauchsrechte. Für die Abgrenzung konkurrierender Ge- 11
brauchsrechte kommt es auf den tatsächlichen, dh. ausgeübten Gebrauch an, nicht auf den
nur rechtlich möglichen Gebrauch, auf den die anderen Teilhaber Anspruch hätten.[54]
Solange die anderen Teilhaber ihr Gebrauchsrecht nicht ausüben, deckt Abs. 2 auch den
einseitigen oder überwiegenden Gebrauch durch einen Teilhaber.[55] In diesem Rahmen ist
ein besitzender Miteigentümer berechtigter Besitzer iS von § 986.[56] Problematisch ist, wann
ein anderer Teilhaber in diesem Sinne vom eigenen Recht aus § 743 Abs. 2 Gebrauch
macht. Dabei sollte unterschieden werden: Will der andere Teilhaber an der vorhandenen
Benutzung teilhaben, zB die im Miteigentum stehende Lagerfläche mitbenutzen, so genügt
es, wenn er das Benutzungsrecht klar und eindeutig für sich reklamiert. Wird ihm die ihm
zustehende Benutzung verweigert, so geschieht dies auf seine Kosten (§ 812 Abs. 1 S. 1)
und löst einen **Bereicherungsanspruch** aus (enger BGH NJW 1966, 1707 und dazu
RdNr. 10).[57] Das Recht, dem einseitigen Gebrauch durch einen Teilhaber zu widersprechen, unterliegt der Verwirkung.[58] Soll der gemeinschaftliche Gegenstand einem Teilhaber
gegen Entgelt überlassen werden, so bedarf es für diese Benutzungsart einer Vereinbarung,
eines Beschlusses oder eines Urteils nach § 745 Abs. 2 und eines Vertrags mit dem benutzenden Teilhaber (insofern übereinstimmend BGH NJW 1966, 1707). Solange es hieran
fehlt, löst selbst die Ablehnung eines berechtigten Begehrens auf Mit-Gebrauchsüberlassung
nicht ohne weiteres Ansprüche gegen den benutzenden Teilhaber aus. **Bereicherungs-
oder Schadensersatzansprüche** entstehen nur, wenn eine Klage zur Geltendmachung des
Rechts aus § 745 Abs. 2 erhoben ist (§§ 744, 745 RdNr. 36) oder den anderen Teilhabern
das Recht auf Teilhabe an der Nutzung hartnäckig verweigert wird (RdNr. 10).[59] Entsprechendes muss gelten, wenn eine nach § 745 gebotene Anpassung der für die einseitige
Benutzung zu leistenden Zahlungen ohne Eintritt in Verhandlungen oder hartnäckig verweigert wird.[60] Haben Miteigentümer den Gebrauch einer Grundstücksfläche gegenständlich aufgeteilt, so kann in ihrem Innenverhältnis nach BGHZ 174, 20 = NJW 2007, 3636
Nachbarrecht gelten.

Liegt **Mitgebrauch** vor, so endet dieser Mitgebrauch nicht ohne weiteres durch eine nur 12
vorübergehende oder in der Natur der Sache liegende Unterbrechung.[61] Unterbrechungen
dieser Art werden aber bei der Frage berücksichtigt, ob der Mitgebrauch der übrigen
Teilhaber beeinträchtigt wird.[62] So kann bei der Benutzung eines gemeinsamen Gangs eine
zeitweilige Behinderung der anderen Teilhaber durch Abs. 2 gedeckt sein.[63] Fällt ein Hindernis, das dem Mitgebrauch entgegenstand, weg, so sind die anderen Teilhaber verpflichtet,
dem Teilhaber wieder den Mitgebrauch zu ermöglichen.[64] Unwesentliche, insbesondere nur
vorübergehende Beeinträchtigungen der anderen Teilhaber stellen allgemein keine Überschreitungen des Gebrauchsrechts dar.[65] Treu und Glauben sind als Gebot wechselseitiger
Rücksichtnahme bei der Anwendung des Abs. 2 zu berücksichtigen. Überflüssigerweise
wendet die hM § 242 zusätzlich an.[66] Eine Pattsituation entsteht, wenn alle Teilhaber den

---

[54] BGH LM Nr. 3/4 = NJW 1966, 1707, 1708; LM § 557 Nr. 23 = NJW 1998, 372, 373; ZEV 1999, 233; OLG Stuttgart Recht 1913 Nr. 1731; KG NJW 1968, 160, 161; OLGZ 1969, 311, 314; OLG Hamm NJW 1994, 463; hM.
[55] BGH LM Nr. 3/4 = NJW 1966, 1707, 1708 f.; KG OLGZ 1969, 311, 314.
[56] Vgl. BGH NJW 1987, 3001.
[57] Dazu auch *Soergel/Hadding* RdNr. 6.
[58] BGH WM 1973, 82, 83 f.
[59] BGHZ 162, 342 = NJW-RR 2005, 1200, 1201; BGH LM Nr. 3/4 = NJW 1966, 1707; GRUR 2006, 401 = MDR 2006, 766; OLG Hamm NJW 1994, 463; *Bamberger/Roth/Gehrlein* RdNr. 6; *Erman/Aderhold* RdNr. 8; aA *Schnorr* (Fn. 41) S. 180.
[60] Vgl. auch KG NJW 1953, 1592, 1594.
[61] KG NJW 1968, 160, 161; *Erman/Aderhold* RdNr. 7; *Soergel/Hadding* RdNr. 6.
[62] Im Ergebnis übereinstimmend *Erman/Aderhold* RdNr. 7.
[63] OLG Celle SeuffA 62 Nr. 207.
[64] KG NJW 1968, 160, 161; *Staudinger/Langhein* RdNr. 37.
[65] RGRK/*v. Gamm* RdNr. 3 mit Hinweis auf OLG Celle SeuffA 62 Nr. 207.
[66] ZB AG Köln MDR 1958, 577.

Gebrauch des Gegenstands begehren, dies aber nach der Natur der Sache oder nach Lage des Einzelfalls nicht möglich ist. Das wäre ein wichtiger Grund iS von § 749 Abs. 2 und rechtfertigt eine billigem Ermessen entsprechende Regelung nach § 745 Abs. 2.[67] Gelingt eine Gebrauchsregelung nicht, so wird die Teilung der Gemeinschaft unvermeidbar sein.[68]

13 **4. Beeinträchtigungen des Gebrauchsrechts und Haftung unter den Teilhabern.** Gegen Beeinträchtigungen des Gebrauchsrechts kann sich der Teilhaber **mittels Unterlassungsanspruchs** zur Wehr setzen.[69] Nur im Verhältnis zu Dritten bedarf es dafür einer Anwendung des § 1004; im Verhältnis der Teilhaber untereinander folgt der Duldungsanspruch mittelbar aus Abs. 2.[70] Über Bereicherungsansprüche wegen einseitiger Benutzung vgl. RdNr. 10, 11. Zu den **Grenzen des Besitzschutzes** vgl. § 866 (s. auch §§ 744, 645 RdNr. 1 zum Zugang zur gemeinschaftlichen Sache). Schuldhafte Beeinträchtigung des Benutzungsrechts unter den Teilhabern verpflichtet zum Schadensersatz.[71] Die Haftung unter den Teilhabern wegen einer Beschädigung des gemeinschaftlichen Gegenstands bei Gebrauch beschränkt sich nach BGHZ 62, 243 = JR 1974, 466 m. Anm. *Berg* auf die §§ 823 ff.,[72] so dass namentlich § 278 nicht eingreift (s. aber § 741 RdNr. 35; §§ 744, 745 RdNr. 13). Nach der hier vertretenen Ansicht ist sowohl die Überschreitung des Gebrauchsrechts als auch eine Beschädigung des gemeinschaftlichen Gegenstands in Ausübung des Gebrauchsrechts Verletzung einer Sonderrechtsverbindung („positive Forderungsverletzung" nach §§ 280 Abs. 1, 241 Abs. 2), für die nach §§ 276, 278 gehaftet wird.[73]

14 **5. Abweichende Vereinbarungen und Beschlüsse.** Abs. 2 enthält **kein zwingendes Recht.** Entgegenstehende **Vereinbarungen** sind zulässig.[74] Zulässig ist auch eine von Abs. 2 abweichende Regelung durch Beschluss (RdNr. 9).[75] Die Abweichungen können zunächst einer gerechten **Konkretisierung der Benutzungsrechte** dienen. BGHZ 40, 326, 327 = NJW 1964, 648 ist ein Beispiel für eine Benutzungsregelung nach realen Teilen.[76] Als Beispiel für eine ausschließliche Benutzungsregelung für einen Mitberechtigten im Rahmen eines Unterhaltsvergleichs nach Scheidung vgl. BGH LM § 426 Nr. 99a = NJW 1997, 731, 732. Folgende Vereinbarungen oder Beschlüsse kommen zB in Frage: Ausschluss aller Teilhaber vom Mitgebrauch;[77] unentgeltliche Einräumung des Alleingebrauchs an einen Teilhaber;[78] Alleingebrauch eines Teilhabers als Mieter;[79] gegenständlich geteilte Gebrauchsrechte, zB hinsichtlich einer Grundstücksfläche;[79a] sonstige Gebrauchsregelung mit Geldausgleich wegen einseitiger Vorteile;[80] Gebrauchsregelung unter Anrechnung auf nachehelichen Unterhalt;[81] Einräumung einer Zufahrtsbaulast für einen Miteigentümer.[82] Werden einzelne Teilhaber vom Gebrauchsrecht ausgeschlossen, so muss immer eine **Ausgleichsregelung** getroffen werden, es sei denn, die betroffenen Teilhaber stimmten einer Gebrauchsregelung ohne Ausgleich zu (vgl. zum Innenausgleich auch §§ 744, 745

---

[67] *Planck/Lobe* Anm. 8.
[68] *Enneccerus/Lehmann* § 184, 5.
[69] HM; RGRK/*v. Gamm* RdNr. 3.
[70] Unklar insofern BGH LM § 745 Nr. 2 = NJW 1953, 1427.
[71] BGH LM Nr. 3/4 = NJW 1966, 1707, 1709; *Planck/Lobe* Anm. 10.
[72] Dem BGH zust. *Bamberger/Roth/Gehrlein* RdNr. 6; *Soergel/Hadding* RdNr. 6.
[73] Weitgehend übereinstimmend *Schubert* JR 1975, 364; *Erman/Aderhold* RdNr. 7; schroff abl. *Schnorr* (Fn. 41) S. 184 f.; 188 f.
[74] Mot. in *Mugdan* II S. 490; RG SoergRspr. 1908 zu § 743; BGH LM § 426 Nr. 99a = NJW 1997, 731, 732; *Erman/Aderhold* RdNr. 9; *Staudinger/Langhein* RdNr. 40.
[75] *Erman/Aderhold* RdNr. 9.
[76] S. auch *Larenz*, SchuldR II, 12. Aufl. 1981, § 61 II; *Soergel/Hadding* RdNr. 7.
[77] BGH NJW 1953, 1427.
[78] BFH NJW 1979, 2168.
[79] OLG Karlsruhe JW 1932, 3013; *Schnorr* (Fn. 41) S. 198 f.
[79a] BGHZ 174, 20 = NJW 2007, 3636.
[80] BGH LM Nr. 3/4 = NJW 1966, 1707, 1708; aA *Schnorr* (Fn. 41) S. 198 f.: nur Miete.
[81] BGH LM § 426 Nr. 99a = NJW 1997, 731, 732.
[82] BGH LM § 743 Nr. 7 = WM 1991, 821.

RdNr. 33, 36).[83] Zwar garantiert § 745 Abs. 3 nur das Nutzungsrecht im Rahmen der unter den Teilhabern geltenden Nutzung, aber es muss im Rahmen dieser Nutzung allen zukommen (RdNr. 9). Daran fehlt es noch nicht, wenn eine gleichzeitige Benutzung durch alle Mitberechtigten ausgeschlossen ist, so zB bei einer Ferienwohnung[84] oder bei einer engen Zufahrt.[85] Haben die Teilhaber die ihnen gegeneinander zustehenden Nutzungsansprüche in Abweichung von § 743 geregelt, so haben sie jede **Beeinträchtigung dieser Regelung** zu unterlassen und sind verpflichtet, den Rechtszustand herbeizuführen und aufrecht zu erhalten, der dieser Regelung entspricht; für diesen Leistungserfolg haben sie nach BGHZ 40, 326 = NJW 1964, 648 unbedingt einzustehen und haften für den Nichteintritt des Erfolges ohne Rücksicht auf ein Verschulden. Diese ungewöhnlich rigorose Entscheidung darf nicht verallgemeinert werden.[86] Der allgemeine Haftungsmaßstab bei Verstößen gegen Teilhaberpflichten folgt aus §§ 276, 278 (§ 741 RdNr. 35). Dem BGH geht es nur darum, den unvollkommenen Schutz nichteingetragener Nutzungsregelungen gegenüber Rechtsnachfolgern (§§ 746, 1010) zu neutralisieren (vgl. § 1010 RdNr. 6). Was an Drittwirkungen fehlt, wird durch interne Haftung ersetzt. Von einer allgemeinen Garantiehaftung der Teilhaber untereinander kann nicht gesprochen werden.[87]

6. Anwendung von Mietrecht? Mietrechtliche Vorschriften finden auf die Benutzungsregelung nicht ohne weiteres Anwendung. Die entgeltliche Überlassung an einen Teilhaber gegen finanziellen Ausgleich kann **Mietvertrag**, aber auch **schlichte Nutzungsregelung** unter den Teilhabern sein.[88] Es kommt auf den Parteiwillen an. Welche Gestaltung den Regelfall bildet, ist str.[89] BGH MDR 1969, 658 nimmt bei der entgeltlichen Überlassung an einen Miterben „regelmäßig" Miete an. Dem ist auch für die Bruchteilsgemeinschaft zu folgen.[90] BGH LM § 745 Nr. 9 = NJW 1974, 364 erklärt es für anerkannt, dass die entgeltliche Überlassung von Räumen an einen der Miteigentümer **Miete** ist.[91] Ergänzend wendet der BGH aber bereits in dieser Entscheidung Gemeinschaftsrecht an, weil dieses unter den Mitberechtigen den Schwerpunkt bildet. In Fortführung dieses Gedankens unterscheidet BGH LM § 557 Nr. 23 m. Anm. *Sonnenschein* = NJW 1998, 372 zwischen dem mietrechtlichen „Außenverhältnis" und dem das „Außenverhältnis" überlagernden gemeinschaftsrechtlichen „Innenverhältnis", aus dem sich unabhängig vom Mietrecht Zahlungsansprüche ergeben können.[92] Diese Rechtsprechung passt auf diejenigen Fälle, in denen einem Miteigentümer die Sache zur ausschließlichen entgeltlichen Eigennutzung unter Ausschluss des Benutzungsrechts der anderen Miteigentümer überlassen wird. Dann greifen auch mietrechtliche Schutzvorschriften ohne weiteres ein. Nur **mietähnlich** sind dagegen Benutzungsregelungen auf Grund des Gemeinschaftsverhältnisses, auch wenn ein Geldausgleich für bevorzugte Benutzung gezahlt wird. Die Anwendung mieterschützender Vorschriften ist

---

[83] *Bamberger/Roth/Gehrlein* RdNr. 7.
[84] AA *Staudinger/Langhein* RdNr. 38.
[85] BGH LM § 743 Nr. 7 = WM 1991, 821, 823.
[86] Zust. *Staudinger/Langhein* RdNr. 32.
[87] Zust. *Staudinger/Langhein* RdNr. 32.
[88] KG NJW 1953, 1592, 1593; zust. *Soergel/Hadding* RdNr. 6; *Staudinger/Langhein* RdNr. 41 f.; aA früher *Staudinger/Emmerich* (1995) Vor §§ 535, 536 RdNr. 160: stets Mietvertrag; vgl. auch zu den Wohnungsnutzungsverträgen *Erman/Schopp*, 8. Aufl., Vor § 535 RdNr. 29; RGRK/*Gelhaar* Vor § 535 RdNr. 254; für die Möglichkeit eines Mietverhältnisses zwischen „der Gemeinschaft" und einem Teilhaber *Staudinger/Langhein* § 741 RdNr. 73 ff.; mietrechtliche Beziehungen bestehen jedoch nur unter den Teilhabern; richtig *Staudinger/Langhein* RdNr. 41.
[89] IdR Mietvertrag: BGH LM § 535 Nr. 42 = MDR 1969, 658; LM § 745 Nr. 9 = NJW 1974, 364 f.; LM § 538 Nr. 22; OLG Karlsruhe JW 1932, 3013; *Erman/Aderhold* RdNr. 9; *Jauernig/Stürner* RdNr. 6; *Staudinger/Langhein* RdNr. 41; wohl auch RGRK/*Gelhaar* Vor § 535 RdNr. 286; idR kein Mietvertrag: OLG München HRR 1940 Nr. 1408; AG Saarburg WM 1956, 183; *Bettermann*, Kommentar zum Mietschutzgesetz, 1950, § 1 RdNr. 18; unentschieden BGH NJW 1994, 1721, 1722:.
[90] AA *Schnor* (Fn. 41) S. 192.
[91] So auch BGH NJW-RR 2001, 369, 370; BFHE 206, 168, 172 = NJW 2004, 2774, 2775; BFHE 121, 197, 198; abl. *Schnorr* (Fn. 41) S. 192 f.
[92] Dazu *Staudinger/Emmerich* (2006) Vor § 535 RdNr. 56; eingehend u. krit. *Erbarth* NZM 1998, 740 ff.

dann Frage des Einzelfalls. Umgekehrt können, auch wenn ein Mietverhältnis vorliegt, Einzelvorschriften stillschweigend abbedungen sein, die bei einer nur mietähnlichen Benutzung nicht eingreifen würden. In solchen Fällen kommt es oft auf die genaue Einordnung des Rechtsverhältnisses nicht an. Auf gemeinschaftsrechtliche Benutzungsvereinbarungen ist zB § 540 nicht ohne weiteres anwendbar. Im Einzelfall kann eine (Weiter-)Vermietung dem Sinn einer Verwaltungsregelung widersprechen.[93] Die vereinbarte Nutzungsbefugnis eines Teilhabers umfasst aber im Zweifel auch die Befugnis zur Weitervermietung.[94] Die eigennützige Weitervermietung ist dann auch nicht mit Abs. 1 unvereinbar und zwingt den betreffenden Teilhaber nicht, den Ertrag auf die anderen zu verteilen. Zur Benutzungsänderung bei wesentlicher Beeinträchtigung der Nutzungsquote vgl. allerdings §§ 744, 745 RdNr. 35.

16 **Kein Mietverhältnis** kommt zustande, wenn die gemeinschaftliche Sache nicht einem einzelnen Teilhaber überlassen, sondern nur ein **finanzieller Ausgleich** für ungleiche Gebrauchsvorteile vereinbart wird.[95] Noch weniger fallen sonstige Abreden über Besitz und Benutzung unter das Mietrecht (zB die Benutzung eines gemeinschaftlichen Grundstücks nach realen Teilen).[96] Maßgeblich bleibt dann das Recht der Gemeinschaft neben den getroffenen Vereinbarungen.[97] Vorsichtige Anleihen bei einzelnen mietrechtlichen Regeln sind aber nicht ausgeschlossen. Auch kaum durch Real-Nutzungsteilung von Miteigentum ein Nachbar-Rechtsverhältnis entstehen.[98] Zur Frage, inwieweit die Mehrheit den besitzenden Teilhaber zum Auszug zwingen kann, vgl. §§ 744, 745 RdNr. 22 ff. Stand ein Miteigentümer (Miterbe) schon zum früheren Alleineigentümer in einem Mietverhältnis, so kann er sein Besitz- und Benutzungsrecht auch gegenüber den anderen Miteigentümern (Miterben) behaupten.[99] Das schützt ihn aber nicht gegen eine Änderung der Benutzungsart auf Grund von § 745 Abs. 2.[100] **Wird** der vereinbarte **Ausgleich** im Laufe der Zeit objektiv **unangemessen** und führt dies für die anderen Teilhaber zu einer erheblichen Beeinträchtigung der angemessenen Nutzungsquote, so können die anderen Teilhaber entweder eine Anpassung der Zahlungen oder eine Änderung der Benutzungsregelung (zB Vermietung an Dritte) verlangen.[101] Etwa anwendbare Mieterschutzvorschriften werden aber nicht durch das Recht der anderen Teilhaber auf Teilhabe an der Nutzung überlagert.[102] Sie sind bei der Anpassung des Mietzinses zu wahren.

17 **7. Das Gebrauchsrecht bei Immaterialgütern. a) Miturheberrecht.** Beim Miturheberrecht ist eine Benutzung des gemeinschaftlichen Gegenstands durch jeden einzelnen Teilhaber praktisch nicht möglich.[103] Abs. 2 ist nicht anwendbar (§ 741 RdNr. 66). Insbesondere passt der aus Abs. 2 hergeleitete Grundsatz, dass ein einseitiger, den eigenen Anteil übersteigender Gebrauch den Teilhaber nicht zum Ausgleich verpflichtet (RdNr. 10), nicht. Zu den Erträgnissen vgl. RdNr. 2.

18 **b) Gemeinschaftserfindung.** Die Anwendung der §§ 743 ff., insbesondere des § 743 Abs. 2 unter Gemeinschaftserfindern ist str., weil die Bestimmungen der Interessenlage nur teilw. angemessen sind. Abweichende Vereinbarungen können im Fall der geplanten Erfindergemeinschaft (§ 741 RdNr. 62) auch stillschweigend zustandekommen. Wo sie fehlen, gilt an sich auch Abs. 2.[104] Aber die Anwendung der Bestimmung muss den besonderen Verhältnissen bei der Gemeinschaftserfindung angepasst werden. Nach einer verbreiteten

---

[93] Vgl. sinngemäß (für Benutzungsregelung zwischen Mitmietern) LG Berlin II SoergRspr. 1930 zu § 744.
[94] LG Mannheim ZMR 1965, 303; *Soergel/Hadding* RdNr. 6.
[95] Wie hier jetzt *Bamberger/Roth/Gehrlein* RdNr. 7; *Staudinger/Langhein* RdNr. 42.
[96] Über eine Realteilung der Nutzungsrechte vgl. BGH NJW 2007, 3636.
[97] *Bettermann* (Fn. 89) § 1 RdNr. 17.
[98] Vgl. BGH NJW 2007, 3636.
[99] Vgl. auch RGZ 49, 285.
[100] KG NJW 1953, 1592.
[101] KG NJW 1953, 1592.
[102] Vgl. beiläufig KG NJW 1953, 1592.
[103] BGH LM § 185 Nr. 9 = GRUR 1959, 147, 148 m. Anm. *Kleine*; *Runge* GRUR 1956, 409.
[104] BGHZ 162, 342 = NJW-RR 2005, 1200; BGH GRUR 2006, 401 = MDR 2006, 766; *Kraßer* (Fn. 6) § 19 V b 6; *Götting*, Gewerblicher Rechtsschutz, 8. Aufl. 2007, § 13 RdNr. 8; *Reimer/Neumar*, PatG und

Auffassung besteht überhaupt kein Recht auf Benutzung der Erfindung durch den einzelnen Miterfinder ohne Geldausgleich.[105] Einseitiges Inverkehrbringen ist nach dieser Auffassung niemals durch Abs. 2 gedeckt. Das wird, wo eine gesellschaftsrechtliche Vereinbarung unter den Miterfindern vorliegt, zutreffen. Ein genereller finanzieller Ausgleich für ungleichmäßige Ausnutzung des Gemeinschaftspatents wird aber abgelehnt (vgl. RdNr. 10, 11). Die Rechtsfrage ist umstritten.[106] Im Übrigen muss den berechtigten Interessen aller Miterfinder durch sachgerecht modifizierte Anwendung der §§ 743 ff. Rechnung getragen werden.[107] Abs. 2 ist vom Gesetzgeber nicht auf Immaterialgüter zugeschnitten, deren **Ge**brauch stets zugleich auch ein Element des **Ver**brauchs in sich trägt.[108] Es versteht sich, dass Gebrauchsrecht (Abs. 2) und Fruchtziehungsrecht (Abs. 1) hier koordiniert werden müssen. In der Praxis sollte dies durch Vereinbarung oder Beschluss, hilfsweise auch durch Urteil nach § 745 Abs. 2 geschehen (§§ 744, 745, RdNr. 5), zB durch Lizenzerteilung an einen Teilhaber.[109] Solange es hieran fehlt, ist einseitiges Gebrauchmachen erlaubt, sofern nicht im Einzelfall Unzumutbarkeit vorliegt (näher RdNr. 10).[110]

c) Gemeinschaftsmarke. Über die Verteilung von Gebrauch und Nutzung einer Gemeinschaftsmarke (§ 741 RdNr. 68) gibt es gleichfalls keine Sonderregeln. Die Ausführungen von RdNr. 10, 11 und 18 gelten sinngemäß auch hier.[111]

§ 744 Gemeinschaftliche Verwaltung

(1) Die Verwaltung des gemeinschaftlichen Gegenstands steht den Teilhabern gemeinschaftlich zu.

(2) Jeder Teilhaber ist berechtigt, die zur Erhaltung des Gegenstands notwendigen Maßregeln ohne Zustimmung der anderen Teilhaber zu treffen; er kann verlangen, dass diese ihre Einwilligung zu einer solchen Maßregel im Voraus erteilen.

§ 745 Verwaltung und Benutzung durch Beschluss

(1) ¹Durch Stimmenmehrheit kann eine der Beschaffenheit des gemeinschaftlichen Gegenstands entsprechende ordnungsmäßige Verwaltung und Benutzung beschlossen werden. ²Die Stimmenmehrheit ist nach der Größe der Anteile zu berechnen.

(2) Jeder Teilhaber kann, sofern nicht die Verwaltung und Benutzung durch Vereinbarung oder durch Mehrheitsbeschluss geregelt ist, eine dem Interesse aller Teilhaber nach billigem Ermessen entsprechende Verwaltung und Benutzung verlangen.

(3) ¹Eine wesentliche Veränderung des Gegenstands kann nicht beschlossen oder verlangt werden. ²Das Recht des einzelnen Teilhabers auf einen seinem Anteil entsprechenden Bruchteil der Nutzungen kann nicht ohne seine Zustimmung beeinträchtigt werden.

GebrMG, 3. Aufl. 1968, § 3 RdNr. 11; *Storch*, FS Preu, 1988, S. 46 f.; *Koch* BB 1989, 1138, 1141; *Chakraborty/Tilmann*, FS König, 2003, S. 78.

[105] Vgl. statt vieler mit Abweichungen iE *Lüdecke* (Fn. 25) S. 204 ff., 211 ff.; *Kisch* GRUR 1952, 268 f.; im Ergebnis mit unterschiedlichen Begr. *Storch*, FS Preu, 1988, S. 47 (gesetzlicher Anspruch); auch *Koch* BB 1989, 1138, 1141; *Sefzig* GRUR 1995, 302, 305 f. (Zwang zur Einigung); *Villinger* CR 1996, 336 ff. (gesetzlicher Anspruch); einlenkend gegenüber der Voraufl. *Klauer/Möhring* PatG, 3. Aufl. 1971, § 3 RdNr. 18; rechtspolitische Kritik des § 743 Abs. 2 auch bei *Tetzner* (Fn. 6) § 3 RdNr. 26.

[106] Konzessionen an die Zuerkennung eines weitergehenden Ausgleichs hier noch in der 4. Aufl. mwN.

[107] Vgl. näher *Fischer* GRUR 1977, 316; *Kraßer* (Fn. 6) § 19 V b 6, 7; *Storch*, FS Preu, 1988, S. 47; *Villinger* CR 1996, 336 f.; *Chakraborty/Tilmann*, FS König, 2003, S. 75 ff.; *Henke* (Fn. 6) RdNr. 1063 ff.; zumindest in der Begründung anders *Sefzig* GRUR 1995, 302, 305 f.: hypothetischer Wille der Beteiligten.

[108] Vgl. *Kraßer* (Fn. 6) § 19 V b 7.

[109] Insofern ähnlich *Sefzig* GRUR 1995, 304 ff.; *Henke* GRUR 2007, 89 ff.

[110] AA *Sefzig* GRUR 1995, 304 ff.

[111] Eingehend *Haedicke* GRUR 2007, 23 ff.

§§ 744, 745

Übersicht

	RdNr.
I. Das System der Zuständigkeitsordnung	1, 2
1. Grundbegriffe	1
2. Verwaltungsentscheidungen und Verwaltungsmaßnahmen	2
II. Verwaltung und Benutzung	3–13
1. Abgrenzung	3–6
a) Verwaltung, Gebrauch und Nutzung	4
b) Der Gegenstand von Verwaltungsentscheidungen	5, 6
2. Einzelprobleme	7–13
a) Verwaltung durch einen Teilhaber	7–9
b) Verwaltung gemeinschaftlicher Gesellschaftsanteile	10, 11
c) Verwaltung gemeinschaftlicher Erfindungen	12
d) Haftung	13
III. Verwaltungsentscheidungen in allseitigem Einvernehmen	14–17
1. Grundsatz	14
2. Vereinbarung und Beschluss	15
3. Ausdrückliche oder konkludente Regelungen	16
4. Abänderung	17
IV. Mehrheitsentscheidungen (§ 745 Abs. 1)	18–33
1. Grundsatz	18
2. Verfahren	19–21
3. Grenzen der Mehrheitsherrschaft	22–29
a) Grenzen aus § 745 Abs. 3	23–27
aa) Nutzungsanteil	24
bb) Wesentliche Änderungen	25–27
b) Ordnungsgemäße Verwaltung und Benutzung	28
c) Billigkeitskontrolle nach § 745 Abs. 2	29
4. Rechtsfolgen des Mehrheitsbeschlusses	30–32
a) Innenwirkung	30
b) Außenwirkung	31, 32
5. Fehlerhafte Beschlüsse	33
V. Der Anspruch auf billige Regelung der Verwaltung und Benutzung (§ 745 Abs. 2)	34–40
1. Materielles Recht	34–37
a) Voraussetzungen	35
b) Anspruchsgegenstand	36
c) Inhalt der Regelung	37
2. Prozessfragen	38–40
a) Erkenntnisverfahren	38, 39
b) Vollstreckung	40
VI. Das Individualrecht auf Vornahme von Erhaltungsmaßnahmen (§ 744 Abs. 2)	41–50
1. Normzweck	41
2. Voraussetzungen	42, 43
3. Rechtsfolgen	44–48
a) Innenverhältnis	44
b) Außenverhältnis	45–48
4. Der Anspruch auf „Einwilligung"	49
5. Analoge Anwendung auf Gesellschaftsverhältnisse	50

I. Das System der Zuständigkeitsordnung

1 1. Grundbegriffe. Verwaltungskompetenzen und **Verwaltungsregelungen** in der Gemeinschaft sind im Gesetz unübersichtlich geordnet. Das an sich klare Konzept wird erst deutlich, wenn man sich von der gesetzlichen Systematik löst. Bei den Verwaltungsentscheidungen nach §§ 744, 745 geht es um die kollektive Entscheidungszuständigkeit der Teilhaber im Gegensatz zu den in § 743 geregelten individuellen Rechten. Im Fall eines Nießbrauchs an einem Miteigentumsanteil übt nach § 1066 Abs. 1 der Nießbraucher die Rechte aus. Grundsatz ist die gemeinschaftliche **Verwaltung** nach § 744 Abs. 1. Aus diesem Grundsatz können sich Rechte auf Teilnahme an der Verwaltung ergeben, zB auch Zugangsrechte bzw. gemeinschaftlichen Besitz von Miteigentümern.[1] Kollektive Entscheidung ist aber auch die **Verwaltungsregelung** durch Vereinbarung oder Mehrheitsbeschluss (§ 745 Abs. 1). Die kollektive Regelungsautonomie tritt in wichtigen Fällen zurück: gegenüber individueller Handlungsbefugnis im Fall des § 744 Abs. 2 (notwendige Erhaltungsmaßnahmen); gegenüber dem allseitigen Interesse nach § 745 Abs. 2. Kein Teilhaber muss die Versäumung notwendiger Erhaltungsmaßregeln und die Vernachlässigung des Interesses aller Teilhaber hinnehmen. Nur ein Konsens aller Teilhaber, nicht ein Mehrheitsbeschluss, darf sich über das nach billigem Ermessen zu wahrende Interesse aller Teilhaber hinwegsetzen (über § 745 Abs. 2 als Grenze der Mehrheitsherrschaft vgl. RdNr. 24). Die Verwaltung

---

[1] Vgl. OLG Brandenburg vom 5. 4. 2007, 7 U 156/06.

betrifft nur einen Aspekt der kollektiven Zuständigkeit. Insofern ist sie von **Verfügungen** (§ 747 RdNr. 2) und von der **Prozessführung** (§ 747 RdNr. 33 ff.) zu unterscheiden. Das schließt aber nicht aus, dass eine Verfügung oder die Führung eines Prozesses Gegenstand einer Verwaltungsentscheidung ist (vgl. auch RdNr. 4). Zur **Erbengemeinschaft** vgl. § 2038 Abs. 1 und Abs. 2 mit Verweisung auf § 745. In § 2038 Abs. 1 ist außer dem Recht auch die Pflicht der Miterben zur Mitwirkung bei der ordnungsmäßigen Verwaltung geregelt (näher BGHZ 6, 76, 82). Über **Miturheber** vgl. § 741 RdNr. 66 f. Zur Frage der Anwendung von § 744 Abs. 2 auf **Personengesellschaften** vgl. RdNr. 50. Eine generelle Anwendung der §§ 744, 745 auf bloße **Innengesellschaften** scheidet aus. Zu weit geht aber BGH WM 1960, 1121, wonach § 745 generell ausscheidet, wenn durch Vertrag ein Grundstückseigentümer einen anderen wirtschaftlich im Innenverhältnis an dem in seinem Alleineigentum verbleibenden Grundstück beteiligt, weil dies eine Innengesellschaft, keine Bruchteilsgemeinschaft sei (vgl. auch § 741 RdNr. 26). Es kommt darauf an, ob nach dem Innengesellschaftsvertrag die Beteiligten einander wie Bruchteilsberechtigte stellen wollen (treuhänderische Bruchteilsverwaltung; vgl. § 741 RdNr. 19 aE).

2. Verwaltungsentscheidungen und Verwaltungsmaßnahmen. Unterscheidet man zwischen Verwaltungsentscheidungen und Verwaltungsmaßnahmen, so wird deutlich, dass das Gesetz ein **Recht zu Verwaltungsentscheidungen und zu Verwaltungsmaßnahmen** regelt (§§ 744, 745) und ausnahmsweise auch eine Pflicht zur Mitwirkung bei Verwaltungsentscheidungen (§ 745 Abs. 2) vorsieht. Eine allgemeine Pflicht zur Mitwirkung an Verwaltungsmaßnahmen kommt im Gesetz nicht zum Ausdruck. Hierdurch unterscheidet sich die Bruchteilsgemeinschaft von der Erbengemeinschaft (vgl. § 2038 Abs. 1). Es wird die Ansicht vertreten, dass eine dem § 2038 Abs. 1 entsprechende Regelung im Hinblick auf § 745 Abs. 2 entbehrlich sei.[2] Aber § 745 Abs. 2 enthält keine dem § 2038 Abs. 1 entsprechende Regelung. Der Unterschied besteht darin, dass dem Teilhaber grds. keine Pflicht zur aktiven Teilhabe an der Verwaltung obliegt. Eine solche kann sich nur ausnahmsweise als Nebenpflicht aus dem Sonderrechtsverhältnis unter den Teilhabern (§ 741 RdNr. 34 f.) ergeben. Dann kann auch das Recht zu Erhaltungsmaßnahmen (§ 744 Abs. 2) zu einer Pflicht werden (RdNr. 41).

II. Verwaltung und Benutzung

1. Abgrenzung. Die Begriffe der „Verwaltung" und der „Benutzung" in §§ 744, 745 sind nicht einheitlich gebraucht. Das beruht allerdings weniger auf dem Unterschied zwischen Einstimmigkeit (§ 744) und Mehrheitskompetenz (§ 745).[3] Ausschlaggebend ist die Unterscheidung zwischen **Verwaltungsentscheidung** und **Entscheidungsgegenstand**. § 744 spricht von beidem. § 745 meint mit Verwaltung und Benutzung nur den Gegenstand von Verwaltungsentscheidungen. Die Verwaltungsentscheidung kann bei beiden Vorschriften sowohl Verwaltungsmaßnahmen als auch die Benutzung des gemeinschaftlichen Gegenstands umfassen. Zu den **Kosten** vgl. § 748 RdNr. 7 ff.

a) Verwaltung, Gebrauch und Nutzung. Verwaltung, Gebrauch und Nutzung sind Gegenstand von **Verwaltungsentscheidungen**. Zur Verwaltung in diesem Sinne gehören Maßnahmen, die das gemeinschaftliche Interesse aller Teilhaber innerhalb der ungeteilten Gemeinschaft, insbesondere die Erhaltung oder Veränderung des gemeinschaftlichen Gegenstands oder seine Verwendung, betreffen; Gebrauch und Nutzung („Früchte") iS des § 743 dienen dagegen dem Interesse der einzelnen Teilhaber.[4] Die kollektive Verwaltungsentscheidung schafft die Voraussetzungen individueller Nutzung.[5] Was darunter fällt, bestimmt sich nach der Art, Beschaffenheit und Situationsgebundenheit des gemeinschaftlichen Gegen-

---

[2] *Staudinger/Langhein* § 744 RdNr. 20.
[3] So aber *Soergel/Hadding* § 744 RdNr. 2; RGRK/*v. Gamm* RdNr. 2.
[4] *Enneccerus/Lehmann* § 185 I 1; Einzelheiten zum Verwaltungsbegriff bei *Staudinger/Langhein* RdNr. 7; *Wiedemann* GmbHR 1969, 248.
[5] So jetzt wörtlich auch BGHZ 150, 109, 116 = NJW 2002, 1647, 1649.

stands.⁶ Unter die Verwaltung fallen alle Entscheidungen und Maßnahmen, die eine Bestimmung der Sachlage in rechtlicher oder tatsächlicher Beziehung enthalten und zum Besten aller Teilhaber getroffen werden sollen und deshalb gemeinschaftlich entschieden werden müssen.⁷ Von der Benutzung (§ 743 Abs. 2) unterscheidet sich die Verwaltung dadurch, dass sie über die Voraussetzungen der Benutzung, nämlich über den Eigengebrauch, entscheidet. Dagegen ist, soweit es um die Verwaltungsentscheidung geht, ein strenger Gegensatz zwischen Verwaltung und Verfügung nicht anzuerkennen. Verfügungen können, soweit die genannten Grenzen gewahrt sind, Gegenstand von Verwaltungsentscheidungen sein.⁸ Werterhöhende Verwendungen kann ein Teilhaber nur nach Maßgabe des § 744 Abs. 2 selbstständig vornehmen und nur nach § 745 Abs. 2 von den anderen verlangen. Fehlen diese Voraussetzungen und kann der Teilhaber sich auch nicht auf eine Regelung der Verwaltung oder Benutzung stützen, so kann er auch eine objektiv werterhöhende Veränderung nicht verlangen.⁹

5 b) Der Gegenstand von Verwaltungsentscheidungen. Beispiele für den Gegenstand von Verwaltungsentscheidungen: Jede Bestimmung über die **Art der Nutzung und Benutzung;**¹⁰ die **Anlage von Geld** und die **Bestreitung von Kosten;**¹¹ die **Bewirtschaftung** eines Landguts;¹² die Bestellung eines Verwalters;¹³ die Verwaltung durch einen Teilhaber;¹⁴ die Kündigung des **Verwalters;**¹⁵ der Abschluss eines Treuhandvertrags;¹⁶ die **Vermietung oder Verpachtung** als Entscheidung für Fremdnutzung;¹⁷ auch die Vermietung an einen Teilhaber;¹⁸ Erhöhung der Miete,¹⁹ ebenso die Kündigung eines Pacht- oder Mietverhältnisses;²⁰ Verwaltung ist auch die Einziehung der Miete,²¹ doch bestimmt sich im Außenverhältnis nach dem Mietvertrag, wer Gläubiger des Mieters ist (§ 743 RdNr. 5). Verwaltung ist selbst die tatsächliche Veränderung des Gegenstands, etwa durch bauliche Maßnahmen.²² **Erhaltungsmaßnahmen** (§ 744 Abs. 2) können Gegenstand von Verwaltungsentscheidungen sein. So Reparaturaufwendungen²³ oder die Schuldtilgung zur Abwendung der Zwangsvollstreckung.²⁴ Auch Modernisierungen, mit denen eine gemeinschaftliche Sache dem technischen Stand angepasst wird, gehören dazu.²⁴ᵃ Die **Trennung des Besitzes** kann Regelung

---

⁶ *Walter* DNotZ 1975, 523.
⁷ Es versteht sich, dass die Maßnahme nicht dem objektiven Interesse aller dienen muss, um Verwaltungsentscheidung zu sein; so *Staudinger/Langhein* § 744 RdNr. 7; zust. *Erman/Aderhold* § 744 RdNr. 2; missverständlich *Soergel/Hadding* § 744 RdNr. 2.
⁸ BGHZ 101, 24, 26 = LM § 745 Nr. 19 = NJW 1987, 3177; RG DR 1944, 572; RGRK/*v. Gamm* RdNr. 2, 7; *Palandt/Sprau* § 744 RdNr. 2; *Staudinger/Langhein* § 744 RdNr. 9; *Bartholomeyczik*, FS Reinhardt, 1972, S. 22; *Erman/Aderhold* § 744 RdNr. 2.
⁹ OLG Schleswig SchlHA 1967, 179, 180.
¹⁰ BGH LM § 745 Nr. 23 = NJW 1994, 1721; LM § 741 Nr. 11 = NJW 1986, 1340, 1341; LM § 745 Nr. 24 m. Anm. *Reithmann* = NJW-RR 1995, 267, 268; OLG Hamburg SeuffA 57, Nr. 34; *Fleitz* BWNotZ 1977, 36, 38.
¹¹ *Staudinger/Langhein* § 744 RdNr. 9.
¹² RGZ 160, 122, 125.
¹³ BGH LM § 744 Nr. 5 = NJW 1983, 449, 450; RG JW 1906, 112; *Fleitz* BWNotZ 1977, 36, 37; aA *Schnorr*, Die Gemeinschaft nach Bruchteilen, 2004, S. 217.
¹⁴ BGHZ 34, 367 = LM § 745 Nr. 4 m. Anm. *Fischer* = NJW 1961, 1299; s. auch RGZ 160, 122, 125 ff.
¹⁵ BGH LM § 744 Nr. 5 = NJW 1983, 449, 450; KG DR 1940, 1018; aA *Schnorr* (Fn. 13).
¹⁶ BGH WM 1968, 1172 (Erbengemeinschaft).
¹⁷ BGHZ 56, 47, 50 = LM § 2038 Nr. 10 m. Anm. *Johannsen* = NJW 1971, 1265, 1266 (Erbengemeinschaft); RGZ 89, 176, 178; RG DR 1940, 2169 m. Anm. *Roquette*; KG OLGE 20, 186; OLG Karlsruhe JW 1932, 3013; OLGZ 1981, 207, 209; LG Mannheim MDR 1964, 238; *Schopp* ZMR 1967, 193, 194; *Staudinger/Langhein* § 744 RdNr. 9; aA *Schnorr* (Fn. 13).
¹⁸ Vgl. KG NJW 1953, 1592, 1593.
¹⁹ OLG Düsseldorf DB 1998, 2159.
²⁰ BGH LM § 2038 Nr. 1; dazu *Bartholomeyczik* (Fn. 8) S. 23; s. auch *Breetzke* NJW 1961, 1407; *Schopp* ZMR 1967, 193, 194; *Staudinger/Langhein* § 745 RdNr. 6; aA *Schnorr* (Fn. 13) S. 216.
²¹ S. auch KG OLGE 20, 107; zust. die hM; *Soergel/Hadding* § 744 RdNr. 2.
²² BGH NJW 1953, 1427: Behelfsheim; OLG Düsseldorf MDR 1970, 416: Umbau.
²³ *Erman/Aderhold* § 744 RdNr. 7.
²⁴ *Erman/Aderhold* § 744 RdNr. 7.
²⁴ᵃ BGH NJW 2008, 2032.

der Benutzungsart, mithin Verwaltungsentscheidung sein.[25] Allerdings berechtigt § 744 Abs. 2 regelmäßig nicht zu einseitigen ändernden Maßnahmen, etwa zum Bau einer Trennmauer auf dem gemeinsamen Grundbesitz; auch ein Anspruch auf solche Veränderungen nach § 745 Abs. 2 besteht regelmäßig nicht.[26] Auch alle zur Verwaltung gehörenden **Verfahrenshandlungen** sind Selbstverwaltungsmaßnahmen (RdNr. 2). Gegenstand gemeinschaftlicher Verwaltung ist bei einer **Gemeinschaftserfindung** deren Veröffentlichung; das Recht zur Veröffentlichung steht allen gemeinschaftlich zu.[27] Nur der gemeinschaftlichen Zuständigkeit untersteht auch die Anmeldung der Gemeinschaftserfindung (§ 747 RdNr. 3). Zum Sonderfall des § 744 Abs. 2 vgl. RdNr. 45f. Über den Gebrauch vgl. § 743 RdNr. 18. Die Lizenzerteilung beim Gemeinschaftspatent kann Gegenstand einer Verwaltungsentscheidung sein; die umstrittene Frage, ob es sich um eine Verwaltungsmaßnahme oder um eine Verfügung handelt (§ 747 RdNr. 3), ist unrichtig gestellt, denn Verwaltung und Verfügung schließen einander nicht aus. Gemeinschaftliche Verwaltungsentscheidung und Verfügung ist die Bestimmung der Bezugsberechtigten bei der **Versicherung verbundener Leben.**[28]

Nicht zur Verwaltung gehören: Organisationsakte, durch die die Teilhaber ihrer **6** Gemeinschaft eine Verfassung geben (RdNr. 18; § 741 RdNr. 3); die Aufhebung der Gemeinschaft (§ 749 RdNr. 29 ff.);[29] die Art der Gemeinschaftsteilung;[30] der Verkauf des gemeinschaftlichen Gegenstands;[31] ein Verfügungsverbot hinsichtlich der Anteile.[32] Verfügungen über den gemeinschaftlichen Gegenstand (zB Hypothekenbestellung) werden üblicherweise von Verwaltungsmaßnahmen unterschieden,[33] aber sie können Gegenstand von Verwaltungsentscheidungen sein (RdNr. 1, 5).[34] In diesem Sinn hat BGHZ 140, 63, 68 f. = LM § 741 Nr. 14 = NJW 1999, 781, 783 bei einer Sachgesamtheit von Grundstücken nicht nur deren Belastung zum Zweck der Kreditbeschaffung als einen Akt ordnungsmäßiger Verwaltung angesehen, sondern auch die Veräußerung von Teilflächen innerhalb einer Sachgesamtheit.

2. Einzelprobleme. a) Verwaltung durch einen Teilhaber. Die Verwaltung durch **7** einen Teilhaber allein kann durch kollektive Verwaltungsentscheidung begründet werden (RdNr. 13). Darin sieht RGZ 160, 122, 125 ein **Auftragsverhältnis.**[35] Dieses soll an die Stelle der gemeinschaftlichen Verwaltung nach § 744 treten. Richtig scheint folgendes: Die Begründung einer solchen Verwalterstellung ist Verwaltungsentscheidung (RdNr. 4), und die Aufsicht über den verwaltenden Teilhaber ist Verwaltung nach § 744. Die gemeinschaftliche Zuständigkeit der Teilhaber für Verwaltungsentscheidungen bleibt mindestens iS einer Aufsicht erhalten. Die Stellung des Verwaltenden folgt im Einzelnen dem Recht des Auftrags (§§ 662 ff.),[36] soweit nicht die Besonderheiten der Rechtsgemeinschaft im Allgemeinen oder des Einzelfalls entgegenstehen. Bei entgeltlicher Tätigkeit liegt ein **Dienst- oder Geschäftsbesorgungsverhältnis** vor.[37] Aus der Geltung der Auftragsregeln können sich auch

---

[25] AA OLG Schleswig SchlHA 1967, 179, 180; s. aber BayObLG WuM 1997, 461 (LS).
[26] Im Ergebnis übereinstimmend OLG Schleswig SchlHA 1967, 179, 180; s. aber BayObLG WuM 1997, 461 (Leitsatz).
[27] *Kraßer*, Patentrecht, 5. Aufl. 2004, § 19 V b 4; *Benkard/Mellulis*, PatG und GebrauchsmusterG, 10. Aufl. 2006, § 6 PatG RdNr. 3 a.
[28] OLG Dresden JW 1938, 1660; zur Rechtsnatur dieser Versicherung vgl. aber § 741 RdNr. 22.
[29] Vgl. auch OLG Hamburg SoergRspr. 1928 § 745 Nr. 4; *Soergel/Hadding* § 744 RdNr. 2.
[30] OLG Köln OLGZ 1970, 276; § 749 RdNr. 29 ff.
[31] Unentschieden Vorinstanz bei BGH ZMR 1965, 264, 265.
[32] *Walter* DNotZ 1975, 524.
[33] OLG Neustadt DNotZ 1959, 243, 244; *Erman/Aderhold* § 744 RdNr. 2.
[34] Zust. BGHZ 101, 24 = LM § 745 Nr. 19 = NJW 1987, 3177; ebenso seither auch BGHZ 140, 63, 68 f. = LM § 741 Nr. 14 = NJW 1999, 781, 783.
[35] In gleicher Richtung schon Mot. in *Mugdan* II S. 490; berechtigte Bedenken bei *F. v. Hippel* DR 1939, 1530.
[36] Zur Herausgabepflicht von im Rahmen der Verwaltungstätigkeit erlangten Unterlagen vgl. OLG Celle OLGR 1997, 12.
[37] Vgl. auch BGHZ 34, 367, 370 = LM § 745 Nr. 4 m. Anm. *Fischer* = NJW 1961, 1299, 1301; *Planck/Lobe* § 744 Anm. 6.

Auskunftsansprüche der Teilhaber ergeben.[38] Aber auch durch **Nebenpflichten in einem Pachtvertrag** kann die Verwaltung einem Teilhaber überlassen sein.[39] Bei unentgeltlicher Tätigkeit kann der mit den Verwaltungsaufgaben Betraute das zur Verwaltung verpflichtende Rechtsverhältnis nach § 671 Abs. 1 **kündigen**.[40]

8   Das **Widerrufsrecht des Auftraggebers** (§ 671 Abs. 1) kann im Einzelfall eingeschränkt und auf den Kern einer außerordentlichen Kündigung reduziert sein, vor allem, wenn der Auftrag auch einem Eigeninteresse des Beauftragten dient.[41] Dann begründet die Verwaltungsübertragung ein unentziehbares Sonderrecht, das nur aus wichtigem Grund entzogen werden kann (noch weitergehend wohl, aber bedenklich RGZ 160, 122, 128: nur Aufhebung der Gemeinschaft). Auch eine auf Lebenszeit vereinbarte Verwalterbestellung kann aus wichtigem Grund widerruflich sein, wobei ein Zusammentreffen tiefer Zerwürfnisse mit einem Fortfall des Vertragszwecks als wichtiger Grund in Betracht kommt.[42] Bei der Feststellung des **wichtigen Grundes** muss beachtet werden, dass die Gemeinschaft nicht in gleicher Weise wie eine Gesellschaft auf Kooperation und Vertrauen basiert, insbesondere soweit es nur um ordnungsmäßige Vermögensverwaltung geht; dann ist nach BGH LM § 744 Nr. 5 = NJW 1983, 449, 450 eine Vertrauenskrise nicht ohne weiteres ein wichtiger Grund.[43] Vom Widerrufsgrund ist die **Widerrufszuständigkeit** zu unterscheiden. Grundsätzlich darf das Widerrufsrecht nur unter Berücksichtigung der §§ 744, 745 ausgeübt werden.[44] Zum Widerruf einer vereinbarten oder beschlossenen Verwaltung bedarf es vorbehaltlich §§ 744 Abs. 2, 745 Abs. 2 einer Mehrheitsentscheidung. Sofern nicht die Abreden unter den Teilhabern etwas anderes ergeben, besteht kein Widerrufsrecht jedes einzelnen Teilhabers (im Ergebnis übereinstimmend RGZ 160, 122, 128).

9   Zur **Kündigung der Verwaltungsübertragung** auf einen Teilhaber aus wichtigem Grund sind die übrigen Teilhaber gemeinschaftlich befugt.[45] Besteht die Gemeinschaft aus nur zwei Teilhabern, so übt der nichtverwaltende Teilhaber das Recht aus.[46] Die Wirksamkeit der Kündigung kann im Streitfall im (Feststellungs-)Prozess geklärt werden. In der mehrgliedrigen Gemeinschaft ist die Situation komplizierter. Erweist sich die Kündigung der Verwaltungsübertragung als notwendige Maßnahme, wirken jedoch die anderen Teilhaber nicht mit, so müssen sie auf Zustimmung verklagt werden.[47] Nur in den engen Grenzen des § 744 Abs. 2 kann sich eine Kündigungsbefugnis für jeden einzelnen Teilhaber ergeben (zweifelhaft; vgl. RdNr. 46). Koordination mit gleichzeitigen Nutzungsverträgen kann geboten sein. Beruht die Verwaltungsüberlassung an einen Teilhaber auf einer Pachtvereinbarung, so bestehen die außerordentlichen Lösungsrechte auch hinsichtlich der Verwaltungsüberlassung, wenn das Pachtverhältnis – ggf. aus wichtigem Grund – gekündigt werden kann.[48]

10   **b) Verwaltung gemeinschaftlicher Gesellschaftsanteile.** Bei der Verwaltung gemeinschaftlicher Anteile an Kapitalgesellschaften (§ 741 RdNr. 14) sind die Belange des Innenrechts dieser Gesellschaften zu berücksichtigen. Das Stimmrecht aus einem gemeinschaftlichen Gesellschaftsanteil und sonstige Verwaltungsbefugnisse können nur **einheitlich** ausgeübt werden (§§ 69 AktG, 18 GmbHG).[49] § 69 AktG verlangt die Bestellung eines

---

[38] BGH NJW 1996, 656 = WM 1996, 785.
[39] BGH WM 1963, 697.
[40] RGZ 160, 122, 125.
[41] BGH WM 1971, 956.
[42] BGH LM § 745 Nr. 10 = MDR 1982, 207.
[43] Zust. *Staudinger/Langhein* § 744 RdNr. 18.
[44] Vgl. auch RGZ 160, 122, 127 f.; zur Abgrenzung BGH LM § 239 ZPO Nr. 6 = BB 1964, 699.
[45] BGHZ 34, 367 = LM § 745 Nr. 4 m. Anm. *Fischer* = NJW 1961, 1299; bestätigt durch BGH WM 1963, 697; LM § 744 Nr. 5 = NJW 1983, 449, 450; abl. *Schnorr* (Fn. 13) S. 222 f.
[46] BGHZ 34, 367, 371 = LM § 745 Nr. 4 m. Anm. *Fischer* = NJW 1961, 1299, 1301; BGH WM 1963, 697; *Staudinger/Langhein* § 744 RdNr. 17.
[47] BGHZ 34, 367, 371 = LM § 745 Nr. 4 m. Anm. *Fischer* = NJW 1961, 1299, 1301.
[48] BGH WM 1963, 697.
[49] Eingehend *Ropeter*, Die Beteiligung als Bruchteilsgemeinschaft, 1980, S. 34 ff., 43 ff.; *Wiedemann* GmbHR 1969, 249; Abgrenzung der „Rechte aus dem Geschäftsanteil" bei *M. Winter/Löbbe* in: *Ulmer/Winter/Habersack* § 18 GmbHG RdNr. 19.

gemeinschaftlichen Vertreters; diese ist Verwaltungshandlung iS von §§ 744, 745. § 18 Abs. 1 GmbHG („nur gemeinschaftlich") enthält eine solche Regelung nicht. Die entsprechende Entwurfsvorschrift des § 56 Abs. 1 RegE GmbHG 1971/1973 hat keine Gesetzeskraft erlangt. Grundsätzlich sind deshalb alle Teilhaber zur gemeinschaftlichen Mitwirkung, insbesondere zur Teilnahme an Gesellschafterversammlungen, berechtigt.[50] De lege lata kann sich aus einer gesellschaftsvertraglichen Vertreterklausel ein Zwang zur Vertreterbestellung ergeben (vgl. zur Vertreterklausel auch § 741 RdNr. 19 und 76); mangels Vertragsregelung folgt ein Zwang zur Vertretung der Teilhaber unter Umständen daraus, dass eine Ausübung des Teilnahmerechts durch alle Teilhaber für die Gesellschaft nicht zumutbar ist.[51] Üben einzelne Mitberechtigte das gemeinschaftliche Recht in der Versammlung für alle aus, so kann dies genügen.[52] Sind alle Bruchteilsberechtigten (oder Miterben) anwesend, so kann nach der hier vertretenen, freilich bestrittenen Auffassung ihr **Mehrheitsvotum** unmittelbar als einheitliche Ausübung des Rechts aus dem Gesellschaftsanteil angesehen werden.[53] Allerdings muss ein Versammlungsleiter diese Stimmabgabe in zweifelhaften Fällen (dh. bei Streit unter den anwesenden Mitberechtigten über die Anerkennung ihres Mehrheitsbeschlusses) nicht mitzählen.[54] Die Bestellung eines gemeinschaftlichen Vertreters – immer zweckmäßig! – kann durch Mehrheitsbeschluss erfolgen.[55]

Ein **Stimmverbot aus §§ 136 AktG, 47 Abs. 4 GmbHG** greift nicht ohne weiteres ein, wenn die Merkmale des Stimmverbots in der Person eines Teilhabers erfüllt sind.[56] Die Ausübung des Stimmrechts aus dem gemeinschaftlichen Anteil ist nur dann ausgeschlossen, wenn nach Lage des Falls zu besorgen ist, dass der Befangenheitsgrund auf die Stimmabgabe durchschlägt.[57] Sind alle Bruchteilsberechtigten in der Gesellschaft teilnahmeberechtigt und anwesend, so hat ihr Mehrheitsvotum, sofern es nach dem oben Gesagten in der Gesellschafterversammlung zum Tragen kommen kann und nicht ein anderes vereinbart ist, Vorrang vor der Stimmrechtsvollmacht eines etwa vorhandenen Vertreters.[58] Nach § 745 Abs. 3 sind aber alle Maßnahmen der Mehrheitsherrschaft entzogen, die in die **Substanz des gemeinschaftlichen Anteils** eingreifen oder **Sonderrechte** aus dem Anteil beeinträchtigen oder neue gesellschaftsrechtliche Pflichten begründen.[59] **Satzungsänderungen** sind dagegen keine wesentlichen Veränderungen des gemeinschaftlichen Gesellschaftsanteils iS des § 745 Abs. 3. Die Vorschrift hindert auch nicht die **Fassung von Gewinnverwendungsbeschlüssen,** selbst wenn durch sie die Voraussetzungen eines Entnahmerechts berührt werden. Verwaltungshandlung ist auch die **Ausübung des Anfechtungsrechts**

---

[50] *M. Winter/Löbbe* in: *Ulmer/Winter/Habersack* § 18 GmbHG RdNr. 20.
[51] *Scholz/Karsten Schmidt* § 47 GmbHG RdNr. 15; so jetzt auch *Scholz/Winter/Seibt* § 18 GmbHG RdNr. 20.
[52] Vgl. BGHZ 108, 21, 31 = NJW 1989, 2694, 2697; *Scholz/Karsten Schmidt* § 47 GmbHG RdNr. 15.
[53] BGHZ 108, 21, 31 = NJW 1989, 2694, 2697 (Anfechtungsrecht); OLG Karlsruhe NJW-RR 1995, 1189, 1190; *Staudinger/Langhein* § 741 RdNr. 139; *Wiedemann* GmbHR 1969, 249; *Scholz/Karsten Schmidt* § 47 GmbHG RdNr. 15; *Roth/Altmeppen* § 18 GmbHG RdNr. 13; *Rowedder/Schmidt-Leithoff/Pentz* § 18 GmbHG RdNr. 8; nunmehr auch *M. Winter/Löbbe* in: *Ulmer/Winter/Habersack* § 18 GmbHG RdNr. 21 f.; aA *Baumbach/Hueck/Zöllner* § 47 GmbHG RdNr. 37 f.; s. auch *Scholz/Winter* § 18 GmbHG RdNr. 20: nur bei Billigung durch die Mitgesellschafter.
[54] *Scholz/Karsten Schmidt* § 47 GmbHG RdNr. 15; ebenso jetzt *Rowedder/Schmidt-Leithoff/Pentz* § 18 GmbHG RdNr. 8.
[55] BGHZ 49, 183, 191 f. = NJW 1968, 743, 744 f. zur Erbengemeinschaft; eingehend *Wiedemann* GmbHR 1969, 248 f.; *Rowedder/Schmidt-Leithoff/Pentz* § 18 GmbHG RdNr. 16; *Scholz/Karsten Schmidt* § 47 GmbHG RdNr. 81; *Scholz/Winter* § 18 GmbHG RdNr. 21; aA wohl *Vogel,* Gesellschafterbeschlüsse und Gesellschafterversammlung, 1968, S. 86.
[56] Vgl. für die Erbengemeinschaft BGHZ 49, 183, 193 = NJW 1968, 743, 745; bestätigt durch BGHZ 51, 209, 219 = LM GmbHG § 47 Nr. 13 m. Anm. *Fleck* = NJW 1969, 841, 845; BGH NJW 1976, 205; LM GmbHG § 46 Nr. 29 = NJW 1992, 997; *Zöllner,* Die Schranken mitgliedschaftlicher Stimmrechtsmacht, 1963, S. 274 f.; *Scholz/Karsten Schmidt* § 47 GmbHG RdNr. 161; krit. *Wiedemann* GmbHR 1969, 252.
[57] Vgl. iE *Scholz/Karsten Schmidt* § 47 GmbHG RdNr. 161.
[58] Vgl. zur unmittelbaren Rechtsausübung durch die Teilhaber trotz Anwesenheit des Vertreters auch *Scholz/Winter/Seibt* § 18 GmbHG RdNr. 21 (der aber einstimmiges Handeln voraussetzt); zum Widerruf der Vollmacht vgl. eingehend *M. Winter/Löbbe* in: *Ulmer/Winter/Habersack* § 18 GmbHG RdNr. 26.
[59] *Wiedemann* GmbHR 1969, 249 f.; *Scholz/Karsten Schmidt* § 47 GmbHG RdNr. 81.

gegenüber Beschlüssen. Droht Ablauf einer Anfechtungsfrist, so kann nach § 744 Abs. 2 ausnahmsweise ein einziger Teilhaber befugt sein, dieses Recht für alle auszuüben. Die Gesellschaft kann, wenn kein gemeinschaftlicher Vertreter vorhanden ist, Erklärungen gegenüber jedem Teilhaber mit Wirkung gegen alle abgeben (§§ 69 Abs. 3 AktG, 18 Abs. 3 GmbHG). Kein gemeinschaftliches Stimmrecht besteht bei der **Miteigentumslösung im Investmentrecht** (§ 32 Abs. 1 S. 1 InvG).

12 **c) Verwaltung gemeinschaftlicher Erfindungen.** Auch für Gemeinschaftserfindungen (§ 741 RdNr. 59) gelten, sofern keine abw. Regelung getroffen ist, die §§ 744, 745. Jeder einzelne Miterfinder ist also zu einer von § 744 Abs. 2 gedeckten Patentanmeldung befugt (RdNr. 48).[60] Der Streit, ob Anmeldungen Verwaltungshandlungen oder Verfügungen sind, geht von einem konstruierten Gegensatz aus (RdNr. 5; § 747 RdNr. 3).

13 **d) Haftung.** Die Haftung unter Teilhabern gestaltet sich unterschiedlich, je nachdem, ob Schutzpflichten aus dem Gemeinschaftsverhältnis oder nur allgemeine Rechtspflichten verletzt sind. Ein allgemeiner Grundsatz, wonach Teilhaber einander nur nach Deliktsrecht haften, besteht nicht und darf auch nicht aus BGHZ 62, 243 = NJW 1974, 1189 = JR 1974, 466 m. Anm. *Berg* hergeleitet werden (vgl. § 743 RdNr. 13). Das Gemeinschaftsverhältnis kann Quelle von Schutzpflichten sein (§ 741 RdNr. 34 f.); es ist insofern eine **Sonderverbindung**.[61] Eine nach §§ 276 ff. zu vertretende Verletzung dieser Sonderrechtsverbindung (sog. positive Forderungsverletzung §§ 280 Abs. 1, 241 Abs. 2) verpflichtet zum Ersatz der daraus resultierenden Vermögensschäden.[62] Vor allem bei Verwaltungshandlungen ist jeder handelnde Teilhaber den anderen zur Abwendung von Schäden verpflichtet. Es kommt hierfür nicht darauf an, ob neben der Gemeinschaft noch ein **besonderes Schuldverhältnis** (zB Auftrag) besteht. Die Sonderverbindung begründet allerdings nicht in jedem Fall umfassende Schadensabwendungspflichten.[63] Sie geht auf ordentliche Erfüllung der sich aus §§ 743 ff. ergebenden Pflichten und kann nur nach Lage des Einzelfalls iS einer Interessenwahrungspflicht erweitert sein.[64] Eine solche Pflicht bedarf deshalb in jedem Einzelfall besonderer Begründung, so etwa bei Gefahr im Verzug.[65] Die Haftung unter Teilhabern wegen Verletzung dieser Schutzpflichten bestimmt sich nach § 276, nicht nach § 708.[66] Es besteht auch **kein gesetzlicher Haftungsausschluss** analog § 866.[67] Soweit Schutzpflichten aus dem Gemeinschaftsverhältnis verletzt werden, ist ggf. auch § 278 anzuwenden, Gehilfenverschulden also zuzurechnen.[68] Die in der Begründung abw. Entscheidung BGHZ 62, 243 = NJW 1974, 1189 = JR 1974, 466 m. Anm. *Berg* betrifft nicht die Benutzung und Verwaltung in einer Bruchteilsgemeinschaft, sondern die Frage, ob mehrere Mieter im selben Haus untereinander nach § 278 für die Beschädigung des von den Mietern benutzten Aufzugs durch Gehilfen haften. Das ist ein Problem eventueller Schutzwirkungen der Mietverträge zugunsten Dritter, kein Problem der Gemeinschaft (vgl. auch § 741 RdNr. 35).

---

[60] RGZ 117, 47, 51; *Hubmann/Götting*, Gewerblicher Rechtsschutz, 8. Aufl. 2007, § 15 RdNr. 9.
[61] *Schubert* JR 1975, 365 f.; deutlich KG NJW 1953, 1592 f.; zur Gemeinschaft als Schuldverhältnis vgl. *Staudinger/Langhein* § 741 RdNr. 260 ff. und dazu oben § 741 RdNr. 33; schroffe Ablehnung bei *Schnorr* (Fn. 13) S. 153 ff.
[62] So jetzt auch *Bamberger/Roth/Gehrlein* § 741 RdNr. 12; *Palandt/Sprau* § 741 RdNr. 9; aA *Schnorr* (Fn. 13) S. 223: nur Deliktsrecht.
[63] Zutr. *Schubert* JR 1975, 364; *Staudinger/Langhein* § 741 RdNr. 272; vgl. insoweit auch *Erman/Aderhold* § 741 RdNr. 3; im Ergebnis zutr. deshalb BGHZ 62, 243 = LM § 823 Nr. 4 (Ac) m. Anm. *Dunz* = NJW 1974, 1189 = JR 1974, 466 m. Anm. *Berg*; OLG Köln VersR 1997, 709; OLG Düsseldorf DB 1998, 2159.
[64] Vgl. auch *Staudinger/Langhein* § 741 RdNr. 274, § 744 RdNr. 32; gänzlich abl. *Erman/Aderhold* § 744 RdNr. 6.
[65] Vgl. *Staudinger/Langhein* § 744 RdNr. 32.
[66] BGHZ 62, 243, 245 = LM § 823 Nr. 4 (Ac) m. Anm. *Dunz* = NJW 1974, 1189 f. = JR 1974, 466, 468 m. Anm. *Berg*; *Erman/Aderhold* § 744 RdNr. 6; *Palandt/Sprau* § 741 RdNr. 9.
[67] BGHZ 62, 243, 248 = LM § 823 (Ac) Nr. 4 m. Anm. *Dunz* = NJW 1974, 1189, 1190 = JR 1974, 466, 468 m. Anm. *Berg*.
[68] Zutr. *Schubert* JR 1975, 363 f.; nur referierend *Palandt/Sprau* § 741 RdNr. 9.

III. Verwaltungsentscheidungen in allseitigem Einvernehmen

1. Grundsatz. Jede **Verwaltungsmaßnahme** kann nach § 744 Abs. 1 einvernehmlich **14** vorgenommen werden. Jede **Verwaltungs- oder Gebrauchsregelung** kann, wie sich mittelbar aus § 745 Abs. 2 ergibt, vereinbart oder einstimmig beschlossen werden. Die Grenze des § 745 Abs. 2 gilt nicht. Kein Teilhaber kann geltend machen, dass die von ihm selbst gebilligte Regelung nicht interessengerecht sei. Nur eine Änderung der tatsächlichen Verhältnisse kann einen Anspruch aus § 745 Abs. 2 begründen (RdNr. 35). Aber es gelten die Grenzen der §§ 125, 134, 138. Nicht abdingbar ist außerdem § 744 Abs. 2 (str.; vgl. RdNr. 41). Die Verwaltung kann einem einzelnen Teilhaber übertragen werden.[69] Regelmäßig wird dies zugleich als Bevollmächtigung im Rahmen dieses Wirkungskreises anzusehen sein.[70] Im Innenverhältnis hat dieser Teilhaber dann (treuhänderische) Pflichten eines Beauftragten. Auch eine regelrechte Verwaltungsorganisation, wie sie dem gesetzlichen Typus der Gemeinschaft an sich fremd ist, kann eingeführt werden.[71] Einzelnen Teilhabern können **Sonderrechte** eingeräumt werden.[72] Die Vereinbarung kann sich in einer Regelung des Gemeinschaftsverhältnisses erschöpfen, aber auch hierüber hinausgehen. So zB, wenn Bruchteilsgemeinschaft und Gesellschaft bürgerlichen Rechts zusammentreffen (§ 741 RdNr. 4 ff.); die Gesellschafterbeiträge können dann zB darin bestehen, dass das Miteigentum aller Gesellschafter für die Benutzung zum gemeinsamen Zweck bereitgehalten wird. Zur **Bindung von Rechtsnachfolgern** an Verwaltungsvereinbarungen vgl. § 746.

2. Vereinbarung und Beschluss. Die **Unterscheidung zwischen Vereinbarungen** **15** **und Beschlüssen** ist eine im Fall der Einstimmigkeit weitgehend theoretische Frage.[73] Auch § 745 Abs. 2 stellt nur den Mehrheitsbeschluss der Vereinbarung gegenüber. Ist Einstimmigkeit zustandegebracht, so kommt es nicht etwa darauf an, ob eine Ladung und Versammlung vorausging (Beschluss) oder nicht (Vereinbarung). **Beschlüsse** unterliegen nach § 745 Abs. 1 dem **Mehrheitsprinzip.** Mehrheitsbeschlüsse bedürfen im Gegensatz zu Vereinbarungen einer legitimierenden Beschlussprozedur (RdNr. 19). Aber auch Beschlüsse setzen ebenso wenig wie Vereinbarungen die Abhaltung einer Versammlung voraus. Praktisch wichtig ist dagegen, ob nach dem Willen der Teilhaber eine einstimmige Verwaltungsregelung als Mehrheitsbeschluss Bestand haben soll, wenn die Erklärung eines Teilhabers nichtig oder wirksam angefochten sein sollte. Das wird im Zweifelsfall zu bejahen sein, wenn die für einen Mehrheitsbeschluss erforderlichen Teilnahmeregeln (RdNr. 19) beachtet sind. Nur wenn konkrete Anhaltspunkte für einen solchen Willen der Beteiligten vorliegen, hängt die Wirksamkeit einer einstimmigen Verwaltungsregelung davon ab, ob das allseitige Einvernehmen auch Bestand hat.

3. Ausdrückliche oder konkludente Regelungen. Ausdrücklich oder konkludent **16** können Vereinbarungen und einstimmige Beschlüsse zustande kommen. Mietet einer von zwei Miteigentümern die gemeinschaftliche Sache, so ist dies zugleich eine Nutzungsvereinbarung.[74] Ein tatsächliches Einverständnis mit einer einseitigen Nutzung und Lastentragung kann auf eine konkludente Regelung hindeuten,[75] eventuell auch im Rahmen nachehelichen Unterhalts.[76] Wird eine Garagen- oder Zufahrtsfläche dauerhaft in einem bestimmten Sinne genutzt bzw. nicht genutzt, so stellt auch dies eine Nutzungsvereinbarung

---

[69] BGHZ 34, 367, 371 = LM § 745 Nr. 4 m. Anm. *Fischer* = NJW 1961, 1299, 1301; BGH WM 1968, 1172 (Erbengemeinschaft); LM § 744 Nr. 5 = NJW 1983, 449, 450; *Staudinger/Langhein* § 744 RdNr. 12.
[70] RGRK/*v. Gamm* RdNr. 2, 7; *Staudinger/Langhein* § 744 RdNr. 13.
[71] RGRK/*v. Gamm* RdNr. 2 mit Hinweis auf BGHZ 25, 311 = LM § 741 Nr. 1 m. Anm. *Fischer* = NJW 1957, 1800; *Staudinger/Langhein* § 744 RdNr. 14.
[72] BGH WM 1968, 1172 (Erbengemeinschaft).
[73] Wie hier jetzt *Staudinger/Langhein* RdNr. 10; zur „Rechtsnatur" des Beschlusses vgl. *Baltzer*, Der Beschluss als rechtstechnisches Mittel organschaftlicher Funktion im Privatrecht, 1965, passim.
[74] BGH NJW 1974, 364 f.
[75] Sehr weitgehend OLG Celle MDR 1998, 397.
[76] OLG Hamm OLGR 1997, 42.

dar.⁷⁷ Wird von den Gläubigern einer gemeinschaftlichen Forderung eine Zahlstelle angegeben, so ist dies zweifellos eine Verwaltungsmaßnahme, kann aber auch eine bindende Verwaltungsregelung sein.⁷⁸ Erteilen Ehegatten einander wechselseitig Verfügungsbefugnis über ein Konto, auf dem die Einnahmen aus gemeinschaftlicher Vermietung eingehen, so kann darin auch die Regelung enthalten sein, dass beide nach Belieben und ohne Ausgleichspflicht entnehmen können.⁷⁹ Die Fortsetzung eines vor Entstehung der Bruchteilsgemeinschaft begründeten Mietverhältnisses ist zwar nach KG NJW 1953, 1592, 1593 ein „stillschweigender Beschluss" der Teilhaber, aber diese sind an den „Beschluss" nicht gebunden (anders nur in Ausnahmefällen nach § 242). Die praktische Folgerung besteht nicht nur in der selbstverständlichen Möglichkeit ändernder Mehrheitsentscheidungen. Unter den Voraussetzungen des § 745 Abs. 2 kann vielmehr jederzeit eine Änderung verlangt werden, ohne dass sich die tatsächlichen Verhältnisse geändert haben müssen. Dem ist zuzustimmen. Die **bloße Duldung** eines Zustands oder einer Übung ist kein den § 745 Abs. 2 ausschließender Konsens. Ist die Vereinbarung lückenhaft, so regelt sich die Ausfüllung dieser Lücke nicht nach § 316, sondern nach § 745 Abs. 2.⁸⁰

17 **4. Abänderung.** Die Abänderung allseitig vereinbarter bzw. einstimmig beschlossener Verwaltungsregelungen setzt Einstimmigkeit nur voraus, wenn dies dem Regelungswillen der Teilhaber im Einzelfall entspricht (str.).⁸¹ Von einem solchen Willen ist auszugehen, wenn die Teilhaber eine endgültige einverständliche oder sonst dem Mehrheitswillen entzogene gesicherte Regelung treffen wollten. Fehlt es an einer mehrheitsfesten Regelung, so kann eine Änderung nicht nur vereinbart, sondern in den Grenzen der Mehrheitskompetenz (RdNr. 22 ff.) auch nach § 745 Abs. 1 beschlossen werden.⁸² Dies ist wohl auch der Standpunkt von BGH LM § 744 Nr. 5 = NJW 1983, 449, 450, wo es heißt, eine Verwaltungsregelung sei „nur auf Grund eines Mehrheitsbeschlusses (§ 745 Abs. 1) oder, sofern Einstimmigkeit vereinbart ist, durch alle Teilhaber" kündbar. **Einseitige Abänderung** (Aufhebung) der vereinbarten Verwaltungsregelung kann in der Vereinbarung vorbehalten sein. Dies kann nicht nur ausdrücklich vereinbart oder beschlossen werden, sondern kann auch bei konkludent getroffenen Vereinbarungen (RdNr. 16) – sofern sie überhaupt verbindliche Verwaltungsvereinbarungen und nicht bloß Verwaltungsmaßnahmen sind – dem Willen der Beteiligten entsprechen; widerruft dann ein Teilhaber die getroffene Regelung, so liegt wieder ein ungeregelter Zustand vor. Zum **Anspruch auf Neuregelung** der Verwaltung und Benutzung im Fall einer Änderung der tatsächlichen Verhältnisse vgl. RdNr. 35.

IV. Mehrheitsentscheidungen (§ 745 Abs. 1)

18 **1. Grundsatz.** Die Mehrheitsentscheidung über eine der Beschaffenheit des gemeinschaftlichen Gegenstands entsprechende ordnungsmäßige Verwaltung und Benutzung ist **Verwaltungsentscheidung.** Der mögliche Gegenstand solcher Entscheidungen ergibt sich aus RdNr. 5.⁸³ Über Grenzen, die sich aus § 745 Abs. 3 ergeben, vgl. RdNr. 23 ff. Nicht zum Gegenstand der Beschlussfassung gehören Organisationsakte, durch die sich die Gemeinschaft im Innenverhältnis eine Verfassung gibt (RdNr. 6). Die Bruchteilsgemeinschaft ist keine verfasste Rechtsperson. Allerdings können die Teilhaber der Gemeinschaft im

---

⁷⁷ OLG Stuttgart NJW-RR 1987, 1098.
⁷⁸ Vgl. dazu BGH NJW 1983, 2020, 2021.
⁷⁹ OLG Düsseldorf WM 1982, 1265; s. auch OLG Düsseldorf WM 1982, 603.
⁸⁰ BGH NJW 1974, 364 f.
⁸¹ Unklar RGZ 160, 122, 128; aA RGRK/*v. Gamm* RdNr. 4; *Staudinger/Langhein* RdNr. 15 (grds. Einstimmigkeit, Mehrheitsentscheidung nur bei entsprechendem Vertragswillen).
⁸² In gleicher Richtung BGHZ 34, 367, 370 = LM § 745 Nr. 4 m. Anm. *Fischer* = NJW 1961, 1299, 1300 f.; wie hier jetzt auch OLG Celle NJW-RR 2000, 227, 228; *Erman/Aderhold* § 745 RdNr. 4; undeutlich BGH NJW 1993, 3326, 3327, wo es bei einer zweigliedrigen(!) Gemeinschaft heißt: „nach Lage der Dinge nur einstimmig".
⁸³ Kasuistik bei *Soergel/Hadding* § 745 RdNr. 2; *Staudinger/Langhein* § 745 RdNr. 6.

Innenverhältnis eine quasi-korporative Binnenorganisation in Anlehnung etwa an die Vereinsverfassung geben.[84] Auf diese Weise kann die Gemeinschaft mit „Organen" – einer Versammlung, einem Vorstand u. Ä. – ausgestattet werden (§ 741 RdNr. 3, 74). Sie wird hierdurch gleichsam zu einer „Innenkörperschaft" ohne Rechtsfähigkeit im Außenverhältnis.[85] Durch **Vereinbarung** können die Teilhaber die Mehrheitskompetenz über § 745 Abs. 1 hinaus erweitern.[86] Unter Miturhebern sind Mehrheitsbeschlüsse grundsätzlich ausgeschlossen (§ 741 RdNr. 66).

2. Verfahren. Das Beschlussverfahren ist weitgehend dem Belieben der Teilhaber unterworfen. Verfahrensvorschriften fehlen und sind aus allgemeinen Rechtsgedanken zu entwickeln.[87] Mündliche (auch fernmündliche) wie schriftliche (auch elektronische) Beschlussfassung ist zulässig.[88] Im Wege der konkludenten Beschlussfassung durch bloßes Handeln und Dulden werden dagegen nur einstimmige Beschlüsse, nicht Mehrheitsbeschlüsse zustandekommen (vgl. RdNr. 16).[89] Wesentlich ist, dass die Rechte jedes Teilhabers auf **angemessene Teilnahme** an der Willensbildung gewahrt bleiben.[90] Sachlich angemessenes „rechtliches" **Gehör** muss allen Teilhabern gewährt werden.[91] Der einzelne Teilhaber darf nicht an der Ausübung seines Teilnahme- und Stimmrechts gehindert werden. Zum rechtlichen Gehör gehört die Information bzw. die Gelegenheit, sich angemessen zu informieren. Wird in einer Versammlung beschlossen, so müssen alle Teilhaber im Rahmen des praktisch Möglichen und Zumutbaren Gelegenheit zur Teilnahme erhalten.[92] Nach BGHZ 56, 47, 56 = NJW 1971, 1265, 1268 sowie OLG Kiel OLGE 13, 428, 429 und KG OLGE 20, 186 f. führt eine Verletzung des rechtlichen Gehörs nicht zur Fehlerhaftigkeit des Beschlusses, sondern allenfalls zu Schadensersatzansprüchen.[93] Diese Auffassung ist bedenklich.[94] Sie stellt den Drittschutz zu Unrecht über den Schutz der Teilhaber.[95] Dritte, die sich nicht des Einverständnisses aller Teilhaber versichern, sind in ihrem Vertrauen auf deren Einverständnis oder auf die Wirksamkeit eines Mehrheitsbeschlusses nur in den anerkannten Rechtsscheinfällen geschützt (etwa wenn ein Teilhaber in Duldungsvollmacht für die anderen handelt). Es liegt ein rechtswidriger Beschluss vor (zu den Folgen im Außenverhältnis vgl. RdNr. 32), aber ein Rügeverzicht oder Rügeverlust eines Teilhabers heilt diesen Mangel (RdNr. 33).

Ein **Stimmrecht** steht allen Teilhabern zu. Ein **Stimmrechtsausschluss wegen Interessenkollision** ergibt sich aus dem Rechtsgedanken der §§ 181 (Insichgeschäft), 34 BGB, 47 Abs. 4 GmbHG, 136 AktG, 43 Abs. 6 GenG.[96] Er greift ein, wenn ein Teilhaber an

---

[84] *Soergel/Hadding* § 744 RdNr. 3 mit Hinweis auf BGHZ 25, 311, 313 = LM § 741 Nr. 1 m. Anm. *Fischer* = NJW 1957, 1800 (Waldinteressengemeinschaft).
[85] Verf.arbeit am Thema der „virtuellen Rechtspersonen".
[86] Vorinstanz bei BGH ZMR 1965, 264, 265; zust. *Staudinger/Langhein* § 745 RdNr. 4.
[87] Eingehend zur Erbengemeinschaft *Muscheler* ZEV 1997, 169 ff.
[88] AllgM; vgl. *Palandt/Sprau* § 745 RdNr. 1; aus der Praxis wird durchweg der Reedereifall RGZ 9, 136, 140 angeführt.
[89] Dem folgend OLG Celle NZG 1999, 649; aA offenbar *Erman/Aderhold* § 745 RdNr. 2.
[90] So auch OLG Celle NZG 1999, 649; zu den Formalitäten vgl. *Staudinger/Langhein* § 745 RdNr. 17 ff.
[91] OLG Celle JR 1963, 221, 222; vgl. bereits RG JW 1897, 486, 487; jetzt auch *Bamberger/Roth/Gehrlein* § 745 RdNr. 5; *Erman/Aderhold* § 745 RdNr. 2; abl. *Schnorr* (Fn. 13) S. 246 f.
[92] Unentschieden OLG Celle JR 1963, 221, 222.
[93] Zust. die hL; zB *Enneccerus/Lehmann* § 185 II 1; *Planck/Lobe* § 745 Anm. 1 b; *Soergel/Hadding* § 745 RdNr. 6; *Erman/Aderhold* § 745 RdNr. 2; RGRK/v. *Gamm* RdNr. 9; *Staudinger/Langhein* § 745 RdNr. 20.
[94] Genau in entgegengesetztem Sinne (die hM gehe beim Teilhaberschutz zu weit), jedoch schwerlich vertretbar, *Schnorr* (Fn. 13) S. 247.
[95] *Bamberger/Roth/Gehrlein* § 745 RdNr. 5 Fn. 39; ebenso zur Erbengemeinschaft *Muscheler* ZEV 1997, 174; *Werkmüller* ZEV 1999, 219 ff.
[96] Vgl. mit Unterschieden iE BGHZ 56, 47, 52 = LM § 2038 Nr. 10 m. Anm. *Johannsen* = NJW 1971, 1265, 1267 (Erbengemeinschaft); *Muscheler* ZEV 1997, 174 f. (Erbengemeinschaft); *Erman/Aderhold* § 745 RdNr. 2 (nur § 34); RGRK/v. *Gamm* RdNr. 9; *Staudinger/Langhein* § 745 RdNr. 21 ff.; zur GbR vgl. RGZ 136, 236, 245; vgl. später allerdings BGH, mitgeteilt bei RGRK/v. *Gamm* § 709 RdNr. 33; über das Verhältnis der Stimmverbote zu § 181 vgl. *Wilhelm* JZ 1976, 674; *U. Hübner*, Interessenkonflikt und Vertretungsmacht, 1978, S. 285 ff.; *Scholz/Karsten Schmidt* § 47 GmbHG RdNr. 102, 178, 180.

§§ 744, 745 21, 22   Abschnitt 8. Titel 17. Gemeinschaft

einem den Beschlussgegenstand bildenden Rechtsgeschäft oder Prozess beteiligt ist (Gedanke des § 181) oder wenn er von einer beschlossenen Maßnahme betroffen ist (Gedanke des „Richtens in eigener Sache").[97] So zB bei der Kündigung gegenüber einem Teilhaber als Verwalter.[98] Ist ein Teilhaber an einer juristischen Person oder rechtsfähigen Personengesellschaft beteiligt, mit der ein Rechtsgeschäft abgeschlossen werden soll, so ist er nicht ohne weiteres vom Stimmrecht ausgeschlossen.[99]

21 Es genügt **einfache Stimmenmehrheit.** Das gilt auch für **Änderungsbeschlüsse,** soweit nicht die Teilhaber etwas anderes vereinbart haben (RdNr. 17). Der Mehrheitsbeschluss kann also vorbehaltlich der Ausführungen bei RdNr. 17 in den bei RdNr. 22 bis 29 dargestellten Grenzen durch Änderungsbeschluss mit einfacher Mehrheit aufgehoben werden; eine Änderung der Sachlage ist hierfür grds. nicht erforderlich.[100] Ihrer bedarf es allerdings in der Regel, wenn ein Anspruch auf Neuregelung nach § 745 Abs. 2 geltend gemacht werden soll (dazu und zu Ausnahmen vgl. RdNr. 35). Die Mehrheit bestimmt sich nicht nach Köpfen, sondern **nach der Größe der Anteile.** Das ist anders als nach § 25 Abs. 2 S. 1 WEG. Das Gesetz stellt aber nicht sicher, dass eine Mehrheit zustandekommt. Das Nichtzustandekommen einer interessengerechten Verwaltungsregelung kann **wichtiger Aufhebungsgrund** nach § 749 Abs. 2 bezüglich der Bruchteilsgemeinschaft sein (§ 749 RdNr. 12). Aber Vorrang haben, solange sie Erfolg versprechen, mildere Mittel (§ 749 RdNr. 13). Das gilt zunächst für die Durchsetzung einer der Billigkeit entsprechenden Regelung der Verwaltung und Benutzung nach § 745 Abs. 2 (RdNr. 34 ff.) Ist ein Mehrheitsbeschluss zustande gekommen, den ein Teilhaber für rechtswidrig hält, so hat aber die Klage auf Feststellung der Beschluss-Unwirksamkeit (RdNr. 33) Vorrang vor der Gemeinschaftsaufhebung aus wichtigem Grund.[101] Sind nur **zwei Teilhaber** mit gleichen Anteilen vorhanden, so bleibt eine Mehrheitsentscheidung außer Betracht.[102] Kommt keine einvernehmliche Regelung zustande, so kann der einzelne Teilhaber in diesem Fall seinen Willen nur unter den Voraussetzungen der §§ 744 Abs. 2, 745 Abs. 2 durchsetzen. Bei ungleichen Anteilen führt die Anwendung des § 745 Abs. 1 auf die Zweipersonengemeinschaft dazu, dass einem Teilhaber die Mehrheitsherrschaft allein zusteht. Trotz dieser scheinbaren Sinnwidrigkeit bleibt die Bestimmung anwendbar.[103] Der Mehrheitsteilhaber kann aber keinen wirksamen Beschluss ohne Anhörung des anderen Teilhabers fassen (s. oben). Dem Schutz des Minderheitsteilhabers gegen einen Missbrauch der Mehrheitsherrschaft dient § 745 Abs. 2. Notfalls muss er auf seinem Teilungsrecht bestehen (Fall des § 749 Abs. 2).

22 **3. Grenzen der Mehrheitsherrschaft.** Grenzen der Mehrheitsherrschaft ergeben sich einmal aus der Begrenzung des Beschlussgegenstands (RdNr. 5), zum anderen aus dem materiellen Minderheitenschutz. Eine allgemeine Zweckmäßigkeitskontrolle von Beschlüssen findet allerdings nicht statt.[104] Aber Beschlüsse können ihrem Inhalt nach rechtswidrig sein. Das sind sie nicht nur dann, wenn auch eine Vereinbarung dieses Inhalts nichtig wäre (RdNr. 14). Die Inhaltskontrolle reicht weiter.

---

[97] Nicht überzeugend die Einwände von *Schnorr* (Fn. 13) S. 246.
[98] Vgl. BGHZ 34, 367, 371 = LM § 745 Nr. 4 m. Anm. *Fischer* = NJW 1961, 1299, 1301; OLG Düsseldorf NJW-RR 1998, 11, 12.
[99] Sehr eng BGHZ 56, 47, 52 f. = LM § 2038 Nr. 10 m. Anm. *Johannsen* = NJW 1971, 1265, 1267; zust. *Soergel/Hadding* § 745 RdNr. 10; näher *Scholz/Karsten Schmidt* § 47 GmbHG RdNr. 163; *Wank* ZGR 1979, 222 ff.
[100] Wie hier jetzt *Staudinger/Langhein* § 745 RdNr. 31; aA *Staudinger/Huber* (12. Aufl.) § 745 RdNr. 25; *Bamberger/Roth/Gehrlein* § 745 RdNr. 7; *Erman/Aderhold* § 745 RdNr. 4; unentschieden LG Dortmund NJW-RR 1987, 9: jedenfalls die Aufhebung eines nicht vollzogenen Beschlusses könne ohne Änderung der tatsächlichen Verhältnisse durch Mehrheitsbeschluss geändert werden.
[101] BGH LM § 745 Nr. 24 m. Anm. *Reithmann* = NJW-RR 1995, 267, 268.
[102] RGZ 160, 122, 128; RG JW 1906, 112; hL; zB *Enneccerus/Lehmann* § 185 II 1.
[103] *Soergel/Hadding* § 745 RdNr. 7; *Palandt/Sprau* § 745 RdNr. 1; aA *Larenz* JherJb. 83 (1933), 144; *Engländer,* Die regelmäßige Rechtsgemeinschaft, 1914, S. 121 ff.; *Lüdecke,* Erfindungsgemeinschaften, 1962, S. 213 ff.; *Tetzner,* Das materielle Patentrecht der BRD, 1972, § 3 RdNr. 25.
[104] *Planck/Lobe* § 745 Anm. 2; *Palandt/Sprau* § 745 RdNr. 1.

a) Grenzen aus § 745 Abs. 3. Grenzen der Mehrheitskompetenz bestimmt § 745 **23** Abs. 3. Nach dieser Regelung kann ein Beschluss selbst dann rechtswidrig sein, wenn eine an sich ordnungsmäßige Verwaltungsmaßnahme beschlossen wurde.[105]

aa) Nutzungsanteil. Der Nutzungsanteil des einzelnen Teilhabers (§ 743 Abs. 1) ist **24** nach § 745 Abs. 3 S. 2 mehrheitsfest (§ 743 RdNr. 8). Geschützt ist nicht nur die Beteiligung an den Früchten (insbesondere Einnahmen aus Vermietung und Verpachtung), sondern auch an Gebrauchsvorteilen (§ 743 RdNr. 3). Aber § 745 Abs. 3 S. 2 garantiert nicht das Gebrauchsrecht des § 743 Abs. 2. Dieses besteht nur, solange das Prinzip des unentgeltlichen Eigengebrauchs unter den Teilhabern gilt. Davon kann durch Verwaltungsregelung abgewichen werden. Die Verwaltungsregelung kann in einer entgeltlichen Überlassung an Dritte oder an einen Teilhaber bestehen.[106] Ein das Gebrauchsrecht des § 744 Abs. 2 beschränkender Beschluss ist nicht schon dann unwirksam, wenn Eigengebrauch wirtschaftlicher wäre. Möglich ist aber auch, dass der gemeinschaftliche Gegenstand einem Teilhaber gegen Ausgleichszahlung überlassen wird.[107] Ein Verstoß gegen § 745 Abs. 3 kann dagegen nach RG JW 1927, 1854 und 1931, 2722 vorliegen, wenn gegen die Stimmen der Minderheit die Einbehaltung von Rücklagen beschlossen wird (§ 743 RdNr. 7).

bb) Wesentliche Änderungen. Eine wesentliche Veränderung darf nicht mehrheitlich **25** beschlossen werden. Sie liegt vor, wenn die Zweckbestimmung oder die Gestalt der gemeinschaftlichen Gegenstände in einschneidender Weise geändert werden.[108] Unter Abs. 3 fallen nur Änderungen, die die wirtschaftlichen Grundlagen der Gemeinschaft berühren. Eine erhebliche Veränderung muss allein wegen dieser Erheblichkeit noch nicht „wesentlich" sein. Die Beibehaltung der Beschaffenheit des Gegenstands (Abs. 1) ist nicht durch Abs. 3 gegen Mehrheitsbeschlüsse gesichert. Die Wesentlichkeit der Veränderung bestimmt sich auch nicht einfach nach der Verkehrsanschauung,[109] sondern danach, wie einschneidend sie in die Rechtsgemeinschaft einwirkt. Vor allem die Aufbringung der Mittel (§ 748!) hat dabei entscheidendes Gewicht.[110] Nennenswerte Verschlechterungen sind stets als wesentliche Veränderungen anzusehen.[111] Der Tatbestand des Abs. 3 ist im Ausgangspunkt auf den gemeinschaftlichen Gegenstand beschränkt, während es bei der Anwendung auf die Erbengemeinschaft (§ 2038 Abs. 2 S. 1) um den Nachlass insgesamt geht.[112] Im Hinblick auf das Urteil BGHZ 140, 163 = NJW 1999, 781 = LM § 741 Nr. 14 m. Anm. *Wilhelm* (§ 741 RdNr. 33) kann aber auch diese Beurteilung auf eine gemeinschaftliche Sach- und Nutzungsgesamtheit erstreckt werden.

Beispiele aus der Praxis für wesentliche Änderungen: unverhältnismäßig kostspielige **26** Anlagen;[113] Wiederaufbau eines Gebäudes, wenn nach den wirtschaftlichen Verhältnissen der Teilhaber größere Mittel erforderlich sind;[114] aufwändige Sanierungsmaßnahmen unter

---

[105] RG JW 1931, 2722, 2723 m. Anm. *Oertmann*; *Soergel/Hadding* § 745 RdNr. 4.
[106] Zust. OLG Köln NZM 2001, 994; *Staudinger/Langhein* § 745 RdNr. 14.
[107] BGH LM § 745 Nr. 2 = NJW 1953, 1427 f.; zur Rechtsnatur dieses Schuldverhältnisses vgl. § 743 RdNr. 15 f.
[108] BGH LM § 745 Nr. 2 = NJW 1953, 1427; LM § 745 Nr. 13 = NJW 1983, 932, 933 = WM 1983, 314, 315; BGHZ 101, 24 = LM § 745 Nr. 19 = NJW 1987, 3177; BGH LM § 745 Nr. 24 m. Anm. *Reithmann* = NJW-RR 1995, 267; NJW-RR 2004, 809, 810; *Erman/Aderhold* § 745 RdNr. 8; *Soergel/Hadding* § 745 RdNr. 3; OLG Düsseldorf MDR 1970, 416; OLG Hamburg OLGZ 1990, 141, 144; *Erman/Aderhold* § 745 RdNr. 8; *Soergel/Hadding* § 745 RdNr. 3; wunderliche Polemik gegen den Gesetzeswortlaut bei *Schnorr* (Fn. 13) S. 249.
[109] Auch BGH LM § 745 Nr. 2 = NJW 1953, 1427 zieht die Verkehrsanschauung nur ergänzend heran; aA aber wohl *Planck/Lobe* § 745 Anm. 5 a.
[110] BGH LM § 745 Nr. 2 = NJW 1953, 1427; LM § 1004 Nr. 14 = BB 1954, 913; LM § 745 Nr. 13 = NJW 1983, 932, 933 = WM 1983, 314, 315; OLG Düsseldorf MDR 1970, 416 f.; s. auch OLG Hamburg OLGZ 1990, 141, 145; OLG Hamm NZG 2000, 642, 643; *Erman/Aderhold* § 745 RdNr. 8; *Soergel/Hadding* § 745 RdNr. 3 f.
[111] Vgl. auch *Erman/Aderhold* § 745 RdNr. 8.
[112] BGHZ 164, 181 = NJW 2006, 439.
[113] BayObLG Recht 1908 Nr. 2662.
[114] BGH BB 1954, 913; aA *Staudinger/Langhein* § 745 RdNr. 12.

§§ 744, 745 27, 28

Inanspruchnahme erheblicher privater Mittel;[115] Pflasterung bzw. Plattenbelegung eines gemeinsamen Kieswegs;[116] Garagenbau auf einem gemeinschaftlichen Kfz.-Stellplatz.[117] Über die Veränderung gemeinschaftlicher Gesellschaftsanteile vgl. RdNr. 11.

27 **Keine wesentliche Veränderung** ist zB nach der Rspr.: die Errichtung eines Behelfsbaus, jedenfalls wenn der widerstrebende Teilhaber die Mittel nicht aufzubringen braucht;[118] der Umbau eines baufälligen Stallgebäudes zu Wohnzwecken;[119] die Ersetzung eines Flachdachs durch ein Satteldach unter gleichzeitigem Einbau einer Wohnung;[120] die Aufteilung einer im gemeinschaftlichen Haus befindlichen Wohnung, wenn Zweckbestimmung und Gestalt des Anwesens nicht verändert und die Kosten nicht umgelegt werden;[121] die Änderung der Grundrisseinteilung, ohne dass die übrigen Teilhaber mit den Kosten belastet werden;[122] die Wiederherstellung eines brandversicherten Hauses;[123] die Verlegung einer Gasleitung in einer gemeinsam benutzten Privatstraße;[124] die Baulast für ein bislang schon als Wegeparzelle genutztes Grundstück;[125] die Vermietung oder Verpachtung einer gemeinschaftlichen Sache.[126] Wird ein Gesamtbestand an Sachen, zB Grundstücken, gemeinschaftlich verwaltet, so kann es selbst bei einer Teilveräußerung an einer wesentlichen Veränderung fehlen, wenn diese Maßnahme der ordnungsmäßigen Finanzierung des Anwesens dient.[127] Nach BGH NJW-RR 1995, 267 ist auch die Gesamtverpachtung einer im Miteigentum stehenden Appartement-Hotelanlage selbst dann keine wesentliche Veränderung, wenn in der Gemeinschaftsordnung dem einzelnen Miteigentümer eine Wohnung „zur alleinigen Nutzung" zugewiesen wurde (zweifelhaft!).

28 **b) Ordnungsgemäße Verwaltung und Benutzung.** Nur ordnungsgemäße Verwaltung und Benutzung darf mit Stimmenmehrheit beschlossen werden.[128] Dabei ist die Beschaffenheit des gemeinschaftlichen Gegenstandes – dh. auch die bisherige Nutzungsart – angemessen zu berücksichtigen.[129] Sie entscheidet unter Berücksichtigung der bisherigen Verwaltung und Benutzung nach treupflichtgebundenem Ermessen.[130] Es besteht ein **Entscheidungsspielraum** für die Mehrheit. Nicht nur notwendige Maßnahmen sind „ordnungsgemäß". Das ergibt sich im Vergleich mit § 744 Abs. 2.[131] Auch ist der Beschluss nicht schon dann rechtswidrig, wenn nicht die optimale, sondern eine weniger zweckmäßige Lösung beschlossen ist. Die Voraussetzung „ordnungsgemäßer" Verwaltung und Benutzung verhilft nur in seltenen Ausnahmefällen zur Inhaltskontrolle. Die Bestellung eines befangenen oder mit einem Bruchteilsberechtigten persönlich zerstrittenen Verwalters oder Vertreters kann gegen das Erfordernis ordnungsgemäßer Verwaltung verstoßen.[132] Nicht „ordnungsgemäß" ist auch eine Regelung, bei der jede Berücksichtigung der Belange der Minderheit fehlt.[133] Vor allem sind Regelungen, die alle Teilhaber mit nicht aus dem gemeinschaftlichen Vermögen begleichbaren Folgekosten nach § 748 belasten, nur zulässig, wenn sie notwendig sind; wertsteigernde Verwendungen dürfen deshalb nur in engen Grenzen von der Mehrheit

---

[115] OLG Hamm NZG 1999, 642, 643.
[116] BayObLG WuM 1992, 705.
[117] OLG Hamburg OLGZ 1990, 141; LG Hannover NJW-RR 1990, 454.
[118] BGH NJW 1953, 1427.
[119] OLG Düsseldorf MDR 1947, 289.
[120] KG OLGE 30, 184, 185.
[121] BGH LM § 745 Nr. 13 = NJW 1983, 932, 933 = WM 1983, 314, 315.
[122] OLG Düsseldorf MDR 1970, 416.
[123] OLG Stuttgart OLGE 8, 82, 83; so auch OLG Düsseldorf NJW-RR 1997, 604.
[124] LG Bonn NJW-RR 1991, 1114.
[125] LG Bochum DWW 2002, 128.
[126] BGH NJW-RR 1995, 267; OLG Köln NZM 2001, 994.
[127] BGHZ 140, 63, 69 = NJW 1999, 781, 784.
[128] OLG Düsseldorf NJW-RR 1987, 1256.
[129] OLG Hamburg SeuffA 57 Nr. 34 (zu § 745 Abs. 2).
[130] *Bamberger/Roth/Gehrlein* RdNr. 2.
[131] Vgl. auch KG OLGE 30, 184; *Staudinger/Langhein* § 745 RdNr. 5.
[132] OLG Dresden SeuffA 65 Nr. 164; OLG Düsseldorf NJW-RR 1987, 1256; *Jauernig/Stürner* RdNr. 10.
[133] *Soergel/Hadding* § 745 RdNr. 2 mit Hinweis auf RG JW 1912, 193; zu diesem Urteil vgl. Fn. 139.

beschlossen werden.[134] Umstritten ist, ob darüber hinaus eine allgemeine **Inhaltskontrolle** am Maßstab des § 242 stattfindet.[135] Die Diskussion ist missverständlich. „Allgemein" im Sinne einer Vollprüfung des Beschlusses kann die gerichtliche Kontrolle nicht sein (RdNr. 29). Wohl aber bedarf es eines Schutzes gegen schikanöse oder doch objektiv illoyale Mehrheitsbeschlüsse. Wie weit dieser Schutz reicht, hängt von der Interessenlage ab, insbesondere davon, ob über die allgemeine Sonderrechtsbeziehung hinaus (RdNr. 13; § 741 RdNr. 3) unter den Teilhabern besondere Vereinbarungen getroffen und Treupflichten begründet worden sind. Auch ein Verstoß gegen den Grundsatz gleichmäßiger Behandlung (§ 741 RdNr. 36) soll zur Unwirksamkeit führen.[136] § 765 E I sah in einem Abs. 3 noch ausdrücklich vor, dass nur eine „der Sorgfalt eines ordentlichen Hausvaters entsprechende" Mehrheitsentscheidung zulässig sei. Gedacht war vor allem an den Fall, dass ein Teilhaber allein die Anteilsmehrheit hält.[137] De lege lata scheidet eine so weitgehende Zweckmäßigkeits- und Billigkeitskontrolle im Rahmen des § 745 Abs. 1 aus,[138] vor allem dann, wenn der Beschluss nach RdNr. 31 Außenwirkung hat. Es kommt nur eine Änderung des Beschlusses ex nunc in Betracht (RdNr. 29).

c) Billigkeitskontrolle nach § 745 Abs. 2. Eine Billigkeitskontrolle von Mehrheitsbeschlüssen ist über die allgemein anerkannten Grenzen hinaus nach § 745 Abs. 2 möglich (RdNr. 34 ff.).[139] Die Klage aus § 745 Abs. 2 übernimmt insoweit teilweise die Funktion einer Anfechtungsklage. § 745 Abs. 2 greift nicht nur ein, wenn jegliche Beschlussregelung fehlt, sondern immer dann, wenn keine dem Interesse aller Beteiligten nach billigem Ermessen entsprechende Regelung vorhanden ist (RdNr. 35).[140] Das Verfahren nach § 745 Abs. 2 erlaubt eine Änderung unbilliger Regeln ex nunc. Auch Verletzungen des Grundsatzes gleichmäßiger Behandlung kann der betroffene Teilhaber durch Klage nach § 745 Abs. 2 korrigieren (§ 741 RdNr. 36). Mit dem Anspruch auf Herbeiführung einer der Billigkeit entsprechenden Regelung ist ein brauchbarer Kompromiss zwischen Inhaltskontrolle und Rechtssicherheit geschaffen. Eine allgemeine Zweckmäßigkeitskontrolle ist aber auch damit nicht anerkannt (RdNr. 28). 29

4. Rechtsfolgen des Mehrheitsbeschlusses. a) Innenwirkung. Die Rechtsfolgen eines wirksamen Mehrheitsbeschlusses sind umstritten. Die Innenwirkung des Mehrheitsbeschlusses besteht darin, dass alle Teilhaber – auch die Widersprechenden – zur Mitwirkung bei der Ausführung verpflichtet sind.[141] Diese Rechtspflicht ist klagbar; der Anspruch auf Zustimmung zu einem bestimmten Rechtsgeschäft (nicht der Anspruch auf Zustimmung zu Mehrheitsentscheidungen im Allgemeinen) kann auch an den durch den Mehrheitsbeschluss Begünstigten abgetreten (besser wohl: zur Ausübung überlassen) werden.[142] Dieser kann also notfalls mit der Mehrheit kontrahieren und den klagbaren Anspruch auf die rechtssichernde Zustimmung der übrigen Teilhaber gegen diese durchsetzen bzw. von der Mehrheit durchsetzen lassen (über das Folgeproblem bei fehlerhaften Mehrheitsbeschlüssen vgl. RdNr. 19). Ein solches Verfahren ist sicherheitshalber zu empfehlen, aber es ist umständlich. Für das 30

---

[134] OLG Hamm NZG 2000, 642, 643; *Staudinger/Langhein* § 745 RdNr. 9; vgl. auch die Rspr. oben bei RdNr. 25 f.

[135] Dafür RGRK/*v. Gamm* RdNr. 6; s. auch LG Hamburg ZMR 2004, 537; dagegen *Soergel/Hadding* RdNr. 8.

[136] *G. Hueck*, Der Grundsatz der gleichmäßigen Behandlung im Privatrecht, 1958, S. 320; vgl. dagegen § 741 RdNr. 34.

[137] Mot. in *Mugdan* II S. 489.

[138] AA noch *Soergel/Schultze-v. Lasaulx* (10. Aufl.) § 745 RdNr. 2.

[139] In gleicher Richtung RG JW 1912, 193; zust. *Schnorr* (Fn. 13) S. 253 f.; einschränkend *Staudinger/Langhein* § 745 RdNr. 5, 50 (mit Ablehnung des hier vertretenen Ansatzes).

[140] AA *Staudinger/Langhein* § 745 RdNr. 50.

[141] BGHZ 140, 63, 68 = NJW 1999, 781, 782; RG DR 1944, 572; OLG Königsberg OLGE 18, 34; OLG Hamm DNotZ 1973, 549, 551; OLG Düsseldorf DB 1998, 2159; OLG Köln NZM 2001, 994, 995; *Erman/Aderhold* § 745 RdNr. 4; *Soergel/Hadding* RdNr. 2; *Staudinger/Langhein* § 744 RdNr. 15, § 745 RdNr. 27 ff.; wohl aA, aber schwer nachvollziehbar, *Schnorr* (Fn. 13) S. 242 f.

[142] Vgl. LG Bonn NJW-RR 1991, 1114, 1115; für Verpflichtungsgeschäfte *Staudinger/Langhein* § 745 RdNr. 40 aE, 41.

§§ 744, 745 31, 32   Abschnitt 8. Titel 17. Gemeinschaft

Innenverhältnis gilt, dass die Mehrheit ihren Willen auch gegen die Minderheit durchsetzen kann.[143] Für die Wirksamkeit von Vollzugsmaßnahmen fragt sich aber, ob das von der Mehrheit oder von ihrem Bevollmächtigten mit dem Dritten abgeschlossene Rechtsgeschäft auch ohne Zustimmung dissentierender Teilhaber wirksam sein kann.

31   b) **Außenwirkung.** Für Rechtssicherheit sorgt die – freilich umstrittene – Außenwirkung **des Mehrheitsbeschlusses**.[144] Der Mehrheitsbeschluss verleiht **Verfügungsmacht**[145] und **Vertretungsmacht**.[146] Dies wird zu Unrecht vor allem bezüglich der Verfügungsbefugnis im Hinblick auf die bei RdNr. 30 behandelte Zustimmungspflicht bestritten.[147] Wer im Innenverhältnis zur Ausführung des Beschlusses ermächtigt ist, kann also im eigenen wie im Namen aller Teilhaber die erforderlichen Verpflichtungs- und Verfügungsgeschäfte mit Dritten abschließen (zum Handeln eines Teilnehmers im eigenen Namen vgl. § 747 RdNr. 2).[148] Lässt sich der Vertragspartner darauf ein, so wird der Handelnde zweckmäßigerweise im Namen aller Teilhaber handeln. Allerdings ist zu differenzieren. Wenig klar ist insofern die Position des BGH: BGHZ 49, 183, 192 f. = NJW 1968, 743, 745 (Erbengemeinschaft) spricht sich jedenfalls in Not- und Eilfällen für eine solche Befugnis aus.[149] Nach BGHZ 56, 47, 50 = NJW 1971, 1265, 1266 kann ein Mehrheitsbeschluss mit Wirkung für und gegen die (Erben-)Gemeinschaft jedenfalls dann ausgeführt werden, wenn er Verwaltungsmaßnahmen, nicht Verfügungen betrifft. Gerade die Verfügungsmacht ersetzt aber sinnvoll den umständlichen Weg einer Pfändung (Abtretung) und Durchsetzung eines schuldrechtlichen Anspruchs gegen einen widerstrebenden Teilhaber. Voraussetzung ist die Wirksamkeit des Beschlusses. Ein Vertrauensschutz bei Unwirksamkeit scheidet aus. Der berechtigte Haupteinwand gegen die Außenwirkung zielt auf die Vertretungsmacht und hier auf die Folge einer gesamtschuldnerischen Außenhaftung aller Teilhaber (§ 427) statt interner Teilschulden (§ 748).[150] Deshalb findet die durch Mehrheitsbeschluss begründete Vertretungsmacht ihre **Grenze**, wo die Primärpflicht eines schuldrechtlichen Vertrags auf Geldleistung geht (zB Kauf). Kein Teilhaber kann auf Grund Mehrheitsbeschlusses die anderen unmittelbar zu **Leistungen aus** ihrem **Privatvermögen** verpflichten. Bei anderen Geschäften (Verkauf, Vermietung, Verpachtung) bleibt es bei der Außenwirkung. Auch der Minderheitsteilhaber wird, wenn im Namen aller gehandelt wird, Verkäufer, Vermieter, Verpächter usw. und muss nicht bloß intern die Vertragserfüllung dulden. Auch die einheitliche Stimmrechtsausübung aus einem gemeinschaftlichen Gesellschaftsanteil erfolgt ohne weiteres durch die Mehrheit der Teilhaber (RdNr. 10 f.).

32   Die Verfügungs- und Vertretungsmacht auf Grund Mehrheitsbeschlusses findet in der **Wirksamkeit des Beschlusses** (str.; vgl. RdNr. 19)[151] sowie im **Bestimmtheitsgrund-**

---

[143] Staudinger/Langhein § 745 RdNr. 28.
[144] Vgl. auch zur Erbengemeinschaft BGHZ 56, 47, 49 f. = LM § 2038 Nr. 10 m. Anm. Johannsen = NJW 1971, 1265, 1266; BGH LM § 2038 Nr. 1; eingehend Bartholomeyczik (Fn. 8) S. 21 ff.; Boehmer AcP 144 (1938), 70 ff.; Herm. Lange JuS 1967, 456; aA mit eingehender Problemdiskussion Flume AT I/1 § 8, S. 116; Staudinger/Langhein § 745 RdNr. 40 (Verpflichtungsgeschäfte), 44 (Verfügungsgeschäfte).
[145] Wie hier jetzt LG Bonn NJW-RR 1991, 1114, 1115; Schnorr (Fn. 13) S. 218; Erman/Aderhold § 745 RdNr. 5; aA Lüdecke (Fn. 103) S. 228; Flume AT I/1 § 8, S. 117; Bamberger/Roth/Gehrlein RdNr. 8; Planck/Lobe § 745 Anm. 3; Palandt/Sprau § 744 RdNr. 3, § 745 RdNr. 4; Soergel/Hadding § 745 RdNr. 2; Staudinger/Langhein § 745 RdNr. 44; vgl. auch RG DR 1944, 572.
[146] BGHZ 56, 47, 49 f. = LM § 2038 Nr. 10 m. Anm. Johannsen = NJW 1971, 1265, 1266; BGH LM § 39 Nr. 2 = NJW 1954, 953; OLG Kiel OLGE 03, 428; LG Mannheim MDR 1964, 238; Enneccerus/Lehmann § 185 II 1; Erman/Aderhold § 745 RdNr. 5; Jauernig/Stürner RdNr. 13; Palandt/Sprau § 745 RdNr. 4; Soergel/Hadding § 745 RdNr. 9; s. auch KG OLGE 20, 186, 187; DR 1940, 1018 m. Anm. Vogels; aA OLG Königsberg OLGE 18, 34; Flume AT I/1 § 8, S. 117; Schnorr (Fn. 13) S. 242; Planck/Lobe § 745 Anm. 3; RGRK/v. Gamm RdNr. 10; Staudinger/Langhein § 745 RdNr. 40; diff. Lüdecke (Fn. 103) S. 138.
[147] Vgl. Bamberger/Roth/Gehrlein § 745 RdNr. 8 mit Benutzung auf BGHZ 140, 63 = NJW 1999, 781; Soergel/Hadding § 745 RdNr. 2.
[148] Jauernig/Stürner RdNr. 14 interpretiert die hier vertretene Auffassung offenbar dahin, dass die „Verfügungsmacht" nur Vertretungsmacht beim Abschluss von Verfügungsgeschäften sei.
[149] Insoweit übereinstimmen RGRK/v. Gamm RdNr. 10; Soergel/Hadding § 745 RdNr. 5.
[150] Flume AT I/1 § 8, S. 116 f.
[151] Zust. Bamberger/Roth/Gehrlein § 745 RdNr. 8.

satz ihre Grenze: Nur solche Geschäfte, die nach Art und Inhalt unter die beschlossene Regelung fallen, können ohne Mitwirkung und selbst gegen den Willen widerstrebender Teilhaber mit Außenwirkung für und gegen alle abgeschlossen werden. ZB muss Vermietung eines gemeinschaftlichen Grundstücks zu einem bestimmten oder zumindest bestimmbaren Mietzins beschlossen werden; der Beschluss, das Grundstück zu vermieten, genügt allein nicht. Dagegen kann es nicht darauf ankommen, ob der Mehrheitsbeschluss ausdrücklich eine Bevollmächtigung enthält.[152] Genügt der Beschluss dem Bestimmtheitserfordernis, so hat eine Vollmachtsklausel nur klarstellende Bedeutung; genügt er dem Erfordernis nicht, so hilft auch die Vollmachtsklausel nicht. Der Praxis ist im Interesse aller Beteiligten sowohl bei Verfügungen als auch bei Verpflichtungen zur **Einschaltung aller Teilhaber** zu raten, eventuell durch individuelle Erteilung von Verfügungsmacht oder von Vertretungsmacht. In Anbetracht der zweifelhaften Rechtslage kann die Mehrheit von der Minderheit diese klarstellenden Ermächtigungs- bzw. Vollmachtserklärungen verlangen. Für Rechtssicherheit können die Beteiligten selbst, notfalls durch Klage auf Feststellung der Wirksamkeit, hilfsweise auf Genehmigung des Geschäfts, sorgen. Diese Klage wäre nicht etwa mangels Rechtsschutzinteresses oder mangels Anspruchs auf vorsorgliche Zustimmung zu einem Rechtsgeschäft unzulässig. Ebensowenig dürfen jedoch umgekehrt die Beteiligten auf diesen sichersten, jedoch umständlichen Weg gezwungen werden. Die Möglichkeit, die Außen-Wirksamkeit durch **Innenprozesse** sicherzustellen, spricht nicht gegen die direkte Außenwirkung von Mehrheitsbeschlüssen.

5. Fehlerhafte Beschlüsse. Fehlerhafte Beschlüsse können **nichtig** bzw. **unwirksam** 33 sein.[153] Dagegen gibt es keine anfechtbaren Beschlüsse in der Gemeinschaft. Grundlagen für die Anerkennung einer Anfechtungsklage (§§ 243 ff. AktG) fehlen.[154] Hiervon zu unterscheiden ist die Anfechtung einer Stimmabgabe nach §§ 119 ff., die ggf. auch den Beschluss zu Fall bringt.[155] **Verfahrensverstöße** führen zur Unwirksamkeit bzw. zur Nichtigkeit, soweit sie für das Beschlussergebnis relevant sind. Das gilt entgegen der hM auch für die Verletzung des Gehörs gegenüber einem Teilhaber (RdNr. 19).[156] Unwirksamkeitsgründe sind außerdem alle **Inhaltsverstöße,** insbesondere Verstöße gegen § 745 Abs. 3.[157] Zur Geltendmachung einer Unvereinbarkeit mit Abs. 2 vgl. dagegen RdNr. 38 f. Soweit die verletzte Norm nur dem Schutz Einzelner dient, kann der Beschluss durch **Rügeverzicht** oder durch **Rügeverlust,** also durch formlose „Zustimmung" oder durch Verwirkung des Rügerechts geheilt werden. Eine solche Heilung tritt ein, wenn ein Teilhaber eine ihm bekannte Regelung widerspruchslos hinnimmt. Die bloße nachträgliche Information als „rechtliches Gehör" genügt (vorbehaltlich § 242) ohne eine solche Zustimmung nicht.[158] Auch ein übergangener Teilhaber kann die Verletzung des rechtlichen Gehörs nur binnen angemessener Frist geltend machen. Für die **Geltendmachung der Unwirksamkeit (Nichtigkeit)** fehlen besondere Regeln. Jedermann kann sich jederzeit und in jedem Rechtsstreit auf die Unwirksamkeit (Nichtigkeit) eines Beschlusses berufen. Eine Klage auf Feststellung der Nichtigkeit kann unter den Voraussetzungen des § 256 ZPO erhoben werden.[159] Wer eine wirksame Beschlussfassung behauptet und Anstalten zur Ausführung

---

[152] Eine Bevollmächtigung wurde empfohlen bei *Staudinger/Vogel* (11. Aufl.) § 745 RdNr. 10; dagegen konsequent RGRK/*v. Gamm* RdNr. 7 aE.
[153] Wie hier jetzt *Staudinger/Langhein* § 745 RdNr. 47; vgl. auch RG JW 1931, 2722 m. Anm. *Oertmann.*
[154] Wie hier jetzt *Staudinger/Langhein* § 745 RdNr. 47; *Erman/Aderhold* RdNr. 2; vergleichend zu den Personengesellschaften *Karsten Schmidt* AG 1977, 252 f.; s. auch *dens.,* FS Stimpel, 1985, S. 217 ff. mwN.
[155] Vgl. BGHZ 14, 264, 267 = LM GmbHG § 29 Nr. 1 m. Anm. *Fischer;* OLG München WM 1984, 260 (jeweils zur GmbH); unklar RGRK/*v. Gamm* RdNr. 10.
[156] So jetzt auch *Muscheler* ZEV 1997, 174; *Werkmüller* ZEV 1999, 219 (Erbengemeinschaft).
[157] Dazu RG JW 1931, 2722 m. Anm. *Oertmann.*
[158] AA *Muscheler* ZEV 1997, 174 (Erbengemeinschaft).
[159] BGH LM § 745 Nr. 24 m. Anm. *Reithmann* = NJW-RR 1995, 267, 268; BayObLG NJW-RR 1995, 588, 589; *Bamberger/Roth/Gehrlein* § 745 RdNr. 6; *Planck/Lobe* § 745 Anm. 2; *Erman/Aderhold* § 745 RdNr. 2; *Staudinger/Langhein* § 745 RdNr. 48.

des Beschlusses trifft, gibt Anlass zur Klage.[160] Ist sie gegen mehrere Teilhaber gerichtet, so liegt eine notwendige Streitgenossenschaft nach § 62 ZPO vor. Die **Beweislast** trägt hinsichtlich der Voraussetzungen des § 745 Abs. 1, wer sich auf die Wirksamkeit des Beschlusses beruft.[161] Im Übrigen trägt die Beweislast, wer die Unwirksamkeit geltend macht.[162]

V. Der Anspruch auf billige Regelung der Verwaltung und Benutzung (§ 745 Abs. 2)

34 1. **Materielles Recht. Jedem einzelnen Teilhaber** steht ein Recht auf eine dem Interesse aller Teilhaber nach billigem Ermessen entsprechende Regelung der Verwaltung und Benutzung zu. Sind die Teilhaber Ehegatten, so ergibt sich der Inhalt der billigen Regelung unter Berücksichtigung von § 1353.[163] Auch nach Trennung oder Scheidung kann sich ein Anspruch auf angemessene Regelung unter Berücksichtigung der Lebensbedürfnisse und Unterhaltsansprüche ergeben.[164] Vor allem kommt eine Lastentragung durch den im Haus verbleibenden Ehepartner in Betracht.[165] § 1565 ist zu berücksichtigen.[166] Vereinzelt wurden diese Grundsätze sogar auf die Kostenteilung bei Alleineigentum eines Ehegatten analog angewandt.[167] Doch ist, soweit **§ 1361b Abs. 3**[168] einschlägig ist, die **Spezialität des § 1361b** bezüglich der Ehewohnung bei Getrenntleben zu beachten (§ 1361b RdNr. 16).[169] Zuständig sind die Familiengerichte.[170] Auf die Erläuterungen zu § 1361b wird verwiesen.

35 a) **Voraussetzungen.** Dieser Anspruch besteht, sofern nicht eine einvernehmliche Verwaltungsregelung getroffen worden ist, ohne Einschränkung und in jedem Fall. Voraussetzung ist nur, dass es einer dem Interesse aller Teilhaber nach billigem Ermessen entsprechenden Regelung bedarf und dass diese Regelung weder durch Beschluss noch durch Vereinbarung zustandekommt. Ungenau scheint der Wortlaut des § 745 Abs. 2 den Anspruch davon abhängig zu machen, dass überhaupt **keine Vereinbarung** und **kein Beschluss** vorliegt. § 745 Abs. 2 gäbe dann nur einen Anspruch auf Abänderung der gesetzlichen Regel. Das ist **zu eng**. Der Anspruch besteht zunächst einmal dann, wenn eine Vereinbarung getroffen, aber in einem konkreten Punkt **lückenhaft** ist.[171] Jeder Teilhaber kann im Fall **nachträglicher Änderung der tatsächlichen Verhältnisse** auch die Abänderung einer Vertragsregelung verlangen, sofern eine Neuregelung durch Vertrag oder Beschluss misslingt.[172] Insbesondere wenn **Ehegatten** sich voneinander trennen, kann eine

---
[160] RG SoergRspr. 1918 zu § 745.
[161] *Planck/Lobe* § 745 Anm. 2; *Staudinger/Huber* § 745 RdNr. 42; *Baumgärtel/Laumen* § 745 RdNr. 1; insgesamt abl. *Erbarth* NJW 2000, 1379 ff.
[162] *Planck/Lobe* § 745 Anm. 6 (zu Abs. 3).
[163] Vgl. OLG Hamm NZG 2002, 864, 865 f. = NZI 2002, 631, 632; im Ergebnis auch *Staudinger/Langhein* § 745 RdNr. 52 ff., der aber § 745 als ausgeschlossen ansieht.
[164] Vgl. BGH LM § 741 Nr. 11 = NJW 1986, 1340, 1341.
[165] Vgl. BGHZ 87, 265 = NJW 1983, 1845 = JZ 1983, 852 m. Anm. *Frank*; BGH LM § 741 Nr. 11 = NJW 1986, 1340; LM § 745 Nr. 23 = NJW 1994, 1721; OLG Düsseldorf NJW-RR 1989, 1483; OLG Celle NJW-RR 1990, 265; FamRZ 1993, 71; OLG Oldenburg NJW-RR 1991, 962, 963; OLG Schleswig NJW-RR 1993, 1029.
[166] OLG Celle NJW-RR 1990, 265; sehr schematisch LG Detmold FamRZ 1987, 1037: kein Anspruch vor Ablauf des Trennungsjahrs.
[167] Vgl. OLG Köln NJW-RR 1992, 1349; OLG Düsseldorf NJW-RR 1999, 441, 442; OLG Koblenz NJW 2000, 3791, 3792 (gescheiterte Ehe); aA *Erbarth* NJW 2000, 1384 f.
[168] Abs. 2 aF war enger gefasst und in seiner Verdrängungswirkung geringer; dazu 4. Aufl. § 1361b RdNr. 17.
[169] BGH NJW-RR 2006, 1081; KG FamRZ 1997, 421 (LS); OLG Dresden NJW 2005, 3515; OLG Brandenburg NJW-RR 2006, 1302; OLG Jena NJW 2006, 703; OLG München NJW 2008, 381; OLG Hamm OLGR 2008, 380; *Erman/Heckelmann* § 1361b RdNr. 12; *Palandt/Brudermüller* § 1361 RdNr. 20.
[170] OLG Dresden NJW 2005, 3151; OLG Jena NJW 2006, 703; OLG Brandenburg NJW-RR 2006, 1302.
[171] BGH LM § 745 Nr. 9 = NJW 1974, 364 f.
[172] RG HRR 1928 Nr. 607; zust. BGHZ 34, 367, 370 f. = LM § 745 Nr. 4 m. Anm. *Fischer* = NJW 1961, 1299, 1301; BGH LM § 745 Nr. 11 = NJW 1982, 1753 = WM 1982, 537, 538; NJW 1984, 45, 46; 1993, 3326, 3327; OLG Celle NJW-RR 2000, 227, 228; *Fischer* LM § 743 Nr. 4; RGRK/*v. Gamm* RdNr. 3.

Neuregelung hinsichtlich der Verwaltung und Benutzung einer ihnen gemeinschaftlich gehörenden und bisher gemeinschaftlich genutzten Ehewohnung verlangt werden.[173] Die nächstliegende Regelung besteht, wenn nur noch ein Ehegatte die Wohnung nutzt und nutzen will, in der Begründung eines Mietverhältnisses mit ihm.[174] Eine billige Regelung kann aber – vor allem bei einem noch stark belasteten Grundstück – auch darin bestehen, dass der verbleibende Ehegatte für Kosten, Lasten, Zins und Tilgung aufkommen soll.[175] Diese Rechtsprechung tritt heute hinter der Spezialregelung des § 1361b zurück (RdNr. 34), kann aber noch beispielgebunden sein. Der Abänderung unterliegen auch **Beschlussregelungen**.[176] Die **Abänderung von Mehrheitsbeschlüssen** kann aber nicht nur bei nachträglicher Änderung der Verhältnisse verlangt werden. Wer der Beschlussregelung nicht zugestimmt hat, kann mit der Klage aus § 745 Abs. 2 gegen einen Beschluss vorgehen, ohne dass eine Änderung der tatsächlichen Verhältnisse geltend gemacht werden müsste (RdNr. 29; str.). § 745 Abs. 2 gibt zwar keinen allgemeinen Anspruch auf die zweckmäßigste Regelung, aber der Anspruch auf Herbeiführung einer Änderung besteht immer dann, wenn die gesetzliche (zB § 743 Abs. 2) oder eine beschlossene Regelung nach billigem Ermessen dem Interesse aller Teilhaber nicht entspricht. Voraussetzung für die gerichtliche Geltendmachung ist, dass die begehrte Regelung nicht durch Vereinbarung oder Beschluss erzielt werden kann.[177] Jeder Teilhaber kann vor allem dann eine Änderung der vereinbarten oder beschlossenen Nutzung verlangen, wenn ein wichtiger, aber behebbarer Aufhebungsgrund iS von § 749 Abs. 2 vorliegt;[178] so bei wesentlicher Beeinträchtigung der Nutzungsquote, etwa durch Miet- oder Eigengebrauch eines Teilhabers.[179] Das Recht auf Aufhebung der Gemeinschaft ist dann subsidiär (§ 749 RdNr. 13).

b) Anspruchsgegenstand. Gegenstand des Anspruchs ist nicht Billigkeit schlechthin, sondern stets nur eine **bestimmte, vom Teilhaber verlangte Regelung** (vgl. auch RdNr. 39). Dies schließt nicht aus, dass der Teilhaber bei komplizierter Sachverhaltsgestaltung die Auswahl unter mehreren der Billigkeit Rechnung tragenden Lösungen begehrt.[180] Der Anspruch ist gerichtet auf eine dem Interesse der Teilhaber nach billigem Ermessen entsprechende Regelung der Verwaltung und Benutzung **ex nunc**. Regelmäßig geht daher der Anspruch auf Einwilligung in eine interessengerechte Regelung, mithin auf Abgabe einer Willenserklärung. Nach Lage des Falles kann dies auf die Einräumung einer Baulast oder einer Dienstbarkeit gehen.[181] Von einem gesetzlichen Entschädigungsanspruch zu sprechen, wie es BFHE 206, 168, 173 = NJW 2004, 2774, 2776 tut, geht im Ausgangspunkt

---

[173] BGHZ 87, 265 = NJW 1983, 1845 = JZ 1983, 852 m. Anm. *Frank*; BGH LM § 745 Nr. 11 = NJW 1982, 1753 = WM 1982, 537, 538; LM § 741 Nr. 11 = NJW 1986, 1340; LM § 745 Nr. 23 = NJW 1994, 1721; LM § 428 Nr. 23 m. Anm. *Franzen* = NJW 1996, 2153, 2154; OLG Düsseldorf FamRZ 1987, 705; NJW-RR 1989, 1483; NJW-RR 1998, 146; OLG Hamm FamRZ 1989, 740, 741; OLG Celle NJW-RR 1990, 265; NJW 2000, 1425; FamRZ 1993, 71; OLG Oldenburg NJW-RR 1991, 962, 963; OLG Schleswig NJW-RR 1993, 1029; OLG Brandenburg FamRZ 2001, 427; OLGR 2001, 467 = (LS) FamRZ 2002, 396; NJW-RR 2003, 1009; OLG Düsseldorf NJW-RR 2005, 1241; OLG Karlsruhe NJW-RR 2005, 1240; OLG München FamRZ 2005, 806; OLG Koblenz OLGR 2007, 949; OLG München NJW 2008, 381, 382; LG München I NJW-RR 1986, 555; LG Detmold FamRZ 1987, 1037; LG Itzehoe NJW-RR 1990, 678; LG Bad Kreuznach FamRZ 1993, 1448; *Huber* FamRZ 2000, 130 f.; *Reinecke* FPR 2000, 210 f.; *Wever* FamRZ 2000, 993.
[174] BGH LM § 745 Nr. 11 = NJW 1982, 1753, 1754 = WM 1982, 537, 538; unentschieden BGH NJW 1994, 1721, 1722.
[175] BGHZ 87, 265 = NJW 1983, 1845 = JZ 1983, 852 m. Anm. *Frank*; vgl. zur Billigkeitsrechtsprechung iE die vorausgegangenen Fn.
[176] RG JW 1912, 193; RGRK/*v. Gamm* RdNr. 12.
[177] BGHZ 34, 367, 371 = LM § 745 Nr. 4 m. Anm. *Fischer* = NJW 1961, 1299, 1301; *Soergel/Hadding* § 745 RdNr. 8.
[178] BGH WM 1963, 697; BGHZ 34, 367, 370 = LM § 745 Nr. 4 m. Anm. *Fischer* = NJW 1961, 1299, 1300 f.; BGH NJW 2007, 149, 150; OLG Celle NJW-RR 2000, 227, 228; RGZ 160, 122, 128; KG NJW 1953, 1592, 1593.
[179] KG NJW 1953, 1592, 1593.
[180] OLG Düsseldorf DB 1998, 2159.
[181] Dazu BGH NJW-RR 2004, 809 = NZG 2004, 714; OLG Düsseldorf OLGR 2004, 353.

§§ 744, 745   37, 38

zu weit. Ein **Zahlungsanspruch** statt eines bloßen Anspruchs auf Willenserklärung kann aber nach BGH LM § 745 Nr. 9 = NJW 1974, 364, 365 und nach BGH NJW 1984, 45, 46 bestehen, soweit die zu beanspruchende Regelung in regelmäßigen Zahlungen oder in der Erhöhung solcher Zahlungen besteht.[182] Es kann dann Zahlung von dem Zeitpunkt an verlangt werden, in dem die berechtigte Vergütung oder deren Erhöhung erstmals verlangt wurde.[183] Auch im Wege der Einrede gegen eine Forderung kann dann eine Zahlungspflicht rückwirkend geltend gemacht werden.[184] Schadensersatzansprüche auf Geldleistung sind begründet bei schuldhafter Verweigerung einer dem § 745 Abs. 2 entsprechenden Regelung, zB bei beharrlicher Verweigerung einer Anpassung des Entgelts für die Benutzung einer im Miteigentum stehenden Sache.[185]

37 c) **Inhalt der Regelung.** Der Inhalt der Regelung ergibt sich unter Berücksichtigung sämtlicher Umstände des Einzelfalls aus § 745 Abs. 2 und Abs. 3. **Erste Voraussetzung** ist, dass die begehrte Regelung auch von den Teilhabern beschlossen werden kann, so zB die Überlassung des gemeinschaftlichen Gegenstands gegen Ausgleichszahlung,[186] auch die Übertragung der Verwaltung auf einen Teilhaber oder auf einen Dritten,[187] nicht aber die Bestellung eines gerichtlichen Verwalters.[188] Im Einzelfall kann auch die Vornahme eines Verfügungsgeschäfts verlangt werden (s. RdNr. 4). **Zweite Voraussetzung** ist, dass die begehrte Regelung nach billigem Ermessen dem Interesse aller Teilhaber entspricht.[189] **Drittens** schließlich muss die Grenze des Abs. 3 gewahrt und eine übermäßige finanzielle Belastung des Anspruchsgegners vermieden werden.[190] Die Ausführungen zu RdNr. 25 f. gelten sinngemäß. Die Inhaltskontrolle (zweite Voraussetzung) ist nicht dieselbe wie bei einem Mehrheitsbeschluss (RdNr. 28). Die Entscheidung der Mehrheit, eine bestimmte Maßnahme **nicht** vorzunehmen, kann dem Interesse aller Teilnehmer und der Billigkeit entsprechen, auch wenn die Entscheidung, diese Maßnahme vorzunehmen, durchaus dem Interesse und der Billigkeit entspräche.[191]

38 2. **Prozessfragen. a) Erkenntnisverfahren.** Die **Klage** aus § 745 Abs. 2 ist keine Gestaltungsklage, sondern eine **Leistungsklage:**[192] Geklagt wird **auf Einwilligung** in eine bestimmte Art der Verwaltungs- oder Benutzungsregelung,[193] auf diese Einwilligung lautet das Urteil, wenn der Klage stattgegeben wird. Korrekturen des Klagantrags sind durch § 264 Nr. 2 ZPO gedeckt. Fehlt es im Fall der entgeltlichen Überlassung an einen Teilhaber nur an der Festsetzung des Entgelts, so kann auch unmittelbar **auf Zahlung** geklagt werden.[194]

---

[182] BGH LM § 745 Nr. 23 = NJW 1994, 1721.
[183] Vgl. BGH NJW 1989, 1030, 1031; LM § 557 Nr. 23 m. Anm. *Sonnenschein* = NJW 1998, 372, 373; OLG Düsseldorf NJW-RR 1989, 1483, 1484; OLG Celle NJW-RR 1990, 265, 266; OLG Schleswig NJW-RR 1993, 1029, 1030; OLG Brandenburg FamRZ 2001, 1713, 1715.
[184] OLG Celle NJW-RR 1990, 265, 266.
[185] KG NJW 1953, 1592, 1593; s. auch OLG Düsseldorf DB 1998, 2159.
[186] BGH NJW 1953, 1427 f.; LM § 745 Nr. 11 = NJW 1982, 1753; LM § 745 Nr. 23 = NJW 1994, 1721, 1722.
[187] Vgl. *Staudinger/Langhein* § 745 RdNr. 56.
[188] Vgl. im Ergebnis auch RG SeuffA 61 Nr. 201 = JW 1906, 112.
[189] Vgl. auch BGHZ 87, 265, 272 = NJW 1983, 1845, 1847 = JZ 1983, 852 m. Anm. *Frank*; OLG Karlsruhe NJW-RR 2006, 1600 = NZM 2006, 746.
[190] Vgl. BGHZ 101, 24 = NJW 1987, 3177; BGH NJW 1953, 1427; LM § 745 Nr. 13 = NJW 1983, 932, 933; OLG Rostock NJW-RR 2003, 797, 798.
[191] Charakteristisch OLG Karlsruhe NJW-RR 2006, 1600 = NZM 2006, 746 (Entscheidung gegen Dachantenne für Mobilfunk).
[192] BGHZ 34, 367, 371 = LM § 745 Nr. 4 m. Anm. *Fischer* = NJW 1961, 1299, 1301; LM § 745 Nr. 9 = NJW 1974, 364 f.; LM § 745 Nr. 11 = NJW 1982, 1753, 1754 = WM 1982, 537, 538; LM § 745 Nr. 23 = NJW 1994, 1721; OLG Schleswig NJW-RR 1993, 1029; *Kisch*, Beiträge zur Urteilslehre, 1903, S. 128; *Bamberger/Roth/Gehrlein* § 745 RdNr. 11; *Erman/Aderhold* § 745 RdNr. 7; *Soergel/Hadding* § 745 RdNr. 12; *RGRK/v. Gamm* RdNr. 12; *Staudinger/Langhein* § 745 RdNr. 57; *Palandt/Sprau* § 745 RdNr. 5; aA *Schlosser*, Gestaltungsklagen und Gestaltungsurteile, 1966, S. 74.
[193] RG Gruchot 49, 837, 839; BGH NJW 2007, 149, 150; OLG Stuttgart Recht 1904 Nr. 464.
[194] BGH LM § 745 Nr. 9 = NJW 1974, 364, 365; LM § 745 Nr. 11 = NJW 1982, 1753 = WM 1982, 537, 538; NJW 1984, 44, 45; LM § 745 Nr. 20 = NJW 1989, 1030, 1031; LM § 745 Nr. 23 = NJW 1994,

Der Zahlungsanspruch ist, wie bei RdNr. 36 bemerkt wurde, ggf. nicht erst ab Klageerhebung oder Rechtskraft des Urteils begründet, sondern schon im Zeitpunkt des berechtigten Zahlungsverlangens. Verklagt werden die widersprechenden Teilhaber.[195] Wird gegen mehrere geklagt, so ist die **Streitgenossenschaft** eine notwendige iS des § 62 ZPO.[196] Soweit nicht auf Zahlung, sondern auf Einwilligung in die begehrte Verwaltungs- oder Benutzungsregelung geklagt wird, haben Klage und Urteil auf Grund von § 794 ZPO de facto gestaltende Funktion. Die Zuordnung zum richtigen Klagtypus ist weitgehend theoretischer Natur, denn jedenfalls tritt die „gestaltende" Wirkung erst mit Rechtskraft eines der Klage stattgebenden Urteils ein. Ob der Klagantrag als Leistungsklage oder als Gestaltungsklage **formuliert** ist, ist für ihren Erfolg unmaßgeblich, wenn nur das Klagebegehren eindeutig ist.

Der Antrag muss grundsätzlich eine **bestimmte Art der Verwaltung und Benutzung** nennen.[197] Das Gericht ist an diesen Antrag gebunden.[198] Will der Beklagte seinerseits eine andere Verwaltung und Benutzung durchsetzen, so muss er Widerklage erheben (zur Geltendmachung durch Einrede vgl. RdNr. 36).[199] Aufgabe des Gerichts ist die Prüfung, ob die beanstandete Verwaltung und Benutzung dem Interesse aller Teilhaber nach billigem Ermessen nicht entspricht und ob die begehrte Regelung diesen Anforderungen genügt. Dabei muss es die konkreten Verhältnisse und die bisherige Bestimmung und Benutzung berücksichtigen.[200] Wiederaufbau eines Gebäudes kann eine dem § 745 Abs. 2 entsprechende Maßnahme sein.[201] Begehrt der Kläger eine Regelung, die dem Abs. 2 nicht entspricht, so ist die Klage abzuweisen. Ein Kompromiss im Wege interessengerechter Gestaltung durch den Richter ist dann nicht möglich.[202] Der Kläger trägt die Darlegungs- und Beweislast hinsichtlich der Voraussetzungen des § 745 Abs. 2.[203] Stimmt der Beklagte der begehrten Regelung zu oder fasst die Mehrheit einen entsprechenden Beschluss, so wird der Kläger die Hauptsache für erledigt erklären. Die Klage kann mit einer Klage auf Feststellung der Unwirksamkeit eines Beschlusses verbunden werden (RdNr. 33), ggf. auch hilfsweise. Wird nur eine Verletzung des § 745 Abs. 2 gerügt, so ist eine solche Feststellungsklage aussichtslos, da dies kein Unwirksamkeitsgrund ist.

b) Vollstreckung. Die Vollstreckung eines der Klage nach § 745 Abs. 2 stattgebenden Urteils erfolgt, soweit nicht unmittelbar auf Zahlung geklagt und verurteilt wird (RdNr. 38), nach § 894 ZPO. Sind alle widerstrebenden Teilhaber nach § 745 Abs. 2 rechtskräftig verurteilt, so gilt die begehrte Regelung als vereinbart. Für **Rechtskrafterstreckung gegenüber Rechtsnachfolgern** sorgt § 746. Einer Umschreibung des Titels nach § 727 ZPO bedarf es hierfür nicht. Eine Änderung der tatsächlichen Verhältnisse wird im Falle erneuten Streits durch Feststellungsklage oder durch Leistungsklage nach § 745 Abs. 2 geltend gemacht.[204] Entweder nämlich erledigt sich die getroffene Regelung in diesem Fall von allein (auch dann kann ein Bedürfnis nach neuer Klage aus § 745 Abs. 2 bestehen!) oder

---

1721, 1722; OLG Brandenburg NJW-RR 2003, 1009; OLG Köln NJW-RR 1992, 1347, 1348; OLG Koblenz WuM 2007, 545 RdNr. 16; *Palandt/Sprau* RdNr. 5; *Staudinger/Langhein* § 745 RdNr. 56.

[195] RGZ 1, 319, 320 f. (vor BGB); *Planck/Lobe* § 745 Anm. 4.
[196] *Staudinger/Langhein* § 745 RdNr. 57.
[197] BGH NJW 1993, 3326, 3327; RG Gruchot 49, 837, 839; OLG Stuttgart Recht 1904 Nr. 464; *Soergel/Hadding* RdNr. 12.
[198] Es kann uU mit § 139 ZPO geholfen werden; bedenklich eng RG Gruchot 49, 837, 839; BGH NJW 1993, 3326, 3327.
[199] *Erman/Aderhold* § 745 RdNr. 7.
[200] OLG Hamburg SeuffA 57, Nr. 34.
[201] OLG Stuttgart OLGE 8, 82 f.
[202] RG Gruchot 49, 837, 839; BGH MDR 1994, 68 = FamRZ 1994, 98, 99; *Erman/Aderhold* § 745 RdNr. 7.
[203] OLG Celle JR 1963, 221, 222: Notwendigkeit der Abberufung eines Verwalters; *Planck/Lobe* § 745 Anm. 4; *Baumgärtel/Laumen* § 745 RdNr. 2.
[204] Die hM nennt nur Abs. 2; BGHZ 34, 367, 370 = LM § 745 Nr. 4 m. Anm. *Fischer* = NJW 1961, 1299, 1301; RG HRR 1928 Nr. 607; *Soergel/Hadding* RdNr. 12.

§§ 744, 745 41, 42 Abschnitt 8. Titel 17. Gemeinschaft

sie muss geändert werden. Insofern dient § 745 Abs. 2 als Mittel der Beseitigung eines rechtskräftigen Urteils.[205]

VI. Das Individualrecht auf Vornahme von Erhaltungsmaßnahmen (§ 744 Abs. 2)

41 **1. Normzweck.** Normzweck des § 744 Abs. 2 ist die Sicherung des Rechts jedes Teilhabers auf **Werterhaltung**.[206] Im **Gegensatz zu** § **745 Abs. 2** gibt § 744 Abs. 2 ein Recht zur Durchführung von Maßnahmen, nicht bloß einen Anspruch auf Einwilligung. Demgemäß sind die Voraussetzungen strenger. Das **Individualrecht** kann weder durch Beschluss noch durch Vertrag im Voraus ausgeschlossen werden.[207] Allerdings kann durch Organisationsabrede dafür gesorgt werden, dass der Konfliktfall des § 744 Abs. 2 nicht eintritt. Dies ist kein unerlaubter Ausschluss des Individualrechts,[208] sondern eine vorbeugende Regelung. Falls nötig, kann der einzelne Teilhaber dann immer noch von dem Recht Gebrauch machen. Neben § 744 Abs. 2 ist eine **Geschäftsführung ohne Auftrag** eines Teilhabers für die anderen nicht ausgeschlossen.[209] Berechtigte Fremdgeschäftsführung kann vor allem bei Maßnahmen vorliegen, die nicht der Erhaltung dienen, aber geboten und unaufschiebbar sind. Es handelt sich aber um Ausnahmefälle, denn die Geschäftsführung darf sich nicht mit der kollektiven Verwaltungszuständigkeit in Widerspruch setzen. Eine **Pflicht** zu Erhaltungsmaßnahmen spricht § 744 Abs. 2 nicht aus. Wie bei RdNr. 2 bemerkt, kann sie sich aber im Einzelfall aus dem Sonderrechtsverhältnis unter den Teilhabern ergeben.[210]

42 **2. Voraussetzungen.** Die Voraussetzungen des § 744 Abs. 2 sind unter Berücksichtigung der Lage des Einzelfalls vom Standpunkt eines vernünftig und wirtschaftlich denkenden Betrachters zu prüfen.[211] Es muss eine **Erhaltungsmaßnahme** vorliegen. Das ist eine Maßnahme, die der Erhaltung des gemeinschaftlichen Gegenstandes in der Substanz oder in der Nutzungsmöglichkeit, bei einem Recht auch der Geltendmachung dient. Die Maßnahme kann Tathandlung sein, aber auch Rechtsgeschäft. Ausnahmsweise kommen sogar Verfügungsgeschäfte in Betracht.[212] Modernisierung oder Austausch von Zubehörteilen kann Erhaltungsmaßnahme sein.[213] Dagegen scheiden reine Veränderungsmaßnahmen aus; so regelmäßig Wiederaufbauvorhaben. Sie können ggf. nach § 745 Abs. 2 verlangt, aber nicht nach § 744 Abs. 2 einseitig vollzogen werden.[214] Erst recht scheiden Maßnahmen aus, die auf Wiederherstellung einer gemeinschaftlichen Sache gerichtet sind. Die Wiederherstellung einer Gemeinschaftsantenne kann Erhaltungsmaßnahme sein, wenn Miteigentum am ganzen Haus besteht; beschränkt sich aber die Gemeinschaft auf die Antenne, so liegt keine Erhaltungsmaßnahme mehr vor, wenn die unbrauchbar gewordene Antenne durch eine neue ersetzt wird.[215] Auch die Aufhebung eines gemeinschaftlichen Rechts – zB durch Kündigung – ist selbstverständlich keine

---

[205] S. auch RG HRR 1928 Nr. 607.
[206] BGHZ 94, 117 = NJW 1985, 1826, 1827; BGH vom 21. 3. 1985, VII ZR 302/83 (n. v.); OLG Hamburg NZG 2000, 784, 785; *Diederichsen* MDR 1963, 634; hM; krit. und erweiternd *Staudinger/Langhein* § 744 RdNr. 22.
[207] *Palandt/Sprau* § 744 RdNr. 3; *Staudinger/Langhein* § 744 RdNr. 28; hM; aA *Planck/Lobe* § 744 Anm. 4.
[208] So offenbar *Staudinger/Langhein* § 744 RdNr. 28.
[209] Vgl. RGZ 63, 280, 283; OLG Brandenburg NJW-RR 2001, 1297; RGRK/*v. Gamm* RdNr. 15; s. auch RGZ 126, 287, 292 f.; *Schnorr* (Fn. 13) S. 233 f.; aA *Staudinger/Langhein* § 744 RdNr. 30; *Bamberger/Roth/Gehrlein* § 744 RdNr. 5; *Erman/Aderhold* § 744 RdNr. 9; *Soergel/Hadding* § 744 RdNr. 5.
[210] OLG Düsseldorf FamRZ 1999, 856 f.; RGRK/*v. Gamm* § 244 RdNr. 14; *Staudinger/Langhein* § 744 RdNr. 32; aA wohl *Erman/Aderhold* RdNr. 6.
[211] BVerfG LM § 744 Nr. 7 a = NJW 1999, 1387, 1388; LG Essen MDR 1966, 420.
[212] *Oertmann* § 744 Anm. 2 b; RGRK/*v. Gamm* RdNr. 13; zu § 2038 OLG Schleswig SchlHA 1965, 276; *Soergel/Wolf* § 2038 RdNr. 12; *Erman/Schlüter* § 2040 RdNr. 6 mwN; aA OLG Neustadt MDR 1962, 574; *Kipp/Coing*, Erbrecht, 14. Aufl. 1990, § 114 IV 2 c.
[213] Vgl. BVerfG LM § 744 Nr. 7 a = NJW 1999, 1387, 1388 (Heizungsanlage).
[214] BGH LM § 1004 Nr. 14; LM § 745 Nr. 9 = WM 1974, 201, 202 (insoweit nicht in NJW 1974, 364); s. auch KG NJW 1968, 160; *Erman/Aderhold* RdNr. 7.
[215] Vgl. LG Bochum MDR 1982, 407; zust. *Staudinger/Langhein* § 744 RdNr. 25.

Erhaltungsmaßnahme.[216] Die Maßnahme muss zur Erhaltung **notwendig** sein. Nützlichkeit genügt nicht.[217] Nicht notwendig sind grundsätzlich wirtschaftlich unvertretbare[218] oder der Schaffung eines neuen wirtschaftlichen Wertes dienende Maßnahmen.[219] Die Eingehung langjähriger Dauerschuldverhältnisse geht regelmäßig über das Notwendige hinaus.[220] Ihr Abschluss bedarf der Entscheidung nach § 745.

Beispiele für Erhaltungsmaßnahmen: Zahlung von Gebühren;[221] Zahlung zur Abwendung der Vollstreckung;[222] Veräußerung verderblicher Waren;[223] Zuwegung;[224] Austausch und Modernisierung defekter Anlagen;[225] Anfechtungs- und Kündigungserklärung;[226] im Fall einer anstehenden Teilungsversteigerung die Ermöglichung einer Besichtigung durch Bietinteressenten;[227] auch Verfahrenshandlungen, zB ein Unterlassungsstreit.[228] Die Einklagung einer gemeinschaftlichen Forderung kann notwendige Maßnahme sein, zB wenn Verjährung[229] oder Vermögensverfall des Schuldners droht.[230] Als Verfahrenshandlungen kommen zB noch in Betracht: die Klage auf Löschungsbewilligung;[231] die sofortige Beschwerde gegen eine Vertragsverlängerung;[232] der Widerspruch in der Zwangsversteigerung.[233] Notwendige Erhaltungsmaßnahme kann bei einer Gemeinschaftserfindung der Einspruch gegen eine bekanntgemachte Anmeldung nach § 59 PatG sein,[234] ebenso Patentanmeldungen.[235] Aber das ist Frage des Einzelfalls.[236] Dies gilt auch für Auslandsanmeldungen.[237] Soweit § 744 Abs. 2 eingreift, muss dem handelnden Miterfinder die Befugnis zur Anmeldung auch im Außenverhältnis zuerkannt werden.[238] Dazu RdNr. 35.

3. Rechtsfolgen. a) Innenverhältnis. Im Innenverhältnis räumt die Vorschrift eine **Handlungsbefugnis** und einen mit ihr korrespondierenden **Duldungsanspruch** ein. Überschreitungen der Befugnisse und **Sorgfaltsverletzungen** in Ausübung der Befugnisse sind Forderungsverletzungen (§§ 280 Abs. 1, 241 Abs. 2).[239] Haftungsmaßstäbe sind die §§ 276, 278 (str., vgl. RdNr. 13). Ersatz seiner **Aufwendungen** kann der Teilhaber nach § 748, Zinsen ggf. nach § 288 verlangen (zum Aufwendungsersatz bei Überschreitung des § 744 Abs. 2 vgl. § 748 RdNr. 8).[240] Es besteht ein Anspruch auf **Vorschuss**.[241] Handelt es

---

[216] Vgl. BGH NJW 1982, 641.
[217] OLG Rostock NJW-RR 2003, 797, 798; LG Essen MDR 1966, 420; *Staudinger/Langhein* § 744 RdNr. 21.
[218] Vgl. BVerfG LM § 744 Nr. 7 a = NJW 1999, 1387, 1388; OLG Hamm NZG 2000, 642, 643 (n. rkr. II ZR 53/00); *Staudinger/Langhein* § 744 RdNr. 21.
[219] OLG Hamm NZG 2000, 643, 643; *Staudinger/Langhein* § 744 RdNr. 25.
[220] OLG Düsseldorf VersR 1963, 56, 57 (Versicherungsvertrag).
[221] *Kisch* GRUR 1952, 267, 268 (Patentgebühren).
[222] *Erman/Aderhold* RdNr. 7; vgl. auch § 751 RdNr. 6.
[223] *Planck/Lobe* § 744 Anm. 3; *Palandt/Sprau* § 744 RdNr. 3.
[224] Vgl. sinngemäß KG SoergRspr. 1936 zu § 744.
[225] Vgl. BVerfG LM § 744 Nr. 7 a = NJW 1999, 1387, 1388.
[226] OLG München NZM 1998, 474; LG Berlin NJW 1961, 1406 (LS) m. Anm. *Breetzke*; *Erman/Aderhold* § 744 RdNr. 5.
[227] AG Erkelenz ZMR 2000, 388.
[228] BGHZ 17, 181, 185 = LM HGB § 124 Nr. 3 m. Anm. *Ascher* = NJW 1955, 1027; BGHZ 39, 14, 20 = LM § 709 Nr. 4 m. Anm. *Fischer* = NJW 1963, 641 m. Anm. *Ganßmüller*; RGZ 112, 362, 367.
[229] BGHZ 94, 117, 121 = NJW 1985, 1826, 1827.
[230] *Diederichsen* MDR 1963, 634; zur Gesamthand vgl. RGZ 112, 361, 367 f.; eng BGHZ 39, 14, 20 = LM § 709 Nr. 4 m. Anm. *Fischer* = NJW 1963, 641 m. Anm. *Ganßmüller*.
[231] RGZ 60, 269, 270.
[232] BGH LM § 2038 Nr. 2.
[233] RG WarnR 1908 Nr. 307.
[234] *Lindenmaier/Weiss* PatG, 6. Aufl. 1973, § 3 RdNr. 22.
[235] RGZ 117, 47, 50 f.; dazu *Tetzner* (Fn. 103) § 3 Anm. 22; *Kraßer* (Fn. 27) § 19 V b 5.
[236] Mit Recht einschränkend *Lüdecke* (Fn. 103) S. 160 ff., 167; *Lindenmaier/Weiss* (Fn. 234) § 3 RdNr. 22.
[237] RG GRUR 1941, 152, 153; *Lüdecke* (Fn. 103) S. 167; *Lindenmaier/Weiss* (Fn. 234) § 3 RdNr. 22.
[238] Insofern übereinstimmend *Lüdecke* (Fn. 103) S. 161.
[239] *Schubert* JR 1975, 364; s. auch *Planck/Lobe* § 744 Anm. 3; RGRK/*v. Gamm* RdNr. 14; *Staudinger/Langhein* § 744 RdNr. 33.
[240] RGRK/*v. Gamm* RdNr. 13.
[241] *Erman/Aderhold* RdNr. 6; *Soergel/Hadding* § 744 RdNr. 6.

§§ 744, 745 45, 46   Abschnitt 8. Titel 17. Gemeinschaft

sich um die Vornahme eines Rechtsgeschäfts, so kann der Teilhaber nicht nur „Einwilligung" (Gesetzeswortlaut!) verlangen; ihm ist auch ein Anspruch auf (vorsorgliche!) Genehmigung eines Rechtsgeschäfts zuzugestehen, und zwar unabhängig von dem Meinungsstreit über die Außenwirkung des § 744 Abs. 2.[242] Die klärende Funktion einer solchen vorsorglichen Genehmigung ließe sich allerdings auch durch Feststellungsklage erreichen, aber die alsbaldige Genehmigung stellt eine praktische Erleichterung dar.

45   **b) Außenverhältnis.** Im Außenverhältnis erstreckt sich die Befugnis nach § 744 Abs. 2 auf die Herbeiführung derjenigen Rechtsfolgen, die für die Durchführung von Erhaltungsmaßnahmen unentbehrlich sind.[243] Abs. 2 verleiht **Verfügungsmacht,** soweit notwendige Erhaltungsmaßnahmen Verfügungen voraussetzen.[244] Unter Umständen kann der Teilhaber den gemeinschaftlichen Gegenstand sogar veräußern.[245] Allerdings werden die Fälle einer Notveräußerung oder sonstigen Verfügung außerordentlich selten sein. Auch ist, wer auf diese Weise erwirbt, nicht in seinem Vertrauen auf die Verfügungsmacht geschützt, wenn die Voraussetzungen des § 744 Abs. 2 objektiv fehlten. Das gilt auch, wenn der Verfügende Kaufmann ist, aber als Miteigentümer, nicht als Kommissionär verfügt; § 366 HGB greift nicht ein. Liegen aber die Voraussetzungen des § 744 Abs. 2 vor, so wäre es unsachgemäß, einen bloß schuldrechtlichen Anspruch auf eine Zustimmung zur Verfügung (§ 185) zu konstruieren. Eine unabweisbar notwendige Verfügung wäre dann ohne Einwilligung unwirksam, bis eine Genehmigung erteilt (§ 185 Abs. 2) oder durch rechtskräftiges Urteil ersetzt wäre (§ 894 ZPO). Die hier vertretene Lösung verdient demgegenüber den Vorzug.[246]

46   Dagegen begründet § 744 Abs. 2 nach der wohl noch hM **grundsätzlich keine Vertretungsmacht.**[247] Das gilt nach hM auch für Prozessrechtsgeschäfte.[248] Aber bei diesen kann die Prozessführungsbefugnis des Teilhabers helfen (RdNr. 47). Der Grundsatz, dass keine Vertretungsmacht besteht, unterscheidet § 744 Abs. 2 von dem Mehrheitsbeschluss nach § 745 (RdNr. 31). Die Befugnis zur Vornahme notwendiger Maßregeln ändert nichts daran, dass der handelnde Teilhaber bei der Durchführung dieser Maßnahmen im eigenen Namen handeln oder die Zustimmung der anderen Teilhaber einholen (notfalls erzwingen) muss.[249] Die hM bedarf allerdings einer sachlich gebotenen **Einschränkung.**[250] Uneingeschränkt kann nur bei bloßen **Verpflichtungsgeschäften** an der Versagung einer Vertretungsmacht festgehalten werden, nicht aber bei Rechtsgeschäften, die materiell verfügenden Charakter haben. So steht dem Teilhaber unter den Voraussetzungen des § 744 Abs. 2 kein Recht zum Abschluss von Kauf-, Miet- oder Pachtverträgen im Namen aller Teilhaber, wohl aber ein Recht zur **Kündigung eines Miet- oder Pachtverhältnisses** zu, obwohl dies keine Verfügung über die Mietsache ist.[251] Zur Kündigung eines Verwalters in Ausübung des Rechts aus § 744 Abs. 2 vgl. RdNr. 7 ff. Das **Stimmrecht** aus einem gemeinschaftlichen Gesellschaftsanteil (s. auch RdNr. 10) kann unter den Voraussetzungen des § 744 Abs. 2 von einem Teilhaber im Namen aller ausgeübt werden.[252] Allerdings liegt ein Fall des § 744

---

[242] Zust. *Staudinger/Langhein* § 744 RdNr. 27.
[243] Dazu jetzt ausf. *Staudinger/Langhein* § 744 RdNr. 34–44.
[244] Insoweit wie hier jetzt *Schnorr* (Fn. 13) S. 218.
[245] *Enneccerus/Lehmann* § 185 I 1; eingehend *Staudinger/Langhein* § 744 RdNr. 42.
[246] Verfügungsmacht bejahend inzwischen auch *Erman/Aderhold* § 744 RdNr. 8; *Staudinger/Langhein* § 744 RdNr. 42; *Palandt/Sprau* § 744 RdNr. 3.
[247] Insofern übereinstimmend *Flume* AT I/1 § 8 (S. 117); *Schnorr* (Fn. 13) S. 232 f.; *Bamberger/Roth/Gehrlein* § 744 RdNr. 6; *Erman/Aderhold* § 744 RdNr. 8; *Planck/Lobe* § 744 Anm. 6; *Soergel/Hadding* § 744 RdNr. 6; *Staudinger/Langhein* § 744 RdNr. 37; aA *Lüdecke* (Fn. 103) S. 138; *Jauernig/Stürner* RdNr. 13; *Palandt/Sprau* § 744 RdNr. 3; s. auch OLG München NJW 1970, 711.
[248] BGHZ 17, 181, 184 = LM HGB § 124 Nr. 3 m. Anm. *Ascher* = NJW 1955, 1027, 1028; *Heintzmann,* Die Prozessführungsbefugnis, 1970, S. 18.
[249] Krit. *Jauernig/Stürner* RdNr. 13 f.; aber der Teilhaber ist auf Grund seiner Verfügungsbefugnis nicht handlungsunfähig; *Stürner* vollzieht den Unterschied zwischen Verfügungs- und Vertretungsbefugnis nicht mit.
[250] Krit. *Jauernig/Stürner* RdNr. 13: „schwer verständliche Differenzierungen".
[251] *Breetzke* NJW 1961, 1408; zust. *Staudinger/Langhein* § 744 RdNr. 44.
[252] Zust. *Staudinger/Langhein* § 744 RdNr. 44.

Abs. 2 nicht schon dann vor, wenn sich die Teilhaber über die Ausübung des Stimmrechts aus dem Gesellschaftsanteil nicht einig werden können. Auch kann die Gesellschaft die nach § 744 Abs. 2 von einem Teilhaber abgegebene Stimme in Fällen der Ungewissheit zurückweisen.[253]

§ 744 Abs. 2 verleiht auch eine **Prozessführungsbefugnis,** wenn die Prozessführung 47 eine notwendige Erhaltungsmaßnahme darstellt.[254] Der BGH hat dies durch zwei Urteile vom 21. 3. 1985 bestätigt und ausgesprochen, dass ein Ehegatte durch Einklagung von gemeinschaftlichen Gewährleistungsansprüchen aus gemeinsam abgeschlossenen „Hausherstellungsverträgen" auch die Verjährung dieser Ansprüche unterbrechen kann (§ 209 Abs. 1 aF).[255] Entsprechendes gilt für sonstige **Antragsbefugnisse** zB bei Patenterteilung und Patentverlängerung.[256] Anfechtungsklagen im Verwaltungsprozess kann der einzelne Teilhaber meist schon deshalb allein führen, weil er iS von § 42 Abs. 2 VwGO die Verletzung (auch) in seinen Rechten geltend machen kann (s. auch § 747 RdNr. 34).[257] Dasselbe gilt für die Anrufung der Kammer für Baulandsachen nach §§ 217 ff. BauGB.[258] Vor allem für **negatorische Klagen** und sonstige Klagen zur Verteidigung des gemeinschaftlichen Gegenstands gegen Beeinträchtigungen ergibt sich nach hM aus § 744 Abs. 2 eine Klagebefugnis jedes Teilhabers.[259] So bei einer zum Schutz einer gemeinschaftlichen Marke nach § 14 MarkenG erhobenen Klage.[260] Dasselbe gilt für Ansprüche aus dem VermG[261] und für alle Entschädigungsansprüche der Bruchteilsberechtigten.[262] Nach richtiger Ansicht folgt dies für den Schutz absoluter Rechte – Eigentumsstörungsklage, Patentverletzungsstreit etc. – allerdings schon aus dem allgemeinen **Rechtsgrundsatz des § 1011** (§ 1011 RdNr. 2 f.). Es kommt dann nicht darauf an, ob die negatorische Klage im Einzelfall eine notwendige iS des § 744 Abs. 2 ist. Diese Frage spielt erst hinsichtlich der Kostenverteilung nach § 748 eine Rolle (zur Anwendung der Vorschriften über die Geschäftsführung ohne Auftrag vgl. RdNr. 41).

Auch eine durch § 744 Abs. 2 gedeckte **Patentanmeldung** kann vom einzelnen Mit- 48 erfinder vollzogen werden (RdNr. 5, 12). Aus RGZ 117, 47, 51 ergibt sich allerdings nur, dass der Teilhaber das Recht „auf" den Namen aller anmelden müsse und es nicht einfach „auf" den eigenen Namen anmelden dürfe.[263] Das Bundespatentamt verlangt bei der Anmeldung eines Gemeinschaftspatents die Vorlage einer schriftlichen Bevollmächtigung durch die anderen Patentinhaber.[264] Diese wird durch § 744 Abs. 2 an sich nicht ersetzt. Aber aus der Verfügungs- und Prozessführungsbefugnis des Handelnden ergibt sich, dass er „im"

---

[253] Zust. *Staudinger/Langhein* § 745 RdNr. 46 aE.
[254] BGHZ 51, 125, 128 = LM § 2206 Nr. 2 m. Anm. *Kreft* = NJW 1969, 424; RGZ 76, 298, 299; 112, 361, 367; vgl. auch BGHZ 39, 14, 20 = LM § 709 Nr. 4 m. Anm. *Fischer* = NJW 1963, 641, 644; BGHZ 94, 117, 120 = NJW 1985, 1826, 1827; BGH LM § 2038 Nr. 2 = OLG Schleswig NJW-RR 1998, 1551, 1552; *Heintzmann* (Fn. 248) S. 18 ff.; *Ganßmüller* DB 1954, 862; NJW 1963, 640; RGRK/*v. Gamm* RdNr. 13; *Staudinger/Langhein* § 744 RdNr. 43; *Palandt/Sprau* § 744 RdNr. 3; aA wohl BGHZ 17, 181, 184 (aber auch 187!) = LM § 124 HGB Nr. 3 m. Anm. *Ascher* = NJW 1955, 1027, 1028; zur Abgrenzung OLG Hamburg NZG 2000, 784, 785.
[255] BGHZ 94, 117 = NJW 1985, 1826; BGH vom 21. 3. 1985, VII ZR 302/83 (n. v.); dazu aber auch § 741 RdNr. 48.
[256] BPatA GRUR 1954, 328; s. auch BPatG GRUR 1979, 696; zur Rechtslage bei Patentanmeldung vgl. *Kraßer* (Fn. 27) § 19 V b 5.
[257] Im Ergebnis übereinstimmend, aber generalisierend *Schlosser* (Fn. 192) S. 325; überflüssig wohl der Rückgriff auf § 1011 bei OVG Münster WuM 1992, 551.
[258] OLG Karlsruhe NZM 2001, 768 f.
[259] RGZ 76, 298, 299; 112, 361, 367; dazu BGHZ 17, 181, 185 f. = LM HGB § 124 Nr. 3 m. Anm. *Ascher* = NJW 1955, 1027, 1029; RGRK/*v. Gamm* RdNr. 13.
[260] BGH LM § 7 MarkenG Nr. 1 m. Anm. *Westermann* = NJW-RR 2001, 114 (Ballermann); OLG Köln WRP 2002, 249, 250 (Lotto).
[261] BVerwG VIZ 2001, 93; unentschieden BVerwG VIZ 1999, 531.
[262] BGH LM ZPO § 62 Nr. 23 = NJW 1997, 2115, 2116 (insoweit nicht in BGHZ 132, 192).
[263] S. auch *Lüdecke* (Fn. 103) S. 162; *Reimer/Neumar*, Patent- und Gebrauchsmustergesetz, 3. Aufl. 1968, § 3 RdNr. 11.
[264] § 18 der VO über das DPMA; abgedruckt bei *Schütte*, PatG mit EPÜ, 6. Aufl. 2001, Anh. 10; *Tetzner* (Fn. 103) § 3 RdNr. 22 Fn. 64.

§§ 744, 745 49

eigenen Namen die Erfindung „auf" den Namen aller anmelden kann. Ist die Erfindung **eigenmächtig** im Namen aller oder auf den Namen aller angemeldet, so kann die Anmeldung unabhängig von § 744 Abs. 2 nach § 177 bzw. nach § 185 Abs. 2 durch Zustimmung wirksam werden,[265] wenn § 180 S. 1 außer Betracht bleiben kann, was str. ist.[266] Hat der Teilhaber die Erfindung **auf den eigenen Namen** angemeldet, so ist dies eine gegenüber den Miterfindern rechtswidrige Handlung, die durch Umschreibung auf den Namen aller berichtigt werden kann.[267] Es liegt keine widerrechtliche Entnahme iS des § 21 Abs. 1 Nr. 3 PatG vor, denn der Miterfinder steht nicht – wie im Fall des § 21 Abs. 1 Nr. 3 PatG – den Verletzten im Verhältnis des Nichtberechtigten zu dritten Berechtigten gegenüber.[268] Der benachteiligte Miterfinder kann Zurückziehung der Anmeldung oder Eintritt als Mitanmelder bzw. Umschreibung des Patents auf die Mitberechtigten verlangen.[269] Der Anspruch auf Umschreibung folgt aus dem Rechtsgedanken der §§ 6 S. 2, 8 S. 1 und 2 PatG.[270] Dem Rücknahmeverlangen von Miterfindern kann der Anmelder entgegentreten, indem er sich auf die Verpflichtung der anderen zur Mitwirkung an einer Gemeinschaftsanmeldung beruft.[271]

49 **4. Der Anspruch auf „Einwilligung".** Einwilligung im Voraus kann der Teilhaber nach Abs. 2 S. 2 verlangen. Bezweckt ist eine Vorabklärung, dass eine notwendige Erhaltungsmaßnahme vorliegt.[272] Nach **hM** ist diese Einwilligung **Zustimmung** iS von § 182. Sie wird durch **Leistungsklage** erzwungen und gilt mit Rechtskraft des Urteils als erteilt.[273] Diese hM ist in den praktischen Ergebnissen annehmbar, aber sie deckt nur einen Teil der Fälle. Sie geht davon aus, dass die Einwilligung die Außenwirkung eines Rechtsgeschäfts oder einer Prozesshandlung mit Wirkung für und gegen alle Teilhaber herbeiführen bzw. sicherstellen soll.[274] Aber unter § 744 Abs. 2 fallen nicht nur Rechtsgeschäfte. Im Grundsatz handelt es sich deshalb bei der Einwilligung um **tatsächliche Billigung** einer Maßnahme, also um rechtzeitige Feststellung, dass die Maßnahme rechtmäßig ist. Ein um die Einwilligung geführter Prozess ist in Wahrheit **Feststellungsstreit,** ein entsprechendes Urteil (unabhängig von der Tenorierung) Feststellungsurteil.[275] Leistungsantrag oder Leistungstitel können ggf. in diesem Sinne umgedeutet werden, so dass der forensischen Praxis im Hinblick auf den Standpunkt der hM zur Formulierung eines Leistungsantrags geraten werden kann. Soweit es um die **Vornahme eines Rechtsgeschäfts** geht, ist dem § 744 Abs. 2 ein Anspruch auf Bevollmächtigung oder auf Ermächtigung zu entnehmen.[276] Dieser Anspruch kann durch Leistungsklage durchgesetzt werden, und es darf einer solchen klärenden Leistungsklage dann nicht entgegengehalten werden, nach der Lehre von der Außenwirkung des § 744 Abs. 2 (RdNr. 44) bedürfe es der begehrten „Einwilligung" nicht. Zur

---

[265] *Lüdecke* (Fn. 103) S. 162.
[266] Die Anwendung wird verneint von LG Frankfurt Rpfleger 1958, 126 m. zust. Anm. *Haegele;* vgl. auch KG JFG 13, 393, 395 zu § 1831; bejahend § 180 RdNr. 3; ferner: BPatG NJW 1964, 615, 616; OLG Celle NdsRpfl. 1964, 91, 92; LG Limburg NJW 1949, 787 m. krit. Anm. *Sachs* NJW 1950, 73; *Enneccerus/Nipperdey* § 183 II 1; *RGRK/Steffen* § 180 RdNr. 1; *Soergel/Leptien* § 180 RdNr. 3; vgl. auch KG JW 1928, 1405.
[267] RGZ 117, 47, 51; RG MuW 1920/21, 160; Beispiel für Feststellungsklage: BGH GRUR 1966, 558 m. Anm. *Schippel.*
[268] RGZ 117, 47, 50; RG MuW 1936, 153, 154; vgl. auch MuW 1930, 242; *Benkard/Melullis* (Fn. 103) § 6 RdNr. 34 a; *Kraßer* (Fn. 27) § 19 V b 5; *Tetzner* (Fn. 103) § 4 RdNr. 43.
[269] *Lindenmaier/Weiss* (Fn. 234) § 4 RdNr. 26.
[270] Vgl. BGH NJW 1979, 1505.
[271] Vgl. *Kraßer* (Fn. 27) § 19 V b 5.
[272] Mot. in *Mugdan* II S. 490; *Planck/Lobe* § 744 Anm. 3; *Soergel/Hadding* § 744 RdNr. 6.
[273] Mot. in *Mugdan* II S. 490; *Soergel/Hadding* § 744 RdNr. 6; *Staudinger/Langhein* § 744 RdNr. 29.
[274] BGHZ 17, 181, 184 = LM HGB § 124 Nr. 3 m. *Ascher* = NJW 1955, 1027, 1028.
[275] Zum Parallelfall der gesellschaftsrechtlichen Entlastungsklage vgl. *Karsten Schmidt* ZGR 1978, 439 ff.; die Feststellungsklage scheitert nicht etwa am Subsidiaritätsdogma; zu dessen Grenzen vgl. auch *Wieser,* Das Rechtsschutzinteresse des Klägers im Zivilprozess, 1971, S. 159 f.
[276] Zur Prozessführungsvollmacht vgl. auch *Heintzmann* (Fn. 248) S. 18 f.; *Staudinger/Langhein* § 744 RdNr. 38.

Bedeutung der Einwilligung für den Anspruch auf Erstattung von Aufwendungen vgl. § 748 RdNr. 15.

5. Analoge Anwendung auf Gesellschaftsverhältnisse. Die sinngemäße Anwendung 50 des § 744 Abs. 2 auf Gesellschaftsverhältnisse wird von der hM bejaht.[277] Abs. 2 dient im Gesellschaftsrecht vor allem als Anknüpfungspunkt der actio pro socio bei der Personengesellschaft (§ 705 RdNr. 204 ff.). Gegen die Anwendung auf Gesellschaften spricht, dass § 744 Abs. 2 vom Fehlen einer die Geschäftsführung regelnden Organisation ausgeht.[278] Es sollte deshalb nur mit Vorsicht auf den Rechtsgedanken des § 744 Abs. 2 zurückgegriffen werden.[279] Grundsätzlich hat die vertragsmäßige Organisation Vorrang. Dem nicht geschäftsführungsberechtigten Gesellschafter steht nur ein subsidiäres **Notgeschäftsführungsrecht** zu. Dieses kann nicht nur der Erhaltung von Gegenständen des Gesamthandsvermögens dienen, sondern auch der Abwendung von Gefahren für die Gesellschaft. Einzelheiten s. § 709 RdNr. 21.

§ 746 Wirkung gegen Sondernachfolger

Haben die Teilhaber die Verwaltung und Benutzung des gemeinschaftlichen Gegenstands geregelt, so wirkt die getroffene Bestimmung auch für und gegen die Sondernachfolger.

I. Normzweck

Regelungen der Verwaltung und Benutzung wirken an sich relativ, dh. nur unter den 1 jeweiligen Teilhabern. Ihr Sinn und Zweck besteht aber darin, der Gemeinschaft als solcher einen bestimmten inneren Status zu verleihen. Das wird durch **Bindung der Rechtsnachfolger** erreicht (vgl. als Parallelnorm auch § 751).[1] **Gesamtrechtsnachfolger** (vgl. RdNr. 4 aE) sind bereits unabhängig von § 746 gebunden,[2] es sei denn, die Teilhaber selbst hätten bei ihrer Verwaltungs- oder Benutzungsregelung diese Bindung ausgeschlossen. Für **Bindungen von Sondernachfolgern** sorgt § 746.

II. Anwendungsbereich

1. Sachlicher Anwendungsbereich. a) Jede Bruchteilsgemeinschaft. Der sachliche 2 Anwendungsbereich erfasst jede Bruchteilsgemeinschaft, soweit nicht eine Sonderregelung entgegensteht. Nach § 922 S. 4 gilt die Bestimmung auch für **Grenzeinrichtungen.** Für Gesamthandsgemeinschaften gilt sie grundsätzlich nicht. Vgl. aber für die Erbengemeinschaft § 2038 Abs. 2. Beim Miteigentum an **Grundstücken** ist § 1010 zu beachten. Soll hier eine Verwaltungs- oder Benutzungsregelung gegen Sondernachfolger wirken, so muss sie als Belastung des Anteils im Grundbuch eingetragen sein.[3] Fehlt es hieran, so bindet die Regelung den Rechtsnachfolger nicht unmittelbar.[4] Selbst böser Glaube schadet dem

---

[277] BGHZ 17, 181, 183 = LM HGB § 124 Nr. 3 m. Anm. *Ascher* = NJW 1955, 1027, 1028; RGZ 112, 361, 367; 158, 302, 311; *Ganßmüller* DB 1954, 862; NJW 1963, 640; *Schulze-Osterloh*, Das Prinzip der gesamthänderischen Bindung, 1972, S. 46 ff.; *Soergel/Hadding* § 744 RdNr. 8; s. auch BGH NJW 2000, 3272; aA *Diederichsen* MDR 1963, 635; *U. Huber*, Vermögensanteil, Kapitalanteil und Gesellschaftsanteil, 1970, S. 132; RGRK/*v. Gamm* RdNr. 13.
[278] Vgl. namentlich *U. Huber* (Fn. 277) S. 132; *Erman/Aderhold* § 744 RdNr. 9; *Staudinger/Langhein* § 744 RdNr. 31.
[279] Stark einschränkend auch BGHZ 39, 14, 20 = LM § 709 Nr. 4 m. Anm. *Fischer* = NJW 1963, 641 m. Anm. *Ganßmüller*; BFHE 185, 105, 109 f. = NJW-RR 1998, 1187, 1188 = DStZ 1998, 558 m. Anm. *Rößler* S. 810; *Hadding* JZ 1975, 161; *Kornblum* NJW 1980, 528.
[1] Prot. in *Mugdan* II S. 1210.
[2] RGRK/*v. Gamm* RdNr. 16.
[3] Zur Mitwirkungspflicht vgl. OLG Frankfurt DNotZ 1990, 298, 299.
[4] Zu Unrecht aA für Vergleichsregelung OLG Zweibrücken ZMR 2001, 734, 736 m. krit. Anm. *Häublein* (zu § 10 WEG).

Rechtsnachfolger nicht (vgl. aber § 1010 RdNr. 1 aE).[5] Eine schuldrechtliche Verpflichtung der Teilhaber, für Aufrechterhaltung der getroffenen Regelung zu sorgen, bleibt hiervon unberührt.[6] Wer rechtsgeschäftlich eine Sondernachfolge einleitet, muss dafür sorgen, dass auch der Rechtsnachfolger sich an die getroffenen Regelungen hält. Das gilt ohne weiteres für allseitig vereinbarte Regelungen, wird aber auch bei Mehrheitsentscheidungen zu gelten haben. Für den Sondernachfolger wirkt aber auch die nichteingetragene Regelung. Insoweit bleibt es auch im Grundstücksrecht bei § 746.[7]

3 **b) Verwaltungs- und Benutzungsregelungen.** Alle Verwaltungs- und Benutzungsregelungen iS der §§ 744, 745 sind ausnahmslos erfasst,[8] mögen die Regelungen gemeinschaftlich (§ 744 Abs. 1), mehrheitlich § 745 Abs. 1) oder auf Grund Leistungsurteils nach § 745 Abs. 2 herbeigeführt sein.[9] Zu den in Frage kommenden Regelungen vgl. §§ 744, 745 RdNr. 4.

4 **2. Persönlicher Anwendungsbereich.** Der persönliche Anwendungsbereich erfasst alle **Sondernachfolger.** Sondernachfolge in diesem Sinn ist zunächst jeder Rechtserwerb, der durch eine rechtsgeschäftliche Verfügung über den Anteil nach § 747 S. 2 eingeleitet ist. **Sondernachfolger** ist jeder **Erwerber eines Bruchteils oder Teil-Bruchteils.** Wird ein Bruchteil durch Veräußerung an mehrere oder durch Teilveräußerung weiter aufgeteilt, so entsteht keine Untergemeinschaft (§ 741 RdNr. 16); jeder Teil-Erwerber ist Sondernachfolger in der ursprünglichen Bruchteilsgemeinschaft.[10] Sondernachfolger ist außer dem Bruchteilserwerber auch der **Erwerber eines beschränkten dinglichen Rechts,** zB eines Nießbrauchs oder Pfandrechts am Bruchteil.[11] Gleichgestellt ist der Erwerb eines Pfändungspfandrechts am Bruchteil durch Zwangsvollstreckung.[12] Stets kann es nur um die Sondernachfolge **nach einem Teilhaber** gehen, nicht um die Sondernachfolge in den gemeinschaftlichen Gegenstand. Sondernachfolger eines Teilhabers ist nach heute wohl **hM** nicht nur, wer den Anteil oder ein Recht an einem Anteil insgesamt erwirbt; gleichgestellt werden solche **Pfand- und Pfändungsgläubiger,** die nicht den Anteil am gemeinschaftlichen Gegenstand, sondern lediglich einen Anspruch gepfändet haben, der sich als Ausfluss des Bruchteils darstellt.[13] Dieser Auffassung ist mit RGZ 89, 176, 179 zu widersprechen.[14] Für § 746 bedarf es der Gleichstellung nicht. Einreden und Einwendungen, die gegen den abgetretenen Anspruch bestehen, können auch dem Zessionar oder Pfandgläubiger entgegengehalten werden. Für § 1010 ist die Gleichstellung abzulehnen (§ 1010 RdNr. 3). Nur die **Rechtsnachfolge in das Surrogat des Bruchteils** – die Rechte aus der Teilung der Gemeinschaft (zur Pfändbarkeit § 749 RdNr. 24 ff.) – kann mit der Rechtsnachfolge in den Bruchteil gleichgestellt werden. **Keine Sondernachfolge** liegt vor bei einem **Formwechsel nach §§ 190 ff. UmwG** (vgl. § 202 UmwG), ebenso bei **Gesamtrechtsnachfolge** nach § 1922 BGB bzw. nach §§ 20, 131 UmwG. Hier bedarf es des § 746 nicht (vgl. RdNr. 1).

---

[5] OLG Frankfurt NJW 1958, 65; OLG München NZG 1999, 395; *Erman/Aderhold* § 1010 RdNr. 2; *Soergel/Stürner* § 1010 RdNr. 1; *RGRK/Pikart* § 1010 RdNr. 3; krit. *Fischer* LM § 1010 Nr. 1.
[6] BGHZ 40, 326 = LM § 1010 Nr. 1 m. Anm. *Fischer* = NJW 1964, 648; *RGRK/v. Gamm* RdNr. 16; näher § 1010 RdNr. 6.
[7] Vgl. § 1010 RdNr. 7; OLG München NJW 1955, 637; OLG Hamm NZM 1998, 873 f.; *Staudinger/Langhein* RdNr. 4; *Staudinger/Gursky* (2006) § 1010 RdNr. 5.
[8] So jetzt auch *Staudinger/Langhein* RdNr. 9; aA noch *Staudinger/Huber* (12. Aufl.) RdNr. 5 (nur Regelungen iS von § 745 Abs. 3).
[9] AllgM; *Planck/Lobe* Anm. 2; *Soergel/Hadding* RdNr. 1; *Erman/Aderhold* RdNr. 1; *Palandt/Sprau* RdNr. 1.
[10] Vgl. LG Berlin NJW 1956, 471 im Anschluss an KGJ 51, A 198 Nr. 55.
[11] AllgM; vgl. nur *Erman/Aderhold* RdNr. 2; *Palandt/Sprau* RdNr. 1.
[12] *RGRK/v. Gamm* RdNr. 16; *Palandt/Sprau* RdNr. 1; hM; insofern zutr. auch OLG Frankfurt NJW 1958, 65.
[13] OLG Frankfurt NJW 1958, 65; *Westermann* § 29 II 2; *Palandt/Bassenge* § 1010 RdNr. 1; aA RGZ 89, 176, 179; *Erman/Aderhold* § 1010 RdNr. 3; *RGRK/Pikart* § 1010 RdNr. 2.
[14] Vgl. auch *RGRK/Pikart* § 1010 RdNr. 2; *Staudinger/Langhein* RdNr. 9; *Bamberger/Roth/Gehrlein* RdNr. 3.

III. Rechtsfolge

Rechtsfolge des § 746 ist die Wirkung der Verwaltungs- oder Benutzungsregelung für 5
und gegen den Rechtsnachfolger. Auf guten oder bösen Glauben kommt es nicht an.[15] Das
Gesetz lässt keinen gutgläubig lastenfreien Erwerb iS des § 936 zu.

§ 747 Verfügung über Anteil und gemeinschaftliche Gegenstände

[1] Jeder Teilhaber kann über seinen Anteil verfügen. [2] Über den gemeinschaftlichen Gegenstand im Ganzen können die Teilhaber nur gemeinschaftlich verfügen.

Übersicht

	RdNr.		RdNr.
I. Normzweck und Anwendungsbereich	1–10	**III. Verfügung über den gemeinschaftlichen Gegenstand**	24–30
1. Rechtszuständigkeit	1	1. Grundfragen	24, 25
2. Begriff der Verfügung	2–4	a) Verfügungsbefugnis	24
3. Unterscheidung der beiden Sätze des § 747	5–7	b) Rechtskonstruktion	25
		2. Einzelfragen	26–30
		a) Veräußerung an einen Teilhaber	26
4. Abweichende Abreden	8	b) Belastungen	27
5. Gesetzliche Ausnahmen	9, 10	c) Vorkaufsrecht	28
a) Ausnahmen von S. 1	9	d) Entgelt	29
b) Ausnahmen von S. 2	10	e) Verfügungen Nichtberechtigter	30
II. Rechtsgeschäftliche Verfügung über den Anteil	11–23	**IV. Sonderprobleme**	31, 32
1. Verfügungsbefugnis	11	1. Verfügungen von Ehegatten	31
2. Kein gesetzliches Vorkaufsrecht	12	2. Gesetzliche Pfandrechte	32
3. Fälle der Verfügung über den Anteil	13–17	**V. Prozessfragen**	33–38
a) Veräußerungen	13	1. Aktiv- und Passivprozesse	33–35
b) Quotenänderungen	14	a) Aktivprozesse	34
c) Belastungen	15	b) Passivprozesse	35
d) Kein einseitiger Verzicht	16, 17	2. Zwangsvollstreckung	36–38
4. Rechtsgeschäftlicher Vollzug	18–23	a) Zugriff auf den Anteil und auf den gemeinschaftlichen Gegenstand	36
a) Grundlagen	18		
b) Gutgläubiger Erwerb	19, 20	b) Durchführung des Zugriffs auf den Anteil	37
c) Sammeldepotanteile	21, 22		
d) Kaufvertrag	23	c) Insolvenzverfahren	38

I. Normzweck und Anwendungsbereich

1. Rechtszuständigkeit. Die Vorschrift gilt nur für Gegenstände, an denen eine Bruch- 1
teilsgemeinschaft besteht. Sie gilt nicht für Gesamthandsvermögen (§ 741 RdNr. 6) und
nicht für Gegenstände, die einer Person ungeteilt zustehen. Der Alleineigentümer kann
grundsätzlich nur über die Sache im Ganzen verfügen. Über Bruchteile kann er grundsätzlich nur verfügen, indem er Miteigentum (Bruchteilseigentum) bildet. Das gilt mit
wenigen Ausnahmen auch für die Belastung eines Bruchteils.[1] § 747 zieht die **Folgerungen**
aus der Rechtszuständigkeit am gemeinschaftlichen Gegenstand (vgl. auch § 185 RdNr. 22,
29): Als Berechtigter kann jeder Teilhaber über seinen **Bruchteil** verfügen; die Rechtszuständigkeit und damit die Verfügungsbefugnis hinsichtlich des **gemeinschaftlichen Gegenstands** ergibt sich aus der Summe der Bruchteile.[2]

---

[15] AllgM; vgl. *Soergel/Hadding* RdNr. 2; *Erman/Aderhold* RdNr. 2; RGRK/*v. Gamm* RdNr. 16; vgl. auch RGZ 78, 273, 275 zu §§ 755, 756; KG DR 1944, 191 zu §§ 2044, 751.

[1] Vgl. § 1008 RdNr. 6 und §§ 1095, 1106, 1114; wichtige Ausnahme: Quotennießbrauch; str. für Auflassungsvormerkung; verneinend OLG Düsseldorf MittRhNotK 1976, 743 = MittBayNot. 1976, 137.

[2] Insoweit übereinstimmend auch *Saenger,* Gemeinschaft und Rechtsteilung, 1913, S. 96; umgekehrt *Hilbrandt* AcP 202 (2002), 631 ff.: mangels realer Existenz des Bruchteils werde stets über den gemeinschaftlichen Gegenstand verfügt.

§ 747 2, 3

2 **2. Begriff der Verfügung.** Der Begriff der Verfügung ergibt sich aus § 185 RdNr. 6. Verfügungen sind insbesondere die **Veräußerung** und **Belastung** des Anteils bzw. des gemeinschaftlichen Gegenstands. Bei einer gemeinschaftlichen Forderung gehört auch ihre Verwendung zur **Aufrechnung** dazu.[3] Die Abgrenzung von S. 1 und S. 2 richtet sich in diesem Fall nach den Grundsätzen von RdNr. 4. **Keine Verfügungen** sind **Vermietung** und **Verpachtung**[4] (vgl. auch § 741 RdNr. 21, 46). Auch für die Vermietung und Verpachtung gilt allerdings, dass grundsätzlich kein Bruchteilsberechtigter Besitz- und Nutzungsrechte am gesamten Gegenstand begründen kann. Das gilt auch für die Anwendung des § 751 im Fall der Veräußerung oder Teilungsversteigerung. Hat von zwei Miteigentümern lediglich einer den Mietvertrag geschlossen, ohne hierzu durch Mehrheitsbeschluss legitimiert zu sein (§§ 744, 745 RdNr. 31), so greift § 751 gegenüber dem Erwerber nur ein, wenn der andere Miteigentümer zugestimmt hat.[5] Aber diese beschränkte Wirkung schuldrechtlicher Verträge nur eines Teilhabers beruht auf allgemeinen schuldrechtlichen Erwägungen, nicht auf § 747.[6] Der einzelne Teilhaber kann wirksam vermieten, aber den Vertrag nicht allein erfüllen. Anders, wenn die nicht vermietenden Miteigentümer – nicht unbedingt ausdrücklich[7] – zustimmen. Nach einer vertragrechtlich unkonventionellen und deshalb bestrittenen[8] Auffassung werden die genehmigenden Miteigentümer durch diese Zustimmung sogar ohne weiteres zu Vermietern.[9] Diese hM geht auf RGZ 80, 395 zurück, wo hinsichtlich des § 185 die Vermietung und Überlassung (im Lichte des § 566 überzeugend) einer Verfügung gleichgestellt wird. Die Hilfskonstruktion eines stillschweigenden Vertragsbeitritts der anderen Teilhaber unter gleichfalls stillschweigender Mitwirkung des Mieters ist dann entbehrlich. Zur Frage, ob ein Mehrheitsbeschluss oder das Recht aus § 744 Abs. 2 Vertretungsmacht für die Vermietung im Namen aller begründet, vgl. §§ 744, 745 RdNr. 30 f., 45 f.

3 Die **Patentanmeldung** bei einer Gemeinschaftserfindung kann nur ausnahmsweise von einem Miterfinder allein vorgenommen werden (§§ 744, 745 RdNr. 5, 48). Eine gemeinschaftliche Anmeldung kann auch durch einen Teilhaber in Vollmacht oder auf Grund Ermächtigung seitens der anderen vorgenommen werden.[10] Sie ist iS von § 747 als Verfügung über das gemeinschaftliche Recht einzuordnen.[11] Der Meinungsstreit darüber, ob eine Verwaltungshandlung oder eine Verfügung vorliegt,[12] trifft nicht den praktischen Kern des Problems. Auch als Verfügung kann die Anmeldung Gegenstand einer Verwaltungsentscheidung sein; zur Frage, ob aus § 744 Abs. 2 eine Anmeldebefugnis einzelner Miterfinder folgt, vgl. §§ 744, 745 RdNr. 48. Die **Lizenzvergabe** bei Gemeinschaftspatenten ist jedenfalls dann eine Verfügung über das Patentrecht, wenn eine „dingliche" Lizenz („ausschließliche Lizenz") vorliegt; zur Erteilung ausschließlicher Lizenzen sind nach S. 2 nur alle Teilhaber gemeinschaftlich befugt.[13] Im Fall der nur schuldrechtlichen „einfachen Lizenz" liegt nach wohl richtiger Auffassung keine Verfügung vor, doch sind auch hier nur

---

[3] BGH NJW 1985, 1160, 1161; *Planck/Lobe* Anm. 2; *Soergel/Hadding* RdNr. 6; bedenklich *Staudinger/Vogel* (11. Aufl.) RdNr. 7: jeder Mitberechtigte könne aufrechnen; überholt: RGZ 21, 252.
[4] RGZ 58, 36, 37 f.; AG Trier MDR 1961, 58; vgl. insoweit auch RGZ 80, 395, 397; aber str.; vgl. *Flume* AT II § 11, 5 a.
[5] OLG Karlsruhe OLGZ 1981, 207.
[6] S. auch OLG Karlsruhe OLGZ 1981, 207, 209; AG Trier MDR 1961, 58.
[7] OLG Karlsruhe OLGZ 1981, 207, 210, dort auch (verneinend) zu der umstrittenen Frage, ob bloße Duldung genügt.
[8] *Staudinger/Langhein* 743 RdNr. 9.
[9] *Roquette* DR 1940, 2170; *Bamberger/Roth/Gehrlein* § 743 RdNr. 2; zweifelnd OLG Karlsruhe OLGZ 1981, 207, 209.
[10] *Benkard/Melullis*, PatG und GebrMG, 10. Aufl. 2006, § 6 PatG RdNr. 34 mit Hinweis auf BGH vom 27. 3. 1969.
[11] AA *Kraßer*, Patentrecht, 5. Aufl. 2004, § 19 V b 9.
[12] Verfügung: *Lüdecke*, Erfindungsgemeinschaften, 1962, S. 159; Verwaltung: *Lindenmaier/Weiss*, PatG, 6. Aufl. 1973, § 3 RdNr. 22.
[13] LG Leipzig GRUR 1940, 355, 356; *Lüdecke* (Fn. 12) S. 225 ff., 228; *Kraßer* (Fn. 11) § 19 V b 9; zur Abgrenzung vgl. RG GRUR 1934, 306.

die Teilhaber gebunden, die an der Lizenzerteilung mitwirken.[14] Das ist aber wiederum kein Problem des § 747.

Ebenso wenig hat § 747 mit der Frage zu tun, wem beim Kauf oder Verkauf eines 4 gemeinschaftlichen Gegenstandes ein **Gestaltungsrecht,** zB ein Rücktrittsrecht, zustehen soll. Dies ergibt sich aus dem schuldrechtlichen Vertrag, nicht aus der Rechtszuständigkeit am gemeinschaftlichen Gegenstand.[15] Rücktritt und Kündigung sind nach hM Verfügungen über den gemeinschaftlichen Gegenstand.[16] Sie stehen den Teilhabern des gemeinschaftlichen Rechtsverhältnisses (§ 741 RdNr. 18) gemeinschaftlich zu, soweit sich nicht aus diesem ein anderes ergibt.[17] Dasselbe gilt für die Verlängerung solcher Verträge.[18] Hinsichtlich der Kündigung kommt S. 2 in Betracht, wenn Bruchteilsgemeinschaft am Mietverhältnis (§ 741 RdNr. 18f.) oder an den Mietforderungen besteht (§ 741 RdNr. 46).[19] Soweit eine Forderung mehreren in Bruchteilsgemeinschaft zusteht (§ 741 RdNr. 42ff.), ist die Ausübung eines Gestaltungsrechts unter Umständen Verfügung über diese Forderung iS von § 741 (vgl. auch RdNr. 7 zur Versicherung verbundener Leben). Im Übrigen ist zwischen der Verfügung über das gemeinschaftliche Rechtsverhältnis und über den Bestand eines in Bruchteilsgemeinschaft erworbenen Rechts zu unterscheiden. Die Anfechtung des Erwerbs von Miteigentum macht dieses hinfällig. In diesen Fällen entscheidet aber das gemeinschaftliche Rechtsgeschäft und nicht § 747 darüber, ob die Teilhaber gegen eigenmächtige Rechtsgestaltung durch einen von ihnen geschützt sind. Ein Rechtsgeschäft, das Willenserklärungen mehrerer voraussetzt, wird zB bereits durch Anfechtung oder Rücktritt eines Beteiligten berührt. Die Beseitigung des Erwerbs oder eines Verpflichtungsgeschäfts über den gemeinschaftlichen Gegenstand ist nicht Verfügung über diesen Gegenstand. Auch Anfechtung, Rücktritt oder Kündigung von Miet- und Pachtverhältnissen über eine im Miteigentum stehende Sache sind zwar Gegenstand der gemeinschaftlichen Verwaltung (§§ 744, 745 RdNr. 5), aber keine Verfügungen über die Sache.[20]

3. Unterscheidung der beiden Sätze des § 747. Die Unterscheidung der Fälle des 5 S. 1 von denen des S. 2 folgt dem in RdNr. 1 angegebenen Normzweck. Sobald der unmittelbare Regelungsgehalt einer Verfügung über den Bereich der Zuständigkeit am eigenen Bruchteil hinausgeht, bedarf er der Mitwirkung aller Teilhaber. Wird durch Veräußerung, Belastung oder unmittelbare rechtliche Inhaltsänderung über den **Gegenstand insgesamt** verfügt, so greift S. 2 ein.[21] Es gibt Verfügungen, die ihrer Natur nach den ganzen Gegenstand erfassen und nicht auf einzelne Anteile begrenzbar sind;[22] so die Änderung eines gemeinschaftlichen Erbbaurechts;[23] so der Rangrücktritt für die für einen gemeinschaftlichen Anspruch eingetragene Vormerkung;[24] so die Lizenzvergabe beim Gemeinschaftspatent, die Aufrechnung oder der Verzicht bei einer gemeinschaftlichen Forderung, häufig auch sonst die Ausübung von Gestaltungsrechten (RdNr. 2ff.). Insbesondere kann der Inhaber einer gemeinschaftlichen Forderung nicht seinen ideellen Bruchteil an dieser Forderung gegenüber dem Schuldner zur Aufrechnung stellen.[25] Zur **Löschung**

---

[14] *Kisch* GRUR 1952, 267, 269; im Ergebnis übereinstimmend *Kraßer* (Fn. 11) § 19 V b 9; *Lüdecke* (Fn. 12) S. 226, 228; str.; Nachweise bei *Schulze-Osterloh,* Das Prinzip der gesamthänderischen Bindung, 1972, S. 34.
[15] Vgl. auch RG JR 1925 Nr. 1746.
[16] *Bamberger/Roth/Gehrlein* RdNr. 3, 6; *Soergel/Hadding* RdNr. 6; *RGRK/v. Gamm* RdNr. 5; *Staudinger/Langhein* RdNr. 69; vgl. auch für Gestaltungsklagen (Mietaufhebungsklage) OG NJ 1951, 560; krit. *Rütten,* Mehrheit von Gläubigern, 1989, S. 115ff.
[17] Vgl. auch für Mit-Erbbauberechtigte BGH NJW 1987, 2674, 2676.
[18] Dazu OLG Frankfurt SeuffA 74 Nr. 132.
[19] Vgl. OLG Hamburg NZG 1999, 1211, 1212.
[20] Zutr. BGH LM § 2038 Nr. 1; s. auch *Breetzke* NJW 1961, 1407.
[21] Vgl. zur Belastung auch BGH WM 1966, 577, 579.
[22] *Staudinger/Langhein* RdNr. 67.
[23] BGH NJW-RR 1998, 1387.
[24] BayObLG NJW-RR 1999, 310, 311.
[25] BGH NJW 1985, 1160, 1161.

§ 747 6–8

einer Hypothek, die auf einem in Miteigentum stehenden Grundstück lastet, ist die Zustimmung sämtlicher Miteigentümer erforderlich.[26] Die Aufhebung der Bruchteilsgemeinschaft durch **Bildung realer Teile** ist Verfügung über den gesamten Gegenstand.[27] Auch jede **Verfügung über reale Teile** eines in ungeteilter Gemeinschaft stehenden Gegenstands ist Verfügung über diesen Gegenstand im Ganzen. Demgemäß ist die Verfügung über einen summenmäßig bestimmten Teil einer gemeinschaftlichen (Hypotheken-)Forderung stets Verfügung über die Forderung, nicht über den Bruchteil; daran ändert sich nichts, wenn die Summe dem Bruchteil entspricht, der dem Verfügenden zusteht.[28] Der Teilhaber kann nur Leistung an alle verlangen (§ 432), nicht Teilleistung an sich allein.[29] Die Abtretung eines Teilbetrags einer gemeinschaftlichen Hypothek setzt Mitwirkung aller Teilhaber voraus.[30] Der Eintragungsantrag kann nur Erfolg haben, wenn alle Andersgläubiger nach §§ 19, 29 GBO die Eintragung bewilligen.[31] Auch die Löschung eines summenmäßigen Teilbetrags erfordert Mitwirkung aller.[32] Demgegenüber lässt KG HRR 1928 Nr. 518 die Löschung eines Bruchteils als Verfügung nach § 747 S. 1 zu, obgleich auch diese Löschung als summenmäßige Teil-Löschung im Grundbuch eingetragen werden muss.[33] Den **Vorrang** gegenüber einer in Bruchteilsgemeinschaft stehenden Hypothek kann nicht jeder Teilhaber für seinen Bruchteil einräumen; es ist eine Verfügung aller Teilhaber erforderlich.[34] Über **Vorkaufsrechte** vgl. RdNr. 28.

6 **Verfügungen zugunsten eines Miteigentümers** fallen unter S. 2, wenn sie Verfügungen auch über seinen Anteil sind; sonst fallen sie unter S. 1. Nach S. 1 durchgeführt werden können zB: die Übertragung des Anteils auf einen Teilhaber oder die Belastung zu seinen Gunsten (RdNr. 15); die Quotenänderung (RdNr. 14) und der sog. Verzicht auf den Anteil (RdNr. 16f.); die Übertragung des Gesamtgegenstands auf einen Teilhaber (RdNr. 26). Unter S. 2 fällt dagegen die in § 1009 geregelte Belastung der gemeinschaftlichen Sache zugunsten eines Miteigentümers.

7 Sieht man die **Versicherung verbundener Leben** als Bruchteilsgemeinschaft an (s. aber § 741 RdNr. 22), so gilt auch hier § 747. Sind beide Teile selbst Versicherungsnehmer, so fällt die Ausübung von Gestaltungsrechten stets unter S. 2, auch wenn der Mitberechtigte nicht in seinen Rechten beeinträchtigt wird.[35] Sind beide selbst Versicherungsnehmer, so können sie auch nur gemeinsam – auch durch letztwillige Verfügung – die Begünstigung des jeweils anderen widerrufen.[36] Im Ergebnis ist ebenso zu entscheiden, wenn man ein Rechtsverhältnis zur gesamten Hand annimmt.

8 **4. Abweichende Abreden.** Vereinbarungen unter den Teilhabern wirken nur **schuldrechtlich** und berühren die in § 747 geregelte Verfügungsbefugnis nicht. So nach § 137 ein Verfügungsverbot (RdNr. 11). Anders allerdings § 719, weshalb bei der Vereinbarung eines Verfügungsverbots stets geprüft werden muss, ob an Stelle der Bruchteilsberechtigung eine Gesamthandsberechtigung gewollt und hergestellt ist (§ 741 RdNr. 6). Nur schuldrechtlich wirkt auch eine Vereinbarung, die eine Verpflichtung zur Mitwirkung an der Verfügung über den gemeinschaftlichen Gegenstand ausspricht (RdNr. 24). Bei Bankgeschäften (Und-Konto, Und-Depot) wird denn auch die Regelung des S. 2 meist nur wiederholt, nicht

---

[26] KG SoergRspr. 1900/1901 zu § 1011.
[27] BayObLG JurBüro 2001, 488, 489.
[28] KG HRR 1935 Nr. 663; insofern übereinstimmend auch KG HRR 1928 Nr. 518; hM; zB *Soergel/Hadding* RdNr. 4; RGRK/*v. Gamm* RdNr. 5.
[29] BGH LM § 743 Nr. 1 = NJW 1958, 1723.
[30] OLG Zweibrücken Rpfleger 1972, 168, 169.
[31] KG HRR 1935 Nr. 663.
[32] KG HRR 1928 Nr. 518.
[33] AA *Soergel/Hadding* RdNr. 4; RGRK/*v. Gamm* RdNr. 5; wohl auch OLG Darmstadt HRR 1934 Nr. 1603 = JW 1934, 2485, 2486 m. Anm. *Hasemann*.
[34] OLG Darmstadt HRR 1934 Nr. 1603 = JW 1934, 2485, 2486 m. zust. Anm. *Hasemann*.
[35] *Sasse* VersR 1956, 752.
[36] *Haasen* VersR 1954, 233f. zu OLG Stuttgart VersR 1954, 186, das analog § 2271 Abs. 1 S. 2 argumentiert.

abgewandelt.[37] Zum Verhältnis zwischen Und-Konto und Oder-Konto sowie zum Widerruf der Einziehungsbefugnis beim Oder-Konto vgl. § 741 RdNr. 54. Hiervon zu unterscheiden sind die **Bevollmächtigung** und die **Ermächtigung** zur Mitwirkung bei der Verfügung über den gemeinschaftlichen Gegenstand. Ihnen kommt nach §§ 164, 185 Abs. 1 Außenwirkung zu. Zur umstrittenen **Außenwirkung eines Mehrheitsbeschlusses** nach § 745 vgl. §§ 744, 745 RdNr. 30 f.

5. Gesetzliche Ausnahmen. a) Ausnahmen von S. 1. Ausnahmen von S. 1 gelten für das Wohnungseigentum (§ 12 WEG) und für das Urheberrecht von Miturhebern (§ 8 Abs. 2 S. 1 UrhG; dazu § 741 RdNr. 67). Die Veräußerung des Bruchteils am Urheberrecht ist nicht mehr möglich.[38] Das ist keine Ausprägung des Gesamthandsprinzips, sondern eine gesetzliche Ausnahme von dem an sich einschlägigen § 747 S. 1.[39] Bei Investmentanteilen ist S. 1 durch § 33 Abs. 2 InvG ersetzt. Verfügt wird „über die in dem Anteilschein verbrieften Ansprüche" (§ 741 RdNr. 51).

b) Ausnahmen von S. 2. Ausnahmen von S. 2 sind vor allem die §§ 469 Abs. 3 HGB, 6 Abs. 2 DepG. Danach kann der Lagerhalter oder Verwahrer über Stücke aus einem Gesamtvorrat zugunsten der Teilhaber verfügen (vgl. auch § 1008 RdNr. 29 f., 33 f.).[40] Gute Gründe sprechen dafür, diesen Rechtsgedanken auszudehnen. So wird man dem unmittelbaren Besitzer beim Miteigentum an Geld vielfach ein Verfügungs- und Teilungsrecht zuerkennen können.[41] Ob aber allgemein bei „dynamischen Gemeinschaften" von § 747 abgewichen werden kann,[42] ist zweifelhaft. Bei Investmentanteilen ist S. 2 durch § 31 Abs. 1 InvG ausgeschaltet: Nicht die Anteilinhaber verfügen über die Gegenstände des Sondervermögens, sondern es verfügt die Kapitalanlagegesellschaft (§ 741 RdNr. 51).

II. Rechtsgeschäftliche Verfügung über den Anteil

1. Verfügungsbefugnis. Die Verfügungsbefugnis des S. 1 beruht auf der eigenen Rechtszuständigkeit des Teilhabers. Jeder Teilhaber kann über seinen Anteil als einen ihm ausschließlich zustehenden Rechtsgegenstand verfügen. Es gibt bei der Bruchteilsgemeinschaft keine „gesamthändische" dingliche Bindung der Bruchteile (vgl. auch RdNr. 8). Rechtsgeschäftliche **Verfügungsverbote** wirken nach § 137 nur obligatorisch (RdNr. 8).[43] Das gilt auch, wenn die Bruchteilsberechtigten für die gemeinschaftliche Verwaltung des ihnen gemeinschaftlich zustehenden Gegenstands eine nur schuldrechtliche Innengesellschaft gebildet haben (§ 741 RdNr. 4 aE).[44] Das Vorhandensein eines solchen Verfügungsverbots kann sich auch ohne ausdrückliche Vereinbarung aus der internen Bindung der Teilhaber ergeben.[45] Vor allem die Kreditsicherung mittels Verfügung über den Anteil kann pflichtwidrig sein und einen wichtigen Aufhebungsgrund nach § 749 Abs. 2 darstellen. Doch ist vor Willensunterstellungen zu warnen. Vgl. zB zum Gemeinschaftskonto § 741 RdNr. 55. Dingliche Wirkung kann dem Verbot nicht einmal bei Grundstücken beigegeben werden. Eine Eintragung nach § 1010 ist unzulässig (§ 1010 RdNr. 9). Die Verfügungsbefugnis des Teilhabers hinsichtlich seines Anteils wird auch nicht dadurch beschränkt, dass

---

[37] Vgl. die Formulare bei *Günther* in: *Schütze/Weipert* (Hrsg.), Münchener Vertragshandbuch, Bd. III/1: Wirtschaftsrecht, 5. Aufl. 2004, III 2; s. auch *Knut Hansen*, Die Rechtsnatur von Gemeinschaftskonto und -depot, 1967, S. 127.
[38] Überholt BGH LM LitUrhG § 6 Nr. 2 = MDR 1962, 798.
[39] Zutr. *Schulze-Osterloh* (Fn. 14) S. 134 f.
[40] Eingehend *Karsten Schmidt*, GS Helm, 2001, S. 849 ff.
[41] Vgl. *Falck*, Das Geld im Sachenrecht, 1960, S. 36 ff.
[42] Vgl. nachdrücklich *N. Hilger*, Miteigentum der Vorbehaltslieferanten gleichartiger Ware, 1983, S. 70 ff.
[43] OLG Neustadt DNotZ 1959, 243, 244; OLG Hamm DNotZ 1973, 549, 551; *Walter* DNotZ 1975, 518; *Erman/Aderhold* RdNr. 2; *RGRK/v. Gamm* RdNr. 1; *Soergel/Hadding* RdNr. 2; aA im Rahmen des § 1010 *Rendtorff* JurBüro 1976, 993.
[44] Vgl. als Beispiel OLG Düsseldorf NZG 2001, 746, 747.
[45] Vgl. zur Bruchteils-Eigentümergrundschuld LG Nürnberg-Fürth Rpfleger 1960, 156, 157; s. aber auch BayObLGZ 1962, 184, 188 f.

ein anderer Teilhaber gegen ihn eine sich auf die Gemeinschaft gründende Forderung hat.[46] Der Teilhaber kann über seinen Anteil auch dann verfügen, wenn dies zur Beendigung der Gemeinschaft führt.[47] So bei der Veräußerung an den einzigen Mitberechtigten, nach KG HRR 1928 Nr. 518 auch bei Löschung eines Bruchteils an einer gemeinschaftlichen Hypothek (s. aber RdNr. 5).

2. Kein gesetzliches Vorkaufsrecht. Es besteht kein Widerspruchsrecht und kein gesetzliches Vorkaufsrecht der Teilhaber (im Gegensatz zu § 2034). Ersatz kann nur durch die Vereinbarung eines Vorkaufsrechts (§§ 463 ff.), bei Grundstücken auch durch ein dingliches Vorkaufsrecht (§ 1095) geschaffen werden.[48] Praktisch anzuraten ist eine Bestellung zugunsten der jeweiligen Inhaber der anderen Bruchteile (§ 1094 Abs. 2) und für alle Verkaufsfälle (§ 1097).

3. Fälle der Verfügung über den Anteil. a) Veräußerungen. Die Veräußerung des Anteils ist immer von S. 1 gedeckt, auch die Sicherungsübertragung und auch die **Teilveräußerung.** Die Teilveräußerung eines Bruchteils lässt neue, kleinere Bruchteile entstehen, nicht eine „Untergemeinschaft" (§ 741 RdNr. 16). Die anderen Teilhaber können einer Teilveräußerung nicht mit Wirkung gegen den Erwerber widersprechen.[49] Dies, obwohl die Teilveräußerung unter Umständen aus einer teilbaren Sachgesamtheit eine unteilbare machen kann (§ 752 RdNr. 11). Wird ein Miteigentumsbruchteil zu Bruchteilen auf mehrere Personen übertragen oder überträgt der Miteigentümer seinen Bruchteil nur teilweise, so entsteht keine Untergemeinschaft; alle Bruchteilsberechtigten bleiben – mit neu zu berechnenden Anteilen – Teilhaber der ursprünglichen Bruchteilsgemeinschaft.[50] Vereinigen sich durch Anteilsveräußerung alle Anteile in einer Hand, so endet die Gemeinschaft (§ 741 RdNr. 31).

b) Quotenänderungen. Quotenänderungen in der Bruchteilsgemeinschaft sind Verfügungen über einzelne Bruchteile, nicht über den gemeinschaftlichen Gegenstand:[51] Der verlierende Teil verfügt nach allgemeinen Regeln – zB nach § 929 S. 2 oder nach §§ 873, 925 – zugunsten des gewinnenden Teils. Einer Zustimmung der an der Quotenänderung nicht beteiligten Teilhaber bedarf es nicht.[52] Soll sich die Quote eines Teilhabers gleichmäßig auf Kosten aller anderen erhöhen, so geschieht dies durch Verfügung aller anderen Teilhaber.

c) Belastungen. Als Belastungen kommen nur diejenigen in Betracht, die auf dem Bruchteil als solchem lasten können. Das sind insbesondere Pfandrechte (§ 1258), Grundpfandrechte (§§ 1114, 1192, 1200 BGB, 8 Abs. 3 SchiffsRG), Nießbrauch (§ 1066), dingliche Vorkaufsrechte (§ 1095).[53] Zur Bestellung einer Gesamtgrundschuld zugunsten aller Miteigentümer an allen Bruchteilen vgl. BGH NJW 1975, 445 und dazu § 1008 RdNr. 18 (s. auch RdNr. 27). Der Nießbrauch an einem Miteigentumsbruchteil gibt dem Nießbraucher nach § 1066 Abs. 1 das Recht, die Verwaltungs- und Benutzungsrechte des Teilhabers auszuüben; eine Überschreitung dieser Rechte ohne Zustimmung des belasteten Teilhabers ist hierdurch nicht gedeckt.[54] Zwischen dem Bruchteils-Nießbrauch und dem Eigentümer entsteht dann eine Nutzungsgemeinschaft auf die die §§ 742 ff. sinngemäß Anwendung

---

[46] RG Recht 1919 Nr. 1774.
[47] KG HRR 1928 Nr. 518.
[48] BayObLGZ 1958, 196, 201; Anwendungsbeispiel: BGHZ 37, 147 = LM § 1094 Nr. 5 = NJW 1962, 1344; näher *Fleitz* BWNotZ 1977, 36, 38.
[49] BayObLG MDR 1979, 844; *Brox* NJW 1962, 1203; *Soergel/Hadding* RdNr. 2; *Erman/Aderhold* RdNr. 2.
[50] BayObLG MDR 1979, 844; KGJ 51, A 198 Nr. 55; LG Berlin NJW 1956, 471.
[51] Im Ergebnis übereinstimmend *Schulze-Osterloh* (Fn. 14) S. 87 f., 94 ff.; aA *Soergel/Hadding* RdNr. 2.
[52] Zust. *Staudinger/Langhein* RdNr. 25; eindeutig übereinst. jetzt auch *Palandt/Sprau* RdNr. 2; aA *Soergel/Hadding* RdNr. 2; *RGRK/v. Gamm* RdNr. 2, beide mit unzutreffendem Hinweis auf RGZ 76, 409, 413.
[53] RGZ 57, 432, 435; RG JW 1910, 473; WarnR 1925 Nr. 19; vgl. auch RGZ 88, 21, 26; ausf. *Staudinger/Langhein* RdNr. 34–48.
[54] BGH LM § 745 Nr. 13 = NJW 1983, 932 = WM 1983, 314.

finden können (§ 741 RdNr. 75). Durch Pfändung des Nießbrauchs können die Gebrauchs- und Nutzungsrechte auf einen Gläubiger übergehen.[55] **Außer Betracht** bleiben Grunddienstbarkeit (§ 1018),[56] beschränkte persönliche Dienstbarkeit (§ 1090)[57] und Erbbaurecht (§ 1 ErbbauRG).[58] Unter den **gesetzlichen Pfandrechten,** die nicht unmittelbar unter § 747 fallen können (§ 1257), interessiert vor allem das Vermieterpfandrecht: Es entsteht, wenn der Mieter Miteigentum an der eingebrachten Sache hat, am Miteigentumsbruchteil.[59] Gemeinschaftserfinder (§ 741 RdNr. 59 ff.) können an ihrem Bruchteil weder eine Lizenz erteilen (vgl. auch RdNr. 3) noch einen Nießbrauch.[60]

d) Kein einseitiger Verzicht. Ein einseitiger Verzicht auf den Anteil ist dem Recht der Gemeinschaft grundsätzlich ebenso fremd wie das Prinzip der Anwachsung (§ 741 RdNr. 37). Verzicht oder Dereliktion des Anteils sind also rechtlich ausgeschlossen.[61] Nach dem Grundsatzurteil BGHZ 115, 1, 7 = LM § 747 Nr. 3 = NJW 1991, 2488, 2489 gilt dies auch für die Eigentumsaufgabe nach § 928 (vgl. § 1008 RdNr. 16). Durch BGHZ 173, 209 = NJW 2007, 2254 wurde dieser Standpunkt bestätigt, durch BGHZ 173, 338 = NJW 2007, 2574 auf das Wohnungs- oder Teileigentum nach dem WEG ausgedehnt. Zweifelsfrei ist das nicht, weil der Miteigentumsanteil den Eigentumsregeln unterworfen bleibt[62] und weil die Gemeinschafter ihrem Interesse an dinglicher Bindung durch Bildung einer Gesamthandsgesellschaft entsprechen können, indem sie eine Gesellschaft zum „Halten und Verwalten" des gemeinschaftlichen Gegenstands begründen (§ 741 RdNr. 5). Der Gesetzgeber hat davon abgesehen, eine entsprechende Vorschrift in das Gesetz aufzunehmen.[63] Insbesondere kennt das Gesetz **kein Ausscheiden aus der Bruchteilsgemeinschaft mit der Folge der Anwachsung** wie in § 738 Abs. 1 S. 1.[64] Erklärt ein Teilhaber einen einseitigen Verzicht auf seine Bruchteilsberechtigung, so ist dies also auch kein Austritt aus der Rechtsgemeinschaft, und es tritt weder Herrenlosigkeit des Anteils noch eine Anwachsung zugunsten der verbleibenden Teilhaber ein.[65] Anwachsungsähnliche Wirkungen lassen sich durch quotenändernde Anteilsübertragung (RdNr. 14) herbeiführen, dh. nicht gegen den Willen der verbleibenden Teilhaber. „Verzichterklärung" und „Anwachsung" unter Bruchteilsberechtigten lassen sich im Ergebnis unter Umständen als **quotenändernde Anteilsübertragungen** aufrechterhalten.[66] Voraussetzung ist aber ein entsprechender Wille der an der Anteilsübertragung beteiligten Teilhaber, der allerdings auch konkludent oder stillschweigend erklärt sein kann. Es muss jedoch ein Vertragswille feststellbar sein. Interessenwidrige Willensunterstellungen (etwa im Fall der Nichtzahlung von Patentgebühren) sind abzulehnen.

Die **hier vertretene Auffassung ist str.**[67] Vor allem für die **Bruchteils-Patentgemeinschaft** (§ 741 RdNr. 59 ff.) wird immer wieder ein Austrittsrecht befürwortet,

---

[55] Vgl. BGH NJW 2007, 149.
[56] BGHZ 36, 187, 189 = LM ZPO § 62 Nr. 9 m. Anm. *Rothe* = NJW 1962, 633, 634; *Schulze-Osterloh* (Fn. 14) S. 105; *Soergel/Stürner* § 1018 RdNr. 39 b; *Erman/Aderhold* RdNr. 3; KEHE/*Herrmann* Einl. RdNr. N 8.
[57] KG DNotZ 1975, 105; MDR 1977, 405; KEHE/*Herrmann* Einl. RdNr. N 44; *Erman/Aderhold* RdNr. 3; *Soergel/Stürner* § 1090 RdNr. 3.
[58] *Erman/Aderhold* RdNr. 3.
[59] RGZ 146, 334, 337; vgl. RdNr. 29.
[60] *Lüdecke* (Fn. 12) S. 225 ff., 230 f.; *Lindenmaier/Weiss* (Fn. 12) § 3 RdNr. 21; *Kraßer* (Fn. 11) § 19 V b 9; *Benkard/Melullis* (Fn. 10) § 6 RdNr. 35 e; hM.
[61] Zust. *Staudinger/Langhein* RdNr. 17 ff. sowie § 741 RdNr. 43; vgl. auch zum WEG OLG Düsseldorf NJW-RR 2001, 233.
[62] Krit. zum Standpunkt des BGH *Schnorr,* Die Gemeinschaft nach Bruchteilen, 2004, S. 284 bis 291; *Reichard,* FS Otte, 2005, S. 265; *Kanzleiter* NJW 1996, 905.
[63] Prot. in *Mugdan* II S. 1206 f.; freilich war mit diesem Abandonrecht eine bedenkliche Befreiung von der Lastentragung verbunden.
[64] Insofern wie hier *Reichard,* FS Otte, 2005, S. 265, 269 ff.
[65] *Planck/Lobe* Anm. 6; *Palandt/Sprau* RdNr. 1 f.; s. auch KG JR 1927 Nr. 1325.
[66] Wie hier jetzt *Kraßer* (Fn. 11) § 19 V b 8 aE; s. auch bereits *Engländer* JW 1931, 404: Umdeutung.
[67] Beachtenswert *Walsmann,* Der Verzicht, 1912, S. 137 ff. mwN.

§ 747 18, 19   Abschnitt 8. Titel 17. Gemeinschaft

mit dessen Wahrnehmung der Anteil des Ausscheidenden den übrigen Teilhabern zuwächst.[68] Zahlt ein Teilhaber seinen Anteil an den Patentgebühren nicht, so wird dies unter Umständen als ein solcher Verzicht ausgelegt.[69] Nach § 8 Abs. 4 UrhG kann ein **Miturheber** durch einseitige Erklärung gegenüber den anderen Miturhebern auf seinen Anteil an den Verwertungsrechten (§ 15 UrhG) verzichten; mit der Erklärung wächst der Anteil den anderen Miturhebern zu.[70] Diese Regelung leuchtet ein; nur die dogmatische Einordnung passt schlecht zur Gemeinschaft.[71] Die Unstimmigkeit ist aber nur rechtskonstruktiver Art und lässt sich beheben, wenn man den „Verzicht" auf den Anteil als quotenändernde Anteilsübertragung einordnet.[72] Das gilt sowohl für das Patent[73] als auch für den „Verzicht" eines Miturhebers. Dem sachlichen Regelungsinhalt nach spricht § 8 Abs. 4 UrhG nur von einer Umgestaltung der Ertragsverteilung ohne ausdrückliche Annahmeerklärung der begünstigten Miturheber.[74] Auch das **Abandonrecht des Mitreeders** (§ 501 HGB) ist nur eine scheinbare Ausnahme von dem Grundsatz, dass Verzicht und Anwachsung der Bruchteilsgemeinschaft fremd sind. Im Fall einer Partenreederei liegt überhaupt keine Bruchteilsgemeinschaft vor (§ 1008 RdNr. 38 f.).

18   **4. Rechtsgeschäftlicher Vollzug. a) Grundlagen.** Der rechtsgeschäftliche Vollzug der Verfügung über den Bruchteil richtet sich **nach den für den gemeinschaftlichen Gegenstand geltenden Grundsätzen.**[75] Bei Forderungen gelten §§ 398 ff.; bei Hypothekenforderungen §§ 1153 f.; beim Miteigentum an Grundstücken § 873 (vgl. auch § 1008 RdNr. 19);[76] beim Miteigentum an beweglichen Sachen §§ 929 ff., 1205 f.,[77] ggf. iVm. §§ 448, 475 g, 650 HGB (vgl. auch § 1008 RdNr. 18); bei der Bruchteilsgemeinschaft am GmbH-Anteil § 15 GmbHG usw. Soweit **Besitzverschaffung** vorgeschrieben ist, genügt Verschaffung von Mitbesitz.[78] Soll nur ein **Grundstücksteil** veräußert werden, so ist er grundbuchmäßig zu verselbstständigen und auf ein neues Blatt zu übertragen.[79] Der Eintritt in bestehende Mietverhältnisse richtet sich nach § 566 (früher § 571 aF).[80] Die Veräußerung, Belastung oder Zwangsversteigerung eines Miteigentumsanteils bei Grundstücken setzt Eintragung des Mitberechtigten zu einem bestimmten Bruchteil voraus (§ 742 RdNr. 6, § 1008 RdNr. 19).[81] Über Besonderheiten bei Investmentanteilen vgl. § 741 RdNr. 50 f. Zum Sammeldepot vgl. RdNr. 21 f.

19   **b) Gutgläubiger Erwerb.** Die Möglichkeit gutgläubigen Erwerbs richtet sich zunächst nach der Art des Gegenstands. Bei Forderungsbruchteilen ist sie prinzipiell ausgeschlossen, bei Miteigentumsbruchteilen dagegen prinzipiell nach **§§ 829, 932 ff. BGB, 366 HGB**

---

[68] In dieser Richtung mit Unterschieden iE RG JW 1931, 404 m. Anm. *Engländer; Tetzner*, Das materielle Patentrecht der BRD, 1972, § 3 PatG RdNr. 25; *Benkard/Mellulis* (Fn. 10) § 6 PatG RdNr. 34 a; wie hier aber *Kraßer* (Fn. 11) § 19 V b 8 aE.
[69] RG JW 1931, 404 m. zust. Anm. *Engländer; Tetzner* (Fn. 68) § 3 PatG RdNr. 25.
[70] Dazu *Sontag*, Das Miturheberrecht, 1972, S. 17, 70 f.; *Fromm/Nordemann*, Urheberrecht, 9. Aufl. 1998, § 8 UrhG RdNr. 32; *Wandtke/Bullinger/Thum*, UrhG, 2. Aufl. 2006, § 8 RdNr. 49.
[71] Nach *Sontag* (Fn. 70) S. 17 fügt sich § 8 Abs. 4 UrhG auch in die Gesamthandskonstruktion der hM nicht nahtlos ein.
[72] Zutr. *Engländer* JR 1931, 404; *Schulze-Osterloh* (Fn. 14) S. 121 ff.; *Lüdecke* (Fn. 12) S. 144, 184.
[73] Vgl. jetzt auch *Kraßer* (Fn. 11) § 19 V b 8 aE; von einem Vertrag spricht auch RG JW 1931, 404.
[74] Zutr. *Schulze-Osterloh* (Fn. 14) S. 134 m. Fn. 15.
[75] AllgM; statt vieler *Staudinger/Langhein* RdNr. 20; *Soergel/Hadding* RdNr. 3; *Hilbrandt* AcP 202 (2002), 656; ältere Nachweise bei *Schulze-Osterloh* (Fn. 14) S. 93; ausdrücklich § 948 E I.
[76] RG WarnR 1925 Nr. 19; zur Grundbucheintragung bei Teilveräußerung eines Bruchteils vgl. § 741 RdNr. 16.
[77] Einräumung von Mitbesitz! Zur Verpfändung von Sammeldepotanteilen vgl. *Opitz* JW 1928, 2603.
[78] Eingehend RGRK/*Pikart* § 1008 RdNr. 26.
[79] BayObLGZ 1956, 476 = DNotZ 1958, 393 m. Anm. *Saage* und *Weber*; OLG Frankfurt DNotZ 1962, 256; KEHE/*Eickmann* § 7 RdNr. 4.
[80] Zu § 571 aF *Erman/Schopp* (7. Aufl.) § 571 RdNr. 6; *Staudinger/Emmerich* (1997) § 571 RdNr. 31 mwN; vgl. auch OLG Celle SoergRspr. (1900/1901) § 747 b: keine Bindung, wenn die Mieträume noch nicht überlassen waren.
[81] KG Recht 1901 Nr. 149.

möglich.[82] Gutgläubiger Erwerb von Miteigentum an Grundstücken und von Bruchteilen an Grundstücksrechten ist unter den Voraussetzungen des § 892 ohne weiteres möglich.[83] Er geht auf Kosten des Eigentümers (Berechtigten) oder der wahren Miteigentümer (Mitberechtigten). Der gutgläubige Erwerb kann, wenn nur die Größe des Bruchteils unrichtig eingetragen ist (RdNr. 18), auch diese umfassen (anders bei fehlender Eintragung der Größe des Bruchteils; vgl. § 742 RdNr. 6, § 1008 RdNr. 19). Auch Veräußerungsgeschäfte bzw. Quotenänderungen (RdNr. 14) unter den Teilhabern sind Verkehrsgeschäfte und können unter Umständen einen gutgläubigen Erwerb einleiten.[84] Zum Investmentanteil vgl. auch hier wieder § 741 RdNr. 50 f. Bei Erwerbsvorgängen zugunsten eines Teilhabers kann es an dem für einen gutgläubigen Erwerb erforderlichen **Tatbestand des Verkehrsgeschäfts** fehlen (vgl. 4. Aufl. § 892 RdNr. 38 ff.; § 932 RdNr. 18 f.).[85] So bei der Realteilung (§ 752 RdNr. 5) oder Umwandlung in Gesamthandseigentum.[86] Das muss sogar gelten, wenn dabei die Anteile verändert werden.[87] Die rechtsgeschäftliche Begründung von Miteigentum durch einen bisherigen vermeintlichen Alleineigentümer ist Verkehrsgeschäft nur zugunsten der anderen Teilhaber. Sie können gutgläubig erwerben. Der Veräußerer erwirbt nicht etwa selbst gutgläubig einen Bruchteil an der Sache.[88] Eine weitergehende Auffassung lehnt den gutgläubigen Erwerb eines Teilhabers vom anderen überhaupt ab.[89] Einer so weitgehenden Einschränkung ist BGHZ 173, 71 = NJW 2007, 3204 = JR 2008, 373 m. Anm. *Schubert* = JuS 2008, 276 *(Karsten Schmidt)* mit Recht entgegengetreten. Gesetz und Interessenlage rechtfertigen eine so weitgehende Beschneidung des Verkehrsschutzes nicht.[90]

Sowohl bei Erwerbsvorgängen zugunsten Dritter als auch zugunsten von Teilhabern kann **20** aber der gutgläubige Erwerb am **Erfordernis des Rechtsscheinträgers** scheitern. **Alleinbesitz des Veräußerers** einer beweglichen Sache reicht nach § 932 unstreitig aus, mag er nun als angeblicher Alleineigentümer oder als angeblicher Miteigentümer verfügen. Dagegen kommt bei bloßem **Mitbesitz des Verfügenden** nach hM grundsätzlich kein gutgläubiger Erwerb eines Miteigentumsbruchteils oder eines Rechts am Bruchteil in Betracht, denn der Mitbesitz begründet zwar die Vermutung von Miteigentum, nicht aber die Vermutung einer konkreten Miteigentumsquote.[91] Anders soll es sich verhalten, wenn die anderen Mitbesitzer zustimmen.[92] Die 3. Aufl. hatte sich diesem Standpunkt teilweise angeschlossen. Dieser Standpunkt bedarf im Hinblick auf §§ 932, 935 der Präzisierung: Ist ein Mitbesitzer in Wahrheit nur Miteigentümer, verfügt er aber zu Lasten eines mitbesitzenden Miteigentümers über seine Quote hinaus, so ist wiederum der gute Glaube an die

---

[82] BGHZ 173, 71 = NJW 2007, 3204 = JR 2008, 373 m. Anm *Schubert* = JuS 2008, 276 *(Karsten Schmidt)*; eingehend *Staudinger/Gursky* § 892 RdNr. 113; *Koller* JZ 1972, 646; *Krauel*, Die Anwendung der Vorschriften des BGB über den Eigentumserwerb beim Miteigentum, Diss. Leipzig 1907.
[83] BGHZ 173, 71 = NJW 2007, 3204 = JR 2008, 373 m. Anm *Schubert* = JuS 2008, 276 *(Karsten Schmidt)*; *Koller* JZ 1972, 647 f.; *RGRK/Pikart* § 1008 RdNr. 35.
[84] *Staudinger/Langhein* RdNr. 27 f.
[85] Gegen dieses Erfordernis aber *Wittkowski,* Die Lehre vom Verkehrsgeschäft, 1990, S. 32 ff., 149 ff.
[86] So *Lutter* AcP 164 (1964), 160 f.; *Koller* JZ 1972, 648; *Staudinger/Gursky* § 892 RdNr. 93; *Soergel/Baur* (11. Aufl.) § 892 RdNr. 24; vgl. auch für den umgekehrten Fall der Umwandlung einer Erbengemeinschaft in Bruchteilseigentum: RGZ 117, 257, 265 f.; RG SeuffA 83 Nr. 190; zur Übertragung auf eine Gesamthandsgesellschaft Gruchot 71, 272; vgl. zum Verkehrsgeschäft auch KG Recht 1927 Nr. 1190; JW 1928, 1827, 1828; JW 1927, 2521; *Meyerowitz* JW 1928, 522 zu Nr. 2; zur Verfügung zwischen Eheleuten s. aber RG DJZ 1929, 917.
[87] *Koller* JZ 1972, 648 mwN.
[88] RG DJZ 1929, 917.
[89] OLG Köln LZ 1930, 1128; BayObLG BayZ 1927, 364; JW 1928, 522; s. auch KG JW 1927, 2521; *Würdinger*, Gesellschaftsrecht I, 1937, § 2 II 2 c; *Soergel/Stürner* § 892 RdNr. 24; einschränkend KG HRR 1928 Nr. 1833.
[90] Insoweit wie hier *Wittkowski* (Fn. 85) S. 149 ff.
[91] Vgl. 3. Aufl. RdNr. 17; *Seeler*, Das Miteigentum, 1899, S. 43; *Schulze-Osterloh* (Fn. 14) S. 212; *Koller* JZ 1972, 648 ff.; zust. *Staudinger/Langhein* RdNr. 23; *Soergel/Mühl* § 932 RdNr. 6; *Palandt/Bassenge* § 932 RdNr. 1; aA *Hager*, Verkehrsschutz durch redlichen Erwerb, 1990, S. 320 ff.; *Schnorr* (Fn. 62) S. 294 ff.; *Wilhelm*, Sachenrecht, 3. Aufl. 2007, RdNr. 1006 ff.
[92] *Koller* JZ 1972, 650; zust. hier noch die 3. Aufl.

Größe des Anteils nicht geschützt.[93] Ebenso, wenn in Wahrheit Gesamthandseigentum, nicht Miteigentum vorliegt.[94] Der Grund liegt bei § 935, denn die Verfügung bricht unmittelbaren Mitbesitz bzw. Gesamthandsbesitz. Dagegen kann zu Lasten eines nicht mitbesitzenden (Mit-)Eigentümers Miteigentum gutgläubig erworben werden. Auch ohne Alleinbesitz und ohne Zustimmung sämtlicher Mitbesitzer kann der mitbesitzende Veräußerer einen gutgläubigen Erwerb zu Lasten eines nicht mitbesitzenden Miteigentümers einleiten.[95] In diesen Fällen ist streng auf die Anforderungen des § 932 Abs. 2 an den guten Glauben zu achten. Das gilt auch für den von BGHZ 68, 323 = NJW 1977, 1240 großzügig zugelassenen gutgläubigen Erwerb rechtsgeschäftlicher Unternehmerpfandrechte.[96] Die Verfügung unter Behauptung von Alleineigentum ist von diesen Fällen streng zu trennen (RdNr. 5). Räumt ein Veräußerer, der vorgebliches Alleineigentum übertragen will, dem Erwerber nur Mitbesitz ein, so erlangt der Erwerber weder Alleineigentum noch Miteigentum.[97]

21 c) Sammeldepotanteile. Zur Verfügung über Sammeldepotanteile vgl. zunächst § 1008 RdNr. 31. Die Übertragung des Anteils an einem Sammeldepot ist Übereignung nach §§ 929 ff., obwohl sie nicht dem sachenrechtlichen Spezialitätsprinzip folgt, sondern nur als Verfügung über den Anteil an allen im Miteigentum stehenden Papieren möglich ist. Nichts anderes gilt für die Rechtsübertragung im **Effektengiroverkehr**.[98] Der Effektengiroverkehr ist der buchmäßige stückelose Verkehr mit Wertpapieren auf der Grundlage der Girosammelverwahrung. Die Rechtsgrundlagen der Verfügung über den Miteigentumsanteil am Girosammeldepot sind im Einzelnen außerordentlich umstritten.[99] Verfügung über den Anteil am einzelnen Stück ist nicht möglich, aber die Verfügung über das Miteigentum am Gesamtbestand richtet sich nach §§ 929 ff., 1204 ff. Dabei manifestiert sich der mittelbare Besitz in der Eintragung im Depotbuch.[100] Die zu Übereignungszwecken oder zu Belastungszwecken erfolgende Umbuchung ist, sofern vom Anteilsveräußerer veranlasst, Übergabe iS der §§ 929, 1205.[101] De facto erscheint damit die Umbuchung als ein im BGB nicht geregeltes Übergabesurrogat, jedoch mit übergabeähnlicher Publizitätswirkung.[102] Übergabe im Rechtssinne ist die Umstellung des Besitzmittlungsverhältnisses.[103] Gutgläubiger Erwerb richtet sich demgemäß nach §§ 932, 1207

---

[93] *Schulze-Osterloh* (Fn. 14) S. 212.
[94] *Schulze-Osterloh* (Fn. 14) S. 212.
[95] Insoweit wie hier *Wilhelm* (Fn. 91) RdNr. 908: C veräußert unter unwirksamer Einigung und Übergabe seinen Miteigentumsanteil an X, der ihn an E weiterveräußert. Dann erwirbt E auch nach der hier vertretenen Auffassung nach § 932 Miteigentum. Die 3. Aufl. hatte diese Lösung auf den Fall beschränkt, dass der Veräußernde auch die Besitzposition des nichtbesitzenden Miteigentümers wahrnimmt.
[96] Diese Entscheidung ist im Grundsatz bedenklich; krit. *Picker* NJW 1978, 1417.
[97] BGH MDR 1962, 981; RGRK/*Pikart* § 929 RdNr. 27.
[98] *Assmann/Schütze* (Hrsg.), Handbuch des Kapitalanlagerechts, 3. Aufl. 2007, § 10 RdNr. 20; BankR-HdB/*Gößmann* § 72 RdNr. 102 ff.; *Becker*, Das Problem des gutgläubigen Erwerbs im Effektengiroverkehr, 1981; *Brink*, Rechtsbeziehungen und Rechtsübertragung im nationalen und internationalen Effektengiroverkehr, 1976; *Claussen*, Bank- und Börsenrecht, 4. Aufl. 2008, § 6 RdNr. 258 ff.; *Deichmann*, Effekten-Zentralsammeldepots, Diss. Göttingen 1929; *Delorme*, Die Wertpapiersammelbanken, 1970, S. 29 ff.; *Einsele*, WertpapierR als SchuldR, 1995, 161 ff.; *Körner*, Die Entstückung des Effektenwesens nach dem Rechtsmodell der Sammelschuldbuchforderung, Diss. Köln 1971; *Kümpel*, Bank- und Kapitalmarktrecht, 3. Aufl. 2004, RdNr. 11.400 ff.; *Pavel*, Das Girosammeldepot und die Einbeziehung der verlosbaren Wertpapiere in den Effektengiroverkehr, Diss. Freiburg 1931; *Schönle*, Bank- und Börsenrecht, 2. Aufl. 1975, § 21; *Canaris* Bankvertragsrecht, 2. Aufl. 1981, RdNr. 1988 ff., 2007 ff.; MünchKommHGB/*Einsele* 1. Aufl. Depotgeschäft RdNr. 95 ff.; *Schwintowski/Schäfer* Bankrecht, 2. Aufl. 2004, § 16 RdNr. 55.
[99] Vgl. iE *Brink* (Fn. 98) S. 87 ff.; *Canaris* (Fn. 98) RdNr. 2016 ff.; *Einsele* (Fn. 98) S. 64 ff., 89 ff., 144 ff., 161 ff.; *Kümpel* (Fn. 98) RdNr. 11.401 ff.; ders. WM 1980, 422, 426 f.
[100] *Brink* (Fn. 98) S. 82; *Canaris* (Fn. 98) RdNr. 2021, 2027; *Körner* (Fn. 98) S. 117.
[101] BGH LM § 812 Nr. 263 = NJW 1999, 1393; *Brink* (Fn. 98) S. 95 f.; str.; vgl. eingehend *Zöllner*, FS L. Raiser, 1974, S. 249, 261 ff.; *Kümpel* (Fn. 98) RdNr. 11.407; ders. WM 1980, 422, 426 f.; *Becker* (Fn. 98) S. 71 ff.; *Canaris* (Fn. 98) RdNr. 2021 a f.: Verfügung ohne Übergabe!
[102] Umfassende Generalkritik allerdings bei MünchKommHGB/*Einsele* Depotgeschäft RdNr. 101 ff.
[103] So auch BankR-HdB/*Gößmann* § 72 RdNr. 104; aA *Einsele* (Fn. 98) S. 161 ff.; MünchKommHGB/*Einsele* 1. Aufl. Depotgeschäft RdNr. 105 ff.

BGB, 366 HGB.[104] Die Berechtigung dieses gutgläubigen Erwerbes ist zu bejahen, obgleich der mittelbare Mitbesitz kein vollwertiger Rechtsscheinträger ist. Auch in dieser Hinsicht muss der Buchung im Verwahrungsbuch die dem Besitz zukommende Publizitätsfunktion beigemessen werden.[105] Dementsprechend erfolgt die Verpfändung nach § 1205 Abs. 1 S. 1, nicht nach § 1205 Abs. 2.[106] Wie bei § 1008 RdNr. 31 ausgeführt, ist aber eine Übergabe durch Umstellung des Besitzmittlungsverhältnisses seitens des Veräußerers und des Erwerbers nur anzuerkennen, wenn die Übereignung dem Besitzmittler angezeigt wird. Vor allem bei der Verpfändung liegt deshalb eine Erleichterung gegenüber § 1205 Abs. 2 überhaupt nicht vor (str.). Insbesondere der **Fern-Giroverkehr**[107] (Übertragung eines Sammelbestandteils auf ein Konto bei einem anderen Kassenverein mittels Wertpapierfernschecks) führt zur Übertragung von Miteigentum nach § 929 bzw. zur Verpfändung nach § 1205 Abs. 1.[108] Gutgläubiger Erwerb ist nach §§ 932, 1207 BGB, 366 HGB möglich.[109]

Der gutgläubige Erwerb geht **auf Kosten des bisherigen Miteigentümers,** sofern er sich auf den Anteil eines bestimmten Miteigentümers bezieht.[110] Der Erwerb kann nach wohl richtiger Auffassung **auch zu Lasten aller Miteigentümer** – soweit Kunden der verfügenden Bank – gehen, etwa wenn über einen überhaupt nicht vorhandenen Anteil oder über einen größeren als den vorhandenen Anteil verfügt wird.[111] Die Rechtslage ähnelt dann der beim gutgläubigen Erwerb eines unrichtig im Grundbuch eingetragenen Eigentumsbruchteils (RdNr. 19). Wo das geltende Recht gutgläubigen Erwerb anerkennt, stellt es den Verkehrsschutz über den Schutz des Berechtigten (hier den Depotkundenschutz). Auch der formale Einwand, gutgläubiger Erwerb setze das Vorhandensein des Gegenstands voraus und könne einen nicht vorhandenen Bruchteil nicht schaffen, überzeugt nicht. Wer über einen Eigentumsbruchteil verfügt, verfügt über Eigentum. Dieses existiert aber auch über den wahren Bruchteil hinaus. § 935 (RdNr. 20) steht nicht entgegen, weil unmittelbarer Besitz nicht gebrochen wird.

d) Kaufvertrag. Das Kaufrecht folgt den Grundsätzen, die für den Verkauf des ungeteilten Gegenstands gelten. ZB gilt die Rspr. zum Verkauf von Grundstücken oder GmbH-Anteilen auch für den Verkauf eines Anteils-Bruchteils. Der schuldrechtliche Kaufvertrag über einen Miteigentumsanteil ist Sachkauf, nicht Rechtskauf.[112] Zum Vorkaufsrecht, das auch zugunsten eines Teilhabers vereinbart sein kann,[113] vgl. §§ 463 ff., 1095.

III. Verfügung über den gemeinschaftlichen Gegenstand

1. Grundfragen. a) Verfügungsbefugnis. Der Grundsatz allseitiger Rechtszuständigkeit (RdNr. 1) kann nicht durch Mehrheitsbeschluss nach § 745 geändert werden. **Alle**

---

[104] *Koller* DB 1972, 1905 ff.; *Brink* (Fn. 98) S. 101 ff.; *Canaris* (Fn. 98) RdNr. 2026 ff.; *Kümpel* (Fn. 98) RdNr. 11 414 f.; RGRK/*Pikart* § 1008 RdNr. 35: abl. MünchKommHGB/*Einsele* 1. Aufl. Depotgeschäft RdNr. 106.

[105] *Fabricius* AcP 162 (1963), 482; *Koller* DB 1972, 1905 f.; zust. *Canaris* (Fn. 98) Anm. 2026 ff.; *Heinsius/Horn/Than,* Depotgesetz, 1975, § 6 Anm. 91; *Kümpel* (Fn. 98) RdNr. 11.415 f.; *Schlegelberger/Hefermehl,* 5. Aufl. 1977, Anh. § 406 HGB RdNr. 327; BankR-HdB/*Gößmann* § 72 RdNr. 113; Kritik bei *Wilhelm* (Fn. 91) RdNr. 1010 f.; dazu auch MünchKommHGB/*Einsele* 1. Aufl. Depotgeschäft RdNr. 107 f. (im Ergebins abl. RdNr. 109).

[106] Vgl. *Canaris* (Fn. 98) RdNr. 2032 ff.; *Schlegelberger/Hefermehl* (Fn. 105) Anh. § 406 HGB RdNr. 330.

[107] *Delorme* (Fn. 98) S. 34 f.; *Gellert,* Kassenvereine, 1957, S. 93 ff.; *Heinsius/Horn/Than* (Fn. 105) § 6 DepG RdNr. 92; *Schlegelberger/Hefermehl* (Fn. 105) Anh. § 406 HGB RdNr. 328 f.; *Koller* DB 1972, 1905, 1908.

[108] *Brink* (Fn. 98) S. 90 ff.; *Heinsius/Horn/Than* (Fn. 105) § 6 DepG RdNr. 93.

[109] *Koller* DB 1972, 1905 ff.; *Brink* (Fn. 98) S. 105 f.; Begründung problematisch; vgl. *Zöllner*, FS L. Raiser, 1974, S. 261 ff.

[110] *Koller* DB 1972, 1905, 1907; *Brink* (Fn. 98) S. 103 f.; *Canaris* (Fn. 98) RdNr. 2030.

[111] *Koller* DB 1972, 1905, 1908; *Canaris* (Fn. 98) RdNr. 2030; *Schlegelberger/Hefermehl* (Fn. 105) Anh. § 406 HGB RdNr. 327; aA *Brink* (Fn. 98) S. 104 f.; MünchKommHGB/*Einsele* Depotgeschäft RdNr. 106.

[112] RG WarnR 1925 Nr. 19; RG HRR 1928 Nr. 1799; s. auch OLG Düsseldorf NJW 1971, 1847; zust. *Staudinger/Langhein* RdNr. 29.

[113] Dazu BGHZ 13, 133 = NJW 1954, 1035; BGHZ 48, 1 = NJW 1967, 1607; BGH WM 1964, 913; BayObLGZ 1952, 231, 246.

Teilhaber müssen verfügen. Verfügt einer im Namen aller, so muss jeder andere Teilhaber Vollmacht erteilen (§ 164) oder genehmigen (§ 177), wenn dieses Geschäft wirksam sein soll. Verfügt einer im eigenen Namen, so hängt die Wirksamkeit der Verfügung nach § 185 von der Zustimmung der anderen ab (vgl. § 185 RdNr. 29). Aus einer Vereinbarung unter den Teilhabern kann sich die **schuldrechtliche Pflicht zur Mitwirkung** bei Verfügungen ergeben.[114] Eine solche Vereinbarung bedarf bei Grundstücken der Form des § 311b Abs. 1. Soweit Verfügungen im Rahmen ordnungsgemäßer Verwaltung und Benutzung anfallen, kann sich auch aus einem Mehrheitsbeschluss die Verpflichtung zur Mitwirkung ergeben.[115] Eine gesetzliche Pflicht zur Zustimmung kann aus § 744 Abs. 2 folgen. Zur Frage, ob sich aus Verwaltungsregelungen nach **§§ 745, 744 Abs. 2** auch eine Vertretungs- oder Verfügungsmacht ergeben kann vgl. §§ 744, 745 RdNr. 31 f., 45 f. Über die **Ermächtigung** eines Teilhabers zur Verfügung über den Gegenstand im eigenen Namen vgl. auch RdNr. 8.

25   b) **Rechtskonstruktion.** Die Rechtskonstruktion der Verfügung nach S. 2 ist umstritten. Die von BGH LM § 139 Nr. 80 = NJW 1994, 1470, 1471 favorisierte Ansicht folgt dem Gesetzeswortlaut: Gegenstand der Verfügung ist nach ihr im Fall des S. 2 der gemeinschaftliche Gegenstand, aber es müssen alle Teilhaber verfügen.[116] Das entspricht dem Gesetzeswortlaut und auf den ersten Blick auch der Realität des Vorgangs. Danach verfügen alle über einen Gegenstand, der ihnen nicht (nicht ausschließlich!) gehört. Nach der hier vertretenen Auffassung ist die Verfügung über den gemeinschaftlichen Gegenstand eine **koordinierte Verfügung aller Teilhaber über ihre Bruchteile**, nicht – wie bei einer Gesamthand (§ 741 RdNr. 6) – Verfügung „der Gemeinschaft" als Gruppe über den gemeinschaftlichen Gegenstand insgesamt.[117] Ziel der Verfügung ist die Veräußerung oder Belastung des Gegenstands in toto (erkennbar zB an der Grundbucheintragung), aber erreicht wird dieses Ziel durch die Summe von Einzelverfügungen aller Mitberechtigten. Die Frage ist von Bedeutung für die Behandlung des Falls, dass einer der Teilhaber unwirksam verfügt. Nach der hier früher vertretenen Auffassung sollte der Fall als ein solcher der subjektiven Teilnichtigkeit (§ 139 RdNr. 29 ff.) nach § 139 behandelt werden.[118] Nach BGH LM § 139 Nr. 80 = NJW 1994, 1470, 1471 handelt es sich um ein Problem der Umdeutung (§ 140) einer Verfügung nach S. 2 in eine solche nach S. 1.[119] Richtig scheint: Die Verfügungen aller Teilhaber nach S. 2 sind regelmäßig an die wechselseitige Bedingung ihrer Wirksamkeit geknüpft. Die vom BGH nach § 140 behandelten Fälle werfen nur die Frage auf, ob die Abhängigkeit ausnahmsweise nicht gewollt ist, die Verfügung eines Teilhabers also unabhängig von der Wirksamkeit der anderen wirksam sein soll (vorstellbar zB bei vorweggenommener Erbfolge zugunsten eines gemeinschaftlichen Kindes).

26   2. **Einzelfragen. a) Veräußerung an einen Teilhaber.** Veräußerung des Gegenstands an einen Teilhaber ist Veräußerung der übrigen Bruchteile an ihn (anders bei Zwangsversteigerung nach § 753 RdNr. 16 ff.).[120] Sollen die Bruchteile zum Zwecke der „Umwandlung" der Gemeinschaft in eine Gesamthand eingebracht werden (§ 741 RdNr. 7), so findet

---

[114] Vgl. auch BGH WM 1964, 913, 915.
[115] RG DR 1944, 572.
[116] *Erman/Aderhold* RdNr. 5; *Palandt/Sprau*, RdNr. 4, so im Ergebnis auch die vor der ersten Auflage dieses Kommentars hM, weil das gemeinschaftliche Recht mehr sei als die Summe der Anteile; *Larenz* JherJb. 83 (1933), 120 ff.; *A. Blomeyer* AcP 159 (1960/61), 385; *Saenger* (Fn. 2) S. 76; *Schünemann*, Grundprobleme der Gesamthandsgesellschaft, 1975, S. 170; jetzt auch *Staudinger/Langhein* RdNr. 72; doch ist auch der Eigentumsbruchteil Eigentum, und es geht diesem scheinbar konstruktivistischen Ansatz nur um die Verdeutlichung der geteilten Rechtszuständigkeit.
[117] *Bamberger/Roth/Gehrlein* RdNr. 7 Fn. 26; *Kümpel*, Bank- und Kapitalmarktrecht, 2. Aufl. 2000, RdNr. 3239; vgl. schon *v. Tuhr* I § 3 IV; s. auch *Soergel/Hadding* RdNr. 4 („idR auch zugleich").
[118] BGH WM 1974, 972, 973; 1987, 1038; RG JW 1910, 473; RGRK/*v. Gamm* RdNr. 5; *Soergel/Hadding* RdNr. 5; aA *Würdinger* (Fn. 89) § 2 II 2 c; *Haupt/Reinhardt*, Gesellschaftsrecht, 4. Aufl. 1952, § 2 II 2 b; *Reinhardt/Schultz* Gesellschaftsrecht, 2. Aufl. 1981, RdNr. 26.
[119] So BGH LM § 139 Nr. 80 = NJW 1994, 1470, 1471; *Larenz* JherJb. 83 (1933), 133; *Bamberger/Roth/Gehrlein* RdNr. 7; *Erman/Aderhold* RdNr. 5; *Palandt/Sprau* RdNr. 4; *Soergel/Hadding* RdNr. 4; *Staudinger/Langhein* RdNr. 74; *Staudinger/H. Roth* (2003) § 140 RdNr. 65.
[120] S. auch RGZ 56, 96, 100, zust. *Staudinger/Langhein* RdNr. 70.

auch hier das erforderliche Veräußerungsgeschäft[121] durch Einbringung aller Bruchteile in die Gesamthandsgemeinschaft statt.

b) Belastungen. Die Belastung des gemeinschaftlichen Gegenstands nach § 747 S. 2 **27** wird ebenfalls durch Verfügung über die Anteile bewirkt. So die **Nießbrauchbestellung** an allen Anteilen, die den Anteilsnießbraucher berechtigt, die Nutzungsrechte der einzelnen Teilhaber auszuüben.[122] Die Belastung des gemeinschaftlichen Grundstücks mit einer Hypothek macht diese zur **Gesamthypothek** auf allen Bruchteilen (s. auch § 1008 RdNr. 16; § 1009 RdNr. 6).[123] Es finden demgemäß die §§ 1114, 1132, 1163, 1172, 1173, 1177 Anwendung. Im Fall einer Grundschuld gelten demgemäß die Bestimmungen über die **Gesamtgrundschuld**.[124] Die Vollstreckung kann nicht nur in das Grundstück insgesamt, sondern wahlweise in jeden Miteigentumsbruchteil betrieben werden.[125] Befriedigt ein Miteigentümer den Hypothekengläubiger, so geht die Hypothek nach § 1173 Abs. 2 als Gesamthypothek auf ihn über, soweit er regressberechtigt ist; in dieser Höhe besteht die Gesamthypothek als Fremdhypothek am Fremdbruchteil und als Eigentümerhypothek am Eigenbruchteil.[126] Eine **Gesamteigentümergrundschuld** entsteht, wenn für alle Miteigentümer eine Grundschuld bestellt wird (s. auch RdNr. 15).[127] Nach BayObLGZ 1962, 184 können Miteigentümer eines Grundstücks zu Hälfteanteilen, denen außerdem auch in ihrem Alleineigentum stehende Grundstücke gehören, ihren gesamten Grundbesitz mit einer ihnen in Bruchteilsgemeinschaft zustehenden Gesamtgrundschuld belasten. Der Umstand, dass diese Grundschuld teils Eigentümergrundschuld, teils Fremdgrundschuld ist, steht der Eintragung nicht im Wege. Die nach § 1009 Abs. 1 nur für einen Miteigentümer bestellte Grundschuld ist dagegen keine Eigentümergrundschuld. Dem Miteigentümer ist nicht nach §§ 1177, 1196 der Zugriff auf das Grundstück versagt.[128] Versagt ist ihm nur der Zugriff auf den eigenen Bruchteil (§ 1009 RdNr. 6).[129] Der Zugriff auf jeden beliebigen anderen Bruchteil steht dem Miteigentümer nach hM auf Grund § 1132 frei, kommt aber kaum in Betracht, weil dieser Zugriff meist mit den schuldrechtlichen Abreden unvereinbar ist (§ 1009 RdNr. 6). Das Grundpfandrecht stellt auch in diesem Fall eine Einheit dar. Gutgläubiger Erwerb nach § 892 kann mit KG Recht 1928 Nr. 2461 nur insgesamt, nicht nach Bruchteilen, bejaht oder verneint werden.

c) Vorkaufsrecht. Die Ausübung eines Vorkaufsrechts bereitet in Fällen des § 747 S. 2 **28** Schwierigkeiten. Erstreckt sich das Vorkaufsrecht auf den gesamten Gegenstand, so sind

---

[121] RGZ 56, 96, 101; 57, 432, 434; st. Rspr.; aA noch RGZ 30, 150, 152.
[122] KG NJW 1964, 1808, 1809, freilich mit der bedenklichen Begründung, der Nießbraucher sei „Mitglied" der Gemeinschaft.
[123] BGH LM § 1132 Nr. 1 = NJW 1961, 1352; BGHZ 40, 115, 120 = LM § 2044 Nr. 1 m. Anm. *Nirk* = NJW 1963, 2320, 2321; BGH WM 1966, 577, 579; NJW 1983, 2449, 2450; FamRZ 2007, 1667, 1668; RGZ 146, 363; KG JW 1938, 230; JR 1957, 420; BayObLGZ 1962, 184, 187; OLG Köln KTS 1958, 155; OLG Hamburg MDR 1960, 321; OLG Frankfurt DNotZ 1961, 411; OLG Oldenburg Rpfleger 1970, 100, 102; LG Nürnberg-Fürth Rpfleger 1960, 156, 157; *Nehlert* JR 1951, 463; *Westermann/Gursky/Eickmann*, Sachenrecht, 7. Aufl. 1998, § 108 II 1; *Baur/Stürner*, Sachenrecht, 17. Aufl. 1999, § 43 I 11; *Wolff/Raiser*, Sachenrecht, 10. Aufl. 1957, § 148 Fn. 5; *Erman/Wenzel* § 1132 RdNr. 6; *Soergel/Konzen* § 1132 RdNr. 6; *Staudinger/Wolfsteiner* § 1132 RdNr. 17; im Ergebnis auch *Staudinger/Langhein* RdNr. 73; aA RG JW 1910, 473 (allerdings mit dem Hinweis, das Grundpfandrecht laste auf allen Anteilen); *Weinberg* JR 1929, 153; *N. Hilger* (Fn. 42) S. 64; *Haupt/Reinhardt* (Fn. 118) § 2 II 2b; *Würdinger* (Fn. 89) § 2 II 2 c; *Planck/Lobe* Anm. 8; zweifelnd RGRK/*v. Gamm* RdNr. 5; wohl auch *Soergel/Hadding* RdNr. 5; vermittelnd KG HRR 1930 Nr. 1748; nur eine summenmäßige Teilung in mehrere Grundpfandrechte verneint RG Gruchot 55, 670, 674.
[124] Zusammenfassend BGH FamRZ 2007, 1667, 1668.
[125] RG Gruchot 55, 670, 674.
[126] RG Gruchot 55, 670, 674; BGH NJW-RR 1986, 233 = ZIP 1986, 89, 90; *Bamberger/Roth/Gehrlein* RdNr. 8 (die als Gegenauffassung interpretierte Formulierung der Vorauflagen war missverständlich).
[127] BGH NJW 1996, 2231, 2233; BayObLGZ 1962, 184, 187; s. auch BGH NJW 1975, 445; LG Köln RNotZ 2002, 336, 337.
[128] BayObLG SeuffA 58 Nr. 214; hM; aA *Heinsheimer*, FS Wach III, 1913, S. 165 f.
[129] BayObLG SeuffA 58 Nr. 214; KG JR 1957, 420; *Nehlert* JR 1951, 465; *Wolff/Raiser* (Fn. 123) § 145 IV; *Erman/Aderhold* § 1009 RdNr. 1; RGRK/*Pikart* § 1009 RdNr. 5.

§ 747 29, 30   Abschnitt 8. Titel 17. Gemeinschaft

Verkauf und Veräußerung der Anteile **an einen Miteigentümer** ebenso wenig ein Vorkaufsfall wie eine Übertragung des Volleigentums an ihn zum Zwecke der Aufhebung der Gemeinschaft; der Miteigentümer ist nicht Dritter iS der Vorkaufsbestimmungen.[130] Allerdings ist eine abweichende Vereinbarung möglich.[131] Belastet das Vorkaufsrecht lediglich einen **Miteigentumsbruchteil**, so ist mit BGHZ 48, 1 = NJW 1967, 1607 ein Vorkaufsfall jedenfalls dann zu verneinen, wenn einem Miteigentümer, dessen Anteil nicht mit dem Vorkaufsrecht belastet ist, das gesamte Grundstück im Verfahren der Teilungsversteigerung zugeschlagen wird (vgl. Erl. zu § 463; § 753 RdNr. 30). Darüber hinaus sollte gelten, dass die Vereinigung des Eigentums in der Hand eines Teilhabers im Zweifel kein Vorkaufsfall ist, gleich, ob sie als Teilungsabrede (§ 749 RdNr. 31 ff.) oder als Kaufgeschäft vereinbart wird. Wird die im Miteigentum stehende Sache an einen Dritten veräußert, so kommt die Ausübung eines Vorkaufsrechts praktisch nur in Betracht, wenn dieses entweder den gesamten Gegenstand betrifft oder auf allen Bruchteilen gleichzeitig lastet. Haben alle Miteigentümer einander wechselseitig Vorkaufsrechte hinsichtlich ihrer Bruchteile eingeräumt, so ergibt eine Auslegung nach dem Sinn dieses Vorkaufsrechts, dass der Verkauf der ganzen Sache an einen Dritten im Zweifel kein Vorkaufsfall sein soll. Nach BGH WM 1964, 913 spricht jedenfalls kein Erfahrungssatz gegen diese Auslegung.[132]

29   d) **Entgelt.** Der Kaufpreisanspruch aus dem Verkauf des gemeinschaftlichen Gegenstands steht nicht ohne weiteres jedem einzelnen Teilhaber in Höhe seines Bruchteils zu.[133] Dies kann zwar im Einzelfall durch Aufhebung der Surrogats-Gemeinschaft vereinbart sein; dann ist mit dem Käufer Teilgläubigerschaft vereinbart. Regelmäßig kann nur **Leistung an alle** verlangt werden. Die Begründungen differieren: Teils wird darauf verwiesen, dass eine Gesamthandsforderung vorliegt;[134] teils wird mit dem Begriff der „rechtlichen Unteilbarkeit" einer Geldforderung[135] und demgemäß mit § 432 operiert. Zugrunde liegen dürfte der Gedanke der Surrogation: Solange sie nicht auf Grund Vereinbarung real geteilt ist, bleibt die Forderung als Surrogat des gemeinschaftlichen Gegenstands ungeteilt (§ 741 RdNr. 43 f.).[136] Auch der Erlös steht den Teilhabern in Gemeinschaft zu.[137] Die Befugnis zur Klage auf Leistung an alle folgt aus § 432 (§ 741 RdNr. 47 f.).

30   e) **Verfügungen Nichtberechtigter.** Bei Verfügungen Nichtberechtigter gelten für den **gutgläubigen Erwerb** des gemeinschaftlichen Gegenstands die allgemeinen Vorschriften, beim Eigentumserwerb an Sachen also §§ 932 ff., 892. Auch ein Miteigentümer kann gutgläubig Alleineigentum erwerben (RdNr. 19). Zweifelhaft ist dies nur beim rechtsgeschäftlichen Erwerb im Zuge der Gemeinschaftsteilung (§§ 752 RdNr. 5; 753 RdNr. 14). Ob alle angeblichen Miteigentümer Nichteigentümer sind oder ob es nur am Miteigentum eines der Verfügenden fehlt, ist für die Anwendung der §§ 932 ff., 892 ohne Belang.[138] Auch ein Teilhaber kann nach Maßgabe der §§ 932 ff., 892 usw. als vorgeblich Alleinberechtigter einen gutgläubigen Erwerb einleiten, wenn der Erwerber gutgläubig hinsichtlich der alleinigen Berechtigung des Verfügenden ist und nicht § 935 im Wege steht. Verfügt der Teilhaber eigenmächtig im eigenen Namen über den als gemeinschaftlich bezeichneten Gegenstand, ohne sich als Alleinberechtigter auszugeben, so bedarf nach § 185 die Verfügung zu ihrer

---

[130] BGHZ 13, 133, 139 = LM § 504 Nr. 1 m. Anm. *Pritsch* = NJW 1954, 1035; BGH WM 1957, 1162; *Soergel/Stürner* § 1095 RdNr. 2.
[131] So jedenfalls für das schuldrechtliche Vorkaufsrecht BGHZ 13, 133 = LM § 504 Nr. 1 m. Anm. *Pritsch* = NJW 1954, 1035.
[132] Ebenso *Staudinger/Langhein* RdNr. 78.
[133] So aber wohl RG SoergRspr. 1909 § 743 Nr. 2.
[134] *Flume* AT I/1 § 8 (S. 114 f.).
[135] Dazu zB BGHZ 39, 14, 15 = LM § 709 Nr. 4 = NJW 1963, 641, 642 m. Anm. *Ganßmüller*; BGH LM § 743 Nr. 1 = NJW 1958, 1723; LM § 387 Nr. 46 = NJW 1969, 839; abl. *Diederichsen* MDR 1963, 633; vgl. auch zur umstrittenen Anwendung des § 432 auf die GbR BGHZ 12, 308 = LM § 709 Nr. 1 m. Anm. *Fischer* = NJW 1954, 1159; BGHZ 17, 340 = LM § 432 Nr. 2 m. Anm. *Fischer* = NJW 1955, 1393.
[136] Dazu BGH WM 1983, 604; OLG Düsseldorf WM 1998, 1875, 1879.
[137] BGH WM 1983, 604.
[138] *Palandt/Bassenge* § 932 RdNr. 1.

Verfügung über Anteil und gemeinschaftliche Gegenstände 31–34 § 747

Wirksamkeit der **Zustimmung aller anderen Teilhaber**.[139] Zur Frage, ob bei Mehrheitsbeschlüssen oder bei notwendigen Verfügungen eine Verfügungsmacht ohne Zustimmung der andere Teilhaber vorhanden ist, vgl. §§ 744, 745 RdNr. 31 f., 44. Wird die Zustimmung nicht erteilt, so bestimmt sich nach § 140, ob jedenfalls der eigene Bruchteil des Veräußerers veräußert ist. Die Ermittlung des hypothetischen Parteiwillens erfolgt unter sinngemäßer Anwendung von Teilnichtigkeitsgrundsätzen.[140] Verfügt ein Teilhaber als angeblich Alleinberechtigter über den gesamten Gegenstand und ist diese Verfügung nicht auf Grund gutgläubigen Erwerbes wirksam, so ist nach § 139 zu beurteilen, ob jedenfalls die Verfügung über den eigenen Bruchteil wirksam ist; in der Regel ist dies zu verneinen.[141] Der Mitinhaber eines Und-Kontos (§ 741 RdNr. 54 f.) kann von der Bank wegen einer nur vom anderen Mitinhaber veranlassten Überweisung lediglich Rückgängigmachung der Belastungsbuchung, nicht Rückzahlung des überwiesenen Betrages verlangen.[142]

IV. Sonderprobleme

1. Verfügungen von Ehegatten. Ehegatten können ungehindert über Miteigentumsbruchteile verfügen, wenn sie in **Gütertrennung** leben.[143] Aus § 1353 folgt kein absolutes Veräußerungsverbot (über relative Verbote vgl. RdNr. 11; über die Gemeinschaftsteilung § 749 RdNr. 15). Anders verhält es sich im Güterstand der **Zugewinngemeinschaft**. Macht der Miteigentumsanteil nahezu das ganze Vermögen eines in Gütergemeinschaft lebenden Ehegatten aus, so ist § 1365 zu beachten.[144] Auch die Anwendung des § 1369 auf Verfügungen über Haushaltsgegenstände, die im Miteigentum von Ehegatten stehen, ist zu bejahen (4. Aufl. § 1369 RdNr. 12). Die **Zwangsvollstreckung** in den Miteigentumsbruchteil durch den Gläubiger eines Ehegatten wird aber durch § 1369 nicht gehindert.[145]

2. Gesetzliche Pfandrechte. Für die Entstehung gesetzlicher Pfandrechte gilt § 747 sinngemäß (vgl. RdNr. 15). Das gesetzliche Pfandrecht entsteht an der Sache oder am einzelnen Bruchteil, je nachdem, ob sämtliche oder nur einzelne Teilhaber den Entstehungstatbestand für das gesetzliche Pfandrecht setzen. ZB entsteht ein gesetzliches Pfandrecht des Vermieters am Miteigentumsbruchteil eines Mieters, wenn dieser die gemeinschaftliche Sache iS von § 562 einbringt.[146] Das gilt auch sinngemäß für § 647. Zum gutgläubigen Pfandrechtserwerb vgl. RdNr. 19 f.

V. Prozessfragen

1. Aktiv- und Passivprozesse. Die gerichtliche Geltendmachung des gemeinschaftlichen Rechts steht ebenfalls allen Teilhabern gemeinschaftlich zu.[147] Eine Befugnis, gemeinschaftliche Rechte im eigenen Namen geltend zu machen, kann sich für den einzelnen Teilhaber aus §§ 432, 1011 ergeben, nach hM auch aus § 744 Abs. 2 (str.; vgl. §§ 744, 745 RdNr. 47 f.). Zur Geltendmachung gemeinschaftlicher Forderungen vgl. insbesondere § 741 RdNr. 47 f.

a) Aktivprozesse. Aktivprozesse der Bruchteilsberechtigten begründen nach der in der Literatur wohl noch hM grundsätzlich eine notwendige Streitgenossenschaft nach § 62

---

[139] § 185 RdNr. 22; *Erman/Aderhold* RdNr. 5.
[140] Insofern noch aktuell BGH LM LitUrhG § 6 Nr. 2 = MDR 1962, 798 = NJW 1962, 1613 (LS) unter Hinweis nur auf § 139.
[141] BGH GRUR 1959, 148, 149 m. Anm. *Kleine*; RG JW 1910, 473.
[142] Vgl. BGH WM 1980, 438; OLG Hamburg NZG 2000, 784, 785; *Schebesta* WM 1985, 1329, 1331.
[143] BGHZ 37, 38, 43 f. = LM § 242 Nr. 9 (c) m. Anm. *Johannsen* = NJW 1962, 1244.
[144] Vgl. BayObLG NJW-RR 1996, 962 (Zwangsversteigerung).
[145] *Karsten Schmidt* NJW 1974, 323 mN.; hM; aA LG Krefeld NJW 1973, 2304.
[146] RGZ 146, 334, 337; *Soergel/Hadding* RdNr. 2; *Staudinger/Emmerich* (2006) § 562 RdNr. 18.
[147] OLG Hamburg NZG 2000, 784, 785; *A. Blomeyer* AcP 159 (1960/61), 386; *Soergel/Hadding* RdNr. 7; RGRK/*v. Gamm* RdNr. 6; *Staudinger/Langhein* § 744 RdNr. 47.

Abs. 1 ZPO.[148] Entsprechendes gilt für die notwendige Verfahrensgenossenschaft, zB bei der Anmeldung einer gemeinschaftlichen Erfindung als Patent.[149] Nicht notwendig iS von § 62 Abs. 1 Alt. 2 ZPO ist allerdings die Streitgenossenschaft in den wichtigen Fällen der §§ 432, 1011. § 1011 begründet eine Prozessstandschaft für jeden Miteigentümer (§ 1011 RdNr. 1). Auch in diesen Fällen nahm aber die bisher wohl hM eine besondere Streitgenossenschaft nach § 62 Abs. 1 Alt. 1 ZPO an, wenn gemeinschaftlich geklagt wird (§ 1011 RdNr. 7). Entsprechendes gilt für andere Klagen eines Teilhabers oder mehrerer Teilhaber wegen Beeinträchtigung des gemeinschaftlichen absoluten Rechts (§ 1011 RdNr. 3; dort auch zu § 8 Abs. 2 S. 3 UrhG). Demgegenüber vertritt aber der BGH seit BGHZ 92, 351 = NJW 1985, 385 den Standpunkt, dass die Streitgenossenschaft mehrerer klagender Miteigentümer eine einfache Streitgenossenschaft sei, die nicht unter § 62 ZPO falle (vgl. im Einzelnen § 1011 RdNr. 7).[150] Im Hinblick auf die Rechtskrafterstreckung zugunsten der Bruchteilsberechtigten (§ 1011 RdNr. 8) ist jedoch fragwürdig, ob nicht die Streitgenossenschaft, **wenn** mehrere klagen, aus prozessualen Gründen dem § 62 ZPO unterliegt (näher Erl. zu § 1011).[151] Klagen zum Zweck der Erhaltung des gemeinschaftlichen Gegenstands kann jeder Teilhaber unabhängig von § 1011 allein erheben.[152] Zu den subjektiven Grenzen der Rechtskraft vgl. § 1011 RdNr. 8. Wird im **Verwaltungsprozess** die Verletzung der Miteigentümer in ihrem Eigentum geltend gemacht, so folgt schon aus § 42 Abs. 2 VwGO, dass jeder Teilhaber anfechtungsbefugt ist (s. auch §§ 744, 745 RdNr. 47 f.).[153] Auch sonst ist die Klagebefugnis des Einzelnen bei Gestaltungsklagen unproblematisch, soweit der Teilhaber mit ihnen das Recht am eigenen Anteil geltend macht.[154] Im finanzgerichtlichen Verfahren erklärt BFHE 206, 168 = NJW 2004, 2774 die Bruchteilsgemeinschaft als solche für beteiligtenfähig.

35 **b) Passivprozesse.** Passivprozesse der Bruchteilsberechtigten begründen keine notwendige Streitgenossenschaft, wenn nur die gesamtschuldnerische Haftung für Verbindlichkeiten durchgesetzt werden soll.[155] **Klagen auf Verfügungen** nach S. 2 dagegen begründen nach hM eine notwendige Streitgenossenschaft.[156] So die Auflassungsklage gegen Miteigentümer[157] oder die Klage auf Einräumung eines Notwegrechts oder sonstigen Nutzungsrechts.[158] Wird eine solche Klage nicht gegen sämtliche Teilhaber erhoben, so ist sie durch Prozessurteil abzuweisen.[159] Anders, wenn nur auf Mitwirkung geklagt wird, weil einer der Teilhaber schon rechtskräftig verurteilt ist oder sich zur Mitwirkung bei der Verfügung bereit erklärt.[160] Auch **Klagen auf Feststellung** einer Belastung des gemeinschaftlichen Gegen-

---

[148] Vgl. im Ergebnis RGZ 60, 269, 270; 61, 394, 397 f.; 119, 163, 168; OGHZ 3, 242 f. (Erbengemeinschaft); *A. Blomeyer* AcP 159 (1960/61), 403; *Hassold*, Die Voraussetzungen der besonderen Streitgenossenschaft, 1970, S. 45; *Enneccerus/Lehmann* § 184.3; *Soergel/Hadding* RdNr. 7; RGRK/*v. Gamm* RdNr. 6; *Stein/Jonas/Bork*, 22. Aufl. 2004, § 62 ZPO RdNr. 8, 18; *Wieczorek/Schütze*, ZPO, 3. Aufl. 1993, § 62 ZPO RdNr. 33; aA *Schwab*, FS Lent, 1957, S. 283 ff.; *Staudinger/Langhein* § 744 RdNr. 49; für § 8 UrhG *Sontag* (Fn. 70) S. 55 f.
[149] Dazu *Lüdecke* (Fn. 12) S. 174; BPatG GRUR 1979, 696, 697.
[150] Bestätigend BGH LM § 62 ZPO Nr. 23 = NJW 1997, 2115, 2116 (insoweit nicht in BGHZ 135, 192); dem BGH zust. *Bamberger/Roth/Gehrlein* RdNr. 9; *Erman/Aderhold* RdNr. 6; MünchKommZPO/*Schultes*, 3. Aufl. 2008, § 62 RdNr. 30.
[151] Dazu mwN MünchKommZPO/*Schultes* § 62 RdNr. 18, 20.
[152] RGZ 76, 298, 299; §§ 744, 745 RdNr. 39.
[153] Vgl. im Ergebnis auch *Schlosser*, Gestaltungsklagen und Gestaltungsurteile, 1966, S. 325.
[154] *Schlosser* (Fn. 153) S. 325.
[155] *Jauernig/Stürner* RdNr. 15; *Stein/Jonas/Bork* (Fn. 148) § 62 ZPO RdNr. 19.
[156] Übereinst. BGH LM § 139 Nr. 80 = NJW 1994, 1470, 1471; *Erman/Aderhold* RdNr. 6; MünchKommZPO/*Schultes* § 62 RdNr. 33. *Palandt/Sprau* RdNr. 6; aA *Staudinger/Langhein* § 744 RdNr. 50.
[157] BGHZ 131, 376, 379 = NJW 1996, 1060, 1061 = JuS 1996, 652 m. Anm. *Karsten Schmidt*; BGH NJW 1962, 1722; *F. Baur* ZZP 76 (1963), 98; *Rosenberg/Schwab/Gottwald* Zivilprozessrecht § 49 III 1 b; aA *Hennecke*, Das Sondervermögen der Gesamthand, 1976, S. 69.
[158] BGHZ 36, 187 = LM § 62 ZPO Nr. 22 m. Anm. *Grunsky*; BGH NJW 1962, 633 m. Anm. *Grunsky* ZZP 76 (1963), 49; NJW 1984, 2210; RG JW 1906, 233, 234; OLG Düsseldorf OLGR 2004, 353; aA LG Nürnberg-Fürth NJW 1980, 2477 f.
[159] BGHZ 36, 187 = NJW 1962, 633.
[160] BGH NJW 1962, 1722, 1723; s. auch für andere Fälle des § 62 ZPO BGH LM ZPO § 1040 Nr. 33 = JZ 1958, 406; RGZ 93, 292, 295 f.; 111, 338, 339 f.; 112, 129, 132.

stands begründen eine notwendige Streitgenossenschaft.[161] Ebenso negatorische Klagen, zB aus § 1004,[162] auch die patentrechtliche Nichtigkeitsklage.[163]

2. Zwangsvollstreckung. a) Zugriff auf den Anteil und auf den gemeinschaftlichen Gegenstand. Auch in der Zwangsvollstreckung ist zu unterscheiden zwischen dem Zugriff auf den Anteil und dem Zugriff auf den gemeinschaftlichen Gegenstand. Der Zugriff auf den Anteil ist möglich aus einem Titel gegen einen einzelnen Teilhaber. Greift der Gläubiger eines Teilhabers auf den gemeinschaftlichen Gegenstand zu, so berechtigt dies die anderen Teilhaber zur Drittwiderspruchsklage nach § 771 ZPO.[164] Vollstreckung in den gemeinschaftlichen Gegenstand ist zulässig auf Grund eines gegen alle Teilhaber gerichteten Gesamtschuldtitels.[165] Das gilt auch für die Vollstreckung in ein Gemeinschaftskonto als sog. Und-Konto,[166] nach der hier vertretenen Auffassung[167] und auch für das sog. Oder-Konto (vgl. zum Streit um die Gemeinschaftskosten § 741 RdNr. 49 ff.).[168] Die gleichzeitige Vollstreckung in alle Bruchteile auf Grund verschiedener Titel ist nicht Vollstreckung in den gemeinschaftlichen Gegenstand.[169] 36

b) Durchführung des Zugriffs auf den Anteil. Die Durchführung der Vollstreckung in den Anteil eines einzelnen Schuldner-Teilhabers richtet sich grundsätzlich nach § 857 Abs. 1 ZPO.[170] Dabei sollte der Anteil nicht als drittschuldnerloses Recht angesehen werden, sondern die Mit-Teilhaber sind Drittschuldner, so dass eine Zustellung des Beschlusses an sie erforderlich ist.[171] Der Anteil unterliegt der Rechtsvollstreckung.[172] Das gilt auch für die Vollstreckung in Eigentumsanteile an beweglichen Sachen.[173] Eine Pfändung nach § 808 ZPO würde die anderen Teilhaber beeinträchtigen; sie könnten gegen die Pfändung sowohl nach § 771 ZPO[174] als auch nach § 766 ZPO vorgehen.[175] Die Verwertung erfolgt durch Anteilsveräußerung (unpraktisch!) oder durch Herbeiführung der Gemeinschaftsteilung (s. auch § 751 S. 2 und dazu § 751 RdNr. 3 ff.).[176] Das Pfändungspfandrecht setzt sich im Fall des § 753 am Erlös fort.[177] Zur Pfändung beim Gemeinschaftsdepot vgl. § 741 RdNr. 56. Der Miteigentumsbruchteil an einem Grundstück oder grundstücksgleichen Recht, an einem Schiff oder Schiffsbauwerk oder Luftfahrzeug (§§ 171 a ff. ZVG)[178] unter- 37

---

[161] BGHZ 36, 187, 189 = NJW 1962, 633, 634; OLG Köln OLGE 18, 149 f.; *Stein/Jonas/Bork* (Fn. 148) § 62 ZPO RdNr. 23.
[162] LG Wuppertal DWW 2001, 28, 29 (bei Miteigentum an der störenden Sache).
[163] *Tetzner* (Fn. 68) § 3 RdNr. 25.
[164] BGH FamRZ 1972, 363, 364; RGZ 144, 236, 241; RG SeuffA 49 Nr. 291; 61 Nr. 264; JW 1934, 2540, 2541 f.; KG OLGE 7, 354; *Erman/Aderhold* RdNr. 4; MünchKommZPO/*Karsten Schmidt* § 771 RdNr. 19.
[165] Zutr. *Schulze-Osteroh* (Fn. 14) S. 43; die hM folgert dies wenig überzeugend aus § 736 ZPO; vgl. *A. Blomeyer*, Vollstreckungsrecht, 1975, § 65 I 1 b; *Wolf*, Sachenrecht, 2. Aufl. 1979, § 15 B III; s. auch *Palandt/Sprau* RdNr. 4.
[166] MünchKommZPO/*Karsten Schmidt* § 771 RdNr. 19.
[167] Nach hM soll hier ein Titel gegen einen Kontoinhaber genügen; vgl. BGHZ 93, 315 = NJW 1985, 1218; OLG Nürnberg NJW 1964, 510, 511; OLG Köln ZIP 1980, 979, 980; OLG Stuttgart OLGR 2002, 77 = InVo 2002, 339.
[168] *Karsten Schmidt*, FS Hadding, 2005, S. 1093, 1113; MünchKommZPO/*Karsten Schmidt* § 771 RdNr. 19.
[169] *A. Blomeyer* (Fn. 165) § 65 I 1 b.
[170] BGH NJW 1993, 935, 937.
[171] AA *Staudinger/Langhein* RdNr. 55.
[172] *Schulze-Osteroh* (Fn. 14) S. 180; *A. Blomeyer* (Fn. 165) § 65 I; *Stein/Jonas/Brehm*, 22. Aufl. 2004, § 857 ZPO RdNr. 17; *Karsten Schmidt* JR 1979, 317, 320.
[173] RG SeuffA 61 Nr. 264; BGH NJW 1993, 935, 937; *Stein/Jonas/Brehm* (Fn. 172) § 857 ZPO RdNr. 18; *A. Blomeyer* (Fn. 165) § 65 I 1; aA *Marotzke*, Erlanger FS Schwab, 1990, S. 277, 279 ff.
[174] Dazu BGH NJW 1993, 935, 937 mwN.
[175] *J. Blomeyer*, Die Erinnerungsbefugnis Dritter in der Mobiliarvollstreckung, 1966, S. 56 ff.; *A. Blomeyer* (Fn. 165) § 65 I 1; MünchKommZPO/*Karsten Schmidt*, § 771 RdNr. 19.
[176] LG Berlin JW 1922, 520; *A. Blomeyer* (Fn. 165) § 65 I 1 b.
[177] *A. Blomeyer* (Fn. 165) § 65 I 1 b mit Hinweis auf BGHZ 52, 99, 105 = LM § 1258 Nr. 1 m. Anm. *Mormann* = NJW 1969, 1347, 1348 (betr. Erbengemeinschaft), dort wN.
[178] Zur Abgrenzung der Liegenschaftsvollstreckung vgl. iE *Mohrbutter*, Hdb. des gesamten Vollstreckungs- und Insolvenzrechts, 2. Aufl. 1974, § 26.

§ 748 1 Abschnitt 8. Titel 17. Gemeinschaft

liegt nach § 864 Abs. 2 ZPO der Immobiliarvollstreckung. Die Vollstreckung in das Miteigentum am Grundstück erfolgt nicht durch Pfändung und Überweisung,[179] sondern durch Zwangsversteigerung, Zwangsverwaltung und Zwangshypothek.[180] Der Zugriff auf das Miteigentum erlaubt allerdings nicht ohne weiteres die Versteigerung des ganzen Grundstücks. Das ist unpraktisch, wenn der Gläubiger den Anteil nicht selbst erstehen will. Die hM empfiehlt dann eine Pfändung des Aufhebungsanspruchs und Teilungsversteigerung in Ausübung des gepfändeten Anspruchs. Richtig scheint eine Lösung über § 751 S. 2 (§ 749 RdNr. 26; § 751 RdNr. 3). Keine Zwangsvollstreckung in einen Miteigentumsanteil ist die Vollstreckung in die Schiffspart (zu ihrer Rechtsnatur vgl. § 1008 RdNr. 38 f.). Es gilt § 858 ZPO.

38 c) **Insolvenzverfahren.** Im Insolvenzverfahren eines Teilhabers fällt sein Bruchteil in die Insolvenzmasse (§ 84 InsO; § 751 RdNr. 7). Zur Aussonderung durch einen Miteigentümer vgl. § 1008 RdNr. 22.

§ 748 Lasten- und Kostentragung

Jeder Teilhaber ist den anderen Teilhabern gegenüber verpflichtet, die Lasten des gemeinschaftlichen Gegenstands sowie die Kosten der Erhaltung, der Verwaltung und einer gemeinschaftlichen Benutzung nach dem Verhältnis seines Anteils zu tragen.

Übersicht

	RdNr.		RdNr.
I. Grundlagen	1–5	III. Rechtsfolgen	11–15
1. Normzweck	1	1. Anspruchsinhalt	11
2. Die schuldrechtliche Regelung	2–5	2. Fälligkeit	12
a) Innenverhältnis	2	3. Verrechnung	13
b) Geltungsbereich	3	4. Nichterfüllung	14
c) Gläubiger und Schuldner	4	5. Prozessfragen	15
d) Dispositives Recht	5		
II. Die von § 748 erfassten Aufwendungen	6–10	IV. Verhältnis zu anderen Vorschriften	16–18
1. Lasten	6	1. Sondervorschriften	16
2. Kosten	7–9	2. Vorrang eines besonderen Schuldverhältnisses	17
a) Erfasste Kosten	7		
b) Nicht erfasste Kosten	8	3. Verhältnis zum Mietrecht	18
c) Kein Tätigkeitsentgelt	9		
3. Maßgeblicher Zeitpunkt	10		

I. Grundlagen

1 1. **Normzweck.** Da sich die Bruchteilsgemeinschaft als solche in der gemeinschaftlichen Innehabung des gemeinschaftlichen Gegenstands erschöpft, bedarf es für die **Verteilung der Lasten und Kosten** einer ergänzenden Regel. § 748 soll den Rückgriff auf §§ 683, 812 entbehrlich machen.[1] Grundgedanke ist, dass die Lasten und Kosten jeden Bruchteil belasten, so wie sie bei ungeteilter Rechtszuständigkeit den Gegenstand insgesamt belasten. Das gilt auch für das Steuerrecht.[2] Zur Geltung für die **Erbengemeinschaft** vgl. § 2038 Abs. 2.

---

[179] So nur *Furtner* NJW 1969, 871, 872 f.; dagegen mit Recht die hM; umfassende Darstellung bei *Gramentz*, Die Aufhebung der Gemeinschaft nach Bruchteilen durch den Gläubiger eines Teilhabers, 1989, S. 226 ff.
[180] HM; RG WarnR 1925 Nr. 19; Gruchot 55, 670, 674; BGH ZIP 1985, 372, 373; *Hoffmann* JuS 1971, 20, 22 f.; *Schulze-Osterloh* (Fn. 14) S. 180; *Stöber*, Forderungspfändung, 13. Aufl. 2002, RdNr. 1543; *Stein/Jonas/Münzberg* (Fn. 172) § 864 ZPO RdNr. 14 ff.; *Dassler/Schiffhauer/Gerhardt/Muth*, ZVG, 12. Aufl. 1990, § 181 RdNr. 46; *Karsten Schmidt* JR 1979, 317, 320.
[1] Mot. in *Mugdan* I S. 490.
[2] BFHE 125, 532 = NJW 1979, 80; s. auch OLG Hamm FamRZ 1998, 242.

2. Die schuldrechtliche Regelung. a) Innenverhältnis. § 748 regelt nur das Innen- 2
verhältnis. Die Regelung ist Ausdruck und Bestandteil der im Innenverhältnis unter den
Bruchteilsberechtigten bestehenden Sonderrechtsbeziehung.³ Im Außenverhältnis kommt es
bei Rechtsgeschäften auf das Auftreten der Teilhaber an (häufig § 427, unter Umständen mit
§ 164). Verpflichten sich mehrere, so haften sie im Zweifel als Gesamtschuldner.⁴ Die
abweichende Rspr. zur Errichtung von Wohnanlagen (zB BGH WM 1979, 1000) passt nicht
auf die gemeinschaftliche Verwaltung der Teilhaber. Auch im Recht der öffentlichen Abgaben
liegt im Außenverhältnis vielfach eine Gesamtschuld vor, so zB § 10 Abs. 3 GrStG,⁵ für
Erschließungsbeiträge § 134 Abs. 1 S. 3 Halbs. 1 BauGB.⁶ Soweit im Außenverhältnis eine
Gesamtschuld vorliegt, enthält § 748 eine Abweichung von § 426 Abs. 1 S. 1.

b) Geltungsbereich. Die Vorschrift gilt unmittelbar nur für Bruchteilsgemeinschaften; 3
zur Erbengemeinschaft vgl. RdNr. 1. Bei **schlichter Interessengemeinschaft** (§ 741
RdNr. 71) kann analoge Anwendung angezeigt sein.⁷ So nach RGZ 143, 382, 386 hinsichtlich der Kosten für die Schlepphilfe auf einer Probefahrt, wenn die Gefahr anteilig von der
Werft (Schiffsrumpf) und der Reederei (Maschinen und Inventar) zu tragen ist. BGH LM
Nr. 3 hat den Gedanken des § 748 auch auf die interne Verteilung des Lastenausgleichs
unter Eheleuten angewandt, die gemäß §§ 22 Abs. 1, 38 LAG gemeinsam veranlagt worden
waren. Ebenso OLG Köln OLGZ 1969, 332, 334 für den Ausgleich bei gemeinsamer
Veranlagung von Eheleuten zur Einkommen- und Kirchensteuer. Abgelehnt wird die
Anwendung des § 748 von BGH WM 1979, 111 im Verhältnis zwischen den Mitgliedern
einer **Wohnungseigentümergemeinschaft** und dem an einer Wohnungseinheit Dauernutzungsberechtigten. Bei gefahrbeseitigenden **Aufwendungen an Kommunmauern**
wendet BGHZ 16, 12 = NJW 1955, 257 die §§ 683, 679 an und lässt offen, ob sich der
Anspruch auch auf § 748 stützen ließe (vgl. zur Anwendung des § 683 neben § 748 auch
RdNr. 17). Es kommt also im Ergebnis nicht darauf an, ob die Giebelmauer im Miteigentum beider Nachbarn steht; in der Begründung verdient allerdings die Anwendung des
§ 748 jedenfalls dann den Vorzug, wenn Miteigentum vorliegt. Betreffen Modernisierungs-
aufwendungen (Wärmedämmung) nur den freistehenden Teil einer Gemeinschaftsmauer, so
trägt nach BGH NJW 2008, 2032, 2033 derjenige die Kosten allein, der davon den Nutzen
hat. Mit Recht abgelehnt wurde eine entsprechende Anwendung des § 748 auf das Verhältnis zwischen dem Berechtigten einer Grunddienstbarkeit und dem Grundstückseigentü-
mer.⁸ Im **Fall des Wohnungseigentums** ist § 16 Abs. 2 WEG lex specialis.

c) Gläubiger und Schuldner. Gläubiger und Schuldner des Ausgleichsverhältnisses sind 4
nur die Teilhaber, nicht auch Dritte, die in einem besonderen Rechtsverhältnis zu Teilhabern stehen.⁹ Ist eine ideelle Grundstückshälfte mit einem Nießbrauch belastet und muss
derjenige Teilhaber, dessen Miteigentumsbruchteil mit dem Nießbrauch belastet ist, einem
anderen Kosten nach § 748 ersetzen, so richtet sich der Anspruch aus § 748 nicht auch
gegen den Nießbraucher; eine solche kumulative oder privative Übernahme der Erstat-
tungsverbindlichkeit bedürfte vertraglicher Vereinbarung.¹⁰

d) Dispositives Recht. Die Regelung ist dispositiv, also abweichenden Vereinbarungen 5
zugänglich (zur steuerlichen Anerkennung vgl. BFHE 125, 532 = NJW 1979, 80; OLG

---

³ Konzessionen insoweit auch bei *Schnorr*, Die Gemeinschaft nach Bruchteilen, 2004, S. 263 ff.
⁴ Vgl. auch für Wohnungseigentümer BGHZ 67, 232, 235 f.; BGH NJW 1977, 1686.
⁵ Hierzu etwa *Troll/Eisele*, Grundsteuergesetz, 8. Aufl. 2004, § 10 RdNr. 5; *Ostendorf*, Grundsteuer,
2. Aufl. 1976, Abschn. 39 c.
⁶ Vgl. *Ernst/Zinkahn/Bielenberg/Krautzberger*, BauGB, 49./54. Lfg. 1994/1996, § 134 RdNr. 7; zur Verfassungsmäßigkeit BVerfG NVwZ 1995, 1198.
⁷ Nach Auffassung von RGZ 143, 382, 386 ein unmittelbarer Anwendungsfall, weil Werft und Reederei
„an der Durchführung der Schlepperhilfe ein gemeinsames Recht hatten"; bedenklich; vgl. zum Folgenden
auch *Staudinger/Langhein* RdNr. 27.
⁸ OLG Koblenz VRS 102 (2002), 190, 193 gegen OLG Köln NJW-RR 1990, 1165.
⁹ Unklar AG Mölln MDR 1948, 249 m. Anm. *Bruns*.
¹⁰ BGH LM § 743 Nr. 3/4 = NJW 1966, 1707.

Hamm FamRZ 1998, 242).[11] Liegt der Gemeinschaft ein bes. Schuldverhältnis zugrunde, so gibt zunächst dieses den Ausschlag (vgl. auch RdNr. 17). Vor allem bei Mehrheitsentscheidungen über Verwaltungsmaßnahmen kann der Wille der Mehrheit unter Umständen dahin gehen, die Lasten selbst zu tragen. Sind Gebrauch und Fruchtziehung abweichend von § 743 geregelt, so ist im Zweifel anzunehmen, dass die Tragung der Lasten und Kosten einem Teilhaber auferlegt ist, soweit er zur Fruchtziehung und unter Ausschluss der anderen zum Gebrauch berechtigt ist.[12] Das kann ausdrücklich oder stillschweigend vereinbart sein.[13] Zum Ausgleich solcher einseitigen Leistungen im Fall der Versteigerung vgl. §§ 755, 756 RdNr. 13 f. Die bloße Tatsache regelmäßiger Benutzung genügt noch nicht, um einen Teilhaber mit Lasten und Kosten zu belasten.[14] Ansprüche aus § 748 können abbedungen sein. Das ist der Fall, wenn nach dem ausdrücklich oder stillschweigend erklärten Willen aller Teilhaber die Aufwendungen jedes Einzelnen als verhältnismäßig angesehen werden sollen, mögen sie auch tatsächlich von dem Bruchteil der Teilhaber abweichen.[15]

II. Die von § 748 erfassten Aufwendungen

6 **1. Lasten.** Lasten sind Leistungen, die aus dem belasteten Gegenstand zu entrichten sind und seinen Nutzungswert mindern (näher § 103 RdNr. 5 ff.).[16] Dazu können öffentliche Abgaben gehören (§ 103 RdNr. 6) sowie Versicherungsprämien einer Gebäudeversicherung,[17] Grundschuld- und Hypothekenzinsen, die aus einem Grundstück zu entrichten sind.[18] Keine Last ist das auf einem Grundstück oder einer beweglichen Sache „lastende" dingliche Recht selbst.[19] Ebenso wenig eine ordnungsbehördliche Auflage oder Bedingung[20] oder eine sonstige tatsächliche Leistung wie Straßenreinigung und Streupflicht.[21] Die hieraus erwachsenden Kosten können aber als Verwaltungskosten unter § 748 fallen. Rücklagen, die der Begleichung gemeinschaftlicher Kosten dienen, können nur auf Grund Vertrages bedungen werden. Sie fallen selbst weder unter § 748,[22] noch genügt ein Mehrheitsbeschluss nach § 745 Abs. 1, um sie einzuführen (§ 743 RdNr. 7; §§ 744, 745 RdNr. 24).

7 **2. Kosten. a) Erfasste Kosten.** Kosten der Erhaltung, der Verwaltung und der gemeinschaftlichen Benutzung sind gegenstandserhaltende Aufwendungen,[23] Verwendungen und sonstige Aufwendungen, die gemäß §§ 744, 745 gerechtfertigt sind.[24] Nicht hierher gehören verändernde Aufwendungen (RdNr. 8), wohl aber Aufwendungen für den Wiederaufbau eines zerstörten gemeinschaftlichen Hauses; ob ein anderes gilt, wenn nur ein Miteigentümer das gemeinsame Grundstück nutzt, ist Frage des Einzelfalls.[25] Prozesskosten, zB aus negatorischen Klagen (§§ 1004 BGB, 771 ZPO usw.), können zu diesen Kosten gehören. Auch öffentliche Abgaben, die keine Lasten sind, gehören dazu, zB die Kfz.-Steuer.[26] Die Kosten müssen durch berechtigte Maßnahmen entstehen.[27] Entweder ist Einwilligung der

---

[11] Daszu auch *Schnorr* (Fn. 3) S. 276.
[12] OLG Schleswig NJW-RR 2007, 892.
[13] Charakteristisch BGH LM § 242 (Bb) Nr. 138 = NJW 1992, 2228.
[14] Mot. in *Mugdan* II S. 490.
[15] Vgl. auch LG Münster FamRZ 1960, 117, 118; in Wahrheit kein unmittelbarer Anwendungsfall des § 748; zutr. KG JR 1951, 439.
[16] RGZ 66, 316, 318; *Soergel/Hadding* RdNr. 3.
[17] BGH LM § 426 Nr. 99 a = NJW 1997, 731, 733.
[18] RGZ 66, 316, 318; RG JW 1931, 2722, 2723 = HRR 1931 Nr. 942 = SeuffA 85 Nr. 138.
[19] RGZ 66, 316, 319; aA noch *Staudinger/Huber* (12. Aufl.) RdNr. 3, 18; wie hier jetzt *Staudinger/Langhein* RdNr. 3.
[20] RGZ 129, 10, 12.
[21] OLG Schleswig VersR 1973, 677.
[22] RG JW 1931, 2722, 2723 = HRR 1931 Nr. 942 = SeuffA 85 Nr. 138; RGRK/*v. Gamm* RdNr. 2.
[23] BGH WM 1975, 196, 197; LM § 242 (Bb) Nr. 138 = NJW 1992, 2282; OLG Stuttgart NJW-RR 1999, 744 (Sanierung); *Palandt/Sprau* RdNr. 1; krit. *Staudinger/Langhein* RdNr. 8.
[24] Ebenso im Ergebnis *Staudinger/Langhein* RdNr. 8 ff.
[25] Unentschieden BGH LM § 743 Nr. 3/4 = NJW 1966, 1707, 1709.
[26] RGZ 109, 167, 170 f.
[27] BGH LM § 743 Nr. 3/4 = NJW 1966, 1707, 1709; RGRK/*v. Gamm* RdNr. 2.

Teilhaber oder Notwendigkeit iS des § 744 Abs. 2 erforderlich.[28] Für die Kosten der gemeinschaftlichen Benutzung bleibt es auch dann bei § 748, wenn die Benutzungsregelung nach § 745 Abs. 1 zulässigerweise mehrheitlich getroffen ist.[29] Wer überstimmt wurde, ist hieran gebunden. Allerdings kann die Kostenbelastung bei anderen als notwendigen Maßnahmen die Mehrheitsentscheidung unzulässig machen (§§ 744, 745 RdNr. 28; s. aber auch RdNr. 5). Darüber, dass Aufwendungen, die überhaupt nicht die Gemeinschaft betreffen, sondern nur einem Mitberechtigten nützen, von § 748 ausgenommen sein können, vgl. RdNr. 3. Die Kosten müssen auch angemessen sein.[30] Es genügt also nicht, dass die Maßnahme erforderlich war. Zur Bedeutung einer Einwilligung nach § 744 Abs. 2 Halbs. 2 für diese Frage vgl. §§ 744, 745 RdNr. 42.

b) Nicht erfasste Kosten. Nicht zu den nach § 748 zu erstattenden Kosten gehören Aufwendungen, die eine – zB wertsteigernde – **Veränderung** des gemeinschaftlichen Gegenstands und eine über die bisherige Gebrauchsbestimmung hinausgehende Nutzung ermöglichen sollen.[31] Das gilt auch für eine Anschlussfinanzierung nach Auslaufen eines Kredits.[32] Macht ein Teilhaber im **Einverständnis** mit den anderen solche Aufwendungen, so ist im Zweifel eine schlüssig erklärte Vereinbarung des Inhalts anzunehmen, dass der Vorleistende einen anteiligen Erstattungsanspruch wie im Fall des § 748 hat.[33] Dann kommt es nicht darauf an, ob die Grenzen des § 744 Abs. 2 eingehalten wurden.[34] Der Zeitpunkt der Fälligkeit dieses Anspruchs hängt dann im Gegensatz zum Anwendungsfall des § 748 von den Umständen des Einzelfalls ab.[35] Gehen die Aufwendungen auf die Leistung aller Teilhaber zurück, so darf eine Ausgleichsvereinbarung nicht unterstellt werden; eine Ausgleichung darf vielfach gerade nicht als gewollt angesehen werden, wenn nach dem Innenverhältnis davon ausgegangen werden kann, dass die Teilhaber ihre Leistungen als verhältnismäßig ansahen. So mit freilich zweifelhafter Begründung aus dem „Wesen der Ehe als einer echten und völligen Lebensgemeinschaft" LG Münster FamRZ 1960, 118, 119 für das Verhältnis unter Ehegatten.[36] Zur Ehegatten-Innengesellschaft vgl. 4. Aufl. § 1356 RdNr. 26. Zum Ausgleich der Kosten im Fall der Zwangsversteigerung vgl. § 753 RdNr. 32.

c) Kein Tätigkeitsentgelt. Einen Anspruch auf angemessenes Entgelt für eigene Tätigkeit gibt § 748 dem Teilhaber nicht.[37] Zeitaufwand und Arbeitskraft sind keine Kosten.[38] Nur soweit entgeltliche Inanspruchnahme Dritter üblich ist und nach den Verhältnissen der Teilhaber zu erwarten gewesen wäre, kann ein solcher Anspruch auch aus § 683 hergeleitet werden, wenn der Teilhaber eine Maßnahme selbst durchgeführt hat. Für regelmäßige Dienstleistungen kann, selbst wenn unter den Teilhabern ein Gesellschaftsverhältnis bestand (§ 733 Abs. 2 S. 3!), eine Vergütung nur auf Grund besonderer Vereinbarung verlangt werden. Die Vereinbarung kann auch stillschweigend erfolgen.[39]

3. Maßgeblicher Zeitpunkt. Die Bestimmung gilt für alle Lasten und Kosten für die Zeit des **Bestehens der Gemeinschaft,** auch wenn diese inzwischen aufgehoben ist, ohne

---

[28] BGH LM § 538 Nr. 22 = NJW 1974, 743, 744.
[29] *Planck/Lobe* Anm. 2.
[30] In gleicher Richtung *Planck/Lobe* Anm. 4.
[31] BGH WM 1975, 196, 197; LM § 756 Nr. 1 = NJW 1992, 114 f.; KG JR 1951, 439; *Staudinger/Langhein* RdNr. 7; vgl. auch BGH LM § 743 Nr. 3/4 = NJW 1966, 1707, 1709 betr. das Verhältnis zu §§ 951, 946.
[32] OLG Düsseldorf FamRZ 1999, 856.
[33] BGH WM 1975, 196, 197; LM § 756 Nr. 1 = NJW 1992, 114; OLG Brandenburg NJW-RR 2001, 1297, 1298; krit. *Erman/Aderhold* RdNr. 4; *Staudinger/Langhein* RdNr. 14.
[34] OLG Brandenburg NJW-RR 2001, 1297, 1298.
[35] Vgl. auch insoweit BGH WM 1975, 196, 197.
[36] Vgl. auch KG JR 1951, 439.
[37] Vgl. auch *Planck/Lobe* Anm. 4; unentschieden BGHZ 17, 299, 301 = LM § 2038 Nr. 5 m. Anm. *Johannsen* = NJW 1955, 1227 (Erbengemeinschaft); *Schnorr* (Fn. 3) S. 269.
[38] Zust. *Staudinger/Langhein* RdNr. 5.
[39] BGHZ 17, 299, 301 = LM § 2038 Nr. 5 m. Anm. *Johannsen* = NJW 1955, 1227; s. auch zur Abdingbarkeit des § 733 Abs. 2 S. 3 BGH WM 1962, 1086.

dass ein regressberechtigter Teilhaber Befriedigung nach § 755 erhalten hat. Ansprüche, die während der Ehe unter den Mitberechtigten ausgeschlossen waren (§ 741 RdNr. 40), leben im Fall der Trennung oder Scheidung wieder auf.[40] Nicht unter § 748 fallen Kosten für Erhaltungsmaßnahmen, die während der Dauer der Gemeinschaft erforderlich geworden, aber nicht ausgeführt worden sind.[41] Mit Recht versagt daher RG JW 1927, 1854 einem Miteigentümer, der ein Grundstück zu Alleineigentum erstanden hat, einen Anspruch aus § 748 wegen nachzuholender Reparaturen.[42] Der Minderwert des gemeinschaftlichen Gegenstands wird in Fällen wie diesem bei der Teilung berücksichtigt.

III. Rechtsfolgen

11 **1. Anspruchsinhalt.** Der Anspruchsinhalt wird durch die Rechtslage im Außenverhältnis bestimmt. Jeder Teilhaber, der im Außenverhältnis über das seinem Anteil entsprechende Verhältnis hinaus mit einer Verbindlichkeit belastet ist, kann insoweit **Befreiung** verlangen.[43] Nach Zahlung kann er **Regress** nehmen.[44] Die anderen haften ihm als Teilschuldner, nicht als Gesamtschuldner.[45] Lag im Außenverhältnis eine Gesamtschuld vor, so bleibt § 426 Abs. 2 anwendbar;[46] mit dem eigenen Zahlungsanspruch gegen die Teilhaber geht dann in gleicher Höhe der Anspruch des befriedigten Dritten auf den regressberechtigten Teilhaber über, und zwar mit den akzessorischen Sicherheiten (§§ 412, 401). Große praktische Bedeutung kommt dieser cessio legis nicht zu.[47] Solange der dritte Gläubiger noch nicht befriedigt ist, wird der Befreiungsanspruch eines Teilhabers auch durch Leistung an ihn erfüllt.[48] Verlangen kann er diese Leistung nicht.[49] Bestehen auch im Außenverhältnis nur Teilschulden, die dem inneren Verteilungsschlüssel entsprechen, so entfällt der Befreiungsanspruch, nicht auch der Regressanspruch.[50] Der Befreiungs- bzw. Regressanspruch wird für jeden nach § 748 gemeinsam zu tragenden Posten einzeln berechnet. Dem Regress nehmenden Teilhaber kann nicht entgegengehalten werden, eine getilgte Verbindlichkeit mache unter den Kosten und Lasten insgesamt weniger aus, als dem Verhältnis seines Anteils an den Gesamtkosten und -lasten entspricht. Aufrechnung und Zurückbehaltungsrecht sind grundsätzlich im Verhältnis zu jedem einzelnen Teilhaber zu prüfen (keine allseitige Verrechnung; RdNr. 13). Dem Aufhebungsanspruch kann der Anspruch aus § 748 nicht im Wege des Zurückbehaltungsrechts entgegengesetzt werden (§ 749 RdNr. 16; §§ 755, 756 RdNr. 21).

12 **2. Fälligkeit.** Ansprüche aus § 748 sind mit ihrem Entstehen fällig.[51] Anderes kann sich nur im Einzelfall aus Abreden, ausnahmsweise aus § 242 ergeben. Ein Anspruch auf **Vorschuss** steht dem Teilhaber im Fall des § 744 Abs. 2 zu (§§ 744, 745 RdNr. 44), sonst nur nach Lage des Einzelfalls.[52]

13 **3. Verrechnung.** Eine allseitige Verrechnung der Rechte und Verbindlichkeiten unter den Teilhabern (Skontration) außerhalb des Auflösungsverfahrens (dann § 755) setzt einen Vertrag unter den Beteiligten voraus. Nach dem Gesetz sind die Rechte aus § 748 Ansprüche und Verbindlichkeiten einzelner Teilhaber gegen einzelne Teilhaber. Auch die §§ 320 ff.

---

[40] OLG Celle OLGR 1997, 166, 167; OLG Brandenburg NJW-RR 2001, 1297.
[41] Zust. *Staudinger/Langhein* RdNr. 24.
[42] Zust. *Soergel/Hadding* RdNr. 2; *Erman/Aderhold* RdNr. 2.
[43] BGH NJW 1992, 114; OLG Düsseldorf NZM 1999, 176 (zu § 16 Abs. 2 WEG); *Schulze-Osterloh*, Das Prinzip der gesamthänderischen Bindung, 1972, S. 56; *Bamberger/Roth/Gehrlein* RdNr. 3; aA *Schnorr* (Fn. 3) S. 272 f.
[44] OLG Düsseldorf NZM 1999, 176 (zu § 16 Abs. 2 WEG).
[45] RG JW 1929, 584 m. krit. Anm. *Hallstein*.
[46] *Planck/Lobe* Anm. 4.
[47] Auch nicht hinsichtlich § 647; vgl. nämlich § 1253.
[48] Vgl. *Gerhardt*, Der Befreiungsanspruch, 1966, S. 9 f.
[49] Diff. RGRK/*v. Gamm* RdNr. 1.
[50] AA *Planck/Lobe* Anm. 4: nur § 683.
[51] BGH WM 1975, 196, 197 zu RGZ 109, 167, 171; *Staudinger/Langhein* RdNr. 21.
[52] *Lüdecke* Erfindungsgemeinschaften, 1962, S. 139 f.; aA *Staudinger/Langhein* RdNr. 19.

gelten nicht.⁵³ Wer sich gegenüber der Inanspruchnahme nach § 748 mit eigenen Ansprüchen aus dem Gemeinschaftsverhältnis verteidigt (§§ 273, 387), kann dies nur wegen eines Gegenanspruchs gegen den konkreten Gläubiger-Teilhaber. Ansprüche gegen einen dritten Teilhaber genügen auch dann nicht, wenn diese Ansprüche selbst auf § 748 gestützt sind. Auch wenn es sich um die innere Verteilung einer Gesamtschuld handelt, ändert sich hieran nichts. § 426 Abs. 1 S. 2 lässt keinen gegenteiligen Schluss zu. Wer sich auf eine ungetilgte Regressforderung gegen einen dritten Teilhaber beruft, kann nach dem Gedanken des § 755 primär auf eine Befriedigung aus dem gemeinschaftlichen Gegenstand verwiesen werden. Er kann entweder für Aufhebung der Gemeinschaft sorgen; Nichterfüllung kann wichtiger Grund nach § 749 Abs. 2 sein (RdNr. 14), sofern nicht ein anderer Teilhaber die Forderung ablöst. Oder er kann in den Anteil des dritten Teilhabers vollstrecken, den er ggf. unter Anrechnung auf seine Regressforderung erstehen kann (§§ 816 Abs. 4 ZPO, 1239 Abs. 1 BGB, 817 Abs. 4 ZPO). Ein regelrechtes Ausschließungsrecht gegenüber dem säumigen dritten Teilhaber haben die Teilhaber nicht. Ebenso wenig kann sich der Teilhaber durch Verzicht auf seinen Anteil von seiner Verbindlichkeit aus § 748 befreien.⁵⁴

4. Nichterfüllung. Nichterfüllung kann nach §§ 280 Abs. 1, 3, 281 Abs. 1, §§ 280 Abs. 1, 2, 286, §§ 280 Abs. 1, 3, 283 zum Schadensersatz verpflichten. Ein Lösungsrecht nach § 323 besteht nicht. Aber beharrliche Nichterfüllung kann wichtiger Grund iS von § 749 Abs. 2 sein.⁵⁵ **14**

5. Prozessfragen. Für den Gerichtsstand unter Miteigentümern gilt § 26 ZPO.⁵⁶ Im Prozess trägt, wer Ansprüche aus § 748 geltend macht, die **Beweislast** für das Vorhandensein einer Bruchteilsgemeinschaft und der in Frage stehenden Lasten oder Kosten sowie dafür, dass die Kosten aus notwendigen Erhaltungsmaßnahmen oder aus der Verwaltung oder Benutzung entstanden sind.⁵⁷ Eine Einwilligung nach § 744 Abs. 2 S. 2 oder eine entsprechende richterliche Feststellung macht eine Beweisführung hinsichtlich notwendiger Erhaltungsmaßnahmen entbehrlich. Die Einwilligung muss allerdings ihrerseits behauptet und im Streitfall bewiesen werden.⁵⁸ Bei der Umlage von Kaufpreisen oder Löhnen ist auch deren Angemessenheit zu beweisen; die Einwilligung nach § 744 Abs. 2 S. 2 kann einem Teilhaber aber auch die Rüge der Unangemessenheit abschneiden. **15**

IV. Verhältnis zu anderen Vorschriften

1. Sondervorschriften. Unter **Wohnungseigentümern** gilt § 16 Abs. 2 WEG. Sondervorschriften sind in §§ 753 Abs. 2, 922 enthalten: Nach § 753 Abs. 2 trägt ein Teilhaber, der einen wiederholten Verkaufsversuch verlangt, die Kosten, wenn dieser Versuch misslingt (§ 753 RdNr. 33). Nach § 922 S. 2 sind die Unterhaltungskosten einer Grenzeinrichtung von den Nachbarn zu gleichen Teilen zu tragen. Unter **Ehegatten** haben die §§ 1360 bis 1360b Vorrang vor § 748.⁵⁹ Soweit aber diese Vorschriften nicht eingreifen, kommt bei Getrenntleben⁶⁰ bzw. nach Scheidung ein Ausgleich nach Gemeinschaftsrecht in Betracht.⁶¹ Vergleiche hierzu im Übrigen auch § 741 RdNr. 40. **16**

2. Vorrang eines besonderen Schuldverhältnisses. Der Vorrang eines zwischen den Teilhabern bestehenden besonderen Schuldverhältnisses (RdNr. 5) gilt insbesondere für Innengesellschaften unter den Teilhabern. Soweit § 748 nicht zutrifft, kommen außer **17**

---

⁵³ *Erman/Aderhold* RdNr. 3; RGRK/*v. Gamm* RdNr. 1.
⁵⁴ Prot. in *Mugdan* II S. 1206; RGRK/*v. Gamm* RdNr. 1; anders für die Kommunmauer Art. 656 code civil.
⁵⁵ RGRK/*v. Gamm* RdNr. 1.
⁵⁶ Vgl. OLG Stuttgart NJW-RR 1999, 744.
⁵⁷ *Baumgärtel/Laumen* §§ 746–748 RdNr. 1.
⁵⁸ *Baumgärtel/Laumen* §§ 746–748 RdNr. 1.
⁵⁹ *Staudinger/Langhein* RdNr. 12; s. aber für den Ausgleich nach Scheidung BGH NJW 1984, 794, 795.
⁶⁰ BGH NJW 1986, 1339; OLG Hamm FamRZ 1989, 740 f.
⁶¹ Vgl. BGH NJW 1984, 795, 796; LM § 756 Nr. 1 = NJW 1992, 114; LM § 426 Nr. 99 a = NJW 1997, 731, 733 und dazu §§ 755, 756 RdNr. 15.

§ 749

rechtsgeschäftlichen Ansprüchen unter den Teilhabern vor allem solche aus § 683 in Betracht,[62] unter Umständen auch solche aus §§ 946, 951, 818.[63] Zum Verhältnis zwischen § 748 und § 683 vgl. auch RdNr. 3.

18   **3. Verhältnis zum Mietrecht.** Ist ein Teilhaber gleichzeitig Mieter der gemeinschaftlichen Sache (vgl. § 743 RdNr. 15), so unterliegt der Anspruch aus § 748 nicht der kurzen Verjährung nach § 548.[64] Sind die Voraussetzungen von § 748 und §§ 536a Abs. 2, 539 Abs. 1 erfüllt, so besteht Anspruchskonkurrenz.[65] Es ist aber stets zu prüfen, ob der Erstattungsanspruch überhaupt auf § 748 gestützt werden kann oder ausschließlich auf §§ 536a Abs. 2, 539 Abs. 1. Die Abgrenzung kann Schwierigkeiten bereiten. Mit BGH NJW 1974, 743, 744 muss ggf. ermittelt werden, ob der Teilhaber die Aufwendungen nur in seiner Eigenschaft als Mieter, etwa nur zu eigenem Nutzen, oder (auch) in seiner Eigenschaft als Teilhaber erbracht hat.[66] Im Zweifel wird es bei der Anspruchskonkurrenz zu bleiben haben.

§ 749 Aufhebungsanspruch

(1) Jeder Teilhaber kann jederzeit die Aufhebung der Gemeinschaft verlangen.

(2) ¹Wird das Recht, die Aufhebung zu verlangen, durch Vereinbarung für immer oder auf Zeit ausgeschlossen, so kann die Aufhebung gleichwohl verlangt werden, wenn ein wichtiger Grund vorliegt. ²Unter der gleichen Voraussetzung kann, wenn eine Kündigungsfrist bestimmt wird, die Aufhebung ohne Einhaltung der Frist verlangt werden.

(3) Eine Vereinbarung, durch welche das Recht, die Aufhebung zu verlangen, diesen Vorschriften zuwider ausgeschlossen oder beschränkt wird, ist nichtig.

Übersicht

	RdNr.		RdNr.
I. Normzweck und Grundlagen	1–4	a) „Rechtsnatur"	19
1. Grundlagen	1–3	b) Gegenstand des Anspruchs	20
a) Bedeutung der Aufhebung	1	5. Fälligkeit	21
b) Systematik der §§ 749 ff.	2	6. Unabtretbarkeit und Unpfändbarkeit	22–26
c) Begriff und Abgrenzung der Aufhebung	3	a) Unabtretbarkeit	23
		b) Unpfändbarkeit	24–26
2. Das Prinzip jederzeitiger Aufhebbarkeit	4	7. Teilaufhebung	27, 28
		a) Personelle Teilaufhebung	27
II. Voraussetzungen und Inhalt des Aufhebungsanspruchs	5–28	b) Sachliche Teilaufhebung	28
		III. Vollzug der Aufhebung	29–39
1. Gesetzliche Regelung	5	1. Vollzug durch Vereinbarung	29–36
2. Aufhebungshindernisse	6–16	a) Aufhebungsvereinbarungen	30
a) Gesetzliche Aufhebungshindernisse	7	b) Teilungsvereinbarungen	31–34
b) Rechtsgeschäftliche Aufhebungsverbote (Teilungsverbote)	8, 9	c) Verteilungsvereinbarungen	35
		d) Vollzugsvereinbarungen	36
c) Garantie der Aufhebung aus wichtigem Grund (Abs. 2)	10–13	2. Das Verfügungsgeschäft	37
		3. Dingliche Surrogation	38
d) Aufhebungshindernisse im Einzelfall	14–16	4. Fehlerhafte Aufhebung	39
3. Berechtigter und Verpflichteter	17, 18	IV. Der Aufhebungsprozess	40–43
a) Berechtigter	17	1. Leistungsklage	40
b) Anspruchsgegner	18	2. Streitgegenstand und Klagantrag	41, 42
4. Rechtsnatur und Gegenstand des Aufhebungsrechts	19, 20	3. Beweislast	43

---

[62] BGHZ 16, 12, 17 = NJW 1955, 257; zur Erbengemeinschaft vgl. BGH NJW 1989, 3001 mwN.
[63] BGH LM § 743 Nr. 3/4 = NJW 1966, 1707, 1709.
[64] BGH LM § 538 Nr. 22 = NJW 1974, 743, 744; s. auch *Bamberger/Roth/Gehrlein* RdNr. 4; *Palandt/Sprau* RdNr. 2.
[65] *Erman/Aderhold* RdNr. 4; *Staudinger/Langhein* RdNr. 11.
[66] Krit. *Erman/Aderhold* RdNr. 4; *Staudinger/Langhein* RdNr. 11.

I. Normzweck und Grundlagen

1. Grundlagen. a) Bedeutung der Aufhebung. Die Bruchteilsgemeinschaft endet 1 durch Aufhebung nach §§ 749 ff. Im Unterschied zur Gesellschaft wird keine auf Abwicklung aller Rechtsbeziehungen zielende Liquidation betrieben, sondern nur die Beendigung der Bruchteilszuständigkeit. Eine Gesamtabrechnung wie im Fall der Liquidation einer Gesellschaft (Vor § 723 RdNr. 5 ff.; § 730 RdNr. 10 ff.) findet nicht statt.[1] Grundsätzlich kümmert sich das BGB nur um die Beendigung der gemeinschaftlichen Bruchteilsberechtigung. Ausnahmen sind die §§ 755, 756.[2] Auch die Früchte werden nach § 743 außerhalb des Aufhebungsverfahrens verteilt.[3] Bei vereinbarter Aufhebung (RdNr. 30) empfiehlt sich eine Einbeziehung der Fruchtteilung in die Teilungsvereinbarung.

b) Systematik der §§ 749 ff. Die Systematik der §§ 749 ff. ist bestimmt durch **zwei** 2 **Normengruppen,** die besser zu je einer Vorschrift hätten zusammengefasst werden sollen (so noch §§ 767, 769 E I): Die **Voraussetzungen** des Aufhebungsanspruchs regeln die §§ 749 bis 751. Der **Inhalt** des Aufhebungsanspruchs ergibt sich aus §§ 752 bis 754. **Ergänzend** treten die ebenfalls zusammengehörigen §§ 755, 756 über die Schuldenberichtigung daneben sowie die Gewährleistungsvorschrift des § 757 und die Verjährungsregelung in § 758.

c) Begriff und Abgrenzung der Aufhebung. Aufhebung der Gemeinschaft heißt 3 Beendigung der Rechtszuständigkeit zu Bruchteilen durch Rechtsgeschäft. Der ersatzlose Untergang der Sache oder die Enteignung ist keine Aufhebung der Gemeinschaft. Ebenso wenig gehört hierher die Beseitigung der gemeinschaftlichen Rechtsträgerschaft im Fall des gutgläubigen Erwerbs eines Dritten durch ein Rechtsgeschäft, das nicht der Aufhebung diente. In diesem Fall wird ggf. das Surrogat gemeinschaftlich (§ 741 RdNr. 43).[4] Kein Aufhebungsfall ist auch die Vereinigung aller Anteile in einer Hand.[5] Sie führt zur automatischen Beendigung der Gemeinschaft ohne rechtsgeschäftlichen Akt (§ 741 RdNr. 31). Die Aufhebung darf auch nicht mit der Beendigung eines besonderen Schuldverhältnisses unter den Teilhabern (zB einer Innengesellschaft, vgl. § 741 RdNr. 4) verwechselt werden. Zwar bedarf es unter Umständen der Aufhebung eines solchen Rechtsverhältnisses (Kündigung, Aufhebung oÄ), um den Aufhebungsanspruch zu begründen bzw. fällig zu machen (RdNr. 19); aber diese Aufhebung ist Voraussetzung, nicht Gegenstand des Aufhebungsanspruchs, von dem § 749 Abs. 1 spricht.

2. Das Prinzip jederzeitiger Aufhebbarkeit. Das Prinzip jederzeitiger Aufhebbarkeit 4 der Gemeinschaft kommt in Abs. 1 zum Ausdruck.[6] Nicht allerdings ist die Vorschrift Ausdruck eines der Gemeinschaft „wesensmäßigen" Zugs zur Auflösung. BGHZ 63, 348, 351 schließt sich noch den Motiven an, wonach die Teilung „etwas in der Natur des Verhältnisses Gegebenes" ist, und erklärt mit der 11. Aufl. von *Staudinger/Vogel*, es liege im „Wesen" der Gemeinschaft, dass kein Teilhaber an sie gebunden sei. Richtig ist nur, dass dem Rechtsverhältnis der Gemeinschaft eine auf deren Bestand zielende schuldrechtliche Bindung an sich nicht innewohnt. Eine solche Bindung wird durch das Vorhandensein einer Bruchteilsgemeinschaft allein weder geschaffen (daher § 749 Abs. 1) noch ausgeschlossen (§§ 750, 751). Auch Abs. 2 und 3 sind nicht Ausdruck eines „wesensmäßigen" Zugs der Gemeinschaft zur Aufhebung, sondern Ausdruck des allgemeinen Gedankens, dass jede auf Dauer vereinbarte Bindung der außerordentlichen Kündigung unterliegt. Zur Anwendung der Abs. 2 und 3 auf die **Erbengemeinschaft** vgl. §§ 2042 Abs. 2, 2044 Abs. 1.

---

[1] Vgl. BGH LM § 432 Nr. 15 = NJW-RR 2001, 369.
[2] Mot. in *Mugdan* II S. 491.
[3] HM; *Schulze-Osterloh*, Das Prinzip der gesamthänderischen Bindung, 1972, S. 70.
[4] Zust. *Bamberger/Roth/Gehrlein* RdNr. 1.
[5] Ungenau *Lüdecke* Erfindungsgemeinschaften, 1962, S. 151 f.
[6] Mot. in *Mugdan* II S. 491; BGHZ 63, 348, 351 = NJW 1975, 687, 688 = JuS 1975, 397, 398 m. Anm. *Karsten Schmidt*; s. auch *Schnorr*, Die Gemeinschaft nach Bruchteilen, 2004, S. 378; *Staudinger/Langhein* RdNr. 45; zur Vereinbarkeit mit Art. 2, 14 GG vgl. OLG Hamburg NZG 1999, 1211, 1212; NJW-RR 2002, 1165, 1167.

II. Voraussetzungen und Inhalt des Aufhebungsanspruchs

5   **1. Gesetzliche Regelung.** Die gesetzliche Regelung hinsichtlich der Voraussetzungen des Anspruchs ist in § 749 Abs. 1 enthalten. Der Anspruchsinhalt folgt aus §§ 752 bis 754. Teilungsmaßstab ist das Verhältnis der Anteile der einzelnen Teilhaber zueinander.[7] All dies ist abdingbar. Zu unterscheiden sind: Abreden, die die Aufhebung hindern (RdNr. 8); Vereinbarungen zum Zwecke der Aufhebung (RdNr. 29 ff.).

6   **2. Aufhebungshindernisse.** Über die Voraussetzungen des Aufhebungsanspruchs entscheidet, sofern vorhanden, in erster Linie eine Aufhebungsvereinbarung (RdNr. 30), in zweiter Linie eine etwa vorhandene Sonderregelung (RdNr. 7) oder ein rechtsgeschäftliches Teilungsverbot (RdNr. 8), in dritter Linie § 749 Abs. 1. Das **Prinzip der jederzeitigen Aufhebbarkeit** ist durch **Ausnahmen** durchlöchert.

7   **a) Gesetzliche Aufhebungshindernisse.** Gesetzliche Aufhebungshindernisse sind außer dem nur von Fall zu Fall eingreifenden § 242 (RdNr. 14) vor allem: § 922 bei Grenzanlagen;[8] § 2047 Abs. 2 bei den sog. Familienbriefen; zeitlicher Aufschub kann sich bei der Erbengemeinschaft aus §§ 2043, 2045 ergeben. Die Gemeinschaft der Wohnungseigentümer ist unauflöslich (§ 11 Abs. 1 WEG; vgl. zu ihrer Rechtsnatur § 1008 RdNr. 37). Die Anteilsversteigerung nach §§ 18 f., 53 ff. WEG ist keine Teilungsversteigerung, sondern eine sog. freiwillige Versteigerung, die allerdings in Fällen des § 18 WEG erzwungen werden kann. Nach § 38 Abs. 5 InvG kann bei der Miteigentumslösung ebenso wenig wie bei der Treuhandlösung ein Anteilsinhaber oder dessen Pfandgläubiger oder Insolvenzverwalter die Aufhebung der Gemeinschaft verlangen (s. auch § 741 RdNr. 51). Über die Bruchteilsgemeinschaft von Ehegatten vgl. RdNr. 15. Die Aufhebung einer Gemeinschaft, an der ein im gesetzlichen Güterstand lebender Ehegatte beteiligt ist, bedarf unter den Voraussetzungen der §§ 1365, 1369 der Zustimmung des anderen (s. auch § 753 RdNr. 18).[9] Ob schon die Eröffnung eines Versteigerungsverfahrens oder erst der Zuschlag der Zustimmung bedarf, ist str.[10] Die Zustimmung kann nach § 1366 Abs. 3 S. 3 durch Beschluss des Vormundschaftsgerichts ersetzt werden.[11] Ihr Fehlen wird ggf. nach § 771 ZPO geltend gemacht.[12]

8   **b) Rechtsgeschäftliche Aufhebungsverbote (Teilungsverbote).** Rechtsgeschäftliche Aufhebungsverbote können durch lebzeitiges Rechtsgeschäft unter den Teilhabern verabredet sein oder nach § 2044 auf der Anordnung eines Erblassers beruhen (vgl. Erl. zu § 2044). Da das von Todes wegen angeordnete Verbot in Form eines Vermächtnisses oder einer Auflage festgelegt wird, ist es nicht notwendig auf die Erbengemeinschaft als Gesamthand beschränkt, sondern kann auch für die aus ihr hervorgegangene Bruchteilsgemeinschaft gelten. Ein Mehrheitsbeschluss der Teilhaber nach § 745 Abs. 1 genügt nicht.[13] Teilungsverbote können ausdrücklich oder stillschweigend vereinbart werden.[14] Die Feststellung eines stillschweigenden Teilungsverbots ist Tatfrage.[15] Eine stillschweigende Vereinbarung kann zB vorliegen, wenn ein der Erschließung mehrerer Grundstücke dienenden Privatweg im Miteigentum von Grundstücksnachbarn steht.[16] Dagegen ist eine solche Vereinbarung zB

---

[7] *Schulze-Osterloh* (Fn. 3) S. 69 f.
[8] Dazu BGHZ 27, 197, 200 = NJW 1958, 1180.
[9] Dazu BayOLG NJW-RR 1996, 962; OLG Frankfurt NJW-RR 1997, 1274; 1999, 731; OLG Köln ZMR 2000, 613; ausf. *Staudinger/Langhein* RdNr. 65 ff.
[10] Vgl. BGH NJW 2007, 3124; OLG Frankfurt NJW-RR 1999, 731 (bei Antrag auf Eröffnung); NJW-RR 1997, 1274 (bis zum Zuschlag).
[11] Dazu BayObLG NJW-RR 1996, 962.
[12] OLG Hamburg FamRZ 2000, 1290; OLG Köln ZMR 2000, 613; AG Hannover FamRZ 2003, 938; *Palandt/Brudermüller* § 1365 RdNr. 8; MünchKommZPO/*Karsten Schmidt*, 3. Aufl. 2007, § 771 RdNr. 45.
[13] Zust. *Schnorr* (Fn. 6) S. 366.
[14] BGH NJW-RR 2008, 612 = ZIP 2008, 265; RGZ 67, 396, 397 (die Ausführungen auf S. 398 beruhen auf der Bindung an die tatsächlichen Feststellungen).
[15] BGH NJW-RR 2008, 612 = ZIP 2008, 265, 266.
[16] Ebd.; OLG Köln OLGR 2004, 17 = ZMR 2004, 267.

nicht schon dann anzunehmen, wenn der gemeinschaftliche Gegenstand aus der Hand eines einzigen Rechtsvorgängers erworben wurde und bei diesem unteilbar war.[17] Über **Gemeinschaftskonten** vgl. § 741 RdNr. 55 f. Auch bei **Grundstücken** bedarf die Vereinbarung – im Gegensatz zu Vereinbarungen über die Art der Auseinandersetzung – nicht der Form des § 311 b.[18] Die grundsätzliche Zulässigkeit rechtsgeschäftlicher Teilungsverbote steht außer Zweifel.[19] Wie sich aus Abs. 2 ergibt, ist Abs. 1 nicht zwingend (zur Bedeutung des Abs. 3 vgl. RdNr. 10). Auch eine absolute zeitliche Grenze für den Aufhebungsausschluss gibt es bei § 2044, aber nicht bei § 749. § 767 Abs. 2 E I, der eine Höchstgrenze von 30 Jahren vorsah, wurde nicht in das Gesetz aufgenommen, sondern durch den geltenden Abs. 2 ersetzt. **Überschreitung einer zumutbaren Dauer** kann wichtiger Grund iS des Abs. 2 sein,[20] allerdings regelmäßig nicht Grund zur sofortigen Aufhebung der Gemeinschaft, sondern zur Aufhebung nach angemessener Zeit.

Teilungsverbote können unterschiedlichen **Inhalt** haben.[21] Der Aufhebungsanspruch kann **allgemein** ausgeschlossen sein; der Ausschluss kann aber auch beschränkt sein, und zwar **zeitlich** (Fixpunkt oder Kündigungsfrist),[22] **subjektiv** (Ausschluss für einzelne Teilhaber),[23] **gegenständlich** auf einzelne gemeinschaftliche Gegenstände[24] oder auf eine bestimmte Teilungsart.[25] Zulässig ist auch die Vereinbarung, dass ein Miteigentümer die Aufhebung durch Verkauf (Zwangsversteigerung) nur unter der Voraussetzung verlangen kann, dass das Gebot eine bestimmte Höhe erreicht.[26] Ebenso die Vereinbarung, dass bestimmte dritte Personen der Aufhebung zustimmen müssen.[27] Das ergibt sich mittelbar auch aus § 1066 Abs. 2. Teilungsverbote sind **auslegungsfähig.** Eine Auslegungsregel enthält § 750. Die Ermittlung des Parteiwillens vor allem bei stillschweigend erklärten Teilungsverboten kann Schwierigkeiten bereiten. Vor Unterstellungen ist zu warnen. Unter Gemeinschaftserfindern kann nach verbreiteter Auffassung Aufhebung nur auf Grund außerordentlicher Kündigung bei Vorliegen eines wichtigen Grundes verlangt werden.[28] Das geht zu weit.[29] Als Richtlinie kann gelten, dass in der gesellschaftsrechtlichen Erfindungsgemeinschaft § 749 regelmäßig abbedungen ist, während die bloße Tatsache, dass eine Gemeinschaftserfindung vorliegt, hierfür nicht ausreicht (§ 741 RdNr. 60, 62 f.). Für den Einwand aus § 242 vgl. RdNr. 14. Dort auch zum Teilungsverbot unter Ehegatten. Rechtsgeschäftliche Teilungsverbote können nachträglich behoben werden, zB durch Einigung der Teilhaber, durch Fristablauf oder nach Abs. 2 bei Vorliegen eines wichtigen Grundes. Endet das Teilungsverbot während des Rechtsstreits oder während des eingeleiteten Teilungsverfahrens, so kann einer Aufhebungsklage stattgegeben werden; ein zur Aufhebung der Gemeinschaft eingeleitetes Zwangsversteigerungsverfahren kann fortgesetzt werden.[30] Zur Wirksamkeit von Teilungsverboten gegenüber Rechtsnachfolgern vgl. §§ 751, 1010. Zur **Insolvenz eines Teilhabers** vgl. § 84 InsO und dazu § 751 RdNr. 7.

---

[17] Vgl. OLG Hamburg NJW-RR 2002, 1165, 1167.
[18] Wie hier jetzt auch *Bamberger/Roth/Gehrlein* RdNr. 6; *Erman/Aderhold* RdNr. 5; *Staudinger/Langhein* RdNr. 60; aA noch *Soergel/Hadding* RdNr. 8.
[19] BGH NJW-RR 2008, 612 = ZIP 2008, 265, 266; terminologisch irreführend *Schnorr* (Fn. 6) S. 366 ff.: „Aufhebungsvereinbarungen".
[20] *Erman/Schulze-Wenck* (7. Aufl.) RdNr. 6.
[21] Ausf. *Staudinger/Langhein* RdNr. 60.
[22] RGZ 47, 363 = JW 1900, 752.
[23] KGJ 33, A 224.
[24] Das versteht sich nach dem Spezialitätsgrundsatz (§ 741 RdNr. 33) eigentlich von selbst.
[25] RG WarnR 1938 Nr. 70; *Soergel/Hadding* RdNr. 8; anders *Staudinger/Langhein* RdNr. 61: kein Fall des Abs. 2.
[26] KGJ 33, A 224.
[27] KGJ 51, A 198 = OLGE 39, 206.
[28] *Bernhardt,* Lehrbuch des Patentrechts, 3. Aufl. 1973, § 15 II 2; *Reimer/Neumar,* PatG und GebrMG, 3. Aufl. 1968, § 3 PatG RdNr. 11; *Klauer/Möhring,* PatG, 3. Aufl. 1971, § 3 RdNr. 18.
[29] § 741 RdNr. 60; *Götting,* Gewerblicher Rechtsschutz, 8. Aufl. 2007, § 13 RdNr. 12; *Lüdecke* (Fn. 5) S. 148 f.; jetzt auch *Kraßer,* Patentrecht, 5. Aufl. 2004, § 19 V b 10; vgl. bereits *Kisch* GRUR 1952, 267, 270.
[30] RGZ 47, 363 = JW 1900, 257; *Soergel/Hadding* RdNr. 5.

§ 749 10–12 Abschnitt 8. Titel 17. Gemeinschaft

10   c) **Garantie der Aufhebung aus wichtigem Grund (Abs. 2).** Ein wichtiger Aufhebungsgrund ist nach Abs. 2 stärker als die rechtsgeschäftliche Bindung durch ein Teilungsverbot.[31] Das ist ein allgemein für Dauerschuldverhältnisse, also auch für das schuldrechtliche Teilungsverbot, geltender Grundsatz.[32] Dieser Grundsatz wird durch Abs. 2 und 3 nur klargestellt. Nach **Abs. 3** ist das Recht zur Aufhebung aus wichtigem Grund unabdingbar. Nicht – auch nicht für den Fall des wichtigen Grundes – verboten sind Regelungen über die Art und Weise der Teilung.[33] Abs. 3 führt nicht iVm. § 139 zur Totalnichtigkeit eines generell vereinbarten Teilungsverbots. Dieses wird lediglich iS des Abs. 2 eingeschränkt. Nur wenn die Teilhaber im Einzelfall die Wirksamkeit des Teilungsverbots von dessen bedingungsloser Geltung abhängig machen (unpraktisch!), ist das Teilungsverbot als solches nichtig. Abs. 3 hindert auch nicht, dass auf das **Rechtsverhältnis unter den Teilhabern** zurückgegangen wird, wenn es darum geht, was unter ihnen als wichtiger Grund anerkannt werden kann.

11   Die Feststellung des wichtigen Grundes ist **Frage des Einzelfalls.**[34] Wichtige Gründe können im **Verhalten** eines Teilhabers begründet sein, wenn dieses den Verbleib in der Gemeinschaft unzumutbar macht. Insbesondere spielt dabei eine Rolle, ob sich das Rechtsverhältnis der Teilhaber in der Bruchteilsgemeinschaft erschöpft. Ist dies der Fall, so ist mit BGH BB 1962, 427 zu beachten, dass die Gemeinschaft als solche nicht mehr als eine gemeinsame Mitberechtigung darstellt (bestätigend BGH WM 1984, 873). Deshalb lassen sich die für § 723, also für die Auflösung einer rechtsgeschäftlich begründeten Zweckgemeinschaft, entwickelten Grundsätze auf eine solche schlichte Bruchteilsgemeinschaft nicht ohne weiteres übertragen.[35] Nach Auffassung des BGH liegt selbst in einer tief greifenden Störung des gegenseitigen Vertrauens – zB in einer **Verfeindung** der Teilhaber – nur dann ein wichtiger Grund für die Aufhebung der Gemeinschaft, wenn hierdurch die Gemeinschaft unmittelbar berührt wird.[36] Doch ist vor Verallgemeinerungen zu warnen. Es kommt darauf an, ob die Verwaltungs- und Nutzungsgemeinschaft in zumutbarer Weise fortgesetzt werden kann.[37] Verfeindung kann als wichtiger Grund ausreichen, wenn die Gemeinschafter den gemeinschaftlichen Gegenstand selbst verwalten, während unter Umständen kein wichtiger Grund vorliegt, wenn sie einen neutralen Verwalter bestellt haben. Der verhaltensbedingte wichtige Grund muss nicht unbedingt auf einem Verschulden beruhen.[38] Bei der Feststellung des wichtigen Grundes ist aber auch zu berücksichtigen, welchem Teilhaber im Fall einer Vertrauenskrise ein Vorwurf zu machen ist.[39] Nur für den anderen ist dann ggf. ein wichtiger Kündigungsgrund anzuerkennen. Wichtiger Grund ist bei der **Erfindungsgemeinschaft** zB der dauernde und schwere Verstoß gegen Teilhaberpflichten.[40]

12   Der wichtige Grund kann außer auf dem Verhalten eines Teilhabers auch auf **objektiven Gegebenheiten** oder auf **persönlichen Verhältnissen** dessen, der die Aufhebung verlangt, beruhen. So bei einer für die Gemeinschaft wesentlichen Änderung der Umstände, etwa bei Zweckentfremdung eines gemeinschaftlichen Weges durch wegerechtliche Maßnahmen.[41] Die Ehescheidung kann Aufhebungsgrund für die Bruchteilsgemeinschaft unter Eheleuten sein.[42] Dasselbe kann nach Lage des Falls auch für eine nichteheliche Lebensgemeinschaft

---

[31] Vgl. auch für Erbengemeinschaft (§ 2042 Abs. 2) RG WarnR 1938 Nr. 70.
[32] Dazu BGHZ 9, 157, 162 = LM GmbHG § 34 Nr. 1 m. Anm. *Fischer* = NJW 1953, 780, 781.
[33] Ebenso *Staudinger/Langhein* RdNr. 76, 83; *Palandt/Sprau* RdNr. 7.
[34] OLG Hamburg NJW 1961, 610 (Erbengemeinschaft).
[35] Zust. *Bamberger/Roth/Gehrlein* RdNr. 7; *Erman/Aderhold* RdNr. 6; *Soergel/Hadding* RdNr. 9.
[36] Zust. *Erman/Aderhold* RdNr. 6; *Soergel/Hadding* RdNr. 9; *Staudinger/Langhein* RdNr. 78; s. auch BGH LM § 749 Nr. 4 = NJW-RR 1995, 334, 335; zum wichtigen Grund beim Widerruf einer Verwaltungsregelung BGH LM § 744 Nr. 5 = NJW 1983, 449, 450.
[37] Vgl. BGH WM 1984, 873; OLG Bamberg MDR 2004, 24.
[38] BGH WM 1984, 873; RGRK/*v. Gamm* RdNr. 6.
[39] BGH BB 1962, 427; s. auch OLG Bamberg MDR 2004, 24.
[40] *Lüdecke* (Fn. 5) S. 151.
[41] RGRK/*v. Gamm* RdNr. 6.
[42] Vgl. RG JW 1936, 1058, 1059; *Bamberger/Roth/Gehrlein* RdNr. 7.

gelten.⁴³ Finanzbedarf eines Teilhabers wird nur ausnahmsweise genügen.⁴⁴ Jedenfalls wird man den anderen Teilhabern in diesem Fall das Recht einräumen müssen, das Aufhebungsrecht gegen angemessenes Entgelt abzulösen.⁴⁵ Über Sicherungsübereignung, Verpfändung und Pfändung als Aufhebungsgründe vgl. § 747 RdNr. 11, § 751 RdNr. 4. **Uneinigkeit bei Verwaltungsregelungen** ist nicht ohne weiteres ein wichtiger Aufhebungsgrund.⁴⁶ Insbesondere gilt das, wenn ein Teilhaber eine ihm allein nützliche Veränderung nicht verwirklichen kann.⁴⁷ Setzt ein Minderheits-Teilhaber eine angemessene Verwaltungsregelung nicht durch, so hat er nach § 745 Abs. 2 Anspruch auf eine interessengerechte und der Billigkeit entsprechende Regelung; er muss sich aber nicht in jedem Fall auf die Einklagung dieses Rechts verweisen lassen; die Verletzung dieses Rechts kann vielmehr ein Aufhebungsgrund sein (§§ 744, 745 RdNr. 21). Im Fall der Unzumutbarkeit kann der Teilhaber sogleich das Aufhebungsrecht wegen wichtigen Grundes geltend machen.⁴⁸ Ist ihm kein Gehör gewährt worden, so ist dies regelmäßig ein wichtiger Aufhebungsgrund.⁴⁹ **Günstige Verwertungsgelegenheit** ist grundsätzlich kein Aufhebungsgrund, es sei denn, die Vereinbarung unter den Teilhabern ziele selbst auf optimale Verwertung.⁵⁰ Bei Einzelrechtsnachfolge in den Anteil bildet das Aufhebungsinteresse des Nachfolgers noch keinen wichtigen Grund. § 751 darf nicht durch § 749 Abs. 2 ausgehöhlt werden.⁵¹

Grundsätzlich berechtigt ein wichtiger Grund zur fristlosen **Aufhebung der Gemeinschaft.** Doch ist die Aufhebung aus wichtigem Grund ultima ratio.⁵² Vorrang hat, soweit zielführend, insbesondere die Feststellung einer Beschlussunwirksamkeit (RdNr. 32) bzw. das Verfahren nach § 745 Abs. 2 (vgl. §§ 744, 745 RdNr. 21, 35). Auch bei Vorliegen eines wichtigen Grundes ist auf die Belange der anderen Teilhaber Rücksicht zu nehmen. Eine Kündigung zur Unzeit kann nach dem Gedanken des § 723 Abs. 2 unzulässig und unwirksam sein.⁵³ Sie kann auch zur Schadensersatzhaftung führen.⁵⁴ 13

d) **Aufhebungshindernisse im Einzelfall.** Auch wo § 749 Abs. 1 nicht generell ausgeschlossen ist (RdNr. 6 ff.), können von Fall zu Fall Einwendungen gegen den Aufhebungsanspruch begründet sein. Hauptanwendungsfall ist § 242.⁵⁵ Die Geltendmachung des Teilungsanspruchs kann gegen **Treu und Glauben** verstoßen. Auf eine Entwurfsregelung, die den Teilhabern einen Aufschub gewährte, wenn ein unverhältnismäßiger Nachteil für die gemeinschaftlichen Interessen zu erwarten ist, wurde ausdrücklich verzichtet.⁵⁶ Gleichwohl kann dem Aufhebungsanspruch von Fall zu Fall entgegengehalten werden, dass die Teilung der Gemeinschaft für die betroffenen Teilhaber eine unbillige Härte darstellt.⁵⁷ Doch muss diese Härte über das typische Risiko, des Miteigentums und der damit verbundenen Vorteile verlustig zu gehen, hinausgehen.⁵⁸ Das gilt zB auch im Fall des Familienheims bei einer gescheiterten Beziehung.⁵⁹ Beispielsweise kann dem Aufhebungsanspruch 14

---

⁴³ LG Berlin MDR 1990, 1116.
⁴⁴ Vgl. auch *Staudinger/Langhein* RdNr. 79; zur Erbengemeinschaft OLG Hamburg NJW 1961, 610, 611.
⁴⁵ AA *Staudinger/Langhein* RdNr. 81.
⁴⁶ Vgl. Mot. in *Mugdan* II S. 490.
⁴⁷ Vgl. BGH LM Nr. 4 = NJW-RR 1995, 334, 335.
⁴⁸ Vgl. auch Prot. in *Mugdan* II S. 1205.
⁴⁹ Vgl. OLG Kiel OLGE 13, 428, 429.
⁵⁰ Großzügiger *Planck/Lobe* Anm. 3.
⁵¹ Unhaltbar die zeitbedingt-politische Entscheidung RG SeuffA 91 Nr. 131; dazu auch § 751 RdNr. 1.
⁵² BGH LM § 745 Nr. 24 m. Anm. *Reithmann* = NJW-RR 1995, 267, 268.
⁵³ RG WarnR 1938 Nr. 70; *Lüdecke* (Fn. 5) S. 151; *Soergel/Hadding* RdNr. 9; RGRK/*v. Gamm* RdNr. 6; *Staudinger/Langhein* RdNr. 80; s. auch zur Erbengemeinschaft LG Düsseldorf FamRZ 1955, 303.
⁵⁴ *Soergel/Hadding* RdNr. 9.
⁵⁵ HM; krit. allerdings *Schnorr* (Fn. 6) S. 380 ff.
⁵⁶ Vgl. Prot. in *Mugdan* II S. 1207.
⁵⁷ BGHZ 63, 348, 353 = NJW 1975, 687, 688 = JuS 1975, 397 m. Anm. *Karsten Schmidt*; BGH NJW-RR 2005, 334, 335 = ZIP 2005, 27, 28; ZIP 2008, 265, 266; OLG Frankfurt DStR 2007, 868 RdNr. 34; *Bamberger/Roth/Gehrlein* RdNr. 5.
⁵⁸ BGH WM 1984, 873 f.; OLG München NJW-RR 1989, 715; OLG Köln Rpfleger 1998, 168, 169; OLG Karlsruhe NZG 1999, 249; LSG Rheinland-Pfalz vom 30. 1. 2003, L1 AL 155/00.
⁵⁹ Vgl. nur BGH WM 1984, 873 f.; OLG München NJW-RR 1989, 715.

nicht entgegengehalten werden, dass ein teilungsunwilliger Miteigentümer die Wohnung im gemeinschaftlichen Haus verlieren würde.[60] Nach BGHZ 63, 348, 353 = NJW 1975, 687, 688 = JuS 1975, 397 *(Karsten Schmidt)* genügt es auch nicht, wenn derjenige, der die Teilung betreibt, seine ihm gegenüber den anderen Teilhabern obliegenden Pflichten gröblich verletzt. Dem ist zuzustimmen.[61] Die Aufhebung und die begehrte Teilung muss für den Betroffenen in solchem Maße unzumutbar sein, dass die vom Gesetz im Normalfall bejahte Fälligkeit des Teilungsanspruchs ausnahmsweise verneint werden muss. Der typischerweise aus der Veräußerung und Teilung jedes gemeinschaftlichen Gegenstands resultierende Nachteil genügt also nicht, wohl aber kann eine existentielle Gefährdung relevant sein.[62] Treuwidrig kann ein Teilungsverlangen sein, wenn es der gemeinsamen Kalkulation den Boden entzieht.[63] Das allseitige Angewiesensein auf die gemeinschaftliche Nutzung kann, wenn andere Wege, diese Nutzung sicherzustellen, nicht gewährleistet sind, nach § 242 ein Aufhebungshindernis sein, wenn hier nicht sogar ein Aufhebungsausschluss stillschweigend vereinbart ist (RdNr. 8).[64] Auch die sich aus einer die Miteigentümer verbindenden Gesellschaft ergebende Treupflicht kann einer einseitigen Aufhebung entgegenstehen.[65] Ein schikanöses Aufhebungsverlangen, nur damit der Mitberechtigte seine Rechte verliert, ist unzulässig.[66] Dem die Teilung betreibenden Teilhaber kann es nach Lage des Falls auch zumutbar sein, sich mit einer Realteilung zufriedenzugeben[67] oder seinen Bruchteil den widerstrebenden Teilhabern zum Kauf anzubieten (vgl. auch RdNr. 7).[68]

15 **Unter Ehegatten** kann die Pflicht zur ehelichen Lebensgemeinschaft (§ 1353 RdNr. 12) oder eine Ehegatteninnengesellschaft (Vor § 705 RdNr. 73) den Aufhebungsanspruch ausschließen.[69] Einen allgemeinen Ausschluss jeder Gemeinschaftsaufhebung unter Ehegatten auf Grund § 1353 Abs. 1 S. 2 erkennt die Praxis mit Recht nicht an.[70] Sehr weitgehend entscheidet zwar LG Köln MDR 1970, 418, das sogar den Zwangsversteigerungsantrag für nichtig hält (vgl. dagegen § 753 RdNr. 19 mit Fn. 65). Nach BGHZ 37, 38, 42 = NJW 1962, 1244, 1245 müssen aber selbst bei einer Gemeinschaftsaufhebung, die den räumlichgegenständlichen Bereich der Ehe berührt (Versteigerung des früher gemeinsam, jetzt von einem Ehegatten bewohnten Grundstücks), die beiderseitigen Interessen abgewogen werden, denn kein Ehegatte habe gegen den anderen ein Recht auf bedingungslosen Fortbestand des äußeren gegenständlichen Bereichs der Ehe. Das OLG Frankfurt berücksichtigt in FamRZ 1998, 641, 642 das berechtigte Interesse eines schwerkranken Ehepartners am einstweiligen Verbleib in der Wohnung. Bloße Billigkeitsüberlegungen, zB gestützt auf das Wohl der Kinder, lässt OLG München NJW-RR 1989, 716 nicht zur Abwehr des Teilungsanspruchs ausreichen. Handelt es sich um eine frühere Ehewohnung der jetzt getrennt lebenden Ehegatten, so spielt auch das Recht des die Aufhebung betreibenden Ehegatten zum Getrenntleben eine Rolle.[71] Ein Anspruch auf Verschaffung von Alleineigentum am gemeinschaftlichen Gegenstand lässt sich aber hierauf nicht stützen.[72]

---

[60] Vgl. BGH LM § 749 Nr. 4 = NJW-RR 1995, 334, 336; OLG Köln Rpfleger 1998, 168, 169.
[61] So auch *Bamberger/Roth/Gehrlein* RdNr. 5.
[62] BGH LM Nr. 4 = NJW-RR 1995, 334, 336.
[63] OLG Celle NJW-RR 2000, 727, 728.
[64] Vgl. BGH NJW 2008, 612 = ZIP 2008, 265, 266 (gemeinsamer Privatweg als Erschließungszugang).
[65] OLG Karlsruhe NZG 1999, 249.
[66] LG München II ZMR 1990, 301 (gemeinschaftlicher Mietvertrag).
[67] OLG Frankfurt DStR 2007, 868.
[68] In dieser Richtung BGH NJW-RR 2005, 308, 309 = ZIP 2005, 27, 28; Bedenken bei *Bamberger/Roth/Gehrlein* § 753 RdNr. 1.
[69] OLG Düsseldorf FamRZ 1999, 856, 857; *Soergel/Hadding* RdNr. 8; *Staudinger/Langhein* RdNr. 68 ff.
[70] BGHZ 37, 38 = LM § 242 Nr. 9 (C) m. Anm. *Johannsen* = NJW 1962, 1244 = MDR 1962, 551; RGZ 67, 396, 398; dazu auch *Jayme*, Die Familie im Recht der unerlaubten Handlungen, 1971, S. 265; zust. *Soergel/Hadding* RdNr. 8; *Jauernig/Stürner* RdNr. 5; *Staudinger/Langhein* RdNr. 63.
[71] Eingehend *Staudinger/Langhein* RdNr. 70 ff.
[72] Vgl. BGH NJW 1983, 2933, 2934; BayObLG NJW-RR 1989, 716.

Ein **Zurückbehaltungsrecht** nach § 273 wegen unbeglichener Ansprüche aus § 748 **16** kann dem Aufhebungsanspruch nicht entgegengesetzt werden (§§ 755, 756 RdNr. 21). Wohl aber ist ein Zurückbehaltungsrecht im Rahmen der Auskehrung des Teilungserlöses möglich (§§ 755, 756 RdNr. 21).

3. Berechtigter und Verpflichteter. a) Berechtigter. Berechtigt, die Aufhebung zu **17** verlangen, ist grundsätzlich **jeder Teilhaber**. **Ausnahmen** gelten beim Nießbrauch am Bruchteil (§ 1066 Abs. 2) und beim Pfandrecht am Bruchteil (§ 1258 Abs. 2). Die §§ 1066 Abs. 2, 1258 Abs. 2 gelten nicht nur für das Miteigentum an einer Sache, sondern auch bei anderen Gemeinschaftsgegenständen (§§ 1068 Abs. 2, 1273 Abs. 2). Die Rechtszuständigkeit jedes Teilhabers besteht unabhängig davon, ob der Teilhaber natürliche Person, juristische Person oder eine durch Organe handelnde rechtsfähige Personengesellschaft ist. Im **Insolvenzfall** (§ 84 InsO) handelt für den insolventen Teilhaber der Insolvenzverwalter. Bei „**Untergemeinschaften**" (§ 741 RdNr. 9, 14, 15) ist zu unterscheiden: Besteht ein Bruchteil am Gesamthandsanteil (hierzu gehört nach bisher wohl hM auch die Bruchteilsgemeinschaft am Personengesellschaftsanteil), so gelten keine Besonderheiten. Fällt umgekehrt ein Bruchteil in eine Gütergemeinschaft oder Erbengemeinschaft, so kann jeder Gesamthänder den Aufhebungsanspruch geltend machen.[73] Das Recht aus der Teilung steht dann allerdings den Ehegatten oder Miterben zur gesamten Hand zu. Es muss auf Leistung an alle geklagt werden.[74] In Fällen dieser Art muss genau zwischen der Aufhebung der Bruchteilsgemeinschaft und der Gütergemeinschaft oder Erbengemeinschaft unterschieden werden.[75] Die Umwandlung der Gesamthandszuständigkeit am Bruchteil in Bruchteilszuständigkeit überführt den gesamthänderischen Bruchteil in die direkte (aber geteilte) Rechtszuständigkeit zu Bruchteilen.[76] Beispielsweise werden die Miterben eines Miteigentümers hierdurch selbst Miteigentümer. Da es keinen „Bruchteil am Bruchteil" gibt (§ 741 RdNr. 16), entsteht keine „Untergemeinschaft". Soll nun die Aufhebung der Gemeinschaft betrieben werden, so ergibt sich von selbst, dass der Anspruch aus § 749 jedem Teilhaber zusteht. Steht der Bruchteil einer Gesellschaft zu (§ 741 RdNr. 9), so kann grundsätzlich nur diese die Aufhebung verlangen, nicht jeder Gesellschafter.

b) Anspruchsgegner. Anspruchsgegner sind alle anderen Teilhaber.[77] Die anderen schul- **18** den aber nur die dem jeweiligen Teilungsgläubiger zukommende Teilung. An der Fortsetzung der Gemeinschaft untereinander sind sie nicht gehindert.[78] Aus § 242 kann sich nämlich ergeben, dass die anderen Teilhaber den Teilungsgläubiger abfinden dürfen (RdNr. 14, 27, § 753 RdNr. 7 f.).[79] Demgemäß steht auch § 11 Abs. 1 KAGG nur scheinbar in Widerspruch mit dem BGB. Der Gläubiger kann aber nicht verlangen, dass die Gemeinschaft nur im Verhältnis zu einem bestimmten Teilhaber aufgehoben wird (RdNr. 27).[80]

4. Rechtsnatur und Gegenstand des Aufhebungsrechts. a) „Rechtsnatur". Die **19** Dogmatik des Rechts auf Teilung ist str. Nach richtiger Auffassung liegt ein **Anspruch** vor,[81]

---

[73] Vgl. für Erbengemeinschaft RGZ 108, 422, 424; OLG Hamm JMBl. NRW 1958, 68; Rpfleger 1964, 341 m. Anm. *Haegele*; RGRK/v. *Gamm* RdNr. 3; für Erbes-Erbengemeinschaft OLG Schleswig MDR 1959, 46; aA noch KG OLGE 25, 267.
[74] OLG Hamm JMBl. NRW 1958, 68; Rpfleger 1964, 341.
[75] S. auch OLG Colmar OLGE 12, 92 f.
[76] BGH LM § 2033 Nr. 4 = NJW 1963, 1610, 1611; OLG Düsseldorf Rpfleger 1968, 188; *Köbler*, Erbrecht und Gesellschaft, 1974, S. 78; *Rather*, Die Erbes-Erbengemeinschaft, Diss. Göttingen 1978, S. 111; *Haegele* Rpfleger 1968, 173.
[77] Vgl. schon RGZ 1, 319; 12, 193, 198.
[78] KG OLGE 4, 119 f.
[79] Vgl. BGHZ 58, 146 = NJW 1972, 818; BGH ZIP 2005, 27, 28.
[80] *Planck/Lobe* Anm. 1 c.
[81] Vgl. nur RGZ 108, 422, 424; *Schlosser*, Gestaltungsklagen und Gestaltungsurteile, 1966, S. 35; *Gramentz*, Die Aufhebung der Gemeinschaft nach Bruchteilen durch den Gläubiger eines Teilhabers, 1989, S. 55 ff.; *Enneccerus/Lehmann* § 186 II; *Larenz*, SchuldR II, 12. Aufl. 1981, § 61 III; *Bamberger/Roth/Gehrlein* RdNr. 2; *Palandt/Sprau* RdNr. 1; *Soergel/Hadding* RdNr. 4; *Kohler* ZZP 104 (1991), 85; abl. *Schnorr* (Fn. 6) S. 358 ff.

nicht ein Gestaltungsrecht.[82] Zu den Konsequenzen im Aufhebungsprozess vgl. RdNr. 41. BGHZ 63, 348, 352 = NJW 1975, 687, 688 = JuS 1975, 397 *(Karsten Schmidt)* lässt die Streitfrage dahingestellt.[83] Der Meinungsstreit beruht darauf, dass keine Einigkeit über die **Funktion** des Aufhebungsrechts und den Inhalt des Anspruchs besteht (RdNr. 30). Es muss zwischen den Voraussetzungen des Anspruchs und seinem Inhalt unterschieden werden. Der Anspruch kann nach Abs. 1 sofort oder nach dem Ablauf einer Frist fällig sein, dann bedarf es keines Gestaltungsakts. Seine Fälligkeit kann in jedem Fall durch Vereinbarung herbeigeführt werden (RdNr. 29). Sie kann auch von einer Kündigung abhängig sein.[84] Diese ist dann aber nicht Inhalt, sondern Voraussetzung des Rechts auf Aufhebung der Gemeinschaft, von dem in Abs. 1 die Rede ist.

20 **b) Gegenstand des Anspruchs.** Gegenstand des Anspruchs ist die für die Herbeiführung der Gemeinschaftsaufhebung geschuldete Leistung. Es gibt keinen Anspruch auf Aufhebung an sich, sondern nur den Anspruch auf die **im konkreten Fall** auf Herbeiführung der Aufhebung zielende, nach Vereinbarung oder Gesetz geschuldete Leistung. Geschuldet wird im Fall des **§ 752** die Mitwirkung bei der Teilung, bei **§ 753** die Duldung des Zwangsverkaufs und die Mitwirkung bei der Teilung des Erlöses.[85] Soweit, wie bei einem gemeinschaftlichen Rechtsverhältnis, noch eine von allen Mitberechtigten zu erklärende Kündigung erforderlich ist, so kann jeder Mitberechtigte von den anderen diese Mitwirkungshandlung verlangen.[86] Diese hier seit der 1. Aufl. vertretene und in JR 1979, 317 ff. näher entwickelte Auffassung kann wohl **inzwischen** als **hM** bezeichnet werden.[87] Ist eine Teilung weder nach § 752 noch nach § 753 durchführbar (zB Urheberrecht), so besteht vorbehaltlich des § 242 auch kein Aufhebungsanspruch.[88] Demgegenüber unterscheidet die herkömmliche Auffassung den Anspruch auf Aufhebung (§ 749) und den Anspruch auf deren Durchführung (§§ 752 ff.).[89] Nach ihr sind Aufhebung und Teilung unterschiedliche Stufen der Auflösung der Gemeinschaft.[90] Der Aufhebungsanspruch geht auf Zustimmung zur Aufhebung der Gemeinschaft, der Teilungsanspruch auf die Durchführung dieser Aufhebung. Dem Teilungsanspruch vorgelagert ist nach dieser hergebrachten Ansicht ein Anspruch auf Aufhebung schlechthin. Erfüllt wird dieser Anspruch durch Erklärung der Zustimmung zur Aufhebung der Gemeinschaft.[91] Auf sie ist Klage zu erheben; sie wird nach § 894 ZPO durch rechtskräftiges Urteil ersetzt. Träfe dies zu, so wäre mit einem durch alle Instanzen geführten Aufhebungsprozess nicht mehr gewonnen als mit einer Kündigung.[92] Die Gegenansicht, die das Recht gemäß Abs. 1 zum **Gestaltungsrecht** erklärt (RdNr. 19), beruht auf der klaren Erkenntnis dieses Mangels der tradierten Auffassung, teilt aber mit dieser den Fehler, dass die Aufhebungsvoraussetzungen zum Bestandteil des in Abs. 1 genannten Aufhebungsrechts erklärt werden. Demgegenüber muss es bei dem Anspruchscharakter des Abs. 1 bleiben. Dem **Umfang** nach richtet sich der Anspruch auf Zuteilung einer dem Gemeinschaftsbruchteil entsprechenden Quote. Diese hier in den Vorauf. und in JR 1979,

---

[82] So vor allem *Esser/Schmidt* AT/2 § 38 IV 2 c; sympathisierend *Jauernig/Stürner* RdNr. 2; grundlegende Überlegungen bei *Bötticher*, Die Wandlung als Gestaltungsakt, 1938, S. 36; schwer einzuordnen *Schnorr* (Fn. 6) S. 365; „dinglicher Verwirklichungsanspruch".
[83] Ebenso BGHZ 90, 207, 214 = LM AnfG § 2 Nr. 8 = NJW 1984, 1969, 1970.
[84] Unberechtigte Kritik am Gesetz bei *Staudinger/Vogel* (11. Aufl.) RdNr. 1 b.
[85] Übereinstimmend *Hellwig*, Anspruch und Klagerecht, 1900, S. 444 Fn. 4; eingehend *Karsten Schmidt* JR 1979, 317, 319.
[86] OLG Hamburg NZG 1999, 1211, 1212; NJW-RR 2002, 1165, 1167.
[87] So jetzt auch OLG Hamm NJW-RR 1992, 665, 666 = WM 1992, 1676, 1677; *Larenz*, SchuldR II, 12. Aufl. 1981, § 61 III; *Gramentz* (Fn. 81) S. 61 ff.; *Bamberger/Roth/Gehrlein* RdNr. 2; *Erman/Aderhold* RdNr. 2; *Palandt/Sprau* Vor §§ 749 bis 758 RdNr. 1; *Staudinger/Langhein* RdNr. 19.
[88] Zust. LG München II ZMR 1990, 301, 302.
[89] *Enneccerus/Lehmann* § 186 II; *Schlosser* (Fn. 81) S. 35, 145, 288.
[90] *Enneccerus/Lehmann* § 186 II; *Erman/Schulze-Wenck* (7. Aufl.) RdNr. 1; früher auch *Palandt/Thomas* Vor §§ 749 bis 758 Anm. 1.
[91] RGZ 108, 422, 424; *Erman/Schulze-Wenck* (7. Aufl.) RdNr. 1, 3.
[92] Ausf. *Karsten Schmidt* JR 1979, 317; insofern übereinstimmend *Esser/Schmidt* AT/2 § 38 IV 2 c.

317 ff. herausgearbeitete Auffassung beginnt sich durchzusetzen.[93] Auf eine ausführlichere Begründung wird nunmehr verzichtet.

5. Fälligkeit. Die Fälligkeit des Anspruchs richtet sich in erster Linie danach, ob die 21 Gemeinschaft jederzeit aufhebbar ist (RdNr. 4) oder ob noch ein Aufhebungshindernis überwunden werden muss (RdNr. 6 bis 16). Im Regelfall ist die Gemeinschaft jederzeit aufhebbar (RdNr. 4). Dann ist der Anspruch fällig, sobald Aufhebung verlangt wird.[94]

6. Unabtretbarkeit und Unpfändbarkeit. Der Aufhebungsanspruch ist **nicht abtret-** 22 **bar**; nach wohl immer noch **hM** ist er allerdings **pfändbar**.[95] Nach der hier seit der 1. Aufl. vertretenen Auffassung ist dieser Anspruch **weder abtretbar noch pfändbar**.[96]

a) **Unabtretbarkeit.** Die Unabtretbarkeit entspricht der hM.[97] Die Rechtszuständigkeit 23 der Beteiligten bezüglich des Aufhebungsanspruchs ergibt sich aus RdNr. 17. Die Begründungen differieren.[98] Richtig scheint, den Anspruch als ein unselbstständiges Hilfsrecht anzusehen.[99] Er ist mit dem Bruchteil untrennbar verbunden. Nur soweit diese Verbindung bleibt, ist eine Abtretung oder Ausübungsermächtigung wirksam.[100] Das kann zB der Fall sein, wenn die Bruchteilsgemeinschaft keine dingliche, sondern nur eine Verwaltungs-Treuhandgemeinschaft ist (§ 741 RdNr. 19 aE).[101] Die Frage hat nicht die Bedeutung, die ihr die hM beimisst. Den Anspruch **auf** Aufhebung schlechthin gibt es nicht (RdNr. 20). Der Anspruch **aus** der Aufhebung, zB auf Anteil am Versteigerungserlös, ist als künftiges Recht abtretbar. Nach dem Gedanken des § 185 Abs. 2 wird die Abtretung nur wirksam, soweit der Anteil am Erlös im Zeitpunkt der Aufhebung dem Teilhaber zustünde. Zwischenzeitliche Verfügungen über den Anteil sind schädlich.

b) **Unpfändbarkeit.** Die Unpfändbarkeit des Anspruchs ist die Konsequenz seiner Un- 24 abtretbarkeit (§ 851 Abs. 1 ZPO).[102] Demgegenüber bejaht die wohl noch hM die Pfändbarkeit; als Grundlage dient § 857 Abs. 3 ZPO.[103] Die Pfändung wird neben dem Zugriff auf den Anteil zur Wahl gestellt (§ 747 RdNr. 37). Sinn und Zweck dieser Pfändung sollen darin bestehen, dass statt auf den Bruchteil auch auf die gemeinschaftliche Sache insgesamt und damit auf das Surrogat des Bruchteils nach Gemeinschaftsaufhebung zugegriffen wird. Praktische Bedeutung hat diese hM vor allem beim Miteigentum an Grundstücken. Der

---

[93] Nachweise bei OLG Hamm NJW-RR 1992, 665, 666; unentschieden BGHZ 90, 207, 214 = LM AnfG § 2 Nr. 8 = NJW 1984, 1969, 1970.
[94] Näher *Staudinger/Langhein* RdNr. 48.
[95] BGHZ 90, 207 = LM AnfG § 2 Nr. 8 = NJW 1984, 1969; OLG Köln OLGZ 1969, 338, 339; OLG Hamm NJW-RR 1992, 665, 666.
[96] Näher *Karsten Schmidt* JR 1979, 317, 320; aktueller Meinungsstand in den folgenden Fn.
[97] BGH LM § 741 Nr. 13 = NJW-RR 1991, 683, 684; KG NJW 1953, 1832; OLG Köln OLGZ 1969, 338 f.; LG Aurich Rpfleger 1962, 412 f.; *Erman/Aderhold* RdNr. 9; *Gramentz* (Fn. 81) S. 105 ff.; *Furtner* NJW 1957, 1620; 1969, 871; *R. Hoffmann* JuS 1971, 21; *Staudinger/Langhein* RdNr. 54; aA KG OLGE 40, 410 f.
[98] Überblick bei *R. Hoffmann* JuS 1971, 21.
[99] *Karsten Schmidt* JR 1979, 317, 320.
[100] Vgl. auch BGH LM § 741 Nr. 13 = NJW-RR 1991, 683, 684; für Zulässigkeit einer Ausübungsermächtigung ausf. *Gramentz* (Fn. 81) S. 129 ff.
[101] BGH LM § 741 Nr. 13 = NJW-RR 1991, 683, 684.
[102] Im Ergebnis übereinstimmend KG NJW 1953, 1832; LG Ellwangen vom 29. 6. 2004, 5 T 3/04; *Müller* DJZ 1910, 702; *R. Hoffmann* JuS 1971, 20; MünchKommZPO/*Smid* RdNr. 15; *Zöller/Stöber* § 851 ZPO RdNr. 5, § 857 ZPO RdNr. 12 a; *Stein/Jonas/Brehm*, 22. Aufl. 2004, § 857 ZPO RdNr. 3; *Bamberger/Roth/Gehrlein* RdNr. 4; *Erman/Aderhold* RdNr. 9; *Staudinger/Langhein* RdNr. 58 f.; *Baur/Stürner/Bruns*, Zwangsvollstreckungsrecht, 13. Aufl. 2006, RdNr. 25.1.
[103] BGHZ 90, 207 = LM AnfG § 2 Nr. 8 = NJW 1984, 1969; BGH ZIP 1985, 372, 374; KG OLGE 40, 410; OLG Colmar DJZ 1909, 1336; OLG Jena Recht 1907 Nr. 3013; OLG Köln OLGZ 1969, 338, 339; OLG Hamm NJW-RR 1992, 665, 666; LG Bremen Rpfleger 1955, 107; LG Wuppertal NJW 1961, 785; LG Aurich Rpfleger 1962, 412 m. Anm. *Berner*; LG Hamburg MDR 1977, 1019; AG Siegen Rpfleger 1988, 249 m. Anm. *Tröster*; *Gramentz* (Fn. 81) S. 111 bis 143; *Furtner* NJW 1957, 1620; 1969, 872; *Esser/Schmidt* AT/2 § 38 IV 2 c; *Blomeyer*, Vollstreckungsverfahren, 1975, § 86 I 4; *Stöber*, Forderungspfändung, 13. Aufl. 2002 RdNr. 1544; *Palandt/Sprau* RdNr. 2; *Palandt/Bassenge* § 1008 RdNr. 7; *Soergel/Hadding* RdNr. 4 (trotz scheinbar abw. Ansatzes); *Soergel/Stürner* Vor § 1008 RdNr. 9; *Stöber* ZVG, 18. Aufl. 2006, § 180 Anm. 11.3; *Sostmann* in: Notar und Rechtsgestaltung, FS RhNot., 1998, S. 106 ff.

§ 749 25, 26   Abschnitt 8. Titel 17. Gemeinschaft

pfändende Gläubiger kann nach ihr kraft **Überweisung des Aufhebungsanspruchs** gemäß § 181 Abs. 2 ZVG die Aufhebungsversteigerung betreiben. Neben ihm steht allerdings zugleich auch dem Teilhaber-Schuldner das Recht auf Aufhebung der Gemeinschaft zu.[104] Diese hM ist dogmatisch **nicht haltbar** und praktisch überflüssig.[105] Sie verträgt sich nicht mit der Unselbständigkeit des Aufhebungsanspruchs und erklärt sich überdies nur aus der überholten und in RdNr. 20 abgelehnten Auffassung, Gegenstand des Aufhebungsanspruchs und damit der Pfändung sei das Recht auf Aufhebung schlechthin. Anders sieht dies freilich der BGH in BGHZ 90, 207 = LM AnfG § 2 Nr. 8 = NJW 1984, 1969, wo der Inhalt des Aufhebungsanspruchs offen gelassen und die hier vertretene Auffassung nur als eine andere Begründung der hM eingeordnet wird.

25   Im Hinblick auf diesen höchstrichterlichen Standpunkt wird sich die **forensische Praxis,** wie schon in den Vorauf. empfohlen, auf diese **richterrechtlich praktizierte Hilfspfändung** einrichten müssen. Zur Sache selbst ist Folgendes zu bemerken: Auch die Pfändung des Bruchteils ist grundsätzlich Rechtspfändung, nicht allerdings – entgegen einer vereinzelten Auffassung – im Fall des Miteigentums an Grundstücken (§ 747 RdNr. 37). Soweit die Bruchteilpfändung Rechtspfändung ist, ist eine Pfändung des Aufhebungsanspruchs unpraktisch und bedeutungslos. Bei der Vollstreckung in Immobiliarbruchteile besteht ein praktisches Bedürfnis, den Zugriff auf das gemeinschaftliche Grundstück insgesamt zu ermöglichen. Das kann auf zweierlei Weise geschehen; durch **Zugriff auf den Anspruch aus einer Gemeinschaftsaufhebung** im Fall des § 753 und durch Pfändung des Miteigentumsanteils (RdNr. 26). Der **künftige Anspruch** auf das, was dem Schuldner-Teilhaber bei einer Aufhebung nach § 753 gebührt, ist pfändbar.[106] Er wird in der bisherigen Praxis neben dem angeblichen Aufhebungsanspruch gepfändet,[107] dessen Pfändung nur dazu dienen soll, für das Entstehen oder die Fälligkeit dieses Anspruchs zu sorgen. Dieser Hilfspfändung bedarf es nicht.[108] Nach § 751 S. 2 kann der Gläubiger auch dann selbst für die Aufhebung der Gemeinschaft sorgen, wenn er den Anspruch aus der Teilung gepfändet hat und nicht den Bruchteil (§ 751 RdNr. 3).

26   **Neben der Pfändung des Anspruchs aus der Teilung** oder an ihrer Stelle empfiehlt sich immer eine **Pfändung des Bruchteils** selbst. Sie verhindert, dass die Pfändung des Anspruchs aus der Teilung durch Verfügungen über den Anteil in Gefahr gebracht wird. Diese Pfändung erfolgt bei beweglichen Sachen und anderen Gegenständen durch Pfändungsbeschluss, bei Grundstücken durch Eintragung einer Zwangshypothek (§ 747 RdNr. 37). Das weitere ergibt sich aus **§ 751 S. 2.**[109] Die Vorschrift ist sowohl auf die Pfändung des Anspruchs aus der Teilung als auch auf die Erwirkung einer Zwangshypothek am Miteigentumsanteil anwendbar (§ 751 RdNr. 3). Es bedarf deshalb keiner Analogie zu § 1258 Abs. 2 S. 2.[110] Wird dann die Gemeinschaft aufgehoben, so lastet das (Grund-)Pfandrecht im Fall des § 752 auf dem Teil des Teilhaber-Schuldners, im Fall des § 753 setzt es sich am Erlös fort (vgl. § 1258 Abs. 3); außerdem greift dann ggf. eine Pfändung des Anspruchs auf den Erlös. Ein Gläubiger, der den Anspruch aus der Teilung pfändet, ist auch bei der Anwendung des § 746 demjenigen gleichzustellen, der auf den Bruchteil zugreift. Beide sind Rechtsnachfolger iS dieser Bestimmung (§ 746 RdNr. 4).

---

[104] LG Wuppertal NJW 1961, 785; s. auch LG Mainz JurBüro 2001, 157.
[105] Vgl. *Karsten Schmidt* JR 1979, 317, 320; s. auch die Kritik von *Staudinger/Langhein* § 747 RdNr. 51 ff., § 749 RdNr. 59.
[106] OLG Colmar DJZ 1909, 1336; LG Bremen Rpfleger 1955, 107; LG Aurich Rpfleger 1972, 412, 413; *Soergel/Hadding* RdNr. 4; *Stein/Jonas/Brehm* (Fn. 102) § 857 ZPO RdNr. 17; aA *Gramentz* (Fn. 81) S. 250; *Staudinger/Langhein* § 747 RdNr. 60.
[107] BGHZ 90, 207, 215 = LM AnfG § 2 Nr. 8 = NJW 1984, 1968, 1970; LG Aurich Rpfleger 1962, 412; *Stöber* (Fn. 103) RdNr. 1545; abl. *Staudinger/Langhein* § 747 RdNr. 60.
[108] Insofern wie hier jetzt *Staudinger/Langhein* § 747 RdNr. 60.
[109] Unentschieden BGHZ 90, 207, 215 f. = LM AnfG § 2 Nr. 8 = NJW 1984, 1969, 1970.
[110] So aber *Hoffmann* JuS 1971, 23; *Staudinger/Huber* (12. Aufl.) § 747 RdNr. 50; unentschieden BGHZ 90, 207, 215 f. = LM AnfG § 2 Nr. 8 = NJW 1984, 1969, 1970; wie hier jetzt *Staudinger/Langhein* § 747 RdNr. 46.

7. Teilaufhebung. a) Personelle Teilaufhebung. Teilaufhebung der Gemeinschaft in 27 personeller Hinsicht kann verabredet,[111] aber in der Regel nicht verlangt werden.[112] Die Bruchteilsgemeinschaft ist keine Zweckförderungsgemeinschaft, der man „beitreten" und aus der man „austreten" kann. Wer Aufhebung verlangt, verlangt Beseitigung seiner Bruchteilsberechtigung nach §§ 752 ff. oder durch Teilungsvereinbarung. Vor allem im Fall des § 753 kann dem Teilung begehrenden Teilhaber nur ausnahmsweise entgegengehalten werden, er müsse sich mit einer Abfindung unter Übernahme seines Anteils durch den (die) verbleibenden Teilhaber begnügen (§ 753 RdNr. 7 f.). Grundsätzlich wird hier der Teilungsanspruch nur durch Verkauf nach § 753 erfüllt. Anders eventuell, wenn **Teilung in Natur** möglich ist. Der Aufhebungsanspruch ist kein Anspruch auf Aufhebung der Bruchteilsgemeinschaft schlechthin, sondern auf gesetz- oder vertragsgemäße (Zu-)Teilung. Im Fall der Teilung in Natur kann deshalb die Gemeinschaft von den verbleibenden Teilhabern fortgesetzt werden.[113]

b) Sachliche Teilaufhebung. Grundsätzlich kann auch Teilaufhebung der Gemeinschaft in 28 gegenständlicher Hinsicht nur verabredet,[114] in der Regel aber nicht verlangt werden.[115] Bei der Erbengemeinschaft, bei der die Teilaufhebung gleichfalls im Grundsatz abgelehnt wird,[116] sieht man Teilaufhebung als zulässig an, wenn besondere Gründe dies rechtfertigen und die Belange der anderen Miterben nicht beeinträchtigt werden.[117] Das gilt sinngemäß auch für die Bruchteilsgemeinschaft, soweit sie nicht an einer unteilbaren Sache besteht. Nach hM ist der Anspruch auf gegenständlich beschränkte Teilaufhebung allerdings auch dann ausgeschlossen, wenn mehrere Gegenstände gemeinschaftlich sind.[118] Wie § 752 jedoch zeigt, wird eine den Bruchteilsberechtigten zustehende Sachgesamtheit grundsätzlich wie eine Einheit betrachtet (vgl. auch zur gemeinschaftlichen Verwaltung BGHZ 140, 63 = NJW 1999, 781 und dazu §§ 744, 745 RdNr. 6). Doch wird ein Anspruch auf gegenständlich beschränkte Aufhebung bejaht, wenn mehrere Gemeinschaften nur äußerlich zusammenhängen.[119] Dem ist mit folgender Maßgabe zu folgen: Die Bruchteilsgemeinschaft besteht nach dem Spezialitätsgrundsatz an jedem einzelnen Gegenstand. Das gilt im Prinzip auch für ihre Aufhebung.[120] Aber die Innenbeziehungen können mehrere Bruchteilsgemeinschaften zusammenfassen (§ 741 RdNr. 33). Sind mehrere Gegenstände gemeinschaftlich, so werden sie auch nach § 752 unter Umständen wie Gegenstände einer in Natur teilbaren Gemeinschaft behandelt (§ 752 RdNr. 11 ff.). Deshalb kann jeder Teilhaber ein Interesse daran haben, dass entweder alle Gegenstände gemeinschaftlich bleiben oder die Gemeinschaft insgesamt aufgelöst wird, und das Recht verschließt sich diesem Interesse nicht.[121] Verlangt ein Teilhaber die auf einen Gegenstand beschränkte Aufhebung, so ist dies unzulässig, wenn damit gegen ein unter den Teilhabern bestehendes Schuldverhältnis (zB ein Gesellschaftsverhältnis) verstoßen wird. Auch § 242 kann dem gegenständlich beschränkten Aufhebungsbegehren entgegenstehen. Stets aber können die anderen Teilhaber dem auf gegenständlich beschränkte Aufhebung gerichteten Begehren begegnen, indem sie selbst Aufhebung insgesamt verlangen. Ist ihr Aufhebungsanspruch vertraglich ausgeschlossen, so

---

[111] Zur Erbengemeinschaft OLG Colmar OLGE 11, 230, 231; KG OLGE 43, 392; OLGZ 1965, 244, 247.
[112] AG Winsen NZM 2000, 717, 718; *Bamberger/Roth/Gehrlein* RdNr. 3; *Staudinger/Langhein* RdNr. 53; *Erman/Aderhold* RdNr. 8.
[113] OLG Colmar OLGE 12, 92, 93; RGRK/*v. Gamm* RdNr. 3.
[114] Insoweit wie hier *Schnorr* (Fn. 6) S. 375; vgl. zur Erbengemeinschaft OLG Colmar OLGE 21, 317; OLG Neustadt VersR 1956, 153.
[115] RGZ 91, 416, 418; *Bamberger/Roth/Gehrlein* RdNr. 3; *Planck/Lobe* Anm. 3; *Erman/Aderhold* RdNr. 8; RGRK/*v. Gamm* RdNr. 3; *Staudinger/Langhein* RdNr. 51.
[116] RG JW 1919, 42 Nr. 9; RGZ 108, 422, 423.
[117] BGH LM § 2033 Nr. 4 = NJW 1963, 1610, 1611; BGH bei *Johannsen* WM 1977, 270, 271; RGZ 95, 325, 326 f.; RG JW 1910, 846; HRR 1929 Nr. 1831.
[118] RGZ 91, 416, 418; *Bamberger/Roth/Gehrlein* RdNr. 3; *Palandt/Sprau* RdNr. 3.
[119] *Staudinger/Langhein* RdNr. 51.
[120] Vgl. BGH NJW-RR 2001, 369; so auch mit ausnahmsloser Konsequenz *Schnorr* (Fn. 6) S. 373.
[121] AA *Schnorr* (Fn. 6) S. 373.

können sie trotzdem Aufhebung insgesamt verlangen, wenn durch die gegenständlich beschränkte Aufhebung eine künftige Teilung in Natur nach § 752 gefährdet wird (§ 749 Abs. 2). Zur Sonderregelung nach § 38 Abs. 5 InvG vgl. RdNr. 7.

III. Vollzug der Aufhebung

29 **1. Vollzug durch Vereinbarung.** Vereinbarungen, die auf Aufhebung zielen, haben ebenso Vorrang vor der gesetzlichen Regelung wie aufhebungshindernde Vereinbarungen (RdNr. 8). Im Gegensatz zu ihnen können sie nicht in das Grundbuch eingetragen werden.[122] Ihrer Funktion nach können diese Vereinbarungen unterschiedlichen Inhalt haben. Empfehlenswert ist folgende terminologische Abgrenzung: zu unterscheiden sind Aufhebungsvereinbarungen, Teilungsvereinbarungen, Verteilungsvereinbarungen und Vollzugsvereinbarungen. Alle Abreden können in einem Vertrag zusammenfallen.

30 **a) Aufhebungsvereinbarungen.** Aufhebungsvereinbarungen sorgen für das Entstehen bzw. für die Fälligkeit der Teilungsansprüche bzw. stellen eine schon nach Abs. 1 gegebene Fälligkeit außer Streit.[123] Sie betreffen die Voraussetzungen des „Aufhebungsanspruchs", nicht dessen Gegenstand und Folgen (zur Abgrenzung RdNr. 32f.). Da der Aufhebungsanspruch nicht auf Auflösung der Gemeinschaft schlechthin geht (RdNr. 20), hat die Aufhebungsvereinbarung nicht die Bedeutung, die ihr die hM beimisst. Eine Teilungsvereinbarung ist in der Regel zugleich ausdrückliche oder konkludente Aufhebungsvereinbarung.

31 **b) Teilungsvereinbarung.** Die Teilungsvereinbarung[124] betrifft das Wie der Teilung, nicht, wie die Aufhebungsvereinbarung, das Ob der Teilung. Nach ihr richtet sich der Inhalt der Teilungsansprüche (§ 752 RdNr. 2). Praktisch fällt beides meist zusammen.[125] Die Vereinbarung über eine aktuelle Teilung ist meist zugleich Aufhebungsvertrag in dem Sinne, dass die bedungenen oder die gesetzlichen Voraussetzungen der Fälligkeit des Teilungsanspruchs nicht mehr in Frage stehen sollen. Die Teilungsvereinbarung kann aber auch vor Fälligkeit des Teilungsanspruchs und sogar vor Begründung der Gemeinschaft (dann aber meist Gesellschaft!) getroffen werden. Sie fällt dann häufig mit einem vorübergehenden Aufhebungsverbot zusammen. Die Teilungsvereinbarung kann, wie die Aufhebungsvereinbarung, auch auf einen Teil der Gemeinschaft beschränkt sein.[126]

32 **Gegenstand von Teilungsvereinbarungen** ist in erster Linie der Verkauf des gemeinschaftlichen Gegenstands (dann unabhängig von § 753) oder die Teilung in Natur (unabhängig von § 752) oder eine sonst den Interessen der Teilhaber entsprechende Aufhebung der Gemeinschaft. Dazu bedarf es allseitiger Vereinbarung. Ein Mehrheitsbeschluss nach § 745 Abs. 1 genügt nicht. Abschluss und Inhalt werden durch Auslegung ermittelt. Es kann unter Umständen die Vereinbarung genügen, es solle bei einer zuvor bereits rechtsunwirksam vollzogenen Teilung bleiben.[127] Willensfiktionen im Interesse „gerechter" Teilung sind abzulehnen. Es kann sinnvoll sein, einem unwirtschaftlichen Verkauf (§ 753) durch Teilungsvereinbarung zu begegnen, aber auch in diesem Fall darf den Parteien keine Teilungsvereinbarung unterstellt werden. Ebenso wenig sind die §§ 157, 242 eine Grundlage für ein allgemeines Prinzip der Gemeinschaftsteilung nach Treu und Glauben (über Ausnahmen vgl. § 753 RdNr. 2). Auch § 732 ist nicht anwendbar.[128] Stammt der gemeinschaftliche Gegenstand aus dem Vermögen eines Teilhabers, so muss dieser ihn ggf. im Verkauf nach § 753 (eventuell nach § 753 Abs. 1 S. 2) zu Versteigerungsbedingungen erwerben, wenn nicht bes.

---

[122] § 1010 RdNr. 9; OLG Köln OLGZ 1970, 276; OLG Frankfurt Rpfleger 1976, 397.
[123] Irreführende Terminologie bei *Schnorr* (Fn. 6) S. 366 ff.: Teilungsverbote als „Aufhebungsvereinbarungen".
[124] Terminologisch ähnlich Mot. in *Mugdan* II S. 492: „Theilungsvertrag".
[125] *Soergel/Hadding* § 752 RdNr. 1; *Erman/Aderhold* RdNr. 10; *Staudinger/Langhein* RdNr. 25.
[126] *Soergel/Hadding* § 752 RdNr. 1; *Erman/Schulze-Wenck* (7. Aufl.) § 752 RdNr. 8 unter Berufung auf RGZ 91, 416, 418; dazu § 752 RdNr. 15.
[127] RG SoergRspr. 1917 zu § 1471.
[128] Zutr. *Palandt/Sprau* § 752 RdNr. 2.

Anhaltspunkte für eine stillschweigende Teilungsvereinbarung zu seinen Gunsten vorhanden sind; auch § 752 ist in solchen Fällen nicht generell ausgeschaltet. Die Teilungsvereinbarung kann Elemente eines Vergleichs- oder Schenkungsvertrags enthalten.[129] Vergleichscharakter hat sie, wenn mit der Aufhebung zugleich ein Streit beigelegt werden soll.[130] Eine Schenkung liegt vor, wenn die Teilungsvereinbarung eine unentgeltliche Zuwendung zum Inhalt hat; in diesem Fall ist § 518 zu beachten.

Geht es um das Miteigentum an einem **Grundstück**, so ist die **Form des § 311 b Abs. 1** zu wahren.[131] Heilung nach § 311 b Abs. 1 S. 2 tritt erst ein, wenn die Teilung dinglich vollzogen ist, nicht schon auf Grund der Eintragung des ungeteilten Miteigentums.[132] Sinngemäß Gleiches gilt nach § 15 GmbHG bei einem gemeinschaftlichen GmbH-Anteil. Zu Unrecht weicht die hM von diesen Grundsätzen ab, wenn die Abrede nur eine sich aus dem Gesetz ergebende Übereignungsverpflichtung aus § 752 in sich aufnimmt (§ 311 b RdNr. 27).[133] Die formlose Vereinbarung ist auch in diesem Fall nach § 125 nichtig. Bei der Teilung ist auf den gesetzlichen Anspruch zurückzugehen, wobei alle gegen den gesetzlichen Teilungsanspruch gegebenen Einwendungen erhalten bleiben.[134] Eine Erstreckung des Formzwangs auf den ganzen Teilungsvertrag (§ 311 b RdNr. 50 ff.) kommt dagegen nicht in Betracht, wenn nur der gesetzliche Anspruch konkretisiert werden soll. Enthält eine sonst wirksame Teilungsvereinbarung eine entgegen § 311 b formlose Abrede, so ist sie bei Berücksichtigung des hypothetischen Parteiwillens nur teilnichtig (vgl. § 139). Ist ein **Minderjähriger** beteiligt, so bedarf die Teilungsabrede ggf. nach §§ 1643, 1821 auch der vormundschaftsgerichtlichen Genehmigung.[135]

Die Teilungsvereinbarung **wirkt nicht** nach §§ 746, 751 S. 1 **gegen Sonderrechtsnachfolger**.[136] Sie ist auch nicht nach § 1010 in das Grundbuch eintragbar.[137] Auch unter § 756 fällt sie, wie bei §§ 755, 756 RdNr. 14 näher erläutert, nicht. Vereinbarungen über die Tragung von **Gefahren und Lasten** sind in Anlehnung an das Kaufrecht interessengerecht auszulegen.[138] Im Übrigen scheint sinngemäße Anwendung von Kaufvorschriften angezeigt. Die **Gewährleistung** richtet sich nach § 757.[139]

c) Verteilungsvereinbarung. Eine Verteilungsvereinbarung stellt die Verteilungsquote (RdNr. 20 aE) außer Streit und regelt die weiteren Modalitäten der Verteilung, zB der Erlösverteilung im Zuge eines Verkaufs des gemeinschaftlichen Gegenstandes. Die Verteilungsvereinbarung tritt praktisch meist im Zusammenhang mit einer Teilungsvereinbarung auf.

d) Vollzugsvereinbarungen. Vollzugsvereinbarungen sind Verfügungsgeschäfte, die der Durchführung der Teilung dienen, zB die Übereignung von Realteilen oder von einzelnen gemeinschaftlichen Gegenständen (Geld) an Teilhaber bzw. die Abtretung von Ansprüchen (RdNr. 37). Für sie gilt dasselbe wie für den Vollzug der ges. geschuldeten Aufhebung der Gemeinschaft. In einer Vollzugsvereinbarung ist häufig zugleich die schuldrechtliche Abrede zu sehen, dass die Aufhebung, wie sie vollzogen ist, auch vollzogen werden sollte (stillschweigende Teilungs- und Verteilungsvereinbarung).

---

[129] Vgl. *Staudinger/Langhein* RdNr. 26.
[130] Vgl. etwa auch BGH NJW 1984, 795.
[131] BGH DNotZ 1973, 471, 473 = WM 1973, 82; NJW 2002, 2560, 2561; *Bamberger/Roth/Gehrlein* RdNr. 9 (mit unrichtiger Einordnung der hier vertretenen Ansicht); *Planck/Lobe* § 752 Anm. 3; *Erman/Aderhold* RdNr. 10; *Staudinger/Langhein* RdNr. 28; *Palandt/Sprau* § 752 RdNr. 1.
[132] BGH NJW 2002, 2560, 2561.
[133] OGHZ 1, 206, 208 = NJW 1949, 64; zust. BGH DNotZ 1973, 471, 473 = WM 1973, 82; § 311 b RdNr. 27; *Bamberger/Roth/Gehrlein* RdNr. 9; *Erman/Aderhold* RdNr. 10; *Soergel/Hadding* RdNr. 3, § 752 RdNr. 2; *Palandt/Grüneberg* § 311 b RdNr. 17; *Staudinger/Langhein* RdNr. 29.
[134] So im Ergebnis auch § 311 b Fn. 82.
[135] Vgl. *Staudinger/Langhein* RdNr. 30.
[136] *Planck/Lobe* § 752 Anm. 2; *Erman/Aderhold* RdNr. 10; *Soergel/Hadding* § 752 RdNr. 2; *Staudinger/Langhein* RdNr. 27.
[137] OLG Köln OLGZ 1970, 276; OLG Frankfurt Rpfleger 1976, 397.
[138] KG KGBl. 1916, 98 betr. eine nachträglich eingeführte Steuer.
[139] *Soergel/Hadding* § 752 RdNr. 2.

37 **2. Das Verfügungsgeschäft.** Der Vollzug der Gemeinschaftsaufhebung erfolgt im Wege von Verfügungsgeschäften. Sie muss von dem sich aus § 749 oder aus schuldrechtlichen Vereinbarungen ergebenden Anspruch auf Aufhebung unterschieden werden. Dieser ist aber maßgebend dafür, welche Art der Gemeinschaftsaufhebung in Betracht kommt (RdNr. 20), insbesondere ob Teilung in Natur, Veräußerung oder eine andere Art der Auseinandersetzung verlangt werden kann (näher §§ 752 bis 754). Der Vollzug durch Verkauf nach § 753 oder durch Einziehung nach § 754 setzt nicht notwendig eine Mitwirkung aller voraus. Dagegen ist für die Teilung in Natur (auch hinsichtlich des gemeinschaftlich gewordenen Erlöses) nach § 747 S. 2 die freiwillige oder erzwungene (§ 894 ZPO; RdNr. 40) Mitwirkung aller erforderlich.[140] Die rechtstechnische Abwicklung der Verfügungsgeschäfte folgt im Fall des zwangsweisen Verkaufs aus § 753, im Übrigen richtet sie sich nach den für den Gegenstand der Gemeinschaft geltenden Regeln (zB §§ 873, 925, 929 ff. BGB, 10 ff. WEG). Zur Frage des Erwerbs vom Nichtberechtigten vgl. § 752 RdNr. 5; § 753 RdNr. 14.

38 **3. Dingliche Surrogation.** Entstehen im Vollzug der Gemeinschaftsaufhebung an Stelle der ideellen Bruchteile Einzelrechte der Teilhaber an dem bisher gemeinschaftlichen Gegenstand (Fall des § 752) oder an seinem Erlös (Fall des § 753), so tritt dingliche, nicht bloß wie man §§ 1066 Abs. 3, 1258 Abs. 3 entnehmen könnte, schuldrechtliche Surrogation ein: Dingliche Belastungen eines Bruchteils setzen sich unter Wahrung ihres Ranges am Surrogat fort; sie lasten jetzt auf den Einzelgegenständen der bisherigen Teilhaber.[141] Zur Surrogation vgl. auch RdNr. 3 sowie § 741 RdNr. 38.

39 **4. Fehlerhafte Aufhebung.** Die fehlerhafte Aufhebung der Gemeinschaft wirft in der Regel nur dann Probleme auf, wenn das **Vollzugsgeschäft** fehlerhaft ist. Fehlte es lediglich an einem Aufhebungsanspruch, so kann dies gegenüber einer einverständlichen oder einer durch rechtskräftiges Urteil erzwungenen Teilung nur geltend gemacht werden, wenn auch die Aufhebungsvereinbarung bzw. das Aufhebungsurteil noch beseitigt werden kann. Die rechtsgeschäftliche Teilung selbst unterliegt den §§ 116 ff.[142] Bleibt ein Teilnehmer unberücksichtigt, so ist die vereinbarte oder nach § 894 ZPO erzwungene Naturalteilung unwirksam.[143] Das beruht auf § 747 S. 2. Auch ein rechtskräftiges Urteil gegen die bekannten Teilhaber ersetzt die Mitwirkung des übergangenen Teilhabers nicht. Hat im Fall des § 753 ein Dritter den gemeinschaftlichen Gegenstand (gutgläubig) erworben, so kommt nur noch ein **Bereicherungsausgleich** oder ein **Schadensersatzanspruch** in Betracht.[144] Stellt sich nachträglich ein unberücksichtigt gebliebener gemeinschaftlicher Gegenstand heraus, so ist eine Anfechtung oder Rückgängigmachung der bisherigen Teilungsmaßnahmen weder erforderlich noch ohne Einverständnis aller Teilhaber möglich. Der Anspruch besteht hinsichtlich dieses Gegenstands fort.[145] Das gilt auch, wenn eine vertraglich oder durch Zwangsverkauf abgewickelte Aufhebung der Gemeinschaft an den anderen Gegenständen bei Berücksichtigung des übergangenen Gegenstands nach § 752 hätte erfolgen können.

---

[140] Vgl. zB für Forderungen BGHZ 52, 99, 103 = LM § 1258 Nr. 1 m. Anm. *Mormann* = NJW 1969, 1347, 1348.

[141] BGHZ 52, 99, 105 f. = LM § 1258 m. Anm. *Mormann* = NJW 1969, 1347, 1349 (Erbengemeinschaft); *Bamberger/Roth/Gehrlein* § 753 RdNr. 1; *Soergel/Hadding* § 752 RdNr. 3; *Soergel/Mühl* § 1258 RdNr. 5; *Erman/Michalski* § 1258 RdNr. 3; aA RGZ 84, 395, 397; *Wellmann* NJW 1969, 1903; *Lehmann* NJW 1971, 1546; *Palandt/Bassenge* § 1258 RdNr. 4; dazu auch BGH LM § 812 Nr. 99 = NJW 1972, 1045, 1046; *Strauch*, Mehrheitlicher Rechtsersatz, 1972, S. 75.

[142] *Planck/Lobe* Anm. 2; *Staudinger/Langhein* RdNr. 31.

[143] Mot. in *Mugdan* II S. 492; *Bamberger/Roth/Gehrlein* RdNr. 9; *Staudinger/Langhein* RdNr. 31; *Soergel/Hadding* RdNr. 6.

[144] *Planck/Lobe* Anm. 2; *RGRK/v. Gamm* RdNr. 3 mit Hinweis auf RG vom 10. 7. 1923, II 185/23; s. auch Mot. in *Mugdan* II S. 492.

[145] RG SoergRspr. 1911 Nr. 749; Mot. in *Mugdan* II S. 492; *Planck/Lobe* Anm. 2; *Soergel/Hadding* RdNr. 6.

IV. Der Aufhebungsprozess

1. Leistungsklage. Das Recht auf Aufhebung ist ein Anspruch (RdNr. 19), die Aufhebungsklage eine Leistungsklage.[146] Gemeinschaftsteilung im schiedsrichterlichen Verfahren[147] ist möglich und kann ebenso zweckmäßig sein wie materielle Vereinbarungen über die Teilung der Gemeinschaft (RdNr. 31 ff.). Eine Gestaltungsklage kommt nicht in Betracht (§ 753 RdNr. 2). 40

2. Streitgegenstand und Klagantrag. Der **Streitgegenstand** bestimmt sich nach dem Inhalt des Aufhebungsanspruchs (RdNr. 20). Die Klage ist nicht auf „Aufhebung" schlechthin, sondern auf eine bestimmte Art der Aufhebung zu richten.[148] Die Art der Aufhebung richtet sich nach einer Teilungsvereinbarung oder nach §§ 752, 753. Die traditionelle, wohl nicht mehr vorherrschende Auffassung, empfiehlt eine Verbindung der Aufhebungsklage mit dem Antrag auf Teilung gemäß §§ 752, 753.[149] Das beruht auf der unrichtigen, inzwischen wohl auch überholten zweistufigen Deutung des Aufhebungsanspruchs (RdNr. 20). **Nach richtiger Auffassung** liegt **keine Klagenverbindung** (kumulative Klaghäufung) vor, sondern die Klage auf Teilung nach § 752 bzw. 753 bzw. auf abredegemäße Teilung **ist** die Aufhebungsklage.[150] Der Klagantrag ist im **Fall des § 752** auf Mitwirkung bei der Teilung in Natur gerichtet und muss eine bestimmte Quote angeben. Im **Fall des § 753** kann auf Duldung des Verkaufs und daneben auf Mitwirkung bei der Teilung des Erlöses unter Angabe der Quote geklagt werden (Klaghäufung). Die Duldungsklage ist entgegen verbreiteter Auffassung nicht mangels Rechtsschutzinteresses unzulässig.[151] Zwar setzt der Teilungsverkauf nur ausnahmsweise einen Titel voraus (§ 753 RdNr. 13 und 17), aber die Duldungsklage stellt die Rechtmäßigkeit des Verkaufs außer Streit. Unzulässig ist sie, wenn bereits eine entsprechende Teilungsvereinbarung vorliegt und über deren Wirksamkeit unter den Teilhabern kein Streit herrscht. Im Übrigen kann der beklagte Teilhaber nach § 93 ZPO anerkennen. Der die Teilung betreibende Teilhaber wird sich vor Klageerhebung der Stellungnahme der anderen versichern. Auch eine mutwillige Rechtsverfolgung iS des § 114 S. 1 ZPO liegt nur im Einzelfall vor und kann sich aus der Anhörung des Gegners (§ 118 Abs. 1 ZPO) ergeben.[152] Die entgegenstehende hM mutet dem Teilhaber zu, die Auseinandersetzung einseitig zu betreiben und eine Klage widerstrebender Teilhaber abzuwarten. Im **Fall des § 754** kann auf Duldung des Verkaufs oder auf Mitwirkung bei der Einziehung geklagt werden, sofern nicht der Kläger allein zur Einziehung befugt ist. Mit der Klage kann auch hier der Antrag auf Mitwirkung bei der Teilung des Erlöses unter Benennung der Quote verbunden werden. 41

Genügt der Klagantrag diesen Bestimmtheitsanforderungen nicht, so ist er prinzipiell **unzulässig.** Als Leistungsklage unzulässig ist auch die von der hM zugelassene und mit der hier anerkannten Aufhebungsklage verbundene Klage auf Aufhebung schlechthin (vgl. RdNr. 41 sowie zum materiellen Recht RdNr. 20). Eine solche Klage stellt keine Geltendmachung des Aufhebungsanspruchs dar. Begehrt wird nur die Feststellung, dass der Aufhebungsanspruch fällig ist. Eine solche Feststellungsklage ist anstelle der bestimmten Leistungsklage nur ausnahmsweise zulässig, wenn ein Feststellungsinteresse besteht. Antrag und Tenor lauten nicht: „Die Beklagten werden verurteilt, in die Aufhebung der Gemeinschaft einzuwilligen." Sie lauten: „Es wird festgestellt, dass der Kläger Aufhebung der (genau 42

---

[146] RGZ 108, 422, 424; LG Wuppertal NJW 1961, 785; *Schlosser* (Fn. 81) S. 35; *Palandt/Sprau* RdNr. 2; *Soergel/Hadding* RdNr. 5; *Staudinger/Langhein* RdNr. 13; *Karsten Schmidt* JR 1979, 317, 319.
[147] *A. Esser,* Rechtsprobleme der Gemeinschaftsteilung, 1951, S. 63 ff.
[148] OLG Braunschweig SeuffA 57 Nr. 106; OLG Kassel SeuffA 64 Nr. 10; *Erman/Aderhold* RdNr. 2; näher *Karsten Schmidt* JR 1979, 317, 319.
[149] *Enneccerus/Lehmann* § 186 II; *Soergel/Hadding* RdNr. 5; *RGRK/v. Gamm* RdNr. 4.
[150] Eingehend *Karsten Schmidt* JR 1979, 317, 319; wie hier jetzt auch *Erman/Aderhold* RdNr. 2.
[151] Zu weitgehend vor allem LG Münster FamRZ 1960, 117 (Teilungsklage); dazu auch *Staudinger/Langhein* RdNr. 14.
[152] Zu weitgehend auch hier LG Münster FamRZ 1960, 117.

bezeichneten) Gemeinschaft verlangen kann." Anträge und Tenorierungen, die iS der hM formuliert sind, können umgedeutet werden. Unter den Voraussetzungen des § 256 ZPO sind auch sonstige Feststellungsklagen hinsichtlich von Vorfragen zulässig.[153] Vorrang hat aber, soweit möglich, stets die bestimmt formulierte Aufhebungsklage als Leistungsklage. Wird erstens auf Aufhebung schlechthin und zweitens auf eine bestimmte Aufhebung geklagt, so ist dies entgegen hM **keine kumulative Klagenhäufung** (RdNr. 41). Es liegt auch keine Zwischenfeststellungsklage nach § 256 Abs. 2 ZPO vor. Auch ein Teilurteil (§ 301 ZPO) auf Aufhebung schlechthin unter Offenlassen der Modalitäten ist nicht zulässig. Ist die Leistungsklage hinsichtlich des Ob des Aufhebungsbegehrens schon spruchreif, aber noch nicht hinsichtlich des Anspruchsinhalts, so kann im Einzelfall eine Vorabentscheidung gemäß § 304 ZPO in Betracht kommen.

43   **3. Beweislast.** Die Beweislast für das Vorliegen einer Gemeinschaft trägt, wer deren Aufhebung verlangt. Ist str., ob alsbaldige Aufhebung verlangt werden kann, so trägt die Beweislast, wer sich auf die Abweichung von Abs. 1 beruft.[154] Steht fest, dass der Gemeinschaft ein die Aufhebung hinderndes Dauerschuldverhältnis zugrunde liegt, so trägt, wer Beendigung des Dauerschuldverhältnisses geltend macht, die Beweislast. Im Fall des Abs. 2 trägt die Beweislast, wer den wichtigen Grund geltend macht.[155] Über Beweislastfragen hinsichtlich der Art der Auflösung vgl. § 753 RdNr. 5; § 754 RdNr. 7.

§ 750 Ausschluss der Aufhebung im Todesfall

Haben die Teilhaber das Recht, die Aufhebung der Gemeinschaft zu verlangen, auf Zeit ausgeschlossen, so tritt die Vereinbarung im Zweifel mit dem Tode eines Teilhabers außer Kraft.

1   Die Bestimmung enthält eine **Auslegungsregel**[1] für rechtsgeschäftliche Aufhebungsverbote (§ 749 RdNr. 8). Als Auslegungsregel tritt § 750 gegenüber der Einzelauslegung des Erklärten oder des allseitig Gewollten zurück. Die **Beweislast** trägt im Streitfall, wer eine Abweichung von § 750 geltend macht. Steht fest, dass eine Fortdauer des Aufhebungsausschlusses über den Tod hinaus vereinbart ist, so ist der Tod an sich auch kein wichtiger Kündigungsgrund. § 749 Abs. 2 hindert deshalb eine solche Vereinbarung nicht. Nur von Fall zu Fall ist zu prüfen, ob der Tod eines Teilhabers für dessen Erben oder die anderen Teilhaber einen wichtigen Grund iS des § 749 Abs. 2 herbeigeführt hat.[2] Für den Insolvenzverwalter gilt § 84 Abs. 2 InsO (vgl. auch § 751 RdNr. 7). Zur Geltung in der **Erbengemeinschaft** vgl. §§ 2042 Abs. 2, 2044 Abs. 1.

§ 751 Ausschluss der Aufhebung und Sondernachfolger

[1] **Haben die Teilhaber das Recht, die Aufhebung der Gemeinschaft zu verlangen, für immer oder auf Zeit ausgeschlossen oder eine Kündigungsfrist bestimmt, so wirkt die Vereinbarung auch für und gegen die Sondernachfolger.** [2] **Hat ein Gläubiger die Pfändung des Anteils eines Teilhabers erwirkt, so kann er ohne Rücksicht auf die Vereinbarung die Aufhebung der Gemeinschaft verlangen, sofern der Schuldtitel nicht bloß vorläufig vollstreckbar ist.**

---

[153] S. auch BGHZ 1, 65, 74 = LM ZPO § 265 Nr. 1 m. Anm. *Fischer* = NJW 1951, 311; RG JW 1909, 223; 1910, 655.
[154] BGH NJW-RR 1991, 946, 947; *Baumgärtel/Laumen* § 749 RdNr. 1; *Jauernig/Stürner* RdNr. 10; RGRK/*v. Gamm* RdNr. 4; *Staudinger/Langhein* RdNr. 73.
[155] *Planck/Lobe* Anm. 3; *Erman/Aderhold* RdNr. 6.
[1] Mot. in *Mugdan* II S. 492.
[2] *Planck/Lobe* Anm. 1; *Staudinger/Langhein* RdNr. 2; *Erman/Aderhold* RdNr. 1.

I. Normzweck und Anwendungsbereich

1. Gemeinschaft. Rechtsgeschäftliche Aufhebungsverbote (§ 749 RdNr. 8) sollen der Gemeinschaft den Status der Unteilbarkeit geben. Diesem Zweck dient die Bindung der Rechtsnachfolger. Die Bestimmung ist eine Parallelnorm zu § 746. Verwaltungs- und Benutzungsregelungen (§ 746) und Aufhebungsverbote (§ 751) wirken, bei Grundstücken nur unter den zusätzlichen Voraussetzungen des § 1010, für und gegen Sondernachfolger. Teilungsvereinbarungen gehören nicht dazu.[1] Zum **Begriff der Sondernachfolger** vgl. § 746 RdNr. 4. **Gesamtrechtsnachfolger** sind ohne weiteres gebunden, soweit nicht das Aufhebungsverbot eine solche Bindung ausschließt (§ 750). Zum Insolvenzverwalter vgl. RdNr. 7. Die Bindung von **Einzelrechtsnachfolgern** wird durch § 751 sichergestellt. Die Bestimmung gilt für alle Bruchteilsgemeinschaften, nicht bloß für das Miteigentum.[2] Beim **Miteigentum an Grundstücken** wirkt eine nach § 751 getroffene Regelung nur unter der Voraussetzung des § 1010 Abs. 1 gegen Rechtsnachfolger (§ 1010 RdNr. 7). Hiervon abgesehen kommt ein Vertrauensschutz von Sonderrechtsnachfolgern durch gutgläubigen Erwerb nicht in Betracht.[3] Durchbrechungen des § 751 S. 1 unter dem Gesichtspunkt vorrangiger Rechtsnachfolgerinteressen sind grundsätzlich nicht anzuerkennen und dürfen auch nicht auf Umwegen herbeigeführt werden. So stünde es in klarem Widerspruch zum Normzweck, wollte man den Rechtsübergang – gar zugunsten des Erwerbers! – als einen „wichtigen Grund" ansehen, der nach § 749 Abs. 2 ein Recht zur Aufhebung der Gemeinschaft gäbe.[4] Die Unhaltbarkeit solcher Durchbrechung des § 751 wird belegt durch die politisch-zeitbedingte Entscheidung RG SeuffA 91 Nr. 131 (enteignende Zwangsversteigerung eines gemeinschaftlichen Grundstücks nach Anteilserwerb durch die Stadtgemeinde).

2. Erbengemeinschaft. Für sinngemäße Anwendung des § 751 auf die Ausschließung der Auseinandersetzung unter Miterben durch den Erblasser sorgt § 2044 Abs. 1 S. 2. Zur Geltung für Vereinbarungen der Miterben untereinander vgl. § 2042 Abs. 2. Für die Erbengemeinschaft gilt nicht auch § 1010 (vgl. § 1010 RdNr. 2). Die Vereinbarung eines Auseinandersetzungsverbots unter Miterben wirkt auch ohne Grundbucheintragung gegen den Erbteilserwerber; erst nach Umwandlung der Erbengemeinschaft in eine Bruchteilsgemeinschaft ist Raum für § 1010.[5]

II. Überwindung des Aufhebungsverbots im Vollstreckungsrecht

1. Pfändung. Den **Schutz pfändender Gläubiger** gegen die absolute Wirkung des Aufhebungsverbots bezweckt S. 2. Die dogmatische Einordnung der Bestimmung ist umstritten.[6] Ihr Normzweck ist aber unmissverständlich. Auf das Wohnungseigentum ist S. 2 nicht anzuwenden (§ 11 Abs. 2 WEG). Die Vorschrift gilt zunächst für die Vollstreckung in den Bruchteil (§ 747 RdNr. 37; 1008 RdNr. 22). Sie gilt aber auch für den Gläubiger, der nicht den **Bruchteil**, sondern den **Anspruch eines Teilhabers auf den Erlös** eines Teilungsverkaufs gepfändet hat (zu dieser Pfändung § 747 RdNr. 37; § 749 RdNr. 25). Denn dieser ist das Surrogat des Bruchteils (§ 749 RdNr. 38). Dies gilt bei der Gemeinschaft an Immobilien ebenso wie bei der Gemeinschaft an pfändbaren Rechten und an beweg-

---

[1] OLG Köln OLGZ 1970, 276.
[2] Vgl. demgegenüber noch § 949 E I und Mot. in *Mugdan* II S. 491 f.; de lege lata ist der Streit müßig, inwieweit es der Regel des § 751 überhaupt bedurfte.
[3] Prot. in *Mugdan* II S. 1210; *Staudinger/Langhein* RdNr. 2; *Palandt/Sprau* RdNr. 1; vgl. auch RGZ 78, 273, 275.
[4] Zust. *Staudinger/Langhein* RdNr. 1.
[5] KG JW 1935, 3121.
[6] Zu der Bestimmung vgl. erschöpfend *Gramentz*, Die Aufhebung der Gemeinschaft nach Bruchteilen durch den Gläubiger eines Teilhabers, 1989, S. 68 ff., 147 ff., 203 ff., 244 ff., 261 ff., 326 ff.: originärer schuldrechtlicher Anspruch des Gläubigers, dazu *Kohler* ZZP 104 (1991), 83 ff.

lichen Sachen.⁷ Die praktische Bedeutung dieser Rechtspfändung liegt bei der Gemeinschaft an Grundstücken, weil hier der Miteigentumsbruchteil selbst der Immobiliarvollstreckung unterliegt (§ 747 RdNr. 37). Die hM erkennt das nicht an und konstruiert stattdessen eine Pfändung des Anspruchs auf Teilung (dagegen § 749 RdNr. 24f.). Ähnlich wie bei §§ 725 BGB, 135 HGB⁸ kann es aber nicht darauf ankommen, ob auf die Substanz des Bruchteils oder auf den Anspruch als sein Surrogat zugegriffen wird. Damit erledigt sich die gesetzwidrige Hilfskonstruktion von *Furtner,*⁹ der um des § 751 S. 2 willen eine Bruchteilspfändung bei Grundstücken zulassen will. Beim Miteigentum an Grundstücken und bei der Bruchteilsgemeinschaft an grundstücksgleichen Rechten könnte sogar eine Zwangshypothek am Bruchteil für die Anwendung des § 751 S. 2 ausreichen.¹⁰ Der bloße Sicherungszweck der Zwangshypothek spricht aber dagegen, sie als Grundlage einer Grundstücksversilberung anzuerkennen. Bei der **Versicherung verbundener Leben** folgt nach hM aus § 751 S. 2, dass keiner der Versicherungsnehmer den Zugriff auf das Recht des anderen hindern kann.¹¹

4 **2. Sicherungsrechte.** Auf das rechtsgeschäftlich bestellte **Pfandrecht am Bruchteil** (§§ 1258 Abs. 2 S. 2, 1273 Abs. 2) sind die aus S. 2 sprechenden Grundsätze sinngemäß anzuwenden.¹² Für Grundpfandgläubiger gilt sinngemäß dasselbe.¹³ Mit gleichem Recht müssen diese Grundsätze auch zugunsten derjenigen gelten, die durch **Sicherungsübereignung** oder durch ein **gesetzliches Pfandrecht** am Bruchteil gesichert sind.¹⁴ Nach Eintritt der Verkaufsberechtigung ist auch hier das Gläubigerrecht nicht mehr von dem Teilungsanspruch des Teilhabers abhängig (vgl. § 1258 Abs. 2 S. 2). Eine analoge Anwendung des S. 2 ist hierfür allerdings weder erforderlich noch angezeigt.¹⁵ Der gesicherte Gläubiger braucht nicht den Umweg über eine zusätzliche Pfändung des Bruchteils zu gehen. Auch eines rechtskräftigen Titels gegen den Teilhaber-Schuldner bedarf es nicht.¹⁶ Diese Voraussetzung des S. 2 passt nicht. Im Streitfall setzt der Gläubiger sein Recht gegen den Schuldner-Teilhaber im Wege der **Duldungsklage** und gegen widerstrebende Teilhaber im Wege der Aufhebungsklage (§ 749 RdNr. 41) durch. Der Schuldner-Teilhaber verstößt allerdings durch Verpfändung oder Sicherungsübereignung gegen ein rechtsgeschäftliches Veräußerungsverbot (§ 747 RdNr. 11). Aber dieses wirkt weder nach § 751 noch nach § 137 gegen seinen Gläubiger. Wollen die anderen Teilhaber der Aufhebung der Gemeinschaft durch Ablösung des gesicherten Anspruchs oder durch Kündigung nach § 749 Abs. 2 begegnen, so gilt sinngemäß das in RdNr. 6 Gesagte.

5 **3. Anwendung auf Teilhaber.** Der Schutz des S. 2 gilt grundsätzlich für jeden Gläubiger. Der Gläubiger kann auch ein Teilhaber sein.¹⁷ Ist der Gläubiger zugleich Teilhaber, so gilt S. 2 allerdings nicht, wenn sich der Anspruch auf die Gemeinschaft stützt oder wenn auf anderes pfändbares Vermögen des Schuldner-Teilhabers zugegriffen werden kann. Wird ein Anspruch aus § 748 nicht erfüllt, so kann der Teilhaber-Gläubiger nicht ohne Rücksicht auf die Lage des Falls nach § 751 S. 2 dafür sorgen, dass er gemäß § 755 im Wege der

---

⁷ *Karsten Schmidt* JR 1979, 317, 320 f.; s. auch BGH NJW-RR 1999, 504 (Immobilie; Erbengemeinschaft); nur auf die Pfändung des Aufhebungsanspruches zielt die Kritik von *Staudinger/Langhein* RdNr. 13 (vgl. allerdings auch ebd. § 747 RdNr. 60).
⁸ Dazu *Karsten Schmidt* JR 1977, 177.
⁹ NJW 1969, 872 f.
¹⁰ So im Ergebnis *Hoffmann* JuS 1971, 23: Analogie zu § 1158 Abs. 2 S. 2; eingehend *Gramentz* (Fn. 6) S. 381 ff.; abl. *Dassler/Schiffhauer/Gerhardt/Muth* ZVG, 12. Aufl. 1992, § 181 RdNr. 46 Fn. 73; s. auch *Stöber* ZVG, 18. Aufl. 2006, § 180 Anm. 11.2.
¹¹ AG München VersR 1956, 751 m. Anm. *Sasse*; zur Frage, ob eine Bruchteilsgemeinschaft vorliegt, vgl. aber § 741 RdNr. 22.
¹² Vgl. *Erman/Aderhold* RdNr. 1; *Palandt/Sprau* RdNr. 2; aA *Gramentz* (Fn. 6) S. 437 Fn. 38: Rückgriff auf § 751 sei überflüssig.
¹³ *Sostmann* in: Notar und Gestaltung, FS RhNot., 1998, S. 107 ff.
¹⁴ Vgl. aber *Staudinger/Langhein* § 747 RdNr. 33.
¹⁵ Vgl. insofern *Gramentz* (Fn. 6) S. 437 Fn. 38.
¹⁶ Unentschieden *Sostmann* (Fn. 13) S. 108.
¹⁷ Insofern übereinst. OLG Hamm NJW-RR 1992, 665, 666; *Staudinger/Langhein* RdNr. 12.

Aufhebung befriedigt wird. Aber die Nichterfüllung wird regelmäßig ein wichtiger Grund nach § 749 Abs. 2 sein.

4. Schutz der anderen Teilhaber. Die Interessen der anderen Teilhaber sind durch S. 2 gefährdet. Die Vorschrift hat insofern rechtspolitische Kritik erfahren.[18] Diese Kritik ist schon im Vergleich mit §§ 725 BGB, 135 HGB nicht berechtigt. Dem Schutz der Teilhaber dient § 268. Da sie Gefahr laufen, ein Recht an dem gemeinschaftlichen Gegenstand zu verlieren, sind sie **berechtigt, den Gläubiger zu befriedigen.** Soweit dies geschieht, geht der Anspruch des Gläubigers auf den leistenden Teilhaber über (§ 268 Abs. 3) und damit auch ein etwa schon entstandenes Pfändungspfandrecht am Anteil des Schuldners. Titelumschreibung nach § 727 ZPO ist möglich. § 751 S. 2 greift aber nicht zugunsten des zahlenden Teilhabers bei seiner Regressnahme ein.[19] Die Ablösung der Drittgläubigerforderung diente gerade der Ausschaltung des § 751 S. 2, und die übergegangene Forderung dient nur mehr dem Teilhaberregress. Misslingt die Regressnahme und stellt sich heraus, dass anderes pfändbares Vermögen als der Anteil des Schuldners nicht vorhanden ist, so kann der zahlende Teilhaber die Gemeinschaft nach § 749 Abs. 2 fristlos kündigen und sich aus dem gepfändeten Anteil befriedigen. Im Hinblick auf dieses Risiko ist auch schon die Pfändung des Bruchteils oder des aus der Teilung sich ergebenden Guthabens und die Sicherungsübertragung oder Verpfändung des Bruchteils ein wichtiger Aufhebungsgrund iS des § 749 Abs. 2 (§ 749 RdNr. 12).

5. Insolvenzverfahren. Im Insolvenzverfahren eines Teilhabers gilt § 84 Abs. 2 InsO: Eine Vereinbarung, durch welche das Recht, die Aufhebung der Gemeinschaft zu verlangen, für immer oder auf Zeit ausgeschlossen oder von einer fristgemäßen Kündigung abhängig gemacht ist, wirkt nicht gegen die Insolvenzmasse (§ 84 Abs. 2 S. 1 InsO).[20] Das gilt auch für Auseinandersetzungsanordnungen eines Erblassers bei einer Erbengemeinschaft (§ 84 Abs. 2 S. 2 InsO). Das Recht auf Aufhebung der Gemeinschaft wird durch den Insolvenzverwalter ausgeübt (§ 749 RdNr. 17). Es ist von der Anteilsveräußerung nach § 747 S. 1 zu unterscheiden. Auch sie wird im Fall der Insolvenz eines Teilhabers vom Verwalter vorgenommen.

§ 752 Teilung in Natur

¹**Die Aufhebung der Gemeinschaft erfolgt durch Teilung in Natur, wenn der gemeinschaftliche Gegenstand oder, falls mehrere Gegenstände gemeinschaftlich sind, diese sich ohne Verminderung des Wertes in gleichartige, den Anteilen der Teilhaber entsprechende Teile zerlegen lassen.** ²**Die Verteilung gleicher Teile unter die Teilhaber geschieht durch das Los.**

Übersicht

	RdNr.		RdNr.
I. Grundlagen	1–6	**II. Die Teilbarkeit des Gegenstands**	7–31
1. Normzweck und Systematik	1, 2	1. Teilbarkeit als Anspruchsvoraussetzung	7–10
a) Zuweisung von realen Anteilen	1	a) Begriff der Teilbarkeit	8
b) Systematik der §§ 749 bis 751, 752 bis 754	2	b) Wirtschaftliche Gesichtspunkte	9
		c) Anteilsgerechte Teilung	10
2. Die Teilung in Natur und ihre Voraussetzungen	3–6	2. Teilbarkeit von Vorräten	11–14
a) Begriff der „Teilung in Natur"	3	a) Gleichartigkeit	12
b) Gegenstand der Teilung	4	b) Wirtschaftliche Unteilbarkeit	13
c) Teilungsverpflichtung und Teilungsvollzug	5, 6	c) Teilweise Unteilbarkeit	14
		3. Einzelfälle zur Teilbarkeit (alphabetisch geordnet)	15–31

---

[18] *V. Seeler,* Das Miteigenthum, 1899, S. 76.
[19] AA *Staudinger/Langhein* RdNr. 12; *Bamberger/Roth/Gehrlein* RdNr. 2.
[20] Eingehend MünchKommInsO/*Stodolkowitz/Bergmann* § 84 RdNr. 21.

	RdNr.		RdNr.
a) Besitz- und Nutzungsverhältnisse	15	o) Tiere	28
b) Bruchteile	16	p) Unternehmen	29
c) Erbteile	17	q) Miturheberrecht	30
d) Erfindungen und Erfinderschutzrechte	18	r) Warenvorräte, Wertpapiere	31
e) Forderungen	19	**III. Durchsetzung des Rechts auf Teilung in Natur**	32–35
f) Gesellschaftsanteile	20	1. Teilungsklage	32, 33
g) Grundstücke	21	a) Leistungsklage	32
h) Hypotheken	22	b) Urteil und Vollstreckung	33
i) Kunstwerke	23	2. Losentscheidung	34
k) Lebensversicherungsverträge	24	3. Teilungskosten	35
l) Öffentlich-rechtliche Erlaubnisse	25		
m) Patente	26		
n) Rechtsverhältnis	27		

I. Grundlagen

1 **1. Normzweck und Systematik. a) Zuweisung von realen Anteilen.** Normzweck des § 752 ist die Durchführung der Teilung durch Zuweisung von realen Anteilen an Stelle von ideellen Bruchteilen. Die Bestimmung regelt die Voraussetzungen eines schuldrechtlichen Anspruchs auf Teilung in Natur. Zur Anwendung auf Gesamthandsgemeinschaften (Gesellschaft, Gütergemeinschaft, Erbengemeinschaft) vgl. §§ 731, 1477 Abs. 1, 2042 Abs. 2.

2 **b) Systematik der §§ 749 bis 751, 752 bis 754.** Das Verhältnis der §§ 752 bis 754 zu §§ 749 bis 751 ergibt sich aus § 749 RdNr. 20. Die §§ 752 bis 754 befassen sich mit dem **Inhalt,** nicht mit den Voraussetzungen des Aufhebungsanspruchs. Teilungsvereinbarungen (§ 749 RdNr. 31 ff.) haben gegenüber §§ 752 bis 754 Vorrang.[1] Die §§ 752 und 753 stehen zueinander im Verhältnis der Alternativität, nicht eines Vor- und Nachrangs.[2] Das schließt ein **faktisches** Regel-Ausnahme-Verhältnis nicht aus. Im Rechtsleben ist § 753 die **Regel** und § 752 die **Ausnahme.** Zur Frage der **Beweislast** vgl. § 753 RdNr. 5. Das Verhältnis des § 754 zu §§ 752 und 753 ergibt sich aus § 754 RdNr. 4, 6. Zum Verhältnis zwischen § 752 und § 755 vgl. §§ 755, 756 RdNr. 9.

3 **2. Die Teilung in Natur und ihre Voraussetzungen. a) Begriff der „Teilung in Natur".** Realteilung iS des § 752 ist Teilung desjenigen Gegenstandes, an dem die Gemeinschaft besteht. Die Teilung in Natur macht aus diesen ideellen Anteilen reale Anteile. Nur dies kann nach § 752 verlangt werden. Keine Teilung in Natur ist zB bei einem gemeinschaftlichen Hausgrundstück die Ziehung einer Trennwand;[3] sie verdeutlicht nur die schon bestehende Trennung des Besitzes. Ebenso wenig die Bildung von Wohnungseigentum;[4] sie begründet neue Rechte und teilt nicht das gemeinschaftliche Recht.

4 **b) Gegenstand der Teilung.** Die Teilung betrifft den gemeinschaftlichen Gegenstand, nicht „die Gemeinschaft" oder – wie bei der Auseinandersetzung einer Gesamthand – ein ganzes Sondervermögen. Auch etwa vorhandene Früchte unterliegen einer besonderen Verteilung (§ 749 RdNr. 1). Aber der sachenrechtliche Spezialitätsgrundsatz hindert nicht, dass ein **Vorrat gleichartiger Gegenstände** durch Zuweisung einzelner Gegenstände an die Teilhaber geteilt wird.[5] Ein solcher Vorrat kann nach dem klaren Gesetzeswortlaut teilbar sein, auch wenn seine einzelnen Bestandteile unteilbar sind (RdNr. 11 ff.). Das beruht darauf, dass in schuldrechtlicher Hinsicht eine Mehrheit von Gegenständen zu einer Gemeinschaft zusammengefasst sein kann (§ 741 RdNr. 33).

---

[1] RGZ 91, 416, 418; BayObLG SoergRspr. 1900/01 a = SeuffBl. 66, 74, 75; OLG Colmar OLGE 12, 92.
[2] Unklar die hM; zB *Erman/Schulze-Wenck* (7. Aufl.) RdNr. 1; *Staudinger/Langhein* § 753 RdNr. 2; wie hier jetzt *Erman/Aderhold* RdNr. 1.
[3] Nur im Ergebnis zutr. OLG Schleswig SchlHA 1967, 179, 180.
[4] OLG München NJW 1952, 1297 = JZ 1953, 148 m. Anm. *Raiser;* aA *Wüst,* Die Gemeinschaftsteilung als methodisches Problem, 1956, S. 12.
[5] RGZ 91, 416, 418.

c) Teilungsverpflichtung und Teilungsvollzug. Die Verpflichtung zur Realteilung 5 und deren Vollzug durch Verfügungsgeschäft sind zu trennen. § 752 regelt nur die Verpflichtung. Nur sie ist ggf. auch Gegenstand einer Verurteilung aus § 752 (Leistungsurteil). Der Vollzug richtet sich nach dem Gegenstand der Gemeinschaft (zB Teilzession, Teilübereignung) und ist von allen Teilhabern zu bewirken (§ 749 RdNr. 38). Die Teilung in Natur ist immer **Rechtsgeschäft,** niemals bloßer Realakt, denn es geht darum, den bisherigen Teilhabern (zB Miteigentümern) alleinige Rechtszuständigkeit (zB Alleineigentum) statt ideeller Teile zu verschaffen. Nach § 747 S. 2 bedarf es der **Mitwirkung aller Teilhaber.** Diese kann nach § 894 ZPO erzwungen werden. Ein **gutgläubiger** (gutgläubig lastenfreier) **Erwerb ist nicht grundsätzlich ausgeschlossen** (vgl. auch § 747 RdNr. 19).[6] Nach BGHZ 173, 71 = NJW 2007, 3204 = JuS 2008, 276 *(Karsten Schmidt)* kann bei der Beendigung einer Miteigentümer-Bruchteilsgemeinschaft im Wege der Bruchteilsübertragung der erwerbende Bruchteilsberechtigte das Miteigentum des Veräußerers gutgläubig nach § 892 erwerben. Ausschließen wird man aber einen gutgläubigen Erwerb der Miteigentümer dessen, was jeder wirtschaftlich „schon hat", so dass es an einem echten Vermögenstransfer fehlt.[7] Auf einen solchen Fall passt das auf den Fall der Gesamtveräußerung gemünzte Argument von KG JW 1927, 2521, 2522, dass es an dem von den Gutglaubensschutzvorschriften vorausgesetzten Schutzbedürfnis fehlt, wenn der Mangel im Recht den Erwerber bereits vor der Veräußerung belastete.

Allerdings gibt es Fälle, in denen ein Teilhaber oder ein Dritter zur Teilung im eigenen 6 Namen ermächtigt ist. So nach **§ 469 Abs. 3 HGB** im Fall der erlaubten Sammellagerung (§ 1008 RdNr. 33). Nach dem noch zu § 419 HGB aF ergangenen Urteil BGHZ 14, 114 lässt sich der Gedanke des § 469 Abs. 3 HGB in dem Sinne verallgemeinern, dass mit einer einseitigen Auslieferungsbefugnis auch eine Verfügungsbefugnis nach § 185 Abs. 1 verbunden ist. Man wird dem folgen können, jedoch nur mit der Maßgabe, dass eine dem § 469 Abs. 3 HGB entsprechende Ermächtigung erklärt sein muss. Nicht zu folgen ist einer im Schrifttum vertretenen Ansicht, wonach bei dynamischen „Mengen- und Summengemeinschaften" *(Hilger)* mit offenem Teilhaberkreis ex lege eine einseitige Teilungsbefugnis begründet werden kann (zur „dynamischen Gemeinschaft" vgl. § 1008 RdNr. 35).

II. Die Teilbarkeit des Gegenstands

1. Teilbarkeit als Anspruchsvoraussetzung. Für den Anspruch auf Teilung kommt es 7 auf die in § 752 beschriebene Teilbarkeit an, und grundsätzlich nur auf sie.[8] Nach §§ 755 Abs. 3, 756 S. 2 werden auch teilbare Gegenstände gemäß § 753 zum Verkauf gebracht, soweit dies zur Berichtigung einer Gesamtschuld oder einer auf die Gemeinschaft gestützten Forderung gegen einen oder alle anderen Teilhaber erforderlich ist. Der Teilhaber-Gläubiger hat keinen Anspruch auf Zuweisung eines zusätzlichen Naturalanteils (§§ 755, 756 RdNr. 19).

a) Begriff der Teilbarkeit. Teilbar ist ein Gegenstand, wenn er sich in Teile zerlegen 8 lässt, deren Wertverhältnis den Anteilen entspricht (dh. in der Regel in gleichwertige Teile) und wenn durch diese Teilung keine Wertminderung herbeigeführt wird.[9] Es gibt natürliche

---

[6] Kein Verkehrsgeschäft; s. auch *Staudinger/Langhein* RdNr. 23, § 747 RdNr. 70; vgl. auch zum Erwerb aus der Gesamthandsgemeinschaft BGHZ 30, 255, 256 = NJW 1959, 1635; RGZ 129, 119, 121; generalisierend *Erman/Aderhold* RdNr. 1; *Bamberger/Roth/Gehrlein* RdNr. 5; abl. *Wittkowski,* Die Lehre vom Verkehrsgeschäft, 1990, S. 161 ff.

[7] Vgl. BGH NJW 2007, 3204 = JuS 2008, 276 *(Karsten Schmidt);* KG HRR 1927 Nr. 1325; AnwK-BGB/*Krause* RdNr. 27 f., 70; jetzt auch *Soergel/Hadding* § 747 RdNr. 3 (gegen Voraufl.); ebenso *Lutter* AcP 164 (1964), 122, 162 f.; *Koller* JZ 1972, 646, 647 f.; *Schreiner* NJW 1978, 921, 924; aA *Bamberger/Roth/Gehrlein* RdNr. 5; *Erman/Aderhold* RdNr. 1; *Soergel/Stürner* § 892 RdNr. 24; *Sternberg* JW 1930, 836 f.; *v. Mangoldt* AcP 134 (1931), 81, 89; missverständlich hier noch die 4 Aufl.

[8] RG WarnR 1910 Nr. 113; JW 1936, 1058 f.; OLG Colmar SoergRspr. 1905; *Planck/Lobe* Anm. 7.

[9] RG Gruchot 54, 632; JW 1935, 781 = HRR 1935 Nr. 338; *Bamberger/Roth/Gehrlein* RdNr. 2; *Staudinger/Langhein* RdNr. 11.

und wirtschaftliche Unteilbarkeit.[10] **Natürliche Teilbarkeit oder Unteilbarkeit** ergibt sich aus der Beschaffenheit des Gegenstands. Ein Vorrat von Gegenständen ist nach dem ausdrücklichen Inhalt des § 752 teilbar, wenn er sich in gleichartige, den Anteilen entsprechende Teile zerlegen lässt. Über **wirtschaftliche (Un-)Teilbarkeit** vgl. RdNr. 9 und 13. **Rechtliche (Un-)Teilbarkeit** spielt bei der Gemeinschaft an Rechten und Rechtsverhältnissen eine Rolle (RdNr. 19, 21). Die Anwendbarkeit des § 432 (§ 741 RdNr. 47 f.) indiziert noch nicht die Unteilbarkeit der Forderung.

9 b) **Wirtschaftliche Gesichtspunkte.** Neben rechtlichen entscheiden wirtschaftliche Gesichtspunkte.[11] Die Wertminderung wird festgestellt, indem die einzelnen Teile je für sich bewertet werden und die Summe der Einzelwerte mit dem Gesamtwert verglichen wird.[12] Lässt sich auf diese Weise eine objektive Wertminderung feststellen, so ist der Gegenstand unteilbar. Es kommt nicht darauf an, ob die Teilhaber selbst in der Lage wären, den höheren Wert des Gesamtgegenstandes durch Eigennutzung auszuschöpfen, zB eine Fabrik auf einem hierfür geeigneten Grundstück zu errichten.[13] Wertverlust durch Teilung kann auch darin bestehen, dass die Teilhaber nur in der nach §§ 743 bis 745 verwalteten Gemeinschaft gegen Willkür der anderen geschützt sind, zB gegen Raubfischerei in einem gemeinsamen See.[14] Im Gegensatz zur Werterhaltung können allgemeine Vorteils-Nachteils-Abwägungen nur im Einzelfall zur Korrektur des Ergebnisses (§ 242!) einbezogen werden. Die §§ 752, 753 unterscheiden nicht danach, ob Teilung oder Verkauf wirtschaftlich allgemein sinnvoll ist (s. aber RdNr. 13; § 753 RdNr. 7 f.). Teilung in Natur scheidet nicht schon dann aus, wenn die Teilung durch Verkauf zweckmäßiger ist.[15] Ist dies der Fall, so kann durch Teilungsvereinbarung (RdNr. 2; § 749 RdNr. 30) eine von § 752 abweichende Teilung verabredet werden; das Gesetz dagegen belässt es in diesem Fall bei der Regel des § 752. Der für die Naturalteilung erforderliche **Kostenaufwand** ist grundsätzlich **unerheblich.**[16] Auf der anderen Seite genügt nicht, dass besondere, über die gemeinschaftliche Verwaltung hinausgehende Maßnahmen den gemeinschaftlichen Gegenstand in einen Zustand versetzen können, der Werterhaltung im Falle der Teilung möglich macht.[17]

10 c) **Anteilsgerechte Teilung.** Die Teilbarkeit ist zu verneinen, wenn und soweit eine Teilung iS des § 752 nicht nach Gemeinschaftsbruchteilen „aufgeht". In diesem Fall kann nur nach Lage des Falls (§ 753 RdNr. 7), nicht dagegen generell eine Realteilung mit Wertausgleich verlangt werden.[18] Anders, wenn eine Teilungsvereinbarung eine solche Teilung ausdrücklich oder stillschweigend zulässt.[19] Ein allgemeines Prinzip der Realteilung mit Wertausgleich lässt sich entgegen *Esser/Schmidt* nicht aus der Möglichkeit solcher Vereinbarungen herleiten. Dies wäre eine Unterstellung stillschweigender Vereinbarungen. Solche Vereinbarungen kommen in Betracht, wenn der Gemeinschaft oder ihrer Aufhebung eine schuldrechtliche Sonderbeziehung zugrunde gelegt ist.

11 2. **Teilbarkeit von Vorräten.** Die Bestimmung spricht auch von der Teilbarkeit von Vorräten. Sie ist insofern Ausdruck der bei § 741 RdNr. 33 und bei §§ 744, 745 RdNr. 6 besprochenen und in der Rittergutsentscheidung BGHZ 140, 63 = NJW 1999, 781 zum Ausdruck gebrachten Gesamtbetrachtung bei einem gemeinschaftlichen Bestand. Da §§ 749, 752 von schuldrechtlichen Verpflichtungen, nicht von der dinglichen Güterzuord-

---

[10] Vgl. zur natürlichen Unteilbarkeit OLG Hamm NJW-RR 2001, 245 (Telefonanschluss).
[11] AG Winsen NZM 2000, 717, 718; *Esser/Schmidt* AT/2 § 38 IV 2 d.
[12] RG Gruchot 54, 632; JW 1935, 781 = HRR 1935 Nr. 338; OLG Nürnberg RdL 1960, 22; *Erman/Aderhold* RdNr. 2; *Soergel/Hadding* RdNr. 5; RGRK/*v. Gamm* RdNr. 2; *Staudinger/Langhein* RdNr. 11.
[13] RG Gruchot 54, 632, 634.
[14] OLG Marienwerder OLGE 22, 343.
[15] *Staudinger/Langhein* RdNr. 12.
[16] LG Metz Recht 1901 Nr. 22; BayObLG MDR 1973, 143; *Soergel/Hadding* RdNr. 5; RGRK/*v. Gamm* RdNr. 2.
[17] OLG Schleswig SchlHA 1967, 179, 180.
[18] RG SoergRspr. 1935; Reichserbhofgericht JW 1936, 1058 f.; Prot. in *Mugdan* II S. 1211; s. jetzt auch *Staudinger/Langhein* RdNr. 9; aA *Esser/Schmidt* AT/2 § 38 IV 2 d.
[19] *Esser/Schmidt* AT/2 § 38 IV 2 d.

nung sprechen, ist das Gesetz nicht an den Spezialitätsgrundsatz gebunden. Ein Vorrat gemeinschaftlicher Gegenstände ist teilbar, wenn und soweit den Teilhabern gleichartige, den Anteilen entsprechende individuelle Gegenstände ohne Wertminderung zugewiesen werden können.

a) Gleichartigkeit. Teilbare Vorräte sind damit gesetzlich definiert. Teilbar ist vor allem **12 Geld,** auch der Verkaufserlös im Fall des § 753 (dort RdNr. 31). Bei anderen Gegenständen kommt es auf deren Gleichartigkeit an. Die **Verkehrsanschauung** entscheidet. Absolute Gleichartigkeit ist nicht zu verlangen.[20] In Betracht kommen vor allem Wertpapiere,[21] Grundstücksparzellen,[22] Flüssigkeiten,[23] vertretbare Sachen wie Vorräte an Gebrauchs- und Verbrauchsgütern, zB eine durcheinander geratene Schiffsladung.[24] Gleichartigkeit kann bei Wertpapieren auch dann vorliegen, wenn die einzelnen Papiere künftig ungleichartig werden, aber noch offen ist, welche Papiere betroffen sind. So bei Anleihen, deren Rückzahlbarkeit durch Auslosung bestimmt wird.[25] Ungleiche Stückelung bei sonst gleichen Konditionen hindert Teilbarkeit nicht, sofern anteilsgerechte Verteilung möglich ist.[26] Nach OLG Colmar OLGE 12, 92 ist, wenn die Gleichartigkeit einer Anzahl von landwirtschaftlich genutzten Grundstücken von dem Standpunkt der beteiligten Verkehrskreise (hier: Landwirte) aus vorhanden ist, die Teilbarkeit eines Bestands an Grundstücken nicht einmal dann ausgeschlossen, wenn diese nach Größe, Kulturart und Lage voneinander verschieden sind (bedenklich). Sind die Grundstücke Teil eines landwirtschaftlichen Unternehmens, so ist Teilbarkeit jedenfalls nach RdNr. 29 zu verneinen. Die Naturalteilung von Vorräten durch diejenigen, die sie verwalten, ist in Sondervorschriften geregelt. Hervorzuheben sind: für den Lagerhalter § 469 Abs. 3 HGB (§ 747 RdNr. 10), für den Sammelverwahrer § 6 Abs. 2 DepG, für die Wertpapiersammelbank § 9a Abs. 2 und 3 DepG (§ 1008 RdNr. 29f.).

b) Wirtschaftliche Unteilbarkeit. Die Unteilbarkeit einer Sachgesamtheit kann sich **13** aus deren wirtschaftlicher Zusammengehörigkeit ergeben. Funktionseinheiten wie die Einfahrt, der Hauseingang oder der Betriebshof eines sonst real teilbaren oder geteilten Grundstücks sind unteilbar.[27] Auch bewegliche Sachen können wirtschaftlich als Funktionseinheiten gelten, so unter Umständen ein markengebundener Rennstall oder ein Dressurgespann[28] oder eine Kabelfernsehanlage.[29] Die Abgrenzung muss auf die wirtschaftlich **notwendige Zusammengehörigkeit** abstellen. Eine komplette Sammlung kann unteilbar sein, wo die bloße Summe von Einzelstücken teilbar wäre. Die Tatsache allein, dass der Wert der kompletten Sammlung höher ist als der der Einzelstücke, genügt hierfür aber nicht. Zum Unternehmen vgl. RdNr. 29.

c) Teilweise Unteilbarkeit. Ein Vorrat kann teilweise iS des § 752 teilbar, teilweise **14** unteilbar sein. Dann wird die Gemeinschaft gemäß § 752 geteilt, soweit sie teilbar ist.[30] Es gibt keinen Grundsatz, wonach eine Gemeinschaft, die ja aus mehreren Gegenständen bestehen kann (§ 741 RdNr. 33), entweder nur nach § 752 oder nach § 753 geteilt werden kann.[31] Ein einzelner Gegenstand kann zwar samt wesentlicher Bestandteile nur insgesamt teilbar oder unteilbar sein; so wird ein Hausgrundstück nicht in unteilbare bebaute und

---

[20] OLG Colmar OLGE 12, 92; *Bamberger/Roth/Gehrlein* RdNr. 2; *Planck/Lobe* Anm. 7a; *Staudinger/Langhein* RdNr. 4.
[21] RGZ 91, 416, 418; Prot. in *Mugdan* II S. 1212; *Schubert* DFG 1938, 89f.; *Palandt/Sprau* RdNr. 3.
[22] *Soergel/Hadding* RdNr. 4.
[23] *Bamberger/Roth/Gehrlein* RdNr. 3.
[24] RG HansRZ 1926, 333, 334.
[25] *Schubert* DFG 1938, 90 gegen LG Berlin.
[26] Prot. in *Mugdan* II S. 1212; *Planck/Lobe* Anm. 7a mit dem Wertpapier-Beispiel: vier 500-Mark-Stücke und ein 2000-Mark-Stück.
[27] *Erman/Aderhold* RdNr. 4.
[28] Beispiel bei *Planck/Lobe* Anm. 7b: Pferdegespann.
[29] AG Winsen NZM 2000, 717, 718.
[30] *Palandt/Sprau* RdNr. 2.
[31] So aber wohl *Staudinger/Langhein* RdNr. 6.

teilbare unbebaute Flächen zerlegt. Auch können Gegenstände (zB Kunstwerke, Grundstücke oder Zubehörstücke) durch die Gemeinschaft dergestalt zusammengefasst sein, dass sie auch bei der Teilung ein einheitliches Schicksal haben und in einem einheitlichen Verfahren, dh. dann meist durch Veräußerung, geteilt werden müssen. Ein Vorrat dagegen ist teilbar, soweit Teilung nach § 752 in Frage kommt, auch wenn dann ein unteilbarer Rest bleibt.[32] So, wenn das gemeinschaftliche Aktienpaket mehr Stücke enthält, als anteilsgerecht auf die Teilhaber verteilt werden können. Die bei RGZ 91, 416, 418 vertretene Gegenmeinung verwechselt den Aufhebungs- und Teilungsanspruch (§ 749 RdNr. 19 f.) mit der Teilbarkeit, von der § 752 spricht. Zwar kann, wenn mehrere Gegenstände gemeinschaftlich sind, vielfach nur Aufhebung der Gemeinschaft insgesamt verlangt werden (§ 749 RdNr. 28); aber das hindert nicht, dass die Gesamtaufhebung teils nach § 752, teils nach § 753 abgewickelt wird. RG Gruchot 54, 632, 633 lässt mit Recht eine Teilung in mehr Teile als Teilhaber zu, geht aber davon aus, dass dann insgesamt eine gleichartige Teilmasse auf die Teilhaber verteilt werden muss. Auch diese Auffassung ist zu eng.

15 **3. Einzelfälle zur Teilbarkeit (alphabetisch geordnet). a) Besitz- und Nutzungsverhältnisse.** Gemeinschaftliche Besitz- und Nutzungsverhältnisse, vor allem gemeinschaftliche Miet- und Pachtverhältnisse, sind grundsätzlich unteilbar.[33] Ähnliches gilt für Versorgungs- und Kommunikationsanschlüsse.[34] Nur wenn der Vertragspartner der „Teilung" zustimmt, kann das gemeinschaftliche Recht als teilbar angesehen werden.[35] Solange es an einer Zustimmung des Vermieters oder Verpächters fehlt, kommt weder eine Teilung nach § 752 noch eine Veräußerung nach § 753 noch die gerichtliche Zuweisung des Besitz- oder Nutzungsverhältnisses an einen Teilhaber in Betracht (§ 753 RdNr. 8 f.). Die Verteilung hinsichtlich der **ehelichen Wohnung** anlässlich der Ehescheidung findet ausschließlich nach der HausratsVO[36] statt (im Einzelnen § 3 HausratsVO, § 5 HausratsVO). Eine analoge Anwendung dieser Sondervorschriften auf alle gemeinschaftlichen Mietverhältnisse und eine damit verbundene Eingriffsbefugnis des Richters[37] ist nicht zu befürworten.[38]

16 **b) Bruchteile.** Bruchteile einer Gemeinschaft sind teilbar.[39] Die Frage stellt sich nur bei der Auseinandersetzung einer Gesamthand (§§ 731, 2042 Abs. 2), wenn ein Bruchteil zum Gesamthandsvermögen zählt (zur Bruchteilsgemeinschaft am Bruchteil vgl. dagegen § 741 RdNr. 16). Die Teilung des Bruchteils lässt die bisherigen Gesamthänder in der Gemeinschaft aufgehen.

17 **c) Erbteile.** Ein Erbteil ist in Bruchteile zerlegbar, aber nicht in Natur teilbar. Ist der am ungeteilten Nachlass des A beteiligte Miterbe B seinerseits verstorben und wird er durch mehrere Miterben beerbt, so können diese in Vollzug ihrer Auseinandersetzung die Gesamthandsgemeinschaft am Erbteil nach A in eine Bruchteilsgemeinschaft umwandeln.[40] Der

---

[32] Vgl. auch *Staudinger/Langhein* RdNr. 9 f.
[33] KG JW 1930, 314 m. Anm. *Endemann*; OLG Darmstadt SoergRspr. 1931; LG Lübeck NJW 1952, 1143 m. krit. Anm. *Roquette*; unrichtig diff. OLG Stuttgart SoergRspr. 1934; bedenklich auch LG Berlin I JW 1930, 1020 m. Anm. *Stern* JW 1930, 3256.
[34] Vgl. für Telefonanschluss OLG Hamm NJW-RR 2001, 245.
[35] Ob durch Vertragsübernahme oder Neuabschluss, ist eine rein theoretische Frage.
[36] Amtliche Begr. DJ 1944, 278; Lit.: *Ambrock*, Ehe und Ehescheidung, 1977, Teil III; *Göppinger/Börger*, Vereinbarungen anlässlich der Ehescheidung, 8. Aufl. 2005, 7. Teil s. 464 ff.; *Motzer* in: *Schwab* (Hrsg.), Hdb. des ScheidungsR, 5. Aufl. 2004, Teil VIII S. 1727 ff.; *Vlassopoulos*, Der eheliche Hausrat im Familien- und Erbrecht, 1983; *Flatow*, Die Ehewohnung in der Trennungsphase der Ehegatten, 2002.
[37] In dieser Richtung LG Hamburg SoergRspr. 1930 Nr. 2 und 3 zu § 749; AG Berlin-Schöneberg JR 1948, 111, 112; AG Frankfurt BlGBW 1956, 16; *Roquette* NJW 1952, 1143 unter Berufung auf RG DR 1944, 67; *ders.* DR 1944, 58.
[38] LG Berlin EMGW 1952 Nr. 2071 = HW 1951, 211; LG Lübeck NJW 1952, 1143 m. krit. Anm. *Roquette*; LG Berlin-Charlottenburg NJW 1956, 1282 m. zust. Anm. *Bettermann*; *Staudinger/Weinreich* Einl. zur HausratsVO RdNr. 10.
[39] Zur Teilung einer Erbengemeinschaft am Bruchteil vgl. RG BayZ 1919, 254.
[40] BGH LM § 2033 Nr. 4 = NJW 1963, 1610; OLG Düsseldorf Rpfleger 1968, 188; *Köbler*, Erbrecht und Gesellschaft, 1974, S. 78; *Rather*, Die Erbeserbengemeinschaft, Diss. Göttingen 1978, S. 111; *Haegele* Rpfleger 1968, 173; RGRK/*Kregel* § 2033 RdNr. 6; s. aber auch *Staudinger/Langhein* RdNr. 16.

Erbteil nach A bleibt aber dabei ungeteilt (nur ideelle Teilung); die Anzahl der Erbteile nach A bleibt konstant.

d) Erfindungen und Erfinderschutzrechte. Erfindungen und Erfinderschutzrechte, **18** insbesondere Patente, sind nicht in Natur teilbar.[41] Zur Frage, ob ihre Verwertung zum Zwecke der Aufhebung der Gemeinschaft verhindert werden kann, vgl. § 749 RdNr. 9. Zur Frage, ob eine Versteigerung nur unter den Teilhabern stattzufinden hat, vgl. § 753 RdNr. 11.

e) Forderungen. Forderungen sind unteilbar, soweit sie einem unteilbaren Rechtsver- **19** hältnis entspringen (RdNr. 27). Deshalb sind Forderungen aus der Vermietung einer im Miteigentum stehenden Sache (insbesondere Grundstück) rechtlich unteilbar, und zwar auch dann, wenn Mieter ein Miteigentümer ist.[42] Im Übrigen sind Forderungen teilbar, soweit Teilabtretung zulässig ist. Ob dies der Fall ist, wird zT zu Unrecht wiederum davon abhängig gemacht, ob die Forderung teilbar ist.[43] Richtig stellt RGZ 64, 120, 122 auf die Teilbarkeit des geschuldeten Gegenstands ab.[44] Die Teilbarkeit einer solchen Forderung ist unproblematisch, wenn der Schuldner zustimmt. Stimmt er nicht zu, so kann die Teilabtretung seine Rechte beeinträchtigen. Trotzdem lässt die hM Teilabtretungen bei Ansprüchen auf teilbare Leistungen zu (§ 398 RdNr. 63 ff.).[45] In der Lit. wird ein Schuldnerschutz analog § 432 erwogen.[46] Einer Mitwirkung des Schuldners, wie sie nach BGHZ 64, 67[47] für die Begründung einer Gesamtgläubigerschaft erforderlich ist, bedarf es für die Forderungsteilung nicht, soweit nicht der Schuldner unzumutbar belastet wird (eng § 398 RdNr. 60). Die mit der Zahlung und Kontrolle verbundene Mehrarbeit ist noch keine unzumutbare Belastung.[48] Teilbar sind hiernach vor allem Geldforderungen,[49] aber auch Ansprüche auf andere teilbare Leistungen, eventuell sogar der Anspruch auf Übereignung eines parzellierbaren Grundstücks.[50] Über hypothekarisch gesicherte Forderungen vgl. RdNr. 22.

f) Gesellschaftsanteile. Bei Gesellschaftsanteilen ist zu unterscheiden: **Aktien** sind un- **20** teilbar (§ 8 Abs. 3 AktG). § 752 findet auf Aktien nur Anwendung, wenn und soweit mehrere Aktien auf die Teilhaber verteilbar sind (RdNr. 12). Die Teilung von Anteilen an **Personengesellschaften**[51] ist ohne gesellschaftsvertragliche Grundlage nicht möglich. Es bedarf in der Regel einer Vertragsänderung.[52] Diese setzt – Publikumsgesellschaften mit entsprechender Befugnis der Organe ausgenommen[53] – Mitwirkung aller Mitgesellschafter voraus. Wird sie verweigert, so führt auch § 753 nur weiter, wenn zwar nicht Teilung, wohl aber Veräußerung gesellschaftsvertraglich zugelassen oder in allseitigem Einvernehmen durchführbar ist.[54] Die Aufhebung der Gemeinschaft kann also scheitern. Nur wenn Fortset-

---

[41] *Lüdecke*, Erfindungsgemeinschaften, 1962, S. 154; *Calé* GRUR 1931, 90, 96 f.; *Klauer/Möhring* PatG, 3. Aufl. 1971, § 3 RdNr. 18.
[42] BGH LM § 432 Nr. 15 = NJW-RR 2001, 369; krit. *Hadding*, FS Canaris, 2007, S. 379, 401.
[43] BayObLG MDR 1972, 143; *Derleder* AcP 169 (1969), 97; *Enneccerus/Lehmann* § 78 III 6.
[44] So auch *Larenz*, SchuldR I, 14. Aufl. 1987, § 34 I; jetzt *Palandt/Sprau* RdNr. 3.
[45] BGHZ 23, 53, 56 = LM § 399 Nr. 3 m. Anm. *Rietschel* = NJW 1957, 498, 499; BGHZ 46, 242 = LM § 398 Nr. 17 m. Anm. *Rietschel* = NJW 1967, 719; BGHZ 47, 168, 171 = LM § 366 Nr. 5 m. Anm. *Rietschel* = NJW 1967, 1223; LG Hamburg MDR 1954, 482; LG München I Rpfleger 1967, 408, 409; zum Bestimmtheitsgrundsatz BGHZ 26, 178 = LM § 398 Nr. 6 m. Anm. *Rietschel* = NJW 1957, 417; RGZ 98, 200, 202 f.
[46] *Kogel*, Rechtsfragen zur Teilzession, Diss. Köln 1974, S. 34 ff.; *ders.* NJW 1975, 2063.
[47] BGHZ 64, 67 = LM § 428 Nr. 11 = NJW 1975, 969.
[48] BGHZ 23, 53, 56 = LM § 399 Nr. 3 m. Anm. *Rietschel* = NJW 1957, 498, 499.
[49] BGHZ 52, 99, 103 = LM § 1258 Nr. 1 m. Anm. *Mormann* = NJW 1969, 1347, 1348.
[50] BayObLG MDR 1972, 143; LG München I Rpfleger 1967, 408, 409.
[51] Zur Teilabtretung vgl. *U. Huber*, Vermögensanteil, Kapitalanteil und Gesellschaftsanteil, 1970, S. 376; MünchKommHGB/*Karsten Schmidt* § 105 RdNr. 78 ff., 106.
[52] Krit. *A. Esser*, Rechtsprobleme der Gemeinschaftsteilung, 1951, S. 93.
[53] Auch die Aufnahme von Gesellschaftern kann hier den Organen übertragen werden; vgl. BGH NJW 1978, 1000.
[54] Zur Anteilsveräußerung in der Personengesellschaft vgl. BGHZ 44, 229, 231 = LM HGB § 105 Nr. 21 m. Anm. *Fischer* = NJW 1966, 499; BGH NJW 1975, 166, 167 = JuS 1975, 251 m. Anm. *Karsten Schmidt*.

zung der Gemeinschaft am Anteil nicht zumutbar ist, kann dies gegenüber den Mitgesellschaftern ein wichtiger Grund zur Kündigung bzw. zum Austritt aus der Gesellschaft sein. Dann setzt sich die Gemeinschaft am Abfindungsguthaben fort. In der **GmbH** ist die Rechtslage ähnlich. GmbH-Anteile sind nach Maßgabe der §§ 17, 46 Nr. 4 GmbHG teilbar (nach der GmbH-Reform 2008 soll dies nur noch in § 46 Nr. 4 GmbHG geregelt sein).[55] Wird eine etwa erforderliche Genehmigung durch Gesellschaftsbeschluss verweigert, so ist Teilung in Natur ausgeschlossen.[56] Es greift dann § 753 ein. Auch der Weg der Veräußerung kann dann aber durch Vinkulierung des Anteils (§ 15 Abs. 5 GmbHG) verbaut sein (§ 753 RdNr. 10).

21 **g) Grundstücke.** Grundstücke sind in der Regel unteilbar.[57] Sie können im Einzelfall teilbar sein. Auch hier kommt es darauf an, ob sich die Teilung in wirtschaftlich gleichartige, den Bruchteilen entsprechende Teilgrundstücke ohne Wertminderung bewerkstelligen lässt.[58] Voraussetzung ist Gleichartigkeit der Teile.[59] Aber diese ist bei bebauten Grundstücken in der Regel nicht gewährleistet, so dass die Teilung in Natur praktisch die Ausnahme, die Zwangsversteigerung nach § 753 dagegen der Regelfall ist.[60] Nur ganz ausnahmsweise wird man unter dem Gesichtspunkt des § 242 (§ 741 RdNr. 35) dem die Teilungsversteigerung betreibenden Miteigentümer entgegenhalten können, dass Naturalteilung mit Geldausgleich möglich ist (vgl. RdNr. 9). Teilung in Natur kommt außerdem stets dann nicht in Frage, wenn unter allen Umständen ein Teil gemeinschaftlich bleiben muss.[61] Als unteilbar wurde zB ein zum Fischfang geeigneter gemeinschaftlicher See angesehen.[62] Vor allem Hausgrundstücke sind in der Regel unteilbar.[63] Sofern mit der Teilung Umbau oder Wertverlust verbunden ist, gilt das sogar für ein spiegelbildartig gebautes Doppelhaus.[64] Teilung durch Bildung von Wohnungseigentum kann nicht verlangt werden.[65] Beim **Grenzüberbau** ist vorrangig zu prüfen, ob überhaupt eine Gemeinschaft entsteht, was grundsätzlich zu verneinen ist (§ 912). Auch **Baugrundstücke,** über deren Bebauung noch nicht entschieden ist, können unteilbar sein.[66] So, wenn Straßenzüge auszuscheiden sind[67] oder wenn die bauplanungsrechtliche Gestaltung eine Ungleichwertigkeit der Einzelteile erwarten lässt[68] oder wenn ein für ein gewerblich nutzbares Grundstück wichtiger Verkehrsanschluss (Eisenbahn!) nicht für alle Teile nutzbar wäre.[69]

22 **h) Hypotheken.** Hypotheken sind teilbar.[70] Die Teilung hat nach der Systematik der §§ 752 bis 754 sogar Vorrang vor der Einziehung.[71] Briefhypotheken werden durch Teilung der Forderung und Bildung eines Teilhypothekenbriefs nach § 1152 geteilt.[72] Ebenso **Grundschulden,** auch Eigentümergrundschulden,[73] demgemäß auch das sich aus

---

[55] *Haegele* GmbHR 1972, 220.
[56] *M. Winter/Löbbe* in: *Ulmer/Winter/Habersack* § 15 GmbHG RdNr. 37; über die Folgen rechtsmissbräuchlicher Verweigerung der Genehmigung vgl. *Scholz/H.Winter/Seibt* § 15 GmbHG RdNr. 127 iVm. § 17 GmbHG RdNr. 27.
[57] *Bamberger/Roth/Gehrlein* RdNr. 4; *Palandt/Sprau* RdNr. 22.
[58] LSG Rheinland-Pfalz vom 30. 1. 2003, L1 AL 155/00.
[59] BGH DNotZ 1974, 471, 473 = WM 1973, 82; BayObLG MDR 1972, 143; OLG Hamm NJW-RR 1992, 665, 666 = WM 1992, 1676, 1678.
[60] OLG Hamm Rpfleger 1964, 341 m. Anm. *Haegele*; NJW-RR 1992, 665, 666 = WM 1992, 1676, 1678; *Steinhaus* Gruchot 63, 695; *Staudinger/Langhein* RdNr. 15.
[61] OLG Karlsruhe SoergRspr. 1933.
[62] OLG Marienwerder OLGE 22, 343.
[63] OLG Karlsruhe NZG 1999, 249; *Staudinger/Langhein* RdNr. 18; *Palandt/Sprau* RdNr. 3.
[64] OLG Schleswig SchlHA 1967, 178 m. Anm. *Thiele*; zweifelnd wohl *Staudinger/Langhein* RdNr. 18.
[65] OLG München NJW 1952, 1297 = JZ 1953, 148 m. zust. Anm. *Raiser*.
[66] *Soergel/Hadding* RdNr. 6.
[67] RG Gruchot 54, 632, 633.
[68] OLG Nürnberg RdL 1960, 22, 23.
[69] RG Gruchot 54, 632, 634.
[70] RGZ 65, 5, 7; RG SeuffA 74 Nr. 173; s. auch KG DJZ 1928, 599; JFG 5, 344.
[71] RGZ 65, 5, 7.
[72] RGZ 59, 313, 318; 65, 5, 7; 69, 36, 42.
[73] BayObLGZ 1962, 183, 189; zur vorläufigen Eigentümergrundschuld *Abel* NJW 1966, 2044.

Eigentümergrundschuld und Hypothek zusammensetzende Grundpfandrecht bei Teilvalutierung von Hypotheken.[74] Wird aus Miteigentum am Grundstück Alleineigentum, so ergibt sich hieraus keine gesetzliche Verpflichtung des nunmehrigen Alleineigentümers, den Anteil des bisherigen Miteigentümers an einer Eigentümergrundschuld mit zu übernehmen.[75]

i) Kunstwerke. Ein einheitliches Kunstwerk ist unteilbar, auch wenn es aus mehreren Stücken besteht.[76] Zur Frage der Unteilbarkeit von Sammlungen vgl. RdNr. 13.

k) Lebensversicherungsverträge. Lebensversicherungsverträge bei der Versicherung über verbundene Leben (zur Rechtsnatur § 741 RdNr. 22) sind nicht teilbar. Eine Aufhebung erfolgt aber nicht nach § 753, sondern nach §§ 166, 19 VVG durch Kündigung und Rückgewähr der Prämienreserve; diese stellt dann einen nach § 754 S. 2 einzuziehenden Anspruch dar.[77]

l) Öffentlich-rechtliche Erlaubnisse. Öffentlich-rechtliche Erlaubnisse sind, soweit überhaupt tauglicher Gegenstand einer Gemeinschaft, grundsätzlich unteilbar.[78]

m) Patente. Patente sind unteilbar (RdNr. 18); zur Aufhebung von Patentgemeinschaften vgl. § 741 RdNr. 60. Unteilbar ist auch eine **gemeinschaftliche Marke** (vgl. zur Bruchteilsgemeinschaft § 741 RdNr. 68).

n) Rechtsverhältnis. Ein gemeinschaftliches Rechtsverhältnis (§ 741 RdNr. 18), zB ein von Miteigentümern eingegangenes Mietverhältnis, ist grundsätzlich unteilbar.[79] Für die Durchsetzung der aus einem solchen Rechtsverhältnis resultierenden Forderungen gilt das Prinzip der gemeinschaftlichen Einziehung nach § 754 S. 2 (§ 754 RdNr. 4).[80] Jedoch ist jeder Teilhaber nach § 432 berechtigt, Leistung an alle Teilhaber zu verlangen (vgl. dazu auch § 741 RdNr. 47 f.).[81] Ein unteilbares Rechtsverhältnis kann allerdings durch Vertrag mit dem Geschäftspartner geteilt, auf einen Teilhaber oder einen Dritten übertragen oder aufgelöst und abgewickelt werden (Beispiel: Gemeinschaftskonto). Vgl. zur Teilbarkeit von Forderungen im Übrigen RdNr. 19.

o) Tiere. Unteilbar sind lebende Tiere.[82] Ein Vorrat an gleichartigen Tieren kann nach RdNr. 11 verteilt werden.

p) Unternehmen. Unternehmen sind nicht nach § 752 teilbar.[83] Das gilt grundsätzlich auch für landwirtschaftliche Grundstücke, die iS einer betrieblichen Einheit unternehmerisch genutzt werden.[84] Das kann bedeutsam sein, wenn wie im Rittergutsfall BGHZ 140, 63 = NJW 1999, 781 ein Bestand an im Miteigentum stehenden Grundstücken zu einer Funktionseinheit zusammengefasst ist. Die Unteilbarkeit von Unternehmen interessiert bei den Gesamthandsgemeinschaften, insbesondere Erbengemeinschaften (RdNr. 1). Eine unmittelbare Anwendung der §§ 752, 753 kommt dagegen nicht in Betracht, weil es nach richtiger Auffassung keine Bruchteilsgemeinschaft am Unternehmen gibt (§ 741 RdNr. 24).

q) Miturheberrecht. Das Miturheberrecht (§ 741 RdNr. 64 ff.) ist unteilbar.[85] Die persönlichkeitsrechtlichen Befugnisse bleiben in jedem Fall jedem Miturheber, und das Urheberrecht als solches ist nicht übertragbar (§ 29 Abs. 1 UrhG). Deshalb ist auch keine

---

[74] RGZ 59, 313, 318; 69, 36, 42.
[75] BGH ZIP 1986, 89, 91; zust. *Erman/Aderhold* RdNr. 3.
[76] *Esser/Schmidt* AT/2 § 38 IV 2 d.
[77] *Sasse* VersR 1956, 752.
[78] Vgl. auch zur Fährgerechtigkeit RG JW 1910, 616, wo aber das Recht als „ein von dem Staate abgeleitetes Nutzungsrecht rein privatrechtlicher Natur" angesehen wird.
[79] BGH LM § 432 Nr. 15 = NJW-RR 2001, 369; krit. *Hadding*, FS Canaris, 2007, S. 379, 401.
[80] BGH LM § 432 Nr. 15 = NJW-RR 2001, 369, 370.
[81] BGH LM § 432 Nr. 15 = NJW-RR 2001, 369; BGHZ 121, 22, 25 = LM WEG § 13 Nr. 2 = NJW 1993, 727, 728 (zur Wohnungseigentümergemeinschaft).
[82] AG Walsrode NJW-RR 2004, 365; *Staudinger/Vogel* (11. Aufl.) RdNr. 4a.
[83] Im Ergebnis zutr. RG SeuffA 59 Nr. 5; zust. *Bamberger/Roth/Gehrlein* RdNr. 3; *Palandt/Sprau* RdNr. 3.
[84] Reichserbhofgericht JW 1936, 1058 f. (Erbhof); zweifelhaft OLG Colmar OLGE 12, 92 f.
[85] S. auch *Sontag*, Das Miturheberrecht, 1972, S. 70.

Verwertung nach § 753, sondern nur eine einverständliche Aufhebung (Verzicht auf Verwertungsrechte nach § 8 Abs. 4 S. 1 UrhG) möglich.[86]

31 **r) Warenvorräte, Wertpapiere.** Über Warenvorräte und Wertpapiere vgl. RdNr. 12.

III. Durchsetzung des Rechts auf Teilung in Natur

32 **1. Teilungsklage. a) Leistungsklage.** Für die Leistungsklage aus § 752 gelten die bei § 749 RdNr. 41 f. geschilderten Grundsätze. Zu klagen ist auf eine **bestimmte Art der Teilung**,[87] dh. auf Übertragung (Abtretung, Übereignung usw.) eines einem bestimmten Bruchteil entsprechenden bestimmten Gegenstands bzw. Teils des gemeinschaftlichen Gegenstands. Eine Klage auf „sachgemäße", vom Richter nach § 242 zu präzisierende Teilung genügt nicht.[88] Nicht anzugeben ist die Individualität des Gegenstands, es sei denn, aus einer Teilungsvereinbarung ergäbe sich ein Anspruch auf Zuweisung bestimmter Teile. Grundsätzlich wird also zB auf Zuweisung einer bestimmten Zahl der gemeinschaftlichen Aktien, nicht einzelner Stücke, geklagt. Im Hinblick auf die (zu umständliche! vgl. RdNr. 34) wohl immer noch hM empfiehlt sich eine hiermit verbundene Klage auf Verlosung nach S. 2. Der Bestimmtheitsgrundsatz gilt auch, wo nach dem Rechtsgedanken der §§ 242, 315 Abs. 3 S. 2 ausnahmsweise eine Teilung in Natur stattfindet, obgleich der gemeinschaftliche Gegenstand im strengen Sinn des § 752 unteilbar ist (§ 753 RdNr. 2, 7 f., 34). Das Risiko eines zu weitgehenden und – vorbehaltlich des § 139 ZPO – eines unsachgemäßen Klagantrags trägt der Kläger.[89] Zur Beweislast vgl. § 742 RdNr. 7 ff., § 749 RdNr. 43.

33 **b) Urteil und Vollstreckung.** Das Teilungsurteil ist nicht Gestaltungsurteil, sondern **Leistungsurteil**.[90] Die Vollstreckung erfolgt nach § 894 ZPO und, soweit erforderlich, nach §§ 883, 887 f. ZPO (kombinierte Vollstreckung). Praktisch sorgt § 749 dafür, dass das Urteil einem Konstitutivakt nahe kommt: Es ersetzt die zur Erfüllung des Teilungsanspruchs erforderlichen Erklärungen des Beklagten.

34 **2. Losentscheidung.** Eine Losentscheidung nach S. 2 kommt nur bei teilbaren Gegenständen[91] und nur dann in Betracht, wenn die im Zuge der Teilung zu verteilenden Gegenstände gleichartig und gleichwertig sind.[92] Das ist der Fall, wenn die Anteile der Teilhaber gleich groß sind oder wenn ein Vorrat gleichartiger und gleichwertiger Sachen zu verteilen ist. Bei der Teilung unverbriefter Forderungen ist das Verlosungsverfahren gegenstandslos. S. 2 macht Schwierigkeiten in der Vollstreckung. Nach **hM** ist der Anspruch auf Mitwirkung bei der Losentscheidung klagbar. Für die Durchsetzung des Anspruchs auf Verlosung gilt § 887 ZPO,[93] für die Durchsetzung des Anspruchs aus der Verlosung dagegen §§ 883, 894 ZPO. Diese vollstreckungsrechtliche Lösung ist unzweckmäßig. Einen Sinn hat sie nur, wenn die Teile zwar wirtschaftlich gleichartig sind, aber einander nicht gleichen.[94] Bei vollständig gleichartigen Teilen kann die Verlosung dadurch ersetzt werden, dass einfach auf Zuweisung eines Bruchteils geklagt und die Vollstreckung nach §§ 887, 883, 884, 894 ZPO durchgeführt wird. Unter der Voraussetzung des S. 2 erfolgt also die Vollstreckung – soweit erforderlich – durch Erzwingung der tatsächlichen Teilung und – praktisch entscheidend – durch willkürliche Zuweisung einer bestimmten Menge der gleichartigen Gegenstände aus dem gemeinschaftlichen Vorrat.

---

[86] Dazu *Sontag* (Fn. 85); *Rehbinder*, Urheberrecht, 14. Aufl. 2006, § 20 III 5.
[87] OLG Braunschweig SeuffA 57 Nr. 106; OLG Kassel SeuffA 64 Nr. 10; *Bamberger/Roth/Gehrlein* RdNr. 5; *Staudinger/Langhein* RdNr. 28; *Erman/Aderhold* RdNr. 6.
[88] AA *Heinrichs* JR 1948, 306; s. auch *A. Esser* (Fn. 52) S. 87 ff.
[89] *Esser/Schmidt* AT/2 § 38 IV 2 d.
[90] § 749 RdNr. 38; keine Konstitutivwirkung: *Staudinger/Langhein* RdNr. 28.
[91] OLG Hamm NJW-RR 2001, 245, 246.
[92] *Soergel/Hadding* RdNr. 9.
[93] HM; zB *Erman/Aderhold* RdNr. 6.
[94] Beispiel: Grundstücksparzellen; OLG Colmar OLGE 12, 92.

3. Teilungskosten. Die Tragung der Teilungskosten ergibt sich nicht unmittelbar aus 35
§ 748, ist aber sinngemäß nach dieser Vorschrift zu entscheiden. Soweit eine Vereinbarung
fehlt, tragen die Beteiligten die Kosten nach dem Verhältnis ihrer Anteile.[95] Gebühren nach
der Kostenordnung richten sich nach dem Gesamtwert des zu teilenden Gegenstandes.[96]

§ 753 Teilung durch Verkauf

(1) [1]Ist die Teilung in Natur ausgeschlossen, so erfolgt die Aufhebung der Gemeinschaft durch Verkauf des gemeinschaftlichen Gegenstands nach den Vorschriften über den Pfandverkauf, bei Grundstücken durch Zwangsversteigerung und durch Teilung des Erlöses. [2]Ist die Veräußerung an einen Dritten unstatthaft, so ist der Gegenstand unter den Teilhabern zu versteigern.

(2) Hat der Versuch, den Gegenstand zu verkaufen, keinen Erfolg, so kann jeder Teilhaber die Wiederholung verlangen; er hat jedoch die Kosten zu tragen, wenn der wiederholte Versuch misslingt.

Übersicht

	RdNr.		RdNr.
I. Grundlagen	1–3	a) Zulässigkeitsvoraussetzungen	17
1. Verhältnis zwischen §§ 752, 753	1	b) Antragsberechtigung	18–20
2. Leistungsanspruch	2	c) Anordnungsbeschluss	21
3. Normzweck	3	d) Einstellung und Vollstreckungsschutz	22
II. Das Recht auf Verkauf	4–11	e) Unverhältnismäßig niedriges Gebot	23
1. Inhalt	4	f) Geringstes Gebot	24
2. Voraussetzungen	5–8	g) Keine Sicherheitsleistung bei Gebot eines Miteigentümers	25
a) Veräußerungsfähigkeit und Unteilbarkeit	5	h) Kündigungen und Vorausverfügungen	26
b) Ausnahmen	6–8	i) Zuschlag	27
3. Einzelfälle	9, 10	k) Verfahrenskosten	28
4. Versteigerung unter den Teilhabern (Abs. 1 S. 2)	11	l) Fortsetzung der Teilung	29
		m) Kaufrecht (Vorkaufsrechte!) und Versteigerung	30
III. Mobiliarveräußerung	12–15	V. Rechte am Erlös	31
1. Verkauf beweglicher Sachen	12–14	VI. Kosten	32
a) Rechtmäßige Veräußerung	13	VII. Scheitern des Verkaufs	33, 34
b) Unrechtmäßige Veräußerung	14	1. Folgen des Scheiterns	33
2. Verkauf von Rechten	15	2. Unverkäuflichkeit	34
IV. Zwangsversteigerung	16–30		
1. Grundlagen	16		
2. Das Verfahren	17–30		

I. Grundlagen

1. Verhältnis zwischen §§ 752, 753. Zum Verhältnis zwischen §§ 752, 753 vgl. zu- 1
nächst § 752 RdNr. 2. Die Gemeinschaft an unteilbaren Gegenständen (§ 752 RdNr. 7 ff.)
wird nach Abs. 1 durch Verkauf und Verteilung des Erlöses aufgehoben, sofern nicht eine
abweichende Teilungsvereinbarung getroffen ist (§ 749 RdNr. 31 ff.). Zur Anwendung auf
Gesamthandsgemeinschaften (Gesellschaft, Gütergemeinschaft, Erbengemeinschaft) vgl.
§§ 731, 1477, 2042 Abs. 2.

2. Leistungsanspruch. Wie bei § 752 geht es auch hier um den Inhalt des Aufhebungs- 2
anspruchs. Mittel der gerichtlichen Geltendmachung ist die **Leistungsklage** (§ 749
RdNr. 41). Eine auf Realteilung oder Zuweisung des gemeinschaftlichen Gegenstands an

---

[95] *Soergel/Hadding* RdNr. 10; *Staudinger/Langhein* RdNr. 26.
[96] OLG Düsseldorf MittRhNotK 1996, 96, 97.

einen Teilhaber zielende richterliche Gestaltungsbefugnis gibt es nicht.[1] Darauf beruht der Grundsatz der Veräußerung im Fall der Unteilbarkeit nach § 753. Der hieran immer wieder geäußerten Kritik[2] ist zuzugeben, dass der durch § 753 ausgeübte Veräußerungszwang häufig zu **Unbilligkeiten und Härten** führt und obendrein nicht weiterhilft, wenn der Gegenstand weder teilbar noch veräußerungsfähig ist (zB Schutzrecht, § 752 RdNr. 18; Anteile an einer Personengesellschaft oder GmbH, § 752 RdNr. 20). Hier überall hilft grundsätzlich nur eine allseitig freiwillige Regelung. Nur ausnahmsweise kommt nach dem Rechtsgedanken der §§ 242, 315 Abs. 3 S. 2 de facto eine richterliche Gestaltung in Betracht; verwirklicht wird auch sie durch Leistungsklage und Leistungsurteil (RdNr. 34).

3 **3. Normzweck.** Normzweck des § 753 ist, die Gemeinschaftsteilung hinsichtlich eines unteilbaren, aber veräußerungsfähigen Gegenstands davon unabhängig zu machen, dass alle Teilhaber nach § 747 S. 2 bei einer Veräußerung mitwirken.[3] Die Bestimmung enthält **dispositives Recht.**[4] Eine über ihre Nichtanwendung getroffene Vereinbarung ist auch im gerichtlichen Verteilungsverfahren zu beachten.[5] Abreden, die eine abweichende Art des Verkaufs regeln, dürften ohne die Beschränkung des § 1245 Abs. 2 möglich sein (zweifelhaft). In jedem Fall – es mag eine vorherige Teilungsabrede vorliegen oder nicht – können die Teilhaber in allseitigem Einverständnis den Meistbietenden **formlos** ermitteln[6] und ihm den gemeinschaftlichen Gegenstand nach § 747 S. 2 übereignen. Auch der zur alleinigen Verfügung über Nachlassgegenstände befugte **Testamentsvollstrecker** ist bei dem in Vorbereitung der Erbteilung erfolgenden Verkauf eines Nachlassgegenstands nicht an die Formen des Pfandverkaufs (§§ 753, 1233 ff.) oder der Zwangsversteigerung (§§ 753 BGB, 180 f. ZVG) gebunden, sondern kann ohne Zustimmung der Erben freihändig veräußern.[7] Eine andere, nach § 2219 zu beantwortende Frage ist, ob er sich im Einzelfall durch die nach § 2205 mögliche Verfügung schadensersatzpflichtig macht.[8]

II. Das Recht auf Verkauf

4 **1. Inhalt.** Inhalt des Aufhebungsanspruchs ist im Fall des § 753 die Duldung des Verkaufs und die Zuweisung eines Erlösanteils (§ 749 RdNr. 42). Zur Klagbarkeit dieses Anspruchs vgl. zunächst § 749 RdNr. 41. Es bedarf eines Titels im Fall des § 1277, außerdem, wenn Versteigerung von beweglichen Sachen gemäß § 1233 Abs. 2 nach den Vorschriften über den Pfandverkauf erfolgen soll.[9] Zum Rechtsschutzinteresse in anderen Fällen vgl. § 749 RdNr. 42. Zu klagen ist nicht auf Einwilligung in den Verkauf,[10] sondern auf Duldung des Verkaufs; zweckmäßigerweise wird damit eine Klage auf Erlösteilung verbunden (§ 749 RdNr. 42). Klagen und Urteile, die auf Einwilligung in den Verkauf lauten, lassen sich problemlos in Duldungsklagen und Duldungstitel umdeuten.

5 **2. Voraussetzungen. a) Veräußerungsfähigkeit und Unteilbarkeit.** Die Voraussetzungen des Rechts auf Aufhebung durch Veräußerung ergeben sich zunächst aus § 753 selbst: Voraussetzung für eine Veräußerung nach § 753 ist an sich nur, dass der Gegenstand veräußerungsfähig, aber nicht teilbar ist. Da Teilbarkeit in Wirklichkeit die Ausnahme ist,

---

[1] Mot. in *Mugdan* II S. 493; *Bettermann* NJW 1956, 1282 f.
[2] *A. Esser,* Hauptprobleme der Gemeinschaftsteilung, 1951, S. 92 ff.; *Braun* DJZ 1936, 1154; besonders ausf. *Wüst,* Die Gemeinschaftsteilung als methodisches Problem, 1956, S. 8 ff., 45 ff.
[3] Prot. in *Mugdan* II S. 1212 f.; RGZ 108, 289, 290.
[4] Kommissionsbericht in *Mugdan* II S. 1294; RGZ 108, 289, 291; OLG Colmar SoergRspr. 1900/01 zu § 753; *Soergel/Hadding* RdNr. 1; *Erman/Aderhold* RdNr. 1.
[5] OLG Colmar SoergRspr. 1900/01 zu § 753.
[6] Nach RGZ 52, 174, 177 auch im Verfahren der freiwilligen Gerichtsbarkeit; es fehlt jedoch eine Grundlage für dieses Verfahren.
[7] RGZ 108, 289, 290; KGJ 52, A 113, 119; KG JW 1935, 2755, 2756; *Planck/Lobe* Anm. 5; *Soergel/Damrau* § 2204 RdNr. 10.
[8] KGJ 52, A 113, 119.
[9] Vgl. jetzt auch *Erman/Aderhold* RdNr. 2; übereinst. *Staudinger/Langhein* RdNr. 9.
[10] So noch *Erman/Schulze-Wenck* (7. Aufl.) RdNr. 1.

trägt, wenn über die Anwendbarkeit des § 752 oder des § 753 gestritten wird, die **Beweislast,** wer sich auf Teilbarkeit beruft.[11] Deshalb ist der Antrag auf Teilungsversteigerung (RdNr. 16 ff.) nicht unzulässig, wenn Teilung in Natur möglich ist; Teilbarkeit muss von dem, der sich darauf beruft, besonders geltend gemacht werden, nach hM durch Klage nach § 771 ZPO (RdNr. 19).

b) Ausnahmen. Ausnahmen von dem Grundsatz, dass die Gemeinschaft an unteilbaren Gegenständen durch Verkauf geteilt wird, sind nur in engen Grenzen anzuerkennen. Zweckmäßiger kann im Einzelfall eine Realteilung von nicht gleichartig teilbaren Gegenständen sein oder die einseitige Zuweisung eines unteilbaren Gegenstands gegen Ausgleich in Geld. Da aber der Gesetzgeber von einer richterlichen Gestaltungsbefugnis bewusst abgesehen hat (§ 752 RdNr. 33), setzt dieser zweckmäßigere Weg grundsätzlich eine entsprechende **Teilungsvereinbarung** (§ 749 RdNr. 31 ff.) voraus. Fehlt sie, so ist es grundsätzlich nicht möglich, dem einzelnen Teilhaber das Recht auf Veräußerung nach § 753 Abs. 1 aus bloßen Billigkeitserwägungen zu versagen. **Härten** und **Unbilligkeiten,** mit der Aufhebung der Gemeinschaft nach § 753 Abs. 1 sogar typischerweise verbunden, werden vom Gesetz in Kauf genommen.[12]

In **Ausnahmefällen** zwingt die Praxis einen einzelnen Teilhaber trotzdem, sich statt der Aufhebung der Gemeinschaft durch Veräußerung mit einer auch seinen Interessen gerecht werdenden **Realteilung** oder **Übernahme des Anteils** durch den anderen abzufinden.[13] Vorab ist zu prüfen, ob nicht das Verlangen nach Aufhebung der Gemeinschaft überhaupt gegen § 242 verstößt (§ 749 RdNr. 14). Nach BGHZ 58, 146, 147 = NJW 1972, 818, 819 muss sich der betreibende Teilhaber auf eine vom anderen Teil vorgeschlagene und vom Richter gebilligte Realteilung verweisen lassen, wenn einerseits die Versteigerung die widersprechende Partei wesentlich härter treffen würde, als das im Allgemeinen der Fall ist, und wenn außerdem dem betreibenden Teil – etwa aus Gründen der Entstehung der Gemeinschaft oder des ihr beiderseits zugrunde gelegten Zwecks – angesonnen werden kann, darauf Rücksicht zu nehmen. Liegen solche Umstände vor und macht der Teilhaber, der sich der Versteigerung widersetzt, einen Vorschlag zur Realteilung in gleichwertige Teile, der die ihn treffenden Härten entscheidend mildern würde und den berechtigten Interessen des Teilhabers, der die Aufhebung verlangt, gerecht wird und diesem zuzumuten ist, dann kann dieser nach Auffassung des BGH gehalten sein, den Vorschlag anzunehmen oder ganz auf die Aufhebung der Gemeinschaft zu verzichten. Im Ausgangsfall war der bei Anwendung des § 753 zu versteigernde Grundbesitz wesentliche Lebensgrundlage einer der Teilhaberinnen (zweier Schwestern).

Nach BGHZ 68, 299 = NJW 1977, 1234 kann sich aus dem Innenverhältnis sogar die **Pflicht eines Teilhabers** (Miteigentümers) ergeben, den **anderen zum Alleininhaber (Alleineigentümer) zu machen.**[14] Eine solche Verpflichtung ergab sich in diesem Fall nach der Ehescheidung für die Frau, weil der Ehemann sämtliche mit dem Erwerb des Grundstücks und mit dem Hausbau verbundenen finanziellen Verpflichtungen allein erfüllt hatte, außerdem den Bau durch eigene Arbeit gefördert und das Grundstück vor allem als unentbehrliche Grundlage seiner – wenn auch nicht alleinigen – Altersversorgung erworben hatte, während die Tätigkeit der Ehefrau nicht über § 1356 hinausgegangen war. Diese Einschränkungen des § 753 sind von der **Lage des Einzelfalls** abhängig und unterliegen der tatrichterlichen Würdigung.[15] Vgl. zur Rücksichtnahme auf die eheliche Lebensgemein-

---

[11] OLG Hamm Rpfleger 1964, 341 m. zust. Anm. *Haegele*; *Baumgärtel/Laumen,* Handbuch der Beweislast im Privatrecht, Band 1, 2. Aufl. 1991, § 753 BGB RdNr. 1; *Krönig* MDR 1951, 602; aA wohl OLG Colmar OLGE 12, 92.
[12] BGHZ 58, 146, 147 = NJW 1972, 818, 819; s. auch BGHZ 63, 348, 352 = NJW 1975, 687, 688 = JuS 1975, 397 *(Karsten Schmidt); Staudinger/Langhein* § 749 RdNr. 34 ff.
[13] BGHZ 58, 146 = NJW 1972, 818; BGHZ 68, 299 = NJW 1977, 1234; Begründung: § 242.
[14] Dazu auch *Palandt/Sprau* RdNr. 8; abl. *Schnorr,* Gemeinschaft nach Bruchteilen, 2004, S. 400.
[15] BGHZ 68, 299, 305 = NJW 1977, 1234, 1236; OLG München NJW-RR 1989, 715; krit. *Staudinger/Langhein* § 749 RdNr. 40 f.

schaft im Teilungsverfahren auch die Angaben bei § 749 RdNr. 15. Selbst **ideelle Interessen,** zB die Erhaltung eines Familienerbstücks, können bei der Bruchteilsgemeinschaft wie bei der Erbengemeinschaft eine Durchbrechung des § 753 rechtfertigen.[16] Stets aber kann es sich nur um Ausnahmen handeln (vgl. zu § 242 auch § 749 RdNr. 14). Im Grundsatz bleibt es dabei, dass die §§ 749 ff. keinem Teilhaber ein Recht auf Erwerb des Alleineigentums geben.[17] Soweit die von § 753 abweichende Aufhebung der Gemeinschaft zu einer ungleichen Verteilung des gemeinschaftlichen Gegenstands – im Extremfall zur Überlassung an einen Teilhaber – führt, kann dieser die ihn begünstigende Aufhebung nur gegen Zahlung des nach den besonderen Umständen sich ergebenden Ausgleichsbetrags verlangen.[18]

9   **3. Einzelfälle.** Der Gegenstand muss veräußerlich sein. Ist er zum Verkauf ebenso wenig wie zur Teilung in Natur (§ 752) geeignet, so scheidet auch § 753 aus (vgl. aber RdNr. 34). Fälle dieser Art begegnen bei der Auseinandersetzung von Gesellschaften (§ 731) und Erbengemeinschaften (§ 2042 Abs. 2), aber nur selten bei der Bruchteilsgemeinschaft. So sind **Rechtsverhältnisse,** die nur durch Vertragsübernahme auf einen Dritten übertragen werden können, weder in Natur teilbar (§ 752 RdNr. 15, 27) noch einseitig veräußerungsfähig. Das gilt vor allem für gemeinschaftliche Nutzungsverhältnisse, zB Mietverhältnisse (§ 752 RdNr. 15).[19] Soweit unter den Teilhabern eine Gesellschaft bürgerlichen Rechts besteht (§ 741 RdNr. 21), bestimmt sich das Innenverhältnis unter den Mietern nach §§ 730 ff.[20] Eine im Außenverhältnis wirksame Veräußerung nach §§ 731, 753 kommt nicht in Betracht. An **Unternehmen** ist keine Bruchteilsgemeinschaft möglich (§ 741 RdNr. 24), wohl allerdings eine Gesamthand (Gesellschaft bürgerlichen Rechts, Erbengemeinschaft). Auch dann passt § 753 nach hM nicht. Demnach kann kein Beteiligter Veräußerung des Unternehmens als des „gemeinschaftlichen Gegenstands" nach dieser Vorschrift verlangen.[21] Ebenso wenig kann eine Firma usw. nach § 753 veräußert werden (§ 23 HGB).[22] Aber bei Gesellschaften und Erbengemeinschaften kann im Auflösungsstadium die Veräußerung des Unternehmens als Ganzes – unter Umständen vorläufig an einen Treuhänder[23] – vereinbart und eventuell sogar verlangt werden.[24]

10 Gemeinschaftliche **Gesellschaftsanteile** (§ 741 RdNr. 14) sind, soweit unteilbar, meist auch nicht veräußerungsfähig (§ 752 RdNr. 20). Unter § 753 fallen die unteilbaren, aber frei veräußerlichen, insbesondere börsennotierten Anteile (Aktien!). GmbH-Anteile sind nach § 15 Abs. 1 GmbHG veräußerlich. Sie können nach Maßgabe einer Teilungsvereinbarung veräußert werden, unter den Voraussetzungen des § 1277 auch im Wege des Pfandverkaufs.[25] Es gilt aber § 15 Abs. 5 GmbHG.[26] Eine Verwertung vinkulierter Anteile durch Verkauf setzt voraus, dass die Veräußerung durch die Gesellschaft bzw. die Gesellschafter genehmigt wird.[27] Scheitert die Veräußerung, so muss nach Befragung der GmbH für eine sachgerechte Lösung gesorgt werden, zB für entgeltliche Einziehung des Anteils durch die

---

[16] *A. Esser* (Fn. 2) S. 89.
[17] Vgl. BGH NJW 1983, 2933.
[18] BGHZ 68, 299, 306 = WM 1977, 753, 755 (insoweit nicht in NJW 1977, 1234).
[19] LG Berlin II JW 1925, 392; LG Berlin I JW 1930, 1020 m. Anm. *Stern* JW 1930, 3256; LG Berlin NJW 1952, 30; LG Berlin-Charlottenburg NJW 1956, 1282 m. Anm. *Bettermann; Herold* BlGBW 1963, 13; unentschieden KG JW 1930, 1314 m. Anm. *Endemann;* aA AG Schöneberg JR 1948, 111, 112.
[20] *Bettermann* NJW 1956, 1283; *Herold* BlGBW 1963, 13 f.
[21] OLG Stuttgart SoergRspr. 1904 zu § 753; zust. RG SeuffBl. 68 (1903), 55, 57 f.; s. auch LG Hamburg MDR 1957, 419, 420.
[22] Dies gilt nicht mehr für Marken; überholt deshalb RG Recht 1903 Nr. 478 = (ausf.) SeuffBl. 68 (1903), 55, 58 betr. Zeitungsnamen.
[23] BGHZ 26, 126, 127 = LM HGB § 155 Nr. 1 m. Anm. *Fischer* = NJW 1958, 299.
[24] LG Hamburg MDR 1957, 419, 420.
[25] Zur Beurkundungspflicht vgl. *Petzoldt* GmbHR 1976, 83; *M. Winter/Löbbe* in: *Ulmer/Winter/Habersack* § 15 GmbHG RdNr. 166; unentschieden RGZ 100, 274, 276.
[26] *Haegele* GmbHR 1972, 220; *Scholz/H.Winter/Seibt* § 18 GmbHG RdNr. 13; *M. Winter/Löbbe* in: *Ulmer/Winter/Habersack* § 15 GmbHG RdNr. 37.
[27] Ausführlicher noch 3. Aufl.

GmbH.[28] Sinngemäß dasselbe gilt bei vinkulierten Namensaktien. Über Anteile an Personengesellschaften vgl. § 752 RdNr. 20.

4. Versteigerung unter den Teilhabern (Abs. 1 S. 2). Eine Versteigerung nur unter **11** den Teilhabern findet nach § 753 Abs. 1 S. 2 statt, wenn die Veräußerung an einen Dritten unstatthaft ist. Voraussetzung ist also ein Verbot der Drittveräußerung bei gleichzeitiger Veräußerbarkeit unter den Teilhabern.[29] Dass der Gegenstand allein für einen Teilhaber Wert hat, genügt nicht[30] und kann nur nach § 242 im Einzelfall Berücksichtigung finden. Überhaupt begründet § 753 Abs. 1 S. 2 kein Veräußerungsverbot, sondern setzt es voraus.[31] Ein Veräußerungsverbot kann auf dem Gesetz beruhen, auf der Vereinbarung mit einem Schuldner (§ 399), auf einer Vereinbarung unter den Teilhabern oder auf letztwilliger Anordnung.[32] Das rechtsgeschäftliche Veräußerungsverbot muss von den Teilungsverboten (§ 749 RdNr. 8) unterschieden werden. Eine solche Vereinbarung liegt nicht schon dann vor, wenn Veräußerung an Dritte dem wohlverstandenen Interesse eines Teilhabers widerspricht. Nicht ohne weiteres ausreichend ist zB, dass der Gegenstand einem Teilhaber gehörte (§ 749 RdNr. 32). Auch bei der **Patentgemeinschaft** (§ 741 RdNr. 62, § 752 RdNr. 18) rechtfertigt die Gefahr, ein kapitalstarkes Konkurrenzunternehmen könne das Patent ersteigern, noch nicht die Annahme, es sei ein Veräußerungsverbot gemäß Abs. 1 S. 2 stillschweigend bedungen.[33] Nach Lage des Falls kann aber eine Anwendung des Abs. 1 S. 2 im Geheimhaltungsinteresse angezeigt sein.[34] Die **Folgen einer mit Abs. 1 S. 2 unvereinbaren Veräußerung** regeln sich nach den für das im Einzelfall in Frage stehende Veräußerungsverbot (zB §§ 135, 136, 137) und für den Erwerbsvorgang (zB § 90 ZVG, § 1244 BGB) geltenden Vorschriften. Die Beweislast für eine Unzulässigkeit der Veräußerung an Dritte trägt, wer diese Unzulässigkeit geltend macht.[35]

III. Mobiliarveräußerung

1. Verkauf beweglicher Sachen. Für den Verkauf von beweglichen Sachen und von **12** Rechten (vgl. § 754!) verweist § 753 Abs. 1 S. 1 auf die Vorschriften über den Pfandverkauf.[36] Das bedeutet:

a) Rechtmäßige Veräußerung. Für bewegliche Sachen gelten die §§ 1233 ff.[37] Eines **13** Vollstreckungstitels bedarf es grundsätzlich nicht. Es gibt keinen Grundsatz, wonach bei einem Streit über Inhalt, Dauer und Möglichkeit der Naturalteilung eine Vorabklärung durch den Prozessrichter verfahrensrechtlich vorgeschrieben wäre.[38] Dagegen bedarf es eines Titels, wenn der Verkauf nach den Regeln über die Verwertung gepfändeter Sachen bewirkt werden soll (§ 1233 Abs. 2).[39] Der **Titel** lautet nach hM auf Einwilligung,[40] besser auf Duldung (§ 749 RdNr. 42); doch ist diese Meinungsdivergenz praktisch unbedeutend. Eine **Verkaufsandrohung** gemäß § 1234 ist entbehrlich. Die Bestimmung soll beim Pfandverkauf dem Eigentümer Gelegenheit geben, von seinem Ablösungsrecht Gebrauch zu machen,

---

[28] Vgl. auch *Wiedemann*, Die Übertragung und Vererbung von Mitgliedschaftsrechten bei Handelsgesellschaften, 1965, S. 433.
[29] OLG Oldenburg NJW-RR 1996, 136, 137.
[30] Mot. in *Mugdan* II S. 494 f.; *Planck/Lobe* Anm. 7.
[31] OLG Oldenburg NJW-RR 1996, 136, 137.
[32] RGZ 52, 174, 177.
[33] *Lüdecke*, Erfindungsgemeinschaften, 1962, S. 154; *Tetzner*, Das materielle Patentrecht der BRD, 1972, § 3 RdNr. 26.
[34] Vgl. *Kraßer*, Patentrecht, 5. Aufl. 2004, § 19 V b 10.
[35] *Krönig* MDR 1951, 602; *Staudinger/Langhein* RdNr. 39; *Soergel/Hadding* RdNr. 8; *Erman/Aderhold* RdNr. 5.
[36] Eingehend *Harald Schneider* DGVZ 1985, 51 ff.
[37] Zum Pfandverkauf vgl. *Burkhardt* JurBüro 1968, 13.
[38] In dieser Richtung aber OLG Darmstadt ZBlFG 7 Nr. 498; *Staudinger/Vogel* (11. Aufl.) RdNr. 1.
[39] *Planck/Lobe* Anm. 2 a; *Staudinger/Langhein* RdNr. 9.
[40] *Staudinger/Vogel* (11. Aufl.) RdNr. 2, 3.

§ 753 14–16   Abschnitt 8. Titel 17. Gemeinschaft

und ist beim Teilungsverkauf gegenstandslos.[41] Über die Ausführung des Verkaufs vgl. §§ 1235 ff. Der Ersteher erwirbt wie von einem Alleineigentümer (§ 1242 Abs. 1). Zum Erlöschen von Belastungen vgl. § 1242 Abs. 2. Zuschlag erfolgt auf das **Meistgebot,** mag es auch unzureichend sein.[42] Anders im Fall des § 1240. Der Verkauf erfolgt grundsätzlich gegen **Barzahlung** (§ 1238). Jeder **Teilhaber** darf mitbieten; erlegt er den Betrag nicht in bar, so darf sein Gebot zurückgewiesen werden (§ 1239). Abweichende Vereinbarungen über die Veräußerung haben Vorrang (§ 1245). Eine solche Vereinbarung kann nach § 1246 Abs. 1 jeder Teilhaber verlangen, wenn eine von §§ 1235 bis 1240 abw. Art des Verkaufs den Interessen der Beteiligten entspricht oder ein Verkauf nach Maßgabe des § 753 nicht möglich ist.[43] Kommt eine Einigung nicht zustande, so entscheidet nach § 1246 Abs. 2 das Gericht. Das Gericht kann zB den freihändigen Verkauf anordnen.[44] Es liegt ein Streitverfahren der freiwilligen Gerichtsbarkeit vor. Ausschließlich sachlich und örtlich zuständig ist nach § 166 Abs. 1 FGG das Amtsgericht des Ortes, an welchem der Gegenstand aufbewahrt wird (funktionelle Zuständigkeit: § 3 Nr. 1 b RPflG). Das Amtsgericht entscheidet über die Art des Pfandverkaufs, nicht über die etwa noch streitige Befugnis zum Verkauf;[45] ist diese ungeklärt, so wird es entweder analog § 148 ZPO aussetzen oder den Antrag zurückweisen.

14 b) **Unrechtmäßige Veräußerung.** Eine unrechtmäßige Veräußerung iS des § 1243 liegt vor allem vor, wenn die Voraussetzungen des § 753 nicht erfüllt sind, zB wenn die Sache iS des § 752 teilbar ist. **Gutgläubiger Erwerb** ist dann entsprechend §§ 1244, 932 ff. möglich. Ebenso, wenn in Wahrheit kein Miteigentum bestand (vgl. § 747 RdNr. 19; § 752 RdNr. 5). Findet **freihändiger Verkauf** auf Grund Vereinbarung oder gerichtlicher Anordnung (§§ 1245, 1246) statt, so schützt nach hM § 1244 den Erwerber nicht.[46] Aber bei der Veräußerung von Sachen bleiben §§ 932 ff. unmittelbar anwendbar. Gibt sich der Veräußerer als Alleineigentümer aus, so kann er gutgläubigen Erwerb einleiten. Ebenso, wenn alle angeblichen Miteigentümer (auch vertreten durch einen Teilhaber) gemeinschaftlich nach § 747 S. 2 zu Teilungszwecken über eine Sache verfügen. Gutgläubigen Erwerb durch einen Teilhaber lehnt die hM ab.[47] Im Gegensatz zum Fall des § 752 ist das nicht völlig zweifelsfrei. Da dem Erwerber nicht bloß der bisherige Bruchteils-Wertanteil zu alleinigem Recht zugeteilt wird, passt das Schlagwort vom Nicht-Verkehrsgeschäft nicht ohne weiteres. Gute Gründe sprechen deshalb dafür, den gutgläubigen Erwerb zuzulassen.[48]

15 2. **Verkauf von Rechten.** Für die Aufhebung der Gemeinschaft an einem Recht gilt § 1277,[49] soweit nicht Spezialregeln eingreifen. Solche bestehen bei Forderungen (§§ 754, 1282), Grund- und Rentenschulden (§ 1291), Inhaber- und Orderpapieren (§§ 1293 ff.). Zur Teilbarkeit von Grundschulden vgl. § 752 RdNr. 22. Über Forderungen im Besonderen vgl. § 754.

IV. Zwangsversteigerung

16 1. **Grundlagen.** Der **Verkauf eines Grundstücks** erfolgt im Wege der Zwangsversteigerung (§§ 180 ff. ZVG).[50] Das Versteigerungsverfahren hat, wie es bei BVerfGE 42, 64, 75

---

[41] Überzeugend *Staudinger/Langhein* RdNr. 9 (in vermeintlicher Abweichung von der hierzu in der 3. Aufl. vertretenen Ansicht); vgl. auch *Schneider* DGVZ 1985, 55; anders hier noch die Voraufl.
[42] *Planck/Lobe* Anm. 2 b.
[43] LG Hamburg MDR 1957, 419, 420.
[44] BayObLG DB 1983, 2245; KGJ 24, A 3, 5.
[45] KGJ 24, A 3, 5.
[46] RGZ 100, 274, 276; *Soergel/Habersack* § 1244 RdNr. 4.
[47] KG JW 1927, 2521 mit einer Begründung, die nahtlos nur auf § 752, nicht auf § 753 passt.
[48] So jetzt auch *Staudinger/Langhein* RdNr. 10.
[49] Eingehend jetzt *Staudinger/Langhein* RdNr. 12 ff.
[50] Dazu iE *Drescher,* Die Zwangsversteigerung zum Zwecke der Aufhebung der Gemeinschaft ..., 1908; *Mohrbutter,* Handbuch des gesamten Vollstreckungs- und Insolvenzrechts, 2. Aufl. 1974, § 63; *Jaeckel/Güthe,* ZVG, 1937; *Korintenberg/Wenz,* ZVG, 1935; *Stöber,* Zwangsvollstreckung in das unbewegliche Vermögen, 8. Aufl. 2007; *ders.,* ZVG, 18. Aufl. 2006; *Dassler/Schiffhauer/Gerhardt/Muth,* ZVG, 12. Aufl. 1992.

= NJW 1976, 1391, 1392 heißt, rein instrumentalen Charakter und dient der Ersetzung eines unteilbaren durch einen teilbaren Gegenstand, dh. der Schaffung eines teilungsfähigen Erlöses. Gegenstand der Teilungszwangsversteigerung sind außer Grundstücken auch **grundstücksgleiche Rechte** – vor allem Erbbaurechte[51] –, **Schiffe, Schiffsbauwerke, Luftfahrzeuge** sowie ideelle Bruchteile an Grundstücken, grundstücksgleichen Rechten und Schiffen,[52] nicht dagegen die Schiffspart; sie wird auch nicht nach dem Recht der beweglichen Sachen verwertet,[53] sondern als Gesamthandsanteil (zur Rechtsnatur der Schiffspart § 1008 RdNr. 39).

2. Das Verfahren. a) Zulässigkeitsvoraussetzungen. Die allgemeinen Voraussetzungen des Zwangsversteigerungsverfahrens müssen nach § 180 Abs. 1 ZVG erfüllt sein, soweit sich nicht aus §§ 181 ff. ein anderes ergibt. Ein vollstreckbarer **Titel** ist nach § 181 Abs. 1 ZVG **entbehrlich**.[54] Unentbehrlich ist aber die **Voreintragung** aller Teilhaber (§ 17 ZVG), die ggf. im Wege der Grundbuchberichtigung nachgeholt werden muss.[55] Zur Voreintragung des Antragstellers vgl. § 181 Abs. 2 ZVG.

b) Antragsberechtigung. Antragsberechtigt ist unter den Voraussetzungen des § 181 Abs. 2 ZVG jeder Miteigentümer. Ist der Anteil gepfändet, so steht das Recht dem Pfändungsgläubiger zu.[56] Ist der Antragsteller ein in Gütergemeinschaft lebender Ehegatte und stellt der Miteigentumsbruchteil sein gesamtes Vermögen dar, so verlangt die überwiegende, vom BGH bestätigte Rspr. analog § 1365 die Zustimmung des anderen Ehegatten[57] (s. dagegen aber 4. Aufl. § 1365 RdNr. 59). Der Antragsteller übernimmt im Verfahren die Rolle des betreibenden Gläubigers. Er muss nur das Bestehen eines Gemeinschaftsverhältnisses sowie die allgemeinen Voraussetzungen der Zwangsversteigerung nachweisen, nicht auch, dass Teilung durch Zwangsversteigerung im konkreten Fall zulässig ist.[58] **Antragsgegner** ist jeder Teilhaber, der nicht Antragsteller ist.[59] Er kann aber dem Teilungsverfahren nach §§ 27, 180 Abs. 1 ZVG beitreten, dies allerdings nur mit Wirkung ex nunc.[60] Auf diese Weise kann jeder Teilhaber gleichzeitig Antragsteller und Antragsgegner sein.[61] Die einzelnen Verfahren bleiben dann rechtlich getrennt.[62] Wer gleichzeitig Antragsteller und Antragsgegner ist, kann deshalb, bezogen auf die Anträge anderer Teilhaber, die Rechte eines Antragsgegners ausüben, zB also einen Einstellungsantrag stellen.[63]

Ist mit **Einwendungen** zu rechnen, so kann gegen Teilhaber auf Teilung, gegen Dritte eventuell auf Feststellung der Zulässigkeit der Teilungsversteigerung geklagt werden.[64] Das Vollstreckungsgericht beachtet aber solche Einwendungen nicht ohne weiteres; sofern sie sich nicht aus dem Grundbuchinhalt ergeben (§ 28 ZVG), müssen sie nach § 771 ZPO

---

[51] Überblick über die grundstücksgleichen Rechte nach Bundes- und Landesrecht bei *Dassler/Schiffhauer/Gerhardt/Muth* (Fn. 50) § 1 RdNr. 16 f.
[52] *Dassler/Schiffhauer/Gerhardt/Muth* (Fn. 50) § 180 RdNr. 16.
[53] So aber *Mohrbutter* (Fn. 50) § 17 III 1.
[54] Vgl. auch LG Münster FamRZ 1960, 117; *Staudinger/Langhein* RdNr. 26.
[55] OLG Hamburg HansGZ 1904 B 157; OLG Colmar Recht 1911 Nr. 3304; *Staudinger/Langhein* RdNr. 5; zum Erfordernis der Anlegung eines Grundbuchblatts OLG Rostock SoergRspr. 1903 zu § 753.
[56] BGH NJW-RR 1999, 504 (Erbengemeinschaft).
[57] BGH NJW 2007, 3124; vorher zB schon BayObLG FamRZ 1979, 290; 1981, 46; NJW-RR 1996, 962; NJW 1970, 952; OLG Schleswig SchlHA 1972, 184; OLG Hamm Rpfleger 1979, 20; OLG Stuttgart FamRZ 1982, 401; OLG Düsseldorf NJW 1982, 1543; OLG Frankfurt NJW-RR 1999, 731, 732; *Palandt/Brudermüller* § 1365 RdNr. 8; *Stöber* ZVG (Fn. 50) § 180 Anm. 3.13; mwN aA zB KG NJW 1971, 711; s. auch OLG Frankfurt NJW-RR 1997, 1274 (Zustimmung bis zum Zuschlag).
[58] OLG Hamm Rpfleger 1964, 341; *Stöber* ZVG (Fn. 50) § 180 Anm. 3.4.
[59] BGHZ 51, 301, 309 = LM BNotO § 24 Nr. 2 m. Anm. *Börtzler* = NJW 1969, 929 = DB 1969, 656, 658; BGHZ 79, 249, 254 = NJW 1981, 2065, 2066; OLG Stuttgart OLGZ 1970, 361, 362; eingehend *Stöber* ZVG (Fn. 50) § 180 Anm. 4.2; § 181 Anm. 4.1.
[60] Näher OLG Stuttgart OLGZ 1970, 361, 362 f.; *Stöber* ZVG (Fn. 50) § 180 Anm. 8.1.
[61] Vgl. BGHZ 79, 249, 254 = NJW 1981, 2065, 2066.
[62] Vgl. BGHZ 79, 249, 253 f. = NJW 1981, 2065, 2066; OLG Stuttgart OLGZ 1970, 361.
[63] Vgl. BGHZ 79, 249 = NJW 1981, 2065.
[64] *Dassler/Schiffhauer/Gerhardt/Muth* (Fn. 50) § 181 RdNr. 4; zweifelhaft.

geltend gemacht werden.⁶⁵ Die verfahrensrechtliche Unzulässigkeit der Anordnung der Versteigerung wird nach §§ 180, 95 ZVG mit der Beschwerde gerügt; sonstige Einwendungen verfahrensrechtlicher Art werden nach § 766 ZPO geltend gemacht.⁶⁶ Praktisch bleibt kaum Raum für diese Erinnerung. Ist der Anteil gepfändet, so kann der betreffende Teilhaber die Teilungsversteigerung immer noch beantragen,⁶⁷ nach verbreiteter Auffassung allerdings nur gemeinschaftlich mit dem Pfändungspfandgläubiger oder mit dessen Zustimmung.⁶⁸ Mit Pfändung und Überweisung des Rechts auf Aufhebung der Gemeinschaft steht dem Pfandgläubiger ein eigenes Antragsrecht zu.⁶⁹ Das eigene Recht lässt aber das Antragsrecht der Teilhaber unberührt.⁷⁰

20 **Vollstreckungsgläubiger** können dem Verfahren nach hM beitreten, soweit es um den Zugriff auf das ganze Grundstück geht.⁷¹ Getrennte Verfahren sollen trotz der unterschiedlichen Funktion der Vollstreckungsversteigerung und der Teilungsversteigerung entbehrlich sein.⁷² Selbst der Beitritt eines auf einen Miteigentumsanteil zugreifenden Gläubigers zur Teilungsversteigerung wird nicht als unzulässig angesehen.⁷³ Gegen diese hM bestehen aber Bedenken, weil Vollstreckungszweck und Teilungszweck nicht in einem und demselben Verfahren verfolgt, sondern sinnvoll koordiniert werden sollten.⁷⁴ Die Eröffnung des **Insolvenzverfahrens** über das Vermögen eines Teilhabers berührt das Verfahren an sich nach § 84 InsO nicht. Statt des Teilhabers kann aber jetzt der Insolvenzverwalter Verfahrenshandlungen vornehmen, zB den Antrag zurücknehmen.

21 **c) Anordnungsbeschluss.** Der Anordnungsbeschluss muss das Verfahren als ein Teilungsverfahren kennzeichnen. Mit Zustellung des Anordnungsbeschlusses an den Antragsteller wird die Beschlagnahme wirksam. Anteilsveräußerung danach berührt das Verfahren grundsätzlich nicht (§ 26 ZVG). Anders, wenn die Veräußerung die Bruchteilsgemeinschaft aufhebt, etwa durch Veräußerung seitens aller Teilhaber an einen Dritten oder durch Alleinerwerb eines Teilhabers.⁷⁵ Dies gilt auch, wenn nach Anordnung einer vom Insolvenzverwalter betriebenen Teilungsversteigerung der Insolvenzschuldner den anderen, nicht zur Insolvenzmasse gehörenden Anteil, hinzuwirbt. Die unter der Konkursordnung vom LG Bayreuth KTS 1977, 188 vertretene Gegenansicht wurde damit begründet, dass der Insolvenzverwalter innerhalb der Gemeinschaft eine eigene Rechtsstellung erlangt, die durch massefreien Hinzuerwerb nicht beeinträchtigt werde (so auch noch 3. Aufl. RdNr. 20: die Bruchteilsgemeinschaft bleibe bestehen). Dieser Standpunkt ist durch § 35 InsO überholt.

22 **d) Einstellung und Vollstreckungsschutz.** Einstweilige Einstellung des Verfahrens nach § 30 ZVG ist zulässig.⁷⁶ Vollstreckungsschutz mit dem Ziel der einstweiligen Einstellung des Verfahrens kann nach § 180 Abs. 2 ZVG auf Antrag eines Miteigentümers gewährt werden, zB wenn geltend gemacht wird, dass Mittel beschafft werden sollen, um den

---

⁶⁵ BGH WM 1984, 538, 539; RG JW 1919, 42; 1935, 781; OLG Hamburg NJW 1961, 610; OLG Hamm Rpfleger 1964, 341; BayObLG NJW 1971, 2314; LG Tübingen NJW 1958, 1303 m. Anm. *Riedel*; aA (Nichtigkeit des Antrags) LG Köln MDR 1970, 418; dagegen § 749 RdNr. 15; Einzelheiten str.; eingehend *Steinhaus* Gruchot 63, 694; *Drescher* (Fn. 50) S. 35 ff.; *Stöber* ZVG (Fn. 50) § 180 Anm. 9.7, 9.8.
⁶⁶ Str.; eingehend *Drescher* (Fn. 50) S. 38 ff.; *Stöber* ZVG (Fn. 50) § 180 Anm. 5.8.
⁶⁷ *Dassler/Schiffhauer/Gerhardt/Muth* (Fn. 50) § 181 RdNr. 56 unter Berufung auf OLG Hamm Rpfleger 1958, 269 m. Anm. *Haegele*.
⁶⁸ OLG Hamburg MDR 1958, 45; *Mohrbutter* (Fn. 50) § 63 I; aA *Dassler/Schiffhauer/Gerhardt/Muth* (Fn. 50) § 180 RdNr. 56; unentschieden LG Braunschweig NdsRpfl. 1956, 74.
⁶⁹ OLG Köln OLGZ 1969, 338, 340; LG Wuppertal NJW 1961, 785; *Mohrbutter* (Fn. 50) § 63 I; auch OLG Hamburg MDR 1958, 45.
⁷⁰ LG Wuppertal NJW 1961, 785; unentschieden OLG Köln OLGZ 1969, 338, 340 mN.
⁷¹ LG Hamburg KTS 1970, 235; *Schiffhauer* MDR 1963, 901; *Dassler/Schiffhauer/Gerhardt/Muth* (Fn. 50) § 180 RdNr. 113; aA *Stöber* ZVG (Fn. 50) § 180 Anm. 14.2.
⁷² Vgl. nur *Mohrbutter* (Fn. 50) § 63 VII.
⁷³ *Dassler/Schiffhauer/Gerhardt/Muth* (Fn. 50) § 180 RdNr. 116.
⁷⁴ Zur Koordination *Stöber* ZVG (Fn. 50) § 180 Anm. 14.4.
⁷⁵ *Dassler/Schiffhauer/Gerhardt/Muth* (Fn. 50) § 180 RdNr. 40.
⁷⁶ LG Bonn MDR 1955, 556; LG Hanau MDR 1977, 1028.

Antragsteller in bar abzufinden.[77] Da die Anträge der einzelnen Miteigentümer selbstständig sind (RdNr. 18), kann nach BGHZ 79, 249 = NJW 1981, 2065 jeder Miteigentümer den Antrag auf Verfahrenseinstellung auch dann stellen, wenn er selbst als Antragsteller oder Beigetretener die Teilungsversteigerung betreibt. Nach §§ 180 Abs. 2, 30 b ZVG ist der Antrag binnen einer **Notfrist** von zwei Wochen zu stellen. Entgegen der bisher wohl hM[78] hat BGHZ 79, 249 = NJW 1981, 2065 klargestellt, dass dies bereits für den ersten Einstellungsantrag gilt und nicht nur für den erneuten Antrag, nachdem das Verfahren bereits einmal eingestellt und dann fortgesetzt worden ist. Bei der Abwägung der widerstreitenden Interessen nach § 180 Abs. 2 ZVG bleiben die Interessen eines Teilhabers unberücksichtigt bzw. werden nur nachrangig berücksichtigt, wenn sein Insolvenzverwalter[79] oder sein Pfandgläubiger[80] die Versteigerung betreibt. Die Interessen der anderen Teilhaber sind stets zu berücksichtigen.[81] **§ 765 a ZPO findet keine Anwendung.**[82] Die Frage ist sehr umstritten.[83] BGH NJW 2004, 3635, 3636 hat sie unentschieden gelassen. Gegen die Anwendung des § 765 a ZPO spricht aber das Fehlen der spezifischen Gläubiger-Schuldner-Beziehung und das Vorhandensein der speziellen Schutznormen in §§ 180 Abs. 2 bis 4 ZVG. Die Vorschriften der §§ 57 a und 57 b ZVG über Kündigung und über Vorausverfügungen bei Mietverhältnissen finden nach § 183 ZVG keine Anwendung. Zur **Entbehrlichkeit der Sicherheitsleistung** eines Eigentümers vgl. § 184 ZVG. In § 185 ZVG ist das Verhältnis der Teilungsversteigerung zum Zuweisungsverfahren nach §§ 13 bis 17 GrdstVG geregelt.

e) Unverhältnismäßig niedriges Gebot. Jedem Antrag auf Auseinandersetzungsversteigerung liegt die Erwartung zugrunde, dass zwar nicht der denkbar günstigste, wohl aber ein vernünftiger Erlös erzielt werden kann; deshalb muss, bevor der Zuschlag auf ein unverhältnismäßig niedriges Gebot erteilt wird, gegenüber dem Antragsteller das Fragerecht ausgeübt werden:[84] Tritt dieser dem Zuschlag entgegen, so kann darin je nach Lage des Falls eine Rücknahme des Versteigerungsantrags (§ 29 ZVG) oder eine Bewilligung der einstweiligen Verfahrenseinstellung (§ 30 ZVG) erblickt werden. Vom Rechtspfleger ggf. sogar die Versagung des Zuschlags zu verlangen,[85] liefe auf eine bedenklich weitgehende Prüfungspflicht des Rechtspflegers hinaus. Dieser kann einen Termin zur Verkündung des Beschlusses bestimmen (§ 87 Abs. 1 ZVG) und dadurch dem Antragsteller noch Gelegenheit zur Verhinderung des Zuschlags geben.

f) Geringstes Gebot. Zur Festsetzung des geringsten Gebots vgl. besonders § 182 ZVG.[86] Nach § 182 Abs. 1 ZVG sind die den Anteil des Antragstellers belastenden oder mitbelastenden Rechte an dem Grundstück sowie alle Rechte zu berücksichtigen, die einem dieser Rechte vorgehen oder gleichstehen. Nach § 182 Abs. 2 ZVG erhöht sich das geringste Gebot um den zur Ausgleichung unter den Miteigentümern erforderlichen Betrag,

---

[77] *Mohrbutter* (Fn. 50) § 63 II.
[78] OLG Hamm Rpfleger 1960, 253; OLGZ 1972, 316, 318; OLG Oldenburg KTS 1974, 240 m. Anm. *Mohrbutter*; LG Augsburg MDR 1976, 231.
[79] LG Koblenz KTS 1965, 47, 48.
[80] LG Braunschweig NdsRpfl. 1956, 74.
[81] *Dassler/Schiffhauer/Gerhardt/Muth* (Fn. 50) § 180 RdNr. 53.
[82] OLG Oldenburg NJW 1955, 150 = Rpfleger 1954, 377; OLG Hamm Rpfleger 1960, 253; 1964, 341, 342; OLGZ 1972, 316; LG Hildesheim MDR 1971, 589; LG Braunschweig NdsRpfl. 1977, 106; *Mohrbutter* DRiZ 1977, 41; *Dassler/Schiffhauer/Gerhardt/Muth* (Fn. 50) § 180 RdNr. 72; MünchKommZPO/*Heßler*, 3. Aufl. 2007, § 765 a RdNr. 18.
[83] AA OLG Hamburg MDR 1954, 369; OLG München NJW 1955, 149; OLG München NJW 1961, 787 m. Anm. *Sebode*; OLG Karlsruhe Rpfleger 1994, 223; OLG Köln NJW-RR 1992, 126; KG NJW-RR 1999, 434; *Bamberger/Roth/Gehrlein* RdNr. 3; *Stöber* ZVG (Fn. 50) Einl. Anm. 52.6; *Teufel* Rpfleger 1976, 86 mwN.
[84] BVerfGE 42, 64, 75 f. = NJW 1976, 1391, 1392; vgl. aber auch die aA des Richters Dr. *Geiger* ebd. S. 79, 83 ff. bzw. S. 1394; krit. *Weitzel* JuS 1976, 722.
[85] In dieser Richtung *Dassler/Schiffhauer/Gerhardt/Muth* (Fn. 50) § 180 RdNr. 76.
[86] Dazu eingehend *Drescher* (Fn. 50) S. 65 ff.; zur Berücksichtigung von Grundschulden vgl. OLG Bamberg NJW-RR 1997, 81.

wenn nach Abs. 1 bei einem Anteil ein größerer Betrag zu berücksichtigen ist als bei einem anderen Anteil. Da aber die Erlösverteilung außerhalb des Versteigerungsverfahrens stattfindet (RdNr. 29), kann die unterschiedliche Belastung noch im Rechtsstreit um die Verteilung des Erlöses ausgeglichen werden.[87] Erhöht sich das geringste Gebot infolge des Beitritts eines Miteigentümers zum Versteigerungsverfahren, so kann das Grundstück demnach zum niedrigsten geringsten Gebot ausgeboten werden, wenn ansonsten die Versteigerung verhindert würde.[88] Sind im geringsten Gebot nicht valutierte Grundschulden enthalten, so verbleibt der Rückgewähranspruch gegen die Grundschuldgläubiger auch nach dem Zuschlag bei den bisherigen Bruchteilsberechtigten (Miteigentümern).[89] Ein Ausgleichsanspruch gegen den Ersteher besteht auch nach dem Zuschlag nicht, und zwar auch dann nicht, wenn der Ersteher selbst Miteigentümer war.[90]

25 **g) Keine Sicherheitsleistung bei Gebot eines Miteigentümers.** Nach § 184 ZVG braucht ein Miteigentümer für sein Gebot keine Sicherheit zu leisten, wenn ihm eine durch das Gebot ganz oder teilweise gedeckte Hypothek, Grundschuld oder Rentenschuld zusteht.

26 **h) Kündigungen und Vorausverfügungen.** §§ 57a, 57b ZVG über Kündigung und Vorausverfügungen bei Miet- und Pachtverhältnissen sind nicht anwendbar (§ 183 ZVG).

27 **i) Zuschlag.** Bieten können Dritte, aber auch Miteigentümer (zur Behandlung von Vorkaufsrechten vgl. RdNr. 30). Der Zuschlag macht den Ersteher nach hM ohne Rücksicht auf die bisherigen Eigentumsverhältnisse zum Eigentümer (§ 90 ZVG).

28 **k) Verfahrenskosten.** Die Kosten des Verfahrens sind nach § 109 ZVG dem Erlös vorab zu entnehmen. Die Regelung betrifft bei der Teilungsversteigerung nur die Gerichtskosten.[91] Nicht darunter fallen die einem Miteigentümer erwachsenen außergerichtlichen Kosten. Ein Erstattungsanspruch kann sich insoweit aus dem materiellen Recht – zB aus § 753 Abs. 2 – ergeben.[92] Regelmäßig folgt er aus § 748. Wie die ganze Erlösverteilung gehört die Berichtigung dieser Ansprüche nicht mehr in das ZVG-Verfahren, aber die Vorwegberichtigung aus dem Erlös folgt aus § 756.

29 **l) Fortsetzung der Teilung.** Die Fortsetzung der Teilung findet grundsätzlich außerhalb des ZVG-Verfahrens statt. Das Versteigerungsverfahren bereitet die Teilung der Gemeinschaft lediglich vor und vermag nicht, sie zu beenden.[93] Mit dem Zuschlag ist sein Zweck erreicht. Zwar setzt sich die Gemeinschaft am Versteigerungserlös fort, soweit dieser den Teilhabern zusteht (RdNr. 31; § 749 RdNr. 39). Die Verteilung des Überschusses erfolgt aber nicht im Zwangsversteigerungsverfahren.[94] Gleichwohl muss ein **Verteilungsverfahren** (§§ 105 ff. ZVG) stattfinden,[95] innerhalb dessen das Vollstreckungsgericht sogar die Ehrenpflicht trifft, den Beteiligten bei der Erlösverteilung behilflich zu sein.[96] Mit Zustimmung der Teilhaber kann der Vollstreckungsrichter sogar den Erlös selbst aufteilen.[97] Im Übrigen ist Leistungsklage unter den Teilhabern, nicht Widerspruchsklage nach § 878 ZPO,

---

[87] BGH NJW 1982, 2449; 1984, 2527, 2528; LM § 756 Nr. 1 = NJW 1992, 114, 115; zum Ausgleich nicht valutierter Grundschulden vgl. aber OLG Bamberg NJW-RR 1997, 81.
[88] LG Düsseldorf Rpfleger 1987, 29.
[89] BGH NJW-RR 1990, 1202 (Zuschlag an Miteigentümer-Ehegatten).
[90] Vgl. BGH NJW-RR 1990, 1202; OLG Bamberg NJW-RR 1997, 81 (Zuschlag an Miteigentümer-Ehegatten).
[91] Vgl. *Schneider* JurBüro 1966, 730; *Stöber* ZVG (Fn. 50) § 109 Anm. 2.2.
[92] Vgl. im Ergebnis auch *Schneider* JurBüro 1966, 730; *Schallhorn* JurBüro 1970, 137; *Dassler/Schiffhauer/Gerhardt/Muth* (Fn. 50) § 180 RdNr. 94; *Stöber* ZVG (Fn. 50) § 180 Anm. 7.14.
[93] BVerfGE 42, 64, 75 = NJW 1976, 1391, 1392; OLG Hamburg OLGR 2000, 62 = InVo 2000, 290, 291.
[94] BGHZ 4, 84, 90; BGH LM § 387 Nr. 2 = NJW 1952, 263; LM ZVG § 182 Nr. 1 = NJW 1983, 2449, 2451 = WM 1983, 705, 707; RGZ 119, 322, 325; OLG Celle Recht 1926 Nr. 8; OLG Köln MDR 1974, 240; LG Hamburg MDR 1963, 320.
[95] OLG Hamm OLGZ 1970, 491, 495; *Dassler/Schiffhauer/Gerhardt/Muth* (Fn. 50) § 180 RdNr. 98; eingehend *Drescher* (Fn. 50) S. 95 ff.
[96] OLG Hamm OLGZ 1970, 491, 496 mN; eingehend *Stöber* ZVG (Fn. 50) § 180 Anm. 18.3.
[97] RGZ 119, 322; LG Hamburg MDR 1963, 320.

das richtige Verfahren im Streit um den Erlös.[98] Denn die Überschussverteilung ist nicht mehr Gegenstand des ZVG-Verfahrens. Wird unter den Teilhabern um die Verteilung gestritten und der Erlös hinterlegt, so setzt sich die Gemeinschaft an der Forderung gegen die Hinterlegungsstelle fort.[99] Missverständlich ist deshalb die Formulierung bei BGH LM § 273 Nr. 2 = NJW 2000, 948, 949, wonach durch die Hinterlegung die Gemeinschaft aufgehoben ist. Der Streit unter den Teilhabern wird im Prozessweg ausgetragen.[100] Dabei muss eine unterschiedliche Belastung der Miteigentumsanteile berücksichtigt werden, und zwar unabhängig davon, ob das geringste Gebot den Erfordernissen des § 182 ZVG entsprechend festgesetzt worden ist (RdNr. 24).[101]

m) Kaufrecht (Vorkaufsrechte!) und Versteigerung. Funktionsmäßig kommt die **30** Versteigerung einem Verkauf, der **Zuschlag** einer Veräußerung durch die Teilhaber gleich. Ein echtes Vollstreckungsverfahren liegt nicht vor.[102] Deshalb unterwirft OLG Hamm DNotZ 1974, 705 = MDR 1974, 311 einen Vertrag, durch den sich ein Miteigentümer zur Stellung eines Versteigerungsantrags und zur Unterlassung eigener Gebote verpflichtet, dem Formzwang des § 311b Abs. 1. Versteigerung kann ein Vorkaufsfall sein. Dingliche Vorkaufsrechte wirken gegen den Ersteher. Die §§ 471, 1098 Abs. 1 stehen nicht entgegen.[103] Anders das gesetzliche Vorkaufsrecht des Miterben (§ 2034); es kann gegen den meistbietenden Dritten nicht ausgeübt werden.[104] Auch das dingliche Vorkaufsrecht gemäß § 1094 kann nicht ausgeübt werden, wenn es auf dem gesamten Grundstück lastet und der **Zuschlag einem bisherigen Miteigentümer erteilt** wird (s. auch RdNr. 27).[105] Die Rspr. entscheidet diese Grenzfälle, in denen es auf den Aufhebungszweck und die Interessenwertung ankommt, danach, ob der Ersteher „Dritter" ist.[106] Ein Teilhaber als Ersteher des gemeinschaftlichen Gegenstands ist nicht Dritter iS des § 463;[107] anders, wenn nur eine Versteigerung des vom Vorkaufsrecht betroffenen Bruchteils und keine Teilungsversteigerung des ganzen Gegenstands vorliegt.[108] Lastet das Recht auf einem Miteigentumsteil (§ 1095) und erhält ein Teilhaber den Zuschlag, dessen Bruchteil nicht mit dem Vorkaufsrecht belastet ist, so kann das Vorkaufsrecht auch diesem Erwerber gegenüber nicht ausgeübt werden, denn es würde ihn wieder in eine Gemeinschaft hineinzwingen, was mit dem Sinn und Zweck der Versteigerung unvereinbar wäre.[109] Darüber hinaus muss aber eine **Ausübung des** auf dem Bruchteil lastenden **Vorkaufsrechts** im Fall einer Versteigerung des gemeinschaftlichen Gegenstands allgemein verneint werden; ein Vorkaufsfall liegt nicht vor; Versteigerungsgegenstand und Gegenstand des Vorkaufsrechts müssen identisch sein.[110] Zur Anwendung der **eherechtlichen Verfügungsbeschränkungen** vgl. RdNr. 18 sowie 4. Aufl. § 1365 RdNr. 58 f. Die **Siedlungsgenossenschaft,** der nach § 20 Reichssiedlungsgesetz ein Wie-

---

[98] LG Hamburg MDR 1963, 320.
[99] BGHZ 52, 99 = LM § 1258 Nr. 1 m. Anm. *Mormann* = NJW 1969, 1347; BGH LM HinterlegungsO § 16 Nr. 1 = NJW 1967, 200.
[100] OLG Köln FamRZ 1991, 1334, 1335.
[101] BGH NJW 1982, 2449; 1984, 2527, 2528; LM § 756 Nr. 1 = NJW 1992, 114.
[102] *Stöber* ZVG (Fn. 50) § 180 Anm. 14.1 mN.
[103] BGHZ 13, 133, 141 = LM § 504 Nr. 1 m. Anm. *Pritsch* = NJW 1954, 1035, 1036; *M.J. Schmid* MDR 1975, 192; *Mohrbutter* (Fn. 50) § 63 V.
[104] BGH LM § 2034 Nr. 9 = NJW 1972, 1199; *Mohrbutter* (Fn. 50) § 63 V; *Erman/Schlüter* § 2034 RdNr. 2; *Soergel/Wolf* 2034 RdNr. 2; *Stöber* ZVG (Fn. 50) § 180 Anm. 7.29 (unter e).
[105] BGHZ 13, 133 = LM § 504 Nr. 1 m. Anm. *Pritsch* = NJW 1954, 1035; *Stöber* ZVG (Fn. 50) § 180 Anm. 7.29 (unter b).
[106] Krit. *Schurig,* Das Vorkaufsrecht, 1975, S. 162 ff.; nach dem Zweck der Vorkaufsabrede diff. *Erman/Grunewald* § 463 RdNr. 9.
[107] HM; *Staudinger/Mader* § 463 RdNr. 33; *Dassler/Schiffhauer/Gerhardt/Muth* (Fn. 50) § 180 RdNr. 88; aA *M.J. Schmid* MDR 1975, 191 f.; *Wolff/Raiser,* Sachenrecht, 10. Bearb. 1957, § 126 Fn. 25.
[108] BGHZ 13, 133, 140 = LM § 504 Nr. 1 m. Anm. *Pritsch* = NJW 1954, 1035, 1036.
[109] BGHZ 48, 1 = LM § 1095 Nr. 2 m. Anm. *Rothe* = NJW 1967, 1607; *Mohrbutter* (Fn. 50) § 63 V; *Bamberger/Roth/Gehrlein* RdNr. 3; *Dassler/Schiffhauer/Gerhard/Muth* (Fn. 50) § 180 RdNr. 88; aA *M.J. Schmid* MDR 1975, 192 f.
[110] *M.J. Schmid* MDR 1975, 193.

derkaufsrecht zusteht, kann nicht die von dem Miterben eines Genossen betriebene Teilungsversteigerung verhindern.[111]

V. Rechte am Erlös

31 Hins. des Erlöses tritt dingliche **Surrogation** ein (vgl. allgemein zum Surrogationsgrundsatz § 741 RdNr. 38): Nach dem Zuschlag (§ 90 ZVG) bzw. der Veräußerung des Gegenstands nach Pfandrechtsgrundsätzen (§§ 1242, 1247 S. 2, 1258 Abs. 3, 1277) tritt der Erlös an die Stelle des gemeinschaftlichen Gegenstands.[112] BGHZ 175, 297 = NJW 2008, 1807 = WM 2008, 843 stellt klar, dass der Erlös bzw. die nach § 118 ZVG auf die Teilhaber übergehende Geldforderung nicht automatisch geteilt ist, sondern den Teilhabern gemeinschaftlich zusteht (vgl. zur Bruchteilsgemeinschaft an Forderungen § 741 RdNr. 42 ff.). Der Ersteher kann deshalb nicht mit einer nur gegen einen der Teilhaber gerichteten Forderung aufrechnen. Dingliche Belastungen des gemeinschaftlichen Gegenstands setzen sich am Erlös fort.[113] Hiervon zu unterscheiden ist die Surrogation hinsichtlich der auf dem Bruchteil lastenden Rechte (§ 749 RdNr. 38). Wird der Erlös hinterlegt, so steht der Anspruch gegen die Hinterlegungsstelle auf Herausgabe des Erlöses den einzelnen Teilhabern gemäß ihren Bruchteilen in Gemeinschaft nach §§ 741 ff. zu.[114] Verlangt dann ein Teilhaber von einem anderen die Einwilligung in die Erlösauszahlung, so kann dieser nicht unter Berufung auf Ansprüche aus einem anderen Rechtsverhältnis diese Leistung zurückhalten.[115] Anders hat allerdings der BGH für den Fall entschieden, dass der Betrag einverständlich auf einem Notar-Anderkonto hinterlegt wurde.[116] Daran anknüpfend hat der BGH auch nach einer Hinterlegung des Erlöses ein Zurückbehaltungsrecht zugelassen, weil die Gemeinschaft hierdurch bereits geteilt sei (§ 754 RdNr. 4).[117] Ob hieran festgehalten wird, lässt er nunmehr jedoch offen.[118]

VI. Kosten

32 Grundsätzlich tragen die Teilhaber gemeinschaftlich die Kosten des Verkaufs.[119] Für die Verteilung der Kosten sind die Anteile maßgebend. Die Kosten werden nach §§ 755, 756 vorab aus dem Erlös beglichen.[120] Zur Sonderregelung des Abs. 2 Halbs. 2 vgl. RdNr. 33.

VII. Scheitern des Verkaufs

33 **1. Folgen des Scheiterns.** Abs. 2 regelt die Folgen eines Scheiterns des Verkaufs. Verkauf in diesem Sinne ist auch die Zwangsversteigerung.[121] Wer die Wiederholung ver-

---

[111] OLG Hamburg MDR 1963, 509; *Stöber* ZVG (Fn. 50) § 180 Anm. 7.29 (unter c).
[112] BGHZ 52, 99, 102 = LM § 1258 Nr. 1 m. Anm. *Mormann* = NJW 1969, 1347, 1348 (betr. Erbengemeinschaft); BGHZ 90, 194 = NJW 1984, 2526 = BB 1984, 812 = WM 1984, 481; BGHZ 175, 297 = NJW 2008, 1807 = WM 2008, 843; BGH LM ZVG § 182 Nr. 1 = NJW 1983, 2449, 2451 = WM 1983, 705, 707; NJW 1984, 2527 = WM 1984, 542; WM 1990, 113, 114; NJW 1996, 2310, 2312; NJW-RR 2001, 369; OLG Köln FamRZ 1991, 1334, 1335; OLG Zweibrücken Rpfleger 1972, 168; OLG Celle InVo 1997, 84; LG Köln FamRZ 2006, 623; *Strauch*, Mehrheitlicher Rechtsersatz, 1972, S. 117; *Wolf* JuS 1976, 33; *Bamberger/Roth/Gehrlein* RdNr. 4; *Palandt/Sprau* RdNr. 5; s. auch BGH NJW 1967, 200.
[113] BGHZ 52, 99 = LM § 1258 Nr. 1 m. Anm. *Mormann* = NJW 1969, 1347; über Pfandrechtskonkurrenzen vgl. *Lehmann* NJW 1971, 1545.
[114] BGHZ 90, 194 = NJW 1984, 2526; BGH NJW 1996, 2310, 2312.
[115] BGHZ 90, 194, 197 = NJW 1984, 2526, 2527.
[116] BGH NJW-RR 1990, 133, 134 = WM 1990, 113, 114.
[117] BGH LM § 273 Nr. 12 m. zust. Anm. *Hohloch* = NJW 2000, 948, 949; abl. *Gruber* FamRZ 2000, 410 f.
[118] BGHZ 175, 297 RdNr. 26 = NJW 2008, 1807 = WM 2008, 843.
[119] *Bamberger/Roth/Gehrlein* RdNr. 4; *Erman/Aderhold* RdNr. 6; *Dassler/Schiffhauer/Gerhardt/Muth* (Fn. 50) § 180 RdNr. 94.
[120] Vgl. OLG Celle InVo 1997, 84 (Erbengemeinschaft); AG München AnwBl. 1997, 571 (Erbengemeinschaft); *Staudinger/Langhein* RdNr. 44.
[121] *Planck/Lobe* Anm. 8; *RGRK/v. Gamm* RdNr. 4.

langt, muss nach dieser Vorschrift im Fall erneuten Misslingens die Kosten tragen. Das gilt aber nur, wenn der erste Veräußerungsversuch unter den Bedingungen des § 753 erfolgt und nicht durch außergesetzliche Hemmnisse – zB ein willkürlich oder im Einverständnis aller limitiertes Mindestgebot – behindert war.[122] In diesem letzteren Fall müssen die Teilhaber die Wiederholung als einen ersten Veräußerungsversuch gegen sich gelten lassen. Dasselbe gilt, wenn der Verkaufsversuch an sich ordnungsgemäß war, aber an einem anderen Hindernis als am Fehlen eines Erstehers scheiterte.[123] Stets haben Abreden der Teilhaber Vorrang vor Abs. 2.

2. Unverkäuflichkeit. Unverkäuflichkeit des Gegenstands ist Aufhebungshindernis. Einen Grundsatz des Inhalts, dass jede Gemeinschaft unter den Voraussetzungen des § 749 irgendwie aufgehoben werden muss, gibt es nicht.[124] Deshalb genügt die Unveräußerlichkeit allein noch nicht, um den Gegenstand unter Hintansetzung der Teilhaber einem einzigen zuzuweisen.[125] Aber es muss unter Berücksichtigung des § 242 eine **billige Lösung** gefunden werden.[126] Jeder Teilhaber kann von den anderen ein Hinwirken auf eine nach jetziger Lage ordnungsgemäße Verwaltungs- und Benutzungsregelung verlangen (vgl. § 745 Abs. 1) und ggf. Klage hierauf erheben; das Gericht trifft die Entscheidung nach billigem Ermessen.[127] Praktisch kommt dieses Ergebnis der Zulassung einer vom Gesetz nicht anerkannten Gestaltungsklage bedenklich nahe. Noch weiter geht die Zulassung gestaltender Billigkeitsentscheidungen durch den Richter, wenn diese Entscheidungen auf eine von § 753 abweichende Art der Auseinandersetzung zielen.[128] Für solche Gestaltungsurteile ist im geltenden Recht kein Raum.[129]

34

§ 754 Verkauf gemeinschaftlicher Forderungen

¹ Der Verkauf einer gemeinschaftlichen Forderung ist nur zulässig, wenn sie noch nicht eingezogen werden kann. ² Ist die Einziehung möglich, so kann jeder Teilhaber gemeinschaftliche Einziehung verlangen.

I. Geltungsbereich

1. Gemeinschaftliche Forderungen. Die Bestimmung spricht nur von der Aufhebung der Gemeinschaft an einer Forderung. Sie gilt auch für verbriefte und für hypothekarisch gesicherte Forderungen.[1] Eine durch Auseinandersetzung entstandene Forderung eines Teilhabers gegen den anderen unterliegt dagegen nicht dem § 754.[2] Ebenso wenig gilt die Vorschrift für Fälle des § 420, denn hier ist die Forderung bereits real geteilt. Für die Auseinandersetzung von **Gesamthandsgemeinschaften** verweisen die §§ 731 S. 2, 1477 Abs. 1, 2042 Abs. 2 auf § 754. Für die in Liquidation befindlichen gesamthänderischen **Handelsgesellschaften** gelten die Grundsätze des § 754 sinngemäß mit der Maßgabe, dass jeder Gesellschafter vom Liquidator Einziehung von Gesellschaftsforderungen verlangen kann, wo diese möglich ist.[3] Der Liquidator ist im Innenverhältnis nur zum Verkauf von Forderungen berechtigt, wenn diese nicht fällig sind (§ 754 S. 1) oder wenn ihn alle Beteiligten einstimmig zum Verkauf anweisen. Vertretungsmacht im

1

---

[122] *Planck/Lobe* Anm. 8; *Soergel/Hadding* RdNr. 7; *RGRK/v. Gamm* RdNr. 4; *Staudinger/Langhein* RdNr. 46; *Palandt/Sprau* RdNr. 7; wohl auch *Erman/Aderhold* RdNr. 6.
[123] *Planck/Lobe* Anm. 8; *RGRK/v. Gamm* RdNr. 4.
[124] Unrichtig LG Berlin I JW 1930, 1020.
[125] OLG Oldenburg FamRZ 1996, 377, 378.
[126] Zutr. *Soergel/Hadding* RdNr. 7; *Palandt/Sprau* RdNr. 8; distanziert OLG Hamm NJW-RR 2001, 245.
[127] So noch ausdrücklich § 772 S. 2 E I.
[128] *Soergel/Hadding* RdNr. 4.
[129] Ebenso *Staudinger/Langhein* RdNr. 48.
[1] *Planck/Lobe* Anm. 1; *Staudinger/Langhein* RdNr. 1.
[2] *Soergel/Hadding* RdNr. 2 mit Hinweis auf OLG Stuttgart OLGE 1, 251 (betr. § 756).
[3] AA *Staudinger/Langhein* RdNr. 2; Spezialität des § 149 HGB; ebenso *Bamberger/Roth/Gehrlein* RdNr. 1.

Außenverhältnis⁴ hat der Liquidator unabhängig davon, ob er pflichtgemäß oder pflichtwidrig handelt.

2. Abweichende Vereinbarungen. Eine **Teilungsvereinbarung** (§ 749 RdNr. 31) hat Vorrang. Sie ist oft der einzige Weg zu einer sinnvollen Teilung. So etwa im Fall BGH NJW 1984, 794, wo ein gemeinschaftlicher Auflassungsanspruch einem Teilhaber überlassen wurde. § 754 gilt nur, wo nicht durch abweichende Vereinbarungen unter allen Teilhabern oder Gesamthändern – im Fall der Personengesellschaften des HGB durch einstimmigen Beschluss nach § 152 HGB – eine Bestimmung über die Teilung getroffen ist.⁵ Ein Mehrheitsbeschluss gemäß § 745 Abs. 1 deckt noch nicht eine Abweichung von § 754.

3. Verhältnis zu §§ 752, 753. Das Verhältnis zu § 753 ist durch den Gesetzeswortlaut geklärt: Einziehung hat Vorrang vor dem Verkauf.⁶ Das Verhältnis zu § 752 wird von der hM so gesehen, dass Teilung in Natur Vorrang vor der Einziehung hat.⁷ Da aber die Teilbarkeit nicht selten zweifelhaft ist (§ 752 RdNr. 7 ff.), wird man bei einer fälligen Forderung davon ausgehen können, dass jeder Teilhaber statt der Teilung bis zu deren Vollzug auch Einziehung nach S. 2 verlangen kann.

II. Einzelfragen

1. § 754 bei der Bruchteilsgemeinschaft. Die Bedeutung des § 754 für Bruchteilsgemeinschaften an Forderungen ist gering. Praktisch kommen solche Bruchteilsgemeinschaften bei Forderungen aus der Nutzung oder Beschädigung gemeinschaftlicher Gegenstände durch Dritte vor.⁸ Hinsichtlich solcher Forderungen ist für eine Anwendung von § 754 kein nennenswerter Raum. S. 1 versteht sich von selbst, und S. 2 wird durch Anwendung des § 432 Abs. 1 weitgehend überflüssig (§ 741 RdNr. 47 f.).⁹ § 754 S. 2 bezieht sich zwar auf alle in Bruchteilsberechtigung stehenden Forderungen, mithin auch auf Forderungen, die nach § 432 von jedem Mitgläubiger allein geltend gemacht werden können.¹⁰ Aber der Gesetzgeber unterstellte zu Unrecht, dass eine aus besonderem Rechtsgrund nicht unter § 420 fallende Forderung nur gemeinschaftlich eingezogen werden kann.¹¹ Da § 432 Abs. 1 anwendbar ist, kann jeder Teilhaber selbst die Forderung einklagen und ist nicht auf S. 2 angewiesen.¹² Er kann aber **Mitwirkungshandlungen** verlangen, die hierfür etwa erforderlich sind (§ 741 RdNr. 47 f.). Vgl. als Fall des Anspruchs auf Mitwirkung bei der Geltendmachung einer Forderung auch BGH NJW 1982, 928. Ist die Forderung eingezogen, so tritt eine Rechtsgemeinschaft an ihren Surrogaten an die Stelle der Rechtsgemeinschaft an der Forderung.¹³ Das durch die Einziehung Erlangte unterliegt also den Teilungsvorschriften der §§ 749, 752, 753.¹⁴ Soweit es sich um eine hinterlegte Geldsumme handelt, ist der BGH allerdings davon ausgegangen, dass die Forderung gegen die Hinterlegungsstelle ohne weitere Teilungshandlung nach § 420 geteilt, die Gemeinschaft also insoweit

---

⁴ Dazu iE *Karsten Schmidt* AcP 174 (1974), 64 ff.
⁵ *Erman/Aderhold* RdNr. 1; *RGRK/v. Gamm* RdNr. 2.
⁶ RGZ 65, 5, 7.
⁷ Vgl. im Anschluss an RGZ 65, 5, 7 *RGRK/v. Gamm* RdNr. 2; *Bamberger/Roth/Gehrlein* RdNr. 1; *Erman/Aderhold* RdNr. 1; *Staudinger/Langhein* RdNr. 3.
⁸ Näher § 741 RdNr. 38, 44.
⁹ Hierzu abl. *Hadding*, FS Canaris, 2007, S. 379, 401 f.
¹⁰ BGH LM § 432 Nr. 95 = NJW-RR 2001, 369, 370; *Bamberger/Roth/Gehrlein* RdNr. 3; *Planck/Lobe* Anm. 3.
¹¹ Mot. in *Mugdan* II S. 494.
¹² Zust. BGH LM § 432 Nr. 15 = NJW-RR 2001, 369, 370; klagweise Geltendmachung des Rechts auf gemeinschaftliche Einziehung (*Axhausen* JW 1900, 329) scheint trotz zweifelhaften Rechtsschutzbedürfnisses zulässig, ist aber praktisch bedeutungslos; dasselbe gilt für den Schadensersatz wegen verweigerter Teilnahme an der Einziehung (dazu *Axhausen* JW 1900, 330; *Planck/Lobe* Anm. 3).
¹³ Vgl. auch BGH LM § 741 Nr. 13 (Bl. 2) = NJW-RR 1991, 683.
¹⁴ *Planck/Lobe* Anm. 5; *Erman/Aderhold* RdNr. 3.

beendet ist.[15] Ob er an diesem zweifelhaften Standpunkt festhalten wird, ist seit dem Urteil BGHZ 175, 297 = NJW 2008, 1807 = WM 2008, 843 allerdings wieder offen (§ 753 RdNr. 31). Über Gemeinschaftskonten vgl. § 741 RdNr. 51, § 752 RdNr. 27.

2. Kostentragung. Für die Kostentragung verdeutlicht § 754 S. 2, dass die Einziehung einer gemeinschaftlichen Forderung zu den Verwaltungskosten gehört. Die im Rahmen ordnungsgemäßer Verwaltung anfallenden Kosten sind im Innenverhältnis anteilig zu tragen,[16] und zwar auch dann, wenn ein Teilhaber den Anspruch entsprechend § 432 Abs. 1 S. 2 allein geltend gemacht hat. Für die Berichtigung des Erstattungsanspruchs gilt § 756.

3. § 754 bei Gesamthandsgemeinschaften. Die praktische Bedeutung des § 754 beschränkt sich auf die Auseinandersetzung von Gesamthandsgemeinschaften (§§ 731 S. 2, 1477 Abs. 1, 2042 Abs. 2). Für sie gilt gemäß §§ 752, 753, 754 S. 1, dass Teilung in Natur der Einziehung und dem Verkauf, Einziehung aber dem Verkauf vorgeht.[17] Jeder Gesamthänder kann von den anderen Mitwirkung bei der gemeinschaftlichen Einziehung verlangen, wo diese möglich ist (§ 754 S. 2). Für die Teilung des durch die Einziehung Erlangten gelten auch hier die §§ 752, 753.[18] Zum Vorrang abweichender Abreden vgl. RdNr. 2; zur Anwendung auf Personengesellschaften des Handelsrechts RdNr. 1.

III. Prozessfragen

Auch **Beweislastprobleme**[19] stellen sich durchweg nur bei Gesamthandsgesellschaften. Im Fall der Bruchteilsgemeinschaft stellen sie sich allenfalls dann, wenn einmal Verkauf oder Teilung der Forderung verlangt wird. Teilbarkeit der Forderung ist grundsätzlich **Rechtsfrage;** soweit sie Tatfrage ist, trägt die Beweislast derjenige, der Teilung verlangt.[20] Wer nach § 753 vorgehen will, muss darlegen und ggf. beweisen, dass die Forderung noch nicht eingezogen werden kann.[21]

§ 755 Berichtigung einer Gesamtschuld

(1) Haften die Teilhaber als Gesamtschuldner für eine Verbindlichkeit, die sie in Gemäßheit des § 748 nach dem Verhältnis ihrer Anteile zu erfüllen haben oder die sie zum Zwecke der Erfüllung einer solchen Verbindlichkeit eingegangen sind, so kann jeder Teilhaber bei der Aufhebung der Gemeinschaft verlangen, dass die Schuld aus dem gemeinschaftlichen Gegenstand berichtigt wird.

(2) Der Anspruch kann auch gegen die Sondernachfolger geltend gemacht werden.

(3) Soweit zur Berichtigung der Schuld der Verkauf des gemeinschaftlichen Gegenstands erforderlich ist, hat der Verkauf nach § 753 zu erfolgen.

§ 756 Berichtigung einer Teilhaberschuld

¹Hat ein Teilhaber gegen einen anderen Teilhaber eine Forderung, die sich auf die Gemeinschaft gründet, so kann er bei der Aufhebung der Gemeinschaft die

---

[15] BGHZ 90, 194, 196 = NJW 1984, 2526 (Erbengemeinschaft); BGH LM § 273 Nr. 55 m. Anm. *Hohloch* = NJW 2000, 948, 949; krit. *Gruber* FamRZ 2000, 399 ff.
[16] RGRK/*v. Gamm* RdNr. 3.
[17] RGZ 65, 5, 7; RG JW 1907, 78; *Müller* Recht 1905, 579; *Planck/Lobe* Anm. 2; *Soergel/Hadding* RdNr. 1; *Erman/Aderhold* RdNr. 1.
[18] RGRK/*v. Gamm* RdNr. 2.
[19] *Krönig* MDR 1951, 602; *Erman/Aderhold* RdNr. 4; *Staudinger/Langhein* RdNr. 7.
[20] *Staudinger/Langhein* RdNr. 7.
[21] *Staudinger/Langhein* RdNr. 7.

§§ 755, 756 1–3

Berichtigung seiner Forderung aus dem auf den Schuldner entfallenden Teil des gemeinschaftlichen Gegenstands verlangen. ²Die Vorschrift des § 755 Abs. 2, 3 findet Anwendung.

Übersicht

	RdNr.		RdNr.
I. Normzweck und Anwendungsbereich	1, 2	b) Geltendmachung gegen Sondernachfolger	10
1. Normzweck	1	c) Abgesonderte Befriedigung im Insolvenzverfahren	11
2. Anwendungsbereich	2		
II. Entstehungsgeschichte	3	IV. Berichtigung von Forderungen der Teilhaber gegeneinander (§ 756)	12–21
III. Berichtigung von Verbindlichkeiten gegenüber Dritten (§ 755)	4–11	1. Grundsatz	12
1. Grundsatz	4	2. Anwendungsvoraussetzungen	13–18
2. Anwendungsvoraussetzungen	5–8	a) Forderung auf Grund Gemeinschaftszugehörigkeit	13–15
a) Zusammenhang mit § 748	5	b) Inhalt der Forderung	16
b) Haftung im Außenverhältnis und Befreiungsanspruch	6	c) Betagte und streitige Forderung	17
c) Verteilungsschlüssel	7	d) Gläubiger, Schuldner und Rechtsnachfolger	18
d) Betagte und streitige Verbindlichkeit	8	3. Rechtsfolgen	19–21
3. Rechtsfolgen	9–11	a) Einbeziehung in die Teilung	19
a) Durchführung der Forderungsberichtigung (insbesondere § 755 Abs. 3)	9	b) Abgesonderte Befriedigung im Insolvenzverfahren	20
		c) Kein Zurückbehaltungsrecht	21

I. Normzweck und Anwendungsbereich

1 **1. Normzweck.** Im Gegensatz zum Gesellschafter (§§ 730 ff.) kann der Teilhaber nicht schlechthin Berichtigung aller auf den gemeinschaftlichen Gegenstand bezogenen Verbindlichkeiten aus gemeinschaftlichem Vermögen verlangen. Die praktisch vordringlichsten Fälle sind aber in §§ 755, 756 geregelt. Schlagwortartig geht es bei beiden Bestimmungen um eine **„Verdinglichung" von Ansprüchen unter den Gemeinschaftern** dergestalt, dass diese Ansprüche – selbst mit Wirkung gegen Rechtsnachfolger und sogar in der Insolvenz – aus dem gemeinschaftlichen Gegenstand berichtigt werden. Kein Teilhaber soll mehr erhalten, als ihm unter Berücksichtigung der in §§ 755, 756 erfassten obligatorischen Beziehungen der Teilhaber untereinander gebührt.[1] Für den Gläubiger-Teilhaber bedeutet dies eine Sicherung dagegen, dass ihm Gläubiger eines Schuldner-Teilhabers zuvorkommen und den Ausgleich vereiteln.[2]

2 **2. Anwendungsbereich.** Der Anwendungsbereich ist zunächst durch Wortlaut und Stellung im Gesetz festgelegt. Es muss sich um die **Aufhebung einer Gemeinschaft** handeln. Werden lediglich Teilbeträge aus einer Gemeinschaftskasse ausgekehrt, so bedarf es nach BGH WM 1983, 1085 nicht des in §§ 755, 756 zum Ausdruck gebrachten Schutzes, wenn nach dem Gemeinschaftsbestand die Ansprüche nicht gefährdet sind (zw.). Die Anwendung auf die **Miterbengemeinschaft** ist in § 2042 Abs. 2 ausdrücklich vorgeschrieben. Zur Anwendung auf die **Gesellschaft bürgerlichen Rechts** vgl. § 731 S. 2.

II. Entstehungsgeschichte

3 Die §§ 755, 756 stellen eine **Einheitsregelung** dar. Auf der Entstehungsgeschichte beruht das irreführende Nebeneinander der beiden Bestimmungen, das vor allem eine **zu enge Handhabung** des „verdinglichten Regresses" auf Grund des § 755 mit sich bringt. Der E I enthielt nur eine dem heutigen § 756 S. 1 entsprechende Bestimmung. Eine

---

[1] Mot. in *Mugdan* II S. 495; zur Erbengemeinschaft RGZ 65, 5, 10.
[2] *Planck/Lobe* § 756 Anm. 1.

Wirkung des Vorzugsrechts gegenüber Rechtsnachfolgern wurde ausdrücklich abgelehnt.[3] Die II. Kommission beließ es zunächst hierbei und lehnte die Anträge, die zum heutigen § 755 geführt haben, ab,[4] weil man einen Befreiungsanspruch im Rahmen des § 748 nicht anerkennen[5] und wegen etwaiger Regressansprüche ggf. mit dem heutigen § 756 helfen wollte.[6] Erst auf das Bedenken hin, dass gesamtschuldnerisch haftende Teilhaber nicht hinreichend gesichert seien, schuf man den § 755 Abs. 1[7] und entschloss sich im Anschluss daran auch zu der anfangs abgelehnten Regel des § 755 Abs. 2.[8] Das Ergebnis ist **Stückwerk,** wie sich insbesondere an der zu engen Fassung des § 755 zeigt (RdNr. 6, 7). In Anbetracht der Anerkennung eines Freistellungsanspruchs unter den Teilhabern im Rahmen des § 748 (dort RdNr. 11) zeigt sich, dass es im Grunde nur einer einzigen Vorschrift bedurfte. Sachgerechte Interpretation führt zur Handhabung der §§ 755, 756 als Einheitsnorm. § 755 spricht die **Anwendung des** gesetzeshistorisch älteren **§ 756 auch auf den Befreiungsanspruch** aus. Die Begleichung einer gemäß § 748 nach dem Verhältnis der Anteile zu tragenden Schuld gegenüber einem Dritten (§ 755) ist nichts anderes als die Erfüllung der allseitigen Befreiungsansprüche aus dem gemeinschaftlichen Gegenstand für anteilige Rechnung jedes Teilhabers (§ 756). Deshalb braucht sich die Rechtsanwendung mit der unsachgemäßen Begrenzung des § 755 auf Gesamtschulden ebenso wenig abzufinden wie mit der Nichtanwendung des § 755 in allen Fällen, in denen die Quote des § 748 abbedungen ist (RdNr. 7). Die Einheitsregelung der §§ 755, 756 lässt solche Lücken nicht offen.

III. Berichtigung von Verbindlichkeiten gegenüber Dritten (§ 755)

1. Grundsatz. § 755 spricht die „**Verdinglichung des Befreiungsanspruchs**" aus, nach dem zu eng geratenen Gesetzeswortlaut allerdings nur für Gesamtschulden der Teilhaber (RdNr. 3 und 6). Bei der Aufhebung der Gemeinschaft wird der allgemeine Befreiungsanspruch (§ 748 RdNr. 11) ergänzt durch den Anspruch auf Mitwirkung an der Gläubigerbefriedigung aus dem gemeinschaftlichen Gegenstand.

2. Anwendungsvoraussetzungen. a) Zusammenhang mit § 748. Es muss eine Verbindlichkeit vorliegen, die im Zusammenhang mit den Lasten des gemeinschaftlichen Gegenstandes, seiner Verwaltung, Erhaltung oder gemeinschaftlichen Benutzung entstanden ist (§ 748). Eine Verbindlichkeit, die von den Teilhabern zum Zweck der Erfüllung oder der Sicherung einer unter § 748 fallenden Schuld eingegangen ist, genügt. Dazu gehört zB eine an Erfüllungs Statt oder erfüllungshalber eingegangene Verbindlichkeit (vgl. § 364 Abs. 1, 2); auch eine Darlehensschuld wegen eines den in § 748 genannten Zwecken dienenden Kredits.[9] Zwischen vertraglichen und gesetzlichen Entstehungsgründen ist nicht zu unterscheiden.[10]

b) Haftung im Außenverhältnis und Befreiungsanspruch. Der Gesetzeswortlaut setzt weiter voraus, dass die Teilhaber – dh. alle Teilhaber – als **Gesamtschuldner** haften. Im seltenen Fall der Teilschuld (§ 420) greift § 755 nicht ein.[11] Nach Auffassung des Gesetzgebers bedarf es dann der bezweckten Risikoverteilung nicht.[12] Ob die Gesamtschuld eine anfängliche war oder durch Schuldübernahme nachträglich entstanden ist, ist für die Anwendung des § 755 belanglos.[13] Es braucht sich aber gar nicht um eine Gesamtschuld im

---

[3] Mot. in *Mugdan* II S. 495.
[4] Prot. in *Mugdan* II S. 1213 f.
[5] Prot. in *Mugdan* II S. 1206.
[6] Prot. in *Mugdan* II S. 1214.
[7] Prot. in *Mugdan* II S. 1215.
[8] Prot. in *Mugdan* II S. 1215 f.
[9] *Staudinger/Langhein* § 755 RdNr. 3; *Soergel/Hadding* § 755 RdNr. 2.
[10] *Staudinger/Langhein* § 755 RdNr. 3.
[11] *Planck/Lobe* § 755 Anm. 2 b; *Soergel/Hadding* § 755 RdNr. 2.
[12] Prot. in *Mugdan* II S. 1214, allerdings noch vor Wiedereintritt in die entscheidende Beratung.
[13] *Soergel/Hadding* § 755 RdNr. 2.

technischen Sinne zu handeln. Jede Mithaftung aller Teilhaber – auch als Bürgen – genügt,[14] denn es wäre sinnwidrig, etwa die Anwendung des § 755 davon abhängig zu machen, ob im Einzelfall eine Bürgschaft oder eine Schuldmitübernahme vorliegt. Nach *Planck/Lobe* Anm. 2 b soll sogar genügen, wenn nur **einzelne Teilhaber,** nicht alle, nach Gesamtschuld- oder Bürgschaftsgrundsätzen unbeschränkt für die Verbindlichkeit einstehen müssen. Das ist nach dem Ausgangspunkt der hM nicht konsequent, trifft aber im Ergebnis zu. Bei richtiger Handhabung der §§ 755, 756 als Einheitsnorm ist eine **Gesamtschuld entbehrlich.** Nach dem bei RdNr. 1 geschilderten Normzweck muss § 755 auch eingreifen, wenn von einem einzigen Teilhaber (oder mehreren einzelnen Teilhabern) eine Verbindlichkeit eingegangen wurde, um Kosten oder Lasten des gemeinschaftlichen Gegenstands zu bestreiten.[15] **Einzige Voraussetzung ist ein Befreiungsanspruch,** und ein solcher steht auch einem nach außen allein verpflichteten Teilhaber in der Höhe zu, in der er im Falle eigener Zahlung Regress verlangen könnte. § 755 enthält nur die Anwendung des § 756 auf den Befreiungsanspruch eines Teilhabers unter den in RdNr. 5 genannten Voraussetzungen.

7 c) **Verteilungsschlüssel.** Der Gesetzeswortlaut setzt weiter voraus, dass im Innenverhältnis der Verteilungsschlüssel des § 748 gilt. Für den Regelfall leuchtet diese Voraussetzung ein. Es soll erreicht werden, dass bei Berichtigung der Schuld aus dem gemeinschaftlichen Gegenstand der innere Verteilungsschlüssel gewahrt bleibt. Einen Regressanspruch und demgemäß einen Befreiungsanspruch hat aber zB auch, wer nach außen hin unbeschränkt haftet, intern aber volle Befreiung verlangen kann. Auch in dieser Hinsicht bedarf der Gesetzeswortlaut in Anwendung der Einheitsnorm der §§ 755, 756 der Korrektur:[16] **Jeder im Fall eigener Gläubigerbefriedigung zum Regress berechtigte Teilhaber** kann bei der Aufhebung der Gemeinschaft Befreiung dergestalt verlangen, dass die Schuld aus dem gemeinschaftlichen Gegenstand (§ 755) unter Verrechnung der auf die einzelnen Teilhaber entfallenden Teile (§ 756) berichtigt wird.

8 d) **Betagte und streitige Verbindlichkeit.** Der Befreiungsanspruch, der durch § 755 „verdinglicht" wird, entsteht bereits **vor Fälligkeit** der im Außenverhältnis bestehenden Verbindlichkeit. Ist diese „Gesamtschuld" (was selten sein wird) noch nicht fällig oder ist sie streitig, so kann der Teilhaber analog §§ 733 Abs. 1 S. 2, 1475 Abs. 1 S. 2 verlangen, dass das zur Berichtigung der Verbindlichkeit Erforderliche zurückbehalten[17] wird.[18]

9 3. **Rechtsfolgen. a) Durchführung der Forderungsberichtigung (insbesondere § 755 Abs. 3).** Die Rechtsfolgen der „Verdinglichung" beschränken sich auf den Befreiungsanspruch, also auf das **Innenverhältnis** unter den Teilhabern. Sie bestehen in Folgendem: Die Durchführung der Forderungsberichtigung gegenüber dem Gläubiger erfolgt ohne weiteres aus dem gemeinschaftlichen Bestand, wo dies möglich ist.[19] Soweit für die Befriedigung des Gläubigers erforderlich, wird der gemeinschaftliche Gegenstand verkauft und der Erlös dem Gläubiger ausgehändigt. Der Verkauf erfolgt nach § 753 (vgl. **Abs. 3**). Im Übrigen ist § 752 nicht durch § 755 verdrängt. Soweit ein **gemeinsamer Vorrat** über das Befriedigungsinteresse des gemeinsamen Gläubigers hinausgeht, wird der überschießende Rest deshalb nicht ohne weiteres durch Verkauf geteilt; insofern bleibt es beim Grundsatz der **Teilung in Natur.**[20] **Übersteigt** umgekehrt **die Verbindlichkeit den Erlös,** so unterliegt der gesamte Erlös dem § 755.

---

[14] *Planck/Lobe* § 755 Anm. 2 b.
[15] Zust. *Staudinger/Langhein* § 755 RdNr. 4.
[16] Zust. *Staudinger/Langhein* § 755 RdNr. 6.
[17] Nach *Erman/Schulze-Wenck* (7. Aufl.) § 755 RdNr. 2: hinterlegt; dagegen jetzt auch *Erman/Aderhold* § 755 RdNr. 2; *Staudinger/Langhein* § 755 RdNr. 9; *Palandt/Sprau* § 755 RdNr. 3; vgl. auch *Soergel/Hadding* § 755 RdNr. 2: „zurückbehalten oder hinterlegt".
[18] *Planck/Lobe* § 755 Anm. 4; *Soergel/Hadding* § 755 RdNr. 2; *Staudinger/Langhein* § 755 RdNr. 9; Bedenken bei RGRK/*v. Gamm* § 755 RdNr. 1.
[19] *Planck/Lobe* § 755 Anm. 4.
[20] RG SeuffA 74 Nr. 173; *Planck/Lobe* § 755 Anm. 5; *Staudinger/Langhein* § 755 RdNr. 13.

b) Geltendmachung gegen Sondernachfolger. Auch gegen Sondernachfolger kann 10
der Anspruch geltend gemacht werden (§ 755 Abs. 2). Der gesetzgeberische Gedanke
besteht darin, die anderen Teilhaber gegen eine Vereitelung ihres Rechts zu schützen und
den Rechtsnachfolger an den jeweiligen Stand des Gemeinschaftsverhältnisses zu binden.[21]
Der redliche Erwerber ist nicht gegen die Geltendmachung des ihm unbekannt gebliebenen
Regressanspruchs geschützt.[22] Bei **Miteigentum an Grundstücken** setzt dagegen die auf
Gesetz beruhende Geltendmachung gegen Sondernachfolger Eintragung im Grundbuch
voraus (§ 1010 Abs. 2). Die Geltung gegenüber **Gesamtrechtsnachfolgern** wird ohne
besondere Regelung als selbstverständlich vorausgesetzt.

c) Abgesonderte Befriedigung im Insolvenzverfahren. In der Insolvenz eines Teil- 11
habers gewährt § 755 ein Recht auf abgesonderte Befriedigung (§ 84 Abs. 1 S. 2 InsO).
Die Insolvenzverfahrenseröffnung hindert also die Berichtigung der Verbindlichkeit aus dem
gemeinsamen Gegenstand nicht. Ist der Miteigentumsanteil des Insolvenzschuldners vom
Insolvenzverwalter verkauft worden, so ist dies eine „Auseinandersetzung" iS des § 84
Abs. 1 S. 1 InsO; der Miteigentümer, der eine auf dem Grundstück lastende Hypothek
bezahlt hatte, kann wegen seines Erstattungsanspruchs abgesonderte Befriedigung verlangen.[23]

IV. Berichtigung von Forderungen der Teilhaber gegeneinander (§ 756)

1. Grundsatz. Nicht nur Befreiungsansprüche wegen der Verbindlichkeiten gegenüber 12
einem Dritten (§ 755), sondern auch **andere Forderungen** eines Teilhabers gegen den
anderen werden bei der Teilung mitberücksichtigt (§ 756).

2. Anwendungsvoraussetzungen. a) Forderung auf Grund Gemeinschaftszuge- 13
hörigkeit. Nur solche Forderungen werden in die Teilung mit einbezogen, die einem
Teilhaber gegen den anderen auf Grund der Zugehörigkeit zur Gemeinschaft zustehen.[24]
Ansprüche aus § 748 sind die wichtigsten, aber nicht die einzigen Anwendungsfälle.[25] Auch
Ansprüche wegen Teilungskosten gehören hierher,[26] zB auch Anwaltskosten.[27] Entscheidend
ist, dass der Gläubiger in seiner Eigenschaft als Teilhaber berechtigt, der Schuldner in dieser
Eigenschaft verpflichtet ist; nicht erforderlich ist, dass das Gemeinschaftsverhältnis die alleinige
Rechtsgrundlage bildet.[28] Ansprüche auf Grund besonderer Abreden über das Innenverhältnis
fallen unter § 756, sofern sie die Nutzung und Verwaltung bei bestehender
Gemeinschaft betreffen. So die bei Veräußerung eines Miteigentumsanteils durch den
bisherigen Alleineigentümer getroffene Abrede über interne Lastentragung[29] oder die Abrede,
dass bei Belastung eines gemeinschaftlichen Grundstücks mit einer Hypothek diese
intern zu Lasten eines der Miteigentümer gehen soll.[30] Nach §§ 755 Abs. 2 BGB, 84 Abs. 1

---

[21] Prot. in *Mugdan* II S. 1216.
[22] RGZ 78, 273, 275; *Planck/Lobe* § 755 Anm. 3; *Erman/Aderhold* § 755 RdNr. 3; *Staudinger/Langhein* § 755 RdNr. 10.
[23] OLG Stuttgart Recht 1907 Nr. 639; s. aber *Staudinger/Langhein* § 755 RdNr. 11.
[24] RGZ 78, 273, 274; RG Gruchot 59, 146, 148 = LZ 1914, 1810; s. auch OLG Kassel SeuffA 64, 23, 25 Nr. 10; OLG Hamm DJZ 1905, 946; *Müller* Recht 1905, 581 (Nachlassforderung gegen Miterben) gegen OLG Stuttgart DJZ 1905, 919.
[25] BGH LM § 756 Nr. 1 = NJW 1992, 114; *Soergel/Hadding* § 756 RdNr. 2; *Erman/Aderhold* § 756 RdNr. 1; *Palandt/Sprau* § 756 RdNr. 2.
[26] AG München AnwBl. 1997, 571; *Planck/Lobe* § 756 Anm. 2; *Soergel/Hadding* § 756 RdNr. 2; *Staudinger/Langhein* § 756 RdNr. 3.
[27] AG München AnwBl. 1997, 571.
[28] BGH LM § 756 Nr. 1 = NJW 1992, 114, 115; RGZ 78, 273, 274 (Erbengemeinschaft); OLG Celle vom 7. 7. 2005, 4 W 119/05, BeckRS 2005, 9285 Tz. 9; *Schnorr*, Die Gemeinschaft nach Bruchteilen, 2004, S. 410. *Erman/Aderhold* § 756 RdNr. 1; RGRK/*v. Gamm* § 756 RdNr. 1; aA OLG Stuttgart OLGE 1, 251, 252.
[29] BGH WM 1966, 577, 579 = BB 1966, 601; *Soergel/Hadding* § 756 RdNr. 2; *Palandt/Sprau* § 756 RdNr. 2.
[30] RG vom 10. 10. 1906, mitgeteilt bei RGRK/*v. Gamm* § 756 RdNr. 1; OLG Köln FamRZ 1991, 1334, 1335 f.; *Staudinger/Langhein* § 756 RdNr. 4.

InsO wirkt eine solche Abrede dann auch gegenüber Rechtsnachfolgern und Insolvenzgläubigern des Teilhaber-Schuldners. Manipulationen muss mit der insolvenzrechtlichen Anfechtung begegnet werden (§§ 129 ff. InsO). Immer aber ist Voraussetzung, dass die **bestehende** Rechtsgemeinschaft Grundlage der Forderung ist, so dass der Schuldner-Anteil als mit dem Zugriffsrecht des Gläubiger-Teilhabers „belastet" angesehen werden kann.

14 **Nicht anwendbar** ist § 756 auf Forderungen, die durch Vereinbarung der Teilhaber **zum Zwecke der Auseinandersetzung** der Gemeinschaft hervorgerufen sind. Ausschlaggebendes Argument ist nach hM, dass diese Forderungen ihren „eigentlichen" Rechtsgrund nicht in der Gemeinschaft, sondern in einer gesonderten Abrede haben.[31] Die Begründung kann aber nur darin bestehen, dass die mit der Anwendung des § 756 verbundene Wirkung gegen Rechtsnachfolger und Insolvenzgläubiger des Schuldner-Teilhabers nur gerechtfertigt ist, soweit Ansprüche aus der bestehenden Gemeinschaft vorliegen. Forderungen, die sich gegen den Schuldner-Teilhaber als Person richten und nicht „auf dem Anteil lasten", fallen nicht unter § 756. Auch ein Schadensersatzanspruch eines Teilhabers gegen den anderen wegen Forderungsverletzung oder unerlaubter Handlung (§ 741 RdNr. 34 f.) fällt nicht unter § 756,[32] und zwar nach richtiger Ansicht nicht einmal dann, wenn es um eine Beschädigung des gemeinschaftlichen Gegenstands geht.

15 Haben sich Miteigentümer eines Grundstücks darauf geeinigt, dass einer von ihnen allein das Grundstück nutzen und die Erhaltungsaufwendungen tragen solle, und wird später auf Antrag des anderen das Grundstück versteigert, so kann dieser nach den Regeln über den Wegfall der Geschäftsgrundlage (§ 313) verpflichtet sein, eine durch die Aufwendungen des Grundstücksbenutzers geschaffene und noch vorhandene Werterhöhung diesem anteilig zu erstatten, soweit sie sich im Versteigerungserlös niedergeschlagen hat.[33]

16 b) **Inhalt der Forderung.** Die Forderung ist regelmäßig, aber nicht notwendig, auf **Geldleistung** gerichtet.[34] Auch ein **Befreiungsanspruch** gemäß § 257 kommt in Betracht.[35] Wie BGH LM § 756 Nr. 1 = NJW 1992, 114 in Bestätigung des hier vertretenen Standpunkts ausführt, unterliegt ein solcher Befreiungsanspruch jedenfalls dann der Ausgleichung nach § 756, wenn er auf Begleichung einer gemäß § 748 nach dem Verhältnis der Anteile zu tragenden Schuld gegenüber einem Dritten gerichtet ist. Ausnahmsweise ergibt sich aus § 756 auch ein Anspruch auf Naturalleistung. Zinsforderungen und sonstige Nebenrechte nehmen an der Sicherung durch § 756 teil.[36]

17 c) **Betagte und streitige Forderung.** Nicht vorausgesetzt ist, dass die gesicherte Forderung fällig und liquide ist. Analog §§ 733 Abs. 1 S. 2, 1475 Abs. 1 S. 2[37] ist ggf. das zur Berichtigung der Forderung Erforderliche zurückzubehalten, wenn die Forderung streitig ist.[38] Eine Anwendung des § 756 auf noch nicht fällige Forderungen wird praktisch kaum in Betracht kommen.

18 d) **Gläubiger, Schuldner und Rechtsnachfolger.** Gläubiger und Schuldner müssen Teilhaber sein. Infolge der Verweisung auf § 755 Abs. 2 greift § 756 auch gegenüber dem **Sondernachfolger** eines Teilhabers ein.[39] Für **Miteigentümer eines Grundstücks** gilt die Ausnahme des § 1010 Abs. 2. Soweit die Inanspruchnahme eines Rechtsnachfolgers

---

[31] OLG Stuttgart OLGE 1, 251, 252; *Erman/Aderhold* § 756 RdNr. 1; *Planck/Lobe* § 756 Anm. 2; *Soergel/Hadding* § 756 RdNr. 3; *RGRK/v. Gamm* § 756 RdNr. 1; dagegen *Staudinger/Langhein* § 756 RdNr. 5; *Bamberger/Roth/Gehrlein* RdNr. 2 Fn. 8.
[32] RG vom 22. 11. 1914, II 272/14, mitgeteilt bei *Planck/Lobe* § 756 Anm. 2; OLG Celle vom 7. 7. 2005, 4 W 119/05, BeckRS 2005, 9285 Tz. 9; aA *Staudinger/Langhein* § 756 RdNr. 3, 5.
[33] BGH NJW 1992, 2283; zweifelnd *Staudinger/Langhein* § 748 RdNr. 18.
[34] *Erman/Aderhold* § 756 RdNr. 1; aA *Staudinger/Langhein* RdNr. 9: ausnahmslos Geldforderung.
[35] Zust. BGH LM § 756 Nr. 1 = NJW 1992, 114, 115; *Palandt/Sprau* § 756 RdNr. 2; *Staudinger/Langhein* § 756 RdNr. 9.
[36] *Planck/Lobe* § 756 Anm. 2.
[37] *Planck/Lobe* § 756 Anm. 3 iVm. § 755 Anm. 4; nicht unzweifelhaft; vgl. *RGRK/v. Gamm* § 755 RdNr. 1; s. auch Fn. 17, 18 zu § 755.
[38] *Staudinger/Langhein* § 756 RdNr. 8.
[39] Prot. in *Mugdan* II S. 1216; vgl. dagegen noch Mot. in *Mugdan* II S. 495.

bereits nach allgemeinen Grundsätzen möglich ist – zB auf Grund persönlicher vertraglicher Verpflichtung des Rechtsnachfolgers gegenüber dem Miteigentümer[40] – bedarf es des § 755 Abs. 2 nicht, in diesem Fall hindert auch § 1010 Abs. 2 nicht die Geltendmachung des Rechts aus § 756.[41]

3. Rechtsfolgen. a) Einbeziehung in die Teilung. Die Forderung wird in die Teilung mit hereingenommen. Der aus § 756 resultierende Anspruch richtet sich gegen alle Teilhaber, zielt aber nur auf Berichtigung der Forderung aus dem Anteil des Schuldners oder seines Sondernachfolgers. Die Art der Befriedigung bestimmt sich nach dem Gegenstand der Forderung. Zur **Art der Teilung** vgl. RdNr. 9. Eine Geldforderung gibt im Fall der Naturalteilung keinen Anspruch auf Zuweisung eines entsprechenden zusätzlichen Naturalanteils.[42] Ebenso wenig kann der Schuldner dem Geldleistungsgläubiger einen solchen Naturalanteil zur Erfüllung aufdrängen. Aus § 755 Abs. 3 ergibt sich für diesen Fall nur, dass so viel verkauft werden muss, dass der Gläubiger-Teilhaber aus dem Erlös für Rechnung des Schuldner-Teilhabers befriedigt werden kann.[43] Anders verhält es sich, wenn die teilbare Menge selbst in Geld besteht. Dann kann der Gläubigerteilhaber ausnahmsweise so gestellt werden, dass sein Anteil am Vorrat erhöht und derjenige der anderen vermindert wird.[44]

b) Abgesonderte Befriedigung im Insolvenzverfahren. Zur abgesonderten Befriedigung in der Insolvenz des Schuldner-Teilhabers vgl. RdNr. 11.

c) Kein Zurückbehaltungsrecht. Neben § 756 besteht wegen der gesicherten Forderung kein Zurückbehaltungsrecht gegenüber dem Anspruch auf Aufhebung der Gemeinschaft (§ 749 RdNr. 16). Das Verhältnis zu § 273 ist allerdings str. Nach RGZ 109, 167, 171 = JW 1926, 246 sind Forderungen, die sich auf das Gemeinschaftsverhältnis gründen, nicht nur durch § 756, sondern daneben auch durch § 273 gesichert.[45] Demnach könnte der Gläubiger-Teilhaber durch Geltendmachung eines Zurückbehaltungsrechts erreichen, dass er nur Zug um Zug gegen Erfüllung seines Ausgleichungsanspruchs zur Mitwirkung bei der Teilung verurteilt wird. Ein solches Zurückbehaltungsrecht würde auch für den Fall schützen, dass eine Deckung der Teilhaberforderung aus dem Erlös zweifelhaft ist. Seit BGHZ 63, 348 = NJW 1975, 687 kann dagegen als geklärt gelten, dass die Geltendmachung eines Zurückbehaltungsrechts mit § 749 unvereinbar wäre.[46] Will der Teilhaber lediglich geltend machen, dass in Vollzug der Teilung seine Forderung nach § 756 aus dem gemeinschaftlichen Gegenstand beglichen werden muss, so bedarf es hierfür keines Zurückbehaltungsrechts. Verweigert der Teilhaber seine Mitwirkung bei der Teilung, so kann er sich hierfür nicht auf ein Zurückbehaltungsrecht wegen eines Anspruchs gemäß § 748 stützen. Die Versagung des Zurückbehaltungsrechts schließt nicht aus, dass die Durchsetzung des Anspruchs auf Aufhebung der Gemeinschaft im Einzelfall eine unzulässige Rechtsausübung darstellen kann.[47] Auch aus einem mit der Gemeinschaft einhergehenden Sonderrechtsverhältnis (§ 741 RdNr. 34 f.) kann sich ergeben, dass alsbaldige Teilung ohne vorherige Begleichung gegenseitiger Verbindlichkeiten auszuscheiden hat (§ 749 RdNr. 9). § 273 ist auch nicht schlechthin durch § 756 verdrängt, sondern nur insoweit, als § 749 dadurch unterlaufen würde. Hinsichtlich der obligatorischen Beziehungen unter den Gemeinschaftern – zB gegenüber einem auf § 748 gestützten Erstattungsanspruch – ist die Einrede des

---

[40] Beispiel: BGH WM 1966, 577 = BB 1966, 601.
[41] BGH WM 1966, 577, 579; *Soergel/Hadding* § 756 RdNr. 7.
[42] BGH LM § 756 Nr. 1 = NJW 1992, 114, 115; RG SeuffA 74 Nr. 173 = Recht 1919 Nr. 1776; *Planck/Lobe* § 756 Anm. 5; *Soergel/Hadding* § 756 RdNr. 4.
[43] Vgl. iE Prot. in *Mugdan* II S. 1214; RG SeuffA 74 Nr. 173; *Planck/Lobe* § 756 Anm. 5.
[44] Vgl. auch BGH LM § 756 Nr. 1 = NJW 1992, 114, 115.
[45] Ebenso *Hoeniger* JW 1926, 247; *Enneccerus/Lehmann* § 186 V 1; *Staudinger/Vogel* (11. Aufl.) § 756 RdNr. 1; *Erman/Aderhold* § 756 RdNr. 2; *Palandt/Sprau* § 756 RdNr. 2.
[46] Ebenso jetzt BGH LM § 756 Nr. 1 = NJW 1992, 114, 115; *Erman/Aderhold* § 756 RdNr. 2; *Staudinger/Langhein* § 749 RdNr. 50; *Palandt/Sprau* § 756 RdNr. 2; *Soergel/Hadding* § 756 RdNr. 6; krit. Auseinandersetzung bei *Schnorr*, Die Gemeinschaft nach Bruchteilen, 2004, S. 382 ff.
[47] Ebenso jetzt *Larenz*, SchuldR II, 12. Aufl. 1981, § 61 III.

Zurückbehaltungsrechts nicht ausgeschlossen.[48] Das Zurückbehaltungsrecht ist auch nur so lange gesperrt, wie die Gemeinschaft andauert, und das bedeutet nach der BGH-Rechtsprechung (§ 754 RdNr. 4): nicht mehr nach Hinterlegung des Erlöses bei der Hinterlegungsstelle.[49] Haben ehemalige Teilhaber den Resterlös aus einer Teilungsversteigerung einverständlich unter treuhänderische Verwaltung gestellt oder auf ein Anderkonto überwiesen, so kann gegenüber dem Verlangen auf Auszahlung ein Zurückbehaltungsrecht auch aus einem anderen Rechtsverhältnis geltend gemacht werden.[50]

§ 757 Gewährleistung bei Zuteilung an einen Teilhaber

Wird bei der Aufhebung der Gemeinschaft ein gemeinschaftlicher Gegenstand einem der Teilhaber zugeteilt, so hat wegen eines Mangels im Recht oder wegen eines Mangels der Sache jeder der übrigen Teilhaber zu seinem Anteil in gleicher Weise wie ein Verkäufer Gewähr zu leisten.

I. Normzweck und Anwendungsbereich

1 1. **Normzweck.** Die Bestimmung **verweist auf §§ 434 ff.** Sie ist erforderlich, weil die Zuteilung eines gemeinschaftlichen Gegenstandes an einen Teilhaber kein Verkauf dieses Gegenstands ist. Für unmittelbare **Anwendung der Gewährleistungsvorschriften** wäre nur im Fall der Teilung durch Verkauf an einen Teilhaber nach § 753 gesorgt, bei der es einer Anwendung des § 757 an sich nicht bedarf.[1] § 757 sorgt dafür, dass die Abgrenzungsfrage „Kauf unter Verrechnung des Kaufpreisanspruchs oder Zuteilung?" hinsichtlich der Gewährleistung nicht gestellt zu werden braucht. Insofern heißt es mit Recht, die Vorschrift gelte sowohl im Rahmen des § 752 als auch im Rahmen des § 753.[2]

2 2. **Anwendungsbereich.** Die Bestimmung greift nur ein bei der **Zuteilung** eines gemeinschaftlichen Gegenstandes **an einen Teilhaber,** dh. bei der zu Aufhebungszwecken durchgeführten Übertragung auf ihn allein. Kein Fall des § 757 ist die Bruchteilsveräußerung von Teilhaber zu Teilhaber, sofern sie nicht der Aufhebung durch Zuteilung des gemeinschaftlichen Gegenstandes dient.[3] Die Gewährleistung folgt dann aus dem dieser Bruchteilsveräußerung zugrunde liegenden Rechtsverhältnis, zB Kauf oder Schenkung.

3 **Nur** für **Gewährleistung** sorgt § 757, nicht für die Korrektur von Äquivalenzstörungen (§ 313 RdNr. 59 ff., 105). Schon deshalb ermöglicht die Vorschrift keine Abhilfe, wenn ein Teilhaber Grundstücke, der andere Wertpapiere erhalten hat und diese nachträglich entwertet sind.[4] Nach Auffassung des RG ist auch über § 242 keine Abhilfe möglich. Das ist fragwürdig. Den Vorzug verdient eine Anwendung der Grundsätze über die Veränderung der **Geschäftsgrundlage** (§ 313), sofern durch Entwertungen vor Gefahrübergang gravierende Äquivalenzstörungen eintreten.[5] Denn nach dem mutmaßlichen Willen der Beteiligten wird auch diese Gefahr bis zum Gefahrübergang von allen gemeinschaftlich getragen.

4 Nach zutreffender hM scheidet eine Sach- und Rechtsmängelgewährleistung aus, wenn gleichartige gemeinschaftliche Gegenstände nach Gemeinschaftsbruchteilen **an alle Teilhaber verteilt** worden sind.[6] Das gilt selbst für den Fall, dass ein Teilhaber durch den Sach- oder Rechtsmangel einen Schaden erlitten hat, der andere nicht. § 757 will verhindern, dass

---

[48] So – freilich in ungenauer Auswertung von RGZ 109, 167 – RGRK/*v. Gamm* § 756 RdNr. 2.
[49] Vgl. BGHZ 90, 194, 196 = NJW 1984, 2526 (Erbengemeinschaft); BGH LM § 273 Nr. 55 m. Anm. *Hohloch* = NJW 2000, 948, 949; dazu abl. *Gruber* FamRZ 2000, 400.
[50] BGH NJW-RR 1990, 133 = WM 1990, 113; ZEV 2001, 313.
[1] *Palandt/Sprau* RdNr. 1.
[2] *Planck/Lobe* Anm. 2.
[3] *Planck/Lobe* Anm. 2; RGRK/*v. Gamm* Anm. zu § 757; s. auch *Staudinger/Langhein* RdNr. 3.
[4] RG JR 1927 Nr. 1637; RGRK/*v. Gamm* zu § 757.
[5] Zust. *Erman/Aderhold* RdNr. 2; aA zur Rechtslage bis 2001 *Staudinger/Langhein* RdNr. 10.
[6] *Oertmann* Anm. 2; *Planck/Lobe* Anm. 5; *Staudinger/Langhein* RdNr. 2; *Soergel/Hadding* RdNr. 2.

die Gefahr des **Vorhandenseins** von Rechts- oder Sachmängeln im Fall der Aufhebung der Gemeinschaft einseitig von demjenigen getragen wird, dem eine Sache zugeteilt ist. Ungleiche Folgerisiken im Bereich der einzelnen Teilhaber werden nicht ausgeglichen. So wenig wie bei der Teilung in Natur (§ 752) bedarf es deshalb des durch § 757 bezweckten Schutzes, wenn mehrere gemeinschaftliche Gegenstände mit gleichartigen Mängeln zum Zweck quotenmäßiger Abgeltung an alle Teilhaber verteilt werden (Beispiel: Verteilung eines Vorrats von verdorbenem Getreide, Aufteilung eines Pakets von ungültigen Papieren). Anders, wenn nur ein einzelner Gegenstand den Mangel aufweist[7] oder wenn Bruchteilsgemeinschaft an einem mangelfreien und einem insgesamt mangelhaften Vorrat bestand und dieser Letztere ungleich verteilt wurde.

Die sinngemäße Anwendung des § 757 auf die Auseinandersetzung von **Gesamthandsgemeinschaften** ergibt sich aus §§ 731 S. 2, 1477 Abs. 1, 2042 Abs. 2.

II. Folge der Verweisung

1. Gewährleistungsregeln. Die Gewährleistung bei der Zuteilung von Sachen richtet sich im Fall von **Sachmängeln und Rechtsmängeln** nach §§ 434 ff. Sofern nicht der von dem Mangel betroffene Teilhaber den Rechtsmangel im Zeitpunkt der Zuteilungsvereinbarung kennt (§ 442 Abs. 1), kann er mindestens (dh. auch bei nicht zu vertretender Leistungsstörung) anteiligen (§ 757) Ausgleich von den nicht oder nicht gleichartig betroffenen Teilhabern verlangen (§§ 437 Nr. 2, 435, 323, 440, 346 Abs. 1). Schadensersatz statt der Leistung kann der von dem Rechtsmangel betroffene Teilhaber gemäß §§ 437 Nr. 3, 435, 280 Abs. 1 und 3, 281 verlangen. Das Vertretenmüssen wird nunmehr widerlegbar vermutet (§ 280 Abs. 1 S. 2). Die **Beweislast** für das Fehlen von Sach- und Rechtsmängeln tragen nach den allgemeinen Regeln des § 363 bis zur Annahme als Erfüllung die übrigen Teilhaber.[8] Im Fall von Sachmängeln (§§ 437 Nr. 2, 434, 441) wird der betroffene Teilhaber in der Regel Minderung (dh. anteiligen Ausgleich des Minderwerts) verlangen. Besteht er auf Rücktritt, so erfasst dieser, auch wenn mehrere Gegenstände verteilt wurden, zunächst nur die Zuteilung dieser einen Sache, nicht die Auseinandersetzung insgesamt (es liegt ja keine Auseinandersetzung eines Sondervermögens, sondern Aufhebung der Gemeinschaft an dieser Sache vor!). Aus der schuldrechtlichen Absprache über die Aufteilung mehrerer Sachen unter den Gemeinschaftern kann sich aber analog § 139 ergeben, dass mit der Zuteilung einer Sache zugleich die gesamte Teilungsvereinbarung rückgängig gemacht ist. Es besteht **keine Rügelast** analog § 377 HGB unter Kaufleuten, denn es fehlt an einem Umsatzgeschäft, das eine rasche Abwicklung erforderlich macht. Bei der **Zuteilung von Rechten** wird für deren Bestand gehaftet (§§ 453 Abs. 1, 433 Abs. 1 S. 2, 435). Fehlt es daran und kannte der betroffene Teilhaber den Rechtsmangel im Zeitpunkt der Teilungsvereinbarung nicht (§ 442 Abs. 1), so kann wiederum mindestens (dh. unabhängig vom Vertretenmüssen) von den anderen Teilhabern anteiliger Ausgleich verlangt werden.

2. Einzelfragen. Der maßgebliche **Zeitpunkt** entscheidet darüber, wie lange das Risiko von Sach- und Rechtsmängeln gemeinschaftlich getragen wird. Auch insofern gilt Kaufrecht sinngemäß. Bei der Zuteilung von Eigentum an Sachen oder von Rechten ist für die **Freiheit von Rechten Dritter** maßgebend: bei **beweglichen Sachen** der Eigentumsübergang,[9] bei abtretbaren **Rechten** (§§ 398, 413) die Übertragung des Rechts,[10] bei der Übereignung von **Grundstücken** oder Übertragung von Grundstücksrechten wohl die Einigung.[11] Bei Zuteilung eines Rechts richtet sich die Haftung für den **Bestand des Rechts**

---

[7] Oertmann Anm. 2.
[8] Palandt/Putzo § 435 RdNr. 19.
[9] Vgl. zu § 434 BGH LM § 455 Nr. 13 = NJW 1961, 1252; RGZ 83, 214; 120, 295; 99, 56, 60.
[10] Palandt/Putzo § 453 RdNr. 29.
[11] Sehr zweifelhaft! Vgl. § 435 RdNr. 16; Palandt/Putzo § 435 RdNr. 7: auch hier Vollendung des Rechtserwerbs.

(§§ 453 Abs. 1, 433 Abs. 1 S. 2, 435) nach dem Zeitpunkt der schuldrechtlichen Abrede, nicht ihrer Erfüllung.[12] Aus dem Parteiwillen kann sich ein anderes ergeben.[13] Über **Sachmängelgewährleistung** bei der Zuteilung von Eigentum an Sachen entscheidet der Zeitpunkt des Gefahrübergangs (§ 434), in der Regel also der der Übergabe (§ 446 Abs. 1 S. 1).

8 Auch die Frage, inwieweit **Vereinbarungen über Gewährleistungsansprüche** möglich sind, richtet sich nach den für §§ 434 ff. geltenden Grundsätzen.[14]

9 Die Gewährleistung trifft jeden Teilhaber nur **nach** dem **Verhältnis seines Anteils**. Es greift reine pro-rata-Haftung ein, also weder eine Gesamtschuld noch eine Ausfallhaftung der Teilhaber für Ausfälle, die der Gewährleistungsberechtigte etwa im Fall der Zahlungsunfähigkeit eines anderen Teilhabers erleidet.[15]

10 Die Gewährleistungsansprüche **verjähren** nach allgemeinen Grundsätzen (§ 758 RdNr. 2), im Fall der Sachmängelgewährleistung also nach § 438.

§ 758 Unverjährbarkeit des Aufhebungsanspruchs
Der Anspruch auf Aufhebung der Gemeinschaft unterliegt nicht der Verjährung.

I. Normzweck

1 Die Bestimmung geht auf das Gemeine Recht[1] und auf das Partikularrecht zurück.[2] Der **Grundgedanke** ist, dass der Anspruch nicht auf einem Ereignis (Rechtsgeschäft, Tathandlung u. Ä.), sondern auf einem Zustand beruht, sich also fortgesetzt erneuert.[3] Insofern besteht Ähnlichkeit mit § 924. Die in der 2. Kommission gegen die Bestimmung erhobenen Bedenken[4] überzeugen nicht. **§ 758 dient der Klarstellung.** Ihrer bedarf es, weil der Aufhebungsanspruch nach § 749 Abs. 1 nicht erst – wie der Auseinandersetzungsanspruch bei der Gesellschaft (§ 734 RdNr. 10) – mit einem Auflösungsereignis entsteht oder fällig wird. Die Vorschrift geht auch nicht, wie eingewandt wurde, zu weit, indem sie die Buchersitzung (§ 900) durch einen zu Unrecht als Alleineigentümer eingetragenen Miteigentümer hindert. Die Buchersitzung beseitigt die Gemeinschaft und damit den Aufhebungsanspruch, ist also von seiner Verjährbarkeit unabhängig. Im Gegensatz zu § 902 Abs. 1 kommt es für die Anwendbarkeit des § 758 beim Miteigentum an Grundstücken nicht darauf an, ob das Miteigentum im Grundbuch eingetragen ist.

II. Geltungsbereich

2 Die Vorschrift gilt auch für die **Erbengemeinschaft** (§ 2042 Abs. 2). Aus dem Normzweck ergeben sich Geltungsgrenzen des § 758. Nur der **Anspruch auf Aufhebung** der Gemeinschaft ist der Verjährung entzogen.[5] Andere auf dem Rechtsverhältnis der Gemeinschafter untereinander beruhende Ansprüche unterliegen der Verjährung nach allgemeinen Grundsätzen. So vor allem der Anspruch auf Erstattung von Lasten nach § 748.[6] Zum Verhältnis zwischen dem Anspruch auf Aufhebung der Gemeinschaft und dem Anspruch aus der Aufhebung vgl. § 749 RdNr. 20. Anspruch auf Aufhebung der Gemeinschaft ist jeder

---

[12] Insoweit nur Verschuldenshaftung; RGZ 143, 20, 22; OLG Hamburg HansRGZ 1940 B, 186 f.; *Soergel/U. Huber* § 437 RdNr. 21.
[13] Vgl. auch KG OLGE 20, 173.
[14] *Planck/Lobe* Anm. 3.
[15] *Planck/Lobe* Anm. 4; s. jetzt auch *Staudinger/Langhein* RdNr. 7.
[1] *Windscheid/Kipp*, Lehrbuch des Pandektenrechts, 9. Aufl. 1906, § 106.
[2] Nachweise in den Mot. in *Mugdan* II S. 492.
[3] Prot. in *Mugdan* II S. 1210 f.
[4] Prot. in *Mugdan* II S. 1211.
[5] Mot. in *Mugdan* II S. 492; *Planck/Lobe* Anm. 2; *RGRK/v. Gamm* zu § 758.
[6] *Staudinger/Langhein* RdNr. 4; *Palandt/Sprau* RdNr. 1.

auf Teilung gerichtete Anspruch, also der aus § 743,[7] § 752, auf Teilung des noch in Bruchteilsgemeinschaft stehenden Erlöses im Fall des § 753.[8] Auch der Erfüllungsanspruch aus einer schuldrechtlichen Teilungs- oder Zuteilungsabrede (§ 749 RdNr. 31 ff.) ist noch Anspruch auf Aufhebung.[9] Haben die Teilhaber eine von den gesetzlichen Teilungsabreden abweichende Teilung vereinbart, so fällt diese Regelung unter den Schutz des § 758.[10] Einzelansprüche, die nur bei Gelegenheit der Gemeinschaftsteilung vereinbart werden, unterliegen dagegen der Verjährung.

---

[7] *Soergel/Hadding* RdNr. 1; RGRK/*v. Gamm* zu § 758; *Staudinger/Langhein* RdNr. 2.
[8] S. auch *Staudinger/Langhein* RdNr. 2.
[9] Wie hier (in vermeintlicher Gegenposition) *Staudinger/Langhein* RdNr. 5.
[10] Übereinstimmend *Staudinger/Langhein* RdNr. 3.

Titel 18. Leibrente

Schrifttum: *Dürkes,* Wertsicherungsklauseln, 10. Aufl. 1992; *Eccius,* Der Leibrentenvertrag des BGB, Gruchot 45 (1901), 11; *P. Fischer,* Wiederkehrende Bezüge und Leistungen, 1994; *Henssler,* Risiko als Vertragsgegenstand, 1994; *Heubeck/Heubeck,* Verrentung von Kaufpreisen – Kapitalisierung von Renten, DNotZ 1978, 643; *dies.* DNotZ 1985, 469 und 606; *Kiesewetter/Schipke,* Unternehmensveräußerung gegen Leibrente – Steueroptimale Ausübung des Wahlrechts zu Sofort- oder Zuflussversteuerung, DB 2004, 1677; *Kiethe,* Die Verrentung des Kaufpreises beim Unternehmenskauf, MDR 1993, 1034 und 1155; *Koenen,* Die Verrentung von Kaufpreisen, MittRhNotK 1994, 149; *K. Lafrentz,* Die Leibrente – Begriff und Rechtsfolgen, Diss. Hamburg 1994; *Langenick/Vatter,* Aus der Praxis für die Praxis: Die aufgeschobene Leibrente – ein Buch mit sieben Siegeln?, NZV 2005, 10; *W. Maas,* Stammrecht und Einzelansprüche bei wiederkehrenden Leistungen, insbesondere bei Leibrenten und Unterhaltsansprüchen, Diss. Bonn 1968; *Petzold,* Geschäfts- und Grundstücksveräußerung auf Rentenbasis, 7. Aufl. 1994; *G. Reinhart,* Zum Begriff der Leibrente im bürgerlichen Recht, FS Wahl, 1973, S. 261; *Schneider/Schlund/Haas,* Kapitalisierungs- und Verrentungstabellen, 2. Aufl. 1993; *Sepp,* Der Leibrentenvertrag nach dem Bürgerlichen Gesetzbuch, 1905; *Sieg,* Das Verhältnis der Leibrente nach §§ 759 bis 761 BGB zur privaten Versicherungsrente, ZVersWiss. 1994, 683; *Vogels,* Verrentung von Kaufpreisen – Kapitalisierung von Renten, 2. Aufl. 1992; *Welter,* Wiederkehrende Leistungen im Zivilrecht und im Steuerrecht, 1984.

§ 759 Dauer und Betrag der Rente

(1) Wer zur Gewährung einer Leibrente verpflichtet ist, hat die Rente im Zweifel für die Lebensdauer des Gläubigers zu entrichten.

(2) Der für die Rente bestimmte Betrag ist im Zweifel der Jahresbetrag der Rente.

Übersicht

	RdNr.		RdNr.
I. Einführung	1, 2	1. Gegenstand der Leibrente	20
1. Regelungsgegenstand	1	2. Dauer	21, 22
2. Inhalt der Norm	2	3. Mehrere Berechtigte	23
II. Begriff der Leibrente	3–19	4. Bemessung, Wertsicherung	24–26
1. Relevanz und Meinungsstand	3	5. Leistungsstörungen	27–30
2. Stellungnahme	4–7	6. Geschäftsgrundlage	31–35
3. Abgrenzung	8–19	a) Unterhaltsrenten	32
a) Unterhaltspflichten	10	b) Veräußerungsrenten	33, 34
b) Vorweggenommene Erbfolge, Altenteil	11	c) Sachwidrige Wertsicherungsklausel	35
c) Ausstattung	12	7. Sicherungsrechte	36
d) Schadensersatzpflichten	13	8. Verfügungen	37–39
e) Ruhegehalt, Betriebsrente	14	a) Abtretung	37
f) Erbauseinandersetzungen	15	b) Pfändung	38
g) Aufhebung gesellschaftsrechtlicher Beteiligungen	16	c) Aufrechnung	39
h) Leibrenten im Steuerrecht	17–19	9. Grenzen der Vertragsfreiheit	40
III. Einzelheiten	20–43	10. Leibrentenverträge zugunsten Dritter	41–43

I. Einführung

1. Regelungsgegenstand. Das Gesetz beschreibt in den §§ 759 bis 761 nicht einen Geschäftstyp des Verkehrs, sondern erfasst in der Leibrente (etymologisch: „Lebens"-Rente)[1] nur eine Zahlungsmodalität und berücksichtigt im Schriftformerfordernis des § 761 das Schuldnerrisiko der unabsehbaren Dauer der Verpflichtung. Weitere Vorschriften über die Leibrente finden sich in § 330 (Leibrentenvertrag zugunsten eines Dritten) und in § 1073 (Nießbrauch an einer Leibrente). Typologischer Ursprung und auch heute noch Hauptanwendungsfall der Leibrente ist die Veräußerung von Grundstücken oder Geschäftsvermögen zur Sicherung einer lebenslangen Versorgung, für deren Ausgestaltung zumeist steuerrechtliche Rücksichten mitbestimmend sind (RdNr. 17 ff.). Der früher ebenso verbreitete Leibrentenkauf gegen Zahlung einer Kapitalsumme ist auch heute denkbar, praktisch aber den Versicherungsgeschäften zugewachsen.[2] Namentlich Rentenversicherungen auf den Erlebensfall weisen zumeist sämtliche Merkmale eines Leibrentenvertrags auf.

2. Inhalt der Norm. Die Vorschrift soll als **Auslegungsregel** dienen, ist aber als solche nicht hilfreich. Nach ihrem Abs. 1 soll sich mit der Begründung eines Leibrentenversprechens im Zweifel die Pflicht zur Entrichtung der Rente für die Lebensdauer des Gläubigers verbinden. Ausgehend von den Gepflogenheiten des heutigen Rechtsverkehrs ist es aber ausgeschlossen, einen Anspruch als Leibrente zu qualifizieren und erst daraus auf deren Dauer für die Lebenszeit des Gläubigers zu schließen (Abs. 1); vielmehr ergibt sich stets nur umgekehrt aus einer auf Lebenszeit des Gläubigers vereinbarten Zahlungspflicht deren rechtliche Eigenart als Leibrente (RdNr. 21). Die in Abs. 2 als Regel angenommene Aussetzung eines Jahresbetrages ist ungebräuchlich geworden.

II. Begriff der Leibrente

1. Relevanz und Meinungsstand. Begriff und Rechtsnatur der Leibrente entscheiden vor allem über den Anwendungsbereich des **Schriftformerfordernisses des § 761** sowie über die **Anwendbarkeit des § 323**. Die Definition hat deshalb insbesondere auf verschiedene andere Grundlagen von Versorgungsansprüchen Rücksicht zu nehmen, für die das Formerfordernis des § 761 nicht gedacht und auch nicht angemessen ist.[3] Vor diesem Hintergrund ist die vom **RG** in ständiger Rechtsprechung vertretene und sodann vom **BGH** übernommene Formel zu sehen, wonach unter einer Leibrente „ein einheitliches nutzbares[4] Recht zu verstehen ist, das dem Berechtigten für die Lebenszeit eines Menschen eingeräumt ist und dessen Erträge aus fortlaufend wiederkehrenden gleichmäßigen Leistungen in Geld oder vertretbaren Sachen bestehen".[5] Nicht erforderlich ist danach, dass ein solches Leibrentenrecht durch eine Gegenleistung erkauft wird;[6] es kann auch auf Vergleich,[7] Schenkung[8] oder Vermächtnis[9] beruhen. Gewollt sein muss aber nach der Rechtsprechung die Begründung eines „in sich geschlossenen", einheitlichen **„Stammrechts"**,[10] das „unabhängig und losgelöst von den sonstigen Beziehungen und Verhältnissen"[11] der Beteiligten besteht, den Anspruch auf die fortlaufenden Einzelbezüge „nur vermöge seines Bestehens

---

[1] Vgl. dazu RGZ 67, 204, 280 f.; zu den historischen Wurzeln s. auch *Staudinger/Amann* Vor § 759 RdNr. 1.
[2] Beispiel: BFH DB 1982, 309 f.; BGH NJW-RR 1996, 1047; vgl. auch RGZ 28, 313; *Staudinger/Amann* Vor § 759 RdNr. 39.
[3] Vgl. dazu insbes. RGZ 67, 204, 208; 91, 6, 8; 106, 93, 95; BGH WM 1966, 248 = DB 1966, 419; näher zur Abgrenzung RdNr. 6 ff.
[4] Und zwar iS von §§ 99 Abs. 2 und 100 (RGZ 67, 204, 210); vgl. bei Fn. 14.
[5] RGZ 67, 204, 212; 137, 259, 261; dem folgend BGH WM 1966, 248 = DB 1966, 419; WM 1980, 593; abl. aber OLG Celle NJW-RR 1990, 1490, 1491.
[6] RGZ 80, 208, 209.
[7] RGZ 91, 6, 7; RG SeuffA 75 Nr. 73 S. 124; RGZ 117, 246; RG LZ 1932, 1423; OLG Koblenz OLGZ 1978, 245.
[8] RG WarnR 1941 Nr. 89 S. 196 = DR 1940, 2167; WarnR 1937 Nr. 71; BVerwG WM 1964, 1177 = NJW 1964, 2175; LG Karlsruhe Justiz 1967, 120.
[9] RGZ 67, 204, 210; BGHZ 98, 226 = NJW 1987, 122; OLG Düsseldorf FamRZ 1996, 1302.
[10] RGZ 67, 204, 210; 91, 6, 7.
[11] RGZ 94, 157, 158; 111, 286, 287.

§ 759 4, 5

aus sich selbst hervorbringt"[12] und nicht selbst durch Erfüllung erlischt.[13] Das Leibrentengeschäft soll also in **drei Stufen** ablaufen: Im Leibrentenvertrag werde zunächst die Verpflichtung zur Bestellung eines Leibrentenstammrechts begründet, typischerweise aber auch schon dieses Stammrecht hervorgebracht, womit zugleich der eigentliche Leibrentenvertrag erfüllt sei. Die fortlaufenden Rentenzahlungen stellten sich danach als Erfüllung streng *einseitiger* Ratenansprüche dar, die aus dem Stammrecht nunmehr unabhängig von Gegenleistungen als Nutzungen oder Rechtsfrüchte erwüchsen und von ihrem Rechtsgrund nur noch mittelbar abhängig seien.[14] Im **Schrifttum** dominieren dagegen mittlerweile diejenigen Stimmen, die die Lehre vom Stammrecht und die damit verbundene Dreistufigkeit ablehnen und demgemäß in dem Versprechen der Leibrente zugleich das Versprechen der einzelnen Rentenleistungen sehen.[15]

4 **2. Stellungnahme.** Die Konstruktion eines abstrakt bestehenden und als Erfüllung eines kausalen Schuldverhältnisses begründeten Leibrentenstammrechts ist verfehlt und auch in ihrer praktischen Anwendung wenig nachvollziehbar.[16] Man kann sie nur als Relikt aus den Zeiten des kanonischen Zinsverbots erklären, in denen Kapitalnutzungsentgelte als anstößig galten, gegen Fruchtziehungsrechte aller Art dagegen nichts einzuwenden war;[17] sie ist spätestens durch die Herausbildung des Typus des Dauerschuldverhältnisses überholt.[18] Auch den Ergebnissen dieser Stammrechts-Theorie ist entgegenzutreten (RdNr. 27 f.; § 760 RdNr. 5). Zu einem brauchbaren Tatbestandsverständnis führt nur eine typologische Betrachtungsweise, die nicht bei einer begrifflich vordergründigen Erklärung des Rentenanspruchs stehenbleibt, sondern sich an dem im Gesamtcharakter des Rechtsgrundgeschäfts angelegten **Zuwendungszweck** ausrichtet. Nur daraus erschließt sich auch das Verständnis der steuerrechtlichen Folgen (RdNr. 17 ff.).

5 Zutreffender Ansicht nach besteht der Rentenanspruch nicht abstrakt, sondern als **unmittelbar kausale Schuld.** Seine Verselbständigung gegenüber dem rechtsgeschäftlichen Entstehungsgrund erreicht keine andere begriffliche Tragweite als bei anderen fortlaufenden Verbindlichkeiten.[19] Kennzeichen der Leibrente ist die ihr eigentümliche **Risikoverteilung,** die entsprechend dem typologischen Modellfall der Kaufpreisrente dem Vertragsrisiko bei Austauschgeschäften entspricht: Bei der Leibrente iS dieses Titels besteht der Anspruch des Gläubigers grundsätzlich unabhängig von den wirtschaftlichen Verhältnissen der Beteiligten und ohne Bindung an einen Unterhaltszweck; eine Versorgung des Gläubigers ist allenfalls Motiv der Vertragsgestaltung, nicht aber wesentlicher Geschäftsinhalt.[20] Dies gilt grundsätzlich auch dann, wenn der Rentenanspruch nicht auf einem gegenseitigen Vertrag, sondern auf Vergleich, Schenkung oder Vermächtnis basiert (RdNr. 6); bei der Leibrentenschenkung sind freilich die §§ 519, 528 zu beachten.

---

[12] RGZ 80, 208, 209; RG JW 1932, 1371.
[13] Speziell dazu *O. v. Gierke,* Deutsches Privatrecht, Bd. III, 1917, S. 803.
[14] RGZ 80, 208, 209; 106, 93, 95 f.; BGH LM Nr. 2 = NJW-RR 1991, 1035; s. dazu Fn. 82.
[15] S. neben 3. Aufl. RdNr. 3 f. *(Pecher)* namentlich *Staudinger/Amann* Vor § 759 RdNr. 26 f., 31; *Erman/Terlau* RdNr. 9; *Bamberger/Roth/Litzenburger* RdNr. 3; *AnwK-BGB/Terbrack* RdNr. 4; *Reinhart* S. 274 ff.; *Maas* S. 69 f.; *Welter* S. 43 f., 167 ff.; *Soergel/ders.* Vor § 759 RdNr. 4 ff., 9; *Siber* S. 383 f.; *Kress,* Schuldrecht II, 1934, S. 73; *Esser/Weyers* BT/1 § 44 IV 2; *Fikentscher/Heinemann* RdNr. 1345; *Larenz* SchR II, 12. Aufl., § 65 III; *Medicus* SchR II § 114 II; s. ferner OLG Celle NJW-RR 1990, 1490; aA – der Rspr. zust. – *RGRK/v. Gamm* RdNr. 1; *Palandt/Sprau* RdNr. 1; *PWW/Brödermann* RdNr. 2, 9; zu wN s. Fn. 80.
[16] Vgl. RGZ 106, 93, 95; BGH WM 1980, 593, 595 (unter II 3); LM Nr. 2 = NJW-RR 1991, 1035 (zu OLG Celle NJW-RR 1990, 1490).
[17] Vgl. *Gerber,* System des Deutschen Privatrechts, 17. Aufl. 1895, § 171 (zum Rentenkauf); *Welter* S. 177, 183.
[18] So zu Recht *Soergel/Welter* Vor § 759 RdNr. 14; näher zum Dauerschuldverhältnis Bd. 2 Einl. RdNr. 96 ff.; zur Frage eines in der Mitgliedschaft verkörperten verselbständigten Gewinnstammrechts s. (abl.) *Habersack,* Die Mitgliedschaft – subjektives und „sonstiges" Recht, 1996, S. 82 ff., 88 ff. m. umf. Nachw.
[19] So schon *Eccius* Gruchot 45, 11, 20 f.; vgl. dazu auch Mot. III S. 543; Prot. III S. 417; I, S. 212; *v. Tuhr* I S. 271 f.; *Welter* S. 171 f.
[20] BFHE 165, 225, 237 = BStBl. II 1992, 78 = NJW 1992, 710.

Basiert der Rentenanspruch, wie im Regelfall, auf *Vertrag,* so kann dieser sowohl gegen- 6
seitiger („Leibrentenkauf") als auch einseitig verpflichtender Natur (Schenkung) sein. Das
Leibrentenversprechen setzt indes einen Vertrag nicht voraus; seine Grundlage kann vielmehr auch eine letztwillige Verfügung oder eine Auslobung, mithin ein *einseitiges Rechtsgeschäft* sein. Stets folgt die Pflicht zur Rentenzahlung unmittelbar aus dem Rentenversprechen. Auch wenn der Gläubiger seinerseits eine **Gegenleistung** schuldet, ist diese doch
nicht fortwährend und Zug-um-Zug gegen die Leistung der Rente zu erbringen.

Leibrente ist somit eine dem Berechtigten *auf Lebenszeit* (RdNr. 21) zustehende wieder- 7
kehrende, von fortlaufenden Gegenleistungen unabhängige Leistung in Geld oder vertretbaren Sachen, die aus einem einheitlichen Kapitalwert abgeleitet und insofern in ihrem
Zuwendungswert eindeutig bestimmt ist (RdNr. 20). Daran fehlt es im Allgemeinen, wenn
der Versprechende seine Leistung von wirtschaftlichen Voraussetzungen irgendwelcher Art,
zB von seiner Leistungsfähigkeit oder von der Bedürftigkeit des Gläubigers, abhängig
macht.[21] Freilich bleibt es dem Parteiwillen vorbehalten, einer Rentenvereinbarung im
Sinne gemischttypischer Vertragsgestaltung den Zweck der Unterhaltungssicherung mehr
oder weniger gewichtig zugrundezulegen, was sich auf die Maßstäbe für eine Anpassung an
Veränderungen der Geschäftsgrundlage (RdNr. 31 ff.) auswirken kann.

3. Abgrenzung. In der Praxis stehen Rentenvereinbarungen oft in Zusammenhang mit 8
anderen Rechtsverhältnissen der Beteiligten. Die Rspr. neigt hier dazu, insbesondere gegen
Formmängel (§ 761) mit der Annahme zu helfen, es liege kein eigentliches Leibrentenversprechen vor, sondern eine Vereinbarung über anderweitig bestehende (oder umstrittene)
Ansprüche, durch die lediglich die Erfüllungsmodalitäten abgeändert, nicht aber der Anspruch selbst von seinem ursprünglichen Schuldgrund abgelöst und durch Novation selbstständig neu begründet werde.[22] Hier ist zu unterscheiden:

Soweit die zugrunde liegende Rechtsbeziehung ihrer Natur nach bereits eine Renten- 9
verpflichtung enthalten kann, wie dies bei *Schadensersatz- und Unterhaltsverhältnissen* der Fall
ist, ist eine Vereinbarung darüber grundsätzlich nicht formbedürftig; sie hat nur dann eine
Leibrente zum Gegenstand, wenn sie die Leistungspflicht des Schuldners von den diesen
Rechtsverhältnissen eigentümlichen Bestimmungsgründen (Fortdauer des Schadens bzw. der
Unterhaltsbedürftigkeit und Leistungsfähigkeit) unabhängig macht und durch *Novation*
ein selbstständiges, dem Leibrentenkauf vergleichbares **Kapitalschuldverhältnis** (RdNr. 7)
schafft. Trägt dagegen eine Vereinbarung in ein zugrunde liegendes Rechtsverhältnis das der
Leibrente eigentümliche Risikomoment der unbestimmten Dauer erst hinein, führt an dem
Formerfordernis des § 761 kein Weg vorbei.[23] Bei der Umgestaltung reiner Vermögensschuldverhältnisse lässt sich eine Ausnahme nur rechtfertigen, soweit es sich wirtschaftlich
um eine Herabsetzung, jedenfalls nicht um eine wesentliche Erhöhung eines ohnehin
zeitlich fortdauernden Leistungsverhältnisses handelt.[24] Im Einzelnen ergeben sich folgende
typische Abgrenzungsfälle:

a) Unterhaltspflichten. Vereinbarungen über gesetzliche Unterhaltspflichten[25] begrün- 10
den keine Leibrente, solange sie den Rechtsgrund der Unterhaltspflicht unangetastet lassen
und somit der Zahlungsanspruch einer nachträglichen Abänderung je nach dem Unterhaltsbedarf des Gläubigers und der Leistungsfähigkeit des Schuldners zugänglich bleibt.[26] Nur
wenn von den Beteiligten die Ersetzung der Unterhaltspflicht durch einen nicht mehr

---

[21] Insoweit zutr. RGZ 67, 204, 213: einheitliche Kapitalschuld; vgl. ferner BFH BStBl. 1974 II S. 103, 104.
[22] RGZ 91, 6, 7.
[23] Ähnlich *Henssler* S. 397 ff.
[24] RGZ 91, 6, 8; OLG Hamburg SeuffA 74 Nr. 5 S. 9 = OLGE 38, 113; RG DR 1942, 174; wohl auch RG Recht 1922 Nr. 47; aA OLG Hamburg HansGZ 1909 B 279.
[25] Zur Zulässigkeit vgl. 4. Aufl. § 1360 RdNr. 23; § 1360a RdNr. 12 f.; § 1585 c; 1614 RdNr. 6 ff.
[26] RG JW 1911, 449 = WarnR 1911 Nr. 266; WarnR 1914 Nr. 143 = SeuffA 70 Nr. 8; RGZ 150, 385, 391; RG WarnR 1938 Nr. 16 S. 38; vgl. ferner BFH NJW 1967, 1535 f.; RGZ 166, 40; OLG Koblenz OLGZ 1978, 245, 247.

zweckgebundenen vermögensrechtlichen Anspruch gewollt ist, was bei Scheidungsvereinbarungen im Zusammenhang mit weiteren Vermögenstransaktionen oder -verzichten in Betracht kommt,[27] wird die Grenze zum Leibrentenvertrag überschritten. Eine solche Umgestaltung des Schuldgrundes ist nur ausnahmsweise anzunehmen; es bedarf dazu besonderer Anhaltspunkte,[28] die insbesondere in einem ausdrücklichen Verzicht auf Rechte gemäß § 323 ZPO zu finden sind.[29] Das RG[30] hat auch inhaltlich unbestimmt gelassene Unterhaltsvereinbarungen, die von gesetzlich nicht unterhaltsberechtigten Angehörigen gegen Hingabe von Vermögenswerten ausbedungen wurden, formlos gelten lassen, da auch hier nicht der rechtsgeschichtlich überkommene Typus der Leibrente vorliege.

11 **b) Vorweggenommene Erbfolge, Altenteil.** Nicht der Form des § 761, aber zumeist anderen Formbestimmungen unterliegen die mit Vermögensübergabeverträgen in vorweggenommener Erbfolge häufig verbundenen **Versorgungsvereinbarungen** (RdNr. 17f.), von denen nur die Altenteilsverträge eine besondere landesgesetzliche Regelung gefunden haben (4. Aufl. Art. 96 EGBGB RdNr. 1 ff.).

12 **c) Ausstattung.** Versorgungszusagen von Eltern an ihre Kinder sind nicht Leibrente, soweit sie sich im Rahmen des § 1624 halten und somit auch nicht dem familienrechtlich selbstverständlichen Vorbehalt gleich bleibender Verhältnisse entzogen sind.[31] Gehen sie darüber hinaus, unterliegen sie dem Schenkungsrecht (4. Aufl. § 1624 RdNr. 11 f.).

13 **d) Schadensersatzpflichten.** Formfrei wirksam sind auch Rentenvereinbarungen aus Anlass einer deliktsrechtlichen Schadensersatzpflicht, sofern nicht die Leistungspflicht des Schuldners durch Novation auf eine neue Grundlage, eben ein Leibrentenversprechen, gestellt wird (RdNr. 9).[32]

14 **e) Ruhegehalt, Betriebsrente.** Nicht als Leibrente, aber auch nicht als Schenkung[33] sind seit jeher Versorgungszusagen angesehen worden, die mit einem Dienst- oder Arbeitsverhältnis in Zusammenhang stehen, und zwar auch dann nicht, wenn sie erst bei oder nach dem Ausscheiden[34] gegeben worden sind. Hier wird für zu leistende oder schon geleistete Dienste ein besonderes Entgelt vereinbart, das nach Tradition und Verkehrsauffassung nicht unter den Begriff der Leibrente fällt.[35] Es kommt also auch nicht auf die individuelle schriftliche Erteilung (§ 761) des Versprechens an. Die Bestandskraft und Abänderbarkeit solcher Versorgungszusagen bestimmt sich nach dienst- oder arbeitsrechtlichen Grundsätzen.[36] Zu Unrecht hat allerdings das RG[37] auch die Vereinbarung einer lebenslänglichen Rente, die einem Rechtsanwalt für die Vermittlung eines Verkaufsgeschäfts nachträglich anstelle seines einmaligen Honorars zugesagt war, dem Formerfordernis des § 761 entzogen, weil den Anlass eine dienstvertragliche Leistung gegeben habe.

15 **f) Erbauseinandersetzungen.** Anlass zu Verträgen über eine lebenslängliche Versorgung bieten erbrechtliche Auseinandersetzungen, wenn es darum geht, Beteiligte abzufinden und

---

[27] OLG Schleswig FamRZ 1991, 1203; OLG Nürnberg FamRZ 1996, 296; § 1585c RdNr. 8ff., 18; *Gernhuber/Coester-Waltjen* § 30 XII 11.
[28] RGZ 166, 378, 381; vgl. auch RGZ 166, 40, 48f.; RG HRR 1937 Nr. 1309; bedenklich BGH NJW-RR 1993, 773 = FamRZ 1933, 1047; s. iÜ RdNr. 32.
[29] RGZ 150, 385, 391; OLG Karlsruhe NJW 162, 1774; vgl. auch RGZ 140, 167; BFH NJW 1967, 1487 und 1535; BFHE 111, 18 = BStBl. 1974 II S. 409, 511.
[30] RG WarnR 1911 Nr. 266 S. 302; vgl. auch RG JW 1928, 1287f.
[31] RGZ 67, 204, 213; RG WarnR 1914 Nr. 166 S. 230; LZ 1921, 567; RGZ 111, 286f.; *Gernhuber/Coester-Waltjen* § 56 II 2.
[32] RGZ 89, 259, 261f.; OLG HansGZ 1916 B 171 = OLGE 34, 140; vgl. auch RG JW 1928, 3036f.; instruktiv zur Kapitalisierung von Schadensersatzrenten *Langenick/Vatter* NZV 2005, 10.
[33] RGZ 94, 322; BGH LM § 117 Nr. 4 = JZ 1977, 341; iÜ § 516 RdNr. 33.
[34] RAGE 11, 234 = JW 1933, 239 (m. Anm. *A. Hueck*); RG DR 1940, 1310f.; BAGE 8, 38 = AP § 516 Nr. 2 = NJW 1959, 1746.
[35] RGZ 80, 208, 211; 94, 157, 159; RG JW 1932, 1371; SeuffA 93 Nr. 96 S. 257; BGH NJW-RR 1994, 357; BFH DB 1987, 1666.
[36] Vgl. zur Versorgung von Vorstandsmitgliedern auch BGH LM § 242 (Bb) Nr. 85.
[37] RG JW 1938, 370 = WarnR 1938 Nr. 73 S. 175 f.

Dauer und Betrag der Rente 16, 17 § 759

Werte von wirtschaftlicher Bedeutung in ihrer Funktion ungeteilt in einer Hand zu erhalten. Auch hier ist in der Praxis die Tendenz erkennbar, nicht formgerechte Rentenvereinbarungen mit der schon begrifflich verfehlten Begründung anzuerkennen, es liege keine Umschaffung des Schuldgrundes vor.[38] Das widerspricht dem erkennbaren Sinn des Gesetzes, das jede rechtsgeschäftliche Übernahme einer auf die Lebenszeit des Gläubigers, also einer auf unbestimmte Zeit fortdauernden Rentenpflicht dem Formerfordernis des § 761 unterstellt.

g) Aufhebung gesellschaftsrechtlicher Beteiligungen. Einen typischen Fall des Leib- 16 rentenvertrages bildet die Veräußerung von Geschäften oder Geschäftsanteilen an Dritte gegen eine lebenslängliche Versorgung.[39] Dagegen bietet das Ausscheiden aus einer Gesellschaft scheinbar wiederum die Möglichkeit, dem Formerfordernis des § 761 mit der Begründung auszuweichen, die von der Gesellschaft oder den verbleibenden Gesellschaftern übernommene lebenslängliche Rentenpflicht sei nicht verselbstständigt worden, sondern nur als (formlos wirksame) Modalität gesellschaftsrechtlicher Auseinandersetzung gewollt gewesen.[40] Das ist allenfalls vertretbar, soweit auch schon die gesellschaftsrechtliche Beteiligung wirtschaftlich vergleichbare lebenslängliche Ansprüche enthält (RdNr. 9).

h) Leibrenten im Steuerrecht. Mit dem Jahressteuergesetz 2008 (RdNr. 18) hat der 17 Gesetzgeber die einkommensteuerrechtliche Behandlung der Vermögensübertragung gegen Versorgungsleistungen maßgeblich geändert; dies betrifft insbesondere Leibrenten (RdNr. 18). Nach bisheriger, für **Altfälle** weitgehend fortgeltender (§ 52 Abs. 23 e EStG) Rechtslage waren wegen unterschiedlicher Steuerbarkeit von der Leibrente ieS Versorgungsrenten und Unterhaltsrenten abzugrenzen.[41] (1) Was zunächst *Leibrenten* betrifft, so waren sie – soweit sie nicht Einkünfte iS des § 2 Abs. 1 Nr. 1 bis 6 EStG begründen (§ 22 Nr. 1 S. 1 EStG) – insoweit bei dem Gläubiger steuerbar (§ 22 Nr. 1 S. 3 Buchst. a EStG) und bei dem Schuldner als Sonderausgaben absetzbar (§ 10 Abs. 1 Nr. 1a S. 2 EStG), wie in ihnen ein (tabellarisch zu veranschlagender) Ertragsanteil (Verzinsungszuschlag zum Kapitalanteil, vgl. RdNr. 24) enthalten war. (2) *Versorgungsrenten,* die ein konkretes Versorgungsbedürfnis zum Gegenstand haben und denen deshalb die Leibrenten kennzeichnende „gleichmäßige Höhe" fehlt, waren als wiederkehrende Bezüge in voller Höhe steuerbar (§ 22 Nr. 1 S. 1 EStG) und als dauernde Last absetzbar (§ 10 Abs. 1 Nr. 1a S. 1 EStG). (3) Vertraglich vereinbarte *Unterhaltsrenten* schließlich, ob auf gesetzlichen Unterhaltspflichten beruhend oder freiwillig übernommen, waren und sind steuerlich unbeachtlich (§ 12 Nr. 2 EStG). Zur begrifflichen Bestimmung des steuerrechtlichen Leibrententatbestandes suchte die frühere Rechtsauffassung Anlehnung bei der hergebrachten zivilrechtlichen Konstruktion eines einheitlichen, abstrakten oder „isoliert" bestehenden Rentenstammrechts, das durch die privatrechtliche Vertragsgestaltung hervorgebracht sein soll (vgl. RdNr. 3 und dagegen RdNr. 4 ff.). Dem rein begrifflich entsprechend wurde auch in der nach ihrem Zuwendungszweck bedarfsbezogen variablen Versorgungsrente lediglich der isolierte Zahlungsanspruch gesehen, der als Modalität freier Vereinbarung zur Wahl stehen sollte. Neuere, vor allem in Beschlüssen des **Großen Senats des BFH**[42] dargelegte Rechtseinsichten begründeten eine typologische Betrachtungsweise für die zugrundeliegenden Lebensverhältnisse, deren objektiv vorgegebene Rechtsgestalt nicht nach rechtsgeschäftlichem Belieben steuerlich günstig abgewandelt werden konnte. Eine Leibrente lag danach vor, wenn fortlaufende Leistungen nach ihrem Verpflichtungsgrund eine **Vermögensumschichtung** darstellten,[43]

---

[38] RG Gruchot 71 (1930), 614; anders und richtig RG SeuffA 75 Nr. 73 S. 123.
[39] Beispiel: BGH WM 1960, 1301.
[40] BGH WM 1966, 248 = DB 1966, 419 = BB 1966, 305; vgl. auch BGH FamRZ 1989, 948 = NJW-RR 1989, 866; RG WarnR 1922 Nr. 65 S. 77 f.
[41] Näher zum Folgenden BFHE 197, 179; eingehend zum Steuerrecht der wiederkehrenden Leistungen P. Fischer passim; s. ferner Staudinger/Amann Vor § 759 RdNr. 40 ff.
[42] BFHE 165, 225 = BStBl. 1992 II S. 78 = NJW 1992, 710; BFHE 161, 317 = BStBl. 1990 II S. 847 = NJW 1991, 254; s. ferner BFHE 185, 199 = BStBl. 1998 II S. 339 = NJW 1998, 2311; s. dazu auch P. Fischer MittBayNot. 1996, 137.
[43] BFHE 165, 225, 236 f. (Fn. 42); Kirchhof/Söhn/P. Fischer § 22 RdNr. B 221 ff.

während sich die Versorgungsrente falltypisch insbesondere aus den in vorweggenommener Erbfolge vollzogenen Vermögensübergabe- und Versorgungsverträgen (RdNr. 11) ergab. Ungeachtet der rechtsgeschäftlichen Konstruktion war die Vermögensübertragung wie eine erbrechtliche Rechtsnachfolge als nicht entgeltlich zu verstehen, die dafür eingetauschte Versorgung dagegen als **Vorbehalt von Erträgen,**[44] wenngleich diese vom Übernehmer miterwirtschaftet werden müssen und dem Übergeber rechtstechnisch nur in der Form von Ansprüchen zugewiesen werden können.

18 Nach § 10 Abs. 1 Nr. 1a EStG in der Fassung durch das **Jahressteuergesetz 2008** vom 20. 12. 2007 (BGBl. I S. 3150) können Versorgungsleistungen jeder Art in voller Höhe als Sonderausgaben abgesetzt werden, wenn bestimmte weitere Voraussetzungen vorliegen; zudem ist das schon bislang anerkannte Korrespondenzprinzip gesetzlich in § 22 Nr. 1b EStG fixiert worden.[45] Danach hat der Empfänger der Versorgungsleistungen diese als sonstige Einkünfte zu versteuern, soweit der Zahlungspflichtige sie als Sonderausgaben abziehen kann. Einer Abgrenzung zwischen Leibrente und dauernder Last bedarf es im Rahmen dieser Vorschriften nicht mehr; der neu ins Gesetz aufgenommene Begriff der Versorgungsleistungen umfasst beide Gestaltungsalternativen. Im übrigen kann zur Begriffsbestimmung auf die bisherige Rechtsprechung zurückgegriffen werden.[46] Nicht obsolet geworden ist daher die Abgrenzung zur Unterhaltsrente (RdNr. 19) und zu wiederkehrenden Leistungen mit Entgeltcharakter. Abgesehen von dieser punktuellen Erweiterung hat das Jahressteuergesetz 2008 die **Abzugsfähigkeit** von Versorgungsleistungen als Sonderausgaben nach § 10 Abs. 1 Nr. 1a EStG **erheblich eingeschränkt,** um das Rechtsinstitut der Vermögensübergabe gegen Versorgungsleistungen auf seinen Kernbereich zurückzuführen.[47] Voraussetzung ist nun ein Zusammenhang der Versorgungsleistungen mit der Übertragung bestimmter Vermögensgegenstände nach § 10 Abs. 1 Nr. 1a Satz 1 lit. a bis c EStG, namentlich eines Mitunternehmeranteils an einer land- und forstwirtschaftlich, gewerblich oder freiberuflich tätigen Personengesellschaft, eines (Teil-) Betriebs oder eines mindestens 50% betragenden GmbH-Geschäftsanteils, wobei der Übernehmer den Übergeber dann auch als Geschäftsführer ablösen muss. Vor allem letztere Zusatzvoraussetzung hat im Schrifttum Kritik ausgelöst; insbesondere werden gegen die Beschränkung der Vorschrift auf die GmbH und die fehlende Gleichstellung ausländischer Rechtsformen und der AG europa- und verfassungsrechtliche Bedenken vorgebracht.[48] Noch nicht geklärt sind auch die steuerlichen Folgen der Übertragung nicht privilegierter Vermögensgegenstände.[49]

19 Die auch nach neuer Rechtslage erforderliche Abgrenzung der Versorgungsleistungen gegen eine **Unterhaltsrente** und das Zurücktreten der Regelung des § 12 Nr. 2 EStG ergibt sich aus der Berücksichtigung der Übertragung eines als Lebensgrundlage dienenden Vermögens. Im Rahmen dieser typologischen Zuordnung stellt sich die Frage, ob §§ 10 Abs. 1 Nr. 1a, 22 Nr. 1 S. 2a EStG bei Übertragung einer ertragsbringenden Wirtschaftseinheit auch dann Anwendung finden, wenn die vereinbarten Versorgungsleistungen nicht aus den Erträgen des übergebenen Vermögens gezahlt werden können. Es genügt jedenfalls nicht, wenn das übergebene Vermögen lediglich seiner Art nach existenzsichernd und

---

[44] BFHE 161, 317, 328 f. (Fn. 42); 165, 225, 238 (Fn. 42); BVerfG DStR 1993, 315 m. Anm. *P. Fischer*; BFHE 176, 19 = ZEV 1995, 119 = MittRhNotK 1995, 238; BFHE 176, 333 = ZEV 1995, 154 = MittRhNotK 1995, 240; dazu *P. Fischer* DB 1994, 2310, 2311 und FR 1995, 583 f.; *Klein-Blenckers* MittRhNotK 1995, 221.
[45] BR-Drucks. 544/07, S. 67; vgl. auch *Röder* DB 2008, 146, 149; *Schulze zur Wiesche* BB 2007, 2379, 2380; *Spiegelberger* DB 2008, 1063, 1064; *Wälzholz* DStR 2008, 273, 277.
[46] *Röder* DB 2008, 146, 149; *Schulze zur Wiesche* BB 2007, 2379.
[47] BR-Drucks. 544/07 S. 66
[48] Vgl. etwa *Spiegelberger* DB 2008, 1063, 1064 f. und *Wälzholz* DStR 2008, 273, 275 f.; krit. auch *Röder* DB 2008, 146, 149.
[49] Vgl. dazu *Fleischer* ZEV 2007, 475, 478 (gleichwohl noch unentgeltlicher Vorgang, keine einkommensteuerpflichtige Veräußerung); aA *Röder* DB 2008, 146, 151 f. und *Wälzholz* DStR 2008, 273, 277, 278 (ggf. einkommensteuerpflichtige Veräußerung mit Hebung stiller Reserven).

ertragbringend ist,[50] die Nettoerträge im konkreten Fall jedoch die versprochenen Sach- oder Geldleistungen nicht abdecken. Vielmehr muß sich aus dem übertragenen Vermögenswert die bedungene Vermögensleistung erwirtschaften lassen. Maßgeblich ist hier die Prognose zum Zeitpunkt des Vertragsschlusses. Erfüllen sich die Ertragserwartungen nicht, sind hieraus keine Konsequenzen zu ziehen. Bei der Übergabe von Unternehmen ist zu vermuten, dass die Vertragschließenden von ausreichenden Erträgen ausgegangen sind.[51] Auch ein Nutzungsvorteil (ersparte Aufwendungen) kann als „Ertrag" angesehen werden. Diese Rechtslage ist im wesentlichen Folge zweier Entscheidungen des Großen Senats des BFH,[52] der große Teile des damals geltenden „Rentenerlasses"[53] für unwirksam hielt. Nicht dem Typus des Übergabevertrages zuzuordnen ist die Übertragung von Vermögenswerten, die ihrer Art nach den hergebrachten Kennzeichen einer Lebensgrundlage fern stehen, wie etwa Sammlerwerte oder **reines Geldvermögen**.[54] Eine Vermögensversorgungsleistung liegt ferner nicht vor, wenn die Laufzeit der Leistungen kürzer ist als die voraussichtliche **Lebenserwartung** des Bezugsberechtigten.[55]

III. Einzelheiten

1. Gegenstand der Leibrente. Die Schuld muss in **Geld oder vertretbaren Sachen** bestehen[56] und als Zuwendungsgegenstand **fest bestimmt** sein (RdNr. 7). Die Höhe muss nicht gleich bleiben; sie kann insbesondere mit einer Wertsicherungsklausel (RdNr. 25) verbunden werden.[57] Nicht Leibrente sind demnach die Wohnraumleihe,[58] die Verpflichtung zur Bestellung eines Dauerwohnrechts (§ 31 WEG), die Übernahme von Dienstleistungen oder ein Versorgungsversprechen gegen fortdauernde Dienstleistungen;[59] ebenso nicht eine zwar auf Lebenszeit bezogene, im Übrigen aber inhaltlich unbestimmte, von den beiderseitigen Verhältnissen abhängige Unterhaltszusage.[60] Sind solche anderen Leistungen vereinbart, bedarf das Versprechen nicht der Form des § 761. Formfrei wirksam ist deshalb auch eine Versorgungszusage, deren Höhe sich nach dem Ertrag des überlassenen Vermögens bemisst.[61]

2. Dauer. Eine Leibrente liegt nur vor, wenn die Leistungen für die Lebensdauer eines Menschen zu entrichten sind.[62] Die gesetzliche Vermutung, dass die Zahlungspflicht des Schuldners für die Lebenszeit des *Gläubigers* besteht, greift erst ein, wenn die Rechtsnatur des Anspruchs als Leibrente feststeht (RdNr. 2). Die Beweislast dafür trägt der Gläubiger, der sich zunächst auf den äußeren Anschein einer formgerechten Verpflichtungserklärung berufen kann. Im Übrigen können die Parteien vereinbaren, dass die Rente für die Lebens-

---

[50] Vgl. Tz. 17 des Schreibens des BMF vom 26. 8. 2002, BStBl. I S. 893 (zu dessen Schicksal s. sogleich).
[51] Zur steuerlichen Beurteilung der Veräußerung von Unternehmen gegen Leibrente vgl. *Kiesewetter/Schipke* DB 2004, 1677.
[52] BFH (GrS) NJW 2003, 3508 und 3511; zuvor BFHE 188, 497 (dazu *Spiegelberger* DStR 2000, 1073 *Weimer* MittRhNotK 2000 114) und BFHE 193, 121 (betr. den Fall, dass zwar die Nettoerträge die Versorgungsleistungen decken, der Substanzwert des übertragenen Vermögens aber negativ ist und der Ertragswert gleich Null ist; dazu *Paus* DStZ 2001, 398f.; *Spiegelberger* Stbg 2001, 253ff.). Aus der älteren Rspr. vgl. BFHE 167, 86 = BStBl. 1992 II S. 526 = BB 1992, 1120 m. Anm. *Woerner*; BFHE 165, 225, 239f. (Fn. 42); dazu *Martin* BB 1993, 1773, 1777; *P. Fischer* DB 1994, 2310, 2311.
[53] BMF, Schreiben vom 23. 12. 1996 (BStBl. I S. 1508), insbes. Tz. 17ff., 38ff.; vgl. nunmehr BMF, Schreiben vom 16. 9. 2004 (BStBl. I S. 922).
[54] BFHE 167, 375 = BStBl. 1992 II S. 609; BFH NJW 1998, 775; 2000, 1591; *P. Fischer* RdNr. 196ff.; ders. DB 1993, 1002, 1005; *Martin* BB 1993, 1773, 1776.
[55] BFHE 176, 19.
[56] *Staudinger/Amann* Vor § 759 RdNr. 14; *Erman/Terlau* RdNr. 5.
[57] BGH WM 1980, 593, 594.
[58] BGHZ 82, 354 = NJW 1982, 820; vgl. aber auch *Erman/Terlau* RdNr. 5 mit Hinweis auf LG Kleve vom 12. 9. 2003, 1 O 174/02, BeckRS 2005, 14318: Teil eines Altenteilrechts kann Leibrente sein.
[59] RG WarnR 1922 Nr. 65 S. 77f.
[60] RG WarnR 1911 Nr. 266 S. 302f.; JW 1928, 1287f.; vgl. iÜ RdNr. 10.
[61] RGZ 137, 259, 261f.
[62] RGZ 67, 204, 208f.; *Staudinger/Amann* Vor § 759 RdNr. 15; *Erman/Terlau* RdNr. 2.

zeit des *Schuldners* oder eines *Dritten* zu entrichten ist.[63] Die unentgeltliche Leibrente endet nach § 520 im Zweifel mit dem Tod des Verpflichteten. – Zur Abgrenzung gegenüber andersartigen Rentenpflichten vgl. iÜ RdNr. 10 ff.

22   Zusätzliche **Nebenbestimmungen** über besondere Erlöschensgründe, etwa für den Fall der Verheiratung[64] oder Wiederverheiratung des Berechtigten, oder eine aufschiebende Bedingung[65] nehmen dem Anspruch nicht den Charakter der Leibrente.[66] Möglich sind auch Mindestlaufzeiten oder ergänzende Ansprüche, die nach dem Tode des Gläubigers Dritten zugute kommen (RdNr. 23). Zur **Verjährung** s. § 760 RdNr. 5.

23   **3. Mehrere Berechtigte.** Ansprüche mehrerer Berechtigter können nebeneinander, und zwar selbstständig oder in Rechtsgemeinschaft, vereinbart sein oder zeitlich gestaffelt zur anschließenden Versorgung des Überlebenden. Auch kann sich der Hauptgläubiger ein Bestimmungsrecht vorbehalten. Möglich sind auch Bedingungen oder Einschränkungen dahin, dass der Anspruch eines Berechtigten zugunsten des anderen erlöschen oder ruhen soll, etwa während der Dauer von Vollstreckungsmaßnahmen gegen einen von ihnen.[67] Hat der so Ausgeschlossene für die Leibrente die Gegenleistung erbracht, bestehen für seine Gläubiger freilich die Zugriffsmöglichkeiten des AnfG. – Zur Rechtsstellung eines am Vertragsschluss nicht beteiligten Dritten vgl. RdNr. 41 f.

24   **4. Bemessung, Wertsicherung.** Für die (vollständige oder anteilige) Umwandlung eines als Veräußerungsentgelt zugrunde gelegten Kapitalwerts in eine Leibrentenschuld bieten sich in Anlehnung an die auch in der Versicherungspraxis verwendeten Erfahrungswerte **Umrechnungsformeln** an,[68] die sowohl die durchschnittliche Lebenserwartung des Gläubigers als auch einen Zinsfaktor[69] berücksichtigen. Von ihnen kann je nach der Einschätzung der individuellen Verhältnisse und insbesondere nach mitwirkenden Schenkungs- und Versorgungszwecken abgewichen werden.[70] Eine gegen die Absicht der Vertragspartner unrichtige Bestimmung der Rentenhöhe kann je nach Lage des Falles und entsprechend der Rechtslage bei der Berechnung von Kaufpreis-Endsummen als falsa demonstratio durch Auslegung zu berichtigen sein (§ 119 RdNr. 60 ff.) oder ggf. das Eingreifen des § 313 (RdNr. 31 ff.) nach sich ziehen.[71]

25   Bei langfristig angelegten Rentenansprüchen ist die Vereinbarung von **Wertsicherungsklauseln** üblich. Die Anregung dazu gehört zu den Pflichten des Rechtsberaters.[72] Von der konkreten Ausgestaltung der Wertsicherungsklausel hängt es zunächst ab, ob eine vorgesehene Erhöhung von selbst eintritt,[73] ob sie von einem durch Erklärung wahrzunehmenden einseitigen Bestimmungsrecht des Gläubigers oder eines Dritten[74] abhängt oder ob nur ein Anspruch auf eine neu zu treffende Vereinbarung besteht. Davon wiederum hängt in der Regel die Möglichkeit von Nachforderungen ab, wobei das Erfordernis einer einseitig bestimmenden Gläubigererklärung eine rückwirkende Erhöhung nicht zwingend ausschließt.[75] Vor allem aber entscheidet die Ausgestaltung der Klausel über deren **Genehmi-**

---

[63] *Staudinger/Amann* Vor § 759 RdNr. 15; *Erman/Terlau* RdNr. 2.
[64] RG WarnR 1922 Nr. 65 S. 77.
[65] RGZ 106, 93, 96; vgl. auch BGH WM 1973, 1176.
[66] BGH WM 1980, 593; RGZ 67, 204, 210.
[67] BGH LM § 428 Nr. 13 = NJW 1979, 2038; KG OLGE 22, 388; einschränkend *Tiedtke* NJW 1980, 2496.
[68] Vgl. die Werke von *Schneider/Schlund/Haas* und *Vogels,* Verrentung von Kaufpreisen – Kapitalisierung von Renten, 2. Aufl. 1992; ferner *Langenick/Vatter* NZV 2005, 10, 14 ff.
[69] Erläuterungen bei *Heubeck/Heubeck* DNotZ 1978, 643 und 1985, 469; *Kiethe* MDR 1993, 1034 und 1155; dazu auch BVerwGE 57, 87 = NJW 1979, 2578; *Möckel* ZfBR 1985, 11.
[70] Zur Abgrenzung zwischen Rentenkapital und Zins BGH LM § 248 Nr. 2.
[71] S. aber auch OLG Frankfurt NJW-RR 1995, 79. – Näher zu den Rechtsfolgen eines Kalkulationsirrtums § 119 RdNr. 87 ff.
[72] BGH VersR 1968, 450, 452.
[73] BGH LM § 157 (Ge) Nr. 32 = NJW 1980, 589.
[74] BGH NJW 1984, 126 = LM § 812 Nr. 159 (Herabsetzung); dazu auch BGH LM ZPO § 256 Nr. 133; NJW 1996, 1748.
[75] BGH DNotZ 1979, 19; vgl. auch BGH LM WährG § 3 Nr. 18; LM § 157 (Ge) Nr. 28.

Dauer und Betrag der Rente 26–28 § 759

gungsbedürftigkeit. Nach § 2 Abs. 1 S. 1 und 2 Preisangaben- und Preisklauselgesetz (PaPkG) bedürfen nämlich Klauseln, denen zufolge der Betrag von Geldschulden unmittelbar und selbsttätig durch den Preis oder Wert von anderen Gütern oder Leistungen bestimmt wird, die mit den vereinbarten Gütern oder Leistungen nicht vergleichbar sind, der Genehmigung durch das Bundesministerium für Wirtschaft; die Voraussetzungen für eine Genehmigung regeln §§ 2f. Preisklauselverordnung (PrKV).[76] Nicht unmittelbar und automatisch wirkende Klauseln sind dagegen genehmigungsfrei. – Zur Rechtslage bei Fehlen von Wertsicherungsklauseln vgl. RdNr. 31 ff.

Mit dem allgemeinen Risiko der Geld- und Sachwertentwicklung trägt jeder Vertragspartner auch das Risiko der Unzweckmäßigkeit der für eine Wertsicherungsklausel verwendeten **Bezugsgröße.** Die Rspr. neigt deshalb überwiegend dazu, umstrittene Vereinbarungen eng und wörtlich auszulegen. Auch der Leibrentenschuldner bleibt mithin gebunden, wenn die in Bezug genommenen Beamtengehälter oder Altersrenten stärker gestiegen sind als die allgemeine Geldentwertung.[77] Umgekehrt nimmt die Leibrente an einer Erhöhung der Beamtengehälter, soweit diese in Form von Sonderzuwendungen gewährt wird, nicht teil, wenn die Wertsicherung ausdrücklich nur auf das Grundgehalt bezogen worden ist.[78] Doch ist auch die Bereitschaft erkennbar, bei nur vage gefassten Bezugnahmen auf den Gesamtbetrag von Beamtengehältern deren gesetzliche Strukturverbesserungen mit einzubeziehen.[79] – Zum Fortfall der Geschäftsgrundlage bei untragbar gewordener Wertsicherungsklausel vgl. RdNr. 35. 26

5. Leistungsstörungen. Kommt der Schuldner mit fälligen Rentenleistungen in **Verzug,** so hat der Gläubiger nach § 288 Anspruch auf Verzugszinsen von dem rückständigen Ratenbetrag. Das Verbot der Verzinsung von Zinsen (§§ 289, 248) greift hier nicht ein. Der einzelne Rentenbetrag ist vertragliche Hauptleistung, auch wenn in seine Bemessung ein Verzinsungswert (RdNr. 24) eingegangen ist. Bei Zahlungsverzug des Schuldners mit fälligen Raten kann der Gläubiger, das Vorliegen eines gegenseitigen Vertrags unterstellt, nach § 323 Abs. 1 vom Vertrag zurücktreten und die **Rückübertragung** seiner Leistung (des Grundstücks oder Unternehmens) verlangen. Die Vorenthaltung der geschuldeten Rente ist eine Verletzung des Leibrentenvertrages und muss grundsätzlich die allgemeinen Rechtsfolgen nach sich ziehen;[80] eine Ausnahme gilt nur für Altenteilsverträge (4. Aufl. Art. 96 EGBGB RdNr. 29 ff.). 27

Die **Rechtsprechung**[81] bestreitet dies damit, dass der Leibrentenvertrag schon durch die Bestellung eines Stammrechts (RdNr. 3) erfüllt sei, ein Schuldnerverzug danach nur noch ein einseitiges Zahlungsversprechen betreffe.[82] Auch sie hat jedoch dem Gläubiger bisweilen einen bereicherungsrechtlichen Anspruch auf Rückübertragung gewährt, indem sie die 28

---

[76] Näher zu Tatbestand und Rechtsfolgen des § 2 PaPkG sowie zu den Genehmigungskriterien der §§ 2f. PrKV §§ 244, 245 RdNr. 68 ff.
[77] BGH LM WährG § 3 Nr. 23 = NJW 1974, 273 (Betriebspension); WM 1975, 445 = BB 1975, 623 (Veräußerungsrente); vgl. ferner BGH LM § 157 (Ge) Nr. 8 = NJW 1965, 531; WM 1967, 786 = BB 1967, 735; WM 1979, 250; OLG Celle WM 1980, 747 m. Anm. *Ahrens*; dazu auch *Henssler* S. 404 ff.
[78] BGH LM § 157 (Ge) Nr. 26 = NJW 1976, 2342 (Geschäftsraummiete); LM § 157 (Ge) Nr. 27 = DNotZ 1977, 411; WM 1979, 466 = LM § 157 (Ge) Nr. 30 (Erbbauzins); OLG Düsseldorf DB 1978, 2018 (Veräußerungsrente); vgl. ferner OLG Düsseldorf NJW 1968, 1677; BGH WM 1984, 900.
[79] BGH WM 1968, 830 = BB 1968, 853; LM § 133 (A) Nr. 13 = NJW 1971, 835 (Rentenvereinbarung auf Grund Auseinandersetzungsvertrags; strenger aber BGH LM WährG § 3 Nr. 27 = NJW 1975, 105 (Mietzins); vgl. andererseits aber auch BAG AP § 242 (Ruhegehalt – Beamtenversorgung) Nr. 4 m. Anm. *J. Schröder* = DB 1976, 199; BGH LM § 133 (A) Nr. 15 = NJW 1980, 1741.
[80] OLG Celle NJW-RR 1990, 1490; *Eccius* Gruchot 45, 11, 20 ff.; *Erman/Terlau* RdNr. 9; *Esser/Weyers* BT/1 § 44 IV 2; *Heck* SchR § 121 aE; vgl. auch BGH LM § 276 (Hb) Nr. 10. – § 454 aF war nicht einschlägig, s. 3. Aufl. § 454 RdNr. 6. Zur Abgrenzung: BGH NJW-RR 1988, 630 = WM 1988, 272.
[81] BGH LM Nr. 2 = NJW-RR 1991, 1035 (gegen OLG Celle NJW-RR 1990, 1490); RGZ 106, 93, 96 f.; OLG Hamburg MDR 1964, 414; dem folgend *Enneccerus/Lehmann* § 188 II 1; *Planck/Oegg* Vor § 759 Anm. II 6 c; RGRK/*v. Gamm* RdNr. 8; *Palandt/Sprau* RdNr. 4. – Anders aber wohl RG SeuffA 87 Nr. 127 S. 243 = HRR 1933 Nr. 1177.
[82] Der Rechtsgedanke entstammt der spätmittelalterlichen Reichsgesetzgebung (vgl. *Runde*, Grundsätze des gemeinen deutschen Privatrechts, 5. Aufl. 1817, § 203 b). Er darf als abgestorben angesehen werden.

§ 759 29–31   Abschnitt 8. Titel 18. Leibrente

Voraussetzungen einer Kondiktion wegen Zweckverfehlung[83] oder einer Anfechtung des Grundgeschäfts nach § 119 Abs. 2 wegen Irrtums über die Zahlungsfähigkeit oder -willigkeit des Schuldners[84] bejaht hat. Auch hat sie mitunter das Rechtsverhältnis durch Auslegung des Vertragswillens aus dem Regelungstypus der Leibrente verwiesen und damit den allgemeinen Regeln unterstellt.[85] Richtig ist, dass nicht aus geringfügigem Anlass gewichtige Dauerschuldverhältnisse abgebrochen werden sollten.[86] Das ALR[87] erlaubte deshalb den Rücktritt erst bei einem Zahlungsrückstand von drei Jahren; für den Erbbauzins verlangt § 9 Abs. 3 ErbbauRG zwei Jahre. Da die einzelnen Rentenbeträge im Rahmen des gesamten Rechtsverhältnisses nur Teilleistungen sind, ermöglicht deshalb § 323 Abs. 5 angemessene Lösungen nach Zumutbarkeit.[88] Praktisch setzt die mit der Vertragsdauer zunehmende Belastung des Gläubigers mit Rückgewährverbindlichkeiten einem Rücktritt vernünftige Grenzen. Bei überwiegend[89] unentgeltlichen Vermögensübertragungen gegen Leibrente kommt eine Rückabwicklung nach Schenkungsrecht (§§ 528, 530) in Betracht.[90] Dagegen scheidet eine Rückabwicklung nach schuldrechtlichen Regeln aus, wenn als Gegenleistung für die Veräußerung eines Grundstücks lediglich die Bestellung einer Reallast (RdNr. 36) vereinbart ist.

29   Ist der vom Leibrentengläubiger geleistete Vermögenswert, etwa ein Grundstück, **mangelhaft,** so ist der Schuldner innerhalb der Fristen des § 438 zum Rücktritt vom Vertrag (§§ 437 Nr. 2, 440) und zur Minderung (§ 437 Nr. 2) berechtigt. Aus einer **Minderung** ergibt sich nach § 441 Abs. 3 eine verhältnismäßige Herabsetzung der gesamten Rentenpflicht und somit für die Vergangenheit ein aufrechenbarer Rückzahlungsanspruch.

30   In der **Insolvenz** des Schuldners gilt der Leibrentenanspuch nach §§ 41, 45, 46 S. 2 InsO als fällig und ist insgesamt zu kapitalisieren, und zwar nicht anteilig nach der dem Vertrage zugrunde liegenden Bewertung, sondern nach der dann noch gegebenen durchschnittlichen Lebenserwartung des Gläubigers.[91] Dies gilt nicht, wenn für den Gläubiger eine bestehen bleibende Reallast bestellt ist und ein Erwerber des Grundstücks die Leibrentenschuld (mangels Ablösbarkeit) übernimmt. Mit der für die Zwecke des Insolvenzverfahrens kapitalisierten Leibrentenforderung kann der Gläubiger gegen eine Forderung der Masse aufrechnen.[92]

31   **6. Geschäftsgrundlage.** Nicht Bestandteil der vertragstypischen Geschäftsgrundlage (§ 313) ist die für die Rentenbemessung zugrundegelegte **Lebensdauer** des Rentengläubigers. In der Dauer der Rentenberechtigung verwirklicht sich vielmehr das beiderseits übernommene Geschäftsrisiko. Ob und wie weit hingegen eine Veränderung in den wirtschaftlichen Verhältnissen der Beteiligten auf den Fortbestand eines Rentenanspruchs einwirkt, bestimmt sich danach, wie stark das Rechtsverhältnis vom Zweck der **Unterhaltssicherung**[93] oder aber von der Risikoverteilung bei einem rein vermögensrechtlichen Leistungs-

---

[83] RGZ 106, 93, 97 ff.; OLG Hamburg MDR 1964, 414; aA RG Gruchot 67, 176, 178; unklar RG BayZ 1923, 17 f.
[84] BGH BWNotZ 1961, 220.
[85] BGH LM Nr. 2 = NJW-RR 1991, 1035.
[86] Ähnlich RG SeuffA 87 Nr. 127 S. 241.
[87] Preuß. ALR I, 11 § 64. – Mot. II S. 641 f. hielten besondere Vorschriften nicht für angezeigt.
[88] Ähnlich *Leonhard,* Schuldrecht des BGB, Bd. II S. 302 mit Bd. I S. 532 ff.; *Oertmann* Vor § 759 Anm. 5 b; dazu auch BGH LM Nr. 2 = NJW-RR 1991, 1035 (unter 3 b). – Für ein Rücktrittsrecht zumindest, wenn der Schuldner von vornherein nicht zahlt, RGRK/*v. Gamm* RdNr. 8; für einen Teilrücktritt ex nunc mit Kapitalisierung des Rückerstattungsinteresses *Staudinger/Amann* Vor § 759 RdNr. 27; dagegen OLG Celle NJW-RR 1990, 1490.
[89] Bei der reinen Leibrentenschenkung stellt sich dagegen die Frage eines Rückforderungsanspruchs des Leibrentengläubigers nicht.
[90] Zu § 528: BGHZ 123, 264 = NJW 1994, 256; BGHZ 125, 283 = NJW 1994, 1655; OLG Hamm NJW-RR 1993, 1412; zu § 530: BGHZ 107, 156 = NJW 1989, 2122 = LM § 530 Nr. 11. Vgl. auch BGH NJW 1981, 2458 = LM ZPO § 282 Nr. 18 (zur gemischten Schenkung).
[91] Näher *Sepp* S. 74 ff.; *Staudinger/Amann* Vor § 759 RdNr. 21; vgl. auch BGH WM 1981, 791 f.
[92] RGZ 68, 340.
[93] Vgl. dazu auch *Dürkes* D 44 ff.

austausch geprägt ist. Hierüber ist im Streitfall idR als Vorfrage zu befinden. Wegen der Vielfalt der nur am Einzelfall abschließend zu bewertenden Kriterien lassen sich nur Leitlinien herausstellen, aus denen sich aber nach dem Verhältnis von Regel und Ausnahme eine Beweislastverteilung ergibt.[94]

a) **Unterhaltsrenten.** Für Unterhaltsvereinbarungen auf der Grundlage gesetzlicher Unterhaltspflichten ist die Voraussetzung gleich bleibender Verhältnisse an sich selbstverständlich (s. RdNr. 10); somit hat auch eine angemessene Anpassung an die Geldentwertung, den Bedarf des Gläubigers und die Leistungsfähigkeit des Schuldners stattzufinden.[95] Im Einzelfall kommt es jedoch darauf an, ob und in welchem Rahmen die Beteiligten davon abweichend die Zahlungspflicht abschließend regeln und späteren Änderungen entziehen wollten.[96] Die Bezeichnung eines Anspruchs als „Leibrente" und die Einhaltung der dafür vorgeschriebenen Form ist für seine rechtliche Einordnung nicht allein ausschlaggebend.[97] Es kann auch bei einem nach der Scheidung geschlossenen Leibrentenvertrag der Versorgungszweck dominieren und zu einer nachträglichen Erhöhung des entwerteten Betrages führen, obwohl das Fehlen gesetzlicher Unterhaltsansprüche bei der Scheidung feststand.[98] Auch ein ausdrücklich erklärter Verzicht auf spätere Anpassung (etwa gemäß § 323 ZPO) bezieht sich stets nur auf eine voraussehbare und in die Vertragsgestaltung einbezogene Änderung der Umstände.[99] Zur Abgrenzung s. auch RdNr. 10.

b) **Veräußerungsrenten.** Umgekehrt bleibt bei Veräußerungsrenten wie sonst bei Kauf oder Darlehen eine nachträgliche Veränderung in den wirtschaftlichen Verhältnissen der Beteiligten grundsätzlich ohne rechtliche Auswirkungen. Das gilt auch für testamentarisch vermachte oder sonst als Vermögenstransaktion begründete Leibrenten, denen kein vorrangiger Versorgungszweck zugrunde liegt.[100] Insoweit müssen für Äquivalenzstörungen die allgemeinen Grundsätze[101] für Dauerschuldverhältnisse gelten, die von der Praxis in neuerer Zeit eher strenger gehandhabt werden, weil es den Beteiligten zumutbar ist, sich durch Wertsicherungsklauseln (RdNr. 25) selbst zu sichern. Es steht dem Parteiwillen jedoch frei, der Leibrente einen **Versorgungszweck** zu geben.[102] Auch die Umstände können dafür sprechen, je nachdem wie deutlich der Gläubiger sich in die Abhängigkeit vom Erwerber seiner bisherigen Lebensgrundlage begibt. Insoweit lässt sich eine Risikoabwägung nur für den Einzelfall treffen, wie auch die Abgrenzung zwischen Veräußerungsrente und Altenteil fließend ist.[103]

Bei einer Veräußerungsrente kann der Erwerber des Sachwerts jedenfalls keine **Herabsetzung** der Rente erwirken, weil der Verkehrswert und die wirtschaftliche Nutzbarkeit des

---

[94] *Baumgärtel/Laumen* § 759 RdNr. 2; allg. zur Beweislastverteilung anhand des Kriteriums von der Regel und der Ausnahme *Thomas/Putzo/Reichold* Vor § 284 ZPO RdNr. 24.
[95] BGHZ 128, 320, 329 ff. = NJW 1995, 1345; BGH NJW 1995, 1891, 1892; LM § 157 (Ge) Nr. 6 = NJW 1962, 2147; RG JW 1939, 345; *Gernhuber/Coester-Waltjen* § 30 XII 13; vgl. ferner § 1585c RdNr. 30 ff.
[96] BGH LM § 157 (Ge) Nr. 6 = NJW 1962, 2147; LM ZPO § 323 Nr. 16 = NJW 1979, 1656; vgl. ferner BGH LM § 242 (Bd) Nr. 10 = NJW 1962, 732; VersR 1966, 37; 1968, 450; RGZ 145, 119; 166, 40, 49 f.; RG WarnR 1923/24 Nr. 36 S. 43; Nr. 115 S. 139; 1926 Nr. 82 S. 113; 1938 Nr. 16 S. 38; JW 1935, 2619; 1939, 345; OLG Karlsruhe NJW 1962, 1774; OLG Braunschweig FamRZ 1979, 928.
[97] RG WarnR 1923/24 Nr. 115 S. 140.
[98] RG WarnR 1923/24 Nr. 116 S. 141; Nr. 141 S. 167; JR 1925 Nr. 571. – Ähnlich RG DR 1940, 2167 = WarnR 1941 Nr. 89 S. 200 (Herabsetzung einer Leibrente an frühere Geliebte).
[99] RG WarnR 1923/24 Nr. 116 S. 141; Nr. 141 S. 167; BGH VersR 1968, 450, 451 (Erhöhung); RG JW 1935, 2619 (Herabsetzung); vgl. auch RGZ 165, 26, 31.
[100] OLG Schleswig FamRZ 1991, 1203; OLG Karlsruhe JW 1934, 1801; LG Karlsruhe Justiz 1967, 120; vgl. auch BFH BStBl. 1975 II S. 882 f.; *Henssler* S. 410 f.
[101] Dazu BGHZ 86, 167 = NJW 1983, 1309; BGH LM § 242 (Bb) Nr. 81 = NJW 1976, 846; LG Kiel MDR 1968, 669; *Dürkes* F 42 ff.
[102] Vgl. etwa RG WarnR 1923/24 Nr. 3 und Nr. 117; RGZ 140, 167 (Leibrente gegen Erbverzicht); RGZ 107, 215 (Umwandlung eines Altenteils in Geldrente bei Weiterveräußerung an Dritten). – Vgl. auch BGH LM § 133 (A) Nr. 12 = NJW 1970, 2103 (Auslegung eines Leistungsvorbehalts).
[103] RG WarnR 1923/24 Nr. 78 S. 95; RGZ 107, 215.

übernommenen Gegenstandes sich für ihn ungünstig entwickelt haben.[104] Die Leibrente ist insoweit nur frei vereinbartes Entgelt; der Erwerber hat das wirtschaftliche Geschäftsrisiko hier wie sonst bei Kaufgeschäften zu tragen.[105] Für eine **Heraufsetzung** kann jedenfalls nicht der individuelle Bedarf des Gläubigers maßgebend sein. Inwieweit die allgemeine Geldentwertung von Bedeutung ist,[106] bestimmt sich vor allem danach, ob der Schuldner eine Verantwortlichkeit für den Lebensunterhalt des Veräußerers übernommen hat (RdNr. 33).[107] Das kann auch schon zu bejahen sein, wenn die vereinbarte Leibrente zugunsten des Schuldners ein wesentliches Entgegenkommen bedeutet, weil sie erst aus der Nutzung des übertragenen Vermögenswerts erwirtschaftet zu werden braucht,[108] eben dadurch aber zugunsten des Gläubigers einen partiarischen Charakter erhält. Hier hat eine Anpassung stattzufinden, wenn die nominelle Versorgung des Gläubigers und der Erwerb des Schuldners in ein unbilliges Missverhältnis geraten sind. Die Beweislast für solche besonderen, sich nicht nur auf Leistungsaustausch beschränkenden Vertragszwecke trägt der Leibrentengläubiger (RdNr. 31).

35 **c) Sachwidrige Wertsicherungsklausel.** Erweist sich die Bezugsgröße einer Wertsicherungsklausel (RdNr. 25) als nicht sachgerecht, weil sie sich anders entwickelt als die allgemeine Geldentwertung, so ist auch hier für die Frage einer Abänderbarkeit des Vertrages auf die geschäftstypische Risikoverteilung abzuheben. Bei Veräußerungsrenten gehört die Eignung der Bezugsgröße zu den übernommenen und von jedem Beteiligten zu tragenden Risiken. Ein richterlicher Eingriff in den vertraglich geregelten Interessenausgleich ist hier ebenso wenig gerechtfertigt wie bei Verträgen ohne solche Klauseln.[109] Haben die Beteiligten jedoch einem Unterhaltszweck gerecht werden wollen, so ist bei dessen Gefährdung die Vertragsanpassung auf die Wertsicherungsklausel zu erstrecken.

36 **7. Sicherungsrechte.** Bei Grundstücksveräußerungen auf Leibrente bieten sich als dingliche Sicherung des schuldrechtlichen Rentenanspruchs die Reallast (§§ 1105 ff.) und die Rentenschuld (§§ 1199 ff.) an.[110] Üblich ist die **Reallast**.[111] Da deren Gegenstand nicht fest bestimmt, sondern nur bestimmbar zu sein braucht (4. Aufl. § 1105 RdNr. 29), lassen sich schuldrechtliche Wertsicherungsklauseln in die dingliche Sicherung einbeziehen.[112] Hat der Rentengläubiger einen schuldrechtlichen Anspruch auf Erhöhung der Rente, auf den sich die bisherige Sicherung nicht erstreckt, so hat er auch einen Anspruch auf Anpassung des Sicherungsrechts.[113] Die Veräußerung des Grundstücks befreit den Rentenschuldner nur unter den Voraussetzungen der §§ 414 f.[114] Vorbehaltlich einer Schuldübernahme haftet (und schuldet, § 1108) der Erwerber des Grundstücks nur nach Maßgabe des eingetragenen Rechts.[115]

---

[104] RG JW 1938, 2135; ähnlich streng RG LZ 1932, 1423 f. (für einen Abfindungsvergleich); RGZ 140, 167, 173 (für einen Erbverzicht gegen Leibrente); OLG Düsseldorf FamRZ 1996, 1302, 1303 (Vermächtnisrente); vgl. ferner BGH WM 1957, 707, 709; LM ErbbauVO § 9 a Nr. 13 = NJW 1982, 2383, 2384 aE; OGH SJZ 1949, 35.
[105] Vgl. etwa BGH LM § 242 (Bb) Nr. 87 = MDR 1978, 132; LM § 242 (Bb) Nr. 92 = NJW 1978, 2390.
[106] Zurückhaltend OLG Düsseldorf NJW 1972, 1137 m. Anm. *Krause/Ablaß* 1674. – Zumindest kann die Rspr. zu § 9 ErbbauRG Anhalt geben.
[107] Vgl. zu einem Mietvertrag mit Versorgungszweck BGH LM § 242 (Bb) Nr. 76 = MDR 1976, 37.
[108] RG JW 1924, 813; WarnR 1925 Nr. 1.
[109] BGH WM 1967, 786 = BB 1967, 735; WM 1975, 445 = BB 1975, 623; DNotZ 1977, 411 = LM § 157 (Ge) Nr. 27; OLG Hamm DB 1975, 542; OLG Celle VersR 1978, 644; vgl. andererseits BGH LM § 157 (D) Nr. 27 = MDR 1973, 212 (Roggenklausel in Mietvertrag); LG Lübeck NJW 1976, 427. – Vgl. iÜ RdNr. 26; ferner § 313 RdNr. 163 f.
[110] Vgl. dazu BGH WM 1970, 92; 1984, 878; *Koenen* MittRhNotK 1994, 329, 333 ff.
[111] Zu deren Verwirklichung *Amann* DNotZ 1993, 222.
[112] BGHZ 111, 324 = NJW 1990, 2380 = LM § 1105 Nr. 3; BayObLG NJW-RR 1993, 1171 = Rpfleger 1993, 485; vgl. auch BGH NJW 1995, 2780, 2781 (zu III 2 a).
[113] BGHZ 96, 372 = NJW 1986, 1333 = LM § 242 (Bb) Nr. 117.
[114] Zum Ausgleichverhältnis zwischen persönlichem Schuldner und haftendem Eigentümer BGHZ 58, 191 = NJW 1972, 814; BGH NJW 1991, 2899 = LM § 426 Nr. 91; NJW 1993, 2617.
[115] BGH NJW-RR 1989, 1098.

Dauer und Betrag der Rente 37–40 § 759

8. Verfügungen. a) Abtretung. Der Rentenanspruch ist nach § 398 ganz oder in 37 einzelnen Raten übertragbar, sofern nicht die Abtretung nach § 399 vertraglich ausgeschlossen ist.[116] Auf der Grundlage der hier vertretenen, ein eigenständiges Rentenstammrecht ablehnenden Ansicht (RdNr. 4 ff.) handelt es sich auch bei der Abtretung des Leibrentenanspruchs in seiner Gesamtheit um nichts anderes als um die Abtretung einzelner (künftiger) Ansprüche auf Ratenzahlung. Die Dauer des Rentenanspruchs bleibt auch nach erfolgter Abtretung an die Daten des Entstehungstatbestandes, im Zweifel also an die Lebenszeit des Zedenten, gebunden. In Betracht kommt vor allem die **Überleitung** auf Sozialhilfeträger nach §§ 33 SGB II, 93 SGB XII.[117] – Zur Abtretbarkeit von Altenteilsrechten vgl. 4. Aufl. Art. 96 EGBGB RdNr. 36.

b) Pfändung. Pfändbar sind Leibrenten nach allgemeinen Regeln als Forderungen, und 38 zwar nach § 832 ZPO auch mit Wirkung auf künftig fällig werdende Beträge. Ein Unterhaltsbedürfnis wird zwar in § 850 b ZPO gegenüber dem Zugriff auf Versorgungsansprüche und Ansprüche mit sozialem Charakter durch die für Arbeitseinkommen geltenden Pfändungsfreigrenzen berücksichtigt. Doch lehnt die Praxis die Gleichstellung der durch Kaufpreisrenten geschaffenen Altersversorgung überwiegend ab.[118] Es bleibt danach nur der Vollstreckungsschutz nach § 765 a ZPO. Im Einzelfall kommt es freilich noch darauf an, ob in Wahrheit ein auf gesetzlicher Grundlage beruhender, vollstreckungsrechtlich nach § 850 b ZPO privilegierter Rentenanspruch vorliegt, der nur vertraglich geordnet worden ist.[119]

c) Aufrechnung. Der Leibrenten*schuldner* kann mit einer fälligen Forderung gegen den 39 Leibrentenanspruch grundsätzlich unbegrenzt aufrechnen, soweit nicht die nach § 394 durch die Pfändungsfreigrenzen (§ 850 b ZPO) gesetzte Schranke besteht (RdNr. 38). Handelt es sich jedoch um ein Ruhegeld, so überwiegt der Fürsorgezweck gegenüber dem rein vermögensrechtlichen Interessenausgleich. Der Gläubiger ist deshalb entgegen § 271 Abs. 2 nur begrenzt zur vorzeitigen Entgegennahme von Zahlungen gehalten. Nach § 387 aE kann demnach der Schuldner, auch wenn ein gesetzliches Aufrechnungsverbot nicht besteht, gegen den Rentenanspruch nur für eine begrenzte Zeit, im Regelfall für sechs Monate, im Voraus aufrechnen.[120] Dasselbe muss auch für eine vertraglich geordnete Unterhaltsrente gelten. Der Renten*gläubiger* kann nur mit den fälligen Raten aufrechnen, nach einer Kapitalisierung des Rentenanspruchs in der Insolvenz des Schuldners (RdNr. 30) auch mit dem vollen Betrag.[121]

9. Grenzen der Vertragsfreiheit. Bei der Beurteilung eines Veräußerungsgeschäfts auf 40 Leibrente nach Treu und Glauben oder den guten Sitten ist auf die Verhältnisse bei Vertragsschluss abzuheben. Eine besonders ungünstige Entwicklung des typischen Vertragsrisikos macht ein Geschäft nicht nachträglich sittenwidrig und nach § 138 nichtig. Das Verhältnis von Leistung und Gegenleistung ist an den üblichen Verrentungsformeln (RdNr. 24) zu messen.[122] Unerheblich ist, ob die Beteiligten selbst den Anteil von Kapital und Zins an der Rente absichtlich oder unbewusst falsch bezeichnen.[123] Veräußerungsgeschäfte auf Leibrente zwischen Eltern und einem Abkömmling sind auch nicht schon deshalb sittenwidrig, weil sie andere Abkömmlinge als Erben benachteiligen.[124] Sittenwidrig sind dagegen auch teilunentgeltliche Vermögensübertragungen (in vorweggenommener Erbfolge), mit denen über-

---

[116] *Staudinger/Amann* RdNr. 9; *Erman/Terlau* RdNr. 12; aA – gegen Abtretbarkeit des Stammrechts (s. aber RdNr. 4 ff.) – RGRK/*v. Gamm* RdNr. 10. Beachte auch §§ 1069 Abs. 2, 1073.
[117] BGH NJW-RR 1992, 566; VGH Kassel NJW 1988, 2060; BGH NJW 1995, 2790 = LM BSozialhilfeG Nr. 31.
[118] KG MDR 1960, 234; OLG Hamm OLGZ 1970, 49 = DNotZ 1970, 659; *Stein/Jonas/Brehm* § 850 b ZPO RdNr. 16.
[119] BGHZ 70, 206 = NJW 1978, 950.
[120] RG SeuffA 93 Nr. 96 S. 259; BGH LM § 387 Nr. 50 = NJW 1972, 154.
[121] RGZ 68, 340.
[122] KG OLGZ 1981, 124; BGH NJW-RR 1993, 198 = WM 1993, 1916; vgl. andererseits BayObLG DNotZ 1994, 869 (zum Altenteil; dazu RdNr. 11).
[123] BGH LM § 248 Nr. 2 = MDR 1971, 203.
[124] BGH LM § 138 (Cd) Nr. 19 = RdL 1972, 292.

§ 760 1   Abschnitt 8. Titel 18. Leibrente

wiegend der Zweck verfolgt wird, spätere Versorgungslasten einem Fürsorgeträger zuzuschieben.[125] Auch der Anfechtung nach § 3 Abs. 1 und 2 AnfG gebührt in diesem Zusammenhang Beachtung.

41 **10. Leibrentenverträge zugunsten Dritter.** Leibrentenverträge zugunsten Dritter iS der §§ 328 ff. entsprechen einem typischen Bedürfnis und sind deshalb in § 330 beispielhaft erwähnt. Sie kommen vor, wenn der Gegenwert der Leibrente nicht aus dem Vermögen des Begünstigten stammt und der Kapitalgeber allein als Vertragspartner auftritt. Nach § 330 erwirbt der Dritte im Zweifel ein eigenes Forderungsrecht. Das ist selbstverständlich, wenn er allein Begünstigter ist. Will jedoch der Vertragspartner die eigene Versorgung und die seines Ehegatten bis zum Tode des Überlebenden sichern, so ist im Zweifel anzunehmen, dass er bis zu seinem Tode allein Gläubiger bleibt. Eine **Sicherung** des Dritten durch Bestellung einer Reallast (RdNr. 36) ist nach hM ohne seine rechtsgeschäftliche Beteiligung[126] jedenfalls dann nicht möglich, wenn sein Rentenanspruch von vornherein und selbstständig besteht (vgl. RdNr. 23). Ist dagegen (wie meistens) der Dritte erst nach dem Tode des Vertragspartners als dessen Rechtsnachfolger rentenberechtigt, so erstreckt sich die von diesem für den zunächst ihm zustehenden Anspruch begründete Sicherheit auch auf den Folgeanspruch des Dritten.

42 Die **Zuwendung an den Dritten** bedarf auch im Verhältnis zwischen Versprechensempfänger und Drittem (Valutaverhältnis) eines eigenen Schuldgrundes, zB einer Schenkungsabrede.[127] Dafür genügt eine stillschweigende Verständigung zwischen Versprechensempfänger und begünstigtem Dritten. Auch wenn der Dritte ein eigenes Forderungsrecht erst mit dem Tode des Versprechensempfängers erwerben soll, handelt es sich um eine unter Lebenden aufschiebend bedingt vollzogene Zuwendung, die auch bei Unentgeltlichkeit weder der Form des § 518 Abs. 1 (§ 518 RdNr. 20 f.) noch der des § 2301 Abs. 1[128] unterliegt. Ob der Rentenanspruch dem Dritten bis zum Tode des Versprechensempfängers wieder entzogen werden kann, hängt von der Vereinbarung im Einzelfall ab.[129]

43 Eine **Erhöhung** der Leibrente wegen Veränderung der Geschäftsgrundlage kann der forderungsberechtigte Dritte aus eigenem Recht verlangen.[130] Entscheidend ist, inwieweit der Leibrentenvertrag gerade sein Versorgungsinteresse berücksichtigt (RdNr. 32 ff.).

§ 760 Vorauszahlung

(1) **Die Leibrente ist im Voraus zu entrichten.**

(2) **Eine Geldrente ist für drei Monate vorauszuzahlen; bei einer anderen Rente bestimmt sich der Zeitabschnitt, für den sie im Voraus zu entrichten ist, nach der Beschaffenheit und dem Zwecke der Rente.**

(3) **Hat der Gläubiger den Beginn des Zeitabschnitts erlebt, für den die Rente im Voraus zu entrichten ist, so gebührt ihm der volle auf den Zeitabschnitt entfallende Betrag.**

1 **1. Gesetzliche Zahlungsfolge.** Abs. 1 der – durchweg dispositiven[1] – Vorschrift statuiert zunächst den Grundsatz der Vorausentrichtung der Leibrente und trägt dadurch dem Umstand Rechnung, dass die Leibrente typischerweise dem Unterhalt des Berechtigten zu dienen bestimmt ist. Die in Abs. 2 vorgesehene gesetzliche Zahlungsfolge von drei Monaten

---

[125] Dazu VGH Mannheim NJW 1993, 2953; VGH Kassel NVwZ-RR 1991, 414; *Kraus* MittBayNot. 1992, 77, 80 f.; § 138 RdNr. 45.
[126] BGH NJW 1993, 2617 = LM BeurkG Nr. 44 m. Anm. *Reithmann*: generell keine Verfügung zu Gunsten Dritter; näher dazu (mwN) § 328 RdNr. 198 ff.
[127] Vgl. dazu § 328 RdNr. 29; 4. Aufl. § 2301 RdNr. 31 ff.
[128] BGH LM § 331 Nr. 2 = NJW 1965, 1913, 1914; vgl. auch BayObLG 1905, 585, 595.
[129] BGH WarnR 1970 Nr. 52 S. 116 f.
[130] BGH LM § 328 Nr. 46 = NJW 1972, 152 m. Anm. *Stötter* 1191.
[1] RGZ 69, 297; *Soergel/Welter* RdNr. 1; *Palandt/Sprau* RdNr. 1; AnwK-BGB/*Terbrack* RdNr. 1.

im Voraus entspricht altem Herkommen.² Nach Abs. 3 ist nach dem Tod des Berechtigten nicht nur die Rückforderung bereits geleisteter Beträge ausgeschlossen; vielmehr bleibt dem Erben auch der Anspruch auf noch nicht geleistete Beträge für den ganzen Zeitabschnitt, in den der Tod des Berechtigten fällt, ungeteilt erhalten. Dass der Berechtigte den Beginn des jeweiligen Zeitabschnitts erlebt hat, gehört zum rechtsbegründenden Tatbestand, muss also im Streitfall vom Gläubiger bewiesen werden.³

Gilt vertraglich ein **anderer Zahlungsmodus,** so endet die Zahlungspflicht mit dem nächsten vereinbarten Stichtag nach dem Tod des Berechtigten.⁴ Mangels anderer Vereinbarung gilt Abs. 3 entsprechend, wenn eine Rente durch ein sonstiges Ereignis (etwa die Wiederverheiratung des Berechtigten) auslaufen soll.⁵

Von der gesetzlichen Vorauszahlung für **drei Monate** darf ein Gericht nicht gegen den Willen des Gläubigers zugunsten des Schuldners abweichen,⁶ um diesem die Last einer großen Summe zu erleichtern. Wohl aber hat es einem auf monatliche Zahlung gerichteten Zahlungsantrag zu entsprechen, da es sich dabei gegenüber dem bestehenden Anspruch um eine im Belieben des Berechtigten stehende Teilklage handelt.

2. Andere Renten. Die Vorschrift gilt nach § 843 Abs. 2, §§ 8 Abs. 2 HPflG, 13 Abs. 2 StVG, 38 Abs. 2 LuftVG auch für die als Schadensersatzanspruch entstehenden **gesetzlichen Unfallrenten.** Der vom Schuldner einzuhaltende Zahlungsrhythmus beginnt in solchen Fällen an sich mit dem anspruchsbegründenden Ereignis. Doch lassen sich hierüber zur Vereinfachung Vereinbarungen treffen. Zur Umstellung auf Kalendermonate genügt es im Übrigen, wenn der Verletzte seine Klage darauf abstellt, weil sich der Schaden langfristig so besser berechnen lässt, und der Beklagte dagegen keine Einwendungen erhebt. Allerdings bewendet es dabei, dass der Schädiger für drei Monate zu zahlen hat, auch wenn der Verletzte kurz nach dem Unfall stirbt, sofern nur überhaupt ein Rentenanspruch entstanden ist.

3. Verjährung. Auf der Grundlage der hier vertretenen Ansicht betreffend die Rechtsnatur des Leibrentenversprechens (§ 759 RdNr. 4 ff.) stellt sich die Frage der Verjährung allein hinsichtlich des einzelnen Ratenanspruchs. Für eine Verjährung des Gesamtrechts ist dagegen im Grundsatz kein Raum;⁷ anderes gilt allein bei Kapitalisierung des Anspruchs, dh. vor allem in der Insolvenz des Schuldners (§ 759 RdNr. 30).⁸ Nach neuem Verjährungsrecht⁹ unterliegen der einzelne Ratenanspruch und der kapitalisierte Gesamtanspruch der **Regelverjährung des § 195.**¹⁰ Auf der Basis der Rechtsprechung (§ 759 RdNr. 3) unterläge auch das Gesamtrecht der Verjährung nach § 195, was zur Folge hätte, dass der Anspruch auf künftige Leibrentenzahlungen verjähren würde, sobald über drei Jahre keine Einzelleistungen erbracht worden wären;¹¹ auch dies spricht gegen die Anerkennung eines solchen Gesamtrechts.

---

² Mot. II S. 639.
³ *Rosenberg,* Beweislast, 5. Aufl. 1965, S. 152; *Leonhard,* Schuldrecht II, 1931, S. 302; ebenso RGZ 93, 108, 110 (für Gehaltsansprüche); aA RGRK/*v. Gamm* § 759 RdNr. 10; *Baumgärtel/Laumen* RdNr. 1; diff. *Staudinger/Amann* RdNr. 3 und Vor §§ 759 bis 761 RdNr. 19.
⁴ Über „nachschüssige" Zahlungsweise und die dafür mathematisch anders zu veranschlagenden Risikofaktoren vgl. *Heubeck/Heubeck* DNotZ 1978, 644 f.
⁵ OLG Colmar Recht 1910 Nr. 681; s. dazu auch § 759 RdNr. 21 f.
⁶ RGZ 69, 296, 297. – Die früher ebenfalls dem § 760 unterstellten familienrechtlichen Unterhaltspflichten sind inzwischen auf monatliche Zahlungsweise abgeändert worden (§§ 1361 Abs. 4, 1612 Abs. 3). Dies gilt deshalb mangels abweichender Vereinbarung auch für Unterhaltsverträge (vgl. § 759 RdNr. 8, 28).
⁷ So bereits *Enneccerus/Lehmann* § 188 II 3; aA – Verjährung nach §§ 195, 198, 224 aF – RGZ 136, 427, 430 ff.
⁸ Vgl. LAG Düsseldorf DB 1988, 762.
⁹ Beachte in diesem Zusammenhang die Überleitungsvorschriften in Art. 229 § 5 S. 2, § 6 EGBGB. Zur Rechtslage nach altem Verjährungsrecht s. 3. Aufl. RdNr. 5, ferner BGHZ 122, 287, 291 f. = NJW 1993, 1847, 1848 = LM § 209 Nr. 75; BGH LM § 305 Nr. 17 = WM 1978, 1049, 1050.
¹⁰ *Staudinger/Amann* Vor § 759 RdNr. 24.
¹¹ *Staudinger/Amann* Vor § 759 RdNr. 24.

§ 761 Form des Leibrentenversprechens

¹ Zur Gültigkeit eines Vertrags, durch den eine Leibrente versprochen wird, ist, soweit nicht eine andere Form vorgeschrieben ist, schriftliche Erteilung des Versprechens erforderlich. ² Die Erteilung des Leibrentenversprechens in elektronischer Form ist ausgeschlossen, soweit das Versprechen der Gewährung familienrechtlichen Unterhalts dient.

1. Inhalt und Zweck der Vorschrift. Die Vorschrift unterstellt zunächst in ihrem S. 1 das vertragliche Leibrentenversprechen dem Schriftformerfordernis des § 126, freilich nur insoweit, als das Gesetz nicht besondere Formerfordernisse vorsieht. Ihr – durch das Gesetz zur Anpassung der Formvorschriften des Privatrechts und anderer Vorschriften an den modernen Rechtsgeschäftsverkehr vom 13. 7. 2001 (BGBl. I S. 1542) angefügter – S. 2 schließt die Erteilung des Leibrentenversprechens in elektronischer Form aus, soweit das Versprechen, wie häufig, der Gewährung familienrechtlichen Unterhalts dient; in allen anderen Fällen ist dagegen auch für die Erteilung des Leibrentenversprechens die Formerleichterung der §§ 126 Abs. 3, 126 a eröffnet. Wie die Parallelvorschrift des § 766 S. 1 soll auch § 761 den Schuldner vor übereilten Versprechungen schützen; hierzu besteht im Fall der Leibrente wegen deren unübersehbarer Dauer Anlass.[1]

2. Anwendungsbereich. Die Vorschrift gilt nach ihrem Wortlaut nur für *Verträge unter Lebenden* und auch insoweit nur subsidiär. Ihr Sinn und Zweck gebietet jedoch die entsprechende Anwendung auf einseitige Rechtsgeschäfte unter Lebenden, mithin auf die Auslobung einer Leibrente.[2] **Leibrentenvermächtnisse** unterstehen dagegen allein den Formvorschriften des Erbrechts. Das **unentgeltliche Leibrentenversprechen** unter Lebenden bedarf nach § 518 Abs. 1 notarieller Beurkundung. Nach dem Tode des Schuldners kommt (vorbehaltlich des § 520) seine Aufrechterhaltung als Verfügung von Todes wegen in Betracht, wenn es den Formerfordernissen des § 2247 entspricht. Eine Aufrechterhaltung über den Tod hinaus kommt nicht in Betracht, wenn der Schuldner sich zu Lebzeiten, sei es auch nur mündlich, von seinem formunwirksamen Versprechen wieder gelöst hat. Bei **Grundstücksverkäufen** auf Leibrente erstreckt sich das Erfordernis notarieller Beurkundung nach § 311 b Abs. 1 S. 1 auf den gesamten Vertrag, also auch auf die Leibrentenschuld als besondere Modalität der Kaufpreiszahlung (§ 311 b RdNr. 50). Keine Anwendung findet § 761, soweit gesetzliche **Unterhaltspflichten** vertraglich geordnet werden, ohne dass ihnen die Rechtsnatur eines zweckfrei bestandskräftigen Vermögensrechts (§ 759 RdNr. 7) gegeben wird. Formfrei ist auch die Umgestaltung schon bestehender Verpflichtungen vergleichbarer Tragweite. Zu der im Einzelnen oft zweifelhaften Abgrenzung gegen solche formfreien Verpflichtungsgeschäfte vgl. § 759 RdNr. 8 ff.

3. Gegenstand der Schriftform. Dem Formerfordernis dieser Vorschrift unterliegt nur das Versprechen des Leibrentenschuldners (nach der Stammrechtstheorie, § 759 RdNr. 3, auch die Verpflichtung zur Stammrechtsbegründung).[3] Der Form bedarf im Fall eines unwirksamen Versprechens auch dessen Bestätigung nach § 141,[4] die spätere Abänderung eines wirksamen Leibrentenversprechens jedoch nur insoweit, wie sie den Schuldner zusätzlich beschwert (§ 766 RdNr. 9; § 125 RdNr. 18).

4. Das Formerfordernis im Einzelnen. Die äußeren Erfordernisse der Schriftform bestimmen sich nach § 126. Ausreichend ist also auch ein vom Schuldner unterzeichneter Brief an den Gläubiger.[5] An die Stelle der privatschriftlichen Urkunde nach § 126 Abs. 1 kann auch die **notarielle Beurkundung** (§ 126 Abs. 4) oder die Erklärung zu Protokoll

---

[1] KommBer. S. 92.
[2] So auch *Staudinger/Amann* § 759 RdNr. 3; *Erman/Terlau* RdNr. 1; *Bamberger/Roth/Litzenburger* RdNr. 3; *PWW/Brödermann* RdNr. 3; *Soergel/Welter* RdNr. 5; aA *Palandt/Sprau* RdNr. 1.
[3] RGZ 67, 204, 211; RG JW 1911, 492.
[4] RG WarnR 1922 Nr. 64 S. 76; RGZ 150; 385, 391.
[5] RGZ 67, 204, 213 f.; RG WarnR 1914 Nr. 166 S. 230; BFH BStBl. 1974 II S. 103 = DB 1974, 511.

Form des Leibrentenversprechens 5–8 § 761

des Gerichts in einem **Prozessvergleich** (§ 127 a) treten.[6] Durch **elektronische Form** iS des § 126 a kann die Schriftform dagegen dann nicht ersetzt werden, wenn das Versprechen der Gewährung *familienrechtlichen Unterhalts* dient; aus § 761 S. 2 ergibt sich insoweit „ein anderes" iS des § 126 Abs. 3. Da das Leibrentenversprechen typischerweise von dem Motiv der Unterhaltssicherung getragen ist, wird es in der Praxis weitgehend bei der herkömmlichen Schriftform oder einem ihrer Substitute (§§ 126 Abs. 4, 127 a) bleiben. Dies gilt insbesondere auch deshalb, weil die elektronische Form entgegen dem missverständlichen Wortlaut des § 761 S. 2 („soweit") schon dann ausgeschlossen ist, wenn das Versprechen nur *partiell* der Unterhaltssicherung dient.[7] Auch kommt es nicht darauf an, dass der Versprechende tatsächlich zur Leistung von Unterhalt *verpflichtet* ist.[8] Wohl aber muss der sonstige Tatbestand eines familienrechtlichen Unterhaltstatbestands und damit vor allem ein entsprechendes Verwandtschafts- oder Eheverhältnis iS der §§ 1360 ff., 1570 ff., 1601 ff. bestehen.[9] – Zur „Erteilung" des Versprechens in den Fällen der §§ 126 Abs. 4, 127 a vgl. RdNr. 7.

Der für die Verbindlichkeit des Schuldners **wesentliche Inhalt** des Leibrentenversprechens (RdNr. 6) muss sich unmittelbar und vollständig aus der Urkunde ergeben.[10] Die Schriftform ist mithin nicht gewahrt, wenn der unter den Schutz des Formerfordernisses gestellte Verpflichtungswille sich nur aus Tatsachen außerhalb der Urkunde ermitteln lässt. Es genügt freilich, dass der schriftliche Text sich den Beteiligten selbst als vollständiger Ausdruck der übernommenen Leibrentenverpflichtung dargestellt hat. Insoweit dürfen zur **Auslegung** der verwendeten Ausdrucksweise auch Umstände außerhalb der Urkunde herangezogen werden (§ 766 RdNr. 3). Dem Formerfordernis genügt es nicht, wenn nur der Gläubiger den Inhalt des Leibrentenvertrages in einer an den Schuldner gerichteten Erklärung schriftlich niederlegt und der Schuldner dem zwar schriftlich, aber lediglich darauf Bezug nehmend zustimmt.[11] 5

Was den **Inhalt** der Urkunde im Einzelnen betrifft, so ist die Angabe eines bestimmten wiederkehrend zu zahlenden Betrages, der Person des Gläubigers und entweder die ausdrückliche Bezeichnung der Schuld als Leibrente oder die Verwendung einer anderen Zeitangabe, aus der das typische Vertragsrisiko des Leibrentenschuldners hinreichend deutlich wird, unabdingbar. Nicht erforderlich sind dagegen schriftliche Angaben über Zahlungsmodalitäten, soweit nicht Bedingungen vereinbart werden sollen, die von der Regel des Gesetzes zu Ungunsten des Schuldners abweichen. 6

5. Erteilung des Versprechens. Die Erteilung des Versprechens erfordert, dass der Schuldner sich der Urkunde in der Absicht entäußert, sie in die tatsächliche Verfügungsgewalt des Gläubigers gelangen zu lassen, und dass sie dorthin auch gelangt. Das geschieht idR durch **Übergabe** an den Gläubiger oder eine für ihn handelnde Empfangsperson (§ 766 RdNr. 17). Bis zur Erteilung kann das Versprechen widerrufen werden (§ 130 Abs. 1 S. 2). Ein notariell beurkundetes oder zu gerichtlichem Protokoll (RdNr. 4) erklärtes Versprechen bedarf der gesonderten Erteilung nur dann nicht, wenn es dadurch schon in einen mit dem Gläubiger förmlich geschlossenen Vertrag eingegangen ist.[12] 7

6. Folgen von Formmängeln. Ein Verstoß gegen das gesetzliche Formerfordernis führt nach § 125 S. 1 zur **Nichtigkeit** des Leibrentenversprechens. Eine **Heilung** durch Erfüllungsleistungen, wie in den Fällen der §§ 311 b Abs. 1 S. 2, 518 Abs. 2, 766 S. 2, 2301 Abs. 2, tritt nach hM nicht ein.[13] Dem ist nur unter Vorbehalt zuzustimmen. So heilt nach 8

---

[6] OLG Karlsruhe NJW 1962, 1774, 1775.
[7] So wohl auch *Erman/Terlau* RdNr. 1; AnwK-BGB/*Terbrack* RdNr. 4.
[8] *Bamberger/Roth/Litzenburger* RdNr. 5; aA *Staudinger/Amann* RdNr. 3, der für § 761 S. 2 nur in den Fällen Raum sieht, in denen Unterhaltspflichten durch Rechtsgeschäft (vor allem Novation) in eine Leibrente umgestaltet werden.
[9] *Bamberger/Roth/Litzenburger* RdNr. 5.
[10] RGZ 67, 204, 214; BGHZ 57, 53, 59 = NJW 1971, 2227, 2228.
[11] Vgl. den Fall BGH WM 1966, 248 (dazu § 759 RdNr. 16); ebenso für die Bürgschaft RGZ 57, 258; BGHZ 26, 142 = NJW 1958, 217.
[12] *Palandt/Sprau* RdNr. 1.
[13] RGZ 67, 204, 208; 91, 6, 8; OLG München SeuffA 67 Nr. 34 S. 58 f.; 3. Aufl. RdNr. 8 f. *(Pecher)*; *Erman/Terlau* RdNr. 2; *Palandt/Sprau* RdNr. 1; AnwK-BGB/*Terbrack* RdNr. 6.

den Vertretern der Stammrechtstheorie die formwirksame Begründung des Stammrechts den gleichfalls nach § 761 formbedürftigen (RdNr. 3) Verpflichtungsvertrag.[14] Aber auch auf der Grundlage der hier vertretenen Ansicht (§ 759 RdNr. 4 ff.) erscheint die analoge Anwendung der genannten Heilungstatbestände für den Fall veranlasst, dass der Leibrentenschuldner seine Verpflichtung *vollumfänglich* erfüllt hat (§ 759 RdNr. 21 f.); der Normzweck des § 761 hat sich in diesem Fall erledigt.[15] Bloße Teilerfüllung genügt dagegen nicht.[16]

9 Auch bei einer nach § 518 Abs. 1 formunwirksamen **Leibrentenschenkung** tritt nach § 518 Abs. 2 die Heilung ein, soweit der Schuldner geleistet hat.[17] Dem steht bei nur mündlicher Vereinbarung auch nicht der Formzweck des § 761 entgegen (RdNr. 8). Bei einem **entgeltlichen Leibrentenvertrag**, etwa einem Grundstücksverkauf auf Leibrente, kann eine im Verhältnis der schon gezahlten Renten anteilige Heilung des Grundgeschäfts nach § 311 b Abs. 1 S. 2 jedoch schon deshalb nicht in Betracht kommen, weil eine Rückabwicklung nur einheitlich für das gesamte Kapitalinteresse möglich ist. Nur auf das beendete Leibrentenverhältnis lässt sich der Rechtsgedanke der Heilung, dass es trotz Formmangel bei dem vollständig erfüllten Rechtsverhältnis zu bewenden hat, übertragen.[18] Es können also nicht die Erben eines früh verstorbenen Leibrentengläubigers auf der Rückabwicklung eines formunwirksam geschlossenen Geschäfts bestehen.

10 Im Übrigen behält der Formzweck des § 761 auch gegenüber strengeren Formvorschriften seine eigenständige Bedeutung. Wird etwa bei einem **Grundstückskauf** ein Teil des Kaufpreises als Leibrente versprochen, diese Vereinbarung aber nicht mitbeurkundet, so vermag die Übereignung des Grundstücks nicht nach § 311 b Abs. 1 S. 2 auch die Unwirksamkeit des nur mündlich gegebenen Leibrentenversprechens zu heilen,[19] weil die Schutzzwecke der §§ 761 und 311 b Abs. 1 eindeutig verschieden sind und nicht ineinander aufgehen.[20] Nur der Schutz vor übereilten Versprechen, die auf eine einmalige Leistung gerichtet sind, erledigt sich durch deren Erbringung. Der mit § 761 bezweckte Schutz vor einer Verbindlichkeit von unübersehbarer Dauer dagegen erübrigt sich nicht dadurch, dass der Leibrentenschuldner einen Kapitalwert als Gegenleistung annimmt. Das nicht mitbeurkundete Leibrentenversprechen ist deshalb (zusammen mit dem nach § 311 b Abs. 1 S. 2 geheilten Grundstücksvertrag) nur verbindlich, wenn es seinerseits schriftlich erteilt ist. Fehlt es daran, bleibt trotz § 311 b Abs. 1 S 2 das gesamte Grundstücksgeschäft nach § 139 nichtig.[21]

11 Der Berufung auf Formunwirksamkeit kann nur unter besonderen Umständen mit dem **Einwand unzulässiger Rechtsausübung** begegnet werden (vgl. iE § 125 RdNr. 56 ff.; § 311 b RdNr. 72). Dem vertragstreuen Leibrentenschuldner muss es jedenfalls gestattet sein, fehlende Formerfordernisse nachzuholen.[22]

---

[14] Vgl. *Soergel/Welter* RdNr. 4; zur Stammrechtstheorie s. iÜ § 759 RdNr. 3 ff.
[15] So zu Recht *Soergel/Welter* RdNr. 10; PWW/*Brödermann* RdNr. 6; im Grundsatz auch *Staudinger/Amann* RdNr. 6; s. ferner *Oertmann* Anm. 4; *Enneccerus/Lehmann* § 187 II 3; *Enneccerus/Nipperdey* § 154 Fn. 16; aA *Bamberger/Roth/Litzenburger* RdNr. 5. Allg. zur Analogiefähigkeit der Vorschriften über die Heilung von Formmängeln § 125 RdNr. 48 ff. mwN.
[16] *Soergel/Welter* RdNr. 10; PWW/*Brödermann* RdNr. 6.
[17] BAGE 8, 38, 46 = AP § 516 Nr. 2 = NJW 1959, 1746; *Soergel/Welter* RdNr. 5; aA *Erman/Terlau* RdNr. 2.
[18] So auch *Reichel* AcP 104 (1909), 1, 34 f.; *Siber* IherJB 70 (1921), 223, 242; *Soergel/Welter* RdNr. 11 f.
[19] So aber BGH LM Nr. 1 = NJW 1978, 1577 = RdL 1978, 176; § 311 b RdNr. 84 *(Kanzleiter)*; *Siber* S. 382; *Planck/Oegg* Anm. 6 a; *Staudinger/Amann* RdNr. 7; RGRK/*v. Gamm* RdNr. 4; *Palandt/Sprau* RdNr. 1; *Lafrentz* S. 96 ff.; wie hier *Heinr. Lange* AcP 144 (1937/38), 149, 163 f.; *Häsemeyer*, Die gesetzliche Form der Rechtsgeschäfte, 1971, S. 261 Fn. 153; *Pohlmann*, Die Heilung formnichtiger Verpflichtungsgeschäfte durch Erfüllung, 1992, S. 207; *Erman/Terlau* RdNr. 2; *Erman/Battes* § 313 RdNr. 79; *Soergel/Welter* RdNr. 5.
[20] So für andere Formvorschriften auch RGZ 73, 205, 208; ebenso *Soergel/Welter* RdNr. 12.
[21] Nicht anders als in dem Fall BGH WM 1970, 1319 f. = DNotZ 1971, 37, wo der wirtschaftlich auf Grundstücke gerichtete Verkauf auf Leibrente in der Form des Erbteilsverkaufs (§§ 2371, 2033, 1922 Abs. 2) zu vollziehen war.
[22] Anders wohl BGH WM 1970, 1319 (Fn. 21).

Titel 19. Unvollkommene Verbindlichkeiten

§ 762 Spiel, Wette

(1) [1] Durch Spiel oder durch Wette wird eine Verbindlichkeit nicht begründet. [2] Das auf Grund des Spieles oder der Wette Geleistete kann nicht deshalb zurückgefordert werden, weil eine Verbindlichkeit nicht bestanden hat.

(2) Diese Vorschriften gelten auch für eine Vereinbarung, durch die der verlierende Teil zum Zwecke der Erfüllung einer Spiel- oder einer Wettschuld dem gewinnenden Teil gegenüber eine Verbindlichkeit eingeht, insbesondere für ein Schuldanerkenntnis.

Schrifttum: *Adams/Tolkemitt*, Das staatliche Glücksspielunwesen, ZBB 2001, 170; *Albrecht/Gabriel*, Die aktuelle Entwicklung im Glücksspielrecht. Der geplante Lotteriestaatsvertrag vor dem Hintergrund des „Placanica"-Urteils des EuGH, WRP 2007, 616; *Astl/Rathleff*, Das Glücksspiel, 1965; *Bolay*, Mehrwertgebührenpflichtige Gewinnspiele, 2008; *Canaris*, Börsentermingeschäft und Kontokorrent, ZIP 1985, 592; ders., Die Auswirkungen der Anerkennung eines aktiven Kontokorrentsaldos auf unverbindliche Börsentermingeschäfte, ZIP 1987, 885; *Deselaers*, Die Doppelfunktion der Rennvereine, AgrarR 1980, 325; *Diegmann/Hoffmann*, „Der Tanz um's goldene Lotto-Kalb" – Zur Forderung einer Liberalisierung des öffentlichen Glücksspiels, NJW 2004, 2642; *Elster*, Art. „Spiel", in: HWBRWiss. Bd. 5 (1928), 569; *Engels*, Glücksspielstaatsvertrag 2008, Marketing und Vertrieb für erlaubtes Glücksspiel, WRP 2008, 470; *Ennuschat*, Aktuelle Rechtsfragen des staatlichen Lotteriemonopols in Deutschland, ZfWG 2008, 83; *Ernst*, Das TV-Zuschauerquiz im BGB zwischen Auslobung und Spiel, NJW 2006, 186; *Häuser*, Der Rückforderungsausschluß nach § 55 BörsG bei unverbindlichen Börsentermingeschäften, WM 1988, 1285; *Henssler*, Risiko als Vertragsgegenstand, 1994; *H.-D. Horn*, Zum Recht der gewerblichen Veranstaltung und Vermittlung von Sportwetten, NJW 2004, 2047; *Janz*, Rechtsfragen der Vermittlung von Oddset-Wetten in Deutschland, NJW 2003, 1694; *Kessler/Heda*, Wahrnehmung von Chancen als Glücksspiel? – Strukturierte Kapitalmarktprodukte mit „Sportkomponente", WM 2004, 1812; *Koenig*, EG-rechtliche Beurteilung der Zulassung von Sportwetten-Anbietern – ein gemeinschaftsrechtliches „rien ne va plus"?, EWS 2001, Beil. 1; *Koenig/Ciszewski*, Novellierung der gesetzlichen Grundlagen des Glücksspielrechts durch eine duale Glücksspielordnung, DÖV 2007, 313; *Korte*, Das staatliche Glücksspielwesen, 2004; *Kröner*, Wettschulden sind Ehrenschulden – Die Regelung von Spiel und Wette im BGB, ZfWG 2006, 71; *Leupold*, Die Sportwettentscheidung des BGH vom 14. 2. 2008: Nicht nur Altlastenbeseitigung, WRP 2008, 920; *F. Lorenz*, Art. „Spiel und Wette", in: RvglHWB Bd. 6 (1938), 423; *Mülbert/Böhmer*, Ergebnisbezogene Finanzprodukte, WM 2006, 937, 985; *Nelle/Beckmann*, Glücksspielmonopol und europäischer Wettbewerb, ZIP 2005, 887; *Pestalozza*, Das Sportwetten-Urteil des BVerfG, NJW 2006, 1711; *Ohlmann*, Lotterien in der Bundesrepublik Deutschland, WRP 1998, 1043; ders., Die deutschen Lotto- und Totounternehmen – Wettbewerbsakteure oder Kompetenzträger im kooperativen Lotterieföderalismus?, WRP 2001, 672; *Pfister* (Hrsg.), Rechtsprobleme der Sportwette, 1989; *H. Piper*, Termin- und Differenzeinwand gegenüber Saldoanerkenntnis und Verrechnung im Kontokorrent, ZIP 1985, 725; *Pischel*, Verfassungsrechtliche und europarechtliche Vorgaben für ein staatliches Glücksspielmonopol, GRUR 2006, 630; *Schimmel*, Der Schutz des Spielers vor sich selbst, NJW 2006, 958; *Schlund*, Das Zahlenlotto, 1972; *Götz Schulze*, Die Naturalobligation, 2008; *Selle/Kretschmer*, Drei unten, drei oben: 6 Treffer an der Torwand? Grenzen der Rechtlosstellung beim privaten Spielvertrag, ZfWG 2006, 294; *Servatius*, „Ball im Netz ist Geld auf der Bank" – Die zivilrechtliche Behandlung einer an sportliche Erfolge geknüpften Verzinsung von Sparguthaben, WM 2004, 1804; *Wagner-v. Papp*, Die privatautonome Beschränkung der Privatautonomie, AcP 205 (2005), 342; *Walz*, Gambling um Gambelli – Rechtsfolgen der Entscheidung Gambelli für das staatliche Sportwettenmonopol, EuZW 2004, 523; *Willingmann*, Sittenwidrigkeit von Schneeballsystem-Gewinnspielen und Konditionsausschluß, NJW 1997, 2932.

Übersicht

	RdNr.		RdNr.
I. Einführung	1–3	2. Unterschiede	7
1. Inhalt und Zweck der Norm	1, 2	3. Erscheinungsformen des Spiels und Abgrenzung	8–12
2. Dogmatische Einordnung	3		
II. Begriff und Abgrenzung	4–17	4. Verbots- und sittenwidrige Spielgeschäfte	13–17
1. Aleatorischer Charakter	4–6		

Habersack

§ 762 1 Abschnitt 8. Titel 19. Unvollkommene Verbindlichkeiten

	RdNr.		RdNr.
III. Rechtsfolgen	18–29	IV. Nebenverträge	30–40
1. Unwirksamkeit (Abs. 1 S. 1)	18–20	1. Grundsatz	30
a) Grundsatz	18	2. Spielgemeinschaften	31, 32
b) Aufklärungspflichten	19, 20	a) Unwirksames Spiel	31
2. Rückforderung (Abs. 1 S. 2)	21–24	b) Genehmigtes Spiel	32
a) Überblick	21	3. Auftragsverhältnisse	33, 34
b) Erfüllung	22	a) Unwirksames Spiel	33
c) Unbeendetes Spiel	23	b) Genehmigtes Spiel	34
d) Verbots- und sittenwidriges Spiel	24	4. Darlehen	35–38
3. Zum Zwecke der Erfüllung eingegangene Verbindlichkeit (Abs. 2)	25–29	a) Überblick	35
a) Normzweck	25	b) Unwirksames Spiel	36, 37
b) Anwendungsbereich	26	c) Genehmigtes Spiel	38
c) Sonderfälle	27, 28	5. Prozessverträge	39
aa) Kontokorrent	27	6. Sonstige	40
bb) Vergleich	28		
d) Abgrenzung	29		

I. Einführung

1 **1. Inhalt und Zweck der Norm.** Die Vorschrift des § 762 versagt in ihrem Abs. 1 S. 1 Spiel- und Wettvereinbarungen die Verbindlichkeit, schließt aber in Abs. 1 S. 2 die Rückforderung des auf einen solchen Vertrag Geleisteten aus. Der Gefahr einer Umgehung dieser Vorschriften begegnet Abs. 2, wonach Abs. 1 auch auf zur Erfüllung einer Spiel- oder Wettschuld eingegangene Verbindlichkeiten Anwendung findet. § 762 entspricht damit in seinem Inhalt und Aufbau weitgehend dem § 656 betreffend die Ehe- und Partnerschaftsvermittlung. Das Gesetz betrachtet Spiel- und Wettverträge zwar nicht als unsittlich, wie die Vorschrift des Abs. 1 S. 2, aber auch die Möglichkeit der Genehmigung gemäß § 763 zeigt; es erklärt diese Verträge aber für unverbindlich (RdNr. 3). Im Vordergrund steht dabei der **Schutz der Vertragspartner** vor den unkalkulierbaren und mitunter existenzbedrohenden Gefahren solcher aleatorischer Verträge.[1] Darüber hinaus geht es dem Gesetzgeber aber auch um die Eindämmung der allgemeinen **Spielleidenschaft;** diesbezüglich ist § 762 im Zusammenhang mit der Vorschrift des § 763 zu sehen, wonach (nur) das staatlich konzessionierte Glücksspiel mit rechtlicher Verbindlichkeit ausgestattet ist und somit der Staat die Spielleidenschaft auf von ihm genehmigte Formen des Glücksspiels lenken kann (§ 763 RdNr. 1). Beide Anliegen sind grundsätzlich geeignet, die mit den Vorschriften der §§ 762 f. verbundene Beschränkung der durch Art. 12 GG gewährleisteten **Berufsfreiheit** und der **Dienstleistungsfreiheit** iS von Art. 59 f. EG-Vertrag zu rechtfertigen,[2] und erlauben es wohl auch, den Spieleinwand zum deutschen **ordre public international** zu zählen.[3] Obgleich sich die Verbindlichkeit von im Ausland geschlossenen Verträgen nach

---

[1] *Erman/Terlau* RdNr. 1; *Palandt/Sprau* RdNr. 1; *PWW/Brödermann* RdNr. 1; *Bamberger/Roth/Janoschek* RdNr. 1; AnwK-BGB/*Schreiber* RdNr. 1; *Jauernig/Stadler* RdNr. 1; *Henssler* Risiko S. 428 ff. mN auch zur Entstehungsgeschichte und zu den kontroversen Beratungen der 2. Kommission; s. ferner OLG Hamm NJW-RR 1997, 1007, 1008; OLG Düsseldorf WM 1987, 767, 768; ähnlich bereits *Elster* HWBRWiss. Bd. 5, 569 ff.; RGSt. 40, 21, 32 f.; relativierend *Soergel/Häuser* RdNr. 1, dem zufolge die Vorschrift primär dem Umstand Rechnung trage, dass dem Spielgeschäft ein ernstlicher wirtschaftlicher oder freigebender Beweggrund fehle (s. dazu noch RdNr. 4).

[2] Zu den verfassungsrechtlichen Anforderungen an die Ausgestaltung des in den Landeslotteriegesetzen vorgesehenen Monopols für Sportwetten, insbes. zum Erfordernis einer strikten Orientierung an dem Ziel der Suchtbekämpfung s. aber BVerfG GRUR 2006, 688 – Oddset; WM 2006, 1644 und 1646; dazu *Pestalozza* NJW 2006, 1711; *Pischel* GRUR 2006, 630; *Soergel/Häuser* RdNr. 7; zum Gemeinschaftsrecht s. EuGH Slg. 1994, I-1039, 1093 – Schindler; Slg. 1999, I-7289 – Zenatti; NJW 2004, 139 – Gambelli; NJW 2007, 1515 – Placanica; BVerfG NJW 2007, 1521; *Soergel/Häuser* RdNr. 42; *Erman/Terlau* RdNr. 1; *Nelle/Beckmann* ZIP 2005, 888 f.; *Pischel* aaO; *Walz* EuZW 2004, 523; *Diegmann/Hoffmann* NJW 2004, 2642; *Horn* NJW 2004, 2047; *Janz* NJW 2003, 1694, 1700 f.; monografisch *Korte* passim. – Zur Beurteilung des Glücksspielstaatsvertrags s. noch Fn. 5.

[3] OLG Hamm NJW-RR 1997, 1008, 1008; OLG Hamburg NJW-RR 2003, 760; für den Differenzeinwand des § 764 S. 1 aF s. BGH NJW 1981, 1898 = WM 1981, 758 = IPRax 1982, 69 m. krit. Anm.

ausländischem Recht beurteilt (4. Aufl. Art. 28 EGBGB RdNr. 376), ist zur Klagbarkeit im Inland eine **inländische Genehmigung erforderlich;**[4] nach Art. 4 Abs. 4 des am 1. 1. 2008 in Kraft getretenen **Glücksspielstaatsvertrags** und den entsprechenden Bestimmungen in den Ausführungsgesetzen der Länder gilt dies auch für das Veranstalten und Vermitteln öffentlicher Glücksspiele im Internet.[5] Auch die von einem anderen Mitgliedstaat erteilte Genehmigung genügt nicht, um die Klagbarkeit im Inland zu begründen.[6] – Dem noch in den Beratungen der 1. Kommission betonten Gesichtspunkt, es sollten Prozesse über Spiel- und Wettgeschäfte vermieden werden,[7] kommt dagegen im Rahmen des Abs. 1 S. 1[8] eine nur untergeordnete Bedeutung zu. Zur **Aufhebung des § 764** durch das 4. Finanzmarktförderungsgesetz s. RdNr. 10.

Während nach gemeinem Recht die **Wette** im Gegensatz zum **Spiel** klagbar war,[9] behandelt das BGB beide gleich. Ihre begriffliche **Unterscheidung** (RdNr. 7) ist allerdings auch für das Zivilrecht nicht ohne Bedeutung. So kann nach § 763 mit Lotterie und Ausspielung nur besonderen Ausprägungen des *Spiels* die rechtliche Anerkennung verliehen werden; Wettverträge sind dagegen von vornherein vom Anwendungsbereich dieser Vorschrift ausgenommen. Aber auch die strafrechtliche Sonderstellung des *Glücksspiels* ist insofern von zivilrechtlicher Relevanz, als gegen § 284 StGB verstoßende Verträge gemäß § 134 nichtig und damit nicht von § 762 Abs. 1 S. 2 erfasst sind (RdNr. 24). 2

2. Dogmatische Einordnung. Nach **Abs. 1 S. 1** begründen Spiel- und Wettverträge keine Verbindlichkeit und damit **kein Schuldverhältnis** iS von § 241 Abs. 1.[10] Auch für die Annahme einer sog. „unvollkommenen" Verbindlichkeit, die sich von einer gewöhnlichen Schuld insbesondere durch ihre Unklagbarkeit unterscheidet, ist nach dem klaren Wortlaut der Vorschrift kein Raum. Fraglich ist allein, worauf der in **Abs. 1 S. 2** angeordnete Ausschluss der Rückforderung des ohne rechtlichen Grund Geleisteten beruht. Im Schrifttum findet sich diesbezüglich vor allem die Auffassung, Spiel- und Wettvertrag seien in Abs. 1 S. 2 als „Behaltens-" oder „Erwerbsgrund" anerkannt;[11] andere sehen die ratio der Vorschrift in der Anerkennung einer sittlichen oder moralischen Verpflichtung.[12] Als zutref- 3

Steindorff, LM § 762 Nr. 7 = NJW 1981, 1897; BGHZ 86, 115, 121 = NJW 1983, 940; PWW/*Brödermann* RdNr. 10; aA *Erman/Terlau* RdNr. 1, 13; *Dannhoff* DWiR 1992, 273, 277, Fn. 66; *Seeberg* ZIP 1992, 600, 603, jew. unter Hinweis auf die Rspr. zu Börsentermingeschäften (BGH NJW-RR 1991, 758 = WM 1991, 576; BGHZ 138, 335 = NJW 1998, 2358), die freilich vor dem Hintergrund der Sonderanknüpfung gemäß § 61 BörsG aF ergangen ist.

[4] Vgl. neben den Nachweisen in Fn. 3 namentlich BGH NJW 2002, 2175, 2176; 2004, 2158, 2159.

[5] Staatsvertrag zum Glücksspielwesen in Deutschland vom 11. 12. 2007 (Glücksspielstaatsvertrag – GlüStV), BayGVBl. 2007, 906; dazu *Engels* WRP 2008, 470 ff. und *Ennuschat* ZfWG 2008, 83 ff. Zur entsprechenden Rechtslage vor Inkrafttreten des GlüStV s. OLG Hamburg NJW-RR 2003, 760 f.; PWW/*Brödermann* RdNr. 14. – Die Verfassungs- und Europarechtskonformität des GlüStV im Allgemeinen und des Verbots des internetbasierten Glücksspiels im Besonderen ist umstritten; krit. *Leupold* WRP 2008, 920 (mit Hinweis auf ein von der Kommission eingeleitetes Vertragsverletzungsverfahren); *Koenig/Ciszewski* DÖV 2007, 313, 315; *Engels* WRP 2008, 470, 471 f.; für Verfassungsmäßigkeit *Albrecht/Gabriel* WRP 2007, 616, 618; offen gelassen von BGH ZUM 2008, 594, 597.

[6] BGH NJW 2002, 2175; 2004, 2158; s. ferner *Walz* EuZW 2004, 523, 526; zweifelnd mit Blick auf EuGH NJW 2004, 139 (Gambelli) *Palandt/Sprau* § 763 RdNr. 3; *Erman/Terlau* RdNr. 6, § 763 RdNr. 8; s. ferner Hess. VGH DÖV 2004, 445; LG München I NJW 2004, 171; *Nelle/Beckmann* ZIP 2005, 887, 888 ff.; *Pischel* GRUR 2006, 630 ff.

[7] Mot. II S. 644.

[8] Zur Vorschrift des Abs. 1 S. 2 s. in dem Zusammenhang RdNr. 3.

[9] *Windscheid* II §§ 419 f.; s. auch den rechtshistorischen und -vergleichenden Überblick bei *Henssler* Risiko S. 421 ff.

[10] So zutr. *Flume* AT II § 7.8; *Larenz* SchR I § 2 III; *Soergel/Häuser* RdNr. 7; *Erman/Terlau* RdNr. 1; *Jauernig/Stadler* RdNr. 6; *Henssler* Risiko S. 432 ff. mwN; aA *Staudinger/Engel* Vor § 759 RdNr. 3; RGRK/*Seibert* RdNr. 6 (jew. unvollkommene Verbindlichkeit); *E. Wolf*, FS Herrfahrdt, 1961, S. 197, 204 (Schuldverhältnis infolge faktischer Erfüllungsmöglichkeit); dem folgend *Hammen* ZIP 1987, 151, 155. – Eingehend zur historischen Entwicklung und dogmatischen Einordnung der „Naturalobligation" jetzt *G. Schulze* passim.

[11] So vor allem *Soergel/Häuser* RdNr. 4; *Jauernig/Stadler* RdNr. 6.

[12] So *Larenz* SchR I § 2 III („Konventionalschuld"); *Maser*, Der Termin- und Differenzeinwand bei Börsengeschäften in Wertpapieren, 1987, S. 45.

fend erscheint es demgegenüber, die Vorschrift des Abs. 1 S. 2 im **Kontext des § 814** zu sehen.[13] Wie jener Vorschrift (§ 814 RdNr. 2) geht es auch Abs. 1 S. 1 darum, demjenigen, der sich *freiwillig* über die Wertvorstellungen des Gesetzgebers hinwegsetzt, den Rechtsschutz zu versagen (s. RdNr. 1). Die eigentliche Bedeutung des Abs. 1 S. 2 besteht demnach darin, dem Verlierer die condictio indebiti auch bei Rechtsirrtum abzusprechen. Damit werden Rechtsstreitigkeiten vermieden, deren Ausgang ausschließlich von der Kenntnis des Verlierers hinsichtlich des fehlenden Rechtsgrunds seiner Leistung abhängt.[14] Ist der Spiel- oder Wettvertrag dagegen aus anderen Gründen unwirksam, so bewendet es bei §§ 812, 814, 817 (RdNr. 24).

II. Begriff und Abgrenzung

4 **1. Aleatorischer Charakter.** Spiel und Wette zählen – zusammen mit den ursprünglich in § 764 geregelten Differenzgeschäften (RdNr. 10) – zur Gruppe der aleatorischen Verträge. Von anderen Verträgen mit spekulativem Charakter (RdNr. 9 ff.) unterscheiden sie sich dadurch, dass die beiderseitige Übernahme des Risikos und die **Abhängigkeit des Pflichtenprogramms vom Zufall** oder von subjektiver Ungewissheit Hauptgegenstand und Merkmal der Vereinbarung sind.[15] Für die Abgrenzung nicht förderlich ist die Frage, ob die Parteien eines Spiel- oder Wettvertrages „seriöse" oder „wirtschaftlich berechtigte" Zwecke verfolgen.[16] Die Heranziehung dieser Kriterien steht bereits im Widerspruch zum Normzweck des § 762 (RdNr. 1), dem zufolge Spiel- und Wettverträge primär wegen ihrer Gefährlichkeit für unwirksam erklärt werden, ohne dass es darauf ankommt, welche Zwecke von den Parteien verfolgt werden;[17] hinzu kommt, dass es nicht Aufgabe einer freiheitlichen Rechtsordnung ist, Verträge auf das Vorliegen eines „wirtschaftlich berechtigten" Zwecks zu kontrollieren. Näher zur Abgrenzung in RdNr. 9 ff.

5 Der den Parteien des Spiel- oder Wettvertrags drohende Gewinn und Verlust braucht zwar weder gleichartig noch gleich hoch zu sein. Ein Spiel- oder Wettvertrag liegt jedoch nur dann vor, wenn **beide Parteien** das **Risiko eines Verlusts** übernehmen. Ist dagegen nur eine Partei mit dem Verlustrisiko belastet, handelt es sich ggf. um eine bedingte Schenkung, nicht aber um Spiel oder Wette.[18] Das Erfordernis einer beiderseitigen Risikoübernahme macht aus Spiel und Wette allerdings noch keinen gegenseitigen Vertrag iS der §§ 320 ff.[19] Einem Synallagma steht es im Allgemeinen entgegen, dass weder eine beiderseitige Verpflichtung zu effektiver Leistung noch gar ein Leistungsaustausch iS von § 320 gewollt ist. Sofern deshalb – wie typischerweise bei den von § 762 erfassten Verträgen mit beiderseitigem Spiel- oder Wetteinsatz – infolge des dem Rechtsgeschäft eigenen Unsicherheitselements (RdNr. 4, 6, 8) die Person desjenigen, der letztlich effektiv zu leisten hat, bei Abschluss des Vertrags zumindest subjektiv ungewiss ist, übernehmen zwar beide Vertragsparteien eine *bedingte oder zumindest subjektiv ungewisse Verpflichtung*. Nur eine Partei, der Gewinner, soll aber von der anderen Partei, dem Verlierer, die Erbringung der versprochenen Leistung beanspruchen können. Spiel und Wette sind unter diesen Umständen **einseitig verpflichtende Verträge** mit noch ungewisser Verteilung der Gläubiger- und Schuldnerstellung. Ist hingegen – wie etwa bei einer Lotterie – die Person des Gewinners festgelegt

---

[13] Überzeugend *Henssler* Risiko S. 435 ff.; im Ausgangspunkt auch *Servatius* WM 2004, 1804, 1808 ff.
[14] Ähnlich *Henssler* Risiko S. 438 mN zur Entstehungsgeschichte: Vermeidung von Beweisschwierigkeiten.
[15] *Henssler* Risiko S. 419.
[16] So aber BGHZ 69, 295, 301 = NJW 1977, 2356; OLG Marienwerder OLGE 12, 96; *Staudinger/Engel* Vor § 759 RdNr. 4; *Soergel/Häuser* RdNr. 1 f.; *Erman/Terlau* RdNr. 2; *Palandt/Sprau* RdNr. 4; *Jauernig/Stadler* RdNr. 2; *Liesegang* JZ 1977, 87, 88; vermittelnd und weiterführend *Mülbert/Böhmer* WM 2006, 937, 947 f.
[17] So zu Recht *Henssler* Risiko S. 445 ff.; ähnlich wie hier auch *Servatius* WM 2004, 1804, 1806 f.
[18] So auch KG WM 1989, 669, 672; *Larenz* SchR II § 55; *Palandt/Sprau* RdNr. 4; *Erman/Terlau* RdNr. 4; *Henssler* Risiko S. 440 mwN; aA – für einseitige Wetten – RGZ 61, 153, 156; *Staudinger/Engel* RdNr. 4, Vor § 759 RdNr. 6.
[19] So aber *Henssler* Risiko S. 440 ff.; *Soergel/Häuser* RdNr. 13; zu Recht diff. *Mülbert/Böhmer* WM 2006, 937, 943; zu undifferenziert noch 4. Aufl. RdNr. 5.

und nur noch offen, ob ein Gewinnanspruch entsteht, so besteht, wenn die Teilnahme an der Veranstaltung gegen Entgelt erfolgt, ein Synallagma zwischen dem unbedingten Vergütungsanspruch des Veranstalters und dem Anspruch des Teilnehmers auf Teilnahme an der Veranstaltung sowie ggf. auf Ausschüttung des Gewinns.

Der für die früheren Differenzgeschäfte geltenden Ausnahmevorschrift des § 764 S. 2 **6** (3. Aufl. § 764 RdNr. 8 f.) ließ sich entnehmen, dass in den Fällen des § 762 **beide Parteien** in „**Spielabsicht**" handeln müssen; daran hat sich mit der Aufhebung des § 764 durch das 4. Finanzmarktförderungsgesetz (RdNr. 10) nichts geändert. Das genannte subjektive Erfordernis entspricht der Struktur des Spiel- und Wettvertrags als einseitig verpflichtender Vertrag mit noch offener Besetzung der Schuldner- bzw. Gläubigerseite (RdNr. 5). Voraussetzung ist also, dass die Verwirklichung des von beiden Seiten übernommenen Risikos subjektiv ungewiss ist (RdNr. 5) und beide Parteien insoweit **entgegengesetzte Erwartungshaltungen** haben.[20] Der von den Parteien verfolgte Zweck des Geschäfts ist abhängig von der Art des Spiel- bzw. Wettvertrags (RdNr. 7 f.); neben dem der Wette eigenen Motiv der Bekräftigung einer Behauptung kommen sowohl Gewinnerzielung als auch Unterhaltung in Betracht. Die Motive beider Parteien müssen sich nicht decken. Erforderlich ist allein, dass auf beiden Seiten die Bereitschaft zur Übernahme eines Verlustrisikos vorhanden ist, mag auch bei der einen Partei das Gewinninteresse, bei der anderen dagegen das Unterhaltungsinteresse oder – im Fall der Wette – ein ideelles Interesse dominieren.

2. Unterschiede. Spiel und **Wette** unterscheiden sich in ihrem **Vertragszweck**. Zweck **7** des Spiels ist die *Erzielung eines Vermögensvorteils* zu Lasten anderer Beteiligter. Die Vertragspartner gestehen sich alternativ einen Gewinn zu, der, wie im Fall des *Glücksspiels* (RdNr. 8), an den Eintritt eines zufälligen Ereignisses geknüpft wird oder, wie beim Geschicklichkeitsspiel (RdNr. 8), von zielgerichteter Tätigkeit eines Mitspielers oder von beidem abhängt.[21] *Unterhaltungswert* kommt der Veranstaltung häufig, aber nicht notwendigerweise zu. Die Wette dient dagegen der *Bekräftigung eines ernst gemeinten Meinungsstreits;* wer Unrecht hat, soll durch einen Nachteil bestraft, wer Recht hat, durch einen Vorteil belohnt werden.[22] Auf die von den Parteien gewählte Bezeichnung kommt es nicht an. Insbesondere „Renn- und Sportwetten" sowie sonstige *Spielwetten* dienen nicht der Bekräftigung eines Meinungsstreits und sind somit Spiel. Art. 3 Abs. 1 GlüStV (RdNr. 1) fasst für die Zwecke des Staatsvertrags Glücksspiel und Wette zusammen, indem er Wetten gegen Entgelt auf den Eintritt oder Ausgang eines zukünftigen Ereignisses als Glücksspiel ansieht.

3. Erscheinungsformen des Spiels und Abgrenzung. Spielverträge lassen sich in **8** Glücksspiel- und Geschicklichkeitsspielverträge einteilen,[23] wobei der Unterscheidung vor allem im Hinblick auf §§ 284 ff. StGB Bedeutung zukommt (RdNr. 14). Zu den **Glücksspielverträgen** zählen etwa die in § 763 geregelten Lotterien und Ausspielungen, ferner Kettenbriefaktionen nach Art des sog. „amerikanischen Roulette".[24] Die Benutzung technischer Spielgeräte und Kartenspiele kann dagegen sowohl Glücksspiel als auch Geschicklichkeitsspiel sein. Zu den **Geschicklichkeitsspielen** zählen stets Leistungswettbewerbe, die durch Verknüpfung mit Gewinn und Verlust als Spiel aufgezogen sind. Auf den Abschluss selbstständiger Spielvereinbarungen kommt es dabei nicht an. Es genügt, wenn in verschleierter Form oder zusammen mit anderen Entgelten, etwa mit Eintrittsgeldern oder Vereinsbeiträgen, ein Spieleinsatz erhoben wird. Spiel können deshalb auch *sportliche Wettkämpfe* sein, bei denen die Teilnehmer Beiträge zu entrichten haben (s. auch RdNr. 22) und die Erstplazierten einen Gewinn erhalten, sofern auch der Veranstalter in Spielabsicht handelt

---

[20] Vgl. BGHZ 103, 84, 90 = NJW 1988, 1592; *Henssler* Risiko S. 443.
[21] RGSt. 40, 21, 30, 33, 41; *Staudinger/Engel* Vor § 759 RdNr. 6; *Palandt/Sprau* RdNr. 2 f.; AnwK-BGB/*Schreiber* RdNr. 8.
[22] RGZ 61, 153, 155 f.; RGSt. 6, 425; s. ferner die Nachweise zum Schrifttum in Fn. 21.
[23] Vgl. bereits RdNr. 7 sowie näher *Kröner* ZfWG 2006, 71.
[24] OLG Karlsruhe NJW 1972, 1963; zur Einordnung des Poker s. *Kretschmer* ZfWG 2007, 93 ff.; zur Auswahl von „Mehrwertnummern" s. *Bolay* S. 60 ff.; zu den Fällen progressiver Kundenwerbung s. dagegen RdNr. 12.

§ 762 9, 10   Abschnitt 8. Titel 19. Unvollkommene Verbindlichkeiten

und damit auch über das Risikoelement – und nicht nur über die anderweitige Verwertung der sportlichen Leistung – Gewinn zu erzielen sucht.[25]

9   Eine Spende und damit eine **Zweckschenkung** liegt bei den auf Wohltätigkeitsveranstaltungen mittels Lotterien oder Ausspielungen erbetenen Zuwendungen vor; doch ist hier die Grenze zur genehmigungsbedürftigen Lotterie überschritten, sobald der Gewinnanreiz neben der Aufforderung zur Wohltätigkeit ins Gewicht fällt (s. noch § 763 RdNr. 13). Die Übernahme einer **Bürgschaft** oder Garantie ist – ebenso wie die **Auslobung**[26] – schon deshalb kein Spiel- oder Wettvertrag,[27] weil nur eine Vertragspartei ein noch ungewisses Risiko übernimmt (RdNr. 5) und zudem auch der Berechtigte den Eintritt des Sicherungsfalls nicht erhofft. Ebenfalls nicht von § 762 erfasst werden **Versicherungsverträge**.[28] Auch bei ihnen fehlt es an der beiderseitigen Risikoübernahme: Aus Sicht des Versicherungsnehmers dienen sie der Überwindung des Zufalls. Der Versicherer wiederum erhofft sich seinen Gewinn gerade nicht aus der Verwirklichung des von ihm übernommenen Risikos. **Leibrentenverträgen** wird gemäß §§ 759 ff. auch für den Fall Verbindlichkeit zugesprochen, dass beide Parteien in spekulativer Absicht handeln.[29] **Fluchthilfeverträge** sind schon deshalb kein Spiel- oder Wettvertrag, weil bei ihnen zwar die Erfüllung des Vertrags mit Unwägbarkeiten belastet ist, beide Parteien aber unbedingte Leistungsverpflichtungen übernommen haben und die vom Flüchtling geschuldete Vergütung Entgeltcharakter hat.[30]

10 Zu den **verbindlichen Spekulationsgeschäften** zählen des Weiteren die Beteiligung an Umsatzgeschäften mit unsicherer Gewinnerwartung,[31] ferner in spekulativer Absicht getätigte Erwerbsgeschäfte, sofern sie auf unbedingte und effektive Lieferung gerichtet sind.[32] Um einen Spielvertrag handelt es sich dagegen in dem Fall, dass die Parteien das Zustandekommen oder den Inhalt eines Vertrags von einer **Bedingung** abhängig machen und beide unmittelbar über die Bedingtheit Gewinnerzielung beabsichtigen.[33] Vorbehaltlich des § 37 e S. 1 WpHG werden deshalb von § 762 auch Finanzprodukte mit ereignisbezogener Erfolgskomponente erfasst.[34] Nach § 37 e S. 1 WpHG sind freilich sämtliche **Finanztermingeschäfte** iS des S. 2 dieser Vorschrift und damit Derivate iS des § 2 Abs. 2 WpHG und Optionsscheine dem

---

[25] *Henssler* Risiko S. 463 f.; s. ferner LG Marburg NJW 1955, 346: Preisschießen; weitergehend *Staudinger/Engel* Vor § 759 RdNr. 7 und *Erman/Terlau* RdNr. 3 (stets Spiel, soweit um Vermögenswerte gespielt wird); aA (generell kein Spiel) RGRK/*Seibert* RdNr. 3. – Zur Frage, ob in diesen Fällen eine Lotterie vorliegt, s. § 763 RdNr. 5.
[26] Heute wohl einhM, s. *Staudinger/Engel* RdNr. 5; näher dazu im Zusammenhang mit TV-Zuschauergewinnspielen *Ernst* NJW 2006, 186; s. dazu noch RdNr. 40, ferner die Stellungnahmen zu dem vom LG Trier und OLG Köln entschiedenen Fall Hoensbroech/Dasbach (Urteile nicht veröffentlicht) von *Kohler* ArchBürgR 25 (1905), 1; *Elster* ArchBürgR 26 (1905), 34; *Hamm* DJZ 1905, 393.
[27] Im Ergebnis einhM, s. RGRK/*Seibert* RdNr. 5.
[28] EinhM, s. *Soergel/Häuser* Vor § 762 RdNr. 10; *Staudinger/Engel* Vor § 759 RdNr. 7; s. ferner RGZ 129, 134, 142 (Tontinenverträge); *Dethloff* NJW 2000, 2225, 2227 (Verträge zur Prozessfinanzierung gegen Erfolgsbeteiligung).
[29] Zutr. *Henssler* Risiko S. 460.
[30] Im Ergebnis wohl einhM, s. BGHZ 69, 295, 301 = NJW 1977, 2356; BGH NJW 1977, 2359; 1980, 1574, 1576; KG NJW 1976, 1211; 1976, 1639; *Jauernig/Otto* JuS 1977, 108, 111; *Liesegang* JZ 1977, 87, 89; *Staudinger/Engel* RdNr. 7. – Zur Frage der Sittenwidrigkeit solcher Verträge s. BGH NJW 1980, 1574, 1575; § 138 RdNr. 18.
[31] RG WarnR 1915 Nr. 207 S. 313.
[32] Vgl. BGHZ 103, 84, 87, 90 = NJW 1988, 1592; BGHZ 114, 177, 182 = NJW 1991, 1956; KG WM 1989, 669, 671; näher 3. Aufl. § 764 RdNr. 16, dort auch zu dem von § 762 erfassten Fall, dass es den Parteien um den Ausgleich der Differenz des vereinbarten Preises zum aktuellen Börsen- oder Marktpreis geht und beide in Spielabsicht handeln.
[33] Vgl. dazu *Henssler* Risiko S. 453 ff. mit Beispielsfall (Verkäufer und Käufer können sich nicht über Höhe des Kaufpreises einigen und machen diesen vom Ausgang eines Fußballspiels abhängig); zur Abgrenzung s. RGZ 62, 222 und 61, 153, 156 (auch dazu *Henssler* aaO). – S. ferner RdNr. 11.
[34] Näher dazu und mit Unterschieden in der Bewertung einzelner Produkte *Erman/Terlau* RdNr. 2, 5; *Casper* WM 2003, 161, 163; *Kessler/Heda* WM 2004, 1812, 1814 ff.; *Mülbert/Böhmer* WM 2006, 937, 943 ff.; *Selle/Kretschmer* ZfWG 2006, 294 ff.; *Servatius* WM 2006, 1804; vgl. auch RdNr. 11; zur wettbewerbsrechtlichen Beurteilung (§ 4 Nr. 6 UWG) s. BGH GRUR 2007, 981.

Spieleinwand entzogen,[35] und zwar unabhängig davon, ob der Anbieter seinen Informationspflichten aus §§ 31 ff. WpHG nachkommt. **Differenzgeschäfte iS von § 764 S. 1 aF** hingegen sind – vorbehaltlich des § 37 e S. 1 WpHG – Spielverträge. Die Bedeutung des § 764 aF lag denn auch in der Vorschrift des S. 2 betreffend *einseitige* Differenzgeschäfte; sie hatte Verträge, die an sich keine Spielverträge sind, dem Differenzeinwand unterstellt.[36] Nach Aufhebung des § 764 durch Art. 9 Nr. 2 des 4. Finanzmarktförderungsgesetzes[37] kann dies nur bedeuten, dass die bislang von § 764 S. 1 erfassten Differenzgeschäfte nunmehr dem Spieleinwand des § 762 Abs. 1 S. 1 unterliegen, dh. vorbehaltlich ihrer Erfüllung nach § 762 Abs. 1 S. 2 unverbindlich sind. Davon betroffen sind grundsätzlich sämtliche *zweiseitigen Differenzgeschäfte*, und zwar sowohl offene als auch verdeckte; anderes gilt allein in den Fällen, in denen eine der Parteien die Sicherung eines Austauschgeschäfts beabsichtigt.[38] *Einseitige Differenzgeschäfte* sind dagegen nunmehr verbindlich, unterliegen also nicht dem § 762;[39] hiervon betroffen ist namentlich das sog. Daytrading, sofern man es überhaupt dem § 764 aF unterstellen wollte.[40] Weder Finanztermin- noch Differenz- oder gar Spielgeschäft ist der **Leerverkauf**.[41] Nicht unter § 762 fällt schließlich der Erwerb im Rahmen einer herkömmlichen Versteigerung oder einer Internet-Auktion.[42]

Spielverträge können auch im Zusammenhang mit dem **Vertrieb von Waren** oder sonstigen gewerblichen Leistungen vorkommen, wenn dieser mit einer Gewinnverlosung verbunden ist, die aus den geforderten Entgelten finanziert wird.[43] Ist der durch eine Verlosung gebotene Gewinnanreiz im Verhältnis zum wirtschaftlichen Gewicht des Austauschgeschäfts nicht unerheblich, so kommt es nicht darauf an, ob in dem geforderten Preis ein anteiliger Spieleinsatz erkennbar ist.[44] Die kaufmännische Kalkulation des Veranstalters ist nicht nachzuprüfen.[45] Spiel ist deshalb auch der Warenvertrieb zum Normalpreis, dh. mit der üblichen kaufmännischen Gewinnspanne, unter Versprechen der Kaufpreisrückzahlung bei Eintritt eines ungewissen Ereignisses;[46] das Schicksal des Kaufvertrags beurteilt sich in diesem Fall nach § 139. Spiel scheidet dagegen aus, wenn für die Teilnahme an der Gewinnverlosung die Übernahme eines Risikos, insbesondere in Form eines Einsatzes, tatsächlich nicht verlangt wird.[47] Auch die Koppelung der Teilnahme mit dem Abschluss eines Kaufvertrags

---

[35] Näher dazu Begr. RegE, BT-Drucks. 16/4028 S. 78; *Erman/Terlau* RdNr. 5, Anh. § 764 RdNr. 1 ff.; *Kessler/Heda* WM 2004, 1812, 1815; *Mülbert/Böhmer* WM 2006, 937, 939 ff.; zur Aufhebung des § 37 d WpHG durch das Finanzmarktrichtlinie-Umsetzungsgesetz vom 16. 7. 2007 (BGBl. I S. 1330) s. *Jordans* WM 2007, 1827; zur entsprechenden Rechtslage unter Geltung der §§ 53 ff. BörsG, § 764 sowie zum Begriff des Börsentermingeschäfts s. 3. Aufl. § 764 RdNr. 21 ff.
[36] Näher dazu 3. Aufl. § 764 RdNr. 8 f., 15.
[37] Gesetz zur weiteren Fortentwicklung des Finanzplatzes Deutschland vom 21. 6. 2002 (BGBl. I S. 2010); eingehend zur seinerzeitigen Reform des Rechts der Termingeschäfte *Schäfer/Lang* BKR 2002, 197; *Casper* WM 2003, 161; speziell zur Frage der Anwendbarkeit der §§ 37 d ff. WpHG aF auf außerbörsliche Devisentermingeschäfte s. *Fleckner* WM 2003, 168. Vgl. nunmehr § 37 e idF durch das Finanzmarktrichtlinie-Umsetzungsgesetz vom 16. 7. 2007 (BGBl. I S. 1330).
[38] Vgl. RGZ 107, 22, 24 ff.; BGHZ 58, 1, 5 = NJW 1972, 382; BGHZ 105, 263, 266 f. = NJW 1989, 300; *Erman/Terlau* RdNr. 5 b; *v. Arnim* JZ 1982, 845 f.; *ders.* AG 1984, 43 f.; *Kümpel* WM 1987, 1321, 1326. Näher zur Nichtgeltung des § 764 aF für Kurssicherungsgeschäfte 3. Aufl. § 764 RdNr. 18.
[39] Näher zur Unterscheidung zwischen offenen und verdeckten einseitigen Differenzgeschäften 3. Aufl. § 764 RdNr. 11 f., 15.
[40] Dazu (bejahend) BGH NJW 2002, 892; OLG Karlsruhe NZG 2002, 688; OLG Hamburg ZIP 2000, 2246; näher *Herms* in: *Hadding/Nobbe* (Hrsg.), Bankrecht 2000, RWS-Forum 17, 2000, S. 313, 333 ff.; *Reiner* ZBB 2002, 211.
[41] Näher 3. Aufl. § 764 RdNr. 17 mwN auch zu Stimmen, die solche Geschäfte als Differenz- oder Börsentermingeschäfte einordnen wollten.
[42] BGH NJW 2002, 363, 365; *Erman/Terlau* RdNr. 5 c.
[43] Dazu aus strafrechtlicher Sicht insbes. *Hartung* NJW 1954, 393; *Lampe* GoltdArch. 1977, 33, 40 ff.
[44] RG JW 1931, 1926, 1927; BGHSt. 11, 209 = NJW 1958, 758; OLG Düsseldorf NJW 1958, 760; BFHE 55, 418, 422 ff.; 56, 525.
[45] RG WarnR 1915 Nr. 216 S. 331.
[46] Beispiel: Geld für Fernsehgerät zurück, falls die eigene Fußballmannschaft gewinnt, dagegen Bindung an Kaufvertrag, falls die Mannschaft verliert; s. dazu bereits RdNr. 10; aA *Wacke* MDR 1983, 4.
[47] BGHSt. 3, 99 = NJW 1952, 1062; *v. Liszt*, Anm. zu RG JW 1916 S. 1127 Nr. 12 (gegen RG aaO).

§ 762   12, 13   Abschnitt 8. Titel 19. Unvollkommene Verbindlichkeiten

oder ein psychologischer Kaufzwang, wie er sich aus der räumlichen Nähe einer Verlosung oder der Abgabe des Teilnahmescheins zu einem Verkaufslokal ergeben kann, mag zwar die Unlauterkeit einer solchen Gratisverlosung begründen,[48] macht aus ihr jedoch kein Spiel.

12   Schwieriger sind die Fälle zu beurteilen, in denen sich der Gewinn als *Entgelt* für eine Leistung darstellt. Die Qualifizierung als Spielvertrag ist zwar in Fällen, in denen der in Aussicht gestellten Prämie (Gutschrift, Provision, Gewinnbeteiligung) eine als Eintritt, Gebühr, Kaution oder ähnlich bezeichnete Vorausleistung gegenübersteht, nicht grundsätzlich ausgeschlossen.[49] Namentlich die nach dem Schneeball-System organisierten Methoden **progressiver Kundenwerbung,** bei denen der Kunde Anrechtsscheine kaufen und an weitere Kunden vertreiben muss und erst, nachdem diese ebenfalls Anrechtsscheine erworben haben, eine seinen Einsatz übersteigende Gutschrift zum Warenbezug erhält,[50] erfüllen jedoch regelmäßig nicht den Tatbestand eines Spielvertrags.[51] Auch abgesehen davon, dass in Fällen dieser Art die Annahme eines Spielvertrags schon im Hinblick auf § 762 Abs. 1 S. 2 weitgehend folgenlos bliebe, zeichnen sich solche Verträge dadurch aus, dass der Käufer das Risiko der Marktverengung verkennt und deshalb unter Überbewertung der Chance eines günstigen Erwerbs einen überhöhten Preis zahlt. Schneeballsysteme sind deshalb zwar regelmäßig unlauter iS von § 3 UWG und strafbar gemäß § 16 UWG;[52] ggf. sind entsprechende Verträge zudem sittenwidrig[53] oder gemäß § 123 anfechtbar. Den Tatbestand eines Spielvertrags erfüllen sie dagegen nicht. Entsprechendes gilt erst recht für den Fall, dass dem Käufer einer *nicht überteuerten Ware* für die Vermittlung eines weiteren Abnehmers ein Rabatt eingeräumt wird; hier fehlt es für die Annahme eines Spiels schon an der Übernahme eines Verlustrisikos durch den Käufer.[54] Ebenfalls kein Spiel ist der Aufbau eines wachsenden Vertreternetzes, bei dem jeder Beteiligte ein Warenlager zu erwerben hat, aber über die schwindende Aussicht auf Weitervertrieb im Unklaren bleibt.[55] Spiel liegt dagegen vor, wenn Ratenkäufer zu einer Gruppe zusammengefasst werden und unter ihnen die jeweils von allen durch die Raten bezahlten Waren ausgelost werden.[56]

13   **4. Verbots- und sittenwidrige Spielgeschäfte.** Indem § 762 Abs. 1 S. 1 Spiel- und Wettverträgen die rechtliche Anerkennung versagt, schließt er es nicht aus, dass solche Verträge auch aus anderen Gründen unwirksam sind.[57] Von Bedeutung ist dies im Hinblick auf die Vorschrift des § 762 Abs. 1 S. 2. Ist nämlich der Spiel- oder Wettvertrag nach §§ 134, 138 oder aus einem anderen Grund unwirksam, beurteilt sich die **Rückforderung** rechtsgrundlos erbrachter Leistungen **nach §§ 812, 814, 817** (RdNr. 24).

---

[48] Näher dazu *Hefermehl/Köhler/Bornkamm/Köhler* § 4 UWG RdNr. 6.9 ff.; aus der Rspr. s. etwa BGH LM UWG § 1 Nr. 308 = NJW 1977, 2075; GRUR 1987, 243 („Alles frisch"); ferner BGH WM 2002, 1464 (Sittenwidrigkeit einer ohne Erlaubnis veranstalteten Sportwette auch dann, wenn Erlaubnis rechtswidrig versagt sein sollte).
[49] Vgl. OLG Köln OLGZ 1971, 392.
[50] Näher dazu BGHZ 15, 356, 360 ff., 372 = NJW 1955, 377; *Hefermehl/Köhler/Bornkamm/Köhler* § 4 UWG RdNr. 1187; zur strafrechtlichen Beurteilung s. BGHSt. 34, 171 = NJW 1987, 851.
[51] *Erman/Terlau* RdNr. 5 c; *Henssler* Risiko S. 516 ff.; *Willingmann* NJW 1997, 2932, 2933; für das sog. „Life-Spiel" auch OLG Celle NJW 1996, 2660; wohl auch BGH NJW 1997, 2314, 2315; s. ferner BGHSt. 43, 270, 273; diff. – gegen Spiel bei Waren des täglichen Lebens – *Staudinger/Engel* § 763 RdNr. 9; für Ausspielung iS von § 287 Abs. 1 StGB RGZ 60, 379; RGSt. 2, 139 = NJW 1952, 392; für Spielcharakter eines „Schenkkreises" BGH NJW 2006, 45, 46.
[52] Vgl. die Nachweise in Fn. 50 f.
[53] Vgl. BGH NJW 1997, 2314, 2315; 2006, 45, 46; OLG Karlsruhe GRUR 1989, 615, 616; LG Bremen EWiR § 138 3/89, S. 329 *(Michalski)*; für das sog. „Life-Spiel" OLG Celle NJW 1996, 2660; zu § 817 S. 2 s. noch RdNr. 24.
[54] So im Ergebnis auch OLG Hamburg NJW 1954, 393; *Palandt/Sprau* RdNr. 4; *Hartung* NJW 1954, 393; offen gelassen von BGHZ 15, 356, 360 ff., 372 = NJW 1955, 377, 379; aA – für Ausspielung iS von § 287 Abs. 1 StGB – RGZ 115, 319, 326; RGSt. 60, 250, 251; 61, 281; BGHSt. 2, 79 = NJW 1952, 392; dazu krit. *Kleinod* NJW 1952, 673; *Lampe* GoltdArch. 1977, 33, 34 f.
[55] *Lampe* GoltdArch. 1977, 33, 43 ff., 48.
[56] RGSt. 59, 347 = JW 1926, 52.
[57] Sog. Doppelwirkung im Recht, s. *Kipp,* FG v. Martitz, 1911, S. 211 ff.

Nach § 134 nichtig sind Spielgeschäfte, die gegen ein die Unterdrückung gerade dieser **14** Betätigung bezweckendes Verbot verstoßen.[58] Verbote dieser Art enthalten vor allem die Strafnormen des StGB. Strafbar ist die **öffentliche Veranstaltung von Glücksspielen** (RdNr. 8) ohne behördliche Erlaubnis (§ 284 StGB) und die Beteiligung daran (§ 285 StGB). Als Glücksspiel iS von §§ 284 f. StGB sind auch Preisausschreiben anzusehen, für die ein Einsatz verlangt wird, wenn ihre Aufgabe so leicht ist, dass sie nicht ernst gemeint sein kann und somit eine Gewinnverlosung von vornherein selbstverständlich ist.[59] Strafbar nur für den Unternehmer sind die öffentliche Veranstaltung von Lotterien und Ausspielungen (vgl. § 763 RdNr. 4 ff.) ohne behördliche Erlaubnis sowie die entsprechende Werbung (§ 287 StGB). Nach § 283 Abs. 1 Nr. 2 StGB macht sich strafbar, wer bei **Überschuldung oder** bei drohender oder eingetretener **Zahlungsunfähigkeit** durch Spiel oder Wette übermäßige Beträge verbraucht oder schuldig wird, wobei nach Abs. 4 und 5 der Vorschrift auch Fahrlässigkeit genügt; nach § 283 Abs. 2, Abs. 4 und 5 StGB wird ebenso bestraft, wer durch solche Machenschaften Überschuldung oder Zahlungsunfähigkeit wenigstens leichtfertig verursacht. Auch hier kommt zwar eine Bestrafung der Mit- und Gegenspieler nach Teilnahmegrundsätzen grundsätzlich nicht in Betracht. In allen diesen Fällen ist jedoch das Spielgeschäft nichtig gemäß § 134.[60]

Nach § 134 nichtig sind Spielgeschäfte, die gegen landesrechtliche Bestimmungen[61] des **15** Inhalts verstoßen, dass Ortsansässige an einer staatlich genehmigten **Spielbank** nicht spielen dürfen, sowie Spielgeschäfte, die von den staatlich genehmigten Spielbedingungen abweichen.[62] Ohne zivilrechtliche Bedeutung sind jedoch Verstöße gegen behördliche Vorbehalte und Auflagen sowie gegen Spielordnungen; insoweit fehlt es schon an einem Verbotsgesetz iS von § 134.[63] Zu den Genehmigungsvorschriften iE vgl. § 763 RdNr. 8 ff.

Nicht von den strafrechtlichen Verbotstatbeständen erfasst sind **Geschicklichkeitsspiele,** **16** bei denen über Gewinn und Verlust im Wesentlichen die körperlichen oder geistigen Fähigkeiten des Teilnehmers bestimmen. Für diese bewendet es deshalb bei der Unwirksamkeit gemäß Abs. 1 S. 1 und dem Ausschluss der Kondiktion gemäß Abs. 1 S. 2. Hängt der Spielerfolg sowohl vom Zufall wie auch von der Fähigkeit des Mitspielers ab, so ist bei Veranstaltungen, die auf einen unbestimmten Teilnehmerkreis zugeschnitten sind, von der *durchschnittlich zu erwartenden Geschicklichkeit* auszugehen.[64] Die Qualifizierung einer Veranstaltung als – strafrechtlich irrelevantes – Geschicklichkeitsspiel oder als Glücksspiel iS von §§ 284 f. StGB kann mit anderen Worten nur einheitlich für alle Beteiligten erfolgen.

Sittenwidrig und damit nichtig gemäß § 138 können Spielgeschäfte sein, wenn sie unter **17** Ausnutzung der Unerfahrenheit, des Leichtsinns oder einer Zwangslage eines Beteiligten zustande kommen.[65] Denkbar ist es auch, dass sich die Sittenwidrigkeit aus dem Inhalt des Spiel- oder Wettvertrags ergibt. Doch ist insoweit jedenfalls dann Zurückhaltung geboten, wenn sich mit der Übernahme eines besonders hohen Risikos auch die Chance eines entsprechend hohen Gewinns verbindet. In Fällen dieser Art, aber auch bei inhaltlich unausgewogenen Verträgen ist für die Annahme reiner Inhaltssittenwidrigkeit ebenso wenig Raum wie für die Annahme einer Vermutung der allgemeinen subjektiven Voraussetzungen des § 138.[66]

---

[58] BGHZ 37, 363, 365 = NJW 1962, 1671; RGZ 115, 319, 325; OLG Dresden OLGE 20, 233.
[59] RGSt. 25, 256; RGZ 60, 385; *C. Müller* NJW 1972, 273; näher zu den strafrechtlichen Aspekten der Sportwette *U. Weber* in: *Pfister* Rechtsprobleme S. 39 ff.
[60] RGZ 115, 319, 325; OLG Dresden OLGE 20, 233; im Ergebnis auch *Kern* JW 1927, 1990; für § 284 StGB aA aber § 134 RdNr. 101 *(Armbrüster)* unter Hinweis auf BGHZ 37, 363, 365 = NJW 1962, 1671.
[61] Die SpielbankenVO vom 27. 7. 1938 (RGBl. I S. 955) ist durch Landesrecht ersetzt worden; zur Unwirksamkeit eines gegen § 1 SpielbankenVO verstoßenden Rechtsgeschäfts s. BGHZ 37, 363 = NJW 1962, 1671.
[62] BGHZ 37, 363, 365 = NJW 1962, 1671; BGHSt. 8, 289 = NJW 1956, 231.
[63] Im Ergebnis auch BGHZ 47, 393, 397 = NJW 1967, 1660.
[64] BGHSt. 2, 274 = NJW 1952, 673 (LS); OLG Karlsruhe NJW 1972, 1964; *Tröndle/Fischer* § 284 StGB RdNr. 8; vgl. auch RG WarnR 1915 Nr. 216 S. 331; *Schack* JW 1933, 2631 f.
[65] RGZ 70, 1, 3; näher dazu *Henssler* Risiko S. 477 ff.
[66] So zu Recht *Henssler* Risiko S. 481 ff., 484 f.

§ 762 18, 19   Abschnitt 8. Titel 19. Unvollkommene Verbindlichkeiten

III. Rechtsfolgen

18   **1. Unwirksamkeit (Abs. 1 S. 1). a) Grundsatz.** Infolge der Unwirksamkeit des Spiel- und Wettvertrags und vorbehaltlich des § 661 a hat der Gewinner **keinen Erfüllungsanspruch** und damit auch **keine Sekundäransprüche** gegen den Verlierer.[67] Er kann deshalb weder aufrechnen[68] noch ein Zurückbehaltungsrecht gegenüber dem Verlierer geltend machen;[69] die – durch das 4. Finanzmarktförderungsgesetz (RdNr. 10) aufgehobene – Vorschrift des § 56 BörsG (3. Aufl. § 764 RdNr. 46) war auch nicht entsprechend anzuwenden. Die Unwirksamkeit des Spiel- und Wettvertrags strahlt im Übrigen auch auf akzessorische **Sicherheiten** aus. So ist die Bestellung eines Pfandrechts für den Gewinnanspruch in Ermangelung einer zu sichernden Forderung ebenso gegenstandslos wie ein Bürgschafts- oder Vertragsstrafeversprechen;[70] eine Hypothek entsteht gemäß §§ 1163 Abs. 1, 1177 Abs. 1 als Eigentümergrundschuld. Sicherungshalber übertragene Eigentums- und Forderungsrechte sind vom Gewinner zurückzugewähren.[71] Im Fall einer Schuldübernahme kann die Unwirksamkeit gemäß § 417 Abs. 1 S. 1 auch vom neuen Schuldner geltend gemacht werden.[72] Entsprechendes gilt bei Schuldbeitritt und Garantie.[73] Die Unwirksamkeit des Spiel- und Wettvertrags ist von Amts wegen zu berücksichtigen; der Verlierer braucht sich also nicht einredeweise auf die Vorschrift des § 762 zu berufen. Die Darlegungs- und **Beweislast** obliegt insofern dem Gewinner, als er auf Erfüllung besteht und deshalb einen Anspruchsgrund darzutun hat.[74] In den Fällen des Abs. 2 (RdNr. 25 ff.) hat dagegen der Verlierer darzulegen und ggf. zu beweisen, dass der abstrakten Verpflichtung eine Spiel- oder Wettschuld zugrunde liegt;[75] entsprechend kann es sich verhalten, wenn sich das Vorliegen eines Spielvertrags erst aus einer atypischen Ausgestaltung eines ansonsten unbedenklichen Austauschgeschäfts ergibt.[76] Die in § 762 angeordnete Rechtsfolge der Unwirksamkeit des Spiel- und Wettvertrags ist zwingend. Einem unwirksamen Spiel- oder Wettvertrag kann auch nicht unter Rückgriff auf **Treu und Glauben** zur Wirksamkeit verholfen werden.[77]

19   **b) Aufklärungspflichten.** Die Unwirksamkeit des Spiel- und Wettvertrags schließt die Existenz von Schutzpflichten nicht von vornherein aus.[78] Die schuldhafte Verletzung einer solchen Pflicht unterstellt, hätte der Verlierer insbesondere Anspruch auf Rückgewähr des von ihm Geleisteten; die Vorschrift des § 762 Abs. 1 S. 2 stünde einem auf die besonderen Voraussetzungen der c. i. c. (§§ 311 Abs. 2, 280) gestützten Schadensersatzanspruch nicht entgegen (s. RdNr. 3 aE). Schon aus dem Normzweck des § 762 Abs. 1 S. 2 (RdNr. 3) ergibt sich allerdings, dass es dem Gewinner nicht obliegt, den erfüllungsbereiten Verlierer über das **Nichtbestehen der Schuld** aufzuklären.[79] Des Weiteren erübrigt sich regelmäßig

---

[67] Vgl. BGHZ 25, 124, 125 f. = NJW 1957, 1356.
[68] BGH LM Nr. 6 = NJW 1981, 1897; RGZ 61, 153; *Palandt/Sprau* RdNr. 5. – Zur Aufrechnung durch den Verlierer und zu Aufrechnungsvereinbarungen s. RdNr. 22, 27.
[69] RG JW 1897, 311.
[70] Vgl. RGZ 52, 39, 40; 52, 362, 364; 140, 132, 136; OLG Hamburg EWiR § 59 BörsG 1/97, 73 *(Koller)*. – Allg. zur Akzessorietät § 765 RdNr. 61; zu der im Rahmen der §§ 53 ff. BörsG aF relevanten Frage, ob die Bestellung von Sicherheiten für Forderungen aus Börsentermingeschäften Termingeschäftsfähigkeit des Sicherungsgebers voraussetzt, s. (bejahend) BGH NJW 2001, 3258.
[71] Allg. dazu 4. Aufl. Anh. §§ 929–936 RdNr. 47; *Jauernig* RdNr. 40 f.
[72] Dazu RGZ 52, 39, 40; RG WarnR 1916 Nr. 68 S. 114; BayObLG SeuffA 60 Nr. 142 S. 269.
[73] Vgl. zur Garantie BGH NJW 1984, 2037, 2038; zur analogen Anwendung des § 417 Abs. 1 auf den Schuldbeitritt s. Vor § 414 RdNr. 17.
[74] Vgl. RG JW 1929, 39, 41 f. = SeuffA 83 Nr. 56 S. 92.
[75] RGZ 147, 149, 153; vgl. auch LG Trier NJW 1984, 181 (zu § 656).
[76] RG WarnR 1933 Nr. 98 S. 202 = SeuffA 87 Nr. 140 S. 270; vgl. auch RG SeuffA 83 Nr. 186 S. 306; 87 Nr. 89 S. 166 f.
[77] Zutr. *Henssler* Risiko S. 486 ff.; aA für „besonders gelagerte Ausnahmefälle" BGHZ 58, 1, 6 f. = NJW 1972, 382; BGH NJW 1980, 1957, 1958; 1991, 2705, 2706 (jeweils Börsentermin- oder Differenzgeschäfte betreffend).
[78] BGH ZIP 1997, 782, 783 mwN; allg. dazu § 241 RdNr. 104 ff.; § 311 RdNr. 50 ff.
[79] Zutr. OLG Hamm ZIP 1996, 2067, 2069 f. (betr. § 55 BörsG aF, dazu 3. Aufl. § 764 RdNr. 46).

die Aufklärung des Vertragspartners über die mit dem Geschäft verbundenen **Risiken;** wer sich auf einen Spiel- oder Wettvertrag einlässt, kann schon dem Inhalt seiner Willenserklärung die Risiken des Geschäfts entnehmen (RdNr. 5 f.).[80] Dies gilt auch in den Fällen des § 763. Zumindest eine wunschgemäß erteilte **Spielsperre** soll allerdings nach neuerer Rechtsprechung des BGH die zivilrechtliche Pflicht des Veranstalters zur Kontrolle des Zugangs zum Spielbetrieb – und damit einen Schutz des Spielers vor erlittenen Verlusten – begründen.[81]

Aufklärungspflichten kommen allerdings in Betracht, wenn der Ausgang des Spiels nach 20 dem Inhalt des Vertrags ausschließlich oder doch überwiegend vom Zufall abhängig ist und damit von den Parteien nicht beeinflusst werden kann. Verfügt in diesen Fällen einer der Vertragspartner über **Sonderwissen,** das zu einer nennenswerten Verschiebung des Risikos zu Lasten des anderen führt, oder hat er gar Kenntnis vom **Ausgang des Spiels,** so ist er selbst dann zur Aufklärung verpflichtet, wenn er Gefahr läuft, dass der andere Teil daraufhin vom Abschluss des Vertrags Abstand nimmt.[82] Davon betroffen sind grundsätzlich nur Glücksspiele, nicht dagegen Wetten und Geschicklichkeitsspiele. Unberührt bleiben die in § 7 GlüStV (RdNr. 1) vorgesehenen öffentlich-rechtlichen Aufklärungspflichten.

2. Rückforderung (Abs. 1 S. 2). a) Überblick. Nach Abs. 1 S. 2 kann der Verlierer 21 das zur Erfüllung des nach Abs. 1 S. 1 unwirksamen Spiel- oder Wettvertrags Geleistete auch dann nicht kondizieren, wenn er nicht wusste, dass eine verbindliche Schuld nicht bestand.[83] Der Ausschluss der Rückforderung ist an **drei Voraussetzungen** geknüpft. Zunächst muss der Vertrag unwirksam gemäß Abs. 1 S. 1 sein. Bei anderweitig begründeter Unwirksamkeit, insbesondere bei Nichtigkeit gemäß §§ 134, 138 (RdNr. 14 ff.), bewendet es dagegen bei §§ 812, 814, 817 (RdNr. 24); auch ein – ungeachtet des Abs. 1 S. 1 möglicher – Widerruf nach § 355 (§ 763 RdNr. 14) steht dem Einwand des Abs. 1 S. 2 entgegen. Des Weiteren müsste die Leistung, wäre sie auf ein wirksames Schuldverhältnis erfolgt, dessen Erfüllung iS von §§ 362, 364 Abs. 1, 372 ff. bewirkt haben (RdNr. 22). Schließlich setzt Abs. 1 S. 2 voraus, dass das Spiel beendet wird (RdNr. 23). Eine **Ausnahme** von Abs. 1 S. 2 ist in **Abs. 2** vorgesehen (RdNr. 25 ff.). Danach bewirkt die Begründung einer neuen Verbindlichkeit des Verlierers gegenüber dem Gewinner auch dann keine Erfüllung iS von Abs. 1 S. 2, wenn sie nicht erfüllungshalber gemäß § 364 Abs. 2, sondern an Erfüllungs Statt gemäß § 364 Abs. 1 erfolgt; auch die neue Verbindlichkeit ist vielmehr unwirksam gemäß Abs. 1 S. 1.

b) Erfüllung. Was zunächst das Erfordernis der Erfüllung betrifft, so kommt es nicht 22 darauf an, dass die Leistung vom Verlierer persönlich erbracht wird; denkbar sind vielmehr auch Leistungen Dritter iS von § 267 sowie solche von Rechtsnachfolgern des Verlierers. Des Weiteren bedarf es nicht notwendigerweise einer Erfüllungsleistung iS von § 362 Abs. 1 und 2. Zum Verlust der condictio indebiti führt vielmehr auch die Leistung an Erfüllungs Statt gemäß § 364 Abs. 1, sofern sie zur endgültigen Erledigung des Spielvertrags führt (RdNr. 25 ff.), ferner die Hinterlegung mit Ausschluss der Rücknahme gemäß § 378[84] und die Aufrechnung durch den Verlierer (dazu noch RdNr. 27). Auch eine **im Voraus erbrachte Leistung** unterliegt nach Durchführung des Spiels (RdNr. 23) dem

---

[80] Vgl. BGHZ 131, 136, 140 = NJW 1996, 248.
[81] So für die wunschgemäße Sperre des Spielers BGHZ 165, 276, 279 ff. = NJW 2006, 362 (Spielbank); BGH NJW 2008, 840 (Automatenspielsaal); aA noch BGHZ 131, 136, 138 ff. = NJW 1996, 248; eingehend dazu *Schimmel* NJW 2006, 958; *Wagner–v. Papp* AcP 205 (2005), 342. Zur davon abw. Frage eines Gewinnanspruchs des gesperrten Spielers bei Eigensperre s. KG NJW-RR 2003, 1359; OLG Hamm NJW-RR 2002, 1634; 2001, 973. – S. zum Ganzen jetzt auch Art. 8, 20, 21 Abs. 3, 22 Abs. 2 GlüStV (RdNr. 1).
[82] Zutr. *Henssler* Risiko S. 470 ff.; s. ferner RGSt. 62, 415; *Soergel/Häuser* RdNr. 18; aA BGHSt. 16, 120 = NJW 1961, 1934 m. abl. Anm. *Bockelmann* = JZ 1962, 450 m. abl. Anm. *Wersdörfer.* sog. Spätwette auf ein bereits gelaufenes Pferderennen, dessen Ausgang nur einer der Vertragspartner kennt, ist kein Betrug. Vgl. auch BGH NJW 2007, 782 betr. einen Wettbetrug in der Fußball-Bundesliga (Anbieter einer Wette erkläre konkludent, den Wettgegenstand nicht zum eigenen Vorteil manipuliert zu haben).
[83] Vgl. RdNr. 3; ferner RGZ 147, 149, 153 f.; *Canaris* ZIP 1985, 592, 594.
[84] Wohl einhM, s. *Palandt/Sprau* RdNr. 6; zu einem Sonderfall s. RGZ 47, 48 (verdeckte Pfandbestellung).

Ausschluss der Rückforderung, sofern sie *unbedingt* erfolgt ist,[85] sich auf ein **bestimmtes Geschäft** bezieht und zudem nicht lediglich zur *Sicherung* künftiger Gewinnansprüche des Empfängers erbracht wurde (RdNr. 18). Letzteres ist grundsätzlich bei Leistungen auf ein der Abdeckung künftiger Verluste dienendes Konto anzunehmen. Erfüllungswirkung kommt ihnen jedenfalls dann nicht zu, wenn sie nur zur Abdeckung eines künftigen Negativsaldos erbracht werden.[86] Aber auch bei einer Vorauszahlung auf ein bestimmtes Geschäft besteht eine *Vermutung* dahin, dass der Einschuss zum Zwecke der Sicherheit und nicht der Erfüllung gezahlt wird;[87] anderes gilt in den Fällen, in denen das Spiel schon seinem äußeren Ablauf nach die Erbringung eines Einsatzes erfordert, sei es zur Ingangsetzung eines Spielautomaten oder zum Erwerb eines Loses oder einer anderweitigen Teilnahmeberechtigung. Geschäftsübliche Bezeichnungen wie „Einsatz", „Einschuss", „Prämie/Nettoprämie" oder „deposit/margin" gestatten eine Auslegung in dem einen wie im dem anderen Sinne und vermögen die für das Vorliegen einer Sicherheitsleistung sprechende Vermutung nicht zu widerlegen.[88] Entsprechendes gilt für **antizipierte** – zumeist kontokorrentrechtliche – **Aufrechnungsvereinbarungen;** Erfüllung iS von Abs. 1 S. 1 bewirken auch sie nur unter der Voraussetzung, dass sie sich auf ein bestimmtes Geschäft beziehen.[89] Erfüllung tritt schließlich ein, wenn der Verlierer *nach Feststellung* des Verlusts einer Verwertung der von ihm gestellten Sicherheit oder einer Verrechnung zustimmt.[90] Zu Kontokorrentabreden, Haben- und Sollbuchungen sowie zum Saldoanerkenntnis s. RdNr. 27, zu Aufklärungspflichten s. RdNr. 19 f., 3. Aufl. § 764 RdNr. 48 ff. (betr. Börsen- bzw. Finanztermingeschäfte).

23 **c) Unbeendetes Spiel.** Der Ausschluss der Rückforderung setzt voraus, dass der Spielvorgang abgeschlossen ist und der Verlust eintritt. Unterbleibt das Spiel aus Gründen, die in der Sphäre des Veranstalters liegen, so haftet dieser zwar nicht wegen Nichterfüllung (RdNr. 18), wohl aber nach §§ 812 ff. auf Rückgewähr vorausgeleisteter Einsätze; die Vorschrift des § 814 steht dem auch dann nicht entgegen, wenn der Leistende gewusst hat, dass er keinem Rechtszwang ausgesetzt war. Auch der Spieler selbst kann das Spiel abbrechen und noch nicht verlorene Einsätze zurückfordern, wenn noch eine Mitwirkung von seiner Seite erforderlich ist; Abs. 1 S. 1 schließt jeden Anspruch auf Durchführung von Spielgeschäften oder auf Schadensersatz wegen Nichterfüllung aus. Die Rückforderung scheitert auch nicht an § 815, da der Spieler nicht nach Treu und Glauben gehalten ist, das Spiel fortzusetzen.[91]

24 **d) Verbots- oder sittenwidriges Spiel.** Bei anderweitig begründeter Unwirksamkeit des Spiel- oder Wettvertrags, insbesondere bei Nichtigkeit gemäß §§ 134, 138 (RdNr. 14 ff.), bestimmt sich die Rückerstattung geleisteter Einsätze und Gewinne nach den allgemeinen Regeln des Bereicherungs-[92] und Deliktsrechts. Daher kann sich der **Betrüger** und **Falschspieler** dem deliktsrechtlichen Anspruch auf Herausgabe des Erlangten nicht entziehen.[93] Verstößt der Spiel- oder Wettvertrag gegen ein gesetzliches Verbot, das nicht zugleich Schutzgesetz iS von § 823 Abs. 2 ist, ist die auf die Handlungsweise beider Beteiligter abhebende Bestimmung des § 817 zu beachten. Bei gewöhnlichen Glücksspielen gemäß §§ 284, 284 a StGB sind danach Rückforderungsansprüche idR. gemäß § 817 S. 2

---

[85] Zutr. *Henssler* Risiko S. 498 ff. mwN.
[86] BGHZ 107, 192, 197 f. = NJW 1989, 2120; BGHZ 101, 296, 305 = NJW 1987, 3181; RGZ 56, 19, 23; OLG Karlsruhe WM 1984, 21, 22; *Häuser* WM 1988, 1285, 1292; vgl. dazu bereits *Breit* ZHR 72 (1912), 460; *Nußbaum*, Ehrenbergs Handbuch des gesamten Handelsrechts, Bd. IV, 2 (1918), S. 541, 666.
[87] BGHZ 86, 115, 119 f. = NJW 1983, 940.
[88] BGHZ 86, 115, 119 = NJW 1983, 940.
[89] BGHZ 101, 296, 305 = NJW 1987, 3181; BGHZ 107, 192, 197 f. = NJW 1989, 2120; *Häuser* WM 1988, 1285, 1292; s. noch RdNr. 27.
[90] RG BankA 22, 14; WarnR 1935 Nr. 136.
[91] So wohl auch *Planck/Oegg* Anm. 4 f.
[92] BGHZ 37, 363, 366 ff. = NJW 1962, 1671; BGH NJW 2006, 45, 46 – Schenkkreis; OLG Bamberg NJW-RR 2002, 1393, 1394.
[93] Mot. II S. 645 f.

ausgeschlossen.⁹⁴ Dagegen kann der ortsansässige Besucher einer konzessionierten Spielbank nach dem Zweck des ihn treffenden landesrechtlichen Verbots, an einer staatlichen Spielbank zu spielen (RdNr. 15), seine verlorenen Einsätze ebenso zurückverlangen⁹⁵ wie der Teilnehmer an einer nicht genehmigten Lotterie oder Ausspielung.⁹⁶ Die Eröffnung des Insolvenzverfahrens über das Vermögen eines nach § 283 StGB straffälligen Spielers steht der Anwendbarkeit des § 817 S. 2 allerdings nicht entgegen (vgl. § 817 RdNr. 57).

3. Zum Zwecke der Erfüllung eingegangene Verbindlichkeit (Abs. 2). a) Normzweck. Abs. 2 versagt Rechtsgeschäften, die „zum Zwecke der Erfüllung" einer Spieloder Wettschuld wiederum nur auf die Begründung einer Verbindlichkeit gerichtet sind, die Wirksamkeit ebenso wie der Spielforderung selbst. Die Vorschrift sichert damit die in Abs. 1 S. 1 angeordnete Unwirksamkeit von Spiel- und Wettvereinbarungen gegen **Umgehungsversuche** ab. Im Einzelnen ist zu unterscheiden. Bei einer *erfüllungshalber* begründeten Verbindlichkeit folgt bereits aus § 364 Abs. 2, dass mit ihr keine Erfüllung iS von § 762 Abs. 1 S. 2 bewirkt ist; in diesem Fall erschöpft sich die Bedeutung des Abs. 2 darin, auch die neue, zumeist abstrakte (RdNr. 26) Verbindlichkeit für unwirksam gemäß Abs. 1 S. 1 zu erklären. Anders verhält es sich dagegen bei der Leistung *an Erfüllungs Statt*.⁹⁷ Insoweit liegt die Bedeutung des Abs. 2 zunächst darin, den Eintritt der „Erfüllung" iS von Abs. 1 S. 2 abweichend von § 364 Abs. 1 auch in diesem Fall von einer **endgültigen Erledigung des Spiel- bzw. Wettvertrags** abhängig zu machen. Die zwischen den Parteien getroffene Tilgungsvereinbarung iS von § 364 Abs. 1 vermag in den Fällen des Abs. 2 somit zwar die (unwirksame) Spiel- oder Wettschuld durch eine neue Verbindlichkeit zu ersetzen. Erfüllungswirkung kommt der Ersetzung dagegen schon deshalb nicht zu, weil auch die neue Forderung das Schicksal der durch sie ersetzten Spiel- oder Wettschuld teilt und gemäß Abs. 2 iVm. Abs. 1 S. 1 unwirksam ist. Das zu ihrer Erfüllung Geleistete kann gemäß Abs. 1 S. 2 auch bei Rechtsirrtum des Verlierers nicht kondiziert werden.

b) Anwendungsbereich. Abs. 2 hebt das **Schuldanerkenntnis** iS von § 781 nur beispielhaft hervor. Er findet deshalb auf das **Schuldversprechen** iS des § 780 ebenso Anwendung wie auf Vereinbarungsdarlehen (iS von § 607 Abs. 2 aF),⁹⁸ Umschuldungsdarlehen⁹⁹ und die Schuldumschaffung. Auch der – vom Verlierer oder von einem Beauftragten (RdNr. 33) – zur Erfüllung einer Spielschuld begebene **Wechsel oder Scheck** begründet keine Verpflichtung; Erfüllung iS von Abs. 1 S. 2 wird vielmehr erst durch *Einlösung* bewirkt.¹⁰⁰ Gemäß Art. 16 Abs. 2 WG, 21 ScheckG greift zwar der Spieleinwand einem gutgläubigen¹⁰¹ Zweiterwerber gegenüber nicht durch.¹⁰² In diesem Fall haftet der Gewinner aber dem Verlierer aus § 826, wenn er den Wechsel weiterbegeben hat, um dem Verlierer den Spieleinwand zu nehmen.¹⁰³ Wird der Gewinner durch die Begebung und Einlösung des Wechsels von einer Schuld befreit oder anderweitig bereichert, haftet er dem

---

⁹⁴ BGH MDR 1968, 938; zur abw. Beurteilung im Rahmen eines sittenwidrigen Schneeballsystems (RdNr. 12) s. BGH NJW 2006, 45, 46 – Schenkkreis; dazu *Möller* NJW 2006, 268 ff.; *Willingmann* NJW 1997, 2932, 2933.
⁹⁵ So wohl auch BGHZ 37, 363, 369 = NJW 1962, 1671, 1672.
⁹⁶ RG JW 1904, 38, 39.
⁹⁷ Vgl. zur Anwendbarkeit der Vorschrift in diesen Fällen RGZ 47, 48, 52; 51, 156, 159; 71, 289, 292; 77, 277, 279 f.; RG JW 1936, 1531; s. ferner BGH WM 1961, 530 = LM Nr. 1.
⁹⁸ Vgl. BGH LM Nr. 5 = NJW 1980, 390, 391 (Saldoanerkenntnis für Girokonto und Umwandlung in Festgeldkonto); NJW 1985, 1956, 1957; RG WarnR 1915 Nr. 177 S. 268. Zur Anwendbarkeit der §§ 488 ff. auf nach § 311 in einen Darlehensvertrag umgewandelte Schuldverhältnisses (und damit auf Vereinbarungsdarlehen alter Prägung) s. *Mülbert* WM 2002, 465, 468; *Palandt/Putzo* § 488 RdNr. 27.
⁹⁹ BGHZ 92, 317, 325 = NJW 1985, 634.
¹⁰⁰ RGZ 51, 361; 77, 280; *Baumbach/Hefermehl/Casper* Art. 17 WG RdNr. 48; vgl. dazu auch BGHSt. 22, 360 = NJW 1969, 1038.
¹⁰¹ Dazu BGH NJW 1992, 316: grobe Fahrlässigkeit iS von Art. 16 Abs. 2 WG, wenn Kreditinstitut von Spielbank auf Privatpersonen gezogene Wechsel in beträchtlicher Höhe ankauft.
¹⁰² RGZ 77, 277, 281; *Baumbach/Hefermehl/Casper* Art. 17 WG RdNr. 48.
¹⁰³ RGZ 51, 357, 360; 56, 317, 321; RG Gruchot 50, 957.

§ 762 27, 28   Abschnitt 8. Titel 19. Unvollkommene Verbindlichkeiten

Verlierer aus § 812 Abs. 1 S. 1 Alt. 2.[104] Auch die Indossierung eines Wechsels oder Schecks bewirkt im Hinblick auf den andernfalls drohenden Rückgriff erst mit Zahlung durch den Bezogenen Erfüllung.[105] Die Begebung eines garantierten Euroschecks zur Erfüllung einer nach Abs. 1 unwirksamen Forderung war ein Fall der funktionswidrigen Verwendung der Bankgarantie (Vor § 765 RdNr. 25 f., dort auch zur Befristung entsprechender Garantien auf den 31. 12. 2001) und fiel deshalb gleichfalls in den Anwendungsbereich des Abs. 2.[106] Ein vom Verlierer ausgestellter Schuldschein kann gemäß § 812 Abs. 1 S. 1 Alt. 1 beim Gewinner kondiziert werden. Zur Beweislast s. RdNr. 18, zu Sicherheiten s. RdNr. 18, 22.

27   c) **Sonderfälle. aa) Kontokorrent.** Erfolgt die Abwicklung von Spiel- und Wettgeschäften über ein Kontokorrent, so wird Erfüllung gemäß Abs. 1 S. 2, Abs. 2 nur unter besonderen Umständen bewirkt. Die *Belastungsbuchung* ist bloßer Realakt mit rein deklaratorischer Bedeutung und somit weder Erfüllungsleistung gemäß Abs. 1 S. 2 noch Begründung einer Verbindlichkeit gemäß Abs. 2.[107] Eine *Gutschrift* ist zwar Schuldanerkenntnis oder -versprechen der Bank, als solches aber gemäß Abs. 2 unwirksam.[108] Die im Kontokorrentvertrag enthaltene *antizipierte Verrechnungsabrede*[109] vermag Erfüllung iS von Abs. 1 S. 2 schon deshalb nicht herbeizuführen, weil sie sich nicht auf einen bestimmten Gewinnanspruch bezieht (RdNr. 22). Erfüllung kann somit nur durch eine **nachträgliche Tilgungsvereinbarung** bewirkt werden, sofern sie ausdrücklich auf die Tilgung der Verbindlichkeiten aus Spiel und Wette gerichtet ist. Ein **Saldoanerkenntnis,** das – wie im Fall der Nr. 7 Abs. 2 AGB-Banken – bereits durch die nicht rechtzeitige Geltendmachung von Einwendungen und damit durch Untätigkeit des Spielers zustande kommt, genügt dazu nicht.[110] Erforderlich ist vielmehr ein ausdrückliches Anerkenntnis in dem Bewusstsein, dass in der Abrechnung Belastungsbuchungen aus Spiel- und Wettvereinbarungen enthalten sind; dagegen setzt Abs. 1 S. 2 nicht voraus, dass das Anerkenntnis im Bewusstsein der *Unverbindlichkeit* dieser Positionen abgegeben wird.[111] Zur Aufrechnungsmöglichkeit gemäß § 56 BörsG aF s. 3. Aufl. § 764 RdNr. 46.

28   **bb) Vergleich.** Die Einbeziehung einer Spiel- oder Wettschuld in einen Vergleich ist grundsätzlich nach Abs. 2 zu beurteilen. Eine Forderung aus einem Spiel- oder Wettvertrag kann deshalb auch im Rahmen eines Vergleichs nicht durch Schuldumschaffung erfüllt werden.[112] Auch in einem Vergleich kann aber eine Aufrechnungs- oder sonstige Tilgungsvereinbarung wirksam getroffen und damit gemäß Abs. 1 S. 2 konditionsfest geleistet werden.[113] Ausnahmsweise ist ein Vergleich wirksam, wenn er Streit oder Ungewissheit darüber ausräumen soll, ob einer Forderung der Spieleinwand entgegensteht; doch muss es

---

[104] *Baumbach/Hefermehl/Casper* Art. 17 WG RdNr. 48; s. ferner RG WarnR 1935 Nr. 136 S. 282 f.; RGZ 51, 357, 361; 138, 122, 124.
[105] *Henssler* Risiko S. 497, der freilich das Einverständnis des Indossanten (Spielschuldners) mit der Leistung durch den Bezogenen erfordert; aA – stets Erfüllung bei Hingabe von Kundenwechseln – *Staudinger/Engel* RdNr. 20.
[106] *Hadding/Häuser* WM 1993, 1357, 1360; aA OLG Nürnberg NJW 1978, 2513, 2514; *Canaris* Bankvertragsrecht RdNr. 841; unentschieden *Baumbach/Hefermehl*, 22. Aufl., Anh. Art. 4 SchG RdNr. 21.
[107] Vgl. BGHZ 105, 263, 269 f. = NJW 1989, 300; BGHZ 107, 192, 197 = NJW 1989, 2120; BGH ZIP 1999, 487, 488.
[108] BGHZ 105, 263, 269 = NJW 1989, 300.
[109] Dazu BGHZ 74, 253, 254 f. = NJW 1979, 1658.
[110] Vgl. für § 55 BörsG aF BGHZ 107, 192, 198 f. = NJW 1989, 2120 (kreditorisches Konto); ferner BGHZ 92, 317, 325 = NJW 1985, 634; BGHZ 93, 307, 312 = NJW 1985, 1706; BGHZ 102, 204, 207 = NJW 1988, 1083; BGH 139, 1, 10 f. = NJW 1998, 2524; BGH NJW 1996, 121, 122; 1998, 2526, 2527 f.; ZIP 1999, 487, 488 f.; *Canaris* ZIP 1985, 592; *ders.* ZIP 1987, 885; *Häuser* WM 1988, 1285, 1292; aA *Piper* ZIP 1985, 725; *Koller* WM 1985, 593, 596.
[111] BGHZ 107, 192, 198 f. = NJW 1989, 2120; RGZ 147, 149, 153; s. ferner BGH NJW 1998, 2526, 2527 f. betr. den Ausgleich und die Auflösung eines debitorisch geführten Kontos; zu Einzahlungen auf ein kreditorisch geführtes Konto s. OLG Köln ZIP 1998, 200, 201 f.
[112] RG WarnR 1931 Nr. 43 S. 92; RGZ 144, 242, 243; zum Prozessvergleich s. RGZ 37, 416, 418 ff.
[113] RG WarnR 1931 Nr. 43 S. 93; OLG Hamburg OLGE 4, 234; näher dazu RdNr. 22, 27.

sich um einen ernstlichen und nicht nur zur Umgehung des § 762 Abs. 1 vorgetäuschten Streitpunkt handeln, den die Parteien auch als solchen erkannt und deshalb vertraglich geregelt haben.[114]

d) Abgrenzung. Auf ein Schuldversprechen oder **Schuldanerkenntnis des Gewinners** ist Abs. 2 nicht anwendbar. Eine entsprechende Verpflichtung ist deshalb auch dann wirksam, wenn ihm bereits abgewickelte Spielverträge zugrunde liegen; insbesondere kann sich der Gewinner verpflichten, bereits erhaltene Gewinne dem Verlierer zurückzuzahlen.[115] Des Weiteren findet Abs. 2 keine Anwendung bei **Abtretung einer Forderung** des Verlierers gegen einen Dritten. Erfolgt die Abtretung an Erfüllungs Statt, so ist damit Erfüllung gemäß Abs. 1 S. 2 bewirkt;[116] bei Abtretung erfüllungshalber tritt bereits gemäß § 364 Abs. 2 iVm. Abs. 1 S. 2 Erfüllung der Spielschuld erst mit Leistung des Drittschuldners ein. Die **Übernahme einer Schuld gegenüber einem Dritten** zum Zwecke der Erfüllung einer Spiel- oder Wettschuld fällt ebenso wenig in den Anwendungsbereich des Abs. 2[117] wie die Verpflichtung eines Dritten gegenüber dem Verlierer zur Erstattung bereits entstandener Verluste.[118] Der von einem Dritten im Auftrag und auf Rechnung des Verlierers begebene Scheck oder Wechsel begründet dagegen bis zu seiner Einlösung (RdNr. 26) schon im Hinblick auf den andernfalls drohenden Rückgriff des Beauftragten beim Verlierer keine Verpflichtung.[119] Entsprechendes gilt gemäß § 334 für den Fall, dass sich der Verlierer gegenüber dem Gewinner zur Leistung an einen Dritten verpflichtet. Zur Unwirksamkeit von Bürgschaft, Garantie und Schuldbeitritt s. RdNr. 18.

IV. Nebenverträge

1. Grundsatz. Obschon die §§ 762 f. keine dem früheren § 60 BörsG (3. Aufl. § 764 RdNr. 47) entsprechende Vorschrift kennen, entspricht es doch der wohl einhM, dass Nebenverträge zu Spiel- und Wettverträgen nach § 762 unwirksam sind, soweit dies der Zweck dieser Vorschrift (RdNr. 1) erfordert.[120] Davon betroffen sind allerdings grundsätzlich nur Nebenverträge zu nach § 762 unwirksamen Spiel- und Wettverträgen.[121] Im Anwendungsbereich des § 763 kommt die Wirksamkeit des Hauptvertrags dagegen auch dem Nebengeschäft zugute, soweit dieses nicht seinerseits den Charakter eines eigenständigen und ungenehmigten Spiels annimmt. Das Nebengeschäft kann allerdings auf Grund seiner Nähe zu einem wirksamen Spielgeschäft *sittenwidrig* sein (RdNr. 34, 38).

2. Spielgemeinschaften. a) Unwirksames Spiel. Den rechtlichen Beschränkungen des § 762 und der Nichtigkeit bei Verstoß gegen gesetzliche Verbote (RdNr. 13 ff.) unterliegen auch gesellschaftsrechtliche Zusammenschlüsse, die technische Vorbedingungen für Spiele schaffen oder die Modalitäten für die Einsätze regeln sollen.[122] Das gilt für rein wirtschaftlich motivierte Verbindungen von *Veranstaltern,* für das Zusammenwirken von *Spielern* zur Verteilung von Risiko und Gewinn[123] sowie für Gesellschafts- und

---

[114] RGZ 49, 192; RG WarnR 1914 Nr. 309 S. 443; HansRGZ 1929 B 359 f. = HRR 1929 Nr. 1311; SeuffA 83 Nr. 186 S. 306.
[115] BGH NJW 1988, 1086, 1087.
[116] RGZ 147, 149, 153; vgl. auch LG Trier NJW 1984, 181.
[117] *Staudinger/Engel* RdNr. 33.
[118] BGHZ 101, 296, 302 = NJW 1987, 3181; zum Darlehensvertrag s. RdNr. 35 ff.
[119] BGH NJW 1981, 1898, 1899.
[120] BGH LM Nr. 3 = NJW 1974, 1821; LM Nr. 4 = NJW 1974, 1705; RG SeuffA 61 Nr. 202; KG OLGE 12, 96; *Staudinger/Engel* RdNr. 34 ff.; *Soergel/Häuser* RdNr. 46 ff.; *Erman/Terlau* RdNr. 10; *Palandt/Sprau* RdNr. 8; *Bamberger/Roth/Janoschek* RdNr. 12 ff.; *PWW/Brödermann* RdNr. 33 ff.
[121] RGZ 93, 348, 349; BGH LM Nr. 4 = NJW 1974, 1705; LM Nr. 3 = NJW 1974, 1821; *Staudinger/Engel* § 763 RdNr. 16; *Palandt/Sprau* RdNr. 8; s. aber auch AG Rendsburg NJW 1990, 916 (Unverbindlichkeit eines vom Gastwirt zum Spielen an Geldspielautomat gewährten Darlehens).
[122] Heute wohl einhM, s. *Staudinger/Engel* RdNr. 39; *Soergel/Häuser* RdNr. 58; *Erman/Terlau* RdNr. 10; *Palandt/Sprau* RdNr. 8; s. ferner die Nachweise in Fn. 123.
[123] RGZ 147, 112, 118 f.; RG Bolze RG 22 Nr. 467; OLG Hamm NJW-RR 1988, 870, 871; NZG 2001, 747, 748; im Ausgangspunkt auch OLG Düsseldorf WM 1987, 767 f., freilich mit unzutr. Einschränkung für

§ 762 32, 33　　　　　　　　　Abschnitt 8. Titel 19. Unvollkommene Verbindlichkeiten

Vereinsgründungen aller Beteiligten, die wegen der Strafdrohung des § 284 StGB die Geheimhaltung sichern sollen. Da in Fällen dieser Art auch für die Anwendbarkeit der Lehre von der **fehlerhaften Gesellschaft kein Raum** ist (vgl. § 705 RdNr. 334), bestehen weder Ansprüche auf Mitwirkung oder auf Schadensersatz wegen unterlassener oder fehlerhafter Mitwirkung noch Ansprüche auf Leistung von Beiträgen oder Auslagenersatz.[124] Auch ein Anspruch auf Auszahlung des **anteiligen Gewinns** ist entgegen einer in Rechtsprechung und Schrifttum vertretenen Ansicht nicht generell anzuerkennen.[125] In Betracht kommt allenfalls ein Anspruch derjenigen Gesellschafter, die bereits den auf sie entfallenden Anteil am Einsatz geleistet haben. Zwar richtet sich der in diesem Fall bestehende Bereicherungsanspruch nur auf den Einsatz; er umfasst also nicht das commodum ex negotiatione (s. § 818 RdNr. 42). Doch folgt die Verpflichtung des geschäftsführenden Gesellschafters aus dem Rechtsgedanken des Abs. 1 S. 2 (RdNr. 33). Der Anteil derjenigen Gesellschafter, die ihren Einsatz noch nicht geleistet haben, gebührt dagegen stets dem – insoweit auf eigenes Risiko handelnden – geschäftsführenden Gesellschafter.

32　**b) Genehmigtes Spiel.** Zum Zwecke der gemeinsamen Teilnahme an einem gemäß § 763 genehmigten Spiel gegründete Gesellschaften, im Wesentlichen also Lotto- und Fußballtotogemeinschaften, sind gewöhnliche Gesellschaften iS von § 705 (Vor § 705 RdNr. 34, 117). Zumeist handelt es sich um Innengesellschaften. Die durch gewerbliche Spielvermittler (RdNr. 34) gebildeten Spielgemeinschaften treten allerdings als solche auf und sind somit Außengesellschaften. Die Spielgemeinschaft unterliegt, gleich ob als Innen- oder als Außengesellschaft verfasst, **uneingeschränkt den §§ 705 ff.** Es bestehen somit insbesondere Ansprüche auf Beitragsleistung sowie auf Auskehrung des Gewinnanteils, aber auch Schadensersatzansprüche bei gemäß § 708 zu vertretender Pflichtverletzung.[126] Nur in Ausnahmefällen, etwa bei Beitragsverpflichtung in unbegrenzter Höhe, ist der Gesellschaftsvertrag sittenwidrig und damit nichtig gemäß § 138 (RdNr. 34).

33　**3. Auftragsverhältnisse. a) Unwirksames Spiel.** Bei einem nach Abs. 1 S. 1 unverbindlichen Spielgeschäft erstreckt sich der Regelungszweck der Vorschrift auch auf ein etwaiges Auftrags- oder Geschäftsbesorgungsverhältnis.[127] Der Beauftragte ist deshalb zwar weder zur **Ausführung** noch zum Ersatz des dem Auftraggeber durch fehlerhafte Ausführung entstandenen Schadens verpflichtet.[128] Andererseits hat er auch keinen Anspruch auf Ersatz seiner **Aufwendungen,** darunter den geleisteten Spieleinsatz und dasjenige, was zur Erfüllung der auf Rechnung des Auftraggebers begründeten Spielschuld geleistet wurde.[129] Was das rechtliche Schicksal eines etwaigen **Gewinns** betrifft, so gebührte dieser im Anwendungsbereich des früheren § 60 BörsG (3. Aufl. § 764 RdNr. 47) dem Beauftragten.[130] Für Spiel- und Differenzgeschäfte wird dagegen ganz überwiegend ein Anspruch des

---

den Fall eines begrenzten Risikos der Beteiligten. S. aber auch BGH WM 2003, 1328: Verstoß gegen Konzessionserfordernis begründet nicht die Nichtigkeit eines zum Zwecke des Erwerbs und des Betriebs einer Spielhalle abgeschlossenen Gesellschaftsvertrags.
[124] Vgl. die Nachweise in Fn. 122 f.
[125] Für Anspruch aus § 721 insbes. RGZ 58, 280; *Lehmann* JW 1935, 1548; dagegen zutr. *Henssler* Risiko S. 508 f.; *Staudinger/Engel* RdNr. 39.
[126] Insoweit aA BGH LM Nr. 4 = NJW 1974, 1705, 1706 (dazu § 705 RdNr. 144 mwN in Fn. 379); für entspr. Anwendung des § 762 *Staudinger/Engel* § 763 RdNr. 25; s. dazu auch *Pfister* Rechtsprobleme S. 75, 85 ff.
[127] Die Rspr. zu § 60 BörsG aF, der zufolge diese Vorschrift keine Anwendung finden sollte, wenn der Beauftragte lediglich in offener Stellvertretung für den Auftraggeber handeln soll (BGH ZIP 1994, 693, 696; 1997, 782, 783), lässt sich auf § 762 nicht übertragen.
[128] RGZ 40, 256, 259; 49, 59, 61; OLG Hamburg OLGE 4, 232; 14, 30 f.; OLG Hamm NJW-RR 1997, 1007, 1008.
[129] BGH LM Nr. 4 (unter I) = NJW 1974, 1705; KG OLGE 12, 96; OLG Dresden OLGE 12, 275 f.; OLG Hamburg LZ 1920, 577 f.; aA OLG Hamburg SeuffA 60 Nr. 74 = OLGE 10, 187; OLG Kiel OLGE 12, 94 ff.
[130] BGH LM Nr. 6 = NJW 1981, 1897; LM Nr. 4 = NJW 1980, 1957; WM 1983, 1309, 1310; ferner LG Paderborn WM 1979, 1110, 1111.

Auftraggebers auf Herausgabe des Gewinns bejaht.[131] Als zutreffend erscheint allerdings eine differenzierende, an das jeweils übernommene Risiko anknüpfende Ansicht, wonach der Auftraggeber entsprechend Abs. 1 S. 2 nur für den Fall den Gewinn beanspruchen kann, dass der Spieleinsatz seinem Vermögen entstammt; dagegen gebührt der Gewinn dem Beauftragten, wenn er den Einsatz geleistet und infolge der Unwirksamkeit des Auftrags auch das Verlustrisiko übernommen hat.[132] Nicht verbrauchte Mittel hat der Beauftragte gemäß § 812 herauszugeben;[133] für auftragswidrig verwendete Mittel hat er allenfalls nach Bereicherungs- und Deliktsrecht Ersatz zu leisten.[134] Die Unwirksamkeit des Auftrags steht der Begründung von Schutz- und Aufklärungspflichten nicht entgegen;[135] die in RdNr. 19 f. genannten Einschränkungen gelten jedoch entsprechend.

b) Genehmigtes Spiel. Im Fall eines nach § 763 S. 1 verbindlichen Spielgeschäfts sind 34 auch damit im Zusammenhang stehende Auftrags- und Geschäftsbesorgungsverträge wirksam. Davon betroffen sind auch Verträge mit sog. gewerblichen **Spielvermittlern,** die es sich u. a. zur Aufgabe gemacht haben, Spielgemeinschaften zusammenzuführen und den Abschluss von Spielverträgen zwischen diesen und den Lotto- und Totounternehmen zu vermitteln.[136] §§ 4, 19 GlüStV (RdNr. 1) sehen nunmehr zwar auch für das Vermitteln genehmigter öffentlicher Glücksspiele das Erfordernis der Erlaubnis vor; die Wirksamkeit eines auf ein erlaubtes Spielgeschäft bezogenen Vermittlungsvertrags wird indes durch das Fehlen der Genehmigung nicht berührt. Im Zusammenhang mit Spielverträgen bestehende Auftrags- und Geschäftsbesorgungsverhältnisse können allerdings sittenwidrig sein, wenn sie den Beauftragten berechtigen, in unbegrenztem Umfang auf Rechnung des Auftraggebers zu spielen.[137]

4. Darlehen. a) Überblick. Die Vorschrift des § 762 kann auch das im Zusammen- 35 hang mit einem unwirksamen Spiel gewährte Darlehen erfassen. Allerdings kann dem Darlehensvertrag die Verbindlichkeit nicht allein deshalb versagt werden, weil das Darlehen zum Spielen oder zur Tilgung von Spielschulden verlangt und gegeben worden ist. Das Interesse der Beteiligten verlangt vielmehr **abgestufte Wertungen.**[138] Im Einzelnen ist deshalb nach dem Zeitpunkt der Darlehensgewährung und der Person des Darlehensgebers zu unterscheiden (RdNr. 36 ff.). Im Zusammenhang mit *wirksamen Spielgeschäften* gewährte Darlehen sind zwar ihrerseits nicht gemäß § 762 unwirksam, können aber sittenwidrig sein (RdNr. 38). Das zur Teilnahme an einem **verbotenen Spiel** (RdNr. 13 ff.) gewährte Darlehen ist gemäß § 134 nichtig, sofern der Darlehensgeber den Verwendungszweck kennt.[139]

b) Unwirksames Spiel. Wird das Darlehen[140] **von einem Gegenspieler oder dem** 36 **Veranstalter zur Ermöglichung des Spiels** gewährt, so kann sich der Darlehensnehmer

---

[131] RGZ 40, 158; 58, 277, 280; OLG Frankfurt WM 1979, 1251; OLG Hamburg OLGE 4, 232; 14, 30 f.; OLG Dresden OLGE 12, 275 f.; *Rössner* BB 1981, 697; *Staudinger/Engel* RdNr. 36; *RGRK/Seibert* RdNr. 9; *Jauernig/Stadler* RdNr. 11.

[132] *Henssler* Risiko S. 506 f., 509.

[133] Für Anspruch aus § 667 dagegen BGH WM 1985, 449; OLG Frankfurt WM 1984, 1369, 1371; OLG Hamm NJW-RR 1997, 1007, 1008.

[134] Weitergehend – für Anspruch aus Auftragsverhältnis – OLG Düsseldorf NJW 1980, 1966; *Canaris* Bankvertragsrecht RdNr. 1870; wie hier aber wohl OLG Frankfurt WM 1984, 527; s. ferner BGH LM § 823 (Be) Nr. 25 = NJW 1984, 800 (Anspruch aus § 823 Abs. 2 iVm. § 266 StGB).

[135] Zutr. LG Berlin NJW 1992, 2706.

[136] Zu ihnen *Horn* NJW 2004, 2047; *Janz* NJW 2003, 1694; *Ohlmann* WRP 1998, 1043, 1052 ff.; *Fruhmann* MDR 1993, 822, die diese Spielgemeinschaften als unerlaubte Lotterie iS von § 287 StGB qualifiziert; s. ferner BGH ZIP 1999, 1021; *Ohlmann* WRP 2001, 672.

[137] Dazu auch *Henssler* Risiko S. 525.

[138] Deswegen ist eine besondere gesetzliche Regelung unterblieben: Mot. II S. 646; Prot. II S. 799; dazu RG Gruchot 50, 957, 960 f. = JW 1906, 228.

[139] OLG Celle NJW-RR 1987, 1190; OLG Nürnberg MDR 1978, 669.

[140] Vgl. aber auch BGHZ 131, 136, 140 = NJW 1996, 248: In der Übergabe von – zum Spiel geeigneten – Münzgeld durch Spielbankenkassen gegen Hingabe von garantierten Euroschecks liegt keine Kreditgewährung zu Spielzwecken.

§ 762 37, 38   Abschnitt 8. Titel 19. Unvollkommene Verbindlichkeiten

nach dem telos des § 762 Abs. 1 S. 1 der Rückzahlung entziehen, wenn er das Erlangte beim Spiel verliert.[141] Für den Fall, dass der Darlehensnehmer gewinnt oder es nicht zum beabsichtigten Spiel kommt, ist das Darlehen zurückzuzahlen.[142] Gewährt der *Gewinner* **nach Abschluss** des Spiels ein Darlehen zur Tilgung der Spielschulden, so ist dies ein unmittelbarer Anwendungsfall des § 762 Abs. 2. Unwirksam ist deshalb nicht nur das Vereinbarungsdarlehen (RdNr. 26), sondern auch das mit dem Zweck unmittelbarer Rückzahlung bar getätigte Darlehensgeschäft.[143] Will der Darlehensnehmer dagegen mit dem vom Gewinner gewährten Darlehen Spielschulden bei anderen Beteiligten tilgen, so befindet sich der Darlehensgeber insoweit in der Rolle eines Dritten (RdNr. 37). – Ein in den Anwendungsbereich des § 762 Abs. 1 fallendes Darlehen kann, wie auch der Spielvertrag (RdNr. 13 ff.), zugleich sittenwidrig sein (RdNr. 37 f.).

37 Wird das Darlehen von einem nicht als Gegenspieler beteiligten **Dritten** gewährt, so kann dem Rückzahlungsanspruch zwar nicht der Spieleinwand entgegengesetzt werden.[144] Doch kann der Darlehensvertrag sittenwidrig und damit gemäß § 138 Abs. 1 nichtig sein. Bei Darlehensgewährung **vor dem Spiel** kommt Sittenwidrigkeit nicht schon dann in Betracht, wenn der Darlehensgeber zwar die Absicht oder Neigung des anderen zum Spiel kennt,[145] er aber aus neutralen Motiven oder aus Gutmütigkeit handelt.[146] Erforderlich ist vielmehr die Ausnutzung der Spielleidenschaft oder der Unerfahrenheit zu eigenem Vorteil,[147] wobei die Förderung des Spielbetriebes genügt, auch wenn der Geldgeber an ihm nur mittelbar beteiligt ist.[148] Sucht sich ein Spieler **nachträglich** einen Geldgeber, um Spielschulden tilgen zu können, so ist eine Darlehensgewährung nicht zu missbilligen, sofern die Aufnahme des Darlehens nicht neue Spielmöglichkeiten eröffnen soll. Daher kann auch eine ursprünglich nichtige Darlehensgewährung Dritter nachträglich durch Schuldanerkenntnis wirksam bestätigt werden.[149] Darlehens- und Spielvertrag können im Übrigen eine wirtschaftliche Einheit iS von § 358 bilden; in diesem Fall kann die Unwirksamkeit des Spielvertrags im Wege des **Einwendungsdurchgriffs gemäß § 359** einredeweise auch dem Darlehensgeber entgegengehalten werden.[150]

38 c) **Genehmigtes Spiel.** Ein im Zusammenhang mit staatlich genehmigtem Spiel gewährtes Darlehen ist in keinem Fall unwirksam gemäß § 762 Abs. 1 S. 1. Insbesondere das vom *Veranstalter* oder von einem *Mitspieler zur Finanzierung des Spieleinsatzes* gewährte Darlehen ist allerdings – ebenso wie ein vom Darlehensnehmer begebener Wechsel[151] – auch in den Fällen des § 763 zumeist sittenwidrig, da es den Darlehensnehmer zum Weiterspielen veranlasst und die Gefahr wachsender Spielschulden begründet.[152] Der Rückforderungsanspruch des Darlehensgebers unterliegt in diesem Fall den Einschränkungen des § 817 S. 2. Entsprechend der Rechtslage beim Wucherdarlehen[153] ist zwar das *Darlehenskapital* nicht von

---

[141] OLG Düsseldorf MDR 1984, 757; OLG Stettin OLGE 8, 83 f.; KG OLGE 18, 34 f.; 40, 335; OLG Celle NdsRpfl. 1961, 172; AG Rendsburg NJW 1990, 916; *Henssler* Risiko S. 503 f.; aA OLG Marienwerder OLGE 5, 103. – Gegen die Heranziehung von § 762 und ggf. für Anwendung des § 138 in diesen Fällen auch BGH LM Nr. 1 = WM 1961, 530 (mit Sachverhalt); s. dazu noch RdNr. 37.
[142] So im Zusammenhang mit §§ 138, 817 S. 2 (dazu RdNr. 38) auch BGH NJW 1995, 1152, 1153.
[143] RG WarnR 1915 Nr. 177 S. 266.
[144] RGZ 85, 380; BGH ZIP 1998, 16, 19.
[145] BGH WM 1961, 530 = LM Nr. 1; LM Nr. 3 = NJW 1974, 1821.
[146] Vgl. insbes. BGHZ 114, 177, 182 = NJW 1991, 1956; RGZ 67, 355; KG JW 1926, 1241; OLG Stuttgart WM 1989, 1723, 1724.
[147] RGZ 70, 1; RG Gruchot 65, 66 = JW 1920, 961; WarnR 1921 Nr. 12 S. 15; JW 1924, 43 f.; BGH WM 1961, 530; OLG Frankfurt OLGE 18, 35 f.; KG OLGE 40, 335; OLG Celle NdsRpfl. 1961, 172, 173.
[148] RG WarnR 1914 Nr. 74 S. 102 = JW 1914, 296; WarnR 1921 Nr. 11 S. 14 (als Kellner im Spielbetrieb).
[149] RG JW 1924, 43.
[150] Vgl. zur entsprechenden Problematik bei der finanzierten Partnerschaftsvermittlung, insbes. zur Bedeutung des Abs. 1 S. 2 im Rahmen der Rückabwicklung § 359 RdNr. 16; zur Anwendbarkeit des § 359 bei Identität von Darlehensgeber und Partner des finanzierten Geschäfts s. § 358 RdNr. 45 ff.
[151] BGH NJW 1992, 316.
[152] Vgl. BGH NJW 1992, 316; LM Nr. 3 = NJW 1974, 1821; LM Nr. 1 = NJW 1961, 1204.
[153] RGZ 161, 52; BGH NJW 1962, 1148; WM 1969, 857; näher § 817 RdNr. 37 f., 40.

Lotterie- und Ausspielvertrag § 763

der Rückforderung ausgeschlossen.[154] Doch trägt der Gläubiger als Mitveranlasser das Risiko, dass der Schuldner infolge von Spielverlusten nicht mehr bereichert ist und damit gemäß § 818 Abs. 3 frei wird.[155] Auch bei Sittenwidrigkeit des Darlehensvertrags schuldet der Darlehensnehmer die Rückzahlung des Darlehens (einschließlich Zinsen), wenn er gewinnt oder es nicht zur Durchführung des Spiels kommt.[156]

5. Prozessverträge. Versagt das Gesetz einem Spielvertrag oder Differenzgeschäft die 39 Wirksamkeit, so sollte nach früherer Auffassung auch eine damit verbundene Schiedsabrede[157] oder Gerichtsstandsvereinbarung[158] unverbindlich sein. Nach neuerer Auffassung sind Prozessvereinbarungen abweichend von der Regel des § 139 grundsätzlich wirksam, soweit sie ein Verfahren für den Streit darüber bestimmen, ob das Hauptgeschäft wirksam ist.[159] Das kann aber nicht gelten, wenn die Schiedsvereinbarung von vornherein nur dazu dient, Streitigkeiten vor eine Instanz zu bringen, von der die Anerkennung von Spiel- und Differenzeinwänden nicht zu erwarten ist.[160] Schiedssprüche unterliegen dann der Aufhebung nach § 1059 Abs. 2 Nr. 2 ZPO.

6. Sonstige. Von dem Unwerturteil über die Veranstaltung von Spielen sind auch vor- 40 bereitende Geschäfte betroffen. So sind in zahlreichen Entscheidungen auch Darlehensgeschäfte zur Errichtung oder technischen Verbesserung von Spielstätten oder Spielclubs für sittenwidrig und nichtig erachtet worden.[161] Nichtig kann auch der Mietvertrag über die Räume[162] oder Einrichtungsgegenstände[163] eines solchen Betriebes sein. Unbedenklich ist die stille Beteiligung an einer staatlich konzessionierten Spielbank.[164] Unwirksam iS von § 762 Abs. 1 S. 1 sind Ansprüche aus dem Verkauf eines angeblich gewinnversprechenden Spielsystems.[165] Hingegen soll der Telefondienstvertrag, der durch die Wahl von Sondernummern zur Teilnahme an einem TV-Quiz zustande kommt, kein nach § 762 unwirksamer Nebenvertrag sein.[166]

§ 763 Lotterie- und Ausspielvertrag

¹ **Ein Lotterievertrag oder ein Ausspielvertrag ist verbindlich, wenn die Lotterie oder die Ausspielung staatlich genehmigt ist.** ² **Anderenfalls findet die Vorschrift des § 762 Anwendung.**

Übersicht

	RdNr.		RdNr.
I. Einführung	1, 2	2. Normzweck	2
1. Inhalt der Vorschrift	1		

---

[154] AA RGZ 70, 1, 4; OLG Nürnberg MDR 1978, 669; *Staudinger/Engel* RdNr. 43; *Staudinger/Lorenz* § 817 RdNr. 12; *Erman/Westermann* § 817 RdNr. 23; wohl auch RG WarnR 1921 Nr. 11 und 12; offen gelassen von RGZ 161, 52, 59; nicht einschlägig BGH WM 1961, 530, wo es nur um die Unwirksamkeit des von einem Dritten nachträglich gegebenen Schuldanerkenntnisses (§ 781) ging.
[155] BGH NJW 1995, 1152, 1153; ähnlich in anderem Zusammenhang BGH WM 1961, 947 = LM § 820 Nr. 1.
[156] BGH NJW 1995, 1152, 1153; *Erman/Westermann* § 817 RdNr. 22.
[157] RGZ 56, 19; 58, 151, 155f.; RG JW 1905, 401; WarnR 1915 Nr. 263 S. 404 = JW 1915, 1005f.; WarnR 1926 Nr. 141 S. 204.
[158] RG JW 1915, 791.
[159] BGH LM ZPO § 1025 Nr. 34 = NJW 1979, 2567 f.; *Rosenberg/Schwab/Gottwald* Zivilprozessrecht § 37 I 1 und § 172 IV 3; s. ferner *Palandt/Sprau* RdNr. 8; *Soergel/Häuser* RdNr. 28.
[160] RG WarnR 1915 Nr. 263 in Anlehnung an die Grundsätze zum Vergleich (RdNr. 28); s. ferner zu §§ 53ff. BörsG aF BGH WM 1987, 1153.
[161] RG Gruchot 65, 213; SeuffA 76 Nr. 204 S. 337; WarnR 1922 Nr. 63 S. 74; JW 1924, 43 f.
[162] RG SeuffA 78 Nr. 4 S. 6 = WarnR 1922 Nr. 121 S. 148.
[163] AG Uetersen SchlHA 1955, 221.
[164] BGH LM SpielbankG Nr. 1 = MDR 1963, 988.
[165] OLG Karlsruhe Justiz 1965, 86.
[166] LG Berlin CR 2005, 36 (zweifelhaft); s. dazu auch *Ernst* NJW 2006, 186, 187.

§ 763 1, 2
Abschnitt 8. Titel 19. Unvollkommene Verbindlichkeiten

	RdNr.		RdNr.
II. Begriff und Abgrenzung	3–7	5. Spielautomaten	12
1. Lotterie und Ausspielung	3–6	6. Sonstige Lotterien und Glücksspiele	13
a) Verhältnis zu § 762	3	**IV. Rechtsfolgen**	14–18
b) Begriff	4–6	1. Wirksamkeit des Spielvertrags	14–16
2. Sonstige Spielverträge	7	a) Leistungspflichten	14
III. Genehmigungstatbestände	8–13	b) Form	15
1. Klassenlotterien	8	c) AGB	16
2. Fußball-Toto und Zahlenlotto	9	2. Einzelfälle	17, 18
3. Spielbanken	10	a) Fußball-Toto und Zahlenlotto	17
4. Rennwetten; Sportwetten	11	b) Los-Lotterien	18

I. Einführung

1 **1. Inhalt der Vorschrift.** Die Vorschrift enthält eine zwar lückenhafte, aber analogiefähige (RdNr. 7) Regelung des staatlich genehmigten Spiels. Nach S. 1 der Vorschrift sind **Lotterie- und Ausspielverträge** abweichend von § 762 Abs. 1 S. 1 verbindlich und damit wirksam (§ 762 RdNr. 2 f.), wenn die Lotterie oder Ausspielung staatlich genehmigt wurde (zu staatlichen Angeboten s. RdNr. 8). Bei fehlender staatlicher Genehmigung ist der Lotterie- oder Ausspielvertrag gemäß ausdrücklicher, aber überflüssiger (RdNr. 3) Anordnung in § 763 S. 2 unwirksam gemäß § 762 Abs. 1 S. 1. Die in S. 2 ebenfalls enthaltene Verweisung auf § 762 Abs. 1 S. 2 geht dagegen zumeist ins Leere. Da nämlich eine nicht genehmigte Lotterie oder Ausspielung bei Öffentlichkeit des Angebots als unerlaubtes Glücksspiel iS von § 287 StGB anzusehen ist, ist der Spielvertrag gemäß § 134 nichtig;[1] der vom Teilnehmer geleistete Einsatz unterliegt dann der Rückforderung gemäß §§ 812, 814 (§ 762 RdNr. 13 ff.).

2 **2. Normzweck.** Die gesetzliche Sonderstellung von Lotterie und Ausspielung geht ausweislich der Materialien auf das alte Bedürfnis des Staates zurück, am Ertrag von Spielveranstaltungen teilzuhaben. Wenngleich es bei der grundsätzlichen Missbilligung des Spiels als Erwerbsart schon wegen der einschneidenden Strafnormen der §§ 284 ff. StGB verbleiben musste, erschien es dem Gesetzgeber als rechtspolitische Anstandspflicht, Spielgeschäften des Staates die Rechtsverbindlichkeit nicht zu versagen.[2] Das empfahl sich dann auch für genehmigte Veranstaltungen privater Träger.[3] Dass die Verbindlichkeit des Geschäfts nach S. 1 nicht nur den Veranstalter, sondern auch den einzelnen Teilnehmer erfasst, entspricht freilich mehr begrifflichen Bedürfnissen[4] als der rechtspolitischen Idee gerade dieses Abschnitts des BGB. Differenzierter und auch sachgerechter hat sich später das RennwLottG von 1922 entschieden (RdNr. 11). Neben diesen zumindest zunächst verfolgten fiskalischen Interessen hat die Vorschrift des § 763 aber vor allem auch die Funktion, den unbestreitbar und auch durch gesetzliche Regelungen nach Art des § 762 nicht einzudämmenden **Spieltrieb** eines beachtlichen Teils der Bevölkerung **auf staatlich geordnete Bahnen** zu lenken und in den Dienst gemeinnütziger Zwecke zu stellen.[5] Diesem Anliegen tragen insbesondere die Vorschriften über die Zulassung von Spielbanken (RdNr. 8), aber auch der am 1. 1. 2008 in Kraft getretene **Glücksspielstaatsvertrag** (§ 762 RdNr. 1) und die Ausführungsgesetze der Länder (RdNr. 9, 13) Rechnung.

---
[1] Vgl. OVG Münster MDR 1956, 701.
[2] Mot. II S. 648.
[3] Mot. II S. 649.
[4] Vgl. dazu Mot. II S. 648 f.
[5] BGH NJW 1999, 54, 55; zum Wegfall des fiskalischen Interesses nach Inkrafttreten des Glücksspielstaatsvertrags (§ 762 RdNr. 1, dort auch zur Frage der Verfassungs- und Gemeinschaftsrechtskonformität des Genehmigungsvorbehalts) s. *Albrecht/Gabriel* WRP 2007, 616, 618; so auch VG Stuttgart, Urt. vom 1. 2. 2008 – 10 K 2990/04; zweifelnd VG Berlin, Beschluss vom 2. 4. 2008 – 35 A 52.08, Tz. 100 ff. (unter Hinweis auf § 10 Abs. 4 GlüStV); iE ebenso *Koenig/Ciszewski* DÖV 2007, 313, 320.

II. Begriff und Abgrenzung

1. Lotterie und Ausspielung. a) Verhältnis zu § 762. Die Vorschrift des S. 1 eröffnet 3
die Möglichkeit, bestimmten Spielverträgen zur Wirksamkeit zu verhelfen. Sie versteht sich
deshalb als Ausnahme zu § 762 und setzt dessen Anwendbarkeit voraus. Demzufolge
bedürfen Rechtsgeschäfte, die schon nicht die Voraussetzungen eines Spielvertrags iS von
§ 762 Abs. 1 S. 1 (§ 762 RdNr. 4 ff.) erfüllen, nicht der staatlichen Genehmigung, um
Verbindlichkeit zu erlangen. Auch der Vorschrift des S. 2 lässt sich nichts anderes entnehmen; ihr kommt lediglich klarstellende Bedeutung zu.[6] Dies ist insbesondere für die Fälle
der progressiven Kundenwerbung von Bedeutung, die kein Spielgeschäft sind und somit
auch nicht dem § 763 unterliegen (§ 762 RdNr. 12).

b) Begriff. Lotterie und Ausspielung sind Veranstaltungen, bei denen der Veranstalter mit 4
einer **Mehrzahl von Teilnehmern** Verträge schließt, in denen er verspricht, gegen die
Leistung eines zumeist in Geld bestehenden Einsatzes nach Maßgabe eines **Spielplans**
Gewinne an die spielplanmäßig ermittelten Gewinner zu leisten.[7] Die Ausspielung unterscheidet sich von der Lotterie allein dadurch, dass bei ihr als Gewinn nicht Geld, sondern
Sachwerte in Aussicht gestellt sind.[8] Den Charakter eines Spiels nimmt der einzelne Lotterieoder Ausspielvertrag dadurch an, dass beide Parteien das Risiko eines Verlusts übernehmen:
Während sich der Teilnehmer unbedingt zur Leistung eines *Einsatzes* verpflichtet,[9] übernimmt der Veranstalter dem einzelnen Teilnehmer gegenüber die durch den Ausgang des
Spiels bedingte Verpflichtung zur Auszahlung eines den Einsatz übersteigenden *Gewinns*.[10]
Was das über die Zuteilung des Gewinns entscheidende Ereignis betrifft, so kann dies etwa das
Ergebnis einer Verlosung oder – wie im Fall der Fußballwette (RdNr. 9) – der Ausgang einer
sportlichen Veranstaltung sein. Die Teilnehmer können untereinander gesellschaftsrechtlich
verbunden sein, treten jedoch dem Veranstalter gegenüber als Einzelspieler auf.

Nach hM gehört es darüber hinaus zum Begriff der Lotterie oder Ausspielung, dass die 5
Gewinnermittlung nach einem Verfahren erfolgt, das ausschließlich oder doch wesentlich
auf Zufall abstellt.[11] Indes ist kein Grund ersichtlich, der für das Strafrecht wesentlichen
Unterscheidung zwischen **Glücks- und Geschicklichkeitsspiel** (§ 762 RdNr. 8, 14 ff.)
auch für das Zivilrecht Bedeutung zuzusprechen.[12] Das Vorliegen der allgemeinen Voraussetzungen eines Spielvertrags (§ 762 RdNr. 4 ff.) unterstellt, können deshalb etwa auch
Skatturniere, Preiskegeln und sämtliche Formen des Preisausschreibens als Lotterie oder
Ausspielung anzusehen sein und damit gemäß § 763 S. 1 Wirksamkeit erlangen.[13]

Der vom Teilnehmer zu leistende Einsatz kann offen gegen den Erwerb eines Loses 6
geleistet werden, aber auch in einem Warenkaufpreis, Eintrittsgeld oder Vereinsbeitrag
versteckt sein.[14] Die Anzahl der ausgegebenen Lose und Gewinne braucht nicht festzustehen. Als Lotterie bzw. Ausspielung ist deshalb auch die sog. **Totalisatorwette** anzusehen,

---

[6] HM, vgl. *Soergel/Häuser* Vor § 762 RdNr. 3; RGRK/*Seibert* RdNr. 1 und § 762 RdNr. 1; *Palandt/Sprau* RdNr. 1; *Henssler* Risiko S. 512; aA *Staudinger/Engel* Vor § 762 RdNr. 6. – Zum Vorliegen eines Spiels in den Fällen der sog. Spielwette s. § 762 RdNr. 7.

[7] Vgl. die jedenfalls im Grundsatz übereinstimmenden Umschreibungen in RGZ 60, 379, 381, 386; 77, 341, 344; BFHE 55, 418; OLG Celle NdsRpfl. 1960, 270, 271 f.; *Soergel/Häuser* RdNr. 2; *Erman/Terlau* RdNr. 2; *Palandt/Sprau* RdNr. 1 a; ferner § 3 Abs. 3 GlüStV (§ 762 RdNr. 1).

[8] RGZ 60, 379, 381, 386.

[9] Gegen das Erfordernis eines Einsatzes *Henssler* Risiko S. 519 f.

[10] Zur Maßgeblichkeit der isolierten Betrachtung des einzelnen Lotterievertrags s. *Henssler* Risiko S. 512 f.

[11] RGZ 77, 341, 344; BGHSt. 2, 139 f.; BFHE 55, 418; *Staudinger/Engel* RdNr. 6; RGRK/*Seibert* RdNr. 3; in diesem Sinne auch der – für die zivilrechtliche Beurteilung allerdings nicht maßgebende – § 3 Abs. 3 GlüStV (§ 762 RdNr. 1).

[12] Zutr. *Henssler* Risiko S. 511 f.; wie hier auch *Soergel/Häuser* RdNr. 6; *Erman/Terlau* RdNr. 2; AnwK-BGB/*Schreiber* RdNr. 5.

[13] Vgl. auch OLG Dresden OLGE 9, 12 (Skatturnier); LG Marburg NJW 1955, 346 (Preisschießen); zum Vorliegen eines Spiels in diesen Fällen s. § 762 RdNr. 8; zur möglichen Qualifizierung von Preisausschreiben als Glücksspiel iS von § 284 StGB s. § 762 RdNr. 14.

[14] RGZ 115, 326; BGHSt. 2, 83; AnwK-BGB/*Schreiber* RdNr. 6; *Jauernig/Stadler* RdNr. 2.

§ 763 7–9 Abschnitt 8. Titel 19. Unvollkommene Verbindlichkeiten

bei der die Höhe des Gewinns von der Summe der Einsätze abhängig ist; sie begegnet vor allem im Rahmen des Pferderennsports und hat insoweit in § 4 RennwLottG (RdNr. 11) eine Regelung erfahren.

7 **2. Sonstige Spielverträge.** Das Gesetz behandelt Lotterie und Ausspielung gleich, so dass ihre Abgrenzung (RdNr. 4) rechtlich ohne Bedeutung ist. Aber auch die in den §§ 762, 763 angelegte Unterscheidung zwischen Lotterie und Ausspielung einerseits, sonstigen Spielgeschäften andererseits ist heute gegenstandslos. Die Beschränkung des Tatbestands des § 763 auf Lotterien und Ausspielungen erklärt sich allein daraus, dass bei Erlass des BGB sonstige Genehmigungstatbestände nicht absehbar waren.[15] Mit der vor allem in den dreißiger Jahren erfolgten Einführung weiterer Formen des staatlich genehmigten Spiels (RdNr. 10 f.) ging zugleich eine entsprechende Erweiterung des Anwendungsbereichs des § 763 einher. Es besteht deshalb zu Recht Einvernehmen darüber, dass **in sämtlichen Fällen** eines staatlich genehmigten Spiels der Abschluss des Spielvertrags abweichend von § 762 Abs. 1 S. 1 wirksam ist.[16] Vorbehaltlich besonderer Vorschriften nach Art derjenigen des § 4 Abs. 2 RennwLottG (RdNr. 11) ist die Vorschrift des § 763 insoweit also **entsprechend anzuwenden**.

III. Genehmigungstatbestände

8 **1. Klassenlotterien.** Auf der Grundlage von Staatsverträgen, denen allerdings der GlüStV (§ 762 RdNr. 1) nach dessen § 26 vorgeht, werden als Anstalten des öffentlichen Rechts die **Süddeutsche Klassenlotterie** für Baden-Württemberg, Bayern, Hessen, Rheinland-Pfalz, Sachsen und Thüringen und die **Nordwestdeutsche Klassenlotterie** für die übrigen Länder betrieben. Die Beziehungen der Veranstalter zu den Teilnehmern sind privatrechtlicher Art, ihre Amtlichen Spielbedingungen deshalb als AGB und damit nur nach Maßgabe der §§ 305 ff. (RdNr. 16 f.) von Bedeutung.[17] Während bislang die zur Wirksamkeit des Spielvertrags erforderliche Genehmigung iS des § 763 S. 1 in der Errichtung der Anstalt enthalten war, bedürfen nunmehr auch die Klassenlotterien (dazu § 26 Abs. 2 GlüStV) und die übrigen mittelbar oder unmittelbar staatlichen Glücksspielangebote (dazu §§ 10 Abs. 2, 25 Abs. 1 GlüStV) einer Erlaubnis nach § 4 GlüStV.

9 **2. Fußball-Toto und Zahlenlotto.** Fußball-Toto und Zahlenlotto werden auf Grund des GlüStV (§ 762 RdNr. 1) und der hierzu ergangenen Landesausführungsgesetze in Verantwortung der Länder betrieben. Die überwiegend als juristische Personen des Privatrechts organisierten Veranstalter sind untereinander im Deutschen Lotto- und Totoblock zusammengeschlossen und verfügen über einheitliche Lotto- und Toto-Teilnahmebedingungen (s. noch RdNr. 17).[18] Bei letzteren handelt es sich auch dann um AGB, wenn ihr Inhalt auf dem jeweiligen Landesgesetz beruht.[19] Der Vertrieb erfolgt über besonders konzessio-

---

[15] So auch BGH NJW 1999, 54, 55; näher dazu *Henssler* Risiko S. 520 f.
[16] BGH NJW 1999, 54, 55; s. ferner RGZ 93, 348, 349; BGH NJW 1974, 1821 (Nebenvertrag); LG Baden-Baden WM 1998, 1685, 1687 (Spielbank); *Soergel/Häuser* RdNr. 33; *Jauernig/Stadler* RdNr. 3; *Henssler* Risiko S. 521 f. – Zu den Rechtsfolgen wirksamer Spielverträge s. iE RdNr. 14 ff.; zum Fortbestand der nach dem Gewerberecht der ehemaligen DDR erteilten Genehmigungen und zu deren Geltung auch in den alten Bundesländern s. BGH NJW-RR 2002, 395, 397; OLG Hamburg WRP 2005, 378; s. ferner BVerwG GewArch. 2006, 149; zu ausländischen Genehmigungen s. § 762 RdNr. 1.
[17] BayVerfGH DÖV 1964, 111 = BB 1964, 326; s. ferner die Nachweise in Fn. 19; näher zur Ausgestaltung der Lotterie *Soergel/Häuser* RdNr. 12 ff.
[18] Näher dazu § 309 Nr. 7 RdNr. 14 ff.; *Christensen* in: *Ulmer/Brandner/Hensen* § 309 Nr. 7 RdNr. 20 ff.; zu den sich aus § 1 GWB ergebenden Schranken für die Vereinbarung einheitlicher Teilnahmebedingungen s. BGH WM 2008, 1983; ZIP 1999, 1021, 1023 ff. = WM 1999, 1373 und dazu *Ohlmann* WRP 2001, 672; zur Organisation und Durchführung von Zahlenlotto und Fußball-Toto s. *Ohlmann* WRP 1998, 1043; *ders.* WRP 2001, 672, 674 ff.; *A. Wagner* in: *Pfister* Rechtsprobleme S. 1 ff.; *Soergel/Häuser* RdNr. 17 f.; zu privaten Sportwettenanbietern s. *Janz* NJW 2003, 1694, 1695 ff.; krit. zu dem gegenwärtigen System und weitreichende rechtspolitische Forderungen bei *Adams/Tolkemitt* ZBB 2001, 170, 182 ff.; zur gemeinschafts- und verfassungsrechtlichen Problematik des staatlichen Monopols s. § 762 RdNr. 1.
[19] BVerwGE 2, 235 = NJW 1956, 235; BGH LM § 282 Nr. 14 = NJW 1965, 1583; *Christensen* in: *Ulmer/Brandner/Hensen* § 309 Nr. 7 RdNr. 20; aA KG NJW 1981, 2822. – Vgl. iÜ RdNr. 16 f.

Lotterie- und Ausspielvertrag 10, 11 § 763

nierte Annahmestellen, deren Inhaber als Vertreter des jeweiligen Veranstalters handeln und zumeist nebenberufliche Handelsvertreter iS der §§ 84 ff. HGB sind (RdNr. 17).[20] Das Angebot umfasst mittlerweile eine Reihe weiterer Veranstaltungen, darunter insbesondere die Ziehungslotterien „Spiel 77", „Super 6" und „GlücksSpirale".

3. Spielbanken. Die früheren reichsgesetzlichen Vorschriften[21] betreffend den Betrieb von Spielbanken sind Bestandteil des allgemeinen Polizei- und Ordnungsrechts und in Ermangelung einer entsprechenden Gesetzgebungskompetenz des Bundes in landesrechtlichen Vorschriften aufgegangen;[22] nach § 2 S. 2 GlüStV (§ 762 RdNr. 1) finden zudem §§ 1, 3 bis 8, 20 und 23 GlüStV Anwendung. Die Rechtsbeziehungen einer Spielbank zu ihren Besuchern sind privatrechtlicher Natur. Dies gilt auch für die Ausübung des Hausrechts.[23] Vorschriften des Landesrechts, denen zufolge Ortsansässige nicht zum Spiel zugelassen werden dürfen, sind Verbotsgesetz; ein gleichwohl geschlossener Spielvertrag ist deshalb gemäß § 134 nichtig.[24] Die von den Spielbanken erlassenen Spielordnungen sind AGB und finden auch für den Fall, dass sie als Ministerialerlasse ergangen sind, nur unter den Voraussetzungen der §§ 305 ff. Eingang in den Vertrag. Entsprechendes gilt jedenfalls im Grundsatz für Regelungen, die das durch die einschlägigen landesrechtlichen Regelungen konkretisierte Hausrecht der Spielbanken modifizieren.[25] – Zur Frage eines Kontrahierungszwangs der Spielbanken s. RdNr. 14, zur Frage einer schadensersatzbewehrten Pflicht des Betreibers zur Beachtung von Spielsperren s. § 762 RdNr. 19.

4. Rennwetten; Sportwetten. Den schon alsbald nach Inkrafttreten des BGB gewachsenen Wettgebräuchen bei Pferderennen hat der Gesetzgeber zusammen mit steuerrechtlichen Regelungen im Rennwett- und LotterieG vom 8. 4. 1922[26] nebst Ausführungsbestimmungen vom 16. 6. 1922[27] Rechnung getragen. Danach können zum Betrieb eines Wett-Totalisators (RdNr. 6) Renn- und Pferdezuchtvereine sowie zur Entgegennahme von Wetten auch gewerbliche Buchmacher zugelassen werden.[28] Mit dem förmlichen Abschluss des Wettgeschäfts wird der Vertrag nach § 4 Abs. 2 RennwLottG – abweichend von § 763 S. 1 – **nur für den Unternehmer bzw. Buchmacher verbindlich**. Für den Teilnehmer bewendet es dagegen grundsätzlich bei § 762, so dass ein geleisteter Einsatz nicht zurückverlangt werden kann und ein ausstehender Einsatz nicht geschuldet ist;[29] gemäß § 4 Abs. 2 S. 3 RennwLottG darf der Einsatz allerdings von einem etwaigen Gewinn[30] abgezogen werden. Gegen betrügerische Manipulationen kann sich der Buchmacher auch mittels AGB durch entsprechende Vorbehalte und Bedingungen schützen.[31] Für die Veranstaltung und Vermittlung sonstiger Sportwetten sieht § 21 GlüStV (§ 762 RdNr. 1) besondere Vorschriften über die Erlaubniserteilung vor.

---

[20] BGHZ 43, 108 = NJW 1965, 1132; BGHZ 59, 87 = NJW 1972, 1662; BGH WM 1975, 931.
[21] Gesetz über die Zulassung öffentlicher Spielbanken vom 14. 7. 1933 (RGBl. I S. 480); VO über öffentliche Spielbanken vom 27. 7. 1938 (RGBl. I S. 955).
[22] BVerfGE 28, 119, 146 f. = JZ 1970, 411, 414; Zusammenstellung der Letzten Änderungsverordnungen der einzelnen Länder bei *Tröndle/Fischer* § 284 StGB RdNr. 10; s. ferner LG Baden-Baden WM 1998, 1685, 1687.
[23] BGH ZIP 1994, 1274, 1275 f.; BGHZ 131, 136, 138 f. = NJW 1996, 248; BGHZ 165, 276, 278 f. = NJW 2006; 362; OVG Koblenz NJW 1959, 2229.
[24] Vgl. zu 1 SpielbankenVO aF BGHZ 37, 363 = NJW 1962, 1671; *Soergel/Häuser* RdNr. 34; dazu bereits § 762 RdNr. 15.
[25] Vgl. für Supermärkte BGH NJW 1996, 2574; BGHZ 124, 39 = NJW 1994, 188.
[26] RGBl. I S. 393, zuletzt geändert durch Gesetz vom 31. 10. 2006 (BGBl. I S. 2407); Textsammlung Steuergesetze I Nr. 630 (C. H. Beck); eingehend zur historischen Entwicklung und zu verwaltungsrechtlichen Aspekten der Sportwette *Deselaers* in: *Pfister* Rechtsprobleme S. 15 ff.; s. ferner *Soergel/Häuser* RdNr. 28 f.
[27] Steuergesetze I Nr. 635.
[28] Über die wirtschaftlich als Rückversicherung fungierende Ablegewette der Buchmacher vgl. RG WarnR 1926 Nr. 157; 1928 Nr. 168.
[29] Vgl. dazu KG JW 1927, 2062; s. ferner OLG Hamm NJW-RR 1997, 1007, 1008, das die analoge Anwendung auf andere Sportwetten erwägt; *Soergel/Häuser* RdNr. 28.
[30] Nur davon, RG JW 1926, 2283, 2284 = SeuffA 80 Nr. 81.
[31] BGH LM § 278 Nr. 17; RG JW 1926, 2283, 2284; s. ferner § 309 Nr. 7 Halbs. 3 und dazu RdNr. 16.

12 5. Spielautomaten. Der gewerbliche Betrieb mechanischer Spielgeräte mit Gewinnmöglichkeit unterliegt nach § 33 c GewO gewerberechtlichen Genehmigungserfordernissen, zu denen auch eine Typen-Zulassung der Physikalisch-Technischen Bundesanstalt gehört. Genehmigungsbedürftig ist gemäß § 33 d GewO auch die gewerbsmäßige Veranstaltung anderer Gewinnspiele. Nach § 33 h GewO finden die Vorschriften der §§ 33 c ff. GewO allerdings keine Anwendung auf die Zulassung und den Betrieb von Spielbanken, auf die Veranstaltung anderer Spiele (iS von § 33 d GewO) in Form von Glücksspielen iS des § 284 StGB sowie auf die Veranstaltung von Lotterien und Ausspielungen mit Ausnahme der auf Volksfesten betriebenen Ausspielungen, bei denen der Gewinn in geringwertigen Gegenständen besteht. Bei den gewerberechtlich erfassten Spielgeschäften handelt es sich demnach durchweg um solche mit wirtschaftlich **nur geringfügigen Gewinnmöglichkeiten,** bei denen der Vergnügungszweck im Vordergrund steht und die deshalb auch strafrechtlich nicht von § 284 StGB erfasst werden.[32] Bei Anwendung der §§ 33 c ff. GewO kommt es deshalb auch nicht auf die – ohnehin nur für §§ 284 ff. StGB relevante – Unterscheidung zwischen Glücks- und Geschicklichkeitsspiel (§ 762 RdNr. 8) an. Einen besonderen Genehmigungstatbestand für Spielhallen enthält § 33 i GewO.

13 6. Sonstige Lotterien und Glücksspiele. Die Genehmigung öffentlicher, d. h. für einen größeren, nicht geschlossenen Teilnehmerkreis angebotener Glücksspiele (insbesondere Lotterien) unterlag zunächst der als Landesrecht fortgeltenden[33] und im Einzelnen jeweils unterschiedlich geänderten LotterieVO vom 6. 3. 1937 (RGBl. I S. 283). Nunmehr gelten die in Ausführung des GlüStV (§ 762 RdNr. 1) ergangenen landesrechtlichen Vorschriften. Die Ausspielung geringwertiger Gegenstände unterliegt nach wie vor allein gewerberechtlichen Voraussetzungen (§ 33 h Nr. 2 GewO). Überwiegt ein Sammlungszweck aus wohltätiger Absicht, so ist eine Genehmigung nach den Sammlungsgesetzen des jeweiligen Landes erforderlich.

IV. Rechtsfolgen

14 1. Wirksamkeit des Spielvertrags. a) Leistungspflichten. Der auf der Grundlage einer staatlich genehmigten Veranstaltung geschlossene Spielvertrag ist **für beide Parteien in vollem Umfang verbindlich,** soweit sich nicht aus den jeweils einschlägigen Vorschriften ein anderes ergibt (s. RdNr. 11)[34] oder der Vertrag aus anderen Gründen unwirksam ist. Nach § 763 S. 1 ist deshalb der Teilnehmer zur Leistung des versprochenen Einsatzes, der Veranstalter zur Durchführung des Spiels und zur Auszahlung des Gewinns verpflichtet. Vorbehaltlich einer abweichenden vertraglichen Vereinbarung ist das Spiel auch dann durchzuführen, wenn nicht sämtliche Lose abgesetzt wurden; ein auf die nichtabgesetzten Lose entfallender Gewinn gebührt dann dem Veranstalter. Im Zusammenhang mit dem staatlich genehmigten Spiel stehende **Nebenverträge** sind gleichfalls verbindlich, können aber sittenwidrig und damit gemäß § 138 nichtig sein (§ 762 RdNr. 30 ff.). Aufklärungspflichten werden durch den Lotterievertrag grundsätzlich nicht begründet (§ 762 RdNr. 19 f.). Der Veranstalter unterliegt keinem **Kontrahierungszwang.**[35] Dies gilt auch gegenüber gewerblich vermittelten Spielgemeinschaften (§ 762 RdNr. 34). Bei einem im Wege des Fernabsatzes zustande gekommenen Spielvertrag steht dem Verbraucher nach § 312 d Abs. 4 Nr. 4 ein **Widerrufsrecht** nicht zu (§ 312 d RdNr. 38 ff.); unberührt bleiben allerdings die Informationspflichten aus § 312 c (§ 312 c RdNr. 18). Bei Haustürgeschäften steht das Widerrufsrecht des Verbrauchers insbesondere unter dem Bagatellvorbehalt des § 312 Abs. 3

---

[32] OLG Köln NJW 1957, 721; diff. OLG Hamm JMBl. NW 1958, 250; aA RG JW 1933, 2147.
[33] BVerwG BayVBl. 1957, 190; OLG Braunschweig NJW 1954, 1777, 1779.
[34] Vgl. *Staudinger/Engel* RdNr. 14; RGRK/*Seibert* RdNr. 14; *Soergel/Häuser* RdNr. 1; *Bamberger/Roth/Janoschek* RdNr. 6; *Erman/Terlau* RdNr. 6.
[35] Zutr. BGH ZIP 1994, 1274, 1275 f. (Spielbank); bestätigt in BGHZ 131, 136, 138 f. = NJW 1996, 248; BGHZ 165, 276, 279 = NJW 2006, 362; *Soergel/Häuser* RdNr. 13, 36; *Bamberger/Roth/Janoschek* RdNr. 6; aA für Lotto- und Totounternehmen (RdNr. 9) *Staudinger/Engel* RdNr. 29.

Nr. 2 (§ 312 RdNr. 106). Ein zur Finanzierung des Spieleinsatzes aufgenommenes Verbraucherdarlehen kann nach § 495 widerrufen werden; unter den Voraussetzungen des § 358 Abs. 3 und vorbehaltlich einer analogen Anwendung des § 491 Abs. 3 Nr. 2 erstreckt sich der Widerruf auf das Spielgeschäft.[36] Zur Rechtslage bei staatlich nicht genehmigtem Spiel s. § 762 RdNr. 18 ff.

b) Form. Der Spielvertrag unterliegt grundsätzlich keinem Formerfordernis. Anderes gilt aber für den Fall, dass **Gegenstand der Ausspielung** ein **Grundstück** ist. Der einzelne Spielvertrag bedarf in diesem Fall selbst dann notarieller Beurkundung gemäß § 311b Abs. 1 S. 1, wenn der Anfall eines Gewinns und – damit die Verpflichtung zur Veräußerung – ungewiss ist.[37] Steht das Grundstück im Eigentum eines Dritten, so gilt mit Rücksicht auf die bedingte Erwerbsverpflichtung eines jeden Teilnehmers Entsprechendes, wenn nicht der Teilnehmer das Recht zur Ausschlagung des Gewinns hat.[38]

c) AGB. Teilnahmebedingungen und Spielpläne sind AGB der Veranstalter und erlangen deshalb allein unter den Voraussetzungen der §§ 305 ff. rechtliche Geltung für die Beteiligten. Dies gilt auch für den Fall, dass die AGB auf landesrechtlichen Vorgaben beruhen;[39] bis zur wirksamen Einbeziehung in den Spielvertrag gemäß §§ 305, 305c Abs. 1 haben sie nur organisationsinterne Bedeutung. Eine Einschränkung der Inhaltskontrolle enthält **§ 309 Nr. 7 Halbs. 3.** Danach findet § 309 Nr. 7 Halbs. 1 lit. b) auf Haftungsbeschränkungen für staatlich genehmigte Lotterie- und Ausspielverträge keine Anwendung. In den Spielbedingungen kann deshalb die Haftung wegen grober Fahrlässigkeit des Verwenders sowie wegen Vorsatzes und grober Fahrlässigkeit seiner Erfüllungsgehilfen entsprechend ausgeschlossen werden. Der Gesetzgeber hat mit dieser Vorschrift ersichtlich an die Vorschrift des § 763 S. 1 angeknüpft und damit nicht nur Lotterien und Ausspielungen (RdNr. 4 ff.), sondern auch sonstige staatlich genehmigte Veranstaltungen (RdNr. 7, 10 ff.) erfasst. Dies bestätigt der Normzweck des § 309 Nr. 7 Halbs. 3, der darin besteht, die Spielergesamtheit vor einer Aufzehrung des Gewinns infolge anfänglicher oder nachträglicher betrügerischer Manipulationen zu schützen,[40] und der uneingeschränkt auch bei sonstigen Veranstaltungen greift. Sowohl bei Lotterien und Ausspielungen als auch bei sonstigen Veranstaltungen folgt aus diesem Normzweck aber auch, dass sich die Freizeichnung des Veranstalters auf **spieltypische Risiken** zu beschränken hat.[41] Eine überschießende Freizeichnungsklausel lässt gemäß § 306 Abs. 2 die gesetzliche Haftung des Veranstalters aufleben. Zur Inhaltskontrolle der Teilnahmebedingungen des Deutschen Lotto- und Totoblocks s. noch RdNr. 17.

2. Einzelfälle. a) Fußball-Toto und Zahlenlotto. Nach Ziffer 13 Abs. 3 der Rahmenteilnahmebedingungen des Deutschen Lotto- und Toto-Blocks in der am 2. 1. 2008 in Kraft getretenen Fassung (RdNr. 9) kommt der Spielvertrag nicht schon mit Einreichung des Spielscheins bei der Annahmestelle (RdNr. 9), sondern erst dann zustande, wenn die auswertbaren Daten des Spielscheins nach dessen Eingang beim Veranstalter gespeichert sind, das Speichermedium rechtzeitig vor Beginn der Ausspielung durch Verschluss gesichert ist und die erstellte Spielquittung die auf dem durch digitalen oder physischen Verschluss gesicherten Speichermedium abgespeicherten Daten aufweist.[42] Die damit verbundene **Verlagerung des Abschlusszeitpunkts** enthält im Hinblick darauf, dass der Veranstalter nach

---
[36] Vgl. iE § 358 RdNr. 11 f., 26 ff., 64 ff.; zur Geltendmachung des Spieleinwands des § 762 Abs. 1 S. 1 im Rahmen des Einwendungsdurchgriffs vgl. ferner – am Beispiel des § 656 – § 359 RdNr. 16.
[37] Zur Anwendbarkeit des § 311b Abs. 1 bei bedingter Verpflichtung zu Veräußerung oder Erwerb s. § 311b RdNr. 34.
[38] AA – gegen Formbedürftigkeit in diesem Fall – OLG Nürnberg OLGZ 1966, 278 = MDR 1966, 503; *Soergel/Häuser* RdNr. 14; *Palandt/Sprau* RdNr. 2; *Erman/Terlau* RdNr. 5; *Bamberger/Roth/Janoschek* Rdnr. 6.
[39] Vgl. die Nachweise in Fn. 19.
[40] Näher Bericht des BT-Rechtsausschusses, BT-Drucks. 14/7052 S. 289; ferner Bericht des BT-Rechtsausschusses, BT-Drucks. 7/5422 S. 14; näher (und krit.) § 309 Nr. 7 RdNr. 15 f. *(Kieninger).* – Zur Frage der Vereinbarkeit des § 309 Nr. 7 Halbs. 3 (= § 23 Abs. 2 Nr. 4 AGBG) mit der EG-RL über missbräuchliche Klauseln s. *Christensen* in: *Ulmer/Brandner/Hensen* § 309 Nr. 7 RdNr. 21.
[41] Näher *Christensen* in: *Ulmer/Brandner/Hensen* § 309 Nr. 7 RdNr. 21 mwN
[42] Näher zum Verfahren des Vertragsschlusses *Soergel/Häuser* RdNr. 21 f.

§ 764

Ziffer 13 Abs. 11 und 13 der Teilnahmebedingungen die Annahme des vom Spieler ausgehenden Angebots auf Abschluss des Spielvertrags nur bei Vorliegen eines wichtigen Grundes ablehnen kann, keine unangemessene Benachteiligung iS von § 307 Abs. 1.[43] Was die im grundsätzlichen Einklang mit § 309 Nr. 7 stehende **Haftungsfreizeichnung** in Ziffer 14 Abs. 1 der Teilnahmebedingungen betrifft (s. RdNr. 16), so umfasst diese ungeachtet des hinausgeschobenen Abschlusszeitpunkts auch etwaige Ansprüche des Spielers aus c. i. c.; dies deshalb, weil der – nunmehr auch in Ziffer 2 Abs. 3 der Rahmenteilnahmebedingungen zum Ausdruck kommende – Wille der Vertragspartner dahin geht, den Teilnahmebedingungen infolge eines gesondert abzuschließenden Rahmenvertrags schon mit Einreichung des Spielscheins Geltung zu verschaffen.[44] Durch ein schutzwürdiges Interesse des Veranstalters an der Möglichkeit alsbaldiger Vernichtung der Spielscheine gerechtfertigt und deshalb nicht unangemessen iS von § 307 Abs. 1 ist schließlich die Bestimmung in VI. Abs. 1 der Rahmenteilnahmebedingungen, soweit nach ihr **Gewinnansprüche erlöschen,** sofern sie nicht binnen 13 Wochen nach dem Tag der Ausspielung gerichtlich geltend gemacht sind.[45] Entsprechendes hat für das – nunmehr in VI. Abs. 2 der Rahmenteilnahmebedingungen gesondert geregelte – Erlöschen von Schadensersatz- und Erstattungsansprüchen zu gelten.[46]

18 **b) Los-Lotterien.** Im Fall von Los-Lotterien vollzieht sich der Vertrieb der Beteiligung durch den als **Hoffnungskauf** (§ 433 RdNr. 15) zu qualifizierenden Verkauf nummerierter Lose. Je nach dem Inhalt des Angebots oder den zwischen den Beteiligten bestehenden Gepflogenheiten kann der Vertrag gemäß § 151 auch ohne Zugang der Annahmeerklärung zustande kommen.[47] Der Anbieter kann sich auch mit der rechtzeitigen Absendung der Annahmeerklärung oder der Einzahlung des Preises begnügen.[48] Die Bindung an das Angebot gemäß § 145 erlischt mit der Ziehung oder Verlosung, und zwar unabhängig davon, ob der Adressat deren Ergebnis schon kennt.[49] Ein danach abgeschlossener Kaufvertrag ist nach § 311a Abs. 1 gleichwohl wirksam.[50] Die Geltendmachung von Gewinnen untersteht grundsätzlich den Regeln über **Inhaberschuldverschreibungen.**[51] Der Veranstalter braucht ohne Rückgabe des Loses nicht zu leisten (§ 797) und wird durch Leistung an den Inhaber befreit (§ 793 Abs. 1 S. 2). Bei Verlust der Urkunde ist deshalb ein Aufgebotsverfahren zur Kraftloserklärung (§ 799) erforderlich.

§ 764 *[aufgehoben]*

Die Vorschrift wurde aufgehoben durch Art. 9 Nr. 2 des 4. Finanzmarktförderungsgesetzes (§ 762 RdNr. 10).

---

[43] So wohl auch *Christensen* in: *Ulmer/Brandner/Hensen* § 309 Nr. 7 RdNr. 22; s. aber auch *Staudinger/Engel* RdNr. 28 betr. den sog. Quicktipp, bei dem die Spielteilnahme ohne Spielschein erfolgt.
[44] OLG Celle NJW-RR 1986, 833; § 309 Nr. 7 RdNr. 17 *(Kieninger)*; *Christensen* in: *Ulmer/Brandner/Hensen* § 309 Nr. 7 RdNr. 22 mwN; in der Begründung anders noch BGH LM § 282 Nr. 14 = NJW 1965, 1583 (selbstständige Vertragsbeziehung zwischen Spieler und Annahmestelle). – Näher zur allg. Problematik *Liese*, Vereinbarungen über vorvertragliche Rechtspflichten, 1993.
[45] BGH NJW 1991, 1745; OLG Celle NJW-RR 1986, 833, 834; wohl auch *Soergel/Häuser* RdNr. 26; aA § 309 Nr. 7 RdNr. 18 *(Kieninger)* mwN.
[46] So wohl auch *Soergel/Häuser* RdNr. 26.
[47] BGH LM § 148 Nr. 2 = NJW 1957, 1105; OLG Hamburg OLGE 36, 118f. und 120f.; vgl. auch RG JW 1927, 2411f.
[48] RG WarnR 1940 Nr. 78 S. 164 = SeuffA 94 Nr. 34 S. 85.
[49] RGZ 48, 196; 50, 191; 59, 296; RG WarnR 1914 Nr. 3 S. 4.
[50] Nach altem Recht war ein solcher Vertrag dagegen nach § 306 unwirksam, s. 3. Aufl. § 433 RdNr. 5.
[51] RG JW 1912, 861 f.; OLG Nürnberg OLGE 24, 411; vgl. auch RG JW 1929, 362.

Titel 20. Bürgschaft

Vorbemerkungen

Schrifttum:[1] **Monografien u. Ä.:** *Bartels,* Der vertragliche Schuldbeitritt im Gefüge gegenseitiger Schuldverhältnisse, 2003; *Becker-Eberhard,* Die Forderungsgebundenheit der Sicherungsrechte, 1993; *Berensmann,* Bürgschaft und Garantievertrag im englischen und deutschen Recht, 1988; *Boetius,* Der Garantievertrag, Diss. München 1966; *Bülow,* Recht der Kreditsicherheiten, 7. Aufl. 2007; *W. Burghardt,* Aufklärungspflichten des Bürgschaftsgläubigers, 1985; *P. Bydlinski,* Die Bürgschaft im österreichischen und deutschen Handels-, Gesellschafts- und Wertpapierrecht, 1991; *Canaris,* Bankvertragsrecht, Erster Teil, 3. Aufl. 1988 (= *Staub,* HGB, 4. Aufl.), RdNr. 1102 ff.; *Chelidonis,* Die erkennbar untaugliche Bürgschaft, 1999; *Enderlein,* Rechtspaternalismus und Vertragsrecht, 1996; *Fried,* Die weiche Patronatserklärung, 1998; *Gerth,* Atypische Kreditsicherheiten. Liquiditätsgarantien und Patronatserklärungen deutscher und ausländischer Muttergesellschaften, 2. Aufl. 1980; *Gruel,* Personalsicherheiten unter Einwendungsausschluss, 2002; *Grunsky,* Vertragsfreiheit und Kräftegleichgewicht, 1995; *Hadding/Häuser/Welter,* Bürgschaft und Garantie, in: Gutachten und Vorschläge zur Überarbeitung des Schuldrechts, hrsg. vom Bundesminister der Justiz, Bd. III, 1983, S. 571; *Heermann,* Geld und Geldgeschäfte, 2003; *Heinrichsmeier,* Die Einbeziehung des Ehegatten in die Haftung für Geldkredite, 1993; *Henssler,* Risiko als Vertragsgegenstand, 1994; *Hommelhoff,* Verbraucherschutz im System des deutschen und europäischen Privatrechts, 1996; *Horn,* Bürgschaften und Garantien, RWS-Skript 94, 8. Aufl. 2001; *Kersting,* Die Dritthaftung für Informationen im Bürgerlichen Recht, 2007; *Kittlitz,* Der vertragliche Schuldbeitritt, 1994; *Koch,* Die Patronatserklärung, 2005; *Koziol,* Der Garantievertrag, 1981; *Kübler,* Feststellung und Garantie, 1976; *La Corte,* Die harte Patronatserklärung, 2006; *Graf Lambsdorff/Skora,* Handbuch des Bürgschaftsrechts, 1994; *Lwowski,* Das Recht der Kreditsicherung, 8. Aufl. 2000; *Madaus,* Der Schuldbeitritt als Personalsicherheit, 2003; *Merkel,* Atypische Sicherheiten, in: *Schimansky/Bunte/Lwowski,* Bankrechts-Handbuch, 3. Aufl. 2007, § 98; *Mosch,* Patronatserklärungen deutscher Konzernmuttergesellschaften und ihre Bedeutung für die Rechnungslegung, 1978; *J. Schmidt,* Die Gesellschafterbürgschaft in der Insolvenz der Personenhandelsgesellschaft, 2006; *Schmitz/Wassermann/Nobbe,* Bürgschaft, in: *Schimansky/Bunte/Lwowski,* Bankrechts-Handbuch, 3. Aufl. 2007, § 91; *B. Schröder,* Regress und Rückabwicklung bei der Bankgarantie auf erstes Anfordern, 2003; *Schürnbrand,* Der Schuldbeitritt zwischen Gesamtschuld und Akzessorietät, 2003; *Stecher,* „Harte" Patronatserklärungen – Rechtsdogmatische und praktische Probleme, 1978; *Thiekötter,* Die Patronatserklärung ad incertas personas, 1999; *Vogt,* Bürgschaft, in: *Graf v. Westphalen,* Vertragsrecht und AGB-Klauselwerke, Stand: November 2002; *Wagenknecht,* Bürgschaft, Kreditauftrag, Garantie, Schuldbeitritt, in: *Hellner/Steuer,* Bankrecht und Bankpraxis (BuB), Bd. 4 RdNr. 1000 ff.; *Weigelin,* Der Schuldbeitritt, 1940; *Welter,* Bankgarantie, in: Münchener Kommentar zum HGB, Bd. 5, 2001, ZahlungsV, Abschnitt J; *Graf v. Westphalen/Jud,* Die Bankgarantie im internationalen Handelsverkehr, 3. Aufl. 2005; *Wissmann,* Persönliche Mithaft in der Insolvenz, 2. Aufl. 1998; *Chr. U. Wolf,* Die Patronatserklärung, 2005.

Aufsätze: Bürgschaft, Schuldbeitritt und Garantie im Allgemeinen: *Auer,* Kreditsicherheiten und Verbraucherschutz auf dem Prüfstand des Europarechts, ZBB 1999, 161; *Baumann,* Zur Form von Schuldbeitritt und Schuldanerkenntnis, ZBB 1993, 171; *Binder,* Gesetzliche Form, Formnichtigkeit und Blankett im bürgerlichen Recht, AcP 207 (2007), 155; *Bolten,* Die Verjährung der Bürgschaftsschuld nach der Schuldrechtsmodernisierung, ZGS 2006, 140; *Borges,* Strukturelemente des europäischen Bürgschaftsrechts, FS Horn, 2006, S. 21; *Bülow,* Blankobürgschaft und Rechtsscheinzurechnung, ZIP 1996, 1694; *P. Bydlinski,* Verjährung und Abtretbarkeit von Bürgschaftsansprüchen, ZIP 1989, 953; *ders.,* Moderne Kreditsicherheiten und zwingendes Recht, AcP 190 (1990), 165; *ders.,* Die aktuelle höchstgerichtliche Judikatur zum Bürgschaftsrecht in der Kritik, WM 1992, 1301; *ders.,* Die Kündigung der Bürgschaft, FS Schimansky, 1999, S. 299; *v. Caemmerer,* Bankgarantien im Außenhandel, FS Riese, 1964, S. 295; *Canaris,* Wandlungen des Schuldvertragsrechts – Tendenzen zu seiner „Materialisierung", AcP 200 (2000), 273; *Dähn,* Die Wirksamkeit

---

[1] Vornehmlich ab 1987 erschienenes Schrifttum; Nachweise zum älteren Schrifttum s. in 2. Aufl. Vor § 765. – Zu wN s. die Angaben zu §§ 774 und 777.

von Globalbürgschaften von Gesellschaftern und Geschäftsführern für Verbindlichkeiten der Gesellschaft, ZBB 2000, 61; *Dehn,* Zur Form des Schuldbeitritts zu einem Schuldanerkenntnis, WM 1993, 2115; *Derleder,* Die unbegrenzte Kreditbürgschaft, NJW 1986, 97; *Drexl,* Der Bürge als deutscher und europäischer Verbraucher, JZ 1998, 1046; *Ehricke,* Bürgschaften von Geschäftsführern und Gesellschaftern einer GmbH für die Verbindlichkeiten ihrer Gesellschaft, WM 2000, 2177; *Einsele,* Der bargeldlose Zahlungsverkehr – Anwendungsfall des Garantievertrags oder abstrakten Schuldversprechens?, WM 1999, 1801; *Eusani,* Auswirkungen der Verschmelzung auf Bürgschaftsverpflichtungen für Dauerschuldverhältnisse dargestellt am Beispiel der Mietbürgschaft, WM 2004, 866; *Fischer,* Aktuelle Rechtsprechung zur Bürgschaft und zum Schuldbeitritt, WM 1998, 1705, WM 2001, 1049, 1093; *ders.,* Bürgschaft und Verbraucherkreditgesetz, ZIP 2000, 828; *ders.,* Reichweite der Bürgschaften nach der Makler- und Bauträger-Verordnung, WM 2003, 1; *ders./Ganter/Kirchhof,* Schutz des Bürgen, FS 50 Jahre BGH, 2000, S. 33; *Freckmann,* Die höchstrichterliche Rechtsprechung zum Sicherungsumfang einer Bürgschaft nach § 7 MaBV, BKR 2003, 399; *Furche,* Internationale Entscheidungszuständigkeit und anwendbares Recht bei Bürgschaften mit Auslandsbezug, WM 2004, 205; *Ganter,* Aktuelle Probleme der Kreditsicherheiten in der Rechtsprechung des Bundesgerichtshofes, WM 1996, 1705; *Gay,* Der Beginn der Verjährungsfrist bei Bürgschaftsforderungen, NJW 2005, 2585; *Geißler,* Der Wegfall der Geschäftsgrundlage im Rahmen des Bürgschaftsvertrages, NJW 1988, 3184; *ders.,* Der Befreiungsanspruch des Bürgen und seine vollstreckungsrechtliche Durchsetzung, JuS 1988, 452; *Grigoleit/Herresthal,* Der Schuldbeitritt, Jura 2002, 825; *Grunewald,* Bürgschaft und Schuldbeitritt von Geschäftsführern und Gesellschaftern, FS Kraft, 1998, S. 127; *Habersack,* Die Akzessorietät – Strukturprinzip der europäischen Zivilrechte und eines künftigen europäischen Grundpfandrechts, JZ 1997, 857; *ders.,* Der Regreß bei akzessorischer Haftung – Gemeinsamkeiten zwischen Bürgschafts- und Gesellschaftsrecht, AcP 198 (1998), 152; *Hadding,* Die Bürgschaft der öffentlichen Hand bei einem Verstoß gegen das Durchführungsverbot gem. Art. 88 Abs. 3 Satz 3 EG-Vertrag, FS Kreft, 2004, S. 65; *ders.,* Bürgschaft und Verjährung, FS Wiegand, 2005, S. 299; *ders.,* Zur Gläubigerstellung in der Insolvenz des Bürgen, FS G. Fischer, 2008, S. 223; *Hänlein,* Der mitverpflichtete Gesellschafter-Geschäftsführer als Verbraucher?, DB 2001, 1185; *Harke,* Schuldbeitritt und Form, ZBB 2004, 147; *Häuser,* Scheckeinlösungszusage, FS Schimansky, 1999, S. 183; *Harrer,* Einreden des Bürgen, FS Honsell, 2002, S. 515; *Herr/Fiege,* Europäischer Bürgenschutz – eine Bestandsaufnahme, EWS 2001, 23; *Hohmann,* Verjährung und Kreditsicherung, WM 2004, 757; *Hommelhoff,* Die Rolle der nationalen Gerichte bei der Europäisierung des Privatrechts, FG 50 Jahre BGH, Bd. II, 2000, S. 889; *Horn,* Globalbürgschaft und Bestimmtheitsgrundsatz, FS Merz, 1992, S. 217; *ders.,* Der Rückforderungsanspruch des Garanten nach ungerechtfertigter Inanspruchnahme, FS Brandner, 1996, S. 623; *ders.,* Bürgschaftsrecht 2000, ZIP 2001, 93; *S. Kaiser,* Eigenkapitalförderndes Darlehen an Gesellschaft mit Rückzahlungsverpflichtung nur aus Gewinn und Liquidationsüberschuß: Inanspruchnahme der mithaftenden Gesellschafter in der Insolvenz der Gesellschaft, DB 2001, 1543; *Keim,* Das Ende der Blankobürgschaft?, NJW 1996, 2774; *Kiehnle,* Gibt ein Aufrechnungsrecht des Hauptschuldners dem Bürgen eine Einrede gegen den nicht aufrechnungsberechtigten Gläubiger? AcP 208 (2008), 635; *Knütel,* Zur Frage der sog. Diligenzpflicht des Gläubigers gegenüber dem Bürgen, FS Flume, 1978, Bd. I, S. 559; *Köndgen,* Die Entwicklung des Bankkreditrechts in den Jahren 1991–93, NJW 1994, 1508; *Kohte,* Die Stellung des Schuldbeitritts zwischen Bürgschaft und Schuldübernahme, JZ 1990, 997; *Koziol,* Die Rückabwicklung rechtsgrundloser Zahlungen eines Bürgen, ZBB 1989, 16; *ders.,* Auslegungsprobleme rund um die wiederholte Inanspruchnahme revolvierender Garantien, FS Hadding, 2004, S. 905; *Lettl,* Akzessorietät contra Sicherungszweck – Rechtsfragen bei der Gestaltung von Bürgschaftsverträgen, WM 2000, 1316; *Leuschner,* Prüfungsfristen und Darlegungsobliegenheiten bei der außergerichtlichen Inanspruchnahme, AcP 207 (2007), 64; *Lieb,* Verjährung im Bürgschafts- und Gesellschaftsrecht, GS Lüderitz, 2000, S. 455; *Lindacher,* Die selbstschuldnerische Bürgschaft, FS Gerhardt, 2004, S. 587; *Lorenz,* Richtlinienkonforme Auslegung, Mindestharmonisierung und der „Krieg der Senate" – Zur Anwendung des Haustürgeschäftewiderrufsgesetzes auf Bürgschaften, NJW 1998, 2937; *ders.,* Innenverhältnis und Leistungsbeziehungen bei der Bürgschaft, JuS 1999, 1145; *Mayen,* Anwendbarkeit des Haustürwiderrufsgesetzes und des Verbraucherkreditgesetzes auf Bürgschaften, FS Schimansky, 1999, S. 415; *Noack/Bunke,* Zur Stellung gesamtschuldnerisch oder akzessorisch Mithaftender im Insolvenzverfahren, FS Uhlenbruck, 2000, S. 335; *Nobbe,* Die Sicherungszweckerklärung bei Bürgschaft und Mithaftung in der Rechtsprechung des Bundesgerichtshofs, BKR 2002, 747; *ders.,* Zur Reichweite von Vorauszahlungsbürgschaften nach § 7 Abs. 1 MaBV, FS Horn, 2006, S. 801; *Pfeiffer,* Die Bürgschaft unter dem Einfluß des deutschen und europäischen Verbraucherrechts, ZIP 1998, 1129; *Pleyer,* Die Bankgarantie im zwischenstaatlichen Handel, WM 1973, Sonderbeilage 2; *Rehbein,* Sicherung und Sicherungszweck, FS Heinsius, 1991, S. 659; *Reinicke/Tiedtke,* Bürgschaft und Wegfall der Geschäftsgrundlage, NJW 1995, 1449; *dies.,* Schutz des Bürgen durch das Haustürwiderrufsgesetz, ZIP 1998, 893; *Rösler/Fischer,* Sicherungszweckvereinbarung als zentraler Bestandteil aller Kreditsicherheiten: Probleme aus AGB-Kontrolle und Akzessorietät, BKR 2006, 50; *Rüßmann,* Formzwang und Übereilungsschutz in Interzessionsverhältnissen, FS Heinrichs, 1998, S. 452; *Schimansky,* Das „Kündigungsrecht" des Drittsicherungsgebers, FS Hadding, 2004, S. 1081; *Schlößer,* Die Hemmung der Verjährung des Bürgschaftsanspruchs nach neuem Schuldrecht, NJW 2006, 645; *Schlüter,* Die Einrede der Aufrechenbarkeit des OHG-Gesellschafters und des Bürgen, FS Harry Westermann, 1974, S. 509; *H. Schmidt,* Der Kreditbegriff des Kreditauftrags, ZGS 2005, 416; *K. Schmidt,* Formfreie Bürgschaften eines geschäftsführenden Gesellschafters, ZIP 1986, 1510; *Schmitz-Herscheidt,* Ergänzende Auslegung eines unwirksamen Bürgschaftsvertrags?, ZIP 1998, 1218; *Schmitz/Vogel,* Die Sicherung von bauvertraglichen Ansprüchen durch Bürgschaft nach der Schuldrechtsreform, ZfIR 2002, 509; *G. Chr. Schwarz,* Die Rechte des Kaufpreisbürgen bei mangelhafter Kaufsache, WM 1998, 116; *Siegmann/Polt,* Verjährungshemmung bei bürgschaftsgesicherten Darlehensforderungen, WM 2004, 766; *Tiedt-*

ke, Die Regreßansprüche des Nachbürgen, WM 1976, 124; *ders.,* Enge und weite Bürgschaftsverpflichtungen, ZIP 1994, 1237; *ders.,* Die Begrenzung der Haftung eines Höchstbetragsbürgen, ZIP 1998, 449; *ders.,* Aus dem Hauptschuldverhältnis abgeleitete und eigene Einreden des Bürgen, JZ 2006, 940; *ders./Holthusen,* Auswirkungen eines Anerkenntnisses der Hauptschuld durch den Hauptschuldner auf die Haftung des Bürgen, WM 2007, 93; *ders./Langheim,* Zur Wirksamkeit von Staatsbürgschaften, die unter Verstoß gegen Europäisches Beihilferecht erteilt worden sind, ZIP 2006, 2251; *Trapp,* Zur Wirksamkeit der weiten Sicherungszweckvereinbarung bei Bürgschaften, ZIP 1997, 1279; *ders.,* Ausfallbürgschaften im Kommunalkreditgeschäft, WM 1999, 301; *Treber,* Europäischer Verbraucherschutz im Bürgschaftsrecht, WM 1998, 1908; *ders.,* Der Austausch von prozessualen Sicherheitsleistungen, WM 2000, 343; *Chr. Weber,* Sicherheitenfreigabe und Regreßbehinderung, WM 2001, 1229; *Weick,* Probleme der Bürgschaft in rechtsvergleichender Sicht, FS Kümpel, 2005, S. 569; *Westermann,* Die Bürgschaft, Jura 1991, 449, 567; *Zimmermann,* Die Einrede der Aufrechenbarkeit nach § 770 Abs. 2 BGB, JR 1979, 495; *Zuleeg,* Öffentlichrechtliche Bürgschaften?, JuS 1985, 106.

Bürgschaft und Garantie auf erstes Anfordern: *St. Arnold,* Die Bürgschaft auf erstes Anfordern im deutschen und englischen Recht, 2008; *P. Bydlinski.,* Personaler numerus clausus bei der Bürgschaft auf erstes Anfordern?, WM 1991, 257; *ders.,* Die Bürgschaft auf erstes Anfordern: Darlegungs- und Beweislast bei Rückforderung durch den Bürgen, WM 1990, 1401; *Canaris,* Die Bedeutung des „materiellen" Garantiefalles für den Rückforderungsanspruch bei der Garantie „auf erstes Anfordern", ZIP 1998, 493; *J. Dieckmann,* Zur rechtlichen Qualifizierung der sog. Bürgschaft auf erstes Anfordern, DZWiR 2003, 177; *N. Eleftheriadis,* Die Bürgschaft auf erstes Anfordern, 2001; *Fischer,* Schutz vor mißbräuchlicher Nutzung der Bürgschaft auf erstes Anfordern, WM 2005, 529 (Nachdruck aus FS Kreft, 2004, S. 33); *Gröschler,* Einwendungsausschluß bei der Garantie auf erstes Anfordern und der einfachen Garantie, JZ 1999, 822; *Hadding,* Zum Rückforderungsanspruch bei einer „Bürgschaft auf erstes Anfordern", FS Welser, 2004, S. 253; *Hahn,* Der Rückforderungsanspruch bei der Garantie auf erstes Anfordern, NJW 1999, 2793; *Heermann,* Rückabwicklung nach materiell ungerechtfertigter Inanspruchnahme von Bürgen und Garanten „auf erstes Anfordern", ZBB 1998, 239; *Heinsius,* Zur Frage des Nachweises der rechtsmißbräuchlichen Inanspruchnahme einer Bankgarantie auf erstes Anfordern mit liquiden Beweismitteln, FS Werner, 1984, S. 229; *ders.,* Bürgschaft auf erstes Anfordern, FS Merz, 1992, S. 177; *Horn,* Bürgschaften und Garantien zur Zahlung auf erstes Anfordern, NJW 1980, 2153; *Karst,* Die Bürgschaft auf erstes Anfordern im Fadenkreuz des BGH, NJW 2004, 2059; *Klaas,* Formelle Dokumentenstrenge im Recht der Bankgarantie, ZIP 1997, 1098; *Kreft,* Garantie und Bürgschaft auf erstes Anfordern, in: *Hadding/Nobbe,* Bankrecht 2000, RWS-Forum 17, 2000, S. 115; *Kupisch,* Die Bankgarantie auf erstes Anfordern im Dickicht des modernen Bereicherungsrechts – zum ungerechtfertigten Vorteil des Garantienehmers?, WM 1999, 2381; *ders.,* Bona fides und Bürgschaft auf erstes Anfordern, WM 2002, 1626; *A. Lang,* Rückforderung des auf eine Bürgschaft auf erstes Anfordern Geleisteten im Urkundenprozeß, WM 1999, 2329; *Michalski,* Bürgschaft auf erstes Anfordern, ZBB 1994, 289; *ders.,* Ausdrückliche und konkludente Bürgschaften auf erstes Anfordern, ZBB 1996, 224; *Mühl,* Materiellrechtliche und verfahrensrechtliche Fragen bei der Bankgarantie „Zahlung auf erstes Anfordern", FS Zajtay, 1982, S. 389; *Mülbert,* Neueste Entwicklungen des materiellen Rechts der Garantie „auf erstes Anfordern", ZIP 1985, 1101; *Nielsen,* Gefährdung der internationalen Anerkennung der von deutschen Banken ausgestellten Garantien, ZBB 2004, 491; *Schlechtriem,* Rechtsnachfolge in auf erstes Anfordern zahlbare Garantien, FS H. Stoll, 2001, S. 361; *Jörg Schmidt,* Die Effektivklausel in der Bürgschaft auf erstes Anfordern, WM 1999, 308; *Schürnbrand,* Gestaltungsrechte als Verfügungsgegenstand, AcP 204 (2004), 177; *Graf v. Westphalen,* Ist das rechtliche Schicksal der auf „auf erstes Anfordern" zahlbar gestellten Bankgarantie besiegelt?, BB 2003, 116; *ders.,* Unwirksamkeit der Bürgschaft auf erstes Anfordern – Wirksamkeit der Bankgarantie?, ZIP 2004, 1433; *Weth,* Bürgschaft und Garantie auf erstes Anfordern, AcP 189 (1989), 303; *Wilhelm,* Die Kondiktion der Zahlung des Bürgen oder Garanten „auf erstes Anfordern" im Vergleich zur Zession, NJW 1999, 3519; *Zahn,* Die Bürgschaft des Verbrauchers bei Haustürgeschäften und Kreditverträgen, ZIP 2006, 1069.

Sittenwidrigkeit von Bürgschaft und Schuldbeitritt: *Adomeit,* Die gestörte Vertragsparität – ein Trugbild, NJW 1994, 2467; *Bartels,* Eingriffe in die Vertragsbeteiligung durch Auslegung, Typenlehre und Umgehungsverbot, WM 2002, 1905; *Chr. Becker,* Ausbau der Rechtsprechung zur überfordernden Mitverpflichtung, DZWiR 1995, 237; *Canaris,* Wandlungen des Schuldvertragsrechts – Tendenzen zu seiner „Materialisierung", AcP 200 (2000), 273; *Derleder/Bärmann und Weitnauer,* 1990, S. 121; *G. Fischer,* Sittenwidrigkeit der Mithaftung bei Bürgschaften wegen finanzieller Überforderung, in: *Hadding/Nobbe* (Hrsg.), Bankrecht 2000, RWS-Forum 17, 2000, S. 91; *Frey,* Die Haftung mittelloser Bürgen zwischen Verfassungs- und Vertragsrecht, WM 1996, 1612; *Gernhuber,* Ruinöse Bürgschaften als Folge familiärer Verbundenheit, JZ 1995, 1086; *Großfeld/Lühn,* Die Bürgschaft junger Bürgen für ihre Eltern, WM 1991, 2013; *Habersack/Giglio,* Sittenwidrigkeit der Bürgschaft wegen krasser finanzieller Überforderung des Bürgen? – Eine rechtsvergleichende und europarechtliche Skizze, WM 2001, 1100; *Habersack/Zimmermann,* Recent Developments in German Suretyship Law – Legal Change in a Codified System, Edinburgh Law Review 1999, 272; *Halstenberg,* Die Rechtsprechung des Bundesgerichtshofes zur sittenwidrigen finanziellen Überforderung Mithaftender?, FS Schimansky, 1999, S. 315; *Heinrichsmeier,* Die Einbeziehung einkommens- und vermögensloser Familienangehöriger in die Haftung für Bankkredite: eine unendliche Geschichte?, FamRZ 1994, 129; *Hoes/Lwowski,* Die Wirksamkeit von Ehegattenbürgschaften aufgrund drohender Vermögensverschiebung?, WM 1999, 2097; *Honsell,* Bürgschaft und Mithaftung einkommens- und vermögensloser Familienmitglieder, NJW 1994, 565; *Knütel,* Befreite Ehefrauen? – Zur Mithaftung für Bankkredite von Angehörigen, ZIP 1991, 493; *Kohte,* Vertragsfreiheit und gestörte Vertragsparität, ZBB 1994, 172; *Kulke,* Sittenwidrigkeit eines Schuldbeitritts und Teilnichtigkeit, ZIP 2001, 985; *Mayer-Maly,* Was leisten die guten Sitten?, AcP 194 (1994), 105; *Medicus,* Leistungsfähigkeit und Rechtsgeschäft, ZIP 1989, 817; *ders.,* Entwicklungen im Bürgschaftsrecht – Gefahren für die Bürgschaft als Mittel der Kreditsicherung?, JuS 1999, 833; *H.-F. Müller,* Der „nahe Angehörige" in der Bürgschaftsrechtsprechung des BGH, DZWiR 1998, 447; *ders.,* Restschuldbefreiung und materielles Recht, KTS 2000, 57; *Müller-Feldhammer,* Grundlagenstörung und Vertragskorrektur im Bürgschaftsrecht, WM 2001, 65; *Nobbe/Kirchhof,* Bürgschaften und Mithaftungsübernahmen finanziell überforderter Personen, BKR 2001, 5; *Odersky,* Ruinöse Bürgschaften – Rechtsethik und Zivilrecht, ZGR 1998, 169; *Petersen,* Wegfall der Geschäftsgrundlage durch Ehescheidung?, FamRZ 1998, 1215; *Preis/Rolfs,* Gestörte Vertragsparität und richterliche Inhaltskontrolle – Anmerkungen zum Beschluß des BVerfG vom 19. 10. 1993, DB 1994, 261; *Reich,* Kreditbürgschaft und Transparenz, NJW 1995, 1857; *Reifner,* Die Mithaftung der Ehefrau im Bankkredit – Bürgschaft und Gesamtschuld im Kreditsicherungsrecht, ZIP 1990, 427; *Reinicke/Tiedtke,* Zur Sittenwidrigkeit hoher Verpflichtungen vermögens- und einkommensloser Bürgen, ZIP 1989, 613; *Rittner,* Die gestörte Vertragsparität und das Bundesverfassungsgericht, NJW 1994, 3330; *Schanbacher,* Bürgschaft und Erbschaft – Zur Sittenwidrigkeit von Bürgschaften finanziell überforderter Personen, WM 2001, 74; *Schapp,* Privatautonomie und Verfassungsrecht, ZBB 1999, 30; *Schimansky,* Bankvertragsrecht und Privatautonomie, WM 1995, 461; *ders.,* Aktuelle Rechtsprechung des BGH zur krassen finanziellen Überforderung von Mithaftenden bei der Kreditgewährung, WM 2002, 2437; *Schnabl,* Kehrtwende der Rechtsprechung zu sittenwidrigen Bürgschaftsverträgen?, WM 2006, 706; *Schröter,* Auswirkungen der geänderten Bürgschaftsrechtsprechung auf die Kreditpraxis, WM 2000, 16; *Tönner,* Die Haftung vermögens- und einkommensloser Bürgen in der neueren Rechtsprechung, ZIP 1999, 901; *M. Vollkommer/G. Vollkommer,* Auswirkungen der Bürgschaftsentscheidungen des Bundesverfassungsgerichts auf den Zivilprozeß – Tendenzen zu einer „Materialisierung" des Zivilverfahrensrechts, FS Canaris, 2007, Bd. I, S. 1243; *St. Wagner,* Die Sittenwidrigkeit von Angehörigenbürgschaften nach Einführung der Restschuldbefreiung und Kodifizierung der c. i. c., NJW 2005, 2957; *Wassermann,* Bürgschaften und Garantien – Neue Entwicklungen in der Rechtsprechung des Bundesgerichtshofs, in: Bankrechtstag 2004, Schriftenreihe der Bankrechtlichen Vereinigung, Bd. 24, 2005, S. 85; *Westermann,* Die Bedeutung der Privatautonomie im Recht des Konsumentenkredits, FS Lange, 1992, S. 995; *Graf v. Westphalen,* Das Recht des Stärkeren und seine grundgesetzliche Beschränkung, MDR 1994, 5; *Wochner,* Die neue Schuldknechtschaft, BB 1989, 1354; *Zöllner,* Regelungsspielräume im Schuldvertragsrecht, AcP 196 (1996), 1; *ders.,* Die Bürgschaft des Nichtunternehmers, WM 2000, 1.

Patronatserklärung: *v. Bernuth,* Harte Patronatserklärungen in der Klauselkontrolle, ZIP 1999, 1501; *Fleischer,* Gegenwartsprobleme der Patronatserklärung im deutschen und europäischen Privatrecht, WM 1999, 666; *ders.,* Konzernrechtliche Vertrauenshaftung, ZHR 163 (1999), 461; *Habersack,* Patronatserklärungen ad incertas personas, ZIP 1996, 257; *Kiethe,* Haftungs- und Ausfallrisiken bei Patronatserklärungen, ZIP 2005, 646; *Köhler,* Patronatserklärungen als Kreditsicherheit: tatsächliche Verbreitung – wirtschaftliche Gründe – rechtliche Bedeutung, WM 1978, 1338; *Küffner,* Patronatserklärungen im Bilanzrecht, DStR 1996, 146; *Michalski,* Die Patronatserklärung, WM 1994, 1229; *Mirow,* Die Kündigung harter Patronatserklärungen durch die Konzernobergesellschaft, Konzern 2006, 112; *Obermüller,* Die Patronatserklärung, ZGR 1975, 1; *ders.,* Patronatserklärungen und kapitalersetzende Darlehen, ZIP 1982, 915; *Pesch,* Patronatserklärungen im Geschäftsbericht von Banken, WM 1998, 1609; *v. Rosenberg/Kruse,* Patronatserklärungen in der M&A-Praxis und in der Unternehmenskrise, BB 2003, 641; *Rümker,* Probleme der Patronatserklärung in der Kreditsicherungspraxis, WM 1974, 990; *Saenger,* Patronatserklärungen – Bindung und Lösungsmöglichkeiten, FS Eisenhardt, 2007, S. 489; *C. Schäfer,* Die harte Patronatserklärung – vergebliches Streben nach Sicherheit?, WM 1999, 153; *H. Schmidt,* der Minderheitsgesellschafter als Patron, NZG 2006, 883; *U. H. Schneider,* Patronatserklärungen gegenüber der Allgemeinheit, ZIP 1989, 619; *J. Schröder,* Die „harte" Patronatserklärung – verschleierte Bürgschaft/Garantie oder eigenständiger Kreditsicherungsvertrag?, ZGR 1982, 552; *U. Stein,* Haftung aus in Anspruch genommenen Marktvertrauen?, FS Peltzer, 2001, S. 557; *Wittig,* Moderne Patronatserklärungen, WM 2003, 1981; *Chr. U. Wolf,* Erlöschen von Kreditsicherheiten Dritter nach US-amerikanischem Insolvenzrecht und Wirkungsanerkennung im Inland, IPRax 1999, 444; *ders.,* Das Statut der harten Patronatserklärung, IPRax 2000, 477; *ders.,* Schuldrechtliche Verlustdeckungszusagen, ZIP 2006, 1885.

Übersicht

	RdNr.		RdNr.
I. Einführung	1–5	**II. Zur Frage der Geltung des AGB- und Verbraucherschutzrechts**	6–9
1. Rechtliche und wirtschaftliche Funktion der Bürgschaft	1, 2	1. AGB-Recht	6, 7
2. Stellung der §§ 765 ff. im BGB	3, 4	2. Verbraucherdarlehensrecht	8
a) Stellung im Recht der Schuldverhältnisse	3	3. Recht der Haustürgeschäfte und Fernabsatzverträge	9
b) Verweisungen	4	**III. Verwandte Rechtsgeschäfte**	10–55
3. Der Inhalt der §§ 765 ff. im Überblick	5	1. Schuldbeitritt	10–15

Vorbemerkungen   1–4 **Vor § 765**

	RdNr.		RdNr.
a) Überblick	10	cc) Eigenschaftsgarantien	38–40
b) Akzessorischer Charakter	11–13	dd) Sonstige	41–43
c) Konsequenzen	14, 15	g) Garantieversprechen eines Bürgen	44
2. Garantie	16–44	3. Vertragsstrafe	45
a) Begriff und Rechtsnatur	16–18	4. Sicherungswechsel	46
b) Unanwendbarkeit der §§ 765 ff.	19	5. Delkredere	47, 48
c) Einwendungen des Garanten	20	6. Patronatserklärung	49–55
d) Abtretung der gesicherten Forderung und des Garantieanspruchs	21	a) Begriff und Erscheinungsformen	49
e) Eintritt des Garantiefalls	22	b) Harte Patronatserklärung	50–53
f) Arten des Garantievertrags	23–43	c) Weiche Patronatserklärung	54
aa) Überblick	23	d) Verwandte Rechtsgeschäfte	55
bb) Forderungs- bzw. Interzessionsgarantien	24–37		

I. Einführung

1. Rechtliche und wirtschaftliche Funktion der Bürgschaft. Nach § 765 Abs. 1 wird **1** der Bürge durch den Bürgschaftsvertrag gegenüber seinem Vertragspartner, dem Gläubiger, verpflichtet, für die Erfüllung der Verbindlichkeit eines Dritten, des sog. Hauptschuldners, einzustehen. Die Bürgschaft ist damit eine **Form der Interzession,** dh. des Eintretens für eine fremde Schuld.[2] Wie sämtliche Tatbestände der Interzession bezweckt auch die Bürgschaft die Sicherung des Gläubigers. Im Unterschied zum Mobiliar- und Immobiliarpfandrecht sowie zur Sicherungsübereignung und -abtretung verschafft die Bürgschaft dem Gläubiger allerdings kein vorrangiges Zugriffs- und Befriedigungsrecht an einem bestimmten Gegenstand. Der Gläubiger erlangt vielmehr neben seinem Anspruch gegen den Hauptschuldner einen zusätzlichen *schuldrechtlichen Anspruch* gegen den Bürgen. Der Sicherungswert der Bürgschaft bemisst sich demnach ebenso wie derjenige sonstiger Personalsicherheiten (RdNr. 10 ff.) entscheidend nach der Bonität des Interzedenten, mithin des Bürgen.

Das BGB hat sich – vor dem Hintergrund des Grundsatzes der Typenfreiheit (§ 311 **2** RdNr. 4) nur konsequent – des Versuchs einer Gesamtregelung der schuldrechtlichen Interzessionstatbestände enthalten.[3] Aus der Reihe der Personalsicherheiten hat vielmehr allein die Bürgschaft eine eigenständige Regelung im Recht der Schuldverhältnisse erfahren, was freilich die tatsächliche Verbreitung von Schuldbeitritt, Garantie und Patronatserklärung (RdNr. 10 ff., 16 ff., 49 ff.) und mit ihr die zumindest partielle Verdrängung tragender Prinzipien des Bürgschaftsrechts, darunter des Formgebots des § 766 S. 1 sowie des Grundsatzes der Akzessorietät, nicht aufzuhalten vermochte. Für die Rechtsanwendung ist damit die Frage der **Abgrenzung** der unterschiedlichen Vertragstypen und – damit unmittelbar zusammenhängend – die Frage der **entsprechenden Anwendung des Bürgschaftsrechts** auf den Schuldbeitritt und die Garantie aufgeworfen (RdNr. 11 f., 18).

2. Stellung der §§ 765 ff. im BGB. a) Stellung im Recht der Schuldverhältnisse. **3** Die Bürgschaft gehört systematisch zur Gruppe der sichernden und bestärkenden Verträge. Zusammen mit dem Vergleich (§ 779), dem Schuldversprechen und dem Schuldanerkenntnis (§§ 780 bis 782) bildet sie einen eigenständigen Grundtypus der in §§ 433 ff. geregelten vertraglichen Schuldverhältnisse. Von den sonstigen Grundtypen, nämlich den Veräußerungs- und Gebrauchsüberlassungsverträgen, den Tätigkeitsverträgen und der Gesellschaft, unterscheiden sich die sichernden und bestärkenden Verträge vor allem durch ihren dienenden, **auf eine bereits bestehende Schuld bezogenen Charakter.**

b) Verweisungen. Das Recht der Bürgschaft wird vom Gesetzgeber verschiedentlich in **4** Bezug genommen. So haften etwa Vermieter, Pfandgläubiger und Verleger gemäß §§ 566 Abs. 2 S. 1, 1251 Abs. 2 S. 2, § 36 Abs. 2 S. 2 VerlagsG **kraft Gesetzes wie ein Bürge.**[4]

---

[2] Vgl. RGZ 133, 7, 13; *Staudinger/Horn* RdNr. 1.
[3] Zur historischen Entwicklung des Bürgschaftsrechts s. *Soergel/Häuser* RdNr. 103 ff.
[4] S. ferner § 1 a AEntG und dazu BVerfG NZA 2007, 609; BAG NZA 2005, 627.

Verweisungen auf *einzelne Vorschriften* der §§ 765 ff. enthalten etwa die §§ 1137 Abs. 1 S. 1, 1211 Abs. 1 S. 1 und 1225 S. 2. Aber auch abgesehen von ausdrücklichen Verweisungen finden sich zahlreiche Parallelen zwischen Bürgschaft und Pfandrecht; sie lassen sich allesamt auf den **Grundsatz der Akzessorietät** (§ 765 RdNr. 61; § 767 RdNr. 1) als institutsübergreifende Regelungstechnik des Gesetzgebers zurückführen.[5] Außerhalb des BGB ist es vor allem die in §§ 128 f. HGB geregelte Haftung der Gesellschafter einer OHG, die in weitgehender Übereinstimmung mit dem Bürgschaftsrecht konzipiert ist.[6] Schließlich haben es Gläubiger und Schuldner in der Hand, eine an sich gesamtschuldnerische Mitverpflichtung durch Abbedingung des Grundsatzes der Einzelwirkung des § 425 akzessorisch und damit bürgschaftsähnlich zu gestalten.[7]

5   3. **Der Inhalt der §§ 765 ff. im Überblick.** Die Vorschriften der §§ 765, 766 bestimmen die wesentlichen **Voraussetzungen für die Haftung** des Bürgen, darunter den (form-)wirksamen Abschluss des Bürgschaftsvertrags zwischen dem Bürgen und dem Gläubiger sowie die Existenz der zu sichernden (Haupt-)Forderung des Gläubigers gegen den Hauptschuldner. Die ausdrückliche Verankerung des Grundsatzes der **Akzessorietät** findet sich zunächst in §§ 765, 767, wonach die Bürgschaftsverpflichtung in der *Entstehung* und – vorbehaltlich einer auf nachträglicher Vereinbarung zwischen Gläubiger und Hauptschuldner beruhenden Erweiterung, § 767 Abs. 1 S. 3 – im *Umfang* der Hauptschuld folgt. Die Erstreckung von Einwendungen und Einreden des Hauptschuldners auf das Bürgschaftsverhältnis und damit die Akzessorietät in der Durchsetzung ist sodann Gegenstand des § 768, der wiederum durch § 770 ergänzt wird. Im Fall der **Mitbürgschaft** finden nach § 769 im Verhältnis zum Gläubiger die Vorschriften der §§ 421 ff. über die Gesamtschuld Anwendung; Entsprechendes gilt nach § 774 Abs. 2 iVm. § 426 für das Verhältnis der Mitbürgen untereinander. Der Grundsatz der **Subsidiarität der Bürgenhaftung** und sein Ausschluss sind in §§ 771 bis 773 geregelt. Die Vorschrift des § 774 Abs. 1 leitet den Anspruch des Gläubigers gegen den Hauptschuldner mittels *cessio legis* auf den Bürgen über, soweit dieser den Gläubiger befriedigt hat. Die Vorschriften der §§ 775, 776 betreffen den **Befreiungsanspruch** des Bürgen und die Verwirkung des Bürgschaftsanspruchs durch den Gläubiger. **Zeitbürgschaft und Kreditauftrag** bilden schließlich den Gegenstand der §§ 777, 778.

II. Zur Frage der Geltung des AGB- und Verbraucherschutzrechts

6   1. **AGB-Recht.** Bürgschaft und Garantie werden zumeist formularvertraglich geschlossen. Zugunsten des Kunden des Verwenders – je nach Lage des Falles ist dies der Bürge oder der Gläubiger (s. § 765 RdNr. 33) – finden in diesen und allen sonstigen Fällen der Verwendung von AGB die Vorschriften der §§ 305 ff. Anwendung. Dabei ist zu berücksichtigen, dass nach § 310 Abs. 1 S. 1 die §§ 305 Abs. 2 und 3, 308, 309 keine Anwendung auf AGB finden, die gegenüber einem Unternehmer, einer juristischen Person des öffentlichen Rechts oder einem öffentlich-rechtlichen Sondervermögen verwendet werden. Umgekehrt sind mit erfolgter Umsetzung der EG-Richtlinie über missbräuchliche Klauseln in Verbraucherverträgen[8] durch Gesetz vom 24. 7. 1996[9] für Verträge zwischen einem unternehmerisch tätigen Verwender und einem Verbraucher die Besonderheiten des § 310 Abs. 3, darunter die Fiktion des Stellens der Bedingungen durch den Verwender und die

---

[5] Näher dazu *Medicus* JuS 1971, 497 ff.; *Habersack* JZ 1997, 857 ff.
[6] Vgl. nur *Staub/Habersack* § 128 HGB RdNr. 19 ff., 43 ff.; *Habersack* AcP 198 (1998), 152 ff. – Zur analogen Anwendung der §§ 128 ff. HGB auf das Recht der GbR s. § 714 RdNr. 33 f., 46 ff.
[7] Vgl. dazu noch RdNr. 12; s. ferner *Habersack* JuS 1993, 1, 5 ff.
[8] RL 93/13/EWG vom 5. 4. 1993, ABl. EG Nr. L 95, S. 29 = NJW 1993, 1838; dazu etwa Vor § 305 RdNr. 18 ff.; *Eckert* WM 1993, 1070; *Heinrichs* NJW 1993, 1817; *ders.* NJW 1995, 153; *Ulmer* EuZW 1993, 337; *Habersack/Kleindiek/Wiedenmann* ZIP 1993, 1670.
[9] BGBl. I S. 1013; dazu Vor § 305 RdNr. 22 ff., 26 *Eckert* ZIP 1996, 1238 ff.; *Heinrichs* NJW 1996, 2190 ff.

Vorbemerkungen 7–9 **Vor § 765**

weitgehende Einbeziehung vorformulierter Einzelverträge in den Schutzbereich der §§ 305 c, 306, 307 bis 309, zu beachten.

Für die *formularvertragliche* und damit bereits uneingeschränkt dem alten AGB-Recht 7 unterliegende Praxis der gewerblichen Kreditgeber und Bürgen ergeben sich aus der mit § 310 Abs. 3 verbundenen Ausdehnung des sachlichen Anwendungsbereichs des AGB-Rechts (RdNr. 6) keine Änderungen gegenüber der bisherigen Rechtslage. Vorbehaltlich des Verbots überraschender Klauseln iS des § 305 c Abs. 1 und des Erfordernisses der Verständlichkeit und Lesbarkeit von AGB werden bei Verwendung eines Formularvertrags die Voraussetzungen einer wirksamen **Einbeziehung der Bürgschaftsbedingungen** weiterhin bereits durch Abschluss des Bürgschaftsvertrags erfüllt, ohne dass es einer gesonderten Geltungsvereinbarung iS § 305 Abs. 2 bedarf.[10] Von Bedeutung ist dagegen die Vorschrift des § 310 Abs. 3 Nr. 3, wonach im Verhältnis zwischen unternehmerischem Verwender und Verbraucher bei der Beurteilung der unangemessenen Benachteiligung iS von § 307 Abs. 1 und 2 auch die den **Vertragsschluss begleitenden Umstände** zu berücksichtigen sind. Davon betroffen sind sowohl *für* die Unwirksamkeit der Klausel sprechende Umstände, darunter insbesondere die Ausnutzung geschäftlicher Unerfahrenheit oder einer Überrumpelungssituation, als auch – praktisch wohl weniger relevant – Umstände, die den Vorwurf der Missbräuchlichkeit abschwächen oder gar beseitigen (§ 310 RdNr. 70 ff.). Wegen der Einzelheiten zur Inhaltskontrolle von Bürgschaftsbedingungen wird auf die Erläuterungen zu §§ 765 ff. verwiesen.[11]

2. Verbraucherdarlehensrecht. Die Vorschriften der §§ 491 ff. über den Verbraucherdar- 8 lehensvertrag finden, nachdem auch die Richtlinie über den Verbraucherkredit diesbezüglich keine Vorgaben enthält,[12] auf die Bürgschaft **weder unmittelbar noch entsprechend** Anwendung.[13] Auch einer *analogen* Anwendung stehen sowohl der ausdrückliche Wille des Gesetzgebers als auch das Fehlen einer Regelungslücke entgegen, ist doch der Bürge bereits durch das Schriftformgebot des § 766 und den Grundsatz der Akzessorietät hinreichend geschützt.[14] Dies schließt es freilich nicht aus, in das Schriftformerfordernis des § 766 einen Teil der in §§ 492 Abs. 1 S. 5, 502 Abs. 1 geregelten Angaben einzubeziehen (§ 766 RdNr. 19). Entsprechendes gilt für die eine Finanzierungshilfe iS der §§ 499 ff. sichernde Bürgschaft.

3. Recht der Haustürgeschäfte und Fernabsatzverträge. Was die Frage betrifft, ob 9 die Bürgschaft als ein Vertrag über eine entgeltliche Leistung iS des § 312 Abs. 1 S. 1 anzusehen ist, so sind zwei Aspekte auseinanderzuhalten. So ist zunächst zu fragen, ob die Richtlinie betreffend den Verbraucherschutz in Fällen von außerhalb von Geschäftsräumen

---

[10] BGH NJW 1995, 190; BGHZ 104, 232, 238 = NJW 1988, 2465; näher dazu *Ulmer* in: *Ulmer/Brandner/Hensen* § 305 RdNr. 129, 147; *Soergel/U. Stein* § 2 AGBG RdNr. 3.

[11] Für einen Überblick zu kritischen Klauseln s. auch *Graf v. Westphalen/Vogt* Bürgschaft RdNr. 27 ff.; *Fuchs* in: *Ulmer/Brandner/Hensen* Anh. § 310 RdNr. 230 ff.; *Soergel/Häuser* § 305 RdNr. 71 ff.

[12] EuGHE 2000, I-1741, 1772 ff. Tz. 17 ff. = NJW 2000, 1323 – Berliner Kindl; näher dazu *Fischer* ZIP 2000, 828 ff.; *Habersack/Giglio* WM 2001, 1100, 1104; *Herr/Fiege* EWS 2001, 23 ff.; für einen rechtsvergleichenden Überblick und zu den Perspektiven eines europäischen Bürgschaftsrechts s. *Borges*, FS Horn, 2006, S. 21 ff.

[13] Vgl. BGHZ 138, 321 = NJW 1998, 1939 m. umf. Nachw. (dort noch mit – durch EuGHE 2000, I-1741 = NJW 2000, 1323 gegenstandslos gewordenem – Vorbehalt für die einen Verbraucherkredit sichernde Verbraucherbürgschaft); OLG Düsseldorf WM 2007, 2009, 2010 f.; OLG München WM 2003, 1324, 1326 f. (das allerdings zu Unrecht ein Widerrufsrecht bei freiwilliger Widerrufsbelehrung verneint); OLG Frankfurt ZGS 2007, 240; § 491 RdNr. 75; *Bamberger/Roth/Rohe* § 765 RdNr. 21; *PWW/Brödermann* RdNr. 40; *Staudinger/Horn* RdNr. 77; *Soergel/Häuser* RdNr. 7; *Fischer* ZIP 2000, 828 ff.; *Mayen*, FS Schimansky, 1999, S. 415, 427 ff.; *Tiedtke* NJW 2001, 1015, 1027; *Ulmer/Timmann*, FS Rowedder, 1994, S. 503, 515 ff.; *Zahn* ZIP 2006, 1069, 1071 ff.; aA namentlich *Bülow* RdNr. 936 ff. mwN; ferner *Hommelhoff*, FG BGH, 2000, S. 889, 898 ff.; für die einen Verbraucherkredit sichernde Bürgschaft auch *Canaris* AcP 200 (2000), 273, 355 ff.; s. auch die Rechtsprechungskritik bei BankR-HdB/*Schmitz/Wassermann/Nobbe* § 91 RdNr. 299 f. und dazu noch Fn. 31. – Zum Schuldbeitritt s. RdNr. 15.

[14] § 491 RdNr. 75; *Soergel/Häuser* RdNr. 7; *Bamberger/Roth/Rohe* § 765 RdNr. 21; s. ferner Begr. RegE, BT-Drucks. 11/5462 S. 18; für analoge Anwendung des VerbrKrG auf den Schuldbeitritt, und zwar unabhängig davon, ob der gesicherte Kreditvertrag dem persönlichen Anwendungsbereich des VerbrKrG unterliegt, die st. Rspr. des BGH, s. Nachweise in Fn. 28.

geschlossenen Verträgen[15] die Einbeziehung von Bürgschaftsverträgen gebietet. Dies ist vom EuGH allein für diejenige Verbraucherbürgschaft bejaht worden, die die Forderung aus einem Haustürgeschäft eines anderen Verbrauchers sichert.[16] Dabei handelt es sich allerdings um eine Mindestvorgabe; das nationale Recht darf mithin darüber hinausgehen und auch für sonstige Bürgschaftsverträge ein Widerrufsrecht vorsehen. Der *IX. Zivilsenat* des BGH wollte es zwar, nachdem er sich zunächst generell gegen die Anwendbarkeit des HaustürWG auf Bürgschaftsverträge ausgesprochen hat,[17] bei dieser Mindestvorgabe bewenden lassen.[18] Der *XI. Zivilsenat,* auf den die Zuständigkeit für das Bürgschaftsrecht am 1. 1. 2001 übergegangen ist,[19] hat sich indes zu Recht hiervon distanziert und für das Eingreifen des § 312 Abs. 1 unabhängig von der Verbrauchereigenschaft des Hauptschuldners oder einer auf diesen bezogenen Haustürsituation ausgesprochen:[20] Schutzwürdigkeit und Schutzbedürftigkeit des Bürgen sind unabhängig von der Art und dem Zustandekommen der verbürgten Forderung, so dass es für das Recht zum Widerruf allein darauf ankommen kann, dass *in der Person des Bürgen* die situativen Voraussetzungen des § 312 Abs. 1 S. 1 Nr. 1–3 gegeben sind.[21] Nach zutr. Ansicht ist somit **jede Verbraucherbürgschaft** in den sachlichen Anwendungsbereich des § 312 einzubeziehen.[22] Mit Blick auf die Vorgaben der Richtlinie[23] kann es dabei nicht mehr darauf ankommen, dass der Bürge seine Erklärung in der Erwartung abgegeben hat, ihm oder einem bestimmten Dritten entstehe daraus ein Vorteil.[24] – Die Vorschriften der §§ 312 b ff. über Fernabsatzverträge sind dagegen nach zutr. Ansicht auf die Bürgschaft **unanwendbar.**[25] Zu § 56 Abs. 1 Nr. 6 GewO s. § 765 RdNr. 14.

III. Verwandte Rechtsgeschäfte

1. Schuldbeitritt. a) Überblick. Eine in ihrer Funktion und wirtschaftlichen Bedeutung der Bürgschaft vergleichbare und diese in der Praxis zunehmend verdrängende Personalsicherheit ist der zwar im Gesetz nicht geregelte, aber bereits vom Reichsgericht anerkannte[26] Schuldbeitritt, auch Schuldmitübernahme oder kumulative (bestärkende)

---

[15] RL 85/577/EWG vom 20. 12. 1985, ABl. EG Nr. L 372 S. 31; auch abgedruckt in 3. Aufl. Anh. zum HaustürWG.
[16] EuGHE 1998, I-1199, 1220 ff. Tz. 17 ff. = NJW 1998, 1295 – Dietzinger; krit. zu dieser – auf ein unzutr. Verständnis von der Akzessorietät der Bürgschaft gestützten – Einschränkung *Palandt/Grüneberg* § 312 RdNr. 8; *Auer* ZBB 1999, 161, 163; *Canaris* AcP 200 (2000), 273, 352 ff.; *Drexl* JZ 1998, 1046, 1055; *Habersack* DStR 1998, 946; *Lorenz* NJW 1998, 2937; *Pfeiffer* ZIP 1998, 1129, 1136; *Reinicke/Tiedtke* ZIP 1998, 893 ff.; *Riehm* JuS 2000, 138, 143; *Treber* WM 1998, 1908.
[17] BGHZ 113, 287 = NJW 1991, 975; BGH NJW 1991, 2905; so auch *Gottwald* BB 1992, 1296; *Wenzel* NJW 1993, 2781.
[18] BGHZ 139, 21 = NJW 1998, 2356; so auch *Mayen,* FS Schimansky, 1999, S. 415, 424 f.
[19] Vgl. dazu *Nobbe/Kirchhof* BKR 2001, 5.
[20] BGHZ 165, 363, 367 ff. = NJW 2006, 845; dazu BankR-HdB/*Schmitz/Wassermann/Nobbe* § 91 RdNr. 291 ff., 294; *Zahn* ZIP 2006, 1069 ff.; *Kulke* NJW 2006, 2223 ff.; seitdem BGH ZIP 2007, 619, 623; 2007, 1373, 1375; aus der vorangegangenen Rspr. des XI. ZS s. bereits BGH NJW 1993, 1594, 1595; ferner KG NJW 1996, 1480; OLG Köln NJW-RR 1994, 1538; zur Widerruflichkeit der Sicherungszweckvereinbarung im Rahmen einer Grundschuldbestellung BGH NJW 1996, 55, 56 und 191, 192.
[21] So neben den Nachweisen in Fn. 16, 20 auch § 312 RdNr. 26; *Staudinger/Thüsing* § 312 RdNr. 27; *Soergel/Häuser* RdNr. 6; *Bamberger/Roth/Rohe* § 765 RdNr. 24 f.; PWW/*Brödermann* RdNr. 39; *Tiedtke* NJW 2001, 1015, 1026 f.; *Klingsporn* NJW 1991, 2259; *ders.* WM 1993, 829; *Schanbacher* NJW 1991, 3263; *Bydlinski* WM 1992, 1301, 1302; *Pfeiffer* NJW 1996, 3297.
[22] Zum Widerrufsrecht in Fällen, in denen der Abschluss des Bürgschaftsvertrags durch Vermittlung des Hauptschuldners zustande kommt und dieser ein naher Angehöriger des Bürgen ist, s. BGHZ 133, 254, 258 = WM 1996, 2100, 2101; *Frings* ZIP 1996, 1193; aA noch BGH NJW 1993, 1594, 1595; ZIP 1995, 1979 und 1996, 65. Allg. zur Entbehrlichkeit eines Zurechnungstatbestands in der Person des Unternehmers EuGH NJW 2005, 3555 = JZ 2006, 86 m. Anm. *Habersack*; BGH NJW 2006, 497, 498; 2006, 1340; § 312 RdNr. 33 mwN.
[23] EuGHE 1998, I-1199, 1206 Tz. 17 ff. = NJW 1998, 1295 – Dietzinger.
[24] So noch BGH NJW 1993, 1594, 1595.
[25] Überzeugend § 312 RdNr. 40 *(Wendehorst); Bülow* RdNr. 935; PWW/*Brödermann* RdNr. 40.
[26] Anerkannt seit RGZ 59, 232, 233; seitdem etwa RGZ 64, 318, 319; BGH WM 1976, 111, 112; zögernd noch RGZ 51, 120, 121.

Vorbemerkungen **11 Vor § 765**

Schuldübernahme genannt. Wie die Bürgschaft (§ 765 RdNr. 2) ist auch der Schuldbeitritt **einseitig verpflichtender Natur;** ein eigenes Forderungsrecht des Interzedenten besteht nicht. Dadurch unterscheiden sich beide Formen der Interzession von der Stellung als Partei des Hauptvertrags, mithin von der Person des Kreditnehmers, dem aus dem Vertrag nicht nur eine Zahlungspflicht, sondern auch ein damit korrespondierendes Forderungsrecht erwächst. Eine solche Stellung als **Mitkreditnehmer** – und damit eine sog. gleichgründige Gesamtschuld[27] – ist allerdings nur anzunehmen, soweit der sich Verpflichtende ein eigenes Interesse an der vertraglichen Gegenleistung hat und im Wesentlichen gleichberechtigt über deren Verwendung mitbestimmen kann; maßgebend sind insoweit allein die Verhältnisse auf Seiten der Vertragsgegner des Kreditgebers.[28] Allein die Tatsache, dass der Verpflichtete im Vertrag als Mitkreditnehmer bezeichnet wird, genügt also nicht, um die für den Schuldbeitritt geltenden Schutzinstrumentarien (RdNr. 14 f.) in Wegfall zu bringen.

b) Akzessorischer Charakter. Nach herkömmlicher Ansicht begründet der Schuldbeitritt im Unterschied zur Bürgschaft keine akzessorische, sondern eine gesamtschuldnerische Verpflichtung: Der Beitretende soll nicht für eine fremde Schuld in ihrem jeweiligen Bestand eintreten, sondern gleichrangig neben dem Kreditnehmer Schuldner der Forderung *aus dem Kreditvertrag* werden.[29] Die Rechtsfolgen, die die hM aus dieser Einordnung ableitet, sind erheblich. So sollen anstelle der bürgenschützenden Vorschriften, darunter insbesondere des Formerfordernisses des § 766[30] und der Akzessorietätsregeln der §§ 767, 768, 770, zumindest im Grundsatz die Vorschriften der §§ 421 ff. betreffend die Gesamtschuld und damit insbesondere der Grundsatz der Einzelwirkung Anwendung finden (s. noch RdNr. 14 f.). Für den Schutz des Beitretenden sollen dagegen das **Schriftformerfordernis der §§ 492, 502** und das **Widerrufsrecht nach § 495** sorgen, und zwar unabhängig davon, ob der Kreditnehmer selbst Verbraucher ist (s. noch RdNr. 15).[31] Auch nach hM ist zwar der

11

---

[27] Vgl. *Erman/Ehmann* Vor § 420 RdNr. 47; *Bülow* RdNr. 36 f., 1582 ff.
[28] BGHZ 146, 37, 41 = NJW 2001, 815; BGH BKR 2002, 165, 166; NJW 2002, 2705 f.; ZIP 2004, 1039; NJW 2005, 973, 974 f.; OLG Köln WM 2002, 123 f.; OLG Bamberg BKR 2003, 640; OLG Naumburg ZIP 2003, 1929; OLG Celle NJW 2005, 2598, 2599; *Nobbe/Kirchhof* BKR 2001, 5, 6; *Schimansky* WM 2002, 2437, 2438 f.; *Canaris* AcP 200 (2000), 273, 358 f.; *Wassermann,* Bankrechtstag 2004, Schriftenreihe der Bankrechtlichen Vereinigung, Bd. 24, 2005, S. 85, 86 ff.; *Schürnbrand* Schuldbeitritt S. 161 ff.; krit. *Bartels* WM 2002, 1905 ff.; *Tiedtke* NJW 2005, 2498, 2500.
[29] Vgl. insbes. BGHZ 58, 251, 255 = NJW 1972, 939; BGH ZIP 2004, 1303, 1305 f.; 2007, 1602, 1603; RGZ 72, 401, 406; 135, 104, 108; Vor § 414 RdNr. 10 ff., 17; *Staudinger/Horn* RdNr. 363 ff.; *Staudinger/Noack* § 427 RdNr. 14 f.; *Erman/Westermann* Vor § 414 RdNr. 6; *Soergel/Häuser* RdNr. 86; AnwK-BGB/*Beckmann* RdNr. 10; eingehend *Grigoleit/Herresthal* Jura 2002, 825 f.; *Madaus* Schuldbeitritt S. 17 ff.; s. aber auch BGHZ 165, 12, 24 = NJW 2006, 996; ferner BGH NJW 2008, 1070 Tz. 23 = ZIP 2007, 2403: Schuldbeitritt teilt seinem Wesen nach stets die Rechtsnatur der Forderung des Gläubigers, zu der er erklärt wird.
[30] Für Unanwendbarkeit des § 766 auf den Schuldbeitritt RGZ 64, 318, 320; BGH NJW 1972, 576; 1991, 3095, 3098; BGHZ 121, 1, 3 = NJW 1993, 584; BGHZ 138, 321, 327 = NJW 1998, 1939; *Staudinger/Horn* RdNr. 365; *Palandt/Grüneberg* Vor § 414 RdNr. 18; *Jauernig/Stadler* RdNr. 3; *Soergel/Häuser* RdNr. 86; *Heermann* § 33 RdNr. 26; aA § 421 RdNr. 35 (*Bydlinski*); § 491 RdNr. 74; *ders.* Schuldbeitritt S. 55 ff.; *Rüßmann,* FS Heinrichs, 1998, S. 452, 471 ff.; *Canaris* AcP 200 (2000), 273, 358; *Grigoleit/Herresthal* Jura 2002, 825, 830 f.; *Bülow* RdNr. 1595; *Harke* ZBB 2004, 147, 150 f.; *Rimmelspacher* Kreditsicherungsrecht RdNr. 95 ff.; *Madaus* Schuldbeitritt S. 255 ff.; *ders.* BKR 2008, 54, 56; diff. – Formbedürftigkeit nur bei fehlendem eigenen wirtschaftlichen Interesse – Vor § 414 RdNr. 13; *Baumann* ZBB 1993, 171, 176 f.; *Dehn* WM 1993, 2115, 2118; *Kittlitz* Schuldbeitritt S. 121 ff. S. ferner die Nachweise in Fn. 64 zur Frage der Anwendbarkeit des § 766 auf die Garantie.
[31] BGHZ 133, 71, 74 f. = NJW 1996, 2156; BGHZ 134, 94, 97 = NJW 1997, 654; BGHZ 138, 321, 325 = NJW 1998, 1939; BGHZ 155, 240, 243 = NJW 2003, 2742; BGHZ 165, 43, 46 = NJW 2006, 431; BGH ZIP 2007, 1850 f. (Beitritt zu Existenzgründungskredit über mehr als 100.000 Euro); Vor § 414 RdNr. 15; *Erman/Westermann* Vor § 414 RdNr. 7; *Reinicke/Tiedtke* Kreditsicherung RdNr. 36; *Drexl* JZ 1998, 1046, 1054; s. aber auch BankR-HdB/*Schmitz/Wassermann/Nobbe* § 91 RdNr. 299 f., die sich gegen die Anwendbarkeit des § 492 auf den qua Schuldbeitritt Mithaftenden (im Unterschied zum Mitkreditnehmer, s. dazu RdNr. 10) aussprechen; ferner BGH NJW 2008, 1070 Tz. 14 ff. = ZIP 2007, 2403: Unanwendbarkeit des VerbrKrG auf privatrechtlichen Schuldbeitritt zu einem verlorenen Investitionszuschuss der öffentlichen Hand, Unwirksamkeit eines solchen Schuldbeitritts nach § 306 BGB a. F. und Möglichkeit der Umdeutung in eine Bürgschaft (dazu § 766 RdNr. 2).

Schuldbeitritt entsprechend § 417 Abs. 1 in seiner *Entstehung* vom Bestand der zu sichernden Forderung abhängig; auch soll der Beitretende sonstige Einwendungen sowie sämtliche Einreden geltend machen können, soweit diese zur Zeit des Beitritts begründet waren.[32] Im Übrigen, dh. vom Zeitpunkt der wirksamen Begründung des Schuldbeitritts an, soll allerdings der Grundsatz der Einzelwirkung des § 425 Anwendung finden.[33]

12 Diese – herrschende und in der 3. Auflage (RdNr. 10 f.) noch geteilte – Ansicht vermag schon im Ausgangspunkt nicht zu überzeugen. Zu folgen ist vielmehr einer im Vordringen befindlichen Ansicht, die zwischen dem **Sicherungsbeitritt** und dem **Übernahmebeitritt** unterscheidet.[34] Letzterer verfolgt, nicht anders als die in § 2382, § 25 HGB geregelten Fälle des gesetzlichen Schuldbeitritts, zumindest auch, wenn nicht primär den Zweck, einen Übergang auf der Schuldnerseite abzufedern, weshalb es der Mitübernehmer ist, der im Innenverhältnis die Schuld endgültig zu tragen verpflichtet ist. Demgegenüber ist der Sicherungsbeitritt durch das Vorhandensein einer Sicherungsabrede gekennzeichnet, die den Sicherungszweck des Beitritts festlegt und demgemäß die Haftung des Beitretenden zumindest im Grundsatz an diejenige des „Hauptschuldners" bindet. Die Rechtslage entspricht somit im Ansatz derjenigen bei der Grundschuld, bei der gleichfalls neben der – dem gesetzlichen Leitbild der §§ 1191 ff. entsprechenden – zweckfreien oder „isolierten" Grundschuld die Sicherungsgrundschuld begegnet (§ 1191 RdNr. 4). Während freilich bei der Grundschuld, bedingt durch das Trennungs- und Abstraktionsprinzip, die aus der Sicherungsabrede resultierenden Beschränkungen des dinglichen Rechts grundsätzlich nicht unmittelbar auf dieses durchschlagen (§ 1191 RdNr. 13 ff.), ist dies bei dem Sicherungsbeitritt durchaus der Fall, handelt es sich bei diesem doch um eine kausale Verbindlichkeit (§ 765 RdNr. 2), die ihren Geschäftszweck in sich trägt und deshalb in ihrem (Fort-)Bestand, in ihrer Durchsetzbarkeit und in ihrer Zuständigkeit privatautonom an die zu sichernde Forderung gebunden werden kann.[35]

13 Mit Blick auf den Sicherungszweck des Sicherungsbeitritts und in Übereinstimmung mit entsprechenden Entwicklungen im Bereich gesetzlicher Mithaftungstatbestände[36] sind deshalb entsprechende Verpflichtungserklärungen unter Rückgriff auf die in der jüngeren Rechtsprechung zunehmend betonte Methode der „interessengerechten Auslegung"[37] im Zweifel und gegebenenfalls auch unter Überwindung eines entgegenstehenden Wortlauts im Sinne einer akzessorischen Haftung auszulegen. Sonstige Kriterien zur **Abgrenzung** zwischen Schuldbeitritt und Bürgschaft, darunter das häufig betonte,[38] aber konturenlose wirtschaftliche Interesse des Interzedenten an den Leistungen aus dem Hauptvertrag, sind damit obsolet.

14 **c) Konsequenzen.** Die mit der hier vertretenen Ansicht verbundenen Abweichungen von der bisherigen Praxis sind durchaus erheblich. Allerdings tendiert die Rechtsprechung

---

[32] BGH NJW 1987, 1698, 1699; RGZ 143, 154, 157.
[33] BGHZ 138, 321, 326 = NJW 1998, 1939.
[34] Grdlg. *Weigelin* Schuldbeitritt S. 33 ff.; *Schürnbrand* Schuldbeitritt S. 32 ff.; s. ferner § 421 RdNr. 35; *Kohte* JZ 1990, 997, 998 f.; *Bülow* RdNr. 1582; s. ferner BGH NJW 2000, 575 (analoge Anwendung des § 401, dazu RdNr. 14); krit. gegenüber einer Typenbildung *Heermann* § 33 RdNr. 4.
[35] Näher *Habersack* JZ 1997, 857, 864 f.; *ders.* AcP 198 (1998), 152, 154 f., 166 ff. (betreffend den Regress, dazu sogleich in RdNr. 15); s. ferner für die Haftung der Gesellschafter einer GbR auf der Grundlage der – durch BGHZ 146, 341, 358 f. = NJW 2001, 1056 überholten – Doppelverpflichtungslehre *Habersack* JuS 1993, 1 ff.; *Wiedemann* WM 1994, Beilage 1 S. 17 f.; *Beck* WM 1999, 1753, 1757 ff. Krit. *Schürnbrand* Schuldbeitritt S. 191 ff., der statt dessen für eine weitestgehende Auslegung iS einer Bürgschaft eintritt.
[36] S. für die Spaltungshaftung gemäß § 133 UmwG *Habersack*, FS Bezzenberger, 2000, S. 93 ff.; zust. *Petersen, Der Gläubigerschutz im Umwandlungsrecht*, 2001, S. 259 f.; *Kallmeyer*, UmwG, 3. Aufl. 2006, § 133 RdNr. 3; *Hommelhoff/Schwab* in: Lutter, UmwG, 3. Aufl. 2004, § 133 RdNr. 24 ff.; abl. *Maier-Reimer/Gesell*, FS Horn, 2006, S. 454 ff. Für die Eingliederungshaftung gemäß § 322 AktG *Habersack* in: Emmerich/Habersack, Aktien- und GmbH-Konzernrecht, 5. Aufl. 2007, § 322 RdNr. 3 f.; *Schürnbrand* Schuldbeitritt S. 124 f.
[37] BGH NJW 2006, 3642 Tz. 13; BGHZ 152, 153, 156 = NJW 2003, 819; BGHZ 137, 69, 72 = NJW 1998, 449; BGHZ 131, 136, 138 = NJW 1996, 248; BGHZ 115, 1, 5 = NJW 1991, 2388; BGHZ 109, 19, 22 = NJW 1990, 441; näher dazu *Schürnbrand* Schuldbeitritt S. 184 ff.
[38] St. Rspr. seit RGZ 64, 318, 320; s. etwa noch RGZ 71, 113, 118; BGHZ 6, 385, 397; BGH WM 1973, 1289, 1290; NJW 1981, 47; 1986, 580; OLG Hamm NJW 1993, 2625; *Staudinger/Horn* RdNr. 367 f.; *Soergel/Häuser* RdNr. 87 ff.

Vorbemerkungen 15, 16 Vor § 765

schon bislang verschiedentlich zu einer Gleichbehandlung von Schuldbeitritt und Bürgschaft. Insbesondere finden die Grundsätze über die Sittenwidrigkeit von Mithaftungserklärungen wegen finanzieller Überforderung (§ 765 RdNr. 13 ff.) sowie diejenigen über die formularmäßige Ausdehnung der Mithaftung auf sonstige Forderungen des Gläubigers gegen den Schuldner (§ 765 RdNr. 72 ff.) seit jeher auch auf den Schuldbeitritt Anwendung.[39] Die vom BGH und der hL befürwortete **analoge Anwendung des § 401**[40] ist zwar *im Ergebnis* überzeugend; sie verträgt sich jedoch nicht mit dem – angeblichen – gesamtschuldnerischen Charakter und der daraus folgenden Selbständigkeit des Schuldbeitritts[41] und lässt sich allein mit der hier befürworteten Akzessorietät qua Rechtsgeschäft begründen.

In der Konsequenz des hier vertretenen Ansatzes liegt es dagegen, die Vorschriften des **15** Bürgschaftsrechts, soweit sie Ausdruck der Akzessorietät sind, auf den Sicherungsbeitritt entsprechend anzuwenden. Davon betroffen sind die **§§ 767, 768, 770** betreffend die Akzessorietät im Bestand und in der Durchsetzbarkeit, aber auch **§ 774** betreffend den Regress.[42] Die genannten Vorschriften tragen dem Sicherungszweck der Interzession Rechnung und sind deshalb den von der hM favorisierten §§ 421 ff. deutlich überlegen; dies gilt insbesondere insoweit, als sie dem Beitretenden die Geltendmachung nachträglicher Einwendungen und Einreden erlauben (§§ 767 f. im Unterschied zu § 425) und seine Verpflichtung auf die Folgen eines Verzugs des Hauptschuldners ausdehnen (§ 767 Abs. 1 S. 2 im Unterschied zu § 425). Davon zu unterscheiden ist die in **§§ 771 ff.** geregelte Subsidiarität der Bürgenhaftung; sie ist, wie nicht zuletzt §§ 1228, 1282, 1147, §§ 128 S. 1, 171 Abs. 1 HGB zeigen, dem Sicherungszweck eines Rechtsgeschäfts keineswegs immanent und deshalb von den Parteien im Zweifel nicht gewollt.[43] Zu bejahen ist dagegen die analoge Anwendung der **§§ 775 ff.**[44] Auch was die Frage der Schriftform betrifft, so sprechen die besseren Gründe für die analoge Anwendung des **§ 766**,[45] wobei, ebenso wie im unmittelbaren Anwendungsbereich der Vorschrift, ein Teil der in §§ 492 Abs. 1 S. 5, 502 Abs. 1 geregelten Angaben in das Formerfordernis des § 766 S. 1 einzubeziehen ist (§ 766 RdNr. 19). Im Übrigen ist für die Geltung der **§§ 491 ff.** kein Raum;[46] der Schutz des Beitretenden ist vielmehr durch die entsprechende Anwendung des Bürgschaftsrechts zu besorgen.[47] Wie der Bürge hat allerdings auch der Beitretende das Widerrufsrecht nach § 312 Abs. 1 (RdNr. 9).

2. Garantie. a) Begriff und Rechtsnatur. Der selbstständige Garantievertrag ist ein **16** einseitig verpflichtender Vertrag eigener Art.[48] Von einer gesetzlichen Regelung hat der

---

[39] S. zur Sittenwidrigkeit BGH NJW 1994, 1726, 1727 f.; zur Globalzweckerklärung BGH NJW 1996, 249; OLG Hamm WM 1999, 586, 588.
[40] BGH NJW 1972, 437, 439; 2000, 575; *Staudinger/Busche* § 401 RdNr. 31; *Bülow* RdNr. 1596; *Derleder*, FS Heinrichs, 1998, S. 155, 172.
[41] Zu Recht krit. *Bartels* JZ 2000, 608, 611; *Schürnbrand* Schuldbeitritt S. 127 ff.; *v. Rintelen*, Der Übergang nicht-akzessorischer Sicherheiten bei der Forderungszession, 1996, S. 116 ff.
[42] Vgl. zur Unangemessenheit der §§ 421 ff. *Schürnbrand* Schuldbeitritt S. 97 ff.; im Ansatz auch *Bülow* RdNr. 1580.
[43] S. aber auch *Bülow* RdNr. 1598 und *ders.* ZIP 1998, 1187 f., dem zufolge der Gläubiger den Beitretenden erst bei Nichtleistung des Hauptschuldners in Anspruch nehmen darf; maßgebend ist indes entsprechend §§ 768 Abs. 1 S. 1, 1137 Abs. 1, 1228 Abs. 2 S. 1 allein die Fälligkeit der gesicherten Forderung; wie hier *Schürnbrand* Schuldbeitritt S. 113.
[44] § 775 RdNr. 3; § 776 RdNr. 2; § 777 RdNr. 3; zur Garantie s. RdNr. 19.
[45] Vgl. auch Nachweise in Fn. 30. – Soweit sich die Rspr. für die entsprechende Anwendung des Schriftformerfordernisses aus §§ 492, 502 ausspricht (s. Nachweise in Fn. 31), macht sie dies vom Vorliegen eines Verbraucherdarlehensvertrags oder einer Finanzierungshilfe abhängig, s. BGHZ 133, 71, 75; 133, 220, 224; 134, 94, 97. Entsprechendes hat für die hier vertretene Einbeziehung eines Teils der Mindestangaben der §§ 492 Abs. 1 S. 5, 502 Abs. 1 in das Formerfordernis des § 766 S. 1 zu gelten.
[46] AA die hM, s. Nachweise in Fn. 31; wie hier dagegen § 425 RdNr. 33 *(Bydlinski)*; § 491 RdNr. 74 *(Schürnbrand)*; *ders.* Schuldbeitritt S. 63 ff.; *Madaus* BKR 2008, 54, 56 f.; *Rüßmann*, FS Heinrichs, 1998, S. 451, 470 f.; für den Beitritt zu einem Geschäftskredit auch *Canaris* AcP 2000 (2000), 273, 354 ff.
[47] Für die Bürgschaft ganz hM, s. Nachweise in Fn. 13.
[48] *Heermann* § 34 RdNr. 6. – Zu den AGB-rechtlichen Anforderungen an eine formularmäßige Garantieübernahme, zur begrenzten Reichweite des § 309 Nr. 11 lit. a und zur Frage einer ergänzenden Vertragsauslegung bei Nichtigkeit des Garantieversprechens s. BGHZ 165, 12, 18 ff. = NJW 2006, 996; ferner § 765 RdNr. 35. Zur unselbstständigen Garantie s. noch RdNr. 38 ff., ferner *Erman/Herrmann* RdNr. 19.

Gesetzgeber vor allem wegen der Vielfalt der Erscheinungsformen der Garantie (RdNr. 23 ff.) abgesehen.[49] Kennzeichnend für den Garantievertrag ist es, dass sich durch ihn der Garant verpflichtet, den Gläubiger, auch Garantienehmer genannt, im Garantiefall so zu stellen, als ob der ins Auge gefasste Erfolg eingetreten oder der Schaden nicht entstanden wäre.[50] Die Primärleistungspflicht des Garanten besteht somit nicht in der Herbeiführung des garantierten Erfolgs, sondern in der **Schadloshaltung** des Garantienehmers bei Ausbleiben des Erfolgs; es handelt sich um eine verschuldensunabhängige (RdNr. 17) **Erfüllungshaftung.**[51] Die garantievertragliche Verpflichtung zur Schadloshaltung schließt es zwar nicht aus, dass dem Garanten zugleich die Erfüllung des schadensträchtigen Rechtsverhältnisses und damit die Abwendung des Schadens obliegt; eine solche **Eigengarantie** begegnet vor allem[52] in Form einer Beschaffenheits- oder Haltbarkeitsgarantie (RdNr. 38 ff.). Doch folgt die Verpflichtung zur Abwendung des Garantiefalls nicht aus der Garantie, sondern aus dem durch die Garantie zu sichernden Rechtsverhältnis. Auch für den Fall, dass Garant und Schuldner identisch sind, muss also der garantierte Erfolg stets über die bloße Vertragsleistung hinausgehen.[53]

17 Der Garant haftet ohne Rücksicht auf ein Verschulden oder eine etwaige Unmöglichkeit;[54] er hat grundsätzlich auch für alle „nicht typischen Zufälle" einzustehen.[55] Der Inhalt des Anspruchs aus der Garantie bestimmt sich nach den Grundsätzen des **Schadensersatzrechts** und damit nach §§ 249 ff.[56] Die Vorschrift des § 254, ferner der Grundsatz, dass kein Ersatz für Verluste begehrt werden kann, die der Geschädigte (Garantienehmer) selbst zu verantworten hat, begrenzen die Haftung des Garanten.[57] Eine Frage der Vertragsauslegung ist es, ob der Garantienehmer sich aus dem Garantiefall erlangte Vorteile anrechnen lassen muss.[58] Auch ohne besondere Abrede hat der Garant einen vertraglichen Anspruch auf **Rückzahlung der Garantieleistung,** wenn die garantierte Forderung nachträglich befriedigt wird.[59]

18 Die Garantie dient wie die Bürgschaft der Sicherung eines fremden Interesses, ist aber nicht wie diese notwendig vom Bestehen einer fremden Verbindlichkeit abhängig.[60] Der aus dem Garantievertrag folgende Anspruch des Garantienehmers ist somit **nicht akzessorisch.**[61] Er

---

[49] Mot. II S. 658; s. ferner *Soergel/Häuser* RdNr. 64.
[50] So RGZ 146, 120, 123; BGH NJW 1965, 148, 149; 1981, 2295; 1985, 2941 f.; 1996, 2569, 2570; ZIP 2001, 1496; *Staudinger/Horn* RdNr. 194; *Erman/Herrmann* RdNr. 19; *Henssler* Risiko S. 364 ff. mwN, auch zum älteren Schrifttum. – Zur Entwicklung von nicht akzessorischen und formlosen Personalsicherheiten im englischen Recht s. *Berensmann* Bürgschaft S. 117 ff.
[51] *Jauernig/Stadler* RdNr. 14; *Larenz/Canaris* II/2 § 64 II 6 a.
[52] S. auch BGH NJW 1999, 1542, 1543 (Verpflichtung des Schuldners, der an sich nur verschuldensabhängig haftet, verschuldensunabhängig einzustehen); s. ferner BGH NJW 1958, 1483.
[53] Vgl. BGH NJW 1985, 2941 f.; 1999, 1542, 1543 (s. vorige Fn.).
[54] BGH WM 1968, 680, 681 (Garantie, dass Erbschaft unanfechtbar angefallen und Grundschuldbestellung auf Nachlassgrundstück möglich); RGZ 137, 83, 84.
[55] BGH NJW 1985, 2941; WM 1955, 265; 1968, 680, 682; *Palandt/Sprau* RdNr. 16; dazu *Henssler* Risiko S. 383 f., der zu Recht darauf hinweist, dass die Haftung des Garanten auch für atypische Zufälle systematisch zur Lehre von den Einwendungen des Garanten gehört (dazu RdNr. 20) und nicht mehr besagt, als dass der Garant das Risiko schlechthin übernimmt, er also bei Wirksamkeit des Garantievertrags nicht einwenden kann, der Garantiefall sei planwidrig und für ihn unvorhersehbar eingetreten.
[56] BGH ZIP 2001, 1496, 1497; NJW 1999, 1542, 1543 f.; 1985, 2941, 2942; WM 1976, 977, 978; 1968, 680, 682; RGZ 137, 83, 85; *Erman/Herrmann* RdNr. 20.
[57] Vgl. RG JW 1937, 749, 751; BGH NJW 1961, 204, 206; 1976, 977, 978; näher dazu *Berensmann* Bürgschaft S. 147 ff.; *Henssler* Risiko S. 384 f.
[58] Allg. dazu § 249 RdNr. 222 ff.; für Anwendung der Grundsätze über die Vorteilsausgleichung auch *Erman/Herrmann* RdNr. 20.
[59] BGH WM 1961, 204, 207; eingehend dazu sowie zu sonstigen Fällen eines eigenen Rückforderungsanspruchs des Garanten (insbes. bei Insolvenz des Garantieauftraggebers) *Horn*, FS Brandner 1996, S. 623 ff.; krit. *Canaris* Bankvertragsrecht RdNr. 1148, MünchKommHGB/*Welter* ZahlungsV RdNr. J 109, jeweils mwN. Vgl. auch BGH WM 1984, 633 (Verringerung des Wagnisses nach Eintritt des Garantiefalls).
[60] BGH LM § 765 Nr. 1 (Haftung für Pachtzins aus nichtigem Pachtvertrag); RGZ 61, 157, 159 f. (Haftung für Wechselverbindlichkeit eines Minderjährigen).
[61] Vgl. neben den Nachweisen in Fn. 60 noch BGHZ 94, 167, 170 = NJW 1985, 1829; BGHZ 165, 12, 24 = NJW 2006, 996; *Hadding/Häuser/Welter* Gutachten S. 705 f.; *Erman/Herrmann* RdNr. 19; AnwK-BGB/*Beckmann* RdNr. 16; *Heermann* § 34 RdNr. 4; *Soergel/Häuser* RdNr. 64; PWW/*Brödermann* RdNr. 57;

Vorbemerkungen 19 **Vor § 765**

verhält sich zum Anspruch des Gläubigers gegen den Bürgen wie die Grundschuld zur Hypothek, wobei es den Parteien allerdings freisteht, die Verpflichtung des Garanten an die Erfüllung bestimmter Voraussetzungen zu binden;[62] vorbehaltlich derartiger Gestaltungen äußert sich die fehlende Akzessorietät der Garantie aber vor allem in dem Ausschluss von aus dem Valutaverhältnis zwischen dem Garantienehmer und dessen Schuldner abgeleiteten Einwendungen des Garanten (RdNr. 20). Dagegen begründet die Garantie – insoweit der Bürgschaft entsprechend – **keine abstrakte Verbindlichkeit:** Anders als der Schuldner aus einem abstrakten Schuldversprechen iS des § 780 verspricht der Garant nicht Zahlung schlechthin, sondern nur Zahlung für den Fall, dass sich ein im Vertrag näher bezeichnetes Risiko verwirklicht (vgl. auch § 780 RdNr. 1 f., 10, 16 ff.). Wie die Bürgschaft trägt des Weiteren auch die Garantie ihren Rechtsgrund in sich (§ 765 RdNr. 3), ohne dass es der Annahme einer causa in Form einer Sicherungsabrede zwischen Sicherungsgeber (Garant) und Sicherungsnehmer (Garantienehmer) bedarf; der Abschluss des Garantievertrags ist somit **kein abstraktes Rechtsgeschäft.**[63]

b) Unanwendbarkeit der §§ 765 ff. Anders als der Schuldbeitritt (RdNr. 10 ff.) unter- 19 liegt die Garantie infolge der ihr eigenen Rechtsnatur nicht den Vorschriften der §§ 765 ff. Dies gilt insbesondere für die Vorschriften der §§ 767 f., 770 betr. die Akzessorietät sowie für das **Formerfordernis** des § 766 S. 1.[64] Allerdings kann sich die Formbedürftigkeit der Garantie anderweitig, etwa aus § 311 b Abs. 1 S. 1, ergeben.[65] Gleichfalls unanwendbar ist § 774 betr. die **cessio legis** der Forderung des Gläubigers gegen den Hauptschuldner.[66] Entsprechend der Rechtslage bei der Grundschuld besteht aber typischerweise eine vertragliche Pflicht des Garantiebegünstigten zur Abtretung der Forderung aus dem Valutaverhältnis;[67] mit Blick auf den Sicherungszweck der Garantie und in analoger Anwendung des § 851 Abs. 2 ZPO muss in diesem Fall ein etwaiges Abtretungsverbot zurücktreten.[68] Abzulehnen ist des Weiteren die analoge Anwendung des § 401 (RdNr. 18), ferner diejenige des § 771;[69] soweit nicht der Vertrag etwas anderes bestimmt,[70] ist die Garantie somit nicht subsidiär. Demgegenüber sind die Vorschriften der §§ 775 bis 777 entgegen der hM durchaus einer entsprechenden Anwendung auf die Garantie zugänglich.[71] Auch wenn man

---

Henssler Risiko S. 366 f.; *Canaris* Bankvertragsrecht RdNr. 1124; *Larenz/Canaris* II/2 § 64 III 1 a, 2, die allerdings auch den Begriff der Abstraktheit (als Bezeichnung für die fehlende Akzessorietät) gelten lassen wollen.

[62] Dazu BGH WM 1982, 924, 926; s. ferner RdNr. 22.

[63] Eingehend *Schröder* S. 35 ff.; ferner *Einsele* WM 1999, 1801, 1804; krit. *Heermann* § 34 RdNr. 4 f. mit § 31 RdNr. 7, freilich unter Hinweis auf das Verhältnis zwischen Gläubiger und Hauptschuldner.

[64] Ganz hM, s. etwa RGZ 61, 157, 160; BGH WM 1962, 576, 577; NJW 1967, 1020, 1021; *Staudinger/Horn* RdNr. 223; *Soergel/Häuser* RdNr. 82; *Erman/Herrmann* RdNr. 21; *Palandt/Sprau* RdNr. 16; *PWW/Brödermann* RdNr. 56; *Jauernig/Stadler* RdNr. 16; *Henssler* Risiko S. 374 ff.; *Graf v. Westphalen/Jud* Bankgarantie S. 41 ff.; *Weth* AcP 189 (1989), 303, 308; aA *Larenz/Canaris* II/2 § 64 III 3 b; *Rimmelspacher* Kreditsicherungsrecht S. 95 ff.; *Koziol* Garantievertrag S. 39 f.; *P. Bydlinski* Bürgschaft S. 45; für entsprechende Anwendung des § 766 auch *Heermann* § 34 RdNr. 9, 16 f.

[65] Vgl. RG JW 1925, 1110 (Schadloshaltung wegen Nichtzustandekommen eines formwirksamen Grundstückskaufvertrags); OLG Celle NJW 1977, 52 (Ausbietungsgarantie, dazu RdNr. 41); zu § 15 Abs. 4 GmbHG s. RGZ 82, 355. – Zum Regress des Garanten gemäß §§ 675, 670 s. § 670 RdNr. 11 ff.

[66] RGZ 96, 136, 139; RG SeuffA 79 Nr. 21; *Staudinger/Horn* RdNr. 228; *Soergel/Häuser* RdNr. 64; *Erman/Herrmann* RdNr. 21; *Palandt/Sprau* RdNr. 16; im Grundsatz auch *Graf v. Westphalen/Jud* Bankgarantie S. 43 ff.; aA v. *Caemmerer*, FS Riese, 1964, S. 295, 306; *Castellvi* WM 1995, 868; *Pleyer* WM 1973, Sonderbeilage 2 S. 21; *MünchKommHGB/Welter* ZahlungsV RdNr. J 39; *Canaris* Bankvertragsrecht RdNr. 1112 mwN.

[67] So wohl auch *Staudinger/Horn* RdNr. 229.

[68] Zur Rechtslage bei der cessio legis s. § 774 RdNr. 5.

[69] Wohl allgM, s. *Staudinger/Horn* RdNr. 196; *Erman/Herrmann* § 771 RdNr. 2; dazu noch § 771 RdNr. 2.

[70] Vgl. RG WarnR 1910 Nr. 107 betr. eine Garantie für die spätere Einbringlichkeit einer Forderung.

[71] AA RGZ 72, 138, 142; *Staudinger/Horn* RdNr. 197 (jeweils zu § 776 S. 2); *Soergel/Häuser* RdNr. 64; *Graf v. Westphalen/Jud* Bankgarantie S. 46 f.; zutr. dagegen *Canaris* Bankvertragsrecht RdNr. 1158, *Henssler* Risiko S. 385 ff., jeweils mwN; wie hier jetzt auch *Erman/Herrmann* RdNr. 21. – S. ferner § 775 RdNr. 3, § 776 RdNr. 2, § 777 RdNr. 3.

dem nicht folgen wollte, kann jedenfalls die Auslegung des zwischen dem Garanten und dem Hauptschuldner bestehenden Schuldverhältnisses einen der Rechtslage bei der Bürgschaft entsprechenden Willen der Vertragspartner ergeben. Zu Einwendungen des Garanten s. RdNr. 20, zu Aufklärungs- und Sorgfaltspflichten des Gläubigers (Garantienehmers) s. § 765 RdNr. 86 ff.

20 **c) Einwendungen des Garanten.** Infolge der Selbständigkeit der Garantie gegenüber der zu sichernden Forderung kann der Garant – anders als der Bürge, s. § 768 Abs. 1 S. 1 – grundsätzlich und vorbehaltlich eines etwaigen Rechtsmissbrauchs (RdNr. 26, 34) keine Einwendungen und Einreden aus dem zwischen dem Garantienehmer und dessen Schuldner bestehenden Valutaverhältnis herleiten; insbesondere hierdurch unterscheidet sich die Garantie von einer akzessorischen Personalsicherheit.[72] Allerdings ist der Garantieanspruch durch den Eintritt des Garantiefalls bedingt, wodurch sich – je nach Definition des Garantiefalles – akzessorietätsgleiche Wirkungen ergeben können (RdNr. 22). Ausgeschlossen ist schließlich die Geltendmachung von Einwendungen und Einreden aus dem *Deckungsverhältnis* des Garanten zum Garantieauftraggeber, dh. dem Schuldner der gesicherten Forderung.[73] Dem Garanten stehen demnach grundsätzlich nur diejenigen Einwendungen und Einreden zu, die sich **unmittelbar aus dem Garantieverhältnis** ergeben; im Fall einer Garantie auf erstes Anfordern ist die Geltendmachung dieser Gegenrechte nicht dem Rückforderungsprozess vorbehalten (RdNr. 28).[74] Im Einzelnen handelt es sich dabei um *Gültigkeitseinwendungen,* also Einwendungen, durch die die Wirksamkeit des Garantieversprechens bestritten wird, sowie um *sonstige unmittelbare Einwendungen* aus dem Garantieverhältnis wie etwa der Einwand des Ablaufs der Garantiefrist, der Einwand der Erfüllung oder die Einrede des Zurückbehaltungsrechts.[75] Darüber hinaus setzt die Inanspruchnahme des Garanten den Eintritt des Garantiefalls voraus (RdNr. 22). Die **bereicherungsrechtliche Rückabwicklung** entspricht derjenigen bei der *angenommenen Anweisung*[76] (§ 812 RdNr. 78 ff.) und vollzieht sich somit im jeweiligen Leistungsverhältnis. Bei fehlerhaftem Valutaverhältnis hat deshalb der Ausgleich grundsätzlich im Verhältnis zwischen Garantieauftraggeber und Garantienehmer zu erfolgen. Die Folge, dass der Garant an der Rückabwicklung grundsätzlich nur für den Fall beteiligt ist, dass das *Garantieverhältnis* mangelhaft ist.[77] Nimmt allerdings der Garantiefall auf das Valutaverhältnis Bezug, so schlagen Mängel desselben auf das Garantieverhältnis durch; infolge der dadurch erzeugten akzessorietätsgleichen Wirkung steht dem Garanten in diesem Fall ein eigener Anspruch gegen den Garantienehmer zu.

21 **d) Abtretung der gesicherten Forderung und des Garantieanspruchs.** Infolge ihrer Selbständigkeit (RdNr. 15) ist die Forderung aus dem Garantievertrag als solche Gegenstand von Verfügungen und damit **kein Nebenrecht iS des § 401.**[78] Der Garantieanspruch geht daher bei einer Abtretung der gesicherten Forderung nicht kraft Gesetzes auf den neuen Gläubiger über. Hierzu bedarf es vielmehr einer entsprechenden Zessionsabrede zwischen Garantienehmer und Zessionar. Sie kann zwar auch stillschweigend vorgenommen werden,

---

[72] Wohl allgM, s. BGH LM § 765 Nr. 1; WM 1959, 884; BGHZ 140, 49, 51 = ZIP 1999, 18; BGHZ 165, 12, 24 f. = NJW 2006, 996; *Staudinger/Horn* RdNr. 204; *v. Caemmerer,* FS Riese, 1964, S. 295, 302 f.; *Henssler* Risiko S. 376 ff.; näher zur Abgrenzung *Canaris* Bankvertragsrecht RdNr. 1124.
[73] Statt aller *Staudinger/Horn* RdNr. 204.
[74] OLG Saarbrücken ZIP 2001, 1318, 1320 (Zeugenbeweis zur Frage der Aufhebung des Garantievertrags); *Weth* AcP 189 (1989), 303, 314 f.; *Staudinger/Horn* RdNr. 231, 241 ff.; MünchKommHGB/*Welter* ZahlungsV RdNr. J 66 ff.
[75] Näher dazu *Canaris* Bankvertragsrecht RdNr. 1135.
[76] So auch *Kupisch* WM 1999, 2381, 2388 f.; aA *Gröschler* JZ 1999, 822, 825; *Wilhelm* NJW 1999, 3519, 3523.
[77] Näher dazu sowie zu eigenen Rückzahlungsansprüchen des Garanten insbes. bei Insolvenz des Garantieauftraggebers *Horn,* FS Brandner, 1996, S. 623 ff.; s. ferner RdNr. 17 aE zur Rechtslage bei nachträglicher Befriedigung des Garantienehmers durch den Garantieauftraggeber.
[78] Ganz hM, s. BGH WM 1964, 61, 62; RGZ 60, 369, 371; 72, 138, 141; § 401 RdNr. 15; *Hadding/Häuser/Welter* Gutachten S. 716 f.; *Heermann* § 34 RdNr. 21; aA *Canaris* Bankvertragsrecht RdNr. 1150; *Larenz/Canaris* II/2 § 64 III 3 c; *Rimmelspacher* Kreditsicherungsrecht RdNr. 105.

Vorbemerkungen 22 **Vor § 765**

vorbehaltlich des § 354a HGB kann ihrer Wirksamkeit jedoch ein Zessionsverbot iS des § 399 entgegenstehen. Entsprechendes gilt für den umgekehrten Fall der Abtretung des Garantieanspruchs; sie ist auch ohne gleichzeitige Abtretung der gesicherten Forderung möglich[79] und lässt die Rechtszuständigkeit hinsichtlich der gesicherten Forderung unberührt. Besonderheiten gelten für die **Garantie auf erstes Anfordern** (RdNr. 27 ff.). Bei ihr ist bereits im Ansatz zwischen dem Zahlungsanspruch und dem Recht zur Inanspruchnahme des Garanten „auf erstes Anfordern" – dem Anforderungsrecht – zu unterscheiden.[80] Letzteres soll nach hM nicht von der Abtretung des Garantieanspruchs erfasst werden und demgemäß nicht ohne weiteres auf den Zessionar dieses Anspruchs übergehen.[81] Ob es als solches übertragen werden kann, ist umstritten; nach Ansicht des BGH kann die Übertragbarkeit jedenfalls vereinbart werden.[82] Indes gilt es zu bedenken, dass es sich bei dem Anforderungsrecht um ein forderungsbezogenes Gestaltungsrecht handelt, welches, der Fälligkeitskündigung vergleichbar, zur Durchsetzung der Forderung erforderlich ist und deshalb einen *unselbständigen Teil* derselben bildet.[83] Muss somit die selbständige Übertragbarkeit des Anforderungsrechts ausscheiden, so sollte entgegen der hM § 401 zumindest dann entsprechende Anwendung finden, wenn der Zedent seine Pflichten aus der Sicherungsabrede mit dem Garantieauftraggeber an den Zessionar weitergibt,[84] letzterer also dem Sicherungsvertrag beitritt und somit im Falle einer unberechtigten Inanspruchnahme neben dem Zedenten zur Rückzahlung verpflichtet ist. Dies gilt zumal vor dem Hintergrund, dass der *Garant* sein Vertrauen ohnehin weniger dem Begünstigten als dem Auftraggeber schenkt (RdNr. 28) und sich deshalb primär die Frage eines Schutzes des Auftraggebers stellt. Die Rechtsnachfolge ist vom Zessionar in gehöriger Form, in der Regel durch Vorlage einer schriftlichen Abtretungsvereinbarung, nachzuweisen; andernfalls fehlt es an einer garantiekonformen Geltendmachung des Anspruchs (RdNr. 30).[85]

e) Eintritt des Garantiefalls. Sieht man von der Garantie auf erstes Anfordern 22 (RdNr. 27 ff.) ab, so setzt die Inanspruchnahme des Garanten den Eintritt des Garantiefalls voraus. Der Eintritt des Garantiefalls ist mit anderen Worten **Anspruchsvoraussetzung** und damit vom Garantienehmer darzulegen und ggf. zu beweisen.[86] Je nach vertraglicher Definition des Garantiefalls kann sich daraus eine gewisse Abhängigkeit des Garantieanspruchs von der gesicherten Forderung ergeben.[87] Die damit verbundene Beeinträchtigung der Sicherheit der Garantie sowie die Einbeziehung des Garanten in das Valutaverhältnis haben für den Bereich der Bankgarantien zur weitgehenden Verdrängung der einfachen Garantie durch diejenige auf erstes Anfordern geführt (RdNr. 27 ff.). Zur Rechtslage bei nachträglicher Erfüllung der gesicherten Forderung s. RdNr. 17 aE.

---

[79] BGHZ 90, 287, 291 = NJW 1984, 2031; BGHZ 140, 49, 51 = NJW 1999, 570; OLG Saarbrücken ZIP 2001, 1318, 1320.
[80] S. etwa BGHZ 90, 287, 291 = NJW 1984, 2031; BGH WM 1999, 72, 73 = ZIP 1999, 136, 137; LG Frankfurt/M WM 1978, 442, 443; *Canaris* Bankvertragsrecht RdNr. 1149; *Schürnbrand* AcP 204 (2004), 177, 192 ff.; für die Bürgschaft auf erstes Anfordern BGH NJW 1987, 2075 f.
[81] Vgl. neben *Canaris* (Fn. 80) noch *Mülbert* ZIP 1985, 1101, 1105; *Rüßmann/Britz* WM 1995, 1825, 1829 f.; *Eleftheriadis* Bürgschaft S. 167 f.; wohl auch BGHZ 140, 49, 53 = NJW 1999, 570; BGH ZIP 1997, 275, 280; aA – für Übergang auf Zessionar der Garantieforderung – § 401 RdNr. 5 *(Roth); Bülow* Kreditsicherheiten RdNr. 1569; MünchKommHGB/*Welter* ZahlungsV RdNr. J 89; *Reinicke/Tiedtke* Kreditsicherung RdNr. 616; *Schürnbrand* AcP 204 (2004), 177, 195 ff.; im Ergebnis auch *Schlechtriem*, FS Stoll, 2001, S. 361, 364 ff.; für die Bürgschaft auf erstes Anfordern ferner BGH NJW 1987, 2075 f.
[82] BGHZ 90, 287, 291 = NJW 1984, 2031; BGH WM 1999, 72, 73 = ZIP 1999, 136, 137.
[83] Dazu allg. *Staudinger/Busche* § 401 RdNr. 35; eingehend *Schürnbrand* AcP 204 (2004), 177, 189 ff.
[84] Vgl. BGH NJW 1997, 461, 463; für das Pfandrecht §§ 1250 Abs. 1 S. 1, 1251 Abs. 2 und dazu *Soergel/Habersack* § 1251 RdNr. 4 f.
[85] Im Ergebnis ähnlich *Schlechtriem*, FS Stoll, 2001, S. 361, 369 ff.
[86] *Canaris* Bankvertragsrecht RdNr. 1129.
[87] BGHZ 165, 12, 24 = NJW 2006, 996; s. dazu auch MünchKommHGB/*Welter* ZahlungsV RdNr. J 53 mit zutr. Hinweis darauf, dass der Vertrag bei vollständiger Verknüpfung mit der gesicherten Forderung als Bürgschaft auszulegen sei. Zu weitgehend *Gröschler* JZ 1999, 822, 824, dem zufolge der Garant nur für den Fall des Eintritts des materiellen Garantiefalles und damit nach Maßgabe des Valutaverhältnisses verpflichtet sein soll; ähnlich auch *Canaris* ZIP 1998, 493, 501.

23 **f) Arten des Garantievertrags. aa) Überblick.** In der Praxis begegnet der Garantievertrag in zahlreichen, sich je nach **Art des garantierten Erfolgs** voneinander unterscheidenden Erscheinungsformen. Sie lassen sich im Wesentlichen auf **zwei Grundtypen** zurückführen.[88] Bei der *Forderungs- oder Interzessionsgarantie,* oftmals auch Leistungsgarantie genannt, hat der Garant für die Erfüllung einer Schuld einzustehen (RdNr. 24 ff.). Diese Form der Garantie steht hinsichtlich ihrer wirtschaftlichen Funktion der Bürgschaft sehr nahe, unterscheidet sich von dieser jedoch durch die fehlende Akzessorietät und Subsidiarität (RdNr. 18 f.). Bei der *Eigenschafts- oder Beschaffenheitsgarantie* (RdNr. 38 ff.) übernimmt der Garant dagegen eine Einstandspflicht für die Mangelfreiheit einer Sache oder eines Werkes. Neben diesen beiden Grundtypen begegnen noch einige sonstige Formen von Garantieverträgen (RdNr. 41 ff.).

24 **bb) Forderungs- bzw. Interzessionsgarantien. (1) Scheckeinlösungsgarantie.** Große praktische Bedeutung hat die Forderungs- bzw. Interzessionsgarantie im Rahmen des Scheckverkehrs erlangt. Ursächlich hierfür ist das **Akzeptverbot** des Art. 4 ScheckG; es verbietet zwar die Begründung einer *scheckrechtlichen* Verpflichtung der bezogenen Bank, nicht aber, dass sich der Bezogene außerhalb des Schecks *vertraglich* zur Einlösung des Schecks – sei es gegenüber dem Inhaber oder gegenüber dem Aussteller des Schecks – verpflichtet.[89] Eine solche Scheckeinlösungsgarantie kann zunächst darin liegen, dass die bezogene Bank gegenüber dem bei ihr vorsprechenden (potentiellen) Schecknehmer erklärt, sie werde den Scheck bei dessen Vorlegung einlösen. Ist der Schecknehmer an der Erteilung einer solchen Garantie interessiert, so muss er dies gegenüber der bezogenen Bank allerdings unmissverständlich zum Ausdruck bringen. Die bloße Zusage, der Scheck gehe in Ordnung, hat nämlich nur die Bedeutung einer Auskunft des Inhalts, dass im *Zeitpunkt der Anfrage* der Einlösung des Schecks nichts entgegenstehe;[90] die Bank haftet in diesen Fällen einer sog. **Scheckbestätigung** allenfalls für eine verschuldete Fehlauskunft.[91] Kommt es zur Erteilung einer Scheckeinlösungsgarantie, sind der Bank grundsätzlich sämtliche Einwendungen aus dem Valutaverhältnis und dem Deckungsverhältnis abgeschnitten (RdNr. 20, 26). Auch unabhängig von einer entsprechenden ausdrücklichen Vereinbarung ist die Bank allerdings an die Einlösungsgarantie nur begrenzte Zeit gebunden.[92]

25 Scheckeinlösungsgarantien begegneten bis zum 31. 12. 2001 vor allem im Zusammenhang mit der Begebung eines ec-Schecks unter Verwendung einer **eurocheque-Karte**.[93] Mit ihr garantierte die Bank jedem Schecknehmer in Europa und den an das Mittelmeer angrenzenden Staaten die Einlösung eines auf ihren ec-Scheckvordrucken ausgestellten Schecks bis zu einem bestimmten, gemäß Nr. III. 1. 1.1 der „Bedingungen für ec-Karten" sich zuletzt auf 400 DM belaufenden Betrag. Nach zuletzt ganz hM handelte es sich auch bei dieser Form der Einlösungszusage um einen – durch Begebung des Schecks zustande gebrachten – Garantievertrag zwischen der bezogenen Bank und dem ersten Schecknehmer,[94] wobei der Scheckaussteller als *Bevollmächtigter* der bezogenen Bank gehandelt haben

---

[88] Zu den Arten und den Funktionen von Bankgarantien vgl. namentlich *Horn* Bürgschaften RdNr. 102 ff.; *Larenz/Canaris* II/2 § 64 I 1; *Soergel/Häuser* RdNr. 65 ff.; *Graf v. Westphalen/Jud* Bankgarantie, passim, insbes. S. 11 ff.; speziell zu revolvierenden Garantien *Koziol,* FS Hadding, 2004, S. 905 ff.
[89] BGHZ 64, 79, 81 = NJW 1975, 1168; BGHZ 110, 263, 265 = NJW 1990, 1482; *Baumbach/Hefermehl/Casper* Art. 4 ScheckG RdNr. 2; *Larenz/Canaris* SchR II/2 § 64 III 1 b; eingehend *Häuser,* FS Schimansky, 1999, S. 183, 190 ff., 202 ff. (Einlösungszusagen gegenüber dem Aussteller).
[90] Vgl. dazu sowie zum Folgenden BGHZ 49, 167, 168 = NJW 1968, 588; BGHZ 77, 50, 52 = NJW 1980, 1956; BGHZ 110, 263, 265 = NJW 1990, 1482; BGH WM 1994, 884 = NJW-RR 1994, 821; *Baumbach/Hefermehl/Casper* Art. 4 ScheckG RdNr. 3; *Canaris* Bankvertragsrecht RdNr. 730 ff.; *Häuser,* FS Schimansky, 1999, S. 183, 188 ff., 193 ff. mwN (auch zum österreichischen und schweizerischen Recht).
[91] Näher dazu *Baumbach/Hefermehl//Casper* Art. 4 ScheckG RdNr. 8 f.
[92] BGHZ 77, 50, 52 f. = NJW 1980, 1956; BGH WM 1982, 924, 925.
[93] Näher dazu 3. Aufl. RdNr. 22 f.; *Soergel/Häuser* RdNr. 69.
[94] Vgl. *Baumbach/Hefermehl,* WechselG und ScheckG, 22. Aufl. 2001, Anh. Art. 4 ScheckG RdNr. 6 a; *Canaris* Bankvertragsrecht RdNr. 834; aus der Rspr. BGHZ 64, 79, 81 = NJW 1975, 1168; BGHZ 83, 28, 30 = NJW 1982, 1466; BGHZ 93, 71, 80 = NJW 1985, 863; aA – für ein durch Vertrag zugunsten Dritter begründetes abstraktes Schuldversprechen – *Zöllner* DB 1968, 559, 561; *ders.* Wertpapierrecht, 14. Aufl. 1987,

Vorbemerkungen 26, 27 **Vor § 765**

soll.[95] Die *Garantiefrist* belief sich für Inlandsschecks auf 8 Tage, für Auslandsschecks auf 20 Tage. Mit Blick auf die zunehmende Verdrängung des ec-Schecks durch (scheckunabhängige) ec-kartengesteuerte Zahlung[96] werden seit 1. 1. 2002 keine ec-Schecks mehr ausgegeben; hinsichtlich zu diesem Zeitpunkt noch nicht begebener Schecks kann eine Einlösungsgarantie der Bank mangels entsprechender Vollmacht des Ausstellers nicht mehr begründet werden.

Was die Geltendmachung von **Einwendungen** seitens der bezogenen Bank betrifft, so 26 gelten im Grundsatz keine Besonderheiten gegenüber sonstigen Formen der Garantie (s. RdNr. 20). Einwendungen aus dem *Deckungsverhältnis* der Bank zum Aussteller des Schecks sind demnach grundsätzlich ebenso ausgeschlossen wie Einwendungen aus dem *Valutaverhältnis* des Ausstellers zum Schecknehmer.[97] Auch im Fall der Scheckeinlösungsgarantie ist die Bank vielmehr auf die Geltendmachung solcher Einwendungen verwiesen, die **aus dem Garantieverhältnis** zum ersten Schecknehmer bzw. zu dessen Rechtsnachfolger resultieren. Insoweit kann eine Inanspruchnahme zunächst unter Hinweis auf die Nichtbeachtung der *formalen Grundvoraussetzungen* für die Haftung aus dem Garantievertrag (RdNr. 25) abgewendet werden; hierzu zählt auch das Vorliegen eines formal gültigen Schecks iS von Art. 1 f. ScheckG.[98] Darüber hinaus kann dem Garantieanspruch der Einwand einer nach § 242 **unzulässigen Rechtsausübung** entgegenstehen. Von Bedeutung war dies für die funktionswidrige Verwendung einer eurocheque-Karte (RdNr. 25).[99] – Zur Zahlung mittels **Kreditkarte** s. § 329 RdNr. 13 ff., § 676 h RdNr. 5 ff., jeweils mwN.

(2) Garantie auf erstes Anfordern.[100] Die akzessorietätsgleichen Wirkungen, die der 27 Nachweis des Garantiefalls mit sich bringt (RdNr. 22), haben namentlich im internationalen Wirtschaftsverkehr[101] für den Bereich der Zahlungsgarantien sowie der **Leistungs- oder Lieferungsgarantien,** dh. Garantien, mit denen der Garant, regelmäßig eine Bank,[102] dem Importeur die Erfüllung der Lieferungsverpflichtung des Exporteurs (Verkäufers, Werkunternehmers) garantiert und ihm damit den Ersatz seines positiven Interesses verspricht, zur weiten Verbreitung der sog. Garantie auf erstes Anfordern und dem ihr funktional vergleichbaren **Standby Letter of Credit**[103] geführt.[104] Danach ist die Bank weder berechtigt noch verpflichtet, vom Garantieberechtigten den *Nachweis* des Eintritts des Garantiefalls zu verlangen. Der Garantienehmer braucht vielmehr nur den Eintritt des Garantiefalls, etwa das

§ 26 IV 1 b; für durch Vertretung begründetes abstraktes Schuldversprechen zwischen Schecknehmer und Kreditinstitut *Einsele* WM 1999, 1801, 1808 f. – Zur 1995 erfolgten Neufassung der „Bedingungen für ec-Karten" s. *Wand* ZIP 1996, 214.

[95] HM, s. OLG Nürnberg NJW 1978, 2513, 2514; *Baumbach/Hefermehl* (Fn. 94) Anh. Art. 4 ScheckG RdNr. 7 f., *Canaris* Bankvertragsrecht RdNr. 831 f., jeweils mwN; s. ferner *Hadding/Häuser* WM 1993, 1357, 1359; *Bundschuh* WM 1983, 1178, 1180.

[96] Dazu *Werner* BKR 2002, 149. – Zum POS-System s. § 362 RdNr. 20, 24 ff.; § 676 h RdNr. 21 ff.; BankR-HdB/*Nobbe* § 63 RdNr. 2 ff.

[97] Näher dazu sowie zur ausnahmsweisen Berücksichtigung wegen Verstoßes gegen §§ 134, 138 nichtigen Valutaverhältnisses BankR-HdB/*Nobbe* § 61 RdNr. 150 ff.; zur Rechtslage bei gefälschter Unterschrift s. *dies. Baumbach/Hefermehl/Casper* Art. 3 ScheckG RdNr. 16 ff; zum Scheckverbot nach § 496 Abs. 2 s. § 496 RdNr. 15 ff., 23.

[98] BGHZ 122, 156, 160 = NJW 1993, 1861 mwN.

[99] Näher BGHZ 122, 156, 160 = NJW 1993, 1861; BGHZ 64, 79, 83 ff. = NJW 1975, 1168; BGHZ 83, 28, 33 f. = NJW 1982, 1146; 3. Aufl. RdNr. 24.

[100] Zur Bürgschaft auf erstes Anfordern s. § 765 RdNr. 99 ff.

[101] Zur UN Convention on Independent Guarantees and Standby Letters of Credit 1995 s. *Staudinger/Horn* RdNr. 298; *Lienesch,* Internationale Bankgarantien und die UN-Konvention über unabhängige Garantien und Stand-by-Letters of Credit, 1999; *Graf v. Westphalen/Jud* Bankgarantie S. 109 ff.

[102] Zu den Anforderungen an die Person des Verpflichteten und die AGB-rechtlichen Grenzen der Verpflichtungsform s. § 765 RdNr. 100; zur Sicherungsabrede zwischen Gläubiger und Schuldner s. RdNr. 34 sowie für die Bürgschaft auf erstes Anfordern § 765 RdNr. 101.

[103] OLG Frankfurt ZIP 1997, 1782; *Graf v. Westphalen/Jud* S. 105 ff.; *Horn* Bürgschaften RdNr. 136; s. ferner die von der Internationalen Handelskammer verabschiedeten International Standby Practices 1998 (ISP 98), abgedruckt in ZBB 1999, 320; dazu *Nielsen* WM 1999, 2005 und 2049.

[104] Umfassend *Graf v. Westphalen/Jud* Bankgarantie, passim, insbes. S. 48 ff.; zum Umfang und zur Berechnung des zu ersetzenden Schadens s. BGH ZIP 1988, 222, 224.

Ausbleiben der (mangelfreien und rechtzeitigen) Leistung seitens des Verkäufers, *garantiekonform* (RdNr. 30) zu *behaupten*, um den Garanten in Anspruch nehmen zu können; einer schlüssigen Darlegung des materiellen Garantiefalles durch den Garanten bedarf es dagegen nicht.[105] Die Bank ist weder berechtigt noch verpflichtet, den Nachweis des *materiellen* Garantiefalles zu verlangen. Sie wird dadurch nicht nur von komplexen Nachprüfungsobliegenheiten entlastet, sondern zugleich aus einem Streit im Valutaverhältnis zwischen Garantieauftraggeber (Exporteur) und Garantienehmer (Importeur) herausgehalten (RdNr. 28). Der Garantienehmer wiederum verfügt alsbald über **liquide Mittel,** was für den Garantieauftraggeber insoweit von Vorteil ist, als er keine eigenen Mittel, etwa in Form eines Bardepots, festlegen muss. In **Verzug** gerät der Garant nur nach Maßgabe des § 286 und damit regelmäßig erst nach Mahnung. Letztere ist nicht gleichzusetzen mit der erstmaligen Geltendmachung des Anforderungsrechts durch den Gläubiger, durch die lediglich die **Fälligkeit** des Anspruchs eintritt (zur Bürgschaft s. aber § 765 RdNr. 80). Wie bei der Bürgschaft ist dem Garanten eine – angesichts des Erfordernisses einer garantiekonformen Anforderung (RdNr. 30 f.) und dem grundsätzlichen Ausschluss von auf das Valutaverhältnis bezogenen Einwendungen (RdNr. 33 f.) allerdings knapp zu bemessenden – Frist zur Prüfung der Berechtigung des Zahlungsverlangens zuzubilligen (§ 765 RdNr. 80). Die Garantie auf erstes Anfordern hat, ebenso wie die Bürgschaft auf erstes Anfordern (§ 765 RdNr. 99 ff.), Sicherungsfunktion und unterscheidet sich dadurch von dem *Dokumenten-Akkreditiv,* das als Zahlungsmittel dient und deshalb erfüllungshalber gestellt wird.[106]

28 Über den tatsächlichen Eintritt des Garantiefalls ist erst in einem etwaigen **Rückforderungsprozess** zu befinden. Insoweit gelten die gleichen Grundsätze wie bei der einfachen Garantie (RdNr. 20). Der Garant kann mithin seinen – mit materiell unberechtigter Inanspruchnahme fällig werdenden – Rückforderungsanspruch nur auf solche Einwendungen stützen, die das Garantieverhältnis betreffen und die er deshalb auch der Inanspruchnahme hätte entgegensetzen können;[107] so verhält es sich insbesondere bei nicht ordnungsgemäßer Anforderung (RdNr. 30) sowie bei Rechtsmissbrauch seitens des Garantienehmers (RdNr. 34).[108] Ist dagegen der **materielle Garantiefall** nicht eingetreten, so betrifft dies allein das **Valutaverhältnis,** so dass die Rückabwicklung, anders als bei der Bürgschaft auf erstes Anfordern (§ 765 RdNr. 104 f.), grundsätzlich zwischen dem Auftraggeber und dem Begünstigten zu erfolgen hat.[109] Dafür spricht nicht nur die konstruktive Nähe zur Anweisungslage (RdNr. 20), sondern auch der nicht akzessorische Charakter der Garantie und das damit verbundene Bestreben des Garanten, aus dem Streit um Einwendungen aus dem Valutaverhältnis herausgehalten zu werden; umgekehrt wird es so dem Begünstigten ermöglicht, etwaige Gegenrechte gegen den Auftraggeber geltend zu machen. Im Regelfall ist deshalb der **Garant** auf die **Inanspruchnahme des Auftraggebers** aus §§ 675, 670 verwiesen[110] und hat somit das Risiko einer Insolvenz des Auftraggebers zu tragen. Auch dieser Anspruch steht im Übrigen unter dem Vorbehalt, dass dem Garanten keine eigenen Einwendungen zustanden und er deshalb die Zahlung an den Begünstigten für erforderlich

---

[105] OLG Frankfurt WM 2001, 1108, 1110; OLG Düsseldorf WM 2001, 2294, 2295; für die Bürgschaft auf erstes Anfordern (s. dazu § 765 RdNr. 102 mwN) BGHZ 136, 27, 32 = NJW 1997, 2598; aA OLG Saarbrücken ZIP 2001, 1318, 1320; *Canaris* Bankvertragsrecht RdNr. 1130; 3. Aufl. RdNr. 25.
[106] Vgl. BGH WM 1987, 1245, 1247; näher dazu *Canaris* Bankvertragsrecht RdNr. 1102, 1125, 1151.
[107] BGHZ 140, 49, 52 = NJW 1999, 570; zur Fälligkeit s. BGH WM 2000, 2373, 2375 (betr. die Bürgschaft auf erstes Anfordern); zu den zulässigen Einwendungen iE s. RdNr. 33 f.
[108] So für den Fall des Rechtsmissbrauchs auch MünchKommHGB/*Welter* ZahlungsV RdNr. J 105; *Canaris* ZIP 1998, 493, 495 f.; *Staudinger/Horn* RdNr. 358.
[109] BGHZ 140, 49, 53 = NJW 1999, 570 = JZ 1999, 464 m. Anm. *Einsele* = WuB I E 5–1.99 *(Habersack)*; *Canaris* ZIP 1998, 493, 496 ff.; *Wilhelm* NJW 1999, 3519, 3526; MünchKommHGB/*Welter* ZahlungsV RdNr. J 104; AnwK-BGB/*Beckmann* RdNr. 44; *Heermann* § 34 RdNr. 39 ff.; *Kupisch* WM 1999, 2381, 2391; *Heermann* ZBB 1998, 239, 243; aA – für Direktanspruch des Garanten – OLG Frankfurt ZIP 1998, 148; *Gröschler* JZ 1999, 822, 826 f.; *Hahn* NJW 1999, 2793, 2794; *Schröder* S. 136 ff.
[110] Zum Anspruch des Garanten gegen den Begünstigten auf Abtretung der gesicherten Forderung s. RdNr. 19; zur davon zu unterscheidenden Abtretung des Rückforderungsanspruchs des Auftraggebers an den Garanten s. *Habersack* WuB I E 5. – 1.99.

Vorbemerkungen 29, 30 **Vor § 765**

halten durfte.[111] Nimmt allerdings der Garantievertrag auf den materiellen Garantiefall Bezug, so kann der Garant den Begünstigten unmittelbar auf Rückzahlung in Anspruch nehmen,[112] wobei der Anspruch sich aus dem Garantievertrag herleiten lässt und deshalb auch in diesem Fall vertraglicher Natur ist (s. RdNr. 29, § 765 RdNr. 104 f.).

Der **Rückforderungsanspruch des Auftraggebers** (RdNr. 28) gegen den Begünstigten folgt, der Rechtslage bei der Sicherungsübereignung vergleichbar,[113] aus der Sicherungsabrede; er ist somit vertraglicher Natur und steht nicht unter dem Vorbehalt des § 818 Abs. 3.[114] Was die **Darlegungs- und Beweislast** betrifft, so ist zu berücksichtigen, dass dem Zahlungsverlangen des Begünstigten keine Einwendungen entgegengesetzt werden konnten und deshalb die dem Auftraggeber zurechenbare Zahlung des Garanten nicht im Sinne eines Anerkenntnisses zu verstehen ist. In Übereinstimmung mit der Rechtslage bei der Bürgschaft auf erstes Anfordern (§ 765 RdNr. 104) geht deshalb mit der durch die Verpflichtung zur Zahlung auf erstes Anfordern verbundenen Umkehr der Parteirollen keine Verschiebung der Darlegungs- und Beweislast hinsichtlich des materiellen Garantiefalles einher.[115] Entsprechendes gilt für den Fall, dass der Garant ausnahmsweise einen eigenen Rückforderungsanspruch gegen den Begünstigten hat (RdNr. 28). 29

Bei einer Garantie auf erstes Anfordern kommt dem **Grundsatz der Garantie- und Dokumentenstrenge**[116] besondere Bedeutung zu. Die die Zahlungspflicht des Garanten auslösende **Behauptung** des ursprünglichen Garantienehmers oder Zessionars,[117] der Garantiefall sei eingetreten, muss in der im Garantievertrag vorgeschriebenen Form, Sprache[118] und Formulierung[119] und damit **garantiekonform** erfolgen.[120] Ist also nach dem Inhalt der Garantieurkunde eine Erklärung über die erfolglose Inanspruchnahme des Garantieauftraggebers oder die Einreichung von Unterlagen erforderlich, so macht das Fehlen der Zusatzerklärung bzw. der Dokumente die Inanspruchnahme des Garanten unwirksam.[121] Bei vertraglich vereinbarter Schriftform des Zahlungsverlangens sind die Anforderungen des § 127 einzuhalten.[122] Sind im Garantievertrag zwar bestimmte Erklärungen, nicht aber deren Wortlaut vorgeschrieben, so können die Angaben auch durch Bezugnahme auf die Garan- 30

---

[111] Vgl. OLG Düsseldorf ZIP 1999, 1519, 1520.
[112] So wohl auch BGHZ 140, 49, 52 = NJW 1999, 570.
[113] BGHZ 137, 212, 214 ff. = NJW 1998, 671.
[114] So zu Recht *Einsele* JZ 1999, 466, 468; *Kupisch* WM 1999, 2381, 2391; aA – für Anspruch aus § 812 – die hM, s. BGHZ 140, 49, 53 = NJW 1999, 570 mwN; eingehend und diff. *Panagiotopoulos* passim.
[115] So zu Recht *Gröschler* JZ 1999, 822, 826 f.; *Staudinger/Horn* RdNr. 360; aA *Bydlinski* WM 1990, 1401, 1403; *Canaris* Bankvertragsrecht RdNr. 1148 a.
[116] Dazu *Klaas* ZIP 1997, 1098 ff.; *Canaris* Bankvertragsrecht RdNr. 1130, 1133; zum damit einhergehenden, das Verhältnis der Bank zum Garantieauftraggeber betreffenden Grundsatz der formalen Auftragsstrenge s. *dens.* RdNr. 1107.
[117] Zur Abtretbarkeit des Zahlungsanspruchs sowie zur Frage des Übergangs des Rechts zur Inanspruchnahme „auf erstes Anfordern" s. RdNr. 21.
[118] Bedenklich OLG Frankfurt WM 2001, 1108, 1110: Trotz Abfassung der Garantie (nebst der erforderlichen Erklärung des Begünstigten) in englischer Sprache soll Inanspruchnahme der – in Deutschland ansässigen – Bank in deutscher Sprache wirksam sein. Damit aber wird der Bank die Prüfung zugemutet, ob die Inanspruchnahme inhaltlich dem vertraglich vereinbarten Standard entspricht; die Bank muss deshalb entweder (bei Nichtleistung) das Prozessrisiko auf sich nehmen oder (bei Zahlung) befürchten, dass ihre Zahlung nicht erforderlich iS des § 670 ist; dem OLG Frankfurt zust. allerdings *Graf v. Westphalen/Jud* Bankgarantie S. 166 f.
[119] Einer wörtlichen Übereinstimmung mit dem Urkundeninhalt bedarf es nur bei entsprechender ausdrücklicher Vereinbarung, BGHZ 145, 286, 293 = NJW 2001, 282.
[120] BGH ZIP 1996, 454, 455 (betr. Zahlungsaufforderung im Rahmen eines extend-or-pay-Verlangens); ZIP 1996, 784, 785; OLG Saarbrücken ZIP 2001, 1318, 1320, wo allerdings – in Übereinstimmung mit der noch in RdNr. 25 der 3. Aufl. vertretenen Ansicht – eine schlüssige Darlegung des materiellen Garantiefalls verlangt wird (s. RdNr. 27); LG Frankfurt/M BKR 2004, 25 f.; wN in den nachfolgenden Fn.
[121] Vgl. neben den Nachweisen in Fn. 116 noch *Graf v. Westphalen/Jud* Bankgarantie S. 155 ff., 178 ff.; *Nielsen* Bankgarantien S. 80.
[122] S. dazu BGH ZIP 1999, 136, 137 f.: Keine wirksame Inanspruchnahme, wenn erste Anforderung nicht unterschrieben ist und der nachfolgenden Beanstandung des Nichteingangs der Zahlung die nach dem Garantievertrag erforderliche Erklärung über die Nichterfüllung der Verpflichtungen des Käufers nicht beigefügt sind.

tieurkunde erfolgen.[123] Bei Unwirksamkeit der Inanspruchnahme ist die Garantiebank zur Zahlung auf Grund der Garantie nicht verpflichtet. Auch ist sie grundsätzlich nicht dazu verpflichtet, den Garantienehmer, der sich im Besitz der Urkunde befindet und damit Kenntnis hinsichtlich des erforderlichen Inhalts des Zahlungsverlangens hat, auf den drohenden Verfall der Garantie infolge Fristablaufs (RdNr. 31) hinzuweisen und diesem damit die rechtzeitige Behebung der Mängel zu ermöglichen.[124] Anderes gilt für den Fall, dass die Geltendmachung der Garantie von der Vorlage von Dokumenten abhängig ist; entsprechend der Rechtslage beim Dokumentenakkreditiv hat die Bank den Einreicher der Dokumente unverzüglich davon in Kenntnis zu setzen, dass sie die vorgelegten Dokumente zurückzuweisen beabsichtigt.[125]

31 Regelmäßig enthält das Garantieversprechen der Bank eine **Frist,** innerhalb derer die formgerechte (RdNr. 30) Inanspruchnahme durch den Garantienehmer zu erfolgen hat. Soweit sich nicht aus dem Inhalt des Vertrags ein anderes ergibt, finden die Vorschriften der §§ 187 ff. Anwendung.[126] Garant und Garantienehmer können die Frist einvernehmlich verlängern; im *Verhältnis zum Garantieauftraggeber* ist die Bank dazu allerdings nur berechtigt, wenn der Garantieauftrag eine entsprechende Vereinbarung zulässt oder der Garantieauftraggeber der Vereinbarung nachträglich zustimmt. Aus diesem Grund kann eine auf ein Verlängerungsgesuch ergehende Erklärung der Bank, dass sie ihre Auftraggeberin informiert habe und auf die Angelegenheit zurückkommen werde, nicht als stillschweigendes Einverständnis der Bank mit der Fristverlängerung angesehen werden.[127] Entsprechend allgemeinen Grundsätzen (§ 151 RdNr. 3 ff.) bewirkt auch das *Schweigen* des Garanten auf eine Aufforderung des Garantienehmers, entweder zu zahlen oder zu verlängern (**„extend-or-pay-Aufforderung"**), keine einvernehmliche Fristverlängerung.[128] Der Vorschrift des § 362 Abs. 1 HGB lässt sich schon deshalb nichts Gegenteiliges entnehmen, weil die Fristverlängerung keine Geschäftsbesorgung im Sinne dieser Vorschrift darstellt.

32 Sog. **Effektivklauseln** nehmen auf den Garantiefall Bezug und schränken dadurch die Verpflichtung des Garanten zur Zahlung auf bloßes Anfordern wieder ein. So begegnen etwa Klauseln des Inhalts, dass die Bank „auf erstes Anfordern" zahlt, „falls der Schaden eintritt" oder „falls der Verkäufer seinen Gewährleistungsverpflichtungen nicht nachkommt".[129] Nach zutreffender, freilich bestrittener Ansicht haben Klauseln dieser Art im Zweifel zur Folge, dass der Eintritt des Garantiefalls, soweit auf ihn Bezug genommen ist, vom Garantienehmer *nachzuweisen* und von der Bank zu überprüfen ist, dass im Übrigen aber auf erstes Anfordern zu leisten ist.[130]

33 Was die Zulässigkeit von **Einwendungen** seitens des Garanten betrifft, so gelten die Ausführungen in RdNr. 20, 26 entsprechend. Soweit nicht die Garantie eine Effektivklausel enthält und damit auf den Eintritt des Garantiefalls Bezug nimmt (RdNr. 32), kommen grundsätzlich nur auf dem Rechtsverhältnis der Bank zum Garantienehmer beruhende

---

[123] BGHZ 145, 286, 293 f. = NJW 2001, 282.
[124] So für den Fall, dass der Garantienehmer ohnehin Kenntnis hinsichtlich der Unvollständigkeit seiner Erklärung hat, BGH ZIP 1996, 454, 456 (iÜ offen gelassen); aA OLG Karlsruhe WM 1992, 2095.
[125] Auch insoweit offen gelassen von BGH ZIP 1996, 454, 456; zum Dokumentenakkreditiv s. Einheitliche Richtlinien und Gebräuche für Dokumenten-Akkreditive (ERA), Revision 2007, Art. 14 b und dazu *Baumbach/Hopt* HGB BankGesch. RdNr. K 14.
[126] Näher *Graf v. Westphalen/Jud* Bankgarantie S. 167 ff.; vgl. aber auch BGH ZIP 1996, 454, 455, wo ausdrücklich offen gelassen wurde, ob § 193 auf Bankgarantien Anwendung findet.
[127] BGH ZIP 1996, 454, 455 f.
[128] BGH ZIP 1996, 454, 455; *Canaris* Bankvertragsrecht RdNr. 1128.
[129] Vgl. BGH WM 1979, 457; OLG Celle WM 1982, 777; s. aber auch BGH NJW 1997, 255 („fälliger" Anspruch); näher *Gruel* Personalsicherheiten S. 85 ff.; *Graf v. Westphalen/Jud* Bankgarantie S. 89 ff.; für die Bürgschaft auf erstes Anfordern *J. Schmidt* WM 1999, 308 ff.; zu entsprechenden Klauseln bei der einfachen Garantie s. RdNr. 22.
[130] *Koziol* Garantievertrag S. 57; *Pleyer* WM 1973, Sonderbeilage 2 S. 10 f. (Fn. 38); *Canaris* Bankvertragsrecht RdNr. 1131; *Graf v. Westphalen/Jud* Bankgarantie S. 96; aA *Horn* Bürgschaften RdNr. 517 ff., *ders.* NJW 1980, 2153, 2156, wonach die Klausel im Zweifel nur Glaubhaftmachung hinsichtlich des in ihr genannten Umstands fordere.

Einwendungen in Betracht. Davon umfasst sind neben den *inhaltlichen (urkundlichen) Einwendungen*[131] (RdNr. 30 f.) insbesondere *Gültigkeitseinwendungen*, also Einwendungen, durch die die Wirksamkeit der Garantie bestritten wird,[132] und *rechtsvernichtende oder -hemmende Einwendungen* (sog. unmittelbare Einwendungen) wie etwa die Geltendmachung eines Zurückbehaltungsrechts oder die **Aufrechnung** mit einer liquiden Gegenforderung der Bank, soweit diese nicht dem Valutaverhältnis entstammt und vom Garanten im Wege der Abtretung erworben worden ist.[133] Nicht liquide oder dem Valutaverhältnis entstammende Gegenforderungen können vom Garanten allerdings mittels **Widerklage** verfolgt werden.[134] Auch bleibt es dem Garanten unbenommen, durch Feststellungswiderklage die Verpflichtung des Begünstigten zur Rückzahlung der Garantiesumme feststellen zu lassen.[135]

Auch im Fall einer Garantie auf erstes Anfordern steht der Ausschluss von Einwendungen aus dem Valutaverhältnis des Garantienehmers zum Garantieauftraggeber unter dem – nicht abdingbaren[136] – Vorbehalt einer **missbräuchlichen Inanspruchnahme** der Garantie durch den jeweiligen Gläubiger.[137] Durch die – freilich an enge Voraussetzungen geknüpfte – Zulassung dieses auf § 242 gestützten Einwands sucht die Rspr.[138] unter grundsätzlicher Zustimmung des Schrifttums[139] die widerstreitenden Interessen an der Erhaltung der Bankgarantie auf erstes Anfordern als Zahlungssicherung einerseits und der Abwehr offensichtlich unberechtigter Zahlungsbegehren andererseits miteinander in Einklang zu bringen. Sie anerkennt den Einwendungsdurchgriff immer dann, wenn die Garantie unter Ausnutzung der formalen Rechtsstellung nicht nur zweckfremd, sondern rechtsmissbräuchlich in Anspruch genommen wird. Ein solcher Fall liegt vor, wenn es sich um einen *schwerwiegenden Mangel im Valutaverhältnis* handelt und dieser **evident oder zumindest liquide beweisbar** (d. h. aus dem unstreitigen Sachverhalt oder aus den Vertragsurkunden herzuleiten) ist.[140] Dem Mangel im Valutaverhältnis steht es gleich, dass der Begünstigte nach dem Inhalt der **Sicherungsabrede keinen Anspruch** auf Stellung

---

[131] Hierzu zählt auch der Einwand, dass die geltend gemachte Forderung nach der Garantieabrede nicht von der Garantie erfasst sei; so zu Recht OLG Düsseldorf WM 2001, 2294, 2295; nur im Ergebnis zutr. OLG Oldenburg WM 2001, 723, das den Einwand des Rechtsmissbrauchs bemüht.
[132] S. etwa OLG Saarbrücken ZIP 2001, 1318, 1320 (Aufhebung des Garantievertrags); zurückhaltend hinsichtlich der Berücksichtigung von Gültigkeitseinwendungen *Gröschler* JZ 1999, 822, 823 unter unzutr. Hinweis auf BGHZ 94, 167.
[133] So zu Recht BGHZ 94, 167, 170 ff. = NJW 1985, 1829; s. ferner *Assmann* IPRax 1986, 144; *Kreft*, RWS-Forum 17, Bankrecht 2000, S. 115, 122 f.; *Rümker* ZGR 1986, 339, 340 f.; *Pleyer* JZ 1985, 1001; weitergehend *Canaris* Bankvertragsrecht RdNr. 1135 iVm. 1009.
[134] Allg. zur Statthaftigkeit der Widerklage bei vertraglich vereinbartem Aufrechnungsverbot BGH NJW 1961, 1862.
[135] Im Regelfall wird die Klage des Begünstigten alsbald entscheidungsreif sein, so dass durch Verfahrenstrennung gemäß § 145 ZPO oder durch Teilurteil gemäß § 301 ZPO über diese entschieden werden kann.
[136] Ganz hM, s. BGH NJW 1988, 2610; *Nielsen* Bankgarantien S. 106 ff.; aA *Weth* AcP 189 (1989), 303, 335 ff.
[137] Ein Zessionar muss sich nicht nur nach § 404 einen in der Person des Zedenten verwirklichten Missbrauch entgegen halten lassen, sondern kann auch seinerseits missbräuchlich handeln, s. BGH NJW 2002, 3170, 3171 f.
[138] BGHZ 90, 287, 292 ff. = NJW 1984, 2030; BGH WM 1986, 1429, 1430; NJW 1988, 2610; ZIP 1996, 913 (Akkreditiv); NJW 1997, 255, 256 (Bürgschaft auf erstes Anfordern, dazu § 765 RdNr. 99 ff.); BGHZ 145, 286, 291 ff. = NJW 2001, 282; BGH NJW 2001, 1857 (Bürgschaft auf erstes Anfordern); WM 2002, 2325 (Einwand fehlender Fälligkeit der Hauptforderung); vgl. auch § 765 RdNr. 103 (Bürgschaft auf erstes Anfordern); s. ferner *Gruel* Personalsicherheiten S. 97 ff.; *Heermann* § 34 RdNr. 28 ff.
[139] Eingehend dazu *Canaris* Bankvertragsrecht RdNr. 1138 f. iVm. 1016 ff.; *P. Bydlinski* AcP 190 (1990), 165, 173 ff.; *Horn* NJW 1980, 2153, 2156 f.; *ders.* IPRax 1981, 149, 150; *Mülbert* ZIP 1985, 1101, 1108 ff.; *Graf v. Westphalen/Jud* Bankgarantie S. 192 ff.; s. ferner *Hadding/Häuser/Welter* Gutachten S. 718 f.; aA – gegen Zulässigkeit des Einwands unzulässiger Rechtsausübung – *Weth* AcP 189 (1989), 303, 329 ff.; *Schröder* S. 116 ff.
[140] Für das Erfordernis einfacher und schneller Beweisbarkeit neben dem BGH (s. Nachweise in Fn. 138) namentlich *Larenz/Canaris* II/2 § 64 III 5 a; *Horn* Bürgschaften RdNr. 547 ff.; aA *P. Bydlinski* AcP 190 (1990), 165, 179 f.; *Koziol* Garantievertrag S. 61 ff.; *Mülbert* ZIP 1985, 1101, 1108 f.; *Graf v. Westphalen/Jud* Bankgarantie S. 192 ff., 201 ff.

einer Garantie auf erstes Anfordern hat;[141] auch dies folgt aus § 242, der unter den genannten Voraussetzungen eine Verknüpfung der Garantie auf erstes Anfordern nicht nur mit dem Valutaverhältnis, sondern gleichermaßen mit der Sicherungsabrede zu begründen vermag. Für beide Arten von Einwendungen gilt allerdings, dass sämtliche Streitfragen tatsächlicher, aber auch rechtlicher Art, „deren Beantwortung sich nicht von selbst ergibt" – und hierzu dürfte insbesondere die Frage nach der Wirksamkeit und der Reichweite der Sicherungsabrede zwischen Gläubiger und Schuldner zählen – nach der Zahlung in einem eventuellen **Rückforderungsprozess** (RdNr. 28) auszutragen sind.[142] Eine gegen den Begünstigten ergangene *einstweilige Verfügung,* durch die diesem die Inanspruchnahme der Garantie untersagt wird, ist insoweit unbeachtlich.[143] Zum Nachweis des Missbrauchs geeignet sind vielmehr allein die vom Antragsteller im Verfügungsverfahren vorgelegten Beweismittel. Aus dem Erfordernis liquider Beweisbarkeit folgt zugleich, dass für das Vorliegen eines Rechtsmissbrauchs auf den **Zeitpunkt der Inanspruchnahme** der Bank bzw. der Fälligkeit des Garantieanspruchs abzustellen ist; ein „Nachschieben von Gründen" ist daher grundsätzlich unzulässig.[144]

35 Unter den in RdNr. 34 genannten, das Zahlungsbegehren des Garantienehmers zumindest in die Nähe eines Betrugversuchs rückenden Voraussetzungen ist die Bank nicht nur berechtigt, sondern im Verhältnis zum Garantieauftraggeber auch *verpflichtet,* die Zahlung zu verweigern;[145] sie kann zudem eine zu Unrecht erbrachte Leistung zurückfordern (RdNr. 28, 34). Der Garantieauftraggeber kann vom Garantienehmer den **Verzicht auf die Garantieforderung** verlangen.[146] Zur Sicherung dieses Anspruchs kann gegen den Garantienehmer ein Arrestbeschluss oder eine einstweilige Verfügung erwirkt werden.[147] Von praktisch größerer Bedeutung ist der Erlass einer **einstweiligen Verfügung gegen die Bank,** mit der der Anspruch des Garantieauftraggebers, gerichtet auf Unterlassung der Zahlung auf die rechtsmissbräuchlich in Anspruch genommene Garantie, gesichert werden soll.[148] Dabei ist freilich zu beachten, dass ein Verfügungsanspruch allein bei liquider Beweisbarkeit des Missbrauchs besteht (RdNr. 30) und schon deshalb an die Glaubhaftma-

---

[141] So für die Bürgschaft auf erstes Anfordern BGH NJW 2001, 1857 (dazu noch § 765 RdNr. 103); OLG Düsseldorf WM 2001, 2294, 2296; für Übertragung auf die Garantie auch *Nielsen* ZIP 2001, 838; *Kupisch* WM 2002, 1626, 1630 ff.; s. ferner § 768 RdNr. 6 betr. die einfache Bürgschaft. Zu den AGB-rechtlichen Schranken von Klauseln, die den Schuldner zur Gestellung einer Garantie auf erstes Anfordern verpflichten, s. RdNr. 101 mN zur – auf Bankgarantien im internationalen Handelsverkehr allerdings nicht übertragbaren (zutr. OLG Frankfurt WM 2004, 2389 f.; aA *Graf v. Westphalen* BB 2003, 116 ff.; wohl auch *Karst* NJW 2004, 2059, 2060; s. aber auch *Graf v. Westphalen* ZIP 2004, 1433, 1441; ferner *Nielsen* ZBB 2004, 491 ff.) – Rspr. zur Vertragserfüllungsbürgschaft.
[142] BGH NJW 1988, 2610; OLG Düsseldorf WM 2001, 2294, 2295 f. (kein Anscheinsbeweis).
[143] So jedenfalls für die gemäß §§ 921 Abs. 1, 936 ZPO ohne Anhörung des Antragsgegners im Beschlusswege ergangene einstweilige Verfügung BGHZ 145, 286, 294 ff. = NJW 2001, 282 (iÜ offen gelassen); zu Recht generell für Unbeachtlichkeit *Mülbert* Missbrauch S. 138 f.; aA etwa *Hahn* NJW 2001, 2449, 2450 f.; *Wagenknecht* BuB RdNr. 4/1297. S. ferner OLG Frankfurt WM 2001, 1108, 1110: Eine durch den Auftraggeber im Ausland (Türkei) erlangte einstweilige Verfügung, die der Bank die Auszahlung verbietet, ist schon deshalb ohne Bedeutung, weil sie als vorläufige Maßnahme nicht anerkennungsfähig ist.
[144] So zu Recht BGHZ 145, 286, 295 = NJW 2001, 282 (nach erfolgter Inanspruchnahme ergangene einstweilige Verfügung); *Canaris* Bankvertragsrecht RdNr. 1139 iVm. 1023; *Mülbert* ZIP 1985, 1101, 1109.
[145] OLG Saarbrücken WM 1981, 275, 277; *Horn* NJW 1980, 2153, 2157; *Pleyer* WM 1973, Sonderbeilage 2 S. 18 f.; aA *Coing* ZHR 147 (1983), 125, 135; *Heinsius,* FS Werner, 1984, S. 229, 242 ff.
[146] Vgl. BGH WM 1987, 367, 369; 1984, 1245, 1247.
[147] BGH WM 1987, 367, 369 (einstweilige Verfügung); OLG Düsseldorf OLGR 1995, 30; WM 2001, 2294, 2295; näher dazu *Canaris* Bankvertragsrecht RdNr. 1152, *Pleyer* WM 1973, Sonderbeilage 2 S. 24 ff., *Mülbert* Missbrauch S. 186 ff., jeweils mwN. – Zur Frage der Relevanz der einstweiligen Verfügung für den Missbrauchseinwand der Bank s. aber RdNr. 34.
[148] Für Zulässigkeit OLG Saarbrücken WM 1981, 278, 279 f.; LG Braunschweig WM 1981, 278, 279 f.; LG Dortmund WM 1981, 280, 282; *Canaris* Bankvertragsrecht RdNr. 1140; *Horn* NJW 1980, 2153, 2157; *Mühl,* FS Zajtay, 1982, S. 389, 404 f.; *Mülbert* Missbrauch S. 109 ff.; *Pleyer* WM 1973, Sonderbeilage 2 S. 25; aA OLG Stuttgart NJW 1981, 1913; OLG Frankfurt WM 1981, 1914; OLG Düsseldorf ZIP 1999, 1518 und 1521 (jeweils Bürgschaft); *v. Caemmerer,* FS Riese, 1964, S. 295, 304; *Coing* ZHR 147 (1983), 125, 137 f.; *Wagenknecht* BuB RdNr. 4/1308. – Eingehend dazu und mwN *Heinsius,* FS Werner, 1984, S. 229 ff.; *Graf v. Westphalen/Jud* Bankgarantie S. 277 ff.

chung strenge Anforderungen zu stellen sind.[149] – Bei Geltung ausländischen Rechts kann der Inanspruchnahme des Garanten auch der Vorbehalt des **ordre public** (Art. 6 EGBGB) entgegenstehen.[150]

Häufig wird von der beauftragten Bank eine zweite Bank im Ausland eingeschaltet, die an ihrer Stelle die Garantie gegenüber dem Importeur übernimmt, während ihr die erste Bank die Erstattung der Garantiezahlung garantiert. Im Verhältnis zum Garantienehmer (Importeur) liegt dann eine sog. indirekte Garantie vor.[151] Davon zu unterscheiden ist die von der erstbeauftragten Bank gegenüber der zweitbeauftragten Bank erteilte **Rück- oder Gegengarantie**. Was letztere betrifft, so liegt eine rechtsmissbräuchliche Inanspruchnahme durch die Zweitbank nur unter der Voraussetzung vor, dass es für die Erstbank als Schuldnerin der Rückgarantie liquide beweisbar ist, dass der Zweitbank ein Aufwendungsersatzanspruch nicht zusteht; dies wiederum ist der Fall, wenn die Inanspruchnahme der Zweitbank durch den *Erstbegünstigten* (Importeur) rechtsmissbräuchlich war, diese also wider besseren Wissens die Inanspruchnahme zugelassen hat.[152]

(3) Hermes-Garantie. Die Bundesrepublik Deutschland gewährt zur **Förderung des Exportgeschäfts** Garantien, deren Abwicklung der Euler Hermes-Kreditversicherung AG Hamburg/Berlin übertragen ist.[153] Die Garantie deckt im Ausland liegende Risiken des inländischen Exporteurs, und zwar solche wirtschaftlicher und politischer Art. Die „Richtlinien für die Übernahme von Ausfuhrgewährleistungen"[154] trennen zwischen der Übernahmeentscheidung und dem darauf basierenden Vertragsschluss zwischen der Euler Hermes-Kreditversicherung AG und dem Exporteur; letzterer erfolgt unter Einbeziehung der Hermes-Bedingungen als AGB. Zu Staatsbürgschaften und -garantien s. noch § 765 RdNr. 80, 125.

cc) Eigenschaftsgarantien. Der Verkäufer einer Sache und der Erbringer einer Leistung übernehmen nicht selten eine Garantie, die über die allgemeine kauf- oder werkvertragliche Einstandspflicht für Mängel hinausgeht. Dafür kam nach altem Kaufrecht zunächst die Zusicherung nach §§ 459 Abs. 2, 633 Abs. 1 S. 1 in Frage.[155] Die §§ 433 ff. nF knüpfen dagegen an eine Zusicherung keine spezifischen Rechtsfolgen mehr,[156] so dass nunmehr allein zwischen der selbstständigen und der unselbstständigen Garantie zu unterscheiden ist.[157] Ein **selbständiges Garantieversprechen** ist nur ausnahmsweise anzunehmen, nämlich dann, wenn sich die Abrede auf künftige (dh. sich nach Gefahrübergang realisierende) Eigenschaften (etwa die künftige Bebaubarkeit eines Grundstücks) oder auf außerhalb der Sache liegende Umstände (etwa die Richtigkeit der Bilanz beim Unternehmenskauf) bezieht. Dann finden die Vorschriften über die Mängelhaftung auch keine entsprechende Anwendung,[158] so dass der Anspruch des Garantienehmers nach § 195 der

---

[149] Näher dazu *Canaris* Bankvertragsrecht RdNr. 1140; ferner OLG Köln WM 1988, 21, 22, wo zu Unrecht das Bestehen eines Verfügungsanspruchs gegen die Bank für den Fall abgelehnt wird, dass die liquiden Beweismittel von der Bank nicht bereits im Urkundenprozess, sondern erst im Nachverfahren verwendet werden können.
[150] Vgl. für die Bürgschaft BGHZ 104, 240, 243 = NJW 1988, 2173; allg. zu den Rechtsfolgen des Art. 6 EGBGB 4. Aufl. Art. 6 EGBGB RdNr. 91 ff.
[151] Dazu *Graf v. Westphalen/Jud* Bankgarantie S. 243 ff., 317 ff.
[152] Sog. „doppelter Rechtsmissbrauch", s. BGHZ 145, 286, 291 f. = NJW 2001, 282; *Canaris* Bankvertragsrecht RdNr. 1139 a; *Mühl*, FS Zajtay, 1982, S. 389, 406; s. ferner LG Köln WM 1982, 438.
[153] Näheres s. bei *v. Kageneck*, Hermes-Deckungen, 1991; *Horn* Bürgschaften RdNr. 661 ff.; *Graf Lambsdorff/Skora* Handbuch RdNr. 101 ff.; *Graf v. Westphalen*, Rechtsprobleme der Exportfinanzierung, 3. Aufl. 1987, S. 395 ff.; *Nielsen* BuB RdNr. 5/808 ff.
[154] Bekanntmachung der ab 31. 1. 2002 geltenden Fassung in BAnz. Nr. 59 vom 26. 3. 2002; zu den Richtlinien s. *v. Spiegel* NJW 1984, 2005.
[155] Näher 3. Aufl. RdNr. 34 f.; 3. Aufl. § 459 RdNr. 96 ff.
[156] Näher *Westermann* JZ 2001, 530, 534 f. – Auch weiterhin kann der Verkäufer zwar eine Eigenschaft oder die Freiheit von Mängeln zusichern; die Rechtsfolge besteht dann allerdings nach § 276 Abs. 1 allein in der Abbedingung des Verschuldenserfordernisses für die Haftung nach § 437 Nr. 3.
[157] *Erman/Grunewald* § 443 RdNr. 5 ff.; gegen diese Unterscheidung *Larenz/Canaris* II/2 § 64 II 4 c.
[158] *Soergel/Huber* § 459 RdNr. 216.

dreijährigen Regelverjährung unterliegt. Der Beginn der Verjährungsfrist beurteilt sich nach § 199.

39 Hat dagegen die Zusage den Zweck, die gesetzliche Mängelhaftung des **Verkäufers** oder Unternehmers zu verstärken, indem eine Einstandspflicht auch für nach Gefahrübergang auftretende Mängel begründet wird, so liegt darin in der Regel eine – auch Haltbarkeitsgarantie genannte – **unselbständige Garantie.** Diese Art der Garantie ist nunmehr, systematisch verfehlt,[159] ansatzweise in §§ 443, 477 geregelt, die wiederum auf Art. 6 der Verbrauchsgüterkaufrichtlinie (1999/44/EG) vom 25. 5. 1999 zurückgehen. Hinsichtlich der Darlegungs- und Beweislast ist danach wie folgt zu unterscheiden: Nach § 443 Abs. 2 hat der Garantiebegünstigte darzulegen und ggf. zu beweisen, dass innerhalb der Garantiefrist ein im Geltungsbereich der Garantie liegender Mangel aufgetreten ist. Die daraus folgende Vermutung des Garantiefalles kann der Garant nur durch den Nachweis widerlegen, dass der Käufer die Sache falsch behandelt hat oder sie durch ein von außen kommendes Ereignis beschädigt worden ist.[160] Dies entspricht der Rechtslage nach altem Recht.[161] Im Übrigen lässt das BGB die unselbstständige Garantie weiterhin ungeregelt, so dass es insbesondere hinsichtlich der Reichweite und Dauer der Garantie, der dem Begünstigten zustehenden Rechtsbehelfe und der Verjährung bei den bislang geltenden Grundsätzen zu bewenden hat;[162] bei einer die Frist des § 438 Abs. 1 übersteigenden Garantiezeit wird daher weiterhin im Zweifel zugleich der Beginn der Verjährung auf den Zeitpunkt der Entdeckung des Mangels hinausgeschoben.[163] Für den Bereich des Verbrauchsgüterkaufs (iS von § 474 Abs. 1) schreibt § 477 besondere inhaltliche und formelle Anforderungen vor. Deren Missachtung lässt zwar nach § 477 Abs. 3 die Wirksamkeit des Vertrags unberührt, kann jedoch die Haftung nach § 2 UKlaG, §§ 3, 5 UWG sowie ggf. nach §§ 311 Abs. 2, 241 Abs. 2, 280 nach sich ziehen.[164]

40 Nach den gleichen Grundsätzen zu beurteilen ist die **Garantie des Herstellers,** der nicht zugleich Verkäufer ist, gegenüber dem Endabnehmer; § 443 Abs. 1 erfasst nunmehr ausdrücklich auch Garantien Dritter. Der Garantievertrag zwischen Hersteller und Käufer kommt in diesem Fall zumeist dadurch zustande, dass der Händler als Bote oder Vertreter des Herstellers dem Käufer die in einer Garantiekarte oder dergleichen verkörperte Willenserklärung des Herstellers übermittelt bzw. abgibt und der Käufer das Angebot auf Abschluss eines Garantievertrags nach Maßgabe des § 151 annimmt.[165] Je nach Lage des Falles kann sich der Garantieanspruch des Käufers auch aus einem zwischen Hersteller und Verkäufer geschlossenen Vertrag zugunsten Dritter iS des § 328 Abs. 1 ergeben.[166] Die kauf- oder werkvertragliche Mängelhaftung des Verkäufers oder Unternehmers wird durch die Herstellergarantie nicht berührt.[167] Schon deshalb unterliegt die Garantie des Herstellers nach § 307 Abs. 3 grundsätzlich keiner Inhaltskontrolle nach §§ 307 Abs. 1 und 2, 309 Nr. 8 lit. b; der Hersteller ist mit anderen Worten in der Ausgestaltung seiner Garantiebedingungen grundsätzlich frei. Allerdings darf er keinen unzutreffenden Eindruck über die Rechtsbeziehungen des Käufers zum Verkäufer oder Unternehmer erwecken; soweit dieser die Garantiebedingungen als Beschränkung seiner Gewährleistungsrechte gegen den Verkäufer bzw. Unternehmer verstehen muss, sind die Bedingungen nach § 307 Abs. 3 S. 2, Abs. 1 S. 2 unter dem Gesichtspunkt fehlender Transparenz unwirksam.[168] Der Händler oder Unternehmer

---

[159] Dazu *Brüggemeier/Reich* BB 2001, 213, 214.
[160] Vgl. Begr. RegE, BT-Drucks. 14/6040 S. 239; § 443 RdNr. 23.
[161] BGH NJW 1995, 516; *Soergel/Huber* § 459 RdNr. 211 f.
[162] Begr. RegE, BT-Drucks. 14/6040 S. 239.
[163] BGH NJW 1996, 2504, 2505 f.; 1986, 1927, 1928; 1979, 645; aA *Larenz/Canaris* II/2 § 64 II 4 b; *Soergel/Huber* § 459 RdNr. 215.
[164] Vgl. Begr. RegE, BT-Drucks. 14/6040 S. 247; § 477 RdNr. 15 f.
[165] BGHZ 78, 369, 371 = NJW 1981, 275; BGHZ 104, 82, 85 = NJW 1988, 1726; § 443 RdNr. 7.
[166] BGHZ 75, 75, 77 ff. = NJW 1979, 2036; § 443 RdNr. 7.
[167] BGHZ 93, 29, 46 = NJW 1985, 623; BGHZ 104, 82, 85 f. = NJW 1988, 1726.
[168] BGHZ 104, 82, 92 = NJW 1988, 1726; allg. zum Transparenzgebot § 307 RdNr. 51 ff.; vgl. auch BGH WM 2008, 2066: Vereinbarkeit einer 40jährigen Haltbarkeitsgarantie mit §§ 195 ff.

dd) Sonstige. Eine Garantie kann auch für **Unsicherheitsrisiken verschiedenster Art** 41 übernommen werden. In der Praxis begegnen etwa Garantien für die Echtheit einer Urkunde,[169] für die Entwicklung von Börsen- oder sonstigen Kursen,[170] ferner die Garantie für einen Mindestgewinn des verkauften Unternehmens,[171] die Garantie für die Höhe der auf eine Aktie entfallenden Dividende (§§ 57, 174 AktG) durch einen Dritten,[172] die Garantie für die Zulänglichkeit einer dinglichen Sicherheit[173] oder die Zahlungsfähigkeit künftiger Kunden beim Factoring-Geschäft,[174] die Garantie des Drittwiderspruchsklägers, den Gläubiger im Falle der Klageabweisung so zu stellen, wie er bei einer Verwertung des gepfändeten Gegenstands gestanden hätte,[175] schließlich die Vermietungsgarantie des Baubetreuers gegenüber dem Bauherrn.[176] Mit der **Ausbietungsgarantie** verpflichtet sich der Garant gegenüber dem Grundpfandgläubiger, für einen etwaigen Ausfall bei einer Zwangsversteigerung einzustehen. Ob der Garant auch zum Ausbieten verpflichtet ist, bleibt eine Frage der Vertragsauslegung;[177] eine solche Verpflichtung bedarf jedenfalls der Form des § 311b Abs. 1 (s. § 311b RdNr. 17). Kommt der Garant der Ausbietungsverpflichtung nicht nach, kann der Gläubiger sein Recht selbst ausbieten und vom Garanten die Übernahme des so belasteten Grundstücks verlangen; er kann auch das Grundstück ohne Ausbietung seines Rechts ersteigern und vom Garanten die Übernahme des Grundstücks und die Wiedereintragung des erloschenen Rechts fordern.[178] Keine Garantie ist die Abrede, nicht mitzubieten.[179] Von der Ausbietungsgarantie zu unterscheiden ist die **Ausfallverhütungsgarantie.** Sie ist eine „Ausbietungsgarantie mit schwächerer Wirkung" und garantiert dem Grundpfandgläubiger nicht Befriedigung, sondern lediglich, dass er in der Zwangsvollstreckung keinen Ausfall erleidet; die Nichtbefriedigung wegen Aufhebung der Vollstreckung ist deshalb kein Garantiefall.[180] Im Zweifel erlischt eine solche Garantie grundsätzlich erst, wenn der Garantienehmer wegen seiner Forderung vollständig befriedigt wird. Eine *Befristung* hat deshalb eine substantielle Entwertung der Garantie zur Folge und erscheint deshalb als sinnwidrige, von den Parteien vernünftigerweise nicht gewollte Regelung.[181]

Insbesondere im *Außenwirtschaftsverkehr* sind des Weiteren sog. **Bietungsgarantien** oder 42 „Bereitschaftserklärungen" anzutreffen, durch die sich das anbietende Unternehmen gegenüber einer ausschreibenden Stelle verpflichtet, die mit der Abgabe eines Angebots begründeten Pflichten zu erfüllen.[182] Um eine Garantie im Rechtssinne handelt es sich dabei freilich allenfalls für den Fall, dass sich das anbietende Unternehmen zugleich zur Schadloshaltung verpflichtet. Die Verpflichtung des *bauleitenden Architekten,* für die Einhaltung einer bestimmten Bausumme einzustehen, beschränkt sich in der Regel auf die Erstellung eines Bauwerks nach Planung und Kostenaufstellung. Eine solche **Preisgarantie** kann aber auch

---

[169] RGZ 82, 337, 339.
[170] RG JW 1921, 229 (Wechselkurs); BGH LM § 157 (F) Nr. 11 (Wertpapiere im Anlagevermögen einer AG).
[171] BGH ZIP 2000, 1385.
[172] Vgl. RGZ 147, 42, 47.
[173] RGZ 93, 234, 236 f.; RG JW 1916, 904.
[174] BGH NJW 1980, 44.
[175] Zum Garantiecharakter einer entsprechenden „Prozessbürgschaft" s. BGHZ 158, 286, 292 f. = ZIP 2004, 968.
[176] BGH WM 1976, 977; 1984, 898.
[177] BGH BKR 2003, 376 (Abgrenzung von Miet- und Vermietungsgarantie); RG WM 1935, 3033.
[178] RGZ 91, 213.
[179] Zur Abgrenzung gegenüber der Ausbietungsgarantie und zur Sittenwidrigkeit des pactum de non licitando s. OLG Köln NJW 1978, 47.
[180] BGH WM 1999, 171, 172.
[181] BGH WM 1999, 171, 172 f.
[182] Vgl. *Horn* Bürgschaften RdNr. 429, 444.

dahin gehen, dass der Architekt das Risiko notwendiger *Planänderungen* (etwa einer Tiefergründung) tragen und dafür einstehen will, dass der Bauherr für die ausgesetzte Summe das gewünschte Bauwerk erhält.[183]

43 Gegenstand des Garantieversprechens kann auch ein **in der Vergangenheit liegendes Ereignis** sein, etwa ein eigenes Verhalten des Garanten, sofern dieses oder der Umfang des Schadens dem Garantienehmer nicht bekannt ist.[184] Garantieähnlichen Charakter hat deshalb das Versprechen des Bieters, bei Beteiligung an einer wettbewerbsbeschränkenden Absprache aus Anlass der Ausschreibung, insbesondere an einem Submissionskartell, eine bestimmte Quote der Endsumme des Angebots zu zahlen. Freilich verstoßen entsprechende Abreden, soweit sie in Form von AGB erfolgen, grundsätzlich gegen § 307 Abs. 1 S. 1.[185]

44 **g) Garantieversprechen eines Bürgen.** Schon aus der unterschiedlichen Rechtsnatur der beiden Interzessionsformen (RdNr. 16 ff.) folgt, dass eine Abrede **nicht zugleich Bürgschaft und Garantieversprechen** sein kann.[186] Jedoch kann eine Bürgschaft mit einem weitergehenden Garantieversprechen oder selbstständigen (abstrakten) Schuldversprechen iS von § 780 verbunden sein (vgl. auch § 767 RdNr. 2). So ist die im Rahmen eines Bürgschaftsvertrags getroffene Abrede, dass sich der Bürge nicht auf die Verringerung der Hauptschuld durch einen künftigen Vergleich zwischen Gläubiger und Hauptschuldner berufen kann, eine über die Bürgschaft hinausgehende **zusätzliche Verpflichtung** und *insoweit* Garantievertrag oder selbstständiges Schuldversprechen.[187]

45 **3. Vertragsstrafe.** Die Vereinbarung einer Vertragsstrafe soll auf den Schuldner einen **Zwang zur gehörigen Erfüllung** ausüben und zugleich dem Gläubiger den Nachweis eines Schadens oder Ausfalls ersparen.[188] Dies gilt im Grundsatz auch für das in § 343 Abs. 2 geregelte selbstständige Vertragsstrafeversprechen, mit dem zwar nicht die Hauptverbindlichkeit des Schuldners gesichert, wohl aber bewirkt werden soll, dass der Schuldner eine von ihm an sich nicht geschuldete Handlung vornimmt oder dass er, ohne dazu verpflichtet zu sein, eine Handlung unterlässt.[189] Im Unterschied zur *Bürgschaft* ist es bei der Vertragsstrafe also der Schuldner selbst, der das Versprechen abgibt. Von der *Garantie* unterscheidet sich die „echte" Vertragsstrafe iS der §§ 339 bis 341 dagegen vor allem durch ihre **Akzessorietät**.[190] Zwar können die Vertragspartner vereinbaren, dass die Vertragsstrafe auch dann verwirkt ist, wenn die Leistung des Schuldners aus von ihm nicht zu vertretenden Gründen unterbleibt (§ 339 RdNr. 31 ff.); an der Abhängigkeit des Versprechens von einer zu sichernden Hauptverbindlichkeit vermag dies jedoch nichts zu ändern. Das **selbstständige Strafversprechen iS des § 343 Abs. 2,** dem die Abhängigkeit von einer zu sichernden Verbindlichkeit fehlt, hat dagegen Ähnlichkeit mit einer auf ein *Verhalten des Garanten* selbst bezogenen Garantie (RdNr. 41 f.). Es unterscheidet sich jedoch auch von dieser dadurch, dass es infolge der ihm eigenen Druckfunktion stets auf ein *künftiges Verhalten* des Versprechenden bezogen ist.[191]

---

[183] BGH LM § 765 Nr. 4 = NJW 1960, 1567; RGZ 137, 83; näher dazu sowie zur Frage der Vorteilsanrechnung *Locher* NJW 1965, 1696. Zur Haftung des Maklers für die Einhaltung des mit dem Architekten vereinbarten Festpreises im Hinblick auf den Inhalt des Verkaufsprospekts BGH LM § 305 Nr. 23 = NJW 1981, 2295.
[184] *Staudinger/Horn* RdNr. 194.
[185] BGHZ 105, 24, 27 = NJW 1988, 2536; zur Abgrenzung von einem Vertragsstrafeversprechen s. auch noch RdNr. 40.
[186] RGZ 72, 138, 140; vgl. auch BGHZ 165, 12, 27 f. = NJW 2006, 996 zur Frage, ob eine aus Gründen des AGB-Rechts unwirksame Garantie im Wege der ergänzenden Vertragsauslegung als Bürgschaft oder Schuldbeitritt aufrechterhalten werden kann; vgl. zum umgekehrten Fall der Formunwirksamkeit der Bürgschaft § 766 RdNr. 6.
[187] RGZ 153, 338, 345; BGH WM 1966, 122, 124.
[188] BGHZ 105, 24, 27 = NJW 1988, 2536; BGHZ 85, 305, 312 f. = NJW 1983, 385; BGH NJW 1958, 1483.
[189] BGHZ 105, 24, 27 f. = NJW 1988, 2536.
[190] BGHZ 109, 230, 233 = NJW 1990, 832; näher dazu § 339 RdNr. 13 ff.
[191] BGHZ 105, 24, 28 = NJW 1988, 2536; Vor § 339 RdNr. 43.

4. Sicherungswechsel. Die sog. verdeckte Wechselbürgschaft tritt in der Praxis zumeist **46** an die Stelle der – auf die Bonität des Erstschuldners ein ungünstiges Licht werfenden – offenen Wechselbürgschaft iS des Art. 30 ff. WG (dazu § 765 RdNr. 131). Bei ihr handelt es sich weder um eine Bürgschaft noch um einen Schuldbeitritt, sondern um die **Übernahme einer selbstständigen Wechselverbindlichkeit**.[192] Die Vorschriften über die Bürgschaft sind weder unmittelbar noch entsprechend anzuwenden, was darauf zurückzuführen ist, dass die Übernahme der Wechselverbindlichkeit zwar *Sicherungsfunktion* hat, sich aber in den *Formen des Wechselrechts* vollzieht. Dies gilt insbesondere für die Formvorschrift des § 766; insoweit bedarf es auch nicht des Hinweises darauf, dass deren Warnfunktion in den Formvorschriften des Wechselrechts einen gleichwertigen Ersatz finde.[193] Mangels entsprechender Anwendbarkeit des § 771 kann der Wechselschuldner auch nicht geltend machen, der Gläubiger müsse zunächst die Vollstreckung gegen den Schuldner versuchen.[194] Anderes gilt zwar für den Fall, dass der Wechselbegebung eine entsprechende Sicherungsabrede zwischen Wechselverpflichtetem und Gläubiger zugrunde liegt;[195] doch wirkt diese gemäß Art. 17 WG grundsätzlich nur gegenüber dem Gläubiger. Die gesicherte Forderung geht mit Einlösung des Wechsels weder in entsprechender Anwendung des § 774 Abs. 1 S. 1 noch gemäß § 426 Abs. 2 auf den Wechselschuldner über;[196] der Ausgleich zwischen Wechselschuldner und Schuldner vollzieht sich vielmehr nach § 670 (ggf. iVm. §§ 675, 683) oder § 812 Abs. 1 S. 1.[197]

5. Delkredere. Als Delkredere bezeichnet man die Verpflichtung, für die Erfüllung eines **47** Vertrags einzustehen, den der Verpflichtete als Kommissionär oder Handelsvertreter namens oder auf Rechnung eines anderen geschlossen hat. Eine gesetzliche Regelung enthalten § 86 b HGB für die Einstandspflicht des Handelsvertreters und § 394 HGB für diejenige des Kommissionärs. Was zunächst die Delkredere-Haftung des **Handelsvertreters** betrifft, so enthält § 86 b HGB in Abs. 1 und 2 eine Reihe zwingender Vorschriften zum Schutze des Handelsvertreters vor übermäßigen Haftungsrisiken. Die Übernahme der Einstandspflicht durch den Handelsvertreter ist als *Bürgschaft*[198] zu qualifizieren; die Vereinbarung einer Garantie kommt schon deshalb nicht in Betracht, weil § 86 b Abs. 1 HGB die Haftung von der Existenz einer Hauptschuld abhängig macht und deshalb – unabdingbar – als akzessorische ausgestaltet.[199] Nach § 86 b Abs. 1 S. 3 HGB bedarf die Bürgschaft der Schriftform des § 766 auch für den Fall, dass der Handelsvertreter Kaufmann ist und damit an sich § 350 HGB Anwendung findet (§ 766 RdNr. 4). Keine Anwendung finden die Schutzvorschriften des § 86 b Abs. 1 und 2 HGB (einschließlich des Formzwangs) auf Auslandsgeschäfte und Geschäfte, zu deren Abschluss und Ausführung der Handelsvertreter unbeschränkt bevollmächtigt ist (§ 86 b Abs. 3 HGB).

Die Delkrederehaftung des **Kommissionärs** (§§ 394, 384 Abs. 3 HGB) ist schon deshalb **48** nicht als Bürgschaft zu qualifizieren, weil der Kommittent nicht Gläubiger des Dritten wird. Da allerdings auch die Haftung des Kommissionärs im Zweifel akzessorischer Natur ist, handelt es sich bei ihr um eine eigenständige Haftungsform des Handelsrechts.[200] Die Haftung kann nach § 394 Abs. 1 HGB auf Handelsbrauch beruhen oder formlos übernommen werden. Eine Delkredere-Funktion hat auch das **echte Factoring**, bei dem der Factor das Risiko der Zahlungsunfähigkeit des Schuldners im Wege des Forderungskaufs

---

[192] BGHZ 45, 210, 211 = NJW 1966, 1557; RGZ 94, 85, 89.
[193] So BGH und RG (vorige Fn.).
[194] BGHZ 45, 210, 212 = NJW 1966, 1557.
[195] Vgl. RGZ 120, 205, 207 f. (Teilzahlung des Schuldners); BGH WM 1976, 562 (Nichtbestehen der Verpflichtung des Schuldners).
[196] RGZ 94, 85, 89; 96, 136, 139; *Baumbach/Hefermehl/Casper* Art. 30 WG RdNr. 6; *Staudinger/Horn* RdNr. 434; aA *Rehfeld* JuS 1967, 203, 205.
[197] *Baumbach/Hefermehl*, 22. Aufl. 2001, Art. 30 WG RdNr. 5.
[198] Ihr steht nach hier vertretener Ansicht der Sicherungsbeitritt gleich, s. RdNr. 12 ff.
[199] Umstr., s. *Staub/Brüggemann* § 86 b HGB RdNr. 3; aA *Baumbach/Hopt* § 86 b HGB RdNr. 6 mwN.
[200] So zu Recht *Staub/Koller* § 394 HGB RdNr. 2 mwN; ihm zust. *Baumbach/Hopt* § 394 HGB RdNr. 2.

und damit unter entsprechender Berücksichtigung des Bonitätsrisikos im Kaufpreis übernimmt.[201]

49 **6. Patronatserklärung. a) Begriff und Erscheinungsformen.** Der Begriff der Patronatserklärung steht für eine Vielzahl unterschiedlicher Erklärungen einer Person, des sog. Patrons, gegenüber dem Gläubiger eines Schuldners; ihnen gemeinsam ist, dass die Muttergesellschaft dem Gläubiger ein Verhalten in Aussicht stellt oder verspricht, das die **Aussichten auf Rückzahlung des Kredits verbessert**.[202] Patronatserklärungen unterscheiden sich hierdurch von Liquiditäts- und Verlustdeckungszusagen gegenüber dem Schuldner.[203] Wie diese begegnen sie häufig innerhalb von Konzernverhältnissen, wobei als Patron eine dem Schuldner übergeordnete Gesellschaft auftritt; doch sind entsprechende Erklärungen auch anderweit anzutreffen.[204] Das Spektrum reicht von sog. „weichen", über keinen rechtsgeschäftlichen Charakter verfügenden Erklärungen, in denen die Muttergesellschaft lediglich mitteilt, dass sie von der Kreditaufnahme durch die Tochtergesellschaft Kenntnis genommen habe oder dass sie mit der Kreditaufnahme einverstanden sei (RdNr. 54), bis hin zu „harten", eine rechtliche Einstandspflicht begründenden Erklärungen des Inhalts, dass sich die Muttergesellschaft verpflichtet, dafür Sorge zu tragen, dass die Tochtergesellschaft während der Laufzeit des Kredits in der Weise geleitet und finanziell ausgestattet wird, dass diese ihren Verbindlichkeiten stets fristgerecht nachkommen kann (RdNr. 50 ff.).[205] Zwischen diesen beiden Polen liegt eine Reihe sonstiger Erklärungen, die je nach Lage des Falles rechtsgeschäftlichen Charakter haben und damit eine Haftung der Muttergesellschaft begründen können.[206] Dies gilt etwa für die Erklärung der Muttergesellschaft, hinter der Tochtergesellschaft zu stehen,[207] ferner für die Erklärung, die Muttergesellschaft werde ihren Einfluss dahin gehend geltend machen, dass die Tochtergesellschaft ihren Verbindlichkeiten nachkomme,[208] schließlich für die Erklärung, dass die Muttergesellschaft beabsichtige, ihre derzeitige Beteiligung an der Tochtergesellschaft während der Laufzeit des Kredits nicht aufzugeben.

50 **b) Harte Patronatserklärung.** Durch die harte Patronatserklärung übernimmt der Patron gegenüber einem Gläubiger des Schuldners die vertragliche Verpflichtung, den Schuldner mit ausreichender Liquidität auszustatten und damit die freiwillige Erfüllung oder zwangsweise Durchsetzung der durch die Patronatserklärung gesicherten Forderung des Gläubigers gegen den Schuldner zu ermöglichen.[209] Es handelt sich um eine **bürgschaftsähnliche**

---

[201] Vgl. *Larenz/Canaris* II/1 § 65 I; s. ferner § 398 RdNr. 164 ff.
[202] Ähnlich *Staudinger/Horn* RdNr. 405; umfassend zur Patronatserklärung die Monografien von *Koch* und *Wolf*; zur harten Patronatserklärung *La Corte* (mit den Ergebnissen einer Umfrage bei 110 börsennotierten Gesellschaften, S. 40 ff.) und *Rüßmann*; Textvorschlag bei *Wittig* WM 2003, 1981 ff., 1987 f.
[203] Dazu BGH NZG 2006, 543, 544 = ZIP 2006, 1199; *Kiethe* ZIP 2005, 646, 649 f.; *v. Rosenberg/Kruse* BB 2003, 641, 642 ff.; *H. Schmidt* NZG 2006, 883 ff.; *Wolf* ZIP 2006, 1185 ff.
[204] Vgl. OLG Düsseldorf WM 1989, 1642 (Erklärung eines Lieferanten für seinen Abnehmer); *Wittig* WM 2003, 1981, 1982. – Zu konzerninternen Vereinbarungen s. die Nachweise in voriger Fn.
[205] So die Erklärung bei BGHZ 117, 127 = NJW 1992, 2093; OLG Stuttgart WM 1985, 455; s. ferner OLG Düsseldorf ZIP 1997, 27, 34 f.; OLG München DB 2003, 711.
[206] Näher zu den unterschiedlichen Formen von Patronatserklärungen neben den in Fn. 202 genannten Monografien *Köhler* WM 1978, 1338 ff.; *Lwowski* Kreditsicherung RdNr. 441 ff.; BankR-HdB/*Merkel* § 98 RdNr. 24 ff., 58 ff.; *Michalski* WM 1994, 1229, 1234 ff.; *Mosch* Patronatserklärungen S. 43 ff.; *Obermüller* ZGR 1975, 1, 3 ff.; *ders.* ZIP 1982, 915 ff.; *Rümker* WM 1974, 990 ff.; *U. H. Schneider* ZIP 1989, 619 ff.; *Schröder* ZGR 1982, 552 ff.; *Graf v. Westphalen* (Fn. 153) S. 385 ff.; *Wittig* BuB RdNr. 4/2855 ff.; eingehende rechtsvergleichende Hinweise bei *Fleischer* WM 1999, 666, 667. – Zur Bedeutung des Bilanzierungsverhaltens des Patrons (dazu noch RdNr. 51, 54) für die Auslegung der Patronatserklärung s. OLG Karlsruhe ZIP 1992, 1394, 1396 f.; *Habersack* ZIP 1996, 257, 259 f. mwN.
[207] Einen Rechtsbindungswillen in diesem Fall verneinend BGH WM 1961, 1103, 1106; OLG Karlsruhe ZIP 1992, 1394, 1396; zust. *Canaris* Vertrauenshaftung S. 369 Fn. 87; *Fleischer* ZHR 163 (1999), 461, 469 ff.; s. ferner OLG Frankfurt DB 2007, 2535, 2536: Erklärung gegenüber der Tochtergesellschaft, wonach es der „Geschäftspolitik" der erklärenden Muttergesellschaft entspreche, die Kreditwürdigkeit der Tochter zu erhalten, begründet keine Einstandspflicht.
[208] Auch insoweit eine harte Patronatserklärung verneinend OLG Karlsruhe ZIP 1992, 1394, 1396.
[209] Vgl. die Nachweise in Fn. 210 f.; zur Befristung der Patronatserklärung s. OLG München DB 2003, 711 f.; zur Frage der Kündbarkeit *Koch* S. 334 ff.; *Mirow* Konzern 2006, 112 ff.; *Saenger*, FS Eisenhardt, 2007, S. 489 ff.; zu den Folgen einer Aufgabe der Beteiligung an dem Kreditnehmer *Wittig* WM 2003, 1981, 1983;

Vorbemerkungen **51 Vor § 765**

Kapitalausstattungspflicht,[210] die sich von der Verpflichtung des Bürgen oder Garanten dadurch unterscheidet, dass der Patron außerhalb der Insolvenz des Schuldners (RdNr. 52) **nicht zur Zahlung unmittelbar an den Gläubiger** verpflichtet wird.[211] Mag auch die Ausstattungspflicht als solche praktisch völlig hinter dem bei Insolvenz des Schuldners entstehenden Direktanspruch des Gläubigers zurücktreten,[212] so hat die Patronatserklärung aus Sicht des Patrons gleichwohl den Vorteil, dass er frei entscheiden kann, auf welche Weise er der Pflicht zur Liquiditätsausstattung nachkommt; ihrer Wirksamkeit steht dies – auch unter dem Gesichtspunkt des Bestimmtheitserfordernisses – nicht entgegen.[213] Allerdings trägt der Patron das Risiko, dass der Schuldner die ihm zugeführten Mittel nicht zur Befriedigung des durch die Patronatserklärung gesicherten Gläubigers verwendet und er von diesem weiterhin auf Liquiditätszufuhr in Anspruch genommen werden kann.[214] Dieser Gefahr kann der Patron dadurch begegnen, dass er, ohne dazu verpflichtet zu sein, von seiner zumindest stillschweigend vereinbarten **Ersetzungsbefugnis** Gebrauch macht und direkt an den Gläubiger leistet.[215] Im Übrigen sichert die Patronatserklärung im Zweifel allein gegen das Risiko der Zahlungsunfähigkeit, nicht gegen das der *Zahlungsunwilligkeit* des Schuldners.[216]

Die Verpflichtung des Patrons gegenüber dem Gläubiger ist **akzessorisch,** setzt somit **51** den Bestand einer zu sichernden Hauptforderung voraus;[217] eine künftige Forderung genügt allerdings.[218] Die §§ 765 ff., 401 finden grundsätzlich entsprechende Anwendung, ebenso die aus dem Sicherungszweck der Bürgschaft folgenden Einschränkungen der Akzessorietät (§ 767 RdNr. 6; § 768 RdNr. 7).[219] Dem Formerfordernis des § 766 kommt allerdings im Hinblick auf § 350 HGB keine Bedeutung zu;[220] die Einrede der

---

zur kollisionsrechtlichen Behandlung harter Patronatserklärungen *Wolf* IPRax 2000, 477 ff.; für Erklärungen ad incertas personas (RdNr. 53) *Thiekötter* Patronatserklärung S. 99 ff.

[210] *Larenz/Canaris* II/2 § 64 V 1 b; *Fleischer* WM 1999, 666, 669; *Heermann* § 36 RdNr. 31; ähnlich (Vertrag sui generis) BankR-HdB/*Merkel* § 98 RdNr. 29, *Koch* S. 107 ff. und *La Corte* S. 299 ff.; aA *Schäfer* WM 1999, 153, 160 ff. (Ausfallbürgschaft für den Fall der Insolvenz der Tochter).

[211] Ganz hM, vgl. etwa BGHZ 117, 127, 130 = NJW 1992, 2093; *Staudinger/Horn* RdNr. 411; *Larenz/Canaris* II/2 § 64 V 1; *Lwowski* Kreditsicherung RdNr. 464; BankR-HdB/*Merkel* § 98 RdNr. 28 f.; aA *Köhler* WM 1978, 1338, 1345 f.; *Schäfer* WM 1999, 153, 160 ff.; offen gelassen von BGH BKR 2003, 491, 493 = ZIP 2003, 1097. – Eingehend zu Rechtsnatur und Abgrenzung der Patronatserklärung von sonstigen Personalsicherheiten sowie zur Problematik der Durchsetzung des Liquiditätsausstattungsanspruchs *Koch* S. 100 ff.; *La Corte* S. 100 ff.; *Michalski* WM 1994, 1229, 1236 ff.; *Wolf* S. 263 ff.

[212] Dazu RdNr. 52; zum Problem der Einklagbarkeit der Ausstattungspflicht s. *Koch* S. 225 ff.; *La Corte* S. 331 ff.; *Schäfer* WM 1999, 153, 156 f.; *Pesch* WM 1998, 1609, 1610; *Michalski* WM 1994, 1229, 1236 ff.

[213] AA LG München I ZIP 1998, 1956 (Verstoß gegen Bestimmtheitsgebot und gegen §§ 138, 307, aufgehoben durch Versäumnisurteil des OLG München WM 1999, 686); dagegen zu Recht PWW/*Brödermann* RdNr. 64; *v. Bernuth* ZIP 1999, 1501, 1503 ff.; *Fleischer* WM 1999, 666, 668 f.; *Kiethe* ZIP 2005, 646, 651 f.; *Koch* S. 192 ff.; *La Corte* S. 321 ff.; BankR-HdB/*Merkel* § 98 RdNr. 28 f.; *Schäfer* WM 1999, 153, 155 ff.; *Schröter* WuB I F 1 c – 1.98; *Wittig* WM 2003, 1981, 1983. Speziell zu den AGB-rechtlichen Anforderungen an die Ausgestaltung von Patronatserklärungen, insbes. zur Frage der Übertragbarkeit der Rspr. zur „Überschaubarkeit" (§ 765 RdNr. 72 ff.), s. *Koch* S. 207 ff. (in zutr. Auseinandersetzung mit LG München I aaO); *v. Bernuth* ZIP 1999, 1501 ff.; *H. Schmidt* NZG 2006, 883, 887; zu weitgehend *La Corte* S. 372 ff.

[214] Dazu *Habersack* ZIP 1996, 257, 258; *Larenz/Canaris* II/2 § 64 V 1 b; *Wittig* WM 2003, 1981, 1986.

[215] Dazu *Larenz/Canaris* II/2 § 64 V 1 b; *Fleischer* WM 1999, 666, 669; aber auch *Michalski* WM 1994, 1229, 1239.

[216] OLG Düsseldorf NJW-RR 1989, 1116; *Schäfer* WM 1999, 153, 154; *Staudinger/Horn* RdNr. 414.

[217] OLG München DB 2003, 711 f.; *Larenz/Canaris* II/2 § 64 V 1 b; *Erman/Herrmann* RdNr. 25; *Fleischer* WM 1999, 666, 669; ders. EWiR 1999, 305, 306; *Kiethe* ZIP 2005, 646, 649; *Koch* S. 115 ff., 249 ff.; *La Corte* S. 302; *Schäfer* WM 1999, 153, 162 f.; *H. Schmidt* NZG 2006, 883, 885; im Ergebnis auch *Michalski* WM 1994, 1229, 1237 f., freilich unter unzutr. Verwendung des Begriffs der Akzessorietät; aA LG München I ZIP 1998, 1956, 1958; *Schröter* WuB I F 1 c – 1.98; *v. Rosenberg/Kruse* BB 2003, 641; wohl auch OLG Nürnberg IPRax 1999, 464, 466; *Graf v. Westphalen* (Fn. 153) S. 394, *Rümker* WM 1974, 990, 991 f., und *U. H. Schneider* ZIP 1989, 619, 621, die jeweils die Verwandtschaft der Patronatserklärung mit der Garantie betonen.

[218] KG WM 2002, 1190, 1191.

[219] So auch *Fleischer* EWiR 1999, 305, 306; vgl. ferner OLG Nürnberg IPRax 1999, 464, 466 betreffend das Reorganisationsverfahren nach US-amerikanischem Insolvenzrecht; dazu *Wolf* IPRax 1999, 444.

[220] Eingehend zur Formfrage *La Corte* S. 307 ff.; zur Unanwendbarkeit des § 518 auf Liquiditäts- und Verlustdeckungszusagen des Gesellschafters gegenüber der Gesellschaft BGH NZG 2006, 543, 544 = ZIP 2006, 1199.

Vor § 765 52, 53

Vorausklage ist gemäß § 771 Abs. 1 Nr. 3 ausgeschlossen. Der Schuldner wird durch den Patronatsvertrag – nicht anders als seine sonstigen Gläubiger – nur reflexartig begünstigt; der Patronatsvertrag ist mit anderen Worten **kein echter Vertrag zugunsten Dritter** iS von § 328 Abs. 1.[221] In der **Bilanz des Patrons** ist die Verpflichtung aus dem Patronatsvertrag jedenfalls als Gewährleistungsvertrag gemäß §§ 251 S. 1, 340 a Abs. 2 S. 2 HGB „unter der Bilanz" zu vermerken oder gemäß § 268 Abs. 7 HGB im Anhang anzugeben.[222] Spätestens in der Insolvenz der Tochtergesellschaft (RdNr. 52) ist die Verpflichtung zu passivieren.

52 In der **Insolvenz des Schuldners** verwandelt sich die Liquiditätsausstattungspflicht des Patrons in eine Verpflichtung zur **Direktzahlung** an den Gläubiger. Zwar folgt dies entgegen der hM nicht ohne weiteres aus §§ 280, 283,[223] wohl aber aus einer (ergänzenden) Auslegung des Patronatsvertrags.[224] Patron und Schuldner haften in diesem Fall nebeneinander für dieselbe Leistung auf das Ganze. Bei **Insolvenz** auch **des Patrons** findet deshalb die Vorschrift des **§ 43 InsO entsprechende Anwendung,** so dass der Gläubiger nicht nur den Betrag des Ausfalls bei dem Schuldner, sondern – bis zu seiner vollen Befriedigung – den *Gesamtbetrag* seiner Forderung geltend machen kann.[225]

53 Für **an die Allgemeinheit gerichtete harte Patronatserklärungen,** wie sie in den Geschäftsberichten der Großbanken und sonstiger Konzernobergesellschaften enthalten sind, gelten grundsätzlich keine Besonderheiten gegenüber Individualverträgen.[226] Solche Erklärungen sind als **annahmebedürftiger Antrag ad incertas personas** zu qualifizieren.[227] Die zum Vertragsschluss erforderliche Annahmeerklärung des Tochtergläubigers kann zwar gegenüber der Tochtergesellschaft als Empfangsvertreterin des Patrons erfolgen. Entsprechend allgemeinen Grundsätzen der Rechtsgeschäftslehre setzt das Vorliegen einer Annahmeerklärung allerdings voraus, dass der Gläubiger die Patronatserklärung kennt und auf sie

---

[221] Ganz hM, s. *Staudinger/Noack* § 427 RdNr. 24; PWW/*Brödermann* RdNr. 62; *v. Bernuth* ZIP 1999, 1501, 1502; *Habersack* ZIP 1996, 257, 258; *Koch* S. 131 ff.; *Michalski* WM 1994, 1229, 1238; *Obermüller* ZGR 1975, 1, 9; *ders.* ZIP 1982, 915, 918; *Rümker* WM 1974, 990, 991; *Stecher*, „Harte" Patronatserklärungen, S. 75; *Wolf* S. 263 ff.; aA *Pesch* WM 1998, 1609, 1610. – Zur Frage einer Berechtigung des Gläubigers aus einer Patronatsvereinbarung zwischen Patron und Schuldner s. *Horn* Vor § 765 RdNr. 407; *v. Rosenberg/Kruse* BB 2003, 641, 642 f.

[222] BFH BB 2007, 598, 599; näher dazu *Mosch* Patronatserklärungen S. 169 ff., *Küffner* DStR 1996, 146, 149 ff., jeweils mwN; zu Patronatserklärungen ad incertas personas s. aber noch RdNr. 53.

[223] Dem Patron bleibt es trotz Insolvenz des Schuldners unbenommen, entsprechende Mittel zuzuführen; eine der Unmöglichkeit ggf. gleichstehende Unzumutbarkeit muss schon auf Grund der Ersetzungsbefugnis des Patrons (RdNr. 50) ausscheiden. S. ferner *Larenz/Canaris* II/2 § 64 V 1 c mit Hinweis darauf, dass der Patron die (angebliche) Unmöglichkeit nicht zwangsläufig zu vertreten hat (zB nicht, wenn die gesicherte Forderung noch gar nicht fällig war); gegen Unmöglichkeit auch *Koch* S. 297 ff.

[224] So zutr. *Larenz/Canaris* II/2 § 64 V 1 c; ebenso OLG Nürnberg IPRax 1999, 464, 466; KG WM 2002, 1190, 1191; *Fleischer* EWiR 1999, 305, 306; *Heermann* § 36 RdNr. 32; *Erman/Herrmann* RdNr. 25; wohl auch OLG München DB 2003, 711; offenlassend *Kiethe* ZIP 2005, 646, 649; für Herleitung der Haftung aus §§ 280, 283 BGHZ 117, 127, 133 = NJW 1992, 2093; OLG Düsseldorf NJW-RR 1989, 1116; LG Berlin WM 2000, 1060, 1061; *Lwowski* Kreditsicherung RdNr. 464; AnwK-BGB/*Beckmann* RdNr. 27; *Stecher*, „Harte" Patronatserklärungen, S. 163 ff., 183 f.; für Herleitung aus §§ 280, 286 *Koch* S. 297 ff.; generell gegen eine Pflicht zur Direktzahlung auch in der Insolvenz des Schuldners *Rimmelspacher* Kreditsicherungsrecht RdNr. 117. – Zu Liquiditäts- und Verlustdeckungszusagen gegenüber dem Schuldner s. die Nachweise in Fn. 203.

[225] BGHZ 117, 127, 132 ff. = NJW 1992, 2093; BGH ZIP 2007, 1602, 1603 (allerdings mit unzutr. Annahme eines Gesamtschuldverhältnisses; zur Akzessorietät s. RdNr. 51); OLG Stuttgart WM 1985, 455; näher *Staudinger/Noack* § 427 RdNr. 25; s. ferner § 765 RdNr. 80.

[226] Eingehend zu den vertrags-, bilanz-, aufsichts- und kollisionsrechtlichen Problemen solcher Erklärungen *Koch* S. 533 ff.; *Thiekötter* Patronatserklärung, S. 28 ff.; *Wolf* S. 301 ff.

[227] Näher dazu und mwN *Habersack* ZIP 1996, 257 ff.; so im Grundsatz auch *Fried* Patronatserklärung S. 204 f.; AnwK-BGB/*Beckmann* RdNr. 27; *Bülow* ZHR 171 (2007), 584, 587; *Koch* S. 542 ff., 572 ff.; *Kersting* S. 488 ff.; *Thiekötter* Patronatserklärung S. 54 ff., 73 ff.; *Wolf* S. 325 ff. mit rechtsvergleichenden Hinweisen; aA *U. H. Schneider* ZIP 1989, 619, 624; *U. Stein*, FS Peltzer, 2001, S. 557, 563 f.; *Wolf* S. 394 (jeweils für einseitiges Leistungsversprechen nach Art der Auslobung; *Larenz/Canaris* II/2 § 60 V 2 d; *Staudinger/Horn* RdNr. 407; (grds. kein rechtsgeschäftlicher Charakter); *Pesch* WM 1998, 1609, 1613 (Vertrag zugunsten Dritter zwischen Patron und Schuldner).

Vorbemerkungen 54 **Vor § 765**

erkennbar Bezug nimmt.[228] Nach Begründung der Forderung des Gläubigers gegen die Tochtergesellschaft ist eine Annahme der Patronatserklärung nicht mehr möglich, weil andernfalls die ungesicherten Gläubiger einen von ihnen nicht einkalkulierten Vorteil erhielten.[229] Eine danach erfolgte Annahme gilt deshalb gemäß § 150 Abs. 1 als neuer Antrag, dessen Annahme im freien Ermessen der Muttergesellschaft steht. Ungeachtet dessen ist das Ausmaß des durch die Patronatserklärung ad incertas personas begründeten Haftungsrisikos nicht bezifferbar, so dass ein Ausweis gemäß §§ 251, 268 Abs. 7 HGB (RdNr. 51) nicht in Betracht kommt.[230]

c) Weiche Patronatserklärung. Weiche Patronatserklärungen begegnen in der Praxis in 54
zahlreichen Varianten.[231] Ihnen ist gemein, dass sie keinen rechtsgeschäftlichen Charakter haben und deshalb **keine Liquiditätsausstattungspflicht** des Patrons zu begründen vermögen.[232] Zumeist handelt es sich um allenfalls moralisch verpflichtende good-will-Erklärungen oder um bloße Informationen über die finanzielle Situation der Tochtergesellschaft. Für eine allgemeine, allein auf der Abgabe der Erklärung gründende **Vertrauenshaftung** des Patrons ist schon deshalb kein Raum, weil das Fehlen einer rechtsgeschäftlichen Bindung des Patrons für den Tochtergläubiger erkennbar ist[233] und er somit lediglich auf die freiwillige Erfüllung der Erklärung durch den Patron vertraut.[234] Dies gilt auch in Konzernverhältnissen; eine allgemeine Haftung unter dem Gesichtspunkt der Inanspruchnahme von Konzernvertrauen lässt sich nicht begründen.[235] Sehr wohl möglich ist dagegen eine Haftung wegen fehlerhafter Auskunft über tatsächliche Umstände, etwa über die wirtschaftliche Lage des Schuldners oder das Ausmaß des Vertrauens des Patrons in die Geschäftsleitung des Schuldners. Eine entsprechende Haftung knüpft allerdings an den **Inhalt der Erklärung** an,[236] gründet also nicht auf dem Anschein einer *Willenserklärung* (und damit einer harten Patronatserklärung), sondern, ähnlich den Fällen der bürgerlich-rechtlichen Prospekthaftung (§ 275 RdNr. 191 ff.), auf der Begründung eines Vertrauenstatbestands hinsichtlich des Vorliegens tatsächlicher Umstände. Daneben können im Einzelfall aus Vertrag oder gesetzlichem Schuldverhältnis Auskunftspflichten oder – im Rahmen des gesellschaftsrechtlich Zulässigen – die Pflicht zur Einwirkung auf die Tochtergesellschaft bestehen. Schließlich ist bei gezieltem Einsatz von bewusst beruhigenden Erklärungen („Wir stehen hinter unserer Tochter") eine Dritthaftung des Patrons aus §§ 311 Abs. 3, 280 denkbar.[237] Durchweg gilt es freilich zu beachten, dass ein schutzwürdiges Vertrauen des Gläubigers aus den genannten Gründen selten gegeben sein wird. Weiche Patronatserklärungen fallen nicht unter §§ 251, 268 Abs. 7 HGB und sind somit nicht in der Bilanz auszuweisen.

---

[228] So im Ausgangspunkt auch *Koch* S. 580 ff., der sich allerdings mit guten Gründen für eine Vermutung des Annahmewillens ausspricht, wenn der Kredit nach Veröffentlichung der Patronatserklärung vergeben wird.
[229] AA *Koch* S. 574 ff., *Thiekötter* S. 90 ff., jeweils mwN.
[230] *Claussen* in: Kölner KommAktG, 2. Aufl., § 251 HGB RdNr. 13; näher *Thiekötter* Patronatserklärung S. 112 ff., dort auch zu Besonderheiten der Rechnungslegung von Kreditinstituten.
[231] Eingehend zu den einzelnen Erscheinungsformen *Fried* Patronatserklärung, insbes. S. 27, 66 ff., 95 ff.; *Koch* S. 343 ff.; *Wittig* BuB RdNr. 4/2857 ff.; *Wolf* S. 140 ff.; *Fleischer* WM 1999, 666, 671 ff.; s. ferner die Nachweise in Fn. 207 bis 209; zur Abgrenzung von harten Erklärungen s. RdNr. 49.
[232] EinhM, s. nur *PWW/Brödermann* RdNr. 65; *Soergel/Häuser* RdNr. 94; *Erman/Herrmann* RdNr. 25.
[233] Dies gilt insbes., wenn der Patron ein „hartes" Sicherungsmittel verweigert bzw. ausdrücklich auf einer nicht ausweis- bzw. vermerkpflichtigen Erklärung besteht (so in OLG Karlsruhe ZIP 1992, 1394, 1396); s. ferner für eine Erklärung gegenüber der Tochtergesellschaft OLG Frankfurt DB 2007, 2535 f. und dazu bereits Fn. 207.
[234] So zu Recht *Canaris* Vertrauenshaftung S. 364 ff., 368 f.; *Larenz/Canaris* II/2 § 64 V 2 a; ebenso OLG Karlsruhe ZIP 1992, 1394, 1397; *Köhler* WM 1978, 1338, 1343 f.; aA *Lutter* ZGR 1982, 244, 255; *Rümker* WM 1974, 990, 993 f.; *Wiedemann* GesR I § 4 IV 1.
[235] Näher *Habersack* in: *Emmerich/Habersack*, Aktien- und GmbH-Konzernrecht, 5. Aufl. 2007, § 311 RdNr. 91 mzN.
[236] *Larenz/Canaris* II/2 § 64 V 2 b; aus der Rspr. etwa OLG Düsseldorf GmbHR 2003, 178, 179 m. Anm. *Maxem*.
[237] *Fleischer* ZHR 163 (1999), 461, 474 f., 480 ff.; *Lutter*, GS Knobbe-Keuk, 1997, S. 229, 242; *Kersting* S. 489 ff.

§ 765

55 **d) Verwandte Rechtsgeschäfte.** Der Patronatserklärung vergleichbar ist die Verpflichtung der Muttergesellschaft gegenüber dem Tochtergläubiger, während der Laufzeit des Kredits einen zwischen Mutter- und Tochtergesellschaft bestehenden **Beherrschungs-, Gewinnabführungs-** oder **Betriebsüberlassungsvertrag** iS von §§ 291, 293 Nr. 3 AktG **nicht aufzuheben.**[238] Dadurch wird insbesondere die aus § 302 Abs. 1 und 2 AktG folgende Verpflichtung der Muttergesellschaft zum Ausgleich eines etwaigen Verlusts der Tochtergesellschaft aufrechterhalten, so dass es bei Solvenz der Muttergesellschaft an sich nicht zur Insolvenz der Tochtergesellschaft kommen kann. Wird die Tochtergesellschaft gleichwohl insolvent, so verwandelt sich die Verlustausgleichspflicht entsprechend § 303 AktG in eine unmittelbare Zahlungsverpflichtung der Mutter gegenüber dem Tochtergläubiger.[239] Zu Liquiditäts- und Verlustdeckungszusagen gegenüber dem Schuldner s. RdNr. 49.

§ 765 Vertragstypische Pflichten bei der Bürgschaft

(1) Durch den Bürgschaftsvertrag verpflichtet sich der Bürge gegenüber dem Gläubiger eines Dritten, für die Erfüllung der Verbindlichkeit des Dritten einzustehen.

(2) Die Bürgschaft kann auch für eine künftige oder eine bedingte Verbindlichkeit übernommen werden.

Übersicht

	RdNr.		RdNr.
I. Begriff und Rechtsnatur des Bürgschaftsvertrags	1–3	aa) Allgemeines	33, 34
1. Begriff	1	bb) Unwirksamkeit des Bürgschaftsversprechens gemäß §§ 307, 309 Nr. 11 lit. a	35
2. Rechtsnatur	2, 3	3. Anfechtung	36–41
II. Rechtsverhältnisse zwischen den Beteiligten	4–8	a) Irrtumsanfechtung	36–38
1. Gläubiger und Bürge	4–6	aa) Inhalts- und Erklärungsirrtum gemäß § 119 Abs. 1	36
2. Bürge und Schuldner	7	bb) Eigenschaftsirrtum gemäß § 119 Abs. 2	37, 38
3. Gläubiger und Schuldner	8	b) Widerrechtliche Drohung	39
III. Bürgschaftsvertrag	9–60	c) Arglistige Täuschung	40, 41
1. Zustandekommen	9–12	4. Geschäftsgrundlage	42–45
a) Grundsatz	9	a) Grundsatz	42
b) Stellvertretung	10	b) Ausnahmen?	43–45
c) Vertrag zugunsten Dritter	11	5. Bedingung und Befristung	46, 47
d) Unbekannter oder künftiger Gläubiger	12	a) Bedingung	46
		b) Befristung	47
2. Unwirksamkeitsgründe	13–35	6. Beendigung	48–60
a) Überblick	13	a) Erlöschen der Hauptschuld	48
b) Gesetzliches Verbot	14	b) Wechsel und Wegfall eines Beteiligten	49–54
c) Sittenwidrigkeit	15–32		
aa) Grundlagen	15–22	aa) Tod des Bürgen	49
bb) Ruinöse Bürgschaften naher Angehöriger	23–28	bb) Wechsel und Wegfall des Hauptschuldners	50, 51
cc) Sonstige Bürgschaften	29–31	cc) Wechsel und Wegfall des Gläubigers	52–54
dd) Sittenwidrigkeit der Hauptschuld	32	c) Kündigung	55–58
d) Inhaltskontrolle von Bürgschaftsbedingungen	33–35	d) Sonstige Erlöschensgründe	59

---

[238] Dazu *Gerth,* Atypische Kreditsicherheiten, S. 195 ff.; *Mosch* Patronatserklärungen S. 104; *Rümker* WM 1974, 990, 994 f.
[239] Vgl. BGHZ 95, 330, 347 = NJW 1986, 188; BGHZ 116, 37, 42 = NJW 1992, 505; näher dazu *Emmerich* in: Emmerich/Habersack (Fn. 235) § 303 RdNr. 24 f.

Vertragstypische Pflichten bei der Bürgschaft 1 § 765

	RdNr.		RdNr.
e) Prozessuale Konsequenzen; Bürgschaftsurkunde	60	4. Pflichten im Zusammenhang mit der Schuldabwicklung	92, 93
IV. Hauptforderung	61–78	5. Pflichten im Zusammenhang mit der Rechtsverfolgung	94, 95
1. Grundsatz der Akzessorietät	61	6. Rechtsfolgen	96
2. Akzessorietät in der Entstehung	62–64	**VII. Besondere Erscheinungsformen der Bürgschaft**	97–132
3. Sicherbare Forderung	65–67	1. Allgemeines	97
a) Schuldrechtliche Verbindlichkeit	65	2. Bürgschaft auf erstes Anfordern	98–105
b) Künftige oder bedingte Verbindlichkeit (Abs. 2)	66, 67	a) Überblick	98, 99
4. Bestimmbarkeit	68–71	b) Wirksamkeitsvoraussetzungen	100, 101
a) Schutzzweck	68, 69	c) Geltendmachung	102
b) Verbürgte Forderung	70	d) Einwendungen des Bürgen	103
c) Gläubiger und Hauptschuldner	71	e) Rückabwicklung nach unberechtigter Inanspruchnahme	104, 105
5. Überschaubarkeit	72–76	3. Ausfall- oder Schadlosbürgschaft	106, 107
a) Grundsatz	72–74	4. Gesamtschuldbürgschaft	108
aa) Einbeziehungskontrolle	72	5. Gesellschafterbürgschaft	109
bb) Inhaltskontrolle	73, 74	6. Gewährleistungsbürgschaft	110, 110a
b) Ausnahmen	75	7. Höchstbetragsbürgschaft	111–113
c) Rechtsfolgen fehlender Überschaubarkeit	76	8. Kreditbürgschaft	114
6. Umfang der Haftung; Forderungsidentität	77, 78	9. Mietkautionsbürgschaft	115
V. Pflichten des Bürgen	79–83	10. Mitbürgschaft	116
1. Leistungspflichten	79–82	11. Nachbürgschaft	117
a) Inhalt	79	12. Prozessbürgschaft	118–121
b) Geltendmachung	80, 81	13. Rückbürgschaft	122
c) Einreden des Bürgen	82	14. Selbstschuldnerische Bürgschaft	123
2. Nebenpflichten	83	15. Sicherheitsbürgschaft	124
VI. Pflichten des Gläubigers	84–96	16. Staatsbürgschaft	125
1. Grundsatz	84, 85	17. Steuerbürgschaft	126
2. Vorvertragliche Verhaltenspflichten	86–90	18. Teilbürgschaft	127
a) Unterlassungspflichten	86	19. Vorauszahlungsbürgschaft	128–130
b) Aufklärungspflichten	87–90	20. Wechselbürgschaft	131
aa) Grundsatz	87	21. Zeitbürgschaft	132
bb) Ausnahmen	88–90		
3. Aufklärungspflichten nach Abschluss des Bürgschaftsvertrags	91		

I. Begriff und Rechtsnatur des Bürgschaftsvertrags

1. Begriff. Nach Abs. 1 verpflichtet sich der Bürge durch den Bürgschaftsvertrag gegen- 1
über dem Gläubiger eines Dritten, für die Erfüllung der Verbindlichkeit des Dritten einzustehen. Die Bürgschaft besteht damit als vertraglich begründetes Rechtsverhältnis allein zwischen Gläubiger und Bürgen,[1] dient der Sicherung einer Forderung des Gläubigers gegen den Hauptschuldner, den „Dritten" (RdNr. 8), und findet ihren Anlass zumeist in einer Rechtsbeziehung zwischen dem Bürgen und dem Hauptschuldner (RdNr. 7). Wie Schuldbeitritt und Garantie (Vor § 765 RdNr. 10 ff.) gehört die Bürgschaft zum Kreis der **Personalsicherheiten**. Sie begründet mit anderen Worten kein dingliches Vorzugsrecht an einem Gegenstand, sondern eine persönliche Verpflichtung des Bürgen, für deren Erfüllung dieser nach Maßgabe der §§ 767 ff. mit seinem gesamten Vermögen einzustehen hat. Anders als die Garantie ist die Bürgschaft allerdings akzessorischer Natur.[2] Zudem ist die Haftung des Bürgen im Unterschied zu derjenigen des Beitretenden oder Garanten subsidiär.[3] Neben

---

[1] RGZ 59, 10, 11; vgl. iE RdNr. 4 ff.
[2] Näher RdNr. 61 ff.; § 767 RdNr. 1, 3 ff.; s. ferner Vor § 765 RdNr. 11 ff. (Schuldbeitritt), 18 (Garantie).
[3] Näher § 771 RdNr. 1, 3 ff.; s. ferner Vor § 765 RdNr. 15 (Schuldbeitritt), 19 (Garantie).

§ 765   2, 3   Abschnitt 8. Titel 20. Bürgschaft

dem Abschluss eines Bürgschaftsvertrags (RdNr. 9 ff.) setzt die Inanspruchnahme des Bürgen mithin das Bestehen einer – durch die Bürgschaft zu sichernden – Forderung des Gläubigers gegen den Hauptschuldner sowie den Eintritt des Bürgschaftsfalls voraus. Die Vorschrift des **Abs. 2 lockert** das **Akzessorietätserfordernis** allerdings dahin gehend auf, dass die Bürgschaft auch für eine künftige oder bedingte Verbindlichkeit übernommen werden kann (RdNr. 66 ff.).

2 **2. Rechtsnatur.** Die Bürgschaft begründet eine von der Verbindlichkeit des Hauptschuldners verschiedene selbstständige Verpflichtung des Bürgen. Vorbehaltlich besonderer Abreden (RdNr. 6) stehen dieser Bürgenverpflichtung *keine Leistungspflichten des Gläubigers* gegenüber. Zwar können dem Gläubiger Aufklärungs- und Schutzpflichten obliegen (RdNr. 84 ff.). Diese stellen jedoch die **einseitig verpflichtende Natur** der Bürgschaft nicht in Frage. Wiewohl die Bürgschaft ein akzessorisches Recht begründet (RdNr. 1, 61 ff.; § 767 RdNr. 1, 3 ff.), bestimmt sich ihr Rechtscharakter nicht aus der Natur der Hauptschuld.[4] Das Zustandekommen des Bürgschaftsvertrags ist zudem weder von Inhalt noch von Wirksamkeit der Hauptschuld abhängig.[5] Anders als das in § 780 geregelte abstrakte Schuldversprechen trägt die Bürgschaft ihren *Geschäftszweck* in sich; sie begründet somit eine **kausale Verbindlichkeit** (s. Vor § 765 RdNr. 18).

3 Die Qualifizierung als kausale Verbindlichkeit (RdNr. 2) besagt zwar nichts hinsichtlich des Rechtsgrunds der Verpflichtung des Bürgen.[6] Doch ist der Bürgschaftsvertrag auch insoweit kausales Rechtsgeschäft, als er seinen **Rechtsgrund (iS von § 812 Abs. 1) in sich** trägt. Bereits der Abschluss des Bürgschaftsvertrags macht mit anderen Worten den Erwerb der Forderung des Gläubigers gegenüber dem Bürgen konditionsfest; der Annahme einer der Übernahme der Bürgschaft zugrunde liegenden Sicherungsabrede zwischen Gläubiger und Bürge, wie sie im Bereich der Realsicherheiten regelmäßig zwischen Gläubiger und Sicherungsgeber geschlossen wird,[7] bedarf es nicht.[8] Dem lässt sich auch nicht entgegenhalten, dass der **Gläubiger im Verhältnis zum Hauptschuldner** die Gewährung des Kredits zumeist (s. aber auch RdNr. 4) von der Übernahme einer Bürgschaft durch einen Dritten abhängig macht oder auf Grund des Kreditvertrags unter Umständen auch noch nach Inanspruchnahme des Kredits die Stellung weiterer Sicherheiten beanspruchen kann (RdNr. 8).[9] Zwar kann sich der Bürge nach § 768 Abs. 1 S. 1 auf Mängel einer zwischen Gläubiger und Schuldner getroffenen Sicherheitenbeschaffungsabrede berufen (RdNr. 8). Auch abgesehen davon, dass eine entsprechende Abrede nicht zwangsläufig besteht, die Bürgschaft vielmehr sogar gegen den Willen des Schuldners übernommen werden kann (RdNr. 4), betrifft sie jedoch, soweit sie existiert, unmittelbar allein das Rechtsverhältnis zwischen dem Gläubiger und dem *Hauptschuldner* und damit nicht das Rechtsverhältnis zwischen Sicherungsgeber (Bürge) und Sicherungsnehmer (Gläubiger). Vorbehaltlich einer sich aus einem Bürgschaftsvorvertrag ergebenden Verpflichtung ist deshalb die Übernahme der Bürgschaft niemals Erfüllung einer vorhergehenden Verpflichtung des Bürgen. Bei Unwirksamkeit der zwischen Gläubiger und Schuldner bestehenden Sicherheitenbeschaf-

---

[4] BGHZ 139, 214, 217 = NJW 1998, 2972; BGH NJW 2008, 1070 Tz. 25 = ZIP 2007, 2403 (Bürgschaft für öffentlich-rechtliche Forderung, dazu noch RdNr. 65); *Fischer* WM 2001, 1049, 1051 f.

[5] S. neben den Nachweisen in Fn. 4 noch RdNr. 13, 61.

[6] Zutr. die Unterscheidung bei *Larenz/Canaris* II/2 § 60 I 3 e.

[7] Näher dazu 4. Aufl. Anh. §§ 929–936 RdNr. 14.

[8] BGHZ 90, 187, 190 = NJW 1984, 1622; BGHZ 147, 99, 101 = NJW 2001, 1857 („Rechtsgrund in sich selbst"); BGH NJW 2008, 1070 Tz. 25 = ZIP 2007, 2403; *Bülow* Kreditsicherheiten RdNr. 834; *Lorenz* JuS 1999, 1145; im Ergebnis auch *Larenz/Canaris* II/2 § 60 I 3 e, der sich allerdings gegen die Feststellung wendet, die Bürgschaft trage ihren Rechtsgrund in sich; ebenso *Soergel/Häuser* Vor § 765 RdNr. 14; missverständlich BGHZ 143, 381, 384 f. = NJW 2000, 1563 („Hauptvertrag"); krit. *Heermann* § 31 RdNr. 7 ff. (Bürgschaft als Teil eines do ut des ut det – Rechtsgeschäfts). – Allg. dazu *Kübler* Feststellung S. 164 ff., 208 ff.

[9] Vgl. Ziff. 13 AGB-Banken idF vom 1. 1. 1993 mit (vorliegend nicht relevanten) Änderungen zum 1. 1. 2000 (dazu *Sonnenhol* WM 2000, 853) und zum 1. 5. 2002 (dazu *Wittig/Wittig* WM 2002, 145, 149 f.; *Sonnenhol* WM 2002, 1259 ff.; *Becher/Gößmann* BKR 2002, 519 ff.), abgedruckt in NJW 1992, 3278, 3280 und in *Baumbach/Hopt* HGB Bankgeschäfte (8).

fungsabrede erlangt denn auch der Bürge keinen eigenen Kondiktionsanspruch; der Gläubiger ist dann vielmehr gegenüber dem Schuldner zur Befreiung des Bürgen verpflichtet (RdNr. 8). Bildet somit die Sicherheitenbeschaffungsabrede nicht den Rechtsgrund des Bürgschaftsvertrags, so gilt Entsprechendes für das zumeist bestehende **„Deckungsverhältnis" zwischen dem Bürgen und dem Hauptschuldner** (RdNr. 7). Auch dieses betrifft nicht das Bürgschaftsverhältnis; es kann deshalb so wenig wie in anderen Fällen, in denen ein Beteiligter in Erfüllung des Auftragsverhältnisses einen Vertrag mit einem Dritten schließt, als Rechtsgrund dieses Vertrags herangezogen werden (s. noch RdNr. 4). Hat sich schließlich der spätere Bürge gegenüber dem Gläubiger zur Abgabe des Bürgschaftsversprechens verpflichtet, so liegt ein – seinerseits nach § 766 S. 1 formbedürftiger (§ 766 RdNr. 2) – *Vorvertrag* vor. Dieser bildet zwar den Rechtsgrund des sodann geschlossenen Bürgschaftsvertrags; doch haben Mängel des Vorvertrags keineswegs zwangsläufig die Unwirksamkeit auch des Bürgschaftsvertrags zur Folge.[10]

II. Rechtsverhältnisse zwischen den Beteiligten

1. Gläubiger und Bürge. Das Schuldverhältnis der Bürgschaft kommt durch Abschluss 4 des Bürgschaftsvertrags zwischen dem Gläubiger und dem Bürgen zustande. Es ist grundsätzlich einseitig verpflichtender Natur und trägt seinen Rechtsgrund in sich (RdNr. 2 f.). Wenngleich Anlass zur Übernahme der Bürgschaft zumeist ein Rechtsverhältnis zwischen Bürge und Hauptschuldner ist (RdNr. 7), entsteht und besteht die Verbindlichkeit des Bürgen schon mit Rücksicht auf ihren Sicherungszweck unabhängig von diesem. Der Bürgschaftsvertrag ist also insoweit ein abstraktes Rechtsgeschäft, als seine Wirksamkeit weder durch die Fehlerhaftigkeit noch durch das gänzliche Fehlen des Rechtsverhältnisses zwischen dem Bürgen und dem Schuldner berührt wird. Die Bürgschaft kann deshalb auch **ohne Wissen und gegen den Willen des Schuldners** übernommen werden.[11] Auch in diesem Fall trägt die Bürgschaft ihren Rechtsgrund in sich (RdNr. 3); eine etwa als „Sicherungsabrede" bezeichnete Vereinbarung über den Umfang und die Dauer der Bürgenhaftung und dergleichen ist Teil des Bürgschaftsvertrags.

Obwohl die Bürgschaft grundsätzlich keine Leistungspflichten des Gläubigers begründet 5 und damit weder zur Gruppe der gegenseitigen noch zu derjenigen der unvollkommen zweiseitig verpflichtenden Verträge gehört (RdNr. 2), erfolgt ihre Übernahme schon auf Grund der den Rückgriff gegen den Schuldner eröffnenden cessio legis nach § 774 Abs. 1 **nicht unentgeltlich** (iS von § 516 Abs. 1). Die *Bürgschaft als solche* ist deshalb grundsätzlich weder Schenkung im Verhältnis zum Gläubiger noch im Verhältnis zum Schuldner, und zwar auch dann nicht, wenn ihre Übernahme nicht durch ein zwischen dem Bürgen und dem Hauptschuldner bestehendes Rechtsverhältnis veranlasst wird.[12] Entgegen einer in der älteren Rechtsprechung vertretenen Ansicht hat dies auch dann zu gelten, wenn ein Rückgriff des Bürgen gegen den Schuldner ausgeschlossen,[13] erheblich erschwert (§ 774 RdNr. 14) oder nach der Vorstellung der Beteiligten von vornherein illusorisch ist.[14] In Fällen dieser Art kann allerdings eine – von dem Bürgschaftsvertrag zu unterscheidende – Schenkung im Verhältnis zwischen dem Bürgen und dem Hauptschuldner vorliegen (RdNr. 7).

---

[10] Näher *Brüggemann* JR 1968, 201, 206; *Staudinger/Bork* (2003) Vor § 145 RdNr. 68.

[11] Vgl. BGH WM 1975, 348 (Bürgschaft eines Aktionärs gegenüber einem Gesellschaftsgläubiger); BGH NJW 1987, 2076 f. = LM § 765 Nr. 49 und OLG Celle ZIP 1980, 1077 (jew. Bürgschaft des Verkäufers gegenüber Kreditgeber im Fall eines verbundenen Geschäfts, s. dazu § 359 RdNr. 79 ff.); allg. BGHZ 143, 381, 385 = NJW 2000, 1563. – Vgl. auch OLG Frankfurt ZIP 1981, 910 (Scheinbürgschaft zur Verdeckung einer Abtretung).

[12] So im Grundsatz auch *Staudinger/Horn* RdNr. 140 ff.; *Soergel/Häuser* Vor § 765 RdNr. 12; s. ferner Vor § 765 RdNr. 9 zur Anwendbarkeit des § 312.

[13] Zumeist handelt es sich in diesen Fällen allerdings um eine gesamtschuldnerische Mitverpflichtung, s. dazu Vor § 765 RdNr. 10 ff.

[14] AA wohl RGZ 54, 282, 284; 90, 177, 181; BGH WM 1956, 667, 669; *Staudinger/Horn* RdNr. 140.

§ 765 6, 7

6 Der Bürgschaftsvertrag ist nicht zwangsläufig einseitig verpflichtender Natur. Die Verpflichtung des Bürgen zur Leistung (RdNr. 79 ff.) – Entsprechendes gilt für die Verpflichtung zur Abgabe des Bürgschaftsversprechens – kann vielmehr auch Bestandteil eines zwischen ihm und dem Gläubiger bestehenden unvollkommen zweiseitig verpflichtenden oder gar **gegenseitigen Vertrags** sein.[15] So liegt es etwa, wenn der Gläubiger sich gegenüber dem Bürgen zur Zahlung einer Provision oder zur Freigabe einer anderen Sicherheit verpflichtet,[16] ferner, wenn er sich dem Bürgen gegenüber verpflichtet, dem Hauptschuldner weiteren Kredit zu gewähren.[17] Der Vertrag unterliegt dann, was das Verhältnis der beiderseitigen Hauptleistungspflichten betrifft, den Vorschriften der §§ 320 ff. Hinsichtlich der Voraussetzungen und des Inhalts der Verpflichtung des Bürgen bewendet es allerdings bei den §§ 765 ff.

7 2. **Bürge und Schuldner.** Im Verhältnis zwischen Bürge und Schuldner liegt der Übernahme der Bürgschaft meist (aber nicht zwangsläufig)[18] ein Auftrag iS von §§ 662 ff. oder ein den Schuldner zur Zahlung einer Avalprovision verpflichtender und dann **Avalkreditvertrag** genannter Geschäftsbesorgungsvertrag iS von § 675 zugrunde.[19] Namentlich der zur Übernahme einer Bürgschaft verpflichteten Bank obliegt auf Grund des Geschäftsbesorgungsvertrags die Pflicht, die Interessen des Auftraggebers (Hauptschuldners) zu wahren und zu schützen;[20] aus diesem Grund muss die Bank, wenn sie entgegen dem Auftrag des Hauptschuldners (und dessen Abrede mit dem Gläubiger), eine dem gesetzlichen Leitbild entsprechende Bürgschaft zu leisten, eine solche auf erstes Anfordern übernehmen will, den Hauptschuldner über die für ihn damit verbundenen rechtlichen Nachteile (RdNr. 99, 105) belehren.[21] Der aus § 670 (ggf. iVm. § 675) folgende Aufwendungsersatzanspruch verschafft dem Bürgen einen originären, neben die cessio legis gemäß § 774 Abs. 1 S. 1 tretenden Rückgriffsanspruch (§ 774 RdNr. 15 f.). Die **Formvorschrift des § 766** findet entgegen der wohl hM auf das Auftrags- bzw. Geschäftsbesorgungsverhältnis Anwendung, sofern auch der nachfolgende Abschluss des Bürgschaftsvertrags formbedürftig ist;[22] allein Kaufleute können sich also nach § 350 HGB formlos zum Abschluss eines Bürgschaftsvertrags verpflichten. Entsprechend den Grundsätzen über die Formbedürftigkeit von Vorverträgen (§ 311 b RdNr. 82) wird allerdings ein etwaiger Formmangel durch Abgabe eines formwirksamen Bürgschaftsversprechens geheilt. Verzichtet der Bürge von vornherein auf einen Rückgriff oder sonstigen Ausgleich im Verhältnis zum Schuldner[23] und sind sich beide Parteien über die Unentgeltlichkeit des Übernahmeversprechens des Bürgen einig, so handelt es sich um ein nach § 518 Abs. 1 formbedürftiges **Schenkungsversprechen**.[24] Gegenstand der Schenkung ist die Übernahme der Bürgschaft unter Verzicht auf einen Rückgriff gegen den Schuldner, nicht dagegen die Rückgriffsforderung selbst. Die Heilung der Formunwirksamkeit des Schenkungsversprechens nach § 518 Abs. 2 wird deshalb nicht

---

[15] *Palandt/Sprau* RdNr. 3; *Heermann* § 31 RdNr. 5; näher dazu *Staudinger/Horn* RdNr. 132 ff.
[16] RG WarnR 1934 Nr. 47.
[17] BGH NJW 1996, 930, 931; RGZ 66, 425, 426; vgl. auch RGZ 65, 46.
[18] S. dazu RdNr. 4; ferner BGH NJW 2001, 2327, 2329 f.: verbürgter Kredit soll der Tilgung der Schuld des Bürgen gegenüber dem Hauptschuldner dienen.
[19] Zum regelmäßigen Vorliegen eines Auftrags auch dann, wenn die Bürgschaft „aus Freundschaft" übernommen wird, s. BGH NJW 2000, 1643 (s. auch Fn. 23); zum Erlöschen des Kautionsversicherungsvertrags bei Insolvenz des Schuldners und zu Folgen für den Prämienanspruch s. BGHZ 168, 276 = BKR 2007, 74 m. Anm. *Habersack* = WuB VI A. § 41 InsO 1.07 *(Bitter/Rauhut)*; BGH ZIP 2007, 543; zu den Folgen für den Regress des Versicherers s. § 774 RdNr. 4 ff. (13), 15 ff.
[20] BGH NJW 1993, 735, 738; BGHZ 143, 381, 387 ff. = NJW 2000, 1563; s. dazu noch RdNr. 83, 100.
[21] BGHZ 143, 381, 387 ff. = NJW 2000, 1563; s. dazu noch RdNr. 101; § 774 RdNr. 5.
[22] AA RGZ 59, 10, 14; OLG Köln WM 1995, 1224; *Staudinger/Horn* § 766 RdNr. 3; *Soergel/Pecher* § 766 RdNr. 3; wie hier dagegen *Medicus* RdNr. 373; *Reinicke/Tiedtke* Bürgschaftsrecht RdNr. 71; *Soergel/Pecher* § 766 RdNr. 3; *Erman/Herrmann* § 766 RdNr. 2; *PWW/Brödermann* § 766 RdNr. 8; AnwK-BGB/*Beckmann* RdNr. 4; *P. Bydlinski* Bürgschaft S. 9; *Lorenz* JuS 1999, 1145, 1148.
[23] Ein solcher Verzicht ist nicht schon darin zu sehen, dass die Bürgschaft „aus Freundschaft" (und damit unter Verzicht auf eine Avalprovision) übernommen wird, zutr. BGH NJW 2000, 1643.
[24] BGH LM § 516 Nr. 2 = WM 1955, 377, 379; vgl. auch BGH WM 1976, 1053.

Vertragstypische Pflichten bei der Bürgschaft 8 § 765

durch Erlassvertrag, sondern durch Abgabe der Bürgschaftserklärung nach Maßgabe des § 766 S. 1 bewirkt.[25] Befriedigt der Bürge den Gläubiger, so kann der Schuldner den Einwand der Unentgeltlichkeit auch dem auf die cessio legis des § 774 Abs. 1 S. 1 gestützten Rückgriffsbegehren entgegenhalten (§ 774 RdNr. 20). Die Unwirksamkeit des zwischen Schuldner und Bürgen bestehenden Auftrags oder Geschäftsbesorgungsvertrags lässt die Wirksamkeit der – insoweit abstrakten – Bürgschaft unberührt (RdNr. 4).

3. Gläubiger und Schuldner. Das der zu sichernden Forderung zugrunde liegende 8 Rechtsverhältnis begründet keine Verpflichtung des Schuldners zur Beschaffung einer Bürgschaft. Eine solche kann sich allenfalls aus einer entsprechenden – auch **Sicherungsabrede** genannten – Sicherheitenbeschaffungsabrede ergeben (RdNr. 3). Ist diese unwirksam oder steht dem Gläubiger nach dem Inhalt der Abrede mit dem Schuldner die vom Bürgen übernommene Bürgschaft nicht zu, so kann der Schuldner vom Gläubiger verlangen, dass dieser dem Bürgen die Schuld erlässt und die Bürgschaftsurkunde zurückgewährt; ein auf ungesicherte Forderungen gründendes Zurückbehaltungsrecht steht dem Gläubiger nicht zu.[26] Auf den Rückgewähranspruch kann sich grundsätzlich auch der Bürge dem Gläubiger gegenüber nach **§ 768 Abs. 1 S. 1** berufen.[27] Entsprechendes gilt, wenn die zu sichernde Forderung erloschen oder der Sicherungsfall aus anderen Gründen nicht mehr eintreten kann (RdNr. 60); doch wird der Bürge in diesem Fall schon aus Gründen der Akzessorietät frei (RdNr. 61 ff.). Ist schließlich die Sicherungsabrede unwirksam und hat der Bürge bereits an den Gläubiger geleistet, so kann der Bürge beim Schuldner Regress nehmen; der Schuldner kann in diesem Fall vom Gläubiger nach §§ 812 Abs. 1 S. 1 Alt. 1, 818 Abs. 2 Ersatz für die von ihm rechtsgrundlos geleistete Bürgschaft verlangen. Bisweilen macht der Gläubiger allerdings die Gewährung des Kredits von der Stellung einer Sicherheit abhängig, ohne dass dem künftigen Schuldner eine entsprechende *Verpflichtung* obliegt.[28] In diesem Fall kommt es erst gar nicht zur Entstehung einer zu sichernden Forderung, wenn der Schuldner seiner Obliegenheit zur Stellung von Sicherheiten nicht nachkommt. Werden dagegen die Bürgschaft und die Hauptschuld begründet, so kann der Bürge daraus, dass die Sicherungsabrede nur eine Obliegenheit, nicht dagegen eine Verpflichtung des Schuldners zur Stellung einer Bürgschaft vorsieht, nichts für sich herleiten. Entsprechendes gilt für den Fall, dass die Bürgschaft ohne Wissen oder gar gegen den Willen des Schuldners übernommen wird (RdNr. 4), ferner dann, wenn die Hauptforderung zwar aus Rechtsgründen nicht durchsetzbar ist, der Bürge jedoch gleichwohl eine Einstandspflicht übernommen oder der Sicherungszweck der Bürgschaft sich noch nicht erledigt hat.[29] Stellt sich ein beigebrachter Bürge als unsicher heraus[30] oder wird er untauglich, so kann der Gläubiger je nach den Umständen eine andere Sicherheit verlangen, das gesicherte Rechtsverhältnis vorzeitig beenden oder nach § 119 Abs. 2 anfechten.[31] Wer kraft Rechtsgeschäfts, behördlicher Anordnung oder Gesetzes zur Sicherheitsleistung gemäß § 232 verpflichtet ist,[32] kann dieser Verpflichtung nach § 239 durch Stellung einer selbstschuldnerischen Bürgschaft nachkommen.

---

[25] AA *Staudinger/Horn* RdNr. 143.
[26] Näher dazu RdNr. 60, s. ferner für die Bürgschaft auf erstes Anfordern RdNr. 104.
[27] Näher § 768 RdNr. 6 mN; s. ferner zur Bürgschaft auf erstes Anfordern RdNr. 103, zur Garantie auf erstes Anfordern Vor § 765 RdNr. 34; zum Anspruch des Schuldners auf Rückgabe der Bürgschaftsurkunde s. RdNr. 60.
[28] Vgl. etwa BGH NJW 2001, 1859, 1860 f.; s. dazu auch Ziff. 19 Abs. 3 S. 2 AGB-Banken (Fn. 9), wonach die Bank die gesamte Geschäftsverbindung oder einzelne Geschäftsbeziehungen fristlos kündigen kann, wenn der Kunde seiner Verpflichtung zur Bestellung oder Verstärkung von Sicherheiten nach Ziff. 13 Abs. 2 AGB-Banken nicht nachkommt.
[29] BGHZ 143, 381, 385 = NJW 2000, 1563; zu den im Text genannten Fällen s. § 767 RdNr. 6, § 768 RdNr. 5, 7.
[30] Vgl. RG WarnR 1915 Nr. 198 S. 299.
[31] RG Recht 1915 Nr. 2216; 1916 Nr. 386; vgl. ferner Ziff. 19 Abs. 3 S. 2 AGB-Banken (dazu Fn. 28).
[32] Vgl. für rechtsgeschäftlich begründete Verpflichtungen BGH NJW 1986, 1038; für gesetzliche Verpflichtungen s. etwa 648 a Abs. 1, 2, § 843 Abs. 2, § 1389; vgl. auch BGH WM 2006, 1335: Unanwendbarkeit des § 648 a auf vom Unternehmer aufgrund einer Sicherungsabrede zu beanspruchenden Bürgschaft.

III. Bürgschaftsvertrag

9 **1. Zustandekommen. a) Grundsatz.** Die Bürgschaft wird durch Vertrag zwischen dem Gläubiger der gesicherten Forderung und dem Bürgen begründet (s. aber auch RdNr. 11); einer Mitwirkung des Schuldners bedarf es nicht. Gläubiger der gesicherten Forderung und Bürgschaftsgläubiger müssen identisch sein;[33] Hauptschuldner und Bürge dürfen dagegen nicht identisch sein.[34] Der Vertragsschluss erfolgt durch Antrag und Annahme nach Maßgabe der §§ 145 ff.[35] Die Erklärung des Bürgen muss den Willen, für die Erfüllung der Verbindlichkeit eines Dritten einstehen zu wollen, erkennen lassen[36] und bedarf vorbehaltlich des § 350 HGB der **Form des § 766 S. 1** (s. § 766 RdNr. 5, 24 ff.). Zugang der Annahmeerklärung des Gläubigers[37] ist unter den Voraussetzungen des § 151 entbehrlich.[38] Ein zur Anwendung des § 151 führender **Zugangsverzicht** kann vom Bürgen auch in vorformulierter Form ausgesprochen werden.[39] Der erforderliche **Verbürgungswille** ist im Wege der Auslegung der beiderseitigen Erklärungen zu ermitteln; dabei finden hinsichtlich der Erklärung des Bürgen die allgemeinen Grundsätze über die Auslegung formbedürftiger Willenserklärungen Anwendung.[40] Auf den Sprachgebrauch der Parteien, insbesondere auf die Verwendung des Wortes „Bürgschaft", kommt es nicht an.[41] Vorbehalte des Gläubigers zu seinen eigenen Gunsten, etwa hinsichtlich der Verschaffung weiterer Sicherheiten, stehen der Annahme einer ihm angebotenen Bürgschaft nicht entgegen;[42] kommt es infolge des Vorbehalts nicht zur Entstehung der zu sichernden Forderung, so ist allerdings die Bürgschaft infolge der ihr eigenen Akzessorietät gegenstandslos (RdNr. 61). Zur Abgrenzung der Bürgschaft von Schuldbeitritt und Garantie s. Vor § 765 RdNr. 11 ff., 17 ff., zur Frage eines **Widerrufsrechts** des Bürgen aus §§ 312, 312 d, 495 s. Vor § 765 RdNr. 8 f.

10 **b) Stellvertretung.** Sowohl der Gläubiger als auch der Bürge können sich bei Abschluss des Bürgschaftsvertrags durch einen gesetzlichen oder bevollmächtigten Vertreter vertreten lassen.[43]

---

[33] Zum Erfordernis der Gläubigeridentität s. noch RdNr. 52, ferner BGHZ 163, 59, 63 = NJW 2005, 2157 = JZ 2005, 954 m. Anm. *Brehm* (Titelgläubiger); BGH NJW 2003, 2231, 2232 f. = BKR 2003, 452 (Bürgschaft auf erstes Anfordern); BGH NJW 2002, 3461, 3462 (Erteilung der Bürgschaft an Zedenten nach Vorausabtretung der künftigen Hauptforderung nebst künftiger Sicherheiten); s. aber auch OLG Karlsruhe WM 2001, 729, 730 (Bürgschaft kommt nicht zustande, wenn Gläubiger die zu sichernde Forderung bereits abgetreten hat und diese bei ihm auch nicht als aufschiebend bedingte verbleibt; s. dazu auch RdNr. 11); näher zu entsprechenden Konstellationen im Rahmen von Immobilien-Finanzierungsverträgen *Lindner-Figura* NJW 2002, 3134.

[34] Vgl. auch BGH ZIP 2001, 1410, 1411, wo offen gelassen wird, ob sich der Alleingesellschafter einer das Eintragungsverfahren betreibenden Vor-GmbH für deren Verbindlichkeiten verbürgen kann; allg. zur Rechtsnatur der Einpersonen-Vorgesellschaft s. *Scholz/K. Schmidt*, § 11 GmbHG RdNr. 144 ff., *Ulmer/ders*. § 11 GmbHG RdNr. 21 ff., 59 ff., jeweils mwN.

[35] Zur Frage, ob in der Übersendung einer Bürgschaftsurkunde ein Angebot zum Abschluss eines die zu sichernde Forderung begründenden Vertrags gesehen werden kann, s. BGH WM 2001, 400, 401 (in casu verneint); zu Auslandssachverhalten *Furche* WM 2004, 205 ff.; *PWW/Brödermann* Vor § 765 RdNr. 69 ff.

[36] Hieran fehlt es bei der Erklärung des Auftraggebers gegenüber einem Nachunternehmer, er werde „von seinen Rechten gemäß § 16 Nr. 6 VOB Teil B Gebrauch machen", s. BGH WM 2001, 267, 268; ebenso bei der Erklärung der Bank, sie nehme die Abtretung des gegen sie gerichteten Bürgschaftsanspruchs an einen Dritten zur Kenntnis, s. BGH NJW 2002, 1946.

[37] Behalten der übersandten Bürgschaftsurkunde durch den Gläubiger, der zuvor Übernahme der Bürgschaft verlangt hatte, reicht als (auch im Rahmen des § 151 erforderliche) Betätigung des Annahmewillens, s. BGH NJW 1997, 2233; s. für die Prozessbürgschaft auch BGHZ 158, 286, 294 = NJW-RR 2004, 1128 und dazu noch RdNr. 119.

[38] BGH WM 1964, 849, 850; 1977, 837, 838; 1978, 1065, 1066; NJW 1997, 2233; vgl. aber auch BGH WM 1977, 996 f. (verspätete Annahme). Zum Zustandekommen der Prozessbürgschaft s. RdNr. 118 f.

[39] Vgl. § 492 RdNr. 32; zur Möglichkeit eines konkludenten Verzichts s. BGH NJW-RR 1986, 1300, 1301.

[40] Vgl. BGH NJW 1995, 43; 1995, 1886; s. dazu noch § 766 RdNr. 6 f.

[41] BGHZ 91, 324 = NJW 1984, 2279; BGH WM 1970, 816; BB 1979, 1523 f.; vgl. auch BGH LM HGB § 105 Nr. 45 = NJW 1979, 2102 (Gesellschaftsvertragliche Verpflichtung zur Übernahme einer Bürgschaft).

[42] BGH WM 1977, 837, 838.

[43] EinhM, s. BGH NJW 1996, 1467, 1468; *Soergel/Häuser* RdNr. 6. – Zur Anwendbarkeit der Grundsätze über unternehmensbezogene Rechtsgeschäfte (dazu § 164 RdNr. 23) sowie zur Beweislast des Vertreters

Da der Schuldner am Vertragsschluss nicht beteiligt ist (RdNr. 9), kann auch er entweder den Gläubiger oder den Bürgen vertreten und damit eine Bürgschaft zur Absicherung seiner eigenen Verpflichtung begründen, ohne gegen das in § 181 geregelte Verbot des Selbstkontrahierens zu verstoßen.[44] Tatbestand und Rechtsfolgen eines Missbrauchs der Vertretungsmacht bestimmen sich auch bei Vertretung des Bürgen durch den Schuldner nach allgemeinen Grundsätzen.[45] Bei gesetzlicher Vertretung eines geschäftsunfähigen oder in der Geschäftsfähigkeit beschränkten Bürgen ist nach §§ 1643, 1822 Nr. 10, 1915 die **Genehmigung des Familien- oder Vormundschaftsgerichts** erforderlich.

c) **Vertrag zugunsten Dritter.** Der Bürgschaftsvertrag kann nach § 328 Abs. 1 auch zwischen dem Hauptschuldner (oder einer sonstigen Person) und dem Bürgen zugunsten des Gläubigers geschlossen werden.[46] Ein solcher Vertrag zugunsten Dritter kommt bereits durch formgerechte Abgabe der Erklärung des Bürgen gegenüber dem Schuldner als Vertragspartner zustande.[47] Voraussetzung ist, dass der Gläubiger mit der erforderlichen Bestimmtheit bezeichnet ist (RdNr. 71; § 766 RdNr. 11 f.). Im Zweifel sind Erklärungen des Bürgen gegenüber dem Schuldner allerdings im Sinne eines *Bürgschaftsauftrags* (RdNr. 7) und damit als Übernahme einer Verpflichtung gegenüber dem Schuldner zum Abschluss eines Bürgschaftsvertrags auszulegen;[48] der Gläubiger erlangt dann erst mit Ausführung dieses Auftrags einen Anspruch gegen den Bürgen (RdNr. 7). Dies gilt auch für den Fall, dass der Hauptschuldner bereits zur Zahlung einer Avalprovision verpflichtet ist. Denn diese Verpflichtung entsteht in dem Zeitpunkt, in dem der Bürge einen der Bürgschaftssumme entsprechenden Betrag zurückstellen muss, und setzt somit den Abschluss des Bürgschaftsvertrags nicht voraus.[49] Ernsthaft in Betracht zu ziehen ist ein Vertrag zugunsten Dritter dagegen für den Fall, dass der Gläubiger die zu sichernde und bereits bestehende **Hauptforderung** im Zeitpunkt des Abschlusses des Bürgschaftsvertrags **bereits abgetreten** hat: Da die Forderung gegen den Bürgen nicht selbstständig abgetreten werden kann (RdNr. 52), andererseits Gläubiger des Bürgen und Gläubiger des Hauptschuldners identisch sein müssen (RdNr. 9, 52), ginge der Abschluss des Bürgschaftsvertrags andernfalls ins Leere. Zur Vorausabtretung der gesicherten Forderung s. aber noch RdNr. 67.

d) **Unbekannter oder künftiger Gläubiger.** Eine Bürgschaftserklärung kann auch an einen dem Bürgen noch unbekannten Gläubiger einer im Übrigen bestimmten Forderung gerichtet und von diesem sodann angenommen werden.[50] Des Weiteren kann die Bürgschaft einem künftigen, dem Bürgen bereits bekannten **Rechtsnachfolger** des gegenwärtigen Gläubigers der gesicherten Forderung angetragen und von diesem nach erfolgter Zession angenommen werden;[51] auch das Erfordernis der Gläubigeridentität (RdNr. 9, 52) steht einem solchen Vorgehen nicht entgegen. Schließlich kann der Bürge die Person des

---

hinsichtlich der Unternehmensbezogenheit s. BGH NJW 1995, 43; zur Frage der Formbedürftigkeit der Vollmacht s. § 766 RdNr. 21.
[44] Wohl unstr., s. BGH NJW 1996, 1467, 1468; 1984, 798; RGZ 71, 219, 220; 76, 89, 92; RG WarnR 1933 Nr. 159; *Soergel/Häuser* RdNr. 6; *Reinicke/Tiedtke* Bürgschaftsrecht RdNr. 57; zur Frage der Formbedürftigkeit der Ermächtigung s. § 766 RdNr. 22.
[45] Vgl. BGH WM 1978, 1065; RGZ 71, 219, 222. Allg. dazu § 164 RdNr. 106 ff.; speziell zum Blankettmissbrauch s. noch § 766 RdNr. 23.
[46] BGH NJW 2002, 3461, 3462; 2001, 3327; BGHZ 163, 59, 66 = NJW 2005, 2157; BGH WM 2001, 400, 401 (Schuldbeitritt); NJW 2003, 2231, 2233 (Bürgschaft auf erstes Anfordern); NJW-RR 1989, 315, 317; NJW 1980, 1572, 1574; WM 1966, 859, 861; *Soergel/Häuser* RdNr. 7; *Palandt/Sprau* RdNr. 3; AnwK-BGB/*Beckmann* RdNr. 11.
[47] BGHZ 26, 142, 148 f. = NJW 1958, 217, 218; BGH NJW-RR 1989, 315; vgl. dazu noch § 766 RdNr. 5.
[48] BGH NJW 1984, 2088; *Soergel/Häuser* RdNr. 9; *Reinicke/Tiedtke* Bürgschaftsrecht RdNr. 62.
[49] OLG Düsseldorf WM 1969, 798, 799; *Reinicke/Tiedtke* Bürgschaftsrecht RdNr. 62.
[50] RGZ 76, 195, 200 f.; RG WarnR 1915 Nr. 9; vgl. dazu auch § 766 RdNr. 12.
[51] BGH NJW 1996, 717; s. ferner BGH NJW 2002, 3461, 3462 (Bürgschaft für bereits abgetretene Forderung sichert den Zessionar, wenn in der Abtretungsvereinbarung der Übergang künftiger Sicherheiten vorgesehen war); OLG Karlsruhe WM 2001, 729, 730 (dazu Fn. 33).

§ 765 13, 14　　　　　　　　　　　　　　　　　Abschnitt 8. Titel 20. Bürgschaft

Gläubigers offen lassen und den Schuldner oder einen Dritten zur Ergänzung seiner **Blanketterklärung** ermächtigen.[52]

13　**2. Unwirksamkeitsgründe. a) Überblick.** Die Wirksamkeit des Bürgschaftsvertrags richtet sich zunächst nach den **allgemeinen Bestimmungen.** Herausragende Bedeutung kommt dabei der Vorschrift des § 138 Abs. 1 betreffend die Nichtigkeit sittenwidriger Verträge (RdNr. 15 ff.), den Vorschriften der §§ 307 bis 309 über die Inhaltskontrolle von AGB (RdNr. 33 ff.) und – infolge der Formvorschrift des § 766 S. 1 – dem Nichtigkeitstatbestand des § 125 S. 1 (§ 766 RdNr. 27 ff.) zu. Was die Geltendmachung von Willensmängeln sowie eines Wegfalls der Geschäftsgrundlage betrifft, bewendet es zwar bei der Geltung der allgemeinen Vorschriften; das zwischen Gläubiger, Schuldner und Bürgen bestehende Dreiecksverhältnis birgt jedoch zahlreiche Auslegungsprobleme (RdNr. 36 ff.). Von diesen und sonstigen Unwirksamkeitsgründen[53] zu unterscheiden sind das anfängliche Fehlen sowie der nachträgliche Wegfall einer zu sichernden *Hauptschuld*. In diesen Fällen entfällt zwar gleichfalls die Haftung des Bürgen. Doch ist dies nicht auf einen Mangel des Bürgschaftsvertrags, sondern auf die Abhängigkeit der Bürgschaftsforderung von einer zu sichernden Forderung und damit auf den Grundsatz der **Akzessorietät** zurückzuführen (RdNr. 61 ff.); die Bürgenhaftung ist in diesen Fällen *gegenstandslos*. Keine Anwendung auf den Abschluss von Bürgschaftsverträgen findet schließlich die Vorschrift des **§ 1365 Abs.** 1 betreffend die Unwirksamkeit von Gesamtvermögensgeschäften; dies gilt auch für den Fall, dass das Haftungsrisiko das Gesamtvermögen bedroht.[54] – Zur bereicherungsrechtlichen **Rückabwicklung** bei Unwirksamkeit des Bürgschaftsvertrags oder Nichtbestehen der gesicherten Forderung s. § 812 RdNr. 163 ff.

14　**b) Gesetzliches Verbot.** Mit der zum 1. 1. 1991 erfolgten Aufhebung des Verbots des Abschlusses von *Darlehensverträgen* im Reisegewerbe[55] hat die Vorschrift des **§ 56 Abs. 1 Nr. 6 GewO** jede auch nur mittelbare Bedeutung als ein die Unwirksamkeit des Bürgschaftsvertrags begründendes Verbotsgesetz verloren. Demgegenüber war nach der Rechtsprechung des BGH ein unter Verstoß gegen § 56 Abs. 1 Nr. 6 GewO aF geschlossener *Darlehensvertrag* jedenfalls bis zum Inkrafttreten des HaustürWG am 1. 5. 1986 nach § 134 nichtig,[56] so dass auch die den Anspruch des Darlehensgebers sichernde Bürgschaft – und zwar unabhängig davon, ob auch sie außerhalb eines ständigen Geschäftsraums übernommen worden war – infolge des Akzessorietätsgrundsatzes (RdNr. 61 ff.) gegenstandslos war. Eine entsprechende Anwendung des § 56 Abs. 1 Nr. 6 GewO aF auf Bürgschaftsverträge, der zufolge die *Bürgschaft* bei Wirksamkeit des Darlehensvertrags ihrerseits nach § 134 nichtig gewesen wäre, wurde dagegen vom BGH zu Recht abgelehnt.[57] Nunmehr gilt, dass der Bürge seine Willenserklärung unter den Voraussetzungen des § 312 Abs. 1 nach Maßgabe des § 355 **widerrufen** kann.[58] Zudem ist die Übernahme der Bürgschaft infolge des **Akzessorietätsgrundsatzes** (RdNr. 61 ff.) immer dann gegenstandslos, wenn das zu sichernde Rechtsverhältnis zwischen Gläubiger und Schuldner seinerseits wegen

---

[52] BGH NJW 1996, 1467, 1468; 1984, 798; 1968, 1131, 1132; WM 1962, 720, 721; RGZ 57, 66; 62, 379, 382 f.; zur Frage der Formbedürftigkeit der Ermächtigung s. § 766 RdNr. 22.
[53] S. etwa BGH ZIP 2001 1630, 1631 betr. §§ 52 ff. BörsG aF (dazu § 762 RdNr. 18): Übernahme einer Bürgschaft für Forderungen aus verbindlichen Börsentermingeschäften (im Unterschied zur Bürgschaft für einen zur Vornahme von Termingeschäften verwendeten Kredit, s. BGH NJW 1998, 450, 452 f.) setzt Termingeschäftsfähigkeit des Bürgen voraus.
[54] Insoweit offen gelassen in BGH NJW 2000, 1566 f.; wie hier *Tiedtke* NJW 2001, 1015, 1016; allg. dazu 4. Aufl. § 1365 RdNr. 45 f.
[55] Art. 8 Gesetz über Verbraucherkredite, zur Änderung der Zivilprozessordnung und anderer Gesetze vom 17. 12. 1990 (BGBl. I S. 2840), s. dazu § 312 RdNr. 9, 78.
[56] BGHZ 71, 358, 361 f. = NJW 1978, 1970; BGH NJW 1992, 425, 426; näher dazu § 312 RdNr. 78. Zur Verdrängung des § 134 durch das Widerrufsrecht aus § 312 s. BGH NJW 1996, 926, 927 f.; § 312 RdNr. 78; § 655 a RdNr. 14.
[57] BGHZ 105, 362, 364 = NJW 1989, 227; BGH NJW 1991, 975, 976.
[58] Dazu sowie zur Unanwendbarkeit der §§ 491 ff. s. Vor § 765 RdNr. 8 f.

Verstoßes gegen § 134 nichtig ist und dem Gläubiger auch kein Bereicherungsanspruch zusteht.[59] Darüber hinaus kann ein gegen die Begründung dieses Rechtsverhältnisses gerichtetes gesetzliches Verbot auf die Übernahme der Bürgschaft ausstrahlen und zu deren Unwirksamkeit nach § 134 führen.[60]

c) Sittenwidrigkeit. aa) Grundlagen. (1) Entwicklung und gegenwärtiger Stand der Rechtsprechung im Überblick. Konnte in der 2. Aufl. (RdNr. 14) noch festgestellt werden, dass die Bürgschaft als einseitig verpflichtendes Schuldverhältnis nicht von den Maßstäben eines Interessenausgleichs geprägt und deshalb nur selten sittenwidrig ist, so hat sich die Rechtslage, angestoßen durch den Beschluss des BVerfG vom 19. 10. 1993 (RdNr. 17), seitdem grundlegend geändert.[61] Nach der neueren Rechtsprechung des BGH unterliegen nämlich insbesondere die eine **krasse finanzielle Überforderung** begründende Bürgschaft einer dem Hauptschuldner **emotional verbundenen Person** und ein entsprechender **Schuldbeitritt** (im Unterschied zur Mitdarlehensnehmerschaft)[62] schon dann dem Verdikt der Sittenwidrigkeit nach § 138 Abs. 1, wenn der Gläubiger nicht darlegen und gegebenenfalls beweisen kann, dass die Interzession auf einer von der persönlichen Nähebeziehung zum Hauptschuldner weitgehend unbeeinflussten autonomen Entscheidung des Bürgen oder Mithaftenden beruht (s. RdNr. 20 ff.); die Sittenwidrigkeit der Interzession wird also unter den genannten Voraussetzungen vermutet. Aber auch in Fällen, in denen die Übernahme der Haftung durch eine dem Hauptschuldner emotional verbundene Person dessen krasse finanzielle Überforderung nicht zur Folge hat oder in denen es an einem entsprechenden Näheverhältnis zwischen dem Interzedenten und dem Hauptschuldner fehlt, kann Sittenwidrigkeit gegeben sein, sofern nur sonstige dem Kreditgeber zurechenbare Umstände vorliegen (RdNr. 29 ff.).

Auch weiterhin bewendet es jedoch dabei, dass die Bürgschaft als einseitig verpflichtender Vertrag nicht dem auf die Kontrolle des Leistungs(miss)verhältnisses von Austauschverträgen zugeschnittenen *Wuchertatbestand* des § 138 Abs. 2 unterliegt.[63] Als durch den Beschluss des BVerfG (RdNr. 17) und die nachfolgende Rechtsprechung des BGH (dazu RdNr. 18 ff.) überholt sind des Weiteren Überlegungen anzusehen, der Problematik von Bürgschaften naher Angehöriger unter Rückgriff auf § 311 b Abs. 2[64] oder auf anerkannte Tatbestände der Sittenwidrigkeit – genannt wurden das Verbot der Knebelung des Schuldners[65] und dasjenige überlanger Bindungen an Dauerschuldverhältnisse[66] – Herr zu wer-

---

[59] Zur Frage der Haftung des Bürgen für den Anspruch aus § 812 s. RdNr. 62.
[60] Vgl. OLG Frankfurt OLGZ 1979, 56, 58 f. (zu § 1 RBerG).
[61] BVerfGE 89, 214 = NJW 1994, 36; s. ferner BVerfG NJW 1994, 2749; ZIP 1996, 956; BVerfGE 115, 51 = JZ 2004, 968 m. Anm. *Brehm* (analoge Anwendung des § 79 Abs. 2 BVerfGG und damit keine Vollstreckung aus vor BVerfGE 89, 214 ergangenem Titel, wenn Bürgschaft nach den Maßstäben des BVerfG sittenwidrig ist; anders noch BGHZ 151, 316; näher dazu *Vollkommer/Vollkommer*, FS Canaris, 2007, Bd. I, S. 1243); aus dem Kreis der überaus zahlreichen Stellungnahmen zu BVerfGE 89, 214 s. etwa *Adomeit* NJW 1994, 2467; *Canaris* AcP 200 (2000), 273, 296 ff.; *Frey* WM 1996, 1612 ff.; *Grunsky*, Vertragsfreiheit und Kräftegleichgewicht, 1995, S. 9 ff.; *Honsell* NJW 1994, 565; *Köndgen* NJW 1994, 1508, 1510 ff.; *Kühling* WM 2002, 625 ff.; *Preis/Rolfs* DB 1994, 261; *Rittner* NJW 1994, 3330; *Schapp* JZ 1998, 913 ff.; ders. ZBB 1999, 30 ff.; *Schimansky* WM 1995, 451; *Graf v. Westphalen* MDR 1994, 5; *Wiedemann* JZ 1994, 408; *Zöllner* AcP 196 (1996), 1.
[62] Vgl. etwa BGH NJW 1994, 1726, 1727 f.; BGHZ 146, 37, 41 f. = NJW 2001, 815; BGH ZIP 2004, 1039; allg. zum Schuldbeitritt sowie zur Abgrenzung von der Mitdarlehensnehmerschaft Vor § 765 RdNr. 10 ff.
[63] BGH NJW 2001, 2466, 2467; 1991, 2015, 2017; s. ferner BGHZ 125, 206, 209 = NJW 1994, 1278 und BGH NJW 1994, 1341, 1342 („Die Bürgschaft ist ... strukturell nicht von einer angemessenen und im Grundsatz gleichwertigen Berücksichtigung gegenseitiger Interessen geprägt, sondern in ihrem rechtlichen Kern darauf angelegt, nur einer Seite Vorteile zu verschaffen"); *Bamberger/Roth/Rohe* RdNr. 54; *Honsell* EWiR § 765 4/95 (S. 555, 556); *Enderlein* Rechtspaternalismus S. 426 f.; aA LG Münster NJW 1990, 1668, 1669; *Wochner* BB 1989, 1354, 1355 ff.
[64] In die Diskussion gebracht von OLG Stuttgart NJW 1988, 833; dagegen zutr. BGHZ 107, 92, 100 f. = NJW 1989, 1276; *Mayer-Maly* AcP 194 (1994), 105, 155; *Heinrichsmeier* Einbeziehung S. 117 ff.
[65] Insbes. LG Bonn ZIP 1989, 21, 22; *Larenz/Canaris* II/2 § 60 II 3 b; *Honsell* JZ 1989, 495, 496; *Großfeld/Lühn* WM 1991, 2013, 2016; s. dazu auch *Kohte* ZBB 1994, 172, 176.
[66] *Honsell* JZ 1989, 495, 496.

den.⁶⁷ Entsprechendes muss für Bestrebungen, den gebotenen Schutz des Bürgen zumindest primär mittels der Annahme schadensersatzbewehrter Aufklärungspflichten zu begründen,⁶⁸ konstatiert werden (s. aber noch RdNr. 20 f.).

17 Ihren Ausgangspunkt nahm die Entwicklung in der Rechtsprechung des seinerzeit für das Bürgschaftsrecht zuständigen *IX. Zivilsenats* des BGH, der zufolge die Übernahme von Bürgschaften durch Angehörige des Hauptschuldners, auch soweit sie die Leistungsfähigkeit des Bürgen übersteigen, von der Vertragsfreiheit gedeckt sei und auch bei geschäftlicher Unerfahrenheit des geschäftsfähigen Bürgen grundsätzlich keiner Inhaltskontrolle unterläge.⁶⁹ Nachdem diese Rechtsprechung auf zunehmende Kritik im Schrifttum gestoßen war⁷⁰ und sich auch der *XI. Zivilsenat* des BGH⁷¹ mehr und mehr von ihr distanziert hatte, ist sie vom **BVerfG** auf die Verfassungsbeschwerde einer 21-jährigen, arbeits- und vermögenslosen Bürgin hin als Verletzung der durch Art. 2 Abs. 1 GG gewährleisteten Privatautonomie der Beschwerdeführerin qualifiziert worden. Unter Hinweis auf Funktion und Funktionsvoraussetzungen der Vertragsfreiheit⁷² und gestützt auf die grundrechtliche Gewährleistung der Privatautonomie und das Sozialstaatsprinzip hat das BVerfG die Verpflichtung der Zivilgerichte statuiert, mit den von der Zivilrechtsordnung bereit gestellten Mitteln, darunter insbesondere den Generalklauseln der §§ 138 und 242, auf „strukturelle Störungen der Vertragsparität angemessen zu reagieren" und darauf zu achten, „dass Verträge nicht als Mittel der Fremdbestimmung dienen".⁷³ Allerdings bestehe diese Verpflichtung „schon aus Gründen der Rechtssicherheit"⁷⁴ nur unter der doppelten Voraussetzung, dass es sich um eine **typisierbare** Fallgestaltung handelt, die eine **strukturelle Unterlegenheit** des einen Vertragsteils erkennen lässt, und dass die **Folgen** des Vertrags für den unterlegenen Vertragsteil **ungewöhnlich belastend** sind.⁷⁵

18 Der *IX. Zivilsenat* des BGH hat die verfassungsrechtlichen Vorgaben unter Rückgriff auf die Generalklausel des § 138 Abs. 1 umgesetzt und sich – in Übereinstimmung mit dem schon seinerzeit vom *XI. Zivilsenat* des BGH im Zusammenhang mit Mithaftungserklärungen verfolgten Ansatz – im Grundsatz (s. RdNr. 27 f., 45) gegen die Heranziehung des insbesondere auch in den Rechtsfolgen flexibleren § 242 entschieden.⁷⁶ Namentlich die

---

⁶⁷ Näher zu den iE vertretenen Lösungsvorschlägen *Gernhuber* JZ 1995, 1086 ff.; *Enderlein* Rechtspaternalismus S. 421 ff.

⁶⁸ Etwa OLG Celle WM 1988, 1436, 1438; OLG Hamm NJW-RR 1993, 113; *Köndgen* NJW 1991, 2018 f.; *Erman/Herrmann* RdNr. 13; *Heinrichsmeier* Einbeziehung S. 165 ff.; *Hommelhoff* Verbraucherschutz S. 24 ff.; *Medicus* JuS 1999, 833, 834 ff.; *Zöllner* WM 2000, 1 ff.; *Habersack/Giglio* WM 2001, 1100 ff.; s. dazu aber noch RdNr. 20 f., 87 ff.

⁶⁹ BGHZ 106, 269 = NJW 1989, 830; BGHZ 107, 92 = NJW 1989, 1276; BGH NJW 1989, 1605; 1991, 2015; 1992, 896.

⁷⁰ Vgl. insbes. *Derleder*, FS Bärmann und Weitnauer, 1990, S. 121; *Grün* NJW 1991, 925; *Honsell* JZ 1989, 495; *Mayer-Maly* AcP 194 (1994), 105, 150 ff.; *Reifner* ZIP 1990, 427; *Reinicke/Tiedtke* ZIP 1989, 613; *Tiedtke* ZIP 1990, 413, 415 f.; im Grundsatz auch *Larenz/Canaris* II/2 § 60 II 3 b; der Rspr. des IX. ZS zust. namentlich *Medicus* ZIP 1989, 817; *Knütel* ZIP 1991, 493.

⁷¹ BGH NJW 1991, 923; BGHZ 120, 272 = NJW 1993, 322 unter Berufung auf die Handelsvertreter-Entscheidung des BVerfG (BVerfGE 81, 242 = NJW 1990, 1469).

⁷² Eingehend dazu und mwN Vor § 145 RdNr. 2 ff.; s. ferner neben den Nachweisen in Fn. 61 *Fastrich*, Richterliche Inhaltskontrolle im Privatrecht, 1992; *Preis*, Grundfragen der Vertragsgestaltung im Arbeitsrecht, 1993; *Enderlein* Rechtspaternalismus.

⁷³ BVerfGE 89, 214, 233 f. = NJW 1994, 36; s. ferner BVerfG NJW 1994, 2749, 2750 sowie bereits BVerfGE 81, 242, 255 = NJW 1990, 1469; zur analogen Anwendung des § 79 Abs. 2 BVerfGG s. Fn. 61.

⁷⁴ Speziell zu diesem Aspekt im Zusammenhang mit der Inhaltskontrolle von Verträgen *Habersack*, Vertragsfreiheit und Drittinteressen, 1992, S. 164 ff.

⁷⁵ BVerfGE 89, 214, 232 = NJW 1994, 36; BVerfG NJW 1994, 2749, 2750.

⁷⁶ Vgl. insbes. BGHZ 125, 206, 209 ff. = NJW 1994, 1278; BGHZ 128, 230, 232 = NJW 1995, 592; BGH NJW 1996, 513, 514; 1996, 1274, 1275, 1276; 1996, 2088, 2089; so bereits vor BVerfGE 89, 214 der XI. ZS, s. die Nachweise in Fn. 71. Für flexiblere Lösungen auf der Grundlage des § 242 insbes. *Westermann* WuB I F 1a. – 14.91; *ders.*, FS Lange, 1992, S. 995, 1008 ff.: pactum de non petendo, dem zufolge grds. nur vom Schuldner zugewendetes oder zufällig erworbenes Vermögen zugegriffen werden könne; ähnlich *Chelidonis*, Die erkennbar untaugliche Bürgschaft, 1999, S. 269 ff.; s. ferner *Larenz/Canaris* II/2 § 60 II 3 b, die eine Vereinbarung empfehlen, wonach nur auf das bei Fälligkeit des Kredits vorhandene Vermögen des

bereits erwähnte (RdNr. 15), der neueren Rechtsprechung sowohl des *IX.* als auch des *XI. Zivilsenats* zugrunde liegende Vermutung, dass die Bürgschaft eines dem Hauptschuldner emotional verbundenen und finanziell krass überforderten Bürgen sittenwidrig und damit unwirksam ist, zeigt zudem, dass der Akzent von den Umständen des Vertragsschlusses auf den **Inhalt des Bürgschaftsvertrags** verlagert worden ist und letzterer zumindest tendenziell die Grundlage des Sittenwidrigkeitsverdikts bildet.[77]

Im unmittelbaren Zusammenhang mit der Sittenwidrigkeitskontrolle zu sehen ist die etwa zeitgleich eingeführte Verschärfung der AGB-Kontrolle von Klauseln, die den Sicherungszweck und damit den Kreis der gesicherten Forderungen bestimmen (RdNr. 72 ff.).[78] Sie hat die weitgehende Verdrängung sogenannter **Globalbürgschaften** zur Folge und ist ihrerseits ergänzt worden durch eine Reihe von höchstrichterlichen Entscheidungen, in denen die formularmäßige **Abbedingung bürgenschützender Vorschriften** erschwert worden und zugleich der Anwendungsbereich des Formerfordernisses des § 766 S. 1 ausgeweitet worden ist.[79] Hinzu kommt das heute anerkannte **Widerrufsrecht** aus § 312 (Vor § 765 RdNr. 9). Allerdings gilt auch für Bürgschaftsverträge, dass sich die Rechtsfolgen unangemessener Vertragsbedingungen nach § 306 bestimmen und somit auch die Abbedingung bürgschaftsrechtlicher Schutzvorschriften als solche noch nicht die Unwirksamkeit des Bürgschaftsvertrags zu begründen vermag. Immerhin kann insbesondere eine Vielzahl unangemessener oder überraschender Klauseln in die Gesamtbeurteilung des Rechtsgeschäfts einfließen und als *eines von mehreren* Elementen dessen Sittenwidrigkeit herbeiführen.[80] Für eine über die Sittenwidrigkeitskontrolle hinausgehende, auf § 242 gestützte Begrenzung des Anspruchs des Gläubigers gegen den Bürgen aus dem – nicht sittenwidrigen, die Leistungsfähigkeit des Bürgen gleichwohl übersteigenden – Bürgschaftsvertrag ist dagegen grundsätzlich kein Raum.[81] 19

(2) Stellungnahme. Die (nicht nur im deutschen Recht begegnende)[82] Problematik der Bürgschaft vermögensloser Bürgen muss im Zusammenhang mit der – erst seit Inkrafttreten der InsO am 1. 1. 1999 bestehenden – Möglichkeit der **Restschuldbefreiung** nach §§ 286 ff. InsO[83] gesehen werden. Diese lässt zwar die Notwendigkeit eines Schutzes des Bürgen, der sich nicht aus freiem Willen, sondern auf Grund der Einflussnahme des Gläubigers oder Hauptschuldners verbürgt, nicht von vornherein entfallen.[84] Wohl aber müssen die §§ 286 ff. InsO insoweit auf das materielle Recht ausstrahlen, als die mit dem 20

Bürgen zurückgegriffen werden darf; näher dazu RdNr. 28. Für Geltung der Rspr. zur Sittenwidrigkeit der Bürgschaft auch im Bereich öffentlich geförderter Darlehen s. BGH NJW 1997, 257, 258 f.

[77] S. dazu aber auch *Nobbe/Kirchhof* BKR 2001, 5, 6 f.

[78] Allg. zu dieser Entwicklung *Fischer/Ganter/Kirchhof*, FG 50 Jahre BGH, 2000, S. 33 ff.; *Odersky* ZGR 1998, 169 ff.; zusammenfassend *Habersack/Schürnbrand* JZ 2003, 848 f.; speziell zu einigen historischen und methodischen Aspekten s. *Habersack/Zimmermann* Edinburgh Law Review 1999, 272 ff.; dazu auch *Jansen* in: *Zimmermann*, Störungen der Willensbildung bei Vertragsschluss, 2007, S. 125, 133 ff.

[79] S. iE § 766 RdNr. 21 ff.; § 768 RdNr. 3; § 770 RdNr. 3; § 776 RdNr. 3 f.

[80] So zutr. BGH NJW 2001, 2466, 2468; BGHZ 136, 347, 355 f. = NJW 1997, 3372; BGH NJW 1996, 2088, 2089; BGHZ 156, 302, 310 = NJW 2004, 161; s. ferner BGH NJW 1995, 1886, 1888: „Eine Sittenwidrigkeit der Bürgschaft ist auch nicht ohne weiteres aus der Abbedingung bürgschaftsrechtlicher Schutzvorschriften herzuleiten"; zu weitgehend aber OLG Düsseldorf NJW-RR 1996, 620, wo die strukturelle Unterlegenheit der für einen Betriebsmittelkredit bürgenden Ehefrau letztlich allein auf die Unwirksamkeit einiger AGB gestützt wurde. – Allg. dazu *H. Schmidt* in: *Ulmer/Brandner/Hensen* § 306 RdNr. 21 f. mwN.

[81] Vgl. aber auch RdNr. 45 betreffend Bürgschaften, die den Kreditgeber vor Vermögensverlagerungen schützen sollen; s. ferner BGH NJW 1996, 1274, 1277 (sub VI): „Besondere Umstände, die ... einen noch weitergehenden Schutz der Kl. erfordern würden, sind nicht dargetan."

[82] Zum englischen und australischen Recht s. *Habersack/Giglio* WM 2001, 1100, 1101 ff.; weitere rechtsvergleichende Hinweise bei *Foerste* JZ 2002, 562, 564; *Jansen* (Fn. 78) S. 125, 133 ff.

[83] Näher dazu, insbes. zu den Änderungen durch das InsOÄndG vom 26. 10. 2001 (BGBl. I S. 2710), *Hergenröder* DZWiR 2001, 397; *Fuchs* NZI 2001, 15; *Pape* ZInsO 2001, 587.

[84] In diesem Sinne aber wohl *Aden* NJW 1999, 3763 f.; s. ferner 3. Aufl. RdNr. 17, *Gernhuber* JZ 1995, 1086, 1094 f., *Schlachter* BB 1993, 802, 803 und *Becker* DZWiR 1995, 237, 239, freilich jeweils auf der Grundlage der älteren, noch stärker auf die Umstände des Vertragsschlusses abstellenden Rspr.; wN s. in der folgenden Fn.

fraglichen Rechtsgeschäft verbundene wirtschaftliche Belastung als solche – im Unterschied zu dem für die Kontrolle von Austauschverträgen durchaus aussagekräftigen auffälligen Missverhältnis von Leistung und Gegenleistung (§ 138 RdNr. 112 ff., 144 ff.) – grundsätzlich sittlich indifferent ist.[85] Entsprechendes hat für die Person des Hauptschuldners und dessen persönliches Verhältnis zum Bürgen zu gelten. Zwar lässt sich nicht bestreiten, dass der Bürge, der sich dem Hauptschuldner verbunden fühlt, die ihm angesonnene Bürgschaft bisweilen mit Rücksicht auf diese Verbundenheit übernimmt. Doch besagt dies allein noch nicht, dass der Bürge die Folgen seines Handelns nicht überblicken könne;[86] schon gar nicht ergibt sich daraus eine strukturelle Unterlegenheit des Bürgen (im Sinne der verfassungsgerichtlichen Rechtsprechung, RdNr. 16),[87] die es rechtfertigen könnte, dass sich der Bürge, der sich wider die eigene wirtschaftliche Vernunft, aber aus freien Stücken und in Kenntnis der Folgen für die Übernahme der Bürgschaft entscheidet, der Folgen seines Handelns unter Hinweis auf die von ihm bewiesene Solidarität mit dem Hauptschuldner entledigen kann. Ihre Bestätigung findet die hier vertretene Ansicht in dem Recht zum **Widerruf** der Bürgschaftserklärung nach § 312 (Vor § 765 RdNr. 9), in dessen Existenz klar die gesetzgeberische Wertung zum Ausdruck kommt, dass selbst die mit einer „Haustürsituation" einher gehende Gefahr der Überrumpelung des Bürgen den Vorwurf der Sittenwidrigkeit nicht rechtfertigt; diesbezüglich bedarf es vielmehr weiterer, über das Ausmaß der Bürgenverpflichtung hinausgehender Umstände (312 RdNr. 79). Wenn aber ein „an der Haustüre" abgegebenes Bürgschaftsversprechen nicht schon wegen der Art seines Zustandekommens sittenwidrig ist, wäre es wertungswidersprüchlich, wollte man in der emotionalen Verbundenheit des Bürgen zum Hauptschuldner eine hinreichende Grundlage für das Sittenwidrigkeitsurteil sehen.[88]

21 Als vorzugswürdig erscheint es denn auch, primär[89] auf die den Vertragsschluss begleitenden Umstände abzustellen und zu fragen, ob der *Gläubiger* entweder selbst auf die Entscheidungsfreiheit des Bürgen eingewirkt hat (etwa indem er das Risiko bagatellisiert oder übermäßigen Druck auf den Bürgen ausgeübt hat) oder ihm ein entsprechendes Verhalten des *Hauptschuldners* entsprechend § 123 Abs. 2 S. 1 zugerechnet werden kann, er also die fraglichen Umstände kannte oder kennen musste.[90] Im Übrigen sollte der **Schutz sowohl des vermögenslosen als auch des vermögenden Bürgen** auf einer Intensivierung der dem Gläubiger obliegenden **Unterlassungs- und Aufklärungspflichten** (RdNr. 86 ff.) gründen.[91] Anzusetzen ist diesbezüglich zunächst bei dem **Schriftformerfordernis des § 766 S. 1,** das um die aus Sicht des Bürgen interessierenden Angaben über den Umfang der Hauptschuld anzureichern ist (§ 766 RdNr. 19). Hinzu kommt ein auf Befreiung von

---

[85] In diesem Sinne insbes. *Zöllner* WM 2001, 1, 5; *Medicus* JuS 1999, 833, 835 f.; *H.-F. Müller* KTS 2000, 57, 59; *Erman/Herrmann* RdNr. 13; *Habersack/Giglio* WM 2001, 1100, 1103 f.; *Foerste* JZ 1998, 574, 575 f.; ders. JZ 2002, 562, 564; *Schnabl* WM 2006, 706, 709 ff. (m. zutr. Hinweis auf die zum 1. 1. 2002 erfolgte Anhebung der Pfändungsfreigrenzen); dagegen aber BGH ZIP 2002, 210, 211 f.; OLG Frankfurt NJW 2004, 2392, 2393 f.; LG Mönchengladbach NJW 2006, 67, 68 f.; *Nobbe/Kirchhof* BKR 2001, 5, 7 f.; BankR-HdB/ *Schmitz/Wassermann/Nobbe* § 91 RdNr. 77; der Rspr. folgend auch *Soergel/Häuser* RdNr. 43 ff.; *Bamberger/ Roth/Rohe* RdNr. 55 ff.; *PWW/Brödermann* RdNr. 22; zumindest tendenziell OLG Celle ZIP 2005, 1911, 1913; s. ferner *Schapp* ZBB 1999, 30, 34 ff., 40; *Tiedtke* JZ 2000, 677, dem zufolge jede den Bürgen finanziell krass überfordernde Bürgschaft sittenwidrig ist; *Wagner* NJW 2005, 2957, 2958. Vgl. aber auch BGHZ 156, 302, 306 = NJW 2004, 161, wo offenbleibt, ob §§ 286 ff. InsO Anlass geben, die Grenze für eine finanzielle Überforderung (RdNr. 24) anders festzulegen.
[86] So zu Recht *Zöllner* WM 2001, 1, 5, 9 f.; *Foerste* JZ 1998, 574, 576; ders. JZ 2002, 562, 563; dagegen aber BGH ZIP 2002, 210, 212.
[87] So aber *Nobbe/Kirchhof* BKR 2001, 5, 7.
[88] Näher *Habersack/Giglio* WM 2001, 1100, 1104 f.
[89] Und in Übereinstimmung mit der vom BGH für Bürgschaften, die keine krasse finanzielle Überforderung zur Folge haben oder nicht aus emotionaler Verbundenheit heraus abgegeben werden, verfolgten Linie (RdNr. 29 ff.).
[90] Vgl. BGH NJW 1996, 513, 514; BGHZ 125, 206, 212 = NJW 1994, 1278; allg. dazu *Soergel/Hefermehl* § 138 RdNr. 34.
[91] Vgl. neben den in Fn. 85 Genannten noch *Hommelhoff* Verbraucherschutz S. 24 ff.; *Lorenz* NJW 1997, 2578, 2579 f.; *Paefgen* ZfIR 2003, 313 ff.; *Wagner* NJW 2005, 2957, 2958 f.

der Bürgschaftsverpflichtung gerichteter, freilich unter dem Vorbehalt des § 254 stehender Schadensersatzanspruch des Bürgen gegen den Gläubiger in Fällen, in denen dieser die Übernahme der Bürgschaft pflichtwidrig herbeigeführt und dies nach §§ 276, 278 zu vertreten hat. Für die Annahme, der Bürgschaftsvertrag sei sittenwidrig, ist danach nur bei Hinzutreten besonderer, über die rollenspezifische Unterlegenheit hinausgehender Umstände Raum.[92]

(3) Weiterer Gang der Kommentierung. Die Rechtsprechung des BGH zur Sittenwidrigkeit von Bürgschaft und Schuldbeitritt hat sich ungeachtet der von Teilen des Schrifttums geäußerten Kritik (RdNr. 19) konsolidiert. Zumal vor dem Hintergrund, dass die Zuständigkeit für das Bürgschaftsrecht seit dem 1. 1. 2001 bei dem *XI. Zivilsenat* liegt und deshalb selbst die geringfügigen Divergenzen, die zuletzt zwischen der Rechtsprechung des *IX.* und derjenigen des *XI. Zivilsenats* bestanden,[93] alsbald abgebaut sein werden, erscheint es geboten, im Folgenden die besagte **Rechtsprechung** darzustellen,[94] um so dem Nutzer des Kommentars einen Überblick über die für die Praxis maßgebende Rechtslage zu ermöglichen. 22

bb) Ruinöse Bürgschaften naher Angehöriger. (1) Überblick; erfasster Personenkreis. Die Bürgschaft[95] einer dem Hauptschuldner nahe stehenden Person unterliegt besonderen Grundsätzen: Hat sie eine krasse finanzielle Überforderung (RdNr. 24) des Bürgen zur Folge, so wird **vermutet,** dass der Gläubiger die typischerweise gegebene emotionale Beziehung zwischen dem Bürgen und dem Hauptschuldner in sittlich anstößiger Weise ausgenutzt hat.[96] Es obliegt dann dem Darlehensgeber, darzulegen und gegebenenfalls zu beweisen, dass die Bürgschaft ganz oder teilweise (RdNr. 26) auf einer durch die emotionale Beziehung nicht beeinflussten autonomen Entscheidung des Bürgen beruht (RdNr. 25 ff.). Dieses Sonderrecht kommt zunächst sämtlichen Bürgen zugute, die dem Hauptschuldner auf Grund einer **Ehe** oder einer eheähnlichen **Partnerschaftsbeziehung** verbunden sind.[97] Ihnen gleich stehen *Abkömmlinge* des Hauptschuldners,[98] unter der (vom Bürgen darzulegenden) Voraussetzung einer engen persönlichen Beziehung ferner sonstige Verwandte, insbesondere Geschwister und Eltern.[99] Erfasst werden schließlich Bürgen, die zu dem Hauptschuldner in einem *engen* **Freundschaftsverhältnis** stehen.[100] Durchweg ist es unerheblich, dass der Bürge über eine gewisse Geschäftsgewandtheit verfügt.[101] Auch steht es der Geltung des Sonder- 23

---

[92] Vgl. die Nachweise in Fn. 85, 91.
[93] Zu den bis Mitte 1999 bestehenden Divergenzen s. die Vorlage des XI. ZS an den Großen Senat für Zivilsachen vom 29. 6. 1999, NJW 1999, 2584 = WM 1999, 1556 (dazu auch Stellungnahmebeschluss des IX. ZS vom 15. 2. 2000, NJW 2000, 1185); seitdem s. insbes. BGH NJW 2000, 1182; BGHZ 146, 37, 42 ff. = NJW 2001, 815; BGH NJW 2001, 2466; WM 2001, 2156 = BKR 2001, 145; ZIP 2002, 210; BGHZ 156, 302 = NJW 2004, 161; BGH NJW 2005, 971; 2005, 973.
[94] Zu einem Überblick über den Stand der Rspr. s. ferner BGH NJW 1999, 2584 (Vorlagebeschluss, s. vorige Fn.); BankR-HdB/*Schmitz/Wassermann/Nobbe* § 91 RdNr. 50 ff.; *Nobbe/Kirchhof* BKR 2001, 5 ff.; *G. Fischer* WM 2001, 1049, 1056 ff.; *ders.* in: *Hadding/Nobbe* (Hrsg.), Bankrecht 2000, RWS-Forum 17, 2000, S. 91 ff.; *Schimansky* WM 2002, 2437 ff.; *Wassermann* in: Bankrechtstag 2004, Schriftenreihe der Bankrechtlichen Vereinigung, Band 24, 2005, S. 85, 102 ff.; *Horn* ZIP 2001, 93 ff.; *Schnabl* WM 2006, 706 ff.; *Tiedtke* NJW 2001, 1015, 1022 ff.; PWW/*Brödermann* RdNr. 21 ff.; *Bamberger/Roth/Rohe* RdNr. 55 ff.; *Soergel/Häuser* RdNr. 33 ff.; für die Zeit bis 1999 *Chelidonis* (Fn. 76) S. 175 ff.; *Halstenberg,* FS Schimansky, 1999, S. 315 ff.; *Schapp* ZBB 1999, 30 ff.; *Tiedtke* NJW 1999, 1209 ff.; *Tonner* ZIP 1999, 901 ff.
[95] Entsprechendes gilt für den Schuldbeitritt, nicht dagegen für die Mitdarlehensnehmerschaft, s. RdNr. 15, Vor § 765 RdNr. 10; s. ferner BGH NJW 2002, 2633: keine Geltung für Bestellung einer Sicherungsgrundschuld; krit. *St. Wagner* AcP 205 (2005), 715 ff.; ferner *Paefgen* ZfIR 2003, 313 ff.
[96] BGHZ 125, 206, 209 f. = NJW 1994, 1278; BGHZ 136, 347, 350 = NJW 1997, 3372; BGH 137, 329, 332 f. = NJW 1998, 597; BGH NJW 2000, 1182, 1184; BGHZ 146, 37, 42 f. = NJW 2001, 815; BGH NJW 2001, 2466, 2467; ZIP 2003, 796, 797; 2003, 1596, 1598; BGHZ 156, 302, 306 f. = NJW 2004, 161; BGH NJW 2005, 971, 972.
[97] Vgl. die Nachweise in Fn. 96.
[98] Vgl. die Nachweise in Fn. 96.
[99] BGHZ 137, 329, 334 f. = NJW 1998, 597 (Geschwister); BGH NJW 1997, 3230 (Vetter).
[100] *Nobbe/Kirchhof* BKR 2001, 5, 7.
[101] BGH NJW 2000, 1182, 1184; WM 2002, 1350, 1351; BKR 2003, 157, 158; 2003, 288, 289 (Aufnahme gewerblicher Betätigung nach Übernahme der Bürgschaft).

rechts nicht entgegen, dass es sich bei dem Hauptschuldner um eine **Gesellschaft** handelt, wenn an dieser eine dem Bürgen emotional verbundene Person maßgebend beteiligt ist.[102] Allerdings obliegt in diesem Fall dem Bürgen der Nachweis, dass er die Haftung ohne eigenes wirtschaftliches Interesse und allein aus persönlicher Verbundenheit mit dem Dritten übernommen hat, woran es fehlt, wenn er selbst nicht unwesentlich an der Gesellschaft beteiligt ist, ferner, dass das Fehlen eines eigenen wirtschaftlichen Interesses für den Gläubiger evident gewesen ist.[103] Was den persönlichen Anwendungsbereich des Sonderrechts auf Seiten des **Kreditgebers** betrifft, so werden neben Kreditinstituten auch sonstige gewerbliche Kreditgeber erfasst.[104] – Zur Bürgschaft des **Arbeitnehmer**s s. RdNr. 29.

24 **(2) Krasse finanzielle Überforderung.** Für das Vorliegen eines Missverhältnisses zwischen Leistungsfähigkeit des Bürgen und übernommener Verpflichtung ist – zumal mit Blick auf die in § 367 Abs. 1 vorgesehene Tilgungsreihenfolge – auf den Haftungsfall abzustellen und somit davon auszugehen, dass der Bürge in voller Höhe (zuzüglich etwaiger Verzugszinsen und Kosten der Rechtsverfolgung, § 767 Abs. 1 S. 2, Abs. 2) in Anspruch genommen werden kann. Eine die Vermutung der Sittenwidrigkeit rechtfertigende krasse finanzielle Überforderung soll denn auch schon dann vorliegen, wenn bei Übernahme der Bürgschaft davon auszugehen ist, dass der Bürge bei Eintritt des Sicherungsfalles voraussichtlich nicht einmal in der Lage sein wird, mit Hilfe des pfändbaren Teils seines Vermögens und Einkommens die **laufenden Zinsen auf Dauer** aufzubringen.[105] Dabei ist ausschließlich das *eigene pfändbare* Einkommen und Vermögen des Bürgen (allerdings einschließlich eines von diesem selbst bewohnten Eigenheims)[106] zu berücksichtigen.[107] Erforderlich ist, da sich die Sittenwidrigkeit des Vertrags nach den Verhältnissen bei Vertragsschluss beurteilt (§ 138 RdNr. 133), eine **Prognose**. Zu fragen ist also, wie sich die Vermögensverhältnisse des Bürgen im Zeitpunkt seiner möglichen Inanspruchnahme voraussichtlich darstellen werden.[108] Insoweit besteht allerdings eine widerlegliche Vermutung des Inhalts, dass die bei Eintritt des Sicherungsfalles tatsächlich bestehenden Einkommens- und Vermögensverhältnisse des Bürgen bei Übernahme der Bürgschaft vorhersehbar waren.[109] *Anderweitige Sicher-*

---

[102] BGHZ 137, 329, 336 = NJW 1998, 597; BGH WM 2001, 2156, 2157 f. = BKR 2001, 145 (Bürgschaft des Alleingesellschafters und Geschäftsführers für Schulden der Gesellschaft, die wirtschaftlich von einem dem Bürgen nahe stehenden Dritten beherrscht wird); NJW 2002, 956 (Übernahme der Gesellschafterstellung nur aus persönlicher Verbundenheit mit einer die GmbH wirtschaftlich beherrschenden Person); NJW 2002, 2634, 2635 und ZIP 2002, 2249, 2251 f. (Kommanditistin ohne eigenes wirtschaftliches Interesse); ZIP 2003, 621, 622 f. (Anteil von 24% ist nicht „gering").

[103] Vgl. BGH NJW 2003, 967, 968 f. = BKR 2003, 155 mzN (keine Sittenwidrigkeit bei 10%-iger Beteiligung; enger noch BGH WM 2001, 2156, 2157 = BKR 2001, 145; NJW 2002, 2634, 2635; ZIP 2002, 2249, 2251 f.; s. ferner OLG Düsseldorf WM 2007, 2009, 2011; OLG Koblenz ZIP 2007, 2022, 2023 f. (Unanwendbarkeit der Rechtsprechungsgrundsätze bei mittelbarer Beteiligung).

[104] BGH NJW 2002, 746, 747 = ZIP 2002, 123, 124 f.; zu Recht für Unanwendbarkeit der Vermutung bei Darlehensvergabe im Familienkreis OLG Naumburg ZIP 2006, 1485; weitergehend – für Anwendbarkeit der Rechtsprechungsgrundsätze auf Privatdarlehen – OLG Brandenburg WM 2007, 1021, 1022 f. = ZIP 2007, 1596.

[105] BGHZ 135, 66, 70 = NJW 1997, 1773; BGH NJW 2005, 971, 972; 2000, 1182, 1183; BGHZ 146, 37, 42 = NJW 2001, 815; BKR 2003, 288, 289 f.; OLG Köln ZIP 2002, 844, 845 ff. (Gesamtschau einander ergänzender Bürgschaften); s. ferner OLG Celle ZIP 2005, 1910, 1911 (Sittenwidrigkeit auch bei geringem Haftungsbetrag – 20 000 DM). AA noch (aufgegeben in BGH NJW 2000, 1182, 1183) BGHZ 136, 347, 351 = NJW 1997, 3372 und BGH NJW 2000, 362, 363, jeweils IX. ZS; s. ferner BGH NJW 1995, 1886, 1887; 1998, 2138, 2140 (ebenfalls jeweils IX. ZS). Guter Überblick zu bis 1999 bestehenden Divergenzen in BGH NJW 1999, 2584, 2586.

[106] BGH NJW 2001, 2466, 2467; OLG Köln WM 2002, 1549, 1550; 2003, 2039, 2040; OLG Brandenburg BB 2006, 800; zur Berücksichtigung von bei Übernahme der Bürgschaft bereits vorhandenen dinglichen Belastungen s. BGH NJW 2002, 2228, 2229; 1999, 2584, 2587; OLG Köln WM 2003, 2039, 2040; *Nobbe/Kirchhof* BKR 2001, 5, 9; überholt: BGH NJW 1998, 450, 453 (IX. ZS).

[107] BGH NJW 2000, 1182, 1183; BGHZ 146, 37, 43 = NJW 2001, 815; BGH NJW 2005, 973; näher BGH NJW 1999, 2584, 2886 f.; *Nobbe/Kirchhof* BKR 2001, 5, 9 f.; aA noch BGH NJW 1996, 1274, 1276.

[108] Näher dazu BGH NJW 2005, 971, 972 f.

[109] BGHZ 132, 328, 334 f. = NJW 1996, 2088 (IX. ZS); BGH ZIP 2002, 167, 170: Prognose, dass ein bei Übernahme der Bürgschaft über 1 Million DM einkommens- und vermögensloser Zahnarzt bei Inanspruchnahme zumindest erheblichen Teil aus eigenen Mitteln erfüllen kann, ist gerechtfertigt, kann jedoch widerlegt

heiten des Gläubigers schließlich sind nur insoweit zu berücksichtigen, als sie das Haftungsrisiko des Bürgen tatsächlich und rechtlich gesichert begrenzen.[110]

(3) Widerlegung der Vermutung durch den Gläubiger. Es ist Sache des Gläubigers, 25 die auf der krassen finanziellen Überforderung des Bürgen basierende Vermutung der Sittenwidrigkeit (RdNr. 23) zu widerlegen. So kann der Gläubiger zunächst darlegen, dass er bei Abschluss des Bürgschaftsvertrags **keine Kenntnis von der Überforderung** des Bürgen gehabt habe. Auf Unkenntnis kann sich der Gläubiger zwar nicht berufen, wenn er von der Überprüfung der Werthaltigkeit der Sicherheit absieht und sich damit der Kenntnis hinsichtlich der fehlenden Leistungsfähigkeit des Bürgen bewusst verschließt.[111] Umgekehrt darf er aber auf die Richtigkeit einer vom Bürgen erteilten Selbstauskunft vertrauen.[112]

Des Weiteren kann der Gläubiger geltend machen, dass der Bürge ein **eigenes Interesse** 26 an der Kreditaufnahme gehabt habe. Zu berücksichtigen sind insoweit allerdings nur nennens- und geldwerte *unmittelbare* Vorteile des Bürgen aus der Kreditaufnahme; lediglich mittelbare Vorteile, etwa die Aussicht auf höhere Unterhaltsleistungen, genügen dagegen nicht.[113] Die Stellung des Bürgen muss demnach bei wirtschaftlicher Betrachtung derjenigen eines Mitdarlehensnehmers (Vor § 765 RdNr. 10) zumindest angenähert sein.[114] So verhält es sich insbesondere, wenn der Bürge über Auszahlung und Verwendung des Darlehens mitentscheiden kann oder an dem finanzierten Objekt in einem nennenswerten Umfang beteiligt werden soll.[115] Entsprechendes hat zu gelten, wenn die Mittel unmittelbar[116] der Deckung des Lebensbedarfs des für die Schuld seines Ehepartners einstehenden Bürgen dienen sollen. Liegt die Aufnahme des Darlehens nur teilweise im eigenen Interesse des Bürgen, so kommt entsprechend § 139 **Teilnichtigkeit** des Bürgschaftsvertrags in Betracht.[117] Zu Gesellschafterbürgschaften s. RdNr. 23.

Fehlt es an einem Eigeninteresse des Bürgen (RdNr. 26), so ist die ihn krass überfordern- 27 de Bürgschaft grundsätzlich nicht schon deshalb wirksam, weil durch sie der **Gefahr von Vermögensverschiebungen** zwischen Ehegatten und damit der Vereitelung des gesicherten Anspruchs des Gläubigers gegen den Hauptschuldner begegnet werden soll.[118]

---

werden. Abl. noch BGH NJW 1999, 2584, 2587 f.; s. ferner BGH ZIP 2003, 796, 797 f.; sympathisierend jetzt aber *Nobbe/Kirchhof* BKR 2001, 5, 10.

[110] Näher BGHZ 136, 347, 352 = NJW 1997, 3372; BGH NJW 1999, 58, 59; 1999, 2584, 2587; 2000, 1182, 1184; BGHZ 146, 37, 44 f. = NJW 2001, 815; *Schimansky* WM 2002, 2437, 2440.

[111] BGHZ 125, 206, 212 f. = NJW 1994, 1278; BGHZ 128, 230, 232 f. = NJW 1995, 592; BGH NJW 1996, 513, 514; 2000, 1182, 1184; BGHZ 146, 37, 44 f. = NJW 2001, 815; BGH FamRZ 2006, 1025; gegen jedes subjektive Element aber *Gernhuber* JZ 1995, 1086, 1096; *Fastrich* LM § 765 Nr. 98.

[112] OLG Köln WM 2006, 2039, 2040 f.

[113] BGHZ 120, 272, 278 = NJW 1993, 322; BGH NJW 1999, 135; 2000, 1182, 1184; BGHZ 146, 37, 45 f. = NJW 2001, 815; BGH BKR 2003, 157, 158; ZIP 2003, 1596, 1598 (verabredete Beteiligung des Bürgen an dem finanzierten Objekt); BGH NJW 2005, 971, 973 (verabredete Mitarbeit des ein Existenzgründungsdarlehen sichernden Bürgen in dem künftigen Gewerbebetrieb); BankR-HdB/*Schmitz/Wassermann/Nobbe* § 91 RdNr. 65 f.

[114] BGH NJW 2005, 971, 973: Stellung unterscheidet sich bei wertender Betrachtung nicht wesentlich von der eines Mitkreditnehmers.

[115] Dazu BGH ZIP 2003, 1596, 1598; NJW 2005, 971, 973; BankR-HdB/*Schmitz/Wassermann/Nobbe* § 91 RdNr. 66 mit zutr. Betonung des Rechtsgedankens des § 1357.

[116] Anders bei Existenzgründungs- oder Betriebsmittelkrediten, die nur mittelbar dem Familienunterhalt dienen, s. die Nachweise in voriger Fn.

[117] BGHZ 146, 37, 47 f. = NJW 2001, 815 (Darlehen dient sowohl der Umschuldung von Geschäftsschulden des Hauptschuldners als auch der Ablösung gemeinsamer Restschulden von Hauptschuldner und Bürge); näher dazu *Kulke* ZIP 2001, 985 ff.

[118] So zu Recht BGH FamRZ 2006, 1025; ZIP 2003, 796, 798; NJW 2002, 2228, 2229 f.; 2002, 2230, 2231 f.; 1999, 2584, 2585 f. = WM 1999, 1556; BGHZ 120, 272, 278 f. = NJW 1993, 322; BGH NJW 1991, 923 (jeweils XI. ZS); *Gernhuber* JZ 1995, 1086, 1087 f., 1090 f.; *Reinicke/Tiedtke* NJW 1995, 1449, 1451 ff.; *Schimansky* WM 1995, 461, 467; unentschieden *Honsell* EWiR § 765 3/95 (S. 562); aA für vor dem 1. 1. 1999 abgegebene Bürgschaftserklärungen (zu dieser zeitlichen Zäsur s. noch RdNr. 28) BGHZ 128, 230, 235 = NJW 1995, 592; BGHZ 132, 328, 331 = NJW 1996, 2088; BGHZ 134, 325, 327 = NJW 1997, 1003; BGH NJW 2000, 362 (jeweils IX. ZS). Näher zur Problematik *Nobbe/Kirchhof* BKR 2001, 5, 11 f.; *Fischer* WM 2001, 1049, 1058 f.; *Heinrichsmeier* Einbeziehung S. 173 ff.; *Hoes/Lwowski* WM 1999, 2097 ff.

Mit der Präventivfunktion des § 138 Abs. 1 nicht zu vereinbaren ist auch jeder Versuch einer *geltungserhaltenden Reduktion* oder *sittenkonformen Auslegung* der Bürgschaft. Dies gilt zum einen für die „Auslegung" der – unbedingt und umfassend erklärten – Bürgschaft im Sinne eines stillschweigend vereinbarten pactum de non petendo des Inhalts, dass der Zugriff des Gläubigers von einem Vermögenserwerb des Bürgen abhängig ist,[119] zum anderen für die Befreiung des Bürgen unter Rückgriff auf die Lehre vom Wegfall der Geschäftsgrundlage für den Fall, dass sich das Risiko einer Vermögensverschiebung nicht realisiert hat und sich – insbesondere auf Grund der Scheidung der Ehe – nicht mehr realisieren kann.[120]

28 Will sich der Gläubiger allein gegen die Gefahr einer Vermögensverschiebung sichern oder allgemein den Zugriff auf im Zeitpunkt der Fälligkeit vorhandenes Vermögen des Bürgen ermöglichen, so obliegt es ihm grundsätzlich, die Haftung des Bürgen durch entsprechende Abrede an die **Bedingung des nachträglichen Erwerbs von Vermögen** zu knüpfen[121] oder mittels **pactum de non petendo** auf das dem Bürgen vom Hauptschuldner übertragene Vermögen[122] zu beschränken und damit auch dem Bürgen Gewissheit hinsichtlich des Umfangs seiner Haftung zu verschaffen.[123] Anderes soll nur dann gelten, wenn *konkrete* (vom Kreditgeber zu beweisende) Anhaltspunkte dafür bestehen, dass der Verpflichtungswille für beide Seiten erkennbar auf der Vornahme künftiger Vermögensverlagerungen aufbaute (s. noch RdNr. 45).[124] Im Übrigen aber vermag das allgemeine Interesse des Gläubigers, sich gegen Vermögensverlagerungen zu schützen oder auf vom Bürgen später erworbenes Vermögen zugreifen zu können, die Sittenwidrigkeit finanziell krass überfordender Bürgschaften nur bei entsprechender vertraglicher Regelung auszuschließen. Dies gilt auch für vor dem 1. 1. 1999 übernommene Bürgschaftsverpflichtungen.[125]

29 cc) **Sonstige Bürgschaften.** Die vorstehend dargestellten Grundsätze finden allein auf Bürgschaften einer dem Schuldner nahe stehenden (RdNr. 23) und diese krass überfordernden (RdNr. 24 ff.) Person Anwendung. Die Bürgschaft eines dem Hauptschuldner *nicht emotional verbundenen* Bürgen (mag sie eine krasse finanzielle Überforderung zur Folge haben oder nicht) und die Bürgschaft eines dem Hauptschuldner zwar emotional verbundenen, ihn aber *nicht krass überfordernden* Bürgen sind dagegen nur bei Vorliegen **erschwerender, dem Gläubiger zurechenbarer**[126] und vom Bürgen zu beweisender **Umstände** sittenwidrig.[127]

---

[119] Damit sympathisierend BGHZ 128, 230, 235 = NJW 1995, 592; BGH NJW 1996, 513, 515; s. ferner BGHZ 134, 325, 327 ff. = NJW 1997, 1003 (stillschweigend hinausgeschobene Fälligkeit bei in Erwartung künftiger Erbschaft; speziell dazu *Schanbacher* WM 2001, 74 ff.); *Westermann,* FS Lange, 1992, S. 995, 1007 ff.; *Becker* DZWiR 1995, 237 ff.; dagegen *Fastrich* LM § 765 Nr. 98; *Mayer-Maly* AcP 194 (1994), 105, 151 (Fn. 218); eingehend *Müller-Feldhammer* WM 2001, 65 ff.
[120] S. die Nachweise in Fn. 118; ferner *Petersen* FamRZ 1998, 1215 ff.
[121] AA noch BGHZ 134, 325, 327 ff. = NJW 1997, 1003. – Zur Wirksamkeit eines entsprechend bedingten Bürgschaftsvertrags s. *Gernhuber* JZ 1995, 1086, 1087; aA *Reinicke/Tiedtke* FamRZ 1993, 431; allg. zur bedingten Bürgschaft RdNr. 46 f.
[122] Bzw. allg. auf das bei Inanspruchnahme vorhandene Vermögen.
[123] So auch die Empfehlung von *Larenz/Canaris* II/2 § 60 II 3 b; s. ferner *Soergel/Häuser* RdNr. 49; *Frey* WM 1996, 1612, 1613; weitergehend – für Annahme eines stillschweigend vereinbarten pactum de non petendo – *Westermann,* FS Lange, S. 995, 1007 ff., 1010 ff.
[124] So zumindest der IX. ZS, s. BGHZ 128, 230, 236 ff. = NJW 1995, 592; BGHZ 134, 325, 330 = NJW 1997, 1003; BGH NJW 2000, 362, 363; zust. *Nobbe/Kirchhof* BKR 2001, 5, 11 f.
[125] Aus Gründen des Vertrauensschutzes für Beschränkung auf nach dem 1. 1. 1999 (und damit nach Bekanntwerden insbes. der Entscheidung vom 8. 10. 1998 – NJW 1999, 58) abgegebene Bürgschaftsversprechen BGH NJW 1999, 58 (IX. ZS); für Einbeziehung auch zuvor abgegebener Erklärungen die Rspr. des XI. ZS, s. die Nachweise in Fn. 118, ferner *Nobbe/Kirchhof* BKR 2001, 5, 12.
[126] Entsprechend § 123 Abs. 2 S. 1 (RdNr. 21) also auch die Kenntnis oder auf grober Fahrlässigkeit beruhende Unkenntnis von Einflussnahmen des Hauptschuldners, s. BGHZ 125, 206, 213 = NJW 1994, 1278; BGH NJW 1996, 513, 514; zur Zurechnung der Kenntnis oder auf grober Fahrlässigkeit beruhenden Unkenntnis von „Wissensvertretern" (§ 166 RdNr. 40 f.) s. BGHZ 83, 293, 296 = NJW 1982, 1585; BGH NJW 1996, 513, 514.
[127] S. etwa BGHZ 120, 272, 276 = NJW 1993, 322; BGHZ 134, 325, 327 = NJW 1997, 1003; BGHZ 136, 347, 350 = NJW 1997, 3372; BGH NJW 2001, 2466, 2467; WM 2001, 2156, 2157 = BKR 2001, 145;

Allein der Umstand, dass die Gewährung von der Stellung einer Bürgschaft abhängig gemacht wird, genügt nicht.[128] Sittenwidrigkeit kann aber anzunehmen sein bei Ausnutzung der geschäftlichen Unerfahrenheit des Bürgen,[129] bei Beeinträchtigung der Willensbildung und Entscheidungsfreiheit des Bürgen (etwa durch Bagatellisierung des Bürgschaftsrisikos[130] oder durch Schaffung bzw. Ausnutzung einer seelischen Zwangslage[131]) sowie bei Ausnutzung der emotionalen Verbundenheit des Bürgen zum Hauptschuldner.[132] Namentlich gegenüber Kommanditisten, GmbH-Gesellschaftern[133] und GmbH-Geschäftsführern darf der Gläubiger allerdings im Allgemeinen davon ausgehen, dass diese sich aus eigenen finanziellen Interessen verbürgen, so dass entsprechende Bürgschaftsverträge auch bei krasser finanzieller Überforderung des Bürgen nur ausnahmsweise[134] sittenwidrig sind.[135] Auf die Bürgschaft eines **Arbeitnehmers** zur Sicherung eines dem Arbeitgeber gewährten Kredits lässt sich dies freilich nicht übertragen. Zwar ist insoweit kein Raum für eine auf der finanziellen Überforderung gründende Vermutung, dass die Bürgschaft unter verwerflicher Ausnutzung der emotionalen Verbundenheit des Bürgen zum Arbeitgeber zustande gekommen ist.[136] Zu Recht hat sich der BGH indes in Fällen, in denen der Bürge kein eigenes Interesse an dem Kredit hat (RdNr. 26) und der Arbeitgeber sich in einer wirtschaftlichen Notlage befindet, für eine widerlegbare Vermutung dahingehend ausgesprochen, dass die den Bürgen finanziell krass überfordernde (RdNr. 24) Bürgschaft aus Sorge um den Erhalt des Arbeitsplatzes übernommen worden ist.[137]

Sieht man von den Fällen struktureller Unterlegenheit des Bürgen ab (RdNr. 23 ff., 29), so liegt ein die Sittenwidrigkeit des Bürgschaftsvertrags begründendes Unwerturteil nur selten vor. Insbesondere unterliegen Bürgschaften schon mit Rücksicht auf den Akzessorietätsgrundsatz[138] (RdNr. 61 ff.) grundsätzlich weder allein noch im Zusammenhang mit dinglichen Sicherheiten dem Verdikt der **Übersicherung;** hinzukommt, dass sie keine dingliche Vorzugsstellung des Gläubigers begründen (RdNr. 1) und damit den Vollstreckungszugriff sonstiger Gläubiger des Bürgen nicht vereiteln. Sittenwidrigkeit kommt des-

---

ZIP 2002, 167, 169 f.; NJW 2002, 956; WM 2002, 923 f.; OLG Köln BKR 2001, 150 m. Anm. *Freckmann*; WM 2002, 1549, 1550.

[128] Vgl. BGH NJW 1997, 1005; 2001, 2466; OLG Brandenburg BB 2006, 800; *Soergel/Häuser* RdNr. 40; s. ferner OLG Köln WM 2003, 2039, 2041: Sittenwidrigkeit nicht schon deshalb, weil Bank die Bürgschaft des Angehörigen erst nach Auszahlung des Darlehens fordert.

[129] BGHZ 125, 206, 210 = NJW 1994, 1278; BGH NJW 1994, 1341, 1342; *Soergel/Häuser* RdNr. 39.

[130] BGHZ 120, 272, 277 = NJW 1993, 322; BGH NJW 1994, 1341, 1343; 1999, 135; 2001, 2466, 2467; ZIP 2002, 167, 170; WM 2002, 923 f.; *Soergel/Häuser* RdNr. 40.

[131] BGH NJW 1996, 513, 514; BGHZ 128, 230, 232 = NJW 1995, 592; BGHZ 135, 66, 69 = NJW 1997, 1773; BGH WM 2002, 919, 921; *Soergel/Häuser* RdNr. 40.

[132] BGHZ 120, 272, 277 = NJW 1993, 322; BGH NJW 1994, 1341, 1342 f.; 1997, 52, 53 (Ausübung von Druck auf den bürgenden Abkömmling nicht erforderlich); näher dazu BankR-HdB/*Schmitz/Wassermann/Nobbe* § 91 RdNr. 82 ff.

[133] Grds. (s. RdNr. 23) auch gegenüber solchen, denen nur die Funktion eines Strohmanns zukommt, s. BGH NJW 2002, 956; WM 2002, 923 f. (gemeinnützige GmbH); 2001, 2156, 2157 = BKR 2001, 145; BGHZ 137, 329, 336 f. = NJW 1998, 597; BGH NJW 2002, 2634, 2635 und ZIP 2002, 2249, 2251 (jeweils Kommanditist). Auch auf die Höhe der Beteiligung kommt es im Grundsatz und vorbehaltlich unbedeutender Bagatell- oder Splitterbeteiligungen nicht an, BGH WM 2003, 275, 276 (Beteiligung von 10% ist nicht unbedeutend).

[134] BGH NJW 1997, 1980, 1981: seelische Zwangslage, wenn Kredit zunächst trotz Weigerung des Gesellschafters, Bürgschaft zu übernehmen, ausgezahlt wird, der Gläubiger sodann aber überraschend mit der Kündigung für den Fall der Nichterteilung der Bürgschaft droht.

[135] S. neben BGH (vorige Fn.) noch BGH WM 2001, 2156, 2157 = BKR 2001, 145; NJW 1998, 597, 598; 2002, 2634, 2635 f.; WM 2003, 275, 276.

[136] BGHZ 156, 302, 307 f.; *Wassermann* (Fn. 94) S. 85, 104 f.

[137] BGHZ 156, 302, 308 ff.; BankR-HdB/*Schmitz/Wassermann/Nobbe* § 91 RdNr. 74; *Wassermann* (Fn. 94) S. 85, 104 ff.; s. ferner KG MDR 1998, 234, 235; OLG Celle OLGR 2000, 42; für eine Vereinbarung über die Belastung des am Gewinn nicht beteiligten Arbeitnehmers mit dem wirtschaftlichen Risiko des Arbeitgebers s. auch BAG NJW 1991, 860, 861.

[138] Er allein schließt allerdings eine anfängliche Übersicherung nicht per se aus, s. für das Pfandrecht BGHZ 128, 295, 300 = NJW 1995, 1085; *Soergel/Habersack* § 1205 RdNr. 8; aA *Ganter* ZIP 1994, 257 (s. jetzt aber auch *dens.* WM 1999, 1741 f.); *Wiegand/Brunner* NJW 1995, 2513, 2520.

halb allein unter dem Gesichtspunkt in Betracht, dass der Bürge ohne Not übermäßig in seiner wirtschaftlichen Bewegungsfreiheit eingeschränkt wird.[139]

31   Auch ist es nicht von vornherein sittenwidrig, dass der Gläubiger auf Grund einer Bürgschaft für künftige Verbindlichkeiten sein Geschäftsgebaren gegenüber dem Schuldner zu Lasten des Bürgen einrichten kann.[140] Nicht sittenwidrig ist ferner die Übernahme einer Bürgschaft gegen die Zusage des Gläubigers, von einer **Strafanzeige** gegen den Schuldner abzusehen.[141] Auch die Verletzung von Aufklärungspflichten des Gläubigers hat grundsätzlich nicht die Sittenwidrigkeit des Bürgschaftsvertrags zur Folge (RdNr. 96; s. aber auch RdNr. 29). Schließlich begründet auch eine Vielzahl unangemessener oder überraschender Bürgschaftsbedingungen grundsätzlich nicht die Sittenwidrigkeit des Bürgschaftsvertrags gemäß § 138 Abs. 1 (RdNr. 19).

32   **dd) Sittenwidrigkeit der Hauptschuld.** Von der Sittenwidrigkeit der Bürgschaft zu unterscheiden ist diejenige des **Rechtsverhältnisses zwischen Hauptschuldner und Gläubiger** (RdNr. 8). In diesem Fall ist die Bürgschaft in Ermangelung einer zu sichernden Hauptforderung gegenstandslos (RdNr. 61). Hat allerdings der Gläubiger bereits auf das sittenwidrige Hauptschuldverhältnis geleistet, so erstreckt sich die Bürgschaft idR auf ein an dessen Stelle tretendes Rückabwicklungsverhältnis (RdNr. 62, 78).

33   **d) Inhaltskontrolle von Bürgschaftsbedingungen. aa) Allgemeines.** Vorformulierte Bürgschaftsbedingungen sind unabhängig davon, ob der **Bürge oder** der **Gläubiger als Verwender** der AGB auftritt, an den Schranken des AGB-Rechts zu messen (s. Vor § 765 RdNr. 6 f.).[142] Bei Verwendung von AGB gegenüber einem Privatbürgen ist das **Formerfordernis des § 766 S. 1** (§ 766 RdNr. 5 ff.) zu beachten. Sofern der Bürgschaftsvertrag unter Verwendung eines Vertragsformulars geschlossen wird, bereitet die Einhaltung der Einbeziehungsvoraussetzungen des § 305 Abs. 2 regelmäßig keine Probleme (Vor § 765 RdNr. 7). Die Einbeziehung einzelner Klauseln kann jedoch auch in diesem Fall an der Vorschrift des § 305 c Abs. 1 betreffend die Nichtgeltung **überraschender Klauseln**[143] sowie am Transparenzerfordernis des § 305 Abs. 2 Nr. 2 (§ 305 RdNr. 69 ff.) scheitern. **Individualabreden** haben zwar nach § 305 b Vorrang vor einer entsprechenden AGB-Regelung; doch setzt dies die *Wirksamkeit* der Individualabrede und damit insbesondere die Einhaltung der Form des § 766 S. 1 voraus.[144]

34   Die am Leitbild der §§ 765 ff. auszurichtende **Inhaltskontrolle nach § 307** hat zum einen den Schutzweck der jeweils betroffenen Dispositivnorm des Bürgschaftsrechts zu berücksichtigen, zum anderen aber auch den von den Parteien einvernehmlich gewählten Typus des Bürgschaftsvertrags (RdNr. 97 ff.) und die diesem eigene Ausgestaltung des Haftungsrisikos.[145] Die besonderen Klauselverbote der **§§ 308, 309** verwehren es dem *Bürgen als Verwender* von AGB insbesondere, sich ohne sachlichen Grund seiner Haftung zu entledigen (§ 308 Nr. 3 und 4).[146] Ist der *Gläubiger Verwender* der AGB, so setzt etwa § 309 Nr. 7 der Abbedingung oder Einschränkung von Gläubigerpflichten (RdNr. 84 ff.) Grenzen; des Weiteren sind nach § 309 Nr. 12 Klauseln unwirksam, die abweichend vom

---

[139] So auch *Soergel/Häuser* RdNr. 29; gegen Anwendbarkeit der Grundsätze über die anfängliche Übersicherung auch BGH ZIP 2008, 218; s. ferner OLG Celle ZIP 1982, 942, 944 f.; OLG Düsseldorf WM 2007, 2009, 2011; 1998, 169; enger 4. Aufl. RdNr. 30.

[140] Vgl. BGH WM 1976, 422.

[141] So schon RGZ 33, 337; zur Frage eines Wegfalls der Geschäftsgrundlage in diesen Fällen s. RdNr. 43 f.

[142] Für einen Überblick zu kritischen Klauseln s. auch *Graf v. Westphalen/Vogt* Bürgschaft RdNr. 27 ff.; *Fuchs* in: *Ulmer/Brandner/Hensen* Anh. § 310 RdNr. 230 ff.; *Soergel/Häuser* 305 RdNr. 71 ff.

[143] S. etwa RdNr. 72 in Zusammenhang mit der Globalbürgschaft.

[144] So zu Recht 305 b RdNr. 5 *(Basedow)*; *Ulmer* in: *Ulmer/Brandner/Hensen* § 305 b RdNr. 11 mwN; zur Nichtanwendbarkeit des § 766 S. 1 auf haftungsbeschränkende Abreden s. aber auch § 766 RdNr. 14.

[145] Die Grenzen der Abdingbarkeit der §§ 765 ff. durch AGB werden im jeweiligen Sachzusammenhang erläutert, s. etwa RdNr. 52, 62, 73, 79, 96, 111; ferner § 767 RdNr. 2, § 768 RdNr. 3, § 770 RdNr. 3, § 774 RdNr. 5, § 775 RdNr. 5, § 776 RdNr. 3, § 777 RdNr. 2; für einen zusammenfassenden Überblick s. die Nachweise in Fn. 142.

[146] Vgl. auch BGH LM § 765 Nr. 15 = NJW 1980, 2412.

Vertragstypische Pflichten bei der Bürgschaft 35, 36 § 765

Akzessorietätsprinzip (RdNr. 61) den Nachweis der verbürgten Forderung (s. RdNr. 64) oder die Geltendmachung des Anspruchs gegen den Bürgen in sonstiger Weise erleichtern. Die Unwirksamkeit einzelner oder sämtlicher Klauseln lässt zwar nach § 306 Abs. 1 grundsätzlich die **Wirksamkeit des Restvertrags** unberührt; etwas anderes gilt jedoch für den Fall, dass durch den Wegfall einzelner Klauseln die Haftungsübernahme ein gänzlich anderes Gepräge erhielte.[147]

bb) Unwirksamkeit des Bürgschaftsversprechens gemäß §§ 307, 309 Nr. 11 35 **lit. a.** Von der Unwirksamkeit einzelner Bürgschaftsbedingungen zu unterscheiden ist die Unwirksamkeit des Bürgschaftsversprechens selbst. Sie kann sich zum einen auf Grund der Generalklausel des § 307 ergeben; davon sind insbesondere weite Zweckerklärungen betroffen (RdNr. 72 ff.). Nach § 309 Nr. 11 lit. a absolut unwirksam sind aber auch Klauseln, durch die der Verwender einem Vertreter,[148] der den Vertrag für den anderen Vertragsteil schließt, ohne hierauf gerichtete **ausdrückliche und gesonderte Erklärung** eine entsprechende Einstandspflicht auferlegt. Allerdings setzt die Wirksamkeit einer zu Lasten des Vertreters begründeten Einstandspflicht nicht voraus, dass sich die Erklärung auf einer *gesonderten Urkunde* befindet. Es genügt vielmehr, dass die Erklärung nicht in den Text des Hauptvertrags integriert, sondern im räumlichen Anschluss an die Unterschriften der Vertragsparteien abzugeben und vom Vertreter *gesondert zu unterschreiben* ist;[149] auch einer drucktechnischen Hervorhebung oder einer besonderen Einbeziehungsvereinbarung bedarf es in diesem Fall nicht. Damit ist zugleich dem Formerfordernis des § 766 S. 1 Rechnung getragen (§ 766 RdNr. 9).[150] Wenn auch die Einhaltung der in § 309 Nr. 11 lit. a genannten Voraussetzungen die Unwirksamkeit der Verpflichtung nach § 307 nicht grundsätzlich ausschließt,[151] so kommt der Inhaltskontrolle des Bürgschaftsversprechens bei Vorliegen der genannten Voraussetzungen doch keine nennenswerte Bedeutung zu.

3. Anfechtung. a) Irrtumsanfechtung. aa) Inhalts- und Erklärungsirrtum ge- 36 **mäß § 119 Abs. 1.** Die Anfechtung wegen Inhalts- oder Erklärungsirrtums[152] iS des § 119 Abs. 1 unterliegt keinen Besonderheiten. Ein Inhaltsirrtum kann etwa darin bestehen, dass der Bürge davon ausgeht, er billige mit seiner Unterschrift die Vornahme eines Rechtsgeschäfts oder einen tatsächlichen Vorgang hinsichtlich seines Spargulthabens, während die Erklärung vom Gläubiger als Bürgschaftsversprechen verstanden werden durfte.[153] Dagegen fehlt es an einem relevanten Irrtum, wenn der Bürge sein Versprechen in dem zutreffenden Bewusstsein, eine Bürgschaft zu übernehmen, abgibt, ohne sich über Art und Umfang seiner Pflichten hinreichend Klarheit verschafft zu haben, ferner, wenn der Bürge zwar weiß, dass er eine Willenserklärung abgibt, dies jedoch in dem Bewusstsein tut, den Inhalt der Erklärung nicht zu kennen; dies gilt auch im Fall eines ausländischen

---

[147] Vgl. BGH NJW 1992, 896, 897 f.; s. ferner RdNr. 19.
[148] Zur Unanwendbarkeit auf Haftungserklärungen des Gesellschafters einschließlich des geschäftsführenden Gesellschafters, der als Gesellschafter auftritt, s. BGHZ 165, 12, 18 f. = NJW 2006, 996.
[149] BGHZ 104, 232, 237 ff. = NJW 1988, 2465; BGH NJW 2001, 3186; s. ferner BGH NJW 1995, 43, 45: keine Anwendbarkeit des Rechtsgedankens des § 309 Nr. 11 lit. a bei individueller Erklärung unterhalb des Hauptschuldverhältnisses; näher zum Erfordernis einer ausdrücklichen und gesonderten Erklärung § 309 Nr. 11 RdNr. 7.
[150] Zur Geltung von § 309 Nr. 11 für den Fall, dass nur der Vertretene Unternehmer ist, s. § 309 Nr. 11 RdNr. 9.
[151] BGHZ 104, 232, 239 = NJW 1988, 2465 mit Hinweis auch auf § 305 c Abs. 1, dessen Anforderungen freilich im Fall einer gesondert unterschriebenen Erklärung zumeist erfüllt sein werden; s. dazu auch BGHZ 165 12, 19 ff. = NJW 2006, 996: Garantieerklärung eines Gesellschafters ist zwar nicht überraschend, kann aber wegen Intransparenz unwirksam sein; zur Unwirksamkeit eines Garantieversprechens in den Bedingungen für Bieter von Bauleistungen nach § 307 s. auch BGHZ 105, 24 = NJW 1988, 2536 und dazu Vor § 765 RdNr. 43.
[152] Zur Anfechtung von Bürgschaftsversprechen nach §§ 129 ff. InsO, insbes. zur Maßgeblichkeit des Zeitpunkts, zu dem der Bürgschaftsvertrag wirksam wird, s. BGH WM 1999, 1218.
[153] Vgl. BGH NJW 1995, 190, 191. – Zur Anfechtung wegen Irrtums über die Person des Hauptschuldners s. BGH NJW-RR 1993, 945, 946.

§ 765 37, 38 Abschnitt 8. Titel 20. Bürgschaft

Bürgen.[154] Wie ein Inhaltsirrtum zu behandeln ist ferner der Fall, dass der Bürge **ohne Erklärungsbewusstsein** handelt und der Gläubiger das Verhalten als Bürgschaftserklärung verstehen durfte (s. auch RdNr. 23).[155] Eine Anfechtung wegen Erklärungsirrtums iS der §§ 119 Abs. 1, 120 kommt etwa in Betracht, wenn der Bürge sich des Schuldners als Boten bedient und dieser eine – nicht formbedürftige (§ 766 RdNr. 14) – Einschränkung der Bürgschaft nicht übermittelt;[156] sofern dem Bürgen überhaupt der Nachweis des Erklärungsirrtums gelingt,[157] können der Anfechtbarkeit freilich die Grundsätze über die **Rechtsscheinhaftung** entgegenstehen. Letzteres ist insbesondere auch bei der abredewidrigen Ausfüllung eines **Blanketts** der Fall (§ 766 RdNr. 22 f.).

37 bb) **Eigenschaftsirrtum gemäß § 119 Abs. 2.** Während der Gläubiger den *Kreditvertrag* wegen einer Fehlvorstellung hinsichtlich der Vermögenslage des *Bürgen* nach § 119 Abs. 2 anfechten kann (§ 119 RdNr. 129), gehört die **Vermögenslage des Hauptschuldners** nach Inhalt und Zweck des Bürgschaftsvertrags zum **Risikobereich des Bürgen.** Dies gilt selbst dann, wenn der Gläubiger die Erwartungen des Bürgen teilt und den gleichen Fehlvorstellungen unterliegt.[158] Die irrige Erwartung, der Schuldner sei solvent und der Bürgschaftsfall werde somit nicht eintreten, berechtigt den Bürgen somit nicht zur Rückverlagerung des Risikos der Insolvenz des Schuldners auf den Gläubiger durch Anfechtung des Bürgschaftsvertrags nach § 119 Abs. 2.[159] Unerheblich ist des Weiteren ein Irrtum des Bürgen über Zweck und Verwendung des verbürgten Kredits,[160] ferner ein Irrtum über den Wert einer anderen für die Hauptschuld bestellten Sicherheit.[161] Zu nachträglichen Verschärfungen des Bürgschaftsrisikos s. RdNr. 42 ff.

38 Den Parteien steht es zwar frei, das **Risiko des Bürgen einvernehmlich zu begrenzen;** dazu bedarf es jedoch des Vorliegens von Umständen, die über die Erkennbarkeit der Erwartungen des Bürgen für den Gläubiger hinausgehen (RdNr. 37). Macht der Bürge die Übernahme der Bürgschaft erkennbar von der Stellung sonstiger, am Regress der Sicherungsgeber (§ 774 RdNr. 22 ff.) beteiligter Sicherheiten abhängig, so handelt es sich zumeist um ein **aufschiebend bedingtes** Bürgschaftsversprechen (RdNr. 46); einer Anfechtung der Willenserklärung des Bürgen bedarf es in diesem Fall nicht.[162] Handelt es sich dagegen um einen inneren Vorbehalt des Bürgen, so bewendet es beim Ausschluss der Anfechtung nach § 119 Abs. 2.[163]

---

[154] BGH NJW 2002, 956 (inländischer Bürge); OLG Hamburg ZMR 1999, 630, 631 (ausländischer Bürge); s. ferner BGH NJW 1997, 3230, 3231 f., dort auch zur Frage, ob der Gläubiger zur Aufklärung des Bürgen über das Bürgschaftsrisiko verpflichtet ist; dazu noch RdNr. 87 ff.; weitergehend *Reich* NJW 1995, 1857, 1860, der dem Gläubiger unter unzutr. Berufung auf die Richtlinie über missbräuchliche Klauseln in Verbraucherverträgen (Vor § 765 RdNr. 6) eine „Verständlichkeitsobliegenheit" auferlegt, deren Verletzung einen Freistellungsanspruch des Bürgen begründen soll.
[155] Vgl. BGHZ 91, 324 = NJW 1984, 2279 m. Anm. *Canaris*; BGHZ 109, 171 = NJW 1990, 454; BGH NJW 1995, 953; näher dazu § 119 RdNr. 95 ff.; *Habersack* JuS 1996, 585 ff.
[156] RG JW 1934, 219, 221.
[157] Dazu BGH WM 1957, 66, 67 aE.
[158] RGZ 75, 271 ff.; 85, 322, 325 f.; aA OLG Karlsruhe Recht 1928 Nr. 1028 und *Soergel/Hefermehl* § 119 RdNr. 43, die die Anfechtung zulassen, wenn der Bürge die Bürgschaft erkennbar im Hinblick auf eine bestimmte Vermögenslage des Schuldners übernommen hat. – Zur Anfechtung gemäß § 119 Abs. 1 wegen Irrtums über die Person des Hauptschuldners s. BGH NJW-RR 1993, 945, 946.
[159] Ganz hM, s. RGZ 134, 126, 129; 158, 166, 170; BGH WM 1956, 885, 889; 1965, 80; 1966, 944; NJW 1988, 3205, 3206; § 119 RdNr. 129; *Flume* Rechtsgeschäft II § 24.4; *Soergel/Häuser* RdNr. 21; *Henssler* Risiko S. 327; BankR-HdB/*Schmitz/Wassermann/Nobbe* § 91 RdNr. 89; unentschieden *Medicus* RdNr. 142 unter Hinweis auf die Schadensersatzpflicht des Bürgen gemäß § 122 nach erfolgter Anfechtung; doch läuft diese bei nicht valutiertem Darlehen leer, weil der Gläubiger in diesem Fall nach § 254 gehalten ist, den Darlehensvertrag nach § 490 Abs. 1 zu kündigen und den Eintritt eines Schadens zu verhindern (s. RdNr. 58).
[160] BGH WM 1956, 885, 889.
[161] BGH WM 1966, 92.
[162] So zu Recht *Henssler* Risiko S. 327; für Anfechtung dagegen wohl *Soergel/Häuser* RdNr. 21.
[163] Vgl. BGH WM 1957, 66, 67; RGZ 75, 271; RG WarnR 1936 Nr. 57.

b) Widerrechtliche Drohung. Der Bürge kann das Bürgschaftsversprechen nach § 123 Abs. 1 anfechten, wenn er zu dessen Abgabe durch widerrechtliche Drohung seitens des Gläubigers oder eines Dritten bestimmt worden ist. Für die Anfechtung nach § 123 Abs. 1 genügt es, dass das vom Gläubiger in Aussicht gestellte Übel zwar unmittelbar den Schuldner trifft, es aber auch zur Beeinflussung des Bürgen imstande ist, weil dieser **mit dem Schuldner verwandtschaftlich** oder auf sonstige Weise **verbunden** ist und deshalb bei seiner Entscheidung auf die Belange des Schuldners Rücksicht nimmt.[164] An der Widerrechtlichkeit der Drohung fehlt es aber, wenn der Gläubiger die Prolongation eines zur Rückzahlung *fälligen* Darlehens oder die Nichtausübung eines Kündigungsrechts von der Übernahme einer Bürgschaft durch den Ehegatten oder einen Mitarbeiter des Schuldners abhängig macht.[165] Auch die Androhung eines gegen den Schuldner gerichteten **Straf- oder Insolvenzantrags** macht das daraufhin abgegebene Bürgschaftsversprechen nicht ohne weiteres anfechtbar nach § 123 Abs. 1; die Frage der Widerrechtlichkeit ist vielmehr anhand einer Abwägung aller Umstände zu entscheiden,[166] wobei an die Rechtmäßigkeit allerdings strengere Anforderungen zu stellen sind als bei unmittelbarer Drohung gegenüber dem von dem Straf- bzw. Insolvenzantrag betroffenen Schuldner. Der Gläubiger darf den zum Bürgen ausersehenen Dritten mit gleicher Härte unter Druck setzen wie den Schuldner selbst, wenn die Annahme berechtigt ist, dass der Dritte von den Geschäften des Schuldners als stiller Teilhaber profitiert oder sonst, ohne Mitschuldner geworden zu sein, an dessen Geschäftsgebaren beteiligt ist.[167] Auch für den Fall, dass die Drohung des Gläubigers nach dem vorstehend Gesagten rechtmäßig ist, kann der daraufhin geschlossene Bürgschaftsvertrag *sittenwidrig* sein (RdNr. 15 ff., 29 ff.).

c) Arglistige Täuschung. Die arglistige Täuschung des Bürgen **durch den Gläubiger** oder eine in dessen Lager stehende Person (RdNr. 41) geht stets mit einer den Bürgen befreienden **Vertragsverletzung** einher, sei es, dass der Gläubiger dem Bürgen falsche Tatsachen vorspiegelt oder er einer Pflicht zur Aufklärung des Bürgen nicht nachkommt (RdNr. 86 ff.).[168] Eigenständige Bedeutung kommt der Anfechtung wegen arglistiger Täuschung somit nur für den in § 123 Abs. 2 S. 1 geregelten Fall zu, dass die Täuschung von einem **Dritten** — etwa vom Schuldner (RdNr. 41) — verübt wurde und der **Gläubiger sie kannte oder kennen musste**. Ob, unter welchen Voraussetzungen und inwieweit der *Gläubiger* oder der *Schuldner* verpflichtet ist, den Bürgen über das Ausmaß des Risikos oder sonstige für die Entscheidung des Bürgen relevante Umstände aufzuklären, ist eine Frage des jeweiligen Rechtsverhältnisses (RdNr. 4 ff., 7; allg. § 123 RdNr. 16 ff.). Als Täuschung durch positives Tun ist schon die irreführende Darstellung der Verhältnisse des Schuldners durch Verschweigen wesentlicher Umstände anzusehen.[169] Eine Täuschung durch Unterlassen kann darin liegen, dass der Gläubiger nicht darüber informiert, dass er dem Arbeitgeber des Bürgen keine Vermittlungsaufträge mehr erteilen werde.[170] Was den subjektiven Tatbestand des § 123 Abs. 1 betrifft, so genügt es, dass der Schuldner mit der Möglichkeit rechnet, der Bürge werde sich durch die falschen Vorstellungen zur Übernahme der Bürgschaft bestimmen lassen.[171] Die nach § 123 Abs. 2 S. 1 erforderliche fahrlässige Unkenntnis des Gläubigers hinsichtlich der Täuschung durch den Dritten kann bereits dann zu bejahen sein, wenn die Umstände des Falles den Gläubiger veranlassen mussten, sich danach zu

---

[164] Vgl. BGHZ 25, 217 ff. = NJW 1957, 1796; BGH NJW 1996, 1274 f.; ZIP 1997, 446, 447; § 123 RdNr. 50 mwN.

[165] Für die Prolongation BGH NJW 1996, 1274, 1275; ZIP 1997, 446, 447; für die Nichtausübung des Kündigungsrechts BGH NJW 1997, 1980, 1981; s. ferner die Nachweise in Fn. 166.

[166] BGHZ 25, 217, 220 f. = NJW 1957, 1796; s. ferner BGH WM 1973, 36 f.; 1973, 574 f.; NJW 1983, 2494, 2495.

[167] Vgl. die Nachweise in Fn. 166, ferner BGH NJW 1997, 1980, 1981 (drohender Verlust des Arbeitsplatzes infolge des bei Nichtverlängerung des Kredits unvermeidlichen Insolvenzverfahrens).

[168] So auch *Henssler* Risiko S. 327 f.

[169] Vgl. für die Täuschung durch den Gläubiger RGZ 91, 80, 82; RG HRR 1936 Nr. 396.

[170] BGH NJW 2001, 3331, 3332.

[171] Vgl. BGH WM 1962, 1393, 1396; RG JW 1936, 988.

§ 765 41, 42   Abschnitt 8. Titel 20. Bürgschaft

erkundigen, ob die Willenserklärung auf einer Täuschung beruht oder nicht.[172] Allein die dem Gläubiger bekannte schlechte Vermögenslage des Schuldners lässt allerdings nicht auf eine Täuschung schließen und gibt dem Gläubiger somit keinen Anlass zu Nachforschungen.[173] Versäumt der Bürge die Anfechtungsfrist des § 124, so bleibt ihm gleichwohl das Leistungsverweigerungsrecht aus § 853; außerdem kann das Verhalten des Gläubigers ein relevantes Verschulden bei Vertragsschluss begründen (RdNr. 87 ff.).

41   Die Vertreter und Verhandlungsgehilfen des Gläubigers sind keine „Dritten" iS von § 123 Abs. 2 S. 1.[174] Die durch sie verübte Täuschung berechtigt den Bürgen somit auch bei Gutgläubigkeit des Gläubigers zur Anfechtung; darüber hinaus ist dem Gläubiger im Rahmen seiner Haftung wegen Pflichtverletzung (RdNr. 40, 84 ff.) das Verschulden dieser Personen nach § 278 zuzurechnen. Dagegen ist der **Schuldner** auch dann „**Dritter**" iS von § 123 Abs. 2 S. 1, wenn er sich auf Veranlassung des Gläubigers um die Beibringung eines Bürgen bemüht.[175] Denn er handelt erkennbar nicht als Vertrauensperson des Gläubigers, sondern ungeachtet des Nutzens für den Gläubiger zuerst im eigenen Interesse, und zwar auch dann, wenn er nur auf die Unterzeichnung einer vom Gläubiger vorformulierten Bürgschaftserklärung hinwirkt.[176]

42   **4. Geschäftsgrundlage. a) Grundsatz.** So wenig der Bürge seine Erklärung bei anfänglichen Fehlvorstellungen hinsichtlich des Risikos der Inanspruchnahme durch den Gläubiger nach § 119 Abs. 2 anfechten kann (RdNr. 37), so wenig kann er sich bei nach Vertragsschluss eintretender Erhöhung des Risikos seiner Inanspruchnahme unter Berufung auf den Wegfall der Geschäftsgrundlage entziehen. Durch die Regelung der Lehre von der Geschäftsgrundlage in § 313 hat sich hieran nichts geändert (§ 313 RdNr. 17 ff.). Auch weiterhin gilt also, dass die Bürgschaft gerade die Funktion hat, das Risiko der Undurchsetzbarkeit der gesicherten Forderung auf den Bürgen zu verlagern, weshalb es nicht angeht, dass dieser sich *bei Aktualisierung des übernommenen Risikos* seiner Einstandsverpflichtung zu entledigen sucht. Rechtsprechung und Lehre gehen deshalb zu Recht davon aus, dass bei einer Haftungsvereinbarung für fremde Schuld der Verpflichtete das Risiko fehlender Leistungsfähigkeit des Schuldners „schlechthin und uneingeschränkt" übernimmt und alle die **Zahlungsfähigkeit des Schuldners betreffenden Umstände** zum alleinigen Risikobereich des Bürgen gehören.[177] Zwar finden sich vereinzelt auch hinsichtlich typischer Bürgenrisiken Vorbehalte für den Fall einer „völlig unvorhersehbaren" Verwirklichung der Gefahr.[178] Doch sind solche Ausnahmen nicht anzuerkennen,[179] zumal selbst das Akzessorietätsprinzip bei Insolvenz und haftungsbeschränkenden Maßnahmen des Schuldners durchbrochen ist[180] und damit Risiken dieser Art schon von Gesetzes wegen dem Bürgen zugewiesen sind.[181] Entsprechendes gilt für das Risiko der **Zahlungsunwilligkeit** des Schuldners: Hat der Bürge nach §§ 771, 773 Abs. 1 Nr. 1 auf die Einrede der Vorausklage

---

[172] BGH WM 1992, 1016 f.; RGZ 104, 191, 194.
[173] BGH WM 1965, 473, 475; RG HRR 1936 Nr. 396.
[174] Vgl. BGH NJW 2001, 3331, 3332; WM 1992, 1016; näher dazu § 123 RdNr. 23 ff.
[175] BGH NJW 2002, 956, 957 (Ehegatte des Bürgen); NJW 2001, 2466, 2469; WM 1992, 1016; NJW 1968, 986, 987; WM 1965, 473; § 123 RdNr. 24; *Flume* Rechtsgeschäft II § 29.3; *Medicus* RdNr. 149; im Grundsatz (anders für den Fall, dass der Gläubiger den Schuldner veranlasst, eine bestimmte Person als Bürgen zu stellen) auch *Larenz/Canaris* II/2 § 60 II 3 c; tendenziell aA noch BGH NJW 1962, 1907 f.; 1962, 2191 f.
[176] BGH WM 1966, 92, 94; NJW 2002, 956, 957; vgl. auch RG HRR 1939 Nr. 1346. – Zur davon zu unterscheidenden (s. *Frings* ZIP 1996, 1193, 1196 f.) Frage eines Widerrufs der durch den Hauptschuldner vermittelten Bürgschaft nach § 312 Abs. 1 s. Vor § 765 RdNr. 9.
[177] BGHZ 128, 230, 236 = NJW 1995, 592; BGH NJW 1994, 2146, 2147; 1993, 2935, 2936 f.; BGHZ 107, 92, 103 f. = NJW 1989, 1276; BGHZ 104, 240, 242 f. = NJW 1988, 2173; BGH NJW-RR 1988, 495; BGHZ 88, 185, 191 = NJW 1983, 2442; *Reinicke/Tiedtke* NJW 1995, 1449, 1450; *Geißler* NJW 1988, 3184 ff.; *Henssler* Risiko S. 329 ff.; *Staudinger/Horn* RdNr. 192 f.; *Soergel/Häuser* RdNr. 60; *Erman/Herrmann* RdNr. 15; *PWW/Brödermann* RdNr. 51; *Bamberger/Roth/Rohe* RdNr. 88; *Palandt/Sprau* RdNr. 11.
[178] Vgl. etwa BGH NJW 1965, 438; *Geißler* NJW 1988, 3184, 3188.
[179] Soweit ersichtlich, wurden sie auch bislang von der Rspr. in keinem Fall zur Anwendung gebracht.
[180] S. § 768 Abs. 1 S. 2 und dazu § 768 RdNr. 7; ferner § 767 RdNr. 6.
[181] So zu Recht *Henssler* Risiko S. 330 f. mwN; zust. wohl auch *Erman/Herrmann* RdNr. 15.

verzichtet, so gehört die Zahlungsverweigerung des leistungsfähigen Schuldners zum verbürgten Risiko.[182] Anderes gilt für Störungen der Geschäftsgrundlage im Verhältnis zwischen Gläubiger und Schuldner; auf sie kann sich der Bürge grundsätzlich (s. aber auch § 767 RdNr. 6) nach § 767 Abs. 1 S. 1 berufen.

b) Ausnahmen? Ein Wegfall der Geschäftsgrundlage soll dagegen insoweit in Betracht 43 kommen, als **außerhalb des unmittelbaren Risikos der Zahlungsunfähigkeit des Schuldners liegende Umstände** zur Geschäftsgrundlage gemacht werden.[183] Allerdings betont die Rechtsprechung, dass ein Wegfall der Geschäftsgrundlage auch insoweit nur ganz ausnahmsweise anzuerkennen sei. So ist nach Ansicht des BGH auch die auf andere Gründe als die Zahlungsfähigkeit des Schuldners (dazu RdNr. 42) gestützte Erwartung und Hoffnung des Bürgen, er werde nicht in Anspruch genommen werden, selbst dann unbeachtlich, wenn der Gläubiger sie gekannt hat.[184] Aus diesem Grund ist etwa der Fortbestand anderer gleich- oder nachrangiger Sicherheiten ebenso wenig Geschäftsgrundlage des Bürgschaftsversprechens[185] wie die Erwartung, der Schuldner werde sich vertragsgerecht verhalten oder von dritter Seite einen weiteren Kredit oder öffentliche Mittel erhalten.[186] Ein Wegfall der Geschäftsgrundlage soll dagegen in Betracht kommen, wenn der Bürge die Bürgschaft erkennbar nur übernimmt, um damit die Voraussetzung für die Stundung der zu sichernden Verbindlichkeit und einen darauf aufbauenden Sanierungsversuch[187] oder sonstige Umschuldungsmaßnahmen[188] zu schaffen. Entsprechendes soll für den Fall gelten, dass der Gläubiger zusagt, dem Schuldner in bestimmter Weise Kredit zu gewähren,[189] ihn auf Kredit zu beliefern[190] oder von einer Strafanzeige gegen ihn abzusehen.[191] Geschäftsgrundlage einer Kreditbürgschaft soll schließlich die Fortdauer der gesellschaftsrechtlichen oder arbeitsrechtlichen Bindung des Bürgen an den Schuldner sein können mit der Folge, dass nach Ausscheiden des Bürgen entstehende[192] Verbindlichkeiten nicht mehr von der Bürgschaft gedeckt seien.[193]

Sieht man von dem Sonderfall des Wegfalls der Geschäftsgrundlage einer Ehegattenbürg- 44 schaft nach Scheidung der Ehe ab (RdNr. 45), so hat der BGH, soweit ersichtlich, auch bei Fehlschlagen von außerhalb des typischen Bürgenrisikos (RdNr. 42) liegenden Erwartungen des Bürgen die Lehre vom Wegfall der Geschäftsgrundlage zwar durchaus in Betracht gezogen, bislang aber in keinem Fall tatsächlich zur Anwendung gebracht.[194] Neuere Entscheidungen lassen vielmehr die Tendenz erkennen, solchen Erwartungen des Bürgen nur

---

[182] BGHZ 104, 240, 242 f. = NJW 1988, 2173.
[183] BGH NJW 1994, 2146, 2147; BGHZ 88, 185, 191 = NJW 1983, 2442; BGH NJW 1987, 1629, 1630; 1988, 3205, 3206; BB 1973, 960; NJW 1966, 448, 449; *Staudinger/Horn* RdNr. 195; *Soergel/Häuser* RdNr. 60; PWW/*Brödermann* RdNr. 52; abl. *Henssler* Risiko S. 331 ff. mwN.
[184] BGH NJW 1988, 3205, 3206; s. ferner die Nachweise in Fn. 185 ff.
[185] BGH NJW 1994, 2146, 2147 (gleichrangige Sicherheit; offen gelassen für die Aufgabe einer vorrangigen Sicherheit); s. ferner BGH NJW 1979, 646 (Unbeachtlichkeit der Aufgabe einer nachrangigen Sicherheit); BGH NJW 1993, 2935, 2936 (Haben Bürge und Gläubiger nicht damit gerechnet, dass im Insolvenzfall Hauptforderung und Bürgschaft auf den Träger der gesetzlichen Insolvenzsicherung übergehen und dieser nunmehr den Bürgen in Anspruch nehmen kann, so begründet dies weder einen Wegfall der Geschäftsgrundlage noch die Annahme eines auf Übernahme einer bloßen Ausfallbürgschaft (dazu RdNr. 106 f.) gerichteten Parteiwillens.
[186] BGH WM 1965, 80 = NJW 1965, 438; NJW 1983, 1850; 1988, 3205, 3206; BGHZ 107, 92, 104 = NJW 1989, 1276.
[187] BGH NJW 1966, 448; BB 1973, 960; zum Risiko des Gelingens s. BGH WM 1977, 837, 838 f.; vgl. auch RG JW 1911, 540 f.; WarnR 1913 Nr. 360; 1916 Nr. 225.
[188] BGH WM 1974, 1127 = BB 1974, 1454.
[189] RG JW 1912, 464 f.; LZ 1919, 1231.
[190] RG BankA 1936/37, 556.
[191] BGH WM 1973, 36.
[192] S. aber auch BGH ZIP 1999, 875, 876 (keine Störung der Geschäftsgrundlage mit Aufgabe der gesellschaftsrechtlichen Stellung, soweit eine Altverbindlichkeit betroffen ist); OLG Hamm WM 1999, 586 (keine Störung der Geschäftsgrundlage infolge Umwandlung der Komplementär- in Kommanditistenstellung).
[193] BGH WM 1966, 317, 318; s. aber auch BGH NJW 1995, 2553 f.; ferner RdNr. 44.
[194] *Henssler* Risiko S. 333 f.

§ 765 45 Abschnitt 8. Titel 20. Bürgschaft

unter der Voraussetzung Bedeutung beizumessen, dass sie, wenn schon nicht in Form einer **Bedingung** (RdNr. 46) oder der Vereinbarung eines Rechts zur **Kündigung** (RdNr. 55 ff.), dann doch jedenfalls in einer Weise zum Ausdruck gebracht werden, die Raum lässt für eine im Wege der einfachen oder ergänzenden **Auslegung** gewonnene **einvernehmliche Einschränkung** des Bürgenrisikos.[195] Dies ist schon deshalb zu begrüßen, weil auch die in RdNr. 43 genannten Umstände das typische Bürgenrisiko (RdNr. 42) betreffen und somit die von der Rechtsprechung befürwortete Unterscheidung zwischen die Zahlungsfähigkeit des Schuldners betreffenden und sonstigen Umständen weder in der Sache noch unter dem Gesichtspunkt der Rechtssicherheit zu überzeugen vermag.[196] Im Übrigen hat die Rechtsprechung die Heranziehung der Lehre von der Geschäftsgrundlage zumeist in den Fällen erwogen, in denen der Gläubiger selbst in die künftige Entwicklung einbezogen ist, indem er etwa die Teilnahme an einer Sanierung oder den Verzicht auf einen Straf- oder Insolvenzantrag verspricht (s. RdNr. 43). Gerade in Fällen dieser Art liegt zumindest die Annahme eines entsprechend bedingten Bürgschaftsversprechens nahe, wenn nicht sogar der Gläubiger eine entsprechende Rechtspflicht übernommen hat (RdNr. 6) und somit die Vorschriften über Unmöglichkeit und Verzug zur Befreiung des Bürgen führen; jedenfalls aber steht dem Bürgen bei Nichteintritt des mit der Bürgschaft bezweckten Erfolgs die **condictio ob rem** zu.[197]

45   Besonderheiten gelten für die Übernahme von Bürgschaften durch den Ehegatten oder sonstigen Lebenspartner des Schuldners (RdNr. 15 ff., 23 ff.). Hat sie eine *krasse finanzielle Überforderung* des Bürgen zur Folge (RdNr. 24), so ist die Tatsache, dass die Bürgschaft den Gläubiger gegen **Vermögensverlagerungen** sichern sollte, als solche zwar nicht geeignet, die Vermutung der Sittenwidrigkeit zu widerlegen (RdNr. 27 f.). Die Bürgschaft ist vielmehr, soweit die Vermutung der Sittenwidrigkeit nicht anderweitig widerlegt wird (RdNr. 25 f.), nichtig, so dass sich die Frage, ob die **Scheidung der Ehe** oder die definitive Beendigung der Partnerschaft ihre Geschäftsgrundlage in Wegfall bringt, an sich nicht mehr stellt.[198] Anderes soll allerdings gelten, wenn konkrete (vom Kreditgeber zu beweisende) Anhaltspunkte für einen auf der Vornahme künftiger Vermögensverlagerungen aufbauenden Verpflichtungswillen bestehen.[199] In einem solchen Fall kann die Scheidung der Ehe oder die ihr gleichstehende definitive Beendigung der Partnerschaft je nach Lage des Falles die gänzliche oder partielle Befreiung des Bürgen zur Folge haben.[200] Die Darlegungs- und Beweislast liegt beim Bürgen; er hat insbesondere den Fortfall der Gefahr von Vermögensverlagerungen zu beweisen.[201] Fehlt es an einer krassen finanziellen Überforderung des bürgenden Ehegatte oder Lebenspartners (RdNr. 29), so wird die Geschäftsgrundlage der Bürgschaft durch die Scheidung der Ehe oder die Beendigung der Partnerschaft in keinem Fall berührt.

---

[195] Vgl. neben den Nachweisen in Fn. 192 BGH NJW 1995, 2553 f. (dazu Text zu Fn. 193); BGHZ 107, 92, 104 = NJW 1989, 1276 (betr. die Nichtauszählung öffentlicher Mittel: „Dass die Zahlungsunfähigkeit des Hauptschuldners auf Grund anderer Umstände eingetreten sei als derjenigen, die der Bürge und der Gläubiger sich bei Abschluss des Bürgschaftsvertrags vorgestellt hätten, kann der Bürge nur dann mit Erfolg einwenden, wenn das Bürgschaftsrisiko durch vertragliche Abrede auf bestimmte Ursachen der Zahlungsunfähigkeit des Hauptschuldners beschränkt wurde."); BGH NJW-RR 1988, 495 = WM 1987, 1420; anders aber wiederum BGH NJW 1994, 2146, 2147.
[196] So auch *Henssler* Risiko S. 331.
[197] *Henssler* Risiko S. 334 f.
[198] Anders die frühere, vor dem 1. 1. 1999 abgegebene (s. Fn. 125) Bürgschaftsversprechen betreffende Rspr. des (seit 1. 1. 2001 nicht mehr für das Bürgschaftsrecht zuständigen, s. RdNr. 22) IX. ZS des BGH, s. BGHZ 128, 230, 237 f. = NJW 1995, 592; BGHZ 134, 325, 327 ff. = NJW 1997, 1003; näher dazu 3. Aufl. RdNr. 25, 45; s. ferner die Nachweise in Fn. 119 ff.
[199] S. die Nachweise in Fn. 124.
[200] Näher zu den maßgebenden Kriterien (Ausmaß der Verpflichtung bzw. fehlende Leistungsfähigkeit des Bürgen, Dauer der Ehe sowie der Schutzbedürftigkeit des Gläubigers, wirtschaftliche Bedeutung des Kredits für den Bürgen) BGHZ 128, 230, 239 = NJW 1995, 592; BGH NJW 1996, 2088, 2090 f.; *Ganter* WM 1996, 1705, 1713 f.
[201] BGH NJW 1996, 2088, 2090.

5. Bedingung und Befristung. a) Bedingung. Der Abschluss des Bürgschaftsvertrags 46 ist sowohl einer aufschiebenden als auch einer auflösenden Bedingung iS von § 158 uneingeschränkt zugänglich.[202] Vom Bürgen gestellte Bedingungen können sich auch aus den Umständen ergeben (s. etwa RdNr. 38). Da es sich um **haftungserleichternde Vorbehalte** handelt, bedarf es insoweit nicht der Einhaltung der Schriftform gemäß § 766 S. 1 (§ 766 RdNr. 14 f.). Der Bürge kann etwa die Übernahme der Bürgschaft von dem Hinzutreten weiterer mithaftender und am Ausgleich beteiligter Mitbürgen oder sonstiger Sicherungsgeber abhängig machen,[203] sich die Stundung der zu sichernden Forderung,[204] andere Beschränkungen der Gläubigerrechte[205] oder Vorleistungen des Schuldners oder Gläubigers[206] ausbedingen. Zulässig ist des Weiteren die Übernahme einer Bürgschaft unter der auflösenden Bedingung der Scheidung der Ehe zwischen Bürgen und Schuldner, ferner eine durch den Erwerb von Vermögen oder bestimmter Vermögensgegenstände aufschiebend bedingte Bürgschaft (RdNr. 28). Die Aushändigung der Bürgschaftsurkunde an den Gläubiger steht der Annahme einer nur bedingten Bürgschaft nicht entgegen.[207] Ist der Eintritt der Bedingung vom Belieben des Gläubigers abhängig, so ist der Bürge nicht verpflichtet, den Gläubiger auf die Notwendigkeit des Eintritts der Bedingung hinzuweisen (dazu noch RdNr. 83).[208] Eine auflösend bedingte Bürgschaft kann Zeitbürgschaft iS von § 777 sein (§ 777 RdNr. 7).

b) Befristung. Die Verpflichtung des Bürgen ist infolge des Akzessorietätsgrundsatzes an 47 den Bestand der Hauptschuld gekoppelt (§ 767 Abs. 1 S. 1, s. RdNr. 61 ff.). Nach § 163 kann ihr jedoch auch durch Bestimmung eines Anfangs- oder Endtermins eine vom Verhältnis des Gläubigers zum Schuldner unabhängige Geltungsdauer gesetzt werden. Bei Vereinbarung eines Endtermins bestimmen sich die Modalitäten der Abwicklung nach § 777.[209]

6. Beendigung. a) Erlöschen der Hauptschuld. Die Verpflichtung des Bürgen ist 48 akzessorischer Natur (RdNr. 61) und erlischt daher nach § 767 Abs. 1 S. 1 grundsätzlich[210] mit dem Erlöschen der Hauptschuld. Dem Erlöschen der Hauptschuld steht es gleich, dass die Verbindlichkeit, für die die Bürgschaft übernommen worden ist, nicht mehr entstehen kann (RdNr. 62 ff.); Anderes gilt allerdings, wenn der Gläubiger einen Bereicherungs- oder Ersatzanspruch hat und dieser von der Bürgschaft umfasst ist (RdNr. 66). Auch soweit vom Schuldner erbrachte Leistungen nach § 366 auf eine andere Schuld anzurechnen sind und deshalb nicht zum (gänzlichen oder teilweisen) Erlöschen der gesicherten Forderung führen, können Bürge und Gläubiger eine **Tilgungsvereinbarung** treffen, der zufolge die Verpflichtung des Bürgen gleichwohl erlischt.[211] Besteht keine Tilgungsvereinbarung zwischen Bürge und Gläubiger, so hat der Bürge die zwischen Schuldner und Gläubiger getroffene

---

[202] S. nur BGH NJW 1987, 1631 („ergibt sich aus dem Gesetz und ist noch nirgends in Zweifel gezogen worden"); zur Prozessbürgschaft s. aber auch RdNr. 119.
[203] Vgl. RdNr. 38; § 769 RdNr. 4; ferner BGH NJW 1994, 2146, 2147; WM 1958, 218, 219.
[204] RG WarnR 1915 Nr. 49; OLG München OLGE 34, 74.
[205] RG JW 1933, 2826, 2828; OLG Düsseldorf KTS 1981, 264.
[206] BGH ZIP 2003, 1972, 1974 (Eingang einer Anzahlung bei der Bank); NJW 2001, 1859, 1861 f. (zur Frage einer durch vollständige Auszahlung des Kredits bedingten Bürgschaft); WM 1974, 1154; 1957, 1312 (Bürgschaft nur für den Fall eines Vergleichs); OLG Stuttgart WM 2001, 1335 (Vereinbarung, wonach eine Anzahlungsbürgschaft erst mit Eingang des vollen Anzahlungsbetrags auf Konto des Hauptschuldners in Kraft tritt, schließt Haftung des Bürgen für Teilleistung aus); LG Wiesbaden WM 1977, 238; ähnlich RGZ 118, 358 (unter Anwendung von § 812 Abs. 1 S. 2).
[207] Vgl. nur BGH ZIP 2003, 1972, 1974.
[208] BGH NJW 1987, 1631 (Eingang einer bestimmten Geldsumme auf ein bei der bürgenden Bank geführtes Konto des Schuldners).
[209] Zur Abgrenzung zwischen zeitlicher und gegenständlicher Begrenzung der Bürgenhaftung s. § 777 RdNr. 4; zur Verlängerung einer befristeten Bürgschaft s. BGH ZIP 2001, 1408, 1409, dort auch zum überraschenden Charakter einer – in der ursprünglichen Bürgschaftsurkunde nicht enthaltenen – Haftungsausschlussklausel.
[210] Näher dazu sowie zu Ausnahmen § 767 RdNr. 3 ff., 6; s. ferner OLG München WM 2008, 2112 (Wiederaufleben der Bürgschaft nach Anfechtung des Erlöschens der Hauptschuld gem. § 144 Abs. 1 InsO).
[211] RGZ 136, 178, 184; RG JW 1936, 2393; OLG Bamberg NJW 1956, 1240; *Graf Lambsdorff/Skora* Handbuch RdNr. 337; vgl. auch BGH WM 1966, 944 f. – Zur Bindungswirkung derartiger Abreden s. BGH NJW 1993, 2043, 2044.

§ 765 49, 50

Anrechnungsvereinbarung ebenso wie eine einseitige **Tilgungsbestimmung des Schuldners** iS von § 366 Abs. 1 hinzunehmen.[212] Hat der Schuldner keine Tilgungsbestimmung getroffen, so findet § 366 Abs. 2 Anwendung; ein Zessionar der gesicherten Forderung handelt dabei nicht rechtsmissbräuchlich, wenn er die Zahlung auf die eigene ungesicherte Forderung anrechnet.[213]

49 **b) Wechsel und Wegfall eines Beteiligten. aa) Tod des Bürgen.** Der Tod des Bürgen hat auf den Bestand der Bürgschaft grundsätzlich keinen Einfluss. Auch die Verbindlichkeit aus einer längerfristig übernommenen Kreditbürgschaft geht auf den Erben über und dauert fort, bis sie gekündigt wird.[214] Doch kann dem Gläubiger die Geltendmachung von Ansprüchen, die erhebliche Zeit nach dem Erbfall begründet wurden, nach Treu und Glauben versagt sein, wenn der Erbe die Bürgschaft längst hätte kündigen können und dies ersichtlich nur aus Unkenntnis versäumt hat.[215] Ist der **Gläubiger Alleinerbe** des Bürgen, so erlischt die Bürgschaft durch Konfusion.[216] Anderes gilt für den Fall, dass der **Schuldner den Bürgen beerbt**; in diesem Fall der sog. unechten Konfusion bleiben die Verbindlichkeiten sowie etwaige Sicherheiten für die Bürgschaft bestehen.[217] Zur rechtsgeschäftlichen Übertragung der Bürgschaftsforderung s. RdNr. 52.

50 **bb) Wechsel und Wegfall des Hauptschuldners.** Eine Auswechslung des Schuldners durch **befreiende Schuldübernahme** bringt die Bürgschaft nach § 418 Abs. 1 S. 1 und 3 zum Erlöschen, wenn nicht der Bürge in die Schuldübernahme formgerecht (§ 766 RdNr. 13; § 418 RdNr. 6) *einwilligt*.[218] Die „Übernahme" von Verbindlichkeiten im Rahmen einer Unternehmensveräußerung kann als bloße Erfüllungsübernahme iS von § 329 oder als Schuldbeitritt zu qualifizieren sein; in diesem Fall bleibt die Wirksamkeit der Bürgschaft unberührt.[219] Die Vorschrift des § 418 gilt entsprechend bei einer **Vertragsübernahme** (Vor § 414 RdNr. 7f.), sofern diese aus Sicht des Bürgen zu einem Schuldnerwechsel führt, dh. der Schuldner der gesicherten Forderung ausgewechselt wird.[220] Der **Tod des Schuldners** hat auf die Verpflichtung des Bürgen nach § 768 Abs. 1 S. 2 auch dann keinen Einfluss, wenn der Erbe haftungsbeschränkende Maßnahmen ergreift (§ 768 RdNr. 7). Führt ein Erbe den Geschäftsbetrieb des Schuldners unverändert fort, so bleibt – vorbehaltlich einer Kündigung des Bürgen (RdNr. 55ff.) – auch eine für zukünftige Geschäftsverbindlichkeiten übernommene Bürgschaft zugunsten des Nachfolgers bestehen. *Beerbt der Gläubiger* den Hauptschuldner, so führt dies grundsätzlich[221] zum Erlöschen der gesicherten Schuld infolge Konfusion und damit zum Erlöschen der akzessorischen Verpflichtung des Bürgen (RdNr. 48); für Regressansprüche des Gläubigers gegen den Bürgen ist kein Raum.[222] Wird der *Bürge Erbe* des Hauptschuldners, so bleiben beide Verpflichtun-

---

[212] BGH NJW 1993, 2043, 2044; 2000, 1566, 1569; 2000, 2580, 2583; vgl. auch OLG Karlsruhe NJW-RR 1988, 1194; WM 1993, 787.
[213] BGH WM 1986, 257 = WuB I F 1 a.-9.86 *(Schröter)*.
[214] BGH LM § 1922 Nr. 10 = MDR 1976, 1013; RG JW 1911, 447; AnwK-BGB/*Beckmann* RdNr. 46.
[215] RG JW 1932, 1655f.; vgl. auch OLG Frankfurt MDR 1978, 52f.
[216] Zu den – in der vorliegenden Konstellation weniger relevanten – Ausnahmen s. Fn. 221.
[217] RGZ 76, 57f.; *Kretschmar*, Theorie der Konfusion, 1899, S. 224; *Staudinger/Horn* RdNr. 224; *Palandt/Sprau* RdNr. 15.
[218] Vgl. dazu auch BGH NJW 1993, 1917, 1918; WM 1955, 973, 976: die durch Ausscheiden des vorletzten Gesellschafters einer Personengesellschaft bewirkte Gesamtrechtsnachfolge (RdNr. 51) ist auch dann nicht als Schuldübernahme iS von § 418 zu qualifizieren, wenn der ausscheidende Gesellschafter Bürge ist; BGH NJW-RR 1991, 817, 818 = WM 1991, 558, wo die Frage der Wirksamkeit einer entsprechenden Einwilligungsklausel offen gelassen wurde.
[219] BGH NJW-RR 1991, 817, 818 = WM 1991, 558.
[220] OLG Hamm WM 1990, 1152, 1154f.; *Reinicke/Tiedtke* Bürgschaftsrecht RdNr. 140; s. aber auch OLG München WM 1998, 1966 (Auslegung der Erklärung kann Erstreckung auf neuen Schuldner ergeben). – Zum umgekehrten Fall der Auswechslung des Gläubigers der gesicherten Forderung (im Fall einer Mietbürgschaft: des Vermieters) s. BGHZ 95, 88, 97f. = NJW 1985, 2528.
[221] Zu Ausnahmen s. §§ 1976, 1991 Abs. 2, 2143, 2175, 2377; ferner BGH NJW 1995, 2287, 2288; Vor § 362 RdNr. 4 mwN.
[222] So auch *Graf Lambsdorff/Skora* Handbuch RdNr. 348; aA *Staudinger/Horn* RdNr. 222.

Vertragstypische Pflichten bei der Bürgschaft 51, 52 § 765

gen in der Person des Erben bestehen (RdNr. 49); etwaige haftungsbeschränkende Maßnahmen haben auch in diesem Fall nach § 768 Abs. 1 S. 2 keine Wirkung hinsichtlich der Bürgenschuld. Auch für den Fall, dass der Hauptschuldner durch den *Bürgen und den Gläubiger zugleich* beerbt wird, bleibt der Bürge als solcher zunächst verpflichtet. Soweit er aber nach § 774 Abs. 1 S. 1 in die Rechte des befriedigten Gläubigers eintritt, muss ihm dieser als Miterbe des Schuldners nach Maßgabe seines Erbteils Ersatz leisten.[223]

In Ermangelung einer zu sichernden Forderung erlischt die Bürgschaft, wenn der als Personengesellschaft oder juristische Person verfasste **Hauptschuldner** durch Vollbeendigung und damit **ohne Rechtsnachfolger untergeht,** sofern die Vollbeendigung des Schuldners nicht gerade auf *Vermögensverfall*[224] des Schuldners zurückzuführen ist und sich deshalb das vom Bürgen übernommene Risiko verwirklicht hat.[225] Davon zu unterscheiden ist der Fall, dass mit Ausscheiden des vorletzten Gesellschafters das Vermögen der Personengesellschaft im Wege der **Gesamtrechtsnachfolge** (Vor § 723 RdNr. 9) auf den verbleibenden Gesellschafter übergeht; dann sichert die Bürgschaft die auf den Gesellschafter übergegangene Schuld.[226] Ob auch durch den Gesamtrechtsnachfolger begründete Verbindlichkeiten von einer an sich auch künftige Verbindlichkeiten umfassenden (Global-)Bürgschaft erfasst werden, ist eine Frage der Auslegung und – ungeachtet eines etwaigen Befreiungsanspruchs gemäß § 775 oder eines Kündigungsrechts des Bürgen (RdNr. 55 ff.) – regelmäßig zu verneinen.[227] Entsprechendes gilt in den sonstigen Fällen einer Gesamtrechtsnachfolge in das Vermögen des Hauptschuldners, im Wesentlichen also bei Verschmelzung (§§ 2 ff. UmwG), Spaltung (§§ 123 ff. UmwG) oder Vermögensübertragung (§§ 174 ff. UmwG), ferner beim Formwechsel gemäß §§ 190 ff. UmwG.[228] Der ersatzlose **Wegfall eines Gesamtschuldners** lässt dagegen den Bestand der Bürgschaft grundsätzlich unberührt, sofern nicht die Bürgschaft ausschließlich für die Schuld des ausgeschiedenen Gesamtschuldners übernommen war.[229] Grundsätzlich ohne unmittelbaren Einfluss auf den Bestand der Bürgschaft ist ferner das **Ausscheiden des Gesellschafters** aus der Gesellschaft, für deren Schuld er sich verbürgt hat;[230] doch steht dem Gesellschafter in diesem Fall regelmäßig ein Kündigungsrecht zu (RdNr. 55 f.).

cc) Wechsel und Wegfall des Gläubigers. Die Bürgschaftsforderung kann als solche weder übertragen[231] und belastet werden[232] noch isoliert im Wege der Gesamtrechtsnachfolge übergehen (RdNr. 54). Infolge ihrer Akzessorietät (RdNr. 61) folgt sie vielmehr nach §§ 401, 412 dem Anspruch gegen den Hauptschuldner. Geht also die gesicherte Forderung ganz oder teilweise auf den Zessionar über, so erwirbt dieser ipso iure auch den Anspruch gegen den Bürgen. Zwar besteht die Bürgschaft in den Fällen der §§ 254 Abs. 2 S. 1, 301 Abs. 2 S. 1 InsO, des § 768 Abs. 1 S. 2 sowie in vergleichbaren Fällen trotz Erlöschen der

---

[223] RGZ 76, 57, 58 f.; *Staudinger/Horn* RdNr. 223; *Graf Lambsdorff/Skora* Handbuch RdNr. 348.
[224] Nicht zu verwechseln mit Vermögenslosigkeit infolge ordnungsgemäßer Liquidation und Erfüllung der Gesellschaftsschuld, s. § 767 RdNr. 3 ff.
[225] BGHZ 82, 323, 326 f. = NJW 1982, 875; BGH NJW 1993, 1917, 1918; zum Erlöschen der Bürgschaft s. ferner RGZ 148, 65, 66 f.; 153, 338, 341 ff.; LG Lübeck GmbHR 1992, 539, 540; zum Fortbestand bei Vermögensverfall des Schuldners s. BGH aaO, ferner § 767 RdNr. 6.
[226] BGH NJW 1993, 1917, 1918; WM 1955, 973.
[227] BGH NJW 1993, 1917, 1918.
[228] Für Fortbestand der Bürgschaft auch *Staudinger/Horn* RdNr. 205; für die Verschmelzung s. *Eusani* WM 2004, 866 ff.
[229] RG WarnR 1913 Nr. 286.
[230] BGHZ 130, 19, 22 f. = NJW 1995, 2553; BGH NJW 1986, 2308, 2309; näher dazu *Horn* Bürgschaften RdNr. 356 ff.; *P. Bydlinski* Bürgschaft S. 56 ff.; aA *Stolzenburg* ZIP 1985, 1189 (Enthaftung durch Mitteilung vom Ausscheiden).
[231] BGHZ 115, 177, 180 = NJW 1991, 3025; BGHZ 82, 323, 328 f. = NJW 1982, 875; BGH NJW 1980, 1572, 1573; aA *Tiedtke* ZIP 1995, 521, 527; *P. Bydlinski* ZIP 1989, 953, 957 ff. – Zum Übergang der Bürgschaft bei Vertragsübernahme auf Seiten des Gläubigers der gesicherten Forderung s. BGHZ 95, 88, 97 f. = NJW 1985, 2528.
[232] OLG Colmar OLGE 26, 411; zur Zulässigkeit einer Einziehungsermächtigung s. jedoch BGH NJW-RR 1989, 315, 317. – Sonstigen Verfügungen, insbes. der Aufhebung durch Erlassvertrag und inhaltlichen Änderungen der Forderung gegen den Bürgen, ist die Bürgschaft zugänglich.

Hauptschuld fort.[233] Von diesen Ausprägungen des Sicherungszwecks der Bürgschaft abgesehen müssen aber der Gläubiger der Hauptforderung und der Bürgschaftsgläubiger ein und dieselbe Person sein.[234] Der Grundsatz der **Gläubigeridentität** ist zwingender Natur. Eine **isolierte Abtretung** der Rechte aus der *Bürgschaft* ist deshalb **unwirksam**.[235] Umgekehrt hat die Abtretung der *Hauptforderung* ohne die Rechte aus der Bürgschaft – etwa bei Unabtretbarkeit der Bürgschaftsforderung gemäß §§ 399, 412 – entsprechend § 1250 Abs. 2 das **Erlöschen der Bürgschaft** zur Folge.[236] Eine Vereinbarung, die den Übergang der Rechte aus der Bürgschaft ausschließt, bezieht sich demnach zwar allein auf den Mitlauf der Bürgschaftsforderung nach §§ 401, 412 und hindert den Gläubiger deshalb nicht daran, die Hauptforderung isoliert zu übertragen. Da die Zession der Hauptforderung in diesem Fall jedoch zum Erlöschen der Bürgschaft führt, genügt eine entsprechende AGB dem **Transparenzgebot** des § 307 Abs. 1 S. 2 nur unter der Voraussetzung, dass sie den Gläubiger auf die Rechtsfolge des Erlöschens der Bürgschaftsforderung unmissverständlich hinweist.[237] Wurde der Übergang der Rechte aus der Bürgschaft durch *Individualvereinbarung* ausgeschlossen, kann das Bürgschaftsversprechen allerdings dahin auszulegen sein, dass es bei Wiederherstellung der Gläubigeridentität durch Rückerwerb der Hauptforderung wiederauflebt.[238] Auch für den Fall, dass der Ausschluss des Übergangs der Bürgschaftsforderung wirksam ist, kann diese nach §§ 405, 401, 412 auf den Zessionar der Hauptforderung übergehen.[239]

53 Auch Bürgschaften für **künftige Verbindlichkeiten** iS des § 765 Abs. 2 können nicht isoliert abgetreten werden (RdNr. 52). Eine Bürgschaft für zukünftige, im Rahmen einer fortdauernden Geschäftsverbindung zwischen Gläubiger und Schuldner erst noch zu begründende Verbindlichkeiten geht darüber hinaus auf den die Geschäftsverbindung fortsetzenden Erwerber des Geschäftsbetriebs des Gläubigers nur insoweit über, als bereits der Veräußerer Kredit gewährt und damit Bürgschaftsforderungen begründet hat. Dagegen wird der Erwerber grundsätzlich nicht berechtigt, die Kreditverbindung mit Wirkung gegenüber dem Bürgen fortzusetzen.[240] Der „Übergang" einer solchen Bürgschaft muss vielmehr gesondert und unter Beachtung der Formvorschrift des § 766 S. 1 vereinbart werden; konstruktiv handelt es sich dabei um einen Vertrag zugunsten des Nachfolgers des Gläubigers gemäß § 328 Abs. 1.[241]

54 Beim **Tod des Gläubigers** geht nach § 1922 Abs. 1 die Hauptforderung und mit ihr die Bürgschaftsforderung (§§ 401, 412) auf den oder die Erben über. Anders verhält es sich allerdings, wenn der Gläubiger vom Bürgen oder vom Schuldner beerbt wird; die Bürgschaftsforderung erlischt dann im ersten Fall durch Konfusion, im zweiten wegen des

---

[233] Zur Abtretbarkeit der Bürgschaftsforderung in den genannten Fällen s. BGHZ 82, 323, 328 f. = NJW 1982, 875; näher zu den genannten Fällen RdNr. 50 f. und § 767 RdNr. 6.
[234] BGHZ 115, 177, 183 = NJW 1991, 3025; BGHZ 95, 88, 93 = NJW 1985, 2528 (Vertragsübernahme); BGHZ 163, 59, 63 = NJW 2005, 2157 = JZ 2005, 954 m. Anm. *Brehm* (Titelgläubiger; dazu noch RdNr. 120); BGH WM 2003, 969, 971; 2001, 3327; 1996, 717 (Bürgschaft zugunsten eines künftigen Rechtsnachfolgers des gegenwärtigen Gläubigers); NJW 2002, 3461, 3462 (Bürgschaft für bereits abgetretene künftige Forderung); BankR-HdB/*Schmitz/Wassermann/Nobbe* § 91 RdNr. 28 ff.; s. dazu noch RdNr. 12, 67, 71.
[235] Vgl. die Nachweise in Fn. 231, ferner BGH WM 2003, 969, 971; OLG Düsseldorf WM 2003, 1318, 1320 f.; *Soergel/Häuser* RdNr. 120; BankR-HdB/*Schmitz/Wassermann/Nobbe* § 91 RdNr. 30.
[236] So zutr. und mwN (auch zur Gegenauffassung) BGHZ 115, 177, 181 f. = NJW 1991, 3025; OLG Düsseldorf WM 2003, 1318, 1320 f.; *Staudinger/Horn* RdNr. 209; *Soergel/Häuser* RdNr. 122; AnwK-BGB/*Beckmann* RdNr. 42; *Bülow* Kreditsicherheiten RdNr. 943; aA namentlich *P. Bydlinski* WM 1992, 1301, 1308 ff.; *Tiedtke* ZIP 1995, 521, 526. Eingehend dazu *Becker-Eberhard* Forderungsgebundenheit S. 329 ff., 504 ff. Zur Vorausabtretung der gesicherten Forderung s. noch RdNr. 67.
[237] So zutr. BGHZ 115, 177, 185 = NJW 1991, 3025; BankR-HdB/*Schmitz/Wassermann/Nobbe* § 91 RdNr. 30.
[238] BGHZ 115, 177, 186 = NJW 1991, 3025; *Staudinger/Horn* RdNr. 210.
[239] *Graf Lambsdorff/Skora* Handbuch RdNr. 353. – Zur Unanwendbarkeit des § 766 S. 1 auf das „Abtretungsverbot" s. § 766 RdNr. 14.
[240] BGHZ 26, 142, 147 f. = NJW 1958, 217; BGH WM 1960, 371, 372; NJW 1993, 1917, 1918; RG WarnR 1914 Nr. 184.
[241] BGHZ 26, 142, 148 f. = NJW 1958, 217.

– seinerseits konfusionsbedingten – Erlöschens der Hauptschuld (RdNr. 50). Dem Tod stehen die sonstigen Fällen einer **Gesamtrechtsnachfolge** (s. RdNr. 51) in das Vermögen des Gläubigers gleich.²⁴² Auch die **Enteignung** des Gläubigers durch einen ausländischen Staat lässt regelmäßig den Bestand der Forderung und damit auch den der Bürgschaft unberührt;²⁴³ der Inanspruchnahme des Bürgen kann allerdings der deutsche ordre public entgegenstehen.²⁴⁴

c) Kündigung. Hat der Bürge die Bürgschaft auf bestimmte oder unbestimmte Zeit – 55 etwa für die Dauer der Geschäftsverbindung des Schuldners mit dem Gläubiger – und für ein bei Abschluss des Bürgschaftsvertrags nicht kalkulierbares Risiko übernommen, so ist die Bürgschaft **Dauerschuldverhältnis**. Sie kann dann der Kündigung durch den Bürgen unterliegen.²⁴⁵ Dabei ist zwischen der ordentlichen und der außerordentlichen Kündigung zu unterscheiden.²⁴⁶ Was zunächst die **ordentliche Kündigung** des unbefristeten Bürgschaftsvertrags betrifft, so kommt sie nur bei unbefristeten Bürgschaftsverträgen in Betracht.²⁴⁷ Sie ist zwar unabhängig vom Vorliegen eines wichtigen Grundes, wohl aber nur nach einer angemessenen Zeit und mit einer angemessenen Frist möglich.²⁴⁸ Für die Bemessung der einzuhaltenden Kündigungsfrist sind die Umstände, insbesondere die Motivation des Bürgen und das Sicherungsinteresse des Gläubigers, zu berücksichtigen. Als Richtschnur kann entsprechend § 488 Abs. 3 S. 2 von einer Kündigungsfrist von 3 Monaten ausgegangen werden;²⁴⁹ je nach Lage des Falles kann aber auch eine kürze oder längere Frist maßgebend oder der Bürge gar ohne Einhaltung einer Kündigungsfrist zur Kündigung berechtigt sein.²⁵⁰

Die **außerordentliche Kündigung** kommt sowohl bei der befristeten als auch bei der 56 unbefristeten Bürgschaft (mit unüberschaubarem Haftungsrisiko, RdNr. 55) in Betracht.²⁵¹ Voraussetzung ist das Vorliegen eines **wichtigen Grundes** iS des § 314. Ein solcher ist insbesondere bei einer erheblichen *Verschlechterung der Vermögenslage* des Hauptschuldners gegeben; eine Benachteiligung des Gläubigers kann darin schon mit Blick auf die ex-nunc-Wirkung der Kündigung (RdNr. 57) nicht gesehen werden.²⁵² Gleichfalls einen wichtigen

---

²⁴² BGHZ 77, 167 = NJW 1980, 1841 (Verschmelzung); für die Grundschuld s. ferner BGH WM 1981, 553.
²⁴³ Vgl. BGHZ 31, 168 = NJW 1960, 189; BGHZ 32, 97 = NJW 1960, 1052.
²⁴⁴ BGHZ 104, 240 = 1988, 2173.
²⁴⁵ Näher dazu und unter Einbeziehung sonstiger Sicherungsrechte *Schimansky*, FS Hadding, 2004, S. 1081 ff.; aus der Rspr. s. namentlich BGH NJW 2003, 61 (Verpfändung); NJW-RR 1993, 944 (Sicherungsgrundschuld); für einen Überblick s. BankR-HdB/*Schmitz/Wassermann/Nobbe* § 91 RdNr. 197 ff.
²⁴⁶ Krit. zum Begriff der Kündigung und zur Unterscheidung zwischen ordentlicher und außerordentlicher Beendigung *Schimansky*, FS Hadding, S. 1081, 1084, 1086 f.; wie hier freilich BankR-HdB/*Schmitz/Wassermann/Nobbe* § 91 RdNr. 200 f.
²⁴⁷ *Erman/Herrmann* RdNr. 8.
²⁴⁸ Im Grundsatz einhM, s. bereits Mot. II S. 682; ferner RG JW 1911, 447; BGH WM 1959, 855, 856; NJW 1985, 3007, 3008; Thies 2309; 1993, 1917, 1918; *P. Bydlinski* Bürgschaft S. 56 ff.; *ders.*, FS Schimansky, 1999, S. 299, 304 ff.; *Derleder* NJW 1986, 97, 101 ff.; *Reinicke/Tiedtke* Bürgschaftsrecht RdNr. 135; *Soergel/Häuser* RdNr. 135; *Erman/Herrmann* RdNr. 8; *Palandt/Sprau* RdNr. 16; *Bamberger/Roth/Rohe* RdNr. 137; *PWW/Brödermann* RdNr. 67; zu entsprechenden Bürgschaftsklauseln s. *Fuchs* in: *Ulmer/Brandner/Hensen* Anh. § 310 RdNr. 247; *Schröter* WM 2000, 16, 18; *Schimansky*, FS Hadding, 2004, S. 1081, 1090 ff.
²⁴⁹ *Erman/Herrmann* RdNr. 8; *Derleder* NJW 1986, 97, 102; *Bydlinski*, FS Schimansky, 1999, S. 299, 309 f.; zur entsprechenden Formularpraxis s. *Schröter* WM 2000, 16, 18.
²⁵⁰ Vgl. BGH NJW 1985, 3007, 3008 (Kündigung des aus der Gesellschaft ausgeschiedenen Bürgen drei Jahre nach Übernahme der Bürgschaft); ferner OLG Celle NJW-RR 1989, 548 (Kündigungsfrist von vier bis sechs Wochen bei Bürgschaft, die lediglich Vorschüsse aus einem Factoringvertrag sichert); OLG Düsseldorf NJW 1999, 3128 (Kündigung einer Mietbürgschaft zu einem Zeitpunkt, zu dem der Vermieter den Mietvertrag ordentlich kündigen kann).
²⁵¹ Zutr. *Erman/Herrmann* RdNr. 8; für Kündbarkeit der Zeitbürgschaft auch *Staudinger/Horn* RdNr. 235 (freilich ohne klare Trennung zwischen ordentlicher und außerordentlicher Kündigung); aA wohl *P. Bydlinski*, FS Schimansky, 1999, S. 299, 303 f.
²⁵² So zutr. BGH NJW-RR 1993, 944; *Schimansky*, FS Hadding, S. 1081, 1083; offen gelassen noch von BGH NJW 1985, 3007, 3008. S. ferner für die Verpfändung BGH NJW 2003, 61, 62: außerordentliche Kündigung nach Ehescheidung.

§ 765 57, 58

Grund bildet das *Ausscheiden des Gesellschafters* oder Geschäftsführers aus der Gesellschaft, sofern die Gesellschafter- oder Geschäftsführerstellung Anlass für die Übernahme der Bürgschaft für die Gesellschaftsschuld war.[253] In diesem Fall ist dem Gläubiger allerdings je nach Lage des Falles eine angemessene Frist (RdNr. 55) einzuräumen, damit er sich auf die veränderte Lage einstellen und entweder die Geschäftsbeziehung zu der Gesellschaft beenden oder gegen Einräumung einer Ersatzsicherheit fortsetzen kann.[254] Dem Ausscheiden aus der Gesellschaft gleichzustellen ist der Fall, dass der Bürge Gesellschafter der OHG oder Komplementär der KG wird, für deren Schuld er sich verbürgt hat, und er sodann nach §§ 128, 130, 161 Abs. 2 unbeschränkt haftet.[255] Die Ausübung des Kündigungsrechts ist für den Bürgen deshalb von Vorteil,[256] weil er als Gesellschafter in den Genuss des § 227 Abs. 2 InsO kommt, wohingegen die Haftung des Bürgen nach § 254 Abs. 2 InsO durch den Insolvenzplan nicht berührt wird (§ 767 RdNr. 6). Zur Gesellschafterbürgschaft s. noch RdNr. 75, 109.

57 Wie jede Kündigung wirkt auch die Kündigung des Bürgschaftsvertrags lediglich **ex nunc.** Sie hat zur Folge, dass die Bürgschaftsschuld betragsmäßig auf die im Zeitpunkt ihres Wirksamwerdens begründeten Verbindlichkeiten des Schuldners – im Fall eines Kontokorrentkredits (RdNr. 113) also auf den entsprechenden **Tagessaldo** – begrenzt wird.[257] Für nach Zugang der Kündigungserklärung, aber vor Ablauf der Kündigungsfrist begründete Verbindlichkeiten hat der Bürge grundsätzlich einzustehen.[258] Für nach Wirksamwerden der Kündigung entstandene Verbindlichkeiten haftet der Bürge dagegen nur insoweit, als es sich um Nebenforderungen und Kosten iS von § 767 Abs. 1 S. 2, Abs. 2 handelt.[259] Auf die Haftung des Bürgen für **Altverbindlichkeiten** hat die Kündigung keinen Einfluss. Insbesondere verwandelt sich die Bürgschaft durch die Kündigung nicht in eine Zeitbürgschaft iS des § 777, bei der die Bürgenhaftung von vornherein auf einen bestimmten Zeitraum befristet ist und dem Gläubiger die unverzügliche Inanspruchnahme des Bürgen obliegt.[260] Zum Erlöschen der Bürgschaft durch Kündigung des Hauptschuldverhältnisses s. § 767 RdNr. 3.

58 Soweit nicht der Bürgschaftsvertrag etwas anderes bestimmt und auch § 312 betreffend Haustürgeschäfte keine Anwendung findet (dazu Vor § 765 RdNr. 9), kann sich der Bürge seiner einmal übernommenen Haftung grundsätzlich nicht durch Widerruf oder Rücktritt entziehen.[261] Wird jedoch noch **vor Auszahlung des verbürgten Darlehens** erkennbar, dass der Schuldner nicht oder nicht mehr kreditwürdig ist,[262] so dass der Gläubiger nach § 490 Abs. 1 zur Kündigung des Darlehensvertrags berechtigt wäre, kann sich auch der Bürge durch Erklärung gegenüber dem Gläubiger von dem Bürgschaftsversprechen lösen. Leistet in diesem Fall der Gläubiger gleichwohl an den Schuldner, kann er sich wegen des von vornherein zu erwartenden Verlustes nicht an den Bürgen halten.[263]

---

[253] BGH NJW 1986, 252, 253; ZIP 1999, 877, 878; OLG Celle NJW-RR 1989, 548, *Staudinger/Horn* RdNr. 230; krit. *P. Bydlinski* Bürgschaft S. 58 ff.; *Stolzenburg* ZIP 1985, 1189.
[254] Vgl. die Rspr.-Nachweise in Fn. 253; ferner BGH WM 1959, 855; OLG Zweibrücken NJW 1986, 258.
[255] BGH NJW 1986, 2308, 2309.
[256] Ein weiterer Unterschied zwischen Gesellschafter- und Bürgenhaftung ergibt sich aus § 93 InsO.
[257] Vgl. BGH NJW 1989, 27, 28; 1986, 2308, 2309; 1986, 252, 253; 1985, 3007, 3008; speziell zur Bürgschaft für einen Kontokorrentkredit s. BGHZ 26, 142, 150 = NJW 1958, 217; BGHZ 50, 277, 283 = NJW 1968, 2100; BGH NJW 2004, 2232, 2234 f.; für die Verpfändung BGH NJW 2003, 61, 62, dort auch zur Prolongation des Kredits (grds. keine Haftung des Bürgen); zur Inanspruchnahme bereits bestehender Kreditlinien nach erfolgter Kündigung s. einerseits *Schimansky*, FS Hadding, 2004, S. 1081, 1089 f., andererseits *Lwowski* Kreditsicherung RdNr. 407.
[258] Vgl. BGH NJW 1985, 3007, 3008; tendenziell auch *P. Bydlinski*, FS Schimansky, 1999, S. 299, 311 mwN und zutr. Vorbehalt für Missbrauchsfälle.
[259] BGH ZIP 1988, 1167, 1169.
[260] BGH NJW 1985, 3007, 3008.
[261] RG JW 1932, 584.
[262] Zur Kündigung der für eine fortdauernde Geschäftsverbindung übernommenen Bürgschaft s. RdNr. 56.
[263] BGH WM 1959, 1072, 1074 f. = BB 1959, 866.

d) **Sonstige Erlöschensgründe.** Die Bürgschaft ist Schuldverhältnis iS von § 241 Abs. 1 **59** und erlischt somit nach §§ 362 ff. durch **Erfüllung oder Erfüllungssurrogat**.[264] Ist der Bürge dem Gläubiger noch aus einem anderen Rechtsgrund verpflichtet, so ist seine **Tilgungsbestimmung** sowohl für das Erlöschen der Bürgschaft (RdNr. 48) als auch für den Forderungsübergang nach § 774 Abs. 1 maßgebend.[265] Auch für die Bürgschaftsforderung gilt, dass der Gläubiger sein Recht nicht einseitig durch Verzicht aufgeben kann; dazu bedarf es vielmehr nach § 397 Abs. 1 eines auf die Bürgschaftsforderung bezogenen **Erlassvertrags** oder der **Aufhebung** des Bürgschaftsvertrags. Die Rückgabe der **Bürgschaftsurkunde** (RdNr. 60) führt deshalb als solche selbst dann nicht zum Erlöschen der Bürgschaft, wenn in der Bürgschaftsurkunde der Eintritt dieser Rechtsfolge bestimmt ist.[266] Durfte der Bürge allerdings die Rückgabe der Urkunde als Antrag, gerichtet auf Abschluss eines Erlassvertrags, verstehen, so bedarf seine Annahmeerklärung unter den – regelmäßig gegebenen – Voraussetzungen des § 151 keines Zugangs. Die Bürgschaft erlischt des Weiteren mit Eintritt einer **auflösenden Bedingung** (RdNr. 46) und durch Ablauf einer vereinbarten **Frist** (RdNr. 47). Die *Prozessbürgschaft* erlischt ferner nach § 109 ZPO (RdNr. 121). Zur Verjährung der Bürgschaftsforderung s. RdNr. 82, zur Aufrechnung s. § 770 RdNr. 7 ff.

e) **Prozessuale Konsequenzen; Bürgschaftsurkunde.** Die Darlegungs- und Beweis- **60** last für das Erlöschen der Bürgschaft obliegt dem Bürgen; dies gilt auch für den Fall, dass die Bürgschaft durch das *Erlöschen der Hauptschuld* ihr Ende findet (§ 767 RdNr. 5, 15). Der Bürge hat ggf. auf **Feststellung des Nichtbestehens** der Bürgschaftsforderung, nicht auf Erlass, Verzicht, Rückgewähr oder ähnliches zu klagen.[267] Hat der Schuldner gegenüber dem Gläubiger die Verpflichtung zur Stellung einer Bürgschaft übernommen (RdNr. 3, 8), so kann er aus eigenem Recht die **Herausgabe** der Bürgschaftsurkunde an den Bürgen beanspruchen.[268] Der Gläubiger kann die Herausgabe nicht unter Hinweis auf ungesicherte[269] Forderungen gegen den Schuldner verweigern.[270] Der Anspruch des Bürgen aus § 371 bleibt von dem auf der Sicherungsabrede gründenden Anspruch des Hauptschuldners unberührt. Zur Rechtslage bei Unwirksamkeit der Sicherungsabrede zwischen Gläubiger und Schuldner s. RdNr. 8; § 768 RdNr. 6.

IV. Hauptforderung

1. **Grundsatz der Akzessorietät.** Der Bürgschaftsvertrag begründet zwar eine von der **61** gesicherten (Haupt-)Schuld zu unterscheidende, rechtlich selbstständige Verbindlichkeit des Bürgen (RdNr. 79 ff.). Im Unterschied zur Garantie[271] ist die Verpflichtung des Bürgen

---

[264] Zur Vereinbarung eines Rechts des Bürgen zur Hinterlegung der Bürgschaftssumme s. BGH NJW 1986, 1038; s. dazu aber noch RdNr. 81. – Zum umgekehrten Fall – Zahlungen des Bürgen gelten nur als Sicherheitsleistung, solange nicht der Gläubiger voll befriedigt ist – s. BGHZ 92, 374 = NJW 1985, 614 und dazu § 774 RdNr. 5.
[265] Vgl. BGH NJW 1993, 1917.
[266] OLG Hamburg NJW 1986, 1691 f. (irrtümliche Rückgabe); s. ferner BGH WM 1978, 266, 267; OLG München WM 1983, 715, 716; zur Vertragsaufhebung s. BGH NZG 2004, 237, 238.
[267] Vgl. dazu auch BGH WM 1996, 1507: Zulässigkeit der Änderung eines zunächst auf Herausgabe der Urkunde gerichteten Antrags in einen solchen auf Rückzahlung der Bürgschaftssumme gemäß § 264 Nr. 3 ZPO.
[268] Vgl. BGHZ 147, 99, 106 f. = NJW 2001, 1857; BGH WM 1992, 1016, 1017; NJW 1989, 1482; s. ferner BGH NZI 2005, 453: Pflicht zur Herausgabe nach Insolvenzanfechtung auch bei Abtretung der gesicherten Forderung.
[269] Im Fall einer Austauschbürgschaft nach § 17 VOB Teil B kann der Auftraggeber, der sich weigert, den Bareinbehalt auszuzahlen, selbst dann nicht mit Gegenansprüchen aufrechnen oder ein Zurückbehaltungsrecht geltend machen, wenn die Gegenansprüche vom Sicherungszweck der Sicherungsabrede und der Bürgschaft erfasst werden; so zu Recht BGH ZIP 2000, 1624, 1625.
[270] BGHZ 147, 99, 106 f. = NJW 2001, 1857; BGH NJW 2001, 3329, 3330 (dort auch zur Rechtslage bei einer von § 7 MaBV abw. Vereinbarung zwischen dem Auftraggeber des Werkes und einem Dritten, dem die Vergütungsansprüche abgetreten wurden); OLG Karlsruhe NJW-RR 1998, 533; für dingliche Sicherheiten s. BGH NJW 1988, 3260, 3261; 2000, 2499, 2500.
[271] Vor § 765 RdNr. 16 ff.; zum Schuldbeitritt s. Vor § 765 RdNr. 10 ff.

§ 765 62

jedoch akzessorisch und damit in Entstehung (RdNr. 62 ff.), Fortbestand (RdNr. 48; § 767 RdNr. 3 ff.), Inhalt (RdNr. 79), Durchsetzbarkeit (§ 768) und Rechtszuständigkeit auf der Gläubigerseite (RdNr. 52 f.) von der Hauptschuld abhängig.[272] Die „dynamische" Bezugnahme der Bürgschaft auf die Hauptschuld bewirkt zunächst eine rechtstechnische Vereinfachung,[273] werden doch die gesicherte Forderung betreffende Veränderungen unmittelbar auf die Bürgschaftsforderung erstreckt, ohne dass es eines gesonderten, auf das Nebenrecht bezogenen Rechtsgeschäfts bedarf. Vor allem aber bezweckt die Akzessorietät den **Schutz des Bürgen:**[274] Indem das Gesetz die Berechtigung des Gläubigers aus der Bürgschaft an die Berechtigung aus der Hauptschuld bindet, stellt es, dem Sicherungszweck der Bürgschaft Rechnung tragend, sicher, dass der Gläubiger vom Bürgen (allenfalls) „das bekommt, was er vom Hauptschuldner nach dem jeweiligen Bestand der Hauptschuld zu bekommen hat".[275] Soweit schließlich die Bürgschaftsforderung als solche Verfügungen nicht zugänglich ist, Verfügungen über die Hauptforderung vielmehr auch die Bürgschaftsforderung umfassen, kommt dem Akzessorietätsgrundsatz Ordnungsfunktion zu. Die Bürgschaft ist freilich nicht streng akzessorisch. „Lockerungen" der Akzessorietät finden sich namentlich[276] in der durch § 765 Abs. 2 eröffneten Möglichkeit, eine Bürgschaft für eine künftige Schuld zu übernehmen (RdNr. 66 f.), sowie in dem in § 767 Abs. 1 S. 3 zum Ausdruck kommenden Verbot der Fremddisposition (§ 767 RdNr. 10 ff.). Wird die Verbindlichkeit des Sicherungsgebers durch *Individualvertrag* über die gesetzlichen Einschränkungen der Akzessorietät hinaus aus der Abhängigkeit von der gesicherten Schuld gelöst, handelt es sich zumeist[277] um eine Garantie oder einen auf Übernahme der Hauptschuld zielenden Schuldbeitritt.[278] Die *formularvertragliche* Einschränkung oder Aufhebung der Akzessorietät einer von den Parteien gewollten Bürgschaft ist dagegen regelmäßig unangemessen iS von § 307 Abs. 2 Nr. 1.[279]

62   2. **Akzessorietät in der Entstehung.** Ist die gesicherte Forderung nicht entstanden, so ist die Bürgschaft gegenstandslos,[280] sofern nicht die Auslegung ergibt, dass etwaige **Bereicherungs-, Rückgewähr- oder Schadensersatzansprüche** des Gläubigers von der Bürgschaft umfasst sind und damit dem Akzessorietätserfordernis genügt ist.[281] Letzteres wird zumindest bejaht, wenn das Entstehungs- oder Wirksamkeitshindernis dem Bereich des Schuldners zuzuordnen ist, also etwa bei Geschäftsunfähigkeit des Schuldners[282] oder Anfechtung des Gläubigers wegen arglistiger Täuschung,[283] in den Fällen des § 503 Abs. 2

---

[272] Näher zum Grundsatz der Akzessorietät *Medicus* JuS 1971, 497 ff.; *Lettl* WM 2000, 1316 ff.; *Habersack* JZ 1997, 857, 860 ff., dort auch rechtshistorische und rechtsvergleichende Hinweise; *Lindacher*, FS Gerhardt, 2004, S. 587, 592 f.; monographisch *Becker-Eberhard* Forderungsgebundenheit S. 48 ff., 104 ff., 251 ff.; *Chr. Schmidt* Akzessorietät S. 45 ff., 96 ff.
[273] Hierin erblickt *Medicus* JuS 1971, 497, 498 die wesentliche Bedeutung der Akzessorietät.
[274] *Habersack* JZ 1997, 857, 862 f.; *Lettl* WM 2000, 1316 f.; abl. *Chr. Schmidt* Akzessorietät S. 49 ff.
[275] So zutr. BGHZ 139, 214, 217 = NJW 1998, 2972; *Fischer* WM 2001, 1049, 1051 f.
[276] Zu den auf den Fortbestand des Sicherungszwecks zurückzuführenden Ausnahmen s. § 767 RdNr. 6, § 768 RdNr. 7.
[277] Anderes kann bei einer bloßen Einschränkung bzw. Abbedingung der §§ 768 Abs. 1 S. 1 und Abs. 2, 770 gelten, s. Nachweise in Fn. 275, ferner OLG Frankfurt DB 1974, 2245 f.
[278] Zur Unterscheidung zwischen Sicherungs- und Übernahmebeitritt s. Vor § 765 RdNr. 12.
[279] Vgl. BGHZ 95, 350, 356 f. = NJW 1986, 43; *Fuchs* in: *Ulmer/Brandner/Hensen* Anh. § 310 RdNr. 237; s. dazu noch RdNr. 34, § 767 RdNr. 2, § 768 RdNr. 3, § 770 RdNr. 3.
[280] Nicht dagegen unwirksam, s. BGHZ 139, 214, 217 = NJW 1998, 2972; BGHZ 147, 99, 101 f. = NJW 2001, 1857; BGH NJW 2000, 1563 (insoweit in BGHZ 143, 381 nicht abgedruckt); *Fischer* WM 2001, 1049, 1051 f.); ferner RdNr. 13; für Unwirksamkeit noch 3. Aufl. RdNr. 62; ebenso *Staudinger/Horn* RdNr. 78 („nichtig"); unklar *Becker-Eberhard* Forderungsgebundenheit S. 263 einerseits („Wirksamkeitsvoraussetzung"), S. 265 („geht ... ins Leere und ist wirkungslos") andererseits.
[281] Im Ausgangspunkt wohl einhM, s. BGH NJW 1987, 2076, 2077; 2000, 511, 512; 2001, 1859, 1860; BankR-HdB/*Schmitz/Wassermann/Nobbe* § 91 RdNr. 104 f., 117; *Soergel/Häuser* Vor § 765 RdNr. 18 f.; *Palandt/Sprau* RdNr. 17; *Jauernig/Stadler* RdNr. 14, 17 f.; wN zur Rspr. s. in Fn. 282 ff.; für die Sicherungsgrundschuld BGH DB 2003, 203, 204 = ZIP 2003, 247: Sicherung des Rückgewähranspruchs aus § 3 HaustürWG aF (der seinerzeit noch bereicherungsrechtlichen Charakter hatte); dazu auch KG ZIP 2006, 605, 607.
[282] OLG Köln OLGZ 1976, 329, 331 = MDR 1976, 398.
[283] RG HRR 1930 Nr. 211.

(§ 503 RdNr. 44), ferner bei formunwirksamen Miet- oder Pachtverträgen[284] sowie schließlich in den Fällen, in denen der Bürge ein eigenes wirtschaftliches Interesse an der Durchführung des Hauptvertrags hat.[285] Aber auch in allen sonstigen Fällen sollte grundsätzlich eine Erstreckung der Bürgschaft angenommen werden, sofern nur der Bereicherungs- oder Ersatzanspruch bei wirtschaftlicher Betrachtungsweise dem vermeintlichen Anspruch auf Rückzahlung des Darlehens entspricht.[286] Allein die *Sittenwidrigkeit* des zu sichernden Darlehens steht der Haftung des Bürgen für Bereicherungsansprüche des Darlehensgebers (§ 817 RdNr. 35 ff.) jedenfalls nicht entgegen.[287] Eine Klausel in einem Formularvertrag, die die Haftung des Bürgen auf „Ansprüche aus dem Darlehensvertrag oder im Zusammenhang mit diesem Vertrage, etwa aus Rücktritt, Anfechtung, Bereicherung oder aus sonstigen Gründen", erstreckt, ist auch unabhängig von einem wirtschaftlichen Interesse des Bürgen weder überraschend iS von § 305 c Abs. 1 noch unangemessen iS von § 307.[288]

Ist die Hauptschuld unklagbar, gilt dies auch für die Bürgschaft.[289] Bei **Heilung der** **Unwirksamkeit** des Rechtsverhältnisses zwischen Schuldner und Gläubiger bedarf es keiner Neubegründung des Bürgschaftsverhältnisses (RdNr. 62). Es kommt vielmehr darauf an, ob das Bürgschaftsversprechen auch für den Fall der späteren Entstehung der Hauptforderung gelten, mithin eine künftige Forderung iS des § 765 Abs. 2 sichern soll.[290] Ist dies, wie im Regelfall, zu bejahen, so erlangt der Gläubiger die Bürgschaftsforderung nach Maßgabe des jeweiligen Heilungstatbestands, im Fall des § 311 b Abs. 1 also mit Wirkung ex nunc.[291] Entsprechendes gilt bei **Wegfall einer Einrede**, sofern dieser nicht auf einem Verzicht des Schuldners beruht und deshalb § 768 Abs. 2 eingreift.[292] Hat der Entstehung der gesicherten Forderung ein Mitverschulden des Gläubigers iS des § 254 entgegengewirkt, kann sich darauf auch der Bürge berufen.[293] Zur Rechtslage bei der Bürgschaft für eine künftige Forderung s. RdNr. 70, zur Verjährung der gesicherten Forderung s. RdNr. 82.

Die **Darlegungs- und Beweislast** hinsichtlich der *Entstehung* der gesicherten Forderung beurteilt sich nach den allgemeinen, im Verhältnis zwischen Gläubiger und Schuldner geltenden Grundsätzen der Beweislastverteilung. Grundsätzlich hat also der Gläubiger das Entstehen der Hauptverbindlichkeit darzulegen und zu beweisen, der Bürge dagegen – neben rechtsvernichtenden und -hemmenden Einwendungen – rechtshindernde Einwendungen; dies gilt auch hinsichtlich des Erlöschens der gesicherten Forderung (§ 767 RdNr. 5, 15). Des Weiteren hat der Gläubiger die *Identität* der geltend gemachten mit der verbürgten Forderung zu beweisen.[294] Namentlich bei Globalbürgschaften sowie bei Bürgschaften für künftige Forderungen gehört hierzu auch die – im Wege der Auslegung fest-

---

[284] BGH LM § 765 Nr. 1 = WM 1955, 265; vgl. auch RG WarnR 1930 Nr. 151.
[285] BGH NJW 1987, 2076, 2077 (Bürgschaft des Verkäufers bei verbundenen Geschäften, dazu § 359 RdNr. 79 ff.).
[286] So auch *P. Bydlinski* WM 1992, 1301, 1307; *Koziol* ZBB 1989, 16, 23; *Larenz/Canaris* II/2 § 60 III 1 c; wohl auch BGH WM 2001, 1859, 1860; aA *Soergel/Häuser* RdNr. 12; *Lindacher* NJW 1985, 498, 499; *Tiedtke* JZ 1987, 853, 856 ff.; *ders.* ZIP 1990, 413, 414 f.; *Reinicke/Tiedtke* Bürgschaftsrecht RdNr. 6 ff.; zurückhaltender wohl auch *Palandt/Sprau* RdNr. 21; s. ferner OLG Hamm NJW 1987, 2521.
[287] So zu Recht BGH NJW 1987, 2076, 2077; 1992, 1234, 1236; *Soergel/Häuser* RdNr. 13; BankR-HdB/ *Schmitz/Wassermann/Nobbe* § 91 RdNr. 105; s. aber auch BGH WM 1991, 536: keine Haftung für die Forderung aus dem verdeckten Rechtsgeschäft iS von § 117 Abs. 2. – Zur Erstreckung von Nichtigkeitsgründen auf die Bürgschaft s. RdNr. 13.
[288] BGH NJW 1992, 1234, 1235 f.
[289] Vgl. KG NJW 1956, 1481, 1482; zum Verstoß gegen devisenrechtliche Bestimmungen s. OLG Düsseldorf WM 1983, 1366 m. Anm. *v. Rutke* = ZIP 1983, 1188; zu einseitigen Devisensperren im Schuldnerland s. *Kühn-Rotthege* NJW 1983, 1233; *Rüßmann* WM 1983, 1126.
[290] Zutr. RGZ 134, 243, 245 ff.; *Becker-Eberhard* Forderungsgebundenheit S. 264 f.; für Heilung auch des Bürgschaftsverhältnisses dagegen wohl *Palandt/Sprau* RdNr. 28.
[291] Zur ex-nunc-Wirkung s. § 311 b RdNr. 86; zur Rechtslage vor Entstehung der verbürgten künftigen Forderung s. RdNr. 67.
[292] RGZ 68, 302, 304; *Palandt/Sprau* RdNr. 28.
[293] RG JW 1937, 3104; WarnR 1908 Nr. 494.
[294] Vgl. RG LZ 1919, 1231 = Recht 1919 Nr. 1960; WarnR 1922 Nr. 97.

zustellende[295] – Einbeziehung der geltend gemachten Forderung in das vom Bürgen übernommene Risiko (RdNr. 77 f.). Unklarheiten über den Umfang der Bürgschaft gehen auch außerhalb des Anwendungsbereichs des § 305 c Abs. 2 zu Lasten des Gläubigers.[296] Zur Rückabwicklung bei Nichtbestehen der gesicherten Forderung s. § 812 RdNr. 163 ff.

65   **3. Sicherbare Forderung. a) Schuldrechtliche Verbindlichkeit.** Die Bürgschaft kann für jede schuldrechtliche Verbindlichkeit eines mit dem Bürgen nicht identischen Hauptschuldners übernommen werden,[297] und zwar **unabhängig von** deren **Inhalt, Art und Rechtsgrund.** Wenn auch die Praxis fast ausschließlich Bürgschaften für Geldforderungen kennt, ist es gleichwohl möglich, eine Bürgschaft für eine auf eine vertretbare, unvertretbare oder gar höchstpersönliche Leistung gerichtete Verbindlichkeit zu übernehmen.[298] Davon zu unterscheiden ist allerdings die Frage, welchen Inhalt die Verpflichtung des Bürgen hat (RdNr. 79). Was die *Art* der gesicherten Forderung betrifft, so bestimmt Abs. 2 ausdrücklich, dass sich die Bürgschaft auch auf bedingte und künftige Forderungen beziehen kann (RdNr. 66 f.); denkbar ist des Weiteren die Übernahme einer Bürgschaft für eine Gesamtschuld (RdNr. 51, 108; § 774 RdNr. 7, 28). Die Unerheblichkeit des *Rechtsgrundes* der gesicherten Forderung schließlich bedeutet, dass sowohl vertragliche als auch gesetzliche Ansprüche durch Bürgschaft gesichert werden können, und zwar auch solche, die **öffentlich rechtlicher Natur** sind.[299]

66   **b) Künftige oder bedingte Verbindlichkeit (Abs. 2).** Wie §§ 883 Abs. 1 S. 2, 1113 Abs. 2 und 1204 Abs. 2 lockert auch § 765 Abs. 2 das Akzessorietätserfordernis dahin gehend auf, dass die Bürgschaft auch für eine künftige oder bedingte (bzw. befristete, s. § 163) Verbindlichkeit übernommen werden kann. Was zunächst die Sicherung einer **bedingten Forderung** betrifft, so teilt die Bürgschaft, vermittelt durch das Akzessorietätserfordernis, das Schicksal der gesicherten Forderung.[300] Im Fall einer *aufschiebend* bedingten Forderung steht und fällt deshalb die Haftung des Bürgen, etwa des Rückbürgen (RdNr. 122), mit dem Eintritt der Bedingung. Fällt die Bedingung aus, so entfällt in Ermangelung einer zu sichernden Forderung auch die Haftung des Bürgen. Bei *auflösend* bedingter Forderung ist die Haftung des Bürgen unbedingt, wenn die Bedingung ausfällt; mit Eintritt der Bedingung wird die Bürgschaft infolge ihrer Akzessorietät mit Wirkung ex nunc gegenstandslos. Von dem in Abs. 2 geregelten Fall der Bürgschaft für eine bedingte Forderung zu unterscheiden ist die Übernahme einer *bedingten Bürgschaft* (RdNr. 46 f.).[301]

67   Die Bürgschaft für eine **künftige,** in ihrem Entstehungstatbestand noch nicht begründete Verbindlichkeit[302] ist bis zur Entstehung der Schuld gegenstandslos; mit Entstehung der gesicherten Forderung entsteht allerdings zugleich die Bürgschaftsforderung. Die gesicherte Forderung muss zumindest bestimmbar sein (RdNr. 68 ff.) und sich zudem in den Rahmen des vereinbarten Bürgschaftsrisikos einfügen (RdNr. 77 f.). Geht das nachträglich begründete Rechtsverhältnis über das vom Bürgen übernommene Risiko hinaus, ohne an der wirtschaftlichen Identität der verbürgten mit der sodann begründeten Forderung etwas zu

---

[295] Nachweise zur diesbezüglichen Rspr. s. in Fn. 282 ff., 356.
[296] BGHZ 76, 187, 189 = NJW 1980, 1459.
[297] BGH NJW 1989, 1856, 1857; RGRK/*Mormann* RdNr. 3; *Palandt/Sprau* RdNr. 17.
[298] OLG Hamburg ZMR 1999, 630, 631; *Palandt/Sprau* RdNr. 17; s. auch BGHZ 163, 59, 64 ff. = NJW 2005, 2157 = JZ 2005, 954 m. Anm. *Brehm:* Prozessbürgschaft zur Abwendung der Zwangsvollstreckung iS des § 711 ZPO sichert nicht materielle Forderung, sondern Vollstreckungsbefugnis des Titelgläubigers (dazu noch RdNr. 120).
[299] Vgl. für Steuerschulden BGHZ 90, 187, 190 = NJW 1984, 1622, 1623; für eine öffentlich-rechtliche Rückzahlungsforderung wegen Nichterreichen des Subventionszwecks BGH NJW 2008, 1070 Tz. 21 ff. = ZIP 2007, 2403; ferner BGH WM 2004, 1648; *Palandt/Sprau* RdNr. 17.
[300] So auch *Soergel/Häuser* RdNr. 15; näher *Becker-Eberhard* Forderungsgebundenheit S. 285 f., der zutr. davon ausgeht, dass die die Hauptschuld betreffende Bedingung nur mittelbar auf die Bürgschaftsforderung einwirkt, letztere also nicht ihrerseits bedingt ist; zur bedingten Bürgschaft s. denn auch RdNr. 46.
[301] Etwa die Übernahme einer Bürgschaft für den Fall, dass die bereits bestehende Forderung des Zedenten auf den Zessionar übertragen wird, unzutr. deshalb BGHZ 115, 177 = NJW 1991, 3025 (unter II 3 d).
[302] Dazu sowie zur Abgrenzung gegenüber „in Entstehung begriffenen" Forderungen s. OLG Frankfurt BKR 2006, 20.

ändern, so haftet der Bürge entsprechend § 767 Abs. 1 S. 3 nur im Rahmen des von ihm übernommenen Risikos und damit nicht für die Erschwerungen.[303] Bei **Vorausabtretung** der gesicherten künftigen Forderung erwirbt der Zessionar die sodann dem Zedenten erteilte Bürgschaft, wenn die Abtretungsvereinbarung den Übergang künftiger Sicherheiten vorsieht; der Grundsatz der Gläubigeridentität (RdNr. 9, 52) steht dem nicht entgegen.[304] Zur Kreditbürgschaft s. RdNr. 114.

4. Bestimmbarkeit. a) Schutzzweck. Der Abschluss des Bürgschaftsvertrags setzt zu 68 seiner Wirksamkeit eine Verständigung der Beteiligten über die wesentlichen Elemente des übernommenen Risikos voraus. Dazu gehören neben dem *Verbürgungswillen* (RdNr. 9) zum einen Art und Umfang der *zu verbürgenden Verbindlichkeit* (RdNr. 70), zum anderen die Person des *Schuldners* sowie die des *Gläubigers* (RdNr. 71).[305] Gesicherte Forderung, Person des Gläubigers und die des Schuldners müssen in einer **wenigstens individuell bestimmbaren Weise** bezeichnet werden. Der so verstandene Bestimmtheitsgrundsatz ist damit Ausdruck des allgemeinen, für die Bürgschaft zudem auch aus Gründen der Akzessorietät (RdNr. 61) geltenden Grundsatzes, dass jede Schuld inhaltlich hinreichend bestimmt sein muss; zugleich dient er der **Festlegung des Sicherungszwecks**.[306]

Darüber hinaus soll zwar das Bestimmtheitserfordernis einer *Aushöhlung der* **Warnfunk-** 69 **tion des § 766 S. 1** begegnen.[307] Indes handelt es sich dabei nicht um sein primäres Anliegen. Das Bestimmtheitserfordernis beansprucht deshalb auch für Bürgschaften von Kaufleuten Geltung, obschon diese nach § 350 HGB nicht der Schriftform des § 766 S. 1 bedürfen (§ 766 RdNr. 3 f.).[308] Aber auch unter Geltung des Formerfordernisses ist eine Bürgschaft, die zwar richtig und vollständig in der Bürgschaftsurkunde wiedergegeben ist, aber dem Bestimmtheitserfordernis nicht genügt, nicht wegen Formmangels nichtig, sondern in Ermangelung eines Tatbestandsmerkmals folgenlos. Dagegen ist es *nicht* Aufgabe des Bestimmtheitsgrundsatzes, den Bürgen vor der Eingehung **unüberschaubarer und unkontrollierbarer Belastungen** zu bewahren. Diesem Schutzbedürfnis ist vielmehr durch die gesonderte Wirksamkeitskontrolle von Sicherungszweckvereinbarungen Rechnung zu tragen, zumal der Bestimmtheitsgrundsatz zu einem entsprechenden Schutz des Bürgen ohnehin nur bedingt imstande ist (RdNr. 72 ff.). Zur Bedeutung der Formvorschrift des § 766 S. 1 für die **Auslegung** des Bürgschaftsversprechens s. § 766 RdNr. 6 f.

b) Verbürgte Forderung. Dem Erfordernis der Bestimmbarkeit der verbürgten Forde- 70 rung ist bereits dann genügt, wenn diese im Bürgschaftsvertrag so bezeichnet ist, dass Gewissheit über die Einbeziehung in das vom Bürgen übernommene Risiko besteht (s. dazu auch § 766 RdNr. 10). Bei der Bürgschaft für eine *bereits begründete Forderung* setzt dies voraus, dass die Hauptschuld durch Angabe des Gläubigers, des Schuldners und ihres Inhalts individualisiert ist.[309] Im Fall einer Bürgschaft für *künftige Forderungen* iS von Abs. 2 ist das Bestimmbarkeitserfordernis auf den Zeitpunkt der **Entstehung der Forderung** zu beziehen. Es ist deshalb bereits dann erfüllt, wenn in diesem Zeitpunkt feststeht, ob der Bürge insoweit die Haftung übernommen hat. Mit dem Bestimmbarkeitserfordernis ohne weiteres zu vereinbaren ist auch eine Bürgschaft für *sämtliche Forderungen* eines bestimmten Gläubigers gegen einen bestimmten Schuldner aus einer bestimmten Geschäftsverbindung, aber auch eine Bürgschaft „für alle nur irgendwie denkbaren Verbindlichkeiten des Hauptschuldners

---

[303] BGH LM § 767 Nr. 15 = NJW 1980, 2412.
[304] So zu Recht BGH NJW 2002, 3461, 3462; näher dazu *Lindner-Figura* NJW 2002, 3134 ff.; s. aber auch OLG Karlsruhe WM 2001, 729, 730.
[305] BGHZ 25, 318, 320 f. = NJW 57, 1873; BGH NJW 1990, 1909, 1910; 1992, 896, 897; 1992, 1448; 1995, 959; WM 2001, 1772, 1774; *Larenz/Canaris* II/2 § 60 II 2; *Staudinger/Horn* RdNr. 13.
[306] *Horn*, FS Merz, S. 217, 221.
[307] BGHZ 25, 318, 320 f. = NJW 1957, 1873; BGH NJW 1990, 1909, 1910; 1994, 1656.
[308] BGH WM 1978, 1065, 1066.
[309] Vgl. aber auch BGH NJW 1993, 724, 725: Es genügt, wenn die Person des Hauptschuldners oder Gläubigers den erforderlichen Hinweis auf den Inhalt der Hauptschuld liefert. Beispiel für Unbestimmtheit der Forderung: OLG Hamm ZIP 1999, 745, 747.

§ 765 71, 72 Abschnitt 8. Titel 20. Bürgschaft

ohne sachliche Begrenzung".³¹⁰ Die frühere Rechtsprechung, die auf der Grundlage des Bestimmbarkeitserfordernisses einen Minimalschutz des Bürgen vor sachlich unbegrenzten und damit unüberschaubaren Belastungen zu erreichen suchte,³¹¹ ist überholt (s. RdNr. 72 ff.).³¹²

71 c) **Gläubiger und Hauptschuldner.** Die Person des *Gläubigers* muss schon deshalb bestimmbar sein, weil er Vertragspartner des Bürgen, zumindest aber Anspruchsberechtigter ist (s. RdNr. 11).³¹³ Der Bürge kann die Auswahl des Gläubigers aber einem Dritten und damit auch dem Schuldner überlassen (RdNr. 12). Bei Übernahme der Bürgschaft gegenüber einem künftigen Zessionar der gesicherten Forderung³¹⁴ (RdNr. 12) oder im Wege des Vertrags zugunsten Dritter (RdNr. 11) bezieht sich das Bestimmtheitserfordernis auf die Person des Zessionars bzw. Dritten.³¹⁵ Die Person des *Hauptschuldners* muss feststehen, weil nur durch sie die gesicherte Forderung und damit das vom Bürgen übernommene Risiko bestimmt werden kann.³¹⁶ Doch kann ihre Auswahl sowohl dem Gläubiger wie dem Bürgen offengehalten werden.³¹⁷ Vgl. auch § 766 RdNr. 11 f.

72 **5. Überschaubarkeit. a) Grundsatz. aa) Einbeziehungskontrolle.** Formularmäßig übernommene **Globalbürgschaften,**³¹⁸ etwa solche für sämtliche gegenwärtigen und künftigen Forderungen des Gläubigers gegen den Hauptschuldner aus der zwischen ihnen bestehenden Geschäftsverbindung, vermögen zwar dem Bestimmtheitsgrundsatz zu genügen (RdNr. 69 f.), begründen jedoch unkalkulierbare Haftungsrisiken zu Lasten des Bürgen, vor denen dieser grundsätzlich (RdNr. 75) im Wege der Einbeziehungs- und Inhaltskontrolle nach §§ 305 c Abs. 1 und 307 zu schützen ist.³¹⁹ Was zunächst die Einbeziehungskontrolle nach § 305 c Abs. 1 betrifft, so kann insbesondere eine formularmäßige Bürgschaftserklä-

---

³¹⁰ So zutr. BGHZ 130, 19, 21 f. = NJW 1995, 2553.
³¹¹ Eine Begrenzung der Bürgschaft auf Forderungen aus einer bestimmten (insbes. bankmäßigen) Geschäftsverbindung wird für notwendig und hinreichend gehalten von BGHZ 25, 318, 321 = NJW 1957, 1873; BGH NJW 1990, 1909, 1910; 1992, 896, 897; BGHZ 125, 206, 208 = NJW 1994, 1278; BGH NJW 1994, 1656; für Erfordernis weitergehender Begrenzung (insbes. durch Einführung eines Höchstbetrags), wenn auch auf der Grundlage des Bestimmtheitserfordernisses, bereits *Henssler* Risiko S. 357 f.; *Horn*, FS Merz, 1992, S. 217, 219 ff.; *Reinicke/Tiedtke* JZ 1985, 485, 486; *dies.* JZ 1986, 426, 427 f.; *Tiedtke* ZIP 1994, 1237, 1238 f.; *Thelen* DB 1991, 741 ff.; s. dazu noch RdNr. 72 f.
³¹² Zur Rückwirkung dieser Rspr. s. BGH NJW 1996, 924, 925; 1996, 1470, 1472; s. ferner BGH NJW 1996, 1467, 1469 f.; allg. zur Problematik der Rückwirkung etwa *Schimansky* WM 2001, 1889 ff. mwN.
³¹³ Dazu BGH NJW 1992, 1448 (Bürgschaft der Gesellschafter einer Baubetreuungsgesellschaft „gegenüber jedem Bauherrn" umfasst auch die der Bauherrengemeinschaft erst künftig beitretenden Bauherren, dazu *Bydlinski* WM 1992, 1301, 1306); NJW 1993, 724, 725 (Ermittlung des in der Urkunde nicht erwähnten Gläubigers aus der Bezeichnung der Hauptschuld); WM 1978, 1065 (Unbestimmtheit einer Bürgschaft für sämtliche Forderungen noch unbestimmter Gläubiger); s. ferner BGH NJW 2001, 3327 (Bürgschaft zugunsten Dritter, bei der von den in Betracht kommenden Gläubigern keiner bestimmt ist; dazu noch § 765 RdNr. 12); NJW 2002, 3461, 3462 (Vorausabtretung der gesicherten Forderung, dazu RdNr. 67).
³¹⁴ Zur Rechtslage bei Übernahme der Bürgschaft gegenüber dem Zedenten der bereits abgetretenen künftigen Forderung s. BGH NJW 2002, 3461, 3462 und dazu RdNr. 9, 52, 67.
³¹⁵ Zur entsprechenden Anwendung des § 139 bei Bestimmtheit nur eines von mehreren Dritten s. BGH NJW 2001, 3327, 3328 f.; dazu noch § 766 RdNr. 12.
³¹⁶ Zur Auslegung einer Erklärung mit missverständlicher Bezeichnung des Hauptschuldners s. etwa BGH NJW 1995, 959; BB 1993, 1035.
³¹⁷ BGH WM 1975, 348; zur Blankettvervollständigung s. ferner RdNr. 12, § 766 RdNr. 22 f.
³¹⁸ Zur Abgrenzung s. BGH NJW 1995, 1886, 1888 (keine Geltung der in RdNr. 72 ff. dargestellten Grundsätze für Einzelbürgschaften, darunter auch solche, die sich aus der Position des Leasinggebers aus zwei Leasingverträgen ergeben); für Übertragbarkeit der für Kontokorrentbürgschaften entwickelten Grundsätze auf Bürgschaften für „laufende Warenkredite" OLG Dresden WM 2001, 2167.
³¹⁹ So bereits vor BGHZ 130, 19 (s. nachfolgende Fn.) *P. Bydlinksi* WM 1992, 1301, 1304 ff.; *Lamsdorff/Skora* Handbuch RdNr. 121 ff.; *Larenz/Canaris* II/2 § 60 II 2 a; *Rehbein*, FS Heinsius, S. 659, 662 f.; *Rimmelspacher* WuB I F 1 a. – 9.90; *Ulmer* in *Ulmer/Brandner/Hensen*, AGBG, 9. Aufl., 2001, § 3 RdNr. 19; ferner *Nobbe* BKR 2002, 747 ff.; BankR-HdB/*Schmitz/Wassermann/Nobbe* § 91 RdNr. 15 ff.; *Lwowski* Kreditsicherung RdNr. 305, 307; *Rösler/Fischer* BKR 2006, 50, 51 ff.; *Bülow* Kreditsicherheiten RdNr. 908 ff.; *Fuchs* in: *Ulmer/Brandner/Hensen* Anh. § 310 RdNr. 231 ff.; *Graf v. Westphalen/Vogt* Bürgschaft RdNr. 27 ff.; *Soergel/Häuser* RdNr. 71 ff.; *Palandt/Sprau* RdNr. 20; PWW/*Brödermann* RdNr. 14 ff.; *Bamberger/Roth/Rohe* RdNr. 29 ff.; ferner die in Fn. 311 genannten, die Problematik auf der Grundlage des Bestimmtheitserfordernisses angehenden Autoren.

rung, mit der die Haftung auf alle *bestehenden und künftigen Verbindlichkeiten* des Hauptschuldners aus einer bankmäßigen oder sonstigen Geschäftsverbindung erstreckt wird, überraschend sein, wenn die Bürgschaft **aus Anlass** der Gewährung eines bestimmten Kredits – sei es ein Kontokorrentkredit oder ein Tilgungsdarlehen – übernommen wird[320] und sonstige Umstände, die, wie namentlich ein individueller Hinweis auf die Klausel,[321] den Überraschungscharakter ausschließen können (§ 305 c RdNr. 8), nicht vorliegen. Entsprechendes gilt für den Fall, dass sich die Bürgschaft auf alle im Zeitpunkt ihrer Übernahme *bestehenden* Verbindlichkeiten des Hauptschuldners gegenüber dem Gläubiger bezieht.[322] Die Einführung eines **Höchstbetrags** vermag den überraschenden Charakter nicht auszuschließen.[323] An einer Überraschung iS von § 305 c Abs. 1 fehlt es dagegen, wenn sich der Bürge bei der Übernahme der Bürgschaft keine Gedanken über das Ausmaß des von ihm übernommenen Risikos macht, was insbesondere dann der Fall ist, wenn die Bürgschaftserklärung weder anlässlich noch in unmittelbarem Zusammenhang mit der Gewährung eines bestimmten Kredits übernommen wird.[324] Auch in diesem Fall kann allerdings der Inhalt der Klausel unangemessen sein (RdNr. 73). Zum Schuldbeitritt s. RdNr. 74.

bb) Inhaltskontrolle. Zweckerklärungen in Bürgschaftsverträgen unterliegen der Inhaltskontrolle nach §§ 307 ff., soweit sie die Haftung des Bürgen über das bei Abschluss des Bürgschaftsvertrags begründete, den Anlass für die Verbürgung bildende Sicherungsbedürfnis (RdNr. 76) ausdehnen. Unerheblich ist, ob die Zweckerklärung auch *künftige* Forderungen des Gläubigers in die Haftung einbezieht oder auf *bereits bestehende* Forderungen des Gläubigers begrenzt ist.[325] Sieht man von dem Fall, dass ein Anlasskredit nicht besteht (RdNr. 74), ab, so steht die Vorschrift des § 307 Abs. 3 der Inhaltskontrolle schon deshalb nicht entgegen, weil die Ausdehnung der Haftung über den konkreten Anlass der Bürgschaftsübernahme hinaus als eine vom Leitbild des § 767 Abs. 1 S. 3 abweichende *Nebenverpflichtung* zu qualifizieren ist, und zwar unabhängig davon, ob diese mit der Hauptverpflichtung des Bürgen zusammengefasst oder getrennt ausgewiesen wird.[326] Im Einzelnen ist die über den Verbürgungsanlass hinausgehende formularmäßige Ausdehnung der Bürgenhaftung auf *künftige* Verbindlichkeiten grundsätzlich (RdNr. 75) mit dem in § 767 Abs. 1 S. 3 zum Ausdruck kommenden **Verbot der Fremddisposition** unvereinbar und damit nach § 307 Abs. 2 Nr. 1 unwirksam.[327] Darüber hinaus erfordert es das **Transparenzgebot** des § 307 Abs. 1 S. 2, dass sich das Haftungsrisiko aus dem Bürgschaftsvertrag nach Gegenstand und Umfang klar ergibt; vorbehaltlich der den Vertragsschluss begleitenden Umstände iS des § 310 Abs. 3 fehlt es hieran auch bei Klauseln, die die Haftung des Bürgen für sämtliche *bestehenden* Verbindlich-

---

[320] So für die Übernahme einer Globalbürgschaft anlässlich der Gewährung eines limitierten Kontokorrentkredits BGHZ 130, 19, 24 ff. = NJW 1995, 2553; BGH NJW 1996, 1470, 1473 f.; für Tilgungsdarlehen und Kontokorrentkredit BGH NJW 1996, 924 (jeweils IX. ZS); BGHZ 156, 302, 310 = NJW 2004, 161 (XI. ZS); für die anlässlich der Gewährung eines Tilgungsdarlehens übernommene Bürgschaft bereits BGHZ 126, 174, 176 ff. = NJW 1994, 2145 (XI. ZS) unter Hinweis auf die zu formularmäßigen Zweckerklärungen im Rahmen von Sicherungsgrundschulden ergangene „Anlass"-Rspr. (s. BGHZ 83, 56, 59 f. = NJW 1982, 1035; BGHZ 109, 197, 201 = NJW 1990, 320; BGH NJW 1995, 1674; 1996, 191). – AA noch BGH NJW 1985, 848; 1987, 3216; 1992, 896; OLG Köln NJW-RR 1990, 439; im Grundsatz auch noch BGH NJW 1994, 1656 (jeweils IX. ZS); aus dem älteren Schrifttum etwa *Graf v. Westphalen* WM 1984, 1589, 1590; *Rehbein*, FS Werner, 1984, S. 697, 702.
[321] Dazu BGHZ 126, 174, 180 = NJW 1994, 2145; BGHZ 131, 55, 59 f. = NJW 1996, 191 (zusätzliche unterschriebene Formularerklärung, die auf den weiten Sicherungszweck hinweist, reicht nicht aus); *Nobbe* BKR 2002, 747, 750.
[322] BGH NJW 1996, 1470, 1472 f.
[323] BGH NJW 1996, 1470, 1473; OLG Rostock WM 1995, 1533, 1535.
[324] Vgl. BGHZ 130, 19, 28, 30 f. = NJW 1995, 2553 (keine Überraschung trotz bestehenden Anlasskredits!); BGH NJW 1996, 924; 1996, 1470, 1473; *Nobbe* BKR 2002, 747, 749 f.; *Riehm* JuS 2000, 343, 345 f.
[325] BGHZ 130, 19, 31 ff. = NJW 1995, 2553; BGH ZIP 1995, 1888; NJW 1996, 924; 1996, 1470, 1472; WM 1996, 1391, 1392.
[326] So zutr. BGHZ 130, 19, 32 = NJW 1995, 2553; s. ferner wN in Fn. 325 sowie bereits *Derleder* NJW 1986, 97, 100; *Tiedtke* ZIP 1994, 1237, 1242; ders. ZIP 1995, 521, 532; *M. Wolf* in: *Wolf/Horn/Lindacher* § 8 AGBG RdNr. 28, § 9 RdNr. B 214 f., S 96.
[327] S. die Nachweise in Fn. 325, 329; ferner BGHZ 156, 302, 310 = NJW 2004, 161.

keiten des Hauptschuldners anordnen, künftige Verbindlichkeiten also ausnehmen.[328] Schließlich folgt die auf den Verbürgungsanlass begrenzte Haftung regelmäßig aus dem Vertragszweck, so dass entsprechende Klauseln grundsätzlich auch nach § 307 Abs. 2 Nr. 2 unwirksam sind.[329] Die Begrenzung der Haftung der Bürgen auf einen **Höchstbetrag** vermag an der Unwirksamkeit nach § 307 nichts zu ändern. Für Klauseln, die sich auch auf *künftige* Verbindlichkeiten einbeziehen, folgt dies daraus, dass die Haftung des Bürgen trotz zwischenzeitlicher Tilgung aller Ansprüche des Gläubigers durch den Schuldner jederzeit wieder aufleben kann.[330] Auf die bei Bürgschaftsübernahme *bestehenden* Verbindlichkeiten begrenzte, die verbürgten Forderungen aber nicht weiter präzisierende Klauseln lassen dagegen das Bürgschaftsrisiko im Dunkeln und verstoßen deshalb gegen das Transparenzgebot.[331]

74 Bei **Fehlen eines Anlasskredits** bildet die Übernahme der Haftung für künftige Verbindlichkeiten das Hauptleistungsversprechen des Bürgen; eine Inhaltskontrolle am Maßstab des § 307 Abs. 2 muss dann nach § 307 Abs. 3 ausscheiden.[332] In Ermangelung eines Anlasskredits entfällt zumeist der überraschende Charakter der Klausel (RdNr. 72). Es bewendet deshalb bei der Kontrolle nach § 307 Abs. 1 S. 2, mithin bei der Frage, ob dem Bürgen das von ihm übernommene Haftungsrisiko hinreichend klar und verständlich offengelegt wird. Intransparenz wird man zumindest bei Aufnahme eines Höchstbetrags und klarer Formulierung der Sicherungszweckabrede nicht ohne weiteres annehmen können. – Für den **Schuldbeitritt** (Vor § 765 RdNr. 10 ff.) gelten die vorstehend skizzierten Grundsätze über die Einbeziehungs- von Inhaltskontrolle von Globalzweckerklärungen entsprechend.[333] Zur Erstreckung der Bürgschaft auf *Nebenforderungen* s. RdNr. 77.

75 **b) Ausnahmen.** Die in RdNr. 72 ff. dargestellten Grundsätze finden, soweit sie Bürgschaften für *künftige* Verbindlichkeiten betreffen, keine Anwendung, wenn der Bürge, insbesondere als **persönlich haftender Gesellschafter** (RdNr. 56, 109), **Mehrheitsgesellschafter oder Geschäftsführer**[334] des Hauptschuldners, eine Erweiterung der Verbindlichkeiten des Hauptschuldners verhindern und damit das Risiko steuern und begrenzen kann.[335] In diesen Fällen ist der Bürge durch sein Recht zur Kündigung der Bürgschaft

---

[328] BGH ZIP 2000, 65, 66 f., dort auch zur Unanwendbarkeit des aus § 767 Abs. 1 S. 3 hergeleiteten Verbots der Fremddisposition bei der auf bestehende Verbindlichkeiten begrenzten Bürgschaft; allg. für Intransparenz von Globalbürgschaften bereits *Reich* NJW 1995, 1857, 1859 f.
[329] Vgl. neben den Nachweisen in Fn. 325 noch *Derleder* NJW 1986, 97, 100; *Horn*, FS Merz, 1992, S. 217, 225; *Tiedtke* (Fn. 326); *M. Wolf* in: *Wolf/Horn/Lindacher* § 9 AGBG RdNr. B 214, S 96.
[330] BGH ZIP 2002, 167, 168 f.; NJW 1998, 2815, 2816; 1996, 1470, 1472; WM 1996, 1391, 1392; s. aber auch RdNr. 74 zur Bestimmung des Verbürgungsanlasses.
[331] BGH ZIP 2000, 65, 67; *Nobbe* BKR 2002, 747, 753 (insbes. dann, wenn der Betrag des Anlasskredits unter dem Höchstbetrag liegt); anders noch BGH NJW 1996, 1470, 1472.
[332] Vgl. *Horn* Bürgschaften RdNr. 337 (der sich allerdings unter Hinweis auf den Bestimmtheitsgrundsatz und das Verbot der Fremddisposition für Unwirksamkeit ausspricht); *Trapp* ZIP 1997, 1279, 1281; aA BGHZ 132, 6, 8 f. = NJW 1996, 924; BAG ZIP 2000, 1351, 1354 f.; OLG Düsseldorf ZIP 1997, 726, 728; *Nobbe* BKR 2002, 747, 750 f.
[333] BGH NJW 1996, 249.
[334] Und zwar bei einer Mehrheit von Geschäftsführern auch bei Geltung des Grundsatzes der Einzelvertretung, s. BGH ZIP 1997, 449 unter Hinweis auf die Möglichkeit eines jeden Geschäftsführers, eine Ausweitung des Kredits im Innenverhältnis von seiner Zustimmung abhängig zu machen; zust. OLG Köln NZG 2002, 983, 984; krit. *Dähn* ZBB 2000, 61, 69; *Ehricke* WM 2000, 2177, 2180 f.; *Grunewald* JZ 1999, 145, 146.
[335] BGHZ 126, 174, 177 = NJW 1994, 2145; BGH NZG 2004, 237, 238; BGHZ 130, 19, 30 = NJW 1995, 2553 (nicht ausreichend ist Stellung eines gewöhnlichen Kommanditisten); BGH NJW 1996, 3205 (GmbH-Geschäftsführer); NJW 1996, 249 und BGHZ 153, 293, 297 f. = NJW 2003, 1521 (nicht ausreichend ist Minderheitsbeteiligung an GmbH, wenn kein maßgeblicher Einfluss auf Geschäftsführung besteht); NJW 1996, 924, 925; WM 1996, 1391, 1392; ZIP 1997, 449; BGHZ 142, 213, 216 ff. = NJW 1999, 3195 (nicht ausreichend ist 50%ige Beteiligung an GmbH); OLG Schleswig WM 1997, 413, 414; OLG Hamm WM 1999, 586 (Komplementär); OLG Brandenburg WM 2002, 171, 175 f. (Unwirksamkeit der Globalbürgschaft eines GmbH-Minderheitsgesellschafters); BankR-HdB/*Schmitz/Wassermann/Nobbe* § 91 RdNr. 25 f.; *Larenz/Canaris* II/2 § 60 II 2a; *Horn*, FS Merz, 1998, S. 217, 225; *Reinicke/Tiedtke* JZ 1985, 485 f.; krit. und für Unwirksamkeit der Globalbürgschaft des GmbH-Fremdgeschäftsführers *Grunewald* JZ 1999, 146; *dies.*, FS Kraft, 1998, S. 127, 132 ff.; *Ehricke* WM 2000, 2177, 2180 f.

(RdNr. 55 ff.) ausreichend geschützt.[336] Maßgebend sind die Verhältnisse bei Abschluss des Bürgschaftsvertrages.[337] Auch der **Strohmann** ist Gesellschafter und kann deshalb, wenn ihm die Mehrheit der Anteile gehört, auch formularmäßig eine Globalbürgschaft für die Verbindlichkeiten seiner Gesellschaft übernehmen.[338] Dem Geschäftsführer gleich steht im Übrigen ein Handlungsbevollmächtigter oder Prokurist, der mit Zustimmung der Gesellschafter quasi wie ein Geschäftsführer die Geschäfte der Gesellschaft führt.[339] Was auf *bestehende* Verbindlichkeiten begrenzte Globalzweckerklärungen betrifft, so wird man, da nicht das Verbot der Fremddisposition, sondern vor allem das Transparenzgebot in Frage steht (RdNr. 73), auch Minderheitsgesellschafter aus dem Anwendungsbereich der Rechtsprechungsgrundsätze herausnehmen müssen.[340] – Gleichfalls keine Anwendung finden die Grundsätze über Globalzweckerklärungen auf Bürgschaftsverträge, die dem Anwendungsbereich des AGB-Rechts entzogen sind (Vor § 765 RdNr. 6 f.).[341] Was die Verwendung von AGB gegenüber **Unternehmern** iS von §§ 310 Abs. 1, 14 betrifft, so sollte wie folgt differenziert werden: Eine auch *künftige* Verbindlichkeiten umfassende Globalbürgschaft kann nur von solchen Unternehmern übernommen werden, bei denen der Abschluss von Bürgschaftsverträgen zum typischen Geschäftsbetrieb gehört und die deshalb entsprechende Einstandspflichten im Verhältnis zum Hauptschuldner nur entgeltlich übernehmen;[342] sonstige Unternehmer unterliegen dagegen insoweit dem Schutzbereich der Grundsätze über Globalbürgschaften.[343] Auf *bestehende* Verbindlichkeiten beschränkte Globalzweckerklärungen sind dagegen im Geschäftsverkehr mit Unternehmern generell unbedenklich.[344]

c) **Rechtsfolgen fehlender Überschaubarkeit.** Scheitert die Einbeziehung oder Wirksamkeit einer Zweckerklärung an §§ 305 c Abs. 1, 307, so hat dies in der Regel nicht die Unwirksamkeit der Bürgschaft insgesamt zur Folge. Die Zweckerklärung ist vielmehr auf den **Verbürgungsanlass** zurückzuführen. Bei Teilbarkeit der Klausel folgt dies aus § 306 Abs. 1.[345] Bei Unteilbarkeit ist dagegen, da ein gänzliches Freiwerden des Bürgen mit den berechtigten Interessen der Vertragsparteien nicht vereinbar wäre, die Haftung des Bürgen im Wege der ergänzenden Vertragsauslegung auf das bei Übernahme der Bürgschaft erkenn-

---

[336] Vgl. BGHZ 130, 19, 30 = NJW 1995, 2553.
[337] AA – für Maßgeblichkeit des Zeitpunkts der Begründung der jeweiligen Forderung – *Ehricke* WM 2000, 2177, 2183.
[338] BGH ZIP 2001, 1954, 1956.
[339] BGH NJW 2000, 1179 (Wirksamkeit einer unbegrenzten Bürgschaft für alle gegenwärtigen und künftigen Forderungen); zu weitgehend dagegen zT die instanzgerichtliche Rspr., s. etwa OLG Hamm WM 1997, 711 (de facto-Verhandlungsführer der Hauptschuldnerin in finanziellen Angelegenheiten) und WM 1997, 1375 (Gesamtprokurist), OLG Zweibrücken NZG 2002, 975, 976 (de facto Verhandlungsführer); OLG Köln ZIP 1999, 1046 (zu 50% beteiligte Gesellschafter mit Prokura). s. dagegen OLG Köln BB 2001, 2020 f. (zu 50% beteiligter geschäftsführender Gesellschafter, der Geschäftsführung tatsächlich einem Mitgesellschafter überlassen hatte).
[340] So tendenziell auch BGH ZIP 2000, 65, 67 f.; s. ferner *Dähn* ZBB 2000, 61, 68 f.; aA aber *Nobbe* BKR 2002, 747, 755.
[341] Für nicht vorformulierte Verbraucherverträge s. BGHZ 130, 19, 30 = NJW 1995, 2553 (unter B I 1 und 2 d); einschränkend *Horn* Bürgschaften RdNr. 347, der auch für Individualverträge die Einführung eines Höchstbetrags verlangt.
[342] So für sämtliche Globalbürgschaften BGH NJW 1998, 3708, 3709 („also vornehmlich im Banken- und Versicherungsgewerbe"); s. ferner BGHZ 126, 174, 177 = NJW 1994, 2145 („ein mit Kreditgeschäften vertrautes Unternehmen"); für die Zweckerklärung bei Sicherungsgrundschulden ebenso BGHZ 100, 82, 85 f. = NJW 1987, 1885; BGHZ 109, 197, 201 ff. = NJW 1990, 576; s. ferner *Nobbe* BKR 2002, 747, 751 (Zugehörigkeit zum Gewerbe).
[343] BGH NJW 1998, 3708, 3709; 2002, 3167, 3168. – Allerdings kann im Rahmen des § 305 c Abs. 1 auf den Erwartungshorizont typischer Kundengruppen abzustellen sein, s. § 305 c RdNr. 6.
[344] AA allerdings die Rspr., s. die Nachweise in Fn. 342.
[345] Näher dazu, insbes. zum Eingreifen der Grundsätze über teilbare Klauseln (dazu allg. § 306 RdNr. 17 ff.) auch dann, wenn eine vollständige sprachliche Teilung nicht möglich ist, BGHZ 130, 19, 34 ff. = NJW 1995, 2553; s. ferner BGH ZIP 1995, 1888; NJW 1996, 249 f.; *P. Bydlinski* WM 1992, 1301, 1306; nur im Ergebnis zust. *Reich/Schmitz* NJW 1995, 2533, die allerdings in der Zerlegung der Klausel eine geltungserhaltende Reduktion sehen (s. zu diesem Gesichtspunkt auch *J. Hager* JZ 1996, 175 ff.); abw. OLG Düsseldorf WM 1997, 410, 412; s. ferner OLG Koblenz BB 1997, 118 (künftige Verbindlichkeit).

§ 765 77 Abschnitt 8. Titel 20. Bürgschaft

bare und damit den Anlass für die Verbürgung bildende Sicherungsinteresse des Gläubigers zu begrenzen. Der Verbürgungsanlass ist **objektiv** zu bestimmen.[346] Bei der im Zusammenhang mit der Gewährung eines Tilgungskredits übernommenen Bürgschaft bildet dieser den Anlass.[347] Erfolgt die Übernahme der Bürgschaft im Zusammenhang mit der Vergabe eines Kontokorrentkredits (RdNr. 113), so bildet bei einem limitierten Kredit das im Zeitpunkt der Verbürgung bestehende Kreditlimit,[348] bei einem *unlimitierten* Kontokorrentkredit dagegen der bei Abgabe der Bürgschaftserklärung bestehende Tagessaldo den Anlass der Verbürgung.[349] Sowohl bei Verbürgung eines limitierten Kontokorrentkredits als auch bei derjenigen für einen unlimitierten Kontokorrentkredit ist ein zwischenzeitlicher Ausgleich des Kontokorrents unerheblich,[350] wie es auch nicht darauf ankommt, ob die Bürgschaft mit einem Höchstbetrag versehen wurde und dieser noch nicht ausgeschöpft ist (RdNr. 73 f.). Auch **künftige Forderungen** können Anlasskredit sein, sofern ihr Entstehungsgrund und ihr Umfang im Zeitpunkt der Verbürgung bekannt sind.[351] Zur Rechtslage bei gänzlichem Fehlen einer Anlassverbindlichkeit s. RdNr. 74.

77   6. **Umfang der Haftung; Forderungsidentität.** Durch Auslegung des Bürgschaftsvertrags – ggf. unter Heranziehung der für die Auslegung von AGB geltenden Grundsätze (§ 305 c RdNr. 22 ff.) – ist zu ermitteln, ob und in welcher Höhe die Forderung des Gläubigers gegen den Schuldner von der übernommenen Bürgschaft gedeckt ist.[352] AGB-förmige Zweckabreden sind zuvor der Einbeziehungs- und Inhaltskontrolle nach dem AGB-Recht zu unterziehen (RdNr. 72 ff.). Soweit die Forderung des Gläubigers vom Bürgschaftsvertrag umfasst ist,[353] ist grundsätzlich davon auszugehen, dass sich die Bürgschaft auf die **ganze Hauptverbindlichkeit** erstreckt; eine davon abweichende Vereinbarung zugunsten des Bürgen ist allerdings zulässig. Die Bürgschaft umfasst auch die vereinbarten **Zinsen,** wenn der Bürge, wie insbesondere bei Sicherung einer Darlehensforderung, mit deren Anfall rechnen musste.[354] Unterliegt die Bürgschaft allerdings den §§ 305 ff., so bedarf es schon aus Gründen der erforderlichen Klauseltransparenz der ausdrücklichen und konkretisierenden Einbeziehung der Nebenforderungen in die Zweckerklärung; insbesondere bedarf es eines ausdrücklichen Hinweises, wenn der Darlehenszins variabel ist und der Bürge auch für Zinserhöhungen einstehen soll.[355] Besonderheiten gelten zudem für Zinszuschlagsklauseln im Rahmen von **Höchstbetragsbürgschaften** (RdNr. 111 ff.). Ob und inwieweit sich

---

[346] BGHZ 130, 19, 33 f. = NJW 1995, 2553.
[347] BGHZ 130, 19, 34 = NJW 1995, 2553; s. dazu auch BGH NJW 2000, 2580, 2581 f.: Bürgschaft kann auch Zinsänderungen auf Grund einer Zinsänderungsklausel umfassen (dazu noch RdNr. 77).
[348] BGHZ 130, 19, 34 = NJW 1995, 2553; BGHZ 137, 153, 158 = NJW 1998, 450. AA offenbar OLG Köln ZIP 1998, 465 (Höchstbetrag); dagegen zutr. *Tiedtke* ZIP 1998, 449 ff.
[349] BGHZ 137, 153, 157 ff. = NJW 1998, 450; OLG Brandenburg ZIP 2001, 2126; zust. AnwK-BGB/ *Beckmann* RdNr. 57; *Richrath* WM 1999, 1698, 1702 ff.; krit. *Schmitz-Herscheidt* ZIP 1998, 1218 ff. (Verstoß gegen Verbot der geltungserhaltenden Reduktion; s. dazu Fn. 345).
[350] BGHZ 137, 153, 160 f. = NJW 1998, 450 (unlimitierter Kontokorrentkredit).
[351] Vgl. BGHZ 142, 213, 219 f. = NJW 1999, 3195 (von vornherein in Aussicht genommener Prolongationskredit); BGH NJW 1996, 2369, 2370, wo allerdings nicht auf den Wortlaut der Bürgschaftserklärung, sondern ganz allg. auf die entsprechende Kenntnis des Bürgen hinsichtlich des Umfangs seiner Verpflichtung abgestellt wird.
[352] Vgl. dazu etwa BGH NJW 1996, 717; 1992, 2629 f.; NJW-RR 1992, 1044; 1991, 562, 563; OLG Bremen NJW-RR 1986, 851, 852; OLG Frankfurt NJW 1995, 794, 795; OLG München WM 1991, 1415; OLG Koblenz NJW-RR 1988, 1250; LG Osnabrück ZIP 2004, 307, 308 f.; zN auch bei *Palandt/Sprau* RdNr. 21; s. ferner RdNr. 62, 64, 67.
[353] Zur Frage, ob Haftungsverbindlichkeiten des Schuldners aus § 128 HGB von dem in Nr. 21 Abs. 3 S. 2 Muster-AGB Sparkassen vorgesehenen Pfandrecht gedeckt sind, zutr. BGH ZIP 2007, 905, 907; aA noch OLG Schleswig ZIP 2006, 1196.
[354] Vgl. BGHZ 77, 256, 259 = NJW 1980, 2131; s. ferner OLG Frankfurt ZIP 2002, 567 (Haftung des Bürgen für Vorfälligkeitsentschädigung), dazu noch § 767 RdNr. 7.
[355] Vgl. BGH NJW 2000, 2580, 2582. Allg. zu den AGB-rechtlichen Schranken für darlehensvertragliche Zinsänderungsklauseln *Fuchs* in: *Ulmer/Brandner/Hensen* Anh. § 310 RdNr. 1070 ff.; *Bruchner* BKR 2001, 16 ff.; *ders./Metz,* Variable Zinsklauseln, 2001; *Derleder* WM 2001, 2029 ff.; *Habersack* WM 2001, 753 ff.; *Hey* ZBB 2004, 219 ff.; *Langenbucher* BKR 2004, 134 ff.; *Mülbert* WM 2004, 1205 ff.; *Schimansky* WM 2001, 1169 ff.; *Habersack* WM 2001, 753 ff.; *Schimansky* WM 2001, 1169 ff.; *Wittig* ZHR 169 (2005), 212, 231 ff.;

die Bürgschaft auch auf Vertragskosten und Vertragsstrafen erstreckt, lässt sich nicht allgemein sagen.[356] Für **Verzugszinsen** und die **Kosten der Kündigung und der Rechtsverfolgung** haftet der Bürge nach § 767 Abs. 1 S. 2, Abs. 2.[357] Den Parteien steht es frei, die Bürgschaft auf einen Teil der gesicherten Forderung, auf einen Höchstbetrag (RdNr. 111 ff.) oder auf bestimmte Zeit (§ 777) zu beschränken.

Bei Wegfall des Sicherungszwecks, etwa infolge Nichtentstehung oder Erlöschen der gesicherten Forderung, darf der Gläubiger die Bürgschaft nicht einseitig im Wege der **Forderungsauswechslung** auf eine andere Forderung beziehen.[358] Die Vertragsauslegung wird aber regelmäßig ergeben, dass sich bei Unwirksamkeit des Hauptschuldverhältnisses die Bürgschaft auf etwaige **Bereicherungs- oder Schadensersatzansprüche** des Gläubigers erstreckt (RdNr. 62). Von der Auslegung im Einzelfall hängt es dagegen ab, ob sich die Bürgschaft für eine Wechselverbindlichkeit auf das Grundverhältnis bezieht.[359] Die Parteien können die Verpflichtung des Bürgen auch vom Eintritt sonstiger Umstände abhängig machen, etwa davon, dass der Gläubiger das Darlehen tatsächlich auszahlt und nicht lediglich gegenüber dem Schuldner aufrechnet (s. RdNr. 43 f.). Zur Verteilung der Darlegungs- und Beweislast hinsichtlich der Entstehung der gesicherten Forderung und der Einbeziehung derselben in die Bürgschaft s. bereits RdNr. 64.

V. Pflichten des Bürgen

1. Leistungspflichten. a) Inhalt. Der Bürgschaftsvertrag begründet für den Bürgen eine zwar von der Hauptschuld zu unterscheidende, im Verhältnis zu dieser jedoch akzessorische (RdNr. 61) Leistungsverpflichtung. Deren **Inhalt** entspricht demjenigen der Hauptschuld; es gilt auch insoweit der Grundsatz der Akzessorietät. Im Fall unvertretbarer oder höchstpersönlicher Leistungen sichert die Bürgschaft schon aus Rechtsgründen allein das **Erfüllungsinteresse** des Gläubigers;[360] Entsprechendes ist im Zweifel aber auch bei Sicherung einer auf eine *vertretbare* Leistung gerichteten Verbindlichkeit anzunehmen.[361] Die Bürgschaft kann freilich auch Handlungen[362] oder Sachleistungsansprüche[363] zum Inhalt haben, die der Bürge zu erfüllen und für deren Nichterfüllung er kraft eigener Verbindlichkeit einzustehen hat.[364] Die formularmäßige Verpflichtung des Bürgen zur Stellung von **dinglichen Sicherheiten** oder von Personalsicherheiten Dritter bereits vor Fälligkeit seiner Verpflichtung ist nach § 307 ebenso unwirksam[365] wie die Abforderung schuldbestärkender abstrakter Schuldanerkenntnisse (vgl. § 780 RdNr. 23 f.). S. zum Umfang der Haftung des Bürgen RdNr. 77, zu Teilleistungen RdNr. 112 und § 774 RdNr. 5, zur bereicherungsrechtlichen Rückabwicklung bei Unwirksamkeit des Bürgschaftsvertrags oder Nichtbestehen der gesicherten Forderung s. § 812 RdNr. 163 ff.

---

aus der Rspr. s. BGHZ 97, 212, 216 ff. = NJW 1986, 1803, aber auch BGHZ 136, 394, 402 = WM 1998, 558 und BGH WM 1999, 2545, 2547.
[356] Vgl. für Vertragsstrafen BGH NJW 1982, 2305; WM 1990, 841; für Vertragskosten OLG Braunschweig SeuffA 67 Nr. 5.
[357] § 767 RdNr. 7 ff.; zur Höchstbetragsbürgschaft s. aber RdNr. 111; zur Haftung für eine Vorfälligkeitsentschädigung s. Fn. 354.
[358] BGH WM 1992, 1016, 1017; s. ferner BGH NJW 1993, 1917, 1918; WM 1964, 849, 851; OLG Hamm WM 1985, 1221, 1222.
[359] BGH LM § 766 Nr. 12 = NJW 1968, 987; WM 1984, 1423.
[360] Vgl. OLG Hamburg ZMR 1999, 630, 631.
[361] BGH NJW 1989, 1856, 1857; s. ferner BGHZ 76, 187 = NJW 1980, 1459; BGH WM 1974, 478, 479; LM § 283 Nr. 4 = NJW 1975, 1119, 1120 f.; RGZ 140, 216, 219.
[362] Vgl. BGH NJW 1969, 1480 = WM 1969, 826 (Freistellungsanspruch).
[363] RG SeuffA 87 Nr. 185.
[364] Unrichtig BGH NJW 1969, 1480 = WM 1969, 826, soweit Erstattung der Kosten des Vorprozesses verweigert wurde.
[365] BGHZ 92, 295, 302 f. = NJW 1985, 45; BGH NJW 1991, 100. Zur Nichtgeltung des in §§ 1149, 1229 geregelten Verfallverbots für entsprechende Abreden zwischen Gläubiger und Bürgen s. BGH NJW 1995, 2635, BayObLG NJW-RR 1997, 590, aber auch *Tiedtke* ZIP 1986, 57.

§ 765   80   Abschnitt 8. Titel 20. Bürgschaft

80   **b) Geltendmachung.** Der Gläubiger hat seinen Anspruch aus der Bürgschaft nach allgemeinen Regeln geltend zu machen. Auch Bürgschaften des Staates zu Zwecken der Wirtschaftsförderung (RdNr. 125) und Bürgschaften Privater zur Absicherung öffentlich-rechtlicher Forderungen der öffentlichen Hand (RdNr. 126) begründen Rechtsverhältnisse des Privatrechts und gehören deshalb in die Zuständigkeit der **ordentlichen Gerichte**.[366] Das hat zur Folge, dass eine öffentlich-rechtliche Festsetzungsbefugnis des Staates gegen den Bürgen nicht besteht und eine gegen den Schuldner ergehende Festsetzung nach dem Grundsatz der §§ 767, 768 den Bürgen nicht bindet,[367] wenn nicht die Bürgschaft erst für eine gegen den Schuldner schon festgesetzte Forderung übernommen worden ist. **Leistungsort** – und damit auch **Gerichtsstand** gemäß § 29 ZPO – ist nach §§ 269, 270 der Wohnsitz des Bürgen.[368] Haben Schuldner und Bürge bei verschiedenen Gerichten ihren allgemeinen Gerichtsstand iS von § 13 ZPO, kann der Gläubiger sich zum Zweck einheitlicher Rechtsverfolgung des Verfahrens nach §§ 36 Nr. 3, 37 ZPO bedienen.[369] Von der Bürgschaft auf erstes Anfordern abgesehen (RdNr. 102; Vor § 765 RdNr. 27) tritt **Fälligkeit** der Bürgschaftsforderung keineswegs vor Fälligkeit der gesicherten Forderung ein,[370] setzt aber umgekehrt keine gesonderte Inanspruchnahme des Bürgen in Form einer Zahlungsaufforderung o. Ä. voraus,[371] so dass Haupt- und Bürgschaftsforderung im Allgemeinen gleichzeitig fällig werden, sofern nicht der Bürge eigene Einreden – etwa die Einrede der Vorausklage (§ 771 RdNr. 3, 7 f.) – hat oder der Bürgschaftsvertrag die Fälligkeit von zusätzlichen Voraussetzungen abhängig macht.[372] Die – objektiv zu beurteilende (§ 271 RdNr. 32) – Fälligkeit der Forderung schließt es nicht aus, dem Bürgen eine **Prüfungsfrist** zuzubilligen, deren Dauer sich nach den Umständen, insbesondere nach dem erforderlichen Umfang der Prüfung und der Intensität der Darlegungen des Gläubigers, bemisst.[373] Die Zinspflicht nach § 353 HGB wird hierdurch zwar nicht berührt; vor Ablauf der Prüfungsfrist tritt aber Schuldnerverzug nicht ein. Voraussetzungen und Rechtsfolgen des **Schuldnerverzugs** beurteilen sich im Übrigen nach §§ 286, 288. Verzugszinsen fallen dem Bürgen

---

[366] S. § 192 AO; ferner BGH NJW 1997, 328; BGHZ 90, 187 = NJW 1984, 1622; zust. *Kraushaar/Häuser* NVwZ 1984, 217; *Zuleeg* JuS 1985, 106; vgl. aber auch BGHZ 72, 56 = NJW 1978, 2091 (Haftung des Vermögensübernehmers für Sozialversicherungsbeiträge); BFH DStR 1974, 473 (Rückzahlungsanspruch des Bürgen); näher zum Ganzen *Graf Lambsdorff/Skora* Handbuch RdNr. 372 ff. – Zum Rückgriff vgl. § 774 RdNr. 17.

[367] AA wohl *Zuleeg* JuS 1985, 106, 109.

[368] S. dazu auch BGH NJW 1995, 1546, 1547; RGZ 71, 56, 59; 73, 262; 137, 1, 11; ferner BGHZ 157, 220, 221 f. = NJW 2004, 1239: Unanwendbarkeit des § 29a ZPO auf Anspruch aus Mietbürgschaft; BGHZ 121, 224, 227 f. = NJW 1993, 1126: Bei einem Bürgschaftsvertrag hat der Bürge die charakteristische Leistung iS von Art. 28 Abs. 2 S. 1 EGBGB zu erbringen. – Gerichtsstands- und Schiedsvereinbarungen zwischen dem Gläubiger und dem Hauptschuldner wirken nicht für und gegen den Bürgen, s. BGHZ 68, 356, 359; BGH NJW-RR 1991, 423, 424.

[369] *Rosenberg/Schwab/Gottwald* Zivilprozessrecht § 38 I 3; zur Zuständigkeit der Kammer für Handelssachen s. *Gaul* JZ 1984, 59 f.

[370] Wohl unstr., s. neben den Nachweisen in nachfolgender Fn. noch OLG Köln ZIP 2006, 750, 751; *Palandt/Sprau* RdNr. 26; *Hadding*, FS Wiegand, S. 299, 302 f.; *Lindacher*, FS Gerhardt, 2004, S. 587, 591.

[371] BGH NJW 2008, 1729 Tz. 24 f. = ZIP 2008, 733 BGH ZIP 2008, 2167 Tz. 10 ff.; ZIP 2008, 1762 Tz. 18 ff. (Bürgschaft auf erstes Anfordern); OLG Karlsruhe ZIP 2008, 170, 171; *Bolten* ZGS 2006, 140, 144 f.; *Hadding*, FS Wiegand, S. 299, 307 f.; *Hohmann* WM 2004, 757, 760; BankR-HdB/*Schmitz/Wassermann/Nobbe* § 91 RdNr. 100; *Jauernig/Stadler* § 768 RdNr. 3; *Jungmann* WuB I F 1 a – 5.06, S. 841, 842 ff.; *Schmitz/Vogel* ZfIR 2002, 509, 518 f.; *Tiedtke* JZ 2006, 940, 945 f.; s. ferner Begr. RegE, BT-Drucks. 14/7052, S. 206; aA LG Coburg BauR 2006, 692; AnwK-BGB/*Mansel* § 771 RdNr. 3; *Lindacher*, FS Gerhardt, 2004, S. 587, 591 ff.; *Gay* NJW 2005, 2585 ff.; *Schlößer* NJW 2006, 647, 648; wohl auch *Palandt/Sprau* RdNr. 26; für das alte Verjährungs- und Schuldrecht auch *Staudinger/Horn* RdNr. 112 mwN. Offen gelassen von OLG München BKR 2006, 455, 456; OLG Köln ZIP 2006, 750, 751 (mN zur mitunter herangezogenen, letztlich aber nicht aussagekräftigen früheren BGH-Rspr., einerseits BGHZ 92, 295, 300, andererseits BGH NJW-RR 2004, 1190, 1191). – Zur Gewährleistungsbürgschaft s. noch RdNr. 110, zur Zeitbürgschaft § 777 RdNr. 11 ff.

[372] Zu entsprechenden Fälligkeitsvereinbarungen s. OLG München BKR 2006, 455, 456; *Schlößer* NJW 2006, 645, 647 f.; zur Einrede der Vorausklage s. BGH NJW 2008, 1729 Tz. 24 = ZIP 2008, 733 („jedenfalls" bei selbstschuldnerischer Bürgschaft Eintritt der Fälligkeit mit Fälligkeit der Hauptschuld).

[373] Näher dazu *Leuschner* AcP 207 (2007), 64, 90 ff.; zu Bürgschaft und Garantie auf erstes Anfordern s. noch RdNr. 102; Vor § 765 RdNr. 27.

gegenüber insoweit nicht erneut an, als er schon für einen Verzug des Hauptschuldners nach § 767 Abs. 1 S. 2 einzustehen hat (vgl. aber noch RdNr. 111 ff.). Ohne eine an ihn gerichtete Zahlungsaufforderung gibt der Bürge keinen Anlass zur Klage iS von § 93 ZPO.[374] In der **Insolvenz des Hauptschuldners** finden §§ 43, 44 InsO Anwendung.[375] Zur Verjährung der Bürgschaftsforderung s. RdNr. 82.

Der **Bürge** kann sich auch **als Verwender von AGB** eine Befreiung von seiner **81** Zahlungspflicht für den Fall vorbehalten, dass der Gläubiger ihm gegenüber schuldhaft falsche Erklärungen abgegeben hat und diese für die Bürgschaftsübernahme ursächlich waren oder die Haftung des Bürgen nachteilig berühren.[376] Behält sich der Bürge gegenüber dem *Schuldner* das Recht vor, auch ohne gerichtliches Verfahren auf einseitiges Anfordern des Gläubigers zur Zahlung berechtigt zu sein, so ist dies nur unter der Voraussetzung wirksam, dass die Klausel eine Obliegenheit zur Anhörung des Schuldners vor Zahlung begründet und damit dem Schuldner Gelegenheit zum Hinweis auf Einwendungen und Einreden gibt.[377] Leistet der Bürge in diesem Fall trotz begründeter Einwendungen des Schuldners, so hat er keinen Regress.[378] Der Gläubiger kann aus dieser Klausel keine Rechte herleiten.[379] Der Bürge kann zwar des Weiteren den Mitlauf der Bürgschaftsforderung bei Abtretung der Hauptforderung ausschließen; er muss dabei jedoch auf die Rechtsfolge des § 1250 Abs. 2 hinweisen (RdNr. 52). Ein Recht zur *Hinterlegung* der Bürgschaftssumme kann sich der selbstschuldnerisch haftende Bürge im Verhältnis zum Gläubiger nur mit der Maßgabe vorbehalten, dass der zu hinterlegende Betrag als Sicherheit iS von §§ 232 ff. für den Anspruch des Gläubigers gegen den *Hauptschuldner* dient.[380]

c) **Einreden des Bürgen.** Neben den *abgeleiteten Einreden* iS von § 768 Abs. 1 S. 1 (dazu **82** § 768 RdNr. 4 ff.) kann der Bürge auch *eigene Einreden* geltend machen. So hat der Bürge die Einrede des **Zurückbehaltungsrechts** nach § 273 Abs. 1 – mit der Folge einer Verurteilung gemäß § 274 Abs. 1[381] – wegen seines Anspruchs auf Herausgabe der für den Rückgriff erforderlichen Urkunden und Beweismittel (§§ 412, 402 f.), ferner wegen eines etwaigen Anspruchs auf Übertragung eines nicht akzessorischen Sicherungsrechts[382] oder auf Herausgabe des nach §§ 774 Abs. 1, 401 auf ihn übergegangenen Sicherungsguts (s. § 774 RdNr. 8 ff.). Der Anspruch des Gläubigers gegen den Bürgen **verjährt eigenständig nach Maßgabe der §§ 195, 199.**[383] Die Verjährung beginnt mit Fälligkeit der Bürgschaftsforderung, bei der selbstschuldnerischen Bürgschaft somit grundsätzlich mit Fälligkeit der gesicherten Forderung (RdNr. 80), im Übrigen mit Wegfall der Einrede des § 771 (§ 771 RdNr. 7). Für eine über § 771 S. 2 (§ 771 RdNr. 7) hinausgehende Ablaufhemmung

---

[374] BGH LM § 767 Nr. 13 = NJW 1979, 2040, 2041; OLG Hamm WM 1983, 772.
[375] Vgl. bereits Vor § 765 RdNr. 52, ferner § 774 RdNr. 13; eingehend *Noack/Bunke*, FS Uhlenbruck, 2000, S. 335, 339 ff.; zu § 68 KO BGHZ 117, 127, 132 f. = NJW 1992, 2093; *Wissmann* S. 3 ff.; zur Anwendbarkeit des § 43 InsO sowie zur Unanwendbarkeit des § 39 Abs. 1 Nr. 4 InsO in der Insolvenz des Bürgen s. *Hadding*, FS G. Fischer, 2008, S. 223 ff. m. umf. Nachw.; ferner BGH WM 1969, 245, 246 f.; BGH ZIP 2008, 2183 Tz. 14 ff. (Insolvenzanfechtung von Zahlungen des insolventen Bürgen).
[376] BGH NJW 1980, 2412, wo allerdings die im Text genannten Einschränkungen mittels restriktiver Auslegung der Befreiungsklausel gewonnen werden (s. dazu *Ulmer* in: *Ulmer/Brandner/Hensen* § 305 c RdNr. 97 f.).
[377] BGHZ 95, 375, 390 f. = NJW 1986, 310, allerdings erneut unter Rückgriff auf die Methode restriktiver Auslegung (dazu vorige Fn.).
[378] *M. Wolf* in: *Wolf/Horn/Lindacher* § 9 AGBG RdNr. B 231.
[379] Zur Bürgschaft auf erstes Anfordern s. noch RdNr. 99 ff.
[380] Vgl. BGH NJW 1986, 1038, 1039, wiederum unter Rückgriff auf die Methode restriktiver Auslegung (dazu Fn. 374). Für überraschenden Charakter und Unangemessenheit eines weitergehenden Hinterlegungsrechts s. LG Karlsruhe EWiR 1998, 213 m. Anm. *v. Stebut/Schlosser*.
[381] Dazu RG HRR 1932 Nr. 2141.
[382] Zur Bestimmung des Leistungsorts s. BGH NJW 1995, 1546.
[383] BGHZ 139, 214, 218 f.; BGHZ 95, 375, 384 = NJW 1986, 310; § 195 RdNr. 5; BankR-HdB/*Schmitz/Wassermann/Nobbe* § 91 RdNr. 98, 101; *Palandt/Sprau* RdNr. 26; AnwK-BGB/*Beckmann* RdNr. 74; *Graf Lambsdorff/Skora* Handbuch RdNr. 330; eingehend *Bolten* ZGS 2006, 140, 141 ff.; aA *Bydlinski* ZIP 1989, 953 ff. – Zu den Anforderungen an verjährungshemmende Maßnahmen bei einer mehrere Darlehensforderungen sichernden Bürgschaft s. LG Stendal EWiR § 765 2/06, 203 *(Nielsen)*; zur Fälligkeit s. RdNr. 80; zum Beginn der Verjährung s. noch § 771 RdNr. 7; § 773 RdNr. 5.

§ 765 83   Abschnitt 8. Titel 20. Bürgschaft

analog §§ 210 f. in Fällen, in denen die gesicherte Forderung einer längeren Verjährungsfrist unterliegt als die Bürgschaftsforderung, besteht angesichts der Möglichkeit, Fälligkeits- (RdNr. 80) und – im Rahmen des § 202 – Verjährungsvereinbarungen zu treffen, weder Raum noch Notwendigkeit.[384] Unabhängig von seiner auf die Bürgschaftsforderung bezogenen Verjährungseinrede kann sich der Bürge nach § 768 Abs. 1 S. 1 auf die kürzere **Verjährung der Hauptschuld** berufen, soweit dem nicht die Vorschrift des § 214 Abs. 2 entgegensteht, die Bürgschaft also erst nach Verjährung der Hauptschuld übernommen wurde (§ 768 RdNr. 5). Sichert die Bürgschaft künftige Ansprüche, deren Entstehen im Belieben des Gläubigers steht,[385] so beginnt die Verjährung des Bürgschaftsanspruchs nicht erst mit tatsächlicher Begründung der Hauptschuld, sondern – ähnlich wie bei verhaltenen Ansprüchen (§ 199 RdNr. 7) – schon in dem Zeitpunkt, in dem der Gläubiger die Entstehung der Hauptschuld hätte bewirken können.[386] Der Einwand **rechtsmissbräuchlicher Inanspruchnahme** kommt – ebenso wie derjenige der Verwirkung[387] – nur unter ganz außergewöhnlichen Umständen in Betracht (s. RdNr. 92),[388] etwa dann, wenn der Gläubiger den Schuldner veranlasst, trotz Fälligkeit nicht zu zahlen,[389] oder den Bürgschaftsfall auf sonstige Weise treuwidrig herbeiführt,[390] bei der Bürgschaft auf erstes Anfordern ferner bei Geltendmachung trotz liquide beweisbarem Mangel im Verhältnis zwischen Gläubiger und Hauptschuldner (RdNr. 103; Vor § 765 RdNr. 34 f.).

83   **2. Nebenpflichten.** Da der Bürgschaftsvertrag allein den Bürgen zur Leistung verpflichtet (s. aber auch RdNr. 6), obliegen diesem grundsätzlich **keine bürgschaftsspezifischen Warnpflichten** gegenüber dem Gläubiger.[391] Dies gilt auch für den Fall, dass die Bürgschaft unter einer aufschiebenden Bedingung (RdNr. 46 f.) übernommen wurde, deren Eintritt vom Belieben des Gläubigers abhängt; der Bürge hat sich dann zwar nach § 162 Abs. 1 einer unzulässigen Einwirkung auf die Bedingung zu enthalten, ist aber nicht gehalten, den Gläubiger auf den fehlenden Eintritt der Bedingung hinzuweisen.[392] **Schutzpflichten** iS von § 241 Abs. 2 treffen den Bürgen grundsätzlich nur insoweit, als sich *in seiner Person* Leistungshindernisse abzeichnen oder aber die Erfüllung der *Bürgschaftsverpflichtung* für den Gläubiger Risiken birgt. Hat aber der Bürge (gesellschafts-)rechtlich begründete Einwirkungsmöglichkeiten auf den Hauptschuldner, auf Grund derer er letztlich den Eintritt des Bürgschaftsfalls beeinflussen kann, so obliegen ihm gegenüber dem Gläubiger die gleichen Nebenpflichten wie dem Hauptschuldner selbst.[393] Zu Aufklärungspflichten des Bürgen gegenüber dem Hauptschuldner s. RdNr. 7, 105.

---

[384] *Jungmann* WuB I F 1 a – 5.06, S. 841, 843 f.; „jedenfalls" für die selbstschuldnerische Bürgschaft auch BankR-HdB/*Schmitz/Wassermann/Nobbe* § 91 RdNr. 100; s. ferner BGH NJW-RR 2004, 1190 = WM 2004, 371; aA – für Ablaufhemmung – *Bolten* ZGS 2006, 140, 143 ff. – Zu Fälligkeits- und Verjährungsabreden s. OLG München BKR 2006, 455, 456; *Schlößer* NJW 2006, 645, 647 f.
[385] Zu den AGB-rechtlichen Grenzen s. aber auch RdNr. 72 ff.
[386] AA wohl OLG Frankfurt MDR 1978, 52 f.
[387] BGH WM 1984, 586 und 1963, 25.
[388] S. neben den Nachweisen in den nachfolgenden Fn. noch BGHZ 134, 325 = NJW 1997, 1003 und BGH NJW 2000, 362 (Begrenzung der Bürgschaft durch deren Zweck, Vermögensverlagerungen zu verhindern, oder auf eine erwartete, aber noch nicht angefallene Erbschaft zuzugreifen; jeweils Abweisung der Klage als derzeit unbegründet; s. dazu aber auch RdNr. 27 f.).
[389] BGH LM § 765 Nr. 10; *Palandt/Sprau* RdNr. 2.
[390] S. aber auch BGH NJW-RR 1987, 1188: kein Rechtsmissbrauch bei Inanspruchnahme für verbürgte Kaufpreisschuld, wenn Hauptschuldner Mängel der Kaufsache nicht rechtzeitig gerügt hat; BGH WM 1971, 614, 615: Grundsätzlich kein Rechtsmissbrauch durch Gewährung weiterer Kredite an Schuldner (dazu noch RdNr. 92); OLG Hamburg ZMR 1999, 630, 632 f.: kein Rechtsmissbrauch bei unterlassener Kündigung des Hauptschuldverhältnisses.
[391] Zu Aufklärungspflichten gegenüber dem Hauptschuldner (Auftraggeber) s. RdNr. 7; zur Haftung der bürgenden Gebietskörperschaft aus c. i. c. (§§ 280 Abs. 1, 3, 311 Abs. 2) bei unterlassenem Hinweis auf Erfordernis der Genehmigung des Vertrags durch Aufsichtsbehörde s. BGH ZIP 1999, 1346, 1349 f. mN; dazu *Tiedtke* NJW 2001, 1015, 1017 f.
[392] BGH NJW 1987, 1631.
[393] BGH NJW-RR 1989, 1393, 1395 f.

VI. Pflichten des Gläubigers

1. Grundsatz. Wie jedes Schuldverhältnis unterliegt auch das Bürgschaftsverhältnis den 84
Grundsätzen von **Treu und Glauben,** so dass auch den Gläubiger **Aufklärungs- und sonstige Schutzpflichten** gegenüber dem Bürgen treffen können.[394] Der Vorschrift des § 776 lässt sich nichts Gegenteiliges entnehmen. Zwar wurde sie vom Gesetzgeber – wenn auch eher unreflektiert – als abschließende Regelung der Diligenzpflichten des Gläubigers verstanden.[395] Mit der Begründung und Fortentwicklung der Lehre von den vorvertraglichen und vertraglichen Schutzpflichten und ihrer legislativen Anerkennung in §§ 241 Abs. 2, 311 Abs. 2 (§ 241 RdNr. 67 ff., 90 ff.) ist aber für einen entsprechenden Umkehrschluss aus § 776 die Grundlage entfallen; die Vorschrift muss nunmehr als ausdrückliche Normierung der Verhaltenspflicht des Gläubigers im Zusammenhang mit der *Erhaltung und Verwertung anderer Sicherheiten* begriffen werden.[396] Ebenso vermag zwar die Rechtsnatur der Bürgschaft als *einseitig verpflichtender Vertrag* die Existenz vertraglicher[397] Neben*leistungs*pflichten des Gläubigers auszuschließen, nicht aber diejenige von *Schutzpflichten* iS von §§ 241 Abs. 2, 311 Abs. 2.[398]

Wenn somit auch die Existenz von schadensersatzbewehrten (RdNr. 96) Rechtspflichten 85
des Gläubigers im Grundsatz nicht zu bestreiten ist, so darf andererseits die Begründung solcher Pflichten die **gesetzliche Risikoverteilung** nicht außer Kraft setzen und das Risiko der Zahlungsunfähigkeit des Hauptschuldners auf den Gläubiger rückverlagern.[399] Die Begründung von Gläubigerpflichten darf mit anderen Worten nicht zu einer Beeinträchtigung der **Sicherungsfunktion der Bürgschaft** führen.[400] Andererseits ist zu berücksichtigen, dass der Bürge das Risiko der Nichterfüllung der Hauptschuld nicht schlechthin, sondern nur insoweit übernommen hat, als nicht gerade der Gläubiger selbst den Eintritt des Bürgschaftsfalls herbeiführt.[401] Schließlich kann auch dieses Risiko des Bürgen nicht nur durch Vereinbarung einer Bedingung (RdNr. 44, 46 f.), sondern auch durch Beschränkung der Haftung des Bürgen auf den Ausfall des Gläubigers begrenzt werden. Gerade für die **Ausfallbürgschaft** (RdNr. 106 f.) haben sich denn auch Sorgfaltspflichten des Gläubigers gegenüber dem Bürgen, einem entsprechenden Bedürfnis des Rechtsverkehrs entsprechend, als typisch und selbstverständlich herausgebildet.

2. Vorvertragliche Verhaltenspflichten. a) Unterlassungspflichten. Macht der 86
Gläubiger von sich aus oder **auf Befragen des Bürgen** Angaben über das Bürgschaftsrisiko, so ist er zur zutreffenden und vollständigen Darstellung der Rechts- und Sachlage verpflichtet.[402] Er handelt deshalb pflichtwidrig, wenn er das rechtliche Risiko einer Bürgschaft

---

[394] So im Grundsatz und mit erheblichen Abweichungen hinsichtlich des Ausmaßes der Pflichten (dazu RdNr. 86 ff.) die heute wohl hL, vgl. *Eisenhardt* MDR 1968, 541; *Knütel,* FS Flume, 1978. Bd. I, S. 559 ff.; *Henssler* Risiko S. 335 ff.; *Larenz/Canaris* II/2 § 60 II 4, III 4; *Reinicke/Tiedtke* Bürgschaftsrecht RdNr. 2 ff.; *Staudinger/Horn* RdNr. 179 ff.; *Soergel/Häuser* RdNr. 102 ff.; BankR-HdB/*Schmitz/Wassermann/Nobbe* § 91 RdNr. 94 ff.; *PWW/Brödermann* RdNr. 55 ff.; *Bamberger/Roth/Rohe* RdNr. 98 ff.; *Palandt/Sprau* RdNr. 33; *Jauernig/Stadler* RdNr. 22 ff.; aus der Rspr. zu Schutzpflichten und zur Verwirkung des Bürgschaftsanspruchs s. etwa BGHZ 166, 84, 99 = ZIP 2006, 317; BGHZ 165, 363, 370 f. = NJW 2006, 845; BGH ZIP 2004, 1589, 1591 f.; 2002, 167, 171; NJW 1995, 1886, 1888; 1994, 2146, 2148; 1991, 2015, 2017; 1988, 3205, 3206. Die Anwendbarkeit des § 242 noch gänzlich abl. RGZ 65, 134, 136, 139 f.; gegen Nebenpflichten des Gläubigers auch noch RGZ 87, 327 f. Dazu, dass § 124 der Annahme schadensersatzbewehrter Ansprüche aus Schutzpflichtverletzung nicht entgegensteht, s. BGH WM 1997, 77, 78; 1997, 1045, 1047; ZIP 2002, 167, 171.
[395] Mot. II S. 678 f.; Prot. II S. 481; eingehend dazu *Knütel,* FS Flume, 1978, Bd. I, S. 559, 560 ff.; *Henssler* Risiko S. 336 ff.
[396] Zutr. *Knütel,* FS Flume, 1978, Bd. I, S. 559, 587 ff. (591); s. § 776 RdNr. 1, 8 ff.
[397] Zur Verpflichtung des Gläubigers zur Herausgabe der Bürgschaftsurkunde s. RdNr. 60.
[398] So auch BGH NJW 1996, 1274, 1275; *Larenz/Canaris* II/2 § 60 III 4; *Tiedtke* ZIP 1995, 521, 530 f.; unzutr. deshalb der Hinweis auf die Rechtsnatur der Bürgschaft in BGH NJW 1994, 2146, 2148.
[399] Auch das ist im Grundsatz anerkannt, s. etwa BGH NJW 1994, 2146, 2148; 1988, 3205, 3206; *Larenz/Canaris* II/2 § 60 III 4; *Hadding/Häuser/Welter* Gutachten S. 644 ff.; *Staudinger/Horn* RdNr. 179 f.; *Henssler* Risiko S. 335 f.; *Jauernig/Stadler* RdNr. 22.
[400] S. bereits RdNr. 44 im Zusammenhang mit der Lehre vom Wegfall der Geschäftsgrundlage.
[401] So zutr. *Henssler* Risiko S. 342 f.
[402] BGH WM 1956, 885, 888; vgl. auch OLG München WM 1984, 469, 471.

verharmlost (s. RdNr. 29). Entsprechendes gilt, wenn der Gläubiger falsche Angaben über die Vermögensverhältnisse des Schuldners macht, etwa dadurch, dass er bei Darstellung der Vermögenslage des Schuldners Umstände verschweigt, die dem Bürgen erkennbar wesentlich sind.[403] Zur Täuschung kann auch die unberichtigt gebliebene Formulierung „Eröffnung eines Kredits" im Bürgschaftsformular ausreichen, wenn dem Schuldner bereits ein nicht unerheblicher Kredit eingeräumt war und sich die Bürgschaft auch auf diesen erstreckt.[404] In Fällen dieser Art kommt auch die Anfechtung der Bürgschaftserklärung nach § 123 (RdNr. 40 f.) in Betracht. Die Pflichtverletzung kann außerdem zur Sittenwidrigkeit des Bürgschaftsvertrags beitragen oder diese – in besonders gelagerten Fällen – im Wesentlichen begründen (RdNr. 21, 29).

87 **b) Aufklärungspflichten. aa) Grundsatz.** Mit Rücksicht auf die auch dem Bürgen bekannte Sicherungsfunktion des Bürgschaftsvertrags ist der Gläubiger grundsätzlich nicht verpflichtet, den Bürgen über die Vermögensverhältnisse des Schuldners und das Ausmaß des vom Bürgen übernommenen Risikos zu unterrichten.[405] Der Gläubiger kann vielmehr davon ausgehen, dass der Bürge die Tragweite des von ihm zu übernehmenden Risikos selbst kennt; dies schon deshalb, weil auch dem Bürgen bekannt ist, dass der Gläubiger einen Ausfall des Hauptschuldners nicht ausschließt und deshalb auf der Einräumung einer Sicherheit besteht. Davon zu unterscheiden ist die Frage, ob der Gläubiger dem *Hauptschuldner* gegenüber zur Aufklärung verpflichtet ist. Soweit dies der Fall ist, kann sich der Bürge nach § 768 Abs. 1 S. 1 darauf berufen, dass der Gläubiger im Wege des Schadensersatzes Anpassung des Darlehensvertrags an den tatsächlichen Kreditbedarf verlangen kann (§ 768 RdNr. 6).

88 **bb) Ausnahmen.** Die Rechtsprechung hat seit jeher und zu Recht eine Aufklärungspflicht für den Fall bejaht, dass der Gläubiger durch sein Verhalten und auch für ihn erkennbar einen **Irrtum des Bürgen** über dessen Risiko **veranlasst** oder dieses Risiko bewusst **verharmlost**.[406] In Betracht kommt dies insbesondere, wenn dem Gläubiger die Prüfung der Verhältnisse des Schuldners übertragen wird.[407] Der Gläubiger hat einerseits für ein Verschulden seiner *Erfüllungsgehilfen* einzustehen (RdNr. 41); andererseits kann ein *Mitverschulden* des Bürgen zum teilweisen Fortbestand der Haftung führen.[408] Bei schuldlos verursachter Fehlvorstellung des Bürgen ist der Gläubiger zur Aufklärung verpflichtet, nachdem er den von ihm veranlassten Irrtum des Bürgen hätte erkennen können.[409] Der Veranlassung eines Irrtums durch den Gläubiger steht es gleich, wenn dieser den Bürgen zur Übernahme der Bürgschaft veranlasst hat und der Bürge, der den Hauptschuldner nicht kennt, erkennbar keine Möglichkeit hatte, sich zuvor Informationen über dessen Bonität zu beschaffen.[410] – Zu den Rechtsfolgen s. RdNr. 96.

89 Aufklärungspflichten kommen entgegen der Rechtsprechung des BGH[411] aber auch in dem Fall in Betracht, dass der Gläubiger zwar die Fehlvorstellung des Bürgen nicht ver-

---

[403] RGZ 91, 80, 82; RG HRR 1936 Nr. 396; *Henssler* Risiko S. 343, dort auch zur Verpflichtung des schuldlos handelnden Gläubigers, den Bürgen nach Erkennbarkeit der Irreführung aufzuklären.
[404] RG SeuffA 89 Nr. 68; zu den AGB-rechtlichen Grenzen von Globalzweckerklärungen s. aber RdNr. 72 ff.
[405] So die ganz hM, s. RGZ 91, 80, 82; BGH WM 1956, 885, 888; NJW 1983, 1850; 1988, 3205, 3206; BGHZ 106, 269, 272 = NJW 1989, 830; BGH NJW 1994, 1278, 1281; 1994, 2146, 2149; 1996, 1274, 1275; 1997, 3230, 3231 f. (ausländischer Bürge); NJW 2001, 3331, 3332; BGHZ 165, 363, 370 f. = NJW 2006, 845; *Gernhuber* JZ 1995, 1086, 1090; *Henssler* Risiko S. 345 ff.; *Larenz/Canaris* II/2 § 60 II 4; *Staudinger/Horn* RdNr. 181 f.; *Soergel/Häuser* RdNr. 103; zu Ausnahmen s. RdNr. 88 ff.
[406] BGH WM 1966, 944, 945; 1986, 11; 1994, 680, 684; NJW 1988, 3205, 3206; 1989, 830, 831; 1995, 1886, 1889; 1997, 3230, 3231; BGHZ 165, 363, 370 f. = NJW 2006, 845; sehr weitgehend OLG Düsseldorf DB 1973, 1236 f.; OLG Hamm ZIP 1982, 1061; 1984, 829.
[407] BGH LM ZPO § 282 Nr. 16 = NJW 1981, 577.
[408] RG LZ 1930, 179, 180 = HRR 1930 Nr. 213.
[409] *Henssler* Risiko S. 348; s. auch BGH DB 1988, 40.
[410] OLG Hamm ZIP 1998, 745; dazu Nichtannahmebeschluss des BGH vom 21. 9. 1999 (IX ZR 437/98) und *Fischer* WM 2001, 1049, 1060.
[411] Vgl. etwa BGH NJW 1989, 830, 831; 1983, 1850 und WM 1986, 11, 12, wo Aufklärungspflichten des Gläubigers ausdrücklich auf den in RdNr. 88 genannten Sachverhalt begrenzt werden; s. aber auch BGH

ursacht hat, ihm sich aber **aufdrängen muss,** dass der Bürge das von ihm übernommene **Risiko nicht richtig einschätzt.**[412] So ist der Gläubiger etwa zur Aufklärung des Bürgen verpflichtet, wenn dieser offensichtlich von unrichtigen Vorstellungen über die schon bestehende Verschuldung des Hauptschuldners gerade beim Gläubiger ausgeht.[413] Des Weiteren besteht eine Aufklärungspflicht, wenn dem Gläubiger bereits bei Abschluss des Bürgschaftsvertrags bekannt ist oder es sich ihm zumindest aufdrängen musste, dass der **Bürgschaftsfall eintreten** und es somit zur Inanspruchnahme des Bürgen kommen wird.[414] Dies gilt unabhängig davon, ob der Bürge bereits Kunde der Gläubigerbank ist.[415]

Aufklärungspflichten kommen schließlich auch für den Fall in Betracht, dass der Bürge 90 zwar keinem Irrtum hinsichtlich der Vermögensverhältnisse des Hauptschuldners erliegt, er aber das mit Übernahme einer Bürgschaft ganz **allgemein verbundene Haftungsrisiko** nicht einzuschätzen weiß.[416] Der Gläubiger kann deshalb je nach Lage des Falles verpflichtet sein, dafür zu sorgen, dass der ersichtlich geschäftsunerfahrene Bürge die rechtliche Tragweite seiner Erklärung durchschaut. So verhält es sich namentlich, wenn der Bürge, nachdem er es abgelehnt hat, eine Grundschuld an seinem Gründstück als seinem einzigen nennenswerten Vermögensgegenstand zu bestellen, die Bürgschaft in der Erwartung übernimmt, das Grundstück sei dadurch dem Gläubigerzugriff entzogen.[417] Des Weiteren ist der Gläubiger zum Einschreiten verpflichtet, wenn in seinem Beisein der *Schuldner* das Risiko aus der Bürgschaft verharmlost,[418] ferner in sonstigen Fällen, in denen das Erklärungsbewusstsein des Bürgen erkennbar abgeschwächt ist (RdNr. 29). Namentlich die Aufklärung über das Bürgschaftsrisiko im Allgemeinen, aber auch diejenige über besondere Risiken des Einzelfalles (RdNr. 89) lassen einen Rückgriff auf § 138 Abs. 1 in einer Vielzahl von Fällen als entbehrlich erscheinen (RdNr. 20 f.).

3. Aufklärungspflichten nach Abschluss des Bürgschaftsvertrags. Nach Übernah- 91 me der Bürgschaft kann der Bürge die von ihm getroffene Risikoentscheidung grundsätzlich (s. aber auch RdNr. 55 ff.) auch bei unerwartetem Vermögensverfall des Hauptschuldners nicht einseitig rückgängig machen. Aufklärungspflichten des Gläubigers können in diesem Stadium allein dazu dienen, dem Bürgen die Sicherung seines Regressanspruchs gegen den Hauptschuldner zu ermöglichen. Wenn es auch grundsätzlich Sache des Bürgen ist, sich die notwendigen Informationen über die aktuelle Vermögenssituation des Schuldners zu beschaffen, so ist der Gläubiger **ausnahmsweise** doch verpflichtet, sein etwaiges **Sonderwis-**

NJW 1996, 1274, 1275, wo die Frage ausdrücklich offen gelassen wird; ferner BGH NJW 2001, 2466, 2469, wo die Bank über die ihr bekannten Umstände aufgeklärt hatte.
[412] So auch *Henssler* Risiko S. 346 f.; *Reinicke/Tiedtke* Bürgschaftsrecht RdNr. 253 ff.; *Tiedtke* ZIP 1995, 521, 530 f.; *Erman/Herrmann* RdNr. 11; für den Fall positiver Kenntnis des Gläubigers auch *Larenz/Canaris* II/2 § 60 II 4; allg. dazu *Breidenbach,* Die Voraussetzungen von Informationspflichten beim Vertragsschluss, 1989, S. 80 ff.
[413] Vgl. dazu im Zusammenhang mit § 123 BGH WM 1963, 24, 27; s. ferner BGH LM § 123 Nr. 31 = WM 1965, 473, 475; WM 1960, 640; OLG Koblenz WM 1997, 719, 720 f. (keine Pflicht zur Aufklärung über zwei Jahre zurückliegende eidesstattliche Versicherung des Hauptschuldners, wenn zwischenzeitlich dessen Geschäftsbeziehung zur Bank beanstandungsfrei verlaufen ist).
[414] So auch *Larenz/Canaris* II/2 § 60 II 4; *Henssler* Risiko S. 347; *Reinicke/Tiedtke* Bürgschaftsrecht RdNr. 253; s. ferner BGH NJW 1996, 1274, 1276 betreffend den Abschluss eines krass überfordernden Bürgschaftsvertrags (dh. ohne Rücksicht auf das Risiko der Inanspruchnahme des Bürgen); BGH NJW 2001, 2466, 2469 (keine Aufklärungspflichtverletzung, wenn Gläubiger auf „schwierige Situation" des Hauptschuldners hinweist, dieser in Wahrheit bereits insolvent ist, dies aber dem Gläubiger nicht bekannt war); OLG Oldenburg WM 1997, 2076 (Übernahme der Bürgschaft nach Kündigung der Hauptschuld und gescheiterter Umschuldung); weitergehend *Medicus* ZIP 1989, 817, 821 und *Köndgen* NJW 1991, 2018 f.: Aufklärungspflicht bereits bei „gewisser Wahrscheinlichkeit" des Bürgschaftsfalls, sofern der Bürge zur Einschätzung des Risikos nicht in der Lage ist (s. RdNr. 90).
[415] Dazu *Canaris* Bankvertragsrecht RdNr. 113; ferner OLG Köln NJW-RR 1990, 756 (sehr restriktiv).
[416] So zu Recht *Reinicke/Tiedtke* Bürgschaftsrecht RdNr. 252 f.; *Tiedtke* ZIP 1995, 521, 530 f.; *ders.* JZ 1994, 908, 910; s. ferner *Medicus* und *Köndgen,* jeweils aaO (Fn. 414); aA BGHZ 125, 206, 218 = NJW 1994, 1278, 1281 (unter C 3).
[417] BGH NJW 1999, 2814.
[418] BGH NJW 2001, 3331, 3332; *Reinicke/Tiedtke* Bürgschaftsrecht RdNr. 253.

sen dem Bürgen zu offenbaren, sofern dieses dem Bürgen nicht zugänglich ist und er dadurch nicht die ihm gegenüber dem Hauptschuldner obliegende Geheimhaltungspflicht verletzt.[419] Unter diesen Voraussetzungen hat es der Gläubiger auch hinzunehmen, dass der Bürge von einem etwaigen Kündigungsrecht Gebrauch macht (RdNr. 55 ff.) und damit auch die Gewährung weiteren Kredits an den Schuldner nicht in Betracht kommt.[420] Unabhängig von den genannten Voraussetzungen hat der Gläubiger dem Bürgen **auf Verlangen Auskunft** über den Stand der Hauptschuld und – soweit mit etwaigen Geheimhaltungspflichten vereinbar – die wirtschaftliche Situation des Schuldners zu geben.[421]

92 **4. Pflichten im Zusammenhang mit der Schuldabwicklung.** Sorgfaltspflichten gegenüber dem Bürgen treffen den Gläubiger auch im Rahmen der Schuldabwicklung. Nachteilige Folgen späterer Vereinbarungen zwischen Gläubiger und Hauptschuldner werden zwar bereits durch die Vorschrift des § 767 Abs. 1 S. 3 ausgeschlossen, zumal sie auch der Wirksamkeit formularmäßig vereinbarter Globalbürgschaften Grenzen setzt (RdNr. 72 ff.). Dem Gläubiger obliegt es ferner nicht, zugunsten des Bürgen eine Aufrechnungsmöglichkeit gegenüber dem Schuldner wahrzunehmen (§ 770 RdNr. 7 ff.). Ihm ist es grundsätzlich auch nicht verwehrt, dem Schuldner noch anderweit Kredit zu gewähren, auch wenn dadurch die Aussichten auf eine Tilgung der verbürgten Schuld durch den Hauptschuldner gemindert werden.[422] Dies gilt selbst dann, wenn der Gläubiger unter Verletzung banküblicher Gepflogenheiten die an sich gebotenen Bonitätsprüfungen unterlässt.[423] Im Fall einer Bürgschaft für **künftige Verbindlichkeiten** (RdNr. 66 f., 72 ff.) hat der Gläubiger allerdings bei Begründung neuer Forderungen auf die Interessen des Bürgen Rücksicht zu nehmen.[424] Eine ihm zumutbare Überprüfung der Kreditwürdigkeit des Schuldners darf er nicht deshalb unterlassen, weil das Risiko eines Forderungsausfalls vom Bürgen zu tragen ist.[425] Allerdings kommt es stets auf die Umstände des Einzelfalls an, insbesondere darauf, welches Maß an wirtschaftlichem Risiko der Bürge im Hinblick auf die Verhältnisse des Schuldners und die Zwecke der Kreditgewährung übernommen hat.[426]

93 Sichert die Bürgschaft etwaige **Schadensersatzansprüche** des Gläubigers gegen den Hauptschuldner, so darf der Gläubiger die ihm zumutbare Vorsorge gegen die Entstehung solcher Schäden nicht vernachlässigen.[427] Er kann mithin entsprechend § 254 seinen Bürgschaftsanspruch auch dann einbüßen, wenn ihn der Einwand des Mitverschuldens im Verhältnis zu dem vorsätzlich handelnden Hauptschuldner nicht trifft. Der Gläubiger hat deshalb für ein ihm nachteiliges betrügerisches Zusammenwirken seiner Erfüllungsgehilfen mit dem Schuldner nach § 278 einzustehen.[428]

94 **5. Pflichten im Zusammenhang mit der Rechtsverfolgung.** Inwieweit der Gläubiger gehalten ist, bei der Rechtsverfolgung gegen den Schuldner auf die Interessen des Bürgen Rücksicht zu nehmen, lässt sich wegen der Vielfalt der möglichen Umstände letzt-

---

[419] So auch *Larenz/Canaris* II/2 § 60 III 4; *Henssler* Risiko S. 349 mwN; ähnlich *Burghardt* Aufklärungspflichten S. 44 ff., 57 ff.; weitergehend *Knütel*, FS Flume, 1978, Bd. I, S. 559, 583 ff.; zu eng RG HRR 1930 Nr. 1212; *Erman/Herrmann* RdNr. 11. – Zur Bedeutung von Verschwiegenheitspflichten (dazu namentlich BGHZ 166, 84, 91 ff. = ZIP 2006, 317) für die Erfüllung von Aufklärungspflichten s. BGH NJW 1991, 693, 694; *Canaris* Bankvertragsrecht RdNr. 60 (Güterabwägung im jeweiligen Einzelfall).
[420] So zu Recht *Knütel*, FS Flume, 1978, Bd. I, S. 559, 584.
[421] Vgl. *Larenz/Canaris* II/2 § 60 III 4; *Knütel*, FS Flume, 1978, Bd. I, S. 559, 586; *Bamberger/Roth/Rohe* RdNr. 97; s. ferner OLG Hamburg ZMR 1999, 630, 632 (keine Pflicht, unaufgefordert über Entwicklung der Hauptschuld zu informieren). – Zur Unwirksamkeit von Klauseln, die die Pflicht zur Auskunftserteilung ausschließen, s. *Fuchs* in: *Ulmer/Brandner/Hensen* Anh. § 310 RdNr. 244 mwN.
[422] BGH WM 1963, 24, 26; 1971, 614, 615; BGH LM Nr. 16 = WM 1968, 1391; OLG München WM 2000, 2298, 2300; s. dazu auch § 767 RdNr. 15.
[423] Insoweit zutr. OLG Frankfurt WM 1996, 715, 716 f.; s. dazu aber noch im Text.
[424] S. bereits RG SeuffA 84 Nr. 174 S. 295.
[425] BGH WM 1959, 1072, 1074 f.; OLG München NJW 1976, 1096 f.; sehr zurückhaltend BGH LM Nr. 16 = WM 1968, 1391; OLG Frankfurt WM 1996, 715, 716 f.
[426] Dazu auch OLG Frankfurt WM 1996, 715, 716 f.
[427] RG WarnR 1908 Nr. 494; JW 1937, 3104; *Reichel* NJW 1929, 469.
[428] Abzulehnen daher BGH LM Nr. 24 = WM 1978, 924; *Merz* WM 1980, 230, 235.

lich nur für den jeweiligen Einzelfall entscheiden. Gerät der Schuldner einer **Einzelforderung** in wirtschaftliche Schwierigkeiten, ist der Gläubiger grundsätzlich weder zu einer beschleunigten Rechtsverfolgung noch umgekehrt zu einer zeitweiligen Verschonung verpflichtet. Es bleibt vielmehr Sache des – ggf. vom Gläubiger aufgeklärten (RdNr. 91) – Bürgen, den Gläubiger zu befriedigen und den Rückgriff nach seinem Belieben zu betreiben.[429] Veranlasst jedoch der Gläubiger den Schuldner, nicht zu leisten, verwirkt er seinen Bürgschaftsanspruch;[430] ebenso, wenn er willkürlich den wirtschaftlichen Zusammenbruch des Hauptschuldners herbeiführt und dadurch jede Aussicht des Bürgen auf einen Rückgriff vereitelt.[431] Hat der Gläubiger eine ihm vom Schuldner *abgetretene Forderung nicht eingezogen,* so hängt es von den Umständen ab, inwieweit der Gläubiger dem Bürgen gegenüber gehalten war, sich um seine Befriedigung aus dem Vermögen des Schuldners zu bemühen. Er hat idR zumindest außergerichtliche Maßnahmen zu treffen, insbes. verdeckte Sicherungsabtretungen zu offenbaren und einen zahlungsbereiten Dritten von der Zahlung an den Schuldner abzuhalten. Für seine Nachlässigkeit hat der Gläubiger dem Bürgen gegenüber vor allem dann einzustehen, wenn dieser ihn aus gegebenem Anlass auf die angebrachten Maßnahmen hingewiesen hat.[432] Der Gläubiger braucht aber idR nicht im Interesse des Bürgen vom Schuldner eine ihm zustehende weitere Sicherstellung zu verlangen.[433] Hat der Gläubiger Sicherungsgut des Schuldners nachlässig verwertet, so kann sich der Bürge nach §§ 768 Abs. 1 S. 1, 273 einredeweise auf die Gegenansprüche des Schuldners berufen.[434]

Sichert die Bürgschaft **künftige Forderungen,** insbesondere solche aus einem Dauerschuldverhältnis, kann der Bürge nicht auf die Möglichkeit der Befriedigung des Gläubigers mit anschließendem Regress beim Schuldner (RdNr. 94) verwiesen werden. In diesem Fall ist der Gläubiger im Verhältnis zum Bürgen verpflichtet, gegenüber dem Hauptschuldner diejenigen Schritte zu ergreifen, die er ohne den Bürgschaftsvertrag zur Wahrung seiner eigenen Interessen unternommen hätte, um den ihm durch die Vertragsverletzung entstehenden Schaden möglichst gering zu halten.[435] Unterlässt der Gläubiger die an sich gebotene Kündigung des Dauerschuldverhältnisses, so beschränkt sich die Haftung des Bürgen auf die bis zur möglichen Kündigung aufgelaufenen Raten. Zu Fürsorgepflichten des Gläubigers im Zusammenhang mit **Sicherungsrechten Dritter** s. § 776 RdNr. 6 ff. 95

6. Rechtsfolgen. Bei den in RdNr. 86 ff. dargestellten Verhaltensanforderungen handelt es sich *nicht* um *Obliegenheiten,* sondern um echte (Schutz-)Pflichten.[436] Die Rechtsfolgen einer vom Gläubiger nach §§ 276, 278 zu vertretenden Pflichtverletzung bestehen nach allgemeinen Grundsätzen über die Haftung wegen Schutzpflichtverletzung[437] in dem **Verlust des Anspruchs aus der Bürgschaft.**[438] Im Fall eines Mitverschuldens des Bürgen findet § 254 Anwendung (s. RdNr. 88, 93). Sichert die Bürgschaft als Dauerschuldverhältnis 96

---

[429] Vgl. nur *Palandt/Sprau* § 776 RdNr. 1.
[430] BGH WM 1966, 317 = LM Nr. 10; OLG Zweibrücken OLGE 34, 84.
[431] BGH ZIP 2004, 1589, 1591 f.; BGHZ 166, 84, 99 = ZIP 2006, 317; BGH WM 1984, 586; s. ferner KG NJW-RR 1988, 111 (Gläubiger darf Bürgschaftsrisiko nicht leichtfertig erhöhen); OLG Düsseldorf WM 2007, 2009, 2012.
[432] BGH WM 1960, 51, 52.
[433] RG WarnR 1930 Nr. 136 S. 274.
[434] BGH WM 1961, 392 f.; s. ferner § 770 Abs. 2 und dazu § 770 RdNr. 7 ff.
[435] BGH NJW 1995, 1886, 1888; für die einen Prolongationskredit umfassende Einzelbürgschaft BGH NJW 1999, 3195, 3197; s. aber auch OLG Hamburg ZMR 1999, 630, 632 f. (keine Pflicht zur Kündigung des Mietvertrags nach §§ 543 Abs. 2 S. 1 Nr. 3, 569 Abs. 3 Nr. 1).
[436] So auch *Palandt/Sprau* RdNr. 33; *Jauernig/Stadler* RdNr. 22, 24; *Erman/Herrmann* RdNr. 10; *Henssler* Risiko S. 340; *Burghardt* Aufklärungspflichten S. 47 f.; wohl auch BGH NJW 1995, 1886, 1888; aA – für bloße Obliegenheiten – noch BGH WM 1958, 218, 219 f.; 1963, 24. Zu wN der Rspr. s. Fn. 394.
[437] Eingehend hierzu § 280 RdNr. 89 ff.; s. ferner BGH NJW 1998, 302: Anspruch auf Rückgängigmachung des Vertrags.
[438] Vgl. BGH NJW 1999, 3195, 3197; 1995, 1886, 1888; OLG Schleswig WM 1997, 413, 416; näher *Lorenz* NJW 1997, 2578, 2579 f.; ausgehend von der Annahme einer bloßen Obliegenheit auch BGHZ 166, 84, 99 = ZIP 2006, 317 und BGH ZIP 2004, 1589, 1591 f. (jeweils Verwirkung); WM 1958, 218, 219 f. – Zur Kausalitätsvermutung s. im Zusammenhang mit Finanztermingeschäften BGH NJW 1993, 2434, 2435.

§ 765 97–99 Abschnitt 8. Titel 20. Bürgschaft

künftige Forderungen, können Pflichtverletzungen des Gläubigers dem Bürgen ein Recht zur außerordentlichen Kündigung der Bürgschaft geben (RdNr. 55 ff.).[439] Die formularmäßige **Freizeichnung** des Gläubigers von den ihm obliegenden Schutzpflichten ist grundsätzlich nach §§ 307, 309 Nr. 7 unwirksam.[440] Umgekehrt stößt auch die formularmäßige **Begründung von Gläubigerpflichten** auf AGB-rechtliche Grenzen. So verstößt es gegen § 307, wenn die Bürgschaftsbedingungen eine Freizeichnung bei unzutreffender Unterrichtung des Bürgen durch den Gläubiger vorsehen, ohne den Eintritt dieser Rechtsfolge auf für die Entschließung des Bürgen *erhebliche* Unterrichtungsmängel zu beschränken.[441]

VII. Besondere Erscheinungsformen der Bürgschaft

97 **1. Allgemeines.** Verkehr und Rechtssprache haben für verschiedene Bürgschaftstypen besondere Bezeichnungen entwickelt, die teils nur den wirtschaftlichen Zusammenhang erläutern, teils aber auch besondere vertragliche Risikoregelungen zum Ausdruck bringen. Wenngleich bei der Auslegung des Vertrags nach §§ 133, 157 nicht am Wortgebrauch der Parteien zu haften ist, kann doch der objektive Erklärungswert zu berücksichtigen sein, den einzelne dieser Bezeichnungen allgemein oder in engeren Verkehrskreisen erlangt haben. Im Folgenden werden die wichtigsten Bürgschaftstypen in alphabetischer Folge erläutert.

98 **2. Bürgschaft auf erstes Anfordern. a) Überblick.** Durch Übernahme einer Bürgschaft auf erstes Anfordern verpflichtet sich der Bürge, auf einfaches Verlangen des Gläubigers unter einstweiligem Verzicht auf Einwendungen aus dem Hauptschuldverhältnis zu leisten. Wie die Bürgschaft im Allgemeinen, so unterscheidet sich auch diejenige auf erstes Anfordern von der entsprechenden Form der Garantie (Vor § 765 RdNr. 16 ff., 27 ff.) durch ihre **Akzessorietät:** Die Verpflichtung zur Zahlung auf erstes Anfordern soll zwar die rasche, für alsbaldige Liquidität sorgende Inanspruchnahme ermöglichen, bezweckt aber gleichwohl nur die *Sicherstellung* des Gläubigers, ohne die Haftung des Bürgen endgültig aus der Abhängigkeit von der verbürgten Schuld (RdNr. 61) zu lösen. Das Recht, Zahlung auf erstes Anfordern zu verlangen, stellt deshalb die Qualifizierung des Einstandsversprechens als – den Gläubiger freilich privilegierende – Form der Bürgschaft nicht in Frage.[442] Über den Eintritt des materiellen Bürgschaftsfalls ist vielmehr ggf. in einem Rückforderungsprozess zu befinden. Der gegen den Gläubiger gerichtete **Rückforderungsanspruch steht** allerdings – anders als bei der Garantie auf erstes Anfordern (Vor § 765 RdNr. 28) – **dem Bürgen zu**,[443] der damit im Ergebnis zwei Regressschuldner hat (RdNr. 104 f.). § 401 findet auch auf die Bürgschaft auf erstes Anfordern Anwendung.[444]

99 In der Praxis war bis vor wenigen Jahren eine zunehmende Verdrängung der Garantie auf erstes Anfordern durch die auf erstes Anfordern zahlbare Bürgschaft zu beobachten. Nach wie vor gilt zwar, dass die Zulässigkeit einer Verpflichtung des Bürgen zur Zahlung auf erstes Anfordern im Grundsatz nicht zu bezweifeln ist.[445] Namentlich die zu den Auftragsbedingungen im Baugewerbe und damit zum Rechtsverhältnis zwischen Hauptschuldner und

---

[439] Vgl. aber auch BGH WM 1963, 24, 25.
[440] Zutr. *Henssler* Risiko S. 362 f.
[441] Zust. *Bamberger/Roth/Rohe* RdNr. 89; für restriktive Auslegung einer allg. formulierten Klausel dagegen BGH NJW 1980, 2412; zur Unzulässigkeit der restriktiven Auslegung von AGB s. aber Fn. 376.
[442] Vgl. die Nachweise in Fn. 445.
[443] BGHZ 74, 244, 248 = NJW 1979, 1500; BGH NJW 1989, 1606, 1607; 1992, 1881, 1883; wN in Fn. 445 f.
[444] BGHZ 151, 236, 239 f. = NJW 2002, 3170; BGH NJW 1987, 2075; allg. dazu RdNr. 52; zur abw. Rechtslage bei der Garantie s. Vor § 765 RdNr. 21; zur Geltung des Grundsatzes der Gläubigeridentität (RdNr. 9, 52) s. BGH WM 2003, 969, 971 f.
[445] St. Rspr. seit BGHZ 74, 244, 246 f. = NJW 1979, 1500; s. ferner BGH LM Nr. 34 = NJW 1984, 923; NJW 1984, 2455; 1985, 1694; 1989, 1606; 1992, 1881; 1996, 717; 1997, 255; 1998, 2280; BGHZ 140, 49, 52 f. = NJW 1999, 1999, 570 („systemwidrig"); BGH NJW 2001, 1857; 2001, 3549; BGHZ 153, 311, 317 = NJW 2003, 1805; BGH ZIP 2008, 1762, 1764; *Fischer* WM 2005, 529 ff.; *Kreft* in: *Hadding/Nobbe* (Hrsg.), Bankrecht 2000, RWS-Forum 17, 2000, S. 115, 139 („Es gibt keine Anhaltspunkte dafür, dass der IX. ZS geneigt sein könnte, hinter BGHZ 74, 244 zurückzufallen"); *Arnold* S. 51 ff. (mit Hinweisen zum englischen

Vertragstypische Pflichten bei der Bürgschaft 100, 101 § 765

Gläubiger ergangene Rechtsprechung des BGH[446] hat indes zu einem nicht unerheblichen **Bedeutungsverlust** der Bürgschaft auf erstes Anfordern geführt.

b) Wirksamkeitsvoraussetzungen. Obschon die Bürgschaft auf erstes Anfordern typi- **100** scherweise von Banken und Versicherern übernommen wird, ist sie nicht diesem Personenkreis vorbehalten.[447] **Individualvertraglich** kann sie vielmehr durch jedermann übernommen werden, wenn nur das erweiterte Risiko klar und unmissverständlich zum Ausdruck kommt. Allein die Verwendung einer im bankgeschäftlichen Verkehr üblichen Formulierung ist dazu jedoch nur für den Fall geeignet, dass der Bürge, insbesondere auf Grund einschlägiger Geschäftserfahrung, mit dem Rechtsinstitut einer auf erstes Anfordern zahlbaren Bürgschaft vertraut ist.[448] Fehlt es hieran und ist dies für den Gläubiger erkennbar, so hat er den Bürgen umfassend über die Rechtsfolgen einer Bürgschaft auf erstes Anfordern *zu belehren,* widrigenfalls der Bürge nur aus einer einfachen Bürgschaft haftet.[449] Die Übernahme einer Bürgschaft auf erstes Anfordern durch **AGB** ist dagegen, wenn nicht der Bürge selbst Verwender ist,[450] grundsätzlich überraschend und unangemessen;[451] anders verhält es sich nur, wenn es sich bei dem Bürgen um ein Unternehmen handelt, dessen Geschäftsbetrieb die Abgabe solcher Erklärungen typischerweise mit sich bringt.[452] Auch die Bürgschaft auf erstes Anfordern kann durch **Vertrag zugunsten Dritter** begründet werden (RdNr. 11); die Berechtigung des Dritten muss jedoch aus der Bürgschaftsurkunde hinreichend deutlich hervorgehen.[453]

Im Verhältnis zwischen Gläubiger und Schuldner liegt der Gestellung einer Bürgschaft **101** auf erstes Anfordern regelmäßig eine **Sicherungsabrede** zugrunde (RdNr. 3, 8), auf Grund derer der Schuldner verpflichtet ist, für entsprechende Sicherung des Gläubigers zu sorgen. Entsprechende Klauseln sind unter den Voraussetzungen des § 305 Abs. 1 der AGB-rechtlichen Einbeziehungs- und Inhaltskontrolle zu unterziehen und nach der neueren Rechtsprechung zu **Vertragserfüllungsbürgschaften im Baugewerbe** unangemessen gemäß § 307 Abs. 1.[454] Fehlt es an einer wirksamen Verpflichtung des Schuldners zur

---

Recht), *P. Bydlinski* AcP 190 (1990), 165, 168 ff.; *Gruel* Personalsicherheiten S. 37 ff.; *Heinsius,* FS Merz, 1992, S. 177 ff.; *Horn* NJW 1980, 2153, 2154 ff.; *Kupisch* WM 2002, 1626 f.; *Michalski* ZBB 1994, 289 ff.; *ders.* ZBB 1996, 224 ff.; *Larenz/Canaris* II/2 § 64 IV 1; PWW/*Brödermann* RdNr. 76; *Palandt/Sprau* Vor § 765 RdNr. 14; *Bamberger/Roth/Rohe* RdNr. 108 ff., 113; aA *Weth* AcP 189 (1989), 303, 324 ff.; Bedenken auch bei *Henssler* Risiko S. 358 f. Zu Unrecht für Qualifizierung als gemischt-typische, bürgschafts- und darlehensvertragliche Elemente enthaltener Vertrag *Dieckmann* DZWiR 2003, 177, 182 ff.; gleichfalls nicht überzeugend die Einordnung als Forderungsgarantie bei *Hadding,* FS Welser, 2004, S. 253, 263; *Soergel/Häuser* RdNr. 148. – Zu den Wirksamkeitsvoraussetzungen s. RdNr. 100 f.

[446] Vgl. iE RdNr. 101 mN in Fn. 454 f., dort auch zur Frage der Übertragbarkeit auf die Garantie; zur Entwicklung der Rspr. s. *Hadding,* FS Welser, 2004, S. 253, 264 ff.; *Graf v. Westphalen* ZIP 2004, 1433 ff.

[447] BGH NJW 1997, 1435; 1998, 2280, 2281; OLG Köln ZIP 1996, 631; OLG München WM 1995, 386; *P. Bydlinski* WM 1991, 257 ff.; *Heinsius,* FS Merz, 1992, S. 177, 184 ff.; *Larenz/Canaris* II/2 § 64 IV 4; *Bamberger/Roth/Rohe* RdNr. 113; aA noch BGH NJW-RR 1990, 1265 = WM 1990, 1410 (LS 1); einschränkend sodann BGH NJW 1992, 1446, 1447; 1996, 717, 718 („in erster Linie Banken und Versicherungen").

[448] Insoweit zutr. BGH NJW 1992, 1446, 1447; s. ferner BGHZ 95, 375, 387 = NJW 1986, 310, 313; BGH NJW 1998, 2280, 2281 (Haftung nur aus einfacher Bürgschaft, wenn beiden Vertragsparteien die notwendige Rechtskenntnis fehlt).

[449] BGH NJW 1998, 2380, 2381; ZIP 2001, 1089, 1091 f.; zu Aufklärungspflichten des Bürgen gegenüber dem Auftraggeber (Schuldner) s. RdNr. 7.

[450] Zu einem solchen – aus Sicht des AGB-Rechts unproblematischen – Fall s. etwa BGH NJW 1998, 2280, 2281.

[451] BGH NJW 2002, 3627 = BKR 2002, 989; für Unangemessenheit bereits BGH NJW 1998, 2280, 2281; 2001, 1857, 1858; zum Rechtsverhältnis zwischen Hauptschuldner und Gläubiger s. noch RdNr. 101.

[452] BGH NJW 2001, 1857, 1858; *Kreft* in: *Hadding/Nobbe,* Bankrecht 2000, RWS-Forum 17, S. 115, 127; *Fischer* WM 1998, 1749, 1761; *ders.* WM 2005, 529, 530.

[453] Näher BGH WM 2003, 969, 971 f., dort auch zur Geltung des Grundsatzes der Gläubigeridentität (zu ihm RdNr. 9, 52).

[454] BGHZ 150, 299, 303 ff. = NJW 2002, 2388 = ZIP 2002, 1198 m. Anm. *Schmitz/Vogel;* BGHZ 151, 229, 233 ff. = NJW 2002, 3098 = ZIP 2002, 1690 m. Anm. *Vogel;* BGHZ 153, 311, 316 f. = NJW 2003, 1805; BGH NJW-RR 2004, 880 = ZIP 2004, 1004 (AGB eines öffentlichen Auftraggebers); s. dazu auch *Karst* NJW 2004, 2059 ff.; s. nunmehr auch § 17 Nr. 4 VOB Teil B nF, der klarstellt, dass der Auftraggeber eine Bürgschaft auf erstes Anfordern nicht mehr fordern kann. Vgl. ferner zur Frage der AGB-Konformität

Beschaffung einer Bürgschaft auf erstes Anfordern, so berechtigt dies den Bürgen zur Leistungsverweigerung, wenn sich der Mangel aus den Vertragsurkunden oder aus dem unstreitigen Sachverhalt ergibt.[455] Auch in diesem Fall bleibt allerdings die **gewöhnliche Bürgenverpflichtung** durchsetzbar, wenn die Sicherungsabrede die Verpflichtung des Schuldners umfasst, eine einfache Bürgschaft zu stellen;[456] die Begründung einer entsprechenden Pflicht im Wege der ergänzenden Vertragsauslegung soll freilich für nach dem **31. 12. 2002** geschlossene Verträge nicht mehr in Betracht kommen.[457] Wieder anders zu beurteilen ist der Fall, dass der Bürge bewusst der Sicherungsabrede zuwiderhandelt, indem er anstelle der dort vorgesehenen einfachen Bürgschaft eine solche auf erstes Anfordern übernimmt. Entsprechend § 814 kann er sich dann dem Gläubiger gegenüber nicht auf die Einrede des Hauptschuldners berufen.[458] Der Hauptschuldner wiederum kann in diesem Fall gegenüber dem Regressanspruch des Bürgen sämtliche Einwendungen erheben, die ihm gegen die Hauptforderung zustehen, sofern er nicht der Übernahme der Bürgschaft auf erstes Anfordern in Kenntnis der für ihn damit verbundenen Folgen zugestimmt hat.[459]

102 c) **Geltendmachung.** Die Geltendmachung der auf erstes Anfordern zu erfüllenden Bürgschaftsforderung des Gläubigers folgt den für die Garantie auf erstes Anfordern geltenden Grundsätzen (Vor § 765 RdNr. 27, 30): Erforderlich ist die **vertragskonforme Anforderung** durch den Gläubiger, nicht dagegen die schlüssige Darlegung des materiellen Bürgschaftsfalles.[460] Zur vertragskonformen Anforderung gehört auch die Vorlage der in der Bürgschaftserklärung genannten Urkunden, etwa eine schriftliche Bestätigung des Hauptschuldners über ihm erbrachte Leistungen.[461] Dies gilt mit Blick auf das erkennbare und im Grundsatz berechtigte Interesse des Bürgen, ohne Rücksicht auf den Eintritt des materiellen Garantiefalles leisten und den Hauptschuldner belasten zu dürfen, auch dann, wenn die Beibringung der Urkunden übermäßig erschwert ist, etwa weil der Hauptschuldner inzwischen wegen Vermögenslosigkeit im Handelsregister gelöscht worden ist;[462] in Betracht zu ziehen ist dann aber eine Haftung aus einfacher Bürgschaft.[463] Wie bei der Garantie auf erstes Anfordern (Vor § 765 RdNr. 32) begegnen auch bei der Bürgschaft auf erstes Anfordern sogenannte **Effektivklauseln.** Die neuere Rechtsprechung tendiert allerdings dazu, entsprechenden Klauseln im Wege der Auslegung ihre das Anforderungsrecht be-

---

von Klauseln betreffend die Abwendung eines Sicherheitseinbehalts durch Stellung einer einfachen (zulässig) bzw. auf erstes Anfordern zahlbaren (unzulässig) Gewährleistungsbürgschaft (RdNr. 110 f.) BGHZ 136, 27, 32 f. = NJW 1997, 2598; BGHZ 157, 29 = NJW 2004, 443; BGH NJW 2000, 1863, 1864; 2001, 1857; dazu *Fischer* WM 2005, 529, 533); ferner BGH ZIP 2002, 166: keine Aufrechterhaltung einer solchen Klausel durch Befugnis des Bestellers, Selbsteinbehalt durch einfache Bürgschaft abzuwenden. Zur Frage der Übertragbarkeit der Rspr. auf die Bankgarantie im internationalen Handelsverkehr s. einerseits (die Übertragbarkeit zu Recht abl.) OLG Frankfurt WM 2004, 2389 f.; aA *Graf v. Westphalen* BB 2003, 116 ff.; wohl auch *Karst* NJW 2004, 2059, 2060; s. aber auch *Graf v. Westphalen* ZIP 2004, 1433, 1441; ferner *Nielsen* ZBB 2004, 491 ff. Für Übertragbarkeit der Rspr. auf das Mietrecht (§ 551) hingegen zutr. *Fischer* WM 2005, 529, 535 f. mwN.
[455] BGHZ 143, 381, 384 f. = NJW 2000, 1563; BGH NJW 2001, 1857; allg. § 768 RdNr. 6.
[456] BGHZ 151, 229, 234 ff. = NJW 2002, 3098 = ZIP 2002, 1690 m. Anm. *Vogel;* BGHZ 154, 378, 385, 386 f. = NJW 2003, 2605 (Bürge muss zwar Bürgschaftsurkunde nicht herausgeben, muss sich jedoch schriftlich verpflichten, Bürgschaft nur als selbstschuldnerische geltend zu machen); noch offen gelassen von BGH NJW 2001, 1857, 1859; aA für die Gewährleistungsbürgschaft OLG Hamm ZIP 2004, 2244, 2246.
[457] BGH NJW-RR 2004, 880 = ZIP 2004, 1004; s. ferner BGH NJW-RR 2005, 458 = WM 2005, 268.
[458] So im Ergebnis auch BGHZ 143, 381, 386 ff. = NJW 2000, 1563.
[459] BGHZ 143, 381, 387 = NJW 2000, 1563; OLG Köln ZIP 2002, 1349, 1350 f.; s. ferner RdNr. 7, § 774 RdNr. 2.
[460] BGH NJW 1993, 1851 f.; NJW 1997, 255; BGHZ 136, 27, 32 = NJW 1997, 2598; BGH NJW 1998, 2280, 2281; 2001, 1857; WM 2003, 969, 971; OLG Frankfurt ZIP 2002, 659, 662 f. (freilich zu Unrecht von einer „Effektivklausel" ausgehend); s. ferner Vor § 765 RdNr. 27, dort auch Nachweise zur Gegenansicht.
[461] BGH WM 1995, 833, 834; ZIP 2001, 1089, 1090.
[462] BGH ZIP 2001, 1089, 1090.
[463] Zumindest tendenziell aA BGH ZIP 2001, 1089, 1091 f. in Abgrenzung zu BGH NJW 1999, 2361, 2362 betreffend den Fall, dass sich die Sicherung des Gläubigeranspruchs nicht aus der Urkunde ergibt (dazu noch RdNr. 103).

Vertragstypische Pflichten bei der Bürgschaft 103, 104 § 765

schränkende Wirkung abzusprechen.[464] Zur Rechtsnatur und zum Übergang des **Anforderungsrechts** auf den Zessionar der Forderung s. Vor § 765 RdNr. 21, zur **Fälligkeit** des Anspruchs des Gläubigers und zur Frage einer Prüfungsfrist s. RdNr. 80; Vor § 765 RdNr. 27.

d) Einwendungen des Bürgen. Wie dem Garanten (Vor § 765 RdNr. 34) steht auch 103 dem Bürgen gegenüber dem Zahlungsverlangen des Gläubigers der (zumindest liquide beweisbare, d. h. auf den unstreitigen Sachverhalt oder aus dem Inhalt der Vertragsurkunden herzuleitende) **Einwand der missbräuchlichen Inanspruchnahme** zu.[465] Dabei steht es auch im Falle der Bürgschaft dem Mangel im Valutaverhältnis gleich, dass der Gläubiger nach dem Inhalt der **Sicherungsabrede** (RdNr. 8, 101) keinen Anspruch auf Stellung einer auf erstes Anfordern zu erfüllenden Verpflichtung hat.[466] Die Eröffnung des Insolvenzverfahrens über das Vermögen des Gläubigers lässt dagegen die Pflicht, auf erstes Anfordern zu leisten, grundsätzlich nicht entfallen.[467] Anders verhält es sich erst bei **Masselosigkeit** sowie dann, wenn der Insolvenzverwalter gemäß § 208 Abs. 1 InsO **Masseunzulänglichkeit** angezeigt hat; in diesem Fall stehen dem Gläubiger aber die Rechte aus einer einfachen Bürgschaft zu.[468] Der Bürge kann des Weiteren – ebenso wie der Garant (Vor § 765 RdNr. 30 f., 33) – unmittelbare Einwendungen, Gültigkeits- und **urkundliche Einwendungen** geltend machen.[469] Dazu gehört auch der Einwand, die Bürgschaft sichere nicht die dem Zahlungsbegehren des Gläubigers zugrunde liegende Hauptforderung, sofern sich dies der Bürgschaftsurkunde im Wege der Auslegung entnehmen lässt.[470] In einem solchen Fall ergibt allerdings die Auslegung zumeist, dass eine einfache Bürgschaft gewollt ist.[471]

e) Rückabwicklung nach unberechtigter Inanspruchnahme. Auch bei der Bürg- 104 schaft auf erstes Anfordern ist über den Eintritt des materiellen Sicherungsfalles erst in einem

---

[464] BGH NJW 1997, 255 (bei Verbürgung „fälliger" Ansprüche genügt regelmäßig die Behauptung der Fälligkeit durch Gläubiger); OLG Köln WM 1998, 1443, 1445 („berechtigte Forderung" soll nur der Konkretisierung der Forderung dienen, nicht aber die Haftung vom Nachweis der Berechtigung abhängig machen); OLG München WM 1998, 342, 344 f. („auf erstes Anfordern zahlen, sofern der Auftragnehmer seine vertraglichen Verpflichtungen nicht erfüllt" verlangt lediglich, dass der Gläubiger die Nichterfüllung mit wenigen Worten umschreibt); eingehend zu Effektivklauseln *J. Schmidt* WM 1999, 308 ff.; s. ferner OLG Frankfurt ZIP 2002, 659, 662 f., wo allerdings eine Effektivklausel im eigentlichen Sinne nicht vorlag.
[465] BGHZ 143, 381, 384 = NJW 2000, 1563; BGHZ 147, 99, 102 ff. = NJW 2001, 1857; BGH ZIP 2002, 658, 659 (kein offensichtlicher Missbrauch, wenn eine vom Gläubiger zu beweisende Tatsache nicht sofort geklärt werden kann); ZIP 2007, 1498, 1499 (fehlende Prüfbarkeit der Schlussrechnung); WM 2002, 2325 (fehlende Fälligkeit); NJW 1998, 2280, 2281; 1997, 255, 256; 1994, 380; OLG Frankfurt ZIP 2002, 659, 661; OLG Köln WM 1998, 707, 710; 1995, 1224, 1228 f.; instruktive Darstellung der Rspr. bei *Fischer* WM 2005, 529 ff. Zur Möglichkeit einer einstweiligen Verfügung s. Vor § 765 RdNr. 35; speziell zur Bürgschaft auf erstes Anfordern OLG Düsseldorf ZIP 2000, 1518 und 1521 (Verfügung gegen bürgende Bank grds. unzulässig, gegen Gläubiger dagegen zulässig); *Eleftheriadis* Bürgschaft S. 131 ff. Näher zu den Voraussetzungen des Einwands Vor § 765 RdNr. 34.
[466] BGHZ 153, 311, 317 = NJW 2003, 1870; BGHZ 147, 99, 102 f. = NJW 2001, 1857; BGHZ 143, 381, 384 f.; BGH NJW 2002, 3170, 3171; ZIP 2002, 658, 659; 2002, 428 f.; dazu *Fischer* WM 2005, 529, 532 ff.; *Nielsen* ZIP 2001, 838; *Kupisch* WM 2002, 1626, 1630 ff. (mit Kritik an der Herleitung aus dem Akzessorietätsgrundsatz, s. dazu Vor § 765 RdNr. 34); s. ferner § 768 RdNr. 6 sowie für die Garantie auf erstes Anfordern Vor § 765 RdNr. 34. S. ferner BGHZ 154, 378, 385 f. = NJW 2003, 2605 und dazu Fn. 456.
[467] BGHZ 151, 236, 242 = NJW 2002, 3170; *Eleftheriadis* Bürgschaft S. 118 ff., 123; aA OLG Brandenburg WM 2002, 2160; *Horn* NJW 1980, 2153, 2156 (Hinterlegung oder Zahlung bei Rückzahlungsbürgschaft); *Clemm* BauR 1987, 123, 127; vermittelnd – und überzeugend – *Fischer* WM 2005, 529, 536: Anforderungsrecht immer dann, wenn von Fortführung des Gläubigerunternehmens auszugehen ist.
[468] BGHZ 151, 236, 242 f. = NJW 2002, 3170, 3171, dort auch zur entsprechenden Rechtslage bei Masselosigkeit oder -unzulänglichkeit in der Person des Zessionars.
[469] BGH NJW 1984, 923, 924; 1994, 380, 381; 1996, 717, 718; speziell zur Gewährleistungsbürgschaft auf erstes Anfordern s. BGH ZIP 2002, 428; OLG Köln WM 1996, 1679 f.
[470] BGH NJW 1996, 717, 718; 1999, 2361 f. (Beweislast liegt beim Gläubiger); s. aber auch BGH NJW 1997, 255; vgl. auch LG Osnabrück ZIP 2004, 307 (bei einer Überentnahmen sichernden Partnerausschüttungsbürgschaft kein Einwand der Durchsetzungssperre bis Vorlage einer Auseinandersetzungsbilanz).
[471] BGH NJW 1999, 2361, 2363.

§ 765   105   Abschnitt 8. Titel 20. Bürgschaft

Rückforderungsprozess[472] zu befinden, in dem über die Frage zu urteilen, ob der Gläubiger die Leistung nach materiellem Bürgschaftsrecht behalten darf.[473] Während allerdings bei der Garantie auf erstes Anfordern die Rückabwicklung wegen Nichteintritts des materiellen Garantiefalles zunächst im Verhältnis zwischen dem Garanten und dem Garantieauftraggeber und sodann im Verhältnis zwischen dem Auftraggeber und dem Begünstigten zu erfolgen hat (Vor § 765 RdNr. 28 f.), ergibt sich aus dem – auch für die Bürgschaft auf erstes Anfordern geltenden (RdNr. 99) – Grundsatz der Akzessorietät (RdNr. 61 ff.), dass sich der Anspruch des Bürgen[474] auf Rückgewähr gegen den Gläubiger richtet.[475] Grundlage des – sofort nach Auszahlung fälligen[476] – Rückforderungsanspruchs ist der Bürgschaftsvertrag; ihm lässt sich im Wege der Auslegung entnehmen, dass der Bürge nicht endgültig auf die Geltendmachung seiner Einwendungen verzichtet.[477] Eine Umkehr der Darlegungs- und **Beweislast** ist mit der Verpflichtung zur Zahlung auf erstes Anfordern nicht verbunden. Im Rückforderungsprozess hat deshalb der Gläubiger (als Beklagter) die Entstehung und Fälligkeit der Hauptschuld, der Bürge oder Schuldner (als Kläger, s. RdNr. 105) deren Erlöschen zu beweisen.[478] Im Urkundenprozess kann der Rückforderungsanspruch nicht geltend gemacht werden.[479]

105   Neben seinem gegen den Gläubiger gerichteten Anspruch (RdNr. 100) hat der Bürge nach §§ 675, 670 grundsätzlich[480] Anspruch auf **Aufwendungsersatz** gegen den Hauptschuldner, ohne dass es auf den Nachweis des materiellen Bürgschaftsfalles ankäme. Leistet daraufhin der **Hauptschuldner** an den Bürgen, so hat *er* aus der Sicherungsabrede (RdNr. 8) einen Regressanspruch gegen den Gläubiger;[481] zuvor kann der Hauptschuldner

---

[472] Erfolgt die Verurteilung des Bürgen im Urkundenprozess, so können die Einwendungen nicht bereits im Nachverfahren geltend gemacht werden, s. BGH NJW 1997, 1435, 1437; ZIP 1993, 1851; *Tiedtke* ZIP 1995, 521, 534; aA *Staudinger/Horn* Vor § 765 RdNr. 161; *Schütze* EWiR 1994, 132.
[473] BGHZ 152, 246, 250 ff. = ZIP 2002, 2305 (kein Rückforderungsanspruch bei verfrühter Geltendmachung oder bei Verletzung der bei Anforderung einzuhaltenden Förmlichkeiten); BGHZ 153, 311, 316 ff. = NJW 2003, 1805 (kein Rückforderungsanspruch, wenn der Gläubiger [nur] Anspruch auf eine einfache Bürgschaft hatte, s. RdNr. 101); BGH ZIP 2007, 1498, 1499 und OLG Schleswig ZIP 2006, 1133 (fehlende Prüfbarkeit der Schlussrechnung).
[474] Zur Abtretung des Anspruchs und zur Frage der rechtsmissbräuchlichen Geltendmachung durch den Zessionar s. BGH NJW 2001, 1859, 1862 f. Zur Rechtslage im umgekehrten Fall, nämlich bei Abtretung der Hauptforderung und damit verbundenem Übergang der Bürgschaftsforderung, s. (auf der Grundlage des bereicherungsrechtlichen Ansatzes der Rspr.) *Kreft* in: *Hadding/Nobbe* (Hrsg.), Bankrecht 2000, RWS-Forum 17, 2000, S. 115, 134 mit Hinweis auf zwei nicht veröffentlichte Nichtannahmebeschlüsse des IX. ZS des BGH (Beschluss vom 19. 3. 1998 – IX ZR 174, 97: Anspruch gegen den Zedenten; Beschluss vom 22. 10. 1998 – IX ZR 354/97: Anspruch gegen den Zessionar). Zur Rechtsnatur und zur Frage der Abtretbarkeit des Anforderungsrechts s. Vor § 765 RdNr. 21.
[475] BGHZ 74, 244, 248 = NJW 1979, 1500; BGH NJW 1989, 1606, 1607; 1992, 1881, 1883; 1997, 1435, 1437; BGHZ 140, 49, 52 = NJW 1999, 570; BGH ZIP 2000, 2103, 2104.
[476] BGH ZIP 2000, 2103, 2105; zur Unanwendbarkeit des § 214 Abs. 2 s. OLG Hamm WM 1995, 745, 747.
[477] *Canaris* Bankvertragsrecht RdNr. 1148 a; *Larenz/Canaris* II/2 § 64 IV 2; *P. Bydlinski* WM 1990, 1401, 1402 f.; *Eleftheriadis* Bürgschaft S. 152 ff.; *Habersack* WuB I E 5–1.99; auf der Grundlage ihrer Qualifizierung als Forderungsgarantie auch *Hadding*, FS Welser, S. 253, 261 f.; *Soergel/Häuser* RdNr. 148; tendenziell auch *Horn* Bürgschaften RdNr. 611; aA – für bereicherungsrechtlichen Anspruch – der BGH in st. Rspr. (s. Nachweise in Fn. 475), *Wilhelm* NJW 1999, 3519, 3524.
[478] BGHZ 152, 246, 251 = ZIP 2002, 2305 (dort auch zum Prozess des Hauptschuldners); BGH ZIP 2007, 1498, 1499; NJW 1988, 906; 1989, 1606; s. ferner *P. Bydlinski* WM 1990, 1401, 1402; *Graf Lambsdorff/Skora* Handbuch RdNr. 31. – Zur Schadensersatzhaftung des Gläubigers bei unberechtigter Inanspruchnahme des Bürgen sowie zum Verbot der Aufrechnung gegen den Anspruch des Bürgen s. OLG Düsseldorf WM 1996, 1856.
[479] BGH NJW 2001, 3549, 3550 f.; aA – für Zulässigkeit – *Lang* WM 1999, 2329 ff. – Zur davon zu unterscheidenden, gleichfalls zu verneinenden Frage, ob der Bürge seine Einwendungen im Nachverfahren geltend machen kann, s. Fn. 472.
[480] Anders aber, wenn die Bank statt der eigentlich zwischen Hauptschuldner und Gläubiger vereinbarten einfachen Bürgschaft eine solche auf erstes Anfordern übernimmt, ohne zuvor den Bürgen über das zusätzliche Risiko aufzuklären und seine Zustimmung einzuholen; dann steht ihr der Anspruch aus § 670 nur zu, soweit die Hauptschuld tatsächlich besteht und durchsetzbar ist, s. BGHZ 143, 381, 387 f. = NJW 2000, 1563.
[481] BGHZ 139, 325, 328 = NJW 1999, 55; BGHZ 152, 246, 251 ff. = ZIP 2002, 2305; BGHZ 153, 311, 317 f. = NJW 2003, 1870; OLG Köln ZIP 2000, 1486, 1487; *Habersack* WuB I E 5–1.99.

vom Gläubiger Rückzahlung an den Bürgen verlangen.[482] Die Auslegung der Sicherungsabrede ergibt weiter, dass der Gläubiger gegen den Regressanspruch des Schuldners nicht mit streitigen und von der Bürgschaft nicht gedeckten Forderungen **aufrechnen** kann, da andernfalls die Bürgschaft im Ergebnis als Sicherheit für sämtliche Ansprüche des Gläubigers diente.[483] Fraglich ist, wie sich der Anspruch des Hauptschuldners gegen den Gläubiger zu demjenigen des Bürgen (RdNr. 104) verhält. Stützt man den Anspruch des Gläubigers mit der Rechtsprechung auf § 812 (RdNr. 104), so erscheint die Konkurrenz beider Ansprüche unausweichlich; zu erwägen wäre dann ein Anspruch des Hauptschuldners gegen den Gläubiger auf Abtretung von dessen Bereicherungsanspruch.[484] Erblickt man dagegen die Grundlage des Rückforderungsanspruchs des Bürgen in dem Bürgschaftsvertrag (RdNr. 104), so liegt die Annahme nahe, dass er unter dem Vorbehalt einer etwaigen Erstattung durch den Bürgen stehen soll.[485] – Zur cessio legis der gesicherten Forderung s. § 774 RdNr. 2.

3. Ausfall- oder Schadlosbürgschaft. Der Ausfallbürge haftet dem Gläubiger nur auf 106 den Fehlbetrag, den dieser bei der Rechtsverfolgung gegen den Schuldner nicht einbringen konnte. Bei dieser Sonderform der Bürgschaft, der schon im gemeinen Recht ein eigenständiger Platz zukam,[486] hängt deshalb der Anspruch gegen den Bürgen schon in seiner Entstehung davon ab, dass der Gläubiger bei Beitreibung der gesicherten Forderung mit der erforderlichen Sorgfalt vorgeht;[487] dies ist bei Verteilung der Darlegungs- und Beweislast von Bedeutung (RdNr. 107). Die Bezeichnung der Bürgschaft als Ausfall- oder Schadlosbürgschaft genügt zwar idR, um den auf Übernahme einer entsprechend bedingten Bürgschaft gerichteten Willen zum Ausdruck zu bringen.[488] Die Vereinbarung einer gegenüber dem gesetzlichen Regelfall atypischen Haftungserleichterung ist allerdings vom Bürgen zu beweisen; es geht mit anderen Worten nicht an, im Zweifel eine dem Bürgen günstigere Ausfallbürgschaft anzunehmen.[489] Regelmäßig haftet der Ausfallbürge nur insoweit, als der Gläubiger trotz *Zwangsvollstreckung* in das gesamte Vermögen des Schuldners und *Geltendmachung anderer Sicherheiten* einen Ausfall erleidet.[490] Die Parteien können den „Ausfall" und damit das vom Bürgen übernommene Risiko aber auch davon abweichend festlegen.[491] In Betracht kommt auch eine **beschränkte Ausfallbürgschaft,** etwa dann, wenn sich die Bürgschaft auf eine bereits dinglich gesicherte Forderung bezieht,[492] ferner, wenn eine vorrangige andere Sicherung[493] oder die vorrangige Inanspruchnahme eines Mitschuldners oder eines Mitbürgen[494] ausbedungen worden ist.[495] Verzichtet der Bürge im Übrigen oder auch generell auf die Einrede der Vorausklage, handelt es sich um eine **Selbstschuldausfallbürg-**

---

[482] BGHZ 152, 246, 252 = ZIP 2002, 2305.
[483] BGHZ 139, 325, 331 f. = NJW 1999, 55; OLG Düsseldorf WM 1996, 1856.
[484] So *Kreft* in: Hadding/Nobbe (Hrsg.), Bankrecht 2000, RWS-Forum 17, S. 115, 137.
[485] *Habersack* WuB I E 5–1.99.
[486] *Dernburg* Pandekten II § 79, 2; zur fideiussio indemnitatis des klassischen römischen Rechts s. *Knütel*, FS Flume, 1978, Bd. I, S. 559, 568 f.; s. ferner BGH NJW 1999, 1467, 1470.
[487] BGH NJW 1999, 1467, 1470, dort auch zutr. Auseinandersetzung mit Positionen, die in dem Ausfall eine Bedingung sehen (RGZ 75, 186, 187) oder die nachlässige Rechtsverfolgung durch den Gläubiger als vertragswidriges Verhalten eingestuften (RGZ 87, 327, 328 f.; 145, 167, 169); *Soergel/Häuser* Vor § 765 RdNr. 33.
[488] S. aber auch RG SeuffA 61 Nr. 102 = JW 1907, 520.
[489] Vgl. BGH NJW 1993, 2935, 2936 f.; *Graf Lambsdorff/Skora* Handbuch RdNr. 58. Zur Beweislast s. RG LZ 1917, 675 f.; zur Frage der Formbedürftigkeit s. § 766 RdNr. 14 f.
[490] BGH NJW 1989, 1484, 1485; zur Darlegungs- und Beweislast s. noch RdNr. 107.
[491] BGH NJW 1986, 3131, 3133; ZIP 1993, 903; s. ferner BGH NJW 1992, 2629: Bürge, der für Ausfall an Kapital und Zinsen einer grundpfandrechtlich gesicherten Darlehensforderung haftet, hat vorrangige Befriedigung des Gläubigers wegen eines Vorschusses gemäß § 161 Abs. 3 ZVG hinzunehmen; zur Hypothekenausfallbürgschaft s. noch *Soergel/Häuser* Vor § 765 RdNr. 35.
[492] RG HansGZ 1907 B 48 (für Hypothek).
[493] BGH WM 1958, 218; RGZ 145, 167, 169 f.
[494] BGH WM 1955, 375.
[495] Eingehend zu den Gestaltungsmöglichkeiten (unter besonderer Berücksichtigung des Kommunalkreditgeschäfts) *Trapp* WM 1999, 301 ff.

schaft.⁴⁹⁶ Bei ihr kann der Gläubiger, solange nicht der Ausfall nachgewiesen ist (RdNr. 107), nur Hinterlegung der Bürgschaftssumme verlangen.⁴⁹⁷ Eine entsprechende Klausel wird allerdings häufig überraschend iS des § 305 c Abs. 1 sein. Auch für die Ausfallbürgschaft bewendet es im Übrigen dabei, dass den Bürgen das Risiko der Bonität des Hauptschuldners oder einer vorrangigen Sicherheit trifft; er kann sich also nicht auf einen Irrtum hinsichtlich des Umfangs seines Bürgschaftsrisikos berufen.⁴⁹⁸ – Zu Regressfragen s. § 769 RdNr. 3.

107 Der Ausfallbürge haftet dem Gläubiger nur auf den **Differenzbetrag,** den dieser bei der Rechtsverfolgung gegen den Schuldner nicht erlangen konnte, mithin auf den endgültigen Ausfall. Der Ausfall des Gläubigers gehört zum **anspruchsbegründenden Tatbestand;** der Einrede der Vorausklage nach § 771 bedarf es deshalb nicht.⁴⁹⁹ Der Gläubiger hat deshalb darzulegen und gegebenenfalls zu beweisen, dass er den Versuch einer Inanspruchnahme des Schuldners und weiterer Sicherheiten nach Maßgabe der Vereinbarung mit dem Bürgen unternommen hat und der Ausfall trotz Anwendung gehöriger Sorgfalt, insbesondere trotz Zwangsvollstreckung gegen den Schuldner und Verwertung anderer Sicherheiten, eingetreten ist oder auch bei Beachtung der gebotenen Sorgfalt eingetreten wäre.⁵⁰⁰ Lässt es der Gläubiger an der gebotenen Sorgfalt vermissen, geht er seines Anspruchs verlustig.⁵⁰¹ Es fällt ihm auch zur Last, wenn er sich im Bürgschaftsvertrag ausbedungene Sicherungsrechte Dritter nicht hat bestellen lassen.⁵⁰² Hat der Ausfallbürge in Unkenntnis ihm günstiger Umstände an den Gläubiger geleistet, kann er nach § 812 Abs. 1 S. 1 Alt. 1 Rückgewähr verlangen.⁵⁰³ All dies gilt auch bei **Insolvenz** des Hauptschuldners; die Vorschrift des § 43 InsO (RdNr. 80; Vor § 765 RdNr. 52) findet auf die Ausfallbürgschaft keine Anwendung,⁵⁰⁴ so dass der Gläubiger den Bürgen nur insoweit in Anspruch nehmen, als sein Ausfall feststeht.⁵⁰⁵ Eine Klausel, der zufolge der Ausfall bestimmte Zeit⁵⁰⁶ nach Anzeige des Gläubigers an den Bürgen über rückständige Leistungen des Hauptschuldners „in Höhe der dann noch nicht bezahlten oder beigetriebenen rückständigen Beträge" als festgestellt gilt, enthebt den Gläubiger von seiner Obliegenheit, sich um die Beitreibung zu bemühen, und ist damit sowohl überraschend gemäß § 305 c Abs. 1 als auch unangemessen gemäß § 307 Abs. 2 Nr. 2.⁵⁰⁷

108 **4. Gesamtschuldbürgschaft.** Bei einer Gesamtschuldbürgschaft richtet sich die gesicherte Forderung gegen mehrere Gesamtschuldner iS von §§ 421, 427. Hat sich der Bürge für *sämtliche Gesamtschuldner* verbürgt, so richtet sich auch sein Rückgriffsanspruch aus § 774 Abs. 1 S. 1 gegen sämtliche Gesamtschuldner.⁵⁰⁸ Hat sich der Bürge dagegen nur für *einen Gesamtschuldner* verbürgt, geht bei Leistung an den Gläubiger die Forderung gegen diesen Gesamtschuldner auf ihn über. Im Verhältnis zu den anderen Gesamtschuldnern gilt die

---

⁴⁹⁶ BGH NJW 2002, 2869, 2870; 1998, 2138, 2141; RG SeuffA 51 Nr. 178; WarnR 1934 Nr. 47 S. 102; *Soergel/Häuser* Vor § 765 RdNr. 36; s. auch § 769 RdNr. 3.
⁴⁹⁷ BGH NJW 1998, 2138, 2141.
⁴⁹⁸ BGH NJW 1989, 1855 f.; allg. dazu RdNr. 37, 43.
⁴⁹⁹ BGH NJW 2002, 2869, 2870; 1999, 1467, 1470; WM 1997, 2034; NJW 1989, 1484, 1485; s. ferner RGZ 75, 186, 187; 145, 167, 169; RG JW 1929, 1386. – Zur selbstschuldnerischen Ausfallbürgschaft s. aber RdNr. 106.
⁵⁰⁰ RGZ 145, 169; BGH WM 1977, 837; NJW 1998, 2138, 2141; 1999, 1467, 1470; *Erman/Herrmann* Vor § 765 RdNr. 11; PWW/*Brödermann* RdNr. 72 f.; *Palandt/Sprau* Vor § 765 RdNr. 11.
⁵⁰¹ Vgl. BGH NJW 1989, 1484, 1485; 1979, 646; WM 1977, 837, 839; 1972, 335, 337; RGZ 75, 186, 187; 87, 327, 328 f.; vgl. auch BGH LM ZPO § 282 Nr. 16 = NJW 1981, 577. – Allg. zu den Sorgfaltspflichten des Gläubigers in RdNr. 84 ff.
⁵⁰² BGH WM 1958, 218; s. dazu RdNr. 38, 43, 46.
⁵⁰³ So wohl auch RGZ 145, 167, 170.
⁵⁰⁴ BGHZ 117, 127, 133 = NJW 1992, 2093.
⁵⁰⁵ RGZ 75, 186, 188; RG JW 1919, 1386.
⁵⁰⁶ In casu sechs Monate, s. Nachweise in nachfolgender Fn.
⁵⁰⁷ Für Überraschung auch BGH NJW 1998, 2138, 2141 (iÜ offen gelassen); *Graf Lambsdorff/Skora* Handbuch RdNr. 58.
⁵⁰⁸ BGHZ 46, 14, 15 = NJW 1966, 1912.

Vertragstypische Pflichten bei der Bürgschaft

Leistung des Bürgen zwar als solche desjenigen Gesamtschuldners, für den sich der Bürge verbürgt hat. Für eine cessio legis der gegen diese Gesamtschuldner gerichteten Forderungen ist dagegen kein Raum.[509] Was zunächst die Vorschrift des § 774 Abs. 2 betrifft, so ist sie schon deshalb nicht anwendbar, weil das Gesamtschuldverhältnis auf der Ebene der Hauptschuld, nicht dagegen auf Interzessionsebene vorliegt. Demgemäß kann auch § 426 Abs. 2 keine Anwendung finden. Der Übergang der gegen die übrigen Gesamtschuldner gerichteten Forderungen kann deshalb nur rechtsgeschäftlich bewirkt werden; hierzu ist der Gläubiger auf Grund des Bürgschaftsvertrages verpflichtet, soweit die Forderung bei Leistung durch den nunmehr befreiten Gesamtschuldner nach § 426 Abs. 2 auf diesen übergegangen wäre. Von der Gesamtschuldbürgschaft zu unterscheiden ist die Sicherung einer Schuld durch *mehrere Interzedenten*. Handelt es sich bei den Interzedenten um Bürgen, so finden §§ 769, 774 Abs. 2 unmittelbar Anwendung; bei Zusammentreffen von Bürgschaft und schuldsicherndem Beitritt sowie bei einer Mehrheit von Beitretenden finden §§ 769, 774 Abs. 2 entsprechende Anwendung (§ 774 RdNr. 28). Zur Rechtslage bei Ausscheiden eines Gesamtschuldners s. RdNr. 51, zur **Nebenbürgschaft** s. § 769 RdNr. 1, 7.

5. Gesellschafterbürgschaft. Große praktische Bedeutung kommt der Übernahme einer Bürgschaft durch einen Gesellschafter oder Organwalter für die Verbindlichkeiten seiner Gesellschaft zu. Dies gilt nicht nur für die Gesellschafter, die, wie namentlich die Mitglieder einer GmbH und die Kommanditisten einer KG, nicht ohnehin unbeschränkt für die Gesellschaftsschulden haften. Vor dem Hintergrund des § 254 Abs. 2 InsO betreffend die Nichterstreckung der Planwirkungen auf die Bürgenhaftung (RdNr. 56; § 767 RdNr. 6) begegnen vielmehr auch Bürgschaften persönlich haftender Gesellschafter einer Personengesellschaft.[510] Zu Recht geht die Rspr. davon aus, dass der Gesellschaftsgläubiger grundsätzlich ein **berechtigtes Interesse** an der persönlichen Haftung der Gesellschafter hat[511] und die Grundsätze über die Sittenwidrigkeit von Angehörigenbürgschaften grundsätzlich überhaupt nicht (RdNr. 23) und diejenigen über die Unwirksamkeit von Globalzweckerklärungen nur eingeschränkt (RdNr. 75) zur Anwendung gelangen. Auch die Bürgschaftserklärung eines von der Geschäftsführung ausgeschlossenen Gesellschafters einer Personenhandelsgesellschaft sowie diejenige des Minderheitsgesellschafters einer GmbH unterliegen dem **Formerfordernis** des § 766 S. 1; die Vorschrift des § 350 HGB findet auf sie keine entsprechende Anwendung (§ 766 RdNr. 3). Was die durch das **MoMiG** reformierten Grundsätze über „eigenkapitalersetzende Darlehen" betrifft,[512] so unterliegt die von einem Gesellschafter zur Sicherung eines Drittdarlehens gewährte Bürgschaft in der Insolvenz der Gesellschaft den – an die Stelle der §§ 32 a Abs. 2, 32 b GmbHG getretenen – Vorschriften der **§§ 44 a, 135 Abs. 2, 143 Abs. 3 InsO**. Danach muss sich der Gläubiger zunächst an den bürgenden Gesellschafter halten; die Gesellschaft haftet dem Gläubiger in diesem Fall nur auf den Ausfallbetrag. Ist der Gesellschafter infolge der Rückzahlung des von ihm verbürgten Darlehens frei geworden, hat er der Gesellschaft nach 135 Abs. 2, 143 Abs. 3 InsO den zurückgezahlten Betrag zu erstatten.[513] Entsprechende Vorschriften für die Anfechtung außerhalb des Insolvenzverfahrens sind nunmehr in §§ 6 a, 11 Abs. 3 AnfG vorgesehen. Für den umge-

---

[509] So auch *Schürnbrand* Schuldbeitritt S. 147; aA – für cessio legis unter Rückgriff auf § 426 Abs. 2 – BGHZ 46, 14, 16 = NJW 1966, 1912; OLG Hamm OLGZ 1990, 336, 338 f. mwN; krit. *Reinicke* NJW 1966, 2141; *Schlechtriem*, FS v. Caemmeren, 1978, S. 1013, 1029 f.; *Medicus* BR, RdNr. 944.
[510] Eingehend zur Gesellschafterbürgschaft in der Insolvenz der Personenhandelsgesellschaft *J. Schmidt*, Gesellschafterbürgschaft, passim, insbes. S. 54 ff.
[511] Vgl. etwa BGHZ 137, 329, 336 ff. = NJW 1998, 597; BGH NJW 2002, 956; 2003, 967, 968.
[512] Gesetz zur Modernisierung des GmbH-Rechts und zur Bekämpfung von Missbräuchen vom 23. 10. 2008, BGBl. I S. 2026; näher dazu *Habersack* ZIP 2007, 2145 ff.; *Huber*, FS Priester, 2007, S. 259 ff.; *Huber/Habersack* in: Lutter, Das Kapital der Aktiengesellschaft in Europa, 2006, S. 370 ff.; *dies.* BB 2006, 1 ff.
[513] Vgl. zum alten Recht mittelbarer Gesellschafterdarlehen etwa BGH NJW 1996, 722; 1992, 1764, 1766; OLG Hamm NZG 1999, 1163 (Aufhebung der Bürgschaftsverpflichtung); näher dazu *Ulmer/Habersack* §§ 32 a/b GmbHG RdNr. 154 ff.; *Scholz/K. Schmidt* §§ 32 a/b GmbHG RdNr. 155 ff.; *ders.* ZIP 1999, 1821 ff.; speziell zur „stehengelassenen", dh. vor Eintritt der Krise übernommenen Gesellschafterbürgschaft s. *Pape* ZIP 1996, 1409 ff.; *Saenger* WM 1999, 837, 839 f.

kehrten Fall der Besicherung eines *Gesellschafterdarlehens* durch einen außenstehenden Bürgen sichert die Bürgschaft grundsätzlich auch das **Nachrangrisiko des § 39 Abs. 1 Nr. 5 InsO**; der Bürge kann deshalb vom Gläubiger in Anspruch genommen werden, obwohl das gesicherte Gesellschafterdarlehen kraft Gesetzes dem Nachrang unterliegt.[514] Bürgschaften einer GmbH oder AG für Verbindlichkeiten eines Gesellschafters wiederum können gegen die **Kapitalerhaltungsvorschriften** der §§ 30 f. GmbHG, § 57 Abs. 3 AktG verstoßen;[515] dies allein macht sie allerdings noch nicht sittenwidrig.[516] Das **Ausscheiden** aus der Gesellschaft schließlich führt zwar nicht zum Erlöschen der Bürgschaft, berechtigt aber zur Kündigung einer auf unbestimmte Zeit übernommenen Bürgschaft (RdNr. 56). Zum Regress des bürgenden Gesellschafters s. § 774 RdNr. 2.

110   **6. Gewährleistungsbürgschaft.** Zur Sicherung von Ansprüchen des Bestellers einer Werkleistung auf Ersatz der Kosten einer nach § 637 durchgeführten Nachbesserung, für Ansprüche aus Minderung sowie für Schadensersatzansprüche wird häufig vom Unternehmer die Bürgschaft[517] eines Dritten gestellt. Von der den Anspruch auf fristgerechte und abnahmefähige Herstellung des Werkes (nebst Sekundäransprüchen) sichernden **Ausführungs- oder Erfüllungsbürgschaft**[518] und der **Vorauszahlungsbürgschaft** (RdNr. 128 f.) unterscheidet sich die Gewährleistungsbürgschaft mithin durch ihren auf die – nach § 13 VOB Teil B grundsätzlich erst nach Abnahme entstehenden[519] – Mängelansprüche des Bestellers bezogenen Sicherungszweck.[520] Aus Sicht des Unternehmers hat die Gewährleistungsbürgschaft den Vorteil, dass der Besteller keinen Teil des Werklohns einbehält. Dem Sicherungsinteresse des Bestellers wiederum wird zumeist dadurch Rechnung getragen, dass sich der Bürge zur Zahlung auf erstes Anfordern verpflichtet (RdNr. 99 ff.).[521] Der Bürge schließlich kann seine Verpflichtung unter die Bedingung stellen, dass der Auftraggeber einen Sicherheitseinbehalt auf ein bei ihm (dem Bürgen) geführtes Konto einzahlt.[522] Der Gegenstand der Bürgschaft beschränkt sich auf den vertraglich vereinbarten Sicherungszweck. Ist nur auf Mängelgewährleistung abgestellt, sind zwar die vor und nach Abnahme bestehenden gesetzlichen Mängelansprüche einschließlich des Nacherfüllungsanspruchs aus § 635 und – bei Geltung der VOB Teil B – der mit Abnahme entstehenden Ansprüche aus § 13 VOB Teil B,[523] nicht aber der

---

[514] Für das alte Recht des Eigenkapitalersatzes im Grundsatz auch BGH NJW 1996, 1341, 1342 (zumindest bei Kenntnis des Bürgen hinsichtlich der Mitgliedschaft des Gläubigers und der Krise der Gesellschaft); OLG Hamm WM 1999, 586, 588 f. (Schuldbeitritt); s. dazu noch § 768 RdNr. 7 mwN; zum Regress des Bürgen s. § 774 RdNr. 8.
[515] Zu § 30 Abs. 1 S. 2 GmbHG nF, § 57 Abs. 1 S. 2 AktG nF s. *Noack* DB 2007, 1395, 1397; zu § 30 Abs. 1 GmbHG aF, § 57 Abs. 1 AktG aF BGHZ 157, 72 = NJW 2004, 1111; BGH ZIP 2007, 1705; *Ulmer/Habersack* § 30 GmbHG RdNr. 52 ff.; *Habersack/Schürnbrand* NZG 2004, 689, 695 f.; *Messer* ZHR 159 (1995), 375 ff.; *Mülbert* ZGR 1995, 578 ff.; *Peltzer/Bell* ZIP 1993, 1757 ff.; *Schön* ZHR 159 (1995), 351 ff.; *Sonnenhol/Groß* ZHR 159 (1995), 388 ff.
[516] Näher dazu sowie zur Nichteinbeziehung des Gesellschaftergläubigers in den Adressatenkreis der Kapitalschutzregeln BGHZ 138, 291, 298 ff. = NJW 1998, 2592 mwN.
[517] Bisweilen handelt es sich auch um eine Garantie; zu ihr Vor § 765 RdNr. 16 ff., 27 ff. (Garantie auf erstes Anfordern).
[518] Dazu BGHZ 139, 325 = NJW 1999, 55; BGH ZIP 2006, 459, 463; WM 2002, 1794, 1795; NJW 2003, 1805; 1998, 1140, 1141; 1988, 907; OLG Karlsruhe NJW-RR 1998, 533; *Bamberger/Roth/Rohe* § 767 RdNr. 20; *Palandt/Sprau* Vor § 765 RdNr. 13; *PWW/Brödermann* RdNr. 84 f.
[519] Speziell dazu BGH NJW 1998, 1140, 1141; BGHZ 51, 275, 276 = NJW 1969, 653.
[520] Zum Verhältnis zwischen Erfüllungs- und Gewährleistungsbürgschaft s. BGHZ 139, 325, 329 f. = NJW 1999, 55; OLG Karlsruhe NJW-RR 1998, 533; OLG Celle NJW-RR 2005, 969, 970; zur Gewährleistungsbürgschaft s. zudem neben den Nachweisen in den folgenden Fn. namentlich BGH NJW-RR 2001, 307; NJW 1998, 1140, 1141; 1984, 2456; WM 1985, 511; OLG Hamm ZIP 2004, 2244; aus dem Schrifttum etwa *Götting* WM 2001, 388, 289 f.; *Heiermann* BB 1977, 1575; *Schmeel* MDR 2000, 7 ff.; *Schröder*, FS Bezzenberger, 2000, S. 591 ff.; *Schmitz/Vogel* ZfIR 2002, 509 (Auswirkungen der Schuldrechtsreform); s. ferner BGH WM 2001, 267, 268 betr. § 16 Nr. 6 VOB Teil B und dazu Fn. 36.
[521] Zu den AGB-rechtlichen Grenzen eines Sicherheitseinbehalts des Bestellers und dazu, dass ein dem Unternehmer eingeräumtes Recht, den Einbehalt durch eine Bürgschaft auf erstes Anfordern abzulösen, die Unangemessenheit des Einbehalts nicht zu kompensieren vermag, s. Fn. 454.
[522] OLG Karlsruhe WM 2000, 2296.
[523] Vgl. dazu die Nachweise in Fn. 519.

eigentliche Erfüllungsanspruch und der bei Nichtausführung entstehende Rückzahlungsanspruch des Bestellers aus überhöhten Vorauszahlungen inbegriffen.[524]

Vorbehaltlich einer abweichenden Vereinbarung tritt der Sicherungsfall regelmäßig erst dann ein, wenn der Bürgschaftsgläubiger einen auf **Geldzahlung** gerichteten Mängelanspruch hat.[525] Erst von diesem Zeitpunkt an beginnt die **Verjährung** zu laufen.[526] Soweit der Anspruch reicht, kann der Bürge auf Leistung von Vorschuss zur Mängelbeseitigung in Anspruch genommen werden.[527] Kosten der Mängelbeseitigung oder Fertigstellung schließen nicht die Minderung des Werklohnanspruchs ein. Wird die Gewährleistungsbürgschaft als Sicherheit iS von § 17 Nr. 1 VOB Teil B gestellt, so soll sie vom Gläubiger gemäß § 17 Nr. 8 S. 2 VOB Teil B auch nach Verjährung der Mängelansprüche verwertet werden können, wenn nur die Mängel, auf denen die geltend gemachten Ansprüche beruhen, in unverjährter Zeit gerügt wurden.[528] Hat der Besteller einen Teil des Werklohns einbehalten und macht der Unternehmer von seinem **Austauschrecht nach § 17 Nr. 3 VOB Teil B** Gebrauch, so erfolgt die Gestellung der Bürgschaft unter der auflösenden Bedingung, der Auftraggeber werde seiner Verpflichtung zur effektiven Auszahlung des Bareinbehalts alsbald nachkommen.[529] Verweigert der Auftraggeber, nachdem er die Austauschsicherheit entgegen genommen hat, die Auszahlung des Bareinbehalts (sei es zu Recht oder zu Unrecht), so schuldet er dem Sicherungsgeber Herausgabe der Bürgschaftsurkunde (RdNr. 60); hat er dieser Verpflichtung zuwider gehandelt und die Bürgschaft verwertet, steht dem Sicherungsgeber ein Schadensersatzanspruch in Höhe der an den Auftraggeber geleisteten Bürgschaftssumme zu.[530] Da die Gewährleistungsbürgschaft eine künftige Forderung iS von § 765 Abs. 2 sichert und dem Bestimmtheitserfordernis somit erst bei Entstehung der Forderung genügt sein muss (RdNr. 70), kann die Bürgschaft zugunsten des noch unbestimmten Inhabers der Mängelansprüche eingegangen werden.[531] S. im Übrigen RdNr. 99 ff. zur Bürgschaft auf erstes Anfordern.

7. Höchstbetragsbürgschaft. Bei Bürgschaften für im Einzelnen noch unbestimmte, insbesondere künftige Verbindlichkeiten aus laufender Geschäftsverbindung (RdNr. 66, 72), aber auch bei Bürgschaften für feststehende Verbindlichkeiten kann das Risiko des Bürgen durch Vereinbarung eines Höchstbetrags beschränkt werden, sei es, dass die Bürgschaft selbst summenmäßig begrenzt oder auf eine durch Höchstbetrag begrenzte Hauptschuld, etwa eine Kreditlinie, bezogen wird.[532] Dieser Betrag begrenzt zwar die eigene Verbindlichkeit des Bürgen auf einen Teil der Hauptschuld; die Haftung des Bürgen kann sich aber auf Grund von *Leistungsstörungen auf Seiten des Bürgen* insbesondere um Verzugszinsen (RdNr. 80) und Kosten der Rechtsverfolgung erhöhen.[533] Durch individualvertragliche Vereinbarung kann die Haftung des Bürgen darüber hinaus auf **Nebenforderungen zur verbürgten Hauptschuld,** insbesondere auf den Höchstbetrag übersteigende Zinsen, Zinseszinsen, Provisionen und Kosten, ausgedehnt werden. Insoweit ist der Rechtsprechung auch darin zuzustimmen, dass eine Ausdehnung der Haftung des Höchstbetragsbürgen um

---

[524] BGHZ 76, 187 = NJW 1980, 1459; BGH WM 1980, 951; NJW 1984, 2456; 1998, 1140; BGHZ 139, 325, 330 = NJW 1999, 55.
[525] BGH WM 2000, 2373, 2374 f., dort auch dazu, dass die für die Entstehung des Rückforderungsanspruchs erforderliche (unberechtigte) Verwertung schon in der Auszahlung und nicht erst in der Verwendung der Bürgschaftssumme liegt; dazu RdNr. 104 f.
[526] OLG Köln ZIP 2006, 750, 751; *Jungmann* WuB I F 1 a – 5.06, S. 844 mwN; allg. zur Fälligkeit und Verjährung der Bürgschaftsforderung s. RdNr. 80, 82.
[527] BGHZ 139, 325, 330 = NJW 1999, 55; BGH NJW 1998, 1140, 1141; 1984, 2456.
[528] BGHZ 121, 168, 171 ff. = NJW 1993, 1131; s. ferner BGHZ 121, 173 = NJW 1993, 1132. Zur Vorschrift des § 202 Abs. 2 s. aber auch § 768 RdNr. 3.
[529] BGHZ 136, 195, 197 f. = WM 1997, 1906.
[530] BGH ZIP 2000, 1624, 1625.
[531] BGH NJW 1992, 1881, 1882 (Bürgschaft für noch nicht bestehende, sondern erst einzuwerbende Bauherrengemeinschaft berechtigt die künftigen Bauherren); s. ferner BGH LM Nr. 32 = NJW 1982, 1808 (Bauträger nach Weiterveräußerung); BGH NJW 1992, 1448 (dazu Fn. 313).
[532] *Horn*, FS Merz, 1992, S. 217, 218.
[533] AllgM, s. OLG Hamburg OLGE 28, 223 f.; *Horn*, FS Merz, 1992, S. 217, 219.

die in § 767 Abs. 1 S. 2, Abs. 2 genannten Nebenforderungen *im Zweifel gewollt* ist.[534] Bei Geltung der §§ 305 ff. (Vor § 765 RdNr. 6 f.) sind Haftungserweiterungsklauseln dagegen zumindest im Fall einer Verbraucherbürgschaft zumeist **überraschend,** werden also nach § 305 c Abs. 1 nicht Bestandteil des Vertrags.[535] Jedenfalls aber sind Klauseln dieser Art wegen Verstoßes gegen das Transparenzgebot unwirksam nach § 307 Abs. 1 S. 1, sofern sie nicht im unmittelbaren räumlichen Zusammenhang mit der Angabe des Höchstbetrags stehen und dem Verbraucher die haftungsverschärfende Wirkung unmissverständlich offenbaren.[536] **Mehrere Höchstbetragsbürgen** haften im Zweifel nicht als Gesamtschuldner, sondern additiv (§ 769 RdNr. 2).

112 Die Haftung des Bürgen erstreckt sich – wenngleich der Höhe nach beschränkt – auf den gesamten Umfang der Hauptschuld.[537] Da es Schuldner und Gläubiger freisteht, Leistungen und Verwertungserlöse auf den *nicht gedeckten Anteil* der verbürgten Verbindlichkeit zu verrechnen und bei Fehlen einer Tilgungsbestimmung auch eine analoge Anwendung des § 366 Abs. 2 zu einer entsprechenden Verrechnung führt, muss der Bürge regelmäßig für den zuletzt noch offenen Schuldrest einstehen.[538] Die Höchstbetragsbürgschaft sichert mit anderen Worten im Zweifel einen **Sockelbetrag** einer wechselnden Schuld. Durch entsprechende Vereinbarung mit dem Gläubiger kann der Bürge allerdings sein Risiko begrenzen.[539] Haftet der Bürge über den Höchstbetrag hinaus für Zinsen (RdNr. 111), werden Leistungen des Schuldners nach § 367 Abs. 1[540] vorrangig auf die Zinsen verrechnet. Eine davon abweichende Vereinbarung zwischen Hauptschuldner und Gläubiger sowie eine entsprechende Tilgungsbestimmung des Schuldners (§ 367 Abs. 2) können sich zugunsten des Bürgen auswirken, da Teilleistungen des Schuldners nunmehr zur Minderung der Hauptschuld beitragen und unter Umständen die Zinseszinseffekte aufwiegen; in diesem Fall wirkt die geänderte Anrechnungsreihenfolge auch zugunsten des Bürgen. Leistungen des *Bürgen* tilgen ausschließlich die Bürgschaftsschuld.[541] Erstreckt sich die Bürgschaft auch auf Nebenansprüche zur Hauptschuld (RdNr. 111), findet § 367 Anwendung. Leistungen des Bürgen sind danach zunächst auf *gegen den Bürgen* gerichtete Kosten und Zinsen, sodann auf verbürgte Kosten und Zinsen, schließlich auf die verbürgte Hauptverbindlichkeit anzurechnen.[542] Beim Rückgriff gegen den Schuldner bleibt der Bürge nach § 774 Abs. 1 S. 2 im Range nach dem Gläubiger (§ 774 RdNr. 11 ff.).

113 Besonderheiten gelten bei einer Höchstbetragsbürgschaft für einen **Kontokorrentkredit** (s. auch RdNr. 57, 74). Sichert die Bürgschaft eine *kontokorrentgebundene Einzelforderung,* so entfällt die Haftung des Bürgen nach § 356 HGB nicht durch die Anerkennung des Saldos. Nach hM soll der Bürge mit Anerkennung des Saldos durch den Schuldner stets bis zur

---

[534] BGH DB 1978, 629.
[535] So zutr. OLG Stuttgart ZIP 1996, 1508, 1510; OLG Nürnberg WM 1991, 985; OLG Hamm WM 1995, 1872; OLG Düsseldorf WM 1984, 82, 83 ff.; *Tiedtke* ZIP 1995, 521, 523 f.; offen gelassen von BGH NJW 2002, 3167, 3169; aA BGH ZIP 1984, 437, 438 = WM 1984, 198 f.; ZIP 1994, 861, 865; OLG Hamm WM 1989, 829, 832; *Horn*, FS Merz, 1992, S. 217, 219.
[536] Für Unwirksamkeit gemäß § 307 Abs. 1, Abs. 2 Nr. 2 BGHZ 151, 374, 381 ff. = NJW 2002, 3167; BGHZ 156, 302, 310 = NJW 2004, 161; zuvor bereits für Unwirksamkeit gemäß § 307 Abs. 2 Nr. 1 OLG Stuttgart ZIP 1996, 1508, 1510 f.; OLG Celle vom 15. 11. 1995, 3 U 252/94 (s. *Pape* NJW 1996, 887, 890); für entsprechende Aufklärungspflicht des Verwenders bereits OLG Düsseldorf WM 1984, 82, 85 f.; aA noch BGHZ 77, 256, 258 = NJW 1980, 2131.
[537] RG WarnR 1910 Nr. 115; SeuffA 85 Nr. 64; OLG Hamm WM 1984, 829, 832.
[538] Vgl. BGHZ 29, 280, 287 f. = NJW 1959, 1127, 1128 f.; BGH WM 1965, 866; *Graf Lambsdorff/Skora* Handbuch RdNr. 37.
[539] Vgl. BGHZ 26, 142, 150 = NJW 1958, 217 (bei mehrfacher aufeinander folgender Kreditgewährung Haftung nur bis zur erstmaligen Erreichung des Höchstbetrags); BGH MDR 1969, 475 (Verpflichtung des Gläubigers, Kredite nicht über den Höchstbetrag hinaus zu gewähren); s. auch BGH WM 1983, 1146, 1147 (Begrenzung der Bürgschaftssumme durch Bezugnahme auf gleichzeitig ausgestellten Scheck).
[540] Zur davon abw. Anrechnungsreihenfolge bei Verbraucherkrediten s. § 497 Abs. 3 S. 1 und dazu § 497 RdNr. 30 ff.
[541] Vgl. RG WarnR 1914 Nr. 15 (auch bei Leistung aus Mitteln des Schuldners); s. iÜ RdNr. 79, § 774 RdNr. 4.
[542] BGH WM 1978, 10, 11 = DB 1978, 629.

Vertragstypische Pflichten bei der Bürgschaft 114 § 765

Höhe des niedrigsten anerkannten Saldos haften, ohne einwenden zu können, die gesicherte Forderung sei durch Tilgung erloschen und damit in dem Saldo nicht mehr enthalten.[543] Im Ergebnis würde sich damit die Einzelbürgschaft in eine – auf den niedrigsten anerkannten Saldo begrenzte – Höchstbetragsbürgschaft wandeln. Mit dem Akzessorietätsgrundsatz (RdNr. 61) und dem Verbot einer einseitigen Forderungsauswechslung (RdNr. 78) ist diese Auffassung nicht vereinbar.[544] Leistungen des Schuldners sind vielmehr entsprechend §§ 366 f. anzurechnen und haben somit nach § 767 Abs. 1 S. 1 das Erlöschen der Bürgschaft zur Folge. Die *Saldo- oder Kontokorrentbürgschaft* sichert dagegen auch den Kontokorrentsaldo (RdNr. 57). Soweit die AGB-rechtlichen Wirksamkeitsvoraussetzungen für die Ausdehnung der Bürgschaft über den vereinbarten Höchstbetrag hinaus auf Zinsen und Kosten erfüllt sind (RdNr. 111), kann die Zinszuschlagsklausel auch an das für die Hauptverbindlichkeit geltende Saldierungsverfahren angelehnt werden, so dass nach § 355 HGB auf Grund der Einstellung der Zinsschuld in das Kontokorrent auch gegenüber dem Bürgen Zinseszinsen anfallen.[545] S. auch § 767 RdNr. 5 zu den Wirkungen des Saldoanerkenntnisses und § 767 RdNr. 15 zur nachträglichen Einstellung der verbürgten Einzelforderung in ein Kontokorrent.

8. Kreditbürgschaft. Auch soweit eine Bürgschaft für eine im Einzelnen unbestimmte 114 Zahl künftiger Verbindlichkeiten aus einer fortdauernden Geschäftsbeziehung – im Fall der Kreditbürgschaft: aus bankmäßiger Geschäftsbeziehung[546] – übernommen werden kann (RdNr. 72 ff.), beschränkt sich die Haftung des Bürgen auf die im Rahmen der **im Bürgschaftsvertrag genannten Geschäftsbeziehung** zwischen Gläubiger und Schuldner begründeten Verbindlichkeiten.[547] Sie erstreckt sich mithin nicht auf sonstige, durch anderweitige geschäftliche Beziehung oder auf sonstige Weise begründete Verbindlichkeiten.[548] Auch kann der Gläubiger nicht Forderungen Dritter allein zu dem Zweck erwerben, den Bürgen zu belasten[549] oder dem Dritten durch Rückübertragung der Forderung nach §§ 398, 401 eine Sicherheit zu verschaffen.[550] Auch die Kreditbürgschaft ist akzessorisch. Sie endet deshalb mit der Geschäftsbeziehung zwischen Gläubiger und Schuldner.[551] Auf eine daraufhin begründete oder eine bereits bestehende andere Geschäftsverbindung zwischen Gläubiger und Schuldner kann die Bürgschaft deshalb nur mit Zustimmung des Bürgen und unter Beachtung des § 766 erstreckt werden.[552] Da die Bürgschaft dem Kredit des Schuldners dient, endet sie in der Regel mit Eröffnung des Insolvenzverfahrens über das Vermögen des Schuldners; erwirbt der Gläubiger danach weitere Forderungen gegen den Schuldner, kann er den Bürgen insoweit nicht in Anspruch nehmen.[553] Die Kreditbürgschaft erlischt jedoch nicht schon dadurch, dass zeitweilig keine zu sichernden Einzelverbindlichkeiten des Schuldners entstehen.[554] Sie kann vom Bürgen gekündigt werden (RdNr. 55 ff.). Wenn auch

---

[543] RGZ 76, 330, 333 f.; BGHZ 26, 142, 150 = NJW 1958, 217; BGHZ 50, 277, 284 = NJW 1968, 2100; BGH WM 1991, 495, 497; *Baumbach/Hopt* § 356 HGB RdNr. 2; Nachweise zur Gegenauffassung s. in nachfolgender Fn.
[544] Allg. gegen die „Theorie von der Haftung für den niedrigsten anerkannten Saldo" *Canaris* Handelsrecht § 25 RdNr. 39 ff.; *ders.* DB 1972, 471 f.; ihm folgend *K. Schmidt* Handelsrecht § 21 V 2 b; speziell aus Sicht des Bürgen und näher zu den damit verbundenen Folgefragen *P. Bydlinksi* Bürgschaft S. 108 ff., 119 ff.
[545] BGHZ 77, 256 = NJW 1980, 2131; OLG Stuttgart WM 1970, 54; OLG München WM 1984, 224; OLG Hamm WM 1984, 829. – Zur Frage der Zulässigkeit der Einstellung der gesicherten isolierten Forderung in ein Kontokorrent s. auch BGH WM 1961, 58, 59.
[546] Vgl. zur Kreditbürgschaft auch *Staudinger/Horn* Vor § 765 RdNr. 20 ff.; *Soergel/Häuser* Vor § 765 RdNr. 22 ff.
[547] Vgl. BGH NJW 1981, 756 = WM 1981, 162 zum Begriff der bankmäßigen Geschäftsverbindung.
[548] OLG Köln WM 1984, 46 (betr. Zweckbestimmung für Grundschuld).
[549] BGH LM KO § 15 Nr. 4 = NJW 1975, 122; NJW 1981, 1600; 1983, 1735; *Soergel/Häuser* Vor § 765 RdNr. 22.
[550] Offen gelassen von BGH WM 1981, 5, 6 = NJW 1981, 761; s. ferner BGH WM 1979, 884.
[551] BGHZ 26, 142, 148 = NJW 1958, 217.
[552] BGH LM § 767 Nr. 7 = WM 1969, 1276; LM § 767 Nr. 9 = WM 1977, 812, 814; s. auch RdNr. 78; ferner RdNr. 53 zur Rechtslage bei Übertragung der Geschäftsverbindung.
[553] BGH LM § 767 Nr. 13 = NJW 1979, 2040.
[554] RG JW 1911, 447, 448.

die ordentliche Kündigung regelmäßig mit einer angemessenen Frist zu versehen ist (RdNr. 55), kann sich der Bürge doch in Ausnahmefällen schon vom Zugang der Kündigung an gegen eine Ausweitung des Kredits zu seinen Lasten verwahren.[555] Zur Kontokorrentbürgschaft s. bereits RdNr. 113.

115 **9. Mietkautionsbürgschaft.** Eine vom Mieter zu leistende Sicherheit iS von § 551 wird häufig durch Stellung einer sog. Mietkautionsbürgschaft erbracht.[556] Obschon die Bürgschaft in diesem Fall eine Barkaution ersetzt, kann sich der Bürge nach § 768 Abs. 1 S. 1 auf Verjährung der gesicherten Ansprüche berufen: §§ 216 Abs. 1 und 2, 390 S. 2 finden keine entsprechende Anwendung.[557] Die Kautionsbürgschaft geht nach § 566 a auf den Erwerber des vermieteten Wohnraums über.[558] Im Zweifel bleibt sie auch beim Ausscheiden einzelner Mitmieter[559] sowie bei Fortsetzung eines Mietverhältnisses nach § 564 bestehen. Übersteigt die Mietkautionsbürgschaft das nach § 551 Abs. 1 zulässige Maß, so ist der Vermieter dem Mieter gegenüber nach § 812 Abs. 1 S. 1 zum Verzicht auf die Bürgschaft verpflichtet; der Bürge kann dieses Recht des Mieters nach § 768 Abs. 1 S. 1 einredeweise geltend machen.[560] Der besondere Gerichtsstand des § 29 a ZPO gilt nicht für die Bürgschaftsforderung.[561]

116 **10. Mitbürgschaft.** Die Mitbürgschaft ist nach § 769 dadurch gekennzeichnet, dass sich mehrere für *dieselbe Verbindlichkeit* verbürgen. Im Verhältnis zum Gläubiger haften Mitbürgen nach § 769 als Gesamtschuldner iS von §§ 421 ff. (vgl. iE die Erl. zu § 769). Für das (Innen-)verhältnis der Mitbürgen untereinander verweist § 774 Abs. 2 auf die Vorschriften des § 426 über den Regress von Gesamtschuldnern (§ 774 RdNr. 22 ff.). Im Verhältnis zwischen Hauptschuld und Verpflichtung der Mitbürgen bewendet es bei dem Grundsatz der Akzessorietät (RdNr. 61). Zur Abgrenzung gegenüber Ausfall- und Teilbürgschaft s. RdNr. 106, 127; § 769 RdNr. 2.

117 **11. Nachbürgschaft.** Der Nachbürge verbürgt sich gegenüber dem Gläubiger für die Verbindlichkeit des Bürgen; dieser befindet sich also für den Nachbürgen in der Rolle des Hauptschuldners. Die Haftung des Nachbürgen hängt mithin nach §§ 767 f. von der Verbindlichkeit des Vorbürgen und dadurch mittelbar von der des Hauptschuldners ab. Der Nachbürge kann sowohl die Einreden des Hauptschuldners als auch die des Vorbürgen geltend machen.[562] Ihm steht auch die Einrede des § 771 zu, so dass der Gläubiger zunächst den *Hauptschuldner* und den *Vorbürgen* in Anspruch zu nehmen hat. Haftet allerdings der Vorbürge selbstschuldnerisch, so kann auch der Nachbürge vorherige Zwangsvollstreckung gegen den Hauptschuldner nicht verlangen. Erfüllt der Nachbürge seine Bürgschaftsschuld, so erwirbt er nach § 774 Abs. 1 S. 1 iVm. §§ 412, 401 sowohl den gegen den Vorbürgen gerichteten Bürgschaftsanspruch als auch die Forderung des Gläubigers gegen den Hauptschuldner.[563] Daneben kann dem Nachbürgen nach §§ 675, 670 ein Aufwendungsersatzanspruch gegen den Vorbürgen zustehen.[564] Was die Geltendmachung von **Einwendungen**

---

[555] Vgl. dazu auch *Stötter* DB 1968, 603, 604.
[556] Vgl. etwa BGH LM § 535 Nr. 50 = WM 1972, 335; OLG Frankfurt WM 1979, 1318; KG WM 1984, 254; OLG Hamburg ZMR 1999, 630; zur Mietgarantie des Sozialamts s. OVG Berlin NJW 1984, 2493; zur Mietkautionsbürgschaft s. auch *Staudinger/Emmerich* § 551 RdNr. 7 mN zum mietrechtlichen Schrifttum.
[557] BGHZ 138, 49, 53 ff. = NJW 1998, 981, dort auch zur Nichtanwendbarkeit der zu § 17 Nr. 8 VOB Teil B ergangenen Rspr. (dazu RdNr. 110 f.).
[558] Dazu BGH NJW 1982, 875.
[559] RG WarnR 1913 Nr. 286; KG OLGE 25, 20.
[560] BGHZ 107, 210, 214 = NJW 1989, 1853; s. dazu § 768 RdNr. 6. Vgl. aber auch BGHZ 111, 361, 363 = NJW 1990, 2380: Unanwendbarkeit des § 551, wenn der Dritte gegenüber dem Vermieter unaufgefordert eine Bürgschaft unter der Bedingung des Zustandekommens des Mietvertrags gewährt, durch die der Mieter nicht belastet wird; dagegen *Staudinger/Emmerich* § 551 RdNr. 7; *Tiedtke* ZIP 1995, 521, 534 f.; ders. ZMR 1990. 401; *Wiek* WuB IV A. § 550 b 1/90 S. 1259.
[561] BGHZ 157, 220, 221 f. = NJW 2004, 1239.
[562] *Soergel/Häuser* Vor § 765 RdNr. 49.
[563] BGHZ 73, 94, 96 f. = NJW 1979, 415; OLG Köln WM 1995, 1224, 1227; *Staudinger/Horn* Vor § 765 RdNr. 58; *Erman/Herrmann* Vor § 765 RdNr. 15.
[564] OLG Köln WM 1995, 1224.

gegenüber dem Nachbürgen betrifft, so stehen dem *Vorbürgen* nur solche aus seinem Rechtsverhältnis zum Nachbürgen zu. Umstritten ist, ob der *Hauptschuldner* dem Nachbürgen entsprechend § 774 Abs. 1 S. 3 neben seinen unmittelbaren auch die Einwendungen aus dem Verhältnis zum Vorbürgen entgegenhalten kann; davon betroffen ist insbesondere der Einwand, der Vorbürge sei dem Hauptschuldner gegenüber zur Befriedigung des Gläubigers verpflichtet. Entgegen der hM[565] ist dies schon deshalb zu verneinen, weil es Sache allein des Hauptschuldners ist, ob er seine Ansprüche gegen den Vorbürgen durchzusetzen vermag. Befriedigt der Vorbürge den Gläubiger, so hat er keinen Regress gegen den Nachbürgen.[566]

12. Prozessbürgschaft. Ist von einer Partei eine prozessuale Sicherheit zu leisten – etwa 118 im Zusammenhang mit der Anordnung oder Einstellung der vorläufigen Vollstreckbarkeit einer nicht rechtskräftigen oder in einem Verfahren des einstweiligen Rechtsschutzes ergangenen Entscheidung –, so steht die Art der Sicherheit nach § 108 Abs. 1 S. 1 ZPO im Ermessen des Gerichts. Anders als im Fall der Sicherheitsleistung nach §§ 232 ff. (RdNr. 124) ist die Bürgschaft nicht subsidiäre, sondern nach § 108 ZPO gleichwertige und in der Praxis in aller Regel gewählte Form der Sicherheitsleistung. § 108 Abs. 1 S. 2 ZPO in der Fassung durch das Zivilprozessreformgesetz vom 27. 7. 2001 (BGBl. I S. 1887) bestimmt denn auch, dass in Ermangelung einer gerichtlichen Anordnung und einer Vereinbarung der Parteien Sicherheit (entweder durch Hinterlegung von Geld oder Wertpapieren oder) „durch schriftliche, unwiderrufliche, unbedingte und unbefristete Bürgschaft eines im Inland zum Geschäftsbetrieb befugten Kreditinstituts" zu leisten ist.[567] Einen Verzicht auf die Einrede der Vorausklage schreibt § 108 Abs. 1 S. 2 ZPO zwar nicht vor.[568] Doch ist die Bürgschaft eines dem deutschen Handelsrecht unterliegenden kaufmännischen Bürgen nach § 349 HGB ohnehin eine selbstschuldnerische. Macht das Gericht, was ihm unbenommen bleibt, von seiner Anordnungsbefugnis nach § 108 Abs. 1 S. 1 ZPO Gebrauch, so wird es insbesondere im Fall eines ausländischen Bürgen entsprechend § 239 Abs. 2 auf Leistung einer selbstschuldnerischen Bürgschaft bestehen. Unter den Voraussetzungen der §§ 350, 343 HGB bedarf die Prozessbürgschaft nicht der Form des § 766 S. 1. Als prozessuale Voraussetzung für Beginn oder Einstellung der Zwangsvollstreckung ist sie zwar urkundlich nachzuweisen (§§ 751 Abs. 2, 775 Nr. 3 ZPO).[569] Ihre materielle Wirksamkeit ist hiervon aber nicht abhängig;[570] dies gilt auch in den Fällen des § 108 Abs. 1 S. 2 ZPO.

Zum Zustandekommen des Bürgschaftsvertrags bedarf es auch im Fall der Prozessbürg- 119 schaft der **Annahme der Bürgschaftserklärung,** die freilich stillschweigend und nach § 151 unter Verzicht auf den Zugang der Annahmeerklärung erfolgen kann.[571] Die prozessualen Wirkungen der Sicherheitsleistung kann der Prozessgegner und Gläubiger aber nicht durch Verweigerung der Annahme vereiteln; diese treten vielmehr bereits ein, wenn

---

[565] OLG Hamm MDR 1961, 503; *Staudinger/Horn* Vor § 765 RdNr. 59; *Erman/Herrmann* Vor § 765 RdNr. 15; *Tiedtke* WM 1976, 174, 176 ff.; *Reinicke/Tiedtke* Bürgschaftsrecht RdNr. 425; aA OLG Köln MDR 1975, 932; *Larenz/Canaris* II/2 § 60 V 3; *Soergel/Häuser* Vor § 765 RdNr. 49; *Jauernig/Stadler* Vor § 765 RdNr. 7; *Dörner* MDR 1976, 708.

[566] *Staudinger/Horn* Vor § 765 RdNr. 58.

[567] Eingehend zur Neuregelung, insbes. zur Leistung von Prozessbürgschaften durch Auslandsbanken *Foerste* ZBB 2001, 483 ff. Zur Frage, ob unter Geltung des § 108 Abs. 1 ZPO aF Prozessbürgschaften europäischer Großbanken zulässig waren, s. (trotz § 239 Abs. 1 aus Gründen des europäischen Rechts grds. bejahend) OLG Düsseldorf ZIP 1995, 1667; für eine als Zollbürge zugelassene schwedische Großbank, die sich der Geltung des deutschen Rechts und der internationalen Zuständigkeit eines deutschen Rechts unterworfen und einen in Deutschland ansässigen Zustellungsbevollmächtigten benannt hat, auch OLG Hamburg NJW 1995, 2859; skeptisch *Pape* NJW 1995, 887, 896. Speziell zur Leistung von Prozessbürgschaften durch Kreditgenossenschaften *Beuthien/Jöstingmeier* NJW 1994, 2070 ff.

[568] AA *Baumbach/Lauterbach/Hartmann* § 108 ZPO RdNr. 14 (§ 239 Abs. 2 analog); *Zöller/Herget* § 108 ZPO RdNr. 7; *PWW/Brödermann* RdNr. 98.

[569] Dazu *Jakobs* DGVZ 1973, 107, 113.

[570] BGH LM § 766 Nr. 10 = NJW 1967, 823.

[571] Vgl. BGHZ 158, 286, 294 = NJW-RR 2004, 1128 (betr. die Anpassung des Sicherungszwecks einer bereits bestehenden Bürgschaft); *PWW/Brödermann* RdNr. 99; *Thomas/Putzo/Hüßtege* § 108 ZPO RdNr. 11 mwN.

§ 765   120   Abschnitt 8. Titel 20. Bürgschaft

die Bürgschaftserklärung in vorgeschriebener Form nachgewiesen und dem Sicherungsberechtigten zugegangen ist.[572] Die Aufnahme einer **Bedingung** oder Befristung (RdNr. 46 f.) ist auch unabhängig von der Vorschrift des § 108 Abs. 1 S. 2 ZPO, mithin bei Vorliegen einer gerichtlichen Anordnung, mit dem Sicherungszweck der Prozessbürgschaft grundsätzlich unvereinbar.[573] Vorbehaltlich des § 108 Abs. 1 S. 2 ZPO zulässig ist aber die Aufnahme einer auflösenden Bedingung, der zufolge die Bürgschaft mit Wegfall des Anlasses der Sicherheitsleistung (iS von § 109 Abs. 1 ZPO) erlischt.[574] Entsprechendes gilt für die bei Bankbürgschaften häufig anzutreffende auflösende Bedingung der Rückgabe der Bürgschaftsurkunde durch den Sicherungsberechtigten;[575] während aber im Allgemeinen die Zustellung einer beglaubigten Abschrift genügt,[576] ist in diesem Fall dem Sicherungsberechtigten die Urschrift zu übergeben, da andernfalls die Bürgschaft ohne oder gegen dessen Willen zum Erlöschen gebracht werden könnte.[577] Auch die Hinterlegungsklausel, der zufolge die Bank berechtigt ist, den verbürgten Betrag in bar zu hinterlegen (RdNr. 81), macht die Prozessbürgschaft nicht als Sicherheitsleistung iS von § 108 ZPO ungeeignet.[578] Eine als Sicherheit für die einstweilige Einstellung der Zwangsvollstreckung geleistete Bürgschaft ist nicht auf die Dauer der Einstellung befristet und deshalb ebenfalls zulässig.[579]

120   Der **Gegenstand** der Prozessbürgschaft richtet sich nach Anlass und Zweck der Sicherheitsleistung und kann zumeist der gerichtlichen Anordnung entnommen werden.[580] Dient die Bürgschaft als Sicherheit für die Abwendung der Zwangsvollstreckung nach § 711 ZPO, haftet der Bürge nicht nur für den Verzögerungsschaden – bei einem Räumungsurteil für die Vorenthaltung des Besitzes[581] –, sondern auch für die Urteilssumme selbst.[582] Die Bürgschaft nach § 711 ZPO sichert im Übrigen nicht die materielle Forderung, sondern die Vollstreckungsbefugnis des Titelgläubigers; der Akzessorietätsgrundsatz und der Grundsatz der Gläubigeridentität sind deshalb auch dann gewahrt, wenn die Bürgschaft für den Titelgläubiger bestellt wurde, obwohl er die materielle Forderung bereits vor Abschluss des Bürgschaftsvertrags abgetreten hatte.[583] Wird der Prozessbürge nach § 717 Abs. 2 ZPO auf *Erstattung des zur Abwendung der Vollstreckung Geleisteten* in Anspruch genommen, nachdem das vorläufig vollstreckbare Urteil aus verfahrensrechtlichen Gründen aufgehoben worden ist, so kann er sich nicht darauf berufen, der Hauptschuldner habe gegen den Anspruch mit der ursprünglich titulierten und nunmehr anderweitig rechtshängigen Forderung aufgerechnet.[584] Ist die an-

---

[572] BGH LM § 766 Nr. 10 = NJW 1967, 823; OLG Düsseldorf WM 1969, 798; *Thomas/Putzo/Hüßtege* § 108 ZPO RdNr. 11; *Staudinger/Horn* Vor § 765 RdNr. 102; *Wittmann* BB 1967, 264, 266 f.; für Annahme eines Zwangsvertrags dagegen OLG Hamm MDR 1975, 763; *Zöller/Herget* § 108 ZPO RdNr. 10; *Stein/Jonas/Bork* § 108 ZPO RdNr. 27 mwN.
[573] Wohl einhM, s. OLG Bamberg NJW 1975, 1664; *Thomas/Putzo/Hüßtege* § 108 ZPO RdNr. 9a.
[574] OLG Nürnberg WM 1986, 214; *Pecher* WM 1986, 1513.
[575] BGH LM § 1223 Nr. 2 = NJW 1971, 701, 702; *Zöller/Herget* § 108 ZPO RdNr. 9; PWW/*Brödermann* RdNr. 100.
[576] BGH LM § 766 Nr. 10 = NJW 1967, 823; LM ZPO § 109 Nr. 3 = NJW 1979, 417, 418; zum Zustellungsadressaten vgl. LG Bochum Rpfleger 1985, 33.
[577] KG NJW 1963, 661, 663; OLG München MDR 1979, 1029; *Zöller/Herget* § 108 ZPO RdNr. 9, 11.
[578] OLG Koblenz WM 1995, 1223; LG Frankfurt/M JurBüro 1989, 264, 265; *Zöller/Herget* § 108 ZPO RdNr. 9; aA OLG Düsseldorf DGVZ 1990, 156, 157; LG Berlin DGVZ 1991, 8; *Baumbach/Lauterbach/Hartmann* § 108 ZPO RdNr. 14; *Treber* WM 2000, 343 f. mwN.
[579] BGH LM ZPO § 109 Nr. 3 = NJW 1979, 417, 418; vgl. auch § 774 RdNr. 5.
[580] RGZ 141, 194, 196; BGHZ 158, 286, 294 = NJW-RR 2004, 1128, dort auch zur stillschweigenden und nach § 350 HGB formfreien Änderung des Sicherungszwecks.
[581] BGH LM § 766 Nr. 10 = NJW 1967, 823.
[582] BGH 69, 270, 273 f. = NJW 1978, 43: Eine zur Abwendung der Vollstreckung aus einem Wechselvorbehaltsurteil geleistete Bürgschaft kann der Kläger nach Eintritt der äußeren Rechtskraft des Urteils in Anspruch nehmen, auch wenn das Nachverfahren noch läuft.
[583] BGHZ 163, 59, 63 = NJW 2005, 2157 = JZ 2005, 954 m. Anm. *Brehm*; im Ergebnis auch OLG München JZ 2005, 361 m. Anm. *Braun*; aA wohl BGH WM 1988, 1883, 1885 (obiter). – Zum Grundsatz der Gläubigeridentität und zur Akzessorietät s. RdNr. 9, 52, 61 ff.
[584] BGHZ 136, 199, 202 ff. = NJW 1997, 2601, dort auch zur Zulässigkeit der Aufrechnung gegen den auf Ersatz eines weitergehenden Schadens gerichteten Anspruch aus § 717 Abs. 2 ZPO; *Pecher* ZZP 94 (1981), 446, 457 f.

geordnete Herausgabe an einen Sequester abgewendet worden, haftet der Bürge für die Realisierbarkeit des Herausgabeanspruchs.[585] Stellt der Drittwiderspruchskläger dem Gläubiger zur Aufhebung der Zwangsvollstreckungsmaßnahmen eine Prozessbürgschaft, so liegt dem regelmäßig ein selbständiges Garantieversprechen des Inhalts zugrunde, im Falle der Klageabweisung für einen sog. „Aufhebungsschaden" aufzukommen.[586] Aus der Bürgschaft für ein Gebot im Zwangsversteigerungsverfahren (§ 67 ZVG) haftet der Bürge[587] allen Beteiligten für die im Falle des Zuschlags auf sie entfallenden Beträge; für Gebote des Schuldners oder eines neu eingetretenen Eigentümers ist eine Bürgschaft als Sicherheitsleistung allerdings nach § 69 Abs. Abs. 2 S. 2 ZVG nicht zugelassen. Die Verurteilung des Hauptschuldners ist zwar *ohne* **Rechtskraftwirkung** gegenüber dem Bürgen; mit der Prozessbürgschaft erkennt der Bürge aber regelmäßig den Ausgang des Rechtsstreits auch für sich als verbindlich an.[588]

Ist der Anlass zur Sicherheitsleistung weggefallen, kann **die Rückgabe der Sicherheit** 121 verlangt werden. Das ist der Fall, wenn aus der Durchsetzung einer vorläufigen Maßregel kein Schaden mehr erwachsen kann; darauf, dass die Bürgschaft auch nach materiellem Recht erlischt, kommt es nicht an.[589] Kommt der Gläubiger der Aufforderung zur Rückgabe der Sicherheitsleistung – Rückgabe der Bürgschaftsurschrift, wenn die Bürgschaft erloschen ist oder die Rückgabe bedingungsgemäß zum Erlöschen führt (RdNr. 119), andernfalls Entlassung aus der Bürgschaftsverpflichtung[590] – nicht nach, ordnet das Gericht nach § 109 Abs. 2 ZPO auf Antrag durch rechtsgestaltenden Beschluss das Erlöschen der Bürgschaft an, wenn nicht der Gegner wegen der gesicherten Ansprüche Klage erhoben hat. Ein entsprechendes Antragsrecht steht aber nur der Prozesspartei zu.[591] Der Bürge ist dagegen auf die klagweise Durchsetzung seines Anspruchs angewiesen. Eine entsprechende Klage wird im Übrigen auch für die Partei zugelassen, wenn Streit über Ansprüche auf die Sicherheit besteht.[592] Nach § 242 kann der Schuldner mit Wirkung ex nunc den Austausch einer bereits geleisteten Prozessbürgschaft gegen eine gleichwertige Bürgschaft eines anderen Bürgen beanspruchen; zur Durchsetzung dieses Anspruchs steht ihm sowohl das Verfahren nach §§ 108 f. ZPO als auch das gewöhnliche Erkenntnisverfahren zur Verfügung.[593]

13. Rückbürgschaft. Die Rückbürgschaft begegnet zumeist in der Form, dass sich der 122 Rückbürge dem *Bürgen* gegenüber für dessen aufschiebend bedingten (RdNr. 66 f.; § 774 RdNr. 17) Rückgriffsanspruch gegen den Schuldner verbürgt.[594] Ein Fall der Rückbürgschaft liegt jedoch auch dann vor, wenn sich der Rückbürge einem *Nachbürgen* (RdNr. 117) gegenüber für dessen Anspruch gegen den Vorbürgen[595] oder einem *ersten Rückbürgen* gegenüber für dessen Rückgriffsanspruch gegenüber dem Schuldner[596] verbürgt. Die Beziehungen der Beteiligten unterliegen allgemeinen Regeln; der Rückbürge hat insbesondere die

---

[585] BGH LM § 283 Nr. 4 = NJW 1975, 1119, 1120 f.
[586] So zu Recht BGHZ 158, 286, 289 ff. = NJW-RR 2004, 1128 mwN; dazu *Wassermann* in: Bankrechtstag 2004, Schriftenreihe der Bankrechtlichen Vereinigung, Band 24, 2005, S. 85, 97 ff.
[587] Zugelassen ist nach § 69 Abs. 2 S. 1 ZVG allerdings nur eine unbefristete, unbedingte und selbstschuldnerische Bürgschaft eines Kreditinstituts (dazu § 69 Abs. 1 ZVG), und auch dies nur, wenn die Verpflichtung aus der Bürgschaft im Inland zu erfüllen ist.
[588] BGHZ 163, 58, 65 = NJW 2005, 2157 = JZ 2005, 954 m. Anm. *Brehm*; BGHZ 158, 286, 293 = NJW-RR 2004, 1128 (abgewiesene Drittwiderspruchsklage); BGH LM § 283 Nr. 4 = NJW 1975, 1119, 1120 f.; OLG Köln NJW-RR 1989, 1396.
[589] BGHZ 11, 303 = LM ZPO § 109 Nr. 1 (zu § 717 Abs. 2 ZPO).
[590] BGH LM § 1223 Nr. 2 = NJW 1971, 701, 702.
[591] BGH LM ZPO § 109 Nr. 3 = NJW 1979, 417; *Thomas/Putzo/Hüßtege* § 109 ZPO RdNr. 2.
[592] BGH LM § 1223 Nr. 2 = NJW 1971, 701, 702; RGZ 156, 164, 168.
[593] BGH NJW 1994, 1351; näher dazu sowie allg. zum Austausch von prozessualen Sicherheitsleistungen *Treber* WM 2000, 343, 346 ff.
[594] BGHZ 95, 375, 379 f. = NJW 1986, 310; RGZ 146, 67, 69 f.; 156, 164, 168; *Reinicke/Tiedtke* Bürgschaftsrecht RdNr. 152.
[595] BGHZ 73, 94, 96 f. = NJW 1979, 415.
[596] RGZ 146, 67 f.

Rechte aus §§ 767 f.[597] Leistet der Rückbürge an den zuvor in Anspruch genommenen Bürgen, so erwirbt er von diesem nach § 774 Abs. 1 S. 1 den Anspruch gegen den Schuldner, den der Bürge seinerseits nach § 774 Abs. 1 S. 1 von dem Gläubiger erworben hat.[598] Der Rückbürge hat allerdings keinen Bereicherungsanspruch gegen den Gläubiger auf Erstattung des an den Bürgen geleisteten Betrags, wenn die Bürgschaftsforderung des Gläubigers gegen den Bürgen nicht bestand.[599] Die Rückbürgschaft kann als Ausfallbürgschaft (RdNr. 106 f.),[600] aber auch als Bürgschaft auf erstes Anfordern (RdNr. 99 ff.) ausgestaltet werden.

123 **14. Selbstschuldnerische Bürgschaft.** Hat der Bürge auf die ihm an sich nach § 771 zustehende Einrede der Vorausklage verzichtet (§ 773 Abs. 1 Nr. 1, dazu § 773 RdNr. 3 ff.) oder haftet er kraft Gesetzes als Selbstschuldner (§ 771 RdNr. 5), kann der Gläubiger ohne weiteres den Bürgen in Anspruch nehmen. Möglich ist auch ein gegenständlich beschränkter Verzicht auf die Einrede der Vorausklage (RdNr. 106). Auch die selbstschuldnerische Bürgschaft ist akzessorisch; insoweit gelten die allgemeinen Regeln (RdNr. 61 ff.; § 773 RdNr. 2).

124 **15. Sicherheitsbürgschaft.** Hat der Schuldner aus materiell-rechtlichen Gründen, etwa nach §§ 257 S. 2, 562 c, 775 Abs. 2, 1051, 1389, 2128, Sicherheit zu leisten, so finden die §§ 232 ff. Anwendung. Anders als bei der Prozessbürgschaft (RdNr. 118 ff.) ist die Sicherheitsbürgschaft nach § 232 Abs. 2 nur subsidiär zugelassen, nämlich für den Fall, dass eine der in § 232 Abs. 1 genannten Sicherheiten nicht geleistet werden kann. Zur Abwendung eines Zurückbehaltungsrechts sowie als Ersatzsicherheit bei drohendem Verderb der Pfandsache ist die Bürgschaft nach §§ 273 Abs. 3 S. 2, 1218 Abs. 1 sogar gänzlich ausgeschlossen. Der Bürge muss „tauglich" iS von § 239 Abs. 1 sein und hat nach § 239 Abs. 2 auf die Einrede der Vorausklage zu verzichten.

125 **16. Staatsbürgschaft.** Die zur Wirtschaftsförderung im In- und Ausland von Bund und Ländern auf der Grundlage des Art. 115 GG, der Landesverfassungen sowie des jeweiligen Staatshaushaltsrechts bewilligten Bürgschaften und Verlustgarantien werden idR nur als Ausfallsicherung (RdNr. 106 f.) gewährt.[601] Auf der Grundlage der herrschenden Zweistufentheorie[602] unterliegen Staatsbürgschaften sowohl öffentlich-rechtlichen wie privatrechtlichen Regeln: Ihre Bewilligung ist in der Regel Verwaltungsakt, sofern sie vom Hoheitsträger selbst auf Grund allgemeingültiger Förderungsgesetze und der dazu erlassenen ministeriellen Richtlinien ausgeht;[603] die Durchführung der Bewilligung erfolgt durch Abschluss eines privatrechtlichen Bürgschaftsvertrags iS von § 765. Staatsbürgschaften unterliegen der Beihilfenaufsicht durch die Europäische Kommission gemäß Art. 87 f. EG-Vertrag. Eine Beihilfe kann nach neuerer Praxis der Kommission[604] „unter bestimmten Umständen" nicht nur im Verhältnis zwischen Mitgliedstaat und Darlehensnehmer, sondern auch im Bürgschaftsverhältnis vorliegen.[605]

---

[597] Vgl. dazu auch OLG Hamm NJW 1993, 3274: Klage des Rückbürgen gegen den Gläubiger, gerichtet auf Feststellung, dass der Gläubiger nicht berechtigt ist, den Hauptbürgen in Anspruch zu nehmen, ist mangels Feststellungsinteresses unzulässig.
[598] OLG Oldenburg NJW 1965, 253; *Flessa* NJW 1958, 859, 860 f.; *Staudinger/Horn* Vor § 765 RdNr. 61; *Soergel/Häuser* Vor § 765 RdNr. 50; *PWW/Brödermann* RdNr. 105; *Jauernig/Stadler* Vor § 765 RdNr. 8; aA – für Erfordernis der Abtretung durch den Bürgen als Gläubiger – RGZ 146, 67, 70; *Palandt/Sprau* Vor § 765 RdNr. 10.
[599] OLG Karlsruhe WM 1995, 445.
[600] Vgl. BGH NJW 1989, 1484, 1485.
[601] Zu den seinerzeit von der Treuhandanstalt gewährten, der Absicherung von sog. Liquiditätskrediten dienenden Bürgschaften s. *Krebs* ZIP 1990, 1513.
[602] Dazu BGH NJW 1997, 328; *Maurer*, Allgemeines Verwaltungsrecht, 16. Aufl. 2006, § 17 RdNr. 11 ff.; *Wolff/Bachof/Stober*, Verwaltungsrecht I, 11. Aufl. 1999, § 22 RdNr. 64 ff.
[603] Vgl. BayVerfGH NJW 1961, 163; BGH WM 1961, 1143; *Flessa* NJW 1954, 538.
[604] Mitteilung der Kommission über die Anwendung der Art. 87 und 88 EG-Vertrag auf staatliche Beihilfen in Form von Haftungsverpflichtungen und Bürgschaften vom 11. 3. 2000, ABl. EG Nr. C 71 S. 15; dazu einerseits *Fischer* WM 2001, 277 ff.; *Bartosch* EuZW 2001, 650, 653 f.; andererseits *Tollmann* WM 2000, 2030 ff.
[605] Nach zutr. Ansicht liegt allerdings grds. keine Beihilfe zugunsten der Bank vor, s. *Frisinger/Behr* RIW 1995, 708 ff.; *Habersack* ZHR 159 (1995), 663 ff.; *Hadding*, FS Kreft, 2004, S. 65, 69 ff.; *Hopt/Mestmäcker* WM

17. **Steuerbürgschaft.** Soweit die Finanzbehörden nach §§ 221, 222 AO die Stundung 126
von Steuer- und Zollforderungen gegen Sicherheitsleistung bewilligen, ist die Beibringung
von Bürgschaften möglich und üblich. Die Inanspruchnahme des Bürgen unterliegt privatrechtlichen Grundsätzen.[606] Für den Rückgriff des Bürgen gegen den Hauptschuldner ist
der ordentliche Rechtsweg eröffnet (§ 774 RdNr. 17).

18. **Teilbürgschaft.** Eine Bürgschaft kann auch für Teilbeträge einer einheitlichen, nicht 127
in selbstständige Einzelforderungen zerlegten Verbindlichkeit übernommen werden.[607]
Während sich die Höchstbetragsbürgschaft (RdNr. 111 ff.), wenn auch betragsmäßig begrenzt, auf die *gesamte Verbindlichkeit* erstreckt, müssen Gläubiger und Teilbürge im Hinblick
auf das Bestimmtheitserfordernis (RdNr. 68 ff.) von der Gesamtforderung einen gegenständlich **individualisierbaren Teil** abgrenzen.[608] Das kann in Anlehnung an die Umstände der
Kreditgewährung geschehen, aber auch unter Bezugnahme auf die vorgesehene Tilgung
durch den Schuldner; letzteres ist etwa bei einer Zinsbürgschaft der Fall. Eine Teilbürgschaft
kann auf die eine bestimmte Kreditgrenze übersteigende Verbindlichkeit des Schuldners
beschränkt werden, so dass sie erlischt, wenn die Hauptschuld den Grenzwert unterschreitet.[609] In gleicher Weise können mehrere Sicherungsrechte für eine Verbindlichkeit, auch
mehrere Bürgschaften, gegeneinander abgegrenzt werden, so dass weder eine gesamtschuldnerische Haftung noch Ausgleichspflichten zwischen den Sicherungsgebern entstehen (vgl.
aber noch § 769 RdNr. 2). Die Haftung des Bürgen kann des Weiteren etwa in der Weise
beschränkt sein, dass Leistungen des Schuldners oder Verwertungserlöse aus anderen Sicherheiten vorrangig auf den verbürgten Forderungsteil zu verrechnen sind, dass dem Bürgen
entgegen § 774 Abs. 1 S. 2 ein gleichrangiger Rückgriffsanspruch zustehen[610] oder aber
kein Mitbürgenausgleich stattfinden soll,[611] ferner dadurch, dass andere Sicherheiten nur
oder vorrangig zur Tilgung des verbürgten Forderungsteils zu verwerten sind.[612] Bleibt die
Gegenstandsbestimmung unklar, kann je nach den Umständen eine Höchstbetragsbürgschaft
anzunehmen sein; andernfalls ist die Bürgschaft wegen Unbestimmtheit (RdNr. 68 ff.)
unwirksam. Zur Nebenbürgschaft s. § 769 RdNr. 1, 7.

19. **Vorauszahlungsbürgschaft.** Muss sich der Gläubiger als Besteller einer Werkleis- 128
tung zu Vorauszahlungen an den Unternehmer bereit finden, kann er seinen bei gescheiterter Vertragserfüllung bestehenden Rückzahlungsanspruch durch eine Abschlags– oder Vorauszahlungsbürgschaft sichern lassen.[613] Praktische Bedeutung kommt solchen Bürgschaften
insbesondere im Zusammenhang mit entgegen § 3 Abs. 2 MaBV erbrachten Vorleistungen
des Auftraggebers zu; solche Vorleistungen dürfen nach **§§ 7 Abs. 1, 2 Abs. 2 MaBV** nur
gegen selbstschuldnerische[614] Bürgschaft einer Körperschaft des öffentlichen Rechts, eines
Kreditinstituts oder eines Versicherungsunternehmens entgegengenommen worden, wobei
die Bürgschaft die gesamte vom Erwerber zu leistende Summe (einschließlich des Kauf-

---

1996, 753 ff., 801 ff.; *Tiedtke/Langheim* ZIP 2006, 2251 ff. – Allg. zur Nichtigkeit eines gegen Art. 88 Abs. 3
S. 2 EG-Vertrag verstoßenden Rechtsgeschäfts BGH WM 2003, 1491; ZIP 2004, 498.
  [606] BGHZ 72, 198 = NJW 1979, 159; vgl. ferner RdNr. 80.
  [607] Vgl. BGH LM Nr. 28 = NJW 1980, 1098.
  [608] BGH WM 1976, 108, 110.
  [609] BGH LM Nr. 29 = NJW 1980, 1099 f.; vgl. auch BGH WM 1977, 334.
  [610] RG JW 1917, 811 f.; HRR 1934 Nr. 1446; vgl. iÜ § 774 RdNr. 9.
  [611] OLG Braunschweig SeuffA 61 Nr. 132.
  [612] RG SeuffA 76 Nr. 84.
  [613] Näher zur Bürgschaft nach § 7 Abs. 1 MaBV *Fischer* WM 2003, 1 ff.; *Nobbe,* FS Horn, 2006, S. 801 ff.;
Freckmann BKR 2003, 399 ff.; s. ferner *Bamberger/Roth/Rohe* § 767 RdNr. 20; *Soergel/Häuser* Vor § 765
RdNr. 48; *Palandt/Sprau* RdNr. 23, Vor § 765 RdNr. 13; *PWW/Brödermann* RdNr. 87; s. ferner BGH WM
2007, 545: Klausel, wonach die Bürgschaft für den Erwerber bei dem amtierenden Notar verwahrt wird, ist
wegen Verstoßes gegen §§ 12, 7 Abs. 1 S. 2, Abs. 4 S. 3 MaBV unwirksam.
  [614] Dazu BGH ZIP 2006, 1825, 1829 f.: Klausel in Bürgschaft nach § 7 MaBV, wonach Fälligkeit und
Höhe des Rückzahlungsanspruchs entweder durch rechtskräftiges Urteil bzw. rechtskräftigen Vergleich oder
durch übereinstimmende Erklärung zwischen Erwerber und Veräußerer nachgewiesen sein muss, ist überraschend
gemäß § 305 c Abs. 1; Klausel, nach der die Inanspruchnahme der Bürgschaft Verzicht des Erwerbers auf
Anspruch gegenüber Bank aus Pfandfreigabeverpflichtung voraussetzt, ist unwirksam gemäß § 307 Abs. 1.

preises für das Grundstück)⁶¹⁵ abdecken und bis zur Erfüllung der Voraussetzungen des § 3 Abs. 1 MaBV und der vollständigen Fertigstellung des Objektes (RdNr. 130) aufrechterhalten werden muss. Durch die Bürgschaft nach § 7 Abs. 1 MaBV **gesichert ist** mithin der **Anspruch auf Rückzahlung** von Vorauszahlungen, den der Auftraggeber bei einem Scheitern oder einer nicht ordnungsgemäßen Vertragsdurchführung in Ermangelung entsprechender Leistungen (und Vergütungsansprüche) des Bauträgers erlangt (RdNr. 129). Die Bürgschaft nach § 7 Abs. 1 MaBV ist allerdings weder Erfüllungsbürgschaft im Allgemeinen noch Gewährleistungsbürgschaft im Besonderen; sie sichert also weder den Anspruch auf Herstellung (und damit das positive Interesse) noch die eigentlichen Mängelansprüche.⁶¹⁶ Auch bei der Vorauszahlungsbürgschaft wird die Haftung des Bürgen durch den Grundsatz der **Akzessorietät** (RdNr. 61) begrenzt. Für Rückzahlung der nach § 16 Nr. 1 VOB Teil B zu erbringenden Abschlagszahlungen haftet deshalb auch der Bürge nur insoweit, als einzelne Bauleistungen nicht erbracht wurden; dies wiederum bedeutet, dass sich die Verpflichtung bei vorzeitiger Kündigung des Bauvertrags auf die Differenz zwischen der Gesamtvergütung für erbrachte Bauleistungen und der Summe aller Voraus- und Abschlagszahlungen beläuft, und zwar einschließlich derjenigen, die bereits geleistet, infolge der Kündigung aber noch nicht „abgebaut" worden sind.⁶¹⁷

129 Nach der nunmehr st. Rspr. des BGH umfasst die nach § 7 MaBV gestellte Bürgschaft – im Einklang mit Wortlaut und Schutzzweck dieser Vorschrift – jeglichen Anspruch des Auftraggebers auf vollständige oder teilweise Rückgewähr seiner Vorauszahlungen für den Fall, dass der Bauträger seine Verpflichtung – auch in Bezug auf das gemeinschaftliche Eigentum nach § 1 Abs. 5 WEG⁶¹⁸ – zumindest teilweise nicht oder nicht ordnungsgemäß erfüllt hat.⁶¹⁹ Der **Rechtsgrund** des Rückzahlungsanspruchs ist **unerheblich**. Die Vorauszahlungsbürgschaft sichert deshalb auf Rücktritt, Minderung, Vertragsaufhebung oder Unwirksamkeit gründende Rückzahlungsansprüche des Auftraggebers⁶²⁰ ebenso wie – einen Minderwert der Leistung des Bauträgers widerspiegelnde – Ansprüche auf Aufwendungsersatz aus §§ 634 Nr. 2, 637⁶²¹ oder Schadensersatz wegen Nichterfüllung aus §§ 634 Nr. 4, 636, 280 f.⁶²² Entsprechend ihrem Charakter als Vorauszahlungsbürgschaft sichert die nach § 7 Abs. 1 MaBV gestellte Bürgschaft allerdings nur Ansprüche, die darauf beruhen, dass die Leistung des Bauträgers hinter der vertraglich geschuldeten Gebrauchstauglichkeit und Werthaltigkeit zurückbleibt,⁶²³ nicht aber Ansprüche auf Ersatz von Schäden, die der Auftraggeber an sonstigen Rechtsgütern oder Rechten oder an seinem Vermögen erleidet.⁶²⁴

---

⁶¹⁵ *Fischer* WM 2003, 1; *Nobbe,* FS Horn, 2006, S. 801, 804; *Soergel/Häuser* Vor § 765 RdNr. 48.
⁶¹⁶ Unklar noch Voraufl. RdNr. 110; zur Erfüllungs- und Gewährleistungsbürgschaft s. RdNr. 110 f.
⁶¹⁷ BGH NJW 1986, 1681; 1999, 1105; 1999, 2113 f.; 2000, 511; 2001, 3329, 3330.
⁶¹⁸ BGH WM 2007, 1089, 1093.
⁶¹⁹ Grundlegend BGHZ 151, 147, 151 = NJW 2002, 2563; s. ferner BGHZ 160, 277, 281 f. = ZIP 2005, 33; BGHZ 162, 378, 381 f. = NJW-RR 2005, 1101; BGH WM 2007, 1089, 1092 f.; näher zur inhaltlichen Reichweite *Fischer* WM 2003, 1, 2; *Nobbe,* FS Horn, 2006, S. 801, 806 ff.; *Freckmann* BKR 2003, 399, 400 ff.
⁶²⁰ BGHZ 151, 147, 151 f. = NJW 2002, 2563; BGH ZIP 2006, 1825, 1829 (mangelbedingte Wandelung); BGHZ 160, 277, 281 f. = ZIP 2005, 33 (Rücktritt gemäß § 326; Vertragsaufhebung zu einem Zeitpunkt, zu dem Voraussetzungen des § 326 vorliegen); BGHZ 162, 378, 381 ff. = NJW-RR 2005, 1101 (Aufhebungsvertrag, auch wenn Gründe für die Nichtdurchführung des Bauvorhabens in Sphäre des Erwerbers liegen, sofern nicht doloses Handeln zum Nachteil des Bürgen); BGH NJW 2008, 1728 Tz. 16 ff. = ZIP 2008, 733. (Nichtigkeit des Bauträgervertrags gemäß § 311 b Abs. 1 S. 1, unabhängig davon, ob Erwerber und Bauträger den Formmangel zu vertreten haben); näher *Nobbe,* FS Horn, 2006, S. 801, 808 ff. mzN, auch zu Gegenstimmen.
⁶²¹ BGHZ 151, 147, 153 f. = NJW 2002, 2563; BGH NJW 2003, 285, 286; NJW-RR 2003, 452, 453.
⁶²² Vgl. die Nachweise in voriger Fn., ferner BGH ZIP 2006, 1825, 1829 (großer Schadensersatz gemäß § 635 a. F.).
⁶²³ BGH NJW 2001, 3329, 3330 f.; NJW-RR 2003, 592, 593; *Nobbe,* FS Horn, 2006, S. 801, 812 f.
⁶²⁴ Vgl. BGHZ 151, 147, 155 = NJW 2002, 2563 (entgangene Steuervorteile und entgangene Nutzungen); BGH NJW 2003, 285, 286 (öffentliche Abgaben; Verzögerungsschaden); NJW-RR 2003, 452, 453 (Verzögerungsschaden); NJW-RR 2003, 592, 593 (Rechtsanwaltskosten aufgrund nicht fristgerechter Erstellung); s. ferner BGH NJW-RR 1992, 1044 = BB 1992, 1383 (Rückzahlungsanspruch, der darauf beruht, dass Abschlagszahlung in der Schlussrechnung zu Unrecht nicht berücksichtigt worden ist und er infolgedessen

Nach § 7 Abs. 1 S. 3 MaBV ist die Vorauszahlungsbürgschaft solange aufrechtzuerhalten, **130** bis die Voraussetzungen des § 3 Abs. 1 MaBV erfüllt sind und das Vertragsobjekt vollständig fertiggestellt ist.[625] Eine Reduzierung des Umfangs der Bürgschaft nach Baufortschritt ist damit unvereinbar.[626] Vollständige Fertigstellung ist zunächst gegeben, wenn sämtliche Arbeiten erbracht und alle Mängel behoben sind, mithin **Abnahmereife** eingetreten ist.[627] Fertigstellung tritt darüber hinaus ein mit **vorbehaltsloser Abnahme** trotz fehlender Abnahmereife[628] sowie mit endgültiger Abrechnung des Auftraggebers mit dem Bauträger.[629] Bei Abnahme unter Vorbehalt sichert die Bürgschaft nur noch einen etwaigen Rückgewähranspruch in Höhe des Betrags, den der Auftraggeber nach § 320 zurückbehalten kann.[630] Schließlich entfällt ein Rückzahlungsanspruch dadurch, dass bezahlte Bauteile eingebaut werden und der Auftraggeber somit nach § 946 den Gegenwert für die geleistete Anzahlung erlangt.[631] Unberührt bleibt im Übrigen der Grundsatz von Treu und Glauben.[632]

20. Wechselbürgschaft. Die in Art. 30 ff. WG geregelte Wechselbürgschaft im engeren **131** Sinne folgt im Wesentlichen wechselrechtlichen Grundsätzen. Sie ist nicht akzessorisch und damit keine Bürgschaft iS der §§ 765 ff.[633] Von ihr zu unterscheiden ist die Übernahme einer Wechselverbindlichkeit zu bürgschaftsähnlichen Sicherungszwecken. Hierbei handelt es sich um ein Sicherungsgeschäft eigener Art, das insbesondere nicht dem Formerfordernis des § 766 S. 1 unterliegt (Vor § 765 RdNr. 46). Allgemeinen Regeln unterliegt dagegen die Übernahme einer **Bürgschaft für eine Wechselverbindlichkeit**.[634] Dabei bleibt es Auslegungsfrage (§ 766 RdNr. 6 f.), ob die Bürgschaft sich auch auf die der Wechselbegebung zugrundeliegende Forderung erstreckt[635] und ob sie zugunsten des jeweiligen oder nur eines bestimmten Wechselinhabers übernommen wird.[636] Leistet der Bürge an den Gläubiger, so erwirbt er nach §§ 774 Abs. 1 S. 1, 412, 401 sowohl die Ansprüche gegen den Hauptschuldner als auch die Wechselforderungen gegen die Vor- und Nachmänner des Hauptschuldners.[637]

21. Zeitbürgschaft. Unabhängig von der Dauer der verbürgten Verbindlichkeit kann **132** sowohl die auf unbestimmte Zeit übernommene Bürgschaft (RdNr. 55, 114) als auch die Bürgschaft für eine Einzelforderung zeitlich befristet werden (RdNr. 47). Für die Abwicklung nach Ablauf der vereinbarten Zeit bestimmt § 777, dass der Bürge frei wird, wenn nicht der Gläubiger seine Absicht, den Bürgen in Anspruch zu nehmen, diesem rechtzeitig anzeigt.

---

eine Überzahlung geleistet hat); näher *Fischer* WM 2003, 1, 2; *Nobbe*, FS Horn, 2006, S. 801, 812 f.; *Freckmann* BKR 2003, 399, 400 ff.

[625] Verzögerungen der Fertigstellungen lassen die Verpflichtung des Bürgen grds. unberührt, s. BKR 2004, 192, 194, dort auch zur Anwendbarkeit des § 767 Abs. 1 S. 3 auf die vereinbarte Verlängerung von Ausführungsfristen (dazu § 767 RdNr. 13).

[626] BGH NJW-RR 2003, 1171, 1172 = ZIP 2003, 1290; *Soergel/Häuser* Vor § 765 RdNr. 48; zur Unzulässigkeit der Befristung s. OLG Frankfurt BauR 2005 1040, 1042.

[627] BGH NJW 1998, 2967, 2968; *Fischer* WM 2003, 1, 3; *Nobbe*, FS Horn, 2006, S. 801, 814 f. mzN; weitergehend namentlich *Thode* ZflR 2005, 548, 549 f. (Ablauf der Frist des § 634a Abs. 1 Nr. 2, Abs. 2; Eigentumsverschaffung).

[628] BGH NJW 2003, 285, 286 = ZIP 2002, 2262; NJW-RR 2003, 452, 453; *Fischer* WM 2003, 1, 4; *Nobbe*, FS Horn, 2006, S. 801, 815; *Soergel/Häuser* Vor § 765 RdNr. 48.

[629] *Nobbe*, FS Horn, 2006, S. 801, 815; *Probst* JR 2003, 65, 66.

[630] *Fischer* WM 2003, 1 3 f.; *Nobbe*, FS Horn, 2006, S. 801, 815 ff., dort auch zum Anspruch der Bank auf Austausch der Bürgschaft gegen eine solche, die die Forderung aus § 641 Abs. 3 sichert.

[631] BGH NJW-RR 1992, 1044 = BB 1992, 1383.

[632] S. dazu BGH WM 2004, 724, 726 = BKR 2004, 192.

[633] BGHZ 30, 108 = NJW 1959, 1434; BGHZ 35, 19 = NJW 1961, 1112; *Baumbach/Hefermehl/Casper* Art. 30 WG RdNr. 1; *Martens* BB 1971, 765, 766 f.; eingehend dazu *P. Bydlinski* Bürgschaft S. 149 ff.

[634] Dazu *P. Bydlinski* Bürgschaft S. 185 ff.; *Reinicke* WM 1961, 466; *Martens* BB 1971, 765; *Baumbach/Hefermehl/Casper* Art. 30 WG RdNr. 4.

[635] BGH LM § 766 Nr. 12 = NJW 1968, 987; WM 1984, 1423; OLG Saarbrücken WM 1998, 2465, 2466 f.

[636] RG WarnR 1915 Nr. 9.

[637] Einschränkend BGHZ 35, 19 = NJW 1961, 1112: entspr. Art. 32 Abs. 3 WG Übergang nur der Forderungen gegen die Vormänner; wie hier *Baumbach/Hefermehl/Casper* Art. 30 WG RdNr. 5 mwN; diff. – anteiliger Rückgriff zwischen Bürgen und Nachmännern des Hauptschuldners gemäß §§ 774 Abs. 2, 426 – *Hueck/Canaris*, Recht der Wertpapiere, 12. Aufl. 1986, § 13 II 3; *P. Bydlinski* Bürgschaft S. 188 f.

§ 766 Schriftform der Bürgschaftserklärung

[1] Zur Gültigkeit des Bürgschaftsvertrags ist schriftliche Erteilung der Bürgschaftserklärung erforderlich. [2] Die Erteilung der Bürgschaftserklärung in elektronischer Form ist ausgeschlossen. [3] Soweit der Bürge die Hauptverbindlichkeit erfüllt, wird der Mangel der Form geheilt.

Übersicht

	RdNr.		RdNr.
I. Einführung	1–4	2. Unterschrift im Besonderen	17, 18
1. Normzweck	1	3. Sonstige Formerfordernisse	19, 20
2. Anwendungsbereich	2–4	IV. Dem Bürgschaftsversprechen entsprechende Rechtsgeschäfte	21–23
II. Reichweite des Formerfordernisses	5–15	1. Vollmacht und Genehmigung	21
1. Bürgschaftserklärung	5	2. Blankettbürgschaft	22, 23
2. Formzwang und Auslegung	6, 7	V. Erteilung und Annahme der Bürgschaftserklärung	24–26
3. Notwendiger Inhalt der Urkunde	8–12	1. Erteilung	24, 25
a) Grundsatz	8	2. Annahme	26
b) Verbürgungswille	9	VI. Rechtsfolgen eines Formmangels	27–30
c) Gesicherte Forderung	10	1. Nichtigkeit	27
d) Gläubiger und Schuldner	11, 12	2. Heilung (S. 3)	28, 29
4. Nebenabreden	13–15	3. Formnichtigkeit und unzulässige Rechtsausübung	30
a) Grundsatz	13		
b) Ausnahmen	14, 15		
III. Schriftform; sonstige Formerfordernisse	16–20		
1. Äußere Anforderungen	16		

I. Einführung

1. Normzweck. Das in S. 1 der Vorschrift statuierte Formerfordernis hat **Warnfunktion**. Es soll dem Bürgen die Tragweite der übernommenen Verpflichtung vor Augen führen und ihn von der Eingehung unüberlegter Bürgschaftsverpflichtungen abhalten.[1] Aus diesem Grund bestimmt der – durch Gesetz vom 13. 7. 2001 eingefügte[2] – § 766 S. 2, dass die Erteilung des Bürgschaftsversprechens in **elektronischer Form (§ 126 a) ausgeschlossen** ist (RdNr. 16). Ein entsprechendes Schutzbedürfnis auf Seiten des Bürgen besteht auch für den Fall, dass sich der Gläubiger seinerseits zu einer Leistung verpflichtet (dazu § 765 RdNr. 6). Insbesondere eine teleologische Reduktion des S. 1 in dem Sinne, dass dieser immer dann keine Anwendung findet, wenn sich der Gläubiger gegenüber dem Bürgen verpflichtet, dem Schuldner Kredit zu gewähren, ist deshalb – ungeachtet der Rechtslage beim Kreditauftrag (§ 778 RdNr. 8) – nicht veranlasst.[3] Umgekehrt bedarf es auch in diesem Fall keines Schutzes des *Gläubigers* (RdNr. 5). Ebenfalls nicht durch § 766 geschützt werden am Vertragsschluss unbeteiligte Dritte einschließlich etwaiger Rechtsnachfolger der Parteien; haftungsbeschränkende Nebenabreden sind deshalb nicht formgebunden (RdNr. 14). Nicht geschützt ist schließlich der Bürge, der freiwillig auf das formunwirksame Bürgschaftsversprechen leistet; nach S. 3 kommt es dann vielmehr zur Heilung des Formmangels. Die Einhaltung des Schriftformerfordernisses macht im Übrigen eine Kontrolle des Bürgschaftsvertrags oder einzelner seiner Bestimmungen nach §§ 138, 307 ff. nicht entbehrlich. Wie

---

[1] Ganz hM, vgl. BGHZ 132, 119, 122 f. = NJW 1996, 1467; BGHZ 121, 224, 229 = NJW 1993, 1126; BGH NJW 1993, 1261, 1262; 1995, 1886, 1887; ZIP 1997, 536, 538; RGZ 57, 258, 263; OLG Düsseldorf ZIP 2003, 1696, 1697; *Staudinger/Horn* RdNr. 1; *Palandt/Sprau* RdNr. 1; näher dazu sowie zur Entstehungsgeschichte der Vorschrift *Soergel/Pecher* RdNr. 1.

[2] Gesetz zur Anpassung der Formvorschriften des Privatrechts und anderer Vorschriften an den modernen Rechtsgeschäftsverkehr vom 13. 7. 2001 (BGBl. I S. 1542).

[3] So aber *Larenz/Canaris* II/2 § 60 IV 2b; im Ergebnis auch *Rimmelspacher* Kreditsicherungsrecht RdNr. 98 f.; dagegen zutr. *P. Bydlinski* Bürgschaft S. 43 f.; s. dazu auch noch § 778 RdNr. 8.

Formvorschriften im Allgemeinen enthalten auch S. 1 und 2 **zwingendes Recht** (RdNr. 24).

2. Anwendungsbereich. Vorbehaltlich der §§ 350 f. HGB (RdNr. 3) findet § 766 **2** zunächst auf jedes Bürgschaftsversprechen Anwendung. Unerheblich ist, ob die Bürgschaftsurkunde vom Gläubiger, vom Bürgen oder von einem Dritten stammt, ferner, ob der Bürgschaftsvertrag unmittelbar mit dem Gläubiger geschlossen wird oder ob der Gläubiger gemäß § 328 auf Grund eines zu seinen Gunsten geschlossenen Vertrags des Bürgen mit dem Hauptschuldner berechtigt wird.[4] Vom Anwendungsbereich der Vorschrift umfasst sind weiter die auf Abschluss eines *Bürgschaftsvorvertrags* gerichtete Willenserklärung des (künftigen) Bürgen[5] sowie die **Verpflichtung** zur **Bürgschaftsübernahme** *gegenüber dem Hauptschuldner,*[6] ferner die **Bevollmächtigung** zur Abgabe eines Bürgschaftsversprechens, die **Genehmigung** gemäß § 177 sowie die **Ermächtigung** zur Vervollständigung einer Blanketturkunde (RdNr. 21 ff.). Was dagegen die Frage einer Erstreckung des § 766 **auf sonstige schuldrechtliche Sicherungsgeschäfte** betrifft, so ist zu unterscheiden. Nicht formbedürftig sind die Garantie (Vor § 765 RdNr. 19), die Erfüllungsübernahme, Rechtsgrundabreden zur Begründung abstrakter Wertpapierverpflichtungen und die Verpflichtung zur Stellung dinglicher Sicherheiten.[7] Anderes gilt dagegen für den **Schuldbeitritt**, soweit ihm Sicherungsfunktion zukommt (Vor § 765 RdNr. 15). Wollte man demgegenüber davon ausgehen, dass der Schuldbeitritt nicht dem § 766 unterliegt, so wäre jedenfalls die **Umdeutung** eines formunwirksamen Bürgschaftsversprechens in eine (angeblich nicht formbedürftige) Schuldbeitrittserklärung ausgeschlossen.[8]

Nach § 350 HGB findet die Vorschrift des § 766 S. 1 (und mit ihr § 766 S. 2 und 3) **3** keine Anwendung auf das **Bürgschaftsversprechen eines Kaufmanns** (einschließlich des Kleingewerbetreibenden, der von der Möglichkeit der Eintragung gemäß § 2 HGB Gebrauch macht),[9] sofern die Abgabe des Versprechens ein Handelsgeschäft iS von §§ 343 f. HGB ist.[10] Vom unmittelbaren Anwendungsbereich des § 350 HGB erfasst sind zwar allein Bürgschaftsversprechen, die vom Kaufmann selbst oder aber von einem Vertreter im Namen des Kaufmanns abgegeben werden, nicht dagegen Bürgschaftsversprechen von **Gesellschaftern** einer Handels- bzw. Kapitalgesellschaft iS von § 6 HGB. Die Vorschrift des § 350 HGB ist indes **analoger Anwendung** zugänglich. Zumindest die Bürgschaft eines *geschäftsführenden OHG-Gesellschafters oder Komplementärs* bedarf denn auch nicht der Form des S. 1;[11]

---

[4] *Soergel/Pecher* RdNr. 3. Zur Bürgschaft zugunsten eines Dritten s. § 765 RdNr. 11.

[5] Wohl einhM, s. BGH LM Nr. 8 = WM 1966, 139; RGZ 76, 303, 304; *Soergel/Pecher* RdNr. 3; *Reinicke/Tiedtke* Bürgschaftsrecht RdNr. 70.

[6] *Medicus* RdNr. 373; *Reinicke/Tiedtke* Bürgschaftsrecht RdNr. 71; *Soergel/Pecher* RdNr. 3; *Erman/Herrmann* RdNr. 2; *PWW/Brödermann* RdNr. 8; *P. Bydlinski* Bürgschaft S. 9; *Lorenz* JuS 1999, 1145, 1148; aA RGZ 59, 10, 14; OLG Köln WM 1995, 1224; *Staudinger/Horn* RdNr. 3; *Soergel/Pecher* RdNr. 3.

[7] Vgl. für die Erfüllungsübernahme BGH LM Nr. 15 = NJW 1972, 576, für Zweckabreden betr. Wertpapierverpflichtungen BGHZ 45, 210, 212 = NJW 1966, 1557, für die Verpflichtung zur Bestellung einer dinglichen Sicherheit BGH WM 1956, 667, 668; RG WarnR 1909 Nr. 207 S. 196.

[8] Vgl. hingegen BGH NJW 2008, 1070 Tz. 24 ff., wo zutr. eine schriftliche, aber nach § 306 aF nichtige Schuldbeitrittserklärung in ein Bürgschaftsversprechen umgedeutet wird.

[9] Beachte auch §§ 383 Abs. 2, 407 Abs. 3 S. 2, 453 Abs. 3 S. 2, 467 Abs. 3 S. 2 HGB: Danach finden zwar auf die dort genannten Kleingewerbetreibenden die Vorschriften des Ersten Abschnitts des Vierten Buchs des HGB (§§ 343 ff. HGB) auch unabhängig von der Eintragung nach § 2 HGB (und damit unabhängig von der Kaufmannseigenschaft) Anwendung; doch gilt dies nicht für §§ 348 bis 350 HGB, so dass die Bürgschaft eines solchen nicht eingetragenen Kleingewerbetreibenden der Form des § 766 S. 1 bedarf.

[10] Speziell zu der zuletzt genannten Voraussetzung im Zusammenhang mit der Bürgschaft BGH NJW 1997, 1779, 1780, dort auch zur Qualifizierung der Bürgschaftsurkunde als Schuldschein iS von § 344 Abs. 2 HGB (dazu auch BGH NJW 1998, 3708, 3709) sowie zum Nichteingreifen dieser Vorschrift bei Kenntnis des Gläubigers von dem privaten Charakter der vom Kaufmann übernommenen Bürgschaft.

[11] *Staub/Ulmer* § 105 HGB RdNr. 77 ff., 80; *Baumbach/Hopt* § 105 HGB RdNr. 22; *P. Bydlinski* Bürgschaft S. 31 f.; weitergehend – generell für Formfreiheit des Bürgschaftsversprechens eines OHG-Gesellschafters oder Komplementärs (dazu sogleich im Text) – BGHZ 45, 282, 285 = NJW 1966, 1960; BGH NJW 1982, 569; *K. Schmidt* ZIP 1986, 1510 ff.; *Canaris* Handelsrecht, § 24 RdNr. 12.

§ 766   4, 5

Entsprechendes gilt für die Bürgschaft eines *geschäftsführenden Kommanditisten*.[12] Von der Geschäftsführung ausgeschlossene Mitglieder einer OHG oder KG unterliegen dagegen dem Schutz des § 766;[13] davon unberührt bleibt freilich ihre persönliche Haftung für – unter den Voraussetzungen des § 350 HGB formlos wirksame[14] – Bürgschaftsverpflichtungen der Gesellschaft.[15] Was die Bürgschaft des *Gesellschafters einer Kapitalgesellschaft* betrifft, so kommt eine analoge Anwendung des § 350 HGB allenfalls insoweit in Betracht, als der Gesellschafter zugleich geschäftsführend tätig ist;[16] entgegen der Ansicht des BGH[17] ist sie aber unter dieser Voraussetzung für die Bürgschaft des geschäftsführenden Allein- oder Mehrheitsgesellschafters zu bejahen.[18] Das Bürgschaftsversprechen eines Fremdgeschäftsführers sowie dasjenige eines Aufsichtsratsmitglieds sind dagegen stets formgebunden.[19] Soweit die Vorschrift des § 350 HGB analoge Anwendung findet, ist dem Erfordernis eines *Handelsgeschäfts* iS von §§ 343 f. HGB dadurch Rechnung zu tragen, dass die Bürgschaft des Gesellschafters einen **Bezug zur Geschäftstätigkeit der Gesellschaft** aufweisen muss.[20]

4   Wird die Bürgschaftserklärung durch einen Vertreter abgegeben, so kommt es für die Anwendbarkeit des § 350 HGB auf die **Person des Vertretenen** an. Ein Nichtkaufmann kann daher für einen Kaufmann eine Bürgschaftserklärung formlos abgeben, während die für einen Nichtkaufmann abgegebene Bürgschaftserklärung, auch wenn ein Kaufmann als Vertreter handelt, dem Formerfordernis des § 766 unterliegt.[21] Zur Unterzeichnung der Urkunde durch den Vertreter und zum Offenheitsprinzip s. RdNr. 18, zur Frage der Formbedürftigkeit der Vollmacht s. RdNr. 21, zur Unanwendbarkeit des § 181 bei Abschluss des Bürgschaftsvertrags durch den Schuldner als Vertreter des Bürgen s. § 765 RdNr. 10.

II. Reichweite des Formerfordernisses

5   **1. Bürgschaftserklärung.** Das Formerfordernis des S. 1 gilt allein für **die Erklärung des Bürgen**. Die Willenserklärung des Gläubigers – in den Fällen des § 328 (dazu § 765 RdNr. 11) diejenige des anderen Vertragsteils – ist dagegen selbst dann nicht formgebunden, wenn der Bürgschaftsvertrag ausnahmsweise zweiseitig verpflichtenden Charakter hat.[22] Dem Formerfordernis unterliegen auch **nachträgliche Änderungen** des Bürgschaftsver-

---

[12] So auch *Baumbach/Hopt* § 105 HGB RdNr. 22; *P. Bydlinski* Bürgschaft S. 32; *K. Schmidt* ZIP 1986, 1510, 1515; aA – für Formbedürftigkeit – BGH (Fn. 11), ferner BGH ZIP 1997, 536, 537 (einziger Kommanditist und Geschäftsführer der Komplementärin einer GmbH & Co. KG).

[13] *Staub/Ulmer* § 105 HGB RdNr. 77 ff., 80; *Baumbach/Hopt* § 105 HGB RdNr. 22; *P. Bydlinski* Bürgschaft S. 31 f.; aA für persönlich haftende Gesellschafter BGH (Fn. 11); *K. Schmidt* ZIP 1986, 1510, 1515; *Canaris* Handelsrecht § 24 RdNr. 12.

[14] Das Bürgschaftsversprechen der GbR bedarf allerdings der Schriftform; nach heute hM (BGHZ 146, 341, 358 f. = NJW 2001, 1056; § 714 RdNr. 37 ff.) haften die Gesellschafter dafür sodann entsprechend § 128 S. 1 HGB, mithin kraft Gesetzes und unabhängig von einer persönlichen Verpflichtungserklärung; zur Problematik und zur Rechtslage auf der Basis der „Doppelverpflichtungslehre" s. *Habersack* BB 1999, 61 ff.

[15] Vgl. *Staub/Habersack* § 128 HGB RdNr. 10.

[16] So auch *Canaris* Handelsrecht § 26 RdNr. 13.

[17] BGHZ 165, 43, 46 ff., 48 = NJW 2006, 431; BGH NJW-RR 1987, 42, 43 = WM 1986, 939; BGHZ 121, 224, 228 = NJW 1993, 1126 = JR 1993, 318 m. Anm. *K. Schmidt*; BGHZ 132, 119, 122 = NJW 1996, 1467; BGH ZIP 1997, 536, 537 (Bürgschaft des einzigen Kommanditisten und Geschäftsführers der Komplementärin einer GmbH & Co. KG); BankR-HdB/*Schmitz/Wassermann/Nobbe* § 91 RdNr. 33; s. ferner Vor § 765 RdNr. 11, 15 zur Frage der Anwendbarkeit der §§ 491 ff. auf den Schuldbeitritt.

[18] So auch *Canaris* Handelsrecht § 24 RdNr. 13; weitergehend – für analoge Anwendung auf die Bürgschaft eines jeden geschäftsführenden GmbH-Gesellschafters – *K. Schmidt* ZIP 1986, 1510, 1515 f.; ihm folgend *P. Bydlinski* Bürgschaft S. 28 f.; aA – gegen analoge Anwendung – *Soergel/Pecher* RdNr. 4.

[19] S. die Nachweise in Fn. 17 betr. den geschäftsführenden Gesellschafter, ferner OLG Köln ZIP 1998, 150.

[20] *Staub/Ulmer* § 105 HGB RdNr. 80; *Canaris* Handelsrecht § 24 RdNr. 12; ähnlich *K. Schmidt* ZIP 1986, 1510, 1516; aA – für analoge Anwendung des § 350 HGB auch auf Privatbürgschaften des Kaufmanns bzw. Gesellschafters – *P. Bydlinski* Bürgschaft S. 24 ff.

[21] *Flume* Rechtsgeschäft § 46, 4.

[22] EinhM, s. RG JW 1911, 543; OLG Köln NJW-RR 1990, 439, 440; OLG Frankfurt MDR 2005, 919; *Staudinger/Horn* RdNr. 9; *Erman/Herrmann* RdNr. 1.

trags, sofern sie die Haftung des Bürgen verschärfen;[23] auch in diesem Fall bezieht sich das Formerfordernis allerdings nur auf die Erklärung des Bürgen.

2. Formzwang und Auslegung. Was das Verhältnis des Formgebots zur Auslegung der Bürgschaftserklärung betrifft, so ist anerkannt, dass der Gegenstand der Auslegung nicht durch das Schriftformerfordernis begrenzt wird. Vielmehr ist auch der **Inhalt** der formgebundenen Bürgschaftserklärung nach den allgemeinen Vorschriften der §§ 133, 157 und **unabhängig vom Schriftformerfordernis zu ermitteln;** erst in einem zweiten Schritt ist sodann zu prüfen, ob der im Wege der Auslegung gewonnene Inhalt der Bürgschaftserklärung dem Formerfordernis des S. 1 entspricht.[24] Dabei sind im Rahmen der *Auslegung* der Erklärung sämtliche und damit *auch außerhalb der Urkunde liegende Umstände* einschließlich des nachträglichen Verhaltens der Vertragspartner zu berücksichtigen.[25] Dem Formerfordernis des S. 1 genügt die Bürgschaftserklärung jedoch nur unter der Voraussetzung, dass für den durch Auslegung ermittelten Willen „ein **zureichender Anhaltspunkt** in der Urkunde besteht, der Inhalt der Bürgschaftsverpflichtung also dort irgendwie seinen Ausdruck gefunden hat."[26] Fehlt es dagegen an einer entsprechenden Andeutung, so ist das Rechtsgeschäft grundsätzlich[27] auch dann nichtig (RdNr. 27), wenn die Parteien meinen, eine Erklärung im Sinne ihres übereinstimmenden Verständnisses abgegeben zu haben.

Von dem Erfordernis der Andeutung des im Wege der Auslegung gewonnenen Inhalts der Erklärung in der Bürgschaftsurkunde ist eine Ausnahme für den Fall der **unbewussten Falschbezeichnung** zu machen.[28] Unter dieser Voraussetzung gilt das von den Parteien einverständlich *Gewollte*, sofern nur das *objektiv Erklärte* dem Formerfordernis genügt. Entsprechendes ist bei einseitigen Falschbezeichnungen anzunehmen, sofern sie den Sinn des Rechtsgeschäfts nicht verändern und sich aus den Umständen berichtigen lassen.[29] Auch in diesen Fällen bewendet es jedoch bei der Vermutung der Vollständigkeit und Richtigkeit der beurkundeten Erklärung (RdNr. 15). Die gesetzliche Form ist dagegen nicht gewahrt, wenn sich die schriftliche Bürgschaftserklärung auf eine Forderung aus einem nicht gewollten und daher gemäß § 117 Abs. 1 nichtigen **Scheingeschäft** bezieht, die Forderung aus dem verdeckten Rechtsgeschäft iS von § 117 Abs. 2 aber keinen Eingang in die Bürgschaftsurkunde gefunden hat.[30] Zur Nichtgeltung der Andeutungstheorie bei gewillkürtem Formerfordernis s. RdNr. 20.

---

[23] BGH ZIP 1997, 536, 538; *Staudinger/Horn* RdNr. 11; *Bamberger/Roth/Rohe* RdNr. 5; *Erman/Herrmann* RdNr. 6; näher dazu in RdNr. 13 f.
[24] S. die klarstellenden Ausführungen in BGH NJW 1995, 43, 44; ferner BGH NJW 1995, 1886; ZIP 2000, 740, 741; WM 2001, 1772, 1774; eingehend *Soergel/Pecher* RdNr. 6 ff.; s. ferner *Reinicke/Tiedtke* Bürgschaftsrecht RdNr. 75 ff.; *Tiedtke* ZIP 1995, 521. – Zur Auslegung von Bürgschaftsurkunden s. ferner die Ausführungen in BGH NJW-RR 1993, 945, 946; NJW 1995, 959 f.; ZIP 1998, 106, 107 f.; NJW 1999, 2113.
[25] Vgl. die Nachweise in der nachfolgenden Fn.; zur Relevanz des nachträglichen Verhaltens der Vertragspartner s. BGH ZIP 1998, 106, 107 f. Unzutr. die Vorgehensweise in OLG Koblenz WM 2000, 28, 30.
[26] BGH ZIP 2000, 740, 741 (Formwirksamkeit trotz einer nachträglich vom Gläubiger vorgenommenen, sich bereits durch Auslegung der ursprünglichen Erklärung ergebenden Ergänzung); BGH WM 2001, 1772, 1774; NJW 1995, 1886, 1887; 1995, 43, 45; 1993, 724, 725; 1992, 1448, 1449; 1989, 1484, 1485 f.; *Staudinger/Horn* RdNr. 19 f.; *Palandt/Sprau* RdNr. 3; aA *Tiedtke* WM 1989, 737 f.; *ders.* ZIP 1995, 521, 524; *Reinicke/Tiedtke* Bürgschaftsrecht RdNr. 66 ff. – Die Andeutungstheorie abl. § 133 RdNr. 57 *(Busche)* mwN.
[27] Zu Ausnahmen s. RdNr. 7; zur Unanwendbarkeit des § 766 auf haftungsbeschränkende Nebenabreden s. RdNr. 14.
[28] BGH NJW 1989, 1484, 1485; 1995, 1886, 1887, in Übertragung der zu § 311 b Abs. 1 S. 1 entwickelten Grundsätze (s. etwa BGHZ 87, 150, 152 ff. = NJW 1983, 1610; BGHZ 74, 116, 119 = NJW 1979, 1350); *Staudinger/Horn* RdNr. 21; *Soergel/Pecher* RdNr. 9; s. dazu auch § 311 b RdNr. 67.
[29] Vgl. RG HRR 1930 Nr. 971 (Personenverwechslung); KG WM 1984, 254 (Benennung des handelnden Stellvertreters statt des Gläubigers); zu formalistisch RGZ 82, 70 (dazu krit. *Lüderitz*, Auslegung von Rechtsgeschäften, 1966, S. 197 f.).
[30] BGH LM § 117 Nr. 6 = NJW 1980, 1572, 1574; WM 1980, 1085, 1087; *Reinicke/Tiedtke* JZ 1984, 550, 553; für die Angabe eines Scheinschuldners BGH WM 1991, 536; *Tiedtke* ZIP 1995, 521, 524; dagegen P. *Bydlinski* WM 1992, 1301, 1303 f.

8   3. Notwendiger Inhalt der Urkunde. a) Grundsatz. Das Formerfordernis des S. 1 bezieht sich auf den **gesamten Inhalt** der Willenserklärung des Bürgen einschließlich etwaiger Nebenabreden;[31] anderes gilt nur für die Bürgenhaftung beschränkende Vereinbarungen (RdNr. 14). Von der Frage der Reichweite des Formgebots zu unterscheiden ist diejenige nach dem **Mindestinhalt** der Bürgschaftsurkunde. Insoweit gilt, dass die Bürgschaftsurkunde sämtliche wesentlichen Bestandteile der Bürgschaft enthalten muss, mithin neben dem Verbürgungswillen die Bezeichnung der gesicherten Forderung, des Gläubigers und des Hauptschuldners (RdNr. 9 ff.).[32] Die Anforderungen der Rechtsprechung an die Verlautbarung dieser Elemente in der Bürgschaftsurkunde unterliegen gewissen Schwankungen.[33] Einigkeit besteht aber darin, dass das Schriftformerfordernis die **Bezugnahme auf andere Urkunden** selbst dann nicht ausschließt, wenn diese Urkunden erst noch ausgestellt werden sollen; allerdings bewendet es auch in diesem Fall bei dem Erfordernis einer Andeutung des Mindestinhalts der Bürgschaftserklärung in der Urkunde.[34] Besonderheiten gelten schließlich für den Fall, dass es sich bei der gesicherten Forderung um eine solche aus einem **Verbraucherdarlehensvertrag** handelt (RdNr. 19).

9   b) Verbürgungswille. Was die Verkörperung des Verbürgungswillens in der Bürgschaftsurkunde betrifft, so wird dieser durch die bloße **Mitunterzeichnung** der über die Hauptschuld errichteten Urkunde oder eines sonstigen Vertragstextes nicht hinreichend deutlich zum Ausdruck gebracht.[35] Anders verhält es sich in dem Fall, dass der Bürge die Hauptvertragsurkunde unterzeichnet und sich unterhalb der für die Unterschrift vorgesehenen punktierten Linie der Vermerk „selbstschuldnerische Bürgschaft" oder „Bürgschaft" befindet.[36] Dem Formerfordernis ist dagegen nicht genügt, wenn sich der Verbürgungswille ausschließlich einer in Bezug genommenen Urkunde entnehmen lässt.[37] Soll der Bürgschaftsvertrag durch **Briefwechsel** zustande kommen, so darf sich der Verbürgungswille mithin nicht erst aus dem Schreiben des Gläubigers ergeben. Dagegen ist die Schriftform gewahrt, wenn der Bürge ein an ihn gerichtetes Schreiben des Gläubigers unterzeichnet, sofern darin der Verbürgungswille hinreichend klar zum Ausdruck kommt und dieser von der Unterschrift gedeckt ist.[38] Ein Schuldschein über ein Darlehen bringt den auf Übernahme einer Bürgschaft gerichteten Willen nicht zum Ausdruck und entspricht deshalb ebenso wenig der Form des § 766 wie die Abgabe eines selbstständigen Schuldversprechens oder Schuldanerkenntnisses.[39] Die Unterzeichnung eines Wechsels in der Absicht bürg-

---

[31] BGH NJW 1989, 1484; *Soergel/Pecher* RdNr. 20 f.
[32] Vgl. insbes. BGHZ 26, 142, 146 = NJW 1958, 217; BGHZ 132, 119, 122 f. = NJW 1996, 1467; BGH NJW 1982, 569, 570; 1989, 1484; 1992, 1448, 1450; 1993, 1262; 1995, 43, 45; ZIP 1997, 536, 538; 2000, 740, 741; WM 2001, 1772, 1774; ZIP 2003, 1596, 1597.
[33] Sehr großzügig etwa BGH NJW 1993, 724; strenger dagegen BGH NJW 1995, 959; 1993, 1261.
[34] BGH NJW 1992, 1448, 1449: „Die Grenze der zulässigen Verweisung wird erst dann überschritten, wenn wenigstens eine in der schriftlichen Bürgschaftserklärung fehlende wesentliche Angabe *ausschließlich* anhand von Umständen ermittelt werden kann, die außerhalb der Urkunde liegen."; s. ferner RGZ 76, 303, 305 f.; BGHZ 26, 142, 146 f. = NJW 1958, 217; BGH NJW 1989, 1484; OLG Karlsruhe WM 2001, 729, 730. – Zur Verweisung auf noch auszustellende Urkunden s. BGH NJW 1992, 1448, 1449; RG JW 1934, 219 f.; *Soergel/Pecher* RdNr. 23.
[35] RGZ 71, 113, 115; 78, 37, 39; 77, 378, 379; BGH WM 1970, 816; OLG Schleswig MDR 1981, 496; *Soergel/Pecher* RdNr. 14; BankR-HdB/*Schmitz/Wassermann/Nobbe* § 91 RdNr. 37; vgl. auch RGRK/ *Mormann* RdNr. 3, dem zufolge die Mitunterzeichnung mit dem Zusatz „in Haftung" genügen soll (aA aber RG WarnR 1910 Nr. 410). – Zur Frage, ob in Fällen dieser Art ein Schuldbeitritt anzunehmen ist, s. BGH LM § 133 (C) Nr. 33.
[36] BGH NJW 1995, 43, 44 f., allerdings mit Vorbehalt für den Fall, dass sich die Parteien vor Unterzeichnung noch nicht über die Begründung einer Bürgschaftsverpflichtung geeinigt haben; s. aber auch RGZ 78, 37, 39: bloße Mitunterzeichnung ohne eigene Erklärung des Mitunterzeichnenden genügt nicht. – Zur Frage, ob in diesem Fall eine wirksame Unterschrift vorliegt, s. RdNr. 17; zum Erfordernis einer „ausdrücklichen und gesonderten Erklärung" gemäß § 309 Nr. 11 lit. a s. aber auch § 765 RdNr. 35.
[37] Vgl. neben den Nachweisen in Fn. 34 noch OLG Stuttgart BB 1977, 415.
[38] BGH WM 1984, 924 f.
[39] Vgl. für den Schuldschein RG WarnR 1908 Nr. 506 S. 400; für Schuldversprechen bzw. -anerkenntnis BGHZ 57, 53, 59 = NJW 1971, 2227; RGZ 94, 85, 89 f.; LG Augsburg SeuffA 65 Nr. 238 S. 448.

schaftlicher Verpflichtung schließlich begründet eine selbstständige Wechselverbindlichkeit und damit keine Bürgschaft; der Wechselschuldner kann daher dem Wechselgläubiger nicht entgegenhalten, dass die Form des § 766 nicht gewahrt sei (Vor § 765 RdNr. 46).

c) **Gesicherte Forderung.** Die Bezeichnung der Forderung muss schon nach allgemeinen Grundsätzen dem Bestimmbarkeitserfordernis genügen (§ 765 RdNr. 68 ff.). Aus dem Formerfordernis des S. 1 folgt darüber hinaus die Notwendigkeit, dass sich die gesicherte Forderung einschließlich etwaiger Nebenansprüche (§ 765 RdNr. 77) auf irgendeine Weise, wenn auch nur unter Berücksichtigung von außerhalb der Urkunde liegenden Umständen, der Bürgschaftsurkunde entnehmen lässt (RdNr. 6 f.). Daran fehlt es, wenn der für die Bezeichnung der Hauptschuld vorgesehene Raum in der Urkunde freigeblieben ist und sich aus ihr auch im Übrigen keine hinreichenden Anhaltspunkte für die zu sichernde Forderung ergeben.[40] Anders liegt es aber, wenn sich die Bürgschaftserklärung unmittelbar unter einem ausformulierten Hauptschuldverhältnis befindet; damit wird auch ohne Bezeichnung der Hauptforderung zum Ausdruck gebracht, dass für Erfüllungsansprüche aus diesem Vertrag gebürgt wird.[41] Auch **aus der Bezeichnung des Gläubigers oder des Schuldners** können sich Anhaltspunkte für Gegenstand und Umfang der Hauptschuld ergeben.[42] Dies gilt insbesondere für den Fall, dass zwischen Gläubiger und Schuldner *nur ein* Hauptschuldverhältnis existiert und die Bürgschaft in Kenntnis dieses Schuldverhältnisses übernommen wurde.[43] Nur in diesem Fall lassen sich auch der Angabe eines *Höchstbetrags der Bürgenhaftung* Anhaltspunkte entnehmen.[44] Vorbehaltlich des für AGB geltenden Verbots restriktiver Auslegung und des Grundsatzes der „kundenfreundlichen" Auslegung[45] wird sich aber die Übernahme einer Globalbürgschaft für „Verbindlichkeiten" des Schuldners gegenüber einem bestimmten Gläubiger schon mit Rücksicht auf § 767 Abs. 1 S. 3 (§ 765 RdNr. 73) allein auf die bei Abschluss des Bürgschaftsvertrags *bestehenden* Verbindlichkeiten beziehen.[46] Im Übrigen steht es der Formwirksamkeit einer Globalbürgschaft nicht entgegen, dass die Verbindlichkeit, die Anlass für die Verbürgung war, nicht in der Bürgschaftsurkunde selbst bezeichnet wird.[47] Eine allgemein gehaltene *Verweisung* auf AGB oder auf eine sonstige Urkunde bewirkt dagegen nicht die Erstreckung der Bürgschaft auf weitere, in der Bürgschaftsurkunde nicht angedeutete Forderungen.[48] Lassen sich **Zweifel** hinsichtlich der verbürgten Forderung auch im Wege der Auslegung nicht beheben, so gehen diese **zu Lasten des Gläubigers**.[49] Zur Frage, ob sich die Bürgschaft bei Unwirksamkeit des Hauptschuldverhältnisses auf etwaige Rückgewähransprüche des Gläubigers erstreckt, s. § 765 RdNr. 62.

d) **Gläubiger und Schuldner.** Was die Bezeichnung des Gläubigers und Schuldners der verbürgten Schuld betrifft, so können sich im Einzelfall entsprechende Anhaltspunkte aus der **Bezeichnung der Hauptschuld** ergeben.[50] Auch insoweit bewendet es aber bei dem Erfordernis der Andeutung. Lässt sich die Person des Gläubigers nur auf Grund des Umstands ermitteln, dass die Parteien eine Rückbürgschaft (§ 765 RdNr. 122) vereinbaren wollten, so bedarf es deshalb zumindest einer andeutenden Bezugnahme auf die Rückgriffsforderung des Bürgen gegen den Hauptschuldner.[51] An der erforderlichen Bezeichnung der

---

[40] BGH NJW 1993, 1261, 1262.
[41] BGH NJW 1995, 43, 45.
[42] BGH NJW 1993, 724, 725; 1993, 1261, 1262; 1995, 1886, 1887; *Staudinger/Horn* RdNr. 26.
[43] BGH NJW 1995, 1886, 1887.
[44] BGH NJW 1989, 1484, 1485; weitergehend *Tiedtke* WM 1989, 737, 738 f. – S. ferner BGH NJW 1995, 2161: Ist die Höhe der Bürgenhaftung nicht angegeben, obwohl das Formular eine entsprechende Spalte enthält, erstreckt sich die Bürgschaft auf die gesamte gesicherte Forderung.
[45] Dazu § 305 c RdNr. 27 ff.; *Ulmer* in: *Ulmer/Brandner/Hensen* § 305 c RdNr. 90 ff., 97 ff.
[46] AA BGH WM 1984, 924, 925; bestätigt in BGH NJW 1993, 724, 725.
[47] So für den Fall der Wirksamkeit der weiten Zweckerklärung BGH ZIP 1997, 449.
[48] OLG Stuttgart BB 1977, 415 f.; s. RdNr. 8.
[49] BGH NJW 1995, 1886, 1887; 1995, 959.
[50] BGH NJW 1993, 724, 725; LM Nr. 6/7 = NJW 1962, 1102; WM 1978, 1065, 1066; RGZ 62, 379, 383; 76, 195, 200; 145, 229, 232.
[51] So zutr. BGH NJW 1989, 1484, 1485; abl. *Tiedtke* WM 1989, 737, 738 f.

Parteien des Hauptschuldverhältnisses fehlt es auch in dem Fall, dass der Bürge nur erklärt, er verbürge sich für einen Betrag „zur Beschaffung von Waren".[52] Bezieht sich die Bürgschaftserklärung auf alle gegen den Hauptschuldner gerichteten Forderungen, so kann sie die erforderliche Bestimmtheit in der Regel (s. aber RdNr. 12) nur dadurch erlangen, dass der Name des Gläubigers in die Bürgschaftsurkunde aufgenommen wird,[53] sofern sich nicht der jeweilige Gläubiger aus anderen Umständen, etwa der Art der zu sichernden Forderungen, ergibt[54] oder es sich um eine umfassende, *sämtliche* Gläubiger des Hauptschuldners sichernde Globalbürgschaft handelt.[55] Wird die Bürgschaft von einem juristischen Laien „*für*" eine namentlich benannte Person übernommen, so kann es sich bei dieser Person auch um den Gläubiger handeln.[56] Schließlich kann die räumliche Aufteilung der Bürgschaftsurkunde Anhaltspunkte für die Person des Hauptschuldners bzw. Gläubigers liefern.[57]

12 Schon aus § 765 Abs. 2 (dazu § 765 RdNr. 66 f.) folgt, dass es keiner **individuellen Bezeichnung des Gläubigers** bzw. Schuldners bedarf.[58] Dem Formerfordernis ist deshalb genügt, wenn die Bürgschaftsurkunde die Umstände, durch deren Eintritt die gesicherte Forderung entstehen soll, näher bezeichnet und der Bürge zum Ausdruck bringt, dass die Bürgschaftserklärung gegenüber derjenigen Person abgegeben werde, die durch den Eintritt jener Umstände Gläubiger würde.[59] Ebenso zulässig ist die Übernahme der Bürgschaft zugunsten eines künftigen Rechtsnachfolgers des jetzigen Gläubigers[60] sowie zugunsten sämtlicher Mitglieder einer Bauherrengemeinschaft einschließlich der erst noch zu werbenden Bauherren.[61] Ist von den in Betracht kommenden Gläubigern einer bestimmt, während die anderen unbestimmt sind, kann die zugunsten des bestimmten Gläubigers übernommene Bürgschaft entsprechend § 139 wirksam sein.[62]

13 **4. Nebenabreden. a) Grundsatz.** Das Formerfordernis des S. 1 erstreckt sich – wenn auch beschränkt auf die Willenserklärung des Bürgen (RdNr. 5) – auf den **gesamten Inhalt** des Rechtsgeschäfts.[63] Formbedürftig sind deshalb grundsätzlich (s. aber auch RdNr. 14) auch solche Abreden, die den Inhalt der Bürgschaftserklärung ergänzen und abändern. Dabei macht es keinen Unterschied, ob die Abrede bereits bei Abschluss des Bürgschaftsvertrags oder nachträglich durch **Änderungsvertrag** getroffen wird.[64] Formbedürftig sind daher etwa der Verzicht auf die Einrede der Vorausklage (§ 773 Abs. 1 Nr. 1)[65] oder auf eine zunächst vereinbarte Bedingung oder Befristung, die Vereinbarung eines dem Bürgen ungünstigeren Fälligkeitstermins oder Erfüllungsortes, die Erstreckung der Bürgschaft auf weitere Forderungen[66] und die Einschränkung des gesetzlichen Forderungsübergangs gemäß § 774. Die Einwilligung in die Übernahme der Hauptschuld hat nach § 418 Abs. 1 S. 3 zur Folge, dass die Bürgschaft trotz der uU mit dem Schuldnerwechsel verbundenen Erhöhung des Bürgschaftsrisikos fortbesteht, und unterliegt deshalb abweichend von § 182 Abs. 2 der

---

[52] BGH LM Nr. 6/7 = NJW 1962, 1102.
[53] BGH WM 1978, 1065; 2001, 1772, 1774.
[54] Vgl. die Nachweise in Fn. 53.
[55] Vgl. BGH WM 2001, 1772, 1774; zur Frage der Bestimmtheit und AGB-rechtlichen Zulässigkeit einer solchen Bürgschaft s. BGHZ 130, 19, 22 = NJW 1994, 2553; § 765 RdNr. 68 ff., 72 ff.
[56] BGH NJW 1989, 1484 f.
[57] BGH NJW 1995, 43, 45 (Bürgschaftserklärung unmittelbar unter der Annahmeerklärung des dadurch als Hauptschuldner ausgewiesenen Leasingnehmers).
[58] Vgl. nur BGH NJW 1992, 1448, 1449; ferner *Soergel/Pecher* RdNr. 15 f.
[59] RGZ 76, 195, 200 f.; bestätigt in BGH NJW 1992, 1448, 1449.
[60] BGHZ 26, 142, 148 f. = NJW 1958, 217; BGH NJW 1992, 1448, 1449; s. dazu auch § 765 RdNr. 11 f.
[61] BGH NJW 1992, 1448, 1449 f.
[62] BGH NJW 2001, 3327, 3328 = WM 2001, 1772 (unter Abgrenzung zu BGH NJW 1992, 1448); s. ferner RGZ 138, 270, 271 f.
[63] BGH NJW 1968, 2332; BankR-HdB/*Schmitz/Wassermann/Nobbe* § 91 RdNr. 34 f.
[64] BGH ZIP 1997, 536, 538; *Soergel/Pecher* RdNr. 22; *Bamberger/Roth/Rohe* RdNr. 5; PWW/*Brödermann* RdNr. 7. Allg. zur Frage der Formbedürftigkeit von Vertragsänderungen s. § 125 RdNr. 18; ferner BGH LM § 126 Nr. 7.
[65] BGH LM § 773 Nr. 1 = NJW 1968, 2332.
[66] BGHZ 26, 142, 149 f. = NJW 1958, 217.

Schriftform der Bürgschaftserklärung 14–16 § 766

Schriftform des S. 1.[67] Ebenfalls formbedürftig sind Änderungsgeschäfte, die – wie etwa der Austausch der verbürgten Forderung – einer Neuverbürgung gleichstehen.[68]

b) Ausnahmen. Vor dem Hintergrund des Schutzzwecks des S. 1 (RdNr. 1) sind Ab- 14 reden, die die **Haftung des Bürgen** gegenüber dem Inhalt der Bürgschaftsurkunde in Verbindung mit den gesetzlichen Vorschriften **einschränken,** auch ohne Einhaltung der Schriftform gültig.[69] Auch insoweit ist es unerheblich, ob die Abrede bei Abschluss des Bürgschaftsvertrags oder im Nachhinein getroffen wurde.[70] Da § 766 allein dem Schutz des Bürgen zu dienen bestimmt ist (RdNr. 1), bedarf es auch mit Rücksicht auf etwaige Rechtsnachfolger des Gläubigers nicht der Einhaltung der Schriftform.[71] Auch ohne Einhaltung der Schriftform wirksam sind deshalb etwa die Umwandlung einer gewöhnlichen Bürgschaft in eine Ausfallbürgschaft,[72] die Vereinbarung einer Bedingung[73] oder Befristung,[74] die Abrede, dass der Gläubiger sich zunächst an andere greifbare Vermögenswerte halten müsse,[75] ferner die Beschränkung einer Globalbürgschaft auf eine Einzelbürgschaft[76] sowie die Begrenzung der Bürgenhaftung auf einen Höchstbetrag.[77] Auch die Vereinbarung, wonach ein Mitbürge nur nachrangig haften soll, kann zwar formlos getroffen werden; im Hinblick auf § 769 ist sie gegenüber den sonstigen Mitbürgen jedoch nur wirksam, wenn sie vor Begründung der Gesamtschuldnerschaft getroffen wird.[78] Bei unteilbaren Abreden gemischten Inhalts genügt es, dass der haftungsbeschränkende Teil überwiegt.[79] Zur gewillkürten Schriftform s. RdNr. 20.

Da die Bürgschaftsurkunde hinsichtlich der Verpflichtung des Bürgen die Vermutung der 15 Vollständigkeit und Richtigkeit für sich hat,[80] trifft den Bürgen, der sich auf eine ihm günstige Nebenabrede beruft, die **Beweislast** nicht nur dafür, dass die Abrede getroffen ist, sondern auch dafür, dass sie nach dem Willen der Parteien neben und gegebenenfalls auch entgegen dem Inhalt der Urkunde Geltung haben soll, also Teil des Bürgschaftsvertrags ist.[81] Der Bürge braucht aber nicht darzulegen, weshalb die Nebenabrede nicht in die Urkunde aufgenommen worden ist.[82]

III. Schriftform; sonstige Formerfordernisse

1. Äußere Anforderungen. Die äußeren Anforderungen an die Ausgestaltung der Bürg- 16 schaftsurkunde bestimmen sich nach § 126 Abs. 1 (§ 126 RdNr. 6 ff.); die auf den Abschluss

---

[67] So auch OLG Hamm WM 1990, 1152, 1155; § 418 RdNr. 6; RGRK/*Mormann* RdNr. 1; Palandt/*Grüneberg* § 418 RdNr. 1; aA RGZ 70, 411, 415 f.; RG HRR 1935 Nr. 1298; Staudinger/*Horn* RdNr. 11; wohl auch BGHZ 125, 218, 222 ff. = NJW 1994, 1344 (Formfreiheit der Genehmigung eines Grundstückskaufvertrags, dazu noch RdNr. 20).
[68] Staudinger/*Horn* RdNr. 12; aA Erman/*Herrmann* RdNr. 6 unter Hinweis auf RGZ 95, 9.
[69] BGH NJW 1994, 1656, 1657; 1986, 3131, 3132; 1968, 393; WM 1956, 885, 887; OLG Köln NJW-RR 1990, 439, 442; Soergel/*Pecher* RdNr. 22; Bamberger/*Roth*/*Rohe* RdNr. 5; PWW/*Brödermann* RdNr. 6; Palandt/*Sprau* RdNr. 3; BankR-HdB/*Schmitz*/*Wassermann*/*Nobbe* § 91 RdNr. 34; *Tiedtke* ZIP 1995, 521, 525.
[70] BGH NJW 1968, 393; vgl. aber auch *Häsemeyer,* Die gesetzliche Form der Rechtsgeschäfte, 1971, S. 190 f., der nur nachträglich getroffene Abreden vom Formzwang ausnehmen will.
[71] BGH NJW 1992, 1448, 1450; zum davon abw. Schutzzweck des § 550 s. § 550 RdNr. 1 f.
[72] BGH NJW 1986, 3131, 3133; zur Ausfallbürgschaft s. § 765 RdNr. 106 f.
[73] RGZ 81, 414, 417 (Zahlungsunfähigkeit eines Mitbürgen); RG WarnR 1915 Nr. 49 S. 64; zur bedingten Bürgschaft s. § 765 RdNr. 46.
[74] RG WarnR 1917 Nr. 288 S. 452; HRR 1934 Nr. 1446; s. zur Befristung der Bürgschaft § 765 RdNr. 47, ferner Erl. zu § 777.
[75] BGH WM 1955, 375, 376 = BB 1955, 289.
[76] BGH NJW 1994, 1656, 1657; OLG Köln NJW-RR 1990, 439, 442.
[77] RGZ 95, 9, 12; vgl. auch BGH WM 1983, 267, 268 (sub 3).
[78] BGH NJW 1986, 3131, 3132 f.; dazu noch § 769 RdNr. 6, 8.
[79] Vgl. RGZ 96, 133, 135 betr. eine mit einem selbstschuldnerischen Zeitbürgen getroffene Stundungsabrede.
[80] BGH WM 1955, 265, 266; 1980, 773, 774; näher dazu § 125 RdNr. 39 f.
[81] RGZ 65, 46, 49; RG WarnR 1910 Nr. 114 S. 121; JW 1934, 219, 220 f.; WarnR 1935 Nr. 178 S. 362 f.; vgl. ferner RGZ 52, 23, 25 ff.
[82] RG HRR 1935 Nr. 580; vgl. auch RGZ 103, 154, 157.

formbedürftiger Verträge bezogene Vorschrift des § 126 Abs. 2 findet keine Anwendung. Die Schriftform kann nicht durch **elektronische Form** im Sinn des § 126a ersetzt werden. § 766 S. 2 bestimmt vielmehr „ein anderes" iS des § 126 Abs. 3 (RdNr. 1), was freilich insoweit mit Art. 9 Abs. 2 lit. c **E-Commerce-Richtlinie**[83] unvereinbar ist, als die Bürgschaft eines nichtkaufmännischen (und damit dem Anwendungsbereich des § 350 HGB entzogenen, s. RdNr. 3) Unternehmers betroffen ist. Ebenfalls unanwendbar ist die Vorschrift des § 127 Abs. 2, so dass auch unabhängig von dem Erfordernis der „Erteilung" der Bürgschaftserklärung (RdNr. 24 f.) die telegraphische Übermittlung der Willenserklärung die Schriftform selbst dann nicht wahrt, wenn das Aufgabeformular eigenhändig unterschrieben ist.[84] Entsprechendes gilt für sonstige Formen der telekommunikativen Übermittlung, insbesondere für das Telefax (s. noch RdNr. 20, 25). Ersetzt wird die Schriftform aber durch **notarielle Beurkundung** (§ 126 Abs. 4),[85] ferner durch Protokollierung in einem Prozessvergleich (§§ 127a, 126 Abs. 4, §§ 159 ff. ZPO) oder im Rahmen eines Insolvenzverfahrens (§§ 4, 308 Abs. 1 S. 2 InsO), schließlich durch Aufnahme der Erklärung in einen Schiedsspruch mit vereinbartem Wortlaut (§ 1053 Abs. 3 ZPO, § 126 Abs. 4). In jedem Fall bedarf es der Herstellung einer **Urkunde eigens für die abzugebende Erklärung.**[86] Die Schriftform ist daher nicht gewahrt, wenn Gläubiger und Bürge übereinkommen, dass eine noch in den Händen des Gläubigers befindliche Urkunde über eine durch Erfüllung erloschene Bürgschaft für eine neue Bürgschaft entsprechenden Inhalts gelten solle;[87] denn es handelt sich hierbei um den Abschluss eines neuen Bürgschaftsvertrags. Ist aber der Gläubiger im Besitz einer Bürgschaftsurkunde über die künftige, nicht zur Entstehung gelangte Schuld eines namentlich bezeichneten Schuldners, so kann sich der Bürge für einen anderen Schuldner formgerecht dadurch verbürgen, dass mit seiner Ermächtigung der Gläubiger den in der Bürgschaftsurkunde angegebenen Namen durch den des neuen Schuldners ersetzt;[88] die Ermächtigung bedarf allerdings ihrerseits der Schriftform (RdNr. 22).

17 **2. Unterschrift im Besonderen.** Der Hauptschuldner hat die Bürgschaftserklärung gemäß § 126 Abs. 1 zu unterzeichnen.[89] Auch für die Bürgschaftsurkunde gilt, dass die Unterschrift den Urkundentext räumlich abschließen muss.[90] Eine zur Formnichtigkeit der Bürgschaftserklärung führende **„Oberschrift"** liegt aber nicht schon dann vor, wenn sich erst aus dem Text unmittelbar unter der Unterschriftsleiste ergibt, in welcher Eigenschaft – nämlich als Bürge – der Erklärende gehandelt hat.[91] **Nachträge** sind erneut zu unterschreiben;[92] nachträgliche Änderungen oberhalb der Unterschrift werden jedoch von dieser gedeckt, sofern die Unterschrift nach dem Willen des Bürgen für den geänderten Inhalt der Bürgschaftsurkunde Gültigkeit behalten soll.[93]

18 Der Hauptschuldner kann seine Erklärung als Schuldner und diejenige als Bevollmächtigter des Bürgen (§ 765 RdNr. 10) mit einer einzigen Unterschrift zeichnen.[94] Ebenso genügt *eine* Unterschrift, wenn der Vertreter des Hauptschuldners neben der Verpflichtung des Vertretenen eine persönliche Bürgschaftsverpflichtung begründet.[95] In diesen und ähnlichen

---

[83] Richtlinie 2000/31 vom 8. 6. 2000, ABl. EG Nr. L 178 vom 17. 6. 2000 S. 1.
[84] So für das Telegramm BGHZ 24, 297 = NJW 1957, 1275; *Staudinger/Horn* RdNr. 28; *RGRK/Mormann* RdNr. 2.
[85] Vgl. dazu für §§ 780, 781 OLG Koblenz NotBZ 2005, 369: erforderlich ist Zugang der notariellen Niederschrift; abl. *Schippers* DNotZ 2006, 726.
[86] Die Urkunde kann allerdings noch sonstige Erklärungen enthalten, s. RdNr. 9.
[87] RGZ 59, 42; RG WarnR 1910 Nr. 114 S. 121; HRR 1934 Nr. 1015.
[88] BGH LM Nr. 13 = NJW 1968, 1131.
[89] S. statt aller *Soergel/Pecher* RdNr. 23; näher dazu § 126 RdNr. 10 ff.; zur Vertretung und zur Form der Bevollmächtigung s. RdNr. 4, 21.
[90] Zur „Oberschrift" s. BGHZ 113, 48, 51 = NJW 1991, 487; *R. Weber* JuS 1991, 543 ff.; zur „Nebenschrift" s. BGH NJW 1992, 829, 830; näher dazu § 126 RdNr. 10.
[91] BGH NJW 1995, 43, 45 (dazu RdNr. 9).
[92] BGH NJW-RR 1990, 518, 519.
[93] BGH NJW 1994, 2300.
[94] RG WarnR 1927 Nr. 42 S. 65; SeuffA 89 Nr. 46.
[95] RGZ 75, 1 (auch zur Unterzeichnung als Bürge und Rückbürge); RG SeuffA 89 Nr. 46.

Fällen ist dem **Offenkundigkeitsprinzip** des § 164 Abs. 1 S. 2 allerdings nur dann genügt, wenn der Handelnde sein Auftreten für einen anderen hinreichend deutlich macht und sich ein entsprechender Anhaltspunkt in der Urkunde selbst befindet (RdNr. 6f.). Übernimmt etwa der Geschäftsführer des Lieferanten eine Bürgschaft für die Forderungen des Leasinggebers gegen den Leasingnehmer und soll daraus der *Lieferant* verpflichtet werden, so muss der Vertragstext einen Bezug zur Firma des Lieferanten erkennen lassen. Dies gilt auch unter Berücksichtigung der Grundsätze über **unternehmensbezogene Rechtsgeschäfte**; die Beweislast für die Unternehmensbezogenheit der Bürgschaftserklärung trägt derjenige, der die Erklärung abgegeben hat und sie nicht gegen sich gelten lassen will.[96]

3. Sonstige Formerfordernisse. Die Bürgschaft unterliegt grundsätzlich nicht dem für die **Hauptschuld** geltenden Formerfordernis.[97] Soll aber die Bürgschaft einen Grundstückskauf nicht nur ermöglichen, sondern nach dem Willen von Käufer und Verkäufer wesentlicher Bestandteil des Kaufvertrags werden, so sind die Willenserklärungen des Bürgen und Gläubigers mit Rücksicht darauf, dass sich das Formerfordernis auf das *gesamte Rechtsgeschäft* erstreckt (§ 125 RdNr. 32), nach § 311 b Abs. 1 S. 1 beurkundungsbedürftig.[98] In diesem Fall bestimmt sich die Heilung des kaufvertraglichen Mangels nach § 311 b Abs. 1 S. 2. Zum Schutze des Bürgen bewendet es zudem bei Geltung des § 766. Die Bürgschaft für die Forderung aus einem **Verbraucherdarlehensvertrag** oder einer Finanzierungshilfe bedarf zwar nicht der Form der §§ 492, 499, 502 (Vor § 765 RdNr. 8). Zum Schutze des Bürgen sind allerdings die in §§ 492 Abs. 1 S. 5, 502 Abs. 1 genannten Angaben in die Bürgschaftsurkunde aufzunehmen, soweit sie dem Bürgen das Ausmaß der von ihm übernommenen Verpflichtung verdeutlichen.[99] In Anlehnung an die Rechtsprechung zur analogen Anwendung der §§ 491 ff. auf den Schuldbeitritt[100] genügt es insoweit, dass der Bürge Verbraucher ist und er sich für eine Forderung aus einem Darlehensvertrag oder einer Finanzierungshilfe verbürgt; nicht erforderlich ist dagegen, dass die gesicherte Forderung auf einem *Verbrauchervertrag* beruht. Ungeachtet des Umstands, dass allein die Erklärung des Bürgen formbedürftig ist, finden die Vorschriften des **Art. 11 Abs. 1 bis 3 EGBGB** Anwendung; ggf. ist der Bürgschaftsvertrag also auch ohne Einhaltung der Schriftform des S. 1 wirksam.[101] Zur Frage der Formbedürftigkeit der Bürgschaft gemäß **§ 518 Abs. 1 S. 1** s. § 765 RdNr. 5.

Ist der Bürge Kaufmann (RdNr. 3 f.) und haben die Parteien gemäß § 127 Abs. 1 **Schriftform**[102] **vereinbart,**[103] so finden die für die Einhaltung der Form des § 766 S. 1 geltenden strengen Voraussetzungen keine Anwendung. Nach § 127 Abs. 2 S. 1 ist vielmehr auch die telekommunikative Übermittlung der Bürgschaftserklärung möglich, so dass die Bürgenerklärung insbesondere durch Telegramm, Fernschreiben, Telefax oder Telebrief erklärt

---

[96] Näher dazu BGH NJW 1995, 43, 44; krit. zu der Entscheidung *Reinicke/Tiedtke* Bürgschaftsrecht RdNr. 90 ff., die in casu einen hinreichend deutlichen Bezug zur Firma des Lieferanten sehen; s. ferner BGHZ 132, 119, 121 f. = NJW 1996, 1467: trotz des neben der Unterschrift stehenden Firmenstempels kann es sich aus Sicht des Gläubigers bei der Erklärung des Geschäftsführers um eine persönliche Verpflichtungserklärung handeln.

[97] RGZ 134, 243, 245; 140, 216, 218 f.; 130, 336, 340 (zu § 311 b Abs. 1).

[98] BGH WM 1957, 130, 132; LM BNotO § 19 Nr. 1 = NJW 1962, 586; vgl. auch BGH LM § 313 Nr. 3; näher zum Ganzen § 311 b RdNr. 53 ff.

[99] § 491 RdNr. 76; *Ulmer* JZ 2000, 781, 782 f.; *Ulmer/Timmann*, FS Rowedder, 1994, S. 503, 517 f.; *Hommelhoff*, FG BGH, 2000, S. 889, 905; aA de hM, s. BGHZ 138, 321, 327 f. = NJW 1998, 1939 mwN; *Palandt/Sprau* RdNr. 3. – S. dazu noch für den Schuldbeitritt Vor § 765 RdNr. 11, 15, dort auch zum Erfordernis eines Verbraucherdarlehensvertrags bzw. einer Finanzierungshilfe.

[100] BGHZ 133, 71, 74 ff. = NJW 1996, 2156; dazu Vor § 765 RdNr. 11, 15 mwN; s. ferner für § 312 Vor § 765 RdNr. 9.

[101] BGHZ 121, 224, 235 f. = NJW 1993, 1126.

[102] In Betracht kommt auch die Vereinbarung elektronischer Form, s. dazu § 127 Abs. 3.

[103] Vgl. dazu BGH NJW 1986, 1681, 1682: Die Vereinbarung in einem Bauvertrag, dass Sicherheit durch schriftliche Bürgschaftserklärung zu leisten ist, stellt für den am Bauvertrag nicht beteiligten Bürgen keine Vereinbarung iS von § 127 S. 1 dar; näher zur Unterscheidung zwischen deklaratorischen und konstitutiven Schriftformerfordernissen sowie zu den Rechtsfolgen der Nichtbeachtung gewillkürter Schriftform § 125 RdNr. 69; § 154 RdNr. 13 ff.; zu Schriftformklauseln in Formularverträgen s. § 305 b RdNr. 11 ff.

§ 766 21   Abschnitt 8. Titel 20. Bürgschaft

werden kann; darüber hinaus genügt Übergabe einer Abschrift bzw. Kopie.[104] Des Weiteren bedarf es keiner Andeutung des Mindestinhalts der Bürgschaftserklärung in der Urkunde (RdNr. 6 f.). Die schriftliche Bürgschaftserklärung eines Kaufmanns ist deshalb beispielsweise auch dann wirksam, wenn der Inhalt der Hauptschuld sich ausschließlich aus außerhalb der Urkunde liegenden Umständen ergibt.[105] Unterliegt nicht nur die Bürgschaftserklärung, sondern der *Bürgschaftsvertrag* dem Schriftformerfordernis, so kann der Vertragsschluss nach § 127 Abs. 2 S. 1 auch durch Briefwechsel erfolgen. Die Einhaltung der gewillkürten Form ist in diesem Fall nach § 154 Abs. 2 im Zweifel Abschlussvoraussetzung. Zur Möglichkeit und den Voraussetzungen einer *Aufhebung der Formabrede* s. § 125 RdNr. 70.

IV. Dem Bürgschaftsversprechen[106] entsprechende Rechtsgeschäfte

21   **1. Vollmacht und Genehmigung.** Vom Schutzbereich der Vorschrift umfasst ist neben der eigentlichen Bürgschaftserklärung die Übernahme einer Verpflichtung zur Abgabe eines Bürgschaftsversprechens, sei es gegenüber dem Gläubiger oder gegenüber dem Schuldner (RdNr. 2). Formbedürftig sind aber auch alle sonstigen Rechtsgeschäfte, die auf die Begründung eines Bürgschaftsversprechens mit Wirkung gegenüber dem Bürgen hinauslaufen. Aus diesem Grund bedarf zunächst die Erteilung einer *Vollmacht* zur Abgabe eines Bürgschaftsversprechens der Schriftform gemäß S. 1, sofern nicht der Vollmachtgeber Kaufmann und damit gemäß § 350 HGB vom persönlichen Schutzbereich des S. 1 ausgenommen ist (RdNr. 3).[107] Die Vorschrift des § 167 Abs. 2, der zufolge die Vollmacht nicht der für das Vertretergeschäft bestimmten Form bedarf, findet mit Rücksicht auf den *Schutzzweck des S. 1* (RdNr. 1) keine Anwendung. Dies gilt im Grundsatz auch für die widerrufliche Vollmacht.[108] Ein den Formzwang rechtfertigendes Schutzbedürfnis sollte allerdings zu verneinen sein, wenn es sich bei dem Bevollmächtigten um eine **im Lager des Bürgen** stehende Person handelt; formbedürftig ist demnach allein die widerrufliche Vollmacht zugunsten des Gläubigers, des Hauptschuldners oder einer in deren Lager stehenden Person.[109] Der Erteilung der Vollmacht gleich steht die Gestattung des Selbstkontrahierens iS des § 181,[110] ferner die *Genehmigung* des durch einen falsus procurator im Namen des Bürgen abgegebenen Bürgschaftsversprechens gemäß § 177.[111] Letzteres gilt ungeachtet des Umstands, dass der Bürge bei Erteilung der Genehmigung die in seinem Namen abgegebene Willenserklärung vor Augen hat; der mit dem Erfordernis eines Skripturakts verbundene Schutzmechanismus muss ihm in jedem Fall zugute kommen. Auch die Vorschrift des § 182 Abs. 2 bedarf mithin

---

[104] Vgl. dazu OLG Köln WM 1992, 138. Zu den Anforderungen iE s. § 127 RdNr. 9 ff.
[105] BGH NJW 1993, 724, 725; 1967, 823.
[106] Nach der hier vertretenen Ansicht (Vor § 765 RdNr. 15) stehen der Bürgschaft und dem Bürgschaftsversprechen der Schuldbeitritt und die entsprechende Erklärung des Beitretenden gleich.
[107] BGHZ 132, 119, 124 ff. = NJW 1996, 1467 im Anschluss an *Flume* Rechtsgeschäft § 52, 2; *Canaris* AT § 31 II; *Müller-Freienfels*, Die Vertretung beim Rechtsgeschäft, S. 290 f.; 2. Aufl. RdNr. 12 (*Pecher*); s. ferner BGH NJW 2000, 1179, 1180 = ZIP 2000, 451; OLG Düsseldorf ZIP 2003, 1696, 1697 = DNotZ 2004, 313 m. Anm. *Keim*; *Staudinger/Horn* RdNr. 38; *Soergel/Pecher* RdNr. 25 f.; BankR-HdB/*Schmitz/Wassermann/Nobbe* § 91 RdNr. 42; *Erman/Herrmann* RdNr. 2; *Bamberger/Roth/Rohe* RdNr. 8; PWW/*Brödermann* RdNr. 4; *Palandt/Sprau* RdNr. 2; aA noch RG WarnR 1927 Nr. 42 S. 65 = JW 1927, 1363; SeuffA 86 Nr. 197 S. 366; RGZ 76, 99; RGRK/*Mormann* RdNr. 5.
[108] BGHZ 132, 119, 124 ff. = NJW 1996, 1467 unter Auseinandersetzung mit der Rspr. zu § 311b Abs. 1 S. 1 (BGH NJW 1952, 1210, 1211; 1979, 2306), wonach dieses Formgebot nur bei unwiderruflicher Vollmacht Anwendung findet; s. ferner die Nachweise zu Rspr. und Schrifttum in Fn. 107; krit. *Keim* NJW 1996, 2774, 2775.
[109] So zu Recht *Keim* NJW 1996, 2774, 2775; ihm zust. auch *Soergel/Pecher* RdNr. 25 f. (unter Fehldeutung der hier vertretenen Ansicht); s. ferner *Rösler* NJW 1999, 1150, 1152.
[110] *Palandt/Sprau* RdNr. 2.
[111] AA – für Geltung des § 182 Abs. 2 – RG WarnR 1927 Nr. 42; HRR 1934 Nr. 1015; LG Hamburg WM 1977, 349; § 182 RdNr. 13 ff.; für Geltung des § 766 S. 1 dagegen *Soergel/Pecher* RdNr. 28 f.; *Erman/Herrmann* RdNr. 2; PWW/*Brödermann* RdNr. 5; *Flume* Rechtsgeschäft § 54, 6 b; *Medicus* AT RdNr. 1017. Für Unanwendbarkeit des § 311b Abs. 1 S. 1 auf die Genehmigung eines Grundstückskaufvertrags auch in den Fällen, in denen die Vollmacht formbedürftig wäre (s. Fn. 108), aber BGHZ 125, 218 = NJW 1994, 1344 m. umf. Nachw.; s. dazu auch § 182 RdNr. 16 f.

einer entsprechenden teleologischen Reduktion. Was den **Inhalt der Vollmachtsurkunde** bzw. der Genehmigungserklärung betrifft, so gelten die Ausführungen in RdNr. 8 ff. betreffend den Mindestinhalt der Bürgschaftsurkunde entsprechend.[112] Auch für Vollmacht und Genehmigung gilt, dass die Schriftform insbesondere durch **notarielle Beurkundung** ersetzt wird (RdNr. 16); in diesem Fall bedarf die Vollmacht, wie auch § 492 Abs. 4 S. 2 zum Ausdruck bringt, nicht des Mindestinhalts einer Bürgschaftsurkunde, so dass insbesondere auch eine Generalvollmacht zur Übernahme von Bürgschaftsverpflichtungen berechtigt.[113] Zur Einwilligung gemäß § 418 Abs. 1 S. 3 s. § 765 RdNr. 50.

2. Blankettbürgschaft. Von der Bevollmächtigung und der Begründung von Botenmacht zu unterscheiden ist die – in Art. 10 WG vorausgesetzte – Ermächtigung des Gläubigers oder einer anderen Person zur Ergänzung einer vom Erklärenden bereits unterzeichneten Blanketturkunde.[114] Sie kann zwar auch vom Bürgen im Zusammenhang mit dem Abschluss des Bürgschaftsvertrags erteilt werden, bedarf jedoch aus den in RdNr. 21 genannten Gründen grundsätzlich (zu Ausnahmen s. RdNr. 3, 14, 21) der Form des S. 1.[115] Damit der durch die Unterschrift gedeckte Text als Erklärung des Bürgen gelten soll,[116] hat dieser in der **Ermächtigungsurkunde** neben dem in RdNr. 8 ff. genannten und in der Bürgschaftsurkunde noch nicht ersichtlichen Mindestinhalt einer jeden Bürgschaftsurkunde alle von der Ermächtigung gedeckten Nebenabreden anzugeben. Eine ohne entsprechende Ermächtigung komplettierte Bürgschaftsurkunde begründet keine Verpflichtung des Bürgen,[117] und zwar auch dann nicht, wenn sie vom Bürgen widerspruchslos entgegengenommen wird.[118] Vervollständigt dagegen der *Bürge* die Blanketturkunde, nachdem sie ihm vom Gläubiger zurückgegeben worden ist, so liegt in der erneuten Aushändigung der nunmehr vollständigen Urkunde an den Gläubiger die Erteilung einer neuen (formwirksamen) Bürgschaft.[119] Zur Beweislast s. RdNr. 27.

Ist die Ermächtigung formgerecht erteilt, so trägt der Bürge das Risiko eines **Blankettmissbrauchs;** entsprechend § 172 Abs. 2 muss er einem gutgläubigen Dritten gegenüber den durch Ausfüllen des Blanketts geschaffenen Inhalt als seine Erklärung gegen sich gelten lassen.[120]

---

[112] So wohl auch BGHZ 132, 119, 125, 128 = NJW 1996, 1467; BGH NJW 2000, 1179, 1180 = ZIP 2000, 451; *Soergel/Pecher* RdNr. 27; *Erman/Herrmann* RdNr. 2, 6; krit. *Keim* NJW 1996, 2774, 2775; *ders.* DNotZ 2004, 313, 315 f. Anders für die zum Abschluss eines Verbraucherdarlehensvertrags berechtigende Vollmacht (Entbehrlichkeit der Mindestangaben des § 492 Abs. 1 S. 5) – noch BGH ZIP 2001, 911, 913; 2001, 1669, 1671; s. dazu jetzt aber § 492 Abs. 4 S. 1.

[113] AA OLG Düsseldorf ZIP 2003, 1696, 1697 f. = DNotZ 2004, 313 m. zu Recht abl. Anm. *Keim;* zur entsprechenden Rechtslage nach § 492 Abs. 4 S. 2 s. § 492 RdNr. 100.

[114] Vgl. RGZ 57, 66; 105, 183, 185; 138, 265, 269; BGHZ 40, 297, 304; näher zur Rechtsnatur *Flume* Rechtsgeschäft § 15 II 1; eingehend *Binder* AcP 207 (2007), 155, 159 ff., dem zufolge ein Formerfordernis mit Warnfunktion nicht eingehalten ist, wenn die Unterzeichnung in Kenntnis des bereits geschriebenen Textes geleistet wird. Zur Abgrenzung s. BGH ZIP 1997, 1058 f.: Kein Blankett, wenn Bürge vollständige Urkunde unterschreibt, ohne von deren Inhalt Kenntnis zu haben.

[115] Überzeugend und in Auseinandersetzung mit der gegenteiligen älteren Rspr. sowie mit der Frage der Verfassungsmäßigkeit der rückwirkenden Geltung der neuen Rspr. BGHZ 132, 119, 122 ff. = NJW 1996, 1467; so auch BGH NJW 1997, 1779, 1780; NJW 2000, 1179, 1180 = ZIP 2000, 451, 452; ZIP 2003, 1596, 1597; BankR-HdB/*Schmitz/Wassermann/Nobbe* § 91 RdNr. 43; *Staudinger/Horn* RdNr. 45; *Erman/Herrmann* RdNr. 6; *Palandt/Sprau* RdNr. 2; AnwK-BGB/*Beckmann* RdNr. 11; PWW/*Brödermann* RdNr. 4; *Bamberger/Roth/Rohe* RdNr. 8; *Bülow* ZIP 1996, 1694; *Hadding* EWiR 1996, 785; im Grundsatz auch *Soergel/Pecher* RdNr. 30 f.; krit. einerseits *Keim* NJW 1996, 2774 f., andererseits *Binder* AcP 207 (2007), 155, 177 ff. S. ferner BGH ZIP 2005, 1179, 1180 = NJW-RR 2005, 1141 und § 492 RdNr. 17 zur entsprechenden Rechtslage beim Verbraucherdarlehensvertrag; ferner BGHZ 140, 167, 171 betreffend den Lebensversicherungsantrag.

[116] Dazu *Larenz/Wolf* AT § 48 RdNr. 34 f.; ferner § 126 RdNr. 11, § 172 RdNr. 14.

[117] BGHZ 132, 119, 122 ff., 128 = NJW 1996, 1467; *Palandt/Sprau* RdNr. 4; *G. Fischer* JuS 1998, 205, 208; aA – für entsprechende Anwendung des § 177 Abs. 1 – *Keim* NJW 1996, 2774, 2775 f.; die Möglichkeit der Genehmigung ausdrücklich offen lassend BGH ZIP 2000, 451, 453.

[118] OLG Köln ZIP 1998, 150.

[119] BGH ZIP 2000, 451, 452.

[120] BGHZ 40, 65 = NJW 1963, 1971; BGHZ 113, 48, 53 = NJW 1991, 487; *Larenz/Wolf* AT § 48 RdNr. 37; *Flume* Rechtsgeschäft § 23 II c; aA – für Anfechtung gemäß §§ 119 Abs. 1, 122 – die früher hM,

Fehlt es dagegen an einer formwirksamen Ermächtigung, so ist die Bürgschaftserklärung auch dann unwirksam, wenn der Ermächtigte sich an die ihm mündlich erteilte Befugnis hält und damit kein Fall des Blankettmissbrauchs vorliegt.[121] Auch in diesem Fall haftet der Bürge jedoch entsprechend § 172 Abs. 2 einem gutgläubigen Dritten gegenüber unabhängig vom Vorliegen einer Überschreitung der Ausfüllungsermächtigung.[122] Missbraucht der formgerecht zur Ausfüllung ermächtigte **Gläubiger** seine Befugnis und setzt er eine höhere als die ihm zugestandene Haftungssumme in die Urkunde ein, erlangt er gegen den Bürgen einen Anspruch in der zugestandenen Höhe.[123] Das Formerfordernis des S. 1 steht dem schon deshalb nicht entgegen, weil es im Zusammenhang mit der Erteilung der Ermächtigung beachtet wurde. Entsprechendes gilt erst recht für den Fall, dass der Gläubiger versehentlich einen höheren Betrag einsetzt. Die Verpflichtung des Gläubigers zum Ersatz eines dem Bürgen entstehenden Schadens bleibt davon allerdings unberührt.

V. Erteilung und Annahme der Bürgschaftserklärung

1. Erteilung. Zur Wahrung der Schriftform des S. 1 genügt nicht die Unterzeichnung der Bürgschaftsurkunde durch den Bürgen. In Übereinstimmung mit §§ 780 S. 1, 781 S. 1 muss vielmehr hinzukommen, dass der Bürge die in der Bürgschaftsurkunde verkörperte Willenserklärung dem Gläubiger erteilt. Das Erfordernis der Erteilung der Bürgschaftserklärung ist von dem allgemeinen Erfordernis des Zugangs iS von § 130 zu unterscheiden, wenn auch beide zumeist uno actu erfüllt werden.[124] Wie der Zugang ist zwar auch die Erteilung *Wirksamkeitsvoraussetzung* der Bürgschaftserklärung. Bei fehlender Erteilung ist die Bürgschaftserklärung allerdings *wegen Formmangels* nichtig gemäß § 125 S. 1 (RdNr. 27); außerdem ist S. 1 zwingendes Recht, während die Voraussetzungen des Zugangs formbedürftiger Willenserklärungen einer Vereinbarung zugänglich sind.[125] Für den Widerruf der Bürgschaftserklärung gemäß § 130 Abs. 1 S. 2 kommt es allerdings auf den Zeitpunkt des Zugangs an.[126] Der Begriff des Erteilens verlangt eine **Entäußerung gegenüber dem Gläubiger**[127] in der Weise, dass die schriftliche Erklärung (RdNr. 25) diesem selbst oder einem Empfangsvertreter oder -boten[128] – sei es auch nur vorübergehend[129] – zur Verfügung gestellt wird. Das geschieht in der Regel durch Übergabe der Urkunde. Übergibt der Bürge die Bürgschaftsurkunde dem Hauptschuldner oder einem sonstigen Dritten, damit dieser sie dem Gläubiger aushändige, so ist die Erklärung erst mit der Übergabe an den Gläubiger erteilt.[130] Hat der Bürge die Übernahme der Bürgschaft von einer in der Bürgschaftsurkunde nicht wiedergegebenen (s. RdNr. 14) Bedingung abhängig gemacht, so finden die Grundsätze über den Blankettmissbrauch (RdNr. 23) Anwendung, wenn der Dritte die Urkunde dem Gläubiger übergibt, ohne ihm die Bedingung mitzuteilen.[131] Ist der Bürgschaftsvertrag

---

s. RGZ 105, 183, 185; *v. Tuhr* II S. 415, 571 f.; *Staudinger/Brändl* (11. Aufl.) RdNr. 8; gegen § 172 Abs. 2 auch *Chelidonis*, Haftungsgrundlagen bei hinweiswidrig ausgefüllten Blankobürgschaften, 1998, S. 56 ff.
[121] So auch *Binder* AcP 207 (2007), 155, 188 ff.; für schwebende Unwirksamkeit gemäß § 177 Abs. 1 dagegen *Keim* NJW 1996, 2774, 2776; ihm folgend *Staudinger/Horn* RdNr. 45.
[122] Zutr. BGHZ 132, 119, 126 f. = NJW 1996, 1467; *Staudinger/Horn* RdNr. 46; *Erman/Herrmann* RdNr. 6; aA *Bülow* ZIP 1996, 1694, 1695 f.; *Binder* AcP 207 (2007), 155, 191 ff.; *Keim* NJW 1996, 2774, 2775 f.
[123] *Reinicke/Tiedtke* JZ 1984, 550; *dies.* Bürgschaftsrecht RdNr. 110 ff. (115 f.); *Erman/Herrmann* RdNr. 6; aA die hM, freilich auf der Grundlage einer formlos wirksamen Bürgschaftserklärung, s. BGH LM Nr. 18 = NJW 1984, 798. Zur entsprechenden Rechtslage bei Anfechtung der Bürgschaftserklärung s. § 119 RdNr. 129 f.
[124] Zu den Voraussetzungen des Zugangs formbedürftiger Willenserklärungen s. BGHZ 130, 71 = NJW 1995, 2217; § 130 RdNr. 33.
[125] BGHZ 130, 71, 75 = NJW 1995, 2217.
[126] RG LZ 1933, 1335, 1336; OLG Düsseldorf WM 1969, 798, 799.
[127] Im Fall eines Vertrags zugunsten Dritter (§ 765 RdNr. 11): gegenüber dem Versprechensempfänger oder dem Dritten (Gläubiger).
[128] *Reinicke/Tiedtke* Bürgschaftsrecht RdNr. 85; s. ferner BGH NJW 1993, 1126; WM 1978, 1065.
[129] BGH WM 1976, 422, 423; 1978, 266, 267; RGZ 126, 121.
[130] BGH WM 1957, 883 = NJW 1957, 1275; WM 1978, 1065, 1066; RGZ 57, 66 f.
[131] RGZ 143, 100, 105; anders aber RG HRR 1933 Nr. 1006 = BankA 1932/33, 370.

formgerecht zustande gekommen, so hängt sein Fortbestand nicht davon ab, dass die dem Gläubiger übergebene Bürgschaftsurkunde bei diesem verbleibt.[132] In der Rückgabe der Urkunde an den Bürgen kann allerdings ein Angebot auf Abschluss eines Erlassvertrags liegen (§ 765 RdNr. 59).

Die schriftliche Erklärung als solche, dh. die **Bürgschaftsurkunde,** ist dem Gläubiger 25 zumindest vorübergehend (RdNr. 24) zur Verfügung zu stellen. In der Übermittlung eines **Telegramms** kann deshalb auch dann keine Erteilung iS von S. 1 gesehen werden, wenn der Bürge das Aufgabeformular eigenhändig unterschreibt.[133] Entsprechendes gilt für die Übermittlung der Bürgschaftserklärung per **Telefax;** auch sie ist der Erteilung einer schriftlichen Bürgschaftserklärung nicht gleichzustellen.[134] Der Zugang einer **Abschrift** oder Kopie ist auch dann nicht als Erteilung der Bürgschaftsurkunde anzusehen, wenn dem Bürgen das Original entzogen bleibt; erforderlich ist vielmehr eine Entäußerung der Urschrift zugunsten des Gläubigers.[135] Bei notarieller Beurkundung der Bürgschaftserklärung (RdNr. 16) tritt gemäß §§ 45, 47 BeurkG die *Ausfertigung* an die Stelle der Urschrift;[136] in der Weisung des Bürgen an den Notar, dem Gläubiger eine Ausfertigung auszuhändigen, kann bereits die Erteilung der Bürgschaftserklärung liegen.[137]

2. Annahme. Der Bürgschaftsvertrag kommt erst zustande, wenn der Gläubiger die 26 Bürgschaftserklärung annimmt.[138] Erst zu diesem Zeitpunkt ist die Bürgschaft *übernommen* iS von §§ 767 Abs. 1 S. 3, 773 Abs. 1 Nr. 2.[139] Die Annahmeerklärung bedarf nicht der Form des S. 1 (RdNr. 5) und kann auch stillschweigend, etwa durch Entgegennahme der Bürgschaftsurkunde, erfolgen;[140] unter den Voraussetzungen des § 151 ist der Zugang der Annahmeerklärung entbehrlich (§ 765 RdNr. 9).

VI. Rechtsfolgen eines Formmangels

1. Nichtigkeit. Vorbehaltlich der Möglichkeit der Heilung nach S. 3 (RdNr. 28 f.) ist 27 eine Bürgschaftserklärung, die der durch S. 1 vorgeschriebenen Form ermangelt, nach § 125 S. 1 nichtig. Die Einhaltung der Form gehört zu den *Anspruchsvoraussetzungen;* die Darlegungs- und **Beweislast** liegt deshalb bei demjenigen, der aus der Bürgschaft Rechte herleitet, im Regelfall also beim Gläubiger (§ 125 RdNr. 35). Dabei kommen ihm zwar grundsätzlich §§ 416, 440 Abs. 2 ZPO zugute.[141] Ist allerdings unstreitig, dass die Bürgschaftsurkunde nach erfolgter Blankounterschrift ergänzt worden ist, fehlt es an dem in § 440 Abs. 2 ZPO vorausgesetzten Rechtsschein; in diesem Fall obliegt es deshalb dem

---

[132] BGH LM Nr. 16; WM 1978, 266, 267; RG SeuffA 80 Nr. 82; 86 Nr. 197; OLG München WM 1983, 715, 716.
[133] BGHZ 24, 297, 302 = NJW 1957, 1275; RGRK/*Mormann* RdNr. 2.
[134] BGHZ 121, 224, 228 ff. = NJW 1993, 1126; BGHZ 132, 119, 127 = NJW 1996, 1467; BGH ZIP 1997, 536, 538; OLG Frankfurt NJW 1991, 2154; OLG Düsseldorf NJW-RR 1995, 93; OLGR 1995, 165; BankR-HdB/*Schmitz/Wassermann/Nobbe* § 91 RdNr. 40; *Schürmann* NJW 1992, 3005, 3006; *Vollkommer/ Gleußner* JZ 1993, 1007; zweifelnd *Staudinger/Horn* RdNr. 33; krit. *Flessner* JZ 2002, 14, 18 ff.; *Weick,* FS Kümpel, 2005, S. 569, 574 ff.
[135] BGHZ 121, 224, 231 ff. = NJW 1993, 1126; *Soergel/Pecher* RdNr. 36, dort auch zur Formwirksamkeit bei eigenhändig unterschriebener Zweitschrift; aA noch BGH NJW 1968, 1131, 1132 (obiter); OLG Köln NJW-RR 1992, 555, 556; *Staudinger/Horn* RdNr. 33; ferner RGZ 126, 121, 123, wo zunächst die Urschrift vorübergehend übergeben und sodann eine Abschrift ausgehändigt wurde, ferner BGH LM Nr. 1 = WM 1957, 130 (dazu sogleich im Text).
[136] Näher dazu sowie zur Rechtslage bei notarieller Beurkundung des Bürgschaftsvertrags (also nicht nur der Erklärung des Bürgen) *Vollkommer/Gleußner* JZ 1993, 1007, 1009.
[137] BGH LM Nr. 1 = WM 1957, 130 ff.; wohl bestätigt durch BGHZ 121, 224, 231 ff. = NJW 1993, 1126; dazu *Vollkommer/Gleußner* JZ 1993, 1007, 1009.
[138] AllgM, s. BGH WM 1978, 266, 267.
[139] BGH WM 1978, 266, 267.
[140] BGH NJW 1997, 2233; WM 1978, 1065, 1066.
[141] Zur Geltung des § 440 Abs. 2 ZPO auch bei Blankounterschrift sowie bei behauptetem Blankettmissbrauch, s. BGHZ 104, 172, 176; BGH NJW 1986, 3086, 3087; ZIP 2000, 451, 453; OLG Köln ZIP 1998, 150.

Gläubiger, das Vorliegen einer formwirksamen Bürgschaft zu beweisen.[142] Im Übrigen ist die Formnichtigkeit unabhängig davon zu beachten, ob sich eine der Parteien auf den Formmangel beruft.[143] Die Formnichtigkeit berührt zwar nicht den Bürgschaftsauftrag; doch ist dieser nach zutreffender Ansicht seinerseits formbedürftig (RdNr. 2, § 765 RdNr. 7). Bei Teilunwirksamkeit findet § 139, im Fall von AGB § 306 Anwendung.[144]

28 **2. Heilung (S. 3).** Der Formmangel wird gemäß S. 2 mit Wirkung ex nunc[145] geheilt, soweit der Bürge oder ein Dritter die Bürgschaftsschuld[146] gemäß §§ 267, 362 ff. (RdNr. 29) erfüllt. Mit der **freiwilligen Erfüllung** erübrigt sich der Warnzweck des Schriftformerfordernisses.[147] Das Gesetz stellt nicht darauf ab, dass der Bürge die Formnichtigkeit seiner Erklärung kennt; die Heilung erfolgt deshalb auch dann, wenn der Bürge im Glauben an deren Verbindlichkeit leistet.[148] Die Heilung ist kein Sonderfall der Bestätigung.[149] Sie erfordert weder die formgerechte Neuvornahme des Rechtsgeschäfts noch einen Bestätigungswillen. Sie erstreckt sich auch nur auf den Formmangel, nicht dagegen auf sonstige Unwirksamkeitsgründe. Durch Beitreibung im Wege der Zwangsvollstreckung kann die Heilung nicht bewirkt werden, zumal der Gläubiger im Hinblick auf die Nichtigkeit des Bürgschaftsversprechens idR ohnehin keinen Titel erlangt.

29 Durch **Teilleistungen** wird der Formmangel nur insoweit geheilt, wie die Befriedigung des Gläubigers reicht.[150] Die Heilung kann durch Erfüllung iS von §§ 267, 362, aber auch durch **Erfüllungssurrogate** bewirkt werden,[151] darunter auch durch Hinterlegung unter Verzicht auf Rücknahme gemäß §§ 372, 378.[152] Nicht ausreichend ist die Bestellung von Sicherungsrechten für die Bürgschaftsschuld,[153] die Schuldumwandlung in ein Darlehen, auch wenn dies an Erfüllungs Statt geschieht,[154] ferner eine Leistung erfüllungshalber, insbesondere ein entsprechendes Schuldversprechen oder -anerkenntnis gemäß §§ 780 ff.[155] Soweit die Heilungswirkung reicht, können die Beteiligten die formunwirksam verbürgte Forderung noch im Zeitpunkt der Leistung des Bürgen gegen eine andere Forderung austauschen; auch damit werden die Voraussetzungen für einen Forderungsübergang nach § 774 Abs. 1 S. 1 geschaffen.[156]

30 **3. Formnichtigkeit und unzulässige Rechtsausübung.** Auch im Fall eines formnichtigen Bürgschaftsversprechens verstößt die Berufung auf § 125 S. 1 nur unter besonderen Umständen gegen Treu und Glauben.[157] Nach nunmehr ständiger und zutreffender Rspr. des BGH ist die Erfüllungsverweigerung allenfalls dann als unzulässige Rechtsausübung anzusehen, wenn der Bürge den Gläubiger über die Formbedürftigkeit getäuscht hat[158] oder wenn er aus dem als gültig behandelten Geschäft **erhebliche und irreversible Vorteile** gezogen hat. Letzteres setzt eine enge wirtschaftliche Verknüpfung des Bürgen mit dem Hauptschuldner voraus, infolge derer der Bürge an den Vorteilen des Hauptschuld-

---

[142] BGH ZIP 2000, 451, 453.
[143] Dazu BGH LM § 125 Nr. 29.
[144] Zur Anwendbarkeit des § 306 bei Formnichtigkeit einzelner Klauseln s. BGH NJW 1992, 896, 897 f.; zu salvatorischen Klauseln s. BGH ZIP 1997, 536, 538 f. = WM 1997, 625.
[145] PWW/*Brödermann* RdNr. 19; s. dazu auch § 125 RdNr. 51.
[146] Entgegen dem Wortlaut des § 766 S. 3 kommt es also nicht auf die Erfüllung der Hauptverbindlichkeit durch den Bürgen an, s. § 774 RdNr. 2, 3 f.
[147] Zur Dogmatik der Heilung von Formmängeln s. § 125 RdNr. 47 ff.; *Häsemeyer* (Fn. 70) S. 88 f., 240 ff.
[148] *Häsemeyer* (Fn. 70) S. 104.
[149] Näher zur Abgrenzung s. § 141 RdNr. 6.
[150] RGZ 76, 195, 198; BGH WM 1958, 1275, 1276 aE.
[151] RG HRR 1933 Nr. 1003.
[152] BGH LM Nr. 8 = WM 1966, 139 (sub III.); zur Hinterlegungsklausel s. auch § 765 RdNr. 81.
[153] BGH LM Nr. 8 = WM 1966, 139 (sub IV.).
[154] RG WarnR 1908 Nr. 506 S. 400; BGH WM 1962, 906, 908.
[155] RG WarnR 1908 Nr. 506 S. 400.
[156] BGH WM 1964, 849, 851.
[157] Allg. dazu § 125 RdNr. 56 ff., 63 ff.; s. ferner die Nachweise in den nachfolgenden Fn.
[158] Fahrlässigkeit genügt nicht, vgl. BGH WM 1957, 883, 885 unter III. (insoweit nicht in BGHZ 24, 297 und NJW 1957, 1275).

verhältnisses partizipiert. So hat bereits das RG die Formnichtigkeit einer Bürgschaft wegen Verstoßes gegen kommunalrechtliche Vorschriften als unbeachtlich angesehen, weil die Kommune, die sich für ein dem kommunalen Verkehrsbetrieb gewährtes Darlehen verbürgt hatte, jahrelang Vorteile aus dem Darlehen gezogen hatte.[159] Gleichen Erwägungen ist der BGH für die **Bürgschaft eines Gesellschafters** gefolgt, der aus dem der Gesellschaft gewährten und von ihm verbürgten Kredit mittelbar, nämlich über seine Mitgliedschaft, Vorteile gezogen hat.[160] Voraussetzung ist jedoch stets, dass der Gläubiger den Kredit in dem auf ein entsprechendes Verhalten des Bürgen zurückgehenden **Vertrauen auf die Wirksamkeit** der Bürgschaftserklärung gewährt hat; das allgemeine Vertrauen auf die Wirksamkeit einer im Zusammenhang mit der Kreditgewährung gestellten Sicherheit genügt nicht.[161] Mit Blick auf den Schutzzweck des § 766 S. 1 (RdNr. 1) ist schließlich auch dem *Gläubiger*, der dem Bürgen für die Übernahme der Bürgschaft eine Gegenleistung versprochen hat, die Berufung auf die Nichtigkeit gegenüber dem vertragstreuen Bürgen regelmäßig versagt.[162]

§ 767 Umfang der Bürgschaftsschuld

(1) ¹Für die Verpflichtung des Bürgen ist der jeweilige Bestand der Hauptverbindlichkeit maßgebend. ²Dies gilt insbesondere auch, wenn die Hauptverbindlichkeit durch Verschulden oder Verzug des Hauptschuldners geändert wird. ³Durch ein Rechtsgeschäft, das der Hauptschuldner nach der Übernahme der Bürgschaft vornimmt, wird die Verpflichtung des Bürgen nicht erweitert.

(2) Der Bürge haftet für die dem Gläubiger von dem Hauptschuldner zu ersetzenden Kosten der Kündigung und der Rechtsverfolgung.

Übersicht

	RdNr.		RdNr.
I. Einführung	1, 2	1. Sekundäransprüche (Abs. 1 S. 2)	7
1. Inhalt und Zweck der Norm	1	2. Kosten (Abs. 2)	8, 9
2. Abweichende Vereinbarungen	2	a) Allgemeines	8
II. Abhängigkeit der Bürgschaft vom Bestand der Hauptforderung	3–6	b) Einzelheiten	9
		3. Rechtsgeschäftliche Erweiterungen (Abs. 1 S. 3)	10–17
1. Erlöschen der Hauptforderung (Abs. 1 S. 1)	3–5	a) Grundsatz und Abgrenzung	10
		b) Rechtsfolgen	11
2. Ausnahmen	6	c) Einzelfälle	12–16
III. Erweiterungen der Hauptschuld	7–17	d) Vorgängige Vereinbarungen	17

I. Einführung

1. Inhalt und Zweck der Norm. Die Vorschrift enthält den **Grundsatz der dauernden Akzessorietät** der Bürgschaftsverpflichtung.[1] Während bereits § 765 Abs. 1 die *Entstehung* der Bürgschaft vom Vorliegen einer zu sichernden Forderung abhängig macht[2] und 1

---

[159] RG JW 1938, 1023 = HRR 1938 Nr. 503 = ZAkDR 1938, 853.
[160] BGHZ 26, 142, 151 f. = NJW 1958, 217; BGHZ 121, 224, 233 f. = NJW 1993, 1126; BGH NJW-RR 1987, 42, 43 = WM 1986, 939; NJW 1996, 1467, 1469 (insoweit nur unvollständig in BGHZ 132, 119, 128 f.); BGH ZIP 1997, 536, 539, dort auch zum Sonderfall der Unwirksamkeit einer einzelnen abtrennbaren, ausschließlich den Gläubiger begünstigenden Änderungsvereinbarung; s. ferner OLG Düsseldorf OLGR 1995, 165.
[161] Vgl. insbes. BGH NJW 1996, 1467, 1469 (insoweit nur unvollständig in BGHZ 132, 119, 128 f.); BGHZ 121, 224, 234 = NJW 1993, 1126.
[162] So zu Recht § 125 RdNr. 64; im Ergebnis auch BGH WM 1966, 1021, 1022, freilich unter Hinweis darauf, dass die (formunwirksam begründete) Bürgschuld in casu überwiegend bereits erfüllt gewesen sei.
[1] Dazu § 765 RdNr. 61 mN; ferner *Soergel/Häuser* RdNr. 1.
[2] Dazu iE § 765 RdNr. 61 ff.; zur Akzessorietät hinsichtlich der Zuständigkeit s. § 765 RdNr. 52.

§ 767 2 §§ 768, 770 die Akzessorietät der Bürgschaft hinsichtlich der *Durchsetzung* der Forderung regeln und ergänzen,[3] bestimmt nach Abs. 1 S. 1 der Umfang der Hauptschuld den **Umfang der Bürgschaftsschuld.** Nach Abs. 1 S. 2 und 3, Abs. 2 gilt dies auch für Erweiterungen der Hauptschuld, soweit diese nicht auf nachträglichen rechtsgeschäftlichen Vereinbarungen zwischen Gläubiger und Schuldner beruhen. Der Zweck der Vorschrift besteht zum einen in der Präzisierung und Begrenzung des Bürgschaftsrisikos; insoweit kommt vor allem dem in Abs. 1 S. 3 verankerten **Verbot der Fremddisposition** herausragende Bedeutung zu (RdNr. 10; § 765 RdNr. 73 f.). Zugleich trägt die Vorschrift aber auch dem Sicherungszweck der Bürgschaft dadurch Rechnung, dass *Erweiterungen* der Hauptschuld, soweit sie auf Zahlungsunfähigkeit bzw. -unwilligkeit des Hauptschuldners zurückzuführen sind, zu Lasten des Bürgen gehen. In § 767 nicht geregelt sind dagegen auf dem fortbestehenden Sicherungszweck der Bürgschaft basierende Einschränkungen des Abs. 1 S. 1, denen zufolge die Bürgschaftsverpflichtung ungeachtet des *Wegfalls oder der Herabsetzung* der Hauptschuld vollumfänglich bestehen bleibt (RdNr. 6). Gleichfalls nicht geregelt sind die Folgen einer **Pflichtverletzung des Bürgen,** darunter insbes. die Folgen verspäteter Leistung; sie bestimmen sich nach allg. Grundsätzen (§ 765 RdNr. 79 ff., 102; Vor § 765 RdNr. 27).

2 **2. Abweichende Vereinbarungen.** Die Vorschrift des § 767 ist insofern zwingender Natur, als Abreden, die die Akzessorietät hinsichtlich des Umfangs gänzlich aufheben oder zu Lasten des „Bürgen" wesentlich einschränken, die Rechtsnatur des Vertragsverhältnisses verändern und die Bürgschaft in einen **Garantievertrag** (Vor § 765 RdNr. 13 ff.) verwandeln können.[4] Wird die Akzessorietät nur hinsichtlich eines bestimmten Erlöschenstatbestands aufgehoben, so kommt auch die Verbindung der Bürgschaft mit einem Garantievertrag oder einem selbstständigen Schuldversprechen in Betracht (Vor § 765 RdNr. 44). Ist allerdings der Wille der Parteien auf Abschluss eines Bürgschaftsvertrags gerichtet, so sind zu Lasten des Bürgen gehende Abweichungen von § 767, soweit sie in AGB enthalten sind, grundsätzlich nach § 307 Abs. 2 Nr. 1 unwirksam.[5] Eine Ausnahme wird man nur insoweit anzuerkennen haben, als es um die Erstreckung von Stundungsvereinbarungen und sonstigen die Zahlungsmodalitäten betreffenden und die sofortige Erfüllbarkeit durch den Bürgen nicht ausschließenden Vereinbarungen auf die Bürgenverpflichtung geht (RdNr. 12 ff.).[6] Im Grundsatz unwirksam ist darüber hinaus die formularmäßige Erstreckung der Bürgenhaftung über den den **Anlass** für die Verbürgung bildenden Kredit hinaus auf sonstige Verbindlichkeiten des Hauptschuldners gegenüber dem Gläubiger; dies gilt auch bei Begrenzung der Bürgenhaftung auf einen Höchstbetrag (§ 765 RdNr. 72 ff.). Mit dem Grundsatz der Akzessorietät vereinbar ist dagegen die Verpflichtung des Bürgen zur **Zahlung auf erstes Anfordern.** Sie dient nur der Sicherstellung des Gläubigers und löst die Bürgschaft nicht auf Dauer von der Hauptforderung (§ 765 RdNr. 99 ff.); auch bei ihr ergibt sich der Umfang der Bürgenverpflichtung allerdings aus § 767. Unbedenklich sind auch Abreden, die die **Haftung des Bürgen begrenzen,** indem sie etwa einen Höchstbetrag der Bürgenhaftung vorsehen (§ 765 RdNr. 111 ff.) oder Kosten und Sekundäransprüche abweichend von Abs. 1 S. 2, Abs. 2 von der Haftung ausnehmen.[7]

---

[3] Überblick zu den Verteidigungsrechten des Bürgen in § 768 RdNr. 2.
[4] BGHZ 95, 350, 357 = NJW 1986, 43; BGH NJW 1993, 1917, 1919; WM 1966, 122, 124; NJW 2002, 2867, 2869; *Staudinger/Horn* RdNr. 4; *Horn* NJW 1980, 2153, 2154; *Soergel/Häuser* RdNr. 1; *Jauernig/Stadler* RdNr. 2; s. ferner Vor § 765 RdNr. 44, § 765 RdNr. 52, aber auch § 768 RdNr. 3, 770 RdNr. 3.
[5] Vgl. BGH NJW 2000, 2580, 2582; für Wirksamkeit einer Klausel, wonach ein Anerkenntnis des Schuldners auch gegenüber dem Bürgen wirke, hingegen OLG München WM 2006, 684, 686 f.; dagegen zu Recht *Tiedtke/Holthusen* WM 2007, 93, 97 ff. Näher und wN in § 768 RdNr. 3.
[6] So wohl auch BGH NJW 2000, 2580, 2582, wo eine die Stundung betreffende Klausel (dazu RdNr. 13 f.) als wirksam behandelt wird.
[7] BGH ZIP 2006, 459, 462; RGZ 95, 9, 11; zur Formfreiheit entsprechender Abreden s. § 766 RdNr. 14.

II. Abhängigkeit der Bürgschaft vom Bestand der Hauptforderung

1. Erlöschen der Hauptforderung (Abs. 1 S. 1). Infolge ihrer Akzessorietät erlischt 3 die Bürgschaft nach Abs. 1 S. 1 unter anderem (§ 765 RdNr. 49 ff.) mit Erlöschen der Hauptschuld, sofern nicht der Sicherungszweck den Fortbestand der Bürgschaftsverpflichtung erfordert (RdNr. 6). Neben der Erfüllung iS des § 362 Abs. 1 und 2 kommen dem Bürgen auch die Leistung an Erfüllungs Statt,[8] Hinterlegung und Aufrechnung[9] sowie Erlass bzw. negatives Schuldanerkenntnis iS des § 397 zugute.[10] Vorbehaltlich einer abweichenden Vereinbarung zwischen dem Gläubiger und dem Bürgen finden §§ 366 f. Anwendung; im Fall einer Höchstbetragsbürgschaft darf der Gläubiger deshalb grundsätzlich den Verwertungserlös aus anderen Sicherheiten zunächst auf den von der Bürgschaft nicht gedeckten Teil der Hauptschuld anrechnen (§ 765 RdNr. 48, 112). Auch der durch *Leistungsstörungen* oder *Anfechtung* bedingte Wegfall der Hauptschuld führt zum Erlöschen der Bürgschaft, soweit diese nicht etwaige Schadensersatz- oder Rückgewähransprüche des Gläubigers sichert.[11] Die Bürgschaft erlischt des Weiteren bei Wegfall der Geschäftsgrundlage des Hauptschuldverhältnisses[12] und bei unzulässiger Rechtsausübung gemäß § 242,[13] soweit sie die Beschränkung der Hauptforderung zur Folge haben, ferner durch *Konfusion* (§ 765 RdNr. 50) sowie bei ersatzlosem *Wegfall des Schuldners* (§ 765 RdNr. 51). Vorbehaltlich des § 356 HGB gilt Entsprechendes bei *Novation;*[14] insbesondere bei der internen Umschuldung von Kreditverpflichtungen bedarf sie jedoch sorgfältiger Abgrenzung gegenüber der – den Bestand der Hauptschuld und den der Bürgenverpflichtung unangetastet lassenden – Schuldänderung.[15] Wird das **Hauptschuldverhältnis gekündigt oder einvernehmlich aufgehoben,** so erlischt auch die Bürgschaft mit Wirkung ex nunc; eine Wiederbegründung des Hauptschuldverhältnisses führt nicht zum Wiederaufleben der Bürgschaft.[16] Entsprechendes gilt bei der Einräumung eines neuen Kapitalnutzungsrechts nach Auslaufen des alten. Die bloße Konditionenanpassung im Rahmen einer unechten Abschnittsfinanzierung lässt allerdings die Hauptschuld und mit ihr die Bürgenschuld ebenso bestehen wie eine Änderung der Tilgungsbedingungen;[17] ob die Inhaltsänderung auch die Bürgschaftsforde-

---

[8] Dazu BGH WM 1970, 12, 13.
[9] S. aber auch BGHZ 136, 199 = NJW 1997, 2601: Ein nach aus verfahrensrechtlichen Gründen erfolgter Aufhebung des vorläufig vollstreckbaren Urteils aus § 717 Abs. 2 ZPO in Anspruch genommener Prozessbürge (§ 765 RdNr. 118 ff.) kann sich gegenüber dem Anspruch auf Ersatz des Schadens, der in der Leistung zur Abwendung der Vollstreckung besteht, nicht darauf berufen, der Hauptschuldner habe gegen den Anspruch mit der ursprünglich titulierten und anderweitig rechtshängigen Forderung aufgerechnet.
[10] Vgl. BGH WM 1970, 12; LM § 133 (B) Nr. 7 = WM 1962, 550; RGZ 153, 338, 345; zu Ausnahmen s. aber auch RdNr. 6.
[11] Zum Erlöschen im Fall des § 275 s. RGZ 134, 126, 128; für die Anfechtung s. BGHZ 95, 350, 356 = NJW 1986, 43; zur Erstreckung der Bürgschaft auf Ersatz- und Bereicherungsansprüche s. § 765 RdNr. 62, ferner RdNr. 7; BankR-HdB/*Schmitz/Wassermann/Nobbe* § 91 RdNr. 104.
[12] BGHZ 6, 385, 393 f. = NJW 1952, 1049; BGH NJW 1963, 1617; s. aber RdNr. 6.
[13] RGZ 163, 91, 98; OLG Köln ZIP 1998, 150 f. (auch bei Abbedingung des § 770 Abs. 2, dazu noch § 770 RdNr. 3); *Erman/Herrmann* RdNr. 3.
[14] BGH NJW 2003, 59; 1999, 3708, 3709; RGZ 134, 153, 155; OLG Hamm NJW-RR 1992, 815; zu § 356 HGB s. § 765 RdNr. 113. Allg. zur Novation § 311 RdNr. 30 f.
[15] Die Rspr. tendiert durchweg (mitunter zu stark) zur Annahme einer bloßen Vertragsänderung. – jeweils die bankinterne Umschuldung betreffend – BGH NJW 2003, 59; 2000, 2580, 2581; 1999, 3708, 3709; OLG Hamm NJW-RR 1992, 815; 1994, 1133; OLG Karlsruhe WM 1996, 198, 200 f.; OLG Köln ZIP 1999, 1046, 1047; ferner BGH ZIP 2002, 167, 168 f.; BGHZ 131, 228, 231 f. = WM 1996, 407 (Wohngeldvorschuss nach Jahresabrechnung); OLG Hamm NJW 2005, 2238, 2239 (Vergleich); zur Umwandlung der Hauptschuld in ein Vereinbarungsdarlehen s. noch RdNr. 11.
[16] BGH NJW 1989, 27, 28; WM 1969, 1276, 1277; s. ferner § 765 RdNr. 114; zur entsprechenden Rechtslage bei Kündigung der Bürgschaft s. § 765 RdNr. 57. Unzutr. OLG Frankfurt ZIP 2002, 567 (Haftung des Bürgen für Bereitstellungszinsen für ein nach vorzeitiger Vertragsbeendigung vereinbartes neues Darlehen).
[17] BGH NJW 1995, 527 und NJW 1998, 602, 603 (Konditionenanpassung); NJW 2000, 2580, 2581 (Änderung der Tilgungsbedingungen, s. aber noch RdNr. 14); s. ferner OLG Frankfurt ZIP 2002, 567: Haftung des Bürgen für Vorfälligkeitsentschädigung (s. noch RdNr. 7).

rung erfasst, beurteilt sich nach § 767 Abs. 1 S. 3 (RdNr. 10 ff.). Die **Beitreibung** beim Schuldner auf Grund eines nur vorläufig vollstreckbaren Titels führt dagegen einstweilen nicht zum Erlöschen der Hauptschuld und lässt somit bis zum Eintritt der Rechtskraft des Titels auch den Bestand der Bürgschaft unberührt.[18] Zur Einstellung der verbürgten Forderung in ein Kontokorrent s. RdNr. 15, zu Urteilswirkungen s. RdNr. 12, § 768 RdNr. 11.

4   Bei **teilweisem Erlöschen** der Hauptschuld erlischt auch die Bürgschaft entsprechend.[19] Dies gilt insbesondere auch für den Fall einer haftungsbeschränkenden Vereinbarung zwischen Gläubiger und Schuldner.[20] Wird das Hauptschuldverhältnis durch Kündigung vorzeitig beendet und steht dem Schuldner ein Anspruch auf Rückerstattung **nicht verbrauchter Kreditkosten** einschließlich eines etwaigen Disagios zu, so bildet dieser einen die Restschuld mindernden Abzugsposten;[21] die dadurch bewirkte Schuldminderung kommt auch dem Bürgen zugute. Wird die Hauptschuld gemäß § 267 durch **Leistung eines Dritten** zum Erlöschen gebracht, so hat dies grundsätzlich das Erlöschen der Bürgschaft zur Folge; der Bürge haftet in diesem Fall dem Dritten auch nicht aus ungerechtfertigter Bereicherung.[22] Die Bürgschaft bleibt jedoch bestehen bei cessio legis der gesicherten Forderung, mithin insbesondere in den Fällen der §§ 268 Abs. 3 S. 1, 426 Abs. 2 S. 1, 1143 Abs. 1, 1225,[23] ferner dann, wenn die Leistung des Dritten als Entgelt für den Erwerb der Forderung anzusehen ist und mit deren Abtretung gemäß § 401 auch die Bürgschaft auf den Dritten übergeht.[24] Erlischt die Forderung durch **Verschulden des Bürgen,** so erlischt zwar auch die Bürgschaft. An ihre Stelle tritt jedoch ein Schadensersatzanspruch des Gläubigers gegen den Bürgen aus § 280 Abs. 1.[25] Soweit der Gläubiger einen Ersatzanspruch gegen den Hauptschuldner erwirbt, sichert die Bürgschaft diesen Anspruch (§ 765 RdNr. 62).

5   Der Grundsatz der Akzessorietät gilt auch hinsichtlich der Verteilung der Darlegungs- und **Beweislast**.[26] Dem Gläubiger obliegt deshalb auch im Verhältnis zum Bürgen der Beweis des Entstehens der Hauptforderung; demgegenüber hat der Bürge das Erlöschen der Hauptforderung darzulegen und gegebenenfalls zu beweisen.[27] Dies gilt unabhängig von der Art der verbürgten Forderung und damit auch im Fall einer Bürgschaft für einen nicht anerkannten Tagessaldo aus einem *Kontokorrentverhältnis*.[28] Der Bürge hat deshalb insbesondere darzulegen und zu beweisen, dass über die vom Gläubiger in der Abrechnung berücksichtigten Leistungen des Hauptschuldners weitere Erfüllungstatbestände vorliegen.[29] Er hat allerdings, soweit er zur Beweisführung darauf angewiesen ist, nach § 810 Anspruch auf Einsichtnahme in die Handelsbücher des Gläubigers.[30] Ein **Saldoanerkenntnis** des Hauptschuldners hat dagegen eine Beweislastumkehr auch zu Lasten des Bürgen zur Folge.[31] Der

---

[18] BGHZ 86, 267, 270 = NJW 1983, 1111; § 362 RdNr. 29 mwN.
[19] S. für die Vorauszahlungsbürgschaft BGH NJW 2000, 511; 1999, 2113; 1986, 1681; dazu noch § 765 RdNr. 128 ff.
[20] Vgl. BGHZ 72, 198, 201 = NJW 1979, 159 (betr. die Stundung der Hauptforderung).
[21] BGH NJW 1994, 1790; näher dazu § 498 RdNr. 24 ff.
[22] BGH LM § 814 Nr. 5 = JZ 1976; *v. Olshausen* MDR 1976, 662.
[23] Näher dazu § 765 RdNr. 52; zur Rechtslage bei der Mitbürgschaft sowie bei einer Mehrheit von Sicherungsrechten s. § 774 RdNr. 22 ff.
[24] BGH WM 1966, 942.
[25] Allg. zu Nebenpflichten des Bürgen in § 765 RdNr. 83.
[26] S. § 765 RdNr. 64; ferner PWW/*Brödermann* RdNr. 16.
[27] BGH NJW 1988, 906; 1995, 2161, 2162; WM 2002, 281, 282; für die Nebenbürgschaft (§ 769 RdNr. 2) OLG Koblenz ZIP 2006, 1438, 1439.
[28] BGH NJW 1996, 719; *Reinicke/Tiedtke* ZIP 1988, 545 ff.; offen gelassen noch von BGH NJW 1995, 2161, 2162 (bejaht für Bürgschaft für einen aus Einzelforderungen bestehenden Tagessaldo); aA noch BGH LM § 765 Nr. 43 = NJW 1985, 3007, 3009; BGH LM § 765 Nr. 57 = NJW 1988, 906.
[29] Allg. zur entsprechenden Beweislastverteilung im Verhältnis zwischen Gläubiger und Schuldner BGHZ 105, 263, 265 = NJW 1989, 300; BGH NJW 1991, 2908.
[30] BGH NJW 1995, 2161, 2162; 1988, 906.
[31] BGH WM 1999, 1499, 1500; 2002, 281, 282; NJW 1985, 3007, 3009; s. dazu noch § 765 RdNr. 64, 113; zur Rechtslage bei fehlendem oder nicht erwiesenem Saldoanerkenntnis s. die Nachweise in Fn. 28.

Umfang der Bürgschaftsschuld 6 § 767

Erlass eines **Grundurteils** iS von § 304 ZPO setzt die Feststellung des Bestehens der Hauptschuld voraus; diese kann nicht dem Betragsverfahren überlassen werden.[32]

2. Ausnahmen. Der Grundsatz der Akzessorietät im Umfang[33] erleidet eine Reihe von 6 Ausnahmen, die durchweg auf den unverändert **fortbestehenden Sicherungszweck** der Bürgschaft zurückzuführen sind.[34] An erster Stelle zu nennen sind §§ 254 Abs. 2 S. 1, 301 Abs. 2 S. 1 InsO, denen zufolge die Herabsetzung der Hauptschuld durch den **Insolvenzplan** und die **Restschuldbefreiung** die Haftung des Bürgen unberührt lassen.[35] Aber auch unabhängig von einer gesetzlichen Regelung kann der Akzessorietätsgrundsatz hinter dem Sicherungszweck der Bürgschaft zurücktreten. So haftet der Bürge insbesondere bei ersatzlosem[36] Wegfall[37] des Hauptschuldners infolge **Vermögenslosigkeit,** insbesondere bei Löschung gemäß § 141a FGG (künftig §§ 394 FamFG),[38] ferner bei auf individueller Notlage des Schuldners beruhendem Wegfall der Geschäftsgrundlage.[39] Anders verhält es sich zwar in den Fällen, in denen der Umfang der Hauptschuld, insbesondere einer *Unterhaltsverpflichtung gemäß §§ 1361, 1603*, bereits tatbestandlich von der jeweiligen Leistungsfähigkeit des Hauptschuldners abhängt; dann kommen Minderungen grundsätzlich auch dem Bürgen zugute.[40] Wird allerdings die Haftung für einen bereits zu diesem Zeitpunkt vermögenslosen Schuldner übernommen, ist im Zweifel der Akzessorietätsgrundsatz zu Lasten des Interzedenten abbedungen,[41] was wiederum eine Qualifizierung der Interzession als Garantie nahelegt. Bei einer *Devisensperre* im Land des Schuldners schließlich bleibt die Einstandspflicht des deutschen Bürgen unberührt.[42] Haftet der Bürge trotz Wegfalls der Hauptschuld, so besteht zwar die Bürgschaftsforderung als nunmehr selbstständige Forderung fort. Dem Bürgen bleibt es aber grundsätzlich[43] unbenommen, sich auf **Einreden** aus dem (als fortbestehend gedachten) Hauptschuldverhältnis zu berufen;[44] abweichend von

---

[32] BGH NJW 1990, 1367, 1368.
[33] Zu Einschränkungen der Akzessorietät hinsichtlich der Durchsetzung der Forderung s. § 768 RdNr. 7.
[34] Allg. dazu *Becker-Eberhard* Forderungsgebundenheit S. 201ff., 459ff., 477ff.; *Habersack* JZ 1997, 857, 862f.; s. ferner § 765 RdNr. 61, § 768 RdNr. 7.
[35] Vgl. dazu *Noack/Bunke*, FS Uhlenbruck, 2000, S. 335, 351f.; *Soergel/Häuser* RdNr. 6; im Zusammenhang mit § 193 S. 2 KO, § 82 Abs. 2 S. 1 VerglO BGH NJW 2003, 59, 60 (außergerichtlicher Vergleich zwischen Gläubiger und Insolvenzverwalter und Schuldenbereinigungsplan vor Eröffnung des Insolvenzverfahrens wirken auch zugunsten des Bürgen); BGHZ 69, 369 = NJW 1978, 107; BGHZ 73, 94, 98 = NJW 1979, 415 (vergleichsweise Herabsetzung der vorrangigen Bürgschaft lässt Haftung des nachrangigen Bürgen unberührt); für entsprechende Geltung bei Vergleich im Gesamtvollstreckungsverfahren nach § 16 GesO s. OLG Dresden ZIP 2001, 2290, 2291 (offen gelassen von BGH NJW 2003, 59, 60). Zum Rückgriff des Bürgen in der Insolvenz des Hauptschuldners s. noch § 774 RdNr. 13, 21; zur Geltung des Akzessorietätsgrundsatzes bei einem Vergleich im Rahmen einer privaten Sanierungsvereinbarung s. BGHZ 6, 385, 393f. = NJW 1952, 1049; BGH LM § 133 (B) Nr. 7 = WM 1962, 550; OLG Köln WM 1995, 1224; s. aber auch OLG Hamm WM 1995, 153 (dazu noch § 768 RdNr. 7).
[36] Zur Abgrenzung s. BGH NJW 1993, 1917, 1918 (Gesamtrechtsnachfolge); dazu sowie zu Formwechsel und Schuldübernahme s. § 765 RdNr. 50f.
[37] Bei anfänglichem Fehlen eines Hauptschuldners ist die Bürgschaft gegenstandslos, s. § 765 RdNr. 62, ferner BGHZ 153, 337, 343 = NJW 2003, 1250.
[38] BGH BB 1956, 830 (Löschung wegen Vermögenslosigkeit); BGHZ 82, 323, 326f. = NJW 1982, 875 (Beendigung einer zahlungsunfähigen Personengesellschaft); BGHZ 153, 337, 340ff. = NJW 2003, 1250; BGH ZIP 2008, 1376 Tz. 24f.; NJW 2003, 59, 60; 1993, 1917, 1918; *Soergel/Häuser* RdNr. 7; PWW/ *Brödermann* RdNr. 10; s. dazu bereits § 765 RdNr. 51.
[39] *Soergel/Häuser* RdNr. 6; *Jauernig/Stadler* RdNr. 9; aA bei Herabsetzung der Hauptschuld im Vertragshilfeverfahren gemäß § 1 Vertragshilfegesetz aF vom 26. 3. 1952 (BGBl. I S. 198) BGHZ 6, 385; dagegen aber *Reinicke* MDR 1952, 708; *Jauernig* NJW 1953, 1207; *Medicus* JuS 1971, 497, 500; offen gelassen sodann von BGH BB 1963, 795.
[40] So auch *Staudinger/Horn* RdNr. 35; *Soergel/Häuser* RdNr. 7; *Erman/Herrmann* RdNr. 5; *Larenz/Canaris* II/2 § 60 III 1 d; aA für vertragliche Unterhaltspflicht RGZ 163, 91, 99.
[41] BGH LM Nr. 2.
[42] *Kühn/Rotthege* NJW 1983, 1233 mwN.
[43] Zu Ausnahmen s. § 768 RdNr. 7.
[44] So für die Einrede der Verjährung zu Recht BGHZ 153, 337, 341f. = NJW 2003, 1250 = JZ 2003, 1068 mit krit. Anm. *Tiedtke*; LG Würzburg WM 1989, 405, 406; *Hadding*, FS Wiegand, 2005, S. 299, 313; *Sonnenhol* WuB I F 1a–9.03 (615); aA KG NJW-RR 1999, 1206, 1207f.; OLG Celle OLGR 2001, 87; *Lettl* WM 2000, 1316, 1321; *Peters* NJW 2004, 1430f.; *Siegmann/Polt* WM 2004, 766, 771ff.; *Tiedtke*,

§ 767   7   Abschnitt 8. Titel 20. Bürgschaft

allgemeinen Grundsätzen wird die Hemmung der Verjährung freilich auch durch allein gegen den Bürgen gerichtete Maßnahmen bewirkt (§ 768 RdNr. 5). Zur Rechtslage bei Enteignung des Gläubigers s. § 765 RdNr. 54, zum Regress des Bürgen bei Insolvenz des Hauptschuldners s. § 774 RdNr. 13, 17, 20.

III. Erweiterungen der Hauptschuld

7   **1. Sekundäransprüche (Abs. 1 S. 2).** Die Bürgschaft erstreckt sich in Ermangelung einer abweichenden Vereinbarung (RdNr. 2) auf die in der gesicherten Forderung **typischerweise angelegten Erweiterungen und inhaltlichen Veränderungen.**[45] Durch die Vorschrift des Abs. 1 S. 2 werden die Folgen von Verschulden und Verzug des Hauptschuldners (RdNr. 1) nur beispielhaft hervorgehoben. Danach haftet der Bürge insbesondere für Schadensersatzansprüche des Gläubigers aus §§ 280 ff., 288.[46] Davon betroffen sind auch nach Eröffnung des Insolvenzverfahrens über das Vermögen des Hauptschuldners anfallende Verzugszinsen[47] sowie die Folgen einer vom Hauptschuldner zu vertretenden Zufallshaftung,[48] ferner der Anspruch des Gläubigers auf Ersatz des durch die vorzeitige Beendigung des Hauptschuldverhältnisses entstandenen „Verfrühungsschadens"[49] sowie der Anspruch auf Vorfälligkeitsentschädigung gemäß § 490 Abs. 2 S. 3,[50] nach zutreffender Auffassung schließlich Rückgewähransprüche des Gläubigers nach Rücktritt vom Hauptschuldverhältnis wegen zu vertretender Pflichtverletzung.[51] Im Einzelnen bleibt es eine Frage der Vertragsauslegung, ob und inwieweit der Bürge für die Folgen betrügerischen Verhaltens des Schuldners bei Abschluss und Durchführung des Hauptschuldverhältnisses einzustehen hat.[52] Entsprechendes gilt, wenn die gesicherte Forderung nicht entsteht, der Gläubiger aber über **Bereicherungs-**, Rückgewähr- oder Schadensersatzansprüche verfügt (§ 765 RdNr. 62). Eine auf den Grundsätzen über den Wegfall der Geschäftsgrundlage beruhende Änderung der Hauptschuld geht dagegen nicht zu Lasten des Bürgen.[53] Die Rechtsfolgen von Leistungsstörungen regelnden **Vereinbarungen zwischen Gläubiger und Schuldner,** etwa Verfallklauseln,[54] Vertragsstrafen[55] und die Ausübung eines vertraglich vorbehaltenen Rücktrittsrechts, muss der Bürge nur insoweit gegen sich gelten lassen, als die Bürgschaft die

---

FS Kollhosser, 2004, Bd. II, S. 741 ff.; *ders.* JZ 2006, 940, 942; offen gelassen noch in BGHZ 139, 215, 219 f. = NJW 1998, 2972.
[45] So auch OLG Düsseldorf WM 2001, 2382, 2384 f. („gleichsam organische Weiterentwicklung des Schuldverhältnisses"); s. zum Folgenden auch *Bamberger/Roth/Rohe* RdNr. 9 ff.
[46] Zur Haftung für Schadensersatzansprüche wegen Nichterfüllung s. BGH ZIP 2006, 459, 462 (Anspruch auf Nichtabnahmeentschädigung aus § 326 Abs. 1 S. 2 aF); RG Recht 1930 Nr. 2220; HRR 1931 Nr. 8; KG OLGE 18, 41; BGH NJW 1988, 907 (betr. Vertragserfüllungsbürgschaft); zu Verzugszinsen s. BGH NJW 1986, 1429, ferner OLG Hamm NJW 2005, 2238 f. (vom Hauptschuldner in Vergleich übernommene Verpflichtung zur Zahlung von „5% Zinsen über dem Basiszinssatz" ist auch im Verhältnis zum Bürgen iS des § 288 Abs. 1 S. 2 auszulegen); s. ferner die Nachweise in der nachfolgenden Fn.
[47] OLG Koblenz WM 2006, 481, 483; OLG Nürnberg NJW-RR 1992, 47 f.; AnwK-BGB/*Beckmann* RdNr. 10; s. dazu auch § 765 RdNr. 80.
[48] *Palandt/Sprau* RdNr. 2.
[49] BGH NJW 1989, 1482, 1483; 1988, 907. Zum Anspruch auf Rückerstattung nicht verbrauchter Kreditkosten s. RdNr. 4.
[50] So – auf der Basis des alten Darlehensrechts – OLG Frankfurt ZIP 2002, 567; zu § 490 Abs. 2 nF ferner *Bamberger/Roth/Rohe* RdNr. 17; AnwK-BGB/*Beckmann* RdNr. 11; vgl. auch BGH ZIP 2006, 459, 462. Näher zur Neukonzeption des § 490 Abs. 2 S. 3 § 490 RdNr. 30 ff.; *Habersack,* Schriftenreihe der Bankrechtlichen Vereinigung, Band 20: Bankrechtstag 2002, 2003, S. 16 ff. mwN.
[51] *Erman/Herrmann* RdNr. 10; PWW/*Brödermann* RdNr. 12; zu §§ 325 f. aF auch *Staudinger/Horn* RdNr. 29; wohl auch RG WarnR 1930 Nr. 151; aA OLG Hamburg MDR 1964, 324; *Soergel/Häuser* RdNr. 4; *Palandt/Sprau* RdNr. 2.
[52] Bejahend RG Recht 1913 Nr. 43 (Vertragserfüllung); verneinend BGHZ 76, 187, 190 = NJW 1980, 1459; OLG Dresden OLGE 18, 42 f.
[53] OLG Düsseldorf WM 2001, 2382, 2384 f., dort auch zur Forthaftung des Bürgen auf das ursprünglich übernommene Risiko.
[54] RG WarnR 1914 Nr. 328; OLG Düsseldorf WM 2001, 2382, 2385.
[55] BGH LM Nr. 18 = NJW 1982, 2305; RG WarnR 1909 Nr. 140; vgl. auch BGH WM 1982, 62 (Bußgeld); OLG Düsseldorf WM 2001, 2382, 2385.

Umfang der Bürgschaftsschuld 8–10 § 767

jeweiligen Rahmenbedingungen der Hauptverbindlichkeit einschließt; dies setzt voraus, dass der Bürge mit entsprechenden Nebenabreden rechnen musste.[56] Eine die Fälligkeit der Hauptverbindlichkeit herbeiführende Kündigung gegenüber dem Schuldner wirkt stets gegen den Bürgen.[57] Zur **Höchstbetragsbürgschaft** s. § 765 RdNr. 111, zu Urteilswirkungen s. § 768 RdNr. 11.

2. Kosten (Abs. 2). a) Allgemeines. Nach Abs. 2 fallen dem Bürgen, auch soweit er 8 auf die Einrede der Vorausklage verzichtet hat,[58] die vom Schuldner (RdNr. 1) zu ersetzenden Kosten der Kündigung und der Rechtsverfolgung zur Last. Auf das Vorliegen einer Pflichtverletzung seitens des Schuldners kommt es nicht an. Die in Abs. 2 genannten Ansprüche sind sowohl im Verhältnis zum Schuldner als auch im Verhältnis zum Bürgen **Nebenforderungen iS von § 4 ZPO**.[59] Soweit nicht Gläubiger und Bürge etwas anderes vereinbart haben, hat die Vorschrift des Abs. 2 keine Erweiterung eines etwaigen *Höchstbetrags* der Bürgenhaftung zur Folge (§ 765 RdNr. 111). Für die Geltendmachung des Anspruchs des Gläubigers *aus der Bürgschaft* gelten die allgemeinen Vorschriften (§ 765 RdNr. 80). Soweit dabei Zinsen und Kosten anfallen, kann dies eine über den Höchstbetrag hinausgehende Haftung des Bürgen zur Folge haben (§ 765 RdNr. 111). Zur Haftung des Bürgen für die vom Hauptschuldner zu leistenden *Vertragszinsen* s. § 765 RdNr. 77, 111.

b) Einzelheiten. Im Einzelnen umfasst Abs. 2 zunächst die Kosten einer **Kündigung** 9 des Hauptschuldverhältnisses durch den Gläubiger. Die Rechtsfolge der Kündigung besteht in der Fälligkeit der Hauptschuld und damit auch der Bürgschaftsverpflichtung (s. RdNr. 7). Eine isolierte Kündigung der Bürgschaft durch den Gläubiger entfaltet dagegen weder gegenüber dem Schuldner noch gegenüber dem Bürgen Wirkungen.[60] Was die **Kosten** der Rechtsverfolgung betrifft, so müssen diese *nach* Übernahme der Bürgschaft anfallen;[61] andernfalls bedarf es einer entsprechenden Absprache zwischen Gläubiger und Bürgen. Von Abs. 2 betroffen sind sämtliche im Zusammenhang mit der Beitreibung der Hauptschuld anfallende Kosten der Rechtsverfolgung iS von §§ 91 ff., 788 ZPO, soweit der Hauptschuldner diese dem Gläubiger ersetzen muss. Dazu gehören auch die Kosten der Forderungsanmeldung in der Insolvenz des Hauptschuldners sowie diejenigen einer Vollstreckungsgegenklage des Hauptschuldners gemäß § 767 ZPO, nicht aber die Kosten einer Drittwiderspruchsklage gemäß § 771 ZPO oder einer vergleichbaren Klage.[62]

3. Rechtsgeschäftliche Erweiterungen (Abs. 1 S. 3). a) Grundsatz und Abgren- 10 **zung.** Während nachträgliche *Beschränkungen* der Hauptschuld *in jedem Fall* dem Bürgen zugute kommen, spricht Abs. 1 S. 3 *nach Übernahme*[63] der Bürgschaft getroffenen *haftungserweiternden* Vereinbarungen zwischen Gläubiger und Schuldner jegliche Wirkung gegenüber dem Bürgen ab. Das darin zum Ausdruck kommende **Verbot der Fremddisposition** trägt dem Umstand Rechnung, dass der Bürge das von ihm übernommene Risiko vertraglich begrenzt hat, und lässt sich deshalb bereits aus dem Verbot eines Vertrags zu Lasten Dritter ableiten.[64] Es gilt für sämtliche Arten der Bürgschaft und damit auch für Global- und Höchstbetragsbürgschaften (§ 765 RdNr. 72 ff., 111 ff.), soweit die Vereinbarung zwischen Gläubiger und Schuldner über den Rahmen der Bürgschaft hinausgeht. Es schützt den Bürgen nicht nur vor einer späteren Erhöhung seiner Verpflichtung, sondern vor jeder für

---

[56] RG JW 1933, 2826; s. im Zusammenhang mit der Haftung des Bürgen für Nebenforderungen auch § 765 RdNr. 77.
[57] RG LZ 1918, 809; s. ferner RdNr. 4.
[58] *Staudinger/Horn* RdNr. 33.
[59] BGH LM ZPO § 4 Nr. 11; WM 1956, 885, 889; RGZ 56, 256.
[60] RG LZ 1918, 909 Nr. 8; *Staudinger/Horn* RdNr. 33; s. aber auch RGZ 2, 187.
[61] *Staudinger/Horn* RdNr. 34 mwN.
[62] OLG Schleswig WM 2007, 1972 (jedenfalls keine Haftung für Kosten eines Insolvenzanfechtungsstreits zwischen Insolvenzverwalter des Hauptschuldners und Bürgschaftsgläubiger, wenn Berechtigung der Anfechtung nicht zweifelhaft ist); *Staudinger/Horn* RdNr. 34 mwN.
[63] Zur Maßgeblichkeit des Bürgschaftsversprechens s. BGH BKR 2004, 192, 193; WM 1978, 266, 267; § 766 RdNr. 25; zur Rechtslage bei vorgängigen Abreden s. RdNr. 17.
[64] Dazu § 328 RdNr. 188 ff.; *Habersack*, Vertragsfreiheit und Drittinteressen, 1992, S. 26 ff.

§ 767   11, 12   Abschnitt 8. Titel 20. Bürgschaft

ihn bei Abschluss des Bürgschaftsvertrags **nicht erkennbaren Verschärfung seines Haftungsrisikos**.[65] Wirkungen gegenüber dem Bürgen entfaltet die rechtsgeschäftlich begründete Haftungserweiterung nur unter der Voraussetzung einer einvernehmlichen Abänderung des Bürgschaftsvertrags;[66] die Erklärung des Bürgen bedarf in diesem Fall der Form des § 766. Auch § 767 Abs. 1 S. 3 schützt allerdings den Bürgen nicht vor jeder haftungsverschärfenden Änderung des Hauptschuldverhältnisses. **Voraussetzung** ist vielmehr zunächst eine **nachträgliche Vereinbarung**[67] zwischen Gläubiger und Schuldner. Daran fehlt es zunächst in den Fällen, in denen die Hauptschuld kraft Gesetzes Schwankungen unterliegt, wie dies insbesondere bei Unterhaltsverpflichtungen der Fall ist; hier ist durch Auslegung des Bürgschaftsvertrags zu ermitteln, ob die Bürgschaft auch etwaige Erhöhungen des Unterhaltsbedarfs sichert.[68] Nicht von § 767 Abs. 1 S. 3 erfasst ist darüber hinaus die Inanspruchnahme der Befugnis zur einseitigen Änderung des Hauptschuldverhältnisses durch den Gläubiger, soweit diese Befugnis, etwa im Rahmen einer Zinsänderungsklausel,[69] bereits durch den ursprünglichen Vertrag eingeräumt worden ist.[70] Der Einräumung einer einseitigen Gestaltungsbefugnis steht schließlich eine Gleitklausel gleich, der zufolge die Hauptschuld automatisch veränderten Umständen angepasst wird.[71] Auch soweit eine nachträgliche Vereinbarung vorliegt, muss diese zur Folge haben, dass sich das vereinbarte **Bürgschaftsrisiko erweitert** (RdNr. 16).

11   **b) Rechtsfolgen.** Was die Rechtsfolgen einer Haftungserweiterung iS von § 767 Abs. 1 S. 3 betrifft, so bleibt die Verpflichtung des Bürgen grundsätzlich **im bisherigen Umfang** bestehen.[72] Anderes gilt zunächst bei einvernehmlicher Änderung des Bürgschaftsvertrags (RdNr. 10) sowie in den Fällen, in denen die Abrede, etwa eine Novation, schon aus Gründen der Akzessorietät das Erlöschen der Bürgschaft zur Folge hat (RdNr. 3). Die Unwirksamkeit der Bürgschaft wird darüber hinaus durch eine der *Forderungsauswechslung* vergleichbare Umgestaltung der Hauptschuld herbeigeführt, sofern diese bei wirtschaftlicher, auf das übernommene Bürgschaftsrisiko abstellender Betrachtungsweise bewirkt, dass vom Fortbestand der Hauptschuld nicht mehr die Rede sein kann.[73] Die Umwandlung der einem Austauschverhältnis entspringenden Hauptschuld in ein Vereinbarungsdarlehen (iS von § 607 Abs. 2 aF) lässt den Bestand der Bürgschaft jedoch grundsätzlich unberührt (vgl. § 488 RdNr. 23).

12   **c) Einzelfälle.** Ein **Anerkenntnis** des Schuldners im Rahmen eines Vergleichs gemäß § 779 kann im Verhältnis zum Bürgen ebenso wenig wie ein erfüllungshalber gegebenes abstraktes Schuldversprechen oder -anerkenntnis gemäß §§ 780 f. die gesicherte Forderung ändern oder auf eine neue Grundlage stellen und dadurch dem Bürgen Einreden abschneiden;[74] insoweit ergibt sich auch aus § 768 Abs. 2, dass entsprechende Abreden keine Wirkungen gegenüber dem Bürgen entfalten (§ 768 RdNr. 5, 8). So wie die **Verurteilung**

---

[65] Vgl. namentlich BGHZ 165, 28, 34 = NJW 2006, 228 sowie iE RdNr. 12 ff.; speziell zu Globalbürgschaften § 765 RdNr. 72 ff.
[66] So auch *Staudinger/Horn* RdNr. 40; PWW/*Brödermann* RdNr. 13; für Möglichkeit einseitiger Zustimmung offensichtlich *Palandt/Sprau* RdNr. 3.
[67] Vgl. dazu auch BGH ZIP 2006, 459, 462: Auf eine Änderung des Hauptschuldverhältnisses zielende und sodann gescheiterte Verhandlungen lassen die Haftung für Sekundäransprüche iS des § 767 Abs. 1 S. 2 unberührt.
[68] So auch *Staudinger/Horn* RdNr. 35.
[69] BGH NJW 2000, 2580, 2581 f.; zu formularmäßigen Zinsanpassungsklauseln sowie zur Frage, ob die Bürgschaft auch den Vertragszins umfasst, s. § 765 RdNr. 77.
[70] AA OLG München BauR 2004, 1316, das die Haftung des Höchstbetragsbürgen für ein Änderungsverlangen nach § 1 Nr. 3, 4 VOB/B nur aus Gründen fehlender Bestimmtheit verneint; *Palandt/Sprau* RdNr. 3.
[71] OLG Hamburg ZMR 1999, 630, 631.
[72] AllgM, s. BGH NJW 1980, 2412 f.; *Staudinger/Horn* RdNr. 40.
[73] Vgl. BGH WM 1962, 700; 1978, 31; *Staudinger/Horn* RdNr. 40.
[74] RGZ 56, 109, 111; BGH ZIP 2007, 2206, 2208; OLG Düsseldorf MDR 1975, 1019; *Staudinger/Horn* RdNr. 36; *Erman/Herrmann* RdNr. 9; PWW/*Brödermann* RdNr. 14; *Jauernig/Stadler* RdNr. 8; *Tiedtke/Holthusen* WM 2007, 93, 94 f.; aA OLG München WM 2006, 684, 687 f. (unter unzutr. Hinweis auf BGHZ 76,

des Schuldners keine Rechtskraft gegenüber dem Bürgen entfaltet (§ 768 RdNr. 11), beschränkt sich auch der nach § 212 Abs. 1 Nr. 1 mit dem Schuldanerkenntnis verbundene *Neubeginn der Verjährung* auf das Verhältnis zwischen Gläubiger und Schuldner.[75] Im Übrigen erschöpft sich ein Vergleich allerdings typischerweise in der Änderung des als solches fortbestehenden Schuldverhältnisses (§ 779 RdNr. 33 f.); er lässt dann die Haftung des Bürgen im Rahmen des übernommenen Bürgschaftsrisikos unberührt.[76]

Eine **Stundung** der Hauptschuld wirkt nach § 768 Abs. 1 S. 1 stets *zugunsten* des Bürgen (§ 768 RdNr. 5 f.). Ihm nachteilige Folgen der Stundung braucht der Bürge hingegen nicht gegen sich gelten zu lassen,[77] ohne dass es darauf ankommt, ob Gläubiger und Schuldner wider Treu und Glauben seinen Interessen zuwider gehandelt haben.[78] Schon der Umstand, dass die Stundung zu einer tatsächlichen Beeinträchtigung der Interessen des Bürgen führt, indem sie seinen Rückgriffsanspruch gefährdet oder vereitelt, macht die Stundung zu einer haftungserweiternden Abrede iS von Abs. 1 S. 3.[79] Dem lässt sich auch nicht entgegenhalten, dass der Bürge, wenn er mit der Stundung nicht einverstanden ist, den Gläubiger auch vor Fälligkeit befriedigen und den Schuldner aus dem der Bürgschaft zugrunde liegenden Rechtsverhältnis[80] nach §§ 670 und 775 Abs. 1 Nr. 1 in Anspruch nehmen kann.[81] Auch steht es dem Eingreifen des § 767 Abs. 1 S. 3 nicht entgegen, dass der Gläubiger die Gefährdung des Regressanspruchs nicht erkennen konnte, vielmehr begründete Hoffnung auf eine Verbesserung der wirtschaftlichen Lage des Schuldners bestand.[82] Das Risiko einer Fehleinschätzung ist vielmehr vom Gläubiger zu tragen. Er kann den Bürgen nur insoweit in Anspruch nehmen, als dieser ohne die Stundung zur Leistung verpflichtet gewesen wäre.[83]

Auch die nachträgliche **Änderung der Tilgungsvereinbarung**[84] wirkt in keinem Fall zu Lasten des Bürgen, weshalb der Bürge weiterhin nach Maßgabe der ursprünglichen Tilgungsvereinbarung an den Gläubiger leisten und sodann den Hauptschuldner nach §§ 670, 775 Abs. 1 Nr. 1 in Anspruch nehmen kann.[85] Auch insoweit fehlt es allerdings an einer Verschlechterung der Rechtslage des Bürgen, wenn dieser auch auf der Grundlage der ursprünglichen Tilgungsvereinbarung einen durchsetzbaren Regressanspruch gegen den Hauptschuldner nicht erlangt hätte.[86] Nicht entgegenhalten zu lassen braucht sich der Bürge des weiteren eine **Verwertungsvereinbarung** iS des § 168 Abs. 3 S. 1 InsO, soweit diese zur Folge hat, dass ein vom absonderungsberechtigten Gläubiger erzielter Mehrerlös nicht auf die Insolvenzforderung angerechnet wird.[87] Zur Rechtslage bei **Abtretung** der Hauptforderung s. § 765 RdNr. 52.

Die **Einräumung eines weiteren,** über die verbürgte Verbindlichkeit hinausgehenden **Kredits** durch den Gläubiger kann zwar das Bürgschaftsrisiko erhöhen, stellt jedoch in

---

222; 153, 337; BGH WM 2002, 281); BankR-HdB/*Schmitz/Wassermann/Nobbe* § 91 RdNr. 139; RGRK/ *Mormann* § 768 RdNr. 5; *Bolten* ZGS 2006, 140, 148; *Geldmacher* NZM 2003, 502.

[75] Vgl. die Nachweise in voriger Fn.
[76] OLG Hamm NJW 2005, 2238, 2239; PWW/*Brödermann* RdNr. 6.
[77] BGH NJW 2000, 2580, 2582; BGHZ 142, 213, 219 = NJW 1999, 3195; BGHZ 165, 28, 34 = NJW 2006, 228; *Palandt/Sprau* RdNr. 3; *Reimer* JW 1926, 1946; s. auch BKR 2004, 192, 194 und OLG Hamm WM 2002, 1509, 1511: Bürge braucht sich eine Verlängerung werkvertraglicher Ausführungsfristen nicht entgegen halten zu lassen; ferner OLG Köln OLGR 2005, 597 f. betr. die Gewährleistungsbürgschaft.
[78] So noch RG WarnR 1914 Nr. 155; BGHZ 72, 198, 203 f. = NJW 1979, 159; Voraufl. RdNr. 13; *Staudinger/Horn* RdNr. 46.
[79] Vgl. die Nachweise in Fn. 77 f.
[80] Wegen §§ 412, 404 dagegen nicht auf Grund der cessio legis gemäß § 774 Abs. 1 S. 1.
[81] So aber noch Voraufl. RdNr. 13; *Staudinger/Horn* RdNr. 47.
[82] So auch noch Voraufl. RdNr. 13; *Staudinger/Horn* RdNr. 47.
[83] Es ist dann zu prüfen, wie sich die Hauptschuld ohne die Änderung entwickelt hätte, s. dazu BGH NJW 2000, 2580, 2582 f.; BKR 2004, 192, 194.
[84] Sie wird von einer Klausel, wonach die Bürgschaft auch dann unverändert bestehen bleibt, wenn die Bank dem Hauptschuldner Stundung gewährt, nicht umfasst, BGH NJW 2000, 2580, 2582.
[85] So auch BGH NJW 2000, 2580, 2582 f.
[86] RGZ 59, 223, 231; BGH NJW 2000, 2580, 2583.
[87] Zutr. BGHZ 165, 28, 34 f. = NJW 2006, 228.

§ 767 16, 17   Abschnitt 8. Titel 20. Bürgschaft

keinem Fall eine Vereinbarung iS von Abs. 1 S. 3 dar. Der Bürge wird allerdings frei, wenn der Bürgschaftsvertrag eine entsprechende auflösende Bedingung enthält (§ 765 RdNr. 46) oder der Gläubiger sich vertraglich zu einem entsprechenden Unterlassen verpflichtet hat.[88] Wird eine *verbürgte Einzelforderung* in ein zwischen Gläubiger und Schuldner geführtes **Kontokorrent** eingestellt, so führt dies nach § 356 HGB nicht zum Erlöschen der Bürgschaft, sofern nicht der Bürgschaftsvertrag etwas anderes bestimmt.[89] Im Übrigen hat die Verrechnungsabrede nach Abs. 1 S. 3 keine Auswirkungen auf das Bürgschaftsverhältnis.[90] Insbesondere kann der Gläubiger den Bürgschaftsanspruch nicht aus dem Saldoanerkenntnis des Schuldners begründen,[91] sondern muss die ursprüngliche Verbindlichkeit substantiieren und ist den ihr gegenüber bestehenden Einwendungen und Einreden ausgesetzt. Nach zutr. Auffassung gilt dies auch bei der Bürgschaft für eine *von Anfang an kontokorrentgebundene Einzelforderung* (§ 765 RdNr. 113). Hat sich der Bürge dagegen für einen Kontokorrentkredit verbürgt, so hat das Saldoanerkenntnis des Hauptschuldners eine Beweislastumkehr zu seinen Lasten zur Folge (RdNr. 5).

16   Nicht von § 767 Abs. 1 S. 3 erfasst werden nachträgliche Rechtsgeschäfte, die sich im Rahmen des Bürgschaftsrisikos halten oder das Bürgschaftsrisiko nur unwesentlich erweitern.[92] Zu diesen **neutralen Geschäften** gehören Vereinbarungen, die nur der Korrektur von Verständigungsmängeln oder der Heilung von Unwirksamkeitstatbeständen im Hauptschuldverhältnis dienen,[93] ferner Vereinbarungen, die einen als Schadensersatz wegen Nichterfüllung von der Bürgschaft miterfassten Aufwand nicht erhöhen, sondern allein den Abwicklungsmodus für ohnehin unabwendbare Leistungsstörungen festlegen,[94] des Weiteren vereinfachte Abrechnungsvereinbarungen.[95] Den Bürgen, der eine Kaufpreisforderung absichert, beschwert es schließlich nicht, wenn die Vertragspartner die gekaufte Sache gegen eine andere austauschen.[96] Die Vorauszahlungsbürgschaft nach § 7 MaBV sichert den Rückgewähranspruch des Erwerbers grundsätzlich auch dann, wenn dieser Anspruch auf einer Vertragsaufhebung basiert (§ 765 RdNr. 129). Eine **nachträgliche Besserstellung des Schuldners** kann dagegen nicht wieder mit Wirkung gegenüber dem Bürgen rückgängig gemacht werden.[97] Ebenso lebt die durch **Kündigung des Hauptschuldverhältnisses** erloschene Bürgschaft nicht dadurch auf, dass Gläubiger und Schuldner unter Aufhebung der Kündigung das Rechtsverhältnis fortsetzen.[98]

17   d) **Vorgängige Vereinbarungen.** Vor Übernahme der Bürgschaft getroffene haftungserweiternde Vereinbarungen zwischen Gläubiger und Schuldner werden nicht von Abs. 1 S. 3 erfasst (RdNr. 10). Sie lassen die Wirksamkeit der sodann übernommenen Bürgschaft unberührt, sofern nicht ein Fall der **Forderungsauswechslung** vorliegt und es deshalb an einer gesicherten Forderung fehlt.[99] Soweit aber das Bürgschaftsversprechen seinem Inhalt nach hinter der Verpflichtung des Schuldners zurückbleibt, kann der Bürge nur nach Maßgabe der von ihm übernommenen Haftung in Anspruch genommen werden. Enthält

---

[88] BGH LM § 765 Nr. 16; WM 1971, 614, 615; zur Frage einer entsprechenden Nebenpflicht des Gläubigers s. § 765 RdNr. 92.
[89] BGH ZIP 2000, 1576, 1577; RG WarnR 1922 Nr. 76; RGZ 136, 178, 179 f.; RG HRR 1937 Nr. 463; OLG Nürnberg WM 1957, 695, 697 f.
[90] Vgl. BGH ZIP 2000, 1576, 1577 betr. die Verjährung des verbürgten Aufwendungsersatzanspruchs der einen Avalkredit gewährenden Bank.
[91] Vgl. BGH WM 1961, 58.
[92] BGH WM 1962, 700, 701; OLG München WM 2006, 684, 685; s. ferner die Nachweise in den nachfolgenden Fn.
[93] Einschränkend wohl RG WarnR 1922 Nr. 97.
[94] RGZ 59, 223, 227 ff.; OLG Hamburg OLGE 20, 242.
[95] LG Stuttgart ZIP 1982, 308 (Zusammenlegung von zwei verbürgten Kontokorrenten).
[96] RGZ 53, 356; RG SeuffA 77 Nr. 70; OLG Hamburg OLGE 18, 42.
[97] So auch *Staudinger/Horn* RdNr. 44; *RGRK/Mormann* RdNr. 7; aA RG HRR 1930 Nr. 971; *Soergel/Häuser* RdNr. 5.
[98] BGH NJW 1989, 27, 28 mwN.
[99] So zutr. BGH NJW 1980, 2412, 2413; vgl. ferner BGH WM 1962, 700, 701; RGZ 126, 287, 289; RG LZ 1919, 1231.

das Bürgschaftsversprechen hinsichtlich des Gegenstands der Änderung des Hauptschuldverhältnisses keine Vereinbarung, kann der Gläubiger diesbezüglich zur **Aufklärung** des Bürgen verpflichtet sein; in diesem Fall wird der Bürge frei, wenn er bei Kenntnis der Sachlage die Bürgschaft nicht übernommen hätte.[100]

§ 768 Einreden des Bürgen

(1) ¹Der Bürge kann die dem Hauptschuldner zustehenden Einreden geltend machen. ²Stirbt der Hauptschuldner, so kann sich der Bürge nicht darauf berufen, dass der Erbe für die Verbindlichkeit nur beschränkt haftet.

(2) Der Bürge verliert eine Einrede nicht dadurch, dass der Hauptschuldner auf sie verzichtet.

Übersicht

	RdNr.		RdNr.
I. Einführung	1–3	2. Einreden des Schuldners	5, 6
1. Inhalt und Zweck der Norm	1	3. Ausnahmen (Abs. 1 S. 2)	7
2. Die Verteidigungsmöglichkeiten des Bürgen im Überblick	2	4. Verzicht des Schuldners (Abs. 2)	8, 9
3. Abweichende Vereinbarungen	3	5. Leistung des Bürgen	10
II. Abhängigkeit der Bürgschaft hinsichtlich der Durchsetzung	4–10	**III. Prozessuales**	11, 12
		1. Urteilswirkungen	11
1. Grundsatz	4	2. Beteiligung am Prozess	12

I. Einführung

1. Inhalt und Zweck der Norm. Indem die Vorschrift in ihrem Abs. 1 S. 1 dem 1 Bürgen das Recht zuspricht, dem Gläubiger die dem Hauptschuldner zustehenden Einreden entgegenzuhalten, enthält sie eine **weitere Ausprägung des Akzessorietätsgrundsatzes** (§ 765 RdNr. 61 ff.; § 767 RdNr. 1, 3 ff.). Die damit verbundene Durchbrechung des Grundsatzes der Unzulässigkeit einer exceptio ex iure tertii ist vor dem Hintergrund zu sehen, dass der Bürge eine *fremde Schuld* absichert und der Gläubiger deshalb auch im Zusammenhang mit der **Durchsetzung der Forderung** gegen den Bürgen keine besseren Rechte haben soll als gegen den Hauptschuldner. Eingeschränkt wird dieser Grundsatz unter anderem durch die Vorschrift des Abs. 1 S. 2, wonach sich der Bürge mit Rücksicht auf den Fortbestand des Sicherungszwecks der Bürgschaft nicht auf haftungsbeschränkende Maßnahmen des Erben des Schuldners berufen kann.[1] Die Vorschrift des Abs. 2 schließlich bestimmt, dass der Bürge sein Recht aus Abs. 1 S. 1 nicht durch den Verzicht des Hauptschuldners auf eine Einrede verliert, und entspricht damit derjenigen des § 767 Abs. 1 S. 3.

2. Die Verteidigungsmöglichkeiten des Bürgen im Überblick. Die Vorschrift des 2 § 768 steht in unmittelbarem Zusammenhang mit derjenigen des § 767. Während § 767 die Bürgschaft hinsichtlich des *Fortbestands* für akzessorisch erklärt, betrifft § 768 die Akzessorietät hinsichtlich der *Durchsetzung* der Forderung. Von § 767 erfasst sind demnach **rechtsvernichtende** Einwendungen, bei deren Vorliegen die Hauptschuld und mit ihr die Bürgschaft erlischt (§ 767 RdNr. 3 ff.). **Rechtshemmende** Einwendungen („Einreden") des Schuldners lassen dagegen den Bestand der Hauptschuld und damit auch denjenigen der Bürgschaft unberührt; insoweit bestimmt aber Abs. 1 S. 1, dass sie auch die Durchsetzung der Bürgschaftsforderung hemmen, sofern sich der Bürge auf sie beruft (RdNr. 4). Was

---

[100] BGH NJW 1980, 2412, 2413; allg. dazu § 765 RdNr. 87 ff., 96.
[1] Dazu sowie zu weiteren Ausprägungen des Sicherungszwecks der Bürgschaft in RdNr. 7; s. ferner § 767 RdNr. 6.

§ 768   3   Abschnitt 8. Titel 20. Bürgschaft

schließlich **rechtshindernde** Einwendungen des Schuldners betrifft, so bestimmt bereits § 765, dass bei fehlender Hauptschuld auch die Bürgschaft nicht zur Entstehung gelangt (§ 765 RdNr. 62 ff.). Von diesen aus dem Hauptschuldverhältnis abgeleiteten Gegenrechten zu unterscheiden sind **eigene Einwendungen und Einreden des Bürgen** (§ 765 RdNr. 13 ff., 46 ff., 84 ff., § 766 RdNr. 27). Sie können vom Bürgen bereits nach allgemeinen Grundsätzen geltend gemacht werden;[2] ihr Kreis wird um die in §§ 770 f. geregelten verzögerlichen Einreden erweitert. Was die Geltendmachung von **Gestaltungsrechten** betrifft, so ist zu unterscheiden. Noch nicht ausgeübte Gestaltungsrechte des *Hauptschuldners* gewähren dem Bürgen nach § 770 eine Einrede (§ 770 RdNr. 2); mit Ausübung des Gestaltungsrechts durch den Hauptschuldner beurteilen sich die Rechtsfolgen hinsichtlich der Bürgschaft nach §§ 767 f. Die Ausübung *eigener* Gestaltungsrechte steht dagegen im Belieben des Bürgen (§ 765 RdNr. 36 ff., 55 ff.); allein der Bestand dieser Rechte begründet deshalb keine verzögerliche Einrede des Bürgen.

3   **3. Abweichende Vereinbarungen.** Die Vorschrift des § 768 ist dispositiv.[3] Einschränkungen zu Lasten des Bürgen bedürfen allerdings der Schriftform des § 766 S. 1. Soweit es sich um eine individualvertragliche Vereinbarung handelt, unterliegt die Abbedingung oder Einschränkung des § 768 Abs. 1 S. 1, Abs. 2 grundsätzlich keinen inhaltlichen Bedenken. Nachdem § 202 Abs. 2 – anders als noch § 225 S. 1 aF[4] – verjährungserschwerende Vereinbarungen im Grundsatz erlaubt, gilt dies nunmehr auch für die Einrede der Verjährung. Die mit einer Abbedingung des § 768 verbundene Lockerung der Akzessorietät kann jedoch zur Folge haben, dass die Verpflichtung nicht als Bürgschaftsversprechen, sondern als Garantie zu qualifizieren ist.[5] **Formularmäßige Vereinbarungen** zu Lasten des Bürgen (Vor § 765 RdNr. 6 f.) sind dagegen grundsätzlich unwirksam gemäß § 307 Abs. 2 Nr. 1.[6] Davon nicht betroffen ist allerdings die **Bürgschaft auf erstes Anfordern** (§ 765 RdNr. 99 ff.):[7] Auch abgesehen davon, dass bei ihr typischerweise der Bürge selbst Verwender der AGB ist, begründet sie keinen endgültigen Verzicht auf die abgeleiteten Einreden und damit keine Beseitigung der Akzessorietät. Auch bei Verwendung von AGB finden im Übrigen die sich aus dem Sicherungszweck der Bürgschaft ergebenden Einschränkungen des Abs. 1 S. 1 (RdNr. 7) Anwendung.

---

[2] S. etwa BGH NJW 1999, 2814 (c. i. c.); BGHZ 134, 325 = NJW 1997, 1003 und BGH NJW 2000, 362 (Begrenzung der Bürgschaft durch deren Zweck, Vermögensverlagerungen zu verhindern, oder auf eine erwartete, aber noch nicht angefallene Erbschaft zuzugreifen; jeweils Abweisung der Klage als derzeit unbegründet); dazu vgl. auch § 765 RdNr. 27 f.); BGH NJW 1995, 1886, 1888 (Obliegenheit zur Schadensminderung); WM 1965, 579 (Aufrechnung); WM 1984, 586 und 1963, 25 (jeweils Verwirkung). Zum Einwand der unzulässigen Rechtsausübung s. § 765 RdNr. 82.

[3] BGH NJW 1980, 445, 446; OLG München WM 2006, 684, 686 f.; *Staudinger/Horn* RdNr. 28 ff.; *Soergel/Häuser* RdNr. 10; *PWW/Brödermann* RdNr. 3; wohl auch BGH NJW 1995, 1886, 1888; krit. *Reinicke/Tiedtke* Bürgschaftsrecht RdNr. 306.; *dies.* Kreditsicherung RdNr. 328 ff., 332.

[4] Er stand auch einem vor Eintritt der Verjährung der Hauptschuld erfolgten Verzicht des Bürgen auf die abgeleitete Verjährungseinrede entgegen, s. 3. Aufl. RdNr. 3; *Walther* NJW 1994, 2337, 2338; offen gelassen von BGHZ 138, 49, 53 = NJW 1998, 981; aA RGZ 153, 338, 346; *Staudinger/Horn* RdNr. 39.

[5] Vgl. RG WarnR 1916 Nr. 166; § 767 RdNr. 2; zur Akzessorietät des schuldsichernden Schuldbeitritts s. Vor § 765 RdNr. 11 ff.

[6] So für den Fall eines gänzlichen Ausschlusses des § 768 BGHZ 147, 99, 104 = NJW 2001, 1857, 1858; *PWW/Brödermann* RdNr. 4; für den umfassenden Ausschluss unter Vorbehalt unbestrittener oder rechtskräftig festgestellter Einreden BGH NJW 2001, 2327, 2329 (dort auch zu dem Sonderfall, dass der verbürgte Kredit der Tilgung einer Schuld des Bürgen gegenüber dem Hauptschuldner dienen sollte); s. ferner *M. Wolf* in: *Wolf/Horn/Lindacher* § 9 AGBG RdNr. B 222; *Fuchs* in: *Ulmer/Brandner/Hensen* Anh. § 310 RdNr. 237; *Reinicke/Tiedtke* Bürgschaftsrecht RdNr. 602; für die Einrede der Stundung auch OLG Düsseldorf WM 1984, 1185, 1186 und NJW-RR 1996, 620, 621; offen gelassen noch von BGH NJW 1995, 1886, 1888; 1998, 1939, 1941; für Wirksamkeit einer Klausel, wonach ein Anerkenntnis des Schuldners auch gegenüber dem Bürgen wirke, hingegen OLG München WM 2006, 684, 687 f.; dagegen zu Recht *Tiedtke/Holthusen* WM 2007, 93, 97 ff.; s. ferner RdNr. 8 und § 767 RdNr. 12.

[7] BGHZ 147, 99, 104 = NJW 2001, 1857, 1858; zu den Anforderungen an die Person des Bürgen s. aber § 765 RdNr. 100.

II. Abhängigkeit der Bürgschaft hinsichtlich der Durchsetzung

1. Grundsatz. Durch Abs. 1 S. 1 wird dem Bürgen, auch soweit er auf die Einrede der 4 Vorausklage verzichtet,[8] das Recht verliehen, neben seinen eigenen (bürgschaftsbezogenen) Einreden (RdNr. 2) sämtliche dem Hauptschuldverhältnis entstammenden Einreden des Hauptschuldners (RdNr. 5) gegenüber dem Gläubiger geltend zu machen, soweit dem nicht der Sicherungszweck der Bürgschaft entgegensteht (RdNr. 7). Sieht man von den Fällen eines Verzichts des *Schuldners* auf die Einrede ab (dazu RdNr. 8 f.), so wirkt allerdings der **Verlust der Einrede** in der Person des Schuldners auch gegenüber dem Bürgen. Verliert also der Schuldner eine aufschiebende oder anspruchsbeschränkende Einrede, etwa diejenige der Stundung oder des Zurückbehaltungsrechts, auf Grund der ihr *innewohnenden begrenzten Wirkung*, so geht auch der Bürge dieser Einrede verlustig. Entsprechendes gilt für den Fall, dass die Geltendmachung der Einrede durch den Schuldner *rechtsmissbräuchlich* wäre; nach dem Rechtsgedanken des § 767 Abs. 1 S. 2 muss sich dies auch der Bürge entgegenhalten lassen. Die **Geltendmachung** der Einreden erfolgt gemäß allgemeinen Grundsätzen und steht **im Belieben des Bürgen;** im Verhältnis zum Hauptschuldner ist der Bürge jedoch regelmäßig zur Geltendmachung verpflichtet (§ 774 RdNr. 20).

2. Einreden des Schuldners. Die Befugnis aus Abs. 1 S. 1 erstreckt sich zunächst auf 5 **sämtliche dilatorischen und peremptorischen** Einreden im Rechtssinne,[9] unabhängig davon, ob diese die Begründetheit der Hauptschuld betreffen oder sich aus der zwischen Gläubiger und Hauptschuldner bestehenden Sicherungsabrede ergeben (RdNr. 6). So kann sich der Bürge unabhängig von der Verjährung der Bürgschaftsschuld (§ 765 RdNr. 82) auf **Verjährung** der Hauptschuld berufen,[10] soweit dem nicht die Vorschrift des § 214 Abs. 2 entgegensteht, die Bürgschaft also nach Verjährung der Hauptschuld übernommen wurde.[11] Die abgeleitete Verjährungseinrede steht dem Bürgen grundsätzlich selbst dann zu, wenn die Verjährung der Hauptschuld erst *nach Erhebung der Bürgschaftsklage*[12] oder gar *nach rechtskräftiger Verurteilung des Bürgen*[13] eintritt; im zuletzt genannten Fall kann die Verjährungseinrede im Wege der Vollstreckungsgegenklage nach § 767 ZPO geltend gemacht werden.[14] Nach zu Recht hM gilt dies auch dann, wenn die Einrede der Vorausklage nach § 773 Abs. 1 ausgeschlossen ist.[15] Auch in diesem Fall kann also der Gläubiger Hemmung der Verjährung allein durch Erhebung der Klage *gegen den Hauptschuldner* oder durch eine

---

[8] BGHZ 76, 222, 226 = NJW 1980, 1460; BGHZ 104, 210, 214 = NJW 1989, 1853.
[9] Näher zu den einzelnen Arten der Einreden *Larenz/Wolf* AT § 18 RdNr. 55 ff., der neben den im Text genannten Arten noch sog. anspruchsbeschränkende Einreden (§§ 273 f., 320 ff., 2014 f.) nennt, die nach hM freilich den dilatorischen Einreden zuzurechnen sind.
[10] Vgl. neben den Nachweisen in Fn. 11 und 12 noch BGHZ 95, 375, 383 f. = NJW 1986, 310; s. ferner bereits § 765 RdNr. 82 mN zur Selbständigkeit der Bürgschaftsschuld hinsichtlich der Verjährung.
[11] Vgl. für die Gewährleistungsbürgschaft BGHZ 121, 173, 177 f. = NJW 1993, 1132; BGHZ 143, 381, 385 f. = NJW 2000, 1563; s. ferner § 765 RdNr. 110; s. auch BGH NJW 2003, 59, 60; OLG Karlsruhe ZIP 2001, 2043, 2044; OLG Hamm NJW-RR 1995, 745, wonach § 214 Abs. 2 keine Anwendung bei Leistung des auf erstes Anfordern schuldenden Bürgen (§ 765 RdNr. 104) findet.
[12] BGHZ 76, 222, 225 = NJW 1980, 1460; BGH NJW 1990, 2754, 2755 (Verjährungseintritt während des Revisionsverfahrens des Bürgschaftsprozesses); BGHZ 139, 214, 216 f. = NJW 1998, 2972, dort auch Auseinandersetzung mit der gegenteiligen Rspr. zu § 129 Abs. 1 HGB (BGHZ 104, 76, 79 ff.; gegen diese wiederum *Staub/Habersack* § 129 HGB RdNr. 6 ff.); BGH NJW 1999, 278, 279; ZIP 2000, 1576, 1577; BGHZ 153, 337, 342 f. = NJW 2003, 1250; OLG Koblenz VersR 1981, 167 = KTS 1981, 105; OLG Hamm WM 1985, 514 (Ausschlussfrist); *Habersack* WuB I F 1 a. − 18.98; *Staudinger/Horn* § 768 RdNr. 13, 15; *Soergel/Häuser* RdNr. 6; *PWW/Brödermann* RdNr. 6; *Palandt/Sprau* RdNr. 6; AnwK-BGB/*Beckmann* RdNr. 6; *Hadding*, FS Wiegand, 2005, S. 299, 308 f.; *Tiedtke* ZIP 1986, 69, 75; *ders.* JZ 2006, 940, 941 f. Nachweise zu Gegenstimmen betr. die selbstschuldnerische Bürgschaft s. in Fn. 15.
[13] BGH NJW 1999, 278, 279; LM ZPO § 546 Nr. 80 = NJW 1973, 146 f.; anders dagegen für die Haftung des Gesellschafters nach § 128 HGB BGH LM ZPO § 767 Nr. 55 = NJW 1981, 2579.
[14] BGH NJW 1999, 278, 279; s. ferner BGHZ 139, 214, 220 ff. = NJW 1998, 2972: Vollstreckungsgegenklage auch dann, wenn nach Schluss der mündlichen Verhandlung eingetretene Verjährung im Revisionsrechtszug hätte berücksichtigt werden können, dort aber nicht geltend gemacht worden ist.
[15] Vgl. die Nachweise in Fn. 12; aus der Rspr. explizit BGHZ 139, 214, 216 = NJW 1998, 2972; BGHZ 76, 222, 226 f. = NJW 1980, 1460; BGH ZIP 2000, 1576, 1577; 2007, 2206, 2207; aA *Lieb*, GS Lüderitz,

sonstige Maßnahme iS von § 204 Abs. 1 bewirken; ein den Neubeginn der Verjährung bewirkendes Anerkenntnis iS von § 212 Abs. 1 Nr. 1 wirkt dagegen nicht zu Lasten des Bürgen (RdNr. 8; § 767 RdNr. 12). Anderes gilt bei auf Löschung nach § 141a FGG (künftig § 394 FamFG) verbundenem **Untergang des Hauptschuldners**. Er steht zwar der Geltendmachung der abgeleiteten Verjährungseinrede nicht entgegen (§ 767 RdNr. 6); die Hemmung der Verjährung wird in diesem Fall allerdings auch durch allein gegen den Bürgen gerichtete Maßnahmen bewirkt.[16] Im Übrigen hat der Bürge für die Kosten des gegen den Hauptschuldner allein aus Gründen der Verjährungshemmung geführten Prozesses nach § 767 Abs. 2 einzustehen, was je nach Lage des Falles einen Verzicht auf die abgeleitete Verjährungseinrede nahelegen mag.[17] Die Vorschriften der **§§ 215, 216 Abs. 1 und 2** finden auf die Bürgschaft keine entsprechende Anwendung.[18] Hat der Bürge jedoch zusätzlich dingliche Sicherheiten zur Sicherung der *Hauptschuld* bestellt, so kann der Gläubiger darauf nach Maßgabe des § 216 zugreifen. Wurde dagegen die *Bürgschaftsschuld* gesichert, so hindert die Verjährung der Hauptverbindlichkeit den Zugriff auf den Gegenstand; die Vorschrift des § 216 greift in diesem Fall nicht ein.[19] Zur Hemmung der Verjährung der Bürgschaftsforderung durch die Einrede der Vorausklage s. § 771 RdNr. 7.

6 Der Bürge kann sich des Weiteren auf die noch ausstehende Fälligkeit[20] oder eine nachträgliche **Stundung**[21] der Hauptverbindlichkeit berufen, ferner auf die Einreden aus **§§ 273, 320, § 369 HGB**;[22] letztere haben die Verurteilung des Bürgen zur Zahlung Zug um Zug gegen die Leistung des Gläubigers zur Folge.[23] Dem Bürgen stehen der Einwand unzulässiger Rechtsausübung[24] und die Einrede der **ungerechtfertigten Bereicherung** zu, ferner die Einrede der **unerlaubten Handlung** gemäß § 853,[25] was bei Verzicht des Schuldners auf sein Recht zur Anfechtung nach § 123 von Bedeutung ist.[26] Er kann nach Verjährung der Mängelrechte des Schuldners die Einreden aus §§ 438 Abs. 4 S. 2, Abs. 5, 634a Abs. 4 S. 2, Abs. 5 geltend machen;[27] Minderung und Rücktritt kommen dem Bürgen bereits nach § 767 Abs. 1 S. 1 zugute (s. noch § 770 RdNr. 6).[28] Handelt es sich bei der verbürgten Schuld um ein Finanzierungsdarlehen iS von § 358 Abs. 3, so erstreckt Abs. 1 S. 1 auch den **Einwendungsdurchgriff des § 359** auf den Bürgen; wie der

---

2000, S. 455, 459 ff., 468 ff.; *Leipold* LM Nr. 17, Bl. 3 f.; *Lindacher*, FS Gerhardt, 2004, S. 587, 592 ff.; *Peters* NJW 2004, 1430 f.
[16] BGHZ 153, 337, 342 f. = NJW 2003, 1250; LG Würzburg WM 1989, 405, 406; aA KG NJW-RR 1999, 1206, 1207 f.; offen gelassen noch von BGHZ 139, 214, 219 f. = NJW 1998, 2972; s. § 767 RdNr. 6.
[17] Vgl. BGHZ 76, 222, 227 = NJW 1980, 545; näher *Hohmann* WM 2004, 757, 761 f.; *Siegmann/Polt* WM 2004, 766, 770 f.; ferner RdNr. 3 m. Fn. 4.
[18] S. für die Mietkautionsbürgschaft (§ 765 RdNr. 115) BGHZ 138, 49, 53 f. = NJW 1998, 981 (freilich mit Vorbehalt für den Fall der gestatteten Ersetzung einer vereinbarten Barkaution durch eine Bankbürgschaft); ferner OLG Hamm NJW-RR 1995, 745; s. auch § 216 RdNr. 3.
[19] AA KG OLGE 34, 82; § 216 RdNr. 3.
[20] Dazu etwa BGH ZIP 1998, 2145.
[21] BGH NJW 2001, 2327, 2329; BGHZ 72, 198, 203 = NJW 1979, 159, 160; RGZ 56, 310, 312; vgl. dazu auch § 767 RdNr. 13.
[22] BGHZ 24, 97, 99 = NJW 1957, 986; BGH WM 1965, 578, 579; RGZ 137, 34, 37 f.; s. aber auch § 770 RdNr. 9; näher zu den Rechten des Bürgen bei mangelhafter Kaufsache oder Werkleistung *Tiedtke* JZ 2006, 940, 943. – Nach altem Recht konnte der Bürge ferner die allg. Mängeleinrede (BGH NJW 1991, 1048, 1049) geltend machen (s. 3. Aufl. RdNr. 6; *Schwarz* WM 1998, 116 ff.); diese ist nun, da die Freiheit von Sach- und Rechtsmängeln zu den Pflichten des Verkäufers gehört, in dem allg. Zurückbehaltungsrecht aufgegangen.
[23] BGHZ 153, 293, 301 = NJW 2003, 1521 = JZ 2003, 845 m. Anm. *Habersack/Schürnbrand*; *Staudinger/Horn* RdNr. 10; offen gelassen von RGZ 84, 228, 230.
[24] RG JW 1937, 3104; OLG Köln ZIP 1998, 150 (trotz Verzicht auf § 770 Abs. 2); s. ferner § 767 RdNr. 3.
[25] BGH LM § 123 Nr. 55 = NJW 1979, 1983; vgl. dazu noch § 770 RdNr. 5.
[26] BGHZ 107, 210, 214 = NJW 1989, 1853.
[27] Näher *Tiedtke* JZ 2006, 940, 943 f.
[28] Dazu RGZ 56, 109, 110 (betr. § 536); s. ferner § 767 RdNr. 3, 7, dort auch zur Frage der Haftung des Bürgen für Rückgewähransprüche des Gläubigers; zur Mängeleinrede des Bürgen s. Fn. 22.

Darlehensnehmer kann er sich deshalb einredeweise auf die Einwendungen und Einreden aus dem finanzierten Geschäft berufen (§ 359 RdNr. 24, 37 ff.). Auch kann sich der Bürge darauf berufen, dass der Gläubiger eine ihm obliegende Aufklärungspflicht gegenüber dem Hauptschuldner verletzt hat und dieser daraufhin die **Anpassung des Darlehensvertrages** an den tatsächlichen Kreditbedarf verlangen kann;[29] nach erfolgter Anpassung findet § 767 Abs. 1 Anwendung. Weiter sind auf der **Sicherungsabrede** zwischen Gläubiger und Hauptschuldner (§ 765 RdNr. 8) basierende Einreden solche iS des Abs. 1 S. 1. Der Bürge kann deshalb insbesondere geltend machen, dass der Gläubiger im Verhältnis zum Hauptschuldner die Bürgschaft nicht zu beanspruchen habe, mithin ungerechtfertigt bereichert sei und die Durchsetzung seines Rechts gegen den Bürgen zu unterlassen habe.[30] Handelt der Bürge allerdings bewusst der Sicherungsabrede zuwider, indem er etwa anstelle der dort vorgesehenen gewöhnlichen Bürgschaft eine solche auf erstes Anfordern übernimmt, so kann er sich entsprechend § 814 nicht auf die Einrede des Hauptschuldners berufen.[31] Die vorstehenden Grundsätze gelten schließlich entsprechend für den Fall, dass der Hauptschuldner dem Gläubiger eine über das *gesetzlich* zulässige Maß hinausgehende Sicherheit verschafft hat. Das daraus folgende Recht des Hauptschuldners, einer Inanspruchnahme des Bürgen durch den Gläubiger zu widersprechen, berechtigt den Bürgen selbst dann zur Leistungsverweigerung, wenn der Widerspruch nicht auf einem Gegenrecht im Rechtssinne gründet.[32]

3. Ausnahmen (Abs. 1 S. 2). Wie § 767 verwirklicht auch § 768 den Grundsatz der Akzessorietät nur insoweit, als dies mit dem **Sicherungszweck** der Bürgschaft vereinbar ist (s. § 767 RdNr. 6). Abs. 1 S. 2 stellt dies für den Fall klar, dass der Erbe des Schuldners **haftungsbeschränkende Maßnahmen** gemäß §§ 1973 f., 1975 ff., 2014 f. ergreift; sie lassen die Haftung des Bürgen unberührt. Entsprechendes gilt aber auch in sonstigen Fällen, in denen die Geltendmachung einer Einrede des Schuldners durch den Bürgen der zwischen Gläubiger und Bürgen getroffenen Risikoverteilung widersprechen würde. So wird der Bürge nicht durch haftungsbeschränkende Maßnahmen des volljährig gewordenen Schuldners nach **§ 1629 a Abs. 3** entlastet. Auch steht ihm nicht die Notbedarfseinrede des § 519 zu.[33] Die Bürgschaft für ein Gesellschafterdarlehen umfasst regelmäßig auch das Risiko, dass der Forderung des Gesellschafters in der Insolvenz der Gesellschaft nach § 39 Abs. 1 Nr. 5 InsO nur der **Nachrang** zukommt.[34] Davon zu unterscheiden ist allerdings die vertragliche Subordination der gesicherten Forderung.[35] Sie kommt dem Bürgen dann zugute, wenn sie nach Übernahme der Bürgschaft vereinbart wird. Sichert die Bürgschaft dagegen eine **von vornherein nachrangige** Forderung, so ist im Wege der Auslegung zu ermitteln, ob sich der Bürge abweichend von § 768 auch für den Fall zur Zahlung verpflichtet hat, dass der

7

---

[29] BGH NJW 1999, 2032 = ZIP 1999, 574; BGH NJW 2001, 3331, 3332.
[30] BGHZ 143, 381, 385 f. = NJW 2000, 1563; BGHZ 147, 99, 102 = NJW 2001, 1857; BGH ZIP 2001, 1664, 1665 (einschränkende Sicherungsabrede zwischen Zessionar und Hauptschuldner); BGH WM 2003, 870, 871; s. dazu sowie zum Anspruch des Hauptschuldners auf Rückgabe der Bürgschaftsurkunde noch § 765 RdNr. 8, 60; speziell zur Gewährleistungsbürgschaft § 765 RdNr. 110, zur Bürgschaft auf erstes Anfordern RdNr. 101.
[31] So im Ergebnis auch BGHZ 143, 381, 386 ff. = NJW 2000, 1563.
[32] Vgl. BGHZ 107, 210, 214 = NJW 1989, 1853 (Leistung einer Mietkautionsbürgschaft entgegen § 551), s. dazu bereits § 765 RdNr. 115.
[33] *Erman/Herrmann* RdNr. 4; *Jauernig* NJW 1953, 1207.
[34] So für die vor Inkrafttreten des MoMiG (§ 765 RdNr. 109) geltenden Grundsätze über eigenkapitalersetzende Darlehen im Grundsatz auch BGH NJW 1996, 1341, 1342 f. mwN, freilich mit Vorbehalt für den Fall, dass der Bürge keine Kenntnis davon hat, dass der Gläubiger Gesellschafter ist und die GmbH sich in einer Krise befindet; bestätigt von BGHZ 143, 381, 385 = NJW 2000, 1563; BGH NJW 2003, 59, 60; ZIP 2004 1303, 1305 f.; fortgeführt von BGH ZIP 2008, 1376 Tz. 24 f. (auch bei fehlender Kenntnis hinsichtlich der Gesellschafterstellung haftet Bürge bei überschuldungsbedingtem Eintritt des Sicherungsfalls; dazu § 767 RdNr. 6); s. ferner für den gesamtschuldnerisch Haftenden OLG Hamm WM 1999, 586, 588 f.; zum Regress s. noch § 774 RdNr. 8. – Dazu sowie zu weiteren Folgen einer Gesellschafterbürgschaft s. auch § 765 RdNr. 109.
[35] Allg. zu Rangrücktrittsvereinbarungen *Habersack* ZGR 2000, 384, 400 ff.; *Chr. Mayer*, Der vertragliche Nachrang von Forderungen, im Erscheinen, 2008, passim, insbes. S. 248 ff.

Hauptschuldner nicht über die erforderlichen freien Mittel verfügt und deshalb die gegen ihn gerichtete Forderung auf Grund der Rangrücktrittsvereinbarung undurchsetzbar ist;[36] dies ist im Zweifel zu bejahen. Namentlich bei Übernahme einer Gewährleistungsbürgschaft (§ 765 RdNr. 110) begegnet es, dass die Bürgschaft ihrem Inhalt nach auch der **Sicherung bereits verjährter Ansprüche** dient; der Bürge kann sich in diesem Fall nicht auf die dem Schuldner (Auftragnehmer) zustehende Einrede der Verjährung berufen.[37] Ein im Rahmen eines privaten Sanierungsvergleichs vereinbartes **pactum de non petendo** wirkt dagegen stets zugunsten des Bürgen.[38] Auf die Einrede der Verjährung der Hauptschuld kann sich der Bürge schließlich auch dann berufen, wenn der Hauptschuldner nach Übernahme der Bürgschaft wegen Vermögenslosigkeit untergegangen ist (RdNr. 5; § 767 RdNr. 6). Zur **Bürgschaft auf erstes Anfordern** s. RdNr. 3, § 765 RdNr. 99 ff.

8 **4. Verzicht des Schuldners (Abs. 2).** In sachlicher Übereinstimmung mit § 767 Abs. 1 S. 3 bestimmt Abs. 2, dass der Schuldner auf eine ihm zustehende Einrede nicht mit Wirkung gegenüber dem Bürgen verzichten kann. Dies gilt auch insoweit, als die Einrede erst durch eine nach Übernahme der Bürgschaft erfolgte Änderung des Hauptschuldverhältnisses begründet wurde und der Verzicht des Hauptschuldners die ursprüngliche Rechtslage wiederherstellt (§ 767 RdNr. 14). Von Abs. 2 betroffen ist insbesondere der Verzicht auf die Einrede der (bereits eingetretenen) **Verjährung,** mag dieser vor oder nach Ablauf der Verjährungsfrist vorgenommen werden.[39] Auch ein **Anerkenntnis** iS von § 212 Abs. 1 Nr. 1 wirkt nicht zu Lasten des Bürgen (§ 767 RdNr. 12). Entsprechendes gilt, wenn gegen den Hauptschuldner trotz Verjährung der gesicherten Forderung ein der Klage des Gläubiger stattgebendes Urteil ergeht; dem Bürgen bleibt es auch in diesem Fall unbenommen, die abgeleitete Verjährungseinrede zu erheben (RdNr. 11). Verzichtet der Hauptschuldner auf eines von mehreren Gegenrechten und stehen diese in elektiver Konkurrenz, so ist der Bürge an die Wahl des Hauptschuldners gebunden, ohne sich auf § 768 Abs. 2 berufen zu können. Im Übrigen muss sich der Bürge entgegenhalten lassen, dass der Hauptschuldner die Einrede, auf die er verzichtet hat, auch unabhängig von dem Verzicht verloren hätte (RdNr. 9); von Bedeutung ist dies vor allem für dilatorische Einreden.

9 Abs. 2 betrifft nur den *Verzicht* auf Einreden. Abgesehen von den Fällen des Verzichts gilt im Übrigen auch für Einreden der Grundsatz der Akzessorietät, so dass sie vom Bürgen nur solange und soweit geltend gemacht werden können, als sie dem Hauptschuldner (noch) zustehen. Ein nicht auf Verzichtserklärung (RdNr. 8) beruhender **Verlust der Einrede** betrifft deshalb auch den Bürgen. Auf die Einreden aus §§ 273, 320 kann sich der Bürge mithin nur berufen, solange diese auch dem Käufer als Schuldner zustehen. Verzichtet der Schuldner auf etwaige **Gestaltungsrechte** (§ 770 RdNr. 4 f., 9 f.) oder verliert er als Käufer seine **Mängelrechte** nach § 377 HGB, so haftet der Bürge ebenso wie bei Eintritt der Verjährung der Mängelansprüche nach § 438; anderes gilt allein in den Fällen des Rechtsmissbrauchs.[40] Ist allerdings der Käufer zurückgetreten oder hat er die Minderung erklärt, so kann das ursprüngliche Schuldverhältnis nicht mit Wirkung gegenüber dem Bürgen wiederhergestellt werden (RdNr. 8). Geht der Schuldner seines Zurückbehaltungsrechts dadurch verlustig, dass er einen erforderlichen Vorbehalt versäumt oder über seinen Gegenanspruch verfügt und damit die Verknüpfung aufhebt, so ist darin kein Verzicht iS des Abs. 2 zu sehen.[41]

---

[36] So im Ergebnis auch *Kaiser* DB 2001, 1543 f.; *Chr. Mayer* (Fn. 35) S. 251; zu den Grenzen der Abdingbarkeit des § 768 s. aber RdNr. 3.
[37] BGHZ 121, 173, 177 f. = NJW 1993, 1131; BGHZ 143, 381, 385 = NJW 2000, 1563; s. ferner RdNr. 5 sowie zum Vorbehalt des § 225 aF RdNr. 3.
[38] *Erman/Hermann* RdNr. 4; unzutr. OLG Hamm WM 1995, 153; krit. dazu auch *Pape* NJW 1996, 887, 893 f.; s. ferner § 767 RdNr. 6 mwN in Fn. 35.
[39] BGH ZIP 2007, 2206, 2208.
[40] Dazu sowie zu dem nur unter ganz besonderen Umständen gegebenen Vorbehalt des Rechtsmissbrauchs BGH NJW-RR 1987, 1188, 1189; RGZ 62, 51, 52; zu § 438 Abs. 4 s. RdNr. 6.
[41] Vgl. für den Vorbehalt gemäß § 341 Abs. 3 RGZ 53, 356, 358.

5. Leistung des Bürgen. Leistet der Bürge in Unkenntnis von einer aus dem Haupt- 10
schuldverhältnis abgeleiteten und ihn an sich zur Leistungsverweigerung berechtigenden
peremptorischen Einrede, so kann er nach § 813 Abs. 1 S. 1 Rückgewähr beanspruchen.
Dies gilt allerdings nicht bei Verjährung der Hauptschuld; die Vorschriften der §§ 813 Abs. 1
S. 2, 214 Abs. 2 stehen der Kondiktion ungeachtet des Umstands entgegen, dass der Bürge
auf seine eigene Schuld leistet.[42] War der Bürge auf Grund einer eigenen peremptorischen
Einrede zur Verweigerung der Leistung berechtigt, so finden die §§ 813, 214 Abs. 2
gleichfalls Anwendung.

III. Prozessuales

1. Urteilswirkungen. Soweit nicht ein Fall der **Prozessbürgschaft** gegeben ist (§ 765 11
RdNr. 120), kann sich der Gläubiger dem Bürgen gegenüber nicht auf ein ihm **günstiges
Urteil gegen den Hauptschuldner** berufen.[43] Die einmal begründete Verjährungseinrede
bleibt dem Bürgen deshalb auch dann erhalten, wenn gegen den Hauptschuldner nach
Eintritt der Verjährung ein rechtskräftiges Urteil mit der Folge des § 197 Abs. 1 Nr. 3
ergeht.[44] Auch kann der Bürge ungeachtet der nach § 322 Abs. 2 ZPO in Rechtskraft
erwachsenden, dem Schuldner ungünstigen Entscheidung über eine zur Aufrechnung gestellte Gegenforderung erneut das Erlöschen der verbürgten Forderung auf Grund der vom
Schuldner erklärten Aufrechnung geltend machen.[45] Dann muss er sich aber auch auf eine
vom Schuldner erst nach Verurteilung erklärte Aufrechnung berufen können, auch wenn
dieser damit wegen § 767 Abs. 2 ZPO kein Gehör mehr findet.[46] Ein dem **Gläubiger
ungünstiges Urteil** wirkt dagegen auch zugunsten des Bürgen.[47] Der Gläubiger kann also
die Richtigkeit des Prozessergebnisses auch im Verhältnis zum Bürgen nicht mehr in Frage
stellen. Entgegen der wohl hM handelt es sich dabei allerdings nicht um einen Fall der
Rechtskrafterstreckung infolge materiellrechtlicher Abhängigkeit,[48] sondern um einen
schlichten Anwendungsfall des § 768 Abs. 1 S. 1.[49] Dem Bürgen obliegt es deshalb, sich auf
die Abweisung der Klage des Gläubigers gegen den Schuldner zu berufen. Ein Urteil im
Prozess des Gläubigers gegen den (selbstschuldnerisch haftenden) *Bürgen* entfaltet keine
Wirkung gegenüber dem Schuldner.[50]

2. Beteiligung am Prozess. Verklagt der Gläubiger Schuldner und (selbstschuldnerisch 12
haftenden) Bürgen gemeinsam, so sind diese nur **einfache Streitgenossen** iS des § 61
ZPO.[51] Richten sich Hauptschuld und Bürgschaft darauf, den Gläubiger von einer Verbindlichkeit freizustellen, so kann der Gläubiger als Beklagter im Prozess des Dritten sowohl dem
Schuldner als auch dem Bürgen nach § 72 ZPO den **Streit verkünden** und damit nach
§ 68 ZPO den Anspruch des Dritten außer Streit stellen. Dadurch kann es auch *allein dem
Bürgen* gegenüber zu einer bindenden Feststellung des Bestehens der Hauptverbindlichkeit

---

[42] So auch *Staudinger/Horn* RdNr. 40.
[43] BGHZ 139, 214, 218 = NJW 1998, 2972; BGHZ 107, 92, 96 = NJW 1989, 1276; BGHZ 76, 222, 229f. = NJW 1980, 1460; BGHZ 3, 385, 390 = NJW 1952, 178; BGH ZIP 2007, 2206, 2208; 2003, 621, 624; NJW 1993, 1594, 1595; RG SeuffA 83, Nr. 122; OLG Koblenz WM 2006, 481, 482f.; *Soergel/Häuser* RdNr. 7 und § 767 RdNr. 9; *Bamberger/Roth/Rohe* § 767 RdNr. 6; AnwK-BGB/*Beckmann* § 767 RdNr. 9; s. ferner OLG Hamm WM 2007, 2012, 2016: Eintragung der gesicherten Forderung in die Insolvenztabelle (§ 178 Abs. 3 InsO) wirkt nicht zu Lasten des Bürgen. – Zur Rechtslage bei Erwerb der gesicherten Forderung im Wege der cessio legis s. § 774 RdNr. 8.
[44] BGHZ 76, 222, 229f. = NJW 1980, 1460; BGH ZIP 2007, 2206, 2208; *Schneider* MDR 1980, 799; *Tiedtke* JZ 2006, 940, 945.
[45] RGZ 122, 146, 148; RG HRR 1933 Nr. 1655.
[46] AA BGHZ 24, 97, 99 = NJW 1957, 986; vgl. dazu noch § 770 RdNr. 8.
[47] BGH NJW 1970, 279; WM 1965, 579, 580; *Bamberger/Roth/Rohe* § 767 RdNr. 6; AnwK-BGB/*Beckmann* § 767 RdNr. 9.
[48] So aber BGH NJW 1970, 279; *Thomas/Putzo/Reichold* § 325 ZPO RdNr. 5; *Fenge* NJW 1971, 1920ff.
[49] Zutr. *Schack* NJW 1988, 865, 870 mwN; s. ferner bereits RGZ 122, 146, 148.
[50] *Weber* JuS 1971, 553, 560.
[51] BGH LM ZPO § 68 Nr. 3 = NJW 1969, 1480.

kommen.[52] Im Übrigen bleibt die Verteidigung des Bürgen aus dem Hauptschuldverhältnis nach §§ 767, 768 davon unberührt.

§ 769 Mitbürgschaft

Verbürgen sich mehrere für dieselbe Verbindlichkeit, so haften sie als Gesamtschuldner, auch wenn sie die Bürgschaft nicht gemeinschaftlich übernehmen.

Übersicht

	RdNr.		RdNr.
I. Inhalt und Zweck der Norm	1	III. Abweichende Vereinbarungen	6–8
II. Voraussetzungen	2–5	1. Abbedingung des § 769	6, 7
1. Identität der gesicherten Forderung	2, 3	2. Erlassvertrag	8
2. Begründung	4, 5		

I. Inhalt und Zweck der Norm

1   Die – weitgehend abdingbare (RdNr. 6 ff.) – Vorschrift bestimmt, dass mehrere Bürgen, die sich für dieselbe Verbindlichkeit verbürgen, als Gesamtschuldner haften.[1] Der Gläubiger kann somit nach § 421 jeden der Mitbürgen in voller Höhe in Anspruch nehmen, braucht sich also nicht auf eine anteilige Inanspruchnahme der Mitbürgen gemäß § 420 verweisen zu lassen. Die Akzessorietät der Bürgschaftsschuld (§ 765 RdNr. 61) wird dadurch freilich nicht berührt. Die Anordnung einer Gesamtschuld iS der §§ 421 ff. beschränkt sich vielmehr auf das Verhältnis des Gläubigers zu den Mitbürgen. Der Zweck der Vorschrift besteht denn auch in der **Sicherung des Gläubigers.** Ihre Bedeutung ist vor dem Hintergrund der Auslegungsregel des § 427 zu sehen, der zufolge nur bei gemeinschaftlicher Verpflichtung Gesamtschuldnerschaft vorliegt; § 769 aE weicht davon ab, indem er auch bei Fehlen einer Bezugnahme der Bürgschaftserklärungen aufeinander die §§ 421 ff. für anwendbar erklärt. Für das **Innenverhältnis** zwischen den Mitbürgen nimmt § 774 Abs. 2 auf die Ausgleichsregeln des § 426 Bezug (§ 774 RdNr. 22 ff.).

II. Voraussetzungen

2   **1. Identität der gesicherten Forderung.** Die Vorschrift des § 769 setzt zunächst voraus, dass mindestens zwei Bürgen die Bürgschaft für dieselbe Verbindlichkeit übernehmen. Mangels Identität der gesicherten Forderung besteht deshalb keine Mitbürgschaft in den Fällen der **Nachbürgschaft** (§ 765 RdNr. 117; s. noch RdNr. 3) und der **Rückbürgschaft** (§ 765 RdNr. 122). Ebenfalls keine Mitbürgen sind mehrere **Teilbürgen** (§ 765 RdNr. 127), soweit sie für *verschiedene Teile* der Hauptschuld haften. Dies gilt insbesondere für mehrere Höchstbetragsbürgen (§ 765 RdNr. 111 ff.). Sie haften im Zweifel additiv und damit nicht für denselben Teilbetrag einer den Höchstbetrag übersteigenden Hauptschuld;[2] durch eine sog. **Nebenbürgschaftsklausel** wird genau dies sichergestellt.[3] Da sich die Teil- oder Nebenbürgschaften aber auf dieselbe Hauptschuld beziehen, sind die Bürgen *im Verhältnis zueinander* gleichwohl Mitbürgen und als solche einander insoweit zum Ausgleich verpflichtet, als bei einzelnen von ihnen die Haftungssumme vom Gläubiger nicht aus-

---

[52] BGH LM ZPO § 68 Nr. 3 = NJW 1969, 1480.
[1] Eingehend zur Entstehungsgeschichte und Konzeption der Vorschrift *Soergel/Pecher* RdNr. 1 ff.
[2] Vgl. RG WarnR 1910 Nr. 115 S. 123; BGH LM § 765 Nr. 29 = NJW 1980, 1099, 1100; OLG Hamm WM 1984, 829, 832.
[3] Dazu noch RdNr. 6 f.; ferner BGHZ 88, 185; *Staudinger/Horn* RdNr. 9, 12 f.; PWW/*Brödermann* RdNr. 4; zur Beweislast des Nebenbürgen hinsichtlich des Erlöschens der Hauptschuld s. OLG Koblenz ZIP 2006, 1438, 1439.

geschöpft worden ist.[4] Davon zu unterscheiden ist der Fall, dass sich mehrere Bürgen zwar für dieselbe (Teil-)Schuld, aber in unterschiedlicher Höhe verbürgt haben; dann sind sie hinsichtlich des sich deckenden Betrags auch im Verhältnis zum Gläubiger Mitbürgen iS von § 769.[5]

Der **Ausfallbürge** schließlich haftet nur subsidiär (§ 765 RdNr. 106 f.); im Verhältnis zu einem gewöhnlichen Bürgen ist er deshalb als Nachbürge anzusehen mit der Folge, dass §§ 769, 774 Abs. 2 nicht zur Anwendung gelangen.[6] Der in Anspruch genommene Ausfall- bzw. Nachbürge erwirbt somit in voller Höhe Rückgriffsansprüche gegen den Haupt- bzw. Vorbürgen; umgekehrt kann dieser auch keinen anteiligen Ausgleich vom Nachbürgen verlangen.[7] Die Ausfall- oder Nachbürgschaft kann auch selbstschuldnerisch iS von § 773 Abs. 1 Nr. 1 übernommen werden (§ 765 RdNr. 106), so dass der Ausfall- oder Nachbürge zwar vorrangig in Anspruch genommen werden, dann aber seinerseits bei dem Haupt- oder Vorbürgen vollumfänglich Regress nehmen kann. Demgegenüber kann der Haupt- oder Vorbürge, wenn er die Bürgschaft zu alleinigem Risiko ohne Rücksicht auf Mithaftende übernommen hat, nicht auf Lastenteilung im Innenverhältnis bestehen.[8] Nach Begründung der *Mitbürgschaft* bedarf die Abänderung einer gleichstufigen Bürgschaftsverpflichtung in eine bloße Nach- oder Ausfallbürgschaft der Zustimmung der übrigen Mitbürgen; andernfalls werden diese entsprechend § 776 in Höhe des Anteils des privilegierten Mitbürgen frei.[9]

2. Begründung. Eine Mitbürgschaft entsteht nach § 769 bereits dadurch, dass sich mehrere für dieselbe Verbindlichkeit verbürgen. Auf das Vorliegen eines gemeinschaftlichen Vertragsschlusses iS des § 427 kommt es nicht an. Ein Fall der Mitbürgschaft liegt deshalb auch dann vor, wenn die Bürgschaften zeitlich getrennt und unabhängig, dh. ohne Kenntnis der Bürgen voneinander übernommen werden. Auch bei gemeinschaftlicher Verbürgung iS von § 427 hat allerdings die Unwirksamkeit einer Bürgschaftserklärung im Zweifel nicht die Unwirksamkeit der anderen Bürgschaftsversprechen zur Folge; für das Eingreifen des § 139 ist im Hinblick auf das Sicherungsinteresse des Gläubigers kein Raum.[10] Eine **Verknüpfung** der Bürgschaften bedarf deshalb besonderer Vereinbarung. Demgemäß berechtigt der einseitige Irrtum des Bürgen über das Hinzutreten weiterer Bürgen nicht zur Anfechtung nach § 119 (vgl. § 765 RdNr. 36 ff.).

Die einzelne Bürgschaft kann für sich allein auch in der Weise übernommen werden, dass das Bestehen einer das Risiko mittragenden weiteren Bürgschaft dem Gläubiger gegenüber zur **Bedingung**[11] erhoben wird. Bei Ausfall der Bedingung ist der Bürgschaftsvertrag unwirksam; doch kann die Auslegung des bedingten Geschäfts auch ergeben, dass der Bürge dem Gläubiger auf den Betrag haftet, der seinem Anteil im Ausgleichsverhältnis entsprechen würde. Letzteres soll auch für den Fall anzunehmen sein, dass der Gläubiger das Nichtzustandekommen einer von ihm und dem Bürgen erwarteten, aber nicht zur Bedingung gemachten Mitbürgschaft zu vertreten hat.[12] Verfolgt der Bürge mit der Übernahme der Bürgschaft den Zweck, andere Sicherungsgeber zur Einräumung nachrangiger, dem Bürgen

---

[4] RGZ 81, 414, 419 ff.; BGHZ 88, 185, 188 ff. = NJW 1983, 2442; vgl. noch RdNr. 7, ferner § 774 RdNr. 23.
[5] RGZ 81, 414, 416 f.; OLG Hamm WM 1984, 829; OLG Stuttgart ZIP 1990, 445; zum Ausgleich s. § 774 RdNr. 23.
[6] Vgl. neben den Nachweisen zur Rspr. in Fn. 7 noch *Hj. Weber* BB 1971, 333, 336; *Staudinger/Horn* RdNr. 3; *Soergel/Pecher* RdNr. 11; *Erman/Herrmann* RdNr. 3; *Jauernig/Stadler* RdNr. 1.
[7] BGH LM § 765 Nr. 25 = NJW 1979, 646; BGHZ 88, 185, 188 = NJW 1983, 2442; BGH NJW 1986, 3131, 3132; *Erman/Herrmann* RdNr. 3.
[8] RGZ 81, 414, 417.
[9] *Hj. Weber* BB 1971, 333, 336; *Erman/Herrmann* RdNr. 3; vgl. ferner BGH NJW 1986, 3131, 3133; s. dazu auch RdNr. 8 betr. den Erlass.
[10] RGZ 88, 412, 414; 138, 270, 271 f.; KG OLGE 22, 144; *Staudinger/Horn* RdNr. 5; *Erman/Herrmann* RdNr. 4; *PWW/Brödermann* RdNr. 7.
[11] RG SeuffA 67 Nr. 251 S. 447; RGZ 138, 270, 273; *Reichel* JW 1927, 38, 40; vgl. auch BGH LM § 765 Nr. 19 = WM 1974, 8, 9 f.; s. allg. zur bedingten Bürgschaft § 765 RdNr. 46, zur Unanwendbarkeit der Geschäftsgrundlagenlehre § 765 RdNr. 42 ff.; *PWW/Brödermann* RdNr. 7.
[12] BGH WM 1955, 375; s. aber auch § 765 RdNr. 42 ff.

also keinen Regress bietender Sicherheiten zu bewegen, so entfällt die Bürgschaft nicht dadurch, dass es nicht zur Bestellung dieser Sicherheiten kommt.[13]

III. Abweichende Vereinbarungen

1. Abbedingung des § 769. Durch Vereinbarung zwischen *Gläubiger und Bürgen* kann das Entstehen einer Gesamtschuldnerschaft unter mehreren Bürgen und damit das Eingreifen der §§ 422 ff. auch formularmäßig ausgeschlossen werden.[14] Eine solche Vereinbarung entfaltet jedoch Wirkungen nur im **Außenverhältnis;** das zwischen den Mitbürgen bestehende Ausgleichsverhältnis nach §§ 774 Abs. 2, 426 bleibt davon – vorbehaltlich einer hiervon abweichenden Vereinbarung der Bürgen untereinander (RdNr. 8; § 774 RdNr. 24) – unberührt.[15] Sieht man von den Fällen einander ergänzender Teilbürgschaften ab (RdNr. 7), liegt die Bedeutung einer entsprechenden Vereinbarung im Wesentlichen in der Außerkraftsetzung des § 424. Von der Abbedingung der §§ 422 ff. zu unterscheiden ist der Fall, dass ein Bürge von vornherein nur eine **Ausfall- oder Rückbürgschaft** übernimmt; dann gelangen die §§ 769, 774 Abs. 2 schon in Ermangelung des Tatbestands der Mitbürgschaft nicht zur Anwendung.[16] Zur Abbedingung des § 774 Abs. 2 s. RdNr. 8, § 774 RdNr. 24.

Von der gesetzlichen Regel des § 769 abweichende Vereinbarungen müssen die von den Parteien intendierte Rechtsfolge klar erkennen lassen; im Zweifel ist vom Vorliegen einer Mitbürgschaft iS des § 769 auszugehen.[17] Eine für mehrere konkurrierende Bürgschaften gleich lautende Abbedingung des § 769 lässt zwar die Ausgleichspflicht unter den Mitbürgen unberührt.[18] Die Begründung einer solchen Nebenbürgschaft hat aber eine gewisse Bedeutung bei mehreren einander **ergänzenden Höchstbetragsbürgschaften** für eine den Höchstbetrag übersteigende Schuld (RdNr. 2).[19] Für das Außenverhältnis[20] steht dann fest, dass dem Gläubiger der Vorrang bei der Inanspruchnahme der übrigen Bürgen zusteht und ein etwaiger Ausgleich unter den Nebenbürgen somit erst nach der Gesamtabwicklung des Gläubigerinteresses stattfinden kann.[21]

2. Erlassvertrag. Das Ausgleichsverhältnis unter den Mitbürgen gemäß §§ 774 Abs. 2, 426 entsteht nicht erst mit der Leistung eines Mitbürgen, sondern bereits mit Begründung der Mitbürgschaft.[22] Sein Fortbestand wird grundsätzlich nicht durch die Entlassung eines Mitbürgen aus seiner Bürgschaftsverpflichtung berührt; vielmehr ist es allein Sache der Mitbürgen, das zwischen ihnen bestehende Ausgleichsverhältnis abweichend von §§ 774 Abs. 2, 426 zu regeln.[23] Der Vorschrift des § 776 lässt sich schon deshalb nichts Gegenteiliges entnehmen, weil sie in ihrem Tatbestand die – mit dem Einzelerlass gerade nicht

---

[13] BGH LM § 765 Nr. 25 = NJW 1979, 646.
[14] BGHZ 88, 185, 188 ff. = NJW 1983, 2442; BGH NJW 1986, 3131, 3132; 1987, 374, 375; 1987, 3126, 3127; 1992, 2286, 2287; OLG Hamm NJW 1991, 297; s. ferner bereits RG JW 1912, 746, 747; RGZ 81, 414, 420 f.; aus dem Schrifttum *Schuler* NJW 1953, 1689, 1691; *Beeser* BB 1958, 970; *Staudinger/Horn* RdNr. 7 ff.; *Erman/Herrmann* RdNr. 1; *Palandt/Sprau* RdNr. 3; im Ergebnis auch *Knütel* JR 1985, 6 ff.; *Weitzel* JZ 1985, 824; aA – gegen Zulässigkeit einer AGB-förmigen Abbedingung – *Reinicke/Tiedtke* JZ 1983, 896, 898; *Tiedtke* ZIP 1990, 413, 424; *M. Wolf* NJW 1987, 2472; *ders.* in: *Wolf/Horn/Lindacher* § 9 AGBG RdNr. B 226; wohl auch OLG München ZIP 1998, 731, 732 („einzelvertraglicher" Ausschluss möglich).
[15] Vgl. die Nachweise in Fn. 14; eingehend zu den in Betracht kommenden Vereinbarungen *Soergel/Pecher* RdNr. 11 ff.
[16] Dazu RdNr. 2 f.; s. ferner die Ausführungen in BGH NJW 1986, 3131, 3133 (kein Vertrag zu Lasten Dritter).
[17] Näher *Soergel/Pecher* RdNr. 17; wohl auch PWW/*Brödermann* RdNr. 4.
[18] Vgl. die Nachweise in Fn. 14; ferner OLG München ZIP 1998, 731, 732: Abbedingung des § 769 führt nicht zu einer Ausweitung der Bürgenhaftung über die konkret benannte Forderung hinaus.
[19] Näher *Staudinger/Horn* RdNr. 12 f.; *Bayer* ZIP 1990, 1523, 1525 f.
[20] Zur Rechtslage im Innenverhältnis s. § 774 RdNr. 22 ff., 26.
[21] Insoweit zutr. *Reinicke/Tiedtke* JZ 1983, 896.
[22] So zutr. BGH NJW 1992, 2286, 2287; 2000, 1034, 1035; *Soergel/Pecher* RdNr. 8; allg. für die Gesamtschuld BGH LM § 416 Nr. 89 = NJW-RR 1991, 499; NJW 1981, 1666, 1667.
[23] S. neben den Nachweisen in Fn. 22 noch OLG Hamm WM 1999, 1969, 1971.

verbundene – Rechtsfolge voraussetzt, dass der Bürge seinen Regressanspruch gegen den entlassenen Mitbürgen verliert.[24] Für den **Fortbestand des Ausgleichsverhältnisses** kommt es auch nicht darauf an, dass die Mitbürgschaft gemeinschaftlich iS von § 427 begründet wurde (RdNr. 4). Den Vorschriften der §§ 769, 774 Abs. 2 lässt sich vielmehr entnehmen, dass auch das Ausgleichsverhältnis unabhängig von den Voraussetzungen des § 427 entsteht und damit auch bei nicht gemeinschaftlicher Verbürgung nur unter Mitwirkung der verbleibenden Mitbürgen umgestaltet werden kann.[25] Gläubiger und privilegierter Mitbürge können allerdings davon abweichend auch vereinbaren, dass dem Erlassvertrag **Gesamtwirkung** iS von § 423 zukommen soll und die verbleibenden Mitbürgen demnach insgesamt oder in Höhe der Ausgleichsverpflichtung des entlassenen Mitbürgen frei werden; doch bedarf es für die Annahme eines entsprechenden Willens der Vertragspartner konkreter Anhaltspunkte.[26]

§ 770 Einreden der Anfechtbarkeit und der Aufrechenbarkeit

(1) Der Bürge kann die Befriedigung des Gläubigers verweigern, solange dem Hauptschuldner das Recht zusteht, das seiner Verbindlichkeit zugrunde liegende Rechtsgeschäft anzufechten.

(2) Die gleiche Befugnis hat der Bürge, solange sich der Gläubiger durch Aufrechnung gegen eine fällige Forderung des Hauptschuldners befriedigen kann.

Übersicht

	RdNr.		RdNr.
I. Einführung	1–3	b) Täuschung und Drohung	5
1. Inhalt und Zweck der Vorschrift	1, 2	2. Analoge Anwendung	6
2. Abweichende Vereinbarungen	3	**III. Aufrechnungsbefugnis (Abs. 2)**	7–10
II. Einrede der Anfechtbarkeit (Abs. 1)	4–6	1. Aufrechnungsbefugnis des Gläubigers	7–9
1. Anfechtungsbefugnis des Schuldners	4, 5	2. Aufrechnungsbefugnis des Schuldners	10
a) Irrtum	4	**IV. Rechtsfolgen**	11

I. Einführung

1. Inhalt und Zweck der Vorschrift. Die Vorschrift ergänzt (RdNr. 2) den Grundsatz 1 der Akzessorietät der Bürgschaftsforderung in Bestand und Durchsetzung (§ 767 RdNr. 1, § 768 RdNr. 1) für den Fall, dass hinsichtlich der *Hauptschuld* eine Anfechtungs- oder Aufrechnungslage besteht. Da nämlich einerseits die Ausübung von auf die Hauptschuld bezogenen Gestaltungsrechten Sache des Hauptschuldners ist,[1] andererseits der Bestand eines Gestaltungsrechts kein Leistungsverweigerungsrecht des Schuldners begründet, ist der Bürge in diesem Fall nicht bereits nach § 768 Abs. 1 S. 1 zur Leistungsverweigerung berechtigt (§ 768 RdNr. 4 ff.). Nach allgemeinen Grundsätzen der Akzessorietät wirkt vielmehr erst die *Ausübung* der in § 770 genannten Gestaltungsrechte durch den Schuldner auch zugunsten des Bürgen, indem sie zum Erlöschen der Hauptschuld und damit nach § 767 Abs. 1 S. 1 grundsätzlich (s. aber auch § 765 RdNr. 62) zum Erlöschen der Bürgschaft führt (§ 767 RdNr. 3 ff.).

Die 1. Kommission sah denn auch eine dem § 770 entsprechende Vorschrift noch nicht 2 vor und verweigerte damit dem Bürgen die Geltendmachung bloßer Gestaltungsmöglich-

---

[24] BGH NJW 1992, 2286, 2287; dazu noch § 776 RdNr. 5.
[25] BGH NJW 1992, 2286, 2287.
[26] Vgl. BGHZ 58, 216, 220 = NJW 1972, 942; BGH NJW 1986, 1097; 1992, 2286, 2287; näher dazu § 423 RdNr. 2 f. mwN.
[1] Denkschrift S. 92; RGZ 59, 207, 210; 122, 146, 147; BGHZ 24, 97, 98 = NJW 1957, 986.

keiten.² Dies aber hätte sowohl bewährter Rechtstradition³ als auch der Interessenlage widersprochen, hätte doch der Gläubiger den Bürgen ungeachtet des Umstands in Anspruch nehmen können, dass der Bestand der Hauptschuld in der Schwebe wäre. Die 2. Kommission entschloss sich deshalb zu der Kompromisslösung des § 770, wonach dem Bürgen unter den dort genannten Voraussetzungen eine **eigene verzögerliche Einrede** zusteht. Während allerdings Abs. 1 darauf abstellt, dass der *Schuldner* zur Anfechtung berechtigt ist,[4] und sich als Ausprägung des Akzessorietätsgrundsatzes versteht, ist die in Abs. 2 geregelte Einrede der Aufrechenbarkeit als Erweiterung des § 771 gedacht[5] und besagt, dass der Bürge, und zwar auch der selbstschuldnerisch haftende (§ 773 Abs. 1 Nr. 1), zur Leistungsverweigerung berechtigt sein soll, solange sich der *Gläubiger* ohne Preisgabe berechtigter Interessen durch Aufrechnung befriedigen kann. Schon bald zeigte sich indes, dass § 770 eine nur sehr unvollkommene Regelung der Problematik enthält (RdNr. 6, 10).

3 **2. Abweichende Vereinbarungen.** Die Vorschrift des § 770 enthält in Abs. 1 keine unmittelbare Ausprägung, sondern eine Ergänzung des die Bürgschaft prägenden Grundsatzes der Akzessorietät; Abs. 2 enthält aus Sicht des Gesetzgebers gar lediglich eine Ausprägung des Grundsatzes der Subsidiarität der Bürgenhaftung (RdNr. 2, 10). Beide Vorschriften können deshalb abbedungen werden, ohne die Qualifizierung des Vertrags als Bürgschaft in Frage zu stellen.[6] Ein formularmäßiger Verzicht des Bürgen auf die Einreden des § 770 ist jedoch entgegen der lange Zeit herrschenden, zunächst auch vom BGH geteilten Ansicht[7] grundsätzlich **nach § 307 unwirksam**. Im Einzelnen ist wie folgt zu unterscheiden: Was zunächst die Einrede der **Anfechtbarkeit** gemäß Abs. 1 betrifft, so ist sie vor dem Hintergrund des Erfordernisses unverzüglicher Anfechtung nach §§ 119, 121 allein in den Fällen des § 123 von Bedeutung; insoweit aber ist ein Interesse des Gläubigers an der Geltendmachung des Bürgschaftsanspruchs trotz Anfechtbarkeit des Hauptschuldverhältnisses nicht anzuerkennen, und zwar ungeachtet der dem Bürgen in diesem Fall zustehenden Einrede aus § 853 iVm. § 768 Abs. 1 S. 1 (RdNr. 5).[8] Ein Verzicht auf die Einrede der **Aufrechenbarkeit** benachteiligt den Bürgen unangemessen, soweit er sich auch auf liquide oder gar rechtskräftig festgestellte Gegenforderungen des Schuldners bezieht; der Umstand, dass der Gläubiger in diesem Fall die Gegenforderung zur Aufrechnung mit anderen Forderungen gegen den Schuldner verwenden kann, ist aus Sicht des Bürgen unbeachtlich.[9] Will also der Gläubiger die Vorschrift des Abs. 2 durch AGB abbedingen, so

---

[2] E I § 671; Mot. II S. 663; zur Entstehungsgeschichte des § 770 s. auch *Zimmermann* JR 1979, 495, 497 f.; *Kiehnle* AcP 208 (2008), 635, 640 ff.

[3] Hinweise bei RGZ 59, 207, 210; 62, 51, 55.

[4] Prot. II S. 465 f.

[5] Prot. II S. 468 f., 470 f.; s. auch BGHZ 95, 350, 361 = NJW 1986, 43; BGHZ 153, 293, 299 = NJW 2003, 1521 = JZ 2003, 845 m. Anm. *Habersack/Schürnbrand* („Ausprägung des Subsidiaritätsgrundsatzes"); eingehend *Kiehnle* AcP 208 (2008), 635, 649 ff.

[6] S. neben den Nachweisen in Fn. 7 noch BGH NJW 2002, 2867, 2869 (Abbedingung des § 770 Abs. 2 schließt Einwand, die Hauptschuld sei durch Aufrechnung erloschen, nicht aus).

[7] Vgl. zu § 770 Abs. 1 BGHZ 95, 350, 357 = NJW 1986, 43; OLG München WM 2006, 684, 687 f.; zu § 770 Abs. 2 s. BGHZ 95, 350, 359 f. = NJW 1986, 43; BGH NJW 1981, 761; 1984, 2455; 1995, 1886, 1888; allg. für § 770 offen gelassen aber von BGH NJW 1998, 1939, 1941; ZIP 2001, 1190, 1193 („mag ... nicht unbedenklich sein"). Vor BGHZ 153, 293 (dazu Fn. 9) für Zulässigkeit des formularmäßigen Verzichts auf § 770 *M. Wolf* in: *Wolf/Horn/Lindacher* § 9 AGBG RdNr. B 218; *Staudinger/Horn* RdNr. 17; *Bamberger/Roth/Rohe* (1. Aufl.) RdNr. 4; *Erman/Seiler* (10. Aufl.) RdNr. 1; *Erman/Herrmann* (11. Aufl.) RdNr. 1; *Lettl* WM 2000, 1316, 1324.

[8] Für Unwirksamkeit der AGB-förmigen Abbedingung des § 770 Abs. 1 auch *Bamberger/Roth/Rohe* RdNr. 4; *PWW/Brödermann* RdNr. 5 f.; *Habersack/Schürnbrand* JZ 2003, 848, 849; *Tiedtke* JZ 2006, 940, 948; *ders./Holthusen* WM 2007, 93, 97 f.; großzügiger die nach wie vor hM, s. BGHZ 95, 350, 357 = NJW 1986, 43; BGH NJW 1995, 1886, 1888; *Palandt/Sprau* RdNr. 1 a; *Fuchs* in: *Ulmer/Brandner/Hensen* Anh. § 310 RdNr. 238; wohl auch *Soergel/Pecher* RdNr. 16 f.

[9] BGHZ 153, 293, 298 ff. = NJW 2003, 1521 = JZ 2003, 845 m. Anm. *Habersack/Schürnbrand*; BGHZ 156, 302, 310 = NJW 2004, 161; BGH NJW 2004, 2232, 2235; zuvor bereits 3. Aufl. RdNr. 3; *Fischer* WM 1998, 1705, 1712; *Graf v. Westphalen/Voigt* Bürgschaft RdNr. 44, 46; *Reinicke/Tiedtke* Bürgschaftsrecht RdNr. 603; *Tiedtke* ZIP 1986, 150, 153 ff.; nunmehr auch *Bamberger/Roth/Rohe* RdNr. 4; *PWW/Brödermann* RdNr. 5 f.; wohl auch *Fuchs* in: *Ulmer/Brandner/Hensen* Anh. § 310 RdNr. 239; krit. *Soergel/Pecher* RdNr. 14 ff., 16 f.

hat er in den Text der Klausel einen entsprechenden Vorbehalt aufzunehmen, andernfalls die Klausel insgesamt unwirksam ist.[10] Auch auf der Grundlage der gegenteiligen, zunächst hM[11] umfasst allerdings der Verzicht auf die Einrede aus Abs. 2 nicht den Einwand unzulässiger Rechtsausübung durch den Gläubiger.[12] Keinen endgültigen Verzicht auf die Einreden des § 770 enthält dagegen die Verpflichtung des Bürgen zur Zahlung auf **erstes Anfordern** (§ 765 RdNr. 99 ff.; § 768 RdNr. 3).

II. Einrede der Anfechtbarkeit (Abs. 1)

1. Anfechtungsbefugnis des Schuldners. a) Irrtum. Die Einrede aus Abs. 1 ist eine verzögerliche und steht dem Bürgen nur solange zu, als der Gläubiger zur Anfechtung des Hauptschuldverhältnisses berechtigt ist.[13] Für die Fälle der Irrtumsanfechtung nach §§ 119 f. ist die Einrede deshalb nur von geringer praktischer Bedeutung, da der Schuldner sich nach § 121 unverzüglich nach Kenntniserlangung erklären muss, will er nicht sein Anfechtungsrecht verlieren. Ein *Verzicht des Schuldners* auf sein bereits entstandenes Anfechtungsrecht entzieht zwar dem Bürgen die Einrede aus Abs. 1,[14] hat aber gleichfalls wegen § 121 keine praktische Relevanz.

b) Täuschung und Drohung. In den Fällen des § 123 kommt dem Bürgen über § 770 Abs. 1 zunächst die einjährige Anfechtungsfrist des § 124 zugute. Mit Ausübung des Anfechtungsrechts durch den Schuldner erlischt die Hauptschuld und mit ihr die Bürgschaft.[15] Erlischt das Anfechtungsrecht durch Verzicht des Schuldners oder durch Ablauf der Anfechtungsfrist, so geht der Bürge zwar der Einrede aus Abs. 1 verlustig (RdNr. 4). Hat aber der Gläubiger bei Abschluss des Vertrags eine unerlaubte Handlung begangen, so bleibt der Schuldner nach § 853 zur Verweigerung der Leistung berechtigt;[16] diese dauernde Einrede kann nach § 768 Abs. 1 S. 1, Abs. 2 vom Bürgen selbst dann geltend gemacht werden, wenn der Schuldner auch insoweit verzichtet hat.[17]

2. Analoge Anwendung. Die Vorschrift des Abs. 1 gilt entsprechend, soweit und solange dem Hauptschuldner ein sonstiges Gestaltungsrecht zusteht.[18] Von Bedeutung ist dies insbesondere für das **Widerrufsrecht** und das Rückgaberecht nach §§ 355 f. sowie für das gesetzliche oder vertraglich vorbehaltene **Rücktrittsrecht** des Schuldners;[19] solange sich der Schuldner darüber nicht erklärt hat, ist der Bürge deshalb entsprechend Abs. 1 zur Verweigerung der Leistung berechtigt. Auch für die analoge Anwendung des Abs. 1 gilt, dass ein etwaiger **Verzicht des Schuldners** auf sein Gestaltungsrecht auch zu Lasten des Bürgen wirkt (RdNr. 4 f.). Der Bürge kann aber, wenn sich aus dem Sachverhalt neben dem

---

[10] So auch BGH (Fn. 9); *Reinicke/Tiedtke* und *Tiedtke* (jeweils Fn. 9).
[11] Vgl. die Nachweise in Fn. 7.
[12] BGH NJW 1991, 2908, 2909 (bejahend für den Fall, dass Hauptschuldner einen Schadensersatzanspruch aus Pflichtverletzung bei der Verwertung des Sicherungsgut hat); zust. auch OLG Köln ZIP 1998, 150 f.
[13] RGZ 66, 332, 333; BGHZ 95, 350, 357 = NJW 1986, 43; s. ferner die Nachweise in Fn. 14.
[14] Ganz hM, s. neben den Nachweisen in Fn. 13 noch *Staudinger/Horn* RdNr. 2; *Jauernig/Stadler* RdNr. 4; aA *Harrer*, FS Honsell, 2002, S. 515, 517 ff.
[15] Vgl. § 765 RdNr. 48; § 767 RdNr. 3 ff.; zur Frage, ob die Bürgschaft etwaige Bereicherungsansprüche sichert, s. § 765 RdNr. 62.
[16] Vgl. BGH LM § 123 Nr. 55 = NJW 1979, 1983; NJW 1969, 604; *Soergel/Pecher* RdNr. 4.
[17] BGHZ 95, 350, 357 = NJW 1986, 43; *Staudinger/Horn* RdNr. 2; *Erman/Herrmann* RdNr. 3; *Palandt/Sprau* RdNr. 1 a.
[18] Ganz hM, s. BGHZ 165, 363, 368 = NJW 2006, 845; *Staudinger/Horn* RdNr. 20 ff.; *Bamberger/Roth/Rohe* RdNr. 5; *Erman/Herrmann* RdNr. 4; *Palandt/Sprau* RdNr. 4; PWW/*Brödermann* RdNr. 4; AnwK-BGB/*Beckmann* RdNr. 3; *Jauernig/Stadler* RdNr. 2; *Reinicke/Tiedtke* Bürgschaftsrecht RdNr. 298; für § 17 KO (§ 103 InsO) offen gelassen von OLG Frankfurt WM 1995, 794, 796; aA *Soergel/Pecher* RdNr. 5; *Gernhuber*, Bürgerliches Recht, 3. Aufl. 1991, § 26 II 9.
[19] Für das Widerrufsrecht BGHZ 165, 363, 368 = NJW 2006, 845; s. iÜ die Nachweise in Fn. 18; zu § 17 KO s. OLG Frankfurt WM 1995, 794, 796 (offen gelassen); aA *Soergel/Pecher* RdNr. 5, freilich basierend auf der verfehlten (s. § 355 RdNr. 29 f.) Annahme schwebender Unwirksamkeit des widerruflichen Vertrags, aus dem sodann ein nach § 767 Abs. 1 S. 1 (sic) auch zugunsten des Bürgen wirkendes Leistungsverweigerungsrecht folgen soll.

Gestaltungsrecht noch eine *Einrede* des Hauptschuldners herleiten lässt, dieselbe nach Maßgabe des § 768 und damit auch nach Verzicht des Hauptschuldners geltend machen (RdNr. 5). Von Bedeutung ist dies für den Fall des *gesetzlichen Rücktrittsrechts;* hier hat der Bürge neben der Einrede aus § 770 Abs. 1 ggf. die verzögerliche Einrede aus § 320 iVm. § 768 Abs. 1 S. 1. Dem gesetzlichen Rücktrittsrecht steht unter Geltung des neuen Kauf- und Werkvertragsrechts das **Minderungsrecht** des Hauptschuldners aus §§ 441, 638 gleich.[20] Demgegenüber gewährten §§ 459 ff., 634 in der Fassung vor Inkrafttreten des SMG dem Käufer oder Besteller bei *Mangelhaftigkeit der Kaufsache* oder Werkleistung zwar ein Recht auf Wandelung oder auf Minderung, nicht aber ein Gestaltungsrecht, weshalb der Bürge bis zum Vollzug der Wandelung oder Minderung zwar nach § 768 Abs. 1 S. 1 die allgemeine Mängeleinrede des Hauptschuldners geltend machen konnte, nicht aber nach § 770 Abs. 1 analog zur Leistungsverweigerung berechtigt war. Sowohl für das alte als auch für das neue Recht der Mängelhaftung gilt, dass der Bürge seiner Einrede (mag sie aus § 768 Abs. 1 S. 1 oder aus § 770 Abs. 1 folgen) verlustig geht, wenn die Gewährleistungsrechte des Hauptschuldners nach §§ 377, 381 HGB erlöschen. Nach Verjährung der Gewährleistungsrechte hat der Bürge aber ggf. noch die Einrede aus § 768 Abs. 1 S. 1 iVm. §§ 438 Abs. 4 S. 2, Abs. 5, 634 a Abs. 4 S. 2, Abs. 5.[21] Erklärt der Hauptschuldner die Minderung,[22] so erlischt nach § 767 Abs. 1 S. 1 auch die Bürgschaft entsprechend (§ 767 RdNr. 4). Zur **Aufrechnungsbefugnis des Schuldners** s. RdNr. 10.

III. Aufrechnungsbefugnis (Abs. 2)

7 **1. Aufrechnungsbefugnis des Gläubigers.** Nach Abs. 2 kann der Bürge die Leistung verweigern, solange und soweit sich der Gläubiger durch Aufrechnung gegenüber dem Schuldner befriedigen kann. In Abweichung von § 387 setzt Abs. 2 allerdings voraus, dass auch die **Gegenforderung des Schuldners fällig** ist. Der Gläubiger braucht also keine Zahlungsfristen preiszugeben; allein die nach § 271 Abs. 2 im Zweifel auch schon vor Fälligkeit gegebene *Berechtigung* des Gläubigers zur Leistung verschafft dem Bürgen nicht die Einrede aus Abs. 2. Der Fälligkeit seiner Forderung gleich steht es aber, wenn der Gläubiger nach §§ 257 ff. ZPO auf künftige Leistung klagen kann.[23] Der Bürge kann schließlich die Leistung noch verweigern, wenn die Aufrechnungsmöglichkeit für den Gläubiger erst entstanden ist, nachdem sich der Bürge bereits im Schuldnerverzug befand.[24]

8 Die Vorschrift hat – wie diejenige des § 771 auch[25] – allein das Verhältnis des Gläubigers zum Bürgen zum Gegenstand; auf das Hauptschuldverhältnis wird dagegen in Abs. 2 nicht abgestellt. Ist der **Schuldner** auf Grund eines **Aufrechnungsverbots** oder einer Verzichtserklärung an der Aufrechnung gehindert, so muss sich deshalb der Gläubiger gleichwohl vom Bürgen auf sein Recht zur Aufrechnung verweisen lassen.[26] Der Bürge verliert seine Einrede auch nicht dadurch, dass der Schuldner nach § 767 Abs. 2 ZPO mit einer Aufrech-

---

[20] PWW/*Brödermann* RdNr. 3; aA *Soergel/Pecher* RdNr. 5 unter verfehltem Hinweis darauf, dass nach „neuerem" Schuldrecht die Geltendmachung von Sachmängelrechten „nicht mehr von Gestaltungsrechten bestimmt" sei.
[21] Dazu § 768 RdNr. 6; für analoge Anwendung des Abs. 1 dagegen RGZ 66, 332, 333 f.; *Staudinger/Horn* RdNr. 24.
[22] Bei einer Bürgschaft für Mietzinsansprüche ist nach § 536 eine entsprechende Erklärung nicht erforderlich, s. RGZ 56, 109, 110.
[23] BGHZ 38, 122, 128 f. = NJW 1963, 244.
[24] BGH LM § 776 Nr. 1 = NJW 1966, 2009, 2010.
[25] Zum systematischen Zusammenhang beider Vorschriften s. RdNr. 2 mN in Fn. 5.
[26] BGHZ 153, 293, 301 = NJW 2003, 1521 = JZ 2003, 845 m. Anm. *Habersack/Schürnbrand; Schlüter*, FS H. Westermann, 1974, S. 509, 512 f., 517; *A. Blomeyer* JZ 1957, 509; *Staudinger/Horn* RdNr. 8; *Soergel/Pecher* RdNr. 8; *Reinicke/Tiedtke* Bürgschaftsrecht RdNr. 301; aA OLG Dresden SeuffA 69 Nr. 102. Offen gelassen noch in BGHZ 24, 97, 99 = NJW 1957, 986; BGHZ 42, 396, 398 = NJW 1965, 627, wo iÜ die Vorschrift des § 129 Abs. 3 HGB zutr. dahin gehend ausgelegt wurde, dass die Einrede entfällt, wenn allein der Gläubiger zur Aufrechnung imstande ist (s. dazu *Schlüter* aaO S. 517 ff.); *Staub/Habersack* § 129 HGB RdNr. 23).

nung nicht mehr gehört werden darf, während der Gläubiger seinerseits noch aufrechnen kann.[27] Im Übrigen gelten die allgemeinen Voraussetzungen des § 387.[28]

Die Einrede des Bürgen **entfällt mit der Aufrechnungsmöglichkeit** (RdNr. 2), also etwa dadurch, dass der Gläubiger die Gegenforderung des Schuldners erfüllt[29] oder der Schuldner im Rahmen eines Vergleichs auf seine Forderung verzichtet,[30] ferner dadurch, dass der Schuldner mit ihr gegen eine andere Forderung des Gläubigers[31] oder der Gläubiger gegen sie nicht mit der verbürgten, sondern mit einer anderen (ungesicherten) Forderung aufrechnet,[32] des Weiteren dadurch, dass infolge Abtretung der verbürgten Forderung oder der Gegenforderung die nach § 387 erforderliche Gegenseitigkeit aufgehoben wird. Mit der Einrede aus Abs. 2 entfällt zugleich die auf die Gegenforderung des Schuldners gestützte Einrede aus §§ 273, 320, 768 Abs. 1 S. 1, soweit dem nicht, wie im Falle des *Verzichts* auf die Aufrechnungsbefugnis, die Vorschrift des § 768 Abs. 2 entgegensteht.

2. Aufrechnungsbefugnis des Schuldners. Die Vorschrift des Abs. 2 steht im Zusammenhang mit § 771 und verweist den Gläubiger auf die Möglichkeit einer einfachen Befriedigung; sie versteht sich als Ausprägung der *Subsidiarität* der Bürgenhaftung[33] und stellt deshalb, anders als § 129 Abs. 3 HGB,[34] bewusst auf die Aufrechnungsbefugnis des Gläubigers ab (RdNr. 2, 8). Ist der Gläubiger nach §§ 390, 393 f. oder aufgrund vertraglicher Abrede an der Aufrechnung gehindert, so entfällt deshalb zwar die Einrede aus Abs. 2.[35] Doch greift in diesem Fall der Gesichtspunkt der Akzessorietät der Bürgschaftsschuld, so dass der Bürge **entsprechend Abs. 1** (RdNr. 6) zur Verweigerung der Leistung berechtigt ist, solange und soweit der Schuldner zur Aufrechnung imstande ist.[36] Auch wenn man dem nicht folgen und weder Abs. 1 noch Abs. 2 zur Anwendung bringen wollte, können Gegenansprüche des Schuldners das Zurückbehaltungsrecht aus §§ 273, 320 begründen,[37] auf das sich nach § 768 Abs. 1 S. 1 auch der Bürge berufen kann.[38]

IV. Rechtsfolgen

Beruft sich der Bürge auf eine Einrede aus Abs. 1 oder 2, so ist die Klage des Gläubigers, soweit die Forderungen sich decken, als **derzeit unbegründet** abzuweisen.[39] Bringt der

---

[27] BGHZ 153, 293, 301 f. = NJW 2003, 1521 = JZ 2003, 845 m. Anm. *Habersack/Schürnbrand*; offen gelassen noch in BGHZ 24, 97, 99 = NJW 1957, 986 = JZ 1957, 508 m. krit. Anm. *A. Blomeyer*; vgl. auch BGH LM ZPO § 546 Nr. 80 = NJW 1973, 146.

[28] BGH WM 1956, 1209, 1211 (Gleichartigkeit).

[29] BGHZ 153, 293, 300 = NJW 2003, 1521 = JZ 2003, 845 m. Anm. *Habersack/Schürnbrand*; RG WarnR 1912 Nr. 303 S. 338 = JW 1912, 749.

[30] BGH (Fn. 29); RGZ 62, 51, 54; 122, 146, 147.

[31] BGH (Fn. 29); RGZ 122, 146, 147 f.

[32] BGH LM § 396 Nr. 2 = NJW 1984, 2455.

[33] So auch BGHZ 153, 293, 299, 302 = NJW 2003, 1521 = JZ 2003, 845 m. Anm. *Habersack/Schürnbrand*; s. ferner wN in Fn. 5.

[34] Vgl. dazu Fn. 26.

[35] RGZ 137, 34, 36 = JW 1932, 3761 m. abl. Anm. *Siber*; *Schlüter*, FS H. Westermann, 1974, S. 509, 522; *Larenz/Canaris* II/2 § 60 III 3 a; *Bülow* Kreditsicherheiten RdNr. 990 ff.; *Kiehnle* AcP 208 (2008), 635, 651 ff.; *Staudinger/Horn* RdNr. 9; *Soergel/Pecher* RdNr. 9 *Erman/Herrmann* RdNr. 6; *Bamberger/Roth/Rohe* RdNr. 7; *Palandt/Sprau* RdNr. 3; wohl auch BGHZ 153, 293, 301 f. = NJW 2003, 1521 = JZ 2003, 845 m. Anm. *Habersack/Schürnbrand*; aA – für entsprechende Anwendung des Abs. 2 – *Medicus* JuS 1971, 497, 501 Fn. 26; *Zimmermann* JR 1979, 495, 496 ff.; *Enneccerus/Lehmann* § 193 II 2; *RGRK/Mormann* RdNr. 4; offen gelassen von BGHZ 42, 396, 398 = NJW 1965, 627; BGH NJW 1987, 2076, 2077; BankR-HdB/*Schmitz/Wassermann/Nobbe* § 91 RdNr. 144; zwischen §§ 393 und 394 diff. PWW/*Brödermann* RdNr. 12.

[36] So zutr. *Erman/Herrmann* RdNr. 6; *Reinicke/Tiedtke* Bürgschaftsrecht RdNr. 302.

[37] Anders, wenn der Zweck des gesetzlichen Aufrechnungsverbots auch die Geltendmachung des Zurückbehaltungsrechts ausschließt, s. dazu § 393 RdNr. 1 mwN.

[38] Vgl. etwa RGZ 134, 34, 37 f.; BGHZ 24, 97, 99 f. = NJW 1957, 986; BGH NJW 1966, 2009; *Bamberger/Roth/Rohe* RdNr. 7; BankR-HdB/*Schmitz/Wassermann/Nobbe* § 91 RdNr. 144. – Näher dazu sowie zur Unbeachtlichkeit eines Verzichts des Schuldners § 768 RdNr. 6, 8 f.

[39] BGHZ 38, 122, 129 f. = NJW 1963, 244; BGHZ 153, 293, 301 = NJW 2003, 1521 = JZ 2003, 845 m. Anm. *Habersack/Schürnbrand*.

Schuldner die Hauptschuld durch rechtsgestaltende Erklärung zum Erlöschen, so tritt deshalb im Verhältnis des Gläubigers zum Bürgen nicht erst dadurch Erledigung ein. Die Einreden iS von § 770 sind dilatorischer Natur. Leistungen des Bürgen in Unkenntnis einer solchen Einrede können weder nach § 813 Abs. 1 S. 1 noch aus anderen Gründen zurückverlangt werden (§ 813 RdNr. 6). Soweit dagegen die *Ausübung* des Gestaltungsrechts zum Erlöschen der Hauptschuld führt, erlischt mit ihr auch die Bürgschaft (§ 765 RdNr. 48, 62). Der Bürge kann dann nach § 812 Abs. 1 kondizieren.

§ 771 Einrede der Vorausklage

¹Der Bürge kann die Befriedigung des Gläubigers verweigern, solange nicht der Gläubiger eine Zwangsvollstreckung gegen den Hauptschuldner ohne Erfolg versucht hat (Einrede der Vorausklage). ²Erhebt der Bürge die Einrede der Vorausklage, ist die Verjährung des Anspruchs des Gläubigers gegen den Bürgen gehemmt, bis der Gläubiger eine Zwangsvollstreckung gegen den Hauptschuldner ohne Erfolg versucht hat.

Übersicht

	RdNr.		RdNr.
I. Einführung	1, 2	2. Mehrere Verpflichtete	4
1. Inhalt und Zweck der Vorschrift	1	3. Ausnahmen	5
2. Abgrenzung	2	III. Rechtsfolgen	6–8
II. Erfolgloser Vollstreckungsversuch des Gläubigers	3–5	1. Einrede des Bürgen	6
1. Vorausvollstreckung	3	2. Verjährungshemmung	7, 8

I. Einführung

1. Inhalt und Zweck der Vorschrift. Die Vorschrift steht in unmittelbarem Zusammenhang mit § 770 Abs. 2 und enthält eine weitere und wesentliche Ausprägung des Grundsatzes der **Subsidiarität** der Haftung des nichtkaufmännischen (RdNr. 5) Bürgen, indem sie es diesem erlaubt, den Gläubiger auf die vorrangige Inanspruchnahme des Hauptschuldners zu verweisen.[1] Die Vorschriften der §§ 771 S. 1, 772 bestimmen im Einzelnen, welche Bemühungen dem Gläubiger hinsichtlich der Durchsetzung der Hauptforderung obliegen, bevor er sich an den Bürgen halten kann. Eine Klage ist danach weder erforderlich (RdNr. 3) noch ausreichend; die vom Gesetzgeber gewählte Bezeichnung des Gegenrechts des Bürgen als „Einrede der Vorausklage"[2] ist daher ungenau und irreführend. Macht der Bürge die Einrede der Vorausklage geltend, so sieht der durch Art. 1 Nr. 55 SMG[3] angefügte § 771 S. 2 eine **besondere Verjährungshemmung** vor. Die – nach § 773 Abs. 1 Nr. 1 abdingbare (§ 773 RdNr. 3 ff.) – Vorschrift des § 771 S. 1 ist nicht abschließender Natur; je nach Art des Bürgschaftsverhältnisses können dem Gläubiger vielmehr weitere Sorgfaltspflichten im Zusammenhang mit der Geltendmachung seines Anspruchs gegen den Bürgen obliegen.[4]

2. Abgrenzung. Die sog. Einrede der Vorausklage trägt der besonderen Natur des Bürgschaftsversprechens Rechnung und kann grundsätzlich nicht auf andere Formen der Interzession übertragen werden. Vorbehaltlich einer entsprechenden Vereinbarung steht sie deshalb weder dem aus Garantie Verpflichteten noch dem Wechselverpflichteten zu.[5] Aber auch

---

[1] Näher § 770 RdNr. 2, 10; s. ferner BGH ZIP 2006, 1825, 1829 f.; *Soergel/Pecher* RdNr. 1.
[2] Zum beneficium excussionis des gemeinen Rechts s. Mot. II S. 667 ff.; Teil I Titel 14 §§ 283 ff. ALR; ferner *Zimmermann*, Law of obligations, 1990, S. 129 ff.
[3] BGBl. I S. 3169. – Die Vorschrift ist erst auf Grund der Empfehlung des BT-Rechtsausschusses angefügt worden, s. BT-Drucks. 14/7052 S. 345.
[4] RG Recht 1907 Nr. 3493; näher dazu § 765 RdNr. 84 ff., 92 ff.
[5] Im Grundsatz wohl einhM, s. für den gemäß Art. 28 WG Verpflichteten BGHZ 45, 210, 212 = NJW 1966, 1557; iÜ etwa *Erman/Herrmann* RdNr. 2; zum schuldsichernden Schuldbeitritt s. Vor § 765 RdNr. 15.

Einrede der Vorausklage   3–6 § 771

die sachenrechtlichen Vorschriften der §§ 1228, 1282, 1147 über das Faustpfand und die Hypothek machen das Recht zum Zugriff auf den Pfandgegenstand allein von der Fälligkeit der gesicherten Forderung abhängig.

II. Erfolgloser Vollstreckungsversuch des Gläubigers

1. Vorausvollstreckung. Nach § 771 S. 1 obliegt dem Gläubiger vor der Inanspruch- 3
nahme des Bürgen ein vergeblicher Versuch der Zwangsvollstreckung gegen den Schuldner; in § 772 wird diese Obliegenheit konkretisiert. §§ 771 S. 1 und 772 enthalten *streng formale* Vorschriften. Es genügt deshalb auch dann ein einziger Vollstreckungsversuch, wenn der Schuldner im Anschluss daran wieder zu Vermögen kommt.[6] Voraussetzung ist allerdings, dass der Gläubiger den Vollstreckungsversuch **nach Übernahme der Bürgschaft** unternimmt. Hat der Gläubiger bereits zuvor einen erfolglosen Vollstreckungsversuch unternommen, so entkräftet dies die Einrede des Bürgen nicht.[7] Geeignete Grundlage der Zwangsvollstreckung iS von § 771 S. 1 ist **jeder Titel** iS der §§ 704 Abs. 1, 794 ZPO.

2. Mehrere Verpflichtete. Hat der Bürge die Bürgschaft für einen von mehreren 4
Gesamtschuldnern übernommen, so bedarf es eines Vollstreckungsversuchs gegen denjenigen Gesamtschuldner, für den der Bürge einsteht (§ 765 RdNr. 51, 108). Ein nach Übernahme der Bürgschaft beitretender Schuldner braucht deshalb in keinem Fall vom Gläubiger in Anspruch genommen zu werden;[8] umgekehrt entkräftet ein gegen diesen Gesamtschuldner gerichteter Versuch nicht die Einrede des Bürgen. Hat der Bürge für mehrere Gesamtschuldner einzustehen, so sind diese allesamt vom Gläubiger in Anspruch zu nehmen. Dementsprechend bedarf es im Fall einer Bürgschaft für die Schuld einer **Personengesellschaft** des Vorgehens auch gegen sämtliche unbeschränkt haftenden Gesellschafter;[9] der Umstand, dass die Haftung der Gesellschafter akzessorischer Natur ist (§ 714 RdNr. 31 ff.), steht dem nicht entgegen.

3. Ausnahmen. Die Einrede der Vorausklage ist nach § 349 ausgeschlossen bei der **Bürg-** 5
schaft eines Kaufmanns, sofern sie für ihn Handelsgeschäft ist (§ 766 RdNr. 3), ferner in den Fällen *gesetzlich angeordneter Bürgenhaftung* gemäß §§ 566 Abs. 2, 1251 Abs. 2, § 36 Abs. 2 S. 2 VerlG. Eine Sicherheitsbürgschaft iS von § 232 Abs. 2 ist nach § 239 Abs. 2 nur bei Verzicht auf die Einrede der Vorausklage zuzulassen. Bei der **Ausfallbürgschaft** (§ 765 RdNr. 106 f.) gehört die vorherige Inanspruchnahme des Schuldners und anderer Sicherheiten dagegen bereits zum anspruchsbegründenden Tatbestand; der Geltendmachung der Einrede der Vorausklage bedarf es bei ihr also nicht.[10] *Nach- und Rückbürge* (§ 765 RdNr. 117, 122) schließlich haben wie ein gewöhnlicher Bürge die Einrede der Vorausklage.

III. Rechtsfolgen

1. Einrede des Bürgen. Die Vorschrift des § 771 S. 1 gewährt dem Bürgen eine 6
dilatorische Einrede. Wie andere Einreden auch, ist sie vom Bürgen geltend zu machen (§ 214 RdNr. 3 f.). Will der Gläubiger die Einrede entkräften, hat er entweder nachzuweisen, dass die in § 772 geregelten Voraussetzungen der Inanspruchnahme des Bürgen erfüllt sind, oder aber, dass die Einrede nach § 773 ausgeschlossen ist oder einer der in RdNr. 5 genannten Ausnahmetatbestände vorliegt. Macht der Bürge die Einrede geltend, so ist eine

---

[6] Vgl. Mot. II S. 669; RG Recht 1907 Nr. 3493; RGZ 92, 219, 220; *Staudinger/Horn* RdNr. 7; PWW/ *Brödermann* RdNr. 5.
[7] KG OLGR 1995, 43, das zudem in dem unterlassenen Hinweis des Gläubigers auf den bereits erfolgten Vollstreckungsversuch eine Aufklärungspflicht sieht (§ 765 RdNr. 84 ff.); wie hier auch PWW/*Brödermann* RdNr. 5.
[8] RG JW 1911, 158 = WarnR 1911 Nr. 75 (zu § 25 HGB); OLG Hamburg OLGE 34, 82 f.; *Staudinger/ Horn* RdNr. 8; PWW/*Brödermann* RdNr. 6.
[9] So auch *Reichel* HansRZ 1922, 401, 402; *Staudinger/Horn* RdNr. 8; PWW/*Brödermann* RdNr. 6; aA RGRK/*Mormann* RdNr. 1; *Soergel/Pecher* RdNr. 4; *Palandt/Sprau* RdNr. 1.
[10] BGH NJW 1989, 1484, 1485; RGZ 75, 186, 187.

gleichzeitige Verurteilung von Schuldner und Bürge **grundsätzlich ausgeschlossen.** Der Gläubiger kann jedoch unter den Voraussetzungen des § 259 ZPO gegen den Bürgen Klage auf künftige Leistung erheben. In diesem Fall darf die vollstreckbare Ausfertigung nur unter den Voraussetzungen des § 726 Abs. 1 ZPO erteilt werden. Darüber hinaus ist es nach § 771 zwar nicht ausgeschlossen, dass der Gläubiger neben der Leistungsklage gegen den Schuldner eine auf *Feststellung* der Haftung des Bürgen gerichtete Klage gegen den Bürgen erhebt;[11] der Zulässigkeit der Feststellungsklage wird jedoch zumeist das Fehlen des erforderlichen Feststellungsinteresses entgegenstehen.

2. Verjährungshemmung. Der durch das SMG angefügte § 771 S. 2 sieht für den Fall, dass der Bürge die Einrede der Vorausklage erhebt, die Hemmung des Anspruchs des Gläubigers vor. Dadurch soll es dem Gläubiger ermöglicht werden, gegen den Hauptschuldner Leistungsklage zu erheben und aus dem Titel einen Vollstreckungsversuch zu unternehmen (mithin die Voraussetzungen für die Inanspruchnahme des Bürgen zu schaffen), ohne Gefahr laufen zu müssen, dass seine Forderung gegen den Bürgen zwischenzeitlich nach §§ 195, 199 (§ 765 RdNr. 82) verjährt.[12] Es folgt indes schon aus allgemeinen Grundsätzen, dass anfängliche Leistungsverweigerungsrechte des Schuldners die Verjährung nicht in Gang setzen (§ 199 RdNr. 4 f.), so dass es – zumal nach Aufhebung des § 202 Abs. 2 aF[13] durch das SMG – der neuen Vorschrift an sich nicht bedurft hätte.[14] Dies gilt ungeachtet des Umstands, dass § 205 (nur) für den Fall des vertraglich vereinbarten Leistungsverweigerungsrechts die Hemmung der Verjährung vorsieht. Denn nach zutr. Ansicht ist § 205 nicht nur überflüssig, weil eine bloße Selbstverständlichkeit zum Ausdruck bringend.[15] Die Vorschrift steht vielmehr der Annahme, dass im Falle eines gesetzlichen Leistungsverweigerungsrechts der Anspruch des Gläubigers noch gar nicht entstanden ist und deshalb die Verjährung erst gar nicht zu laufen beginnt, keineswegs entgegen.[16]

Während allerdings nach allgemeinen Grundsätzen Hemmung der Verjährung allein auf Grund des **Bestehens der Einrede** des Schuldners und der damit verbundenen Undurchsetzbarkeit der Forderung eintritt, soll es nach dem Wortlaut des § 771 S. 2 darauf ankommen, dass der Bürge die Einrede der Vorausklage tatsächlich erhebt; erst mit Zugang dieser Erklärung würde also Hemmung eintreten.[17] Danach würde es dem Gläubiger obliegen, sich zunächst über die Geltendmachung der Einrede des Bürgen Gewissheit zu verschaffen; andernfalls liefe er Gefahr, dass er den Hauptschuldner nach Maßgabe des § 771 S. 1 in Anspruch nimmt und der Bürge sodann nach Ablauf der Verjährungsfrist geltend macht, dass er sich zu keinem Zeitpunkt auf die Einrede der Vorausklage berufen habe und deshalb Verjährungshemmung nicht eingetreten sei.[18] Ausweislich der Materialien[19] hat der Gesetzgeber diese Konsequenz des § 771 S. 2 nicht bedacht. Ungeachtet des Wortlauts des § 771 S. 2 sollte es deshalb bei den allgemeinen und der Sachproblematik allein angemessenen Grundsätzen bewenden,[20] was bedeutet, dass die Verjährung unabhängig davon, ob sich der Bürge auf die Einrede der Vorausklage beruft, gehemmt ist, bis der Gläubiger die Hauptforderung nach Maßgabe des § 771 S. 1 geltend gemacht hat.

---

[11] *Staudinger/Horn* RdNr. 10; *RGRK/Mormann* RdNr. 3; aA RG Recht 1905 Nr. 988; *Erman/Herrmann* RdNr. 4.

[12] Vgl. Bericht des BT-Rechtsausschusses, BT-Drucks. 14/7052 S. 345; zum umgekehrten Fall (Inanspruchnahme des Bürgen und drohende Verjährung der Hauptschuld) s. § 768 RdNr. 5.

[13] Danach galt die Verjährungshemmung kraft dilatorischer Einrede nicht für die Einrede der Vorausklage.

[14] Vgl. für § 205 (dazu sogleich im Text) *Erman/Schmidt-Räntsch* § 205 RdNr. 1; ferner § 205 RdNr. 1.

[15] Vgl. neben den Nachweisen in Fn. 14 noch *Soergel/Pecher* RdNr. 6, 8.

[16] Vgl. *Erman/Schmidt-Räntsch* § 205 RdNr. 2.

[17] So denn auch die ganz hM, s. *Palandt/Sprau* RdNr. 3; PWW/*Brödermann* RdNr. 12; *Erman/Herrmann* RdNr. 1; AnwK-BGB/*Herrmann* RdNr. 6; *Bamberger/Roth/Rohe* RdNr. 4; *Bolten* ZGS 2006, 140, 146; *Schlößer* NJW 2006, 645, 646; wohl auch BankR-HdB/*Schmitz/Wassermann/Nobbe* § 91 RdNr. 150; Nachweise zur Gegenansicht s. in Fn. 20.

[18] Zu den damit verbundenen Folgeproblemen und möglichen Lösungsansätzen s. PWW/*Brödermann* RdNr. 12; *Schlößer* NJW 2006, 645, 646.

[19] S. Nachweise in Fn. 12.

[20] So bereits 4. Aufl. RdNr. 7; jetzt auch *Soergel/Pecher* RdNr. 9.

§ 772 Vollstreckungs- und Verwertungspflicht des Gläubigers

(1) Besteht die Bürgschaft für eine Geldforderung, so muss die Zwangsvollstreckung in die beweglichen Sachen des Hauptschuldners an seinem Wohnsitz und, wenn der Hauptschuldner an einem anderen Orte eine gewerbliche Niederlassung hat, auch an diesem Orte, in Ermangelung eines Wohnsitzes und einer gewerblichen Niederlassung an seinem Aufenthaltsort versucht werden.

(2) [1]Steht dem Gläubiger ein Pfandrecht oder ein Zurückbehaltungsrecht an einer beweglichen Sache des Hauptschuldners zu, so muss er auch aus dieser Sache Befriedigung suchen. [2]Steht dem Gläubiger ein solches Recht an der Sache auch für eine andere Forderung zu, so gilt dies nur, wenn beide Forderungen durch den Wert der Sache gedeckt werden.

I. Inhalt und Zweck der Vorschrift

Die Vorschrift umschreibt Art und Umfang des Vollstreckungsversuchs, den der Gläubiger zu unternehmen hat, will er die dilatorische Einrede des Bürgen aus § 771 ausräumen. Sie betrifft allein den Fall, dass die **verbürgte Forderung** auf Zahlung von **Geld** gerichtet ist. Geht die verbürgte Forderung dagegen auf eine *andere Leistung des Schuldners* (§ 765 RdNr. 79), so bewendet es bei der allgemeinen Vorschrift des § 771, wonach ein einziger Vollstreckungsversuch des Gläubigers in einen beliebigen Vermögensgegenstand des Schuldners genügt, um die Einrede des Bürgen zu entkräften.[1] Im Bürgschaftsvertrag können die Voraussetzungen für die Inanspruchnahme des Bürgen sowohl eingeschränkt (§ 773 RdNr. 3ff.) als auch erweitert werden.

II. Art und Umfang der Vollstreckung

1. Grundsatz (Abs. 1). Nach Abs. 1 obliegt[2] es dem Gläubiger lediglich, die Zwangsvollstreckung gegen den Schuldner in **bewegliche Sachen** und ihnen nach § 821 ZPO gleichgestellte Wertpapiere zu betreiben. Nicht erforderlich ist mithin eine Vollstreckung in Forderungen und sonstige Vermögensrechte iS von §§ 827ff., 857 ZPO; dies gilt auch für Forderungen aus Bankguthaben.[3] Auch den Weg der Immobiliarvollstreckung braucht der Gläubiger nicht zu beschreiten.[4] Zur Rechtslage bei teilweiser Befriedigung des Gläubigers s. § 773 RdNr. 9.

In räumlicher Hinsicht kann sich der Gläubiger auf ein Vorgehen am **Wohnsitz** iS von § 7 und am Ort der gewerblichen **Niederlassung** iS von §§ 13, 29 HGB, 14 GewO beschränken; er darf aber unter mehreren Plätzen keinen auslassen. Auf einen tatsächlichen **Aufenthaltsort** braucht er seine Bemühungen nur zu erstrecken, wenn ein Wohnsitz oder eine gewerbliche Niederlassung im förmlichen Sinne nicht besteht. Dem Gläubiger obliegt es ggf., die Vollstreckung im *Ausland* zu versuchen.[5] Eine **Verlegung** des Wohnsitzes, des Ortes der Niederlassung oder des Aufenthaltsorts ist insoweit erheblich, als sie nach Übernahme der Bürgschaft erfolgt und durch sie die Rechtsverfolgung gegen den Schuldner erheblich erschwert wird; nach § 773 Abs. 1 Nr. 2 entfällt dann die Einrede der Vorausklage.[6] Eine vor Übernahme der Bürgschaft erfolgte Verlegung ist dagegen allenfalls nach § 773 Abs. 1 Nr. 4 von Relevanz.

---

[1] Mot. II S. 669; *Staudinger/Horn* RdNr. 2; *Soergel/Pecher* RdNr. 1; *Erman/Herrmann* RdNr. 6; *PWW/Brödermann* RdNr. 1.
[2] Eine Pflicht des Gläubigers begründet § 772 entgegen der nunmehr amtlichen Überschrift nicht.
[3] *PWW/Brödermann* RdNr. 2; AnwK-BGB/*Beckmann* RdNr. 2; *Soergel/Pecher* RdNr. 2; aA *Staudinger/Horn* RdNr. 2.
[4] Wohl allgM, s. die Nachweise in Fn. 3.
[5] *PWW/Brödermann* RdNr. 5; *Soergel/Pecher* RdNr. 3.
[6] Vgl. die Nachweise in Fn. 5.

§ 772 4–7   Abschnitt 8. Titel 20. Bürgschaft

4   **2. Pfand- oder Zurückbehaltungsrecht (Abs. 2). a) Allgemeines (S. 1).** Abs. 2 S. 1 statuiert den Vorrang der Sachhaftung gegenüber der Bürgenhaftung. Danach muss der Gläubiger Befriedigung auch aus den **beweglichen Sachen** des Schuldners suchen, an denen ihm für seine Forderung ein Pfand- oder Zurückbehaltungsrecht zusteht. Als bewegliche Sachen sind auch Inhaber- und Orderpapiere iS der §§ 1292 f. anzusehen.[7] Die Geltendmachung von Pfand- oder Zurückbehaltungsrechten in Bezug auf nicht wertpapiermäßig verbriefte Forderungen, Grundstücke oder anderen Vermögensrechten obliegt dem Gläubiger dagegen nicht.[8] Zur Rechtslage bei teilweiser Befriedigung des Gläubigers s. § 773 RdNr. 10.

5   Von dem Vorrang der Sachhaftung gegenüber der Bürgenhaftung betroffen ist zunächst **jedes Pfandrecht** des Gläubigers, neben dem rechtsgeschäftlich bestellten und dem gesetzlichen Pfandrecht also auch das Pfändungspfandrecht. Die Verwertungsobliegenheit erstreckt sich darüber hinaus auf Gegenstände, die im **Sicherungs- oder Vorbehaltseigentum** des Gläubigers stehen, soweit nicht § 503 Abs. 2 S. 4 einem Zugriff auf die Sache entgegensteht.[9] Ersatzansprüche wegen der Entziehung von Sicherungsgut braucht der Gläubiger dagegen nicht zu verfolgen.[10] Was die vorrangige Geltendmachung von Zurückbehaltungsrechten des Gläubigers betrifft, so ist davon nicht nur das den Gläubiger zur Verwertung berechtigende kaufmännische Zurückbehaltungsrecht des § 369 HGB, sondern gleichermaßen dasjenige aus § 273 betroffen. Der Gläubiger hat deshalb in den Fällen des § 273 einen Leistungstitel gegen den Schuldner zu erwirken und die zurückbehaltene Sache pfänden zu lassen.[11]

6   **b) Mehrheit von Forderungen (S. 2).** Steht dem Gläubiger an dem Sicherungsgut (RdNr. 5) zugleich ein Sicherungsrecht für eine andere, nicht von der Bürgschaft gesicherte Forderung zu, so braucht er nach § 772 Abs. 2 S. 2 nur dann zur Verwertung zu schreiten, wenn der zu erwartende Erlös beide Forderungen deckt.[12] Dies gilt freilich nicht, wenn dem Sicherungsrecht für die **verbürgte Forderung** der **Vorrang** gegenüber dem anderen Sicherungsinteresse zukommt.[13] Dann hat sich der Gläubiger schon deshalb stets an die Sache zu halten, weil er bei anderweitiger Verwertung des Sicherungsguts nach § 776 ohnehin seinen Bürgschaftsanspruch verlieren würde (§ 776 RdNr. 6 ff.); hinzu kommt, dass der Bürge nach §§ 774 Abs. 1 S. 1, 412, 401 mit Leistung an den Gläubiger das Pfandrecht mit Vorrang vor dem Gläubiger erwerben würde und als Sicherheit für seinen Regressanspruch heranziehen könnte. Bei gleichem Rang sowie bei Nachrang der verbürgten Forderung kann sich der Gläubiger dagegen unter Schonung des Sicherungsguts an den Bürgen halten, sofern nicht ausnahmsweise der zu erwartende Erlös beide Forderungen deckt; in diesem Fall gebührt dem Gläubiger nach § 774 Abs. 1 S. 2 auch nach erfolgter Legalzession der Vorrang gegenüber dem Bürgen.[14]

7   **3. Beweislast.** Erhebt der Bürge die Einrede der Vorausklage, so hat der Gläubiger zu beweisen, dass er einen Vollstreckungsversuch nach Maßgabe des Abs. 1 unternommen hat. Der Bürge, der den Gläubiger sodann nach Abs. 2 S. 1 auf andere Sicherungsrechte verweisen will, hat deren Entstehen zu beweisen. Demgegenüber trifft den Gläubiger die Beweislast, wenn er das Sicherungsgut nach Abs. 2 S. 2 verschonen will; dies wiederum

---

[7] So auch OLG Dresden LZ 1926, 953; *Staudinger/Horn* RdNr. 3; *PWW/Brödermann* RdNr. 7.
[8] OLG Hamburg SeuffA 74 Nr. 209; *Palandt/Sprau* RdNr. 2.
[9] *Soergel/Pecher* RdNr. 4; *Erman/Herrmann* RdNr. 3; *Palandt/Sprau* RdNr. 2; *PWW/Brödermann* RdNr. 7; für Sicherungseigentum auch *Serick*, Eigentumsvorbehalt und Sicherungsübertragung, Bd. III, 1970, S. 427 f.; gegen Einbeziehung des Vorbehaltseigentums aber *ders.* Bd. I 1963, S. 215 f. – Zum Wiederansichnehmen der auf Kredit gelieferten Sache durch den Gläubiger s. § 503 RdNr. 49 ff., 64 ff.
[10] RG HRR 1930 Nr. 610; *Soergel/Pecher* RdNr. 4.
[11] *Planck/Oegg* RdNr. 2 b; *PWW/ Brödermann* RdNr. 8.
[12] Ähnlich § 777 S. 2 ZPO; dazu MünchKommZPO/*Karsten Schmidt* § 777 RdNr. 17.
[13] So auch *Soergel/Pecher* RdNr. 5; *Staudinger/Horn* RdNr. 5; *Palandt/Sprau* RdNr. 2; s. dazu auch bereits *Bley* JW 1932, 2285 f.
[14] Vgl. iE § 774 RdNr. 12; gegenstandslos deshalb die Ausführungen von *Bley* JW 1932, 2286 f.

kann der Bürge durch den Nachweis ausreichender Deckung oder des Vorrangs der verbürgten Forderung ausräumen.

§ 773 Ausschluss der Einrede der Vorausklage

(1) Die Einrede der Vorausklage ist ausgeschlossen:
1. wenn der Bürge auf die Einrede verzichtet, insbesondere wenn er sich als Selbstschuldner verbürgt hat,
2. wenn die Rechtsverfolgung gegen den Hauptschuldner infolge einer nach der Übernahme der Bürgschaft eingetretenen Änderung des Wohnsitzes, der gewerblichen Niederlassung oder des Aufenthaltsorts des Hauptschuldners wesentlich erschwert ist,
3. wenn über das Vermögen des Hauptschuldners das Insolvenzverfahren eröffnet ist,
4. wenn anzunehmen ist, dass die Zwangsvollstreckung in das Vermögen des Hauptschuldners nicht zur Befriedigung des Gläubigers führen wird.

(2) In den Fällen der Nummern 3, 4 ist die Einrede insoweit zulässig, als sich der Gläubiger aus einer beweglichen Sache des Hauptschuldners befriedigen kann, an der er ein Pfandrecht oder ein Zurückbehaltungsrecht hat; die Vorschrift des § 772 Abs. 2 Satz 2 findet Anwendung.

Übersicht

	RdNr.		RdNr.
I. Einführung	1, 2	3. Eröffnung des Insolvenzverfahrens (Abs. 1 Nr. 3)	8
1. Inhalt und Zweck der Vorschrift	1		
2. Keine Gesamtschuld; Abdingbarkeit	2	4. Mangelnde Erfolgsaussicht (Abs. 1 Nr. 4)	9
II. Die einzelnen Ausschlussgründe	3–11	5. Ausnahmen (Abs. 2)	10
1. Verzicht (Abs. 1 Nr. 1)	3–5	6. Beweislast	11
2. Erschwerte Rechtsverfolgung (Abs. 1 Nr. 2)	6, 7		

I. Einführung

1. Inhalt und Zweck der Vorschrift. Unter den in § 773 geregelten Voraussetzungen 1 entfällt die Einrede der Vorausklage und mit ihr die Subsidiarität der Bürgenhaftung. Der Gläubiger kann sodann den Bürgen unmittelbar an Stelle des Schuldners in Anspruch nehmen oder Schuldner und Bürgen gleichzeitig – als einfache Streitgenossen[1] – verklagen (s. § 771 RdNr. 6). Im Einzelnen enthält § 773 vier Tatbestände, bei deren Vorliegen der Bürge die Einrede aus § 771 verliert; vorausgesetzt ist dabei, dass § 771 überhaupt anwendbar ist (§ 771 RdNr. 5). Abs. 1 Nr. 1 stellt zunächst klar, dass der Bürge auf die Einrede der Vorausklage *verzichten* kann (RdNr. 3 ff.). Abs. 1 Nr. 2 bis 4 enthält demgegenüber Tatbestände, bei deren Vorliegen die Einrede *kraft Gesetzes* ausgeschlossen ist (RdNr. 6 ff.); hinsichtlich der in Abs. 1 Nr. 3 und 4 genannten Fälle bestimmt allerdings die Vorschrift des Abs. 2, dass der Bürge den Gläubiger auf die Inanspruchnahme eines Pfand- oder Zurückbehaltungsrechts verweisen darf (RdNr. 10).

2. Keine Gesamtschuld; Abdingbarkeit. Die Vorschrift des § 773 lässt die Akzessorietät der Bürgschaft (§ 765 RdNr. 61) unberührt.[2] Der Bürge haftet also weder in den Fällen des § 773 noch dann, wenn § 771 von vornherein nicht anwendbar ist (§ 771 RdNr. 5), als Gesamtschuldner;[3] ihm kommen insbesondere die Vorschriften der §§ 767, 768, 770, 774

---
[1] Soergel/Pecher RdNr. 1.
[2] Vgl. RGZ 65, 134, 139; 134, 126, 128; 148, 65, 66.
[3] BGH WM 1984, 131 f.; Soergel/Pecher RdNr. 1; Erman/Herrmann RdNr. 1; PWW/Brödermann RdNr. 2.

zugute. Dies gilt auch für die klagweise Geltendmachung der Ansprüche des Gläubigers. Auch für den Fall, dass Bürge und Schuldner als Streitgenossen verklagt sind, sind sie nicht als Gesamtschuldner zu verurteilen.[4] Die Vorschrift des § 773 ist abdingbar. Sie gilt insbesondere nicht bei Vereinbarung einer Ausfallbürgschaft.[5]

II. Die einzelnen Ausschlussgründe

1. Verzicht (Abs. 1 Nr. 1). Die Einrede der Vorausklage kann nach Abs. 1 Nr. 1 durch Vereinbarung zwischen dem Bürgen und dem Gläubiger ausgeschlossen werden. Als eine dem Bürgen nachteilige Vereinbarung unterliegt der Verzicht dem **Formerfordernis** des § 766 S. 1.[6] Die Annahme von Abschlagszahlungen kann deshalb im Anwendungsbereich des § 766 (§ 766 RdNr. 3) nicht als stillschweigend erfolgte Abbedingung des § 771 hinsichtlich der noch offen Bürgschaftsschuld qualifiziert werden.[7] Ein formularmäßig erklärter Verzicht hält zwar der Inhaltskontrolle nach § 307 Abs. 1, Abs. 2 Nr. 1 und 2 stand.[8] Aus Gründen des AGB-rechtlichen **Transparenzgebots** (§ 307 RdNr. 51 ff.) ist der Bürge jedoch klar und unmissverständlich darauf hinzuweisen, dass die von ihm übernommene Haftung nicht subsidiär ist; allein die Bezeichnung der Bürgschaft als „selbstschuldnerisch" genügt diesen Anforderungen ebenso wenig wie eine Klausel, die sich in einem Hinweis auf die Abbedingung des § 771 erschöpft.[9]

Außerhalb des Anwendungsbereichs der §§ 305 ff. ist zwar gemäß ausdrücklicher Klarstellung in Abs. 1 Nr. 1 in der Übernahme einer „selbstschuldnerischen" Bürgschaft ein hinreichend deutlich zum Ausdruck kommender Verzicht auf die Einrede der Vorausklage zu sehen.[10] Doch kommt es umgekehrt auf einen **bestimmten Sprachgebrauch** nicht an; bei widersprüchlicher Ausdrucksweise[11] ist das von den Parteien Gewollte gemäß allgemeinen Grundsätzen der Vertragsauslegung anhand der Umstände des Vertragsschlusses zu ermitteln, bevor zu prüfen ist, ob die Bürgschaftsurkunde zumindest eine entsprechende Andeutung enthält und damit der Formvorschrift des § 766 S. 1 genügt ist (§ 766 RdNr. 6 f.). Ein Verzicht ist im Zweifel anzunehmen, wenn sich der Bürge gemäß § 794 Abs. 1 Nr. 5 ZPO der sofortigen Zwangsvollstreckung unterwirft[12] oder wenn er Zahlung zu einem bestimmten Zeitpunkt verspricht.[13]

Bei Wirksamkeit des Verzichts **entfällt die Subsidiarität** der Bürgenhaftung. Der Gläubiger kann sich deshalb auch dann unmittelbar an den Bürgen halten, wenn ein Vorgehen gegen den Hauptschuldner Erfolg versprechend erscheint.[14] Vorbehaltlich eines arglistigen Zusammenwirkens zwischen Gläubiger und Schuldner haftet der Bürge selbst bei bloßer **Zahlungsunwilligkeit** des Schuldners.[15] Der Bürge kann den Gläubiger auch nicht auf **andere Sicherungsrechte** verweisen; die Vorschrift des Abs. 2 findet keine

---

[4] BGH NJW 1955, 1398 = JZ 1956, 99 m. Anm. *Lauterbach*; WM 1968, 916, 918; RGZ 148, 65, 66; *Soergel/Pecher* RdNr. 1.
[5] RG JW 1929, 1386; vgl. iÜ § 765 RdNr. 106 f.
[6] BGH LM Nr. 1 = NJW 1968, 2332; allg. dazu § 766 RdNr. 13 ff.
[7] *Soergel/Pecher* RdNr. 2; aA OLG Karlsruhe OLGE 14, 32.
[8] BGH NJW 2001, 2466, 2468; *Fuchs* in: *Ulmer/Brandner/Hensen* Anh. § 310 RdNr. 241; *Graf Lambsdorff/Skora* Handbuch RdNr. 211; *Graf v. Westphalen/Voigt* Bürgschaft RdNr. 48; *Palandt/Sprau* RdNr. 2; PWW/*Brödermann* RdNr. 4.
[9] So auch *Erman/Herrmann* RdNr. 2; PWW/*Brödermann* RdNr. 6; wohl auch AnwK-BGB/*Beckmann* RdNr. 3; aA wohl *Graf v. Westphalen/Voigt* Bürgschaft RdNr. 48; *Soergel/Pecher* RdNr. 2 f.; *Palandt/Sprau* RdNr. 2.
[10] Vgl. dazu auch BGH WM 1986, 11, 12 (insoweit keine Aufklärungspflicht des Gläubigers); ferner PWW/*Brödermann* RdNr. 5, dort auch Hinweise zu englischsprachigen Verträgen.
[11] Vgl. etwa RG WarnR 1916 Nr. 50: „Ausfallbürgschaft als Selbstschuldner"; ferner RG WarnR 1919 Nr. 166; *Reichel* AcP 135 (1932), 336, 342 ff.
[12] KG JW 1934, 1292, 1293; *Erman/Herrmann* RdNr. 2; *Soergel/Pecher* RdNr. 3.
[13] KG JW 1921, 335, 336; *Soergel/Pecher* RdNr. 3.
[14] BGH WM 1974, 1129, 1131; ZIP 2006, 1825, 1830.
[15] BGHZ 104, 240, 242 f. = NJW 1988, 2173.

Anwendung.[16] Die selbstschuldnerische Verpflichtung löst den Bürgschaftsanspruch allerdings nicht aus der Abhängigkeit von der Hauptschuld (RdNr. 2). Dies gilt auch hinsichtlich der **Verjährung**. Auch der „selbstschuldnerisch" haftende Bürge kann deshalb gemäß § 768 Abs. 1 S. 1 die Einrede der Verjährung der Hauptschuld selbst dann erheben, wenn die Verjährung der Hauptschuld erst nach Erhebung der Bürgschaftsklage eintritt;[17] ggf. ist deshalb die klagweise Geltendmachung auch der Hauptforderung zu empfehlen (§ 768 RdNr. 5, 12). Je nach Lage des Falles kann allerdings das Einstandsversprechen als – nicht akzessorisches – Garantieversprechen auszulegen sein.[18] Zur Fälligkeit und Verjährung der Bürgschaftsforderung s. im Übrigen § 765 RdNr. 80, 82; § 768 RdNr. 5; § 771 RdNr. 7 f.

2. Erschwerte Rechtsverfolgung (Abs. 1 Nr. 2). Nach Abs. 1 Nr. 2 kann eine wesentliche Erschwerung der Rechtsverfolgung gegen den Schuldner zum Ausschluss der Einrede der Vorausklage führen, sofern sie auf einer nach Übernahme der Bürgschaft eingetretenen Änderung des Wohnsitzes, der gewerblichen Niederlassung oder des Aufenthaltsorts des Hauptschuldners beruht. Mit dem Begriff der Rechtsverfolgung ist die Rechtsverwirklichung insgesamt – einschließlich der in § 772 Abs. 1 geregelten Zwangsvollstreckung – gemeint.[19] Maßgebender Zeitpunkt für das Vorliegen einer Erschwerung ist derjenige der *Inanspruchnahme* des Bürgen,[20] bei klageweiser Geltendmachung derjenige der Klageerhebung. Eine Erschwerung ist nicht gegeben, wenn der Gläubiger die Möglichkeit der Befriedigung nach § 772 Abs. 2 hat.[21]

Ob eine wesentliche Erschwerung der Rechtsverfolgung eingetreten ist, hat das Gericht unter Berücksichtigung aller Umstände des Einzelfalls und der Verhältnisse, auf die der Bürgschaftsvertrag zugeschnitten ist, zu beurteilen. Die Verlegung des Wohnsitzes in das Ausland begründet jedenfalls dann keine Erschwerung, wenn dem Gläubiger zumutbare und Erfolg versprechende Möglichkeiten der Rechtsverfolgung zur Verfügung stehen;[22] insoweit kommt insbesondere der Anwendbarkeit der EuGVVO und der EuVTO hervorragende Bedeutung zu.[23] Verlegungen des Wohnsitzes oder des Ortes der Niederlassung innerhalb des Bundesgebiets sind grundsätzlich unbeachtlich.[24] Der Tatbestand des Abs. 1 Nr. 2 kann allerdings auch dann erfüllt sein, wenn nur einer der für das Vorgehen des Gläubigers gegen den Schuldner bestimmten Orte (§ 772 RdNr. 3) verlegt wird. Denkbar ist dies etwa bei unbekanntem oder dauernd wechselndem Aufenthaltsort des Schuldners. Dem Wohnsitz der natürlichen Person (§ 7) entspricht der für den Gerichtsstand iS von § 17 ZPO maßgebliche Verwaltungssitz der juristischen Person oder Personenhandelsgesellschaft.[25] Die Vorschrift gilt entsprechend bei Vollbeendigung[26] der Gesellschaft oder juristischen Person, wenn es an einer Rechtsnachfolge fehlt oder dem Gläubiger nicht zumutbar ist, die Rechtsnachfolge oder Rechtszuständigkeit zu klären.[27] Auf andere Erschwerungen wie etwa den Tod des Schuldners nimmt das Gesetz dagegen keine Rücksicht.[28]

---

[16] RG SeuffA 75 Nr. 93 S. 162 (Vorbehaltseigentum); BGH LM § 776 Nr. 1 = NJW 1966, 2009, 2010 (Sicherungseigentum).
[17] BGHZ 76, 222, 226 = NJW 1980, 1460; dazu § 768 RdNr. 5, 8 f.
[18] KG OLGE 20, 237; s. allg. zur Garantie Vor § 765 RdNr. 13 ff.
[19] *Soergel/Pecher* RdNr. 4.
[20] *Palandt/Sprau* RdNr. 2.
[21] Prot. II S. 476 f.; *Staudinger/Horn* RdNr. 6.
[22] Vgl. PWW/*Brödermann* RdNr. 10; weitergehend wohl Erman/*Herrmann* RdNr. 3; *Staudinger/Horn* RdNr. 6; s. ferner RGZ 137, 1, 12 f.
[23] So auch PWW/*Brödermann* RdNr. 10 f.; *Jauernig/Stadler* RdNr. 4; zur EUVTO s. *Luckey* ZGS 2005, 420 ff.
[24] RGZ 6, 154, 156; Erman/*Herrmann* RdNr. 3; PWW/*Brödermann* RdNr. 9.
[25] RGZ 137, 1, 12 f.
[26] Die Auflösung als solche genügt dagegen nicht (aA *Soergel/Pecher* RdNr. 5); s. aber auch § 773 Abs. 1 Nr. 3 und dazu RdNr. 8.
[27] KG OLGZ 1982, 253; PWW/*Brödermann* RdNr. 11.
[28] OLG Karlsruhe OLGE 32, 27 ff. (Kriegsteilnahme des Hauptschuldners); *Staudinger/Horn* RdNr. 6.

8 **3. Eröffnung des Insolvenzverfahrens (Abs. 1 Nr. 3).** Nach Abs. 1 Nr. 3, Abs. 2 nimmt allein die Tatsache der Eröffnung des Insolvenzverfahrens über das Vermögen des Schuldners dem Bürgen die Einrede der Vorausklage, sofern nicht dem Gläubiger ein Pfand- oder Zurückbehaltungsrecht zusteht (RdNr. 10). Unerheblich ist, ob die Klage gegen den Bürgen bereits erhoben war. Maßgebender Zeitpunkt ist vielmehr derjenige der Inanspruchnahme des Bürgen;[29] ist der Bürge bereits verklagt, so entscheidet der Schluss der mündlichen Verhandlung. Entscheidend ist die *Eröffnung* des Insolvenzverfahrens. Der Gläubiger braucht deshalb den Ausgang des Verfahrens nicht abzuwarten. Entgegen verbreiteter Ansicht lebt allerdings die Einrede der Vorausklage mit **Aufhebung oder Einstellung** des Insolvenzverfahrens gemäß §§ 200, 258, 213 InsO wieder auf,[30] sofern nicht einer der sonstigen Tatbestände des Abs. 1, insbesondere derjenige der Nr. 4, gegeben ist. Entsprechendes gilt bei rechtskräftiger *Aufhebung des Eröffnungsbeschlusses* gemäß § 34 Abs. 3 InsO.[31] Wird die Eröffnung mangels Masse abgelehnt, gelangt nicht Nr. 3, sondern Nr. 4 des § 771 Abs. 1 zur Anwendung (RdNr. 9).

9 **4. Mangelnde Erfolgsaussicht (Abs. 1 Nr. 4).** Nach Abs. 1 Nr. 4 entfällt die Einrede der Vorausklage schließlich bei mangelnder Erfolgsaussicht der Zwangsvollstreckung des Gläubigers in das Vermögen des Hauptschuldners. Dieser Ausschlussgrund bezieht sich bei *Geldforderungen* auf Maßnahmen der Zwangsvollstreckung iS von § 772 Abs. 1. Die mangelnde Erfolgsaussicht solcher Vollstreckungsmaßnahmen kann sich aus dem Ergebnis einer anderweitigen Vollstreckung wegen der *verbürgten oder einer anderen Forderung* ergeben,[32] ferner dadurch, dass die Eröffnung des Insolvenzverfahrens nach § 26 InsO mangels Masse abgelehnt wird.[33] Die Einrede entfällt nicht nur bei völliger Ergebnislosigkeit, sondern auch in dem Fall, dass dem Gläubiger ein Vorgehen gegen den Schuldner wegen des zu erwartenden geringen Erfolgs *nicht zumutbar* ist. Überhaupt ist für den Fall, dass nur eine **teilweise Befriedigung** des Gläubigers zu erwarten ist, die Einrede der Vorausklage *vollumfänglich* begründet.[34] Maßgebender Zeitpunkt ist wie im Fall des Abs. 1 Nr. 2 (RdNr. 6) derjenige der Inanspruchnahme, bei klageweiser Geltendmachung derjenige der Klageerhebung.[35] Dem Bürgen bleibt nach Abs. 2 das Recht, den Gläubiger auf ein Pfand- oder Zurückbehaltungsrecht zu verweisen (RdNr. 10).

10 **5. Ausnahmen (Abs. 2).** Nach Abs. 2, 1. Halbs. kann der Bürge in den Fällen des Abs. 1 Nr. 3 und 4 den Gläubiger auf ein **Pfand- oder Zurückbehaltungsrecht** an einer beweglichen Sache verweisen, soweit dieser dadurch Befriedigung erlangen kann (§ 772 RdNr. 4 f.). Bei einer Mehrheit von Forderungen hat der Bürge dieses Recht nach Abs. 2 Halbs. 2 iVm. § 772 Abs. 2 S. 2 nur unter der zusätzlichen Voraussetzung, dass entweder sämtliche Forderungen durch den Wert der Sache gedeckt werden oder dem für die verbürgte Forderung bestehenden Sicherungsrecht der Vorrang zukommt (§ 772 RdNr. 6). Deckt das Pfand- oder Zurückbehaltungsrecht nur einen *Teil* der verbürgten Forderung ab, so entfällt die Einrede der Vorausklage hinsichtlich des ungesicherten Teils; im Übrigen haftet der Bürge nur subsidiär. Ist die Befriedigung aus dem Pfand- oder Zurückbehaltungsrecht wesentlich erschwert, findet Abs. 1 Nr. 2 Anwendung mit der Folge, dass die Einrede der Vorausbefriedigung entfällt.

---

[29] RGRK/*Mormann* RdNr. 4; *Staudinger/Horn* RdNr. 7; *Bamberger/Roth/Rohe* RdNr. 4.
[30] So auch *Soergel/Pecher* RdNr. 6; *Erman/Herrmann* RdNr. 4; *Jauernig/Stadler* RdNr. 4; PWW/*Brödermann* RdNr. 16; für den Fall, dass der Hauptschuldner wieder zu Vermögen gekommen ist, *Bamberger/Roth/Rohe* RdNr. 4; aA OLG Köln DB 1983, 104, 105; RGRK/*Mormann* RdNr. 4; *Staudinger/Horn* RdNr. 7; *Palandt/Sprau* RdNr. 2.
[31] So auch *Staudinger/Horn* RdNr. 7; *Herrmann* RdNr. 4; PWW/*Brödermann* RdNr. 15.
[32] RG Recht 1910 Nr. 1558; *Erman/Herrmann* RdNr. 5; vgl. auch OLG Dresden LZ 1926, 952 f.
[33] Vgl. RG Recht 1920 Nr. 387; s. ferner OLG Karlsruhe DJZ 1916, 1002 (Eröffnung des Vergleichsverfahrens).
[34] So auch RGZ 22, 44, 48; *Soergel/Pecher* RdNr. 8; ähnlich PWW/*Brödermann* RdNr. 17; aA *Staudinger/Horn* RdNr. 8.
[35] So hinsichtlich der Beweislast auch RG Recht 1907 Nr. 3493.

6. Beweislast. Das Vorliegen der Voraussetzungen der Ausschlussgründe des Abs. 1 ist 11 vom Gläubiger darzulegen und zu beweisen. Hinsichtlich zwischenzeitlich eingetretener Tatsachen, die die Einrede der Vorausklage wieder aufleben lassen, trägt der Bürge die Darlegungs- und Beweislast; dies gilt etwa für nachträgliche Vertragsänderungen iS von Abs. 1 Nr. 1 und für die Beendigung des Insolvenzverfahrens (RdNr. 8). Zu Abs. 2 s. § 772 RdNr. 7.

§ 774 Gesetzlicher Forderungsübergang

(1) ¹Soweit der Bürge den Gläubiger befriedigt, geht die Forderung des Gläubigers gegen den Hauptschuldner auf ihn über. ²Der Übergang kann nicht zum Nachteil des Gläubigers geltend gemacht werden. ³Einwendungen des Hauptschuldners aus einem zwischen ihm und dem Bürgen bestehenden Rechtsverhältnis bleiben unberührt.

(2) Mitbürgen haften einander nur nach § 426.

Schrifttum: *Bayer*, Der Ausgleich zwischen Höchstbetragsbürgen, ZIP 1990, 1523; *Becker-Eberhard*, Die Forderungsgebundenheit der Sicherungsrechte, 1993; *Braun-Melchior*, Gesetzlicher Rechtsübergang und Ausgleich bei mehrfacher Drittsicherung, AcP 132 (1930), 175; *Castellvi*, Zum Übergang der gesicherten Forderung auf den zahlenden Garanten, WM 1995, 868; *J. Dieckmann*, Der Derivativregreß des Bürgen gegen den Hauptschuldner im englischen und deutschen Recht, 2003; *Dyck*, Die Zahlungen des Bürgen als vorläufige Sicherheit, 2007; *Glöckner*, Ausgleich zwischen mehreren Bürgen bei unterschiedlichen Höchstbetragsbeschränkungen, ZIP 1999, 821; *Habersack*, Der Regreß bei akzessorischer Haftung – Gemeinsamkeiten zwischen Bürgschafts- und Gesellschaftsrecht, AcP 198 (1998), 152; *ders.*, Rechtsfolgen des insolvenzbedingten Erlöschens des Kautionsversicherungsvertrags – Anmerkung zu BGH, Urt. v. 6. 7. 2006, XI ZR 121/05, BKR 2007, 77; *Hadding*, Bürgschaft und Verjährung, FS Wiegand, 2005, S. 299; *ders./Häuser*, Zum Anspruch des Bürgen gegen den Darlehensgläubiger auf Auskehrung des nicht verbrauchten Teils eines Zinsvoraus, WM-FG Heinsius, 1991, S. 4; *Hartmeier*, Ausgleichsfragen bei mehrfacher Sicherung einer Forderung, Diss. Tübingen 1963; *Horn*, Haftung und interner Ausgleich bei Mitbürgen und Nebenbürgen, DZWiR 1997, 265; *Hüffer*, Die Ausgleichung bei dem Zusammentreffen von Bürgschaft und dinglicher Kreditsicherung als Problem der Gesamtschuldlehre, AcP 171 (1971), 470; *v. Koppenfels-Spies*, Die cessio legis, 2006; *Lindacher*, Kommanditisten als Sicherungsgeber, FS Hadding, 2004, S. 529; *Chr. Mayer*, Der vertragliche Nachrang von Forderungen, 2008 (im Erscheinen); *Noack/Bunke*, Zur Stellung gesamtschuldnerisch oder akzessorisch Mithaftender im Insolvenzverfahren, FS Uhlenbruck, 2000, S. 335; *v. Olshausen*, Die Aufrechnung mit dem Regreßanspruch eines Bürgen oder Wechseleinlösers in der Insolvenz des Hauptschuldners oder des Akzeptanten nach der InsO – alles wie gehabt?, KTS 2000, 1; *ders.*, Vom Verbot, eine eigene Forderung zum Nachteil eines konkurrierenden Gläubigers geltend zu machen (§ 774 I 2 BGB), und von der Befugnis eines Gläubigers, auch eine fremde Forderung im eigenen Interesse geltend zu machen (§ 43 InsO), KTS 2005, 403; *Pawlowski*, Ausgleich zwischen Bürgen und Hypothekenschuldner?, JZ 1974, 124; *Reinicke/Tiedtke*, Rückgriffsansprüche des Bürgen bei Zahlung als Sicherheit, JZ 1990, 327; *dies.*, Der Übergang der verbürgten Forderung auf den Bürgen als Nachteil für den Gläubiger, DB 1990, 1953; *Rimmelspacher*, Steuerfiskus, Steuerschuldner und Steuerbürge zwischen öffentlichem und privatem Recht, ZZP 95 (1982), 280; *Schanbacher*, Der Ausgleich zwischen dinglichem Sicherer (Grund-, Hypotheken- und Pfandschuldner) und persönlichem Sicherer (Bürgen), AcP 191 (1991), 87; *Schlechtriem*, Ausgleich zwischen mehreren Sicherern fremder Schuld, FS v. Caemmerer, 1978, S. 1013; *Schmitz*, Der Ausgleich zwischen Bürgschaft und Schuldbeitritt, FS Merz, 1992, S. 553; *Strohal*, Der gesetzliche Übergang der Sicherungsrechte des Gläubigers auf den zahlenden Bürgen in neuer Beleuchtung, JherJb. 61 (1912), 59; *Tiedtke*, Ausgleichsansprüche zwischen dem Eigentümer des mit einer Grundschuld belasteten Grundstücks und dem Bürgen, BB 1984, 19; *ders.*, Gesamtschuldklausel und Sicherungsklausel im Bürgschaftsrecht, JZ 1987, 491; *ders.*, Ausgleichsansprüche zwischen dem Bürgen und dem Besteller einer Grundschuld, WM 1990, 1270; *ders.*, Ausgleichsansprüche des Bürgen gegen andere Sicherungsgeber, DNotZ 1993, 291; *Vogel*, Ist die Absicherung des Kautionsversicherers insolvenzfest?, ZIP 2007, 2198; *Wissmann*, Persönliche Mithaft in der Insolvenz, 2. Aufl. 1998.

Übersicht

	RdNr.		RdNr.
I. Einführung	1, 2	**II. Das Rechtsverhältnis des Bürgen zum Gläubiger**	3–14
1. Inhalt und Zweck der Vorschrift	1	1. Interessenlage	3
2. Anwendungsbereich und Abgrenzung	2	2. Cessio legis (Abs. 1 S. 1)	4–10

	RdNr.		RdNr.
a) Erfüllung der Bürgschaftsschuld	4, 5	2. Geltendmachung des Rückgriffsanspruchs	17–20
b) Sonderfälle	6, 7	a) Hauptforderung	17, 18
c) Nebenrechte und Vorzüge	8–10	b) Aufwendungsersatz	19, 20
aa) Vorzüge	8	3. Einwendungen des Schuldners	21
bb) Akzessorische Nebenrechte	9	IV. Das Verhältnis des Bürgen zu anderen Sicherungsgebern	22–31
cc) Nichtakzessorische Nebenrechte	10	1. Mitbürgen	22–27
3. Vorrang des Gläubigers (Abs. 1 S. 2)	11–13	a) Ausgleichspflicht	22–24
4. Abweichende Vereinbarungen	14	b) Geltendmachung	25–27
III. Das Rechtsverhältnis des Bürgen zum Hauptschuldner	15–21	2. Schuldbeitritt	28
1. Cessio legis und Auftragsverhältnis	15, 16	3. Dingliche Sicherheiten	29–31

I. Einführung

1 **1. Inhalt und Zweck der Vorschrift.** Die Vorschrift ordnet in Abs. 1 S. 1 für den Fall der Befriedigung des Gläubigers durch den Bürgen den Übergang der Hauptforderung auf den Bürgen an und gewährt diesem damit die Möglichkeit eines Regresses beim Schuldner auch dann, wenn die Übernahme der Bürgschaft in Erfüllung eines Auftrags- oder Geschäftsbesorgungsverhältnisses erfolgt ist oder die Voraussetzungen einer berechtigten Geschäftsführung ohne Auftrag vorliegen. Für den Bürgen ist die **cessio legis** vor allem deshalb von Vorteil, weil er nach §§ 412, 401 neben der gesicherten Forderung auch etwaige Sicherungs- und Vorzugsrechte erwirbt (RdNr. 8 ff.). Zudem befreit die cessio legis den Bürgen von der Notwendigkeit, die Voraussetzungen eines Aufwendungsersatzanspruchs aus § 670 darzulegen und zu beweisen. Der Zweck der Vorschrift besteht deshalb in der Erleichterung und **Effektivierung des Rückgriffs** des Bürgen (RdNr. 3).[1] Die Vorschriften des Abs. 1 S. 2 und 3 dienen der näheren Ausgestaltung der cessio legis, indem sie den Vorrang sowohl des Gläubigerinteresses (RdNr. 11 ff.) als auch des zwischen Schuldner und Bürgen bestehenden Rechtsverhältnisses (RdNr. 21) anordnen. Abs. 2 schließlich erklärt für das **Ausgleichsverhältnis der Mitbürgen** untereinander die Vorschrift des § 426 für anwendbar und begrenzt damit zugleich die auch insoweit eingreifende cessio legis des Abs. 1 (RdNr. 22 ff.).

2 **2. Anwendungsbereich und Abgrenzung.** Die Vorschrift trägt dem Umstand Rechnung, dass der Bürge, obschon er auf eigene Schuld leistet, eine fremde Schuld sichert und somit auch bei Verzicht auf die Einrede der Vorausklage im Verhältnis zum Hauptschuldner nicht endgültig mit der Vermögenseinbuße belastet sein soll (RdNr. 3). Sie findet zwar auch auf die **Bürgschaft auf erstes Anfordern** Anwendung. Zur cessio legis der gesicherten Forderung kommt es aber nicht, wenn der Bürge zwar nach Maßgabe des Bürgschaftsvertrags (vorläufig) leistet, die gesicherte Forderung aber nicht besteht.[2] Ist die Forderung dagegen einredebehaftet (und damit der materielle Bürgschaftsfall noch nicht eingetreten, s. § 765 RdNr. 104), so geht sie auf den Bürgen über; der Gläubiger kann dann allerdings nach § 273 die Rückzahlung (§ 765 RdNr. 104) von der Rückabtretung der Forderung abhängig machen. Zum Übergang der Forderung auf den Sicherungsgeber kommt es in **sämtlichen Fällen akzessorischer Haftung**. Für den Regress des Eigentümers des mit einer Hypothek belasteten Grundstücks und des Verpfänders ist die entsprechende Anwendung des § 774 in §§ 1143 Abs. 1 S. 2, 1225 S. 2 ausdrücklich angeordnet. Nichts anderes gilt jedoch für den Regress des der Hauptschuld sicherungshalber Beitretenden (Vor § 765 RdNr. 15) und den Regress des **Gesell-**

---

[1] Mot. II S. 675; BGHZ 139, 214, 219 = NJW 1998, 2972; *Staudinger/Horn* RdNr. 3.; *Reinicke* DB 1967, 847, 848 f.; eingehend zu Struktur, Entwicklung und ratio des abgeleiteten Bürgenregresses im deutschen und englischen Recht *Dieckmann* S. 41 ff., 108 ff., 446 ff., 494 ff.; zur cessio legis im Allgemeinen und derjenigen nach § 774 im Besonderen *v. Koppenfels-Spieß* passim, insbes. S. 36 ff., 189 ff.

[2] BGHZ 143, 381, 388 = NJW 2000, 1563; näher zum Regress bei Bürgschaft und Garantie auf erstes Anfordern Vor § 765 RdNr. 27 ff., § 765 RdNr. 104 f.

schafters einer Personengesellschaft.³ Hat sich der Gesellschafter – sei er Kommanditist oder unbeschränkt haftender Gesellschafter (§ 765 RdNr. 109) – für die Gesellschaftsschuld verbürgt, so findet § 774 – und mit ihm § 670 (RdNr. 15 ff.) – unmittelbar Anwendung, wenn er auf die Bürgschaft leistet (RdNr. 4); leistet er hingegen auf seine Gesellschafterschuld, so gelangen die Grundsätze über den Gesellschafterregress und damit – neben § 110 HGB⁴ bzw. §§ 713, 670 – § 774 analog zur Anwendung.⁵ In beiden Fällen erwirbt der Gesellschafter nach Maßgabe des § 774 Abs. 2 etwaige Ausgleichsansprüche gegen Mitgesellschafter und Mitbürgen.⁶ Dagegen findet § 774 weder auf die **Garantie** noch auf die Begründung einer **Wechselverpflichtung** zur Sicherung der Schuld eines Dritten entsprechende Anwendung.⁷ In Fällen dieser Art können Gläubiger und Interzedent allerdings eine durch die Befriedigung des Gläubigers aufschiebend bedingte Vorausabtretung der Hauptforderung vereinbaren und damit die Rechtsfolgen des Abs. 1 S. 1 auf rechtsgeschäftlichem Weg begründen. Leistet ein **Dritter nach § 267** für den Hauptschuldner, so erwirbt er weder die Forderung des Gläubigers gegen den Schuldner noch Ansprüche gegen den Bürgen (§ 767 RdNr. 4). Dies gilt auch für den Fall, dass der Bürge aus Sicht des Gläubigers nicht auf die Bürgschaft, sondern als Dritter auf die Hauptschuld leistet.⁸

II. Das Rechtsverhältnis des Bürgen zum Gläubiger

1. Interessenlage. Aus Sicht des Gläubigers ist die Bürgschaft der erfüllungshalber 3 erfolgten Übernahme einer Verbindlichkeit vergleichbar: Durch Tilgung seiner eigenen Schuld⁹ befreit der Bürge mittelbar auch den Schuldner. Da die Bürgschaft dem Gläubiger nur als **Sicherheit für fremde Schuld** dienen soll, hat der Bürge ihm gegenüber ein Recht darauf, mit der Befriedigung des Gläubigers in dessen Rechtsstellung einschließlich etwaiger Nebenrechte einzurücken. Deshalb wird der Bürge nach § 776 S. 1 frei, soweit der Gläubiger ein Sicherungsrecht aufgibt, aus dem der Bürge nach § 774 hätte Ersatz erlangen können. Die cessio legis entspricht demnach der Interessenlage und dem mutmaßlichen Parteiwillen. Sie enthebt den Bürgen der Notwendigkeit, seine Berechtigung hinsichtlich der Forderung einschließlich der akzessorischen Nebenrechte mittels Zurückbehaltungsrecht geltend zu machen. Es kommt nicht darauf an, dass der Bürge den Gläubiger vollständig befriedigt; nach Abs. 1 S. 1 bewirken vielmehr auch **Teilleistungen** einen teilweisen Übergang der Hauptforderung (RdNr. 5, 26 f.).

2. Cessio legis (Abs. 1 S. 1). a) Erfüllung der Bürgschaftsschuld. Nach Abs. 1 4 S. 1 ist der Übergang der Forderung des Gläubigers gegen den Schuldner allein an die Erfüllung der *Bürgschaftsschuld* geknüpft. Dabei stehen dem Bürgen **alle Rechte eines gewöhnlichen Schuldners** zu. Er kann deshalb den Gläubiger in Annahmeverzug

---

³ *Habersack* AcP 198 (1998), 152, 159 ff., *Staub/ders.* § 128 HGB RdNr. 41 ff., 47 ff.; MünchKommHBG/*K. Schmidt* § 128 RdNr. 31 ff., jeweils mwN; zum Streitstand s. auch § 714 RdNr. 33.
⁴ Zur Geltung auch für den nicht geschäftsführenden Komplementär oder Kommanditisten s. BGH NJW-RR 2002, 455.
⁵ Vgl. die Nachweise in Fn. 3; nur im Ergebnis BGH NJW-RR 2002, 455 (auf die von ihm bestellte Grundschuld leistender Kommanditist wird behandelt als hätte er – wie ein persönlich haftender Gesellschafter – eine Gesellschaftsschuld erfüllt; krit. hierzu *K. Schmidt* JuS 2003, 228 ff.; *Lindacher*, FS Hadding, 2004, S. 529 ff., der freilich – ausgehend von der Prämisse, die Stellung der Sicherheit erfolge causa societatis (dagegen zu Recht *K. Schmidt* JuS 2003, 228, 229) – seinerseits nicht strikt danach unterscheidet, worauf der Gesellschafter leistet, und die sich aus § 774 Abs. 2 (direkt oder analog) ergebenden Beschränkungen ausblendet.
⁶ Vgl. die Nachweise in Fn. 3.
⁷ Ganz hM, s. RGZ 94, 85, 90; 96, 136, 139; RG HRR 1935 Nr. 246; *Erman/Herrmann* RdNr. 2; PWW/*Brödermann* RdNr. 2; *Jauernig/Stadler* RdNr. 3; aA *Castellvi* WM 1995, 868 ff. – Näher zur Garantie Vor § 765 RdNr. 16 ff.; zur Eingehung einer Wechselverbindlichkeit s. § 765 RdNr. 131, Vor § 765 RdNr. 46.
⁸ BGH NJW 1986, 251; ZIP 1998, 601, 602.
⁹ Vgl. § 765 RdNr. 79 ff.; s. ferner BGHZ 42, 53, 56 = NJW 1964, 1788; RG JW 1914, 78; *Soergel/Pecher* RdNr. 5.

setzen und nach §§ 372, 378 durch *Hinterlegung* die Erfüllung der Bürgschaftsschuld bewirken.[10] Nach § 271 Abs. 2 kann er im Zweifel schon *vor Fälligkeit* seiner Verpflichtung leisten.[11] Des Weiteren kann der Bürge mit einer ihm gegen den Gläubiger zustehenden Forderung *aufrechnen*,[12] und zwar selbst dann, wenn dem Schuldner eine Aufrechnung gegen die Hauptforderung verwehrt ist.[13] Die Bürgschaftsschuld erlischt ferner durch *Leistung an Erfüllungs Statt*.[14] Zugunsten des Bürgen wirkt auch die **Drittleistung iS von § 267,** sofern sie auf die Bürgschaftsschuld und nicht auf die Hauptschuld (RdNr. 2) erfolgt. Leistet der Bürge, so ist es unerheblich, aus wessen Vermögen die Mittel stammen.[15] Die **Zwangsvollstreckung** gegen den Bürgen wirkt dagegen nur dann schuldtilgend, wenn sie zur *endgültigen Befriedigung* des Gläubigers führt. Vollstreckt der Gläubiger aus einem nur vorläufig vollstreckbaren Titel oder aus einem rechtskräftigen Vorbehaltsurteil, so führt dies deshalb zunächst nicht zur Erfüllung iS von Abs. 1 S. 1.[16] Durch **Erlassvertrag** zwischen Gläubiger und Bürge erlischt zwar die Bürgschaftsschuld. In Ermangelung eines Vermögensopfers auf Seiten des Bürgen (RdNr. 3) kommt es jedoch nicht zur cessio legis der Hauptforderung, zumal es dem Gläubiger anheimgestellt sein muss, trotz Erlass der Bürgschaftsschuld Inhaber der Hauptforderung zu bleiben.[17] Soll die Hauptforderung gleichwohl auf den Bürgen übergehen, so bedarf es also einer Abtretung derselben. – Zu Tilgungsvereinbarungen s. § 765 RdNr. 48, zur Geltendmachung des Anspruchs aus der Bürgschaft s. § 765 RdNr. 80 ff., zum Regress des Nachbürgen s. § 765 RdNr. 117.

5 Keine Erfüllung bewirkt die Erbringung von **Sicherheitsleistungen** zur Abwendung der Zwangsvollstreckung. Bürge und Gläubiger können darüber hinaus vereinbaren, dass auch sonstige Leistungen des Bürgen bis zur vollständigen Befriedigung des Gläubigers nur als Sicherheit dienen und damit zunächst keinen Forderungsübergang bewirken (RdNr. 14).[18] Eine solche Vereinbarung betrifft zumeist **Teilleistungen** des Bürgen und soll den Vorrang, den Abs. 1 S. 2 dem Gläubiger nach Eröffnung des Insolvenzverfahrens über das Vermögen des Hauptschuldners hinsichtlich der verbürgten Forderung gewährt (dazu RdNr. 11 ff.), auf nicht verbürgte Forderungen erweitern. Als eine dem Bürgen nachteilige Nebenabrede bedarf sie der Form des § 766 S. 1 (§ 766 RdNr. 13 ff.). Auch in diesem Fall kommt es zur cessio legis, wenn der Gläubiger zu erkennen gibt, dass er sich aus der Leistung des Bürgen befriedigt hat.[19] Umstritten ist, ob eine solche Klausel der **Inhaltskontrolle** nach § 307 standhält. Der BGH bejaht zwar die Wirksamkeit der Klausel zumindest für den Fall der Globalbürgschaft (§ 765 RdNr. 72 ff.), hat dies jedoch zunächst daraus abgeleitet, dass sich die Klausel – vergleichbar einer die Vorschrift des § 769 abbedingenden Vereinbarung (§ 769 RdNr. 6) – allein auf das Außenverhältnis des Bürgen zum Gläubiger beziehe und deshalb den *Ausgleich unter Mitbürgen* – nach Ansicht des OLG Köln auch den auf das Auftragsverhältnis des Bürgen zum Schuldner gestützten Regress (RdNr. 15 ff.)[20] – unbe-

---

[10] Zur Frage eines weitergehenden Hinterlegungsrechts des Bürgen s. § 765 RdNr. 81; ferner BGH WM 1985, 475.
[11] Vgl. BGH ZIP 1998, 601, 603; RG JW 1907, 831; Recht 1919 Nr. 417.
[12] RGZ 53, 403, 405; BGH WM 1965, 578, 579.
[13] AA *Staudinger/Horn* § 770 RdNr. 11, § 774 RdNr. 10.
[14] BGH WM 1969, 1103, 1104; vgl. auch BGH WM 1970, 751 f.; 1981, 266 (Umwandlung in Vereinbarungsdarlehen).
[15] RG JW 1914, 78 f.; HansRGZ 1929 B 743, 746.
[16] BGHZ 86, 267, 270 = NJW 1983, 1111; § 362 RdNr. 29; § 767 RdNr. 3; *Braun* AcP 184 (1984), 152; *Blomeyer* JR 1979, 490; *Gernhuber* Erfüllung S. 94; *Erman/Herrmann* RdNr. 3; aA OLG Hamburg OLGE 14, 44; *Soergel/Pecher* RdNr. 5.
[17] BGH NJW 1990, 1301 mwN zur älteren, auf den Willen der Parteien des Erlassvertrags abstellenden Ansicht (insbes. RGZ 102, 51, 52); *Palandt/Sprau* RdNr. 7.
[18] Vgl. neben den Nachweisen in Fn. 20 ff. noch BGHZ 92, 374, 378 ff. = NJW 1985, 614; RGZ 106, 311; eingehend *Dyck* passim.
[19] Näher dazu BGH NJW 1987, 374, 376.
[20] OLG Köln NJW-RR 1989, 1266 = WM 1989, 1883; dagegen aber zu Recht *Reinicke/Tiedtke* JZ 1990, 327 ff.; *Palandt/Sprau* RdNr. 7.

rührt lasse.[21] Dem kann freilich schon deshalb nicht gefolgt werden,[22] weil dem *Mitbürgen* die Leistung des Bürgen nicht zugute kommt und er deshalb ungeachtet der vom BGH befürworteten Ausgleichspflicht vom Gläubiger weiter in voller Höhe in Anspruch genommen werden kann. Aber auch soweit der BGH das Interesse des Gläubigers betont, bis zur Tilgung der Hauptschuld einen Zugriff des Bürgen auf andere Sicherungsrechte zu verhindern, steht dem eine dem Leitbild des dispositiven Rechts zuwiderlaufende Benachteiligung des Bürgen gegenüber. Diese ergibt sich daraus, dass dem Bürgen hinsichtlich der bereits erbrachten Teilleistung die Teilnahme am Insolvenzverfahren über das Vermögen des Schuldners und der Zugriff auf andere Sicherheiten verwehrt und damit die in Abs. 1 S. 1 und 2 getroffene Wertentscheidung einseitig zugunsten des Gläubigers verschoben wird, und muss als unangemessen qualifiziert werden. Im Anwendungsbereich der §§ 305 ff. bewendet es somit dabei, dass Teilleistungen des Bürgen einen teilweisen Übergang der Hauptforderung bewirken.[23] – Die Eröffnung des **Insolvenzverfahrens** über das Vermögen des Hauptschuldners (RdNr. 13, 17, 20) steht der cessio legis ebenso wenig entgegen wie diejenige über das Vermögen des Gläubigers. Entsprechendes gilt in Analogie zu § 851 Abs. 2 ZPO für ein zwischen Gläubiger und Schuldner vereinbartes **Zessionsverbot** iS von § 399;[24] das Verbot bleibt allerdings in der Person des Bürgen bestehen und hindert diesen an einer Übertragung der Forderung. Auch eine in der Hand des Gläubigers **unpfändbare** und damit nach § 400 nicht abtretbare Forderung geht ungeachtet des § 412 auf den Bürgen über, da mit Befriedigung des Gläubigers der Zweck des Verfügungshindernisses entfallen ist.[25]

b) Sonderfälle. Ist die **Bürgschaft unwirksam**, so leistet der Bürge nicht allein deshalb als Dritter iS des § 267 auf die Hauptschuld (RdNr. 2; § 767 RdNr. 4). Der Leistung des Bürgen fehlt vielmehr der Rechtsgrund, so dass der Gläubiger nach § 812 Abs. 1 S. 1 zur Rückgewähr verpflichtet ist. Der Bürge erwirbt deshalb auch nicht die Forderung des Gläubigers gegen den Schuldner, es sei denn, dass noch in der Leistung die wirksame Übernahme oder Erweiterung einer Bürgschaft liegt oder ein Formmangel nach § 766 S. 3 geheilt wird.[26] Ist die Bürgschaft zwar wirksam begründet, aber in Ermangelung einer zu sichernden Forderung **gegenstandslos** (§ 765 RdNr. 62 ff., § 767 RdNr. 3 ff.), so kommt eine cessio legis ohnehin nicht in Betracht. Der Bürge hat auch in diesem Fall die condictio indebiti.

Auch Forderungen aus einem **öffentlich-rechtlichen Rechtsverhältnis** gehen im Wege der cessio legis über, sind vom Bürgen aber vor den ordentlichen Gerichten geltend zu machen (RdNr. 17). Bei Leistungen auf eine für eine **Gesamtschuld** übernommene Bürgschaft ist zu differenzieren (§ 765 RdNr. 51, 108; s. ferner RdNr. 28). Hat sich der Bürge für *sämtliche* Gesamtschuldner verbürgt, so gehen nach § 774 Abs. 1 S. 1 die Forderungen gegen sämtliche Gesamtschuldner auf ihn über. Wurde dagegen die Bürgschaft nur für *einen* Gesamtschuldner übernommen, so kann der Bürge die gegen die übrigen Gesamtschuldner gerichteten Forderungen nur im Wege der Abtretung durch den Gläubiger

---

[21] BGH NJW 1987, 374, 375; s. ferner BGHZ 92, 374, 377 ff. = NJW 1985, 614, BGH NJW 1986, 928, NJW 2001, 2327, 2330 und NJW 2001, 2466, 2468, jeweils mit Vorbehalt für die Einzelbürgschaft (dazu auch *Fischer* WM 1998, 1705, 1712 f.); dem BGH zust. etwa *Erman/Herrmann* RdNr. 11; *Palandt/Sprau* RdNr. 7; zur Kreditpraxis s. *Schröter* WM 2000, 16, 17 f.

[22] So zu Recht *Becker-Eberhard* S. 703 ff.; *Tiedtke* JZ 1987, 491 ff.; *ders.* ZIP 1990, 413, 424; *Reinicke/Tiedtke* Bürgschaftsrecht S. 611 ff.; Bedenken auch bei *Fischer* WM 1998, 1705, 1713; diff. – für Wirksamkeit bei einer auf die bankmäßige Geschäftsverbindung bezogenen Bürgschaft (s. aber § 765 RdNr. 72 ff.) – *Graf v. Westphalen/Voigt* Bürgschaft RdNr. 50 f.; *PWW/Brödermann* RdNr. 5; *Fuchs* in: *Ulmer/Brandner/Hensen* Anh. § 310 RdNr. 242; *M. Wolf* in: *Wolf/Horn/Lindacher* § 9 AGBG RdNr. B 228; *Graf Lambsdorff/Skora* Handbuch RdNr. 229.

[23] Vgl. dazu auch BGH NJW 1990, 1301.

[24] So auch *Staudinger/Horn* RdNr. 16; *PWW/Brödermann* RdNr. 12; *Erman/Westermann* § 399 RdNr. 4; *RGRK/Mormann* RdNr. 2; *v. Koppenfels-Spieß* S. 218 ff. mwN; aA *Erman/Herrmann* RdNr. 7; *Dieckmann* S. 364 ff. mwN; s. ferner § 399 RdNr. 49 mwN.

[25] *Erman/Westermann* § 400 RdNr. 4; *RGRK/Mormann* RdNr. 2; *Reichel* JW 1932, 1378; aA *Erman/Herrmann* RdNr. 7. Vgl. dazu auch § 400 RdNr. 8 mwN.

[26] BGH WM 1964, 849, 850 f. = BB 1964, 907; *v. Koppenfels-Spieß* S. 8; vgl. dazu § 766 RdNr. 28 f., aber auch RdNr. 19.

erwerben.[27] Hat die Begründung der Gesamtschuld Interzessionsfunktion, wie dies nach hM[28] bei Vereinbarung eines *Schuldbeitritts* der Fall ist, findet die Vorschrift des Abs. 2 entsprechende Anwendung (RdNr. 28). Der Bürge für eine **Wechselforderung** oder für den ihr zugrunde liegenden Zahlungsanspruch erwirbt kraft Gesetzes und außerhalb der Form des Art. 11 WG auch die Rechte aus dem Wechsel (§ 765 RdNr. 131).

8 **c) Nebenrechte und Vorzüge. aa) Vorzüge.** Der Bürge erwirbt die Forderung des Gläubigers in ihrer konkreten Beschaffenheit und damit einschließlich der in dem Rechtsverhältnis zum Schuldner begründeten Vorzüge,[29] also mit Rechten auf oder aus Gläubigeranfechtung nach AnfG,[30] mit Ansprüchen des Gläubigers auf Einräumung von Sicherungsrechten[31] und nach §§ 727, 795 ZPO mit den Rechten auf und aus Vollstreckungstiteln. Ist der verbürgte Anspruch rechtshängig, findet § 265 ZPO Anwendung;[32] ist über die Hauptschuld rechtskräftig zugunsten des Gläubigers entschieden, wirkt dies nach §§ 322, 325 ZPO auch zugunsten des Bürgen als Rechtsnachfolger des Gläubigers.[33] Handelt es sich bei der Hauptschuld um eine Masseverbindlichkeit iS der §§ 53 ff. InsO, so kommt dies auch dem Bürgen zugute.[34] Umgekehrt muss sich der Bürge einen etwaigen **Nachrang** der übergegangenen Forderung iS von § 39 InsO entgegenhalten lassen; von Bedeutung ist dies für die Bürgschaft für ein Gesellschafterdarlehen (§ 768 RdNr. 7). Ein **nicht verbrauchtes Disagio** sowie sonstige nicht verbrauchte (laufzeitabhängige) Kosten vermindern dagegen als unselbstständige Rechnungsposten die Verpflichtung des Bürgen (§ 767 RdNr. 4); im Fall einer Überzahlung des Bürgen ist deshalb der *Gläubiger* nach § 812 zur Rückerstattung verpflichtet.[35]

9 **bb) Akzessorische Nebenrechte.** Akzessorische Nebenrechte gehen nach §§ 412, 401 mit der Hauptforderung auf den Bürgen über (§ 401 RdNr. 3 ff.), und zwar auch dann, wenn ihre Bestellung nach Übernahme der Bürgschaft erfolgt ist. Von Dritten bestellte *Sicherungsrechte* gehen dagegen nur insoweit über, als der Bürge im Verhältnis zu den sonstigen Sicherungsgebern ausgleichsberechtigt ist (RdNr. 22 ff.). An Zinsen kann der Bürge vom Schuldner nicht nur die gesetzlichen, sondern die im Hauptschuldverhältnis vereinbarten verlangen.[36] Der **Nachbürge,** der den Gläubiger befriedigt, erwirbt mit der Forderung gegen den Hauptschuldner den gegen den Vorbürgen gerichteten Bürgschaftsanspruch einschließlich etwaiger Vorzüge und Sicherungsrechte (§ 765 RdNr. 117). Der Geltendmachung durch den Bürgen vorbehalten bleiben die in §§ 402 f. vorgesehenen Ansprüche auf Besitzverschaffung sowie auf Auskunft und Aushändigung von Beweisurkunden; doch steht dem vom Gläubiger in Anspruch genommenen Bürgen insoweit das Zurückbehaltungsrecht nach §§ 273 f. zu.[37] Der Erwerb der unselbständigen Rechte nach § 401 kann sowohl durch Vereinbarung zwischen Sicherungsgeber und Gläubiger (s. RdNr. 10, 31) als auch im Bürgschaftsvertrag (RdNr. 14) abbedungen werden.

10 **cc) Nichtakzessorische Nebenrechte.** Zum Übergang nichtakzessorischer Sicherungsrechte bedarf es einer rechtsgeschäftlichen Übertragung; §§ 412, 401 finden insoweit

---

[27] Näher § 765 RdNr. 108 mN; aA BGHZ 46, 14, 16 = NJW 1966, 1912.
[28] Zum akzessorischen Charakter des schuldsichernden Beitritts und zur entsprechenden Anwendung des § 774 Abs. 1 und 2 s. aber Vor § 765 RdNr. 11 ff. mN.
[29] Einschränkend aber BGHZ 75, 23 = NJW 1979, 1155 (für steuerrechtliche Mithaftung).
[30] RGZ 39, 12, 15 f.
[31] RG HRR 1930 Nr. 3.
[32] BGH LM § 426 Nr. 21 = NJW 1963, 2067.
[33] Statt aller *Soergel/Pecher* RdNr. 6; zur davon zu unterscheidenden Frage, ob sich der Bürge ein gegen den Hauptschuldner ergangenes Urteil entgegenhalten lassen muss, s. § 768 RdNr. 11.
[34] Vgl. OLG Jena ZIP 1999, 848 f.; zum Erwerb von Konkursvorrechten s. – jew. zur außer Kraft getretenen KO – ferner RGZ 135, 25, 32; BGH LM GVG § 13 Nr. 131 = NJW 1973, 1077; BGHZ 75, 23 = NJW 1979, 1155; krit. *Rimmelspacher* ZZP 95 (1982), 285, 288.
[35] BGH WM 1990, 260, 262 (insoweit nicht in BGHZ 110, 41); NJW 1994, 1790 = WM 1994, 1163; näher dazu § 498 RdNr. 24 f.; *Hadding/Häuser*, WM-FG Heinsius, 1991, S. 4 ff.
[36] BGHZ 35, 172 = NJW 1961, 1524; eingehend dazu *Hadding/Häuser*, WM-FG Heinsius, 1991, S. 4, 5 ff. mwN. – S. dazu aber noch RdNr. 18.
[37] RGZ 82, 27; *Erman/Herrmann* RdNr. 9; näher dazu *v. Koppenfels-Spieß* S. 214 ff.

Gesetzlicher Forderungsübergang 11, 12 § 774

keine Anwendung.[38] Nach dem typischen Sinn des Bürgschaftsvertrags hat der Bürge allerdings einen **Anspruch auf rechtsgeschäftliche Übertragung** dieser Sicherungsrechte, soweit er sie, wären sie akzessorisch, nach § 401 erwerben würde.[39] Davon betroffen sind vor allem Sicherungseigentum, Vorbehaltseigentum, zur Sicherheit erworbene Forderungen, Geschäftsanteile oder sonstige Mitgliedschaftsrechte sowie Sicherungsgrundschulden. Der Erfüllungsort bestimmt sich nach den allgemeinen Vorschriften der §§ 269, 270.[40] Der Anspruch auf Übertragung und der Übergang der Nebenrechte nach §§ 412, 401 (RdNr. 9) können sowohl im Bürgschaftsvertrag (RdNr. 14) als auch **im Sicherungsvertrag** zwischen Besteller der Sicherheit und Gläubiger **ausgeschlossen** werden.[41] Eine Vereinbarung im Bürgschaftsvertrag, der zufolge der Anspruch des Bürgen auf Übertragung vom Einverständnis des Sicherungsgebers abhängig ist, hält deshalb der Inhaltskontrolle nach § 307 stand,[42] zumal auch der Bürge nach §§ 412, 399 den Mitlauf der Bürgschaftsforderung verhindern kann (§ 765 RdNr. 52). Zum Ausgleich zwischen Mitbürgen, zwischen Bürge und Gesamtschuldner sowie zwischen Bürge und Besteller dinglicher Sicherheiten s. RdNr. 22 ff.

3. Vorrang des Gläubigers (Abs. 1 S. 2). Nach Abs. 1 S. 2 kann der Übergang der 11 *Forderung sowie der Nebenrechte* (RdNr. 8 ff.) nicht zum Nachteil des Gläubigers geltend gemacht werden.[43] Die Vorschrift schützt den Gläubiger nicht allgemein vor wirtschaftlichen Nachteilen; ihr geht es vielmehr darum, den Gläubiger vor einer **Beeinträchtigung** seiner Rechtsstellung **infolge des Forderungsübergangs** zu bewahren.[44] Von Bedeutung ist Abs. 1 S. 2 in den Fällen, in denen die Leistung des Bürgen nicht zur vollen Befriedigung des Gläubigers führt und damit Forderung und Nebenrechte geteilt werden, sei es, dass der Bürge nur Teilleistungen erbringt oder aber die Bürgschaft ohnehin nur einen Teil der Hauptschuld sichert (RdNr. 12). In diesen Fällen kommt den verbleibenden Rechten des Gläubigers der **Vorrang** gegenüber den abgeleiteten Rechten des Bürgen zu.[45] Demgemäß erwirbt der Bürge an akzessorischen **Sicherungsrechten** nur eine nachrangige Mitberechtigung.[46] An nicht akzessorischen Sicherungsrechten hat der Gläubiger dem Bürgen insoweit eine Mitberechtigung zu übertragen, als sein Sicherungsinteresse nicht mehr fortbesteht, mithin Übersicherung eingetreten ist; sicherungshalber übertragene Forderungen sind entsprechend zu teilen.[47] Zur Geltung des Abs. 1 S. 2 für den Aufwendungsersatzanspruch des Bürgen s. RdNr. 20.

Der Vorrang des Gläubigers gilt für die im Verbund mit der Bürgschaft stehende 12 Forderung des Gläubigers und die dafür bestehenden Sicherungsrechte, bei einer Bürgschaft für einen **Teilbetrag** einer bestimmten Forderung auch für den nicht verbürgten

---

[38] Näher hierzu § 401 RdNr. 14 f.; eingehend *Dieckmann* S. 406 ff. m. umf. Nachw.
[39] St. Rspr. s. etwa BGH NJW 2001, 2327, 2330; 1995, 2635, 2636; BGHZ 144, 52, 57 = NJW 2000, 1566; BGHZ 110, 41, 43 = NJW 1990, 903; BGHZ 92, 374, 378 = NJW 1985, 614; BGHZ 78, 137, 143 = NJW 1981, 748; BGHZ 42, 53, 56 f. = NJW 1964, 1788.
[40] BGH NJW 1995, 1546 (Verpflichtung zur Abtretung einer Sicherungsgrundschuld ist am Sitz des Gläubigers zu erfüllen).
[41] BGHZ 110, 41, 43 = NJW 1990, 903; BGH LM § 401 Nr. 5 (unter 2 c) = WM 1967, 213; vgl. dazu auch *Schröter* WM 2000, 16, 17 f.; § 401 RdNr. 14 f. (Treuhandzwecke); ferner RdNr. 31.
[42] BGHZ 108, 179, 183 = NJW 1989, 2530, wo die Klausel freilich iS eines Verzichts auf die Rechte des Bürgen aus § 776 verstanden wird (dazu noch RdNr. 31); *Graf Lambsdorff/Skora* Handbuch RdNr. 230; aA *Tiedtke* ZIP 1986, 150, 155; *ders.* ZIP 1990, 418, 425.
[43] Allg. Grundsatz, s. §§ 268 Abs. 3 S. 2, 426 Abs. 2 S. 2, 1143 Abs. 1 S. 2, 1150, 1164 Abs. 1 S. 2, 1176, 1225 S. 2, 1249 S. 2, 1607 Abs. 4; § 128 ZVG; § 67 Abs. 1 S. 2 VVG; vgl. BGH NJW 1979, 271; eingehend *Chr. Mayer* S. 59 ff.; *v. Koppenfels-Spieß* S. 268 ff., 307 ff.; *v. Olshausen* KTS 2005, 403, 410 ff.
[44] Vgl. bereits RGZ 82, 136; präzisierend *Chr. Mayer* S. 64 ff.
[45] Eingehend zur Rechtsnatur der durch § 774 Abs. 1 S. 2 besorgten Vorrangstellung des Gläubigers und mit Einbettung in die allg. Lehre vom Forderungsrang *Chr. Mayer* S. 61 ff. mwN; s. ferner *Staudinger/Bittner* § 268 RdNr. 24; *Soergel/Pecher* RdNr. 11; *Gernhuber* Erfüllung S. 472.
[46] BGHZ 110, 41, 45 f. = NJW 1990, 903; BGH LM § 426 Nr. 26; OLG Celle NJW 1968, 1139 f.; vgl. auch RGZ 131, 323; *Soergel/Pecher* RdNr. 14.
[47] *PWW/Brödermann* RdNr. 21; s. ferner BGHZ 110, 41, 46 f. = NJW 1990, 903; aA – für Anspruch auf Einräumung einer nachrangigen Beteiligung in ungeteilter Rechtsgemeinschaft – *Soergel/Pecher* RdNr. 14.

Anteil.[48] Bei einer *Höchstbetragsbürgschaft* (§ 765 RdNr. 111 ff.) kann deshalb ein sehr weitreichender Vorrang des Gläubigers bestehen.[49] Dem Gläubiger gebührt nach Abs. 1 S. 2 aber auch für den Fall der Vorrang, dass das Nebenrecht, dessen Übergang bzw. Übertragung der Bürge geltend macht, nicht nur die verbürgte, sondern auch eine **andere (nicht verbürgte) Forderung** sichert.[50] Sind dagegen mehrere Forderungen des Gläubigers jeweils durch eigenständige Sicherungsrechte gesichert, ist aber nur eine von ihnen verbürgt, so erwirbt der Bürge mit der Forderung das für diese bestehende Sicherungsrecht ohne Vorrang des Gläubigers und demnach mit dem Rang, den es in der Hand des Gläubigers hatte.[51] Leistet der Bürge mehr, als er aus der Bürgschaft schuldet, um einen ihm lästigen Vorrang des Gläubigers auszuräumen, kann er weitere Rechte nicht nach Abs. 1 S. 1 erwerben.[52]

13 Was den Vorrang des Gläubigers an der zwischen ihm und dem Bürgen geteilten Forderung betrifft, so tritt bei **Insolvenz des Schuldners § 43 InsO** an die Stelle des Abs. 1 S. 2,[53] wenn der Bürge *nach Eröffnung* des Insolvenzverfahrens seine Bürgschaftsschuld nur teilweise erfüllt. Danach kann der Gläubiger bis zu seiner vollen Befriedigung den vollen Betrag der durch die Bürgschaft gesicherten Forderung geltend machen; der Bürge kann deshalb nach § 44 InsO bis dahin seinen Anspruch gegen den Schuldner nicht anmelden.[54] In allen anderen Fällen eines Vorrangs des Gläubigers hinsichtlich der Forderung – also bei *vor Insolvenzeröffnung* erfolgter *Teilleistung* des Bürgen sowie bei *vollständiger Erfüllung* einer nur auf einen Teil der Hauptforderung gehenden Bürgschaft – steht zwar der Bürge dem Gläubiger im Insolvenzverfahren gleich; der Gläubiger kann dann aber, solange er nicht befriedigt ist, die vom Bürgen vereinnahmte Quote beanspruchen.[55] Ein Streit zwischen Bürge und Gläubiger über den Vorrang von *Sicherungsrechten* ist im Wege der **Drittwiderspruchs- oder Vorzugsklage** nach §§ 771, 805 ZPO auszutragen; bei Streit über den Vorrang hinsichtlich der *Forderung* stehen die Feststellungsklage (§ 256 ZPO), Hauptintervention (§ 64 ZPO) und Widerspruch gegen den Teilungsplan (§ 115 ZVG) zur Verfügung.[56] Dem *Schuldner* steht ein Einwand gegen den Bürgen wegen des Vorrangs des Gläubigers nicht zu.[57]

14 **4. Abweichende Vereinbarungen.** Die Vorschrift des Abs. 1 S. 1 ist zwar dispositiv.[58] Der vollständige Ausschluss der cessio legis verändert jedoch den Charakter der Interzession;

---

[48] BGHZ 92, 374, 378 f. = NJW 1985, 614; RGZ 76, 195, 198; s. ferner BGH NJW 2003, 1036, 1037 = WM 2003, 450.
[49] RGZ 76, 195, 199 f.; RG JW 1917, 811 f.; vgl. auch RG SeuffA 76 Nr. 84 S. 134.
[50] Zutr. BGHZ 110, 41, 44 ff. = NJW 1990, 903; *Palandt/Sprau* RdNr. 12; *Bamberger/Roth/Rohe* RdNr. 11; *PWW/Brödermann* RdNr. 20; *Jauernig/Stadler* RdNr. 5; *Dieckmann* S. 387 f.; aA *Reinicke/Tiedtke* DB 1990, 1953 ff.; *Tiedtke* ZIP 1995, 521, 533; *Erman/Herrmann* RdNr. 13.
[51] BGHZ 92, 374, 379 = NJW 1985, 614; BGHZ 110, 41, 45 f. = NJW 1990, 903; *Erman/Herrmann* RdNr. 13; *Soergel/Pecher* RdNr. 10; s. ferner RGZ 136, 40, 44; BGH NJW 2003, 1036, 1037 = WM 2003, 450.
[52] RG LZ 1918, 909 f.; *PWW/Brödermann* RdNr. 22; vgl. auch RGZ 96, 136, 139. Zu Ansprüchen gegen den Schuldner aus GoA s. BGH WM 1968, 1201.
[53] So auch BGHZ 92, 374, 379 = NJW 1985, 614; s. ferner BGH ZIP 2008, 2183 Tz. 16; krit. *Soergel/Pecher* RdNr. 11; eingehend zum Verhältnis zwischen §§ 43 f. InsO und § 774 Abs. 1 S. 2 *v. Olshausen* KTS 2005, 403 ff. m. umf. Nachw.
[54] *PWW/Brödermann* Vor § 765 RdNr. 53; näher im Zusammenhang mit dem Regress des Kautionsversicherers nach insolvenzbedingtem Erlöschen des Kautionsversicherungsvertrags (dazu BGHZ 168, 276; BGH ZIP 2007, 543) BGH ZIP 2008, 885 Tz. 8 ff.; *Habersack* BKR 2007, 77 f.; *Vogel* ZIP 2007, 2198, 2200 f.; zu § 68 KO BGHZ 92, 374, 379 = NJW 1985, 614; 27, 51, 54 = NJW 1958, 787; BGH NJW 1985, 1185; eingehend zum Rückgriff in der Insolvenz des Hauptschuldners *Wissmann* S. 23 ff.; *Noack/Bunke*, FS Uhlenbruck, 2000, S. 335, 339 ff., 354 ff.; *v. Olshausen* KTS 2005, 403 ff. m. umf. Nachw.
[55] BGH NJW 1997, 1014, 1015 (obiter); *Palandt/Heinrichs* § 268 RdNr. 7; *Chr. Mayer* S. 66 f.; aA – für Anspruch des Gläubigers auf den Betrag, um den seine Quote durch Teilnahme des Bürgen am Insolvenzverfahren herabgesetzt wurde – RGZ 83, 401; RGRK/*Mormann* RdNr. 4; *Palandt/Sprau* RdNr. 12; *PWW/Brödermann* Vor § 765 RdNr. 52; so auch noch Voraufl. RdNr. 13; offen gelassen von BGHZ 92, 374, 379 f. = NJW 1985, 614; gegen jegliche Ausgleichspflicht *Dieckmann* S. 383 ff.
[56] RG JW 1935, 2559.
[57] RG Recht 1922 Nr. 49.
[58] Vgl. RGZ 148, 65, 66; BGHZ 92, 374, 380 f. = NJW 1985, 614; OLG Köln NJW-RR 1989, 1266 = WM 1989, 1883; BankR-HdB/*Schmitz/Wassermann/Nobbe* § 91 RdNr. 172; *Erman/Herrmann* RdNr. 11; *PWW/Brödermann* RdNr. 4; s. ferner RdNr. 5.

das Rechtsverhältnis zwischen dem Gläubiger und dem Interzedenten ist dann ggf. als Garantie zu qualifizieren. Außerhalb des Anwendungsbereichs der §§ 305 ff. können die Parteien aber insbesondere vereinbaren, dass **Teilleistungen** des Bürgen bis zur vollständigen Befriedigung des Gläubigers als Sicherheitsleistung dienen (RdNr. 5). Umgekehrt kann zugunsten des Bürgen ein weitergehender Übergang der Rechte des Gläubigers vereinbart werden;[59] eine solche Vereinbarung bedarf nicht der Form des § 766 S. 1 (§ 766 RdNr. 14 f.).

III. Das Rechtsverhältnis des Bürgen zum Hauptschuldner

1. Cessio legis und Auftragsverhältnis. Im Verhältnis zum Hauptschuldner wird die Rechtsstellung des Bürgen nicht nur von der cessio legis des Abs. 1 S. 1 (RdNr. 4 ff.) bestimmt. Wenn auch nicht notwendigerweise, so liegt doch zumeist in diesem Verhältnis eine den Bürgen zur Übernahme der Bürgschaft verpflichtende Vereinbarung vor, die als **Bürgschaftsauftrag** zu qualifizieren ist und den Vorschriften der §§ 662 ff. – gegebenenfalls iVm. § 675 – unterliegt.[60] Die Vorschrift des Abs. 1 S. 3 trägt diesem Umstand dadurch Rechnung, dass sie die cessio legis nicht von dem Bürgschaftsauftrag abstrahiert, sondern dem Bürgschaftsauftrag entstammende **Einwendungen** des Schuldners auch auf die übergegangene Forderung erstreckt und damit *insoweit* ein *weitgehend einheitliches* Rückgriffsverhältnis anordnet (RdNr. 21). Umgekehrt kann freilich der Hauptschuldner Einwendungen aus dem Hauptschuldverhältnis zum Gläubiger nicht dem Anspruch aus dem Auftragsverhältnis entgegenhalten (RdNr. 21). Aber auch im Übrigen unterscheiden sich beide Rückgriffsansprüche ganz wesentlich: Während nämlich die cessio legis aus Sicht des Bürgen den Vorteil hat, dass sie den Zugriff auf etwaige **Nebenrechte** ermöglicht (RdNr. 8 ff.), zeichnet sich der Aufwendungsersatzanspruch dadurch aus, dass er eigenständig nach §§ 195, 199 Abs. 1 verjährt[61] und deshalb vom Bürgen auch dann noch mit Erfolg geltend gemacht werden kann, wenn der Schuldner gegenüber der Hauptforderung nach §§ 412, 404 (RdNr. 21) die Einrede der **Verjährung** erhebt.[62] Schließlich kann der Rückgriffsanspruch auch nur aus § 670 begründet sein, so etwa, wenn die Hauptforderung bereits erloschen war, der Bürge aber gleichwohl seine Leistung für erforderlich halten durfte (RdNr. 19), ferner, wenn er auf ein *Vorbehaltsurteil* leistet und deshalb die Voraussetzungen der cessio legis noch nicht erfüllt sind.[63] Die sich aus §§ 254 Abs. 2 S. 2, 301 Abs. 2 S. 2 InsO ergebende Beschränkung des Rückgriffs erfasst dagegen die Hauptforderung und einen etwaigen Aufwendungsersatzanspruch gleichermaßen (RdNr. 17, 20).

Der Bürge kann den Rückgriff **wahlweise** auf die übergegangene Hauptforderung oder auf das Auftragsverhältnis und damit auf § 670 (ggf. iVm. §§ 675, 683) stützen. Die materiell-rechtlich eigenständigen Ansprüche[64] bilden allerdings prozessual einen **einheitlichen Streitgegenstand**.[65] Eine nachträgliche Ausweitung des Klagevortrags auf den jeweils anderen Anspruchsgrund ist deshalb nach § 264 Nr. 1 ZPO keine Klageänderung.[66] Ist die

---

[59] RGZ 102, 51, 52 nimmt auch in diesem Fall *gesetzlichen* Forderungsübergang an.
[60] Dazu § 765 RdNr. 7; s. ferner BGH WM 1993, 1668 = NJW-RR 1993, 1377; *Soergel/Pecher* RdNr. 18; zur Geschäftsführung ohne Auftrag s. RdNr. 19; zum Regress des Kautionsversicherers nach insolvenzbedingtem Erlöschen des Versicherungsvertrags (dazu BGHZ 168, 276; BGH ZIP 2007, 543) s. BGH ZIP 2008, 885 Tz. 8 ff.; *Habersack* BKR 2007, 77 ff.; *Vogel* ZIP 2007, 2198, 2200 f.
[61] Zum alten Recht s. BGH ZIP 2000, 1576, 1577: Aufwendungsersatzanspruch nach Inanspruchnahme aus einer auf Grund eines Avalkredits übernommenen Bürgschaft verjährt nach § 196 Abs. 1 Nr. 7, Abs. 2 aF.
[62] Vgl. BGH ZIP 2000, 1576, 1577; *Hadding*, FS Wiegand, 2005, S. 299, 314 f.; zum umgekehrten Fall, dass der Aufwendungsersatzanspruch vor der Hauptforderung verjährt, s. noch RdNr. 21.
[63] Vgl. RdNr. 4; *Knütel* JR 1985, 6 f.; *Erman/Herrmann* RdNr. 12.
[64] Vgl. RGZ 59, 207, 209; 102, 51, 53; 146, 67, 69; BGHZ 95, 375, 380 ff. = NJW 1986, 310; OLG Köln NJW-RR 1989, 1266 = WM 1989, 1883; *Soergel/Pecher* RdNr. 18; *Palandt/Sprau* RdNr. 4; aA *Graf Lambsdorff/Skora* Handbuch RdNr. 299; *Larenz/Wolf* AT § 18 RdNr. 28 ff. mwN zur Lehre von der sog. „Anspruchsnormenkonkurrenz".
[65] *Soergel/Pecher* RdNr. 18; *Knütel* JR 1985, 6; allg. zum Streitgegenstand *MünchKommZPO/Becker-Eberhard* Vor § 253 RdNr. 32 ff.; *Zöller/Vollkommer* ZPO Einl. RdNr. 60 ff.
[66] OLG Hamburg OLGE 9, 14; *Soergel/Pecher* RdNr. 18.

Klage etwa auf Grund unzulänglichen Tatsachenvortrags abgewiesen worden, steht einer auf nicht vorgebrachte Gründe gestützten neuen Klage der Einwand der Rechtskraft entgegen; ebenso ist die auf das Auftragsverhältnis gestützte Klage unzulässig, wenn der Bürge bereits zuvor Klage gegen den Schuldner erhoben hat und diese auf cessio legis gestützt hat. Was die Verteilung der Darlegungs- und Beweislast betrifft, so gelten die allgemeinen Grundsätze.[67] Gegenüber der übergegangenen Hauptforderung günstigere oder ungünstigere Rückgriffsvereinbarungen hat also die Partei zu beweisen, die sich auf eine solche Vereinbarung beruft.

17 **2. Geltendmachung des Rückgriffsanspruchs. a) Hauptforderung.** Der Bürge kann sich damit begnügen, die auf ihn übergegangene Forderung des Gläubigers geltend zu machen, sei es, dass er ein Auftragsverhältnis nicht nachweisen kann oder nicht vortragen will oder dass ein solches tatsächlich nicht besteht und auch ein Anspruch aus §§ 683, 670 nicht in Betracht kommt. In diesem Fall hat der Bürge lediglich das Bestehen der gesicherten Forderung, das Vorliegen eines Bürgschaftsvertrags und die Erfüllung der Bürgschaftsverpflichtung darzulegen und zu beweisen.[68] Dem gleich steht der Nachweis einer Vereinbarung mit dem Gläubiger, aus der sich eine Abtretung der Hauptforderung ergibt.[69] Der Rückgriffsanspruch aus Abs. 1 S. 1 entsteht zwar als **aufschiebend bedingter Anspruch** iS von § 95 InsO bereits mit Übernahme der Bürgschaft, wobei Bedingung die Befriedigung des Gläubigers durch den Bürgen ist.[70] Eine Geltendmachung in der **Insolvenz des Hauptschuldners** setzt jedoch nach § 44 InsO voraus, dass der Gläubiger die Forderung nicht geltend macht.[71] Ist die Hauptschuld durch Insolvenzplan oder im Wege der Restschuldbefreiung ganz oder teilweise erlassen, berührt dies zwar nicht die Haftung des Bürgen gegenüber dem Gläubiger (§ 767 RdNr. 6), wohl aber den Rückgriff des Bürgen beim Schuldner (RdNr. 16, 20). Mit der Forderung gehen etwaige Vorzüge und Nebenrechte auf den Bürgen über (RdNr. 8 ff.). Vom Übergang betroffen ist auch die im Hauptschuldverhältnis getroffene Vereinbarung eines besonderen Gerichtsstands.[72] War allerdings die verbürgte Forderung ihrem Entstehungsgrund nach **öffentlich-rechtlicher Natur**,[73] so steht dem Bürgen die öffentlich-rechtliche Festsetzungs- und Beitreibungsbefugnis des Staates nicht zur Verfügung. Auch der Rechtsweg beurteilt sich in diesem Fall schon mit Rücksicht auf den konkurrierenden Anspruch aus § 670 (s. RdNr. 16) nach der Person des Bürgen, so dass nach § 13 GVG auch die Hauptforderung vor den ordentlichen Gerichten geltend zu machen ist.[74] Dem Bürgen kommt aber die Bindungskraft einer öffentlich-rechtlichen Festsetzung zugute.

18 Im Hauptschuldverhältnis getroffene **Zinsvereinbarungen** wirken auch zugunsten des Bürgen (RdNr. 9), so dass dieser an sich mit *Wirkung ex nunc* den vereinbarten Zins verlangen kann; für bereits in der Person des Gläubigers begründete Zinsforderungen gilt dies allerdings nur insoweit, als sie vom Bürgen erfüllt worden sind und im Hauptschuldverhältnis das Zinseszinsverbot des § 248 Abs. 1 durch Vereinbarung eines Kontokorrents

---

[67] Zur Geltendmachung der übergegangenen Forderung im Urkundsprozess s. BGH NJW-RR 1988, 61 = WM 1987, 1397.
[68] BGH WM 1976, 108, 109; 1964, 849, 850.
[69] BGH WM 1973, 559, 560.
[70] BGHZ 140, 270, 271 = NJW 1999, 1182; BGH ZIP 2008, 885 Tz. 11 f.; zu § 54 KO BGH NJW 1974, 2000, 2001; OLG München WM 1988, 1896, 1897; *Palandt/Sprau* RdNr. 5; *Habersack* BKR 2007, 77, 78, dort auch zur Unanwendbarkeit des § 91 Abs. 1 InsO in Fällen, in denen dem Bürgen für seine Rückgriffsforderung eine Sicherheit bestellt worden ist; dazu auch OLG Dresden ZIP 2007, 640, 641 f. Zur Frage, ob der Bürge, der nach Eröffnung des Insolvenzverfahrens über das Vermögen des Hauptschuldners den Gläubiger befriedigt, mit seinem Regressanspruch gegen eine bereits bei Verfahrenseröffnung fällige Forderung des Schuldners aufrechnen kann, s. § 95 Abs. 1 S. 3 InsO und dazu *v. Olshausen* KTS 2000, 1, 4 ff. mwN.
[71] Näher zum Verbot der Doppelanmeldung *Habersack* BKR 2007, 77 f.; *Noack/Bunke*, FS Uhlenbruck, 2000, S. 335, 356 ff.; zur Rechtslage bei teilweiser Befriedigung des Gläubigers durch den Bürgen s. RdNr. 12 f.
[72] OLG Stuttgart Recht 1914 Nr. 2651.
[73] Vgl. § 765 RdNr. 65, 126; ferner PWW/*Brödermann* RdNr. 19.
[74] BGH LM GVG § 13 Nr. 131 = NJW 1973, 1077; BGHZ 75, 23 = NJW 1979, 2198; *Stolterfoth* JZ 1975, 658; krit. *André* NJW 1973, 1495; *Rimmelspacher* JZ 1975, 165; *ders.* ZZP 95 (1982), 280, 284.

gemäß § 355 HGB[75] abbedungen wurde. Der Maßgeblichkeit des im Hauptschuldverhältnis vereinbarten Zinses kann jedoch der Bürgschaftsauftrag entgegenstehen. Hat nämlich der Bürge die Bürgschaft im Auftrag des Schuldners übernommen und ist hinsichtlich der Verzinsung nichts vereinbart, so kann der Bürge im Rückgriff für den aufgewendeten Betrag nach §§ 670, 256, 246 nur 4% (in den Fällen des § 352 HGB: 5%) ab Leistung an den Gläubiger verlangen;[76] dies freilich auf den gesamten Aufwand, auch soweit er aus Zinsansprüchen des Gläubigers erwachsen ist. Der Schuldner kann deshalb auch insoweit nach Abs. 1 S. 3 das Bestehen eines Bürgschaftsauftrags einwenden; der Bürge wiederum trägt den Nachweis für eine von §§ 670, 256, 246 abweichende, ihm günstigere Zinsabrede. Nicht Bestandteil der übergegangenen Rechte – wohl aber des Aufwendungsersatzanspruchs (RdNr. 19) – sind die dem Bürgen aus einem Rechtsstreit gegen den Gläubiger erwachsenen **Kosten der Rechtsverteidigung**.

b) Aufwendungsersatz. Der Bürge kann seinen Rückgriff auch auf §§ 670, 683 gründen, sofern er in Erfüllung eines Bürgschaftsauftrags oder als Geschäftsführer ohne Auftrag[77] geleistet hat und die Leistung für erforderlich halten durfte, insbesondere seine Inanspruchnahme nicht durch die Geltendmachung von Einwendungen und Einreden (§ 768 RdNr. 2, 4) abwenden konnte. Dafür ist nicht erforderlich, dass es zur wirksamen Übernahme der Bürgschaft und zu deren Erfüllung gekommen ist;[78] maßgebend ist vielmehr, dass der Bürge auftragsgemäß oder als Geschäftsführer ohne Auftrag Aufwendungen zur Schuldentlastung des Hauptschuldners erbracht hat.[79] Steht dem Bürgen wegen Rechtsgrundlosigkeit seiner Leistung ein Bereicherungsanspruch gegen den Gläubiger zu (RdNr. 6), kann er sich ggf. gleichwohl statt an den Gläubiger an den Schuldner halten und von ihm gegen Abtretung seines Bereicherungsanspruchs (§ 667) Aufwendungsersatz verlangen. Dies gilt insbesondere für den Fall, dass die Hauptschuld und damit nach § 767 Abs. 1 S. 1 auch die Bürgschaft bereits erloschen waren, der Schuldner aber den Bürgen davon nicht in Kenntnis gesetzt hatte und dieser deshalb seine Leistung an den Gläubiger für erforderlich halten durfte. Als Aufwendungsersatz hat der Schuldner dem Bürgen grundsätzlich auch die **Kosten** eines Prozesses mit dem Gläubiger zu erstatten,[80] ebenso **Folgeschäden** einer Inanspruchnahme; dies deshalb, weil im Verhältnis zum Schuldner es Aufgabe des Bürgen ist, den Kredit des Schuldners zu sichern, nicht aber, die Verbindlichkeit des Schuldners zu erfüllen (§ 775 RdNr. 1).[81] Jedenfalls ist der zusätzliche Aufwand des Bürgen unter dem Gesichtspunkt des Verzugs des Hauptschuldners hinsichtlich seiner aus § 775 folgenden Freistellungsverpflichtung begründet.

Wie der Rückgriffsanspruch aus Abs. 1 S. 1 (RdNr. 17) entsteht auch der Aufwendungsersatzanspruch des Bürgen als **aufschiebend bedingter** Anspruch bereits mit Begründung des Auftragsverhältnisses.[82] Auf den Aufwendungsersatzanspruch des Bürgen ist im Übrigen **§ 774 Abs. 1 S. 2 entsprechend** anzuwenden.[83] In der Folge unterliegt der Aufwendungsersatzanspruch des Bürgen im Insolvenzverfahren über das Vermögen des Schuldners den für die Hauptforderung geltenden Beschränkungen. Die Geltendmachung setzt mithin nach

---

[75] S. dazu § 765 RdNr. 113; ferner § 497 Abs. 2 und dazu § 497 RdNr. 25 ff.
[76] So auch *Reinicke* DB 1967, 847; *Graf Lambsdorff/Skora* Handbuch RdNr. 297; aA BGH WM 1975, 100, 102 (für Ausgleich unter Mitbürgen).
[77] Etwa bei Unwirksamkeit des Auftrags, s. OLG Stuttgart NJW-RR 1994, 876 f.; s. ferner *Habersack* BKR 2007, 77, 79; allg. dazu BGHZ 39, 87 = NJW 1963, 950; BGH NJW-RR 1993, 200 f.
[78] BGH ZIP 1998, 601, 602; RG Recht 1909 Nr. 3341.
[79] RG Recht 1916 Nr. 226.
[80] PWW/*Brödermann* RdNr. 17.
[81] OLG Bremen NJW 1963, 861; vgl. auch RG WarnR 1915 Nr. 278.
[82] *Habersack* BKR 2007, 77, 78 f., dort auch zur Unanwendbarkeit des § 91 Abs. 1 InsO in Fällen, in denen dem Bürgen für seine Rückgriffsforderung eine Sicherheit bestellt worden ist; dazu auch OLG Dresden ZIP 2007, 640, 641 f.; ferner *Vogel* ZIP 2007, 2198, 2201.
[83] Vgl. für die Gesamtschuld § 426 RdNr. 48; *Gernhuber* Erfüllung S. 472 (Fn. 68); allg. zumindest tendenziell *Chr. Mayer* S. 66 f.; aA *Staudinger/Noack* § 426 RdNr. 142; *v. Koppenfels-Spieß* S. 278 f.; offen gelassen in RGZ 83, 401, 407. S. ferner die Nachweise in Fn. 84 zur Anwendbarkeit des § 44 InsO.

§§ 43, 44 InsO (RdNr. 17) voraus, dass der Gläubiger nicht seinerseits mit der gesicherten Forderung am Verfahren teilnimmt,[84] weshalb der Bürge bei Teilleistung nach Insolvenzeröffnung ausgeschlossen und bei Teilleistung vor Insolvenzeröffnung und anschließender Teilnahme am Insolvenzverfahren dem Gläubiger ausgleichspflichtig ist (RdNr. 13). Hat der Gläubiger mit seiner Forderung am Insolvenzverfahren teilgenommen und ist diese durch Insolvenzplan oder im Wege der Restschuldbefreiung ganz oder teilweise erlassen, so bleibt dem vom Gläubiger auf den Ausfall in Anspruch genommenen Bürgen (§ 767 RdNr. 6) ein weiterer Rückgriff beim Schuldner auch dann versagt, wenn der Rückgriff nicht auf die cessio legis,[85] sondern auf die aus dem Innenverhältnis zum Bürgen folgende Freistellungs- und Aufwendungsersatzverpflichtung des Schuldners gestützt wird.[86] Entsprechendes gilt bei der Übernahme einer Bürgschaft für eine Bürgschaftsverpflichtung, soweit die durch sie verbürgte Forderung entfällt.[87]

21 3. Einwendungen des Schuldners. Der **übergegangenen Forderung** kann der Schuldner nach §§ 412, 404 sämtliche Einwendungen und Einreden aus seinem Rechtsverhältnis zum Gläubiger entgegenhalten; auch kann er nach §§ 412, 406 f. mit einer gegen den Gläubiger gerichteten Forderung aufrechnen[88] und zwischenzeitlich erfolgte Leistung an den Gläubiger geltend machen. Nach Abs. 1 S. 3 ist der Schuldner dem Bürgen darüber hinaus auch insoweit, als letzterer den Rückgriff auf die übergegangene Hauptforderung stützt, nur im Rahmen des Innenverhältnisses verpflichtet. Kraft des dadurch begründeten **Vorrangs des Innenverhältnisses** kann der Schuldner also auch gegenüber der vom Bürgen erworbenen Hauptforderung einwenden, er sei diesem nicht oder nicht vollumfänglich zum Ausgleich verpflichtet.[89] So kann der Schuldner etwa geltend machen, dass die Übernahme der Bürgschaft schenkweise erfolgt sei,[90] dass der Bürge den Gläubiger mit Mitteln des Schuldners befriedigt habe,[91] dass der Aufwendungsersatzanspruch verjährt sei[92] oder dass ihm aus sonstigen Gründen kein Ausgleich zustehe,[93] etwa weil die verbürgte Schuld allein im Interesse des Bürgen eingegangen worden sei,[94] der Bürge ihm bekannte Einwendungen oder Einreden hätte geltend machen können[95] oder Bürge und Schuldner das verbürgte Darlehen zu einem gemeinschaftlich begangenen Betrug eingesetzt hätten.[96] Dagegen vermag Abs. 1 S. 3 nicht etwaige Einwendungen gegen die nach Abs. 1 S. 1 erworbene Forderung zu entkräften;

---

[84] Vgl. MünchKommInsO/*Bitter* § 44 RdNr. 7; näher im Zusammenhang mit dem insolvenzbedingten Erlöschen des Kautionsversicherungsvertrags (dazu BGHZ 168, 276; BGH ZIP 2007, 543) BGH ZIP 2008, 85 Tz. 8 ff., 13; *Habersack* BKR 2007, 77, 78 f.; s. ferner für den Befreiungsanspruch BGH NJW 1985, 1159, 1160; BGHZ 55, 117, 120 f. = NJW 1971, 382.

[85] S. §§ 254 Abs. 2 S. 2, 301 Abs. 2 S. 2 InsO; näher zur entsprechenden Problematik unter Geltung der KO BGHZ 55, 117, 121 f. = NJW 1971, 382; zur Haftung des Bürgen trotz Erlöschens der Hauptschuld s. §§ 254 Abs. 2 S. 1, 301 Abs. 2 S. 1 InsO und dazu § 767 RdNr. 6.

[86] BGHZ 55, 117, 121 f. = NJW 1971, 382; *Staudinger/Horn* Vor § 765 RdNr. 177; PWW/*Brödermann* Vor § 765 RdNr. 17.

[87] BGHZ 73, 94 = NJW 1979, 415 = JR 1979, 371 m. Anm. *Schneider* und *Böttger*: Nachbürge kann seinen Rückbürgen auch dann in Anspruch nehmen, wenn Rückgriffsanspruch gegen Vorbürgen wegen Vergleichsverfahren nicht mehr geltend gemacht werden kann.

[88] RGZ 59, 207, 209; *Palandt/Sprau* RdNr. 10; aA *Tiedtke* DB 1970, 1721; *Reinicke/Tiedtke* Bürgschaftsrecht RdNr. 378 (Verstoß gegen Abs. 1 S. 2).

[89] St. Rspr.; s. BGH NJW-RR 1992, 811 = WM 1992, 908; WM 1970, 751, 752; s. ferner *Habersack* AcP 198 (1998), 152, 156 ff., sowie die Nachweise in Fn. 90 ff.; eingehend und krit. zu § 774 Abs. 1 S. 3 *Dieckmann* S. 332 ff.

[90] BGH LM § 516 Nr. 2 = WM 1955, 377, 379; s. dazu auch § 765 RdNr. 7.

[91] RG JW 1914, 78.

[92] *Hadding*, FS Wiegand, 2005, S. 299, 314 f., dort auch zur Geltendmachung der Verjährungseinrede gegenüber der titulierten Hauptforderung.

[93] Zu entsprechenden Vereinbarungen s. BGH WM 1970, 751; RGZ 85, 72, 75; OLG Hamm NJW-RR 1989, 624 = WM 1989, 921 (dort auch zur Beweislast des Schuldners).

[94] OLG Celle NJW 1983, 1063; s. ferner BGH NJW-RR 1992, 811 = WM 1992, 908 („Kompensationsabrede").

[95] Näher dazu *Habersack* AcP 198 (1998), 152, 157 f.

[96] OLG Stuttgart NJW-RR 1994, 876 f. (entsprechende Anwendung des § 426 auf das Innenverhältnis); abl. *Reinicke/Tiedtke* Bürgschaftsrecht RdNr. 365.

hierzu bedarf es vielmehr einer gesonderten Verzichtsabrede. Zur Rechtslage bei der Nachbürgschaft s. § 765 RdNr. 117. Dagegen kann der Schuldner dem auf Bürgschaftsauftrag oder GoA gestützten Anspruch des Bürgen auf Aufwendungsersatz keine Einwendungen aus dem **Verhältnis zum Gläubiger** entgegenhalten. Auch kann der Schuldner insoweit nicht mit einer gegen den Gläubiger gerichteten Forderung aufrechnen.[97] Nach dem typischen Sinn des Bürgschaftsauftrags dient eine vom Schuldner bestellte und nach Abs. 1 S. 1 iVm. §§ 412, 401 auf den Bürgen übergegangene oder vom Gläubiger zu übertragende Sicherheit (RdNr. 8 ff.) auch der Sicherung des Anspruchs auf Aufwendungsersatz.

IV. Das Verhältnis des Bürgen zu anderen Sicherungsgebern

1. Mitbürgen. a) Ausgleichspflicht. Mitbürgen haften dem Gläubiger nach § 769 als Gesamtschuldner. Befriedigt einer von ihnen den Gläubiger, so erwirbt er zwar gemäß Abs. 1 S. 1 die *Hauptforderung*. Die Vorschrift des Abs. 2 enthält jedoch insoweit eine **Einschränkung** des mit der cessio legis des Abs. 1 S. 1 an sich verbundenen **Übergangs der Nebenrechte** (RdNr. 8 ff.), als in Abweichung von §§ 412, 401 die *Bürgschaftsforderungen gegen Mitbürgen* nur entsprechend dem zwischen den Mitbürgen bestehenden Ausgleichsverhältnis (RdNr. 23 f.) auf den leistenden Bürgen übergehen.[98] Der vom Gläubiger in Anspruch genommene Mitbürge kann also infolge der cessio legis zwar den *Schuldner,* nicht aber die übrigen Mitbürgen vollumfänglich in Anspruch nehmen. Insoweit kann er seine Rechtsstellung im Ausgleichsverhältnis auch nicht dadurch verbessern, dass er sich die Rechte des Gläubigers nach §§ 398, 401 abtreten lässt;[99] bei Geltendmachung der nach §§ 398, 401 übergegangenen Ansprüche trifft freilich den in Anspruch genommenen Bürgen die Beweislast dafür, dass auch der Kläger Mitbürge ist. Die Vorschrift des Abs. 2 ist nicht überflüssig. Zwar enthält auch § 426 Abs. 2 S. 1 eine Begrenzung der cessio legis auf die Ausgleichsquote. Infolge ihres im Verhältnis zur Hauptschuld akzessorischen Charakters ergibt sich der Übergang der Rechte gegen die übrigen Mitbürgen jedoch nicht aus § 426 Abs. 2 S. 1, sondern aus § 774 Abs. 1 S. 1 iVm. §§ 412, 401; danach würden aber auch die Ansprüche gegen die Mitbürgen vollumfänglich auf den leistenden Bürgen übergehen. Die zwischen Gesamtschuldnern und damit auch zwischen Mitbürgen bestehende **Ausgleichspflicht nach § 426 Abs. 1 S. 1** ist dagegen nicht Ausfluss der cessio legis des Abs. 1 S. 1 und damit von vornherein begrenzt. Auch insoweit ergibt sich allerdings aus Abs. 2 iVm. § 769, dass dieses – bereits vor der Befriedigung des Gläubigers durch einen der Mitbürgen bestehende (RdNr. 25) – Ausgleichsverhältnis mit Vorliegen der Voraussetzungen des § 769 und damit unabhängig von einer gemeinschaftlichen Verbürgung iS von § 427 entsteht (§ 769 RdNr. 4).

Haben Mitbürgen jeweils **Höchstbetragsbürgschaften in unterschiedlicher Höhe** übernommen,[100] erfolgt der Ausgleich nach dem Verhältnis der übernommenen Haftung, nicht dagegen nur in Höhe der sich deckenden Höchstbeträge.[101] Teilleistungen des Hauptschuldners kommen damit sämtlichen Mitbürgen im Verhältnis der von ihnen übernommenen Haftung zugute. Maßgebend für die Bestimmung des Ausgleichsverhältnisses ist die Mithaftung der Beteiligten im *Zeitpunkt der Inanspruchnahme* des ausgleichsberechtigten Mitbürgen.[102]

---

[97] RGZ 59, 207, 209; s. dazu auch *v. Tuhr* I S. 281 Fn. 42.
[98] Vgl. Mot. II S. 674; RGZ 88, 12, 124; *Habersack* AcP 198 (1998), 152, 158 f.; *Steinbach/Lang* WM 1987, 1237, 1243; *Staudinger/Horn* RdNr. 43; *Soergel/Pecher* RdNr. 24; zur Abdingbarkeit des Ausgleichs unter Mitbürgen s. § 769 RdNr. 6 f.
[99] RG WarnR 1913 Nr. 361; RGZ 117, 1, 2; vgl. auch BGH LM § 426 Nr. 21 = NJW 1963, 2067.
[100] Vgl. § 769 RdNr. 2; allg. zur Höchstbetragsbürgschaft § 765 RdNr. 111 ff.
[101] Sog. Quotenmodell, s. BGHZ 137, 292, 294 ff. = NJW 1998, 894; OLG Hamm WM 1997, 710, 717; NJW 1991, 297; OLG Köln NJW 1991, 298, 299; OLG Stuttgart ZIP 1990, 445, 446; *Schlechtriem,* FS v. Caemmerer, 1978, S. 1039 ff., 1047; *Palandt/Sprau* RdNr. 14; *PWW/Brödermann* RdNr. 28; *Jauernig/Stadler* RdNr. 9; *Glöckner* ZIP 1999, 821, 824 ff. (mit zahlreichen Beispielen); aA – für Ausgleich nach Kopfteilen in Höhe der sich deckenden Haftsummen (sog. Stufenmodell) – RGZ 81, 414, 421 ff.; *Bülow* WuB I K 3, 3.90; *ders.* Kreditsicherheiten RdNr. 1030; *Schröter* WuB I F 1 a – 5.93; *Staudinger/Horn* RdNr. 55 f.; *Graf Lambsdorff/Skora* Handbuch RdNr. 309 (mit Rechenbeispiel); ähnlich *Bayer* ZIP 1990, 1523 ff.
[102] So auch *Tiedtke* NJW 2001, 1015, 1020; s. ferner BGH LM Nr. 6; OLG Hamburg SeuffA 69 Nr. 76.

§ 774 24, 25   Abschnitt 8. Titel 20. Bürgschaft

Dem Ausgleich unterliegen nur Leistungen auf die Bürgschaftsschuld, nicht auch Kosten aus einem gegen den Gläubiger geführten Prozess.[103] Hat ein Mitbürge dem Gläubiger zusätzlich dingliche Sicherheiten bestellt, so erhöht dies den auf ihn im Rahmen des Ausgleichsverhältnisses entfallenden Anteil.[104]

24   Die *Mitbürgen* können auch noch nachträglich ein von Abs. 2 iVm. § 426 Abs. 1 S. 1 **abweichendes Ausgleichsverhältnis** vereinbaren.[105] Insbesondere *bei gemeinschaftlicher Übernahme* der Bürgschaft iS von § 427 (s. § 769 RdNr. 4) kann sich eine entsprechende Vereinbarung auch **aus den Umständen,** etwa den geschäftlichen oder verwandtschaftlichen Beziehungen zwischen den Beteiligten, ergeben.[106] Unabhängig davon bestimmt sich, wenn sich **Gesellschafter** für eine Schuld der Gesellschaft verbürgt haben, das Ausgleichsverhältnis im Zweifel nach der Beteiligung am Verlust der Gesellschaft.[107] Das Ausscheiden eines Gesellschafters aus der Gesellschaft lässt zwar die Bürgschaftsverpflichtung unberührt (§ 765 RdNr. 51, 56); im Innenverhältnis sind die anderen bürgenden Gesellschafter jedoch im Zweifel zur Freistellung und, nachdem der Ausgeschiedene in Anspruch genommen worden ist, zum vollen Ausgleich verpflichtet.[108] Entsprechendes gilt bei Veränderungen in den Beteiligungsverhältnissen.[109] Der nach Übernahme der Bürgschaft ausgeschiedene Gesellschafter ist im Zweifel dem den Anteil erwerbenden Mitbürgen nicht ausgleichspflichtig.[110] Vereinbarungen zwischen *Gläubiger und einzelnen Mitbürgen* berühren dagegen das Ausgleichsverhältnis nicht (§ 769 RdNr. 6 ff.).

25   **b) Geltendmachung.** Die Geltendmachung eines Verlustausgleichs unter Mitbürgen muss die Besonderheiten der Risikogemeinschaft berücksichtigen; die schlichte Verweisung auf § 426 ist unzulänglich. Wie für § 426 Abs. 1 im Allgemeinen gilt allerdings auch für § 774 Abs. 2, dass das Ausgleichsverhältnis als eigenständiges, **neben den Bürgschaftsverhältnissen bestehendes Rechtsverhältnis** bereits *mit Begründung der Gesamtschuld* entsteht,[111] das nur im Einvernehmen aller Mitbürgen geändert werden kann, nicht dagegen durch Vereinbarung eines Bürgen mit dem Gläubiger (§ 769 RdNr. 8; s. ferner RdNr. 31). Die Mitbürgen sind deshalb nach Abs. 2 iVm. § 426 Abs. 1 S. 1 einander zur anteiligen Befriedigung des Gläubigers verpflichtet (§ 426 RdNr. 70). Die Geltendmachung dieses Befreiungsanspruchs setzt freilich voraus, dass der Umfang des auszugleichenden Verlustes hinreichend feststeht; an dieser Voraussetzung wird es zumeist bis zur erfolgten Inanspruchnahme des Hauptschuldners fehlen. Wurde ein Mitbürge vom Gläubiger in Anspruch genommen, so hat er zunächst einen ihm zumutbaren, dh. Erfolg versprechenden **Rückgriff beim Schuldner zu suchen;** insbesondere hat er auf ihn übergegangene Sicherheiten aus dem Vermögen des Schuldners zu verwerten. Im Übrigen kommt es für das Ausgleichsverhältnis der Mitbürgen untereinander nicht darauf an, ob ein Beteiligter gegenüber dem Gläubiger selbstschuldnerisch haftet. Hat einer der Mitbürgen auf Grund eines *Treuhandverhältnisses* einen **Freistellungsanspruch gegen den Gläubiger,** so kann der andere Mitbürge im Fall seiner Inanspruchnahme durch den Gläubiger seine Leistung um die auf den freistellungsberechtigten Mitbürgen entfallende Quote kürzen.[112]

---

[103] BGH LM § 426 Nr. 33 = NJW 1971, 884 f.
[104] OLG Frankfurt vom 6. 12. 2007, 27 U 9107; aA – freilich durch die Rspr. zur Höchstbetragsbürgschaft und zum Ausgleich unter Sicherungsgebern (RdNr. 23, 29 ff.) überholt – noch BGH LM Nr. 9 = WM 1975, 100; 4. Aufl. RdNr. 23.
[105] BGH NJW 1987, 3126, 3129 = WM 1987, 924; s. ferner die wN in Fn. 106 ff.
[106] BGH LM Nr. 15 = NJW 1984, 482; BGH NJW 1992, 2286, 2287; 2000, 1034, 1035; RG WarnR 1929 Nr. 138 S. 250; zur grds. Formfreiheit einer entsprechenden Vereinbarung s. BGH DStR 1998, 539.
[107] BGH NJW-RR 1989, 685; OLG Köln NJW 1995, 1685; OLG Frankfurt MDR 1968, 838; s. ferner RGZ 88, 122, 124 f.; RG WarnR 1914 Nr. 247.
[108] BGH DStR 1998, 539; NJW-RR 1989, 685; OLG Köln NJW 1995, 1685; LG Stuttgart NJW-RR 2000, 623, 624.
[109] OLG Köln NJW 1995, 1685.
[110] BGH LM Nr. 9 = WM 1975, 100; *Palandt/Sprau* RdNr. 14.
[111] BGH NJW 2000, 1034, 1035; 1992, 2286, 2287; allg. für § 426 Abs. 1 BGH NJW-RR 1991, 499; NJW 1981, 1666, 1667; § 426 RdNr. 12, 70 ff.
[112] BGH NJW 1989, 2386 = WM 1989, 609.

Hat ein Mitbürge an den Gläubiger eine Teilleistung erbracht, die die auf ihn entfallende **26** Quote *übersteigt,* und verspricht die Inanspruchnahme des Schuldners keinen Erfolg (RdNr. 25), so sind ihm die übrigen Mitbürgen schon nach allgemeinen Grundsätzen des § 426 zum Ausgleich verpflichtet. Da jedoch nicht feststeht, ob und inwieweit der Gläubiger die Bürgen auch hinsichtlich der noch offenen Hauptschuld in Anspruch nehmen wird, und dem Bürgen ein Zuwarten bis zur vollständigen Befriedigung des Gläubigers nicht zugemutet werden kann, hat der **Ausgleich grundsätzlich hinsichtlich der gesamten Teilleistung** und damit unter Berücksichtigung des auf den leistenden Mitbürgen entfallenden Anteils an der gesamten Hauptschuld zu erfolgen.[113] Entsprechendes gilt für Teilleistungen, die den Anteil des leistenden Bürgen an der gesamten verbürgten Verbindlichkeit *nicht übersteigen.*[114] Die damit verbundene Privilegierung des den Gläubiger teilweise befriedigenden Mitbürgen gegenüber einem gewöhnlichen Gesamtschuldner ist aber zum einen dann nicht veranlasst, wenn der **Hauptschuldner zahlungsunfähig** ist und deshalb abzusehen ist, dass die Bürgen auch für die noch offene Forderung des Gläubigers aufzukommen haben.[115] Zum anderen kann der leistende Mitbürge hinsichtlich seiner Haftungsquote keinen Ausgleich verlangen, wenn er **selbst zahlungsunfähig** ist, ein weiterer Zugriff des Gläubigers auf die Bürgen nicht auszuschließen ist und die übrigen Mitbürgen in diesem Fall ihren Regressanspruch nicht durchsetzen könnten.[116] In beiden Ausnahmefällen kann der Mitbürge hinsichtlich des Teils seiner Leistung, der den auf ihn entfallenden Anteil an der gesamten Hauptschuld nicht übersteigt, Ausgleich nicht verlangen. Ein vorzeitiger Mitbürgenausgleich kann auch im Bürgschaftsvertrag ausgeschlossen werden; von Bedeutung ist dies bei der Übernahme von Höchstbetragsbürgschaften für eine den Höchstbetrag übersteigende Hauptschuld.[117]

Den auf Ausgleich klagenden Mitbürgen trifft zunächst die **Beweislast** dafür, dass er als **27** Bürge (RdNr. 2) an den Gläubiger geleistet hat und der Beklagte für diese Leistung in der geforderten Höhe ausgleichspflichtiger Mitbürge ist. Der Beklagte hat ggf. zu beweisen, dass weitere Mithaftende existieren und deshalb sein Ausgleichsanteil geringer ist, der Kläger, dass diese anderen nach § 426 Abs. 1 S. 2 ausscheiden. Der Beklagte hat weiter eigene anzurechnende Leistungen zu beweisen, schließlich auch, dass die verbürgte Forderung höher ist als die Leistung des Klägers, dessen Ausgleichsverlangen also verfrüht ist. Verlangt der Kläger vorzeitigen Ausgleich für Teilleistungen, so obliegt dem Beklagten der Nachweis, dass der Schuldner oder der Kläger zahlungsunfähig ist. Der Beklagte hat schließlich darzulegen und zu beweisen, dass noch Sicherungsgut aus dem Vermögen des Schuldners für den Rückgriff zur Verfügung steht.

2. Schuldbeitritt. Die Vorschrift des Abs. 2 gilt entsprechend für das Verhältnis zwi- **28** schen dem Bürgen und dem *zur Sicherung der Hauptschuld* beitretenden Schuldner.[118] Davon zu unterscheiden ist der Fall einer Gesamtschuldbürgschaft (RdNr. 7; § 765 RdNr. 108). Bei ihm hat die Begründung der Gesamtschuld keine Interzessionsfunktion; sie ergibt sich vielmehr aus der Natur des Hauptschuldverhältnisses und ist dadurch gekennzeichnet, dass die Hauptschuldner selbst (nicht dagegen die Interzedenten) auf gleicher Stufe stehen.

3. Dingliche Sicherheiten. Nicht ausdrücklich geregelt ist der Ausgleichsmodus für den **29** Fall, dass Bürgschaften und dingliche Rechte Dritter dieselbe Verbindlichkeit gleichrangig sichern. Der in Abs. 1 S. 1 iVm. §§ 412, 401 vorgesehene Rechtsübergang könnte dafür

---

[113] Vgl. die Nachweise in Fn. 114.
[114] BGHZ 23, 361 = NJW 1957, 747 = JZ 1957, 442 m. krit. Anm. *A. Blomeyer*; BGHZ 83, 206 = NJW 1982, 2306; BGH NJW 1986, 3131, 3132; 1986, 1097, 1098; 2000, 1034, 1035; *Erman/Herrmann* RdNr. 14; im Ergebnis auch *Staudinger/Horn* RdNr. 47.
[115] BGHZ 23, 361, 365; OLG Köln NJW 1995, 1685, 1686.
[116] BGHZ 83, 206, 209 f. = NJW 1982, 2306; *Palandt/Sprau* RdNr. 14.
[117] Vgl. § 769 RdNr. 7; offen gelassen von BGH NJW 1986, 3131, 3132.
[118] OLG Celle NJW 1986, 1761; OLG Hamm OLGZ 90, 336 = MDR 1990, 920; näher dazu *Schmitz*, FS Merz, 1992, S. 553 ff.; *Schürnbrand* Schuldbeitritt S. 141 ff.; s. ferner BGHZ 46, 14, 16 = NJW 1966, 1912; § 765 RdNr. 108. – Allg. zum Schuldbeitritt Vor § 765 RdNr. 10 ff.

sprechen, dass der in Anspruch genommene Bürge vollen Rückgriff auf die dingliche Sicherheit nehmen darf. Da aber die gleiche Regelung in §§ 1143 Abs. 1, 1225 zugunsten des Bestellers einer dinglichen Sicherheit getroffen wurde, müsste die Last denjenigen treffen, der im Rahmen des Rückgriffs *als letzter* in Anspruch genommen wird. Dies kann aber ebenso wenig das letzte Wort der Rechtsordnung sein wie umgekehrt der *Ausschluss* eines jeden Regresses des *zuerst* in Anspruch genommenen Sicherungsgebers.[119] In Betracht kommt vielmehr nur eine solche Ausgleichungsregelung, der zufolge – **unabhängig von der** im Belieben des Gläubigers stehenden[120] **zeitlichen Abfolge** der Inanspruchnahme der Sicherheiten – *entweder* ein *einseitiger Rückgriff* des mit seinem gesamten Vermögen haftenden und damit ggf. zu privilegierenden Bürgen[121] *oder* ein *wechselseitiger Rückgriff* entsprechend § 426 zu erfolgen hat.[122]

30　Für eine Bevorzugung des Bürgen scheint zwar die dem Recht der dinglichen Kreditsicherheiten unbekannte[123] Vorschrift des § 776 zu sprechen. Doch betrifft diese Vorschrift allein das Verhältnis des Bürgen zum Gläubiger und setzt zudem das Bestehen eines – treuwidrig vereitelten – Rückgriffsrechts voraus; ein Recht des Bürgen zum Zugriff auf die dingliche Sicherheit in voller Höhe seiner Inanspruchnahme lässt sich ihr dagegen nicht entnehmen. Letztlich kann nur auf eine allgemeine und typisierende Bewertung der in Frage stehenden Sicherungsabreden abgehoben werden.[124] Dabei kann weder für noch gegen den Bürgen ins Gewicht fallen, dass er einem Vollstreckungszugriff auf sein gesamtes Vermögen ausgesetzt ist, während die dingliche Sicherheit nur eine begrenzte Haftung eröffnet. Entscheidend ist, dass auch das dingliche Sicherungsrecht notwendigerweise auf einer Rechtsgrundabrede beruht, die von den gleichen wirtschaftlichen Zwecken geprägt ist wie die schuldrechtliche Bürgschaft und deshalb verschiedentlich auch als „Sachbürgschaft" bezeichnet wird.[125] Da die verschiedenen Sicherungsformen in diesem entscheidenden Punkt übereinstimmen, ist der hM zu folgen, die **entsprechend Abs. 2** ein **wechselseitiges Ausgleichsverhältnis** annimmt. Die Ausgleichsquoten bestimmen sich gemäß den Ausführungen in RdNr. 23 f.

31　Das in RdNr. 29 f. dargestellte Ausgleichsverhältnis entsprechend Abs. 2 gelangt nur unter der Voraussetzung zur Entstehung, dass dingliches Recht und Bürgschaft die Hauptschuld gleichrangig sichern. So wie mehrere Bürgen untereinander nur unter der Voraussetzung zum Ausgleich nach Abs. 2 verpflichtet sind, dass sie eine gleichstufige Verpflichtung übernommen haben (§ 769 RdNr. 2 f.), hat es der Bürge auch hinzunehmen, dass andere

---

[119] So aber *Hartmaier* Ausgleichsfragen S. 99 ff.; *Becker* NJW 1971, 2151, 2154; *Selb,* Mehrheiten von Gläubigern und Schuldnern, 1984, S. 123; s. dagegen bereits BGHZ 88, 185, 189 f. = NJW 1983, 2442. – Für Regress des zuerst Leistenden dagegen *Bülow* WM 1989, 1877.
[120] OLG München WM 1988, 1846.
[121] So etwa OLG Königsberg SeuffA 76 Nr. 85; OLG Posen OLGE 35, 331; *Strohal* JherJb. 61 (1912), 59; *Braun-Melchior* AcP 132 (1930), 205 f.; *Ehlscheid* BB 1992, 1290, 1293; *Tiedtke* BB 1984, 20; *ders.* WM 1990, 1270; *ders.* DNotZ 1993, 291; *Baur/Stürner* Sachenrecht § 38 RdNr. 103; *Staudinger/Horn* RdNr. 68; *ders.* DZWiR 1997, 265, 269 ff.; RGRK/*Mormann* RdNr. 8.
[122] So die heute ganz hM, s. BGHZ 108, 179, 183 ff. = NJW 1989, 2530 (jedenfalls für den Fall eines Verzichts des Bürgen gemäß § 776 auf eine etwaige Privilegierung, s. dazu noch RdNr. 31); BGH NJW-RR 1991, 170, 171; 1991, 499; 1991, 682, 683 (ebenfalls bei Verzicht auf § 776); NJW 1992, 3228, 3229 (allg., dh. auch unabhängig von einem Verzicht des Bürgen auf § 776); DStR 1996, 974 m. Anm. *Goette;* NJW 2001, 2327, 2330; *Hüffer* AcP 171 (1971), 470, 479 ff.; *Schlechtriem,* FS v. Caemmerer, 1978, S. 1013, 1037 f.; *Steinbach/Lang* WM 1987, 1237, 1244; *Medicus* BR, RdNr. 941; *Soergel/Konzen* § 1143 RdNr. 7; *Soergel/Habersack* § 1225 RdNr. 9; *Bamberger/Roth/Rohe* RdNr. 16; *PWW/Brödermann* RdNr. 32 f.; *Erman/Herrmann* RdNr. 15; *Larenz/Canaris* II/2 60 IV 3; *Palandt/Sprau* RdNr. 13; *Jauernig/Stadler* RdNr. 12; im Ergebnis auch *Soergel/Pecher* § 769 RdNr. 20 ff.; ähnlich *Schanbacher* AcP 191 (1991), 87.
[123] Gegen entsprechende Anwendung auf das Verhältnis des Pfandgläubigers zum Verpfänder BGH NJW-RR 1991, 499, 500 mwN; für entsprechende Anwendung aber *Soergel/Habersack* § 1225 RdNr. 11 mwN.
[124] So auch BGHZ 108, 179, 186 = NJW 1989, 2530: „… leitet der Senat die Ausgleichspflicht aus den schuldrechtlichen Sicherungsverträgen über § 242 BGB her. Ungeachtet des unterschiedlichen Inhalts der Verträge … verfolgen sämtliche Sicherungsgeber, die gleichrangige Sicherheiten gewähren, den gemeinsamen Zweck, die Hauptschuld des Gläubigers zu sichern."
[125] *Pawlowski* JZ 1974, 124, 125.

Sicherungsgeber nur **nachrangige Sicherheiten** bestellen.[126] Ebenso hat der Bürge eine individualvertragliche oder auch formularmäßige Vereinbarung hinzunehmen, wonach die dingliche Sicherheit vom Gläubiger auf den in Anspruch genommenen Bürgen nur unter der Voraussetzung übergeht oder zu übertragen ist (RdNr. 10), dass der Sicherungsgeber mit dem Übergang oder der Übertragung einverstanden ist.[127] Eine Abbedingung des § 776 ist darin schon deshalb nicht zu sehen,[128] weil der Übergang der Sicherheit auf den Bürgen nicht im Belieben des Gläubigers steht und dieser nicht pflichtwidrig handelt, wenn er sich auf ein Abtretungsverbot einlässt. Mit Begründung mehrerer gleichrangiger Sicherheiten kann allerdings das dadurch entstandene Ausgleichsverhältnis nicht mehr gegen den Willen eines der am Ausgleich Beteiligten beeinflusst werden.[129] Ein **Erwerber** der mit einem (Grund-)Pfandrecht belasteten oder sicherungsübereigneten Sache braucht sich zwar *haftungsverschärfende* Abreden zu Lasten des Veräußerers nicht entgegenhalten zu lassen;[130] er ist jedoch nach Maßgabe des gesetzlichen Ausgleichsverhältnisses zum Ausgleich verpflichtet.[131] Haftungsprivilegierende Abreden kommen dem Erwerber (nur) nach Maßgabe der Grundsätze über den Vertrag zugunsten Dritter zugute (s. auch § 765 RdNr. 11).

§ 775 Anspruch des Bürgen auf Befreiung

(1) Hat sich der Bürge im Auftrag des Hauptschuldners verbürgt oder stehen ihm nach den Vorschriften über die Geschäftsführung ohne Auftrag wegen der Übernahme der Bürgschaft die Rechte eines Beauftragten gegen den Hauptschuldner zu, so kann er von diesem Befreiung von der Bürgschaft verlangen:
1. wenn sich die Vermögensverhältnisse des Hauptschuldners wesentlich verschlechtert haben,
2. wenn die Rechtsverfolgung gegen den Hauptschuldner infolge einer nach der Übernahme der Bürgschaft eingetretenen Änderung des Wohnsitzes, der gewerblichen Niederlassung oder des Aufenthaltsorts des Hauptschuldners wesentlich erschwert ist,
3. wenn der Hauptschuldner mit der Erfüllung seiner Verbindlichkeit im Verzug ist,
4. wenn der Gläubiger gegen den Bürgen ein vollstreckbares Urteil auf Erfüllung erwirkt hat.

(2) Ist die Hauptverbindlichkeit noch nicht fällig, so kann der Hauptschuldner dem Bürgen, statt ihn zu befreien, Sicherheit leisten.

Übersicht

	RdNr.		RdNr.
I. Einführung	1–5	3. Abweichende Vereinbarungen	4, 5
1. Inhalt und Zweck der Norm	1	**II. Voraussetzungen des Befreiungsanspruchs**	6–10
2. Anwendungsbereich	2, 3		
a) Bürgschaft	2	1. Vermögensverschlechterung (Abs. 1 Nr. 1)	6
b) Andere Sicherungsrechte	3		

---

[126] Vgl. BGH NJW 1992, 3228, 3229; näher dazu *Reinicke/Tiedtke* Bürgschaftsrecht RdNr. 649 ff.; *Horn* DZWiR 1997, 265, 270.
[127] BGHZ 108, 179, 183 ff. = NJW 1989, 2530; *Graf Lambsdorff/Skora* Handbuch RdNr. 230; aA *Reinicke/Tiedtke* Bürgschaftsrecht RdNr. 651 ff.; *Tiedtke* ZIP 1990, 413, 425 f. – Zur Abdingbarkeit des § 401 und zum Erlöschen des akzessorischen Rechts in diesem Fall s. § 765 RdNr. 52; § 401 RdNr. 4 f.
[128] So aber BGHZ 108, 179, 183 = NJW 1989, 2530; insoweit zutr. dagegen *Reinicke/Tiedtke* Bürgschaftsrecht RdNr. 652.
[129] BGH WM 1991, 399, 400; zur entsprechenden Rechtslage bei der Mitbürgschaft s. RdNr. 25, § 769 RdNr. 8.
[130] BGH NJW 2002, 1491 f.
[131] Insoweit unzutr. BGH NJW 2002, 1491 f.

	RdNr.		RdNr.
2. Wohnsitzänderung (Abs. 1 Nr. 2)	7	1. Inhalt und Vollstreckung	11, 12
3. Verzug (Abs. 1 Nr. 3)	8	a) Grundsatz	11
4. Titulierung (Abs. 1 Nr. 4)	9	b) Sicherheitsleistung (Abs. 2)	12
5. Sonstige Fälle	10	2. Insolvenz	13
III. Inhalt und Durchsetzung des Befreiungsanspruchs	11–14	3. Beweislast	14

I. Einführung

1. Inhalt und Zweck der Norm. Der Übernahme einer Bürgschaft liegt meist ein Auftragsverhältnis oder Geschäftsbesorgungsvertrag zwischen dem Hauptschuldner und dem Bürgen zugrunde.[1] Namentlich bei Unwirksamkeit des Auftrags oder Geschäftsbesorgungsvertrags[2] sowie bei unterbliebenem Nachweis eines solchen (RdNr. 14) kann auch eine – in Abs. 1 gleichfalls genannte – berechtigte Geschäftsführung ohne Auftrag (§ 683) vorliegen. Für beide Fälle sieht § 775 eine **Anpassung des Auftragsrechts** an die Besonderheiten des Rechtsverhältnisses zwischen dem Hauptschuldner und dem „Auftragsbürgen" vor.[3] So wird zunächst der – nach §§ 257, 670 (iVm. §§ 675, 683) an sich unbeschränkte – Befreiungsanspruch auf Fälle begrenzt, in denen sich das Bürgenrisiko nachträglich erhöht. Zugleich werden die §§ 669, 671 ausgeschlossen.[4] Statt dessen soll der Bürge (nur) in den in Abs. 1 Nr. 1 bis 4 näher bezeichneten Fällen einer unangemessenen Gefährdung des Rückgriffsanspruchs[5] vom Schuldner die *Befreiung* von der Bürgschaftsverbindlichkeit verlangen können; nach Abs. 2 kann der Schuldner vor Fälligkeit der Hauptschuld dem Bürgen statt dessen *Sicherheit* leisten (RdNr. 12). Ungeachtet dessen bringt die Vorschrift aber auch zum Ausdruck, dass es im Verhältnis zum Schuldner grundsätzlich nicht die Aufgabe des Bürgen ist, an dessen Stelle zu leisten, seine Verpflichtung vielmehr ausschließlich darin besteht, die fremde Schuld zu sichern.

2. Anwendungsbereich. a) Bürgschaft. Für die Rechte des Auftragsbürgen oder des ihm gleichstehenden Geschäftsführers (RdNr. 1) gegen den Schuldner kommt es nicht auf Art und Umfang der übernommenen Bürgschaft an. Der Befreiungsanspruch ergibt sich unter den in § 775 genannten Voraussetzungen für die selbstschuldnerische[6] wie für die durch Einrede der Vorausklage (§ 771) beschränkte Bürgschaft, des Weiteren für die Bürgschaftshaftung kraft Kreditauftrags (§ 778).[7] Kein grundsätzlicher Unterschied ist ferner zwischen dem unentgeltlichen Bürgschaftsauftrag und einem entgeltlichen Geschäftsbesorgungsvertrag[8] zu machen. Doch entfällt der Freistellungsanspruch, wenn und solange der Bürge nach seiner Vereinbarung mit dem Schuldner keinen oder noch keinen **Anspruch auf Erstattung** geleisteter Zahlungen hat.[9] Demgemäß entfällt der Befreiungsanspruch des Bürgen, soweit der Schuldner nach **§§ 254 Abs. 2 S. 2, 301 Abs. 2 S. 2 InsO** gegenüber einem Rückgriff des vom Gläubiger nach §§ 254 Abs. 2 S. 1, 301 Abs. 2 S. 1 InsO auf den Ausfall in Anspruch genommenen Bürgen frei wird.[10]

b) Andere Sicherungsrechte. Die Vorschrift trägt dem Umstand Rechnung, dass der Bürge nach §§ 774 Abs. 1 S. 1, 670 ausgleichsberechtigt ist. Sie ist deshalb auf sonstige Fälle

---

[1] Vgl. im vorliegenden Zusammenhang BGH NJW 2000, 1643 (Übernahme einer Bürgschaft „aus Freundschaft" schließt Bestehen eines Auftragsverhältnisses nicht aus); allg. dazu § 765 RdNr. 7.
[2] Vgl. zur Unwirksamkeit BGHZ 39, 87, 90 = NJW 1963, 950; BGHZ 101, 393, 399 = NJW 1988, 132; BGH NJW-RR 1993, 200; unberechtigt die Kritik von *Soergel/Pecher* RdNr. 7 an der Einbeziehung der Bürgschaftsübernahme ohne Auftrag.
[3] Vgl. dazu RGZ 59, 10, 12; LG Meiningen ZIP 1998, 991, 993.
[4] Dazu BGHZ 140, 270, 274 = NJW 1999, 1182.
[5] Mot. II S. 677; vgl. auch BGH LM Nr. 2 = WM 1968, 275.
[6] Mot. II S. 677; RGZ 8, 260, 263; *Palandt/Sprau* RdNr. 1.
[7] RG WarnR 1930 Nr. 135 S. 271.
[8] RG JW 1935, 3529 = WarnR 1935 Nr. 161; JW 1936, 376 = SeuffA 90 Nr. 70.
[9] BGH LM Nr. 2 (I 2) = WM 1968, 275 = JZ 1968, 230.
[10] So zu § 82 Abs. 2 S. 2 VerglO BGHZ 55, 117, 121 f. = NJW 1971, 382; vgl. iÜ § 774 RdNr. 20.

Anspruch des Bürgen auf Befreiung 4–6 § 775

der Interzession, darunter insbesondere den sicherungshalber erfolgenden Schuldbeitritt, **entsprechend anwendbar,** soweit dem nicht der Inhalt des Rechtsverhältnisses zwischen dem Interzedenten und dem Hauptschuldner entgegensteht.[11] Entsprechendes gilt für die Bestellung dinglicher Sicherheiten.[12]

3. Abweichende Vereinbarungen. Die Vorschrift ist abdingbar. Das vom Bürgen über- 4 nommene **Risiko** kann einerseits **weiter eingeschränkt** werden.[13] So kann ein *Gesellschafter* nach seinem Ausscheiden aus der Gesellschaft regelmäßig die Befreiung von der Bürgschaft für eine Gesellschaftsschuld verlangen.[14] Bei einem *befristeten Auftragsverhältnis* besteht idR ein Befreiungsanspruch nach Ablauf der vereinbarten Zeit; § 777 findet keine entsprechende Anwendung.[15] Obschon das Auftragsverhältnis dem Formerfordernis des § 766 S. 1 unterliegt (§ 765 RdNr. 7), ist eine Erweiterung des § 775 als eine den Bürgen begünstigende Nebenabrede auch ohne Einhaltung der Schriftform wirksam (§ 766 RdNr. 14).

Umgekehrt kann der Bürge durch *Individualvertrag* von vornherein oder nachträglich auf 5 eine Schuldbefreiung für einzelne Tatbestände oder generell **verzichten.**[16] Ein solcher Verzicht ist insbesondere dann anzunehmen, wenn ein Rückgriff des Bürgen gegen den Schuldner ausgeschlossen ist.[17] Als Vertrag zugunsten Dritter, nämlich des Schuldners, kann der Verzicht oder der Vorbehalt der Zustimmung des Gläubigers[18] auch im Bürgschaftsvertrag erklärt werden;[19] eine entsprechende *Berechtigung* des Schuldners ist in diesem Fall im Zweifel anzunehmen, da gerade er es ist, der sich gegenüber der Geltendmachung des Befreiungsanspruchs mit dem Einwand des Verzichts zu verteidigen hat.[20] Auch als Teil des Auftragsverhältnisses unterliegt der Verzicht dem Formerfordernis des § 766 S. 1.[21] Eine *formularmäßige Einschränkung* des § 775 ist dagegen grundsätzlich **unangemessen iS von § 307.**[22] Davon zu unterscheiden ist freilich die *Konkretisierung* insbesondere des Tatbestands des Abs. 1 Nr. 1 im Bürgschaftsvertrag oder Auftragsverhältnis.

II. Voraussetzungen des Befreiungsanspruchs

1. Vermögensverschlechterung (Abs. 1 Nr. 1). Ein Befreiungsanspruch nach Abs. 1 6 Nr. 1 ist gegeben, wenn sich die Vermögensverhältnisse des Schuldners *nach Übernahme* der Bürgschaft in einem Ausmaß verschlechtern, dass der **Rückgriff des Bürgen gefährdet** ist.[23] Dies kann auf Art[24] und Ausmaß neu begründeter Verbindlichkeiten beruhen, aber auch auf der Entziehung eines bestehenden Kredits[25] oder auf Vollstreckungsmaßnahmen wegen Altverbindlichkeiten.[26] Mit ins Gewicht fallen kann auch das geschäftliche Verhalten

---

[11] So auch *Schürnbrand* Schuldbeitritt S. 159; aA *Staudinger/Horn* RdNr. 7; offen gelassen von AnwK-BGB/*Beckmann* Nr. 1.
[12] Vgl. für die Bestellung eines Grundpfandrechts auf fremde Schuld LG Karlsruhe MDR 2001, 624; PWW/*Brödermann* RdNr. 3; aA BGH WM 1960, 373; *Staudinger/Horn* RdNr. 7.
[13] BGH NJW 1995, 2635, 2637; *Soergel/Pecher* RdNr. 28; AnwK-BGB/*Beckmann* RdNr. 9.
[14] BGH WM 1974, 214; s. ferner OLG Hamburg ZIP 1984, 707 (Kaduzierung des Geschäftsanteils). – Zum davon zu unterscheidenden Kündigungsrecht des Bürgen s. § 765 RdNr. 55 ff.
[15] OLG Karlsruhe WM 1970, 647.
[16] BGH WM 1986, 1554, 1555; *Staudinger/Horn* RdNr. 13, AnwK-BGB/*Beckmann* RdNr. 8.
[17] BGH LM Nr. 2 = WM 1968, 275 = JZ 1968, 230; s. RdNr. 2 aE.
[18] BGH LM Nr. 1 = WM 1963, 559; LG Koblenz ZIP 1980, 1083.
[19] BGH LM Nr. 1 = WM 1963, 559.
[20] BGH LM Nr. 1 = WM 1963, 559 gegen OLG Nürnberg WM 1962, 798.
[21] Allg. § 765 RdNr. 7; aA die ganz hM, s. RGZ 59, 10, 13 f.; *Staudinger/Horn* RdNr. 13; *Erman/Herrmann* RdNr. 3; PWW/*Brödermann* RdNr. 4.
[22] AnwK-BGB/*Beckmann* RdNr. 8; *Staudinger/Horn* RdNr. 14; für Vereinbarungen zwischen Bürge und Gläubiger (zugunsten des Schuldners) auch *Reinicke/Tiedtke* Bürgschaftsrecht RdNr. 448; aA *Soergel/Pecher* RdNr. 28; PWW/*Brödermann* RdNr. 4; *Graf Lambsdorff/Skora* Handbuch RdNr. 232, 326; zweifelnd auch *Erman/Herrmann* RdNr. 3.
[23] *Riezler* BankA 1941, 105, 106; *Reinicke/Tiedtke* Bürgschaftsrecht RdNr. 444; AnwK-BGB/*Beckmann* RdNr. 6.
[24] RGZ 150, 77, 78.
[25] OLG Hamburg BB 1959, 506.
[26] BGH NJW 1964, 99, 100 = LM § 321 Nr. 2.

des Schuldners, wenn es zur Einbuße an Kreditwürdigkeit führt.[27] Zu den Vermögensverhältnissen kann auch eine begründete Aussicht auf eine Kreditgewährung von dritter S. gehören.[28] Eine von vornherein unrealistische Erwartung des Bürgen begründet zwar keinen Anspruch aus Abs. 1 Nr. 1, kann aber eine Störung der Geschäftsgrundlage des Bürgschaftsauftrags zur Folge haben (RdNr. 10) oder zur Bedingung des Bürgschaftsauftrags erhoben sein.[29] Ist der Schuldner eine Personengesellschaft, so hat deren Auflösung oder Vollbeendigung keinen Befreiungsanspruch zur Folge, wenn die Vermögensverhältnisse der persönlich haftenden Gesellschafter unverändert Sicherheit bieten.[30] Ganz allgemein bleibt eine Verschlechterung der Vermögensverhältnisse des Schuldners ohne Bedeutung, wenn zwar der Rückgriff gegen den Schuldner gefährdet ist, der Bürge aber anderweitig, etwa durch einen Rückbürgen, gesichert ist.[31] Auch eine Änderung der Rechtsform des Schuldners – sei es aufgrund eines Formwechsel iS der §§ 190 ff. UmwG oder aufgrund sonstiger Maßnahmen – begründet im Allgemeinen noch nicht den Tatbestand der Nr. 1.[32] Der Befreiungsanspruch entfällt, wenn sich die Vermögensverhältnisse des Schuldners wieder gebessert haben. Maßgebend ist der Termin der letzten mündlichen Verhandlung. – Vgl. iÜ die Erl. zu den ähnlichen Tatbeständen der §§ 321 und 490 Abs. 1.

7   **2. Wohnsitzänderung (Abs. 1 Nr. 2).** Der Tatbestand des Abs. 1 Nr. 2 entspricht demjenigen des § 773 Abs. 1 Nr. 2; auf die Ausführungen in § 773 RdNr. 6 f. wird verwiesen.

8   **3. Verzug (Abs. 1 Nr. 3).** Nach Abs. 1 Nr. 3 begründet der Verzug des Schuldners ohne weiteres einen Befreiungsanspruch des Bürgen.[33] Ein Verzug mit **Teilleistungen** begründet den Befreiungsanspruch zwar nur hinsichtlich desjenigen Teils der verbürgten Forderung, mit dem der Schuldner in Verzug ist;[34] im Übrigen kann freilich ein Anspruch nach Abs. 1 Nr. 1 gegeben sein.[35] Ein Befreiungsanspruch ist jedoch zu verneinen, wenn der Schuldner den Anspruch des Gläubigers mit Gründen bestreitet, deren Geltendmachung auch im Interesse des Bürgen liegt, solange damit im Übrigen keine Gefährdung des Bürgen einhergeht.[36] Jedenfalls lässt nachträgliche Tilgung einen zunächst begründeten Befreiungsanspruch des Bürgen wieder entfallen, sofern nicht eine Gefährdung iS von Abs. 1 Nr. 1 fortbesteht.[37] Dagegen wird der Befreiungsanspruch nicht dadurch berührt, dass der Schuldner nach Eintritt des Verzugs vom Gläubiger eine Stundung erwirkt, sofern nicht der Bürge dem zustimmt und damit insoweit auf seine Befreiung verzichtet oder die Geltendmachung des Anspruchs gegen Treu und Glauben verstößt.[38] Sicherungsrechte zugunsten des Bürgen berühren den Befreiungsanspruch nach Abs. 1 Nr. 3 nicht,[39] da es im Verhältnis zum Schuldner nicht nur um den Schutz des Bürgen vor Ausfällen geht, sondern bereits um die Abwendung der Inanspruchnahme (RdNr. 1).

9   **4. Titulierung (Abs. 1 Nr. 4).** Der Tatbestand des Abs. 1 Nr. 4, wonach der Bürge auf Grund eines gegen ihn ergangenen vollstreckbaren, auf Erfüllung des Bürgschaftsverspre-

---

[27] Vgl. RGZ 150, 77, 78; *Graf Lambsdorff/Skora* Handbuch RdNr. 315.
[28] BGH LM § 321 Nr. 2 = NJW 1964, 99, 100.
[29] Vgl. BGH LM Nr. 2 = WM 1968, 275. Zur davon zu unterscheidenden Frage eines Wegfalls der Geschäftsgrundlage des Bürgschaftsvertrags s. § 765 RdNr. 42 ff., zum bedingten Bürgschaftsvertrag § 765 RdNr. 46.
[30] RG JW 1927, 1689 = SeuffA 81 Nr. 177.
[31] RGZ 59, 10, 12 f.
[32] RG JW 1927, 1689, 1690; *Soergel/Pecher* RdNr. 8.
[33] RG WarnR 1930 Nr. 135 S. 272; *Soergel/Pecher* RdNr. 10.
[34] BGH NJW 1996, 2635, 2637; BGH LM Nr. 2 = WM 1968, 275; RG JW 1935, 3529 = WarnR 1935 Nr. 161; PWW/*Brödermann* RdNr. 13; *Erman/Herrmann* RdNr. 8; *Bamberger/Roth/Rohe* RdNr. 7.
[35] BGH LM Nr. 2 = WM 1968, 275.
[36] So auch *Geißler* JuS 1988, 452, 455.
[37] BGH LM Nr. 2 = WM 1968, 275; RG JW 1935, 3529 = WarnR 1935 Nr. 161.
[38] BGH WM 1974, 214, 215; RGZ 59, 10, 13; RG JW 1935, 3529 = WarnR 1935 Nr. 161; LG Koblenz ZIP 1980, 1083; *Reinicke/Tiedtke* Bürgschaftsrecht RdNr. 446; AnwK-BGB/*Beckmann* RdNr. 5.
[39] RGZ 59, 10, 13; aA *Reinicke/Tiedtke* Bürgschaftsrecht RdNr. 446.

chens gerichteten Endurteils Befreiung beanspruchen kann, wird in aller Regel bereits von Abs. 1 Nr. 3 erfasst, da es bei Geltendmachung der sich aus § 768 Abs. 1 S. 1 ergebenden Einreden ohne Schuldnerverzug kaum je zu einer Verurteilung des Bürgen zu kommen braucht. Von Abs. 1 Nr. 4 erfasst werden sowohl das rechtskräftige als auch das für vorläufig vollstreckbar erklärte Endurteil.[40] Dem sind der Vollstreckungsbescheid (§ 700 Abs. 1 ZPO) und der vollstreckbare Schiedsspruch (§§ 1054 Abs. 1, 1060 ZPO) gleichzustellen, nicht jedoch Titel, die – wie der Prozessvergleich (§ 794 Abs. 1 Nr. 1 ZPO), der Schiedsspruch mit vereinbartem Wortlaut (§ 1053 Abs. 1 S. 2 ZPO) und die vollstreckbare Urkunde (§ 794 Abs. 1 Nr. 5 ZPO) – auf der Mitwirkung des Bürgen beruhen und deshalb nicht vom Gläubiger „erwirkt" sind.[41] Letzteren gleichzustellen ist das Anerkenntnisurteil gemäß § 307 ZPO,[42] nicht dagegen das Versäumnisurteil oder ein auf Geständnis des Bürgen beruhendes Urteil. Der Befreiungsanspruch entfällt, soweit der Bürge eine Vollstreckung aus dem Titel nicht mehr zu befürchten hat.[43]

5. Sonstige Fälle. Die Vorschrift des Abs. 1 ist nicht abschließender Natur. Auch unabhängig von einer entsprechenden Vereinbarung (dazu RdNr. 4) kommt ein Befreiungsanspruch etwa bei *anfänglicher Unwirksamkeit* des Bürgschaftsauftrags (§ 765 RdNr. 7) in Betracht, sofern der Schuldner dem Bürgen aus c. i. c. (§§ 280, 241 Abs. 2, 311 Abs. 2) auf das negative Interesse haftet.[44] Der Bürgschaftsauftrag kann ferner wegen **arglistiger Täuschung** nach § 123 anfechtbar sein, wenn der Schuldner dem Bürgen gegenüber seine Vermögensverhältnisse unzutreffend oder unvollständig dargelegt hat;[45] auch in diesem Fall hat der Bürge einen Anspruch auf Freistellung. Entsprechendes gilt in den Fällen einer Störung der **Geschäftsgrundlage** des Bürgschaftsauftrags (§ 313; s. RdNr. 6), etwa beim Ausbleiben weiterer Sicherheiten,[46] sowie ganz allgemein bei **Aufhebung** oder **Beendigung des Bürgschaftsauftrags**. Bezieht sich der Bürgschaftsauftrag auf ein Kreditverhältnis von unbestimmter Dauer, so läuft auch er im Zweifel auf unbestimmte Dauer und kann vom Bürgen gekündigt werden.[47] Hat die Bürgschaft eine bestimmte Forderung zum Gegenstand, so bindet sich der Bürge dem Schuldner gegenüber auf die zu erwartende Dauer der Abwicklung; nur diesen Fall hat § 775 im Auge, und nur deshalb rechtfertigt sich der in dieser Vorschrift vorausgesetzte Ausschluss des § 671 Abs. 1. Stets bleibt dem Bürgen das Recht zur Kündigung aus wichtigem Grund (§ 314), wenn der Schuldner seine Pflichten aus dem Auftragsverhältnis, insbesondere Auskunftspflichten, verletzt.

III. Inhalt und Durchsetzung des Befreiungsanspruchs

1. Inhalt und Vollstreckung. a) Grundsatz. Die Art und Weise der Befreiung des Bürgen steht dem Schuldner frei.[48] Er mag die verbürgte Forderung tilgen oder den Gläubiger zum Verzicht auf die Bürgschaft bewegen. Mit Rücksicht auf das **Wahlrecht des Schuldners** kann eine *Klage* des Bürgen nur mit offenem Antrag auf Befreiung von der Bürgschaftsverpflichtung erhoben werden.[49] Einen Anspruch auf **Zahlung** (und zwar an sich) hat der Bürge grundsätzlich nur unter den Voraussetzungen des § 774 Abs. 1, mithin erst, nachdem er seinerseits an den Gläubiger geleistet hat; wie nicht zuletzt § 775 Abs. 1 Nr. 4 zeigt, kann er vor Leistung an den Gläubiger Zahlung (an sich oder an den Gläubiger) selbst dann nicht verlangen, wenn die Zahlungsunfähigkeit des Hauptschuldners feststeht und der Bürge vom Gläubiger bereits in Anspruch genommen

---

[40] LG Meiningen ZIP 1998, 991, 993; *Palandt/Sprau* RdNr. 2; AnwK-BGB/*Beckmann* RdNr. 6.
[41] *Staudinger/Horn* RdNr. 11; *Erman/Herrmann* RdNr. 9; *Palandt/Sprau* RdNr. 2; *Zubke* JW 1913, 714.
[42] So zutr. *Geißler* JuS 1988, 452, 455; PWW/*Brödermann* RdNr. 15.
[43] RG JW 1935, 3529 = WarnR 1935 Nr. 161 S. 338.
[44] Allg. zur Rechtslage bei Unwirksamkeit des Bürgschaftsauftrags s. RdNr. 1.
[45] Vgl. *Stötter* MDR 1970, 545.
[46] BGH LM Nr. 2 = WM 1968, 275.
[47] OLG Köln OLGE 28, 227 f.; OLG Breslau JW 1936, 2003 = HRR 1936 Nr. 1212.
[48] Wohl einhM, s. *Staudinger/Horn* RdNr. 4; s. ferner *Soergel/Pecher* RdNr. 13 ff.
[49] So im Ergebnis auch *Soergel/Pecher* RdNr. 13, 15.

wird.⁵⁰ Anders verhält es sich nur dann, wenn sich der Hauptschuldner mit seiner Verpflichtung aus § 775 Abs. 1 in Verzug befindet und der Bürge daraufhin nach § 281 Abs. 1 und 4 Schadensersatz statt der Leistung verlangt; der Anspruch des Bürgen geht dann auf Zahlung an den Gläubiger.⁵¹ Die **Vollstreckung** des titulierten Befreiungsanspruchs erfolgt nach § 887 ZPO.⁵² Danach kann also der Bürge den Gläubiger befriedigen und seine Leistung als Vollstreckungsaufwand iS von § 788 ZPO nach §§ 803 ff. ZPO beitreiben. Der an sich unabtretbare Freistellungsanspruch wandelt sich allein nach **Abtretung an den Gläubiger**⁵³ zum Zahlungsanspruch.⁵⁴ Eine solche Abtretung kann sinnvoll sein, wenn es darum geht, dem Gläubiger nach § 401 Sicherungsrechte zugänglich zu machen, die der Schuldner dem Bürgen gestellt hat. Der Bürge kann mit seinem Befreiungsanspruch nicht gegen eine Geldforderung des Schuldners aufrechnen;⁵⁵ umgekehrt sollte sich allerdings der Befreiungsschuldner durch **Aufrechnung** mit einer gegen den Bürgen gerichteten Geldforderung von seiner Freistellungsverpflichtung befreien können.⁵⁶

12 **b) Sicherheitsleistung (Abs. 2).** Solange die Hauptschuld noch nicht fällig ist, bleibt der Schuldner nach Abs. 2 berechtigt, dem Bürgen, statt ihn zu befreien, nach §§ 232 ff. Sicherheit zu leisten. In Betracht kommt ein Vorgehen nach Abs. 2 nur in den Fällen des Abs. 1 Nr. 1 und 2. Die Erbringung der Sicherheitsleistung steht im Belieben des Schuldners; der Bürge kann auch vor Fälligkeit der Hauptschuld nur Befreiung nach Abs. 1 beanspruchen.⁵⁷ Im Prozess über einen Freistellungsanspruch des Bürgen braucht der Schuldner die Befugnis nach Abs. 2 nicht als Einrede geltend zu machen; auch braucht sie ihm nicht im Urteil vorbehalten zu werden. Ist Sicherheit geleistet, kann der Bürge gleichwohl nach Fälligkeit Befreiung nach Abs. 1 verlangen (vgl. RdNr. 8 aE).

13 **2. Insolvenz.** In der *Insolvenz des Schuldners* kann der Bürge seinen Befreiungsanspruch nach Maßgabe des § 44 InsO anmelden;⁵⁸ zur Aufrechnung gegen eine Geldforderung des Schuldners ist er nicht befugt (RdNr. 11). – Zum Verhältnis zwischen Gläubiger und Bürgen in der Insolvenz des Schuldners s. § 774 RdNr. 13, zur Rechtslage bei *Insolvenz des Bürgen* als Befreiungsgläubiger s. § 257 RdNr. 10.

14 **3. Beweislast.** Der Bürge hat die Erteilung des Bürgschaftsauftrags sowie die in RdNr. 6 ff. genannten sonstigen Voraussetzungen des Befreiungsanspruchs zu beweisen.⁵⁹

---

⁵⁰ Überzeugend BGHZ 140, 270, 273 ff. = NJW 1999, 1182; BGH NJW 2000, 1643 f.; BGHZ 161, 241, 253 = NJW 2005, 884; so auch *Erman/Herrmann* RdNr. 2; *Bamberger/Roth/Rohe* RdNr. 10; PWW/*Brödermann* RdNr. 2; *Palandt/Sprau* RdNr. 1; aA RGZ 143, 192, 194 = JW 1934, 685 m. Anm. *Oertmann*; 3. Aufl. RdNr. 12 f.; *Soergel/Pecher* RdNr. 18; *Knütel* JR 1985, 6, 7; *Kretschmer* NJW 1962, 141 f.; *Schulte* NJW 1960, 902; *Trinkl* NJW 1968, 1077; *Geißler* JuS 1988, 452, 455 ff.; *Graf Lambsdorff/Skora* Handbuch RdNr. 320.
⁵¹ Allg. für die Freistellungsverpflichtung BGH ZIP 2002, 125, 126 f.; NJW 1993, 2232, dort auch zur Entbehrlichkeit einer erneuten Fristsetzung nach § 250.
⁵² BGHZ 25, 1, 7 = NJW 1957, 1514 f.; BGH NJW 1958, 497 = LM § 278 Nr. 24; KG OLGZ 1973, 54; *Reinicke/Tiedtke* Bürgschaftsrecht RdNr. 450; *Staudinger/Horn* RdNr. 5; näher *Soergel/Pecher* RdNr. 15.
⁵³ Zur grds. Unabtretbarkeit und zur Zulässigkeit der Abtretung des Befreiungsanspruchs an den Gläubiger s. § 257 RdNr. 8.
⁵⁴ BGHZ 107, 104, 110 = NJW 1989, 1601; BGH WM 1972, 287, 288.
⁵⁵ Vgl. die Nachweise zur Rspr. in der folgenden Fn., ferner *Soergel/Pecher* RdNr. 23; PWW/*Brödermann* RdNr. 17.
⁵⁶ Umstr., wie hier *Schneider* MDR 1975, 281; *Schulte* NJW 1960, 902; *Geißler* JuS 1988, 452, 454; aA – gegen Aufrechnungsbefugnis auch des Befreiungsschuldners – BGHZ 12, 136, 144 = NJW 1954, 795; BGH NJW 1983, 2438; *Soergel/Pecher* RdNr. 24; PWW/*Brödermann* RdNr. 17; wohl auch BGHZ 140, 270, 273 f. = NJW 1999, 1182; s. ferner § 387 RdNr. 34 *(Schlüter)* mwN.
⁵⁷ AA aber *Rimmelspacher* JR 1976, 185 f.; *Soergel/Pecher* RdNr. 15, 17; dagegen zu Recht *Geißler* JuS 1988, 452, 455; wie hier auch PWW/*Brödermann* RdNr. 19.
⁵⁸ Eine dem § 67 KO aF entsprechende Vorschrift (s. dazu im vorliegenden Zusammenhang BAGE 27, 127 = AP KO § 67 Nr. 1 m. Anm. *Fr. Weber* = WM 1975, 1190; eingehend *Wissmann* S. 60 ff.) kennt die InsO zwar nicht; doch können, wie §§ 77 Abs. 2, Abs. 3 Nr. 1, 95 Abs. 1 S. 1, 191 InsO zeigen, auch aufschiebend bedingte Ansprüche Insolvenzforderungen begründen; vgl. MünchKommInsO/*Bitter* § 42 RdNr. 11; *Habersack* BKR 2007, 77.
⁵⁹ BGH NJW 2000, 1643; *Bamberger/Roth/Rohe* RdNr. 3; aA *Tiedtke* NJW 2001, 1015, 1021 unter Hinweis auf die Rechtslage nach erfolgter Inanspruchnahme des Bürgen (§ 774 Abs. 1 S. 3).

Lässt sich die Erteilung eines Auftrags nicht nachweisen, so genügt es, dass die Voraussetzungen einer berechtigten Geschäftsführung ohne Auftrag vorliegen.[60] Das Recht des Bürgen auf Freistellung und Rückgriff ist typischer Bestandteil des Bürgschaftsauftrags; eine entsprechende Vereinbarung braucht deshalb vom Bürgen nicht dargelegt zu werden. Der Schuldner hat vielmehr Beschränkungen der typischen Bürgenrechte oder einen Verzicht (RdNr. 5) des Bürgen zu beweisen.

§ 776 Aufgabe einer Sicherheit

[1] Gibt der Gläubiger ein mit der Forderung verbundenes Vorzugsrecht, eine für sie bestehende Hypothek oder Schiffshypothek, ein für sie bestehendes Pfandrecht oder das Recht gegen einen Mitbürgen auf, so wird der Bürge insoweit frei, als er aus dem aufgegebenen Recht nach § 774 hätte Ersatz erlangen können. [2] Dies gilt auch dann, wenn das aufgegebene Recht erst nach der Übernahme der Bürgschaft entstanden ist.

Übersicht

	RdNr.		RdNr.
I. Einführung	1–5	II. Aufgabe einer Sicherheit oder eines Vorzugsrechts	6–11
1. Inhalt und Zweck der Norm	1	1. Sicherungs- und Vorzugsrechte	6, 7
2. Entsprechende Geltung	2	2. Aufgabe	8–10
3. Abweichende Vereinbarungen	3, 4	3. Vereitelung des Bürgenregresses	11
4. Abgrenzung	5		

I. Einführung

1. Inhalt und Zweck der Norm. Nach S. 1 der Vorschrift verliert der Gläubiger, der eine mit der verbürgten Forderung verbundene Sicherheit oder ein Vorzugsrecht aufgibt, seine Bürgschaftsforderung insoweit, als der Bürge aus dem aufgegebenen Recht nach § 774 hätte Ersatz erlangen können. Nach S. 2 gilt dies auch dann, wenn die Bürgschaft vor der Entstehung des aufgegebenen Rechts und damit nicht im Vertrauen auf die Möglichkeit eines entsprechenden Regresses übernommen wurde. Der Zweck der Vorschrift besteht in der **Sicherung des Rückgriffs** des vom Gläubiger in Anspruch genommenen Bürgen nach §§ 774 Abs. 1 S. 1, 412, 401 und dabei vor allem des Zugriffs auf weitere Sicherungsgeber und dingliche Sicherungsrechte.[1] Die Vorschrift konkretisiert zwar nur die **Sorgfaltspflichten** des Gläubigers gegenüber dem Bürgen im Zusammenhang mit der *Erhaltung und Verwertung sonstiger Sicherungsrechte,*[2] weshalb ihr *kein Ausnahmecharakter* zukommt.[3] Begrenzt wird das Pflichtenprogramm des Gläubigers allerdings auch im Fall des § 776 durch die gesetzliche Risikoverteilung, zu der sich die Auferlegung von Verhaltenspflichten nicht in Widerspruch setzen darf (RdNr. 8, 10). 1

2. Entsprechende Geltung. Die Vorschrift ist einer entsprechenden Anwendung zugunsten sonstiger Sicherungsgeber und Interzedenten zugänglich, und zwar unabhängig davon, ob auf der anderen S. des Ausgleichsverhältnisses ein Bürge beteiligt ist. Voraussetzung ist freilich, dass sich die in § 776 geregelte Verhaltenspflicht in die gesetzliche und vertragliche Ausgestaltung des jeweiligen Rechtsverhältnisses einfügt. Dies ist bei einem der 2

---

[60] RG WarnR 1930 Nr. 135 S. 271.
[1] BGHZ 144, 52, 57 = NJW 2000, 1566; 165, 28, 35 = NJW 2006, 228.
[2] *Knütel,* FS Flume, 1978, Bd. I, S. 559 ff.; *Hensler* Risiko S. 350 f.; *Soergel/Pecher* RdNr. 1; *Erman/Herrmann* RdNr. 1; *Jauernig/Stadler* RdNr. 1; aA – bloße Obliegenheit – *Wacke* AcP 170 (1970), 42, 62; *Staudinger/Horn* RdNr. 1, 11; *Palandt/Sprau* RdNr. 2.
[3] Näher dazu § 765 RdNr. 84 ff.; im Ergebnis wie hier auch *Soergel/Pecher* RdNr. 1; für Ausnahmecharakter dagegen noch *Staudinger/Horn* RdNr. 1; *RGRK/Mormann* RdNr. 1; *Palandt/Sprau* RdNr. 2; *Jauernig/Stadler* RdNr. 1.

Schuldsicherung dienenden **Schuldbeitritt**[4] und bei der **Verpfändung**[5] schon mit Rücksicht auf das wechselseitige Ausgleichsverhältnis entsprechend § 426 (§ 774 RdNr. 28 ff.) durchaus der Fall. Freilich gilt auch insoweit, dass das zwischen mehreren Sicherungsgebern bestehende Ausgleichsverhältnis (§ 774 RdNr. 22 ff.), sobald es einmal entstanden ist, durch die Aufgabe einer Sicherheit nicht mehr einseitig beeinflusst werden kann und in diesem Fall schon der Tatbestand des § 776 S. 1, nämlich die Vereitelung des Regresses, nicht erfüllt ist (RdNr. 5).[6]

3. Abweichende Vereinbarungen. Die Vorschrift des § 776 ist dispositiver Natur.[7] Eine von § 776 abweichende Vereinbarung unterliegt allerdings dem Formerfordernis des § 766 S. 1 (§ 766 RdNr. 13). Davon betroffen ist auch eine Abrede, wonach der Bürge die Übertragung von Sicherungsrechten erst verlangen kann, wenn sämtliche Ansprüche des Gläubigers aus der Geschäftsbeziehung zum Schuldner getilgt sind.[8] Nach heute[9] herrschender und zutreffender Ansicht ist allerdings jedenfalls ein umfassender **formularmäßiger Verzicht** des Bürgen auf den Rechtsvorteil des § 776 mit den Grundgedanken dieser Vorschrift nicht vereinbar und nach § 307 Abs. 2 Nr. 1 unwirksam:[10] Die Befugnis des Gläubigers, das vom Bürgen übernommene Risiko einseitig zu erweitern, kann mit Blick auf den Schutzzweck des § 776 (RdNr. 1) und das zwischen Sicherungsgebern bestehende Ausgleichsverhältnis (§ 774 RdNr. 22 ff., 29 ff.) nur individualvertraglich begründet werden. Dies gilt auch für den Fall, dass die Bürgschaft nicht im Vertrauen auf andere Sicherungsrechte übernommen wurde, mithin für die Vorschrift des § 776 S. 2.[11] Zulässig ist die formularmäßige Abbedingung des § 776 allerdings hinsichtlich des allgemeinen **Pfandrechts der Banken** gemäß Nr. 14 der Banken-AGB, soweit sich die Klausel auf von der Bank gestattete Verfügungen über verpfändete Gegenstände im Rahmen der ordnungsgemäßen Durchführung der Geschäftsverbindung beschränkt[12] und diese Beschränkung im Wortlaut hinreichend konkret zum Ausdruck kommt;[13] selbst wenn man hierin die „Aufgabe" eines Rechts iS des § 776 sehen wollte (RdNr. 9), wäre ein solcher Verzicht deshalb zulässig, weil dem Bürgen die Möglichkeit des Regresses, auf die er verzichtet, ohnehin erst auf Grund der weiten Pfandklausel erwächst,

---

[4] *Wacke* AcP 170 (1970), 42, 63; *Schürnbrand* Schuldbeitritt S. 148 ff.; im Ergebnis auch *Weber* WM 2001, 1229, 1232 ff. (pVV); wohl auch *Soergel/Pecher* RdNr. 1; aA BGH WM 1962, 1293, 1294 = BB 1962, 1346; OLG Hamm ZIP 1983, 922 f.; *Palandt/Sprau* RdNr. 4; PWW/*Brödermann* RdNr. 4.
[5] § 1225 RdNr. 9; *Staudinger/Wiegand* § 1225 RdNr. 39; *Soergel/Habersack* § 1225 RdNr. 11; *Gursky* JZ 1997, 1154, 1165; im Ergebnis auch *Weber* WM 2001, 1229, 1232 ff. (pVV); aA BGH NJW-RR 1991, 499, 500 = WM 1991, 399 (Pfändungspfandrecht); RG DR 1941, 2197 = SeuffA 1941 Nr. 118 S. 275 (Mobiliarpfandrecht); *Erman/Herrmann* RdNr. 2; PWW/*Brödermann* RdNr. 4.
[6] BGH NJW-RR 1991, 499, 500 = WM 1991, 399; BGHZ 108, 179, 183 ff. = NJW 1989, 2530; § 769 RdNr. 8.
[7] Wohl unstr., s. die Nachweise in Fn. 9 f. zu den ABG-rechtlichen Grenzen eines Verzichts.
[8] Vgl. BGH WM 1960, 371, 373.
[9] Anders noch BGHZ 78, 137 = NJW 1981, 748; BGH LM KO § 59 Nr. 12 = NJW 1981, 761, 762; BGHZ 95, 350, 358 f. = NJW 1986, 43; BGH NJW-RR 1991, 817, 818; NJW 1995, 1886, 1888; OLG Schleswig WM 1997, 413, 415 f.; offen gelassen aber von BGHZ 136, 347, 352 = NJW 1997, 3372; BGH NJW 1998, 1939.
[10] BGHZ 144, 52, 55 ff. = NJW 2000, 1566 = JZ 2001, 1160 m. Anm. *Vollkommer/Heinemann* (insbes. zu den insolvenzrechtlichen Konsequenzen); BGH NJW 2000, 2580, 2583; 2001, 2466, 2468; 2002, 295 = ZIP 2001, 2168; BGHZ 156, 302, 310 = NJW 2004, 161; OLG Stuttgart WM 2002, 439, 440 f.; so bereits 3. Aufl. RdNr. 3; *Tiedtke* BB 1984, 19, 23, ders. ZIP 1986, 150, 155, *Fischer* WM 1998, 1705, 1712; *Bülow* RdNr. 926; aus dem neueren Schrifttum *Erman/Herrmann* RdNr. 1; *Palandt/Sprau* RdNr. 3; PWW/*Brödermann* RdNr. 3; *Fuchs* in: Ulmer/Brandner/Hensen Anh. § 310 RdNr. 240; *Graf v. Westphalen/Voigt* Bürgschaft RdNr. 53; im Grundsatz auch *Henssler* Risiko S. 361 f.; aA – freilich nicht überzeugend – *Soergel/Pecher* RdNr. 27 f.
[11] AA noch 3. Aufl. RdNr. 3; *Henssler* Risiko S. 362.
[12] So wohl auch BGHZ 144, 52, 56 f. = NJW 2000, 1566 („allenfalls" insoweit nicht zu beanstanden); BGH NJW 2002, 295 = ZIP 2001, 2168 („kann allerdings rechtlich haltbar sein"); ferner *Fuchs* und *Graf v. Westphalen/Voigt* und *Brödermann*, jeweils aaO (Fn. 10); zur Problematik s. *Schröter* WM 2000, 16, 18, dort auch Wiedergabe der entsprechend neu gefassten Klausel.
[13] Dazu BGH NJW 2002, 295 = ZIP 2001, 2168; näher zur Frage einer geltungserhaltenden Reduktion § 306 RdNr. 12 ff. mN.

und die der Bank andernfalls nach § 776 obliegende Sperre der verpfändeten Gegenstände die Handlungsfähigkeit des Hauptschuldners über Gebühr einschränken würde. Hat der Bürge wirksam auf das Recht aus § 776 verzichtet, so bezieht sich der Verzicht im Zweifel auf *sämtliche* Vorzüge und Sicherungsrechte.[14]

Von der Abbedingung des § 776 zu unterscheiden ist die nach Übernahme der Bürgschaft **4** erteilte, nicht formbedürftige[15] **Einwilligung** des Bürgen **in die Freigabe** eines bestimmten Sicherungsrechts durch den Gläubiger. Einem solchen Einverständnis kann grundsätzlich auch kein auf Erlass der Bürgschaftsverpflichtung gerichteter Wille der Parteien entnommen werden.[16] Gleichfalls nicht als Verzicht anzusehen sind Leistungen, die der Bürge in Unkenntnis von der Aufgabe eines Sicherungsrechts erbringt; sie können von ihm nach § 812 Abs. 1 S. 1 kondiziert werden.[17]

4. Abgrenzung. Die Vorschrift setzt voraus, dass der Bürge durch die Aufgabe einer **5** Sicherheit oder eines Vorzugsrechts einen andernfalls bestehenden Ausgleichsanspruch verliert (RdNr. 11). Sie kommt deshalb nicht zur Anwendung, wenn die Aufgabe eines Rechts durch den Gläubiger das zwischen den Sicherungsgebern bestehende **Ausgleichsverhältnis nicht berührt**. Genau dies ist aber sowohl bei der Entlassung eines Mitbürgen als auch bei der Aufgabe einer gleichstufig haftenden dinglichen Sicherheit der Fall; in beiden Fällen entsteht das zwischen den Sicherungsgebern bestehende Ausgleichsverhältnis bereits mit Begründung der Sicherheiten und kann somit nur einverständlich aufgehoben werden.[18] Gleichfalls keine Anwendung findet die Vorschrift für den Fall, dass der Gläubiger ein im Verhältnis zur Bürgschaft **nachrangig haftendes Recht** aufgibt[19] oder aber das aufgegebene Recht auf Grund der schon bei Begründung des Rechts getroffenen Vereinbarung zwischen *Gläubiger und Sicherungsgeber* ohnehin nicht auf den Bürgen übergegangen wäre.[20] Ungeachtet dessen ist der Anwendungsbereich des § 776 keineswegs gering. Erfasst werden neben der Aufgabe vorrangig haftender Sicherheiten zum einen Fälle der tatsächlichen Beeinträchtigung von Sicherheiten (RdNr. 8 f.), zum anderen solche, in denen der Bürge trotz einer das Ausgleichsverhältnis an sich nicht berührenden rechtsgeschäftlichen Freigabe einer mithaftenden Sicherheit einen Nachteil erleidet, etwa dadurch, dass er den Zugriff auf eine dingliche Sicherheit verliert und ihm nur schuldrechtliche Ansprüche gegen den vermögenslosen Sicherungsgeber bleiben.[21]

II. Aufgabe einer Sicherheit oder eines Vorzugsrechts

1. Sicherungs- und Vorzugsrechte. Die in S. 1 genannten *Sicherungsrechte* sind durch- **6** weg **akzessorischer** Natur und gehen an sich nach §§ 774 Abs. 1, 412, 401 im Wege der cessio legis auf den Bürgen über (§ 774 RdNr. 9). Der unmittelbare Anwendungsbereich der Vorschrift entspricht insoweit demjenigen des § 401 Abs. 1; an die Stelle der in § 401 genannten Bürgschaft setzt S. 1 lediglich das Recht gegen einen Mitbürgen. Gleichfalls zu den akzessorischen Sicherungsrechten zu zählen sind Ansprüche gegen Gesellschafter aus §§ 128, 171 HGB (§ 774 RdNr. 2). *Vorzugsrechte* iS des S. 1 sind die in § 401 Abs. 2

---

[14] BGH WM 1960, 371; zum Vorbehalt missbräuchlicher Aufgabe s. BGH NJW-RR 1986, 518; WM 1994, 1161, 1163.
[15] *Flad* LZ 1918, 542, 545; wohl auch RG WarnR 1917 Nr. 290 S. 455.
[16] RG WarnR 1917 Nr. 290 S. 455; *Flad* LZ 1918, 542, 546; vgl. auch RGZ 70, 411, 415.
[17] RG WarnR 1935 Nr. 21 S. 47 = SeuffA 89 Nr. 83 S. 175.
[18] Vgl. neben den Nachweisen in Fn. 6 noch BGH NJW 1992, 2286, 2287; 2000, 1034, 1035; OLG Hamm WM 1999, 1969, 1971; *Staudinger/Horn* RdNr. 6, 15; PWW/*Brödermann* RdNr. 2; näher zum Ausgleich zwischen Mitbürgen untereinander sowie zwischen Bürgen und sonstigen Sicherungsgebern § 774 RdNr. 22 ff.
[19] Vgl. BGH NJW 1992, 3228, 3229.
[20] Umstr., s. § 774 RdNr. 31, ferner RdNr. 11; s. ferner OLG Stuttgart WM 2002, 439, 441 (keine Aufgabe, wenn Grundschuld auch zur Sicherung anderer Forderungen des Gläubigers bestellt worden ist und Erlös sodann auf diese Forderungen angerechnet wird).
[21] Vgl. etwa den Sachverhalt in BGH NJW 2002, 295 = ZIP 2001, 2168 (Freigabe einer vom Hauptschuldner gewährten dinglichen Sicherheit).

genannten Rechte; auf die Ausführungen in § 774 RdNr. 8 und § 401 RdNr. 16 wird verwiesen. Da die Vorschrift nach ihrem S. 2 auch die erst nach Übernahme der Bürgschaft begründeten Sicherungs- und Vorzugsrechte erfasst, ist sie insbesondere von Bedeutung für Rechte aus einer gegen den Schuldner vorab betriebenen Zwangsvollstreckung. Auf **nicht akzessorische** Sicherungsrechte ist die Vorschrift entsprechend anzuwenden, soweit der Gläubiger dem Bürgen zu deren Übertragung verpflichtet ist (§ 774 RdNr. 10).[22] Davon betroffen sind insbesondere das Sicherungseigentum,[23] das Vorbehaltseigentum,[24] die Sicherungsgrundschuld,[25] die Rentenschuld[26] und die sicherungshalber abgetretene Forderung.[27] Den genannten Sicherungsrechten steht der Anspruch des Gläubigers auf Verschaffung von Sicherheiten gleich,[28] ferner der Anspruch auf Ersatz wegen des Verlusts oder der Beeinträchtigung des Sicherungsgutes.[29] Zur Ausgestaltung des Ausgleichsverhältnisses zwischen mehreren Sicherungsgebern s. iE § 774 RdNr. 22 ff.

7   **Nicht von § 776 erfasst** sind das einfache, dh. nicht mit einem Vorzug iS von § 51 Abs. 1 Nr. 2 und 3 InsO ausgestattete Zurückbehaltungsrecht[30] und die Aufrechnungsbefugnis des Gläubigers,[31] sehr wohl dagegen der Anspruch des Bauunternehmers auf Sicherheitsleistung nach §§ 648, 648 a.[32] Gleichfalls keine Anwendung soll § 776 finden, wenn der Gläubiger einen **Gesamtschuldner** aus seiner Verbindlichkeit entlässt.[33] Dem kann freilich insoweit nicht zugestimmt werden, als es sich um einen der **Schuldsicherung** dienenden Schuldbeitritt handelt und der Beitretende im Innenverhältnis zum Hauptschuldner nicht haftet.[34] Entsprechendes hat für den Anspruch gegen einen Garanten zu gelten. Aber auch im Übrigen wird der Bürge schon nach dem Inhalt des Bürgschaftsvertrags frei, wenn er sich gerade für den befreiten Gesamtschuldner oder nur für alle Gesamtschuldner gemeinsam verbürgt hat. In allen anderen Fällen ist der hM hingegen schon deshalb zu folgen, weil der Gesamtschuldner die Stellung des Hauptschuldners einnimmt, dieses Rechtsverhältnis aber nicht in § 776 geregelt ist; insoweit setzt allein das Verbot arglistigen Verhaltens der Befreiung eines Gesamtschuldners Grenzen.[35]

8   **2. Aufgabe.** Der Bürge wird nach § 776 nur unter der Voraussetzung frei, dass der Gläubiger das Sicherungs- oder Vorzugsrecht „aufgibt". Nach ganz hM setzt dies ein positives und vorsätzliches Handeln des Gläubigers zugunsten des Sicherungsgebers voraus.[36]

---

[22] Wohl einhM, vgl. neben den Nachweisen in den nachfolgenden Fn. etwa BGHZ 144, 52, 54 f. = NJW 2000, 1566; BGH NJW 2000, 2580, 2583; *Staudinger/Horn* RdNr. 10; *Soergel/Pecher* RdNr. 10; *Bamberger/Roth/Rohe* RdNr. 5; *Erman/Herrmann* RdNr. 2; *Palandt/Sprau* RdNr. 6; *PWW/Brödermann* RdNr. 5; AnwK-BGB/*Beckmann* RdNr. 2.
[23] BGHZ 165, 28, 35 = NJW 2006, 228; BGH NJW 1966, 2009; WM 1960, 371, 373.
[24] BGHZ 42, 53, 57 = NJW 1964, 1788.
[25] BGH WM 1994, 1161; OLG Stuttgart WM 2002, 439, 441.
[26] OLG Köln NJW 1990, 3214.
[27] BGH WM 78, 137, 143 = NJW 1981, 748; OLG München BB 1957, 594.
[28] BGH WM 1961, 550, 551; *Soergel/Pecher* RdNr. 11.
[29] *Soergel/Pecher* RdNr. 11; vgl. auch BGH NJW 1994, 511 = ZIP 1994, 140 (betr. § 774 Abs. 1 S. 1).
[30] *Staudinger/Horn* RdNr. 8; *PWW/Brödermann* RdNr. 7; s. dazu auch § 768 RdNr. 8 f.
[31] BGH NJW 1984, 2455, 2456 (Aufrechnung des Gläubigers mit einer nicht verbürgten Forderung gegen einen Anspruch des Hauptschuldners ist grds. zulässig).
[32] Vgl. RdNr. 6 mN in Fn. 28; aA 4. Aufl. RdNr. 7; *Staudinger/Horn* RdNr. 8; *Erman/Herrmann* RdNr. 4; *PWW/Brödermann* RdNr. 7; s. dazu noch RdNr. 9.
[33] RG WarnR 1913 Nr. 286 S. 338; WarnR 1935 Nr. 21 S. 47 = SeuffA 89 Nr. 83 S. 175; JW 1937, 1410; KG OLGE 25, 20, 22; *Flad* LZ 1918, 542, 548 f.; im Grundsatz auch *Staudinger/Horn* RdNr. 8; *PWW/Brödermann* RdNr. 7.
[34] S. zu dieser Unterscheidung bereits § 774 RdNr. 7, 28; allg. zum schuldsichernden Schuldbeitritt Vor § 765 RdNr. 10 ff.
[35] Vgl. RG SeuffA 91 Nr. 100 S. 229.
[36] BGH WM 1960, 51; 1960, 371, 372; NJW 1966, 2009; 1999, 3195, 3197; OLG Karlsruhe WM 1979, 981, 985 f.; OLG Köln NJW 1990, 3214, 3215; OLG Schleswig WM 1997, 413, 416; BankR-HdB/*Schmitz/Wassermann/Nobbe* § 91 RdNr. 154; RGRK/*Mormann* RdNr. 1; *Soergel/Pecher* RdNr. 12; *Bamberger/Roth/Rohe* RdNr. 4; *Erman/Herrmann* RdNr. 4; *Palandt/Sprau* RdNr. 5; *PWW/Brödermann* RdNr. 8 f.; AnwK-BGB/*Beckmann* RdNr. 3; aA *Knütel*, FS Flume, Bd. I, S. 559, 589; *Henssler* Risiko S. 351 f. (§ 277); *Staudinger/Horn* RdNr. 11 f.

Auf der Grundlage der hier vertretenen Auffassung, wonach § 776 lediglich eine besondere Ausprägung der allgemeinen Sorgfaltspflichten des Gläubigers enthält (RdNr. 1, § 765 RdNr. 84 ff.), kann dem nicht gefolgt werden. Auch im Zusammenhang mit der Erhaltung und Verwertung anderer Sicherungs- und Vorzugsrechte schuldet der Gläubiger dem Bürgen vielmehr **Sorgfalt gemäß § 276**. Allerdings gilt auch insoweit, dass die Begründung von Verhaltenspflichten das Risiko der Zahlungsunfähigkeit des Hauptschuldners nicht auf den Gläubiger rückverlagern darf (§ 765 RdNr. 84 f.). Dem Gläubiger ist deshalb im Zusammenhang mit der Erhaltung und Verwertung von Sicherungs- und Vorzugsrechten ein **Beurteilungsspielraum** zuzubilligen; soweit sich sein Verhalten im Rahmen des allgemein Üblichen bewegt oder als vertretbar erscheint, ist es auch vom Bürgen hinzunehmen.[37] Der Bürge wird aber beispielsweise frei, wenn der Gläubiger Sicherungsgut dadurch einbüßt, dass er es nur unzulänglich gegen Diebstahl geschützt hat[38] oder es aus Nachlässigkeit nicht optimal verwertet,[39] ferner dadurch, dass er einen liquiden Anspruch auf weitere Sicherheiten oder auf Ersatz für eine untergegangene Sicherheit nicht geltend macht (RdNr. 6 f.). Auf der Grundlage der herrschenden, ein vorsätzliches und aktives Handeln fordernden Meinung können in diesem Fall allenfalls dem *Hauptschuldner* Gegenansprüche oder Einwendungen erwachsen, auf die sich nach §§ 767 f., 770 auch der Bürge berufen kann.[40]

Neben rechtsgeschäftlichem Handeln des Gläubigers kommt auch eine rein **tatsächliche Einwirkung** auf den Gegenstand des Sicherungsrechts in Betracht, etwa die Zerstörung des sicherungsübereigneten Gegenstands,[41] nicht dagegen die im Einklang mit den gesetzlichen Vorschriften stehende Verwertung von Sicherungsgut unter Wert. Was die Aufgabe durch **rechtsgeschäftliches Handeln** betrifft, so werden von § 776 beispielsweise der Schulderlass, die Aufhebung beschränkter dinglicher Rechte, die Rückübertragung von Sicherungsrechten, der Verzicht auf die Verwertung[42] und der Rangrücktritt[43] erfasst. Die Aufgabe eines Rechts kann des Weiteren dadurch erfolgen, dass sich der Insolvenzverwalter des Schuldners und der absonderungsberechtigte Gläubiger auf die Übernahme des Gegenstands nach § 168 Abs. 3 S. 1 InsO verständigen und in der Folge ein Mehrerlös nicht auf die Insolvenzforderung angerechnet wird,[44] ferner dadurch, dass der Gläubiger die Verfügung des Sicherungsgebers über den Gegenstand des Sicherungsrechts gestattet. Anders verhält es sich allerdings, wenn dem Sicherungsgeber nach dem Inhalt der Sicherungsabrede die Verfügung von vornherein und vorbehaltlich einer Geltendmachung des Sicherungsrechts durch den Gläubiger gestattet ist; dies ist insbesondere hinsichtlich des in Nr. 14 AGB-Banken vorgesehen Pfandrechts der Bank der Fall.[45] Gleichfalls als Aufgabe eines Rechts anzusehen ist es, wenn der Gläubiger das Sicherungsrecht entgegen der ursprünglichen Zweckabrede[46] für eine andere als die verbürgte Forderung verwertet.[47] Erfolgt die Rück-

---

[37] Ähnlich *Knütel*, FS Flume, Bd. I, S. 559, 589; im Ergebnis auch *Henssler* Risiko S. 352 (§ 277); vgl. auch die Ausführungen in BGH LM KO § 59 Nr. 12 = NJW 1981, 761, 762.
[38] AA BGH WM 1960, 51 = BB 1960, 70.
[39] AA BGH LM Nr. 1 = NJW 1966, 2009; OLG Zweibrücken MDR 1982, 577 f.; *Soergel/Pecher* RdNr. 12; dagegen zu Recht *Henssler* Risiko S. 352.
[40] BGH LM Nr. 1 = NJW 1966, 2009.
[41] *Staudinger/Horn* RdNr. 11; *Graf Lambsdorff/Skora* Handbuch RdNr. 256.
[42] BGHZ 165, 28, 35 = NJW 2006, 228.
[43] *Staudinger/Horn* RdNr. 11; *PWW/Brödermann* RdNr. 8.
[44] BGHZ 165, 28, 35 = NJW 2006, 228; s. ferner OLG Dresden WM 2003, 2137: Befreiung bei Vereinbarung von über § 171 Abs. 1, 2 InsO hinausgehenden Kostenbeiträgen für die Verwertung von Sicherheiten.
[45] So tendenziell BGHZ 144, 52, 56 = NJW 2000, 1566.
[46] Anders (keine „Aufgabe"), wenn die zusätzlichen Sicherungsrechte bereits bei Bürgschaftsübernahme oder – bei nachträglicher Begründung – zu diesem späteren Zeitpunkt zugleich der Sicherung anderer Ansprüche dienten, so zu Recht BGH NJW 2000, 1566, 1569 (insoweit nicht in BGHZ 144, 52); NJW 2000, 2580, 2583; s. ferner BGH NJW 1998, 601; 1997, 2514, 2515; OLG Stuttgart WM 2002, 439, 441 (dazu Fn. 20). – Zur Maßgeblichkeit von Tilgungsvereinbarungen zwischen Gläubiger und Schuldner auch für den Bürgen s. § 765 RdNr. 48.
[47] BGH WM 1960, 371, 372; NJW 2000, 1566, 1569 (insoweit nicht in BGHZ 144, 52); NJW 2000, 2580, 2583; OLG Stuttgart WM 2002, 439, 441; *Erman/Herrmann* RdNr. 4; *Jauernig/Stadler* RdNr. 3.

übertragung oder der Verzicht auf das Sicherungsrecht freilich gegen angemessene Abfindung, so ist der Tatbestand des S. 1 nicht erfüllt.[48] Bei einer Globalzession darf der Gläubiger dem Sicherungsgeber grundsätzlich die Einziehung überlassen; der dadurch verursachte Verlust einzelner Forderungsrechte hat nicht die Befreiung des Bürgen nach S. 1 zur Folge.[49] An einer Aufgabe iS des S. 1 fehlt es des Weiteren, wenn ein Sicherungsgeber seine Mithaftung durch eine ihm freistehende Kündigung beendet.[50] Auch haftet der Gläubiger dem Bürgen nicht für die Wirksamkeit der Bestellung anderer Sicherungsrechte.[51]

10 Auch bloße **Untätigkeit** des Gläubigers kann die Anwendung der Vorschrift rechtfertigen.[52] Doch ist in diesen Fällen aus den in RdNr. 8 genannten Gründen Zurückhaltung geboten. Der Bürge wird insbesondere nicht allein dadurch frei, dass der Gläubiger die Geltendmachung befristeter Sicherheiten unterlässt[53] oder Sicherungsrechte nicht durch Rechtsbehelfe gegen Dritte, etwa gemäß §§ 771, 805 ZPO, §§ 47 ff. InsO, verteidigt.[54] Anderes gilt freilich für den Fall, dass sich hinter der Untätigkeit ein Verzicht verbirgt (RdNr. 8). Es kommt dem Bürgen auch nicht zwangsläufig zugute, dass der Gläubiger nahe liegende Möglichkeiten zum Erwerb von Sicherungsrechten, etwa durch Vollstreckungszugriff, nicht nutzt oder schuldrechtliche Ansprüche auf Einräumung dinglicher Sicherheiten nicht geltend macht; ausgeschlossen ist das Eingreifen des § 776 insoweit freilich keineswegs.[55]

11 **3. Vereitelung des Bürgenregresses.** Die in S. 1 vorgesehene Befreiung des Bürgen setzt zunächst voraus, dass das Sicherungs- oder Vorzugsrecht, wäre es nicht vom Gläubiger aufgegeben worden, nach §§ 774 Abs. 1 S. 1, 412, 401 auf den Bürgen übergegangen oder vom Gläubiger zu übertragen gewesen wäre (RdNr. 6) und der Bürge sich daraus hätte befriedigen können. Daran fehlt es in den in RdNr. 5 genannten Fällen, ferner dann, wenn die Aufgabe den Anteil des Begünstigten im Ausgleichsverhältnis nicht übersteigt und damit den Rückgriff der übrigen Beteiligten nicht schmälert.[56] Darüber hinaus setzt die Befreiung des Bürgen voraus, dass dieser aus dem ihm vorenthaltenen Sicherungsrecht auch tatsächlich hätte **Ersatz erlangen** (dh. nicht nur verlangen) können.[57] Das aufgegebene Recht muss deshalb im Zeitpunkt, zu dem es auf den Bürgen übergegangen wäre, **werthaltig** gewesen sein; auch in diesem Fall kann der Gläubiger zudem geltend machen, dass der Bürge aus anderen Gründen bei dem Rückgriff erfolglos geblieben wäre.

§ 777 Bürgschaft auf Zeit

(1) ¹Hat sich der Bürge für eine bestehende Verbindlichkeit auf bestimmte Zeit verbürgt, so wird er nach dem Ablauf der bestimmten Zeit frei, wenn nicht der Gläubiger die Einziehung der Forderung unverzüglich nach Maßgabe des § 772 betreibt, das Verfahren ohne wesentliche Verzögerung fortsetzt und unverzüglich nach der Beendigung des Verfahrens dem Bürgen anzeigt, dass er ihn in Anspruch nehme. ²Steht dem Bürgen die Einrede der Vorausklage nicht zu, so wird er nach dem Ablauf der bestimmten Zeit frei, wenn nicht der Gläubiger ihm unverzüglich diese Anzeige macht.

---

[48] BGH LM KO § 59 Nr. 12 = NJW 1981, 761, 762.
[49] OLG Karlsruhe WM 1979, 981, 985 f.; RG HRR 1927 Nr. 1109 (Sicherungsübereignung eines Warenlagers).
[50] RG SeuffA 67 Nr. 251 S. 447 = WarnR 1912 Nr. 335 S. 375.
[51] OLG Hamburg OLGE 12, 98 f.
[52] AA die hM, s. RG HRR 1927 Nr. 1109, ferner die Nachweise in Fn. 36; s. aber auch BGHZ 165, 28, 35 = NJW 2006, 228 (Nichtwahrnehmung der Möglichkeit, sich aus dem Recht zu befriedigen).
[53] RG WarnR 1935 Nr. 178 S. 364 = SeuffA 90 Nr. 41 S. 89.
[54] RGZ 65, 396, 397.
[55] Vgl. RdNr. 8; enger wohl BGH WM 1961, 392 = BB 1961, 383; WM 1965, 80, 81; vgl. auch BGHZ 72, 198, 203 f. = NJW 1979, 159.
[56] Vgl. BGH LM § 774 Nr. 6.
[57] *Erman/Herrmann* RdNr. 6; *PWW/Brödermann* RdNr. 11.

(2) Erfolgt die Anzeige rechtzeitig, so beschränkt sich die Haftung des Bürgen im Falle des Absatzes 1 Satz 1 auf den Umfang, den die Hauptverbindlichkeit zur Zeit der Beendigung des Verfahrens hat, im Falle des Absatzes 1 Satz 2 auf den Umfang, den die Hauptverbindlichkeit bei dem Ablauf der bestimmten Zeit hat.

Schrifttum: *Gerth*, Zum Erfordernis der Fälligkeit der Hauptschuld bei der Zeitbürgschaft (§ 777 BGB), WM 1988, 317; *Stötter/Stötter*, Das Bürgenrisiko bei zeitlicher Begrenzung einer Kreditbürgschaft, DB 1988, 899; *Tiedtke*, Der Verzicht des Zeitbürgen auf die Anzeige seiner Inanspruchnahme, DB 1990, 411; *Voss*, Zeitlich oder gegenständlich begrenzte Bürgschaft, MDR 1990, 495; *Wintterlin*, Zur Inanspruchnahme des Zeitbürgen bei versäumter Fälligstellung eines Darlehens nach Umschuldung eines innerhalb der Bürgschaftszeit beendeten Kontokorrentkredits, WM 1988, 1185.

Übersicht

	RdNr.		RdNr.
I. Einführung	1–3	2. Bestehende und künftige Verbindlichkeit	5, 6
1. Inhalt und Zweck der Norm	1	3. Zeitbestimmung	7–9
2. Abweichende Vereinbarungen	2	III. Rechtslage bei Zeitablauf	10–15
3. Sonstige Sicherungsgeschäfte	3	1. Überblick	10
II. Der Begriff der Zeitbürgschaft	4–9	2. Anzeige	11–13
1. Gegenständliche und zeitliche Begrenzung der Bürgenhaftung	4	3. Rechtsfolgen	14
		4. Beweislast	15

I. Einführung

1. Inhalt und Zweck der Norm. Die Vorschrift stellt zunächst klar, dass der Haftung 1 des Bürgen eine zeitliche Grenze gesetzt werden kann.[1] Zugleich enthält sie aber auch eine **Auslegungsregel zugunsten des Gläubigers:**[2] Abweichend von §§ 163, 158 Abs. 2 (RdNr. 7) erlischt die Zeitbürgschaft nicht schon mit Fristablauf, sondern erst, wenn der Gläubiger die in Abs. 1 genannten Maßnahmen verabsäumt. Dagegen schließt die Vorschrift eine Inanspruchnahme des Bürgen vor Zeitablauf nicht aus; sie begründet mit anderen Worten **keine Stundung** der Bürgschaftsverpflichtung.[3] Hat der Gläubiger die ihm nach Abs. 1 obliegenden Maßnahmen getroffen, so begrenzt Abs. 2 die Haftung des Bürgen der Höhe nach. Die damit verbundene Abweichung vom Grundsatz der Akzessorietät (§ 765 RdNr. 61) soll dem Bürgen, der entgegen der vertraglichen Vereinbarung forthaftet, Gewissheit über den endgültigen Umfang seiner Inanspruchnahme geben.

2. Abweichende Vereinbarungen. Die Vorschrift ist dispositiv.[4] Von ihr kann sowohl 2 zu Lasten des Bürgen als auch zu Lasten des Gläubigers[5] abgewichen werden; Vereinbarungen zu Lasten des Bürgen unterliegen dem Schriftformerfordernis des § 766 S. 1 (RdNr. 9). Ein formularmäßiger **Verzicht auf das Erfordernis der Anzeige** gemäß Abs. 1 S. 2 unter gleichzeitiger Verpflichtung des Bürgen auf den Umfang der verbürgten Schuld bei Fristablauf gemäß Abs. 2 ist allerdings mit Blick auf den auf zeitliche Limitierung der Bürgenhaftung gerichteten Parteiwillen regelmäßig überraschend gemäß § 305 c Abs. 1[6] und unwirksam nach § 307 Abs. 2 Nr. 1.[7]

---

[1] Vgl. Prot. II S. 485, gegenüber Mot. II S. 681 f.
[2] BGH WM 1966, 275, 276 = DB 1966, 1053; LM Nr. 1 = WM 1974, 478, 480; BGHZ 76, 81, 85 = NJW 1980, 830.
[3] BGHZ 76, 81, 85 = NJW 1980, 830.
[4] EinhM, vgl. die Nachweise in Fn. 5 und 6, ferner BGH NJW 1982, 172; BGHZ 99, 288, 290 = NJW 1987, 1760.
[5] Vgl. BGHZ 99, 288, 290 = NJW 1987, 1760; BGH NJW 1989, 1856, 1857; NJW-RR 1989, 1324, 1326; BGHZ 139, 325, 328 f. = NJW 1999, 55 (Inanspruchnahme bis zum vereinbarten Endtermin); OLG Karlsruhe ZIP 2001, 2043; s. RdNr. 13.
[6] BGH NJW 2004, 2232, 2234.
[7] So zu Recht OLG Köln NJW 1985, 2722 f. = WM 1986, 14; *Damrau* EWiR § 777 1/86, 259, 260; *Tiedtke* DB 1990, 411; *Reinicke/Tiedtke* Bürgschaftsrecht RdNr. 157 f.; *Voss* MDR 1990, 495, 498; *Palandt/*

3. Sonstige Sicherungsgeschäfte. Auf andere befristete Sicherungsgeschäfte lässt sich § 777 entsprechend anwenden; dies gilt insbesondere für den Schuldbeitritt und die Verpfändung.[8] Auch wenn man dem nicht folgen wollte, bliebe jedenfalls im Einzelfall zu prüfen, ob die Parteien eine entsprechende Abänderung der §§ 163, 158 Abs. 2 zugunsten des Gläubigers (RdNr. 1, 7) stillschweigend vereinbart haben.[9] Keiner zeitlichen Begrenzung zugänglich ist allerdings die Wechselbürgschaft.[10]

II. Der Begriff der Zeitbürgschaft

1. Gegenständliche und zeitliche Begrenzung der Bürgenhaftung. Wird der Bürgschaft eine zeitliche Begrenzung hinzugefügt, kann damit zum einen der *Gegenstand* der Bürgenhaftung begrenzt sein. In diesem Fall haftet der Bürge für sämtliche Verbindlichkeiten, die innerhalb der Frist entstehen. Die Befristung macht dann zwar eine – bei unbefristeter Bürgschaft für künftige Verbindlichkeiten erforderliche – Kündigung entbehrlich, lässt aber – wie bei Kündigung einer unbefristeten Globalbürgschaft – die Haftung für innerhalb der Frist entstandene Verbindlichkeiten unberührt; insoweit setzt allein die Verjährung der Bürgschaftsschuld oder – über § 768 Abs. 1 S. 1 – der Hauptschuld der Bürgenhaftung eine zeitliche Grenze. Davon zu unterscheiden ist der Fall der zeitlichen Begrenzung der Bürgenhaftung nach §§ 163, 158 Abs. 2; nur er ist in § 777 geregelt.[11] Danach haftet der Bürge unabhängig von der Entwicklung der Hauptschuld nur bis zum Ablauf der Frist; mit Fristablauf erlischt die Bürgschaftsschuld, sofern nicht der Gläubiger die in Abs. 1 genannten Maßnahmen ergreift.

2. Bestehende und künftige Verbindlichkeit. Seinem Wortlaut nach ist § 777 nur auf die Übernahme einer Bürgschaft für eine bereits *bestehende Forderung* anwendbar. Doch geht mit § 777 keine Einschränkung des § 765 Abs. 2 einher. Der Wortlaut des Abs. 1 S. 1 erklärt sich vielmehr vor dem Hintergrund der Entstehungsgeschichte der Vorschrift, stand doch für den Gesetzgeber allein in Frage, ob sich überhaupt eine Regelung über die Zeitbürgschaft empfehle.[12] Die Vorschrift ist deshalb auf die Bürgschaft für künftige Forderungen anwendbar, wenn die Beteiligten nicht nur eine gegenständliche, sondern auch eine zeitliche Beschränkung der Bürgenhaftung gewollt haben.[13] Dies gilt sowohl für Globalbürgschaften als auch für Bürgschaften zur Sicherung einer einzelnen künftigen Forderung.[14] In beiden Fällen wird also der Bürge mit Fristablauf frei, wenn nicht der Gläubiger anzeigt, dass er ihn in Anspruch nehme. Die Anzeige bewirkt allerdings auch im Fall einer Zeitbürgschaft für künftige Verbindlichkeiten nur den *Fortbestand* der vor Zeitablauf begründeten Haftung. Dagegen ersetzt sie nicht sonstige Voraussetzungen einer Inanspruchnahme des Bürgen. Der Bürge haftet deshalb nur für den Fall, dass die **Hauptschuld** vor Fristablauf fällig geworden ist oder **spätestens mit Fristablauf fällig** wird.[15] Eine Ausnahme vom Erfordernis der

---

Sprau RdNr. 2; PWW/*Brödermann* RdNr. 5; *Jauernig/Stadler* RdNr. 7; aA OLG Hamm NJW 1990, 54, 55; *Schröter* WM 1986, 16; Erman/*Herrmann* RdNr. 7; im Grundsatz auch *Soergel/Pecher* RdNr. 5.

[8] S. für die Verpfändung Soergel/*Habersack* § 1205 RdNr. 7; Staudinger/*Horn* RdNr. 23; gegen entsprechende Anwendung auf den Schuldbeitritt OLG Hamburg HRR 1934 Nr. 1199; PWW/*Brödermann* RdNr. 3.

[9] Vgl. RGZ 68, 141, 144 f. (Pfandbestellung auf Zeit); BGH WM 1983, 122 = ZIP 1983, 287 (befristete Grundschuld).

[10] RGZ 74, 351, 352.

[11] Ganz hM, s. etwa BGH WM 1966, 275, 276; NJW 1988, 908; 2004, 2232, 2233; Staudinger/*Horn* RdNr. 3; Soergel/*Pecher* RdNr. 3; Bamberger/Roth/*Rohe* RdNr. 4 f.; Erman/*Herrmann* RdNr. 1; Palandt/*Sprau* RdNr. 1 a; PWW/*Brödermann* RdNr. 6 f.; AnwK-BGB/*Beckmann* RdNr. 3; Reinicke/Tiedtke Bürgschaftsrecht RdNr. 153; krit. allerdings *Stötter/Stötter* DB 1988, 899 f.

[12] Vgl. die Nachweise in Fn. 1.

[13] Vgl. bereits RGZ 82, 382, 384 f.; RG Recht 1919 Nr. 1412; ferner Bamberger/Roth/*Rohe* RdNr. 4 f.; PWW/*Brödermann* RdNr. 2; ferner die Nachweise in Fn. 19.

[14] So zu Recht Erman/*Herrmann* RdNr. 1.

[15] BGHZ 91, 349, 355 = NJW 1984, 2461; BGHZ 139, 325, 329 = NJW 55; BGH NJW 1989, 1856, 1858 und NJW-RR 1989, 1324, 1326 (jeweils Fälligkeit mit Fristablauf); BGH NJW 2000, 3137, 3138; 2004, 2232, 2234; für Erfordernis der Fälligkeit auch dann, wenn keine Zeitbürgschaft, sondern eine gegenständlich begrenzte Gewährleistungsbürgschaft (§ 765 RdNr. 110) vereinbart wurde, OLG München NJW-RR 1995,

Fälligkeit ist weder für den Fall anzuerkennen, dass im Zeitpunkt der Anzeige die Fälligkeit der Hauptschuld unmittelbar bevorsteht und die Nichterfüllung durch den Hauptschuldner abzusehen ist,[16] noch für den, dass der Gläubiger den Eintritt der Fälligkeit innerhalb der bürgschaftsvertraglich vereinbarten Frist nicht zu vertreten hat.[17] Auch eine vor Fristablauf erfolgende Anzeige (RdNr. 12) erhält deshalb dem Gläubiger die Bürgschaftsforderung nur für den Fall, dass die Fälligkeit spätestens mit Fristablauf eintritt.[18]

Die Annahme einer Zeitbürgschaft für *künftige Verbindlichkeiten* bedarf **besonderer An-** 6 **haltspunkte.** Dient die einer Bürgschaft für künftige Verbindlichkeiten beigefügte Zeitbestimmung bereits der Begrenzung des Bürgschaftsgegenstands (RdNr. 4), so spricht der Anschein gegen das Vorliegen einer auch zeitlich beschränkten Bürgschaft.[19] Dies gilt insbesondere bei Aufnahme einer Zeitbestimmung in eine Höchstbetragsbürgschaft für einen **Kontokorrentkredit** oder in eine sonstige Kreditbürgschaft (§ 765 RdNr. 113 f.).[20] Auch ein Fälligkeitstermin für die Hauptforderung ist idR nicht zugleich als Zeitbestimmung für die Bürgschaft anzusehen.[21] Doch kann die Würdigung der weiteren Umstände in den genannten Fällen die gegenteilige Annahme rechtfertigen.[22] Anders verhält es sich bei der Bürgschaft für eine (zumindest dem Grunde nach) schon bestehende, aber noch nicht fällige Verbindlichkeit. Hier liegt bei einer zeitlichen Begrenzung im Allgemeinen und vorbehaltlich besonderer Umstände des Einzelfalles eine Zeitbürgschaft vor;[23] dies gilt insbesondere dann, wenn die Bürgschaft innerhalb bestimmter Frist nach Eintritt der Fälligkeit der Hauptforderung geltend zu machen ist, und zwar unabhängig davon, ob die Rechtsfolge verspäteter Geltendmachung im Bürgschaftsvertrag geregelt ist oder nicht.[24]

3. Zeitbestimmung. Die nach Abs. 1 S. 1 erforderliche Zeitbestimmung muss nicht 7 notwendigerweise kalendermäßig und damit iS einer Befristung nach § 163 getroffen sein. Entscheidend ist, dass die Bürgschaft unabhängig vom Fortbestand der Hauptschuld[25] zeitlich begrenzt übernommen wird, etwa durch die Vereinbarung, dass die Geltendmachung innerhalb einer bestimmten Zeit nach Fälligkeit der Hauptforderung oder nach Abnahme des hergestellten Werkes durch den Besteller zu erfolgen hat.[26] Eine Zeitbürgschaft liegt auch

---

498. S. ferner OLG Frankfurt NJW-RR 1995, 1388: Fälligkeit ist gegeben, wenn Bürgschaft konkursrechtlichen Schadensersatzanspruch absichert und Konkursverfahren vor Fristablauf eröffnet wird; OLG Koblenz ZIP 2005, 1822: keine Fälligkeit, wenn gesicherter Werklohnanspruch infolge bloßer Zug-um-Zug-Verurteilung des Bestellers und verfristeter Mängelbeseitigung erst nach Fristablauf fällig wird.

[16] Offen gelassen von BGHZ 91, 349, 356 = NJW 1984, 2461; BGH NJW 1989, 1856, 1858; NJW-RR 1989, 1324, 1326; dagegen zutr. LG Darmstadt WM 1987, 1357, 1360; *Gerth* WM 1988, 317 ff.; *Wintterlin* WM 1988, 1185, 1186; *Reinicke/Tiedtke* Bürgschaftsrecht RdNr. 154; *Staudinger/Horn* RdNr. 3; *Palandt/Sprau* RdNr. 3.

[17] BGH NJW 2000, 3137, 3138 (Fertigstellung des Werks und damit einhergehende Fälligkeit der Hauptforderung verzögern sich, weil Bauarbeiten auf Grund einer Ablehnungserklärung des Hauptschuldners nicht fortgesetzt werden konnten).

[18] Zutr. die Differenzierung bei BGHZ 91, 349, 354 = NJW 1984, 2461; s. ferner BGHZ 139, 325, 329 = NJW 1999, 55; *Wintterlin* WM 1988, 1185, 1187.

[19] RGZ 63, 11, 12 f.; RG HRR 1934 Nr. 1446; BGH LM Nr. 1 = WM 1974, 478, 479; OLG Koblenz WM 2006, 481, 482 (Vorauszahlungsbürgschaft (§ 765 RdNr. 128 ff.) sichert künftige Ansprüche und ist im Zweifel keine Zeitbürgschaft; s. aber auch BGH WM 1997, 625, 628.

[20] BGH NJW 1988, 908; 2004, 2232, 2234; WM 1974, 478, 479; KG NJW-RR 1995, 1199; OLG Hamm NJW 1990, 54 f.; OLG Hamburg HRR 1934 Nr. 1199; OLG Köln WM 1996, 1677, 1678 f.; WM 1997, 1401, 1402 (individualvertragliche Befristung einer formularmäßig unbefristet übernommenen Höchstbetragsbürgschaft); s. aber auch BGH WM 1997, 625, 628. Krit. *Wintterlin* WM 1988, 1185, 1186.

[21] RG LZ 1909, 312; WarnR 1914 Nr. 155 S. 210; OLG München WM 1984, 469, 472.

[22] Vgl. für die Kontokorrentbürgschaft OLG Frankfurt NJW-RR 1995, 1388; allg. dazu BGH WM 1974, 478; RGZ 82, 382; 107, 194.

[23] Vgl. neben den Nachweisen in Fn. 20 noch BGHZ 91, 349, 351 = NJW 1984, 2461; BGH NJW 1997, 2233, 2234; BGHZ 139, 325, 329 = NJW 1999, 55.

[24] BGH NJW 1997, 2233, 2234.

[25] Bei Befristung der Hauptschuld entfällt die Haftung des Bürgen schon auf Grund der Akzessorietät, s. § 767 RdNr. 3 ff.

[26] BGHZ 139, 325, 328 ff. = NJW 1999, 55, dort auch zur Rechtslage bei Vereinbarung alternativer Endtermine (Abnahme, Rückgabe der Bürgschaftsurkunde, spätestens jedoch Ablauf eines Endtermins); BGHZ 153, 311, 319 f. = ZIP 2003, 908, 910 f.

vor, wenn der Bestand der Bürgschaft von einem künftigen **ungewissen Ereignis** abhängig gemacht wird, die Bürgschaft mit anderen Worten auflösend bedingt übernommen wird.[27] Die Bürgschaft eines Gesellschafters für Verbindlichkeiten der Gesellschaft kann etwa von der Zugehörigkeit zur Gesellschaft,[28] diejenige eines Ehegatten vom Fortbestand der Ehe abhängig gemacht werden.[29] Voraussetzung für die Anwendbarkeit des § 777 ist jedoch, dass die Aufnahme der auflösenden Bedingung eine *zeitliche Begrenzung* der Bürgenhaftung bewirken soll. Daran fehlt es etwa, wenn der Bürge nur solange haftet, bis er eine anderweitige Sicherheit bestellt hat.[30] In jedem Fall bleibt die Haftung des Bürgen bestehen, solange das für die Haftungsbefreiung vorgesehene Ereignis nicht eintritt.[31]

8 Im Allgemeinen berechtigt aber der Verlust der Gesellschafterstellung des Bürgen lediglich zur **Kündigung** der Bürgschaft mit Wirkung ex nunc (§ 765 RdNr. 55 ff.).[32] Die Haftung für Altverbindlichkeiten unterliegt dann nicht den Beschränkungen des § 777 (§ 765 RdNr. 57). Entsprechendes gilt für den Fall, dass die Bürgschaft infolge **Zweckerreichung** ihr Ende findet. So endet zwar eine zur fortlaufenden Kreditsicherung übernommene Bürgschaft im Zweifel durch Eröffnung des Insolvenzverfahrens über das Vermögen des Hauptschuldners;[33] die Haftung für zuvor begründete Verbindlichkeiten bleibt davon jedoch unberührt. Wieder anders liegt es schließlich bei der als Sicherheit für eine einstweilige *Einstellung der Zwangsvollstreckung* übernommenen Bürgschaft. Sie endet nicht mit Aufhebung der einstellenden Entscheidung; auch ist der Gläubiger nach Fortfall des Vollstreckungshindernisses nicht zu unverzüglicher Anzeige gemäß Abs. 1 S. 2 gehalten.[34] Zur Zeitbestimmung bei der Bürgschaft für *künftige* Verbindlichkeiten s. bereits RdNr. 6.

9 Die Vereinbarung einer Zeitbestimmung iS von Abs. 1 S. 1 bedarf als eine die Haftung des Bürgen beschränkende Abrede *nicht* der **Schriftform** gemäß § 766 S. 1 (§ 766 RdNr. 14). Fristverlängerungen sind dagegen – anders als Stundungsvereinbarungen[35] – formbedürftig.[36] Stimmt der Bürge einer Stundung der Hauptschuld zu, so ist damit im Zweifel und vorbehaltlich eines Formmangels auch die für die Bürgschaftsschuld geltende Zeitbestimmung verlängert.[37] Mehrere Verlängerungen können zwar den Zweck der Frist und damit den Charakter der Zeitbürgschaft verändern.[38] Im Übrigen fällt es aber in den Risikobereich des Gläubigers, wenn sich die Zeitbestimmung als unzweckmäßig und zu kurz bemessen erweist.[39]

III. Rechtslage bei Zeitablauf

10 **1. Überblick.** Das Gesetz berücksichtigt das Interesse des Bürgen am Fortfall seiner Haftung nur zurückhaltend. Der Gläubiger kann seinen Anspruch gegen einen **selbstschuldnerisch haftenden Bürgen** (§ 773 RdNr. 1) schon durch rechtzeitige Anzeige wahren (RdNr. 11 ff.), freilich der Höhe nach begrenzt gemäß Abs. 2 (RdNr. 14). Steht dem Bürgen dagegen die **Einrede der Vorausklage** zu oder handelt es sich um eine

---

[27] BGH WM 1977, 290 (Erlöschen mit dem Tag der Bauübergabe); *Erman/Herrmann* RdNr. 2; PWW/*Brödermann* RdNr. 6; wN in Fn. 28 f. – Allg. zur bedingten und befristeten Bürgschaft § 765 RdNr. 46 f.
[28] Vgl. RG HRR 1935 Nr. 581.
[29] Vgl. OLG Braunschweig FamRZ 1978, 111.
[30] Im Ergebnis auch BGH WM 1969, 35 = BB 1969, 196, freilich unter Hinweis auf das Fehlen einer *bestimmten* Zeit.
[31] BGH WM 1969, 35 = BB 1969, 196.
[32] Zum Wegfall der Geschäftsgrundlage durch Auflösung der Ehe s. aber auch § 765 RdNr. 45.
[33] Vgl. BGH LM § 767 Nr. 13 = NJW 1979, 2040; vgl. auch § 765 RdNr. 51, 114.
[34] BGH LM ZPO § 109 Nr. 3 = NJW 1979, 417 = JR 1979, 249 m. Anm. *Schreiber*; allg. zur Prozessbürgschaft § 765 RdNr. 118 ff.
[35] Vgl. RGZ 96, 133, 135.
[36] BGH WM 1997, 625, 627; zum überraschenden Charakter einer in der ursprünglichen Bürgschaftsurkunde nicht enthaltenen Haftungsausschlussklausel s. BGH ZIP 2001, 1408, 1409.
[37] RG JW 1903 Beil. Nr. 252.
[38] BGH WM 1979, 833.
[39] BGH WM 1966, 275, 277.

befristete **Ausfallbürgschaft**,⁴⁰ obliegt es dem Gläubiger nach Abs. 1 S. 1 zunächst, den Hauptschuldner unverzüglich, dh. ohne *schuldhaftes* Zögern (§ 121 Abs. 1 S. 1), nach § 772 in Anspruch zu nehmen⁴¹ und das Verfahren *ohne wesentliche Verzögerung* fortzusetzen; letzteres ist anhand eines rein objektiven Maßstabs zu beurteilen.⁴² Nach Beendigung des Verfahrens hat der Gläubiger zudem, will er sich die Bürgschaftsforderung erhalten, dem Bürgen unverzüglich anzuzeigen, dass er ihn in Anspruch nehme.

2. Anzeige. Die dem Gläubiger nach Abs. 1 S. 1 und 2 obliegende Anzeige ist empfangsbedürftige Willenserklärung.⁴³ Sie bedarf keiner Form und kann **auch unbeziffert** erfolgen; wesentlich ist allein, dass der Bürge Gewissheit über eine beabsichtigte Inanspruchnahme aus der Bürgschaft erhält.⁴⁴ Einer **Klageerhebung** nach erfolgter Anzeige bedarf es nicht.⁴⁵ Die Zeitbestimmung schützt den Bürgen deshalb nicht vor einem nach Zeitablauf eintretenden Vermögensverfall des Schuldners. Ihm bleibt die Möglichkeit, freiwillig an den Gläubiger zu leisten, um sodann beschleunigt beim Hauptschuldner Rückgriff nach § 774 Abs. 1 S. 1 zu nehmen. Erfolgt die Anzeige durch gerichtliche Geltendmachung der Bürgschaftsforderung, so findet die Vorschrift des § 167 ZPO keine Anwendung.⁴⁶

Die Anzeige hat gemäß Abs. 1 S. 1 und 2 **unverzüglich** iS von § 121 Abs. 1 S. 1 zu erfolgen. Dabei ist ein strenger Maßstab anzulegen.⁴⁷ Ein Irrtum des Gläubigers über das Bestehen, Fortbestehen oder die Höhe der verbürgten Forderung fällt in sein Risiko. Versäumt er aus den genannten Gründen die Anzeige, so wird der Bürge frei. Zwischenverhandlungen sind allerdings zu berücksichtigen.⁴⁸ Die Anzeige kann im Fall einer selbstschuldnerischen Bürgschaft auch **schon vor Zeitablauf** erfolgen, sofern sie geeignet ist, dem Bürgen Gewissheit über seine bevorstehende Inanspruchnahme zu geben.⁴⁹ Voraussetzung ist allerdings auch in diesem Fall, dass die Hauptforderung spätestens mit Zeitablauf fällig wird (RdNr. 5).

Die Parteien können die Vorschrift des Abs. 1 S. 2 auch formularmäßig dahin gehend abbedingen, dass die **Anzeige bis zum Endtermin** erklärt und zugegangen sein muss.⁵⁰ Auch in diesem Fall setzt die Haftung des Bürgen aber voraus, dass die Hauptforderung spätestens mit Zeitablauf fällig wird (RdNr. 5). Fällt der Endtermin auf einen Sonn- bzw. Feiertag oder Sonnabend, so findet im Zweifel die Vorschrift des § 193 Anwendung; die Inanspruchnahme kann also auch noch am nächsten Werktag erklärt werden, falls die Parteien nicht ausdrücklich oder stillschweigend etwas anderes vereinbart haben.⁵¹

3. Rechtsfolgen. Bei Nichterfüllung der in Abs. 1 bestimmten Obliegenheiten geht der Gläubiger der Bürgschaftsforderung nach **§§ 163, 158 Abs. 2** verlustig. Andernfalls dauert die Haftung des Bürgen fort. Sie beschränkt sich aber nach **Abs. 2** im Fall einer *selbstschuldnerischen* Bürgschaft auf den Umfang der Hauptschuld bei Zeitablauf, im Fall einer gewöhnlichen Bürgschaft auf den Umfang, den die Hauptschuld bei Beendigung des Verfahrens gegen den Hauptschuldner (RdNr. 10) hat. Nach diesem Zeitpunkt eintretende

---

⁴⁰ Diese fällt, da der Ausfall des Gläubigers zum anspruchsbegründenden Tatbestand gehört (§ 765 RdNr. 107), regelmäßig nicht unter § 777 Abs. 1 S. 2, sondern unter § 777 Abs. 1 S. 1, s. BGH NJW 2002, 2869, 2870; *Staudinger/Horn* RdNr. 14; PWW/*Brödermann* RdNr. 13.
⁴¹ Zur Rechtslage bei anderen als Geldforderungen s. § 772 RdNr. 1.
⁴² *Erman/Herrmann* RdNr. 4; Oertmann Anm. 1a.
⁴³ RGZ 153, 123, 126; *Erman/Herrmann* RdNr. 6.
⁴⁴ OLG Karlsruhe WM 1985, 770 f.; s. ferner RG WarnR 1935 Nr. 178 S. 363 = SeuffA 90 Nr. 41 S. 89; OLG Koblenz ZIP 2005, 1822: Anzeige im Wege der Streitverkündung.
⁴⁵ BGH LM Nr. 5 = NJW 1983, 750, 751.
⁴⁶ So zu §§ 270 Abs. 3, 693 Abs. 2 ZPO aF BGH NJW 1982, 172; zust. *Raudszus* NJW 1983, 667, 668.
⁴⁷ Vgl. BGH WM 1979, 833, 834.
⁴⁸ BGH WM 1979, 833, 834.
⁴⁹ BGHZ 76, 81, 83 f. = NJW 1980, 830; BGH WM 1974, 478, 480; *Staudinger/Horn* RdNr. 17; aA RGZ 96, 133, 134 = JW 1919, 823 m. abl. Anm. *Levy.*
⁵⁰ BGHZ 99, 288, 290 = NJW 1987, 1760; BGH NJW-RR 1989, 1324, 1326.
⁵¹ BGHZ 99, 288, 290 f. = NJW 1987, 1760.

§ 778 1

Erweiterungen der Hauptschuld gehen also nicht zu Lasten des Bürgen; dies gilt auch für danach fällig werdende Zinsen und Kosten.

15 **4. Beweislast.** Der Gläubiger hat das Zustandekommen des Bürgschaftsvertrags und den von ihm behaupteten Inhalt der Bürgschaft zu beweisen.[52] Steht das Vorliegen einer Zeitbestimmung fest, hat der Bürge zu beweisen, dass die vereinbarte Zeit verstrichen ist, der Gläubiger, dass er sie durch eine inhaltlich zureichende und rechtzeitig zugegangene Anzeige gewahrt hat.[53] Schließlich hat der Gläubiger zu beweisen, dass seine Hauptforderung zum Zeitablauf fällig war, der Bürge, dass sie schon vorher oder später wieder erloschen ist.[54]

§ 778 Kreditauftrag

Wer einen anderen beauftragt, im eigenen Namen und auf eigene Rechnung einem Dritten ein Darlehen oder eine Finanzierungshilfe zu gewähren, haftet dem Beauftragten für die aus dem Darlehen oder der Finanzierungshilfe entstehende Verbindlichkeit des Dritten als Bürge.

Übersicht

	RdNr.		RdNr.
I. Einführung	1, 2	2. Verpflichtung des Auftraggebers	5
1. Inhalt und Zweck der Norm	1	3. Gegenstand des Kreditauftrags	6
2. Abweichende Vereinbarungen; Abgrenzung	2	III. Anzuwendendes Recht	7–9
II. Der Tatbestand des Kreditauftrags	3–6	1. Vor Kreditgewährung	7, 8
1. Verpflichtung des Beauftragten	3, 4	2. Nach Kreditgewährung	9

I. Einführung

1 **1. Inhalt und Zweck der Norm.** Die Vorschrift[1] sieht für einen bestimmten Auftragstypus, nämlich den Kreditauftrag, eine von §§ 662ff., 675 abweichende Rechtsfolge vor. Danach haftet der Auftraggeber dem Beauftragten für den einem Dritten gewährten Kredit nicht nach §§ 670, 675, sondern als Bürge und damit nach Maßgabe der §§ 765 ff. Darin kommt zugleich zum Ausdruck, dass die Kreditgewährung zwar auf *Rechnung des Beauftragten,* aber auf *Risiko des Auftraggebers* zu erfolgen hat.[2] Andernfalls, dh. bei Kreditgewährung im Namen oder auf Rechnung des Auftraggebers, liegt ein gewöhnlicher Auftrag iS der §§ 662ff. vor, aus dem der Auftraggeber nach § 670 verpflichtet wird.[3] In § 778 *vorausgesetzt* ist der *Abschluss* des Auftrags- oder Geschäftsbesorgungsvertrags. Allein wegen der als *Rechtsfolge* bestimmten Haftung des Auftraggebers nach §§ 765 ff. sah sich der Gesetzgeber veranlasst, die Vorschrift in den Titel über die Bürgschaft einzustellen. In der Praxis hat der Kreditauftrag keine große Bedeutung erlangt, was insbesondere darauf zurückzuführen ist, dass die Kreditinstitute, auch wenn sie zur Gewährung von Kredit beauftragt werden, aus Gründen kaufmännischer Vorsicht mit dem Auftraggeber einen gesonderten Bürgschaftsvertrag schließen.[4] – Der Wortlaut der Vorschrift ist durch Art. 1 Nr. 56 SMG an die Terminologie der §§ 488ff., 499ff. angepasst worden;[5] eine sachliche Änderung sollte damit nach Ansicht des Gesetzgebers nicht verbunden sein (s. aber RdNr. 6).

---

[52] BGH NJW 2004, 2232, 2234, wo allerdings zu Recht das Vorliegen eines Kontokorrentkredits als „erhebliches Beweisanzeichen" für eine nur gegenständliche Begrenzung gewertet wird (s. RdNr. 6); unpräzis noch 4. Aufl. RdNr. 15.
[53] Vgl. BGH WM 1979, 833 f.
[54] RGRK/*Mormann* RdNr. 5.
[1] Zur Entstehungsgeschichte s. RGZ 50, 160; 56, 130; *Soergel/Häuser* RdNr. 2.
[2] So zutr. *Larenz/Canaris* II/2 § 60 VI 1 b; s. dazu noch RdNr. 5, 7.
[3] RGZ 87, 144.
[4] PWW/*Brödermann* RdNr. 1.
[5] Dazu Begr. RegE, BT-Drucks. 14/6040 S. 270.

2. Abweichende Vereinbarungen; Abgrenzung. Die Vorschrift ist dispositiv.[6] Die 2
Parteien können nicht nur neben dem Kreditauftrag einen gesonderten Bürgschaftsvertrag
schließen (RdNr. 1) oder Aufträge, die nicht vom sachlichen Anwendungsbereich des § 778
erfasst sind, wie einen Kreditauftrag behandeln (RdNr. 6), sondern auch den Auftrag oder
Geschäftsbesorgungsvertrag hinsichtlich seiner Rechtsfolgen den §§ 662 ff. oder den Vorschriften über die gesamtschuldnerische Mitverpflichtung unterstellen. Nicht als Kreditauftrag zu qualifizieren sind *Akkreditiv* und *Kreditanweisung;* bei ihnen handelt es sich vielmehr
um Unterarten der Anweisung (§ 783 RdNr. 29, 39 ff.).

II. Der Tatbestand des Kreditauftrags

1. Verpflichtung des Beauftragten. Gegenstand des Kreditauftrags ist die Verpflichtung 3
des Beauftragten, einem Dritten im eigenen Namen Kredit zu gewähren. Der Vertrag
begründet deshalb ein – freilich besonderes – Auftragsverhältnis iS der §§ 662 ff.; wird der
Auftrag gegen Entgelt übernommen, liegt Geschäftsbesorgung iS von § 675 vor. Von einem
gewöhnlichen Auftrag unterscheidet sich der Kreditauftrag allerdings dadurch, dass der
Beauftragte auf eigene Rechnung handelt; anders als ein gewöhnlicher Beauftragter, der
nach § 667 auch einen etwaigen Gewinn herauszugeben hat (§ 667 RdNr. 1, 17), liegt die
Geschäftschance mit anderen Worten beim Beauftragten.[7] Das Geschäftsrisiko hat dagegen
der Auftraggeber zu tragen, indem er wie ein Bürge haftet (RdNr. 9). Wesentliche Voraussetzung für das Vorliegen eines Kreditauftrags ist die Übernahme einer *Verpflichtung* des
Beauftragten gegenüber dem Auftraggeber *zur Gewährung eines Kredits* (RdNr. 6) an den
Dritten. Eine entsprechende Empfehlung oder Anregung seitens des Auftraggebers genügt
nicht.[8] Durch die Übernahme einer solchen Verpflichtung des Beauftragten und Kreditgebers unterscheidet sich der Kreditauftrag insbesondere von der Kreditbürgschaft (§ 765
RdNr. 114 ff.). Der Auftrag bedarf der Annahme, die auch durch schlüssiges Verhalten, etwa
durch die Gewährung des Kredits, erfolgen kann;[9] insbesondere in Eilfällen wird nach § 151
ein Verzicht des Auftraggebers auf den Zugang der Annahmeerklärung anzunehmen sein.

Ob eine rechtsgeschäftliche Bindung des Beauftragten gewollt ist, ist eine Frage der 4
Auslegung. Die Abgrenzung zu einer unverbindlichen Aufforderung zur Kreditgewährung
oder gar zum bloßen Nachweis einer entsprechenden Möglichkeit wie andererseits zu einer
den Gläubiger nicht zur Kreditgewährung verpflichtenden Bürgschaft kann im Einzelfall
schwierig sein. Im Allgemeinen wird der Zweck der Bürgschaft in der Sicherung des
Gläubigers gesehen, während das Vorliegen eines Kreditauftrags aus einem **eigenen Interesse des Auftraggebers** an der Kreditgewährung abgeleitet wird.[10] Indessen ist das Vorliegen
eines solchen Interesses weder notwendige noch hinreichende Voraussetzung für die Annahme eines Kreditauftrags, sondern allenfalls ein Anhaltspunkt im Rahmen der Auslegung.[11]

2. Verpflichtung des Auftraggebers. Umstritten ist, ob die in § 778 vorgesehene 5
Haftung des Auftraggebers *gesetzliche Rechtsfolge* des Kreditauftrags ist und deshalb auch dann
eintritt, wenn der Auftraggeber an die Haftungsübernahme nicht gedacht oder aus anderen
Gründen einen entsprechenden Willen nicht erklärt hat,[12] oder ob der Auftraggeber irgend-

---

[6] Wohl einhM, s. *Staudinger/Horn* RdNr. 1.
[7] *Larenz/Canaris* II/2 § 60 VI 1 b; *Soergel/Häuser* RdNr. 1.
[8] BGH WM 1956, 463, 465; 1956, 1211, 1212; RGZ 56, 130, 135; 151, 93, 100; RG HRR 1935 Nr. 1011 = SeuffA 89 Nr. 158.
[9] BGH WM 1956, 463, 465; *Soergel/Häuer* RdNr. 3.
[10] Vgl. BGH WM 1956, 1211, 1212; *Zeiss* WM 1963, 906, 908; *Erman/Herrmann* RdNr. 2; *Bamberger/Roth/Rohe* RdNr. 3; *Jauernig/Stadler* RdNr. 2; weitergehend – für Erfordernis eines entsprechenden Eigeninteresses des Auftraggebers – OLG Frankfurt NJW 1967, 2360, 2361.
[11] *Staudinger/Horn* RdNr. 4; *Soergel/Häuser* RdNr. 13; unzutr. OLG Frankfurt NJW 1967, 2360, 2361. Vgl. zur entsprechenden Problematik im Rahmen der Abgrenzung der Bürgschaft vom Schuldbeitritt Vor § 765 RdNr. 13.
[12] Dafür RG WarnR 1912 Nr. 106; OLG Frankfurt NJW 1967, 2360, 2361; *Lwowski* Kreditsicherung RdNr. 439; wohl auch *Erman/Herrmann* RdNr. 2.

§ 778 6, 7   Abschnitt 8. Titel 20. Bürgschaft

wie einen **auf Übernahme der Haftung gerichteten Willen** zum Ausdruck bringen muss.[13] Geht man davon aus, dass die Kreditgewährung durch den Beauftragten abweichend von §§ 662 ff. auf eigene Rechnung erfolgt (RdNr. 1), so bedarf es bereits auf der Ebene des *Tatbestands* eines Ersatzes für das dem Auftrag im Allgemeinen eigene Merkmal des Handelns für fremde Rechnung und die damit verbundene Verpflichtung des Auftraggebers nach § 670.[14] Mit der hM ist deshalb die Haftung des Auftraggebers aus § 778 iVm. §§ 765 ff. davon abhängig zu machen, dass der Kreditauftrag irgendwie zum Ausdruck bringt, die Kreditgewährung solle *auf Risiko des Auftraggebers* erfolgen. Eine gerade auf Übernahme einer Bürgschaft gerichtete Erklärung des Auftraggebers bedarf es dazu allerdings nicht.

6   **3. Gegenstand des Kreditauftrags.** Der Kreditauftrag bezieht sich nach dem Wortlaut des § 778 auf **Darlehen** (einschließlich des Sachdarlehens)[15] und **Finanzierungshilfen** iS des § 499 (Zahlungsaufschub und sonstige Finanzierungshilfe). Der sachliche Anwendungsbereich des § 778 deckt sich damit mit demjenigen der §§ 488 ff., 499 ff., 607 ff. Unerheblich ist, ob der Kreditnehmer Verbraucher (§ 13) oder Unternehmer (§ 14) ist, ferner, ob der Auftrag auf die erstmalige Gewährung oder auf die Verlängerung oder Erweiterung eines bestehenden Darlehens oder einer bestehenden Finanzierungshilfe gerichtet ist. Erfasst wird auch die Verpflichtung zum Abschluss eines Krediteröffnungsvertrags.[16] Dagegen fällt der „Haftungskredit" und damit insbesondere der **Avalkredit** (§ 491 RdNr. 77) nicht mehr unter § 778.[17] Entgegen der gesetzgeberischen Absicht (RdNr. 1) hat damit das SMG sehr wohl zu einer Änderung des sachlichen Anwendungsbereichs des § 778 geführt,[18] die freilich aus Gründen der angestrebten Konformität mit §§ 488 ff., 499 ff., 607 ff. hinzunehmen ist, zumal die Beteiligten die Möglichkeit haben, die Geltung des § 778 zu vereinbaren (RdNr. 2). Im Übrigen kann der Kreditauftrag nach Höhe und Dauer des Kredits unbegrenzt sein; ein Korrektiv für die mit einem solchen Auftrag verbundenen Haftungsrisiken liegt in der Widerruflichkeit des Auftrags.[19] Ist der Kredit bereits gewährt, kommt der Abschluss eines Kreditauftrags nicht mehr in Betracht.[20]

III. Anzuwendendes Recht

7   **1. Vor Kreditgewährung.** Bis zur Kreditgewährung durch den Beauftragten gilt das **Auftragsrecht der §§ 662 ff.**, soweit es nicht von den Parteien abbedungen wurde oder mit der besonderen Rechtsnatur des Kreditauftrags unvereinbar ist. Letzteres gilt für die Vorschusspflicht nach § 669; sie entfällt schon deshalb, weil der Beauftragte auf eigene Rechnung handelt.[21] An die Stelle der Verpflichtung zum Aufwendungsersatz tritt die Haftung nach §§ 765 ff. (RdNr. 1, 9). Im Übrigen aber bewendet es bei Geltung der §§ 662 ff. Der Beauftragte ist deshalb im Rahmen des § 665 an *Weisungen* des Auftraggebers gebunden[22] und hat – anders als der Gläubiger gegenüber einem Bürgen (§ 765 RdNr. 87 ff.) – dessen Interessen wahrzunehmen, zB auf Zweifel hinsichtlich der Kredit-

---

[13] HM, vgl. BGH WM 1956, 463, 465; 1960, 879, 880 („Erkennbarkeit" eines entsprechenden Verpflichtungswillens); wohl auch BGH WM 1984, 422, 423 (Haftungsübernahme „im Einklang" mit der Annahme eines Kreditauftrags); aus dem Schrifttum namentlich *Stoll*, FS Flume, 1978, Bd. I, S. 759 f.; *Staudinger/Horn* RdNr. 4 f.; RGRK/*Mormann* RdNr. 1; *Jauernig/Stadler* RdNr. 2; *Larenz/Canaris* II/2 § 60 VI 1 b; *Graf Lambsdorff/Skora* Handbuch RdNr. 18; *Frese*, Der Kreditauftrag, Diss. Mainz 1966, S. 56 ff.
[14] So zu Recht *Larenz/Canaris* II/2 § 60 VI 1 b.
[15] AnwK-BGB/*Beckmann* RdNr. 2; für analoge Anwendung *Erman/Herrmann* RdNr. 1.
[16] *Erman/Herrmann* RdNr. 3; PWW/*Brödermann* RdNr. 2; näher zum Krediteröffnungsvertrag § 491 RdNr. 55 f.
[17] Näher dazu sowie zur Anwendbarkeit des § 778 aF auf den Avalkredit *H. Schmidt* ZGS 2005, 416, 417 ff.
[18] Zutr. *H. Schmidt* ZGS 2005, 416, 418 ff.; aA noch 4. Aufl. RdNr. 6.
[19] RG WarnR 1912 Nr. 106; s. dazu noch RdNr. 7.
[20] RGZ 56, 130, 132.
[21] So auch BGHZ 140, 270, 274 = NJW 1999, 1182; *Erman/Herrmann* RdNr. 6; PWW/*Brödermann* RdNr. 6; *Palandt/Sprau* RdNr. 4.
[22] RG WarnR 1912 Nr. 374.

würdigkeit des Kreditnehmers hinzuweisen;[23] die schuldhafte Verletzung der Sorgfaltspflicht hat nach § 249 Abs. 1 S. 1 den Wegfall oder die Beschränkung der Haftung des Auftraggebers zur Folge. Bis zur Gewährung des Kredits kann der Auftraggeber den Auftrag nach § 671 Abs. 1 frei widerrufen, der Beauftragte kann ihn nach Maßgabe des § 671 Abs. 2 kündigen. Nach § 675 findet die Vorschrift des § 671 bei entgeltlicher Geschäftsbesorgung zwar keine Anwendung. Vermögensverfall des Auftraggebers ist dann aber ein wichtiger Grund zur Kündigung entsprechend §§ 626 f. durch den Beauftragten; Vermögensverfall des Dritten berechtigt den Beauftragen und den Auftraggeber im Falle eines Dauerschuldverhältnisses nach § 314, sonst analog § 490 zur Kündigung.[24]

Die Maßgeblichkeit des Auftragsrechts gilt auch hinsichtlich des Abschlusses des Kreditauftrags.[25] Der Auftraggeber haftet zwar wie ein Bürge (RdNr. 9), ist aber kein Bürge. Der Abschluss des Kreditauftrags unterliegt deshalb insbesondere nicht dem **Formerfordernis** des § 766 S. 1.[26] Auch eine analoge Anwendung des § 766 scheidet schon deshalb aus, weil die Vorschrift auf den Vertragstyp, nicht dagegen auf ein im Einzelfall gegebenes Schutzbedürfnis abstellt.[27] Umgekehrt lässt sich § 778 nicht entnehmen, die Vorschrift des § 766 sei trotz Vorliegens eines Bürgschaftsvertrags unanwendbar, wenn sich der Gläubiger gegenüber dem Bürgen zur Kreditgewährung verpflichtet (§ 766 RdNr. 1). Eine mangels Schriftform nichtige Bürgschaft kann mit Rücksicht auf den Schutzzweck des § 766 S. 1 auch dann nicht durch **Umdeutung** nach § 140 als Kreditauftrag aufrecht erhalten werden, wenn der Bürge ein eigenes Interesse an der Kreditgewährung hat.[28] 8

2. Nach Kreditgewährung. Auch nach Gewährung des Kredits bewendet es bei der Geltung des Auftragsrechts (RdNr. 8). Allein hinsichtlich der nunmehr interessierenden Haftung des Auftraggebers verweist § 778 auf die **Vorschriften über die Bürgenhaftung**; diese verdrängen § 670 (RdNr. 1). Der Auftraggeber hat deshalb – vorbehaltlich des § 349 HGB – die Einrede der Vorausklage nach §§ 771 ff. Ihm kommt auch die cessio legis des § 774 zugute. Hat der Auftraggeber seinerseits im Auftrag des Kreditnehmers gehandelt, erlangt er unter den Voraussetzungen des § 775 einen Befreiungsanspruch gegen den Kreditnehmer.[29] Gibt der Beauftragte ein Sicherungs- oder Vorzugsrecht auf, wird der Auftraggeber nach § 776 frei.[30] Bei zeitlicher Begrenzung des Kreditauftrags findet allerdings § 777 keine Anwendung; in diesem Fall ist der Auftrag vielmehr gegenständlich beschränkt mit der Folge, dass der Auftraggeber allein für die vor Zeitablauf begründeten Verbindlichkeiten des Dritten haftet.[31] Ist der mit dem Dritten geschlossene Kreditvertrag unwirksam, haftet der Auftraggeber für einen etwaigen Bereicherungsanspruch des Beauftragten wie ein Bürge (§ 765 RdNr. 62).[32] 9

---

[23] BGH WM 1978, 1290, 1291; vgl. aber auch LG Mannheim ZIP 1982, 558, 559 (keine allg. Pflicht des Kreditinstituts, den Auftraggeber auf seine Haftung gemäß §§ 765 ff. hinzuweisen); *Soergel/Häuser* RdNr. 10.
[24] *Erman/Herrmann* RdNr. 6; *Palandt/Sprau* RdNr. 4; *PWW/Brödermann* RdNr. 6.
[25] Ganz hM, s. RGZ 50, 160; *Staudinger/Horn* RdNr. 6; *Soergel/Häuser* RdNr. 6; *Erman/Herrmann* RdNr. 4; *Bamberger/Roth/Rohe* RdNr. 3; *Palandt/Sprau* RdNr. 2; *Larenz/Canaris* II/2 § 60 VI 2 a; tendenziell aA *P. Bydlinski*, Die Bürgschaft, S. 44 f.
[26] Vgl. die Nachweise in Fn. 25.
[27] BGH LM § 766 Nr. 15 = NJW 1972, 576; vgl. auch § 766 RdNr. 2.
[28] AA *Zeiss* WM 1963, 906 ff.; *Schütz* WM 1963, 1051; *Staudinger/Horn* RdNr. 6; wie hier dagegen *Frese* (Fn. 13) S. 98.
[29] RG WarnR 1930 Nr. 135.
[30] RG WarnR 1930 Nr. 136.
[31] Vgl. § 777 RdNr. 4; ferner BGH LM § 777 Nr. 1 = WM 1978, 478, 479.
[32] So auch *Soergel/Häuser* RdNr. 12; aA – für Haftung gemäß § 670 – *Staub/Ratz*, 3. Aufl. 1978, § 349 HGB RdNr. 85.

Titel 21. Vergleich

§ 779 Begriff des Vergleichs, Irrtum über die Vergleichsgrundlage

(1) Ein Vertrag, durch den der Streit oder die Ungewissheit der Parteien über ein Rechtsverhältnis im Wege gegenseitigen Nachgebens beseitigt wird (Vergleich), ist unwirksam, wenn der nach dem Inhalt des Vertrags als feststehend zugrunde gelegte Sachverhalt der Wirklichkeit nicht entspricht und der Streit oder die Ungewissheit bei Kenntnis der Sachlage nicht entstanden sein würde.

(2) Der Ungewissheit über ein Rechtsverhältnis steht es gleich, wenn die Verwirklichung eines Anspruchs unsicher ist.

Schrifttum: *P. Arens,* Willensmängel bei Parteihandlungen im Zivilprozeß, 1968; *Bilda,* Beendigung des Schiedsverfahrens durch Vergleich: Probleme des Schiedsspruchs mit vereinbartem Wortlaut, DB 2004, 171; *P. Bonin,* Der Prozeßvergleich, 1957; *Bork,* Der Vergleich, 1988; *Breetzke,* Der Vergleich bei verständigem Zweifel, NJW 1969, 1408; *Eckardt,* Die „Vergleichsfalle" als Problem der Auslegung adressatenloser Annahmeerklärungen nach § 151 S. 1 BGB, BB 1996, 1945; *Edenfeld,* Anwaltshaftung – Beratungspflichten beim Vergleich, MDR 2001, 972; *M. Ehlke,* Das Wirkungsprivileg des Vergleichsvertrages, 1985; *E. Ehmann,* Schuldanerkenntnis und Vergleich, 2005; *Esser,* Heinrich Lehmann und die Lehre vom Prozeßvergleich, FS H. Lehmann, 1956, S. 713; *Frings,* Annahme des Erlaßangebots durch Scheckeinlösung?, BB 1996, 809; *Grziwotz,* Mediationsvergleich – „Nachgeformter" Schiedsvergleich?, MDR 2001, 305; *Haas,* Der Verzicht und Vergleich auf Haftungsansprüche gegen den GmbH-Geschäftsführer, ZInsO 2007, 464; *Habscheid,* Zur rechtlichen Problematik des außergerichtlichen Sanierungsvergleichs, GS R. Bruns, 1980, S. 253; *Häsemeyer,* Zur materiellrechtlich-prozeßrechtlichen Doppelnatur des außergerichtlichen Vergleichs und des deklaratorischen Schuldanerkenntnisses, ZZP 108 (1995), 289; *Henckel,* Fortsetzung des Prozesses nach Rücktritt vom Prozeßvergleich, FS E. Wahl, 1973, S. 465; *Hofstetter,* Außergerichtlicher Vergleich und Rücktritt, BB 1963, 1459; *Klinck,* Die Vergleichsbefugnis des Prozeßstandschafters, WM 2006, 417; *Kübler,* Feststellung und Garantie, 1967; *K. Künne,* Außergerichtliche Vergleichsordnung, 7. Aufl. 1968; *K. W. Lange,* Die Erlaß- bzw. Vergleichsfalle, WM 1999, 1301; *H. Lehmann,* Der Prozeßvergleich, 1911; *Lindacher,* Der Prozeßvergleich, FG 50 Jahre BGH, Bd. III, 2000, S. 253; *Lörcher,* Mediation: Rechtskraft über Schiedsspruch mit vereinbartem Wortlaut?, DB 1999, 789; *Mankowski,* Der Schiedsspruch mit vereinbartem Wortlaut, ZZP 114 (2001), 37; *Mühl,* Der außergerichtliche Liquidationsvergleich, NJW 1956, 401; *Pecher,* Zur Geltendmachung der Unwirksamkeit eines Prozeßvergleichs, ZZP 97 (1984), 139; *v. Randow,* Die Erlaßfalle, ZIP 1995, 445; *Rittner,* Rechtswissen und Rechtsirrtum im Zivilrecht, FS v. Hippel 1967, S. 391; *A. Schäfer,* Das Abstraktionsprinzip beim Vergleich, 1992; *Stötter,* Die Abänderung von Prozeßvergleichen beim Wegfall der Geschäftsgrundlage, NJW 1967, 1111; *Tempel,* Der Prozeßvergleich – die Bedeutung seiner Rechtsnatur für den Abschluß und seine Wirkungen, FS G. Schiedermair, 1976, S. 517; *Trittmann/Merz,* Die Durchsetzbarkeit des Anwaltsvergleichs gemäß §§ 796 a ff. ZPO im Rahmen des EuGVÜ/LugÜ, IPRax 2001, 178; *K. Veeser,* Der vollstreckbare Anwaltsvergleich, 1996; *Wacke,* Der Erlaß oder Vergleich mit einem Gesamtschuldner, AcP 170 (1970), 42; *G. Wagner,* Prozeßverträge, 1998; *Zimmer/Meese,* Vergleiche im Spruchverfahren und bei Anfechtungsklagen, NZG 2004, 201.

Übersicht

	RdNr.		RdNr.
A. Der Vergleichsvertrag des materiellen Rechts	1–69	f) Arbeitsrecht	12, 13
		g) Prozessrecht	14–16
I. Normzweck	1, 2	h) Öffentliches Recht	17, 18
II. Voraussetzungen	3–30	3. Abschlussbefugnis	19–22
1. Rechtsverhältnis	3, 4	a) Gesetzliche Vorschriften	19, 20
2. Verfügungsbefugnis der Parteien	5–18	b) Vollmacht	21
a) Familienrecht	6	c) Sicherungsrechte	22
b) Erbrecht	7, 8	4. Beilegung von Streit oder Ungewissheit	23–25
c) Gesellschaftsrecht	9	a) Streit oder Ungewissheit	24
d) Wettbewerbsrecht	10	b) Unsicherheit der Rechtsverwirklichung	25
e) Verbraucherschutzrecht, AGB-Recht	11		

Begriff des Vergleichs, Irrtum über die Vergleichsgrundlage **1 § 779**

	RdNr.		RdNr.
5. Gegenseitiges Nachgeben	26, 27	**B. Der Prozessvergleich**	70–100
6. Abschluss des Vergleichs	28	**I. Einführung**	70
7. Wirkung gegenüber Dritten	29	**II. Tatbestand und Rechtsfolgen des Prozessvergleichs**	71–85
8. Vergleich nach Abtretung	30		
III. Rechtsnatur und Wirkung	31–38	1. Rechtsnatur	71
1. Feststellungsgeschäft	31–34	2. Gegenstand	72
a) Streitbeilegung	31	3. Beteiligung Dritter	73
b) Tatsachenvergleich	32	4. Vergleich nach Veräußerung der streitbefangenen Sache (§ 265 ZPO)	74
c) Änderungsvertrag	33		
d) Novation	34	5. Gegenseitiges Nachgeben	75
2. Verfügungen, Abstraktionsprinzip	35	6. Abstrakter Prozessvergleich	76
3. Vergleich als gegenseitiger Vertrag	36, 37	7. Gerichtliches Verfahren; Protokollierung	77
4. Wirkung auf schwebenden Prozess	38	8. Anwaltszwang	78
IV. Form des Vergleichs	39–44	9. Wirkung	79, 80
1. Verpflichtungsgeschäfte	39–41	a) Beendigung des Rechtsstreits	79
2. Verfügungsgeschäfte	42	b) Vollstreckbarkeit	80
3. Gerichtliche Protokollierung	43, 44	10. Gesamtvergleich	81
V. Tragweite und Arten des Vergleichs	45–55	11. Widerrufsvorbehalt	82–84
1. Allgemeines	45	a) Aufschiebende Bedingung	82
2. Allgemeine Verzichtserklärungen	46	b) Adressat und Form des Widerrufs	83
3. Abfindungsvergleich	47, 48	c) Zugang, Fristwahrung	84
4. Einzelfälle	49	12. Schiedsspruch mit vereinbartem Wortlaut	85
5. Vergleich mit einem Gesamtschuldner	50–52	**III. Unwirksamkeit des Prozessvergleichs**	86–98
6. Vergleich mit einem Gesamtgläubiger	53	1. Überblick	86
7. Sanierungs- und Liquidationsvergleich im Besonderen	54, 55	2. Prozessuale Mängel	87–89
		a) Wirkung auf die Vollstreckbarkeit	88
VI. Unwirksamkeit des Vergleichs. Geschäftsgrundlage	56–69	b) Wirkung auf die Prozessbeendigung	89
1. Nach allgemeinen Regeln	56–59	3. Materiellrechtliche Mängel	90, 91
a) §§ 134, 138	57, 58	4. Geltendmachung der Unwirksamkeit	92–98
b) Teilnichtigkeit	59	a) Überblick	92
2. Anfechtbarkeit	60, 61	b) Fortsetzung des Verfahrens	93–95
a) Wegen Irrtums	60	aa) Wirksamkeit des Prozessvergleichs	94
b) Wegen arglistiger Täuschung oder Drohung	61	bb) Unwirksamkeit des Prozessvergleichs	95
3. Unwirksamkeit nach § 779	62–67	c) Selbständige Klagen	96
a) Vergleichsgrundlage	63	d) Vollstreckungsrechtliche Behelfe	97, 98
b) Sachverhalt, Sachlage	64	aa) Vollstreckungsabwehrklage	97
c) Wesentlichkeit der Vergleichsgrundlage	65	bb) Maßregeln im fortgesetzten Verfahren	98
d) Rechtsfolgen	66	**IV. Der vollstreckbare Anwaltsvergleich**	99, 100
e) Unwirksamkeit einseitiger Anerkenntnisse und Verzichte	67		
4. Störungen der Geschäftsgrundlage	68, 69		

A. Der Vergleichsvertrag des materiellen Rechts

I. Normzweck

Die einzige Bestimmung des BGB über den Vergleich enthält nach überkommenen **1** Vorbildern[1] eine **Legaldefinition** des Vergleichsvertrages und knüpft daran die Regelung eines besonderen, heute als Fehlen der **Geschäftsgrundlage** (RdNr. 62) verstandenen

---

[1] Mot. II S. 650 Fn. 2.

§ 779 2, 3

Falles der Unwirksamkeit, der neben die für sämtliche Rechtsgeschäfte geltenden Nichtigkeitsgründe des Allgemeinen Teils tritt. Noch nach gemeinrechtlicher Auffassung war zur Wirksamkeit des Vergleichs sein Zustandekommen als gegenseitiger Vertrag auf Grund gegenseitiger Zugeständnisse erforderlich.[2] Eine Verständigung auf Grund einseitigen Zugeständnisses konnte nur als „verkappte Schenkung"[3] begriffen werden. Davon ist das gesetzliche Erfordernis „gegenseitigen Nachgebens" geblieben,[4] ferner der theoretische Streit darüber, ob eine Vereinbarung, die nur ein einseitiges Nachgeben enthält, ein Vergleich sein kann.[5] Heutigem Rechtsverständnis entspricht es freilich durchaus nicht mehr, Änderungsverträge aller Art, durch die aus wirtschaftlicher Motivation die Leistungspflichten eines Austauschgeschäfts zu Lasten nur einer Partei abgeändert werden, als *unentgeltlich* zu verstehen; sie haben vielmehr grundsätzlich teil am Charakter des abgeänderten Geschäfts. Zudem verfügt die deutsche Rechtsordnung mit den abstrakten Schuldverträgen der §§ 780, 781 sowie mit den – nicht eigens geregelten – kausalen **Anerkennungs- und Feststellungsverträgen** über Institute, die ebenso der Ausräumung von Streit oder Ungewissheit über vorausgesetzte Rechtsverhältnisse oder deren einzelne Elemente dienen können.[6] Neben dem Feststellungszweck aller dieser Verträge sind gegenseitig erbrachte oder zu erbringende Opfer oder Leistungen häufig nur von untergeordneter Bedeutung.[7] Entgegen seinem historisch begründeten umfassenden Geltungsanspruch erfasst das Gesetz in § 779 mithin nur noch einen besonderen, eben durch das Erfordernis gegenseitigen Nachgebens gekennzeichneten Fall vertraglicher Rechtsfeststellung und bestimmt insoweit, was gemeint ist, wenn – wie etwa in **§§ 127a, 197 Abs. 1 Nr. 4, 782, 1822 Nr. 12** oder in **§§ 794 Abs. 1 Nr. 1, 796a, 1053 ZPO** (RdNr. 70, 75, 85, 99 f.) – von dem Vergleich die Rede ist.[8]

2   In seinem wesentlichen Inhalt ist der Vergleich **schuldrechtliche Neuordnung** vorausgesetzter Rechtsbeziehungen. Er dient der Befriedung und vor allem der Vermeidung oder Beilegung eines Rechtsstreits; damit schließt er ein Zurückgreifen auf die zuvor streitigen oder ungewissen Rechtsfolgen aus.[9] Insofern bildet er den **rechtfertigenden Grund**[10] für deren Neuordnung. Da ein Vergleich darüber hinaus keinen verkehrstypischen Inhalt hat, der ergänzender gesetzlicher Regelung bedürfte, wäre er besser den Gestaltungsmitteln des allgemeinen Schuldrechts zuzuordnen.[11] Die Anwendbarkeit der Vorschrift erstreckt sich – zumindest entsprechend – auf alle Rechtsgebiete, in denen ein Vergleichsvertrag geschlossen werden kann.

II. Voraussetzungen

3   **1. Rechtsverhältnis.** Der Begriff des Rechtsverhältnisses als Gegenstand des Vergleichs ist weit zu fassen und umfasst Rechtsverhältnisse aller Art. Typischerweise sind an dem Vergleich – wie auch an dem neu zu ordnenden Ausgangsrechtsverhältnis – zwei Personen

---

[2] So auch noch E I § 666; Mot. II S. 651. – Vgl. iÜ *Oertmann*, Der Vergleich im gemeinen Zivilrecht, 1895, insbes. S. 13, 17; *Bähr*, Die Anerkennung als Verpflichtungsgrund, 2. Aufl. 1867, S. 128 f.

[3] *Windscheid* Pandekten II § 413; vgl. auch *Hedemann*, Der Vergleichsirrtum, 1903, S. 66 f.

[4] Prot. II S. 524 f.

[5] Aus begrifflichen Gründen verneinend etwa RGZ 146, 355, 358; s. dazu noch RdNr. 26 f.

[6] BGHZ 66, 250, 253 f. = NJW 1976, 1259, 1260; BGH NJW 1984, 799 = LM § 781 Nr. 13; BGHZ 104, 18, 24 = NJW 1988, 1781, 1782; BGH NJW-RR 1988, 962, 963 = LM § 242 (Bd) Nr. 31; NJW 1999, 1782; 2002, 1878, 1879; BAG NJW 1985, 2661; OLG Hamm VersR 1966, 333 f.; OLG Frankfurt WM 1987, 189; OLG Karlsruhe VersR 1994, 937 f.; OLG Düsseldorf NJW-RR 1995, 1524 f.; vgl. auch RG JW 1916, 960; s. iÜ RdNr. 67; § 780 RdNr. 3 ff., § 781 RdNr. 3 ff.

[7] *v. Tuhr*, Allg. Teil III, S. 264 f. m. Fn. 103, S. 267; *Kübler* S. 135; *Pawlowski*, Allg. Teil des BGB, 6. Aufl. 2000, RdNr. 871 f., 900, 905.

[8] S. dazu auch *Staudinger/Marburger* RdNr. 1; krit. zum Stand der Entwicklung 3. Aufl. RdNr. 1 *(Pecher)*; s. ferner *Häsemeyer* ZZP 108 (1995), 289, 292.

[9] BGH NJW 1963, 1197, 1198 = LM Nr. 19.

[10] Prot. II, 525 f.; *Lehmann* S. 82; vgl. auch RdNr. 31.

[11] So *Larenz* I § 7 IV, der den Vergleich im Zusammenhang mit Änderungsvertrag und Schuldersetzung behandelt; anders *Bork* S. 164 f.: besonderer Vertragstyp mit dem Zweck der Bereinigung.

Begriff des Vergleichs, Irrtum über die Vergleichsgrundlage **4, 5 § 779**

beteiligt; in § 779 vorausgesetzt ist dies indes keineswegs (s. noch RdNr. 29). Ein Vergleich kann auch über **künftige, bedingte und betagte Ansprüche** geschlossen werden.[12] Zuweilen wird unter Berufung auf zwei Entscheidungen des RG[13] die Ansicht vertreten, dass ein Vergleich auch über moralische Ansprüche oder rein gesellschaftliche Verpflichtungen geschlossen werden könne.[14] Hier ist zu unterscheiden: Macht ein Teil einen Rechtsanspruch geltend, während der andere Teil allenfalls eine moralische Verpflichtung anerkennt, so kann dieser Streit durch einen Vergleich beigelegt werden; auf die wirkliche Rechtslage kommt es nicht an (vgl. RdNr. 24).[15] Gehen aber beide Teile davon aus, dass kein Rechtsanspruch, sondern nur eine moralische Verpflichtung in Betracht kommt (zB Unterstützung durch einen nicht unterhaltspflichtigen Verwandten), so ist die Verständigung darüber auch dann kein Vergleich über ein Rechtsverhältnis, wenn damit eine vertragliche Verpflichtung begründet wird.

Es genügt, dass ein Rechtsverhältnis in der **Vorstellung der Parteien** besteht oder von **4** einer Partei behauptet wird[16] und somit ein **Rechtskonflikt** als solcher beigelegt werden soll. Es muss sich aber um (wirkliche oder vorgestellte) Beziehungen handeln, die sich schon so weit konkretisiert haben, dass der eine Teil auf rechtlich motivierte Entschließungen des anderen einwirken kann. **Vorsorgliche Rechtsgestaltungen** ergeben keinen Vergleich; sie unterliegen vielmehr der Vertragstypenordnung im Übrigen.[17] Die zureichenden Voraussetzungen für einen Rechtskonflikt ergeben sich jeweils erst aus den für Rechtsverhältnisse geltenden Regelungen und Grundsätzen.[18] So besteht ein Rechtsverhältnis zwischen Grundstückseigentümer und Baulastträger nach Einleitung des Enteignungsverfahrens,[19] nicht aber schon vor Einleitung des Planfeststellungsverfahrens.[20] Bedienen sich Parteien einverständlich nur der Ausdrucksform eines Vergleichsvertrages zur Regelung ihrer Interessen, so finden nach § 117 Abs. 2 allein die für das verdeckte Rechtsgeschäft geltenden Vorschriften Anwendung. Zum Tatsachenvergleich s. noch RdNr. 32.

2. Verfügungsbefugnis der Parteien. Das Rechtsverhältnis muss, soweit der Vergleichsvertrag auf dessen Rechtsfolgen einwirken soll, der rechtsgeschäftlichen Gestaltungsfreiheit der Beteiligten unterliegen.[21] Das in Frage stehende Rechtsverhältnis muss deshalb als solches **privatautonomer Regelung zugänglich** sein. Auch soweit dies der Fall ist, kann der Vergleich zwar Rechtswirkungen zugunsten, nicht aber solche zu Lasten Dritter bestimmen (RdNr. 29). Des Weiteren muss sich der Inhalt des Vergleichs im Rahmen des dispositiven Rechts bewegen; zwingende Vorschriften, insbesondere solche zum Schutze des Verbrauchers, können grundsätzlich auch durch Vergleich nicht abbedungen werden.[22] Die

---

[12] BGH NJW 1972, 157 = LM Nr. 36; *Staudinger/Marburger* RdNr. 2; *Soergel/Lorentz* RdNr. 8 f.; PWW/*Brödermann* RdNr. 4.
[13] RG JW 1928, 3036 und HRR 1941 Nr. 1003 = SeuffA 95 Nr. 52.
[14] Nachweise bei *Bork* S. 210 Fn. 23; s. ferner *Staudinger/Marburger* RdNr. 2, der allein darauf abstellt, dass der Vergleich auf eine Rechtsfolgenregelung zielt.
[15] So lagen die vom RG (Fn. 13) entschiedenen Fälle, worauf *Bork* S. 210 ff. zutr. hinweist; wie hier auch *Bamberger/Roth/Fischer* RdNr. 11; PWW/*Brödermann* RdNr. 10.
[16] BGH NJW-RR 1992, 363; *Bamberger/Roth/Fischer* RdNr. 11.
[17] *Häsemeyer* ZZP 108 (1995), 289, 293.
[18] BGHZ 59, 69, 71 f. = NJW 1972, 1318; BGH NJW 1980, 889, 890 = LM Nr. 44; hierzu und zum folgenden *Bork* S. 208 ff.
[19] BGH NJW 1972, 157 = LM Nr. 36; ebenso nach Abschluss des Planfeststellungsverfahrens (BGH NJW 1972, 2264 = LM Nr. 38) und beim Vorliegen eines genehmigten Bebauungsplans (BGH WM 1973, 332); OLG Köln AnwBl. 1994, 396.
[20] BGHZ 59, 69, 71 f. = NJW 1972, 1318; *Soergel/Lorentz* RdNr. 8; *Reinhardt* NJW 1970, 697; ebenso nicht vor Aufstellung eines Bebauungsplans für ein Sanierungsgebiet, falls nicht die alsbaldige Inanspruchnahme des Grundstücks schon feststeht (BGH NJW 1980, 889 = LM Nr. 44).
[21] Im Ausgangspunkt ganz hM, s. BGHZ 14, 381, 387 f.; *Staudinger/Marburger* RdNr. 5; *Soergel/Lorentz* RdNr. 8; *Palandt/Sprau* RdNr. 6; näher und krit. *Bork* S. 226 ff.; diff. *Veeser* S. 65 ff. Zum Vergleich im WEG-Verfahren s. BayObLG NJW-RR 1990, 594. – S. auch § 397 RdNr. 20 (Verzichtsverbote).
[22] Vgl. aber noch RdNr. 9, 11, 13; s. ferner BGHZ 14, 381, 387 f. betr. § 4 Abs. 4 HOAI; dazu auch BGH NJW-RR 1987, 1374 = LM HOAI Nr. 10; BGH NJW-RR 1996, 728 = LM § 305 Nr. 65 m. Anm. *Koeble*; VGH Kassel NJW-RR 1995, 1299.

Anhängigkeit eines Rechtsstreits unter Beteiligung von Streitgenossen oder Nebenintervenienten beeinträchtigt dagegen die Vergleichsbefugnis nicht.[23] Zum Tatsachenvergleich s. RdNr. 12, 32, zum Auslegungsvergleich s. RdNr. 31.

6 **a) Familienrecht.** Im Familienrecht unterliegen **Statusverhältnisse** wie Ehe und Abstammung nicht der Privatautonomie. Somit kann auf Statusrechte sowie auf deren Geltendmachung auch nicht vertraglich verzichtet werden.[24] Einer Vereinbarung unterliegt auch nicht das elterliche Sorgerecht nach der Ehescheidung, wohl aber das elterliche Antragsrecht gegenüber dem Gericht nach §§ 1671, 1672.[25] Ein Vergleich der Eltern über den Umgang mit einem ehelichen Kind (§§ 1684 ff.) beendet das Verfahren vor dem Familiengericht (§§ 621, 621 a ZPO) erst mit der ausdrücklichen Billigung durch das Gericht.[26] Unter Verwandten kann auf den gesetzlichen **Unterhalt** für die Zukunft auch nicht gegen Entgelt verzichtet werden (§ 1614), wohl aber auf einen das gesetzliche Maß übersteigenden Teil eines vereinbarten Unterhalts. Unterhaltsverträge müssen sich somit im gesetzlichen Rahmen des Angemessenen halten.[27] Zulässig sind Freistellungsvereinbarungen zwischen unterhaltpflichtigen Elternteilen.[28] Die zwischen Verwandten bestehenden Beschränkungen gelten auch zwischen Ehegatten vor der Scheidung (§§ 1360 a Abs. 3, 1361 Abs. 4 S. 4). Anders verhält es sich dagegen für die Zeit nach der Scheidung (s. Erl. zu § 1585 c); auch insoweit ist ein Verzicht auf künftigen Unterhalt allerdings nicht möglich, soweit der Unterhaltsanspruch nach § 94 SGB XII auf den Träger der Sozialhilfe übergegangen ist. Zu Vereinbarungen über den Versorgungsausgleich s. Erl. zu §§ 1408, 1587 o. Rechtsgeschäfte über den Zugewinnausgleich sind vor Beendigung des Güterstandes nichtig; nach § 1378 Abs. 3 S. 2 können die Ehegatten jedoch schon während eines Verfahrens über die Auflösung der Ehe für den Fall der Auflösung Vereinbarungen in der Form der notariellen Beurkundung oder des Prozessvergleichs treffen.

7 **b) Erbrecht.** Das subjektive Erbrecht, also die Stellung als Allein- oder Miterbe, kann schon deshalb nicht Gegenstand eines Vergleichs zwischen **Erbprätendenten** sein, weil es nur durch Gesetz oder Verfügung von Todes wegen begründet werden kann und der Anfall des Erbes sich unmittelbar aus dem Vermögen des Erblassers vollzieht. Deshalb kann auch nicht ein Vergleich über die Gültigkeit oder Auslegung eines Testaments ein nichtiges Testament wirksam machen oder die seinem wirklichen Inhalt entsprechenden Rechtswirkungen abändern.[29] Ein solcher Vertrag kann aber dahin auszulegen sein, dass der Anerkennende sich verpflichtet, die ihm etwa angefallene Erbschaft dem anderen zu überlassen, und dass (im Fall eines Miterbenanteils) zugleich die etwa erforderliche Übertragung vollzogen wird.[30] Ein solcher Vertrag bedarf dann allerdings der in §§ 2033 Abs. 1 S. 2, 2371, 2385 vorgeschriebenen Form (RdNr. 39). Ein **Testamentsvollstrecker** ist zu Verfügungen, die objektiv als unentgeltlich zu bewerten sind, wegen § 2205 S. 3 auch nicht im Rahmen eines Vergleichsvertrages in der Lage.[31] Im Erbscheinsverfahren kann ein Vergleich von Beteiligten zwar nicht verbindlich über die Voraussetzungen der Erteilung oder den Inhalt des **Erbscheins** bestimmen, wohl aber über die Rücknahme des Erbscheinsantrags

---

[23] BGH NJW 1988, 712 = LM ZPO § 74 Nr. 7; OLG Dresden NJW-RR 1994, 1550.
[24] RGZ 164, 62; BGH NJW 1995, 2921, 2922 = LM § 1594 Nr. 26; s. ferner BGHZ 97, 304, 307 f. (kein vertraglicher Ausschluss der Scheidung); BGH NJW 1990, 703 (Unwirksamkeit einer Verpflichtung, künftig keinen Scheidungsantrag zu stellen); *Soergel/Lorentz* RdNr. 12 f. – Vgl. auch §§ 617, 640 ZPO.
[25] S. zu §§ 1671 Abs. 3 S. 1, 1672 aF OLG München FamRZ 1991, 850, 851; OLG Düsseldorf FamRZ 1979, 843.
[26] BGH NJW-RR 1989, 195 = FamRZ 1988, 277; OLG Oldenburg JurBüro 1994, 426 f.
[27] BGH NJW 1985, 64, 66 aE; OLG Celle FamRZ 1994, 1131 f.
[28] OLG Frankfurt FamRZ 1994, 1131.
[29] RGZ 72, 209, 210; BayObLG FamRZ 1989, 99, 100; wohl auch BGH NJW 1986, 1812, 1813 = LM § 2104 Nr. 1 = JR 1986, 373 m. Anm. *Damrau* (zum Auslegungsvertrag); vgl. noch RdNr. 31, ferner *Soergel/Lorentz* RdNr. 11.
[30] BayObLGZ 1966, 233, 236; BGH bei *Johannsen* WM 1977, 270; *Staudinger/Marburger* RdNr. 9; dazu auch *Cieslar* DNotZ 1987, 113 f.; RG WarnR 1910, Nr. 408.
[31] BGH NJW 1991, 842 = LM § 2205 Nr. 21 = JZ 1991, 727 m. Anm. *Bork*.

Begriff des Vergleichs, Irrtum über die Vergleichsgrundlage 8, 9 § 779

geschlossen werden.³² Mit Blick auf die dem Urteil vorbehaltene Gestaltungswirkung kann im Anfechtungsprozess über die **Erbunwürdigkeit** kein Vergleich geschlossen werden.³³ Der BFH akzeptiert Vergleiche über Rechte aus einem Erbfall als Anknüpfung für die Erhebung der **Erbschaftsteuer,** wenn die Beilegung eines ernstlichen Streits, also nicht die Änderung unzweifelhafter erbrechtlicher Tatbestände bezweckt ist.³⁴

Im Übrigen können **erbrechtliche Erklärungen,** die ihrer Art nach unabhängig von 8 Formerfordernissen nicht Bestandteil eines auf Interessenausgleich abzielenden und die Beteiligten bindenden Vertrages sein können, auch nicht Bestandteil eines Vergleichs sein. So wenig ein Beteiligter sich vertraglich verpflichten kann, ein bestimmtes Testament zu errichten oder ein errichtetes zu widerrufen (§ 2302), darf ein Vergleich dahin ausgelegt werden, er enthalte eine letztwillige Verfügung oder den Widerruf einer solchen.³⁵ Andererseits kann eine erbvertragliche Regelung Bestandteil eines Vergleichsvertrages sein.³⁶

c) Gesellschaftsrecht. Im Gesellschaftsrecht ist die Vergleichsbefugnis der AG über be- 9 stimmte **Ersatzansprüche** eingeschränkt (§§ 50, 53, 93 Abs. 4, 302 Abs. 3, 309 Abs. 3, 310 Abs. 4, 317 Abs. 4, 318 Abs. 4 AktG).³⁷ Andere Vorschriften versagen einem Verzicht oder Vergleich über Ersatzansprüche die Wirkung nur gegenüber den Gläubigern der Gesellschaft (§§ 93 Abs. 5, 117 Abs. 5, 309 Abs. 4, 310 Abs. 4, 317 Abs. 4, 318 Abs. 4 AktG, §§ 9b Abs. 1, 43 Abs. 3 S. 2, 64 S. 4 GmbHG, § 34 Abs. 5 S. 2 GenG, § 130a Abs. 2 S. 4 HGB).³⁸ Ein **Beschluss** der Hauptversammlung der AG oder der Gesellschafterversammlung einer GmbH, dessen Gesetz- oder Satzungswidrigkeit mittels einer gegen die Gesellschaft gerichteten Anfechtungs- oder Nichtigkeitsklage (§§ 241, 243 AktG) geltend gemacht wird,³⁹ kann nur durch die Gesellschafter aufgehoben werden und ist der Disposition durch die beklagte Gesellschaft entzogen. Ein Vergleich ist deshalb insoweit gegenstandslos und nicht statthaft,⁴⁰ als er die rechtsgestaltende oder die Beschlussnichtigkeit feststellende Wirkung eines gerichtlichen Urteils nicht ersetzen kann. Wohl aber ist ein Vergleich im Rahmen der verfahrensrechtlichen Dispositionsbefugnis über eine Klagerücknahme möglich.⁴¹ Nach §§ 248a S. 2, 149 Abs. 2 S. 3 AktG ist allerdings bei börsennotierten Gesellschaften der Vergleich nur wirksam, wenn sein Inhalt nach Maßgabe der §§ 248a S. 1, 149 Abs. 2 S. 1 und 2 AktG in den Gesellschaftsblättern bekanntgemacht wird.⁴² Entsprechendes gilt nach §§ 248a S. 2, 149

---

³² OLG Stuttgart OLGZ 1984, 131 = MDR 1984, 403 (auch zum Verfahren, wenn Unwirksamkeit des Vergleichs geltend gemacht wird); BayObLG NJW-RR 1991, 587; OLG Frankfurt OLGZ 1990, 15.
³³ S. hierzu 4. Aufl. § 2342 RdNr. 8; ferner LG Aachen NJW-RR 1988, 263.
³⁴ BFH NJW 1967, 1584; *Meincke,* Erbschaft- und SchenkungsteuerG, 14. Aufl. 2004, § 3 RdNr. 26f.
³⁵ BGH FamRZ 1960, 28, 30.
³⁶ OLG Stuttgart NJW 1989, 2700; s. iÜ 4. Aufl. § 2276 RdNr. 8 und § 2290 RdNr. 7.
³⁷ Eingehend dazu *Cahn,* Vergleichsverbote im Gesellschaftsrecht, 1996; *Mertens,* FS Fleck, 1988, S. 209 ff.
³⁸ Dazu *Haas* ZInsO 2007, 464, 465 ff. m. umf. Nachw.
³⁹ Zur analogen Anwendung der §§ 241 ff. AktG im Recht der GmbH s. BGHZ 11, 231, 235; BGH NZG 1999, 722, 723. Zur Rechtslage im Personengesellschaftsrecht s. § 709 RdNr. 104 ff.; soweit sämtliche Gesellschafter am Beschlussmängelverfahren beteiligt sind (dazu § 709 RdNr. 113 f.), ist die Vergleichsbefugnis gegeben.
⁴⁰ BGHZ 132, 278, 283 f. = NJW 1996, 1753; OLG Jena AG 2006, 417, 418 f.; eingehend *Feltkamp,* Anfechtungsklage und Vergleich im Aktienrecht, 1991, S. 49 ff.; *Brändel,* FS Vieregge, 1995, S. 69 ff.; GroßkommAktG/*K. Schmidt* § 246 RdNr. 73 ff.; *Hüffer* AktG § 246 RdNr. 18. Zur – von der Frage der Vergleichsbefugnis zu unterscheidenden – Frage der Schiedsfähigkeit von Beschlussmängelstreitigkeiten s. BGH (aaO) einerseits, *K. Schmidt* aaO § 246 RdNr. 114 ff. andererseits (jew. mwN); zur Rechtslage nach der Reform des Schiedsverfahrensrechts vom 22. 12. 1997 (BGBl. I S. 3224), das, anders als § 1025 Abs. 1 ZPO aF, in § 1030 Abs. 1 S. 1 ZPO nicht mehr auf die objektive und subjektive Vergleichsfähigkeit abstellt, s. für die AG *Hüffer* aaO § 246 RdNr. 19 f., *Henze* ZIP 2002, 97, 99 f., *Raeschke-Kessler* SchiedsVZ 2003, 145, 150 ff., *Reichert,* FS Ulmer, 2003, S. 511, 528 ff., für die GmbH neben *Henze, Raeschke-Kessler* und *Reichert,* jeweils aaO, *Bayer* ZIP 2003, 881, 884 ff.; *Bergmann* in: Henze/Hoffmann-Becking (Hrsg.), RWS-Forum 20, Gesellschaftsrecht 2001, 2001, S. 227, 231 ff., jeweils mwN.
⁴¹ Näher dazu sowie zur vergleichsweisen Erledigung von Spruchverfahren *Zimmer/Meese* NZG 2004, 201, 202 ff.; ferner BGH ZIP 2007, 1337 und OLG Köln DK 2006, 463, jeweils betr. die Kosten der streitgenössischen Nebenintervenienten (Unanwendbarkeit des § 100 Abs. 1 ZPO); dazu *Waclawik* DStR 2007, 1257 ff.
⁴² Eingefügt durch Art. 1 Nr. 24 UMAG v. 22. 9. 2005 (BGBl. I S. 2802); dazu Begr. RegE, BR-Drucks. 3/05 S. 50, 62; *Hüffer* § 248a AktG RdNr. 2, § 149 AktG RdNr. 2 ff.

Abs. 3 AktG für prozessvermeidende Vergleiche. Trotz des Erlassverbots in § 19 Abs. 2 GmbHG, § 66 Abs. 1 AktG ist nach hM ein Vergleich über die Verpflichtung zur Leistung der **Einlage** zulässig, sofern es sich nicht nur der Form nach um einen Vergleich handelt, sondern um die Beseitigung einer begründeten Rechtsunsicherheit.[43] Entsprechendes gilt für Erstattungsansprüche aus §§ 31 GmbHG, 62 AktG.[44] Zu § 93 InsO s. RdNr. 20.

10 d) **Wettbewerbsrecht.** Im Wettbewerbsrecht dient gerade der Vergleich über Unterlassungs- und Schadensersatzansprüche einer dauerhaften Befriedung.[45] Freilich stellt sich dabei die Frage, ob ein solcher Vergleich zwischen Wettbewerbern als unzulässige wettbewerbsbeschränkende Abrede gegen das **Kartellverbot des § 1 GWB** verstößt und deshalb unwirksam ist. Dessen Schutzzweck erstreckt sich zwar nicht auf die vereinbarte Vermeidung rechtswidrigen (gegen § 3 UWG verstoßenden) Wettbewerbsverhaltens. Die Wirksamkeit eines Vergleichs kann aber schon problematisch sein, wenn über die Rechtswidrigkeit des zu unterlassenden Wettbewerbsverhaltens lediglich Zweifel bestehen. Hier soll eine teleologische Reduktion des § 1 GWB die Möglichkeit friedlicher Streitbeilegung offen halten.[46] Der Kartellsenat des BGH verneint deshalb einen Verstoß gegen § 1 GWB, wenn ein ernsthafter, objektiv begründeter Anlass zur Bejahung des geltend gemachten Anspruchs besteht und die wettbewerbsbeschränkende Wirkung der Abreden sich in den Grenzen dessen hält, was bei objektiver Beurteilung ernstlich zweifelhaft sein kann.[47] Eine besondere Vorschrift über den Vergleich im wettbewerbsrechtlichen **Einigungsstellenverfahren** enthält im Übrigen § 15 Abs. 7 S. 1 UWG. Sie soll ein gegenseitiges Nachgeben nicht erfordern.[48] Nach § 15 Abs. 7 S. 2 UWG ist der vor der Einigungsstelle geschlossene Vergleich vollstreckbar.

11 e) **Verbraucherschutzrecht, AGB-Recht.** Einem Vergleich grundsätzlich nicht zugänglich sind die – nach §§ 312f S. 1, 475 Abs. 1 S. 2, 487 S. 1, 506 S. 1 durchweg halbzwingenden – verbraucherschützenden Vorschriften des BGB.[49] Zwar erlauben sie Abweichungen zugunsten des Verbrauchers; ein mit dem vergleichsimmanenten gegenseitigen Nachgeben (RdNr. 26 ff.) verbundenes Abweichen von den gesetzlichen Vorschriften zum Nachteil des Verbrauchers ist hingegen ausgeschlossen. Entsprechendes gilt, wie nicht zuletzt das Umgehungsverbot des § 306 a zeigt, für die Schutzvorschriften des AGB-Rechts, mag es auch insoweit an einer ausdrücklichen Klarstellung des halbzwingenden Charakters fehlen. Auch für den Bereich des Verbraucherschutz- und AGB-Rechts wird man allerdings dem Verbraucher oder Kunden in Fällen, in denen Streit oder Ungewissheit über **Tatsachen** besteht (vgl. RdNr. 9, 13, 32) oder die **Rechtslage unklar** ist, die Befugnis zusprechen müssen, zum Zwecke der Vermeidung oder Beendigung eines Rechtsstreits einen Vergleich zu schließen, sofern hieran ungeachtet zugunsten des Verbrauchers eingreifender Beweislastregelungen ein sachliches Interesse besteht.[50] Stets unberührt bleibt das Recht zum **Widerruf** der Vergleichsvereinbarung, etwa nach §§ 312, 495.[51]

---

[43] So RGZ 79, 271, 274; *Scholz/U. H. Schneider/Westermann* § 19 GmbH RdNr. 49; enger *Staudinger/Marburger* RdNr. 10; *Ulmer* in: *Ulmer/Habersack/Winter* § 19 GmbH RdNr. 54; s. ferner BGHZ 160, 127, 133 f. = SchiedsVZ 2004, 261 m. Anm. *Habersack* (betr. die Schiedsfähigkeit des § 1025 Abs. 1 ZPO aF).

[44] *Baumbach/Hueck/Fastrich* § 31 GmbHG RdNr. 26; krit. *Habersack* in: *Ulmer/Habersack/Winter* § 31 GmbHG RdNr. 65; s. ferner BGHZ 113, 381, 383 = BB 1991, 1009 betr. die tatsächlichen Voraussetzungen eines eigenkapitalersetzenden Darlehens.

[45] MünchKommUWG/*Ehricke* Vor § 12 RdNr. 142.

[46] Dazu *Immenga/Mestmäcker/Zimmer* GWB, 4. Aufl. 2007, § 1 RdNr. 189 ff.; *K. Schmidt* JuS 1978, 736; *Jauernig* ZHR 141 (1977), 224.

[47] BGHZ 65, 147, 151 = NJW 1976, 194, 195; dazu *Ehlke* S. 220 ff.; ferner (gegen Ausdehnung solcher Privilegierung des Vergleichs auf zwingendes Gesellschafts- und Mitbestimmungsrecht) *Konzen* AG 1983, 289, 298, 302 f.

[48] *Ottofülling* WRP 2006, 410, 422 f.; *Hefermehl/Köhler/Bornkamm* Wettbewerbsrecht, 25. Aufl. 2007, § 15 UWG RdNr. 26.

[49] Einschließlich der die Voraussetzung und Folgen des Widerrufs regelnden Vorschriften der §§ 355 ff., s. § 355 RdNr. 4, § 358 RdNr. 22; s. ferner § 8 FernUSG.

[50] So zu Recht § 312f RdNr. 10 f. *(Wendehorst)*; ähnlich OLG Karlsruhe WM 2007, 590, 592.

[51] Zum Widerruf nach § 312 s. BGH ZIP 2008, 357, 359; s. ferner § 491 Abs. 3 Nr. 1 und dazu § 491 RdNr. 91 ff.

f) Arbeitsrecht. Im Arbeitsrecht[52] sind bestimmte Mindestarbeitsbedingungen kraft Gesetzes **unabdingbar,** so die Ansprüche auf Lohnfortzahlung bei Krankheit (§ 12 EFZG), auf den gesetzlichen Mindesturlaub und dessen Abgeltung (§ 13 Abs. 1 S. 3 BUrlG), auf Verringerung der Arbeitszeit (§ 22 Abs. 1 TzBfG), auf gesetzliche Zuschläge (Urlaub, Krankheit, Feiertage) für Heimarbeit nach dem HAG und auf **Rechte aus betrieblicher Altersversorgung** (§ 17 Abs. 3 S. 3 BetrAVG). Vorbehaltlich eines sog. Tatsachenvergleichs (RdNr. 13) kann deshalb der Arbeitnehmer auf solche Rechte auch nicht in einem Vergleich verzichten; streitig ist allerdings, ob nach der Beendigung des Arbeitsverhältnisses ein Verzichtsvergleich zulässig ist.[53] In Heimarbeit Beschäftigte können auf Rechte aus bindenden Festsetzungen auch in einem Vergleich nur mit behördlicher Genehmigung verzichten (§ 19 Abs. 3 S. 3 HAG). Der Verzicht des Arbeitnehmers auf Rechte aus einer Betriebsvereinbarung bedarf der Zustimmung des Betriebsrats (§ 77 Abs. 4 S. 2 BetrVG), der Verzicht auf entstandene tarifliche Rechte in einem Vergleich nach § 4 Abs. 4 S. 1 TVG der Zustimmung der Tarifvertragsparteien.

Als nicht zustimmungsbedürftig betrachtet die Praxis aber auch in den Fällen, in denen einem Beteiligten die materielle Vertragsfreiheit genommen ist, einen sog. **Tatsachenvergleich,** soweit sich Streit oder Ungewissheit nur auf die tatsächlichen Voraussetzungen eines Anspruchs beziehen.[54] Diese Praxis entspricht einer auch in anderen Rechtsgebieten begegnenden Unterscheidung (RdNr. 9, 11). Ihre Sinnhaftigkeit lässt sich ungeachtet der mit ihr verbundenen Zurückdrängung der materiellrechtlichen Unabdingbarkeit der in Frage stehenden Vorschriften[55] nicht leugnen, zumal auch zwingendes Arbeitsrecht die zivilprozessuale Parteiherrschaft über den Tatsachenstoff unberührt lässt (s. noch RdNr. 32). – Im **Beschlussverfahren** können die Beteiligten einen Vergleich schließen, soweit sie über den Vergleichsgegenstand verfügen können (§ 83a Abs. 1 ArbGG, entspricht §§ 106 S. 1 VwGO, 101 Abs. 1 SGG).[56] Die Zulässigkeit eines Vergleichs hängt also jeweils davon ab, ob das Gesetz die betriebsverfassungsrechtliche Ordnung zwingend regelt oder den Beteiligten einen Freiraum zu ihrer Gestaltung einräumt. Das gilt ebenso für das Beschlussverfahren vor den Verwaltungsgerichten in Angelegenheiten der Personalvertretung (§ 83 Abs. 2 BPersVG).

g) Prozessrecht. Allgemein anerkannt ist mittlerweile die Zulässigkeit sog. **Prozessverträge,** dh. sachlichrechtlicher Vereinbarungen, die eine Partei zu einem bestimmten prozessualen Verhalten verpflichten.[57] Sie werden häufig vorprozessual oder jedenfalls außergerichtlich zur Begrenzung oder Erledigung von Streit geschlossen und unterliegen auch dann nicht dem Anwaltszwang, wenn sie sich auf einen Anwaltsprozess (§ 78 ZPO) beziehen.[58]

---

[52] Zu sozialrechtlichen Konsequenzen von Aufhebungsverträgen s. MünchArbR/*Wank* § 115 RdNr. 19 ff.; zur Zulässigkeit von der Streitbereinigung dienenden Mitbestimmungsvereinbarungen nach dem MitbestG, dem DrittelbG und dem Montanmitbestimmungsrecht s. *Ulmer/Habersack/Henssler* Mitbestimmungsrecht, 2. Aufl. 2006, Einl. MitbestG RdNr. 46 ff., § 1 MitbestG RdNr. 16 ff.

[53] Verneinend für Urlaubsabgeltung BAG NJW 1979, 566 = AP BUrlG § 13 Unabdingbarkeit Nr. 5; NZA 1990, 935 = AP aaO Nr. 13; *Neumann/Fenski* BUrlG, 9. Aufl. 2003, § 13 RdNr. 75; *Leinemann/Linck,* Urlaubsrecht, 2. Aufl. 2001, § 1 BurlG RdNr. 134 f.; für gesetzliche Zuschläge zum Heimarbeitsentgelt BAGE 19, 34 = AP HAG § 25 Nr. 2; generell verneinend *Staudinger/Marburger* RdNr. 14. Bejahend für Lohnfortzahlung bei Krankheit BAG AP LohnFG § 9 Nr. 2 und 3; NJW 1981, 1061 = AP LohnFG § 6 Nr. 11 mwN. – Zum Wiedereinstellungsanspruch s. noch RdNr. 47.

[54] BAG AP LohnFG § 6 Nr. 12, § 9 Nr. 1 m. abl. Anm. *Trieschmann* = SAE 1974, 115 m. abl. Anm. *Dorndorf;* BAGE 47, 355, 360 = AP BetrAVG § 17 Nr. 8; BAG ZIP 1996, 1995, 1996 m. umf. Nachw. (Verzicht auf Sozialplanabfindung); LAG Hamm BB 1998, 1953 (Urlaubsanspruch); *Staudinger/Marburger* RdNr. 13; *Soergel/Lorentz* RdNr. 10; MünchArbR/*Löwisch/Rieble* § 274 RdNr. 15 mwN; *Henckel,* Prozessrecht und materielles Recht, 1970, S. 140 f.; abl. *Herschel* BArbBl. 1952, 269; *Hofmann,* BAG-Festschrift, 1979, S. 238 f. Fn. 96 mwN; s. auch BGHZ 14, 381, 387 f.

[55] Vgl. *Wiedemann/Wank* TVG, 7. Aufl. 2007, § 4 RdNr. 680, 682 f.; *Nikisch,* Arbeitsrecht Bd. II, 2. Aufl. 1959, S. 456 f.

[56] Dazu *Germelmann/Matthes/Müller-Glöge/Prütting,* Arbeitsgerichtsgesetz, 5. Aufl. 2004, § 83a RdNr. 7 ff.

[57] Einzelheiten und Nachweise bei *Stein/Jonas/Leipold* Vor § 128 ZPO RdNr. 303 ff.; *Wagner* S. 48 ff.

[58] BGH NJW 1986, 198 = LM ZPO § 514 Nr. 21; FamRZ 1989, 268; NJW-RR 1989, 802 = WM 1989, 868.

§ 779 15, 16 Abschnitt 8. Titel 21. Vergleich

Ihre Rechtswirksamkeit unterliegt allgemeinen Regeln. Sie sind mithin insoweit zulässig, wie ihr Ziel vertraglicher Regelung unterliegt. Nicht verbindlich ist der Verzicht darauf, überhaupt gerichtlichen Rechtsschutz in Anspruch zu nehmen.

15   In Betracht kommen **insbesondere** Vereinbarungen (auch bedingte[59]) über die Rücknahme einer Klage[60] oder eines Rechtsmittels,[61] die Absprache, gegen ein zu erwartendes Urteil kein Rechtsmittel einzulegen,[62] einen unter Vorbehalt des Widerrufs (RdNr. 82) geschlossenen Prozessvergleich nicht zu widerrufen,[63] nicht im Urkundenprozess zu klagen,[64] Ansprüche nur in einem anhängigen Verfahren geltend zu machen,[65] auch der Ausschluss der Aufrechnung im Prozess;[66] ferner die Abrede, bis zum rechtskräftigen Abschluss des Verfahrens nicht zu vollstrecken[67] oder keine Vollstreckungsabwehrklage zu erheben.[68] Ein abredewidriges Vorbringen darf das Gericht nicht beachten;[69] gegen eine abredewidrige Fortsetzung des Prozesses hat der Gegner eine Einrede, die zur Klageabweisung (Rechtsmittelverwerfung) durch Prozessurteil führt.[70] Möglich ist auch die Vereinbarung einer erleichterten Beweisführung zur Erlangung der Vollstreckungsklausel für einen bedingten Prozessvergleich.[71] Gegenstand eines solchen auf prozessuale Streitaustragung bezogenen Vergleichsvertrages ist idR nicht nur ein „Prozessrechtsverhältnis", sondern der ihm zugrundeliegende materielle Interessenkonflikt, der über den Gegenstand der Rechtsverfolgung hinausreichen kann und insgesamt über Inhalt und Tragweite eines sog. Prozessvertrages bestimmt.[72] Grundsätzlich wirksam ist auch der in einem (außergerichtlichen) Vergleich erklärte Verzicht auf die Erhebung einer Privatklage oder einer Nebenklage; er bildet ebenso wie die im Vergleich erklärte Rücknahme der schon erhobenen Klage unmittelbar ein von Amts wegen zu beachtendes Verfahrenshindernis für das betroffene Strafverfahren.[73] Dagegen kann die Rücknahme von Strafantrag und Strafanzeige oder der Verzicht darauf nach hM wirksam nur gegenüber dem Gericht oder der zuständigen Behörde erklärt werden.[74] Die in einem Vergleich eingegangene Verpflichtung dazu bedarf deshalb der Durchsetzung im Zivilprozess.[75] Das Rechtsschutzinteresse für eine Klage auf Rücknahme einer Strafanzeige ergibt sich zumindest aus dem damit verbundenen Verlust der Befugnis, Klageerzwingung zu betreiben.[76]

16   Wird eine **rechtskräftig zuerkannte Forderung** in einen Vergleich einbezogen, entfällt damit nicht das ergangene Urteil; es wird aber eine nachträgliche Einwendung iS von § 767

---

[59] BGH NJW-RR 1989, 802 = WM 1989, 868.
[60] BGH NJW 1961, 460 = LM ZPO § 101 Nr. 4; BAGE 32, 6 = NJW 1979, 2267 (Verzicht auf Kündigungsschutzklage); RGZ 102, 217.
[61] BGH NJW 1989, 39 = LM ZPO § 515 Nr. 26.
[62] BGHZ 28, 45, 49 = NJW 1958, 1397.
[63] BAG NJW 1963, 1469 = AP ZPO § 81 Nr. 1.
[64] RGZ 160, 241.
[65] BGH WM 1973, 144 = DB 1973, 1451.
[66] BGH NJW 1979, 2477, 2478 = LM EGÜbK Nr. 9.
[67] BGH NJW 1968, 700 = LM ZPO § 767 Nr. 34; *Gaul* JuS 1971, 347; *Rosenberg/Gaul/Schilken* Zwangsvollstreckungsrecht, 11. Aufl. 1997, § 33 IV.
[68] BGH NJW 1982, 2072, 2073 = LM ZPO § 794 Abs. 1 Ziff. 1 Nr. 28.
[69] BGH NJW 1968, 700 = LM ZPO § 767 Nr. 34.
[70] BGH NJW 1984, 805 = LM ZPO § 515 Nr. 22; NJW 1989, 39 = LM aaO Nr. 26; OVG Hamburg NJW 1989, 604; BAG NJW 1973, 918, 919 = AP ZPO § 794 Nr. 21 m. Anm. *J. Blomeyer*; BVerwG NJW 1994, 2306, 2307. Vgl. noch RdNr. 38.
[71] OLG Stuttgart NJW-RR 1986, 549.
[72] Dazu eingehend *Bork* S. 213 ff.
[73] KG NJW 1960, 2207; *Roxin* StrafverfR, 25. Aufl. 1998, § 61 RdNr. 23; *Kleinknecht/Meyer-Goßner* StPO, 50. Aufl. 2007, Vor § 374 RdNr. 16.
[74] BGH NJW 1974, 900 = LM Nr. 39; RGZ 42, 60; OLG Frankfurt MDR 1975, 584. Vgl. auch BGH NJW 1991, 1046: wegen konkreter Umstände sittenwidriger Vergleich über Zurücknahme von Strafantrag und Strafanzeige.
[75] BGH NJW 1974, 900 = LM Nr. 39; RGZ 42, 60, 65 (Vollstreckung nach § 888 ZPO); aA *D. Meyer* NJW 1974, 1325: kein Rechtsschutzbedürfnis für zivilprozessuale Klage, da Strafgerichte Vergleich von Amts wegen beachten müssten.
[76] Vgl. OLG Frankfurt MDR 1975, 584, 585.

ZPO begründet.[77] Nicht vereinbart werden können prozessuale Maßregeln des Gerichts, die sich nicht kraft Gesetzes etwa aus der Vollstreckbarkeit eines Prozessvergleichs ergeben.[78] Es kann auch nicht einem Prozessvergleich als Vollstreckungstitel durch außerprozessuale Vereinbarung ein anderer Anspruch als der ursprünglich geltend gemachte zugeordnet werden.[79]

h) Öffentliches Recht. Die Zulässigkeit von Vergleichen über Rechtsverhältnisse öffentlich-rechtlicher Art hängt nach §§ 106 VwGO, 101 SGG von der Verfügungsmacht der Parteien über den Streitgegenstand ab. Sie ist gegeben, wenn die Behörde befugt ist, durch Verwaltungsakt den streitigen Anspruch zu regeln,[80] und der Betroffene wirksam auf ihn verzichten kann. Für das Verwaltungsverfahren außerhalb eines Prozesses bestimmt § 55 VwVfG (gleich lautend § 54 SGB X), dass ein Vergleich geschlossen werden kann, wenn die Behörde ihn zur Beseitigung einer bei verständiger Würdigung des Sachverhalts oder der Rechtslage bestehenden Ungewissheit nach pflichtgemäßem Ermessen für zweckmäßig hält.[81] Für die Maßstäbe einer „verständigen Würdigung" kommt es (mit Rücksicht auf die Erfordernisse gesetzmäßigen Verwaltungshandelns) auf die Sicht eines unabhängigen Betrachters an.[82] Die Regelung der Nichtigkeitsgründe in § 59 VwVfG (= § 58 SGB X) sucht einen Mittelweg zwischen den Grundsätzen des Vertrauensschutzes und der Gesetzmäßigkeit der Verwaltung.[83] Mit Ausnahme der Nichtigkeit aus entsprechender Anwendung des BGB (Abs. 1) und damit auch nach § 779 stellt Abs. 2 des § 59 VwVfG (= § 58 SGB X) einen abschließenden Katalog besonderer Nichtigkeitsgründe auf. Ein Vergleich ist danach insbesondere nichtig, wenn ein Verwaltungsakt mit entsprechendem Inhalt nichtig wäre, ferner dann, wenn ein entsprechender Verwaltungsakt nicht nur wegen formeller Verstöße rechtswidrig wäre und dies den Vertragsschließenden bekannt war oder die Voraussetzungen zum Abschluss eines Vergleichs nicht vorlagen. Die „Unempfindlichkeit" von Vergleichsverträgen gegenüber gewissen Gesetzesverletzungen erstreckt sich aber nicht auf Leistungsversprechen, deren Gesetzwidrigkeit mit der durch den Vergleich beizulegenden Ungewissheit nichts zu tun hat.[84]

Im **Steuerrecht** fehlt eine gesetzliche Regelung. Der BFH[85] hält eine „tatsächliche Verständigung" zwischen Finanzamt und Steuerpflichtigem über „schwierig zu ermittelnde tatsächliche Umstände" für zulässig und nach Treu und Glauben bindend. Damit werden die auf Grund eines Schätzungs- und Bewertungsermessens in den Grenzen gesetzmäßigen Verwaltungshandelns zulässigen einverständlichen Festlegungen[86] nach Gegenstand und Tragweite zutreffend beschrieben. Der **Notar** kann in demselben Rahmen, in dem ihm ein Beurteilungsermessen über den Gebührentatbestand bleiben muss, trotz § 140 S. 2 KostO zumindest nachträglich über die entstandene Gebührenforderung einen Vergleich schließen.[87] Für die gütliche Beilegung eines eine **Enteignung** betreffenden baulandrechtlichen Verfahrens kommt sowohl eine Einigung in der Form des § 110 Abs. 2 BauGB als auch ein Vergleich nach den Formvorschriften der ZPO (RdNr. 77) in Betracht.[88]

---

[77] BGH BKR 2002, 419, 420; LM ZPO § 794 Abs. 1 Ziff. 1 Nr. 12/13 = JZ 1964, 257; RG JW 1907, 392 f.; vgl. auch OLG Hamm NJW 1988, 1988. – Ebensowenig kann die Kostengrundentscheidung im Urteil nachträglich ausgetauscht werden (OLG Hamm Rpfleger 1989, 521 f.).
[78] OLG Hamm MDR 1967, 42; LG Itzehoe NJW-RR 1987, 1343.
[79] BGH NJW 1982, 2072; BAG AP ZPO § 776 Nr. 1.
[80] Neubescheidung liegt im Rahmen der zulässigen Zugeständnisse: BSG NJW 1989, 2565. Gegen die Zulässigkeit von Vergleichen im Disziplinarverfahren BayDGH NJW 1992, 2842.
[81] Vgl. auch BVerwGE 17, 87, 93 f.
[82] VGH München NVwZ 1989, 167.
[83] Vgl. *Stelkens/Bonk/Leonhardt* VwVfG, 6. Aufl. 2001, § 59 RdNr. 7 ff.
[84] BVerwGE 49, 359, 364 f. = NJW 1976, 686 f., auch zur unterschiedlichen Beurteilung der Nichtigkeit rechtswidriger Leistungszusagen in Verwaltungsakten und Vergleichsverträgen.
[85] BFH BStBl. 1991 II S. 673; BB 1994, 633 m. Anm. *Bilsdorfer*; BStBl. 1995 II S. 32; dazu *Wiese* BB 1994, 333; *Sangmeister* BB 1988, 2289. Vgl. noch RdNr. 32.
[86] Zu deren Vertragsnatur s. *Seer* StuW 1995, 213, 223 f. s. auch *dens.*, Verständigungen in Steuerverfahren, 1996.
[87] KG Rpfleger 1990, 224. BGH NJW 1988, 65 = LM KostO § 140 Nr. 2 verlangt bei einem Prozessvergleich die mitwirkende Prüfung durch das Gericht. Vgl. dazu auch *Lappe* DNotZ 1985, 782 f.
[88] BGH NJW 2003, 757, 758 mwN.

19 **3. Abschlussbefugnis. a) Gesetzliche Vorschriften.** Für die gesetzliche und rechtsgeschäftliche **Vertretung** beim Abschluss eines Vergleichs gelten die allgemeinen Regeln, doch gibt es zahlreiche **Sondervorschriften:** Der **Vormund** bedarf der Genehmigung des Vormundschaftsgerichts nach Maßgabe des § 1822 Nr. 12 (4. Aufl. § 1822 RdNr. 69), ebenso der Pfleger (§ 1915 Abs. 1). **Eltern** bedürfen der Genehmigung (und zwar des Familiengerichts) nur, soweit der Vergleich genehmigungspflichtige Geschäfte für das Kind enthält, zB über ein Grundstück (§ 1643 Abs. 1). Bei Getrenntleben der verheirateten Eltern oder Anhängigkeit einer Ehesache kann der auf Grund Sorgerecht oder Obhut vertretungsberechtigte Ehegatte nach § 1629 Abs. 3 S. 1 Unterhaltsansprüche des Kindes gegen den anderen Ehegatten nur im eigenen Namen geltend machen; eine gerichtliche Entscheidung und ein gerichtlicher Vergleich wirken nach § 1629 Abs. 3 auch für und gegen das Kind (s. noch RdNr. 73, ferner 4. Aufl. § 1629 RdNr. 94 ff., 106).

20 Die Abschlussbefugnis des kaufmännischen **Handlungsbevollmächtigten** und Handelsvertreters schließt Vergleiche nicht ein (§§ 55 Abs. 2, 91 Abs. 1 HGB). Hat das für die Rechtsverhältnisse der Vorstandsmitglieder zuständige Verwaltungsorgan, etwa der **Aufsichtsrat** einer AG oder der Verwaltungsrat einer öffentlich-rechtlichen Sparkasse, deren Vertretungsangelegenheiten einem Ausschuss zugewiesen, so ist dieser nicht ermächtigt, durch einen Vergleich über die Beendigung des Anstellungsverhältnisses eines Vorstandsmitglieds einer Entscheidung des Bestellungsorgans über Fortdauer oder Ende der Bestellung des Vorstandsmitglieds vorzugreifen.[89] Der **Insolvenzverwalter** bedarf bei einem Vergleich, der zur Beilegung oder Vermeidung eines Rechtsstreits mit erheblichem Streitwert geschlossen werden soll, der Genehmigung des Gläubigerausschusses (§ 160 Abs. 2 Nr. 3 InsO), ebenso zum Vergleich über die Nachschusspflicht eines Genossen (§ 112a GenG). Die Befugnis des Insolvenzverwalters zur Geltendmachung der persönlichen Haftung des Gesellschafters (§ 93 InsO) umfasst hingegen auch das Recht, mit dem Gesellschafter im Rahmen eines Vergleichs einen Erlassvertrag abzuschließen, sofern dieser Vergleich nicht objektiv dem Insolvenzzweck zuwiderläuft.[90] Der **Haftpflichtversicherer** ist nach den Allgemeinen Haftpflicht- und den Allgemeinen Kraftfahrversicherungsbedingungen unwiderruflich bevollmächtigt, alle zur Beilegung oder Abwehr der Ansprüche des Geschädigten zweckmäßig erscheinenden Erklärungen namens des Versicherungsnehmers und der mitversicherten Personen abzugeben (§ 5 Nr. 2 AHB, § 10 Nr. 5 AKB); darunter fällt auch der Abschluss eines Vergleichs. Diese Vollmacht dauert so lange, wie die Regulierungspflicht besteht, auch über die Auflösung des Versicherungsverhältnisses hinaus.[91] Das gilt auch nach der Einführung des Direktanspruchs des Geschädigten gegen den Versicherer nach § 3 PflVersG; die Vertretungsbefugnis entfällt jedoch, wenn der Versicherer gegenüber dem Versicherungsnehmer leistungsfrei ist.[92] Der Versicherungsnehmer, der vom Versicherer im Rückgriff in Anspruch genommen wird, muss nach § 3 Nr. 10 PflVersG einen vom Versicherer abgeschlossenen Vergleich gegen sich gelten lassen, sofern er nicht nachweist, dass der Versicherer seine Sorgfaltspflicht schuldhaft verletzt hat.[93] Einer **Behörde** nimmt die gesetzlich angeordnete Überprüfung durch den Rechnungshof nicht die Befugnis zum Abschluss eines Vergleichs; sie spricht aber gegen die Annahme, dass eine Behörde in Verbindung mit der Prüfung von Rechnungen und Anweisungen von Zahlungen ein Anerkenntnis abgeben oder einen Vergleich schließen will.[94]

---

[89] BGHZ 79, 38 = NJW 1981, 757; s. ferner BGHZ 83, 144, 150; 89, 49, 55 f.; 122, 342, 359; näher *Hoffmann-Becking*, FS Stimpel, 1985, S. 589, 593 ff.
[90] BAG ZIP 2008, 848 Tz. 15 ff. m. umf. Nachw.; dazu *Klinck* NZI 2008, 349 ff.
[91] BGHZ 101, 276, 282 = NJW 1987, 2586, 2587 = LM ZPO § 553 Nr. 9.
[92] BGH (vorige Fn.).
[93] Dazu *Stiefel/Hofmann* Kraftfahrversicherung, 17. Aufl. 2000, AKB § 10 RdNr. 97; krit. zu dieser Regelung *Ebel* VersR 1980, 158.
[94] BGH LM VOB Teil B Nr. 104 = BauR 1979, 249.

b) Vollmacht. Ob und inwieweit eine außerhalb eines Rechtsstreits erteilte Vollmacht 21 (§ 166 Abs. 2) den Abschluss eines Vergleichs umfasst, ist Sache der Auslegung.[95] Die **Prozessvollmacht** ermächtigt nicht nur zum gerichtlichen (§ 81 ZPO), sondern auch zum außergerichtlichen Vergleich.[96] Die Vergleichsbefugnis kann aus dem gesetzlichen Umfang der Prozessvollmacht ausgenommen werden (§ 83 Abs. 1 ZPO); das ist aber dem Gegner gegenüber nur wirksam, wenn es in die dem Gericht vorgelegte Vollmachtsurkunde aufgenommen oder dem Gegner eindeutig mitgeteilt ist.[97] Der Anwalt kann sich wegen eines wirksam, aber ohne konkrete Abstimmung mit seinem Mandanten abgeschlossenen Vergleichs diesem gegenüber schadensersatzpflichtig machen.[98] Auch eine Anscheinsvollmacht kann die Wirksamkeit eines Vergleichs begründen.[99] Führt eine Partei die Vergleichsverhandlungen zusammen mit ihrem an sich wirksam bevollmächtigten Anwalt, so kann es an einem bestimmenden Vertreterhandeln iS von § 164 Abs. 1 S. 1 fehlen. Auch in Fällen obligatorischer Vertretung, dh. im Anwaltsprozess (§ 78 ZPO), kann eine Täuschung gegenüber der mitverhandelnden Partei als Einflussnahme auf deren Weisungen an ihren Anwalt diese zur Anfechtung nach (§ 123) berechtigen.[100]

c) Sicherungsrechte. Der Pfandgläubiger kann über die **verpfändete Forderung** nicht 22 verfügen (§ 1282 Abs. 2), also ohne besondere Zustimmung des Verpfänders (§ 1284) auch keinen Vergleich schließen (4. Aufl. § 1282 RdNr. 3, § 1285 RdNr. 4). Gleiches gilt für die **gepfändete** und (wie üblich) zur Einziehung überwiesene Forderung (§ 836 Abs. 1 ZPO).[101] Bei der **Sicherungsabtretung** ist in der vollen Verfügungsmacht auch die Vergleichsbefugnis enthalten.[102]

4. Beilegung von Streit oder Ungewissheit. Der Begriff des Vergleichs als Instrument 23 sowohl bestätigender wie abändernder Regelung einer vorausgesetzten Rechtsbeziehung (RdNr. 2) wird allein von den subjektiven Zwecken der Beteiligten geprägt.[103] Die Tragweite der als Vergleich in Erscheinung tretenden Verständigungen erstreckt sich je nach dem Verhältnis des ausgeräumten Streits und der gemachten Zugeständnisse zu der Art der vorausgesetzten Rechtsbeziehung von der Grenze zu unentgeltlichen (und damit der Gläubigeranfechtung unterliegenden) Verzichten oder Zuwendungen[104] bis zu kausalen[105] oder abstrakten[106] Anerkenntnissen. Insofern tragen Vergleiche häufig das Gepräge gemischttypischer Vereinbarungen, und sie übernehmen mehr oder weniger die Eigenart der geregelten Rechtsbeziehung. Der Inhalt einer Streitbeilegung braucht nicht konkret bestimmt zu sein. Es genügt, wenn sich die Beteiligten dem Ergebnis einer bevorstehenden gerichtlichen Entscheidung in einem gleichartigen Fall unterwerfen.[107]

a) Streit oder Ungewissheit. Es muss **in Elementen des Rechtskonflikts** Streit oder 24 Ungewissheit bestanden haben und ausgeräumt worden sein. Dabei kommt es auf die

---

[95] Zur Hinzuziehung eines „Moderators" im Rahmen der vergleichsweisen Auseinandersetzung einer GbR s. BGH DStR 1999, 383, 384 m. Anm. *Goette*.
[96] BAG NJW 1963, 1469 = AP ZPO § 81 Nr. 1; *Stein/Jonas/Bork* § 81 ZPO RdNr. 11; vgl. noch RdNr. 78.
[97] BGHZ 16, 167, 170 = LM ZPO § 83 Nr. 1; BAG (vorige Fn.).
[98] BGH NJW 1994, 2085 = LM § 675 Nr. 203; NJW-RR 1996, 567; OLG Köln NJW-RR 1995, 1529; OLG Oldenburg NJW-RR 1991, 1499; OLG Hamburg VersR 1980, 1073.
[99] BGH NJW § 167 Nr. 17 = MDR 1970, 41.
[100] BGHZ 51, 141, 146 ff. = NJW 1969, 925, 926 f.; noch weitergehend will OLG Braunschweig OLGZ 1975, 441 eine bei Vergleichsschluss bestehende vorübergehende Geschäftsunfähigkeit der mitverhandelnden Partei berücksichtigen.
[101] Dazu *Stein/Jonas/Brehm* § 835 ZPO RdNr. 18.
[102] RGZ 160, 1, 2; *Pleyer*, FS Hilger und Stumpf, 1983, S. 557.
[103] Anders im öffentlichen Recht, vgl. RdNr. 17.
[104] Beispiel: BGH NJW 1991, 842 = LM § 2205 Nr. 21 = JZ 1991, 727 m. Anm. *Bork*; vgl. auch BGH NJW 1980, 1158.
[105] BGHZ 66, 250 = NJW 1976, 1259; BGH WM 1966, 1280; OLG Frankfurt NJW-RR 1987, 310; *Staudinger/Marburger* § 781 RdNr. 8, 18.
[106] Vgl. BGH NJW 1992, 2228 = LM § 781 Nr. 22.
[107] Insbes. bei Musterprozessen; Beispiel: BAGE 42, 244, 245, 249.

subjektive Beurteilung durch die Beteiligten im Zeitpunkt des Vergleichsschlusses an.[108] Allein die konkrete Verständigung ergibt den Gegenstand und die Tragweite des Vergleichs.[109] Streit oder Ungewissheit können sich auf das Bestehen des Rechtsverhältnisses oder seinen Inhalt, auf einzelne Ansprüche, bloße Modalitäten oder auch auf eine Einrede erstrecken. **Streit** besteht, wenn die Parteien ernstlich entgegengesetzte Vorstellungen über Rechtsfolgen oder tatsächliche Voraussetzungen vertreten; so ist etwa ein Abkommen über das Ausscheiden eines Gesellschafters und seine Abfindung auch bei gegenseitigem Nachgeben nur dann ein Vergleich, wenn es der Beilegung eines Streits oder einer Ungewissheit dient.[110] Im **Ungewissen** können die Parteien auch sein, ohne dass ein Streit besteht, zB über die künftige Rechtsentwicklung[111] oder über den Eintritt einer Bedingung oder Zeitbestimmung. Es genügt, dass die Ungewissheit auf Seiten einer Partei besteht. Doch folgt aus dem für einen Vergleich erforderlichen gemeinsamen Zweck der Beseitigung von Streit oder Ungewissheit, dass die Zweifel der einen Partei der anderen bekannt sein müssen.[112] Liegt über ein Rechtsverhältnis ein rechtskräftiges Urteil vor, so ist es nicht mehr streitig oder ungewiss; möglich ist aber ein Vergleich, soweit die Auslegung des Urteils streitig oder zweifelhaft ist.

25 **b) Unsicherheit der Rechtsverwirklichung.** Nach **Abs. 2** steht es der Ungewissheit über ein Rechtsverhältnis gleich, wenn die Verwirklichung eines Anspruchs unsicher ist. Das trifft die Unsicherheit über die Leistungsfähigkeit des Schuldners oder den Erfolg einer Vollstreckung.[113] Auch insoweit kommt es auf die subjektive Beurteilung der Parteien an (RdNr. 24); wie im Falle des Abs. 1 (RdNr. 24) genügt es, dass die Unsicherheit in der Person einer Partei besteht.[114] Ob Beweisnöte zu Abs. 2 oder zu Abs. 1 gehören, hängt von den Umständen ab und ist angesichts der Gleichstellung der Tatbestände praktisch unerheblich.

26 **5. Gegenseitiges Nachgeben.** Streit oder Ungewissheit müssen durch gegenseitiges Nachgeben beseitigt werden. Dieses Merkmal ist nach hM[115] weit auszulegen; es genügt, wenn die Parteien, um zu einer Einigung zu gelangen, **einander irgendwelche Zugeständnisse** machen.[116] Diese brauchen nicht gleichwertig zu sein[117] und sich nicht auf das streitige Rechtsverhältnis zu beziehen.[118] Ein gegenseitiges Nachgeben liegt deshalb auch dann vor, wenn eine S. in Bezug auf das streitige Rechtsverhältnis ihre Position durchsetzt, dafür aber der anderen S. eine sonstige Gegenleistung, etwa die Rücknahme eines Strafantrags, verspricht.[119] Das Nachgeben kann geringfügig sein und zB Fälligkeit,[120] Zinsen oder Kosten[121] betreffen. Auf Seiten des Schuldners kann auch ein Anerkenntnis, das die Unsicherheit der Rechtsverwirklichung (Abs. 2) beseitigt, als Nachgeben zu werten sein.[122]

---

[108] RG SeuffA 95 Nr. 52 S. 120 f. = HRR 1941 Nr. 1003; JW 1901, 138 (nicht auf richterliche Würdigung); *Soergel/Lorentz* RdNr. 23.
[109] BGH NJW-RR 1992, 363 f.
[110] RG SeuffA 81 Nr. 165.
[111] RGZ 117, 306, 310 (Aufwertung); *Soergel/Lorentz* RdNr. 23.
[112] BVerwG NJW 1979, 327, 330; *Bork* S. 235.
[113] BGHZ 116, 319, 330 = NJW 1992, 967, 970; RG JW 1936, 2316; *Staudinger/Marburger* RdNr. 26; *Soergel/Lorentz* RdNr. 24.
[114] *Staudinger/Marburger* RdNr. 26 mwN.
[115] Vgl. dazu bereits RdNr. 1 sowie die Nachweise zur Rspr. in Fn. 116, ferner *Staudinger/Marburger* RdNr. 27; *Soergel/Lorentz* RdNr. 25; *PWW/Brödermann* RdNr. 12; *Palandt/Sprau* RdNr. 9; *Bamberger/Roth/Fischer* RdNr. 16; *AnwK-BGB/Giesler* RdNr. 17; *Ehmann* S. 109 f.
[116] BGHZ 39, 60, 63 f. = NJW 1963, 637; BGH NJW 1970, 1122, 1124 = LM § 249 (Hd) Nr. 13; NJW-RR 1992, 363, 364; 2005, 1303, 1304; aus dem Schrifttum neben den in der vorigen Fn. Genannten *Bork* S. 254; zum – regelmäßig zu verneinenden – unentgeltlichen Charakter (iS des § 134 InsO) eines der Beseitigung bestehender Ungewissheiten dienenden Vergleichs s. BGH ZIP 2006, 2391 Tz. 14 ff.
[117] BGH NJW 1964, 1787 = LM Nr. 23.
[118] RG WarnR 1930 Nr. 89 S. 173; *Staudinger/Marburger* RdNr. 27.
[119] Beispiel: BGHZ 88, 28 = NJW 1983, 2194.
[120] BGH NJW-RR 1992, 363, 364; 2005, 1303, 1304.
[121] RG WarnR 1930 Nr. 89 S. 173; LAG Düsseldorf MDR 1991, 284.
[122] BGHZ 39, 60, 63 = NJW 1963, 637; BGH NJW-RR 2005, 1303, 1304.

Dabei kommt es nicht auf die objektive Sach- und Rechtslage, sondern auf die Sicht der Partei an; es genügt also auch ein **vermeintliches Opfer**.[123]

Kein Vergleich liegt bei einem **nur einseitigen Zugeständnis** vor, etwa wenn der 27 Gläubiger Stundung bewilligt oder der Schuldner anerkennt, ohne dass die andere S. irgendein Entgegenkommen zeigt,[124] Ferner wenn sich der Gläubiger mit einem geringeren als dem zunächst geforderten Betrag zufrieden gibt.[125] Die Klagerücknahme unter Verzicht auf den Anspruch und Übernahme der Kosten ist auch dann kein Vergleich, wenn der Beklagte ihr zugestimmt hat.[126] Entsprechendes gilt, wenn der Arbeitgeber im Kündigungsschutzprozess die Kündigung zurücknimmt und erklärt, das Arbeitsverhältnis unverändert fortzusetzen.[127] Je nach Lage des Falles kann allerdings ein kausales Anerkenntnis vorliegen, auf das § 779 analog anzuwenden ist.[128]

6. Abschluss des Vergleichs. Das Zustandekommen des Vergleichsvertrages unterliegt 28 allgemeinen Regeln. Deshalb kommt auch eine Annahme nach § 151 in Betracht,[129] auf Schuldnerseite insbesondere durch die Erbringung fortlaufender Zahlungen,[130] wenn vorangegangene streitige Verhandlungen auf den Willen zur Streitbeilegung schließen lassen. Doch kann in einem *Schweigen* auf ein Abfindungsangebot auf der Gläubigerseite nur unter besonderen Umständen eine Annahme und der damit verbundene Verzicht auf weitere Rechte gefunden werden. Ebenso ergibt sich weder aus der Erbringung[131] noch aus der Annahme[132] von Teilleistungen nach Streit über die Höhe von Ansprüchen ohne weiteres ein Verzicht auf weitere Rechte. Doch kann fortdauerndes übereinstimmendes Verhalten eine vertragliche Regelung begründen.[133] In der Einlösung eines mit einem **Abfindungsangebot** verbundenen Schecks kann der Abschluss eines Vergleichsvertrages liegen, wenn dieses Angebot als Rechtsgrund für die Leistung einen zureichend bestimmten Vergleichsinhalt ergibt und Zugang der Annahmeerklärung nach § 151 entbehrlich ist, etwa weil der Anbietende ausdrücklich Zugangsverzicht erklärt hat.[134] In Fällen dieser Art ist das Vorliegen eines – auch nach § 151 erforderlichen – Annahmewillens allerdings häufig fraglich. An ihm kann es auch dann fehlen, wenn die Einlösung des Schecks ausdrücklich nur für den Fall der Annahme des Abfindungs- oder Vergleichsangebots gestattet wird. So verhält es sich denn auch in den Fällen der sogenannten **Erlass- oder Vergleichsfalle**, bei denen der Anbietende unzweifelhaft schuldet, dem Angebot keine Vergleichsverhandlungen vorangegangen sind und ein *krasses Missverhältnis* von Schecksumme und unbestritten geschuldetem Betrag besteht.[135] Entsprechendes kann in *Haftpflichtfällen* gelten, wenn Notlage oder Unerfahren-

---

[123] RGZ 158, 210, 213; *Staudinger/Marburger* RdNr. 76.
[124] RGZ 146, 355, 358; BGH MDR 1998, 1092; s. ferner OLG Zweibrücken MDR 1999, 383: bloße Bereitschaft des rechtskräftig verurteilten Schuldners zur Zahlung genügt nicht.
[125] KG VersR 1970, 185; *Soergel/Lorentz* RdNr. 26.
[126] OLG Hamburg MDR 1980, 589; *Staudinger/Marburger* RdNr. 28; *H. Schmidt* NJW 1981, 665, 666.
[127] *Staudinger/Marburger* RdNr. 28 mwN.
[128] S. noch RdNr. 67; ferner *Staudinger/Marburger* RdNr. 28; näher zum kausalen Anerkenntnis § 781 RdNr. 3 ff.
[129] BGH NJW 2001, 2324; ZIP 1999, 756, 757 (betr. gewillkürte Schriftform); NJW 1995, 1281 = LM § 151 Nr. 18, allerdings mit stellenweise unpräziser, den Tatbestand des § 151 und den des Schweigens auf eine Annahmeerklärung verwischender Diktion (s. die berechtigte Kritik von *Scheffer* NJW 1995, 3166, 3167). Zu den an das Angebot zu stellenden Anforderungen s. BGH NJW 2001, 2325 („unmissverständlich"); zur Anwendbarkeit der Grundsätze zum kaufmännischen Bestätigungsschreiben s. BGH NJW 1975, 1358 = LM HGB § 346 (Ea) Nr. 18; zur „Erlass- bzw. Vergleichsfalle" s. die Nachweise in Fn. 135.
[130] BGH VersR 1965, 886.
[131] BGH NJW-RR 1988, 962 f. = LM § 242 (Bd) Nr. 31; WM 1995, 1886 f.; vgl. auch NJW 1995, 3311 f. = LM § 780 Nr. 17.
[132] BGH BB 1995, 1817 = LM § 397 Nr. 11; OLG Hamm WRP 1992, 195; *v. Randow* ZIP 1995, 445.
[133] OLG Hamburg FamRZ 1996, 292 (Annahme von Unterhalt in bestimmter Höhe).
[134] BGH NJW-RR 1986, 415 = WM 1986, 322; s. aber auch die Nachweise in Fn. 135 zur sog. Erlassbzw. Vergleichsfalle.
[135] So namentlich BGH NJW 2001, 2324 f. = EWiR 2001, 745 (*Haertlein*); BGHZ 111, 97, 101 = NJW 1990, 1655; BGH NJW 1990, 1656; OLG Karlsruhe WM 1999, 490; 2000, 414; OLG Nürnberg NJW-RR 1998, 256 f.; OLG München MDR 1998, 1236; OLG Dresden WM 1999, 487 und 488; OLG Koblenz

§ 779 29 Abschnitt 8. Titel 21. Vergleich

heit von Geschädigten durch Lockangebote ausgenutzt werden sollen. Kommt es auch nur einem Beteiligten erkennbar auf eine **gerichtliche Protokollierung** (RdNr. 77) an oder sind sich die Beteiligten darüber einig, ist nach § 154 Abs. 2 der Vergleichsvertrag insgesamt nicht vorher wirksam,[136] ebenso, wenn ein widerrufener Prozessvergleich (RdNr. 82) als solcher erneut abgeschlossen werden soll.[137] Die Beteiligten können sich aber auch außergerichtlich abschließend einigen und zur gerichtlichen Protokollierung ihres Vergleichs oder auch nur seines vollstreckungsfähigen Inhalts als Vollstreckungstitel verpflichten.[138] Ein vom Gericht schriftlich unterbreiteter Vergleichsvorschlag bezieht idR die Protokollierung mit ein. Schon deshalb ergibt eine schriftsätzlich gegenüber dem Gericht geäußerte Zustimmung beider Parteien noch keinen außergerichtlichen Vergleichsvertrag.[139] Wird ein Vergleich (wie im Prozess üblich) unter **Widerrufsvorbehalt** geschlossen, ist er als Vertrag auflösend bedingt verbindlich, der Eintritt seiner Rechtsfolgen dagegen ist aufschiebend bedingt bis zum ungenutzten Ablauf der Widerrufsfrist (RdNr. 82).

29 **7. Wirkung gegenüber Dritten.** Ein Vergleich kann nur über ein Rechtsverhältnis geschlossen werden, das zwischen den Vergleichsparteien besteht (RdNr. 2). Sind an dem neu zu ordnenden Rechtsverhältnis mehr als zwei Personen beteiligt, so beurteilt es sich nach Inhalt und Gegenstand des Vergleichs, ob diese nur in ihrer Gesamtheit über das Rechtsverhältnis verfügen können oder ob ein Vergleich auch zwischen einzelnen Beteiligten geschlossen werden kann (RdNr. 5 ff.) Ein Abkommen, in dem sich ein Gläubiger von einem am neu zu ordnenden Rechtsverhältnis nicht beteiligten Dritten abfinden lässt, ist hingegen kein Vergleich.[140] Rechtsbeziehungen zu einem Dritten können aber insofern zum Inhalt eines Vergleichs gemacht werden, als dieser sich nicht auf das zwischen den Parteien streitige Rechtsverhältnis zu beschränken braucht.[141] Das kann allerdings nicht **zu Lasten** des Dritten geschehen.[142] Eine unmittelbare Verpflichtung des Dritten tritt auch nicht durch dessen Zustimmung ein, ist doch dem geltenden Recht eine Verpflichtungsermächtigung nicht bekannt.[143] Dritte können nur als Vertragspartner, ggf. durch offenes Stellvertreterhandeln, einbezogen werden. Ebenso wenig können schuldrechtliche Verfügungsgeschäfte zu Lasten Dritter geschlossen werden.[144] Ein Sanierungsvergleich (RdNr. 54) entfaltet deshalb Bindungswirkung nur gegenüber denjenigen Gläubigern, die ihn geschlossen oder sich ihm angeschlossen haben.[145] Als Vertrag **zugunsten Dritter** kann ein Vergleich nach § 328 Abs. 2 sowohl einen unmittelbaren Anspruch des Dritten[146] als

---

NJW 2003, 758, 759 (Erfordernis des Zugangs der Annahmeerklärung bei titulierter Forderung); s. aber auch OLG Celle NJW-RR 1992, 884 (nicht bei Widerspruch); OLG Düsseldorf JurBüro 1999, 157. Aus dem Schrifttum zur „Erlass- bzw. Vergleichsfalle" s. v. *Randow* ZIP 1995, 445; *Scheffer* NJW 1995, 3166; *Frings* BB 1996, 809; *Pfeifer* BB 1995, 1507; *Eckardt* BB 1996, 1945; *Lange* WM 1999, 1301.

[136] S. § 154 RdNr. 13 ff.; BAGE 9, 172, 174 f. = AP ZPO § 794 Nr. 7 = NJW 1960, 1364 f.; OLG Schleswig MDR 1984, 51; OLG Karlsruhe FamRZ 1995, 998 f.

[137] OLG Karlsruhe NJW 1995, 1561.

[138] RG SeuffA 83 Nr. 75 S. 125 = ZZP 55, 136, 139 m. Anm. *Rosenberg*; OLG Nürnberg VersR 1969, 91; vgl. auch BGH NJW 1985, 1962, 1963 f. = LM ZPO § 794 Abs. 1 Ziff. 1 Nr. 3; ferner Nr. 87.

[139] OLG Hamburg MDR 1965, 200; *Tempel*, FS Schiedermair, 1976, S. 531 f.; *Stein/Jonas/Münzberg* § 794 ZPO RdNr. 101; aA OLG Celle NJW 1965, 1970.

[140] RGZ 127, 126, 128; zu einer dreiseitigen Vergleichsvereinbarung zwischen zwei Gesellschaftern und der GmbH s. aber BGH ZIP 2005, 1593, 1594 f.

[141] Näher dazu *Bork* S. 319 ff.; *Staudinger/Marburger* RdNr. 62 ff.

[142] Zur Wirkung eines Vergleichs über die Beendigung des Arbeitsverhältnisses auf den Übergang von Ansprüchen auf die BfA nach § 143 SGB III (= § 117 AFG aF) s. BAG NJW 1984, 76 = AP AFG § 117 Nr. 3; OLG Frankfurt NJW-RR 1994, 252.

[143] BGHZ 58, 216, 220 = NJW 1972, 942, 943; BGHZ 61, 359, 361 = NJW 1974, 96; näher hierzu § 185 RdNr. 46 ff.

[144] BGHZ 116, 319 = NJW 1992, 967 = LM Nr. 58 m. Anm. *Stürner*; BGH WM 1992, 1609, 1611 = CR 1993, 685 (keine Verfügungsmacht des Leasingnehmers über den Kaufpreisanspruch trotz Abtretung der Gewährleistungsrechte; dazu krit. *Beckmann* CR 1993, 671); ferner BAG AP § 242 Ruhegehalt Nr. 155 (unter III, 1) m. Anm. *Mühl*; vgl. dazu noch RdNr. 31.

[145] BGHZ 116, 319, 321 ff. = NJW 1992, 967 = LM Nr. 58 m. Anm. *Stürner*; s. aber auch RdNr. 54 betr. den Insolvenzplan.

[146] RGZ 127, 126; PWW/*Brödermann* RdNr. 16.

auch – gemäß § 335 – einen Anspruch des Vergleichspartners auf Leistung an den Dritten begründen.[147] Ein Vergleichspartner kann aber nicht auf eine ihm gegen einen Dritten zustehende Forderung mit der Wirkung verzichten, dass dessen Schuld erlischt; eine Verfügung über die Forderung im Wege des Erlasses derselben kann vielmehr nur zwischen dem Gläubiger und dem Schuldner getroffen werden.[148] Möglich ist dagegen, dass sich der Gläubiger verpflichtet, seinen Anspruch gegen einen Dritten nicht geltend zu machen (pactum de non petendo), und dass daraus der Dritte eine Einrede erwirbt.[149] Von § 779 unberührt bleibt im Übrigen die **Bindung des Versicherers** an ein vergleichsweise erfolgtes Anerkenntnis des Versicherungsnehmers.[150] – Zu Vergleichswirkungen gegenüber Gesamtschuldnern und Gesamtgläubigern vgl. RdNr. 50 ff.

8. Vergleich nach Abtretung. Nach der Abtretung einer Forderung und ebenso nach einem **gesetzlichen Forderungsübergang** verliert ein Gläubiger mit der Verfügungsmacht auch die Befugnis, zu Lasten des Rechtsnachfolgers mit dem Schuldner einen Vergleich zu schließen, der einen Rechtsverzicht enthält. Hiervon betroffen sind insbesondere **Abfindungsvereinbarungen** (RdNr. 47) von Haftpflichtversicherern (RdNr. 20) mit Geschädigten, deren Ansprüche kraft Gesetzes schon im Zeitpunkt ihrer Entstehung[151] auf einen sozialversicherungsrechtlichen (§ 116 SGB X) oder beamtenrechtlichen (§ 87a BBG) Versorgungsträger übergehen.[152] §§ 407, 412 gewähren dem Schuldner zwar Vertrauensschutz, sofern er (oder sein Vertreter, § 166 Abs. 1) bei Vergleichsschluss den Rechtsübergang nicht kennt. Da mit dem gesetzlichen Forderungsübergang ein Schutz des Versorgungsträgers bezweckt ist, neigt die Rspr. indes dazu, das Erfordernis der **Kenntnis** iS des § 407 Abs. 1 bis zur Grenze des Kennenmüssens zu verschärfen, zumindest soweit es auf Schuldnerseite um eine professionelle Schadensabwicklung geht. „Kenntnis" wird insbesondere schon dann angenommen, wenn tatsächliche Umstände bekannt sind, aus denen sich nach allgemeiner Lebenserfahrung ein Versorgungsverhältnis ergibt.[153] Ist eine Abfindungsvereinbarung danach gegenüber dem Rechtsnachfolger nicht verbindlich, fehlt ihr gegenüber dem Vertragspartner die Vergleichsgrundlage (RdNr. 62 f.). Nahmen umgekehrt Vergleichspartner zu Unrecht an, eine Abfindungsvereinbarung auf vermeintlich bereits auf Versorgungsträger übergegangene Ansprüche nicht erstrecken zu können, kann eine ergänzende Auslegung geboten sein.[154]

III. Rechtsnatur und Wirkung

1. Feststellungsgeschäft. a) Streitbeilegung. Der Vergleichsvertrag bestimmt unabhängig von der an sich vorgegebenen, aber ungewissen Rechtslage, was zwischen den Beteiligten gelten soll. Der Vergleich ist insofern **Feststellungsgeschäft**,[155] als er einen vorgegebenen Rechtskonflikt (RdNr. 4) beilegt und damit eine gerichtliche Rechtsfeststellung erübrigt.[156] Als schuldrechtliches Rechtsgeschäft ist er freilich nur eine **Variante eines kausalen Änderungsvertrages.** Seine Rechtswirkungen bleiben auf die Mittel und

---

[147] OLG Hamm FamRZ 1996, 485 = NJW-RR 1996, 1157 (zugleich zur Vollstreckbarkeit, RdNr. 73).
[148] AA *Staudinger/Marburger* RdNr. 68. Allg. zur Frage der Zulässigkeit von Verfügungen zugunsten Dritter § 328 RdNr. 198 ff. (201).
[149] BGHZ 126, 261, 266 = NJW 1994, 2483; BGH LM § 328 Nr. 15 (unter II.); RGZ 127, 126, 129; 148, 257, 263.
[150] Dazu BGH VersR 1977, 174, 175; BGHZ 117, 345; 119, 276.
[151] BGHZ 48, 181 = NJW 1967, 2199; BGH NJW 1996, 1674, 1675 = LM § 844 Abs. 2 Nr. 93.
[152] Ebenso § 81a BVG, § 5 OEG; dazu OLG Frankfurt VersR 1987, 592, ferner § 407 RdNr. 15.
[153] BGH VersR 1962, 515; NJW 1984, 607 = LM § 407 Nr. 16 = SGb. 1984, 170 m. krit. Anm. *Sieg*; BGHZ 127, 120, 128 = NJW 1994, 3097, 3099; BGH NJW 1996, 726, 729 = LM SGB X § 116 Nr. 14 m. Anm. *Stolleis/Gorny* = r + s 1996, 102 m. Anm. *Lemcke*.
[154] OLG Hamm NZV 1994, 435.
[155] *Staudinger/Marburger* RdNr. 37; *Soergel/Lorentz* RdNr. 4, 33; *Larenz* I § 7 IV; *Esser/Weyers* BT/1 § 42 I; *v. Tuhr*, Allg. Teil III, S. 264 f.; *Lehmann* S. 81 f.; *Bork* S. 156; näher dazu sowie zu älteren, dem Gedanken des Leistungsaustauschs verhafteten Konzeptionen *Ehmann* S. 101 ff.
[156] Vgl. dazu auch *Pawlowski* RdNr. 876.

§ 779 32, 33　Abschnitt 8. Titel 21. Vergleich

Grenzen privatautonomer Rechtsgestaltung beschränkt. Der Vergleich kann also nicht feststellen, was zwischen den Beteiligten rechtens war, sondern nur bestimmen, was zwischen ihnen *nunmehr rechtens sein soll*.[157] Seine Rechtswirkungen ergeben sich also mit ihrer sie tragenden Rechtfertigung wie sonst im Schuldrecht aus dem geschlossenen Vertrag. Einem sog. **Auslegungsvergleich,** der festlegt, ein früheres Rechtsgeschäft sei als mit einem bestimmten Inhalt gewollt von vornherein wirksam zu behandeln, kann nur die Rechtswirkung zukommen, dass die Beteiligten sich auf Grund des Vergleichs die dementsprechenden Leistungen oder Rechte zukommen lassen wollen.[158] Insbesondere kann ein Vergleichsvertrag nicht willkürlich bestimmen, dass eine Verfügung nichtig sei und dinglich rückabgewickelt werden solle.[159] Ebenso wenig kann die Regelung eines Vergleichs bewirken, dass **Verfügungen** zu Lasten des haftenden Vermögens eines Beteiligten und insofern zu Lasten der Interessen Dritter zu einem früheren Zeitpunkt wirksam geworden seien.[160] Doch kann im Verhältnis zu Dritten ein Vergleichspartner geltend machen, die im Vergleich neu geordnete Rechtslage habe auch zuvor schon nicht anders bestanden.

32　**b) Tatsachenvergleich.** Da sich die **Regelungswirkung** des Vergleichs auf Rechtsfolgen beschränkt, kann auch eine Verständigung über das Vorliegen oder Nichtvorliegen von Tatsachen (vgl. RdNr. 9, 11 f.) rechtsverbindlich nur als Vereinbarung der sich daraus für das vorausgesetzte Rechtsverhältnis ergebenden Rechtsfolgen oder eines sonst vom zukünftigen Verhalten der Beteiligten abhängigen Interessenschutzes bestehen.[161] Das gilt auch, wenn vereinbart wird, gewisse Umstände im Prozess nicht vorzutragen. Eine Verständigung über tatsächliche Voraussetzungen nicht abdingbarer Rechtsfolgen ist deshalb nur insoweit verbindlich, wie den Beteiligten darüber ein der gesetzlichen Regelung nicht entgegenwirkendes Beurteilungsermessen zugestanden werden kann, oder soweit im Rahmen der prozessrechtlichen Dispositionsfreiheit Vereinbarungen über Prozesshandlungen getroffen werden können (RdNr. 14 ff.). Ein nach §§ 134, 138 nichtiges Rechtsgeschäft kann nicht für die Zwecke eines Rechtsstreits auf nicht zu beanstandende tatsächliche Voraussetzungen festgelegt, sondern nur neu abgeschlossen werden (RdNr. 58). An gesetzmäßiges Handeln gebundene Behörden oder Amtsträger können somit auch sich selbst nur im Rahmen des ihnen zukommenden Ermessensspielraums auf tatsächliche Voraussetzungen ihrer rechtsbestimmenden Handlungen oder Entscheidungen verbindlich festlegen (RdNr. 17).

33　**c) Änderungsvertrag.** Soweit der Vergleich auf eine **Neuordnung** streitiger Rechtsbeziehungen abzielt, ist er seiner Art nach Änderungsvertrag, auch soweit er eine Neuschaffung in Wahrheit nicht bestehender Rechte bewirkt. Nach seinem besonderen Regelungszweck bestätigt er eine bisher umstrittene Rechtslage inhaltlich in ihrer wesentlichen Rechtsnatur und gesteht den Beteiligten die sich daraus ergebenden Rechte zu. Insofern findet keine ersetzende Umschaffung (Novation) statt.[162] Nebenrechte und -pflichten,[163]

---

[157] *Hegler,* Beiträge zur Lehre vom prozessualen Anerkenntnis und Verzicht, 1903, S. 81 ff., 89 ff.; *Crome* System II S. 902; *Lehmann* S. 79 f.; *Bork* S. 155 ff.; s. ferner BGH WM 2003, 450, 452: „Mit dem beiderseitigen Nachgeben haben die Vergleichsschließenden die Rechtsfrage nach der ursprünglichen Begründetheit gerade offen gelassen."
[158] *v. Tuhr* III S. 254 f., 257; s. auch RdNr. 7.
[159] Vgl. auch OLG Frankfurt NJW-RR 1996, 14, das für eine Grundbuchberichtigung auf Grund einer im Vergleich erteilten Bewilligung eine konkrete Plausibilitätskontrolle verlangt.
[160] BGHZ 98, 160, 166 = NJW 1986, 2948, 2949 (zu II 3 b); *Bamberger/Roth/Fischer* RdNr. 36; vgl. auch LAG Hamm NZA 1988, 773; LG Lübeck NJW-RR 1996, 914 (erloschene Vormerkung).
[161] Ähnlich RGZ 153, 329 (für Patentrecht und Verletzungsfolgen); missverständlich BGHZ 113, 381, 383 = NJW 1991, 1615.
[162] RGZ 164, 212, 216 f.; BGH NJW-RR 1987, 1426, 1427 = LM Nr. 55; NJW 2002, 1503; 2003, 3345, 3346 (Prozessvergleich); BAG AP ZPO § 794 Nr. 14; OLG Düsseldorf NJW-RR 1989, 1171; OLG Karlsruhe NZG 2005, 627, 628; *Staudinger/Marburger* RdNr. 38; *Bork* S. 144 f.; *Schäfer* S. 40 ff. – Zur Novation s. RdNr. 34.
[163] BGH NJW 1988, 1965 = LM § 242 (Bb) Nr. 124 (fortwirkende Pflichten aus Ehe); OLG Karlsruhe NZG 2005, 627, 628 (Vergleich macht aus Abfindungsanspruch des Gesellschafters keine Entgeltforderung iS des § 288 Abs. 2); s. ferner *Bamberger/Roth/Fischer* RdNr. 19.

Einwendungen und Einreden[164] aus dem alten Schuldverhältnis bleiben bestehen, soweit nicht die Vergleichsregelung sich auf sie erstreckt.[165] Auch bisher bestehende Sicherungsrechte,[166] der Rang in der Insolvenz des Schuldners und vollstreckungsrechtliche Besonderheiten bleiben erhalten.[167] Doch kann auch insoweit idR keine Verschlechterung der Rechtsstellung Dritter eintreten (RdNr. 29). Soweit der Vergleich Ansprüche bestätigt, enthält er ein Anerkenntnis iS des § 212 Abs. 1 Nr. 1 mit der Folge, dass die **Anspruchsverjährung** neu beginnt und eine bereits abgelaufene nicht mehr geltend gemacht werden kann.[168] Die Zahlung auf einen geschlossenen Vergleich hat aber keinen Neubeginn der Verjährung von nicht in den Vergleich einbezogenen Ansprüchen zur Folge.[169] Auch enthält ein *Vergleichsangebot* des Schuldners idR noch keine nach § 212 Abs. 1 Nr. 1 die Verjährung unterbrechende **Anerkennung** von Ansprüchen, da es den Streit nicht aufhebt, sondern nur die vertragliche Streitbeilegung anstrebt.[170] Schon Vergleichsverhandlungen hemmen aber nach § 203 den Ablauf der Anspruchsverjährung.[171]

d) Novation. Die Beteiligten können das streitige Rechtsverhältnis auch auf eine **neue Rechtsgrundlage** stellen, zB eine Kaufpreisforderung in ein Darlehen umwandeln; dann entfallen die bisherigen Sicherungsrechte und Einwendungen, und die Verjährung richtet sich nach dem neuen Rechtsgrund.[172] Für einen Umschaffungswillen besteht zwar im Allgemeinen keine Vermutung.[173] Sie liegt aber nahe, wenn in der Streitbeilegung mehrere unterschiedliche Rechtsbeziehungen zu einer Gesamtregelung verknüpft werden.[174] Die Vereinbarung fest bestimmter Zahlungstermine setzt den Schuldner nach § 286 Abs. 2 Nr. 1 zwar ohne Mahnung in **Verzug**,[175] bewirkt aber nicht darüber hinaus eine Verselbständigung der Forderung. Die Verständigung über *deliktische Schadensersatzansprüche* hatte typischerweise den Sinn, die Umstellung der **kurzen Verjährung** nach §§ 852 Abs. 1 BGB aF, 14 StVG, 11 HPflG, 17 UmweltHG auf die reguläre des § 218 BGB aF herbeizuführen. Deshalb galten die anerkannten Ansprüche als vertraglich neu begründet und verselbständigt und unterlagen dadurch der regulären Verjährung nach § 195 aF.[176] Nachdem sich die Regelverjährung nunmehr auf drei Jahre beläuft, kann sich ein entsprechendes Bedürfnis auch jenseits deliktsrechtlicher Ansprüche ergeben. Dabei ist freilich zu beachten, dass § 202 Abs. 2, anders als § 225 aF, die Erschwerung der Verjährung durch Rechtsgeschäft im Grundsatz erlaubt, so dass es in Fällen dieser Art einer Schuldumschaffung nicht mehr bedarf. – Zur Verjährung beim Prozessvergleich s. RdNr. 79.

---

[164] RGZ 90, 169, 170 (fortlaufende Verjährung); *Bamberger/Roth/Fischer* RdNr. 19.
[165] BGH NJW 1995, 961 = LM § 781 Nr. 25 (Verzicht auf bekannte Einwendungen).
[166] RGZ 164, 212, 216 f.
[167] So auch *Staudinger/Marburger* RdNr. 39.
[168] BGH NJW-RR 1987, 1426, 1427 = LM Nr. 55; WM 1979, 205; *Bamberger/Roth/Fischer* RdNr. 22; s. aber auch BGH NJW 1982, 1815, 1816 (zu 4a); ferner LAG Berlin MDR 1999, 168: soweit der Vergleich die Verjährung nicht regelt, läuft diese weiter; vgl. ferner RdNr. 48.
[169] Insoweit unrichtig OLG Zweibrücken VersR 1994, 1439.
[170] BGH WM 1970, 548, 549; VersR 1965, 155; s. aber auch BGH VersR 1965, 958 (Vergleichsangebot bei Streit nur über die Höhe).
[171] Nach altem Recht galt dies nur für deliktische und ihnen gleichgestellte Ansprüche, s. § 852 Abs. 2 aF und dazu 3. Aufl. § 852 RdNr. 66 ff.
[172] RG LZ 1926, 229; OLG München OLGE 30, 35; näher zur Novation § 311 RdNr. 30 f.
[173] RGZ 164, 212, 217; BGH NJW-RR 1987, 1426, 1427 = LM Nr. 55; vgl. auch BGH NJW 2003, 3345, 3346 (Prozessvergleich); NJW 1986, 1490 = LM § 305 Nr. 36 (zu I 3a). – Die Ersetzung eines Unterhaltsanspruchs durch ein Arbeitsverhältnis kann Scheingeschäft sein (BGH NJW 1984, 2350).
[174] RG LZ 1926, 229 f.; *Staudinger/Marburger* RdNr. 38 f.
[175] OLG München FamRZ 1995, 1293. – Die Bestimmung einer Widerrufsfrist (RdNr. 82) genügt dafür nicht (OLG Frankfurt NJW-RR 1996, 304; aA OLG Düsseldorf MDR 1987, 495).
[176] BGH NJW 1985, 791 = LM § 249 (Bb) Nr. 40; VersR 1986, 684, 685; einschränkend – lediglich Neubeginn (Unterbrechung) der Verjährung – BGH NJW 1992, 2228 = LM § 781 Nr. 22; OLG Hamm r + s 1993, 459. S. auch BGH NJW-RR 1990, 664 = LM § 852 Nr. 109: für regelmäßig wiederkehrende Leistungen bleibt es bei der Verjährungsfrist des § 197 aF; OLG Karlsruhe VersR 1992, 375: das für eine Feststellungsklage erforderliche Rechtsschutzbedürfnis entfällt mit Neubegründung der Ansprüche. Vgl. noch RdNr. 47.

35   **2. Verfügungen, Abstraktionsprinzip.** Als Änderungsvertrag ist der Vergleich Verfügungsgeschäft, das auf das Ausgangsrechtsverhältnis **unmittelbar** einwirkt.[177] Sein rechtfertigender Grund (causa) ist nicht ein vorgeschaltetes Verpflichtungsgeschäft, sondern der dem Vergleich immanente Vertragszweck der Beseitigung von Streit oder Ungewissheit. Die Umgestaltung hat zur Folge, dass die Parteien auf die frühere Rechtslage nicht mehr zurückgreifen können. Unwirksamkeit (§ 779) oder Nichtigkeit des Vergleichsvertrages erfassen deshalb einheitlich sowohl die den Streit beilegende Rechtsgrundabrede wie auch die den gefundenen Interessenausgleich zum Ausdruck bringende Neu- oder Umgestaltung des vorausgesetzten Rechtsverhältnisses.[178] Anderes gilt, soweit in den Vergleich Verfügungen aufgenommen werden, die über den kausalen Feststellungszweck hinausgehen und etwa schon der **Erfüllung von Vergleichsverbindlichkeiten** dienen. Das kann eine Übereignung nach § 929 S. 2 oder auch eine Abtretung sein. Hier gilt wie sonst das **Abstraktionsprinzip**.[179] Danach sind Verfügungsgeschäfte gegenüber der Rechtsgrundvereinbarung verselbstständigt. Ihre Rechtswirksamkeit ergibt sich unabhängig von der Gültigkeit des Grundgeschäfts. Eine Rückabwicklung hat nach Bereicherungsrecht zu erfolgen. Ob der Parteiwille dementgegen eine Zusammenfassung der rechtsgeschäftlichen Regelungswirkungen bestimmen kann, ist umstritten (§ 139 RdNr. 20). Die strenge Geltung des Abstraktionsprinzips dürfte den Vorrang verdienen. Es dient der Verkehrssicherheit, indem es die Wirkung von Fehlern des Grundgeschäfts auf dieses beschränkt. Damit bildet es ein Gegengewicht gegen die weitgehenden Folgen, die das BGB dem Irrtum für die Rechtsbeständigkeit beimisst[180] – ein Gesichtspunkt, der auf die Regelung in § 779 in besonderem Maße zutrifft. Anders liegt es, wenn der Mangel sich zugleich auf das schuldrechtliche und das dingliche Rechtsgeschäft erstreckt (Fehleridentität), wie dies bei fehlender Geschäftsfähigkeit und uU auch bei Verstößen gegen §§ 134, 138 der Fall ist (vgl. § 138 RdNr. 164 f.).

36   **3. Vergleich als gegenseitiger Vertrag.** Der Vergleich ist nicht schon wegen des Erfordernisses beiderseitigen Nachgebens gegenseitiger Vertrag.[181] Mit Blick auf die Rechtsnatur des Vergleichs (RdNr. 33, 35) ist vielmehr zu unterscheiden zwischen der im Vergleichsvertrag geschaffenen Neuordnung und dem darin übernommenen ursprünglichen Rechtsverhältnis. Soweit der Vergleich in sich ein aufeinander bezogenes beiderseitiges Nachgeben enthält, werden die damit erbrachten Anerkenntnisse und Verzichte zwar typischerweise wechselseitig erbracht; für die §§ 320 ff. ist indes nur insoweit Raum, als der Vergleich zumindest für eine S. eine Leistungspflicht begründet (s. aber noch RdNr. 37). Sinn eines Vergleichs über umstrittene Verbindlichkeiten ist denn auch idR nicht nur die vertragliche Klarstellung noch zu erfüllender Ansprüche, sondern darüber hinaus, dass der Gläubiger die ihm als Ergebnis eines Nachgebens noch zustehende Leistung auch bekommt. Im Zusammenhang sich gegenseitig rechtfertigender Leistungen stehen also nicht Verzicht und Anerkenntnis, sondern *erbrachter Rechtsverzicht und noch zu erbringende Leistung*. Insofern finden die §§ 320 ff. Anwendung, ohne dass es darauf ankäme, ob der Vergleich *beiderseitige* Leistungspflichten neu begründet.[182] Es kann also auch der Gläubiger einer einseitig ver-

---

[177] *Larenz* I § 7 IV; *Esser/Weyers* BT/1 § 42 I; *Staudinger/Marburger* RdNr. 41 ff. (mit zutr. Hinweis in RdNr. 47 auf Ausnahmefälle, in denen der Vergleich ausschließlich obligatorischen Charakter hat); *Soergel/Lorentz* RdNr. 3; *Bamberger/Roth/Fischer* RdNr. 19; aA – rein obligatorischer Vertrag – RGRK/*Steffen* RdNr. 20; *Erman/Terlau* RdNr. 21; *Palandt/Sprau* RdNr. 1 a.
[178] *Larenz* I § 19 I a (S. 269); *Bork* S. 158 ff.; weitergehend – für ein strenges und umfassendes Abstraktionsprinzip beim Vergleich – *Schäfer* insbes. S. 96 ff.; abl. *Bork* AcP 194 (1994), 419 ff.
[179] AA *Flume* Rechtsgeschäft § 12 III, 3; *Larenz/Wolf* AT § 45 RdNr. 10 ff.
[180] *Flume* Rechtsgeschäft § 12 III, 3; *Larenz/Wolf* AT § 45 RdNr. 10 ff.
[181] *Staudinger/Marburger* RdNr. 51; *Bamberger/Roth/Fischer* RdNr. 20; *Palandt/Sprau* RdNr. 1 a; PWW/*Brödermann* RdNr. 2; AnwK-BGB/*Giesler* RdNr. 3; *Bork* S. 170 ff.; aA *Ennecerus/Lehmann* § 198 II; RGRK/*Steffen* RdNr. 20; *Erman/Terlau* RdNr. 22; *Ehmann* S. 112 ff., 124 ff.; offen gelassen von BGHZ 116, 319, 330 = NJW 1992, 967. Zur – regelmäßig zu verneinenden – Frage, ob der der Beseitigung bestehender Ungewissheit dienende Vergleich eine unentgeltliche Zuwendung iS des § 134 InsO begründet, s. BGH ZIP 2006, 2391 Tz. 14 ff.
[182] BGHZ 116, 319, 330 ff. = NJW 1992, 967; *Soergel/Lorentz* RdNr. 3; *Staudinger/Marburger* RdNr. 49 ff., 51; *Hofstetter* BB 1963, 1459 mwN; einschränkend *Esser/Weyers* BT § 42 III 2 c; *Siber* S. 388 f.

bliebenen Leistungspflicht, wenn er das ihm Zustehende nicht vertragsgemäß erhält, nach § 323 vom Vergleich **zurücktreten**,[183] und zwar auch dann, wenn er im Prozessvergleich über einen Vollstreckungstitel verfügt.[184] Die Beteiligten bleiben danach auf die Wahrnehmung ihrer Rechte aus dem ursprünglichen Rechtsverhältnis unter den jetzt gegebenen Umständen verwiesen.[185] Inwieweit sich ein Vergleich je nach Art und Gegenstand des Streits schon in einem Feststellungszweck erschöpft, mithin schon durch seinen Abschluss ein erfülltes Rechtsverhältnis darstellt und somit keinen Leistungsstörungen mehr unterliegt, bleibt Auslegungsfrage. Wird dem Vergleich ein **vertragliches Rücktrittsrecht** beigefügt, ist idR ein Rücktritt vom Vergleich gemeint. Seine Ausübung wirft die Beteiligten auf das streitige Rechtsverhältnis zurück. Ganz selbstverständlich ist das für den im Prozessvergleich vorbehaltenen Widerruf (RdNr. 82).

Für das in dem Vergleich unverändert **übernommene Rechtsverhältnis** gelten die ihm eigenen Rechtsregeln fort, bei einem gegenseitigen Vertrag also auch im Übrigen die für Leistungsstörungen. In einem Vergleich können auch **neue Verpflichtungen** synallagmatischer Art begründet werden, etwa wenn eine Partei sich gegen eine Abfindung zur Unterlassung von Wettbewerbshandlungen verpflichtet. Ein Abhängigkeitsverhältnis kann auch zwischen einer neu übernommenen und einer im Vergleich festgestellten alten Verpflichtung hergestellt werden, zB wenn gegen Stellung einer Sicherheit ein Teilnachlass gewährt wird oder wenn eine Partei anerkennt und die andere dafür eine zusätzliche Leistung verspricht. Wiederum bleibt es Auslegungsfrage, ob solche neu begründeten Leistungspflichten um der Streitbeilegung willen bestehen, ihre Nichterfüllung somit eine Leistungsstörung in dem engeren Rahmen des Vergleichsvertrages ergibt, oder ob sie dem geänderten ursprünglichen Rechtsverhältnis zuzuordnen sind und nach Rechtsgrund und Durchsetzung den Regeln dieses Rechtsverhältnisses unterliegen.[186] Dann kommt bei Leistungsstörungen die Anwendung der §§ 320 ff. auf das ganze (durch den Vergleich geänderte) Rechtsverhältnis in Betracht.[187] 37

4. Wirkung auf schwebenden Prozess. Anders als der Prozessvergleich (RdNr. 79) hat der außergerichtliche Vergleich keine unmittelbare Wirkung auf ein schwebendes Verfahren. Er hindert also nicht, dass eine bereits ergangene Entscheidung in Rechtskraft erwächst.[188] Insbesondere beendet er nicht den Prozess.[189] Das Gericht darf ihn erst beachten, wenn eine Partei sich auf ihn beruft.[190] Das weitere Verfahren bestimmt sich dann nach dem durch Auslegung zu ermittelnden Inhalt des Vergleichs und dem danach auszurichtenden Verhalten der Parteien. Zeigen sie dem Gericht gemeinsam den Abschluss des Vergleichs an, kann darin eine beiderseitige Erledigungserklärung (§ 91 a ZPO) liegen. Gegen die Weiterverfolgung des ursprünglichen Anspruchs hat der Beklagte die materiellrechtlichen Einwendungen aus dem abgeänderten (RdNr. 33 f.) Rechtsverhältnis. Es kann dem Parteiwillen entsprechen, dass der Kläger die Klage auf den durch Vergleich festgestellten Anspruch umstellt, um darüber einen Vollstreckungstitel erwirken zu können. Der Vergleich kann den Kläger auch verpflichten, die Klage zurückzunehmen oder jedenfalls das Verfahren nicht fortzusetzen (RdNr. 15); dann ist, wenn der Kläger das Verfahren trotzdem weiterbetreibt, die Klage 38

---

[183] BGHZ 116, 319, 331 f. = NJW 1992, 967; BGH NJW 1980, 1043 f. = LM § 242 (Cd) Nr. 225; RGZ 93, 290; vgl. auch BGH LM UWG § 1 Nr. 49 (zu II) = DB 1957, 990 f.; s. ferner LAG Köln BB 1996, 907 (Aufhebung des Arbeitsvertrages gegen zu zahlende Abfindung; dazu *v. Puttkamer* BB 1996 S. 1440.
[184] BGHZ 16, 388 = NJW 1955, 705; RG JW 1936, 1953.
[185] So auch *Staudinger/Marburger* RdNr. 52.
[186] Also etwa Sachleistungen der Gewährleistung: BGH NJW 1974, 363, 364 = LM § 493 Nr. 2; RGZ 54, 165, 167.
[187] BGH WM 1974, 369, 370; vgl. auch RG SeuffA 90 Nr. 19 S. 39 (Teilrücktritt bei gemischtem Vertrag).
[188] BGH LM ZPO § 794 Abs. 1 Ziff. 1 Nr. 12/13 = JZ 1964, 257; *Soergel/Lorentz* RdNr. 35.
[189] BGH LM ZPO § 794 Abs. 1 Ziff. 1 Nr. 12/13 = JZ 1964, 257; RGZ 142, 1, 3 = JW 1934, 92, 93 m. Anm. *Lent*; BAG AP ZPO § 794 Nr. 21 = NJW 1973, 918; *Soergel/Lorentz* RdNr. 35; unzutr. OLG Oldenburg JZ 1958, 279; dazu *Bonin* S. 268.
[190] Zur Frage, inwieweit das als neues Vorbringen in der Revisionsinstanz unbeachtlich ist, s. BAG NJW 1982, 788 f. mN; *Stein/Jonas/Grunsky* (21. Aufl.) § 561 ZPO RdNr. 13.

durch Prozessurteil als unzulässig abzuweisen.[191] – Zur außergerichtlichen Vereinbarung gerichtlicher Protokollierung s. RdNr. 28.

IV. Form des Vergleichs

39 1. **Verpflichtungsgeschäfte.** Der Vergleich als solcher bedarf **keiner besonderen Form;** er kann also auch durch schlüssiges Verhalten (RdNr. 28) zustande kommen. Für einen Vergleich, der ein gegenseitiges Nachgeben erkennen lässt (RdNr. 1), ist das selbstverständlich; es gilt aber auch für den zur Beilegung eines ernstlichen Streits geschlossenen kausalen Anerkenntnisvertrag (RdNr. 67; § 781 RdNr. 3; § 782 RdNr. 3), der zwar nur ein einseitiges Nachgeben enthält, kraft seines Regelungszweckes aber kein unentgeltliches Versprechen darstellt. § 782 befreit darüber hinaus von dem Formerfordernis der §§ 780, 781, wenn das Schuldversprechen oder -anerkenntnis im Wege des Vergleichs erteilt wird. Im Übrigen aber gilt, dass sich, wenn der Streitbeilegungsvertrag die **Eingehung formbedürftiger Verpflichtungen** enthält, die nicht schon in dem zugrundeliegenden Rechtsverhältnis formgerecht begründet worden sind, das jeweilige Formerfordernis (etwa dasjenige aus §§ 311 b Abs. 1 S. 1, 492, 623, 766 S. 1) auch auf den Vergleich erstreckt.[192] Ein Formerfordernis ergibt sich für den Vergleich aber nicht schon daraus, dass in ihrer Wirksamkeit umstrittene formbedürftige Verbindlichkeiten möglicherweise (RdNr. 33) neu begründet werden müssen. Vielmehr hängt die Wirksamkeit eines formlos oder nicht formgerecht geschlossenen Vergleichs über die Wirksamkeit formbedürftiger Verbindlichkeiten davon ab, ob diese in Wahrheit bereits wirksam bestanden haben und nur in den Vergleich übernommen worden sind, oder ob sie neu begründet werden mussten. Insoweit erfordert ein **Streit über die Wirksamkeit des Vergleichs** ein Zurückgreifen auf die frühere Rechtslage. Eben deshalb erfüllt in solchen Fällen ein Vergleich den Zweck der Streitbeilegung zuverlässig nur durch wiederholte Erfüllung der umstrittenen Formerfordernisse. Gesetzliche Heilungsregeln (§§ 311 b Abs. 1 S. 2, 494 Abs. 2 und 3, 518 Abs. 2, 766 S. 2, 2301 Abs. 2) gelten allerdings auch für den Vergleich.

40 Da gesetzliche Formerfordernisse nur die Erklärungsform betreffen, sind Verständigungen über Umstände, die nicht zum Inhalt der Erklärung gehören, also insbesondere über umstrittene **Einwendungen** und **Einreden,** formfrei wirksam. In diesen Grenzen bedarf mithin bei formgerecht abgeschlossenen Verträgen die Beilegung von Streit über deren Wirksamkeit in einem Vergleich keiner Erklärungsform. Formfreie Zustimmungserklärungen sind auch in einem Vergleich formfrei wirksam (§ 182 RdNr. 15 ff.).

41 Ist die **Aufhebung** oder **Abänderung** von Verbindlichkeiten als solche formbedürftig,[193] gilt das dementsprechend (RdNr. 39) auch für den Vergleich. Bei nach § 311 b Abs. 1 S. 1 formbedürftigen Grundstücksgeschäften ist die Aufhebung einer noch zu erfüllenden Veräußerungs- und Erwerbspflicht formfrei wirksam.[194] Nach Auflassung und Stellung des Umschreibungsantrags, wenn also die Beteiligten das ihrerseits Erforderliche zur Vertragserfüllung getan haben und der Erwerber nach hM ein Anwartschaftsrecht erlangt hat,[195] ist dagegen die Vertragsaufhebung (nur) insoweit formbedürftig, als der Aufhebungsvertrag selbst eine vertragliche Rückübertragungsverpflichtung begründet.[196]

---

[191] Vgl. RdNr. 15; *J. Blomeyer* Anm. zu BAG AP ZPO § 794 Nr. 21; *Lent* JW 1934, 92 zu RGZ 142, 1, 3; *Stein/Jonas/Schumann* (21. Aufl.) § 269 ZPO RdNr. 5, *Bamberger/Roth/Fischer* RdNr. 28.
[192] RG JW 1905, 721; RGZ 72, 209, 210 und 94, 147, 152 f.; zu § 492 (bzw. § 4 VerbrKrG) BGH ZIP 2008, 357, 360 (mit zutr. Hinweis auf § 491 Abs. 3 Nr. 1 bzw. § 3 Abs. 2 Nr. 3 VerbrKrG); OLG Karlsruhe WM 2007, 590, 592; s. aber auch BGH NJW-RR 1987, 13 und 1374; OLG Düsseldorf NJW-RR 1998, 1099: Nach Beendigung der Tätigkeit geschlossener Vergleich über Architekten- oder Ingenieurhonorar bedarf nicht der Form des § 4 Abs. 1 HOAI.
[193] S. für Grundstücksgeschäfte § 311 b RdNr. 57 ff.; für die Bürgschaft § 766 RdNr. 5.
[194] Näher dazu § 311 b RdNr. 60; s. ferner OLG Köln NJW-RR 1995, 1107.
[195] S. 4. Aufl. § 925 RdNr. 35 ff., aber auch *Habersack* JuS 2000, 1145 ff. mwN.
[196] BGHZ 127, 168, 173 f. = NJW 1994, 3346, 3347 = LM § 313 Nr. 137 (zu II 2 c); näher § 311 b RdNr. 60, dort auch zur Möglichkeit, zunächst das Anwartschaftsrecht zu beseitigen und danach den Vertrag formfrei aufzuheben.

Begriff des Vergleichs, Irrtum über die Vergleichsgrundlage 42–45 § 779

2. Verfügungsgeschäfte. Soweit ein Vergleich über die Streitbeilegung als Rechtsgrund- 42 geschäft hinaus auch schon vollziehende **Verfügungen** enthält, unterliegen diese den für sie geltenden Formbestimmungen, eine Auflassung also nach § 925 Abs. 1 der Hinzuziehung eines Notars. Dagegen unterliegt die Aufhebung einer noch nicht vollzogenen Auflassung keinem Formzwang (4. Aufl. § 925 RdNr. 33).

3. Gerichtliche Protokollierung. Ein ordnungsgemäß protokollierter[197] **Prozessver-** 43 **gleich** (RdNr. 77) **ersetzt** nach § 127a jede vom Gesetz für ein Rechtsgeschäft **vorgeschriebene Form,**[198] neben der öffentlichen Beglaubigung (§ 129 Abs. 2) also auch die notarielle Beurkundung und mit ihr die Schriftform (§ 126 Abs. 4). Das gilt nach § 1053 Abs. 3 ZPO auch für den Schiedsspruch mit vereinbartem Wortlaut (RdNr. 85),[199] nicht aber für den Anwaltsvergleich (RdNr. 99). Auch die **Auflassung** kann zwar, wie § 925 Abs. 1 S. 3 ausdrücklich bestimmt, in einem gerichtlichen Vergleich erklärt werden. Allerdings steht der in der Praxis verbreitete befristete Widerrufsvorbehalt, bei dem es sich materiellrechtlich um eine aufschiebende Bedingung handelt (RdNr. 82), der Wirksamkeit der nach § 925 Abs. 2 bedingungsfeindlichen Auflassung entgegen.[200]

Ein Prozessvergleich kann auch nicht die Form für solche Erklärungen ersetzen, die nach 44 ihrem Inhalt nicht Bestandteil eines Vergleichs sein können. Das gilt insbesondere für die Errichtung und den Widerruf eines Testaments (RdNr. 5; 4. Aufl. § 2231 RdNr. 14). Dagegen kann ein **Erb- oder Erbverzichtsvertrag** in der Form des gerichtlichen Vergleichs geschlossen (4. Aufl. § 2276 RdNr. 8, § 2348 RdNr. 6) und auf diese Weise auch ein früheres Testament beseitigt werden.[201] Soweit ein Beteiligter wie der Erblasser beim Erb- oder Erbverzichtsvertrag (§§ 2274, 2347 Abs. 2) den Vertrag nur *persönlich* schließen kann, handelt es sich allerdings nicht um eine ersetzbare Form; er muss seine Erklärung deshalb persönlich abgeben (4. Aufl. § 2276 RdNr. 8, § 2347 RdNr. 8), bei Anwaltszwang (RdNr. 53) gemeinsam mit seinem Prozessbevollmächtigten.[202] Bedarf es zum Wirksamwerden einer formgebundenen Erklärung auch deren **Erteilung** (§§ 761, 766), so genügt schon die gerichtliche Protokollierung im Vergleich jedenfalls dann, wenn sich die Erklärung an einen Prozessbeteiligten richtet, der nach Verfahrensrecht einen Anspruch auf Erteilung einer Ausfertigung hat.

V. Tragweite und Arten des Vergleichs

1. Allgemeines. Die **Auslegung** des Vergleichs richtet sich nach den allgemeinen 45 Regeln (§§ 133, 157).[203] Insbesondere können neben den eigentlichen Vertragserklärungen vorangehende Verhandlungen und begleitende Schriftwechsel heranzuziehen sein.[204] Das gilt auch für den Prozessvergleich (RdNr. 43).[205] Der Auslegung unterliegt auch der von den Beteiligten als Auslegung eines umstrittenen Rechtsgeschäfts bezeichnete Vergleichs-

---

[197] S. § 127a RdNr. 8; ferner unten RdNr. 77f.
[198] BGHZ 14, 381, 386f. = NJW 1954, 1886.
[199] Zur entsprechenden Rechtslage unter Geltung des § 1044a ZPO aF s. 3. Aufl. RdNr. 43.
[200] HM, s. BGH NJW 1988, 415, 416 = LM GBO § 19 Nr. 10; OLG Celle DNotZ 1957, 660; § 925 RdNr. 25; *Walchshöfer* NJW 1973, 1103, 1107; *Staudinger/Marburger* RdNr. 104; aA 3. Aufl. RdNr. 43 *(Pecher)*; Tempel, FS Schiedermair, 1976, S. 532; *Stein/Jonas/Münzberg* § 794 ZPO RdNr. 16 Fn. 69; im Ergebnis auch BVerwG NJW 1995, 2179, 2180. S. ferner BayObLG NJW 1972, 2131 (Unwirksamkeit der für den Fall eines bestimmten Prozessausgangs erklärten Auflassung).
[201] BGH FamRZ 1960, 28, 30; OLG Köln OLGZ 1970, 114, 115.
[202] BGH NJW-RR 2003, 1453 (ergänzende Auslegung); BayObLGZ 1965, 86, 89 = NJW 1965, 1276.
[203] BGH LM § 133 (D) Nr. 7 = MDR 1975, 747; NJW 2003, 1734 (dort auch zum Grundsatz der interessengerechten Auslegung); s. ferner OLG Hamm NJW 2005, 2238: In Prozessvergleich übernommene Pflicht zur Zahlung von „5% Zinsen über dem Basiszinssatz" ist iS des § 288 Abs. 1 S. 2 auszulegen. Zur Inhaltskontrolle von Ausgleichsquittungen und Verzichtserklärungen des Arbeitnehmers s. *Preis/Bleser/Rauf* DB 2006, 2812ff.
[204] BGH NJW-RR 1995, 1201, 1202 = LM § 157 (C) Nr. 45 = VersR 1995, 1465; KG VersR 1970, 350 m. Anm. *Sack* 746.
[205] BGH NJW-RR 1995, 1201, 1202 = LM § 157 (C) Nr. 45 = VersR 1995, 1465; unzutr. OLG Frankfurt VersR 1995, 1061.

inhalt (vgl. RdNr. 31). Da sich in der Verkehrsauffassung kaum typische Erscheinungsformen von Vergleichsverträgen herausgebildet haben, kann das **Revisionsgericht** die tatrichterliche Auslegung eines Vergleichs wie sonst bei Individualverträgen nur darauf nachprüfen, ob das angefochtene Urteil auf einem Verstoß gegen allgemeine Auslegungsregeln, Erfahrungssätze oder Denkgesetze beruht oder nicht alle für die Auslegung wesentlichen Umstände berücksichtigt worden sind.[206] Das gilt auch für die Auslegung des materiellrechtlichen Inhalts eines als Prozessvergleich zu Protokoll des Gerichts geschlossenen Vergleichs.[207] Ein Gericht kann die in einem Prozessvergleich abgegebenen Erklärungen aber insoweit frei auslegen, als es sich um deren Wirkungen für das Verfahren handelt. Vgl. zur Auslegung von Prozessvergleichen noch RdNr. 71 aE.

2. Allgemeine Verzichtserklärungen. Eine Abrede, dass mit dem Vergleich *alle gegenseitigen Ansprüche* erledigt sein sollen, bezieht ihren typischen Erklärungsinhalt einmal aus dem Zweck der Streitbeilegung und zum anderen aus der Eigenart der streitigen Rechtsbeziehung. Das gilt insbesondere für die in Prozessvergleichen übliche **„Erledigungsklausel"**. Sie kann sich über die geltend gemachten Ansprüche hinaus erstrecken, bleibt aber auf die Grenzen des streitig gewesenen Rechtsverhältnisses beschränkt[208] und kann auch im Übrigen einschränkend auszulegen sein.[209] Insbesondere fallen Ansprüche, die außerhalb des Erwartungshorizonts der Streitbeilegung liegen, im Zweifel nicht unter eine allgemein gefasste Verzichtserklärung.[210] Eine solche Klausel erfasst insbesondere nicht Ansprüche, die sich aus einem arglistig verschwiegenen Verhalten des Vertragspartners ergeben,[211] wenn nicht konkrete Verdachtsgründe dafür in die Streitbeilegung einbezogen waren.[212] Zudem werden von einer Klausel, die sich auf „sämtliche wechselseitigen Ansprüche" bezieht, später entstehende Ansprüche grundsätzlich nicht erfasst.[213] Auch ist ein *Generalverzicht* als wesentlicher Inhalt eines Vergleichs keine verallgemeinernd auslegbare typische Vertragsklausel.[214] Eine solche liegt auch nicht schon dann vor, wenn gleich lautende Vergleiche mit einer größeren Zahl von Arbeitnehmern über dieselbe Streitfrage geschlossen werden.[215] Der Verzicht eines Verbrauchers auf alle bekannten und unbekannten **Einreden aus dem Kreditverhältnis** umfasst neben den Einreden im eigentlichen Sinne auch Einwendungen, des Weiteren sämtliche Gegenrechte aus dem finanzierten Geschäft, soweit diese nach § 359 auch dem Darlehensgeber entgegengehalten werden können.[216] Die Darlegungs- und Beweislast für einen vom klaren Wortlaut einer Verzichtsklausel abweichenden Parteiwillen liegt bei demjenigen, der sich darauf beruft.[217] Da der Gegenstand des Rechtsverzichts zum

---

[206] BGHZ 58, 355, 361 = NJW 1972, 1577, 1579; BGH NJW 1984, 1346f. = LM § 133 (B) Nr. 23; NJW 2000, 1942, 1943; BAG AP § 133 Nr. 34; § 781 Nr. 2.
[207] BGH LM § 133 (D) Nr. 4 = MDR 1968, 576; BAG AP § 133 Nr. 32; RGZ 154, 319, 320; weitergehend BAGE 42, 244, 249f. = AP TVAL II § 21 Nr. 2; offen gelassen von BGH NJW-RR 1995, 1201, 1202 = LM § 157 (C) Nr. 45 = VersR 1995, 1465, 1466.
[208] Beispiel: BGH NJW-RR 1995, 1201, 1202 = LM § 157 (C) Nr. 45 = VersR 1995, 1465; bedenklich BGH VersR 1983, 38; s. ferner BGH WM 2003, 450, 452 betr. den Vorrang in der Insolvenz eines Gesamtschuldners: Prozessparteien wollen „auch einen Streit über zusätzliche Rechtsfolgen wenigstens im Zusammenhang mit demselben Streitgegenstand" ausschließen; s. dazu noch Fn. 251.
[209] BAG AP § 242 Ruhegehalt Nr. 163 (kein Verzicht auf betriebliches Ruhegehalt); NJW 1975, 407 = AP § 630 Nr. 9 (auf qualifiziertes Zeugnis); BGH NJW-RR 1995, 1201 (nicht miterörterte Gewährleistungsmängel); s. aber auch BGH WM 2003, 450, 452 und dazu Fn. 208, 251.
[210] BAG AP § 133 Nr. 32; BGHZ 123, 76, 82 = NJW 1993, 2176, 2177 (zu 2); BGH DtZ 1995, 404 = LM BRüG § 1 Nr. 1 (zu II aE); *Staudinger/Marburger* RdNr. 58. – Wie auch sonst ist der Verzicht auf unbekannte Rechte nicht zu vermuten (BGH NJW 1994, 379, 380).
[211] BGH NJW 1984, 1346, 1347 = LM § 133 (B) Nr. 23.
[212] Beispiel: OLG Celle MDR 1989, 252 (Vortäuschung von Eigenbedarf im Mieträumungsprozess).
[213] OLG Köln MDR 2000, 140; s. aber auch OLG Celle VersR 1998, 738.
[214] BAGE 3, 116, 118 = AP ZPO § 550 Nr. 5; BGH NJW 1984, 1346, 1347 = LM § 133 (B) Nr. 23.
[215] AA BAGE 42, 244, 249f. = AP TVAL II § 21 Nr. 2.
[216] OLG Karlsruhe WM 2007, 590, 592 (dort auch zutr. gegen Anwendbarkeit des § 492 Abs. 1 S. 5 Nr. 1–7); OLG Karlsruhe ZIP 2007, 765. Zur Vergleichsbefugnis des Verbrauchers s. aber auch RdNr. 11; allg. zur Formbedürftigkeit des Vergleichs RdNr. 39.
[217] BGH NJW 1995, 3258; WM 2003, 450, 452.

wesentlichen Inhalt des Vergleichs gehört, kann eine Anfechtung nach § 119 Abs. 1 wegen Inhaltsirrtums in Betracht kommen (RdNr. 60).

3. Abfindungsvergleich. Bei der Regulierung von **Haftpflichtschäden** gibt der Verletzte häufig gegenüber dem Versicherer des Schädigers eine Abfindungserklärung auch für alle nicht bekannten einschließlich etwaiger künftiger Schäden ab.[218] Dann ist zunächst durch **Auslegung** festzustellen, ob die Parteien sich einen begrenzten Schadenskreis vorgestellt[219] und unvorhersehbare Schäden nicht einbezogen haben.[220] Das liegt insbesondere nahe, wenn der beigelegte Streit nur bestimmte Schadensbereiche betraf und die Beteiligten umfangreiche Beweisaufnahmen ersparen wollten. Insoweit ergreift ein Verzicht aber jedenfalls vorhersehbare Schäden.[221] Ausdrückliche **Vorbehalte** bedürfen der Auslegung im Einzelfall.[222] Für eine einschränkende Auslegung der Abfindungserklärung ist aber dann kein Raum, wenn die Parteien eindeutig über die bei Vergleichsabschluss bestehende und zu erwartende Gestaltung der Schadensfolgen hinaus Vorsorge treffen und auch **unbekannte** und **unvorhersehbare Schäden** einbeziehen wollten.[223] Das liegt nahe, wenn die Beteiligten mit dem Vergleich ernstliche Zweifel über die Ersatzpflicht dem Grunde nach ausräumen und deshalb die Abgeltung eines Schadens abschließend erledigen wollten,[224] ferner, wenn die Vergleichssumme einen Risikozuschlag für zukünftige Schäden enthält. Dann sind jegliche Nachforderungen ausgeschlossen.[225] Sie sind weder mit Vergleichsirrtum iS des § 779[226] noch mit Wegfall der Geschäftsgrundlage[227] zu rechtfertigen; denn das Risiko für solche Schäden gehört zum Inhalt des Vergleichs. Ein mit einer Abfindungsklausel versehener **Rentenvergleich** schließt aber nicht zwingend den Unterhaltszweck aus, so dass eine spätere Erhöhung wegen Störung der Geschäftsgrundlage (RdNr. 69) in Betracht kommen kann.[228] Lässt sich der Schuldner auf einen Vergleich ein, in dem sich der Geschädigte weitere Ansprüche (insbesondere wegen Spätschäden) in dem Sinne vorbehält, dass er auf sie nicht verzichtet, so kann ein Anerkenntnis iS von § 212 Abs. 1 Nr. 1 anzunehmen sein, das lediglich die gesetzliche Verjährungsfrist neu in Lauf setzt.[229]

Jedoch steht der Berufung auf die Abfindungserklärung der **Einwand unzulässiger Rechtsausübung** entgegen, wenn sich aus dem Eintreten nicht vorhergesehener Spätfolgen eines Delikts ein so **krasses Missverhältnis** zwischen Schaden und Abfindungsleistung ergibt, dass das Festhalten am Vergleich für den Geschädigten eine außergewöhnliche Härte

---

[218] Dazu *Klimke* VersR 1975, 686; *Bork* S. 303 ff.; zu den anwaltlichen Beratungspflichten s. BGH NJW 2002, 292 und 1048; *Edenfeld* MDR 2001, 972; *Euler* SVR 2005, 10; *Heß/Burmann* NJW-Spezial 2004, 207.
[219] OLG Hamm NZV 1994, 435 (für unzutr. Annahme vorrangigen gesetzlichen Forderungsübergangs).
[220] BGH NJW 1955, 1025 = LM Nr. 8; RGZ 131, 278, 283.
[221] BGH NJW 1956, 217 = LM Nr. 10; NJW 1991, 1535 = LM § 242 (Bb) Nr. 135 (zu II 1); NJW-RR 1992, 714 f.; s. ferner OLG Koblenz NJW 2004, 782 (Schmerzensgeld).
[222] OLG Hamm NJW 1995, 790; OLG Nürnberg VersR 1970, 92; s. ferner BGH NJW 2002, 1878, 1880 (dazu noch Fn. 223). – Es kann auch eine Anerkennung dem Grunde nach anzunehmen sein: BGH NJW 1986, 1337, 1338 = LM § 852 Nr. 87; LG Bielefeld NZV 1990, 193.
[223] BGH NJW 1957, 1395 = LM Nr. 11 = JZ 1958, 363 m. Anm. *Süß*; RGZ 131, 278, 283 f.; OLG Koblenz VersR 1996, 232; OLG Düsseldorf NZV 1995, 482; s. ferner BGH NJW 1999, 1782; 2002, 1878, 1880 (Abfindungsvergleich, in dem eindeutig die Einstellung des Versicherers zum Ausdruck kommt, dass Schadensregulierung endgültig abgeschlossen ist, beendet Verjährungshemmung gemäß § 3 Nr. 3 S. 3 PflVersG auch für die im Vergleich vorbehaltenen Ansprüche auf Ersatz erst in der Zukunft möglicher materieller Schäden, soweit diese von der Anspruchsanmeldung umfasst sind).
[224] *Bamberger/Roth/Fischer* RdNr. 31 („wechselseitiges negatives Schuldanerkenntnis"); vgl. auch OLG Köln MDR 2000, 140.
[225] BGH NJW 1984, 115 = LM § 242 (Bb) Nr. 107 (Besoldungsverbesserungen); OLG Saarbrücken VersR 1985, 298 (Lohnfortzahlung).
[226] *Staudinger/Marburger* RdNr. 59; s. ferner RdNr. 62.
[227] So auch *Staudinger/Marburger* RdNr. 59; s. ferner RdNr. 68 aE.
[228] BGHZ 105, 243, 246 = NJW 1989, 289 f.
[229] BGH NJW 1992, 2228, 2229 = LM § 781 Nr. 22; OLG Hamm r+s 1993, 459; näher zu Abgeltungsklauseln betreffend Spätfolgen eines Verkehrsunfalls OLG München ZMR 1998, 93, 94; OLG Hamm r+s 1998, 193, 194. – Vgl. iÜ RdNr. 34.

bedeuten und die zumutbare Opfergrenze überschreiten würde.²³⁰ Die Rechtsprechung ist schwankend²³¹ und kompensiert hier auch Zweifel bei der Auslegung. Eine Nachforderung wird insbesondere begünstigt, wenn die Vergleichssumme keinen Risikozuschlag einschließt.²³² Für die **Verjährung** solcher nicht abschließend miterledigter Ansprüche²³³ ist zu unterscheiden, ob sie durch den Vergleich als dem Grunde nach mitanerkannt zu gelten haben oder ob sie ganz außerhalb der Vergleichsregelung geblieben sind. Im zweiten Fall unterliegen sie unverändert der für den Gläubiger deliktischer Ansprüche oft ungünstigen gesetzlichen Verjährung nach §§ 195, 199. Im ersten Fall ist in entsprechender Anwendung von §§ 205, 212 Abs. 1 Nr. 1 ein rechtsgeschäftliches Entgegenkommen anzunehmen,²³⁴ nach dem die gesetzliche Verjährung erst in dem Zeitpunkt beginnt, in dem die Berufung des Schuldners auf die Abfindungserklärung wegen des Umfangs des eingetretenen Schadens gegen Treu und Glauben verstößt und dem Geschädigten auf Grund der ihm bekannten Tatsachen jedenfalls die Erhebung der Feststellungsklage zuzumuten ist.²³⁵

49 **4. Einzelfälle.** Ergibt die Auslegung eines Vergleichs, dass es sich um eine **Gesamtbereinigung** der beiderseitigen Beziehungen handeln soll, sind auch ohne ausdrückliche Verzichtsklauseln alle Ansprüche erledigt, die sich ein Beteiligter nicht vorbehalten hat; das ist insbesondere bei der Beendigung eines Arbeitsverhältnisses anzunehmen.²³⁶ Ein im Anschluss an eine Kündigung des Arbeitsverhältnisses geschlossener Abfindungsvergleich ist in der Regel dahin auszulegen, dass ein **Wiedereinstellungsanspruch** nicht bestehen soll; der Arbeitgeber kann dann den Vergleich bei der Auswahl des wiedereinzustellenden Arbeitnehmers berücksichtigen.²³⁷ Auch die Erledigung abzurechnender Schäden und Aufwendungen durch Vergleich lässt **Nachforderungen** grundsätzlich nicht zu.²³⁸ Wird ein Schulderlass von der Zahlung eines bestimmten Betrages bis zu einem festen Termin abhängig gemacht, so ist die Leistungshandlung (Absendung, Überweisung) gemeint;²³⁹ die Hergabe eines ungesicherten Schecks genügt nicht.²⁴⁰ Die als Anreiz für eine Leistung bis zu einem bestimmten Termin zugesagte Gegenleistung verfällt, wenn die Leistung nicht rechtzeitig erbracht wird.²⁴¹ Zum Sinn einer Streitbeilegung kann es gehören, dass der Gläubiger die ihm zugestandene Leistung alsbald und ungeschmälert erhält; dann ist dem Schuldner die **Aufrechnung** mit einer Gegenforderung, die er bei den Vergleichsverhandlungen hätte offenlegen können, nach Treu und Glauben verwehrt.²⁴² Eine streitbereinigende Abfindungsvereinbarung, die einen festen Forderungsbetrag bestimmt, muss nicht dahin auszulegen sein, dass schon vorher erbrachte Leistungen nicht **anzurechnen**

---

²³⁰ BGH LM Nr. 16 = VersR 1961, 382, 383; LM Nr. 25 = VersR 1966, 243 f.; VersR 1967, 804; RGZ 131, 278, 282 f.; OLG Hamm VersR 1998, 631, 632; OLG München ZMR 1998, 93, 94.
²³¹ Nachforderung zulassend: BGH LM Nr. 25 = VersR 1966, 243 f.; OLG Köln VersR 1988, 520 = NJW-RR 1988, 924; abl.: BGH NJW 1991, 1535 = LM § 242 (Bb) Nr. 135; NJW 1984, 115 = LM § 242 (Bb) Nr. 107; OLG Frankfurt DAR 1993, 147; OLG Hamm VRS 1987, 2; OLG Saarbrücken VersR 1985, 298; OLG Frankfurt VRS 1993, 162; OLG Koblenz VersR 1996, 232.
²³² BGH VersR 2001, 641; OLG Köln NJW-RR 1988, 924; OLG Hamm VersR 1987, 389; OLG Nürnberg VersR 2001, 982; OLG Schleswig VersR 2001, 983.
²³³ Zu angemeldeten, aber vorbehalten Ansprüchen s. BGH NJW 2002, 1878, 1880 f. und dazu Fn. 223.
²³⁴ BGH VersR 1965, 958; NJW 1986, 1337, 1338 = LM § 852 Nr. 87; s. dazu auch BGH NJW 2002, 1878, 1880.
²³⁵ BGH LM Nr. 25 = VersR 1966, 243, 245; vgl. auch BGH NJW 1992, 2228 = LM § 781 Nr. 22; OLG Hamm VersR 1996, 78.
²³⁶ OLG Düsseldorf NZG 1998, 33, 34 (Arbeitgeberdarlehen); LAG Düsseldorf NZA 1988, 696.
²³⁷ BAG ZIP 2000, 1781, 1785; *Nicolai/Noack* ZfA 2000, 87, 109 ff. Zur Frage eines Wegfalls der Geschäftsgrundlage s. noch RdNr. 68.
²³⁸ OLG Oldenburg VersR 1992, 377.
²³⁹ *Knütel* MDR 1995, 437.
²⁴⁰ OLG Hamm VersR 1993, 1548; s. ferner BGH BKR 2002, 419, 420: vollstreckungsbeschränkende Vereinbarung, durch die sich der Schuldner zu Teilzahlungen verpflichtet, hindert Gläubiger nicht an Vollstreckung, wenn der Schuldner mit einer Ratenzahlung in Verzug gerät.
²⁴¹ LG Kassel NJW-RR 1994, 466 (Räumung); s. ferner BGH (vorige Fn.).
²⁴² BGH LM § 387 Nr. 63; BGHZ 120, 387, 394 = NJW 1993, 1396, 1398 = LM § 387 Nr. 87 (zu II 2a) m. Anm. *Wax* = ZZP 107 (1994), 81 m. Anm. *Becker-Eberhard*.

sind.²⁴³ Ist für die Bemessung von Zahlungspflichten aus einem Vergleich das Einverständnis bestimmend, dass ein Beteiligter gemeinschaftliche Schulden allein tilgen werde, so kann darin eine zusätzliche **Freistellungsvereinbarung** zu sehen sein.²⁴⁴ Aus einem Vergleich über einen noch offenen **Teil eines Streits** kann sich das Einverständnis ergeben, es bei einer schon ergangenen gerichtlichen Entscheidung über einen anderen Teil zu belassen und auf Rechtsmittel zu verzichten.²⁴⁵ Die Befriedungsfunktion eines Unterhaltsvergleichs schließlich steht einer Auslegung, wonach Erfüllung und Weiterbestand der Unterhaltspflicht vom bloßen Willen oder von der Enttäuschung einer bloßen Hoffnung des Unterhaltspflichtigen auf Fortbestand der Ehe abhängig sein soll, nicht entgegen.²⁴⁶

5. Vergleich mit einem Gesamtschuldner. Schließt ein Gläubiger einen Vergleich nur 50 mit einem von mehreren Gesamtschuldnern, so gilt für einen darin enthaltenen (Teil-) Erlass § 423. Danach wirkt ein Erlass auch für die weiteren Mitschuldner nur, wenn durch den Vergleich insoweit „das ganze Schuldverhältnis" aufgehoben werden soll (§ 423 RdNr. 4 f.).²⁴⁷ Eine solche **Gesamtwirkung** kann insbesondere anzunehmen sein, wenn der begünstigte Schuldner nach der Vorstellung der Beteiligten für die Schuld letztlich allein aufzukommen hätte.²⁴⁸ Eine ergänzende Vertragsauslegung kann erforderlich sein, wenn den Vergleichspartnern die Mithaftung weiterer Gesamtschuldner nicht bekannt oder nicht gegenwärtig war.²⁴⁹ Ist ein Schadensfall in seinem gesamten Umfang Gegenstand einer formularmäßigen Abfindungsvereinbarung (RdNr. 47), so ist der damit verbundene Verzicht auf Ansprüche gegen nicht benannte Dritte überraschend und unangemessen iS von §§ 305 c Abs. 1, 307.²⁵⁰

Der Gläubiger kann mit einem Gesamtschuldner auch einen **Einzelvergleich** mit der 51 Wirkung abschließen, dass die Haftung anderer Mitschuldner auf die ganze Schuldsumme davon nicht berührt wird.²⁵¹ Solche Einzelvergleiche liegen auch dann vor, wenn mit mehreren Gesamtschuldnern in der Weise ein Widerrufsvergleich (RdNr. 82) geschlossen wird, dass jeder den Vergleich für sich widerrufen kann.²⁵² Dadurch kann nicht das gesetzliche Ausgleichsverhältnis unter Gesamtschuldnern (§ 426) in der Weise beeinflusst werden, dass einem der Gesamtschuldner zu Lasten anderer ein geringerer oder kein Anteil zufällt.²⁵³ In Anspruch genommene andere Mitschuldner können also den vom Vergleich Begünstigten über die vereinbarte Vergleichssumme hinaus in Regress nehmen. Dieser wiederum muss sich dann aber seinerseits wegen Freistellung oder Erstattung an den Gläubiger halten können, wenn seine weitergehende Inanspruchnahme im Ausgleichsverhältnis gegen Sinn

---

²⁴³ BGH NJW-RR 1987, 1022 = LM ZPO § 794 Abs. 1 Ziff. 5 Nr. 14.
²⁴⁴ OLG Köln FamRZ 1995, 1149 = NJW-RR 1995, 1281.
²⁴⁵ BGH LM ZPO § 514 Nr. 16 = MDR 1969, 477; vgl. iÜ RdNr. 15.
²⁴⁶ BGH NJW 2003, 1734 f.
²⁴⁷ Vgl. neben den Nachweisen in der nachfolgenden Fn. noch BGH NJW 2003, 2980, 2981.
²⁴⁸ BGH NJW 2000, 1942, 1943; VersR 1969, 737; OLG Hamm NJW-RR 1994, 877; OLG Köln NJW-RR 1992, 1398 = VersR 1992, 885; LG Stuttgart NJW-RR 1994, 504 f.; *Bork* S. 340; *Wacke* S. 53 f. S. auch BGH NJW 1997, 1014 = ZIP 1997, 372: Hat sich der Gläubiger mit einem Gesamtschuldner dahin verglichen, dass dieser – nur – einen Teil der Schuld des Gemeinschuldners zu bezahlen hat, so greift § 43 InsO nicht zugunsten des Gläubigers ein, wenn der Vergleich den Umfang der ursprünglichen Mitschuld auf einen Teil der Gesamtschuld begrenzt und dieser bezahlt wird.
²⁴⁹ *Larenz* JW 1933, 2829 (Anm. zu RG aaO); *Bork* S. 340 f. Fn. 62; vgl. auch LG München I VersR 1983, 27.
²⁵⁰ AA BGH NJW 1985, 970 = LM AGBGB § 3 Nr. 9; BGH VersR 1986, 467 f.; wie hier LG Heidelberg VersR 1995, 575; LG Koblenz VersR 1995, 577.
²⁵¹ BGH WM 1978, 348, 349 = VersR 1978, 328; s. ferner BGH WM 2003, 450, 452: in Ermangelung besonderer Umstände ist nicht anzunehmen, dass der Gläubiger wegen weitergehender Ansprüche gegen andere Gesamtschuldner Vorrang im Verhältnis zu dem am Vergleich beteiligten Gesamtschuldner haben soll, nachdem dieser den vereinbarten Betrag voll bezahlt hat; s. dazu auch Fn. 208. – Zum Vergleich mit einem Versicherer bei Doppelversicherung s. OLG Oldenburg VersR 1992, 956.
²⁵² OLG München NJW 1995, 2422, 2423.
²⁵³ BGH NJW 1992, 2286, 2287 = LM § 774 Nr. 24 (unter II 2 a); NJW-RR 1991, 499 = LM § 426 Nr. 89 (unter II 2); s. dazu auch § 426 RdNr. 55 ff.

und Zweck des Vergleichs verstößt (**Regresskreisel**). Solche der Vertragsplanung zuwiderlaufenden Folgewirkungen müssen deshalb bei der Bestimmung der weiteren Rechtswirkungen eines nur mit einem Gesamtschuldner vereinbarten Schulderlasses mitbedacht werden. Dabei ist freilich insbesondere zu berücksichtigen, welchem Beteiligten die Risiken der Verwirklichung einer zur Gesamtschuld verstärkten (§ 421) Forderung zufallen.[254]

52 Die **Rechtsprechung** verhält sich zu einer Verkürzung der Gläubigerrechte gegenüber anderen Gesamtschuldnern auf Grund eines Vergleichs mit einem von ihnen zurückhaltend. Dem ist im Grundsatz zu folgen. Aus einem Schulderlass zugunsten eines Gesamtschuldners ergeben sich Rechtsvorteile für andere nur, wenn der Vergleich mit einem von ihnen auch als echter **Vertrag zugunsten Dritter** zu verstehen ist.[255] Für eine gleichmäßige Erlasswirkung zugunsten aller Gesamtschuldner besteht zwar keine Vermutung; es bedarf vielmehr einer besonderen Vereinbarung.[256] In Betracht kommt aber auch, dass sich die Leistungspflicht anderer Gesamtschuldner gegenüber dem Gläubiger auf den Betrag beschränkt, den sie letztlich im Ausgleichsverhältnis zu tragen haben. Mit Blick auf den andernfalls drohenden Regresskreisel (RdNr. 51) wird eine solche **beschränkte Gesamtwirkung** zumindest bei vertraglich begründeten Gesamtschuldverhältnissen gewollt sein.[257] Bei gesetzlichen, insbesondere den aus einem Haftungsfall entstandenen Gesamtschuldverhältnissen, bei denen die Zahl der Schuldner und das Ausmaß der Tat- bzw. Verursachungsbeiträge ungewiss sein kann, ist dagegen aus einem Vergleich mit einem von ihnen ohne besondere Umstände[258] keine Begünstigung anderer herzuleiten.[259] Der Gläubiger braucht sich nicht in einen Streit unter den Gesamtschuldnern über die Ausgleichspflicht hineinziehen zu lassen; deshalb kann die Inanspruchnahme eines Gesamtschuldners auch nicht von der Vorwegprüfung des Ausgleichsverhältnisses abhängen. Eine Pflicht, den Vergleichsschuldner von einer Inanspruchnahme im Ausgleichsverhältnis freizustellen, kann sich erst ergeben, wenn eine solche droht, und auch nur dann, wenn die Vergleichsschuld wie vereinbart erfüllt worden ist. Hat der Gläubiger bereits gegen einen Gesamtschuldner ein Urteil über die volle Leistungspflicht erzielt und kommt es erst danach gegenüber einem anderen zu einem Vergleich mit Erlasswirkung, so kann es auch in das alleinige Risiko des vom Vergleich Begünstigten fallen, ob er über die Vergleichssumme hinaus in Regress genommen wird.[260]

53 6. **Vergleich mit einem Gesamtgläubiger.** Schließt der Schuldner einen Vergleich mit einem Gesamtgläubiger, so ist durch Auslegung festzustellen, ob ein Erlass Gesamtwirkung haben soll (§§ 429 Abs. 3, 423). Dafür wird es meist schon an der Verfügungsbefugnis des Gläubigers (RdNr. 5 ff., 19 ff.) fehlen. Ein Abfindungsvergleich zwischen dem Haftpflichtversicherer eines Schädigers und einem von zwei als Gesamtgläubiger konkurrierenden Sozialversicherungsträgern erstreckt sich idR nur auf den dem Vergleichspartner im Innenverhältnis nach § 430 zustehenden Anteil; insoweit wirkt der Erlass allerdings auch gegenüber dem anderen Gesamtgläubiger (beschränkte Gesamtwirkung).[261] – Die Vereinbarung einer Haftungsbeschränkung in der Gesamtsumme gegenüber mehreren Gläubigern mit höheren Ansprüchen macht diese zu Gesamtgläubigern.[262]

---

[254] Dazu auch *Bork* S. 343 f.
[255] BGH NJW 2000, 1942, 1943; BGHZ 58, 216, 220 = NJW 1972, 942, 943; OLG Hamm MDR 1990, 338; vgl. auch BGH LM § 328 Nr. 15 (zu II). – Vgl. iÜ RdNr. 28 aE.
[256] BGH NJW 2000, 1942, 1943; BGHZ 58, 216, 218 f. = NJW 1972, 942; BGH NJW-RR 1986, 22; RG JW 1933, 2829 Nr. 4; OLG Hamburg NJW 1991, 849, 850 f.
[257] Allg. für beschränkte Gesamtwirkung § 423 RdNr. 5; *Staudinger/Marburger* RdNr. 65; *Bamberger/Roth/Fischer* RdNr. 26; zurückhaltend BGH NJW 2000, 1942, 1943; 1989, 2386, 2387 = LM § 426 Nr. 79 (unter 2 c); OLG Oldenburg VersR 1992, 956 f.
[258] Zu solchen Umständen s. OLG Köln VersR 1994, 991.
[259] So auch *Erman/Westermann* § 423 RdNr. 9 f.; s. iÜ die Nachweise in Fn. 257; ferner BGH NJW 2003, 1036, 1037 f. (§ 426 Abs. 2 S. 2).
[260] BGH NJW-RR 1986, 22.
[261] BGH NJW 1986, 1861 = LM § 423 Nr. 4; BGHZ 40, 108, 112 f. = NJW 1963, 2223; *Bork* S. 337 f. – S. auch § 429 RdNr. 5.
[262] BGH LM § 133 (D) Nr. 7.

7. **Sanierungs- und Liquidationsvergleich im Besonderen.** Häufig schließt ein 54 Schuldner zur Abwendung eines drohenden Insolvenzverfahrens mit seinen Gläubigern einen vertraglichen Gesamtvergleich, der entweder die Erhaltung des notleidenden Unternehmens (Sanierungsvergleich) oder die Befriedigung der Gläubiger (Liquidationsvergleich) zum Ziel hat.[263] Meist wird ein Treuhänder bestellt, dem das zur Verfügung stehende Vermögen übertragen oder dem zu Verwaltung und Verwertung Vollmacht erteilt wird.[264] Grundlage des Vergleichs ist die meist quotenmäßig festgelegte **gleichmäßige Befriedigung** der Gläubiger.[265] Diese verzichten auf den nicht gedeckten Teil ihrer Forderung und gewähren die zur Durchführung erforderliche Stundung. Während ein bestätigter **Insolvenzplan** nach § 254 Abs. 1 S. 3 InsO auch für und gegen diejenigen Insolvenzgläubiger wirkt, die ihre Forderungen nicht angemeldet oder dem Plan widersprochen haben, berührt ein außergerichtlicher Gesamtvergleich die Rechte nicht beteiligter Gläubiger nicht.[266] Daher hängt sein Erfolg von einer ausreichenden Beteiligung der Gläubiger ab.

Der BGH[267] nimmt deshalb an, dass im Zweifel die Zustimmung zum Vergleich unter der 55 **aufschiebenden Bedingung** gegeben werde, dass mindestens diejenigen Gläubiger beitreten, deren Zustimmung es zur Durchführung des Vergleichs bedarf. Dem Interesse der Gläubiger entspricht es aber wohl besser, es dem Einzelnen zu überlassen, ob er sich vom Vergleich lösen will, und deshalb in ergänzender Vertragsauslegung die Vereinbarung eines **Rücktrittsvorbehalts** anzunehmen.[268] Dasselbe gilt für den Fall, dass der Schuldner entgegen der vereinbarten oder vorausgesetzten Gleichbehandlung mit einzelnen Gläubigern günstigere Sondervereinbarungen trifft.[269] Ein Rücktritt rechtlich verbundener Vertragspartner kann zwar nach § 351 nur gemeinschaftlich ausgeübt werden. Das kann aber hier nur insoweit gelten, als es um die Verfolgung eines gemeinschaftlich gewordenen Vertragszwecks geht,[270] nicht aber, wenn die Beteiligung des einzelnen Gläubigers als noch vorbehalten anzusehen ist oder seine individuelle Rechtsstellung in Frage steht.[271]

VI. Unwirksamkeit des Vergleichs. Geschäftsgrundlage

1. **Nach allgemeinen Regeln.** Der Vergleichsvertrag unterliegt den allgemeinen Wirk- 56 samkeitserfordernissen[272] und ist insofern selbstständig, dh. unabhängig von dem übernommenen Rechtsverhältnis, zu beurteilen. Er ist unwirksam, wenn die Beteiligten über seinen Gegenstand nicht verfügen können (RdNr. 4 ff.).[273] Er ist auch unwirksam, soweit er an der Unwirksamkeit des übernommenen Rechtsverhältnisses teilhat, insbesondere wenn er die Aufrechterhaltung der Unwirksamkeitsgründe bezweckt (RdNr. 57). Insoweit begründet ein Vergleich über unklagbare Ansprüche auch nicht deren Klagbarkeit (§ 762 RdNr. 25,

---

[263] Dazu *Eidenmüller*, Unternehmenssanierung zwischen Markt und Gesetz, 1999; *Eleonora Kohler-Gehrig*, Außergerichtlicher Vergleich zur Schuldenbereinigung und Sanierung, 1987.
[264] Zur Stellung des Treuhänders BGH NJW 1966, 1116 = LM § 328 Nr. 30; *Gernhuber* JuS 1988, 355.
[265] BGH WM 1962, 645; vgl. auch LG Frankfurt NJW-RR 1993, 1197 = WM 1993, 1345.
[266] BGHZ 116, 319, 321 f., 326 = NJW 1992, 967 f., 969 = LM Nr. 58 m. Anm. *Stürner*; BAG AP § 242 Ruhegehalt Nr. 155; zur Problematik s. *Eidenmüller* (Fn. 263) S. 345 ff.
[267] BGH LM Nr. 15 = WM 1961, 403 mwN; WM 1985, 1151 = ZIP 1985, 1279; *Bork* S. 308 f.; *Staudinger/Marburger* RdNr. 61.
[268] OLG München NJW 1956, 1801 f.; *Hofstetter* BB 1963, 1461 mwN.
[269] RGZ 153, 395, 398; RG JW 1938, 178; OLG München NJW 1956. 1801 f.; *Mühl* NJW 1956, 401, 403; *Habscheid*, GS Bruns, 1980, S. 257 f. (gegen *Künne* S. 354); *Hofstetter* BB 1963, 1461. – Zur Frage der Nichtigkeit solcher Vereinbarungen OLG Celle NJW 1965, 399; KG ZIP 1980, 963; *Habscheid* aaO S. 262.
[270] Eine Gesellschaft bürgerlichen Rechts (die dann allerdings nur Innengesellschaft ist und nichts daran zu ändern vermag, dass der Vergleich durch Vereinbarung des Schuldners mit jedem einzelnen Gläubiger zustande kommt, s. BGHZ 116, 319, 321 f.) oder ein „gesellschaftsähnliches Rechtsverhältnis" (s. aber Vor § 705 RdNr. 106) nehmen an: OLG Celle NJW 1965, 399; KG ZIP 1980, 963; *Mühl* S. 403; *Staudinger/Marburger* RdNr. 61; *Habscheid*, GS Bruns, 1980, S. 261 ff., der sich zur Erhaltung notleidender Unternehmen für eine auf Mehrheitsentscheidungen gerichtete Rechtsfortbildung einsetzt.
[271] *Mühl* S. 403; vgl. auch BGHZ 116, 319, 333 = NJW 1992, 967, 971.
[272] BGHZ 16, 388, 390 = NJW 1955, 705; *Breetzke* NJW 1969, 1408; speziell zur Inhaltskontrolle von Ausgleichsquittungen und Verzichtserklärungen des Arbeitnehmers s. *Preis/Bleser/Rauf* DB 2006, 2812.
[273] BGH NJW 1955, 705, 706.

§ 779 57, 58   Abschnitt 8. Titel 21. Vergleich

28). – Zur in § 779 vorausgesetzten Verfügungsbefugnis der Parteien, insbes. zum zwingenden Charakter verbraucherschützender Vorschriften, sowie zur Möglichkeit des Widerrufs des Vergleichs s. RdNr. 5 ff. (11).

57   **a) §§ 134, 138.** Ein Vergleich kann wegen Verstoßes gegen ein gesetzliches Verbot (§ 134) nichtig sein.[274] Wendet sich ein gesetzliches Verbot gegen die Zwecke eines Rechtsgeschäfts, so trifft es einen Vergleich nur, wenn dessen Hauptzweck gegen das gesetzliche Verbot verstößt.[275] Ein Vergleich kann auch wegen Verstoßes gegen die guten Sitten (§ 138) nichtig sein.[276] Für die Feststellung eines Missverhältnisses von Leistung und Gegenleistung kommt es nicht auf das Verhältnis der im Vergleich übernommenen beiderseitigen Verpflichtungen an, sondern auf das **Verhältnis des gegenseitigen Nachgebens**[277] und insoweit auf dessen Verhältnis zu der redlicherweise in Betracht zu ziehenden Rechtslage, über die eine Verständigung erstrebt wird.[278] Ein Nachgeben rechtfertigt sich auch aus der praktischen Schwäche der Rechtsposition, die damit aufgegeben wird. Die Sittenwidrigkeit eines Vergleichs kann sich deshalb auch aus einer subjektiven Übervorteilung ergeben,[279] wenn etwa ein Beteiligter bewusst überhöhte Forderungen aufstellt, um nicht gerechtfertigte Zugeständnisse durchzusetzen.

58   Ein Vergleich ist nicht schon deshalb nichtig, weil er die Rechtsfolgen eines **nichtigen Ausgangsgeschäfts** regelt.[280] Vielmehr können gerade „ernstliche"[281] Zweifel an dessen Wirksamkeit behoben werden. Deshalb können sich die Beteiligten auch auf Rechtsfolgen verständigen, die der Vertragsfreiheit an sich entzogen sind, wenn dadurch ein Streit darüber beigelegt wird, ob die Voraussetzungen für die Unabdingbarkeit vorlagen.[282] Ein solcher Vergleich ist wirksam, sofern er nicht die früheren Nichtigkeitsgründe übernimmt. Bei einem nach § 138 Abs. 2 nichtigen Rechtsgeschäft kann also das Ungleichgewicht der Leistungen durch inhaltliches Nachgeben korrigiert[283] oder auch das mitwirkende subjektive Moment der Übervorteilung (oder Täuschung) durch offene Verständigung beseitigt werden.[284] Soll dagegen der Vergleich die nichtige Vereinbarung bestätigen und einem Beteiligten die von Rechts wegen missbilligten Vorteile des nichtigen Ausgangsgeschäfts sichern, ist er ebenfalls nichtig.[285] Vergleichen sich die Parteien in Unkenntnis der Nichtigkeit über andere Streitpunkte und ist der Vergleichsvertrag als solcher nicht zu beanstanden, so ist er wirksam. Nur wenn der ursprüngliche Unwirksamkeitsgrund die Art und Weise der Willensbildung schützen soll, ist die Annahme der Beteiligten, sich insoweit wirksam gebunden zu haben, vertragstypische Vergleichsgrundlage, deren Fehlen den Vergleich nach § 779 unwirksam bleiben lässt (RdNr. 63). Nutzt ein Beteiligter einen Vergleich über Neben-

---

[274] Oder gegen tragende Grundsätze der Rechtsordnung (dazu BGH NJW 1990, 703 = LM § 134 Nr. 127: scheidungserschwerende Vereinbarungen). – Zum Vergleich über die Unterlassung von Wettbewerbshandlungen s. RdNr. 10.
[275] Wegen Steuerhinterziehung ist ein Vergleich nur nichtig, wenn sie Hauptzweck ist, s. BGHZ 14, 25, 30 = NJW 1954, 1401; BGH WM 1975, 1279, 1281 = DB 1976, 141; *Staudinger/Marburger* RdNr. 78 mwN; s. ferner BGH NJW 2003, 3692 f.: keine Nichtigkeit wegen Verstoßes gegen § 12 Abs. 1 BORA.
[276] BGH NJW 1999, 3113; 1991, 1046 = LM § 138 (Bc) Nr. 70.
[277] BGH NJW 1999, 3113; 1964, 1787 = LM Nr. 23; BAG AP § 138 Nr. 39.
[278] BAG AP § 138 Nr. 37 = NJW 1985, 2661; BGHZ 51, 141, 143 = NJW 1969, 925 f.; BGHZ 79, 131, 139 = NJW 1981, 811, 812; RG Recht 1927 Nr. 2394; s. ferner BGH NJW 1999, 3113: Im Allgemeinen verbietet es sich, einen Vergleich, selbst wenn ihn die begünstigte Partei mit nicht zu billigenden Mitteln herbeigeführt hat, als sittenwidrig zu behandeln, wenn er seinem Inhalt nach aus der Sicht beider Vertragsparteien bei Vergleichsabschluss als sachgerechte Bereinigung des Streitfalles erschien.
[279] BGH NJW 1951, 397 lässt grob fahrlässige Übervorteilung genügen.
[280] BGH NJW-RR 1989, 1143 = LM § 138 (Ca) Nr. 18; *Soergel/Lorentz* RdNr. 44.
[281] RG JW 1935, 1009; BGHZ 65, 147 = NJW 1976, 194.
[282] BAGE 45, 160 = AP § 620 Befristeter Arbeitsvertrag Nr. 80; *Soergel/Lorentz* RdNr. 44; krit. *Bork* S. 389 ff.
[283] BGH NJW 1963, 1197, 1198 = LM Nr. 19; LM § 138 (Aa) Nr. 15 = WM 1966, 1221, 1223; NJW 1989, 39, 40.
[284] BGH NJW 1989, 39, 40 = LM ZPO § 515 Nr. 26 (zu II 1a); WM 1969, 113 f.
[285] BGH NJW 1963, 1197, 1198 = LM Nr. 19; vgl. auch BGHZ 104, 18, 24 f. = NJW 1988, 1781, 1782; BGH NJW 1982, 1981 f. = LM § 138 (Ba) Nr. 7; offen lassend *Staudinger/Marburger* RdNr. 78.

punkte dazu aus, einen nur ihm bewussten Formmangel durch formgerechten Neuabschluss zu korrigieren, liegt eine arglistige Täuschung vor (s. RdNr. 61).

b) Teilnichtigkeit. Ist nur ein Teil der in einem Vergleich enthaltenen Abreden nichtig, so bestimmt sich nach § 139, ob der Vergleich im Ganzen nichtig ist.[286] Das gilt auch bei Unwirksamkeit nach § 779.[287] Der Zweck der Streitbeilegung durch beiderseitiges Nachgeben lässt die Zerlegung des Vergleichsvertrags idR nicht zu. Doch kann insbesondere dann, wenn ein Vergleich unwirksame Verfügungsgeschäfte enthält, sein schuldrechtlicher Teil wirksam sein.[288] Wird in einem **Räumungsstreit** die Fortsetzung des Mietverhältnisses vereinbart, wogegen der Mieter für den Fall der Säumnis mit Mietzahlungen auf Mieterschutz verzichtet, führt die Nichtigkeit dieses Verzichts nicht zur Nichtigkeit des Abkommens, da sonst der vom Gesetz gewollte Schutz des Mieters hinfällig würde.[289] 59

2. Anfechtbarkeit. a) Wegen Irrtums. Die Anfechtbarkeit eines Vergleichsvertrages unterliegt den allgemeinen Regeln.[290] Zur Anfechtung berechtigen mithin insbesondere Irrtümer über den Inhalt einer Vergleichserklärung (§ 119 Abs. 1 Alt. 1), also etwa über deren Gegenstand[291] oder über die sich durch Auslegung ergebende Tragweite der übernommenen Verbindlichkeiten oder zugestandenen Rechtsverzichte.[292] Der Irrtum über das Vorliegen streitiger Umstände, auf die sich die Streitbeilegung bezieht, ist zwar kein Irrtum iS des § 119 Abs. 1,[293] kann aber die Anfechtung nach § 119 Abs. 2 begründen.[294] Im Übrigen sind Fehlvorstellungen über Begleitumstände der Streitbeilegung als Motivirrtum nur rechtserheblich, wenn sie zur gemeinschaftlichen Vergleichsgrundlage (RdNr. 62) erhoben worden sind. 60

b) Wegen arglistiger Täuschung oder Drohung. Wie sonst berechtigt jede arglistige Täuschung nach Maßgabe des § 123 Abs. 1 und 2 zur Anfechtung, wenn sie den Getäuschten zum Abschluss eines Vergleichs bestimmt hat, den er ohne die Täuschung mit diesem Inhalt nicht geschlossen hätte. Die Täuschung kann sich also auch auf die im Vergleich geregelten streitigen oder zweifelhaften Umstände beziehen und – wie auch sonst – sowohl durch positives Tun als auch durch bewusstes Verschweigen von Tatsachen erfolgen.[295] Die Anfechtbarkeit entfällt, soweit ein Täuschungsverdacht in die Streitbeilegung mit einbezogen wird;[296] sie bleibt erhalten, soweit eine Täuschung nach Gegenstand und Tragweite das hingenommene Ausmaß wesentlich übersteigt.[297] Schließt ein Prozessbevollmächtigter einen Vergleich nach den Weisungen der im Termin anwesenden Partei, kommt es für eine Anfechtung darauf an, ob die Partei getäuscht worden ist.[298] Auch die Anfechtbarkeit wegen 61

---

[286] BGH NJW 1988, 415, 416 = LM GBO § 19 Nr. 10.
[287] OLG Köln OLGZ 1972, 42, 49.
[288] BGH NJW 1988, 415, 416; zur Frage des Wirksambleibens von Verfügungsgeschäften bei Unwirksamkeit der Rechtsgrundvereinbarung s. RdNr. 35.
[289] BGH NJW 1967, 2014 = LM ZPO § 767 Nr. 33; allg. zur Bedeutung des Schutzzwecks der die Teilnichtigkeit begründenden Norm im Rahmen des § 139 daselbst RdNr. 10 ff.
[290] RG JW 1915, 190 = SeuffA 70 Nr. 125 S. 229.
[291] BGHZ 87, 227, 229 = NJW 1983, 2034, 2035; zweifelhaft OLG Celle NJW 1971, 145; widersprüchlich OLG München NJW-RR 1990, 1406.
[292] Zutr. deshalb BAG NJW 1960, 2211 = AP ZPO § 794 Nr. 8 m. abl. Anm. *Zeuner;* zur Eventualanfechtung bei streitiger Auslegung s. BGH NJW 1968, 2099 = LM § 119 Nr. 17.
[293] S. aber auch RG WarnR 1935 Nr. 179 S. 366 = HRR 1935 Nr. 1657.
[294] BGH LM Nr. 2; *Staudinger/Marburger* RdNr. 80; *Erman/Terlau* RdNr. 28.
[295] BGH ZIP 2008, 357, 358 f.; NJW 2000, 2497, 2498; 1999, 2804; NJW-RR 1989, 1143 = LM § 138 (Ca) Nr. 18; NJW-RR 1986, 1258, 1259 = FamRZ 1986, 1082 (zu II 2); LM § 123 Nr. 4; OLG Karlsruhe ZIP 2006, 557 (Hinweis in Vergleichsangebot auf „Grundsatzurteile" eines OLG ist nicht täuschend, wenn auf deren fehlende Rechtskraft hingewiesen wird); s. ferner OLG Karlsruhe WM 2007, 590, 591; zur Täuschung durch Unterlassen s. am Beispiel eines dreiseitigen Vergleichs BGH ZIP 2005, 1593, 1595; vgl. iÜ § 123 RdNr. 13.
[296] OLG Celle MDR 1995, 252; OLG Frankfurt NJW-RR 1995, 145, 146 aE; LG Gießen NJW-RR 1996, 11 f.
[297] BGH WM 1975, 1279 = DB 1976, 141.
[298] Vgl. § 166 RdNr. 59 mN und oben RdNr. 21 aE.

§ 779   62, 63   Abschnitt 8. Titel 21. Vergleich

widerrechtlicher Drohung weist keine Besonderheiten auf.[299] Die Drohung kann auch von einem Dritten ausgehen, ohne dass es auf das Vorliegen der Voraussetzungen des – nur die arglistige Täuschung betreffenden – § 123 Abs. 2 S. 1 ankommt.[300]

62 **3. Unwirksamkeit nach § 779.** Eine Streitbeilegung durch Vergleichsvertrag findet typischerweise in einem Rahmen nicht streitiger Umstände statt, die von den Beteiligten zur für sie wesentlichen Voraussetzung der Streitbeilegung erhoben werden. Fehlt es in Wahrheit an dieser **Vergleichsgrundlage,** so ist die darauf gegründete Rechtsfeststellung (RdNr. 31) nach § 779 Abs. 1 unwirksam. § 779 Abs. 1 regelt demnach einen Sonderfall des Fehlens der Geschäftsgrundlage iS von § 313 Abs. 2.[301] Dagegen übernehmen die Vertragsparteien dafür, dass streitige oder ungewisse Umstände, deren Bedeutung und Folgen sie zur Streitbeilegung geregelt haben, in Wahrheit für sie günstiger waren, also für den sogenannten **Vergleichsgegenstand,** das Risiko.[302] Gegenstand der Regelung können auch gesetzliche Rechtsfolgen sein, deren Geltung unsicher ist und auf deren spätere verfassungsgerichtliche Überprüfung es nicht mehr ankommen soll.[303] Wirkungsgrund für die Unwirksamkeit des Vergleichsvertrages ist nicht ein gemeinsamer Irrtum der Beteiligten, sondern die **vertragliche Vereinbarung** einer unzutreffenden Vergleichsgrundlage.[304] Irrt sich ein Beteiligter in Wahrheit nicht, stellt sich die Frage nach einer arglistigen Täuschung (RdNr. 61).[305] Bleibt der Irrtum eines Beteiligten als Motivirrtum im Vorfeld der nicht in die Regelung einbezogenen Umstände, ist er wie sonst im Vertragsrecht grundsätzlich unerheblich.

63 **a) Vergleichsgrundlage.** Ein Sachverhalt ist als feststehend zugrundegelegt, wenn er den Beteiligten nicht oder nicht mehr ungewiss ist und von ihnen nach dem Inhalt des Vertrages als wesentliche Voraussetzung der erzielten Streitbeilegung betrachtet wird.[306] Das kann auch das Entstehen oder Bestehen des Anspruchs sein, wenn der beigelegte Streit allein die Höhe zum Gegenstand hat.[307] Die Vergleichsgrundlage kann konkret ausgehandelt oder als selbstverständlich vorausgesetzt sein;[308] zu ihr gehören darüber hinaus Verhältnisse, die den Beteiligten als typisch und selbstverständlich nicht ins Bewusstsein getreten sind.[309] Deshalb fehlt einer haftungsrechtlichen Abfindungsvereinbarung (RdNr. 47) die Vergleichsgrundlage auch dann, wenn den Beteiligten nicht gegenwärtig ist, dass etwaige Ansprüche des Geschädigten bereits kraft Gesetzes auf einen Versorgungsträger übergegangen sind und ihre Vereinbarung gegenüber dem Rechtsnachfolger nicht verbindlich ist (RdNr. 30). Die Vergleichsgrundlage *im Sinne des Gesetzes* umfasst nur Umstände, die bei Vergleichsschluss

---

[299] Zur Widerrechtlichkeit von Mittel oder Zweck, zur Verhältnismäßigkeit sowie zum umstrittenen subjektiven Tatbestand s. § 123 RdNr. 39 ff.; *Soergel/Lorentz* RdNr. 47.
[300] BGH AP ZPO § 794 Nr. 12 (vollständig) = NJW 1966, 2399: Anfechtung eines vom Gericht vorgeschlagenen Vergleichs wegen der Ankündigung des Vorsitzenden, es werde bei Ablehnung ohne neue Verhandlung ein bereits beschlossenes ungünstiges Urteil verkündet werden. Die Entscheidung ist zu Recht auf Ablehnung gestoßen, s. Nachweise in § 123 Fn. 257, ferner *Erman/Terlau* RdNr. 28; *Staudinger/Marburger* RdNr. 82; *Soergel/Lorentz* RdNr. 47.
[301] BGH NJW 2000, 2497, 2498; NJW-RR 1994, 434, 435 mwN; aus dem Schrifttum etwa *Staudinger/Marburger* RdNr. 69; *Soergel/Lorentz* RdNr. 39; *Bamberger/Roth/Fischer* RdNr. 42; *Erman/Terlau* RdNr. 2; *Palandt/Sprau* RdNr. 13; im Ergebnis auch *Ehmann* S. 131 ff.; aA *Stötter* JZ 1963, 123, 125 ff.
[302] BGH ZIP 2008, 357, 358; NJW 2000, 2497, 2498; NJW-RR 1989, 1143 = LM § 138 (Ca) Nr. 18; NJW-RR 1986, 1258, 1259 (zu II 3); WM 1975, 566, 567 = BB 1975, 1455; WM 1971, 1120 = BB 1971, 1173; LM Nr. 31 = VersR 1968, 273.
[303] BGH NJW 1987, 1770, 1771 = LM § 1587 o Nr. 4.
[304] RG JW 1910, 16.
[305] Beispiel: RG WarnR 1919 Nr. 189 S. 294.
[306] BGH WM 1964, 543, 545; ZIP 2008, 357, 358; RG JW 1910, 16; OLG Schleswig SchlHA 2000, 61 (bestimmtes Jahreseinkommen beim Unterhaltsvergleich).
[307] OLG Frankfurt NJW-RR 1987, 310 = WM 1987, 189 f.; dazu RdNr. 67.
[308] RGZ 147, 280, 286; RG HRR 1934 Nr. 858; s. ferner BayObLG NZM 1998, 773, 774 (der entsprechende Parteiwille muss irgendwie in der Vergleichsregelung zum Ausdruck kommen, die Parteien brauchen sich jedoch nicht durch ausdrückliche Erklärung Gewissheit darüber zu verschaffen, dass auch die Gegenseite denselben Sachverhalt als feststehend zugrundegelegt hat).
[309] *Staudinger/Marburger* RdNr. 70; *Kübler* S. 141; aA wohl BGH LM Nr. 14; *Erman/Terlau* RdNr. 23.

Begriff des Vergleichs, Irrtum über die Vergleichsgrundlage § 779

als geschehen und bestehend oder nicht gegeben angenommen werden.[310] Unter die Regelung des § 779 fallen dagegen nicht Vorstellungen über das Eintreten oder Ausbleiben **künftiger Ereignisse,**[311] zB über die Entwicklung wirtschaftlicher oder politischer Verhältnisse,[312] die künftige Gesetzgebung[313] oder den Fortbestand einer bestimmten Rechtsprechung.[314] Die Regelung des § 779 erfasst demgemäß **nur das Fehlen,** nicht auch den späteren Wegfall der Vergleichsgrundlage; fehlgeschlagene Erwartungen können indessen außerhalb des § 779 die Geschäftsgrundlage berühren, deren Wegfall dann aber nicht notwendig zur Unwirksamkeit führt (s. RdNr. 68 f.).

b) Sachverhalt, Sachlage. Der rechtserhebliche Motivationsrahmen des Vergleichs ist weit zu fassen. Zur Vergleichsgrundlage können deshalb nicht nur Tatsachen gehören, sondern auch das Bestehen oder Nichtbestehen von Rechtsverhältnissen, und zwar insbesondere auch das Bestehen des umstrittenen Rechtsverhältnisses selbst, wenn der Streit nur die Höhe des Anspruchs oder Einwendungen betrifft.[315] Die Rechtsprechung schränkt das dahin ein, dass eine unrichtige Vorstellung von Rechtsfolgen jedenfalls als ein reiner **Rechtsirrtum** die Unwirksamkeit des Vergleichs nicht begründen könne; der Irrtum müsse sich mindestens auch auf irgendwelche Tatsachen erstrecken, dürfe sich also nicht auf die aus dem wirklichen Sachverhalt gezogenen Rechtsfolgen beschränken.[316] Das RG[317] hat das neben einer Wortauslegung damit begründet, dass die Parteien sich über die Rechtsfragen unterrichten könnten[318] und wie sonst das Risiko eines Rechtsirrtums zu tragen hätten. Das Gesetz bietet aber keinen Anhalt dafür, dass nur einem der Beteiligten die ihm ungünstigen Auswirkungen einer der Streitbeilegung gemeinsam zugrunde gelegten unrichtigen Einschätzung rechtlicher Umstände als idR verschuldet oder als zum Vertragsrisiko gehörig zugerechnet werden sollte. Wenn zB die Parteien vom Bestehen eines Versicherungsschutzes oder von der Wirksamkeit eines Testaments ausgehen, kann es keinen Unterschied begründen, ob sie sich darüber aus tatsächlichen oder rechtlichen Gründen irren. Zudem ist eine klare Abgrenzung des „reinen" Rechtsirrtums kaum möglich; die Ergebnisse der Rspr. sind demzufolge widersprüchlich und unberechenbar.[319] In den vorausgesetzten „Sachverhalt" sind mithin auch die von den Parteien aus einem unstreitigen Tatbestand gezogenen und als feststehend betrachteten Rechtsfolgen einzubeziehen.[320] Rechtsauffassungen werden aber nur dann Vergleichsgrundlage, wenn die Vergleichsparteien die Streitbeilegung konkret darauf gegründet haben.[321] Ebenso kann das spätere Auffinden eines Beweismittels für einen

---

[310] BGH WM 1961, 975, 976 = JZ 1963, 129 (dazu *Stötter* JZ 1963, S. 123); NJW 1985, 1835, 1836 = LM § 1570 Nr. 7; NJW-RR 1986, 945 f.
[311] BGH (vorige Fn.); *Bork* S. 363.
[312] BGH NJW 1984, 1746 = LM § 242 (Bb) Nr. 108; dazu krit. *Wieling* JuS 1986, 272.
[313] BGH NJW 1958, 1540 = LM ZPO § 301 Nr. 7; LM § 400 Nr. 5 = MDR 1966, 310.
[314] BGH NJW 2000, 2497, 2498; BGHZ 58, 355, 361 f. = NJW 1972, 1577, 1579; OLG Schleswig WM 2006, 1384 = WuB IV A § 779 BGB 1.06 *(Hertel)*; LG Heidelberg VersR 1995, 575.
[315] OLG Frankfurt WM 1987, 189 f.
[316] S. die Nachweise in Fn. 317.
[317] RGZ 157, 266, 269. Der BGH ist dem ohne eigene Begründung gefolgt: NJW 1961, 1460 = LM Nr. 17 mN; LM Nr. 24; LM BEG 1956 § 177 Nr. 2, 6, 7, 8 und 12; WM 1963, 594, 597; 1967, 315 = LM HGB § 339 Nr. 2; NJW 1971, 1701; ZIP 2008, 357, 358; s. ferner OLG Hamm NJW-RR 1997, 1392 und OLG Rostock EWiR 2003, 213; wie hier aber LG Tübingen NJW-RR 1997, 472 f.; *Staudinger/Marburger* RdNr. 71; *Soergel/Lorentz* RdNr. 40; *Bamberger/Roth/Fischer* RdNr. 43; *PWW/Brödermann* RdNr. 21; *Erman/Terlau* RdNr. 24; *AnwK-BGB/Giesler* RdNr. 28; *Bork* S. 368 ff.; *Kübler* S. 141 f.; *Rittner*, FS v. Hippel, S. 406; *Bettermann* DVBl. 1974, 354 f.; *Tiedtke* EWiR 2003, 213, 214.
[318] Bedenken hiergegen in BGHZ 25, 390, 394 = NJW 1958, 297 f.
[319] Für unbeachtlichen Rechtsirrtum RGZ 157, 266 (Irrtum über Staatshaftung nach § 839, wenn Verletzter versichert ist); BGH NJW 1952, 1131 = LM Nr. 3 (Irrtum über Rechtsgültigkeit eines Kaufvertrages); für Sachverhaltsirrtum RGZ 112, 215 (Irrtum über Versicherungsschutz); BGH VersR 1970, 243 (Umfang des Versicherungsschutzes); RG LZ 1923, 316 (über Rechtsgültigkeit eines Mietvertrages, der wegen Formnichtigkeit eines Vorkaufsrechts nichtig war); BGH LM Nr. 10 a (über die Umstellung einer RM-Forderung); offen gelassen von BGH NJW 1981, 2803 = LM Nr. 48; ZIP 1997, 536, 537.
[320] Vgl. die Nachweise in Fn. 317.
[321] Im Ergebnis zutr. daher BGH NJW 1961, 1460 = LM Nr. 17; vgl. auch *Rittner*, FS v. Hippel, 1967, S. 406; aA *Staudinger/Marburger* RdNr. 71.

streitigen Umstand die Unwirksamkeit des Vergleichs nur begründen, wenn dessen Nichtexistenz konkret zur Vergleichsgrundlage bestimmt worden ist.[322] Vergleichsgrundlage kann auch sein, dass die an Stelle einer umstrittenen Leistungspflicht vereinbarte Ersatzleistung rechtlich zulässig und unter nicht erschwerten Umständen möglich ist, so dass nicht der Vergleichsschuldner ein Haftungsrisiko übernimmt, sondern die Wirksamkeit des Vergleichs in Frage steht.

65 **c) Wesentlichkeit der Vergleichsgrundlage.** Wer sich auf die Unwirksamkeit eines Vergleichsvertrages beruft, hat nicht nur darzulegen, dass Begleitumstände der Streitbeilegung zur vertraglichen Vergleichsgrundlage erhoben worden sind (RdNr. 62) und es in Wahrheit an diesen Umständen schon anfänglich gefehlt hat (RdNr. 63). Nach § 779 Abs. 1 ist vielmehr weiter erforderlich, dass „der Streit oder die Ungewissheit bei Kenntnis der Sachlage nicht entstanden sein würde." Gemeint ist damit, dass eine die Streitbeilegung bestimmende Voraussetzung unzutreffend ist,[323] dass sich also die Parteien über einen **streitausschließenden Umstand** geirrt haben und somit dem Vergleichsvertrag, wie er geschlossen worden ist, die **innere Rechtfertigung fehlt**. Das ist immer dann der Fall, wenn bei Kenntnis der Sachlage der konkrete Streit oder die konkrete Ungewissheit, die die Parteien mit dem Vergleich beilegen wollten, nicht oder nur über nebensächliche Punkte entstanden wäre.[324] Die gemeinsame Vergleichsgrundlage ist nicht allein deshalb unwesentlich, weil sie nur das Ausmaß des beiderseitigen Nachgebens bestimmt hat und eine richtige Vorstellung zu einem anders bemessenen Interessenausgleich geführt hätte.[325] Es kommt aber eine Aufrechterhaltung des Vergleichs nach § 139 in Teilen seines vereinbarten Inhalts in Betracht, wenn nur ein Teil der Streitbeilegung von unrichtigen Vorstellungen der Beteiligten bestimmt worden ist.[326]

66 **d) Rechtsfolgen.** Abweichend von den Grundsätzen über die gestörte Geschäftsgrundlage (RdNr. 68 f.) ordnet § 779 Abs. 1 als Rechtsfolge die **Unwirksamkeit des Vergleichs** an,[327] so dass das ursprüngliche Rechtsverhältnis unverändert fortbesteht. Vor dem Hintergrund, dass § 779 eine besondere Ausprägung der Geschäftsgrundlagenlehre enthält (RdNr. 62), ist allerdings das Eingreifen der Nichtigkeitsfolge ausgeschlossen, wenn die Rechtsfolgen eines Fehlens der Vergleichsgrundlage im Vergleich selbst geregelt sind.[328] Die Unwirksamkeit des Vergleichs nach § 779 wird nicht schon durch Erfüllung geheilt.[329] Solange den Vergleichspartnern nicht bekannt ist, dass es an der vorausgesetzten Vergleichsgrundlage fehlt, kann in der Erfüllung auch keine Bestätigung iS von § 141 gesehen werden.[330] Über die kausale Schuldänderung hinausgehende Verfügungen werden von der Unwirksamkeit nach Abs. 1 nicht erfasst (RdNr. 35).

67 **e) Unwirksamkeit einseitiger Anerkenntnisse und Verzichte.** Wird der Streit über ein Rechtsverhältnis von den Beteiligten nicht „im Wege gegenseitigen Nachgebens" beigelegt, sondern durch eine einseitige Schuldbestätigung (RdNr. 1), so liegt ein **kausales Schuldanerkenntnis** (§ 781 RdNr. 3) vor, dessen Regelungsgegenstand und Tragweite zunächst durch Auslegung (ähnlich dem Abfindungsvergleich, RdNr. 47) zu bestimmen ist.[331] Seiner Zweckbestimmung nach wirkt es wie der Vergleich potentiell schuldbegrün-

---

[322] BGH WM 1975, 566, 567; vgl. auch *Soergel/Lorentz* RdNr. 40 aE.
[323] Ähnlich BGH LM Nr. 2 (zu II 1); RG LZ 1923, 316 f.; RGZ 149, 140, 142; RG JW 1928, 2321, 2322; WarnR 1929, Nr. 31 S. 51; *Staudinger/Marburger* RdNr. 73; *Soergel/Lorentz* RdNr. 41.
[324] RGZ 122, 200, 203; 149, 140, 142; *Staudinger/Marburger* RdNr. 73; *Erman/Terlau* RdNr. 26; *Palandt/Sprau* RdNr. 17; *Bamberger/Roth/Fischer* RdNr. 45.
[325] AA wohl BGH NJW 1986, 1348, 1349 = LM ZPO § 794 Abs. 1 Ziff. 1 Nr. 35 (zu II 2 a).
[326] RGZ 114, 120, 121 f.; OLG Köln OLGZ 1972, 42, 48 ff.; *Bork* S. 374 f.
[327] Zur Teilnichtigkeit s. RdNr. 59.
[328] BGH WM 1971, 1120: Ist in einem Vergleich die Haftung für den als feststehend zugrunde gelegten Bestand einer Forderung ausgeschlossen, so ist der Vergleich nicht unwirksam, wenn die Forderung tatsächlich nicht besteht. S. ferner *Staudinger/Marburger* RdNr. 69; *Erman/Terlau* RdNr. 27; *Soergel/Lorentz* RdNr. 48.
[329] RGZ 79, 240; zur Rechtslage bei Störung der Geschäftsgrundlage s. § 313 RdNr. 72 f.
[330] So auch *Staudinger/Marburger* RdNr. 83; *Soergel/Lorentz* RdNr. 48; *Bamberger/Roth/Fischer* RdNr. 16.
[331] BGH WM 1974, 410, 411 (zu II 1 a); VersR 1970, 945, 947.

Begriff des Vergleichs, Irrtum über die Vergleichsgrundlage **68, 69 § 779**

dend (RdNr. 33)[332] oder Einwendungen abschneidend[333] und ist nicht anders als der Vergleich an einverständliche **Voraussetzungen der Streitbeilegung** gebunden. Insoweit ist § 779 entsprechend anzuwenden und wie dort (RdNr. 62) zwischen dem endgültig geregelten streitigen Gegenstand des Vertrages[334] und seiner Geschäftsgrundlage zu unterscheiden. Fehlt es an einverständlich als wesentlich vorausgesetzten Umständen (RdNr. 63 ff.), so ist auch das sich darauf gründende einseitige Leistungsversprechen unwirksam.[335] Für den auf einer Streitbeilegung beruhenden **Rechtsverzicht** kann nichts anderes gelten.

4. Störungen der Geschäftsgrundlage. Tritt nicht schon nach § 779 Unwirksamkeit **68** des Vergleichs ein (RdNr. 62), können die allgemeinen Grundsätze zum Fehlen oder Fortfall der Geschäftsgrundlage (§ 313) eingreifen.[336] Je nach der vertretenen Ansicht über einen engeren oder weiteren Anwendungsbereich des § 779 (vgl. RdNr. 64) ergibt sich folgerichtig ein weiterer oder engerer Anwendungsbereich für die allgemeinen Grundsätze. Vor dem Hintergrund, dass der Spezialtatbestand des § 779 das *anfängliche Fehlen* der Vergleichsgrundlage erfasst (RdNr. 63), bleibt für die allgemeine Geschäftsgrundlagenlehre vor allem der – häufig bei Unterhaltsvergleichen anzutreffende,[337] nunmehr in § 313 Abs. 1 geregelte – **nachträgliche Wegfall der Vergleichsgrundlage**.[338] Dabei ist für den konkreten Fall darüber zu befinden, ob ein Mangel in der *Streitbeilegung* deren Scheitern bedeutet und somit nach § 779 der frühere Streitstand maßgebend ist oder ob die Störung dem *Rechtsverhältnis* eigen ist, das durch den Vergleich neu geordnet (RdNr. 33 f.) oder neu hervorgebracht worden ist.[339] Dann, aber auch nur dann kommt eine Anpassung der vom Vergleich bestimmten Rechtsfolgen in Betracht.[340] Auch im Rahmen des § 313 bewendet es also dabei, dass die Beteiligten das Risiko hinsichtlich des Vergleichsgegenstands übernehmen (RdNr. 62), weshalb der Vergleich nicht durch eine Änderung der höchstrichterlichen Rechtsprechung berührt wird, wenn er gerade auch wegen Meinungsverschiedenheiten über die rechtliche Beurteilung zustande gekommen ist und die Beteiligten nicht eine bestimmte Rechtslage oder deren Fortbestand zur Vergleichsgrundlage erhoben haben.[341]

Störungen der Geschäftsgrundlage kommen mithin für das *unverändert* in den Ver- **69** gleichsvertrag übernommene oder das durch die Streitbeilegung *neugeordnete* Rechtsverhältnis in Betracht. Im Einzelnen lassen sich wie sonst (§ 313 RdNr. 147 ff., 213 ff.) vor allem Fälle der **Äquivalenzstörung**[342] und der **Zweckstörung**[343] unterscheiden. Insoweit

---

[332] Vgl. insbes. BGH NJW 1963, 2316, 2317 = LM § 781 Nr. 2 (zu II 3); WM 1969, 113.
[333] BGH NJW 1995, 3311, 3312 = LM § 780 Nr. 17; LM § 781 Nr. 5 = WM 1968, 472; WM 1970, 789, 790 = BB 1970, 1194; NJW 1973, 620 = LM § 847 Nr. 45; LG Oldenburg VersR 1995, 1495 f.
[334] BGH NJW 1995, 961 = LM § 781 Nr. 25.
[335] OLG Frankfurt NJW-RR 1987, 310 = WM 1987, 189 f.; *Staudinger/Marburger* § 781 RdNr. 18; *von Tuhr* III S. 268 f.
[336] S. etwa BGH NJW 2000, 2497, 2498; NJW-RR 1995, 413, 414; 1994, 434, 435; BAG ZIP 2000, 1781, 1786; BayObLG NZM 1998, 773 f.; OLG Koblenz NJW 2004, 782, 783; *Staudinger/Marburger* RdNr. 84; *Bamberger/Roth/Fischer* RdNr. 48, 54; *Soergel/Lorentz* RdNr. 49.
[337] BGH NJW 1986, 2054 = LM ZPO § 323 Nr. 48; BGHZ 105, 243 = NJW 1989, 289; BGH NJW 1993, 1974 = LM § 1603 Nr. 44; FamRZ 1995, 665; OLG Hamm FamRZ 1994, 1392; dazu *Graba* NJW 1988, 2343; vgl. auch BGH NJW 2003, 1734 f. – Eine Abänderbarkeit kann weitgehend ausgeschlossen sein (BGH NJW-RR 1991, 388). – Vgl. iÜ 4. Aufl. § 1585 c RdNr. 29 ff.
[338] Vgl. BGHZ 58, 355, 361 ff. = NJW 1972, 1577 und BGH NJW 2000, 2497, 2498 (nachträgliche Änderung der Rspr.); BAG ZIP 2000, 1781, 1786 (Weiterbeschäftigungsmöglichkeit nach Abfindungsvergleich in Kündigungsschutzprozess); OLG Koblenz NJW 2004, 782, 783.
[339] BGH NJW-RR 1995, 413, 414; RGZ 152, 403; *Staudinger/Marburger* RdNr. 85. – Zum Räumungsvergleich s. *Pankow* NJW 1994, 1182.
[340] Beispiel: BGH LM HGB § 339 Nr. 2 = WM 1967, 315; WM 1963, 594; NJW 1984, 1746 = LM § 242 (Bb) Nr. 108; ungenau OLG Köln NJW 1994, 3236 (Fall für §§ 779, 139).
[341] OLG Schleswig WM 2006, 1384 = WuB IV A § 779 BGB 1.06 (*Hertel*).
[342] BGHZ 105, 243 = NJW 1989, 289; BGH NJW-RR 1992, 714; BGHZ 58, 355, 361 f. = NJW 1972, 1577, 1579; vgl. auch BGHZ 70, 151 = NJW 1978, 753 (Unterhaltsvergleich).
[343] BGH NJW-RR 1986, 945 f.; WM 1971, 276 f.

§ 779 70 Abschnitt 8. Titel 21. Vergleich

ergeben sich aus der Zwischenschaltung eines Vergleichsvertrages keine grundsätzlichen Besonderheiten. Soweit der Vergleich zur Streitbeilegung eine Regelung auf das Risiko der Beteiligten getroffen hat und somit ein Mangel in der Vergleichsgrundlage ausgeschlossen ist (RdNr. 62), kann sich keine rechtserhebliche Störung einer vertraglichen Geschäftsgrundlage ergeben.[344] Rechtsfolge des Wegfalls der Geschäftsgrundlage ist nach § 313 Abs. 1 grundsätzlich nur die **Anpassung** des Vertrags an die geänderten Verhältnisse; bei Unmöglichkeit oder Unzumutbarkeit der Anpassung ist die benachteiligte Partei nach § 313 Abs. 3 zum Rücktritt oder zur Kündigung berechtigt (§ 313 RdNr. 79 ff., 100 ff.).

B. Der Prozessvergleich

I. Einführung

70   Die gütliche Beilegung eines Rechtsstreits durch eine vertragliche Einigung der Parteien dient dem Rechtsfrieden besser als ein gerichtliches Urteil. Auf eine Verständigung hinzuwirken, gehört deshalb, wie § 278 ZPO, § 57 Abs. 2 ArbGG betonen, zu den vornehmsten richterlichen Aufgaben.[345] Voraussetzungen und Folgewirkungen gelungener oder misslungener Streitbeilegung haben freilich keine zureichende gesetzliche Einbeziehung in die Verfahrensformen des Prozessrechts gefunden. Geregelt ist zunächst nur, dass der Inhalt eines „Vergleichs" urkundlich in das Verhandlungsprotokoll aufzunehmen ist (§§ 118 Abs. 1 S. 3, 160 Abs. 3 Nr. 1, 492 Abs. 3 ZPO; dazu RdNr. 77), dass aus dem damit zur Ausfertigung als Titel bereitstehenden Ergebnis der Verständigung „die Zwangsvollstreckung stattfindet" (§ 794 Abs. 1 Nr. 1 ZPO; dazu RdNr. 80) und dass das Schiedsgericht, wenn die Parteien einen Vergleich geschlossen haben, das Verfahren zu beenden und auf Antrag der Parteien den Vergleich in der Form eines Schiedsspruchs mit vereinbartem Wortlaut festzuhalten hat (RdNr. 85); durchweg wird insoweit an den **hergebrachten Begriff des Vergleichsvertrages** (RdNr. 1) angeknüpft. Im Übrigen ist die Entscheidung von Zweifelsfragen, die sich auch schon aus der theoretischen Unsicherheit über die materiellrechtlichen Erfordernisse eines Streitbeilegungsvertrages (RdNr. 1 und 75) ergeben, und schließlich die Entwicklung von Verfahrensformen für einen Streit über die Wirksamkeit einer einverständlichen Streitbeilegung (RdNr. 92 ff.) weithin der Rechtspraxis überlassen geblieben. Auch das **Zivilprozessreformgesetz** vom 27. 7. 2001 hat daran nichts Entscheidendes geändert. Immerhin hat es den bisherigen § 279 in § 278 überführt und inhaltlich sowohl modifiziert als auch ausgeweitet, indem nunmehr der mündlichen Verhandlung grundsätzlich eine **Güteverhandlung** vorauszugehen hat, zu der die Parteien persönlich erscheinen und gehört werden sollen (§ 278 Abs. 1 bis 3 ZPO nF), und weiter bestimmt wird, dass ein gerichtlicher Vergleich auch dadurch geschlossen werden kann, dass die Parteien (und zwar in jeder Phase des Prozesses[346]) einen **schriftlichen Vergleichsvorschlag des Gerichts** durch Schriftsatz gegenüber dem Gericht annehmen, worauf das Gericht das Zustandekommen des Vergleichs durch Beschluss festzustellen hat (§ 278 Abs. 6 ZPO nF).[347] Den Materialien lässt sich zudem entnehmen, dass der Reformgesetzgeber von der „Doppelnatur" des Prozessvergleichs ausgegangen ist (RdNr. 71).

---

[344] BGH LM Nr. 16 (zu II); BGHZ 61, 153, 162 = NJW 1973, 1685, 1687; BGH NJW 1984, 115 = LM § 242 (Bb) Nr. 107 (Kapitalabfindung, nachträgliche Änderung der besoldungsrechtlichen Rahmenbedingungen); s. ferner RdNr. 66.
[345] Dazu *Herr* u. a. DRiZ 1994, 417; *Prütting* JZ 1985, 261; *Stürner*, FS Walder, 1994, S. 273, 278 ff.
[346] *Foerste* NJW 2001, 3103, 3105; aA *Hartmann* NJW 2001, 2577, 2582; *Schellhammer* MDR 2001, 1081, 1082.
[347] Zu Rechtsbehelfen gegen die richterliche Feststellung eines Vergleichs gemäß § 278 Abs. 6 ZPO s. *Abramenko* NJW 2003, 1356.

II. Tatbestand und Rechtsfolgen des Prozessvergleichs

1. Rechtsnatur. Die Rechtsnatur des Prozessvergleichs war von jeher umstritten.[348] **71**
Einer materiellen Auffassung (rein privatrechtlicher Vertrag mit prozessualen Folgen)[349] stand eine prozessuale (reine Prozesshandlung)[350] gegenüber. Keine von ihnen wird der auf zwei Normebenen liegenden Doppelwirkung gerecht. Im Regelfall[351] ist der Prozessvergleich zugleich materieller Vertrag und auf Prozessbeendigung gerichtete Prozesshandlung. Die Lehre vom „Doppeltatbestand"[352] zerlegt ihn in zwei eigenständige Tatbestände; die prozessualen und materiellen Wirkungen eines nach dem Parteiwillen einheitlichen Vorgangs können aber nicht isoliert betrachtet werden. Durchgesetzt hat sich deshalb die Auffassung von der **„Doppelnatur"**;[353] von ihr ist auch der Gesetzgeber der ZPO-Reform 2001 (RdNr. 70) ausgegangen.[354] Danach ist der Prozessvergleich zugleich Prozesshandlung wie auch privatrechtlicher Vertrag. Seine Rechtswirksamkeit ist grundsätzlich **einheitlich** zu beurteilen (RdNr. 86 ff.). Soweit es um die **Auslegung** des materiellen Inhalts geht, ist die **Nachprüfbarkeit** durch das Revisionsgericht beschränkt wie bei jedem Individualvertrag (RdNr. 45); dagegen ist das Revisionsgericht in der Auslegung frei, soweit es sich um Wirkungen für das Verfahren handelt, zB ob der Vergleich einen stillschweigenden Rechtsmittelverzicht enthält.[355]

2. Gegenstand. Der Prozessvergleich muss **„zur Beilegung"** (§ 794 Abs. 1 Nr. 1 **72**
ZPO) und somit auch zur Beendigung des Rechtsstreits geschlossen werden. Er kann sich auf einen quantitativ abgrenzbaren, einem Teilurteil (§ 301 ZPO) zugänglichen Teil des Streitgegenstandes oder auch auf die Kostenregelung[356] beschränken (RdNr. 76). Voraussetzung ist aber ein **anhängiges Verfahren.** Ein erst nach Eintritt der Rechtskraft vom Prozessgericht protokollierter Vergleich ist nicht vollstreckbar.[357] Die Parteien können **prozessfremde Angelegenheiten** in den Vergleich einbeziehen.[358] In Betracht kommen auch anderweitig rechtshängige Streitsachen, wenn sich die Gelegenheit zu umfassender Streitbeilegung durch einen in einem Verfahren abzuschließenden **Gesamtvergleich** (RdNr. 81) bietet; ferner auch Folgestreitigkeiten, deren Regelungsbedürftigkeit sich erst durch die anstehende Prozessentscheidung ergibt. Solche Regelungen nehmen aber an der Vollstreckbarkeit und der formersetzenden Wirkung (§ 127 a) nur teil, wenn sie nicht nur gelegentlich getroffen werden, sondern der Beseitigung des Streites dienen sollen.[359] Für die Formwirk-

---

[348] Zur Theoriegeschichte s. *Bonin* S. 1 ff.; *Lindacher*, FG BGH, 2000, S. 253 ff.; *Rosenberg/Schwab/Gottwald* Zivilprozessrecht § 129 III, 1.
[349] Namentlich *Rosenberg* Zivilprozessrecht, 9. Aufl. 1961, § 128 I 1, III 1.
[350] So bis zur 59. Aufl. *Baumbach/Hartmann* § 307 ZPO Anh. RdNr. 3 ff.
[351] Zum „abstrakten" Prozessvergleich s. RdNr. 76.
[352] *Zeuner* Anm. zu BAG AP ZPO § 794 Nr. 8 mN; aus neuerer Zeit *Wagner* S. 43 ff.; MünchKommZPO/*Wolfsteiner* § 794 RdNr. 17 ff; nunmehr auch *Baumbach/Hartmann* § 307 ZPO Anh. RdNr. 3 ff.
[353] HM: BGHZ 79, 71, 74 = NJW 1981, 823; BGHZ 164, 190, 193 f. = NJW 2005, 3576; BGH NJW 1988, 65; 2000, 1942, 1943; BAGE 40, 17, 20 f. = NJW 1983, 2212, 2213; BAG ZIP 2008, 346, 347; BSG NJW 1989, 2565; VGH Mannheim NJW 1996, 1298 f.; *Rosenberg/Schwab/Gottwald* Zivilprozessrecht § 129 III 1 d; *Staudinger/Marburger* RdNr. 91; *Soergel/Lorentz* RdNr. 49 f.; *Bamberger/Roth/Fischer* RdNr. 69; *Palandt/Sprau* RdNr. 29; eingehende Würdigung und Auseinandersetzung mit Gegenkonzeptionen bei *Lindacher*, FG BGH, S. 253, 255 ff.
[354] Begr. RegE, BT-Drucks. 14/4722 S. 82.
[355] BGH LM ZPO § 514 Nr. 16 = MDR 1969, 477; BAGE 42, 244, 249 = AP TVAL II § 21 Nr. 2; RGZ 154, 319, 320.
[356] *Stein/Jonas/Münzberg* § 794 ZPO RdNr. 12.
[357] BGHZ 15, 190, 193 ff. = NJW 1955, 182.
[358] Wohl allgM, s. BGHZ 14, 381, 387 = NJW 1954, 1886; BGHZ 142, 84, 91 = NJW 1999, 2806; *Zöller/Stöber* § 794 ZPO RdNr. 3.
[359] Zu eng ist es, wenn BGHZ 35, 309, 316 f. = NJW 1961, 1817, 1819 darüber hinaus fordert, dass die Regelung des Prozessgegenstandes von der Regelung der anderen Punkte abhängig gemacht sei und umgekehrt; großzügiger nunmehr BGHZ 142, 84, 91 f. = NJW 1999, 2806, wo zwar an der Zweckverbindung des Vereinbarten mit dem eingetretenen Erfolg festgehalten wird, die Frage, ob der Prozessvergleich auch ausschließlich Angelegenheiten betreffen kann, die außerhalb des Prozesses streitig oder ungewiss sind, aber immerhin offen gelassen wird; näher zum Ganzen *Stein/Jonas/Münzberg* § 794 ZPO RdNr. 13.

§ 779 73–75   Abschnitt 8. Titel 21. Vergleich

samkeit einer Vereinbarung nach § 127a genügt es, wenn sie in innerem Zusammenhang mit dem Rechtsstreit steht und die Entscheidung in auch nur unwesentlichen Punkten erleichtert.[360]

73   **3. Beteiligung Dritter.** Der Prozessvergleich kann gemäß ausdrücklicher Klarstellung in § 794 Abs. 1 Nr. 1 ZPO die Regelung von Rechtsbeziehungen zu Dritten einbeziehen.[361] Vollstreckungstitel für oder gegen den Dritten ist der Vergleich aber nur, wenn der Dritte dem Vergleich förmlich beigetreten ist.[362] Der Dritte wird durch seinen Beitritt **nicht Prozesspartei**. Er kann daher die Unwirksamkeit des Vergleichs nur nach §§ 732 ff., 767 ZPO geltend machen.[363] Ein nach § 1629 Abs. 3 zwischen den Eltern geschlossener gerichtlicher Vergleich über den Unterhalt eines Kindes wirkt dagegen, da es sich um einen Fall gesetzlicher Prozessstandschaft handelt, wie ein Urteil auch für und gegen das Kind (§ 1629 RdNr. 94 ff.).[364]

74   **4. Vergleich nach Veräußerung der streitbefangenen Sache (§ 265 ZPO).** Nach § 265 ZPO hat es auf den Prozess keinen Einfluss, wenn eine Partei nach Rechtshängigkeit die im Streit befangene Sache veräußert oder den geltend gemachten Anspruch abtritt. Die Partei hat den Prozess weiter im eigenen Namen für den Rechtsnachfolger zu führen. Sie ist zu allen Prozesshandlungen und deshalb auch zum Abschluss eines Vergleichs befugt, der zur Beendigung des Prozesses führt.[365] Darüber hinaus ist mit der Prozessführungsbefugnis auch die Verfügungsmacht über das veräußerte Recht verbunden. Wie der Veräußerer ein Anerkenntnis- oder Verzichtsurteil gegen sich ergehen lassen kann, ist ihm auch der Abschluss eines Prozessvergleichs zum Nachteil des Erwerbers nicht verwehrt.[366] Das gilt aber nur, soweit auch ein Urteil nach §§ 265 Abs. 3, 325 Abs. 2 ZPO diesem gegenüber wirksam wäre.[367] Der Vergleich muss sich also auf den Streitgegenstand beschränken. Wird eine im Streit befangene Forderung nach Rechtshängigkeit **gepfändet,** so muss sich der Pfändungsgläubiger als Rechtsnachfolger des Klägers einen materiellen Rechtsverzicht in einem von den Prozessparteien geschlossenen Prozessvergleich gefallen lassen.[368]

75   **5. Gegenseitiges Nachgeben.** Da § 794 ZPO an den materiellrechtlichen Begriff des Vergleichsvertrages (RdNr. 1, 70) anknüpft, muss nach hM auch der zur Beilegung des Rechtsstreits geschlossene Prozessvergleich ein „gegenseitiges Nachgeben" enthalten.[369]

---

[360] BGHZ 84, 333, 335 = NJW 1982, 2373 (Aufhebung der Gütergemeinschaft im Verbundverfahren über das Gesamtgut). – Dazu noch RdNr. 77.
[361] Zur Wirkung eines Prozessvergleichs, in dem die Forderung gegen einen Gesamtschuldner für erledigt erklärt wird, auf den Anspruch des Gläubigers gegen einen anderen Gesamtschuldner s. BGH NJW 2000, 1942, 1943 sowie allg. in RdNr. 50 ff.
[362] HM; vgl. OLG Zweibrücken FamRZ 1979, 174, 175; OLG Köln FamRZ 1983, 87, 88; OLG Köln Rpfleger 1985, 305; OLG Oldenburg FamRZ 1991, 720; *Stein/Jonas/Münzberg* § 794 ZPO RdNr. 45; *Staudinger/Marburger* RdNr. 95 mwN; vgl. noch RdNr. 78.
[363] BGHZ 86, 160, 164 = NJW 1983, 1433. Ob ein im Vergleich begünstigter Dritter Abänderungsklage (RdNr. 98) erheben kann, ist str.; offen gelassen von BGH LM ZPO § 51 Nr. 12 = NJW 1983, 684, 685 mN.
[364] Zur Vergleichsbefugnis des Prozeßstandschafters im Allgemeinen vgl. *Klinck* WM 2006, 417.
[365] BGH NJW-RR 1987, 307 = WM 1986, 1061 f. Zur Wirkung des außergerichtlichen Vergleichs s. RdNr. 15 und 38.
[366] *Lehmann* S. 171 ff.; *A. Blomeyer* Erkenntnisverfahren 1963 § 47 III 3; *Rosenberg/Schwab/Gottwald* Zivilprozessrecht § 129 III 2 e.
[367] *Bonin* S. 121 f.
[368] BGH NJW 1989, 39, 40 = LM ZPO § 515 Nr. 26 (zu II 2a).
[369] BGHZ 16, 388, 390; BGHZ 39, 60, 63 = NJW 1963, 637; BGH AP ZPO § 794 RdNr. 23 = LM ZPO § 794 Abs. 1 Ziff. 1 Nr. 21; NJW 1974, 579 = LM § 1587 o Nr. 8 (zu II 3); NJW-RR 2005, 1303; *Baumgärtel,* Wesen und Begriff der Prozesshandlung einer Partei im Zivilprozess, 1957, S. 196; *Breetzke* NJW 1971, 178, 180; für den Schiedsspruch mit vereinbartem Wortlaut (RdNr. 85) auch *Bilda* DB 2004, 171, 173 f.; aA 3. Aufl. RdNr. 75 *(Pecher; Lehmann* S. 77 f.; *Hellwig,* System des deutschen Zivilprozessrechts I, 1912, § 193 III; *O. Fischer,* Lehrbuch des deutschen Zivilprozess- und Konkursrechts, 1918, S. 270; *A. Blomeyer,* Zivilprozessrecht – Erkenntnisverfahren, 2. Aufl. 1985, § 65 III, 2; *Grunsky,* Grundlagen des Verfahrensrechts, 2. Aufl. 1974, S. 96 f.; *Keßler* DRiZ 1978, 79 f.; *Bamberger/Roth/Fischer* RdNr. 63; wohl auch BGH NJW-RR 1991, 1021 = LM ZPO § 794 Abs. 1 Ziff. 5 Nr. 18.

Dem ist mit Blick auf die Doppelnatur des Prozessvergleichs (RdNr. 71) und vorbehaltlich der Zulässigkeit eines „abstrakten" Prozessvergleichs (RdNr. 76) zuzustimmen. Wie beim außergerichtlichen Vergleich (RdNr. 26) genügt auch beim Prozessvergleich ein geringfügiges Nachgeben, welches sich zudem nicht auf das materielle Rechtsverhältnis der Parteien zu beziehen braucht, sondern auch in der **Nichtausnutzung oder Aufgabe einer prozessualen Position** bestehen kann.[370] Vor diesem Hintergrund trifft es zwar zu, dass, *materiell-rechtlich* betrachtet, der Prozessvergleich auch den zur Beilegung eines Rechtsstreits im Prozess geschlossenen einseitigen Anerkennungsvertrag in sich aufnimmt; doch ist dies auf die Doppelnatur des Prozessvergleichs und auf den Umstand zurückzuführen, dass sich § 779 allgemein mit einem geringfügigen, nicht notwendigerweise auf das streitige Rechtsverhältnis bezogenen Nachgeben begnügt (RdNr. 26).

6. Abstrakter Prozessvergleich. Die Prozessparteien können sich auch damit begnügen, in einem förmlich protokollierten Prozessvergleich lediglich eine Prozesshandlung (Klagerücknahme, Rechtsmittelrücknahme) zu erklären, die zur Beendigung des Rechtsstreits führt, und zwar auch ohne damit eine vertragliche Kostenregelung zu verbinden. Die Zulässigkeit eines solchen „abstrakten" Prozessvergleichs ist zwar nicht unbestritten.[371] Es muss aber den Parteien freistehen, in der Form des Prozessvergleichs lediglich den Rechtsstreit zu beenden, ohne den dahinterstehenden Interessenausgleich oder ihre weitergehenden Absichten erkennen zu lassen.[372] Ihre außerprozessuale Regelung kann auch etwa darin bestehen, dass sie die Sache vor ein Schiedsgericht bringen wollen. Einem solchen Prozessvergleich fehlt die Doppelnatur (RdNr. 71); er ist vielmehr **ausschließlich Prozesshandlung**,[373] deren Wirksamkeit von der ihr zugrundeliegenden materiellen Regelung nicht abhängt.[374]

7. Gerichtliches Verfahren; Protokollierung. Der Prozessvergleich muss in einem dafür geeigneten gerichtlichen Verfahren geschlossen werden. Auf die Zuständigkeit des Gerichts zur Entscheidung kommt es ebenso wenig an[375] wie auf die vorschriftsmäßige Besetzung des Gerichts.[376] In Betracht kommen auch das Verfahren vor dem Einzelrichter,[377] das Verfahren des einstweiligen Rechtsschutzes,[378] das gerichtliche Vollstreckungsverfahren,[379] das Prozesskostenhilfeverfahren[380] und der Strafprozess wegen der Entschädigungsansprüche des Verletzten.[381] Soweit sich nicht aus **§ 278 Abs. 6 ZPO** ein anderes ergibt (RdNr. 70), setzen Vollstreckbarkeit und Prozessbeendigung die ordnungsgemäße Protokollierung des Vergleichs voraus.[382] Sie ersetzt im Übrigen nach § 127a jede für ein Rechtsgeschäft gesetzlich vorgeschriebene Form (RdNr. 43). Ein Widerrufsvorbehalt muss nicht in

---

[370] *Rosenberg/Schwab/Gottwald* Zivilprozessrecht § 129 I 6; *Stein/Jonas/Münzberg* § 794 ZPO RdNr. 17; besonders deutlich BGH NJW-RR 1991, 1021 = LM ZPO § 794 Abs. 1 Ziff. 5 Nr. 18.
[371] Abl. *Bonin* S. 12; *Bork* S. 222 ff.; *Rosenberg/Schwab/Gottwald* Zivilprozessrecht § 129 I 5 Fn. 20.
[372] So *Hellwig* (Fn. 369) § 193 II 1; *Blomeyer* (Fn. 369) § 65 III 1; *Grunsky* (Fn. 369) S. 92; *Stein/Jonas/Münzberg* § 794 ZPO RdNr. 6 und 9; MünchKommZPO/*Wolfsteiner* § 794 RdNr. 17; *Pohle* Anm. zu AP ZPO § 794 Nr. 3; vgl. auch OLG Karlsruhe OLGE 6, 8.
[373] *Henckel*, Prozessrecht und materielles Recht, 1970, S. 39; s. ferner *Staudinger/Marburger* RdNr. 99.
[374] *Arens* S. 115.
[375] BGH LM ZPO § 767 Nr. 33 = MDR 1967, 43; BGH NJW 1988, 65 = LM KostO § 140 Nr. 2.
[376] BGH NJW 1986, 1348, 1349 = LM ZPO § 794 Abs. 1 Ziff. 1 Nr. 35; *Bamberger/Roth/Fischer* RdNr. 80; *Palandt/Sprau* RdNr. 30.
[377] BGH NJW 1986, 1348 = LM ZPO § 794 Abs. 1 Ziff. 1 Nr. 35.
[378] BGH NJW-RR 1991, 1021 = LM ZPO § 794 Abs. 1 Ziff. 5 Nr. 18.
[379] RGZ 165, 161; *Bonin* S. 166 ff.; *Stein/Jonas/Münzberg* § 794 ZPO RdNr. 20.
[380] Nach § 118 Abs. 1 S. 3 ZPO; und zwar auch im Anwaltsprozess ohne Anwaltszwang (OLG Hamburg FamRZ 1988, 1299).
[381] *Pecher* NJW 1981, 2170; *D. Meyer* JurBüro 1984, 1121; *Bonin* S. 175 ff.; *Stein/Jonas/Münzberg* § 794 ZPO RdNr. 21.
[382] BGHZ 16, 388, 390 = NJW 1955, 705; RG SeuffA 83 Nr. 75 S. 124 = ZZP 55, 136 m. Anm. *Rosenberg*; BGH NJW 1984, 1465, 1466 = LM ZPO § 160 Nr. 5; BAGE 8, 228, 232 = AP ZPO § 794 Nr. 4; OLG Frankfurt FamRZ 1980, 907; KG FamRZ 1981, 193; OLG Köln FamRZ 1994, 1048. – Zur Möglichkeit von Protokollberichtigungen s. OLG Zweibrücken NJW-RR 1992, 1408 = MDR 1993, 84; OLG Frankfurt MDR 1986, 152 f.; s. ferner BAG DB 1997, 882 (in außergerichtlich vorbereitetem Vergleich

§ 779 78–80   Abschnitt 8. Titel 21. Vergleich

den zum auszufertigenden Titel gehörenden Vergleichstext aufgenommen werden.[383] – Zu den Folgen von Formmängeln s. RdNr. 87.

78   **8. Anwaltszwang.** Im Anwaltsprozess (§ 78 Abs. 1 und 2 ZPO) unterliegt wie jede andere Prozesshandlung auch der Abschluss eines Prozessvergleichs dem Anwaltszwang;[384] anderes gilt nach § 78 Abs. 5 ZPO für den Vergleich vor einem beauftragten oder ersuchten Richter.[385] Die Prozessvollmacht (RdNr. 21) umfasst kraft Gesetzes die Befugnis zur Beilegung des Rechtsstreits durch Vergleich (§ 81 ZPO), nicht aber zur Verfügung über sonstige Rechte, die nicht Gegenstand des Prozesses sind.[386] Hat eine Partei eine Erklärung aus materiellrechtlichen Erfordernissen persönlich abzugeben, muss sie das gemeinsam mit ihrem Anwalt tun.[387] Ein Dritter, der einem Prozessvergleich beitritt (RdNr. 73), unterliegt nicht dem Anwaltszwang.[388]

79   **9. Wirkung. a) Beendigung des Rechtsstreits.** Der Prozessvergleich zeitigt zunächst die materiell-rechtlichen Wirkungen eines Vergleichs (RdNr. 31 ff., 71). In prozessualer Hinsicht hat der Prozessvergleich, soweit er den anhängigen Rechtsstreit beilegt,[389] zur Folge, dass die Rechtshängigkeit **unmittelbar** und ohne gerichtliche Entscheidung endet.[390] Ein schon ergangenes noch nicht rechtskräftiges **Urteil** wird hinfällig,[391] soweit die Parteien dessen Ausspruch durch ihre vertragliche Regelung ersetzt haben.[392] Im Streitfall kann eine Klarstellung durch Beschluss entsprechend § 269 Abs. 4 ZPO erfolgen.[393] Eine **Rechtskraftwirkung** kommt dem Prozessvergleich nicht zu.[394] Der Bestand und Fortbestand des geregelten Rechtsverhältnisses unterliegt allein dem materiellen Recht (RdNr. 33, 36 f.). Soweit der Vergleichsinhalt unmittelbar für vollstreckbar erklärt werden kann (RdNr. 80, 88), gilt die dreißigjährige **Verjährungsfrist** des § 197 Abs. 1 Nr. 4, im Übrigen ist die neu geregelte materielle Rechtsbeziehung maßgebend (RdNr. 33 f.). Als **Prozesshandlung** unterliegt der Prozessvergleich allein prozessrechtlichen Grundsätzen. Deshalb können die Parteien nicht durch einverständliche Aufhebung ihres Vergleichsvertrages wieder in den beendeten Rechtsstreit eintreten (RdNr. 91). Zu den materiell-rechtlichen Wirkungen s. RdNr. 31 ff.

80   **b) Vollstreckbarkeit.** Soweit der Vergleich einen vollstreckungsfähigen Inhalt aufweist, ist er gemäß § 794 Abs. 1 Nr. 1 ZPO Vollstreckungstitel. Gegenstand der Titulierung ist der gesamte im Zusammenhang mit der Streitbeilegung (RdNr. 72) stehende Inhalt des Vergleichsvertrags. Ein Erbe muss sich die Beschränkung der Haftung nach § 780 Abs. 1 ZPO vorbehalten.[395] Die Vollstreckbarkeit setzt die **gegenständliche Bestimmtheit** des Ver-

---

vorgesehene Protokollierung hat im Zweifel konstitutive Bedeutung). – Krit. gegenüber zu formalistischen Anforderungen *Vollkommer* Rpfleger 1973, 268.
[383] BGH NJW-RR 1989, 1214 f. = LM § 130 Nr. 21.
[384] BGH NJW 1985, 1962 f. = LM ZPO § 794 Abs. 1 Ziff. 1 Nr. 34; NJW 1991, 1743 = LM § 1587 o Nr. 7; OLG Zweibrücken FamRZ 1985, 1071; OLG Köln FamRZ 1988, 1273 (nicht postulationsfähiger Anwalt); *Staudinger/Marburger* RdNr. 102; aA etwa *Bonin* S. 76 ff.; *Esser*, FS Lehmann, 1556, S. 719, 732; *Lindacher*, FG BGH, 2000, S. 267 f.
[385] OLG Düsseldorf NJW 1975, 2298 m. zust. Anm. *Jauernig*; *Rosenberg/Schwab/Gottwald* Zivilprozessrecht § 129 III 2 g; aA *Soergel/Lorentz* RdNr. 56.
[386] BGH NJW 1992, 1963 = LM ZPO § 81 Nr. 6.
[387] BayObLGZ 1965, 86, 89 = NJW 1965, 1276 (Erbverzichtsvertrag); *Rosenberg/Schwab/Gottwald* Zivilprozessrecht § 129 III 2 g.
[388] BGHZ 86, 160, 163 = NJW 1983, 1433 = JR 1983, 369 m. abl. Anm. *Bergerfurth*; *Staudinger/Marburger* RdNr. 102.
[389] Zum Vorbehalt gerichtlicher Kostenentscheidung s. OLG Naumburg NJW-RR 1996, 1216.
[390] AllgM, s. etwa BGHZ 41, 310, 311 = NJW 1964, 1524; BVerwG NJW 1994, 2306, 2307; vgl. aber RdNr. 6.
[391] BGH LM ZPO § 794 Abs. 1 Ziff. 1 Nr. 12/13 = JZ 1964, 257; vgl. aber auch OLG Hamm NJW 1988, 1988.
[392] BGH NJW 1990, 709, 710 = LM § 1569 Nr. 35.
[393] Dazu iE *Kniffka* JuS 1990, 969.
[394] BGHZ 86, 184, 186 = NJW 1983, 996, 997; BGH WM 1992, 1609, 1611; RGZ 36, 416, 418 f.; *Bamberger/Roth/Fischer* RdNr. 72.
[395] BGH NJW 1991, 2389 = LM ZPO § 780 Nr. 9.

Begriff des Vergleichs, Irrtum über die Vergleichsgrundlage 81, 82 § 779

gleichsinhalts voraus. Nicht vollstreckbar sind mithin Ansprüche, deren Höhe nach Kriterien außerhalb des beurkundeten Vertrages bestimmt werden soll.[396] Die Vollstreckung eröffnet auch die Zwangsmittel der Handlungs- und Unterlassungsvollstreckung nach §§ 887 ff. ZPO.[397] Ein Anspruch auf Abgabe einer Willenserklärung, die nicht schon im Vergleich abgegeben worden ist, kann als unvertretbare Handlung nach § 888 ZPO vollstreckt, aber auch mit der Leistungsklage verfolgt und danach durch die gerichtliche Verurteilung ersetzt (§ 894 ZPO) werden.[398] Ein **Forderungsaustausch** ist ausgeschlossen; die Parteien können nicht durch nachträgliche Vereinbarung einen anderen Anspruch zum Gegenstand der Vollstreckbarkeit machen.[399] Auch eine nachträgliche vertragliche Herabsetzung des im Prozessvergleich titulierten Anspruchs hebt nicht dessen Vollstreckbarkeit auf. Im Streitfall muss der Schuldner nach §§ 795, 767 ZPO die Zwangsvollstreckung für unzulässig erklären lassen.[400] – Die Vollstreckbarkeit des **Schiedsspruchs mit vereinbartem Wortlaut** (§ 1053 ZPO) ergibt sich aus § 794 Abs. 1 Nr. 4 a ZPO (RdNr. 85).

10. Gesamtvergleich. Werden in einem Prozessvergleich Streitigkeiten mitverglichen 81 (RdNr. 72), die Gegenstand anderer anhängiger Verfahren sind, so endet jedenfalls der verhandelte Rechtsstreit unmittelbar (RdNr. 79). Aber auch für die anderen Verfahren ist der Vergleichsschluss nicht nur außerprozessualer Rechtsakt.[401] Nach zutr. Ansicht werden vielmehr auch sie unmittelbar beendet, ohne dass es weiterer Prozesshandlungen[402] der Parteien bedarf.[403] Bei einem Streit über die Wirksamkeit des Prozessvergleichs ist auch das mitverglichene Verfahren fortzusetzen (RdNr. 93).[404]

11. Widerrufsvorbehalt. a) Aufschiebende Bedingung. Ein Prozessvergleich kann 82 auch unter einer Bedingung geschlossen werden.[405] Der befristete Vorbehalt eines Widerrufs, wie er oft von Anwälten bei Abwesenheit der Partei vereinbart wird, ist im Zweifel nicht als Rücktrittsrecht, sondern als aufschiebende Bedingung zu verstehen, da eine Bindung (und damit auch Vollstreckbarkeit) idR erst mit Ablauf der Widerrufsfrist eintreten soll.[406] Ein für **Streitgenossen** vereinbarter Widerrufsvorbehalt kann dahin auszulegen sein, dass der Widerruf eines Streitgenossen den Vergleich insgesamt hinfällig macht.[407] Ein wirksam widerrufener Prozessvergleich wird durch **Rücknahme des Widerrufs** auch mit Zustimmung des Gegners nicht wieder hergestellt und bedarf neuer Protokollierung; die Einigung der Parteien kann nur die Wirkung eines außergerichtlichen Vergleichs (RdNr. 38) haben.[408] Soweit die Beilegung des anhängigen Rechtsstreits infolge eines

---

[396] OLG Hamm NJW 1974, 652; OLG Karlsruhe OLGZ 1984, 341; OLG Koblenz OLGZ 1976, 380; vgl. auch BGH NJW-RR 1989, 318 = LM ZPO § 253 Nr. 57 (zu wertgesicherten Ansprüchen); NJW 1993, 1995, 1996 = LM § 794 Abs. 1 Ziff. 1 Nr. 42 (Teilanspruch, Spitzenbetrag); KG NJW-RR 1988, 1406.
[397] OLG Koblenz FamRZ 1978, 605; aA OLG Hamm MDR 1985, 242.
[398] BGHZ 98, 127 = NJW 1986, 2704 = JuS 1987, 150 (*K. Schmidt*).
[399] BGH NJW 1982, 2072 = LM ZPO § 794 Abs. 1 Ziff. 1 Nr. 28 (nachehelicher statt Trennungsunterhalt); vgl. auch BGH NJW 1980, 1050, 1051.
[400] BGH NJW 1988, 1965, 1966 = LM § 242 (Bb) Nr. 124 (zu 2 a).
[401] So aber 3. Aufl. RdNr. 81 *(Pecher)*; *ders.* ZZP 97 (1984), 139, 146 ff.; *Markl* JVBl. 1969, 182; ähnlich *Stein/Jonas/Münzberg* § 794 ZPO RdNr. 40; *Soergel/Lorentz* RdNr. 59, 64. Nachweise zur Gegenansicht s. in Fn. 403.
[402] Etwa Klagerücknahme (§ 269 ZPO), einverständliche Erledigungserklärung (§ 91 a ZPO), Rechtsmittelrücknahme; vgl. BAG AP ZPO § 794 Nr. 30 = ZZP 97, 211.
[403] BAGE 36, 112 = NJW 1982, 788 mwN; *Staudinger/Marburger* RdNr. 96; *Rosenberg/Schwab/Gottwald* Zivilprozessrecht § 129 II 2 a.
[404] *Staudinger/Marburger* RdNr. 116; s. ferner BAGE 36, 112 = NJW 1982, 788; BGHZ 87, 227, 231 f. = NJW 1983, 2034 f. („im Parallelprozess nicht rechtshängigen Anspruch").
[405] HM; vgl. nur BGH NJW 1972, 159 = LM ZPO § 263 Nr. 12. – Zur Auflassung im Rahmen eines bedingten Prozessvergleichs s. RdNr. 43.
[406] BGHZ 88, 364, 366 = NJW 1984, 312; BGH NJW-RR 1989, 1214, 1215 = LM § 130 Nr. 21; BAG NZA 1998, 1126 f.; OLG Frankfurt NJW-RR 1996, 14, 15; s. auch RdNr. 28 aE und § 158 RdNr. 57.
[407] BGHZ 46, 277 = NJW 1967, 441 (Erbengemeinschaft); BGH VersR 1962, 155 (Gesamtschuldner); andererseits OLG München NJW 1995, 2422, 2425 (zu 6).
[408] BGH NJW 1982, 2072, 2073 = LM ZPO § 794 Abs. 1 Ziff. 1 Nr. 28; BGH LM RVO § 1542 Nr. 5 = VersR 1954, 537; s. auch noch RdNr. 28.

§ 779 83, 84 Abschnitt 8. Titel 21. Vergleich

wirksamen Widerrufs gescheitert ist, muss der Prozess fortgesetzt werden. Sind in einem Prozessvergleich lediglich nicht rechtshängige Ansprüche geregelt (RdNr. 72), kann über die Folgewirkungen seiner Unwirksamkeit nur in einem neuen Prozess entschieden werden.[409]

83 **b) Adressat und Form des Widerrufs.** Die Parteien können vereinbaren, an wen und in welcher Form und Frist der Widerruf erklärt werden muss oder kann.[410] Ist eine besondere Vereinbarung nicht getroffen worden, kann der Widerruf sowohl gegenüber dem Gericht als auch gegenüber der anderen Partei erklärt werden.[411] Das Gericht hat kein verfahrensrechtlich zureichendes Interesse, innerhalb der Widerrufsfrist von der Notwendigkeit einer Fortsetzung des Verfahrens Kenntnis zu erhalten, so wie es umgekehrt der Doppelnatur des Vergleichs (RdNr. 71) und der Vorschrift des § 278 Abs. 6 ZPO (RdNr. 70) entspricht, dass der Widerruf nicht notwendigerweise der anderen Partei gegenüber erklärt wird. Auch wenn im Vergleich die „Anzeige zu den Gerichtsakten" vorgesehen ist, ergibt sich daraus noch nicht, dass eine Erklärung unmittelbar an die Gegenpartei vertraglich ausgeschlossen sein soll.[412] Was die Rechtsnatur des Widerrufs betrifft, so ist zu unterscheiden:[413] Der **Widerruf gegenüber dem Gericht** ist Prozesshandlung[414] und unterliegt grundsätzlich den prozessualen Grundsätzen für bestimmende Schriftsätze, kann also im Anwaltsprozess nur von einem vertretungsbefugten Anwalt erklärt werden[415] und bedarf dessen eigenhändiger Unterschrift.[416] Es gelten aber auch die übermittlungstechnischen Erleichterungen für die Rechtsmitteleinlegung.[417] Der Widerruf **gegenüber dem Gegner** ist dagegen empfangsbedürftige Willenserklärung und kann von der Partei selbst[418] oder ihrem Vertreter gegenüber der anderen Partei selbst oder deren Vertreter erklärt werden; es genügt mündliche Erklärung.[419]

84 **c) Zugang, Fristwahrung.** Für die Berechnung der vereinbarten Widerrufsfrist gelten die §§ 186 ff., insbesondere § 193.[420] Die Frist kann vor ihrem Ablauf von den

---

[409] OLG Frankfurt NJW-RR 1990, 138.
[410] BGHZ 164, 190, 192 = NJW 2005, 3576; BAGE 9, 172, 176 = NJW 1960, 1364 (auch gegenüber Gericht telephonisch); BGH NJW 1980, 1753 f. = LM ZPO § 794 Abs. 1 Ziff. 1 Nr. 26 (an auswärtigen Senat); LAG München NJW 1988, 439 (wohl unrichtig); OLG Hamm NJW 1992, 1705 (schriftlich an Gericht); *Stein/Jonas/Münzberg* § 794 ZPO RdNr. 84; vgl. auch BGH NJW 1969, 110 = AP ZPO § 794 Nr. 15 m. Anm. *Zeiß, Soergel/Lorentz* RdNr. 60.
[411] So zumindest für nach dem Inkrafttreten des § 278 Abs. 6 ZPO (RdNr. 70) am 1. 1. 2002 geschlossene Prozessvergleiche BGHZ 164, 190, 192 ff. = NJW 2005, 3576 m. umf. Nachw.; ferner OLG Düsseldorf NJW-RR 1987, 255 = OLGZ 1987, 111; OLG Koblenz MDR 1997, 883; OLG Frankfurt VRS 88 (1995), 112, 113; *Bonin* S. 50; *Stein/Jonas/Münzberg* § 794 ZPO RdNr. 85; MünchKommZPO/ *Wolfsteiner* § 794 RdNr. 61; *Lindacher*, FG BGH, S. 269 f.; *Palandt/Sprau* RdNr. 30; aA – für Erfordernis des Widerrufs gegenüber dem Gericht – BVerwG NJW 1993, 2193; OVG Lüneburg NJW 1992, 3253 f.; für Erfordernis des Widerrufs gegenüber dem Vergleichspartner noch RGZ 161, 253, 255; BGH LM § 130 Nr. 2 S. 2.
[412] BGH LM § 130 Nr. 2; BAG AP ZPO § 794 Nr. 15 = NJW 1969, 110; OLG Düsseldorf NJW-RR 1987, 255 f.; *Lindacher*, FG BGH, 2000, S. 269 f., der sich mit guten Gründen dafür ausspricht, bei Benennung des Gerichts den Widerruf auch gegenüber der Gegenpartei zuzulassen; aA BAG AP ZPO § 794 Nr. 41 = NZA 1992, 134; OLG Köln NJW 1990, 1369; OLG München NJW 1992, 3042 f.
[413] *Staudinger/Marburger* RdNr. 105 mwN; aA – stets sowohl materielles Rechtsgeschäft als auch Prozesshandlung – 3. Aufl. RdNr. 83 *(Pecher)*; *Stein/Jonas/Münzberg* § 794 ZPO RdNr. 84 aE; vgl. auch BGH LM § 193 Nr. 4 mN.
[414] BGHZ 164, 190, 194 f. = NJW 2005, 3576.
[415] OLG München NJW 1992, 3042.
[416] BAG NJW 1989, 3035 = AP ZPO § 794 ZPO Nr. 39 m. abl. Anm. *Vollkommer; Stein/Jonas/Münzberg* § 794 ZPO RdNr. 83; vgl. auch BGHZ 101, 134, 138 f. = NJW 1987, 2588; BGH NJW 1994, 2097 = LM ZPO § 117 Nr. 7.
[417] OLG München NJW 1992, 3042; OLG Hamm NJW 1992, 1705; vgl. auch BVerfG NJW 1987, 2067.
[418] BGHZ 46, 277 = NJW 1967, 440; *Bamberger/Roth/Fischer* RdNr. 90.
[419] BGH LM § 130 Nr. 2; ZZP 71 (1958), 454 f.
[420] HM; BGH LM § 193 Nr. 4 mN = MDR 1979, 49; vgl. auch OLG Schleswig NJW-RR 1987, 1022; näher zum Folgenden E. *Schneider* MDR 1999, 595 ff.

Begriff des Vergleichs, Irrtum über die Vergleichsgrundlage 85–87 § 779

Parteien ohne Mitwirkung des Gerichts verlängert werden, nicht auch vom Gericht.[421] Für den Zugang und die Rechtzeitigkeit einer Widerrufserklärung gegenüber dem Gericht gelten die für Rechtsmittel anerkannten Grundsätze.[422] Wie dort muss also die Möglichkeit des Zugangs bis zum Ablauf des letzten Tages gewährleistet sein.[423] Unterhält das Gericht eine auswärtige Zugangsstelle, genügt die rechtzeitige Einreichung dort.[424] Gegen eine **Fristversäumung** gibt es weder für den rechtsgeschäftlichen Widerruf noch für den Widerruf gegenüber dem Gericht Abhilfe; insbesondere gibt es keine **Wiedereinsetzung** nach § 233 ZPO.[425] Mit Fristablauf wird also der Vergleich wirksam.

12. Schiedsspruch mit vereinbartem Wortlaut. Im Schiedsverfahren ist mit der 85 Reform 1997 der Schiedsspruch mit vereinbartem Wortlaut **an die Stelle des Schiedsvergleichs** getreten. Er ist Schiedsspruch und hat nach § 1053 Abs. 2 S. 2 ZPO dieselbe Wirkung wie jeder andere Schiedsspruch zur Sache.[426] Seine Vollstreckbarerklärung richtet sich mithin nach den für Schiedssprüche geltenden allgemeinen Vorschriften,[427] die **Vollstreckung** sodann nach § 794 Abs. 1 Nr. 4a ZPO. Ein während des Schiedsverfahrens geschlossener Vergleich der Parteien hat zwar nach § 1053 Abs. 1 S. 1 ZPO gleichfalls die *Beendigung des Schiedsverfahrens* zur Folge, ist aber kein Prozessvergleich im eigentlichen Sinne, insbesondere nicht vollstreckbar gemäß § 794 Abs. 1 Nr. 1 ZPO.

III. Unwirksamkeit des Prozessvergleichs

1. Überblick. Infolge seiner **Doppelnatur** (RdNr. 71) können dem Prozessvergleich 86 sowohl prozessuale wie materiellrechtliche Mängel anhaften. Es fragt sich deshalb, ob ein Mangel der einen oder der anderen Art sowohl den prozessualen wie den materiellen Rechtswirkungen des Prozessvergleichs entgegensteht. Davon zu unterscheiden ist die Frage der **Geltendmachung** der Unwirksamkeit eines Prozessvergleichs. Sie hat sich zunächst danach zu richten, welche Verfahrensformen für das jeweils verfolgte Rechtsschutzziel vorgegeben sind (RdNr. 92 ff.).

2. Prozessuale Mängel. Führen prozessuale Mängel (RdNr. 77 f.) zur Unwirksamkeit 87 des Prozessvergleichs, so ist der Rechtsstreit nicht beendet (RdNr. 79).[428] Auch fehlt es der protokollierten Vereinbarung an der Vollstreckbarkeit (RdNr. 80). Die Unwirksamkeit des Prozessvergleichs als Prozesshandlung zieht aber nicht notwendig die materiellrechtliche Unwirksamkeit der in ihm enthaltenen Regelung des Streitverhältnisses nach sich. Das versteht sich von selbst, wenn die förmliche Protokollierung vor Gericht nur die Ausführung einer außergerichtlichen Vereinbarung ist (RdNr. 28).[429] Aber auch sonst kann der materiellrechtlichen Regelung im Prozessvergleich nach dem Willen der Parteien der Vorrang zukommen und ihre Wirksamkeit anzunehmen sein, obwohl die pro-

---

[421] OLG Hamm FamRZ 1988, 535; BGHZ 61, 394, 398 = NJW 1974, 107, 108; *Stein/Jonas/Roth* § 224 ZPO RdNr. 3.
[422] BVerfGE 69, 381, 385 f. = NJW 1986, 244 f.; BAG NJW 1986, 1373 = AP ZPO § 794 Nr. 38.
[423] BAG NJW 1986, 1373 = AP ZPO § 794 Nr. 38 (zu III 1); BGH NJW 1986, 2646 = LM ZPO § 516 Nr. 23; OLG Köln NJW-RR 1996, 122 f.
[424] BGH NJW-RR 1989, 1214 = LM § 130 Nr. 21; NJW 1992, 1047 = LM ZPO § 516 Nr. 32.
[425] Einhellige Praxis: BAG NJW 1998, 2844; BGH NJW 1995, 521, 522 = LM § 675 Nr. 212 (zu III 2) mN; OLG Hamm NJW 1992, 1705, 1706; MDR 1994, 309; LAG Bremen MDR 2003, 289; *Thomas/Putzo/Hüßtege* § 794 ZPO RdNr. 23; *Palandt/Sprau* RdNr. 30; aA 3. Aufl. RdNr. 84 (*Pecher*); *Säcker* NJW 1968, 708; *Gerhardt* ZZP 98 (1985), 356 f.; *Vollkommer* Anm. zu BAG AP ZPO § 794 Nr. 39 (zu 4a); aA *Stein/Jonas/Roth* § 233 ZPO RdNr. 12 f.
[426] Dazu *Berger* RIW 2001, 7 ff.; *Bilda* DB 2004, 171 ff.; *Griwotz* MDR 2001, 305 ff.; *Lörcher* DB 1999, 789 f.; eingehend *Mankowski* ZZP 114 (2001), 37 ff.; zu § 1053 Abs. 3 ZPO s. RdNr. 43.
[427] BGHZ 145, 376, 378 ff. = NJW 2001, 373.
[428] Wohl allgM, s. BGHZ 16, 388, 390 = NJW 1955, 705; *Staudinger/Marburger* RdNr. 111; *Soergel/Lorentz* RdNr. 65; *Bamberger/Roth/Fischer* RdNr. 96.
[429] RG SeuffA 83 Nr. 75 S. 125 = ZZP 55, 136.

§ 779 88–90   Abschnitt 8. Titel 21. Vergleich

zessuale Streitbeilegung wegen formeller Mängel ausgeblieben ist.[430] Entsprechend § 139 spricht in Zweifelsfällen allerdings eine Vermutung für die materiellrechtliche Unwirksamkeit.

88 **a) Wirkung auf die Vollstreckbarkeit.** Liegen prozessuale Mängel vor, ist eine **Vollstreckungsklausel** nicht zu erteilen. Der Schuldner kann einer Erteilung mit der Erinnerung nach § 732 ZPO entgegentreten.[431] Dagegen nehmen materiellrechtliche Unwirksamkeitsgründe dem Prozessvergleich die Vollstreckbarkeit nicht unmittelbar.[432] Vielmehr kann nur in dem jeweils vorgesehenen Verfahren, also mit der Klage nach § 767 ZPO (RdNr. 97) oder im fortgesetzten Verfahren (RdNr. 98) durch besonderen Antrag, die **Einstellung der Zwangsvollstreckung** erwirkt werden.

89 **b) Wirkung auf die Prozessbeendigung.** Hat der Prozessvergleich das Verfahren nicht wirksam beendet, steht der Rechtsstreit den Prozessparteien zur Fortsetzung offen (RdNr. 93 ff.). Insoweit ist eine neue Klage mit demselben Begehren unzulässig (RdNr. 93). Eine Verteidigung mit im Prozessvergleich aufgegebenen Rechten auf Grund der Behauptung, dieser sei materiell unwirksam, ist nach allgemeinen Regeln unbeschränkt zulässig. Eine Berufung auf die Unwirksamkeit verstößt nicht schon deshalb gegen Treu und Glauben, weil die Beteiligten sich längere Zeit nach dem Vergleich verhalten haben.[433]

90 **3. Materiellrechtliche Mängel.** Als Vertrag über materiellrechtliche Beziehungen unterliegt der Prozessvergleich den Unwirksamkeitsgründen des materiellen Rechts (RdNr. 56 ff.). Ist die materielle Streitbeilegung unwirksam, so fehlt es wegen seiner „Doppelnatur" (RdNr. 71) auch an der prozessbeendigenden Wirkung.[434] Somit bleibt der Rechtsstreit anhängig und kann fortgesetzt werden (RdNr. 89). Das gilt aber nur insoweit, wie dem Vergleichsvertrag damit **unmittelbar** die Wirkung der Streitbeilegung zur Beendigung des anhängigen Verfahrens fehlt,[435] also etwa für die Nichtigkeit wegen Geschäftsunfähigkeit einer Partei,[436] für die gesetzlichen Nichtigkeitsgründe der §§ 134, 138,[437] für das Fehlen der Vergleichsgrundlage nach § 779,[438] für die wirksame Anfechtung wegen Irrtums (§ 119)[439] oder arglistiger Täuschung (§ 123),[440] für die wirksame Ausübung des vorbehaltenen Widerrufs (RdNr. 82)[441] sowie für den anderweitig bedingten Vergleich.[442] In diesen Fällen fehlt dem Prozessvergleich die Wirkung der Prozessbeendigung allerdings auch dann, wenn er als materiellrechtlicher Vertrag wegen Mängel in der Regelung sonstiger, nicht anhängiger Rechtsbeziehungen insgesamt nichtig ist.[443]

---

[430] BGH NJW 1985, 1962, 1963 = LM ZPO § 794 Abs. 1 Ziff. 1 Nr. 34; BAGE 8, 228, 235 f. = AP ZPO § 794 Nr. 4; BVerwG NJW 1994, 2306, 2307; BAG NJW 1997, 1597; *Soergel/Lorentz* RdNr. 65; enger – Nichtigkeit der materiellrechtlichen Abreden sei „meist zu bejahen" – *Staudinger/Marburger* RdNr. 111 mwN. Eingehend zur Frage *Lindacher*, FG BGH, 2000, S. 258 ff. mwN.
[431] BGHZ 15, 190, 191 = NJW 1955, 182; BGH NJW 1985, 1962, 1963 = LM ZPO § 794 Abs. 1 Ziff. 1 Nr. 34; OLG Frankfurt FamRZ 1980, 907 f.
[432] OLG Frankfurt NJW-RR 1995, 703 mN = MDR 1995, 201; *Stein/Jonas/Münzberg* § 794 ZPO RdNr. 69; *Rosenberg/Gaul/Schilken* (Fn. 67) § 13 III 3.
[433] AA BAG NJW 1970, 349 = AP ZPO § 794 Nr. 18; dagegen *Reinicke* NJW 1970, 306 und *Grunsky* Anm. zu AP ZPO § 794 Nr. 18, jew. mwN; ferner *Staudinger/Marburger* RdNr. 111; *Soergel/Lorentz* RdNr. 65; vgl. auch OLG Koblenz FamRZ 1984, 270.
[434] Eingehend *Wagner* S. 517 ff.; *Lindacher*, FG BGH, 2000, S. 260 ff.; aus dem älteren Schrifttum *Bonin* S. 105 ff.; *Lehmann* S. 230 ff.; s. ferner *Bamberger/Roth/Fischer* RdNr. 86 f.; *Soergel/Lorentz* RdNr. 67.
[435] BGHZ 28, 171 = NJW 1958, 1970 mit Übersicht über die widersprüchliche Rspr. des RG.
[436] Dazu eingehend *Hager* ZZP 97 (1984), 174, 181 ff.
[437] AllgM, s. BGHZ 44, 158 = NJW 1965, 2147.
[438] BGH NJW 1971, 467 = LM ZPO § 794 Abs. 1 Ziff. 1 Nr. 37.
[439] BAG AP ZPO § 794 Nr. 8.
[440] BGHZ 28, 171, 172 = NJW 1958, 1970; BGH WM 1985, 673.
[441] BGHZ 46, 277 = NJW 1967, 440.
[442] Wie im Fall BGH WM 1971, 1550 = NJW 1972, 159, wo zu Unrecht eine auflösende Bedingung angenommen wurde.
[443] BGH NJW-RR 1991, 1026 = FamRZ 1991, 681.

Begriff des Vergleichs, Irrtum über die Vergleichsgrundlage 91–93 § 779

Die Beilegung des anhängigen Rechtsstreits wird dagegen nicht in Frage gestellt durch **nachträgliche Rechtsgestaltungen** der Parteien,[444] die – wie etwa die einverständliche Aufhebung[445] des Vergleichsvertrages oder die Ausübung eines gesetzlichen Rücktrittsrechts wegen Pflichtverletzung[446] – an die vertragliche Neuordnung des streitigen Rechtsverhältnisses durch den Vergleich anknüpfen und deren Wirksamkeit gerade voraussetzen. Auch über eine Anpassung des Vergleichsinhalts wegen schon anfänglichen Fehlens der Geschäftsgrundlage[447] und umso mehr über eine nachträgliche Abänderung[448] oder Aufhebung des im Vergleich neugeordneten Rechtsverhältnisses wegen nachträglichen Fortfalls der Geschäftsgrundlage ist allein auf der Grundlage der Vergleichsregelung zu befinden (RdNr. 68). In allen Fällen geht es um einen aus dem Vergleichsverhältnis hergeleiteten neuen Streitgegenstand und nicht um eine untergeordnete Vorfrage für ein Zurückgreifen auf das frühere Streitverhältnis. Aber auch der in das Belieben eines Beteiligten gestellte, vertraglich vorbehaltene Rücktritt vom Vergleich kann nicht das frühere Verfahren wieder eröffnen.[449] Dem steht die Formenstrenge des Prozessrechts entgegen, das die Wirkungen von Prozesshandlungen der Berücksichtigung von Amts wegen unterwirft und der Parteidisposition entzieht. 91

4. Geltendmachung der Unwirksamkeit. a) Überblick. Ein Streit der Beteiligten über die Unwirksamkeit oder Wirksamkeit der materiellrechtlichen Regelungen oder der prozessualen Wirkungen eines zwischen ihnen geschlossenen Prozessvergleichs ergibt sich zumeist nur als **Vorfrage** für ein daraus hergeleitetes Rechtsschutzziel. In welchen **Verfahrensformen** über den Prozessvergleich gestritten werden kann, bestimmt sich mithin allein nach dem von einem Beteiligten geltend zu machenden Rechtsschutzbegehren. 92

b) Fortsetzung des Verfahrens. Will ein Vergleichspartner sich wieder auf seinen früheren Rechtsstandpunkt stellen, weil der Prozessvergleich zu einer wirksamen Streitbeilegung nicht geführt habe, so hat er, soweit davon der **Streitgegenstand des früheren Prozesses** betroffen ist, mit einem Antrag[450] an die Instanz, in der das Verfahren geschlossen worden ist,[451] dessen Fortsetzung zu betreiben und seinen früheren Sachantrag wieder aufzunehmen.[452] Eine anderweitige Geltendmachung desselben Interesses durch eine neue Klage ist unzulässig.[453] Zurückzuführen ist dies vor allem auf prozessökonomische Gründe, ferner darauf, dass ein unwirksamer Prozessvergleich nicht zur Beendigung des Ursprungsverfahrens geführt hat und daher einer neuen Klage der **Einwand anderweitiger Rechtshängigkeit** entgegenstehen würde.[454] Anders verhält es sich demgemäß, wenn der Streit der 93

---

[444] So die hM, s. neben den Nachweisen in den nachfolgenden Fn. noch *Soergel/Lorentz* RdNr. 67; *Bamberger/Roth/Fischer* RdNr. 96, 102; *Palandt/Sprau* RdNr. 31; *Erman/Terlau* RdNr. 31; aA *Stein/Jonas/Münzberg* § 794 ZPO RdNr. 73, 75 f.; *Rosenberg/Schwab/Gottwald* Zivilprozessrecht § 129 IV 3 bis 5; *Staudinger/Marburger* RdNr. 114. Näher zur Problematik und mwN *Lindacher*, FG BGH, 2000, S. 260 ff.
[445] BGHZ 41, 310, 313 f. = NJW 1964, 1525; BGH NJW 1982, 2072, 2073 = LM ZPO § 794 Abs. 1 Ziff. 1 Nr. 28; OLG Hamburg FamRZ 1987, 1173; OLG Koblenz MDR 1993, 687 (nachträglich vereinbarter Widerrufsvorbehalt); aA BAGE 40, 17, 25 ff. = NJW 1983, 2212 = AP ZPO § 794 Nr. 31.
[446] BGHZ 16, 388, 393 = NJW 1955, 705; BGHZ 41, 310, 312 = NJW 1964, 1525; BAGE 3, 43 = NJW 1956, 1215; OLG Hamburg NJW 1975, 225; zum vertraglichen Rücktrittsrecht s. aber BGH NJW 1972, 159, 160.
[447] BGH NJW 1986, 1348, 1349 = LM ZPO § 794 Abs. 1 Nr. 1 Nr. 35 (zu II 3).
[448] BGH NJW 1966, 1658 = WM 1966, 793 (dazu *Stötter* NJW 1967, 1111; *Bernhardt* JR 1967, 4); BAG AP ZPO § 794 Nr. 16 m. krit. Anm. *Münzberg* = SAE 1971, 62 m. krit. Anm. *Mes*; BVerwG NJW 1994, 2306, 2307 f.
[449] BGHZ 16, 388, 392 f. = NJW 1955, 705; aA *Henckel*, FS E. Wahl, 1973, S. 474.
[450] Dazu OLG Köln NJW-RR 1996, 637; *Pecher* ZZP 97 (1984), 139, 158 ff.
[451] BAGE 9, 319, 321 f. = AP ZPO § 794 Nr. 8 = NJW 1960, 2211 und BAG NZA 1998, 33: auch in der Revisionsinstanz.
[452] Zur Fortsetzung des Verfahrens nach Beschluss gemäß § 278 Abs. 6 ZPO s. *Abramenko* NJW 2003, 1356, 1358. Unrichtig BGH NJW 1969, 925, wenn dort gemeint ist, die eine Fortsetzung betreibende Partei könne sich damit begnügen, die Feststellung der Nichtigkeit des Vergleichs zu beantragen.
[453] S. neben den Nachweisen in den nachfolgenden Fußnoten noch OLG Zweibrücken FamRZ 1983, 930 (auch keine Abänderungsklage).
[454] BGHZ 142, 253, 254 = NJW 1999, 2903; BGHZ 16, 388, 390 = NJW 1955, 705; BAG AP ZPO § 794 Nr. 30; RG SeuffA 83 Nr. 75 S. 124 = ZZP 55, 136 m. Anm. *Rosenberg*; *Stein/Jonas/Münzberg* § 794

§ 779   94–96   Abschnitt 8. Titel 21. Vergleich

Vergleichsparteien Punkte betrifft, die *außerhalb des Streitgegenstands* des Ursprungsverfahrens gelegen hatten.[455] Der Anspruch auf **Rückerstattung** der auf Grund des Vergleichs erbrachten Leistungen soll allerdings gleichfalls in Fortführung des Ursprungsverfahrens geltend zu machen sein; einer neuen Klage fehlt dann das Rechtsschutzbedürfnis.[456]

94 **aa) Wirksamkeit des Prozessvergleichs.** Wird die Wirksamkeit des Vergleich und damit dessen prozessbeendende Wirkung bejaht, so kann der Rechtsstreit mit dem Rechtsschutzziel der ursprünglichen Sachanträge nicht fortgesetzt werden. Mit der hM ist dann davon auszugehen, dass der Gegenstand des Fortsetzungsstreits auf die Prüfung der prozessbeendenden Wirkung des Prozessvergleichs beschränkt und, wenn sich die Fortdauer der Rechtshängigkeit nicht ergibt, durch Prozessurteil auszusprechen ist, dass der Rechtsstreit „beendet" oder „durch den Vergleich erledigt" ist.[457] Mit Rechtskraft dieses Urteils kann die materiell-rechtliche Unwirksamkeit des Vergleichs nicht mehr geltend gemacht werden.[458]

95 **bb) Unwirksamkeit des Prozessvergleichs.** Ergibt sich, dass der Prozessvergleich den Rechtsstreit nicht beendet hat,[459] so ist über die ursprüngliche Klage im Umfang der jetzt noch gestellten Sachanträge zu entscheiden. Die Unwirksamkeit des Prozessvergleichs kann in den Gründen der Endentscheidung, bei entsprechendem Antrag (§ 256 Abs. 2 ZPO) durch Feststellungsurteil oder durch Zwischenurteil nach § 303 ZPO bejaht werden.[460] Klageänderungen und Widerklagen sind nach den allgemeinen Regeln zulässig. Neben Gründen, aus denen die Unwirksamkeit der Prozessbeendigung geltend gemacht wird, können im Wege der Eventualklagenhäufung oder Eventualwiderklage auch Begehren verfolgt werden, die sich erst aus dem Fortfall oder der Abänderung eines wirksam zustande gekommenen Vergleichsverhältnisses ergeben.[461]

96 **c) Selbständige Klagen.** Soweit ein Prozessvergleich über die Beilegung des Rechtsstreits hinaus Rechtsbeziehungen regelt, die nicht Gegenstand des Rechtsstreits sind (RdNr. 72), unterliegt die Geltendmachung von Rechten, die sich aus der Behauptung der Unwirksamkeit des Prozessvergleichs ergeben, grundsätzlich den allgemeinen Regeln für Leistungs- oder auch Feststellungsklagen.[462] Aufgrund eines Streits der Beteiligten über die Wirksamkeit des Vergleichsvertrages kann derjenige, der die Wirksamkeit behauptet, eine Feststellungsklage (§ 256 Abs. 1 ZPO) erheben. Beide Parteien können auch **im fortgesetzten Verfahren** ihre über den Streitgegenstand der wiederaufgenommenen Klageanträge hinausreichenden Interessen durch Klagehäufung oder Widerklage verfolgen, insbeson-

---

ZPO RdNr. 71; *Rosenberg/Schwab/Gottwald* Zivilprozessrecht § 129 IV 1 b; aA – Vorrang der für die Geltendmachung der Unwirksamkeit vorgesehenen Rechtsschutzform vor einer neuen Klage – 3. Aufl. RdNr. 92 *(Pecher)*.

[455] BGHZ 87, 227, 231 f. = NJW 1983, 2034; OLG Frankfurt NJW-RR 1990, 138.
[456] So unter Hinweis auf prozessökonomische Erwägungen BGHZ 142, 253, 255 ff. = NJW 1999, 2903 = LM ZPO § 794 Abs. 1 Ziff. 1 Nr. 44 *(Grunsky)* = JZ 2000, 421 m. Anm. *Münzberg*; *Thomas/Putzo/Hüßtege* § 794 ZPO RdNr. 37; *Palandt/Sprau* RdNr. 31; aA *Staudinger/Marburger* RdNr. 116; *Stein/Jonas/Münzberg* § 794 ZPO RdNr. 61.
[457] BGHZ 47, 277, 278 = NJW 1967, 440; BGHZ 16, 167, 171 = LM ZPO § 83 Nr 1; BGH NJW 1996, 3345, 3346; WM 1985, 673; 1971, 1550, 1552; *Stein/Jonas/Münzberg* § 794 ZPO RdNr. 59; *Bonin* S. 110; *Lehmann* S. 242; wohl auch *Stein/Jonas/Leipold* (21. Aufl.) § 322 ZPO RdNr. 140; verfehlt MünchKommZPO/*Wolfsteiner* § 794 ZPO RdNr. 69 (Abweisung der Klage als unzulässig); aA – für Gleichstellung des fortgesetzten Verfahrens mit einer neuen Klage und damit für Einordnung der Entscheidung über den wiederaufgenommenen Streitgegenstand als Sachurteil – 3. Aufl. RdNr. 93 *(Pecher)*; *ders.* ZZP 97 (1984), 139, 150 ff.
[458] BGHZ 79, 71, 75 = NJW 1981, 823; *Erman/Terlau* RdNr. 31; zur Bindung der Parteien an den Vergleich s. iÜ RdNr. 38.
[459] Beispiel: OLG München NJW-RR 1998, 1663 f.
[460] Vgl. *Stein/Jonas/Münzberg* § 794 ZPO RdNr. 60; *PWW/Brödermann* RdNr. 45; *Bamberger/Roth/Fischer* RdNr. 98; *Lindacher*, FG BGH, S. 264; speziell zur Frage der Zulässigkeit eines Zwischenurteils BGH NJW 1996, 3345, 3346 mwN.
[461] Zur Frage, ob in Fällen dieser Art die Wirksamkeit des Vergleichs in Frage gestellt wird, s. aber RdNr. 91.
[462] BGHZ 87, 227, 231 f. = NJW 1983, 2034 f.; OLG Frankfurt FamRZ 1990, 178 = NJW-RR 1990, 138; s. aber auch BGHZ 142, 253, 255 ff. = NJW 1999, 2903 = LM ZPO § 794 Abs. 1 Ziff. 1 Nr. 44 *(Grunsky)* = JZ 2000, 421 m. Anm. *Münzberg* und dazu RdNr. 93 aE.

Begriff des Vergleichs, Irrtum über die Vergleichsgrundlage   97–100   § 779

dere die Wirksamkeit oder Unwirksamkeit des Vergleichs im Wege einer Inzidentfeststellungs(wider)klage (§ 256 Abs. 2 ZPO) rechtskräftig feststellen lassen.[463]

d) Vollstreckungsrechtliche Behelfe. aa) Vollstreckungsabwehrklage. Will sich der 97 Vergleichsschuldner mit materiellrechtlichen Einwendungen gegen die Vollstreckung aus dem formell nicht angreifbaren (RdNr. 88) Vergleichstitel zur Wehr setzen, so steht ihm an sich die Vollstreckungsabwehrklage (§§ 795, 767 ZPO) zu Gebote.[464] Er ist allerdings insoweit auf die Fortsetzung des früheren Rechtsstreits verwiesen, als seine Einwendungen (RdNr. 90 f.) dieses eröffnen.[465]

bb) Maßregeln im fortgesetzten Verfahren. Wird vom Vergleichsschuldner mit dem 98 Antrag auf Klageabweisung die Fortsetzung des früheren Verfahrens betrieben, so besteht typischerweise zugleich das Bedürfnis, aus den für die Fortsetzung geltend gemachten Gründen auch der Vollstreckbarkeit des Vergleichstitels entgegenzutreten. Die hM befürwortet deshalb die Zulässigkeit einer **einstweiligen Einstellung** entsprechend §§ 707, 719, 769 ZPO.[466]

IV. Der vollstreckbare Anwaltsvergleich

Der nach § 796a Abs. 1 ZPO unter förmlicher Beteiligung von Rechtsanwälten zu 99 schließende **Vergleichsvertrag,** durch den sich der Schuldner der sofortigen Zwangsvollstreckung unterwirft, soll die Vermeidung gerichtlicher Verfahren erleichtern. Er setzt zunächst das Vorliegen eines (außergerichtlichen) Vergleichs iS des § 779 voraus, mithin vor allem ein beiderseitiges Nachgeben.[467] Darüber hinaus darf der Vergleich nicht auf die Abgabe einer Willenserklärung gerichtet sein oder den Bestand eines Mietverhältnisses über Wohnraum betreffen (§ 796a Abs. 2 ZPO). Aus dem in § 796a Abs. 1 ZPO geregelten Erfordernis der Niederlegung folgt die Notwendigkeit der Schriftform.[468] Diese ersetzt freilich nicht ein etwaiges materiellrechtliches Formerfordernis (RdNr. 39 ff.). Die Ansprüche, die der Vollstreckbarkeit zugeführt werden sollen, verjähren nach allgemeinen Grundsätzen des § 779 (s. RdNr. 33 f.), von der Vollstreckbarerklärung an[469] in deren Umfang nach § 197 Abs. 1 Nr. 4 in 30 Jahren.

Der von der Unterwerfungsklausel gedeckte Vertragsinhalt kann gerichtlich (§§ 796a 100 Abs. 1, 796b ZPO) oder durch einen Notar (§ 796c ZPO) für **vollstreckbar** erklärt werden und ist dann gemäß § 794 Abs. 1 Nr. 4b ZPO Vollstreckungstitel.[470] Im gerichtlichen Verfahren sind die in § 796a Abs. 1 ZPO geregelten förmlichen Voraussetzungen der Vollstreckbarerklärung, die Vereinbarkeit mit dem ordre public und die allgemeinen Prozessvoraussetzungen von Amts wegen zu prüfen; über die materielle Wirksamkeit des Vergleichs (die nach § 796a Abs. 3 Voraussetzung für die Vollstreckbarerklärung ist) ist dagegen nach

---

[463] OLG Köln NJW-RR 1996, 122 (zu 1).
[464] Aus der neueren Rspr. etwa BGH BKR 2002, 419, 420.
[465] BGH NJW 1971, 467 = LM ZPO § 767 Nr. 37 = ZZP 85 (1972), 96m. abl. Anm. *Kühne*; *Rosenberg/Schwab/Gottwald* Zivilprozessrecht § 129 IV 1b; *Soergel/Lorentz* RdNr. 69; *Erman/Terlau* RdNr. 31; *Lindacher,* FG BGH, 2000, S. 264f.; wohl auch BGHZ 142, 253, 254ff. = NJW 1999, 2903; aA 3. Aufl. RdNr. 97 *(Pecher); ders.* ZZP 97 (1984), 139, 166f.; *Rosenberg/Gaul/Schilken* (Fn. 7) § 13 III 3, § 40 VII 1b; *Stein/Jonas/Münzberg* § 794 ZPO RdNr. 69; s. auch BGH NJW 1977, 583 = LM ZPO § 794 Abs. 1 Ziff. 1 Nr. 22/23 (Streit über Auslegung des Vergleichs).
[466] BGHZ 28, 171, 175 = NJW 1958, 1970, 1971; BGH NJW 1971, 467, 468 = LM ZPO § 767 Nr. 37; *Rosenberg/Schwab/Gottwald* Zivilprozessrecht § 129 IV 1b; *Rosenberg/Gaul/Schilken* (Fn. 8) § 13 III 3 (aE); aA *Stein/Jonas/Münzberg* § 794 ZPO RdNr. 58, *Pecher* ZZP 97 (1984), 139, 164ff., die zumindest die Erhebung einer negativen Feststellungsklage gegen die Wirksamkeit des Vergleichs verlangen.
[467] *Veeser* S. 53f., 75f., 95f.; *Huchel/Huchel* MDR 1993, 939; *Wieczorek/Schütze* ZPO, 3. Aufl. 1995, § 1044b RdNr. 5; *MünchKommZPO/Wolfsteiner* § 796a RdNr. 3; *Soergel/Lorentz* RdNr. 71; aA 3. Aufl. RdNr. 99 *(Pecher).*
[468] *Thomas/Putzo/Hüßtege* § 796a ZPO RdNr. 4.
[469] *Veeser* S. 200.
[470] Zu Problemen bei der Verwertung dieses Vollstreckungstitels im Ausland s. *Trittmann/Merz* IPRax 2001, 178.

dem Beibringungsgrundsatz zu befinden. Gegenstand des gerichtlichen Verfahrens ist allein die Zulässigkeit der Vollstreckbarerklärung. Die Prüfung materiellrechtlicher Ansprüche oder Rechtsverhältnisse erwächst ebenso wenig in Rechtskraft wie durch einen Prozessvergleich (RdNr. 79), der durch förmliche Protokollierung im gerichtlichen Verfahren Vollstreckbarkeit erlangt. Einwendungen, die sich gegen den Fortbestand des Anspruchs richten, sind nach Maßgabe der §§ 795, 767 ZPO geltend zu machen.[471]

---

[471] *Thomas/Putzo/Hüßtege* § 796 b ZPO RdNr. 2, 4; *Soergel/Lorentz* RdNr. 74; aA *Deubner* JuS 2000, 579.

Titel 22. Schuldversprechen, Schuldanerkenntnis*

§ 780 Schuldversprechen

¹ Zur Gültigkeit eines Vertrags, durch den eine Leistung in der Weise versprochen wird, dass das Versprechen die Verpflichtung selbständig begründen soll (Schuldversprechen), ist, soweit nicht eine andere Form vorgeschrieben ist, schriftliche Erteilung des Versprechens erforderlich. ² Die Erteilung des Versprechens in elektronischer Form ist ausgeschlossen.

Schrifttum: *Bähr,* Die Anerkennung als Verpflichtungsgrund, 2. Aufl. 1857 (3. Aufl. 1894); *Baumann,* Das Schuldanerkenntnis, 1992; *Blaurock,* Das Anerkenntnis beim Kontokorrent, NJW 1971, 2206; *Brütt,* Die abstrakte Forderung nach deutschem Reichsrecht, 1908; *Coester,* Probleme des abstrakten und kausalen Schuldanerkenntnisses, JA 1982, 579; *Crezelius,* Konstitutives und deklaratorisches Schuldanerkenntnis, DB 1977, 1541; *E. Ehmann,* Schuldanerkenntnis und Vergleich, 2005; *ders.,* Das Schuldanerkenntnis, WM 2007, 329; *Fornasier/Werner,* Formularmäßige Anerkenntnisse und Schuldversprechen nach Haftpflichtfällen: AGB-rechtliche und arbeitsrechtsspezifische Wirksamkeitsschranken, RdA 2007, 235; *Hohmann,* Verjährung und Kreditsicherung, WM 2004, 757; *Jahr,* Romanistische Beiträge zur modernen Zivilrechtswissenschaft, AcP 168 (1968), 9; *Klingmüller,* Das Schuldversprechen und das Schuldanerkenntnis des BGB für das Deutsche Reich, 1903; *Krepold/Achors,* Das zur Sicherung eines Darlehens im Rahmen einer Grundschuldbestellung abgegebene abstrakte, persönliche und vollstreckbare Schuldanerkenntnis im Lichte des neuen Verjährungsrechts, BKR 2007, 185; *Kübler,* Feststellung und Garantie, 1967; *Künnel,* Die Rechtsnatur des Schuldanerkenntnisses und seine Wirkungen, VersR 1984, 706; *Lindacher,* Das „Schuldanerkenntnis" an der Unfallstelle, JuS 1973, 79; *Marburger,* Das kausale Schuldanerkenntnis als einseitiger Feststellungsvertrag, 1971; *ders.,* Das Anerkenntnis des Drittschuldners nach § 840 Abs. 1 Ziff. 1 ZPO, JR 1972, 7; *ders.,* Sicherungszession und Schuldbestätigung, DB 1973, 2125; *Michalski,* Das Schuldanerkenntnis in der Praxis, insbesondere als Mittel der Kreditsicherung, ZBB 1995, 260; *Möschel,* Zweifelsfragen bei deklaratorischen Schuldanerkenntnissen, DB 1970, 913; *Neubecker,* Der abstrakte Vertrag in seinen historischen und dogmatischen Grundzügen, ArchBürgR 22 (1903), 34; *Pawlowski,* Feststellung und Garantie, JZ 1968, 401; *Reinicke,* Das deklaratorische Schuldanerkenntnis, NJW 1970, 885; *Rümelin,* Zur Lehre von den Schuldversprechen und Schuldanerkenntnissen des BGB, 1905/6 (auch AcP 97 [1905], 211 und AcP 98 [1906], 169); *Schmidt-Burgk,* Abstrakte Schuldversprechen in der Bankpraxis und die Reform des Verjährungsrechts, DB 2003, 1046; *Sellert,* Der Verzicht auf Einwendungen beim deklaratorischen Schuldanerkenntnis – ein Prozessvertrag?, NJW 1968, 230; *Strecker,* Zur rechtlichen Tragweite bestätigender Schuldanerkenntnisse nach Abtretung von Forderungen, BB 1965, 479; *Strohe,* Zur Rechtsnatur von im Anschluß an Verkehrsunfälle am Unfallort abgegebenen Anerkenntnissen, VersR 1974, 959; *H. P. Westermann,* Die causa im französischen und deutschen Zivilrecht, 1967; *Wilckens,* Deklaratorische Schuldanerkenntnisse mit konstitutiver Wirkung?, AcP 163 (1964), 137; *Zeiss,* Der rechtliche Grund (§ 812 BGB) für Schuldanerkenntnisse und Sicherheitsleistungen, AcP 164 (1964), 50.

Übersicht

	RdNr.		RdNr.
I. Normzweck und dogmatische Grundlagen	1–11	4. Abgrenzungsfragen	10, 11
1. Kausale und abstrakte Rechtsgeschäfte	1, 2	a) Schuldversprechen und Garantievertrag	10
2. Die Zulassung des abstrakten Schuldvertrags als Normzweck	3–8	b) Formen des Anerkenntnisses (Überblick)	11
a) Versprechen und Anerkenntnis als Ausdrucksformen	3	**II. Der Tatbestand des abstrakten Schuldversprechens**	12–24
b) Abstrakte Verpflichtung und Parteiwille	4–6	1. Vertragsschluss	12
c) Zur systematischen Stellung der §§ 780 ff.	7	2. Vertragsgegenstand	13, 14
d) Kritik des Schrifttums am abstrakten Schuldvertrag	8	3. Insbesondere: öffentlich-rechtlich begründete Leistungen	15
3. Abstrakte Verpflichtung und Vertragsauslegung	9	4. Der Wille zu selbstständiger Verpflichtung	16–20
		a) Inhalt des Abstraktionswillens	16

---

* Die Konzeption der von *Hüffer* besorgten Kommentierung der §§ 780 bis 811 in den Vorauflagen ist weitgehend beibehalten worden.

	RdNr.		RdNr.
b) Ermittlung durch Vertragsauslegung	17–20	IV. Wirkungen des Schuldversprechens	44–49
5. Form des Vertrags	21, 22	1. Begründung einer neuen Verbindlichkeit	44–46
a) Schriftform	21	a) Konstitutive Wirkung	44
b) Keine Ersetzung durch elektronische Form	22	b) Abstrakte Forderung und Kausalverhältnis	45, 46
6. Formularmäßiges Schuldversprechen und AGB-Kontrolle	23, 24	2. Abstraktion und Kondiktion	47–49
III. Fallgruppen des abstrakten Schuldversprechens	25–43	a) Schuldversprechen zwischen den Parteien des Kausalverhältnisses	47, 48
1. Wertpapierrechtliche Verpflichtung zwischen Gläubiger und Schuldner des Kausalverhältnisses	25	b) Schuldversprechen gegenüber einem Dritten	49
2. Umdeutung nichtiger Wechselerklärungen	26–31	V. Wirksamkeitsmängel des Schuldversprechens und gesetzliche Grenzen der Abstraktion	50–54
a) Haftung des Akzeptanten	27, 28	1. Wirksamkeitsmängel	50
b) Haftung des Ausstellers und der Indossanten	29, 30	2. Gesetzliche Grenzen der Abstraktion	51–54
c) Eigener Wechsel	31	a) Ehevermittlung, Spiel und Wette	51
3. Zahlungsversprechen bei der Bestellung eines Grundpfandrechts	32–34	b) Gesetz- oder Sittenwidrigkeit des zugrunde liegenden Geschäfts	52, 53
4. Die angenommene Anweisung	35–38	c) Verstoß des zugrunde liegenden Geschäfts gegen §§ 305 ff.	54
a) Anweisung bürgerlichen Rechts	35	VI. Verfahrensfragen	55–57
b) Kaufmännische Anweisung	36	1. Urkundenprozess	55
c) Umdeutung (Wechsel und Scheck)	37, 38	2. Klageänderung durch Übergang auf Kausalforderung	56
5. Mitteilung der Akkreditiveröffnung	39, 40	3. Beschränkte Nachprüfung in der Revision	57
6. Kontogutschrift im Überweisungsverkehr	41–43	VII. Neue Bundesländer	58
a) Die Rechtsbeziehungen im Überblick	41		
b) Gutschrift und Entäußerung als abstraktes Schuldversprechen	42, 43		

I. Normzweck und dogmatische Grundlagen

1. Kausale und abstrakte Rechtsgeschäfte. Rechtsgeschäfte können kausal oder abstrakt ausgestaltet sein.[1] Durch ein abstraktes Rechtsgeschäft erfolgt nach § 929 die Übertragung des Eigentums, weil der Kaufvertrag als causa oder Rechtsgrund der Übereignung nicht zum Inhalt der Einigung gehört. Von einer kausalen Eigentumsübertragung müsste man dagegen sprechen, wenn die Verfügung und ihre schuldrechtliche Legitimation in einem Rechtsgeschäft zusammengefasst wären.[2] Das Beispiel zeigt: Causa oder Rechtsgrund für den Erwerb einer vermögenswerten Position (zB Eigentum) ist diejenige rechtsgeschäftliche Regelung (zB Kaufvertrag) oder gesetzliche Anordnung, die den Erwerb legitimiert, die ihn rechtfertigt.[3] Kausal ist das Rechtsgeschäft, wenn der rechtfertigende Grund zu seinem Inhalt gehört, dagegen abstrakt, wenn der Rechtsgrund ausgeklammert bleibt. Die unterschiedliche Ausgestaltung der Eigentumsübertragung wirkt sich aus, wenn die Rechtfertigung fehlt. Die kausale Verfügung ist in diesem Fall wirkungslos; der Begünstigte erwirbt von vornherein nichts. Ist die Verfügung dagegen abstrakt, so tritt der Erwerb als gewollte Rechtsfolge ein, und die fehlende Rechtfertigung ist ein Problem nachträglichen Bereicherungsausgleichs. Die übliche Umschreibung des Abstraktionsprinzips (die Übereignung ist auch dann wirksam, wenn der Kaufvertrag fehlerhaft ist)[4]

---

[1] Zum Folgenden vgl. *Flume* Rechtsgeschäft § 12; *Gernhuber* Schuldverhältnis § 18 I.
[2] Die verbreitete Formulierung, in diesem Fall übertrage der Kaufvertrag das Eigentum (statt vieler *Larenz* II/1 § 39 II c), ist nicht korrekt.
[3] Zur Definition des Rechtsgrundes vgl. *Jahr* AcP 168 (1968), 9, 14 ff.; *Westermann* S. 15, 18.
[4] *Kegel*, FS Mann, 1977, S. 57; *Larenz* II/1 § 39 II a bei Fn. 5.

bezeichnet also nur die Rechtsfolge – und damit gleichsam die äußere Seite – der Abstraktion.[5]

Der Schuldvertrag ist nicht nur Durchgangsstadium auf dem Weg zum dinglichen Rechtserwerb, sondern ist auch selbst Erwerbstatbestand: Der Gläubiger erwirbt die Forderung gegen den Schuldner. Folgerichtig können auch Schuldverträge abstrakt oder kausal ausgestaltet sein. **Causa des Schuldvertrags** ist die Einigung über den Zweck der Verbindlichkeit; kraft der inhaltlichen Gestaltungsfreiheit kann grundsätzlich jede von den Parteien getroffene Abrede causa sein; sie legitimiert den Erwerb der Forderung.[6] Ist die Abrede ganz oder teilweise nichtig, so entsteht die Forderung regelmäßig nicht. Nach dem BGB ist der Schuldvertrag also grundsätzlich kausal. Doch lassen die §§ 780 ff. den abstrakten Schuldvertrag zu. Wählen die Parteien die abstrakte Ausgestaltung, so bringt der Vertrag die Forderung auch dann zur Entstehung, wenn es an einem wirksamen Rechtsgrund fehlt. Das Fehlen des Rechtsgrundes führt lediglich, ähnlich wie bei den Verfügungsgeschäften, zum Bereicherungsausgleich und bewirkt damit eine Umkehr der Beweislast (RdNr. 48). Dabei bildet das Grundgeschäft – zB der Kaufvertrag – freilich nur dann auch den bereicherungsrechtlichen Rechtsgrund des abstrakten Schuldversprechens, wenn es selbst bereits zu dessen Abgabe verpflichtet. Verhält es sich hingegen so, dass sich zwischen das Grundgeschäft und das abstrakte Verpflichtungsgeschäft eine **Sicherungs- oder Begebungsabrede** schiebt, die als solche erst die Pflicht zur Abgabe des Versprechens begründet und dieses dem Grundgeschäft zuordnet, so bildet diese Abrede die vom Grundgeschäft zu unterscheidende eigentliche causa.[7] Das Schuldversprechen ist dann unabhängig sowohl vom Bestand der causa (der Sicherungsabrede) als auch vom Bestand des Grundgeschäfts. Ersteres ist Ausprägung der **Abstraktheit**, letzteres hingegen Ausprägung des **nichtakzessorischen** Charakters des Schuldversprechens (vgl. Vor § 765 RdNr. 18; § 765 RdNr. 61 ff.). Beide Formen der Unabhängigkeit bringt § 780 S. 1 dadurch zum Ausdruck, dass es das Schuldversprechen als „selbständig" bezeichnet; und beide Formen der Unabhängigkeit sind gemeint, wenn im Folgenden – im Einklang mit der allseits verwendeten, freilich nicht ganz präzisen – Terminologie vom „abstrakten" Schuldversprechen und -anerkenntnis die Rede ist.

2. Die Zulassung des abstrakten Schuldvertrags als Normzweck. a) Versprechen und Anerkenntnis als Ausdrucksformen. § 780 betrifft das Schuldversprechen, § 781 das Schuldanerkenntnis. Noch § 683 des Ersten Entwurfs des BGB hatte beide Formen in einer Vorschrift zusammengefasst;[8] aus den Motiven[9] ergibt sich, dass für die Verfasser des Gesetzes das Anerkenntnis im Vordergrund stand und dass man das abstrakte Schuldversprechen nur normierte, um Missverständnisse über die Tragweite der getroffenen Regelung auszuschließen. Mit der Aufteilung in zwei Vorschriften im weiteren Gesetzgebungsverfahren ist keine sachliche Änderung verbunden.[10] Versprechen und Anerkenntnis unterscheiden sich also in der äußeren Form des Vertrags, in dem von den Parteien gewählten Ausdruck, nicht in der Sache selbst.[11] Sowohl § 780 als auch § 781 betreffen also den abstrakten Schuldvertrag.

b) Abstrakte Verpflichtung und Parteiwille. § 780 und § 781 enthalten nach ihrem Wortlaut die Legaldefinition des Schuldversprechens und des Schuldanerkenntnisses (Klam-

---

[5] Zur Unterscheidung zwischen inhaltlicher und äußerlicher Abstraktheit s. *Jahr* AcP 168 (1968), 9, 16; *Jauernig* Vor § 854 RdNr. 13; *Soergel/Häuser* Vor § 780 RdNr. 3; eingehend *Maurer*, Die Prinzipien der Abstraktion, Kausalität und Trennung, insbes. bei Verfügungen, 2003, S. 33 ff.

[6] *Westermann* S. 18: „Rechtsgrund (des Behaltendürfens) einer Verpflichtung"; *Gernhuber* Schuldverhältnis § 18 I 4.

[7] S. RdNr. 47; für Wechsel und Scheck BGHZ 85, 346, 348 f. = NJW 1983, 1059; BGH NJW 1986, 1872; *Baumbach/Hefermehl/Casper* Einl. WG RdNr. 39, Art. 17 WG RdNr. 77; allg. für Sicherungsgeschäfte 4. Aufl. Anh. §§ 929–936 RdNr. 8 ff., 14 (*Oechsler*); *Bülow*, Recht der Kreditsicherheiten, 7. Aufl., 2007, RdNr. 1147 ff.

[8] Zum Wortlaut vgl. Fn. 13.

[9] Mot. II S. 690.

[10] Prot. II S. 499 ff.

[11] Statt vieler vgl. RGRK/*Steffen* Vor § 780 RdNr. 6; *Gernhuber* Schuldverhältnis § 18 I 3 b.

merzusätze) und die Anordnung der (durch die elektronische Form [§ 126 a] nicht ersetzbaren) Schriftform vorbehaltlich anderweitiger Bestimmung. Die Rechtsfolge ist in § 780 Bestandteil der Definition; danach begründet das Versprechen die Verpflichtung „selbständig" (RdNr. 2). Für § 781 gilt nichts anderes; die Vorschrift verzichtet nur auf eine überflüssige Wiederholung der Rechtsfolge.

5 Der Zweck des Gesetzes wird aus seiner **Entstehungsgeschichte** deutlich.[12] Die Zulässigkeit abstrakter Verpflichtung war für das gemeine Recht streitig. Praktische Schwierigkeiten bereitete vor allem die sog. **Schuldscheinfrage:** Dem Schuldschein, der das seiner Erteilung zugrunde liegende Rechtsverhältnis nicht angab, fehlte die Beweiskraft im Prozess. Die Theorie von der „Anerkennung als Verpflichtungsgrund"[13] löste das Problem materiell-rechtlich, indem sie durch die bloße Anerkennung ein neues Schuldverhältnis entstehen ließ. Ihre Bedeutung reicht freilich weiter; sie leitet aus dem Grundsatz der Vertragsfreiheit die generelle Zulässigkeit abstrakter Verpflichtung ab und taugt so als dogmatische Basis namentlich der wertpapierrechtlichen Verpflichtung und des Saldoanerkenntnisses. Der Erste Entwurf des BGB ist maßgeblich von der Schuldscheinfrage beeinflusst. Von einer selbstständigen Verpflichtung ist in seinem § 683 noch nicht die Rede.[14] Bezeichnenderweise meinte man, mit der Anerkennung der Verpflichtung aus einer den Schuldgrund nicht oder nur allgemein bezeichnenden Urkunde nicht über die Ableitung des abstrakten Schuldvertrags aus der Vertragsfreiheit entschieden zu haben.[15] Die Lehre vom abstrakten Schuldvertrag hat sich erst in den Beratungen der Zweiten Kommission durchgesetzt. Sie ließ die tatbestandlichen Voraussetzungen des Ersten Entwurfs – Nichtangabe oder pauschale Angabe des Schuldgrundes in einer Urkunde – fallen, weil es nicht darauf, sondern auf den Vertragswillen von Gläubiger und Schuldner ankomme, „einen neuen selbständigen Verpflichtungsgrund" zu schaffen,[16] und wandelte zugleich die ursprünglich konstitutiv gedachte Schriftlichkeit zur einschränkenden Gültigkeitsvoraussetzung um.

6 Die auf eine Definition und damit auf eine tatbestandliche Fixierung des abstrakten Schuldvertrags gerichtete Textfassung geht also noch auf die Schuldscheinfrage zurück und bringt das Wesentliche nur unvollkommen zum Ausdruck. Weder § 780 noch § 781 enthält einen subsumtionsfähigen Tatbestand; der **Kern der gesetzlichen Regelung** liegt vielmehr darin, den abstrakten Schuldvertrag als mögliche Geschäftsform anzuerkennen und die Entscheidung über die abstrakte Ausgestaltung dem Vertragswillen der Parteien zu überlassen.

7 c) **Zur systematischen Stellung der §§ 780 ff.** Die Zulässigkeit des abstrakten Schuldvertrags als ein Problem des allgemeinen Schuldrechts hätte im Rahmen der heutigen §§ 311 ff. (früher: §§ 305 ff.) normiert werden können. Die stattdessen gewählte systematische Einordnung zwischen Vergleich (§ 779) und Anweisung (§§ 783 ff.) zeigt, dass die Verfasser des Gesetzes von der Anschauung bestimmter Fallgruppen ausgegangen sind.[17] Es sind dies neben der abstrakten Schuldbegründung im Rahmen des Vergleichs (§§ 779, 782) vor allem die Abrechnungsverhältnisse (§ 782), darunter namentlich das Kontokorrent (§ 355 HGB), sowie die bürgerlich-rechtlichen Grundformen der Wertpapiere. Eine Einschränkung des abstrakten Schuldvertrags auf diese Fallgruppen hat das Gesetz jedoch nicht vorgenommen, weil es die kausale oder abstrakte Ausgestaltung der Verpflichtung generell den Parteien überlässt.

8 d) **Kritik des Schrifttums am abstrakten Schuldvertrag.** Die Anerkennung des abstrakten Schuldvertrags in den §§ 780, 781 hat Kritik gefunden. Während im älteren

---

[12] Überblick bei *Baumann* S. 130 ff.; *Kübler* S. 81 ff.
[13] So der Titel der bahnbrechenden Schrift von *Otto Bähr* (vor RdNr. 1).
[14] Wortlaut: „Ist in einem von dem Gläubiger angenommenen Versprechen einer Leistung oder in einem von dem Gläubiger angenommenen Anerkenntnisse, zu einer Leistung verpflichtet zu sein, ein besonderer Verpflichtungsgrund nicht angegeben oder nur im Allgemeinen bezeichnet, so ist das Versprechen oder Anerkenntnis nur dann gültig, wenn es von dem Schuldner in schriftlicher Form erteilt ist".
[15] Mot. II S. 688 f. (Nachweise zu Gesetzgebung und Rspr. des 19. Jh. S. 689 Fn. 1).
[16] Prot. II S. 502, 506.
[17] Vgl. auch *Kübler* S. 71 ff.

Schrifttum behauptet wird, einen auf Abstraktion gerichteten rechtsgeschäftlichen Willen könne es überhaupt nicht geben,[18] findet sich seither die These, die abstrakte Verbindlichkeit sei eine durch den dogmatischen Stand des 19. Jh. bedingte Durchgangserscheinung, die überwunden werden müsse; Feststellung und Garantie seien die richtigen Instrumente zur Lösung der Sachfragen.[19] Die ältere Kritik fasst den Abstraktionswillen (näher RdNr. 16) unzutreffend als einen auf den Eintritt einer bestimmten Rechtsfolge gerichteten Willen auf und kann schon deshalb nicht überzeugen.[20] Die jüngere Kritik ist vor allem dem Einwand ausgesetzt, zugleich mit der abstrakten Verpflichtung auf die bürgerlich-rechtliche Grundfigur zur Lösung eines Bündels handels-, wertpapier- und bankrechtlicher Fälle zu verzichten.[21] An der Rechtsfigur des abstrakten Schuldvertrags ist also zur Bewältigung bestimmter Problemlagen festzuhalten.

3. Abstrakte Verpflichtung und Vertragsauslegung. Ob ein abstrakter Schuldvertrag 9 vorliegt, lässt sich nicht durch Subsumption unter einen gesetzlich fixierten Tatbestand oder durch Anwendung einer Theorie ermitteln. Es handelt sich vielmehr um ein Problem der Vertragsauslegung,[22] und zwar im doppelten Sinne: Die Auslegung entscheidet zunächst darüber, ob in den Erklärungen der Parteien überhaupt ein Vertragsschluss zu finden ist oder ob eine Erklärung (meist: ein Anerkenntnis) ohne Vertragscharakter vorliegt. Ist ein Vertrag geschlossen, so muss weiter durch Auslegung geklärt werden, ob der Wille der Parteien auf Abstraktion gerichtet ist oder ob lediglich der Inhalt einer Verbindlichkeit festgestellt werden soll. Von wesentlicher Bedeutung für die Anwendung der §§ 780 ff. ist es also, den Abstraktionswillen als das Auslegungsziel richtig zu erfassen (RdNr. 16), maßgebliche Auslegungsgesichtspunkte herauszuarbeiten (RdNr. 17 ff.) und typische Auslegungsergebnisse in Fallgruppen zusammenzufassen (RdNr. 25 ff.).

4. Abgrenzungsfragen. a) Schuldversprechen und Garantievertrag. Der Garantie- 10 vertrag ist ein gesetzlich nicht geregelter, einseitig verpflichtender Vertrag mit Sicherungsfunktion (Vor § 765 RdNr. 16 ff.). Berührungspunkte mit dem abstrakten Schuldvertrag ergeben sich daraus, dass auch dessen Zweck darauf gerichtet sein kann, dem Gläubiger einen möglichst verlässlichen Anspruch zu gewähren, sein Erfüllungsinteresse in diesem Sinne sicherzustellen; das ist etwa bei den Verpflichtungsverträgen des Wertpapierrechts, bei der Kontogutschrift im Überweisungsverkehr und bei der Mitteilung der Akkreditiveröffnung an den Begünstigten der Fall. Der abstrakte Schuldvertrag und der Garantievertrag unterscheiden sich jedoch nach dem Inhalt der von dem Schuldner übernommenen Leistungspflicht.[23] In der Garantie liegt kein abstraktes Schuldversprechen.[24] Vielmehr gilt: Wer ein Schuldversprechen oder ein Anerkenntnis iS der §§ 780, 781 abgibt, verpflichtet sich, die versprochene Leistung selbst zu erbringen. Dagegen übernimmt der Garant lediglich eine Einstandspflicht. Er schuldet den Leistungserfolg nicht selbst, sondern übernimmt die Verbindlichkeit, das Interesse des Garantieempfängers für den Fall abzudecken, dass der Schuldner die versprochene Leistung nicht erbringt.[25] Welche Fälle der Nichtleistung jeweils abgedeckt sind, ist Auslegungsfrage, für die es auf das Verständnis der jeweiligen Wirtschafts-

---

[18] So namentlich *Neubecker* ArchBürgR 22 (1903), 34, 74: „es gibt kein abstraktes Wollen"; krit. auch *Klingmüller* S. 82 ff.; *Rümelin* S. 65.
[19] Das ist die Grundthese von *Kübler*, vgl. besonders S. 10 ff.
[20] Zutr. Kritik bei *Brütt* S. 63 ff.; anders (psychologisch mögliche Zerlegung eines Gesamtzusammenhangs) *Gernhuber* Schuldverhältnis § 18 I 3 c bei Fn. 7 und III 3 b.
[21] Krit. zu *Kübler* die Rezensionsabhandlung von *Pawlowski* JZ 1968, 401; gegen *Kübler* auch die ganz hM, vgl. *Marburger* S. 96 f.; *Möschel* DB 1970, 913, 918; *Larenz/Canaris* II/2 § 61 I 3 d; *Gernhuber* Schuldverhältnis § 18 I 3 d; *Soergel/Häuser* Vor § 780 RdNr. 7. Zum Garantievertrag vgl. RdNr. 10.
[22] Im Grundsatz unstr., vgl. RGRK/*Steffen* RdNr. 8; *Staudinger/Marburger* RdNr. 6; *Larenz/Canaris* II/2 § 61 I 3 c. Zur Auslegung selbst vgl. aber RdNr. 18.
[23] HM, vgl. statt vieler *Larenz/Canaris* II/2 § 64 III 2 a; *Gernhuber* Schuldverhältnis § 18 II 2. Anders das Verständnis des Garantievertrags bei *Kübler* S. 164 ff. (vgl. RdNr. 8).
[24] AM *Nielsen* ZIP 1982, 253 f.
[25] BGH LM § 242 (Cd) Nr. 56 = NJW 1958, 1483; WM 1968, 680, 682; 1976, 977; BGHZ 94, 167, 172 = NJW 1985, 1829; vgl. auch die Nachweise in Fn. 22 sowie *Canaris* Bankvertragsrecht RdNr. 1102.

kreise ankommt.²⁶ Ein Garantievertrag kam zB bis zur Abschaffung des Systems zum Jahreswechsel 2001/2002 durch Benutzung der Scheckkarte zwischen dem Scheckinhaber und der bezogenen Bank zustande: Die Bank garantierte Zahlung für den Fall, dass der Schuldner (Scheckaussteller) nicht für Deckung sorgte.²⁷ Dagegen liegt namentlich in der Mitteilung der Akkreditiveröffnung an den Begünstigten und in der Gutschrift des Überweisungsbetrags durch die Empfängerbank keine Garantie, sondern ein abstraktes Leistungsversprechen; denn die Bank verspricht nicht Ersatz für den Fall, dass der Schuldner nicht zahlt, sondern will die Leistung selbst erbringen, macht sich also selbst zum Schuldner (RdNr. 39 ff.).

11 **b) Formen des Anerkenntnisses (Überblick).** Weitere Unterscheidungen werden bei den als Anerkenntnis formulierten Erklärungen nötig. Neben dem in § 781 allein geregelten abstrakten gibt es noch den kausalen Anerkenntnisvertrag oder, was dasselbe sagen soll, das deklaratorische Schuldanerkenntnis. Eine gesetzliche Regelung dieses Vertragstyps gibt es nicht. Beide Verträge sind schließlich von solchen Anerkenntniserklärungen zu unterscheiden, die keinen Vertragscharakter haben und vor allem im Rahmen der freien Beweiswürdigung gemäß § 286 ZPO als indizierende Umstände Bedeutung erlangen können. Auf diese Formen des Anerkenntnisses ist bei § 781 näher einzugehen (vgl. dort RdNr. 3 ff.).

II. Der Tatbestand des abstrakten Schuldversprechens

12 **1. Vertragsschluss.** § 780 folgt dem Prinzip des § 311 Abs. 1, setzt also einen Vertrag voraus. Für das Zustandekommen des Vertrags gelten die allgemeinen Grundsätze. Erforderlich sind also Abgabe und Zugang zweier korrespondierender Willenserklärungen.²⁸ Von wem Angebot und Annahme ausgehen, ist gleichgültig. Die Offerte kann in dem Leistungsversprechen des Schuldners liegen, die Annahme in einer auch schlüssig abgegebenen Erklärung des Gläubigers. Denkbar ist aber auch, dass die Offerte von dem Gläubiger ausgeht und von dem Schuldner durch Abgabe des Versprechens angenommen wird. Das Versprechen bedarf in beiden Fällen der Schriftform (RdNr. 21), also ohne Rücksicht darauf, ob es Offerte oder Annahme ist.

13 **2. Vertragsgegenstand.** § 780 verlangt, dass das Schuldversprechen auf eine Leistung gerichtet ist. Für den Leistungsbegriff ist § 241 Abs. 1 maßgeblich; es ist also zwar der Regelfall, aber nicht erforderlich, dass der Schuldner die Zahlung einer Geldsumme verspricht.²⁹ Die Leistung muss auch nicht gattungsmäßig bestimmt sein. Deshalb bildet die Verpflichtung, ein Recht abzutreten, einen möglichen Gegenstand des Schuldversprechens.³⁰ Die Leistung muss schließlich nicht an den Vertragspartner des Versprechenden erbracht werden; es genügt für § 780, wenn sich der Versprechende verpflichtet, die Leistung einem Dritten zu erbringen.³¹

14 Da ein neuer Schuldgrund geschaffen wird, ist die synallagmatische Verknüpfung der aus dem Grundgeschäft geschuldeten Leistungen (§§ 320 ff.) unerheblich. Leistung iS des § 780 kann also auch die ursprünglich **aus einem gegenseitigen Vertrag geschuldete Leistung** sein.³² Dagegen ist es nicht möglich, das Schuldversprechen des § 780 selbst synallagmatisch

---

²⁶ Vgl. zur Herstellergarantie BGHZ 75, 75 = LM § 638 Nr. 37 = NJW 1979, 2036; zur Scheckeinlösungszusage BGHZ 77, 50 = NJW 1980, 1956; BGH WM 1982, 924; enger als der BGH OLG Köln OLGZ 1980, 64, 65 ff. Zu wN s. Vor § 765 RdNr. 24 ff.
²⁷ BGHZ 64, 79, 81 f. = NJW 1975, 1168; BGHZ 83, 28, 31 = NJW 1982, 1466; BGHZ 93, 71, 80 = LM ZPO § 845 Nr. 1 = NJW 1985, 863; Vor § 765 RdNr. 25 mwN, auch zu Gegenstimmen.
²⁸ Zum Abschluss vgl. *Flume* Rechtsgeschäft § 35.
²⁹ Die versprochene Geldsumme kann auch familienrechtliche Funktionen erfüllen, vgl. OLG Saarbrücken FamRZ 2006, 1378: Brautgeld (bedingt auf den Trennungsfall) nach islamischen Recht als Schuldversprechen iS von § 780.
³⁰ RGRK/*Steffen* RdNr. 3.
³¹ RGZ 123, 228, 229; RGRK/*Steffen* RdNr. 3; vgl. auch *Zöllner* DB 1968, 559, 561; *ders.* Wertpapierrecht § 26 IV 1 b.
³² RGZ 108, 105, 107; 108, 410, 412; RG WarnR 1912 Nr. 251; RGRK/*Steffen* RdNr. 4; zum älteren Schrifttum vgl. *Planck/Strecker* Anm. 1 a.

Schuldversprechen 15, 16 § 780

auszugestalten;³³ denn Abstraktion der Leistungspflicht und Abhängigkeit von der Gegenleistung des Kausalverhältnisses schließen einander aus. Das Schuldversprechen kann jedoch unter der **aufschiebenden Bedingung** (§ 158 Abs. 1) abgegeben werden, dass der andere Teil seine Gegenleistung erbringt, also vorleistet.³⁴

3. Insbesondere: öffentlich-rechtlich begründete Leistungen. Aus der Unabhängigkeit vom Schuldgrund folgt, dass vom Standpunkt des bürgerlichen Rechts aus auch Leistungen zum Gegenstand eines Schuldversprechens gemacht werden können, die im öffentlichen Recht begründet sind. Im Einzelnen ist dabei allerdings nach der Person des Versprechenden und, soweit es um Schuldversprechen zugunsten der öffentlichen Hand geht, nach der Rechtsnatur des Versprechens als öffentlich-rechtlichem oder privatrechtlichem Vertrag zu unterscheiden. Ein Schuldversprechen, durch das die öffentliche Hand abstrakt (oder auch kausal) verpflichtet wird, ist nur mit Zurückhaltung anzunehmen (vgl. noch § 781 RdNr. 4). Ein abstraktes Schuldversprechen, das die öffentliche Hand begünstigt und als öffentlich-rechtlicher Vertrag zu qualifizieren ist, dürfte selten sein, wird aber in der Rechtsprechung als zulässig angesehen.³⁵ Häufiger anzutreffen sind Fälle, in denen mit Rücksicht auf ein öffentlich-rechtliches Verhältnis ein abstraktes Schuldversprechen des Privatrechts gewollt ist, und zwar wiederum in zwei Varianten: In der ersten Gestaltung erlangt der Versprechende eine ihm günstige Ermessensentscheidung der Verwaltung, indem er sich zu einer damit sachlich zusammenhängenden Leistung verpflichtet; so bei Baudispensverträgen.³⁶ In der zweiten Variante verzichtet die öffentliche Hand auf eine ihr mögliche Regelung durch Verwaltungsakt zugunsten einer privatrechtlich abgefassten Verpflichtungserklärung; so bei überzahlten Dienstbezügen oder Beihilfen.³⁷ Ob es zulässig ist, so vorzugehen,³⁸ erscheint fragwürdig, kann aber für die Auslegung des § 780 dahinstehen. Für Streitigkeiten aus derartigen Verpflichtungserklärungen ist wegen ihres öffentlich-rechtlichen Schwerpunkts jedenfalls nicht der Zivilrechtsweg (§ 13 GVG), sondern der Verwaltungsrechtsweg gegeben.³⁹

4. Der Wille zu selbstständiger Verpflichtung. a) Inhalt des Abstraktionswillens. Die abstrakte Verbindlichkeit entsteht, weil die Parteien sie begründen wollen und diesen Willen in den zum Vertragsschluss führenden Erklärungen ausgedrückt haben. Der Abstraktionswille (auch: Isolierungswille, Verselbstständigungswille, Lösungswille) ist damit das Kernstück des Schuldversprechens.⁴⁰ Die üblichen Umschreibungen werden allerdings seiner zentralen Rolle nicht gerecht und sind auch nicht widerspruchsfrei.⁴¹ In der Rechtsprechung wird teils verlangt, dass sich der Wille der Parteien darauf richtet, eine neue selbstständige Anspruchsgrundlage zu schaffen, die Schuld von ihrem eigentlichen Verpflichtungsgrund loszulösen.⁴² Teils wird festgestellt, nicht auf den Lösungswillen komme es an, sondern die Parteien müssten den Willen haben, die neu erklärte Verpflichtung auf sich

---

³³ RGZ 108, 105, 107; 108, 410, 412; RG JW 1906, 463; RGRK/*Steffen* RdNr. 4.
³⁴ BGHZ 124, 263, 269 = LM WG Art. 26 Nr. 1 = NJW 1994, 447; RG WarnR 1910 Nr. 277; RGRK/*Steffen* RdNr. 4; Staudinger/*Marburger* RdNr. 3; *Gernhuber* Schuldverhältnis § 18 III 5; vgl. auch BGH WM 1967, 824f.; 1977, 1025, 1027.
³⁵ BVerwG NJW 1975, 1751; offen lassend BGHZ 102, 343, 348f. = NJW 1988, 1264 mwN.
³⁶ KG NJW 1962, 965f. mwN; vgl. auch *Gernhuber* Schuldverhältnis § 18 III 1 b.
³⁷ Vgl. auch BGH NZG 2007, 674, 675: zu Sicherungszwecken abgegebenes Schuldanerkenntnis (§ 781) des Geschäftsführers gegenüber der Sozialkasse für Sozialversicherungsschulden der GmbH.
³⁸ Bejahend BGH WM 1965, 434, 435 mwN; dagegen offen lassend BGHZ 102, 343, 347 = NJW 1988, 1264.
³⁹ BGHZ 102, 343, 348f. = NJW 1988, 1264; BGH NJW 1994, 2620, 2621; 1994, 2909; vgl. aber auch BGH NZG 2007, 674, wo für den Gesamtschuldnerregress des Geschäftsführers bei der GmbH (Fn. 37) zu Recht von der Eröffnung des Zivilrechtswegs ausgegangen wird.
⁴⁰ *Wilckens* AcP 163 (1964), 137, 142f.; RGRK/*Steffen* RdNr. 7ff.; *Larenz/Canaris* II 2 § 61 I 3 c; *Gernhuber* Schuldverhältnis § 18 III 3 b bei Fn. 38.
⁴¹ Vgl. die krit. Analyse von *Kübler* S. 95 f. m. eingehenden Nachw.
⁴² BGH WM 1967, 824f.; 1986, 50, 51 li. Sp.; 1986, 429, 430 re. Sp.; NJW-RR 1995, 1391, 1392; NJW 1999, 574, 575; ZIP 2008, 453 Tz. 15; RG JW 1906, 463; 1910, 704; LZ 1912, 844; HRR 1928 Nr. 1407; 1930 Nr. 1446; OLG München VersR 1958, 201; KG NJW 1962, 965; LG Bonn NJW-RR 1999, 50 re. Sp.

selbst zu stellen, eine neue Anspruchsgrundlage zu schaffen; die Lösung vom Schuldgrund trete sodann als Rechtsfolge ein.[43] Das Schrifttum bietet beide und ähnliche Umschreibungen nebeneinander an.[44] Die Versuche, den Abstraktionswillen von der Rechtsfolge her als etwas Besonderes zu begreifen, versprechen keinen Erfolg. Für seinen Inhalt sind vielmehr die allgemeinen Grundsätze der Rechtsgeschäftslehre maßgeblich. **Abstraktionswille bedeutet** also: Die Parteien streben einen tatsächlichen, allerdings rechtlich abgesicherten und anerkannten Erfolg an, dessen Eintritt von der Abstraktion abhängig ist.[45] Die Abstraktion ist folglich nicht Selbstzweck, sondern stellt lediglich das Mittel dar, mit dem die Rechtsordnung den von den Parteien gewollten Erfolg herbeiführt.[46] Der Begriff des Abstraktionswillens erweist sich damit als sprachliche Verkürzung und ist missverstanden, wenn er dahin ausgelegt wird, der Wille müsse auf den Eintritt der Abstraktion als einer bestimmten Rechtsfolge gerichtet sein (vgl. RdNr. 8).

17 **b) Ermittlung durch Vertragsauslegung.** Ob der Wille der Parteien auf Abstraktion gerichtet ist, muss im Wege der Vertragsauslegung ermittelt werden.[47] Auch hierfür sind die allgemeinen Grundsätze maßgeblich, ist also vom Wortlaut der Erklärungen auszugehen,[48] aber dabei nicht stehenzubleiben: Vorverhandlungen, Anlass und Zweck der Erklärungen sind zu berücksichtigen.[49]

18 Noch immer verbreitet findet sich der Versuch, aus dem **äußeren Erscheinungsbild der Erklärung** Rückschlüsse auf den Abstraktionswillen zu ziehen;[50] der Gedanke, der dem § 683 des Ersten Entwurfs des BGB zugrunde lag, erweist sich als überraschend lebenskräftig. So soll eine abstrakte Verpflichtung indiziert sein, wenn die Urkunde den Schuldgrund nicht enthält oder nur pauschal bezeichnet oder einen fingierten Schuldgrund benennt.[51] Auch die umgekehrte Auslegungsregel wird formuliert: Der Abstraktionswille soll im Zweifel nicht angenommen werden, wenn die Urkunde einen bestimmten und zutreffenden Schuldgrund angibt, es sei denn, andere äußere Umstände rechtfertigten den gegenteiligen Schluss.[52] Weniger formalisierende Hinweise verbleiben im Unverbindlichen: Wenn ein Geschäftszweck vorliegt, der für Verträge nach §§ 780, 781 typisch ist, soll die Annahme des Abstraktionswillens nahe liegen;[53] in der Absicht, einen Rechtsstreit über den Grund des Anspruchs zu vermeiden, wird aber wiederum keine tragfähige Grundlage für den Schluss gefunden, es sei eine selbstständige Verpflichtung gewollt.[54]

19 Die Auslegungspraxis darf nicht hinter der gesetzlichen Regelung zurückbleiben. Sie muss den zum Vertragsinhalt gewordenen Parteiwillen ermitteln. Dabei ist die **äußere Form der Erklärung nur ein Indiz,** und nicht einmal ein wesentliches.[55] Zuverlässige Rückschlüsse auf den Willen der Parteien lassen sich nur aus der Relation zwischen dem von ihnen angestrebten Zweck und der Abstraktion als dem dafür eingesetzten rechtstechnischen Mittel ziehen: Die Abstraktion muss notwendig sein, um das von beiden Seiten angestrebte tatsächliche Ziel zu erreichen;[56] für die Beurteilung können die Fallgruppen einen Anhalt bieten,

---

[43] BGH VersR 1964, 1199 f.; RG WarnR 1910 Nr. 276; 1911 Nr. 232; 1919 Nr. 115; SeuffA 87 Nr. 90.
[44] RGRK/*Steffen* RdNr. 7.
[45] Vgl. für das Saldoanerkenntnis *Hefermehl*, FS Lehmann, Bd. II, 1956, S. 557, 560; allg. *Marburger* S. 98 f.; im Grundsatz ebenso schon *Rümelin* S. 65 ff.
[46] Insoweit zutr. die in Fn. 43 genannten Entscheidungen.
[47] RGRK/*Steffen* RdNr. 8; PWW/*Buck-Heeb* RdNr. 7; vgl. schon RdNr. 9.
[48] Diesem kann je nach Verständnishorizont der Erklärenden mehr oder weniger gewichtige Bedeutung zukommen, s. LG Berlin NJW 2005, 993: Bei Volljuristen sei es „nahezu ausgeschlossen", dass Fehlvorstellungen über den in der Urkunde verwendeten Begriff „Schuldanerkenntnis" bestünden.
[49] Vgl. aus der jüngeren Rspr. BGH ZIP 2008, 453 Tz. 16.
[50] *Crezelius* DB 1977, 1541, 1546; RGRK/*Steffen* RdNr. 8; krit. Übersicht bei *Kübler* S. 93 f.
[51] BGH WM 1962, 1138 f.; 1980, 1158; RG LZ 1921, 57; OLG Schleswig WM 1980, 964, 966; aus dem Schrifttum namentlich *v. Tuhr*, FS Schultze, 1903, S. 25, 27 f.
[52] BGH NJW 1999, 574, 575 li. Sp.; RGZ 67, 161, 163; LG Düsseldorf VersR 1957, 550.
[53] RGRK/*Steffen* RdNr. 10. – Der Gedanke geht auf den Typisierungsversuch von *Rümelin* S. 67 zurück.
[54] BGH VersR 1964, 1199 f.; RGRK/*Steffen* RdNr. 10.
[55] Zutr. die Kritik von *Kübler* S. 93 f.; s. auch *Gernhuber* Schuldverhältnis § 18 III 3 d.
[56] Vgl. die Nachweise in Fn. 45.

die den Gesetzgeber zu der systematischen Einordnung des abstrakten Schuldvertrags zwischen Vergleich und Anweisung bewogen haben und die durch die seitherige Praxis weitgehend bestätigt worden sind. Ist das von den Parteien verfolgte Ziel nicht deutlich, so muss es durch eine Würdigung der Interessenlage beider Seiten bestimmt werden.[57]

Weil jede Vertragsauslegung notwendig auf den Einzelfall bezogen ist, lässt sich der Anwendungsbereich des abstrakten Schuldvertrags nicht generell bestimmen (vgl. auch § 781 RdNr. 16 ff.). Das schlägt sich in einer Vielzahl von Entscheidungen nieder, in denen die Abstraktion der Verpflichtung erwogen und schließlich doch verneint worden ist.[58] Das **Kriterium der Notwendigkeit der abstrakten Verpflichtung** für die Zwecke der Parteien auf der Grundlage ihrer Interessen[59] erlaubt es, wenigstens den typischen Anwendungsbereich des abstrakten Schuldvertrags durch Bezeichnung seiner Fallgruppen zu bestimmen (vgl. RdNr. 25 ff.).

5. Form des Vertrags. a) Schriftform. Der rechtsgeschäftliche Tatbestand des Schuldversprechens besteht nicht allein aus den Willenserklärungen beider Seiten. § 780 S. 1 verlangt vielmehr grundsätzlich, dass der Schuldner sein Versprechen schriftlich abgibt (dazu sowie zu Ausnahmen § 782 RdNr. 2 ff.). Damit ist jedenfalls **Rechtsklarheit** über die Abgabe eines Schuldversprechens (oder Schuldanerkenntnisses) bezweckt.[60] Ob die Schriftform weitergehend auch Schutzfunktion zugunsten des Versprechenden hat, ihn nämlich vor **Übereilung** schützen soll, ist dagegen streitig. Beizutreten ist wegen der sonst schlecht erklärbaren Ausnahmen des § 782 der hM, die solchen Übereilungsschutz nicht als Formzweck ansieht.[61] Aus der Verbindung von Form und Zugangserfordernis (§ 130) folgt, dass die Erklärung nur und erst dann wirksam wird, wenn auch die Urkunde dem Gläubiger zugeht.[62] Dagegen ist die Erklärung des Gläubigers formlos gültig.[63] Ihr Zugang ist gemäß § 151 S. 1 entbehrlich, wenn er die Abgabe des Schuldversprechens verlangt hat. Zu den Anforderungen an die Schriftform, zu Ausnahmen vom Schriftformerfordernis sowie zu strengeren Formvorschriften s. § 782 RdNr. 2 ff.

b) Keine Ersetzung durch elektronische Form. Nach § 780 S. 2 kann das Schuldversprechen nicht in elektronischer Form (§ 126a) erteilt werden. Die Norm ist durch Art. 1 Nr. 10 FormAnpG[64] eingefügt worden. Sie enthält die Ausnahmeregelung, die nach § 125 Abs. 3 notwendig ist, um die Ersetzung der Schriftform durch die elektronische Form auszuschließen (vgl. auch §§ 761 S. 2, 766 S. 2, 781 S. 2). Die Regierungsbegründung macht dafür geltend, dass die elektronische Form keinen der Schriftform hinreichend entsprechenden Übereilungsschutz bieten könne (Warnfunktion).[65] Dabei ist übersehen, dass §§ 780 S. 1, 781 S. 1 anders als §§ 761 S. 1, 766 S. 1 einen solchen Übereilungsschutz nach zutreffender hM gar nicht bezwecken, s. RdNr. 21). Die Regelung ist aber trotzdem sachgerecht, weil außerhalb des Anwendungsbereichs der § 782, § 350 HGB für Schuld-

---

[57] Sorgfältige Abwägung zB in BGHZ 66, 250, 253 ff. = LM AVB Unfallvers. § 11 Nr. 1 = NJW 1976, 1259, 1260 f.; BGHZ 69, 328, 329 ff. = LM ZPO § 840 Nr. 3 = NJW 1978, 44 f.; s. ferner BGH ZIP 2008, 453 Tz. 16.
[58] Überblick bei RGRK/*Steffen* RdNr. 12 ff.; vgl. auch *Soergel/Häuser* §§ 780, 781 RdNr. 11 ff.
[59] Dieses Kriterium schließt es aus, die Selbstverpflichtung der Kreditwirtschaft zur Bereitstellung eines „Girokontos für jedermann" als abstraktes Schuldversprechen einzuzuordnen; zutr. OLG Bremen ZIP 2006, 798; *Koch* WM 2006, 2242 ff.; *Segna* BKR 2006, 274 ff.; aA LG Bremen ZIP 2005, 1823; *Derleder* EWiR 2006 § 676 f BGB 1/06.
[60] BGHZ 121, 1, 4 = LM § 781 Nr. 23 = NJW 1993, 584; OLG Düsseldorf MDR 1961, 411; Palandt/ *Sprau* RdNr. 6; wN in der folgenden Fn.
[61] BGH und OLG Düsseldorf (jeweils Fn. 60); *Staudinger/Marburger* RdNr. 7; *Gernhuber* Schuldverhältnis § 18 III 4 a; aA namentlich *Larenz/Canaris* II/2 § 61 I 1 b.
[62] RGZ 61, 414 f.; RG JW 1909, 719; RGRK/*Steffen* RdNr. 28; vgl. dzu auch OLG Koblenz Mitt-BayNot. 2005, 35: ordnungsgemäßer Zugang erfordert Zugang der notariellen Niederschrift gemäß § 47 BeurkG; dagegen *Schippers* DNotZ 2006, 726.
[63] RGRK/*Steffen* RdNr. 26; *Soergel/Häuser* RdNr. 21; *Gernhuber* Schuldverhältnis § 18 III 4a.
[64] Gesetz zur Anpassung der Formvorschriften des Privatrechts und anderer Vorschriften an den modernen Rechtsgeschäftsverkehr vom 13. 7. 2001 (BGBl. I S. 1542).
[65] BT-Drucks. 14/4987 S. 22 re. Sp.

§ 780 23–25 Abschnitt 8. Titel 22. Schuldversprechen, Schuldanerkenntnis

versprechen ohne Schriftform kein praktisches Bedürfnis erkennbar ist, zumal die wesentliche Verfahrenserleichterung der §§ 592 ff. ZPO an den Urkundenbeweis anknüpft, der durch die elektronische Form nicht erbracht werden kann.

23 **6. Formularmäßiges Schuldversprechen und AGB-Kontrolle.** Das formularmäßig erteilte Schuldversprechen begegnet namentlich und vielfach in der Praxis der Kreditinstitute (RdNr. 32 ff.). Allgemein und zu Recht wird angenommen, dass die verwandten Formulare jedenfalls insoweit unter § 305 Abs. 1 fallen, als sie Vertragsbestandteile sind.[66] Vorbehaltlich des § 310 Abs. 1 und 4 unterliegen sie deshalb der Einbeziehungs- und Inhaltskontrolle nach §§ 305 Abs. 2, 305 b ff.[67] Unterschiedlich wird dagegen die Frage beurteilt, ob § 309 Nr. 12 deshalb auf das Schuldversprechen anzuwenden ist, weil die Abstraktion im Ergebnis eine Beweislastumkehr bewirkt; die neue Verbindlichkeit kann nämlich nur im Wege der Kondiktion (§ 812) beseitigt oder einredeweise (§ 821) entkräftet werden. Die Rechtsprechung verneint die Frage für das **Schuldversprechen des Kreditnehmers** einhellig,[68] ebenso die hL.[69] Dem ist entgegen einer Mindermeinung[70] beizupflichten, weil sonst die Anwendung des § 309 Nr. 12 auf ein generelles Verbot formularmäßiger Erteilung des Schuldversprechens und damit eines vom BGB anerkannten Vertragstyps hinausliefe, ohne dass Wortlaut und Sinn des Klauselverbots dafür etwas hergäben. Eine andere Frage ist es, ob die Unzulässigkeit einer Klausel des Kausalgeschäfts trotz der Abstraktion auf das Schuldversprechen durchschlägt; sie ist bei den gesetzlichen Grenzen der Abstraktion zu erörtern (vgl. RdNr. 54).

24 § 309 Nr. 12 ist auch dann nicht anwendbar, wenn das **Schuldversprechen** nicht von dem Kreditnehmer, sondern **von einem Dritten** bei der Bestellung eines Grundpfandrechts für fremde Schuld abgegeben wird. In diesem Fall führt jedoch § 307 Abs. 2 Nr. 1 zur Unwirksamkeit des Schuldversprechens, weil sonst über die auf das Grundstück beschränkte dingliche Haftung hinausgehend auch die persönliche Haftung mit dem Gesamtvermögen begründet wäre.[71] Daneben kommt auch die Anwendung des § 305 c Abs. 1 in Betracht.[72]

III. Fallgruppen des abstrakten Schuldversprechens

25 **1. Wertpapierrechtliche Verpflichtung zwischen Gläubiger und Schuldner des Kausalverhältnisses.** Ob das abstrakte Schuldverhältnis des § 780 als die bürgerlich-rechtliche Grundform der wertpapierrechtlichen Verpflichtungstatbestände aufzufassen ist, hängt von deren konstruktiven Eigenheiten ab. Wer die wertpapiermäßige Verpflichtung mit der

---

[66] OLG Stuttgart OLGZ 1978, 439, 440 = NJW 1979, 222; *Dietlein* JZ 1977, 637; *Heinrichs* NJW 1977, 1505 f.; *Schippel/Bambring* DNotZ 1977, 140, 150; *Stürner* JZ 1977, 431 und 639; vgl. auch *Wolfsteiner* NJW 1982, 2851 f.
[67] Jedenfalls der formularmäßige Ausschluss der bereicherungsrechtlichen Verteidigungsmöglichkeiten des Versprechenden/Anerkennenden verstößt gegen § 307 Abs. 1, BAG NJW 2005, 3164, 3165 f.; zust. *Lindemann* AP Nr. 7 zu § 781; abl. *Löwisch*, FS Canaris, Bd. I, 2007, S. 1403, 1418 (allenfalls Unwirksamkeit nach § 307 Abs. 3 S. 2); dazu und allg. zur Kontrolle formularmäßiger Schuldanerkenntnisse im Arbeitsrecht *Fornasier/Werner* RdA 2007, 235, 237 ff. (mit Hinweisen auch zur Beweislastverteilung); *Reiß* DNotZ 2006, 51. – Zur Frage ob die als abstraktes Schuldanerkenntnis einzuordnenden, finanziellen Sanktionen für Dopingsünder im Radsport (UCI-Verpflichtungserklärungen) einer Inhaltskontrolle nach § 307 standhalten, s. (verneinend) *Bahners/Schöne* SpuRt 2007, 227.
[68] BGHZ 99, 274, 285 = NJW 1987, 904 mwN; BGH NJW 1987, 2014, 2015 li. Sp.; BGHZ 114, 9, 12 = LM § 1191 Nr. 44 = NJW 1991, 1677; OLG Stuttgart OLGZ 1978, 439, 441 f. = NJW 1979, 222; LG Stuttgart JZ 1977, 760 f.; LG Flensburg Rpfleger 1980, 192.
[69] *Ulmer/Brandner/Hensen* § 309 Nr. 12 RdNr. 13; *Erman/Heckelmann/R. Wilhelmi* RdNr. 3 b; *Palandt/Heinrichs* § 309 RdNr. 100; im Ergebnis (zu § 11 Nr. 15 AGBG aF) auch *Gernhuber* Schuldverhältnis § 18 III 2 mwN in Fn. 37.
[70] S. namentlich *Stürner* JZ 1977, 431 und 639 f.; dens. BWNotZ 1978, 2; *Ehmann* S. 92 f.
[71] BGHZ 114, 9, 14 = LM § 1191 Nr. 44 = NJW 1991, 1677; OLG Karlsruhe NJW 1986, 136, 137; OLG Oldenburg NJW 1985, 152; OLG Stuttgart NJW 1987, 71, 72; *Braunert* NJW 1991, 805, 808; aA OLG Düsseldorf NJW 1987, 718; OLG Hamm WM 1987, 1064.
[72] Vgl. noch RdNr. 32; ferner OLG Oldenburg NJW-RR 1990, 1523; *Braunert* NJW 1991, 805, 806 ff.; offen lassend BGHZ 114, 9, 13 = LM § 1191 Nr. 44 = NJW 1991, 1677; vgl. auch BGH WM 1990, 1928; 1992, 133.

zu Recht hM auf einen Schuldvertrag zurückführt (Vor § 793 RdNr. 22 ff.), muss das Schuldversprechen des § 780 als deren Grundform ansehen. Nach der Gegenansicht ist die Frage zu verneinen, weil nach ihr das obligatorische Element des mehrgliedrigen Rechtsgeschäfts eine einseitige Erklärung ist (Vor § 793 RdNr. 25 f.). Auch nach dieser Ansicht ist allerdings die Verpflichtung aus einem Wertpapier regelmäßig in gleicher Weise abstrakt wie die aus dem Schuldversprechen des § 780. Abstraktheit bezeichnet in diesem Zusammenhang nicht die Typuslosigkeit, die für den wertpapierrechtlichen Einwendungsausschluss relevant ist,[73] sondern die Ausklammerung des rechtfertigenden Grundes aus dem Verpflichtungstatbestand (RdNr. 2). Die Verpflichtungen lassen sich danach einteilen, ob das Versprechen gegenüber dem Gläubiger des Kausalverhältnisses oder gegenüber einem Dritten (dazu RdNr. 35 ff.) abgegeben wird. Eine abstrakte Verpflichtung zwischen Gläubiger und Schuldner des Kausalverhältnisses begründet das Akzept (Art. 25, 28 WG) des an die eigene Order des Ausstellers (Art. 3 Abs. 1 WG) lautenden Wechsels[74] (zum Wechsel an fremde Order vgl. RdNr. 37); ferner die Ausstellung des eigenen Wechsels oder Solawechsels (Art. 75 WG); der kaufmännische Verpflichtungsschein (§ 363 Abs. 1 S. 2 HGB). Nicht zwingend, aber typischerweise abstrakt sind die Inhaberschuldverschreibung (§ 793) und von den Papieren des § 363 Abs. 2 HGB[75] das Konnossement (vgl. § 656 Abs. 1 HGB) sowie der Ladeschein (vgl. § 444 Abs. 1 HGB). Dagegen sind der Lagerschein (vgl. §§ 475 c ff. HGB) und die an Order lautende Transportversicherungspolice[76] kausale Wertpapiere.[77]

2. Umdeutung nichtiger Wechselerklärungen. Sind die Rechtsgeschäfte des Wertpapierrechts nichtig, namentlich wegen Formmangels, so stellt sich die Frage nach einer Umdeutung (§ 140) in ein abstraktes Schuldversprechen. Sie hat namentlich für das Wechselrecht Bedeutung erlangt. Wie das Rechtsgeschäft zu konstruieren ist (RdNr. 25), spielt insoweit keine Rolle, weil es für die Konversion nicht auf die Geschäftsart, sondern auf die von den Parteien gewollten Wirkungen ankommt.

a) Haftung des Akzeptanten. Leidet die Tratte unter einem Formmangel (vgl. Art. 1 WG), der nicht durch die Ergänzung des Art. 2 Abs. 2 bis 4 WG behoben wird, so ist sie als gezogener Wechsel nichtig (Art. 2 Abs. 1 WG). Eine wechselmäßige Verpflichtung entsteht auch dann nicht, wenn die Annahme entgegen Art. 26 Abs. 1 WG bedingt erfolgt. Ob das Akzept in solchen Fällen in ein abstraktes Schuldversprechen umgedeutet werden darf, wird unterschiedlich beantwortet. In der Rechtsprechung[78] wurde die Konversion früher mit der Begründung abgelehnt, dass die bloße Namensunterschrift nur kraft der Sonderregelung in Art. 25, 28 WG Verpflichtungswirkung hat und diese Vorschriften gerade einen wirksamen gezogenen Wechsel voraussetzen. Das Schrifttum[79] sieht dagegen in der Unterschrift auf der Vorderseite des Wechsels eine rechtsgeschäftliche Verpflichtungserklärung, die in dieser Form der Verkehrsübung entspricht. Dieser Ansicht hat sich der BGH angeschlossen.[80] Die frühere Rechtsprechung hätte nur dann überzeugen können, wenn die Haftung des Akzeptanten allein auf einem Skripturakt beruhen würde, dem das Gesetz verpflichtende Wirkung

---

[73] *Hueck/Canaris* Wertpapierrecht § 2 VI 1; *Zöllner* Wertpapierrecht § 5 I 4; zu Art. 17 WG vgl. die Angaben bei *Pflug* ZHR 148 (1984), 1 in Fn. 3.
[74] HM, vgl. BGHZ 51, 69, 77 = LM WG Art. 17 Nr. 7 = NJW 1969, 691; BGHZ 57, 292, 300 = LM FuttermittelG Nr. 1 = NJW 1972, 251; BGHZ 124, 263, 269 = LM WG Art. 26 Nr. 1 = NJW 1994, 447; *Stötter* NJW 1971, 359 mN; krit. *Kübler* S. 209. – Ein atypischer Fall ist das Akzept zur Sicherung fremder Schuld; vgl. BGHZ 45, 210 = LM WG Art. 17 Nr. 5 = NJW 1966, 1557 (dazu *Rehfeldt* JuS 1973, 203); RGZ 94, 85.
[75] Vgl. *Staub/Canaris* § 363 HGB RdNr. 63 ff.; krit. zur Abstraktheit MünchKommHGB/*Hefermehl* § 364 RdNr. 26.
[76] Der gewöhnliche Versicherungsschein (§ 3 VVG) ist Beweisurkunde, nicht Wertpapier.
[77] Zum Lagerschein vgl. *Staub/Canaris* § 363 HGB RdNr. 69 f. sowie *Hueck/Canaris* Wertpapierrecht § 25 I 4 b; aA *Zöllner* Wertpapierrecht, 12. Aufl. 1978, § 4 II 1 d (ohne Entscheidung 14. Aufl. 1987, § 5 I 4).
[78] BGH WM 1955, 1324; RG JW 1930, 1376; RGZ 136, 207, 210.
[79] *Liesecke* WM 1971, 294, 297; Staudinger/*Marburger* RdNr. 38 *Baumbach/Hefermehl/Casper* Art. 2 WG RdNr. 12; *Hueck/Canaris* Wertpapierrecht § 6 V 4 a; *Zöllner* Wertpapierrecht § 12 VI.
[80] BGHZ 124, 263, 268 ff. = LM WG Art. 26 Nr. 1 = NJW 1994, 447; dazu *Petersen* Jura 2001, 596 ff.

beimisst. Das trifft jedoch nicht zu; der Akzeptant wird vielmehr durch einen rechtsgeschäftlichen Tatbestand verpflichtet, und seine Unterschrift ist nichts anderes als die auf die Begründung der Verpflichtung hinzielende Willenserklärung.[81] Damit hängt die Umdeutung allein von dem in § 140 vorausgesetzten Geltungswillen der Parteien ab, der regelmäßig anzunehmen ist. Auch die Umdeutung in einen kaufmännischen Verpflichtungsschein (§ 363 Abs. 1 HGB) ist möglich, wenn dessen weitere Voraussetzungen vorliegen.[82]

28 Für die Konversion ist nach § 140 nur Raum, wenn der Wechsel oder das Wechselakzept nichtig sind. Der **Blankowechsel** (Art. 10 WG) ist nicht nichtig, sondern bedingt wirksam; Bedingung ist die Vervollständigung der Urkunde.[83] Folglich kommt hier eine Umdeutung nicht in Betracht.[84] Die Voraussetzung der Nichtigkeit fehlt auch, wenn die wechselmäßige Verpflichtung des Akzeptanten zwar zustande gekommen, aber infolge Verjährung (Art. 70 WG) nicht durchsetzbar ist; die Umdeutung in eine andere abstrakte Verpflichtung würde auch dem Sinn der kurzen Verjährung widersprechen. Sie ist also unzulässig.[85]

29 **b) Haftung des Ausstellers und der Indossanten.** Ist die Tratte nichtig, so entfällt auch die wechselmäßige Haftung des Ausstellers (Art. 9 WG) und der Indossanten (Art. 15 WG). Findet man die Grundlage ihrer Rückgriffsschuld in einer gesetzlichen Garantiepflicht,[86] so kommt die Umdeutung in ein abstraktes Schuldversprechen schon deshalb nicht in Betracht, weil § 140 ein Rechtsgeschäft voraussetzt. Doch kann die Frage nach der Grundlage der Haftung hier letztlich offen bleiben, weil jedenfalls die Umdeutung in ein Rechtsgeschäft mit strengeren Rechtsfolgen unzulässig ist (§ 140 RdNr. 17) und die primäre Leistungspflicht aus einem abstrakten Schuldversprechen über die wechselmäßige Rückgriffshaftung hinausginge. Die Haftung des Ausstellers und der Indossanten kann also nicht auf § 780 gestützt werden.[87]

30 Ist die Tratte gültig und die Rückgriffsforderung wegen **Präjudizierung des Wechsels** (Art. 43 ff., 53 WG) oder wegen **Verjährung** (Art. 70 Abs. 2 WG) nicht durchsetzbar, so fehlt es für die Umdeutung in ein abstraktes Schuldversprechen schon an der Grundvoraussetzung eines nichtigen Rechtsgeschäfts (§ 140).[88] Darüber hinaus wäre diese Konversion mit dem Zweck der Präjudizierung und der Verjährung nicht vereinbar (vgl. schon RdNr. 28) und würde unzulässigerweise strengere Rechtsfolgen begründen (RdNr. 27).

31 **c) Eigener Wechsel.** Der eigene Wechsel (Art. 75 WG) enthält ein abstraktes Zahlungsversprechen in wechselmäßiger Form. Kann die Urkunde gemäß Art. 76 WG nicht als eigener Wechsel aufrechterhalten werden, so bestehen deshalb gegen die Umdeutung in ein abstraktes Schuldversprechen iS des § 780 keine Bedenken.[89] Ebenso bedenkenfrei ist die Umdeutung in einen kaufmännischen Verpflichtungsschein nach § 363 Abs. 1 HGB, wenn dessen Voraussetzungen vorliegen.[90]

32 **3. Zahlungsversprechen bei der Bestellung eines Grundpfandrechts.** Außerhalb des Wertpapier-, vornehmlich des Wechselrechts, begegnet das abstrakte Schuldversprechen zwischen Gläubiger und Schuldner des Kausalverhältnisses vor allem in der Praxis der Kreditinstitute und hier im Zusammenhang mit der Sicherung des Kredits durch Hypothek

---

[81] Den rechtsgeschäftlichen Charakter der Verpflichtung betont auch BGHZ 124, 263, 269 = LM WG Art. 26 Nr. 1 = NJW 1994, 447 mwN.
[82] Vgl. die Nachweise in Fn. 77.
[83] BGH NJW 1992, 1893 re. Sp.; *Baumbach/Hefermehl/Casper* Art. 10 WG RdNr. 1.
[84] BGH WM 1970, 1023; RGRK/*Steffen* RdNr. 23.
[85] BGH WM 1970, 1023 f.; RGRK/*Steffen* RdNr. 23.
[86] *Hueck/Canaris* Wertpapierrecht § 6 VIII 2 (für den Aussteller), § 8 IV 3 a (für den Indossanten).
[87] BGH LM WG Art. 1 Nr. 2 = NJW 1957, 1837; RGZ 130, 82, 84; *Liesecke* WM 1971, 294, 297; *Reinicke* DB 1960, 1028; *Baumbach/Hefermehl/Casper* Art. 2 WG RdNr. 13.
[88] BGHZ 3, 238 f. = LM § 783 Nr. 1 (ScheckG) = NJW 1952, 21; *Baumbach/Hefermehl/Casper* Art. 2 WG RdNr. 14; RGRK/*Steffen* RdNr. 23.
[89] BGH NJW 1988, 1468 f. (spanische Pagaré-Papiere); RGZ 48, 223, 230; 136, 207, 210; RG JW 1930, 1376; *Baumbach/Hefermehl/Casper* Art. 2 WG RdNr. 16, Art. 75 WG RdNr. 3 aE.
[90] BGH WM 1970, 1023 f.; OLG Hamm ZIP 1982, 48, 50; aus prozessualen Gründen nicht entschieden in BGHZ 82, 200 = NJW 1982, 523.

oder Grundschuld: Der Kreditnehmer gibt ein abstraktes Schuldversprechen in Höhe der Darlehenssumme ab, und die Hypothek wird zur Sicherung der abstrakten Forderung bestellt.[91] Oder: Der schuldrechtliche Teil der Urkunde, in der die Grundschuld bewilligt wird, enthält das abstrakte Versprechen, den Grundschuldbetrag zu zahlen.[92] Solche Vereinbarungen mit dem Kreditnehmer sind zulässig und wirksam,[93] und zwar selbst dann, wenn es sich bei dem Grundgeschäft um einen Verbraucherdarlehensvertrag oder eine Finanzierungshilfe handelt;[94] sie werden namentlich auch bei der Verwendung banküblicher Formulare nicht von § 309 Nr. 12 erfasst (RdNr. 23) und sind grundsätzlich weder überraschend iS des § 305 c Abs. 1 noch unangemessen iS des § 307 Abs. 1 S. 1, Abs. 2 Nr. 1.[95] Bei der Bestellung des Grundpfandrechts durch einen Dritten unterliegen entsprechende Klauseln hingegen durchgreifenden Bedenken unter dem Blickwinkel der §§ 305 c Abs. 1, 307 Abs. 1 S. 1, Abs. 2 Nr. 1 (RdNr. 24). – Zur Verjährung s. RdNr. 44, zu § 3 RDG (Art. 1 § 1 RBerG aF) s. RdNr. 50.

Undeutlich formulierte Urkunden begegnen in der Praxis vor allem bei der Bestellung **33** einer Sicherungsgrundschuld; die Rechtsprechung ist mit der Annahme abstrakter Verpflichtung großzügig.[96] So wird die Klausel, der Besteller der Grundschuld übernehme für den Eingang des Grundschuldbetrags die persönliche Haftung, als abstraktes Zahlungsversprechen ausgelegt.[97] Weitergehend nimmt die Rechtsprechung ein konkludent erteiltes Schuldversprechen schon dann an, wenn die Urkunde die Unterwerfungsklausel des § 794 Abs. 1 Nr. 5 ZPO nicht nur hinsichtlich des Pfandgrundstücks, sondern auch hinsichtlich des übrigen Schuldnervermögens enthält.[98] Der Rechtsprechung kann jedenfalls dann nicht gefolgt werden, wenn sich solche und ähnliche Klauseln wie regelmäßig in einem **Formularvertrag** finden.[99] Die an dem Willen redlicher und vernünftiger Vertragspartner orientierte, die Interessen der Kreditwirtschaft und der Kreditnehmer abwägende objektive Auslegung[100] wird eher zu dem eindeutigen Ergebnis führen, dass der Kreditnehmer Rückzahlung des Darlehens verspricht oder sich wegen des Darlehens der Vollstreckung unterwirft, als zu dem Resultat, dass er eine neue und selbstständige Verpflichtung übernimmt. Hält man jedoch auch dieses Resultat für möglich, so ist die Klausel zweideutig; der Zweifel geht gemäß § 305 c Abs. 2 zu Lasten des Kreditgebers.[101] Findet sich die Klausel in einem individuell ausgehandelten Vertrag, so ist darauf abzustellen, ob die Abstraktion notwendig ist, um den Zweck der Kreditsicherung zu erreichen. Auch das ist zu verneinen; dem Kreditgeber, der eine abstrakte Verpflichtung dennoch wünscht, bleibt es unbenommen, dieses Ergebnis durch eine eindeutige Formulierung zu erreichen.

---

[91] So der von OLG Stuttgart OLGZ 1978, 439 = NJW 1979, 222 entschiedene Fall; vgl. dazu auch *Baumann* S. 32; *Michalski* ZBB 1995, 260, 269 ff.; Überblick über die Gestaltungen bei *Clemente* ZfIR 2004, 497 ff.

[92] Vgl. OLG München WM 1982, 834; OLG Frankfurt OLGZ 1981, 49 (mangels Vertragsschlusses gescheitert); Beispiel auch bei *Stürner* JZ 1977, 431; näher dazu *Zawar* NJW 1976, 1823; *Baumann* S. 31.

[93] Vgl. die Nachweise in den nachfolgenden Fn.; s. ferner BGH BKR 2007, 156 m. Anm. *Kritter*: Übernahme der persönlichen Haftung und Unterwerfung unter die sofortige Zwangsvollstreckung lässt Rechtsschutzinteresse an Klage auf Rückzahlung des Darlehens nicht entfallen.

[94] Zur Unanwendbarkeit des § 496 Abs. 2 s. BGH NJW 2005, 1576, 1578; ZIP 2005, 1024, 1026; BGHZ 168, 1 Tz. 17 = NJW 2006, 2099.

[95] St. Rspr., s. BGH ZIP 2006, 119 Tz. 11 ff. m. umf. Nachw.

[96] S. aber auch BGH WM 2004, 922, 923 (dazu *Joswig* ZfIR 2004, 811): kein wirksames Schuldversprechen, wenn in der notariellen Urkunde keine nähere Bezeichnung des Schuldners vorliegt; ferner OLG Saarbrücken OLGR 2005, 582, wo eine „ausdrückliche" Verpflichtung in der Sicherungsabrede verlangt wird, andernfalls der Darlehensnehmer das Schuldversprechen kondizieren könne.

[97] BGH DNotZ 1958, 579; LM Nr. 6 = NJW 1976, 567; NJW 1985, 1831, 1832 re. Sp.; BGHZ 98, 256, 259 = NJW 1987, 319; BGH NJW 1991, 228, 229; 1991, 286 re. Sp.

[98] BGH LM Nr. 6 = NJW 1976, 567; OLG München WM 1982, 834, 835 f.; vgl. auch BGH NJW 1988, 707, 708 re. Sp. zum Umfang der Unterwerfung.

[99] Gleicher Ansicht *Staudinger/Marburger* RdNr. 32.

[100] *Ulmer/Brandner/Hensen* § 305 c RdNr. 76 f.

[101] Bei der Auslegung und nicht (entgegen *Stürner* JZ 1977, 431 und 639 f.) bei der Inhaltskontrolle liegt also der richtige Ansatzpunkt.

34 Wird das Recht zunächst gemäß § 1196 als **Eigentümergrundschuld** bestellt und später auf den Kreditgeber übertragen, so kann darin die auf den Abschluss eines Vertrags gemäß § 780 gerichtete Offerte liegen, die der Gläubiger später (auch schlüssig und gemäß § 151 S. 1 ohne Zugang) annimmt.[102] Ist die Übertragung von vornherein geplant und erfolgt die Bestellung des Pfandrechts in einer von dem Gläubiger veranlassten formularmäßigen Form, so sind die Grundsätze über die objektive Auslegung von AGB (RdNr. 33) anzuwenden; sie lassen sich nicht dadurch ausschließen, dass der von § 305 Abs. 1 im Grundsatz vorausgesetzte Vertrag[103] durch die Aufspaltung in das einseitige Rechtsgeschäft des § 1196 und die nachfolgende Übertragung umgangen wird. Nach richtiger, wenngleich nicht herrschender Ansicht sind also die üblichen formularmäßigen Erklärungen mangels hinlänglicher Deutlichkeit durchgreifenden Bedenken ausgesetzt.

35 **4. Die angenommene Anweisung. a) Anweisung bürgerlichen Rechts.** Die angenommene Anweisung bildet den bürgerlich-rechtlichen Grundfall für das abstrakte Schuldversprechen als Teilstück einer Dreiecksbeziehung. Die Anweisung selbst begründet zwar keine Verpflichtung, sondern bewirkt nur die zweifache Ermächtigung des § 783. Der Angewiesene verpflichtet sich aber durch die Annahme (§ 784), die Leistung an den Anweisungsempfänger zu erbringen. Die Annahme erfolgt nach richtiger Auffassung nicht durch einseitiges Rechtsgeschäft,[104] sondern durch Vertrag.[105] Die Gegenansicht geht noch auf die so nicht mehr vertretene Kreationstheorie zurück (Vor § 793 RdNr. 22 ff., 25) und ist abzulehnen; die Annahme eines mehrgliedrigen Rechtsgeschäfts (Vor § 793 RdNr. 26) kommt schon deshalb nicht in Betracht, weil die Annahme bei der Rektaanweisung des § 783 nur gegenüber dem Empfänger erklärt wird (§ 784 RdNr. 2). Drei Rechtsbeziehungen sind zu unterscheiden: die Leistungspflicht des Angewiesenen gegenüber dem Anweisungsempfänger; das Deckungsverhältnis zwischen dem Anweisenden und dem Angewiesenen, das diesen veranlasst, die Anweisung anzunehmen; das Valutaverhältnis zwischen dem Anweisenden und dem Anweisungsempfänger, das der Anweisung ihren wirtschaftlichen Sinn gibt; Anweisungsempfänger und Anweisender sind Gläubiger und Schuldner des Kausalverhältnisses. Der Verpflichtungsgrund für den Angewiesenen liegt im Deckungsverhältnis, der Grund für die Erteilung der Anweisung im Valutaverhältnis. Weil beide nicht zum Vertragstatbestand der Annahme gehören, stellt diese ein abstraktes Schuldversprechen (§ 780) dar.[106] Daraus ergibt sich folgerichtig der in § 784 Abs. 1 Halbs. 2 angeordnete Ausschluss von Einwendungen aus dem Deckungs- und Valutaverhältnis.

36 **b) Kaufmännische Anweisung.** Rechtsnatur und Wirkungen der kaufmännischen Anweisung (§ 363 Abs. 1 S. 1 HGB) sind grundsätzlich ebenso zu beurteilen wie bei der Anweisung bürgerlichen Rechts; die Bedeutung des § 363 HGB erschöpft sich insoweit darin, die vertragliche Ausgestaltung als Orderpapier zuzulassen.[107] Folglich entsteht auch hier die Verpflichtung des Angewiesenen erst durch den Annahmevertrag, stellt dieser ebenso ein abstraktes Schuldversprechen dar wie die Annahme im bürgerlich-rechtlichen Grundfall. Handelt es sich um eine an Order lautende Anweisung, finden die wertpapierrechtlichen Grundsätze Anwendung (Vor § 793 RdNr. 22 ff.), da sich die Erklärung an eine unbestimmte Vielzahl von Personen richtet. Die Zulässigkeit einer Umdeutung bleibt davon unberührt (RdNr. 26).

---

[102] Zur Konstruktion vgl. BGH LM Nr. 6 = NJW 1976, 567; NJW 1991, 228, 229; *Zawar* NJW 1976, 1823. Vertragsschluss verneint von OLG Frankfurt OLGZ 1981, 49.

[103] Zur Anwendung der §§ 305 ff. auf vom Verwender vorformulierte einseitige Erklärungen des Kunden vgl. aber *Ulmer/Brandner/Hensen* § 305 RdNr. 16 ff. mN.

[104] RGRK/*Steffen* § 784 RdNr. 3.

[105] *Erman/Heckelmann/R.Wilhelmi* § 784 RdNr. 2; *Palandt/Sprau* § 784 RdNr. 3; *Soergel/Häuser* § 784 RdNr. 2; *Staudinger/Marburger* RdNr. 7; *Hueck/Canaris* Wertpapierrecht § 4 V 2; *Larenz/Canaris* II/2 § 62 II 1; *Zöllner* Wertpapierrecht § 8 V 2 b.

[106] Vgl. die Nachweise in der vorigen Fn.

[107] *Staub/Canaris* § 363 HGB RdNr. 24.

c) **Umdeutung (Wechsel und Scheck).** Die Anweisung bürgerlichen Rechts und die kaufmännische Anweisung sind die zivil- und handelsrechtlichen Grundformen des gezogenen an fremde Order lautenden Wechsels (Art. 1 WG). Das RG lehnte eine Umdeutung des nach Art. 2 WG nichtigen Wechsels gleichwohl mit der Begründung ab, die Anweisung sei in der Praxis ungebräuchlich geblieben.[108] Im Schrifttum wird dagegen die Konversion überwiegend für möglich gehalten.[109] Die Ungebräuchlichkeit der Anweisung kann der Umdeutung in der Tat nicht entgegenstehen, weil es nach § 140 gerade auf die Vorstellungen der an dem Geschäft konkret beteiligten Personen ankommt. Der nichtige Wechsel ist deshalb in eine Anweisung gemäß § 783 oder bei Vorliegen der weiteren Voraussetzungen in eine Anweisung gemäß § 363 Abs. 1 S. 1 HGB,[110] das Akzept des an fremde Order lautenden Wechsels in die Annahme des § 784 umzudeuten, wenn damit das von den Beteiligten angestrebte Ergebnis wenigstens teilweise erreicht wird.[111] Zur Umdeutung des Wechsels an eigene Order in ein Versprechen gemäß § 780 vgl. RdNr. 25 ff.

Der **Scheck** verbrieft ebenso wie der gezogene Wechsel eine **Zahlungsanweisung** (Art. 1 Nr. 2 ScheckG) und kann deshalb bei Formmängeln in eine Anweisung gemäß § 783 oder gemäß § 363 Abs. 1 S. 1 HGB umgedeutet werden (vgl. RdNr. 35 und § 783 RdNr. 30). Er ist jedoch gemäß Art. 4 ScheckG akzeptfeindlich (Ausnahme: § 23 BBankG). Weil Art. 4 S. 2 ScheckG eine Annahmeerklärung als nicht geschrieben fingiert, kann eine abstrakte Verpflichtung der bezogenen Bank auch nicht durch Umdeutung begründet werden; das Akzeptverbot setzt sich also gegen den Willen der Beteiligten durch.[112] Ein abstraktes Schuldversprechen liegt weiterhin nicht in der zulässigen außerhalb des Schecks erteilten Einlösungszusage; sie ist, wie namentlich früher bei Verwendung der Scheckkarte, Bestandteil eines Garantievertrags (vgl. RdNr. 10).

5. Mitteilung der Akkreditiveröffnung.[113] Der Akkreditivauftrag[114] wird vielfach als anweisungsähnlich aufgefasst (§ 783 RdNr. 46). Das ist insofern zutreffend, als auch der Akkreditivauftrag und seine Durchführung ein Dreiecksverhältnis begründen und die von der Bank an den Begünstigten vorgenommene Zahlung rechtlich im Deckungs- und zugleich im Valutaverhältnis als Leistung zu qualifizieren ist (RdNr. 35). Führt man den Vergleich weiter, so entspricht die Mitteilung der Akkreditiveröffnung an den Begünstigten der Annahme des § 784. Solche Parallelen enthalten freilich noch keine zureichende Begründung für die im Ergebnis zutreffende hM,[115] dass die Bank mit der Mitteilung ein abstraktes Schuldversprechen gegenüber dem Begünstigten abgibt. Dafür ist vielmehr entscheidend, dass der Begünstigte einen möglichst verlässlichen Zahlungsanspruch[116] gegen die Bank erwerben soll. Dieses Ziel würde verfehlt, wenn die Bank den im Deckungsverhältnis zum Auftraggeber liegenden Verpflichtungsgrund zum Inhalt ihres Zahlungsver-

---

[108] RG JW 1930, 1376 f.; 1935, 1778; offen gelassen von OLG Karlsruhe OLGZ 1977, 235 f. (Scheck).
[109] *Liesecke* WM 1971, 294, 297; *Reinicke* DB 1960, 1028; *Baumbach/Hefermehl/Casper* Art. 2 WG RdNr. 11 mN.
[110] Vgl. dazu OLG Bamberg NJW 1967, 1913 f.
[111] *Reinicke* DB 1960, 1028 f.
[112] BGH LM ScheckG Art. 1 Nr. 1 = NJW 1951, 598; RGZ 105, 361 f.; *Baumbach/Hefermehl/Casper* Art. 4 ScheckG RdNr. 1.
[113] Für Dokumenten-Akkreditive gelten die Einheitlichen Richtlinien und Gebräuche (ERA) idF der Revision 1993; Text bei *Baumbach/Hopt* BankGesch (11).
[114] Zum Akkreditivgeschäft vgl. *Liesecke* WM 1978, Beilage 3; *dens.*, FS Rob. Fischer, 1979, S. 397 ff.; *Peters* WM 1978, 1030; *Baumbach/Hopt* BankGesch (7) RdNr. K/3 ff.; *Canaris* Bankvertragsrecht RdNr. 916 ff.; MünchKommHGB/*Nielsen* ZahlungsV RdNr. H 1 ff.
[115] BGH WM 1955, 765; BGHZ 60, 262, 264 = LM HGB § 346 (Ef) Nr. 8 = NJW 1973, 899; BGH WM 1996, 995, 996 (für den Zweitbegünstigten); OLG Schleswig WM 1980, 48 (akkreditivähnliche Finanzierungsbestätigung); OLG Frankfurt WM 1996, 58, 59; *Canaris* Bankvertragsrecht RdNr. 984; MünchKommHGB/*Nielsen* ZahlungsV RdNr. H 30 f.; *Larenz/Canaris* II/2 § 61 I 3 a; *Gernhuber* Schuldverhältnis § 18 III 1 d; vgl. ferner § 783 RdNr. 48.
[116] Zur Zahlungspflicht vgl. Art. 9 ERA (Revision 1993, vgl. Fn. 113; Revision 1974: Art. 3 ERG); BGHZ 28, 129 = LM Nr. 3 = NJW 1959, 191. Dass die Bank zahlen soll, ist das Hauptargument gegen die Annahme eines Garantievertrags durch *Kübler* S. 189 ff.

§ 780   40–42   Abschnitt 8. Titel 22. Schuldversprechen, Schuldanerkenntnis

sprechens gegenüber dem Begünstigten machen würde und damit Einwendungen aus diesem Verhältnis oder aus dem Valutaverhältnis erheben könnte. Die Bank ihrerseits sieht sich durch ihr Geschäftsinteresse am Funktionieren des Akkreditivgeschäfts zu der ihr an sich ungünstigen Gestaltung veranlasst. Der von beiden Seiten verfolgte Zweck erfordert also die abstrakte, gemäß § 350 HGB nicht dem Formerfordernis des § 780 unterliegende Gestaltung.

40   Voraussetzung des abstrakten Schuldversprechens ist allerdings, dass die Bank in der Mitteilung der Akkreditiveröffnung einen **rechtsgeschäftlichen Verpflichtungswillen** ausdrückt und nicht nur ein **unverbindliches Avis** abgibt; die Mitteilung könnte sonst nicht als Vertragserklärung gewertet werden.[117] Die Auslegung nach dem Empfängerhorizont wird regelmäßig zur Annahme einer Vertragserklärung führen; es ist Sache der Bank, sich unmissverständlich auszudrücken, wenn sie eine Bindung vermeiden will.

41   **6. Kontogutschrift im Überweisungsverkehr.**[118] **a) Die Rechtsbeziehungen im Überblick.** Bei der Banküberweisung und ihrer Durchführung sind drei Rechtsverhältnisse zu unterscheiden:[119] Das Verhältnis zwischen der Bank und ihrem Kunden, dem Überweisungsempfänger, in dem die bargeldlose Zahlung durch Kontogutschrift tatsächlich erbracht wird (Inkassoverhältnis); das Verhältnis zwischen dem Überweisenden und dem Überweisungsempfänger (Zuwendungs- oder Valutaverhältnis); schließlich das Verhältnis zwischen dem Überweisenden und der Bank (Deckungsverhältnis). Im mehrgliedrigen Überweisungsverkehr (außerbetriebliche Überweisung) treten die Giroverhältnisse zwischen den beteiligten Banken in Form einer Vertragskette hinzu. Das Dreiecksverhältnis zwischen dem Überweisenden, der Bank und dem Überweisungsempfänger hat Ähnlichkeit mit den Rechtsbeziehungen bei der Anweisung (§ 783 RdNr. 4), weshalb der Überweisungsauftrag auch als Anweisung iwS bezeichnet wird.[120] Damit ist jedoch nur ausgesagt, dass die Banküberweisung in einzelnen Beziehungen wie eine Anweisung zu behandeln ist, insbesondere der analogen Anwendung der §§ 783 ff. unterliegen kann (vgl. etwa § 783 RdNr. 11; § 790 RdNr. 8).[121] Insoweit hat sich auch durch die Einfügung der §§ 676 a bis 676 h nichts Grundsätzliches geändert. Allerdings scheidet eine Analogie dann aus, wenn den speziellen (aber nur rudimentären) Vorschriften eine einschlägige Regelung entnommen werden kann.

42   **b) Gutschrift und Entäußerung als abstraktes Schuldversprechen.** Im Inkassoverhältnis (RdNr. 41) liegt nach ganz hM ein abstraktes Schuldversprechen vor, wenn die Bank den Überweisungsbetrag dem Empfängerkonto vorbehaltlos[122] gutschreibt[123] und ihren rechtsgeschäftlichen Willen nach außen dokumentiert (Entäußerung).[124] Dieser Ansicht ist

---

[117] *Canaris* Bankvertragsrecht RdNr. 986.
[118] Zur Kreditkarte s. § 676 h RdNr. 5 ff., zur Debit- und Geldkarte s. § 676 h RdNr. 16 ff.
[119] Überblick bei Vor § 676 a RdNr. 1 ff.; *Schürmann*, Die Haftung im mehrgliedrigen bargeldlosen Zahlungsverkehr, 1994, S. 26 ff.; BankR-HdB/*Schimansky* § 46.
[120] BGHZ 87, 246, 250 = NJW 1983, 2501; OLG Kassel NJW 1949, 112 f.; *Canaris* Bankvertragsrecht RdNr. 322.
[121] *Canaris* Bankvertragsrecht RdNr. 322; enger *Hadding/Häuser* ZHR 145 (1981), 138, 141 f.
[122] Vgl. dazu BGH NJW 2005, 1771, wo zwar offen bleibt, ob bei im elektronischen Datenverkehr durchgeführter Überweisung die unter dem Vorbehalt der Nachdisposition stehende elektronische Gutschrift (durch bloße Übertragung der Daten in den Bestand der Bank ohne Kontrollmöglichkeit) ein abstraktes Schuldversprechen begründet, indes zu Recht ein Anspruch auf Wiedergutschrift nach erfolgter Stornierung verneint wird.
[123] BGHZ 6, 121, 124 = LM § 270 Nr. 1 = NJW 1952, 929; BGHZ 36, 167, 171 = LM AGB Banken Nr. 11 = NJW 1958, 499; BGH WM 1970, 751 f.; LM VVG § 36 Nr. 3 = NJW 1971, 380; LM KO § 55 Nr. 8 = NJW 1978, 699; BGHZ 72, 9, 11 = NJW 1978, 2149; BGH JZ 1980, 59 f.; BGHZ 103, 143, 146 = NJW 1988, 1320; LG Freiburg NJW 1976, 333; *Canaris* WM 1980, 354, 371; *Hadding/Häuser* ZHR 145 (1981), 138, 159; *Koller* BB 1972, 687, 691; *Canaris* Bankvertragsrecht RdNr. 415 ff.; MünchKommHGB/*Häuser* ZahlungsV RdNr. 216 ff.; aA *Kupisch* WM 1979, Beilage 3 S. 16 f.; *Möschel* JuS 1972, 297, 299; *Kübler* S. 199 ff.
[124] Einzelheiten (genauer Zeitpunkt) sind insoweit nicht ganz geklärt; vgl. dazu BGHZ 103, 143, 16 f. = NJW 1988, 1320 mwN; ferner BGH NJW 2005, 1771.

beizutreten. Sie findet ihre Rechtfertigung allerdings noch nicht in der strukturellen Ähnlichkeit des Überweisungsauftrags mit der Anweisung (RdNr. 41), sondern im Geschäftswillen der Beteiligten, der seinerseits von ihrer Interessenlage geprägt ist.[125] Dabei kommt es nicht entscheidend darauf an, dass das Zahlungsversprechen gegenüber Deckungs- und Valutaverhältnis abstrakt ist,[126] die Bank also Einwendungen aus diesen Verhältnissen (deren Fehlen oder Nichtigkeit; Insolvenz des Überweisenden,[127] Pfändung seines Guthabens,[128] fehlende Deckung[129]) nicht gegen die Forderung aus der Kontogutschrift erheben kann. Maßgeblich für die Abstraktheit dieser Forderung ist vielmehr, dass sie auch gegenüber dem Girovertrag (§ 676f) verselbstständigt ist, der das Inkassoverhältnis prägt und der Kontogutschrift zugrunde liegt. Das wiederum ist zu bejahen, weil die Bank nur nach Maßgabe der Kontogutschrift und nicht auch nach Maßgabe des Girovertrags schuldet,[130] also Mängel des Deckungs- oder Valutaverhältnisses auch nicht zu Einwendungen aus dem Girovertrag machen kann.

Abzugrenzen bleibt der Sonderfall,[131] dass der **Girovertrag nicht oder nicht gültig** 43 besteht. Nach hM kann die Bank diesen Umstand mit der Folge einwenden, dass aus der Kontogutschrift keine Ansprüche erwachsen.[132] Das steht jedoch unter dem Vorbehalt abweichender Vertragsauslegung, bleibt auch iÜ zweifelhaft[133] und ist jedenfalls nicht geeignet, die Abstraktheit des aus der Gutschrift resultierenden Zahlungsanspruchs für den Normalfall der durch einen gültigen Girovertrag unterlegten Geschäftsbeziehung in Frage zu stellen.[134]

IV. Wirkungen des Schuldversprechens

1. Begründung einer neuen Verbindlichkeit. a) Konstitutive Wirkung. Mit der 44 Abgabe der Versprechenserklärung und ihrer Annahme entsteht ein neues Schuldverhältnis. In diesem Sinne wirkt das Schuldversprechen konstitutiv. Der Gläubiger kann seinen Anspruch allein auf den vertraglich erklärten Verpflichtungswillen des Schuldners stützen.[135] Für den neuen Anspruch gilt die regelmäßige **Verjährungsfrist des § 195,** auch wenn der Anspruch aus dem Grundverhältnis einer anderen Verjährung unterliegt;[136] auf in einer vollstreckbaren Urkunde verkörperte Versprechen findet die dreißigjährige Verjährungsfrist des § 197 Abs. 1 Nr. 4 Anwendung.[137] Die Verjährung der Forderung aus dem Grundgeschäft hindert nicht die Durchsetzbarkeit des abstrakten Versprechens und begründet auch keinen Anspruch des Versprechenden aus § 812 Abs. 2 (RdNr. 47 f.); dies folgt aus der analogen Anwendung des § 216 Abs. 2 S. 1[138] und entspricht iÜ §§ 813 Abs. 1 S. 2, 214

---

[125] Der Grundsatz, dass Gutschriften auf einem Girokonto ein abstraktes Schuldversprechen oder -anerkenntnis darstellen, lässt sich deshalb nicht ohne weiteres auf andere Rechtsbeziehungen zwischen Bank und Kunden übertragen, BGH ZIP 2005, 343 (Übertragung zutr. verneint für Übersendung des ein Guthaben ausweisenden Kontoauszugs); s. ferner BGH WM 1999, 864, 866.
[126] Insoweit zutr. *Gernhuber* Schuldverhältnis § 18 III 1 c.
[127] *Canaris* Bankvertragsrecht RdNr. 427.
[128] *v. Caemmerer* JZ 1962, 387; *Möschel* JuS 1972, 297, 301; *Schwark* WM 1970, 1334 f.
[129] Vgl. die Nachweise in der vorigen Fn.
[130] *Larenz/Canaris* II/2 § 61 I 3 a; *Gernhuber* Schuldverhältnis § 18 III 1 c.
[131] Zu einem weiteren Sonderfall s. OLG Jena ZInsO 2005, 550: Zahlung des Bürgen auf Konto des Insolvenzschuldners begründet Einrede der ungerechtfertigten Bereicherung zugunsten der kontoführenden Bank gegenüber Auszahlungsverlangen des Insolvenzschuldners.
[132] BGH WM 1957, 1574, 1575; 1960, 767, 769; 1962, 263, 269; BankR-HdB/*Schimansky* § 47 RdNr. 53.
[133] *Canaris* Bankvertragsrecht RdNr. 462.
[134] Wohl aA *Gernhuber* Schuldverhältnis § 18 III 1 c.
[135] Zur Zulässigkeit der Klage aus dem Grundgeschäft s. Fn. 93.
[136] Vgl. dazu OLG Düsseldorf WM 1975, 1018 f.; RGRK/*Steffen* RdNr. 36; PWW/*Buck-Heeb* RdNr. 17; *Gernhuber* Schuldverhältnis § 18 III 9; eingehend *Schmid-Burgk* DB 2003, 1046 ff.
[137] Dazu *Schmid-Burgk* DB 2003, 1046, 1048.
[138] Überzeugend OLG Frankfurt NJW 2008, 379, 380 f.; ebenso *Cartano/Edelmann* WM 2004, 775, 779; *Hohmann* WM 2004, 757, 763 f.; *Krepold/Achors* BKR 2007, 185, 188 f.; offen gelassen von BGH BKR 2007, 156, 157.

§ 780 45–47   Abschnitt 8. Titel 22. Schuldversprechen, Schuldanerkenntnis

Abs. 2. Soll die andere Verjährung auch für den Anspruch aus dem neuen Schuldverhältnis gelten, so müssen die Parteien dies vereinbaren, was in den Grenzen des § 202 Abs. 2 zulässig ist.[139] Nichts anderes gilt, wenn das Schuldversprechen nach Eintritt der Verjährung bezüglich der zugrunde liegenden Forderung abgegeben wird; die Verjährungseinrede gegen die neue Forderung kann in diesem Fall auch dann nicht erhoben werden, wenn der Verjährungseintritt dem Versprechenden nicht bewusst war.[140]

45   **b) Abstrakte Forderung und Kausalverhältnis.** Wird die abstrakte Forderung zwischen Gläubiger und Schuldner des Grundverhältnisses begründet (RdNr. 25 ff.), so stellt sich die Frage nach dem Verhältnis der beiden Forderungen zueinander. Maßgeblich ist der Wille der Parteien; er entscheidet nicht nur darüber, ob eine abstrakte Forderung überhaupt besteht, sondern bestimmt auch, welche Auswirkungen auf das Kausalverhältnis damit verbunden sind. Vielfach werden drei Möglichkeiten unterschieden: **Schuldverstärkung, Novation und Feststellung** eines streitigen oder ungewissen Rechtsverhältnisses.[141] Wie bei Feststellung des Abstraktionswillens (RdNr. 16 ff.) geht es auch hier um ein Auslegungsproblem,[142] ist deshalb auch hier der von den Parteien auf Grund ihrer beiderseitigen Interessen verfolgte wirtschaftliche Zweck entscheidend.

46   **Im Regelfall** ist der Wille der Parteien darauf gerichtet, die abstrakte Verbindlichkeit **schuldverstärkend** zu der Kausalschuld hinzutreten zu lassen; das Wechselakzept, das der Käufer dem Verkäufer gibt, ist charakteristisches Beispiel. Bleiben nach der Auslegung des Vertrags Zweifel, so führt die Auslegungsregel des § 364 Abs. 2 zu diesem Ergebnis.[143] Eine Novation entspricht regelmäßig nicht dem Willen der Parteien. Den Hauptfall eines abstrakten Schuldvertrags mit Novationswirkung findet die hM[144] im Saldoanerkenntnis im Rahmen eines Kontokorrentverhältnisses (§ 355 HGB). Die sog. Novationstheorie ist jedoch unzutreffend, weil sie den Interessen der Parteien nicht entspricht und die Novationswirkung von dem Zweck des Saldoanerkenntnisses nicht gefordert wird (näher § 781 RdNr. 12 f.). Sieht man von dem Saldoanerkenntnis ab, so verblasst der abstrakte Schuldvertrag mit Novationswirkung zu einer bloß theoretischen Möglichkeit. Nicht anders ist das vergleichsweise erteilte abstrakte Schuldversprechen zu bewerten. Dient nämlich der Vertrag der Feststellung eines streitigen oder ungewissen Rechtsverhältnisses,[145] so verfolgen die Parteien regelmäßig den Zweck, dieses Rechtsverhältnis festzustellen. Sie wollen also nicht eine neue und abstrakte Forderung begründen, sondern einen kausalen Feststellungsvertrag schließen (§ 781 RdNr. 3 ff.).[146] Die typische Funktion eines zwischen den Parteien des Kausalverhältnisses geschlossenen abstrakten Schuldvertrags liegt also in der Schuldverstärkung, nicht in Novation oder vergleichsähnlicher Feststellung.

47   **2. Abstraktion und Kondiktion. a) Schuldversprechen zwischen den Parteien des Kausalverhältnisses.** Das abstrakte Schuldversprechen bewirkt, dass die neue Verbindlichkeit ohne Rücksicht auf den Bestand des Kausalverhältnisses begründet wird. Doch steht dieses Ergebnis, wie in § 684 des Ersten Entwurfs noch ausdrücklich vorgesehen, unter dem Vorbehalt des Bereicherungsausgleichs (§§ 812 ff.), weil Leistung iS des § 812, wie auch Abs. 2 dieser Vorschrift entnommen werden kann, auch die Begründung einer neuen Forderung ist.[147] Rechtsgrund dieser Leistung ist allerdings nicht das Kausalverhältnis

---

[139] Zur Auslegung der Schuldurkunde vgl. RGZ 75, 4, 7.
[140] BGH WM 1986, 429, 430 li. Sp.; RGZ 78, 130, 132; RG WarnR 1919 Nr. 25.
[141] *Bamberger/Roth/Gehrlein* RdNr. 18; RGRK/*Steffen* RdNr. 32 f.; *Soergel/Häuser* §§ 780, 781 RdNr. 26.
[142] RGRK/*Steffen* RdNr. 33; *Soergel/Häuser* §§ 780, 781 RdNr. 26.
[143] Vgl. dazu LG Bonn NJW-RR 1999, 50 re. Sp.; *Köhler* WM 1977, 242; *Larenz/Canaris* II/2 § 61 I 6.
[144] BGHZ 49, 24, 26 = LM HGB § 355 Nr. 15 = NJW 1968, 33; BGHZ 58, 257, 260 = LM KO § 46 Nr. 10 = NJW 1972, 872; BGHZ 93, 307, 313 f. = NJW 1985, 1706; offenlassend BankR-HdB/*Schimansky* § 47 RdNr. 52; vgl. weiter § 781 RdNr. 12.
[145] *Gernhuber* Schuldverhältnis § 18 I 4, II 3 d spricht vom Pazifizierungszweck.
[146] Ebenso *Larenz/Canaris* II/2 § 61 II 1 c; *Gernhuber* Schuldverhältnis § 18 II 3 d.
[147] BGH NJW 1991, 2140; NJW-RR 1999, 573; NJW 2000, 2501; OLG Karlsruhe VersR 1981, 479; s. aber auch BGH ZIP 2008, 1669 Tz. 21 f.: Keine Kondiktion des nicht gem. § 4 Abs. 1 S. 4 Nr. 1 lit. g VerbrKrG aF C = § 492 Abs. 1 S. 5 Nr. 7) angegebenen Schuldversprechens.

selbst,[148] sondern die Vereinbarung, eine abstrakte Forderung zu begründen, deren Verpflichtungswirkung allerdings regelmäßig mit dem Bestand des Kausalverhältnisses verknüpft ist.[149] Der Schuldner kann also die von ihm begründete Forderung kondizieren, wenn die Forderung aus dem Kausalverhältnis nicht besteht oder sich einer dauernden Einrede ausgesetzt sieht,[150] und gegen die Forderung die Bereicherungseinrede (§ 821) erheben; dies gilt auch dann, wenn der Gläubiger die Forderung abgetreten hat (§ 404). Von diesem Grundsatz gibt es nur zwei praktisch seltene Ausnahmen. Erstens: Der Versprechende war nicht von Irrtum beeinflusst, sondern hat das Schuldversprechen trotz der positiven Kenntnis abgegeben, dazu nicht verpflichtet zu sein (§ 814).[151] Zweitens: Ein von den Parteien geschlossener Vergleich (§ 779) enthält nicht, wie regelmäßig (vgl. RdNr. 46), die kausale Feststellung des Rechtsverhältnisses, sondern begründet die Verpflichtung, das abstrakte Schuldversprechen abzugeben; Rechtsgrund ist in diesem Fall der Vergleich, und seine Verpflichtungswirkung ist gerade nicht mit dem Bestand des Kausalverhältnisses verknüpft.[152] Die gelegentliche Formulierung weitergehender Konditionsausschlüsse[153] ist durch unscharfe Vorstellungen über Wirkung und Tragweite abstrakter Verpflichtung bedingt (vgl. RdNr. 46). Eine rechtsgrundlose abstrakte Forderung, die nicht kondizierbar ist, ist ein Widerspruch in sich.

Wenn der Schuldner die Kondiktion klage- oder einredeweise geltend macht, muss er 48 darlegen und beweisen, dass die Konditionsvoraussetzungen vorliegen. Schuldversprechen und -anerkenntnis bewirken also den **Übergang der Darlegungs- und Beweislast** für den Bestand der Kausalforderung vom Gläubiger auf den Schuldner.[154] Es wird deshalb teilweise die Ansicht vertreten, dass sich die Wirkungen der Abstraktheit in der Erleichterung der Rechtsverfolgung erschöpfen.[155] Sicher liegt hier ein praktischer Schwerpunkt der Abstraktionswirkungen. Doch enthalten die §§ 780 ff. keine prozessuale, sondern eine materiellrechtliche Lösung, was infolge der selbstständigen Verjährung des abstrakten Anspruchs (RdNr. 44) auch praktische Bedeutung erlangen kann.[156] Der Hinweis auf andere Rechtsordnungen[157] belegt allerdings, dass es für dasselbe Problem verschiedene Lösungswege gibt.

b) **Schuldversprechen gegenüber einem Dritten.** Wird das Schuldversprechen ge- 49 genüber einem Dritten abgegeben (RdNr. 33 ff.), so kann der Versprechende seine Verpflichtung grundsätzlich nicht im Wege der Kondiktion rückgängig machen, wenn der im Deckungsverhältnis zum Anweisenden (Auftraggeber der Überweisung; Akkreditivauftraggeber) oder im Valutaverhältnis liegende Rechtsgrund nicht besteht; die bereicherungsrechtliche Abwicklung folgt vielmehr prinzipiell den Kausalbeziehungen.[158] Das gilt auch für den Fall des Doppelmangels im Deckungs- und Valutaverhältnis.[159] Von einer gesteigerten oder

---

[148] So aber BGH ZIP 2008, 1669 Tz. 21; NJW 2005, 1576, 1578 = WM 2005, 828; NJW 2000, 2501; *Ehmann* S. 75 ff.; *ders.* WM 2007, 329, 331; *Köhler* WM 1977, 242, 245; *Zöllner* ZHR 148 (1984), 313, 321 ff.; RGRK/*Steffen* RdNr. 43 mwN.
[149] Grdlg. *Zeiss* AcP 164 (1964), 50, 71 ff.; vgl. auch *Soergel/Häuser* §§ 780, 781 RdNr. 32; Staudinger/*Marburger* RdNr. 23; *Larenz/Canaris* II/2 § 68 I 4 b; *Gernhuber* Schuldverhältnis § 18 I 4.
[150] Zur Verjährung s. aber RdNr. 44.
[151] Zum Erfordernis positiver Kenntnis vgl. BGH LM § 426 Nr. 46 = NJW 1978, 2392 f.; NJW 1991, 919, 920 f.; selbst grobe Fahrlässigkeit ist nicht ausreichend.
[152] Wenig klar *Crezelius* DB 1977, 1541 f.
[153] BGH WM 1966, 1280 f.; RGRK/*Steffen* RdNr. 46; zutr. dagegen *Flume* Rechtsgeschäft § 12 II 4 a.
[154] *Flume* Rechtsgeschäft § 12 II 4 a: Unterschied in der Technik der Rechtsverfolgung.
[155] *Kübler* S. 209; *Baumbach/Hefermehl/Casper* Einl. WG RdNr. 10.
[156] Zutr. *Hueck/Canaris* Wertpapierrecht § 20 I 1 a.
[157] Zum französischen Recht vgl. *Baumbach/Hefermehl/Casper* Einl. WG RdNr. 10 und *Kübler* S. 16 ff.; zum italienischen Recht *ders.* S. 45 ff.; vgl. auch *Rehfeldt* JuS 1967, 203, 204 f.
[158] BGHZ 61, 289, 291 = LM § 812 Nr. 102 = NJW 1974, 39; BGHZ 66, 362 f. = LM § 812 Nr. 121 = NJW 1976, 1448; BGHZ 66, 372, 374 = LM § 812 Nr. 120 = NJW 1976, 1449; BGHZ 67, 75, 77 = LM § 812 Nr. 122 = NJW 1976, 1845; *Canaris* Bankvertragsrecht RdNr. 426 ff.; MünchKommHGB/*Häuser* ZahlungsV RdNr. 285 ff.; *Larenz/Canaris* II/2 § 70 IV 1 a, 4 c.
[159] *Canaris* Bankvertragsrecht RdNr. 430; MünchKommHGB/*Häuser* ZahlungsV RdNr. 291; *Larenz/Canaris* II/2 § 70 IV 1 d; anders noch die ältere Rspr., vgl. BGHZ 36, 30, 32 = LM § 179 Nr. 4 = NJW 1961, 2251; BGH JZ 1962, 404 f.

§ 780   50   Abschnitt 8. Titel 22. Schuldversprechen, Schuldanerkenntnis

besonderen Form der Abstraktheit[160] sollte man deshalb nicht sprechen. Entscheidend ist vielmehr, dass der Schuldgrund nicht zwischen den Parteien des abstrakten Vertrags, sondern zwischen dem Versprechenden und seinem Auftraggeber liegt. Der Kondiktionsausschluss geht also letztlich auf die Relativität des Schuldverhältnisses zurück: Der Dritte braucht sich Einwendungen aus einem Rechtsverhältnis, an dem er nicht beteiligt ist, nicht entgegenhalten zu lassen. § 784 Abs. 1 Halbs. 2 bringt also exemplarisch einen allgemeinen Rechtsgedanken zum Ausdruck.[161] Voraussetzung ist allerdings, dass eine Anweisung (Überweisungsauftrag; Akkreditivauftrag) überhaupt in zurechenbarer Weise erteilt war. Wenn es schon daran fehlt,[162] ist die übliche Dreiecksbeziehung nicht vorhanden, kann also nicht mit der Unzulässigkeit der exceptio ex iure tertii argumentiert werden.[163] Vorrang hat dann der Gesichtspunkt, dass die nicht veranlasste Vermögensverschiebung auch nicht über das Bereicherungsrecht zugerechnet werden darf.[164]

V. Wirksamkeitsmängel des Schuldversprechens und gesetzliche Grenzen der Abstraktion

50   **1. Wirksamkeitsmängel.** Als Vertrag kann das Schuldversprechen unter Wirksamkeitsmängeln leiden; dafür kommen die gesamten Nichtigkeits- und Anfechtungsgründe der §§ 104 ff. in Betracht. Weil das neue Schuldverhältnis seinen Grund nicht enthält, werden allerdings solche Mängel nur selten auftreten, die auf den Inhalt des (abstrakten) Rechtsgeschäfts zurückgehen. Neben dem Nichtigkeitstatbestand des § 125 (§ 782 RdNr. 2 ff.) wird am ehesten die Vernichtung des Schuldversprechens auf Grund erfolgreicher **Anfechtung** (§ 142) praktische Bedeutung erlangen. Kein Anfechtungsgrund ist allerdings der Irrtum über den Bestand oder den Inhalt des Kausalverhältnisses. Dieser Irrtum beeinflusst den Prozess der Willensbildung und ist, weil er auch nicht unter § 119 Abs. 2 subsumiert werden kann, unbeachtlicher Motivirrtum.[165] Eine andere Beurteilung ist nur dann angezeigt, wenn der Erklärende über Bestand oder Inhalt des Kausalverhältnisses arglistig getäuscht worden ist (§ 123).[166] Hier begründet die rechtswidrige Einflussnahme auf den Prozess der Willensbildung, die die fehlerhafte Motivation nur als Mittel einsetzt, die Anfechtbarkeit. Ausnahmsweise kann das Schuldversprechen auch selbst sittenwidrig sein; so liegt es zB, wenn die daraus resultierende Beweislastumkehr mit § 138 Abs. 1 nicht vereinbar ist.[167] In Betracht kommt auch die (schwebende) Unwirksamkeit des Schuldversprechens gemäß § 177. Ein entsprechender Vertretungsmangel kann sich namentlich daraus ergeben, dass die Vollmacht gegen § 3 RDG verstößt und deshalb – vorbehaltlich der §§ 171 f. – nach § 134 Vertretungsmacht nicht zu begründen vermag.[168] Die Geltendmachung der auf dem RDG basierenden Unwirksamkeit des Schuldversprechens, das zur Sicherung eines zum Zwecke der Finanzierung des Immobilienerwerbs oder der Beteiligung an einem Fonds aufgenommenen Darlehens erklärt worden ist, kann allerdings **rechtsmissbräuchlich** und

---

[160] Vgl. *Brütt* S. 56 ff.: Delegationsabstraktheit.
[161] *Canaris* Bankvertragsrecht RdNr. 418; *Schlegelberger/Hefermehl* Anh. § 365 HGB RdNr. 74.
[162] Vgl. einerseits BGHZ 61, 289, 291 = LM § 812 Nr. 102 = NJW 1974, 39: Widerruf eines gültigen Schecks, andererseits BGHZ 66, 362 = LM § 812 Nr. 121 = NJW 1976, 1448: Scheck ohne Unterschrift.
[163] *Canaris* Bankvertragsrecht RdNr. 433, 1027; *Larenz/Canaris* II/2 § 70 IV 2 mwN; vgl. auch die Differenzierung bei *Möschel* JuS 1972, 297, 300 ff.
[164] BGHZ 66, 362 f. = LM § 812 Nr. 121 = NJW 1976, 1448: Scheck ohne Unterschrift; BGHZ 66, 372 = LM § 812 Nr. 120 = NJW 1976, 1449: Überweisung an den falschen Empfänger; BGHZ 67, 75 = LM § 812 Nr. 122 = NJW 1976, 1845: Erlöschen des Zahlungsauftrags nach § 23 KO wegen Erlöschens des Bankvertrags.
[165] Verkannt in BGH LM HGB § 128 Nr. 7 = MDR 1960, 377 (Irrtum über Sonderentnahmen); zutr. MünchKommHGB/*Hefermehl* § 355 RdNr. 65 (für Saldofeststellung).
[166] Insoweit zutr. BGH LM HGB § 128 Nr. 7 = MDR 1960, 377.
[167] BGH NJW 1987, 2014, 2015: Schuldanerkenntnis eines Nachtclubbesuchers über knapp 80 000,– DM, dem für eine geringeren Verzehr die Belege fehlen; vgl. auch *Gernhuber* Schuldverhältnis § 18 I 6.
[168] Vgl. dazu – für Art. 1 § 1 RBerG – neben der Nachweisen in den nachfolgenden Fn. BGHZ 145, 265, 269 ff. = NJW 2000, 70; BGHZ 153, 214, 220 f. = NJW 2003, 1252; § 134 RdNr. 92 ff., 96 mN; umf. Überblick zur Rspr. bei *Nobbe* WM 2007, Sonderbeilage 1 S. 2, 3 ff.

damit unbeachtlich sein. So verhält es namentlich dann, wenn sich der Darlehensnehmer im Darlehensvertrag wirksam zur Abgabe eines abstrakten Schuldversprechens verpflichtet hat.[169] Dem gleich stehen soll nach der Rechtsprechung des BGH die im Darlehensvertrag zwischen der kreditsuchenden Fondsgesellschaft und dem Darlehensgeber vorgesehene Verpflichtung des Gesellschafters zur Abgabe eines abstrakten Schuldversprechens gegenüber dem Darlehensgeber,[170] wobei allerdings unklar bleibt, wie es in diesem Fall zur persönlichen Haftung des Gesellschafters kommen soll.[171] Die Bevollmächtigung eines „Fremdgeschäftsführers" durch die Personengesellschaft schließlich soll dem Anwendungsbereich des RDG entzogen sein.[172]

2. Gesetzliche Grenzen der Abstraktion. a) Ehevermittlung, Spiel und Wette. 51
Bei Ehevermittlung, Spiel und Wette finden sich Durchbrechungen der Abstraktion (§§ 656 Abs. 2, 762 Abs. 2). Das Gesetz versagt dem Konsens der Parteien die Rechtswirkung einer klagbaren Verbindlichkeit und erstreckt die darin liegende Beschränkung der Privatautonomie auf das Schuldversprechen: Der auf Abstraktion gerichtete Wille der Parteien ist wirkungslos, so dass auch auf diese Weise eine klagbare Verbindlichkeit nicht zustande kommt.[173]

b) Gesetz- oder Sittenwidrigkeit des zugrunde liegenden Geschäfts. Ob die 52 Gesetz- oder Sittenwidrigkeit des zugrunde liegenden Geschäfts (§§ 134, 138) auf das Schuldversprechen durchschlägt, ist umstritten.[174] Nach der namentlich in der Rechtsprechung des RG und des BGH[175] vertretenen Ansicht ist die Nichtigkeit des Schuldversprechens wegen Gesetz- oder Sittenwidrigkeit des Schuldgrundes mit dem Abstraktionsgedanken oder auch mit § 817 S. 2, 2. Satzteil nicht zu vereinbaren;[176] nach dieser Meinung enthalten die §§ 656 Abs. 2, 762 Abs. 2 also Ausnahmetatbestände. In der instanzgerichtlichen Rechtsprechung und im Schrifttum wird auch der gegenteilige Standpunkt vertreten:[177] In den §§ 656 Abs. 2, 762 Abs. 2 wird der Ausdruck des allgemeinen Rechtsgedankens gefunden, dass die gesetzlichen Beschränkungen der Privatautonomie auch für die abstrakten Rechtsgeschäfte gelten.

Weil der rechtsgeschäftliche Wille der Parteien die Abstraktion rechtfertigt (RdNr. 6, 53 16 ff.), müssen ihre Grenzen mit denen der Privatautonomie zusammenfallen. Es geht also um **immanente Schranken der Abstraktion,** nicht um die Frage, ob die §§ 656 Abs. 2, 762 Abs. 2 einen allgemeinen Rechtsgedanken enthalten; richtig ist lediglich, dass es merkwürdig wäre, wenn das Gesetz in diesen Fällen die Abstraktion durchbräche, den Grundsatz aber in den Fällen der Gesetz- oder Sittenwidrigkeit durchhielte. Eine andere Beurteilung könnte nur geboten sein, wenn das Gesetz mit dem Instrument des abstrakten Schuldvertrags den Schutz des Dritterwerbers verfolgen würde. § 404 beweist jedoch, dass

---

[169] Vgl. für den Direkterwerb der Immobilie BGH ZIP 2003, 2346; BKR 2005, 501 m. Anm. *Arnold*; ZIP 2005, 1357; NJW 2005, 1576; 2005, 2983; 2005, 2985; für die Finanzierung des Anteilserwerbs BGH NJW 2004, 839; ZIP 2005, 1361; NJW-RR 2006, 683; NZG 2007, 140, 141; s. ferner BGH ZIP 2007, 1650: Bestätigung durch Gesellschafterbeschluss.
[170] BGH DStR 2006, 335, 336 m. Anm. *Goette*; NJG 2006, 107, 108.
[171] *Ulmer* ZIP 2005, 1341, 1344 ff.; *Goette* DStR 2006, 335, 338 („offenbar von der normativen Kraft des Faktischen diktiertes Ergebnis").
[172] So für Art. 1 § 1 RBerG BGH NJW 2006, 2980; NZG 2007, 140, 142; dazu *Altmeppen* ZIP 2006, 1, 5 ff.; *Goette* DStR 2006, 336; *Schimansky* WM 2005, 2209 ff.; krit. *Ulmer* ZIP 2005, 1341, 1343 f.; *Habersack* BB 2005, 1695 ff.
[173] BGH JZ 1980, 59 f.; *Michalski* ZBB 1995, 260, 265 li. Sp.; zur Dogmatik des Einwands aus § 762 Abs. 1 sowie zur Reichweite des § 762 Abs. 2 vgl. iE § 762 RdNr. 3, 25 ff.
[174] Die Frage wird namentlich im älteren Schrifttum viel erörtert, vgl. *Planck/Strecker* Anm. 3 a mN; vgl. auch *Michalski* ZBB 1995, 260, 264 f.
[175] BGH WM 1976, 907, 909; RGZ 63, 179, 185 ff.; 64, 148; 71, 432.
[176] *Palandt/Sprau* RdNr. 9; AnwK-BGB/*Hund* §§ 780, 781 RdNr. 9; RGRK/*Steffen* RdNr. 41; *Soergel/Häuser* §§ 780, 781 RdNr. 30; *Larenz/Canaris* II/2 § 61 I 4 b; *Gernhuber* Schuldverhältnis § 18 I 6.
[177] OLG Schleswig NJW 2005, 225 (Sittenwidrigkeit eines Schuldanerkenntnis über fünfstelligen Betrag nach Besuch eines Animierlokals); *Staudinger/Marburger* RdNr. 22; *Esser/Weyers* BT/1 § 41 III 1 b; *Flume* Rechtsgeschäft § 18, 8 b; *Ehmann* S. 88 f.

eine derartige Parallele zum abstrakten Verfügungsgeschäft nicht gezogen werden kann;[178] der wertpapierrechtliche Einwendungsausschluss (zB Art. 17 WG) ist eine nicht verallgemeinerungsfähige Ausnahme. Ist das zugrunde liegende Geschäft nach §§ 134, 138 nichtig, ist also auch das Schuldversprechen nichtig. Für eine Kondiktion ist insoweit kein Raum.

54 **c) Verstoß des zugrunde liegenden Geschäfts gegen §§ 305 ff.** Dass die gesetzlichen Grenzen privatautonomer Gestaltung die Wirksamkeit des abstrakten Schuldvertrags beschränken (RdNr. 53), gilt auch, wenn eine Klausel des zugrunde liegenden Geschäfts wegen Verstoßes gegen die §§ 305 ff. unwirksam ist (vgl. RdNr. 23). Namentlich ist daran zu denken, dass sich der Verwender von AGB eine unzulässige Schadensersatzpauschale oder Vertragsstrafe (§ 309 Nr. 5 und 6) in abstrakter Weise versprechen lässt. Ein derartiges Schuldversprechen (oder Anerkenntnis) entfaltet ebenso wenig Wirksamkeit wie die entsprechende Klausel des Grundgeschäfts.

VI. Verfahrensfragen

55 **1. Urkundenprozess.** Ist das Schuldversprechen in einer privatschriftlichen oder notariellen Urkunde enthalten, so kann der Gläubiger seinen Anspruch im Wege des Urkundenprozesses (§§ 592 ff. ZPO) verfolgen, sofern der Leistungsgegenstand unter § 592 ZPO fällt.[179] Das gilt auch, wenn die Urkunde nur die Erklärung des Schuldners und nicht zugleich die Annahme durch den Gläubiger enthält. Insoweit wird der Beweis zwar nicht durch den Text, aber durch den Besitz erbracht. Ist die Klage in dieser Prozessart statthaft[180] und erhoben, so ist der Beklagte in seiner Verteidigung auf solche Einwendungen beschränkt, deren Voraussetzungen er seinerseits durch Urkunden oder durch Parteivernehmung beweisen kann (§§ 595 Abs. 2, 598 ZPO). Die Kondiktionseinrede wird deshalb regelmäßig erst im Nachverfahren (§ 600 ZPO) durchdringen. Bis dahin hat der Kläger mit dem Vorbehaltsurteil (§ 599 ZPO) einen Titel, der ohne Sicherheitsleistung für vorläufig vollstreckbar zu erklären ist (§ 708 Nr. 4 ZPO).

56 **2. Klageänderung durch Übergang auf Kausalforderung.** Wenn der Kläger seinen Anspruch zunächst auf das Schuldversprechen stützt und im weiteren Prozessverlauf auf die Kausalforderung zurückkommt, so liegt darin eine Klageänderung,[181] die nicht schon nach § 264 Nr. 1 ZPO zulässig ist. Doch werden in aller Regel die Voraussetzungen der Sachdienlichkeit vorliegen (§ 263 Alt. 2 ZPO). Ist der Anspruch im Wege des Urkundenprozesses geltend gemacht worden, so nötigt die Klageänderung dazu, gemäß § 596 ZPO von dieser Verfahrensart abzustehen.

57 **3. Beschränkte Nachprüfung in der Revision.** Ob ein abstrakter Schuldvertrag überhaupt vorliegt und welches Maß die innere Abstraktheit hat, entscheidet in erster Linie der Tatrichter, weil beides Fragen der Vertragsauslegung sind. Seine Entscheidung kann das Revisionsgericht nur beschränkt nachprüfen (§§ 545, 546 ZPO).[182] Als Verletzung des materiellen Rechts kommt namentlich in Frage, dass der Begriff des abstrakten Schuldvertrags verkannt ist und dass die anerkannten Auslegungsgrundsätze nicht beachtet sind.

VII. Neue Bundesländer

58 Fragen des **intertemporalen Privatrechts** können sich ergeben, wenn im Hinblick auf vor dem 3. 10. 1990 geschlossene Verträge nach dem Stichtag neue Verbindlich-

---

[178] Diff. zwischen abstrakter Verpflichtung und Verfügung *Flume* Rechtsgeschäft § 18, 8 b und c; dort (lit. a) auch zutr. gegen die Argumentation aus § 817. Überdies betrifft das Urteil RGZ 63, 179 nicht die abstrakte Verpflichtung, sondern den abstrakten dinglichen Vertrag.
[179] *Bamberger/Roth/Gehrlein* RdNr. 25; *Staudinger/Marburger* Vor §§ 780–782 RdNr. 15.
[180] Dazu BGHZ 82, 200 = LM WG Art. 1 Nr. 16 = NJW 1982, 523.
[181] BGHZ 17, 31 f. = LM ZPO § 600 Nr. 1 = NJW 1955, 790 (für Scheckprozess); *Planck/Strecker* Anm. 3 b; *Staudinger/Marburger* Vor §§ 780–782 RdNr. 16.
[182] BGH NJW 1963, 2316; LM Nr. 6 = NJW 1976, 567 f.; ZIP 2005, 343, 345; RGRK/*Steffen* RdNr. 8; *Staudinger/Marburger* Vor §§ 780–782 RdNr. 13.

Schuldanerkenntnis 1 § 781

keiten begründet werden. Für die Ursprungsschuldverhältnisse verbleibt es gemäß Art. 232 § 1 EGBGB bei dem Recht der ehemaligen DDR.[183] Schuldversprechen oder Schuldanerkenntnisse iS der §§ 780, 781 sind jedoch neue Rechtsgeschäfte, stellen also nicht lediglich die Weiterentwicklung des alten Schuldverhältnisses dar. Deshalb gilt für sie das Recht des BGB.[184] Zum kausalen (deklaratorischen) Schuldanerkenntnis vgl. § 781 RdNr. 34.

§ 781 Schuldanerkenntnis

¹ Zur Gültigkeit eines Vertrags, durch den das Bestehen eines Schuldverhältnisses anerkannt wird (Schuldanerkenntnis), ist schriftliche Erteilung der Anerkennungserklärung erforderlich. ² Die Erteilung der Anerkennungserklärung in elektronischer Form ist ausgeschlossen. ³ Ist für die Begründung des Schuldverhältnisses, dessen Bestehen anerkannt wird, eine andere Form vorgeschrieben, so bedarf der Anerkennungsvertrag dieser Form.

Übersicht

	RdNr.		RdNr.
I. Normzweck	1	IV. Kausale Schuldanerkenntnisverträge	19–25
II. Rechtsformen des Anerkenntnisses	2–8	1. Abtretungsbestätigung	19–21
1. Abstrakte Anerkenntnisverträge	2	a) Vertragsschluss	19
2. Kausale Anerkenntnisverträge	3–6	b) Kausaler Anerkenntnisvertrag	20
a) Begriff und Voraussetzungen	3, 4	c) Wirkungen im Einzelnen	21
b) Wirkungen	5, 6	2. Feststellung des Jahresabschlusses	22–25
3. Anerkenntnisse ohne Vertragscharakter	7	a) Korporationsrechtlicher Charakter	22
4. Abgrenzungen	8	b) Das Verhältnis zwischen der Gesellschaft und den Gesellschaftern	23, 24
III. Abstrakte Schuldanerkenntnisverträge	9–18	c) Das Verhältnis der Gesellschaft zu beteiligten Dritten	25
1. Kontokorrent und Saldoanerkenntnis	9–14	V. Anerkenntnisse ohne Vertragscharakter	26–29
a) Kontokorrentverhältnis	9	1. Drittschuldnererklärung	26, 27
b) Rechtsnatur des Saldoanerkenntnisses	10, 11	2. Regulierungserklärungen des Versicherers	28, 29
c) Wirkungen des Saldoanerkenntnisses	12, 13	VI. Anerkenntnisse nach Haftpflichtfällen	30–33
d) Mängel der Saldofeststellung	14	1. Überblick	30
2. Kontokorrentähnliche Rechtsverhältnisse	15	2. Kausaler Anerkenntnisvertrag als Ausnahme	31, 32
3. Weitere Fälle?	16–18	3. Anerkenntnis ohne Vertragscharakter	33
		VII. Neue Bundesländer	34

I. Normzweck

§ 781 betrifft nur ein Schuldanerkenntnis, das – ebenso wie das Schuldversprechen – eine 1 neue Verbindlichkeit hervorbringt, die den Schuldgrund nicht enthält und deshalb gegenüber der anerkannten Schuld aus dem Grundgeschäft selbstständig oder abstrakt ist. Anerkenntnis und Versprechen sind also nur äußerlich unterschiedene Formen des abstrakten Schuldvertrags. Der Normzweck des § 781 ist folglich ebenso zu bestimmen wie der des § 780: Es geht um die **Zulassung** des grundsätzlich formgebundenen **abstrakten Schuldvertrags** ohne Rücksicht auf seine sprachliche Fassung (§ 780 RdNr. 3 ff.). Soweit von

---

[183] BGH NJW 1995, 960 re. Sp.; OLG Dresden DtZ 1994, 31, 32 li. Sp.
[184] OLG Dresden DtZ 1994, 31, 32 li. Sp.

einem konstitutiven Schuldanerkenntnis gesprochen wird,[1] ist damit in der Sache dasselbe gemeint. Nachdem sich die Erkenntnis durchgesetzt hat, dass auch das sog. deklaratorische Schuldanerkenntnis konstitutiv wirken kann (RdNr. 5 f.),[2] sollte man freilich zur Charakterisierung der verschiedenen Anerkenntnisverträge nur noch das Begriffspaar abstrakt – kausal verwenden.

II. Rechtsformen des Anerkenntnisses

1. Abstrakte Anerkenntnisverträge. Weil das Schuldanerkenntnis des § 781 sich nur in der äußeren Form von dem Schuldversprechen des § 780 unterscheidet, gelten die dort entwickelten Grundsätze für das Anerkenntnis entsprechend: Es muss ein Vertrag geschlossen sein, dessen Gegenstand ein Schuldverhältnis ist (§ 780 RdNr. 12 ff.); der Anerkennende muss den Willen erklärt haben, mit dem Anerkenntnis eine neue Verbindlichkeit hervorzubringen, die ihren Schuldgrund nicht enthält, was durch Auslegung gemäß §§ 133, 157 zu ermitteln ist[3] (§ 780 RdNr. 16 ff.); die neue Verbindlichkeit tritt regelmäßig schuldverstärkend (§ 364 Abs. 2) zu der Kausalschuld hinzu (§ 780 RdNr. 45 f.), ohne dass es sich bei dieser um die eigene Verbindlichkeit des Anerkennenden oder um eine Verbindlichkeit privatrechtlicher Natur handeln müsste;[4] sie unterliegt der Kondiktion, wenn der Rechtsgrund fehlt (§ 780 RdNr. 47 ff.), was durch § 812 Abs. 2 nur klargestellt wird; das Anerkenntnis ist unwirksam, wenn die gesetzlichen Grenzen der Abstraktion nicht eingehalten sind (§ 780 RdNr. 51 ff.). Zur **Schriftform** und ihren Ausnahmen vgl. § 780 RdNr. 21 und § 782 RdNr. 2. Wie beim Schuldversprechen (§ 780 RdNr. 22), so gilt nach § 781 S. 2 auch beim Anerkenntnis, dass die Schriftform nicht durch die **elektronische Form** (§ 126a) ersetzt werden kann. Insoweit ist die Vorschrift durch Art. 1 Nr. 11 FormAnpG[5] ergänzt worden.

2. Kausale Anerkenntnisverträge. a) Begriff und Voraussetzungen. Neben dem abstrakten Schuldanerkenntnis des § 781 gibt es den gesetzlich nicht geregelten kausalen Anerkenntnisvertrag, dessen Zulässigkeit aus der inhaltlichen Vertragsfreiheit folgt.[6] Die gleichfalls übliche, früher allein verwandte Bezeichnung als bestätigendes oder deklaratorisches Schuldanerkenntnis empfiehlt sich wegen der möglichen Wirkungen des Vertrags nicht (vgl. RdNr. 1, 5 f.). Mit dem kausalen Anerkenntnisvertrag verfolgen die Parteien den Zweck, ihre Rechtsbeziehungen zu regeln.[7] Sie setzen also voraus, dass ein Schuldverhältnis besteht, oder halten dessen Vorliegen wenigstens für möglich.[8] An dieser Einschränkung ist trotz kritischer Stimmen[9] grundsätzlich festzuhalten. Die vereinbarte Regelung hat zum Ziel, das Schuldverhältnis insgesamt oder in einzelnen Beziehungen dem Streit oder der Ungewissheit der Parteien zu entziehen, es in diesem Sinne „festzustellen"[10] (zum sog.

---

[1] BGH LM Nr. 2 = NJW 1963, 2316; BGHZ 69, 328 = LM ZPO § 840 Nr. 3 = NJW 1978, 44; BGH NJW 1984, 799; BAG AP § 781 Nr. 1; *Palandt/Sprau* § 780 RdNr. 1 f.
[2] BGHZ 66, 250, 254 = LM AVB Unfallvers. § 11 Nr. 1 = NJW 1976, 1259 f.; *Möschel* DB 1970, 913; *Marburger* S. 1 f., 118 f.; *Larenz/Canaris* II/2 § 61 II 1 c; *Gernhuber* Schuldverhältnis § 18 II 3 b, IV 2.
[3] Vgl. zB BGH WM 1986, 429, 430 re. Sp. (Haftungserklärungen eines Steuerberaters); OLG Schleswig WM 1980, 964, 966 f. (Vorausquittung für später nicht ausgezahltes Darlehen).
[4] BGH NJW 2000, 2984: Schuldanerkenntnis für fremde Verbindlichkeit; NZG 2007, 674, 675: Schuldanerkenntnis des GmbH-Geschäftsführers für Sozialversicherungsschulden der GmbH.
[5] Ges. zur Anpassung der Formvorschriften des Privatrechts und anderer Vorschriften an den modernen Rechtsgeschäftsverkehr vom 13. 7. 2001 (BGBl. I S. 1542).
[6] In st. Rspr. anerkannt seit RG JW 1916, 960; zusammenfassend BGHZ 66, 250, 254 = LM AVB Unfallvers. § 11 Nr. 1 = NJW 1976, 1259 f.; vgl. seither noch BGHZ 104, 18, 24 = NJW 1988, 1781; BGH NJW 1995, 3311; WM 2007, 796; ZIP 2008, 1373; klärend zu den dogmatischen Grundlagen *Marburger* passim.
[7] Diesem Anliegen wird die Konstruktion eines Prozessvertrags (dafür *Sellert* NJW 1968, 230, 232 ff.) nicht gerecht.
[8] BGH BB 1955, 1107; LM Nr. 2 = NJW 1963, 2316 f.; BGHZ 66, 250, 254 = LM AVB Unfallvers. § 11 Nr. 1 = NJW 1976, 1259 f.; BGH NJW 1980, 1158 f.; WM 1981, 1075 f.; 2007, 796.
[9] *Crezelius* DB 1977, 1541, 1543; *Wilckens* AcP 163 (1964), 137, 151.
[10] BGH LM Nr. 25 = NJW 1995, 960, 961 re. Sp.; LM Nr. 26 = NJW 1995, 961 re. Sp.; WM 1995, 1886, 1887 li. Sp.; LM Nr. 28 = NJW 1998, 306; LM Nr. 29 Bl. 1 R = NJW 1998, 1492; LM Nr. 30 Bl. 2 = NJW

Einwendungsausschluss vgl. RdNr. 5); die Vertragschließenden wollen miteinander, ähnlich wie bei einem Vergleich gemäß § 779, für die Zukunft auf eine verlässliche Basis kommen; deshalb sind die in § 782 vorausgesetzten Anerkenntnisse typischerweise gerade nicht abstrakt, sondern kausal (§ 780 RdNr. 46; § 782 RdNr. 3). Der vergleichsähnliche Charakter rechtfertigt auch, dass Schriftform, anders als nach § 781, für das kausale Anerkenntnis nicht erforderlich ist.[11] Insoweit kann also trotz § 781 S. 2 auch die elektronische Form (§ 126 a) verwandt werden (RdNr. 2 aE), ebenso eine Form, die als Textform (§ 126 b) genügen würde.

Der kausale Anerkenntnisvertrag ist **abzugrenzen** gegenüber dem abstrakten Anerkenntnis einerseits und gegenüber dem Anerkenntnis ohne Vertragscharakter andererseits. Dabei geht es, weil objektive Tatbestände fehlen, nicht um ein Subsumtions-, sondern um ein **Auslegungsproblem.** Die Beweislast für die indizierenden Tatsachen trägt derjenige, der sich auf sie beruft, weil sie ihm günstig sind, also regelmäßig der Kläger.[12] Für die Abgrenzung gegenüber dem abstrakten Schuldvertrag ist maßgeblich, dass die Begründung einer neuen, den Schuldgrund ausschließenden Forderung nur in charakteristisch ausgebildeten Interessenlagen erforderlich ist, um den von den Parteien verfolgten wirtschaftlichen Zweck zu erreichen (vgl. RdNr. 19 ff.; § 780 RdNr. 17 ff.). Für die Unterscheidung vom Anerkenntnis ohne Vertragscharakter kommt es darauf an, ob die Parteien eine Regelung treffen (vgl. RdNr. 31) und ob die Bekundungen der Parteien von dem Willen zu rechtlicher Bindung getragen sind oder nicht; dabei ist auf die Interessenlage beider Seiten und auf die Umstände abzuheben, unter denen das Anerkenntnis erklärt wird. Erklärungen der öffentlichen Hand können nur ausnahmsweise als Schuldanerkenntnis gewertet werden.[13] In der jüngeren Rechtsprechung wird insgesamt die Tendenz deutlich, nicht nur den abstrakten,[14] sondern auch den kausalen Anerkenntnisvertrag[15] nur dann anzunehmen, wenn der Vertragsschluss durch die Interessen beider Seiten eindeutig gefordert wird; diese restriktive Grundhaltung verdient Zustimmung (zu den Einzelfällen vgl. RdNr. 19 ff., 26 ff.). Zur Abgrenzung gegenüber dem **Vergleich** s. § 779 RdNr. 67.

b) Wirkungen. Der kausale Anerkenntnisvertrag kann **bestätigend (deklaratorisch)** sein oder **konstitutiv** wirken. Bestand das Schuldverhältnis so, wie es die Parteien festgestellt haben, so ist von ihnen nur das vertraglich verlautbart worden, was ohnehin gegolten hätte. Soweit dem Vertrag nichts anderes zu entnehmen ist, bestimmt sich das Schuldverhältnis weiterhin nach den dafür geltenden Regeln.[16] Entspricht das festgestellte Schuldverhältnis

---

1999, 2889; ZIP 2008, 1373; OLG Düsseldorf NJW-RR 1999, 376, 377 li. Sp.; OLG Karlsruhe WM 1995, 920, 921 re. Sp.; *Staudinger/Marburger* RdNr. 8 f.

[11] HM, vgl. OLG Naumburg NJW-RR 1995, 154 re. Sp.; *Möschel* DB 1970, 913, 917; *Wilckens* AcP 163 (1964), 137, 143 ff.; *Palandt/Sprau* RdNr. 3 aE; *Soergel/Häuser* §§ 780, 781 RdNr. 41; *Staudinger/Marburger* RdNr. 22; *Larenz/Canaris* II/2 § 61 II 1 c. Zur aA (Schriftform erforderlich) vgl. RdNr. 6.

[12] OLG Düsseldorf DAVorm. 1982, Sp. 285, 288; *Erman/Heckelmann/R. Wilhelmi* RdNr. 9.

[13] BGH BauR 1982, 283; ZIP 2008, 1373; OLG Stuttgart VersR 1980, 244 (Gemeindebeamter); vgl. auch § 780 RdNr. 15.

[14] BGHZ 66, 250 = LM AVB Unfallvers. § 11 Nr. 1 = NJW 1976, 1259 f.

[15] Vgl. aus der neueren Rspr. BGH NZBau 2005, 148, 149 (Prüfung und Zeichnung der Schlussrechnung durch Architekten kein kausales Anerkenntnis des Auftraggebers); WM 2007, 796 (Zahlung auf geprüfte Rechnung rechtfertigt nicht Annahme eines deklaratorischen Schuldanerkenntnisses); ZIP 2008, 1373 (Ablösung eines Darlehens begründet kein kausales Anerkenntnis); OLG Celle VersR 2007, 930 (Mitteilung der Ablaufleistung durch Lebensversicherer kein abstraktes oder deklaratorisches Schuldanerkenntnis); zuvor bereits BGHZ 69, 328 = LM ZPO § 840 Nr. 3 = NJW 1978, 44. Vgl. aber auch BGH NZG 2003, 771 (Beschluss der Gesellschafter, Forderung zu bezahlen, begründet deklaratorisches Schuldanerkenntnis, wenn Gläubiger anwesend ist); OLG Bamberg BauR 2004, 1623 (Unterzeichnung von Regiezetteln, die den Anforderungen von § 15 Nr. 3 VOB Teil B genügen, als deklaratorisches Schuldanerkenntnis; KG WuM 2006, 436 (Bitte um Fristverlängerung zur Durchführung von Schönheitsreparaturen als deklaratorisches Schuldanerkenntnis); LG Frankfurt/M BauR 2004, 1309 (Abrechnungslisten des Auftraggebers als „deklaratorische Schuldanerkenntnis gemäß § 781"); LG Berlin MM 2005, 146 (einvernehmliche Feststellungen über Zustand der Wohnung bei Rückgabe als deklaratorisches Schuldanerkenntnis). Überblick über die Problematik im Baurecht bei *Grams* BauR 2004, 1513 ff.

[16] BGH NJW 1992, 2228 f. zur Verjährung; *Larenz/Canaris* II/2 § 61 II 1 c.

§ 781 6, 7　　　Abschnitt 8. Titel 22. Schuldversprechen, Schuldanerkenntnis

der Rechtslage nicht, so wird es erst durch den Anerkenntnisvertrag geschaffen.[17] Diese konstitutive Wirkung kann einen unterschiedlichen Umfang haben, der wiederum von dem erklärten Willen der Parteien abhängt und durch Auslegung zu ermitteln ist (RdNr. 19 ff.).[18] Die Schranken der Privatautonomie (§§ 134, 138) setzen sich auch hier durch. Fortdauernde Sittenwidrigkeit des Ausgangsgeschäfts führt deshalb zur Nichtigkeit des Anerkenntnisvertrags.[19] Wenn bei Anerkenntnisverträgen von einem Einwendungsausschluss gesprochen wird, ist der Begriff der Einwendung nicht im rechtstechnischen Sinne als Behauptung rechtshindernder oder -vernichtender Tatsachen verwandt, sondern umfasst auch die Leugnung der klagebegründenden Tatsachen.[20] Soweit die im Anschluss an Unfallvorgänge abgegebenen Anerkenntnisse als Verträge aufgefasst werden, liegt hier das Hauptgewicht: Das Anerkenntnis soll die Darlegung und den Beweis des Haftpflichttatbestandes ersetzen (RdNr. 30 ff.).

6　Die einverständlich getroffene Regelung kann der Schuldner, vorbehaltlich einer berechtigten Anfechtung oder eines Rücktrittsrechts, nicht durch einseitige Erklärung rückgängig machen, idR auch nicht im Wege der Kondiktion (§ 812 Abs. 2).[21] Zwar liegt in dem Anerkenntnis eine Leistung, wenn es dem Gläubiger eine Forderung verschafft, die ihm zuvor nicht oder nicht mit diesem Inhalt zugestanden hat; diese Leistung ist jedoch durch die von den Parteien in dem kausalen Anerkenntnisvertrag getroffene Zweckvereinbarung (§ 780 RdNr. 2) gerechtfertigt. Die mögliche Wirkung des kausalen Anerkenntnisvertrags geht also über die des abstrakten Vertrags insofern hinaus, als er einen **endgültigen Erwerb** des Gläubigers bewirken kann. Daraus wird teilweise abgeleitet, das kausale Anerkenntnis sei „noch gefährlicher" als das abstrakte und bedürfe deshalb analog § 781 der Schriftform.[22] Die „Gefahrenlage" des abstrakten Anerkenntnisses mit Beweislastumkehr (§ 780 RdNr. 48), Urkundenprozess und Vollstreckung des Vorbehaltsurteils ohne Sicherheitsleistung (§ 780 RdNr. 33) lässt sich jedoch zum Kondiktionsausschluss kaum in Bezug setzen, und unangemessenen Gefährdungen des Schuldners ist wirkungsvoll nicht durch Schriftform,[23] sondern durch vernünftige Auslegung seiner Erklärungen zu begegnen (vgl. RdNr. 26 ff., 30 ff.).

7　**3. Anerkenntnisse ohne Vertragscharakter.** Die dritte Gruppe von Anerkenntniserklärungen ist gegenüber dem abstrakten und dem kausalen Anerkenntnisvertrag dadurch gekennzeichnet, dass weder der Anerkennende noch der Erklärungsgegner eine rechtsgeschäftliche Regelung treffen. Das Anerkenntnis ist also in diesem Fall ein lediglich tatsächliches Verhalten; es ist, soweit der Schuldner Kenntnisse mitteilt, Wissens-, nicht Willenserklärung.[24] Folglich treten die Rechtswirkungen dieses Anerkenntnisses unabhängig von dem Willen des Erklärenden ein: Es führt gemäß § 212 Abs. 1 Nr. 1 zum Neubeginn des Verjährungslaufs;[25] es ist Indiz für die Richtigkeit des Anerkannten und als solches gemäß

---

[17] OLG Dresden DtZ 1994, 31, 32 li. Sp.; *Michalski* ZBB 1995, 260, 263; einschränkend PWW/*Buck-Heeb* RdNr. 9 (keine Begründung einer neuen Schuld).
[18] Vgl. BGH WM 1974, 836, 837: Anerkenntnis nur dem Grunde nach; LM Nr. 25 = NJW 1995, 961 re. Sp.: Zahlungsanspruch aus Anerkenntnis nach Anfechtung des zugrunde liegenden Vertrags; OLG Frankfurt WM 1987, 189 f.: Anerkenntnis nur bis zur Höhe eines vorausgesetzten Anspruchs; OLG München MDR 2005, 1046: Anerkenntnis bei irrtümlicher Vorstellung der Parteien über Verjährung.
[19] BGHZ 104, 18, 24 f. = NJW 1988, 1781; *Gernhuber* Schuldverhältnis § 18 IV 2 d.
[20] Zutr. *Bamberger/Roth/Gehrlein* RdNr. 10; *Möschel* DB 1970, 913 je mN.
[21] BGH LM Nr. 2 = NJW 1963, 2316, 2317 re. Sp.; BGHZ 66, 250, 254 = LM AVB Unfallvers. § 11 Nr. 1 = NJW 1976, 1259 f.; OLG Naumburg NJW-RR 1995, 154 re. Sp.; *Palandt/Sprau* RdNr. 4; AnwK-BGB/*Hund* §§ 780, 781 RdNr. 63; *Staudinger/Marburger* RdNr. 17. Fehlen der Geschäftsgrundlage erörtert *Möschel* DB 1970, 913.
[22] Vgl. noch *Larenz* II § 65 II; im Ergebnis auch *Diederichsen* BAG AP Nr. 1 Anm.; *Pawlowski* JZ 1968, 401, 404; *Baumann*, Das Schuldanerkenntnis, 1992, S. 243 ff., der § 781 direkt anwenden will.
[23] Dagegen auch die hM, vgl. die Nachweise in Fn. 11.
[24] BGH DB 1974, 1013; BGHZ 66, 250, 254 f. = LM AVB Unfallvers. § 11 Nr. 1 = NJW 1976, 1259 f.; BGHZ 69, 328, 330 = LM ZPO § 840 Nr. 3 = NJW 1978, 44; RG JW 1919, 186; *Coester* JA 1982, 579 f.; *Staudinger/Marburger* RdNr. 27; *Larenz/Canaris* II/2 § 61 II 1 b; *Gernhuber* Schuldverhältnis § 18 IV 1 b.
[25] LG Traunstein VersR 1980, 438; RGRK/*Steffen* Vor § 780 RdNr. 10; *Staudinger/Marburger* RdNr. 27; PWW/*Buck-Heeb* RdNr. 13; *Ehmann* S. 25 ff.

§ 286 ZPO im Rahmen der freien Beweiswürdigung zu berücksichtigen;[26] es kann ausnahmsweise, wenn unzutreffend, zur Grundlage einer Schadensersatzpflicht werden (§ 840 Abs. 2 S. 2 ZPO; vgl. RdNr. 27).

4. Abgrenzungen. Kein Anerkenntnis iS des § 781 ist das **negative Schuldanerkenntnis** des § 397 Abs. 2; es verschafft dem Gläubiger keine Forderung, sondern ist im Gegenteil ein Unterfall des vertraglichen Forderungsverzichts.[27] Kein Fall des § 781 ist auch das **Anerkenntnis des § 307 ZPO**; es bezieht sich auf den mit der Klage erhobenen prozessualen Anspruch und ist eine einseitige reine Prozesshandlung.[28] Nicht in den Zusammenhang des § 781 gehört schließlich die **Anerkennung der Vaterschaft** gemäß §§ 1594 ff.; sie erfolgt nicht durch Vertrag, sondern durch einseitiges, der Zustimmung des Kindes bedürftiges (§ 1595) und öffentlich beurkundetes (§ 1597) Rechtsgeschäft, betrifft nicht ein Schuldverhältnis, sondern eine familienrechtliche Beziehung und kann schließlich nicht kondiziert, sondern nur durch Anfechtungsklage (§§ 1599 ff.) beseitigt werden.[29]

III. Abstrakte Schuldanerkenntnisverträge

1. Kontokorrent und Saldoanerkenntnis. a) Kontokorrentverhältnis. Der wichtigste Anwendungsfall des § 781 ist das Saldoanerkenntnis im Rahmen eines Kontokorrentverhältnisses. § 355 HGB umschreibt das Kontokorrentverhältnis als eine Geschäftsverbindung mit einem Kaufmann, die durch eine besondere Abrede gekennzeichnet ist. Die Parteien vereinbaren, dass die beiderseitigen Ansprüche und Leistungen in Rechnung gestellt und in regelmäßigen Abständen durch Verrechnung und Feststellung des Saldos ausgeglichen werden. Genauer ist unter dem Oberbegriff Kontokorrentvertrag zwischen dem Geschäftsvertrag und der Kontokorrentabrede zu unterscheiden.[30] Während der Geschäftsvertrag die obligatorische Grundlage für die beiderseitigen Verpflichtungen darstellt, nimmt die Kontokorrentabrede den in das Kontokorrent eingestellten Forderungen und Leistungen die Selbstständigkeit: Sie können nicht eingeklagt werden, mit ihnen kann nicht aufgerechnet werden, und der Verjährungslauf ist analog § 202 gehemmt; die Kontokorrentabrede wirkt also unmittelbar auf den Inhalt der Ansprüche ein und hat damit verfügenden Charakter.

b) Rechtsnatur des Saldoanerkenntnisses. Der Saldo ist der Unterschiedsbetrag, der sich nach der Verrechnung der beiderseitigen Forderungen und Leistungen ergibt. Mit dem Abschluss des Kontokorrentvertrags verfolgen die Parteien in erster Linie den Zweck, ihren Abrechnungs- und Zahlungsverkehr zu erleichtern und zu vereinfachen.[31] Dieser Zweck würde verfehlt, wenn eine Partei das anerkannte Abrechnungsergebnis unter Berufung auf die in die Abrechnung eingegangenen Forderungen und Leistungen in Zweifel ziehen könnte und nunmehr die andere Partei durch Darlegung des Kausalverhältnisses und unter entsprechendem Beweisantritt die Richtigkeit der Abrechnung dartun müsste. Doch geht es nicht allein um ein Problem der Darlegungs- und Beweislast. Der Vereinfachungszweck erfordert vielmehr auch, dass die rechtlichen Eigenarten der Forderungen (unterschiedliche Erfüllungsorte, Gerichtsstände, Verjährungsfristen, Zinssätze) sich nicht auf die Saldoforderung erstrecken.[32] Es genügt also nicht, dass der Saldo vertraglich anerkannt wird, sondern es ist weiter erforderlich, dass dieser Vertrag die den Schuldgrund abgebenden Kausalbeziehun-

---

[26] BGHZ 66, 250, 255 (Fn. 2); BGH NJW 1984, 799 f.; RG JW 1919, 186; OLG Bamberg VersR 1987, 1246; *Ehmann* S. 13 ff.; *ders.* WM 2007, 329, 330; vgl. näher RdNr. 33.
[27] BGH ZIP 1996, 129, 130 re. Sp.; RGRK/*Steffen* RdNr. 2; *Staudinger*/*Marburger* Vor §§ 780, 781 RdNr. 19.
[28] Ganz hM; vgl. BGH NJW 1981, 686 li. Sp.; BGHZ 80, 389, 391 = NJW 1981, 2193; BGH NJW 1984, 1465, 1466; BGHZ 107, 142, 147 = NJW 1989, 1934; MünchKommZPO/*Musielak* § 307 RdNr. 4; *Staudinger*/*Marburger* Vor §§ 780, 781 RdNr. 20.
[29] BGHZ 64, 129, 130 f. = NJW 1975, 1069; näher vgl. § 1594 RdNr. 4 ff.
[30] Vgl. dazu und zum Folgenden *Staub*/*Canaris* § 355 HGB RdNr. 13; MünchKommHGB/*Hefermehl* § 355 RdNr. 13.
[31] *Staub*/*Canaris* § 355 HGB RdNr. 3 ff.; MünchKommHGB/*Hefermehl* § 355 RdNr. 2.
[32] *Canaris*, FS Hämmerle, 1972, S. 55, 58 ff.; *Staub*/*Canaris* § 355 HGB RdNr. 183; MünchKommHGB/*Hefermehl* § 355 RdNr. 44.

§ 781 11, 12   Abschnitt 8. Titel 22. Schuldversprechen, Schuldanerkenntnis

gen nicht in sich aufnimmt. Damit erweist sich das **Saldoanerkenntnis als Schuldanerkenntnis iS des § 781**.[33] Die auf den Abschluss des Anerkenntnisvertrags gerichtete Offerte liegt in der Übersendung des Rechnungsauszugs; die Annahme erfolgt durch die Erklärung des Anerkenntnisses, die entweder gemäß § 350 HGB oder gemäß § 782 formfrei ist (§ 782 RdNr. 3). Weil damit die Erklärungsmittel freigestellt sind, kann das Anerkenntnis auch in einem schlüssigen Verhalten gefunden werden.[34]

11   Besondere praktische Bedeutung besitzt das Anerkenntnis im Verhältnis zwischen **Bank und Kontoinhaber**. Die Offerte liegt in der Zusendung der **periodischen Rechnungsabschlüsse**. Nach Nr. 7 Abs. 2 S. 2 AGB-Banken gilt der Rechnungsabschluss als genehmigt, wenn der Kunde innerhalb von sechs Wochen seit Zugang[35] keine Einwendungen erhebt.[36] Die Fiktion trifft nicht ganz das Richtige. Widerspricht der Kunde innerhalb der Frist von sechs Wochen nicht, so ist damit das Anerkenntnis erklärt; einer Fiktion bedarf es folglich nicht.[37] Das gilt jedoch nur für den Rechnungsabschluss, nicht für die Übersendung der **Tagesauszüge**.[38] Sie dienen als Mitteilung des Postensaldos nur der Unterrichtung des Kunden; sein Schweigen hat deshalb keinen Erklärungswert.[39] Es begründet auch keine Umkehr der Beweislast.[40] In Betracht kommt aber eine Schadensersatzpflicht des Kunden aus § 280 Abs. 1, wenn er die Prüfung der Auszüge schuldhaft unterlässt.[41]

12   c) **Wirkungen des Saldoanerkenntnisses**. Was das Saldoanerkenntnis bewirkt, ist umstritten. Namentlich die Rechtsprechung[42] bejaht eine Novation, nimmt also an, dass die bisherigen Einzelforderungen durch die abstrakte Saldoforderung ersetzt werden (zur Novationswirkung allgemein vgl. § 780 RdNr. 46). Im Schrifttum hat die Novationstheorie eingehende Kritik gefunden,[43] die im Wesentlichen darauf hinausläuft, dass die Ergebnisse der Schuldersetzung nicht dem Zweck des Kontokorrentvertrags und nicht der Interessenlage und dem Willen der Vertragsparteien entsprechen. Diese Kritik trifft zu.[44] Weil nur der von den Kontokorrentparteien erklärte Abstraktionswille das Schuldverhältnis des § 781 entstehen lässt und der Wille nicht auf die Abstraktion als Rechtsfolge, sondern auf den Eintritt bestimmter wirtschaftlicher Ergebnisse gerichtet ist (§ 780 RdNr. 16), entscheidet

---

[33] HM, vgl. BGHZ 26, 142, 150 = LM § 766 Nr. 13 = NJW 1958, 217; BGHZ 49, 24, 27 = LM HGB § 355 Nr. 15 = NJW 1968, 33; BGHZ 50, 277, 279 = LM HGB § 128 Nr. 14 = NJW 1968, 2100; BGH LM HGB § 355 Nr. 12; BGHZ 58, 257, 260 = LM KO § 46 Nr. 10 = NJW 1972, 872f.; BGHZ 72, 9, 11 = NJW 1978, 2149; BGHZ 80, 172, 176 = LM ZPO § 329 Nr. 10 = NJW 1981, 1611; BGHZ 93, 307, 313 = NJW 1985, 1706; BGH NJW 1985, 3007, 3009 li. Sp.; OLG Rostock OLGR 2006, 287; *Staudinger/Marburger* RdNr. 28; *Staub/Canaris* § 355 HGB RdNr. 182 ff.; MünchKommHGB/*Hefermehl* § 355 RdNr. 43 f.; aA *Blaurock* NJW 1971, 2206, 2208; *Kübler* S. 157 ff.

[34] Vgl. näher *Staub/Canaris* § 355 HGB RdNr. 188; MünchKommHGB/*Hefermehl* § 355 RdNr. 45 ff.

[35] Er kann nicht angenommen werden, wenn lediglich eine Abrufmöglichkeit bestand, so zu Recht OLG Köln BKR 2007, 170, 171 f.; *Ulmer/Brandner/Hensen* § 310 RdNr. 97; aA *Baumbach/Hopt* AGB-Banken Nr. 7 RdNr. 2.

[36] Text: WM 2002, 1303 f.

[37] Vgl. auch BGHZ 72, 9, 11 = NJW 1978, 2149.

[38] BGHZ 50, 277, 280 = NJW 1968, 2100; BGH WM 1972, 283 f.; BGHZ 73, 207, 210 = NJW 1979, 1164 f.; BGH NJW 1983, 2879, 2880 li. Sp.; 1985, 3007, 3009 re. Sp.; BGHZ 95, 103, 108 = NJW 1985, 2326; OLG Koblenz WM 1995, 1224.

[39] BGHZ 73, 207, 210 = NJW 1979, 1164 f.

[40] BGHZ 73, 207, 210 = NJW 1979, 1164 f.; BGH NJW 1985, 3007, 3009 re. Sp.

[41] BGHZ 72, 9, 14 f. = NJW 1978, 2149; BGHZ 73, 207, 211 = NJW 1979, 1164 f.; BGHZ 95, 103, 108 = NJW 1985, 2326; KG NJW-RR 1996, 427 f.

[42] BGHZ 26, 142, 150 = LM § 766 Nr. 13 = NJW 1958, 217; BGHZ 50, 277, 279 = LM HGB § 128 Nr. 14 = NJW 1968, 2100; BGHZ 58, 257, 260 = LM KO § 46 Nr. 10 = NJW 1972, 872 f.; RGRK/*Steffen* § 782 RdNr. 8 mN; zust. *Claussen/van Look*, Bank- und Börsenrecht, 4. Aufl. 2008, § 2 RdNr. 63; offenlassend BankR-HdB/*Schimansky* § 47 RdNr. 93.

[43] *Hefermehl*, FS Lehmann, Bd. II, 1956, S. 547 ff.; *Staub/Canaris* § 355 HGB RdNr. 118 ff., 175 ff.; MünchKommHGB/*Hefermehl* § 355 RdNr. 58.

[44] Inzwischen hL, vgl. 4. Aufl. RdNr. 12 (*Hüffer*); Erman/*Heckelmann/R. Wilhelmi* RdNr. 3; Soergel/*Häuser* §§ 780, 781 RdNr. 184; Staudinger/*Marburger* § 782 RdNr. 7; *Gernhuber* Erfüllung § 18, 10 d; *dens.* Schuldverhältnis § 18 III 1 d; *Michalski* ZBB 1995, 260, 267 li. Sp.

Schuldanerkenntnis 13–15 § 781

er auch über die Wirkungen des Anerkenntnisses. Die angestrebte Erleichterung und Vereinfachung des Abrechnungs- und Zahlungsverkehrs (RdNr. 10) erfordert die Novation nicht, und der interessengerechte Fortbestand der für die Einzelforderungen bestellten Sicherheiten (§ 356 HGB) ist mit der Novationstheorie gerade nicht zu erklären. Eine Theorie, die einerseits Wirkungen annimmt, die über den angestrebten Vereinfachungszweck hinausgehen, und andererseits ein interessengerechtes Ergebnis nur als Ausnahmezustand, sei es einer gesetzlichen Forderungsauswechselung,[45] sei es (trotz Novation) des Fortbestehens der Einzelforderungen,[46] begreifen kann, trifft offenbar nicht das Richtige. Das Saldoanerkenntnis bewirkt also **keine Novation**.

Meinungsverschiedenheiten bestehen unter den Gegnern der Novationstheorie in der 13 Frage, **wann** die **Einzelforderungen erlöschen**: bereits mit der Abgabe des Anerkenntnisses[47] oder erst mit der Tilgung der Saldoforderung.[48] Grundsätzlich sind je nach dem Willen der Parteien beide Lösungen möglich. Der Verrechnungsvertrag kann den Inhalt haben, dass die Forderungen in dem Zeitpunkt erlöschen, in dem das Anerkenntnis abgegeben wird. Der Vertrag kann aber auch eine nur buchmäßige Verrechnung vorsehen und das Erlöschen von der Tilgung der Saldoforderung abhängig machen. Regelmäßig wird die Vertragsauslegung ergeben, dass die verrechneten Einzelforderungen schon mit der Abgabe des Anerkenntnisses erlöschen, weil der Saldo nicht getilgt, sondern auf neue Rechnung vorgetragen wird und trotzdem die Forderungen der Abrechnungsperiode von den Parteien im Umfang der Verrechnung als erledigt angesehen werden. Die durch das Saldoanerkenntnis begründete abstrakte Forderung tritt also gemäß § 364 Abs. 2 schuldverstärkend neben das Bündel der nicht durch Verrechnung erloschenen Forderungsreste.

d) Mängel der Saldofeststellung. Für die mangelhafte Saldofeststellung gelten die 14 allgemeinen Grundsätze (§ 780 RdNr. 47 ff., 50 ff.). Daraus folgt: Ist der Vertragstatbestand des Anerkenntnisses selbst fehlerhaft, so ist die abstrakte Forderung auf den Saldo nicht entstanden. Mängel der Kausalverhältnisse, Buchungs- und Rechenfehler berühren dagegen die Gültigkeit des Anerkenntnisses wegen der Abstraktion vom Schuldgrund nicht, soweit nicht die gesetzlichen Grenzen der Abstraktion überschritten werden; das ist der Fall bei Gesetz- oder Sittenwidrigkeit des Kausalgeschäfts sowie bei verbotenen Spiel-, Differenz- und Börsentermingeschäften.[49] Wenn in den Saldo teils verbindliche, teils klaglose Posten aufgenommen sind, soll nicht nur das Anerkenntnis, sondern auch die Verrechnung insgesamt unwirksam bleiben.[50] Ist das Anerkenntnis gültig, aber der anerkannte Saldo falsch, so kann es vorbehaltlich § 814 als Leistung (§ 812 Abs. 2) mit der Kondiktion zurückgefordert werden;[51] die Leistung ist rechtsgrundlos (§ 780 RdNr. 47) erfolgt, weil nur die Anerkennung des richtigen Saldos von den Kontokorrentparteien vereinbart ist. Die Beweislast liegt beim Anerkennenden als dem Konditionsgläubiger.[52]

2. Kontokorrentähnliche Rechtsverhältnisse. Die Parteien können ihre Forderungen 15 und Leistungen kontokorrentmäßig behandeln, obwohl nicht sämtliche Voraussetzungen

---

[45] So namentlich das ältere Schrifttum; Nachweise bei *Staub/Canaris* § 356 HGB RdNr. 8.
[46] So die Rspr., vgl. BGHZ 29, 280, 283 = LM HGB § 356 Nr. 3 = NJW 1959, 1127, wonach die Einzelforderung „in gewisser Hinsicht" fortbesteht.
[47] Dafür *Staub/Canaris* § 355 HGB RdNr. 124; wohl auch *Soergel/Häuser* §§ 780, 781 RdNr. 184.
[48] Dafür MünchKommHGB/*Hefermehl* § 355 RdNr. 60.
[49] BGH LM § 762 Nr. 5 = NJW 1980, 390; BGHZ 92, 317, 325 = NJW 1985, 634; BGHZ 93, 307, 311 f. = NJW 1985, 1706.
[50] BGHZ 93, 397, 312 ff. = NJW 1985, 1706; dazu *Piper* ZIP 1985, 725 ff.; aA zu Recht *Canaris* ZIP 1985, 592, 593 ff.; *Staub/Canaris* § 355 HGB RdNr. 165; *Baumbach/Hopt* § 355 HGB RdNr. 10; vgl. auch schon *Schlegelberger/Hefermehl* § 355 HGB RdNr. 86 ff.
[51] BGH LM § 812 Nr. 79 = NJW 1968, 591; BGHZ 51, 346, 348 = LM § 202 Nr. 9 = NJW 1969, 879; OLG Rostock OLGR 2006, 287; *Staub/Canaris* § 355 RdNr. 214 mN; *Schlegelberger/Hefermehl* § 355 HGB RdNr. 66.
[52] Nr. 7 Abs. 2 S. 4 AGB-Banken (Fn. 36) sieht das ausdrücklich vor und entspricht der ohnehin bestehenden Gesetzeslage.

eines Kontokorrents erfüllt sind (sog. „uneigentliches" Kontokorrent).[53] Ein solcher Fall liegt insbesondere vor, wenn beiden Parteien die Kaufmannseigenschaft fehlt, aber die übrigen Voraussetzungen des § 355 Abs. 1 HGB erfüllt sind. Weil das abstrakte Saldoanerkenntnis keine spezifische Einrichtung des Handelsverkehrs ist, sind die Beteiligten nicht gehindert, einen Anerkenntnisvertrag abzuschließen. Gemäß § 782 kann das Anerkenntnis formlos abgegeben werden (vgl. § 782 RdNr. 3). Entscheidend kommt es wiederum darauf an, ob die Beteiligten eine abstrakte Verpflichtung wollen. Die Vertragsauslegung wird regelmäßig zu diesem Ergebnis führen, weil die bezweckte Erleichterung und Vereinfachung des Abrechnungs- und Zahlungsverkehrs kein Handelsgeschäft voraussetzt und nur durch eine abstrakte Saldoforderung erreicht werden kann (RdNr. 10). Eine Novationswirkung entspricht hier ebenso wenig dem Parteiwillen wie bei einem Kontokorrent iS des § 355 HGB (RdNr. 12). Bei Mängeln der Saldofeststellung gelten die allgemeinen Grundsätze (RdNr. 14).

16 **3. Weitere Fälle?** Ein abstraktes Schuldanerkenntnis liegt nach tradierte und wohl nach wie vor überwM[54] in der **Feststellung und Mitteilung der Bilanz** einer Personengesellschaft. Daran ist zutreffend, dass die Bilanzfeststellung ein rechtsgeschäftlicher Vorgang ist, der auch der Fixierung von Ansprüchen dient. Doch ist schon nicht ersichtlich, dass dieser Zweck die Begründung eines neuen, gegenüber dem Gesellschaftsvertrag abstrakten Anspruchs erfordert; die Bilanzfeststellung und -mitteilung ist deshalb entgegen der hM keinesfalls den abstrakten Anerkenntnisverträgen zuzuordnen. Als zutreffend erscheint es vielmehr, in ihr auch für das Personengesellschaftsrecht einen **korporationsrechtlichen Akt** zu erblicken, durch den die Verbindlichkeit des Jahresabschlusses für Gesellschaft und Gesellschafter hergestellt werden soll (RdNr. 22 ff.).

17 Die Fallgruppen des abstrakten Schuldanerkenntnisses lassen sich, ebenso wie die des Schuldversprechens, nicht abschließend festlegen, weil es von dem erklärten Willen der Parteien und damit vom Einzelfall abhängt, ob das Anerkenntnis Vertragscharakter hat und ob der Vertrag eine selbstständige Forderung entstehen lässt. Außerhalb des Saldoanerkenntnisses gibt es jedoch **keinen gesicherten Anwendungsbereich des § 781**.[55] Der gegenteilige Eindruck geht überwiegend darauf zurück, dass die Anwendung des § 781 zwar in einer Vielzahl von Fällen erwogen, schließlich aber abgelehnt wird.[56] Erwogen und letztlich verworfen wird das abstrakte Anerkenntnis namentlich bei der Abtretungsbestätigung (RdNr. 19 f.), bei der Drittschuldnererklärung (RdNr. 26 f.), den Regulierungserklärungen des Versicherers (RdNr. 28 f.) und den Anerkenntnissen im Zusammenhang mit Haftpflichtfällen (RdNr. 30 ff.). Hier liegt entweder ein kausaler Anerkenntnisvertrag oder ein Anerkenntnis ohne Vertragscharakter vor. Einen unzutreffenden Eindruck über den Anwendungsbereich des § 781 vermittelt auch die terminologische Unschärfe, das Anerkenntnis als Synonym für den abstrakten Schuldvertrag überhaupt zu verwenden; das geschieht namentlich bei den Schuldversprechen des Kreditnehmers.[57]

18 Die **Schuldscheinproblematik**, aus dem 19. Jahrhundert überkommen und von einigem Gewicht bei den Beratungen der Gesetzesverfasser (§ 780 RdNr. 5), hat heute keine wesentliche praktische Bedeutung.[58] Zwei Gründe sind vor allem anzuführen. Erstens:

---

[53] Näher *Staub/Canaris* § 355 HGB RdNr. 254 ff.; MünchKommHGB/*Hefermehl* § 355 RdNr. 131 ff.; *Staudinger/Marburger* § 782 RdNr. 12; vgl. auch BGH WM 1986, 50 f. (Abrechnungsvereinbarung ohne Kontokorrentabrede).
[54] BGH LM HGB § 128 Nr. 7 = WM 1960, 187; distanziert OLG Düsseldorf NJW-RR 1994, 1455, 1458; wN in Fn. 69 ff.
[55] Ebenso *Staudinger/Marburger* RdNr. 29; *Larenz/Canaris* II/2 § 61 I 3 b.
[56] Überblick über die Einzelfälle bei RGRK/*Steffen* § 780 RdNr. 12 ff.; *Soergel/Häuser* §§ 780, 781 RdNr. 49 ff.
[57] Vgl. *Stürner* JZ 1977, 431 und *Zawar* NJW 1976, 1823: Schuldanerkenntnis iS des § 780.
[58] Aus der neueren Rspr. vgl. BGH LM § 762 Nr. 3 = NJW 1974, 1821: Schuldschein im Zusammenhang mit Spielbankbesuch; BGH NJW 1980, 1158 f.: Schuldschein unter Ehegatten; OLG Stuttgart WM 2005, 969 = WuB IV A § 781 BGB 1.05 *(Leisch)*: Schuldschein im Zusammenhang mit einem Kommunalkredit in Form des „Schuldscheindarlehens" hat nur die Bedeutung einer Beweisurkunde.

Nachdem Art. 1 Wechselordnung 1848 die frühere Beschränkung des Wechselverkehrs auf Kaufleute beseitigt hatte, wurde es möglich, den Schuldschein auch im privaten Kreditgeschäft durch das Wechselakzept zu ersetzen. Zweitens: Mit einer vollstreckbaren Urkunde, wie sie namentlich der Praxis der Kreditinstitute entspricht, sichert der Gläubiger seine Interessen wirkungsvoller als mit einem Schuldschein, weil sie auch einen Vollstreckungstitel abgibt (§ 794 Abs. 1 Nr. 5 ZPO). Die vollstreckbare Urkunde hat deshalb den Schuldschein weitgehend verdrängt und insoweit eine Verlagerung der Fälle abstrakter Verpflichtung bewirkt (vgl. § 780 RdNr. 32 ff.).

IV. Kausale Schuldanerkenntnisverträge

1. Abtretungsbestätigung. a) Vertragsschluss. Namentlich bei der offenen Sicherungszession begegnet in der Praxis der Kreditinstitute die Abtretungsbestätigung, wenig glücklich auch als Abtretungsannahme bezeichnet: Die Bank verlangt von dem Schuldner ihres Kreditnehmers eine formularmäßig vorformulierte Erklärung, deren Inhalt an die Erklärungspflicht des Drittschuldners gemäß § 840 ZPO (RdNr. 26 f.) angelehnt ist.[59] Ob mit der Abgabe der Erklärung ein Vertrag zustande kommt, wird unterschiedlich beurteilt. Die Rechtsprechung nimmt das grundsätzlich an, weil die Bank, für den Schuldner ersichtlich, eine Klarstellung anstrebt, die über die einseitige Abtretungsanzeige hinausgeht, und weil der Schuldner die Erklärung abgibt, obwohl er dazu nicht verpflichtet ist.[60] Ein Teil des Schrifttums folgt dieser Ansicht.[61] Namentlich die jüngere Lehre gibt sich indessen zurückhaltend. Sie will einen Vertragschluss teils nur bei einem eigenen Interesse des Bestätigenden an der Kreditgewährung annehmen und iÜ mit einer Rechtsscheinhaftung oder einer weiterentwickelten c.i.c. (§ 311 Abs. 2 und 3) helfen,[62] teils unter stärkerer Gewichtung der Interessen des Bestätigenden nur dann eine Vertragsbindung bejahen, wenn nach den tatsächlichen Verhältnissen anzunehmen ist, dass er sich der verpflichtenden Wirkung seiner Unterschrift bewusst ist.[63] Dieser zweiten Ansicht ist beizutreten.

b) Kausaler Anerkenntnisvertrag. Soweit ein Vertragschluss anzunehmen ist (RdNr. 19), ist er jedenfalls idR nicht auf ein abstraktes Anerkenntnis gerichtet, weil der Schuldner an der Begründung einer neuen, den Schuldgrund ausklammernden Forderung schon im Hinblick auf § 404 nicht interessiert und diese Interessenlage auch für die Bank erkennbar ist. Schon nach allgemeinen Auslegungsgrundsätzen kommt also regelmäßig ein **kausaler Anerkenntnisvertrag** zustande.[64] Soweit der Vertrag formularmäßig geschlossen wird, ist auf der Grundlage der insoweit erforderlichen objektiven Auslegung (§ 780 RdNr. 33) die Annahme einer abstrakten Verpflichtung nicht vertretbar.

c) Wirkungen im Einzelnen. Welche Wirkungen der Vertrag entfaltet, hängt grundsätzlich von den getroffenen Vereinbarungen ab. Danach sind zu unterscheiden:[65] Einwendungen, die schon bei Abschluss des Anerkenntnisvertrags bestanden und dem Schuldner bekannt waren oder mit denen er jedenfalls rechnete; Einwendungen, die zwar schon bestanden, die der Schuldner aber noch nicht kannte und mit denen er auch nicht rechnete; schließlich die nach Vertragsschluss entstehenden Einwendungen. Hat namentlich eine

---

[59] Zum Inhalt solcher Erklärungen vgl. BGH LM § 133 (C) Nr. 31 = NJW 1970, 321; LM Nr. 7 = NJW 1971, 2220; LM Nr. 8 = NJW 1973, 39; LM § 404 Nr. 11 = NJW 1973, 2019; OLG Karlsruhe WM 1995, 920 re. Sp.

[60] Vgl. dazu namentlich BGH WM 1959, 406; 1962, 742; NJW 1973, 2019; RGZ 83, 184, 186; *Reinicke* NJW 1970, 885, 887.

[61] RGRK/*Steffen* RdNr. 12; *Soergel/Häuser* §§ 780, 781 RdNr. 64.

[62] *Coester* JA 1982, 579, 582; *Marburger* DB 1973, 2125, 2127 ff.; *Strecker* BB 1965, 479 ff.; *Canaris* Vertrauenshaftung S. 102 ff.; *Staudinger/Marburger* RdNr. 34; *Larenz/Canaris* II/2 § 61 II 2 b.

[63] *Gernhuber* Schuldverhältnis § 18 IV 5 b; ähnlich *Michalski* ZBB 1995, 260, 264 li. Sp.

[64] HM, vgl. die in Fn. 59 und 60 genannten Entscheidungen, die allerdings regelmäßig versichern, die Deutung als abstraktes Anerkenntnis sei nicht auszuschließen; *Reinicke* NJW 1970, 885, 887; RGRK/*Steffen* § 780 RdNr. 14; *Soergel/Häuser* §§ 780, 781 RdNr. 63.

[65] Vgl. BGH LM Nr. 7 = NJW 1971, 2220; BGH NJW 1973, 2019 f.; WM 1983, 685, 686.

§ 781 22   Abschnitt 8. Titel 22. Schuldversprechen, Schuldanerkenntnis

Bank dem Vertrag keinen unmissverständlichen anderen Inhalt gegeben, so ist der Schuldner zwar mit den Einwendungen der ersten Gruppe ausgeschlossen,[66] nicht aber auch mit denen der zweiten und der dritten Gruppe. Er ist also namentlich nicht gehindert, sich gegenüber der Bank auf im Nachhinein aufgetretene Leistungsstörungen zu berufen;[67] insoweit bietet auch die Klausel, die Forderung sei von keiner Gegenleistung mehr abhängig, keinen Schutz.[68]

22 **2. Feststellung des Jahresabschlusses. a) Korporationsrechtlicher Charakter.** In der „Feststellung und Mitteilung der endgültigen Bilanz einer Personengesellschaft" liegt nach jedenfalls früher überwiegender Ansicht „ein rechtsgeschäftliches Schuldanerkenntnis (§§ 781, 782 des Bürgerlichen Gesetzbuches), soweit auf Grund der Bilanzaufstellung Rechte der Gesellschafter – zum Beispiel auf Gewinnbeteiligung – oder Rechte beteiligter Dritter – zB auf Grund eines partiarischen Rechtsverhältnisses – entstehen".[69] Daran trifft zu, dass die Feststellung des Jahresabschlusses[70] durch **Rechtsgeschäft** erfolgt. Im Übrigen hält weder die Annahme eines abstrakten Anerkenntnisvertrages[71] noch – insoweit in Abweichung von der in der Vorauflage (RdNr. 22 f.) vertretenen Ansicht – die Annahme eines kausalen Anerkenntnisvertrages einer Nachprüfung stand. Richtig ist vielmehr, dass die Bilanzfeststellung nicht nur bei den Körperschaften,[72] sondern auch im Recht der Personengesellschaften durch **korporationsrechtlichen Akt** – bei GmbH und Personengesellschaften: durch Beschluss der Gesellschafter[73] – erfolgt und deshalb schon im Ansatz von einem Vertrag zu unterscheiden ist.[74] Die Feststellung ist deshalb, auch soweit sie durch die Gesellschafter erfolgt, organschaftliches Handeln für die rechtsfähige[75] und als solche bilanzierungspflichtige Personengesellschaft, das zwar nicht in den Bereich der Geschäftsführung fällt, freilich auch in der Personengesellschaft nicht die Grundlagen der Gesellschaft berührt,[76]

---

[66] BGH LM Nr. 13 = NJW 1984, 799; NJW 1995, 961; OLG Düsseldorf NJW-RR 1998, 376, 377 li. Sp.; s. auch OLG Oldenburg NJW-RR 1997, 1181 (keine Verjährungseinrede gegen Deckungszusage).
[67] BGH LM Nr. 8 = NJW 1973, 39.
[68] Insoweit nicht eindeutig BGH LM Nr. 8 = NJW 1973, 39.
[69] BGH LM HGB § 128 Nr. 7 = WM 1960, 187; *W. Müller,* FS Quack, 1991, S. 359, 360; *Hueck* OHG § 17 I 4; GroßkommHGB/*Rob. Fischer* § 120 Anm. 11; RGRK/*Steffen* § 780 RdNr. 21.
[70] Zur Einbeziehung insbes. der Gewinn- und Verlustrechnung s. BGHZ 132, 263, 266; 170, 283 Tz. 6 = NJW 2007, 1685; MünchKommHGB/*Priester* § 120 RdNr. 59.
[71] Gegen die Annahme eines abstrakten Anerkenntnisvertrages auch OLG Frankfurt BB 1982, 143; 4. Aufl. RdNr. 22 *(Hüffer); Zunft* NJW 1979, 1945 f.; *Ulmer,* FS Hefermehl, 1976, S. 207, 214 f.; *Staub/ders.* § 120 HGB RdNr. 19; *Staub/C. Schäfer* § 131 HGB RdNr. 146 (für die Abschichtungsbilanz); *Staub/Hüffer* § 242 HGB RdNr. 51 mwN in Fn. 71; offen lassend OLG Düsseldorf NJW-RR 1994, 1455, 1458; nur teilweise zust. *Staudinger/Marburger* RdNr. 30; für Annahme eines abstrakten Schuldanerkenntnisses der in Fn. 69 Genannten; für vertraglichen Charakter der Feststellung auch die in Fn. 74 angeführten Gegenstimmen.
[72] Zum korporationsrechtlichen Charakter der Bilanzfeststellung durch Vorstand und Aufsichtsrat der AG vgl. BGHZ 124, 111, 116 = NJW 1994, 520; *Weilinger,* Die Aufstellung und Feststellung des Jahresabschlusses im Handels- und Gesellschaftsrecht, 1997, RdNr. 642 ff.; *Hüffer* § 172 AktG RdNr. 3 mwN; zum GmbH-Recht s. § 46 Nr. 1 GmbHG und dazu *Hüffer* in: Ulmer/Habersack/Winter § 46 GmbHG RdNr. 7.
[73] Zur Mitwirkung des Kommanditisten s. BGHZ 132, 263, 266 ff.; 170, 283 Tz. 6 ff. = NJW 2007, 1685; *Buchwald* JR 1948, 65 f.; *Ulmer,* FS Hefermehl, 1976, S. 207; *Priester,* FS Quack, 1991, S. 373, 380 f.; *Baumbach/Hopt* § 164 HGB RdNr. 3; *Staub/Schilling* § 167 HGB RdNr. 3; *Staub/Hüffer* § 242 HGB RdNr. 48 f.
[74] Vgl. für die Körperschaften die Nachweise in Fn. 72; für die Personengesellschaften *Staub/Ulmer* § 120 HGB RdNr. 19 („kausales Anerkenntnis in Gestalt eines Feststellungsbeschlusses"); *Priester,* FS Hadding, 2004, S. 607, 611; MünchKommHGB/*ders.* § 120 RdNr. 57; *Schulze-Osterloh,* FS H. P. Westermann, 2008, S. 1487, 1492, dort (S. 1499 ff.) auch zur (zu Recht verneinten) Frage, ob durch die Feststellung des Jahresabschlusses, in dem Ansprüche gegen Gesellschafter ausgewiesen sind, ein Anerkenntnis iS des § 212 Abs. 1 Nr. 1 liegt; aA – für vertraglichen Charakter des Feststellungsgeschäfts der Personengesellschafter – BGHZ 76, 338, 342 = NJW 1980, 1689; BGHZ 80, 357, 358 = NJW 1981, 2563; OLG Düsseldorf NJW-RR 1994, 1455, 1457 f.; *Buchwald* JR 1948, 65; *Zunft* NJW 1959, 1945, 1946 ff.
[75] Näher dazu § 705 RdNr. 9; zutr. Betonung dieses Aspekts bei *Schulze-Osterloh,* FS H. P. Westermann, 2008, S. 1487, 1492.
[76] So zu Recht BGHZ 170, 283 Tz. 13 = NJW 2007, 1685; zuvor bereits *Priester,* FS Hadding, 2004, S. 607, 611; *K. Schmidt* ZGR 1999, 601, 606; aA noch BGHZ 132, 263, 268 f. mwN. – Allg. zur Kategorie des Grundlagengeschäfts § 709 RdNr. 10 f.

vielmehr – ungeachtet ihrer Relevanz für den Gewinnanspruch der Gesellschafter (RdNr. 24) – Angelegenheit der Gesellschaft ist, mit der diese zugleich ihrer öffentlich-rechtlichen Pflicht zur Rechnungslegung nachkommt.[77]

b) Das Verhältnis zwischen der Gesellschaft und den Gesellschaftern. Die Feststellung des Jahresabschlusses ist zuvörderst ein Akt der Gewinnermittlung, durch den die Gesellschafter, soweit sie von Ansatz- und Bewertungswahlrechten Gebrauch machen, zwar auch über das Ausmaß des ausschüttbaren Gewinns bestimmen. Auch soweit es, wie nach dem – freilich dispositiven – § 120 HGB, zur Entstehung des Gewinnanspruchs keines weiteren Gewinnverwendungsbeschlusses bedarf, der Feststellungsbeschluss also nicht nur das Jahresergebnis, sondern auch den Gewinnanteil des Gesellschafters unstreitig stellt, erschöpft sich das Feststellungsgeschäft doch in dem korporationsrechtlichen Akt der Verbindlicherklärung des Jahresabschlusses. Für die Annahme eines abstrakten Anerkenntnisses der Gesellschafter untereinander ist schon deshalb kein Raum,[78] weil sich die Gewinnansprüche gegen die Gesellschaft richten und insoweit auch nicht die Haftung gemäß § 128 HGB begründet wird.[79] Sinnvoll könnte man daher allenfalls fragen, ob es möglich ist, analog § 781 durch Gesellschafterbeschluss eine abstrakte (Sozial-)verpflichtung der Gesellschaft zu begründen. Der Frage weiter nachzugehen, ist nicht erforderlich, weil dieses Ergebnis nicht von dem Willen der Gesellschafter getragen wird.

Soweit die Gesellschafter hingegen bezwecken, die Rechnungsgrundlage für das Folgejahr zu fixieren und ihre Ansprüche und Verbindlichkeiten gegenüber der Gesellschaft zum Bilanzstichtag festzulegen, mag von einem kausalen, auf Ausschluss der bekannten oder mindestens für möglich gehaltenen Einwendungen gerichteten Anerkenntnisgeschäft sprechen.[80] Das anerkennende Element ist hingegen nicht mehr als eine Begleiterscheinung des korporationsrechtlichen Aktes, bezieht sich iÜ auf die **Ermittlung des Überschusses der Gesellschaft** (und nicht auf die Verwendung desselben oder gar auf den Gewinnanspruch des einzelnen Gesellschafters) und sollte deshalb klar von einem kausalen Anerkenntnisvertrag unterschieden werden.

c) Das Verhältnis der Gesellschaft zu beteiligten Dritten. Partiarische Gläubiger und stille Gesellschafter (§ 230 HGB) sind an die Feststellung des Jahresabschlusses durch die Gesellschafter **nicht gebunden.** Sie haben allerdings einen Anspruch auf Mitteilung und Prüfung der Bilanz. Die Gesellschaft erfüllt also, indem sie die Bilanz mitteilt, zunächst eine ihr obliegende Verpflichtung. Doch entspräche es der Interessenlage beider Seiten nicht, der Bilanzmitteilung deshalb die Eigenschaft als Vertragsofferte abzusprechen. Dem stillen Gesellschafter oder dem partiarischen Gläubiger einerseits, dem Inhaber des Geschäfts andererseits ist daran gelegen, die Höhe des Anspruchs auf Gewinnbeteiligung für das abgelaufene Geschäftsjahr zu fixieren und zugleich eine Basis für die Gewinnermittlung im folgenden Geschäftsjahr zu legen. Das erfordert einen Feststellungsvertrag. In der Mitteilung der Bilanz ist deshalb die Offerte zu sehen, die der andere Teil spätestens akzeptiert, wenn er die Zahlung eines der Bilanz entsprechenden Gewinnbetrags verlangt oder entgegennimmt. Doch ist auch hier nicht zu erkennen, dass die Beteiligten eine neue, gegenüber dem Beteiligungsvertrag selbstständige Forderung begründen wollen. Es handelt sich deshalb nicht um einen abstrakten, sondern um einen kausalen Anerkenntnisvertrag.[81] Durch einen derartigen Vertrag können auch Verpflichtungen der stillen Gesellschafter begründet werden. Die bloße Einbuchung von angeblichen Verlustbeteiligungen genügt

---

[77] Zutr. *Priester* und *Schulze-Osterloh* (jeweils Fn. 74).

[78] Insoweit zutr. auch 4. Aufl. RdNr. 23 *(Hüffer)*.

[79] Wohl unstr., vgl. *Staub/Habersack* § 128 HGB RdNr. 12. – Zutr. gewürdigt bereits von *Zunft* NJW 1959, 1945 f.

[80] So *Staub/Ulmer* § 120 HGB RdNr. 19 („kausales Anerkenntnis in Gestalt eines Feststellungsbeschlusses"); für kausalen Anerkenntnisvertrag hingegen 4. Aufl. RdNr. 22, 23 *(Hüffer)*; ferner *Zunft* NJW 1959, 1945 f. („höchstens" kausales Anerkenntnis).

[81] So auch *Staub/Ulmer* § 120 HGB RdNr. 17; aA BGH LM HGB § 128 Nr. 7 = WM 1960, 187; RGRK/*Steffen* RdNr. 21.

dafür aber auch dann nicht, wenn sie von den stillen Gesellschaftern zunächst hingenommen wird.[82]

V. Anerkenntnisse ohne Vertragscharakter

26 **1. Drittschuldnererklärung.** Nach § 840 Abs. 1 Nr. 1 ZPO ist der Drittschuldner verpflichtet, dem Gläubiger zu erklären, ob er die gepfändete Forderung anerkennt und zur Zahlung bereit ist. Nach heute hM[83] liegt in diesem Anerkenntnis eine tatsächliche Auskunft oder Wissenserklärung, fehlt ihm also der Vertragscharakter. Diese Ansicht trifft zu, weil der Drittschuldner zur Abgabe der Erklärung gesetzlich verpflichtet ist und keine Veranlassung hat, mit dem Gläubiger der gepfändeten Forderung in eine Vertragsbeziehung zu treten.

27 Der Drittschuldner kann sein Anerkenntnis widerrufen und geltend machen, dass die gepfändete Forderung nicht besteht, oder Einwendungen oder Einreden erheben. Die Abgabe der Erklärung ist jedoch nicht rechtlich bedeutungslos. Der Gläubiger durfte sich auf ihre Richtigkeit einstellen; wenn der Drittschuldner nachträglich anderes behauptet, trifft ihn die **Darlegungs- und Beweislast**.[84] Darüber hinaus ist er kraft Gesetzes (§ 840 Abs. 2 S. 2 ZPO) schadensersatzpflichtig, wenn er die unrichtige Auskunft schuldhaft[85] erteilt hat; die **Ersatzpflicht** beschränkt sich auf das Interesse, das der Gläubiger an einer richtigen Auskunft hat.[86]

28 **2. Regulierungserklärungen des Versicherers.** Versicherungsbedingungen können vorsehen, dass die Gesellschaft darüber entscheidet, ob die aus dem Versicherungsfall hergeleiteten Ansprüche ganz oder teilweise anerkannt werden.[87] Gibt der Versicherer eine entsprechende Erklärung ab, so liegt darin eine tatsächliche Auskunft über seine Zahlungsbereitschaft, nicht die auf den Abschluss eines Anerkenntnisvertrags gerichtete Offerte.[88] Gerade dann, wenn der Versicherer annimmt, zur Deckung verpflichtet zu sein, fehlt ihm, auch für den Versicherten erkennbar, der Anlass, die Deckungspflicht vertraglich festzulegen.[89] Daraus ergibt sich zugleich, dass eine andere Beurteilung geboten sein kann, wenn die Deckungspflicht ungewiss oder streitig ist und eine einverständliche Abwicklung des Versicherungsfalls erreicht werden soll; in diesem Fall ist die Annahme eines einwendungsausschließenden kausalen Anerkenntnisvertrags nahe liegend.[90]

29 Das einseitige Anerkenntnis des Versicherers bewirkt zwar keinen Einwendungsausschluss. Leugnet der Versicherer aber nachträglich seine Zahlungspflicht, so trägt er insoweit die **Darlegungs- und Beweislast** (vgl. RdNr. 27). Liegt dem unrichtigen Anerkenntnis ein schuldhafter Verstoß gegen die aus dem Versicherungsvertrag herzuleitende Pflicht zu sorgfältiger Ermittlung und Prüfung zugrunde, so kann die darin liegende Pflichtverletzung gemäß § 280 Abs. 1 schadensersatzpflichtig machen. Die **Ersatzpflicht** ist allerdings auf das Interesse an einer richtigen Entscheidung begrenzt, also auf den Vertrauensschaden.[91]

---

[82] KG NZG 1999, 23 f.
[83] BGHZ 69, 328 = LM ZPO § 840 Nr. 3 = NJW 1978, 44 m. umf. Nachw.; aus dem Schrifttum vgl. namentlich *Marburger* JR 1972, 7; ferner *Flieger* MDR 1978, 797; *Larenz/Canaris* II/2 § 61 II 1 b. Für kausalen Anerkenntnisvertrag noch OLG München NJW 1975, 174 und OLG Braunschweig NJW 1977, 1888 (LS). Für abstraktes Anerkenntnis die Rspr. des RG, vgl. RG HRR 1929 Nr. 1567. Zur entsprechenden Erklärung im Abgaberecht vgl. *Kulle* NJW 1964, 535.
[84] BGHZ 69, 328 = LM ZPO § 840 Nr. 3 = NJW 1978, 44; *Marburger* JR 1972, 7.
[85] BGHZ 79, 275, 277 = NJW 1981, 990; Beweislast liegt beim Drittschuldner.
[86] BGHZ 69, 328, 333 328 = LM ZPO § 840 Nr. 3 = NJW 1978, 44; BGHZ 98, 291, 293 = NJW 1987, 64. – Das Ergebnis entspricht der Lösung, die von einem Teil des Schrifttums für die Abtretungserklärung vertreten wird (vgl. Fn. 62).
[87] Vgl. 9.1. AUB und (zur inhaltsgleichen Vorgängerklausel) nächste Fn.; A.4.9.1. AKB.
[88] BGHZ 66, 250, 256 f. = NJW 1976, 1259 f.; KG VersR 1989, 713; anders OLG Düsseldorf VersR 1953, 23.
[89] Vgl. auch OLG Schleswig OLGR 2004, 464: Die bloße Zahlung in Unkenntnis bestehender Einwendungen rechtfertigt nicht die Annahme eines deklaratorischen Schuldanerkenntnisses.
[90] BGH VersR 1965, 1153 f.; 1966, 1174; OLG Oldenburg VersR 1982, 175; OLG Köln VersR 1983, 977 f.; nur diesen Fall behandelt zB RGRK/*Steffen* § 780 RdNr. 16.
[91] BGHZ 66, 250, 261 = NJW 1976, 1259 f.; s. auch Fn. 62 und 86.

VI. Anerkenntnisse nach Haftpflichtfällen

1. Überblick. Die Bekundungen und Versprechungen eines wirklich oder vermeintlich 30 Haftpflichtigen entziehen sich bisher der typisierenden Zuordnung in die eine oder die andere der drei Anerkenntnisgruppen. Um ein spezifisches Problem des Unfallrechts handelt es sich dabei nicht. Zwar geht es meistens um Erklärungen, die im Anschluss an einen **Verkehrsunfall** abgegeben werden;[92] doch hat die Praxis gezeigt, dass die Schuldanerkenntnisse nach einem **Ladendiebstahl** entsprechende Fragen aufwerfen.[93] In Rechtsprechung und Schrifttum besteht Einigkeit darin, dass ein abstrakter Anerkenntnisvertrag regelmäßig nicht anzunehmen ist,[94] dass ein kausaler Vertrag vorliegen kann, dessen einwendungsausschließende Wirkung wiederum vom jeweiligen Inhalt abhängt,[95] dass der Vertragscharakter ganz fehlen kann, die Erklärung aber für die Beweisfrage erheblich bleibt,[96] schließlich, dass für die Einordnung und die Auswirkungen die am Einzelfall orientierte Auslegung maßgeblich ist.[97] Insgesamt neigt die Rechtsprechung der Annahme eines Vertragsschlusses dann zu, wenn die Erklärung schriftlich abgegeben worden ist und nicht nur ein Schuldanerkenntnis, sondern die Verpflichtung zum Schadensersatz ausspricht.[98]

2. Kausaler Anerkenntnisvertrag als Ausnahme. Ob die Parteien eine Verständigung 31 erzielt haben, die im Vorfeld rechtsgeschäftlicher Einigung verbleibt, oder ob sie einen kausalen Anerkenntnisvertrag geschlossen haben, lässt sich nicht für alle Fälle einheitlich entscheiden. Zur Lösung der Abgrenzungsschwierigkeiten trägt die übliche Formel, es komme darauf an, ob der Anerkennende den Willen zu rechtlicher Bindung gehabt habe oder nicht, nur wenig bei. Ihre Hauptschwäche liegt darin, das Ziel rechtsgeschäftlichen Wollens nur in dem blassen Begriff der Bindung anzugeben. Eine Präzisierung wird möglich, wenn man von dem Gedanken ausgeht, dass der Vertrag die Regelung eines Rechtsverhältnisses darstellt.[99] Weil die Haftungsansprüche gesetzlich geregelt sind (§§ 823 ff., §§ 7, 18 StVG), kann eine vertragliche Regelung nur vorliegen, wenn sich die Beteiligten dem Gesetz nicht unterwerfen, sondern ihre aus dem Haftpflichtfall folgenden Rechtsbeziehungen selbst verbindlich festlegen wollen. Daraus folgt: Das bloße Einverständnis der Parteien macht noch keinen Vertrag. Solange sie sich nur – mündlich oder schriftlich – ihrer Einigkeit über das Vorliegen oder Fehlen von Tatsachen versichern, soweit sie nur die gemeinsame Beurteilung der Schuldfrage fixieren, regeln sie nichts und kontrahieren sie deshalb nicht. Die Verständigung kann allerdings den gemeinsamen Willen ausdrücken, die Regelung der Ersatzpflicht selbst in die Hand zu nehmen; doch müssen dafür Indizien vorliegen, die über

---

[92] In der Mehrzahl Kfz-Unfälle, vgl. die Übersicht bei *Künnel* VersR 1984, 706; *Strohe* VersR 1974, 959 und die Nachweise in Fn. 88 ff. Vgl. aber auch RG JW 1916, 960 (Haftpflicht der Eisenbahn) und KG NJW 1975, 1326 (Haftpflicht nach BinSchG).

[93] Auch dafür sind alle drei Lösungen vertreten worden. Für abstraktes Anerkenntnis: *Musielak* NJW 1977, 561 (s. dazu *Kramer* NJW 1976, 1607, 1608 re. Sp. zum Mahnverfahren); für kausales Anerkenntnis: LG Braunschweig NJW 1976, 1640; für Beweismittel: *Creutzig* NJW 1973, 1593, 1595. Zu den Schuldanerkenntnissen bei Haftpflichtfällen im Arbeitsrecht s. BAG NJW 2005, 3164; *Fornasier/Werner* RdA 2007, 235; *Löwisch*, FS Canaris, 2007, Bd. II, S. 1403, 1418.

[94] Dafür aber zB RGZ 75, 4, 6; grds. gegen abstrakte Verpflichtung zB RGRK/*Steffen* RdNr. 19. – Vgl. aber zum Ladendiebstahl die vorige Fn.

[95] Kausaler Anerkenntnisvertrag wurde angenommen von: KG NJW 1971, 1219 m. krit. Anm. *Mittenzwei* 2229; OLG Hamm MDR 1974, 312 f.; KG NJW 1975, 1326 f.; OLG Koblenz VersR 1983, 947 (dort auch zur Reichweite des Einwendungsausschlusses); LG Stuttgart VersR 1971, 327; LG Ansbach VersR 1971, 750; LG Zweibrücken VersR 1973, 431; LG Kiel VersR 1973, 778; LG Wuppertal VersR 1977, 942 f. Weitere Rspr. in Fn. 96. Zum Vertragsschluss tendierend *Strohe* VersR 1974, 959.

[96] Anerkenntnisvertrag wurde verneint von: BGH LM PflVG 1965 Nr. 36 = NJW 1982, 996; NJW 1984, 799; OLG Koblenz VersR 1973, 160; NJW-RR 2001, 1109 f.; OLG Frankfurt VersR 1974, 92; LG Wuppertal NJW 1970, 812; LG Essen NJW 1972, 1721 (dazu *Lindacher* JuS 1973, 79); LG Heidelberg VersR 1973, 628. Im Zweifel gegen Vertragscharakter: *Bergmann* MDR 1974, 989 f.; *Lindacher* JuS 1973, 79, 82.

[97] Vgl. Nachweise in Fn. 94 bis 96.

[98] Entscheidungen: LG Verden DAR 1980, 346; LG Karlsruhe VersR 1982, 810; AG Kandel VersR 1982, 1108; AG Hadamar VersR 1983, 844. Vgl. auch RGRK/*Steffen* RdNr. 19.

[99] *Flume* Rechtsgeschäft § 33, 2.

§ 781 32, 33   Abschnitt 8. Titel 22. Schuldversprechen, Schuldanerkenntnis

die Tatsache der Verständigung hinausgehen.[100] Die Flüchtigkeit der Beweislage, die das Funktionieren der gesetzlichen Regelung gefährdet und deshalb den Hauptgrund für eine Verständigung der Parteien abgibt, rechtfertigt den Schluss auf einen Vertrag noch nicht; ihr ist mit entsprechenden Beweisregeln zu begegnen (vgl. RdNr. 33), aber nicht mit einer Überinterpretation der Parteibekundungen.[101]

32   Dagegen ist der **Vertragsschluss indiziert,** wenn dem Anerkenntnis schon Regulierungsgespräche vorausgegangen sind;[102] wenn sich das Anerkenntnis auf die Zahlung einer bestimmten Summe bezieht;[103] und auch noch, wenn die unbezifferte Verpflichtung zum Schadensersatz anerkannt wird, sofern die Person des Anerkennenden und die Umstände der Erklärung gewährleisten, dass die Übernahme der Zahlungspflicht mehr ist als ein anders formuliertes Schuldbekenntnis.[104] Nicht notwendig, aber regelmäßig wird sich der Wille zu rechtsgeschäftlicher Regelung in einer schriftlichen Erklärung niederschlagen; Formlosigkeit spricht also gegen den Vertragscharakter.[105] Trotz Vertragsschlusses kann die Verpflichtungswirkung ausnahmsweise fehlen, wenn der Erklärende wegen Unfallschocks geschäftsunfähig ist.[106] Keinesfalls äußert das Anerkenntnis des Fahrzeugführers Wirkungen zu Lasten des Halters oder des Eigentümers als Dritten.[107] Schließlich sind die Tatsachen, die den Rückschluss auf ein vertragliches Anerkenntnis tragen, von demjenigen darzulegen und zu beweisen, der sich auf den Vertrag beruft, regelmäßig also vom Kläger.[108] Der kausale Anerkenntnisvertrag nach einem Unfall ist mithin zwar möglich, erweist sich aber als Ausnahmefall.

33   **3. Anerkenntnis ohne Vertragscharakter.** Mit gesetzlichen Haftpflichtansprüchen dringt der Unfallgeschädigte nur durch, wenn er ihre Voraussetzungen beweisen kann. Die Beweisbarkeit ist schon nach dem Räumen der Unfallstelle gefährdet und wird durch das Unterbleiben einer polizeilichen Unfallaufnahme weiter erschwert. Dieser Situation wird es nicht gerecht, die Erklärungen einer Partei pauschal als widerrufliche außergerichtliche Geständnisse zu werten. Prinzipiell zu Recht wird deshalb vorgeschlagen, den Beweiswert einseitiger Anerkenntnisse höher anzusetzen, wobei nach einer Meinung[109] das Verbot widersprüchlichen Verhaltens (§ 242) eine Beweislastumkehr bewirkt, nach anderer Ansicht[110] die Grundsätze über die Beweisvereitelung anwendbar sind. Diese Lösung ist wegen ihrer Flexibilität vorzugswürdig.[111] Sie erlaubt es, zwischen bloßen Schuldbekenntnissen und konkreten Tatsachenfeststellungen (Geschwindigkeit, Sicherheitsabstand, Beleuchtung, Fahrspurwechsel) zu differenzieren. Die Abgabe des Schuldbekenntnisses indiziert nur, wie die Partei ihre Unfallbeteiligung selbst gesehen hat; an dieses Urteil ist sie nicht gebunden.[112]

---

[100] Zutr. OLG Karlsruhe VersR 2006, 251: Die Vereinbarung eines Vorbehalts in einer Abfindungserklärung, dass zukünftige Schäden nicht erfasst seien, stellt kein (konstitutives oder deklaratorisches) Anerkenntnis der Zukunftsschäden dar.
[101] Im Wesentlichen wie hier BGH NJW 1984, 799 f.; *Gernhuber* Schuldverhältnis § 18 IV 4 c; *Staudinger/Marburger* RdNr. 39 f.; aA *Larenz/Canaris* II/2 § 61 II 2 a.
[102] So in RG JW 1916, 960; KG NJW 1975, 1235; vgl. auch BGH WM 1984, 62, 63 li. Sp.
[103] So in den Ladendiebstahlsfällen, vgl. LG Braunschweig NJW 1976, 1640 und dazu krit. *Musielak* NJW 1977, 561.
[104] So in KG NJW 1971, 1219; LG Verden DAR 1980, 346; LG Rottweil VersR 1980, 1082 f.; wegen wirksamer Anfechtung offen gelassen von LG München VersR 1983, 70.
[105] Vgl. auch *Lindacher* JuS 1973, 79, 82. Die Umkehrung (RGRK/*Steffen* RdNr. 19) lässt sich dagegen nicht halten, weil auch Tatsachen und Beurteilungen schriftlich fixiert werden können.
[106] LG Verden DAR 1980, 346; AG Kandel VersR 1982, 1108; AG Köln VRS 62 (1982), 242.
[107] LG Freiburg NJW 1982, 1162.
[108] OLG Düsseldorf DAVorm. 1982, Sp. 285, 288; *Baumgärtel* RdNr. 14; RGRK/*Steffen* RdNr. 20.
[109] KG VersR 2006, 1126; *Marburger* S. 112 f.; für Beweislastumkehr OLG Celle VersR 1980, 482.
[110] OLG Hamm MDR 1974, 1019; *Baumbach/Hartmann* Anh. § 286 ZPO RdNr. 31.
[111] Die Rspr. des BGH enthält keine Festlegung, vgl. einerseits BGHZ 69, 328, 332 = LM ZPO § 840 Nr. 3 = NJW 1978, 44; andererseits BGHZ 66, 254 f. = LM AVB Unfallvers. § 11 Nr. 1 = NJW 1976, 1259 f.; BGH NJW 1984, 799 f. Eine Einheitslösung für sämtliche Wissenserklärungen dürfte auch nicht möglich sein.
[112] OLG Zweibrücken NJW-RR 1997, 1316, 1317 li. Sp. zur Regulierungserklärung des Haftpflichtversicherers.

Die Feststellung konkreter Tatsachen behält dagegen auch dann ihren Beweiswert, wenn die Partei davon im Nachhinein abrückt.[113] Nicht der Widerruf, sondern nur die substantiierte, mit den bereits getroffenen Feststellungen vereinbare Darlegung des anderen Sachverhalts vermag den Beweiswert des Anerkenntnisses zu erschüttern.[114]

VII. Neue Bundesländer

Fragen des **intertemporalen Privatrechts** ergeben sich nicht nur für abstrakte Schuldverträge (§ 780 RdNr. 54), sondern auch dann, wenn im Hinblick auf das vor dem Stichtag des 3. 10. 1990 entstandene Ursprungsschuldverhältnis später ein kausaler Anerkenntnisvertrag geschlossen wird. Auch dafür soll das Recht des BGB anwendbar sein.[115] Dem ist jedoch nur insoweit zu folgen, als es um den Abschluss des Anerkenntnisvertrags und um seine konstitutive Wirkung geht. Soweit dem Vertrag dagegen nichts zu entnehmen ist, verbleibt es bei den für das Ursprungsschuldverhältnis geltenden Regeln (RdNr. 5), also auch beim Recht der ehemaligen DDR. Im Rahmen der **Altschuldenhilfe** ist ein Schuldanerkenntnis gemäß § 2 Abs. 1 AHG Voraussetzung einer Kredithilfe. Seine rechtliche Einordnung als abstrakt oder kausal ist umstritten; Letzteres liegt näher.[116] 34

§ 782 Formfreiheit bei Vergleich

Wird ein Schuldversprechen oder ein Schuldanerkenntnis auf Grund einer Abrechnung oder im Wege des Vergleichs erteilt, so ist die Beobachtung der in den §§ 780, 781 vorgeschriebenen schriftlichen Form nicht erforderlich.

I. Normzweck

Die Vorschrift enthält Ausnahmen vom Schriftformerfordernis der §§ 780, 781. Während dieses zumindest vorrangig, wenn nicht nur der Rechtsklarheit dient (keine Warnfunktion, s. § 780 RdNr. 21), bezweckt die Ausnahmeregelung, eine **unnötige Erschwerung des Rechtsverkehrs** zu vermeiden. Unnötig ist die Schriftform, weil sich der Verpflichtungswille des Schuldners schon aus dem Zweck seiner Erklärung hinlänglich sicher ergibt.[1] Dogmatisch bringt § 782 den Wandel zum Ausdruck, der sich in den Anschauungen der Gesetzesverfasser vom ersten zum zweiten Entwurf des BGB vollzogen hat: Nicht mehr die Schuldurkunde wird als Grundlage abstrakter Verpflichtung angesehen, sondern der Vertragsschluss der Parteien (§ 780 RdNr. 5).[2] 1

II. Schriftform der Schuldnererklärung

Die in §§ 780, 781 grundsätzlich angeordnete Schriftform ist gemäß § 126 Abs. 1 durch **eigenhändige Namensunterschrift** gewahrt;[3] sie wird gemäß § 126 Abs. 4 durch notarielle Beurkundung ersetzt,[4] dagegen nicht gemäß § 126 Abs. 3 durch elektronische Form (§ 126a); denn §§ 780 S. 2, 781 S. 2 enthalten abweichende Bestimmungen (§ 780 RdNr. 22; § 781 RdNr. 2). Formfehler bewirken die Nichtigkeit der Schuldnererklärung 2

---

[113] Die einschränkende Voraussetzung eines pflichtwidrig-vorwerfbaren Handelns des Beweisgegners (*Baumbach/Hartmann* Anh. § 286 ZPO RdNr. 27 mwN) ist allerdings entsprechend abzuwandeln.
[114] So oder ähnlich BGH NJW 1984, 799f.; OLG Bamberg VersR 1987, 1246; vgl. auch *Füchsel* NJW 1967, 1215f.
[115] OLG Dresden DtZ 1994, 31, 32.
[116] *Köhler* DtZ 1994, 390, 393f.
[1] BGHZ 121, 1, 4 mwN = LM § 781 Nr. 23 = NJW 1993, 584; Prot. II S. 509; RGRK/*Steffen* RdNr. 1; *Soergel/Häuser* RdNr. 1; *Staudinger/Marburger* RdNr. 1.
[2] Vgl. *Kübler* S. 84f.
[3] Zu den Anforderungen vgl. auch § 766 RdNr. 16ff.
[4] Dazu OLG Koblenz NotBZ 2005, 369: § 47 BeurkG erfordert Zugang der notariellen Niederschrift; abl. *Schippers* DNotZ 2006, 726.

(§ 125) und damit des Vertrags. Als Urkunde reicht **jedes Schriftstück** aus. So genügen Brief oder Postkarte,[5] Protokoll einer Gesellschafterversammlung,[6] einer Aufsichtsrats- oder Vorstandssitzung,[7] vorausgesetzt, dass der Schuldner, wenn zugleich Protokollführer, nicht nur eine ordnungsgemäße Niederschrift herstellen, sondern zugleich die Verpflichtungserklärung abgeben wollte. Gegenstand des Formerfordernisses ist die Verpflichtungserklärung des Schuldners; Nebenabreden, die das Versprechen einschränken, sind nicht formbedürftig.[8] Wie § 766 S. 1 setzen §§ 780 S. 1, 781 S. 1 **Erteilung** der Schuldnererklärung und damit Entäußerung gegenüber dem Gläubiger voraus.[9]

III. Abweichungen vom Erfordernis der Schriftform

3   **1. Formlos gültiges Versprechen oder Anerkenntnis. a) Abrechnung und Vergleich.** Formfrei ist die Verpflichtungserklärung, die auf Grund einer Abrechnung oder vergleichsweise abgegeben wird (§ 782). Hauptfall für die erste Variante ist das Saldoanerkenntnis im Rahmen eines Kontokorrents (§ 355 HGB; vgl. § 781 RdNr. 9 ff.) Das Abrechnungsverhältnis iS des § 782 umfasst jedoch darüber hinaus jede vertragsmäßige Feststellung eines Rechnungsergebnisses aus verschiedenen Einzelposten, und zwar auch dann, wenn keine Verrechnung, sondern nur die Addition der Schuldposten einer Seite erfolgt.[10] Im Wege des Vergleichs (§ 779) abgegebene Verpflichtungserklärungen zielen regelmäßig auf den Abschluss eines ohnehin formfreien kausalen Anerkenntnisvertrags ab (vgl. § 781 RdNr. 3), so dass diese Variante des § 782 nur selten zutrifft.[11]

4   **b) Handelsgeschäft.** Formfrei ist die Verpflichtungserklärung des Kaufmanns (§ 350 HGB), die für ihn ein Handelsgeschäft (§§ 343, 344 HGB) darstellt.[12] Zur analogen Anwendung des § 350 HGB auf **Gesellschafter** von Personenhandels- und Kapitalgesellschaften sowie zu den Grenzen der Analogie s. § 766 RdNr. 3.

5   **2. Strengere Formerfordernisse.** Die Schriftform genügt nur, soweit nicht anderweitig eine strengere Form vorgeschrieben ist. § 311 b Abs. 1, 3 ist auch auf das abstrakte Versprechen oder Anerkenntnis anzuwenden,[13] weil die besonderen Formerfordernisse allein auf den Geschäftsgegenstand abheben, der durch die Abstraktion vom Schuldgrund nicht berührt wird. Dagegen würde aus der Abstraktheit der Verpflichtung folgen, dass unentgeltliche Zuwendungen gemäß §§ 780, 781 schriftlich versprochen oder anerkannt werden können. Notarielle Beurkundung oder Testamentsform werden jedoch gemäß §§ 518 Abs. 1 S. 2, 2301 Abs. 1 S. 2 auch für den abstrakten Schuldvertrag verlangt, um eine Umgehung der Formvorschriften auszuschließen.[14] Aus diesem Normzweck folgt, dass die Schriftform der §§ 780, 781 wiederum dann genügt, wenn das Kausalgeschäft bereits ordnungsgemäß beurkundet worden ist.[15]

---

[5] RG Recht 1916 Nr. 1884.
[6] RGZ 76, 191, 193 f.; RGRK/*Steffen* § 780 RdNr. 26; s. ferner BGH ZIP 2008, 453 Tz. 20: Einhaltung der Schriftform auch dann, wenn das Protokoll in der Eigenschaft als Versammlungsleiter unterzeichnet wird.
[7] RGZ 142, 303, 307; RGRK/*Steffen* § 780 RdNr. 26.
[8] BGH BB 1955, 298 (Bürgschaft); RG WarnR 1910 Nr. 277; RGRK/*Steffen* § 780 RdNr. 27; s. auch § 766 RdNr. 13.
[9] Näher dazu § 766 RdNr. 24 f.; für die notariell beurkundete Erklärung s. OLG Koblenz NotBZ 2005, 369.
[10] BGH WM 1962, 346; RGZ 95, 18, 20; RGRK/*Steffen* RdNr. 13; *Soergel/Häuser* RdNr. 7; *Staudinger/Marburger* RdNr. 3.
[11] Weitergehend *Ehmann* S. 72 („gegenstandslos").
[12] Vgl. AG Frankfurt K&R 2006, 482 (E-Mail).
[13] RG LZ 1916, 221; RGRK/*Steffen* § 780 RdNr. 31; *Staudinger/Marburger* RdNr. 11.
[14] BGH WM 1980, 195; RG JW 1913, 855; RGZ 71, 289, 291; RGRK/*Steffen* § 780 RdNr. 31; s. in diesem Zusammenhang aber auch BGH ZIP 2006, 1199, 1200 und NJW 2008, 1589 = ZIP 2008, 453 Tz. 17 ff.: Finanzierungszusagen eines Gesellschafters bzw. eines Organwalters (Vorstandsmitglied eines Vereins) fehlt unentgeltlicher Charakter.
[15] RGZ 71, 289, 291 und 293; *Erman/Heckelmann/R. Wilhelmi* § 780 RdNr. 6; offenlassend BGH JR 1988, 238 m. Anm. *Hüffer*.

Titel 23. Anweisung

Schrifttum, allgemeine Angaben: *Brandis,* Widerruflichkeit der Anweisung, JW 1931, 2223; *Heile,* Die Anweisung im Konkurs des Anweisenden, 1976; *Laband,* Zum zweiten Buch des Entwurfes eines bürgerlichen Gesetzbuches für das Deutsche Reich – Zehnter Titel. Anweisung, AcP 74 (1898), 299, 331; *Lenel,* Vollmacht und Anweisung, JherJb. 36 (1896), 13; *Lent,* Die Anweisung als Vollmacht und im Konkurse, 1907; *Mittelmeier,* Reparaturkosten-Übernahmebestätigung und Abtretung bei Unfallreparaturen, VersR 1982, 127; *Stampe,* Simultantilgung von Geldschulden, AcP 107 (1911), 283; *E. Ulmer,* Akkreditiv und Anweisung, AcP 126 (1926), 129; *Wendt,* Das allgemeine Anweisungsrecht, 1895.

Rückabwicklung nach **Bereicherungsrecht:** vgl. die Angaben zu § 812.

Überweisungsverkehr, Lastschriftverfahren, Kreditkartenverfahren, Kreditkartenzahlungen (ec-Karte; Electronic Cash) und Zahlungsverkehr: Vgl. die Angaben zu §§ 676 ff. sowie zu § 676 h.

Akkreditiv, vornehmlich nach 1980 (vgl. auch die Angaben bei *Canaris* Bankvertragsrecht vor RdNr. 916; MünchKommHGB/*Nielsen* ZahlungsV H vor RdNr. 1): *v. Bar,* Kollisionsrechtliche Aspekte der Vereinbarung und Inanspruchnahme von Dokumentenakkreditiven, ZHR 152 (1988), 38; *Eberth,* Die Revision von 1983 der Einheitlichen Richtlinien und Gebräuche für Dokumentenakkreditive, WM 1984, Sonderbeilage Nr. 4; *Heinsius,* Zur Frage des Nachweises der rechtsmißbräuchlichen Inanspruchnahme einer Bankgarantie auf erstes Anfordern mit liquiden Beweismitteln, FS Werner, 1984, S. 229; *Holzwarth,* Einheitliche Richtlinien und Gebräuche für Dokumenten-Akkreditive (Revision 2007), IHR 2007, 136; *Koller,* Die Dokumentenstrenge im Licht von Treu und Glauben bei Dokumentenakkreditiven, WM 1990, 293; *Liesecke,* Die Stellung der akkreditivgebenden Bank beim Dokumenten-Inkasso und Dokumenten-Akkreditiv, FS Rob. Fischer, 1979, S. 397; *Nielsen,* Die Revision 1983 der Einheitlichen Richtlinien und Gebräuche für Dokumentenakkreditive, ZIP 1984, 230; *ders.,* Neue Richtlinien für Dokumenten-Akkreditive, 1994; *ders.,* Die Revision der Einheitlichen Richtlinien und Gebräuche für Dokumenten-Akkreditive (ERA 500) zum 1. Januar 1994, WM 1994, Sonderbeilage Nr. 2; *ders.,* Schadensersatzpflicht von Seefrachtführern bei Falschausstellung von An-Bord-Konnossementen zwecks missbräuchlicher Inanspruchnahme von Bankakkreditiven, TranspR 2005, 145; *Pilger,* Einstweiliger Rechtsschutz des Käufers und Akkreditivstellers wegen Arrest in den Auszahlungsanspruch des Akkreditivbegünstigten?, RIW 1979, 588; *Schönle,* Die Rechtsnatur der Einheitlichen Richtlinien und Gebräuche für Dokumentenakkreditive, NJW 1968, 726; *ders.,* Mißbrauch von Akkreditiven und Bankgarantien, SchweizJZ 1983, 53, 73; *Schütze,* Das Dokumentenakkreditiv im Internationalen Handelsverkehr, 6. Aufl. 2008; *ders.,* Kollisionsrechtliche Probleme des Dokumentenakkreditivs, WM 1982, 226; *Steindorff,* Das Akkreditiv im internationalen Privatrecht der Schuldverträge, FS v. Caemmerer, 1978, S. 761; *Stötter,* Zur Abfassung der Akkreditivklausel im Kaufvertrag, RIW 1981, 86; *Wilhelm,* Die Zurechnung der Leistung bei Widerruf einer Anweisung, insbesondere eines Schecks, AcP 175 (1975), 304; *Zahn/Ehrlich/Neumann,* Zahlung und Zahlungssicherung im Außenhandel, 7. Aufl. 2001.

§ 783 Rechte aus der Anweisung

Händigt jemand eine Urkunde, in der er einen anderen anweist, Geld, Wertpapiere oder andere vertretbare Sachen an einen Dritten zu leisten, dem Dritten aus, so ist dieser ermächtigt, die Leistung bei dem Angewiesenen im eigenen Namen zu erheben; der Angewiesene ist ermächtigt, für Rechnung des Anweisenden an den Anweisungsempfänger zu leisten.

Übersicht

	RdNr.		RdNr.
I. Normzweck	1–3	b) Anweisung und Kausalverhältnis	6
II. Dogmatische Grundlagen	4–12	2. Enger und weiter Anweisungsbegriff	7, 8
1. Die Rechtsverhältnisse unter den Beteiligten	4–6	3. Die Anweisungsurkunde als Wertpapier	9
a) Valuta-, Deckungs- und Vollzugsverhältnis	4, 5	4. Abgrenzungsfragen	10-12

	RdNr.		RdNr.
III. Der Tatbestand der Anweisung ...	13–23	**VI. Prozessuale Fragen**................	35, 36
1. Allgemeines.............................	13–15	1. Urkundenprozess	35
a) Begriff der Anweisung.............	13	2. Darlegungs- und Beweislast	36
b) Vertraglicher Charakter des Entstehungstatbestands	14, 15	**VII. Wirtschaftlich vergleichbare Tatbestände**	37–50
2. Urkunde und Urkundeninhalt	16–20	1. Überblick und Weiterverweis	37, 38
a) Äußeres Bild	16	2. Akkreditiv.............................	39–50
b) Abstraktionswille...................	17	a) Grundlagen	39–43
c) Einzelfragen	18	aa) Zweck und Bedeutung..........	39
d) Atypische Gestaltungen............	19, 20	bb) Die verschiedenen Rechtsverhältnisse	40
3. Aushändigung der Urkunde	21	cc) Formen des Akkreditivs.........	41, 42
4. Leistungsgegenstand....................	22, 23	dd) Rechtsgrundlagen	43
IV. Fallgruppen der Anweisung	24–31	b) Die Akkreditivklausel und ihre Wirkungen............................	44
1. Die kaufmännische Anweisung.........	24–26	c) Der Akkreditivauftrag	45–47
2. Gezogener Wechsel und Scheck........	27, 28	aa) Erteilung und Rechtsnatur......	45, 46
3. Sonstige Fälle...........................	29–31	bb) Wirkungen	47
a) Kreditbrief...........................	29	d) Akkreditiveröffnung und -bestätigung...................................	48
b) Reisescheck	30	e) Die Bezahlung des Akkreditivs und ihre Wirkungen.....................	49
c) Übernahmeerklärung im Rahmen der Schadensregulierung............	31	f) Mißbräuchliche Inanspruchnahme des Akkreditivs......................	50
V. Rechtswirkungen der Anweisung ..	32–34		
1. Doppelermächtigung	32, 33		
2. Bedeutung der Ermächtigungen für die Kausalbeziehungen.................	34		

I. Normzweck

1 Die in den §§ 783 ff. normierte Anweisung soll vor allem der **Erleichterung des Zahlungsverkehrs** dienen.[1] Der Gesetzgeber wollte mit ihr ein Rechtsinstitut schaffen, das die Funktion des Schecks, teilweise auch des Wechsels, in den Formen des bürgerlichen Rechts verwirklicht.[2] Mitbezweckt ist die einfache Abwicklung sonstiger Leistungsvorgänge, soweit sie ihren Gegenstand in Wertpapieren oder anderen vertretbaren Sachen haben. Das eingesetzte Mittel ist die Doppelermächtigung des § 783, die zur **Simultanleistung**[3] führt, wenn die Beteiligten von ihr Gebrauch machen. Simultanleistung heißt: Durch einen tatsächlichen Leistungsvorgang (RdNr. 4 f.) zwischen dem Angewiesenen und dem Anweisungsempfänger werden rechtlich zwei Leistungen erbracht, und zwar durch den Angewiesenen an den Anweisenden und durch letzteren an den Anweisungsempfänger (§ 787 RdNr. 6; § 788 RdNr. 5); bei der angenommenen Anweisung tritt die Leistung des Angewiesenen an den Anweisungsempfänger hinzu.[4] Folge ist die Einsparung wenigstens eines Leistungsvorgangs, bei Übertragung der Anweisung gemäß § 792 mehrerer Vorgänge.

2 Innerhalb des Anweisungsrechts kommt § 783 im Wesentlichen die gleiche Bedeutung zu wie den anderen Spitzenvorschriften des besonderen Schuldrechts (§§ 433, 535 usw.). Die Bestimmung ist also eine **Definitionsnorm;** sie umschreibt die Anweisung als Rechtsinstitut, indem sie ihre wesentlichen Rechtsfolgen bezeichnet. In zwei Richtungen zeigen sich allerdings Abweichungen von den vergleichbaren Vorschriften. Erstens genügt nicht jede Anweisung. § 783 verlangt vielmehr die Verbriefung in einer Urkunde und deren Aushändigung an einen Dritten; das Gesetz geht also nicht von einem umfassenden, sondern von einem durch die rechtstechnische Ausgestaltung eingeengten Anweisungsbegriff aus (vgl. RdNr. 7). Zweitens erzeugt die bloße Anweisung kein Schuldverhältnis, weil der

---

[1] Mot. II S. 557 = *Mugdan* II S. 311; *Larenz/Canaris* II/2 § 62 I 1 c: Mobilisierung einer Forderung.
[2] *E. Ulmer* AcP 126 (1926), 129, 130 f.
[3] Der Begriff geht auf *Stampe* AcP 107 (1911), 274, 283 ff. zurück.
[4] Vgl. BGH NVwZ 2007, 973 Tz. 28 = VersR 2007, 367; OLG Bamberg ZInsO 2004, 620, 621; zur bereicherungsrechtlichen Rückabwicklung s. noch RdNr. 5; § 788 RdNr. 5.

Angewiesene jedenfalls nach § 783 nicht verpflichtet ist, sie zu befolgen. Insofern hat § 784, der die Verpflichtung als Folge der Annahme ausspricht, eine ergänzende Bedeutung.

Die §§ 783 ff. haben im wesentlichen Bedeutung als **Basisregeln für Sonderformen** 3 der Anweisung und als Aushilfsbestimmungen bei **Nichtigkeit von Wechsel und Scheck**. Ferner kommt ihre **analoge Anwendung** bei ähnlichen Rechtsformen in Betracht, nämlich bei denen des bargeldlosen Zahlungsverkehrs (Banküberweisung, Lastschriftverfahren, Kreditkarte; näher Vor § 676 RdNr. 1 ff., 32 ff.; § 676 h RdNr. 5 ff.) und beim **Akkreditiv** (RdNr. 39 ff., 42 ff.). Damit sind auch die Gründe für die geringe praktische Bedeutung der bürgerlich-rechtlichen Anweisung als eigenständigem Rechtsinstitut teilweise bezeichnet. Das Bedürfnis, den Zahlungs- und sonstigen Leistungsverkehr zu erleichtern, hat der Gesetzgeber richtig gesehen; ob die Anweisung in der von ihm gewählten Ausprägung, besonders die Verbindung von Anweisung und Urkunde, seinerzeit das richtige Instrument war, mag offen bleiben.[5] Die Bankpraxis hat jedenfalls effektivere Methoden entwickelt. Dabei spielt neben der bargeldlosen Zahlung durch **Überweisung** oder **Lastschrift** vor allem die über Jahrzehnte betriebene, inzwischen allerdings aufgegebene Popularisierung des Schecks eine Rolle, in jüngerer Zeit auch der Einsatz von **Kreditkarten** und (noch so genannten) **ec-Karten** im Rahmen des POS- oder des ELV–Verfahrens (POS: mit PIN des Kunden und Zahlungsversprechen des Kreditinstituts; ELV: mit Unterschrift des Kunden und Belastung seines Kontos im Einzugsermächtigungsverfahren, also ohne Zahlungsversprechen des Kreditinstituts); das dem ELV–Verfahren ähnliche POZ–Verfahren wurde zum Jahresende 2006 eingestellt.[6]

II. Dogmatische Grundlagen

1. Die Rechtsverhältnisse unter den Beteiligten. a) Valuta-, Deckungs- und Voll- 4 **zugsverhältnis.** Zwischen dem Anweisenden, dem Angewiesenen und dem Anweisungsempfänger besteht eine Dreiecksbeziehung. Basis des Dreiecks ist das Verhältnis zwischen dem Angewiesenen und dem Anweisungsempfänger, in dem die Leistung tatsächlich erbracht wird, wenn der Angewiesene die Anweisung honoriert. Die herkömmliche Terminologie kennt für dieses Verhältnis keine besondere Bezeichnung (s. RdNr. 5). Die Beziehung zwischen dem Anweisenden und dem Anweisungsempfänger wird dagegen traditionell Zuwendungs- oder Valutaverhältnis, die Beziehung zwischen dem Anweisenden und dem Angewiesenen Deckungsverhältnis genannt.[7] Von Zuwendungs- oder Valutaverhältnis wird gesprochen, weil die Zahlung des Angewiesenen dem Anweisenden als seine Zuwendung an den Anweisungsempfänger zugerechnet wird, von Deckungsverhältnis, weil der Angewiesene hier für seine Zahlung Deckung, dh. einen Gegenwert bekommt, etwa die Befreiung von einer Verbindlichkeit oder die Forderung aus einer Kreditgewährung erlangt.

Die herkömmliche Terminologie kann zu Missverständnissen führen, weil ihr die Abstim- 5 mung auf den **bereicherungsrechtlichen Sprachgebrauch** fehlt. Die hM versteht und verwendet den Zuwendungsbegriff gerade für gewollte Vermögensvermehrungen, die nicht Leistung sind.[8] In diesem Sinne wird eine Zuwendung vom Angewiesenen an den Anweisungsempfänger erbracht, und die sog. Zuwendung des Anweisenden an den Anweisungsempfänger ist eine Leistung. Wenn die mit der Unterscheidung von Zuwendung und Leistung immerhin verbundene terminologische Klärung nicht in einem für die Dogmatik wichtigen Teilbereich verlorengehen soll, empfiehlt es sich, die Beziehung zwischen dem

---

[5] Schon zu den Entwürfen gingen die Meinungen auseinander, vgl. etwa die positive Stellungnahme von *Laband* AcP 74 (1889), 299, 331 ff. und die Kritik von *Wendt* S. 13 ff.
[6] Näher § 676 h RdNr. 5 ff.; *Baumbach/Hefermehl/Casper* Kartenzahlung RdNr. 1, 44 ff., 58 ff.; vgl. auch (noch zum POZ-Verfahren) BankR-HdB/*Gößmann* § 68 RdNr. 3 ff., 12 ff.; zum Netzgeld („Cyber Cash") s. *Soergel/Häuser* Vor § 783 RdNr. 18.
[7] *Hueck/Canaris* Wertpapierrecht § 4 III; *Larenz/Canaris* II/2 § 62 I 2a; *Zöllner* Wertpapierrecht § 8 II; *Staudinger/Marburger* RdNr. 26.
[8] Vgl. statt vieler *Koppensteiner/Kramer*, Ungerechtfertigte Bereicherung, 2. Aufl. 1988, § 6 I 1; *Larenz/Canaris* II/2 § 67 II 1 d. Nähere Darstellung und krit. Würdigung in Erl. zu § 812.

Anweisenden und dem Anweisungsempfänger nur noch als Valutaverhältnis zu bezeichnen. Das davon zu unterscheidende Zuwendungsverhältnis in der Dreiecksbasis zwischen dem Angewiesenen und dem Anweisungsempfänger lässt sich hingegen zur Vermeidung von Unklarheiten als Vollzugsverhältnis bezeichnen. Es ist nur dann zugleich ein Leistungsverhältnis im eigentlichen Sinne, wenn der Angewiesene auf eine von ihm angenommene Anweisung leistet.[9]

6 **b) Anweisung und Kausalverhältnis.** Welchen Zweck der Anweisende mit seiner Anweisung verfolgt, ergibt sich aus der Kausalbeziehung des Valutaverhältnisses. So kann der Anweisende dem Anweisungsempfänger zur Zahlung auf eine Kaufpreisschuld verpflichtet sein, oder er gewährt dem Anweisungsempfänger durch Zahlung des Angewiesenen Kredit. Die zweckbestimmende Kausalbeziehung gehört jedoch nicht zum rechtsgeschäftlichen Tatbestand der Anweisung. Die Anweisung ist deshalb ein **abstraktes Rechtsgeschäft**.[10] Eine andere Frage ist es, ob auch die Annahme (§ 784) ein abstraktes Rechtsgeschäft darstellt. Das ist gleichfalls zu bejahen (§ 784 RdNr. 6). Während die Abstraktheit der Annahme bewirkt, dass die aus ihr resultierende Verpflichtung des Angewiesenen ohne Rücksicht auf Mängel des Kausalverhältnisses entsteht, hat die Abstraktheit der Anweisung zur Folge, dass die Doppelermächtigung als ihre Rechtsfolge auch dann eintritt, wenn die im Valutaverhältnis angenommene causa nicht besteht oder fehlerhaft ist.

7 **2. Enger und weiter Anweisungsbegriff.** Für die rechtswissenschaftliche Systematisierung von Sachverhalten lassen sich verschieden weit gefasste Anweisungsbegriffe bilden. Als engste Ausprägung erscheint dabei die Anweisung der §§ 783 ff. in ihrer konkreten gesetzlichen Ausgestaltung. Eine Erweiterung des Begriffs ist erreicht, wenn man diese Form und den gezogenen Wechsel sowie den Scheck zu einer Gruppe zusammenfasst. Ein umfassender Begriff, der zur Entwicklung eines allgemeinen Anweisungsrechts führen kann, wird gebildet, wenn man die Mittelbarkeit der Anweisung, dh. ihre Erklärung nicht gegenüber dem Angewiesenen, sondern gegenüber dem Anweisungsempfänger, und ihre dadurch praktisch bedingte Schriftlichkeit (RdNr. 16) als Begriffselement ausklammert und jede Anweisung ohne Rücksicht auf den Adressaten und ihre Form genügen lässt, sofern nur die Zahlung des Angewiesenen eine Simultanleistung im Deckungs- und Valutaverhältnis darstellt.[11]

8 Der **Wert solcher Begriffsbildungen** ist **begrenzt**. Treffender unterscheidet man zwei Fragen. Es geht erstens darum, ob die §§ 783 ff. eine abschließende Regelung mit der Folge enthalten, dass eine Simultanleistung im Rahmen des bürgerlichen Rechts nur auf Grund einer dem Anweisungsempfänger ausgehändigten Urkunde erfolgen kann. Die Frage ist nach allgM zu verneinen. In diesem Sinne wird zutreffend davon gesprochen, dass es sich in den §§ 783 ff. nur um einen Sonderfall des weitergehenden allgemeinen Anweisungsrechts handelt.[12] Die Wirksamkeit außergesetzlicher Anweisungstypen führt zu der zweiten Frage, welchen Regeln solche Anweisungen zu unterwerfen sind, soweit vertragliche Abreden oder ein Handelsbrauch[13] keine Auskunft geben. Ihre Zuordnung zu einem allgemeinen Anweisungsbegriff besagt hierzu lediglich, dass die entsprechende Anwendung der §§ 783 ff. in Betracht kommt, erlaubt aber noch keine Entscheidung. Sie kann nur für die einzelne in Frage stehende Vorschrift getroffen werden.

9 **3. Die Anweisungsurkunde als Wertpapier.** § 783 setzt die Aushändigung einer Urkunde an den Anweisungsempfänger voraus. Diese Urkunde verbrieft vor der Annahme (§ 784) das Recht zum Empfang der Leistung, nachher die Forderung auf die Leistung. Weil

---

[9] Vgl. BGH NVwZ 2007, 973 Tz. 28 = VersR 2007, 367; ferner § 788 RdNr. 5.
[10] Prot. S. 8480 = *Mugdan* II S. 962; *Hueck/Canaris* Wertpapierrecht § 4 IV; *Zöllner* Wertpapierrecht § 8 III 1; *Staudinger/Marburger* RdNr. 26; näher dazu § 780 RdNr. 1 f.
[11] Eingehend *E. Ulmer* AcP 126 (1926), 129, 130 ff., bes. 133 und 143; vgl. auch *Larenz/Canaris* II/2 § 62 I 1 a.
[12] BGHZ 6, 378, 383 = NJW 1952, 1132; BGH NJW 1971, 1608 f.; RG JW 1923, 500; OLG Bamberg ZInsO 2004, 620, 621; RGRK/*Steffen* Vor § 783 RdNr. 1. Vgl. auch Mot. II S. 558 = *Mugdan* I S. 312 zur Wirksamkeit mündlicher Anweisungen.
[13] BGHZ 6, 378, 383 = NJW 1952, 1132 für den Kassalieferschein.

sie das Recht derart verbrieft, dass es nur von dem Inhaber der Urkunde geltend gemacht werden kann (§ 785), ist sie Wertpapier, aber lediglich iwS, nicht auch ieS; denn das verbriefte Recht wird durch Vertrag nach den §§ 398 ff. übertragen (§ 792), nicht durch Übereignung der Urkunde. Einzelheiten zum Wertpapierbegriff s. Vor § 793 RdNr. 4 ff. Innerhalb der Wertpapiere gehört die Anweisungsurkunde zu den **Rektapapieren**,[14] weil die Leistung des Angewiesenen an den urkundlich benannten Anweisungsempfänger oder seinen Rechtsnachfolger zu bewirken ist (Vor § 793 RdNr. 16).

4. Abgrenzungsfragen. Die Anweisung als ein Instrument, die geschuldete oder aus einem anderen Grund gewollte Leistung durch einen Dritten erbringen zu lassen, steht in Konkurrenz zu vielfältigen anderen, mehr oder minder ähnlichen Rechtsformen. Was vorliegt, ist Auslegungsfrage und als solche im Einzelfall zu entscheiden. Vor allem kommen neben der Anweisung in Betracht: Abtretung; Direktauszahlung oder -lieferung, besonders bei Darlehens- und Kaufverträgen; Einziehungsermächtigung; Inkassovollmacht; Vertrag zugunsten Dritter; (bestätigte) Überweisung. Die wesentlichen Unterschiede liegen in Folgendem:

Gegenüber der **Abtretung:** Der Zessionar erwirbt die Forderung des Zedenten, aber der Anweisungsempfänger nicht die des Anweisenden gegen den Angewiesenen; eine solche Forderung muss nicht einmal bestehen (Anweisung auf Kredit, vgl. § 787 RdNr. 2).[15] **Direktauslieferung:** Wenn zum Beispiel Käufer, Händler und Großhändler beteiligt sind, erwirbt der Käufer das Eigentum (oder die Anwartschaft auf Eigentum) trotz Direktauslieferung nicht vom Großhändler, sondern vom Händler; dieser ist Zwischenerwerber.[16] Dagegen erwirbt der Anweisungsempfänger unmittelbar vom Angewiesenen Eigentum, wenn dieser leistet. Der auf Anordnung des Darlehensnehmers erfolgenden **Direktauszahlung** der Darlehensvaluta an einen Dritten, der seinerseits einen Anspruch gegen den Darlehensnehmer (etwa aus § 433 Abs. 2) hat, ist zwar gleichfalls die anweisungstypische Simultanwirkung eigen (vgl. § 358 RdNr. 82; § 812 RdNr. 60, 95 ff.).[17] Sie beruht indes auf girovertraglicher Weisung gemäß §§ 665, 675; insbesondere fehlt es ihr an der für das Vorliegen einer Anweisung unerlässlichen (wertpapiermäßigen) Ermächtigung des Dritten, die Leistung beim Darlehensgeber zu erheben (RdNr. 32 f.). Entsprechendes gilt für die **Überweisung** (§ 780 RdNr. 41), und zwar auch dann, wenn die beauftragte Bank diese gegenüber dem Überweisungsempfänger bestätigt.[18]

Einziehungsermächtigung: Der Einziehungsermächtigte kann den Anspruch, obwohl er nicht Gläubiger ist, durchsetzen, besonders mahnen und unter den Voraussetzungen der Prozessstandschaft einklagen.[19] Dagegen fehlt dem Anweisungsempfänger die Durchsetzungsbefugnis, so dass sich eine Einziehungsermächtigung nicht bejahen lässt.[20] **Inkassovollmacht:** Der Bevollmächtigte handelt im fremden Namen, der Anweisungsempfänger im eigenen. **Vertrag zugunsten Dritter:** Der Dritte leitet seine Forderungen aus dem Vertrag zwischen Versprechendem und Versprechensempfänger ab, der Anweisungsempfänger aus der ihm gegenüber erklärten Annahme (§ 784). Ist nicht angenommen, so ist die Leistungserwartung des Anweisungsempfängers regelmäßig nicht schutzbedürftig, so dass eine auf Drittbegünstigung gerichtete Auslegung nicht veranlasst ist.[21] Anders kann es liegen, wenn die Leistung des Angewiesenen Versorgungscharakter haben soll (Rentenzahlung) und

---

[14] *Baumbach/Hefermehl/Casper* WPR RdNr. 69; RGRK/*Steffen* Vor § 783 RdNr. 3; *Soergel/Häuser* § 785 RdNr. 3; *Staudinger/Marburger* RdNr. 5.
[15] Vgl. OLG Frankfurt OLGR 2005, 65 = BeckRS 2005, 4904.
[16] Sog. Geheißerwerb; vgl. zB *Wadle* JZ 1974, 689; *Baur/Stürner* § 51 RdNr. 15 ff.; *Palandt/Bassenge* § 929 RdNr. 19 f. mwN.
[17] Vgl. BGHZ 149, 43, 49 = NJW 2002, 137, 138; BGH NJW 1996, 3416, 3417; NJW-RR 1997, 3460.
[18] Für analoge Anwendung der §§ 780, 784 LG Potsdam vom 25. 8. 2004, 8 O 148/04.
[19] Zur Einziehungsermächtigung vgl. § 398 RdNr. 46 ff.; ferner *Henckel*, FS Larenz, 1973, S. 643; *Jahr* AcP 168 (1968), 9; *Larenz* I § 34 Vc.
[20] *Zöllner* Wertpapierrecht § 8 III 2 a; *Staudinger/Marburger* RdNr. 19; aA *Larenz/Canaris* II/2 § 62 I 2 b.
[21] BGHZ 3, 238, 241 = NJW 1952, 21 f.; OLG Koblenz NJW-RR 1989, 505, 506; *E. Ulmer* AcP (1926), 129, 172 f.; RGRK/*Steffen* Vor § 783 RdNr. 5; *Staudinger/Marburger* RdNr. 32.

ein Annahmevertrag vorhanden, aber die Aushändigung der Urkunde unterblieben ist. Hier kann in der Annahme die auf Drittbegünstigung gerichtete Verpflichtungserklärung des Angewiesenen gefunden werden.[22]

III. Der Tatbestand der Anweisung

13 **1. Allgemeines. a) Begriff der Anweisung.** Als Anweisung bezeichnet man sowohl die Anweisungsurkunde wie auch das Rechtsgeschäft, durch das die in der Urkunde verkörperten Rechte begründet werden. In diesem Sinne ist Anweisung der auf Herbeiführung der Doppelermächtigung (RdNr. 32 f.) gerichtete Begebungsvertrag zwischen dem Anweisenden und dem Anweisungsempfänger (RdNr. 14 f.). Eine Anweisung iS der §§ 783 ff. setzt ferner voraus, dass die Willenserklärung in einer Urkunde bestimmten Inhalts (RdNr. 16 ff.) enthalten ist und in vorgeschriebener Weise abgegeben wird, nämlich durch Aushändigung der Urkunde an den Anweisungsempfänger (RdNr. 14 f.).

14 **b) Vertraglicher Charakter des Entstehungstatbestands.** Seit jeher ist zweifelhaft und strittig, welche Rechtsnatur der Tatbestand hat, dem die beiden Ermächtigungen des § 783 ihre Entstehung verdanken. Im Schrifttum finden sich im Wesentlichen **vier Positionen.** Überwiegend wird angenommen, dass der Anweisungsempfänger mit dem Anweisenden einen Vertrag schließt, indem er sich die Urkunde aushändigen lässt;[23] teils wird der Vertragsschluss verneint, ohne dass klar würde, was dann vorliegen soll;[24] teils wird eine Zuwendung mit Zweckvereinbarung behauptet.[25] Die Voraufl. (RdNr. 14 f.) hat zwischen der Entstehung der Ermächtigungen des § 783 und der Entstehung von Verpflichtungen, die mit der Ermächtigung des Anweisungsempfängers für diesen verbunden sind, unterschieden und – korrespondierend mit der in der Voraufl. (Vor § 793 RdNr. 22 ff.) vertretenen wertpapierrechtlichen Grundkonzeption – die Doppelermächtigung auf die Anweisung als einseitiges, mit Aushändigung der Urkunde wirksam werdendes Rechtsgeschäft zurückgeführt.[26] Die den Anweisungsempfänger treffende Pflicht, zunächst von der Ermächtigung Gebrauch zu machen (RdNr. 34), hat die Voraufl. (RdNr. 15) hingegen in der Abrede erblickt, wie sie mit jeder erfüllungshalber erfolgenden Leistung verbunden ist.

15 Zu folgen ist der (wohl) herrschenden, die Anweisungsfolgen auf einen **Vertrag zwischen dem Anweisungsempfänger und dem Anweisenden** zurückführenden Ansicht. Nur diese steht im Einklang mit den allg. wertpapierrechtlichen Grundsätzen, denen zufolge die Begebung des Wertpapiers – und um ein solches handelt es sich bei der Anweisung – auf der Grundlage eines Vertrags erfolgt (Vor § 793 RdNr. 27 ff.); und nur sie vermag die allseits als angemessen empfundene Unanwendbarkeit der §§ 111, 180 zwanglos zu begründen (Vor § 793 RdNr. 27 f.). Der Umstand, dass die Anweisung zunächst nur Ermächtigungen, nicht aber wertpapiermäßig verkörperte Forderungen begründet, spricht gewiss nicht gegen den vertraglichen Charakter der Begebung. Dieser wiederum schließt es nicht aus, die Pflicht des Anweisungsempfängers, zunächst von der Ermächtigung Gebrauch zu machen, bevor er auf eine ihm zustehende Kausalforderung gegen den Anweisenden zurückgreift (RdNr. 34), aus der mit der Leistung erfüllungshalber einher gehenden Stundungsabrede (§ 364 RdNr. 13) herzuleiten. Die Pflichten aus § 789 hingegen lassen sich zwanglos aus dem Begebungsvertrag ableiten.

16 **2. Urkunde und Urkundeninhalt. a) Äußeres Bild.** Der Anweisende muss eine Urkunde ausstellen, die den Anforderungen des § 126 entspricht. Faksimilierte Unterschrift

---

[22] BGH WM 1982, 155.
[23] *Erman/Heckelmann/Wilhelmi* RdNr. 8; *Bamberger/Roth/Gehrlein* RdNr. 11; AnwK-BGB/*Sohbi* RdNr. 20; *Planck/Landois* Anm. 2 d; *Staudinger/Marburger* RdNr. 16 mwN.
[24] *Oertmann* Anm. 3.
[25] *E. Ulmer* Wertpapierrecht, 1938, S. 138. Die Annahme einer Anwartschaft ist heute überholt; vgl. *Zöllner* Wertpapierrecht § 8 V 2 a: „rechtlich umrahmte" Chance. Doch hängt die Konstruktion davon nicht ab, weil auch das Recht zum Empfang der Leistung Zuwendungsgegenstand sein kann.
[26] 4. Aufl. RdNr. 14 f. *(Hüffer)*; ebenso *Soergel/Häuser* § 783 RdNr. 1; *Larenz/Canaris* II/2 § 62 I 2 c.

genügt anders als nach § 793 Abs. 2 S. 2 nicht. Hingegen kann die Schriftform zwar nicht durch Textform (§ 126 b), entgegen der hM aber durch **elektronische Form** (§ 126 a) ersetzt werden. Anders als §§ 766 S. 2, 780 S. 2, 781 S. 1 schließt § 783 die Ersetzung durch elektronische Form nicht aus;[27] die **Annahme** der Anweisung durch den Angewiesenen (§ 784) bedarf freilich als solche der Schriftform und setzt zudem eine schriftliche Anweisung voraus (§ 784 RdNr. 4). Weil es eine Art. 1 Nr. 1 WG, Art. 1 Nr. 1 ScheckG entsprechende Vorschrift nicht gibt, braucht die Urkunde das Wort Anweisung nicht zu enthalten. Genügend und erforderlich ist vielmehr, dass sich der Charakter als Anweisung durch Auslegung ergibt (vgl. RdNr. 17). Unverzichtbarer Kern der Urkunde ist die Erklärung, dass der Angewiesene eine bestimmte Leistung an den Anweisungsempfänger erbringen soll. Dieser darf wegen der von § 783 vorausgesetzten Dreiecksbeziehung nicht mit dem Anweisenden identisch sein. Die Urkunde muss ferner den Namen des Anweisungsempfängers und den des Angewiesenen enthalten; firmenmäßige Bezeichnung genügt (§ 17 Abs. 1 HGB). Zur formlosen Anweisung vgl. RdNr. 19.

b) Abstraktionswille. Weil die Anweisung ein abstraktes Rechtsgeschäft ist (RdNr. 6), muss die Anweisungserklärung vom Abstraktionswillen des Erklärenden getragen sein. Abstraktionswille bedeutet entsprechend dem zu § 780 Ausgeführten (vgl. dort RdNr. 16): Der Anweisende muss einen tatsächlichen Erfolg anstreben, dessen Eintritt von der Abstraktion abhängt, einen Erfolg, für den sie das von der Rechtsordnung eingesetzte Mittel ist. Dieser Erfolg liegt letztlich darin, dass der Anweisungsempfänger die Leistung des Angewiesenen ohne Rücksicht auf Mängel des Valuta- oder des Deckungsverhältnisses erhält, übergangsweise darin, dass sich der Angewiesene durch die Annahme als abstraktes Schuldversprechen zu der Leistung verpflichtet.[28] Ob der Abstraktionswille gegeben ist, muss durch Auslegung ermittelt werden. Dabei kommt es nicht entscheidend auf das äußere Bild der Erklärung an, sondern darauf, ob die Beteiligten nach ihrer Interessenlage und den von ihnen verfolgten wirtschaftlichen Zwecken die Abstraktion brauchen (§ 780 RdNr. 18 f.). Das ist namentlich dann zu bejahen, wenn der Anweisungsempfänger auf die Übereignung von Sachgeld vorläufig verzichtet, weil dieser Verzicht in einer möglichst sicheren Zahlungsaussicht ein Äquivalent finden muss. Dagegen erlaubt die Angabe des im Deckungsverhältnis bestehenden Schuldgrundes nicht die Formulierung einer gegen das Vorliegen der Anweisung gerichteten Auslegungsregel.[29] Solche Angaben sind nur Indizien und haben nicht mehr Gewicht als andere Gesichtspunkte.

c) Einzelfragen. Eine Anweisung kann vorliegen, obwohl die Leistung des Angewiesenen von einer **Gegenleistung** abhängig gemacht ist. So liegt es, wenn Auslieferung von Ware nur gegen Zahlung erfolgen soll (Kassalieferschein).[30] Abhängigkeit der Leistung von einer Gegenleistung ist auch bei Kaufmannseigenschaft des Angewiesenen möglich; nach der gesetzlichen Regel (§ 363 Abs. 1 HGB, vgl. RdNr. 24) kann die Anweisung allerdings nicht an Order gestellt werden. Sinnvoll sind solche Anweisungen nur, wenn sie nach den Vorstellungen der Beteiligten unmittelbar honoriert werden sollen, also ohne vorherige Annahme nach § 784; denn die Annahme kann als abstraktes Schuldversprechen nicht synallagmatisch ausgestaltet werden (§ 780 RdNr. 14). Entsprechendes gilt für Bedingungen und Befristungen sowie andere Fälligkeitsabreden.

d) Atypische Gestaltungen. Mündliche Anweisungen sind nicht nach § 125 formnichtig, sondern gültig; sie sind nur keine Anweisung iS der §§ 783 ff. Analoge Anwendung dieser Bestimmungen ist zulässig, soweit sie nicht gerade die Verbriefung voraussetzen.[31]

---

[27] So auch PWW/*Buck-Heeb* RdNr. 9; aA 4. Aufl. RdNr. 16 (*Hüffer*); AnwK-BGB/*Sohbi* RdNr. 13; wohl auch *Bamberger/Roth/Gehrlein* RnNr. 9.
[28] RGZ 133, 249, 255; 146, 398, 400; RGRK/*Steffen* RdNr. 2.
[29] So aber RG WarnR 1915 Nr. 201; *Erman/Heckelmann/Wilhelmi* RdNr. 7; wie hier *Staudinger/Marburger* RdNr. 14; *Bamberger/Roth/Gehrlein* RdNr 2; AnwK-BGB/*Sohbi* RdNr. 14.
[30] BGHZ 6, 378, 383 = NJW 1952, 1132; RGZ 76, 239, 242 f.
[31] BGHZ 3, 238, 239 f. = NJW 1952, 21 und allgM; vgl. schon Mot. II S. 558 = *Mugdan* II S. 312; aus neuerer Zeit OLG Bamberg ZInsO 2004, 620, 621.

§ 783 20–22　　　　　　　　　　　　　　　　　Abschnitt 8. Titel 23. Anweisung

Eine atypische Gestaltung dieser Art oder Anweisung iwS (RdNr. 7) ist der sog. **Scheck mit faksimilierter** oder anderweitig vervielfältigter **Ausstellerunterschrift,** wie er bei massenhafter Begebung begegnet. Ein gültiger Scheck liegt wegen Art. 1 Nr. 6 ScheckG nicht vor.[32] Umdeutung in eine formlose Anweisung unter analoger Anwendung der §§ 783 ff. ist unbedenklich.[33] Gültig sind auch **unmittelbare Anweisungen,** und zwar gleichermaßen schriftlich wie mündlich erteilte.[34] Unmittelbare Anweisungen sind solche, die nicht dem Anweisungsempfänger ausgehändigt, sondern direkt an den Angewiesenen gerichtet werden. Entsprechende Anwendung der §§ 783 ff. kommt in Betracht, wenn wenigstens die Leistung an einen Dritten erfolgen soll.

20　**An Order lautende oder auf den Inhaber gestellte Anweisungen** sind nach hM unzulässig.[35] Welche Rechtsfolgen damit verbunden sein sollen, bleibt unklar. Man wird differenzieren müssen: Eine an eigene Order lautende Anweisung ist nach bürgerlichem Recht nichtig (zur kaufmännischen Anweisung vgl. RdNr. 24), weil der Leistungsempfänger zwingend eine dritte Person sein muss.[36] Im Übrigen kann eine Orderklausel aus dem Rektapapier (RdNr. 9) zwar kein Orderpapier machen, weil die §§ 783 ff. diese Möglichkeit nicht eröffnen. Bezogen auf das Gesamtgeschäft liegt darin aber nur eine Teilnichtigkeit (§ 139), und für den Regelfall ist anzunehmen, dass die Beteiligten die Anweisung für diesen Fall als eine nach §§ 398 ff., 792 übertragbare gewollt haben.[37] Schließlich sind auf den Inhaber gestellte Anweisungen entgegen der hM zuzulassen; denn sie entwickeln sich im Fall ihrer Annahme zu Inhaberschuldverschreibungen (§ 793). Sind diese zulässig, so muss es auch die Anweisung als ein mögliches Vorstadium sein.[38] Die Frage ist nicht ganz ohne praktische Bedeutung. Die hM lässt nämlich die Umdeutung formnichtiger Überbringerschecks in Anweisungen zu (vgl. RdNr. 28), was kaum möglich wäre, wenn es die Inhaberanweisung nicht gäbe.

21　**3. Aushändigung der Urkunde.** Die Urkunde muss dem Anweisungsempfänger ausgehändigt werden. In der Aushändigung liegt die formalisierte Abgabe der Anweisungserklärung und deren Annahme, mithin die vertragliche Begebung des Wertpapiers (RdNr. 12), durch die die Doppelermächtigung begründet und dem Anweisungsempfänger zugleich der Besitz an der Urkunde verschafft wird. Aushändigung und Entgegennahme der Urkunde sind allerdings nicht als Übereignung des Papiers (Begebungsvertrag sachenrechtlichen Inhalts) aufzufassen.[39] Weil die Anweisungsurkunde ein Rektapapier ist (RdNr. 9), gilt vielmehr der Rechtsgedanke des § 952.[40] Der Anweisungsempfänger erwirbt das Eigentum also kraft Gesetzes, und zwar im Zeitpunkt der Aushändigung, weil damit die Ermächtigung als das verbriefte Recht entsteht.[41]

22　**4. Leistungsgegenstand.** Eine Anweisung liegt nach § 783 nur vor, wenn sie sich auf Geld, Wertpapiere oder andere **vertretbare Sachen** bezieht. Die genaue Bedeutung der darin liegenden Einschränkung ist str. Während es die eine Ansicht beim Wortlaut des Gesetzes belässt,[42] liest die vor allem früher verbreitete Gegenansicht statt Vertretbarkeit

---

[32] *Sprengel* MDR 1958, 553; *Baumbach/Hefermehl/Casper* Art. 1 ScheckG RdNr. 7.
[33] *Sprengel* MDR 1958, 553 f. („Ausdruck einer mündlich erteilten Zahlungsanweisung"); wohl auch *Baumbach/Hefermehl/Casper* Art. 2 ScheckG RdNr. 5.
[34] BGHZ 3, 238, 239 f. = NJW 1952, 21; Mot. II S. 558 = *Mugdan* II S. 312.
[35] Vgl. für die Inhaberanweisung *Baumbach/Hefermehl/Casper* Art. 2 ScheckG RdNr. 5; *Staudinger/Marburger* RdNr. 6; *Erman/Heckelmann/Wilhelmi* RdNr. 6; allg. RGRK/*Steffen* RdNr. 3; PWW/*Buck-Heeb* RdNr. 10; *Bamberger/Roth/Gehrlein* RdNr. 9. Zu Gegenstimmen s. Fn. 38.
[36] RG JW 1930, 1376 f.
[37] Gleiche Differenzierung bei *Erman/Heckelmann/Wilhelmi* RdNr. 6; *Staudinger/Marburger* RdNr. 15.
[38] *Staub/Canaris* § 363 HGB RdNr. 41; *E. Ulmer,* Wertpapierrecht, 1938, S. 131; *Soergel/Häuser* § 785 RdNr. 3.
[39] AA *Larenz/Canaris* II/2 § 62 I 2 d.
[40] Klar *Erman/F. Ebbing* § 952 RdNr. 7.
[41] Vgl. auch OLG Bamberg ZInsO 2004, 620, 621: Aushändigung der Urkunde an den Angewiesenen statt an den Anweisungsempfänger steht wirksamer Verpflichtung des die Anweisung annehmenden Angewiesenen nicht entgegen.
[42] *Staub/Canaris* § 363 HGB RdNr. 14; *Soergel/Häuser* RdNr. 8; *Staudinger/Marburger* RdNr. 9.

Gattungsschuld.[43] Das ist abzulehnen, weil „vertretbare Sachen" ein gesetzestechnischer Begriff ist (vgl. § 91) und weder Wortlaut noch Entstehungsgeschichte[44] des § 783 einen Anhalt für einen Formulierungsfehler des Gesetzgebers bieten. Es ist auch nicht richtig, dass Sinn und Zweck des § 783 für die wortlautverändernde Interpretation der früher hM sprechen. Im Gegenteil ist nicht einzusehen, warum die durch den Schuldner vorgenommene Konkretisierung der Gattungsschuld einen Einfluss auf die Zulässigkeit der Anweisung haben soll (vgl. noch RdNr. 25 zum Lieferschein). Der neueren Ansicht ist also beizutreten. Wertpapiere als vertretbare Sachen: Dazu gehören jedenfalls Effekten, aber auch Order- und Rektapapiere, wenn sie wie börsengängige Namensaktien im Verkehr nach objektiven Merkmalen (Nennbetrag, Seriennummer) bestimmt werden.

Wenn sich die Anweisung auf eine **unvertretbare Sache** bezieht, ist sie gleichwohl **23** gültig, unterliegt aber nicht unmittelbar den §§ 783 ff.; ihre analoge Anwendung ist grundsätzlich zulässig, vgl. schon RdNr. 19 zu anderen atypischen Gestaltungen. Nicht möglich ist die sinngemäße Anwendung des § 784.[45] Eine entsprechende Erklärung kann aber als Schuldversprechen iS des § 780 aufrechterhalten sein.[46]

IV. Fallgruppen der Anweisung

1. Die kaufmännische Anweisung. Die in § 363 Abs. 1 HGB geregelte kaufmän- **24** nische Anweisung enthält alle Begriffsmerkmale der bürgerlich-rechtlichen Grundform. Die Bedeutung der Vorschrift liegt allein darin, die rechtsgeschäftliche Ausgestaltung der Anweisungsurkunde als **Orderpapier** zuzulassen (sog. gekorenes Orderpapier), wenn zwei zusätzliche Voraussetzungen erfüllt sind: Der Angewiesene (nicht auch: der Anweisende oder der Anweisungsempfänger) muss die Kaufmannseigenschaft haben (§§ 1 ff., 6 HGB; § 3 Abs. 1 AktG; § 13 Abs. 3 GmbHG), und die Leistung, die er erbringen soll, darf, anders als nach bürgerlichem Recht (RdNr. 18), nicht von einer Gegenleistung abhängig sein. Wenn das Papier die Orderklausel trägt, kann das verbriefte Recht durch Indossament übertragen werden; daneben steht den Beteiligten die Übertragungsform der §§ 398 ff., 792 zur Verfügung (vgl. auch § 793 RdNr. 31 f.). Die kaufmännische Anweisung kann, anders als die bürgerlich-rechtliche Grundform (RdNr. 20), auch an die eigene Order des Ausstellers lauten.[47] Die anweisungsrechtlichen Wirkungen (Doppelermächtigung) treten jedoch erst dann ein, wenn das verbriefte Recht auf einen Dritten übertragen wird. Trägt die Anweisungsurkunde keine Orderklausel, so liegt entsprechend den allgemeinen Grundsätzen ein Rektapapier vor (RdNr. 9).

Die **praktische Bedeutung** der kaufmännischen Anweisung ist ähnlich gering wie die **25** der bürgerlich-rechtlichen Grundform. Sie kann vorliegen infolge der **Umdeutung** formnichtiger gezogener Wechsel und Schecks (vgl. noch RdNr. 28) und begegnet als **Lieferschein**. Das ist in den typischen Fällen die Urkunde, mit welcher der Verkäufer einer Ware denjenigen, bei dem die Ware liegt (Lagerhalter, Lieferant), anweist, diese an den Käufer auszuhändigen.[48] Der Unterschied zum Lagerschein besteht zunächst darin, dass dieser nicht vom Einlagerer, sondern vom Lagerhalter ausgestellt wird (§§ 363 Abs. 1, 475 c HGB). Mit Hilfe des Lieferscheins kann die Ware über mehrere Stationen durchgehandelt werden, ohne dass sie physisch bewegt werden müsste.[49] Die Übertragung des Lieferscheins bewirkt aber

---

[43] RGZ 101, 297, 299; RG JW 1923, 500 f.; 1931, 3079 f. m. Anm. *Plum*; *Düringer/Hachenburg/Breit* Vor § 363 HGB Anm. 22, 24; *E. Ulmer*, Wertpapierrecht, 1938, S. 130 Fn. 2.
[44] Vgl. Prot. S. 2343 ff. = *Mugdan* II S. 960 f.
[45] RGZ 101, 297 f.; RG JW 1923, 500.
[46] MünchKommHGB/*Hefermehl* § 363 RdNr. 10.
[47] RG SeuffA 84 Nr. 30; JW 1930, 1376; *Staub/Canaris* § 363 HGB RdNr. 22; *Ebenroth/Boujong/Joost/Hakenberg* § 363 HGB RdNr. 8; *Staudinger/Marburger* RdNr. 37.
[48] Einzelheiten bei *Staub/Canaris* § 363 HGB RdNr. 37 ff.; MünchKommHGB/*Hefermehl* § 363 RdNr. 19 ff.
[49] BGH LM § 931 Nr. 8 = NJW 1971, 1608; *Hertin* MDR 1970, 881; *Heynen*, Die Klausel „Kasse gegen Lieferschein", 1955, S. 45 ff.

§ 783   26–29   Abschnitt 8. Titel 23. Anweisung

nicht die Übereignung der Ware.[50] Übertragung des Scheins gegen Zahlung des Preises ist allerdings als Einigung und Abtretung des Herausgabeanspruchs (§ 931) auszulegen.[51] Nach richtiger, wenngleich umstrittener Ansicht kann der Lieferschein auch bei einer Stückschuld oder nach Konkretisierung der Gattungsschuld ausgestellt werden, sofern nur vertretbare Sachen den Leistungsgegenstand bilden (vgl. RdNr. 22). Verbreitet ist schließlich der **Kassalieferschein**. Er kann jedoch, weil die Auslieferung der Ware von der Zahlung des Preises abhängig gemacht ist, auch dann nicht an Order gestellt werden, wenn der Angewiesene die Kaufmannseigenschaft hat (RdNr. 18).

26 Der sog. **Effektenscheck** ist nicht Scheck, weil er nicht auf Zahlung einer bestimmten Geldsumme (Art. 1 Nr. 2 ScheckG), sondern auf Leistung von Wertpapieren lautet, die in Girosammelverwahrung gehalten werden (Vor § 793 RdNr. 31). Jedenfalls in seiner praxisüblichen Verwendung ist er aber auch keine Anweisung, sondern bloße Weisung (§§ 665, 675) im Rahmen des Effektengiroverkehrs; darüber besteht heute im Wesentlichen Einigkeit.[52] Weithin wird diese Weisung heute allerdings nicht mehr durch Effektenscheck, sondern durch EDV-gestützte Lieferlisten erteilt.

27 **2. Gezogener Wechsel und Scheck.** Der gezogene Wechsel (zum eigenen Wechsel vgl. § 780 RdNr. 29) und der Scheck sind rechtlich besonders ausgestaltete Zahlungsanweisungen. Der deshalb grundsätzlich mögliche Rückgriff auf die §§ 783 ff. ist wegen der in WG und ScheckG enthaltenen Sonderregelung[53] in aller Regel überflüssig. Der Scheck ist akzeptfeindlich (Art. 4 ScheckG; Ausnahme: bestätigter Bundesbankscheck nach § 23 BBankG). Umdeutung eines gleichwohl erteilten Akzepts in eine Annahme nach § 784 ist wegen Art. 4 S. 2 ScheckG ausgeschlossen (§ 780 RdNr. 36 m. weit. Nachw.). Nicht anwendbar ist ferner § 787 Abs. 1 bei Scheckeinlösung durch die bezogene Bank (str., vgl. § 787 RdNr. 4). Zum Reisescheck vgl. RdNr. 30.

28 Der unvollständige und deshalb nichtige Wechsel oder Scheck (Art. 2 WG, Art. 2 ScheckG) kann nach richtiger, wenngleich bestrittener Ansicht in eine Anweisung nach § 783, bei Vorliegen ihrer Zusatzerfordernisse (RdNr. 24) auch in eine kaufmännische Anweisung nach § 363 Abs. 1 HGB **umgedeutet** werden.[54] Wenn Wechsel oder Scheck an Order lauten oder letzterer als Überbringerscheck (Art. 5 Abs. 2 ScheckG) auf den Inhaber gestellt ist, steht das der Umdeutung nicht entgegen.[55] Denn die Nichtigkeit der Orderklausel führt nur unter den Voraussetzungen des § 139 zur Nichtigkeit der Anweisung, und die auf Inhaber gestellte Anweisung ist nach richtiger, von der hM allerdings nicht geteilter Ansicht ohnehin zuzulassen (vgl. RdNr. 20).

29 **3. Sonstige Fälle. a) Kreditbrief.** Ein weiterer Anwendungsfall des § 783 ist der Kreditbrief.[56] Darunter ist eine Anweisung zu verstehen, bei welcher der Anweisende (regelmäßig eine Bank) den Anweisungsempfänger ermächtigt, bei dem Angewiesenen (idR gleichfalls eine Bank) oder bei einer Mehrzahl von Angewiesenen Geldbeträge bis zu einem bestimmten Höchstbetrag zu erheben.[57] Die Zahlung der angewiesenen Bank erfolgt auf Rechnung der anweisenden und setzt die Vorlage des Kreditbriefs und, soweit vereinbart, weiterer Legitimationspapiere (Ausweis, Reisepass) voraus. Derartige Anweisungen waren

---

[50] BGH LM § 931 Nr. 8 = NJW 1971, 1608; RGZ 103, 151, 153; *Heynen* (Fn. 49) S. 131; *Staub/Canaris* § 363 HGB RdNr. 50; MünchKommHGB/*Hefermehl* § 363 RdNr. 24.
[51] Zutr. *Staub/Canaris* § 363 HGB RdNr. 50; aA RGZ 103, 151, 152 f. Wenn der Lieferschein übergeben wird, sind selbst die Anforderungen erfüllt, die bei Ausstellung eines Traditionspapiers Beachtung finden müssen; dazu BGHZ 49, 160 = LM § 931 Nr. 5 = NJW 1968, 591 (Orderlagerschein).
[52] *Canaris* Bankvertragsrecht RdNr. 2013; MünchKommHGB/*Hefermehl* § 363 RdNr. 25.
[53] Vgl. dazu außer dem wertpapierrechtlichen Schrifttum *Canaris* Bankvertragsrecht RdNr. 675 ff. (Scheckzahlung); BankR-HdB/*Nobbe* §§ 60 ff. (Scheck) und ebd. *Peters* §§ 64 ff. (Wechsel).
[54] So hL gegen die Rspr. des RG, vgl. § 780 RdNr. 35 mN; aA für den Wechsel *Jauernig/Stadler* § 783 RdNr. 14.
[55] Zum Überbringerscheck insbes. vgl. *Baumbach/Hefermehl/Casper* Art. 2 ScheckG RdNr. 5.
[56] Eingehende Darstellung bei *Schlegelberger/Hefermehl* Anh. § 365 HGB RdNr. 307 ff.
[57] Der Kreditbrief ist also Anweisung zur Zahlung, nicht zur Kreditgewährung, vgl. RGZ 64, 108 f.; *Staudinger/Marburger* RdNr. 46.

früher als Reise- oder Rundkreditbrief üblich. Inzwischen sind sie außer Gebrauch gekommen, vor allem durch den Reisescheck, soweit dieser nicht seinerseits durch Zahlung mittels EC- oder Kreditkarte abgelöst ist.

b) Reisescheck. Der Reisescheck ist ein Papier, das dem Reisenden vor allem die 30 Beschaffung von Bargeld im Ausland ermöglichen soll, aber auch durch Übertragung auf den Gläubiger (Hotels, Fluggesellschaften, Autovermieter, aber auch Restaurants und Kaufhäuser) als Zahlungsmittel benutzt werden kann. Der Reisescheck begegnet in verschiedenen Formen, wobei vor allem zu unterscheiden ist, ob die ausstellende Bank sich selbst nach dem Vorbild des Verpflichtungsscheins als die Bezogene einsetzt oder der Reisende als Aussteller fungiert und das Papier als Zahlungsanweisung auf die Bank zieht.[58] Der in der Bundesrepublik übliche, in seiner Ausgestaltung auf verschiedenen Vereinbarungen der Spitzenverbände der Kreditwirtschaft beruhende Reisescheck[59] ist **Zahlungsanweisung** des Kunden, und zwar nach zutreffender hM in **scheckmäßiger Form.**[60] Dass die Unterschrift der emittierenden Bank als Faksimile geleistet wird, steht nicht entgegen, weil sie nicht Ausstellerin ist.[61] Aus der Rechtsnatur als Scheck folgt die scheckmäßige Haftung des Reisenden als Aussteller (Art. 12 ScheckG) und als Indossant (Art. 18 ScheckG), wenn er das Papier in entsprechender Form überträgt. Der Einlösungsanspruch des Kunden gegen die Bank besteht nicht kraft Annahme (Art. 4 ScheckG), sondern folgt aus dem Geschäftsbesorgungsvertrag (§§ 631, 675), der dem Scheckverhältnis zugrunde liegt.[62]

c) Übernahmeerklärung im Rahmen der Schadensregulierung. Bei der Schadens- 31 regulierung, insbesondere bei der Abwicklung von Kfz.-Haftpflichtfällen, werden in der Praxis Formulare verwandt, die von den beteiligten Verbänden erarbeitet worden sind. Am bekanntesten ist die Reparaturkosten-Übernahmebestätigung, die nicht nur Erklärungen des Kraftfahrtversicherers zur Übernahme von Reparaturkosten vorsieht, sondern auch eine Erklärung des Geschädigten, nach der die Leistung des Versicherers direkt an das Reparaturunternehmen erfolgen soll. Wird die Erklärung abgegeben, so liegt darin eine Anweisung iS des § 783.[63] Angewiesener ist der Versicherer, Anweisungsempfänger das Reparaturunternehmen. Dieses kann die Zahlung im eigenen Namen erheben und wird dadurch wegen seiner Forderung gesichert. Der Versicherer wird gemäß § 787 Abs. 1 befreit. Annahme der Anweisung durch den Versicherer ist möglich, bildet aber, wie sonst auch, keine Voraussetzung für ihre Wirksamkeit. Die Anweisung gilt deshalb auch ohne Unterschrift des Versicherers. Für die Mietwagenkosten-Übernahmeerklärung gelten diese Grundsätze entsprechend.[64]

V. Rechtswirkungen der Anweisung

1. Doppelermächtigung. Die Anweisung bewirkt nach § 783 eine Ermächtigung des 32 Anweisungsempfängers und eine Ermächtigung des Angewiesenen.[65] Der Inhalt der den

---

[58] *Schlegelberger/Hefermehl* Anh. § 365 HGB RdNr. 312.

[59] Monographien: *Bösch*, Der Reisescheck, 1987; *Heinichen*, Die Rechtsgrundlagen des Reisescheckverkehrs, 1964. Einzelheiten auch bei *Canaris* Bankvertragsrecht RdNr. 858 ff.; MünchKommHGB/*Hadding* ZahlungsV RdNr. F 1 ff.; vgl. ferner BankR-HdB/*Nobbe* § 63 RdNr. 54 ff.

[60] *Käser* ZgesKredW 1962, 399 f.; *Canaris* Bankvertragsrecht RdNr. 859 mwN; *Erman/Heckelmann/Wilhelmi* Vor § 783 RdNr. 6; *Staudinger/Marburger* RdNr. 41; *Zöllner* Wertpapierrecht § 26 V 3; aA namentlich MünchKommHGB/*Hadding* ZahlungsV RdNr. F 6; BankR-HdB/*Nobbe* § 63 RdNr. 50 ff.; *Soergel/Häuser* RdNr. 22; *Saria/Stessl* RIW 2002, 35, 36, 41; s. auch AG Frankfurt/M NJW-RR 1995, 312, 313.

[61] Aus RGZ 79, 342, 344 (faksimilierte Unterschrift der American Express Company als Ausstellerin) kann deshalb nichts gegen die hM hergeleitet werden.

[62] LG Frankfurt/M WM 1980, 290 f.; *Canaris* Bankvertragsrecht RdNr. 860; MünchKommHGB/*Häuser*, ZahlungsV, RdNr. D 35 f.

[63] *Heitmann* VersR 1981, 1106; *Mittelmeier* VersR 1982, 127 (beide auch zum Verhältnis Anweisung – Abtretung); *Palandt/Sprau* RdNr. 13.

[64] LG München VersR 1981, 565.

[65] Heute allgM; vgl. *Larenz/Canaris* II/2 § 62 I 2; *Staudinger/Marburger* RdNr. 17; zum Streitstand im älteren Schrifttum vgl. *Oertmann* Vor § 783 Anm. 1b; *Planck/Landois* Vor § 783 Anm. I 1. S. auch Fn. 66 und 70.

Beteiligten damit verliehenen Rechtsmacht ist unterschiedlich. Für den Anweisungsempfänger besteht sie darin, dass er im eigenen Namen eine Leistung erheben darf, die in seinem Verhältnis zum Angewiesenen nicht ihm, sondern dem Anweisenden gebührt. Der Angewiesene erhält die Befugnis, durch seine Leistung die obligatorische Rechtslage des Anweisenden zu verändern, sei es, dass dieser infolge der Leistung eine Forderung einbüßt (Anweisung auf Schuld, vgl. § 787 Abs. 1), sei es, dass er zum Schuldner des Angewiesenen wird (Anweisung auf Kredit). Dagegen bewirkt die Anweisung als solche nicht eine Verpflichtung des Angewiesenen gegenüber dem Anweisungsempfänger. Das widerspräche dem Prinzip des § 311 Abs. 1, nach dem eine Verpflichtung nicht ohne das Einverständnis des von ihr Betroffenen begründet werden kann. Gläubiger wird der Anweisungsempfänger deshalb nur durch Annahme (§ 784).

33 In den vorstehenden Grundsätzen liegt vor allem die Abkehr von der **Doppelmandatstheorie** des gemeinen Rechts.[66] Danach erhielt der Anweisungsempfänger ein Inkasso- und der Angewiesene ein Zahlungsmandat. Es wird also nach dieser Theorie einer von mehreren möglichen Rechtsgründen der Anweisung (Auftrag) in den rechtsgeschäftlichen Tatbestand der Anweisung aufgenommen. Der Gesetzgeber hat diese Lehre den §§ 783 ff. bewusst nicht zugrunde gelegt, sondern hat sich für die abstrakte Natur der Anweisung entschieden (vgl. RdNr. 6, 17).[67] An diesem Konzept ist gegen Relativierungsversuche des Schrifttums[68] festzuhalten. Richtig ist allerdings, dass mit der Anweisung entsprechend ihrem Wortsinn die Weisung zu einer Geschäftsbesorgung verbunden ist. Diese Weisung und die Gebundenheit ihres Adressaten haben aber mit der Anweisung iS des § 783 rechtlich nichts zu tun.[69] Insoweit handelt es sich vielmehr um Fragen der Kausalbeziehungen im Deckungsverhältnis, auf die es wegen der abstrakten Natur der Anweisung nicht ankommt. In der Annahme von Ermächtigungen liegt schließlich auch die Abkehr von der **Vollmachtstheorie,** die im älteren Schrifttum Anhänger gefunden hat.[70] Zwar ist die Vollmacht in ähnlicher Weise vom Mandat gelöst wie die Ermächtigung des § 783. Sie begründet aber nur die Fähigkeit, für den Vertretenen zu handeln, während dem Anweisungsempfänger und dem Angewiesenen eigene Rechtsmacht eingeräumt wird.

34 **2. Bedeutung der Ermächtigungen für die Kausalbeziehungen.** Die Ermächtigungen des § 783 sind zwar losgelöst von den Kausalbeziehungen. Aber ihre Erteilung ist für diese nicht folgenlos. Vielmehr ist der Anweisungsempfänger im **Valutaverhältnis** gehalten, von der Ermächtigung Gebrauch zu machen, bevor er auf die Forderung zurückgreifen darf, die ihm nach seinen Kausalbeziehungen gegen den Anweisenden zusteht. Grundlage dieser Verpflichtung ist allerdings nicht die Anweisung oder die aus ihr folgende Ermächtigung selbst, sondern eine Zusatzabrede, die den in der Anweisung liegenden Erfüllungsversuch begleitet (RdNr. 15). Im **Deckungsverhältnis** kann eine Pflicht des Angewiesenen bestehen, die Anweisung anzunehmen oder von der Ermächtigung Gebrauch zu machen, indem er die Anweisung ohne vorgängige Annahme honoriert. Doch folgt auch diese Pflicht weder aus der Anweisung noch allein aus der Existenz einer Verbindlichkeit. Sie setzt vielmehr eine zusätzliche Vereinbarung voraus (§ 787 Abs. 2; vgl. dort RdNr. 7).

VI. Prozessuale Fragen

35 **1. Urkundenprozess.** Weil die bloße Anweisung keinen Zahlungsanspruch verbrieft und auch eine Ausstellerhaftung nach dem Vorbild des Wechsel- und Scheckrechts nicht

---

[66] Hauptvertreter: *Thöl,* Das Handelsrecht, 6. Aufl., Bd. II 1879, § 325.
[67] Prot. S. 8480 = *Mugdan* II S. 962; *Wilhelm* AcP 175 (1975), 304, 333 ff. Zur Kritik der Doppelmandatstheorie vgl. *Wendt,* Das allg. Anweisungsrecht, 1895, S. 71 ff.
[68] *E. Ulmer,* Wertpapierrecht, 1938, S. 134 mwN.
[69] Ähnlich *Larenz/Canaris* II/2 § 62 I 2 c.
[70] Vgl. vor allem *Lenel* JherJb. 36 (1896), 1, 113 ff.; *Lent,* Die Anweisung als Vollmacht und im Konkurse, 1907, passim, bes. S. 33 ff.

vorgesehen ist (§ 792 RdNr. 7), kann der Anweisungsempfänger – vorbehaltlich der Annahme der Anweisung gemäß § 784 – weder im Urkundenprozess (§§ 592 ff. ZPO) noch in einem anderweitigen gerichtlichen Verfahren aus der Urkunde vorgehen. Dagegen steht für die Rückgriffsansprüche aus Wechsel und Scheck der Wechsel- und Scheckprozess (§§ 602 ff., 605 a ZPO) als besondere Verfahrensart zur Verfügung.

2. Darlegungs- und Beweislast. Wer sich auf eine der beiden durch die Anweisung 36 begründeten Ermächtigungen beruft, muss darlegen und beweisen, dass die Anweisung mit dem von ihm behaupteten Inhalt zustande gekommen ist. Dafür genügt zunächst der Beweis, dass die Urkunde ausgehändigt wurde.[71] Sache des Gegners ist dann der Nachweis, dass die Ermächtigung trotzdem, etwa wegen eines Willensmangels in der Person des scheinbar Anweisenden, nicht erteilt worden ist. Weil in der Anweisung kein einseitiges Rechtsgeschäft liegt (RdNr. 14 f.), kommt es insoweit nicht allein auf die Person des Anweisenden, sondern auch auf die des Anweisungsempfängers an.[72]

VII. Wirtschaftlich vergleichbare Tatbestände

1. Überblick und Weiterverweis. Das in der Erleichterung des Zahlungsverkehrs 37 bestehende Normziel der §§ 783 ff. (RdNr. 1) verwirklicht die Praxis nicht durch die Anweisung, sondern durch eines der heute üblichen **Verfahren bargeldloser Zahlung** (RdNr. 3). Hierher gehören der Überweisungsvertrag, aus dem Lastschriftverfahren die Einzugsermächtigung und der Abbuchungsauftrag, ferner die Zahlung mittels Kreditkarte oder ec-Karte durch ihre Verwendung an elektronischen Kassen im POS- oder ELV-Verfahren und schließlich der Akkreditivauftrag. In allen Fällen ist die verfahrenseinleitende Erklärung des Zahlenden **keine Anweisung iS der §§ 783.** Das gilt auch für die Überweisung: Nach § 783 müsste die Erklärung statt gegenüber dem Kreditinstitut gegenüber dem Begünstigten (Zahlungsempfänger) abgegeben werden; ihre Wirkung würde sich zudem in der Ermächtigung des Kreditinstituts erschöpfen, was seiner regelmäßigen girovertraglichen Ausführungspflicht nicht entspräche. Für die früher erörterte analoge Anwendung einzelner anweisungsrechtlicher Vorschriften (vgl. 3. Aufl. RdNr. 42) besteht nach dem Übergang des § 676 a zum Vertragsprinzip[73] wohl kein Raum mehr. Namentlich muss der früher als Gegenweisung (§ 665) mögliche Widerruf nunmehr aus der Kündigungsvorschrift des § 676 a Abs. 4 entwickelt werden (§ 676 a RdNr. 42 ff.). Soweit sich einzelne Formen bargeldloser Zahlung – wie etwa das Lastschriftverfahren mit Einzugsermächtigung – als Anweisung iwS systematisieren lassen, kommt dieser Einordnung kaum sachliche Bedeutung zu, weil die §§ 783 ff. jedenfalls nicht unmittelbar anzuwenden sind und ihre analoge Anwendung für die jeweilige Einzelvorschrift geprüft werden muss.[74] Scheck und Wechsel schließlich sind spezialgesetzlich geregelte Anweisungen; für die ergänzende Heranziehung der §§ 783 ff. ist insoweit kein Raum (RdNr. 27 f.).

Die nachfolgenden Erläuterungen gehen auf die Fragen des Überweisungs- und Last- 38 schriftverkehrs und auf das Recht der kartengestützten Zahlungen nicht mehr ein. Es ist vielmehr auf die **Kommentierung der §§ 676 a ff.** zu verweisen,[75] seitdem diese Formen der bargeldlosen Zahlung dort in einzelnen Beziehungen geregelt worden sind. Ferner bleibt die Begebung eines Schecks wegen der sondergesetzlichen Regelung im ScheckG ausgeklammert; zum Grundsätzlichen vgl. RdNr. 27 und zur Umdeutung RdNr. 28. Der Akkreditivauftrag schließlich ist ein besonderes gestaltetes Zahlungsinstrument des grenz-

---

[71] *Baumgärtel* RdNr. 1; *Planck/Landois* Anm. 2 d.
[72] *Baumgärtel* RdNr. 1; *Planck/Landois* Anm. 2 d; aA noch Voraufl. RdNr. 36 (Hüffer).
[73] Überweisungsgesetz vom 21. 7. 1999 (BGBl. I S. 1642); in Kraft seit 14. 8. 1999; näher Vor § 676 a RdNr. 8 ff.
[74] Vgl. RdNr. 7 f.; zur bestätigten Überweisung s. ferner LG Potsdam vom 25. 8. 2004, 8 O 148/04.
[75] Zur Lastschrift s. Vor § 676 a RdNr. 33 ff.; zur Kartenzahlung s. § 676 h RdNr. 5 ff.; seitdem insbes. BGH ZIP 2008, 1977; s. ferner § 807 RdNr. 13.

überschreitenden Handelsverkehrs und braucht deshalb in diesem Zusammenhang nur in seinen Grundzügen erörtert zu werden (vgl. RdNr. 39 ff.).

39 **2. Akkreditiv. a) Grundlagen. aa) Zweck und Bedeutung.** Das Akkreditivgeschäft ist im Wesentlichen durch die Einheitlichen Richtlinien und Gebräuche für Dokumentenakkreditive in der revidierten Fassung von 2007 (ERA 600)[76] geregelt; vgl. noch RdNr. 43. Eine Definition des Akkreditivs findet sich in Art. 2 ERA 600. In seiner einfachsten Form ist das Akkreditiv danach eine Vereinbarung zwischen der eröffnenden Bank und ihrem Kunden, dem Akkreditivauftraggeber, in der sich die Bank verpflichtet, Zahlung an einen Dritten, den Begünstigten, zu leisten, sofern die Akkreditivbedingungen erfüllt sind.[77] Zum Inhalt der Zahlungspflicht vgl. RdNr. 49. Nach seiner wirtschaftlichen Bedeutung[78] ist das Akkreditiv ein Instrument des Außenhandels.[79] Es dient in der praxisüblichen Form des Dokumentenakkreditivs (RdNr. 42) der Sicherung der Partner des Kausalgeschäfts, zB eines Kaufvertrags, und hat daneben Zahlungs- und Kreditfunktion.[80]

40 **bb) Die verschiedenen Rechtsverhältnisse.** Ähnlich wie bei der Überweisung, beim Lastschriftverfahren und bei der Universalkreditkarte (RdNr. 3) besteht zwischen den Beteiligten ein Dreiecksverhältnis. Zu unterscheiden sind: das Valutaverhältnis zwischen dem Akkreditivauftraggeber und dem Begünstigten als den Parteien des Kausalgeschäfts, die Rechtsbeziehung zwischen dem Akkreditivauftraggeber und seiner Bank (Deckungsverhältnis) und schließlich die Beziehung zwischen der Bank und dem Begünstigten, in dem die Zahlung erfolgt. Bei Auslandsgeschäften, also in aller Regel, wird die eröffnende Bank noch eine Korrespondenzbank als Akkreditivstelle einschalten,[81] so dass zu den genannten drei Beziehungen noch ein Interbankverhältnis hinzutritt.[82]

41 **cc) Formen des Akkreditivs.** Das Akkreditiv kann entsprechend den wirtschaftlichen Bedürfnissen der Beteiligten unterschiedlich ausgestaltet sein. So lassen sich zB widerrufliche und unwiderrufliche, bestätigte und unbestätigte, übertragbare und nicht übertragbare Akkreditive unterscheiden, ferner Sicht- und Nachsichtakkreditive, Akkreditive mit und ohne Dokumentenklausel.[83] Die nachfolgende Erläuterung konzentriert sich auf das unwiderrufliche Dokumentenakkreditiv als den Hauptfall der Praxis.[84]

42 Das **Dokumentenakkreditiv** baut auf der Klausel „Kasse gegen Dokumente" auf. Die Parteien des Kausalgeschäfts vereinbaren also, dass Zahlung nur gegen Übergabe der Transportdokumente wie Konnossemente oder Frachtbriefduplikate[85] und eventuell weiterer Papiere (Versicherungspolice, Herkunftszeugnis, Wiegebestätigung, Analysenzertifikat) erfolgen soll. Von welchen Dokumenten die Zahlung jeweils abhängig ist, muss im Akkreditivauftrag und im Akkreditiv selbst genau angegeben werden; die Anforderungen sind in den

---

[76] Maßgeblich ist die englische Originalfassung (ICC-Publikation Nr. 600); zweisprachige Fassung veröffentlicht von der ICC Deutschland e. V., Berlin, 2007; zur Neufassung s. *Holzwarth* IHR 2007, 136, 148; Abdruck und Erläuterung der Vorgängerfassung bei *Baumbach/Hopt* Anh. 11.
[77] Formular mit Erläuterungen in Münchener Vertragshandbuch, Bd. III: Wirtschaftsrecht, 6. Aufl. 2007, Formular VI.1 (S. 667 ff.).
[78] Sie ist rückläufig, s. MünchKommHGB/*Nielsen* ZahlungsV RdNr. H 4; ältere Angaben bei *Eberth* WM-Sonderbeilage Nr. 4/1984 S. 3; *Liesecke* WM 1976, 258.
[79] Vgl. aber auch OLG Schleswig WM 1980, 48: akkreditivähnliche Finanzierungsbestätigung.
[80] Zu den Akkreditivfunktionen OLG München RIW 1983, 957 f.; vgl. ferner *Schütze* RdNr. 34 f.; MünchKommHGB/*Nielsen* ZahlungsV RdNr. H 3.
[81] Darstellung der kollisionsrechtlichen Probleme bei *v. Bar* ZHR 152 (1988), 38, 44 ff.; *Schütze* RdNr. 458 ff.; 466 ff.; *ders.* WM 1982, 226; vgl. OLG Köln WM 1994, 1877, 1878 re. Sp.: schlüssige Wahl des Rechts der inländischen Zahlstelle.
[82] Dazu OLG Düsseldorf ZIP 2003, 1785 = EWiR Art. 40 ERA 500 1/04 *(Nielsen)*: Bindung der Bank an die Entscheidung des Begünstigten, ob das Akkreditiv ganz oder nur teilweise in Anspruch genommen werden soll; s. dazu noch RdNr. 47.
[83] Übersicht bei MünchKommHGB/*Nielsen* ZahlungsV RdNr. H 20 ff.
[84] Die Definition in Art. 2 ERA 600 geht nunmehr grds. von der Unwiderruflichkeit aus; Art. 7 b ERA 600 spricht von der unwiderruflichen Pflicht zur Honorierung ab Eröffnung des Akkreditivs.
[85] Einzelheiten bei MünchKommHGB/*Nielsen* ZahlungsV RdNr. H 132 ff. Stets entscheidend ist der Inhalt, nicht die Bezeichnung oder der bloße Wortlaut der meist ausländischen Dokumente.

Art. 14 ff., 18 ff. ERA 600 iE geregelt, und zwar getrennt für die einzelnen Transportdokumente.[86] Die Akkreditivstelle prüft die Dokumente (Art. 14 lit. a ERA 600),[87] bevor sie Zahlung leistet. Die Prüfung der Dokumente auf formelle Übereinstimmung mit den Akkreditivbedingungen ist Kardinalpflicht iS von § 307 Abs. 2 Nr. 2, so dass eine formularmäßige Freizeichnung insoweit ausscheidet, möglich ist sie aber für das fahrlässige Übersehen der Unechtheit eines Dokuments.[88] Erreicht wird auf diese Art eine Sicherung beider Parteien des Kausalverhältnisses: Der Verkäufer sichert durch das Zahlungsversprechen der Bank seine Forderung auf den Preis, der Käufer erfährt eine Sicherung seines Lieferanspruchs, weil nur nach Prüfung der Dokumente gezahlt wird.

dd) Rechtsgrundlagen. Eine spezielle gesetzliche Regelung des Akkreditivvertrags gibt es nicht (zu seiner Einordnung als Vertrag iS des § 675 vgl. RdNr. 45). Der Inhalt des Geschäfts wird im Wesentlichen durch die ERA bestimmt, und zwar durch die ERA 600, wenn das Akkreditiv am oder nach dem 1. 7. 2007 eröffnet wurde.[89] Normative Kraft kommt den ERA, die von der internationalen Handelskammer ausgearbeitet werden, als solchen nicht zu.[90] Sie werden vielmehr durch den in Art. 1 ERA 600 vorgesehenen Hinweis in den Einzelvertrag einbezogen. Kreditinstitute können die ERA wie Sonderbedingungen für einzelne Geschäftsbereiche behandeln, was jedoch ebenfalls eine Vereinbarung voraussetzt.[91] Besteht im Einzelfall kein vertraglicher Geltungsgrund, so bleibt zu prüfen, ob die in Frage stehende konkrete Regelung der ERA (nicht: das gesamte Regelwerk) als Gewohnheitsrecht oder als Handelsbrauch (§ 346 HGB) für die Beteiligten bindend ist.[92] 43

b) Die Akkreditivklausel und ihre Wirkungen. Das im Valutaverhältnis bestehende Kausalgeschäft (Kauf, Werkvertrag, Werklieferungsvertrag) verpflichtet als solches nicht zur Akkreditivgestellung. Es bedarf dazu vielmehr einer besonderen vertraglichen Vereinbarung, die üblicherweise als Akkreditivklausel bezeichnet wird.[93] Die Akkreditivklausel spricht regelmäßig nicht nur die Verpflichtung aus, ein Akkreditiv zu stellen, sondern legt auch die wesentlichen Einzelpunkte fest: welche Bank das Akkreditiv stellen, welche es bestätigen soll, welche Zahlungsmodalitäten (Frist) einzuhalten, welche Dokumente vorzulegen sind. Das Akkreditiv zu stellen, ist Gegenstand einer atypischen Hauptpflicht.[94] Insoweit besteht Vorleistungspflicht,[95] die regelmäßig als Fixgeschäft iS des § 376 HGB zu erfüllen ist.[96] Wenn das Akkreditiv gestellt wird, tritt hinsichtlich des Zahlungsanspruchs keine Erfüllungswirkung (§ 362 Abs. 1) ein. Es handelt sich vielmehr um eine Leistung erfüllungshalber (§ 364 Abs. 2), weil der Gläubiger nur eine neue Forderung 44

---

[86] *Nielsen* WM-Sonderbeilage Nr. 3/1993.
[87] Vgl. (noch zur ERA 500) *Nielsen* RdNr. 86 ff.; Monographie: *Gleisberg,* Die Prüfung von Dokumenten des kombinierten Transports beim Dokumentenakkreditiv, 1980.
[88] BGHZ 108, 348, 351 f. = NJW 1990, 255; *Liesecke* WM 1976, 258, 262; MünchKommHGB/*Nielsen* ZahlungsV RdNr. H 112; aA *Canaris* Bankvertragsrecht RdNr. 965; *Schlegelberger/Hefermehl* Anh. § 365 HGB RdNr. 184.
[89] Zur Fundstelle s. Fn. 76.
[90] Eingehend *Canaris* Bankvertragsrecht RdNr. 925 ff.; ferner *Baumbach/Hopt* Anh. 11 Einl. RdNr. 5; *Schütze* RdNr. 10 ff.; zur (zweckmäßig international einheitlichen) Auslegung s. *Steindorff,* FS v. Caemmerer, 1978, S. 761, 765.
[91] Für konkludente Einbeziehung unter Kaufleuten LG Frankfurt/M WM 1996, 153; *Baumbach/Hopt* Anh. 11 Einl. ERA RdNr. 6.
[92] BGH WM 1958, 456, 459; LG Frankfurt/M WM 1996, 153 re. Sp.; *Liesecke* WM 1966, 458; *Schönle* NJW 1968, 726, 728; *Canaris* Bankvertragsrecht RdNr. 926; wohl auch MünchKommHGB/*Nielsen* ZahlungsV RdNr. H 41.
[93] Ausf. *Stötter* RIW 1981, 86; vgl. ferner *Canaris* Bankvertragsrecht RdNr. 1047 ff.
[94] BGH WM 1958, 456; LM § 361 Nr. 1; WM 1965, 102 f.; RGZ 103, 376, 380; OLG Nürnberg NJW 1966, 2272 f.; *Canaris* Bankvertragsrecht RdNr. 1050; *Schlegelberger/Hefermehl* Anh. § 365 HGB RdNr. 242.
[95] BGH WM 1955, 765, 767; LM § 361 Nr. 1; WM 1965, 102 f.; BGHZ 55, 340, 342 = LM § 198 Nr. 7 = NJW 1971, 979; *Canaris* Bankvertragsrecht RdNr. 1049; *Schlegelberger/Hefermehl* Anh. § 365 HGB RdNr. 241.
[96] BGH WM 1958, 456, 458; OLG Nürnberg NJW 1966, 2272 f.; *Canaris* Bankvertragsrecht RdNr. 1051; *Schlegelberger/Hefermehl* Anh. § 365 HGB RdNr. 245.

erhält.[97] Auf Grund der Akkreditivklausel ist er aber verpflichtet, von dem Akkreditiv Gebrauch zu machen, bevor er auf die Kausalforderung zurückgreift (vgl. RdNr. 15).[98] Auch besteht ein Aufrechnungsausschluss (Barzahlungsabrede), und zwar uU selbst nach Ende der vereinbarten Laufzeit des Akkreditivs.[99] Von einer Aufrechnung durch den Akkreditivauftraggeber zu unterscheiden ist eine Aufrechnung durch die Akkreditivbank. Sie bleibt möglich, soweit die Bank eigene, dh. nicht vom Auftraggeber abgeleitete, Ansprüche hat, die auch fällig und liquide sind (zB aus diskontierten Wechseln).[100]

45 **c) Der Akkreditivauftrag. aa) Erteilung und Rechtsnatur.** Zwischen dem Akkreditivauftraggeber und der eröffnenden Bank kommt ein **Geschäftsbesorgungsvertrag** zustande, der eine Werkleistung zum Gegenstand hat (§§ 631, 675).[101] Um einen Dienstvertrag handelt es sich nicht, weil die Bank mit der Eröffnung des Akkreditivs, der Prüfung der Dokumente und der Bezahlung der Forderung konkrete Erfolge schuldet. Seiner Rechtsnatur nach ist der Akkreditivauftrag also nicht Weisung im Rahmen eines bestehenden Girovertrags, sondern die auf den Abschluss eines zusätzlichen Geschäftsbesorgungsvertrags gerichtete Offerte. Eine besondere Form ist nicht vorgeschrieben. Üblich und zweckmäßig[102] ist jedoch die Auftragserteilung unter Verwendung eines von der Kreditwirtschaft konzipierten Formulars.[103] Einen Anspruch auf Eröffnung des Akkreditivs und andere Leistungen der Bank erlangt der Auftraggeber erst, wenn seine Offerte wirksam angenommen wird. Die Annahme kann schlüssig erfolgen. Sie liegt spätestens in der Übersendung einer Kopie des Akkreditiveröffnungsschreibens.[104]

46 Vielfach wird der Akkreditivauftrag als **Anweisung iwS** aufgefasst.[105] Das ist insofern zutreffend, als zwischen den Beteiligten eine Dreiecksbeziehung besteht und die Zahlung der Bank die anweisungstypische Simultanerfüllung im Deckungs- und Valutaverhältnis bewirkt (vgl. noch RdNr. 49). Jedoch kommt dieser Klassifizierung wenig weiterführende Bedeutung zu, weil sie nur die Möglichkeit analoger Anwendung einzelner anweisungsrechtlicher Vorschriften zum Ausdruck bringt (vgl. RdNr. 8), was wegen der detaillierten Regelung durch die ERA regelmäßig nicht veranlasst ist.

47 **bb) Wirkungen.** Der von der Bank angenommene Akkreditivauftrag verpflichtet diese gegenüber dem Auftraggeber, das Akkreditiv zu eröffnen, die Einhaltung der Akkreditivbedingungen durch den Begünstigten zu überwachen und unter den Bedingungen des Akkreditivs Zahlung zu leisten. Zu beachten ist, dass sich die Überwachungspflicht der Bank nur auf die Dokumente bezieht und nicht auf Warenlieferungen oder Dienstleistungen, die den Dokumenten zugrunde liegen (Art. 5 ERA 600). Für die Prüfung gilt der Grundsatz der Dokumentenstrenge.[106] Die Bank ist danach gehalten, im Zweifel auf buchstabengetreue

---

[97] AllgM, vgl. BGH WM 1956, 753, 755; *Canaris* Bankvertragsrecht RdNr. 1055 mwN.

[98] *Peters* WM 1978, 1030, 1033; *Canaris* Bankvertragsrecht RdNr. 1058; *Schlegelberger/Hefermehl* Anh. § 365 HGB RdNr. 247.

[99] BGHZ 60, 262, 264 = LM HGB § 346 (Ef) Nr. 8 = NJW 1973, 899; OLG Düsseldorf DB 1972, 1018 (Vorinstanz); *Schütze* RdNr. 426 bei Fn. 113; *Canaris* Bankvertragsrecht RdNr. 1060; *Schlegelberger/Hefermehl* Anh. § 365 HGB RdNr. 248.

[100] BGHZ 94, 167, 170 f. = LM § 305 Nr. 33 = NJW 1985, 1829 (Bankgarantie auf erstes Anfordern); *Schütze* RdNr. 426; *Liesecke* WM 1960, 212; *ders.* WM 1966, 469; aA *Zahn/Ehrlich/Neumann*, Zahlung und Zahlungssicherung im Außenhandel, 7. Aufl. 2001, RdNr. 2/390.

[101] BGH WM 1958, 1542 f.; 1998, 1769, 1770 li. Sp.; RGZ 106, 26 f.; 107, 7 f.; 114, 266, 270; *Peters* WM 1978, 1030, 1033 f.; *E. Ulmer* AcP 126 (1926), 129, 280; *Zahn/Ehrlich/Neumann* (Fn. 100) RdNr. 2/36; vgl. auch *Nielsen* BuB Bd. III RdNr. 5/510; *Staudinger/Martinek* § 675 RdNr. B 58; *MünchKommHGB/Nielsen* ZahlungsV RdNr. H 44.

[102] Deshalb lässt sich von einer Handelsübung sprechen, nicht jedoch von einem Handelsbrauch iS des § 346 HGB; unscharf *MünchKommHGB/Nielsen* ZahlungsV RdNr. H 46.

[103] Abdruck in Münchener Vertragshandbuch (Fn. 77) VI.1.

[104] *Nielsen* BuB Bd. III RdNr. 5/272.

[105] Eingehend *E. Ulmer* AcP 126 (1926), 129, 297 ff.; vgl. ferner *Canaris* Bankvertragsrecht RdNr. 920 f.; *Schlegelberger/Hefermehl* Anh. § 365 HGB RdNr. 215; *Staudinger/Martinek* § 675 RdNr. B 58. Abl. gegenüber dem Versuch, das Dreiecksverhältnis einheitlich zu erfassen, zB *Nielsen* BuB Bd. III RdNr. 5/264.

[106] BGH LM § 780 RdNr. 1 = WM 1958, 291 f.; LM § 780 Nr. 2 = WM 1958, 587 f.; LM § 665 Nr. 3 = WM 1960, 38 f.; LM HGB § 373 Nr. 3 = WM 1964, 476; LM § 433 Nr. 34 = NJW 1970, 992; LM § 665

Rechte aus der Anweisung   48, 49 § 783

Übereinstimmung mit den Akkreditivbedingungen zu achten.[107] Sie übernimmt jedoch nicht das Risiko von Fälschungen, die auch bei leichter Fahrlässigkeit übersehen werden können (RdNr. 42). Eine Auslegung des Akkreditivvertrags ist möglich, kann aber nicht auf außerhalb der Urkunde liegende Gesichtspunkte gestützt werden.[108] Eine Lockerung des Prinzips ergibt sich nur unter den Voraussetzungen der §§ 665 S. 2, 675 oder im Einzelfall durch das Verbot treuwidrigen Verhaltens des Auftraggebers (§ 242).[109] Dieser hat schließlich die Aufwendungen zu ersetzen, welche die Bank berechtigt erbracht hat (§§ 670, 675). Dahin gehören die Zahlung bei berechtigter und die notwendigen Abwehrkosten bei unberechtigter Inanspruchnahme.[110]

d) Akkreditiveröffnung und -bestätigung. Die Eröffnung des Akkreditivs erfolgt **48** durch eine Erklärung der Bank gegenüber dem Begünstigten.[111] Weil der Begünstigte einen Zahlungsanspruch gegen die Bank erwerben soll und dafür nach dem Prinzip des § 311 Abs. 1 ein Vertrag geschlossen werden muss, ist die Mitteilung der Akkreditiveröffnung als Vertragsofferte zu qualifizieren. Eine Annahmeerklärung des Begünstigten gegenüber der Bank ist nach der Verkehrssitte nicht zu erwarten und deshalb überflüssig (§ 151).[112] Der Vertrag ist nach ganz hM ein abstraktes Schuldversprechen iS des § 780.[113] Dem ist beizupflichten, weil der von den Beteiligten verfolgte Zweck, dem Begünstigten einen möglichst verlässlichen Zahlungsanspruch zu verschaffen, die Abstraktion erfordert (§ 780 RdNr. 16). Art. 4 lit. a ERA 600 bringt denn auch die Abstraktheit der Verbindlichkeit klar zum Ausdruck. Eine zusätzliche abstrakte Verpflichtung iS des § 780 entsteht schließlich durch die Bestätigung eines Akkreditivs (Art. 8 lit. a, b ERA 600).[114] Bestätigung ist die Bekräftigung des Akkreditivs durch dasjenige Institut, das die eröffnende Bank als Akkreditivstelle zugezogen hat. Sie haftet dem Begünstigten als Gesamtschuldner. Sofern das Akkreditiv übertragbar gestellt ist (Art. 38 ERA) und übertragen wird, erwirbt auch der Zweitbegünstigte eine originäre abstrakte Forderung aus § 780.[115]

e) Die Bezahlung des Akkreditivs und ihre Wirkungen. Wenn die eröffnende Bank **49** das Akkreditiv bezahlt oder durch die Akkreditivstelle bezahlen lässt, erwirbt sie im De-

---

Nr. 7 = NJW 1971, 558; NJW 1994, 2018, 2019; ZIP 2004, 1047, 1049; anschaulich *Liesecke* WM 1976, 258, 262 f.; *Canaris* Bankvertragsrecht RdNr. 942; MünchKommHGB/*Nielsen* ZahlungsV RdNr. 104 ff.; zu streng wohl OLG Düsseldorf ZIP 2003, 1785, 1786 ff. = EWiR Art. 40 ERA 500 1/04 (*Nielsen*), wonach es der Grundsatz der Auftrags- und Dokumentenstrenge verbieten soll, die völlig unwirksame Inanspruchnahme eines Akkreditivs in eine Teilausnutzung umzudeuten, für die die Voraussetzungen vorgelegen hätten.
[107] Die ERA 600 haben (wohl in Übereinstimmung mit der bisherigen Praxis) den Grundsatz der Dokumentenstrenge wohl hinsichtlich bestimmter Adress- und Kontaktdaten in Dokumenten geringfügig gelockert, vgl. *Holzwarth* IHR 2007, 136, 143.
[108] BGHZ 90, 287, 291 = LM § 305 Nr. 27 = NJW 1984, 2030; BGH NJW 1994, 2018, 2019; *Koller* WM 1990, 293 f.
[109] *Liesecke* WM 1976, 258, 263 f.; *Canaris* Bankvertragsrecht RdNr. 944 ff.; *Schlegelberger/Hefermehl* Anh. § 365 HGB RdNr. 185; alle mwN; ähnlich MünchKommHGB/*Nielsen* ZahlungsV RdNr. H 104, H 108 ff.; sehr streng OLG München WM 1996, 2335, 2337: Abweichung nur, wenn Bank ohne Zuziehung von Fachleuten selbst völlig einwandfrei beurteilen kann, dass die festgestellten Abweichungen völlig unerheblich und für den Auftraggeber unschädlich sind; ebenso *Kümpel*, Bank- und Kapitalmarktrecht, 3. Aufl. 2004, RdNr. 7136, der sich gegen die Anwendung von § 665 S. 2 wendet. – Zur Parallelproblematik bei der Garantie auf erstes Anfordern s. Vor § 765 RdNr. 30.
[110] BGH WM 1998, 1769, 1770; OLG Hamburg WM 1998, 554; LG Hamburg WM 1997, 258 f.
[111] Abdruck des üblichen Formulars im Münchener Vertragshandbuch (Fn. 77) VI.1.
[112] Erfordernis eines Vertragsschlusses und Anwendung des § 151 entsprechen der ganz hM, vgl. *Nielsen* BuB Bd. III RdNr. 5/292; *Canaris* Bankvertragsrecht RdNr. 982 f.; MünchKommHGB/*Nielsen* ZahlungsV RdNr. H 63.
[113] BGHZ 60, 262, 264 = LM HGB § 346 (Ef) Nr. 8 = NJW 1973, 899; BGHZ 108, 348, 350 = LM AGBG § 9 (Be) Nr. 4 = NJW 1990, 255; BGH WM 1996, 995, 996; *Canaris* Bankvertragsrecht RdNr. 985; MünchKommHGB/*Nielsen* ZahlungsV RdNr. H 30; s. ferner OLG Köln r+s 2003, 454, 455: Zahlungen auf Akkreditiv als Begleichung eines Erfüllungsanspruchs sind von der Haftpflichtversicherung nicht zu erstatten.
[114] LG Frankfurt/M WM 1994, 944, 946 li. Sp.; *Liesecke* WM 1976, 258, 260; *Nielsen* BuB Bd. III RdNr. 5/310; *Canaris* Bankvertragsrecht RdNr. 987; MünchKommHGB/*Nielsen* ZahlungsV RdNr. H 86.
[115] BGHZ 132, 313, 316; *Canaris* Bankvertragsrecht RdNr. 1036; MünchKommHGB/*Nielsen* ZahlungsV RdNr. H 209.

ckungsverhältnis zum Auftraggeber erstens einen Anspruch auf Provision als Gegenleistung für ihre Geschäftsbesorgung (§§ 631, 675) und zweitens einen Anspruch auf Ersatz des aufgewandten Akkreditivbetrags (§§ 670, 675). Belastet die Bank das Konto ihres Kunden vor der Ausführung, so macht sie damit den Anspruch auf Vorschuss geltend, der ihr nach §§ 669, 675 zusteht.[116] Die Zahlung der Bank an den Begünstigten ist nicht nur Erfüllung ihres abstrakten Schuldversprechens (RdNr. 48), sondern auch schuldbefreiende Simultanleistung, nämlich der Bank an den Auftraggeber und des Auftraggebers an den Begünstigten. Nicht schon die Akkreditiveröffnung (RdNr. 48), wohl aber die Akkreditivbezahlung hat also im Valutaverhältnis Erfüllungswirkung (§ 362 Abs. 1). Zum Einfluss der Akkreditivklausel auf das Valutaverhältnis vgl. RdNr. 44.

50 f) Missbräuchliche Inanspruchnahme des Akkreditivs. Das Dokumentenakkreditiv dient nicht nur der Sicherung des Verkäufers, sondern auch des Käufers; seinen Interessen soll die Prüfung der Dokumente Rechnung tragen (RdNr. 42). Dieser Interessenschutz ist zwangsläufig unvollkommen; denn er versagt gegenüber Fälschung und Betrug,[117] aber auch schon bei Falschlieferung und Sachmangel.[118] Materiell-rechtlich kann die Akkreditivbank in solchen Fällen ausnahmsweise gegenüber dem Begünstigten berechtigt und gegenüber dem Auftraggeber verpflichtet sein, die Zahlung zu verweigern, nämlich dann, wenn das Zahlungsverlangen rechtsmissbräuchlich ist (§ 242).[119] Mangelhafte Erfüllung des Grundgeschäfts genügt dafür aber noch nicht. Vielmehr müssen Sachmängel derart sein, dass die Ware zur Erfüllung ganz und gar ungeeignet ist.[120] Selbst ein darauf gerichteter starker Verdacht entbindet die Bank noch nicht von ihrer Zahlungspflicht; vielmehr muss der umschriebene Eignungsmangel offensichtlich oder liquide beweisbar sein.[121] Bezüglich der Rechtsdurchsetzung muss das Interesse des Käufers (Auftraggebers) darauf gerichtet sein, die Bezahlung des Akkreditivs zu verhindern. Für die Frage, wie weit das möglich ist, muss zwischen seinem Verhältnis zum Verkäufer (Begünstigten) und zur eröffnenden Bank unterschieden werden. Im Verhältnis zum Verkäufer bejahen Praxis und hL bei krassen Vertragsverstößen einen Anspruch auf Auszahlungsverzicht und gewähren insoweit auch einstweiligen Rechtsschutz, wenn der Verstoß mit liquiden Beweismitteln dargetan werden kann.[122] Dagegen wird die Möglichkeit einer einstweiligen Verfügung gegen die Bank grundsätzlich verneint.[123] In dieser zweiten Frage sind jedoch Rechtsprechung und Schrifttum zur Bankgarantie, die weithin parallele Probleme aufwirft, in Bewegung geraten. Die Tendenz geht dahin, die einstweilige Verfügung gegen die Bank zu erlassen, wenn die missbräuchliche Inanspruchnahme der Garantie mit liquiden Beweismitteln festgestellt werden kann (Vor § 765 RdNr. 35). Für das Akkreditiv kann schwerlich etwas anderes gelten.[124]

---

[116] Statt vieler vgl. *Nielsen* BuB Bd. III RdNr. 5/290; *Canaris* Bankvertragsrecht RdNr. 968.

[117] Vgl. BGH ZIP 2004, 1047: Anspruch der eröffnenden Bank gegen den Aussteller falscher Dokumente aus § 826 bereits bei bewusstem Unterlassen, Zweifel an der Richtigkeit von Warenangaben in einem Konnossement zu vermerken; zum Hintergrund *Nielsen* TranspR 2005, 145 (größter Betrug der Schiffahrtsgeschichte).

[118] Um diese Gefahr zu mindern, kann allerdings als Dokument das Zertifikat einer Warenprüfungsgesellschaft verlangt werden.

[119] Vgl. zB *Koller* WM 1990, 293, 295 ff.; *Schütze* RdNr. 427 ff.; zur Parallelproblematik bei der Garantie auf erstes Anfordern s. Vor § 765 RdNr. 34 ff.

[120] BGHZ 101, 84, 91 f. = LM HGB § 365 Nr. 2 = NJW 1987, 2578; BGH NJW 1989, 159, 160 li. Sp.

[121] BGHZ 101, 84, 91 f. = LM HGB § 365 Nr. 2 = NJW 1987, 2578; BGH NJW 1989, 159, 160 li. Sp.; WM 1996, 995, 996; BGHZ 132, 313, 317; OLG Frankfurt WM 1997, 609, 610.

[122] LG Düsseldorf WM 1975, 67; *Liesecke* WM 1966, 458, 468; *Pilger* RIW 1979, 588, 590; *Witte/Wegmann* JuS 1975, 137, 143; *Schütze* RdNr. 541 ff.; *Nielsen* BuB Bd. III RdNr. 5/706 ff.; MünchKommHGB/*Nielsen* ZahlungsV RdNr. H 229 ff. Großzügiger aber *Aden* RIW 1976, 678, 682; *Canaris* Bankvertragsrecht RdNr. 1066.

[123] OLG Düsseldorf WM 1978, 359 f.; *Liesecke* WM 1966, 458, 468; *Schütze* RdNr. 536; *Canaris* Bankvertragsrecht RdNr. 1025; MünchKommHGB/*Nielsen* ZahlungsV RdNr. H 232 ff.; im Grundsatz auch *Nielsen* BuB Bd. III RdNr. 5/710 ff.

[124] Vgl. *Heinsius*, FS Werner, S. 233 Fn. 18; ferner *Schönle* SchweizJZ 1983, 53 und 73; wenig klar BGHZ 101, 84, 92 = LM HGB § 365 Nr. 2 = NJW 1987, 2578.

§ 784 Annahme der Anweisung

(1) Nimmt der Angewiesene die Anweisung an, so ist er dem Anweisungsempfänger gegenüber zur Leistung verpflichtet; er kann ihm nur solche Einwendungen entgegensetzen, welche die Gültigkeit der Annahme betreffen oder sich aus dem Inhalt der Anweisung oder dem Inhalt der Annahme ergeben oder dem Angewiesenen unmittelbar gegen den Anweisungsempfänger zustehen.

(2) ¹Die Annahme erfolgt durch einen schriftlichen Vermerk auf der Anweisung. ²Ist der Vermerk auf die Anweisung vor der Aushändigung an den Anweisungsempfänger gesetzt worden, so wird die Annahme diesem gegenüber erst mit der Aushändigung wirksam.

I. Normzweck

1 Die Vorschrift dient der Ergänzung des § 783 (vgl. dort RdNr. 2 aE), indem sie der Ermächtigungswirkung der Anweisung (§ 783 RdNr. 32) die **Verpflichtungswirkung der Annahme** hinzufügt. Damit klärt das Gesetz die im 19. Jahrhundert streitige Frage, ob, wie und mit welchem Inhalt eine Verpflichtung des Angewiesenen gegenüber dem Anweisungsempfänger begründet werden kann. Es bejaht die Frage im Grundsätzlichen, fordert eine formgebundene Erklärung gegenüber dem Anweisungsempfänger und gestaltet die Verbindlichkeit als abstrakte Schuld iS des § 780 aus.[1]

II. Tatbestand der Annahme

2 **1. Die Annahme als Vertragsofferte.** Die Leistungspflicht des Empfängers entsteht durch die Annahme (§ 784 Abs. 1 Halbs. 1). Deren Rechtsnatur ist streitig. Während die traditionelle Lehre die Annahme als einseitiges Rechtsgeschäft auffasst,[2] hat der Verpflichtungstatbestand nach der im jüngeren Schrifttum hM Vertragscharakter.[3] Dieser Ansicht ist beizupflichten (vgl. schon § 780 RdNr. 335), weil die angenommene Anweisung in rechtssystematische Übereinstimmung mit dem abstrakten Schuldversprechen iS des § 780 bringt, das nach allgM einen Vertrag voraussetzt (§ 780 RdNr. 12), und weil sie die Reste der so nicht mehr vertretenen Kreationstheorie überwindet (vgl. Vor § 793 RdNr. 22 ff., 25).[4] Die auf den Abschluss des Vertrags gerichtete Offerte liegt jedenfalls regelmäßig in der Annahmeerklärung des Angewiesenen. Auf die korrespondierende Erklärung des Anweisungsempfängers ist § 151 anzuwenden; sie ist also nicht zugangsbedürftig.[5]

3 **2. Erklärungsinhalt.** Eine Annahmeerklärung liegt nur vor, wenn der Angewiesene den Willen zum Ausdruck bringt, sich gegenüber dem Anweisungsempfänger zu verpflichten. Genauer: Er muss den Willen erklären, eine selbstständige, gegenüber Deckungs- und Valutaverhältnis abstrakte Verbindlichkeit zu übernehmen (vgl. RdNr. 6). Ob die Voraussetzung erfüllt ist, ist Auslegungsfrage. Entscheidende Bedeutung hat auch hier, ob der von den Beteiligten verfolgte Zweck die Abstraktion erfordert (vgl. § 780 RdNr. 17 ff.). Das ist dann zu bejahen, wenn dem Anweisungsempfänger nach dem Inhalt des Valutaverhältnisses ein möglichst verlässlicher Zahlungsanspruch verschafft werden soll und der Angewiesene sich darauf mit Rücksicht auf das Deckungsverhältnis einlässt. Die äußere Gestaltung der

---

[1] Mot. II S. 560 = *Mugdan* II S. 313 mN zur Gesetzgebung des 19. Jh.
[2] S. noch RGRK/*Steffen* RdNr. 3.
[3] *Hueck/Canaris* Wertpapierrecht § 4 V 2; *Larenz/Canaris* II/2 § 62 II 1; *Zöllner* Wertpapierrecht § 8 V 2 b; Erman/*Heckelmann/Wilhelmi* RdNr. 2; Palandt/*Sprau* RdNr. 3; Soergel/*Häuser* RdNr. 2; Staudinger/*Marburger* RdNr. 7.
[4] Zur Verträglichkeit der Vertragskonstruktion mit der in der 4. Aufl. (Vor § 793 RdNr. 29) noch vertretenen Lehre vom mehrgliedrigen Rechtsgeschäft als Entstehungsgrund wertpapierrechtlicher Verpflichtung (dagegen jetzt aber Vor § 793 RdNr. 28 f.) 4. Aufl. RdNr. 2 *(Hüffer)*.
[5] Vgl. die Nachweise in Fn. 3.

§ 784 4, 5

Erklärung ist demgegenüber von geringerer Bedeutung. Namentlich ist nicht erforderlich, dass das Wort „angenommen" verwandt wird. Bloße Unterschrift kann genügen,[6] stellt aber nicht notwendig einen Annahmevermerk dar; der Rechtsgedanke des Art. 25 Abs. 1 S. 3 WG ist nicht zu verallgemeinern.[7] Ein Vermerk, der Kenntnisnahme ausdrückt („gesehen"), reicht dagegen für den Regelfall nicht, weil aus der bloßen Kenntnisnahme noch nicht auf einen Verpflichtungswillen geschlossen werden kann.[8] Zulässig ist eine Annahme unter Einschränkungen, vor allem unter summenmäßiger Begrenzung der übernommenen Verbindlichkeit.[9]

4 **3. Form und Wirksamwerden (§ 784 Abs. 2).** § 784 Abs. 2 S. 1 fordert einen **schriftlichen Vermerk** auf der Anweisung. Erforderlich ist also zunächst Schriftform (§ 126). Bei Gesamtvertretung der Angewiesenen müssen sämtliche Vertreter unterzeichnen.[10] Nicht jede Schriftform genügt. Vielmehr ist unverzichtbar, dass der Vermerk auf die Urkunde selbst gesetzt wird; die Übergabe anderer Schriftstücke genügt keinesfalls.[11] Das Gesetz will damit den Angewiesenen vor den Risiken schützen, die sich aus der abstrakten Verpflichtung für ihn ergeben.[12] Mit Blick auf die Rechtsnatur des durch die Annahme zustande gebrachten Vertrags (RdNr. 6) steht dies in gewissem Widerspruch zu der hM, die dem Schriftformerfordernis § 780 die Funktion eines Übereilungsschutzes abspricht (§ 780 RdNr. 21 f.).; jedenfalls müssen auch im Rahmen des § 784 Abs. 2 S. 1 die Ausnahmetatbestände der § 782, § 350 HGB (§ 782 RdNr. 3 f.) zur Anwendung gelangen.[13] Vorbehaltlich dieser Sondervorschriften kann wegen der notwendigen **urkundlichen Einheit** von Anweisung und Annahme nur eine der Schriftform genügende Anweisung angenommen werden; ist also die Anweisung in elektronischer Form erteilt, so ist sie zwar als solche formwirksam (§ 783 RdNr. 16), kann aber nicht mehr angenommen werden. Ist die Annahme formnichtig (§ 125), so kommt im Einzelfall in Frage, einen Anspruch des Anweisungsempfängers aus Vertrag zwischen dem Anweisenden und dem Angewiesenen zu begründen (§ 328).[14]

5 Mit der **Rückgabe der Urkunde** wird die Annahmeerklärung wirksam, also die Vertragsofferte bindend (vgl. RdNr. 2). Die Übergabe anderer Schriftstücke oder eine formlose Kenntnisnahme durch den Anweisungsempfänger genügt abweichend vom Regelfall des § 130 nicht, weil der Angewiesene den Annahmevermerk bis zur Rückgabe streichen, also seine Erklärung widerrufen darf; Art. 29 WG bringt einen allgemeinen Rechtsgedanken zum Ausdruck.[15] Eine besondere Regelung trifft § 784 Abs. 2 S. 2 nur für den Fall, dass die angenommene Anweisung dem Anweisenden zurückgegeben wird. Maßgeblich ist dann die in § 783 vorausgesetzte Aushändigung der Urkunde an den Anweisungsempfänger. Darin liegt der frühestmögliche Zeitpunkt, weil die Annahme der Anweisung nicht früher wirksam werden kann als diese selbst. Auch in diesem Fall ändert sich nichts daran, dass die Annahme eine Vertragserklärung des Angewiesenen gegenüber dem Anweisungsempfänger ist. Der Anweisende wird lediglich als Bote des Angewiesenen tätig.[16]

---

[6] *Erman/Heckelmann/Wilhelmi* RdNr. 6; *Palandt/Sprau* RdNr. 4; *RGRK/Steffen* RdNr. 5; *Staudinger/Marburger* RdNr. 3.
[7] Unscharf zB *RGRK/Steffen* RdNr. 5.
[8] RG Recht 1912 Nr. 212; *RGRK/Steffen* RdNr. 5; *Staudinger/Marburger* RdNr. 3; vgl. auch OLG Schleswig WM 1980, 48 (nicht genügend: Finanzierungsbestätigung einer Bank); LG Köln MDR 1947, 166 (nicht genügend: Durchlauf durch Registriermaschine).
[9] *RGRK/Steffen* RdNr. 4; *Staudinger/Marburger* RdNr. 4.
[10] BGH WM 1982, 155, 156 re. Sp.
[11] BGH WM 1982, 155, 156 li. Sp.; OLG Koblenz NJW-RR 1989, 506; *Erman/Heckelmann/Wilhelmi* RdNr. 6; *RGRK/Steffen* RdNr. 6; *Staudinger/Marburger* RdNr. 3.
[12] Mot. II S. 560 = Mugdan II S. 313; s. zur Kodifikationsgeschichte *Meder* AcP 198 (1998), 72, 88 ff.
[13] Vgl. auch LG Potsdam vom 25. 8. 2004, 8 O 148/04: Bestätigung einer Überweisung durch die beauftragte Bank gegenüber dem Überweisungsempfänger ist nach § 350 HGB formlos möglich.
[14] BGH WM 1982, 155, 156 f.; *Staudinger/Marburger* RdNr. 5.
[15] *Hueck/Canaris* Wertpapierrecht § 4 V 2.
[16] Vgl. die Nachweise in Fn. 3.

III. Verpflichtungswirkung

Durch den Vertrag mit dem Anweisungsempfänger verpflichtet sich der Angewiesene, an ihn die in der Anweisungsurkunde bezeichnete Leistung zu erbringen. Der Annahmevertrag ist **abstraktes Schuldversprechen** iS des § 780,[17] weil die im Deckungs- und Valutaverhältnis bestehenden Kausalbeziehungen nicht Bestandteil des rechtsgeschäftlichen Tatbestands sind (780 RdNr. 35). Auch die Anweisung selbst ist nicht Bestandteil des Verpflichtungstatbestands. Deshalb besteht die Leistungspflicht des Annehmenden selbst dann, wenn die Anweisung unwirksam oder widerrufen sein sollte.[18] Die Übernahme der abstrakten Verbindlichkeit wirkt auch nicht auf die Kausalbeziehungen zurück. Insbesondere geht eine Erfüllungswirkung nicht von ihr, sondern erst von der Leistung aus, die auf Grund der abstrakten Verbindlichkeit erbracht wird (vgl. § 787 RdNr. 3; § 788 RdNr. 5). Die Annahme begründet zwar ein unmittelbares Leistungsverhältnis zwischen dem Angewiesenen und dem Anweisungsempfänger;[19] auf die bereicherungsrechtliche Rückabwicklung ist dieses indes ohne Einfluss (§ 788 RdNr. 5; § 812 RdNr. 78). 6

IV. Einwendungsausschluss

Gegen die Forderung des Anweisungsempfängers aus dem abstrakten Schuldvertrag stehen dem Angewiesenen nur die in § 784 Abs. 1 Halbs. 2 zugelassenen Einwendungen zu; mit allen anderen Einwendungen ist er ausgeschlossen. Der Einwendungsausschluss ist **Folge der abstrakten Natur** des Schuldverhältnisses und dient nicht, wie zB die in § 796 oder in Art. 17 WG getroffene Regelung, dem Verkehrsschutz; insofern ist von einer nur klarstellenden Vorschrift zu sprechen.[20] Sie bringt im Grunde Selbstverständliches zum Ausdruck: Einwendungen aus Rechtsverhältnissen, die von dem Schuldversprechen rechtlich getrennt sind, können nicht erhoben werden. Vgl. dazu schon § 780 RdNr. 49 und zur bereicherungsrechtlichen Rückabwicklung einer Leistung auf Grund angenommener Anweisung bei Mängeln der Kausalverhältnisse § 812 RdNr. 78. 7

Die **zulässigen Einwendungen** lassen sich in drei Gruppen einteilen: urkundliche Einwendungen; Gültigkeitseinwendungen; persönliche Einwendungen. Eine Einwendung der ersten Art (§ 784 Abs. 1 Halbs. 2 Fälle 2 und 3) liegt vor, wenn der Anweisungsempfänger etwas fordert, was ihm nach dem Inhalt der Urkunde nicht zusteht, oder Leistung vor dem in der Urkunde genannten Fälligkeitstag begehrt oder wenn er mehr verlangt, als der Annahmeerklärung entspricht. In der zweiten Gruppe (§ 784 Abs. 1 Halbs. 2 Fall 1) geht es um Willensmängel, Gesetz- und Sittenwidrigkeit. Erhebliche praktische Bedeutung kommt dieser Fallgruppe deshalb nicht zu, weil sich der Mangel auf den Annahmevertrag beziehen muss und dieser als abstraktes Rechtsgeschäft seine causa nicht enthält (§ 780 RdNr. 50 f.). Beispiele für die dritte Gruppe (§ 784 Abs. 1 Halbs. 2 Fall 4) sind Aufrechnung, Zurückbehaltungsrecht, Tilgung oder Erlass, nicht dagegen die Bereicherungseinrede (§ 821), weil darin eine unzulässige exceptio ex iure tertii läge (vgl. RdNr. 7). Weil die Verpflichtung des Angewiesenen wie jedes Schuldverhältnis dem Grundsatz von Treu und Glauben (§ 242) unterliegt, können sich im Einzelfall auch durch Konkretisierung dieses Prinzips zulässige Einwendungen ergeben.[21] 8

---

[17] AllgM, vgl. *Staudinger/Marburger* RdNr. 9; *Larenz/Canaris* II/2 § 62 II 1.
[18] HM, vgl. *Palandt/Sprau* RdNr. 1; *RGRK/Steffen* RdNr. 1; *Soergel/Häuser* RdNr. 3; *Staudinger/Marburger* RdNr. 2; aA *Kübler*, Feststellung und Garantie, 1967, S. 166.
[19] BGH NVwZ 2007, 973 Tz. 28 = VersR 2007, 367.
[20] Str., wie hier *Hueck/Canaris* Wertpapierrecht § 4 V 2; *Larenz/Canaris* II/2 § 62 II 1; *Staudinger/Marburger* RdNr. 12; wohl auch *Zöllner* Wertpapierrecht § 8 V 2 c; aA zB *E. Ulmer* Wertpapierrecht S. 240; *RGRK/Steffen* RdNr. 10.
[21] RGZ 144, 133, 137; RG LZ 1920, Sp. 229; OLG Schleswig WM 1980, 48, 50; *Erman/Heckelmann/Wilhelmi* RdNr. 8; *Staudinger/Marburger* RdNr. 11 aE.

§ 785 Aushändigung der Anweisung

Der Angewiesene ist nur gegen Aushändigung der Anweisung zur Leistung verpflichtet.

I. Normzweck

1 Die Bestimmung dient dem **Schutz des Angewiesenen**. Dabei ist zu unterscheiden, ob er die Anweisung angenommen hat oder nicht (vgl. noch RdNr. 2). Im ersten Fall kann der Angewiesene das Risiko mehrfacher Inanspruchnahme ausschließen, indem er sich die Urkunde aushändigen lässt. Im zweiten Fall schützt er sich auf diese Weise vor Beweisschwierigkeiten. Der Besitz der Urkunde erlaubt ihm nämlich den urkundlichen Nachweis seiner Ermächtigung zur Leistung und erleichtert ihm bei einer Übertragung der Anweisung (§ 792 Abs. 1) den Nachweis, dass er die Legitimation des Erwerbers zum Empfang der Leistung gehörig geprüft hat.[1] Schließlich folgt aus § 785 der Charakter der Anweisung als Wertpapier im weiteren Sinne (Rektapapier), weil die Ausübung des Rechts von der Innehabung der Urkunde abhängt (vgl. RdNr. 5).

II. Voraussetzungen

2 Es muss eine **Anweisung iS des § 783** vorliegen. Weil § 785 von einer Verpflichtung zur Leistung spricht, die ihrerseits nach § 784 die Annahme voraussetzt, vermittelt die Vorschrift den Eindruck, dass es nur um die angenommene Anweisung geht. Das trifft jedoch nicht zu.[2] Vielmehr greift § 785 auch dann ein, wenn der Angewiesene die Anweisung ohne vorherige Annahme honorieren will.[3]

III. Rechtsfolgen

3 **1. Zurückbehaltungsrecht.** § 785 gewährt dem Angewiesenen ein Zurückbehaltungsrecht iS der §§ 273, 274, und zwar sowohl gegenüber der abstrakten Forderung aus einer angenommenen Anweisung (§ 784 RdNr. 6) wie auch gegenüber der Forderung aus dem Deckungsverhältnis, das ihn mit dem Anweisenden verbindet. Die jeweilige Leistungspflicht ist also nur Zug um Zug gegen Aushändigung der Urkunde zu erfüllen. Vorausgesetzt ist volle Leistung. Teilleistungen (etwa gegen Vorlage eines Rundkreditbriefs, vgl. § 783 RdNr. 29) sind auf der Urkunde zu vermerken. Der Gläubiger gerät nach § 298 in Annahmeverzug, wenn er die Urkunde nicht an den leistungsbereiten Angewiesenen herausgeben kann oder will. Hat der Angewiesene von seinem Zurückbehaltungsrecht keinen Gebrauch gemacht, so setzt sich das Recht nach der Leistung jedenfalls in einem schuldrechtlichen Herausgabeanspruch analog § 371 S. 1 fort. Nach richtiger Ansicht erwirbt der Angewiesene analog § 952 (RdNr. 4) das Eigentum an der Urkunde wegen ihrer Eigenschaft als Rektapapier, so dass er die Herausgabe gemäß § 985 auch von einem Dritten verlangen kann.[4] Die Aushändigung der Urkunde kann also auch noch nach der Leistung gefordert werden. Unberührt von § 785 bleibt schließlich die in §§ 368, 369 getroffene Regelung. Der Angewiesene kann also neben der Urkunde auch die Erteilung einer Quittung verlangen.[5]

4 **2. Eigentumserwerb.** Anders als § 797 S. 2 enthält § 785 keine Regelung des Eigentumserwerbs. Weil die angenommene Anweisung eine Forderung verbrieft, erwirbt der Angewiesene das Eigentum an der Urkunde nach dem Rechtsgedanken des § 952 mit der

---

[1] Prot. S. 2351 = *Mugdan* II S. 963.
[2] RGRK/*Steffen* RdNr. 2; *Soergel/Häuser* RdNr. 2; *Staudinger/Marburger* RdNr. 2; *Larenz/Canaris* II/2 § 62 II 2; nicht eindeutig *Zöllner* Wertpapierrecht § 8 V 4.
[3] So ausdrücklich Prot. S. 2350 = *Mugdan* II S. 963.
[4] Das Schrifttum gibt einen Herausgabeanspruch, ohne dessen Rechtsnatur deutlich zu machen; vgl. RGRK/*Steffen* RdNr. 2; *Staudinger/Marburger* RdNr. 2.
[5] RGRK/*Steffen* RdNr. 1; *Soergel/Häuser* RdNr. 1; *Staudinger/Marburger* RdNr. 3.

Tilgung (RdNr. 3; § 797 RdNr. 5 mN). Für die nicht angenommene Anweisung wird man einen gesetzlichen Eigentumserwerb mit der Aushändigung der Urkunde bejahen müssen; denn es ergibt keinen Sinn, dem Angewiesenen nur den Besitz an der Urkunde zuzusprechen und das Eigentum dem Anweisungsempfänger zu belassen.

3. Aufgebotsverfahren bei Verlust der Urkunde. Weil sowohl die Ermächtigung, die Leistung im eigenen Namen zu erheben (§ 783 Halbs. 1), wie auch die aus der Annahme entspringende Forderung nur von dem namentlich benannten Inhaber der Urkunde oder seinem Rechtsnachfolger geltend gemacht werden können, ist diese als Rektapapier Wertpapier im weiteren Sinne (vgl. § 783 RdNr. 9). Gleichwohl ist ein Aufgebotsverfahren bei Verlust der Urkunde in den §§ 783 ff. nicht vorgesehen. Nach einem Teil des Schrifttums soll deshalb § 371 S. 2 anwendbar sein.[6] Dieser Ansicht ist wegen der notwendigen Verklammerung von Recht und Papier nicht zu folgen; vielmehr liegt eine Regelungslücke vor, die nach heute hM[7] durch analoge Anwendung der Vorschriften geschlossen werden muss, die ein Aufgebotsverfahren anordnen (vgl. Vor § 793 RdNr. 10 mN und zum Verfahren § 799 RdNr. 7 ff.). 5

IV. Verwandte Vorschriften

Ähnliche Bestimmungen finden sich **für alle Wertpapiere**, weil das Erfordernis der Innehabung ihre Mindestvoraussetzung darstellt (Vor § 793 RdNr. 6 ff., 11); genannt seien § 797 S. 1, § 364 Abs. 3 HGB, § 123 Abs. 3 AktG, Art. 39 Abs. 1 WG, Art. 34 Abs. 1 ScheckG. 6

§ 786 *(weggefallen)*

§ 786 betraf die **Verjährung** des Anspruchs des Anweisungsempfängers gegen den Angewiesenen aus der Annahme (§ 784) und bestimmte dafür eine Frist von drei Jahren. Darin lag eine Abkürzung gegenüber der früheren allgemeinen Verjährungsfrist von 30 Jahren (§ 195 aF). Bezweckt war damit die schleunige Abwicklung des Schuldverhältnisses.[1] Weil jetzt schon die regelmäßige Verjährungsfrist nur noch drei Jahre beträgt (§ 195 nF), ist die Vorschrift durch Art. 1 Nr. 57 **SMG** ersatzlos gestrichen worden. Eine Verschiebung des Verjährungseintritts ergibt sich allerdings trotz übereinstimmender Fristen aus ihrem unterschiedlichen Beginn. Maßgeblich ist dafür nicht mehr wie früher die Entstehung des Anspruchs (§ 198 S. 1 aF), sondern der Schluss des Jahres, in dem der Anweisungsempfänger gemäß § 784 Gläubiger wird und auch die erforderliche Kenntnis hat oder ohne grobe Fahrlässigkeit haben müsste (§ 198 Abs. 1 nF). Hemmung (§§ 203 ff.) und Neubeginn (§ 212) sind jetzt schon deshalb möglich, weil seit Aufhebung des § 786 keine Sonderregelung mehr besteht. 1

§ 787 Anweisung auf Schuld

(1) Im Falle einer Anweisung auf Schuld wird der Angewiesene durch die Leistung in deren Höhe von der Schuld befreit.

(2) Zur Annahme der Anweisung oder zur Leistung an den Anweisungsempfänger ist der Angewiesene dem Anweisenden gegenüber nicht schon deshalb verpflichtet, weil er Schuldner des Anweisenden ist.

---

[6] RGRK/*Steffen* § 790 RdNr. 9; *Palandt/Sprau* § 790 RdNr. 7.
[7] Vgl. besonders *Staub/Canaris* § 363 HGB RdNr. 27; *Kümpel* WM 1981, Sonderbeilage 1 S. 9 ff.; s. auch *Erman/Heckelmann/Wilhelmi* § 790 RdNr. 5; *Staudinger/Marburger* RdNr. 5 mwN; *Bamberger/Roth/Gehrlein* § 790 RdNr. 5; AnwK-BGB/*Sohbi* § 790 RdNr. 6.
[1] Prot. S. 2352 = *Mugdan* II S. 964.

I. Normzweck

1 Die Vorschrift betrifft die **Anweisung auf Schuld** und enthält für diesen Fall eine gewollt rudimentäre **Regelung des Deckungsverhältnisses** zwischen dem Anweisenden und dem Angewiesenen (Valutaverhältnis: § 788). Die zunächst in beiden Entwürfen enthaltene Verweisung auf das Auftragsrecht wurde von der Zweiten Kommission gestrichen, weil die zugrunde liegende Doppelmandatstheorie (§ 783 RdNr. 33) unzutreffend sei.[1]

II. Anweisung auf Schuld

2 Nach dem der Anweisung zugrunde liegenden Kausalverhältnis lassen sich die Anweisung **auf Schuld** und die Anweisung **auf Kredit** unterscheiden. Die erste Form liegt vor, wenn der Angewiesene dem Anweisenden aus irgendeinem Rechtsgrund zu einer Leistung verpflichtet ist. Um die zweite Variante handelt es sich, wenn eine solche Verpflichtung fehlt und der Angewiesene deshalb mit seiner Leistung an den Anweisungsempfänger zum Gläubiger des Anweisenden wird. § 787 Abs. 1 und 2 betreffen nur die erste Form.[2] Dass die Anweisung auch auf Kredit erfolgen kann, ergibt sich jedoch aus der rechtsgeschäftlichen Gestaltungsfreiheit.

III. Die Befreiungswirkung (§ 787 Abs. 1)

3 **1. Nicht erforderlich: Hinweis des Anweisenden auf die Verpflichtung.** Zweifelhaft ist, ob die in § 787 Abs. 1 angeordnete Befreiungswirkung bei allen Anweisungen auf Schuld eintritt oder ob über die Existenz einer Verpflichtung hinaus eine ausdrücklich oder schlüssig abgegebene Erklärung des Anweisenden erforderlich ist, in der er sich auf die Verpflichtung bezieht (Tilgungsbestimmung). Die hM beantwortet die Frage im zweitgenannten Sinne[3] und reduziert die Bedeutung der in § 787 Abs. 1 getroffenen Regelung damit auf eine klarstellende Konkretisierung der schon in §§ 362 Abs. 2, 185 Abs. 1 enthaltenen Aussage. Ohne Tilgungsbestimmung, die allerdings auch konkludent getroffen werden kann, soll der Angewiesene nach diesem Konzept einen Anspruch auf Aufwendungsersatz (§ 670) haben, wenn er die Leistung erbringt, und sich von seiner Verpflichtung durch Aufrechnung befreien können und, sofern gewollt, auch müssen. Die Lösung der hM ist abzulehnen.[4] Sie tradiert nämlich den Standpunkt der Motive, von dem sich schon die Zweite Kommission ausdrücklich verabschiedet hatte (vgl. auch RdNr. 1); danach entspricht die Befreiungswirkung dem regelmäßigen Sinn der Anweisung.[5] Sie ist deshalb durch § 787 Abs. 1 als dispositiven Rechtssatz vorgesehen. Der Anweisende muss also keine Erklärung abgeben, wenn er die Befreiungswirkung will. Er muss vielmehr nur initiativ werden, wenn er diese Wirkung nicht will. Anderes gilt, wenn nach den im Deckungsverhältnis getroffenen Abreden die Anwendung des § 787 Abs. 1 von vornherein ausgeschlossen ist (vgl. RdNr. 4).

4 **2. Keine Anwendung bei Scheck- und Überweisungsauftrag.** Die Frage nach der Anwendbarkeit des § 787 Abs. 1 stellt sich in zwei Fällen, nämlich einmal, wenn die bezogene Bank den Scheck ihres Kunden weisungsgemäß einlöst, zum anderen, wenn die Bank den Überweisungsauftrag ihres Kunden ausführt. Für beide Fälle ist streitig, ob sich das Guthaben des Kunden nach § 787 Abs. 1 (bei Banküberweisung: in analoger Anwendung) ipso iure verringert[6] oder ob der Bank nur ein Aufwendungsersatzanspruch nach § 670

---

[1] Prot. S. 8479 = *Mugdan* II S. 962.
[2] HM, vgl. *Palandt/Sprau* RdNr. 1; *RGRK/Steffen* RdNr. 2; *Staudinger/Marburger* RdNr. 1; s. ferner BGH ZIP 2008, 2182 Tz. 9 f.
[3] *RGRK/Steffen* RdNr. 4; *Soergel/Häuser* RdNr. 2; *Staudinger/Marburger* RdNr. 2; *Larenz/Canaris* II/2 § 62 II 2 e; *Bamberger/Roth/Gehrlein* RdNr. 1; *PWW/Buck-Heeb* RdNr. 1; *Erman/Heckelmann/Wilhelmi* RdNr. 3; unentschieden *Palandt/Sprau* RdNr. 1.
[4] Überzeugend 4. Aufl. RdNr. 3 (*Hüffer*).
[5] Prot. S. 8480 = *Mugdan* II S. 962.
[6] So namentlich *Baumbach/Hefermehl*, 22. Aufl. 2000, Art. 3 ScheckG RdNr. 5; MünchKommHGB/*Häuser* ZahlungsV RdNr. D 65.

zusteht, so dass es einer Verrechnung bedarf.[7] Zutreffend ist hier die zweite Lösung, weil sich eine automatische Verringerung des Guthabens nicht mit der Kontokorrentabrede verträgt, die im Deckungsverhältnis getroffen ist, und weil die Anwendung des § 787 Abs. 1 zu einer unnötigen Konstruktionsverdoppelung führt; § 670 muss nämlich jedenfalls dann angewandt werden, wenn sich das Konto des Kunden im Soll befindet.[8]

3. Leistung des Anweisenden. Keinesfalls tritt die Befreiungswirkung schon mit der Anweisung selbst ein, auch nicht im Fall ihrer Annahme; denn die Begründung einer neuen Verpflichtung erfolgt auch im Deckungsverhältnis nur erfüllungshalber (§ 364 Abs. 2), nicht an Erfüllungs Statt (§ 364 Abs. 1). Die Befreiungswirkung hängt also davon ab, dass der Angewiesene die Leistung an den Anweisungsempfänger erbringt (§ 788 RdNr. 5) oder in den zugelassenen Grenzen ein Erfüllungssurrogat wählt (Aufrechnung, Hinterlegung).[9] Zum Verhältnis der beiden Verpflichtungen zueinander vgl. § 784 RdNr. 6.

4. Simultanerfüllung. Weil § 787 Abs. 1 nur das Deckungsverhältnis betrifft, spricht die Vorschrift auch nur die Befreiung des Angewiesenen von seiner Verpflichtung gegenüber dem Anweisenden aus. Seine Leistung bewirkt aber auch, dass der Anweisende von einer im Valutaverhältnis zum Anweisungsempfänger bestehenden Verpflichtung frei wird. Diesen Doppeleffekt bezeichnet man als Simultanerfüllung (§ 783 RdNr. 1; § 788 RdNr. 5).

IV. Keine Verpflichtung zur Annahme (§ 787 Abs. 2)

§ 787 Abs. 2 beruht auf dem **Grundsatz des § 311 Abs. 1.** Danach entstehen rechtsgeschäftliche Verpflichtungen durch den Abschluss eines darauf gerichteten Vertrags. Die bloße Existenz einer anderen Verpflichtung schließt also nicht die Pflicht ein, die Anweisung anzunehmen oder ohne Annahme zu honorieren. Die Annahmepflicht kann aber als unselbstständige Nebenpflicht eines anderen Vertrags vereinbart oder Gegenstand einer besonderen Abrede, vor allem eines Auftrags, sein. Kommt der Angewiesene einer derart begründeten Verpflichtung in zu vertretender Weise nicht nach, so hat er Schadensersatz zu leisten.[10] Ein Erfüllungszwang ist theoretisch möglich (Vollstreckung wegen der Form des § 784 Abs. 2: § 888 ZPO), aber ohne praktisches Interesse.

§ 788 Valutaverhältnis

Erteilt der Anweisende die Anweisung zu dem Zwecke, um seinerseits eine Leistung an den Anweisungsempfänger zu bewirken, so wird die Leistung, auch wenn der Angewiesene die Anweisung annimmt, erst mit der Leistung des Angewiesenen an den Anweisungsempfänger bewirkt.

I. Normzweck

Die Bestimmung enthält eine Regelung des Valutaverhältnisses zwischen dem Anweisenden und dem Anweisungsempfänger und stellt klar, dass in der Anweisung **keine Erfüllung** und auch **kein Erfüllungssurrogat** liegt, sei sie angenommen oder nicht. Damit ist zugleich bezweckt, die Anweisung von anderen, in ihrer Nähe stehenden Rechtsinstituten abzugrenzen. Das sind aus der Perspektive des Anweisenden die Leistung

---

[7] So die hM, vgl. BGH LM ScheckG Art. 1 Nr. 1 (Scheck) = NJW 1951, 598 m. krit. Anm. *Hefermehl*; BGHZ 4, 244, 248 = LM HGB § 355 Nr. 5 = NJW 1952, 340 (Überweisung); *Baumbach/Hefermehl/Casper* Art. 3 ScheckG RdNr. 7 aE; *Canaris* Bankvertragsrecht RdNr. 344 mwN; *Staudinger/Marburger* RdNr. 6.
[8] Das räumt auch MünchKommHGB/*Häuser* ZahlungsV RdNr. D 65 aE ein.
[9] Mot. II S. 563 = *Mugdan* II S. 315.
[10] AllgM, vgl. RGRK/*Steffen* RdNr. 8; *Staudinger/Marburger* RdNr. 7.

§ 788 2–5   Abschnitt 8. Titel 23. Anweisung

an Erfüllungs Statt (§ 364 Abs. 1) sowie aus der Sicht des Angewiesenen die Schuldübernahme (§§ 414 f.).¹

II. Anweisung zwecks Leistung

2   **1. Allgemeines.** Der Anweisende muss mit der Anweisung bezwecken, durch die Person des Angewiesenen seinerseits eine Leistung an den Anweisungsempfänger zu bewirken. Welcher Zweck mit dieser Leistung verfolgt wird, ist für § 788 unerheblich. Regelmäßig wird es sich um die Tilgung einer Verbindlichkeit handeln. Die Vorschrift ist aber auch anwendbar, wenn der Anweisende dem Anweisungsempfänger Kredit gewähren oder eine Schenkung vollziehen will.² Ob der Angewiesene die Anweisung akzeptiert hat oder nicht, hat für die Leistungspflicht des Anweisenden keine Bedeutung. Das beruht auf dem allgemeinen Rechtsgedanken des § 364 Abs. 2, nach dem die Begründung einer neuen Forderung keine Erfüllung der alten darstellt.

3   **2. Banküberweisung, Scheck.** § 788 gilt auch, wenn die Anweisung in einem Scheck besteht. Die Befreiungswirkung tritt also erst dann ein, wenn die bezogene Bank den Scheck honoriert.³ Auf die Banküberweisung soll § 788 dagegen keine (analoge) Anwendung finden.⁴ Das ist nur richtig, wenn man auf die durch Gutschrift auf dem Empfängerkonto und eine für die Verpflichtungswirkung des § 780 ausreichende Erklärungshandlung abstellt. Der bloße Überweisungsvertrag (§ 676 a Abs. 1) hat dagegen keine Erfüllungswirkung. Insoweit passt also der Rechtsgedanke des § 788.⁵

III. Rechtsfolgen

4   **1. Folgen der Anweisung.** § 788 beschränkt sich auf die negative Aussage, dass mit der Anweisung allein keine Erfüllungswirkung verbunden ist. Das bedeutet jedoch nicht, dass die Anweisung im Valutaverhältnis folgenlos wäre. Welche Bedeutung die Anweisung für dieses Verhältnis hat, richtet sich vielmehr nach den Abreden, die zwischen dem Anweisenden und dem Anweisungsempfänger bestehen. Bei einer zahlungshalber gegebenen Anweisung ist regelmäßig anzunehmen, dass der Anweisungsempfänger zunächst Befriedigung beim Angewiesenen suchen muss und seine Forderung gegen den Anweisenden erst geltend machen darf, wenn der Angewiesene nicht zahlt.⁶ Das entspricht den zu § 364 Abs. 2 anerkannten allgemeinen Grundsätzen. Eine § 365 entsprechende Gewährleistungspflicht des Anweisenden für den Bestand seiner Forderung im Deckungsverhältnis kennt das Gesetz nicht.⁷ Sie ist auch überflüssig, weil der Anweisungsempfänger nicht an dieser Forderung, sondern an der Leistung des Angewiesenen interessiert ist, die dieser auch kreditieren kann, und weil er beim Ausbleiben dieser Leistung auf seine Forderung aus dem Kausalverhältnis zurückgreifen darf. Zu den Rechtsfolgen der Annahme vgl. § 784 und dort RdNr. 6 ff.

5   **2. Folgen der Leistung.** Die Leistung des Angewiesenen an den Anweisungsempfänger, von der § 788 spricht, ist dem Anweisenden als seine Leistung zuzurechnen und bewirkt deshalb das Erlöschen seiner Verbindlichkeit gegenüber dem Anweisungsempfänger. Weil zugleich auf eine Verbindlichkeit geleistet wird, die im Verhältnis des Angewiesenen zum

---

¹ Mot. II S. 562 f. = *Mugdan* II S. 314.
² RGRK/*Steffen* RdNr. 1; *Staudinger/Marburger* RdNr. 2.
³ RGZ 78, 137, 142; LG Braunschweig WM 1979, 735; *Canaris* Bankvertragsrecht RdNr. 772; RGRK/ *Steffen* RdNr. 4; *Staudinger/Marburger* RdNr. 6; *Kümpel,* Bank- und Kapitalmarktrecht, 3. Aufl. 2004, RdNr. 4.657.
⁴ *Canaris* Bankvertragsrecht RdNr. 322 und 475.
⁵ Zur entsprechenden Anwendung des § 788 auf den sog. roten Scheck der Bundesbank, der entgegen dem Sprachgebrauch Überweisungsauftrag ist, s. RGRK/*Steffen* RdNr. 4.
⁶ BGHZ 96, 182, 193 = NJW 1986, 424 (Wechsel); RG JW 1901, 867; *Erman/Heckelmann/Wilhelmi* RdNr. 1; RGRK/*Steffen* RdNr. 2; *Staudinger/Marburger* RdNr. 5.
⁷ RGRK/*Steffen* RdNr. 3; *Staudinger/Marburger* RdNr. 4.

Anweisenden besteht, spricht man von einer **Simultanerfüllung** oder Simultanleistung. Bei Fehlerhaftigkeit des Deckungs- oder des Valutaverhältnisses oder beider Rechtsbeziehungen (Doppelmangel) findet die bereicherungsrechtliche Rückabwicklung nicht zwischen dem Angewiesenen und dem Anweisungsempfänger statt. Die Kondiktionen folgen vielmehr den fehlerhaften Kausalbeziehungen; darüber besteht heute Einigkeit, sofern eine fehlerfreie Anweisung vorliegt (ausführlich dazu und zum Folgenden § 812 RdNr. 60 ff., 71). Verbreitet wird deshalb im Verhältnis zwischen dem Angewiesenen und dem Anweisungsempfänger nicht von einer Leistung, sondern von einer (bloßen) Zuwendung gesprochen (§ 783 RdNr. 5). Nach richtiger Ansicht wird damit zwar das Ergebnis einer Rückabwicklung im Dreiecksverhältnis eher beschrieben als begründet. Die für das Bereicherungsrecht aber immerhin erzielte terminologische Klärung lässt sich mit dem Wortlaut des § 788 angesichts des auch sonst mehrdeutigen Leistungsbegriffs vereinbaren, indem man als Leistung iS der Vorschrift die Vornahme der auf den Eintritt des Leistungserfolgs im Valutaverhältnis gerichteten Handlungen des Angewiesenen versteht. Hat der Angewiesene die Anweisung gemäß § 784 angenommen, so wird hierdurch zwar auch im Verhältnis zum Anweisungsempfänger ein Leistungsverhältnis begründet;[8] auch in diesem Fall bewendet es allerdings grundsätzlich bei der bereicherungsrechtlichen Rückabwicklung im Deckungs- und im Valutaverhältnis (§ 812 RdNr. 78).

Weil das Leistungsverhalten des Angewiesenen dem Anweisenden als seine Leistung **6** zugerechnet wird (RdNr. 5), darf sich der Angewiesene ganz ebenso der **Erfüllungssurrogate** bedienen, wie dieser es dürfte.[9] Er kann also mit dem Anweisungsempfänger eine Leistung an Erfüllungs Statt vereinbaren oder den Anweisenden von seiner Verbindlichkeit durch Aufrechnung oder Hinterlegung befreien, wenn die Voraussetzungen dazu bei ihm vorliegen. Wird ein danach zulässiges Erfüllungssurrogat gewählt, so tritt die Befreiungswirkung ein (§ 787 RdNr. 5).

§ 789 Anzeigepflicht des Anweisungsempfängers

¹ Verweigert der Angewiesene vor dem Eintritt der Leistungszeit die Annahme der Anweisung oder verweigert er die Leistung, so hat der Anweisungsempfänger dem Anweisenden unverzüglich Anzeige zu machen. ² Das Gleiche gilt, wenn der Anweisungsempfänger die Anweisung nicht geltend machen kann oder will.

I. Normzweck

Die Vorschrift bezweckt den **Schutz des Anweisenden,** und zwar zunächst vor den **1** Nachteilen, die ihm erwachsen können, wenn der Angewiesene der Anweisung nicht nachkommt. Der Anweisende soll in die Lage versetzt werden, auf den Angewiesenen einzuwirken, damit er die Leistung erbringt, oder die Ansprüche durchzusetzen, die ihm im Deckungsverhältnis für den Fall der Nichtleistung zustehen. In den Fällen des § 789 S. 2 soll dem Anweisenden ermöglicht werden, über seine aus dem Deckungsverhältnis resultierenden Rechte anders zu disponieren. Als Schutzpflicht ließe sich die Pflicht zur Anzeige auch aus § 241 Abs. 2 oder früher aus § 242 herleiten (§ 783 RdNr. 15). § 789 kann deshalb als Konkretisierung solcher Vorschriften verstanden werden.[1] Wechsel und Scheck: Art. 45 WG, Art. 42 ScheckG.

II. Voraussetzungen der Anzeigepflicht

Die Pflicht zur Anzeige besteht bei **vorzeitiger Annahmeverweigerung** und bei **Leis- 2 tungsverweigerung** des Angewiesenen (das eine wie das andere kann auch in einem

---

[8] BGH NVwZ 2007, 973 Tz. 28 = VersR 2007, 367; OLG Bamberg ZInsO 2004, 620, 621.
[9] Mot. II S. 563 = *Mugdan* II S. 315.
[1] Mot. II S. 565 = *Mugdan* II S. 316; *Staudinger/Marburger* RdNr. 2.

§ 790 1, 2   Abschnitt 8. Titel 23. Anweisung

schlüssigen Verhalten gefunden werden), ferner bei **Nichtausübung der Anweisungsrechte** durch den Empfänger. Auch die Annahme unter Einschränkungen oder die teilweise Leistungsverweigerung sind anzuzeigen.[2] Die Annahmeverweigerung ist vorzeitig, wenn sie vor Fälligkeit der Leistung erfolgt.[3] In der Annahmeverweigerung nach Eintritt der Fälligkeit liegt zugleich eine Leistungsverweigerung des Angewiesenen. Ob der Anweisungsempfänger in diesen Fällen Rückgriff gegen den Anweisenden nehmen kann, richtet sich nach dem Kausalverhältnis; einen anweisungsrechtlichen Rückgriff gibt es nicht (vgl. auch § 792 RdNr. 7: kein Sprungregress).

III. Erstattung der Anzeige; Pflichtverletzung

3   Die Anzeige muss **unverzüglich,** also ohne schuldhaftes Zögern (§ 121 Abs. 1 S. 1), erstattet werden. Sie ist geschäftsähnliche Handlung.[4] Der Anweisungsempfänger erfüllt die Pflicht, indem er für den rechtzeitigen Zugang seiner Mitteilung sorgt (§ 130). Weitere Pflichten können sich aus dem Kausalverhältnis zum Anweisenden ergeben; danach ist es namentlich möglich, dass der Anweisungsempfänger den Angewiesenen zur Leistung auffordern muss. Eine Schadensersatzpflicht trifft den Anweisungsempfänger, wenn er die Anzeigepflicht nicht oder nicht rechtzeitig erfüllt, dies auf Umständen beruht, die er zu vertreten hat,[5] und daraus dem Anweisenden ein Schaden erwächst, zB durch Ausfall der ihm gegen den Angewiesenen zustehenden Kausalforderung.[6] Die Grundlage des Ersatzanspruchs ist in § 280 Abs. 1 zu finden.

§ 790 Widerruf der Anweisung

[1] Der Anweisende kann die Anweisung dem Angewiesenen gegenüber widerrufen, solange nicht der Angewiesene sie dem Anweisungsempfänger gegenüber angenommen oder die Leistung bewirkt hat. [2] Dies gilt auch dann, wenn der Anweisende durch den Widerruf einer ihm gegen den Anweisungsempfänger obliegenden Verpflichtung zuwiderhandelt.

I. Normzweck

1   Die Vorschrift gewährt und begrenzt das Widerrufsrecht des Anweisenden. Soweit sie das Recht einschränkt, bezweckt sie den **Schutz des Angewiesenen**.[1] Er soll sich auf den Bestand der Anweisung verlassen können, nachdem er durch seine Leistung oder durch die Begründung einer Verbindlichkeit gegenüber dem Anweisungsempfänger vermögenswirksame Dispositionen getroffen hat. Die Bindung des Anweisenden entspricht in diesen Fällen dem Verbot des venire contra factum proprium (§ 242) und wäre ohne die in § 790 getroffene Regelung schon daraus abzuleiten. Auf ähnlichen Erwägungen beruht der im Zuge der Neuregelung des Überweisungsrechts (§ 783 RdNr. 37; Vor § 676 a RdNr. 8 ff.) eingefügte § 676 a Abs. 4, wo allerdings wegen der Vertragskonstruktion (§ 676 a Abs. 1) von Kündigung gesprochen wird.[2]

II. Widerruf der Anweisung

2   **1. Das Widerrufsrecht und seine Ausübung.** Obgleich die Anweisung durch Vertrag erteilt wird (§ 783 RdNr. 13 ff.), ist sie grundsätzlich frei widerruflich. Der Widerruf erfolgt

---

[2] *Erman/Heckelmann/Wilhelmi* RdNr. 1; *Staudinger/Marburger* RdNr. 2.
[3] RGZ 101, 312, 316.
[4] *Staudinger/Marburger* RdNr. 3.
[5] AllgM, vgl. schon Mot. II S. 565 = *Mugdan* II S. 316.
[6] *Erman/Heckelmann/Wilhelmi* RdNr. 1; *Staudinger/Marburger* RdNr. 4.
[1] *Brandis* JW 1931, 2223.
[2] Dazu BankR-HdB/*Schimansky* § 49 RdNr. 21: „völlig verunglückte Neuregelung".

seinerseits durch einseitige Willenserklärung gegenüber dem Angewiesenen. Anders als die Anweisung selbst ist der Widerruf nicht formbedürftig. Die Erklärung wird wirksam, wenn sie dem Angewiesenen zugeht (§ 130 Abs. 1). Der auf den Fortbestand der Anweisung vertrauende Anweisungsempfänger kann analog §§ 170 ff. zu schützen sein (RdNr. 4 aE). Ein Widerruf gegenüber dem Anweisungsempfänger ist nach Wortlaut und Sinn des § 790 S. 1 (RdNr. 1) wirkungslos.[3]

2. Widerrufsrecht trotz Pflichtverletzung (§ 790 S. 2). In seinem Verhältnis zum Anweisungsempfänger kann der Anweisende verpflichtet sein, die Anweisung aufrechtzuerhalten. Ein gleichwohl erklärter Widerruf ist zwar pflichtwidrig, aber gültig. Auch damit wird der Angewiesene geschützt,[4] weil es für ihn nicht auf den Inhalt von Vereinbarungen ankommt, an denen er nicht beteiligt ist. Folgerichtig verträgt sich mit der Gültigkeit des Widerrufs eine Pflicht des Anweisenden, dem Anweisungsempfänger Schadensersatz zu leisten, wenn er die Pflichtwidrigkeit auch zu vertreten hat.[5]

3. Rechtsfolgen des Widerrufs. Infolge des Widerrufs wird die Anweisung im Verhältnis zwischen dem Anweisenden und dem Angewiesenen ungültig; ihrer Annahmefähigkeit steht dies nicht entgegen (§ 784 RdNr. 6). Leistet der Angewiesene trotz des Widerrufs an den Anweisungsempfänger, so wirkt diese Leistung nicht gegen den Anweisenden. Bei der Anweisung auf Schuld tritt also die befreiende Wirkung des § 787 Abs. 1 nicht ein, und bei der Anweisung auf Kredit entsteht kein Rückzahlungsanspruch. Die Rückabwicklung erfolgt über das Bereicherungsrecht, wobei streitig ist, ob dem Angewiesenen die Kondiktion nur gegen den Anweisenden zusteht oder ob er die Direktkondiktion gegen den Anweisungsempfänger hat. Nach st. Rspr. zur Banküberweisung ist das Erste richtig, es sei denn, dass der Empfänger den Widerruf kannte.[6] Zwar ist der Angewiesene beim Fehlen einer wirksamen Anweisung im Allgemeinen zur Kondiktion gegenüber dem Anweisungsempfänger berechtigt;[7] anders verhält es sich indes, wenn die Zahlung dem Anweisenden zurechenbar ist, was im Fall des Widerrufs der zunächst erteilten Anweisung der Fall ist.[8] Ein Ausgleich nach den Grundsätzen der GoA wird in aller Regel daran scheitern, dass die Leistung nach dem Widerruf der Anweisung weder dem wirklichen noch dem mutmaßlichen Willen des Anweisenden entspricht.[9] Der gutgläubige Anweisungsempfänger ist in seinem Vertrauen auf den Fortbestand der ihm erteilten Empfangsermächtigung analog §§ 170, 171 Abs. 2, 172 Abs. 2, 173 zu schützen.[10]

III. Die unwiderrufliche Anweisung

1. Eintritt der Bindungswirkung kraft Gesetzes. Die Widerruflichkeit endet kraft Gesetzes, wenn der Angewiesene die Leistung bewirkt oder die Anweisung angenommen hat. Das Erste versteht sich von selbst; denn die Tatsache der von ihm veranlassten Leistung kann der Anweisende nicht durch seine Willenserklärung ungeschehen machen. Er muss sie deshalb gegen sich gelten lassen.[11] Aber auch das Zweite ist sachgerecht, weil die Annahme die Verpflichtung des Angewiesenen als Vorstadium der Leistung bewirkt.

---

[3] RGRK/ *Steffen* RdNr. 2; *Staudinger/Marburger* RdNr. 3; aA *Wilhelm* AcP 175 (1975), 304, 339 ff.
[4] RGRK/ *Steffen* RdNr. 6; *Staudinger/Marburger* RdNr. 2.
[5] Mot. II S. 566 = *Mugdan* II S. 317.
[6] BGHZ 147, 145, 150 f.; 147, 269, 273 f.; 152, 307, 311; vgl. auch BGH NVwZ 2007, 973; ZIP 2006, 1041, 1042; *Staudinger/Marburger* RdNr. 4; *Larenz/Canaris* II/2 § 70 IV 3 a. – Näher § 812 RdNr. 109 ff.
[7] BGH ZIP 2006, 1041, 1042; näher § 812 RdNr. 81.
[8] BGHZ 147, 145, 150 f. = NJW 2001, 1855.
[9] Abl. auch OLG Düsseldorf NVwZ 1995, 827, 829 (Warengutschein für Asylbewerber); *Staudinger/Marburger* RdNr. 4; aA RGRK/ *Steffen* RdNr. 5.
[10] *Canaris* WM 1980, 354, 356; *Staudinger/Marburger* RdNr. 3; im Ergebnis auch *Wilhelm* AcP 175 (1975), 304, 342 f.
[11] Mot. II S. 566 = *Mugdan* II S. 316.

Der Anweisende darf ihm nicht ansinnen, seinerseits wortbrüchig und schadensersatzpflichtig zu werden.

2. Bindungswirkung kraft Vertrags. Der Anweisende kann sich gegenüber dem Anweisungsempfänger nur verpflichten, die Anweisung nicht zu widerrufen (RdNr. 3). Davon zu unterscheiden ist die Frage, ob die Anweisung durch Vereinbarung mit dem Angewiesenen als unwiderrufliche ausgestaltet werden kann. Die heute hM bejaht diese Möglichkeit.[12] Dem ist beizutreten, weil § 790 den Schutz des Angewiesenen bezweckt (RdNr. 1) und deshalb einer weitergehenden Bindungswirkung nicht entgegensteht.

IV. Akkreditiv, Überweisungsauftrag, Wechsel und Scheck

Obwohl das **Akkreditiv** anweisungsähnlichen Charakter hat (§ 783 RdNr. 46), ist § 790 nach einer verbreiteten Ansicht nicht analog anwendbar.[13] Das dürfte auf einer Verwechslung der Rechtsbeziehungen zwischen dem Akkreditivauftraggeber und seiner Bank einerseits, dem Begünstigten und der Bank andererseits beruhen und ist jedenfalls nicht haltbar.[14] Dem Anweisenden entspricht der Auftraggeber, dem Angewiesenen die Bank, der Annahme die Begründung eines Leistungsanspruchs des Begünstigten. Danach gilt: Vor der Eröffnung des Akkreditivs ist der Akkreditivauftrag ohne weiteres entsprechend § 790 widerruflich. Erst nach der Eröffnung kommt es darauf an, welche Rechtsposition der Begünstigte erworben hat. In dem praxisüblichen Fall eines unwiderruflichen Akkreditivs ist angenommen iS des § 790, kann also der Auftrag nicht mehr widerrufen werden. Dagegen ist in dem seltenen Fall eines widerruflichen Akkreditivs der Auftrag auch jetzt noch widerruflich, weil der Begünstigte den Leistungsanspruch noch nicht endgültig erworben hat.

Die analoge Anwendung des § 790 ließ sich auch für den **Überweisungsauftrag** vertreten,[15] bevor 1999 die Kündigungsregelung eingeführt worden ist (RdNr. 1 aE). Vorzugswürdig war aber wohl die Lösung der hL, die den Widerruf als nach §§ 665, 675 beachtliche Gegenweisung aufgefasst hat.[16] Die Praxis muss sich nunmehr auf die nicht nur sprachlich, sondern auch sachlich von den bisherigen Lösungen teilweise abweichende Kündigungsregelung einstellen.[17]

Auf den **Wechsel**, genauer auf die in der Ausstellung der Tratte liegende Zahlungsanweisung, kann § 790 wegen der zwingenden Ausstellerhaftung nach Art. 9 WG weder unmittelbar noch entsprechend angewandt werden.[18] Beim **Scheck** ist zu unterscheiden: Einen Widerruf des Ausstellers vor Ablauf der Vorlegungsfrist (Art. 29 ScheckG) muss die bezogene Bank nach Art. 32 Abs. 1 ScheckG nicht beachten, soweit nicht Abweichendes vereinbart ist.[19] Mit Ablauf der Frist, die nach Art. 40 ScheckG auch zum Wegfall der Ausstellerhaftung führt, wird der Widerruf wirksam, und zwar auch dann, wenn er vorher erklärt worden ist. Bei der durch Verwendung der eurocheque-Karte zustande gebrachten Scheckeinlösungsgarantie[20] waren die Garantiefristen durch Nr. III 1.1 der Bedingungen für ec-Karten (1997)[21] auf die Vorlegungsfrist des Art. 29 ScheckG abgestimmt.

---

[12] *Brandis* JW 1931, 2223 f.; RGRK/*Steffen* RdNr. 4; *Staudinger/Marburger* RdNr. 7; *Bamberger/Roth/Gehrlein* RdNr. 4; PWW/*Buck-Heeb* RdNr. 5; aA *Soergel/Häuser* RdNr. 5.
[13] Vgl. zB *Palandt/Sprau* RdNr. 1; RGRK/*Steffen* RdNr. 6 aE.
[14] *Canaris* Bankvertragsrecht RdNr. 921, 967; *Staudinger/Marburger* RdNr. 11.
[15] E. *Ulmer* AcP 126 (1926), 129, 168.
[16] *Canaris* Bankvertragsrecht RdNr. 352; MünchKommHGB/*Häuser* ZahlungsV RdNr. B 95; BGHZ 4, 244, 247 lässt die Frage offen.
[17] S. § 676a RdNr. 42 ff.; BankR-HdB/*Schimansky* § 49 RdNr. 20 ff.; *Erman/Graf v. Westphalen* § 676a RdNr. 37 ff.; *Palandt/Sprau* § 676a RdNr. 12.
[18] *Baumbach/Hefermehl/Casper* Art. 9 WG RdNr. 1 aE.
[19] Dazu *Baumbach/Hefermehl/Casper* Art. 32 ScheckG RdNr. 1 ff. mN und zutr. Hinweis auf die Pflicht der Bank aus dem Scheckvertrag im Deckungsverhältnis, den Widerruf auch vor Ablauf der Vorlegungspflicht zu beachten.
[20] Zum Auslaufen des Modells zum 1. 1. 2002 s. Vor § 765 RdNr. 25.
[21] Abdruck: *Baumbach/Hefermehl*, 22. Aufl. 2000, Vierter Teil Nr. I 3; Abdruck der neuen ec-Karten-Bedingungen (Stand 2002) bei *Baumbach/Hefermehl/Casper* 5. Teil Nr. I. 3.

V. Anderweitige Beendigung des Anweisungsverhältnisses

Erörtert werden unter diesem Gesichtspunkt **Unmöglichkeit** der Leistung, **Rückgabe** 10 der Anweisungsurkunde, **Verlust** der Urkunde, **Insolvenz** des Anweisenden.[22] Hierzu gilt: Die bloße Ermächtigung des Anweisungsempfängers geht ins Leere, wenn die Leistung unmöglich ist. Soweit er eine Forderung aus der Annahme hat, sind §§ 311a, 275 anzuwenden. Unberührt bleiben aber die Ansprüche des Anweisenden aus dem Deckungsverhältnis. Rückgabe der Urkunde an den Anweisenden ist eine rein tatsächliche Handlung und bewirkt als solche nichts. Ob ein Verzicht auf die Ermächtigung möglich ist, richtet sich nach dem Inhalt des Valutaverhältnisses. Wenn die Forderung aus der Annahme entstanden ist, kommt allenfalls ihre Übertragung auf den Anweisenden in Betracht, was dessen Mitwirkung voraussetzt (§ 398). Verlust der Urkunde führt nicht zum Untergang des Rechts, sondern zum Aufgebotsverfahren (str., vgl. § 785 RdNr. 5). Auch die Eröffnung des Insolvenzverfahrens über das Vermögen des Anweisenden lässt die Anweisung gültig (§ 791 RdNr. 4); es bedarf also eines Widerrufs durch den Insolvenzverwalter in den Grenzen des § 790.

§ 791 Tod oder Geschäftsunfähigkeit eines Beteiligten

Die Anweisung erlischt nicht durch den Tod oder den Eintritt der Geschäftsunfähigkeit eines der Beteiligten.

I. Normzweck

Die Vorschrift konkretisiert den Rechtsgedanken des § 130 Abs. 2 und dient der **Sicher-** 1 **heit des Rechtsverkehrs.** Den Verfassern des Gesetzes schien die Bestimmung notwendig, weil sie mit den Grundsätzen des gemeinen Rechts bricht und stattdessen den Rechtsgedanken des Art. 297 ADHGB (heute: §§ 130 Abs. 2, 168, 672) auch für die Anweisung verwirklicht.[1] Wie diese Vorschrift es war, so ist auch § 791 nach allgM[2] dispositiv. Der entgegenstehende Wille des Anweisenden kann sich aus der Anweisungsurkunde, aber auch aus Umständen außerhalb der Urkunde ergeben.[3] Weil es um die Sicherheit des Rechtsverkehrs geht, sollte der Wille aber eindeutig erklärt sein. Der Angewiesene kann die Bindungswirkung seiner Erklärung im Annahmevermerk beschränken.

II. Tod oder Eintritt der Geschäftsunfähigkeit

1. Anweisung. § 791 betrifft den Tod des Anweisenden und den Verlust seiner Ge- 2 schäftsfähigkeit nach Abgabe der Erklärung. Dem **Tod** der natürlichen Person entspricht bei den Gesamthandsgesellschaften und juristischen Personen die Vollbeendigung, nicht schon der Eintritt in das Liquidationsstadium durch Auflösung. Der nachträgliche Eintritt der **Geschäftsunfähigkeit** beurteilt sich nach § 104 Nr. 2. Den früher möglichen und für § 791 als gleichstehend erachteten Eintritt beschränkter Geschäftsfähigkeit (§ 114 aF) gibt es seit der zum 1.1.1992 erfolgten Abschaffung der Entmündigung durch Betreuungsgesetz vom 12.9.1990 (BGBl. I S. 2002) nicht mehr. Die **Bestellung eines Betreuers** (§§ 1896ff.) hat auf die Geschäftsfähigkeit keinen Einfluss (§ 1896 RdNr. 134), so dass die von § 791 vorausgesetzte Lage nicht entsteht. Die Vorschrift ist jedoch dann sinngemäß anwendbar, wenn das Vormundschaftsgericht einen Einwilligungsvorbehalt anordnet (§ 1903). Die Rechtsfolge fasst § 791 negativ. Wendet man die Aussage ins Positive, so ergibt

---

[22] RGRK/*Steffen* RdNr. 9; *Staudinger*/*Marburger* RdNr. 8ff.; § 791 RdNr. 3f.; *Soergel*/*Häuser* RdNr. 7.

[1] Mot. II S. 566f. = *Mugdan* II S. 317.

[2] RGRK/*Steffen* RdNr. 1; *Soergel*/*Häuser* RdNr. 1; *Staudinger*/*Marburger* RdNr. 2; PWW/*Buck-Heeb* RdNr. 1; Erman/*Heckelmann*/*Wilhelmi* RdNr. 1.

[3] So auch *Staudinger*/*Marburger* RdNr. 2; aA *Erman*/*Heckelmann*/*Wilhelmi* RdNr. 1.

sich: Die einmal begründete **Doppelermächtigung bleibt bestehen,** ebenso die Verpflichtungswirkung der Annahmeerklärung. Die Anweisung kann von den Erben des Anweisenden oder von seinem gesetzlichen Vertreter nur in den Grenzen des § 790 widerrufen werden.

3 **2. Überweisungsauftrag; Scheck.** Während für den Girovertrag (§§ 676 ff.) die Auslegungsregel des § 672 gilt, haben Tod oder Verlust der Geschäftsfähigkeit auf den einzelnen Überweisungsvertrag kraft Gesetzes keine Wirkung. Ob man das Ergebnis aus § 130 Abs. 2 unmittelbar oder aus entsprechender Anwendung des § 791 ableitet, ist praktisch belanglos. Für den Scheck trifft **Art. 33 ScheckG** eine besondere Regelung; sie wird als zwingend beurteilt.[4] Die bezogene Bank zahlt bei Tod des Ausstellers mit Wirkung gegen seine Erben, und zwar selbst dann, wenn ein formloses Schenkungsversprechen erst mit der Zahlung vollzogen und deshalb gemäß § 518 Abs. 2 gültig wird.[5]

III. Insolvenz

4 **1. Insolvenz des Anweisenden.** Die Anweisung bleibt gültig; §§ 115, 116 InsO gelten weder unmittelbar noch entsprechend.[6] Der Insolvenzverwalter hat das Widerrufsrecht in den Grenzen des § 790 und muss davon ggf. auch Gebrauch machen. Ob eine Leistung des Angewiesenen an den Anweisungsempfänger, die nach Eröffnung des Insolvenzverfahrens erfolgt, bei einer Anweisung auf Schuld die **Befreiungswirkung des § 787 Abs. 1** zu Lasten der Insolvenzmasse hat, hängt nach § 82 InsO davon ab, ob die Anweisung in zulässiger Weise, nämlich vor Verfahrenseröffnung oder in Unkenntnis des Verfahrens, angenommen war oder nicht. Leistet der Angewiesene an den Anweisungsempfänger, ohne dazu verpflichtet zu sein, so tritt die schuldbefreiende Wirkung nur ein, wenn die Voraussetzungen des § 82 InsO vorliegen.[7] Entsprechendes gilt für die Annahme.[8] Die Masse hat, wenn der Angewiesene nach Verfahrenseröffnung auf die wirksam angenommene Anweisung leistet, gegen den Anweisungsempfänger keinen Bereicherungsanspruch.[9] – Ein **Überweisungsvertrag** besteht in Übereinstimmung mit der Rechtslage unter Geltung der KO[10] auch nach Eröffnung des Insolvenzverfahrens mit Wirkung für die Masse fort (§ 116 S. 3 InsO).[11]

5 **2. Insolvenz des Angewiesenen.** Auch hier kommt es entscheidend auf die Annahme an. Wenn sie vor der Insolvenzeröffnung erfolgt ist, ist der daraus folgende Anspruch Insolvenzforderung. Wenn sie nicht erfolgt ist, ist die Anweisung dem Insolvenzverwalter zu präsentieren (§§ 80, 81 InsO). Wenn er annimmt, was allerdings eher fern liegt, entsteht die Forderung aus § 784 Abs. 1 als Masseschuld iS des § 55 Abs. 1 Nr. 1 InsO.[12]

6 **3. Insolvenz des Anweisungsempfängers.** §§ 115, 116 InsO gelten auch hier nicht. Die Rechte aus der Anweisung und aus der Annahme fallen gemäß § 80 InsO in die

---

[4] *Baumbach/Hefermehl/Casper* Art. 33 ScheckG RdNr. 1.
[5] BGH LM § 518 Nr. 11 = NJW 1978, 2027; *Baumbach/Hefermehl/Casper* Art. 33 ScheckG RdNr. 1.
[6] BGH NJW 1974, 1336 li. Sp. (gezogener Wechsel); *Soergel/Häuser* RdNr. 4; *Staudinger/Marburger* RdNr. 3; MünchKommInsO/*Ott/Vuia* § 116 RdNr. 46; s. ferner OLG Frankfurt OLGR 2005, 65 = BeckRS 2005, 4904 (allerdings wohl keine Anweisung iS des § 783 betreffend); aA *Häsemeyer*, Insolvenzrecht, 4. Aufl. 2007, RdNr. 20.80 f.; *Tintelnot* in: *Kübler/Prütting*, InsO, Stand 2007, § 115 RdNr. 24, jeweils für die nicht angenommene Anweisung.
[7] *Soergel/Häuser* RdNr. 5; *Staudinger/Marburger* RdNr. 3; so auch *Kübler/Prütting/Tintelnot* und *Häsemeyer* (jeweils Fn. 6); vgl. ferner OLG Bamberg ZInsO 2004, 620, 621 f.
[8] AA *Jaeger/Windel* InsO § 82 RdNr. 18.
[9] OLG Bamberg ZInsO 2004, 620, 621 f., dort auch zur Unanfechtbarkeit der Zahlung; aA – für gutgläubige vor Verfahrenseröffnung angenommene Anweisung – *Jaeger/Windel* InsO § 82 RdNr. 20; *Soergel/Häuser* RdNr. 5.
[10] *Heile*, Die Anweisung im Konkurs des Anweisenden, 1976, S. 14 ff.; *Jaeger/Henckel* § 8 KO RdNr. 27 ff.; *Kuhn/Uhlenbruck*, KO, 11. Aufl. 1994, § 8 KO RdNr. 9 b; aA *Canaris* Bankvertragsrecht RdNr. 501 ff.
[11] Vgl. BankR-HdB/*Schimansky* § 50 RdNr. 40 f.; zu Sicherungsmaßnahmen (§ 21 InsO) s. *dens.* RdNr. 36 f.
[12] RGRK/*Steffen* RdNr. 3; *Staudinger/Marburger* RdNr. 5.

Insolvenzmasse (§ 35 InsO), sind also vom Insolvenzverwalter auszuüben. Sie werden auch dann massezugehörig, wenn die Übertragung der Anweisung nach § 792 Abs. 2 ausgeschlossen ist. §§ 36 Abs. 1 S. 1 InsO, 851, 857 ZPO stehen dem nicht entgegen, sondern schließen nur eine Übertragung durch den Insolvenzverwalter aus.[13]

§ 792 Übertragung der Anweisung

(1) [1] Der Anweisungsempfänger kann die Anweisung durch Vertrag mit einem Dritten auf diesen übertragen, auch wenn sie noch nicht angenommen worden ist. [2] Die Übertragungserklärung bedarf der schriftlichen Form. [3] Zur Übertragung ist die Aushändigung der Anweisung an den Dritten erforderlich.

(2) [1] Der Anweisende kann die Übertragung ausschließen. [2] Die Ausschließung ist dem Angewiesenen gegenüber nur wirksam, wenn sie aus der Anweisung zu entnehmen ist oder wenn sie von dem Anweisenden dem Angewiesenen mitgeteilt wird, bevor dieser die Anweisung annimmt oder die Leistung bewirkt.

(3) [1] Nimmt der Angewiesene die Anweisung dem Erwerber gegenüber an, so kann er aus einem zwischen ihm und dem Anweisungsempfänger bestehenden Rechtsverhältnis Einwendungen nicht herleiten. [2] Im Übrigen finden auf die Übertragung der Anweisung die für die Abtretung einer Forderung geltenden Vorschriften entsprechende Anwendung.

I. Normzweck

Die Vorschrift dient der Rechtsklarheit, indem sie die grundsätzliche **Zulässigkeit der** **Übertragung** feststellt, und zwar auch für den Fall, dass die Anweisung noch nicht angenommen worden ist, also noch keine Forderung besteht.[1] Zugleich regelt § 792 die Art und Weise der Übertragung (Abs. 1), die Anforderungen an eine entgegenstehende Bestimmung des Anweisenden (Abs. 2) und das Rechtsverhältnis zwischen dem Angewiesenen und dem Erwerber (Abs. 3).

II. Übertragung der Anweisung

1. Gegenstand und Rechtsnatur der Übertragung. Gegenstand der Übertragung ist nach dem Wortlaut des § 792 Abs. 1 S. 1 die Anweisung. Damit ist in sprachlicher Verkürzung die Rechtsposition bezeichnet, die sich aus der Anweisung für ihren Empfänger ergibt. Das ist vor der Annahme die Ermächtigung, die Leistung bei dem Angewiesenen im eigenen Namen zu erheben (§ 783 Halbs. 1), verbunden mit der rechtlich noch nicht verfestigten Aussicht, durch die Annahme die abstrakte Forderung aus § 784 zu erwerben.[2] Nach der Annahme bildet diese Forderung selbst den Übertragungsgegenstand. Entsprechend variiert die Rechtsnatur des Übertragungsgeschäfts. Vor der Annahme handelt es sich um eine Substitution, nachher um eine Zession. Versuche, die Rechtsnatur aus dem einen oder dem anderen Gesichtspunkt allein zu erklären, schlagen fehl.[3]

2. Übertragungstatbestand. Die Übertragung erfolgt durch ein mehrgliedriges Rechtsgeschäft. Sein Tatbestand besteht aus dem Vertrag zwischen dem Anweisungsempfänger und dem Erwerber, der für die Übertragungserklärung angeordneten Schriftform und der Aushändigung der Anweisungsurkunde. Für den **Vertragsschluss** (§ 792 Abs. 1 S. 1) gelten keine Besonderheiten. Das Erfordernis der **Schriftform** (§§ 125, 126) bezieht sich nur auf

---

[13] BGHZ 56, 228, 233 = NJW 1971, 1750; *Staudinger/Marburger* RdNr. 6; *AnwK-BGB/Sohbi* RdNr. 5; aA *RGRK/Steffen* RdNr. 4; *Soergel/Häuser* RdNr. 8.
[1] Prot. S. 2360 ff. = *Mugdan* II S. 966 f.; *Staudinger/Marburger* RdNr. 1.
[2] Ähnlich *Larenz* II § 67 II b; nicht mehr bei *Larenz/Canaris* II/2 § 62.
[3] AA (einheitlich Zession) *Staudinger/Marburger* RdNr. 2. Besonders im älteren Schrifttum ist die (praktisch bedeutungslose) Frage str.; vgl. *Oertmann* Anm. 1; *Planck/Landois* Anm. 3 a; beide mwN.

die Übertragungserklärung des Anweisungsempfängers, nicht auf die Annahme durch den Erwerber (§ 792 Abs. 1 S. 2). Die Erklärung kann, muss aber nicht in die Urkunde aufgenommen werden.[4] Die Schriftform kann iÜ nach Maßgabe des § 126 a durch elektronische Form ersetzt werden. Für die **Aushändigung** der Anweisungsurkunde berufen sich die Protokolle auf eine nicht weiter erläuterte „Regel des Lebens".[5] Im Schrifttum wird die Sinnhaftigkeit des Erfordernisses bezweifelt.[6] In der Tat hat es den Anschein, dass der Gesetzgeber einer Verwechselung erlegen ist. Zur „Regel des Lebens" führt das aus § 785 ableitbare Interesse des Erwerbers, die Urkunde in seine Hände zu bekommen. Doch hätte es dieses Interesse nicht geboten, schon den Erwerb des Rechts an fehlender Aushändigung scheitern zu lassen. § 792 Abs. 1 S. 3 ist deshalb jedenfalls nicht auf die zessionsweise Übertragung von Effekten analog anzuwenden, entgegen der hM wohl auch nicht auf die Übertragung von Wechsel und Scheck (vgl. § 793 RdNr. 31 f. mwN).

III. Ausschluss der Übertragung

4 Der Anweisende kann die Übertragbarkeit der Anweisung **durch einseitige Erklärung** ausschließen (§ 792 Abs. 2 S. 1). Darin liegt die Ausübung eines Gestaltungsrechts und deshalb auch ein Rechtsgeschäft.[7] Um den Angewiesenen zu schützen, beschränkt § 792 Abs. 2 S. 2 jedoch die Erklärungsmittel. Der Ausschluss muss danach entweder der Anweisungsurkunde selbst zu entnehmen sein oder durch Mitteilung an den Angewiesenen erfolgen, bevor er die Anweisung annimmt oder honoriert. Maßgeblich ist der Zeitpunkt des Zugangs (§ 130 Abs. 1). Wird die Übertragbarkeit in anderer Form, vor allem durch Erklärung gegenüber dem Anweisungsempfänger, oder verspätet ausgeschlossen, so ist dies dem Angewiesenen gegenüber nicht wirksam. Das bedeutet vor allem: Die Leistung des Angewiesenen an den Erwerber hat gegenüber dem Anweisenden die schuldbefreiende Wirkung des § 787 Abs. 1. Ob der Erwerber das Empfangene behalten darf, richtet sich dagegen nach seinen Beziehungen zum Anweisenden.

IV. Das Rechtsverhältnis zwischen dem Angewiesenen und dem Erwerber

5 **1. Bei Übertragung vor der Annahme.** Erfolgt die Übertragung vor der Annahme, so kann die Anweisung nur durch Erklärung gegenüber dem Erwerber angenommen werden. In diesem Fall kann der Angewiesene nach § 792 Abs. 3 S. 1 die Einwendungen nicht geltend machen, die ihm gegen den Anweisungsempfänger als Rechtsvorgänger des Erwerbers zustehen würden. Die entsprechende Anwendung des § 404 ist also ausgeschlossen. Eine Verpflichtung zur Annahme besteht gegenüber dem Erwerber so wenig wie gegenüber dem Anweisungsempfänger.

6 **2. Bei Übertragung nach der Annahme.** Wenn die Übertragung nach der Annahme erfolgt, geht die abstrakte Forderung aus § 784 auf den Erwerber über (RdNr. 2). In diesem Fall hat der Angewiesene keine Wahl, ob er Schuldner des Erwerbers werden will oder nicht. Deshalb gelten gemäß § 792 Abs. 3 S. 2 die Zessionsvorschriften entsprechend, und zwar einschließlich des § 404 (vgl. dagegen Art. 17 WG, Art. 22 ScheckG). Der Angewiesene behält also die Einwendungen, die er gegen den Anweisungsempfänger als Vormann des Erwerbers hatte. Weiter anzuwenden sind §§ 402, 405, 406.

V. Regress mangels Zahlung

7 Wenn der Angewiesene die Leistung nicht erbringt, stellt sich die Frage, ob und gegen wen der Erwerber Rückgriff nehmen kann. § 792 enthält keine Regelung. Maßgeblich ist deshalb das Verhältnis des Erwerbers zu seinem jeweiligen Rechtsvorgänger. Es gibt also,

---

[4] Vgl. dazu Prot. S. 2362 = *Mugdan* II S. 967.
[5] Prot. S. 2363 = *Mugdan* II S. 967.
[6] *Hueck/Canaris* Wertpapierrecht § 1 I 5 b und § 8 I 1 a; *Zöllner* Wertpapierrecht § 2 II 2 c.
[7] AA (geschäftsähnliche Handlung) *Staudinger/Marburger* RdNr. 12.

Übertragung der Anweisung 7 § 792

wenn die Anweisung mehrfach übertragen worden ist, **keinen Sprungregress** gegen einen früheren Erwerber oder gegen den Anweisenden, wie er bei Nichteinlösung eines Wechsels oder Schecks gegen die Indossanten und den Aussteller stattfindet (Art. 43 WG, Art. 40 ScheckG).

Titel 24. Schuldverschreibung auf den Inhaber

Vorbemerkungen

Schrifttum: *Assmann,* Anleihebedingungen und AGB-Recht, WM 2005, 1053; *Baums,* Die Fremdfinanzierung der Aktiengesellschaft durch das Publikum, in: *Bayer/Habersack,* Aktienrecht im Wandel, 2007, Bd. 2, S. 955; *T. Bezzenberger,* Die vagabundierenden Reichsmarkeffekten aus der ehemaligen DDR und die Grenzen des Wertpapierrechts, WM 1992, 2081; *Bremer,* Die Änderung des Depotgesetzes, AG 1972, 363; *Brink,* Rechtsbeziehungen und Rechtsübertragung im nationalen und internationalen Effektengiroverkehr, 1976; *Delorme,* Zur Rationalisierung des Wertpapierverkehrs, ZgesKredW 1980, 604; *Eichler,* System der Wertpapiere, 1969; *Eidenmüller,* Unternehmenssanierung zwischen Markt und Gesetz, 1999; *Einsele,* Wertpapierrecht als Schuldrecht – Funktionsverlust von Effektenurkunden im internationalen Rechtsverkehr, 1995; *dies.,* Wertpapiere im elektronischen Bankgeschäft, WM 2001, 7; *dies.,* Das UNIDROIT-Projekt zu intermediärverwahrten Wertpapieren als Konzept für eine Modernisierung des deutschen Depotrechts, WM 2005, 1109; *Fabricius,* Zur Theorie des stückelosen Effektengiroverkehrs mit Wertrechten aus Staatsanleihen, AcP 162 (1963), 456; *Franke,* Stiefkind der Jurisprudenz: Die Namensschuldverschreibung, DB 1983, 377; *Gottschalk,* Emissionsbedingungen und AGB-Recht, ZIP 2006, 1121; *Grunewald/Schlitt,* Einführung in das Kapitalmarktrecht, 2007; *Haag,* Die Begriffsbildung der Wertpapiere, 1969; *Habersack,* Anwendungsvoraussetzungen und -grenzen des § 221 AktG, dargestellt am Beispiel von Pflichtwandelanleihen, Aktienanleihen und „warrants", FS Nobbe, 2009, im Erscheinen; *Habersack/Mayer,* Globalverbriefte Aktien als Gegenstand sachenrechtlicher Verfügungen, WM 2000, 1678; *Habersack/Mülbert/Schlitt* (Hrsg.), Unternehmensfinanzierung am Kapitalmarkt, 2. Aufl. 2008; *Hartwig-Jacob,* Die Vertragsbeziehungen und die Rechte der Anleger bei internationalen Anleiheemissionen, 2001; *Hirte/Knof,* Das Pfandrecht an globalverbrieften Aktien in der Insolvenz, WM 2008, 7, 49; *Hopt,* Änderungen von Anleihebedingungen – Schuldverschreibungsgesetz, § 796 BGB und AGBG, FS Steindorff, 1990, S. 341; *Horn,* Die Erfüllung von Wertpapiergeschäften unter Einbeziehung eines Zentralen Kontrahenten an der Börse, WM 2002, Sonderbeilage 2; *Jacobi,* Die Wertpapiere, in Ehrenbergs Hdb. des gesamten Handelsrechts, Bd. IV 1, 1917, S. 125; *Kallrath,* Die Inhaltskontrolle der Wertpapierbedingungen von Wandel- und Optionsanleihen, Gewinnschuldverschreibungen und Genussrechten, 1993; *Koller,* Der gutgläubige Erwerb von Sammeldepotanteilen an Wertpapieren im Effektengiroverkehr, DB 1972, 1857 und 1905; *ders.,* Namensschuldverschreibungen des Kapitalmarkts – Eine neue Wertpapierform?, WM 1981, 474; *ders.,* Wertpapierrecht, in: Gutachten und Vorschläge zur Überarbeitung des Schuldrechts, hrsg. vom Bundesminister der Justiz, Bd. II, 1981, S. 1427; *Körner,* Die Entstückung des Effektenwesens nach dem Rechtsmodell der Sammelschuldbuchforderung, Diss. Köln 1971; *Kümpel,* Zur Problematik des Vorlegungserfordernisses bei Namens-Papieren am Beispiel der Namens-Schuldverschreibung und des Sparbuchs, WM 1981, Sonderbeilage Nr. 1; *ders.,* Ablösung der „Wertrechte" durch (Dauer-)Globalurkunden?, WM 1982, 730; *ders.,* Praktische Bedürfnisse für die Fortentwicklung des Wertpapierbegriffs, WM 1983, Sonderbeilage Nr. 6; *ders.,* Zur Umstellung des französischen Effektenwesens auf Bucheffekten, WM 1984, 577 und 613; *ders.,* Bank- und Kapitalmarktrecht, 3. Aufl. 2004; *Lütticke,* Elektronische Verbriefung von Effektenrechten?, 1980; *Lutter/Gehling,* Wer ist Aktionär einer Lazarus-AG?, ZIP 1992, 1045; *Marburger,* Die Aktienanleihe nach dem Inkrafttreten des Vierten Finanzmarktförderungsgesetzes, FS Hadding, 2004, S. 949; *Masuch,* Anleihebedingungen und AGB-Gesetz, 2001; *Mentz/Fröhling,* Die Formen der rechtsgeschäftlichen Übertragung von Aktien, NZG 2002, 201; *Micheler,* Wertpapierrecht zwischen Schuld- und Sachenrecht, 2004; *Mülbert,* Die Aktie zwischen mitgliedschafts- und wertpapierrechtlichen Vorstellungen, FS Nobbe, 2009, im Erscheinen; *M. Müller,* Ablaufhemmung nach § 211 BGB bei der Vorlegungsfrist für Inhaberschuldverschreibungen (§ 801 BGB), WM 2006, 13; *Müller-Eising/Bode,* Zivilrechtliche Probleme bei der Emission ewiger Anleihen, BKR 2006, 480; *Noack,* Globalurkunde und unverkörperte Mitgliedschaften bei der kleinen Aktiengesellschaft, FS Wiedemann, 2002, S. 1141; *dies.,* Aktien – Gattungen, Verbriefung, Übertragung, in: *Bayer/Habersack,* Aktienrecht im Wandel, Bd. 2, 2007, § 11; *Peters,* Wertpapierfreies Effektensystem, Diss. Göttingen 1975; *ders.,* Die Verwahrung und Verwaltung von Effekten, JuS 1976, 424; *ders.,* Bucheffekten – Eine Alternative zum Wertpapier?, WM 1976, 890; *ders.,* Rechtliche Entwicklungsmöglichkeiten im Effektenbereich, 1983; *Pleyer/Schleiffer,* Neue Entwicklungen im Depotrecht, DB 1972, 77; *L. Raiser,* Das Rektapapier, ZHR 101 (1935), 13; *v. Randow,* Die Inhaltskontrolle von Emissionsbedingungen: Abschied vom AGB-Recht, in: *Baums/Cahn,* Die Reform des Schuldverschreibungsrechts, 2004, S. 25; *H. Schneider,* Die Änderung von Anleihebedingungen durch Beschluß der Gläubiger, in: *Baums/Cahn,* Die Reform des Schuldverschreibungsrechts, 2004, S. 69; *Schwennicke,* Der Ausschluß der Verbriefung der Aktien bei der kleinen AG, AG 2001, 118; *Sedatis,* Absoluter und relativer Erwerb im Wertpapierrecht, FS Rehbinder, 2002, S. 741; *Seibert,* Der Ausschluß des Verbriefungsanspruchs des Aktionärs in Gesetzgebung und Praxis, DB 1999, 267; *Seitz,* Das neue Wertpapierprospektrecht – Auswirkungen auf die Emission von Schuldverschreibungen, AG 2005, 678; *Sester,* Hybrid-Anleihen: Wirtschaftliches Eigenkapital für Aktiengesellschaften, ZBB 2006, 443; *ders.,* Argentinische Staatsanleihen: Schicksal der „Hold Outs" nach Wegfall des Staatsnotstands, NJW 2006, 2891; *Siebel,* Rechtsfragen internationaler Anleihen, 1997; *Than,* Kapitalmarkt und Globalurkunde, FS Heinsius, 1991, S. 809; *ders.,* Wertpapierrecht

Vorbemerkungen **Vor § 793**

ohne Wertpapiere?, FS Schimansky, 1999, S. 821; *ders.,* Rechtsfragen bei der Festlegung von Emissionsbedingungen für Schuldverschreibungen unter besonderer Berücksichtigung der Dematerialisierung und des Depotgesetzes, in: *Baums/Cahn,* Die Reform des Schuldverschreibungsrechts, 2004, S. 3; *ders.,* Die Begebung von Anleihen für ausländische Emittenten in der Bundesrepublik Deutschland, GS U. Bosch, 2005, S. 231; *Thomas,* Die Unternehmensfinanzierung durch ewige Anleihen zwischen Gesellschaftsrecht und Bürgerlichem Recht, ZHR 171 (2007), 684; *E. Ulmer,* Das Recht der Wertpapiere, 1938; *ders.,* Der Einwendungsausschluß im Einheitlichen Wechselgesetz, FS L. Raiser, 1974, S. 225; *H.-G. Vogel,* Die Vergemeinschaftung der Anleihegläubiger und ihre Vertretung nach dem Schuldverschreibungsgesetz, 1999; *Wessely,* Der Bundesschatzbrief als Sammelschuldbuchforderung und seine Emission, WM 1969, 1094; *Zahn/Kock,* Die Emission von unverbrieften Schuldtiteln durch die Europäische Zentralbank, WM 1999, 1955; *Zöllner,* Die Zurückdrängung des Verkörperungselements bei den Wertpapieren, FS L. Raiser, 1974, S. 249. – Weitere Angaben bei § 807 und § 808.

Übersicht

	RdNr.		RdNr.
I. Wertpapierrecht ohne Kodifikation	1–4	d) Insbesondere: Namensschuldverschreibungen des Kapitalmarkts	17
1. Die normative Ausgangslage	1, 2	e) Qualifizierte Legitimationspapiere	18, 19
2. Die wissenschaftliche Systematik	3	3. Keine Wertpapiere	20, 21
3. Reformbedarf?	4	**IV. Der Verpflichtungstatbestand (Wertpapierrechtstheorien)**	22–29
II. Begriff des Wertpapiers	5–12	1. Das Problem und seine Bedeutung	22, 23
1. Allgemeines	5	2. Kreations-, Vertrags- und Rechtsscheinstheorie	24–26
2. Weiter und enger Wertpapierbegriff	6–9	3. Würdigung des Theorienstreits	27–29
a) Meinungsstand	6–8	**V. Neuere Entwicklungen im Effektenwesen (Globalurkunden, Wertrechte)**	30–37
b) Stellungnahme	9		
3. Einzelfragen	10–12		
a) Notwendigkeit eines Aufgebotsverfahrens	10	1. Ausgangslage und traditionelle Problemlösung	30, 31
b) Innehabung und Vorlegungserfordernis	11	2. Begründung von Schuldbuchforderungen durch die öffentliche Hand	32
c) Emittenten-Obliegenheit?	12	3. Globalurkunden	33
III. Überblick über die Wertpapiere; Abgrenzungen	13–21	4. Genereller Übergang zu Bucheffekten oder Wertrechten?	34–37
1. Einteilungskriterium	13	a) Geltendes Recht	34, 35
2. Einteilung nach der Bestimmung des Berechtigten	14–19	b) Rechtspolitische Überlegungen	36, 37
a) Inhaberpapiere	14	**VI. Wertpapierbereinigung**	38
b) Orderpapiere	15	**VII. Neue Bundesländer**	39, 40
c) Rektapapiere	16		

I. Wertpapierrecht ohne Kodifikation

1. Die normative Ausgangslage. Das Recht der Inhaberschuldverschreibung **1** (§§ 793 ff.) bildet einen Eckpfeiler des Wertpapierrechts. Eine systematisch angelegte und ihrem Anspruch nach vollständige Regelung der Wertpapiere kennt das deutsche Recht nicht.[1] Stattdessen finden sich **Sonderregeln für einzelne Papierarten** und verstreute Bestimmungen, die zwar das Wertpapier mit wechselndem Begriffsinhalt zum Anknüpfungspunkt nehmen, aber keinen wertpapierrechtlichen Regelungsinhalt haben. In die erste Normengruppe gehören aus dem BGB das Recht der Anweisung (§§ 783 ff.) und der Inhaberschuldverschreibung (§§ 793 ff.) sowie die Vorschriften über Hypotheken- und Grundschuldbriefe (§§ 1116 f., 1140, 1152, 1154 f., 1160 ff., 1192, 1195), aus dem HGB etwa das Recht der kaufmännischen Orderpapiere (§§ 363 ff. HGB), ferner die Sonderregelungen im WG und im ScheckG, schließlich einzelne Bestimmungen des

---

[1] Vgl. zum Folgenden *Baumbach/Hefermehl/Casper* WPR RdNr. 1 f. Auch Art. 965 ff. OR, die gern als Gegenbeispiel zum deutschen Recht angeführt werden, kommen über eine äußerliche und unvollständige Zusammenfassung von Sonderregeln kaum hinaus; zutr. *E. Ulmer* S. 9 f.; für einen Überblick zu den die Inhaberschuldverschreibung betreffenden Vorschriften s. auch *Staudinger/Marburger* RdNr. 20 ff.

Vor § 793 2 Abschnitt 8. Titel 24. Schuldverschreibung auf den Inhaber

AktG (§§ 1 Abs. 2, 8 ff., 67 f.). Beispiele für die zweite Normengruppe enthalten im bürgerlichen Recht die Vorschriften über die Sicherheitsleistung (§§ 232 ff.), über die Gastwirtshaftung (§ 702), über den Erwerb vom Nichtberechtigten (§ 935 Abs. 2; s. ferner §§ 1006 Abs. 1 S. 2, 1007 Abs. 2 S. 2, 1362 Abs. 1 S. 3), über Nießbrauch und Pfandrecht (§§ 1081 ff., 1292 ff.), über das Erfordernis familien- oder vormundschaftsgerichtlicher Genehmigung (§§ 1643 Abs. 1, 1822 Nr. 9) und über die mündelsichere Geldanlage (§ 1807 Nr. 4), im Handelsrecht etwa die Vorschriften über den Wertpapierkauf und die Kommission (§§ 381, 383 ff. HGB), im Prozessrecht die Vorschriften über die Sicherheitsleistung (§§ 108 ff. ZPO), den Urkundenprozess (§§ 592 ff. ZPO) und das Aufgebotsverfahren (§§ 1003 ff., 1019 ff. ZPO) und vollstreckungsrechtliche Bestimmungen (§§ 808 Abs. 2, 821 ff., 831 ZPO). Der zweiten Normengruppe zuzuordnen sind darüber hinaus Vorschriften, die zwar textlich nicht an das Wertpapier oder gar die Inhaberschuldverschreibung anknüpfen, die indes auf Wertpapiere, insbesondere deren Begebung und Übertragung, Anwendung finden; hierzu zählen namentlich die Vorschriften über das Rechtsgeschäft (§§ 104 ff.), die Vorschriften des AGB-Rechts (§§ 305 ff.) und die Vorschriften über die Übertragung und Belastung von Eigentum (§§ 929 ff., 1030 ff., 1204 ff., §§ 366 f. HGB).

2   Auch das WpHG[2] enthält nicht Wertpapier-, sondern **Kapitalmarktrecht**. Seine Vorschriften betreffen sowohl den Emittenten von Wertpapieren als auch das den Vertrieb übernehmende Wertpapierdienstleistungsunternehmen. Im Schwerpunkt geht es um die Errichtung einer Aufsichtsbehörde (§§ 4 ff. WpHG),[3] um die Insiderüberwachung und das Verbot der Marktmanipulation nebst der Haftung für unterlassene oder falsche Kapitalmarktinformation (§§ 12 ff., 20 a, 37 b f. WpHG), um Mitteilungspflichten bei Erwerb und Abgabe bestimmter Beteiligungen (§§ 21 ff. WpHG) sowie notwendige Informationen für die Wahrnehmung von Rechten aus Wertpapieren (§§ 30 a ff. WpHG), um Verhaltens-, Organisations- und Transparenzpflichten bei der Erbringung von Wertpapierdienstleistungen (§§ 31 ff. WpHG) und um die Überwachung von Unternehmensabschlüssen und die Veröffentlichung von Finanzberichten (§§ 37 n ff. WpHG).[4] Dem WpHG liegt denn auch ein eigener, von demjenigen des Wertpapierrechts abweichender Begriff des Wertpapiers zugrunde (s. noch RdNr. 5). Nach § 2 Abs. 1 WpHG fallen darunter nämlich alle Gattungen von übertragbaren Wertpapieren (mit Ausnahme von Zahlungsinstrumenten), die ihrer Art nach auf den Finanzmärkten handelbar sind, „auch wenn keine Urkunden über sie ausgestellt sind", und damit auch dem Effektenverkehr zugängliche unverbriefte Rechte. Zudem bilden Wertpapiere iS des § 2 Abs. 1 WpHG nur eine Kategorie der vom WpHG erfassten Finanzinstrumente; weitere Finanzinstrumente sind nach § 2 Abs. 2a WpHG Geldmarktinstrumente, Derivate und Bezugsrechte auf Wertpapiere. Gleichfalls dem Kapitalmarktrecht zuzuordnen sind das WpPG[5] mit seinen Vorschriften über die Erstellung, Billigung und Veröffentlichung von Prospekten für Wertpapiere, die öffentlich angeboten

---

[2] Gesetz über den Wertpapierhandel vom 26. 7. 1994 (BGBl. I S. 1749), zuletzt geändert durch Gesetz vom 16. 7. 2007 (BGBl. I S. 1330).

[3] Aufsichtsbehörde war ursprünglich das Bundesaufsichtsamt für den Wertpapierhandel (BAWe), das nach § 1 des Gesetzes über die Bundesanstalt für Finanzdienstleistungsaufsicht (eingeführt durch das Gesetz über die integrierte Finanzdienstleistungsaufsicht vom 22. 4. 2002, BGBl. I S. 1310) in der Bundesanstalt für Finanzdienstleistungsaufsicht (BAFin) aufgegangen ist.

[4] Einführend *Grunewald/Schlitt*, Einführung in das Kapitalmarktrecht, 2007; *Buck-Heeb*, Kapitalmarktrecht, 2. Aufl. 2007; ausf. die Kommentierungen von *Assmann/U. H. Schneider* WpHG, 4. Aufl. 2006; *Hirte/Möllers* (Hrsg.), Kölner Kommentar zum WpHG, 2007; *F. Schäfer/Hamann* (Hrsg.), Kapitalmarktgesetze, 2. Aufl. 2006 ff.

[5] Wertpapierprospektgesetz vom 22. 6. 2005 (BGBl. I S. 1698), zuletzt geändert durch Gesetz vom 16. 7. 2007 (BGBl. I S. 1330); vgl. dazu die in Fn. 4 genannten Lehrbücher zum Kapitalmarktrecht, ferner *Schlitt/Ponick* in: *Habersack/Mülbert/Schlitt*, Handbuch der Kapitalmarktinformation, 2008, §§ 4, 5; *ders./Schäfer* AG 2005, 498 ff.; speziell für Schuldverschreibungen *Seitz* AG 2005, 678 ff.; zur Prospektrichtlinie vom 17. 7. 2003 s. *Crüwell* AG 2003, 243 ff. – S. ferner §§ 8 ff. VerkProspG betreffend die Prospektpflicht für andere Vermögensanlagen und dazu *Zwissler* in: *Habersack/Mülbert/Schlitt*, Handbuch der Kapitalmarktinformation, 2008, § 6.

oder zum Handel an einem organisierten Markt zugelassen werden sollen, das WpÜG[6] mit seinen Vorschriften über Erwerbs-, Übernahme- und Pflichtangebote und das BörsG[7] mit seinen Vorschriften über Börsen, den Börsenhandel, die Skontroführung und die Zulassung zum Börsenhandel nebst der Prospekthaftung.[8] Nicht zum Wertpapierrecht im eigentlichen Sinne zählt schließlich das **Depotrecht** (RdNr. 30 ff.), dem nach § 1 Abs. 1 DepotG im Übrigen gleichfalls ein eigener, weil auf die Vertretbarkeit der Urkunde abstellender Wertpapierbegriff zugrunde liegt.

2. Die wissenschaftliche Systematik. Trotz der Zersplitterung seiner gesetzlichen 3 Grundlagen ist das Wertpapierrecht ein **in sich geschlossenes Rechtsgebiet**, weil es gelungen ist, Fragestellungen zu erarbeiten, die über die Besonderheiten der einzelnen Papierarten hinausführen und offen legen, was den Wertpapieren insgesamt oder wenigstens charakteristischen Gruppen unter ihnen gemeinsam ist.[9] Dabei besteht ungeachtet fortdauernder Meinungsverschiedenheiten über die dogmatische Bewältigung von Grundproblemen weitgehend Einigkeit über die praktischen Ergebnisse. Das gilt vor allem für den Anwendungsbereich wertpapierrechtlicher Regeln (Wertpapierbegriff, vgl. RdNr. 4 ff.) und für die Entstehung des verbrieften Rechts (Wertpapierrechtstheorien, vgl. RdNr. 22 ff.).

3. Reformbedarf? Die Diskrepanz zwischen dem Stand der Gesetzgebung einerseits 4 und dem wissenschaftlichen Standard des Wertpapierrechts andererseits, aber auch neuere Entwicklungen in Praxis und Theorie des Wertpapierwesens (Globalurkunde; Entkörperung; vgl. RdNr. 30 ff.) sowie seines bankrechtlichen Umfeldes (kartengestützte Zahlungen) haben zu der Frage geführt, ob eine Neuordnung und Ergänzung des Wertpapierrechts im BGB angezeigt ist. Ein hierzu im Auftrag des Bundesministers der Justiz erstattetes Gutachten aus dem Jahr 1981 ist zu dem Ergebnis gelangt, dass ein entsprechendes Bedürfnis zwar weder dringend noch aktuell, aber auch nicht gänzlich zu verneinen sei.[10] Das dort vorgeschlagene Konzept, „spezifisch bürgerlich-relevante Wertpapiere im BGB" zusammenzufassen,[11] hat der Gesetzgeber im Zuge des **SMG** jedoch nicht umgesetzt, sondern das Wertpapierrecht bis auf eine redaktionelle Anpassung des § 802 S. 3 an die Neuregelung des Verjährungsrechts unberührt gelassen (§ 802 RdNr. 1). Diese Entscheidung ist zu begrüßen, da es in der Tat unausgewogen wirkt, wertpapierrechtliche Basisregeln für Inhaber-, Order- und Namenspapiere mit dem vollständigen und um die Regelung von Nebenfragen erweiterten Scheckrecht sowie mit Teilen des Depotrechts in einem bürgerlich-rechtlichen Normenkomplex zusammenzufassen.[12] Ob es eine tragfähige kodifikatorische Idee ist, für die Regelung im BGB an die Relevanz von Wertpapieren für den Bürger (oder Verbraucher) anzuknüpfen, erscheint danach als zweifelhaft. Weil der gegenwärtige Rechtszustand aus der Sicht der Praxis keine nennenswerten Schwierigkeiten enthält,[13] bestand für den Gesetzgeber kein vordringlicher Handlungsbedarf. Unberührt bleiben allerdings berechtigte Forderungen nach einer systemimmanenten Reform der §§ 793 ff. und des **Schuldverschreibungsgesetzes** (§ 793 RdNr. 40) sowie einer über den Bereich der Schuldbuchforderungen hinausgehenden Zulassung von „Bucheffekten" oder **Wertrechten** (RdNr. 34 ff.).

---

[6] Wertpapiererwerbs- und Übernahmegesetz vom 21. 12. 2001 (BGBl. I S. 3822), zuletzt geändert durch Gesetz vom 21. 12. 2007 (BGBl. I S. 3822).
[7] Börsengesetz vom 16. 7. 2007 (BGBl. I S. 1330); dazu *Baumbach/Hopt* HGB, 33. Aufl. 2008, Anh. 14; *Schwark* Kapitalmarktrechtskommentar, 3. Aufl. 2004.
[8] Zur Prospekthaftung nach §§ 44 ff. BörsG, §§ 13, 13 a VerkProspG, § 127 InvG s. *Habersack* in: *Habersack/Mülbert/Schlitt,* Handbuch der Kapitalmarktinformation, 2007, § 28.
[9] *Baumbach/Hefermehl/Casper* WPR RdNr. 2.
[10] *Koller* Wertpapierrecht S. 1427 ff., insbes. 1432 f.
[11] *Koller* Wertpapierrecht S. 1434.
[12] Vgl. Gesetzesvorschlag *Koller* Wertpapierrecht S. 1506 f.; krit. auch *Becker* ZHR 147 (1983), 245, 253 ff.
[13] *Koller* Wertpapierrecht S. 1432; *Kümpel* WM 1981, Sonderbeilage Nr. 1 S. 35.

II. Begriff des Wertpapiers

5 **1. Allgemeines.** Die Frage nach dem Begriff des Wertpapiers gehört zu den traditionellen Streitfragen des danach benannten Rechtsgebiets. **Zweck der Begriffsbildung** ist es, den Gegenstand des Wertpapierrechts und damit den Anwendungsbereich seiner Regeln zu bestimmen. Weder sinnvoll noch Erfolg versprechend wäre demgegenüber der Versuch, einen für alle Vorschriften und Fragenzusammenhänge passenden Begriff zu entwickeln. Soweit Vorschriften oder Gesetze zwar an den Begriff des Wertpapiers anknüpfen, aber keinen im eigentlichen Sinne wertpapierrechtlichen Gegenstand haben (Beispiele in RdNr. 1 f.) oder nur eine eingeschränkte Zielsetzung verfolgen, hilft nur eine auf den jeweiligen Normzweck bezogene Auslegung. Dass § 1 Abs. 1 DepotG und § 2 Abs. 1 WpHG jeweils einen eigenständigen – teils engeren, teils weiteren – Wertpapierbegriff definiert (RdNr. 2), liegt in der Tendenz dieser Feststellung. **Ausgangspunkt der Begriffsbildung** müssen die rechtlichen Eigenheiten der Wertpapiere sein, nicht ihre jeweilige wirtschaftliche Funktion. Wegen der Verschiedenartigkeit der wirtschaftlichen Funktionen können Definitionsversuche, die daran anknüpfen, nur die eine oder die andere unter ihnen betonen. Das führt zwangsläufig zu einer verengenden Betrachtung, die ihre Verdienste haben mag, aber nicht geeignet ist, den Gegenstand des Wertpapierrechts durch einen Zentralbegriff zu bestimmen. Der Versuch, einen kapitalmarktorientierten Idealtyp des Wertpapiers zu entwickeln,[14] erweist sich deshalb als nicht weiterführend.

6 **2. Weiter und enger Wertpapierbegriff. a) Meinungsstand.** In der Lehre stehen sich ein weiter und ein enger Wertpapierbegriff gegenüber. Die unterschiedliche Begriffsabgrenzung ist auf **Meinungsverschiedenheiten über das Kriterium** zurückzuführen, welches die Wertpapiere von anderen Papieren unterscheidet. Einigkeit besteht noch darüber, dass es auf die Verklammerung, auf den Zusammenhang von Recht und Papier ankommt. Während aber die durchaus hM[15] auf die **Ausübung** des verbrieften Rechts abhebt und es genügen lässt, dass diese von der Innehabung des Papiers abhängt, stellt eine beachtliche Mindermeinung[16] auf die **Verfügung** über das verbriefte Recht ab und fordert, dass diese durch Verfügung über das Papier erfolgt. Die erste Ansicht führt zu einem weiten, die zweite zu einem engen Wertpapierbegriff.

7 Die hM verwendet folgende **Definition** des Wertpapiers oder gleichbedeutende Umschreibung: Das Wertpapier ist eine Urkunde, die ein subjektives Recht derart verbrieft, dass es nur von dem Inhaber (dazu RdNr. 11) der Urkunde ausgeübt werden kann.[17] Dagegen bestimmt die Mindermeinung den Begriff des Wertpapiers so: Wertpapiere sind Urkunden über vermögenswerte Rechte, bei denen die Verfügung über das verbriefte Recht durch die Verfügung über das Papier erfolgt.[18]

8 Jedenfalls **Wertpapiere** sind danach die **Inhaber-** und die **Orderpapiere** (zur Kennzeichnung der Wertpapierarten vgl. noch RdNr. 13 ff.); denn die erfolgreiche Ausübung des Rechts hängt, wie etwa § 797, Art. 38 WG zum Ausdruck bringen, von der Innehabung der Urkunde ab, und der Leistungsanspruch ist, wie namentlich § 793 Abs. 1 S. 1, Art. 11 Abs. 1 WG zum Ausdruck bringen, mit der Befugnis zur Verfügung über die Urkunde verknüpft.[19] **Keine Wertpapiere** sind die **einfachen Legitimationspapiere,** wie etwa der Schuldschein; denn es steht dem Gläubiger frei, sein Recht auf andere Weise als durch

---

[14] *Haag* S. 135; ähnlich *Eichler* S. 55 ff.
[15] Grdlg. *Brunner* in: HdB des Dt. Handels-, See- und Wechselrechts, Bd. II 1882, S. 140 ff., 147. Guter Überblick über die Dogmengeschichte bei *Haag* S 34 ff.; aus dem aktuellen Schrifttum namentlich 4. Aufl. RdNr. 9 *(Hüffer)*; *Baumbach/Hefermehl/Casper* WPR RdNr. 16, 18; *Staudinger/Marburger* RdNr. 1; *Soergel/Welter* RdNr. 2; *Hueck/Canaris* Wertpapierrecht § 1 I 4 b; *Zöllner* Wertpapierrecht § 3 III 4; zur Abwandlung der hM durch *Kümpel* WM 1983, Sonderbeilage Nr. 6 S. 12 f. vgl. in RdNr. 12 und 17.
[16] *Adler* GrünhutsZ 26 (1899), 19 ff.; *L. Raiser* ZHR 101 (1935), 13, 63 f.; *E. Ulmer* S. 16 f., 20 f.
[17] Statt vieler vgl. *Zöllner* Wertpapierrecht § 3 III 4 b.
[18] Am klarsten *E. Ulmer* S. 21.
[19] Das in Art. 11 Abs. 1 WG vorausgesetzte Indossament ist nur eine besondere Form der sachenrechtlichen Einigung; vgl. *Baumbach/Hefermehl/Casper* Art. 11 WG RdNr. 1.

Vorlage des Papiers nachzuweisen, und die Übertragung dieses Rechts erfolgt nur durch Abtretung nach §§ 398 ff., mit der nach das Eigentum an der Urkunde kraft Gesetzes – nämlich nach § 952 Abs. 1 – übergeht. Bedeutung hat der Meinungsstreit demnach nur für die **Rektapapiere** und die **qualifizierten Legitimationspapiere,** weil bei ihnen der Schuldner nur gegen Aushändigung der Urkunde zu leisten braucht und deshalb die Innehabung des Papiers Voraussetzung der Rechtsausübung ist, während die Verfügung über das Recht nach den §§ 398 ff. erfolgt (vgl. zB § 808 Abs. 2 S. 1, Art. 11 Abs. 2 WG). Sie sind deshalb Wertpapiere im weiteren, aber nicht im engeren Sinne.

b) **Stellungnahme.** Die Streitfrage ist ohne unmittelbare praktische Bedeutung, weil die hM die Besonderheit der Inhaber- und Orderpapiere anerkennt,[20] während umgekehrt die Mindermeinung den Rektapapieren einen wertpapierähnlichen Charakter beilegt.[21] Für die Bildung eines wissenschaftlichen Systems der Wertpapiere ist der **weite Begriff** der hM **vorzugswürdig,** weil er die Ausgrenzung einer Gruppe von Papieren vermeidet, die schon mangels anderen systematischen Standorts bei den Wertpapieren zu behandeln sind, und weil er keine unnötige Trennlinie zwischen Papieren zieht, die je nach ihrer klauselmäßigen Ausgestaltung Order- oder Rektapapiere sein können (etwa: Wechsel, Konnossement). Dieser Vorzüge wegen ist der Nachteil in Kauf zu nehmen, dass sich für alle Arten von Wertpapieren gültige Regeln nur in geringem Umfang formulieren lassen; insofern wird zu Recht von einer instrumentellen Überlegenheit des engeren Wertpapierbegriffs gesprochen.[22]

3. **Einzelfragen. a) Notwendigkeit eines Aufgebotsverfahrens.** Der hier – in Übereinstimmung mit der Vorauflage – geteilte Standpunkt der hM wäre dann kaum durchzuhalten, wenn es Rektapapiere gäbe, bei denen das verbriefte Recht nach Verlust der Urkunde ohne Durchführung eines Aufgebotsverfahrens ausgeübt werden könnte; denn damit bräche die Verklammerung von Recht und Papier auseinander.[23] Richtig ist, dass das Gesetz ein solches Verfahren zwar für die qualifizierten Legitimationspapiere (§ 808 Abs. 2 S. 2) und den Hypothekenbrief (§ 1162) vorsieht, dagegen nicht für die Anweisung (§§ 783 ff.) und nicht für die ohne Orderklausel ausgestellten Papiere des § 363 Abs. 2 HGB. Nach heute hM, der beizutreten ist, liegt eine Regelungslücke vor, die durch **analoge Anwendung** der ein Aufgebotsverfahren anordnenden Vorschriften geschlossen werden muss.[24] Im Ergebnis kann also festgehalten werden, dass sich das Erfordernis der Innehabung und damit das Kriterium des Wertpapiers rechtstechnisch in der Notwendigkeit niederschlägt, bei Verlust der Urkunde ein Aufgebotsverfahren durchzuführen.[25]

b) **Innehabung und Vorlegungserfordernis.** Wer die Urkunde vorlegt, ist ihr Inhaber. Nicht genau wäre es jedoch, die Ausübung des Rechts stets von der Vorlage der Urkunde abhängig zu machen. Ausreichend ist vielmehr nach zutreffender hM[26] auch die Vorlage einer **Hinterlegungsbescheinigung,** sofern die Hinterlegung derart erfolgt, dass die Ausübung des Rechts durch Dritte ausgeschlossen ist; Papierinnehabung kann deshalb namentlich auch bei in einer **Sammelurkunde** verbrieften Effekten gegeben sein (vgl. aber noch RdNr. 33). Die in § 123 Abs. 3 S. 1 und 2 AktG getroffene Regelung bringt also – auch nach ihrer Neufassung durch das UMAG und der damit einher gehenden Einführung des „record date" in § 123 Abs. 3 S. 3 AktG – einen allgemeinen Rechtsgedanken zum Ausdruck.[27]

---

[20] *Baumbach/Hefermehl/Casper* WPR RdNr. 16, 18; *Hueck/Canaris* Wertpapierrecht § 1 I 4 b.
[21] *E. Ulmer* S. 93 f.
[22] *Zöllner* Wertpapierrecht § 3 III 4 c.
[23] *Hueck/Canaris* Wertpapierrecht § 1 I 5 a.
[24] *Baumbach/Hefermehl/Casper* WPR RdNr. 20; *Hueck/Canaris* Wertpapierrecht § 1 I 5 a; *E. Ulmer* S. 99 f.; *Zöllner* Wertpapierrecht § 7 II 1; aA *Jacobi* S. 125 ff., 438 (§ 659 Abs. 4 HGB analog); *L. Raiser* ZHR 101 (1935), 13, 47 f.; ferner die Kommentare zu § 946 ZPO.
[25] Deutlich etwa *Baumbach/Hefermehl/Casper* WPR RdNr. 20.
[26] *Zöllner*, FS L. Raiser, 1974, S. 249, 260; *Zöllner* Wertpapierrecht § 3 IV 1; *Baumbach/Hefermehl/Casper* RdNr. 12; *Soergel/Welter* RdNr. 2; *Staudinger/Marburger* RdNr. 4.
[27] Vgl. dazu *Hüffer* § 123 AktG RdNr. 5, 9 ff., 11 f; zur Neuregelung durch das UMAG s. *Zetzsche* Konzern 2007, 180 ff., 251 ff.

12 c) Emittenten-Obliegenheit? Eine im Schrifttum vertretene Ansicht[28] will auf der Basis der hM die Akzente verschieben, indem sie nicht auf den Bestand des Leistungsverweigerungsrechts des Ausstellers gegenüber demjenigen, der nicht Inhaber der Urkunde ist, sondern auf die „Emittenten-Obliegenheit" abhebt, das Recht zur Leistungsverweigerung auszuüben; von einer Obliegenheit wird gesprochen, weil der Aussteller wegen der Unanwendbarkeit des § 407 bei wertpapiermäßiger Verbriefung (RdNr. 16) das Risiko der Doppelleistung eingeht, wodurch die Umlauffähigkeit des Papiers gesteigert werde. Das ist nicht klarer als die traditionelle Lehre, übersieht, dass es bei Wertpapieren nicht nur um Leistungsansprüche geht (Aktie), und führt wegen der einseitigen Betonung der Umlauffähigkeit zu einer Verengung der Perspektive,[29] die nur durch eine wenig elegante Begriffsalternative (Einwendungsausschluss als Charakteristikum) ausgeglichen werden kann (vgl. RdNr. 17). An der hM ist deshalb festzuhalten.

III. Überblick über die Wertpapiere; Abgrenzungen

13 1. Einteilungskriterium. Für die notwendige Systematisierung der verschiedenen Arten von Wertpapieren bieten sich vor allem **drei Gliederungsgesichtspunkte** an: Die Art und Weise, in der die Person des Berechtigten bestimmt wird; die wirtschaftliche Funktion des Wertpapiers; die Eigenart des verbrieften Rechts.[30] Je nach dem gewählten Kriterium ergeben sich verschiedene Untergruppen: Inhaber-, Order- und Rektapapiere; Papiere des Kapitalmarkts (Effekten), des Zahlungs- und Kreditverkehrs und des Warenverkehrs oder Güterumlaufs; Mitgliedschaftspapiere, Forderungspapiere, sachenrechtliche Papiere. Unter rechtlichen Gesichtspunkten ist die an erster Stelle genannte Einteilung weiterführend, weil sie über die Gruppenbildung hinaus die Zuordnung von Rechtssätzen erlaubt.

14 2. Einteilung nach der Bestimmung des Berechtigten. a) Inhaberpapiere. Inhaberpapiere sind Urkunden, die ein subjektives vermögenswertes Recht verbriefen, ohne den Namen des Berechtigten zu nennen. Deshalb kann jeder Inhaber der Urkunde das Recht geltend machen, es sei denn, dass er zur Verfügung über die Urkunde nicht berechtigt ist. Für denjenigen, der die Urkunde innehat, spricht also eine widerlegbare **Vermutung der materiellen Berechtigung;** diese Vermutung bezeichnet man als Legitimation des Inhabers (vgl. aber noch RdNr. 19). Sie dient der Umlauffähigkeit des Papiers. Umgekehrt gilt: Wer nicht Inhaber der Urkunde ist, kann das Recht grundsätzlich nicht ausüben. Die Übertragung des Rechts kann (muss nicht, s. § 793 RdNr. 31 f.) durch Übereignung der Urkunde erfolgen. Inhaberpapiere sind namentlich: Die Schuldverschreibung auf den Inhaber (§§ 793 ff.); die Inhaberaktie (§ 10 Abs. 1 Alt. 1 AktG; zu ihr s. noch § 793 RdNr. 11); Inhaberanteilscheine nach § 33 InvG; der praxisübliche Überbringerscheck (Art. 5 Abs. 2 ScheckG); Inhaberlager- und Inhaberladeschein. Den Inhaberpapieren weitgehend gleichgestellt sind die Inhaberzeichen oder -marken (auch: Inhaberverpflichtungsschein; kleine Inhaberpapiere) iS des § 807.

15 b) Orderpapiere. Orderpapiere sind rechtsverbriefende Urkunden, die den Namen des ursprünglich Berechtigten nennen, aber auch denjenigen zur Rechtsausübung zulassen, der durch eine Order des vor ihm Berechtigten als Rechtsinhaber ausgewiesen wird. Mit der Innehabung der Urkunde allein ist die Legitimationsfunktion (RdNr. 14) also noch nicht verbunden. Es muss vielmehr eine **ununterbrochene Reihe von Übertragungsvermerken** (Indossamenten) hinzutreten, die vom namentlich Benannten zum jetzigen Inhaber führt (vgl. zB Art. 16 WG). Die Übertragung des Rechts kann auch hier durch Übereignung der Urkunde erfolgen. Geschieht sie nicht in der Form des Indossaments, so muss der Eigentümer sein Recht beweisen, weil zu seinen Gunsten keine Vermutung spricht.

---

[28] *Kümpel* WM 1983, Sonderbeilage Nr. 6 S. 12 f.
[29] Abl. deshalb auch *Baumbach/Hefermehl/Casper* WPR RdNr. 17; *Hueck/Canaris* Wertpapierrecht § 1 II 2 b bb.
[30] Abw. Systematisierung namentlich bei *Haag* S. 130 ff., der auf Grund seines anderen Ausgangspunkts (RdNr. 5) zwischen Wertpapieren der Kapitalanlage, sonstigen Umlauf- und Ausweispapieren differenziert.

Auch ohne ausdrückliche Orderklausel („geborene" Orderpapiere) gehören hierher vor allem Wechsel und Scheck, es sei denn, dass sie eine negative Orderklausel tragen (Art. 11 Abs. 2 WG; Art. 14 Abs. 2 ScheckG) oder (nur beim Scheck) auf den Inhaber gestellt sind (Art. 1 Nr. 6 WG, Art. 5 Abs. 2 ScheckG), ferner die Namensaktie (§§ 10 Abs. 1 Fall 2, 68 Abs. 1 AktG). Durch Orderklausel können die Papiere des § 363 HGB, besonders Konnossement, Lade- und Lagerschein zu Orderpapieren werden („gekorene" Orderpapiere).

c) Rektapapiere. Rektapapiere sind Wertpapiere, bei denen die Leistung direkt („recta") **16** an den Berechtigten, regelmäßig an die in der Urkunde benannte Person oder an ihren Rechtsnachfolger zu bewirken ist. Die Rechtsübertragung kann nur nach §§ 398 ff. erfolgen. Teilweise gehört neben dem Abtretungsvertrag noch die Übergabe der Urkunde zum Erwerbstatbestand (vgl. §§ 792 Abs. 1 S. 3, 1154 Abs. 1 S. 1). Die Innehabung des Papiers ist erforderlich, um das Recht ausüben zu können, begründet aber keine Vermutung der materiellen Berechtigung. Anders als bei Inhaber- und Orderpapieren (RdNr. 14 f.) haben Rektapapiere also **keine Legitimationsfunktion.** Die wertpapiermäßige Verbriefung bezweckt demnach nicht eine Steigerung der Umlauffähigkeit, sondern vor allem die Sicherung des neuen Gläubigers (Zessionars) durch die Verdrängung des § 407, freilich unter der Voraussetzung, dass er (und nicht mehr der Zedent) die Urkunde in Händen hält.[31] Rektapapiere sind: die Anweisung (§§ 783 ff.); Hypotheken- und Grundschuldbrief (§§ 1160, 1161); Wechsel und Scheck mit negativer Orderklausel (Art. 11 Abs. 2 WG, Art. 14 Abs. 2 ScheckG); die Papiere des § 363 HGB, wenn sie keine Orderklausel tragen.

d) Insbesondere: Namensschuldverschreibungen des Kapitalmarkts. Solche **17** Schuldverschreibungen (zB Sparbriefe; Kommunalobligationen)[32] gehören zu den Rektapapieren.[33] Ihre rechtliche Behandlung bereitet aus der Sicht der Praxis Schwierigkeiten, weil man auf die Vorlegung des Papiers beim Zinsendienst und weithin auch bei der Tilgung verzichtet, gleichwohl an dem Wertpapiercharakter festhalten, aber die damit verbundene **Verdrängung des § 407** (RdNr. 16) wiederum nicht akzeptieren will, damit der Emittent vor dem Risiko der Doppelzahlung geschützt ist. Durch Umgestaltung des Wertpapierbegriffs (Einwendungsausschluss als alternatives Charakteristikum neben der sog. Emittenten-Obliegenheit)[34] ist diesen Schwierigkeiten auf der Basis des geltenden Rechts nicht abzuhelfen. Die Einordnung der Namensschuldverschreibung als nur wertpapierähnliche Rechtsfigur[35] kann mit § 806 schwerlich vereinbart werden (vgl. dort) und ist auch deshalb problematisch, weil die Frage offen bleibt, ob die „Ähnlichkeit" ausreicht, um die mit der Einordnung als Wertpapier verbundenen Vorteile zu erhalten. Als praktikable Lösung verbleibt deshalb nur der Weg, die Anwendbarkeit der Schuldnerschutzbestimmung des § 407 im Text der Urkunde klarzustellen.[36] Für den Ausschluss des Schuldnerschutzes durch Reduktion des Gesetzeswortlauts besteht dann kein Raum. Auch ändert sich durch eine entsprechende Klausel nichts am Wertpapiercharakter, weil die Verbriefung zwar Voraussetzung der Reduktion ist, aber diese nicht umgekehrt zum unverzichtbaren Kern des Wertpapierbegriffs gehört.[37]

e) Qualifizierte Legitimationspapiere. Qualifizierte Legitimationspapiere sind Ur- **18** kunden, die nicht notwendig, aber in aller Regel (Ausnahme: der in der Praxis seltene

---

[31] *Koller* WM 1981, 474, 476; grds. auch *Kümpel* WM 1983, Sonderbeilage Nr. 6 S. 8; *Baumbach/Hefermehl/Casper* WPR RdNr. 23; *Hueck/Canaris* Wertpapierrecht § 1 II 2 b bb („teleologische Reduktion"); *Zöllner* Wertpapierrecht § 3 IV 2.

[32] Zur praktischen Bedeutung s. Statistische Beihefte zu den Monatsberichten der Dt. Bundesbank: Kapitalmarktstatistik, März 2008, S. 41: allein der Nominalwert der per Januar 2008 im Umlauf befindlichen Bank-Namensschuldverschreibungen belief sich auf 392 Mrd. Euro.

[33] BGH WM 1989, 1640, 1641: Sparbriefe als Wertpapiere iwS; s. ferner § 808 RdNr. 23.

[34] Dafür *Kümpel* WM 1981, Sonderbeilage Nr. 1 S. 30 ff.; *ders.* WM 1983, Sonderbeilage Nr. 6 S. 13 f.

[35] So die Hilfsbegründung von *Franke* DB 1983, 377, 379.

[36] *Koller* WM 1981, 474, 477; *Baumbach/Hefermehl/Casper* WPR RdNr. 72; für Anwendung des § 407 ohne Vermerk in der Urkunde *Franke* DB 1983, 377 f.

[37] *Koller* WM 1981, 474, 477; *Hueck/Canaris* Wertpapierrecht § 1 II 2 b bb.

Versicherungsschein mit Inhaberklausel nach § 4 Abs. 1 VVG, dazu noch § 808 RdNr. 10) auf den Namen des Berechtigten lauten. Sie verbriefen das Recht derart, dass der Schuldner nicht jedem Inhaber, sondern nur einer bestimmten, regelmäßig der benannten Person zur Leistung verpflichtet ist (§ 808 Abs. 2 S. 2), aber durch Leistung an jeden Inhaber der Urkunde von seiner Verpflichtung befreit wird (§ 808 Abs. 1 S. 1). Ohne Innehabung der Urkunde kann das Recht nicht ausgeübt werden (§ 808 Abs. 2). Seine Übertragung erfolgt nach §§ 398 ff. Hauptfall des qualifizierten Legitimationspapiers ist das Sparbuch (§ 808 RdNr. 22 ff.). Ferner gehören zB die Pfandscheine der Leihhäuser hierher (§ 808 RdNr. 10).

19 Der **Begriff** des qualifizierten Legitimationspapiers ist eingebürgert, aber **doppelt unglücklich.** Legitimationswirkung bezeichnet nämlich hier anders als bei Inhaber- und Orderpapieren (RdNr. 14 f.) nicht die Vermutung der materiellen Berechtigung zu Gunsten des Papierinhabers, sondern die Schuldbefreiung, die eintritt, wenn an diesen geleistet wird. Statt von Legitimationswirkung wird also besser von **Liberationswirkung** gesprochen. Überdies ist das kennzeichnende Adjektiv falsch bezogen, weil der Wertpapiercharakter nicht aus einer Qualifikation der Legitimations- oder Liberationswirkung, sondern aus dem Erfordernis der Innehabung folgt. Die zweite gebräuchliche Bezeichnung als hinkendes Inhaberpapier ist aber noch missverständlicher, weil die Urkunden dieser Gruppe überhaupt keine Inhaberpapiere, sondern besonders ausgestaltete Rektapapiere sind.[38] Deshalb ist mit der gebotenen sachlichen Klarstellung an der üblich gewordenen Terminologie festzuhalten.

20 **3. Keine Wertpapiere.** Unsicherheit besteht noch immer in der Einordnung von **Banknoten.** Bei ihnen wird der Wertpapiercharakter teils bejaht (dann Inhaberschuldverschreibung);[39] teils (und ganz überwiegend) verneint,[40] teils davon abhängig gemacht, ob eine Einlösungspflicht (etwa: Deckung in Gold) besteht.[41] Das Letztere ist grundsätzlich richtig; der potentielle Wertpapiercharakter erweist sich aber für die nach § 14 Abs. 1 BBankG iVm. Art. 106 EG-Vertrag ausgegebenen Banknoten wie bereits zuvor für das deutsche Währungsrecht seit 1914[42] als reine Theorie, weil es eine Einlösungspflicht nicht gibt, das Papier also kein Recht verbrieft. Banknoten sind deshalb für das geltende Recht nur Sachen iS des § 90 mit der besonderen Funktion von Geldzeichen.[43]

21 Keine Wertpapiere sind ferner die sog. **einfachen Legitimationspapiere** und schon gar nicht die bloßen **Beweisurkunden.** Einfache Legitimationspapiere sind Urkunden mit Legitimationswirkung zu Gunsten des Schuldners; besser spräche man auch hier von Liberationswirkung (RdNr. 19). Sie unterscheiden sich von der qualifizierten Variante dieser Gruppe dadurch, dass das Recht auch von dem ausgeübt werden kann, der das Papier nicht innehat. Hierher gehören Gepäckscheine, Reparaturscheine, Garderobenmarken. Eine reine Beweisurkunde liegt schließlich vor, wenn es auch an der Liberationswirkung fehlt. Das Hauptbeispiel bietet der Schuldschein.

IV. Der Verpflichtungstatbestand (Wertpapierrechtstheorien)

22 **1. Das Problem und seine Bedeutung.** Gegenstand der Wertpapierrechtstheorien ist die Frage nach der Beschaffenheit des **Tatbestands, der** das urkundlich verbriefte Recht und mit ihm die korrespondierende **Verpflichtung des Schuldners erzeugt.** Dabei geht es nicht um eine deskriptive Erfassung der tatsächlichen Vorgänge (Herstellung der Urkunde, Aushändigung an den Gläubiger, sonstige Formen des Umlaufbeginns), sondern um die

---

[38] Vgl. zB *Zöllner* Wertpapierrecht § 28 I; jetzt auch *Baumbach/Hefermehl/Casper* WPR RdNr. 82.
[39] *Opitz* Komm. DepotG § 1 Anm. 3A; *Staub/Brüggemann* § 381 RdNr. 8.
[40] RGZ 103, 231, 234 f.; *Haag* S. 29; *Heinsius/Horn/Than* Komm. DepotG § 1 RdNr. 38 mwN; *Staudinger/Marburger* RdNr. 49; *Zöllner* Wertpapierrecht § 3 III 2.
[41] *RGRK/Steffen* RdNr. 13.
[42] Zur Rechtsentwicklung vgl. *Haag* S. 29. Fundstellen der älteren Gesetze bei *RGRK/Steffen* RdNr. 13.
[43] RGZ 103, 231, 235; 108, 316; 125, 273; vgl. auch *Dempewolf* NJW 1967, 380 f.; *Baumbach/Hefermehl/Casper* WPR RdNr. 3; *K. Schmidt* Geldrecht Vor § 244 RdNr. A 13. Zur sachenrechtlichen Behandlung *Pikart* WM 1980, 510 ff.

Bestimmung des rechtlichen Schwerpunkts und seine Qualität als einseitiges Verpflichtungsgeschäft, Vertrag oder sonstiges Rechtsgeschäft oder zurechenbarer Rechtsscheintatbestand. Welche Antwort auf die seit jeher streitige Frage gegeben wird, hat nach dem heutigen Stand der Dogmatik kaum unmittelbare praktische Bedeutung (vgl. noch RdNr. 27). Es geht vielmehr um das grundsätzliche Problem, wie die Verpflichtung aus dem Wertpapier in die Lehre von den Entstehungsgründen privater Rechtsverhältnisse einzuordnen ist.[44]

Aus der Eigenart des Problems folgt, dass der Theorienstreit nur die **konstitutiven Wertpapiere** betrifft, dagegen keine Bedeutung für die deklaratorischen Wertpapiere hat.[45] Denn soweit das verbriefte Recht unabhängig von der Verbriefung entstanden ist, kann vernünftigerweise nicht nach der Bedeutung dieses Vorgangs für die Rechtsentstehung gefragt werden. Für die folgende Erörterung sind vor allem **Aktien auszuklammern;** denn der Aktionär hat zwar vorbehaltlich abweichender Satzungsregelung gemäß § 10 Abs. 5 AktG ein Recht auf Verbriefung seiner Mitgliedschaft,[46] aber Mitglied der Gesellschaft ist er auch, ohne eine Aktienurkunde in Händen zu halten.[47] Entsprechendes gilt für Hypothek und Grundschuld und die zugehörigen Briefe. Rechtsbegründende Papiere sind dagegen die Inhaberschuldverschreibung, ferner Wechsel und Scheck. Hier liegt die Hauptbedeutung der Wertpapierrechtstheorien. 23

2. Kreations-, Vertrags- und Rechtsscheinstheorie. Heute hM ist die **zur Rechtsscheinstheorie fortentwickelte Vertragstheorie.**[48] Der Schwerpunkt des rechtsbegründenden Verhältnisses liegt danach im Geben und Nehmen der Urkunde, ein Vorgang, der als Begebungsvertrag zwischen dem Aussteller und dem ersten Nehmer aufgefasst wird und den Skripturakt nur insoweit einbezieht, als sich die vertragliche Einigung auf die Urkunde beziehen muss; nicht der Skripturakt, sondern der Begebungsvertrag ist deshalb die Grundlage der Verpflichtung des Ausstellers. In dieser Phase enthält der Begebungsvertrag allerdings zugleich schuld- und sachenrechtliche Elemente: Er ist Schuldvertrag, soweit er die Verpflichtung des Ausstellers begründet, und Verfügungsvertrag, soweit er dem ersten Nehmer das Eigentum am Papier verschafft. In dieser ursprünglichen Form erweist sich die Vertragstheorie als verkehrsfeindlich, weil sie Dritte mit dem Risiko belastet, ein wertloses Papier zu erwerben, nämlich dann, wenn ein Begebungsvertrag nicht existiert oder nichtig ist. Sie erfährt deshalb eine Ergänzung durch das Rechtsscheinsprinzip: In der Ausstellung des Papiers liegt nicht nur eine auf den Abschluss des Begebungsvertrags abzielende Willenserklärung; vielmehr wird zugleich der Rechtsschein wirksamer Verpflichtung hervorgerufen, auf den sich der redliche (Zweit-)Erwerber des Papiers verlassen darf. 24

Nach der heute in dieser Form nicht mehr vertretenen **Kreationstheorie**[49] bildet die Ausstellung der Urkunde, der sog. Skripturakt, den rechtsbegründenden Tatbestand. Er wurde als einseitiges Rechtsgeschäft aufgefasst, das als solches verpflichtungsbegründend wirkte, ohne einer Ergänzung durch einen Begebungsvertrag zu bedürfen. Erforderlich war in den Worten des Theoriebegründers lediglich der Besitzerwerb durch einen Dritten, der 25

---

[44] Treffend *Larenz* II § 66 II.
[45] Vgl. dazu *Zöllner* Wertpapierrecht § 5 IV und § 6 I.
[46] RGZ 94, 61, 64; *Hüffer* § 10 AktG RdNr. 3; aA *Schwennicke* AG 2001, 118, 119 ff., 124.
[47] RGZ 86, 154 f.; LG Berlin AG 1994, 378, 379 li. Sp.; *Hüffer* § 10 AktG RdNr. 2; zu den Folgen für die Aktionärsstellung und die Zuordnung mitgliedschaftlicher Rechte, insbes. bei girosammelverwahrten und globalverbrieften Aktien, s. *Mülbert*, FS Nobbe, 2009, unter II; *Noack* in: *Bayer/Habersack* § 11 RdNr. 13 ff., 80 ff.
[48] Richtungweisend *Jacobi* S. 125, 285 ff.; *ders.*, Wechsel- und Scheckrecht, 1956, § 12. Aus dem jüngeren Schrifttum vgl. *Baumbach/Hefermehl/Casper* WPR RdNr. 31 ff.; *Hueck/Canaris* Wertpapierrecht § 3; *Zöllner* Wertpapierrecht § 6 (bes. V; dort Abweichungen vom üblichen Verständnis der Vertragstheorie); *Canaris* Vertrauenshaftung, S. 237 ff.; *Staudinger/Marburger* RdNr. 19; *Erman/Heckelmann/Wilhelmi* RdNr. 11 f.; *Palandt/Sprau* § 793 RdNr. 8; *AnwK-BGB/Siller* § 793 RdNr. 14; *Kümpel* RdNr. 9.162; *Sedatis*, FS Rebhinder, 2002, S. 741, 742 ff.; wohl auch *Soergel/Welter* RdNr. 11; *PWW/Buck-Heeb* § 793 RdNr. 15; aus der Rspr. s. BGH NJW 1973, 282, 283.
[49] Sie geht zurück auf *Kuntze*, Die Lehre von den Inhaberpapieren, 1857, S. 334 bis 362, 374 bis 384; vgl. ferner *Langen*, Die Kreationstheorie im heutigen Reichsrecht, 1906, S. 18 und passim; wN bei *Staudinger/Marburger* RdNr. 17.

den „animus (sibi) possidendi" hatte.⁵⁰ Das schwerlich überzeugende Ergebnis war der Rechtserwerb durch den Unredlichen, selbst den Dieb. Dieses Ergebnis vermied die Redlichkeitstheorie,⁵¹ die auf der Kreationstheorie aufbaute, aber nur denjenigen als Gläubiger ansah, der das Eigentum an der Urkunde kraft seines guten Glaubens erworben hatte.

26 Eine dritte, überwiegend als Variante der Kreationstheorie verstandene⁵² Lehre fasst die Ausstellung der Urkunde (Skripturakt) mit dem regelmäßig nachfolgenden Begebungsvertrag als **mehrgliedriges Rechtsgeschäft** zusammen, das in dieser Zusammenfassung den Verpflichtungstatbestand abgibt.⁵³ Danach ist der Skripturakt als das eine Tatbestandselement eine einseitige, nicht empfangsbedürftige Willenserklärung, deren Besonderheit darin liegt, dass Willensmängel grundsätzlich unbeachtlich sind.⁵⁴ Der Begebungsvertrag als notwendige Tatbestandsergänzung ist auf die Übereignung der Urkunde gerichtet, hat also sachenrechtlichen Charakter. Schuldrechtliche Elemente⁵⁵ bestehen nur insofern, als Ausstellung und Begebungsvertrag zusammen die Forderung erzeugen. Ein Rückschluss von der Natur der Rechtsfolge auf die des Vertragstatbestands lässt sich nicht ziehen; denn schuldrechtliche Wirkungen setzen nicht notwendig einen Schuldvertrag voraus. Fehlt die Begebung oder ist sie nichtig, so wird auch diese Lehre (vgl. schon RdNr. 24) durch die Anwendung des Rechtsscheinsprinzips ergänzt: Der gutgläubige Dritte erwirbt mit dem Papier auch das verbriefte Recht (vgl. § 794 RdNr. 3 f.).

27 **3. Würdigung des Theorienstreits.** Klar ist zunächst, dass der – heute in ihrer Reinform ohnehin nicht mehr vertretenen – Kreationstheorie und der auf ihr basierenden **Redlichkeitsthorie** (RdNr. 25) **nicht** gefolgt werden kann.⁵⁶ Zwar ist einzuräumen, dass die Rechtsordnung einseitige Rechtsgeschäft mit verpflichtendem Charakter und damit Ausnahmen von dem nach § 311 Abs. 1 grundsätzlich geltenden Erfordernis einer die Verpflichtung zustande bringenden vertraglichen Einigung kennt; erwähnt sei nur die Auslobung.⁵⁷ Die Annahme, der Urheber wolle sich bereits durch die Unterzeichnung und damit unabhängig von einem von ihm nicht veranlassten Inverkehrbringen der Urkunde verpflichten, geht indes an der Lebenswirklichkeit vorbei; hinzukommen müsste zumindest die „Erteilung" (§ 766 S. 1) des Versprechens und damit die Entäußerung gegenüber dem ersten Nehmer als Teil des Verpflichtungstatbestands. Es bliebe freilich die mit der Annahme eines einseitigen Rechtsgeschäfts verbundene, im Wertpapierrecht untragbare Anwendbarkeit der §§ 111, 180 (RdNr. 28). Sprechen somit die eindeutig besseren Gründe für eine dem Grundsatz des § 311 Abs. 1 entsprechende vertragliche Lösung, so lässt sich schließlich aus § 794 schon deshalb nichts für die Kreationstheorie herleiten, weil die Vorschrift ohnehin nur dem Schutz des gutgläubigen Zweiterwerbers zu dienen bestimmt ist.⁵⁸ Mögen auch die Verfasser des BGB von der Redlichkeitstheorie (RdNr. 25) ausgegangen sein (§ 793 RdNr. 2), so bindet dies die Rechtsanwendung doch allenfalls in den daraus abgeleiteten Sachentscheidungen.

28 Es bleibt die Wahl zwischen der zur Rechtsscheinstheorie fortentwickelten Vertragstheorie (RdNr. 24) und der in entsprechender Weise ergänzten Lehre vom mehrgliedrigen Rechtsgeschäft (RdNr. 26). Sie führen vielfach, aber **nicht durchweg** zu übereinstim-

---

⁵⁰ *Kuntze* (Fn. 49) S. 375.
⁵¹ Hauptvertreter ist *Grünhut* Wechselrecht, Bd. I 1897, S. 266 ff., 279; ebenso *Müller/Erzbach,* Dt. Handelsrecht, 2./3. Aufl. 1928, S. 453, 456.
⁵² Vgl. *Staudinger/Marburger* RdNr. 17; *Baumbach/Hefermehl/Casper* WPR RdNr. 30; aA – „Synthese der beiden theoretischen Grundrichtungen" – 4. Aufl. RdNr. 29 *(Hüffer)*; s. ferner *Hildebrandt* Wertpapierrecht, 1957, S. 198.
⁵³ So der Sache nach schon *E. Ulmer* S. 36 ff., 41; ausdrücklich *ders.,* FS L. Raiser, 1974, S. 225, 236; referierend auch *Rabel,* The Conflict of Laws – A Comparative Study, Bd. IV 1958, S. 135 ff., 165. Vgl. ferner *L. Raiser* RabelsZ 1936, 1034 ff.; abl. *Sedatis,* FS Rehbinder, 2002, S. 741, 743 ff.
⁵⁴ *L. Raiser* RabelsZ 1936, 1034, 1037; *E. Ulmer* S. 52; *ders.,* FS L. Raiser, 1974, S. 225, 237.
⁵⁵ Anders noch *E. Ulmer* S. 37, 39 f.; wie im Text sodann *ders.,* FS L. Raiser, 1974, S. 225, 237.
⁵⁶ So neben den in Fn. 48 genannten Vertretern der hM auch 4. Aufl. RdNr. 25, 28 f. *(Hüffer)*.
⁵⁷ Zu Patronataerklärungen ad incertas personas s. aber Vor § 765 RdNr. 53.
⁵⁸ Zutr. *Staudinger/Marburger* RdNr. 19.

menden Ergebnissen (vgl. RdNr. 22). Insbesondere kann der papiermäßig Verpflichtete nach beiden Lehren einem gutgläubigen Zweiterwerber gegenüber das Fehlen oder die Nichtigkeit des Begebungsvertrags nur einwenden, soweit der Mangel des Rechtsgeschäfts nicht durch die Rechtsscheinsgrundsätze überlagert wird. Nur die modifizierte Vertragstheorie vermag freilich zwanglos zu begründen, dass die durch einen beschränkt Geschäftsfähigen oder einen falsus procurator erfolgte Begebung eines Wertpapiers auch im Verhältnis zum Ersterwerber nicht nach §§ 111, 180 unheilbar nichtig, sondern genehmigungsfähig ist;[59] die Lehre vom mehrgliedrigen Rechtsgeschäft muss sich in diesen Fällen mit einer Reduktion des Anwendungsbereichs der genannten Vorschriften behelfen.[60]

Entgegen der in den Vorauflagen (4. Aufl. RdNr. 29 *[Hüffer]*) vertretenen Ansicht und im Einklang mit der heute hM ist deshalb der **modifizierten Vertragstheorie** (RdNr. 24) zu folgen. Ihr lässt sich gewiss nicht entgegenhalten, dass sie die Entstehung des verbrieften Rechts ohne die Verbriefung selbst zu erklären versuche und sich deshalb von dem tatsächlichen Vorgang, den sie rechtlich erfassen will, entferne.[61] Denn der Begebungsvertrag als Grundlage der wertpapiermäßigen Verpflichtung wird, wie schon seine Bezeichnung zum Ausdruck bringt, im Hinblick auf das jeweils in Frage stehende Wertpapier und damit unter Berücksichtigung der Verkörperung des Versprechens in einer Urkunde geschlossen; der Begebungsvertrag ist mit anderen Worten ohne den vorangegangen Skripturakt überhaupt nicht denkbar.[62] Festzuhalten ist vielmehr, dass sich auf der Grundlage der hM die Entstehung der urkundlich verkörperten Verpflichtung zwanglos mit der allgemeinen Vertragslehre und der gebotene Verkehrsschutz ebenso zwanglos mit der allgemeinen Rechtsscheinlehre begründen lassen, während die Lehre vom mehrgliedrigen Rechtsgeschäft nicht ohne Rückgriff auf den Skripturakt als das vermeintlich verpflichtende Element auszukommen vermag, zudem auf eine dem Trennungsgrundsatz zuwiderlaufende Vermengung schuld- und sachenrechtlicher Elemente angewiesen ist und sich letztlich nur dadurch gegenüber der unmodifizierten Kreationstheorie abhebt, dass sie zusätzlich noch den Übereignungstatbestand in die Betrachtung einbezieht. Dass schließlich das Wechselkollisionsrecht in Art. 91 Abs. 2 S. 1, Art. 92 Abs. 1, Art. 93 Abs. 2, Art. 94 und Art. 95 WG prinzipiell auf den Ort der Ausstellung und nicht auf den der Begebung abhebt,[63] nötigt nicht dazu, für das materielle Wertpapierrecht Systembrüche in Kauf zu nehmen.

V. Neuere Entwicklungen im Effektenwesen (Globalurkunden, Wertrechte)

1. Ausgangslage und traditionelle Problemlösung. In der Praxis ist ein weitreichender **Funktionsverlust des Inhaberpapiers** zu verzeichnen.[64] Im Bereich der öffentlichen Anleihen werden die Schuldverschreibungen der §§ 793 ff. seit langem durch die Begründung von Schuldbuchforderungen verdrängt (RdNr. 32). Auch die Ausgabe von Sammel- oder Globalurkunden anstelle der Verbriefung in Einzelurkunden bewirkt einen Funktionsverlust des Rechtsinstituts (RdNr. 33). Entsprechendes gilt für Aktien, soweit sie als Global- oder Mehrfachurkunden ausgestellt sind, was nach § 10 Abs. 5 AktG auch gegen den Willen des Aktionärs geschehen kann, wenn die Satzung dafür eine Grundlage

---

[59] *Baumbach/Hefermehl/Casper* WPR RdNr. 29; *Zöllner* Wertpapierrecht § 6 IV 2 b bb; *Staudinger/Marburger* RdNr. 19.

[60] So denn auch 4. Aufl. RdNr. 27 *(Hüffer)*; der Sache nach auch schon *E. Ulmer* S. 49 f.; vgl. ferner *Koller* S. 1427, 1438; *Hildebrandt* Wertpapierrecht, 1957, S. 194.

[61] So aber 4. Aufl. RdNr. 29 *(Hüffer)*.

[62] Vgl. § 793 RdNr. 44, ferner *Baumbach/Hefermehl/Casper* WPR RdNr. 33; *Zöllner* Wertpapierrecht § 6 V 4, S. 39; *Staudinger/Marburger* RdNr. 19; *Assmann* WM 2005, 1053, 1058.

[63] Hierauf hinweisend 4. Aufl. RdNr. 29 *(Hüffer)*; vgl. auch *Rabel* (Fn. 53) S. 135 ff., 164 f.; *E. Ulmer*, FS L. Raiser, 1974, S. 225, 235.

[64] Dazu und zum Folgenden namentlich *Einsele* S. 12 ff.; *dies.* WM 2001, 7 ff.; *Koller* S. 1427, 1491 ff.; *Micheler* S. 131 ff., 171 ff.; *Körner passim*; *Peters passim*; *ders.* WM 1976, 890 ff.; *Habersack/Mayer* WM 2001, 1678 ff.; *Hirte/Knof* WM 2008, 7 i, 10 ff.; *Than* in: *Baums/Cahn* S. 3 ff.; *ders.*, GS U. Bosch, 2005, S. 231 ff.; *Zahn/Kock* WM 1999, 1955, 1960 ff.; *Baumbach/Hefermehl/Casper* WPR RdNr. 92 ff., 96 ff.; *Staudinger/Marburger* RdNr. 38 ff.; *Zöllner*, FS L. Raiser, 1974, S. 249 ff.

bietet.⁶⁵ Beide Entwicklungen sind auf das für Titel des Kapitalmarkts typische Phänomen der **Massenemission** zurückzuführen, das seinerseits auf dem Bestreben der Emittenten beruht, zur Deckung ihres erheblichen Kapitalbedarfs auch den Kleinanleger zu gewinnen. Denn seine Beteiligung kann nur erreicht werden, indem der Gesamtbetrag der Anleihe oder des aktienrechtlichen Nennkapitals in eine Vielzahl von Einzelrechten aufgespalten wird. Die Zulassung der 1 Euro-Aktie durch Gesetz vom 9. 6. 1998 (BGBl. I S. 1242) hat diese Tendenz noch verstärkt.⁶⁶

31 Die massenhafte Emission begründet Probleme bei Verwahrung, Verwaltung und Umsatz von Wertpapieren.⁶⁷ Der Druck der Urkunden, ihre sichere Aufbewahrung, die Trennung und Vorlage von Kupons sind umständlich und teuer. Der massenhafte Umsatz lässt sich in der durch die Verbriefung vorgegebenen Form, also durch Einigung und Urkundenübergabe (§ 929), überhaupt nicht durchführen. Die herkömmliche Problemlösung liegt in dem Rechtsinstitut der **Girosammelverwahrung**,⁶⁸ also in der ungetrennten Aufbewahrung von Wertpapieren derselben Art für eine Vielzahl von Hinterlegern in einem einheitlichen Sammelbestand, der von einer Wertpapiersammelbank (Clearstream Banking AG) gehalten wird; Rechtsgrundlage sind insoweit §§ 5 bis 9 DepotG. Hinzu kommt die depotrechtliche Regelung über die **Sammelurkunde** in § 9a DepotG, dessen Abs. 2 allerdings die sinngemäße Geltung der §§ 6 bis 9 DepotG über die Sammelverwahrung anordnet (s. RdNr. 33). Die dingliche Berechtigung des Hinterlegers setzt sich nach hM als Miteigentum am Sammelbestand oder an der Sammelurkunde fort.⁶⁹ Der zentrale Vorteil des Verfahrens liegt darin, dass die in Girosammelverwahrung gehaltenen Bestände am **Effektengiroverkehr** teilnehmen können.⁷⁰ Darunter versteht man die dem bargeldlosen Zahlungsverkehr ähnliche stückelose Lieferung; die sachenrechtliche Übertragung wird also durch Buchungsvorgänge ersetzt.

32 **2. Begründung von Schuldbuchforderungen durch die öffentliche Hand.** Die Nachteile, die mit der wertpapierrechtlichen Verbriefung jedenfalls für den Emittenten verbunden sind, gaben schon frühzeitig Veranlassung, für die Begebung von öffentlichen Anleihen eine zweite Rechtsform neben der Inhaberschuldverschreibung der §§ 793 ff. zur Verfügung zu stellen. Es handelt sich um die Schuldbuchforderungen, bei denen die **Verbriefung durch Registereintragung ersetzt** wird (Bundes- oder Landesschuldbuch). Durch das Gesetz zur Neuordnung des Schuldbuchrechts des Bundes und der Rechtsgrundlagen der Bundesschuldenverwaltung – Bundeswertpapierverwaltungsgesetz (BWpVerwG) vom 11. 12. 2001 (BGBl. I S. 3519) – war das bis dahin in mehreren vorkonstitutionellen Gesetzen und Rechtsverordnungen geregelte Schuldbuchrecht (3. Aufl. RdNr. 32) auf eine einheitliche rechtliche Grundlage gestellt worden.⁷¹ An die Stelle des BWpVerwG ist sodann am 1. 8. 2006 das Gesetz zur Regelung des Schuldenwesens des Bundes – Bundesschuldenwesengesetz (BSchuWG) – vom 12. 7. 2006 (BGBl. I S. 1466) getreten. Nach § 5 Abs. 3 BSchuWG wird eine Schuldbuchforderung als Sammelschuldbuchforderung (§ 6 BSchuWG) oder Einzelschuldbuchforderung (§ 7 BSchuWG) durch die bloße Eintragung in die jeweilige Abteilung (§ 5 Abs. 2 BSchuWG) begründet. Da die gesetzliche Regelung

---

⁶⁵ *Hüffer* § 10 AktG RdNr. 10 ff.
⁶⁶ Dazu *Hüffer* § 8 AktG RdNr. 5 f.
⁶⁷ Zu dem Ende 2004 vorgelegten UNIDROIT-Konventionsentwurf über zwischenverwahrte Wertpapiere (Abdruck in WM 2005, 1147 ff.) vgl. *Einsele* WM 2005, 1109 ff.; *Paech* WM 2005, 1101 ff.
⁶⁸ Eingehend *Lütticke*, S. 94 ff.; *Canaris* Bankvertragsrecht RdNr. 2102 ff.; *Heinsius/Horn/Than*, Komm. DepotG, Erl. zu §§ 5 ff.; MünchKommHGB/*Einsele* Depotgeschäft RdNr. 47 ff.; vgl. auch *Peters* JuS 1976, 424 ff.
⁶⁹ Vgl. für die Girosammelverwahrung BGHZ 160, 121, 124, 126 = NJW 2004, 3340; BGH NJW 1999, 1393; 1997, 2110, 2111; § 688 RdNr. 36; *Baumbach/Hefermehl/Casper* WPR RdNr. 93; *Habersack/Mayer* WM 2001, 1678, 1679 f.; *Kümpel* RdNr. 11 209, 237; krit. *Einsele* S. 75 f., 83 f.; *Koller* DB 1972, 1857 ff., 1902 ff. – Zur Globalurkunde s. RdNr. 33.
⁷⁰ *Canaris* Bankvertragsrecht RdNr. 2007 ff.; *Kümpel* RdNr. 11 176 f., 11 225 ff.
⁷¹ Zur Emission von unverbrieften Schuldtiteln durch die Europäische Zentralbank vgl. *Zahn/Kock* WM 1999, 1955 ff.

der Girosammelverwahrung durch §§ 5 ff. DepotG und der darauf aufbauende Giroverkehr (vgl. RdNr. 31) eine Verbriefung gerade voraussetzen, war es erforderlich, die Sammelschuldbuchforderungen des Bundesschuldbuchs in § 6 Abs. 2 S. 1 BSchuWG im Wege einer **gesetzlichen Fiktion** mit dem Wertpapiersammelbestand der Wertpapiersammelbank iS des Depotgesetzes gleichzustellen und in § 6 Abs. 2 S. 2 BSchuWG zu bestimmen, dass die Gläubiger der Sammelschuldbuchforderung als Miteigentümer nach Bruchteilen gelten. Damit erfolgt eine Verdinglichung der an sich nur nach Zessionsrecht übertragbaren Forderung, so dass über die dematerialisierte Sammelschuldbuchforderung nunmehr nach sachenrechtlichen Grundsätzen verfügt werden kann.[72] Insoweit gibt es Rechte, die denen aus dem Wertpapier gleichstehen, ohne verbrieft zu sein; sie werden treffend als **Wertrechte** oder **Bucheffekten** bezeichnet (vgl. noch RdNr. 34 ff.). Wichtige Bucheffekten sind die irreführend sog. Bundesschatzbriefe.[73]

3. Globalurkunden. Sammelurkunde oder Globalurkunde ist nach der Klammerdefinition in § 9a Abs. 1 DepotG ein Wertpapier, das mehrere Rechte verbrieft, die jedes für sich in vertretbaren Wertpapieren ein und derselben Art verbrieft sein könnten. Ihre Bedeutung ist vor dem Hintergrund zu sehen, dass einerseits Girosammelverwahrung und Effektengiroverkehr die Verbriefung in Einzelurkunden praktisch überflüssig machen (RdNr. 31), andererseits die Begründung von Wertrechten nur im Bereich der öffentlichen Anleihen eine gesetzliche Grundlage hat (RdNr. 32). Als Rationalisierungsmöglichkeit bot sich deshalb an, eine Vielzahl von einzelnen Forderungen oder Mitgliedschaftsrechten in einer Sammel- oder Globalurkunde zu verbriefen; die Vorteile gegenüber der Verwahrung und Verwaltung von Einzelurkunden sind offensichtlich. Diese in der Praxis schon eingeleitete Entwicklung wurde deshalb durch das Änderungsgesetz zum DepotG von 1972 legalisiert[74] und unter Klärung offener Fragen im Einzelnen geregelt. Dem Rationalisierungsbedarf der Praxis scheint mit der nicht lieferbaren Dauer-Globalurkunde weitgehend Rechnung getragen zu werden.[75] Für die Theorie ist die Globalurkunde allerdings **nur ein halber Schritt** auf dem Weg vom Wertpapier **zum Wertrecht** (vgl. RdNr. 34 ff., 37), zumal sich bei Ausschluss des Anspruchs auf Einzelverbriefung mittelbarer Besitz der Gläubiger oder Aktionäre an der Globalurkunde – und damit die Möglichkeit sachenrechtlicher Verfügungen und mit ihr die Möglichkeit gutgläubigen Erwerbs – nicht begründen lässt.[76] 33

4. Genereller Übergang zu Bucheffekten oder Wertrechten? a) Geltendes Recht. 34 Das geltende Recht kennt Bucheffekten oder Wertrechte jedenfalls im Bereich der öffentlichen Anleihen (RdNr. 32). Fraglich bleibt, ob die Figur des Wertrechts auch darüber hinaus, also ohne gesetzliche Grundlage, Anerkennung finden kann. Diese Frage wird von der sog. **Wertrechtslehre** bejaht. Sie betrachtet den Verwahrer als Treuhänder des Berechtigten und leitet daraus einen quasidinglichen oder sachenrechtlichen Charakter des Wertrechts ab, der sich in der Anwendung des § 771 ZPO und des § 47 InsO zugunsten des

---

[72] Reg. Begr. (BWpVerwG), BT-Drucks. 14/7010 S. 15 re. Sp.
[73] LG Konstanz WM 1988, 818; *Kümpel* RdNr. 11.254; *Staudinger/Marburger* RdNr. 36; *Soergel/Welter* RdNr. 26; Überblick bei *Wessely* WM 1969, 1094 ff.
[74] Gesetz vom 24. 5. 1972 (BGBl. I S. 801); Reg. Begr.: BT-Drucks. 6/2231; vgl. dazu *Bremer* AG 1972, 363 ff.; *Pleyer/Schleiffer* DB 1972, 77; *Than*, FS Heinsius 1991, S. 809, 812 ff., 817 ff. Nachweise älteren Schrifttums bei *Heinsius/Horn/Than* Komm. DepotG § 9a RdNr. 7.
[75] *Canaris* Bankvertragsrecht RdNr. 2051; *Pleyer/Schleiffer* DB 1972, 77, 80; zu anderen Erscheinungsformen der Globalurkunde vgl. *Zahn/Kock* WM 1999, 1955, 1961 f.
[76] Näher *Einsele* S. 172 ff., 561 ff.; *dies.* WM 2001, 7, 13; *Habersack/Mayer* WM 2001, 1678, 1680 ff.; *Noack* in: *Bayer/Habersack* § 11 RdNr. 73; *Spindler/Stilz/Vatter* § 10 AktG RdNr. 60, 65; *Mentz/Fröhling* NZG 2002, 201, 210; aA hM, s. BGHZ 160, 121, 124 = NJW 2004, 3340; *Kümpel* RdNr. 11237; *Horn* WM 2002, Sonderbeilage 2 S. 14 ff.; *Mülbert*, FS Nobbe, 2009, unter II. 4.; im Ergebnis auch *Baumbach/Hefermehl/Casper* WPR RdNr. 97 f., *Canaris* Bankvertragsrecht RdNr. 2027 und *Koller* DB 1972, 1905, 1909, die auf die Buchung im Verwahrungsbuch als Rechtsscheinsträger abstellen; hiergegen aber zu Recht MünchKommHGB/*Einsele* Depotrecht RdNr. 107 ff.; für sachenrechtliche Grundlage am Beispiel der Verpfändung globalverbriefter Aktien und der Verwertung in der Insolvenz auch *Hirte/Knof* WM 2008, 7 ff., 49 ff. – Zum deklaratorischen Charakter der Aktienurkunde s. RdNr. 23; zur Zuordnung der mitgliedschaftlichen Rechte hinsichtlich globalverbriefter Aktien s. die Nachweise in Fn. 47.

Berechtigten (Treugebers) niederschlagen soll.[77] Eine fortgeschrittene Dogmatik könne und müsse auf den angeblichen sachenrechtlichen Charakter und ähnliche Mystifizierungen[78] verzichten; maßgebend sei allein, ob Wertrechte den Wertpapieren im Wege der Fiktion gleichzustellen und deshalb auf jene wie auf diese sachenrechtliche Vorschriften analog anzuwenden sind.[79] Die ganz hM lehnt die Wertrechtslehre ab.[80] Eine beachtliche Mindermeinung[81] hält dagegen eine Rechtsfortbildung in diesem Sinne für grundsätzlich möglich, allerdings unter Beschränkung auf solche Rechte, die im Falle ihrer Verbriefung sachenrechtlichen Grundsätzen unterlägen, was zur Ausklammerung des Jungscheingiroverkehrs[82] führt.

35 Die Wertrechtslehre in ihrer fortgeschrittenen Form (RdNr. 34 aE) ist ein in sich schlüssiges dogmatisches Konzept. Aber das geltende Recht kennt Wertrechte nur als Schuldbuchforderungen (RdNr. 32), nicht darüber hinaus. Für eine Anerkennung der Figur im Wege außergesetzlicher Rechtsfortbildung müsste jedenfalls ein dringendes praktisches Bedürfnis vorhanden sein, das der Gesetzgeber bei der Änderung des DepotG 1972 (RdNr. 33) so nicht gesehen hat oder noch nicht berücksichtigen konnte. Dass diese Voraussetzung erfüllt wäre, ist nicht erkennbar.[83] Vielmehr hat der **Gesetzgeber** im Zuge der Änderung des § 10 Abs. 5 AktG (RdNr. 36) durch das Gesetz zur Kontrolle und Transparenz im Unternehmensbereich (KonTraG) vom 25. 3. 1998 (BGBl. I S. 590) den **Übergang zum Wertrecht explizit abgelehnt** und einer Rechtsfortbildung damit die dogmatische Grundlage entzogen.[84] Der Neukonzeption des § 123 Abs. 3 AktG durch das UMAG (RdNr. 11) lässt sich nichts Gegenteiliges entnehmen. Hinzu kommen ungelöste praktische Fragen, namentlich die, wer das Register führen soll, in das die Rechte einzutragen sind, wie das Register auszusehen hat, ob und wie die Registerführung überwacht wird.[85] Auf der Basis des geltenden Rechts sind Wertrechte deshalb nur eine dogmatische Möglichkeit, aber, abgesehen von den Schuldbuchforderungen, nicht praxisrelevant.

36 **b) Rechtspolitische Überlegungen.** Mit der gesetzlichen Anerkennung der Globalurkunde durch § 9a DepotG sind faktisch Bucheffekten oder Wertrechte über die Schuldbuchforderungen hinaus zugelassen worden.[86] Das gilt namentlich für die Fälle, in denen der Emittent zur Verbriefung in Einzelurkunden nicht verpflichtet ist (§ 9a Abs. 3 S. 2 DepotG). Seit der Änderung des § 10 Abs. 5 AktG (RdNr. 35) steht diese Möglichkeit auch Aktiengesellschaften unter dem Vorbehalt einer entsprechenden Satzungsregelung offen.[87] Damit stellt sich die Frage, ob es nicht sinnvoll ist, neben dem Inhaberpapier oder gar an

---

[77] Begründer der Wertrechtslehre ist *Opitz*; vgl. besonders *dens.* BankA 1941, 36 (= Sammelband „Fünfzig depotrechtliche Abhandlungen", 1954, S. 426); s. ferner *Opitz* Komm. DepotG, § 42 Anm. 12 B mwN zum älteren Schrifttum; zu wN s. iÜ Fn. 79.
[78] Wenig glücklich etwa BGHZ 5, 27, 31 und 35 = LM DepotG § 7 Nr. 1 m. Anm. *Möhring* = NJW 1952, 1012 m. Anm. *v. Caemmerer*; *Schönle*, Bank- und Börsenrecht, 2. Aufl. 1976, § 21 II 6 a.
[79] *Canaris* Bankvertragsrecht RdNr. 2044 ff., 2053 f.; *Hueck/Canaris* Wertpapierrecht § 1 III 3 b; *Koller* S. 1427, 1494 mwN; *Brink*, Rechtsbeziehungen und Rechtsübertragung im nationalen und internationalen Effektengiroverkehr, 1976, S. 74.
[80] BGHZ 160, 121, 124 = NJW 2004, 3340; *Fabricius* AcP 162 (1963), 456, 464 ff.; *Pleyer/Schleiffer* DB 1972, 77, 79; *Brink* S. 72; *Körner* S. 97, 100 ff.; *Mentz/Fröhling* NZG 2002, 201, 210; *Peters* S. 117 ff., 122 f.; *Baumbach/Hefermehl/Casper* WPR RdNr. 101; *Staudinger/Marburger* RdNr. 41; *Heinsius/Horn/Than* Komm. DepotG § 42 RdNr. 28 mwN; *Zahn/Kock* WM 1999, 1955, 1966.
[81] Vgl. die Nachweise in Fn. 79.
[82] Dazu *Canaris* Bankvertragsrecht RdNr. 2058 ff., 2064 f.
[83] Berechtigte Zweifel äußert *Canaris* selbst, vgl. Bankvertragsrecht RdNr. 2051; vgl. ferner *Einsele* WM 2001, 7, 10; *Habersack/Mayer* WM 2001, 1678, 1684; *Micheler* S. 161 ff.; *Seibert* DB 1999, 267, 269.
[84] Beschlussempfehlung Rechtsausschuss, BT-Drucks. 13/10038 S. 25; s. ferner *Seibert* DB 1999, 267, 269; *Baumbach/Hefermehl/Casper* WPR RdNr. 101.
[85] Auf Fragen dieser Art weisen *Einsele* S. 202 ff., *Koller* S. 1427, 1497 und *Kümpel* WM 1982, 730, 734 f. zu Recht hin.
[86] *Canaris* Bankvertragsrecht RdNr. 2042
[87] Vgl. dazu *Hüffer* § 10 AktG RdNr. 10 ff.; *Seibert* DB 1999, 267 ff.; s. ferner § 5 Abs. 2 REITG und dazu Begr. RegE eines Gesetzes zur Schaffung deutscher Immobilien-Aktiengesellschaften mit börsennotierten Anteilen, BT-Drucks. 16/4026, S. 20.

seiner Stelle generell das Wertrecht zuzulassen.[88] Die hM tritt dafür ein, das registermäßig „verbriefte" Wertrecht generell zuzulassen; teils beruft man sich dafür auf praktische,[89] teils auf rechtsdogmatische Erwägungen.[90] Eine neuerdings vertretene Mindermeinung findet dagegen bei der Globalurkunde noch Wertpapierfunktionen, die es vernünftig erscheinen lassen, bei dieser Einrichtung zu verbleiben und auf den generellen Übergang zu Wertrechten zu verzichten.[91] Auch der Gesetzgeber hat den Übergang zum Wertrecht bislang abgelehnt und deshalb bei der Änderung des § 10 Abs. 5 AktG (RdNr. 35) auch nicht den Verbriefungsanspruch generell, sondern lediglich den Einzelverbriefungsanspruch ausgeschlossen.[92]

Vor der juristischen Konstruktion muss die Frage stehen, welche Angebote der kapitalsuchenden Emittenten von der Marktgegenseite angenommen werden. Insoweit kann davon ausgegangen werden, dass nach wie vor eine erhebliche Nachfrage nach Einzelurkunden besteht (vgl. § 793 RdNr. 3 f.). Sie gänzlich abzuschaffen, wäre deshalb ein wenig empfehlenswerter Rationalisierungsversuch gegen den Markt. Sinnvoll kann es also nur darum gehen, ob **Wertrechte ergänzend** neben die Einzelurkunden treten können und sollen oder ob die Globalurkunde die insoweit vorzugswürdige Alternative darstellt. Die Frage ist mit der hM zugunsten der Wertrechte zu beantworten. Denn durchgreifende praktische Vorzüge der Globalurkunde sind nicht erkennbar, und für die rechtsdogmatische Betrachtung ist das System der Globalurkunde allenfalls ein halber Schritt (RdNr. 33, 36). Man sollte sich allerdings über den damit vollzogenen Bruch mit der Tradition des Wertpapiers im Klaren sein; Ableitungen aus dem Wertpapierbegriff, die übersehen, dass die Verkörperung in einer Einzelurkunde die reale Grundlage für die Anwendung des Sachenrechts ergibt, an der es bei bloßer Registereintragung gerade fehlt, sind nicht weiterführend.[93] Geboten ist vielmehr eine gesetzliche Regelung, die nach dem Vorbild des BSchuWG (RdNr. 32) die Möglichkeit der Ersetzung der Urkunde durch Registrierung, die wertpapiergleichen Funktionen der Registrierung und die Möglichkeit des gutgläubigen Erwerbs vorsieht.[94] Dagegen ist es keineswegs veranlasst, das eingebürgerte Institut der Schuldbuchforderung durch die Sammelurkunde zu ersetzen;[95] denn bislang ist nicht ersichtlich geworden, dass sich aus der in der Theorie problematischen Doppelrolle des Staates als Schuldner und Registerführer Unzuträglichkeiten ergeben hätten. 37

VI. Wertpapierbereinigung

Die Wertpapierbereinigung der Nachkriegszeit hatte zum Ziel, geordnete Marktverhältnisse wiederherzustellen. Effekten, also vornehmlich Inhaberaktien und umlauffähige Schuldverschreibungen, die bei und unmittelbar nach Kriegsende durch Plünderung, Raub, Veruntreuung und ähnliches den Eigentümern verloren gegangen waren, sollten nicht am Kapitalmarkt teilnehmen und insbesondere als Gegenstand gutgläubigen Erwerbs nach §§ 932, 935, § 366 HGB ausscheiden; sie mussten deshalb für **kraftlos erklärt** werden. Vorgeschaltet war das sog. **Affidavitverfahren.** In diesem Verfahren wurde die Berechti- 38

---

[88] Zur Einführung von Bucheffekten in Frankreich vgl. *Kümpel* WM 1984, 577 ff. und 613 ff.; zur Rechtslage im österreichischen, englischen und russischen Recht s. *Micheler* S. 161 ff., 271 ff., 333 ff.
[89] Eingehend dazu *Lütticke* S. 221 ff., 278 ff.; vgl. auch *Kümpel* WM 1984, 577, 579; *Noack*, FS Wiedemann, 2002, S. 1141, 1148 ff.; *Schwennicke* AG 2001, 118 ff.; *Staudinger/Marburger* RdNr. 38 ff.; *Zahn/Kock* WM 1999, 1955, 1967 ff.
[90] *Baumbach/Hefermehl/Casper* WPR RdNr. 101; *Delorme* ZgesKredW 1980, 612; *Habersack/Mayer* WM 2000, 1678 ff.; *Peters* S. 71 ff.; *ders.* WM 1976, 890, 896 f.; *Zöllner* Wertpapierrecht § 1 III 3 b.
[91] *Kümpel* WM 1981, Sonderbeilage Nr. 1 S. 20 f.; *ders.* WM 1982, 730 ff.; *ders.* WM 1984, 613 ff.; *ders.* RdNr. 11 247 ff.; *Koller* Wertpapierrecht S. 1427, 1496 ff.; vgl. auch *Einsele* WM 2001, 7, 10; *Mentz/Fröhling* NZG 2002, 201, 210; *Than*, FS Schimansky, 1999, S. 821, 835 f.
[92] Vgl. die Nachweise in Fn. 84; krit. *Schwennicke* AG 2001, 118 ff.
[93] Nicht überzeugend deshalb *Kümpel* WM 1984, 577, 579 f.
[94] Vgl. bereits 4. Aufl. RdNr. 36 f. (*Hüffer*); *Zöllner*, FS Raiser, S. 249, 255 ff.; *Einsele* S. 201 ff., 214, 584; *Habersack/Mayer* WM 2000, 1678, 1684; *Noack*, FS Wiedemann, 2002, S. 1141, 1148 ff.; *Baumbach/Hefermehl/Casper* WPR RdNr. 101.
[95] So aber *Koller* Wertpapierrecht S. 1427, 1499.

gung des Papierinhabers geprüft und ggf. eine Lieferbarkeitsbescheinigung (Affidavit) erteilt. Nur mit solcher Bescheinigung waren die Papiere verkehrsfähig. Effekten ohne Affidavit wurden durch das Wertpapierbereinigungsgesetz vom 19. 8. 1949 (WiGBl. S. 295) zum 1. 10. 1949 für kraftlos erklärt. Jede Papierart wurde durch eine Sammelurkunde vertreten. Wer seine Berechtigung nachweisen konnte, erhielt eine Gutschrift auf ein Sammeldepotkonto. In der 2. Aufl. (RdNr. 38) ließ sich noch feststellen, dass die Einzelheiten kein Interesse mehr beanspruchen. Das bleibt zutreffend, soweit es um die abgewickelten Verfahren geht. Infolge von vereinigungsbedingten Rechtsfragen (RdNr. 39 f.) haben diese Probleme allerdings eine neue Aktualität erhalten.[96] Rechtsquellen,[97] Rechtsprechung[98] und wesentliches Schrifttum[99] könnten wenigstens als Lösungsvorrat und Anschauungsmaterial Bedeutung behalten haben.

VII. Neue Bundesländer

39 Die Wertpapierbereinigung (RdNr. 38) ist 1949 nur für Aktien und Schuldverschreibungen durchgeführt worden, deren Emittenten ihren Sitz in den alten Bundesländern oder in den Westsektoren Berlins hatten. Die rechtliche Bedeutung von **Urkunden aus dem Gebiet der neuen Bundesländer,** die nach der Vereinigung noch aufgefunden wurden, war deshalb zunächst streitig. Dabei ging es vor allem um die Frage, ob solche Urkunden noch Effekten waren, also Forderungen oder Mitgliedschaften verbrieften,[100] und deshalb grundsätzlich auch einen gutgläubigen Erwerb des verbrieften Rechts ermöglichten, oder ob sie ihre Verbriefungsfunktion eingebüßt hatten und deshalb nur noch Papier waren.[101] Die Frage hatte vor allem Interesse für **§ 6 Abs. 1a VermG,** soweit bereits vollbeendete Aktiengesellschaften wieder auflebten. Nur bei fortdauernder Wertpapiereigenschaft konnte nämlich erwogen werden, den zunächst gegenstandslos gewordenen Aktienurkunden beim Wiederaufleben der AG Verbriefungsfunktion beizumessen.[102]

40 Die Problematik (RdNr. 39) dürfte sich durch **Art. 11 Abs. 1 EALG**[103] – und für Schuldverschreibungen zudem infolge Zeitablaufs (§ 801)[104] – erledigt haben. Die Vorschrift sieht die **gesetzliche Kraftloserklärung** der Osteffekten vor, und zwar zum 1. 6. 1995 (Art. 11 Abs. 1 iVm. Art. 13 EALG). Sie enthält ein Seitenstück zu den Wertpapierbereinigungsgesetzen (Fn. 97). Auf diese konnte nicht zurückgegriffen werden, weil sie gemäß Anlage I zum Einigungsvertrag (Kap. IV Sachgebiet A Abschnitt I Nr. 2 bis 6) im Gebiet der neuen Bundesländer nicht in Kraft getreten sind. Wer die ehemals verkörperten Rechte in Anspruch nehmen will, muss gemäß Art. 11 Abs. 2 EALG im Einzelfall beweisen, dass sie ihm zustehen.[105] Für ihn gilt also nicht die aus § 793 Abs. 1 folgende Beweislastverteilung

---

[96] Vgl. BGH ZIP 2005, 2303, 2305 f.; OLG Oldenburg AG 2000, 367; KG AG 1999, 123; *Hartkopf* ZOV 1992, 28; *Kreuer* ZOV 1992, 128.
[97] Richtlinien für die Bescheinigung der Lieferbarkeit von Wertpapieren idF vom 1. 7. 1948 (Öffentl. Anzeiger für das Vereinigte Wirtschaftsgebiet Nr. 18 vom 5. 3. 1949, S. 1); Gesetz zur Bereinigung des Wertpapierwesens vom 19. 8. 1949 (WiGBl. S. 295) mit verschiedenen Änderungen und Ergänzungen (zusammengestellt von *T. Bezzenberger* WM 1992, 2081 Fn. 9).
[98] Übersichten: *Liesegang* NJW 1951, 422; *ders.* NJW 1952, 123.
[99] *Opitz* Sammelband (Fn. 77) S. 686, 691, 695, 700, 703, 708; *Roemer* SJZ 1949, 602; *Steffan* NJW 1950, 6; *Eichhorn,* Handbuch für die Wertpapierbereinigung, 1950; *Ziganke,* Wertpapierbereinigung mit Einführung und Erläuterungen, 1950; Übersicht auch bei *Kümpel* BuB Bd. IV RdNr. 8/311 ff.; *Staudinger/Marburger* (1997) RdNr. 31 ff.; vgl. ferner *Dessauer,* Das Wertpapieraffidavit im internationalen Recht, Diss. Zürich 1954.
[100] So *Lutter/Gehling* ZIP 1992, 1045, 1050 ff.
[101] *T. Bezzenberger* WM 1992, 2081, 2084 f.
[102] *Lutter/Gehling* ZIP 1992, 1045, 1050; anders offenbar die Praxis, vgl. BMJ (Hrsg.), Leitfaden Unternehmensrückübertragung – URüL, ZIP 1993, 312, 313 (Nr. 3.1.1.2); *Francksen* ZIP 1993, 247, 250 ff.
[103] Entschädigungs- und Ausgleichsleistungsgesetz – EALG – vom 27. 9. 1994 (BGBl. I S. 2624).
[104] BGHZ 164, 361, 367 f. = BKR 2006, 25 (Erlöschen einer 1925 von der Stadt Dresden begebenen und 1945 fälligen Golddollaranleihe); dazu noch § 801 RdNr. 6.
[105] Genauer: Zu beweisen ist Eigentum am 1. 1. 1945 oder nachfolgender Erwerb von dem am 1. 1. 1945 Berechtigten; vgl. Bericht des Finanzausschusses vom 18. 5. 1994, BT-Drucks. 12/7588 S. 49.

Rechte aus der Schuldverschreibung auf den Inhaber § 793

zugunsten des Papierbesitzers. Für die bei der Beweisführung anzulegenden Maßstäbe kann auf die Grundsätze der Wertpapierbereinigung zurückgegriffen werden.[106] Dass die neue Regelung nur klarstellenden Charakter habe,[107] wird sich wegen ihres pauschalen Charakters bezweifeln lassen. Einen Verlust der Verbriefungsfunktion gibt es nämlich ohne gesetzliche Grundlage nur in Sonderfällen.[108] Dabei hätte sich das Problem ergeben, was sich aus der allgemein bekannten Tatsache, dass „historische Wertpapiere" von Einrichtungen der früheren DDR als Wandschmuck oder als Sammlerstücke veräußert worden sind,[109] gerade für den Einzelfall und die insoweit zu beachtende Beweislastverteilung ableiten lässt.

§ 793 Rechte aus der Schuldverschreibung auf den Inhaber

(1) ¹Hat jemand eine Urkunde ausgestellt, in der er dem Inhaber der Urkunde eine Leistung verspricht (Schuldverschreibung auf den Inhaber), so kann der Inhaber von ihm die Leistung nach Maßgabe des Versprechens verlangen, es sei denn, dass er zur Verfügung über die Urkunde nicht berechtigt ist. ²Der Aussteller wird jedoch auch durch die Leistung an einen nicht zur Verfügung berechtigten Inhaber befreit.

(2) ¹Die Gültigkeit der Unterzeichnung kann durch eine in die Urkunde aufgenommene Bestimmung von der Beobachtung einer besonderen Form abhängig gemacht werden. ²Zur Unterzeichnung genügt eine im Wege der mechanischen Vervielfältigung hergestellte Namensunterschrift.

Übersicht

	RdNr.		RdNr.
I. Normzweck und Grundlagen	1–4	c) Gewinnschuldverschreibung	23
1. Regelungszweck	1	d) Genussrecht	24
2. Dogmatische Grundposition	2	**III. Voraussetzungen des Leistungsanspruchs: Gläubigerseite**	25–33
3. Rechtstatsachen	3, 4	1. Innehabung	25
II. Voraussetzungen des Leistungsanspruchs: Schuldnerseite	5–24	2. Verfügungsbefugnis des ersten Inhabers	26–28
1. Ausstellung der Urkunde	5, 6	a) Notwendig: Eigentum	26
a) Urkundenbegriff	5	b) Gutgläubiger Erwerb	27, 28
b) Unterzeichnung	6	3. Verfügungsbefugnis späterer Inhaber	29–32
2. Leistungsversprechen	7–9	a) Begriff	29
a) Übernahme einer Leistungspflicht	7, 8	b) Sachenrechtlicher Erwerb	30
b) Verpflichtung gegenüber dem Inhaber	9	c) Zessionsvertrag	31, 32
3. Arten der Inhaberschuldverschreibung	10, 11	4. Die Vermutung materieller Berechtigung	33
4. Ausgestaltung des Zahlungsversprechens	12, 13	**IV. Leistungsanspruch und Leistung an den Nichtberechtigten**	34–37
5. Aktienrechtliche Formen der Schuldverschreibung	14–24	1. Leistungsanspruch des Inhabers	34
a) Grundlagen	14	2. Befreiende Leistung an den Nichtberechtigten	35–37
b) Wandelschuldverschreibung	15–22	a) Grundsatz	35
aa) Begriff und Rechtsnatur; Grundlage des Umtauschvorgangs	15–19	b) Einschränkungen	36, 37
		aa) Problem und Meinungsstand	36
bb) Inhalt des Rechts auf Aktienerwerb	20–22	bb) Stellungnahme	37
		V. Verfahrensfragen	38

---

[106] Bericht des Finanzausschusses (Fn. 105) S. 49; OLG Oldenburg AG 2000, 367, 369.
[107] Bericht des Finanzausschusses (Fn. 105) S. 49; zust. KG AG 1999, 123, 125.
[108] Vgl. *Zöllner* Wertpapierrecht § 2 II 1 b: Kauf als Altpapier.
[109] Vgl. zur Illustration BGH NJW 1989, 1352; ferner KG AG 1999, 123, 125; *T. Bezzenberger* WM 1992, 2081, 2082.

	RdNr.		RdNr.
VI. Anlegerschutz	39–53	c) Einbeziehung	45, 46
1. Kapitalmarktrecht	39	d) Auslegung	47
2. Schuldverschreibungsgesetz	40–42	e) Inhaltskontrolle	48–53
a) Zielsetzung	40	aa) Kontrollfreie Klauseln	48
b) Anwendungsbereich	41	bb) Maßstab der Inhaltskontrolle	49
c) Privatautonom errichtete Organisation	42	cc) Änderungsvorbehalte im Besonderen	50–52
3. AGB-Recht	43–53	dd) Zwingendes Recht	53
a) Vorformulierung als Regelfall	43	VII. Emissionsgeschäft	54
b) Anwendbarkeit der §§ 305 ff.?	44		

I. Normzweck und Grundlagen

1 **1. Regelungszweck.** Die Bestimmung dient der Definition der Inhaberschuldverschreibung und legt damit den Anwendungsbereich der §§ 793 ff. fest. Zugleich regelt sie, wenn auch unvollkommen, wie die Forderung aus der Schuldverschreibung entsteht und wie sich ihre Verbriefung auf den Nachweis der Gläubigerstellung auswirkt. Dabei ist zwischen der Legitimationsfunktion zugunsten des Gläubigers nach § 793 Abs. 1 S. 1 und der Liberationsfunktion zugunsten des Schuldners nach § 793 Abs. 1 S. 2 zu unterscheiden (RdNr. 34 ff.). Die Anwendbarkeit deutschen Rechts beurteilt sich nach Art. 27 ff. EGBGB;[1] in aller Regel enthalten die Anleihebedingungen (RdNr. 43 ff.) eine Rechtswahlklausel. Zur beabsichtigten Reform der §§ 793 ff. s. RdNr. 40.

2 **2. Dogmatische Grundposition.** Den §§ 793, 794 kommt im Streit der Wertpapierrechtstheorien (Vor § 793 RdNr. 22 ff.) traditionell eine besondere Bedeutung zu, weil sie offensichtlich auf der Kreationstheorie beruhen, und zwar in ihrer Weiterentwicklung zur Redlichkeitstheorie. Das folgt aus dem Wortlaut der Vorschriften, nach dem die bloße Ausstellung der Urkunde schuldbegründend wirkt, und zwar selbst dann, wenn sie dem Aussteller abhanden gekommen ist, und wird in den Motiven unter gleichzeitiger Ablehnung der Vertragstheorie unmissverständlich ausgesprochen.[2] Hervorzuheben ist, dass §§ 342 f. Entwurf I als Vorläufer des geltenden § 311 die verpflichtende Kraft einseitiger Versprechen in den gesetzlich vorgesehenen Fällen ausdrücklich anerkannten und als Anwendungsfall neben Stiftung und Auslobung die Inhaberschuldverschreibung Erwähnung findet,[3] ferner, dass im Entwurf II eine entsprechende Regelung für entbehrlich gehalten wurde, weil sich ihr Inhalt von selbst verstehe.[4] Im Übrigen bringt der Entwurf II nur den Übergang von der reinen Kreations- zur Redlichkeitstheorie.[5] Die dogmatische Entwicklung ist über die Vorstellung des historischen Gesetzgebers hinweggegangen. Herrschend ist heute die **zur Rechtsscheinstheorie fortentwickelte Vertragstheorie** (Vor § 793 RdNr. 24, 27 ff.); sie wird im Folgenden zugrunde gelegt.[6]

3 **3. Rechtstatsachen.** Im Anleihegeschäft ist die **Inhaberschuldverschreibung** die **wichtigste Wertpapierform.** Im Umlauf befanden sich Ultimo Januar 2008 festverzinsliche Wertpapiere inländischer Emittenten im Gesamtbetrag von ca. 3.143,579 Mrd. Euro nominal.[7] Diese Zahl schließt allerdings in Globalurkunden verbriefte Rechte (Vor § 793 RdNr. 33) und Schuldbuchforderungen (Vor § 793 RdNr. 32) ein, weil für die Statistik ein weiter Effektenbegriff zugrunde gelegt wird.[8] Von dem Gesamtbetrag entfallen ca.

---

[1] Zu einem Altfall (1925 begebene Golddollaranleihe) s. BGHZ 164, 361, 364 ff. = BKR 2006, 25; eingehend zum anwendbaren Recht *Siebel* S. 306 ff.
[2] Mot. II S. 695 = *Mugdan* II S. 388.
[3] Mot. II S. 175 = *Mugdan* II S. 96; Prot. S. 902 = *Mugdan* II S. 61.
[4] Prot. S. 902 (Fn. 2).
[5] Dazu Prot. S. 2634 f. = *Mugdan* II S. 1047.
[6] Anders noch die Voraufl. (*Hüffer*); s. dazu Vor § 793 RdNr. 27 ff.
[7] Quelle: Statistische Beihefte zu den Monatsberichten der Dt. Bundesbank, Reihe 2: Kapitalmarktstatistik, März 2008, S. 26. Zur historischen Entwicklung der Fremdkapitalfinanzierung der AG durch das Publikum s. *Baums* in: *Bayer/Habersack* II S. 955, 964 ff.
[8] Vgl. Statistische Beihefte (Fn. 7) S. 63 f.

1.880,643 Mrd. Euro auf Bankschuldverschreibungen, besonders Pfandbriefe und Kommunalobligationen, ca. 95,872 Mrd. Euro auf Industrieobligationen und ca. 1167,104 Mrd. Euro auf Anleihen der öffentlichen Hand;[9] alle Zahlen sind Nominalbeträge. Weil Anleihen des Bundes und seiner Sondervermögen seit 1972 nur noch in der Form von Sammelschuldbuchforderungen begeben werden,[10] spielt die Schuldverschreibung als Wertpapier in diesem Teilmarkt keine praktische Rolle mehr. Setzt man deshalb die entsprechende Teilzahl vom Gesamtbetrag ab, so verbleiben ca. 1.976,575 Mrd. Euro in Global- oder Einzelurkunden.

Für eine weitere Aufgliederung, die auf die **Ermittlung der einzelverbrieften Rechte** 4 abzielt, gibt es keine zuverlässigen Anhaltspunkte. Dennoch ist der tendenzielle Funktionsverlust des Wertpapiers im Effektenverkehr unverkennbar (vgl. bereits Vor § 793 RdNr. 30 ff.). So ist etwa die Zahl der 280 Mio. Urkunden, die noch 1993 bei der Deutsche Börse Clearing AG (heute: Clearstream Banking AG) verwahrt wurden, im Jahr 1997 trotz Steigerung des Emissionsvolumens auf 220 Mio. Urkunden zusammengeschmolzen.[11] Das belegt den Trend zur Dematerialisierung des Effektenwesens, zeigt aber auf der anderen Seite, dass auch die einzelverbriefte Inhaberschuldverschreibung eine erhebliche Bedeutung behalten hat.

II. Voraussetzungen des Leistungsanspruchs: Schuldnerseite

1. Ausstellung der Urkunde. a) Urkundenbegriff. § 793 Abs. 1 S. 1 umschreibt die 5 Schuldverschreibung auf den Inhaber als eine Urkunde, in welcher der Aussteller dem Inhaber eine Leistung verspricht. Es muss also zunächst eine Urkunde vorliegen. Nach dem für das Beweisrecht der ZPO anerkannten Urkundenbegriff ist Urkunde eine durch Niederschrift verkörperte Gedankenerklärung.[12] Diese Umschreibung kann auch für § 793 verwandt werden, weil die Verbriefung ungeachtet ihrer weitergehenden Wirkungen jedenfalls auch Beweisfunktion hat.[13] Urkunde iS der §§ 793 ff. ist die rechtsverbriefende Einzelurkunde, aber auch die nach § 9a DepotG zulässige Sammel- oder Globalurkunde (Vor § 793 RdNr. 33), dagegen nicht die Verbuchung des Rechts in einem Register, weil damit keine reale Basis für die Anwendung des Mobiliarsachenrechts geschaffen wird (Vor § 793 RdNr. 37).[14]

b) Unterzeichnung. Die Ausstellung erfolgt durch Unterzeichnung des Urkunden- 6 textes (§ 793 Abs. 2), also durch Namensunterschrift. Eigenhändige Unterschrift (§ 126 Abs. 1) ist nicht erforderlich. Vielmehr lässt § 793 Abs. 2 S. 2 mechanische Vervielfältigung zu, um den praktischen Bedürfnissen einer Massenemission Rechnung zu tragen; eine der Sache nach übereinstimmende Vorschrift enthält § 13 S. 1 AktG für Aktien und Zwischenscheine. Genügend ist also ein **Faksimile,** dagegen nicht eine gedruckte oder gestempelte Bezeichnung des Ausstellers.[15] Auf der anderen Seite darf der Emittent zusätzliche **Formerfordernisse** zur Gültigkeitsvoraussetzung machen, etwa eine Kontrollunterschrift verlangen. Doch sind solche Erfordernisse nur dann beachtlich, wenn die entsprechende Bestimmung des Emittenten in den Urkundentext aufgenommen worden ist.[16] Eine Ausnahme von diesem Erfordernis gilt nach Art. 100 Nr. 1 EGBGB für Emis-

---

[9] Vgl. Statistische Beihefte (Fn. 7) S. 26.
[10] *Peters,* Rechtliche Entwicklungsmöglichkeiten im Effektenbereich, 1983, S. 22.
[11] *Blitz* WM 1997, 2211.
[12] BGHZ 65, 300 f. = NJW 1976, 294; *Baumbach/Hartmann* Vor § 415 ZPO RdNr. 5; *Zöller/Geimer* Vor § 415 ZPO RdNr. 2.
[13] Vgl. auch *Kümpel* WM 1984, 577, 579; *Baumbach/Hefermehl/Casper* WPR RdNr. 3; *Bamberger/Roth/Gehrlein* RdNr. 8.
[14] AA *Kümpel* WM 1984, 577, 579; vgl. aber auch *dens.,* Bank- und Kapitalmarktrecht, 3. Aufl. 2004, RdNr. 11.261: unverbriefte Wertrechte; wie hier *Einsele,* Wertpapierrecht als Schuldrecht, 1995, S. 198 f.
[15] *Bamberger/Roth/Gehrlein* RdNr. 8; krit. de lege ferenda *Koller* Wertpapierrecht, S. 1427, 1438 f.
[16] *Soergel/Welter* RdNr. 29; *Bamberger/Roth/Gehrlein* RdNr. 8.

sionen der Länder und ihnen angehörender Körperschaften, Stiftungen oder Anstalten, soweit entsprechende landesgesetzliche Vorschriften bestehen (4. Aufl. Art. 100 EGBGB RdNr. 1 f.).

7 **2. Leistungsversprechen. a) Übernahme einer Leistungspflicht.** Um Schuldverschreibung zu sein, muss die Urkunde ein Leistungsversprechen enthalten. Es wird durch den Begebungsvertrag begründet (Vor § 793 RdNr. 24) und ist regelmäßig **abstraktes Schuldversprechen;**[17] die Angabe des Schuldgrundes verschafft dem Aussteller allerdings das Recht, Einwendungen aus dem Kausalverhältnis auch einem Zweiterwerber entgegenzuhalten (§ 796 RdNr. 6). Für den Leistungsbegriff gilt § 241 Abs. 1. Grundsätzlich kommt also **jede Leistung** in Betracht (vgl. RdNr. 10). Neben Zahlungsversprechen (RdNr. 10, 12 ff.) begegnen in der Praxis vor allem Optionsscheine und vergleichbare Papiere, die zum Bezug oder zur Andienung von anderen Papieren berechtigen (RdNr. 14 ff.). Einer staatlichen Genehmigung bedürfen auch auf Zahlung gerichtete Schuldverschreibungen seit dem 1. 1. 1991 nicht mehr (§ 795 RdNr. 1).

8 Ob der Aussteller der Urkunde eine Leistung verspricht (oder nur eine bestehende Verbindlichkeit bestätigt) und welchen Inhalt sein Leistungsversprechen hat, ist **Auslegungsfrage.** Bei der – ggf. ergänzenden – Auslegung ist nicht nur der Wortlaut der Urkunde zu berücksichtigen. Vielmehr sind auch Umstände außerhalb der Urkunde heranzuziehen, soweit sie für die Verkehrsauffassung Bedeutung haben; das gilt namentlich für den Inhalt des Emissionsprospekts, für Erläuterungen in der Hauptversammlung einer emittierenden Gesellschaft sowie für Presseverlautbarungen.[18] Bei verkehrstypischen Massenemissionen ergeben sich normalerweise keine Auslegungsprobleme.

9 **b) Verpflichtung gegenüber dem Inhaber.** Es genügt nicht, dass sich der Aussteller der Urkunde zu einer Leistung verpflichtet. Sein Wille muss vielmehr darauf gerichtet sein, sich gegenüber jedem berechtigten Inhaber der Urkunde zum Schuldner zu machen. Auch insoweit entscheidet die Auslegung (RdNr. 8). Die ausdrückliche Aufnahme einer Inhaberklausel ist entbehrlich. Namentliche Nennung des Berechtigten schadet nicht, wenn die Urkunde zugleich eine Überbringerklausel enthält (vgl. auch Art. 5 Abs. 2 ScheckG). Wenn der Aussteller **zur Leistung nur berechtigt,** aber nicht verpflichtet sein will und dieser Wille zum Inhalt des Begebungsvertrages geworden ist, liegt keine Schuldverschreibung, sondern ein qualifiziertes Legitimationspapier iS des § 808 vor (Vor § 793 RdNr. 18 f.; § 808 RdNr. 9).

10 **3. Arten der Inhaberschuldverschreibung.** Schuldverschreibungen iS des § 793 sind: die auf Inhaber lautenden in Einzel- oder Globalurkunden verbrieften Anleihen ohne Rücksicht auf den Status des Emittenten, also Bankschuldverschreibungen, Industrieobligationen sowie grundsätzlich auch öffentliche Anleihen. Letztere scheiden aber praktisch aus, weil sie nicht mehr verbrieft werden (RdNr. 3). Zu den Bankschuldverschreibungen zählen besonders Pfandbriefe und Kommunalobligationen, deren Emission zudem den speziellen aufsichtsrechtlichen Vorschriften des PfandBG unterliegt.[19] Grundsätzlich anzuwenden sind die §§ 793 ff. auf Dividendenscheine (Kupons), nachdem der Zahlungsanspruch entstanden und einem bestimmten Schein zugeordnet ist,[20] ferner auf Grundschuldbriefe und Rentenschuldbriefe, die auf den Inhaber ausgestellt sind (§§ 1195, 1199). Anteilsscheine, die Anteile an Investmentfonds oder ähnlichen Sondervermögen verbriefen, können nach §§ 33 Abs. 1 S. 2 InvG Inhaber- oder Orderpapiere sein; in der Praxis begegnen sie nur als Inhaberanteilscheine. Der auf den Inhaber gestellte Lagerschein (ganz ungebräuchlich) ist Inhaberschuld-

---

[17] OLG München WM 1998, 1716, 1717; OLG Köln NJW-RR 1999, 557; s. ferner § 780 RdNr. 25.
[18] BGHZ 28, 259, 263 f. = LM § 795 Nr. 1 = NJW 1959, 31 (Harpen-Bonds); OLG München NJW-RR 1999, 557, 558 f.; zur Zulässigkeit der ergänzenden Auslegung von Inhaberschuldverschreibungen und Inhaberpapieren iS des § 807 sowie zur Frage der Revisibilität der Auslegung s. BGHZ 164, 286, 292 = NJW 2006, 54 = JZ 2006, 368 m. Anm. *Gehrlein*.
[19] Zum PfandBG s. namentlich *Hagen* in: *Habersack/Mülbert/Schlitt* § 19; s. ferner *Kaufmann* ZBB 2005, 336 ff.; zu Asset-Backed Securities *Geiger* ebenda § 18; zu Derivaten *v. Dryander/Apfelbacher* ebenda § 22.
[20] Einzelheiten bei *Hüffer* § 58 AktG RdNr. 29.

verschreibung.[21] Ebenso das Lotterielos, freilich erst nach der Ziehung und nur im Falle des Gewinns.[22] Schuldverschreibung ist schließlich auch der Zinsschein (vgl. § 803 RdNr. 2).

Keine Inhaberschuldverschreibung sind: Aktien,[23] weil sie keine Forderung, sondern **11** ein Mitgliedschaftsrecht verbriefen; Banknoten auf der Basis des geltenden Rechts (Vor § 793 RdNr. 20); Erneuerungsscheine oder Talons (einfaches Legitimationspapier);[24] Anteilsscheine eines geschlossenen Immobilienfonds (Beweisurkunde über das Treuhandverhältnis zwischen Anleger und Anlagegesellschaft);[25] Sparkassenbriefe und Sparkassenobligationen (§ 808 RdNr. 23 aE); Versicherungsscheine mit Inhaberklausel (qualifiziertes Legitimationspapier).[26]

4. Ausgestaltung des Zahlungsversprechens. Das in der Praxis klar dominierende **12** Zahlungsversprechen des Ausstellers begegnet in zahlreichen Varianten. Anleihen sind zwar nicht notwendigerweise, wohl aber in aller Regel verzinslich, wobei entweder ein fester oder ein variabler **Zins** stipuliert werden kann.[27] Die Zinszahlung kann entweder in Form kontinuierlicher Zahlungen während der Laufzeit der Anleihe (vgl. § 801 RdNr. 4) oder dadurch erfolgen, dass Ausgabebetrag und Betrag der Rückzahlung divergieren; im zweiten Fall kommen wiederum die Ausgabe unter Nennbetrag (Disagio) und die Rückzahlung über den Nennbetrag (Agio) in Betracht.[28] Auch **Laufzeit** und **Tilgungsmodalitäten** divergieren in der Praxis beträchtlich. Verbreitet sind sowohl Anleihen mit fester Endfälligkeit als auch Annuitäten-Anleihen, mithin solche, bei denen der Emittent gleich bleibende Jahresraten mit steigendem Tilgungs- und abnehmendem Zinsanteil leistet.[29] Vielfach wird dem Schuldner oder dem Gläubiger das Recht eingeräumt, statt Rückzahlung in Geld andere Gegenstände, insbesondere Aktien, zu leisten oder zu fordern (RdNr. 14 ff.). Das Zahlungsversprechen kann auch an die Entwicklung eines **Basiswertes** geknüpft werden; es kann bedingt abgegeben werden, etwa in der Form, dass der Gläubiger keinen Anspruch auf Rückzahlung hat, wenn ein Basiswert bei Fälligkeit der Schuldverschreibungen einen bestimmten Kurs unterschreitet (vgl. auch § 762 RdNr. 10). Ein Recht zur ordentlichen **Kündigung** besteht nur nach Maßgabe der Anleihebedingungen.[30] Das Recht zur außerordentlichen Kündigung gemäß §§ 314, 490 kann hingegen nicht ohne Weiteres abbedungen werden (RdNr. 50) und wird in den Anleihebedingung vielfach konkretisiert.[31] Zunehmend an Bedeutung gewinnen im Übrigen „**ewige Anleihen**", mithin Anleihen, die keine Endfälligkeit aufweisen und nur dem Schuldner (nicht dagegen dem Gläubiger) das Recht zur ordentlichen Kündigung zusprechen; auch derartige Anleihen stehen im Einklang mit §§ 793 ff.[32]

---

[21] RGZ 142, 150 f.; *Ebenroth/Boujong/Joost/Hakenberg* § 363 HGB RdNr. 4.
[22] RG JW 1912, 861; RGRK/*Steffen* RdNr. 41; *Staudinger/Marburger* RdNr. 11.
[23] BGHZ 28, 259, 265 = LM § 795 Nr. 1 = NJW 1959, 31 (Harpen-Bonds); zur analogen Anwendung der §§ 793 ff. s. § 794 RdNr. 1 und § 797 RdNr. 1, aber auch OLG Oldenburg AG 2000, 367 f.; *Hüffer* § 10 AktG RdNr. 4; *Hirte/Mock* DB 2005, 1444, 1445 (dagegen *Habersack* AG 2005, 709, 712).
[24] Heute allgM, vgl. *Hüffer* § 58 AktG RdNr. 30.
[25] LG Zweibrücken WM 1980, 23 f. mwN.
[26] BGH NJW 1962, 1436 = LM ADS Nr. 4; *Sieg* VersR 1977, 213.
[27] Näher zu den in Betracht kommenden Gestaltungen *Hutter* in: *Habersack/Mülbert/Schlitt* § 15 RdNr. 16 ff.; *Gottmann* in: *Grunewald/Schlitt* S. 84 ff.; zu Gewinnschuldverschreibungen s. noch RdNr. 23.
[28] Dazu *Hutter* und *Gottmann* (jeweils Fn. 27); speziell zu Zero Bonds (Nullkuponanleihen) s. *Ulmer/Ihrig* ZIP 1985, 1169 ff., aber auch *Bezzenberger* WM 2002, 1617, 1622 f.
[29] *Gottmann* (Fn. 27) S. 88; zum Annuitätendarlehen s. auch § 491 RdNr. 64.
[30] *Hutter* in: *Habersack/Mülbert/Schlitt* § 15 RdNr. 14.
[31] Näher zu den üblichen Klauseln, die Verhaltenspflichten (insbes. Unterlassungspflichten) des Emittenten begründen, deren Verletzung Fälligkeit oder Kündbarkeit der Anleihe begründet, *Baums* in: *Bayer/Habersack* II S. 955, 978 ff.; *Hartwig-Jacob* S. 469 ff.; *Hutter* in: *Habersack/Mülbert/Schlitt* § 15 RdNr. 40 ff.
[32] S. noch § 801 RdNr. 2; ferner *Müller-Eising/Bode* BKR 2005, 480 ff.; *Thomas* ZHR 171 (2007), 684, 689 ff. – Zum Eigenkapitalcharakter unkündbarer Anleihen („perpetuals") iS von IAS 32.11 s. *Gleske* in: *Habersack/Mülbert/Schlitt* § 16 RdNr. 7 ff.; *Schäfer*, FS Kümpel 2003, S. 453 ff.; *Sester* ZBB 2006, 443, 457 f.; *Isert/Schaber* BB 2006, 2401 ff.; *Müller-Eising/Bode* BKR 2006, 480, 484; *Häuselmann* BB 2007, 931 ff.; *Thomas* ZHR 171 (2007), 684, 710 ff.; zum Fremdkapitalcharakter iS des HGB-Bilanzrechts s. hingegen *Sester* ZBB 2006, 443, 456 f.; *Häuselmann* BB 2007, 931, 932 ff.

13 Neben der Sicherung³³ der Gläubiger kann auch der **Rang der Gläubigerforderung** eine Regelung durch die Anleihebedingungen erfahren.³⁴ Fehlt es an einer Nachrangabrede, so konkurrieren die Anleihegläubiger mit den gewöhnlichen Gläubigern des Schuldners; vorbehaltlich der besonderen Vorschriften über Gesellschafterdarlehen³⁵ nehmen sie in der Insolvenz des Emittenten die Stellung eines gewöhnlichen Insolvenzgläubigers ein. Vielfach bestimmen die Anleihebedingungen indes, dass die Anleihegläubiger im Rang hinter die gewöhnlichen Gläubiger treten sollen; auch werden die Gläubiger einer oder mehrerer Anleihen bisweilen auf mehrere Rangstufen aufgeteilt.³⁶ Entsprechende Wirkungen lassen sich dadurch erzielen, dass die Anleihe nicht von einer operativ tätigen Gesellschaft, sondern von deren Gesellschafter begeben wird; man spricht insoweit von einem **strukturellen Nachrang** der Gesellschaftergläubiger.³⁷ Bei durch Forderungen gedeckten Anleihen kann der Ausfall der „assets" – der im Allgemeinen gleichmäßig auf sämtliche Anleihegläubiger aufgeteilt wird – vorzugsweise bestimmten Gläubigergruppen zugewiesen werden;³⁸ auch hierdurch entsteht eine Rangordnung zwischen den Anleihegläubigern.

14 **5. Aktienrechtliche Formen der Schuldverschreibung. a) Grundlagen.** Nach § 221 Abs. 1 S. 1, Abs. 3 AktG dürfen Wandel- und Gewinnschuldverschreibungen sowie Genussrechte nur auf Grund eines **Beschlusses der Hauptversammlung** ausgegeben werden. Die Anforderungen an den Zustimmungsbeschluss sind im Einzelnen in § 221 Abs. 1 S. 2 bis 4 AktG geregelt und entsprechen weitgehend den in § 182 Abs. 1 und 2 AktG für die ordentliche Kapitalerhöhung festgelegten Voraussetzungen. An die Stelle des Zustimmungsbeschlusses kann nach § 221 Abs. 2 AktG ein Ermächtigungsbeschluss treten; der Vorstand kann dann, entsprechend der Rechtslage beim genehmigten Kapital, entscheiden, ob er von der Befugnis zur Ausgabe von Schuldverschreibungen Gebrauch macht, und erlangt hierdurch ein hohes Maß an Flexibilität. Nach § 221 Abs. 4 S. 1 AktG haben allerdings die Aktionäre – wiederum entsprechend der Rechtslage bei der Kapitalerhöhung – ein **Bezugsrecht** auf die Schuldverschreibungen. § 221 Abs. 4 S. 2 AktG erklärt insoweit – neben § 193 Abs. 2 Nr. 4 AktG – die Vorschriften des § 186 AktG und damit auch dessen Abs. 3 und 4 betreffend die Möglichkeit des Bezugsrechtsausschlusses für entsprechend anwendbar;³⁹ in den Fällen des § 221 Abs. 2 AktG kann die Hauptversammlung entweder selbst

---

³³ Dazu *Hartwig-Jacob* S. 361 ff.; *Hutter* in: *Habersack/Mülbert/Schlitt* § 15 RdNr. 38 ff.
³⁴ Allg. zum vereinbarten Nachrang *Priester* DB 1977, 2429; *Lutter/Hommelhoff/Timm* BB 1980, 741 f.; *Knobbe-Keuk* ZIP 1983, 127; *Habersack* ZGR 2000, 384, 400 ff.; *ders.* in: *Ulmer/Habersack/Winter* §§ 32 a/b GmbHG RdNr. 238 ff.; *Chr. Mayer*, Die rechtsgeschäftliche Subordination von Forderungen, 2008 (im Erscheinen), passim.
³⁵ Neu geregelt durch Gesetz zur Modernisierung des GmbH-Rechts und zur Bekämpfung von Missbräuchen vom 23. 10. 2008, BGBl. I S. 2026; näher dazu *Habersack* ZIP 2007, 2145 ff.; *Huber*, FS Priester, 2007, S. 259 ff.; *Huber/Habersack* in: *Lutter*, Das Kapital der Aktiengesellschaft in Europa, 2006, S. 370 ff.; *dies.* BB 2006, 1 ff.
³⁶ Zu nachrangigen Anleihen s. *Hartwig-Jacob* S. 511 ff.; *Gleske* in: *Habersack/Mülbert/Schlitt* § 16 RdNr. 30 ff.; *Sester* ZBB 2006, 443, 452 f.; *Höfert/Arends* ZIP 2005, 1297, 1298 ff., die freilich zu Unrecht behaupten, mit Nachrang versehene Anleihen seien in der Praxis „kaum zu finden"; vgl. etwa zur 2005 ausgegebenen Nachranganleihe der Bayer AG (Volumen: 1,3 Mrd. Euro; Laufzeit 100 Jahre) *Wichmann/Flügel* Börsen-Zeitung vom 21. 7. 2005, S. 17; ferner FAZ vom 21. 12. 2005, S. 19 zur weitgehenden Ersetzung des Genussscheins durch Nachranganleihen mit unbegrenzter Laufzeit. - Instruktiv zur Fremdkapitalfinanzierung der AG durch das Publikum, insbes. zur historischen Entwicklung, zu den Charakteristika von Eigen- und Fremdkapital sowie zu Formen und Grenzen der Annäherung, *Baums* in: *Bayer/Habersack* II S. 955 ff.
³⁷ *Hutter* in: *Habersack/Mülbert/Schlitt* § 15 RdNr. 40; *Schrell/Kirchner* BKR 2004, 212 ff.; s. ferner BGHZ 157, 72, 76 = NJW 2004, 1111.
³⁸ Vgl. *Geiger* in: *Habersack/Mülbert/Schlitt* § 18 RdNr. 22 ff., 27 ff.
³⁹ Zur analogen Anwendung des § 186 Abs. 3 S. 4 AktG s. OLG München ZIP 2006, 1440, 1441 ff.; MünchKommAktG/*Habersack* § 221 RdNr. 190 ff.; *Busch* AG 1999, 58 ff.; *Singhof* ZHR 170 (2006), 673, 684 ff.; dazu sowie zu den Anforderungen an den Bezugsrechtsausschluss außerhalb des Anwendungsbereichs des § 186 Abs. 3 S. 4 vgl. BGH ZIP 2007, 2122, 2123 f.; 2006, 368, 369; OLG München AG 1991, 210, 211; 1994, 372, 373; speziell für Genussrechte BGHZ 120, 141, 146 ff. = NJW 1993, 400.

den Ausschluss des Bezugsrechts beschließen oder den Vorstand entsprechend § 203 Abs. 2 S. 1 AktG zur Entscheidung über den Bezugsrechtsausschluss ermächtigen.[40] Die Ausgabe von Wandel- und Gewinnschuldverschreibungen sowie von Genussrechten unterliegt somit deutlich höheren gesellschaftsrechtlichen Anforderungen als die Ausgabe „gewöhnlicher" Schuldverschreibungen. Diese erhöhten Anforderungen sind dem Umstand geschuldet, dass die Kapitalia des § 221 AktG **aktionärstypische Rechte** verkörpern, die, anders als die Rechte aus einer gewöhnlichen Schuldverschreibung, mit den Aktionärsrechten konkurrieren.[41] An einer entsprechenden Konkurrenz fehlt es namentlich bei sog. **Aktienanleihen**, die dem Emittenten das Recht zur Lieferung von Aktien einer mit ihm nicht verbundenen AG (RdNr. 21) statt der Zahlung des Anleihebetrags (oder dem Gläubiger ein entsprechendes Forderungsrecht) einräumen.[42]

b) Wandelschuldverschreibung. aa) Begriff und Rechtsnatur; Grundlage des Umtauschvorgangs. Als Wandelschuldverschreibungen bezeichnet § 221 Abs. 1 S. 1 AktG „Schuldverschreibungen, bei denen den Gläubigern ein Umtausch- oder Bezugsrecht auf Aktien eingeräumt wird". Es handelt sich also um eine eigentümliche Kombination einer Inhaber- oder Orderschuldverschreibung mit einem Recht auf Bezug von Aktien und damit um eine **„Schuldverschreibung mit Zusatzrechten":** Der Gläubiger erhält primär eine Schuldverschreibung, in der – vielfach mit Nachrang versehene – Ansprüche auf Verzinsung des eingesetzten Kapitals sowie auf dessen Rückzahlung bei Laufzeitende verbrieft werden. Zusätzlich erhält er aber auch ein Recht zum Aktienbezug. Dieses Recht zum Aktienbezug kann in zweierlei Weise ausgestaltet sein: Entweder werden die Aktien im „Umtausch" gegen die Schuldverschreibung erworben oder aber unabhängig vom Schicksal der Schuldverschreibung gegen Zahlung eines Bezugspreises; der Oberbegriff der Wandelschuldverschreibung umfasst also die – im Folgenden als Wandelanleihe bezeichnete – Wandelschuldverschreibung im eigentlichen Sinne und die Optionsanleihe.[43] Wandel- und Optionsanleihen sind zunächst echte Schuldverschreibungen und gewähren als solche ausschließlich Gläubigerrechte. Aber auch das zusätzlich verbriefte Recht auf den künftigen Erwerb einer Mitgliedschaft, mithin das Wandlungs- oder Optionsrecht, ist **rein schuldrechtlicher Natur:**[44] Der Wandel- bzw. Optionsgläubiger erhält zunächst lediglich eine gläubigerrechtliche Stellung; die Mitgliedschaft entsteht erst infolge der späteren Ausübung des Wandlungs- oder Optionsrechtes, und zwar mit Wirkung ex nunc. Vor diesem Zeitpunkt hat also der Wandel- oder Optionsgläubiger weder mitgliedschaftliche Rechte noch mitgliedschaftliche Pflichten. Auch die Grundsätze über die Kapitalaufbringung finden keine Anwendung, und zwar auch dann nicht, wenn die Anleihe infolge eines Rangrücktritts (RdNr. 13) Eigenkapitalcharakter hat; erst die Umwandlung der Anleihe in Grundkapital wirft spezifische Fragen der aktienrechtlichen Kapitalaufbringung auf.[45]

---

[40] Vgl. BGH NJW-RR 2006, 741 f. = ZIP 2006, 368, 369; NJW-RR 2008, 289, 290 = ZIP 2007, 2122, 2123; *Hüffer* § 221 AktG RdNr. 39 f.

[41] Im Ausgangspunkt wohl unstreitig, s. Kölner KommAktG/*Lutter* § 221 RdNr. 3; MünchKommAktG/*Habersack* § 221 RdNr. 20; *Hüffer* § 221 AktG RdNr. 1.

[42] Eingehend zu Umtauschanleihen mit Tilgungswahlrecht des Emittenten oder des Anlegers *Schlitt/Kammerlohr* in: *Habersack/Mülbert/Schlitt* § 11; *Assmann* ZIP 2001, 2061 ff.; *Kilgus* WM 2001, 1324 ff.; *Köndgen* ZIP 2001, 1197 ff.; *Luttermann* ZIP 2001, 1901 ff.; *Marburger*, FS Hadding, 2004, S. 949 ff.; *Rümker*, FS Beusch, 1993, S. 739, 741 f.; *Schwark* WM 2001, 1973 ff.; aus der Rspr. namentlich BGHZ 150, 164 = ZIP 2002, 748: Aktienanleihen sind nicht als Börsentermingeschäft iS der §§ 53 ff. BörsG aF einzuordnen; ebenso zu § 37 d Abs. 2 a WpHG aF *Schäfer/Lang* BKR 2002, 197, 203.

[43] In der Terminologie ebenso *Hüffer* § 221 AktG RdNr. 3; MünchHdB GesR IV/*Krieger* § 63 RdNr. 4; *K. Schmidt/Lutter/Merkt* § 221 AktG RdNr. 14; *Spindler/Stilz/Seiler* § 221 AktG RdNr. 2; ähnlich (Wandelschuldverschreibung ieS und Optionsanleihe) Kölner KommAktG/*Lutter* § 221 AktG RdNr. 93.

[44] Vgl. bereits *Düringer/Hachenburg/Flechtheim* Anh. § 179 HGB Anm. 20; *Schlegelberger/Quassowski* § 174 Anm. 1; *v. Caemmerer* JZ 1951, 417 f.; *Georgakopoulos* ZHR 120 (1957), 87; *A. Hueck* DB 1963, 1347; aus dem neueren Schrifttum Kölner KommAktG/*Lutter* § 221 RdNr. 3, 92, 148; MünchKommAktG/*Habersack* § 221 RdNr. 27 f. mwN, auch zu abw. Konzeptionen.

[45] Näher dazu MünchKommAktG/*Habersack* § 221 RdNr. 229 ff.

16 Im Einzelnen ist die **Optionsanleihe** dadurch gekennzeichnet, dass Option und Schuldverschreibung je eigene Rechte begründen und – je nach Ausgestaltung – voneinander getrennt und als selbstständiges Wertpapier gehandelt werden können.[46] Der Gläubiger kann somit auch bei Geltendmachung des Erwerbsrechts die Rückzahlung der Anleihe beanspruchen; umgekehrt kann er die Option ausüben, ohne damit die Anleihe aufzugeben. Durch gleichzeitige Fälligstellung von Optionsrecht und Anleihe sowie durch Klauseln über die Verrechnung und Inzahlungnahme können dem Anleger auch wahlweise die Kombinationsvorteile einer Wandelanleihe eingeräumt werden.

17 Auch die **Wandelanleihe** und das zusätzlich verbriefte Recht auf den künftigen Erwerb einer Mitgliedschaft sind rein schuldrechtlicher Natur (RdNr. 15). Über die Rechtsnatur der „Wandlung" wurde früher heftig diskutiert.[47] Heute hat sich zu Recht die Meinung durchgesetzt, dass trotz der gesetzlichen Bezeichnung als „Umtauschrecht" kein Tauschvertrag (Tausch der Anleihe gegen Aktie) begründet wird.[48] Ebenso ist anerkannt, dass die Wandlung keine Aufrechnung der Anleiheforderung gegen die Einlageschuld darstellt;[49] gerade darin liegt der Unterschied zu einer Optionsanleihe mit Verrechnungsabrede. Dem Anleihegläubiger wird vielmehr mit dem Wandlungsrecht eine facultas alternativa eingeräumt.[50] Der Anleiheberechtigte hat zunächst die Rechte aus der Obligation; ihm steht aber die Befugnis zu, durch seine Wandelungserklärung statt dessen den Erwerb einer Mitgliedschaft zu wählen. Es handelt sich also um eine Gestaltungsbefugnis, mit deren Ausübung sich das Rechtsverhältnis zwischen dem Anleiheberechtigten und der Gesellschaft – mit Wirkung ex nunc[51] – umgestaltet: Mit Wandlungserklärung und Erfüllung des Zeichnungsvertrags erlischt das Rechtsverhältnis „Anleihe" und es entsteht ein auf Verschaffung der Mitgliedschaft gerichtetes Rechtsverhältnis.[52] Zugleich wird die ursprünglich auf die Anleihe geleistete Zahlung nunmehr als auf die Einlage – im Falle bestehender Aktien: auf den Kaufpreis – geleistet angesehen; man kann insoweit von einer „Causaänderung kraft Gestaltungsrechts" sprechen.[53] Schuld- und aktienrechtlich gesehen liegt daher keine Mischform zwischen Anleihe und Aktie vor, wirtschaftlich betrachtet hingegen sehr wohl.[54] Deutlich zum Ausdruck kommt dies darin, dass das auf die Wandelanleihe[55] zugeführte Fremdkapital mit der Wandlung in eine Aktionärseinlage „umgewidmet" wird, weshalb der Umtausch nach § 194 Abs. 1 S. 2 AktG nicht als Sacheinlage gilt.[56] Die Obligation wird also nicht etwa als Einlage für die neuen Aktien hingegeben; vielmehr wird der zunächst auf die Anleihe geleistete Betrag (zuzüglich einer etwaigen Zuzahlung) kraft der Gestaltungsbefugnis des Gläubigers zur Einlage.

18 In jüngster Zeit erfreuen sich Schuldverschreibungen mit **Pflichtwandlung** gewisser Beliebtheit.[57] Bei ihr ist der Gläubiger, wenn er nicht schon zuvor von seinem Wandlungs-

---

[46] Anleihestücke mit Optionsschein sind „volle Stücke"; nach der Trennung spricht man von „leeren Stücken".

[47] Überblick etwa bei *Georgakopoulos* ZHR 120 (1957), 84, 131 ff.

[48] Vgl. nur Kölner KommAktG/*Lutter* § 221 RdNr. 94 mwN.

[49] Dafür etwa noch *Georgakopoulos* ZHR 120 (1957), 84, 131 ff.

[50] Heute ganz hM, vgl. Kölner KommAktG/*Lutter* § 221 RdNr. 94; MünchKommAktG/*Habersack* § 221 RdNr. 226; *Hüffer* § 221 AktG RdNr. 4; *K. Schmidt/Lutter/Merkt* § 221 AktG RdNr. 24; krit. noch *Georgakopoulos* ZHR 120 (1957), 84, 131 Fn. 170.

[51] MünchKommAktG/*Habersack* § 221 RdNr. 227; aA Kölner KommAktG/*Lutter* § 221 RdNr. 94, 138, § 194 RdNr. 3.

[52] Näher dazu sowie zu der bereits mit Wandlungserklärung entstehenden Einwendung der Gesellschaft gegen den Zahlungsanspruch MünchKommAktG/*Habersack* § 221 RdNr. 228.

[53] Vgl. bereits *Kalisch* JW 1925, 574 f.

[54] *Georgakopoulos* ZHR 120 (1957), 84, 87; Kölner KommAktG/*Lutter* § 221 RdNr. 92; *K. Schmidt/Lutter/Merkt* § 221 AktG RdNr. 18.

[55] Bei der Optionsanleihe zeigt sich der Mischcharakter darin, dass die für das Optionsrecht erzielten Erlöse in die gesetzliche Kapitalrücklage (§ 272 Abs. 2 Nr. 2 HGB) einzustellen und damit als Eigenkapital auszuweisen sind; näher dazu MünchKommAktG/*Habersack* § 221 RdNr. 327 ff.

[56] Zu den Voraussetzungen des § 194 Abs. 1 S. 2 AktG und zum Zusammenspiel mit § 221 AktG s. MünchKommAktG/*Fuchs* § 194 RdNr. 5 ff.; MünchKommAktG/*Habersack* § 221 RdNr. 230 ff.

[57] Eingehend zu ihnen *Friel*, Wandelanleihen mit Pflichtwandlung, 2000; *Rozijn* ZBB 1998, 77 ff.; *Schlitt/Seiler/Singhof* AG 2003, 254, 266 f. (mit Angaben zur praktischen Bedeutung); *Schlitt/Hemeling* in: *Habersack/*

recht Gebrauch gemacht hat, am Ende der Laufzeit zur Ausübung dieses Rechts – mithin seiner Ersetzungsbefugnis – verpflichtet, so dass es zu einer baren Rückzahlung nicht kommt.[58] Grundlage dieser Wandlungspflicht ist ein schon bei Zeichnung geschlossener Vorvertrag,[59] aufgrund dessen der Gläubiger verpflichtet ist, die Schuldverschreibung gegen Gewährung von Aktien hinzugeben und hierdurch seine Forderung zum Erlöschen zu bringen. Die Begebung derartiger Anleihen unterliegt weder unter dem Gesichtspunkt der aktienrechtlichen Vermögensbindung[60] noch mit Blick auf die Interessen des Zeichners Bedenken.[61] Den Interessen der Aktionäre der emittierenden Gesellschaft ist – nicht anders als bei der gewöhnlichen Wandelanleihe – durch Anwendung des § 221 Abs. 1, 2 und 4 AktG Rechnung zu tragen;[62] eines weitergehenden Schutzes (oder gar der Annahme, die Begebung von Pflichtwandelanleihen sei unzulässig), bedarf es aus ihrer Sicht schon deshalb nicht, weil die Wandlungspflicht allein zu Lasten des Zeichners geht. Mit der entsprechenden Anwendung des § 221 AktG geht im Übrigen die Zulässigkeit einer bedingten Kapitalerhöhung entsprechend § 192 Abs. 2 Nr. 1 AktG einher;[63] auch muss § 194 Abs. 1 S. 2 AktG entsprechende Anwendung finden.

Von der Pflichtwandelanleihe zwar in dogmatischer, nicht aber in wirtschaftlicher Hinsicht zu unterscheiden ist die Anleihe mit **Tilgungswahlrecht des Emittenten.** Bei ihr ist nicht der Gläubiger verpflichtet, von seinem Umtauschrecht Gebrauch zu machen. Es soll vielmehr der Gesellschaft das Recht zustehen, statt Rückzahlung der Anleihe Aktien zu liefern; die Ersetzungsbefugnis steht mit anderen Worten dem Emittenten zu. § 221 AktG – und mit ihm § 192 Abs. 2 Nr. 1 AktG – muss allerdings auch insoweit entsprechende Anwendung finden.[64] Denn aus Sicht der Aktionäre macht es keinen Unterschied, ob Aktien aufgrund eines Umtauschrechts des Gläubigers oder auf Verlangen des Vorstands abgegeben werden; entscheidend ist vielmehr, dass sie um ihr Erwerbsrecht auf die Aktien gebracht werden. In der Konsequenz muss dann allerdings auch § 194 Abs. 1 S. 2 AktG eingreifen.[65]

bb) Inhalt des Rechts auf Aktienerwerb. Der Grundtatbestand der Wandelschuldverschreibung ist dadurch gekennzeichnet, dass der Anleihegläubiger das Recht auf junge, dh. im Wege der **Kapitalerhöhung** geschaffene **Aktien des Emittenten** der Anleihe erhält. In diesem Fall nämlich begründet die Anleihe das für die Anwendbarkeit des § 221 AktG unerlässliche Konkurrenzverhältnis zwischen den Gläubiger- und den Aktionärsrechten: Das Erwerbsrecht des Anleihegläubigers verdrängt dann das Bezugsrecht der Altaktionäre, weshalb die Begebung der Anleihe nur mit Zustimmung der Hauptversammlung erfolgen darf und die Aktionäre ein Bezugsrecht auf die Anleihe – und damit ein mittelbares Bezugsrecht auf die neuen Aktien – haben (RdNr. 14). Dem wiederum entspricht es, dass in den Fällen des § 192 Abs. 2 Nr. 1 AktG, dh. bei Bedienung der Umtausch- und Bezugsrechte der Gläubiger von Wandel- und Optionsanleihen durch

---

Mülbert/Schlitt § 10 RdNr. 58 ff.; s. ferner *MünchKommAktG/Habersack* § 221 RdNr. 52; *Spindler/Stilz/Seiler* § 221 AktG RdNr. 150 ff.; aus ökonomischer Sicht *Kleidt/Schierbeck* BKR 2004, 18 ff.

[58] Zum Sonderfall der Insolvenz des Emittenten s. *Friel* (Fn. 57) S. 129; zur außerordentlichen Kündigung s. *Rozijn* ZBB 1998, 77, 82.

[59] *Rozijn* ZBB 1998, 77, 81; s. ferner *MünchKommAktG/Habersack* § 221 RdNr. 52; MünchHdB GesR IV/*Krieger* § 63 RdNr. 25; aA *Casper*, Der Optionsvertrag, 2005, S. 339 (auf Termin geschlossener Zeichnungsvertrag).

[60] Eingehend dazu *Rozijn* ZBB 1998, 77, 85 ff.

[61] *Groß* in: *Marsch-Barner/Schäfer*, Handbuch börsennotierte AG, 2005, § 48 RdNr. 7; *Rozijn* ZBB 1998, 77, 88 ff.; *Schlitt/Seiler/Singhof* AG 2003, 254, 266 f.; *Schlitt/Hemeling* in: *Habersack/Mülbert/Schlitt* § 10 RdNr. 60; *MünchKommAktG/Habersack* § 221 RdNr. 52; *Spindler/Stilz/Seiler* § 221 AktG RdNr. 151.

[62] Vgl. die Nachweise in voriger Fn.

[63] *Groß* in: *Marsch-Barner/Schäfer* (Fn. 61) § 48 RdNr. 7; MünchHdB GesR IV/*Krieger* § 63 RdNr. 25; *Schlitt/Seiler/Singhof* AG 2003, 254, 266 f.; aA GroßkommAktG/*Frey* 4. Aufl. § 192 RdNr. 84. – Zu „naked" und „covered warrants" s. noch RdNr. 24.

[64] MünchHdB GesR IV/*Krieger* § 63 RdNr. 25; *MünchKommAktG/Habersack* § 221 RdNr. 52.

[65] AA wohl *MünchKommAktG/Fuchs* § 194 RdNr. 5.

bedingtes Kapital,⁶⁶ das Bezugsrecht der Aktionäre auf die jungen Aktien kraft Gesetzes ausgeschlossen ist.⁶⁷

21 Insbesondere die Praxis der Optionsanleihe ist durch die Aufspaltung des vom Gesetzgeber einheitlich gedachten Emissionsvorgangs gekennzeichnet, indem eine – häufig gerade zu Finanzierungszwecken gegründete und im Ausland ansässige – Gesellschaft eine Anleihe begibt, die mit Optionsrechten auf Aktien der **Muttergesellschaft** gekoppelt ist.⁶⁸ Derlei Drittemissionen begegnen inzwischen auch bei Wandelanleihen.⁶⁹ § 221 AktG findet auf solche Anleihen immer dann entsprechende Anwendung, wenn und soweit die Umtausch- und Optionsrechte durch die betroffene (Mutter-)Gesellschaft abgesichert sind. Da sich die Schutzvorschriften des § 221 AktG nicht aus der Anleihekomponente als solcher, sondern ausschließlich aus der Options- oder Umtauschkomponente und damit aus dem mit der Zusicherung künftiger Mitgliedschaften verbundenen Eingriff in die Beteiligungsstruktur ergeben, bezieht sich die analoge Anwendung der Vorschrift nicht auf die emittierende Gesellschaft, sondern auf die durch das Options- oder Umtauschrecht betroffene AG.⁷⁰ Deren Aktionäre müssen mit anderen Worten der Begründung von Options- oder Umtauschrechten durch ihre Gesellschaft zustimmen und haben zudem ein Bezugsrecht auf die Anleihe.⁷¹

22 Besteht über die Anwendbarkeit des § 221 AktG in Fällen, in denen dem Anleihegläubiger Erwerbsrechte auf junge Aktien des Anleiheemittenten oder dessen Muttergesellschaft eingeräumt werden, Einvernehmen, so ist umgekehrt weitgehendes Einvernehmen darüber zu verzeichnen, dass § 221 AktG keine Anwendung finden soll, wenn sich die Erwerbsrechte des Anleihegläubigers auf **Bestandsaktien des Emittenten oder dessen Muttergesellschaft** beziehen. Vom Tatbestand der Wandelanleihe wie auch von dem der Optionsanleihe vorausgesetzt ist nach hM also, dass mit Ausübung des Wandel- bzw. Optionsrechts eine neue Mitgliedschaft in der emittierenden AG entstehen soll und damit das Bezugsrecht der Aktionäre auf die jungen Aktien betroffen ist.⁷² Dem kann nicht gefolgt werden.⁷³ Aus Sicht der Aktionäre macht es nämlich keinen Unterschied, ob die Gesellschaft Dritten junge Aktien oder eigene Bestandsaktien gewährt. Die Abgabe eigener Aktien hat vielmehr einer Kapitalerhöhung durchaus vergleichbare Effekte. So kommt es, wenn die Abgabe der eigenen Aktien unter Marktpreis erfolgt, zu einer Quersubventionierung des Erwerbers durch die übrigen Aktionäre; zudem hat die Abgabe eigener Aktien mit Blick auf das Wiederaufleben der in der Person der Gesellschaft nach § 71 b AktG ruhenden Stimm- und Vermögensrechte eine Verschiebung der Beteiligungsverhältnisse im Allgemeinen und eine Verwässerung der Rechte der Altaktionäre im Besonderen zur Folge. Diesen Gefahren soll die Bindung der Gesellschaft an den allgemein in § 53 a AktG geregelten, in § 71 Abs. 1 Nr. 8 S. 3 bis 4 AktG noch einmal in Erinnerung gerufenen und präzisierten Grundsatz der Gleichbehandlung sowie der Verweis in § 71 Abs. 1 Nr. 8 S. 5 AktG auf § 186 Abs. 3 und 4 AktG betreffend den Bezugsrechtsausschluss Rechnung tragen. Ihm wiederum entspricht

---

⁶⁶ In Betracht kommt auch die Ausübung eines genehmigten Kapitals; zu den Vor- und Nachteilen sowie zum Erfordernis des Ausschlusses des Bezugsrechts s. *Holland* NZG 2006, 892, 894; *Spindler/Stilz/Seiler* § 221 AktG RdNr. 75 f.
⁶⁷ Vgl. statt aller *Hüffer* § 192 AktG RdNr. 3.
⁶⁸ Näher zu den in Betracht kommenden Konstellationen *Schumann*, Optionsanleihen – Rechtliche Grundlagen und aktuelle Probleme, 1990, S. 95 ff.; MünchKommAktG/*Habersack* § 221 RdNr. 41 ff.
⁶⁹ MünchKommAktG/*Habersack* § 221 RdNr. 43.
⁷⁰ Näher *Lutter*, FS Kastner, 1972, S. 247, 250 ff.; Kölner KommAktG/*Lutter* § 221 RdNr. 172; MünchKommAktG/*Habersack* § 221 RdNr. 47.
⁷¹ Vgl. neben den Nachweisen in voriger Fn. noch *Hüffer* § 221 AktG RdNr. 72.
⁷² MünchHdB GesR IV/*Krieger* RdNr. 24; *Busch* AG 1999, 58, 63 ff.; *Schlitt/Seiler/Singhof* AG 2003, 255, 257 f., jeweils auch für die Absicherung der Aktienbezugsrechte durch Vereinbarung mit Dritten, die Aktien der Gesellschaft halten; allg. K. *Schmidt/Lutter/Merkt* § 221 AktG RdNr. 15; Nachweise zur Gegenansicht s. in Fn. 74. – Zu „naked" und „covered warrants" s. noch in RdNr. 24.
⁷³ *Groß* in: *Marsch-Barner/Schäfer* (Fn. 61) § 48 AktG RdNr. 15 ff., 17; MünchKommAktG/*Habersack* § 221 RdNr. 24; *ders.*, FS Nobbe, 2009, unter II. 2; *Schumann* (Fn. 68) S. S. 23 Fn. 46; *Werhahn*, Finanzierungsinstrumente mit Aktienerwerbsrechten, 2004, S. 141 ff. mwN.

die Anerkennung eines **Vorerwerbsrechts der Aktionäre** in Fällen, in denen die Gesellschaft von der Veräußerungsermächtigung nach § 71 Abs. 1 Nr. 8 AktG Gebrauch macht.[74] Die die Anwendbarkeit der Vorschrift – einschließlich der Grundsätze über die Drittemission (RdNr. 21) – begründende Konkurrenz der Rechte der Anleihegläubiger mit Aktionärsrechten (RdNr. 13) ist deshalb auch bei der Unterlegung von Wandelschuldverschreibung mit eigenen Aktien (Bestandsaktien) gegeben. Auf Schuldverschreibungen, die ein Erwerbsrecht auf Aktien nicht des Emittenten, sondern einer Gesellschaft, die aus dem Titel nicht verpflichtet ist und diesen auch nicht sicherstellt, verkörpern, ist § 221 AktG hingegen auch nicht entsprechend anzuwenden (RdNr. 14).

c) Gewinnschuldverschreibung. Als Gewinnschuldverschreibung definiert § 221 Abs. 1 AktG jede Schuldverschreibung, bei der das Recht des Gläubigers mit Gewinnanteilen von Aktionären in Verbindung gebracht wird, mithin als Schuldverschreibung, die sich von der gewöhnlichen Schuldverschreibung dadurch unterscheidet, dass zwischen dem Zinsanspruch des Gläubigers und dem Dividendenanspruch des Aktionärs eine „Verbindung" besteht. § 221 Abs. 1 AktG bringt damit für die Gewinnschuldverschreibung klarer noch als für die Wandelschuldverschreibung das die Anwendbarkeit der Vorschrift begründende Konkurrenzverhältnis zwischen den Gläubiger- und den Aktionärsrechten zum Ausdruck (RdNr. 14). Eine solche Konkurrenz besteht nicht nur bei **„gewinnorientierten"**, sondern auch bei **„gewinnabhängigen"** Zinsabreden; auch eine Anleihe, die zwar eine feste Verzinsung vorsieht, den Zinsanspruch indes an das Vorhandensein eines entsprechenden Gewinnes koppelt, unterliegt mit anderen Worten dem Anwendungsbereich des § 221 AktG, und zwar unabhängig davon, ob die Höhe des Zinses das Risiko des Anlegers berücksichtigt.[75] Auch die Bemessungsgrundlage „Gewinn" ist weit zu verstehen: Obwohl § 221 Abs. 1 AktG nur „Gewinnanteile von Aktionären" nennt, kommt eine Beschränkung auf dividendenorientierte Verzinsungen nicht in Betracht. Eine Gewinnschuldverschreibung liegt deshalb auch bei Anknüpfung an den Jahresüberschuss, an den Bilanzgewinn oder an **andere ergebnisorientierte Faktoren** wie zum Beispiel die Gesamtkapitalrendite vor.[76] Der Anwendbarkeit des § 221 AktG steht es auch nicht entgegen, dass der Gläubiger neben einem Festzins einen gewinnorientierten oder gewinnabhängigen Zusatzzins erhält.[77] Auch hinsichtlich der Wirtschaftseinheiten, auf die bezogen der „Gewinn" festgestellt wird, ist eine weite Auslegung geboten. Von § 221 AktG erfasst wird neben der Bezugnahme auf den Gewinn der Gesellschaft auch die Bezugnahme auf das Ergebnis einer einzelnen Sparte,[78] eines Teilbetriebs der Gesellschaft, eines verbundenen Unternehmens oder des Gesamtkonzerns.[79] Nicht erfasst wird dagegen die Bezugnahme auf das Ergebnis einer beliebigen anderen Gesellschaft oder auf das Durchschnittsergebnis mehrerer anderer Unternehmen, fehlt es doch in diesem Fall an jeglicher Konkurrenz des Gewinnbezugsrechts der Gläubiger mit dem Dividendenrecht der Aktionäre.[80]

---

[74] Näher zum Erwerbsrecht und seiner Entsprechung in einem Andienungsrecht der Aktionäre sowie zur Möglichkeit des Ausschlusses der Rechte *Habersack* ZIP 2004, 1121 ff.; ferner GroßkommAktG/*Merkt*, 4. Aufl. 2007, § 71 RdNr. 69 ff., 81 ff.; MünchKommAktG/*Oechsler* § 71 RdNr. 223 ff., 247; *Hüffer* § 71 AktG RdNr. 19 k; *Kiem* ZIP 2000, 209, 214; *Paefgen* AG 1999, 67, 68 f.; *Reichert/Harbarth* ZIP 2001, 1441, 1442.
[75] So auch *Groß* in: Marsch-Barner/Schäfer (Fn. 61) § 48 RdNr. 67; näher MünchKommAktG/*Habersack* § 221 RdNr. 100.
[76] MünchHdG GesR IV/*Krieger* § 63 RdNr. 57; *K. Schmidt/Lutter/Merkt* § 221 AktG RdNr. 40.
[77] *Hüffer* § 221 AktG RdNr. 8; MünchHdB GesR IV/*Krieger* § 63 RdNr. 57.
[78] Die Unzulässigkeit von Tracking Stocks (eingehend zu ihnen *Fuchs* AG 2003, 167 ff.; *Kauffeld*, Die partielle Unternehmensbeteiligung, 2007, S. 33 ff., 129 ff.; *Tonner*, Tracking Stocks, 2002, passim) steht dem schon deshalb nicht entgegen, weil die Titel des § 221 AktG keine Mitgliedschaften begründen, s. MünchKommAktG/*Habersack* § 221 RdNr. 2; *K. Schmidt/Lutter/Merkt* § 221 AktG RdNr. 40; *Kauffeld* aaO S. 73 ff.
[79] Kölner KommAktG/*Lutter* § 221 RdNr. 209; MünchKommAktG/*Habersack* § 221 RdNr. 56; *Hüffer* § 221 AktG RdNr. 8; s. ferner RGZ 118, 152, 155.
[80] MünchKommAktG/*Habersack* § 221 RdNr. 56; Kölner KommAktG/*Lutter* § 221 RdNr. 209, 446 f.; *Hüffer* § 221 AktG RdNr. 8; *Groß* in: Marsch-Barner/Schäfer (Fn. 61) § 48 RdNr. 67; aA noch *Karollus* in:

24 **d) Genussrecht.** Auch dem in § 221 Abs. 3 AktG geregelten Genussrecht ist die Konkurrenz der Gläubigerrechte mit Rechten der Aktionäre eigen.[81] Im Einklang mit der historisch gewachsenen Begriffsbildung lässt sich deshalb festhalten,[82] dass Genussrechte schuldrechtliche Ansprüche auf **aktionärstypische Vermögensrechte** (einschließlich des Rechts auf Bezug von Aktien und von Finanzierungstiteln iS des § 221 AktG) in einer Weise begründen, die nicht schon dem Tatbestand der Wandel- oder Gewinnschuldverschreibung unterfällt und auch keinen Teilgewinnabführungsvertrag iS des § 292 Abs. 1 Nr. 2 AktG begründet.[83] Von der Gewinnschuldverschreibung lassen sich jedenfalls diejenigen Genussrechte klar abgrenzen, die andere aktionärstypische Vermögensrechte als eine Beteiligung am Gewinn gewähren, also etwa ein Bezugsrecht auf Aktien[84] oder ein Recht zur Benützung von Betriebseinrichtungen. Auf der anderen Skala angesiedelt sind Titel, die sich auf eine Gewinnbeteiligung für das eingesetzte Kapital beschränken und nach Ende der Laufzeit einen festen Rückzahlungsanspruch (ggf. mit einer darüber hinausgehenden Substanzwertbeteiligung) aufweisen. Bei derartigen Titeln wird man davon ausgehen müssen, dass zugleich eine Gewinnschuldverschreibung und ein Genussrecht vorliegt; die Gewinnschuldverschreibung erweist sich damit – ebenso wie die Wandelschuldverschreibung – als Unterfall des Genussrechts.[85] Der Heranziehung des § 221 Abs. 3 AktG bedarf es in diesen Fällen deshalb nur dann, wenn das Gläubigerrecht nicht in einer Schuldverschreibung verbrieft ist.[86] Im Übrigen dürfte das entscheidende Abgrenzungsmerkmal in der Durchsetzbarkeit des Hauptrechts zu sehen sein: Während Gewinnschuldverschreibungen eine gewöhnliche Obligation und damit einen festen und unbedingten Rückzahlungsanspruch begründen, ist das Genussrecht, soweit es verbrieft und gewinnorientiert oder -abhängig ist, durch die Verlustteilnahme (sei es in Form einer Reduktion des Nennwerts der Forderung oder eines vereinbarten Nachrangs) gekennzeichnet.[87] Der Tatbestand des Genussrechts ist freilich deutlich weiter; er umfasst nicht nur anleiheähnliche Gestaltungen, sondern insbesondere auch nicht mit einer Schuldverschreibung verknüpfte Rechte zum Bezug von Aktien.[88]

III. Voraussetzungen des Leistungsanspruchs: Gläubigerseite

25 **1. Innehabung.** Gläubiger des Ausstellers ist, wer zwei Voraussetzungen erfüllt: Er muss Inhaber der Urkunde sein und die Verfügungsbefugnis darüber haben. Weil das Gesetz zwischen beiden Voraussetzungen trennt, kommt es für die Frage, wer Inhaber der Urkunde ist, auf die tatsächlichen, nicht auf die rechtlichen Verhältnisse an. Der Begriff der Innehabung deckt sich aber nicht mit dem des unmittelbaren Besitzes. Sondern: Inhaber der Urkunde ist zunächst, wer sie in Händen hält und deshalb vorlegen kann. Inhaber ist also der unmittelbare Besitzer im Fall des § 854, nicht dagegen in den Fällen der §§ 855, 857.

Geßler/Hefermehl/Eckardt/Kropff AktG, 1994, § 221 RdNr. 474; Baumbach/Hueck AktG, 13. Aufl. 1968, Vor § 221 RdNr. 6.
[81] S. bereits Amtliche Begr. zu § 174 AktG 1937 in: Klausing Aktien-Gesetz, 1937, S. 155.
[82] MünchKommAktG/Habersack § 221 RdNr. 64; ähnlich Kölner KommAktG/Lutter § 221 RdNr. 21; Hüffer § 221 AktG RdNr. 25 f.; W. Müller in: Ulmer/Habersack/Winter Anh. § 29 GmbHG RdNr. 1 f.; Spindler/Stilz/Seiler § 221 AktG RdNr. 22; Stadler in: Bürgers/Körber AktG, 2008, § 221 RdNr. 88 f.
[83] Speziell zum Teilgewinnabführungsvertrag und zur Abgrenzung gegenüber dem Genussrecht BGHZ 156, 38, 42 ff. = ZIP 2003, 1788; MünchKommAktG/Habersack § 221 RdNr. 72 ff.
[84] Zu „naked" und „covered warrants" s. die Nachweise in Fn. 88.
[85] MünchKommAktG/Habersack § 221 RdNr. 21 f., 58; Kölner KommAktG/Lutter § 221 RdNr. 234, 446 f. (vgl. aber auch dens. aaO § 221 AktG RdNr. 21); Stadler in: Bürgers/Körber (Fn. 82) § 221 RdNr. 92; vgl. bereits Gottlieb, Der Genussschein im deutschen Recht, 1931, S. 1 f., 95 f. mit Kritik an der gesetzgeberischen Unterscheidung zwischen Genussrecht und Gewinnschuldverschreibung.
[86] Näher MünchKommAktG/Habersack § 221 RdNr. 58, 69.
[87] Zur Rechtsnatur dieser Genussrechte s. BGHZ 119, 305, 330 = NJW 1993, 57 und BGHZ 156, 48, 53 = NJW 2003, 3412: Dauerschuldverhältnis eigener Art; für Qualifizierung als stille Gesellschaft s. hingegen MünchKommAktG/Habersack § 221 RdNr. 88 ff.
[88] Näher zu „naked" und „covered warrants" MünchKommAktG/Habersack § 221 RdNr. 37; ders., FS Nobbe, 2009, unter IV. m. umf. Nachw.; zur Anwendbarkeit der §§ 793 ff. auf Optionsscheine s. auch OLG Frankfurt WM 2008, 1917, 1918.

Während der Begriff der Innehabung demnach einerseits enger ist als der des unmittelbaren Besitzes, genügt andererseits **mittelbarer Besitz,** wenn die Urkunde für den mittelbaren Besitzer derart verwahrt wird, dass die Ausübung des verbrieften Rechts durch Dritte ausgeschlossen ist. Ohne diese Auflockerung des Inhaberbegriffs wäre die Verwaltung von Schuldverschreibungen, die sich in Girosammelverwahrung befinden, praktisch nicht möglich. Sie entspricht deshalb zu Recht der hM (Vor § 793 RdNr. 11).

2. Verfügungsbefugnis des ersten Inhabers. a) Notwendig: Eigentum. Der Inhaber der Urkunde kann die Leistung nur dann verlangen, wenn er zur Verfügung über die Urkunde befugt ist (zur Beweislast s. RdNr. 33). Die Formulierung beruht auf Vorstellungen, die der Redlichkeitstheorie entsprechen (vgl. RdNr. 2), und bringt das für die Entstehung der Obligation Wesentliche nur undeutlich zum Ausdruck, weil nicht zwischen dem ersten Nehmer und späteren Erwerbern der Schuldverschreibung unterschieden wird. Die Forderung entsteht mit Abschluss des **Begebungsvertrags** zwischen Aussteller und erstem Inhaber der Urkunde (Vor § 793 RdNr. 24, 29). Durch den Begebungsvertrag erlangt der erste Inhaber zugleich Eigentum an der Urkunde (Vor § 793 RdNr. 24), weshalb in seiner Person Verfügungsbefugnis und Eigentum zusammenfallen. Bei Fehlen oder Mängeln des Begebungsvertrags erwirbt der erste Inhaber weder Eigentum noch Forderung. Guter Glaube (RdNr. 27) hilft erst nach Beginn des Umlaufs, also bei Erwerb durch einen Dritten (vgl. noch § 794 RdNr. 2).[89]

b) Gutgläubiger Erwerb. Wenn der Begebungsvertrag fehlt oder unter einem Gültigkeitsmangel leidet, wird der Inhaber weder Eigentümer der Urkunde noch Gläubiger des Ausstellers (RdNr. 26). Das **Eigentum an der Urkunde** kann aber nach den Vorschriften des Sachenrechts gutgläubig erworben werden, und zwar im Interesse eines gesteigerten Verkehrsschutzes selbst dann, wenn die Schuldverschreibung dem Aussteller abhanden gekommen ist (§ 935 Abs. 2). Vorausgesetzt ist Redlichkeit des Erwerbers, also sein guter Glaube an das Eigentum des Veräußerers (§ 932 Abs. 2). In den Fällen des § 366 HGB genügt guter Glaube an die Verfügungsbefugnis. Von der Möglichkeit gutgläubigen Erwerbs grundsätzlich ausgeschlossen sind Banken, sofern der Verlust der Inhaberschuldverschreibung im Bundesanzeiger bekannt gemacht und seit dem Ablauf des Jahres der Veröffentlichung nicht mehr als ein weiteres Jahr verstrichen ist (§ 367 Abs. 1, 2 HGB; vgl. auch § 799 RdNr. 12). Der Unredliche wird auch bei Rückerwerb nicht Eigentümer; denn er kann seine Bösgläubigkeit nicht durch die Gutgläubigkeit des Zwischenerwerbers aus der Welt schaffen.[90]

Die **Entstehung der Forderung** ist mit dem gutgläubigen Erwerb des Eigentums an der Urkunde noch nicht erklärt; denn der sachenrechtliche Gutglaubensschutz ändert nichts daran, dass die gültige Begebung durch den Aussteller fehlt. Der Entstehungstatbestand der Obligation ist also nach wie vor unvollständig. Die Forderung des redlichen Inhabers entsteht deshalb nicht kraft Rechtsgeschäfts, sondern kraft Gesetzes nach den Grundsätzen der Rechtsscheinhaftung. So liegt es vor allem in den Fällen des § 794 Abs. 1 (näher dort RdNr. 2 ff.).

3. Verfügungsbefugnis späterer Inhaber. a) Begriff. Im Allgemeinen bezeichnet man als Verfügungsbefugnis die Berechtigung, Rechtsgeschäfte vorzunehmen, durch die ein Recht übertragen, belastet, geändert oder aufgehoben wird, und zwar kraft eigener Rechtsmacht über den Gegenstand, also im eigenen Namen.[91] Verfügungsbefugnis haben demnach vor allem der Eigentümer der Urkunde, aber auch der Pfandgläubiger (vgl. § 1294) und der nach § 185 Abs. 1 Ermächtigte, dagegen nicht der unredliche „Erwerber" und nicht (vorbehaltlich des § 973) der Finder. Im Schrifttum begegnen seit jeher Bestrebungen, über

---

[89] HM, vgl. *Staudinger/Marburger* RdNr. 16; aA („erweiterte Rechtsscheintheorie") *Fikentscher/Heinemann* § 1000 RdNr. 1385 lit. d.
[90] BGH LM WG Art. 17 Nr. 9 = NJW 1971, 806 = WM 1971, 376 (Wechsel); LM ZPO § 529 Nr. 30 = NJW 1974, 1512 f. (Scheck); RGRK/*Steffen* RdNr. 19 aE; *Staudinger/Marburger* RdNr. 19.
[91] Statt vieler vgl. *Flume* Rechtsgeschäft § 11 Nr. 5 a und 5 c.

§ 793 30–32   Abschnitt 8. Titel 24. Schuldverschreibung auf den Inhaber

diesen Begriff der Verfügungsbefugnis hinauszugehen und auch den Bevollmächtigten, den gesetzlichen Vertreter und die Parteien kraft Amtes als Verfügungsbefugte einzuordnen.[92] Das ist für die Parteien kraft Amtes richtig, weil sie eigene Verfügungsmacht haben (vgl. § 80 InsO), kann aber im Übrigen keine Zustimmung finden. Denn die Erteilung der Vollmacht ändert nichts an der Berechtigung des Vollmachtgebers, und auch dem nicht voll Geschäftsfähigen fehlt nicht das Recht, sondern nur die Fähigkeit, es auszuüben.[93] In Wahrheit dürfte nur gemeint sein, dass der Vertreter die Leistung für den Vertretenen erheben darf. Das trifft zu, folgt aber ohne weiteres aus der Vertretungsmacht, von deren Vorliegen der Aussteller bei dem Inhaber der Urkunde ausgehen darf (RdNr. 36 f.).

30   **b) Sachenrechtlicher Erwerb.** Spätere Inhaber leiten die Verfügungsbefugnis von ihrem Vormann ab, und zwar nach den jeweils einschlägigen Vorschriften, hauptsächlich also durch **Übereignung der Urkunde.** Mit dem Eigentum geht auch das in der Urkunde verkörperte Recht – die Forderung gegen den Aussteller – auf den Erwerber über, ohne dass es der Annahme bedarf, der Aussteller habe den Willen, sich gegenüber den nachfolgenden Erwerbern zu verpflichten, gebildet und erklärt;[94] die Verpflichtung gegenüber dem Erwerber der Urkunde ergibt sich vielmehr aus der Zulässigkeit der Rechtsübertragung selbst. **Gutglaubensschutz** findet zugunsten der späteren Inhaber statt; die Ausführungen in RdNr. 27 gelten entsprechend. Weil die Forderung bereits mit dem Abschluss des ersten Begebungsvertrages entstanden ist, braucht sie nicht mehr nach den Grundsätzen der Rechtsscheinhaftung begründet zu werden (RdNr. 28); es geht nur noch um den gutgläubigen Erwerb der Verfügungsbefugnis.

31   **c) Zessionsvertrag.** Nach älterer Lehre,[95] die teilweise auch heute noch vertreten wird,[96] konnte die Forderung aus der Schuldverschreibung nur durch Übereignung der Urkunde übertragen werden; auch rechtspolitische Alternativen wurden über Jahrzehnte nicht diskutiert. Die **neuere Lehre** lässt dagegen bei Effekten de lege lata die Übertragung nach sachenrechtlichen Grundsätzen (§§ 929 ff.) und daneben durch bloße Abtretung nach §§ 398 ff. zu.[97] Für Wechsel und Scheck wird teils ebenso entschieden,[98] teils noch verlangt, dass die Urkunde zwar nicht übereignet, aber doch übergeben wird (herkömmliche Begründung: § 792 Abs. 1 S. 3 analog).[99] Rechtspolitisch geht es um die Frage, wie weit die Verknüpfung von Mobiliarsachen und Berechtigung überhaupt noch sinnvoll ist, auch und gerade unter dem Gesichtspunkt des Verkehrsschutzes. Wer für einen generellen Übergang zu Bucheffekten eintritt, muss konsequenterweise von den sachenrechtlichen Konstruktionen Abschied nehmen.[100]

32   Der neueren Lehre ist beizutreten. Die Beteiligten haben also nach geltendem Recht die **Wahl,** ob sie die Gläubigerstellung durch Übereignung der Urkunde (§§ 929 ff.) oder durch schlichte Abtretung (§§ 398 ff.) übertragen wollen. Wählen sie den zweiten Weg, so wird der notwendige Zusammenhang von Forderung und Urkunde durch § 952 Abs. 2 hergestellt. Auch eines besonderen Übergabeerfordernisses bedarf es nicht; vielmehr genügt der Herausgabeanspruch des Berechtigten nach § 985. Mit § 793 ist die Abtretungslösung ohne weiteres vereinbar; denn danach kommt es auf die Verfügungsbefugnis an, aber nicht darauf,

---

[92] Klar etwa *Staudinger/Marburger* RdNr. 18.
[93] Zutr. schon *Oertmann* Anm. 3 c.
[94] So – auf der Grundlage der von ihm vertretenen Lehre vom mehrgliedrigen Entstehungstatbestand konsequent – 4. Aufl. RdNr. 17 *(Hüffer)*.
[95] Vgl. zB *E. Ulmer* Wertpapierrecht S. 75 ff.; ausf. Meinungsübersicht bei *Zöllner*, FS L. Raiser, 1974, S. 249, 272 ff.
[96] RGRK/*Steffen* RdNr. 11.
[97] Grdlg. *Zöllner*, FS L. Raiser, 1974, S. 249, 272 ff.; vgl. weiter *Koller* (Fn. 15) S. 1427, 1439 ff. (Gesetzesvorschlag: § 793 3 auf S. 1506); *Baumbach/Hefermehl/Casper* WPR RdNr. 34; *Staudinger/Marburger* RdNr. 20 und Vor § 793 RdNr. 7; *Hueck/Canaris* Wertpapierrecht § 1 I 5 b; *Zöllner* Wertpapierrecht § 2 II 1 b.
[98] *Koller* (Fn. 15) S. 1427, 1439 ff.; *Zöllner* Wertpapierrecht § 14 I 2 mwN.
[99] HM, vgl. *Baumbach/Hefermehl/Casper* Art. 11 WG RdNr. 5 mwN; *Hueck/Canaris* Wertpapierrecht § 10 I 1 a.
[100] Folgerichtig deshalb *Zöllner*, FS L. Raiser, 1974, S. 249, 267 und 284.

wie sie erlangt wird. Nachdem die Forderung aus der Urkunde entstanden ist, ist sie zessionsfähig, und mit der Zession geht nicht nur die Forderung, sondern auch die Befugnis zur Verfügung über die Urkunde gemäß § 952 Abs. 2 auf den Zessionar über. Richtig ist allerdings, dass dem historischen Gesetzgeber die sachenrechtliche Lösung vorzugswürdig erschienen ist, aber nach dem damaligen Entwicklungsstand. Das Zurücktreten des Verkörperungselements in der neueren Entwicklung des Effektenwesens (Vor § 793 RdNr. 30 ff.) belegt heute, dass es nicht angemessen ist, den Beteiligten die Formen des Sachenrechts aufzuzwingen. Auch **de lege ferenda** sollte der Dualismus der Übertragungsformen erhalten bleiben. Es besteht kein Anlass, vom Sachenrecht Abschied zu nehmen, soweit die Beteiligten auf die Einzelverbriefung noch Wert legen. Soweit die Verkörperung dagegen praktisch keine Rolle mehr spielt, sollten die mit der Anwendung des Sachenrechts erstrebten Ergebnisse (Gutglaubensschutz; § 771 ZPO; § 47 InsO) mit einer Zessionslösung verbunden werden.

4. Die Vermutung materieller Berechtigung. Der Inhaber der Urkunde braucht nicht darzulegen und zu beweisen, dass er die in § 793 Abs. 1 S. 1 vorausgesetzte Verfügungsbefugnis hat. Es ist vielmehr Sache des Ausstellers, das Gegenteil unter Beweis zu stellen. Das ergibt sich aus dem vom Gesetz formulierten Regel-Ausnahme-Verhältnis („es sei denn"). Zugunsten des Inhabers spricht also die widerlegbare Vermutung, dass er der materiell Berechtigte ist.[101] Weil sich der Inhaber des Wertpapiers in diesem Sinne als Gläubiger des Ausstellers legitimiert, spricht man von der **Legitimationsfunktion** des Wertpapiers (vgl. auch Vor § 793 RdNr. 14 f., 19).

IV. Leistungsanspruch und Leistung an den Nichtberechtigten

1. Leistungsanspruch des Inhabers. Der berechtigte Inhaber kann von dem Aussteller die Leistung nach Maßgabe des Versprechens verlangen (§ 793 Abs. 1 S. 1). Was versprochen ist, muss bei Unklarheit durch Auslegung ermittelt werden (RdNr. 8). Regelmäßig, wenngleich nicht notwendig, ist das schuldbegründende Rechtsgeschäft **abstrakt** (§ 780 RdNr. 25), bleibt also die Verbindlichkeit des Ausstellers auch bei Mängeln eines etwa bestehenden Kausalverhältnisses bestehen.[102] Die Geltendmachung von **Einwendungen** durch den Aussteller beurteilt sich nach § 796.

2. Befreiende Leistung an den Nichtberechtigten. a) Grundsatz. Die Leistung des Ausstellers an den Inhaber der Urkunde hat auch dann schuldbefreiende Wirkung, wenn dieser nicht der materiell Berechtigte ist. Das ist die Legitimationswirkung zugunsten des Ausstellers, die man besser als Liberationswirkung bezeichnet (Vor § 793 RdNr. 19). Das Gesetz befreit den Aussteller also von der Pflicht, die materielle Berechtigung des Inhabers zu prüfen, und will damit die Tauglichkeit der Inhaberschuldverschreibung für Massenemissionen sicherstellen.[103]

b) Einschränkungen. aa) Problem und Meinungsstand. Die Formulierung des § 793 Abs. 1 S. 2 schießt über das Ziel hinaus, weil danach der Aussteller selbst dann von seiner Verbindlichkeit befreit wird, wenn er positiv weiß, dass der Inhaber nicht der Berechtigte ist, und dies auch unschwer beweisen kann. Nach heute allgM ist die Vorschrift deshalb einschränkend auszulegen.[104] Streitig ist indessen, wie weit die Einschränkung zu reichen hat, und zwar in doppelter Hinsicht. Zum einen geht es um die Frage, ob nur positive Kenntnis und liquide Beweismittel den **guten Glauben** des Ausstellers ausschließen (so die früher hM[105]) oder ob ihm analog Art. 40 Abs. 3 WG schon grobe Fahrlässigkeit und

---

[101] Unstr., vgl. zB *Staudinger/Marburger* RdNr. 22; *Hueck/Canaris* Wertpapierrecht § 24 I 2 b.
[102] Zur Qualifizierung des Kausalverhältnisses als Darlehen s. *Canaris* Bankvertragsrecht RdNr. 2243; am Beispiel der Aktienanleihe *Marburger*, FS Hadding, 2004, S. 949, 952 f.; *Schwark* WM 2001, 1973, 1974 ff.
[103] Prot. S. 2646 f. = *Mugdan* II S. 1051.
[104] Teilweise anders das ältere Schrifttum, vgl. Nachweise bei *Oertmann* Anm. 4.
[105] BGHZ 28, 368, 370 (zu § 808) = LM § 808 Nr. 1 = NJW 1959, 622; RGRK/*Steffen* RdNr. 23; *E. Ulmer* Wertpapierrecht S. 125; offen lassend *Soergel/Welter* RdNr. 27; PWW/*Buck-Heeb* RdNr. 19.

grob fahrlässiges Verkennen der Beweislage schaden (so die neuere Lehre).[106] Zum anderen geht es um den **Inhalt** des guten Glaubens. Die hM schützt nicht nur den guten Glauben an die Verfügungsbefugnis, sondern auch an die Vertretungsmacht und an die Geschäftsfähigkeit des Inhabers.[107] Letzteres wird im jüngeren Schrifttum bestritten.[108]

37 **bb) Stellungnahme.** Beide Fragen sind im Rahmen des § 793 anders als bei § 808 (vgl. dort RdNr. 14 ff., 28 f.) ohne besondere praktische Bedeutung. Der Gesetzgeber hat deshalb zu Recht von einer Regelung, die in der Zweiten Kommission erwogen wurde, abgesehen.[109] In der ersten Frage ist der jüngeren Lehre, in der zweiten der hM beizupflichten. Dass nur positive Kenntnis schadet, ist noch an § 826 orientiert und zu eng; Überforderungen des Ausstellers sind durch angemessene Konkretisierung der groben Fahrlässigkeit zu vermeiden. Für den Inhalt des guten Glaubens muss die Erwägung maßgeblich sein, dass sich der Aussteller um die Interna des Inhabers grundsätzlich nicht zu kümmern braucht, gleichgültig, welcher Art sie sind. Er darf deshalb an denjenigen leisten, den er ohne grobe Fahrlässigkeit für den bevollmächtigten oder gesetzlichen Vertreter hält, aber auch im Umkehrfall an denjenigen, von dessen voller Geschäftsfähigkeit er gutgläubig ausgeht.

V. Verfahrensfragen

38 Der Inhaber der Schuldverschreibung kann die Forderung im **Urkundenprozess** geltend machen, sofern die Leistung wie namentlich bei Geldschulden unter § 592 ZPO fällt. Einwendungen, die sich nicht schon aus der Urkunde selbst ergeben, wird der Aussteller regelmäßig nur im Nachverfahren (§ 600 ZPO) geltend machen können. Der Aussteller **muss darlegen und beweisen,** dass dem Inhaber die Verfügungsbefugnis oder, wenn dieser die Forderung für einen anderen geltend macht, die Vertretungsmacht fehlt (vgl. RdNr. 33). Die Auslegung börsengängiger Inhaberschuldverschreibungen unterliegt der vollen **Nachprüfung durch das Revisionsgericht,** weil der Umlauf der Papiere nicht auf den Bezirk eines OLG beschränkt ist und die Auslegung selbst nicht einzelfallbezogen erfolgen kann.[110]

VI. Anlegerschutz

39 **1. Kapitalmarktrecht.** Die §§ 793 ff. erschöpfen sich im Wesentlichen in einer Regelung des durch Begebung einer Inhaberschuldverschreibung begründeten Schuldverhältnisses, regeln aber nicht den Schutz des Anlegers, dh. desjenigen, der eine Inhaberschuldverschreibung zu erwerben beabsichtigt oder erworben hat. Insoweit sind – neben den Vorschriften des PfandBG (RdNr. 10) – namentlich die Vorschriften des Kapitalmarktrechts dazu bestimmt, für hinreichende **Information** beim Erwerb des Papiers und bei börsennotierten Papieren zudem für die fortlaufende Veröffentlichung wesentlicher Tatsachen zu sorgen.[111] Hervorzuheben sind die in §§ 32 ff. BörsG geregelten Zulassungspflichten,[112] darunter namentlich die Prospektpflicht gemäß dem WpPG, die im Übrigen ganz allgemein

---

[106] *Baumbach/Hefermehl/Casper* WPR RdNr. 46; *Erman/Heckelmann/Wilhelmi* RdNr. 9; *Staudinger/Marburger* RdNr. 27; *Bamberger/Roth/Gehrlein* RdNr. 13; *Palandt/Sprau* RdNr. 12; *Hueck/Canaris* Wertpapierrecht § 27 III 3; *Zöllner* Wertpapierrecht § 27 I 3.
[107] OLG Düsseldorf WM 1971, 231 f. (zu § 808); *Dunz* JuS 1962, 139; *Baumbach/Hefermehl/Casper* WPR RdNr. 46; *RGRK/Steffen* RdNr. 24; *Erman/Heckelmann/Wilhelmi* RdNr. 10; *Bamberger/Roth/Gehrlein* RdNr. 13; *PWW/Buck-Heeb* RdNr. 18; *Palandt/Sprau* RdNr. 12.
[108] *Nitschke* JuS 1968, 541, 546; *Staudinger/Marburger* RdNr. 28; *Soergel/Welter* RdNr. 27; *Hueck/Canaris* Wertpapierrecht § 27 III 3.
[109] Prot. S. 2694 ff., 8509 ff. = *Mugdan* II S. 1052 f., 1053 f.
[110] BGHZ 28, 259, 263 = LM § 795 Nr. 1 = NJW 1959, 31 (Harpen-Bonds) mwN; *RGRK/Steffen* RdNr. 12; *Staudinger/Marburger* RdNr. 10.
[111] Vgl. bereits Vor § 793 RdNr. 2; umfassend zu den Informationspflichten *Habersack/Mülbert/Schlitt* (Hrsg.), Handbuch der Kapitalmarktinformation, 2008.
[112] Speziell zum Delisting von Anleihen *Habersack* in: *Habersack/Mülbert/Schlitt* § 35 RdNr. 32 ff.

Rechte aus der Schuldverschreibung auf den Inhaber   40, 41 § 793

bei öffentlichem Angebot von Wertpapieren besteht (s. Vor § 793 RdNr. 2 mN in Fn. 5) und die durch die Prospekthaftung nach §§ 44 ff. BörsG, § 13 VerkProspG ergänzt wird.[113] Schuldverschreibungen sind darüber hinaus, soweit sie auf einem Finanzmarkt handelbar und damit fungibel sind, Wertpapiere iS des § 2 Abs. 1 S. 1 WpHG, und zwar unabhängig davon, ob sie urkundlich verbrieft sind (Vor § 793 RdNr. 2). Somit werden die Gläubiger insbesondere durch die Vorschriften über die Insiderhandelsverbote und über die ad hoc-Publizität (§§ 12 ff., 37 b/37 c WpHG), durch das Verbot der Marktmanipulation (§ 20 a WpHG), durch die Mitteilungspflichten nach §§ 21 ff., 30 a ff. WpHG,[114] durch die Regelpublizität nach §§ 37 v ff. WpHG[115] sowie durch die Verhaltensregeln für Wertpapierdienstleistungsunternehmen (§§ 31 ff. WpHG) geschützt. Das WpÜG schließlich ist nach seinem § 2 Abs. 1 Nr. 2 zwar auch auf Wertpapiere, die den Erwerb von Aktien zum Gegenstand haben, und damit auf Wandel- und Optionsanleihen sowie vergleichbare Papiere anwendbar; ein Übernahme- oder Pflichtangebot braucht sich allerdings nicht auf diese Papiere zu erstrecken.

2. Schuldverschreibungsgesetz. a) Zielsetzung. Das Gesetz betreffend die gemein- 40 samen Rechte der Besitzer von Schuldverschreibungen vom 4. 12. 1899[116] ist seit geraumer Zeit Gegenstand weitreichender, auch die §§ 793 ff. und die Problematik des AGB-Rechts (RdNr. 43 ff.) umfassender **Reformüberlegungen**; diese sind in einen am 9. 5. 2008 vorgelegten **Referentenentwurf** eines Gesetzes zur Neuregelung der Rechtsverhältnisse bei Schuldverschreibungen aus Anleihen und zur Anpassung kapitalmarktrechtlicher Verjährungsvorschriften gemündet,[117] dessen weiteres Schicksal freilich abzuwarten bleibt. Das SchuldVG fasst die Inhaber von Schuldverschreibungen angesichts der Tatsache, dass sie gegenüber dem Emittenten gleichgerichtete Interessen verfolgen, zu einer **gesetzlich verfassten Interessengemeinschaft** zusammen.[118] Die Gemeinschaft handelt durch die Gläubigerversammlung (§§ 1 ff. SchuldVG) und den Gläubigervertreter (§§ 14 ff. SchuldVG). Die Gläubigerversammlung kann Mehrheitsbeschlüsse fassen, die sodann für sämtliche Gläubiger verbindlich sind. Nach § 11 Abs. 1 SchuldVG darf ein derartiger Beschluss, soweit er in die Rechte der Gläubiger eingreift, indem er etwa Stundung gewährt oder eine Ermäßigung des Zinses vorsieht, zwar nur mit qualifizierter Mehrheit und nur zur Abwendung der Zahlungseinstellung oder der Insolvenz gefasst werden. Sanierungsmaßnahmen können damit aber nicht am Widerspruch von Kleingläubigern scheitern. Auf die dem Nennwert entsprechenden Kapitalansprüche kann allerdings nicht durch Mehrheitsbeschluss verzichtet werden (§ 12 Abs. 3 SchuldVG).

b) Anwendungsbereich. Nach seinem § 1 Abs. 1 findet das SchuldVG in seiner 41 derzeit noch geltenden Fassung (RdNr. 40) allerdings nur Anwendung, wenn sich sowohl der Sitz des Ausstellers als auch der Ort der Ausstellung im **Inland** befinden. Außerdem muss die Emission ein Volumen von mindestens 300 000 DM mit wenigsten 300 ausgegebenen Stücken haben. Vor allem ist der Anwendungsbereich nach § 1 Abs. 1 SchuldVG auf „Schuldverschreibungen mit **im Voraus bestimmten Nennwerten**" beschränkt. Von den Titeln des § 221 AktG unterliegen zunächst die Wandel- und

---

[113] Näher dazu *Habersack* in: *Habersack/Mülbert/Schlitt* (Fn. 111) § 28.
[114] Zu §§ 30 a ff. WpHG *Kiem* in: *Habersack/Mülbert/Schlitt* (Fn. 111) § 12; zu §§ 21 ff. WpHG *Weber-Rey* ebenda § 23; speziell zu den Auswirkungen des Transparenzrichtlinie-Umsetzungsgesetzes und des Finanzmarktrichtlinie-Umsetzungsgesetzes auf die Emission aktienverwandter Titel *Schlitt/Schäfer* AG 2007, 227 ff.
[115] Dazu *Götze/Wunderlich* in: *Habersack/Mülbert/Schlitt* (Fn. 111) § 9.
[116] SchuldVG, RGBl. 1899 S. 461; Abdruck unter BGBl. III 4134–1.
[117] Abdruck in ZBB 2008, 200 ff.; zur vorangegangenen Diskussion s. *Brandt* BKR 2005, 328, 329 f.; *Klerx/Penzlin* BB 2004, 791 ff.; *Baums* in: *Bayer/Habersack* II S. 955, 974 ff.; *Baums/Cahn* (Hrsg.), Die Reform des Schuldverschreibungsrechts, 2004, mit Beiträgen von *Than, v. Randow, H. Schneider, Vogel, Maier-Reimer, Keller, Bösch* und *Bum*.
[118] *Kümpel* (Fn. 14) RdNr. 9.224 ff.; *Hopt*, FS Steindorff, 1990, S. 341, 342 ff.; *Than*, FS Coing, 1982, S. 521, 528 ff.; *Hartwig-Jacob* S. 546 ff.; *Vogel* S. 122 ff.; aus dem älteren Schrifttum s. *Ansmann* Schuldverschreibungsgesetz 1933; *Heinemann* JW 1933, 83 ff.

Gewinnschuldverschreibungen dem SchuldVG; der Umstand, dass beide zusätzlich ein Recht auf Aktien verbriefen, steht dem nicht entgegen. Die Frage der Anwendbarkeit des SchuldVG auf **Genussrechte** ist umstritten. Eher theoretischer Natur ist die – zu verneinende[119] – Frage, ob Genussrechte, die von vornherein *ausschließlich* ein aktionärstypisches Recht (etwa die Beteiligung am Gewinn oder am Liquidationserlös) vorsehen und damit nicht einmal anleiheähnlichen Charakter haben, erfasst werden. Was dagegen die (heute verbreiteten) Genussrechte betrifft, die auf einen anfänglichen Nennwert lauten und bei denen die Rückzahlung des Kapitals infolge ihrer Verlustbeteiligung oder eines Nachrangs nicht zwangsläufig zum Nennwert erfolgt, so sprechen die besseren Gründe für die Anwendbarkeit des SchuldVG.[120] Schon der Wortlaut des § 1 Abs. 1 SchuldVG lässt die Einbeziehung entsprechender Titel zumindest zu. Bedenkt man weiter, dass es nach dem Schutzzweck des SchuldVG (RdNr. 40) allein darauf ankommen kann, dass die Gläubigergruppe gleiche Rechte hat und sich diese Rechte auch gleich entwickeln (was bei den fraglichen Genussrechten der Fall ist), so sollten sich diese teleologischen Erwägungen gegen aus der Entstehungs- und Entwicklungsgeschichte des SchuldVG hergeleitete Bedenken[121] durchsetzen.

42 **c) Privatautonom errichtete Organisation.** Außerhalb des Anwendungsbereichs des SchuldVG bleibt die Möglichkeit der privatautonomen Errichtung einer **Gläubigerversammlung** durch die Anleihebedingungen.[122] Eine derartige Versammlung kann zur Vornahme von Mehrheitsbeschlüssen autorisiert werden, welche die überstimmte oder bei der Beschlussfassung nicht anwesende Minderheit binden; sie kann auch zur Wahrnehmung ihrer Rechte einen gemeinsamen Vertreter bestellen. Da die Gläubiger in diesen Fällen selbst an der Änderung des Rechtsverhältnisses zur Gesellschaft beteiligt sind, lassen sich die Anforderungen an die Ausgestaltung von Änderungsvorbehalten des Emittenten (RdNr 50 ff.) insoweit zwar nicht übertragen.[123] Erforderlich sind aber eine klare Regelung des Verfahrens sowie eine gewisse Festlegung möglicher Änderungen.[124] In Betracht kommt weiterhin die Einsetzung eines **Treuhänders**.[125]

43 **3. AGB-Recht. a) Vorformulierung als Regelfall.** Die Ausgabe von Schuldverschreibungen erfolgt zwar nicht zwangsläufig,[126] wohl aber typischer Weise zu für eine Vielzahl von Begebungsverträgen vorformulierten Bedingungen. Zurückzuführen ist dies vor allem darauf, dass die Vorschriften der §§ 793 ff. den **Art und Inhalt des Leistungsversprechens** nicht regeln (RdNr. 12 f.). In den Bedingungen für Wandel- und Optionsanleihen sind darüber hinaus Art und Inhalt des Umtausch- oder Bezugsrechts zu regeln, also neben den Voraussetzungen für die Ausübung des Rechts (Options- und Wandelpreis, Zuzahlungen) namentlich Art und Inhalt der zu gewährenden Aktien sowie die Dividendenberechtigung nach Ausgabe der Aktien.

44 **b) Anwendbarkeit der §§ 305 ff.?** Nach hM erfüllen Anleihe- und Genussrechtsbedingungen die in § 305 Abs. 1 S. 1 geregelten Voraussetzungen von AGB und finden die Vorschriften des AGB-Rechts über die Einbeziehung, Auslegung und Inhaltskontrolle von

---

[119] Ganz hM, s. die in der nachfolgenden Fn genannten Gegenstimmen, ferner Kölner KommAktG/*Lutter* § 221 RdNr. 266; *Ernst* AG 1967, 75, 79.
[120] *Gottlieb* Genussschein S. 35 f.; *Hirte* ZIP 1991, 1467 f.; Kölner KommAktG/*Lutter* § 221 RdNr. 268; aA OLG Frankfurt ZIP 2006, 1388; LG Frankfurt/M WM 2006, 1340; *Ernst* Genussschein S. 220 f.; *Hammen* BB 1990, 1920; *Sethe* AG 1993, 351, 354 f.; GroßkommAktG/*Schilling* 3. Aufl. Anm. 12; *Silberberger* Partizipationsschein S. 127; *Rid-Niebler* Genussrechte S. 129.
[121] Dazu namentlich *Hammen* BB 1990, 1920; *Sethe* AG 1993, 351, 355; s. ferner OLG Frankfurt ZIP 2006, 1388, 1389 f.
[122] RGZ 132, 199, 204; *Ernst* Genussschein S. 222; *Hopt*, FS Steindorff, 1990, S. 371 ff.; *Reuter* NJW 1984, 1854; *Sethe* AG 1993, 351, 355; *Vogel* S. 231 ff.
[123] Ebenso Kölner KommAktG/*Lutter* § 221 RdNr. 352.
[124] Kölner KommAktG/*Lutter* § 221 RdNr. 352.
[125] *Hartwig-Jacob* S. 581 ff.; *Hopt*, FS Steindorff, 1990, S. 373 ff.; *Siebel* S. 516 ff.
[126] Zur Ausgabe von Genussrechten an einzelne Aktionäre s. etwa BGHZ 120, 141 = NJW 1993, 400 – Bremer Bankverein.

AGB auf Anleihebedingungen grundsätzlich Anwendung.[127] Dem kann jedenfalls in dieser Allgemeinheit nicht gefolgt werden. Anleihebedingungen sind zwar typischer Weise vorformuliert (RdNr. 43), indes keineswegs durchweg durch den Emittenten „gestellt". Bei der in der Praxis verbreiteten **mittelbaren Platzierung** (Fremdemission, s. RdNr. 54) im Allgemeinen und der Festübernahme der Wertpapiere durch die Emissionsbanken im Besonderen kommt es vielmehr häufig zu einem Aushandeln der Bedingungen zwischen dem Emittenten und den Emissionsbanken;[128] jedenfalls in diesen Fällen ist für das Eingreifen des AGB-Rechts – sei es im Verhältnis zwischen dem Emittenten und den Emissionsbanken oder im Verhältnis zwischen den Emissionsbanken und dem Anleger – schon im Ansatz kein Raum.[129] Aber auch dann, wenn die Bedingungen vom Emittenten „gestellt" werden, erscheint schon fraglich, ob es sich bei diesen um **„Vertragsbedingungen"** iS des § 305 Abs. 1 S. 1 handelt. Zwar liegt der Begebung von Wertpapieren nach heute zu Recht ganz hM ein Vertrag zugrunde (Vor § 793 RdNr. 24, 29). Diese dem Begebungsvertrag zugrunde liegende Willenseinigung braucht indes den Inhalt des verbrieften Rechts nicht zu umfassen,[130] und zwar auch dann nicht, wenn der Inhalt der Wertpapierbedingungen, wie bei der Fremdemission durchaus üblich, das Ergebnis eines Aushandelns zwischen Emittent und Emissionsbanken ist. Der analogen Anwendung des AGB-Rechts steht dies zwar nicht von vornherein entgegen. Auch die hM muss indes einräumen, dass namentlich die zentrale Vorschrift des § 305 Abs. 2 auf die Emission von Wertpapieren nicht zur Anwendung gebracht werden kann (RdNr. 45). Die entscheidende Frage ist deshalb, ob die (analoge) Anwendung der Vorschriften über die Inhaltskontrolle auf Anleihe- und Genussrechtsbedingungen als in der Sache geboten und zweckmäßig erscheint. Hieran bestehen mit Blick auf die Dichte der kapitalmarktrechtlichen Regelungen, die sowohl im Zusammenhang mit der Emission als solcher als auch im Rahmen des Vertriebs von Wertpapieren für Transparenz sorgen (RdNr. 39), durchaus Zweifel. Der Referentenentwurf eines **neuen SchuldVG** (RdNr. 40) verzichtet zwar darauf, die Frage der Anwendbarkeit des AGB-Rechts grundsätzlich zu klären, sieht aber immerhin vor, in §§ 21 ff. SchuldVG-E einigen wichtigen Klauseln (Geltung der §§ 4 ff. SchuldVG-E für Mitverpflichtete, Kündigungsrecht der Gläubiger, Schuldnerersetzung) die ABG-Rechtskonformität gesetzlich zu bescheinigen. Nachdem derzeit nicht abzusehen ist, ob und, wenn ja, wann es zur Realisierung des Reformvorhabens kommen wird, ist im Folgenden die lex lata in ihrer Auslegung durch die hM darzustellen:

c) Einbeziehung. Die Voraussetzungen für die Einbeziehung von AGB ergeben sich im 45 Allgemeinen für das Verhältnis zu Verbrauchern aus § 305 Abs. 2 und für dasjenige zu Unternehmern aus den allgemeinen Vorschriften über das Zustandekommen von Verträ-

---

[127] Allg. *Ulmer* in: *Ulmer/Brandner/Hensen* § 305 RdNr. 70 ff.; *Baumbach/Hefermehl/Casper* WPR RdNr. 42; *Masuch* S. 56 ff. m. umf. Nachw.; für Inhaberschuldverschreibungen s. BGHZ 163, 311, 314 ff. = NJW 2005, 2917; für Genussrechte s. BGHZ 119, 305, 312 = NJW 1993, 57; OLG Düsseldorf WM 1991, 1375, 1379; *Hüffer* § 221 AktG RdNr. 35; *Kölner KommAktG/Lutter* § 221 AktG. 221; *Hammen* BB 1990, 1918 ff.; *Hopt*, FS Steindorff, 1990, S. 364 ff.; *Schäfer* WM 1991, 1943 f.; *Feddersen/Knauth* Eigenkapitalbildung 121 ff.; *W. Müller* in: *Ulmer/Habersack/Winter* Anh. § 29 GmbHG RdNr. 33; s. ferner Begr. RegE, BT-Drucks. 7/39919, S. 1, 18; aA *Assmann* WM 2005, 1053 ff.; *Ekkenga* ZHR 160 (1996), 59, 69 ff.; *Joussen* WM 1995, 1861, 1866; *v. Randow* ZBB 1994, 23, 26; *ders.* in: *Baums/Cahn* S. 25 ff.; für Genussrechte *Völlmer/Lorch* ZBB 1992, 44, 48; diff. *Gottschalk* ZIP 2006, 1121, 1122 ff. – Im Zuge der sich abzeichnenden Reform des SchuldVG (RdNr. 40) ist auch mit besonderen Vorschriften über Anleihebedingungen zu rechnen.
[128] Vgl. namentlich *Siebel* WM 1994, 1781, 1782; *Joussen* WM 1995, 1861, 1866; *v. Randow* ZBB 1994, 23, 26; *Assmann* WM 2005, 1053, 1057.
[129] Vgl. neben den Nachweisen in voriger Fn. noch *Kallrath* S. 54 ff.; *Ekkenga* ZHR 160 (1996), 59, 70; ferner *Than* in: *Baums/Cahn* S. 3, 20 f.; aA aber die hM, s. BGHZ 163, 311, 314 f. = NJW 2005, 2917 m. umf. Nachw.; ferner *Ulmer* in: *Ulmer/Brandner/Hensen* § 305 RdNr. 71 ff.; *Hopt*, FS Steindorff, 1990, S. 364; *Masuch* S. 122 ff., 149 ff.
[130] Näher *Zöllner* Wertpapierrecht, 14. Aufl. 1987, § 6 V 4, S. 39; *Baumbach/Hefermehl/Casper* WPR RdNr. 33; hierauf Bezug nehmend auch *Assmann* WM 2005, 1053, 1058, der zudem zu Recht darauf hinweist, dass die Richtlinie 93/13/EWG über missbräuchliche Klauseln (ABl. EG Nr. L 95 S. 29) die Anwendung des AGB-Rechts auf Anleihebedingungen nicht erfordert.

gen.¹³¹ Diese sind unproblematisch erfüllt, wenn und soweit die Wertpapierbedingungen in dem Text der Urkunde festgehalten sind.¹³² Im Rahmen des heute verbreiteten **stückelosen Effektenverkehrs** (Vor § 793 RdNr. 30 ff.) bereiten die besonderen Einbeziehungsvoraussetzungen des § 305 Abs. 2 dagegen Probleme; hiervon betroffen ist wiederum, da sich die Emission zwar nicht rechtlich, wohl aber praktisch an den weitest gehenden Einbeziehungsvoraussetzungen auszurichten hat, die Gesamtemission. Da allerdings § 305 Abs. 2 die – auch vom Gesetzgeber anerkannten¹³³ – Funktionsvoraussetzungen moderner Kapitalmärkte nicht in Frage stellen wollte und das Kapitalmarktrecht durch die speziellen Vorschriften insbesondere des BörsG, des WpPG, des VerkProspG und des WpHG für hinreichende Transparenz der Bedingungen zu sorgen vermag (RdNr. 39), ist davon auszugehen, dass für die Einbeziehung von Anleihe- und Genussrechtsbedingungen auch im Rechtsverkehr mit Verbrauchern **ausschließlich** die an **§§ 145 ff.** ausgerichteten Anforderungen gelten.¹³⁴ Die Frage der Einbeziehung stellt sich im Übrigen nur für den sog. Primärmarkt, dh. für die Begebung des Papiers durch den Emittenten (bei mittelbarer Platzierung: durch die Emissionsbank) gegenüber dem **Ersterwerber.** Liegen insoweit die Einbeziehungsvoraussetzungen vor, so sind die Bedingungen Inhaltsbestandteil des Wertpapiers geworden und gelangen als solche auch gegenüber jedem Folgewerber zur Anwendung, ohne dass es insoweit auch nur auf das Einverständnis des Erwerbers mit der Geltung der Bedingungen ankäme.¹³⁵

46 Auch die Vorschrift des § 305 c Abs. 1, der zufolge **überraschende Klauseln** von dem Einverständnis des Kunden mit der Geltung der AGB nicht umfasst und damit nicht wirksam einbezogen sind, kann bei massenweiser Begebung über den Kapitalmarkt allenfalls mit Modifizierungen zur Anwendung gebracht werden. Während nämlich im Allgemeinen objektiv ungewöhnliche Klauseln dann nicht Vertragsbestandteil werden, wenn der Verwendungsgegner subjektiv durch die Klausel überrascht wird (§ 305 c RdNr. 5 ff.), kommt bei Inanspruchnahme des Kapitalmarkts von vornherein nur ein rein objektiver und generalisierender Ansatz in Betracht.¹³⁶

47 **d) Auslegung.** Anleihe- und Genussrechtsbedingungen sind unabhängig davon, ob sie die AGB-Definition erfüllen,¹³⁷ im Falle ihrer Verbriefung schon aus Gründen des Wertpapierrechts¹³⁸ objektiv auszulegen. Umstände, die sich aus der Person und dem Verständnis eines bestimmten Erstzeichners ergeben, haben deshalb für die Auslegung außer Betracht zu bleiben; nur so ist die Umlauffähigkeit des Papiers und mit ihr die Funktionsfähigkeit des Kapitalmarktes gewährleistet. Dabei ist in Fällen, in denen der allgemeine Kapitalmarkt in Anspruch genommen wird, nicht auf den Verständnishorizont professioneller Investoren, sondern auf den des **typischen Privatanlegers** abzustellen;¹³⁹ bei Ermittlung des einschlägigen Anforderungsprofils ist allerdings der Art und dem Adressatenkreis des Papiers angemessen Rechnung zu tragen. Zur Ermittlung des Inhalts der Bedingungen ist primär auf deren Wortlaut abzustellen.¹⁴⁰ Nach heute hM können zwar neben dem Sinn und Zweck der Bedingungen auch außerhalb der Urkunde liegende Umstände berücksichtigt werden (RdNr. 8). Zu verlangen ist jedoch, dass diese Umstände dem typischen Zeichner bekannt

---

[131] Näher § 305 RdNr. 47 ff., 89 ff.; speziell für Anleihen *Hopt,* FS Steindorff, 1990, S. 341, 366 ff.
[132] BGHZ 163, 311, 315 f. = NJW 2005, 2917; *Ulmer* in: *Ulmer/Brandner/Hensen* § 305 RdNr. 114.
[133] Vgl. Begr. RegE, BT-Drucks. 7/3919 S. 18.
[134] BGHZ 163, 311, 315 f. = NJW 2005, 2917 f. = BKR 2005, 323 m. Anm. *Keller* 326 ff. und *Brandt* 328 ff.; OLG Frankfurt WM 2008, 1917, 1918; *Ulmer* in: *Ulmer/Brandner/Hensen* § 305 RdNr. 114 a; *Masuch* S. 61 ff., 66 ff.; *Gottschalk* ZIP 2006, 1121, 1126.
[135] Wohl unstreitig, s. OLG Frankfurt WM 1993, 2089; s. ferner Begr. RegE, BT-Drucks. 7/3919 S. 18.
[136] Mit guten Gründen für Unanwendbarkeit des § 305 c Abs. 1 *Masuch* S. 81 f.
[137] Zur objektiven Auslegung von AGB s. § 305 c RdNr. 22 mwN.
[138] RGZ 117, 379, 382; BGHZ 28, 259, 263; *Staudinger/Marburger* RdNr. 9; *Hopt,* FS Steindorff, 1990, S. 369.
[139] Vgl. BGHZ 119, 305, 313 = NJW 1993, 57 (Verständnismöglichkeiten des typischerweise zu erwartenden Durchschnittskunden); *Hopt,* FS Steindorff, S. 341, 369.
[140] Für ausschließliche Berücksichtigung des Urkundeninhalts RGZ 83, 295, 296 f.; wohl auch RGZ 117, 379, 382.

sind oder jedenfalls bekannt sein müssen; hiervon kann uneingeschränkt hinsichtlich des Emissionsprospekts und mit Vorbehalten hinsichtlich etwaiger Presseerklärungen des Emittenten ausgegangen werden. Grundsätzlich zu berücksichtigen sind weiter außerhalb der Urkunde festgelegte Anleihebedingungen, auf die in der Urkunde Bezug genommen wird. Zweifel bei der Auslegung gehen nach § 305 c Abs. 2 zu Lasten des Verwenders.[141]

e) Inhaltskontrolle. aa) Kontrollfreie Klauseln. Nach § 307 Abs. 3 S. 1 sind deklaratorische Klauseln und Leistungsbeschreibungen der Inhaltskontrolle nach §§ 307 Abs. 1 und 2, 308 f. entzogen; allein das in § 307 Abs. 1 S. 2 geregelte Transparenzgebot gilt auch für solche Klauseln (§ 307 RdNr. 6 ff., 12 ff.). Auf der Grundlage der hM (RdNr. 44) sind deshalb bei Anleihebedingungen neben bloß deklaratorischen Klauseln nur die sog. **Hauptleistungsabreden,** nicht dagegen Leistungsnebenabreden, die die eigentliche Leistungsbeschreibung einschränken oder ausgestalten, der AGB-rechtlichen Inhaltskontrolle entzogen.[142] Zu ersteren zählen zwar Klauseln, die die Höhe des Rückzahlungsbetrags und den Zinssatz festlegen, nicht dagegen solche, durch die sich der Verwender die Änderung dieser essentialia vorbehält.[143] Der Inhaltskontrolle entzogen ist des Weiteren die Vereinbarung eines **Nachrangs** (RdNr. 13), ferner die Vereinbarung der **Verlustbeteiligung,**[144] nicht dagegen eine Klausel, die die Modalitäten der Verlustbeteiligung regelt.[145] Bei Wandel- oder Optionsanleihen sind darüber hinaus die essentialia des Umtausch- oder Bezugsrechts kontrollfest, mithin die Festlegung des Umtausch- oder Bezugsgegenstands sowie des Umtauschverhältnisses und des Optionspreises; anderes gilt wiederum für Klauseln, die dem Verwender die Änderung dieser essentialia gestatten. Schließlich dürfte auch der Ausschluss oder die Befristung des Anspruchs auf Rückzahlung kontrollfest sein.[146]

bb) Maßstab der Inhaltskontrolle. Im Einzelnen hat die Inhaltskontrolle nach §§ 307 ff. zwei verschiedene Stoßrichtungen: Zum einen müssen die Anleihe- und Genussrechtsbedingungen dem AGB-rechtlichen **Transparenzgebot** entsprechen, dh. die Rechte und Pflichten aus dem Papier für den durchschnittlichen Erwerber hinreichend überschaubar und klar darstellen.[147] Unabhängig davon ist zum anderen zu prüfen, ob die einzelne Klausel den Erwerber entgegen den Geboten von Treu und Glauben **unangemessen benachteiligt.** Soweit nicht die besonderen Klauselverbote der §§ 308 f. einschlägig sind, beurteilt sich die Frage einer unangemessenen Benachteiligung nach § 307 Abs. 2 Nr. 1 primär am Maßstab des dispositiven Rechts, von dem abgewichen wird. Hierbei ist unmittelbar auf §§ 793 ff. und mittelbar auf §§ 488 ff. abzustellen.[148] Eine sklavische Anlehnung an das Recht des Darlehens kann jedoch schon angesichts der Vielgestaltigkeit der Schuldverschreibungen nicht in Betracht kommen. Insbesondere gilt es, den (vorbehaltlich des § 307 Abs. 1 S. 2 Abs. 3 S. 2 kontrollfesten, s. RdNr. 48) Leistungsbeschreibungen auch im Rahmen der Kontrolle von Leistungsnebenabreden gebührend Rechnung zu tragen.

---

[141] Vgl. BGH ZIP 2006, 2171.
[142] Für die Titel des § 221 AktG Kölner KommAktG/*Lutter* § 221 RdNr. 222; *Sethe* AG 1993, 351, 368 f.; allg. für Wertpapierbedingungen *M. Wolf,* FS Zöllner, 1998, S. 651, 654 f.; *Hopt,* FS Steindorff, S. 370 f.; *Kallrath* S. 69 ff.; *Masuch* S. 96 f.; aA *Ekkenga* ZHR 160 (1996), 59, 72 f.
[143] Vgl. BGHZ 93, 252, 255.
[144] Vgl. für die Verlustbeteiligung des Genussrechts im Wege der Kapitalherabsetzung BGHZ 119, 305, 315 = NJW 1993, 57; BGH ZIP 2006, 2171; zur Prospekthaftung s. auch BGH NJW-RR 2006, 109, 110 f. – Auch aus der Rspr. des BVerfG zur Kapitallebensversicherung (BVerfG NJW 2005, 2363; 2005, 2376; 2006, 1783) folgt nichts Gegenteiliges; eingehend zu möglichen Implikationen dieser Rspr. aber *Mülbert/Leuschner* ZHR 170 (2006), 615, 649 ff., 663; s. ferner *Armbrüster* ZGR 2006, 683 ff.
[145] Vgl. für Genussrechte BGHZ 119, 305, 315 = NJW 1993, 57 (Art und Weise der Kapitalherabsetzung); weitergehend – Kontrollfreiheit allg. von Klauseln, die die Modalitäten der Rückzahlung regeln – *Brandt* BKR 2005, 328, 329 f.
[146] So wohl auch Kölner KommAktG/*Lutter* § 221 RdNr. 222; näher *Thomas* ZHR 171 (2007), 684, 691 ff.; s. ferner *Fuchs* in: Ulmer/Brandner/Hensen § 307 RdNr. 64; aA *Hopt,* FS Steindorff, S. 370: „ob und Zeit" der Leistung nicht kontrollfest.
[147] BGHZ 119, 305, 312 f. = NJW 1993, 57; näher § 307 RdNr. 51 ff.
[148] So auch *Masuch* S. 53 f.; *Kallrath* S. 132 f., 140; s. ferner die Nachweise in Fn. 102.

§ 793 50–52   Abschnitt 8. Titel 24. Schuldverschreibung auf den Inhaber

50   **cc) Änderungsvorbehalte im Besonderen.**[149] Die Anwendbarkeit der §§ 307 ff. unterstellt (RdNr. 44), stoßen Klauseln, die für den Anspruch auf Zinsen und die Rückzahlung des Kapitals übermäßig kurze Vorlegungs- oder Verjährungsfristen einführen, ebenso auf Bedenken[150] wie weitreichende Änderungsvorbehalte. Der Änderungsvorbehalt begründet das Recht des Emittenten zur einseitigen Änderung des Anleiheverhältnisses und damit ein Leistungsbestimmungsrecht iS des § 315. Von ihm zu unterscheiden ist eine **Gleitklausel,** der zufolge das Anleiheverhältnis unmittelbar an eine bestimmte Bezugsgröße angebunden ist, Änderungen dieser Bezugsgröße also unmittelbar und unabhängig von einer Gestaltungserklärung auf das Anleiheverhältnis durchschlagen.[151] So bietet es sich etwa an, die Verlustteilnahme des Genussrechts durch Koppelung an das Grundkapital zu realisieren.[152] In diesem Fall bedarf es zwar eines Hauptversammlungsbeschlusses; dieser bezieht sich indes unmittelbar auf das Grundkapital und nur mittelbar – eben auf Grund der Gleitklausel in den Genussrechtsbedingungen – auf das Genusskapital. Dem Änderungsvorbehalt und der Gleitklausel verwandt sind Klauseln, die dem Emittenten das Recht zur Kündigung des Anleiheverhältnisses gewähren und ihm dadurch die Möglichkeit eröffnen, eine von ihm begehrte Änderung des Rechtsverhältnisses mittels **Änderungskündigung** durchzusetzen.[153] Auch Gleit- und Kündigungsklauseln unterliegen grundsätzlich der AGB-rechtlichen Inhaltskontrolle (RdNr. 51); die Anbindung des Genusskapitals an das Grundkapital ist freilich leistungsbeschreibender Natur und damit nach § 307 Abs. 3 S. 1 der Inhaltskontrolle grundsätzlich entzogen (RdNr. 48).

51   Unter den Voraussetzungen des § 305 Abs. 1 unterliegt der Änderungsvorbehalt der Inhaltskontrolle nach §§ 307 Abs. 1 und 2, 308 Nr. 4.[154] Jedenfalls unzulässig wäre danach ein allgemeiner, nicht näher konkretisierter Änderungsvorbehalt. Einseitige Änderungsvorbehalte können vielmehr nur hingenommen werden, „soweit sie bei **unsicherer Entwicklung** der Verhältnisse als Instrument der Anpassung notwendig sind und den **Anlass,** aus dem das Bestimmungsrecht entsteht, sowie die **Richtlinien und Grenzen** seiner Ausübung möglichst konkret angeben."[155] Eine Klausel, die diesen Anforderungen nicht genügt, ist intransparent und somit nach § 307 Abs. 1 S. 2, Abs. 3 S. 2 selbst dann unwirksam, wenn sie leistungsbeschreibender Natur ist (RdNr. 48). Auf inhaltliche Bedenken stoßen darüber hinaus **asymmetrische Regelungen,** die Änderungen nur zu Lasten der Anleihegläubiger vorsehen.[156]

52   Die Inhaltskontrolle nach §§ 307 ff. wird durch die **Ausübungskontrolle** nach § 315 Abs. 3 S. 1 ergänzt. Danach ist die – im Allgemeinen nach Maßgabe entsprechender Bekanntmachungsklauseln[157] mitgeteilte – Ausübung des Änderungsrechts, wenn sie nach billigem Ermessen zu erfolgen hat (was nach § 315 Abs. 1 im Zweifel anzunehmen ist), für den Anleger nur verbindlich, wenn sie der **Billigkeit** entspricht.[158] Ist dies nicht der Fall, hat die Bestimmung nach § 315 Abs. 3 S. 2 durch Urteil zu erfolgen; mit Wegfall des ent-

---

[149] Eingehend zur Inhaltskontrolle typischer Klauseln in Anleihebedingungen *Kallrath* S. 99 ff.; *Masuch* S. 179 ff.; *Schlitt/Hemeling* in: *Habersack/Mülbert/Schlitt* § 10 RdNr. 49 ff.; *Hutter* ebenda § 15 RdNr. 75 ff.
[150] Kölner KommAktG/*Lutter* § 221 RdNr. 223.
[151] Näher dazu im Zusammenhang mit Zinsanpassungsklauseln *Habersack* WM 2001, 753, 754 f.
[152] So § 7 Abs. 1 der Klöckner-Genussrechtsbedingungen, s. BGHZ 119, 305, 315 f. = NJW 1993, 57; ferner BGH ZIP 2006, 2171.
[153] Dazu Staudinger/*K. Schmidt* (1997) § 246 RdNr. 148; *Schwarz*, Der variable Zins, 1989, S. 42 ff.
[154] Vgl. für Genussrechtsbedingungen Kölner KommAktG/*Lutter* § 221 RdNr. 351.
[155] So die auf Entgeltklauseln in Banken-AGB bezogenen, freilich grds. Charakter beanspruchenden Ausführungen des XI. ZS des BGH in WM 1999, 2545, 2547; näher dazu *Fuchs* in: *Ulmer/Brandner/Hensen* Anh. § 310 RdNr. 1094 ff.; *Habersack* WM 2001, 753, 756 f.; *Schimansky* WM 2001, 1169 ff.; vgl. auch BGH ZIP 2004, 798, 800 f.; anders noch RGZ 132, 199, 206; BGHZ 97, 212.
[156] Vgl. für Zinsanpassungsklauseln BGHZ 97, 212, 217; *Fuchs* in: *Ulmer/Brandner/Hensen* Anh. § 310 RdNr. 1086; *Habersack* WM 2001, 753, 759.
[157] Näher zu solchen Klauseln OLG Frankfurt WM 1993, 2089, 2090; *v. Randow* ZIP 1994, 28, 29 f.; krit. *Masuch* S. 243 ff.
[158] Vgl. für Genussrechtsbedingungen Kölner KommAktG/*Lutter* § 221 RdNr. 351; für Zinsanpassungsklauseln *Habersack* WM 2001, 753, 761 f.

sprechenden Klagerechts des Anlegers wird die Leistungsbestimmung wirksam.[159] Hiervon betroffen ist allerdings nur die auf der Grundlage eines wirksamen Änderungsvorbehalts getroffene Leistungsbestimmung; fehlt es dagegen bereits an einem wirksamen Änderungsvorbehalt, so bewendet es bei dem ursprünglich Vereinbarten. Unbilligkeit liegt nicht nur vor, wenn es der zur Gestaltung Befugte an einer angemessenen Berücksichtigung der Belange beider Seiten vermissen lässt, sondern auch dann, wenn die Anleger unter gleichen Voraussetzungen **ungleich behandelt** werden.[160] Der Maßstab der „Billigkeit" ist klauselfest: Ein Änderungsrecht nach „freiem Ermessen" oder nach „freiem Belieben" wäre mit § 307 Abs. 1 S. 1 unvereinbar.[161]

dd) Zwingendes Recht. Der Inhaltskontrolle nach dem AGB-Recht bedarf es nur, 53 soweit Klauseln vom dispositiven Recht abweichen. Klauseln in Anleihebedingungen, die gegen zwingendes Recht verstoßen, sind dagegen ohne weiteres unwirksam. Hiervon betroffen sind Klauseln, die das Recht zur **Kündigung aus wichtigem Grund** (RdNr. 12) ausschließen.[162]

VII. Emissionsgeschäft

Während Ausstellung und Begebung der Entstehung der Inhaberschuldverschreibung 54 dienen, bezeichnet man als Emission die Unterbringung umfangreicher Anleihen oder anderer Effekten am Kapitalmarkt.[163] Üblich ist die feste Übernahme der Effekten durch eine Bank oder ein Bankenkonsortium; zur Rechtsnatur des Emissionskonsortiums vgl. Vor § 705 RdNr. 52ff. Bei fester Übernahme hat der Emittent Anspruch auf den Gegenwert der Emission ohne Rücksicht auf den Platzierungserfolg; das wirtschaftliche Risiko wird also von Bank oder Konsortium getragen. Der Übernahmevertrag ist nach hM als Kaufvertrag zu qualifizieren.[164] Vorzugswürdig ist seine Deutung als Vertrag sui generis, der neben den kaufrechtlichen Elementen auch solche der Geschäftsbesorgung und des Darlehens enthält (vgl. Vor § 705 RdNr. 57).

§ 794 Haftung des Ausstellers

(1) **Der Aussteller wird aus einer Schuldverschreibung auf den Inhaber auch dann verpflichtet, wenn sie ihm gestohlen worden oder verloren gegangen oder wenn sie sonst ohne seinen Willen in den Verkehr gelangt ist.**

(2) **Auf die Wirksamkeit einer Schuldverschreibung auf den Inhaber ist es ohne Einfluss, wenn die Urkunde ausgegeben wird, nachdem der Aussteller gestorben oder geschäftsunfähig geworden ist.**

I. Normzweck

§ 794 Abs. 1 bezweckt den **Schutz des redlichen Zweiterwerbers** in dem Fall, dass 1 zwar die Urkunde ausgestellt, aber die Forderung mangels gültigen Begebungsvertrags nicht entstanden ist. § 794 Abs. 2 beruht auf demselben Rechtsgedanken wie § 130 Abs. 2; der Abgabe einer Willenserklärung entspricht die Ausstellung der Urkunde. Die in § 794 Abs. 1 angeordnete Rechtsfolge ist nicht mit der Kreations-, sondern mit der

---

[159] Näher zu Voraussetzungen und Rechtsfolgen des § 315 Abs. 3 S. 2 *Habersack* WM 2001, 753, 761 f.
[160] Kölner KommAktG/*Lutter* § 221 RdNr. 351.
[161] Näher dazu § 315 RdNr. 31 ff. mwN.
[162] Eingehend *Thomas* ZHR 171 (2007), 684, 705 ff. Allg. zur Abdingbarkeit § 314 RdNr. 4; § 490 RdNr. 22.
[163] Ausf. zum Emissionsgeschäft *Kümpel* (Fn. 14) RdNr. 9.1 ff.; *Canaris* Bankvertragsrecht RdNr. 2236 ff.; speziell für Anleihen *Diekmann* in: *Habersack/Mülbert/Schlitt* § 25; für aktienverwandte Emissionen *Schlitt/Schäfer* ebenda § 24.
[164] Diese Einordnung geht zurück auf ROHG 20, 248, 253 f.; vgl. weiter die Nachweise Vor § 705 RdNr. 57 Fn. 156; aA (für Darlehen) *Canaris* Bankvertragsrecht RdNr. 2243.

Rechtsscheinstheorie zu erklären (RdNr. 3; zu den Wertpapierrechtstheorien vgl. Vor § 793 RdNr. 22 ff. und § 793 RdNr. 2). Auf **Inhaberaktien** ist § 794 auch nicht entsprechend anzuwenden, weil die Mitgliedschaft ohne Rücksicht auf die Verbriefung entsteht. Fehlt es an wirksamer Mitgründung oder wirksamer Teilnahme an einer Kapitalerhöhung, so mag ein Dritter die Urkunden gutgläubig erwerben. Aktionär wird er dadurch jedoch nicht.[1]

II. Haftung des Ausstellers ohne Begebungsvertrag

1. Umlaufbeginn ohne den Willen des Ausstellers. § 794 Abs. 1 betrifft die Fälle, in denen die Schuldverschreibung ohne den Willen ihres Ausstellers in Umlauf (Verkehr) gelangt ist. Aus dem Erfordernis des Umlaufbeginns ist abzuleiten, dass der Aussteller nicht schon einem Ersterwerber, sondern **erst nachfolgenden Erwerbern** verpflichtet wird.[2] Ohne den Willen des Ausstellers gelangt die Urkunde zunächst dann in Umlauf, wenn sie ihm abhanden kommt. Der Umlauf beginnt aber auch dann ohne seinen Willen, wenn er die Schuldverschreibung einem anderen anvertraut und dieser sie abredewidrig in den Verkehr bringt; so lag es in dem Fall, aus dem die Verfasser des Gesetzes ihre Problemanschauung bezogen.[3] Entscheidend ist also nicht der Verlust des unmittelbaren Besitzes ohne den Willen des Ausstellers, sondern das Fehlen eines Begebungsvertrags zwischen dem Aussteller und dem ersten Inhaber.[4] Dem gänzlichen Fehlen eines Begebungsvertrags steht es gleich, dass der Begebungsvertrag aufgrund von Willensmängeln unwirksam ist.[5] Da § 794 Abs. 1 nur den redlichen Zweiterwerber schützt (RdNr. 3 f.), fügt sich die Vorschrift somit durchaus in die allgemeine Rechtsscheintheorie (Vor § 793 RdNr. 24, 29) ein.[6]

2. Rechtsschein als Haftungsgrund. Ohne wirksamen Begebungsvertrag kann die Forderung aus der Urkunde nicht kraft Rechtsgeschäfts entstehen, und zwar gleichgültig, ob man den Verpflichtungstatbestand mit der hier – im Einklang mit der hM – vertretenen Ansicht in dem auch schuldrechtlich verstandenen Begebungsvertrag allein (Vor § 793 RdNr. 24, 29) oder in einem mehrgliedrigen Rechtsgeschäft erblickt (Vor § 793 RdNr. 26); denn für die erste Ansicht ist der Tatbestand überhaupt nicht und für die zweite nur teilweise verwirklicht. Auch der gutgläubige Erwerb des Eigentums an der Urkunde, der nach §§ 932, 935 Abs. 2 selbst in den Fällen des Abhandenkommens möglich ist (§ 793 RdNr. 27), ändert an dem Ergebnis nichts, weil der Eigentumserwerb die noch nicht existente Forderung nicht hervorbringen kann (§ 793 RdNr. 28). Die Verpflichtung des Ausstellers erweist sich damit als Fall der Rechtsscheinhaftung. Er muss sich den Rechtsschein einer verbrieften Forderung zurechnen lassen, den er mit der Ausstellung der Urkunde veranlasst hat.[7]

3. Verpflichtung nur gegenüber dem redlichen Erwerber. § 794 Abs. 1 ist missverständlich gefasst, weil die Bestimmung die Person des Gläubigers nicht bezeichnet. Dadurch kann der Eindruck entstehen, dass der Aussteller gegenüber jedem Zweiterwerber, selbst gegenüber dem unredlichen, verpflichtet ist. So war die Vorschrift im Entwurf I gemeint.[8] Für die Rechtsscheintheorie (RdNr. 3) ist das Ergebnis untragbar, weil danach nur derjenige Ansprüche erwirbt, der in schutzwürdiger Weise auf den Rechtsschein vertraut

---

[1] HM, s. *Zöllner* Wertpapierrecht § 29 III; RGRK/*Steffen* RdNr. 5; *Palandt*/*Sprau* RdNr. 3; PWW/*Buck-Heeb* RdNr. 1; *Planck*/*Landois* Anm. 2; aA *Hueck*/*Canaris* Wertpapierrecht § 25 III 2 b; *Staudinger*/*Marburger* RdNr. 7.
[2] ROHG 17, 149, 154; *Soergel*/*Welter* RdNr. 2; *Staudinger*/*Marburger* RdNr. 1.
[3] ROHG 17, 149; Mot. II S. 697 = *Mugdan* II S. 389; s. ferner *Soergel*/*Welter* RdNr. 3.
[4] So auch *Staudinger*/*Marburger* RdNr. 2.
[5] *Staudinger*/*Marburger* RdNr. 2.
[6] *Staudinger*/*Marburger* RdNr. 1; *Hueck*/*Canaris* Wertpapierrecht § 3 I 2 a; aA noch RGZ 131, 289, 294: § 794 als Beleg für Kreationstheorie (zu ihr Vor § 793 RdNr. 25).
[7] Heute allgM, vgl. statt vieler *Baumbach*/*Hefermehl* WPR RdNr. 32, 45; *Staudinger*/*Marburger* RdNr. 4.
[8] Mot. II S. 697 = *Mugdan* II S. 389.

hat. Es entspricht auch nicht dem geltenden Recht. Wegen des Rückbezugs des § 794 Abs. 1 auf § 793 Abs. 1 S. 1 („auch" dann verpflichtet) ist erforderlich, dass der Inhaber die Verfügungsbefugnis über die Urkunde, hauptsächlich das Eigentum, erlangt hat. Weil das in Ermangelung eines wirksamen Begebungsvertrags nur durch gutgläubigen Erwerb geschehen kann (§ 793 RdNr. 27), wird nur der Redliche geschützt.[9]

III. Tod oder nachträgliche Geschäftsunfähigkeit des Ausstellers

Es hat **keinen Einfluss auf die Wirksamkeit** der Schuldverschreibung, wenn der Aussteller stirbt oder geschäftsunfähig wird, bevor die Urkunde ausgegeben wird. Weil die Ausstellung der Urkunde als solche, dh. der Skripturakt, nach hier vertretener Auffassung ohnehin keine Willenserklärung ist (Vor § 793 RdNr. 24, 29), versteht sich das Ergebnis von selbst.[10] Aber auch auf der Grundlage der vom historischen Gesetzgeber favorisierten Redlichkeitstheorie (Vor § 793 RdNr. 25, 27; § 793 RdNr. 2) hätte es der Vorschrift des § 794 Abs. 2 nicht bedurft. Denn danach – wie auch nach der noch in der Voraufl. vertretenen Lehre vom mehrgliedrigen Rechtsgeschäft, s. Vor § 793 RdNr. 26) – würde sich die Rechtsfolge des § 794 Abs. 2 schon aus § 130 Abs. 2 ergeben. Das haben auch die Verfasser des Gesetzes gesehen; sie hielten aber eine Klarstellung für geboten.[11] Wie sonst auch, ist freilich die bloße Ausstellung der Urkunde nicht ausreichend, um die Verpflichtung entstehen zu lassen. Die Urkunde muss vielmehr „ausgegeben" werden. Das geschieht, indem der Rechtsnachfolger oder der gesetzliche Vertreter unter Rückgriff auf die vom verstorbenen oder geschäftsunfähig gewordenen Aussteller geschaffene Urkunde einen **Begebungsvertrag** schließt. Der gesetzliche Vertreter bedarf nach § 1822 Nr. 9 der Genehmigung des Vormundschaftsgerichts.[12] Fehlt der Begebungsvertrag, so kommt eine Verpflichtung des Rechtsnachfolgers nach Rechtsscheingrundsätzen in Betracht. Dagegen lässt sich das Genehmigungserfordernis auf diese Weise nicht überwinden.

§ 795 [weggefallen]

Die Vorschrift begründete das **Erfordernis staatlicher Genehmigung** (Verbot mit Erlaubnisvorbehalt) für Inhaberschuldverschreibungen, in denen die Zahlung einer bestimmten Geldsumme versprochen wurde; vgl. zu den Einzelheiten noch die Erl. in der 2. Aufl. Sie ist aufgehoben durch Art. 1 des Gesetzes zur Vereinfachung der Ausgabe von Schuldverschreibungen vom 17. 12. 1990 (BGBl. I S. 2839). Die Aufhebung soll Einschränkungen der Emissionsfreiheit beseitigen, die nach dem Urteil des Gesetzgebers „den heutigen Markterfordernissen nicht gerecht" werden (Beschlussempfehlung BT-Drucks. 11/8181 S. 1; Entwurf mit Begründung: BT-Drucks. 11/58). Entsprechend ist das Gesetz über die staatliche Genehmigung der Ausgabe von Inhaber- und Orderschuldverschreibungen vom 26. 6. 1954 (BGBl. I S. 147) zum 1. 1. 1991 außer Kraft getreten. Zugleich mit § 795 ist § 808 a aufgehoben worden; vgl. Erl. dort.

§ 796 Einwendungen des Ausstellers

Der Aussteller kann dem Inhaber der Schuldverschreibung nur solche Einwendungen entgegensetzen, welche die Gültigkeit der Ausstellung betreffen oder sich aus der Urkunde ergeben oder dem Aussteller unmittelbar gegen den Inhaber zustehen.

---

[9] *Staudinger/Marburger* RdNr. 3; *Soergel/Welter* RdNr. 2.
[10] Der Heranziehung der §§ 130 Abs. 2, 153 hätte es nicht bedurft; so aber wohl *Staudinger/Marburger* RdNr. 5; *Soergel/Welter* RdNr. 4.
[11] Mot. II S. 697 = Mugdan II S. 389.
[12] *Soergel/Welter* RdNr. 4; *Staudinger/Marburger* RdNr. 5; für sinngemäße Anwendung folgerichtig 4. Aufl. RdNr. 5 *(Hüffer)*.

Übersicht

	RdNr.		RdNr.
I. Normzweck	1	c) Insbesondere: Mangelnde Fälligkeit; Sozialpfandbriefe	8
II. § 796 im Rahmen der Einwendungslehre	2–4	3. Nicht urkundliche Einwendungen, die die Gültigkeit der Verpflichtung betreffen	9–12
1. Einwendungsausschluss als allgemeines Problem	2	a) Begriff	9
2. Grundzüge der wechselrechtlichen Einwendungslehre	3, 4	b) Rechtliche Behandlung	10–12
III. Übertragung der wechselrechtlichen Lehre auf § 796	5–15	4. Nicht urkundliche unmittelbare Einwendungen	13, 14
1. Allgemeines	5	a) Begriff	13
2. Urkundliche Einwendungen	6–8	b) Rechtliche Behandlung	14
a) Begriff	6	5. Besonderheiten des Schuldverschreibungsrechts	15
b) Rechtliche Behandlung	7	IV. Darlegungs- und Beweislast	16

I. Normzweck

1 § 796 beschränkt die Verteidigungsmöglichkeiten des auf Leistung in Anspruch genommenen Ausstellers und dient damit der **Umlauffähigkeit** der Inhaberschuldverschreibung. Während der Schuldner im Falle der Zession nach § 404 sämtliche Einwendungen geltend machen kann, die ihm schon gegen den Zedenten zustanden, sind nach § 796 nur bestimmte Einwendungen des Ausstellers beachtlich. Der Inhaber hat also eine größere Sicherheit als der Zessionar, den verbrieften Anspruch durchsetzen zu können. Wie § 794 Abs. 1 (dort RdNr. 1) schützt auch § 796 nur den **Zweiterwerber;** gegenüber dem ersten Nehmer kann der Schuldner alle seine Einwendungen geltend machen.

II. § 796 im Rahmen der Einwendungslehre

2 **1. Einwendungsausschluss als allgemeines Problem.** Bei allen Wertpapieren, die einen Leistungsanspruch verbriefen, ist fraglich, welche Einwendungen der als Schuldner in Anspruch Genommene gegenüber einem Zweiterwerber geltend machen darf. § 796 muss deshalb im Zusammenhang der § 784 Abs. 1 Halbs. 2 BGB (dort RdNr. 7 f.), § 364 Abs. 2 HGB, Art. 17 WG, Art. 22 ScheckG gesehen werden. Die Formulierungsunterschiede zwischen den zivil- und handelsrechtlichen Vorschriften einerseits, den Bestimmungen des Wechsel- und Scheckrechts andererseits sind nicht durch Sachgründe, sondern durch den Entwicklungsprozess der Gesetzgebung bedingt.[1] Es besteht deshalb zu Recht weitgehende Einigkeit darüber, dass § 796 korrigierend oder weiterführend auszulegen ist, und zwar unter Orientierung an dem zumindest dogmatisch führenden Wechselrecht.[2]

3 **2. Grundzüge der wechselrechtlichen Einwendungslehre.** Auch die in Art. 17 WG getroffene Regelung ist wenig geglückt.[3] Praxis und Lehre des Wechselrechts haben sich deshalb vom Wortlaut der Vorschrift gelöst; in den Sachfragen besteht zwar weitgehende, aber keine volle Übereinstimmung. **Einigkeit** besteht **in folgenden Punkten:**[4] Urkundliche Einwendungen (Begriff: RdNr. 6) kann der als Schuldner in Anspruch Genommene jedem Inhaber entgegensetzen; für sie gilt Art. 17 WG also nicht. Nicht urkundliche

---

[1] Die §§ 784 Abs. 1, 796, § 364 Abs. 2 HGB lehnen sich noch an Art. 82 ADWO, Art. 303 Abs. 2 ADHGB aus der Mitte des 19. Jh. an, während Art. 17 WG, Art. 22 ScheckG auf das Genfer Einheitsrecht von 1930/1931 zurückgehen.
[2] *Hueck/Canaris* Wertpapierrecht § 27 III 2; *Zöllner* Wertpapierrecht § 27 I 4; zurückhaltend *Soergel/Welter* RdNr. 2.
[3] Die Gründe liegen in der Entstehungsgeschichte (Kompromisscharakter), vgl. *Hefermehl* ZHR 144 (1980), 34, 36 ff.; *E. Ulmer*, FS L. Raiser, 1974, S. 227, 243 ff.
[4] Ausf. zur Einwendungslehre *Bilda* NJW 1991, 3251; *Canaris* JuS 1971, 441; *ders.* ZHR 151 (1987), 517; *Ernst*, Wechsel und Scheck im Wettbewerb der Zahlungsmittel, 1993, S. 23 ff.; *Baumbach/Hefermehl/Casper* Art. 17 WG RdNr. 4 ff.; *Hueck/Canaris* Wertpapierrecht § 19; *Zöllner* Wertpapierrecht § 21.

Einwendungen des Ausstellers 4–6 § 796

Einwendungen, welche die Gültigkeit der Verpflichtung betreffen (Begriff: RdNr. 9), kann der in Anspruch Genommene dem Inhaber dann entgegensetzen, wenn ihm der in der Ausstellung der Urkunde liegende Rechtsschein nicht zugerechnet werden kann (Fälle: RdNr. 10). Auch insoweit gilt der Einwendungsausschluss des Art. 17 WG also nicht. Nicht urkundliche Einwendungen, die auf die persönlichen Beziehungen zwischen dem Schuldner und einem Vormann des Inhabers zurückgehen, kann der Schuldner nur geltend machen, wenn die Voraussetzungen des Art. 17 WG in der Person des Inhabers vorliegen. Diese Einwendungen wirken also relativ, während sich in der ersten und zweiten Gruppe von absoluten Einwendungen sprechen lässt.

Streitig geblieben ist die Behandlung nicht urkundlicher Gültigkeitseinwendungen, 4 wenn der Rechtsschein gültiger Verpflichtung in zurechenbarer Weise veranlasst ist (klarster Fall: Die Urkunde wird ausgestellt, aber der Begebungsvertrag fehlt wegen Abhandenkommens). Die hM verneint die Anwendbarkeit des Art. 17 WG,[5] eine Mindermeinung bejaht sie.[6] Dabei geht es in der Sache um die Anforderungen, die an den Erwerber des Wechsels zu stellen sind. Während ihm nach hM schon Unredlichkeit iS der Rechtsscheinlehre schadet, also Vorsatz oder grobe Fahrlässigkeit, ist die Einwendung nach der Mindermeinung nur dann beachtlich, wenn der Erwerber bewusst zum Nachteil des Schuldners gehandelt hat. In dieser Streitfrage, die im Übrigen mit der dogmatischen Konstruktion des Verpflichtungstatbestands (Wertpapierrechtstheorien) nichts zu tun hat,[7] ist der hM beizupflichten; denn die Mindermeinung übertreibt den Verkehrsschutz, indem sie den Erwerber des Wechsels von jeglicher Sorgfaltsanforderung freistellt. Alternativ kann nur erwogen werden, ob es möglich ist, den Tatbestand des Art. 17 WG in sachgerechter Weise umzugestalten.[8]

III. Übertragung der wechselrechtlichen Lehre auf § 796

1. Allgemeines. Maßgeblich ist für § 796 der materiell-rechtliche **Einwendungs-** 5 **begriff.** Der als Schuldner in Anspruch Genommene erhebt also eine Einwendung, wenn er sich auf Tatsachen beruft, die das Entstehen der Forderung verhindern oder zum Wegfall der entstandenen Forderung führen, oder wenn er eine Einrede ieS geltend macht.[9] Wenn § 796 von dem Inhaber der Schuldverschreibung spricht, dem nur bestimmte Einwendungen entgegengesetzt werden können, ist der iS des § 793 Abs. 1 S. 1 verfügungsberechtigte Inhaber gemeint. Dass dem Inhaber die **Verfügungsbefugnis** fehlt, kann der Aussteller also stets geltend machen.[10] Entsprechendes gilt nach § 793 Abs. 1 S. 2 für die schuldbefreiende Wirkung der **Leistung an den nur förmlich Legitimierten,**[11] zumal sich der Anspruch des materiell Berechtigten in der Kondiktion des § 816 Abs. 2 fortsetzt.

2. Urkundliche Einwendungen. a) Begriff. Zu den urkundlichen Einwendungen 6 (§ 796 Fall 2) gehören alle, deren tatsächliche Grundlagen sich aus dem Inhalt der Urkunde ergeben. Hierher zu rechnen sind zunächst Formmängel, etwa das Fehlen einer nach dem Urkundentext erforderlichen Kontrollunterschrift (§ 793 RdNr. 6). Urkundlichen Charakter haben ferner Einwendungen, die sich aus der Aufnahme **beschränkender Abreden** in den Urkundentext ergeben; denn der Aussteller ist nur nach Maßgabe seines Versprechens

---

[5] BGH LM WG Art. 10 Nr. 7 = NJW 1973, 282 (unter Aufgabe von BGH LM WG Art. 17 Nr. 6 = NJW 1968, 2102); BGH WM 1975, 1002; 1978, 83; *Canaris* JuS 1971, 441, 445 ff.; *Hefermehl* ZHR 144 (1980), 34, 39 ff.; *Baumbach/Hefermehl/Casper* Art. 17 WG RdNr. 2; *Hueck/Canaris* Wertpapierrecht § 19 I 3; *Zöllner* Wertpapierrecht § 21 IV.
[6] *U. Huber,* FS Flume, 1978, S. 83 ff.; *Ostheim,* FS Kastner, 1972, S. 349 ff.; *E. Ulmer,* FS L. Raiser, 1974, S. 227 ff. (mit erheblichen Einschränkungen).
[7] Zutr. *Hefermehl* ZHR 144 (1980), 34, 39.
[8] So soll nach *E. Ulmer,* FS L. Raiser, 1974, S. 227, 247 f. die Treuwidrigkeit des Erwerbers maßgeblich sein.
[9] Mot. II S. 699 = *Mugdan* II S. 390; *Staudinger/Marburger* RdNr. 1.
[10] *Staudinger/Marburger* RdNr. 12.
[11] RGRK/*Steffen* RdNr. 11; *Staudinger/Marburger* RdNr. 13.

§ 796 7–9

zur Leistung verpflichtet (§ 793 Abs. 1 S. 1). Unter diesem Gesichtspunkt kommen der Einwand mangelnder Fälligkeit (RdNr. 8) oder des Erlöschens oder die Einrede der Verjährung (§ 801) in Betracht. Der Vermerk einer Teilzahlung (§ 794 RdNr. 4) ergibt ebenfalls eine urkundliche Einwendung. Frage der Auslegung (dazu § 793 RdNr. 8) ist, ob auch die Angabe eines bestimmten **Schuldgrundes** zu einer urkundlichen Einwendung führt. Sie kann nur dann bejaht werden, wenn auf Grund der Angabe nach der Verkehrssitte jeder Inhaber mit bestimmten Einwendungen rechnen musste.[12] In der Praxis hat die Frage keine Bedeutung erlangt.

7 **b) Rechtliche Behandlung.** Urkundliche Einwendungen wirken **absolut** oder dinglich. Das bedeutet: Der Aussteller kann sie jedem Inhaber entgegensetzen, ohne Rücksicht darauf, ob er Kenntnis hatte oder hätte haben müssen. Wenigstens das Zweite ist ohnehin regelmäßig anzunehmen, weil es Sache des Erwerbers ist, Form und Inhalt der Urkunde zu prüfen.

8 **c) Insbesondere: Mangelnde Fälligkeit; Sozialpfandbriefe.** Der Einwand mangelnder Fälligkeit (RdNr. 6) greift insbesondere durch, wenn eine bestimmte Laufzeit vereinbart und nicht verstrichen ist und der Inhaber auch kein Recht zur ordentlichen Kündigung hat. Letzteres trifft wegen § 6 Abs. 2 PfandBG namentlich bei Pfandbriefen zu. Sie begegnen sogar als „Ewigkeitspapiere", also als Pfandbriefe ohne Endfälligkeit (§ 793 RdNr. 12). Extrem lange Laufzeiten (50 Jahre) sind namentlich bei Sozialpfandbriefen zu beachten, die deshalb eine günstige Refinanzierung der Hypothekenbanken durch niedrigverzinsliche Emissionen ermöglichen, weil die Zinserträge der Zeichner oder Erwerber bis 1992 von der Einkommensteuer befreit waren.[13] Streitig ist, ob die Inhaber solcher Emissionen aus der Aufhebung des entsprechenden § 3a EStG aF durch das SteuerÄndG 1992[14] ein **Recht zur außerordentlichen Kündigung** ableiten können, mit dem sich der Einwand mangelnder Fälligkeit überwinden lässt. Ein solches Recht kann sich durchaus aus einer wesentlichen Störung der Geschäftsgrundlage und damit aus § 313 Abs. 3 S. 2 ergeben (§ 313 RdNr. 171 ff.; s. ferner § 793 RdNr. 12). Die ersatzlose Aufhebung der Steuerbefreiung ist auch eine solche Änderung.[15] Es dürfte jedoch richtig sein, dass diese Änderung in den Risikobereich des Inhabers fällt, weil mit dem Wegfall einer steuerlichen Begünstigung immer gerechnet werden muss. Bei befristeten Pfandbriefen lässt sich daher ein Recht zur außerordentlichen Kündigung nicht annehmen.[16] Bei sog. Ewigkeitspapieren wird die Relevanz der Risikozuordnung durch die einseitige Ausgestaltung der Konditionen relativiert, die die Hypothekenbank für richtig gehalten hat. Deshalb und zur Vermeidung eines schlechthin unzumutbaren Ergebnisses muss hier die außerordentliche, auch durch § 6 Abs. 2 PfandBG nicht ausgeschlossene Kündigung durchgreifen.[17] Allerdings ist der Bank eine angemessene Ablauffrist zu gewähren.[18]

9 **3. Nicht urkundliche Einwendungen, die die Gültigkeit der Verpflichtung betreffen. a) Begriff.** § 796 Abs. 1 Fall 1 spricht von Einwendungen, welche die Gültigkeit der Ausstellung betreffen. Das beruht noch auf der Kreationstheorie (§ 793 RdNr. 2).[19] Gemeint ist also die Gültigkeit des Verpflichtungstatbestands. Folgerichtig muss die zu Recht herrschende Vertragstheorie (Vor § 793 RdNr. 24, 29) statt Gültigkeit der Ausstellung **Gültigkeit des Begebungsvertrags** lesen, während es nach der in

---

[12] Mot. II S. 699 = *Mugdan* II S. 391; *Staudinger/Marburger* RdNr. 7; weitergehend *Palandt/Sprau* RdNr. 3; RGRK/*Steffen* RdNr. 5.
[13] Vgl. dazu *Schöne* WM 1993, 2145 f.
[14] Gesetz vom 25. 2. 1992 (BGBl. I S. 297).
[15] OLG Köln WM 1995, 971, 975 f.; OLG München NJW-RR 1999, 557, 559; aA LG Köln ZIP 1994, 1520, 1521 f.
[16] OLG München NJW-RR 1999, 557, 559 re. Sp.; *Schöne* WM 1993, 2145, 2153 ff.
[17] OLG Köln WM 1995, 971, 976 f.
[18] OLG Köln WM 1995, 971, 976 f.: fünf Jahre; zu Unrecht weitergehend *Schöne* WM 1993, 2145, 2154.
[19] Ausdrücklich in diesem Sinne auch Mot. II S. 699 = *Mugdan* II S. 390.

Einwendungen des Ausstellers 10–14 § 796

der Voraufl. vertretenen Lehre vom mehrgliedrigen Rechtsgeschäft (Vor § 793 RdNr. 26) auf die Gültigkeit der einseitigen nicht empfangsbedürftigen Verpflichtungserklärung und auf die des Begebungsvertrags ankommt. Als Gegenstand von Gültigkeitseinwendungen kommen in Betracht: Fälschung der Urkunde; absolute Gewalt; mangelnde Geschäftsfähigkeit; Willensmängel (§§ 116 bis 119, 123); Fehlen des Begebungsvertrags (Dissens, Diebstahl); Gesetz- oder Sittenwidrigkeit (§§ 134, 138). Der Gültigkeit steht die Durchsetzbarkeit gleich (RdNr. 5); zu den nicht urkundlichen und die Gültigkeit betreffenden Einwendungen gehört deshalb auch die auf **Notstand** gründende Zahlungsverweigerung.[20]

b) Rechtliche Behandlung. Der Unterschied im theoretischen Ansatz (RdNr. 9) wirkt 10 sich auf die praktischen Ergebnisse nicht aus. In jedem Fall verbleibt es zugunsten des redlichen Zweiterwerbers (RdNr. 1; § 793 RdNr. 26; § 794 RdNr. 2, 4) bei der Überlagerung des fehlerhaften Verpflichtungstatbestands durch die **Rechtsscheinhaftung**,[21] soweit Willensmängel nicht ohnehin mangels Empfangsbedürftigkeit der Erklärung unerheblich sind (§§ 116, 117).[22] Deshalb ist mit der hM des Wechselrechts (RdNr. 3 f.) nach der Zurechenbarkeit des veranlassten Rechtsscheins zu differenzieren.

Danach gilt: **Mangelnde Geschäftsfähigkeit, fehlende Vertretungsmacht, Fäl-** 11 **schung** und absolute **Gewalt** schließen nicht nur eine rechtsgeschäftliche Verpflichtung des Ausstellers, sondern auch eine Rechtsscheinhaftung aus. Denn der Rechtsschein einer gültigen Verpflichtung entsteht zwar, kann dem Aussteller aber nicht zugerechnet werden. Gutgläubigkeit hilft dem Inhaber nicht. Die Einwendungen sind also ausschlussunfähig oder **redlichkeitsbeständig**.[23] Insoweit trifft der Wortlaut des § 796 das Richtige, indem er den Einwand mangelnder Gültigkeit ohne Einschränkung zulässt.

Alle anderen Gültigkeitseinwendungen führen zwar zum Wegfall eines rechtsgeschäft- 12 lichen Verpflichtungstatbestands, lassen aber den zurechenbar veranlassten Rechtsschein einer Verpflichtung unberührt. Aus diesem Rechtsschein erwächst die Verpflichtung des Ausstellers gegenüber dem redlichen Inhaber. Die Einwendungen sind also ausschlussfähig oder **redlichkeitsunbeständig**.[24] Weil der Wortlaut des § 796 insoweit über das Ziel hinausschießt, ist die Vorschrift einschränkend auszulegen.[25] Unredlich ist, wer die Ungültigkeit des Rechtsgeschäfts oder das Fehlen des Begebungsvertrags kennt oder infolge grober Fahrlässigkeit nicht kennt (str., vgl. RdNr. 4). Grob fahrlässig handelt, wer die Berechtigung seines Vormanns nicht prüft, obwohl die Umstände eine solche Prüfung dringend nahe legen.[26] Soll das Fehlen des Begebungsvertrags durch guten Glauben kompensiert werden, so gelten auch §§ 366, 367 HGB (dazu § 793 RdNr. 27).

4. Nicht urkundliche unmittelbare Einwendungen. a) Begriff. Mit den Einwen- 13 dungen, die dem Aussteller unmittelbar gegen den Inhaber zustehen (§ 796 Fall 3), meint das Gesetz Einwendungen, die sich aus dem persönlichen Rechtsverhältnis des Ausstellers zu einem **bestimmten Inhaber** ergeben.[27] Beispiele bieten Zahlung,[28] Aufrechnung mit einer Gegenforderung (§ 389), Stundung oder Erlass, Hausverbot in den Fällen des § 807 (§ 807 RdNr. 14).

b) Rechtliche Behandlung. Der Wortlaut des § 796 erweckt im Vergleich mit Art. 17 14 WG, Art. 22 ScheckG den Eindruck, dass der Aussteller persönliche Einwendungen nur

---

[20] Dazu am Beispiel von Argentinien-Anleihen BVerfG NJW 2007, 2614; WM 2007, 57; OLG Frankfurt NJW 2006, 2931; *Horn*, FS Nobbe, 2009, im Erscheinen; *Kolling* BKR 2007, 481 ff.; *Sester* NJW 2006, 2891 ff.; *Soergel/Welter* RdNr. 30.
[21] *Canaris* JuS 1971, 441 f.
[22] Vgl. schon Mot. II S 699 = *Mugdan* II S. 390.
[23] *Baumbach/Hefermehl/Casper* Art. 17 WG RdNr. 14; *Zöllner* Wertpapierrecht § 21 II 1.
[24] Vgl. Nachweise in Fn. 23.
[25] *Staub/Canaris* § 364 HGB RdNr. 31 f. Die Probleme bei § 364 HGB liegen gleich.
[26] RGZ 37, 69, 71; RGRK/*Steffen* RdNr. 7.
[27] Mot. II S. 700 = *Mugdan* II S. 391.
[28] Allerdings nicht Zahlung an den Inhaber der Urkunde, s. RdNr. 5, 15.

dem Inhaber oder seinem Gesamtrechtsnachfolger entgegen setzen kann, dem er durch das die Einwendung begründende Rechtsverhältnis unmittelbar verbunden ist. Das trifft zwar idR, aber dann nicht zu, wenn der Erwerber der Schuldverschreibung bewusst zum Nachteil des Ausstellers gehandelt hat. Schon die Materialien erwähnen diesen Fall und wollen ihn lösen, indem sie dem Aussteller die exceptio doli als unmittelbare Einwendung gegen den Inhaber geben.[29] Im Interesse der Einheitlichkeit wertpapierrechtlicher Problemlösungen ist es heute sachgerecht, den zu engen Wortlaut des § 796 durch **analoge Anwendung der Art. 17 WG, Art. 22 ScheckG** zu korrigieren.[30] Bloße Kenntnis von Einwendungen gegen den Vormann genügt danach nicht. Erforderlich ist Vorsatz in der Mindestform des dolus eventualis, der sich auch darauf richtet, dem Aussteller die Einwendungen abzuschneiden oder ihm sonstwie durch den Erwerb Schaden zuzufügen.[31]

15   5. **Besonderheiten des Schuldverschreibungsrechts.** Zu Einwendungen des Ausstellers können auch die Kraftloserklärung nach § 799, die Verjährung nach § 801 und die Zahlungssperre nach § 802 führen. Wie der Einwand des § 793 Abs. 1 S. 2 und derjenige der fehlenden Verfügungsbefugnis (RdNr. 5) werden auch sie von der Ausschlussregelung des § 796 nicht erfasst, können also von dem Aussteller ohne Rücksicht darauf geltend gemacht werden, ob sich nach allgemeinen Grundsätzen eine Präklusion vertreten ließe.[32] Zu § 801 s. RdNr. 6.

IV. Darlegungs- und Beweislast

16   Die Darlegungs- und Beweislast für sämtliche von ihm erhobenen Einwendungen trägt grundsätzlich der **Aussteller**.[33] Er muss deshalb die tatsächlichen Grundlagen unter Beweis stellen, aus denen er seine Einwendung ableitet, und ist auch für die Tatsachen beweispflichtig, aus denen sich ergibt, dass der Inhaber die Einwendungen gegen sich gelten lassen muss. Wenn sich der Aussteller auf eine ausschlussfähige Gültigkeitseinwendung beruft (RdNr. 12), ist es also seine Sache, Vorsatz oder grobe Fahrlässigkeit des Inhabers bei Erwerb der Schuldverschreibung zu beweisen. Macht er eine persönliche Einwendung geltend, die ihm gegen einen Vormann des jetzigen Inhabers zugestanden hätte, so ist er dafür beweisfällig, dass der Inhaber beim Erwerb die den Schuldner benachteiligenden Tatsachen gekannt und mit dem Erwerb der Schuldverschreibung bewusst zu seinem Nachteil gehandelt hat; dem Erwerber obliegt es sodann, sich hinsichtlich des Schädigungsvorsatzes zu entlasten.[34]

§ 797 Leistungspflicht nur gegen Aushändigung

¹ Der Aussteller ist nur gegen Aushändigung der Schuldverschreibung zur Leistung verpflichtet. ² Mit der Aushändigung erwirbt er das Eigentum an der Urkunde, auch wenn der Inhaber zur Verfügung über sie nicht berechtigt ist.

I. Normzweck

1   Die Vorschrift bezweckt den **Schutz des Ausstellers**. Weil er nur gegen Aushändigung der Urkunde zu leisten braucht, kann er das Risiko mehrfacher Inanspruchnahme ausschließen.[1] Dieser Schutz wird durch den Erwerb des Eigentums am Papier ergänzt; denn damit wird bei schuldbefreiender Leistung nach § 793 Abs. 1 S. 2 der Herausgabeanspruch des Berechtigten nach § 985 ausgeschlossen, mit dessen Erfüllung die Gefahr eines erneuten Umlaufbeginns

---

[29] Mot. II S. 700 = *Mugdan* II S. 391; dazu *Staudinger/Marburger* RdNr. 10.
[30] *Staub/Canaris* § 364 HGB RdNr. 31 f.; *Ebenroth/Boujong/Joost/Hakenberg* § 364 HGB RdNr. 11; *Staudinger/Marburger* RdNr. 11; *Soergel/Welter* RdNr. 8; *Bamberger/Roth/Gehrlein* RdNr. 4.
[31] RGZ 57, 62, 65; 96, 190 f.; RG WarnR 1921, 17; *RGRK/Steffen* RdNr. 9; *Staudinger/Marburger* RdNr. 11.
[32] AllgM, vgl. *RGRK/Steffen* RdNr. 11; *Staudinger/Marburger* RdNr. 13.
[33] *Baumgärtel/Laumen* RdNr. 1 ff.
[34] *Baumbach/Hefermehl/Casper* Art. 17 WG RdNr. 117; *Staudinger/Marburger* RdNr. 11.
[1] Mot. II S. 698 = *Mugdan* II S. 390.

Leistungspflicht nur gegen Aushändigung 2–5 **§ 797**

verbunden wäre.² Schließlich ergibt sich aus § 797 der Charakter der Inhaberschuldverschreibung als Wertpapier iwS, weil die Ausübung des Rechts von der Innehabung der Urkunde abhängt (Vor § 793 RdNr. 6f., 11). Auf Inhaberaktien ist § 797 auch bei Einzelverbriefung weder unmittelbar noch analog anzuwenden (s. aber auch § 123 Nr. 3 AktG und dazu Vor § 793 RdNr. 11). Soweit der Dividendenzahlungsanspruch in Dividendenscheinen gesondert verbrieft ist, handelt es sich bei diesen ihrerseits um Inhaberpapiere (§ 793 RdNr. 10).

II. Leistung gegen Aushändigung

1. Zurückbehaltungsrecht. § 797 S. 1 gewährt dem Aussteller ein Zurückbehaltungs- 2 recht iS der §§ 273, 274. Er ist also nur Zug um Zug gegen Aushändigung der Urkunde zur Leistung verpflichtet.³ Vorausgesetzt ist volle Leistung; wer nur eine Teilleistung erbringt, kann die Urkunde nicht verlangen (vgl. RdNr. 4). Der Inhaber gerät nach § 298 trotz Bereitschaft zur Leistungsannahme in Gläubigerverzug, wenn er die Urkunde nicht herausgeben will.⁴ Kein Zurückbehaltungsrecht besteht aber in den Fällen der §§ 799, 804. Auch sonst ist die Regelung nicht schlechthin zwingend. So kann der Aussteller die Erfüllung einer Nachforderung nicht gemäß § 797 verweigern, wenn der Gläubiger die Schuldverschreibung unter Vorbehalt der Nachforderung zur Einlösung vorgelegt und er (der Aussteller) sich auf dieses Verfahren eingelassen hat.⁵ Das Leistungsverweigerungsrecht steht dem Aussteller auch dann nicht zu, wenn Leistung gegen eine legitimierende Bescheinigung banküblich und er an diese Usance gebunden ist (vgl. auch Vor § 793 RdNr. 11).⁶ Der Anspruch auf spätere Aushändigung bleibt erhalten.

2. Holschuld. Der Leistungsort liegt beim Aussteller, weil es Sache des Inhabers ist, ihm 3 die Urkunde zu präsentieren. Es liegt also eine Holschuld vor.⁷ Das gilt abweichend von § 270 Abs. 1 auch für Geldschulden. Vereinbarung eines anderen Leistungsorts ist möglich. So ist die Angabe einer Zahlstelle dahin auszulegen, dass die Leistung nur bei der benannten Bank und nicht durch die Schuldnerin an deren Wohn- oder Gewerbesitz erfolgen soll (vgl. noch RdNr. 7).

3. Quittungserteilung; Teilleistung. Der Anspruch des Ausstellers auf Erteilung einer 4 Quittung (§ 368) wird von § 797 S. 1 nicht berührt.⁸ Der Quittungsanspruch hat vor allem Bedeutung, wenn der Aussteller mit dem Einverständnis des Inhabers (§ 266) nur eine Teilleistung erbringt; denn die Aushändigung der Urkunde kann er in diesem Fall nicht verlangen (RdNr. 3). Allerdings muss der Inhaber einen Teilzahlungsvermerk des Ausstellers auf der Urkunde dulden, weil dieser sonst das Risiko mehrfacher Inanspruchnahme einginge. Die Duldungspflicht lässt sich auf den Rechtsgedanken des weitergehenden Art. 39 Abs. 3 WG stützen.⁹

III. Eigentumserwerb

1. Erwerbstatbestand. a) Im Allgemeinen. Nach § 797 S. 2 erwirbt der Aussteller das 5 Eigentum an der Urkunde **kraft Gesetzes** mit der Aushändigung. Das wirklich Gemeinte ist damit nur unvollkommen zum Ausdruck gebracht, weil der Eindruck entsteht, dass es entscheidend auf die Aushändigung ankommt. So wird die Vorschrift zwar von manchen verstanden,¹⁰ aber zu Unrecht, denn aus dem Rechtsgedanken des § 952 folgt, dass das

---

² Prot. S. 2656 = *Mugdan* II S. 1057.
³ *Planck/Landois* Anm. 1; RGRK/*Steffen* RdNr. 4; *Staudinger/Marburger* RdNr. 3; zur Tenorierung s. BGH WM 2008, 1656, 1657 (Unanwendbarkeit der §§ 756, 756 ZPO).
⁴ Näher dazu sowie zur Ausgestaltung durch die Anleihebedingungen BGH WM 2008, 1656, 1657 f.
⁵ RGZ 152, 166, 168; *Soergel/Welter* RdNr. 2.
⁶ Vgl. *Heinsius/Horn/Than*, Komm. DepG, § 6 RdNr. 52.
⁷ *Planck/Landois* Anm. 2; RGRK/*Steffen* RdNr. 2; *Staudinger/Marburger* RdNr. 2; *Soergel/Welter* RdNr. 1.
⁸ *Soergel/Welter* RdNr. 1.
⁹ RGRK/*Steffen* RdNr. 4; *Staudinger/Marburger* RdNr. 4.
¹⁰ RGRK/*Steffen* RdNr. 8.

§ 798   1   Abschnitt 8. Titel 24. Schuldverschreibung auf den Inhaber

Eigentum an der Urkunde schon mit der **Tilgung der Forderung** an den Aussteller zurückfallen muss.[11] Genau das entsprach auch den Vorstellungen der Zweiten Kommission.[12] Das Gesetz formuliert also nur den Normalfall, dass die Einlösung Zug um Zug gegen Aushändigung erfolgt. Der Eigentumserwerb tritt aber **unabhängig von der Aushändigung** ein, wenn der Aussteller ohne sie geleistet hat. Folgerichtig erwirbt der Aussteller kein Eigentum, wenn die Aushändigung erfolgt, aber keine Einlösung stattfindet (Pfandbestellung; Verwahrung).[13]

6   Nach dem Wortlaut des § 797 S. 2 tritt der Eigentumserwerb in allen Fällen ein, in denen die Leistung an den nicht zur Verfügung berechtigten Inhaber erbracht worden ist; so sah es denn auch die früher hM.[14] Nachdem sich zu § 793 Abs. 1 S. 2 die Erkenntnis durchgesetzt hat, dass die Leistung an den Nichtberechtigten dann keine **schuldbefreiende Wirkung** hat, wenn dieser unredlich ist und der Aussteller die Unredlichkeit unschwer beweisen kann (§ 793 RdNr. 36 f.), muss auch § 797 S. 2 entsprechend ausgelegt werden. Der Übergang des Eigentums erfolgt deshalb nur, wenn die Leistung an den Nichtberechtigten schuldbefreiend wirkt.[15]

7   b) **Einschaltung einer Zahlstelle.** Wenn eine Bank als Zahlstelle des Ausstellers tätig wird (vgl. schon RdNr. 3), tilgt sie seine Verbindlichkeit als Vertreterin. Die Einlösungswirkung tritt also unmittelbar in der Person des Ausstellers ein. Folglich erwirbt er mit diesem Zeitpunkt auch das Eigentum an der Urkunde (RdNr. 5). Ist die Zahlstelle des Ausstellers zugleich Depotbank des Inhabers, so stellen Last- und Gutschrift ein grundsätzlich zulässiges Insichgeschäft der Bank dar.[16]

8   2. **Rechtswirkungen.** Im Zeitpunkt der schuldbefreienden Leistung (RdNr. 5) wird der Aussteller Eigentümer der Urkunde. Ist ihm die Urkunde nicht ausgehändigt worden, so kann er sie gemäß § 985 vindizieren. Als Eigentümer darf der Aussteller die Urkunde vernichten, um eine Rechtsscheinhaftung gegenüber künftigen redlichen Erwerbern zu vermeiden, oder zu diesem Zweck einen entsprechenden Vermerk anbringen. Wenn der Inhalt der Urkunde dies zulässt, kann sie von ihrem Aussteller aber auch dazu verwandt werden, durch eine erneute Begebung eine inhaltsgleiche, aber neue Verpflichtung zu begründen. Das vielfach verwandte Bild vom Ruhen der Forderung in der Person des Ausstellers ist in diesem Zusammenhang (anders bei Rückerwerb am Markt) unzutreffend.[17]

§ 798 Ersatzurkunde

[1] Ist eine Schuldverschreibung auf den Inhaber infolge einer Beschädigung oder einer Verunstaltung zum Umlauf nicht mehr geeignet, so kann der Inhaber, sofern ihr wesentlicher Inhalt und ihre Unterscheidungsmerkmale noch mit Sicherheit erkennbar sind, von dem Aussteller die Erteilung einer neuen Schuldverschreibung auf den Inhaber gegen Aushändigung der beschädigten oder verunstalteten verlangen. [2] Die Kosten hat er zu tragen und vorzuschießen.

I. Anspruch auf Ersatzurkunde

1   **Regelungszweck** des § 798 ist, die durch Beschädigung oder Verunstaltung der Urkunde beeinträchtigte **Handelsfähigkeit** der Inhaberschuldverschreibung wiederherzustellen. Das Gesetz erlaubt zu diesem Zweck einen **Urkundenaustausch** und gewährt dem Inhaber

---

[11] *Baumbach/Hefermehl/Casper* WPR RdNr. 47; *Staudinger/Marburger* RdNr. 9; *Soergel/Welter* RdNr. 3; *Hueck/Canaris* Wertpapierrecht § 1 I 5 c und § 27 III 3; *E. Ulmer* Wertpapierrecht S. 127 f.
[12] Prot. S. 2655 f. = *Mugdan* II S. 1056.
[13] AllgM, vgl. KG WM 1958, 1261; RGRK/*Steffen* RdNr. 8; *Soergel/Welter* RdNr. 3.
[14] *Planck/Landois* Anm. 4 mwN.
[15] Heute allgM, vgl. RGRK/*Steffen* RdNr. 7; *Soergel/Welter* RdNr. 4; *Staudinger/Marburger* RdNr. 4.
[16] BGHZ 26, 167, 170 ff. = LM AGB-Banken Nr. 11 = NJW 1958, 499; RGZ 109, 30, 32; 111, 345, 349; *Canaris* Bankvertragsrecht RdNr. 2186.
[17] Richtig *E. Ulmer* Wertpapierrecht S. 84 f.; unscharf *Planck/Landois* Anm. 4; RGRK/*Steffen* RdNr. 11; *Bamberger/Roth/Gehrlein* RdNr. 2.

Kraftloserklärung § 799

ohne Rücksicht auf seine materielle Berechtigung aus dem Papier (RdNr. 2) und vorbehaltlich des § 242[1] einen Anspruch auf Erteilung der neuen Urkunde Zug um Zug gegen Aushändigung der alten. Beschädigt ist die alte Urkunde, wenn sie zB eingerissen, angesengt oder durchlöchert, dagegen verunstaltet, wenn sie befleckt, verfärbt oder verknittert ist. Der Anspruch auf Erteilung der neuen Urkunde setzt voraus, dass der wesentliche Erklärungsinhalt und die Unterscheidungsmerkmale der Urkunde (Aussteller, Serie, Nummer) noch zuverlässig erkennbar sind. Sonst ist nach §§ 799, 804 zu verfahren. § 798 S. 2 legt die Kosten dem Inhaber auf und erklärt ihn insoweit für vorleistungspflichtig. Einen weitergehenden Vergütungsanspruch hat der Aussteller jedoch wie bei § 369 Abs. 1 nicht (s. dort RdNr. 2; § 799 RdNr. 11; § 800 RdNr. 4). Sinngleiche oder ähnliche Vorschriften bestehen für andere Papiere, so für Inhaberaktien und Zwischenscheine in § 74 AktG, für Grund- und Rentenschuldbriefe in §§ 67ff. GBO, für Anteilsscheine in § 35 Abs. 3 InvG.[2] Auf die kleinen Inhaberpapiere des § 807 ist § 798 hingegen nicht anwendbar (§ 807 RdNr. 15).

II. Wirkungen des Urkundenaustauschs

Mit der Fertigstellung der neuen Urkunde findet Eigentumserwerb kraft Gesetzes statt; denn § 952 weist das Eigentum dem Gläubiger zu, ohne dass es einer erneuten Begebung bedarf. Der Austausch bewirkt also für die neue Urkunde nur eine **Änderung der Besitzverhältnisse**.[3] Rechte Dritter, die bisher schon an der Schuldverschreibung bestanden haben, setzen sich an der Ersatzurkunde fort.[4] War der Inhaber nicht sachlich berechtigt so wird er es auch nicht durch den Umtausch. Die **alte Urkunde** wird mit der Aushändigung gemäß § 929 an den Schuldner übereignet. Sie hört auf, Wertpapier zu sein, weil sie keine Forderung mehr verbrieft, erzeugt aber noch den Rechtsschein einer Forderung und kann unter diesem Gesichtspunkt die Haftung des Ausstellers gegenüber redlichen Dritten auslösen.[5] Deshalb ist die Aushändigung an den Schuldner notwendig. Weil er damit Eigentum erwirbt, darf er das Papier vernichten oder so kennzeichnen, dass ein redlicher Erwerb nicht mehr stattfinden kann. 2

§ 799 Kraftloserklärung

(1) ¹Eine abhanden gekommene oder vernichtete Schuldverschreibung auf den Inhaber kann, wenn nicht in der Urkunde das Gegenteil bestimmt ist, im Wege des Aufgebotsverfahrens für kraftlos erklärt werden. ²Ausgenommen sind Zins-, Renten- und Gewinnanteilscheine sowie die auf Sicht zahlbaren unverzinslichen Schuldverschreibungen.

(2) ¹Der Aussteller ist verpflichtet, dem bisherigen Inhaber auf Verlangen die zur Erwirkung des Aufgebots oder der Zahlungssperre erforderliche Auskunft zu erteilen und die erforderlichen Zeugnisse auszustellen. ²Die Kosten der Zeugnisse hat der bisherige Inhaber zu tragen und vorzuschießen.

Übersicht

	RdNr.		RdNr.
I. Normzweck	1, 2	a) Dem Verfahren zugängliche Urkunden	3, 4
II. Das Aufgebotsverfahren	3–10		
1. Voraussetzungen	3–6	b) Verlust oder Vernichtung	5, 6

---

[1] Dazu im Zusammenhang mit § 14 Abs. 3 BBankG aF BVerwG NJW 1994, 954.
[2] Wegen der Ersatzleistung für beschädigte Banknoten vgl. Art. 3 und 3a des Beschlusses der EZB, ABl. EG Nr. C 6 S. 8 vom 9. 1. 2002; s. ferner § 14 Abs. 3 BBankG aF und dazu BVerwG NJW 1994, 954.
[3] *Staudinger/Marburger* RdNr. 4; *Soergel/Welter* RdNr. 2; wohl zust. BVerwG NJW 1994, 954 re. Sp.
[4] *Staudinger/Marburger* RdNr. 4; *Bamberger/Roth/Gehrlein* RdNr. 2.
[5] *Soergel/Welter* RdNr. 2; *Staudinger/Marburger* RdNr. 4.

§ 799 1–4 Abschnitt 8. Titel 24. Schuldverschreibung auf den Inhaber

	RdNr.		RdNr.
2. Durchführung	7	III. **Auskünfte und Zeugnisse (§ 799 Abs. 2)**	11
3. Wirkungen des Ausschlussurteils	8, 9		
4. Vorläufiger Rechtsschutz: Zahlungssperre	10	IV. **Ergänzende Hinweise: Verlustmeldung, Opposition**	12

I. Normzweck

1 Die Vorschrift bezweckt den **Schutz des Gläubigers** vor den Nachteilen, die ihm aus dem Verlust oder der Vernichtung der Schuldverschreibung erwachsen.[1] Solche Nachteile bestehen in mehrfacher Hinsicht. Erstens: Der Gläubiger trägt das Risiko, dass seine Forderung gegen den Aussteller erlischt, weil dessen Leistung an den durch Innehabung der Urkunde legitimierten Nichtberechtigten nach § 793 Abs. 1 S. 2 schuldbefreiend wirkt. Zweitens: Der Gläubiger läuft Gefahr, sein Recht aus der Urkunde durch gutgläubigen Erwerb eines Dritten zu verlieren (§§ 793 Abs. 1 S. 1, 932, 935 Abs. 2). Drittens: Durch den Verlust oder die Vernichtung der Urkunde ist der bisherige Inhaber an der Ausübung seines Rechts dauernd gehindert, weil die Rechtsausübung an die Innehabung der Urkunde gebunden ist (§ 797).

2 Wenn die Urkunde **rechtzeitig für kraftlos erklärt** wird, ist zunächst dem Interesse des Gläubigers an der Wahrung seines Rechts Rechnung zu tragen. Weil das Ausschlussurteil die Innehabung der Urkunde ersetzt (§ 1018 Abs. 1 ZPO; vgl. RdNr. 8), kann er dieses Recht auch geltend machen, indem er sich gegenüber dem Aussteller durch eine Ausfertigung des Urteils legitimiert (s. RdNr. 8). **Inhaltsgleiche Regelungen** sind vor allem enthalten in §§ 808 Abs. 2 S. 2, 1162 (1195, 1199); § 365 Abs. 2 HGB; §§ 72 f. AktG; § 35 Abs. 2 InvG; Art. 90 WG; Art. 59 ScheckG. Wegen der Bedeutung des Aufgebotsverfahrens für die Dogmatik des Wertpapierbegriffs vgl. Vor § 793 RdNr. 10 und § 808 RdNr. 3, 36; zu den kleinen Inhaberpapieren s. § 807 RdNr. 15.

II. Das Aufgebotsverfahren

3 **1. Voraussetzungen. a) Dem Verfahren zugängliche Urkunden.** § 799 Abs. 1 S. 1 eröffnet das Aufgebotsverfahren für Schuldverschreibungen auf den Inhaber (zu Begriff und Anwendungsbereich vgl. § 793 RdNr. 5 ff., bes. 10 f.). Kraft Gesetzes ausgenommen waren als Haupturkunden die mit Prämien ausgestatteten Schuldurkunden des Bundes;[2] ausgenommen sind weiter wegen ihres gelddähnlichen Charakters[3] auf Sicht zahlbare unverzinsliche Schuldverschreibungen (§ 799 Abs. 1 S. 2 aE). Der Aussteller kann das Aufgebotsverfahren auch durch Bestimmung in der Urkunde ausschließen (§ 799 S. 1). Die darin liegende Entscheidung des Gesetzgebers für eine dispositive Regelung ist jedenfalls nicht glücklich, weil sie die Gefahr einseitiger Benachteiligung des Inhabers in einer wichtigen Frage begründet.[4]

4 Für Zins-, Renten- und Gewinnanteilscheine steht das Aufgebotsverfahren nach § 799 Abs. 1 S. 2 nicht zur Verfügung. An die Stelle dieses Verfahrens tritt gemäß § 804 die **Verlustanzeige** des bisherigen Inhabers, die zur Erhaltung seines Anspruchs geeignet ist (vgl. § 804 RdNr. 4 f.). Auch Erneuerungsscheine (Talons) können nicht aufgeboten werden. Der Gesetzgeber brauchte das nicht besonders auszusprechen, weil sie weder Inhaber- noch sonstige Wertpapiere, sondern einfache Legitimationspapiere sind (§ 805 RdNr. 2). Bei ihrem Verlust hat der Inhaber der Schuldverschreibung das Widerspruchsrecht des § 805. Zu den kleinen Inhaberpapieren s. § 807 RdNr. 15.

---

[1] Mot. II S. 705 = *Mugdan* II S. 394; zu möglichen Rückwirkungen (und deren Grenzen) auf die Inhaltskontrolle von Beförderungsbedingungen s. BGH NJW 2005, 1774 f.
[2] § 3 AnleiheG vom 29. 3. 1951 (BGBl. I S. 218); zur Neuregelung im BSchuWG s. Vor § 793 RdNr. 32.
[3] Mot. II S. 706 = *Mugdan* II S. 394.
[4] Vgl. auch *Staudinger/Marburger* RdNr. 4; der Gesetzgeber des AktG 1965 ist in §§ 72, 23 Abs. 5 zu einer zwingenden Regelung übergegangen.

b) Verlust oder Vernichtung. Das Aufgebotsverfahren kann zunächst stattfinden, wenn 5
die Inhaberschuldverschreibung abhanden gekommen ist. Über den Begriff des **Abhandenkommens** bestehen unterschiedliche Meinungen. Während er nach der einen Ansicht entsprechend den zu § 935 anerkannten Grundsätzen den unfreiwilligen Verlust unmittelbaren Besitzes bezeichnet,[5] ist er nach der Gegenmeinung eigenständig entsprechend dem Zweck des Aufgebotsverfahrens auszulegen.[6] Dieser Ansicht ist wegen der Sachgerechtigkeit ihrer Ergebnisse beizutreten. Die Urkunde ist danach abhanden gekommen, wenn der Inhaber den Besitz derart verloren hat, dass er aus tatsächlichen Gründen nicht mehr auf sie zugreifen kann. Daraus folgt: Kennt der Berechtigte den Besitzer, so ist er auf die Herausgabeklage nach § 985 verwiesen, es sei denn, dass das Papier auf diese Weise nicht erreichbar ist.[7] Während der Begriff insofern enger aufzufassen ist als in § 935, ist eine erweiternde Auslegung am Platz, soweit es um die Art und Weise des Besitzverlustes geht. Auch freiwillige Besitzaufgabe schadet deshalb nicht, sofern nur die Urkunde unauffindbar ist.[8]

Vernichtung ist anzunehmen, wenn die Urkunde zerstört oder derart beschädigt ist, dass 6
der wesentliche Erklärungsinhalt oder die Unterscheidungsmerkmale (Aussteller, Serie, Nummer) nicht mehr zuverlässig feststellbar sind; sonst besteht lediglich ein Anspruch auf Urkundenaustausch nach § 798 (vgl. dort).

2. Durchführung. Maßgeblich sind die §§ 946 ff. ZPO, insbesondere die **Vorschriften** 7
über das Urkundenaufgebot (§§ 1003 ff. ZPO).[9] Sachlich zuständig ist das AG (§ 23 Nr. 2 lit. h GVG), örtlich zuständig das Gericht des Erfüllungsorts, soweit ein solcher in der Urkunde bezeichnet ist (§ 1005 ZPO). Antragsberechtigt ist der bisherige Inhaber der Urkunde (§ 1004 Abs. 1 ZPO). Der Antrag bedarf einer Begründung, in der die Urkunde gemäß § 1007 Nr. 1 ZPO individualisiert wird (Abschrift oder wesentlicher Inhalt); zur vollständigen Erkennbarkeit der Urkunde gehört auch die Angabe ihrer Seriennummer.[10] Verlust und Antragsberechtigung (bisherige Innehabung) sind glaubhaft zu machen (§ 1007 Nr. 2 und 3 ZPO). Ist der Antrag statthaft, so erlässt das Gericht das Aufgebot, in dem die Kraftloserklärung der Urkunde anzudrohen ist (§§ 947 Abs. 2, 1008 ZPO). Die Frist beträgt mindestens sechs Monate (§ 1015 ZPO). Wenn die Urkunde in der Aufgebotsfrist nicht vorgelegt wird, erfolgt die Kraftloserklärung durch Ausschlussurteil (§ 1017 ZPO).

3. Wirkungen des Ausschlussurteils. Wer das Urteil erwirkt hat, ist berechtigt, die 8
Rechte aus der Schuldverschreibung geltend zu machen (§ 1018 ZPO), also von dem Aussteller die Leistung zu fordern. Bei der Ausübung des Rechts wird demnach die Vorlegung der Urkunde durch die des Urteils ersetzt.[11] Außerdem hat der Aufbieter Anspruch auf Erteilung einer neuen Urkunde (§ 800; vgl. dort RdNr. 4). **Streitig** ist, ob das Urteil nur die formelle Legitimation bewirkt oder ob es dem Aufbieter auch das Gläubigerrecht verschafft, wenn er nicht der materiell Berechtigte war. Nach wohl hM ist zu unterscheiden, ob es um das Verhältnis des erfolgreichen Aufbieters zum Schuldner oder um sein Verhältnis zu dem (wenigstens bisher) wirklich Berechtigten geht. Gegenüber dem Schuldner soll das Urteil nicht nur Legitimationswirkung entfalten, sondern ein „sachliches Recht" begründen.[12] Dagegen soll das Urteil nicht gegen den wahren Gläubiger wirken;

---

[5] RGZ 101, 224 f.; RGRK/*Steffen* RdNr. 5; wohl auch PWW/*Buck-Heeb* RdNr. 4.
[6] So heute hM, vgl. OLG Stuttgart NJW 1955, 1154, 1155 re. Sp. mwN (Wechsel); *Baumbach/Hefermehl/ Casper* Art. 90 WG RdNr. 1; *Staub/Canaris* HGB § 365 RdNr. 37; *Hüffer* § 72 AktG RdNr. 3; *Palandt/Sprau* RdNr. 3; *Erman/Heckelmann/Wilhelmi* RdNr. 1; *Soergel/Welter* RdNr. 2; *Staudinger/Marburger* RdNr. 3.
[7] OLG Stuttgart NJW 1955, 1154 (Papiere in der DDR); LG Koblenz NJW 1955, 506 (fruchtloser Vollstreckungsversuch).
[8] Vgl. Nachweise in Fn. 6.
[9] Vgl. außer den Kommentaren zur ZPO *Schindelwick* WM 1960, Sonderbeilage Nr. 5 S. 9 ff.; *Ziganke* WM 1967, 238 ff.
[10] BGH WM 1989, 1682, 1685 li. Sp. für Aktien.
[11] BGH NJW 2005, 1774 f.
[12] BGH LM WG Art. 1 Nr. 3 = JZ 1958, 746; *Baumbach/Hartmann* § 1018 ZPO RdNr. 1; *Baumbach/ Hefermehl/Casper* Art. 90 WG RdNr. 4; *Ebenroth/Boujong/Joost/Hakenberg* § 365 HGB RdNr. 8.

ihm wird ein Anspruch auf Abtretung der Rechte aus dem Urteil nach § 812 Abs. 1 S. 1 Alt. 2 gegeben.[13] Nach der vor allem im neueren Schrifttum vertretenen Gegenansicht beschränkt sich die Urteilswirkung auf die formelle Seite.[14] Der Aussteller kann danach die materielle Berechtigung des Aufbieters nach wie vor bestreiten. Dieser muss die in seinem Besitz befindliche Urteilsausfertigung an den wahren Gläubiger nach § 985 herausgeben, weil ihm das Eigentum daran gemäß § 952 kraft Gesetzes zufällt.

9 Der zuletzt genannten Ansicht ist beizupflichten. Die hM kann schon aus prozessrechtlichen Gründen nicht aufrechterhalten werden, weil die materielle Berechtigung nicht Gegenstand des Aufgebotsverfahrens und der Rechtsträger an diesem nicht beteiligt ist. § 1018 ZPO kann und will nicht mehr zum Ausdruck bringen, als dass der Aufbieter seine Rechte geltend machen kann, ohne die Urkunde vorzulegen. Hat er keine Rechte, dann ist das Urteil für ihn nutzlos. Auch materiellrechtlich spricht nichts für einen Rechtserwerb des Aufbieters. Die Basis der Vindikationsklage dürfte in analoger Anwendung des § 952 zu finden sein, weil das Urteil die verbriefte Urkunde nur ersetzt.

10 **4. Vorläufiger Rechtsschutz: Zahlungssperre.** Bis zur Kraftloserklärung der Schuldverschreibung besteht für den bisherigen Inhaber das Risiko, dass der Aussteller oder die für ihn tätigen Zahlstellen die in der Urkunde versprochene Leistung an den neuen Inhaber erbringen oder ihm Zinskupons oder einen Erneuerungsschein aushändigen. Auf Antrag des Aufbieters hat das Gericht deshalb gemäß § 1019 ZPO ein Leistungsverbot zu erlassen (Zahlungssperre). Bei vorläufiger Unzulässigkeit des Aufgebotsverfahrens nach § 1015 S. 2 ZPO darf die Zahlungssperre gemäß § 1020 ZPO auch vor dessen Einleitung verhängt werden. Die Zahlungssperre hat die Wirkung eines gerichtlichen Veräußerungsverbots (§§ 135, 136). Verbotswidrige Leistungen haben also gegenüber dem Antragsteller keine schuldbefreiende Wirkung. Die Zahlungssperre hemmt überdies Beginn und Lauf der in § 801 bestimmten Vorlegungs- und Verjährungsfristen (§ 802; vgl. dort RdNr. 2 f.).

III. Auskünfte und Zeugnisse (§ 799 Abs. 2)

11 Die für die Antragsbegründung nach § 1007 ZPO erforderlichen Angaben und die später nach §§ 1010 Abs. 2, 1011 ZPO notwendigen Zeugnisse setzen die **Mitwirkung des Ausstellers** voraus. Zu dieser Mitwirkung ist er nach § 799 Abs. 2 S. 1 **verpflichtet**. Der Anspruch darauf ist klagbar. Wegen der Kosten ist der bisherige Inhaber vorleistungspflichtig (§ 799 Abs. 2 S. 2). Einen weitergehenden Vergütungsanspruch hat der Aussteller jedoch wie bei § 369 Abs. 2 nicht (s. dort RdNr. 2; § 798 RdNr. 1; § 800 RdNr. 4).

IV. Ergänzende Hinweise: Verlustmeldung, Opposition

12 Nach § 367 HGB besteht eine **Vermutung der Bösgläubigkeit** zu Lasten von Kaufleuten, die Bankier- oder Geldwechselgeschäfte betreiben, wenn der Verlust der Inhaberschuldverschreibung im elektronischen Bundesanzeiger bekannt gemacht und seit dem Ablauf des Veröffentlichungsjahres nicht mehr als ein weiteres Jahr verstrichen ist. Die Regelung bezweckt, durch Erschwerung des gutgläubigen Erwerbs die Berechtigung des bisherigen Inhabers zu schützen. In der Praxis hat sie sich nicht bewährt. Die Bankpraxis[15] prüft den Verlust und andere Lieferbarkeitshindernisse anhand der **Oppositionsliste** in den Wertpapier-Mitteilungen. Deren Veröffentlichung hat zwar nicht die Wirkung des § 367 HGB,[16] doch bleibt das Ergebnis praktisch gleich, weil angesichts der Bedeutung der Liste regelmäßig grobe Fahrlässigkeit iS des § 932 Abs. 2 vorliegt, wenn trotz Veröffentlichung

---

[13] RGZ 168, 1, 9 (Konnossement); *Baumbach/Hartmann* § 1018 ZPO RdNr. 1.
[14] *Staub/Canaris* § 365 HGB RdNr. 41 ff.; *Hueck/Canaris* Wertpapierrecht § 18 II; *Zöllner* Wertpapierrecht § 7 II 1 d; 4. Aufl. RdNr. 9 (*Hüffer*); Staudinger/Marburger RdNr. 8; *Soergel/Welter* RdNr. 5; *Bamberger/Roth/Gehrlein* RdNr. 3; *Palandt/Sprau* RdNr. 5; *PWW/Buck-Heeb* RdNr. 5.
[15] Dazu *Ziganke* WM 1966, 846 ff.
[16] AA LG Essen WM 1977, 433 f.; *Schindelwick* WM 1960, Sonderbeilage Nr. 5 S. 8.

geliefert wird.[17] Weitere Anforderungen als Prüfung der Liste sind im Einzelfall denkbar,[18] aber schon wegen der normativen Wertung des § 935 Abs. 2 nur zurückhaltend anzunehmen.[19]

§ 800 Wirkung der Kraftloserklärung

¹ **Ist eine Schuldverschreibung auf den Inhaber für kraftlos erklärt, so kann derjenige, welcher das Ausschlussurteil erwirkt hat, von dem Aussteller, unbeschadet der Befugnis, den Anspruch aus der Urkunde geltend zu machen, die Erteilung einer neuen Schuldverschreibung auf den Inhaber anstelle der für kraftlos erklärten verlangen.** ² **Die Kosten hat er zu tragen und vorzuschießen.**

I. Normzweck

Wenn die verbriefende Urkunde für kraftlos erklärt wird, verliert die Forderung gegen den Aussteller die von der Verkörperung in einem Wertpapier abhängige **Umlauffähigkeit**. Sie kann nur durch erneute Verbriefung wiederhergestellt werden. Deshalb gibt § 800 dem erfolgreichen Aufbieter einen Anspruch auf Erteilung einer neuen Urkunde (Erneuerungsanspruch). Entsprechende Anwendung findet die Vorschrift auf Anteilsscheine (§ 35 Abs. 2 S. 2 InvG) sowie auf Aktien und Zwischenscheine (§ 72 Abs. 1 S. 2 AktG). Für Sparbücher gilt die Sonderregelung des § 808 Abs. 2 S. 2; auch § 800 S. 2 ist insoweit nicht anzuwenden (§ 808 RdNr. 35).[1] Der Antrag auf Erteilung eines neuen Inhabergrundschuld- oder Inhaberrentenschuldbriefs ist an das Grundbuchamt zu richten (§§ 56, 67 f., 70 GBO).

II. Voraussetzungen des Erneuerungsanspruchs

Der Erneuerungsanspruch besteht nur nach **Kraftloserklärung** der Urkunde, die das Leistungsversprechen bisher verbrieft hat. Gläubiger des Anspruchs ist der erfolgreiche Aufbieter (§ 800 S. 1). Daraus ergibt sich, dass wegen der vom Aufgebotsverfahren nach § 799 Abs. 1 S. 2 ausgeschlossenen Papiere (§ 799 RdNr. 4) auch kein Erneuerungsanspruch besteht. Ebenso wie für den Anspruch auf die in der Urkunde versprochene Leistung ist vorausgesetzt, dass der Aufbieter auch der materiell Berechtigte ist (§ 799 RdNr. 8 f.). Fälligkeit der Leistung steht dem Erneuerungsanspruch nicht entgegen,[2] auch nicht die Auslosung der aufgebotenen Schuldverschreibung.[3] Besondere Fristen sind nicht zu beachten. Der Erneuerungsanspruch als bloßer Hilfsanspruch erlischt jedoch, wenn die Forderung, um deren Verbriefung es geht, wegen Ablaufs der Vorlegungsfrist (§ 801) untergeht.

Die **Urteilswirkung nach § 1018 ZPO** und der Erneuerungsanspruch können nicht nebeneinander bestehen; denn sonst liefe der Aussteller auf Grund der Ersetzungsfunktion des Urteils (§ 799 RdNr. 8) Gefahr, doppelt in Anspruch genommen zu werden. Der Aufbieter muss sich entscheiden, welchen von beiden Wegen er einschlagen will. Der Aussteller schuldet die Erteilung einer neuen Schuldverschreibung deshalb nur Zug um Zug gegen Aushändigung der vollstreckbaren Urteilsausfertigung. Das folgt aus der Natur der Sache und kann auch auf den Rechtsgedanken des § 798 gestützt werden.[4]

---

[17] OLG Frankfurt OLGR 1997, 197, 199; KG WM 1994, 18, 20; LG Wiesbaden NJW 1991, 45, 46 li. Sp.; *Staub/Canaris* § 367 HGB RdNr. 20; *Ebenroth/Boujong/Joost/Hakenberg* § 367 HGB RdNr. 8.
[18] KG WM 1994, 18, 20 für Einlieferung aus Tafelgeschäft durch unbekannten Neukunden.
[19] BGH NJW 1994, 2093, 2094 für Einlieferung effektiver Stücke durch Neukunden bei Abwicklung über neu errichtetes Konto unter zutreffender Feststellung der Personalien.
[1] BGH NJW-RR 1998, 1661, 1662 li. Sp.
[2] Mot. II S. 708 = Mugdan II S. 396.
[3] *Planck/Landois* Anm. 1; *RGRK/Steffen* RdNr. 2; *Staudinger/Marburger* RdNr. 1.
[4] *Planck/Landois* Anm. 1; *RGRK/Steffen* RdNr. 4; *Soergel/Welter* RdNr. 2; *Bamberger/Roth/Gehrlein* RdNr. 4.

III. Anspruchsinhalt

4 Der Anspruch richtet sich auf **Erteilung einer neuen Schuldverschreibung** (§ 800 S. 1). Über die Einzelheiten enthält das Gesetz nichts. Praktisch kommen zwei Wege in Betracht: die Erteilung einer Zweitschrift, die als solche gekennzeichnet ist und im Übrigen der für kraftlos erklärten Urkunde rechtlich und wirtschaftlich entspricht, sowie die Erteilung eines anderen Stücks derselben Emission. Die zweite Möglichkeit wird schon in den Motiven hervorgehoben.[5] Rechtlich dürfte es sich dabei allerdings nicht um die Erfüllung des Erneuerungsanspruchs (§ 362 Abs. 1), sondern um eine Leistung an Erfüllungs Statt handeln (§ 364 Abs. 1), zu welcher der Aussteller berechtigt ist, ohne dass der Aufbieter einen Anspruch darauf hätte. Die Kosten trägt in jedem Fall der Gläubiger des Anspruchs; er ist insoweit vorleistungspflichtig (§ 800 S. 2). Einen weitergehenden Vergütungsanspruch gibt § 800 S. 2 ebenso wenig wie § 369 Abs. 1 (s. dort RdNr. 2; § 798 RdNr. 1; § 799 RdNr. 11).[6]

§ 801 Erlöschen; Verjährung

(1) ¹Der Anspruch aus einer Schuldverschreibung auf den Inhaber erlischt mit dem Ablauf von 30 Jahren nach dem Eintritt der für die Leistung bestimmten Zeit, wenn nicht die Urkunde vor dem Ablauf der 30 Jahre dem Aussteller zur Einlösung vorgelegt wird. ²Erfolgt die Vorlegung, so verjährt der Anspruch in zwei Jahren von dem Ende der Vorlegungsfrist an. ³Der Vorlegung steht die gerichtliche Geltendmachung des Anspruchs aus der Urkunde gleich.

(2) ¹Bei Zins-, Renten- und Gewinnanteilscheinen beträgt die Vorlegungsfrist vier Jahre. ²Die Frist beginnt mit dem Schluss des Jahres, in welchem die für die Leistung bestimmte Zeit eintritt.

(3) Die Dauer und der Beginn der Vorlegungsfrist können von dem Aussteller in der Urkunde anders bestimmt werden.

I. Normzweck

1 § 801 schützt das Interesse des Ausstellers an einer **zeitlichen Beschränkung der Leistungspflicht** und führt zu diesem Zweck für die Vorlegung Ausschlussfristen ein, die durch eine Verjährungsregelung ergänzt werden. Die Einführung von Ausschlussfristen hat der Gesetzgeber vor allem deshalb für sinnvoll gehalten, weil so am klarsten zum Ausdruck gebracht wird, dass es eine Hemmung oder Unterbrechung des Fristlaufs nicht gibt (RdNr. 3, 6).[1]

II. Erlöschen des Anspruchs durch Fristablauf

2 **1. Vorlegungsfrist.** Der Anspruch aus der Schuldverschreibung erlischt mit dem Ablauf der Vorlegungsfrist. Maßgeblich für Beginn und Dauer der Frist sind in erster Linie die **Bestimmungen des Ausstellers** (§ 801 Abs. 3); hierher gehört zB die Frist, die bei Lotterielosen für die Abhebung des Gewinns vorgeschrieben ist.[2] Die Bestimmungen des Ausstellers gehen der gesetzlichen Regelung vor, weil § 801 seinen Interessen Rechnung

---

[5] Mot. II S. 708 f. = *Mugdan* II S. 396.
[6] Offen lassend BGH NJW-RR 1998, 1661, 1662 li. Sp.
[1] Mot. II S. 704 = *Mugdan* II S. 393; BGHZ 164, 361, 367 f. = BKR 2006, 25 (Erlöschen einer 1925 von der Stadt Dresden begebenen und 1945 fälligen Golddollaranleihe; s. dazu noch RdNr. 6); aA – für Anwendbarkeit des § 211 – *M. Müller* WM 2006, 13 ff.
[2] RG JW 1912, 861; *Planck/Landois* Anm. 14 d; s. ferner AG Syke NJW 2003, 1054: Vorlegungsfrist von einem Jahr ist nicht unangemessen kurz (allerdings ein qualifiziertes Legitimationspapier iS des § 808 betreffend, s. dazu § 808 RdNr. 21).

tragen will (RdNr. 1; s. aber auch § 793 RdNr. 50). Beachtlich sind aber nur Bestimmungen, die in der Urkunde selbst (nicht etwa in einem Emissionsprospekt) enthalten sind; außerhalb der Urkunde getroffene Abreden wirken gegenüber einem Erwerber der Urkunde nur nach Maßgabe des § 796.[3] Das entspricht dem Charakter der Inhaberschuldverschreibung als Umlaufpapier. Unzulässig sind zwar der Verzicht auf die Vorlegung und der gänzliche Ausschluss der Vorlegungsfrist.[4] Der Zulässigkeit **„ewiger" Anleihen** (§ 793 RdNr. 12) steht § 801 Abs. 1 S. 1 indes nicht entgegen.[5] Insbesondere lässt sich ihm nicht entnehmen, dass die Laufzeit einer Schuldverschreibung auf dreißig Jahre begrenzt sei. Auszugehen ist vielmehr davon, dass die Frist des § 801 Abs. 1 S. 1 bei „ewigen" Anleihen mangels Endfälligkeit und vorbehaltlich einer vorzeitigen Kündigung durch den Emittenten überhaupt nicht zu laufen beginnt.[6]

Wenn der Aussteller keine Regelung getroffen hat, gilt die **gesetzliche Vorlegungsfrist**. 3 Sie beträgt in Anlehnung an die frühere regelmäßige Verjährung, die sich teilweise noch in § 197 Abs. 1 wiederfindet, dreißig Jahre. Hemmung oder Neubeginn nach Verjährungsgrundsätzen (§§ 203 ff., 212 ff.) findet nicht statt (RdNr. 1). Hemmende Wirkung hat lediglich die Zahlungssperre (§ 802). Die Frist beginnt mit dem Eintritt der für die Leistung bestimmten Zeit (§ 801 Abs. 1 S. 1). Auch insoweit ist die vom Aussteller getroffene Regelung maßgeblich. Streitig ist die Rechtslage für den Fall, dass die Leistung mangels abweichender Bestimmung des Ausstellers **jederzeit gefordert** werden kann. Nach heute hM läuft dann mangels feststellbaren Anfangstermins keine Vorlegungsfrist;[7] nach der Gegenmeinung beginnt die Ausschlussfrist gemäß § 187 Abs. 1 mit dem auf die Ausstellung oder Begebung folgenden Tag.[8] Beizupflichten ist der hM. Die Gegenansicht vermag von vornherein nicht zu überzeugen, soweit sie auf die Ausstellung der Urkunde und damit auf einen für die Entstehung des verbrieften Rechts unmaßgeblichen Umstand (Vor § 793 RdNr. 25, 27) abstellen will.[9] Diesem Einwand entzieht sich zwar die noch in der Vorauflage vertretene Ansicht, der zufolge die Begebung maßgebend sein soll.[10] Auch sie sieht sich indes dem Einwand ausgesetzt, dass sie abweichend von § 796 einem im Verhältnis zwischen Aussteller und ersten Nehmer begründeten Umstand Wirkungen auch gegenüber einem Zweiterwerber beimisst. Der Anspruch unterliegt deshalb nur der Regelverjährung des § 195, wobei die Frist für jeden Erwerber neu zu laufen beginnt.[11] – Die Darlegungs- und Beweislast für den Ablauf der Vorlegungsfrist trägt der Aussteller.

Bei den **Nebenpapieren** (Zins-, Renten- und Gewinnanteilscheine) ist die Vorlegungs- 4 frist auf vier Jahre verkürzt (§ 801 Abs. 2 S. 1). Sie beginnt in Anlehnung an § 199 Abs. 1 Nr. 1 mit dem Ende des Jahres, in dem die für die Leistung bestimmte Zeit eintritt (§ 801 Abs. 2 S. 2). Fehlt es an einem feststellbaren Leistungszeitpunkt, unterliegen auch die Ansprüche aus Nebenpapieren keiner Vorlegungsfrist (RdNr. 3).

2. Fristwahrung. Die Frist ist gewahrt, wenn der Inhaber der Schuldverschreibung 5 diese vor dem Fristablauf zur Einlösung vorlegt (§ 801 Abs. 1 S. 1). Der Inhaber muss also unter **Präsentation der Urkunde** die geschuldete Leistung verlangen. Entscheidend ist der rechtzeitige Zugang des Leistungsbegehrens, bei Übersendung der Urkunde deren

---

[3] *Staudinger/Marburger* RdNr. 4; *Soergel/Welter* RdNr. 2; *PWW/Buck-Heeb* RdNr. 3.
[4] AllgM, vgl. zB *Planck/Landois* Anm. 1 d; *RGRK/Steffen* RdNr. 6; *Staudinger/Marburger* RdNr. 3; *Bamberger/Roth/Gehrlein* RdNr. 2, s. ferner AG Syke NJW 2003, 1054.
[5] *Müller-Eising/Bode* BKR 2006, 480, 483; *Thomas* ZHR 171 (2007), 684, 692.
[6] Dazu sowie zum Vorbehalt der Kündigung s. die Nachweise in Fn. 5.
[7] *Erman/Heckelmann/Wilhelmi* RdNr. 2; *Soergel/Welter* RdNr. 5; *Staudinger/Marburger* RdNr. 4; *Bamberger/Roth/Gehrlein* RdNr. 2.
[8] Vgl. die Nachweise in Fn. 9 f.
[9] So *Wendt* AcP 92 (1902), 1, 216.
[10] 4. Aufl. RdNr. 3 *(Hüffer)*.
[11] *Staudinger/Marburger* RdNr. 8; *Erman/Heckelmann/Wilhelmi* RdNr. 2 (die noch von einer dreißigjährigen Verjährung ausgehen); *Soergel/Welter*, der mit Blick auf die Neuregelung des Verjährungsrechts durch das SMG für zuvor begebene Schuldverschreibungen für die Annahme einer konkludenten Verlängerung der Verjährungsfrist auf dreißig Jahre eintritt (zweifelhaft).

Zugang.[12] Die Vorlegung kann jederzeit nach Eintritt der Fälligkeit erfolgen. Eine vorzeitige Vorlegung ist wirkungslos, genügt also auch nicht zur Fristwahrung. Der Vorlegung steht nach § 801 Abs. 1 S. 3 die gerichtliche Geltendmachung des Anspruchs gleich. Entscheidend ist die Rechtshängigkeit, grundsätzlich also die Zustellung der Klageschrift (§§ 253, 261 ZPO). Doch sind auch die §§ 167, 495 ZPO anzuwenden.[13]

6   **3. Fristversäumung.** Versäumung der Vorlegungsfrist bewirkt das **Erlöschen des Anspruchs.** Der Anspruch geht kraft Gesetzes unter. Der Aussteller hat also nicht nur ein Leistungsverweigerungsrecht. Eine gleichwohl erbrachte Leistung kann gemäß § 812 Abs. 1 S. 1 Alt. 1 kondiziert werden. Hemmung oder Verjährung findet nicht statt (RdNr. 1). Eine Korrektur des Ergebnisses über § 242 ist im Einzelfall möglich, scheitert also nicht schon an der Präklusionswirkung des Fristablaufs.[14] In aller Regel wird es aber nicht veranlasst sein, den Aussteller über die Vorlegungsfrist hinaus schulden zu lassen.[15] Besonderheiten galten unter den Verhältnissen der Nachkriegszeit.[16]

III. Verjährung des Anspruchs

7   Die Ausschlussfrist findet ihre **notwendige Ergänzung** in der Verjährungsregelung des § 801 Abs. 1 S. 2; denn ohne sie bliebe offen, was gelten soll, wenn der Inhaber den Anspruch zwar rechtzeitig erhebt, aber sein Leistungsbegehren nicht weiter verfolgt.[17] Die Verjährungsfrist beträgt zwei Jahre. Sie beginnt erst mit dem Ende der Vorlegungsfrist. Weil es um Verjährung und nicht um Präklusion geht, sind **Hemmung und Neubeginn** (§§ 203 ff., 212 ff.) anders als bei der Vorlegungsfrist (RdNr. 1, 3, 6) möglich. Mit Fristablauf entsteht ein Leistungsverweigerungsrecht (§ 214 Abs. 1). Gleichwohl erbrachte Leistungen können nicht zurückgefordert werden (§ 214 Abs. 2).

§ 802 Zahlungssperre

¹ Der Beginn und der Lauf der Vorlegungsfrist sowie der Verjährung werden durch die Zahlungssperre zugunsten des Antragstellers gehemmt. ² Die Hemmung beginnt mit der Stellung des Antrags auf Zahlungssperre; sie endigt mit der Erledigung des Aufgebotsverfahrens und, falls die Zahlungssperre vor der Einleitung des Verfahrens verfügt worden ist, auch dann, wenn seit der Beseitigung des der Einleitung entgegenstehenden Hindernisses sechs Monate verstrichen sind und nicht vorher die Einleitung beantragt worden ist. ³ Auf diese Frist finden die Vorschriften der §§ 206, 210, 211 entsprechende Anwendung.

I. Normzweck

1   § 802 dient dem **Schutz des Gläubigers.** Er soll seinen Anspruch nicht durch Zeitablauf verlieren und nicht der Verjährungseinrede ausgesetzt sein, wenn er eine Zahlungssperre erwirkt hat. Das ist sachgerecht, weil die Zahlungssperre den Verlust der Urkunde voraussetzt (§§ 1019 ff. ZPO iVm. § 799; vgl. dort RdNr. 5 f., 10) und der Gläubiger wegen dieses Verlustes das verbriefte Recht nicht durchsetzen kann (§ 797 RdNr. 2). – Durch Art. 1 Nr. 58 SMG ist § 802 S. 3 an das neue Verjährungsrecht angepasst worden.

---

[12] BGH LM ZPO § 328 Nr. 24 = NJW 1970, 1002 f.; RGRK/*Steffen* RdNr. 9.
[13] BGH LM ZPO § 328 Nr. 24 = NJW 1970, 1002 f.; RGRK/*Steffen* RdNr. 10.
[14] *Staudinger/Marburger* RdNr. 6.
[15] BGHZ 164, 361, 368 = BKR 2006, 25 lässt offen, ob bei einer 1945 fälligen Golddollaranleihe der Stadt Dresden (Fn. 1) der Einwand unzulässiger Rechtsausübung gegeben ist; denn jedenfalls hätte die Schuldverschreibung alsbald nach der Wiedervereinigung (und nicht erst elf Jahre danach) vorgelegt werden müssen.
[16] Dazu RGRK/*Steffen* RdNr. 8; *Staudinger/Marburger* RdNr. 6 aE; beide mwN; s. ferner BGHZ 164, 361, 368 = BKR 2006, 25 und dazu Fn. 1, 15.
[17] Vgl. Prot. S. 2665 f. = *Mugdan* II S. 1059 f.

II. Voraussetzungen, Dauer und Wirkungen der Hemmung

Die Hemmung setzt eine Zahlungssperre voraus, also eine **gerichtliche Anordnung** 2
nach §§ 1019 oder 1020 ZPO (§ 802 S. 1).

1. Beginn und Ende. Erfolgt die Anordnung, so wirkt sie für den Eintritt der Hemmung 3
auf den Zeitpunkt zurück, in dem der Antrag auf Erlass der Zahlungssperre gestellt worden ist
(§ 802 S. 2 Halbs. 1). Die Hemmung **endet** bei einer gerichtlichen Anordnung nach § 1019
ZPO mit der Erledigung des Aufgebotsverfahrens (§ 802 S. 2 Halbs. 2 Fall 1), also mit dem
Erlass des Ausschlussurteils (§ 1017 ZPO) oder in den Fällen des § 1022 ZPO. Wenn eine
selbstständige Zahlungssperre nach § 1020 ZPO verfügt worden ist (§ 802 S. 2 Halbs. 2 Fall 2),
endet die Hemmung auch mit Ablauf von sechs Monaten seit Beseitigung des Verfahrenshindernisses, sofern der Antrag bis dahin nicht gestellt worden ist. Auf die Sechsmonatsfrist
sind die §§ 206, 210 und 211 über die Hemmung der Verjährung entsprechend anzuwenden.

2. Wirkungen der Hemmung. Der auf die Hemmung entfallende Zeitraum bleibt bei 4
der Fristberechnung außer Ansatz. Das gilt sowohl für die Ausschlussfrist (§ 801 Abs. 1 S. 1)
wie auch für die Verjährung (§ 801 Abs. 1 S. 2), aber nur relativ zugunsten des Antragstellers
(§ 802 S. 1). Wegen der Rückwirkung der Hemmung auf den Zeitpunkt der Antragstellung
(RdNr. 2) schadet ihm auch der Ablauf der einen oder der anderen Frist zwischen Antragstellung und gerichtlicher Entscheidung nicht.

§ 803 Zinsscheine

(1) **Werden für eine Schuldverschreibung auf den Inhaber Zinsscheine ausgegeben, so bleiben die Scheine, sofern sie nicht eine gegenteilige Bestimmung enthalten, in Kraft, auch wenn die Hauptforderung erlischt oder die Verpflichtung zur Verzinsung aufgehoben oder geändert wird.**

(2) **Werden solche Zinsscheine bei der Einlösung der Hauptschuldverschreibung nicht zurückgegeben, so ist der Aussteller berechtigt, den Betrag zurückzubehalten, den er nach Absatz 1 für die Scheine zu zahlen verpflichtet ist.**

I. Normzweck

Die Vorschrift bezweckt in erster Linie den **Schutz des Ausstellers**[1] und dient daneben 1
der **Verkehrsfähigkeit** von Zinsscheinen.[2] Weil diese auch nach dem Wegfall der materiellen Zinspflicht in Kraft bleiben (§ 803 Abs. 1), braucht der Aussteller bei der Zahlung von
Zinsen nicht zu prüfen, ob die Hauptforderung bei Fälligkeit des Zinsscheins noch bestanden hat und in der verbrieften Weise noch verzinslich gewesen ist. Die darin liegende
Erleichterung ist namentlich bei Massenemissionen spürbar. Den notwendigen Ausgleich für
die Fortdauer der Zahlungspflicht gegenüber dem Inhaber des Zinsscheins erhält der Aussteller durch das Zurückbehaltungsrecht des § 803 Abs. 2 gegenüber dem Inhaber der
Schuldverschreibung. Auf diese Weise wird das Risiko, materiell nicht mehr geschuldete,
aber gleichwohl geleistete Zinsen von ihrem Empfänger nicht mehr zurückzuerhalten, vom
Aussteller der Schuldverschreibung auf ihren Inhaber verlagert.

II. Inkraftbleiben von Zinsscheinen

1. Ausgabe von Zinsscheinen. Der Aussteller der Inhaberschuldverschreibung muss 2
Zinsscheine ausgegeben haben. Der Zinsschein ist seinerseits Inhaberschuldverschreibung,[3]

---

[1] Mot. II S. 701 f. = *Mugdan* II S. 391 f.
[2] Prot. S. 2660 = *Mugdan* II S. 1058.
[3] AllgM, vgl. zB RGZ 77, 333, 335 zum Dividendenschein; *Baumbach/Hefermehl/Casper* WPR RdNr. 52;
RGRK/*Steffen* RdNr. 1; *Soergel/Welter* RdNr. 2.

§ 803 3–6 Abschnitt 8. Titel 24. Schuldverschreibung auf den Inhaber

ohne jedoch wie die Haupturkunde (§ 780 RdNr. 25) eine abstrakte Forderung zu verbriefen. Weil der Zinsschein Schuldverschreibung auf den Inhaber ist, gelten für ihn die §§ 793 ff., soweit das Gesetz nichts anderes bestimmt (§§ 799, 800, 802). Weil nicht ein abstraktes Schuldversprechen, sondern eine Zinsforderung verbrieft wird, sind grundsätzlich die einschlägigen Vorschriften zu beachten.[4] Für die Verjährung ist str., ob §§ 197 Abs. 1, 199 Abs. 1 (früher: §§ 197, 201) gelten[5] oder ob sie durch § 801 verdrängt werden.[6] Das Zweite ist richtig; aus § 801 Abs. 2 S. 1 folgt nämlich, dass § 801 auch Zinsscheine einbeziehen will. Dagegen ist das Zinseszinsverbot der §§ 248, 289 auf Zinsscheine anwendbar.[7]

3   Entsprechend anwendbar ist § 803 auf **Inhaberrentenscheine;**[8] sie verbriefen den Anspruch auf Zahlung einer regelmäßig wiederkehrenden Geldsumme aus dem Grundstück (§ 1199). Dagegen findet § 803 keine Anwendung auf **Dividendenscheine**[9] und auf **Erneuerungsscheine** (Talons), gleichgültig, ob sie ihrerseits das Recht zum Bezug von Zins- oder Dividendenkupons ausweisen.[10] Talons sind einfache Legitimationspapiere, keine Inhaberpapiere (§ 805 RdNr. 2).

4   **2. Inkraftbleiben.** Ausgegebene Zinsscheine bleiben nach § 803 Abs. 1 in Kraft, auch wenn die Hauptforderung erloschen, nicht mehr oder niedriger verzinslich ist. Das bedeutet: Der Inhaber des Zinsscheins hat gegen den Aussteller Anspruch auf die verbrieften Zinsen, auch wenn oder soweit solche nach dem zugrunde liegenden Verhältnis nicht mehr geschuldet werden (Auslosung oder Kündigung der Hauptschuldverschreibung). Insoweit lässt sich von der Selbstständigkeit des im Zinsschein verbrieften Rechts sprechen.[11] Wenn der Inhaber des Zinsscheins zugleich Inhaber der Schuldverschreibung ist, findet jedoch § 796 Fall 3 Anwendung. Der Wegfall der Zinspflicht ist unter dieser Voraussetzung eine Einwendung, die dem Aussteller unmittelbar gegen den Inhaber des Zinsscheins zusteht (§ 796 RdNr. 12 ff.).[12]

5   **3. Abweichende Vereinbarung.** Die vorstehenden Grundsätze gelten nur, soweit der Aussteller nichts anderes bestimmt (§ 803 Abs. 1). Die abweichende Bestimmung muss im Zinsschein selbst enthalten sein. Der dispositive Charakter der Vorschrift entspricht ihrem Zweck, die Interessen des Ausstellers zu schützen (RdNr. 1).

III. Zurückbehaltungsrecht

6   **1. Nach Zahlung des Kapitals fällig gewordene Zinsscheine.** Der Aussteller darf bei der Rückzahlung des Kapitals den Betrag einbehalten, der dem Nennwert derjenigen Zinsscheine entspricht, die ihm bei der Einlösung der Hauptschuldverschreibung nicht zurückgegeben werden. Damit trägt das Gesetz der Gefahr Rechnung, dass der Aussteller nach der Zahlung des Kapitals noch wegen der Zinsen aus später fällig werdenden Kupons in Anspruch genommen wird (RdNr. 1). Der Aussteller hat **nur ein Zurückbehaltungsrecht,** kein Recht zum endgültigen Abzug. Er muss deshalb den einbehaltenen Betrag in dem Umfang nachzahlen, in dem sein Sicherungsbedürfnis nicht mehr besteht. Das ist der

---

[4] Mot. II S. 702 = *Mugdan* II S. 392.
[5] Mot. II S. 702 = *Mugdan* II S. 392; RGRK/*Steffen* RdNr. 3.
[6] *Palandt/Sprau* RdNr. 1 aE; *Planck/Landois* Anm. 1; *Staudinger/Marburger* RdNr. 4; *Soergel/Welter* RdNr. 4; unentschieden PWW/*Buck-Heeb* RdNr. 2.
[7] HM, vgl. Mot. II S. 702 = *Mugdan* II S. 392; *Planck/Landois* Anm. 1; RGRK/*Steffen* RdNr. 3; *Erman/Heckelmann/Wilhelmi* RdNr. 1; PWW/*Buck-Heeb* RdNr. 4; aA *Staudinger/Marburger* RdNr. 4; *K. Schmidt* JZ 1982, 833.
[8] HM, vgl. RGRK/*Steffen* RdNr. 5; *Staudinger/Marburger* RdNr. 11; *Erman/Heckelmann/Wilhelmi* RdNr. 3; *Palandt/Sprau* RdNr. 3; aA *Baumbach/Hefermehl/Casper* WPR RdNr. 53; *Soergel/Welter* RdNr. 14.
[9] Vgl. schon Mot. II S. 702 f. = *Mugdan* II S. 392; heute allgM, vgl. *Hüffer* § 58 AktG RdNr. 29.
[10] Vgl. Fn. 9.
[11] So zB RGRK/*Steffen* RdNr. 12; *Soergel/Welter* RdNr. 2; s. ferner AG Hamburg NJW-RR 1996, 1140, 1141.
[12] So auch *Bamberger/Roth/Gehrlein* RdNr. 1.

Fall, soweit Zinsscheine nachträglich zurückgegeben werden oder der Anspruch aus ihnen gemäß § 801 erlischt oder verjährt.[13] Schließlich ist die Abwendung des Zurückbehaltungsrechts durch Sicherheitsleistung in entsprechender Anwendung des § 273 Abs. 3 zulässig.[14]

2. Bei Zahlung des Kapitals schon fällige Zinsscheine. Unmittelbar betrifft § 803 Abs. 2 nur Zinsscheine mit Fälligkeitsterminen, die nach der Zahlung des Kapitals liegen. Nach hM ist die Vorschrift jedoch entsprechend anzuwenden, wenn der Inhaber Zinsscheine deshalb nicht zurückgeben kann, weil er sie vor der Zahlung des Kapitals eingelöst hat, obwohl ihm die Zinsen wegen Auslosung oder Kündigung der Schuldverschreibung nicht mehr geschuldet wurden.[15] § 803 Abs. 2 soll in diesem Fall ein Recht zur dauernden Leistungsverweigerung ergeben[16] oder, wenn der volle Kapitalbetrag ausbezahlt wurde, zur Rückforderung der überzahlten Zinsen gemäß §§ 812 Abs. 1 S. 1 Fall 1, 813 Abs. 1 führen. Das ist ein vermeidbarer Umweg, sofern der Inhaber der Schuldverschreibung die Kupons selbst in Händen hält oder eingelöst hat. Wenn Zinsen nicht mehr geschuldet werden, kann er sie nicht beanspruchen. Wenn sie gleichwohl gezahlt wurden, hat er sie nach § 812 Abs. 1 S. 1 Fall 1 rechtsgrundlos erhalten. Soweit sich danach eine Forderung ergibt, kann der Aussteller gegen den Anspruch auf Rückzahlung des Kapitals aufrechnen. Nur soweit die Aufrechnungslage nicht besteht, weil sich die Zinsscheine in Umlauf befanden und ihr Gegenwert einem Dritten zugeflossen ist, muss § 803 Abs. 2 mangels anderer Regelung und wegen Vergleichbarkeit der Interessenlage analog angewandt werden. In keinem Fall besteht ein Ersatzanspruch des selbst verwahrenden Inhabers gegen „sein" Kreditinstitut, das die Kündigung oder Auslosung übersehen und deshalb die Zinsscheine eingelöst hat.[17]

§ 804 Verlust von Zins- oder ähnlichen Scheinen

(1) ¹Ist ein Zins-, Renten- oder Gewinnanteilschein abhanden gekommen oder vernichtet und hat der bisherige Inhaber den Verlust dem Aussteller vor dem Ablauf der Vorlegungsfrist angezeigt, so kann der bisherige Inhaber nach dem Ablauf der Frist die Leistung von dem Aussteller verlangen. ²Der Anspruch ist ausgeschlossen, wenn der abhanden gekommene Schein dem Aussteller zur Einlösung vorgelegt oder der Anspruch aus dem Schein gerichtlich geltend gemacht worden ist, es sei denn, dass die Vorlegung oder die gerichtliche Geltendmachung nach dem Ablauf der Frist erfolgt ist. ³Der Anspruch verjährt in vier Jahren.

(2) In dem Zins-, Renten- oder Gewinnanteilschein kann der im Absatz 1 bestimmte Anspruch ausgeschlossen werden.

I. Normzweck

Die Vorschrift bezweckt die **Erhaltung des Gläubigerrechts** aus Zins-, Renten- und Dividendenscheinen trotz des Verlustes oder der Vernichtung dieser Papiere.[1] Weil bei ihnen das Aufgebotsverfahren nicht stattfindet (§ 799 Abs. 1 S. 2; vgl. dort RdNr. 4), ist die Regelung notwendig. Die Verlustanzeige des bisherigen Inhabers tritt an die Stelle des gerichtlichen Verfahrens.

---

[13] RGRK/*Steffen* RdNr. 15; *Staudinger/Marburger* RdNr. 8.
[14] RGRK/*Steffen* RdNr. 16; *Staudinger/Marburger* RdNr. 8 aE.
[15] LG Ellwangen WM 1992, 53, 54; LG Lübeck NJW 1982, 1106, 1107 mN zum älteren Schrifttum; LG Saarbrücken WM 1992, 1271, 1272; wohl auch OLG Köln WM 1985, 1414; *Franke* WM 1982, 524, 525; *Baumbach/Hefermehl/Casper* WPR RdNr. 52; *Staudinger/Marburger* RdNr. 9; *Soergel/Welter* RdNr. 6; *Bamberger/Roth/Gehrlein* RdNr. 2.
[16] AA *Oertmann* Anm. 2; *Planck/Landois* Anm. 3 aE.
[17] OLG Köln WM 1985, 1414 f. und die weit. Rspr. aus Fn. 15; AG Hannover NJW-RR 1988, 1318.
[1] Mot. II S. 710 = *Mugdan* II S. 396.

II. Verlustanzeige

2 Vorausgesetzt ist in § 804 Abs. 1 S. 1 das **Abhandenkommen** oder die **Vernichtung** eines Zins-, Renten- oder Dividendenscheins (zu diesen Nebenpapieren s. § 803 RdNr. 2 f.). Der Begriff des Abhandenkommens oder der Vernichtung ist ebenso zu bestimmen wie bei § 799 (vgl. dort RdNr. 5). Liegen die Voraussetzungen vor, so hat der bisherige Inhaber die Möglichkeit der seine Rechte wahrenden Verlustanzeige.

3 Die Anzeige ist an **keine besondere Form** gebunden und muss keinen bestimmten Inhalt haben. Bei der Wahl der Form ist aber zu beachten, dass der ehemalige Inhaber die Beweislast für die Erstattung der Anzeige trägt (vgl. noch RdNr. 7); in Betracht zu ziehen ist die Einschaltung des Gerichtsvollziehers (§ 132 Abs. 1). Um seinen Anspruch zu wahren, muss der Gläubiger den Verlust **vor Ablauf der Vorlegungsfrist** anzeigen. Sie beträgt gemäß § 801 Abs. 2 vier Jahre und beginnt mit dem Schluss des Jahres, in dem die Leistungszeit eintritt. Entscheidend ist der rechtzeitige Zugang der Anzeige. Die verspätete Anzeige kann den Anspruch nicht erhalten.

III. Wirkungen der Anzeige

4 **1. Grundsatz: Erhaltung des Anspruchs.** Die rechtzeitige Anzeige bewirkt, dass der ehemalige Inhaber seine Forderung behält und abweichend von § 797 ohne Vorlage der Urkunde geltend machen kann; jedoch ist die Fälligkeit des Anspruchs bis zum Ablauf der Vorlegungsfrist (RdNr. 3) hinausgeschoben (§ 804 Abs. 1 S. 1). Er unterliegt nach § 804 Abs. 1 S. 3 der **Verjährung** nach Ablauf von vier Jahren. Die Frist beginnt auf Grund der in § 804 getroffenen Sonderregelung mit der Fälligkeit; maßgeblich ist also der Ablauf der Vorlegungsfrist.[2]

5 **2. Ausnahme: anderweitige Vorlegung.** Der Anspruch ist trotz rechtzeitiger Anzeige ausgeschlossen, wenn der abhanden gekommene Schein zur Einlösung vorgelegt oder der verbriefte Anspruch gerichtlich geltend gemacht worden ist; eine Unterausnahme gilt, wenn Vorlegung oder Geltendmachung erst nach dem Ablauf der Vorlegungsfrist erfolgt sind (§ 804 Abs. 1 S. 2). Damit ist gemeint: Infolge der Vorlegung des Scheins oder der Klageerhebung steht fest, dass das in Verlust geratene Papier noch existiert. Es ist jetzt Sache des bisherigen Inhabers, sich wieder in den Besitz der Urkunde zu setzen, wenn er den Aussteller in Anspruch nehmen will. Ausgeschlossen ist also nur ein Anspruch nach § 804 Abs. 1 S. 1, das aber ohne Rücksicht darauf, ob der Aussteller auf Grund der Vorlegung geleistet hat.[3] Leistet er an den unberechtigten Besitzer, so ist nach § 793 Abs. 1 S. 2 und den dazu geltenden einschränkenden Grundsätzen (§ 793 RdNr. 36 f.) zu beurteilen, ob diese Leistung schuldbefreiende Wirkung hat.

IV. Abweichende Regelung

6 Eine abweichende Regelung kann zunächst durch den Aussteller **in der Urkunde** getroffen werden (§ 804 Abs. 2). Ohne Vermerk im Zinsschein war der Anspruch des bisherigen Inhabers bei **Schuldverschreibungen des Bundes** ausgeschlossen.[4] Eine entsprechende Regelung kann auf Grund des Vorbehalts in Art. 100 Nr. 2 EGBGB auch für Schuldverschreibungen eines **Landes** oder ihm angehörender Körperschaften, Stiftungen oder Anstalten getroffen sein (4. Aufl. Art. 100 EGBGB RdNr. 1 f.).

V. Beweislast

7 Der **ehemalige Inhaber** trägt jedenfalls die Darlegungs- und Beweislast für den rechtzeitigen Zugang der Verlustanzeige und den Ablauf der Vorlegungsfrist. Ob er auch den

---

[2] HM, vgl. RGRK/*Steffen* RdNr. 10; *Staudinger/Marburger* RdNr. 10; aA *Planck/Landois* Anm. 3 (für Anwendung des § 201 aF, dem § 199 Abs. 1 teilweise entspricht).
[3] Prot. S. 2677 ff. = *Mugdan* II S. 1063.
[4] ReichsschuldenO vom 13. 2. 1924 (RGBl. I S. 95) iVm. § 1 AnleiheG vom 29. 3. 1951 (BGBl. I S. 218); zur Neuregelung im BSchuWG s. Vor § 793 RdNr. 12.

Verlust des Scheins als Voraussetzung des Zahlungsanspruchs zu beweisen hat, ist streitig; nach wohl hM ist die Frage zu bejahen.[5] Dem ist beizutreten, weil der Verlust nach der Fassung des § 804 Abs. 1 S. 1 zu den anspruchsbegründenden Tatsachen gehört. Lediglich bei der Anzeige des Verlustes muss dieser nicht bewiesen werden.[6] Für den Ausnahmetatbestand des § 804 Abs. 1 S. 2 ist der Aussteller, für den Ablauf der Frist bei der Vorlegung wiederum der bisherige Inhaber beweisbelastet.

§ 805 Neue Zins- und Rentenscheine

¹ Neue Zins- oder Rentenscheine für eine Schuldverschreibung auf den Inhaber dürfen an den Inhaber der zum Empfang der Scheine ermächtigenden Urkunde (Erneuerungsschein) nicht ausgegeben werden, wenn der Inhaber der Schuldverschreibung der Ausgabe widersprochen hat. ² Die Scheine sind in diesem Falle dem Inhaber der Schuldverschreibung auszuhändigen, wenn er die Schuldverschreibung vorlegt.

I. Normzweck

§ 805 setzt voraus, dass der Anspruch auf **Auslieferung neuer Zinsscheine** (Rentenscheine) dem Inhaber der Schuldverschreibung zusteht, und regelt die Durchsetzung des Anspruchs für den Fall, dass sich der Erneuerungsschein (Talon) in den Händen eines Dritten befindet. Zugleich wird der Begriff des Erneuerungsscheins definiert. Weil für die Durchsetzung des Auslieferungsanspruchs gegen den Besitzer des Erneuerungsscheins der bloße Widerspruch des Schuldverschreibungsinhabers genügt, konnte der Gesetzgeber auf das Aufgebot von Talons verzichten (§ 799; vgl. dort RdNr. 4). Eine inhaltsgleiche Vorschrift enthält § 75 AktG. Während aber § 805 dispositiv ist (RdNr. 2 aE), macht § 23 Abs. 5 AktG die aktienrechtliche Regelung zwingend.

1

II. Rechtsnatur des Erneuerungsscheins

Nach der **Legaldefinition** des § 805 ist der Erneuerungsschein oder Talon eine Urkunde, die ihren Inhaber zum Empfang von Zinsscheinen ermächtigt. Das bedeutet: Der Talon gibt seinem Besitzer keinen Anspruch auf Auslieferung von Zinskupons. Der Anspruch ist vielmehr, wie § 805 S. 2 zeigt, in der Schuldverschreibung mitverbrieft.[1] Weil der Talon kein Recht verkörpert, ist er auch kein Wertpapier. Er ermöglicht nur die Auslieferung neuer Zinsscheine ohne Vorlage der Haupturkunde, indem sich der Gläubiger statt durch diese durch den Talon legitimiert. Der Erneuerungsschein ist also **Legitimationspapier.**[2] Zugleich hat er Liberationsfunktion (Vor § 793 RdNr. 19), weil der Aussteller von seiner Verpflichtung auch dann frei wird, wenn der Besitzer des Talons zum Empfang der Zinsscheine nicht berechtigt ist, es sei denn, dass der Inhaber der Schuldverschreibung der Auslieferung widersprochen hat (§ 805 S. 1) oder dass der Aussteller die fehlende Berechtigung kennt oder infolge grober Fahrlässigkeit verkennt (§ 793 RdNr. 36 f.).[3] Die gesetzliche Ausgestaltung des Erneuerungsscheins ist jedoch **dispositiv.**[4] Der Aussteller der Schuld-

2

---

[5] *Baumgärtel/Laumen* RdNr. 1 mwN; *Erman/Heckelmann/Wilhelmi* RdNr. 1; *Planck/Landois* Anm. 2; wohl auch *Soergel/Welter* RdNr. 5; aA RGRK/*Steffen* RdNr. 12; *Staudinger/Marburger* RdNr. 11; *Bamberger/Roth/Gehrlein* RdNr. 3; PWW/*Buck-Heeb* RdNr. 4.
[6] So ausdrücklich Prot. S. 2674 = *Mugdan* II S. 1062.
[1] RGZ 3, 152, 154; *E. Ulmer* Wertpapierrecht S. 111; *Hüffer* § 58 AktG RdNr. 30; § 75 RdNr. 1; RGRK/*Steffen* § 803 RdNr. 10; *Staudinger/Marburger* § 803 RdNr. 1; *Soergel/Welter* RdNr. 2.
[2] Ganz hM, vgl. RGZ 3, 152, 154; 31, 145, 147; 74, 339, 341; 77, 333, 336; *E. Ulmer* Wertpapierrecht S. 111; *Hüffer* § 58 AktG RdNr. 30; RGRK/*Steffen* § 803 RdNr. 9; *Soergel/Welter* RdNr. 2; *Staudinger/Marburger* § 803 RdNr. 15; *Bamberger/Roth/Gehrlein* RdNr. 1; aA (für Inhaberpapier) *Planck/Landois* Anm. 1 mwN.
[3] GroßkommAktG/*Henze*, 4. Aufl. 15. Lfg. 2001, § 58 RdNr. 114; *Soergel/Welter* RdNr. 3.
[4] Mot. II S. 712 = *Mugdan* II S. 398.

verschreibung ist also nicht gehindert, auch den Talon zum Inhaberpapier zu machen.[5] Praktische Bedeutung hat diese Möglichkeit nicht erlangt.

III. Das Widerspruchsrecht

1. Voraussetzungen. Der Widersprechende muss Inhaber der Schuldverschreibung sein. Aus welchen Gründen sich der Erneuerungsschein in den Händen eines Dritten befindet, ist gleichgültig. Das Widerspruchsrecht besteht also nicht nur bei Verlust des Scheins, sondern auch dann, wenn der Inhaber das Papier dem Dritten selbst ausgehändigt hat. Dass der Inhaber die Schuldverschreibung vorlegt, ist für die Wirksamkeit des Widerspruchs nicht erforderlich. Der Vorlage bedarf es erst, wenn er den Anspruch auf Aushändigung geltend machen will (§ 805 S. 2). Der Widerspruch erfolgt durch formlose, einer Begründung nicht bedürftige Erklärung. Sie wird mit Zugang wirksam (§ 130). Die Darlegungs- und Beweislast für den rechtzeitigen Widerspruch trägt der Aussteller, wenn er sich darauf gegenüber dem Inhaber des Talons beruft.[6]

2. Wirkungen. Der Aussteller darf die Zinsscheine gemäß § 805 S. 1 nicht an den Inhaber des Talons aushändigen (Sperrfunktion des Widerspruchs). Eine verbotswidrige Auslieferung hat keine schuldbefreiende Wirkung. Der Inhaber der Haupturkunde behält also den Auslieferungsanspruch und kann von dem Aussteller gemäß §§ 280 Abs. 1 und 3, 283 Schadensersatz verlangen, wenn dieser die Zinsscheine nicht zurückerlangt. Aushändigung an sich selbst kann der Inhaber der Schuldverschreibung nur verlangen, indem er die Urkunde vorlegt (§ 805 S. 2). Streitigkeiten zwischen dem Inhaber der Schuldverschreibung und dem des Talons sind zwischen diesen auszutragen; den Aussteller berühren sie nicht.

§ 806 Umschreibung auf den Namen

[1] Die Umschreibung einer auf den Inhaber lautenden Schuldverschreibung auf den Namen eines bestimmten Berechtigten kann nur durch den Aussteller erfolgen. [2] Der Aussteller ist zur Umschreibung nicht verpflichtet.

I. Normzweck

Die Vorschrift erlaubt die **Umwandlung des Inhaberpapiers in ein Rektapapier** (Begriff: Vor § 793 RdNr. 16) und trägt damit einem denkbaren Gläubigerinteresse Rechnung. Für den Erwerber von Schuldverschreibungen, der seine Kapitalanlage langfristig halten will, treten nämlich die mit dem Inhaberpapier verbundenen Vorzüge hinter seine spezifischen Risiken zurück (§ 793: Legitimation durch Innehabung des Papiers; § 935 Abs. 2: gutgläubiger Erwerb trotz Abhandenkommens). Weil ihm mit einem Rektapapier besser gedient sein kann, gestattet das Gesetz die Umschreibung.[1]

II. Verfahren

Nur durch den Aussteller kann die Umschreibung erfolgen (§ 806 S. 1). Sie geschieht durch einen **Vermerk** in der Urkunde. Vom Gesetz vorausgesetzt ist das Einverständnis des Inhabers. Die Umwandlung in ein Rektapapier erfolgt also durch **Vertrag**, indem der Inhaber die Umschreibung verlangt und der Aussteller den entsprechenden Vermerk anbringt;[2] da die Umschreibung unmittelbar den Inhalt des Rechts ändert, handelt es sich um

---

[5] Vgl. nur *Bamberger/Roth/Gehrlein* RdNr. 4; *Soergel/Welter* RdNr. 4.
[6] *Baumgärtel/Laumen* RdNr. 1.
[1] Mot. II S. 713 = *Mugdan* II S. 398; dort auch zu anderen, früher gebräuchlichen Problemlösungen.
[2] *Bamberger/Roth/Gehrlein* RdNr. 1; vgl. auch *Soergel/Welter* RdNr. 1 (mit der Begebung eines Rektapapiers vergleichbar).

ein Verfügungsgeschäft. Vermerke des Inhabers, welcher Art auch immer, verändern den Wertpapiercharakter dagegen nicht. Wenn der Aussteller auf ein entsprechendes Verlangen des Inhabers eingeht, kann dadurch eine sonst vorgeschriebene Hinterlegung überflüssig werden (§§ 1667 Abs. 3, 1814 f., 2116 f.).

Den Aussteller trifft nach § 806 S. 2 **keine Verpflichtung,** dem Verlangen des Inhabers nachzukommen. Sie kann sich jedoch aus landesrechtlichen Vorschriften ergeben, die nach Art. 101 EGBGB (4. Aufl. Art. 101 EGBGB RdNr. 1 f.) fortgelten. Der Aussteller kann sich auch in der Urkunde[3] oder durch Vertrag mit dem Inhaber zur Umschreibung verpflichten. 3

Bei **Schuldbuchforderungen** gegen die öffentliche Hand kann das Verfahren des § 806 naturgemäß nicht angewandt werden (Vor § 793 RdNr. 32). Zulässig ist aber stattdessen die Eintragung des Gläubigers in das Schuldbuch.[4] 4

III. Rechtswirkungen

Mit der Umschreibung werden die **§§ 793 ff. unanwendbar.** Die verbriefte Forderung unterliegt auch nicht mehr den sachenrechtlichen Regeln. Anzuwenden sind vielmehr die **§§ 398 ff.** mit den Besonderheiten, die sich aus der fortdauernden Verbriefung in einem Wertpapier (Rektapapier) ergeben; insbesondere gilt § 407 nicht (Vor § 793 RdNr. 16). Weil der Wertpapiercharakter im Grundsatz erhalten bleibt, ist die Rückumwandlung in ein Inhaberpapier möglich.[5] Eine bloße Streichung des ersten Vermerks genügt dazu aber nicht. Vielmehr sind ein entsprechender Vertrag (RdNr. 2) und ein neuer Vermerk gegenläufigen Inhalts erforderlich. 5

§ 807 Inhaberkarten und -marken

Werden Karten, Marken oder ähnliche Urkunden, in denen ein Gläubiger nicht bezeichnet ist, von dem Aussteller unter Umständen ausgegeben, aus welchen sich ergibt, dass er dem Inhaber zu einer Leistung verpflichtet sein will, so finden die Vorschriften des § 793 Abs. 1 und der §§ 794, 796, 797 entsprechende Anwendung.

Schrifttum: Ensthaler/Zech, Verkehrsfähigkeit von Inhaberkarten nach § 807 BGB – Abtretungsverbote für Fußball-Bundesliga-Karten, NJW 2005, 3389; *Gutzeit,* Handelsbeschränkungen für Eintrittskarten, BB 2007, 113; *Chr. Hofmann,* Die ec-/maestro-Karte als Rektapapier, WM 2005, 1305; *Pfeiffer,* Die Geldkarte – ein Problemaufriß, NJW 1997, 1036; *Schinkels,* Warum die Geldkarte keine Zahlungskarte im Sinne des § 676 h BGB ist – Zur Belastung des berechtigten Inhabers der Geldkarte mit dem Drittmissbrauchsrisiko schon durch dispositives Recht, WM 2005, 450; *G. Schmidt,* Verstößt die Ausgabe hoheitlicher „Postwertzeichen" gegen Art. 87 f GG?, NJW 1998, 200; *Weller,* Das Übertragungsverbot der Fußball-WM-Tickets – eine angreifbare Vinkulierung durch den DFB, NJW 2005, 934.

Übersicht

	RdNr.		RdNr.
I. Normzweck	1	III. Begriff des kleinen Inhaberpapiers	6–13
II. Funktion und Rechtsnatur der Zeichen des täglichen Verkehrs (Überblick)	2–5	1. Überblick	6
		2. Urkunde	7
1. Ausgangspunkt: Zwecksetzung der Beteiligten	2	3. Verpflichtungstatbestand	8, 9
		4. Einzelfragen	10–13
2. Zeichen ohne Wertpapiercharakter	3, 4	IV. Rechtliche Behandlung	14, 15
3. Zeichen mit Wertpapiercharakter	5		

---

[3] RGZ 74, 339, 341; Mot. II S. 717 = *Mugdan* II S. 401.
[4] Vgl. auch *Staudinger/Marburger* RdNr. 8; *Soergel/Welter* RdNr. 3.
[5] Mot. II S. 717 = *Mugdan* II S. 400.

I. Normzweck

1 Nach § 807 gelten wesentliche Bestimmungen des Rechts der Inhaberschuldverschreibung auch für bestimmte Zeichen des täglichen Verkehrs. Darin liegt die **gesetzliche Anerkennung der kleinen Inhaberpapiere,** zu der sich der Gesetzgeber durch das Verkehrsbedürfnis veranlasst sah.[1] Statt von kleinen kann auch von unvollkommenen Inhaberpapieren, von Inhaberverpflichtungsscheinen, -zeichen oder -marken gesprochen werden. Eine vollständige Regelung der Zeichen des täglichen Verkehrs ist in § 807 nicht enthalten und ist auch nicht beabsichtigt. Die Bestimmung erfasst nur einen Ausschnitt der Lebenswirklichkeit.

II. Funktion und Rechtsnatur der Zeichen des täglichen Verkehrs (Überblick)

2 **1. Ausgangspunkt: Zwecksetzung der Beteiligten.** Mit der Ausgabe und dem Erwerb von Theater-, Konzert- und anderen Eintrittskarten, Fahrkarten, Garderobenmarken, Gutscheinen, Reparaturscheinen, Essensmarken und ähnlichen Zeichen des täglichen Verkehrs verfolgen die Beteiligten unterschiedliche Zwecke. Der Verschiedenartigkeit des Zwecks muss die juristische Konstruktion Rechnung tragen. Daraus ergibt sich die Einteilung in Zeichen ohne und mit Wertpapiercharakter und bei Letzteren die Unterscheidung von Inhaber- und Rektazeichen.[2]

3 **2. Zeichen ohne Wertpapiercharakter.** Der Wertpapiercharakter fehlt, wenn das in Frage stehende Recht nach dem Willen der Beteiligten auch ohne Vorlegung des Zeichens ausgeübt werden kann (vgl. Vor § 793 RdNr. 7 und 11; auf die Lockerung des Vorlegungserfordernisses kommt es hier nicht an). Dieser Wille ist anzunehmen, wenn der Schuldner seinen Gläubiger kennt oder die Person des Berechtigten nach der Natur der geschuldeten Leistung unschwer feststellbar ist.

4 Zeichen ohne Wertpapiercharakter können ihrerseits bloßes **Beweiszeichen** oder einfaches **Legitimationszeichen** sein. Das Erste ist selten; Beispiel: Die dem Fuhrunternehmer ausgehändigte Karte oder Marke beweist die Zahl der Fuhren, für die er zu bezahlen ist.[3] Das Zweite ist der Regelfall. Hier geht es dem Schuldner darum, auch dann mit schuldbefreiender Wirkung an den Inhaber des Zeichens leisten zu können, wenn dieser nicht der materiell Berechtigte ist (Liberationswirkung; dazu und zur Terminologie Vor § 793 RdNr. 19, 21). Der Anspruch kann aber auch ohne Vorlage der Karte oder Marke ausgeübt werden, wenn der Nachweis der Gläubigerstellung auf andere Weise gelingt. Beispiele: Garderobenmarke, Reparatur- und Gepäckscheine.[4]

5 **3. Zeichen mit Wertpapiercharakter.** Das Zeichen ist Wertpapier, wenn seine Vorlage für die Ausübung des Rechts erforderlich ist (vgl. Vor § 793 RdNr. 7 und 11). Das ist anzunehmen, wenn der Schuldner die Person des jeweils Berechtigten ohne das Zeichen nicht oder nur unter Schwierigkeiten feststellen kann, weil er seine Leistung massenweise erbringt. Karten oder Marken dieser Art können **Rektazeichen** sein, und zwar meist in der Form qualifizierter Legitimationszeichen (vgl. Vor § 793 RdNr. 16, 19; § 808 RdNr. 3). Häufiger handelt es sich um **Inhaberzeichen.** Entscheidend für die Zuordnung ist auch hier der Zweck, den der Aussteller mit der Ausgabe des Zeichens verfolgt. Wenn er nur einer bestimmten, in dem Zeichen benannten Person verpflichtet sein will, liegt ein Rektazeichen vor (§ 808 RdNr. 8). So verhält es sich namentlich bei den Netzkarten der Verkehrsunternehmen (RdNr. 13). Ist der Verpflichtungswille des Ausstellers dagegen darauf gerichtet, die Leistung an jeden Inhaber zu erbringen, so handelt es sich um ein Inhaberzeichen; wegen der Einzelheiten vgl. RdNr. 6 ff.

---

[1] Mot. II S. 721 f. = *Mugdan* II S. 403.
[2] Vgl. die Übersichten bei *Baumbach/Hefermehl/Casper* WPR RdNr. 49 ff.; *Hueck/Canaris* Wertpapierrecht § 28; *Zöllner* Wertpapierrecht § 27 III.
[3] Nach *Hueck/Canaris* Wertpapierrecht § 28 I 1.
[4] RGZ 105, 80, 82 f.; KG JW 1926, 213; *Baumbach/Hefermehl/Casper* WPR RdNr. 81; *Staudinger/Marburger* RdNr. 2; *Soergel/Welter* RdNr. 4; *Staudinger/Marburger* RdNr. 6.

III. Begriff des kleinen Inhaberpapiers

1. Überblick. Ein kleines Inhaberpapier setzt nach § 807 die urkundliche Verkörperung 6 eines Leistungsversprechens voraus, und zwar in der Weise, dass sich der Aussteller des Papiers durch Leistung an den jeweiligen Inhaber befreien kann, der Inhaber die versprochene Leistung zu fordern berechtigt ist und es zur Geltendmachung des Rechts der Vorlage (und damit des Besitzes an) der Urkunde bedarf.[5] Die Voraussetzungen des § 807 entsprechen damit im Grundsatz denjenigen einer Inhaberschuldverschreibung. Ausgenommen ist das Formerfordernis des § 793 Abs. 2 (RdNr. 7, 15); zudem sind die Anforderungen an die Verlautbarung des Leistungsversprechens – dem Charakter als „kleines" Inhaberpapier entsprechend – reduziert.[6]

2. Urkunde. Ähnlich wie bei der Inhaberschuldverschreibung muss eine Urkunde 7 ausgegeben sein. Es muss also eine durch Niederschrift verkörperte Gedankenerklärung vorliegen (§ 793 RdNr. 5). Auf die äußere Form kommt es nicht an. Karten oder Marken sind nur als Beispiele genannt. Anders als bei § 793 ist **keine Unterzeichnung** der Urkunde erforderlich, weil § 807 auf § 793 Abs. 2 nicht Bezug nimmt (RdNr. 15). Sie wäre bei Karten oder Marken auch ganz unüblich. Negative Voraussetzung ist nach dem Wortlaut des Gesetzes schließlich, dass die Urkunde keine Bezeichnung des Gläubigers enthält. Damit soll erreicht werden, dass Rektazeichen nicht den für sie unpassenden §§ 793 ff. unterstellt werden. Auch insoweit ist aber der Verpflichtungswille des Ausstellers entscheidend (RdNr. 9).

3. Verpflichtungstatbestand. Damit der Inhaber der Urkunde (RdNr. 7) entsprechend 8 § 793 Abs. 1 S. 1 einen Leistungsanspruch erwirbt, muss ein Verpflichtungstatbestand gegeben sein. Seine rechtliche Struktur kann nicht anders beurteilt werden als bei § 793. Auch in den Fällen des § 807 muss also ein **Begebungsvertrag** geschlossen werden (vgl. Vor § 793 RdNr. 24 ff., 27 ff.; § 793 RdNr. 7), der freilich seine Ergänzung in dem Rechtsscheinsprinzip findet: In der Ausstellung des Papiers liegt nicht nur eine auf den Abschluss des Begebungsvertrags abzielende Willenserklärung; vielmehr wird zugleich der Rechtsschein wirksamer Verpflichtung hervorgerufen, auf den sich der redliche (Zweit-)Erwerber des Papiers verlassen darf.

Der **Verpflichtungswille** des Ausstellers ist der Kern des forderungsbegründenden Tat- 9 bestandes. Der Wille des Ausstellers muss darauf gerichtet sein, die Leistung an jeden berechtigten Inhaber der Urkunde (und nur an ihn) zu erbringen (§ 793 RdNr. 7, 9, 25). Ob das der Fall ist, ist – ebenso wie die Ermittlung des genauen Inhalts des Versprechens – eine Frage der Auslegung.[7] Für die **Auslegung** gilt: Zunächst kommt es auf den Inhalt der Urkunde an. Die Bezeichnung des Gläubigers in der Urkunde spricht gegen den Willen, jedem Inhaber verpflichtet zu sein. Der Wortlaut des § 807 schießt aber über das Ziel hinaus, indem er diesen Fall von vornherein ausklammert. Im Einzelfall ist es nämlich möglich, dass der Aussteller trotz Bezeichnung des Gläubigers auch jedem seiner Rechtsnachfolger zur Leistung verpflichtet sein will.[8] Es liegt also nur eine Auslegungsregel vor. Neben dem Urkundeninhalt sind die Umstände maßgeblich, unter denen die Urkunde ausgegeben wird.[9] Solche Umstände sind vor allem die Bestimmung der Papiere zum Umlauf und ihre massenhafte Emission. Liegt das eine oder das andere oder beides vor, so spricht eine tatsächliche Vermutung für den erforderlichen Verpflichtungswillen.[10] Nicht richtig wäre

---

[5] BGHZ 164, 286, 290 = NJW 2006, 54 = JZ 2006, 368 m. Anm. *Gehrlein*; *Staudinger/Marburger* RdNr. 2, 4.
[6] Zutr. *Staudinger/Marburger* RdNr. 4.
[7] Zur Anwendbarkeit der Grundsätze über die ergänzende Vertragsauslegung auf die Papiere des § 807 s. BGHZ 164, 286, 291 ff. = NJW 2006, 54 = JZ 2006, 368 m. Anm. *Gehrlein*; s. dazu noch § 793 RdNr. 8; ferner *Erman/Heckelmann/Wilhelmi* RdNr. 5.
[8] OLG Darmstadt DJZ 1903, 252; aA *Staudinger/Marburger* RdNr. 6; unentschieden *Soergel/Welter* RdNr. 4; PWW/*Buck-Heeb* RdNr. 2.
[9] *Staudinger/Marburger* RdNr. 4; *Soergel/Welter* RdNr. 5; *Bamberger/Roth/Gehrlein* RdNr. 2.
[10] RGRK/*Steffen* RdNr. 2; *Staudinger/Marburger* RdNr. 4 aE.

§ 807 10–12   Abschnitt 8. Titel 24. Schuldverschreibung auf den Inhaber

jedoch ein Gegenschluss. So gehört die Bestimmung zum Umlauf nicht zu den Voraussetzungen kleiner Inhaberpapiere.[11] Es muss sich auch nicht um eine massenhafte Emission handeln. § 807 kann vielmehr bei atypischen Sachverhalten auch für Einzelstücke Bedeutung erlangen. In Fällen dieser Art sind bei der Auslegung auch die Umstände des Einzelfalls zu berücksichtigen.[12]

10   **4. Einzelfragen.** Die Eigenschaft als kleines Inhaberpapier ist vor allem zu bejahen bei **Eintrittskarten,** soweit sie die Person des Berechtigten nicht individualisieren, also bei Theater-, Konzert- oder Kinokarten, Eintrittskarten zu Besichtigungen (Museum, Galerie), Sportveranstaltungen usw.[13] Das gilt auch, wenn bestimmten Personenkreisen (Schüler, Studenten, Soldaten, Schwerbehinderte, Rentner) eine Preisermäßigung gewährt wird. In diesem Fall muss nur der Inhaber persönlich einen Anspruch auf die Ermäßigung haben, den er, ebenso wie die Innehabung der Karte, bei deren Kontrolle nachweisen muss.[14] Auch Abonnementskarten können im Einzelfall Inhaberzeichen sein. Ist die Person des Berechtigten hingegen individualisiert, handelt es sich bei der Eintrittskarte regelmäßig um ein qualifiziertes Legitimationspapier iS des § 808.[15]

11   Die zweite wesentliche Fallgruppe kleiner Inhaberpapiere wird von **Fahrkarten** gebildet, soweit sie die Person des Berechtigten nicht bezeichnen. Ob es sich um Eisenbahn-, Straßenbahn- oder Busfahrkarten handelt, ist gleichgültig;[16] der früher hM, die Straßenbahnfahrscheine als Quittung oder Zahlungsbeleg einordnete,[17] kann nicht beigetreten werden. Der Qualifizierung als kleines Inhaberpapier steht auch nicht entgegen, dass die Übertragung ausgeschlossen ist. Beschränkungen dieser Art bedeuten lediglich, dass der Schuldner seine Transportleistung nur einem einzigen Gläubiger erbringen will, sind also dahin auszulegen, dass die Übertragung erst nach Fahrtantritt nicht mehr erfolgen kann.[18] Ist die Person des Berechtigten individualisiert, wie dies namentlich bei Wochen-, Monats-, oder Netzkarten der Verkehrsunternehmen der Fall ist, handelt es sich regelmäßig um ein qualifiziertes Legitimationspapier iS des § 808.[19] Zur Verbilligung für bestimmte Personengruppen vgl. RdNr. 10.

12   **Weitere Einzelfälle.** Die Eigenschaft als Inhaberzeichen wird ferner bejaht für Bier- und Essensmarken, **Gutscheine,**[20] Jetons, Rabattmarken und -hefte[21] sowie Sammelgutscheine.[22] Auch Zins- oder Rentenkupons können als kleine Inhaberpapiere ausgegeben werden, also ohne eine faksimilierte Unterschrift nach § 793 Abs. 2 (vgl. RdNr. 15).[23] Auch Telefonkarten sind als Inhaberzeichen einzuordnen,[24] desgleichen

---

[11] *Baumbach/Hefermehl/Casper* WPR RdNr. 50; *Staudinger/Marburger* RdNr. 4; RGRK/*Steffen* RdNr. 2; wohl auch *Soergel/Welter* RdNr. 5.
[12] OLG Marienwerder SeuffA 59 (1904) Nr. 155; KG OLGRspr. 43, 88 f.; aA RGRK/*Steffen* RdNr. 2.
[13] RGZ 133, 388 f. = JW 1932, 862 m. zust. Anm. *Hoffmann*; OLG Köln NJW-RR 1994, 687; OLG Hamburg NJW 2005, 3003; VGH München NJW 1978, 2052, 2053 re. Sp.; *Soergel/Welter* RdNr. 7; *Staudinger/Marburger* RdNr. 5; *Bamberger/Roth/Gehrlein* RdNr. 2.
[14] Vgl. OLG Hamburg HansGZ 1904 Beibl. Nr. 51; AnwK/*Siller* RdNr. 2.
[15] Beispiele: BGH NJW-RR 2004, 989 (Service-Koupon betreffend den Abruf von Diensten eines Inkasso-Unternehmens); BGH NJW 2005, 1774 (Busfahrschein mit namentlicher Nennung des Berechtigten); AG Syke NJW 2003, 1054 (Gutschein für Ballonfahrt); AG Frankfurt/M ZGS 2006, 197, 198; *Weller* NJW 2006, 934, 935 (Tickets für Fußball-WM 2006).
[16] RG EisenbE 22, 165 f.; RGRK/*Steffen* RdNr. 3; *Soergel/Welter* RdNr. 7; *Staudinger/Marburger* RdNr. 5.
[17] *Planck/Landois* Anm. 1 mwN.
[18] RG EisenbE 22, 165 f.; *Baumbach/Hefermehl/Casper* WPR RdNr. 50; *Staudinger/Marburger* RdNr. 5; *Bamberger/Roth/Gehrlein* RdNr. 2; *Erman/Heckelmann/Wilhelmi* RdNr. 5.
[19] Vgl. die Nachweise in Fn. 15, ferner § 808 RdNr. 10.
[20] Vgl. neben den Nachweisen in Fn. 15 noch KG OLGRspr. 43, 88; OLG Düsseldorf NVwZ 1995, 827, 828; aA für den Einzelfall OLG Marienwerder SeuffA 59 (1904) Nr. 155.
[21] BFH NJW 1960, 982 f.
[22] BGHZ 11, 274, 278 f. = NJW 1954, 472 (Orbis-Reisemarken).
[23] AllgM, vgl. zB *Soergel/Welter* RdNr. 7.
[24] OLG Köln ZIP 2000, 1836; *Staudinger/Marburger* RdNr. 5; PWW/*Buck-Heeb* RdNr. 4; zur AGB-Kontrolle von Gültigkeitsbefristungen s. BGHZ 148, 74, 78 ff. = NJW 2001, 2635 (mit Betonung der Bargeldersatz-Funktion der Karte).

Briefmarken;[25] der hiergegen erhobene Einwand, Briefmarken verkörperten kein Leistungsversprechen und seien deshalb nur Geldsurrogat,[26] lässt sich jedenfalls nach Privatisierung der Deutschen Post und dem damit verbundenen Wegfall der öffentlich-rechtlichen Grundlagen nicht mehr aufrechterhalten.

Keine Inhaberzeichen sind Garderobenmarken, Gepäck- und Reparaturscheine (einfache Legitimationszeichen, vgl. RdNr. 4); Wochen-, Monats- und Netzkarten der Verkehrsunternehmen, weil sie nur dem bezeichneten Gläubiger verpflichtet sein wollen (Rektazeichen, vgl. RdNr. 5); Stempelmarken (Geldsurrogat);[27] ec-Karten;[28] Geldkarten, jedenfalls, soweit sie kontogebunden sind;[29] Kreditkarten;[30] Eintrittskarten zu geschlossenen Festlichkeiten.[31] 13

IV. Rechtliche Behandlung

Auf die kleinen Inhaberpapiere finden die **§§ 793 Abs. 1, 794, 796, 797 entsprechende Anwendung.** Weil sie Wertpapiere sind (RdNr. 5), gelten auch die einschlägigen sachenrechtlichen Regeln. Daraus folgt: Mit der Innehabung des Papiers verbindet sich die Legitimationswirkung zugunsten des Inhabers (§ 793 Abs. 1 S. 2; vgl. dort RdNr. 22 ff.). Einwendungen sind dem Aussteller nach der in §§ 794, 796 getroffenen Regelung und den sie ergänzenden Rechtsscheingrundsätzen (§ 796 RdNr. 8 ff.) weitgehend abgeschnitten.[32] Für die Ausübung des Rechts ist die Vorlage der Urkunde erforderlich (§ 797). Seine **Übertragung** kann sich nach sachenrechtlichen Grundsätzen vollziehen. Wird das Inhaberzeichen übereignet, so ist gutgläubiger Erwerb trotz Abhandenkommens möglich (§§ 932, 935 Abs. 2; § 366 HGB). Zwischen dem Aussteller und dem Ersterwerber wirksam vereinbarte Übertragungsbeschränkungen[33] entfalten, soweit die Übereignung des Papiers und nicht die Abtretung des verbrieften Rechts in Frage steht (§ 793 RdNr. 29 ff.), nach § 137 S. 2 nur schuldrechtliche Wirkung.[34] Auf dem Papier vermerkte Übertragungsbeschränkungen beseitigen hingegen den Charakter als Inhaberzeichen (vgl. RdNr. 5).[35] 14

Nicht anzuwenden sind §§ 793 Abs. 2, 798 bis 806. Eine Unterschrift ist also auch in faksimilierter Form nicht erforderlich (vgl. RdNr. 6). Vorlegungsfristen (§§ 801, 802) bestehen nicht. Ein Anspruch auf Erteilung eines Ersatzpapiers und ein Aufgebotsverfahren (§§ 798 bis 800) sind nicht vorgesehen; nach Art. 102 Abs. 1 EGBGB bleiben freilich 15

---

[25] BGHZ 164, 286, 290 f. = NJW 2006, 54 = JZ 2006, 368 m. Anm. *Gehrlein; Staudinger/Marburger* RdNr. 5; näher dazu *Schmidt* NJW 1998, 200, 202 f. Nachweise zur Gegenansicht s. in nachfolgender Fn.

[26] So vor Privatisierung der Deutschen Post RGRK/*Steffen* RdNr. 7; *K. Schmidt* JuS 1990, 62, 63; danach noch *Bamberger/Roth/Gehrlein* 1. Aufl. RdNr. 2; *Weipert*, Die Rechtsnatur der Briefmarke, Diss. Kiel 1996, S. 37 ff., 40.

[27] Vgl. neben den Nachweisen in voriger Fn. *Staudinger/Marburger* RdNr. 6; *Bamberger/Roth/Gehrlein* RdNr. 2.

[28] Gegen Urkundencharakter iS des § 836 Abs. 3 S. 1 ZPO BGH BKR 2003, 349, 350 m. Anm. *Werner* 350 und *Höltgen* 352 = WM 2003, 625; wie hier auch *Baumbach/Hefermehl/Casper* WPR RdNr. 51; PWW/*Buck-Heeb* RdNr. 1; s. ferner BGH WM 1988, 405, 407; für Qualifizierung als Rektapapier *Hofmann* WM 2005, 1305, 1306 ff.

[29] Im Ergebnis ebenso, aber auf den Charakter als Geldsurrogat abstellend, *Staudinger/Marburger* RdNr. 6; *Pfeiffer* NJW 1997, 1036 f.; wie hier wohl PWW/*Buck-Heeb* RdNr. 1; für Qualifizierung der kontogebundenen Geldkarte als Namenspapier sui generis *Schinkels* WM 2005, 450, 453 f., der sich iU mit beachtlichen Gründen für Qualifizierung der kontogebundenen Geldkarte als Inhaberpapier ausspricht.

[30] BGHZ 114, 238, 242 = NJW 1991, 1886; *Staudinger/Marburger* RdNr. 4; *Palandt/Sprau* RdNr. 3; *Baumbach/Hefermehl/Casper* WPR RdNr. 51.

[31] OLG Darmstadt DJZ 1903, 252 (Balleintrittskarte).

[32] Zur (nicht urkundlichen unmittelbaren) Einwendung des Hausverbots s. am Beispiel des „unliebsamen Theaterkritikers" RGZ 133, 388; *Soergel/Welter* RdNr. 6; *Palandt/Sprau* RdNr. 3; eingehend *Eidenmüller* NJW 1991, 1439 ff.; für das Stadionverbot *Breucker* JR 2005, 133.

[33] Vgl. dazu am Beispiel für Fußball-Bundesliga-Karten OLG Hamburg NJW 2005, 3003; dazu *Ensthaler/Zech* NJW 2005, 3389; ferner *Gutzeit* BB 2007, 113, 114 ff.

[34] *Ensthaler/Zech* NJW 2005, 3389, 3390.

[35] Vgl. RdNr. 5 sowie am Beispiel von Fußball-WM-Tickets mit Individualisierung des Berechtigten *Weller* NJW 2005, 934, 935.

§ 808 Abschnitt 8. Titel 24. Schuldverschreibung auf den Inhaber

landesrechtliche Vorschriften betreffend die Kraftloserklärung unberührt.[36] Schließlich sind die §§ 803 ff. für die Masse der Inhaberzeichen nicht einschlägig. Wenn aber Zins- oder Gewinnanteilscheine als Inhaberzeichen ausgestellt werden (RdNr. 12), sind §§ 803, 804 anzuwenden.[37]

§ 808 Namenspapiere mit Inhaberklausel

(1) ¹Wird eine Urkunde, in welcher der Gläubiger benannt ist, mit der Bestimmung ausgegeben, dass die in der Urkunde versprochene Leistung an jeden Inhaber bewirkt werden kann, so wird der Schuldner durch die Leistung an den Inhaber der Urkunde befreit. ²Der Inhaber ist nicht berechtigt, die Leistung zu verlangen.

(2) ¹Der Schuldner ist nur gegen Aushändigung der Urkunde zur Leistung verpflichtet. ²Ist die Urkunde abhanden gekommen oder vernichtet, so kann sie, wenn nicht ein anderes bestimmt ist, im Wege des Aufgebotsverfahrens für kraftlos erklärt werden. ³Die im § 802 für die Verjährung gegebenen Vorschriften finden Anwendung.

Schrifttum: *Arendts/Teuber,* Uralt-Sparbücher – Verjährung von Auszahlungsansprüchen und Beweiswert, MDR 2001, 546; *Canaris,* Inhaberschaft und Verfügungsbefugnis bei Bankkonten, NJW 1973, 825; *Claussen,* Bank- und Börsenrecht, 3. Aufl. 2003, § 5 III 1; *Dunz,* Legitimationswirkung des Sparbuchs – BGHZ 28, 368, JuS 1962, 139; *Chr. Hofmann,* Die ec-/maestro-Karte als Rektapapier, WM 2005, 1305; *Kaiser,* Anforderungen der Rechnungslegungsverordnung an die Spareinlage, WM 1996, 141; *Kolbenschlag,* Die irrtümliche Gutschrift auf ein Sparkonto, WM 1962, 386; *ders.,* Das Kennwort im Verhältnis zur Einschränkung der Legitimationswirkung des Sparkassenbuches durch die Rechtsprechung des BGH, Sparkasse 1967, 39; *Koller,* Wertpapierrecht, in: Gutachten und Vorschläge zur Überarbeitung des Schuldrechts, hrsg. vom Bundesminister der Justiz, Bd. II 1981, S. 1427; *Krautschneider,* Die Legitimationswirkung des Sparbuchs, 1969; *Kümpel,* Bank- und Kapitalmarktrecht, 3. Aufl. 2004, RdNr. 3.83 ff.; *Lang,* Kraftloserklärung von Sparbüchern durch die Sparkasse, Sparkasse 1966, 176; *Lange,* Neue Bedingungen auf dem Sparverkehr: Sparbuch – quo vadis?, BB 1993, 1677; *Lüntersbusch,* Die privatrechtlichen Auswirkungen des Gesetzes über das Kreditwesen auf Einlagen- und Kreditgeschäfte, 1968; *Mordhorst,* Spareinlagen auf fremden Namen, MDR 1956, 4; *Pflug,* Zur Legitimationswirkung des Sparbuchs, ZHR 140 (1976), 175; *Roth,* Die Rechtsnatur des Sparbuchs nach neuem Recht, ÖBA 2001, 295; *Schraepler,* Bankrisiko bei Auszahlung ohne Sparbuch, NJW 1973, 1864; *ders.,* Sparbuchvorlage – Zweck und Zweckverfehlung, ZKredW 1974, 224; *ders.,* Entwertung des Sparbuchs?, NJW 1976, 233; *Sprengel,* Zur Rechtsnatur der Umschreibung einer Spareinlagenforderung, DR 1940, 309; *ders.,* Zur Legitimationswirkung eines Sparkassenbuches bei vorzeitigen Abhebungen durch einen Nichtberechtigten, MDR 1961, 988; *ders.,* Nochmals zur Frage der Legitimationswirkung eines Sparkassenbuches bei vorzeitigen Abhebungen durch einen Nichtberechtigten, MDR 1965, 261; *Weimar,* Tritt Schuldbefreiung ein, wenn die Leistung an einen geschäftsunfähigen oder geschäftsbeschränkten Inhaber eines Sparkassenbuches erfolgt?, JR 1959, 218; *Weller,* Das Übertragungsverbot der Fußball-WM-Tickets – eine angreifbare Vinkulierung durch den DFB, NJW 2005, 934; *Welter,* Aktuelle Rechtsfragen zum Sparbuch, WM 1987, 1117.

Übersicht

	RdNr.		RdNr.
I. Normzweck	1	3. Benennung des Gläubigers	8
II. Das qualifizierte Legitimationspapier im System des Wertpapierrechts	2–4	4. Inhaberklausel	9
		5. Einzelfälle	10
		IV. Rechtliche Behandlung des qualifizierten Legitimationspapiers	11–21
1. Begriff	2	1. Kein Leistungsanspruch des Inhabers	11
2. Rechtsnatur	3	2. Liberationswirkung der Leistung an den nichtberechtigten Inhaber	12–16
3. Abgrenzungen	4	a) Grundsatz	12, 13
III. Die Voraussetzungen des qualifizierten Legitimationspapiers	5–10	b) Ausnahme: Bösgläubigkeit des Ausstellers	14, 15
1. Urkunde	5		
2. Verpflichtungstatbestand	6, 7	c) Sachliche Reichweite	16

---
[36] Dazu 4. Aufl. Art. 102 EGBGB RdNr. 1 f.
[37] *Staudinger/Marburger* RdNr. 7; *RGRK/Steffen* RdNr. 8.

Namenspapiere mit Inhaberklausel 1–3 § 808

	RdNr.		RdNr.
3. Keine Liberationswirkung bei Leistung an den nicht förmlich legitimierten Zedenten	17	4. Grenzen der Liberationswirkung	28–33
		a) Allgemeines	28, 29
		b) Sperrvermerk	30
4. Weitere Konsequenzen des Wertpapiercharakters	18–21	c) Vorzeitige Auszahlung	31–33
a) Vorlegungserfordernis	18	5. Kein Schuldnerschutz bei Leistung an den nicht förmlich legitimierten Zedenten	34, 35
b) Aufgebotsverfahren	19, 20		
c) Verjährung	21	6. Kraftloserklärung	36
V. Insbesondere: Sparbücher	22–36	VI. Prozessuale Fragen	37, 38
1. Grundlagen	22	VII. Neue Bundesländer	39
2. Rechtsnatur	23–25		
3. Der Gläubiger der Einlagenforderung	26, 27		

I. Normzweck

Urkunden des in § 808 umschriebenen Inhalts fand der Gesetzgeber des BGB schon als **1** Ergebnis der praktischen Entwicklung vor. Die Vorschrift bezweckt deshalb lediglich die **gesetzliche Anerkennung** dieser Urkunden als einer **besonderen, durch Betonung des Schuldnerschutzes charakterisierten Wertpapierart**.[1] Sie werden üblicherweise als qualifizierte Legitimationspapiere bezeichnet. An der eingebürgerten Terminologie wird im Folgenden trotz ihrer unverkennbaren Schwächen (Vor § 793 RdNr. 19) festgehalten. Statt von qualifizierten Legitimationspapieren spricht man auch von hinkenden (weil nur über die Liberationswirkung verfügenden, s. RdNr. 3) Inhaberpapieren, Namenspapieren mit Inhaberklausel, qualifizierten Ausweispapieren oder von Namenspapieren mit Inhaberlegitimationsklausel.

II. Das qualifizierte Legitimationspapier im System des Wertpapierrechts

1. Begriff. Qualifizierte Legitimationspapiere sind Urkunden, die ein Recht derart **2** verbriefen, dass der Schuldner nicht jedem Inhaber, sondern nur einer bestimmten Person zur Leistung verpflichtet ist (§ 808 Abs. 1 S. 2), aber durch Leistung an den Inhaber grundsätzlich von seiner Verpflichtung befreit wird (§ 808 Abs. 1 S. 1); vgl. schon Vor § 793 RdNr. 18. Stellt man nicht auf die Rechtsfolgen, sondern auf den Inhalt der Urkunde ab, so ergibt sich als Definition: Die Papiere des § 808 sind Urkunden, die den **Gläubiger** des verbrieften Rechts **bezeichnen, aber** eine **Inhaberklausel enthalten.** Aus der Gegenüberstellung von Gläubiger und Inhaber folgt, dass Inhaber derjenige ist, der die Urkunde tatsächlich in Händen hält. Auf die materielle Berechtigung kommt es insoweit nicht an. Wegen der Einzelheiten vgl. RdNr. 11 ff.

2. Rechtsnatur. Das qualifizierte Legitimationspapier ist Wertpapier iwS,[2] und zwar in **3** der Form eines besonders ausgestalteten Rektapapiers. Die Eigenschaft als **Wertpapier iwS** (Vor § 793 RdNr. 6 ff.) ergibt sich aus § 808 Abs. 2 S. 1 und 2, weil danach die Ausübung des Rechts die Innehabung der Urkunde voraussetzt und bei Verlust der Urkunde ein Aufgebotsverfahren stattfindet. Ein **Rektapapier** (Vor § 793 RdNr. 16) liegt vor, weil die Leistung nicht an den Inhaber als solchen, sondern an den in der Urkunde benannten Gläubiger oder seinen Rechtsnachfolger zu bewirken ist (§ 808 Abs. 1 S. 1). Die **besondere Ausgestaltung** des Rektapapiers besteht in der schuldbefreienden Wirkung, die der Leistung an den nicht berechtigten Inhaber regelmäßig zukommt (§ 808 Abs. 1 S. 1). Sie wird als Legitimationswirkung zugunsten des Gläubigers, treffender als Liberationswirkung bezeichnet (Vor § 793 RdNr. 19, 21) und gibt den Papieren des § 808 den Namen. Dagegen

---

[1] Mot. II S. 722 f. = *Mugdan* II S. 403 f.
[2] AA sind lediglich die Vertreter eines engen Wertpapierbegriffs, vgl. zB *E. Ulmer* Wertpapierrecht S. 93 ff. (wertpapierähnliche Urkunden); sonst allgM, vgl. *Baumbach/Hefermehl/Casper* WPR RdNr. 82 ff.; *Hueck/Canaris* Wertpapierrecht § 30 I; *Zöllner* Wertpapierrecht § 28 I; *Staudinger/Marburger* RdNr. 1; *Soergel/Welter* RdNr. 1, Vor § 793 RdNr. 1; *Erman/Heckelmann/Wilhelmi* RdNr. 1.

§ 808   4–7   Abschnitt 8. Titel 24. Schuldverschreibung auf den Inhaber

ist das qualifizierte Legitimationspapier kein **Wertpapier ieS**, weil die Übertragung des verbrieften Rechts nicht durch Verfügung über die Urkunde, sondern durch Abtretung nach §§ 398 ff. erfolgt (Vor § 793 RdNr. 6 ff., 16).

4   **3. Abgrenzungen.** Aus der Rechtsnatur des qualifizierten Legitimationspapiers ergeben sich die Kriterien für seine Unterscheidung von einfachen Legitimationspapieren und Inhaberpapieren. Mit den **einfachen Legitimationspapieren** haben die qualifizierten zwar die schuldbefreiende Wirkung der Leistung an den nicht berechtigten Inhaber gemeinsam; doch hängt bei Ersteren die Ausübung des Rechts nicht von der Innehabung der Urkunde ab. Sie verbriefen deshalb kein Recht und sind keine Wertpapiere (Vor § 793 RdNr. 21). Auch die Gemeinsamkeit mit den **Inhaberpapieren** beschränkt sich auf die Liberationswirkung zugunsten des Gläubigers (§ 793 Abs. 1 S. 1; vgl. dort RdNr. 20). Sie sind auch keine sachenrechtlicher Übertragung zugänglichen Wertpapiere ieS (§ 793 RdNr. 30).

III. Die Voraussetzungen des qualifizierten Legitimationspapiers

5   **1. Urkunde.** Wie für alle Wertpapiere ist auch für die qualifizierten Legitimationspapiere die Ausgabe einer Urkunde die Grundvoraussetzung. Als Urkunde genügt auch hier (vgl. § 793 RdNr. 5) jede durch Niederschrift verkörperte Gedankenerklärung. Eine besondere **Form** ist nicht vorgeschrieben. Namentlich bedarf die Urkunde zu ihrer Wirksamkeit keiner Unterschrift, auch nicht in der erleichterten Form des § 793 Abs. 2.[3] Als **Mindestinhalt** der Urkunde nennt § 808 Abs. 1 S. 1 das Leistungsversprechen, die Gläubigerbenennung und die Inhaberklausel. Es versteht sich, dass darüber hinaus der Aussteller erkennbar sein und die geschuldete Leistung hinreichend deutlich bezeichnet sein muss; die Angabe des Schuldgrundes ist entbehrlich.[4]

6   **2. Verpflichtungstatbestand.** Die Urkunde muss ein **Leistungsversprechen** enthalten. Anders als bei den Wertpapieren ieS entsteht jedoch durch die Verbriefung keine neue Forderung. Es wird vielmehr eine Forderung verbrieft, die anderweitig begründet ist, etwa durch Sparvertrag und Einlageleistung (vgl. RdNr. 26). Das qualifizierte Legitimationspapier wirkt also nicht konstitutiv, sondern hat **nur deklaratorische Bedeutung;**[5] insoweit ist es einem Schuldschein vergleichbar.[6] Weil es sich um ein deklaratorisches Wertpapier handelt, schließt es das forderungsbegründende Verhältnis ein, ist es also zwangsläufig nicht abstrakt, sondern kausal.[7] Wenn keine Forderung besteht, kann sie auch durch die Verbriefung nicht ins Leben treten. Möglich ist lediglich eine Rechtsscheinhaftung des Ausstellers gegenüber Dritten. Bei unrichtigem Urkundeninhalt ist nicht die Urkunde, sondern das Grundverhältnis maßgeblich. Die Urkunde ist deshalb vom Aussteller zu berichten, wenn der Gläubiger es verlangt.[8]

7   Weil die verpflichtende Wirkung allein von dem Kausalverhältnis ausgeht, das zwischen Aussteller und Gläubiger besteht, gibt es bei den qualifizierten Legitimationspapieren **keinen spezifisch wertpapierrechtlichen Verpflichtungstatbestand.** Es kommt deshalb insoweit nicht darauf an, ob man im Streit der Wertpapierrechtstheorien der Lehre vom mehrgliedrigen Rechtsgeschäft oder der Vertragstheorie folgt (Vor § 793 RdNr. 22 ff.). Ein Begebungsvertrag ist nicht einmal erforderlich, um den Gläubiger zum Eigentümer der Urkunde zu machen; denn das Eigentum erwirbt er nach § 952 Abs. 2 kraft Gesetzes, sobald die Forderung entsteht. Der in der Ausgabe der Urkunde und ihrer Annahme durch den

---

[3] *Planck/Landois* Anm. 2a; RGRK/*Steffen* RdNr. 16; *Staudinger/Marburger* RdNr. 9.
[4] RGRK/*Steffen* RdNr. 15 f.; *Staudinger/Marburger* RdNr. 9.
[5] *Staudinger/Marburger* RdNr. 12; *Soergel/Welter* RdNr. 1; *Bamberger/Roth/Gehrlein* RdNr. 1; *Hueck/Canaris* Wertpapierrecht § 30 II 1; vgl. auch OLG Hamm EWiR 1999, 313.
[6] OLG Dresden SeuffA 63 Nr. 224.
[7] *Zöllner* Wertpapierrecht § 5 IV; vgl. auch OLG Hamm EWiR 1999, 313: Gutschrift auf Sparkonto stellt kein abstraktes Schuldversprechen dar.
[8] OLG Hamm NJW 1961, 1311 m. Anm. *Rötelmann*, RGRK/*Steffen* RdNr. 18.

Gläubiger liegende Vertrag hat deshalb nur die Bedeutung, die rechtliche Eigenschaft als qualifiziertes Legitimationspapier einverständlich festzulegen.[9]

3. Benennung des Gläubigers. Ein Papier iS des § 808 liegt vor, wenn der Gläubiger in der Urkunde benannt ist. Das entspricht seinem Charakter als einem, wenn auch besonders ausgestalteten, Rektapapier (RdNr. 3) und ermöglicht für den Regelfall seine Unterscheidung von den Inhaberpapieren. Die Vorschrift ist jedoch nicht schematisch anzuwenden. Ob das eine oder das andere vorliegt, hängt nämlich letztlich von dem Verpflichtungswillen des Ausstellers ab, der wiederum durch Auslegung zu ermitteln ist (§ 793 RdNr. 9). Indem das Gesetz die Gläubigerbenennung voraussetzt, gibt es nicht mehr als eine **Auslegungsregel** (vgl. auch § 807 RdNr. 9); ein zwingendes Erfordernis des qualifizierten Legitimationspapiers ist damit nicht aufgestellt.[10] Deshalb kann einerseits ein qualifiziertes Legitimationspapier auch ohne Namensnennung vorliegen, nämlich dann, wenn die Person des Berechtigten feststeht und der Aussteller nur ihm verpflichtet sein will und soll. Andererseits kann die Auslegung ergeben, dass trotz Namensnennung ein Inhaberpapier vorliegt; so dient die Bezeichnung des Einlagerers in einem auf Inhaber lautenden Lagerschein nur der näheren Bestimmung des Schuldgegenstandes, nicht der Individualisierung des Gläubigers.[11] Schließlich muss die benannte Person nicht unbedingt der Gläubiger sein. Wer Gläubiger ist, richtet sich vielmehr nach dem der Urkunde zugrunde liegenden Vertragsverhältnis (vgl. RdNr. 26 zum Sparbuch).

4. Inhaberklausel. Die Urkunde muss schließlich mit der Bestimmung ausgegeben werden, dass der Aussteller an jeden Inhaber leisten kann, obwohl er die Leistung nur einer bestimmten, regelmäßig in der Urkunde benannten Person (RdNr. 8) oder ihrem Rechtsnachfolger schuldet. Das bedeutet: Dem Aussteller muss das Recht vorbehalten sein, mit schuldbefreiender Wirkung an einen Dritten zu leisten, sofern dieser Inhaber der Urkunde ist (RdNr. 12 ff.). Das Risiko irrtümlicher Leistung an den Nichtberechtigten kann der Aussteller aber nicht einseitig auf den Gläubiger abwälzen. Seine Bestimmung gilt deshalb nur mit dessen Einverständnis. Ob eine Vereinbarung dieses Inhalts getroffen ist, ist wiederum **Auslegungsfrage.** In der Urkunde selbst muss sie nicht enthalten sein. Es genügt vielmehr, dass die Vereinbarung der Ausgabe der Urkunde zugrunde liegt. Wenn die Ausgabe einer Urkunde als qualifiziertes Legitimationspapier verkehrstypisch ist, spricht eine Vermutung für das Recht des Ausstellers, mit schuldbefreiender Wirkung an einen Dritten zu leisten.[12] Bloße Erschwerungen der Prüfungspflicht (zB Sparbuch mit Kennwort) heben die Eigenschaft als Papier iS des § 808 nicht auf.

5. Einzelfälle. Typische Anwendungsfälle des § 808 sind: Sparbücher;[13] Fahr- und Eintrittskarten sowie Gutscheine, wenn sie den Berechtigten namentlich bezeichnen (§ 807 RdNr. 10 ff.); Flugscheine;[14] Versicherungsscheine mit Inhaberklausel, und zwar notwendig im Geltungsbereich des § 4 Abs. 1 VVG,[15] üblicherweise aber auch in der Seeversicherung.[16] Ein Papier iS des § 808 ist weiter in folgenden Einzelfällen angenommen worden: bei Bezugsausweisen (sog. Landabsatzscheine), die zum Bezug von Kohle

---

[9] *Hueck/Canaris* Wertpapierrecht § 30 II 2; *Staudinger/Marburger* RdNr. 11 f.
[10] Ähnlich RGRK/*Steffen* RdNr. 4; *Staudinger/Marburger* RdNr. 2, 9; *Soergel/Welter* RdNr. 2; *Palandt/Sprau* RdNr. 1; wohl auch PWW/*Buck-Heeb* RdNr. 1.
[11] RGZ 59, 374 f.; vgl. auch RGZ 78, 149, 152.
[12] BGH LM ADS Nr. 4 = NJW 1962, 1436, 1437 re. Sp.; *Staudinger/Marburger* RdNr. 7; RGRK/*Steffen* RdNr. 12 mwN zur älteren Rspr.
[13] Näher dazu RdNr. 23 ff.; zu Sparbriefen, Sparkassenbriefen, Sparkassenobligationen s. RdNr. 23 aE.
[14] BGHZ 62, 71 = LM § 631 Nr. 26 m. Anm. *Pfretzschner* = NJW 1974, 852, 853 li. Sp.; AG Düsseldorf NJW-RR 2000, 1442 li. Sp.; AG Frankfurt/M NJW-RR 2004, 1699.
[15] BGH LM ADS Nr. 4 = NJW 1962, 1436, 1437; BGHZ 123, 224, 228 = LM § 16 VVG Nr. 17 A = NJW 1993, 2807; BGH NJW-RR 1999, 898, 899; NJW 2000, 2103, 2104; RGZ 145, 322; OLG Hamburg VersR 1999, 217; OLG Karlsruhe VersR 1956, 217; NJW-RR 1999, 230, 231; OLG Koblenz VersR 2002, 873; *Sieg* VersR 1977, 213. – Vgl. zur Lebensversicherung auch § 11 Abs. 1 ALB nF.
[16] BGH LM ADS Nr. 4 = NJW 1962, 1436, 1437 re. Sp. mwN.

und Koks ab Zeche berechtigen;[17] bei dem Depotschein einer Bank über die Inpfandnahme von Wertpapieren;[18] ausnahmsweise bei einem an Order lautenden Lagerschein;[19] bei einem Leihhausschein oder Pfandschein.[20] Offengelassen wurde die Frage für ein auf den Namen lautendes Rabattmarkenheft.[21] Nicht unter § 808 fallen **ec-, Kredit- und Geldkarten.**[22]

IV. Rechtliche Behandlung des qualifizierten Legitimationspapiers

11 **1. Kein Leistungsanspruch des Inhabers.** Nach § 808 Abs. 1 S. 2 hat der Inhaber der Urkunde als solcher keinen Anspruch auf die Leistung des Ausstellers. Dessen Gläubiger ist vielmehr **nur der materiell Berechtigte.** Die Berechtigung ist auf Verlangen in vollem Umfang nachzuweisen, etwa durch Vorlage einer Abtretungsurkunde.[23] Die bloße Vorlegung der verbrieften Urkunde ist kein Nachweis[24] und begründet nicht einmal die Vermutung, dass dem Inhaber die Forderung zusteht (vgl. RdNr. 38). Auch die Eigentumsvermutung des § 1006 greift nicht zugunsten des Urkundenbesitzers ein, weil das Eigentum an der Urkunde nach § 952 ohne Besitzwechsel übergeht.[25] Solange der Nachweis der Gläubigerstellung nicht gelungen ist, braucht der Aussteller nicht zu leisten. Er kommt deshalb auch dann nicht in Schuldnerverzug, wenn die weiteren Voraussetzungen des § 286 vorliegen sollten.

12 **2. Liberationswirkung der Leistung an den nichtberechtigten Inhaber. a) Grundsatz.** Nach § 808 Abs. 1 S. 1 befreit die Leistung an den Inhaber der Urkunde den Schuldner von seiner Verbindlichkeit.[26] Das ist selbstverständlich und folgt schon aus § 362 Abs. 1, wenn die Forderung ohnehin dem Inhaber der Urkunde zusteht. Bedeutung hat die Vorschrift also nur, wenn ein anderer als der Urkundeninhaber Gläubiger der Forderung ist. Für diese Fälle bezweckt und bewirkt die Ausgestaltung als qualifiziertes Legitimationspapier den Schutz des Schuldners (vgl. RdNr. 1); denn ihm wird das Risiko der Doppelzahlung und der Uneinbringlichkeit seiner Kondiktion (§ 812 Abs. 1 S. 1 Alt. 1) gegen den vermeintlichen Gläubiger abgenommen.[27] In dieser Legitimationswirkung zugunsten des Ausstellers, treffender in der Liberationswirkung (Vor § 793 RdNr. 19, 21), liegt der **Regelungskern des § 808.**

13 Der Aussteller ist nicht verpflichtet, die Berechtigung, Verfügungsbefugnis oder Vertretungsmacht des Inhabers zu prüfen (vgl. aber RdNr. 14 ff.). Er ist aber auch nicht verpflichtet, die Leistung zu erbringen (RdNr. 11). Der Aussteller entscheidet also nach **Gutdünken,**[28] ob er die Leistung an den Inhaber ohne Prüfung seiner Berechtigung erbringt oder nicht. Statt zu leisten, kann er auch abwarten, bis der Streit mehrerer Prätendenten gerichtlich geklärt ist,[29] oder die Schuldsumme hinterlegen. Schließlich spielt es keine Rolle, aus welchen Gründen sich die Urkunde nicht in den Händen des Gläubigers befindet. Der

---

[17] BGHZ 9, 333 f. = LM § 816 Nr. 3 m. Anm. *Ascher*; NJW 1953, 1020.
[18] RGZ 118, 34, 38; *Staudinger/Marburger* RdNr. 4.
[19] OLG Kiel OLGRspr. 22, 348; vgl. aber auch RGZ 59, 374 f. sowie RGZ 78, 149, 152 und dazu RdNr. 8.
[20] RG JW 1915, 242; RGZ 86, 86 f.; OLG Dresden JW 1922, 505 m. Anm. *Stein*.
[21] RGZ 73, 107 (108: nur Referat des Berufungsurteils); vgl. aber auch BFH NJW 1960, 982 f.
[22] Vgl. dazu bereits § 807 RdNr. 13; ausdrücklich gegen Anwendbarkeit des § 808 auf die Kreditkarte BGHZ 114, 238, 242 = NJW 1991, 1886 (missinterpretiert bei *Jauernig/Stadler* RdNr. 3).
[23] RG JW 1909, 413.
[24] RGZ 145, 322, 325.
[25] BGH LM ZPO § 256 Nr. 101 = NJW 1972, 2268 f.
[26] BGHZ 28, 368, 370 = LM Nr. 1 m. Anm. *Rietschel* = NJW 1959, 622; BGHZ 46, 198, 202 = LM § 331 Nr. 3 m. Anm. *Mormann* = NJW 1967, 101; BGH NJW 2000, 2103, 2104 f.; OLG Koblenz VersR 2002, 873, 874.
[27] Zur Möglichkeit des Schuldners, auf die Liberationswirkung zu verzichten und seine an den Inhaber erbrachte Leistung zu kondizieren, wenn ihm Zweifel an dessen Berechtigung kommen, s. OLG Düsseldorf NJW-RR 2006, 1470.
[28] RGZ 89, 401, 403.
[29] BGHZ 46, 198, 202 = LM § 331 Nr. 3 m. Anm. *Mormann* = NJW 1967, 101.

Aussteller wird also auch dann durch § 808 Abs. 1 S. 1 geschützt, wenn das Papier abhanden gekommen ist.

b) Ausnahme: Bösgläubigkeit des Ausstellers. Nach dem Wortlaut des § 808 Abs. 1 14 S. 1 tritt die Liberationswirkung schlechterdings ein, also ohne Rücksicht auf die Gut- oder Bösgläubigkeit des Ausstellers. Die Vorschrift schießt damit ebenso über das Ziel hinaus wie § 793 Abs. 1 S. 2 und ist ähnlich wie diese Bestimmung (§ 793 RdNr. 36 f.) einschränkend auszulegen.[30] Zweifelhaft und streitig ist allerdings, unter welchen Voraussetzungen die Leistung des Ausstellers nicht schuldbefreiend wirkt. Praktische Bedeutung hat die Frage vor allem bei der Auszahlung von Sparguthaben (RdNr. 28 f.); sie betrifft aber nicht nur das Sparbuch, sondern alle Papiere iS des § 808.

Nach der **früher hM**[31] schaden dem Aussteller nur positive Kenntnis der Nichtberechti- 15 gung oder eine Leistung unter Verstoß gegen Treu und Glauben (§ 242). Wann das Zweite vorliegt, ist in der Rechtsprechung nicht konkretisiert worden; grobe Fahrlässigkeit soll nach denen nicht ausreichen, die sich dieser Meinung im Schrifttum angeschlossen haben.[32] **Heute** wird dagegen überwiegend angenommen, dass grobe Fahrlässigkeit den Schuldnerschutz ausschließt.[33] Dieser Ansicht sind im Ergebnis auch jene zuzurechnen, die zwar wie früher einen Verstoß gegen Treu und Glauben fordern, diesen aber schon bei grober Fahrlässigkeit bejahen.[34] Die Streitfrage ist im Rahmen des § 808 **im Grundsatz ebenso** zu entscheiden **wie für § 793 Abs. 1 S. 2** (vgl. dort RdNr. 36 f.); denn die Liberationswirkung kann bei den qualifizierten Legitimationspapieren nicht weitergehen als bei den Inhaberpapieren. Grobe Fahrlässigkeit des Ausstellers schließt es deshalb aus, dass seine Leistung an den Nichtberechtigten schuldbefreiend wirkt. Anders als bei den Inhaberpapieren ist nicht erforderlich, dass der Aussteller über liquide Beweismittel für die fehlende Berechtigung verfügt; denn im Rahmen des § 808 ist es gerade Sache des Inhabers, seine Berechtigung nachzuweisen, weil es keine Legitimationswirkung zu seinen Gunsten gibt (RdNr. 11).[35]

c) Sachliche Reichweite. Geschützt wird nicht nur der gute Glaube an die Gläubiger- 16 stellung. Vielmehr genügt es auch, dass der Aussteller auf eine anderweitig begründete **Verfügungsmacht** oder auf die **Vertretungsmacht** des Inhabers vertraut.[36] Geschützt wird nach hM[37] auch der gute Glaube an die **Geschäftsfähigkeit**. Daran ist festzuhalten, weil sich der Aussteller nach dem Sinn des § 808 Abs. 1 S. 1 gerade nicht um die Interna des Inhabers zu kümmern braucht (vgl. § 793 RdNr. 37). Soweit er sie jedoch kennt, kann die Schutzfunktion des § 808 Abs. 1 S. 1 zurücktreten; bei Zahlung an den als solchen legitimierten Vormund tritt deshalb keine Erfüllungswirkung ein, wenn die vormundschafts-

---

[30] Im Grundsatz allgM, vgl. statt vieler *Canaris* Bankvertragsrecht RdNr. 1185; *Staudinger/Marburger* RdNr. 24.
[31] RGZ 89, 401, 403; RGRK/*Steffen* RdNr. 45.
[32] RGRK/*Steffen* RdNr. 45 f.
[33] OLG Düsseldorf NJW 1987, 654, 655; OLG Köln VersR 1990, 1338; LG Hamburg NJW 1983, 1860 f.; AG Viechtach FamRZ 2003, 451; *Canaris* Bankvertragsrecht RdNr. 1185; *Krautschneider* S. 80 f.; *Weimar* JR 1959, 218; *Hueck/Canaris* Wertpapierrecht § 30 III 3; *Zöllner* Wertpapierrecht § 28 III 2 a; *Staudinger/Marburger* RdNr. 24; *Bamberger/Roth/Gehrlein* RdNr. 3; *Erman/Heckelmann/Wilhelmi* RdNr. 2; *Palandt/Sprau* RdNr. 4; *Jauernig/Stadler* RdNr. 7; *Bamberger/BGB/Siller* RdNr. 5; wohl auch *Soergel/Welter* RdNr. 5; ders. WM 1987, 1117, 1123; offen gelassen von BGHZ 28, 368, 374 = LM Nr. 1 m. Anm. *Rietschel* = NJW 1959, 622; PWW/*Buck-Heeb* RdNr. 5.
[34] OLG Koblenz VersR 2002, 873, 874; *Baumbach/Hefermehl/Casper* WPR RdNr. 83.
[35] Ebenso *Staudinger/Marburger* RdNr. 25.
[36] Wohl unstreitig, s. *Staudinger/Marburger* RdNr. 26; *Palandt/Sprau* RdNr. 4; ferner BGHZ 28, 368, 370 = LM Nr. 1 m. Anm. *Rietschel* = NJW 1959, 622.
[37] OLG Düsseldorf WM 1971, 231 ff.; *Dunz* JuS 1962, 139; *Weimar* JR 1959, 218; *Westermann* FamRZ 1967, 645, 652; *Krautschneider* S. 90 f. mwN; RGRK/*Steffen* RdNr. 47; *Bamberger/Roth/Gehrlein* RdNr. 3; *Palandt/Sprau* RdNr. 4; BankR-HdB/*Gößmann* § 71 RdNr. 51; offen gelassen von BGHZ 28, 368, 374 = LM Nr. 1 m. Anm. *Rietschel* = NJW 1959, 622; BayObLG NJW 1968, 600; aA *Nitschke* JuS 1968, 541, 546; *Canaris* Bankvertragsrecht RdNr. 1186; *Staudinger/Marburger* RdNr. 26; AnwK-BGB/*Siller* RdNr. 5.

§ 808   17–19   Abschnitt 8. Titel 24. Schuldverschreibung auf den Inhaber

gerichtliche Genehmigung nach § 1812 fehlt.[38] Von der Liberationswirkung grundsätzlich nicht umfasst ist im Übrigen die Abgabe von **Willenserklärungen** durch den nichtberechtigten Inhaber der Urkunde mit Wirkung für den Gläubiger.[39] Ausgenommen sind allein Willenserklärungen, die zur Geltendmachung des verbrieften Rechts (etwa die Kündigung des Sparguthabens oder die Kündigung des Lebensversicherungsvertrags zum Zwecke der Erlangung des Rückkaufwerts) oder zur Entgegennahme der versprochenen Leistung erforderlich sind.[40]

17   **3. Keine Liberationswirkung bei Leistung an den nicht förmlich legitimierten Zedenten.** Bei Abtretung der Forderung wird der Schuldner, der irrtümlich an den Altgläubiger (Zedenten) geleistet hat, normalerweise durch § 407 geschützt; denn er hat das Recht, eine zweite Leistung an den Neugläubiger (Zessionar) zu verweigern. § 407 gilt jedoch nicht, wenn die Forderung gemäß § 808 verbrieft ist; denn der Aussteller wird durch das Vorlageerfordernis (RdNr. 18) hinreichend geschützt (vgl. Vor § 793 RdNr. 16 f.).[41] Durch die Leistung an seinen bisherigen Gläubiger wird er also nur dann befreit, wenn dieser noch Inhaber der Urkunde ist. Leistet er dagegen an den Zedenten, ohne sich die Urkunde vorlegen zu lassen, so bleibt er dem Zessionar verpflichtet, ohne dass ihm das Leistungsverweigerungsrecht des § 407 zusteht. Verzicht auf die Vorlegung der Urkunde begründet also das Risiko der Doppelleistung. Zum Sparbuch insbesondere vgl. RdNr. 34 f.

18   **4. Weitere Konsequenzen des Wertpapiercharakters. a) Vorlegungserfordernis.** § 808 Abs. 2 fasst ergänzende Rechtssätze zusammen, die sich daraus ergeben, dass die in § 808 Abs. 1 S. 1 umschriebenen Urkunden Wertpapiere sind. Nach § 808 Abs. 2 S. 1 gilt auch für Papiere dieser Art das Vorlegungserfordernis. Die Bestimmung entspricht § 797 S. 1. Hier wie dort hat der Aussteller also das Recht, seine Leistung bis zur Aushändigung oder Vorlegung der Urkunde zurückzuhalten (§ 797 RdNr. 2). Die verbriefte Verbindlichkeit ist Holschuld (§ 797 RdNr. 3). Teilleistungen sind zu quittieren (§ 797 RdNr. 4). Wem das Eigentum an der Urkunde nach der Aushändigung zusteht, ist in § 808 Abs. 2 S. 1 anders als in § 797 S. 2 nicht geregelt. Auch hier (vgl. § 797 RdNr. 5) folgt aus dem Rechtsgedanken des § 952, dass der Aussteller mit dem Erlöschen der Forderung Eigentümer des Papiers wird. Er ist freilich nicht gehindert, es nach Entwertung an den bisherigen Inhaber zurückzugeben.

19   **b) Aufgebotsverfahren.** Nach § 808 Abs. 2 S. 2 ist das qualifizierte Legitimationspapier ebenso wie das Inhaberpapier (§ 799) dem Aufgebotsverfahren zugänglich.[42] Darin kommt ein allgemeiner Rechtsgedanke zum Ausdruck, der auf andere Rektapapiere, bei denen eine entsprechende Bestimmung fehlt, zu übertragen ist (Vor § 793 RdNr. 10). Der Begriff des Abhandenkommens ist ebenso zu bestimmen wie bei den Inhaberpapieren (vgl. § 799 RdNr. 5). Für das Verfahren gelten die §§ 1003 ff. ZPO (Überblick: § 799 RdNr. 7 ff.) in den durch § 1023 ZPO bezeichneten Grenzen. Wie im Fall des § 799 ersetzt zwar die Vorlegung des Urteils diejenige der Urkunde.[43] Wer die Kraftloserklärung durch Ausschlussurteil erlangt hat, muss dem Aussteller gleichwohl auf Verlangen sein Gläubigerrecht nachweisen; denn das Urteil entfaltet insoweit keine weiterge-

---

[38] OLG Karlsruhe NJW-RR 1999, 230, 231 li. Sp.; vgl. auch BGH NJW-RR 1999, 898, 899 re. Sp. (Einzelfallkorrektur gemäß § 242); AG Nürnberg VersR 2002, 875 (Prüfungspflicht bei Auszahlung auf Konto des Betreuers des Versicherungsnehmers).
[39] BGHZ 28, 368, 373 = LM Nr. 1 m. Anm. *Rietschel* = NJW 1959, 622; BGHZ 64, 278, 287 f. = NJW 1975, 1507; BGH NJW 2000, 2103, 2105; OLG Koblenz VersR 2002, 873, 874; *Pflug* ZHR 140 (1976), 175, 198 ff.; aA *Staudinger/Marburger* RdNr. 27; *Hueck/Canaris* Wertpapierrecht § 27 III 3.
[40] BGHZ 64, 278, 287 f. = NJW 1975, 1507; BGH NJW 2000, 2103, 2105; OLG Koblenz VersR 2002, 873, 874.
[41] AllgM, vgl. statt vieler *Baumbach/Hefermehl/Casper* WPR RdNr. 66.
[42] Zu möglichen Rückwirkungen (und deren Grenzen) auf die Inhaltskontrolle von Beförderungsbedingungen s. BGH NJW 2005, 1774 f.
[43] BGH NJW 2005, 1774, 1775.

hende Wirkung als die Vorlage der Urkunde, und darin allein liegt noch kein Nachweis der Berechtigung.[44] Die Vorschrift des § 800 S. 2 ist auch nicht entsprechend anwendbar (RdNr. 36).[45]

§ 808 Abs. 2 S. 2 steht unter dem **Vorbehalt anderweitiger Regelung**. Abweichende Bestimmungen finden sich auf Grund des Art. 102 Abs. 2 EGBGB vor allem in den Landesgesetzen[46] und hier insbesondere im Sparkassenrecht (vgl. noch RdNr. 36).

c) **Verjährung**. § 808 Abs. 2 S. 3 verweist auf § 802. Die Verjährung wird also auch bei den qualifizierten Legitimationspapieren durch die Zahlungssperre gehemmt. § 801 gilt dagegen mangels Bezugnahme nicht.[47] Abgesehen von der hemmenden Wirkung der Zahlungssperre sind also die §§ 195 ff. maßgeblich. Vertragliche Abkürzung der Verjährungsfrist ist, wie aus § 202 Abs. 1 folgt, zulässig (§ 202 RdNr. 6 ff.).

V. Insbesondere: Sparbücher

1. **Grundlagen.** Das BGB enthält weder eine besondere Regelung des Sparvertrags noch des Sparbuchs. Eine entsprechende Ergänzung des Gesetzes ist auch nicht angezeigt.[48] Die **Rechtsnatur des Sparvertrags** ist streitig; nach hM, an der festzuhalten ist, handelt es sich um einen Darlehensvertrag (Vor § 488 RdNr. 67; § 700 RdNr. 16). Die **aufsichtsrechtlichen Grundlagen,** die früher in den §§ 21, 22 KWG enthalten waren, sind durch Art. 1 Nr. 17, Art. 9 der 4. KWG-Novelle vom 21. 12. 1992[49] mit Wirkung vom 1. 7. 1993 entfallen. Diese Bestimmungen wandten sich zwar unmittelbar nur an Kreditinstitute, ihr Regelungsgehalt beherrschte aber auch das Rechtsverhältnis zwischen den Instituten und ihren Kunden, weil die Kreditwirtschaft gehalten war, entsprechend §§ 21, 22 KWG zu verfahren.[50] Eine **Definition** der Spareinlagen findet sich nunmehr in § 21 Abs. 4 RechKredV.[51] Wesentliche Änderungen gegenüber der früheren Rechtslage sind nicht zu verzeichnen; insbesondere bedarf es nach wie vor einer urkundlichen Verbriefung (§ 21 Abs. 4 Nr. 1 RechKredV).[52] Die rechtliche Ausgestaltung des Kundenverhältnisses erfolgt durch die weitgehend, aber nicht gänzlich übereinstimmenden Bedingungen für Sparkonten[53] sowie durch das in Art. 99 EGBGB vorbehaltene Sonderrecht der Sparkassen[54] und die auf dieser Grundlage getroffenen Satzungsregelungen.

2. **Rechtsnatur.** Auf der Basis des weiten Wertpapierbegriffs (Vor § 793 RdNr. 6 ff.) entspricht die Einordnung des Sparbuchs als qualifiziertes Legitimationspapier der durchaus **hM,**[55]

---

[44] Vgl. RdNr. 11; ferner *Staudinger/Marburger* RdNr. 35.
[45] BGH NJW-RR 1998, 1661, 1662; aA *Staudinger/Marburger* RdNr. 35.
[46] Dazu 4. Aufl. Art. 102 EGBGB RdNr. 1 f.; *Staudinger/Marburger* RdNr. 36 f.
[47] *Staudinger/Marburger* RdNr. 39; AnwK-BGB/*Siller* RdNr. 7; aA wohl AG Syke NJW 2003, 1054 („unter Hinweis auf § 801 Abs. 3").
[48] Vgl. dazu *Koller* S. 1427, 1463 ff.
[49] BGBl. I S. 2211; vgl. dazu RegBegr., BR-Drucks. 504/92 S. 35 f. (Deregulierung); Überblick bei *Dürselen* ZBB 1993, 266 ff.; *Lange* BB 1993, 1677 ff.
[50] Ausführlich *Lüntersbusch* S. 341 f.
[51] VO über die Rechnungslegung der Kreditinstitute (RechKredV) idF der Bek. vom 11. 12. 1998 (BGBl. I S. 3658), zuletzt geändert durch Gesetz vom 22. 5. 2005 (BGBl. I S. 1373); vgl. dazu RegBegr., BT-Drucks. 12/4876 S. 6 f. (Minimalregelung, die den besonderen Charakter von Spareinlagen gewährleisten soll, ohne anderen Ausgestaltungen entgegenzustehen); BankR-HdB/*Gößmann* § 70 RdNr. 10 ff.
[52] Einzelheiten bei *Kaiser* WM 1996, 141 ff.; vgl. seither noch BAKred. Rundschreiben I 3–1097 RechKredV-1/97; *Soergel/Welter* RdNr. 6; BankR-HdB/*Gößmann* § 70 RdNr. 15 ff.
[53] Abdruck bei *Hüffer/van Look,* Rechtsfragen zum Bankkonto, 4. Aufl. 2000, Anh. I; BankR-HdB/*Gößmann* § 71, dort auch Nachweise zu den einschlägigen Verbandsempfehlungen.
[54] Zusammenstellung der Landesgesetze in 4. Aufl. Art. 99 RdNr. 2; s. dazu auch RGZ 117, 257, 259 ff.
[55] BGHZ 28, 368, 370 = LM Nr. 1 m. Anm. *Rietschel* = NJW 1959, 622; BGHZ 46, 198, 202 = LM § 331 Nr. 3 m. Anm. *Mormann* = NJW 1967, 101; BGH NJW-RR 1998, 1661, 1662; *Koller* S. 1427, 1464; *Canaris* Bankvertragsrecht RdNr. 1181; *Hueck/Canaris* Wertpapierrecht § 30 I 1; *Claussen,* Bank- und Börsenrecht, 3. Aufl. 2003, § 5 RdNr. 48; *Zöllner* Wertpapierrecht § 28 II; BankR-HdB/*Gößmann* § 71 RdNr. 24; *Staudinger/Marburger* RdNr. 49; *Erman/Heckelmann/Wilhelmi* RdNr. 5; *Bamberger/Roth/Gehrlein* RdNr. 4; PWW/*Buck-Heeb* RdNr. 7; *Palandt/Sprau* RdNr. 3, 6; AnwK-BGB/*Siller* RdNr. 8; *Jauernig/Stadler* RdNr. 3 ff.; im Grundsatz auch *Baumbach/Hefermehl/Casper* WPR RdNr. 86; *Soergel/Welter* RdNr. 7.

doch ist die Frage in Bewegung geraten. Eine im Schrifttum[56] entwickelte, von den Instanzgerichten[57] teilweise aufgegriffene **Mindermeinung** verneint nämlich den Wertpapiercharakter, weil das Sparbuch zivilrechtlich nicht als Vorlegungspapier ausgestaltet sei. § 21 Abs. 4 S. 3 KWG aF (RdNr. 22), wonach Verfügungen über Spareinlagen nur gegen Vorlegung der Urkunde zugelassen werden durften, sollte als Aufsichtsnorm ohne Bedeutung für das Verhältnis zwischen dem Kreditinstitut und seinem Kunden sein, und die inhaltlich entsprechenden Regelungen der Bedingungen für Sparkonten bzw. des Satzungsrechts der Sparkassen sollten lediglich einen Hinweis auf die aufsichtsrechtliche Lage enthalten. Praktische Bedeutung hat die Streitfrage, wenn der Sparer Zahlungen des Kreditinstituts erlangt, nachdem er die Forderung unter Übergabe des Buches an einen Dritten abgetreten hat (RdNr. 33f.). Einigkeit besteht darin, dass **Sparbriefe** (bzw. Sparkassenbriefe) und Sparkassenobligationen nicht unter § 808 fallen. Erstere sind Rekta-, letztere Orderschuldverschreibungen.[58]

24 Vorbehaltlich besonderer Abreden ist das Sparbuch – ebenso wie die zunehmend ausgegebene **Sparkarte**[59] – ein auf den Namen lautendes Vorlegungspapier, mithin **Rektapapier** und als solches Wertpapier.[60] Das folgt freilich nicht schon aus § 808, weil die Vorschrift das Papier nicht selbst ausgestaltet, sondern eine entsprechende Regelung der Beteiligten voraussetzt (RdNr. 8 f.). Es ergab sich auch nicht aus § 21 Abs. 4 S. 3 KWG aF allein, weil sich diese Bestimmung nur an die Kreditinstitute wandte. Die Eigenschaft als Rektapapier wird aber durch das **Klausel- und Satzungsrecht** begründet, *weil und soweit* es die Vorlegung der Urkunde verlangt. Die Annahme eines bloßen Hinweises auf aufsichtsrechtliche Regelungen war und ist fern liegend.

25 Während das Sparbuch aufgrund der durch das Klausel- und Satzungsrecht begründeten Vorlagepflicht (RdNr. 24) Rektapapier ist, ist die **Liberationswirkung** des § 808 Abs. 1 S. 1 **nicht zwingend.** Auch insoweit entscheidet die Regelung, die von den Beteiligten getroffen worden ist. Das Sparbuch kann also auch **bloßes Rektapapier** sein. Nach seiner Ausgestaltung durch die Bedingungen für Sparkonten erfüllt es aber regelmäßig die Voraussetzungen des § 808.[61] Mit der Frage der Vorlagepflicht (RdNr. 23 f.) haben Eintritt oder Ausbleiben der Liberationswirkung nichts zu tun. Es liegt hier also kein Ansatz für eine differenzierende Beurteilung des Wertpapiercharakters.[62]

26 **3. Der Gläubiger der Einlagenforderung.** Gläubiger ist schon bei der Anlage des Sparkontos nicht notwendig derjenige, auf dessen Namen das Sparbuch lautet. Vielmehr entscheidet die vertragliche Regelung zwischen dem Kreditinstitut und dem Einleger über die Gläubigereigenschaft. Der Inhalt der Regelung wird durch den erkennbaren Willen des Einlegers bestimmt; bei seiner Ermittlung finden die Umstände des Einzelfalls besondere Beachtung.[63] Dabei ist für den Regelfall davon auszugehen, dass der Einleger selbst Gläubiger werden will, wenn er das Sparbuch einbehält.[64] Der auf die **Begünstigung eines Dritten** (§§ 328, 331) gerichtete Wille muss zwar nicht ausdrücklich geäußert werden, aber

---

[56] *Kümpel* WM 1981, Sonderbeilage 1 S. 14 ff.; *ders.* RdNr. 3.103; *Schraepler* NJW 1973, 1864.
[57] LG Augsburg WM 1983, 717; vielleicht auch LG Krefeld WM 1980, 351.
[58] *Staudinger/Marburger* RdNr. 4; *PWW/Buck-Heeb* RdNr. 2.
[59] Näher *Baumbach/Hefermehl/Casper* WPR RdNr. 88; *Hofmann* WM 2005, 1305, 1306.
[60] So auch *Baumbach/Hefermehl/Casper* WPR RdNr. 86; BankR-HdB/*Gößmann* § 71 RdNr. 42.
[61] Überblick über die praktischen Ausgestaltungen bei *Krautschneider* S. 12 ff.; s. ferner BankR-HdB/*Gößmann* § 71 RdNr. 49.
[62] Verfehlt LG Augsburg WM 1983, 717 f.; wie hier wohl auch *Baumbach/Hefermehl/Casper* WPR RdNr. 86.
[63] BGHZ 21, 148, 150 = LM § 328 Nr. 13 = NJW 1956, 1593; BGHZ 46, 198 f. = LM § 331 Nr. 3 m. Anm. *Mormann* = NJW 1967, 101; BGH WM 1965, 897, 900; 1966, 1246, 1248; NJW 1970, 1181; ZIP 2005, 1222; RGZ 73, 220; *Canaris* NJW 1973, 825; *Dunz* JuS 1962, 139; *Liesecke* WM 1975, 214, 222; vgl. auch AG Mannheim NJW-RR 1997, 774, 775 zur drittschützenden Wirkung des Bankvertrags.
[64] OLG Düsseldorf NJW-RR 1992, 625 li. Sp.; WM 1993, 835, 836; OLG Koblenz WM 1995, 1953, 1954 li. Sp.; OLG Köln WM 1995, 1956 f.; *Hüffer/van Look* (Fn. 53) RdNr. 46 mit Einzelheiten; BankR-HdB/*Gößmann* § 71 RdNr. 7 f.

doch deutlich nach außen hervortreten.[65] Den Hauptfall dieser Art bilden Sparkonten für minderjährige Kinder oder Enkelkinder auf deren Namen, sofern der Einleger das Sparbuch an sie aushändigt. Behält er die Urkunde in seinem Besitz, so liegt es nahe, den Willen zur Begünstigung des im Eröffnungsformular namentlich Bezeichneten iS des § 331 Abs. 1 für den Teil des Guthabens anzunehmen, den das Konto beim Ableben des Einlegers noch ausweist.[66]

Entstehen schon durch die Möglichkeit anfänglicher Drittbegünstigung häufig Unsicherheiten über die Person des Gläubigers, so werden diese noch durch die **Zulässigkeit formloser Abtretung** (§§ 398 ff.) verstärkt. Die Wirksamkeit der Zession hängt nach dem Gesetz weder von der Übergabe des Sparbuchs ab (vielmehr: Herausgabeanspruch des Zessionars nach §§ 985, 952)[67] noch von einer Umschreibung des Buches; doch liegt in der Übergabe des Buches regelmäßig die konkludente Abtretung der Einlageforderung.[68] Für das Kreditinstitut ist die Unsicherheit wegen der Liberationswirkung der Leistung an den Inhaber (§ 808 Abs. 1 S. 1) tragbar. Wohl deshalb ist im Bedingungsrecht der Kreditinstitute kein Gebrauch von der Möglichkeit gemacht worden, die Wirksamkeit der Abtretung von der Übergabe des Buches und/oder der Umschreibung des Gläubigers abhängig zu machen. Umgekehrt erlangt für den Gläubiger die Frage nach den Grenzen der Liberationswirkung vielfach entscheidende Bedeutung. 27

4. Grenzen der Liberationswirkung. a) Allgemeines. Durch Leistung an den materiell nicht berechtigten Inhaber des Sparbuchs wird das Kreditinstitut dann nicht befreit, wenn es die fehlende Berechtigung kennt oder infolge grober Fahrlässigkeit nicht kennt. Dies folgt aus allgemeinen Grundsätzen (RdNr. 14 ff.), aber auch aus den einschlägigen **Bedingungen für den Sparverkehr**.[69] Bösgläubigkeit der Angestellten ist dem Kreditinstitut nach § 166 zuzurechnen.[70] Geschützt wird auch der gute Glaube an Verfügungs- oder Vertretungsmacht sowie Geschäftsfähigkeit des Inhabers (RdNr. 16). 28

Nur **grobe Fahrlässigkeit** schadet, nicht einfache. Für die notwendige Konkretisierung kommt es auf die Umstände des Einzelfalls an. Dabei hat wesentliche Bedeutung, ob sich die Auszahlung in den Grenzen des üblichen Massengeschäfts bewegt oder diesen Rahmen auffallend übersteigt und, sofern letzteres der Fall ist, ob eine angesichts der Umstände sich aufdrängende Legitimationsprüfung[71] ausreichend stattgefunden hat. Grobe Fahrlässigkeit liegt jedenfalls vor, wenn an einen unbekannten Inhaber des Sparbuchs 5 000 Euro ausgezahlt werden, dem Bankangestellten die Art der Unterschriftsleistung merkwürdig vorkommt und trotzdem auf jede Prüfung der Identität (Ausweis, Pass) und auf einen Unterschriftenvergleich verzichtet wird.[72] Dagegen ist grobe Fahrlässigkeit zu verneinen, wenn 5 000 Euro an den Inhaber des gestohlenen Sparbuchs bei gleichzeitiger Vorlage des ebenfalls gestohlenen Reisepasses nach Unterschriftenvergleich ausbezahlt wurden;[73] ferner, wenn nach dem Tod des Kunden an den Alleinerben ausbezahlt und dabei die lebzeitige Zuwendung an einen Dritten verkannt wird.[74] Liegt grobe Fahrlässigkeit nicht vor, so darf die Schutzwirkung des § 808 Abs. 1 S. 1 nicht dadurch unterlaufen werden, dass auf Grund einfacher Fahrlässigkeit ein Schadensersatzanspruch aus § 280 Abs. 1 bejaht wird. 29

---

[65] BGHZ 21, 148, 150 = LM § 328 Nr. 13 = NJW 1956, 1593; BGH WM 1965, 897; 1966, 1246, 1248; RGZ 73, 220 f.; OLG München WM 1983, 1294 f.; *Mordhorst* MDR 1956, 4.
[66] *Staudinger/Marburger* RdNr. 46.
[67] Vgl. dazu nur BGH ZIP 2005, 1222, 1223.
[68] BGH WM 1962, 487; 1965, 897, 900; RG HRR 1932 Nr. 2142; s. aber auch BGH ZIP 2005, 1222, 1223: Überlassung des Sparbuchs an den bei Eröffnung des Sparkontos anwesenden Vater, der bei Kontoeröffnung eine Einzahlung in Höhe von 60 000 DM tätigt und für den Fall des Todes des Kontoinhabers als Begünstigter benannt ist, lässt sich nicht auf Abtretung der Forderung an den Vater schließen.
[69] Vgl. *Soergel/Welter* RdNr. 3, 28.
[70] *Canaris* Bankvertragsrecht RdNr. 1185 aE.
[71] Dazu *D. Singhof*, Legitimation gegenüber Kreditinstituten, 2005, S. 27 ff.
[72] LG Hamburg WM 1983, 577 f.
[73] OLG Düsseldorf EWiR 1988, 983 *(Rümker)*.
[74] OLG Hamm WM 1989, 562.

Auch der Ersatzanspruch kann nur gegeben werden, wenn sich grobe Fahrlässigkeit feststellen lässt.[75]

30 **b) Sperrvermerk.** Die Befreiungswirkung des § 808 Abs. 1 S. 1 tritt nicht ein, wenn die Bank oder Sparkasse bei der Auszahlung einen Sperrvermerk unbeachtet lässt.[76] Ein Sperrvermerk liegt zB vor, wenn nach dem Text der Urkunde Auszahlungen nicht vor einem bestimmten Termin erfolgen oder eine bestimmte Höhe nicht überschreiten dürfen oder der Inhaber sich durch ein Kennwort zusätzlich legitimieren muss. Vereinbarungen dieses Inhalts stellen vertragliche Beschränkungen der Liberationswirkung dar. Abredewidrige Auszahlungen berühren also die Guthabenforderung auch dann nicht, wenn sich der Mindestvorwurf der groben Fahrlässigkeit (RdNr. 29) nicht begründen lässt. Liegt Verschulden vor, so kann im Einzelfall auch ein Schadensersatzanspruch gegeben sein.

31 **c) Vorzeitige Auszahlung.** Von einer vorzeitigen Auszahlung des Guthabens ist dann zu sprechen, wenn das Kreditinstitut unter Verstoß gegen eine § 21 Abs. 4 S. 1 Nr. 4, S. 2 RechKredV (RdNr. 22) entsprechende vertragliche Kündigungsregelung (früher: unter Verstoß gegen § 22 Abs. 1 KWG) Zahlungen über 2 000 Euro[77] hinaus vornimmt. Nach gefestigter Rechtsprechung unter der Geltung des § 22 Abs. 1 KWG aF trat in diesen Fällen die in § 808 Abs. 1 S. 1 vorgesehene schuldbefreiende Wirkung nicht ein, weil die vorzeitige Leistung nicht die **versprochene Leistung** iS dieser Vorschrift war.[78] Im Schrifttum waren die Ansichten geteilt. Überwiegend stieß die Rechtsprechung auf Ablehnung.[79] Andere stimmten ihr jedenfalls im Ergebnis zu.[80]

32 Lässt man für den Ausschluss der Liberationswirkung grobe Fahrlässigkeit genügen (RdNr. 28 f.), so ist dem Problem viel von seiner praktischen Relevanz genommen.[81] Für die Restfälle war und ist der Rechtsprechung im Ergebnis beizupflichten.[82] Wenig überzeugend ist allerdings die auf den Wortlaut des § 808 Abs. 1 S. 1 bezogene Begründung, und § 22 KWG ließ sich angesichts der in Abs. 3 getroffenen Regelung auch nicht als Sparerschutzvorschrift begreifen.[83] Die Rechtsprechung sollte offen legen, dass sie auf eine vernünftige Eingrenzung des als zu weitgehend angesehenen Schuldnerschutzes abzielt und dass sie das Vertrauen des Gläubigers auf die vermeintliche Unrealisierbarkeit der Guthabenforderung[84] schützen will. Diese Sachgesichtspunkte haben den Wegfall des § 22 KWG überdauert, so eine Änderung der Rechtsprechung schon deshalb nicht veranlasst ist. Auch die bislang auf § 22 KWG gestützte Argumentation lässt sich modifiziert aufrechterhalten, indem das § 21 Abs. 4 S. 1 Nr. 4, S. 2 RechKredV (RdNr. 22) entsprechende **vertragliche Auszahlungsverbot,** zu dessen Aufhebung der Inhaber des Sparbuchs nicht

---

[75] BGHZ 28, 368, 371 = LM Nr. 1 m. Anm. *Rietschel* = NJW 1959, 622; *Canaris* Bankvertragsrecht RdNr. 1185; BankR-HdB/*Gößmann* § 71 RdNr. 56.
[76] BGHZ 28, 368, 372 = LM Nr. 1 m. Anm. *Rietschel* = NJW 1959, 622; BGH LM Nr. 5 = NJW 1976, 2211; vgl. auch *Kolbenschlag* Sparkasse 1967, 39; RGRK/*Steffen* RdNr. 65 ff.; Staudinger/*Marburger* RdNr. 28; Erman/*Heckelmann/Wilhelmi* RdNr. 7.
[77] Bis zum Inkrafttreten des Euro-Bilanzgesetzes vom 10. 12. 2001 (BGBl. I S. 3414): 3000 DM.
[78] BGHZ 28, 368 = LM Nr. 1 m. Anm. *Rietschel* = NJW 1959, 622; BGHZ 42, 302 = LM Nr. 3 m. Anm. *Rietschel* = NJW 1965, 247; BGHZ 64, 278 = NJW 1975, 1507; OLG Hamm NJW 1961, 1311 m. Anm. *Rötelmann*; BayObLG NJW 1968, 600; LG Hildesheim WM 1967, 431; LG Hamburg WM 1983, 577.
[79] *Dunz* JuS 1962, 139 f.; *Flume* JZ 1959, 538; *ders.* DB 1961, 337; *ders.* JZ 1965, 182; *Schraepler* NJW 1976, 23; *Sprengel* MDR 1961, 988; *ders.* MDR 1965, 216 f.; *Canaris* Bankvertragsrecht RdNr. 1187; Staudinger/*Marburger* RdNr. 51; de lege ferenda auch *Koller* S. 1427, 1466.
[80] *Pflug* ZHR 149 (1976), 175; RGRK/*Steffen* RdNr. 52 ff.; zu wN s. Fn. 82.
[81] Vgl. *Canaris* Bankvertragsrecht RdNr. 1187 aE; Erman/*Heckelmann/Wilhelmi* RdNr. 6.
[82] So auch BankR-HdB/*Gößmann* § 71 RdNr. 53 f.; *Claussen* § 5 RdNr. 48; *Kümpel* RdNr. 3.97; *Nobbe,* Neue höchstrichterliche Rspr. zum Bankrecht, 6. Aufl. 1995, RdNr. 663; Palandt/*Sprau* RdNr. 7; Erman/*Heckelmann/Wilhelmi* RdNr. 6; PWW/*Buck-Heeb* RdNr. 12; Bamberger/*Roth/Gehrlein* RdNr. 4; AnwK-BGB/*Siller* RdNr. 9; Jauernig/*Stadler* RdNr. 8; für Fortgeltung der Rspr. (Fn. 78) auch Soergel/*Welter* RdNr. 37 mit zutr. Betonung des nunmehr bestehenden Gestaltungsspielraums der Beteiligten.
[83] Berechtigte Kritik bei *Canaris* Bankvertragsrecht RdNr. 1187.
[84] *Dunz* JuS 1962, 139, 141.

befugt ist (RdNr. 16, dort auch zur abw. Rechtslage hinsichtlich der Kündigung), an die Stelle der früheren gesetzlichen Regelung tritt.[85]

Fraglich bleibt, wie der sog. **Sockelbetrag** zu behandeln ist, also die 2000 Euro, die das Kreditinstitut gemäß § 21 Abs. 4 S. 2 RechKredV (RdNr. 22) auszahlen darf, ohne dass dadurch der Charakter der Einlage als Spareinlage in Frage gestellt wird. Eine höchstrichterliche Klärung ist nicht erfolgt.[86] In der Rechtsprechung der Instanzgerichte wird teilweise angenommen, dass Bank oder Sparkasse in Höhe des Sockelbetrags befreit werden;[87] teilweise wird aber auch insoweit eine fortbestehende Zahlungspflicht gegenüber dem Einlagengläubiger bejaht.[88] Richtig ist, insoweit **Schuldbefreiung** gemäß § 808 Abs. 1 S. 1 anzunehmen. Dafür spricht entscheidend, dass auch der Sparer als Gläubiger weiß, dass die Einlagenforderung in Höhe des Sockelbetrags von jedem Vorleger des Sparbuchs realisiert werden kann, und sich diesen Umstand auch selbst zunutze macht.[89] 33

5. Kein Schuldnerschutz bei Leistung an den nicht förmlich legitimierten Zedenten. In der Praxis begegnet der Fall, dass der Sparer seine Einlagenforderung unter Übergabe des Sparbuchs an einen Dritten abtritt, aber gleichwohl, also ohne Vorlage des Buches, Zahlungen des Kreditinstituts erlangt, das von der Abtretung nichts weiß. Weil der Sparer nicht Inhaber der Urkunde ist, wirkt die Leistung nicht nach § 808 Abs. 1 S. 1 schuldbefreiend. Fraglich kann nur sein, ob dem Institut der Einwand des § 407 zusteht. Die Antwort darauf steht und fällt mit dem Wertpapiercharakter des Sparbuchs; denn bei Vorlegungspapieren gilt § 407 nicht (RdNr. 17).[90] Die hM bejaht das Vorlegungserfordernis mit der Folge, dass das Kreditinstitut zur Leistung an den Zessionar verpflichtet bleibt.[91] Zu einem anderen Ergebnis gelangen nur diejenigen, die, wohl gerade um des Resultats willen, den Wertpapiercharakter des Sparbuchs verneinen.[92] Auf Grund des in RdNr. 23 f. eingenommenen grundsätzlichen Standpunks und ungeachtet des Wegfalls der gesetzlichen Vorlagepflicht nach § 21 KWG aF (RdNr. 22 f.) ist der hM beizupflichten. Das gilt auch dann, wenn das Kreditinstitut in seinen Bedingungen für Sparkonten bei Sparbüchern ohne zusätzliche Ausweiskarte auf die Liberationswirkung verzichtet; denn die Regelung dieser Frage hat mit der Vorlagepflicht nichts zu tun (RdNr. 25). Allzu große Bedeutung kommt der Streitfrage freilich nicht zu. Denn der Bereicherungsanspruch, den das Kreditinstitut infolge der nicht schuldbefreienden Leistung an den Zedenten erlangt, ist durch das AGB-Pfandrecht gesichert; dieses Pfandrecht aber kann auch dem Zessionar entgegengehalten werden.[93] 34

In eng begrenzten Ausnahmefällen ist **Auszahlung ohne Vorlage des Sparbuchs** banküblich. Sie war auch früher von der Aufsichtsbehörde gebilligt.[94] Auch bei Sachverhalten dieser Art ist es grundsätzlich nicht gerechtfertigt, den Gläubigerschutz durch Anwendung des § 407 hinter den Schuldnerschutz zurückzustellen.[95] Denn der Gläubiger, der sich durch 35

---

[85] Vgl. die Nachweise in Fn. 82.
[86] Entgegen *Kümpel* RdNr. 3101, auch nicht durch BGH NJW 1986, 2104.
[87] BayObLG NJW 1968, 600; OLG Düsseldorf EWiR 1988, 983 *(Rümker)*; OLG Hamm WM 1989, 562, 565; LG Hamburg WM 1987, 9; LG Hildesheim WM 1967, 431; LG München I WM 1985, 599.
[88] OLG Hamm NJW 1961, 1311, 1312 m. Anm. *Rötelmann*; LG Hamburg NJW 1983, 1860; LG Essen WM 1987, 1452.
[89] *Hüffer/van Look* (Fn. 53) RdNr. 63; ebenso BankR-HdB/*Gößmann* § 71 RdNr. 53; *Soergel/Welter* RdNr. 37; *Welter* WM 1987, 1117, 1124; *Sandkühler* Bankrecht, 1992, S. 160.
[90] Wohl verkannt von LG Krefeld WM 1980, 351 f.
[91] OLG Düsseldorf NJW-RR 1991, 1337; *Canaris* Bankvertragsrecht RdNr. 1183; *Hueck/Canaris* Wertpapierrecht § 30 III 2; *Claussen*, Bank- und Börsenrecht, 3. Aufl. 2003, § 5 RdNr. 50; *Zöllner* Wertpapierrecht § 3 IV 2; *Soergel/Welter* RdNr. 40; *ders.* WM 1987, 1117, 1119.
[92] BankR-HdB/*Gößmann* RdNr. 44 (s. aber auch *dens.* RdNr. 42); *Kümpel* WM 1981, Sonderbeilage 1 S. 14 ff.; *Schraepler* NJW 1973, 1864.
[93] *Kümpel* WM 1981, Sonderbeilage 1 S. 15; *Welter* WM 1987, 1117, 1120; *Soergel/ders.* RdNr. 40.
[94] Einschlägig war Ziff. 3 lit. b der Mitteilung Nr. 1/64 des Bundesaufsichtsamts für das Kreditwesen vom 3. 8. 1964; vgl. noch *Bähre/Schneider* KWG, 3. Aufl. 1986, § 21 Anh.; BankR-HdB/*Gößmann* § 71 RdNr. 39 f. Die Mitteilung ist mit Aufhebung der §§ 21, 22 KWG (RdNr. 22) hinfällig geworden und ihrerseits aufgehoben.
[95] AA de lege ferenda *Koller* S. 1427, 1465.

die Aushändigung des Sparbuchs gesichert glaubt und es normalerweise auch ist, braucht sich um eine bankinterne Ausnahmepraxis nicht zu kümmern.[96] Dem Kreditinstitut Schuldnerschutz zu gewähren, wäre nur dann gut vertretbar, wenn ein schutzwürdiges Vertrauen des Gläubigers (Zessionars) durch den Text des Sparbuchs selbst eindeutig ausgeschlossen wird, also durch Aufnahme eines entsprechenden Vermerks.[97] Diesen Schritt hat die Kreditwirtschaft nicht unternommen.

36 **6. Kraftloserklärung.** Weil das Sparbuch Wertpapier ist (RdNr. 23 f.), unterliegt es nach § 808 Abs. 2 S. 2 der Kraftloserklärung im Aufgebotsverfahren (RdNr. 19 f.). Von dem Vorbehalt zugunsten landesgesetzlicher Regelung des Aufgebotsverfahrens (Art. 102 Abs. 2 EGBGB) haben die Gesetzgeber vor allem zugunsten der Sparkassen Gebrauch gemacht. Die einschlägigen im Wesentlichen inhaltsgleichen Normen finden sich teils in den Ausführungsgesetzen zum BGB oder zur ZPO, teils in den Sparkassengesetzen.[98] Regelungskern ist die Ablösung des gerichtlichen Verfahrens durch ein diesem nachgebildetes Verfahren der Sparkasse oder ihres Vorstandes. Die Aufgebotsfrist beträgt drei Monate.[99] Weder unmittelbar noch entsprechend anwendbar ist § 800 S. 2.[100] Die AGB-Klausel, welche die **Vergütung** für die Ausstellung eines Ersatzsparbuchs regelt, unterliegt gemäß § 307 Abs. 3 S. 1 und vorbehaltlich des Transparenzgebots des § 307 Abs. 1 S. 2 nicht der AGB-rechtlichen Inhaltskontrolle, weil die Sparkasse mit der Ausstellung eine Zusatzleistung erbringt.[101]

VI. Prozessuale Fragen

37 Im **Urkundenprozess** (§§ 592 ff. ZPO) kann der Inhaber eines Sparbuchs oder eines anderen qualifizierten Legitimationspapiers nur ausnahmsweise erfolgreich vorgehen, nämlich dann, wenn seine Berechtigung nicht bestritten wird oder wenn er durch weitere Urkunden beweisen kann, dass er der Gläubiger der verbrieften Forderung ist; denn mit der Vorlage des Papiers allein hat der Inhaber seine Gläubigereigenschaft noch nicht unter Beweis gestellt (RdNr. 38).

38 Die **Darlegungs- und Beweislast** für seine materielle Berechtigung trägt der Kläger.[102] Die Innehabung der Urkunde allein begründet nicht die Vermutung, dass der Kläger Gläubiger der Forderung ist; sie ist nur ein Indiz im Rahmen der Beweiswürdigung (§ 286 ZPO). Eine volle Umkehr der Beweislast tritt auch dann nicht ein, wenn der Kläger die Urkunde besitzt und zugleich der in ihr benannte Gläubiger ist. Doch muss man in diesem Fall prima facie von seiner Berechtigung ausgehen. Macht der Aussteller als Beklagter geltend, dass er die versprochene Leistung schon erbracht hat (Erfüllungseinwand der Bank oder Sparkasse), so ist er dafür grundsätzlich beweisbelastet.[103] Bei Sparkonten, die langfristig nicht bewegt worden sind, kann die Erfüllung einer noch eingetragenen Guthabenforderung jedoch nicht nur durch Auszahlungsbelege, sondern auch durch hinlänglich eindeutige bankinterne Unterlagen erbracht werden, wenn der klagende Sparbuchinhaber nicht seinerseits einen entgegenstehenden Sachverhalt unter Beweis stellt.[104] Wenn der Beweis der Auszahlung gelingt, ist es wiederum Sache des Klägers, Tatsachen zu behaupten und zu

---

[96] Verfehlt LG Augsburg WM 1983, 717, 718 re. Sp., wonach sich der Gläubiger Kenntnis der Mitteilung Nr. 1/64 (Fn. 94) verschaffen soll.
[97] Vgl. auch Vor § 793 RdNr. 17 zur entsprechenden Frage bei der Namensschuldverschreibung.
[98] Dazu 4. Aufl. Art. 102 EGBGB RdNr. 2; *Staudinger/Marburger* RdNr. 36 f.
[99] Einzelheiten bei *Lang* Sparkasse 1966, 176.
[100] BGH NJW-RR 1998, 1661, 1662 li. Sp.
[101] BGH NJW-RR 1998, 1661 f.; vgl. dazu § 307 RdNr. 16 ff.; *Fuchs* in: *Ulmer/Brandner/Hensen* § 307 RdNr. 37 ff.
[102] Dazu und zum Folgenden *Baumgärtel/Laumen* RdNr. 1 ff. mwN.
[103] OLG Frankfurt NJW 1998, 997; KG NJW-RR 1992, 1195; OLG Köln NJW 1993, 3079; NJW-RR 2001, 188 f.; LG Kaiserslautern WM 1984, 1604; *Arendts/Teuber* MDR 2001, 546, 549 re. Sp.; BankR-HdB/*Gößmann* § 71 RdNr. 33 f.; vgl. auch AG Köln WM 1986, 672.
[104] OLG Hamburg WM 1989, 1681 f.; AG Hamburg WM 1993, 1086 f.; aA OLG Frankfurt WM 1990, 496 f.; OLG Rspr. 2005, 310 (gegen LG Frankfurt/M BKR 2004, 39); weitergehende Übersicht bei *Arendts/Teuber* MDR 2001, 546, 549 f.; BankR-HdB/*Gößmann* § 71 RdNr. 36.

beweisen, nach denen die Leistung nicht schuldbefreiend wirkt. Ihm obliegt zB, für die Umstände Beweis anzutreten, aus denen sich ergibt, dass der Aussteller die fehlende Berechtigung des Inhabers gekannt oder infolge grober Fahrlässigkeit verkannt hat (RdNr. 14 ff., 28).

VII. Neue Bundesländer

Für **alte Sparkontoverträge,** also für solche, die vor dem 3. 10. 1990 geschlossen waren, begründet Art. 232 § 7 S. 1 EGBGB das Recht des Kreditinstituts, mittels einseitiger Gestaltungserklärung die Fortgeltung der §§ 233 bis 240 ZGB[105] durch die Geltung des BGB und der AGB zu ersetzen. Wenn die Erklärung abgegeben wird (nur dann), hat der Kontoinhaber das außerordentliche Kündigungsrecht des Art. 232 § 7 S. 2 EGBGB. Praktisch dürfte die Umstellung auf BGB und AGB umfassend vollzogen sein.

§ 808 a *[aufgehoben]*

Die durch das Gesetz über die staatliche Genehmigung der Ausgabe von Inhaber- und Orderschuldverschreibungen vom 26. 6. 1954 (BGBl. I S. 147) eingefügte Vorschrift diente der **Ergänzung des § 795** und sollte verhindern, dass die Emissionspraxis auf blankoindossierte Orderschuldverschreibungen auswich, um das Erfordernis staatlicher Genehmigung für Inhaberschuldverschreibungen zu vermeiden. Sie ist aufgehoben durch das Gesetz zur Vereinfachung der Ausgabe von Schuldverschreibungen vom 17. 12. 1990 (BGBl. I S. 2839). Die Aufhebung ist folgerichtig, weil das Genehmigungserfordernis ohne den Grundtatbestand des § 795 keinen Sinn ergibt.

---

[105] IdF des 2. ZivilrechtsÄndG vom 22. 7. 1990 (GBl. DDR I S. 903); Anlage 1 Nr. 7 dazu hat die früheren Spargirokonten (§ 238 Abs. 2 ZGB aF) beseitigt.

Titel 25. Vorlegung von Sachen

§ 809 Besichtigung einer Sache

Wer gegen den Besitzer einer Sache einen Anspruch in Ansehung der Sache hat oder sich Gewissheit verschaffen will, ob ihm ein solcher Anspruch zusteht, kann, wenn die Besichtigung der Sache aus diesem Grunde für ihn von Interesse ist, verlangen, dass der Besitzer ihm die Sache zur Besichtigung vorlegt oder die Besichtigung gestattet.

Schrifttum: *Ahrens,* Ärztliche Aufzeichnungen und Patienteninformation – Wegmarken des BGH, NJW 1983, 2609; *Bemmann,* Die tierärztliche Dokumentationspflicht und das Einsichtsrecht in tierärztliche Behandlungsgrundlagen, VersR 2005, 760; *Bork,* Effiziente Beweissicherung für den Urheberrechtsverletzungsprozeß – dargestellt am Beispiel raubkopierter Computerprogramme, NJW 1997, 1665; *Brandi/Dorn,* Probleme der Rechtsverwirklichung beim Schutz von Software, CR 1987, 835; *Daniels,* Die Ansprüche des Patienten hinsichtlich der Krankenunterlagen des Arztes, NJW 1976, 345; *Eisenkolb,* Die Enforcement-Richtlinie und ihre Wirkung – Ist die Enforcement-Richtlinie mit Ablauf der Umsetzungsfrist unmittelbar wirksam?, GRUR 2007, 387; *Gehrlein,* Kein Anspruch des Patienten auf Ablichtung seiner Krankenunterlagen, NJW 2001, 2773; *Grimme,* Der Anspruch auf Einsichtnahme in (Vertrags-)Urkunden nach § 810 BGB, JA 1985, 320; *Hess,* Das Einsichtsrecht der Erben und Angehörigen in Krankenunterlagen des Erblassers, ZEV 2006, 479; *Hinne,* Das Einsichtsrecht in Patientenakten, NJW 2005, 2270; *Kühnen,* Die Besichtigung im Patentrecht – Eine Bestandsaufnahme zwei Jahre nach „Faxkarte", GRUR 2005, 185; *Lenkaitis,* Krankenunterlagen aus juristischer, insbesondere zivilrechtlicher Sicht, Diss. Bochum 1979; *McGuire,* Beweismittelvorlage und Auskunftsanspruch nach der Richtlinie 2004/84/EG zur Durchsetzung der Rechte des Geistigen Eigentums – Über den Umsetzungsbedarf im deutschen und österreichischen Prozessrecht, GRUR Int. 2005, 15; *Marshall,* Der Besichtigungsanspruch, FS Preu, 1988, S. 151; *Meyer/Dulheuer,* Der Vorlegungsanspruch bei biotechnologischen Erfindungen, GRUR Int. 1987, 14; *Nüßgens,* Zur ärztlichen Dokumentationspflicht und zum Recht auf Einsicht in die Krankenunterlagen, FS Boujong, 1996, S. 831; *Peter,* Das Recht auf Einsicht in Krankenunterlagen, 1989; *Prieß/Gabriel,* Das Akteneinsichtsrecht im Zivilprozessrecht als vergaberechtliches Rechtsschutzproblem, NJW 2008, 331; *Saß,* Die Beschaffung von Informationen und Beweisen – Eine Untersuchung zum Anwendungsbereich der §§ 809, 810 BGB im Spannungsfeld zwischen Besichtigungs- und Geheimhaltungsinteresse, 2002; *Schilken,* Ansprüche auf Auskunft und Vorlegung von Sachen im materiellen Recht und im Verfahrensrecht, Jura 1988, 525; *Schreiber,* Das Recht auf Besichtigung von Sachen, JR 2008, 1; *Seichter,* Die Umsetzung der Richtlinie zur Durchsetzugn der Rechte des geistigen Eigentums, WRP 2006, 391; *Spindler/Dorsche,* Auskunftsansprüche gegen Internet-Service-Provider, CR 2005, 38; *Spindler/Weber,* Der Geheimnisschutz nach Art. 7 der Enforcement-Richtlinie, MMR 2006, 711; *Tilmann/Schreiber,* Die neueste BGH-Rechtsprechung zum Besichtigungsanspruch nach § 809 BGB, GRUR 2002, 1015; *dies.,* Beweissicherung vor und im Patentverletzungsprozess, FS Willi Erdmann, 2002, S. 901; *Wasserburg,* Die ärztliche Dokumentationspflicht im Interesse des Patienten, NJW 1980, 617; *Wiegand,* Der Besichtigungsanspruch im Urheberrecht de lege ferenda, CR 2007, 481.

Übersicht

	RdNr.		RdNr.
I. Einführung	1, 2	**III. Anspruchsinhalt**	9–14
1. Normzweck	1	1. Allgemeines	9, 10
2. Verhältnis zu anderen Vorschriften	2	2. Insbesondere: Besichtigungsanspruch bei Schutzrechtsverletzungen	11–14
II. Anspruchsvoraussetzungen	3–8	**IV. Verjährung**	15
1. Sachen als Anspruchsgegenstand	3	**V. Prozessuale Fragen**	16, 17
2. Hauptanspruch	4–6	1. Erkenntnisverfahren	16
3. Interesse	7	2. Zwangsvollstreckung	17
4. Besitzer als Anspruchsgegner	8		

I. Einführung

1 **1. Normzweck.** Die Bestimmung schützt das **Interesse an der Besichtigung** einer Sache, die sich im Besitz eines anderen befindet, aber nur unter bestimmten einschränken-

den Voraussetzungen. Für den Gesetzgeber[1] lag der Schwerpunkt der Vorschrift bei den Einschränkungen, die er für den Vorlegungsanspruch einführte. Sie ziehen dem Rechtsinstitut engere Grenzen, als sie für die als zu weit empfundene Exhibitionsklage des gemeinen Rechts bestanden. Insofern dienen § 809 und seine Folgevorschriften dem Ausgleich der divergierenden Interessen an der Besichtigung einerseits und an der Freihaltung der Privatsphäre des Besitzers andererseits.[2] Weil § 809 einen Hauptanspruch des Vorlegungsgläubigers als wenigstens wahrscheinlich voraussetzt, kann der Vorlegungsanspruch als materiell-rechtlicher Hilfsanspruch qualifiziert werden. Wenn seine Voraussetzungen gegeben sind, besteht ein gesetzliches Schuldverhältnis zwischen dem Berechtigten und dem Besitzer.

2. Verhältnis zu anderen Vorschriften. Der Besichtigungsanspruch des § 809 findet seine Ergänzung in dem in § 810 geregelten Anspruch auf Urkundeneinsicht; für beide Ansprüche regelt § 811 den Vorlegungsort sowie Gefahr und Kosten der Vorlegung, und beide Ansprüche sind mit der prozessualen Vorlagepflicht nach §§ 422, 429 ZPO verknüpft (§ 810 RdNr. 17). §§ 809 ff. enthalten allerdings **keine abschließende Regelung** des Rechts, Sachen im Allgemeinen und Urkunden im Besonderen, die sich im Besitz eines anderen befinden, einzusehen. Zahlreiche Sondervorschriften finden sich nunmehr im Recht zum Schutz des geistigen Eigentums (RdNr. 13). Ein Recht auf Urkundeneinsicht ist zudem nicht nur für einzelne Rechtsverhältnisse spezialgesetzlich geregelt; vielfach lässt es sich im Rahmen bestehender Rechtsverhältnisse auch aus § 242 herleiten (näher § 810 RdNr. 2). Hinzu kommen prozessuale Vorlagepflichten sowie die Befugnis des Gerichts, Parteien und Dritten die Vorlage von Augenscheinsobjekten und Urkunden aufzugeben (§ 810 RdNr. 2, 17). Was speziell die in § 809 geregelte Besichtigung von Sachen betrifft, so finden sich namentlich in §§ 867, 1005 besondere (praktisch allerdings nicht sonderlich relevante) Tatbestände. Allgemein gilt, dass die Anwendbarkeit der §§ 809 ff. durch Sondervorschriften nicht berührt wird. § 141a PatG, § 24g GebrMG, § 19d MarkenG, § 9 HalblSchG, § 102a UrhG, § 50 GeschmMG und § 37g SortenSchG bestimmen dies sogar ausdrücklich. Da die Sondervorschriften vielfach weitergehende Einsichtsrechte begründen, kommt der ergänzenden Heranziehung der §§ 809 ff. allerdings keine nennenswerte Bedeutung zu.

II. Anspruchsvoraussetzungen

1. Sachen als Anspruchsgegenstand. Der Anspruch aus § 809 bezieht sich nur auf Sachen. Maßgeblich ist der Sachbegriff des § 90 einschließlich seiner fiktionsartigen Erweiterung durch § 90a S. 3. Vorausgesetzt ist demnach ein körperlicher Gegenstand, gleichgültig, ob beweglich oder unbeweglich oder ein Tier. Weil das Spezialitätsprinzip für § 809 ohne Bedeutung ist, kann der Anspruch auch auf Vorlegung oder Besichtigung einer Sachgesamtheit gerichtet sein.[3] Dem Besichtigungsanspruch unterliegt bei Vorliegen der weiteren Voraussetzungen auch der menschliche Leichnam,[4] dagegen nicht der Körper des lebenden Menschen; insoweit können sich aber Duldungspflichten aus § 372a ZPO, §§ 81a, 81c StPO und § 98 VwGO ergeben. Künstliche Körperteile sind Sachen, wenn sie mit dem Körper nicht fest verbunden sind oder die Verbindung wieder gelöst worden ist (näher § 90 RdNr. 29 ff.). Für **Urkunden** gilt die Sonderregelung des § 810. Doch kann ihre Vorlegung nach § 809 gefordert werden, wenn sich der Gläubiger erst Gewissheit verschaffen will, ob der Anspruch aus § 810 besteht;[5] unberührt bleiben allerdings die weiteren Voraussetzungen des § 809, insbesondere das Bestehen eines Anspruchs in Ansehung der Sache (RdNr. 5).

---

[1] Mot. II S. 890 = *Mugdan* II S. 497.
[2] *Marshall*, FS Preu, 1988, S. 151, 152; RGRK/*Steffen* Vor § 809 RdNr. 1.
[3] *Planck/Landois* Anm. 1; RGRK/*Steffen* RdNr. 8 aE.
[4] *Planck/Landois* Anm. 1; RGRK/*Steffen* RdNr. 3; *Staudinger/Marburger* RdNr. 2; *Schreiber* JR 2008, 1, dort auch zum postmortalen Persönlichkeitsrecht.
[5] KG HRR 1933 Nr. 1466; RGRK/*Steffen* RdNr. 4; *Staudinger/Marburger* RdNr. 3; *Soergel/Hadding* RdNr. 2.

§ 809   4–6

4   **2. Hauptanspruch.** Gegen den **Besitzer** (RdNr. 6, 8) muss in Ansehung der Sache ein Anspruch bestehen (§ 809 Fall 1 2) oder wenigstens mit einer gewissen Wahrscheinlichkeit gegeben sein[6] (§ 809 Fall 2; vgl. RdNr. 11 f.). **Anspruch** ist nach § 194 Abs. 1 das Recht, von einem anderen ein Tun oder ein Unterlassen zu verlangen. Ob er dinglicher Art ist (Hauptfall: Herausgabeanspruch) oder sich als Forderung nur gegen einen bestimmten Besitzer richtet, spielt für § 809 keine Rolle. Nach allgM genügt auch ein bedingter oder befristeter Anspruch, ein Vor- oder Wiederkaufsrecht, selbst ein Gestaltungsrecht (Anfechtung, Rücktritt), wenn es im Fall seiner Ausübung zu Ansprüchen führt. Bei aufschiebend bedingten Ansprüchen handelt es sich allerdings nur um eine analoge Anwendung des § 809.[7]

5   Der Anspruch muss in **Ansehung der Sache** bestehen. Das ist der Fall, wenn die Sache selbst Gegenstand des Anspruchs ist (Herausgabeanspruch), doch genügt es auch, dass der Anspruch von dem Bestand der Sache oder ihrer Beschaffenheit abhängt. Beispiele: Vorlegung von Briefen an den Erben des Absenders, damit er prüfen kann, ob die Veröffentlichung kraft Urheberrechts zu untersagen ist;[8] Vorführung eines Tieres (§ 90 a S. 3), wenn Ansprüche nach §§ 833, 834 in Frage stehen; Besichtigung eines Gebäudes durch den Zessionar, dem der Bauhandwerker seinen Vergütungsanspruch abgetreten hat;[9] Besichtigung des Nachbargrundstücks, von dem Immissionen auf das Grundstück des Berechtigten ausgehen;[10] Betreten des Nachbargrundstücks zur Durchführung von erforderlichen Untersuchungen;[11] Besichtigung einer wiedervermieteten Wohnung zwecks Beweisführung des Vermieters im Mieterhöhungsstreit;[12] Besichtigung einer Maschine, um das Vorliegen einer Patentverletzung zu prüfen (vgl. noch RdNr. 11 ff.);[13] Überprüfung von Computern zwecks Feststellung der Verwendung von nicht lizenzierten Kopien eines urheberrechtlich geschützten Programms;[14] Offenlegung des Quellcodes eines Programms zwecks Beweisführung einer Urheberrechtsverletzung (vgl. noch RdNr. 12);[15] nicht dagegen Einsicht eines Bieters in die von der Vergabestelle geführten Vergabeakten.[16]

6   Der Anspruch aus § 809 steht auch demjenigen zu, der sich erst **Gewissheit verschaffen** will, ob er Gläubiger eines Hauptanspruchs (RdNr. 4 f.) ist. Doch genügen nicht bloße Spekulationen über sein Bestehen, weil sonst im Ergebnis das prozessrechtliche Verbot des Ausforschungsbeweises unterlaufen würde.[17] Sie müssen vielmehr so weit geklärt, im Streitfall also auch bewiesen sein (RdNr. 16), dass die Besichtigung der Sache eine abschließende Beurteilung erlaubt.[18] So liegt es beim Urheberrecht, wenn der Inhalt von Briefen unbekannt ist (RdNr. 5),[19] der Quellcode Auskunft über eine mögliche Urheberrechtsverletzung geben soll (RdNr. 5, 12)[20] oder der Computer Feststellungen bezüglich der Benutzung nicht lizenzierter Kopien ermöglichen kann (RdNr. 5);[21] bei der Verfolgung von Rechten aus einem Kaufvertrag, wenn der Zustand des noch beim Verkäufer befindlichen Kaufobjekts beurteilt werden soll; bei der Patentverletzung, wenn es nur noch auf bestimmte Merkmale

---

[6] BGHZ 93, 191, 205; 150, 377; s. ferner BGH GRUR 2004, 420, 421 und dazu RdNr. 5.
[7] Saß S. 22 ff.
[8] RGZ 69, 401, 405 f. (Nietzsche-Briefe).
[9] OLG Stettin OLGRspr. 18, 47.
[10] RGRK/*Steffen* RdNr. 7.
[11] OLG Karlsruhe NJW-RR 2002, 951.
[12] LG Frankfurt NJW-RR 1991, 13.
[13] BGHZ 93, 191, 198 ff.; vgl. auch OLG Düsseldorf GRUR 1983, 741, 744; 1983, 745 f.
[14] KG NJW 2001, 233, 235.
[15] BGHZ 150, 377; vgl. auch OLG Hamburg CR 2001, 434.
[16] Prieß/*Gabriel* NJW 2008, 331.
[17] BGHZ 93, 191, 205; 150, 377, 384 ff.; vgl. auch OLG München NJW-RR 2000, 777 re. Sp.: Urheberrechtsverletzung müsse jedenfalls wahrscheinlich sein; aA Saß S. 39 ff., 49 f.: genügend sei Beweis von Verdachtsmomenten.
[18] BGHZ 93, 191, 205 f.: letzte Klarheit; Staudinger/*Marburger* RdNr. 6.
[19] RGZ 69, 401, 405 f. (Nietzsche-Briefe).
[20] BGHZ 150, 377.
[21] KG NJW 2001, 233, 235.

der wahrscheinlich verletzenden Maschine ankommt (RdNr. 5, 11).[22] Dagegen verschafft § 809 keine Befugnis zu Ermittlungs- und Kontrollmaßnahmen, mittels derer erst ermittelt werden soll, ob die Gegenseite Besitzer der Sache ist, hinsichtlich derer ein Anspruch in Frage steht; § 809 setzt vielmehr den Besitz des Anspruchsgegners voraus.[23]

3. Interesse. Der Anspruch aus § 809 steht nur demjenigen zu, der an der Besichtigung der Sache ein Interesse hat, das wegen des wirklich oder wahrscheinlich bestehenden Hauptanspruchs begründet ist. Von einem rechtlichen Interesse spricht § 809 im Gegensatz zu § 810 nicht. Die darin liegende Einschränkung wäre auch sachlich bedeutungslos, weil die Verknüpfung von Hauptanspruch und Interesse („aus diesem Grunde") die Beschränkung auf ein näher spezifiziertes rechtliches Interesse in sich trägt.[24] Für eine besondere richterliche Abwägung der gegenläufigen Interessen der Parteien besteht normalerweise kein Raum, weil § 809 auf einer gesetzlichen Interessenabwägung beruht (vgl. RdNr. 1). Die an Art. 1 Abs. 1, Art. 2 Abs. 1 GG ausgerichtete Konkretisierung des § 242 kann aber in Ausnahmefällen zur Einschränkung oder Versagung des Anspruchs führen, nämlich dann, wenn seine Verwirklichung in den Kernbereich der Intimsphäre des Gegners eingreifen würde.[25] Dasselbe gilt beim Schutz betrieblicher Geheimnisse (vgl. RdNr. 11 f.). Schließlich ist ein rechtlich schutzwürdiges Interesse iS des § 809 zu verneinen, wenn die Besichtigung nicht erforderlich ist, weil der Anspruchsteller die dabei zu gewinnenden Erkenntnisse auf andere zumutbare Weise erlangen kann.[26]

4. Besitzer als Anspruchsgegner. Der Anspruch auf Vorlegung oder Besichtigung richtet sich gegen den Besitzer der Sache.[27] Anspruchsgegner ist also jedenfalls der **unmittelbare Besitzer** (§ 854), dagegen in keinem Fall der Besitzdiener (§ 855). Bei unmittelbarem Mitbesitz (§ 866) richtet sich der Anspruch gegen jeden Besitzer. Wird die tatsächliche Gewalt von dem Organ einer juristischen Person ausgeübt, so ist nur diese Besitzerin und Schuldnerin des Anspruchs.[28] Dasselbe gilt nach richtiger, wenngleich vielfach bestrittener Ansicht für die Gesamthandsgesellschaften, mithin für GbR, OHG und KG (§ 718 RdNr. 35 ff.). Schuldnerin des Vorlegungsanspruchs ist deshalb die Gesellschaft, nicht der geschäftsführende Gesellschafter, der die Sache tatsächlich in Händen hält.[29] Besitzer und deshalb Schuldner des Anspruchs kann nach hM auch der **mittelbare Besitzer** sein.[30] Dafür spricht der Wortlaut des § 868, dagegen die Überlegung, dass der mittelbare Besitzer nicht ohne weiteres in der Lage ist, die Sache vorzulegen. Es kommt deshalb nur derjenige mittelbare Besitzer in Betracht, der kraft seines Rechtsverhältnisses zum unmittelbaren Besitzer die Sache jederzeit an sich ziehen kann oder der selbst einen Anspruch auf Vorlegung oder Besichtigung gegen diesen hat;[31] zum Anspruchsinhalt vgl. RdNr. 10 aE, zu § 76 ZPO RdNr. 16.

III. Anspruchsinhalt

1. Allgemeines. Der Schuldner muss dem Vorlegungsgläubiger die **Besichtigung** der Sache ermöglichen. Der Begriff ist nicht im strengen Wortsinne zu verstehen, sondern bezeichnet diejenigen Handlungen, die erforderlich sind, um ein Urteil über Identität oder

---

[22] BGHZ 93, 191, 206 f.
[23] Zutr. BGH GRUR 2004, 420, 421: kein Recht, in dem Geschäftsbereich des Schuldners allg. Besichtigungs- und Kontrollrechte auszuüben.
[24] Ähnlich *Schilken* Jura 1988, 525, 528 re. Sp.; *Staudinger/Marburger* RdNr. 8 (Interesse muss seine Grundlage im Hauptanspruch haben); die Unterschiede überbewertend hingegen *Schreiber* JR 2008, 1, 2.
[25] RGRK/*Steffen* RdNr. 9 mN; AnwK-BGB/*Mielke* RdNr. 11.
[26] BGHZ 93, 191, 213; *Stürner/Stadler* JZ 1985, 1101 re. Sp; *Bamberger/Roth/Gehrlein* RdNr. 5.
[27] Unstr., s. nur BGH GRUR 2004, 420, 421.
[28] RGZ 83, 248, 250 (Vorstand einer AG); *Soergel/Hadding* RdNr. 3.
[29] *Soergel/Hadding* RdNr. 3; *Palandt/Sprau* RdNr. 8; PWW/*Buck-Heeb* RdNr. 9.
[30] Eingehend *Planck/Landois* Anm. 2a; ferner RGRK/*Steffen* RdNr. 5; *Staudinger/Marburger* RdNr. 8; *Soergel/Hadding* RdNr. 3. – Vgl. auch 4. Aufl. § 985 RdNr. 10 f. zur entsprechenden Problematik im Rahmen des § 985.
[31] Beispiel: LG Frankfurt/M NJW-RR 1991, 13.

Beschaffenheit der Sache zu gewinnen, ohne dass es dabei zu erheblichen Eingriffen in die Sache kommt (vgl. noch RdNr. 11 f.).[32] Zulässig sind also je nach Lage des Falles auch die Vermessung der Sache, der Einsatz technischer Untersuchungsverfahren, die Entnahme von geringfügigen Proben, das Betreten eines Grundstücks und die Beiziehung von Sachverständigen. Nicht von § 809 gedeckt sind die Zerstörung der Sache, die Tötung eines Tieres zu Untersuchungszwecken, Probebohrungen auf einem Grundstück[33] oder die Anwendung von Untersuchungsmethoden, welche die Sache unbrauchbar machen. Bei der möglichen Verletzung von Betriebsgeheimnissen durch die Besichtigung ist der Anspruch zu beschränken oder jedenfalls an strenge Voraussetzungen zu knüpfen (RdNr. 11 f.).

10   § 809 unterscheidet zwischen der **Vorlegung** zur Besichtigung und der **Gestattung** der Besichtigung. Vorlegung ist ein aktives Tun des Besitzers, das dem Gläubiger erlaubt, die erforderlichen sinnlichen Wahrnehmungen zu treffen (RdNr. 9), ohne ihm die tatsächliche Gewalt über die Sache zu verschaffen; der Schuldner bleibt also Besitzer. Gestattung bezeichnet dagegen ein passives Verhalten; der Besitzer überlässt es dem Gläubiger, sich selbst aufzuklären.[34] Eine begriffliche Trennung zwischen Vorlegung und Gestattung ist demnach zwar möglich, aber letztlich nicht entscheidend. Geschuldet werden die für die Verwirklichung des Gläubigerinteresses jeweils erforderlichen Handlungen, freilich nur, soweit sie der Besitzer vornehmen kann. Der mittelbare Besitzer schuldet deshalb nicht selbst Vorlegung oder Gestattung, sondern Abtretung seiner darauf gerichteten Ansprüche gegen den unmittelbaren Besitzer.[35]

11   **2. Insbesondere: Besichtigungsanspruch bei Schutzrechtsverletzungen.** § 809 ist auch dann anwendbar, wenn geprüft werden soll, ob eine Schutzrechtsverletzung vorliegt (RdNr. 5 aE). Insoweit bestehen jedoch Besonderheiten, weil nicht nur dem Interesse des Anspruchstellers, sondern auch dem Geheimhaltungsinteresse des Anspruchsgegners Rechnung zu tragen ist. In drei grundlegenden Entscheidungen hat der BGH die Voraussetzungen für den Besichtigungsanspruch des § 809 konkretisiert. In der „Druckbalken"-Entscheidung[36] von 1985 hat der X. ZS für eine mögliche **Patentverletzung** folgende Regeln aufgestellt: Die „gewisse" Wahrscheinlichkeit einer Patentverletzung (RdNr. 4) genügt nicht; sie muss „erheblich" sein.[37] Den Inhalt des Anspruchs schränkt die Entscheidung schon dann ein, wenn der Anspruchsgegner glaubhaft macht, dass seine Betriebsgeheimnisse durch die Besichtigung gefährdet werden können.[38] In diesem Fall wird nicht der Anspruchsteller, sondern nur ein von ihm beauftragter „neutraler" **Sachverständiger**[39] zur Besichtigung zugelassen. Dieser darf lediglich zur wortlautgemäßen Benutzung der geschützten Merkmale Feststellungen treffen, nicht auch zu äquivalenten Abweichungen.[40] **Substanzeingriffe** wie der Aus- oder Einbau von Teilen oder die Inbetriebnahme der Maschine sind hiernach unzulässig.[41] Funktionslose Verkleidungen darf der Sachverständige aber abnehmen, weil die Besichtigung sonst durch bloße Sichtblenden verhindert werden könnte.[42]

12   In der „Faxkarten"-Entscheidung[43] von 2002 ist der I. ZS für eine mögliche **Urheber- bzw. Wettbewerbsrechtsverletzung** von den strengen Voraussetzungen der „Druckbal-

---

[32] *Planck/Landois* Anm. 4; *Jauernig/Stadler* RdNr. 6.
[33] OLG Frankfurt NJW-RR 1986, 819, 820 re. Sp.
[34] RGZ 87, 13; *Planck/Landois* Anm. 4.
[35] *Planck/Landois* Anm. 2 a; RGRK/*Steffen* RdNr. 5; aA (isolierte Abtretung ausgeschlossen) *Staudinger/Marburger* RdNr. 10.
[36] BGHZ 93, 191; Vorinstanz OLG Düsseldorf GRUR 1983, 745.
[37] BGHZ 93, 191, 206 f.
[38] BGHZ 93, 191 (LS).
[39] BGHZ 93, 191, 208; OLG München GRUR 1987, 33 re. Sp.
[40] BGHZ 93, 191, 211 f.
[41] BGHZ 93, 191, 209 f.
[42] Offen lassend BGHZ 93, 191, 209.
[43] BGHZ 150, 377; Vorinstanz OLG Hamburg CR 2001, 434; dazu sowie zur weiteren Entwicklung bis BGHZ 169, 30 (RdNr. 13) s. *Kühnen* GRUR 2005, 185 ff.

Besichtigung einer Sache   13 § 809

ken"-Entscheidung abgewichen. Ein erheblicher Grad an **Wahrscheinlichkeit** kann danach nicht durchweg verlangt werden. Es muss jeweils eine Interessenabwägung im Einzelfall vorgenommen werden, bei der insbesondere zu berücksichtigen ist, ob dem Besichtigungsgläubiger noch andere Beweismittel zur Verfügung stehen und inwiefern das Geheimhaltungsinteresse des Besichtigungsschuldners beeinträchtigt wird.[44] Selbst **Substanzeingriffe** sind hiernach nicht von vornherein unzulässig. Vielmehr hat auch hier eine Interessenabwägung stattzufinden, wobei durch den Substanzeingriff das Integritätsinteresse des Schuldners „nicht unzumutbar beeinträchtigt werden darf".[45]

Zunächst war unklar geblieben, ob die in der „Faxkarten"-Entscheidung aufgestellten 13 Grundsätze auf Fälle der Patentverletzung übertragen werden können. Im „Faxkarten"-Urteil hat der I. ZS seine Feststellungen zwar ausdrücklich auf Urheber- bzw. Wettbewerbsverletzungen beschränkt, jedoch eingeräumt, dass „die zwischen den Schutzrechten bestehenden Unterschiede keine unterschiedlichen Anforderungen an die Voraussetzungen des Besichtigungsanspruchs nahelegen".[46] Trotzdem hat der X. ZS eine Anrufung des Großen Senats nicht für notwendig erklärt.[47] Die schon seinerzeit erwartete **Übertragung** der im „Faxkarten"-Urteil im Vergleich zur „Druckbalken"-Entscheidung gelockerten Regeln auf Patentverletzungen hat der X. ZS sodann in der „Restschadstoffentfernung"-Entscheidung vorgenommen.[48] Er hat damit nicht nur der verbreiteten Kritik, die die „Druckbalken"-Entscheidung schon seit längerem erfahren hatte, Rechnung getragen; diese gründete auf dem berechtigten Vorwurf, dass die in der „Druckbalken"-Entscheidung aufgestellten Voraussetzungen in der Praxis nicht geeignet waren, zur Aufklärung einer Patentverletzung beizutragen.[49] Zu Recht hat er vielmehr auch auf die Vorgaben der Art. 43 und 50 des am 1. 1. 1995 in Kraft getretenen Übereinkommens über handelsbezogene Aspekte der Rechte des geistigen Eigentums (TRIPS-Übereinkommen) sowie des Art. 6 der – an sich bis zum 26. 4. 2006 in nationales Recht umzusetzenden – Durchsetzungs-Richtlinie[50] hingewiesen;[51] vor dem Hintergrund dieser Vorgaben dürfen in der Tat keine zu hohen Anforderungen für den Nachweis einer Schutzrechtsverletzung gestellt werden.[52] Am 1. 9. 2008 ist jedoch das „Gesetz zur Verbesserung der Durchsetzung von Rechten des geistigen Eigentums" vom 7. 7. 2008[53] (BGBl. I S. 1191) in Kraft getreten. Es hat in §§ 140 c, 140 d PatG, §§ 24 c, 24 d GebrMG, §§ 19 a, 19 b MarkenG, § 9 HalblSchG; §§ 101 a, 101 b UrhG, §§ 46 a, 46 b GeschmMG und §§ 37 c, 37 d SortSchG spezielle Vorlageansprüche geschaffen. Einer richtlinienkonformen Auslegung der §§ 809 ff. bedarf es seitdem nicht mehr.

---

[44] BGHZ 150, 377, 386 f.; s. ferner OLG Hamburg CR 2005, 558; zur praktischen Umsetzung s. *Kühnen* GRUR 2005, 185, 188 ff.; speziell zu Auskunftsansprüchen gegen Internet-Service-Provider *Spindler/Dorsche* CR 2005, 38 ff.
[45] BGHZ 150, 377, 388 f.
[46] BGHZ 150, 377, 389.
[47] BGHZ 150, 377, 389.
[48] BGHZ 169, 30 Tz. 40 ff. = GRUR 2006, 962 m. Anm. *Tilmann/Schreibauer*; dazu auch *Wiegand* CR 2007, 481 ff.; aus der zuvor ergangenen Instanzrechtsprechung s. OLG Düsseldorf GRUR-RR 2003, 327; LG Nürnberg-Fürth MMR 2004, 627.
[49] Vgl. *Bork* NJW 1997, 1665, 1670; *Brandi/Dorn* CR 1987, 835, 837 f. für Software-Verletzungen; *Marshall*, FS Preu, 1988, S. 151, 159 ff.; *Meyer/Dulheuer* GRUR Int. 1987, 14, 16 li. Sp.; *Stauder* GRUR 1985, 518 f.; *Stürner/Stadler* JZ 1985, 1101; *Tilmann/Schreibauer*, FS Erdmann, 2002, S. 901, 905 ff.
[50] RL 2004/48 EG, ABl. EG Nr. L 195 S. 16 vom 2. 6. 2004; dazu sowie zu den Folgen der bislang unterbliebenen Umsetzung s. *Eisenkolb* GRUR 2007, 387 ff.; *Kühnen* GRUR 2005, 185, 186 f., 193 ff.; *McGuire* GRUR Int. 2005, 15 ff.; *Spindler/Dorsche* CR 2005, 38, 47; *Tilmann* GRUR 2005, 737 ff.; zum RegE eines – sodann am 7. 7. 2008 verabschiedeten (BGBl. I S. 1191) – Gesetzes zur Verbesserung der Durchsetzung von Rechten des geistigen Eigentums vom 24. 1. 2007 s. *Berlit* WRP 2007, 732 ff.; *Wiegand* CR 2007, 481 ff.; zum vorangegangenen RefE *Seichter* WRP 2006, 391 ff.; *Spindler/Weber* MMR 2006, 711 ff.
[51] BGHZ 169, 30 Tz. 41; s. dazu auch die Nachweise in Fn. 50.
[52] Vgl. bereits BGHZ 150, 377, 385 mwN; aus dem Schrifttum s. neben den Nachweisen in Fn. 50 namentlich *Tilmann/Schreibauer* GRUR 2002, 1017; *dies.*, FS Erdmann, 2002, S. 901, 909 ff.
[53] BGBl. I S. 1191; zum RegE sowie zum RefE s. Fn. 50; näher zur Neuregelung *Kitz* NJW 2008, 2374 ff.

14 Für den Vorlegungs- und Besichtigungsanspruch bei **biotechnologischen Erfindungen** sollten die Beschränkungen der Druckbalken-Entscheidung (RdNr. 11) ohnehin nur insofern gelten, als es der Zwischenschaltung eines Sachverständigen bedarf. Substanzeingriffe in Mikroorganismen wurden dagegen für zulässig gehalten.[54] Dem ist mit Blick auf die neuere BGH-Rechtsprechung (RdNr. 12 f.) zuzustimmen.

IV. Verjährung

15 Umstritten ist, ob der Anspruch aus § 809 der Verjährung unterliegt. Überwiegend wird die Frage verneint, mithin angenommen, der Anspruch verjähre nicht.[55] Damit kann wegen der in § 194 getroffenen Regelung nur gemeint sein, dass der Anspruch fortwährend neu entsteht,[56] wenn die Voraussetzungen des § 809 verwirklicht werden, so dass sich der Verjährungsbeginn des § 199 ständig erneuert. Das überzeugt nicht, weil es dem Sinn der Verjährung widerspricht. Nach zutreffender Ansicht unterliegt deshalb auch der Anspruch aus § 809 der Verjährung, und zwar mangels besonderer Bestimmung der **regelmäßigen Verjährung** des § 195.[57] Der Fristlauf beginnt gemäß § 199 Abs. 1 mit dem Schluss des Jahres, in dem der Tatbestand des § 809 durch das Interesse des Gläubigers erstmalig verwirklicht ist, sofern der Gläubiger die erforderlichen Kenntnisse hat oder nur infolge grober Fahrlässigkeit nicht hat; auf sein Verlangen kommt es nicht an. Wenn der Hauptanspruch verjährt und der Schuldner seine Verjährung geltend macht, entfällt das von § 809 vorausgesetzte Interesse, so dass auch der bis dahin nicht verjährte Besichtigungsanspruch erlischt.

V. Prozessuale Fragen

16 **1. Erkenntnisverfahren.** Der Anspruch aus § 809 ist klageweise im ordentlichen Verfahren geltend zu machen. In Betracht kommt auch Geltendmachung im Wege der einstweiligen Verfügung; mit Blick auf das Verbot der Vorwegnahme der Hauptsache ist dann allerdings regelmäßig die Besichtigung durch einen neutralen und zur Verschwiegenheit verpflichteten Sachverständigen geboten.[58] Die **Darlegungs- und Beweislast** für die Voraussetzungen des erhobenen Anspruchs liegt beim **Kläger**. Er muss also den Besitz des Gegners, seinen Anspruch in Ansehung der Sache und die tatsächlichen Umstände, aus denen sein Interesse an der Besichtigung folgt, unter Beweis stellen. Glaubhaftmachung (§ 294 ZPO) genügt nicht, auch nicht hinsichtlich des Interesses.[59] Dass der Anspruch besteht, ist grundsätzlich auch dann zu beweisen, wenn der Kläger sich insoweit erst Gewissheit verschaffen will; ausgenommen sind nur die Tatsachen, die erst durch die Besichtigung geklärt werden sollen (vgl. RdNr. 6).[60] **Benennung des besser Berechtigten.** Besteht ein Besitzmittlungsverhältnis, so ist § 76 ZPO anwendbar.[61] Der unmittelbare Besitzer kann sich der Prozessführung also entziehen, indem er den mittelbaren Besitzer benennt und ihm den Streit verkündet (§ 76 Abs. 1 ZPO). Das Urteil gegen den mittelbaren Besitzer wirkt in diesem Fall auch gegen den unmittelbaren (§ 76 Abs. 4 S. 2 ZPO).

---

[54] Ausf. *Meyer/Dulheuer* GRUR Int. 1987, 14, 16 f.
[55] OLG Karlsruhe NJW-RR 2001, 951; *Erman/Heckelmann/Wilhelmi* RdNr. 6; *Staudinger/Marburger* Vor §§ 809–811 RdNr. 4.
[56] *Planck/Landois* Vor §§ 809–811.
[57] *Soergel/Hadding* RdNr. 3; *Palandt/Sprau* RdNr. 12; *Grimme* JA 1985, 320, 322 re. Sp.
[58] Näher dazu KG NJW 2001, 233, 234 f.; OLG Frankfurt MDR 2006, 820, 821; OLG Karlsruhe NJW-RR 2002, 951; LG Nürnberg-Fürth MMR 2004, 627; s. ferner *Palandt/Sprau* RdNr. 13; *Schreiber* JR 2008, 1, 4; *Wiegand* CR 2007, 481, 483.
[59] HM, vgl. *Baumgärtel* RdNr. 1 mwN; *PWW/Buck-Heeb* RdNr. 13; *Schilken* Jura 1988, 525, 530 f.; zum einstweiligen Verfügungsverfahren s. aber die Nachweise in voriger Fn.
[60] *Planck/Landois* Anm. 3; insoweit unscharf *Baumgärtel* RdNr. 1.
[61] Heute allgM, vgl. *Baumbach/Hartmann* § 76 ZPO RdNr. 3; *RGRK/Steffen* RdNr. 5; *PWW/Buck-Heeb* RdNr. 14; aA noch *Planck/Landois* Anm. 2 c.

2. Zwangsvollstreckung. Streitig ist, ob die Vollstreckung des Urteils nach § 883 ZPO 17
oder nach §§ 887, 888 ZPO zu erfolgen hat. Überwiegend wird die entsprechende Anwendung des § 883 ZPO für richtig gehalten.[62] Dem ist jedoch nicht beizupflichten.[63] Die Wegnahme durch den Gerichtsvollzieher ist effizient, aber unzulässig, weil eine Beeinträchtigung der Besitzposition durch § 809 nicht gerechtfertigt wird (vgl. RdNr. 10). Die Vollstreckung hat deshalb nach §§ 887, 888 ZPO zu erfolgen.

§ 810 Einsicht in Urkunden

Wer ein rechtliches Interesse daran hat, eine in fremdem Besitz befindliche Urkunde einzusehen, kann von dem Besitzer die Gestattung der Einsicht verlangen, wenn die Urkunde in seinem Interesse errichtet oder in der Urkunde ein zwischen ihm und einem anderen bestehendes Rechtsverhältnis beurkundet ist oder wenn die Urkunde Verhandlungen über ein Rechtsgeschäft enthält, die zwischen ihm und einem anderen oder zwischen einem von beiden und einem gemeinschaftlichen Vermittler gepflogen worden sind.

Übersicht

	RdNr.		RdNr.
I. Einführung	1, 2	3. Rechtliches Interesse	10, 11
1. Normzweck	1	4. Besitzer als Anspruchsgegner	12
2. Kein abschließender Charakter	2	III. Anspruchsinhalt	13
II. Anspruchsvoraussetzungen	3–12	IV. Insbesondere: Einsichtnahme in Krankenunterlagen	14–16
1. Urkunde	3	1. Grundsatz	14
2. Anforderungen an Zweck oder Inhalt der Urkunde	4–9	2. Zur Bestimmung der Anspruchsgrundlage	15
a) Grundsatz	4	3. Inhalt und Grenzen	16
b) Errichtung im Interesse des Anspruchstellers	5, 6	V. Prozessuale Fragen	17
c) Beurkundung eines Rechtsverhältnisses	7, 8		
d) Beurkundung von Verhandlungen	9		

I. Einführung

1. Normzweck. Die Bestimmung schützt das **Interesse** des Anspruchstellers **an der** 1
Einsichtnahme in Urkunden und begründet zu diesem Zweck ähnlich wie § 809 ein gesetzliches Schuldverhältnis. Jedoch genügt nicht jedes Interesse, um das Einsichtsrecht zu begründen; es muss vielmehr um die Förderung, Erhaltung oder Verteidigung einer Rechtsposition gehen (RdNr. 10 f.).[1] Weil die Vorschrift das Einsichtsrecht von einem derartigen Interesse und von der Erfüllung zusätzlicher Anforderungen an Zweck oder Inhalt der Urkunde abhängig macht, dient sie nicht nur der Rechtsgewährung, sondern, auch darin mit § 809 übereinstimmend, zugleich dem Ausgleich der widerstreitenden Interessen von Anspruchsteller und Urkundenbesitzer (§ 809 RdNr. 1).

2. Kein abschließender Charakter. Wie § 809 (dort RdNr. 2) hat auch § 810 keinen 2
abschließenden Charakter. Ein Recht auf Urkundeneinsicht kann sich deshalb unabhängig von seinen Voraussetzungen aus dem Inhalt eines anderweitig begründeten Rechts-, vor

---

[62] OLG Bamberg DGVZ 1972, 112; OLG Hamm NJW 1974, 653; OLG Köln NJW-RR 1988, 1210; 1996, 382; *Grimme* JA 1985, 320, 324 li. Sp.; *Saß* S. 186 ff.; *Schilken* Jura 1988, 525, 531 li. Sp.; *Schreiber* JR 2008, 1, 4; *Baumbach/Hartmann* § 883 ZPO RdNr. 16; *RGRK/Steffen* Vor § 809 RdNr. 8; *Staudinger/Marburger* Vor §§ 809–811 RdNr. 10; *Palandt/Sprau* RdNr. 13; *PWW/Buck-Heeb* RdNr. 14; *Bamberger/Roth/Gehrlein* RdNr. 7.
[63] *Erman/Heckelmann/Wilhelmi* RdNr. 5; *Soergel/Hadding* RdNr. 8; *Planck/Landois* Anm. 5.
[1] BGH WM 1971, 565, 567; LM Nr. 7 = NJW 1981, 1733.

allem eines **Vertragsverhältnisses** ergeben. Dafür kommt es auf die Auslegung (§§ 133, 157) und auf die Ermittlung des Pflichtengefüges durch Konkretisierung des § 242 an; einen wichtigen Beleg bietet das Recht auf Einsichtnahme in Krankenunterlagen (RdNr. 14 ff.). Aus der Treupflicht der AG gegenüber ihren Aktionären folgt die Pflicht, ihnen diejenigen Teile eines über den Verlauf der Hauptversammlung gefertigten Tonbandprotokolls (zu unterscheiden von der Niederschrift nach § 130 AktG) auszuhändigen, die eigene Fragen oder Redebeiträge des Aktionärs und zugehörige Antworten oder Stellungnahmen enthalten.[2] Für einzelne Rechtsverhältnisse enthält das Gesetz selbst Bestimmungen gleicher oder verwandter Zielrichtung (vgl. zB §§ 259 f.,[3] 371, 402, 716, 896; §§ 87 c, 118, 157, 166, 233 HGB;[4] § 51 a GmbHG; § 67 Abs. 5 AktG; § 8 Abs. 3 UmweltHG). Dem Anspruch aus § 810 verwandt sind das Recht auf Einsicht **öffentlicher Register** und öffentlich verwahrter Urkunden (vgl. zB §§ 79, 1563, 1953, 2010, 2081, 2146, 2228, 2264, 2384; § 9 HGB; § 12 GBO; §§ 299 f. ZPO; §§ 34, 78 FGG (künftig: §§ 13, 357 FamFG); § 42 ZVG; § 51 BeurkG; § 29 VwVfG) sowie der in § 1 IFG geregelte Anspruch auf Zugang zu öffentlichen Informationen.[5] Hinzu kommt die Befugnis des Gerichts, die Vorlage von Urkunden anzuordnen (vgl. §§ 258 ff. HGB, §§ 142, 144 ZPO).[6] Besondere Bestimmungen zum Schutz des geistigen Eigentums finden sich namentlich in §§ 140 c, 140 d PatG, §§ 24 c, 24 d GebrMG, §§ 19 a, 19 b MarkenG, § 9 HalblSchG; §§ 101 a, 101 b UrhG, §§ 46 a, 46 b GeschmMG und §§ 37 c, 37 d SortSchG (§ 809 RdNr. 13). – Zur Bedeutung des § 810 im Rahmen der §§ 422, 429 ZPO s. RdNr. 17.

II. Anspruchsvoraussetzungen

1. Urkunde. Das Recht auf Einsichtnahme bezieht sich nur auf Urkunden. Für den **Begriff** der Urkunde ist schon wegen des Zusammenhangs des § 810 mit §§ 422, 429 ZPO auf das Zivilprozessrecht zurückzugreifen.[7] Urkunden sind danach durch Niederschrift verkörperte Gedankenerklärungen,[8] gleichgültig, in welcher Weise die Niederschrift erfolgt ist. Auch durch Computer ausgedruckte Bescheide genügen dem Urkundenbegriff, weil sie ungeachtet der Programmierung einen Gedanken zum Ausdruck bringen.[9] Mangels schriftlicher Verkörperung ist dagegen der elektronische Datenträger selbst keine Urkunde, ebenso wenig die Tonbandaufnahme[10] (wohl aber das danach gefertigte Protokoll), die Fotografie[11] oder die Röntgenaufnahme;[12] das Recht, sich von dem Inhalt solcher Aufzeichnungen oder Ablichtungen Kenntnis zu verschaffen, kann sich aber aus einem anderweitig begründeten Rechtsverhältnis ergeben (RdNr. 2). Schließlich erstreckt sich das Einsichtsrecht grundsätzlich nur auf Originalurkunden, nicht auf Abschriften oder Fotokopien,[13] es sei denn, dass das Original unleserlich oder verloren gegangen ist.[14] Umgekehrt kann aber nicht stets

---

[2] BGH NJW 1994, 3094, 3095, 3096 f.; *Gehrlein* WM 1994, 2054, 2056 f.; *Hüffer* § 130 AktG RdNr. 33; aA OLG München AG 1993, 186 f. (Vorinstanz zu BGH aaO).
[3] Zur Anwendbarkeit neben § 810 vgl. BGHZ 55, 201, 204.
[4] Dazu OLG Hamburg NZG 2004, 715 f. mwN: Informationsrecht des stillen Gesellschafters reduziert sich mit Beendigung der stillen Gesellschaft auf Einsichtsrecht nach § 810.
[5] Dazu etwa *Kugelmann* NJW 2005, 3609 ff.; *Schmitz/Jastrow* NVwZ 2005, 984 ff.; zur Frage entsprechender Ansprüche gegen die BaFin s. *Möllers/Wenninger* ZHR 170 (2006), 455 ff.
[6] Dazu neben den Kommentaren zur ZPO BGHZ 173, 23; *Zekoll/Bolt* NJW 2002, 3129 ff.; *Schreiber* JR 2008, 1, 4 f.
[7] Vgl. *Soergel/Hadding* RdNr. 3; *PWW/Buck-Heeb* RdNr. 1; *RGRK/Steffen* RdNr. 3.
[8] BGHZ 65, 300 f.; *Baumbach/Hartmann* Vor § 415 RdNr. 5.
[9] *Baumbach/Hartmann* Vor § 415 RdNr. 7.
[10] *RGRK/Steffen* RdNr. 3; für analoge Anwendung aber *Staudinger/Marburger* RdNr. 8; offen lassend BGH NJW 1994, 3094 re. Sp.
[11] BGHZ 65, 300 f.
[12] Ebenso *Staudinger/Marburger* RdNr. 8 aE.
[13] OLG München BayZ 1932, 363; *RGRK/Steffen* RdNr. 4; *Soergel/Hadding* RdNr. 3; *Staudinger/Marburger* RdNr. 7; *PWW/Buck-Heeb* RdNr. 2.
[14] AG Hagen NJW-RR 1998, 262, 263; *PWW/Buck-Heeb* RdNr. 2; *Grimme* JA 1985, 320, 321 li. Sp.; *Schilken* Jura 1988, 525, 529 li. Sp

Einsichtnahme in die Originale gefordert werden; so besteht ein Anspruch des Versicherers auf Einsichtnahme in die Originalschadensbelege nur ausnahmsweise, nämlich bei Fälschungsverdacht.[15]

2. Anforderungen an Zweck oder Inhalt der Urkunde. a) Grundsatz. Nicht jede 4 Urkunde unterliegt dem Einsichtsrecht. Es muss vielmehr **eine der drei Varianten des § 810** erfüllt sein. Ihnen ist gemeinsam, dass die Urkunde nach ihrem Zweck oder Inhalt der Rechtsposition des Anspruchstellers dienen soll. Es genügt, dass eine der Tatbestandsvarianten verwirklicht ist. Das Zusammentreffen mehrerer schadet nicht. Scheitert die Subsumtion, so ist der Anspruch grundsätzlich nicht gegeben.[16] Die entsprechende Anwendung des § 810 kommt zwar in Betracht,[17] ist aber mit Vorsicht zu handhaben,[18] weil das Gesetz mit seiner Regelung auch die Interessen des Urkundeninhabers schützen will (RdNr. 1).

b) Errichtung im Interesse des Anspruchstellers. Nach § 810 Fall 1 bezieht sich das 5 Einsichtsrecht des Anspruchstellers auf Urkunden, die in seinem Interesse errichtet sind. Das ist nach gefestigter Praxis nur der Fall, wenn die Urkunde dazu bestimmt ist, dem Anspruchsteller als Beweismittel zu dienen, oder wenigstens seine rechtlichen Beziehungen fördern soll.[19] Entscheidend für die Beurteilung ist der Zweck, nicht der Inhalt der Urkunde.[20] Genügend ist, dass die Urkunde jedenfalls auch dem Interesse des Anspruchstellers dient.[21] Seine namentliche Nennung ist nicht erforderlich.[22]

Einzelfälle. Bei einer Lebensversicherung mit Drittbegünstigung ist der Versicherungs- 6 schein eine im Interesse des Dritten errichtete Urkunde.[23] Zumindest auch im Interesse des Lieferanten errichtet sind die schriftlichen Unterlagen über die im Voraus abgetretenen Kundenforderungen beim verlängerten Eigentumsvorbehalt.[24] Die Anfertigung tierärztlicher Behandlungsunterlagen dient auch den Interessen des Tierhalters.[25] Im Interesse einer AG oder einer KGaA erfolgen die Niederschriften über die Sitzungen der Gesellschaftsorgane (Vorstand und Aufsichtsrat). Deshalb kann ein Gläubiger, der nach §§ 93 Abs. 5, 116, 117 Abs. 5 AktG berechtigt ist, den Ersatzanspruch der Gesellschaft geltend zu machen, auch Einsicht in die Sitzungsniederschriften fordern.[26] Dagegen haben Aktionäre keinen Anspruch auf Einsichtnahme in eine unabhängig von § 130 AktG errichtete Niederschrift über die Hauptversammlung (Tonbandprotokoll), weil sie damit eigene Rechte und nicht solche der Gesellschaft verfolgen.[27] Protokolle des Gläubigerbeirats werden nicht im Interesse eines Vergleichsgaranten geführt.[28] Auch dient die Führung von Personalakten durch eine als Verein organisierte Studienstiftung nicht den Interessen des Stipendiaten.[29] Ein vom Hausratversicherer eingeholtes und bezahltes Gutachten ist nicht im Interesse des Versicherungsnehmers erstattet,[30] wohl aber ein vom Krankenversicherer eingeholtes psychiatrisches Gut-

---

[15] OLG Bremen NJW-RR 1990, 1181.
[16] Prot. S. 3125 = *Mugdan* II S. 1221; *Staudinger/Marburger* RdNr. 12.
[17] BGH BB 1966, 99; Prot. S. 3126 = *Mugdan* II S. 1221; *Schilken* Jura 1988, 525, 529 li. Sp.; *Staudinger/ Marburger* RdNr. 12.
[18] RGRK/*Steffen* RdNr. 1.
[19] BGH LM Nr. 2; Nr. 5; RGZ 69, 401, 405.
[20] BGH LM Nr. 5; RGRK/*Steffen* RdNr. 9.
[21] BGH LM Nr. 5; BGHZ 94, 105, 116 = NJW 1985, 1836; RGZ 50, 334, 337.
[22] BGH LM Nr. 2.
[23] RGRK/*Steffen* RdNr. 9.
[24] BGHZ 94, 105, 116 = NJW 1985, 1836.
[25] LG Hildesheim NJW-RR 1992, 415; *Bemmann* VersR 2005, 760 ff.
[26] LG Köln AG 1977, 76.
[27] BGH NJW 1994, 3094 re. Sp. mwN; zutr. auch OLG Stuttgart ZIP 2007, 1210, 1215: kein Einsichtsrecht in Verträge zwischen Gesellschaft und Dritten.
[28] BGH LM Nr. 5.
[29] BGH NJW 1981, 1733.
[30] AG Köln VersR 1988, 257 f.; unter Bejahung eines vertraglichen Anspruchs offen gelassen von OLG Saarbrücken VersR 1999, 750; s. ferner OLG Karlsruhe r+s 2005, 385 m. Anm. *Wälder*.

achten.³¹ Vergabeakten hingegen dürften auch im Interesse der am Vergabeverfahren teilnehmenden Bieter errichtet sein.³²

7 **c) Beurkundung eines Rechtsverhältnisses.** Dem Einsichtsrecht unterliegen nach § 810 Fall 2 Urkunden, die ein Rechtsverhältnis zum Gegenstand haben, das zwischen dem Anspruchsteller und einem anderen besteht. Dass der Anspruchsteller und der Besitzer der Urkunde durch das Rechtsverhältnis verbunden sind, bildet den Regelfall, ist aber wegen der unbestimmten Fassung des Gesetzes nicht notwendig. In dieser Variante kommt es nicht auf den Zweck, sondern allein auf den Inhalt der Urkunde an.³³ Es ist auch nicht erforderlich, dass das Rechtsverhältnis selbst den Inhalt der Urkunde bildet. Vielmehr genügt nach allgM, dass der beurkundete Vorgang zu dem fraglichen Rechtsverhältnis in unmittelbarer rechtlicher Beziehung steht.³⁴ Eine enge Auslegung der Vorschrift wird ausdrücklich abgelehnt.³⁵

8 **Einzelfälle.** Geschäftsbücher des Kaufmanns unterliegen der Einsicht durch einen Vertragspartner, dessen Provisionsansprüche von den angeblich verbuchten Vertragsabschlüssen abhängen,³⁶ sowie der Einsicht durch den Bürgen, wenn in ihnen Leistungen des Hauptschuldners vermerkt sein sollen.³⁷ Aus § 810 Fall 2 kann sich auch ein Anspruch des Schuldners auf Einsichtnahme in den abhanden gekommenen Ratenkreditvertrag ergeben,³⁸ wenn man nicht schon eine anspruchsbegründende Pflicht aus § 242 ableiten will;³⁹ auf ein Verschulden am Verlust der Urkunde kommt es dabei nicht an (vgl. aber RdNr. 11).⁴⁰ Nach hM fallen auch Handakten eines Rechtsanwalts unter § 810 Fall 2, soweit ihr Inhalt zu dem Mandat und seinen einzelnen Rechtsfolgen in unmittelbarer Beziehung steht;⁴¹ die neuere Beurteilung ärztlicher Aufzeichnungen (RdNr. 14 ff.) legt zudem die Annahme nahe, dass sie auch im Interesse des Mandanten geführt werden⁴² und deshalb schon unter § 810 Fall 1 fallen (vgl. RdNr. 5). Erhebliche Bedeutung hat § 810 Fall 2 in gesellschaftsrechtlichen Zusammenhängen, soweit die einschlägigen Sonderregeln (§ 716; §§ 118, 166, 338 HGB; §§ 51 a, 51 b GmbHG) nicht helfen.⁴³ Das gilt namentlich für den ausgeschiedenen Gesellschafter,⁴⁴ sofern ein schutzwürdiges Interesse an der Einsichtnahme nicht wegen der Feststellung einer Bilanz auf den Tag des Ausscheidens zu verneinen ist,⁴⁵ aber auch für die Erbin eines Gesellschafters wegen ihrer Abfindungsansprüche.⁴⁶

9 **d) Beurkundung von Verhandlungen.** Nach § 810 Fall 3 unterliegen Urkunden der Einsicht, wenn sie bestimmte Verhandlungen enthalten. Es müssen Verhandlungen über ein Rechtsgeschäft sein, die zwischen dem Anspruchsteller und einem anderen oder zwischen einem von beiden und einem gemeinschaftlichen Vermittler stattgefunden haben. Hierher gehört zB der dem Vertragsschluss vorausgehende oder nachfolgende

---

³¹ Vgl. BVerfG NJW 2006, 1116 Tz. 26 ff. und dazu noch RdNr. 14; aA OLG Frankfurt MDR 1992, 353; 4. Aufl. RdNr. 6 *(Hüffer)*.
³² So *Prieß/Gabriel* NJW 2008, 331, 332 f., die zudem die Voraussetzungen des § 810 Fall 2 und zumindest bei freihändigen Vergaben auch diejenigen des § 810 Fall 3 bejahen.
³³ *Schilken* Jura 1988, 525, 529 re. Sp.; RGRK/*Steffen* RdNr. 10.
³⁴ BGHZ 55, 201, 203; RGZ 56, 109, 112; *Grimme* JA 1985, 320, 321 re. Sp.; RGRK/*Steffen* RdNr. 10; Soergel/*Hadding* RdNr. 7.
³⁵ BGHZ 55, 201, 203; BGH LM Nr. 5; RGZ 117, 332; RGRK/*Steffen* RdNr. 1.
³⁶ BGHZ 55, 201, 203; RGZ 87, 10; zum ausgeschiedenen (stillen) Gesellschafter s. sogleich im Text.
³⁷ RGZ 56, 109.
³⁸ BGH LM Nr. 15 (Bl. 1836).
³⁹ So LG Frankfurt/M NJW-RR 1988, 1129; für den Bürgen auch LG Köln NJW-RR 1990, 1074.
⁴⁰ BGH LM Nr. 15 (Bl. 1836).
⁴¹ RGRK/*Steffen* RdNr. 16; *Staudinger/Marburger* RdNr. 21; beide mwN; diff. Soergel/*Hadding* RdNr. 9.
⁴² In diesem Sinne, wenngleich zu § 667, BGHZ 109, 260, 265 = NJW 1990, 510 für anwaltliche Gesprächsnotizen.
⁴³ BGHZ 14, 53 ist durch § 51 a GmbHG überholt.
⁴⁴ BGHZ 50, 316, 324 = NJW 1968, 2003; BGH LM HGB § 166 Nr. 5 = NJW 1985, 225 (dazu Grunewald ZGR 1989, 545 ff.); LM Nr. 13 = NJW 1989, 3272; OLG Frankfurt BB 1982, 143; WM 1996, 160 f.; OLG Hamburg NZG 2004, 715.
⁴⁵ BGH WM 1977, 781 f.
⁴⁶ OGHZ 4, 42; OLG Hamm NJW-RR 1994, 933, 934 re. Sp.; 2000, 1701, 1704 li. Sp.

Schriftwechsel,[47] nicht jedoch der, welcher zwischen dem anderen Teil und dessen eigenem Bevollmächtigten geführt worden ist. Aufzeichnungen des anderen Vertragsteils für seine internen Zwecke (Gedächtnisstütze; Berichte von Angestellten) enthalten keine Verhandlungen und fallen deshalb nicht unter § 810 Fall 3. Beispiel: handschriftliche Notizen des Wohnungsverwalters zur Vorbereitung des Protokolls der Eigentümerversammlung; ein Einsichtsrecht des einzelnen Wohnungseigentümers folgt auch nicht aus § 810 analog.[48]

3. Rechtliches Interesse. Der Anspruch greift nur durch, wenn es sich um eine Urkunde handelt, die unter eine der drei Varianten des § 810 fällt, und der Anspruchsteller überdies ein rechtliches Interesse an der Einsichtnahme hat. Ein anderweitiges Interesse genügt anders als für § 809 nicht. Doch ist der Unterschied zwischen beiden Vorschriften gering, weil § 809 anders als § 810 einen Anspruch hinsichtlich des Besichtigungsobjekts als wenigstens wahrscheinlich voraussetzt. Ein rechtliches Interesse setzt voraus, dass die Einsichtnahme der Förderung, Erhaltung oder Verteidigung einer Rechtsposition dienen soll.[49] Jede Rechtsposition genügt. Dass sie vermögensrechtlicher Art ist, wird nicht vorausgesetzt. Der Anspruch kann also auch auf ein familienrechtliches oder öffentlich-rechtliches Interesse gestützt werden.[50]

Ungeschriebene Anspruchsvoraussetzung ist die **Schutzwürdigkeit** des Interesses.[51] Daran fehlt es, wenn die Einsichtnahme der Ausforschung des Anspruchsgegners dienen soll.[52] So liegt es, wenn ein Zusammenhang zwischen Urkundeninhalt und der in Frage stehenden Rechtsposition nicht ohne weiteres greifbar ist. Beispiel: Einsicht in die Geschäftsunterlagen einer Bank kann nicht verlangt werden, wenn sie der Begründung angeblicher Ansprüche gegen Miterben dienen soll und für deren Existenz nichts Substantiiertes vorgebracht werden kann. Die Einsichtnahme ist auch unzulässig, wenn ein Schadensersatzanspruch gegen den Urkundenbesitzer erhoben werden soll und der darlegungspflichtige Anspruchsteller die Kenntnis der den Ersatzanspruch begründenden Tatsachen erst durch die Einsichtnahme erwerben will.[53] Beispiel: Die Einsicht in einen verloren gegangenen Ratenkreditvertrag ist zu versagen, wenn der Schuldner ein Vorgehen aus § 826 beabsichtigt, für die Sittenwidrigkeit des Vertrags aber keine konkreten Anhaltspunkte vorhanden sind.[54] Zur Prüfung der Schutzwürdigkeit gehört auch die Abwägung mit Gegeninteressen des Urkundenbesitzers. So ist die Einsichtnahme nicht zu gestatten, wenn sie für die beabsichtigte Rechtsverteidigung nicht erforderlich ist (vgl. auch RdNr. 8; § 809 RdNr. 6 aE). Bei berechtigtem Interesse des Besitzers an der Geheimhaltung des Urkundeninhalts kann die Einsichtnahme gegenständlich beschränkt sein.[55] Auch die Wahrnehmung des Rechts durch neutrale Dritte kommt in Betracht (vgl. § 809 RdNr. 11).[56]

4. Besitzer als Anspruchsgegner. Schuldner des Anspruchs ist der Besitzer. Der Anspruch richtet sich also jedenfalls gegen den unmittelbaren Besitzer der Urkunde (§ 854), unter einschränkenden Voraussetzungen auch gegen den mittelbaren Besitzer. Die Sachlage entspricht derjenigen des § 809 (vgl. dort RdNr. 7 f.).

---

[47] *Schilken* Jura 1988, 525, 530 li. Sp.
[48] KG NJW 1989, 532, 533.
[49] BGH WM 1971, 565, 567; LM Nr. 7 = NJW 1981, 1733; RGRK/*Steffen* RdNr. 6; *Soergel/Hadding* RdNr. 2; *Staudinger/Marburger* RdNr. 10.
[50] *Grimme* JA 1985, 320, 321 re. Sp.; RGRK/*Steffen* RdNr. 6; *Staudinger/Marburger* RdNr. 10.
[51] Vgl. neben den Nachweisen in Fn. 52 ff. *Soergel/Hadding* RdNr. 2; PWW/*Buck-Heeb* RdNr. 5.
[52] BGHZ 109, 260, 267 = NJW 1990, 510; BGH NJW-RR 1992, 1072, 1073; RGZ 135, 188, 192; AG Charlottenburg NJW 1997, 1450 re. Sp.; AG Nürnberg NJW-RR 1991, 1523; *Staudinger/Marburger* RdNr. 10.
[53] RGRK/*Steffen* RdNr. 6; *Staudinger/Marburger* RdNr. 10.
[54] BGH LM Nr. 15; OLG Hamm WM 1987, 1297; OLG Schleswig NJW-RR 1991, 1338; AG Nürnberg WM 1992, 593.
[55] BGH WM 1963, 991.
[56] BGH DB 1982, 2030; *Saß* S. 150 f.; RGRK/*Steffen* RdNr. 7.

III. Anspruchsinhalt

13 Der Anspruch richtet sich auf die **Gestattung der Einsicht.** Der Besitzer schuldet also ein passives Verhalten (vgl. auch § 809 RdNr. 10); er muss dulden, dass sich der Gläubiger die erforderlichen Kenntnisse aus der Urkunde verschafft. Ob der Gläubiger auch berechtigt ist, Abschriften zu nehmen oder Notizen zu machen, hat der Gesetzgeber der Einzelfallentscheidung vorbehalten.[57] Sie kann auch die Zulässigkeit von Fotokopien und ähnlichen Vervielfältigungen ergeben. Keinesfalls ist der Schuldner verpflichtet, selbst Abschriften herzustellen; umgekehrt kann er die Einsichtnahme in das Original grundsätzlich (Ausnahme: RdNr. 16 aE) nicht dadurch abwehren, dass er Abschriften oder Fotokopien zur Verfügung stellt.[58] Zur gegenständlichen Beschränkung des Einsichtsrechts und zur Einschaltung neutraler Dritter vgl. RdNr. 11 aE.

IV. Insbesondere: Einsichtnahme in Krankenunterlagen

14 **1. Grundsatz.** Ob der Patient[59] das Recht hat, die von seinem Arzt über ihn geführten Krankenunterlagen einzusehen, war früher eine der viel diskutierten Fragen aus dem juristisch-medizinischen Grenzbereich.[60] Ein solches **Recht auf Einsichtnahme** ist nach heute hM zu bejahen. Ausgangspunkt der jüngeren Entwicklung war die Klarstellung des BGH, dass es eine Rechtspflicht zu ärztlicher Dokumentation gibt und dass diese Pflicht auch im Interesse des Patienten besteht.[61] Daran und an die allgemeine Auskunftspflicht des Sachwalters anknüpfend haben zunächst die Instanzgerichte ein Recht auf Einsichtnahme in die Dokumentation bejaht.[62] Der BGH hat dieses Patientenrecht in zwei aufeinander abgestimmten Entscheidungen bestätigt.[63] Diese gefestigte Rechtsprechung[64] hat verbreitet Anerkennung gefunden.[65] Das **BVerfG** hat jüngst ausdrücklich offen gelassen, ob die Rechtsprechung des BGH den verfassungsrechtlich verbürgten Informationsansprüchen des Patienten genügt, und das gegenüber einem privatrechtlichen Arzt-Patienten-Verhältnis gesteigerte Informationsinteresse des im Maßregelvollzug Untergebrachten betont.[66] Vor diesem Hintergrund geht es nur noch darum, Grundlage, Inhalt und Grenzen des Rechts sachgerecht und unter Beachtung der verfassungsrechtlichen Vorgaben zu bestimmen.[67]

15 **2. Zur Bestimmung der Anspruchsgrundlage.** Im Schrifttum entsteht zuweilen der Eindruck, das Recht auf Einsichtnahme in Krankenunterlagen folge nur aus § 810.[68] Das mag im Einzelfall zutreffen, geht aber im Kern an der jüngeren Rechtsprechung vorbei und ist für die Praxis nicht relevant. Denn der Anspruch folgt im Allgemeinen schon aus dem

---

[57] Mot. II S. 892 = *Mugdan* II S. 498.
[58] RGRK/*Steffen* § 811 RdNr. 8; *Staudinger/Marburger* RdNr. 4.
[59] Zur besonderen Problematik entsprechender Rechte der Erben und Angehörigen s. BGH NJW 1983, 2627, 2628; AG Saarbrücken NJW-RR 2004, 1302; *Hess* ZEV 2006, 480 ff.
[60] Umfassend dazu die Monografien von *Lenkaitis* und *Peter* (S. 10 ff.); wN in Fn. 62 ff.
[61] BGHZ 72, 132 = LM ZPO § 282 Nr. 29 = NJW 1978, 2337 (dazu *Wasserburg* NJW 1980, 617); anders noch BGH VersR 1963, 168 f.
[62] OLG Bremen NJW 1980, 644 m. Anm. *Uhlenbruck* 1339 f.; KG NJW 1981, 2521; OLG Köln NJW 1982, 704; LG Göttingen NJW 1979, 601 m. Anm. *Ahrens*; LG Limburg NJW 1979, 607.
[63] BGHZ 85, 327 = LM § 242 (Be) Nr. 45 = NJW 1983, 328; BGHZ 85, 339 = LM § 242 (Be) Nr. 46 = NJW 1983, 330; BGHZ 106, 146 = NJW 1989, 764; dazu *Ahrens* NJW 1983, 2609; eingehend *Peter* S. 22 ff., 25 f.
[64] BGH NJW 1983, 2627; 1985, 674; BGHZ 106, 146; BVerwGE 82, 45 = NJW 1989, 2960; OLG Köln VersR 1989, 197; LG Aachen NJW 1986, 1551; LG Dortmund NJW-RR 1998, 261; LG Köln VersR 1986, 775; AG Hagen NJW-RR 1998, 262, 263 li. Sp.; ausf. dazu *Peter* S. 27 ff.
[65] Im Ganzen zust. auch *Ahrens* NJW 1983, 2609; *Nüßgens*, FS Boujong, 1996, S. 831, 839 ff.; *Peter* S. 32 ff. Vgl. aus dem vorhergehenden Schrifttum besonders *Daniels* NJW 1976, 345; *Hohloch* NJW 1982, 2577; krit. aus ärztlicher Sicht zB *Bochnik/Gärtner/Huth* Dt. Ärztebl. 1982, 97.
[66] BVerfG NJW 2006, 1116 Tz. 26 ff. = JZ 2007, 91 m. Anm. *Klatt* 95; vgl. auch BVerfG NJW 1999, 1777; 1972, 1123.
[67] Näher *Hinne* NJW 2005, 2270 ff.
[68] Vgl. zB *Peter* S. 32 ff.; Palandt/*Sprau* RdNr. 5.

Behandlungsverhältnis,[69] das als Rechts-, genauer als Schuldverhältnis zu qualifizieren ist und seinerseits auf unterschiedlichen Entstehungsgründen beruhen kann, so vor allem auf einem Behandlungsvertrag, aber zB auch auf GoA (Notaufnahme). Dabei folgt die Einzelpflicht im Rahmen des Verhältnisses aus § 241 Abs. 2;[70] den grundrechtlichen Persönlichkeitsschutz hätte der BGH dafür wohl nicht zu bemühen brauchen.[71]

3. Inhalt und Grenzen. Nach dem in der Rechtsprechung bisher erreichten Entwicklungsstand und vorbehaltlich weitergehender verfassungsrechtlicher Vorgaben[72] gilt das Folgende: Der Patient hat einen Anspruch auf Einsichtnahme, ohne darlegen zu müssen, dass er daran ein besonderes Interesse hat.[73] Regelmäßig wird sich ein solches berechtigtes Interesse allerdings daraus ergeben, dass es um die Vorbereitung oder Durchführung von Haftpflichtprozessen oder um die Rechnungskontrolle geht.[74] Inhaltlich beschränkt sich das Einsichtsrecht auf objektive physische Befunde und Berichte über Behandlungsmaßnahmen.[75] Ärztliche Aufzeichnungen anderen Inhalts, insbesondere subjektive Wertungen, Verdachtsdiagnosen, die nicht zur Grundlage ärztlicher Maßnahmen geworden sind, oder ähnliche Einschätzungen sollen hingegen dem Einsichtsrecht nicht unterliegen.[76] Anderes gilt wohl für ein Gutachten, das der behandelnde Arzt wegen der Kostenübernahme für die Krankenkasse erstattet hat (vgl. auch RdNr. 6 aE).[77] Auch in den bezeichneten Grenzen ist das Recht dann nicht gegeben, wenn schutzwürdige ärztliche Interessen oder Interessen Dritter entgegenstehen;[78] das soll namentlich bei psychiatrischer Behandlung der Fall sein.[79] Doch ist bei psychiatrischer Behandlung nicht schon per se ein schutzwürdiges Gegeninteresse anzunehmen; es muss vielmehr vom Anspruchsgegner geltend gemacht werden, wofür ein allgemein gehaltener Hinweis genügen soll.[80] Beim Einsichtsbegehren von Angehörigen bleibt auch die ärztliche Schweigepflicht zu beachten.[81] Der Berechtigte kann auch einen vertrauenswürdigen Dritten (Arzt, Anwalt) beiziehen.[82] Er kann auf Grund des Behandlungsverhältnisses ferner fordern, dass auf seine Kosten Fotokopien angefertigt werden; einen entsprechenden Vorschuss anzubieten, ist Sache des Patienten.[83] Soweit die ärztlichen Unterlagen nach ihrem Inhalt zum einen Teil der Einsichtnahme unterliegen, zum anderen Teil

---

[69] Klar schon *Hohloch* NJW 1982, 2577, 2578 f. und 2683; ebenso *Gehrlein* NJW 2001, 2773 re. Sp.; s. ferner PWW/*Buck-Heeb* RdNr. 7 mit zutr. Hinweis, dass der Anspruch aus § 810 unberührt bleibt.
[70] So auch § 241 RdNr. 71 *(Roth)*; aA – für § 242 – 4. Aufl. RdNr. 15 *(Hüffer)*.
[71] Vgl. BGHZ 85, 327, 332 = LM § 242 (Be) Nr. 45 = NJW 1983, 328 und dazu *Ahrens* NJW 1983, 2609, 2612; krit. auch *Nüßgens,* FS Boujong, 1996, S. 831, 832 ff.; *Peter* S. 33 f.
[72] Dazu RdNr. 14 sowie *Hinne* NJW 2005, 2270, 2271 ff., der die Beschränkungen des Informationsrechts in der Rspr. des BGH (Fn. 63) als überholt ansieht; zumindest tendenziell auch *Hess* ZEV 2006, 479, 480; s. ferner *Klatt* JZ 2007, 95, 96 f.
[73] BGHZ 85, 327 = LM § 242 (Be) Nr. 45 = NJW 1983, 328; deutlicher BGH NJW 1983, 2627 f. und BGHZ 106, 146, 148 = NJW 1989, 764; *Nüßgens,* FS Boujong, 1996, S. 831, 841; insoweit enger *Hohloch* NJW 1982, 2577, 2583.
[74] Dazu *Hohloch* NJW 1982, 2577, 2583 f.; *Peter* S. 110 ff., 114.
[75] BGHZ 85, 327, 334 = LM § 242 (Be) Nr. 45 = NJW 1983, 328; BGHZ 85, 339, 342 = LM § 242 (Be) Nr. 46 = NJW 1983, 330; BGH NJW 1983, 2627 f.; 1985, 674, 675 li. Sp.
[76] Sog. „therapeutischer Vorbehalt", s. BGHZ 85, 327, 336 = LM § 242 (Be) Nr. 45 = NJW 1983, 328; vgl. dazu aber auch Fn. 66, 72; s. ferner OLG Düsseldorf NJW-RR 2003, 1604: kein Anspruch auf Mitteilung der Personalien des medizinischen und pflegerischen Personals; LG Frankfurt/M NJW-RR 2007, 999: bei Dokumentation durch Psyhotherapeuten sind rein subjektive Eindrücke ausgenommen.
[77] Vgl. die Nachweise in Fn. 31; aA noch OLG Köln NJW 1983, 2641; 4. Aufl. RdNr. 16 *(Hüffer)*.
[78] BGHZ 85, 327, 338 = LM § 242 (Be) Nr. 45 = NJW 1983, 328; OLG Celle NJW 1978, 1200; AG Saarbrücken NJW-RR 2004, 1320; s. aber auch BVerfG NJW 2006 Tz. 26 ff. und dazu RdNr. 14.
[79] BGHZ 85, 339, 344 f. = LM § 242 (Be) Nr. 46 = NJW 1983, 330; 1985, 674, 675; BGHZ 106, 146, 148 ff. = NJW 1989, 764; OLG Köln VersR 1989, 197; berechtigte Zweifel bei *Bamberger/Roth/Gehrlein* RdNr. 6 mit Hinweis auf BVerfG NJW 2006, 1116; s. ferner *Hinne* NJW 2005, 2270, 2271 f.
[80] So BGH NJW 1985, 674, 675 re. Sp.; BGHZ 106, 146, 150 f.; s. ferner BVerfG NJW 1999, 1777; s. aber auch Fn. 66, 72.
[81] S. die Nachweise in Fn. 59.
[82] BGHZ 85, 327, 338 f. = LM § 242 (Be) Nr. 45 = NJW 1983, 328; OLG München NJW 2001, 2806, 2807 li. Sp.
[83] *Gehrlein* NJW 2001, 2773, 2774 li. Sp.; nicht eindeutig LG Dortmund NJW 2001, 2806.

nicht, ist die Anfertigung von Fotokopien unter Abdeckung der nicht vom Einsichtsrecht erfassten Teile ein praktikabler Weg.[84] Soweit die Unterlagen für Dritte nicht lesbar sind oder sonst wie auf Grund ihrer äußerlichen Beschaffenheit nicht nachvollzogen werden können (Verwendung unverständlicher Privatabkürzungen), folgt aus dem Einsichtsrecht auch ein Anspruch auf lesbare, etwa maschinenschriftliche Abschriften.[85] Dagegen kann nicht gefordert werden, dass der Arzt Fachausdrücke erläutert oder übliche Fachabkürzungen aufschlüsselt, die der Patient zwar lesen kann, deren Bedeutung er aber nicht versteht.[86]

V. Prozessuale Fragen

17 Die **Darlegungs- und Beweislast** für die Anspruchsvoraussetzungen trägt der Kläger (näher § 809 RdNr. 16). Die **Zwangsvollstreckung** richtet sich nach §§ 887, 888 ZPO (str.; vgl. § 809 RdNr. 17). Wesentliche Bedeutung hat § 810 für den **Urkundenbeweis**; denn die prozessuale Vorlagepflicht ist nach § 422, 429 ZPO mit der entsprechenden Pflicht bürgerlichen Rechts verknüpft, die sich vor allem unter den Voraussetzungen des § 810 ergibt.[87] Zur Einrede der **Verjährung** vgl. § 809 RdNr. 15.

§ 811 Vorlegungsort, Gefahr und Kosten

(1) ¹ Die Vorlegung hat in den Fällen der §§ 809, 810 an dem Orte zu erfolgen, an welchem sich die vorzulegende Sache befindet. ² Jeder Teil kann die Vorlegung an einem anderen Orte verlangen, wenn ein wichtiger Grund vorliegt.

(2) ¹ Die Gefahr und die Kosten hat derjenige zu tragen, welcher die Vorlegung verlangt. ² Der Besitzer kann die Vorlegung verweigern, bis ihm der andere Teil die Kosten vorschießt und wegen der Gefahr Sicherheit leistet.

I. Normzweck

1 § 811 Abs. 1 dient der **Klarstellung,** dass sich der Erfüllungsort entsprechend der Natur des gesetzlichen Schuldverhältnisses dort befindet, wo Sache oder Urkunde sind. Die Verfasser des Gesetzes hielten es für notwendig, dieses durch Auslegung des § 269 Abs. 1 erzielbare Ergebnis selbst festzulegen, um denkbare Zweifel auszuschließen.[1] § 811 Abs. 2 bezweckt den Übergang der **Sachgefahr** und der **Kostenpflicht** vom Besitzer, der sie nach allgemeinen Grundsätzen als Schuldner der Vorlegungspflicht tragen müsste, auf den Inhaber des Anspruchs, weil die Vorlegung allein in seinem Interesse erfolgt.[2]

II. Vorlegungsort

2 **1. Begriff.** Die Vorlegung hat an dem Ort zu erfolgen, an dem sich die Sache befindet (§ 811 Abs. 1 S. 1). Das ist jedoch nicht wörtlich zu verstehen. Aus dem Zusammenhang mit § 269 Abs. 1 (RdNr. 1) folgt vielmehr, dass das Gesetz den Leistungsort iS dieser Vorschrift meint.[3] Das ist der Ort der politischen Gemeinde.[4] In den

---

[84] OLG Köln NJW 1982, 705; 1983, 2641; *Wasserburg* NJW 1980, 622.
[85] AG Essen NJW-RR 1998, 262; AG Hagen NJW-RR 1998, 262, 263.
[86] LG Dortmund NJW-RR 1998, 261 re. Sp.
[87] Näher zu dieser Verknüpfung sowie zur abw. Konzeption des österreichischen Rechts *McGuire* GRUR Int. 2005, 15, 16 ff.
[1] Prot. S. 3127 f. = *Mugdan* II S. 1222.
[2] Zur analogen Anwendung auf Fallgestaltungen, bei denen dem Verpflichteten aus der Erfüllung eines Besichtigungs- oder Prüfungsrechts Kosten entstehen, s. BayObLG NJW-RR 2004, 1090, 1091; LG Leipzig NZM 2005, 944.
[3] RGZ 67, 190 f.; *Planck/Landois* Anm. 1; RGRK/*Steffen* RdNr. 2; aA *Oertmann* Anm. 1.
[4] BGHZ 87, 104, 110; RGZ 78, 137, 141; unscharf, wenngleich im Ergebnis richtig LG Dortmund NJW 2001, 2806 li. Sp.

damit gezogenen räumlichen Grenzen bestimmt der Verpflichtete die Leistungsstelle. Bei seiner Bestimmung ist er an Treu und Glauben und die Verkehrssitte gebunden (§ 242). Keinesfalls darf der Zweck der Vorlegung durch die Wahl einer ungeeigneten Leistungsstelle vereitelt werden. Für die im Prozess verlangte Urkundenvorlegung (§§ 422, 429 ZPO) hat § 811 keine Bedeutung; die Urkunden sind dem Gericht am Gerichtsort vorzulegen.

2. Ausnahme: wichtiger Grund. Die Vorlegung hat an einem anderen Ort zu erfolgen, 3 wenn dafür ein wichtiger Grund besteht; sowohl der Gläubiger als auch der Schuldner können dies fordern (§ 811 Abs. 1 S. 2). Ort ist auch hier die politische Gemeinde (RdNr. 2). Ein wichtiger Grund kann vorliegen, wenn die Besichtigung ohne Beiziehung ortsfremder Sachverständiger nicht sinnvoll ist. Den persönlichen Verhältnissen der Parteien (Feindschaft) lässt sich idR schon durch die Wahl einer neutralen Leistungsstelle Rechnung tragen.

III. Gefahr und Kosten

Die Gefahr trägt der Gläubiger (§ 811 Abs. 2 S. 1). Gemeint ist die **Sachgefahr.** Der 4 Gläubiger ist also schadensersatzpflichtig, wenn die Sache oder die Urkunde infolge der Vorlegung oder der Besichtigung verloren geht, zerstört oder beschädigt wird, und zwar ohne dass es auf sein Verschulden ankäme. Der Besitzer darf die Vorlegung verweigern, bis der Gläubiger wegen der Gefahr Sicherheit leistet (§ 811 Abs. 2 S. 2). Voraussetzung ist, dass eine Gefahr nach Lage des Falles überhaupt bestehen kann.[5] Wegen der Art und Weise der Sicherheitsleistung vgl. §§ 232 ff. Verletzt der Gläubiger die Pflicht zum pfleglichen Umgang mit der Sache schuldhaft und entsteht daraus ein Schaden, so kann dies einen Schadensersatzanspruch nach § 280 Abs. 1 im Rahmen des gesetzlichen Schuldverhältnisses begründen (vgl. auch RdNr. 6). Regelmäßig wird auch § 823 Abs. 1 eingreifen.

Der Gläubiger trägt auch die **Kosten** der Vorlegung (§ 811 Abs. 2 S. 1), also den 5 dadurch veranlassten Aufwand (Transport, Verpackung, Porto) einschließlich der Kosten eines etwa einzuschaltenden Sachverständigen (§ 809 RdNr. 11 f.; § 810 RdNr. 11 aE). Ihre Erstattung durch den Vorlegungsschuldner kommt nur im Rahmen eines materiellrechtlichen Schadensersatzanspruchs, dagegen nicht als prozessuale Kostenerstattung in Betracht.[6] Der Entzug von Gebrauchsvorteilen fällt nicht unter § 811 Abs. 2 S. 1. Der Gläubiger ist dem Besitzer der Urkunde oder der Sache vorschusspflichtig (§ 811 Abs. 2 S. 2). Für ein vertragliches Recht auf Urkundeneinsicht gilt § 811 Abs. 2 entsprechend.[7]

IV. Sonstige Modalitäten der Vorlegung

Die §§ 809 ff. enthalten **keine vollständige Regelung** der aus dem gesetzlichen 6 Schuldverhältnis folgenden Pflichten und ihrer Erfüllung. Die Bestimmungen sind also aus dem allgemeinen Schuldrecht unter Beachtung des Grundsatzes von Treu und Glauben (§ 242) zu ergänzen; zu konkreten Folgerungen vgl. § 809 RdNr. 9, 11 f. und § 810 RdNr. 13. Auch für die Nichterfüllung gilt allgemeines Schuldrecht. So kann der Besitzer mit der Vorlegung in Schuldnerverzug kommen (§ 286). Verbringt er das Objekt an einen anderen Ort und entsteht dem Gläubiger daraus Schaden, so kann im Einzelfall § 826 anwendbar sein.[8] Ein Ersatzanspruch wird sich aber unabhängig von den engen Voraussetzungen dieser Vorschrift regelmäßig schon aus § 280 Abs. 1 ergeben (vgl. auch RdNr. 4).

---

[5] OLG Bamberg OLGRspr. 2, 134; *Planck/Landois* Anm. 2; RGRK/*Steffen* RdNr. 4; *Staudinger/Marburger* RdNr. 5.
[6] OLG München GRUR 1987, 33.
[7] LG Göttingen NJW 1979, 601 f.
[8] *Planck/Landois* Anm. 3; RGRK/*Steffen* RdNr. 9.

Titel 26. Ungerechtfertigte Bereicherung

§ 812 Herausgabeanspruch

(1) ¹ Wer durch die Leistung eines anderen oder in sonstiger Weise auf dessen Kosten etwas ohne rechtlichen Grund erlangt, ist ihm zur Herausgabe verpflichtet. ² Diese Verpflichtung besteht auch dann, wenn der rechtliche Grund später wegfällt oder der mit einer Leistung nach dem Inhalt des Rechtsgeschäfts bezweckte Erfolg nicht eintritt.

(2) Als Leistung gilt auch die durch Vertrag erfolgte Anerkennung des Bestehens oder des Nichtbestehens eines Schuldverhältnisses.

Schrifttum: Monografien: *Aderhold,* Das Schuldmodell der BGB-Gesellschaft, 1981; *Bälz,* Leistung-Rückgriff-Durchgriff, FS Gernhuber, 1993, S. 3; *Batsch,* Vermögensverschiebung und Bereicherungsherausgabe in den Fällen unbefugten Gebrauchens bzw. sonstigen Nutzens von Gegenständen, 1968; *ders.,* Zum Bereicherungsausgleich bei Zweckverfehlung, NJW 1973, 1639; *Battes,* Der erbrechtliche Verpflichtungsvertrag im System des Deutschen Zivilrechts, AcP 178 (1978), 337; *ders.,* Nichteheliches Zusammenleben im Zivilrecht, 1983; *ders.,* Zivilrechtliche Probleme des nichtehelichen Zusammenlebens in der Bundesrepublik Deutschland, in: Eser (Hrsg.), Die nichteheliche Lebensgemeinschaft, 1985; *Beuthien/Weber,* Ungerechtfertigte Bereicherung und Geschäftsführung ohne Auftrag, 2. Aufl. 1987; *Beyerle,* Die bereicherungsrechtliche Abwicklung eheähnlicher Gemeinschaften, 1981; *Böhm,* Ungerechtfertigte Zwangsvollstreckung und materiellrechtliche Ausgleichsansprüche, 1971; *Bruns,* Das Fälschungsrisiko der Banken, 1999; *Costede,* Dogmatische und methodologische Überlegungen zum Verständnis des Bereicherungsrechts, 1977; *Ellger,* Bereicherung durch Eingriff, 2002; *Feiler,* Aufgedrängte Bereicherung bei den Verwendungen des Mieters und Pächters, 1968; *Fenn,* Die Mitarbeit in den Diensten Familienangehöriger, 1970; *Fournier,* Bereicherungsausgleich bei Verstößen gegen das UWG, 1999; *Frieser,* Der Bereicherungswegfall in Parallele zur hypothetischen Schadensentwicklung, 1987; *Funkel,* Schutz der Persönlichkeit durch Ersatz immaterieller Schäden in Geld, 2001; *Gerlach,* Ungerechtfertigte Zwangsvollstreckung und ungerechtfertigte Bereicherung, 1986; *Gödicke,* Bereicherungsrecht und Dogmatik, 2002; *Hadding,* Der Bereicherungsausgleich beim Vertrag zu Rechten Dritter, 1970; *Hagmann/Lauterbach,* Der Zusammenhang zwischen dem finalen Leistungsbegriff im Bereicherungsrecht und den Erfüllungslehren, Diss. Tübingen 1976; *Haines,* Bereicherungsansprüche bei Warenzeichenverletzungen und unlauterem Wettbewerb, 1970; *Hammann,* Die Universalkreditkarte, 1991; *Hassold,* Zur Leistung im Dreipersonenverhältnis, 1981; *Hausmann,* Nichteheliche Lebensgemeinschaften und Vermögensausgleich, 1989; *Henke,* Die Leistung – Grundvorgang des sozialen Lebens und Grundbegriff des Schuldrechts, 1991; *Herrmann,* Bereicherungsrechtliche Umwelthaftung und Prävention, 2005; *Hort,* Der finanzielle Ausgleich bei Verletzungen des Persönlichkeitsrechts in Deutschland und der Schweiz, 2003; *Jakobs,* Eingriffserwerb und Vermögensverschiebung in der Lehre von der ungerechtfertigten Bereicherung, 1964; *Joerges,* Bereicherungsrecht als Wirtschaftsrecht, 1977; *Jung,* Die Bereicherungsansprüche und der Mangel des rechtlichen Grundes, 1902; *Kaehler,* Bereicherungsrecht und Vindikation – Allgemeine Prinzipien der Restitution, 1972; *Kaiser,* Die Rückabwicklung gegenseitiger Verträge wegen Nicht- und Schlechterfüllung nach BGB: Rücktritts-, Bereicherungs- und Schadensersatzrecht, 2000; *Kellmann,* Grundsätze der Gewinnhaftung, 1969; *Kienle,* Die fehlerhafte Banküberweisung im internationalen Rechtsverkehr, 2004; *Kläver,* Bereicherungsrechtliche Ansprüche bei der Verletzung des allgemeinen Persönlichkeitsrechts, 1999; *Klein,* Der zivilrechtliche Schutz des einzelnen vor Persönlichkeitsrechtsverletzungen durch die Sensationspresse, 2000; *Klinke,* Causa und genetisches Synallagma, 1983; *Klinkhammer,* Der Besitz als Gegenstand des Bereicherungsanspruchs, 1997; *Klüber,* Persönlichkeitsschutz und Kommerzialisierung, 2007; *Koch,* Bereicherung und Irrtum, 1973; *Kohler,* Die gestörte Rückabwicklung gescheiterter Austauschverträge, 1989; *Koppensteiner/Kramer,* Ungerechtfertigte Bereicherung, 2. Aufl. 1988; *Küchler,* Die Sicherungsgrundschuld, 1939; *Kupisch,* Ungerechtfertigte Bereicherung, Geschichtliche Entwicklungen, Heidelberg 1987; *Kurz,* Der Besitz als möglicher Gegenstand der Eingriffskondiktion, 1969; *Langenbucher,* Die Risikozuordnung im bargeldlosen Zahlungsverkehr, 2001; *Lieb,* Die Ehegattenmitarbeit im Spannungsfeld zwischen Rechtsgeschäft, Bereicherungsausgleich und gesetzlichem Güterstand, 1970; *Loewenheim,* Bereicherungsrecht, 2. Aufl. 1997; *Lopau,* Surrogationsansprüche und Bereicherungsrecht, 1971; *Marburger,* Das kausale Schuldanerkenntnis als einseitiger Feststellungsvertrag, 1971; *Mazza,* Kausale Schuldverträge: Rechtsgrund und Kondizierbarkeit, 2002; *Meyer,* Der Bereicherungsausgleich in Dreiecksverhältnissen, 1979; *Meyer-Cording,* Das Recht der Banküberweisung, 1951; *Nicknig,* Die Haftung der Mitglieder einer BGB-Gesellschaft für Gesellschaftsschulden, 1995; *Ostendorf,* Die Be- und Entreicherung beim ungerechtfertigten Verbrauch und Gebrauch von Gegenständen und Leistungen, 1972; *Putzo,* Erfüllung mit Buchgeld und die Haftung der Beteiligten wegen ungerechtfertigter Bereicherung, 1977; *Reeb,* Grundprobleme des Bereicherungsrechts, 1975; *Reuter/Martinek,* Handbuch des Schuldrechts, Bd. 4, Ungerechtfertigte Bereicherung, 1983; *Reyher-Sperl,* Lastschrifteinzugsverkehr, 1977; *v. Rittberg,* Die aufgedrängte Bereicherung, 1969; *Rümker,* Das Tatbestandsmerkmal „ohne rechtlichen Grund" im Bereich der Eingriffskondiktion, 1972; *Schäfer,* Das Bereicherungsrecht in Europa, 2001; *Schinkels,* Drittmissbrauch von Medien des bargeldlosen Zahlungsverkehrs, 2001; *Schnauder,* Grundfragen zur Leistungskonsdiktion bei Drittbeziehungen, 1981; *Schurer,* Der Schutzbereich der Eingriffskondiktion, 2000; *Schwarz,* Die Grundlage der condictio im klassischen römischen Recht, 1952; *Seibert,* Erfüllung durch finale Leistungsbewirkung, 1982; *Seiler,* Der Bereicherungsausgleich im Überweisungsverkehr, 1998; *Törl,* Die bereicherungsrechtliche Behandlung nicht-gegenständlicher Vermögensvorteile, Diss. Köln 1977; *Voß,* Ein Gesetzesvorschlag für die vermögens- und unterhaltsrechtliche Auseinandersetzung nichtehelicher Lebensgemeinschaften in Deutschland, 1993; *Wallmann,* Die Geltung des Subsidiaritätsgrundsatzes im Bereicherungsrecht, 1996; *Weber,* Der Bereicherungsausgleich nach irrtümlicher Leistung auf fremde Schuld, 1992; *Welker,* Bereicherungsausgleich wegen Zweckverfehlung?, 1974; *Wernecke,* Abwehr und Ausgleich „aufgedrängter Bereicherungen" im Bürgerlichen Recht, 2004; *H. P. Westermann,* Die causa im französischen und deutschen Zivilrecht, 1967; *ders.,* Störungen bei vorweggenommener Erbfolge, FS Kellermann, 1991, S. 505; *Wieling,* Bereicherungsrecht, 1993; *Wilburg,* Die Lehre von der ungerechtfertigten Bereicherung, 1934; *Wilhelm,* Rechtsverletzung und Vermögensentscheidung als Grundlagen und Grenzen des Anspruchs aus ungerechtfertigter Bereicherung, 1973; *J. Wolf,* Der Stand der Bereicherungslehre und ihre Neubegründung, 1980; *ders.,* Drittleistung und Leistungsmittlung, 1995.

Sonstige Beiträge: *Armgardt,* Rückforderungsansprüche bei Überzahlung auf eine abgetretene Werklohnforderung, BauR 2006, 1834; *Baldringer,* Beurteilung des „Abschleppfalles" nach bürgerlichem Recht – insbesondere Ersatz der Abschleppkosten bei widerrechtlichem Parken, NZV 2005, 75; *Balthasar,* Eingriffskondiktion bei unerlaubter Nutzung von Persönlichkeitsmerkmalen-Lafontaine in Werbeannonce, NJW 2007, 664; *Batsch,* Kraftfahrzeugvermietung an Minderjährige, NJW 1969, 1743; *ders.,* Bereicherungshaftung ohne Vermögensmehrung, NJW 1972, 611; *ders.,* Zum Bereicherungsanspruch bei Zweckverfehlung, NJW 1973, 1639; *Baumgärtel/Scherf,* Ist die Rechtsprechung zur Durchbrechung der Rechtskraft nach § 826 BGB weiterhin vertretbar?, JZ 1970, 316; *Baumann,* Der Erfolg als causa des Erfolges, JR 1957, 416; *Baur/Wolf,* Bereicherungsansprüche bei irrtümlicher Leistung auf fremde Schuld, JuS 1966, 393; *Bayer,* Bereicherungsausgleich nach Zession einer unwirksamen Forderung – BGHZ 105, 365, JuS 1990, 883; *Berg,* Bereicherung durch Leistung und in sonstiger Weise in den Fällen des § 951 Abs. 1 BGB, AcP 160 (1961), 505; *Beuthien,* Zuwendender und Leistender, JZ 1968, 323; *Blaurock,* Das Anerkenntnis beim Kontokorrent, NJW 1971, 2206; *Blaschczok,* § 816 II BGB im Mehrpersonenverhältnis, JuS 1985, 88; *Blumenröhr,* Zum Vermögensausgleich nach gescheiterter Ehe, FS Odersky, 1996, S. 517; *Bodenbenner,* Bereicherungsausgleich nach rechtsgrundlosem Unternehmenserwerb, MDR 2007, 1056; *Buciek,* Drittschuldnerzahlung und Bereicherungsausgleich, ZIP 1986, 890; *Burghardt,* Einzugsermächtigungsverfahren – Notwendigkeit eines Paradigmenwechsels?, WM 2006, 1892; *Bydlinski,* Lohn- und Konditionsansprüche aus zweckverfehlten Arbeitsleistungen, FS Walter Wilburg, 1975, S. 53; *Böckmann/Kluth,* Direktkondiktion bei irrtümlicher Doppelausführung eines Überweisungsauftrages?, ZIP 2003, 656; *v. Caemmerer,* Bereicherung und unerlaubte Handlung, FS Ernst Rabel, Bd. I, 1954, S. 333; *ders.,* Bereicherungsansprüche und Drittbeziehungen, JZ 1962, 385; *ders.,* Irrtümliche Zahlung fremder Schulden, FS Dölle, Bd. 1, 1963, S. 135; *ders.,* Übereignung durch Anweisung zur Übergabe, JZ 1963, 586; *Canaris,* Atypische faktische Arbeitsverhältnisse, BB 1967, 165; *ders.,* Der Bereicherungsausgleich im Dreipersonenverhältnis, FS Larenz, 1973, S. 799; *ders.,* Der Einwendungsausschluß im Wertpapierrecht, JuS 1971, 441; *ders.,* Der Bereicherungsausgleich im bargeldlosen Zahlungsverkehr, WM 1980, 354; *ders.,* Der Bereicherungsausgleich bei sittenwidrigen Teilzahlungskrediten, WM 1981, 978; *ders.,* Die Gegenleistungskondiktion, FS W. Lorenz, 1991, S. 19; *ders.,* Der Bereicherungsausgleich bei Zahlung des Haftpflichtversicherers an einen Scheingläubiger, NJW 1992, 868; *ders.,* Der Vorrang außerbereicherungsrechtlicher, insbesondere dinglicher Wertungen gegenüber der Saldotheorie und dem Subsidiaritätsdogma, JZ 1992, 1114; *ders.,* Überforderte Professoren?!, NJW 1992, 3143; *ders.,* Die Bedeutung des „materiellen" Garantiefalles für den Rückforderungsanspruch bei der „Garantie auf erstes Anfordern", ZIP 1998, 148; *Dörner,* Kondiktion gegen den Zedenten oder gegen den Zessionar?, NJW 1990, 473; *Ehmann,* Über den Begriff des rechtlichen Grundes im Sinne des § 812 BGB, NJW 1969, 398; *ders.,* Zur Causa-Lehre, JZ 2003, 702; *ders.,* Die Nutzung des kommerziellen Wertes von Politikern zu Werbezwecken, AfP 2005, 237; *ders.,* Zum kommerziellen Interesse an Politikerpersönlichkeiten, AfP 2005, 81; *Felgentraeger,* Hypothek und Grundschuld, FS v. Gierke, 1950, S. 140; *Fischer, H. Albrecht,* Bereicherung und Schaden, FS Ernst Zitelmann, 1913, S. 5; *Flume,* Der Wegfall der Bereicherung in der Entwicklung vom römischen zum geltenden Recht, FS Hans Niedermeyer, 1953, S. 103; *ders.,* Die Entreicherungsgefahr und die Gefahrtragung bei Rücktritt und Wandlung, NJW 1970, 1161; *ders.,* Die Zahlungszuwendung im Anweisungs-Dreiecksverhältnis und die Problematik der ungerechtfertigten Bereicherung, NJW 1984, 464; *ders.,* Banküberweisung und ungerechtfertigte Bereicherung, NJW 1987, 635; *ders.,* Zum Bereicherungsausgleich bei Zahlungen in Drei-Personen-Verhältnissen, NJW 1991, 2521; *ders.,* Die ungerechtfertigte Bereicherung eine Rechtsfigur der Bereicherung, FG 50 Jahre BGH, Bd. I, 2000, S. 525; *Frotz,* Zur Rückzahlung verlorener Baukostenzuschüsse nach Bereicherungsrecht, AcP 164 (1964), 309; *Fuchs,* Zur Einführung: Bürgerlichrechtliche Grundlagen der Lebensversicherung, JuS 1989, 179; *Füller,* Die bereicherungsrechtliche Rückabwicklung verbundener Geschäfte im Sinne des § 9 Abs. 1 VerbrKrG, DZWiR 2000, 409; *Gaier,* Grundpfandgläubiger als Schuldner eines Ausgleichsanspruchs wegen des Eigentumsverlusts durch Grundstücksverbindung, ZfIR 2003, 45; *Gassner,* Zur Eingriffskondiktion fluglärmbetroffener Nachbarn, FS W. Lorenz, 2001, S. 131; *Gaul,* Materielle Rechtskraft, Vollstreckungsabwehr und zivilrechtliche Ausgleichsansprüche, JuS 1962, 1; *ders.,* Ungerechtfertigte Zwangsvollstreckung und materielle Ausgleichsansprüche, AcP 173 (1973), 323; *Gloede,*

§ 812

Abschnitt 8. Titel 26. Ungerechtfertigte Bereicherung

Haftet der Vollstreckungsgläubiger, der in schuldnerfremde bewegliche Sachen vollstrecken ließ, deren früherem Eigentümer aus ungerechtfertigter Bereicherung?, MDR 1972, 291; *Goetzke,* Subjektiver Wertbegriff im Bereicherungsrecht?, AcP 173 (1973), 289; *Götting,* Die bereicherungsrechtliche Lizenzanalogie bei Persönlichkeitsverletzungen, FS Ullmann, 2006, S. 65; *Grunsky,* Vorschläge zu einer Reform des Schuldrechts, AcP 182 (1982), 453; *Gursky,* Nochmals: Kraftfahrzeugvermietung an Minderjährige, NJW 1969, 2183; *ders.,* Ersparnisgedanke und Reserveursache im Bereicherungsrecht, JR 1972, 279; *ders.,* Zur Mitherausgabe von Gebrauchsvorteilen bei Sachkondiktion, JR 1998, 7; *ders.,* Zur Kondiktion kausaler Forderungen, JR 2000, 45; *Haas,* Die Verwendungsersatzansprüche im Eigentümer-Besitzer-Verhältnis und die aufgedrängte Bereicherung, AcP 176 (1976), 1; *ders.,* Ehegatteninnengesellschaft und familienrechtlicher Vertrag sui generis, FamRZ 2002, 205; *Habermeier,* Schadensersatzanspruch und Eingriffskondiktion bei Berechtigung mehrerer am Gegenstand des Eingriffs, AcP 193 (1993), 364; *Häuser,* Zurückweisungsrecht gegen eine „aufgedrängte" Gutschrift nur bei fehlendem Valutaverhältnis?, ZIP 1995, 89; *Hager,* Die Prinzipien der mittelbaren Stellvertretung, AcP 180 (1980), 239; *ders.,* Entwicklungsstadien der bereicherungsrechtlichen Durchgriffshaftung, in: Ungerechtfertigte Bereicherung, Symposium zum Gedenken an Detlef König, 1984, S. 151; *ders.,* Bereicherungsausgleich beim Einzugsermächtigungsverfahren, JA 2006, 738; *Halfmeier,* Zur Beweislast für den Mangel des Rechtsgrundes, liber amicorum E. Schmidt, 2005, S. 109; *ders.,* Inhalt des Kondiktionsanspruchs und Wegfall der Bereicherung, JA 2007, 492; *ders.,* Ausgleichsansprüche bei Auflösung einer nichtehelichen Lebensgemeinschaft, JA 2008, 97; *Harke,* Zur Beweislastverteilung beim Bereicherungsausgleich im Dreiecksverhältnis, JZ 2002, 179; *Heermann,* Rückabwicklung nach materiell ungerechtfertigter Inanspruchnahme von Bürgen und Garanten „auf erstes Anfordern", ZBB 1998, 239; *Helle,* Privatautonomie und kommerzielles Persönlichkeitsrecht, JZ 2007, 444; *Hildebrandt,* Dogmatische Einordnung der Auszahlung eines Sicherheitseinbehalts bei unwirksamer Sicherungsabrede, ZfIR 2003, 221; *Hoche,* Bereicherungsanspruch bei fehlerhafter Rangeintragung im Grundbuch – BGHZ 21, 98, JuS 1962, 60; *Hombrecher,* Die verschärfte Haftung Minderjähriger nach § 819 Abs. 1 BGB – Der Flugreisefall (BGH NJW 1971, 609 = BGHZ 55, 128), Jura 2004, 250; *Horn,* Bauen auf fremdem Grund und Boden, BuW 2003, 677; *U. Huber,* Bereicherungsansprüche beim Bau auf fremdem Boden, JuS 1970, 342, 515; *Hüffer,* Die Eingriffskondiktion, JuS 1981, 263; *Jakobs,* Die Begrenzung des Verwendungsersatzes, AcP 167 (1967), 350; *ders.,* Die Verlängerung des Eigentumsvorbehalts und der Ausschluß der Abtretung der Weiterveräußerungsforderung – BGHZ 56, 228, JuS 1973, 152; *ders.,* Die Rückkehr der Praxis zur Regelanwendung und der Beruf der Theorie im Recht der Leistungskondiktion, NJW 1992, 2524; *ders.,* Leistungskondiktion und Versicherungsbetrug, ZIP 1994, 9; *ders.,* Treuhänder als Nichtberechtigte, ZIP 1999, 733; *ders.,* Verfügung eines Nichtberechtigten durch Verfügungsmachtmissbrauch, JZ 2000, 28; *Joost,* Zuwendungen unter Ehegatten und Bereicherungsausgleich nach der Scheidung, JZ 1985, 10; *Joost/Dikomy,* Bereicherungsanspruch bei fehlgeleiteter Überweisung auf ein überschuldetes Konto des Gläubigers – BGH, NJW 1985, 2700, JuS 1988, 104; *Kamionka,* Der Leistungsbegriff im Bereicherungsrecht, JuS 1992, 845 und 929; *Kellmann,* Bereicherungsausgleich bei Nutzung fremder Rechtsgüter, NJW 1971, 862; *ders.,* Erfüllungsgehilfen kondizieren nicht, JR 1988, 97; *Klauser,* Aufwendungsersatz bei Neubauten und werterhöhenden Verwendungen auf fremdem Grund und Boden, NJW 1965, 513; *Kleinheyer,* Eingriffsbereicherung durch unbefugte Nutzung und Wertersatz, JZ 1961, 473; *ders.,* Rechtsgutsverwendung und Bereicherungsausgleich, JZ 1970, 471; *Knieper,* Moderne Bereicherungslehren?, BB 1991, 1578; *Koch,* Entgeltlichkeit der Ehe?, FamRZ 1995, 321; *Kohler,* Kondiktion bei Leistung eines rechtlichen Nullum, VersR 1988, 563; *ders.,* Bereicherungshaftung in Zessionsfällen, WM 1989, 1629; *Köhler,* Die Leistung erfüllungshalber, WM 1977, 242; *ders.,* Zur Bereicherungshaftung bei Wettbewerbsverstößen, FS W. Lorenz, 2001, S. 167; *Koller,* Aufgedrängte Bereicherung und Wertersatz bei der Wandlung in Werkvertrags- sowie Kaufrecht, DB 1974, 2385; *ders.,* Rechtsgrund und Nichtleistungskondiktion bei Werk- und Dienstleistungen in Mehrpersonenverhältnissen, in: Einheit und Folgerichtigkeit im juristischen Denken (Symposion Canaris), 1998, S. 151; *Kollhosser,* Ehebezogene Zuwendungen und Schenkungen unter Ehegatten, NJW 1994, 2313; *Köndgen,* Wandlungen im Bereicherungsrecht, FS Josef Esser, 1975, S. 55; *König,* Gutachten und Vorschläge zur Überarbeitung des Schuldrechts, Bd. II, 1981, S. 1515; *Koppensteiner,* Probleme des bereicherungsrechtlichen Wertersatzes, NJW 1971, 1769; *Kötter,* Zur Rechtsnatur der Leistungskondiktion, AcP 153 (1954), 193; *Krause,* Die „aufgedrängte" Gutschrift – OLG Hamm, NJW 1988, 2115, JuS 1991, 103; *Krawielicki,* Grundlagen des Bereicherungsanspruchs, 1936; *Krüger,* Bereicherung durch Versteigerung – BGH, NJW 1987, 1880, JuS 1989, 182; *Kühne,* Die Rückforderung von Vermögenszuwendungen zwischen Ehegatten bei Scheidung der Ehe unter besonderer Berücksichtigung des Bereicherungsrechts, FamRZ 1968, 356; *ders.,* Zuwendungen unter Ehegatten und Zugewinnausgleich, FamRZ 1978, 221; *ders.,* Wechselbeziehungen zwischen ehelichem Güterrecht und Zuwendungsgeschäften unter Ehegatten, FS Günther Beitzke, 1979, S. 249; *Kümpel,* Zum Bereicherungsausgleich bei fehlerhaften Banküberweisungen, WM 2001, 2273; *Küppers,* Zum Regreß des sogenannten „Scheinvaters", NJW 1993, 2918; *Kupisch,* Gesetzespositivismus im Bereicherungsrecht, 1978; *ders.,* Bankanweisung und Bereicherungsausgleich, WM 1979, Sonderbeilage 3; *ders.,* Einheitliche Voraussetzungen des Bereicherungsanspruchs – ein Mißgriff des Gesetzgebers?, FG Ulrich v. Lübtow, 1980, S. 501; *ders.,* „Normative Betrachtungsweise, als ob . . ." Zur dogmatischen Fiktion im Kondiktionsrecht, FS Coing, Bd. II, 1982, S. 239; *ders.,* Der Bereicherungsanspruch der Bank bei irrtümlicher Durchführung der widerrufenen Anweisung, ZIP 1983, 1412; *ders.,* Leistungskondiktion bei Zweckverfehlung, JZ 1985, 101, 163; *ders.,* Der BGH und die Lehre vom subjektiven Rechtsgrund, NJW 1987, 2494; *ders.,* Rechtspositivismus im Bereicherungsrecht, JZ 1997, 213; *ders.,* Leistungsbereicherung „auf Kosten" des Bereicherungsgläubigers?, FS Heldrich, 2005, S. 275; *Langenbucher,* Zum Bereicherungsausgleich im Überweisungsrecht, FS Heldrich, 2005, S. 285; *dies.,* Die bereicherungsrechtliche Rückforderung unangemessener

Herausgabeanspruch **§ 812**

Vorstandsbezüge, FS Huber, 2006, S. 861; *Lebek,* Rückabwicklung und Regress bei verbundenen Geschäften im Sinne von § 9 Verbraucherkreditgesetz, 1996; *Lettl,* Die Falschlieferung durch den Verkäufer nach der Schuldrechtsreform, JuS 2002, 866; *Lieb,* Nutzungsmöglichkeiten als Gegenstand von Bereicherungsansprüchen, NJW 1971, 1289; *ders.,* Bereicherungsrechtliche Fragen bei Forderungspfändungen, ZIP 1982, 1153; *ders.,* Das Bereicherungsrecht de lege ferenda, NJW 1982, 2034; *ders.,* Zur bereicherungsrechtlichen Rückabwicklung bei der Zession, Jura 1990, 359; *ders.,* Bereicherungsausgleich in (einigen) Mehrpersonenverhältnissen, FG 50 Jahre BGH, Bd. I, 2000, S. 547; *Liebs,* Bereicherungsanspruch wegen Mißerfolgs und Wegfall der Geschäftsgrundlage, JZ 1978, 697; *Lipp,* Die nichteheliche Lebensgemeinschaft und das bürgerliche Recht: eine dogmatisch-methodische Studie, AcP 180 (1980), 537; *ders.,* Ausgleichsansprüche zwischen den ehemaligen Partnern einer nichtehelichen Lebensgemeinschaft – BGH, NJW 1981, 1502, JuS 1982, 17; *Loewenheim/Winckler,* Grundfälle zum Bereicherungsrecht, JuS 1982, 434; *Lopau,* Bereicherungsansprüche im Wettbewerbsrecht, WRP 1997, 913; *St. Lorenz,* § 241 a und das Bereicherungsrecht – zum Begriff der Bestellung im Schuldrecht, FS W. Lorenz, 2001, S. 193; *ders.,* Bereicherungsrechtliche Drittbeziehungen, JuS 2003, 729 und 839; *W. Lorenz,* Gläubiger, Schuldner, Dritte und Bereicherungsausgleich, AcP 168 (1968), 286; *ders.,* Zur Frage des bereicherungsrechtlichen „Durchgriff" in Fällen des Doppelmangels, JZ 1968, 51; *ders.,* Inhalt und Umfang der Herausgabepflicht bei der Leistungskondiktion in rechtsvergleichender Sicht, in: Ungerechtfertigte Bereicherung, Symposium zum Gedenken an Detlef König, 1984, S. 127; *ders.,* Abtretung einer Forderung aus mangelhaftem Kausalverhältnis: Von wem kondiziert der Schuldner?, AcP 191 (1991), 279; *ders.,* Bereicherungsausgleich beim Einbau fremden Materials, FS Rolf Serick, 1992, S. 255; *Ludwig,* Bestandskraft ehebedingter Zuwendungen gegenüber Dritten, FuR 1992, 1; *Lutz/Schapiro,* Ansprüche des Sicherungseigentümers auf Herausgabe seitens Dritter gezogener Nutzungen, ZIP 1988, 434; *Löhnig,* Zum Phishingrisiko: Bereicherungsausgleich und Stornierungsrecht nach Nr. 8 Abs. 1 AGB-Banken, WM 2007, 961; *ders.,* § 812 BGB: Nichtleistungskondiktion im bereicherungsrechtlichen Dreieck, JA 2003, 270; *Lüke,* Die Bereicherungshaftung des Gläubigers bei der Zwangsvollstreckung in eine dem Schuldner nicht gehörige bewegliche Sache, AcP 153 (1954), 533; *Mankowski,* Zum Bereicherungsausgleich bei der Zession einer nicht bestehenden Forderung, ZIP 1993, 1214; *Mankowski/Schreier,* Die bereicherungsrechtliche Rückabwicklung unwirksamer Klingeltonverträge, VuR 2007, 281; *Martinek,* Traditionsprinzip und Geheißerwerb, AcP 188 (1988), 573; *ders.,* Der Bereicherungsausgleich bei veranlaßter Drittleistung auf fremde nichtbestehende Schuld, JZ 1991, 395; *ders.,* Noch einmal: Die Rückkehr der Praxis zur Regelanwendung und der Beruf der Theorie im Recht der Leistungskondiktion, NJW 1992, 3141; *Mayer-Maly,* Rechtsirrtum und Bereicherung, FS Heinrich Lange, 1970, S. 293; *v. Mayr,* Der Bereicherungsanspruch des deutschen bürgerlichen Rechtes, 1903; *Medicus,* Leistungskondiktion und Gesamtschuld, FS W. Lorenz, 2001, S. 229; *Meincke,* Zur Bereicherungshaftung von BGB-Gesellschaftern, DB 1974, 1001; *Mestmäcker,* Eingriffserwerb und Rechtsverletzung in der ungerechtfertigten Bereicherung, JZ 1958, 521; *Möschel,* Fehlerhafte Banküberweisung und Bereicherungsausgleich, JuS 1972, 297; *Mühl,* Wandlungen im Bereicherungsrecht und die Rechtsprechung des Bundesgerichtshofs, FG Ulrich v. Lübtow, 1980, S. 547; *Mutter,* Die unberechtigte Untervermietung und ihre bereicherungsrechtliche Behandlung, MDR 1993, 303; *Neef,* Die bereicherungsrechtliche Rückabwicklung bei fehlender Anweisung, JA 2006, 458; *Neumann-Duesberg,* Ansprüche des Eigentümers gegen den Mieter wegen unberechtigter Untervermietung, BB 1965, 729; *Nobbe,* Die Rechtsprechung des Bundesgerichtshofs zum Überweisungsverkehr, WM 2001, Sonderbeilage 4; *ders.,* Bereicherungsausgleich bei Zahlung mittels Universalkreditkarte, FS Hadding, 2004, S. 1008; *ders.,* Rechtsprechung des Bundesgerichtshofs zu fehlgeschlagenen Immobilienfinanzierungen, WM 2007, Sonderbeilage 1; *Olshausen,* Die wundersame Entstehung eines Anspruchs auf Herausgabe von Nutzungen zu Gunsten eines nicht nutzungsberechtigten Sicherungseigentümers, ZIP 2007, 1145; *ders.,* Der Rechtsschein im Dreipersonenverhältnis oder: Die Verdunkelung der Rechtsscheinlehre bei ihrer Anwendung auf Kondiktionen in Dreipersonenverhältnissen, FS Eisenhardt, 2007, S. 277; *Pallasch,* Noch einmal: Das Weiterbeschäftigungsverhältnis und seine Rückabwicklung, BB 1993, 2225; *Peters,* Zu den bereicherungsrechtlichen Folgen eines mangelhaften Vertrages zu Rechten Dritter, AcP 173 (1973), 71; *Pfeifer,* Ureigenste Geschäfte oder typische „Auch-Gestion"? – zur Behandlung unerkannt unwirksamer Verträge, JA 2008, 17; *Pfister,* Zum Bereicherungsanspruch im Dreiecksverhältnis bei Fehlen einer Anweisung, JR 1969, 47; *Picker,* Gutgläubiger Erwerb und Bereicherungsausgleich bei Leistungen im Dreipersonenverhältnis, NJW 1974, 1790; *Pilger-Preusche,* Bereicherungshaftung bei Schleichwerbung im Fernsehen?, NJW 1974, 2308; *Pinger,* Wertersatz im Bereicherungsrecht, MDR 1972, 101 und 187; *ders.,* Was leistet der Leistungsbegriff im Bereicherungsrecht?, AcP 179 (1979), 301; *Raiser,* Der Stand der Lehre vom subjektiven Recht im Deutschen Zivilrecht, JZ 1961, 465; *Reinicke/Tiedtke,* Der Streit der Finanzierungsbank mit dem Werkunternehmer um den Versteigerungserlös des reparierten Fahrzeugs, DB 1987, 2447; *Reiter/Methner,* Praxisnahe Rechtsfortbildung des BGH bei kreditfinanzierten Kapitalanlagen, VuR 2004, 365; *Rengier,* Wegfall der Bereicherung, AcP 177 (1977), 418; *Reuter,* Die Belastung des Bereicherungsgegenstandes mit Sicherungsrechten, FS Gernhuber, 1993, S. 369; *Roemer,* Gesellschaftsrechtliche Ausgleichsansprüche nach Beendigung des nichtehelichen Zusammenlebens, BB 1986, 1522; *Rothoeft,* Vermögensverlust und Bereicherungsausgleich, AcP 163 (1964), 215; *Röthel/Sparman,* Besitz und Besitzschutz, Jura 2005, 456; *Scheyhing,* Leistungskondiktion und Bereicherung „in sonstiger Weise", AcP 157 (1958/59), 371; *Schiemann,* Das Eigentümer-Besitzer-Verhältnis und die aufgedrängte Bereicherung beim Ersatz von Impensen, AcP 165 (1965), 499; *Schlechtriem,* Bereicherung aus fremdem Persönlichkeitsrecht, FS Hefermehl, 1976, S. 445; *ders.,* Güterschutz durch Eingriffskondiktionen, in: Ungerechtfertigte Bereicherung, Symposium zum Gedenken an Detlef König, 1984, S. 57; *ders.,* Prinzipien und Vielfalt: Zum gegenwärtigen Stand des deutschen Bereicherungsrechts, ZHR 149 (1985), 327; *Peter Schlosser,* Forderungspfändung und Bereicherung, ZZP 76 (1963), 73; *E. Schmidt,* Der Bereicherungsausgleich beim Vertrag zu Rechten Dritter, JZ 1971, 601; *Schlüter,* Die nichteheliche Lebensgemeinschaft und ihre vermögensrechtliche Abwicklung, FamRZ 1986, 405; *Schnauder,* Leistung ohne Bereicherung? – Zu Grundlagen und Grenzen des finalen Leistungsbegriffs, AcP 187 (1987), 142; *ders.,* Zur Lehre von der Zweckvereinbarung bei der Giroüberweisung, JZ 1987, 68; *ders.,* Delikts- und bereicherungsrechtliche Haftung bei gefälschter Giroüberweisung, ZIP 1994, 1069; *ders.,* Wider das Dogma vom Empfängerhorizont, NJW 1999, 2841; *Schnepp,* Der Bereicherungsanspruch einer Bank bei irrtümlicher Durchführung eines widerrufenen Auftrags, WM 1985, 1249; *Schöpflin,* Bereicherungsanspruch des Drittschuldners bei Zahlung auf nicht bestehende Forderung, JA 2003, 99; *Schulte,* Vermögensausgleich nach Beendigung einer eheähnlichen Lebensgemeinschaft und einer Gütertrennungs-Ehe, ZGR 1983, 437; *Fritz Schulz,* System der Rechte auf den Eingriffserwerb, AcP 105 (1909), 1; *Werner Schulz,* Vermögensauseinandersetzungen der nichtehelichen Lebensgemeinschaft, FamRZ 2007, 593; *Schwark,* Bereicherungsansprüche bei Banküberweisungen, WM 1970, 1334; *Schwenzer,* Gesetzliche Regelung der Rechtsprobleme nichtehelicher Lebensgemeinschaften?, JZ 1988, 781; *Seibert,* Bereicherungsausgleich bei kollidierender Zweckrichtung – BGH, NJW 1982, 173, JuS 1983, 591; *Sieg,* Der Bereicherungsanspruch des Versicherers gegen seinen Vermittler, VersR 1993, 1198; *Siemes,* Gewinnabschöpfung bei Zwangskommerzialisierung der Persönlichkeit durch die Presse, AcP 201 (2001), 202; *Simshäuser,* Windscheids Voraussetzungslehre rediviva, AcP 172 (1972), 19; *Singer,* Vorausleistungen auf künftige Schuldverhältnisse, JR 1983, 356; *ders.,* Formnichtigkeit und Treu und Glauben, WM 1983, 254; *Söllner,* Der Bereicherungsanspruch wegen Nichteintritts des mit einer Leistung bezweckten Erfolges, AcP 163 (1964), 20; *ders.,* Herausgabe des Untermietzinses bei unberechtigter Untervermietung, JuS 1967, 449; *Staake,* Die Bestimmung des Leistenden im Bereicherungsrecht, WM 2005, 2113; *Steinert,* Vermögensrechtliche Fragen, während des Zusammenlebens und nach der Trennung Nichtverheirateter, NJW 1986, 683; *Stierle,* Der Bereicherungsausgleich bei fehlerhaften Banküberweisungen, 1980; *Stolberfoth,* Der Scheinvater-Regress, FamRZ 1971, 341; *Stolte,* Der Leistungsbegriff: Ein Gespenst des Bereicherungsrechts?, JZ 1990, 220; *Strätz,* Rechtsfragen des Konkubinats im Überblick, FamRZ 1980, 434; *Teichmann,* Die Flugreise-Entscheidung – BGHZ 55, 128, JuS 1972, 247; *Thielmann,* Bereicherung des Gesellschaftsvermögens und der Eigenvermögen der Gesellschafter, ZHR 136 (1972), 397; *ders.,* Gegen das Subsidiaritätsdogma im Bereicherungsrecht, AcP 187 (1987), 23; *Thomä,* Tilgung fremder Schulden durch irrtümliche Eigenleistung, JZ 1962, 623; *v. Tuhr,* Zur Lehre von der ungerechtfertigten Bereicherung, FS E. I. Bekker, 1907, S. 293; *Ullmann,* Die Verschuldenshaftung und die Bereicherungshaftung des Verletzers im gewerblichen Rechtsschutz und Urheberrecht, GRUR 1978, 615; *Völkel,* Bereicherungsanspruch gegen einen bezugsberechtigten Ehegatten aus einer Kapitallebensversicherung nach Scheidung und Tod des Versicherungsnehmers unter Berücksichtigung der Probleme des Widerrufs durch Testament und der Wirkung der §§ 12, 13 ALB 81, VersR 1992, 539; *Vollkommer,* Zum Rückforderungsdurchgriff bei „verbundenen Geschäften", FS Franz Merz, 1992, S. 595; *Wacke,* Donatio non praesumitur, AcP 191 (1991), 1; *ders.,* Zur Behauptungs- und Beweislast des Beklagten für den Einwand der Schenkung, ZZP 2001, 77; *Waltjen,* Das Eigentümer-Besitzer-Verhältnis und Ansprüche aus ungerechtfertigter Bereicherung, AcP 175 (1975), 109; *H. Weber,* Der Rückübertragungsanspruch bei der nichtvalutierten Sicherungsgrundschuld, AcP 169 (1969), 237; *M. Weber,* Die vermögensrechtliche Auseinandersetzung nichtehelicher Lebensgemeinschaften, JR 1988, 309; *ders.,* Bereicherungsansprüche wegen enttäuschter Erwartung?, JZ 1989, 25; *N. Weber,* Kostenerstattung und Störerhaftung im Grenzbeschlagnahmeverfahren am Beispiel des Markenrechts, WRP 2005, 961; *Wegner,* Der Widerspruch des Insolvenzverwalters gegen im Einzugsermächtigungsverfahren ausgeführte Lastschriften, NZI 2008, 345; *Weitnauer,* Die bewußte und zweckgerichtete Vermehrung fremden Vermögens, NJW 1974, 1729; *ders.,* Die Leistung, FS v. Caemmerer, 1978, S. 255; *ders.,* Zum Stand von Rechtsprechung und Lehre zur Leistungskondiktion, NJW 1979, 2008; *ders.,* Zwischenbilanz im Bereicherungsrecht, DB 1984, 2496; *ders.,* Zweck und Rechtsgrund der Leistung, in: Ungerechtfertigte Bereicherung, Symposium zum Gedenken an Detlef König, 1988, S. 25; *Wendehorst,* Der Rückgriff, Jura 2004, 505; *Wertheimer,* Bereicherungsanspruch des Haftpflichtversicherers wegen Zahlung an vermeintlichen Zessionar – BGH, NJW 1991, 919, JuS 1992, 284; *H. P. Westermann,* Bereicherungshaftung der Gesellschafter einer BGB-Gesellschaft, ZGR 1977, 552; *Wiedemann,* Rechtsverhältnisse der BGB-Gesellschaften im Verhältnis zu Dritten, WM 1994, Sonderbeilage 4 S. 3; *Wieling,* Empfängerhorizont: Auslegung der Zweckbestimmung und Eigentumserwerb, JZ 1977, 291; *ders.,* Drittzahlung, Leistungsbegriff und fehlende Anweisung, JuS 1978, 801; *Wilhelm,* Die Zurechnung der Leistung bei Widerruf einer Anweisung, insbesondere eines Schecks, AcP 175 (1975), 304; *ders.,* Kenntniszurechnung kraft Kontovollmacht?, AcP 183 (1983), 1; *ders.,* „Upon the cases" bei der Leistungskondiktion in Dreiecksverhältnissen, JZ 1994, 585; *ders.,* Die Kondiktion der Zahlung des Bürgen oder Garanten „auf erstes Anfordern" im Vergleich zur Zession, NJW 1999, 3519; *Willoweit,* Voraussetzungen der Aufwendungskondiktion, FS Wahl, 1973, S. 285; *M. Wolf,* Die aufgedrängte Bereicherung, JZ 1966, 467; *ders.,* Die Verwendungsersatzansprüche des Besitzers im Anspruchssystem, AcP 166 (1967), 188; *M. Wolf/Großerichter,* Rückabwicklung fehlgeschlagener Immobilien-Anlagegeschäfte nach neuester Rechtsprechung (Teil 1), ZfIR 2005, 1; *Wunner,* Baukostenzuschuß und Bereicherungsrecht, NJW 1966, 2285; *Würdinger,* Die bereicherungsrechtliche Rückabwicklung bei einem Widerspruch des Zahlenden im Einzugsermächtigungsverfahren, JuS 2007, 418; *Zeiss,* Der rechtliche Grund (§ 812 BGB) für Schuldanerkenntnisse und Sicherheitsleistungen, AcP 164 (1964), 50; *ders.,* Leistung, Zuwendungszweck und Erfüllung, JZ 1963, 7; *Zöllner,* Die Wirkung von Einreden aus dem Grundverhältnis gegenüber Wechsel und Scheck in der Hand des ersten Nehmers, ZHR 148 (1984), 313.

Herausgabeanspruch § 812

Übersicht

	RdNr.		RdNr.
A. Etwas erlangt	1–37	3. Exkurs: Zur Lehre vom Vorrang der Leistungskondiktion	57, 58
I. Allgemeines	1–5		
1. Das Erlangte	1, 2	IV. Anweisungsfälle	59–154
2. Vermögenswert nicht erforderlich	3	1. Überblick	59, 60
3. Nichtgegenständliche Vermögensvorteile	4	2. Rechtliche Konstruktion des Bereicherungsausgleichs entlang der Leistungsbeziehungen	61–68
4. Schaden?	5	a) Konstruktionsversuche in Rechtsprechung und Schrifttum	61, 62
II. Einzelfragen	6–22	b) Die Parallele zur Geheißübergabe	63–65
1. Dingliche Rechte	6	c) Unbeachtlichkeit der Schuldbefreiung im Valutaverhältnis	66
2. Forderungen	7–9	d) Verfolgten Leistungszwecke	67
3. Buchpositionen	10	e) Rechtfertigung für den Ausschluss der Durchgriffskondiktion	68
4. Blockadepositionen	11–13		
5. Schuldbefreiung	14		
6. Erwerbsaussichten	15	3. Nichtiges Deckungsverhältnis	69, 70
7. Ersparte Aufwendungen	16	4. Nichtiges Valutaverhältnis	71
8. Unkörperliche Vorteile	17–20	5. Rechtslage bei Doppelmangel	72–77
9. Sachgesamtheiten	21	a) Nochmals: das Erlangte	72
10. Sachverhalte mit nur scheinbarem Vermögensempfang	22	b) Insbesondere: keine Kondiktion der Anweisung	73–76
III. Der Sonderfall des § 812 Abs. 2	23–31	c) Unentgeltliche Zuwendung im Valutaverhältnis	77
1. Normzweck	23	6. Angenommene Anweisung	78, 79
2. Rückforderung kausaler Verbindlichkeiten?	24–28	7. Rückabwicklung bei fehlender Anweisung	80–108
3. Negatives Schuldanerkenntnis	29	a) Problem	80
4. Einzelfälle	30, 31	b) Rechtliche Behandlung	81–87
IV. Mehrere Empfänger	32–37	aa) Unmittelbarer Bereicherungsanspruch des Angewiesenen gegen den Dritten	81
1. Grundsatz: Teilschuld	32	bb) Kein Gutglaubensschutz	82–84
2. Ausnahmsweise Gesamtschuld bei Rückabwicklung gescheiterter Verträge?	33–35	cc) Irrelevanz eines fehlerfreien Valutaverhältnisses	85, 86
3. Sonderfälle	36, 37	dd) Dogmatische Einordnung: Nichtleistungskondiktion	87
B. Durch Leistung	38–234	c) Einzelfälle	88–101
I. Einheits- und Trennungslehren	38–40	aa) Nicht autorisierte Anweisung	88, 89
II. Der Begriff der „Leistung"	41–51	bb) Zuvielzahlung	90–93
1. Definitionsmerkmale	41–46	cc) Falscher Empfänger	94
a) Erforderlich: Leistungszweckbestimmung	41	dd) Vorhandene, aber nichtige Anweisung	95–99
b) Nicht erforderlich: Vermögensverschiebung	42, 43	ee) Der Wertpapier-Fall des BGH	100, 101
c) Nicht erforderlich: Unmittelbarkeit	44	d) In Sonderheit: Anweisungen des insolventen Schuldners	102–108
d) Abschied vom Leistungsbegriff?	45, 46	aa) Keine Tilgungswirkung im Valutaverhältnis	102
2. Abstimmung mit den Erfüllungstheorien	47, 48	bb) Vorüberlegungen zur Bestimmung des Bereicherungsgläubigers	103
3. Rechtsnatur der Tilgungsbestimmung	49	cc) Kenntnis oder schuldhafte Unkenntnis der Bank von der Insolvenzeröffnung	104
4. Praktische Konsequenzen	50, 51	dd) Schuldlose Unkenntnis der Bank von der Insolvenzeröffnung	105–108
III. Leistungskette	52–58		
1. Mängel in einem Glied der Leistungskette	52		
2. Mängel in zwei aufeinander folgenden Gliedern der Leistungskette	53–56	8. Rückabwicklung bei widerrufener Anweisung	109–123

Schwab 1331

…
	RdNr.		RdNr.
a) Problem	109	VI. Bereicherungsrechtliche Rückabwicklung bei Sicherungsgeschäften	163–172
b) Meinungsstand	110–112		
c) Stellungnahme	113–121		
aa) Auszuscheidende Argumente	113	1. Gesicherte Forderung besteht nicht	163–171
bb) Relevante Kriterien	114	a) Akzessorische Sicherheiten	163–166
cc) Zurechenbar veranlasste Disposition	115	b) Sicherheit auf erstes Anfordern	167–171
		aa) Garantie	167, 168
dd) Tilgungsbestimmung und Rechtsschein	116–118	bb) Bürgschaft	169, 170
		cc) Überschießende Sicherheit	171
ee) Konsequenz: Kondiktion des Angewiesenen nur gegen den bösgläubigen Dritten	119	2. Sicherungsgeschäft ist als solches unwirksam	172
ff) Beweislast	120, 121	VII. Übernahme fremder Schuld	173–178
d) Einzelfälle	122, 123	1. Befreiende Schuldübernahme	173–175
aa) Widerrufene Anweisungsvollmacht	122	2. Schuldbeitritt	176–178
bb) Widerrufener Scheck	123	VIII. Irrtümliche Eigenleistung	179–191
9. Bereicherungsrechtliche Rückabwicklung im Lastschriftverkehr	124–133	1. Problem	179
		2. Ansicht des BGH	180
a) Gestaltungsformen des Lastschriftverkehrs	124	3. Reaktionen im Schrifttum	181–183
b) Parallele zum Überweisungsverkehr	125–128	4. Stellungnahme	184–186
c) Fehlende Einzugsermächtigung	129–132	5. Irrtum des Empfängers über die Person des Vertragspartners	187
d) Unbefugter Gebrauch der Einzugsermächtigung	133	6. Bestimmung des Leistenden aus Empfängersicht	188, 189
10. Rückabwicklung fehlerhafter verbundener Geschäfte	134–142	7. Dirnenlohn-Fall des BGH	190, 191
a) Grundlagen	134	IX. Bereicherungsrechtliche Rückabwicklung von berechtigenden Verträgen zugunsten Dritter	192–201
b) Rückabwicklung nach verbraucherschützendem Widerruf	135–137		
c) Nichtigkeit nach allgemeinen Regeln	138–142	1. Problem	192
aa) Finanzierter Vertrag ist nichtig	138	2. Vergleichbarkeit mit der abgekürzten Lieferung	193, 194
bb) Darlehensvertrag ist nichtig	139–142	3. Der Sonderfall: Vertrag mit Versorgungscharakter	195–197
11. Zweifel über die Person des Empfängers	143–154	4. Abdingung des § 335: kein Sonderfall	198
a) Die Empfängerbank im Überweisungsverkehr als Gegner von Bereicherungsansprüchen	143–152	5. Der Courtage-Fall des BGH	199–201
		X. Bereicherungsrechtliche Rückabwicklung bei der Zession	202–215
aa) Grundsatz: Empfängerbank als bloße Zahlstelle	143	1. Die abgetretene Forderung existiert nicht	202–211
bb) Ausnahme: Selbständiger Vermögensempfang der Empfängerbank	144–147	a) Meinungsstand	202
		b) Die für eine Kondiktion gegen den Zedenten vorgetragenen Argumente	203–207
cc) Selbständiger Vermögensempfang der Empfängerbank bei gekündigtem Empfängerkonto	148	c) Stellungnahme	208–211
		2. Der Abtretung selbst fehlt der Rechtsgrund	212
dd) Selbständiger Vermögensempfang der Empfängerbank bei debitorischem Empfängerkonto	149, 150	3. Doppelmangel	213
		4. Die Abtretung ist als solche nichtig	214
ee) Zurückgewiesene Gutschrift	151, 152	5. Der Schuldner erbringt nicht geschuldete Mehrleistungen	215
b) Treuhandfälle	153, 154	XI. Rückabwicklung nach Pfändung und Überweisung	216–224
V. Leistung auf nicht bestehende fremde Schuld	155–162	1. Die gepfändete Forderung besteht nicht	217–219
1. Nicht veranlasste Drittleistung	155–157	a) Meinungsstand	217, 218
2. „Veranlasste" Drittleistung?	158–160	b) Stellungnahme	219
3. Erfüllungsübernahme	161, 162	2. Die titulierte Forderung besteht nicht	220

Herausgabeanspruch § 812

	RdNr.
3. Der Pfändungsbeschluss ist fehlerhaft	221
4. Der Drittschuldner zahlt an den nachrangigen Gläubiger	222, 223
5. Die gepfändete Forderung war vor der Pfändung anderweitig abgetreten worden	224
XII. Nachträgliche Änderung der Tilgungsbestimmung?	225–234
1. Das Problem	225–227
2. Lösungsansätze in Rechtsprechung und Schrifttum	228–231
3. Keine doppelte Tilgungsbestimmung	232–234
C. In sonstiger Weise	235–335
I. Eingriffskondiktion	235–295
1. Tatbestandselemente	235
2. Anwendungsgebiete	236
3. Der Eingriff „auf Kosten" des Berechtigten	237–252
a) Die systematische Bedeutung des Merkmals	237
b) Rechtswidrigkeitstheorien	238–243
aa) Die ursprüngliche Zielsetzung: Umfassende Ausdeutung aller Bereicherungsansprüche	238, 239
bb) Die spätere Zielsetzung: Ausdeutung der Eingriffskondiktion	240, 241
cc) Annäherung an die Zuweisungstheorie	242, 243
c) Zuweisungstheorie	244–252
aa) Die Grundformel	244, 245
bb) Orientierung am Unterlassungsanspruch	246, 247
cc) Nutzungsfunktion und „Entgelttest"	248–250
dd) Orientierung am Deliktsrecht	251
ee) Orientierung an der Struktur des subjektiven Rechts	252
4. Einzelne Rechtspositionen	253–277
a) Eigentum im Allgemeinen	253
b) Unberechtigte Untervermietung	254–257
c) Der Zuweisungsgehalt des Sicherungseigentums	258–261
d) Überschreitung dinglicher Nutzungsrechte	262
e) Urheber-, Patent- und Gebrauchsmusterrechte	263
f) Markenrechte	264
g) Wettbewerbsvorschriften	265–267
h) Ausnutzung fremder Aufwendungen	268
i) Eingerichteter und ausgeübter Gewerbebetrieb	269
j) Allgemeines Persönlichkeitsrecht	270–276
aa) Grundsätzliche Eignung als Grundlage einer Eingriffskondiktion	270–272
bb) Einzelausprägungen des Persönlichkeitsrechts	273

	RdNr.
cc) Unerheblichkeit einer konkreten Vermarktungsabsicht des Verletzten	274
dd) Anspruchsberechtigung Dritter	275
ee) Exkurs: Kein Abwehrrecht des Eigentümers gegen Abbildungen von seiner Sache	276
k) Schleichwerbung im Fernsehen	277
5. Verbindung, Vermischung, Verarbeitung	278–280
a) Bereicherungsrechtliche Klassifizierung	278
b) Abgrenzung	279, 280
6. Zwangsvollstreckung trotz erloschener Verbindlichkeit	281
7. Ausschüttungen im Insolvenz- und Versteigerungsverfahren	282–289
a) Insolvenzverfahren	282–284
b) Immobiliarvollstreckung	285–288
c) Mobiliarvollstreckung	289
8. Bereicherungsansprüche im Fall der Rangvertauschung	290–293
9. Störende Einwirkung auf Grundstücke	294
10. Passivlegitimation	295
II. Aufwendungskondiktion	296–316
1. Definition und Abgrenzung	296
2. Das Merkmal „auf Kosten" bei der Aufwendungskondiktion	297–316
a) Vermögensopfer	297–299
b) Zur Abgrenzung: Reflexvorteile	300
c) Verwendungen auf fremde Sachen	301–306
d) Verwendungen auf eigene Sachen	307, 308
e) Passivlegitimation bei der Verwendungskondiktion	309, 310
f) Selbstvornahme durch den Gläubiger eines Beseitigungsanspruchs	311–314
g) Verhältnis zur Leistungskondiktion	315, 316
III. Rückgriffskondiktion	317–335
1. Definition	317, 318
2. Drittleistung	319, 320
3. Zwangsversteigerungsfälle	321–334
a) Nicht angemeldete persönliche Haftung des Eigentümers	321
b) Identität von Grundpfandgläubiger und Ersteher	322, 323
c) Löschung einer Sicherungsgrundschuld zum Vorteil des Erstehers	324–333
aa) Das Problem	324–326
bb) Keine Anwendung des § 50 ZVG	327
cc) Nichtleistungskondiktion?	328–333
d) Erlösverteilung nach Teilungsversteigerung	334
4. Erwerb der Zwangssicherungshypothek nach § 868 Abs. 1 ZPO	335
D. Ohne rechtlichen Grund	336–372
I. Objektiver und subjektiver Rechtsgrundbegriff	336–338

	RdNr.		RdNr.
II. Beispiele	339–347	b) § 612 als Lösungsansatz?	387–389
1. Leistungskondiktion	339–345	c) Zweckverfehlungskondiktion bei bereits eingetretenem, später aber weggefallenem Erfolg?	390
2. Nichtleistungskondiktion	346, 347		
III. Verhältnis von Leistung und Rechtsgrund	348–350	d) Begrenzung der Höhe der Gegenleistung	391, 392
IV. Wegfall des Rechtsgrundes	351–362	e) Schenkungen in Erwartung der künftigen Eheschließung	393, 394
1. Grundsatz	351		
2. Beispiele	352	f) Zweckverfehlungs- und Verwendungskondiktion im Dreiecksverhältnis	395
3. Beiträge zur Errichtung und Instandhaltung fremder Immobilien	353–361		
a) Baukostenzuschüsse	353–357	3. Erwarteter Vertragsschluss	396–398
b) Ausbauleistungen und Sanierungsbeiträge	358–361	4. Insbesondere: Leistungen auf künftige Schuldverhältnisse	399, 400
4. Disagio	362	5. Zweckschenkungen	401
V. Beweislast	363–372	6. Nichterreichung des Sicherungszwecks	402
1. Leistungskondiktion	363–369		
2. Eingriffskondiktion	370–372	III. Die Rückabwicklung von Zuwendungen in gescheiterten Paarbeziehungen	403–420
E. Die Zweckverfehlungskondiktion	373–421		
I. Tatbestandsmerkmale	373–381	1. Ehe	403–416
1. Leistung	373	a) Rechtliche Kategorisierung der Leistungsvorgänge	403
2. Inhalt des Rechtsgeschäfts	374–381		
a) Rechtsgrundabrede	374–376	b) Überblick über mögliche Ausgleichsmechanismen	404
b) Zweckverfehlungskondiktion bei Nichterreichung sekundärer Vertragszwecke?	377–381	c) Innengesellschaft	405–408
		d) Bereicherungsansprüche	409–411
aa) Gegenseitige Verträge	377–380	e) Wegfall der Geschäftsgrundlage	412–416
bb) Einseitig verpflichtende Verträge	381	2. Nichteheliche Lebensgemeinschaft	417–420
II. Einzelfälle	382–402	a) Innengesellschaft	417
1. Erwartetes Wohlverhalten	382, 383	b) Bereicherungsansprüche/Wegfall der Geschäftsgrundlage	418–420
2. Erwartete Erbeinsetzung/Eheschließung	384, 385		
a) Abgrenzung zwischen Zweckverfehlungs- und gewöhnlicher Leistungskondiktion	384–386	IV. Beweislast	421
		F. Verjährungsfragen	422, 423

A. Etwas erlangt

I. Allgemeines

1. Das Erlangte. Die primäre Verpflichtung des Bereicherungsschuldners besteht darin, das auf Kosten des Gläubigers erlangte Etwas, also exakt jenen Vorteil herauszugeben, der ihm rechtsgrundlos zugeflossen ist. Maßgeblich ist mithin eine **gegenständliche Betrachtungsweise**.[1] Die vor allem im älteren Schrifttum, aber auch in neuester Zeit noch vertretene Gegenthese, wonach der Anspruch des Bereicherungsgläubigers darauf gerichtet sei, die Bereicherung des Schuldners, verstanden als Differenz zweier Vermögenslagen, abzuschöpfen (sog. **vermögensorientierte Betrachtungsweise**),[2] erscheint aus heutiger Sicht überholt (näher § 818 RdNr. 111 ff.).

[1] Grdlg. *v. Caemmerer*, FS Rabel, 1954, S. 333, 368; vgl. ferner *Canaris* JZ 1971, 560, 561; *Erman/Westermann/Buck-Heeb* RdNr. 3; *Goetzke* AcP 173 (1973), 289, 309 ff.; *Kleinheyer* JZ 1961, 473, 474; *Koppensteiner/Kramer* § 12 I a, S. 110; *Larenz/Canaris* II/2 § 71 I 1, S. 254; *Lieb* Ehegattenmitarbeit S. 98 ff.; *ders.* NJW 1971, 1289 f.; *Ostendorf* S. 35; *Reeb* S. 8 f.; *Staudinger/Lorenz* RdNr. 65.
[2] BGHZ 1, 75, 81 = NJW 1951, 270; BGH LM § 818 Abs. 3 Nr. 6; RGZ 54, 137, 141; 94, 253, 254; 105, 29, 31; 114, 342, 344; 118, 185, 187; RG HRR 1933, 1008; RG WarnR 1934 Nr. 89; *Flume*, FS Niedermeyer, 1953, S. 103, 148 ff.; *ders.* NJW 1970, 1161 ff.; *Staudinger/Seufert*, 10./11. Aufl. 1975, RdNr. 9; *Wilhelm* S. 62 ff.

Im Schrifttum findet sich freilich auch noch eine Ansicht, wonach bei der Bestimmung des primären Bereicherungsgegenstands zwischen den **verschiedenen Arten von Bereicherungsansprüchen** zu **differenzieren** sei. Im Bereich der Leistungskondiktion soll das Erlangte gegenständlich zu bestimmen sein.[3] Gleiches soll jedenfalls grundsätzlich in den Fällen der Eingriffskondiktion gelten; dort sei der objektive Wert des Verbrauchs- oder Gebrauchswertes als erlangt anzusehen.[4] Wenn aber der Schuldner in Folge des Eingriffs mehr erspart habe, als es dem objektiven Wert des Erlangten entspreche, soll ausnahmsweise jene Ersparnis als „Erlangtes" abzuschöpfen sein.[5] In den Fällen der Aufwendungs- und der Rückgriffskondiktion soll es dagegen bei der (historischen) Vermögensorientierung bleiben.[6] Denn diese Kondiktionsarten seien dadurch charakterisiert, dass der erlangte Vorteil dem Bereicherungsschuldner gänzlich ohne seine Mitwirkung zufließe. Konsequent müsse der Schuldner – und zwar selbst der bösgläubige – davor geschützt werden, einen Vermögenszufluss seinem objektiven Wert nach zu ersetzen, der für seine persönlichen Dispositionen nicht oder zumindest nicht in Höhe jenes Wertes von Vorteil sei. Das damit angesprochene Problem der aufgedrängten Bereicherung wird im Kontext des § 818 zu diskutieren sein (vgl. dort RdNr. 194 ff.).

2. Vermögenswert nicht erforderlich. Aus der gegenständlichen Orientierung des Bereicherungsanspruchs folgt zugleich, dass das erlangte Etwas als solches keinen Vermögenswert zu haben braucht.[7] Ein Vorteil, „der das wirtschaftliche Vermögen des Begünstigten irgendwie vermehrt",[8] ist daher nicht erforderlich. Befindet sich ein Gegenstand, der ursprünglich dem Gläubiger gehörte, nunmehr rechtsgrundlos im Schuldnervermögen, so ist er vielmehr als solcher selbst dann herauszugeben, wenn er für den Schuldner oder Gläubiger keinen Vermögenswert haben sollte. Entgegen der Ansicht des BGH[9] kann daher auch eine Erklärung, mit der ehrenrührige Tatsachenbehauptungen widerrufen werden, Gegenstand eines Bereicherungsanspruchs sein.

3. Nichtgegenständliche Vermögensvorteile. Die gegenständliche Betrachtungsweise darf nicht zu dem Fehlschluss verführen, als könne das erlangte Etwas nur in Sachen im Sinne von körperlichen Gegenständen (§ 90) bestehen. Sie will vielmehr nur die Notwendigkeit **konkreter** Bestimmung des Erlangten im Gegensatz zur **abstrakten** Differenzrechnung betonen. Gegenstand des Bereicherungsanspruchs, das erlangte Etwas, kann daher sehr wohl auch nichtgegenständlicher Natur sein. Dies gilt namentlich für Dienstleistungen auf der Basis eines mangelhaften Kausalverhältnisses. Wenn jemand eine Handlung **unterlässt** in dem irrigen Glauben, dazu verpflichtet zu sein, ist das Unterlassen selbst, also das Ausbleiben störender Handlungen, als das „Erlangte" anzusehen.[10]

4. Schaden? Auf einen Schaden des Gläubigers oder gar auf die Entsprechung von Schaden und Bereicherung kommt es weder für die Bestimmung des Erlangten noch für die Bestimmung des Umfangs des Bereicherungsanspruchs an: Die §§ 812 ff. regeln nach einem bekannten Wort von *Esser*[11] Be- und nicht Entreicherungsrecht.

II. Einzelfragen

1. Dingliche Rechte. Als ein „Etwas", das der Empfänger im Sinne des Gesetzes „erlangt" haben kann, kommen zunächst alle dinglichen Rechte einschließlich der **Anwart-**

---

[3] *Reuter/Martinek* § 15 I, S. 528 ff.
[4] *Reuter/Martinek* § 15 II 3, S. 537 ff.
[5] *Reuter/Martinek* § 15 II 3 a, S. 538.
[6] *Reuter/Martinek* § 15 III, S. 542 ff.
[7] *Canaris* JZ 1971, 560, 561; *Erman/Westermann/Buck-Heeb* RdNr. 6; *Kohler* AcP 190 (1990), 496, 531; *Koppensteiner* NJW 1971, 1774; *Larenz/Canaris* II/2 § 71 I 1, S. 255, Fn. 2; *Reuter/Martinek* § 15 I 2 a, S. 530.
[8] So RGRK/*Heimann-Trosien* RdNr. 1.
[9] BGH NJW 1952, 417; *Larenz* II § 68 vor I, S. 521, Fn. 1; *Palandt/Sprau* RdNr. 16.
[10] *Kohler* AcP 190 (1990), 496, 531 f.
[11] *Esser* BT, 4. Aufl. 1971, § 104 II 1 b, S. 370.

schaftsrechte in Betracht.[12] Hat eine Sachverbindung (§§ 946 ff.) stattgefunden, wird die Herausgabe- durch die Wertersatzpflicht der §§ 951, 818 Abs. 2 abgelöst. Auch der **Besitz** ist tauglicher Gegenstand eines auf Herausgabe gerichteten Bereicherungsanspruchs.[13] Die Besitzdienerschaft ist niemals als nach § 812 herausgabepflichtiges Etwas anzusehen;[14] denn die tatsächliche Sachherrschaft des Besitzdieners ist gemäß § 855 dem Geschäftsherrn zuzurechnen. Nur dieser kann daher Schuldner eines auf Herausgabe des Besitzes gerichteten Anspruchs sein.

7   **2. Forderungen.** Forderungen sind tauglicher Gegenstand von Bereicherungsansprüchen.[15] Das gilt zum einen dann, wenn sie rechtsgrundlos abgetreten werden; in diesem Fall steht dem **Zedenten** gegen den Zessionar eine Anspruch auf Rückabtretung zu. Forderungen können darüber hinaus, wenn sie rechtsgrundlos eingeräumt werden, auch von ihrem **Schuldner** selbst kondiziert werden. Diese Möglichkeit ist in § 812 Abs. 2 ausdrücklich vorgesehen. § 812 Abs. 2 erfasst in jedem Fall Verbindlichkeiten, die erfüllungshalber eingegangen werden, um andere Verbindlichkeiten zu tilgen (Wechsel, Schecks): Ist die Verbindlichkeit rechtsgrundlos eingegangen worden, so kann der Schuldner nach § 812 Befreiung hiervon verlangen.

8   Im Einzelfall richtet sich der Bereicherungsanspruch aber sogar auf die Befreiung von **kausalen Forderungen.** Diese Möglichkeit erlangt Bedeutung vor allem bei der Zweckverfehlungskondiktion: Wenn jemand eine Bürgschaft in der Erwartung eingeht, der Gläubiger werde der Umwandlung einer Schadensersatzpflicht in ein Darlehen zustimmen, kann Befreiung von der Bürgschaftsverpflichtung verlangen, wenn der Gläubiger dieser Umwandlung nicht zustimmt[16] – sofern man nicht ohnehin annimmt, dass die Bürgschaft die Forderung bereits ihrem Inhalt nach nur als Darlehens-, nicht aber als Schadensersatzforderung sichern sollte. In jedem Fall wäre der Anspruch auf Befreiung von der Bürgschaft unter dem Gesichtspunkt der Zweckverfehlungskondiktion begründet, wenn jemand sich aus Anlass einer unerlaubten Handlung für die Schadensersatzforderung des Geschädigten gegen den Schädiger in der vom Geschädigten erkannten und gebilligten Erwartung verbürgt, dass der Geschädigte gegen den Schädiger keine Strafanzeige erstattet[17] oder dass der Gläubiger dem Schuldner Ratenzahlung gewährt und ihm dadurch die Fortführung seines Gewerbebetriebs ermöglicht.[18]

9   Die persönliche Forderung kann des Weiteren dann Bereicherungsgegenstand sein, wenn jemand sich ohne Rechtsgrund verpflichtet hatte, **Personalsicherheiten** zu stellen. Denkbar erscheint dies etwa im Baugewerbe: In der Praxis behalten Bauherren auf der Basis entsprechender Vertragsbestimmungen zur Absicherung von Nacherfüllungsansprüchen wegen später auftretenden Mängeln einen bestimmten Prozentsatz der Auftragssumme für die Dauer der Gewährleistungsfrist ein. Wird ein solcher sog. **Gewährleistungseinbehalt** in AGB des Bauherrn festgesetzt, so ist diese Klausel nur wirksam, wenn dem Bauunternehmer gestattet wird, den Einbehalt durch Gestellung einer Bürgschaft abzulösen; dabei darf keine Bürgschaft auf erstes Anfordern verlangt werden.[19] Wenn die Klausel unwirksam ist, die Bürgschaft aber gleichwohl gestellt wurde, hat der Bauherr **im Verhältnis zum Bauunternehmer eine Forderung gegen den Bürgen ohne Rechtsgrund erlangt.** Der Bauunternehmer kann in diesem Fall verlangen, dass der Bauherr die aus der Bürgschaft erlangte

---

[12] *Erman/Westermann/Buck-Heeb* RdNr. 5; *RGRK/Heimann-Trosien* RdNr. 3; *Staudinger/Lorenz* RdNr. 66.
[13] BGH NJW 1953, 58; RGZ 129, 307, 311; *Erman/Westermann/Buck-Heeb* RdNr. 7; *Klinkhammer* S. 68 ff.; *Kurz* S. 65 ff.; *RGRK/Heimann-Trosien* RdNr. 3; *Röthel/Sparmann* Jura 2007, 456, 461; *Staudinger/Lorenz* RdNr. 73.
[14] Ebenso *RGRK/Heimann-Trosien* RdNr. 3; *Palandt/Sprau* RdNr. 19; zweifelnd *Erman/Westermann/Buck-Heeb* RdNr. 7.
[15] *Erman/Westermann/Buck-Heeb* RdNr. 5; *Palandt/Sprau* RdNr. 18; *RGRK/Heimann-Trosien* RdNr. 3.
[16] RGZ 118, 358, 360.
[17] *Ehmann* JZ 2003, 702, 707.
[18] BGH NJW 1966, 448, 449.
[19] Ausf. dazu und mwN *Schwab* AGB-Recht RdNr. 1299 ff.

Rechtsposition vollständig aufgibt,[20] mit anderen Worten den Bürgen aus seiner Haftung entlässt.

3. Buchpositionen. Gegenstand eines Bereicherungsanspruchs können auch bloße Buchpositionen sein,[21] wie etwa **Grundbucheintragungen,** die der materiellen Rechtslage nicht entsprechen[22] (sog. schuldrechtlicher Grundbuchberichtigungsanspruch). Entsprechendes gilt für den Erwerber günstigerer **Rangstellen** als vereinbart.[23] Selbst die durch Erteilung einer Eintragungsbewilligung begründete Rechtsstellung des Begünstigten kann herausgegeben werden; dementsprechend kann auch ein Bereicherungsanspruch hierauf gerichtet sein.[24] Wenn jemandem als Vorvermächtnisnehmer ein bebautes Grundstück zugewandt worden ist und er nunmehr zum Zwecke einer notwendig gewordenen Sanierung des Gebäudes Kredit in Anspruch nehmen muss, ist er dem Nachvermächtnisnehmer gegenüber verpflichtet, die Sanierung durchzuführen, und folgerichtig ihm gegenüber berechtigt, das Grundstück zum Zwecke der Kreditaufnahme zu belasten. Wenn der Auflassungsanspruch des Nachvermächtnisnehmers durch eine Vormerkung gesichert ist, hat der Vorvermächtnisnehmer daher gegen ihn einen Anspruch aus § 812 Abs. 1 S. 1 auf Zustimmung zur Eintragung einer Grundschuld im Rang vor der Vormerkung.[25] **Baulasten** vermitteln zwar keine privatrechtlichen Nutzungsbefugnisse an Grundstücken, sind aber gleichwohl ein erlangtes „Etwas" iS des § 812, weil der Begünstigte mit ihrer Hilfe den Nachweis führen kann, dass ein von ihm angestrengtes Bauvorhaben bestimmte Anforderungen des öffentlichen Rechts erfüllt.[26]

4. Blockadepositionen. Tauglicher Gegenstand von Bereicherungsansprüchen sind darüber hinaus vorteilhafte Rechtsstellungen aller Art.[27] Das gilt vor allem für die Aufgabe oder Erlangung von Rechtsstellungen, mit deren Hilfe der Inhaber fremde Vermögensdispositionen blockieren kann. So kann die **irrtümliche Freigabe** eines der Testamentsvollstreckung unterliegenden Gegenstandes in dem Sinne herausverlangt werden, dass der Empfänger verpflichtet ist, den betreffenden Gegenstand dem Testamentsvollstrecker zwecks weiterer Verwaltung wieder zur Verfügung zu stellen; das rechtsgrundlos erlangte Etwas ist hier in der uneingeschränkten Verfügungsbefugnis des Erben zu sehen. Das gilt zum einen, wenn sich der Testamentsvollstrecker irrtümlich nach § 2217 für zur Freigabe verpflichtet hielt,[28] zum anderen, wenn er verkennt, dass eine von ihm vorgenommene Rechtshandlung rechtlich als Freigabe zu qualifizieren ist.[29]

Nach verbreiteter Meinung kann jemand, der rechtsgrundlos eine **Genehmigung erteilt** und einem anderen dadurch zu einer bestimmten Rechtsstellung verholfen hat, diese Genehmigung nach § 812 **herausverlangen.** Auf welchem Wege dies rechtstechnisch zu geschehen hat, wird nicht einheitlich beurteilt. Wenn der Gläubiger rechtsgrundlos die Genehmigung zu einer **befreienden Schuldübernahme** erteilt hat, hat er gegen den Altschuldner einen Anspruch auf Wiedereinräumung seiner Forderung, also einen Anspruch auf Abgabe einer Willenserklärung.[30] Das Erlangte besteht in diesem Fall freilich nicht in der Genehmigung, sondern in der Befreiung des Altschuldners von seiner Verbindlichkeit. Wenn sich derjenige, der die Genehmigung zu einem nach § 181 unwirksamen **Insich-**

---

[20] So auch BGHZ 147, 99, 105 f.; 154, 378, 386; *Hildebrand* ZfIR 2003, 221, 224 f.
[21] *Erman/Westermann/Buck-Heeb* RdNr. 5; *RGRK/Heimann-Trosien* RdNr. 6; *Staudinger/Lorenz* RdNr. 74.
[22] BGH LM Nr. 100 = NJW 1973, 613 (nichtige Auflassung); RGZ 112, 260, 268; 119, 332, 335; RG JW 1931, 2723.
[23] RGZ 146, 355, 360; *RGRK/Heimann-Trosien* RdNr. 6.
[24] RGZ 108, 329, 332; *Erman/Westermann/Buck-Heeb* RdNr. 5; *RGRK/Heimann-Trosien* RdNr. 6.
[25] BGH NJW 1991, 1736, 1738.
[26] BGH NJW 1995, 53, 54 (Stellplatzbaulast, mit deren Hilfe der Begünstigte die für einen Gastronomiebetrieb erforderlichen Kfz-Stellplätze nachweist). Offen gelassen noch in BGHZ 94, 160, 164.
[27] *RGRK/Heimann-Trosien* RdNr. 4; *Palandt/Sprau* RdNr. 17.
[28] BGHZ 12, 100, 105.
[29] BGHZ 24, 106, 109 f.
[30] BGHZ 110, 319, 321; zust. *Brehm* JR 1990, 510.

geschäft erteilt hat, sich hierzu irrtümlich nach § 242 für verpflichtet gehalten hat, soll er demgegenüber nach § 812 die Genehmigung widerrufen können.[31] Auf diese Weise wird in § 812 systemwidrig ein Gestaltungsrecht hineingelesen. Vorzugswürdig erscheint demgegenüber, Fälle dieser Art rechtstechnisch wie folgt zu bewältigen: Wenn sich der Genehmigende bloß das Erfüllungsgeschäft genehmigt hat, so steht dies einer eigenen rechtsgrundlosen Verfügung über eigene Vermögensgegenstände gleich. Der Bereicherungsanspruch richtet sich dann direkt auf Herausgabe jener Gegenstände, auf welche sich die durch Insichgeschäft vollzogene Verfügung bezieht. Es handelt sich hier nicht bloß um eine Frage der juristischen Konstruktion. Vielmehr ergeben sich bei Insolvenz des Empfängers Unterschiede im praktischen Ergebnis: Wer ein Recht zum Widerruf der Genehmigung postuliert, muss dem Genehmigenden, der davon Gebrauch macht, konsequent das Recht zubilligen, die von der Verfügung betroffenen Gegenstände auszusondern. Nach hier vertretener Ansicht besteht demgegenüber nur ein schuldrechtlicher Rückübertragungsanspruch, der als einfache Insolvenzforderung mit der Quote zu befriedigen ist. Letzteres erscheint als die allein sachgerechte Lösung: Wer einer fremden Verfügung über eigene Gegenstände rechtsgrundlos zustimmt, darf nicht besser stehen als der, der selbst rechtsgrundlos verfügt. Wenn der Genehmigende das Kausalgeschäft genehmigt hat, ist das Erfüllungsgeschäft zunächst ohne seine Zustimmung ebenfalls wirksam geworden, weil es rückwirkend (§ 184) so betrachtet wird, als sei es in Erfüllung einer Verbindlichkeit erfolgt. Der Bereicherungsanspruch kann in diesem Fall konsequent nur darauf gerichtet sein, das Kausalgeschäft zu Fall zu bringen. Der Vertragspartner, der dies Geschäft durch Selbstkontrahieren zustande gebracht hat, ist folglich nach § 812 Abs. 1 S. 1 Alt. 1 verpflichtet, in die Aufhebung des Kausalgeschäfts einzuwilligen. Damit fällt zugleich der Rechtsgrund für die Erfüllung dieses Geschäfts weg; der Genehmigende kann folglich das zur Erfüllung Geleistete nach § 812 Abs. 1 S. 2 Alt. 1 herausverlangen.

13 Es sind sogar Fälle denkbar, in denen der Bereicherungsanspruch auf die **Erteilung einer Genehmigung** gerichtet ist. Das RG hatte über einen Fall zu entscheiden, in dem der nichteheliche Erzeuger eines Kindes eine hypothekarisch gesicherte Forderung an die anderweitig verheiratete Kindsmutter abtrat in der von ihr und ihrem Ehemann gebilligten Erwartung, der Ehemann werde die Ehelichkeit des Kindes nicht anfechten. Als die Anfechtung dann doch erfolgte, verlangte der Erzeuger die Forderung nebst Hypothek zurück. Die Kindsmutter erklärte die Rückabtretung der Forderung. Die Umschreibung der Hypothek auf den Erzeuger scheiterte, weil das Grundbuchamt, nach damaligem Verfahrensrecht zutreffend, die Zustimmung des Ehemanns für erforderlich hielt. Das RG hielt den Ehemann nach § 812 für verpflichtet, die Einwilligung zu erteilen.[32] Die Entscheidung ist heute überholt. Erhebliche Bedeutung kommt dagegen nach wie vor dem Fall zu, dass Geld für mehrere Forderungsprätendenten **hinterlegt** worden ist. In diesem Fall soll derjenige, dem die Forderung tatsächlich zusteht, die anderen Prätendenten auf Erteilung der nach § 13 Abs. 2 HinterlO erforderlichen Zustimmung verklagen können (näher § 816 RdNr. 79); „erlangt" ist danach die Blockadeposition im Hinterlegungsverfahren.

14 **5. Schuldbefreiung.** Die Befreiung von einer Verbindlichkeit kann als erlangtes „Etwas" Gegenstand eines Bereicherungsanspruchs sein.[33] Sie kann etwa durch abstrakten Verzicht, Schulderlass, negatives Schuldanerkenntnis, aber auch durch Drittzahlung gemäß § 267 herbeigeführt werden.

15 **6. Erwerbsaussichten.** Als taugliches Objekt eines Bereicherungsanspruchs wird ferner die Erlangung einer **tatsächlich sicheren Erwerbsaussicht** genannt.[34] Der BGH hatte einen Fall zu entscheiden, in dem in Indien belegene Vermögensgegenstände, unter anderem

---

[31] RGZ 110, 214, 215; ebenso *Staudinger/Lorenz* RdNr. 66.
[32] RGZ 171, 83, 86.
[33] BGHZ 43, 1, 11; 46, 319, 325; BGH ZIP 1996, 336; *Erman/Westermann/Buck-Heeb* RdNr. 8; *Gursky* NJW 1971, 782, 784; *RGRK/Heimann-Trosien* RdNr. 8.
[34] *RGRK/Heimann-Trosien* RdNr. 5.

Geschäftsanteile an mehreren Handelsgesellschaften, während des Zweiten Weltkriegs als Feindvermögen beschlagnahmt wurden. Die indische Regierung stellte etliche Jahre nach Kriegsende Entschädigungszahlungen an die früheren Inhaber des beschlagnahmten Vermögens in Aussicht. Auf diese Zahlungen bestand aber kein Rechtsanspruch. Der BGH hielt denjenigen, der eine solche Entschädigungszahlung empfangen hatte, für verpflichtet, diese an denjenigen auszukehren, dem die beschlagnahmten Vermögenswerte ursprünglich zugestanden hatten: Auch eine Wertverschiebung, die zwar keinen Rechtsanspruch, aber eine tatsächlich sichere Erwerbsaussicht vernichte, könne einen Bereicherungsanspruch auslösen.[35] Daran ist richtig, dass Entschädigungsleistungen selbst dann, wenn sie nicht beansprucht werden können, demjenigen zugewiesen sind, dem die entsprechenden Vermögenswerte gehören; ein Dritter, der die Entschädigung tatsächlich in Anspruch nimmt, ist auf Kosten des ursprünglichen Inhabers bereichert. Ob es dazu aber der Annahme bedurft hätte, die Erwerbsaussicht sei als solche Gegenstand eines Bereicherungsanspruchs, erscheint zweifelhaft: Entscheidend war, dass der Dritte die als Entschädigung gezahlte Geldsumme selbst erlangt hatte.

7. Ersparte Aufwendungen. Im Gegensatz zu einer früher wohl herrschenden Betrachtungsweise werden ersparte Aufwendungen heute zu Recht **nicht** mehr als **selbstständiges erlangtes Etwas** angesehen.[36] Dem Aspekt der Aufwandsersparnis kommt nur noch Bedeutung zu im Rahmen des Einwands des Wegfalls der Bereicherung (§ 818 Abs. 3). Namentlich bei der Nutzung fremder Sachen besteht, sofern der Bereicherungsanspruch auf den Gesichtspunkt der Eingriffskondiktion gestützt ist, das Erlangte in eben jener Nutzung selbst (Nachweise bei § 818 RdNr. 30). Allerdings hat der BGH in einem Fall, in dem ein Grundstück von den Mietern des Nachbargrundstücks tatsächlich als Zufahrtsweg genutzt worden war, ausgesprochen, der dem Vermieter zugeflossene Vermögensvorteil bestehe in ersparten Aufwendungen.[37] Doch lässt dieser Passus nicht die Folgerung zu, dass der BGH die Ersparnis als das primär Erlangte ansieht. Denn zuvor heißt es in dem Urteil, der bereicherungsrechtlich relevante Vorgang liege darin, dass die Mieter des Eigentümers des Nachbargrundstücks das andere Grundstück tatsächlich in Anspruch genommen hätten.[38] Dies lässt sich ebenso gut in dem Sinne deuten, dass der BGH jene Nutzung als das Erlangte ansieht.

8. Unkörperliche Vorteile. Erhebliche Meinungsverschiedenheiten hat die Frage ausgelöst, wie der rechtsgrundlose Zufluss von **Nutzungen** und **Dienstleistungen** bereicherungsrechtlich auszugleichen ist. Unter der (früheren) Herrschaft einer vermögensorientierten Sichtweise wurden zwei Lösungsansätze vorgeschlagen: Zum einen wurde gefragt, in welcher Weise der Empfänger aus dem unkörperlichen Vorteil tatsächlich Ertrag gezogen hatte; maßgeblich war danach der **Verwendungserfolg** im Vermögen des Empfängers. Dessen Wert war konsequent gemäß § 818 Abs. 2 zu ersetzen.[39] Andere versuchten statt dessen dasjenige als erlangtes Etwas anzusehen, was der Schuldner durch die rechtsgrundlose Nutzung oder Dienstleistung an Ausgaben **erspart** hatte;[40] der Wert dieser Ersparnis sollte infolgedessen kondiziert werden können.[41] Der BGH erblickte in einer frühen Entscheidung

---

[35] BGH WM 1964, 83, 84.
[36] *Canaris,* FS Lorenz 1991, S. 19, 48; *Gursky* JR 1998, 7, 10; *Hadding,* FS Kümpel, 2003, S. 167, 170; *Staudinger/Lorenz* RdNr. 72.
[37] BGHZ 94, 160, 165.
[38] BGHZ 94, 160, 164.
[39] So insbes. *Jakobs* S. 54, 147 f.; dazu eingehend *Lieb* Ehegattenmitarbeit S. 86 ff.; zum Ganzen auch *Batsch* S. 36 ff.
[40] BGHZ 20, 270, 275. Aus dem Schrifttum im gleichen Sinne RGRK/*Heimann-Trosien* RdNr. 9; *Staudinger/Lorenz* RdNr. 72.
[41] In der bekannten Flugreiseentscheidung BGHZ 55, 128 = NJW 1971, 609 wird der grds. Unterschied dieser beiden Betrachtungsweisen verwischt, wenn der BGH auf S. 131 ausführt, von einer Bereicherung iS der §§ 812 ff. könne idR nur gesprochen werden, wenn und soweit der Bereicherte eine echte Vermögensvermehrung „und sei es allein durch die Ersparnis von Aufwendungen" erfahren habe.

§ 812 18, 19 Abschnitt 8. Titel 26. Ungerechtfertigte Bereicherung

sogar beim Verbrauch rechtsgrundlos erlangter Sachen das Erlangte in der Ersparnis eigener Aufwendungen.[42]

18   Beide Betrachtungsweisen sind auf **Kritik** gestoßen. Denjenigen, die auf den Verwendungserfolg abstellen wollen, wurde entgegengehalten, sie verlagerten das Risiko der Verwendung einseitig auf den Gläubiger. Diejenigen, nach denen das Erlangte in ersparten Aufwendungen bestand, wurden mit dem Einwand konfrontiert, dass diese Sichtweise dem Empfänger eine wohlfeile Ausflucht aus seiner Bereicherungshaftung eröffneten: Dieser könne seiner Herausgabe- bzw. Wertersatzpflicht nämlich dann mit dem Argument entgehen, er habe deshalb nichts erspart, weil er sich auch anderweitig hätte behelfen können.[43] Mit diesen Überlegungen werden indes lediglich die Konsequenzen der vorgenannten Lösungsansätze beschrieben, nicht aber belegt, dass und warum eben diese Konsequenzen unannehmbar erscheinen. Entscheidend gegen besagte Lösungsansätze spricht vielmehr ein anderer Gesichtspunkt: Die Subsumtion unter das Merkmal „etwas erlangt" darf niemals zu dem Ergebnis führen, dass selbst ein bösgläubiger Empfänger sich mit dem Einwand verteidigen kann, die Nutzung/Dienstleistung habe in seinem Vermögen keinen bleibenden Ertrag hinterlassen bzw. er habe nichts erspart. Eben diese Folgen würden sich jedoch ergeben, wenn man bereits das primär Erlangte in einem Verwendungserfolg bzw. in ersparten Aufwendungen erblicken würde. Deshalb können die zuvor referierten Lösungsvorschläge nicht überzeugen.[44] Die Ausgabenersparnis setzt voraus, dass zuvor ein identifizierbarer Vorteil erlangt wurde; sie kann sich also niemals als primär Erlangtes, sondern lediglich als dessen Reflex im Vermögen des Empfängers darstellen.[45]

19   Den richtigen Weg zur Bestimmung des Erlangten weist die gegenständliche Betrachtungsweise. Danach ist bei der rechtsgrundlosen Inanspruchnahme fremder Dienste **die Dienstleistung selbst das Erlangte.**[46] Das gilt auch dort, wo die Dienstleistung nach Vertragsgrundsätzen nur dann zu vergüten ist, wenn ein bestimmter Erfolg erzielt wird: Dann ist eben jener Erfolg das Erlangte. So hat nach verbreiteter Ansicht jemand, dem aufgrund eines nichtigen **Maklervertrags** die Möglichkeit eines Vertragsschlusses vermittelt wurde, vom Makler eine wirtschaftlich vorteilhafte Information erlangt und konsequent nach § 818 Abs. 2 den Wert dieser Leistung zu ersetzen[47] – dies freilich nur, wenn er den Hauptvertrag auch wirksam abschließt;[48] denn der Makler darf durch das Bereicherungsrecht nicht besser gestellt werden, als er bei wirksamem Maklervertrag stünde. Im Schrifttum wird demgegenüber eingewandt, der Maklerkunde erlange bei nichtigem Maklervertrag nichts.[49] Der BGH hat die Frage im Grundsatz offen gelassen, aber verlangt, dass jedenfalls über die Entgeltlichkeit der Maklertätigkeit eine Willensübereinstimmung zwischen Makler und Kunde getroffen worden sein müsse, kraft derer der Makler erwarten könne, für seine Tätigkeit eine Vergütung zu erhalten.[50] Wenn freilich der Kunde die Maklertätigkeit als Leistung nicht an sich, sondern an die andere Partei des Hauptvertrags verstehen musste, erlangt der Kunde die Dienste des Maklers bzw. die von diesem bereitgestellten Informationen nicht durch Leistung des Maklers. Ein Bereicherungsanspruch steht dem Makler in diesem Fall nicht zu.[51] Wenn ein Erbe von einem **Erbensucher,** dem er keinen entsprechenden Auftrag erteilt hatte, über den Erbfall informiert wird, erlangt er diese Informati-

---

[42] BGHZ 14, 7, 9.
[43] 4. Aufl. RdNr. 358 sowie *Lieb* Ehegattenmitarbeit S. 89 f.
[44] Insoweit zutr. 4. Aufl. RdNr. 358.
[45] Zutr. *Batsch* S. 44 f.
[46] So zB *Halfmeier* JA 2007, 492, 493; *Hombrecher* Jura 2004, 250, 251. Ungenau *Pfeifer* JA 2008, 17, 18: erlangt sei der „Wert" der Dienstleistung. Der Wert ist nie primär Erlangtes, sondern nach § 818 Abs. 2 erst Gegenstand der sekundären Herausgabepflicht!
[47] Ebenso RGZ 122, 229, 232; KG NJW 1960, 1865; OLG Köln NJW 1971, 1943, 1944; LG Saarbrücken NJW-RR 1993, 316.
[48] Zutr. *Weishaupt* JuS 2003, 1166, 1171.
[49] *Martinek* JZ 1994, 1048, 1053 f.
[50] BGH NJW-RR 2005, 1572, 1573 f.
[51] BGHZ 95, 393, 399; *Fischer* NZM 2002, 480, 481; *Weishaupt* JuS 2003, 1166, 1171.

on.[52] Ein Vergütungsanspruch erwächst ihm hieraus aber nicht.[53] In jedem Fall ist **entnommener Strom** ein erlangtes „Etwas".[54]

Bei **Nutzungen** ist dagegen zu **differenzieren** (zum Folgenden ausf. § 818 RdNr. 20 ff.): 20 Wenn der Empfänger rechtsgrundlos den Besitz, ggf. sogar zusätzlich dass Eigentum an der Sache erlangt hat, ist ausschließlich dies primärer Gegenstand des Herausgabeanspruchs; der Ersatz von Nutzungen richtet sich allein nach § 818 Abs. 1 (beim gutgläubigen Empfänger) bzw. §§ 819 Abs. 1, 818 Abs. 4, 292 Abs. 2, 987 (beim bösgläubigen Empfänger). Nutzungen sind dagegen primärer Gegenstand des Herausgabeanspruchs, mithin Erlangtes iS des § 812, wenn der Empfänger sich eine fremde Sache zunutze macht, ohne von ihr Besitz zu ergreifen. Man wende gegen diese Sichtweise nicht ein, es bestehe die Gefahr, dass durch sie die Herausgabepflicht des Empfängers zu einer Minderung von dessen Vermögen führe:[55] Beim gutgläubigen Empfänger wird diese Folge durch § 818 Abs. 3 verhindert; beim bösgläubigen Empfänger gibt es keine Rechtfertigung, ihn von einer solchen Minderung zu verschonen. Weder Besitz noch Nutzungen werden erlangt, wenn jemand lediglich nachteilig auf eine fremde Sache einwirkt. So kann entgegen einer im Schrifttum vertretenen Ansicht[56] der Betreiber eines Flughafens, der die im Planfeststellungsbeschluss zugelassenen Lärmgrenzwerte nicht einhält, für die daraus resultierende Beeinträchtigung der umliegenden Grundstücke nicht unter dem Gesichtspunkt der Eingriffskondiktion haftbar gemacht werden: Der Betreiber wirkt zwar auf diese Grundstücke ein, „nutzt" sie aber nicht. Er erlangt daher auch keine Gebrauchsvorteile an jenen Grundstücken.

9. Sachgesamtheiten. Wenn aufgrund eines nichtigen Kausalgeschäfts ein **Unternehmen** 21 übertragen worden ist, ist nach Ansicht des BGH dieses, dh. der Inbegriff aller in ihm zusammengefassten materiellen und immateriellen Vermögenswerte.[57] Im Schrifttum ist daran Kritik geübt worden; denn es könne sein, dass einzelne jener Vermögenswerte noch in Natur herausgegeben werden könnten und andere nicht. Dann müsse die Lösung lauten, dass die vorhandenen Werte in Natur herausgegeben und wegen der anderen Gegenstände nach § 818 Abs. 2 Wertersatz geleistet werde.[58] Die Kritik überzeugt nicht. Denn mit der Herausgabe von Einzelgegenständen ist dem Bereicherungsgläubiger nicht gedient. Das Unternehmen muss vielmehr unabhängig davon, welche Einzelgegenstände noch vorhanden sind, welche abgegeben wurden und welche ggf. hinzugetreten sind, als lebender wirtschaftlicher Organismus in dem Zustand herausgegeben werden, in dem es sich aktuell befindet. Wie zu zeigen sein wird (§ 818 RdNr. 57 ff.), führt die Umgestaltung des Unternehmens in den Händen des Bereicherungsschuldners nur in ganz seltenen Fällen zur Wertersatzpflicht.

10. Sachverhalte mit nur scheinbarem Vermögensempfang. Nichts erlangt hat der 22 Versicherungsnehmer bei **nichtigem Versicherungsvertrag;** er kann daher seine Beitragsleistungen uneingeschränkt kondizieren.[59] Bei **Immaterialgüterrechten** ist zu differenzieren: Sofern diese als solche bestehen und lediglich das auf ihre Übertragung gerichtete Kausalgeschäft nichtig ist, hat der Empfänger ohne weiteres etwas erlangt, nämlich eben jenes auf ihn übertragene Recht. Sofern auch das Recht selbst nicht besteht, hat der Erwerber gleichwohl etwas erlangt, weil er Know-how, Marktchancen und außerdem die Aussicht hinzugewinnt, dass andere Wettbewerber sein (in Wahrheit nicht bestehendes) Ausschließlichkeitsrecht respektieren.[60]

---

[52] Insoweit zutr. *Pfeifer* JA 2008, 17, 20.
[53] BGH NJW 2000, 72, 73; bestätigt durch BGH NJW-RR 2006, 656.
[54] BGHZ 117, 29, 31.
[55] So aber BGHZ 55, 128, 131.
[56] *Gassner,* FS Lorenz, 2001, S. 131, 141 f.
[57] BGHZ 168, 220, 228 f.
[58] *Bodenbenner* MDR 2007, 1056, 1058.
[59] *Kohler* VersR 1988, 563, 564 f.; im Ergebnis ebenso LG Hamburg VersR 1988, 460: vermögenswerte Gegenleistung erst bei Regulierung eines Versicherungsfalls durch den Versicherer.
[60] *Ebert* S. 49, 52 f., 119 f.; *Kohler* VersR 1988, 563, 565.

III. Der Sonderfall des § 812 Abs. 2

23 **1. Normzweck.** Gemäß § 812 Abs. 2 gilt auch die durch Vertrag erfolgte Anerkennung des Bestehens oder Nichtbestehens eines Schuldverhältnisses als Leistung. Mit dieser an § 781 und § 397 Abs. 2 orientierten Aussage wird zunächst nur klargestellt, dass als **tauglicher Leistungsgegenstand** iS von § 812 Abs. 1 und damit als tauglicher **Bereicherungsgegenstand** auch derartige selbstständige Anerkenntnisse bzw. die daraus entspringenden Gläubigerpositionen (bei negativem Anerkenntnis die daraus folgende Schuldbefreiung) in Betracht kommen.[61] Dies ist an sich eine aus der Eigenart des abstrakten Schuldanerkenntnisses (ihm steht gleich das abstrakte **Schuldversprechen** gemäß § 780) folgende Selbstverständlichkeit: Das abstrakte Schuldanerkenntnis trägt im Gegensatz zum normalen, verpflichtenden Vertrag seinen Rechtsgrund nicht in sich, sondern wird regelmäßig in Vollzug einer kausalen Verpflichtung nur erfüllungshalber, gelegentlich auch an Erfüllungs Statt, abgegeben. Jene kausale Verpflichtung bildet den Rechtsgrund für die zum Zwecke ihrer Erfüllung eingegangene abstrakte Verbindlichkeit. Jene abstrakte Verbindlichkeit muss daher ebenso nach § 812 Abs. 1 S. 1 Alt. 1 rückabgewickelt werden können wie sonstige (Erfüllungs-)Leistungen. Der Verpflichtete bedarf eines solchen Bereicherungsanspruchs deshalb, weil wegen der Abstraktheit etwaige Mängel des Kausalgeschäfts auf die Verpflichtung aus dem Schuldanerkenntnis nicht unmittelbar durchschlagen.

24 **2. Rückforderung kausaler Verbindlichkeiten?** Die Besonderheit an § 812 Abs. 2 besteht darin, dass dem Schuldner die Möglichkeit eingeräumt wird, vom Gläubiger eine Forderung zurückzuverlangen, die er selbst dem Gläubiger eingeräumt hat. Das erscheint deshalb ungewöhnlich, weil das BGB dem Schuldner, der eine Forderung seines Gläubigers beseitigen möchte, ansonsten andere Rechtsinstrumente zur Verfügung stellt, nämlich solche, die auf der Ebene der Rechtsgeschäftslehre und des Leistungsstörungsrechts angesiedelt sind.[62] Gleichwohl wird im neueren Schrifttum die Frage gestellt, ob nicht sogar die Begründung kausaler Forderungen einer Rückabwicklung nach § 812 zugänglich ist. Der Gedankengang ist im Ausgangspunkt der folgende:[63] Wenn der Schuldner eine **Forderung,** die ihm **gegen einen anderen** zustehe, rechtsgrundlos abtritt, stehe ihm unproblematisch ein Bereicherungsanspruch auf Rückabtretung der Forderung zu. Dann müsse es zumindest im Ansatz möglich sein, dass der **Schuldner** auch **jene Forderung** kondizieren könne, die er dem Gläubiger **gegen sich selbst** eingeräumt habe. Demgegenüber wird von anderer Seite behauptet, die selbstbestimmte Begründung von Pflichten trage unter dem Stern der Privatautonomie zunächst ihre Rechtfertigung in sich; kausale Forderungen eigneten sich daher bereits im Ansatz nicht als Gegenstand eines Bereicherungsanspruchs.[64]

25 Die Überlegungen, mit denen kausale Forderungen für einem Bereicherungsausgleich zugänglich erachtet werden, führen freilich nicht etwa zu dem Ergebnis, dass ganz allgemein ein auf Rückgewähr von kausalen Verbindlichkeiten gerichteter Bereicherungsanspruch anzuerkennen wäre. Vielmehr verlagert sich die Frage nach der Rückgewährpflicht auf die Ebene des **Rechtsgrundes.** Für den wichtigen Fall des gegenseitigen Vertrags wird festgehalten, dass der Zweck des eigenen Leistungsversprechens darin liege, dass der andere Vertragsteil eine Gegenleistung verspreche. Werde dies Gegenleistungsversprechen gegeben, sei der Leistungszweck erreicht und die kausale Forderung mit Rechtsgrund begründet worden.[65] Andere wiederum halten daran fest, dass nur die Begründung abstrakter, nicht aber die Begründung kausaler Forderungen einer Rückgewähr nach Bereicherungsrecht zugänglich sei; werde aber eine kausale Verbindlichkeit deshalb eingegangen, weil die Parteien sich hierzu aufgrund eines anderen Rechtsgrundes für verpflichtet hielten, so sei

---
[61] RGZ 108, 329, 332.
[62] Zust. *Reuter/Martinek* § 4 III 1, S. 116 f.
[63] Zum Folgenden ausf. *Mazza* S. 65 ff., 135 ff.
[64] *Gursky* JR 2000, 45, 48.
[65] *Mazza* S. 159 ff.

die Verbindlichkeit insoweit, als sie auf jene angenommene Pflicht Bezug nehme, abstrakt und damit tauglicher Gegenstand des Bereicherungsausgleichs.[66]

Im **praktischen Ergebnis** ist der auf Befreiung von einem kausalen Vertrag gerichtete Anspruch unter dem Gesichtspunkt der **Leistungskondiktion** begründet, wenn jener Vertrag gerade nicht selbstbestimmt, sondern in Erfüllung einer vermeintlichen Pflicht geschlossen wurde.[67] Das lässt sich in der Tat am ehesten mit der Überlegung begründen, der kausale Vertrag sei insoweit abstrakt, als sein Abschluss sich auf jene vermeintliche Pflicht beziehe. Daher ist der Abschluss eines Hauptvertrags der bereicherungsrechtlichen Rückabwicklung zugänglich, wenn die Parteien einen Vorvertrag geschlossen hatten und dieser sich als nichtig erweist.[68] Daneben erscheint denkbar, die Rückforderung kausaler Verbindlichkeiten unter dem Gesichtspunkt der **Zweckverfehlungskondiktion** anzuerkennen: Wenn sich etwa jemand verbürgt, um den Gläubiger eines Dritten, der von diesem Schadensersatz verlangen kann, dazu zu bewegen, die als Schadensersatz zu zahlende Summe dem Dritten als Darlehen zu gewähren und den Dritten so von der Notwendigkeit einer sofortigen Zahlung zu entlasten, kann nach Ansicht des RG die Bürgschaftsverpflichtung kraft Bereicherungsrechts herausverlangen, wenn der Gläubiger sich auf die erstrebte Darlehensgewährung nicht einlässt.[69] Im Schrifttum geht man für derartige Fälle teilweise noch einen Schritt weiter und nimmt an, dass das eigene (kausale) Leistungsversprechen durch die Nichterbringung des erwarteten Wohlverhaltens auflösend bedingt ist. Das Versprechen erlischt dann automatisch, wenn die Gegenseite sich nicht wie erwartet verhält[70] (zB im Fall des RG: nicht von einer Strafanzeige absieht, sondern diese doch noch erstattet). Wenn jemand ein Leibrentenversprechen (§ 761) abgibt und dadurch dem Begünstigten ein Stammrecht auf Zahlung der einzelnen Rentenbeträge einräumt, so kann dies Versprechen nach Ansicht des RG selbständig nach § 812 zurückgefordert werden.[71]

26

In diesem Zusammenhang ist die Frage zu erörtern, ob auch ein **bestätigendes (kausales) Schuldanerkenntnis** Gegenstand eines Bereicherungsanspruchs sein kann. Diese Frage wird überwiegend verneint;[72] dies vor allem deshalb, weil durch das bestätigende Schuldanerkenntnis im Gegensatz zum abstrakten keine neue Forderung begründet, sondern lediglich der bestehende Schuldgrund, auf den sich das Anerkenntnis bezieht, abgeändert werde. Auch hier kommen jedoch Ausnahmen in Betracht, wenn der Sonderfall einer Zweckverfehlungskondiktion gegeben ist. So mag etwa eine Versicherungsgesellschaft ein kausales Anerkenntnis in der vom Versicherungsnehmer erkannten und gebilligten Erwartung abgeben, dieser werde „als Gegenleistung" weitere Versicherungsverträge mit ihr abschließen. Voraussetzung für die Anerkennung eines Bereicherungsanspruchs auf Rückgewähr kausaler Schuldanerkenntnisse ist freilich immer die Feststellung, dass die Abgabe des betreffenden Anerkenntnisses auf einem eigenen, ausgegliederten Rechtsgrund beruht.

27

Insgesamt wird in den Fällen der Begründung kausaler Verbindlichkeiten stets zu prüfen sein, ob sie als Erfüllung entsprechender selbstständiger Verpflichtungen bzw. als Verfolgung sonstiger **selbständiger Leistungszwecke** zu begreifen sind oder ob sie – darauf hat bereits das RG aufmerksam gemacht[73] – nicht vielmehr Bestandteil eines gegenseitigen Vertrages mit der Folge sind, dass als „Rechtsgrund" in Wahrheit die Verpflichtung des anderen Vertragsteils in Betracht kommt. Im letzteren Fall liegt der klassische Fall einer in jeder

28

---

[66] *Schnauder* JZ 2002, 1080, 1088 f.
[67] So ausdrücklich *Schnauder* JZ 2002, 1080, 1088 f.
[68] Im Ergebnis ebenso *Bork* JZ 2002, 656; *Ehmann* JZ 2003, 702, 710; *Mazza* S. 196.
[69] RGZ 118, 358, 360. Zu diesem Fall s. RdNr. 8.
[70] *Gursky* JR 2000, 45, 51.
[71] RGZ 106, 93, 97.
[72] RGZ 108, 105, 107; OLG Köln WM 1978, 383, 385; *Reuter/Martinek* § 4 III 3, S. 121; RGRK/*Steffen* § 781 RdNr. 7; *Staudinger/Lorenz* RdNr. 11; aA für nicht näher bezeichnete Ausnahmefälle *Erman/Westermann/Buck-Heeb* RdNr. 58.
[73] RGZ 108, 105, 107.

Beziehung kausalen und daher einer bereicherungsrechtlichen Rückabwicklung nicht zugänglichen Verpflichtung vor.[74]

29 3. Negatives Schuldanerkenntnis. Kondizierbar ist kraft ausdrücklicher gesetzlicher Anordnung auch das negative Schuldanerkenntnis.[75] Dies gilt freilich wiederum nur dann, wenn der darauf gerichtete Vertrag auf einem eigenen Rechtsgrund (und sei es auch nur einer Schenkungsabrede) beruht, nicht dagegen dann, wenn er Bestandteil umfassenderer schuldrechtlicher Vereinbarungen ist.[76] Im letzteren Fall kann das negative Schuldanerkenntnis nur mit allgemeinen rechtsgeschäftlichen Behelfen beseitigt, nicht aber kondiziert werden.

30 4. Einzelfälle. Zu den abstrakten Schuldanerkenntnissen, die nach § 812 Abs. 2 in jedem Fall einer bereicherungsrechtlichen Rückabwicklung zugänglich sind,[77] gehört die **Gutschriftsanzeige** einer Bank.[78] Wenn ein abstraktes Schuldanerkenntnis zu Sicherungszwecken erteilt wurde, kann es zurückgefordert werden, falls die gesicherte Schuld nicht besteht.[79] Ein **unrichtiges Vaterschaftsanerkenntnis** kann nicht unter dem Gesichtspunkt der ungerechtfertigten Bereicherung herausverlangt, sondern nur gemäß §§ 1599 ff. beseitigt werden.[80] Wenn der Scheinvater Leistungen an das Kind erbringt, geht dessen Unterhaltsanspruch gegen den wirklichen Vater nach § 1607 Abs. 3 S. 2 auf den Scheinvater über. Der wirkliche Vater erlangt daher nicht einmal die Befreiung von seiner Unterhaltsschuld. **Gerichtliche Anerkenntnisse** (§ 307 ZPO) sind einer bereicherungsrechtlichen Rückabwicklung nicht zugänglich.[81]

31 Bei Zahlung mittels **Universalkreditkarte** erlangt das Vertragsunternehmen (das vom Karteninhaber aus dem Valutaverhältnis Geld zu fordern hat) gegen das Kartenunternehmen einen Anspruch aus § 780.[82] Denn das Kartenunternehmen hat dem Rahmenvertrag mit dem Karteninhaber bereits ein allgemeines Zahlungsversprechen abgegeben. Dieses ist als abstraktes Schuldversprechen einzuordnen und dadurch aufschiebend bedingt, dass der Karteninhaber im Einzelfall den jeweiligen Belastungsbeleg unterzeichnet.[83] Wenn die Verbindlichkeit des Karteninhabers gegenüber dem Vertragsunternehmen im Valutaverhältnis nicht besteht, kann der Karteninhaber aus § 812 Abs. 1 S. 1 Alt. 1 vom Vertragsunternehmen verlangen, dass es dem Kartenunternehmen die Schuld aus dem abstrakten Schuldversprechen erlässt.[84] Sofern das Kartenunternehmen den Belastungsbetrag bereits an das Vertragsunternehmen ausgezahlt hat, ist das Schuldversprechen erloschen und kann nicht mehr herausgegeben werden. Statt dessen hat das Vertragsunternehmen dem Karteninhaber nach § 818 Abs. 2 Wertersatz zu leisten. Der Wert des Schuldversprechens ist identisch mit dem Belastungsbetrag.[85]

IV. Mehrere Empfänger

32 1. Grundsatz: Teilschuld. Wenn auf der Empfängerseite mehrere Personen beteiligt sind, gilt als Grundsatz, dass jeder **nur dasjenige** herausgeben muss, was **er selbst erlangt** hat.[86] Das ist auch richtig so: Denn das Bereicherungsrecht will beim Empfänger lediglich

---

[74] *Staudinger/Lorenz* RdNr. 12; *Soergel/Mühl* RdNr. 8, 20; aA *Zeiss* AcP 164 (1964), 50, 71 unter Berufung auf *Krückmann* LZ 1927, 753 ff.; *ders.* LZ 1928, 145 ff.
[75] BGH WM 1982, 671, 672.
[76] Zutr. *Larenz* I § 19 I a, S. 269; vgl. auch § 397 RdNr. 14.
[77] Vgl. nur BGH NJW 2000, 2501, 2502; OLG Brandenburg OLGR 2005, 76; OLG Köln OLGR 2003, 157, 158; 2005, 17, 18.
[78] BGH NJW 1991, 2140.
[79] BGH NJW-RR 1999, 573, 574.
[80] *Staudinger/Lorenz* RdNr. 22.
[81] RGZ 156, 70, 74; OLG Frankfurt NJW-RR 1988, 574; *Staudinger/Lorenz* RdNr. 10.
[82] *Nobbe*, FS Hadding, 2004, S. 1007, 1016.
[83] *Nobbe*, FS Hadding, 2004, S. 1007, 1011.
[84] *Nobbe*, FS Hadding, 2004, S. 1007, 1016.
[85] *Nobbe*, FS Hadding, 2004, S. 1007, 1016.
[86] BGH NJW 1982, 2433; OLG Hamm NJW 1981, 877; OLG Köln NJW 2006, 3288 f.

ungerechtfertigte Vermögensvorteile abschöpfen, nicht aber im Vergleich zum Status quo ante einen Verlust im Vermögen des Empfängers herbeiführen. So hat der **BGH** zutreffend entschieden, dass mehrere Miteigentümer, auf deren Sache rechtsgrundlos Verwendungen gemacht wurden, diese jeweils nur in Höhe ihres Miteigentumsanteils erlangt haben und daher auch nur in jeweils dieser Höhe anteilig herausgeben müssen.[87]

2. Ausnahmsweise Gesamtschuld bei Rückabwicklung gescheiterter Verträge? 33
Bei Bereicherungsansprüchen aus gescheiterten Verträgen sind jedoch zahlreiche Versuche unternommen worden, diesen Grundsatz aufzuweichen. So ist vorgetragen worden, die Leistungskondiktion stelle die Reaktion des Rechts auf den gescheiterten Versuch der Parteien dar, ein Schuldverhältnis zu begründen. Wäre **nach dem in Aussicht genommenen Vertrag** eine **Gesamtschuld** zu bejahen gewesen, so dauere das einigende Band der gemeinsamen Verpflichtung fort; somit sei **auch die bereicherungsrechtliche Rückgewährpflicht** eine Gesamtschuld.[88] Die Rückabwicklung müsse sich im Bereicherungsrecht schon deshalb gegen alle auf Empfängerseite beteiligten Personen als Gesamtschuldner richten, weil im vergleichbaren Fall des Rücktritts dieselbe Rechtsfolge anzunehmen wäre: Ob nach §§ 346 ff. oder nach §§ 812 ff. abgewickelt werde, dürfe für die Frage der Gesamtschuld keine Bedeutung erlangen.[89]

Andere Teile des Schrifttums wollen diese Lösung nicht in dieser Allgemeinheit, wohl 34
aber differenziert nach dem jeweiligen Vertragstyp akzeptieren: Wo mehrere Personen ein (nichtiges) **Darlehen** empfangen hätten, sei die Rückgewährschuld aus § 812 **Gesamtschuld,** weil auch die vertragliche Rückgewährschuld aus § 607 eine solche gewesen wäre. Die Darlehensnehmer müssten das Darlehen ohnehin zurückzahlen; das Schuldverhältnis sei von Anfang an hierauf gerichtet gewesen. Deshalb bleibe es hier bei der Gesamtschuldvereinbarung. Demgegenüber finde beim nichtigen Kauf- oder Werkvertrag mit mehreren „Verkäufern" oder „Unternehmern" die Kondiktion des Kaufpreises allein beim tatsächlichen Leistungsempfänger bzw., wenn mehrere je einen Teil empfangen haben, bei jedem entsprechend diesem Teil statt.[90] Das RG hat in der Tat entschieden, dass mehrere Empfänger eines nichtigen Darlehens dieses als Gesamtschuldner zurückzahlen müssen.[91]

Nach einer weiteren Gegenansicht[92] haftet demgegenüber jeder Empfänger allein auf das, 35
was **er selbst erhalten** hat. Eine rechtliche Zurechnung der Leistung an die anderen Parteien, die nach dem unwirksamen Vertrag Gesamtschuldner sein sollten, sei nicht möglich, da nicht aus dem Gesetz begründbar. Denn die Unwirksamkeitsfolge erfasse mit der Leistungspflicht notwendig auch den Leistungsmodus. Gerade bei gegenseitigen Verträgen sei zu beachten, dass die Bereitschaft, als Gesamtschuldner für die Vertragserfüllung einzustehen, möglicherweise um der Vorteile willen erklärt worden sei, welche die Empfänger selbst aus dem Vertrag zu ziehen beabsichtigt hätten. Dann dürfe man die Gesamtschuldanordnung nicht unbesehen ins Bereicherungsrecht übertragen; das gelte selbst beim nichtigen Darlehen. Eine gesamtschuldnerische Rückgewährpflicht komme nur in Betracht, wenn es zwischen den Parteien (als solche wirksame) Vereinbarungen des Inhalts gegeben habe, dass einer oder einzelne die Leistung für Rechnung aller empfangen sollten, oder wenn der Leistungsempfang durch einen einzelnen Vertragsteil von den anderen auf seiner Seite am Vertrag Beteiligten geduldet worden sei. Diese Meinung verdient mit den von ihr vorgetragenen Argumenten den **Vorzug:** Die Gesamtschuldanordnung ist bei vertraglichen Verbindlichkeiten Teil des Vertrags. Sie steht und fällt mit dessen Wirksamkeit. Das gemeinsame vertragliche Band kann daher nicht begründen, warum der Leistungsempfang in der Person

---

[87] BGH WM 1973, 71, 72 f.
[88] *Ehmann,* Die Gesamtschuld, 1972, S. 206 ff.
[89] *Berkenbrock* BB 1983, 278, 279 f.
[90] *Reuter/Martinek* § 17 III 4 b, 613.
[91] RGZ 67, 260, 261.
[92] *Medicus,* FS Lorenz, 2001, S. 229, 233 ff.; *Selb,* Mehrheit von Gläubigern und Schuldnern, 1984, § 5 IV 5, S. 64 f.

eines Vertragspartners den anderen Vertragsteilen, die auf seiner Seite beteiligt sind, zugerechnet werden soll.

3. Sonderfälle. Im Kontext einer Mehrheit von Bereicherungsschuldnern kann im Einzelfall § 822 zur Anwendung gelangen. Wenn eine Bank ein Darlehen an einen von mehreren Darlehensnehmern auszahlt und dieser die Darlehenssumme ganz oder teilweise unentgeltlich an eine andere auf Darlehensnehmerseite beteiligte Person weiterleitet, haftet diese aus § 822, wenn der Empfänger sich infolge der Zuwendung auf § 818 Abs. 3 berufen kann.[93]

Wenn zwei Personen gemeinsam ein Konto unterhalten und jemand Geld auf dieses Konto überweist mit dem ausdrücklichen Hinweis, nur auf das **gegenüber einem der beiden Kontoinhaber bestehende Schuldverhältnis** leisten zu wollen, so hat nur dieser Kontoinhaber etwas erlangt. Nur er ist daher nach § 812 zur Herausgabe verpflichtet.[94]

B. Durch Leistung

I. Einheits- und Trennungslehren

Das Verhältnis der Merkmale „durch Leistung" und „in sonstiger Weise" ist seit jeher umstritten. Ein erheblicher Teil des Schrifttums bevorzugt eine erfolgsorientierte Deutung: Die Funktion des Bereicherungsrechts bestehe darin, ein „unrechtmäßiges Haben" auszugleichen.[95] Entscheidend ist also, dass der Empfänger etwas erlangt hat, das ihm nicht zusteht; der Weg, auf dem dies geschehen ist, tritt eher in den Hintergrund. Leistungs- und Nichtleistungskondiktion erscheinen vor diesem Hintergrund lediglich als Einzelausprägung eines einheitlichen Anspruchs auf Rückführung ungerechtfertigten Vermögensempfangs; man spricht deshalb von einer **Einheitslehre**.[96] Andere orientieren sich demgegenüber mehr an dem Vorgang, der zum ungerechtfertigten Vermögensempfang geführt hat: Insbesondere soll die Bereicherung durch Leistung gänzlich anderen Charakter tragen als die Bereicherung durch Eingriff.[97] § 812 Abs. 1. S. 1 enthält daher in seinen beiden Varianten „durch Leistung" einerseits und „in sonstiger Weise" andererseits voneinander streng zu unterscheidende Tatbestände; man spricht daher von einer **Trennungslehre**.

Aus den Einheits- und Trennungslehren lassen sich, solange sie auf dieser hohen Abstraktionsebene verharren, für die praktische Rechtsanwendung keine direkten Konsequenzen ableiten.[98] Dass bei der Leistungskondiktion Besonderheiten zu beachten sind, wird im Übrigen auch von solchen Autoren nicht geleugnet, die dem Grunde nach einer Einheitslehre anhängen. Besonders plastisch wird dies bei *Kupisch,* der zwar die Unterscheidung zwischen Leistungs- und Nichtleistungskondiktion als verschiedenen Kondiktionstypen leugnet, der aber den von ihm postulierten einheitlichen Bereicherungsanspruch sodann in unterschiedliche Kondiktionsklassen unterteilen möchte, deren eine die Leistungskondiktion ist.[99] Für die hier vorgelegte Kommentierung wird auf eine Stellungnahme zugunsten einer

---

[93] OLG Stuttgart NJW 1988, 833, 836.
[94] BGH NJW 1993, 1914, 1915.
[95] 4. Aufl. RdNr. 1 ff.; *Batsch* S. 91 ff. (unter Beschränkung auf die im Zentrum der Diskussion stehenden Gebrauchs- und Nutzungsfälle); *Flume,* FG 50 Jahre BGH, 2000, Bd. I, S. 525, 534 f.; *Kaehler* S. 154 ff.; *Kellmann* S. 97 ff.; *Kupisch* Gesetzespositivismus S. 26 f; ders., FS v. Lübtow, 1980, S. 501, 511 ff.; ders. JZ 1985, 163, 164 ff.; *Pinger* AcP 179 (1979), 301, 312, 314; *Wilhelm* S. 98 ff., 173 ff.; ders. JuS 1973, 1 ff.; Nachweise zum älteren Schrifttum insbes. bei *Batsch* S. 23 ff. und *J. Wolf* S. 3 ff.
[96] 4. Aufl. RdNr. 9 will die dort RdNr. 1 ff. angestellten Überlegungen freilich ausdrücklich nicht als Einheitslehre verstanden wissen.
[97] Zunächst *Wilburg* S. 27 ff., 97 ff.; sodann grundlegend *v. Caemmerer,* FS Rabel, 1954, S. 333 ff., 340 ff., 352 f.; ferner *Kötter* AcP 153 (1954), 193 ff.; ihm seinerzeit folgend vor allem *Esser,* Schuldrecht, 2. Aufl. 1960, § 189, S. 776; aus neuerer Zeit *Gödicke* S. 204 f.
[98] So auch 4. Aufl. RdNr. 4.
[99] *Kupisch* Gesetzespositivismus S. 63 f.

Einheits- oder Trennungslehre verzichtet und ohne Rücksicht auf diesen Paradigmenstreit die Leistungskondiktion in ihren Einzelheiten entfaltet.

Im Rahmen der vom BMJ angeregten Vorarbeiten für eine eventuelle Schuldrechtsreform hat *König* eine Neuregelung vorgeschlagen, welche die verschiedenen Arten bereichernder Vorgänge (Leistung, Eingriff, Aufwendung) sowie die Besonderheiten der Dreiecksverhältnisse in Einzeltatbeständen erfasst und auch die Höhe des Bereicherungsausgleichs jeweils gesondert regelt.[100] Das nunmehr zum 1. 1. 2002 in Kraft getretene **SMG** hat das Bereicherungsrecht unmittelbar unverändert gelassen. Dennoch ist auch dieses Rechtsgebiet von der Reform nicht unberührt geblieben. Auswirkungen werden sich insbesondere daraus ergeben, dass das Recht der Rücktrittsfolgen der §§ 346 ff. weitgehend verändert worden ist. Dies wiederum wirkt sich auf die Behandlung der schwierigen Frage aus, wie der Bereicherungsausgleich bei nichtigen Austauschverträgen zu vollziehen ist; hier werden erhebliche Anleihen bei den neu gefassten §§ 346 ff. zu nehmen sein (ausf. § 818 RdNr. 252 ff.). 40

II. Der Begriff der „Leistung"

1. Definitionsmerkmale. a) Erforderlich: Leistungszweckbestimmung. Die **Rechtsprechung** versteht unter „Leistung" die **bewusste und zweckgerichtete Mehrung fremden Vermögens.**[101] Dieser Begriff ist in zweierlei Hinsicht redundant: Zum einen wird die „Mehrung" fremden Vermögens bereits vom Tatbestandsmerkmal „etwas erlangt" erfasst. Die Leistung bezeichnet den Vorgang, der zum Erfolg „Vermögensmehrung" führt, nicht aber den Erfolg selbst. Zum anderen ist eine zweckgerichtete Vermögensmehrung, die nicht zugleich bewusst vorgenommen wird, logisch nicht denkbar. Auf das Definitionsmerkmal „bewusst" kann daher ohne Substanzverlust verzichtet werden. Das alles Entscheidende am Leistungsbegriff ist die Zweckbestimmung. Nach **hier vertretener Ansicht** ist daher unter „Leistung" die **zweckgerichtete Hingabe von Vermögensvorteilen** zu verstehen. 41

b) Nicht erforderlich: Vermögensverschiebung. Ein so verstandener Leistungsbegriff könnte freilich dem Einwand ausgesetzt sein, dass mit ihm die heute als überwunden geltende Lehre von der Vermögensverschiebung wiederbelebt wird. Diese Theorie besagte, dass das Bereicherungsrecht darauf gerichtet sei, ungerechtfertigte Vermögensverschiebungen rückgängig zu machen.[102] Eine so verstandene teleologische Verortung des Bereicherungsrechts tat sich insbesondere mit der Rückabwicklung unkörperlicher Vermögensvorteile (Dienstleistungen sowie Nutzungen, soweit letztere primärer Bereicherungsgegenstand sind, s. § 818 RdNr. 20 ff.) schwer, weil die Substanz des Vermögens ihren Inhaber nicht wechselte. Gleichwohl bewährt sich der hier vertretene Leistungsbegriff selbst an solchen Vorteilen. Wer einem anderen die Nutzung einer Sache ermöglicht, gibt meist den Besitz, mindestens aber die Möglichkeit der Selbstnutzung aus der Hand. Wer Dienste leistet, opfert eigene Arbeitskraft, der nach heutiger Rechtsprechung[103] immer dann Vermögenswert zukommt, wenn sie (wie im Regelfall) einen Marktwert hat. Ganz allgemein lässt aber der hier verwendete Begriff „Hingabe" sogar die Möglichkeit offen, dass der Empfänger etwas erlangt, ohne dass etwas aus dem Vermögen des Leistenden ausscheidet. Entscheidend für die Leistung ist mithin nicht, dass im Vermögen des Leistenden hernach eine Minderung verbleibt, sondern allein, dass der Bereicherungsgläubiger unter **Inanspruchnahme eigener Ressourcen** (im weitesten Sinne) zweckgerichtet einen **Vorgang** ins Werk gesetzt hat, 42

---

[100] *König* in: Gutachten und Vorschläge zur Überarbeitung des Schuldrechts, Bd. II, 1981, S. 1515 ff. Dazu *Lieb* NJW 1982, 2034 ff.; *Reuter/Martinek* § 3 IV, S. 62 ff.; vgl. dazu auch die Beiträge in Symposium König, 1984; *Staudinger/Lorenz* RdNr. 5 f. Vor § 812; vgl. ferner *Diederichsen* AcP 182 (1982), 101, 109 f.; *Grunsky* AcP 182 (1982), 453, 462 f.

[101] BGHZ 40, 272, 277; 50, 227, 231, 232; 56, 228, 240; 72, 246, 248 f.; BGH WM 1978, 1053, 1054; 1983, 792, 793; ZIP 1994, 1098, 1099.

[102] IE *Batsch* S. 24 ff.; *Jakobs* S. 41 ff.; *Wilhelm* S. 81 ff.; *J. Wolf* S. 16 ff.

[103] BGH NJW 1996, 921, 922.

§ 812 43–45   Abschnitt 8. Titel 26. Ungerechtfertigte Bereicherung

der beim **Empfänger** zu einem **Vorteil führen sollte**. Ob ein solcher Vorteil auch tatsächlich eingetreten ist, ist bereits bei der Subsumtion unter das Merkmal „etwas erlangt" zu ergründen.

43   Eine Leistung liegt schließlich selbst dann vor, wenn der Leistende die Hingabe von Vorteilen unter Einsatz **fremder Ressourcen** bewirkt, sofern diese sich in seiner Verfügungsgewalt befinden. Wer also als Nichtberechtigter wirksam über eine Sache verfügt und damit zugunsten des Empfängers einen Leistungszweck verfolgt, erbringt ebenfalls eine Leistung. Entscheidend ist aber auch hier die zweckgerichtete Hingabe des Vorteils durch den Leistenden und nicht der Erfolg einer Vermögensmehrung beim Empfänger.

44   **c) Nicht erforderlich: Unmittelbarkeit.** Mit der Absage an das Erfordernis einer Vermögensverschiebung ist zugleich eine weitere wichtige Feststellung impliziert: Ein Bereicherungsanspruch – sei es unter dem Gesichtspunkt der Leistungskondiktion, sei es unter dem Gesichtspunkt der Bereicherung in sonstiger Weise – setzt entgegen einer verbreiteten[104] und auch in der Rechtsprechung[105] verwendeten Formel keine „Unmittelbarkeit" der Vermögensverschiebung voraus:[106] Wenn schon keine Vermögensverschiebung verlangt wird, dann erst recht nicht deren Unmittelbarkeit. Der Begriff der Unmittelbarkeit bleibt für sich gesehen **ohne inhaltliche Aussage** und muss mit wertenden Überlegungen ausgefüllt werden. Dann aber sollten die maßgeblichen Wertungen offengelegt und nicht hinter einem gesetzesfernen Terminus verschleiert werden. In diesem Zusammenhang ist auch das Problem anzusprechen, ob das in § 812 niedergelegte Merkmal **„auf dessen Kosten"** für die Leistungskondiktion überhaupt eine eigenständige Rolle spielt. Diese Frage wird unterschiedlich beurteilt.[107] Auf eine allgemeine Antwort wird hier indes verzichtet. Denn die Frage erlangt in der Praxis immer nur dann Bedeutung, wenn jemand unter Inanspruchnahme fremder Ressourcen eine Leistung erbringt. Fälle dieser Art werden hier jeweils eigenständig erläutert.[108]

45   **d) Abschied vom Leistungsbegriff?** Nach verbreiteter Kritik ist der Leistungsbegriff als für die Rechtsfindung wertlos abzuqualifizieren[109] oder zumindest in seiner Bedeutung zurückzudrängen.[110] Statt dessen werden **alternative Systeme** entworfen. So soll es nach einem prominenten Denkansatz für die Bestimmung des Bereicherungsgläubigers und -schuldners in Mehrpersonenverhältnissen auf das Gewicht jenes Mangels ankommen, welcher den Bereicherungsanspruch auslöse. Namentlich bei Anweisungsfällen (RdNr. 59 ff.) soll es darauf ankommen, ob die Anweisung zwar **ungültig,** aber dem Anweisenden zuzurechnen sei (dann Bereicherungsausgleich übers Dreieck möglich, sofern der Dritte gutgläubig ist) oder ob sie dem Anweisenden **nicht einmal zurechenbar** sei (dann immer Direktkondiktion des Angewiesenen gegen den Dritten).[111] Dieser Ansatz ist von anderer Seite unter methodischen Gesichtspunkten kritisiert worden, weil ihm jegliche Anbindung an das Gesetz fehle und aus der Gewichtung des konditionsauslösenden Mangels andere Rechtsfolgen hergeleitet würden, als sie der Leistungsbegriff zutage fördere.[112] Nach einem im jüngeren Schrifttum

---

[104] Vgl. etwa – im Zusammenhang mit dem Ausschluss von Bereicherungsansprüchen bei Verwendung auf fremde Sachen, die nicht dem Vertragspartner gehören – *v. Caemmerer* JZ 1962, 385, 388; *ders.,* Ges. Schriften, S. 370, 387 ff.; *Wilburg* S. 108 ff.
[105] Etwa in BGHZ 94, 160, 165.
[106] Wie hier *Esser/Weyers* BT/2 § 50 I 2; *Hadding,* FS Kümpel, 2003, S. 167, 171; *Kamionka* JuS 1992, 845, 848; *Koppensteiner/Kramer* § 9 I 5 c, S. 86 f.; *Reeb* S. 30, 38.
[107] Dagegen *Koppensteiner/Kramer* § 4 IV, S. 16 f.; *Schall* S. 9 f.; dafür *Kupisch,* FS Heldrich, 2005, S. 275, 278 ff.
[108] Zur irrtümlichen Eigenleistung vgl. RdNr. 179 ff.; zur nichtberechtigten Verfügung vgl. bei § 816.
[109] So aber vor allem *Canaris,* FS Larenz, 1973, S. 799, 857; *Larenz/Canaris* II/2 § 70 vor I, S. 199; V 1 a, S. 238; VI 2, S. 248 f.; ferner *Harder* JuS 1979, 76 f.; *Kupisch* Gesetzespositivismus S. 14 ff., 63 ff.; *ders.,* FS v. Lübtow, 1980, S. 501, 545; *ders.,* FS Coing, Bd. II, 1982, S. 239 ff.; *Wilhelm* S. 107 ff., 143. Optimistischer zum rechtspraktischen Ertrag des Leistungsbegriffs *Kamionka* JuS 1992, 929, 934; *Lorenz* JuS 2003, 839, 845.
[110] So schon 4. Aufl. RdNr. 37; *Köndgen,* FS Esser, 1975, S. 55 ff.
[111] *Larenz/Canaris* II/2 § 70 IV 1 b, S. 224 f.; VI 3, S. 249 f.; ebenso schon *Canaris,* FS Larenz, 1973, S. 799, 814 ff.; *ders.* WM 1980, 354, 360.
[112] *Gödicke* S. 253 f.

vertretenen Ansatz soll Leistungen, die zur Erfüllung einer Verbindlichkeit erbracht werden, sowohl der Zweck der Erfüllung der Verbindlichkeit innewohnen als auch der Zweck der Verwirklichung des Vertragszwecks[113] bzw. (bei gesetzlichen Verbindlichkeiten) des Gesetzeszwecks.[114] Die Person des Bereicherungsschuldners sei je nach dem zu bestimmen, ob die Notwendigkeit eines Bereicherungsausgleichs darauf beruhe, dass der Erfüllungszweck verfehlt worden sei, oder darauf, dass die Verwirklichung des Vertragszwecks nicht gelungen sei.[115]

Überlegungen dieser Art wohnt das anerkennenswerte, ja unverzichtbare Bestreben inne, **46** für die Bestimmung des richtigen Bereicherungsgläubigers **verallgemeinerungsfähige Regeln** herauszubilden. Diese Ordnungsaufgabe stellt sich im Bereicherungsrecht deshalb in besonderer Schärfe, weil § 812 auf einem hohen Abstraktionsniveau formuliert ist.[116] Freilich muss der Rechtsanwender, wenn er sich dieser Aufgabe stellt, darauf achten, dass er nicht autonom Wertungen an das Gesetz heranträgt, sondern dass die zur Bestimmung des richtigen Bereicherungsgläubigers und -schuldners aufgestellten Regeln sich ihrerseits aus dem Gesetz begründen lassen.[117] Das Bereicherungsrecht bietet keinen Raum für allgemeine Billigkeitserwägungen. Vgl. speziell zu den Anweisungsfällen noch RdNr. 84. Neuerdings wird daher der Versuch unternommen, dem Leistungsbegriff – namentlich durch Abstimmung mit dem Erfüllungsrecht – jene systembildende Kraft zuzuweisen, welche ihm weithin nicht zugetraut wird.[118]

2. Abstimmung mit den Erfüllungstheorien. Wenn der Leistungsbegriff sich maß- **47** geblich über die Zweckbestimmung definiert, muss er, soweit es um Leistungen zur Erfüllung einer Verbindlichkeit geht, mit den Voraussetzungen der Erfüllung iS des § 362 Abs. 1 abgestimmt werden.[119] Denn im Kontext dieser Vorschrift findet die **Theorie der realen Leistungsbewirkung** verbreiteten Zuspruch.[120] Danach tritt Erfüllung bereits dann ein, wenn jene Güterbewegung, auf die der Gläubiger einen Anspruch hat, erfolgreich vollzogen wird; unerheblich ist demgegenüber, ob der Schuldner (oder ein an seiner Stelle leistender Dritter) diese Güterbewegung subjektiv auf die zu erfüllende Verbindlichkeit bezogen hat. Würde diese Theorie überzeugen, so würde es merkwürdig anmuten, wenn nun im Bereicherungsrecht eine eben solche subjektive Beziehung des Leistenden zu der von ihm ins Werk gesetzten Güterbewegung gefordert würde: Wenn man ohne Tilgungsbestimmung „erfüllen" (sprich: iS des § 362 Abs. 1 die geschuldete Leistung „bewirken") kann, muss man auch iS des § 812 ohne Tilgungsbestimmung „leisten" können.[121] Die Theorie der realen Leistungsbewirkung kann indes schon deshalb **nicht überzeugen,** weil sie zu zahlreichen Durchbrechungen gezwungen ist; so muss in den Fällen der §§ 267 Abs. 1, 366 Abs. 1 auch sie anerkennen, dass die Güterbewegung erst durch die vom Leistenden hergestellte subjektive Beziehung (nämlich durch die Tilgungsbestimmung) zur Erfüllung führt.[122]

Deshalb wird hier der **Theorie der finalen Leistungsbewirkung** gefolgt.[123] Danach **48** tritt Erfüllung nicht allein dadurch ein, dass dem Gläubiger das Geschuldete tatsächlich

---

[113] *Schall* S. 31 ff.
[114] *Schall* S. 28 m. Fn. 119.
[115] *Schall* S. 36 ff.
[116] *Gödicke* S. 230.
[117] Darauf weisen mit Recht hin *Solomon* S. 109; *Stolte* JZ 1990, 220, 221.
[118] *Thomale,* Erfüllungsfreiheit im Bereicherungsrecht. Die Abhandlung entsteht derzeit an meinem Lehrstuhl als Dissertation, befindet sich kurz vor der Fertigstellung und kann hier nur noch punktuell ausgewertet werden.
[119] So auch *Mayer-Maly,* FS H. Lange, 1970, S. 293, 296; *Neef* JA 2006, 458, 459; *Reuter/Martinek* § 10 I 2 a, S. 389; *Stolte* JZ 1990, 220, 222; skeptisch aber *Solomon* S. 35 ff.; eine solche Abstimmung versuchen – mit der These, dass die Leistung eine Erfüllungszweckvereinbarung zwischen Gläubiger und Schuldner voraussetzt – auch *Schnauder* S. 132 f.; *Weitnauer,* FS v. Caemmerer, 1978, S. 255, 280 f.
[120] Ausf. zu den Erfüllungstheorien § 362 RdNr. 5 ff.
[121] Zu Identität des erfüllungsrechtlichen und bereicherungsrechtlichen Leistungsbegriffs s. *Thomale* § 3.
[122] Ausf. und überzeugende Kritik an der Theorie der realen Leistungsbewirkung bei *Thomale* § 1 A IV 1.
[123] *Thomale* § 1 A IV.

zufließt, sondern nur, wenn außerdem der Schuldner (oder ein statt seiner leistender Dritter) ihm das Geschuldete mit der Bestimmung zugewandt hat, damit die Verbindlichkeit erfüllen zu wollen. Die Güterbewegung muss also von einer **Tilgungsbestimmung** getragen sein. Diese Ansicht findet eine Stütze in den Materialien zur Schuldrechtsreform: Die Gleichstellung einer Falschlieferung mit einem Sachmangel (§ 434 Abs. 3) entfällt nach der Gesetzesbegründung, wenn der Verkäufer die Lieferung erkennbar nicht in Beziehung zu eben dieser Lieferschuld setzen wollte, wenn also aus der Sicht des Käufers klar sein muss, dass der Verkäufer mit dem Geleisteten nicht ernstlich seine Verbindlichkeit hat erfüllen wollen.[124] Damit wird der Sache nach die Theorie der finalen Leistungsbewirkung vom Gesetzgeber anerkannt. Die Tilgungsbestimmung wird freilich vom Schuldner häufig nur konkludent erklärt werden.

49 **3. Rechtsnatur der Tilgungsbestimmung.** Zwei Möglichkeiten kommen in Betracht, um die Tilgungsbestimmung rechtsdogmatisch zu erfassen. Zum einen kann man sich auf den Standpunkt stellen, die Tilgungsbestimmung stelle eine geschäftsähnliche Handlung dar:[125] Die Bestimmung, dass mittels des Geleisteten eben diese Schuld erfüllt werden solle, werde vom Leistenden ins Werk gesetzt; die Rechtsfolge (im Bereich des § 362: Erlöschen der Forderung; im Bereich des § 812: Entstehung eines Bereicherungsanspruchs) trete kraft Gesetzes ein. Vorzugswürdig erscheint indes die Deutung der Tilgungsbestimmung als **echte Willenserklärung**:[126] Da diese Bestimmung auf dem Boden der Theorie der finalen Leistungswirkung, der hier gefolgt wird, konstitutiv zum Erfüllungsvorgang gehört, tritt die Erfüllungswirkung ein, weil sie vom Leistenden gewollt ist. Konsequent verkörpert die Tilgungsbestimmung auch bei einer Leistung iS des § 812 eine echte Willenserklärung: Zwar kann dort Erfüllungswirkung nicht eintreten, weil keine Schuld besteht. Entscheidend ist aber, dass der Leistende die Güterbewegung mit der subjektiven Zielsetzung verknüpft, Erfüllungswirkung eintreten zu lassen. Die Einordnung der Tilgungsbestimmung als Willenserklärung kann nicht davon abhängen, ob der Wille des Schuldners (in Gestalt der Erfüllung einer Verbindlichkeit) seine Verwirklichung findet oder nicht.

50 **4. Praktische Konsequenzen.** Die Einordnung der Tilgungsbestimmung als Willenserklärung zieht gravierende praktische Konsequenzen nach sich: Die Vorschriften des Allgemeinen Teils über Willenserklärungen, also **§§ 104 ff.**, sind **direkt anwendbar**.[127] Die Tilgungsbestimmung kann nach § 104 nichtig sein oder nach §§ 119 ff. angefochten werden; insbesondere sind für die Auslegung der Tilgungsbestimmung die §§ 133, 157 einschlägig. Daraus folgt insbesondere, dass für diese Auslegung der **objektive Empfängerhorizont** maßgeblich ist.

51 Eben diese These ist freilich Gegenstand erheblicher Meinungsverschiedenheiten. Der BGH steht – ohne Rückgriff auf §§ 133, 157 – in ständiger Rechtsprechung auf dem Standpunkt, dass für die Frage, ob und wessen Leistung vorliege, die Sicht des Leistungsempfängers maßgeblich sei.[128] Im Schrifttum ist hieran verbreitet Kritik geübt worden.[129] Diese moniert unter anderem, dass der BGH die Sicht des Empfängers verabsolutiere. Der hier vertretene Ansatz entgeht dieser Kritik: Die **Sicht des Empfängers** gibt selbstverständlich **nur dann den Ausschlag**, wenn der Empfänger anhand der ihm bekannten oder erkennbaren Umstände das Vorliegen einer Tilgungsbestimmung **annehmen darf**. Mit

---

[124] BT-Drucks. 14/6040 S. 216; dazu *Thomale* § 1 C III 3b cc β αα.
[125] So im Ergebnis BGHZ 106, 163, 166f.; OLG Hamm NJW-RR 1989, 700 f.
[126] So auch HKK/*Schäfer* §§ 812–822 RdNr. 54, 158; jurisPK/*Martinek* RdNr. 99; *Thomale* § 1 B.
[127] *Thomale* § 1 C.
[128] BGHZ 162, 157, 160 = NJW 2005, 1356; BGH NJW 1986, 251; ZIP 1998, 601, 602; BGHR 2003, 885, 886; NJW 2004, 1169; OLG Schleswig FamRZ 2008, 512f.; *Bamberger/Roth/Wendehorst* RdNr. 49; HKK/*Schäfer* §§ 812–822 RdNr. 158, 166; jurisPK/*Martinek* RdNr. 99; *Lorenz* JuS 2003, 729, 731; PWW/*Leupertz* RdNr. 107; *Stolte* JZ 1990, 220, 222f.; *Chr. Wolf* S. 83ff.; wN RdNr. 179 ff. im Zusammenhang mit der irrtümlichen Eigenleistung.
[129] Abl. etwa *Schnauder* JuS 1994, 537, 539f.; *ders.* ZIP 1994, 1069, 1073; *Staake* WM 2005, 2113, 2117ff.; *Staudinger/Lorenz* RdNr. 61.

dieser Überlegung ist die Kritik im Schrifttum gewiss noch nicht erschöpfend gewürdigt; weitere Überlegungen werden insoweit anzustellen sein, wenn es den Bereicherungsausgleich bei irrtümlicher Eigenleistung darzustellen gilt (RdNr. 179 ff.). An dieser Stelle bleibt lediglich festzuhalten, dass die Lehre vom Empfängerhorizont sich sowohl im theoretischen Ansatz begründen als auch ohne Bruch mit allgemeinen Auslegungsregeln durchführen lässt.[130]

III. Leistungskette

1. Mängel in einem Glied der Leistungskette. Häufig werden eine Geldsumme oder ein bestimmter Gegenstand in mehreren nacheinander geschalteten Güterbewegungen transferiert. Man spricht dann von einer Leistungskette. Wenn eine Güterbewegung innerhalb dieser Kette auf einem fehlerhaften Kausalverhältnis beruht, folgt aus dem Prinzip der **Relativität der Schuldverhältnisse,** dass der Bereicherungsausgleich sich ausschließlich zwischen den Parteien eben dieses mangelhaften Kausalverhältnisses vollzieht. **Beispiel:** Jemand hebt bei seiner Bank Geld ab, um an den Verkäufer, von dem er eine Sache gekauft hat, den Kaufpreis zu bezahlen. Wenn der Kaufvertrag nichtig ist, kann allein der Käufer vom Verkäufer den Kaufpreis zurückfordern. Die Bank hat demgegenüber mit Rechtsgrund an ihren Kunden (den Käufer) geleistet und wird in den Bereicherungsausgleich nicht mit einbezogen. Wenn demgegenüber die Bank irrtümlich Geld an den Käufer auszahlt, obwohl dessen Konto keine ausreichende Deckung aufwies, der Käufer aber seinerseits tatsächlich zur Zahlung des Kaufpreises verpflichtet war, so hat der Käufer mit Rechtsgrund an den Verkäufer geleistet. Der Verkäufer braucht Bereicherungsansprüche der Bank nicht zu fürchten. Diese hat vielmehr ohne Rechtsgrund an den Käufer geleistet und muss sich wegen der Erstattung des Geldes an diesen halten.

2. Mängel in zwei aufeinander folgenden Gliedern der Leistungskette. Das Prinzip der Relativität der Schuldverhältnisse kommt freilich ebenso zum Tragen, wenn zwei aufeinander folgende Güterbewegungen auf jeweils fehlerhaften Kausalverhältnissen beruhen. **Beispiel:** Die Bank zahlt Geld an den Kunden aus, obwohl dessen Konto keine ausreichende Deckung aufweist; der Kunde bezahlt damit eine Kaufpreisforderung, die in Wahrheit nicht besteht, weil der Kaufvertrag nichtig ist. Selbst in derartigen Fällen vollzieht sich der **Bereicherungsausgleich innerhalb der jeweiligen Leistungsbeziehung:**[131] Die Bank kann die Zahlung ausschließlich von ihrem Kunden und dieser seine Zahlung an den Verkäufer ausschließlich von diesem zurückverlangen.

Diese Handhabung ist notwendig, weil jede Partei ein schutzwürdiges Interesse daran hat, dass ihr die **Einwendungen** aus der jeweiligen Leistungsbeziehung **erhalten bleiben** und dass sie nicht ihrerseits mit Einwendungen einer Person konfrontiert wird, mit der sie nicht in rechtliche Verbindung getreten ist. Nähme man im Beispielsfall an, dass die Bank die Zahlung direkt vom Verkäufer zurückfordern kann und muss, an den der Bankkunde das Geld weitergeleitet hat, so müsste man entweder folgern, dass der Verkäufer die Zahlung nur erstatten muss, wenn er zeitgleich die bereits gelieferte Kaufsache wieder zurückerhält. Das aber würde bedeuten, dass die Bank ein Zurückbehaltungsrecht gegen sich gelten lassen müsste, das allein aus der Beziehung zwischen Kunde und Verkäufer resultiert. Oder man müsste folgern, dass der Verkäufer dies Zurückbehaltungsrecht der Bank nicht entgegenhalten kann: Dann ginge dem Verkäufer eine Einwendung verloren, die ihm gegen den Partner seiner Leistungsbeziehung an sich zustünde. Schließlich würde der Bank das **Risiko der Insolvenz** des Verkäufers auferlegt, mit dem sie nicht kontrahiert hat und an den sie auch keine Leistung erbringen wollte; dies Insolvenzrisiko hat die Bank also gerade nicht übernehmen wollen. Die Verschonung einer Partei von einem Insolvenzrisiko, das sie nicht

---

[130] Ausf. Diskussion bei *Thomale* § 1 C I.
[131] Statt vieler *Langenbucher,* FS Heldrich, 2005, S. 285, 286; *Larenz/Canaris* II/2 § 70 I 1, S. 200 f.; anders aber HKK/*Schäfer* §§ 812–822 RdNr. 156; dazu sogleich RdNr. 54.

§ 812   55, 56

übernommen hat, ist wegen des Prinzips der **Privatautonomie** geboten. Es trifft zwar zu, dass bei Nichtigkeit zweier aufeinander folgender Leistungsbeziehungen die Privatautonomie gerade gestört war. Gleichwohl führt dieser Befund nicht dazu, dass die Privatautonomie für die Lösung des Doppelmangels in der Leistungskette als Argumentationsressource ausscheidet:[132] Denn innerhalb der gescheiterten Kausalverhältnisse hat wenigstens irgendein geschäftlicher Kontakt stattgefunden. Demgegenüber sind das vorgeschaltete Glied der Leistungskette und der Letztempfänger nicht einmal ansatzweise durch ein vertragliches Band verbunden.

55   Die soeben herausgearbeiteten Wertungskriterien – die Einwendungen sollen innerhalb der Leistungsbeziehung verharren und jede Partei soll nur das Insolvenzrisiko dessen tragen, den sie sich als Vertragspartner ausgesucht hat – sind im Schrifttum seit langem bekannt und weithin gebilligt.[133] Der mit diesen Kriterien verbundene Aufruf, sich vom Leistungsbegriff zu verabschieden, hat freilich weitaus weniger Widerhall gefunden.[134] Die besagten Wertungselemente sind in der Tat geeignet, den Grundsatz zu tragen, dass sich in mehrpoligen Leistungsverhältnissen der Bereicherungsausgleich grundsätzlich innerhalb der jeweiligen Leistungsbeziehung vollzieht.[135] Das aus dem Insolvenzrisiko gespeiste Wertungselement ist freilich neu und anders zu akzentuieren. Denn die These, eine Partei übernehme ein Insolvenzrisiko, indem sie sich eine bestimmte Person als Vertragspartner aussuche, erscheint in zweierlei Hinsicht ungenau: Zum einen mag die Ursache für die Nichtigkeit des Valutaverhältnisses gerade gegen die Annahme sprechen, der eine Teil (im Beispielsfall: der Käufer habe) sich in einer ihm zurechenbaren Weise den anderen Teil (im Beispielsfall: den Verkäufer) als Vertragspartner ausgesucht. Zum anderen werden **Insolvenzrisiken** gerade noch **nicht** durch den **Abschluss von Verträgen** übernommen. Solange der Vertrag nicht beiderseits erfüllt ist, kann der Insolvenzverwalter entscheiden, ob er Erfüllung begehrt (§ 103 InsO). Entscheidet er sich in diesem Sinne, wird die Forderung des anderen Vertragsteils Masseforderung (§ 55 Abs. 1 Nr. 2 InsO); dieser kann nach § 320 die Erbringung der Leistung davon abhängig machen, dass der Insolvenzverwalter Zug um Zug die Gegenleistung aus der Masse erbringt. Lehnt der Insolvenzverwalter die Erfüllung ab, verwandelt sich der Erfüllungsanspruch des anderen Teils in einen Schadensersatzanspruch. Dieser wird zwar in der Tat nur mit der Quote bedient: entscheidend für den hier interessierenden Zusammenhang ist aber, dass der andere Vertragsteil nicht mehr in die Masse leisten und sich wegen der Rückforderung auf die Quote verweisen lassen muss: Der andere Vertragsteil hat seine eigene Leistung vielmehr vor der Insolvenzverstrickung gerettet. Im Beispielsfall müsste also der Käufer, der noch nicht gezahlt hat, entweder gar nicht mehr oder nur Zug um Zug gegen Lieferung der Kaufsache zahlen. Ein **Insolvenzrisiko** übernimmt eine Vertragspartei folglich nicht mit dem Vertragsschluss, sondern erst dadurch, dass sie **Leistungen erbringt**[136] (soweit deren Rückforderung nicht ihrerseits gesichert ist).

56   Aus den vorstehenden Überlegungen folgt ferner, dass jede Partei exakt dasjenige herausgeben muss, was sie durch Leistung der vorgeschalteten Partei in der Leistungskette erlangt hat. Wenn sie das Erlangte ihrerseits rechtsgrundlos an einen Dritten weitergegeben hat, kann sie ihren Gläubiger namentlich nicht auf den Bereicherungsanspruch gegen die nachgeschaltete Partei in der Leistungskette verweisen: Es findet **keine Kondiktion der Kon-**

---

[132] So aber HKK/*Schäfer* §§ 812–822 RdNr. 156.
[133] Grdlg. *Canaris*, FS Larenz, 1973, S. 799, 802 ff.; seither etwa AnwK-BGB/*v. Sachsen Gessaphe* RdNr. 131; *Bamberger/Roth/Wendehorst* RdNr. 171; *Erman/Westermann/Buck-Heeb* RdNr. 17; *Hager*, FG 50 Jahre BGH, 2000, S. 777, 790; jurisPK/*Martinek* RdNr. 101; PWW/*Leupertz* RdNr. 23; *St. Lorenz* JuS 2003, 729, 731 f.; *W. Lorenz* AcP 191 (1991), 279, 282; *Medicus* BR RdNr. 667; *Würdinger* JuS 2007, 418, 420.
[134] Zutr. beobachtet von *Gödicke* S. 249.
[135] Dieser Grundsatz ist insbes. in der Rspr. etabliert; vgl. (für Anweisungsfälle) BGHZ 61, 289, 291; 147, 269, 273 = NJW 2001, 2880; BGH NJW 1977, 38, 40; WM 1983, 792, 793 f.; OLG Köln VersR 2001, 1301. Aus dem Schrifttum zuletzt *Hadding*, FS Kümpel, 2003, S. 167, 170; *Nobbe*, FS Hadding, 2004, S. 1007, 1013.
[136] So auch *Solomon* S. 103 f.; *Thomale* § 5 A III 2 a bb, insbes. β.

diktion statt.[137] Im Beispielsfall kann der Kunde die Bank also nicht auf den Bereicherungsanspruch gegen den Verkäufer verweisen, sondern muss exakt jenen Geldbetrag herausgeben, welchen die Bank an ihn ausbezahlt hat. Die Richtigkeit dieses Ergebnisses folgt aus zwei Gründen: Zum einen ist der Bereicherungsanspruch gegen den Dritten Folge einer rechtsgeschäftlichen Disposition über das Erlangte. Der Bereicherungsanspruch ist rechtsgeschäftliches Surrogat für das Erlangte. Auf rechtsgeschäftliche Surrogate erstreckt sich die Bereicherungshaftung aber nicht (näher § 818 RdNr. 41 f.). Zum anderen würde die vorgeschaltete Partei der Leistungskette (im Beispielsfall: die Bank), wenn sie auf einen Bereicherungsanspruch gegen den Dritten verwiesen würde, mit einem doppelten Insolvenzrisiko konfrontiert: Sie müsste das Risiko der Insolvenz sowohl des eigenen Vertragspartners (im Beispielsfall: des Kunden) als auch das Risiko der Insolvenz des Dritten tragen, an den das Erlangte weitergereicht wurde. Aus demselben Grund kann jemand, der etwas rechtsgrundlos durch Leistung erlangt und es ebenfalls rechtsgrundlos an einen Dritten geleistet hat, nicht § 818 Abs. 3 einwenden, wenn sein eigener Bereicherungsanspruch gegen den Dritten uneinbringlich wird (näher § 818 RdNr. 186); denn dies würde abermals zu einem doppelten Insolvenzrisiko der vorgeschalteten Partei in der Leistungskette führen. Der Zwischenmann in der Leistungskette hat vielmehr selbst dann, wenn er das Erlangte seinerseits nicht von seinem Abnehmer zurückerhält, an seinen Vormann vollen Wertersatz (§ 818 Abs. 2) zu leisten.[138]

3. Exkurs: Zur Lehre vom Vorrang des Leistungsverhältnisses. Die Feststellung, dass der Bereicherungsausgleich sich in der Leistungskette entlang der einzelnen Leistungsbeziehungen vollzieht, bedeutet zugleich, dass für Bereicherungsansprüche von Personen, die außerhalb der Leistungsbeziehung stehen, kein Raum ist. Im Beispielsfall bedeutet dies, dass der Verkäufer, der Geld durch Leistung des Käufers auf den Kaufpreis erhalten hat, nicht zugleich in sonstiger Weise auf Kosten der Bank bereichert sein kann. Denn die Zulassung einer Nichtleistungskondiktion der Bank würde, wie gezeigt (RdNr. 54), die Relativität von Einwendungen aus den jeweiligen Schuldverhältnissen in Frage stellen. Häufig ist daher – und beileibe nicht bloß im Zusammenhang mit mehrpoligen Leistungsbeziehungen – die Rede vom sog. Vorrang des Leistungsverhältnisses oder auch von der sog. **Subsidiarität der Nichtleistungskondiktion.**[139] Diese Subsidiaritätsthese wird andernorts kritisiert.[140] Dabei wird unter anderem befürchtet, dass diese These voreilig eingesetzt wird, um in kritischen Fällen der Notwendigkeit einer vertieften Begründung des gefundenen (bzw. erwünschten?) Ergebnisses zu entrinnen.

An der Kritik ist richtig, dass der Vorrang des Leistungsverhältnisses kein überpositives Gerechtigkeitsprinzip verkörpert, sondern **für jede einzelne Fallgruppe aus dem Gesetz begründet werden muss.** Ebenso zutreffend ist aber, dass sich ein solcher Vorrang in zahlreichen Fällen begründen lässt. In der Leistungskette hatten die Relativität der Schuldverhältnisse (Einwendungen sollen sich nur gegen den Partner des Schuldverhältnisses richten, dort aber auch effektiv zur Geltung kommen) und die Privatautonomie (niemand soll ein Insolvenzrisiko tragen, das er nicht in rechtlich anzuerkennender Weise übernommen hat) zu der Folgerung geführt, dass die Rückabwicklung ausschließlich entlang der Leistungsbeziehungen im Wege der Leistungskondiktion zu suchen ist. Im Falle nichtberechtigter Verfügung ergeben sich demgegenüber Grundlagen und Grenzen des Vorrangs der Leistungsbeziehung aus § 816 (näher § 816 RdNr. 8). Wieder anders liegt der Begrün-

---

[137] So aber eine früher verbreitete Meinung: *Berg* AcP 160 (1961/62), 505, 512 f.; *Canaris*, FS Larenz, 1973, S. 799, 812 f.; *Lorenz* JZ 1968, 51, 53. Dagegen wie hier *Flume* AcP 199 (1999), 1, 16; *Pinger* AcP 179 (1979), 301, 319; *Rengier* AcP 177 (1977), 418, 445.
[138] Ausf. zum Ganzen *Thomale* § 5 B II 1 c.
[139] Aus der Rspr. BGHZ 56, 228, 240; 69, 186, 189; BGH NJW 2007, 3127, 3130; OLG Hamm NJW 1974, 951, 953; aus dem Schrifttum RGRK/*Heimann-Trosien* RdNr. 41; *Langenbucher*, FS Heldrich, 2005, S. 285, 286; *Wallmann* S. 70 ff.
[140] 4. Aufl. RdNr. 24; PWW/*Leupertz* RdNr. 15; *Schäfer* S. 483 ff.; *Schnauder* JuS 1994, 537, 540; Staudinger/*Lorenz* RdNr. 64; *Thielmann* AcP 187 (1987), 23 ff.

dungsweg in den Fällen, in denen jemand aufgrund eines Vertrags mit einem anderen Aufwendungen auf die Sache eines Dritten vornimmt: Der Dritte ist deshalb nicht „in sonstiger Weise" auf Kosten des Tätigen bereichert, weil dieser zwar Arbeit und ggf. Material geopfert hat, dafür aber von seiner Verbindlichkeit aus dem Vertrag mit seinem Vertragspartner frei geworden ist und daher zugunsten des Dritten per Saldo nichts aufgewendet hat.[141] Das Ergebnis, dass dem Tätigen, der an seinen Vertragspartner geleistet hat, keine Aufwendungskondiktion gegen den Dritten zusteht, ergibt sich mithin aus einer Subsumtion unter das Merkmal „in sonstiger Weise" und außerdem aus dem rechtsgeschichtlichen Kontext: Der Gesetzgeber des BGB hat die gemeinrechtliche Versionsklage bewusst nicht übernommen.[142]

IV. Anweisungsfälle

59 **1. Überblick.** Im Wirtschaftsverkehr erweist es sich häufig als zweckmäßig, wenn mehrere nacheinander geschaltete Güterbewegungen in dem Sinne abgekürzt werden, dass der Gegenstand jener Bewegung nicht in die Hände eines jeden Beteiligten gelangt, sondern von demjenigen, der am Anfang der Leistungskette steht, sogleich an denjenigen gelangt, bei dem er nach dem Willen der Beteiligten schließlich ankommen soll. Zu nennen ist hier etwa die **abgekürzte Lieferung:** Der Käufer verkauft die Kaufsache weiter an einen Dritten und kommt mit dem Verkäufer überein, dass dieser die Sache sogleich an den Dritten ausliefern möge. Zu nennen ist außerdem der **bargeldlose Zahlungsverkehr:** Wer Geld schuldet, hebt das Geld nicht erst von der Bank ab, um es an den eigenen Gläubiger weiterzuleiten, sondern veranlasst auf unterschiedliche Weise (Überweisung, Lastschrift, Kreditkartenzahlung etc.), dass die Bank, bei dem er ein Konto unterhält, den geschuldeten Betrag direkt dem Gläubiger(-konto) zuleitet.

60 Fälle dieser Art sind in der bereicherungsrechtlichen Diskussion als sog. **Anweisungsfälle** bekannt. Auch hier mag es so liegen, dass eines der beteiligten Kausalverhältnisse fehlerhaft ist. So mag der Angewiesene einen Geldbetrag oder einen Gegenstand auf Veranlassung des Anweisenden an den Dritten übermittelt haben, obwohl der Anweisende keinen Anspruch auf Verschaffung des Betrags bzw. Gegenstands hatte. Dann ist das Kausalverhältnis zwischen Angewiesenem und Anweisendem (sog. **Deckungsverhältnis**) fehlerhaft. Ebenso möchte es sein, dass der Angewiesene den betreffenden Betrag bzw. Gegenstand, welcher dem Dritten zugewandt wurde, in Wahrheit nicht schuldete; dann ist das Kausalverhältnis zwischen Anweisendem und Drittem (sog. **Valutaverhältnis**) fehlerhaft. In solchen Fällen spricht bereits im Ansatz viel dafür, die Rückabwicklung ebenso wie bei der Leistungskette entlang der einzelnen Leistungsverhältnisse zu suchen; dies bedarf indes einer akkuraten rechtskonstruktiven Begründung (RdNr. 61 ff.). Die Anweisungsfälle verdienen indes deshalb besondere Betrachtung, weil ihnen eine potentielle Fehlerquelle innewohnt, die in der gewöhnlichen Leistungskette nicht auftreten kann: Es mag sein, dass sowohl der Anweisende im Deckungsverhältnis als auch der Angewiesene im Valutaverhältnis die Verschaffung des Geldbetrags bzw. Gegenstands beanspruchen können, jedoch die **Anweisung selbst mit Fehlern behaftet,** mithin die Veranlassung zur Direktübermittlung des Leistungsgegenstandes als solche fehlgeschlagen ist. Derartige Fälle haben die Gerichte in zahlreichen Varianten beschäftigt; diese gilt es im einzelnen aufzuarbeiten (RdNr. 80 ff., 109 ff.).

61 **2. Rechtliche Konstruktion des Bereicherungsausgleichs entlang der Leistungsbeziehungen. a) Konstruktionsversuche in Rechtsprechung und Schrifttum.** Der Versuch, auch für Anweisungsfälle – ebenso wie für die Leistungskette (RdNr. 52 ff.) – die Rückabwicklung rechtsgrundloser Güterbewegungen entlang der jeweiligen Leistungsbeziehungen zu begründen, stößt auf Schwierigkeiten. Denn bei rein ontologischer Betrach-

---

[141] Näher AnwK-BGB/*Schwab* § 684 RdNr. 7.
[142] *Beuthien/Weber* S. 166; *Schäfer* S. 288; *Wallmann* S. 93; zum Ganzen *Thomale* § 4 C II.

tungsweise **sieht es so aus,** als habe der **Anweisende nichts erlangt:** Der Gegenstand der Güterbewegung ist, so scheint es, niemals in das Vermögen des Anweisenden geflossen.

Gleichwohl entspricht es im Ergebnis einhelliger Meinung, dass sich jedenfalls bei fehlerfreier Anweisung der Bereicherungsausgleich **entlang der Leistungsbeziehungen** vollzieht.[143] Gleiches wird bei mehreren hintereinander geschalteten Anweisungen angenommen.[144] Um zu diesem Ergebnis zu gelangen, wird verbreitet argumentiert, der Angewiesene verfolge einen Leistungszweck nur gegenüber dem Anweisenden und dieser einen solchen nur gegenüber dem Dritten.[145] Diese Feststellung trifft zu, reicht aber als Begründung nicht hin. Denn mit ihr ist eben nicht belegt, dass der Anweisende etwas erlangt hat.[146] Eine andere im Schrifttum vertretene Deutung erblickt die Rechtfertigung für die Rückabwicklung entlang der Leistungsbeziehungen darin, dass der Anweisende eine Anweisung erteile und der Angewiesene diese befolge.[147] Die Zuwendung des Angewiesenen an den Dritten sei dann rechtlich – im Sinne einer normativen Betrachtung – als Leistung des Angewiesenen an den Anweisenden und als dessen Leistung an den Dritten anzusehen.[148] Dieser Befund ist im Schrifttum zum Anlass für die Behauptung genommen worden, § 812 sei in Anweisungsfällen bestenfalls analog anzuwenden;[149] im Rahmen dieser Analogie sei der Anweisende so zu behandeln, als ob der Gegenstand der Güterbewegung zwischenzeitlich in sein Vermögen geflossen wäre. 62

b) Parallele zur Geheißübergabe. Der zuletzt genannten Ansicht ist darin zuzustimmen, dass der Anweisung und deren Befolgung für die Bestimmung der Parteien des Bereicherungsausgleichs entscheidende Bedeutung zukommt. Zweifel lässt jedoch die These zurück, der Anweisende habe nichts erlangt und könne nur im Wege der Analogie zu § 812 in den Bereicherungsausgleich einbezogen werden. Insoweit lohnt ein Blick auf die Rechtsfigur der **Geheißübergabe** im Mobiliarsachenrecht:[150] Wenn jemand eine Sache auf Geheiß seines Gläubigers an einen Dritten ausliefert, der diese Sache seinerseits von jenem Gläubiger zu beanspruchen hat, so wird die Sache nach § 929 S. 1 zunächst an den Gläubiger und dann an den Dritten übereignet. Der Übergabe an den Gläubiger steht es anerkanntermaßen gleich, dass die Sache auf dessen Veranlassung an den Dritten ausgeliefert wird.[151] Denn der Gläubiger hat zwar nicht Besitz an der Sache selbst erlangt. Wohl aber hat er die Möglichkeit erlangt, über den Verbleib der Sache zu disponieren, und diese Disposition hat sich durch Auslieferung an den Dritten realisiert. Die so erlangte Rechtsstellung wird mit Recht – und zwar ohne eine Analogie bemühen zu müssen, also bereits im Rahmen der Auslegung des Merkmals „Übergabe" in § 929 S. 1 – der Besitzerlangung gleichgeachtet. Der Vorgang unterscheidet sich rechtlich nicht mehr von der Fallgestaltung, dass die Sache erst an den Gläubiger und von diesem an den Dritten geliefert wird. Daraus lässt sich eine parallele 63

---

[143] Vgl. statt vieler BGHZ 61, 289, 291; 66, 362, 363; 147, 269, 273; BGH NJW 1977, 38, 40; 1983, 2499, 2500; 1987, 185, 186; ZIP 1994, 1098, 1099; OLG Köln VersR 2001, 1301. Aus dem Schrifttum *v. Caemmerer* JZ 1962, 385, 388; *Erman/Westermann/Buck-Heeb* RdNr. 37; *Esser/Weyers* BT/2 § 48 III 3 c; *Flume* AcP 199 (1999), 1, 2; *Koppensteiner/Kramer* § 6 II, S. 27 ff.; *Kupisch* Gesetzespositivismus S. 25; *Langenbucher*, FS Heldrich, 2005, S. 285, 287; *Larenz/Canaris* II/2 § 70 VI 1 b, S. 247; *Loewenheim/Winckler* JuS 1982, 910, 911 f.; *Lorenz* JuS 2003, 729, 732; *Medicus* BR RdNr. 670, 674 f.; *Meyer* S. 26; *Pinger* AcP 179 (1979), 301, 318 ff.; *Rengier* AcP 177 (1977), 418, 443; *Schnauder* S. 136; *ders.* ZIP 1994, 1069, 1071; *Staudinger/Lorenz* RdNr. 54; *Thomale* § 5 B II; *Weitnauer*, FS v. Caemmerer, 1978, S. 255, 283; *Wieling* § 6 III a, S. 76 ff.
[144] BGH WM 1983, 792.
[145] BGH ZIP 1994, 1098, 1099; *Erman/Westermann/Buck-Heeb* RdNr. 19; *Esser/Weyers* BT/2 § 48 III 1 c; *Koppensteiner/Kramer* § 6 I 2, S. 25; *Köndgen*, FS Esser, 1975, S. 55, 69; *Kötter* AcP 153 (1954), 193, 198; *Reeb* S. 21; *Reuter/Martinek* § 10 I 2 b, S. 394 ff.; *Staudinger/Lorenz* RdNr. 49.
[146] Darauf weist zu Recht *Solomon* S. 53 hin.
[147] 4. Aufl. RdNr. 36.
[148] *Kupisch* Gesetzespositivismus S. 20, 23; *ders.* WM 1979, Sonderbeilage 3 S. 6; *ders.*, FS v. Lübtow, 1980, S. 501, 505, 515 f.; *ders.* JZ 1997, 213, 219; dem folgend 4. Aufl. RdNr. 36.
[149] *Kupisch* Gesetzespositivismus S. 22 f.
[150] Auf diese Parallele weist zutr. *Hager*, FG 50 Jahre BGH, S. 777, 821 hin.
[151] Ausf. 4. Aufl. § 929 RdNr. 141 ff.

Wertung für das Bereicherungsrecht herleiten: Wo der Vermögenszufluss an den Dritten **wirksam vom Anweisenden veranlasst** wurde, hat dieser im Rechtssinne den **Gegenstand der Güterbewegung selbst erlangt.** Im Falle der Geheißübergabe ergibt sich diese Wertung sogar direkt aus § 929 S. 1: Der Anweisende erlangt zwischenzeitlich Eigentum an der direkt an den Dritten ausgelieferten Sache. Die Disposition des Anweisenden über den Gegenstand der Güterbewegung und die Verwirklichung dieser Disposition begründen damit ein wesentliches Element für die Begründung der These, dass der Bereicherungsausgleich sich entlang der Leistungsverhältnisse vollzieht.[152]

64 Für das Bereicherungsrecht ist die Parallele zum Geheißerwerb freilich in einem Punkt zu ergänzen. Denn die Vergleichbarkeit der Anweisungsfälle mit der Leistungskette erschöpft sich nicht darin, dass der Gegenstand der Güterbewegung beim Empfänger so ankommt, als hätte der Anweisende diesen Gegenstand selbst übermittelt. Vergleichbar sind Leistungskette und Anweisungsfall vielmehr darüber hinaus auch insoweit, als der Anweisende so steht, wie wenn er die von ihm selbst vollzogene Güterbewegung mit einer von ihm persönlich übermittelten **Leistungszweckbestimmung** versehen hätte: Wäre der Gegenstand oder Geldbetrag, der direkt an den Dritten geflossen ist, zunächst an den Anweisenden und erst von diesem an den Dritten geflossen (Leistungskette), so hätte der Anweisende die Zuwendung des Gegenstands (wenigstens konkludent) mit der Bestimmung versehen, dass mittels dieser Zuwendung der von ihm gesetzte Leistungszweck (regelmäßig die Erfüllung einer Verbindlichkeit) verwirklicht werden solle. Deswegen besteht dasjenige, was der **Anweisende** in Anweisungsfällen **erlangt,** darin, dass sich (1.) die von ihm ins Werk gesetzte Disposition über den Verbleib des Gegenstandes/Geldes realisiert und (2.) mittels der von ihm veranlassten Zuwendung die von ihm im Valutaverhältnis gesetzte **Leistungszweckbestimmung verwirklicht.** Dies steht rechtlich wiederum dem „Erlangen" des Gegenstandes/ Geldes selbst gleich; der Anweisende hat damit, wenn es im Deckungsverhältnis an einem Rechtsgrund fehlt, diesen Gegenstand bzw. dieses Geld selbst nach § 812 herauszugeben.

65 Die soeben befürwortete Konstruktion des „Erlangten" in Anweisungsfällen ist noch in einem Punkt zu präzisieren: „Verwirklichung" des Leistungszwecks bedeutet nicht, dass der vom Anweisenden beabsichtigte Erfolg (zB die Tilgung einer Verbindlichkeit) tatsächlich eintritt, sondern nur, dass die Güterbewegung **mit der vom Anweisenden gesetzten Leistungszweckbestimmung beim Empfänger ankommt,** mit jener Zweckbestimmung also verknüpft wird. Daher hat der Anweisende im Rechtssinne den Gegenstand der Güterbewegung selbst dann „erlangt", wenn im Valutaverhältnis keine Verbindlichkeit bestand: Dann konnte die von ihm veranlasste Güterbewegung gewiss keine Tilgungswirkung im Valutaverhältnis zeitigen. Aber darauf kommt es auch nicht an; entscheidend ist allein, dass jener Gegenstand deshalb beim Empfänger angekommen ist, weil der Anweisende damit die Verbindlichkeit im Valutaverhältnis tilgen wollte, und dass dem Empfänger außer jenem Gegenstand auch eben diese Tilgungsbestimmung übermittelt worden ist.[153]

66 **c) Unbeachtlichkeit der Schuldbefreiung im Valutaverhältnis.** Mit der Feststellung, dass der Anweisende als „Erlangtes" im Rechtssinne den **Gegenstand der Güterbewegung selbst** herauszugeben (bzw. seinetwegen nach § 818 Abs. 2 Wertersatz zu leisten) hat,[154] ist zugleich einer möglichen anderen Deutung eine Absage erteilt: Herauszugeben ist **nicht bloß die Schuldbefreiung im Valutaverhältnis.**[155] Würde sich die Herausgabepflicht des Anweisenden nämlich hierin erschöpfen, so wäre die Konsequenz, dass er

---

[152] Im Ergebnis ebenso *Solomon* S. 45; *Wilhelm* JZ 1994, 585, 593; dagegen *Thomale* § 5 A III 1 a bb.
[153] *Thomale* § 5 B I.
[154] So im Ergebnis auch 4. Aufl. RdNr. 43; *v. Caemmerer* JZ 1962, 385, 386; *Canaris,* FS Larenz, 1973, S. 799, 813; *Kupisch* JZ 1997, 213, 219; *Lorenz* JuS 2003, 729, 732 f.; *Meyer* S. 31; *Pinger* AcP 179 (1979), 301, 319; *Reuter/Martinek* § 11 I 3, S. 411 ff.; *Stolte* JZ 1990, 220, 223 f.; *H. P. Westermann* JuS 1968, 17, 21; *Wilhelm* S. 116 ff., 122. Nach Auffassung von *Köndgen,* FS Esser, 1975, S. 55, 73 f. ist der wirtschaftliche Wert des dem Empfänger zugewandten Gegenstandes erlangt.
[155] So aber eine früher verbreitete Meinung; vgl. AK-BGB/*Joerges* RdNr. 18; *Esser/Weyers* BT/2 § 48 III; *Hübner* ZIP 1984, 1175, 1178; *Koppensteiner/Kramer* § 6 I 2, S. 26; *Lorenz* JZ 1968, 53; *Reeb* S. 25.

niemals „etwas erlangt" hätte, wenn im Valutaverhältnis keine Verbindlichkeit bestand. Der Angewiesene würde damit in den Bereicherungsausgleich bezüglich des fehlerhaften Valutaverhältnisses einbezogen, mit dem er nichts zu tun hat. Das würde den RdNr. 54 aufgezeigten, aus der Relativität des Schuldverhältnisses gespeisten Wertungen widersprechen. Aus dem soeben Gesagten ergibt sich außerdem eine wichtige Folgerung für den Fall, dass es an einer Anweisung fehlt bzw. die Anweisung fehlerhaft gewesen ist: Wenn sich in solchen Fällen die Frage stellt, ob dem Angewiesenen ausnahmsweise die Direktkondiktion gegen den Dritten zu gewähren ist, so lässt sich die Frage nicht mit der Begründung verneinen, die Güterbewegung habe Tilgungswirkung im Valutaverhältnis entfaltet. Eine solche Argumentation erschöpft sich nämlich in einem Zirkelschluss: Tilgungswirkung im Valutaverhältnis kann eine Güterbewegung nur entfalten, wenn der Empfänger das Erlangte behalten darf. Eben dies gilt es aber erst zu ergründen, wenn nach der Zulassung einer Direktkondiktion gefragt wird. Die Frage nach einer Schuldbefreiung im Valutaverhältnis ist vielmehr für Bereicherungsansprüche des Angewiesenen gegen den Dritten ebenso unerheblich wie für Bereicherungsansprüche des Angewiesenen gegen den Anweisenden.

d) Verfolgte Leistungszwecke. Anknüpfend an die Erkenntnis, dass der Anweisende 67 etwas erlangt hat, ist nun in der Tat die Feststellung gerechtfertigt, dass der Anweisende einen Leistungszweck (im Regelfall: Erfüllung einer Verbindlichkeit) gegenüber dem Anweisenden und dieser einen solchen gegenüber dem Dritten überbringt. Die **Leistungszweckbestimmung** wird auch in beiden Fällen **wirksam:** Der Angewiesene erklärt seinen eigenen Willen, auf das Deckungsverhältnis an den Anweisenden leisten zu wollen, dadurch, dass er den Gegenstand der Güterbewegung an den Dritten übermittelt; der Dritte fungiert insoweit als **Empfangsbote** des Anweisenden bezüglich der Leistungszweckbestimmung des Angewiesenen. Die Leistungszweckbestimmung des Anweisenden wird dem Dritten durch den Angewiesenen überbracht, der insoweit als **Erklärungsbote** des Anweisenden tätig wird.[156]

e) Rechtfertigung für den Ausschluss der Durchgriffskondiktion. Hat man nun 68 festgehalten, dass der Anweisende etwas durch Leistung des Angewiesenen und der Dritte etwas durch Leistung des Anweisenden erlangt hat, so erhellt sogleich, warum dem Angewiesenen grundsätzlich kein direkter Bereicherungsanspruch gegen den Dritten zusteht: Dies Ergebnis erklärt sich aus den **gleichen Wertungen,** die bereits für den Ausschluss der Direktkondiktion im Falle der **Leistungskette** den Ausschlag gegeben haben. Auch in Anweisungsfällen darf kein Beteiligter mit Einwendungen aus fremden Schuldverhältnissen konfrontiert werden und muss jeder die Einwendungen aus seinem Schuldverhältnis effektiv geltend machen können; weiterhin darf keine Partei einem Insolvenzrisiko ausgesetzt sein, das sie nicht in rechtlich anzuerkennender Weise übernommen hat.[157] Um den Bereicherungsausgleich entlang der Leistungsbeziehungen zu begründen, bedarf es folglich keines Rückgriffs auf ein sog. Unmittelbarkeitsprinzip.[158] Ein Rechtsgrundsatz des Inhalts, dass der Bereicherungsausgleich nur zwischen Personen stattfinde, zwischen denen sich eine Vermögensverschiebung unmittelbar vollziehe, besitzt, anders als die soeben aufgezeigten Wertungen, keinen eigenständigen normativen Erklärungswert. Jene Wertungen finden in den Anweisungsfällen freilich auch ihre Grenzen: Wo der Vermögenszufluss beim Dritten nicht vom Anweisenden veranlasst wurde, bleibt durchaus Raum für eine Nichtleistungskondiktion des Angewiesenen gegen den Dritten (RdNr. 80 ff.).

3. Nichtiges Deckungsverhältnis. Wenn der Anweisende so behandelt wird, als habe 69 er den Gegenstand der Güterbewegung selbst erlangt (RdNr. 66), so folgt daraus, dass der Angewiesene bei Nichtigkeit des Deckungsverhältnisses **eben diesen Gegenstand** herausverlangen kann. Der Angewiesene hat einen Bereicherungsanspruch allein gegen den Anweisenden und nicht gegen den Dritten, in dessen Vermögen das Zuwendungsobjekt

---

[156] *Reuter/Martinek* § 10 I, S. 387 ff.; *Thomale* § 5 B I 1 a.
[157] Mit abw. Begr. durch das Versionsverbot *Thomale* § 5 B II 2.
[158] So aber 4. Aufl. RdNr. 39; *Pinger* AcP 179 (1979), 301, 313; *v. Reinersdorff* MDR 1981, 800, 802.

tatsächlich geflossen ist.[159] Im Regelfall wird freilich die Herausgabe jenes Gegenstandes dem Anweisenden unmöglich sein. Denn der Gegenstand ist in das Vermögen des Dritten geflossen; eine Pflicht zur Wiederbeschaffung trifft den Bereicherungsschuldner generell nicht (näher § 818 RdNr. 44 f.). Konsequent hat der Anweisende für den Gegenstand nach § 818 Abs. 2 **Wertersatz** zu leisten.[160] Auf Wegfall der Bereicherung kann sich der Anweisende nicht berufen: Entweder die Weitergabe an den Dritten hat ihn von einer Verbindlichkeit aus dem Valutaverhältnis befreit; dann ist in Gestalt der Schuldbefreiung eine Bereicherung in Höhe des objektiven Verkehrswertes verblieben. Oder die Weitergabe hat zu keiner derartigen Bereicherung geführt (etwa weil im Valutaverhältnis eine Verbindlichkeit nicht bestand); dann ist § 818 Abs. 3 einer normativen Einschränkung zu unterwerfen (näher § 818 RdNr. 186).

70 Der Fall eines fehlerhaften Deckungsverhältnisses ist insbesondere gegeben, wenn eine Bank eine Zahlungsanweisung ausführt und dabei übersieht, dass auf dem Konto des Anweisenden für eine solche Verfügung keine ausreichende Deckung vorhanden ist. In diesem Fall ist die Bank aus dem Deckungsverhältnis nicht verpflichtet, die Anweisung auszuführen; dies selbst dann nicht, wenn die Anweisung als solche fehlerfrei erteilt worden ist. Der Fall liegt vielmehr ebenso, als wenn die Bank ohne ausreichende Deckung Geld bar an den Anweisenden ausgezahlt hätte. Konsequent besteht in diesen Fällen allein ein Bereicherungsanspruch der Bank gegen den Anweisenden.[161] Ein solcher Fall war insbesondere im viel erörterten **Postanweisungsfall** gegeben.[162] Dort hatte ein Schalterbeamter die Post angewiesen, Geld an seinen Gläubiger zu übermitteln, und zwar teils durch Barauszahlung, teils durch Überweisung. Der anweisende Beamte hatte dabei absichtlich vorgetäuscht, dass er die angewiesene Summe eingezahlt hatte und mithin ausreichende Deckung vorhanden war. Das Reichsgericht lehnte im Ergebnis zutreffend einen Bereicherungsanspruch der Post gegen den Zahlungsempfänger ab: Sie hatte lediglich Leistung an ihren Beamten erbracht, und zwar ohne Rechtsgrund, da es an einer ausreichenden Deckung fehlte. Der Empfänger konnte die Zahlung infolgedessen behalten, da die Zahlung auf das Valutaverhältnis anweisungsgemäß und damit wirksam war.[163] Ebenso zu Recht hat der BGH[164] einen Anspruch der Domizilbank, die versehentlich einen Wechsel ohne Deckung für den zahlungsunfähigen Bezogenen eingelöst hatte, gegen den Wechselgläubiger verneint. Die Zahlungsunfähigkeit des Bezogenen konnte, wenn überhaupt, allenfalls zu der Annahme führen, dass das Deckungsverhältnis fehlerhaft war. Dieser Umstand aber kann keinen Bereicherungsanspruch des Angewiesenen gegen den dritten Zahlungsempfänger erzeugen.

71 **4. Nichtiges Valutaverhältnis.** Wenn der Anweisende so zu behandeln ist, als habe er den Gegenstand der Güterbewegung empfangen und an den Dritten weitergeleitet, so folgt, dass bei Nichtigkeit des Valutaverhältnisses allein der Anweisende berechtigt ist, diesen Gegenstand vom Dritten mit der Leistungskondiktion herauszuverlangen.[165]

72 **5. Rechtslage bei Doppelmangel. a) Nochmals: das Erlangte.** Wenn sowohl das Deckungs- als auch das Valutaverhältnis nichtig ist, bleibt es gleichwohl dabei, dass sich der Bereicherungsausgleich **entlang der Leistungsbeziehungen** vollzieht: Der Angewiesene

---

[159] Vgl. v. Reinersdorff MDR 1981, 800, 801; Koppensteiner/Kramer § 6 I 2, S. 25 f.; Meyer S. 17 ff.; Staudinger/Lorenz RdNr. 50; Esser/Weyers BT/2 § 48 III 1 c, 439; Medicus BR RdNr. 672.
[160] Ebenso Canaris, FS Larenz, 1973, S. 799, 813, 819; Medicus BR RdNr. 673; Meyer S. 43; Pinger AcP 179 (1979), 301, 319 f.; Rengier AcP 177 (1977), 418, 444; Reuter/Martinek § 11 I 2, S. 409 f.; Wilhelm S. 122 ff.; Staudinger/Lorenz RdNr. 55; wohl auch Köndgen, FS Esser, 1975, S. 55, 73.
[161] Koppensteiner/Kramer § 6 V 1, S. 35 f.; Medicus RdNr. 678; Möschel JuS 1972, 297, 301; RGRK/Heimann-Trosien RdNr. 27; Schwark WM 1970, 1334, 1335; Seiler S. 82 f.; Wilhelm S. 157.
[162] RGZ 60, 24.
[163] RGZ 60, 24, 29; ebenso AnwK-BGB/v. Sachsen Gessaphe RdNr. 146; Reuter/Martinek § 12 I 3 a, S. 453 f.; Seiler S. 84.
[164] LM Nr. 89 = NJW 1970, 135.
[165] Erman/Westermann/Buck-Heeb RdNr. 16; Hadding, FS Kümpel, 2003, S. 167, 175; Koppensteiner/Kramer § 6 I 3, S. 26 f.; Kümpel WM 2001, 2273, 2275; Nobbe WM 2001, Sonderbeilage 4 S. 28; Reeb S. 24 f.; Staudinger/Lorenz RdNr. 49; Weitnauer, FS v. Caemmerer, 1978, S. 255, 282.

hat einen Bereicherungsanspruch gegen den Anweisenden und dieser einen Bereicherungsanspruch gegen den Dritten.[166] Auch hier hat der Anweisende im Rechtssinne den Gegenstand der Güterbewegung selbst erlangt.[167] Denn jener Gegenstand ist infolge seiner Disposition und kraft der durch ihn gesetzten Tilgungsbestimmung in das Vermögen des Dritten gelangt.

b) Insbesondere: keine Kondiktion der Kondiktion. Wie schon bei den Fällen des 73 Doppelmangels in der Leistungskette ist auch hier festzuhalten, dass der **Anweisende** besagten Gegenstand selbst und **nicht etwa bloß einen Bereicherungsanspruch aus dem gescheiterten Valutaverhältnis erlangt** hat: Auch in Anweisungsfällen findet keine Kondiktion der Kondiktion statt.[168] Würde man den Angewiesenen darauf verweisen, sich den Bereicherungsanspruch des Anweisenden gegen den Dritten abtreten zu lassen, so müsste der Angewiesene die Einwendungen des Dritten aus dem gescheiterten Valutaverhältnis gegen sich gelten lassen und das Risiko der Insolvenz des ihm fremden Dritten tragen. Dies erscheint nicht hinnehmbar.[169] Abweichendes gilt entgegen einer im Schrifttum vertretenen Ansicht[170] selbst dann nicht, wenn der Anweisende die Anweisung widerrufen hatte (RdNr. 109ff.) und ihn im Valutaverhältnis keine Verpflichtung gegenüber dem Dritten traf: Sofern die Güterbewegung im Verhältnis zum Dritten aus Gründen des Rechtsscheins so zu behandeln ist, als sei sie von einer vom Anweisenden gesetzten Disposition und einer von ihm erklärten Tilgungsbestimmung getragen, wird sie so behandelt wie bei einer wirksamen und noch fortbestehenden Anweisung. Dann muss konsequent der Anweisende dasselbe „erlangt" haben wie bei einer wirksamen und noch fortbestehenden Anweisung.[171]

Dem **Angewiesenen** steht **nicht einmal dann** ein **Anspruch auf Abtretung** des gegen 74 den Dritten gerichteten Bereicherungsanspruchs zu, wenn er ein **besonderes Interesse an der Wiedererlangung des hingegebenen Gegenstands** hat. Allerdings sind mehrere Lösungswege erwogen worden, um dem Angewiesenen einen solchen Anspruch zuzubilligen: Gedacht wurde an eine Nebenpflicht des Anweisenden, die Rückabwicklung in seinem Verhältnis zu C im Interesse des A durchzuführen;[172] des Weiteren wurde eine Ersetzungsbefugnis des Anweisenden in dem Sinne diskutiert, dass er vom Anweisenden statt Wertersatz (§ 818 Abs. 2) Abtretung des Bereicherungsanspruchs gegen den Dritten verlangen kann.[173] Diese Überlegungen verdienen indes keine Zustimmung:[174] Das Bereicherungsrecht kennt weder eine Pflicht des Schuldners, sich den erlangten und mittlerweile weitergegebenen Gegenstand wieder zu beschaffen (näher § 818 RdNr. 44f.), noch ein Wahlrecht des Bereicherungsgläubigers. Der Angewiesene steht nicht anders, als wenn er den Gegenstand der Güterbewegung zunächst an den Angewiesenen ausgeliefert und dieser jenen Gegenstand an den Dritten weitergeleitet hätte. Auch in diesem Fall wäre der

---

[166] *v. Caemmerer* JZ 1962, 385, 388; *Erman/Westermann/Buck-Heeb* RdNr. 37; *Esser/Weyers* BT/2 § 48 III 3 c; *Koppensteiner/Kramer* § 6 II, S. 27 ff.; *Kupisch* Gesetzespositivismus S. 25; *Larenz/Canaris* II/2 § 70 VI 1 b, S. 247; *Loewenheim/Winckler* JuS 1982, 910, 911 f.; *Medicus* BR RdNr. 670; *Meyer* S. 26; *Pinger* AcP 179 (1979), 301, 318 ff.; *Rengier* AcP 177 (1977), 418, 443; *Schnauder* S. 136; *Solomon* S. 95; *Staudinger/Lorenz* RdNr. 54; *Weitnauer*, FS v. Caemmerer, 1978, S. 255, 283; *Wieling* § 6 III a, S. 76 ff.
[167] Im Ergebnis ebenso AK-BGB/*Joerges* RdNr. 33; *Larenz/Canaris* II/2 § 70 II 2 b, S. 205; *Loewenheim* S. 130 f.; *Meyer* S. 31; *Pinger* AcP 179 (1979), 301, 319; *Rengier* AcP 177 (1977), 418, 444; *Staudinger/Lorenz* RdNr. 55; *H. P. Westermann* JuS 1968, 17, 21; *Wilhelm* S. 122 ff.; ähnlich auch *Köndgen*, FS Esser, 1975, S. 55, 73 f. der den wirtschaftlichen Wert des dem Empfänger zugewandten Gegenstandes als erlangt ansieht.
[168] So aber BGHZ 36, 30, 32; *Berg* AcP 160 (1961), 505, 512 f.; *Lorenz* JZ 1968, 51, 53; *Koppensteiner/Kramer* § 6 II, S. 28; *Reeb* S. 25 f.; *Staudinger/Lorenz* RdNr. 55.
[169] *Canaris*, FS Larenz, 1973, S. 799, 811; ausf. *Meyer* S. 32 f., 47 ff.
[170] *Kienle* S. 103 f.; *Solomon* S. 99 f.
[171] *Thomale* § 5 B III 1 c bb.
[172] So im Ergebnis *Reuter/Martinek* § 11 II 2 b, S. 415 f., § 16 III 2, S. 563 f.; im Zusammenhang mit der dinglichen Belastung des Erlangten ferner *Reuter*, FS Gernhuber, 1993, S. 369, 378 f. (dazu noch § 818 RdNr. 62 ff.).
[173] So *Wilhelm* S. 126 ff.
[174] Wie hier 4. Aufl. RdNr. 50; *Köndgen*, FS Esser, 1975, S. 55, 73; *Meyer* S. 52.

§ 812 75, 76   Abschnitt 8. Titel 26. Ungerechtfertigte Bereicherung

„Angewiesene" auf einen Wertersatzanspruch gegen den „Anweisenden" verwiesen und könnte sich nur dann Hoffnungen auf die primäre Wiedererlangung des Geleisteten machen, wenn es in der Zwischenzeit zufällig zu einer Rückabwicklung im Valutaverhältnis gekommen wäre. Dann ist nicht einzusehen, warum die Rechtslage eine andere sein soll, wenn der Gegenstand der Güterbewegung auf Veranlassung des Anweisenden direkt an den Dritten ausgeliefert wurde.

75 Der **BGH** hat in einem **besonders gelagerten Fall** einen Anspruch des Angewiesenen gegen den Anweisenden auf Abtretung des gegen den Dritten zugelassen (und den Angewiesenen hierauf verwiesen): Jemand wollte ein Schiff kaufen, um dort ein Bordell zu betreiben. Da er das benötigte Darlehen nicht aus eigener Kraft aufnehmen konnte, veranlasste er eine ahnungslose Bekannte, ein solches Darlehen im eigenen Namen aufzunehmen und die Darlehenssumme seinerseits ihm als Darlehen zur Verfügung zu stellen. So geschah es auch. Die Bank zahlte die Valuta vereinbarungsgemäß direkt an den Bordellbetreiber aus; sie wusste dabei um den Verwendungszweck für das Darlehen. Kurz nach Aufnahme des Bordellbetriebs lief das Schiff auf ein Riff und sank. Der BGH stufte beide Darlehensverträge als sittenwidrig ein. Damit war ein Anweisungsfall mit Doppelmangel gegeben. Das hätte nach den soeben herausgearbeiteten Grundsätzen dazu geführt, dass die Darlehensnehmerin verpflichtet gewesen wäre, die Darlehensvaluta nach § 812 Abs. 1 S. 1 Alt. 1 an die Bank zurückzuzahlen. Der BGH zog sich hier auf den Standpunkt zurück, die Darlehensnehmerin habe weder die Verfügungsgewalt über das Darlehen noch eine Befreiung von einer Schuld im Valutaverhältnis erlangt; sie habe der Bank daher nur den Bereicherungsanspruch gegen den Bordellbetreiber abzutreten.[175] Nach **hier vertretener Ansicht** hätte es einer solchen Konstruktion **nicht bedurft:** Die Bank war vielmehr kraft ihres konkreten Wissensvorsprungs verpflichtet gewesen, die Darlehensnehmerin über die Sittenwidrigkeit der vorgesehenen Verwendung des Darlehens aufzuklären. Sie hatte diese Pflicht verletzt und war daher der Darlehensnehmerin aus culpa in contrahendo (heute: §§ 311 Abs. 2, 280 Abs. 1) gegenüber verpflichtet, sie von ihrer Verbindlichkeit aus dem Darlehen freizustellen. Diesen Anspruch konnte die Darlehensnehmerin der Bank im Wege der dolo-agit-Einrede entgegenhalten.

76 Eine „Kondiktion der Kondiktion" wird neuerdings die Zahlung mittels **Universalkreditkarte** für geboten gehalten, und zwar für den Fall, dass sowohl das Deckungsverhältnis zwischen Kartenunternehmen und Karteninhaber als auch das Valutaverhältnis zwischen Karteninhaber und Vertragsunternehmen nichtig sind. Wenn das Kartenunternehmen gleichwohl auf (wenn auch unwirksame) Weisung des Karteninhabers gegenüber dem Vertragsunternehmen ein abstraktes Schuldversprechen abgebe und auf dieses Versprechen zahle, so stelle sich dies aus Sicht des Vertragsunternehmens als Leistung des Karteninhabers im Valutaverhältnis dar. Diesen Rechtsschein habe der Karteninhaber auch zurechenbar gesetzt. Der Bereicherungsausgleich sei also entlang der Leistungsbeziehungen zu suchen (Kartenunternehmen gegen Karteninhaber; Karteninhaber gegen Vertragsunternehmen). Der Karteninhaber habe aber, da die Schuld im Valutaverhältnis nicht bestanden habe, nur einen Bereicherungsanspruch gegen das Vertragsunternehmen erlangt und müsse daher auch nur diesen an das Kartenunternehmen abtreten.[176] Auch hier **überzeugt** es indes **nicht,** das Kartenunternehmen auf die „Kondiktion der Kondiktion" zu verweisen. Wenn die Zahlung mittels Universalkreditkarte in einem solchen Fall aus Rechtsgründen so zu behandeln ist, als sei sie vom Karteninhaber (als dem Anweisenden) zurechenbar veranlasst worden,[177] gilt erneut: Es hat sich eine vom Karteninhaber getroffene Disposition über den Verbleib des Geldes realisiert. Dieser Vorgang wurde im Valutaverhältnis von einer Tilgungsbestimmung des Karteninhabers getragen (die er dadurch erklärt hat, dass er den Belastungsbeleg unter-

---

[175] BGH ZIP 1990, 915, 918. Für Kondiktion der Kondiktion in Fällen dieser Art auch *Hager*, FG 50 Jahre BGH, 2000, S. 777, 795.
[176] *Nobbe*, FS Hadding, 2004, S. 1007, 1023 f.
[177] Zur Behandlung von Anweisungsfällen bei vorhandener, aber unwirksamer Anweisung s. RdNr. 95 ff.

zeichnet hat). Damit ist er nach dem in RdNr. 63 ff. Gesagten so zu behandeln, wie wenn er das gezahlte Geld selbst in die Hände bekommen und weitergeleitet hätte. Der Karteninhaber hat mithin auch hier im Rechtssinne das gezahlte Geld selbst erlangt.

c) **Unentgeltliche Zuwendung im Valutaverhältnis.** Wenn in einem Anweisungsfall das Deckungsverhältnis unwirksam ist und im Valutaverhältnis eine unentgeltliche Zuwendung des Anweisenden an den Angewiesenen vorliegt, steht dem Angewiesenen, sofern die Haftung des Anweisenden infolge der Zuwendung entfällt, nach § 822 ein direkter Bereicherungsanspruch gegen den Dritten zu.[178] Der Rückgriff auf § 822 ist freilich entbehrlich, wenn es bereits im Deckungsverhältnis an einer wirksamen Anweisung fehlt;[179] denn in diesem Fall steht dem Angewiesenen ohnehin unter dem Gesichtspunkt der Bereicherung in sonstiger Weise ein Bereicherungsanspruch gegen den Dritten zu (RdNr. 80 ff.).

6. Angenommene Anweisung. Der Bereicherungsausgleich vollzieht sich in Anweisungsfällen auch dann **entlang der Leistungsbeziehungen,** wenn der Sonderfall der angenommenen Anweisung vorliegt.[180] Zwar besteht dann eine eigene Verbindlichkeit des Angewiesenen gegenüber dem Dritten, so dass man auf dem Standpunkt stehen könnte, der Anweisende verfolge gegenüber dem Dritten einen eigenen Leistungszweck (nämlich Erfüllung dieser Verbindlichkeit) und könne das Geleistete daher direkt vom Dritten herausverlangen. Damit würde indes die Funktion der angenommenen Anweisung verkannt. Wenn der Angewiesene dem Dritten einen Direktanspruch einräumt, so soll dies dessen Stellung im Vergleich zu seiner Position bei einer gewöhnlichen Anweisung stärken. Damit verträgt es sich nicht, wenn der Dritte im Bereicherungsausgleich schlechter steht, weil er sich nunmehr – außer mit dem Bereicherungsanspruch seines Vertragspartners, nämlich des Anweisenden – auch noch mit einem Bereicherungsanspruch des Angewiesenen auseinandersetzen muss. Der Dritte hat gerade auch bei angenommener Anweisung ein schutzwürdiges Interesse daran, nur mit dem Anweisenden abrechnen zu müssen; denn nur ihm kann er eventuelle Einwendungen aus dem gescheiterten Valutaverhältnis entgegenhalten. Dem Angewiesenen steht auch hier lediglich ein Bereicherungsanspruch gegen den Anweisenden zu. Dieser hat auch hier den Gegenstand der Güterbewegung selbst erlangt, weil jener Gegenstand infolge seiner Disposition und kraft der im Valutaverhältnis von ihm gesetzten Tilgungsbestimmung in die Hände des Dritten gelangt ist.

Im Schrifttum wird die Zahlung mittels **Universalkreditkarte** teilweise in die Nähe der angenommenen Anweisung gerückt. Diese Zahlung ist rechtlich so konstruiert, dass das Kartenunternehmen durch den Rahmenvertrag, den es mit dem Vertragsunternehmen abschließt, ein abstraktes Schuldversprechen gegenüber dem Vertragsunternehmen (also demjenigen Unternehmen, das im Valutaverhältnis vom Karteninhaber Geld zu fordern hat) erklärt, das aufschiebend dadurch bedingt ist, dass der Karteninhaber im jeweiligen Einzelfall einen Belastungsbeleg unterzeichnet (RdNr. 31, 76). Rechtlich weist der Fall insoweit Ähnlichkeiten mit den Anweisungsfällen auf, als der Karteninhaber, der einen Belastungsbeleg unterzeichnet, damit im Deckungsverhältnis das Kartenunternehmen anweist, jene Geldschuld zu erfüllen, die er im Valutaverhältnis gegenüber dem Vertragsunternehmen erfüllen muss.[181] Das Schuldversprechen des Kartenunternehmens (= Angewiesener) gegenüber dem Vertragsunternehmen (= Dritter) ist also ein solches im Vollzugsverhältnis: Der

---

[178] Vgl. *v. Caemmerer* JZ 1962, 385, 388; *Esser/Weyers* BT/2 § 48 III 3 a; *Koppensteiner/Kramer* § 6 I 2, S. 26; *Kupisch* Gesetzespositivismus S. 82; *Lorenz* AcP 168 (1968), 286, 296; *Staudinger/Lorenz* RdNr. 50; *H. P. Westermann* JuS 1968, 17, 20.

[179] Das wurde in BGHZ 88, 232, 237 übersehen; vgl. die berechtigte Kritik bei *Lorenz* JZ 1984, 190 f.; *Schlechtriem* JZ 1984, 509, 511 f.; *Schubert* JR 1984, 151 f.; *Seiler* S. 169 ff.; gegen das Abstellen auf die fehlende Anweisung in diesem Fall aber *Hager*, FG 50 Jahre BGH, 2000, S. 777, 810. Vgl. zu BGHZ 88, 232 noch § 822 RdNr. 18.

[180] AnwK-BGB/*v. Sachsen Gessaphe* RdNr. 147; *Bamberger/Roth/Wendehorst* RdNr. 201; *Hassold* S. 220 ff.; *Kellmann* JR 1988, 97, 98 f.; *Koppensteiner/Kramer* § 6 III, S. 30; *Kupisch* Gesetzespositivismus S. 83; *Larenz/Canaris* II/2 § 70 IV 4 c, S. 234 f.; *Medicus* BR RdNr. 679; *Pinger* AcP 179 (1979), 301, 320 ff.; *Reuter/Martinek* § 12 V, S. 485 f.; *Staudinger/Lorenz* RdNr. 56.

[181] *Nobbe*, FS Hadding, 2004, S. 1007, 1012.

Angewiesene geht eine eigene Verpflichtung gegenüber dem Dritten ein. Vor diesem Hintergrund wird im Schrifttum argumentiert, jenes Schuldversprechen stehe in der Wertung einer angenommenen Anweisung gleich: Das Vertragsunternehmen erlange einen eigenen Anspruch gegen das angewiesene Kartenunternehmen. Dann gelte aber wie bei der angenommenen Anweisung, dass der Dritte, indem er einen eigenen Anspruch erlange, bereicherungsrechtlich nicht schlechter stehen dürfe als bei einer gewöhnlichen Anweisung. Selbst bei Unwirksamkeit des Rahmenvertrags müsse daher das Kartenunternehmen den Bereicherungsausgleich beim Karteninhaber suchen und dieser sich seinerseits an das Vertragsunternehmen halten.[182] Der Vergleich mit der angenommenen Anweisung wird den Besonderheiten der Universalkreditkarte indes nicht gerecht: Wenn der Rahmenvertrag zwischen Karten- und Vertragsunternehmen unwirksam ist, bedeutet dies, dass das „Vertragsunternehmen" in Wahrheit kein solches ist. Der Karteninhaber kann die geschuldete Barzahlung daher in diesem Fall nicht durch den Einsatz der Karte ersetzen. Das „Vertragsunternehmen" ist vielmehr darauf verwiesen, den Karteninhaber auf Erfüllung der im Valutaverhältnis begründeten Forderung durch Barzahlung in Anspruch zu nehmen. Konsequent hat das „Vertragsunternehmen" die Zahlung des Kartenunternehmens nach § 812 Abs. 1 S. 1 Alt. 1 wieder herauszugeben.[183]

80 **7. Rückabwicklung bei fehlender Anweisung. a) Problem.** Die bisherigen Überlegungen waren auf jene Fälle gemünzt, in denen lediglich Kausalverhältnisse fehlerhaft waren, eine wirksame Anweisung aber erteilt war. Davon streng zu trennen sind die Fälle, in denen es an einer Anweisung fehlt, während die Kausalverhältnisse möglicherweise sogar wirksam sind: Selbst wenn der „Angewiesene" im Deckungsverhältnis dem „Anweisenden" und dieser im Valutaverhältnis dem Dritten eine Leistung schuldet, ist Raum für Bereicherungsansprüche, wenn der „Angewiesene" den Leistungsgegenstand **direkt an den Dritten** übermittelt, **ohne** dass diese vom „Anweisenden" **veranlasst** war.

81 **b) Rechtliche Behandlung. aa) Unmittelbarer Bereicherungsanspruch des Angewiesenen gegen den Dritten.** In Rechtsprechung[184] und Literatur[185] hat sich heute die Auffassung durchgesetzt, dass dort, wo es an einer vom „Anweisenden" zurechenbar gesetzten Anweisung fehlt, der **„Angewiesene"** einen **direkten Bereicherungsanspruch gegen den Dritten** hat. Diese Handhabung ist auch nach der hier vertretenen Ansicht die allein zutreffende. Zwar will der „Angewiesene" auch hier eine Leistung an den „Anweisenden" erbringen. Aus diesem Grund war im Schrifttum sogar teilweise ein Bereicherungsanspruch des „Angewiesenen" gegen den „Anweisenden" für möglich gehalten worden.[186] Doch hat der **„Anweisende"** in den hier diskutierten Fällen **nichts erlangt:**[187] Da er die Güterbewegung nicht veranlasst hat, hat sich keine von ihm gesetzte Disposition über den geleisteten Gegenstand realisiert und auch keine von ihm im Valutaverhältnis gesetzte Tilgungsbestimmung verwirklicht.

---

[182] *Hammann* S. 255 f.
[183] Wie hier *Nobbe*, FS Hadding, 2004, S. 1007, 1018. Im Ergebnis ebenso LG Bückeburg WM 1995, 526, 527.
[184] Vgl. insbes. BGHZ 147, 145, 149 f. sowie die nachfolgend bei den Einzelfällen aufgelisteten Fundstellen.
[185] AnwK-BGB/*v. Sachsen Gessaphe* RdNr. 148; *Bamberger/Roth/Wendehorst* RdNr. 234; *v. Caemmerer* JZ 1962, 385, 387; *Canaris* FS Larenz, 1973, S. 799, 821 f.; *Erman/Westermann/Buck-Heeb* RdNr. 21; HKK/*Schäfer* §§ 812–822 RdNr. 159; jurisPK/*Martinek* RdNr. 117; *Koller*, Symposion Canaris, 1998, S. 151, 156 f.; *Koppensteiner/Kramer* § 6 IV 1, S. 31 f.; *Kümpel* WM 2001, 2273, 2276 f.; *Kupisch* Gesetzespositivismus S. 73 ff.; *Langenbucher*, FS Heldrich, 2005, S. 285, 289; *Larenz/Canaris* II/2 § 70 IV 2 b, S. 226; *Lieb*, FG 50 Jahre BGH, 2000, S. 547, 550; *Nobbe* WM 2001, Sonderbeilage 4 S. 25; *St. Lorenz* JuS 2003, 839 f.; *W. Lorenz* JZ 1971, 427, 429; *Medicus* BR RdNr. 677; *Meyer* S. 56 ff.; *Neef* JA 2006, 458, 460 f.; *Pinger* AcP 179 (1979), 301, 315 ff.; PWW/*Leupertz* RdNr. 93; *Reuter/Martinek* § 11 III 4 b aa, S. 427; *Schall* S. 52; *Schubert* JR 2003, 370; *Staudinger/Lorenz* RdNr. 51; *Stolte* JZ 1990, 220, 224; *Wilhelm* S. 133 ff.; *Würdinger* JuS 2007, 418, 420.
[186] *Pfister* JR 1969, 47, 49; *Wieling* JuS 1978, 801, 807 f.
[187] Zutr. *Solomon* S. 53 f.

bb) Kein Gutglaubensschutz. Die Aussage, dass der „Angewiesene" sich bei fehlender Anweisung an den Dritten halten darf, aber auch halten muss, zieht sowohl für den „Angewiesenen" als auch für den Dritten **nachteilige Konsequenzen** nach sich: Der „**Angewiesene**" wird mit dem Risiko der Insolvenz des Dritten belastet, obwohl er sich den Dritten nicht als Vertragspartner ausgesucht hat. Dies hinzunehmen fällt indes noch relativ leicht, wenn man mit der hier vertretenen Ansicht (RdNr. 55) die Übernahme des Insolvenzrisikos nicht darin erblickt, dass man sich jemanden als Vertragspartner aussucht, sondern dadurch, dass man Leistungen erbringt: Der „Angewiesene" hat immerhin dadurch, dass er die scheinbare Anweisung ausgeführt hat, eine Güterbewegung ins Werk gesetzt – mag diese auch nicht als Leistung an den Dritten zu qualifizieren sein (RdNr. 87). Der **Dritte** wird mit dem Bereicherungsanspruch eines ihm bis dato fremden Gläubigers konfrontiert und kann diesem Anspruch keine Einwendung aus dem Valutaverhältnis mit dem „Anweisenden" entgegenhalten. Das gibt Anlass zu Überlegungen, ob der Dritte wenigstens dann vor Bereicherungsansprüchen des „Angewiesenen" geschützt werden sollte, wenn er aus seiner Sicht davon ausgehen durfte, dass die Güterbewegung von einer Tilgungsbestimmung des „Anweisenden" getragen ist.[188]

Der BGH hat einem solchen **Gutglaubensschutz** eine deutliche **Absage** erteilt,[189] und dies mit Recht: Wer keine Anweisung erteilt, kann dadurch, dass gleichwohl eine scheinbar von ihm stammende Anweisung ausgeführt wird, nichts erlangen und konsequent auch nicht Gegner von Bereicherungsansprüchen sein. Dann bleibt keine andere Option als ein direkter Bereicherungsanspruch des Angewiesenen gegen den Dritten. Daran ändert auch ein guter Glaube des Dritten nichts. Sofern in früheren Urteilen die Zulassung eines solchen direkten Bereicherungsanspruchs mit der Bösgläubigkeit des Dritten begründet wurde,[190] ist diese Argumentationslinie heute überholt.[191]

Zumindest für die Behandlung der Anweisungsfälle ist außerdem die in früheren Urteilen stereotyp wiederholte Formel **überholt,** beim Bereicherungsausgleich in Mehrpersonenverhältnissen verbiete sich jede schematische Betrachtungsweise und es komme allein auf die konkreten Umstände des Einzelfalls an.[192] Der BGH hat vielmehr nunmehr klar zum Ausdruck gebracht, dass der „Anweisende", der die Güterbewegung nicht zurechenbar veranlasst, unter keinen Umständen in den Bereicherungsausgleich einbezogen werden darf.[193] Damit ist der BGH (begrüßenswert!) vom Rückzug auf allgemeine Billigkeitserwägungen abgerückt und zur Regelbildung übergegangen. Die überkommene Formel „**Bereicherungsrecht ist Billigkeitsrecht**" enthält nicht nur eine unzulässige Weigerung des Rechtsanwenders, sich der Aufgabe einer Regelbildung zu stellen;[194] sie entspricht darüber hinaus jedenfalls in dieser Allgemeinheit auch **nicht** mehr dem heutigen **Stand der Rechtsprechung.**

cc) Irrelevanz eines fehlerfreien Valutaverhältnisses. Die fehlende Anweisung führt entgegen abweichenden Stimmen aus der älteren Rechtsprechung und Literatur[195] zu einem Bereicherungsanspruch des Angewiesenen gegen den Dritten **selbst dann,** wenn

---

[188] IdS *Pfister* JR 1969, 47, 49; *Wieling* JuS 1978, 801, 807 f.
[189] BGHZ 147, 145, 151 = NJW 2001, 1855; ebenso AnwK-BGB/*v. Sachsen Gessaphe* RdNr. 148; *Hadding,* FS Kümpel, 2003, S. 167, 178; HKK/*Schäfer* §§ 812–822 RdNr. 160; *Kümpel* WM 2001, 2273, 2278; *Langenbucher,* FS Heldrich, 2005, S. 285, 289 f.; *Larenz/Canaris* II/2 § 70 IV 2 d, S. 228; *Lieb,* FG 50 Jahre BGH, 2000, S. 547, 550 f.; *Nobbe* WM 2001, Sonderbeilage 4 S. 25; PWW/*Leupertz* RdNr. 94.
[190] So etwa in BGHZ 66, 362, 365; 66, 372, 375 f.; 88, 232, 236; OLG Dresden WM 1999, 952, 953; eingehende Darstellung bei *Gruber* DNotZ 1989, 658, 662 ff.; *Schnauder* ZIP 1994, 1069, 1070 ff.; *H. P. Westermann* ZIP 1990, 921 ff.
[191] Schon vor BGHZ 147, 145 hatte sich OLG Köln ZIP 1996, 1376, 1377 eindeutig gegen die Relevanz der Gutgläubigkeit ausgesprochen.
[192] Vgl. etwa BGHZ 67, 75, 77; 89, 376, 378; 122, 46, 52 f.
[193] BGHZ 147, 145, 149 ff. = NJW 2001, 1855.
[194] Wohlwollender gegenüber der Offenheit des Bereicherungsrechts für Billigkeitsaspekte aber *Schlechtriem* ZHR 149 (1985), 327, 335.
[195] RG Recht 1922 Nr. 1555; JW 1932, 735, 738; OLG Hamburg SeuffA 76 Nr. 143; *E. Ulmer* AcP 126 (1926), 163 Fn. 49; *Pfister* JR 1969, 47, 49.

die **Forderung im Valutaverhältnis bestand**.[196] So liegt es etwa, wenn der Schuldner bewusst nur die Hälfte des geschuldeten Betrags überweist, die Bank den Überweisungsauftrag aber versehentlich doppelt ausführt. Der Gläubiger hat dann zwar an sich bekommen, was ihm im Valutaverhältnis zusteht; gleichwohl aber muss er den Betrag der zweiten, nicht vom Schuldner veranlassten Überweisung wieder an die Bank auskehren.[197] Das gleiche gilt, wenn ein Geschäftsunfähiger eine Leistung angewiesen hat, die er im Valutaverhältnis tatsächlich schuldete: Auch hier muss der Dritte den Überweisungsbetrag an die Bank zurückzahlen.[198] Die **Rechtfertigung** für diese auf den ersten Blick merkwürdig anmutende Handhabung liegt darin, dass eine Verbindlichkeit nicht allein schon durch eine ihr entsprechende reale Güterbewegung getilgt wird, sondern darüber hinaus eine **Tilgungsbestimmung** des Schuldners erforderlich ist (RdNr. 41): Verbindlichkeiten werden erfüllt, weil der Schuldner es so will. Und wo eine Zwangsvollstreckung notwendig wird, ist es der Wille des Schuldners, der durch gerichtliche Handlungen substituiert wird. An einer solchen Tilgungsbestimmung fehlt es aber, wenn der Schuldner nicht selbst die Anweisung gegeben hat, dass Geld aus seinem Vermögen an den Gläubiger übermittelt werde. Ohne Tilgungsbestimmung kann Tilgungswirkung im Valutaverhältnis nicht eintreten.[199]

86 Teilweise ist freilich die Tilgungswirkung der nicht angewiesenen Leistung mit der Behauptung postuliert worden, der „Angewiesene" habe die Güterbewegung als **Drittleistung** ins Werk gesetzt.[200] Die Konsequenz wäre, dass der Gläubiger das Geleistete behalten darf und dem „Angewiesenen" gegen den „Anweisenden" eine Rückgriffskondiktion zusteht. Diese These ist **nicht haltbar:**[201] Der „Angewiesene" hätte, um eine Drittleistung zu erbringen, selbst eine eigene, auf Erfüllung einer fremden Verbindlichkeit gerichteten Tilgungsbestimmung erklären müssen. Er hat aber, da er sich für zur Leistung angewiesen hielt, lediglich eine fremde Tilgungsbestimmung (nämlich die des „Anweisenden") überbringen wollen.

87 **dd) Dogmatische Einordnung: Nichtleistungskondiktion.** Bei dem direkten Bereicherungsanspruch des „Angewiesenen" gegen den Dritten handelt es sich **nicht** um eine **Leistungskondiktion.** Die Gegenansicht[202] fußt auf einem Leistungsbegriff, der – nach hier vertretener Ansicht zu Unrecht – auf das Erfordernis der Zweckgerichtetheit, also auf eine Leistungszweckbestimmung verzichtet.[203] Der Dritte ist vielmehr in sonstiger Weise auf Kosten des Anweisenden bereichert; letzterem steht also eine Nichtleistungskondiktion zu.[204] Die Bereicherung des Dritten geht deshalb auf Kosten des „Angewiesenen", weil er (bei mangelfreiem Deckungsverhältnis) von seiner Verbindlichkeit gegenüber dem „Anwei-

---

[196] Ebenso OLG Düsseldorf WM 1993, 1327; LG Köln WM 1983, 379, 380; AnwK-BGB/*v. Sachsen Gessaphe* RdNr. 151; *Axer* WM 1983, 192, 194; *Böckmann/Kluth* ZIP 2003, 656, 657; *v. Caemmerer* JZ 1962, 385, 387; *Canaris*, FS Larenz, 1973, S. 799, 824 ff.; *St. Lorenz* JuS 2003, 839, 840; *W. Lorenz* AcP 168 (1968), 286, 302; *Pinger* AcP 179 (1979), 301, 316 f.; *Schönle* § 32 II 2 aE ohne Unterscheidung zwischen Doppelmangel und bloß fehlender Anweisung; *Seibert*, Erfüllung durch finale Leistungsbewirkung, 1982, S. 75 ff.; *Seiler* S. 92 ff.

[197] Zutr. AG Neuss DB 1976, 2466 f.

[198] BGHZ 158, 1, 5 f.

[199] Ebenso *Lorenz* JuS 2003, 839, 840; *Pinger* AcP 179 (1979), 301, 316; mit ähnlicher Begr. auch *Langenbucher* S. 177. Anders (trotz fehlender Anweisung Tilgungswirkung im Valutaverhältnis bejaht) OLG Düsseldorf ZIP 2000, 1668.

[200] *Flume* NJW 1991, 2521, 2523; *ders.* AcP 199 (1999), 1, 6 f., 12; andeutungsweise bereits *ders.* NJW 1987, 635, 636.

[201] Wie hier 4. Aufl. RdNr. 67; *Staudinger/Lorenz* RdNr. 49; *Wilhelm* JZ 1994, 585, 593 m. Fn. 44.

[202] 4. Aufl. RdNr. 60; LG Bielefeld WM 1970, 1072; *Kupisch* JZ 1997, 213, 221.

[203] 4. Aufl. RdNr. 31.

[204] So im Ergebnis auch BGHZ 147, 145, 149 f.; 152, 307, 311 f.; BGH ZIP 1994, 1098, 1100; OLG Hamm NJW-RR 1987, 882 f.; AnwK-BGB/*v. Sachsen Gessaphe* RdNr. 148; *Biallaß* CR 2007, 334; *Bruns* S. 142; *Hadding*, FS Kümpel, 2003, S. 167, 177, 179; jurisPK/*Martinek* RdNr. 117; *Kienle* S. 102; *Kümpel* WM 2001, 2273, 2277; *Langenbucher* S. 176; *Larenz/Canaris* II/2 § 70 VI 4, S. 251; *Löhnig* JA 2003, 270, 271; *Medicus* BR RdNr. 677; *Schnauder* ZIP 1994, 1069, 1071; *Thielmann* AcP 187 (1987), 23, 44 f.; *Wilhelm* JZ 1994, 585, 593 m. Fn. 45.

senden" nicht frei geworden ist bzw. (bei fehlerhaftem Deckungsverhältnis) nicht einmal einen Bereicherungsanspruch gegen den „Anweisenden" erlangt hat.

c) Einzelfälle. aa) Nicht autorisierte Anweisung. In der gerichtlichen Praxis hat es **88** eine Fülle von Einzelfällen gegeben, die sich in die Fallgruppe „fehlende Anweisung" einordnen lassen. An einer Anweisung fehlt es etwa dann gänzlich, wenn die Bank einen vom Aussteller **nicht unterschriebenen Scheck**[205] oder einen Scheck, auf dem die Währungsangabe fehlt,[206] einlöst oder einen Überweisungsauftrag versehentlich **doppelt ausführt;**[207] ebenso in Fällen einer **gefälschten Anweisung,**[208] sofern nicht ausnahmsweise das Fälschungsrisiko wirksam auf den Überweisenden abgewälzt wurde[209] oder ein Verhalten des Bankkunden vorliegt, das ihm nach Rechtsscheinsgrundsätzen zuzurechnen ist.[210] Ähnliche Grundsätze gelten, wenn jemand fremde Kontodaten ausspäht und auf diesem Wege Überweisungen von den betreffenden (fremden) Konten aus tätigt (sog. **Phishing**): Grundsätzlich fehlt es an einer Anweisung,[211] es sei denn, dem Kontoinhaber fällt ein Verhalten zur Last, das den Rechtsschein einer wirksamen Anweisung erzeugt.[212] Ebenso zählt der Fall, dass eine Bank das Konto ihres Kunden zugunsten einer Person belastet, die einen Betrag vom Konto jenes Kunden **einzieht, ohne** hierzu **ermächtigt** worden zu sein.[213] Die Anweisung, die von einem **Vertreter ohne Vertretungsmacht** erteilt wurde, ist dem Vertretenen nicht zuzurechnen; es fehlt also insgesamt an einer Anweisung.[214] Wenn eine Handelsgesellschaft nur von mehren Personen gemeinschaftlich vertreten werden kann (Gesamtvertretung) und die Anweisung nur von einem von ihnen erteilt wird, fehlt es ebenfalls gänzlich an einer wirksamen Anweisung.[215] Ganz allgemein entspricht das Fehlen einer erforderlichen Zweitunterschrift dem völligen Fehlen einer Anweisung.[216] Einer gänzlich fehlenden Anweisung steht es schließlich gleich, wenn der Anweisende im Zeitpunkt der Erteilung der Anweisung **geschäftsunfähig** war[217] oder wenn der Anweisende einem anderen eine zur Anweisung ermächtigende Kontovollmacht im Zustand der Ge-

---

[205] BGHZ 66, 362, 364 ff.; ebenso AnwK-BGB/*v. Sachsen Gessaphe* RdNr. 150; *Hadding*, FS Kümpel, 2003, S. 167, 177 f.

[206] OLG Köln WM 1984, 728, 729.

[207] OLG Hamburg NJW 1983, 1499, 1500; OLG München NJW-RR 1988, 1391; OLG Hamm ZIP 2003, 662 f.; KG NJW-RR 1992, 816; LG Bielefeld WM 1970, 1072; LG Köln WM 1983, 379; AG Neuss DB 1976, 2466 f.; *Böckmann/Kluth* ZIP 2003, 656, 657 ff.; *Kümpel* WM 2001, 2273, 2275; *Langenbucher*, FS Heldrich, 2005, S. 285, 294; PWW/*Leupertz* RdNr. 94; *Seiler* S. 174 ff.

[208] BGH ZIP 1990, 1126; 1994, 1098, 1099; OLG Köln ZIP 1996, 1376; *Borges* ZIP 2006, 1983, 1984; *Bruns* S. 141 f.; *Hadding*, FS Kümpel, 2003, S. 167, 178; *Langenbucher*, FS Heldrich, 2005, S. 285, 291 f.; *Löhnig* WM 2007, 961, 962; *Nobbe* WM 2001, Sonderbeilage 4 S. 25; *Schnauder* ZIP 1994, 1069, 1074 f.; *Kümpel* WM 2001, 2273, 2277; PWW/*Leupertz* RdNr. 94; *Seiler* S. 86 ff.; *Würdinger* JuS 2007, 418, 420. Für gefälschte Kreditkarte und gefälschten Belastungsbeleg bei Einsatz der Kreditkarte ebenso *Nobbe*, FS Hadding, 2004, S. 1007, 1019.

[209] *Bruns* S. 142 f.; *Larenz/Canaris* II/2 § 70 IV 5, S. 236 zu Fn. 85; *Schnauder* ZIP 1994, 1069, 1075; *Seiler* S. 126 ff.; ausf. zur Zurechnung gefälschter Weisung kraft Rechtsscheins *Schinkels* S. 39 ff.

[210] *Borges* ZIP 2006, 1983, 1984; *Seiler* S. 122 ff.

[211] OLG Hamburg ZIP 2006, 1981, 1982; OLG Karlsruhe WM 2008, 632, 633 f.; LG Bonn MMR 2007, 462, 463; *Biallaß* CR 2007, 334; *dies.* MMR 2007, 463, 464 f.; *Borges* ZIP 2006, 1983, 1984 f.; *Löhnig* WM 2007, 961, 962.

[212] Dazu näher *Borges* NJW 2005, 3313, 3314.

[213] BGHZ 69, 186, 188 ff.; ebenso AnwK-BGB/*v. Sachsen Gessaphe* RdNr. 145; jurisPK/*Martinek* RdNr. 124; PWW/*Leupertz* RdNr. 92; *Stierle* S. 170 ff.

[214] OLG Düsseldorf WM 1993, 1327; ebenso AnwK-BGB/*v. Sachsen Gessaphe* RdNr. 150; *Hadding*, FS Kümpel, 2003, S. 167, 178 f.; *Nobbe* WM 2001, Sonderbeilage 4 S. 25; *Seiler* S. 148 ff.

[215] BGHZ 147, 145, 149 = NJW 2001, 1855.

[216] Zutr. OLG Düsseldorf WM 1993, 1327 im Gegensatz zu OLG Düsseldorf ZIP 2000, 1668.

[217] BGHZ 111, 382, 386; BGH ZIP 2000, 2028; OLG Celle NJW 1992, 3178; *Hadding*, FS Kümpel, 2003, S. 167, 178 f.; *Nobbe* WM 2001, Sonderbeilage 4 S. 25; *Schlechtriem* ZHR 149 (1985), 327, 339; *Seiler* S. 132 f.; *Solomon* S. 55; *Stolte* JZ 1990, 220, 225. Dagegen soll die Anweisung eines beschränkt Geschäftsfähigen „partiell wirksam" sein (*Thielmann* AcP 187 [1987], 23, 43; dagegen *Seiler* S. 142 f.). Nach *Schall* S. 54 f. soll dem Geschäftsunfähigen parallel zur Direktkondiktion des Angewiesenen ein Bereicherungsanspruch gegen den Empfänger zustehen; Angewiesener und (geschäftsunfähiger) Anweisender sind dann bezüglich des Bereicherungsanspruchs Gesamtgläubiger (§ 428).

schäftsunfähigkeit erteilt hat.[218] Erst recht liegt ein Fall fehlender Anweisung vor, wenn jemand sowohl dem „Angewiesenen" als auch dem Zuwendungsempfänger ein Deckungs- bzw. Valutaverhältnis mit einer Person vorspiegelt, die von der Transaktion überhaupt nichts weiß.[219] In **allen diesen Fällen** wurde ein **direkter Bereicherungsanspruch** des „Ange- wiesenen" (im Regelfall: der Bank, die eine scheinbare Anweisung zur Übermittlung von Geld ausgeführt hatte) gegen den Dritten **bejaht.**

89 Bei missbräuchlichem Einsatz einer **Universalkreditkarte** durch einen nicht autorisier- ten Dritten ist zu beachten, dass nach den üblichen Klauseln in den Rahmenverträgen, welche von dem jeweiligen Kartenunternehmen mit den Vertragsunternehmen geschlossen werden, unter bestimmten Voraussetzungen das Missbrauchsrisiko dem Kartenunternehmen auferlegt ist. Sofern die Voraussetzungen dieser Klauseln erfüllt sind, hat das Kartenunter- nehmen, obwohl es vom Karteninhaber nicht zurechenbar zur Zahlung an das Vertrags- unternehmen angewiesen wurde, keinen direkten Bereicherungsanspruch.[220] Vielmehr ist das Kartenunternehmen in diesem Fall auf Ansprüche gegen denjenigen verwiesen, welcher die Karte unbefugt eingesetzt hat.[221]

90 **bb) Zuvielzahlung.** Andere Sachverhalte lassen sich weniger eindeutig als Fälle fehlen- der Anweisung identifizieren. Wenn etwa der Dritte mehr als dasjenige erhält, was er eigentlich erhalten soll, kann dies unterschiedliche Ursachen haben: Wenn dieser Fehler im **Verantwortungsbereich der Überweisungsbank** zu lokalisieren ist,[222] fehlt es hinsicht- lich des Mehrbetrags in der Tat an einer Anweisung des Bankkunden. Es hat sich insoweit keine Disposition des Kunden realisiert; der Mehrbetrag ist nicht kraft einer vom Anweisen- den gesetzten Tilgungsbestimmung beim Empfänger angekommen. Der Anweisende hat in diesem Fall nichts erlangt; die Bank kann den Mehrbetrag vielmehr direkt vom Dritten herausverlangen.[223] Allerdings hängt dieser Direktanspruch nach Ansicht des **BGH** davon ab, ob der **Empfänger wusste,** dass die Zuvielüberweisung nicht von einer Tilgungs- bestimmung des Anweisenden gedeckt war.[224] Die Zuvielüberweisung wird daher nicht so behandelt, wie wenn eine Anweisung gänzlich fehlte, sondern nach den für die widerrufene Anweisung (RdNr. 109 ff.) geltenden Grundsätzen.[225] Dem ist **nicht zu folgen;** vielmehr fehlt es hinsichtlich des Mehrbetrags von vornherein gänzlich an jeglicher Anweisung. Die Bank kann daher das zuviel Überwiesene in jedem Fall vom Empfänger zurückfordern, also ohne Rücksicht auf dessen guten Glauben.[226]

91 Wenn aber der **Kunde selbst die Überzahlung veranlasst** (etwa eine Null zuviel auf den Überweisungsträger geschrieben) hat, liegt tatsächlich eine Anweisung vor. Man mag hier allenfalls argumentieren, die Anweisung sei fehlerhaft: Der Empfänger wisse im Regelfall, dass ihm der Mehrbetrag aus dem Valutaverhältnis nicht zustehe und dass der Überweisende in Höhe des Überschusses keine Tilgungsbestimmung habe treffen wollen. Dann würde das Ergebnis abermals lauten, dass die Bank den Mehrbetrag direkt beim Überweisungsempfänger kondizieren kann. Die Überzeugungskraft dieses Ergebnisses ist freilich für diesen Fall kaum zu belegen: Die rechtliche Behandlung der Anweisungsfälle spiegelt die Rechtslage, die gegeben wäre, wenn der geleistete Gegenstand zunächst an den Angewiesenen übermittelt und von diesem an den Dritten weitergegeben worden wäre.

---

[218] BGHZ 158, 1, 5 ff. = NJW 2004, 1315.
[219] BGHZ 152, 307, 311 f.; zust. *Löhnig* JA 2003, 270, 271 ff.; *Schubert* JR 2003, 370 f.
[220] *Nobbe,* FS Hadding, 2004, S. 1007, 1019 f.
[221] *Nobbe,* FS Hadding, 2004, S. 1007, 1023, 1025.
[222] So lag es in BGH NJW 1987, 185; ZIP 2008, 1161; OLG Hamm NJW-RR 1987, 882. Ein Fehler im Verantwortungsbereich des Angewiesenen war ferner gegeben in OLG Köln VersR 2001, 1301.
[223] Im Ergebnis ebenso OLG Köln VersR 2001, 1301; AnwK-BGB/*v. Sachsen Gessaphe* RdNr. 150; *Canaris* JZ 1987, 201, 202 f.; *Flume* NJW 1987, 635, 636, *Kümpel* WM 2001, 2273, 2277; *Seiler* S. 164 f.
[224] BGH NJW 1987, 185, 186; ZIP 2008, 1161, 1163; OLG Hamm NJW-RR 1987, 882; *Hadding* WuB I D 1. Überweisungsverkehr 1.87; *Nobbe* WM 2001, Sonderbeilage 4 S. 26 f.
[225] So ausdrücklich BGH ZIP 2008, 1161, 1163.
[226] Wie hier OLG Hamburg WM 1982, 249, 251; *v. Caemmerer* JZ 1962, 385, 387; *Canaris* JZ 1987, 201, 202 f.; *Langenbucher,* FS Heldrich, 2005, S. 285, 294; differenzierte Lösung bei *Thomale* § 5 B V 2.

Bei der Banküberweisung ist also die Barauszahlung als Parallelfall heranzuziehen. Wenn aber der Kunde versehentlich das Zehnfache des benötigten Betrags abgehoben und an seinen Gläubiger weitergeleitet hätte, bestünde kein Zweifel, dass der Kunde den Mehrbetrag selbst von seinem Gläubiger herausverlangen müsste; es **fehlt** hinsichtlich dieses Mehrbetrags schlicht an einem **Valutaverhältnis,** welches den Verbleib dieses Betrags beim Gläubiger zu legitimieren vermöchte. Dann sollte bei einer vom Kunden zu verantwortenden Zuvielüberweisung das Ergebnis nicht anders lauten: Auch hier steht dem Kunden (Anweisenden) eine Leistungskondiktion gegen den Gläubiger (Dritten) zu. Der Angewiesene (die Bank) ist in diesem Fall nicht in den Bereicherungsausgleich einbezogen und bedarf eines eigenen Bereicherungsanspruchs auch nicht: Er ist in Höhe des gesamten Überweisungsbetrags von seiner Verbindlichkeit im Deckungsverhältnis frei geworden. Die angewiesene Bank darf daher den gesamten Überweisungsbetrag dem Konto ihres Kunden belasten.

Im Einzelfall kann es schwierig sein, zu beurteilen, ob die Zuvielzahlung vom Angewiesenen oder vom Anweisenden zu verantworten ist. Das zeigt ein vom OLG Stuttgart entschiedener Fall: Ein Grundstückskäufer hatte den Kaufpreis auf ein Notaranderkonto überwiesen und den Notar angewiesen, einen Teil des Betrags erst dann an den Verkäufer weiterzuleiten, wenn beide Vertragsparteien dem Notar schriftlich mitgeteilt hätten, dass das Kaufobjekt dem Käufer mietfrei übergeben worden sei. Der Notar leitete versehentlich den gesamten Kaufpreis an den Verkäufer weiter, ohne jene Mitteilung abzuwarten. Nach Ansicht des OLG Stuttgart stand dieser Sachverhalt den Fällen fehlender Anweisung nicht gleich. Vielmehr sei eine **aufschiebend bedingte Anweisung** vor Eintritt der Bedingung ausgeführt worden; die so ins Werk gesetzte Güterbewegung sei als Ganzes, also auch hinsichtlich des Betrags, der eigentlich noch einbehalten werden sollte, vom Käufer zurechenbar veranlasst worden.[227] Diese Einschätzung verdient keine Zustimmung: Der Fehler in der Güterbewegung lag im Verantwortungsbereich des Angewiesenen. Dem Notar hätte daher das Recht zugebilligt werden müssen, den zuviel überwiesenen Kaufpreis von den Verkäufern zurückzuverlangen. Auch § 813 Abs. 2 hätte diesem Begehren nicht entgegengestanden. Denn die Vorschrift gilt nicht für die Nichtleistungskondiktion. Um eine solche handelt es sich aber beim Bereicherungsanspruch des Angewiesenen gegen den Dritten.

Im neueren Schrifttum wird – unter ausdrücklicher Nennung der Zuvielzahlung, aber ersichtlich nicht auf diese beschränkt – vorgetragen, der Bereicherungsausgleich vollziehe sich immer dann übers Dreieck (also zwischen Angewiesenem und Anweisenden einerseits und zwischen Anweisendem und Dritten andererseits), wenn der Anweisende den Rechtsschein einer wirksamen Anweisung adäquat kausal durch sein Verhalten gesetzt und nicht alles Zumutbare unternommen hat, um diesen Rechtsschein zu verhindern.[228] Das trifft sich jedenfalls für die Zuvielüberweisung und die in RdNr. 94 zu diskutierende Überweisung an den falschen Empfänger im Wesentlichen mit den hier angestellten Überlegungen. Auf dem Boden dieser Deutung ist – was auch im Ergebnis angemessen erscheint – die Anweisung dem Anweisenden **selbst dann zuzurechnen,** wenn der Überweisung eines zu hohen Betrages auf Fehlern **sowohl in seinem Verantwortungsbereich als auch in dem des Angewiesenen** beruht. Die Anweisung ist in diesem Fall so zu behandeln wie die widerrufene Anweisung (RdNr. 109 ff.).

cc) **Falscher Empfänger.** Ähnliche Grundsätze gelten, wenn eine Bank den angewiesenen Betrag an den falschen Empfänger überweist. Hier ist abermals zu unterscheiden: Wenn der Anweisende den richtigen Empfänger bestimmt hatte und die **Bank von sich aus** den angewiesenen Betrag an einen **anderen übermittelt** hat, handelt es sich um einen Unterfall der fehlenden Anweisung. In diesem Fall hat sich die vom Angewiesenen gesetzte Disposi-

---

[227] OLG Stuttgart OLGR 1999, 81.
[228] *Bamberger/Roth/Wendehorst* RdNr. 236; ausdrückliche Anwendung des Verschuldensprinzips bei *Thomale* § 5 B IV und V 2c.

tion nicht realisiert. Folglich hat der Anweisende nichts erlangt; es bleibt nur die Direktkondiktion des Angewiesenen gegen den Dritten.[229] Ob der Empfänger gewusst hat, dass der Betrag nicht für ihn bestimmt gewesen sei, ist entgegen früherer Rechtsprechung[230] unerheblich. Eine Direktkondiktion ist daher zB gegeben, wenn eine Bank einen Scheck infolge einer Fehlbuchung nicht dem Konto des Kunden gutschreibt, der ihn eingereicht hat, sondern dem Konto eines Dritten.[231] Wenn aber der **Anweisende selbst** irrtümlich den **falschen Empfänger** notiert hat, ist abermals an die Parallele zur Barauszahlung zu erinnern: Hätte die Bank dem Anweisenden das Geld bar ausgezahlt und hätte dieser das Geld sodann einem anderen als dem Gläubiger überbracht, so bestünde kein Zweifel, dass der Anweisende den Anspruch gegen den Scheingläubiger auf Herausgabe des Betrags selbst (auf der Basis einer Leistungskondiktion) verfolgen müsste; die Bank hätte auch hier mit dem Bereicherungsausgleich nichts zu tun. Deshalb steht der Bereicherungsanspruch bei einer vom Anweisenden selbst zu verantwortenden Fehlleitung der Leistung dem Anweisenden selbst und nicht dem Angewiesenen zu.[232] Der Angewiesene bedarf auch hier keines Bereicherungsanspruchs, weil er im Deckungsverhältnis frei geworden ist. Schwieriger liegt es, wenn die Überweisung an den falschen Empfänger **sowohl vom Kunden als auch von der Bank veranlasst** wurde. Ein solcher Fall ist gegeben, wenn auf dem Überweisungsträger zwar der richtige Empfänger, aber die Kontonummer eines Dritten angegeben wurde: Der Kunde hat den Überweisungsträger in diesem Fall fehlerhaft ausgefüllt; die Bank hätte aber vor Ausführung des Auftrags nachfragen müssen, wohin denn nun das Geld überwiesen werden soll.[233] Das OLG Koblenz hat in diesem Fall einen direkten Bereicherungsanspruch der Überweisungsbank gegen den Empfänger bejaht.[234] Nach hier vertretener Ansicht führt dagegen bereits die Mitverantwortung des Kunden für die fehlerhafte Überweisung dazu, dass der Kunde eine zurechenbare Tilgungsbestimmung im Valutaverhältnis gesetzt hat. Ihm (und nicht der Bank) obliegt es daher, den Überweisungsbetrag mangels eines Valutaverhältnisses vom Empfänger zurückzufordern. Immerhin hat der BGH die Direktkondiktion in einem Fall abgelehnt, in dem ebenfalls der namentlich genannte Überweisungsempfänger nicht Inhaber des Kontos mit der Nummer war, die auf dem Überweisungsträger angegeben worden war. Der Fall war jedoch durch die Besonderheit gekennzeichnet, dass im Girovertrag eine Abwicklung des Überweisungsverkehrs ausschließlich unter Verwendung der Kontonummern vereinbart, die beteiligten Banken also nicht verpflichtet waren, zu prüfen, ob der Inhaber des Kontos mit der angegebenen Nummer mit dem namentlich genannten Überweisungsempfänger identisch war. In diesem Fall war die Überweisung an den falschen Empfänger eindeutig allein vom Überweisenden zu verantworten. Dieser hatte daher im Valutaverhältnis wirksam geleistet und konnte das Geleistete, sofern nicht geschuldet, vom Empfänger zurückfordern.[235]

95 **dd) Vorhandene, aber nichtige Anweisung.** Nach Ansicht des OLG Köln hat der Darlehensnehmer die Darlehensvaluta im Rechtssinne nicht erlangt, wenn diese vereinbarungsgemäß sogleich an einen Dritten (hier: an eine Gesellschaft, welcher der Darlehensnehmer beigetreten ist) ausgezahlt wurde.[236] Im gegebenen Fall war das Darlehen nach § 134 iVm. **§ 56 Abs. 1 Nr. 6 GewO** nichtig gewesen. Offenbar schloss das Gericht hieraus die Nichtigkeit der Anweisung, das Darlehen an den Dritten auszuzahlen; eine ausdrückliche

---

[229] Ebenso BGHZ 66, 372, 375; BGH BKR 2005, 372, 373 f.; WM 2006, 28, 29; AnwK-BGB/*v. Sachsen Gessaphe* RdNr. 150; *Nobbe* WM 2001, Sonderbeilage 4 S. 25; PWW/*Leupertz* RdNr. 95; *Seiler* S. 184 f.
[230] BGHZ 66, 372, 375.
[231] Zu Recht für Direktkondiktion der Bank gegen den Dritten in diesem Fall daher OLG Dresden WM 1999, 952 f.
[232] Im Ergebnis wie hier *Hager*, FG 50 Jahre BGH, 2000, S. 777, 807; *Seiler* S. 182 f.; *Toussaint* EWiR 2002, 751.
[233] Für eine solche Rückfragepflicht zu Recht OLG Koblenz WM 1987, 345, 346.
[234] OLG Koblenz WM 1987, 345, 346; im Ergebnis zust. *Seiler* S. 181.
[235] BGH ZIP 2006, 17, 18.
[236] OLG Köln WM 1984, 401, 404.

rechtskonstruktive Begründung des gefundenen Ergebnisses findet sich indes in der Entscheidung nicht.

Schwierigkeiten bereiten jene Fälle, in denen Treuhänder sich von Anlegern, die in Immobilien investieren wollten, bevollmächtigen ließen, die dazu benötigten Darlehen abzuschließen, die regelmäßig eine direkte Auszahlung der Darlehenssumme an den Bauträger vorsahen. Sofern es sich bei den Treuhändern nicht um Rechtsanwälte handelt, hält der BGH die Vollmacht und den zugrunde liegenden Geschäftsbesorgungsvertrag nach § 134 wegen Verstoßes gegen das **Rechtsberatungsgesetz** (bzw. jetzt: gegen das **RDG**) für nichtig.[237] Da dieser Mangel nach Ansicht des BGH **auch die Anweisung erfasst,** das Darlehen direkt an den Bauträger auszuzahlen, hat der Anleger nach Ansicht des **BGH** nichts erlangt und schuldet daher auch keine Rückzahlung des Darlehens unter dem Gesichtspunkt der ungerechtfertigten Bereicherung.[238] Es bereitet indes Schwierigkeiten, diesen Fall so zu behandeln, wie wenn eine Anweisung gänzlich gefehlt hätte; denn tatsächlich hat der Anleger in diesem Fall die Auszahlung des Darlehens an den Bauträger sehr wohl veranlasst. Er hat damit wenigstens zurechenbar den Rechtsschein einer Tilgungsbestimmung gesetzt. Vorzugswürdig erscheint daher, den Anleger so zu behandeln wie bei einer widerrufenen Anweisung (RdNr. 109 ff.): Wenn der Bauträger als Empfänger von dem Verstoß gegen das Rechtsberatungsgesetz weder wusste noch wissen musste, ist der Geldfluss aus seiner maßgeblichen Sicht kraft einer vom Anleger gesetzten Tilgungsbestimmung bei ihm angekommen. Das führt dazu, dass der Anleger wie bei einer wirksamen Anweisung so behandelt wird, als sei die Darlehenssumme zunächst an ihn geflossen.[239] Auf dem Boden der Ansicht des BGH ergibt sich noch folgende Schwierigkeit: Wenn die finanzierte Immobilienkapitalanlage in der Beteiligung an einer GbR besteht und die Bank das Darlehen – mit Rücksicht auf die fehlende Auszahlungsanweisung des Anlegers – direkt von der Gesellschaft zurückfordern kann, an die sie es ausgezahlt hat, fragt sich, ob der Anleger für diese Bereicherungsschuld der Gesellschaft analog § 128 HGB[240] einzustehen hat. Das hat der BGH wiederum zu Recht verneint:[241] Wenn man den Anleger unter dem Gesichtspunkt des Rechtsberatungsgesetzes vor einer Pflicht zur Rückzahlung des Darlehens bewahren will, darf man nicht eben diese Folge auf dem Umweg über § 128 HGB herbeiführen.

Konsequent ändert auch die **Sittenwidrigkeit** des Deckungsverhältnisses (und damit ggf. einhergehend die Sittenwidrigkeit der Anweisung) nichts daran, dass die angewiesene Leistung dem Empfänger als eine von ihm gesetzte Tilgungsbestimmung im Valutaverhältnis zugerechnet werden muss. So mag es geschehen, dass ein in Zahlungsschwierigkeiten geratener Darlehensnehmer das Darlehen umschuldet, indem er bei einer anderen Bank ein weiteres Darlehen zur Ablösung des ersten Darlehens aufnimmt. Wenn das zweite Darlehen vereinbarungsgemäß direkt an die erste Bank ausgezahlt wird und sich hernach beide Darlehensverträge als sittenwidrig erweisen, bleibt es dabei, dass die erste Bank das Darlehen vom Darlehenskunden zurückverlangen kann und dieser gegen die zweite Bank einen entsprechenden Bereicherungsanspruch hat.[242] Allerdings hat der BGH gerade in Fällen, in denen ein sittenwidrig gewährtes Darlehen vereinbarungsgemäß an einen Dritten ausgezahlt wurde, ausgesprochen, dass der Darlehensnehmer bei wirksamem Valutaverhältnis zwischen

---

[237] BGHZ 153, 214, 220 f. = NJW 2003, 1252; BGH NJW 2002, 66, 67; 2003, 2088, 2089; WM 2004, 1230, 1231; DB 2004, 1655, 1656; ZIP 2005, 69, 72; NJW 2005, 2983; 2007, 3127, 3128.
[238] IdS namentlich BGH WM 2004, 1227, 1230; BKR 2004, 447, 450; NJW 2007, 3127, 3129; ZIP 2008, 1317, 1319; *Kulke* VuR 2007, 189; *Nobbe* WM 2007, Sonderbeilage 1 S. 7. In BGH WM 2004, 1230, 1233 wurde die Unwirksamkeit der Anweisung darauf gestützt, dass die Auszahlungsanweisung nach dem Darlehensvertrag ausdrücklich unter den Vorbehalt eines wirksamen Anspruchs auf Auszahlung des Darlegens gestellt war.
[239] Vgl. bereits *Schwab* in: *Teichmann/Mattheus/Kainer* (Hrsg.), Zivilrechtliche Anwaltsfälle, S. 309, 315 ff.; wie hier *Seidel* JZ 2005, 497, 501 f.; *Wolf/Großerichter* ZflR 2005, 1, 13 f.
[240] Sog. Akzessorietätstheorie: BGHZ 142, 315, 318 ff.; 146, 341, 358.
[241] BGH ZIP 2008, 1317, 1319 f.
[242] OLG Hamburg ZIP 1990, 920 f.

ihm und dem Dritten nur die Befreiung von der Verbindlichkeit[243] und bei nichtigem Valutaverhältnis konsequent gar nichts erlangt habe.[244] Dieser Ansicht ist aus den bereits genannten Gründen nicht zu folgen: Die Nichtigkeit des Darlehens im Deckungsverhältnis ändert nichts daran, dass die Geldübermittlung an den Dritten vom Darlehensnehmer zurechenbar veranlasst wurde. Selbst wenn man also davon ausgeht, dass die Sittenwidrigkeit auch die Anweisung des Darlehensnehmers erfasst, die Valuta an den Dritten auszuzahlen, ist der Fall kein solcher einer fehlenden Anweisung, sondern nach den Grundsätzen zu behandeln, die für die widerrufene Anweisung gelten (RdNr. 109 ff.).

98 Hat der Darlehensgeber die Darlehenssumme vereinbarungsgemäß an einen Dritten ausgezahlt, dem der Darlehensnehmer diesen Betrag schuldete, und war der **Darlehensnehmer** beim Abschluss des Kausalgeschäfts im **Valutaverhältnis** vom Dritten **arglistig getäuscht** worden, so scheidet nach Ansicht des BGH ein Anspruch der Darlehensgebers gegen den Darlehensnehmer auf Rückgewähr der Valuta aus ungerechtfertigter Bereicherung aus. Der Darlehensgeber könne lediglich verlangen, dass der Darlehensnehmer ihm seinen Bereicherungsanspruch gegen den Dritten abtrete.[245] Zur Begründung führte der BGH aus, durch die Täuschung seien wegen § 123 Abs. 2 auch der Darlehensvertrag und die in ihm enthaltene Anweisung unwirksam geworden, den Darlehensbetrag direkt an den Dritten auszuzahlen. Nach hier vertretener Ansicht kann jedenfalls die vom BGH für richtig gehaltene Rechtsfolge nicht überzeugen: Wenn die Anweisung infolge der Täuschung nichtig war, wäre die zutreffende Rechtsfolge ein direkter Bereicherungsanspruch des Darlehensgebers gegen den Dritten gewesen. Des Umwegs über eine „Kondiktion der Kondiktion" hätte es nicht bedurft.

99 Wenn nach den im Deckungsverhältnis getroffenen Vereinbarungen die **Anweisung** erst nach **Zustimmung eines Dritten** ausgeführt werden soll und diese Zustimmung vom Anweisenden durch Täuschung erschlichen wird, liegt eine wirksame Anweisung vor.[246] Für Bereicherungsansprüche des Angewiesenen gegen den Dritten ist in diesem Fall kein Raum. Für den Fall, dass bei einem **formnichtigen** Grundstückskaufvertrag ein Teil des Kaufpreises vereinbarungsgemäß an eine Bank zur Ablösung der Grundschuld gezahlt wird, hat der BGH nicht einmal im Ansatz erwogen, ob der Formmangel auch zur Nichtigkeit der Anweisung des Verkäufers an den Käufer führt, das Geld direkt an die Bank zu zahlen. Im Rechtssinne hatte der Verkäufer den Kaufpreis erlangt und hatte ihn unter dem Gesichtspunkt der Leistungskondiktion zurückzuzahlen.[247]

100 ee) Der Wertpapier-Fall des BGH. Beachtliche Resonanz im Schrifttum hat der folgende Fall erlangt, über den der BGH zu befinden hatte: Der Vater zweier Kinder hatte Vollmacht, über das Wertpapierdepot seines Sohnes zu verfügen, und schenkte einige Wertpapiere aus diesem Depot seiner Tochter. Der Sohn verlangte diese von der Tochter (also von seiner Schwester) heraus. Diese berief sich darauf, sie habe die Wertpapiere durch Leistung ihres Vaters erlangt und könne daher nicht verpflichtet sein, diese wieder an ihren Bruder herauszugeben. Mit diesem Einwand konnte sie im Ergebnis nicht durchdringen; fraglich konnte nur sein, mit welcher Begründung der Herausgabeanspruch des Bruders zu fundamentieren war. Der **BGH** argumentierte, selbst wenn der Vater erklärt habe, er wolle seiner Tochter die Wertpapiere schenken, habe dieser doch spätestens anhand der mitgeteilten Depotauszüge bewusst sein müssen, dass diese Papiere aus dem Depot ihres Bruders stammten. Deshalb liege auch aus Sicht eines verständigen Empfängers keine Leistung vor. Die Schwester sei vielmehr **in sonstiger Weise** auf Kosten des Bruders bereichert und habe die Papiere an diesen herauszugeben. Vertrauensschutz verdiene sie schon deshalb nicht, weil die Papiere ihr unentgeltlich zugewendet worden seien.[248]

---

[243] BGH NJW 1980, 2301, 2302.
[244] BGH NJW 1991, 1810, 1811.
[245] BGH NJW 1989, 2879, 2881.
[246] BGHZ 147, 269, 275 f.
[247] BGH WM 1999, 1891 f.
[248] BGH NJW 1999, 1393, 1394 f.

Die vom BGH gegebene Begründung krankt an ihrer **rechtskonstruktiven Ungenau-** 101
igkeit.[249] Denn es galt zunächst zu klären, welche Rechtsgeschäfte zwischen welchen Beteiligten zustande gekommen waren. Es kann zum einen der Vater sowohl bei der Schenkungsabrede als auch bei der dinglichen Übertragung der Wertpapiere als Vertreter seines Sohnes aufgetreten sein. Dann war der Sohn an diese Geschäfte gebunden, es sei denn, es lagen die Voraussetzungen für einen evidenten Missbrauch der Vertretungsmacht vor. Eine solche Konstellation hielt der BGH indes nach dem Parteivortrag für ausgeschlossen.[250] Es kann zum anderen der Vater sowohl das Schenkungs- als auch das dingliche Übertragungsangebot im eigenen Namen abgegeben haben. Dann hat er als Nichtberechtigter über die Papiere verfügt. Seine Tochter kann in diesem Fall nur nach §§ 929, 932 gutgläubig Eigentum erworben haben. Fehlt ihr der dafür erforderliche gute Glaube,[251] so schuldet sie Herausgabe der Papiere bereits nach § 985, andernfalls nach § 816 Abs. 1 S. 2. Diese Konsequenz ließe sich nur vermeiden, wenn der Sohn auch mit einer Verfügung des Vaters im eigenen Namen einverstanden gewesen sein sollte, die Vollmachtserteilung also auch die Erteilung einer Verfügungsermächtigung iS des § 185 Abs. 1 beinhaltete. In diesem Fall wäre die Übereignung wirksam und ein Anspruch aus § 816 Abs. 1 S. 2 ausgeschlossen, weil der nach § 185 Abs. 1 Ermächtigte iS des § 816 als Berechtigter verfügt (näher § 816 RdNr. 25). Indes ist mangels abweichender Anhaltspunkte nicht davon auszugehen, dass jemand, der eine Verfügungsvollmacht erteilt, dem Bevollmächtigten allein damit auch schon eine Verfügungsermächtigung einräumen will.[252] Der BGH scheint freilich noch einer anderen Deutung des Geschehenen zuzuneigen: Der Vater soll die Schenkungsabrede im eigenen Namen geschlossen, die dingliche Übertragung dagegen als Vertreter seines Sohnes erklärt haben. Indes: Wenn ein solches Geschäft bei einer Handschenkung nicht schon wegen Perplexität nichtig ist,[253] stellte sich doch spätestens hier mit allem Nachdruck die Frage nach einem Missbrauch der Vertretungsmacht. Nimmt man einen solchen an, so ist die Übertragung der Wertpapiere unwirksam und die Tochter bereits nach § 985 zur Herausgabe verpflichtet. Aber wie dem auch sei: Im Streitfall war nicht daran zu rütteln, dass der Anspruch auf Herausgabe der Wertpapiere im Ergebnis begründet war.

d) In Sonderheit: Anweisungen des insolventen Schuldners. aa) Keine Tilgungs- 102
wirkung im Valutaverhältnis. Wenn der Schuldner, nachdem über sein Vermögen das Insolvenzverfahren eröffnet ist, seine Bank anweist, zum Zwecke der Erfüllung einer Verbindlichkeit gegenüber einem seiner Gläubiger Geld zu übermitteln (durch Überweisungsauftrag, Scheck, Wechsel etc.), so kann diese Zahlung den **Schuldner nicht** mehr von seiner **Verbindlichkeit befreien**. Das gilt ohne Weiteres, wenn der Gläubiger um die Insolvenzeröffnung weiß oder wissen muss:[254] Dann darf er die Zahlung nicht mehr als Leistung des Schuldners verstehen. Denn zurechenbare Vermögensdispositionen über die Masse kann, wie dem Gläubiger dann bewusst sein muss, fortan nach § 80 Abs. 1 InsO nur noch der Insolvenzverwalter treffen. Aber selbst wenn der Gläubiger sich in schuldloser Unkenntnis des Insolvenzverfahrens befindet, erzeugt die Zahlung des Schuldners keine Tilgungswirkung[255] – selbst wenn der Geldfluss aus Sicht des Gläubigers dann noch als Leistung des Schuldners verstehen darf. Denn nach § 81 Abs. 1 S. 1 InsO kann der Schuldner nach Insolvenzeröffnung nicht mehr wirksam über sein Vermögen verfügen. Das bedeutet zunächst, dass der Schuldner nicht mehr mit Erfüllungswirkung bar zahlen kann; denn der Gläubiger erwirbt an dem Geld kein Eigentum. Für den bargeldlosen Zahlungsverkehr bedeutet § 81 Abs. 1 S. 1 InsO, dass der Schuldner keine Verfügungen über sein

---

[249] Zum Folgenden *Hager*, FG 50 Jahre BGH, 2000, S. 777, 803 f.; *Jakobs* JZ 2000, 28 ff.; *Schnauder* NJW 1999, 2841, 2842 f.
[250] BGH NJW 1999, 1393, 1394.
[251] So die Einschätzung von *Schnauder* NJW 1999, 2841, 2846.
[252] So auch *Jakobs* JZ 2000, 28 f.
[253] IdS *Schnauder* NJW 1999, 2841, 2842; anders *Jakobs* JZ 2000, 28, 30.
[254] Im Ergebnis ebenso BGHZ 67, 75, 78.
[255] Ebenso *Canaris* Bankvertragsrecht RdNr. 503; *Meyer* S. 132; *Putzo* S. 234.

Konto zugunsten des Gläubigers mit der Maßgabe treffen kann, dass damit die Verbindlichkeit gegenüber dem Gläubiger erfüllt werden soll; der Schuldner kann mit anderen Worten keine wirksame Tilgungsbestimmung mehr treffen.

103 **bb) Vorüberlegungen zur Bestimmung des Bereicherungsgläubigers.** Fest steht mithin, dass der Gläubiger das Geleistete wieder herausgeben muss. Zweifelhaft ist nur die Bestimmung des Bereicherungsgläubigers. Dabei hat man sich die folgende **Interessenlage** vor Augen zu führen: Wenn man die **Anweisung** für **wirksam** erachtet, hat die Bank gegen den Schuldner bzw. gegen die Insolvenzmasse einen Anspruch auf Aufwendungsersatz (§§ 676 f, 675, 670). Folglich obliegt es dem Insolvenzverwalter, den Bereicherungsanspruch gegen den Gläubiger zu verfolgen; dieser steht nämlich dann der Masse zu. Die Bank würde in diesem Fall deshalb nicht am Bereicherungsausgleich teilnehmen, weil sie im Rahmen der ihr erteilten Botenmacht eine Tilgungsbestimmung überbracht hätte – wenn auch eine wegen § 81 InsO unwirksame. Sie stünde nicht anders, als wenn sie das Geld mit befreiender Wirkung an den Schuldner ausgezahlt und dieser es entgegen § 81 InsO an den Gläubiger weitergegeben hätte. Die Bank bezieht freilich nicht unbedingt einen Vorteil daraus, dass sie am Bereicherungsausgleich nicht teilnimmt. Wenn nämlich ihr Aufwendungsersatzanspruch gegen die Masse als gewöhnliche Insolvenzforderung anzusehen sein sollte, wird sie nur mit der Quote bedient; dagegen wäre der Bereicherungsanspruch gegen den Gläubiger möglicherweise vollwertig. Wenn man dagegen die **Anweisung** für **unwirksam** erachtet, gehört der hier diskutierte Sachverhalt in die Fallgruppe „fehlende Anweisung". Es fehlt dann an jeglicher dem Schuldner im Valutaverhältnis zurechenbaren Tilgungsbestimmung; die Bank hat nach den in RdNr. 81 ff. dargelegten Grundsätzen einen direkten Bereicherungsanspruch gegen den Gläubiger.

104 **cc) Kenntnis oder schuldhafte Unkenntnis der Bank von der Insolvenzeröffnung.** Relativ leicht fällt die Beurteilung der Rechtslage, wenn die Bank ihrerseits um die Insolvenzeröffnung weiß oder wissen muss. In diesem Fall ist die Anweisung des Schuldners an die Bank, Geld an den Gläubiger zu übermitteln, unwirksam; ebenso erlischt mit Wirkung ex nunc der Girovertrag (§§ 115 Abs. 1, 116 InsO).[256] Da es mithin von vornherein an einer wirksamen Anweisung fehlt, steht der **Bank** in diesem Fall ein **direkter Bereicherungsanspruch** gegen den Gläubiger zu. Diese Handhabung ist denn auch herrschend.[257] Die Gegenansicht, die in den hier diskutierten Fällen ausnahmslos einen Bereicherungsausgleich „über Eck", also unter Einbeziehung der Masse annimmt,[258] wird dem Umstand nicht gerecht, dass der Schuldner jegliche Verfügungsbefugnis über sein Vermögen verloren hat. Jener Verlust muss zur Konsequenz haben, dass eigenmächtige Verfügungen im Verhältnis zu Dritten nur so wenige Rechtswirkungen haben dürfen wie irgend möglich. Dem wird die Annahme der Unwirksamkeit der Anweisung und die Anerkennung einer Direktkondiktion am besten gerecht. Die gleichen Grundsätze gelten für die Scheckzahlung: Wenn der Scheckvertrag nach §§ 115 Abs. 1, 116 erlischt und die Bank den Scheck gleichwohl einlöst, steht der Bank gegen den Empfänger ein direkter Bereicherungsanspruch zu.[259]

105 **dd) Schuldlose Unkenntnis der Bank von der Insolvenzeröffnung.** Befindet sich die Bank dagegen in schuldloser Unkenntnis der Insolvenzeröffnung,[260] so gilt die **Anweisung** gemäß § 115 Abs. 3 S. 1 InsO als **fortbestehend.** Daraus folgt, dass die Leistung der Bank auch nach Insolvenzeröffnung noch als – freilich unwirksame (§ 81 Abs. 1 S. 1 InsO) – Leistung des Schuldners angesehen und demzufolge übers Dreieck rückabgewickelt

---

[256] BGHZ 67, 75, 78; *Canaris* Bankvertragsrecht RdNr. 503; *Meyer* S. 130 f.; *Meyer-Cording* S. 112; *Reuter/Martinek* § 11 III 4 b ee, S. 436 ff; *Schlegelberger/Hefermehl* Anh. § 365 HGB RdNr. 113.
[257] So im Ergebnis der BGHZ 67, 75, 78 ff. = NJW 1976, 1845; ferner *Meyer* S. 131; *Canaris* Bankvertragsrecht RdNr. 503; *Schlegelberger/Hefermehl* Anh. § 365 HGB RdNr. 119; ohne Rücksicht auf Kenntnis oder schuldhafte Unkenntnis der Bank auch *Seiler* S. 239 ff.
[258] *Putzo* S. 234 ff.; *Reuter/Martinek* § 11 III 4 b ee, S. 436 ff.
[259] *Hadding*, FS Kümpel, 2003, S. 167, 179.
[260] Im Fall BGHZ 67, 75 war die Bank bösgläubig; die nachfolgenden Ausführungen spiegeln daher nicht mehr die höchstrichterliche Rspr.

werden muss. Der **Bereicherungsanspruch** steht der **Masse** zu und ist vom Insolvenzverwalter geltend zu machen; der **Bank** erwächst ihrerseits aus der Ausführung der wirksamen Anweisung ein Anspruch auf **Aufwendungsersatz**.[261] Diesen Anspruch kann die Bank nach § 115 Abs. 3 S. 2 freilich bloß als **gewöhnliche Insolvenzforderung** geltend machen.[262]

Freilich versucht eine **Gegenansicht,** den **Aufwendungsersatzanspruch der Bank** insolvenzrechtlich als **Masseforderung** gemäß § 55 Abs. 1 Nr. 3 InsO darzustellen.[263] Der Gedankengang ist dabei der folgende: Die Bank dürfe nicht anders stehen, als wenn sie nach Insolvenzeröffnungen Zahlungen direkt an den Schuldner erbracht hätte. Hätte sie dies getan, so wäre die Masse ungerechtfertigt um diese Zahlungen bereichert; denn infolge der Insolvenzeröffnung sei der Rechtsgrund dieser Zahlungen, nämlich der Girovertrag, weggefallen. Die Bank hätte damit eine Masseforderung wegen ungerechtfertigter Bereicherung der Masse gemäß § 55 Abs. 1 Nr. 3 InsO inne. Dann dürfe sie nicht schlechter stehen, wenn sie auf Anweisung des Schuldners Geld direkt an den Gläubiger übermittelt hätte. Dieser Gedankengang kann indes **nicht überzeugen.**[264] Denn entweder der Girovertrag ist infolge der Insolvenz entweder tatsächlich erloschen; dann ist der Rechtsgrund nicht weggefallen, sondern hat – da die Anweisung in den hier diskutierten Fällen erst nach Insolvenzeröffnung ausgeführt wurde – von vornherein nicht bestanden. Wäre der daraus resultierende Anspruch ein Massebereicherungsanspruch nach § 55 Abs. 1 Nr. 3 InsO, so würde die in § 115 Abs. 3 S. 2 getroffene Anordnung, wonach die aus der Ausführung des Auftrags resultierenden Ersatzansprüche als gewöhnliche Masseforderung anzusehen sind, praktisch leer laufen. Das kann nicht dem Willen des Gesetzgebers entsprechen. Oder der Girovertrag ist wegen § 115 Abs. 3 S. 1 ebenfalls nicht erloschen. Dann ist die Ausführung der Anweisung mit Rechtsgrund erfolgt, und der Bank steht kein Bereicherungs-, sondern eben (aus §§ 676 f, 675, 670) ein Aufwendungsersatzanspruch zu. Das Problem der ungerechtfertigten Bereicherung der Masse stellt sich dann bereits im Ansatz nicht; § 55 Abs. 1 Nr. 3 InsO kann folglich nicht zum Zuge kommen.

Die **Bank** ist damit in hohem Maße daran **interessiert,** nicht auf einen Anspruch gegen die Masse verwiesen zu werden, sondern mit einem **eigenen Bereicherungsanspruch direkt gegen den Gläubiger** vorgehen zu können. Diesem Interesse ist Rechnung zu tragen; denn es wäre kaum verständlich, ausgerechnet die Bank, die sich in schuldloser Unkenntnis des Insolvenzverfahrens befindet, schlechter zu stellen als die Bank, die um die Insolvenzeröffnung weiß oder wissen muss: Wenn sie in letzterem Fall wegen fehlender Anweisung einen direkten Bereicherungsanspruch gegen den Gläubiger hat, muss sie einen solchen Anspruch erst recht bei schuldloser Unkenntnis erlangen können. Rechtskonstruktiv lässt sich dies über eine **teleologische Reduktion des § 115 Abs. 3 S. 1 InsO** erreichen:[265] Diese Vorschrift soll nicht die Masse, sondern den Angewiesenen schützen. Er kann daher auch auf diesen Schutz verzichten und sich auf den Standpunkt stellen, die Anweisung sei infolge der Insolvenzeröffnung entfallen, um dann im Wege der Direktkondiktion gegen den Empfänger vorgehen zu können. Auf diese Weise wird die bereicherungsrechtliche Rückabwicklung im Insolvenzfall von der Gut- oder Bösgläubigkeit des Angewiesenen gänzlich unabhängig.

Wenn das Konto, von dem aus der Schuldner die Zahlung angewiesen hat, ein **Guthaben** ausgewiesen hat, wird die Bank, die von der Insolvenzeröffnung nichts wusste, nach § 82 InsO in Höhe des Überweisungsbetrags von der Pflicht zur Auszahlung des Guthabens frei und darf das Konto des Schuldners entsprechend belasten.[266] In diesem Fall ist sie mithin auf

---

[261] Vgl. *Meyer-Cording* S. 113; *Canaris* Bankvertragsrecht RdNr. 503.
[262] Im Ergebnis ebenso *Putzo* S. 236 f.; *Canaris* Bankvertragsrecht RdNr. 503.
[263] 4. Aufl. RdNr. 95; *Meyer* S. 137.
[264] Im Ergebnis abl. auch *Canaris* Bankvertragsrecht RdNr. 502.
[265] So schon 4. Aufl. RdNr. 96.
[266] *Meyer* S. 135; *Meyer-Cording* S. 113; *Canaris* Bankvertragsrecht RdNr. 503; *Schlegelberger/Hefermehl* Anh. § 365 HGB RdNr. 117.

einen Bereicherungsanspruch gegen den Gläubiger nicht angewiesen. Ein solcher Bereicherungsanspruch steht folglich allein der Masse zu. Nach Auffassung einiger Autoren handelt es sich hierbei um eine Leistungskondiktion,[267] nach anderer Ansicht um einen analog § 816 Abs. 1 S. 2 zu begründenden Bereicherungsanspruch.[268] Nach hier vertretener Einschätzung kann es sich nicht um eine Leistungskondiktion handeln; denn ohne wirksame Tilgungsbestimmung ist eine Leistung nach der in RdNr. 41 ff. versuchten Bestimmung des Leistungsbegriffs undenkbar. Eine Analogie zu § 816 Abs. 1 S. 2 erübrigt sich gleichfalls, weil es an einer planwidrigen Regelungslücke fehlt: Der Anspruch folgt aus § 812 Abs. 1 S. 1 Alt. 2. Es handelt sich um eine Nichtleistungskondiktion eigener Art: Die Güterbewegung wurde vom Schuldner angestoßen, aber ohne Tilgungswirkung und aus diesem Grunde rechtsgrundlos.

109   **8. Rückabwicklung bei widerrufener Anweisung. a) Problem.** Neben den Fällen fehlender Anweisung haben in der Rechtsprechung Fälle Bedeutung erlangt, in denen eine Anweisung zwar ursprünglich erteilt, aber **widerrufen** worden war, **bevor der Angewiesene sie ausführte.** Die Lösung dieser Fälle gestaltet sich schwierig. Denn einerseits ist die Güterbewegung ab Wirksamwerden des Widerrufs nicht mehr vom Willen des Anweisenden getragen. Das spricht für eine Gleichsetzung mit den Fällen fehlender Anweisung; die Konsequenz wäre, dass der Angewiesene das Geleistete direkt vom Dritten zurückverlangen kann, und zwar unter dem Gesichtspunkt der Bereicherung in sonstiger Weise (RdNr. 87). Andererseits hat der Anweisende für die Güterbewegung zumindest zurechenbar einen Anlass gesetzt. Das spricht zumindest dann gegen eine Direktkondiktion des Angewiesenen, wenn der Dritte vom Widerruf der Anweisung nichts wusste: Dann durfte er die Güterbewegung so verstehen, als sei sie von einer Tilgungsbestimmung des Anweisenden getragen. Wenn man den Dritten in diesem Vertrauen schützen will, bedeutet dies: Bei fehlerfreiem Valutaverhältnis darf er das Geleistete behalten; die Verbindlichkeit des Anweisenden gegenüber dem Dritten ist erfüllt. Bei fehlerhaftem Valutaverhältnis ist der Dritte allein einem Bereicherungsanspruch des Anweisenden ausgesetzt und kann diesem Anspruch seine Einwendungen aus jenem Verhältnis entgegenhalten.

110   **b) Meinungsstand.** Der **BGH** hat die hier diskutierten Fälle im zuletzt genannten Sinne entschieden: Ein direkter Bereicherungsanspruch des Angewiesenen gegen den Dritten wurde immer dann abgelehnt, wenn der Dritte vom Widerruf der Anweisung keine Kenntnis habe.[269] Wenn der Angewiesene trotz Widerrufs leiste, so wolle er damit doch weiterhin eine Leistung lediglich an den Anweisenden erbringen; der Empfänger, auf dessen Sicht es ankomme, fasse dies auch so auf.[270] Dagegen wurde ein solcher Direktanspruch in einem Fall für gegeben erachtet, in dem der Dritte vom Widerruf der Anweisung wusste.[271] Wenn der Angewiesene den Anweisenden, der die Anweisung widerrufen hat, aus dem Deckungsverhältnis auf Rückgewähr des Geleisteten in Anspruch nimmt und der Anweisende zu seiner Verteidigung vorträgt, die Güterbewegung habe ihm im Valutaverhältnis nicht als Leistung zugerechnet werden können, weil der Dritte den Widerruf gekannt habe, hat der Anweisende nach Ansicht des BGH diese Behauptung zu beweisen.[272]

111   Im **Schrifttum dominieren** ebenfalls die Stimmen, die einen **direkten Bereicherungsanspruch des Angewiesenen** gegen den Dritten bei widerrufener Anweisung für **grundsätzlich ausgeschlossen** halten.[273] Der Empfänger sei in seinem Vertrauen

---

[267] 4. Aufl. RdNr. 97; *Meyer* S. 135; *Putzo* S. 234.
[268] *Canaris* Bankvertragsrecht RdNr. 504; *Schlegelberger/Hefermehl* Anh. § 365 HGB RdNr. 119.
[269] BGHZ 61, 289, 293 f.; 87, 246, 249 f.; 87, 393, 397 f.; 89, 376, 380 f.
[270] BGHZ 87, 393, 397 = NJW 1983, 2499.
[271] BGHZ 87, 393, 398; ebenso OLG Köln WM 1983, 190, 191; jurisPK/*Martinek* RdNr. 120; *Neef* JA 2006, 458, 461 f.; *Nobbe* WM 2001, Sonderbeilage 4 S. 27; *Weitnauer* DB 1984, 2496, 2500 f.; *Westermann* ZIP 1990, 921, 922.
[272] BGHZ 87, 393, 400; 89, 376, 380.
[273] AnwK-BGB/*v. Sachsen Gessaphe* RdNr. 154; *v. Caemmerer* JZ 1962, 385, 387; *Erman/Westermann/Buck-Heeb* RdNr. 20; *Hadding*, FS Kümpel, 2003, S. 167, 180 ff.; HKK/*Schäfer* RdNr. 158; *Koppensteiner/Kramer*

schutzwürdig, das Geleistete behalten zu dürfen;[274] der Fehler entstamme dem Bereich des Deckungsverhältnisses und gehe daher den Dritten, der an jenem Verhältnis nicht beteiligt sei, nichts an;[275] der Schuldner habe die Anweisung immerhin ursprünglich einmal erteilt und damit eine nicht mehr rückgängig zu machende Bedingung dafür gesetzt, dass die Anweisung ungeachtet des Widerrufs ausgeführt worden sei. Damit liege eine ausreichende tatsächliche Veranlassung vor, die es rechtfertige, ihm die Güterbewegung als Leistung im Valutaverhältnis zuzurechnen.[276] Vereinzelt wird darüber hinaus im Zusammenhang mit dem bargeldlosen Zahlungsverkehr vorgetragen, die Ausführung von Überweisungen sei dem Bankkunden trotz fehlender Anweisung deshalb dem Schuldner als Leistung im Valutaverhältnis zuzurechnen, weil er seine Bank als **Erfüllungsgehilfin** in die Erfüllung seiner Zahlungspflicht eingeschaltet und diese den Fehler gemacht habe; anders liege es nur, wenn die Bank vorsätzlich entgegen dem Widerruf die Überweisung ausgeführt habe.[277]

An der Haltung des BGH wird kritisiert, dass der BGH sich mit abweichenden Auffassungen nicht auseinandergesetzt habe.[278] Jene **abweichenden Stimmen** plädieren für eine gänzliche Gleichbehandlung der Fälle widerrufener Anweisung mit den Fällen, in denen die Anweisung von vornherein gefehlt hat: Der Angewiesene könne auch hier das Geleistete **direkt vom Dritten herausverlangen.**[279] Denn es sei nicht zu leugnen, dass die Güterbewegung in dem Moment, in dem sie vollzogen worden sei, nicht mehr vom Willen des Anweisenden getragen gewesen sei.[280] Für einen Vertrauensschutz des Empfängers fehle es an einem hinreichend stark ausgeprägten Rechtsscheintatbestand.[281] Der Empfängerhorizont könne zur Auslegung bestehender Erklärungen beitragen, nicht aber zuvor nicht (mehr) existierende Erklärungen des Anweisenden konstitutiv zur Entstehung bringen.[282] Freilich wird erwogen, ob der Empfänger nicht wenigstens dann vor dem Bereicherungsanspruch des Angewiesenen zu schützen sei, wenn ihm im Valutaverhältnis tatsächlich eine Forderung gegen den Anweisenden zustehe.[283]

c) Stellungnahme. aa) Auszuscheidende Argumente. Die Rechtsprechung des **BGH** und die überwiegende Ansicht in der Literatur verdienen im Ergebnis **Zustimmung,** nicht aber in allen Teilen der für dies Ergebnis vorgetragenen Argumentation. So trifft die Überlegung nicht zu, dass es sich bei der widerrufenen Anweisung um ein Problem allein des Deckungsverhältnisses handle.[284] Vielmehr sind die Fallgestaltungen „fehlerhaftes Deckungsverhältnis" und „fehlerhafte Anweisung" streng zu trennen (vgl. RdNr. 80). Ebenso

---

§ 6 IV 2, S. 34 f.; *Larenz/Canaris* II/2 § 70 IV 3 a, S. 230 f.; *Loewenheim/Winckler* JuS 1982, 910, 912; *Medicus* BR RdNr. 676; *Möschel* JuS 1972, 297, 301; *Nobbe* WM 2001, Sonderbeilage 4 S. 26; *Putzo* S. 162 f.; PWW/*Leupertz* RdNr. 95 f.; *Reuter/Martinek* § 11 III 4 b cc, S. 432 f.; *Schwark* WM 1970, 1334, 1335; *Stierle* S. 125 ff.; *Weitnauer*, FS v. Caemmerer, 1978, S. 255, 284; *Wieling* § 7 II, S. 92 f.
[274] *Möschel* JuS 1972, 297, 303; ebenso im Ergebnis *Thielmann* AcP 187 (1987), 23, 43.
[275] *v. Caemmerer* JZ 1962, 385, 387; *Möschel* JuS 1972, 297, 301.
[276] AnwK-BGB/*v. Sachsen Gessaphe* RdNr. 154; *Möschel* JuS 1972, 297, 303; *Putzo* S. 162 ff.; *Köndgen*, FS Esser, 1975, S. 55, 70.
[277] So aber *Pinger* AcP 179 (1979), 301, 317 f., wonach der Angewiesene solange als Erfüllungsgehilfe zu betrachten sei, solange er nicht vorsätzlich gegen den Widerruf handle.
[278] *Kupisch* ZIP 1983, 1412, 1417 vor und in Fn. 46.
[279] So im Ergebnis 4. Aufl. RdNr. 80; OLG Celle WM 1976, 170; OLG Düsseldorf NJW 1974, 1001; WM 1975, 875; OLG Koblenz WM 1976, 94; KG WM 1977, 1236; LG Aachen NJW 1982, 772; LG Düsseldorf WM 1981, 806; *Heimann-Trosien* JR 1974, 286, 287; *Kupisch* Gesetzespositivismus S. 75; *Lieb*, FG 50 Jahre BGH, 2000, S. 547, 551 ff.; *Meyer* S. 108 f.; *v. Olshausen*, FS Eisenhardt, 2007, S. 277, 290 ff.; *Schnepp* WM 1985, 1249, 1253 ff.; *Seiler* S. 195 ff.; *Staake* WM 2005, 2113, 2120; *Staudinger/Lorenz* RdNr. 51; *Wilhelm* AcP 175 (1975), 304, 347 f.
[280] *Kupisch* Gesetzespositivismus S. 75; *Meyer* S. 108; *Staake* WM 2005, 2113, 2120. Einschränkend *Bamberger/Roth/Wendehorst* RdNr. 236: widerrufene Weisung ist dem Anweisenden dann nicht mehr zurechenbar, wenn er alles Zumutbare unternimmt, um den Rechtsschein zu beseitigen.
[281] 4. Aufl. RdNr. 80; *Lieb* JZ 1983, 960, 962; *ders.*, FG 50 Jahre BGH, 2000, S. 547, 552 f.
[282] *Schnepp* WM 1985, 1249, 1253.
[283] *Kupisch* ZIP 1985, 1412, 1418. Abl. 4. Aufl. RdNr. 81.
[284] Insoweit wie hier *Canaris*, FS Larenz, 1973, S. 799, 814 f.; *Kupisch* ZIP 1983, 1412, 1417 f.

wenig überzeugt der Hinweis auf den Umstand, dass der Anweisende die Bank als Erfüllungsgehilfin eingesetzt habe: Träfe dies zu, so müsste auch in etlichen Fällen, in denen es an einer Anweisung bereits ursprünglich gefehlt hat, die Direktkondiktion des Angewiesenen gegen den Dritten abgelehnt werden, etwa bei Einlösung eines nicht unterschriebenen Schecks (sofern er nur tatsächlich vom Kunden ausgestellt war) oder bei versehentlicher Doppelüberweisung. Wenn dies gleichwohl zu Recht nicht geschieht, so deshalb, weil § 278 hier als Zurechnungsnorm nicht einschlägig sein kann: Mittels dieser Vorschrift können dem zwar Fehlverhalten und Verschulden des Erfüllungsgehilfen zugerechnet werden. In den hier diskutierten Fällen geht es aber darum, dem Schuldner die Abgabe einer Willenserklärung, nämlich einer Tilgungsbestimmung im Valutaverhältnis zuzurechnen. Dafür bietet § 278 keine Rechtsgrundlage.

114 **bb) Relevante Kriterien.** Entscheidend ist vielmehr, ob der Anweisende, dessen zuvor widerrufene Anweisung dennoch ausgeführt wurde, **etwas erlangt** hat: Nur wenn dies zu bejahen ist, nimmt er am Bereicherungsausgleich teil; andernfalls bleibt nur ein direkter Bereicherungsanspruch des Angewiesenen gegen den Dritten. In Anweisungsfällen kann der Anweisende, wie in RdNr. 63 ff. ausgeführt, deshalb so behandelt werden, als hätte er den Gegenstand in der Güterbewegung selbst in die Hände bekommen, weil (1.) er die Möglichkeit hatte, über den Verbleib jenes Gegenstandes zu disponieren, und sich diese Disposition realisiert hat, und weil (2.) besagter Gegenstand kraft einer vom Anweisenden gesetzten Tilgungsbestimmung in die Hände des Dritten gelangt ist. Beides erscheint bei der widerrufenen Anweisung problematisch: Die Disposition entspricht in dem Moment, da sie sich realisiert, nicht mehr dem Willen des Anweisenden; die Tilgungsbestimmung will der Anweisende in diesem Augenblick ebenfalls nicht mehr erklären.

115 **cc) Zurechenbar veranlasste Disposition.** Gleichwohl erscheinen beide Hindernisse überwindbar. Die **Disposition** über den Verbleib des Geleisteten ist vom Anweisenden immerhin zunächst zurechenbar ins Werk gesetzt worden; insoweit hat sich durchaus ein Vorgang verwirklicht, den der **Anweisende veranlasst** hat. Es erscheint insoweit vertretbar, das Risiko, diesen Vorgang nicht rechtzeitig anhalten zu können, dem Anweisenden zuzuweisen.[285] Der Einwand, es sei ein Wertungswiderspruch, bei identischem Vertrauenstatbestand auf Seiten des Empfängers danach zu differenzieren, ob die Anweisung gänzlich fehle oder wenigstens im tatsächlichen Sinn zurechenbar veranlasst sei,[286] geht fehl: Ob Vertrauensschutz gewährt wird, hängt grundsätzlich davon ab, ob jener Schein von demjenigen, zu dessen Nachteil er wirkt, zurechenbar gesetzt wurde.

116 **dd) Tilgungsbestimmung und Rechtsschein.** Was die **Tilgungsbestimmung** anbelangt, so mag der Anweisende diese im Zeitpunkt der Ausführung nicht mehr wollen. Dies ändert aber nichts daran, dass er dem Angewiesenen die **Botenmacht** erteilt hat, diese Bestimmung dem Dritten zu überbringen. Solange der Dritte von dem Widerruf keine Kenntnis hat oder haben muss, darf er die Güterbewegung in dem Sinne verstehen, dass sie von einer Tilgungsbestimmung des Anweisenden getragen ist: Es besteht also zumindest der **Anschein** einer vom Anweisenden gesetzten Tilgungsbestimmung[287] oder genauer: einer auf deren Überbringung gerichteten Botenmacht des Angewiesenen.[288]

117 Eine Bindung des Anweisenden an diesen Rechtsschein hat man im **Schrifttum** auf eine **Rechtsanalogie zu §§ 170, 171 Abs. 2, 172 Abs. 2, 173** gestützt.[289] Wer die Botenmacht nach außen mitteile, etwa durch Ausfüllen und Einliefern eines Überweisungsträgers, müsse

---

[285] So besonders deutlich *Köndgen*, FS Esser, 1975, S. 55, 70; auf das Veranlassungsprinzip stützt sich durchgehend *Putzo* S. 162 ff.
[286] So *Meyer* S. 110.
[287] *Reuter/Martinek* § 11 III 4 b, cc, S. 432 ff. iVm. § 4 II 3, S. 91 ff. insbes. 96 ff. und § 10 I 2, S. 388 ff.; die Grundlegung dazu erfolgte bereits durch *Canaris* WM 1980, 354, 356; noch deutlicher *ders.* JZ 1984, 627 ff.; dazu eingehend *Thomale* § 5 B III 1 c und V 2.
[288] Insoweit zutr. die Präzisierung in 4. Aufl. RdNr. 79.
[289] *Canaris* Bankvertragsrecht RdNr. 439; *ders.* JZ 1984, 627; *Stolte* JZ 1990, 220, 225 f.; dagegen *Wilhelm* AcP 175 (1975), 304, 348 ff.

sich an dem dadurch gesetzten Rechtsschein festhalten lassen.[290] An dieser These erscheint problematisch, dass die mittels der Anweisung erteilte Botenmacht, die Tilgungsbestimmung dem Dritten zu überbringen, kaum je nach außen mitgeteilt wird; insbesondere wird der Überweisungsträger dem Dritten regelmäßig nicht vorgelegt.[291] Allenfalls erhält die Empfängerbank eine Durchschrift des Überweisungsträgers. Ob man diese aber zur Grundlage eines Rechtsscheintatbestandes erheben kann,[292] erscheint zweifelhaft:[293] Die Durchschrift ist eben nicht das Original; eben dieses müsste aber vorgelegt werden, um die Wirkungen des § 172 Abs. 2 auszulösen. Im beleglosen Überweisungsverkehr versagt die Annahme, der Überweisungsträger könne als Rechtsscheinträger dienen, bereits im Ansatz.[294] Für den Fall eines **Dauerauftrags,** der vom Anweisenden gekündigt oder geändert, von der angewiesenen Bank aber weiter ausgeführt wird, ist als Rechtsscheintatbestand die Duldung weiterer Abbuchungen durch den Anweisenden ins Feld geführt worden: Wer anhand seiner Kontoauszüge erkenne, dass der Dauerauftrag weiterhin ausgeführt werde, und dagegen nichts unternehme, setze sowohl gegenüber der Bank als auch gegenüber dem Zahlungsempfänger zurechenbar den Anschein, die weitere Ausführung des Dauerauftrages gehe in Ordnung.[295]

Überzeugend ist jedoch im neueren Schrifttum vorgetragen worden, dass es für die Bindung des Anweisenden an den Anschein der Botenmacht eines **Rechtsscheinträgers** überhaupt **nicht bedarf:**[296] Die Güterbewegung in Anweisungsfällen vollzieht sich in den Formen des Geheißerwerbs. Der Widerruf der Anweisung bedeutet, dass der Anweisende sich fortan weigert, vom Angewiesenen Eigentum zu erwerben; es wird mithin auch die dingliche Einigung widerrufen. Der Anweisende verfügt an den Dritten folglich als Nichtberechtigter. Wenn der Widerruf der dinglichen Einigung im Valutaverhältnis den Dritten nicht mehr rechtzeitig erreicht, bleibt diese Einigung bestehen. Und wenn der Dritte in Vollzug dieser Einigung Besitz erlangt, darf er darauf schließen, dass der Anweisende die Macht hatte, ihm diesen Besitz zu verschaffen. Der Dritte erwirbt daher redlich Eigentum. Wenn aber der Anweisende sachenrechtlich an seine Verfügung gebunden ist, so muss er auch schuldrechtlich an die von ihm erklärte Tilgungsbestimmung gebunden sein. Für den bargeldlosen Zahlungsverkehr gelten ungeachtet dessen, dass dort keine Übereignung stattfindet, dieselben Grundsätze. Denn die bereicherungsrechtliche Behandlung der Anweisungsfälle richtet sich, wie in RdNr. 68 ausgeführt, insgesamt nach denselben Wertungskriterien wie die Behandlung der Leistungskette.

ee) Konsequenz: Kondiktion des Angewiesenen nur gegen den bösgläubigen Dritten. Der Widerruf der Anweisung ändert nichts daran, dass sich die vom Anweisenden angeordnete Disposition über den Verbleib des Geleisteten realisiert hat. Solange der Dritte vom Widerruf der Anweisung keine Kenntnis hat oder haben muss, darf er auf den Fortbestand der Botenmacht vertrauen, die der Anweisende dem Angewiesenenerteilt hat, um die von ihm gesetzte Tilgungsbestimmung zu überbringen. Solange also der **Dritte gutgläubig** ist, sind beide Voraussetzungen gegeben, die vorliegen müssen, damit die Feststellung gerechtfertigt ist, dass der Anweisende etwas erlangt hat. In diesem Fall muss der Dritte keine Direktkondiktion des Angewiesenen fürchten. Er kann vielmehr bei fehlerfreiem Valutaverhältnis das Geleistete behalten; bei fehlerhaftem Valutaverhältnis ist er allein dem Anweisenden aus § 812 Abs. 1 S. 1 Alt. 1 verpflichtet. Wenn dagegen der **Dritte bösgläubig** ist, fehlt es an einer wirksamen Tilgungsbestimmung im Valutaverhältnis. Der Anweisende hat in diesem Fall nichts erlangt. Es bleibt dann nur ein direkter Bereicherungs-

---

[290] *Schnauder* ZIP 1994, 1069, 1074.
[291] Noch deutlicher *Langenbucher* S. 180: „bei der Überweisung fehlt ein urkundlicher Rechtsscheinträger".
[292] So ausdrücklich *Canaris* Bankvertragsrecht RdNr. 439; *ders.* WM 1980, 354, 356.
[293] Abl. auch *Solomon* S. 80.
[294] *Seiler* S. 212 f.
[295] *Langenbucher*, FS Heldrich, 2005, S. 285, 294 f.; *Seiler* S. 167 f.; im Ergebnis ebenso (Direktkondiktion der Bank bei geändertem oder widerrufenem Überweisungsauftrag nur, wenn Änderung bzw. Widerruf dem Empfänger bekannt ist) BGHZ 89, 376, 379 f.; BGH WM 1984, 890, 891.
[296] Zum Folgenden *Hager*, FG 50 Jahre BGH, 2000, S. 777, 813, 826; abl. aber *Solomon* S. 80 f.

anspruch des Angewiesenen gegen den Dritten. Der **Maßstab** für die Frage, ob der Empfänger gut- oder bösgläubig ist, entspricht dem des § 276: Der Dritte ist nicht nur dann bösgläubig (und damit einer Direktkondiktion ausgesetzt), wenn er um den Widerruf weiß, sondern auch dann, wenn er sich in fahrlässiger Unkenntnis des Widerrufs befindet.[297]

120 ff) **Beweislast.** Wenn der **Angewiesene** den **Anweisenden** auf **Rückgewähr** in Anspruch nimmt, so muss der Anweisende beweisen, dass der Dritte den Widerruf der Anweisung gekannt hat; der BGH verdient in diesem Punkt also Zustimmung. Daran ist Kritik geübt worden, die insbesondere moniert, dass der BGH den Bereicherungsausgleich übers Dreieck vorschnell zum Regelfall und die Direktkondiktion zur begründungsbedürftigen Ausnahme erklärt habe.[298] Die Richtigkeit der vom BGH vertretenen Ansicht ergibt sich aber daraus, dass der Anweisende zunächst zurechenbar einen Rechtsschein gesetzt hatte, wonach der Angewiesene dem Dritten seine auf das Valutaverhältnis bezogene Tilgungsbestimmung überbringen durfte. Dann muss er – der Anweisende – beweisen, dass und warum der Dritte auf diesen Rechtsschein nicht vertrauen durfte.[299] Diese Beweislastverteilung entspricht derjenigen, welche auch sonst gilt, wenn an einen zurechenbar gesetzten Rechtsschein Rechtsnachteile geknüpft werden (so insbesondere im Fall des § 173).

121 Wenn der **Angewiesene** den **Empfänger (Dritten)** auf **Rückgewähr** in Anspruch nimmt, so soll nach einer im Schrifttum vertretenen Ansicht der Empfänger beweisen müssen, dass er den Gegenstand der Güterbewegung durch Leistung eines Dritten (nämlich des Anweisenden) erlangt hat. Denn er sei es, der sich darauf berufe, dass die Nichtleistungskondiktion des Angewiesenen durch ein vorrangiges Leistungsverhältnis zum Anweisenden gesperrt sei.[300] Daran ist richtig, dass der Empfänger die zwischenzeitliche Existenz einer Anweisung beweisen muss. Denn diese Anweisung begründet überhaupt erst den Rechtsschein, welcher Voraussetzung dafür ist, dass der Empfänger auf die Botenmacht zur Überbringung der vom Anweisenden gesetzten Tilgungsbestimmung vertrauen darf. Wenn dem Empfänger aber dieser Nachweis gelingt, muss der Angewiesene beweisen, dass und warum der Empfänger nicht auf diesen Rechtsschein vertrauen durfte. Die Beweislast bezüglich der Bösgläubigkeit trifft damit in diesem Fall den Angewiesenen.

122 d) **Einzelfälle. aa) Widerrufene Anweisungsvollmacht.** Zweifelhaft ist die Rechtslage, wenn jemand einen anderen bevollmächtigt, in seinem Namen den Partner des Deckungsverhältnisses anzuweisen, den geschuldeten Gegenstand direkt an den Partner des Valutaverhältnisses zu übermitteln, und diese Vollmacht widerruft, noch bevor der Bevollmächtigte von ihr Gebrauch macht. Der Fall scheint auf den ersten Blick einer von vornherein vollmachtlosen und daher bereits von Beginn an fehlenden Anweisung gleichzustehen; das Ergebnis wäre, dass der Angewiesene das Geleistete direkt vom Dritten zurückfordern könnte. Indes ist auch hier nicht zu übersehen, dass der Anweisende die Disposition über den Gegenstand der Güterbewegung zurechenbar veranlasst hat. Auch der Rechtsschein einer Botenmacht, kraft derer der Angewiesene dem Dritten die Tilgungsbestimmung im Valutaverhältnis überbringen darf, hat der Anweisende in einem solchen Fall zurechenbar gesetzt. Deshalb gelten hier nicht die Grundsätze betreffend die fehlende, sondern diejenigen betreffend die widerrufene Anweisung: Der gutgläubige Dritte ist vor einem Bereicherungsanspruch des Angewiesenen geschützt.[301]

123 **bb) Widerrufener Scheck.** Wer zum Zwecke der Erfüllung einer Verbindlichkeit einen Scheck hingibt (regelmäßig nur erfüllungshalber, § 364 Abs. 2), erklärt die **Tilgungsbestimmung** bereits in **vorweggenommener** Weise. Jene Bestimmung wird also nicht erst

---

[297] Wie hier *Canaris* JZ 1984, 627, 628; *Hadding,* FS Kümpel, 2003, S. 167, 181 f.; *Koller,* Symposion Canaris, 1998, S. 151, 158; *Solomon* S. 82.
[298] 4. Aufl. RdNr. 86; *Kupisch* ZIP 1983, 1412, 1415 f.; beide wollen die Beweislast dem Angewiesenen zuweisen.
[299] Wie hier *Canaris* JZ 1984, 627, 628 f.
[300] *Halfmeier,* liber amicorum E. Schmidt, 2005, S. 109, 117; *Harke* JZ 2002, 179, 183.
[301] So im Ergebnis auch OLG Nürnberg WM 1999, 2357, 2358.

durch die Bank überbracht, die den Scheck einlöst. Der Dritte darf, solange er vom Widerruf des Schecks keine Kenntnis hat, darauf vertrauen, dass die Tilgungsbestimmung fortbesteht. Schon aus diesem Grund hat der BGH mit Recht einen Bereicherungsanspruch der Bank gegen den gutgläubigen Schecknehmer verneint.[302] Für diesen Fall findet er sogar die Zustimmung derjenigen Autoren, die ansonsten die widerrufene der fehlenden Anweisung gleichstellen und den Dritten einem Bereicherungsanspruch des Angewiesenen aussetzen wollen.[303] Nach hier vertretener Ansicht reicht aber bei der Scheckhingabe sowie bei anderen Fällen antizipierter Tilgungsbestimmung nicht einmal die Kenntnis des Dritten aus, um einen Bereicherungsanspruch des Angewiesenen gegen ihn zu begründen. Vielmehr verliert die Tilgungsbestimmung ihre Wirkung im Valutaverhältnis erst dann, wenn der Anweisende (Scheckaussteller) sie durch empfangsbedürftige Erklärung gegenüber dem Schecknehmer **widerruft**.[304]

9. Bereicherungsrechtliche Rückabwicklung im Lastschriftverkehr. a) Gestaltungsformen des Lastschriftverkehrs. Zunehmende Bedeutung erlangt beim bargeldlosen Zahlungsverkehr der sog. Lastschriftverkehr mit seinen beiden Erscheinungsformen des Abbuchungsauftrags- und des Einzugsermächtigungsverfahrens. Beim Abbuchungsauftragsverfahren erteilt der Kunde seiner Bank im Voraus den Auftrag, Lastschriften, die ein Gläubiger auf sein Konto zieht, zu seinen Lasten einzulösen. Beim Einzugsermächtigungsverfahren erklärt der Bankkunde direkt gegenüber seinem Gläubiger die Ermächtigung, auf sein Konto zuzugreifen.

b) Parallele zum Überweisungsverkehr. Für beide Verfahren gelten bereicherungsrechtlich jedenfalls im Ausgangspunkt **dieselben Kriterien** wie für den Überweisungsverkehr.[305] Obwohl der Anlass zur Zahlung in diesem Fall vom Gläubiger (diesem wird vom Schuldner im Regelfall eine Einzugsermächtigung erteilt worden sein) ausgeht und nicht, wie bei der Überweisung, vom Schuldner, handelt es sich rechtlich und wirtschaftlich in beiden Fällen um Leistungen der Bank an den Schuldner im Deckungs- und des Schuldners an den Gläubiger im Valutaverhältnis.

Die soeben getroffene Aussage erscheint freilich gerade bezogen auf das **Einzugsermächtigungsverfahren** nicht eindeutig. Denn über die rechtskonstruktive Deutung dieses Verfahrens besteht Streit. Nach der sog. **Ermächtigungstheorie**[306] wird die Einzugsermächtigung als im Voraus erklärte Einwilligung des Schuldners gedeutet, dass sein Konto mit dem Einzugsbetrag belastet wird, sobald der Gläubiger bzw. seine Bank die Ermächtigung vorlegt. Danach enthält die Einzugsermächtigung, sobald sie vorgelegt wird, zugleich eine Anweisung des Schuldners an die Bank, die Lastschrift einzulösen. Auf dem Boden dieser Deutung erscheint es ohne Weiteres gerechtfertigt, die Einzugsermächtigung in Parallele zur Banküberweisung zu behandeln: Ein der Ermächtigung entsprechender Bankeinzug entspricht einer fehlerfreien Anweisung; Bereicherungsansprüche bestehen beim nichtigen Deckungsverhältnis zwischen Schuldnerbank und Schuldner und bei nichtigem Valutaverhältnis zwischen Schuldner und Gläubiger. Nach der **Genehmigungstheorie**[307] erfolgt dagegen der Bankeinzug zunächst allein aufgrund einer Weisung der Empfängerbank und ist damit zunächst nicht vom Schuldner autorisiert, sondern bedarf dessen nachträglicher Genehmigung. Der Schuldner kann also durch Verweigerung der Genehmigung die Rechts-

---

[302] BGHZ 61, 289, 293 f.; *Hadding*, FS Kümpel, 2003, S. 167, 180 ff.; dagegen *Thomale* § 5 B V 3.
[303] 4. Aufl. RdNr. 87; *Meyer* S. 113 ff.; *Seiler* S. 219 ff.; *Staudinger/Lorenz* RdNr. 51; *Wilhelm* AcP 175 (1975), 304, 324 ff.; *Schönle* § 8 VI 3 d.
[304] Im Ergebnis wie hier *Larenz/Canaris* II/2 § 70 IV 3 c, S. 231 f.
[305] BGHZ 69, 186, 188 (für Einzugsermächtigungsverfahren); BGH NJW 1983, 220, 221 (für Abbuchungsauftragsverfahren); *Bruns* S. 143 f. (für Abbuchungsauftragsverfahren); *Canaris* WM 1980, 354, 359 ff. (für Abbuchungsauftragsverfahren), 361 ff. (für Einziehungsermächtigungsverfahren); *Erman/ Westermann/ Buck-Heeb* RdNr. 24; *Kupisch* WM 1979, Sonderbeilage 3 S. 22 f. (für beide Verfahren); *Schnepp* WM 1985, 1249, 1257 f. (für Abbuchungsauftragsverfahren).
[306] Für sie *Burghardt* WM 2006, 1892, 1893 ff.; *Canaris* WM 1980, 354, 361 ff.
[307] Für sie *Hadding*, FS Bärmann, 1975, S. 383, 388 ff.; *Wegner* NZI 2008, 345, 348; sowie der BGH in st. Rspr.; zuletzt BGHZ 167, 171, 174 f.

wirkung herbeiführen, dass im Rechtssinne niemals ein von ihm autorisierter Zahlungsvorgang bestanden hat. Nach Ansicht des BGH steht das Recht, die Genehmigung der Lastschrift zu verweigern, sogar dem vorläufigen Insolvenzverwalter mit Zustimmungsvorbehalt zu.[308] Bereicherungsrechtlich führt die Genehmigungstheorie zu folgenden Konsequenzen: Wird die Genehmigung nicht – auch nicht konkludent – erteilt, liegt (obwohl der Schuldner sich vorab mit dem Bankeinzug einverstanden erklärt hatte!) ein Fall fehlender Anweisung vor; der Schuldnerbank steht dann ein direkter Bereicherungsanspruch gegen den Gläubiger (bzw. gegen die Empfängerbank; zu dieser Frage RdNr. 130) zu.

127 Der **BGH** hat aus der Genehmigungstheorie eben diese Konsequenz ausdrücklich gezogen: Wenn der **Schuldner** die **Genehmigung verweigert,** fehlt es an einer Anweisung; die **Schuldnerbank** kann den eingezogenen Betrag aus § 812 Abs. 1 S. 1 Alt. 2 **vom Gläubiger herausverlangen.**[309] Mit dieser Haltung ist der BGH indes im Schrifttum auf **berechtigte Kritik** gestoßen: Die Schuldnerbank, die auf eine vom Schuldner erteilte Einzugsermächtigung Geld an den Gläubiger übermittelt, handelt als auftragslose Geschäftsführerin für den Schuldner, und zwar wegen der erteilten Ermächtigung im Einklang mit dem Willen des Schuldners. Dann erwächst der Schuldnerbank ein Aufwendungsersatzanspruch aus §§ 683 S. 1, 670; eines Bereicherungsanspruchs gegen den Gläubiger bedarf sie nicht mehr.[310] Wenn jemand eine Einzugsermächtigung erteilt, erfolgt der Geldfluss mit seinem Willen; daher ist ihm dieser auch im Valutaverhältnis als Leistung zuzurechnen.[311] Man muss hier nicht einmal die Idee des Rechtsscheins für die Botenmacht zur Überbringung einer Tilgungsbestimmung bemühen. Vielmehr erklärt der Schuldner mit Erteilung der Einziehungsermächtigung im Voraus die Tilgungsbestimmung im Valutaverhältnis gegenüber dem Gläubiger. Es fließt also im Valutaverhältnis eine Leistung des Schuldners; damit ist für eine Nichtleistungskondiktion der Schuldnerbank gegen den Gläubiger kein Raum.

128 Mit einer **fehlenden Anweisung** ist die Einziehung von Geld im Einzugsermächtigungsverfahren **nur vergleichbar,** wenn der Schuldner sich bei der Erteilung der Einzugsermächtigung **gegenüber dem Gläubiger** eine spätere **Genehmigung vorbehalten** hatte. In diesem Fall ist eine Tilgungsbestimmung im Valutaverhältnis gerade nicht im Voraus erklärt worden; der Schuldner gibt vielmehr mit dem Genehmigungsvorbehalt zu erkennen, dass er jene Bestimmung erst noch nachreichen möchte. Der Gläubiger handelt auf eigenes Risiko, wenn er den Geldbetrag einzieht, ohne zuvor die Genehmigung des Schuldners herbeizuführen.[312]

129 c) **Fehlende Einzugsermächtigung.** Wenn es an einer **Einzugsermächtigung** bereits von vornherein **fehlt,** liegt in jedem Fall die Konstellation einer **fehlenden Anweisung** vor. Wenn gleichwohl Geld an den Gläubiger übermittelt wird, ist dies dem Schuldner nicht als Leistung an den Gläubiger im Valutaverhältnis zuzurechnen.[313] Vielmehr hat die Schuldnerbank diesem Fall nach den in RdNr. 81 ff. dargestellten Grundsätzen einen direkten Bereicherungsanspruch gegen die Gläubigerseite. Ein Fall fehlender Einziehungsermächtigung liegt auch dann vor, wenn der Inhaber des Kontos, von dem Zahlungen auf eine vertragliche Verbindlichkeit abgebucht werden, wechselt: Der neue Kontoinhaber hat die Einziehungsermächtigung nicht erteilt; der Geldfluss, der durch den Gebrauch der Einziehungsermächtigung ins Werk gesetzt wurde, ist dem neuen Kontoinhaber daher nicht als Leistung (insbesondere nicht als Drittleistung auf die Verbindlichkeit des bisherigen Kontoinhabers) zuzurechnen.[314]

---

[308] BGH NZI 2008, 27 ff.
[309] BGHZ 167, 171, 173 ff.; zust. *Welsch* DZWiR 2006, 386 f.; wohl auch *Würdinger* JuS 2007, 418, 421 f.; nur im Ergebnis gleicher Ansicht *Hager* JA 2006, 738, 740.
[310] Zutr. *Schinkels* JR 2007, 376, 377.
[311] *Burghardt* WM 2006, 1892, 1894.
[312] *Langenbucher* S. 240.
[313] BGHZ 69, 186, 190.
[314] OLG Frankfurt OLGR 2005, 66, 67.

Fraglich kann nur noch sein, ob der Bereicherungsanspruch sich hier wie sonst in den Fällen fehlender Anweisung **gegen den Gläubiger selbst** richtet oder aber **gegen dessen Bank**. Im Schrifttum ist die Auffassung verbreitet, dass die Direktkondiktion der Schuldnerbank sich im Lastschriftverkehr gegen die Gläubigerbank richtet.[315] Denn die Bank des Lastschriftempfängers sei aus Abschnitt II Nr. 3 des Abkommens über den Lastschriftverkehr verpflichtet, nicht eingelöste Lastschriften zurückzunehmen und wieder zu vergüten. Aus dieser Regelung ergebe sich der Grundgedanke, dass die Empfängerbank selbständige Teilnehmerin von Ausgleichsansprüchen aus gestörten Zahlungsvorgängen sein könne. Deswegen sei sie jedenfalls im Verhältnis zur Schuldnerbank als selbständige Zahlungsempfängerin anzusehen und nicht bloß als Zahlstelle des Gläubigers. Das soll erst recht gelten, wenn die Gläubigerbank die vom Schuldner nicht autorisierte Einziehung eigenmächtig veranlasse, dh. ohne dass der Gläubiger selbst die Einziehung wünsche und das Vorliegen einer entsprechenden Ermächtigung vortäusche.[316] Demgegenüber hat der BGH mit Recht ausgesprochen, dass der Bereicherungsanspruch sich gegen den Gläubiger selbst richtet und die Empfängerbank nur als dessen Leistungsmittlerin tätig wird.[317] Das Lastschriftabkommen erzeugt zwar Rechte und Pflichten unter den daran beteiligten Banken, macht diese aber dadurch nicht im Außenverhältnis zu den Bankkunden zu eigenständigen Leistungsempfängern.

Das Problem des Bereicherungsausgleichs bei fehlender Einziehungsermächtigung kann freilich nur dort **praktische Bedeutung** erlangen, wo dem Schuldner die **Lastschriftrückgabe**, etwa wegen Fristablaufs, **nicht möglich** ist. Denn solange sie möglich ist, kann der Schuldner selbständig dafür sorgen, dass die Schuldnerbank Belastung seines Kontos wieder rückgängig macht. Die Schuldnerbank muss dann tatsächlich Ausgleich bei der Empfängerbank suchen – aber nicht aus ungerechtfertigter Bereicherung, sondern auf der Basis der Bestimmungen des Lastschriftabkommens. Es handelt sich mithin um einen vertraglichen Rückgewähranspruch aus Abschnitt II Nr. 3 des Lastschriftabkommens. Die Rechtslage für den Fall, dass die Rückgabe der Lastschrift ausgeschlossen ist, ist streitig. Der BGH ist der Ansicht, dieser Umstand berühre nur das Deckungsverhältnis und gehe den Empfänger nichts an.[318] Diese Handhabung ist mit Recht kritisiert worden; denn sie führt dazu, dass der Empfänger vor jeglichem Bereicherungsanspruch geschützt ist, den zu Unrecht eingezogenen Betrag also behalten darf.[319] Der Ausschluss der Lastschriftrückgabe ändert nichts daran, dass die Schuldnerbank ohne Anweisung des Schuldners tätig geworden ist und der Schuldner daher nichts erlangt hat: Er hat bei fehlender Einzugsermächtigung nicht zurechenbar über den Verbleib des Geldes disponiert und der Bank auch keine Botenmacht erteilt, eine von ihm gesetzte Tilgungsbestimmung an den Gläubiger zu überbringen. Auch den Anschein einer solchen Botenmacht hat er nicht zurechenbar gesetzt.

Deswegen muss es dabei bleiben, dass der **Schuldner selbst dann,** wenn das **Lastschriftrückgabeverfahren nicht mehr in Betracht kommt,** von der **Schuldnerbank verlangen** kann, die **Belastung seines Kontos** wieder **rückgängig** zu machen. Rechtskonstruktiv kann dies auf verschiedenen Wegen begründet werden. Vorgeschlagen wurde, dass der Schuldner die Rechtsposition, welche die Bank durch die Verfristung oder den sonstigen Ausschluss des Rückgabeverfahrens erlangt hat, vergleichbar einem rechtsgrundlos erlangten Saldoanerkenntnis[320] herausverlangen kann.[321] Die Bank wäre dann verpflichtet, den Schuldner so zu stellen, wie wenn die Rückgabe noch möglich wäre und der Schuldner von der Möglichkeit der Lastschriftrückgabe auch Gebrauch gemacht hätte. Ebenso wäre es möglich, dem Schuldner ohne diesen Umweg den allgemeinen Rückbuchungsanspruch aus § 812

---

[315] 4. Aufl. RdNr. 101; *Kupisch* WM 1979, Sonderbeilage 3 S. 23; *Reuter/Martinek* § 11 IV 3 b, S. 447.
[316] 4. Aufl. RdNr. 102.
[317] BGHZ 69, 186, 188 f.
[318] BGHZ 69, 186, 190.
[319] 4. Aufl. RdNr. 103.
[320] Ein rechtsgrundlos abgegebenes Saldoanerkenntnis kann kondiziert werden: BGH NJW 1968, 591.
[321] Näher *Reyher/Sperl* S. 52.

Abs. 1 S. 1 Alt. 2 zuzubilligen: Die Bank hat den Anschein einer rechtmäßigen Sollbuchung erlangt und diesen folglich herauszugeben, indem sie die Belastungsbuchung beseitigt.[322] Schließlich könnte man den Rückbuchungsanspruch sogar auf einen Erst-Recht-Schluss aus § 676 f stützen: Wenn die Bank schon verpflichtet ist, eingehende Beträge gutzuschreiben, so muss sie erst recht Beträge (wieder) gutschreiben, die nicht mit Willen des Schuldners von dessen Konto abgegangen sind.

133 **d) Unbefugter Gebrauch der Einzugsermächtigung.** Zu behandeln ist schließlich noch der Fall, dass zwar eine Einzugsermächtigung erteilt, von dieser aber zu Unrecht Gebrauch gemacht wurde, weil eine **Forderung im Valutaverhältnis** gar **nicht bestand**. Hier kommt nur die Kondiktion zwischen Pseudoschuldner und angeblichem Gläubiger in Betracht: Ersterem kann die Zahlung seiner Bank in diesem Fall deshalb als Leistung zugerechnet werden, weil er eine Einzugsermächtigung erteilt hat, und auch die Empfängerbank kann hier als bloße Zahlstelle aus der bereicherungsrechtlichen Rückabwicklung herausgehalten werden, weil auch sie das Fehlen der Forderung im Valutaverhältnis nichts angeht.

134 **10. Rückabwicklung fehlerhafter verbundener Geschäfte. a) Grundlagen.** Nach § 358 Abs. 3 S. 1 sind ein Darlehensvertrag zwischen einem Unternehmer und einem Verbraucher und ein Vertrag zwischen einem Unternehmer und einem Verbraucher über die Lieferung einer Ware oder die Erbringung einer anderen Leistung **verbundene Geschäfte,** wenn das Darlehen der Finanzierung des anderen Vertrags dient und beide Verträge eine wirtschaftliche Einheit bilden. Wenn in einem Sachverhalt diese Voraussetzungen vorliegen, besteht die **rechtliche Konsequenz** namentlich darin, dass der Widerruf des einen Vertrags auch den jeweils anderen erfasst (§ 358 Abs. 1, 2) und dass der Verbraucher dem Darlehensgeber Einwendungen aus dem verbundenen Vertrag entgegenhalten kann (§ 359). Wenn einer der beiden Verträge nichtig ist, stellt sich folgerichtig die Frage, wie sich dies auf die bereicherungsrechtliche Rückabwicklung des jeweils anderen Vertrags auswirkt. Die Frage gehört deshalb in den übergreifenden Kontext der Anweisungsfälle, weil das Darlehen meist – im Einklang mit den entsprechenden Bestimmungen des Darlehensvertrags – nicht an den Darlehensgeber, sondern direkt an den Partner des verbundenen Geschäfts, also etwa den Verkäufer ausgezahlt wird.

135 **b) Rückabwicklung nach verbraucherschützendem Widerruf.** Nach früherem Recht (zB § 1 HaustürWG, § 7 VerbrKrG) wurde ein Vertrag, der einem verbraucherschützenden Widerrufsrecht unterlag, erst wirksam, wenn der Verbraucher die Widerrufsfrist ungenutzt verstreichen ließ. Das bedeutet im Bereich der verbundenen Verträge vor allem, dass der Darlehensvertrag zunächst nicht zustande kam – und mit ihm auch der verbundene Vertrag nicht. Mit Ausübung des Widerrufsrechts war das Zustandekommen des Darlehensvertrags endgültig gescheitert. Daraus schloss der **BGH,** dass auch die im Darlehensvertrag enthaltene Anweisung, den Darlehensbetrag direkt an den Verkäufer auszuzahlen, wirkungslos geblieben sei. Die **Bank,** die das Darlehen gleichwohl an den Verkäufer ausgezahlt habe, habe dies ohne wirksame Anweisung des Verbrauchers getan und könne daher den Darlehensbetrag **direkt vom Verkäufer zurückverlangen.**[323] Ein Anspruch gegen den Verbraucher scheide wegen des Schutzzwecks jener Vorschriften aus, welche dem Verbraucher das Widerrufsrecht einräumten.[324] Die vom BGH befürwortete Argumentation wurde in der Literatur kritisiert: Die Anweisung sei von dem sie tragenden Deckungsverhältnis abstrakt und daher gerade nicht automatisch nichtig, wenn das Deckungsverhältnis fehlerhaft sei.[325]

---

[322] Näher dazu AnwK-BGB/*Schwab* § 675 RdNr. 97 mwN.
[323] BGHZ 133, 254, 263 f.; 152, 331, 337; 167, 252, 256; BGH NJW 1980, 938, 940; ZIP 2008, 1317, 1318; OLG München WM 2003, 66, 69; OLG Stuttgart ZIP 2001, 322, 326; im Ergebnis ebenso *Emmerich* in: *ders./v. Westphalen/Rottenberg* § 9 VerbrKrG RdNr. 123 f.; *Knops* BKR 2005, 59, 61; *Pickert,* Das Widerrufsrecht nach dem Verbraucherkreditgesetz, 1995, S. 167.
[324] BGH NJW 1984, 1755, 1757.
[325] *Hübner* ZIP 1984, 1175, 1176.

Im **Schrifttum** wurde für die Begründung der Direktkondiktion der Bank eine Fülle 136
abweichender Konstruktionsvorschläge unterbreitet: So wurde angenommen, der Kreditvertrag sei ein berechtigender Vertrag zugunsten des Verkäufers.[326] Der Darlehensgeber erfülle daher eine eigene Verpflichtung gegenüber dem Verkäufer, wenn er die Valuta direkt an ihn auszahle, und könne diese daher im Falle des Widerrufs als indebite geleistet nach § 812 Abs. 1 S. 1 Alt. 1 kondizieren.[327] Von anderer Seite wurde vorgetragen, der Darlehensgeber, der die Valuta direkt an den Verkäufer auszahle, tue dies im Wege der Drittleistung (§ 267) zur Tilgung der Kaufpreisschuld des Verbrauchers. Damit stelle er eine eigene Leistungsbeziehung zum Verkäufer her.[328] Da der Widerruf auch den Kaufvertrag zu Fall gebracht hatte, stellte sich die Auszahlung des Darlehens an den Verkäufer auf dem Boden dieser Deutung als Drittleistung der Bank auf die nicht bestehende Kaufpreisschuld des Verbrauchers dar und rechtfertigte deshalb die Direktkondiktion der Bank gegen den Verkäufer. Schließlich wurde ein Schuldverhältnis eigener Art zwischen Verkäufer und Darlehensgeber konstruiert, das nach Auftragsrecht abzuwickeln sei und dem Darlehensgeber einen Anspruch auf Rückgewähr der Valuta analog § 670 eröffne.[329] Die Bank kreditierte sozusagen im Auftrag des Verkäufers dem Verbraucher die Kaufpreisschuld. Der Bank wurde immerhin das Recht zugestanden, das Objekt des verbundenen Vertrags, also etwa die Kaufsache, nach § 812 vom Verbraucher herauszuverlangen: Dieser habe aufgrund eines als Einheit zu betrachtenden (und wegen des Widerrufs nie wirksam gewordenen) Geschäfts als einheitliche Leistung dieses Objekt erlangt.[330]

Für das **Widerrufsrecht** ist allen diesen Konstruktionen **heute** der **Boden entzogen:** 137
Die vom Verbraucher abgeschlossenen Verträge sind nach heutigem Recht zunächst wirksam und werden durch den Widerruf gemäß § 357 Abs. 1 mit Wirkung für die Zukunft in ein Rückgewährschuldverhältnis verwandelt. Deshalb lässt sich ungeachtet eines späteren Widerrufs eine wirksame Anweisung des Verbrauchers an die Bank, das Darlehen direkt an den Verkäufer auszuzahlen, nicht leugnen. Mehr noch: Sowohl das Deckungsverhältnis zwischen Bank und Verbraucher als auch das Valutaverhältnis zwischen Verbraucher und Verkäufer ist zunächst intakt. Ein Bereicherungsausgleich allein mit Rücksicht auf den Widerruf findet nach heutigem Recht nicht mehr statt. Der Verbraucher braucht nach § 358 Abs. 4 S. 3 bei der Rückabwicklung nur mit der Bank abzurechnen. Wie sich sodann die Rückabwicklung zwischen Bank und Verkäufer gestaltet, ist umstritten und hier nicht zu diskutieren.[331]

c) Nichtigkeit nach allgemeinen Regeln. aa) Finanzierter Vertrag ist nichtig. Die 138
Frage nach der bereicherungsrechtlichen Rückabwicklung verbundener Geschäfte stellt sich daher heute nur noch, wenn wenigstens einer der beiden Verträge nach allgemeinen Regeln nichtig ist. Ist der **Kaufvertrag nichtig,** kann der Verbraucher nach § 359 auch die Bedienung des Darlehens verweigern. Sofern er gleichwohl Zins und/oder Tilgung auf das Darlehen geleistet hat, kann er diese Beträge nach Ansicht des BGH gemäß § 813 zurückfordern.[332]

bb) Darlehensvertrag ist nichtig. Ist der Darlehensvertrag nichtig, so hindert dies nach 139
hier vertretener Ansicht (RdNr. 96) grundsätzlich nicht die Annahme, dass der Verbraucher zurechenbar einen Rechtsschein gesetzt hat, wonach die Bank die Tilgungsbestimmung des Verbrauchers gegenüber dem Verkäufer überbringen darf. Der Verbraucher hat damit im Rechtssinne die Darlehenssumme erlangt und diese nach § 812 Abs. 1 S. 1 Alt. 1 herauszugeben. Gleichwohl sind bei Nichtigkeit eines Darlehens Besonderheiten zu beachten, wenn die Voraussetzungen eines verbundenen Geschäfts vorliegen. Denn es erscheint kaum

---

[326] *Tröster,* Verbundene Geschäfte, 2001, S. 126 ff.
[327] *Tröster* (vorige Fn.) S. 142.
[328] *Staudinger/Kessal-Wulf* (2001) § 9 VerbrKrG RdNr. 65.
[329] *Lebek,* Rückabwicklung und Regress bei verbundenen Geschäften, 1996, S. 57 ff.
[330] *Reiter/Methner* VuR 2004, 365, 368.
[331] Näher § 358 RdNr. 87 ff.
[332] BGH WM 2008, 244, 246. Zum Ganzen näher § 813 RdNr. 13 und vor allem § 359 RdNr. 66 f.

im Sinne der in **§§ 358, 359** getroffenen **Wertungen,** wenn der Verbraucher beim verbundenen Geschäft an dem finanzierten Vertrag festgehalten wird und das nichtige Darlehen zwar nicht nach § 488 Abs. 1 S. 2, wohl aber nach § 812 Abs. 1 S. 1 Alt. 1 zurückzahlen muss. Dementsprechend hat man auf unterschiedlichen rechtstechnischen Wegen zu begründen versucht, dass der Verbraucher in diesem Fall nicht das Darlehen zurückzahlen, sondern nur das finanzierte Objekt herausgeben muss:

140 Die bereicherungsrechtliche Rückabwicklung hat der **BGH** in der Weise konstruiert, dass er den Darlehensnehmer (Verbraucher) so behandelt hat, als habe er es mit nur einer Vertragspartei zu tun und als habe er von dieser Vertragspartei die erhaltene Sachleistung gegen verzinslichen Zahlungsaufschub (Teilzahlung) erhalten. Auf dem Boden dieser Grundannahme hat der Darlehensnehmer von vornherein nicht die Darlehenssumme und auch nicht die Schuldbefreiung gegenüber dem Verkäufer, sondern – sozusagen als **einheitliche Leistung** von der Bank und dem Partner des finanzierten Geschäfts – allein das mit Hilfe des Darlehens **finanzierte Objekt** erlangt und muss konsequent auch nur dieses herausgeben.[333] Fraglich ist allerdings, inwiefern diese Rechtsprechung heute noch aktuell ist; dazu sogleich RdNr. 142.

141 Im **Schrifttum** wird demgegenüber im Ausgangspunkt an der rechtlichen Trennung von Darlehen und Kaufvertrag festhalten. Die Bank hat dann gegen den Verbraucher einen Anspruch auf Rückgewähr der Darlehensvaluta aus § 812 Abs. 1 S. 1 Alt. 1 sowie auf deren Verzinsung gemäß § 818 Abs. 1. Der Verbraucher hat seinerseits gegen den Partner des verbundenen Vertrags (zB den Verkäufer) einen Anspruch auf Rückgewähr des Kaufpreises aus § 812 Abs. 1 S. 1 Alt. 1 und muss nach der gleichen Vorschrift dem Verkäufer die Kaufsache zurückgewähren. **Entsprechend § 358 Abs. 4 S. 3** tritt sodann die Bank gegenüber dem Verbraucher in die Rechte und Pflichten des Verkäufers aus dem gescheiterten Kaufvertrag ein. Der Verbraucher kann daher dem Anspruch der Bank auf Rückgewähr und Verzinsung des Darlehens seinen Anspruch auf Rückgewähr und Verzinsung des Kaufpreises entgegenhalten und muss daher im Ergebnis bloß die Kaufsache an K herausgeben.[334]

142 Nach beiden soeben beschriebenen Lösungen ist der Verbraucher im Ergebnis nur zur Übereignung des finanzierten Objekts, nicht aber zur Zahlung von Geld verpflichtet. Der Käufer ist damit aller Rückabwicklungsrisiken ledig; insbesondere wäre er vom Risiko der Insolvenz des Verkäufers befreit. Auf noch anderem Wege gelangt das **OLG Karlsruhe** zum gleichen Ergebnis: Der Verbraucher kann sich danach nicht allein wegen des Vorliegens eines verbundenen Geschäfts, wohl aber deshalb auf die Herausgabe des Kaufsache beschränken, weil der **Verwendungszweck des Darlehens** durch die von der Bank gestellten Darlehensbedingungen **festgelegt** gewesen sei.[335] Es erscheint freilich – zumindest im Bereich fremdfinanzierter Immobilienkapitalanlagen – **zweifelhaft**, ob der **BGH** seine in RdNr. 140 erläuterte Ansicht **heute noch aufrecht erhalten würde**. Denn im Kontext des § 494 Abs. 2 ist er mittlerweile der Auffassung, dass das Darlehen im Rechtssinne auch dann vom Verbraucher empfangen wird, wenn der Darlehensgeber es weisungsgemäß an den Partner des verbundenen Vertrags auszahlt.[336] Spiegelt man diese neuere Rechtsprechung im Bereicherungsrecht, so führt sie zu der Konsequenz, dass der Verbraucher auch beim verbundenen Geschäft das Darlehen selbst – und nicht etwa nur das finanzierte Objekt – erlangt.[337] Eine andere Beurteilung kommt auf dem Boden dieses Ansatzes nur in Betracht, wenn nicht bloß das Darlehen, sondern ebenso die Anweisung, das Darlehen sogleich an den Partner des verbundenen Geschäfts auszuzahlen, nichtig ist (näher RdNr. 96). Für alles Nähere sei auf die Kommentierung der §§ 358, 359 verwiesen.

---

[333] BGHZ 159, 294, 309f.; BGH DB 2004, 1655, 1658; WM 2004, 1536, 1541; für die parallele Frage nach der Heilung gemäß § 494 Abs. 2 durch Empfang des Darlehens ebenso BGH NJW-RR 2005, 986, 987.
[334] IdS *Möller/Lutz* VuR 2005, 81, 85f.; *Schäfer* BKR 2005, 98, 103f.
[335] OLG Karlsruhe ZIP 2006, 1128, 1132f.; ebenso *Schnauder* JZ 2006, 1049, 1052f.
[336] BGHZ 167, 223, 236f.; 167, 239, 244f.
[337] So auch OLG Karlsruhe OLGR 2006, 793, 795.

11. Zweifel über die Person des Empfängers. a) Die Empfängerbank im Über- 143
weisungsverkehr als Gegner von Bereicherungsansprüchen. aa) Grundsatz: Empfängerbank als bloße Zahlstelle. Für den praktisch besonders bedeutsamen Fall der **Banküberweisung** folgt aus dem in RdNr. 63 ff. Gesagten, dass derjenige, der eine Überweisung in Auftrag gibt, welche sodann von der Bank ausgeführt wird, im Rechtssinne zunächst den Geldbetrag selbst erlangt hat, der in seinem Auftrag übermittelt wurde. In einem zweiten Schritt erlangt diesen Betrag der Überweisungsempfänger; die Bank, die das Konto des Empfängers führt, fungiert lediglich als dessen Zahlstelle, „erlangt" also im Rechtssinne nichts.

bb) Ausnahme: Selbständiger Vermögensempfang der Empfängerbank. Gleich- 144
wohl kann es in **Einzelfällen** geschehen, dass die **Bank selbständig etwas erlangt.** So liegt es etwa dort, wo die Empfängerbank den Überweisungsbetrag **für eigene Zwecke verwendet:** In diesem Fall hat der Überweisungsempfänger nichts erlangt, da jener Betrag ihm nicht zur freien Verfügung stand; es hat aber auch der Überweisende nichts erlangt, weil die von ihm gesetzte Disposition über den Verbleib des Geldes sich nicht realisiert hat. Die Überweisungsbank hat vielmehr in diesem Fall einen direkten Bereicherungsanspruch gegen die Empfängerbank, und zwar unter dem Gesichtspunkt der Bereicherung in sonstiger Weise.

Fälle dieser Art begegnen häufig im Zusammenhang mit **Sicherungsgeschäften.** Die 145
Fälle sehen meist wie folgt aus: Die Forderung, auf welche die Zahlung erfolgte, ist an die kontoführende Bank verpfändet oder zur Sicherheit abgetreten; die Überweisung wird einem Konto gutgeschrieben, das der Empfänger bei der Bank führt und das sich im Debet befindet; der Bank gelingt es auf diese Weise, mittels des eingezogenen Betrags das Debet zurückzuführen. So hat der BGH einen Bereicherungsanspruch des Überweisenden gegen die Empfängerbank unter dem Gesichtspunkt der Nichtleistungskondiktion in einem Fall bejaht, in dem das überwiesene Geld auf eine Forderung gezahlt wurde, die der Empfänger zuvor an seine Bank abgetreten hatte. Die Bank hatte vor der Zahlung die Zession offengelegt und den Überweisenden gebeten, Zahlungen an den Empfänger ausschließlich auf ein bestimmtes bei ihr geführtes Konto zu überweisen – offensichtlich mit dem Hintergedanken, den Überweisungsbetrag mit einem Debet auf diesem Konto zu verrechnen. In dieser Situation, so der BGH, sei die Bank selbständige Zahlungsempfängerin und nicht bloß Zahlstelle des Überweisungsbegünstigten.[338] Wenn der Schuldner einer verpfändeten Forderung nach Eintritt der Pfandreife von der Bank, an welche die Forderung verpfändet wurde, aufgefordert wird, auf ein Konto des Gläubigers zu leisten, dessen Sollsaldo die Bank zuvor fällig gestellt wurde, so liegt eine Leistung an Gläubiger und Pfandgläubiger gemeinschaftlich vor (§ 1282 Abs. 1). Die Bank ist daher selbständige Zahlungsempfängerin und hat etwaige Überzahlungen des Schuldners auf die verpfändete Forderung selbst zu erstatten.[339]

Zweifel über die Person des Empfängers können auch dann auftreten, wenn die **Über-** 146
weisungsbank mit dem Empfänger selbständige Abreden trifft. Der BGH hatte über einen Fall zu entscheiden, in dem der Käufer eines Grundstücks zum Zwecke der Finanzierung des Kaufs ein Darlehen aufnahm und der Darlehensgeber den Darlehensbetrag vereinbarungsgemäß auf ein Konto des Verkäufers überwies, dabei aber gleichzeitig mit dem Verkäufer (!) eine Abrede des Inhalts traf, dass dieser über den Überweisungsbetrag erst verfügen dürfe, wenn der Darlehensgeber auf dem Kaufgrundstück eine Grundschuld erlangt habe. In diesem Fall hatte der Verkäufer nach Ansicht des BGH nicht den Kaufpreis erlangt; er brauchte ihn daher trotz Unwirksamkeit des Kaufvertrags nicht an den Käufer zurückzahlen. Vielmehr habe der Verkäufer lediglich das Recht erlangt, den Überweisungsbetrag einstweilen zu nutzen; dies aber habe auf einer Leistung des Darlehensgebers auf dem Boden

---

[338] BGH NJW 2006, 1731, 1733; im Ergebnis insoweit zust. *v. Olshausen,* FS Eisenhardt, 2007, S. 277, 280 f.; wohl eher skeptisch aber *K. Schmidt* JuS 2006, 756, 758.
[339] OLG Bamberg WM 2007, 389, 390 f.

der mit dem Verkäufer getroffenen Abrede erlangt.[340] Folgt man dem, so wird man freilich einen Bereicherungsanspruch des Käufers gegen den Darlehensgeber bejahen müssen, und zwar (obwohl zwischen beiden ein Leistungsverhältnis bestand!) unter dem Gesichtspunkt der Nichtleistungskondiktion: Der Käufer hatte nämlich niemals beabsichtigt, der Überweisungsbank den zu überweisenden Betrag mit der Bestimmung zuzuwenden, dass diese hierüber selbständige Verfügungsgewalt im eigenen Interesse ausübe. Es fehlte daher an einer Tilgungsbestimmung des anweisenden Käufers gegenüber der angewiesenen Bank.

147 Zu einem selbständigen Vermögensempfang der Bank kann es schließlich kommen, wenn der Vertragspartner ihres Kunden **Zahlungen direkt an sie selbst** erbringt, um den **Verzicht auf Sicherungsrechte** zu erwirken. Der BGH hatte über einen Fall zu entscheiden, in dem ein Bauträger und ein Erwerbsinteressent einen formnichtigen Kaufvertrag über eine noch zu errichtende Eigentumswohnung geschlossen hatte. Die Bank des Verkäufers, zu deren Gunsten auf dem betreffenden Grundstück noch Grundpfandrechte lasteten, verpflichtete sich, auf diese, soweit sie auf dem verkauften Grundstücksteil lasteten, zu verzichten, wenn der Käufer einen bestimmten Teil des Kaufpreises direkt an sie entrichtete. Der BGH hat die Bank in diesem Fall zu Recht als selbständige Empfängerin der Zahlung und nicht als bloße Zahlstelle des Verkäufers angesehen.[341]

148 **cc) Selbständiger Vermögensempfang der Empfängerbank bei gekündigtem Empfängerkonto.** Ein solcher Fall ist zB gegeben, wenn ein **Geldbetrag auf ein Konto überwiesen** wird, das bereits **zuvor** von der **Empfängerbank gekündigt** worden ist und nur noch intern als Abrechnungskonto geführt wird: Wenn die Empfängerbank das Konto mit dem Empfänger kündigt, gibt sie zu erkennen, dass sie ab dem Zeitpunkt, da die Kündigung wirksam wird, nicht mehr als Zahlstelle für den Empfänger tätig werden will. Konsequent erlangt der Empfänger nichts; denn der Überweisungsbetrag wird ihm von der Empfängerbank nicht zur Verfügung gestellt. Die Empfängerbank ist vielmehr verpflichtet, dem Überweisenden jenen Betrag zurückzugewähren.[342] Es mag freilich sein, dass die Bank auch bei einem gekündigten Konto nachvertraglich verpflichtet ist, ihren früheren Kunden über den Zahlungseingang zu informieren und die eingegangene Zahlung auf Verlagen nach §§ 675, 670 herauszugeben (eine Verrechnungsbefugnis besteht nach gekündigtem Kontokorrent nicht). Das führt indes nicht dazu, dass die Bank nichts erlangt hat,[343] sondern nur dazu, dass die Bank um den ihr zugeflossenen Betrag nicht mehr bereichert ist (§ 818 Abs. 3), sobald ihr früherer Kunde Herausgabe verlangt.

149 **dd) Selbständiger Vermögensempfang der Empfängerbank bei debitorischem Empfängerkonto.** Wenn das Konto des Überweisungsempfängers sich im Debet befindet, ändert dies zunächst nichts daran, dass im Rechtssinne allein der **Kontoinhaber**, also der Überweisungsempfänger **etwas erlangt** hat; auch bei debitorischen Konten fungiert die Empfängerbank zunächst nur als Zahlstelle.[344] Gleichwohl ist für den Fall der Zahlungsunfähigkeit des Empfängers angenommen worden, dass die **Empfängerbank** selbständig etwas erlangt habe – nämlich die **Möglichkeit**, den Überweisungsbetrag mit dem **Sollsaldo zu verrechnen**.[345] Den Vorteil der Verrechnungsmöglichkeit erlangt die Empfängerbank nicht durch Leistung des Anweisenden, sondern in sonstiger Weise auf Kosten des Überweisungsempfängers (bzw. auf Kosten der Insolvenzmasse). Im gegebenen Fall war die Überweisung an den zahlungsunfähigen Empfänger in einem Zeitpunkt erfolgt, da bereits Sequestration angeordnet, das Insolvenzverfahren aber noch nicht eröffnet war.

150 Wenn man die Verrechnungsmöglichkeit als einen eigenständigen Vermögensvorteil ansieht, darf diese Sichtweise freilich nicht auf den (drohenden) Insolvenzfall beschränkt

---

[340] BGHZ 145, 45, 50.
[341] BGHZ 162, 157, 160 f.
[342] OLG Nürnberg ZIP 2002, 1762 f.; dagegen für vertraglichen Rückgewähranspruch *Toussaint* EWiR 2002, 751, 752.
[343] So aber *Toussaint* EWiR 2002, 751, 752.
[344] BGH NJW 1985, 2700; insoweit ebenso *Joost/Dikomey* JuS 1985, 104, 105.
[345] OLG Koblenz WM 1997, 1869, 1870.

bleiben. Vielmehr wird man folgendes sagen müssen: Die Bank erlangt in Gestalt der Verrechnungsmöglichkeit grundsätzlich immer einen eigenständigen Vorteil. Diesen erlangt sie jedoch aufgrund der Kontokorrentabrede mit dem Empfänger (§ 355 HGB) und dadurch mit **Rechtsgrund**. Die Idee einer ungerechtfertigten Bereicherung auf Kosten des Empfängers bzw. der Insolvenzmasse stellt sich immer nur dann, wenn die Kontokorrentabrede erloschen ist (etwa zusammen mit dem Girovertrag nach § 115 Abs. 1 InsO), der Überweisungsbetrag aber in die Hände der Bank gelangt ist und diese dadurch in die Lage versetzt wird, eine nach §§ 94 ff. insolvenzfeste Aufrechnung zu erklären. Selbst eine solche Position kann aber mit Rechtsgrund erlangt werden: Wenn die Bank den eingegangenen Betrag einem im Debet geführten Konto des Empfängers gutschreibt und daraufhin eine Grundschuld auf einem dem Überweisungsempfänger gehörenden Grundstück freigibt, aus der sie abgesonderte Befriedigung aus der Masse hätte verlangen können, ist sie um die Möglichkeit, die eingegangene Zahlung mit dem Sollsaldo auf dem Konto des Überweisungsempfängers zu verrechnen, nicht ungerechtfertigt bereichert.[346]

ee) Zurückgewiesene Gutschrift. Im **Überweisungsverkehr** kann dem Empfänger einer Gutschrift im Einzelfall ein Recht zustehen, diese **zurückzuweisen**. Der BGH hat dies für den Fall anerkannt, dass die Gutschrift den Empfänger dem Bereicherungsanspruch eines Dritten aussetzen würde.[347] Die im Schrifttum erhobene Forderung nach einem generellen Zurückweisungsrecht[348] hat der BGH indes zurückgewiesen.[349] In der Literatur hält man teilweise ein Zurückweisungsrecht des Empfängers für den Fall für ausgeschlossen, dass die Bank im Vertrauen auf die Beständigkeit der Gutschrift Dispositionen getroffen hat (zB Freigabe von Sicherheiten), welche ihr bei Stornierung der Gutschrift zusätzliche Risiken eintragen würden.[350] Von anderer Seite wird ergänzt, dass das Zurückweisungsrecht nur bei im Valutaverhältnis fehlerhafter Überweisung und bei debitorischem Konto bestehen soll.[351] 151

Macht der **Empfänger** von diesem **Recht Gebrauch,** so hat er iS des § 812 **nichts erlangt**. Die Gutschrift ist von der Bank schlicht zu stornieren. Der Überweisende kann folglich Bereicherungsansprüche nicht gegen den Empfänger, sondern allenfalls gegen die Bank geltend machen, die das betreffende Konto des Empfängers führt; diese nämlich hat den überwiesenen Betrag erlangt. Es handelt sich bei dem Bereicherungsanspruch des Überweisenden um eine Nichtleistungskondiktion; denn gegenüber jener Bank hat der Überweisende keinen Leistungszweck verfolgt. Wenn im Valutaverhältnis zwischen dem Überweisenden und dem Empfänger tatsächlich eine Forderung besteht (deren Erfüllung mit Fehlschlagen der Gutschrift gescheitert ist), kann folglich der Überweisende nicht mit seinem Anspruch auf Herausgabe des Überweisungsbetrags aufrechnen; denn dieser Anspruch richtet sich gerade nicht gegen den Empfänger, sondern gegen dessen Bank. Selbst ein Rückgewähranspruch des Überweisenden gegen die Empfängerbank scheidet aus, wenn (wie dies etwa im Lastschriftverkehr der Fall ist) zwischen der Überweisungs- und der Empfängerbank vertragliche Ansprüche bestehen.[352] In diesem Fall wird der Vermögensabfluss auf dem Konto des Überweisenden dadurch ausgeglichen, dass die Überweisungsbank den Überweisungsbetrag von der Empfängerbank zurückerhält und dem Konto des Überweisenden wieder gutschreibt. Der Überweisende ist folglich auf Bereicherungsansprüche gegen die Empfängerbank nicht angewiesen. 152

b) Treuhandfälle. Wenn jemand eine Überweisung an einen Treuhänder in Auftrag gibt in der Erwartung, der Treuhänder werde den Betrag an einen Dritten weiterleiten, ist der **Treuhänder selbständiger Leistungsempfänger.** Sofern die Voraussetzungen einer Di- 153

---

[346] OLG Koblenz WM 1997, 1869, 1870 f.
[347] BGH ZIP 1989, 1317, 1318 f.
[348] *Canaris* ZIP 1986, 1021, 1025; *Hadding/Häuser* WM 1989, 589, 591.
[349] BGH ZIP 1995, 109, 110.
[350] *Krause* JuS 1991, 103, 105; ebenso *Seiler* S. 71 f.
[351] *Seiler* S. 71.
[352] BGHZ 69, 186, 189.

rektkondiktion nach fehlender oder fehlerhafter Anweisung vorliegen, ist er als Überweisungsempfänger selbst zur Herausgabe jenes Betrags an die Überweisungsbank verpflichtet.[353] Wenn jemand auf das Konto eines Rechtsanwalts Geld überweist mit der Bestimmung, dieser möge es an seinen Mandanten weiterleiten, und in der erklärten Erwartung, ein eigenes Treuhandverhältnis mit jenem Anwalt zu begründen, so erlangt der Anwalt das übermittelte Geld nicht bloß als Stellvertreter des Mandanten, sondern in seiner Eigenschaft als designierter Treuhänder. Wenn der Treuhandauftrag dann nicht zustande kommt, ist nicht etwa der Mandant, an den das Geld am Ende fließen sollte, sondern der Anwalt selbst als Zahlungsempfänger anzusehen und zur Rückgewähr verpflichtet.[354] Selbständig zur Rückgewähr der erlangten Geldbeträge sind auch die sog. **Geldkuriere** beim **Phishing:** Diese werden von den eigentlichen Drahtziehern als Finanzagenten geworben, dabei meist ihrerseits über die ihnen zugedachte Funktion als Gehilfen für das kriminelle Treiben der Drahtzieher getäuscht und dazu veranlasst, über die Zahlungen auf Konten zu empfangen, die auf ihren Namen lauten, und das Erlangte sodann über Western Union an die Drahtzieher weiterzuleiten.[355] Damit agieren die Geldkuriere im eigenen Namen, aber für fremde Rechnung. Sie sind Treuhänder der Drahtzieher und als solche selbständige Überweisungsempfänger.

154 **Nicht als Treuhänderin** stuft der BGH die **Deutsche Telekom AG** ein, wenn sie in den von ihr erstellten Telefonrechnungen Beträge anderer Anbieter auflistet und für diese einzieht. Wenn der Telefonkunde an die Deutsche Telekom Beträge entrichtet, die ihm wegen der Inanspruchnahme von Mehrwertdiensten berechnet wurden, fungiert, so der BGH, die Deutsche Telekom nur als Zahlstelle des Verbindungsnetzbetreibers, der die (angeblichen) Anrufe des Kunden aus dem Netz der Deutschen Telekom an die Betreiber von Mehrwertdiensten weiterleitet.[356] Der Telefonkunde, der bestreitet, solche Mehrwertdienste in Anspruch genommen zu haben, muss auf dem Boden dieser Rechtsprechung seinen auf Rückzahlung der darauf entfallenden Beträge gerichteten Bereicherungsanspruch gegen den Verbindungsnetzbetreiber verfolgen und nicht gegen die Deutsche Telekom AG.

V. Leistung auf nicht bestehende fremde Schuld

155 **1. Nicht veranlasste Drittleistung.** Wenn jemand auf eine fremde Verbindlichkeit leistet, ohne dass der Schuldner ihn hierzu veranlasst hätte, und sich hernach erweist, dass die Verbindlichkeit nicht besteht, so hat der Gläubiger das Geleistete ohne Rechtsgrund erlangt; konsequent fragt sich, wem der Bereicherungsanspruch zusteht. Die **Rechtsprechung**[357] und die ganz **hL**[358] stehen auf dem Standpunkt, dass **derjenige** das **Geleistete herausverlangen kann,** der die **Leistung erbracht** hat. Die Gegenansicht[359] sieht dagegen in der hier diskutierten Fallgestaltung eine mehrpolige Leistungsbeziehung: Der Leistende habe einen Bereicherungsanspruch nur gegen den Schuldner und dieser einen solchen gegen den

---

[353] LG Köln WM 1983, 379, 380; ebenso für Wechseleinzug durch einen Treuhänder auf dessen Konto BGH NJW 1983, 626, 627.
[354] OLG Düsseldorf OLGR 2005, 654, 655 f.
[355] Zu dieser Funktion der Geldkuriere *Biallaß* CR 2007, 334; *Borges* ZIP 2006, 1983.
[356] BGH NJW 2005, 286, 287.
[357] RGZ 60, 284, 287 f.; RG LZ 1917, 1342, 1343; auch BGH WM 1967, 483 f.; BGHZ 113, 62, 68 f. (dazu freilich auch RdNr. 53, 116).
[358] AnwK-BGB/*v. Sachsen Gessaphe* RdNr. 173; *Bamberger/Roth/Wendehorst* RdNr. 242 f.; *Beuthien* JZ 1968, 323, 326; *v. Caemmerer* JZ 1962, 385, 386; *Canaris*, FS Larenz 1973, S. 799, 847 f.; *Erman/Westermann/Buck-Heeb* RdNr. 28; jurisPK/*Martinek* RdNr. 140; HKK/*Schäfer* §§ 812–822 RdNr. 155; *Kellmann* JR 1988, 97, 100; *Koppensteiner/Kramer* § 6 VI 2, S. 42 f.; *Lorenz* AcP 168 (1968), 286, 299; *ders.* JuS 1968, 441, 445 f.; *Martinek* JZ 1991, 395, 397 f.; *Medicus* BR RdNr. 685; *Meyer* S. 144 ff.; *Pinger* AcP 179 (1979), 301, 326; PWW/*Leupertz* RdNr. 103; *Schall* S. 59 f.; *Schnauder* S. 171 ff.; *Staudinger/Selb* § 267 RdNr. 5; *Staudinger/Lorenz* RdNr. 43; *Thielmann* AcP 187 (1987), 23, 51; *Thomale* § 5 E; *Weitnauer*, FS v. Caemmerer, 1978, S. 255, 277; *ders.* DB 1984, 2496, 2499; *Wilhelm* S. 140 ff.; *Chr. Wolf* S. 67 ff.
[359] AK-BGB/*Joerges* RdNr. 35; *Esser/Weyers* § 48 III 4 a; *Köndgen*, FS Esser, 1975, 55, 67; *Reeb* S. 83; *Schmidt* JZ 1971, 601, 606; *Wieling* JuS 1978, 801, 803.

Gläubiger. Zustimmung verdient die erstgenannte Ansicht. Ein Bereicherungsanspruch gegen den Schuldner scheitert schon daran, dass dieser nichts erlangt hat: Er hat keine Disposition über den Verbleib des Geleisteten getroffen.[360] Der Leistende hat auch nicht eine vom Schuldner gesetzte Tilgungsbestimmung überbracht, sondern auf Grund der ausdrücklichen Gestattung durch § 267 eine eigene Tilgungsbestimmung erklärt. Der Schuldner hat nicht einmal die Befreiung von einer Verbindlichkeit erlangt; denn eine solche hat nicht bestanden. Wenn schon bei Überbringung einer fremden Tilgungsbestimmung ohne Anweisung durch den Schuldner dazu führt, das derjenige, der die Güterbewegung vollzieht, einen direkten Bereicherungsanspruch gegen den Empfänger hat (RdNr. 80 ff.), so muss Gleiches erst recht gelten, wenn der Leistende gar nicht erst versucht, eine Anweisung des Schuldners auszuführen, sondern sogleich nach außen erkennbar in eigener Regie leistet.

Wenn man also anerkennt, dass derjenige, der eine Drittleistung auf eine nicht bestehende Verbindlichkeit erbringt, das Geleistete direkt vom Gläubiger herausverlangen kann, stellt sich die weitere Frage, ob es sich hierbei um eine **Leistungskondiktion**[361] oder um eine **Nichtleistungskondiktion**[362] handelt. Die Antwort ist nicht selbstverständlich. Denn einerseits setzt der Drittleistende eine eigene Tilgungsbestimmung; die von ihm ins Werk gesetzte Güterbewegung erfüllt also bereits in sich die Voraussetzungen des Leistungsbegriffs. Andererseits steht in dem soeben als Vergleichsfall herangezogenen Sachverhalt der Leistung auf vermeintliche, in Wahrheit aber fehlenden Anweisung dem „Angewiesenen" eine Nichtleistungskondiktion zu. Indes besteht der Unterschied zu den Fällen fehlender Anweisung eben gerade darin, dass der Drittleistende nicht bloß eine fremde Tilgungsbestimmung überbringt. Oben RdNr. 47 f. wurde einer Parallele zwischen bereicherungs- und erfüllungsrechtlichem Leistungsbegriff das Wort geredet. Wenn das Gesetz dem Dritten in § 267 erlaubt, im erfüllungsrechtlichen Sinn eine Leistung zu erbringen, so muss die von ihm vollzogene Güterbewegung auch bereicherungsrechtlich als Leistung angesehen werden. Der Bereicherungsanspruch des Drittleistenden ist damit Leistungskondiktion.

Um eine nicht veranlasste Drittleistung handelt es sich **selbst dann,** wenn der **Dritte,** ohne vom Schuldner dazu aufgefordert worden zu sein, deshalb an den Gläubiger leistet, weil er sich dem **Schuldner gegenüber** dazu **verpflichtet glaubt.**[363] Der Gegenansicht, die in diesem Fall einen Bereicherungsanspruch des Dritten nur gegen den Schuldner, nicht aber gegen den Gläubiger anerkennt,[364] ist zuzugeben, dass der Dritte in diesem Fall einen Leistungszweck nur in Richtung des Schuldners verfolgt. Der Versuch, einen Bereicherungsausgleich übers Dreieck zu konstruieren, muss aber scheitern, wenn die Forderung des Gläubigers nicht besteht. Dann nämlich erlangt der Schuldner nichts: Eine Schuldbefreiung wird ihm nicht zuteil, weil er eben nichts schuldet; und die Möglichkeit, ihn so zu behandeln, als hätte er das Geleistete selbst in die Hände bekommen und an den Gläubiger weitergeleitet, scheidet aus, weil er in den hier diskutierten Fällen die Leistung nicht veranlasst hat. Die **praktische Konsequenz** aus der hier vertretenen Handhabung ist die folgende: Besteht die Forderung des Gläubigers nicht, kann der Dritte das Geleistete direkt von ihm herausverlangen. Ist die Forderung des Gläubigers dagegen tatsächlich gegeben, so fragt sich, ob der Gläubiger das Geleistete behalten darf. Das wird teilweise bejaht, weil die Leistung des Dritten als Drittleistung anzusehen sei.[365] Der Dritte kondiziere daher nicht das Geleistete beim Gläubiger, sondern die Schuldbefreiung beim Schuldner.[366] Dem ist im Ergebnis zuzustimmen: Der Dritte, der ohne Aufforderung durch den Schuldner leistet, weiß, dass er keine fremde Tilgungsbestimmung überbringt. Er erklärt damit notgedrungen eine eigene Tilgungsbestimmung und erbringt damit iS des § 267 eine Drittleistung, die,

---

[360] Darauf weist zu Recht *Wilhelm* JZ 1994, 585, 593 hin.
[361] So die überwM; vgl. die oben Genannten mit Ausnahme der nachfolgenden Fn.
[362] So *Koppensteiner/Kramer,* 1. Aufl. 1975, § 6 VII 3, S. 59; undeutlich jetzt 2. Aufl. 1988, § 6 VI 3, 44.
[363] Wie hier 4. Aufl. RdNr. 119.
[364] *Erman/Westermann/Buck-Heeb* RdNr. 29; RGRK/*Heimann-Trosien* RdNr. 32.
[365] 4. Aufl. RdNr. 119.
[366] So für die Fälle der Erfüllungsübernahme auch *Schall* S. 59 f.

wenn die Forderung besteht, Erfüllungswirkung entfaltet. Der Dritte leistet in diesem Fall ausnahmsweise mit doppelter Zweckrichtung: Er will sowohl an den Gläubiger als auch an den Schuldner leisten. Wenn der Dritte dem Schuldner gegenüber in Wahrheit nicht zur Tilgung der Verbindlichkeit verpflichtet war, steht ihm gegen den Schuldner die Rückgriffskondiktion zu.

158 2. „Veranlasste" Drittleistung? Noch schwieriger gestaltet sich die Bestimmung des Bereicherungsgläubigers, wenn der Dritte nicht aus eigenem Antrieb, sondern auf **Veranlassung des Schuldners** leistet. Der BGH hatte einen Fall zu entscheiden, in dem ein Haftpflichtversicherer von einem bei ihm Versicherten gebeten wurde, einen angeblichen Haftpflichtschaden zu regulieren. Der Versicherer leistete auf Wunsch des Versicherten an den angeblichen Schadensersatzgläubiger. Später stellte sich heraus, dass gegenüber diesem Gläubiger überhaupt kein Haftpflichtfall eingetreten war. Der **BGH** nahm an, der Versicherer habe seine Zahlung als **Drittleistung** an den **Scheingläubiger** erbracht und könne daher das Geleistete **direkt** von diesem **herausverlangen**.[367] Eine **Gegenansicht** im Schrifttum betont demgegenüber die Nähe dieses Sachverhalts zu den Fällen einer Leistung auf fehlerfreie Anweisung[368] und steht daher auf dem Standpunkt, der Versicherer könne ebenso wie der fehlerfrei Angewiesene Bereicherungsansprüche (sozusagen im „Deckungsverhältnis") nur gegen den Versicherten geltend machen; Bereicherungsansprüche gegen den Scheingläubiger stünden demgegenüber nur dem Versicherten zu.[369] Der Umstand, dass der Dritte die Tilgungsbestimmung hier anders als in den Anweisungsfällen nicht als fremde überbringe, sondern selbst setze, sei zu vernachlässigen; es handle sich lediglich um eine nicht ins Gewicht fallende technische Modalität.[370] Für die Rückabwicklung (übers Dreieck) sei allein entscheidend, dass der Versicherte die Zuwendung im Deckungsverhältnis veranlasst habe.[371] Von anderer Seite wird wiederum entgegnet, dass die rechtspraktischen Unterschiede zwischen Drittleistung aus eigenem Antrieb einerseits und Drittleistung auf Veranlassung des Schuldners andererseits vernachlässigt und daher einheitlich die Direktkondiktion des Drittleistenden anerkannt werden könne.[372]

159 Für die **rechtliche Praxis** schien zwischenzeitlich dadurch Unsicherheit eingetreten zu sein, dass der BGH in einem späteren Fall den Kaskoversicherer, der wegen eines in Wahrheit nicht eingetretenen Versicherungsfalls Zahlungen an den Leasinggeber erbracht hatte, auf einen Bereicherungsanspruch gegen seinen Vertragspartner, den Leasingnehmer, verwiesen hat.[373] Der Unterschied im zweiten Fall dürfte indes darin bestanden haben, dass der Versicherungsnehmer eine Versicherung auf fremde Rechnung (nämlich des Leasinggebers) abgeschlossen hatte, die dem Leasinggeber zwar den Status eines Versicherten, aber nicht den Status eines Versicherungsnehmers verschaffte. Vielmehr lag der Fall nach Ansicht des BGH von der Interessenlage her so, als hätte der Versicherungsnehmer zunächst einen Anspruch auf Zahlung an sich selbst gehabt und diesen sodann an den Leasinggeber abgetreten.[374] Damit war nach Ansicht des BGH ein Fall gegeben, der einem Zessionsfall ähnelte;[375] dort lässt der BGH nur die Kondiktion gegen den Zedenten zu (näher RdNr. 202 ff.). Es ist daher anzunehmen, dass der BGH den ersten beschriebenen Fall – Zahlung des Versicherers auf nicht bestehende Haftpflichtschuld – heute ebenso entscheiden würde wie seinerzeit.

---

[367] BGHZ 113, 62, 65 ff.; zust. *Flume* NJW 1991, 2521, 2523 f.; *Jakobs* NJW 1992, 2524, 2525; (nur) im Ergebnis auch *Martinek* JZ 1991, 395, 399; *Schall* S. 60 f.
[368] *Larenz/Canaris* II/2 § 70 V 3 a, S. 242: Unterschied nur „haarfein"; ebenso *Erman/Westermann/Buck-Heeb* RdNr. 28.
[369] 4. Aufl. RdNr. 116; *Canaris* NJW 1992, 868 ff.; *ders.* NJW 1992, 3143, 3144 f.; *Lieb*, FG 50 Jahre BGH, 2000, S. 547, 556 ff.; *Chr. Wolf* S. 70.
[370] Vgl. *Larenz/Canaris* II/2 § 70 V 3 a, S. 242; *ders.* NJW 1992, 868 f.
[371] Im Fall BGHZ 113, 62: durch den Versicherungsnehmer.
[372] *Martinek* JZ 1991, 395, 399 f.; *ders.* NJW 1992, 3141, 3142.
[373] BGHZ 122, 46, 49 ff. = NJW 1993, 1578; abl. zur unterschiedlichen Behandlung beider Fälle *Jakobs* ZIP 1994, 9, 13.
[374] BGHZ 122, 46, 49 f. = NJW 1993, 1578.
[375] Abl. zu dieser Parallele *Sieg* VersR 1994, 210.

Nach **hier vertretener Ansicht** kann der Versicherer das Geleistete vom Versicherten 160 und dieser es vom Scheingläubiger herausverlangen. Ein Direktanspruch des Versicherers gegen den Scheingläubiger besteht nicht. Denn es handelt sich in Wahrheit bei der Zuwendung des Versicherers an den Scheingläubiger **nicht** um eine **Drittleistung**. Vielmehr handelt es sich hier um einen Fall, der den **Anweisungsfällen** nicht nur in der Wertung vergleichbar, sondern in allen Sachverhaltselementen **identisch gelagert** ist. Der Versicherer wird nur als Erfüllungsgehilfe des Versicherten bei der Leistung an den Scheingläubiger tätig und überbringt *dessen* Tilgungsbestimmung.[376] Folglich liegt rechtlich allein eine Leistung des Versicherten an den Scheingläubiger vor; der Versicherte leistet seinerseits allein an den Versicherten, dem gegenüber er sich verpflichtet fühlt. Der Versicherte ist tauglicher Gegner eines Bereicherungsanspruchs; denn er hat etwas erlangt: Er hat über den Verbleib der vom Versicherer erbrachten Leistung disponiert, indem er den Versicherer zur Regulierung aufgefordert hat; diese Disposition hat sich durch die Zahlung des Versicherers realisiert. Der Versicherer hat darüber hinaus, wenn man der hier vertretenen Deutung folgt, dem Scheingläubiger die Tilgungsbestimmung des Versicherten überbracht. Damit ist er nach den in RdNr. 63 ff. dargestellten Grundsätzen so zu behandeln, als hätte er die Versicherungsleistung zunächst selbst in die Hände bekommen und sodann an den Scheingläubiger weitergeleitet.

3. Erfüllungsübernahme. Die charakteristische Leistungspflicht des Haftpflichtversicherers besteht darin, dafür zu sorgen, dass der Versicherte, wenn ein Haftpflichtfall eintritt, von seiner Verbindlichkeit gegenüber dem Schadensersatzgläubiger befreit wird. Die Leistungspflicht des Versicherers entpuppt sich damit als Unterfall der Erfüllungsübernahme. Konsequent gilt das soeben RdNr. 160 Gesagte auch für alle anderen Fälle der Erfüllungsübernahme entsprechend: Der Erfüllungsübernehmer verfolgt einen Leistungszweck allein gegenüber dem Schuldner und erbringt eine Leistung nur an diesen[377] und nicht etwa an den Gläubiger.[378] Die Leistung an den Gläubiger erbringt im Rechtssinne vielmehr allein der Schuldner. Der **Erfüllungsübernehmer** erbringt folglich **keine Drittleistung** und erwirbt folglich, wenn die zu erfüllende Verbindlichkeit nicht besteht, **keinen direkten Bereicherungsanspruch gegen den Gläubiger**. Vielmehr liegt auch hier ein Anweisungsfall vor.

Zahlt etwa der Käufer eines Grundstücks, der in Anrechnung auf den Kaufpreis eine 162 Grundschuld übernommen hat, vor Genehmigung der Schuldübernahme durch den Grundschuldgläubiger an diesen Zinsen für die Grundschuld, so kann er, wenn die Genehmigung später verweigert wird und er deshalb vom Kaufvertrag zurücktritt, die Zinsen nicht vom Grundschuldgläubiger aus ungerechtfertigter Bereicherung mit der Begründung zurückverlangen, er habe auf seine künftige, durch Genehmigung der Schuldübernahme entstehende Verbindlichkeit gegenüber **dem Gläubiger** leisten wollen. Solange die Genehmigung nicht erteilt worden ist, liegt vielmehr gemäß § 415 Abs. 3 lediglich eine Erfüllungsübernahmeverpflichtung **gegenüber dem Schuldner** vor. Auf **dieses** Rechtsverhältnis ist daher die erbrachte Leistung zu beziehen.[379] War das Valutaverhältnis Schuldner – Gläubiger unwirksam, kann dementsprechend lediglich der Schuldner vom Gläubiger kondizieren. Zu einem anderen Ergebnis könnte man nur dann kommen, wenn man die Erfüllungsübernahme als Drittzahlung einordnen wollte und auf dem Boden dieser Deutung den Fall so behandelte wie die Zahlung auf nicht bestehende fremde Schuld.[380] Dagegen ist jedoch einzuwenden, dass in den hier diskutierten Fällen der Erfüllungsübernehmer gerade

---

[376] So bereits AnwK-BGB/*Schwab* § 267 RdNr. 9.
[377] So auch 4. Aufl. RdNr. 160; BGHZ 72, 246, 250; *Bamberger/Roth/Wendehorst* RdNr. 122; *Jakobs* NJW 1992, 2524, 2525 ff.; *Kellmann* JR 1988, 97, 100; *Wilhelm* JZ 1994, 585, 593 m. Fn. 48.
[378] So aber *Lorenz* JuS 2003, 839, 841; *Reuter/Martinek* § 12 VIII 3, S. 497 ff.; *Staudinger/Bittner* § 267 RdNr. 10; *Weitnauer* NJW 1979, 2008, 2010 ff.
[379] BGHZ 72, 246, 249 f.; zust. *Canaris* WM 1980, 354, 370 m. Fn. 110a; *Lieb,* FG 50 Jahre BGH, 2000, S. 547, 560 f.
[380] So wohl *Reuter/Martinek* § 12 VIII 3, S. 498 f.

keine eigene Tilgungsbestimmung setzt: Es handelt sich hier nicht um eine Drittleistung aus eigenem Antrieb, sondern um die Erfüllung der Pflicht, den Schuldner von seiner Verbindlichkeit gegenüber dem Gläubiger zu befreien.

VI. Bereicherungsrechtliche Rückabwicklung bei Sicherungsgeschäften

163 **1. Gesicherte Forderung besteht nicht. a) Akzessorische Sicherheiten.** Wenn jemand eine akzessorische Sicherheit (Bürgschaft, Hypothek, Mobiliarpfand) für eine fremde Verbindlichkeit gestellt hat, die gesicherte Verbindlichkeit aber gar nicht besteht, fragt sich, von wem der Sicherungsgeber das Geleistete zurückverlangen kann. Die Antwort auf diese Frage ist deshalb nicht eindeutig, weil der Sicherungsgeber einerseits auf eine **eigene Verbindlichkeit gegenüber dem Gläubiger** leistet, sich andererseits aber häufig auch im Innenverhältnis dem Hauptschuldner gegenüber (notfalls gegen Entgelt, zB Avalprovision) verpflichtet hat, die Sicherheit zu stellen. Deshalb liegt die Annahme nicht fern, dass – auch oder vielleicht sogar vorwiegend – eine Leistung an den Hauptschuldner vorliegt.

164 Gleichwohl steht dem **Sicherungsgeber,** wenn er trotz nicht bestehender Forderung leistet, ein **Bereicherungsanspruch nur gegen den Gläubiger** zu.[381] Allerdings wäre es im Ansatz denkbar, die Beziehung zwischen Sicherungsgeber und Hauptschuldner als Deckungs- und die zwischen Hauptschuldner und Gläubiger als Valutaverhältnis zu begreifen und zu folgern, bei nicht bestehender Forderung sei nur das Valutaverhältnis mangelhaft; deshalb brauche sich der Gläubiger allein mit Bereicherungsansprüchen des Hauptschuldners auseinanderzusetzen. Eine solche Parallele zu den Anweisungsfällen lässt sich hier nicht ziehen. Das zeigt sich schon daran, dass mit Blick auf das Akzessorietätsprinzip das Nichtbestehen der Hauptschuld immer auch dazu führt, dass der Sicherungsnehmer nicht einstehen muss; wenn man so will, folgt aus einem fehlerhaften „Valutaverhältnis" immer auch ein fehlerhaftes „Deckungsverhältnis". Der rechtskonstruktive Unterschied zu den Anweisungsfällen besteht bei Sicherungsfällen darin, dass am Zustandekommen des Vertrags, welcher die Einstandspflicht des Sicherungsgebers erzeugt, der Gläubiger immer zwingend mit beteiligt ist. Ein besonderes Rechtsverhältnis, das den Sicherungsgeber auch dem Hauptschuldner verpflichtet, die Sicherheit zu stellen, ist nicht zwingend notwendig. Dort, wo es geschlossen wird, verpflichtet es den Sicherungsgeber nicht etwa, an den Hauptschuldner einen bestimmten Gegenstand zu leisten, sondern nur, dem Gläubiger gegenüber eine Einstandspflicht zu begründen. Die Leistung im „Deckungsverhältnis" ist daher – abweichend von den Anweisungsfällen – eine andere als die im „Valutaverhältnis".

165 Allerdings ist ein wichtiger Aspekt zu beachten: Wenn das Kausalverhältnis zwischen Gläubiger und Hauptschuldner mangelhaft ist, mag dem **Gläubiger,** der gleichwohl Leistungen an den Hauptschuldner erbracht hat, statt des Erfüllungs- ein **Bereicherungsanspruch gegen den Hauptschuldner** zustehen. So liegt es namentlich beim nichtigen, aber ausgezahlten Darlehen. Dann erhebt sich die Frage, ob der **Sicherungsvertrag auch** die Einstandspflicht für **diesen Bereicherungsanspruch** begründet. Wenn man dies bejaht, kommt ein Bereicherungsanspruch des Sicherungsgebers nicht in Betracht, da er in diesem Fall mit Rechtsgrund geleistet hat.[382]

166 War die gesicherte Forderung bereits **tituliert,** so erhebt sich die Frage, ob der akzessorische **Sicherungsgeber,** der den Gläubiger befriedigt, vom Gläubiger die **Herausgabe des Titels** verlangen kann. Das lässt sich, wenn überhaupt, nur aus §§ 774 (bzw. 1143, 1225), 412, 402 begründen,[383] nicht aber aus § 812.[384] Wenn das Zessionsrecht einen Anspruch auf Herausgabe des Titels anerkennt, bedarf es keiner Diskussion über einen Bereicherungs-

---

[381] Im Ergebnis ebenso 4. Aufl. RdNr. 156; *Heermann* ZBB 1998, 239, 243; *Kellmann* JR 1988, 97, 99; *Larenz/Canaris* II/2 § 70 V 4 b, S. 245.
[382] Darauf weist zu Recht *Larenz/Canaris* II/2 § 70 V 4 b, S. 245 hin.
[383] Dafür § 402 RdNr. 9; dagegen OLG Frankfurt vom 14. 3. 2008, 19 U 205/07, BeckRS 2008, 6118 Tz. 12.
[384] Insoweit im Ergebnis ebenso OLG Frankfurt (vorige Fn.) Tz. 10.

anspruch. Wenn das Zessionsrecht einen solchen Anspruch nicht begründet, sollte man ihn auch nicht auf dem Umweg über das Bereicherungsrecht konstruieren: Der Gesetzgeber hat in § 402 abschließend normiert, welche Auskünfte und Unterlagen der neue vom alten Gläubiger verlangen kann. Im Übrigen ist kaum ersichtlich, wie sich der Tatbestand eines Bereicherungsanspruchs darstellen lassen soll: Den Titel hat der Gläubiger weder durch Leistung des Sicherungsgebers noch in sonstiger Weise auf dessen Kosten erlangt.

b) Sicherheit auf erstes Anfordern. aa) Garantie. Wird zur Sicherung einer fremden Verbindlichkeit eine Garantie auf erstes Anfordern gegeben und besteht die gesicherte Verbindlichkeit nicht, so hat der **Garant** nach Ansicht des BGH **keinen Anspruch gegen den Gläubiger** auf Rückgewähr des Geleisteten.[385] Dies Ergebnis kann man auf zwei Überlegungen stützen: Man kann zum einen festhalten, dass der Garant, der sich auf erstes Anfordern verpflichtet, mit Rechtsgrund leistet:[386] Denn um Einwendungen gegen die gesicherte Verbindlichkeit braucht, ja darf er sich nicht kümmern. Man kann zum anderen erwägen, die Garantie auf erstes Anfordern der abgekürzten Lieferung gleichzustellen: Den Fall müsste man sich dann so vorstellen, als habe der Garant dem Hauptschuldner das Geld als Darlehen zur Verfügung gestellt und dieser es an den Gläubiger weitergeleitet. Der Garant ist dann auf seinen vertraglichen Anspruch auf Aufwendungsersatz (§§ 675, 670) gegenüber dem Hauptschuldner verwiesen. Die Parallele zu den Fällen der abgekürzten Lieferung ist hier freilich mit Vorsicht zu behandeln.[387] Da nämlich, wie soeben gezeigt (RdNr. 164), bei akzessorischen Sicherheiten eine solche Parallele nicht greift, bedürfte es zumindest einer zusätzlichen Begründung, warum bei nicht akzessorischen Sicherheiten anders zu entscheiden sein soll. Jedenfalls dort, wo der Gläubiger am Zustandekommen des Sicherungsvertrags beteiligt ist, sollte man auf die Parallele zur abgekürzten Lieferung verzichten.

Dies alles bedeutet freilich nicht, dass der Gläubiger das Geld behalten darf. Vielmehr folgt aus der **Sicherungsabrede** zwischen Hauptschuldner und Gläubiger, dass letzterer die Sicherheit nur in Anspruch nehmen darf, wenn der Sicherungsfall eintritt. Wo keine Hauptforderung besteht, kann auch kein Sicherungsfall eintreten. Wird die Sicherheit gleichwohl in Anspruch genommen, so kann der Hauptschuldner – wiederum aus der Sicherungsabrede – verlangen, dass der Gläubiger den Verwertungserlös an ihn auskehrt.[388]

bb) Bürgschaft. Für den Fall einer Bürgschaft auf erstes Anfordern bejaht der **BGH** dagegen einen **direkten Anspruch** des Bürgen auf Rückzahlung des Geleisteten gegen den Gläubiger.[389] Dadurch, dass der Bürge sich auf erstes Anfordern verbürgt habe, habe er zwar vorläufig, nämlich um dem Gläubiger rasche Liquidität zu verschaffen, darauf verzichtet, sich auf Einwendungen nach §§ 767, 768, 770 zu berufen; für die **Rückabwicklung** sei jedoch das **Akzessorietätsdogma wiederherzustellen**.[390] Die Bürgschaft auf erstes Anfordern soll mit anderen Worten einen Rechtsgrund für die zunächst erfolgte Zahlung, nicht aber dafür geben, dass der Gläubiger die Zahlung ohne Rücksicht auf das Bestehen der Hauptschuld behalten darf.[391] Der Bürge wird auf diese Weise rückwirkend so behandelt, als habe er ohne Rechtsgrund geleistet. Unberührt bleiben soll freilich das Recht des Bürgen, beim Hauptschuldner auf der Basis des im Innenverhältnis geschlossenen Vertrags nach §§ 675, 670 Regress zu nehmen.[392] Ebenso hat der BGH für die Bürgschaft auf erstes Anfordern

---

[385] BGH NJW 1999, 570; ebenso *Canaris* ZIP 1998, 493, 496 ff.; *Heermann* ZBB 1998, 239, 243. Vgl. zum Ganzen auch Vor § 765 RdNr. 27 ff.
[386] So zutr. *Canaris* ZIP 1998, 493, 496; *Heermann* ZBB 1998, 239, 243; *Wilhelm* NJW 1999, 3519, 3525.
[387] Gegen sie – gerade im Zusammenhang mit der Garantie auf erstes Anfordern – auch *Wilhelm* NJW 1999, 3519, 3523; vgl. aber *Einsele* JZ 1999, 466, 467: Parallele zur angenommenen Anweisung.
[388] Ebenso *Einsele* JZ 1999, 466, 467 f.
[389] BGHZ 152, 246, 250 f. = NJW 2003, 352; BGH ZIP 2000, 576; angedeutet bereits in BGHZ 74, 244, 248. Vgl. zum Ganzen auch § 765 RdNr. 98 ff.
[390] So die Begründung des Bereicherungsanspruchs durch *Canaris* ZIP 1998, 493, 499.
[391] IdS *Wilhelm* NJW 1999, 3519, 3524.
[392] BGH ZIP 2000, 576, 577.

explizit ausgesprochen, dass der Hauptschuldner gegen den Gläubiger einen Anspruch darauf habe, den Erlös aus der unberechtigten Verwertung der Bürgschaft an ihn auszukehren.[393]

170 Nimmt man dies alles zusammen, so ergibt sich ein **wenig überzeugendes Bild:** Der Bürge kommt in den Genuss zweier Schuldner, weil er sich aussuchen kann, ob er den Hauptschuldner in Regress nimmt oder das Geleistete beim Gläubiger kondiziert. Der Gläubiger sieht sich seinerseits zwei potentiellen Anspruchstellern gegenüber: Die Bank kann das Geleistete, wie wenn es nicht geschuldet gewesen wäre, zurückverlangen; der Hauptschuldner kann verlangen, dass das Geleistete als Erlös aus unbefugter Sicherheitenverwertung an ihn ausgekehrt werde. **Vorzugswürdig** erscheint es demgegenüber, die **Bürgschaft** und die **Garantie auf erstes Anfordern** in der bereicherungsrechtlichen Rückabwicklung **gleichzustellen:** Wenn die gesicherte Forderung nicht besteht, der Bürge aber auf erstes Anfordern geleistet hat, hat der Bürge gegen den Hauptschuldner einen Anspruch auf Aufwendungsersatz aus §§ 675, 670 und der Hauptschuldner einen Anspruch auf Auskehrung des unberechtigt vom Bürgen eingezogenen Betrags aus dem Sicherungsvertrag.

171 **cc) Überschießende Sicherheit.** Das **Bereicherungsrecht** muss mithin in Fällen der Garantie oder Bürgschaft auf erstes Anfordern grundsätzlich **nicht bemüht werden.** Anders liegt es, wenn der Sicherungsgeber eine weitergehende Sicherheit gewährt, als er nach dem Innenverhältnis zum Hauptschuldner verpflichtet ist: Wenn der Bürge sich dem Hauptschuldner gegenüber verpflichtet hat, sich dem Gläubiger gegenüber selbstschuldnerisch zu verbürgen, sich dann aber tatsächlich dem Gläubiger gegenüber auf erstes Anfordern verbürgt, sind seine Leistungen auf diese Bürgschaft auch bereicherungsrechtlich als Leistungen direkt an den Gläubiger anzusehen. Diese sind zwar zunächst mit Rechtsgrund erfolgt; doch fällt dieser weg, wenn sich die gesicherte Forderung hernach als nicht bestehend erweist und der Bürge deshalb die geleisteten Zahlungen zurückverlangt. In diesem Fall besteht tatsächlich ein Bereicherungsanspruch des Bürgen direkt gegen den Gläubiger.

172 **2. Sicherungsgeschäft ist als solches unwirksam.** Wenn die Bürgschaft oder die Bestellung der Hypothek oder des Pfandrechts selbst unwirksam sind, steht dem Sicherungsgeber, der gleichwohl leistet, ein Anspruch aus § 812 Abs. 1 S. 1 Alt. 1 direkt gegen den Gläubiger zu.[394] Der Sicherungsgeber leistet zur Erfüllung einer Verbindlichkeit gegenüber dem Gläubiger. Der Mangel des Rechtsgrundes liegt im Verhältnis zwischen dem Sicherungsgeber und dem Gläubiger begründet. Es erscheint daher nicht angemessen, trotz der vom Sicherungsgeber verfolgten Leistungsrichtung (nämlich Leistung an den Gläubiger) einen Bereicherungsausgleich unter Einbeziehung des Hauptschuldners zu konstruieren.

VII. Übernahme fremder Schuld

173 **1. Befreiende Schuldübernahme.** Wenn bei einer befreienden Schuldübernahme (§§ 414, 415) die **übernommene Schuld nicht besteht,** der Übernehmer aber gleichwohl an den Gläubiger leistet, kann er das Geleistete unter dem Gesichtspunkt der Leistungskondiktion direkt vom Gläubiger herausverlangen. Denn er hat auf eine eigene, nicht bestehende Schuld geleistet.[395] Die Idee, der Übernehmer habe der Sache nach lediglich auf Anweisung des Altschuldners an den Gläubiger geleistet und könne daher den Bereicherungsausgleich nur gegen ihn suchen, lässt sich nach hier vertretener Ansicht schon deshalb nicht darstellen, weil beim spiegelverkehrten Fall der Zession der Schuldner (auch bereiche-

---

[393] BGHZ 152, 246, 252 = NJW 2003, 352; BGH NJW 1999, 55, 56.
[394] *v. Caemmerer* FS Dölle, 1963, S. 135, 143; *Canaris* FS Larenz, 1973, S. 799, 838; *Erman/Westermann/Buck-Heeb* RdNr. 30; *Köndgen* FS Esser, 1975, S. 55, 67; *Koziol* ZBB 1989, 16 ff.; *Kupisch* Gesetzespositivismus S. 89 f.; *Reuter/Martinek* § 12 VII 2, S. 495; *Staudinger/Lorenz* RdNr. 47.
[395] Ebenso 4. Aufl. RdNr. 158.

rungsrechtlich!) ebenfalls nicht an den Altgläubiger, sondern an den Zessionar leistet (RdNr. 208 ff.).

Wenn das **Kausalverhältnis,** das der Schuldübernahme im Verhältnis **zwischen Alt-** 174 **schuldner und Übernehmer** zugrunde lag, **nicht bestand,** so berührt dies die Verbindlichkeit des Übernehmers gegenüber dem Gläubiger gemäß § 417 Abs. 2 nicht. Die Schuldübernahme ist vielmehr dinglich wirksam, aber ohne Rechtsgrund erfolgt. Der Übernehmer hat daher gegen den Altschuldner einen Bereicherungsanspruch,[396] und zwar nicht unter dem Gesichtspunkt der Rückgriffs-,[397] sondern der Leistungskondiktion: Der Übernehmer hat auf der Basis des Kausalverhältnisses seine vermeintliche Pflicht gegenüber dem Altschuldner erfüllen wollen, diesen von seiner Verbindlichkeit gegenüber dem Gläubiger zu befreien. Dieser Bereicherungsanspruch entsteht konsequent nicht erst dadurch, dass der Übernehmer an den Gläubiger leistet, sondern schon dadurch, dass er die Schuld im Außenverhältnis zum Gläubiger wirksam übernimmt: Bereits dadurch erlangt der Altschuldner die Befreiung von seiner Verbindlichkeit gegenüber dem Gläubiger. Der Anspruch des Übernehmers gegen den Altschuldner ist darauf gerichtet, dass dieser die Schuld wieder übernimmt. Falls dies am Widerstand des Gläubigers scheitert (der dieser Schuldrückübernahme erneut zustimmen müsste), hat der Altschuldner nach § 818 Abs. 2 den Wert der rechtsgrundlos erlangten Schuldbefreiung zu ersetzen.

Ist der **Schuldübernahmevertrag selbst unwirksam,** so hat der Übernehmer auf eine 175 vermeintlich eigene Verbindlichkeit gegenüber dem Gläubiger an diesen geleistet. Er kann daher unter dem Gesichtspunkt der Leistungskondiktion das Geleistete direkt vom Gläubiger herausverlangen.[398]

2. Schuldbeitritt. Der Schuldbeitritt kann sowohl zwischen dem Gläubiger und dem 176 Beitretenden als auch im Wege eines Vertrages zugunsten Dritter zwischen dem Schuldner und dem Beitretenden vereinbart werden. Diese unterschiedliche Modalität des Zustandekommens sollte indessen für die bereicherungsrechtliche Rückabwicklung ebenso wenig eine Rolle spielen wie bei der befreienden Schuldübernahme.[399] **Bestand die Schuld nicht,** so steht dem Beitretenden, der die Leistung erbracht hat, ein unmittelbarer Anspruch auf Herausgabe gegen den (Schein-)Gläubiger zu.[400] Das Gleiche gilt, wenn der **Schuldbeitritt selbst unwirksam** war. Insoweit ergeben sich keine Besonderheiten im Vergleich zur befreienden Schuldübernahme.

Gesonderter Betrachtung bedarf dagegen die Konstellation, dass dem Schuldbeitritt ein 177 **Vertrag zwischen Altschuldner und Beitretendem** zugrunde lag und dieser mit **Fehlern** behaftet ist. Denn anders als bei der befreienden Schuldübernahme erlangt der Altschuldner in diesem Fall allein durch die Übernahme keine Befreiung von seiner Verbindlichkeit gegenüber dem Gläubiger. Vielmehr ist zu unterscheiden: (1.) Wenn der Beitretende an den Gläubiger leistet, bedarf es keines Rückgriffs auf das Bereicherungsrecht; vielmehr steht dem Beitretenden dann der Regress nach § 426 offen. Der Altschuldner erlangt in diesem Fall durch die Zahlung auch nicht notwendig Befreiung von der Verbindlichkeit: Zwar wirkt die Erfüllung durch den Beitretenden nach § 422 auch für den Altschuldner. Die Forderung geht aber in Höhe der Ausgleichsquote (§ 426 Abs. 1) auf den Beitretenden über (§ 426 Abs. 2). (2.) Es mag indes im Einzelfall geschehen, dass der Altschuldner bereits durch den Schuldbeitritt als solchen etwas erlangt. So mag jener Beitritt zu Sicherung eines Darlehens erklärt worden sein und der Gläubiger ihn nach dem Darlehensvertrag zur Voraussetzung dafür gemacht haben, dass er das Darlehen überhaupt auszahlt. Dann hat der Altschuldner bereits durch den Beitritt als solchen etwas erlangt, nämlich die Besicherung seiner Verbindlichkeit. Dieser Vorteil kann zwar nicht in Natur herausgegeben werden; wohl

---

[396] Ebenso *Staudinger/Lorenz* RdNr. 46.
[397] So aber 4. Aufl. RdNr. 158.
[398] Ebenso 4. Aufl. RdNr. 158; AnwK-BGB/*v. Sachsen Gessaphe* RdNr. 183; *Erman/Westermann/Buck-Heeb* RdNr. 29; *Staudinger/Lorenz* RdNr. 46.
[399] Zust. *Reuter/Martinek* § 12 VIII 2, S. 496.
[400] Ebenso *Kellmann* JR 1988, 97, 100.

aber ist nach § 818 Abs. 2 der Wert zu ersetzen. Dieser besteht darin, dass der Altschuldner dem Beitretenden eine angemessene Avalprovision bezahlt.

178 Nach § 3 Nr. 1 **PflVersG** ist der Kfz.-Haftpflichtversicherer im Haftpflichtfall unmittelbar dem Unfallgegner seines Versicherungsnehmers verpflichtet. Er haftet damit neben dem Versicherungsnehmer selbst als Gesamtschuldner; § 3 Nr. 1 PflVersG normiert einen gesetzlichen Schuldbeitritte. Leistet er an jemanden in der irrtümlichen Annahme, dieser habe von seinem Versicherungsnehmer aus einem Haftpflichtfall etwas zu beanspruchen, so leistet er auf eigene nicht bestehende Verbindlichkeit. Das würde an sich für die Annahme sprechen, dass er das Geleistete unter dem Gesichtspunkt der Leistungskondiktion direkt vom Empfänger zurückfordern könne.[401] Die Zulässigkeit einer solchen Direktkondiktion wird freilich mit dem Argument bestritten, dass der Direktanspruch die Position des Unfallgegners stärken solle. Dann dürfe dieser nicht gerade deshalb einem eigenen Bereicherungsanspruch des Versicherers ausgesetzt sein.[402]

VIII. Irrtümliche Eigenleistung

179 **1. Problem.** Die Rechtsprechung hatte wiederholt über Fälle zu befinden, in denen jemand einem anderen etwas zuwendete in der Meinung, damit eine eigene Verbindlichkeit zu erfüllen; der Empfänger fasste die Güterbewegung hingegen als die Leistung eines Dritten auf. Ein solcher Fall ist etwa gegeben, wenn der Bauherr beim Generalunternehmer Leistungen in Auftrag gibt und der Generalunternehmer, ohne dazu vom Bauherrn bevollmächtigt worden zu sein, im Namen des Bauherrn einen Subunternehmer mit einem bestimmten Gewerk beauftragt:[403] Der Subunternehmer leistet mit dem Willen, einen eigenen Vertrag mit dem Bauherrn zu erfüllen; der Bauherr aber nimmt die Leistung als eine solche seines wirklichen Vertragspartners, nämlich des Generalunternehmers wahr.

180 **2. Ansicht des BGH.** Der BGH[404] will bei irrtümlicher Eigenleistung bezüglich der Person des Leistenden die **Sicht des Empfängers** maßgebend sein lassen: Da die Zuwendung aus dessen Sicht als Leistung seines wahren Vertragspartners (im Beispielsfall: des Generalunternehmers) erscheine, müsse er Bereicherungsansprüche von dritter Seite (im Beispielsfall: solche des Subunternehmers) nicht fürchten. Vielmehr dürfe er das Geleistete endgültig behalten, wenn der Vertrag zwischen ihm und seinem Vertragspartner wirksam sei; sei dieser Vertrag fehlerhaft, so bestünden lediglich Bereicherungsansprüche jenes Vertragspartners. Derjenige, der die Güterbewegung vollzogen habe (im Beispielsfall: der Subunternehmer), könne seinerseits nur Bereicherungsansprüche gegen den Vertragspartner des Empfängers (im Beispielsfall: gegen den Generalunternehmer) geltend machen. Der BGH wandte sich damit von abweichender früherer Rechtsprechung des Reichsgerichts ab.[405]

181 **3. Reaktionen im Schrifttum.** Die Auffassung des BGH ist auf breite Zustimmung,[406] aber auch auf ebenso breite Kritik gestoßen. Die **Gegenauffassung** hält für die Frage, wer im Rechtssinne die Leistung an den Empfänger erbracht habe, auf den Willen des Zuwendenden (im Beispielsfall: des Subunternehmers) abstellen. Diesem stehe folglich, da er in Wahrheit mit dem Empfänger vertragliche nicht verbunden sei, die Leistungskondiktion

---

[401] IdS *Jakobs* NJW 1992, 2524 f.
[402] *Canaris* NJW 1992, 868, 872.
[403] So die Fallgestaltung in BGHZ 36, 30; 40, 272.
[404] BGHZ 40, 272, 276 ff.; seitdem st. Rspr.; vgl. BGHZ 58, 184, 188; 67, 232, 241; BGH NJW 1974, 1132; WM 1978, 1053; OLG Hamm NJW-RR 1989, 700 f.; OLG Köln VersR 1993, 63, 65; LG Bonn NJW 1991, 1360, 1361.
[405] RGZ 98, 64, 65; wN bei *Baur/Wolf* JuS 1966, 393, 395 Fn. 27.
[406] AnwK-BGB/*v. Sachsen Gessaphe* RdNr. 179; *Bamberger/Roth/Wendehorst* RdNr. 253 f.; *Baur/Wolf* JuS 1966, 393, 396 f.; *Beuthien* JZ 1968, 323, 327; *Beuthien/Weber* S. 24; *Esser/Weyers* BT/2 § 48 III 6 b; *Huber* JuS 1970, 515; *Lorenz* JuS 2003, 839, 843; PWW/*Leupertz* RdNr. 107; *Reuter/Martinek* § 12 I, S. 451 ff.; RGRK/*Heimann-Trosien* RdNr. 18; *Zeiss* JZ 1963, 7, 10; grds. zust. auch *Erman/Westermann/Buck-Heeb* RdNr. 15 sowie *Loewenheim* S. 43 ff.

gegenüber dem Empfänger zu. Der Empfänger könne sich allenfalls auf § 818 Abs. 3 berufen, soweit er im Vertrauen auf den Erhalt der Leistung die Gegenleistung an seinen Vertragspartner (im Beispielsfall: den Generalunternehmer) erbracht habe.[407]

Sofern dem BGH im Ausgangspunkt gefolgt und die Leistung aus Sicht des Empfängers **182** als eine solche seines Vertragspartners angesehen wird, wird teilweise versucht, dem Zuwendenden auf andere Weise zu helfen: Dieser könne den beim Empfänger entstandenen falschen Eindruck durch **Anfechtung** korrigieren. Nach dieser Anfechtung könne er das Geleistete direkt vom Empfänger herausverlangen, müsse ihm aber gemäß § 122 einen etwaigen Vertrauensschaden Vertrauensschäden ersetzen.[408] Da es sich um eine Irrtumsanfechtung handelt, müsste eine solche Anfechtung freilich unverzüglich nach Erkenntnis des Irrtums erklärt werden (§ 121 Abs. 1!); das mindert den praktischen Ertrag dieses Lösungsansatzes für den Zuwendenden erheblich.[409]

Im Schrifttum ist ferner darauf hingewiesen worden, dass der hier diskutierten Fallgestal- **183** tung eine **sachenrechtliche Komponente** innewohnt:[410] Es fragt sich nämlich, ob der Empfänger, wenn ihm die rechtsgeschäftliche Übereignung angeboten wird, Eigentum erwirbt. Das Übereignungsangebot darf er als ein solches seines Vertragspartners (im Beispielsfall: des Generalunternehmers) verstehen. Die Übergabe kann freilich nur in Gestalt der Geheißübergabe vollzogen worden sein; das erscheint zweifelhaft, weil der Zuwendende eine eigene Verbindlichkeit zu erfüllen glaubt und sich daher keinem fremden Geheiß unterordnet. Der BGH hat freilich auch in diesem Fall eine Geheißübergabe anerkannt,[411] und dies mit Recht.[412] Wenn aber der Empfänger Eigentum erwirbt, erscheint es nur konsequent, dass die Güterbewegung auch bereicherungsrechtlich als Leistung auf das Verhältnis zwischen dem Empfänger und seinem Vertragspartner bezogen wird. Und ebenso konsequent erscheint es, diese Zuordnung nicht von der zufälligen zeitlichen Reihenfolge abhängig zu machen: Wenn der Empfänger die Materialien, die der Subunternehmer einbaut, nicht vorher persönlich in Empfang nimmt und daher keine dingliche Einigung zustande kommt, muss der Empfänger so behandelt werden, als hätte er zuvor eine Übereignungsofferte seines Vertragspartners angenommen. Die soeben aufgezeigte sachenrechtliche Parallelwertung gilt folglich auch in diesem Fall.

4. Stellungnahme. Nach **hier vertretener Ansicht** verdient die Rechtsprechung des **184** BGH Zustimmung: Der **Zuwendende** ist **nicht berechtigt, das Geleistete vom Empfänger herauszuverlangen,** wenn dieser die Güterbewegung als Leistung seines Vertragspartners verstehen darf. Jener Vertragspartner hat – wenn auch mit unredlichen Mitteln – eine Güterbewegung ins Werk gesetzt, die der Empfänger in dem Sinne verstehen darf, dass sie mit einer Tilgungsbestimmung des Vertragspartners verknüpft ist. Entweder dem Empfänger ist gar nicht bekannt, dass der Zuwendende nicht mit seinem Vertragspartner identisch ist, oder er hält den Zuwendenden für einen Erfüllungsgehilfen seines Vertragspartners. Der Vertragspartner hat mit anderen Worten nach außen hin eine eigene Tilgungsbestimmung erklärt. Diese überbringt der Zuwendende – unbewusst – als Bote des Vertrags-

---

[407] 4. Aufl. RdNr. 111 f.; *Berg* Anm. zu BGH vom 5. 10. 1961 – VII ZR 207/60, NJW 1962, 101 und Anm. zu BGH vom 31. 10. 1963 – VII ZR 285/61, NJW 1964, 720; *v. Caemmerer*, FS Dölle, 1963, S. 135, 157 ff.; *Ehmann* NJW 1969, 398; *ders.* NJW 1971, 612; *Flume* JZ 1962, 281, 282; *Köndgen*, FS Esser, 1975, S. 55, 71 ff.; *Medicus* BR RdNr. 687 f.; *Staake* WM 2005, 2113, 2117 ff.; *Staudinger/Lorenz* RdNr. 61; *Wilhelm* S. 148 ff.

[408] *Canaris*, FS Larenz, 1973, S. 799, 827; *Larenz/Canaris* II/2 § 70 III 3 b, S. 219; *Lorenz* JuS 2003, 839, 843 f.; *Thomä* JZ 1962, 623, 627; *Weitnauer* NJW 1974, 1729, 1731; *Wieling* § 3 I 3 b, S. 19 f.; *ders.* JZ 1977, 291; im Ergebnis auch *Hassold* S. 165 ff., insbes. 173 f. und 176.

[409] Dies räumt auch *Larenz/Canaris* II/2 § 70 III 3 b, S. 219 ein; ähnlich *Staudinger/Lorenz* RdNr. 61.

[410] *Hager*, FG 50 Jahre BGH, 2000, S. 777, 801 f.; *Koller*, Symposion Canaris, 1998, S. 151, 155; *Larenz/Canaris* II/2 § 70 III 3 a, S. 217 f.

[411] BGH NJW 1974, 1132.

[412] Einzelheiten können hier nicht diskutiert werden; dem BGH zust. insbes. *Hager*, Verkehrsschutz durch redlichen Erwerb, 1990, S. 288 f.; *Musielak* JuS 1992, 713, 717; *Pinger* AcP 179 (1979), 301, 333 m. Fn. 180; *Wieling* JZ 1977, 291, 295 f.; abl. aber *v. Caemmerer* JZ 1963, 586; *Martinek* AcP 188 (1988), 573, 621 ff. 632 ff.; *Medicus* BR RdNr. 564; *v. Olshausen* JZ 1975, 29, 30 f.; *Picker* NJW 1974, 1790, 1794 f.; *Soergel/Henssler* 932 RdNr. 13 f.; *Weitnauer* NJW 1974, 1729, 1732.

partners. Da die Tilgungsbestimmung eine echte Willenserklärung ist (RdNr. 49), ist der objektive Empfängerhorizont für ihre Auslegung maßgeblich.

185 Der Zuwendende ist entgegen einer im Schrifttum vertretenen Ansicht[413] auch **nicht berechtigt**, die **Tilgungsbestimmung** wegen Irrtums **anzufechten**. Denn es handelt sich gerade nicht um *seine* Tilgungsbestimmung, sondern um die des Vertragspartners des Empfängers. § 119 erlaubt aber nur die Anfechtung eigener, nicht aber die Anfechtung fremder Erklärungen.[414] Und selbst wenn man die Erklärung des Zuwendenden, er habe als Bote für den Vertragspartner des Empfängers gehandelt, einer Anfechtung für zugänglich hielte, müsste man doch zumindest § 164 Abs. 2 reziprok anwenden:[415] Wer erklärt, eine Erklärung in fremdem Namen anzuwenden, kann diese hernach nicht mit der Begründung anfechten, er habe in Wahrheit in eigenem Namen handeln wollen.[416] Gleiches muss erst recht beim Boten gelten: Wer eine fremde Erklärung überbringt, kann diese nicht durch Anfechtung in eine eigene Erklärung verwandeln.

186 Eine **Anfechtung** nach §§ 119 ff. ist aber **ausnahmsweise statthaft,** wenn feststeht, dass der Zuwendende eine Geldzahlung im Rechtssinne geleistet hat und nur noch fraglich ist, ob er diese Zahlung auf eigene oder auf fremde Verbindlichkeit geleistet hat. Wenn der Empfänger die Zahlung als Leistung auf die Verbindlichkeit eines Dritten verstehen durfte, der Zuwendende aber in Wahrheit eine eigene Verbindlichkeit tilgen wollte, kann er die Tilgungsbestimmung anfechten.[417] Denn in diesem Fall handelt es sich um eine eigene Erklärung, die er von vornherein im eigenen Namen abgegeben hat. Da die Tilgungsbestimmung eine echte Willenserklärung ist (RdNr. 49), sind die Vorschriften über Willensmängel ohne Weiteres anwendbar. Entgegen einer im Schrifttum vertretenen Ansicht[418] besteht indes kein Anlass, gerade für den soeben beschriebenen Fall von der These abzurücken, dass die Auslegung der Tilgungsbestimmung sich nach dem objektiven Empfängerhorizont richtet. Würde man dieser Ansicht folgen, so wäre von vornherein der innere Wille des Leistenden maßgeblich, und es würde jene Schuld erfüllt, welche der Leistende erfüllen wollte. Eine solche Abweichung von §§ 133, 157 ist weder möglich, noch besteht für sie gerade in der hier vorliegenden Konstellation ein Bedürfnis: Der Leistende kann die von ihm für nötig gehaltene Korrektur durch Anfechtung der Tilgungsbestimmung erzwingen.

187 **5. Irrtum des Empfängers über die Person des Vertragspartners.** Im Einzelfall mag es geschehen, dass der Empfänger nicht bloß über die Person des Leistenden, sondern bereits über die Person seines Vertragspartners irrt und deshalb die Leistung eines Dritten für diejenige seines Vertragspartners hält. Das OLG Köln hatte einen Fall zu entscheiden, in dem jemand bei einer Firma A Waren bestellt hatte; die Bestellung war aber bei Firma B angekommen, welche die Geschäftsräume der Firma A mitbenutzte. Firma B lieferte und machte dabei ihre Identität auf Rechnungen und Lieferscheinen deutlich. Das OLG Köln bejahte unter diesen Umständen mit Recht einen **direkten Bereicherungsanspruch** der Firma B (also des Zuwendenden) gegen den Empfänger:[419] Das Unternehmen, das dieser für seinen Vertragspartner gehalten hatte (Firma A), hatte niemals eine Vertragserklärung und konsequent auch keine Tilgungsbestimmung abgegeben, die der Zuwendende (Firma B) als deren Bote hätte überbringen können. Eine Tilgungsbestimmung, die nicht existiert, kann aber auch nicht durch einen entsprechenden Empfängerhorizont als eine solche behandelt werden. Zweifelhaft kann nur sein, wie der Bereicherungsanspruch des Zuwendenden konstruktiv zu begründen ist. Stellt man sich auf den Standpunkt, der Empfänger habe erkennen müssen, dass ein anderer als der von ihm angenommene Vertragspartner die

---

[413] *Larenz/Canaris* II/2 § 70 III 3 b, S. 219; *Chr. Wolf* S. 116 f.
[414] Zutr. *Hager*, FG 50 Jahre BGH, 2000, S. 777, 801.
[415] Wie hier *Kellmann* JR 1988, 97, 101; anders *Larenz/Canaris* II/2 § 70 III 3 b, S. 219.
[416] Eingehend: *Thomale* § 1 C III 3 a bb.
[417] Zutr. OLG Hamm NJW-RR 1989, 700, 701 f.; bestätigt durch BGHZ 106, 163, 166 f.; zust. *Chr. Wolf* S. 101.
[418] *Weber* S. 78 ff.
[419] OLG Köln VersR 1993, 63, 65.

Leistung erbringe (im Referenzfall stand immerhin die Firma B auf der Rechnung und auf dem Lieferschein), liegt auch aus dem Empfängerhorizont eine Tilgungsbestimmung des Zuwendenden vor. Dieser kann das Gelieferte folglich unter dem Gesichtspunkt der Leistungskondiktion zurückverlangen. Lag dagegen aus dem Empfängerhorizont keine Tilgungsbestimmung des Zuwendenden vor, so ist der Empfänger in sonstiger Weise auf Kosten des Zuwendenden bereichert.

6. Bestimmung des Leistenden aus Empfängersicht. Die Praxis muss sich wiederholt mit Fällen befassen, in denen die Bestimmung des Leistenden aus Empfängersicht Schwierigkeiten bereitet. Der BGH hatte über folgenden Fall zu entscheiden: Bei einem Grundstückskaufvertrag waren beide Parteien anwaltlich vertreten. Die Kaufvertragsparteien beauftragten die Anwälte, gemeinschaftlich handelnd mit den Grundpfandgläubigern über die Ablösung der auf dem Grundstück lastenden Grundschulden zu verhandeln, deren Nominalbetrag den vereinbarten Kaufpreis deutlich überstieg. Denjenigen Teil des Kaufpreises, der nicht für die Ablösung der Grundschulden benötigt wurde, sollten sie je zur Hälfte behalten dürfen. Der beurkundende Notar wurde unwiderruflich angewiesen, jenen Restbetrag, so er sich denn ergeben würde, an beide Anwälte je zur Hälfte auszuzahlen. Der Verkäufer forderte nun den an den Käuferanwalt gezahlten Honoraranteil zurück. Der BGH erblickte in der Vereinbarung ein unzulässiges Erfolgshonorar[420] und nahm zu Recht eine **Leistung des Grundstücksverkäufers an den Käuferanwalt** an: Denn die Zahlung des Honorars wurde aus dem Kaufpreis bewirkt, der dem Verkäufer zustand.[421]

Kein Irrtum, sondern **beiderseitiger Konsens** über die **Person des Leistenden** besteht bei Verträgen über **Handy-Klingeltöne,** und zwar selbst dann, wenn der (meist minderjährige) Klingelton-Kunde nicht mit dem Inhaber des Mobilfunkanschlusses identisch ist, für den die Klingeltöne bereitgestellt werden: Die Produktwerbung der Klingeltonanbieter ist offensichtlich auf Minderjährige gemünzt. Die Klingeltonanbieter sehen daher die Minderjährigen selbst, also diejenigen, die ihre Leistungen tatsächlich abrufen, als ihre Vertragspartner und damit auch als diejenigen an, die an sie leisten – selbst wenn sie nicht selbst Inhaber des betreffenden Mobilfunkanschlusses sind.[422]

7. Dirnenlohn-Fall des BGH. Der BGH hatte über folgenden Sachverhalt zu befinden: Jemand war bei einer Behörde als Kostenfestsetzer beschäftigt und dadurch in der Lage, Auszahlungen der Behörde an Dritte zu veranlassen. Diese Stellung nutzte er, um ohne rechtliche Grundlage Auszahlungen in Höhe von insgesamt ca. 2,35 Mio. DM an Verwandte und Bekannte zu veranlassen. Unter den Empfängern dieser Zahlung befand sich auch eine Dame, die dem besagten Beamten sexuelle Dienste geleistet hatte und behauptete, die empfangene Summe als Dirnenlohn beanspruchen zu können; sie hatte nach eigenen Angaben geglaubt, bei den an sie überwiesenen Beträgen habe es sich um Teile des Gehalts jenes Beamten gehandelt. Der BGH bestätigte zunächst seine Sichtweise, wonach es für die Frage, um wessen Leistung es sich handelt, auf die Sicht eines objektiven Empfängers ankomme.[423] Selbst danach habe die **Empfängerin** den Geldfluss aber **nicht für eine Leistung des Beamten halten dürfen.** Denn es sei allgemein bekannt, dass ein Beamter sich sein Gehalt nicht selbst auszahlen oder seine Dienststelle zur Auszahlung an Dritte anweisen könne.[424] Deshalb gab er der auf § 812 Abs. 1 S. 1 (welche Alternative, wurde nicht gesagt) gestützten Klage der Dienststelle statt.

Der Fall verdient deshalb besondere Aufmerksamkeit, weil er dem in RdNr. 70 diskutierten Postanweisungsfall des Reichsgerichts auf den ersten Blick zum Verwechseln ähnlich sieht: In beiden Fällen hatte ein untreuer Beamter seinen Dienstherrn zu Auszahlungen an seinen Gläubiger veranlasst. Wären beide Fälle vergleichbar, so hätte die Klage der Dienst-

---

[420] BGH NJW 2004, 1169, 1170 f.
[421] BGH NJW 2004, 1169 f.
[422] *Mankowski/Schreier* VuR 2007, 281, 283.
[423] BGH NJW 2005, 60 f.
[424] BGH NJW 2005, 60, 61; zust. *Lorenz* LMK 2004, 217 f.

stelle gegen die Dirne hier ebenso abgewiesen werden müssen wie in jenem Fall die Klage der Post gegen den Drittempfänger. Indes gilt es einen gewichtigen Unterschied zu vermerken:[425] Im **Postanweisungsfall** stand der Beamte in einem gültigen Valutaverhältnis mit seinem Gläubiger; er hatte der Post eine fehlerfreie Anweisung erteilt. Dabei hatte er die Post lediglich über die **Existenz einer Verbindlichkeit ihm selbst gegenüber getäuscht.** Dann kam in der Tat nur ein Bereicherungsausgleich der Post gegen den Beamten aus dem fehlgeschlagenen Deckungsverhältnis in Betracht. Im hier gegebenen **Dirnenlohn-Fall** dagegen hatte der Beamte die Dienststelle über die **Existenz einer Verbindlichkeit den Empfängern gegenüber getäuscht:** Auf dem Boden der von ihm erteilten Auszahlungsanweisungen hatte der Dienstherr geglaubt, den Empfängern etwas zu schulden. Deshalb hing die Frage, wem gegenüber der Bereicherungsausgleich zu suchen sei, in der Tat davon ab, ob der Empfänger wusste, dass der Dienstherr eine eigene Leistung erbringen wollte (dann Leistungskondiktion des Dienstherrn direkt gegen den Empfänger), oder ob er die Zahlung als Leistung des Beamten ansehen durfte (dann kein Bereicherungsanspruch des Dienstherrn gegen den Empfänger).

IX. Bereicherungsrechtliche Rückabwicklung von berechtigenden Verträgen zugunsten Dritter

192 **1. Problem.** Wenn bei einem berechtigenden Vertrag zugunsten Dritter der Vertrag zwischen Versprechendem und Versprechensempfänger, also das Deckungsverhältnis nichtig ist, der Versprechende aber an den Dritten geleistet hat, fragt sich, von wem er das Geleistete zurückverlangen kann. Die Ableitung der Lösung aus dem Leistungsbegriff erscheint nicht eindeutig: Der Versprechende wäre, wenn der Vertrag im Deckungsverhältnis wirksam wäre, aus dem Deckungsverhältnis zunächst dem Versprechensempfänger gegenüber verpflichtet, an den Dritten zu leisten. Ebenso aber hätte der Dritte gegen den Versprechenden ein eigenes Forderungsrecht. Der Versprechende leistet also mit doppelter Tilgungsbestimmung: Er will zum Zwecke der Erfüllung seiner Verbindlichkeit sowohl an den Versprechensempfänger als auch an den Dritten leisten. Beim berechtigenden Vertrag zugunsten Dritter wird sogar **in drei Richtungen simultan geleistet:**[426] Vom Versprechenden an den Versprechensempfänger, vom Versprechensempfänger an den Dritten und vom Versprechenden direkt an den Dritten. Auf dem Boden dieser Feststellungen lassen sich für die bereicherungsrechtliche Rückabwicklung alle denkbaren Ergebnisse vertreten: Kondiktion gegen den Versprechensempfänger, Kondiktion gegen den Dritten, Kondiktion gegen wahlweise einen von ihnen.

193 **2. Vergleichbarkeit mit der abgekürzten Lieferung.** Wenn der Vertrag zwischen dem Versprechenden und dem Versprechensempfänger allein mit dem Ziel geschlossen wurde, dass auf diese Weise eine bereits vorhandene, gegenständlich entsprechende Verbindlichkeit des Versprechensempfängers gegenüber dem Dritten getilgt werde, so ist der Sachverhalt mit der abgekürzten Lieferung vergleichbar. Ebenso wie der Angewiesene bei der abgekürzten Lieferung im Falle eines fehlerhaften Deckungsverhältnisses nur vom Anweisenden kondizieren kann, kann daher der **Versprechende** bei einer solchen Fallgestaltung **nur vom Versprechensempfänger kondizieren.**[427] Das überzeugt auch in der Wertung:

---

[425] Die Notwendigkeit der Unterscheidung beider Fälle betont auch *Lorenz* LMK 2004, 217, 218.
[426] *Hadding* S. 19 f.; *St. Lorenz* JuS 2003, 839, 840; *W. Lorenz* AcP 168 (1968), 286, 291; *ders.* JZ 1971, 427, 429; *Meyer* S. 152; *Schnauder* S. 229 f.; *Weitnauer*, FS v. Caemmerer, 1978, S. 255, 288 f.; dagegen *Thomale* § 5 C I.
[427] BGHZ 5, 281, 284 f.; 58, 184, 188; 72, 246, 251 f.; AnwK-BGB/*v. Sachsen Gessaphe* RdNr. 157; *Bamberger/Roth/Wendehorst* RdNr. 201; *Canaris*, FS Larenz, 1973, S. 799, 832; *v. Caemmerer* JZ 1962, 387 f.; *Erman/Westermann/Buck-Heeb* RdNr. 35; *Hassold* S. 271 ff., 294; jurisPK/*Martinek* RdNr. 131; *Kellmann* JR 1988, 97, 99; *Köndgen*, FS Esser, 1975, S. 55, 68 f.; *Larenz/Canaris* II/2 § 70 V 2a, S. 240 f.; *Lorenz* JuS 2003, 839, 840 f.; *Medicus* BR RdNr. 681; *Meyer* S. 152 f.; *Pinger* AcP 179 (1979), 301, 323 f.; *PWW/Leupertz* RdNr. 98; RGRK/*Heimann-Trosien* RdNr. 29; *E. Schmidt* JZ 1971, 601, 608; *ders.* JZ 1972, 406, 407; *Thielmann* AcP 187 (1987), 23, 48.

Der Dritte soll dadurch, dass ihm ein eigenes Forderungsrecht eingeräumt wurde, besser stehen als bei einer gewöhnlichen Anweisung. Damit vertrüge es sich nicht, wenn er bei Nichtigkeit des Deckungsverhältnisses einem direkten Bereicherungsanspruch des Versprechenden ausgesetzt wäre.[428]

Freilich ist für die Zulassung der Direktkondiktion vorgetragen worden, das Forderungsrecht des Dritten weise, wie sich aus § 334 ergebe, eine **typische Schwäche** auf: Es sei den Einwendungen aus dem Deckungsverhältnis ausgesetzt. Wenn aber der Dritte die Einwendungen des Versprechenden gegen sich gelten lassen müsse, so müsse er sich auch nach erfolgter rechtsgrundloser Leistung des Versprechenden mit dessen Bereicherungsanspruch auseinandersetzen.[429] Diese Überlegung verfängt indes bei näherem Zusehen deshalb nicht, weil sie einen gravierenden Wertungswiderspruch nicht zu vermeiden vermag: Wenn sich der Versprechende nur zur Erfüllungsübernahme im Innenverhältnis verpflichtet, führt die Fehlerhaftigkeit des Deckungsverhältnisses zu einem Bereicherungsanspruch des Versprechenden nur gegen den Versprechensempfänger, nicht aber gegen den Dritten (RdNr. 161). Dann kann es nicht sein, dass gerade die Begründung eines eigenen Forderungsrechts den Dritten dem Bereicherungsanspruch des Versprechenden aussetzt.[430] Die Anerkennung eines direkten Bereicherungsanspruchs des Versprechenden gegen den Dritten wird freilich teilweise[431] deswegen für geboten erachtet, weil der Fall mit der Leistung auf nicht bestehende fremde Schuld vergleichbar sei, wo ebenfalls eine Direktkondiktion stattfinde (näher RdNr. 155 ff.). Dieser Vergleich überzeugt jedoch nicht: Zum einen fehlt es bei den Fällen der Drittleistung, anders als beim Vertrag zugunsten Dritter, regelmäßig an einer Veranlassung durch denjenigen, der dem Empfänger etwas schuldet; dort aber, wo eine solche Veranlassung gegeben ist, findet der Bereicherungsausgleich auch bei der Drittleistung übers Dreieck statt (RdNr. 158 ff.). Zum anderen liegt bei der Zahlung auf nicht bestehende fremde Schuld der Mangel im Valutaverhältnis zwischen Schuldner und Gläubiger, während ein Deckungsverhältnis zwischen Leistendem und Schuldner jedenfalls bei nicht veranlasster Drittleistung überhaupt nicht existiert. Demgegenüber liegt beim berechtigenden Vertrag zugunsten Dritter in den hier diskutierten Fällen der Fehler im Deckungsverhältnis – in jenem Vertrag nämlich, der eigentlich den Leistungsanspruch des Dritten gegen den Versprechenden hätte begründen sollen.

3. Sonderfall: Vertrag mit Versorgungscharakter. Wenn dagegen der Vertrag zwischen dem Versprechenden und dem Versprechensempfänger dazu dient, Vorsorgebedürfnisse in der Person des Dritten zu befriedigen (zB Lebensversicherungsvertrag), steht dem Versprechenden bei fehlerhaftem Deckungsverhältnis nach überwiegender Meinung ein direkter Bereicherungsanspruch gegen den Dritten zu.[432] Das hängt damit zusammen, dass der Versprechensempfänger die Vorsorgeleistungen dem Dritten im **Valutaverhältnis** regelmäßig **unentgeltlich** zuwendet. Der Direktanspruch des Versprechenden wird daher nicht etwa aus § 812 Abs. 1 S. 1 Alt. 1 mit der Begründung hergeleitet, der Versprechende habe eine eigene Verbindlichkeit gegenüber dem Dritten erfüllt. Vielmehr folgt die Direktkondiktion aus § 822[433] und scheidet folglich aus, wenn der Versprechensempfänger verschärft haftet und sich daher wegen der Zuwendung im Valutaverhältnis nicht auf § 818 Abs. 3 berufen kann.[434] Freilich regt sich gegen die Anerkennung eines direkten Bereicherungsanspruchs in Versorgungsfällen Widerspruch im Schrifttum: Auch hier liege

---

[428] Ebenso *Harder* AcP 182 (1982), 372, 378; *Hassold* S. 294, 301.
[429] *Lorenz* AcP 168 (1968), 286, 294.
[430] Dies räumt selbst *Lorenz* AcP 168 (1968), 286, 292 f. ein.
[431] HKK/*Schäfer* §§ 812–822 RdNr. 157.
[432] *Kellmann* JR 1988, 97, 99; *Meyer* S. 154 ff.; *Pinger* AcP 179 (1979), 301, 323 f.; RGRK/*Heimann/Trosien* RdNr. 29; *E. Schmidt* JZ 1971, 601, 604; im Ergebnis auch *Hadding* S. 93 ff.; *Peters* AcP 173 (1973), 71, 89 ff.; *E. Schmidt* JZ 1972, 406, 407; *Thielmann* AcP 187 (1987), 23, 48.
[433] *Koppensteiner/Kramer* § 6 VII 2, S. 46 f.; *Larenz* II § 68 III h; *Larenz/Canaris* II/2 § 70 V 2b, S. 241; *Lorenz* JuS 2003, 839, 841; *Medicus* BR RdNr. 682; *Peters* AcP 173 (1973), 71, 89.
[434] *Canaris*, FS Larenz, 1973, S. 799, 833; *Larenz/Canaris* II/2 § 70 V 2b, S. 241; § 69 IV 1a, S. 195; *Lorenz* JuS 2003, 839, 841.

in Wahrheit nur eine Anweisungsleistung des Versprechenden für den Versprechensempfänger vor; der Versprechende habe daher im Rechtssinne an diesen geleistet. Das sei auch in der Sache angemessen; denn in das Valutaverhältnis habe der Versprechende regelmäßig keinen Einblick.[435] Dieser Überlegung wird freilich ausreichend Rechnung getragen, wenn man die Direktkondiktion mit § 822 begründet: Dann wird im Grunde nach anerkannt, dass eine Leistung an den Versprechensempfänger vorliegt. Der Bereicherungsanspruch gegen den Dritten fußt nicht etwa darauf, dass im Rechtssinne eine Leistung des Versprechenden an den Dritten bejaht würde, sondern allein auf der Unentgeltlichkeit im Valutaverhältnis.

196 Für die Zulassung der Direktkondiktion in Versorgungsfällen ist noch ein weiteres Argument ins Feld geführt worden: In den relevanten Fällen bestehe regelmäßig vor Abschluss des Vertrags im Deckungsverhältnis noch keine Forderung des Dritten im Valutaverhältnis. Vielmehr werde durch den Vertragsschluss im Deckungsverhältnis die Rechtsstellung des Dritten **überhaupt erst begründet;** im Valutaverhältnis bestehe meist (etwa bei Handschenkung des Versprechensempfängers an den Dritten) überhaupt keine Forderung. Bei wirksamem Vertrag könne daher der Dritte die Leistung nur vom Versprechenden fordern; dann könne bei unwirksamem Vertrag der Versprechende das gleichwohl Geleistete auch nur vom Dritten zurückfordern.[436] Diese Überlegung dürfte in ihrer rechtstatsächlichen Prämisse zutreffen. Sie würde aber zu dem Ergebnis zwingen, dass der Dritte dem Versprechenden auch dann zur Herausgabe des Geleisteten verpflichtet ist, wenn die Voraussetzungen des § 822 nicht vorliegen, insbesondere also auch dann, wenn der Versprechensempfänger verschärft haftet. Dies Ergebnis erscheint indes nicht hinnehmbar. Soll der Vertrag zugunsten Dritter eine unentgeltliche Zuwendung im Valutaverhältnis vorbereiten, ist die Interessenlage keine andere, als wenn der Versprechende das Geleistete zunächst an den Versprechensempfänger übermittelt und dieser es unentgeltlich an den Dritten weiterleitet. Im letzteren Fall wäre aber die Direktkondiktion ganz gewiss nur unter den Voraussetzungen des § 822 zulässig; dann darf das Ergebnis beim Vertrag zugunsten Dritter kein anderes sein.

197 Die soeben vertretene Argumentation beansprucht Geltung **über den Bereich der Versorgungsfälle hinaus:** Wann immer der Dritte den Rechtsgrund für den Erwerb des Forderungsrechts gegen den Versprechenden im Valutaverhältnis daraus bezieht, dass der Dritte ihm etwas unentgeltlich zuwendet, ist er, wenn das Deckungsverhältnis fehlerhaft ist, dem Versprechenden nach Maßgabe des § 822 direkt zur Herausgabe des Geleisteten verpflichtet.[437] So hatte das OLG Saarbrücken einen Fall zu entscheiden, in dem ein Gesellschafter einer GmbH wirkungslose Patente an eine andere Gesellschaft verkauft hatten, mit der ihre GmbH eine Kooperationsvereinbarung getroffen hatte. Der Kaufpreis sollte nach dem Kaufvertrag direkt auf das Konto der GmbH gezahlt werden, deren Gesellschafter der Verkäufer des Patents war; denn die Transaktion diente dazu, den für die Kooperation benötigten Kapitalbedarf dieser GmbH zu decken. Das OLG Saarbrücken hielt den Vertrag wegen anfänglicher objektiver Unmöglichkeit für nach § 306 aF nichtig[438] und verneinte einen Bereicherungsanspruch der Käufergesellschaft gegen den Verkäufer des Patents: Diesen könne die Käufergesellschaft vielmehr nur von der GmbH herausverlangen, an die sie den Kaufpreis gezahlt habe.[439] Das trifft jedenfalls deshalb im Ergebnis zu, weil der Gesellschafter, der das Patent der Gesellschaft verkauft hatte, den Kaufpreis seiner Gesellschaft unentgeltlich zuwenden wollte und sich selbst in Unkenntnis des fehlenden Rechtsgrunds befand.[440] Dann war nach § 822 der Bereicherungsanspruch in der Tat allein gegen die GmbH gegeben, auf deren Konto der Kaufpreis bezahlt worden war.

---

[435] *Hassold* S. 295 f.
[436] *Meyer* S. 156 f.; ähnlich *Pinger* AcP 179 (1979), 301, 324 f.; *Wilhelm* S. 144 Fn. 276 sowie jetzt vor allem *Reuter/Martinek* § 12 IV 3/4, S. 480, 484 f.
[437] So auch 4. Aufl. RdNr. 139; *Hassold* S. 298 f.; abl. aber *Hadding* S. 124.
[438] OLG Saarbrücken ZIP 1999, 2054 f.
[439] OLG Saarbrücken ZIP 1999, 2054, 2056 f.
[440] Unter anderem darauf stellte OLG Saarbrücken ZIP 1999, 2054, 2057 ab.

4. Abdingung des § 335: kein Sonderfall. Eine Direktkondiktion des Versprechenden **198** gegen den Dritten soll weiterhin dann gegeben sein, wenn das **Forderungsrecht** abweichend von § 335 **ausschließlich dem Dritten** zusteht.[441] Das überzeugt nicht. Entweder der Vertrag im Deckungsverhältnis wurde zu Vorsorgezwecken geschlossen (soeben RdNr. 195 ff.). Dann ist ein direkter Bereicherungsanspruch des Versprechenden gegen den Dritten aus *diesem* Grunde und in den Grenzen des § 822 gegeben. Oder der Vertrag im Deckungsverhältnis sollte die Erfüllung einer im Valutaverhältnis bereits bestehenden Verbindlichkeit vorbereiten. Für diesen Fall war bereits betont worden, dass das eigene Forderungsrecht den Dritten stärken solle und er daher nicht eben wegen dieses Rechts einer Direktkondiktion des Versprechenden ausgesetzt werden darf, die er sonst nicht zu fürchten bräuchte. Dann muss hier ergänzt werden: Die Einräumung eines Forderungsrechts an den Dritten unter Ausschluss des Versprechensempfängers soll den Dritten noch einmal zusätzlich stärken. Dann ist eine Direktkondiktion gegen ihn erst recht fehl am Platz.

5. Courtage-Fall des BGH. In einer viel beachteten Entscheidung hatte der BGH über **199** folgenden Sachverhalt zu befinden: Ein Kaufinteressent verhandelte mit einer Bauträgergesellschaft über den Kauf eines Grundstücks. Beide Parteien schlossen einen Kaufanwärtervertrag. Bei dessen Abschluss wurde die Bauträgergesellschaft von einem Direktionsassistenten vertreten. Dieser setzte den Vertrag in dreifacher Ausfertigung auf und nahm in zwei von ihnen eine Klausel auf, wonach an ein drittes Unternehmen 3% Maklercourtage zu zahlen seien. Eines dieser beiden Exemplare verblieb bei jenem Direktionsassistenten; das andere erhielt der Kaufanwärter. Die für die Bauträgergesellschaft bestimmte Fassung des Vertrags enthielt die Klausel nicht. Das dritte Unternehmen forderte die Zahlung an und erhielt sie. Jenes Unternehmen existierte indes in Wahrheit nicht; Inhaber des Kontos war vielmehr der Direktionsassistent, der auf diese Weise in die eigene Tasche verdienen wollte. Der Kaufanwärter focht schließlich die Maklervereinbarung nach § 123 an und verlangte die Zahlung vom Direktionsassistenten zurück.

Im Ergebnis kann kein Zweifel bestehen, dass dies Rückforderungsbegehren berechtigt **200** ist. Lediglich bei der Begründung mag man unterschiedliche Wege beschreiten. Man mag zum einen **fragen, wen** der Direktionsassistent bei der Vereinbarung der Courtageklausel **vertreten** hat. Aus dem Umstand, dass das für die Bauträgergesellschaft bestimmte Exemplar jene Klausel nicht enthielt, ist – zu Recht – gefolgert worden, dass der Direktionsassistent insoweit nicht diese Gesellschaft, sondern das durch die Courtage begünstigte, angeblich existierende dritte Unternehmen vertreten hat.[442] Folgt man dem, so liegt überhaupt kein Vertrag zugunsten Dritter vor, sondern ein ganz normales Zweipersonenverhältnis zwischen dem Kaufanwärter und dem Direktionsassistenten, der sich hinter der Scheinfirma verbirgt. Der Kaufanwärter hat die Courtagevereinbarung wirksam angefochten und kann die Zahlung unter dem Gesichtspunkt der Leistung zurückverlangen.

Der **BGH** hat demgegenüber einen Vertrag zwischen dem Kaufanwärter und der Bauträ- **201** gergesellschaft zugunsten des dritten Unternehmens angenommen, gleichwohl aber einen **direkten Anspruch** des Kaufanwärters gegen den Direktionsassistenten mit der Begründung **bejaht,** die Leistung des Kaufanwärters sei nicht auf das Deckungsverhältnis mit der Bauträgergesellschaft erfolgt; vielmehr habe der Kaufanwärter einer Verpflichtung nachkommen wollen, die ihm nur gegenüber dem dritten Unternehmen oblag und die er daher auch nur diesem gegenüber habe erfüllen wollen.[443] Die Zulassung der Direktkondiktion verdient auch auf der Prämisse, dass im gegebenen Fall ein Vertrag zugunsten Dritter vorlag,

---

[441] *Peters* AcP 173 (1973), 71, 89; *Koppensteiner/Kramer* § 6 VII 2, S. 46; *Erman/Westermann/Buck-Heeb* RdNr. 35.
[442] AnwK-BGB/*v. Sachsen Gessaphe* RdNr. 157 m. Fn. 403; *Canaris* NJW 1972, 1196; *Larenz/Canaris* II/2 § 70 V 2 c, S. 241; *Loewenheim/Winckler* JuS 1983, 195, 198; *Medicus* BR RdNr. 683; in diese Richtung wohl auch *Lorenz* JZ 1971, 427 m. Fn. 2.
[443] BGHZ 58, 184, 189 f.; im Ergebnis ebenso *E. Schmidt* JZ 1972, 406, 407; *Wilhelm* S. 146 f.

Zustimmung:⁴⁴⁴ Wenn es zutrifft, dass Verträge zugunsten Dritter bereicherungsrechtlich nach vergleichbaren Grundsätzen wie Anweisungsfälle zu behandeln sind, muss man den hier gegebenen Fall demjenigen einer fehlenden Anweisung gleichstellen:⁴⁴⁵ Die Bauträgergesellschaft (die als Versprechensempfängerin die Rolle des „Anweisenden" hätte übernehmen müssen) wusste von der Courtageklausel nichts und kann daher auch den Kaufanwärter (der als Versprechender die Rolle des „Angewiesenen" hätte übernehmen müssen) nicht zurechenbar dazu veranlasst haben, die Courtage an die Scheinfirma zu zahlen.⁴⁴⁶

X. Bereicherungsrechtliche Rückabwicklung bei der Zession

202 **1. Abgetretene Forderung existiert nicht. a) Meinungsstand.** Wenn eine Forderung, die in Wahrheit nicht besteht, abgetreten wird und der Schuldner an den Zessionar leistet, ist umstritten, von wem er das Geleistete zurückverlangen kann. Die Anwendung des Leistungsbegriffs scheint freilich ein eindeutiges Ergebnis zutage zu fördern: Die Abtretung führt nach § 398 S. 2 dazu, dass der Zessionar an die Stelle des Zedenten tritt, mithin nunmehr ausschließlich für den Empfang der Leistung zuständig ist. Der Schuldner leistet also mit dem Ziel, sich von seiner Verbindlichkeit gegenüber dem Zessionar zu befreien; er leistet folglich an den Zessionar und kann das Geleistete direkt von ihm zurückfordern. Eben dies wird vom OLG Karlsruhe⁴⁴⁷ und von einer verbreiteten Meinung im Schrifttum angenommen.⁴⁴⁸ Das soll namentlich auch dann gelten, wenn die Forderung sicherungs- oder erfüllungshalber abgetreten worden war und dem Zessionar die zugrunde liegende Forderung gegen den Zedenten, die mit Hilfe der Abtretung gesichert bzw. erfüllt werden sollte, tatsächlich zustand.⁴⁴⁹ Die weit überwiegende **Rechtsprechung**⁴⁵⁰ und eine ebenso verbreitete Ansicht in der Literatur⁴⁵¹ halten demgegenüber ausschließlich einen Bereicherungsanspruch des Schuldners **gegen den Zedenten** für gegeben. Eine Ausnahme soll nur dann gegeben sein, wenn der Zessionar den Schuldner besonders zur Leistung gedrängt habe;⁴⁵² in diesem Fall stehe dieses Drängen im Vordergrund und überlagere die in der Zession liegende „Anweisung". Schließlich billigt eine vermittelnde Ansicht dem Schuldner den Bereicherungsanspruch wahlweise gegen den Zedenten oder gegen den Zessionar zu.⁴⁵³

203 **b) Die für eine Kondiktion gegen den Zedenten vorgetragenen Argumente.** Die am ehesten verallgemeinerungsfähige Argumentation der hM lautet wie folgt: Die Interessenlage bei der Zession sei mit derjenigen bei einer **Anweisungslage vergleichbar.**⁴⁵⁴ Die

---

⁴⁴⁴ Für Rückabwicklung übers Dreieck aber OLG Hamburg JZ 1971, 424 als Vorinstanz zu BGHZ 58, 184.
⁴⁴⁵ So auch *Lorenz* JZ 1971, 427, 428.
⁴⁴⁶ Ebenso schon 4. Aufl. RdNr. 138.
⁴⁴⁷ OLG Karlsruhe OLGR 2006, 793, 795 f.
⁴⁴⁸ *Bayer* JuS 1990, 883, 887 ff.; *Dörner* NJW 1990, 473, 474 f.; *Erman/Westermann/Buck-Heeb* RdNr. 36; *Flume* NJW 1991, 2521, 2523; AcP 199 (1999), 1, 18 ff.; *Gernhuber* § 47 I 7, 451; *Hahn* NJW 1999, 2793, 2794; *Heermann* ZBB 1998, 239, 245; HKK/*Schäfer* §§ 812–822 RdNr. 161; *Koch* VersR 1989, 891 ff.; *Mankowski* ZIP 1993, 1214, 1215 fl.; *Medicus* BR RdNr. 685 a; *Reuter/Martinek* § 12 VI 3, S. 489 ff.; *Schäfer* S. 464; *Schubert* JR 1989, 371 f.; *Thomale* § 5 D; *Tiedtke* WM 1990, 517, 519 f.; *Wilhelm* JZ 1994, 585, 594 ff.; ders. NJW 1999, 3519, 3523; so für das Steuerrecht auch BFH BB 1994, 1279; WM 1998, 1482.
⁴⁴⁹ *Reuter/Martinek* § 12 VI 3, S. 491 aE.
⁴⁵⁰ BGHZ 105, 365, 369 f.; 122, 46, 50; BGH NJW 1993, 2678; 2005, 1369 f.; 2006, 1731, 1732; OLG Hamm WM 2001, 1064.
⁴⁵¹ AnwK-BGB/*v. Sachsen Gessaphe* RdNr. 160; *Bamberger/Roth/Wendehorst* RdNr. 206 ff.; *Canaris* NJW 1992, 868, 871; *Eckert* JR 1991, 504 f.; *Esser/Weyers* BT/2 § 48 III 3 d; *Henke* S. 95 ff.; *Hock* MDR 1989, 1066; jurisPK/*Martinek* RdNr. 134; *Larenz/Canaris* II/2 § 70 V 1, S. 237 ff.; *Lieb* Jura 1990, 359, 360 f.; ders., FG 50 Jahre BGH, 2000, S. 547, 561 ff.; *St. Lorenz* JuS 2003, 839, 842; *W. Lorenz* AcP 191 (1991), 279, 309 ff.; *Nicolai* JZ 1993, 1118, 1119; PWW/*Leupertz* RdNr. 99; *Schlechtriem* JZ 1993, 24, 29.
⁴⁵² BGH NJW 1989, 161, 162; zust. *Armgardt* BauR 2006, 1834, 1835; *Henke* S. 97; krit. *Hick* MDR 1989, 1066 f.
⁴⁵³ *Kellmann* JR 1988, 97, 99.
⁴⁵⁴ Insbes. BGHZ 105, 365, 369 f.; ebenso statt vieler 4. Aufl. RdNr. 143; *St. Lorenz* JuS 2003, 839, 842.

Abtretung der Forderung komme einer Anweisung des Zedenten an die Adresse des Schuldners gleich, dieser möge an den Zessionar leisten. Dann richte sich der Bereicherungsanspruch des Schuldners, wenn die Forderung nicht bestehe, ebenso gegen den Zedenten, wie der Bereicherungsanspruch des Angewiesenen bei fehlerhaftem Deckungsverhältnis sich gegen den Anweisenden richte. Dies müsse um so mehr gelten, als der Zedent dem Zessionar mehr zuwende, als wenn er nur eine gewöhnliche Anweisung an den Schuldner ausgesprochen hätte: Der Zessionar erlange ein eigenes Forderungsrecht gegen den Schuldner. Seine Rechtsstellung solle also zusätzlich gestärkt werden. Dazu passe es nicht, wenn gerade dies eigene Forderungsrecht dazu führe, dass der Zessionar einem direkten Bereicherungsanspruch des Schuldners ausgesetzt sei. Ebenso wenig erscheine es angemessen, den Schuldner das Risiko der Insolvenz des Zessionars tragen zu lassen; denn der Schuldner habe sich den Zessionar nicht als Vertragspartner ausgesucht.[455]

Auf dem Boden des in RdNr. 45 referierten Ansatzes, wonach die Leistung nicht nur der **204** Erfüllung einer Verbindlichkeit, sondern ebenso der Verwirklichung des Vertragszwecks dient, wird vorgetragen, der Schuldner sei ungeachtet der Zession Vertragspartner des Zedenten geblieben und habe daher mit seiner Leistung auch und vor allem den **Vertragszweck im Verhältnis zum Zedenten verwirklichen** wollen. Das treffe vor allem für den Fall zu, welcher der ersten einschlägigen Entscheidung des BGH[456] zugrunde gelegen habe: Der Feuerversicherer habe als Schuldner auf einen angeblichen Versicherungsfall geleistet. Damit habe er ungeachtet dessen, dass die angebliche Forderung gegen ihn abgetreten worden sei, den Zweck des Versicherungsvertrags verwirklichen wollen.[457] Diese Überlegung erlaubt freilich schon keine Verallgemeinerung; denn sie versagt bei der Abtretung von Forderungen, die nicht einem vertraglichen Schuldverhältnis entspringen. Ganz in die gleiche Richtung hat freilich der BGH in jüngerer Zeit formuliert, der sachliche Grund für seine Ansicht, dass der Schuldner den Bereicherungsausgleich beim Zedenten zu suchen habe, liege darin, dass im zwischen Schuldner und Zedent geschlossenen Vertrag der angenommene Rechtsgrund für die Leistung des Schuldners gelegen habe.[458] So gewendet erscheint die Argumentation eher verallgemeinerungsfähig; denn der angenommene Rechtsgrund, auf den der BGH abstellt, kann ebenso in einem angeblichen gesetzlichen Schuldverhältnis liegen.

Für den Fall einer **erfüllungshalber** abgetretenen Forderung wird außerdem ins Feld **205** geführt, dass der Zedent diese Forderung mit der Bestimmung an den Zessionar abgetreten habe, dass mit erfolgreicher Einziehung der Forderung auch seine eigene Verbindlichkeit gegenüber dem Zessionar getilgt werden solle. Leiste daher der Schuldner auf die abgetretene Forderung an den Zessionar, so werde damit zugleich dessen Forderung gegen den Zedenten erfüllt. Schon daraus folge, dass der Zessionar bei fehlerfreiem „Valutaverhältnis" zwischen ihm und dem Zedenten das Geleistete müsse behalten dürfen.[459]

Speziell für den Fall der **Sicherungszession** wird angeführt, dass diese wirtschaftlich an **206** die Stelle der Forderungsverpfändung trete. Hätte der Zedent dem Zessionar die Forderung gegen den Schuldner lediglich verpfändet, so wäre er selbst nach Pfandreife – neben dem Einziehungsrecht des Zessionars (bzw. dann: Pfandgläubigers) aus § 1282 – zur Einziehung der Forderung ermächtigt geblieben, allerdings mit der Maßgabe, dass er nur Leistung an den Pfandgläubiger hätte verlangen können. Dies aber zeige, dass der Schuldner einer verpfändeten Forderung einen Leistungszweck allein gegenüber dem Gläubiger (entspricht hier: dem Zedenten) und nicht gegenüber dem Pfandgläubiger (entspricht hier: dem Zessionar) verfolge. Wenn aber die Sicherungszession der Forderungsverpfändung wirtschaftlich gleichwertig sei, müsse die bereicherungsrechtliche Abwicklung denselben Regeln

---

[455] *Canaris*, FS Larenz, 1973, S. 799, 835. Speziell in Bezug auf Versicherungsverträge ebenso *Henke* S. 100.
[456] BGHZ 105, 365 = NJW 1989, 900.
[457] *Schall* S. 44.
[458] BGH NJW 2005, 1369; 2006, 1731, 1732.
[459] 4. Aufl. RdNr. 142; *Lorenz* AcP 191 (1991), 279, 284.

folgen: Der Schuldner könne sich nur an den Sicherungszedenten, nicht aber auch an den Sicherungszessionar halten.[460]

207 Für den Fall, dass die abgetretene Forderung aus einem **gegenseitigen Vertrag** und die Nichtigkeit aus einer wirksamen **Anfechtung** herrühre, wird außerdem argumentiert, dass der Schuldner, statt anzufechten, häufig auch den Rücktritt hätte erklären können. Vertragliche Rückgewähransprüche stünden ihm in diesem Fall aber nur gegen den Zedenten zu. Dann sei nicht einzusehen, warum eine statt dessen erklärte Anfechtung Rückgewähransprüche gegenüber dem Zessionar sollten begründen können.[461]

208 c) **Stellungnahme.** Nach hier vertretener Ansicht richtet sich der Bereicherungsanspruch des Schuldners, der auf eine nicht bestehende abgetretene Forderung an den Zessionar leistet, **ausschließlich** gegen den **Zessionar**. Das gilt selbst dann, wenn die Forderung sicherungs- oder erfüllungshalber abgetreten wurde. Das Argument, der Zessionar dürfe das Geleistete behalten, sofern es ihm im Verhältnis zum Zedenten zustehe, weil die Leistung in diesem Verhältnis Tilgungswirkung entfalte, erschöpft sich in einem Zirkelschluss:[462] Die Einziehung der erfüllungshalber abgetretenen Forderung gegen den Schuldner muss der Zessionar selbstverständlich nur als Erfüllung seiner Forderung gegen den Zedenten gelten lassen, wenn er das Geleistete nicht wieder herausgeben muss. Eben dies gilt es aber erst zu ergründen. Die Parallele zwischen Sicherungszession und Forderungsverpfändung ist freilich unbestreitbar. Doch zwingt sie nicht dazu, bei der Behandlung von vergleichbaren Problemen für beide Rechtsfiguren dieselben praktischen Ergebnisse hervorzubringen. Dies ist aus dem Recht der Sicherungsübereignung bekannt: Obwohl diese die wirtschaftliche Funktion eines besitzlosen Pfandrechts übernimmt, steht dem Sicherungseigentümer nicht bloß die Vorzugsklage nach § 805 ZPO, sondern die Drittwiderspruchsklage nach § 771 ZPO zu.[463] Dann sollte man sich auch bei der Sicherungsabtretung für die Vorstellung öffnen, dass sie bei einzelnen Rechtsfragen ggf. anders zu behandeln ist als die Forderungsverpfändung.

209 In der **rechtlichen Konstruktion** unterscheidet sich die Zession von der Anweisungslage in einem wichtigen Punkt: In Anweisungsfällen ist dasjenige, was der Angewiesene im Deckungsverhältnis zu erbringen hat, identisch mit demjenigen, was der Anweisende seinerseits gegenüber dem Dritten leisten muss (im Regelfall: Geld). Im Zessionsfall liegt es anders: Der Schuldner hat im „Deckungsverhältnis" die Forderung zu erfüllen, der Zedent dagegen im „Valutaverhältnis" die Forderung als solche abzutreten.[464] Es mag sein, dass bei der Abtretung erfüllungs- oder sicherungshalber der eingezogene Betrag auf die Forderung des Zessionars gegen den Zedenten verrechnet und damit letztere Forderung erfüllt werden soll. *Diesen* Vorteil erlangt der Zedent aber nicht (was aber für eine Leistungskondiktion des Schuldners gegen den Zedenten erforderlich wäre) durch Leistung des Schuldners, sondern kraft einer Verrechnungsabrede im Innenverhältnis zwischen Zedent und Zessionar, die den Schuldner nichts angeht.

210 In der **rechtlichen Wertung** unterscheidet sich die Zession von der Anweisungslage ebenfalls wesentlich. Der Angewiesene kann sich aussuchen, ob er der Anweisung nachkommt oder die geschuldete Leistung wie vorgesehen an den Anweisenden (den Gläubiger) bewirkt. Er kann sich ebenfalls aussuchen, ob er eine Verpflichtung übernimmt, die Anweisung auszuführen. So liegt es etwa bei der Banküberweisung, die nicht als einseitige bindende Weisung des Kunden missverstanden werden darf: Die Bank ist erst aufgrund eines Überweisungsvertrags (§ 676 a) zur Ausführung der Überweisung verpflichtet und kann entscheiden, ob sie diesen abschließt oder nicht. Der Angewiesene kann sich schließlich aussuchen, ob er dem Anweisungsbegünstigten ein eigenes Forderungsrecht einräumen will:

---

[460] *Kohler* WM 1989, 1629, 1632 ff.
[461] *Larenz/Canaris* II/2 § 70 V 1 a, S. 237.
[462] Im Ergebnis zu Recht abl. auch *Reuter/Martinek* § 12 IV 3, S. 489 f.
[463] BGHZ 12, 232, 234; BGH NJW 1987, 1882; *Stein/Jonas/Münzberg* § 771 ZPO RdNr 30 (für Sicherungsübereignung), 32 (für Sicherungszession); *Wieczorek/Schütze/Salzmann* § 771 ZPO RdNr. 43.
[464] Darauf weist zutr. *Dörner* NJW 1990, 473, 475 hin.

So liegt es bei der angenommenen Anweisung und beim berechtigenden Vertrag zugunsten Dritter. Gänzlich anders liegt es bei der Abtretung einer Forderung: Der Schuldner bekommt den Zessionar gegen seinen Willen als Gläubiger aufgezwungen.[465] Er hat zu keinem Zeitpunkt die Wahl, ob er an seinen Vertragspartner (den Zedenten) oder an den Zessionar leistet. Dann kann man ihm gerade nicht mehr entgegenhalten, er habe sich den Zedenten als Vertragspartner ausgesucht: Den **Gläubiger,** nämlich den Zessionar, hat er sich gerade **nicht selbst ausgesucht.** Dieser Umstand spricht nicht etwa gegen, sondern für einen direkten Bereicherungsanspruch des Schuldners gegen den Zessionar: Wenn der Schuldner keine Wahl hatte, ob er an den Zedenten oder an den Zessionar leistete, muss er die Leistung von jener Person zurückfordern dürfen, an die er sich berechtigterweise zu leisten verpflichtet glaubte. Der Vergleich mit den Anweisungsfällen ist mit anderen Worten deshalb unstatthaft, weil der Zedent den Schuldner nicht gegen dessen Willen zu seinem Leistungsmittler gegenüber dem Zessionar machen kann.[466] Und erneut ist daran zu erinnern, dass Insolvenzrisiko nicht dadurch übernommen werden, dass eine Partei sich eine andere Partei als Vertragspartner aussucht, sondern erst dadurch, dass sie Leistungen erbringt (RdNr. 55). Der Schuldner, der an den Zessionar leistet, übernimmt dadurch (allein) dessen Insolvenzrisiko.[467] Er darf und muss daher auch den Zessionar aus ungerechtfertigter Bereicherung in Anspruch nehmen. Bereicherungsansprüche gegen den Zedenten bestehen nicht.

An der hier vertretenen Beurteilung vermag auch der Umstand nichts zu ändern, dass – zumindest bei vertraglichen Verbindlichkeiten – der Schuldner (auch) mit dem Ziel leistet, den Vertragszweck zu verwirklichen. Denn Verträge werden in erster Linie geschlossen, um erfüllt zu werden. Und selbst wenn man daneben die Existenz von Vertragszwecken anerkennt, die über die bloße Erfüllung hinausweisen, so dürfte doch der **Erfüllungszweck** beim Schuldner derart im **Vordergrund** stehen, dass allein er für die Leistungsrichtung den Ausschlag gibt. Die gleiche Interessenlage dürfte im Ergebnis für abgetretene Forderungen aus gesetzlichen Schuldverhältnissen bestehen. Dann aber gilt wieder: Der Schuldner darf an niemand anders leisten als an den Zessionar. Dann kann er auch nur ihm gegenüber einen Erfüllungszweck verfolgen. Das unterscheidet die Zession übrigens von der angenommenen Anweisung und vom Vertrag zugunsten Dritter; in letzteren beiden Fällen erfüllt der Schuldner in der Tat auch gegenüber seinem Vertragspartner und nicht nur gegenüber dem davon verschiedenen Gläubiger. Aber einen solchen Fall stellt die Zession gerade nicht dar.

2. Der Abtretung selbst fehlt der Rechtsgrund. Wenn die Forderung als solche besteht, aber ohne Rechtsgrund abgetreten wurde (etwa weil der Zessionar auf die Abtretung keinen Anspruch hatte oder – bei Abtretung erfüllungshalber – weil die mittels Abtretung zu tilgende Forderung des Zessionars gegen den Zedenten nicht bestand), stellt sich die Frage einer Rückabwicklung im Dreieck bereits im Ansatz nicht. Die Ansicht, die in Zessionsfällen eine Leistung des Schuldners an den Zedenten und eine solche des Zedenten an den Zessionar erblickt, kommt hier ohne Weiteres zu einer **Leistungskondiktion des Zedenten gegen den Zessionar;**[468] dieser hat durch Leistung des Zedenten den Forderungsbetrag erlangt. Das gleiche Ergebnis – Anspruch des Zedenten gegen den Zessionar auf Herausgabe des Forderungsbetrags – lässt sich aber entgegen der in der 4. Aufl. RdNr. 144 geäußerten Kritik ohne Weiteres auch auf der Basis der hier vertretenen Ansicht darstellen, wonach eine Leistung des Schuldners nur an den Zessionar vorliegt. Dem Zedenten steht zunächst aus § 812 Abs. 1 S. 1 Alt. 1 ein Anspruch auf Rückabtretung der Forderung zu. Hat der Schuldner bereits an den Zessionar geleistet, so hat dieser den Einziehungsbetrag iS des § 818 Abs. 1 „auf Grund des erlangten Rechts" erlangt und folglich als Surrogat zur ursprünglich erlangten Forderung herauszugeben.

---

[465] Darauf weist zu Recht *Bayer* JuS 1990, 883, 888 hin.
[466] So bereits *Koch* VersR 1989, 891, 892 f.
[467] Zutr. *Schubert* JR 1989, 371 f.; im Ergebnis für diese Risikozuweisung auch *Mankowski* ZIP 1993, 1214, 1217.
[468] BGH WM 1989, 1811, 1813.

213 **3. Doppelmangel.** Wenn weder die abgetretene Forderung als solche noch ein Rechtsgrund für die Abtretung im Verhältnis zwischen Zedent und Zessionar besteht, besteht nach hier vertretener Ansicht keine Besonderheit: Der **Schuldner** hat den Zessionar für seinen Gläubiger gehalten und daher direkt an diesen geleistet; er kann folglich das Geleistete **unmittelbar vom Zessionar zurückverlangen.** Die Gegenmeinung, die in der Zession ein Abbild der Anweisungsfälle erblickt, befürwortet demgegenüber auch hier einen Bereicherungsanpruch des Schuldners gegen den Zedenten und des Zedenten gegen den Zessionar.[469]

214 **4. Abtretung ist als solche nichtig.** Wenn die Abtretung als solche (also der dingliche Abtretungsvertrag) unwirksam ist oder erst gar nicht existiert, kann der Schuldner das Geleistete unstreitig direkt vom Zessionar herausverlangen. Zu diesem Ergebnis gelangen selbst diejenigen, welche die Zessionsfälle parallel zu den Anweisungsfällen behandeln wollen.[470] Sie müssen die Güterbewegung folgerichtig ebenso einordnen wie die Leistung eines scheinbar Angewiesenen bei fehlender Anweisung, und auf diesem Wege zur Annahme einer Nichtleistungskondiktion des Schuldners gegen den Zessionar gelangen. Nach hier vertretener Ansicht hat demgegenüber auch in diesem Fall der Zessionar den Gegenstand der Güterbewegung durch Leistung des Schuldners erlangt: Dieser hat sich von einer Verbindlichkeit befreien wollen, von der er glaubte, dass sie dem Zessionar zustehe. Dem **Schuldner** steht daher **gegen den Zessionar** die **Leistungskondiktion** zu.

215 **5. Schuldner erbringt nicht geschuldete Mehrleistungen.** Die Ansicht, wonach die Zessionsfälle in Anlehnung an die Anweisungsfälle zu beurteilen sein sollen, will einen direkten Bereicherungsanspruch des Schuldners gegen den Zessionar schließlich insoweit anerkennen, als der Schuldner Leistungen an den Zedenten erbracht hat, die nicht vom Zedenten veranlasst worden sind.[471] Das führt im Kern zu folgender Differenzierung: Wenn der Schuldner und der Zedent eine bestimmte Forderungshöhe angenommen haben, die aber den Betrag der tatsächlich bestehenden Forderung übersteigt, bleibt es dabei, dass der Schuldner das zuviel Geleistete nur vom Zedenten herausverlangen kann. Denn dann entspricht die Zession einer Anweisung an den Schuldner, auch den Mehrbetrag an den Zessionar zu zahlen. Erbringt dagegen der Schuldner die Mehrleistung aus eigenem Antrieb, kann er sie direkt vom Zessionar herausverlangen. Nach **hier vertretener Ansicht** erübrigen sich Differenzierungen dieser Art: Der **Schuldner** hat den gesamten Betrag auch im bereicherungsrechtlichen Sinne ausschließlich an den **Zessionar** geleistet und kann daher die Überzahlung in jedem Fall direkt von ihm herausverlangen.

XI. Rückabwicklung nach Pfändung und Überweisung

216 Wenn eine Forderung, die dem Vollstreckungsschuldner gegen einen Dritten zusteht, zugunsten eines Vollstreckungsgläubigers gepfändet wird, wird sie dem Vollstreckungsgläubiger entweder zur Einziehung oder an Zahlungs Statt zum Nennwert überwiesen (§ 835 Abs. 1 ZPO). Bei Überweisung an Zahlungs Statt zum Nennwert geht die Forderung auf den Vollstreckungsgläubiger über (§ 835 Abs. 2 ZPO). Bei Überweisung zur Einziehung bleibt der Vollstreckungsschuldner zwar Inhaber der gepfändeten Forderung; doch erwirbt der Vollstreckungsgläubiger ein materielles Recht, Zahlung an sich selbst zu verlangen (§ 836 Abs. 1 ZPO). In diesem Zusammenhang kann sich die Frage nach der bereicherungsrechtlichen Rückabwicklung in folgenden Fällen stellen: (1.) Die gepfändete Forderung besteht nicht. (2.) Die titulierte Forderung besteht nicht. (3.) Die Pfändung – und damit auch die Überweisung – ist als solche fehlerhaft. (4.) Der Drittschuldner zahlt bei mehrfacher Pfändung an den falschen, weil nachrangigen Gläubiger. (5.) Der Drittschuldner

---

[469] 4. Aufl. RdNr. 145.
[470] 4. Aufl. RdNr. 147; BGHZ 113, 62, 70; NJW 2006, 1731, 1732 f.; *Larenz/Canaris* II/2 § 70 V 1 c, S. 239; *Lorenz* JuS 2003, 839, 843.
[471] 4. Aufl. RdNr. 147; BGH NJW 1989, 161, 162; ebenso *Henke* S. 97; *Larenz/Canaris* II/2 § 70 V 1 b, S. 239.

zahlt an den Vollstreckungsgläubiger, obwohl die Forderung bereits vor der Pfändung an einen Vierten abgetreten war und die Pfändung daher ins Leere ging.

1. Gepfändete Forderung besteht nicht. a) Meinungsstand. Wenn der Drittschuldner an den Vollstreckungsgläubiger zahlt und sich im Nachhinein erweist, dass die gepfändete Forderung nicht bestanden hat, kann der **Drittschuldner** das Geleistete nach Ansicht des **BGH** direkt vom **Vollstreckungsgläubiger** herausverlangen.[472] Der vom Drittschuldner verfolgte Leistungszweck bestehe in erster Linie darin, das materielle Einziehungsrecht des Vollstreckungsgläubigers zum Erlöschen zu bringen;[473] deshalb mehre er zweckgerichtet das Vermögen des Vollstreckungsgläubigers. Ein Bereicherungsausgleich übers Dreieck – also Kondiktion des Drittschuldners gegen den Vollstreckungsschuldner und des Vollstreckungsschuldners gegen den Vollstreckungsgläubiger – lasse sich, wenn überhaupt, nur durch einen Vergleich mit den Anweisungsfällen begründen. Ein solcher Vergleich führe hier aber gerade nicht zur Kondiktion übers Dreieck. Denn der Pfändungs- und der Überweisungsbeschluss ergingen gegen den Willen des Vollstreckungsschuldners. Wenn überhaupt, sei der Fall am ehesten mit der Konstellation einer Güterbewegung bei fehlender Anweisung vergleichbar; dort aber sei die Folge anerkanntermaßen die Direktkondiktion.[474] Die Pfändung und Überweisung entbänden den Vollstreckungsgläubiger nicht von der Notwendigkeit, die Forderung gegenüber dem Drittschuldner durchzusetzen. Wenn aber der Vollstreckungsgläubiger den Aktivprozess um die Erfüllung der Forderung direkt mit dem Drittschuldner führen müsse, müsse er es auch hinnehmen, den Prozess um die Rückgewähr nicht geschuldeter Leistungen direkt mit dem Drittschuldner austragen zu müssen, dh. direkt von ihm auf Rückzahlung in Anspruch genommen zu werden.[475] Es sei unangemessen, den Drittschuldner mit dem Risiko der Insolvenz des Vollstreckungsschuldners zu belasten; denn für dies Risiko habe er sich vor der Pfändung nicht zu interessieren brauchen: Er habe vom Vollstreckungsschuldner nichts zu fordern gehabt, sondern ihm ganz im Gegenteil seinerseits etwas geschuldet. Demgegenüber müsse der Vollstreckungsgläubiger immer mit der Insolvenz des Vollstreckungsschuldners rechnen.[476]

Nach einer in der Minderheit gebliebenen **Gegenansicht** steht demgegenüber dem **Drittschuldner** ein Bereicherungsanspruch ausschließlich gegen den **Vollstreckungsschuldner** zu.[477] Die Forderung beziehe ihren Entstehungsgrund aus dem Rechtsverhältnis zwischen Dritt- und Vollstreckungsschuldner. Deshalb sei der korrespondierende Bereicherungsausgleich auch allein in diesem Verhältnis abzuwickeln. Das eigene Forderungsrecht solle die Position des Vollstreckungsgläubigers stärken; dem widerspreche es, wenn der Vollstreckungsgläubiger gerade wegen dieses Rechts der Direktkondiktion ausgesetzt sei. Ein direkter Bereicherungsanspruch gegen den Vollstreckungsgläubiger stehe dem Drittschuldner nur zu, wenn der Vollstreckungsgläubiger um das Nichtbestehen der gepfändeten Forderung wisse.

b) Stellungnahme. Die Ansicht des **BGH** verdient **im Ergebnis Zustimmung,** nicht aber in allen Teilen ihrer Begründung. Der Pfändungs- und Überweisungsbeschluss mag gegen den Willen des Vollstreckungsschuldners ergangen sein; er ist von ihm ungeachtet dessen sehr wohl zurechenbar veranlasst worden, weil er dadurch, dass er pflichtwidrig die titulierte Forderung nicht bedient hat, die Notwendigkeit der Vollstreckungsmaßnahme überhaupt erst heraufbeschworen hat.[478] Richtig ist allein, dass nach Pfändung und Über-

---

[472] BGHZ 151, 127, 128 ff.; im Ergebnis ebenso 4. Aufl. RdNr. 153; OLG Düsseldorf WM 2002, 74, 75 f.; *Joost* WM 1981, 82, 89; *Schlosser* ZZP 89 (1976), 73, 77 ff.; *Schöpflin* JA 2003, 99, 101; *Schubert* JR 2003, 62.
[473] BGHZ 151, 127, 128 f.; OLG Düsseldorf WM 2002, 74, 75; *Schlosser* ZZP 89 (1976), 73, 79.
[474] BGHZ 151, 127, 130; *Schöpflin* JA 2003, 99, 101.
[475] *Schöpflin* JA 2003, 99, 101.
[476] *Schöpflin* JA 2003, 99, 101.
[477] Zum Folgenden *Buciek* ZIP 1986, 890, 894 ff.
[478] Zutr. *Reuter/Martinek* § 12 VI 4, S. 493.

weisung ausschließlich der Vollstreckungsgläubiger ein Recht hat, Zahlung an sich selbst zu verlangen, und dass der Drittschuldner allein dieses Recht des Gläubigers bedienen möchte. Dass dieser Vorgang auch bereicherungsrechtlich als Leistung des Drittschuldners an den Vollstreckungsgläubiger anzusehen ist, zeigt eine Parallele zu den Zessionsfällen: Ebenso wie der Schuldner ausschließlich an den Zessionar leistet (RdNr. 208 ff.), leistet der Drittschuldner ausschließlich an den Vollstreckungsgläubiger. Die Parallele[479] ist deshalb in besonderem Maße gerechtfertigt, weil der Vollstreckungsschuldner die Forderung zur Abwendung der Zwangsvollstreckung zuvor freiwillig an den Vollstreckungsgläubiger hätte abtreten können. Ob der Vollstreckungsgläubiger die Forderung bzw. die Einziehungsberechtigung freiwillig oder im Zwangswege erlangt, darf aber für die Bestimmung des richtigen Bereicherungsschuldners keinen Unterschied machen.

220 **2. Titulierte Forderung besteht nicht.** Bestand zwar die gepfändete Forderung des Vollstreckungsschuldners gegen den Drittschuldner, nicht aber die titulierte Forderung des Vollstreckungsgläubigers gegen den Vollstreckungsschuldner, so ändert dies nichts daran, dass der Vollstreckungsgläubiger durch die Pfändung und Überweisung kraft Hoheitsaktes wirksam ein materielles Einziehungsrecht bzw. (bei Überweisung an Zahlungs Statt) sogar die Forderung selbst erworben hat. Entgegen abweichender Meinung im Schrifttum[480] scheidet daher ein direkter Bereicherungsanspruch des Drittschuldners gegen den Vollstreckungsgläubiger aus. Der **Drittschuldner** hat vielmehr **mit Rechtsgrund** an den Vollstreckungsgläubiger geleistet und ist durch diese Leistung von seiner Verbindlichkeit frei geworden. Dem **Vollstreckungsschuldner** erwächst hieraus ein Anspruch gegen den Vollstreckungsgläubiger aus **§ 816 Abs. 2**.[481]

221 **3. Pfändungsbeschluss ist fehlerhaft.** Davon nochmals zu unterscheiden ist der Fall, dass sowohl die gepfändete als auch die titulierte Forderung bestehen, der Pfändungsbeschluss (und damit auch der Überweisungsbeschluss) aber als solcher fehlerhaft ist. In diesem Fall gilt der Pfändungsbeschluss gleichwohl gemäß **§ 836 Abs. 2 ZPO** im Verhältnis zum Drittschuldner als fortbestehend, bis er aufgehoben und die Aufhebung dem Drittschuldner mitgeteilt wird. Der Drittschuldner wird damit durch die Zahlung an den Vollstreckungsgläubiger ungeachtet der fehlerhaften Pfändung von seiner Verbindlichkeit frei. Wird die Pfändung aufgehoben, kann allenfalls der Vollstreckungsschuldner vom Vollstreckungsgläubiger das Geleistete nach § 816 Abs. 2 herausverlangen. Sofern man dem Drittschuldner das Recht zubilligt, auf den ihm durch § 836 Abs. 2 ZPO gewährten Schutz zu verzichten, führt ein solcher Verzicht dazu, dass der Drittschuldner nicht frei geworden ist und das Geleistete daher direkt vom Vollstreckungsgläubiger herauszuverlangen.[482] Dies alles gilt sogar dann, wenn die Pfändung wirkungslos ist, etwa weil der Drittschuldner im Ausland gewohnt hat und ihm der Pfändungsbeschluss daher nicht wirksam zugestellt werden konnte: Zahlt der Drittschuldner gleichwohl auf die bestehende gepfändete Forderung, so wird er dadurch nach § 836 Abs. 2 ZPO frei. Eine Direktkondiktion gegen den Vollstreckungsgläubiger kommt nicht in Betracht.[483]

222 **4. Drittschuldner zahlt an den nachrangigen Gläubiger.** Ist eine Forderung des Vollstreckungsschuldners für mehrere Vollstreckungsgläubiger gepfändet, so erwirbt wegen des sachenrechtlichen Prioritätsprinzips derjenige ein vorrangiges Verwertungsrecht, zu dessen Gunsten die Forderung früher gepfändet wurde. Der Drittschuldner ist gemäß § 853 ZPO berechtigt und auf Verlangen eines Gläubigers verpflichtet, den Schuldbetrag zu hinterlegen. Leistet der Drittschuldner an einen nachrangigen Vollstreckungsgläubiger, so kann er daher auf **keinen Fall** von seiner **Verbindlichkeit frei** werden.[484] Er kann daher das

---

[479] Für sie auch *Bayer* JuS 1990, 883, 888.
[480] *Joost* WM 1981, 82, 83.
[481] *Gerlach* S. 45.
[482] IdS *Gerlach* S. 45.
[483] Im Ergebnis ebenso OLG Karlsruhe JW 1932, 667, 668.
[484] Zutr. *Joost* WM 1981, 82, 89.

Geleistete in jedem Fall unter dem Gesichtspunkt der ungerechtfertigten Bereicherung herausverlangen. Die Frage lautet allerdings auch hier, von wem:

Das OLG München hatte einen Bereicherungsanspruch des **Drittschuldners** gegen den **Vollstreckungsgläubiger** verneint.[485] Dagegen ist ein solcher Anspruch vom **BGH** zu Recht **bejaht** worden:[486] Der Drittschuldner leiste mit dem Ziel, die Einziehungsbefugnis des Vollstreckungsgläubiger zum Erlöschen zu bringen; das sei ihm bei einer Leistung an einen nachrangigen Vollstreckungsgläubiger nicht gelungen.[487] Im Schrifttum wird auch hier versucht, ein Parallele zu den Anweisungsfällen zu ziehen, weil der Pfändungs- und Überweisungsbeschluss gegen den Willen des Schuldners ergangen sei.[488] Diese Überlegung verfängt zwar in dieser Form abermals nicht; denn der Schuldner hat die Notwendigkeit der Vollstreckung selbst provoziert. Gleichwohl ist jene Parallele im hier gegebenen Fall geeignet, Argumentationsressourcen zu schöpfen: Wenn man die Pfändung und Überweisung mit einer Anweisung des Vollstreckungsschuldners gleichsetzt, dann nur mit einer Anweisung, an den erstrangigen Vollstreckungsgläubiger zu zahlen. Wenn der Drittschuldner statt dessen an einen nachrangigen Gläubiger zahlt, so steht dies einer vom Anweisenden (Vollstreckungsschuldner) nicht zu verantwortenden Zahlung an einen falschen Empfänger gleich. Da dort die Direktkondiktion gerechtfertigt ist (RdNr. 94), ist sie es auch im hier diskutierten Fall.

5. Gepfändete Forderung war vor der Pfändung anderweitig abgetreten worden.
Wenn der Drittschuldner an den Vollstreckungsgläubiger zahlt, obwohl die Forderung bereits vor der Pfändung an einen Vierten abgetreten worden war, so wird er durch § 408 Abs. 2 geschützt: Wenn er die Abtretung im Zeitpunkt der Zahlung an den Vollstreckungsgläubiger nicht kennt, wird er von seiner Verbindlichkeit frei. Der Zessionar ist darauf verwiesen, den eingezogenen Betrag vom Vollstreckungsgläubiger nach § 816 Abs. 2 herauszuverlangen.[489] Wenn der Drittschuldner die Abtretung im Zeitpunkt der Zahlung kennt, so steht ihm ein Bereicherungsanspruch gegen den Vollstreckungsgläubiger zu.[490] Die Gegenansicht, wonach vom Vollstreckungsschuldner zu kondizieren ist,[491] kann nicht überzeugen. Entscheidend für den Anspruch gegen den Vollstreckungsgläubiger spricht vielmehr auch hier die Parallele zu den Zessionsfällen (vgl. RdNr. 224): Der Drittschuldner einer gepfändeten Forderung erbringt bereicherungsrechtlich ebenso eine Leistung an den Pfändungsgläubiger, wie der Schuldner einer abgetretenen Forderung eine Leistung an den Zessionar erbringt.[492]

XII. Nachträgliche Änderung der Tilgungsbestimmung?

1. Problem. Es sind Fälle denkbar, in denen jemand, der eine Leistung an eine bestimmte Person erbracht hat, ein **Interesse** daran haben kann, dass die Leistung nachträglich als eine solche an einen anderen als den bisherigen Begünstigten behandelt wird. Dann fragt sich, ob der Leistende die einmal erklärte Tilgungsbestimmung nachträglich ändern kann.

So mag es etwa in **Anweisungsfällen** liegen: Wenn jemand ohne Anweisung des Schuldners eine Zuwendung an dessen Gläubiger vollzogen hat, steht ihm, wie gezeigt

---

[485] OLG München NJW 1978, 1438 f.
[486] BGHZ 82, 28, 32 ff.; im Ergebnis ebenso *Gerlach* S. 55 f.; *Joost* WM 1981, 82, 89; *Larenz/Canaris* II/2 § 70 V 1 d, S. 239 f.; *Lieb* ZIP 1982, 1153, 1156; *Schubert* JR 1982, 286, 287; *Seibert* JuS 1985, 591, 593; *Staudinger/Lorenz* RdNr. 41; wohl auch *Reuter/Martinek* § 12 VI 4 d, S. 493.
[487] BGHZ 82, 28, 32 = NJW 1982, 173.
[488] *Larenz/Canaris* II/2 § 70 V 1 d, S. 239 f.; *Lieb* ZIP 1982, 1153, 1156; *Seibert* JuS 1985, 591, 593.
[489] Wie hier *Joost* WM 1981, 82, 83. Ebenso im Ergebnis BGHZ 66, 150, 151 ff.; dort wurde S. 151 offen gelassen, ob als Anspruchsgrundlage § 816 Abs. 2 oder § 812 Abs. 1 S. 1 Alt. 2 einschlägig sei.
[490] So im Ergebnis auch LG Bremen NJW 1971, 1366 f.; LG Hamburg MDR 1957, 491; LG Wiesbaden NJW 1956, 186; *Canaris*, FS Larenz, 1973, S. 799, 836; *Joost* WM 1981, 82, 83; *Lieb* ZIP 1982, 1153, 1156; *Medicus* NJW 1971, 1366; *Staudinger/Lorenz* RdNr. 41.
[491] *Kupisch* S. 84 Fn. 282.
[492] Zutr. *Medicus* NJW 1971, 1366.

(RdNr. 80 ff.), ein direkter Bereicherungsanspruch gegen den Zuwendungsempfänger zu. Der „Angewiesene" hat zwar an den Schuldner leisten wollen; dieser hat aber nichts erlangt und nimmt daher nicht am Bereicherungsausgleich teil. Dies alles gilt selbst dann, wenn der Zuwendungsempfänger an sich im Valutaverhältnis einen Anspruch gegen den Schuldner hat; dieser wird durch die vom Schuldner nicht veranlasste Zuwendung des Anweisenden nicht getilgt. Wenn nun (1.) ein solcher Anspruch besteht und (2.) der **Zahlungsempfänger** sich als **insolvent** erweist, mag der „Angewiesene" auf folgende Idee verfallen: Er mag die Zuwendung als Drittleistung gemäß § 267 für den Schuldner erklären. Auf diese Weise würde die Verbindlichkeit des Schuldners erfüllt, und der „Angewiesene" würde gegen den Schuldner eine Rückgriffskondiktion erwerben. Mit der nachträglichen Änderung der Tilgungsbestimmung hätte der „Angewiesene" mithin einen zahlungsunfähigen Bereicherungsschuldner gegen einen zahlungsfähigen eingetauscht.

227 Ein Interesse an einer nachträglichen Änderung der Tilgungsbestimmung kann aber auch darin bestehen, möglichen **Einwendungen** aus dem bisherigen Leistungsverhältnis **zu entgehen.** So hatte der BGH einen Fall zu entscheiden, in dem jemand auf vermeintlich eigene, in Wahrheit aber nicht bestehende Schuld zahlte und die Möglichkeit im Raum stand, dass eine Rückforderung an § 814 scheitern könnte. Da aber im gegebenen Fall ein anderer auf jeden Fall dem Gläubiger verpflichtet war, konnte der Leistende ggf. nachträglich erklären, er habe auf die Verbindlichkeit jenes Schuldners geleistet und dadurch gegen diesen eine Rückgriffskondiktion erworben.[493]

228 **2. Lösungsansätze in Rechtsprechung und Schrifttum.** Der **BGH**[494] und weite Teile der Literatur[495] **befürworten** das Recht des Leistenden, die Tilgungsbestimmung im oben beschriebenen Sinne nachträglich zu ändern. Ein solches Änderungsrecht wurde auch im folgenden Fall bejaht: Ein gesetzlicher Unfallversicherungsträger erbrachte Versorgungsleistungen an ein Schulkind, weil er von einem Schüler-Wegeunfall ausgegangen war (§ 8 Abs. 1, Abs. 2 Nr. 1 iVm. § 2 Abs. 1 Nr. 8 b SGB VII). Später stellte sich heraus, dass der Weg, auf dem der Unfall passiert war, aus privaten Gründen zurückgelegt worden und folglich nicht mehr vom Versicherungsschutz erfasst war. Der Versicherungsträger konnte nach Ansicht des BGH nachträglich erklären, dass er die erbrachten Zahlungen als Leistungen auf die Unterhaltspflicht des Kindesvaters gelten lassen wolle; auf diese Weise stand ihm eine Rückgriffskondiktion gegen den Kindesvater zu.[496]

229 Gerade für den zuletzt referierten, sozialrechtlich beeinflussten Fall ist freilich auf eines hinzuweisen: Wenn das verletzte Kind gesetzlich krankenversichert war, hatte es nach §§ 10 Abs. 2 Nr. 1, 11 Abs. 1 Nr. 4, 15 Abs. 1, 27 Abs. 1, Abs. 2 Nr. 1 SGB V einen Anspruch darauf, dass der Krankenversicherungsträger für die Heilbehandlung sorgte; die Sperre des § 11 Abs. 5 SGB V griff, da der Unfallversicherungsträger im gegebenen Fall nicht eintrittspflichtig war, nicht ein. Der Unfallversicherungsträger, der gleichwohl leistete, hätte daher nach **§ 105 SGB X** Rückgriff beim Träger der gesetzlichen Krankenversicherung nehmen können.[497] Die Inanspruchnahme des Kindesvaters würde sich in diesem Fall bloß als unnötiger Umweg erweisen, da dieser dann seinerseits den gesetzlichen Krankenversicherungsträger in Anspruch nehmen könnte. Auf der anderen Seite fragt sich, ob dort, wo ein gesetzlicher Krankenversicherungsschutz nicht besteht, nicht gerade in § 105 SGB X die Wertung enthalten ist, dass eine nachträgliche Änderung der Tilgungsbestimmung, nämlich eine nachträgliche Qualifizierung der Leistung als eine solche auf die gesetzliche Unterhaltspflicht des Vaters, grundsätzlich möglich ist. Die Zulassung der Rückgriffskondiktion mit dieser argumentativen Anleihe aus dem Sozialversicherungsrecht wird zumin-

---

[493] So die Fallgestaltung in BGH NJW 1964, 1898.
[494] BGH NJW 1964, 1898, 1899; 1983, 812, 814.
[495] AnwK-BGB/*v. Sachsen Gessaphe* RdNr. 179; *v. Caemmerer*, FS Dölle, 1963, S. 135, 147 ff.; *Ehmann* NJW 1969, 398, 403 Fn. 58 a; ders. NJW 1969, 1833, 1835; *Flume* JZ 1962, 281, 282; *Reuter/Martinek* § 12 III 4 b, S. 473 ff.; *Stolte* Jura 1988, 246, 249 ff.; *Thomä* JZ 1962, 623, 627 f.
[496] BGH NJW 1986, 2700, 2701.
[497] Darauf weist zu Recht *Denck* JZ 1987, 127 hin.

dest insoweit erwogen, als der Kindesvater finanziell in der Lage ist, sowohl den Regressanspruch des Versicherungsträgers als auch die künftigen Unterhaltsansprüche des Kindes zu bedienen. Soweit dies nicht der Fall sei, scheide ein Regressanspruch des Versicherungsträgers aus; denn dieser dürfe sich nicht auch nur mittelbar zum Nachteil des Kindes auswirken.[498]

Gegen die Anerkennung eines solchen Änderungsrechts erheben andere Autoren nachdrückliche **Kritik:**[499] Wenn man nachträglich geänderte Tilgungsbestimmung auf den Zeitpunkt der Leistung zurückbeziehe, könne es geschehen, dass der Schuldner zwischenzeitlich selbst geleistet habe. Die Leistung sei dann ohne Rechtsgrund erfolgt, da die Forderung des Gläubigers durch die geänderte Tilgungsbestimmung rückwirkend erloschen sei. Der Schuldner müsse nun einen eigenen Bereicherungsanspruch gegen den Gläubiger verfolgen und trage fortan dessen Insolvenzrisiko – während er zugleich in voller Höhe die Rückgriffskondiktion des Leistenden bedienen müsse. Der Schuldner verliere auch die Möglichkeit, gegen die nunmehr rückwirkend als getilgt geltende Forderung mit einer eigenen Forderung aufzurechnen. Aber selbst wenn man eine nachträgliche Änderung der Tilgungsbestimmung nur mit Wirkung ex nunc zulasse, ja selbst wenn man sie zusätzlich auf den Fall beschränke, dass der Gläubiger zahlungsfähig bleibe,[500] könne man sie nicht akzeptieren. Denn der Gläubiger wisse bis zur Ausübung des Wahlrechts durch den Leistenden nicht, ob er das Geleistete, da (nachträglich) auf seine Forderung geleistet, behalten dürfe oder nach wie vor seine Forderung gegen den Schuldner verfolgen müsse. Die **Kritik überzeugt.** Ein Recht zur nachträglichen Änderung der Tilgungsbestimmung ist nicht anzuerkennen – weder mit Wirkung für die Vergangenheit noch mit Wirkung für die Zukunft. Dafür sprechen auch Erwägungen der allgemeinen Rechtsgeschäftslehre: Die Tilgungsbestimmung ist ein einseitiges Rechtsgeschäft; warum es anders als andere einseitige Rechtsgeschäfte frei widerruflich sein soll, ist nicht einsichtig.[501] Ob für sozialrechtlich beeinflusste Fälle Abweichendes zu gelten hat, kann hier nicht diskutiert werden.

Nicht in den Kontext der nachträglich geänderten Tilgungsbestimmung gehört **folgender Fall:** Ein Taxifahrerin verklagte einen gesetzlichen Krankenversicherungsträger auf Vergütung einer Transportleistung, weil sie einen Patienten, der bei jenem Träger versichert war, auf ärztliche Verordnung hin befördert hatte. Das OLG Köln bejahte einen Bereicherungsanspruch des Taxifahrerin: Da der Versicherungsträger nach § 2 Abs. 2 S. 1 SGB V dem Versicherten nicht bloß zur Kostenübernahme, sondern zur medizinischen Versorgung selbst verpflichtet sei (sog. Sachleistungsprinzip), sei zu folgern, dass die Taxifahrerin die Beförderungsleistung nicht an den Patienten, sondern an den Versicherungsträger habe erbringen wollen, der diese seinerseits an den Patienten erbracht habe. Daher habe die Taxifahrerin gegen den Versicherungsträger einen Bereicherungsanspruch unter dem Gesichtspunkt der Leistungskondiktion.[502] Mit diesen Überlegungen hat das Gericht nicht etwa eine nachträgliche Änderung der Tilgungsbestimmung gebilligt, sondern die ursprüngliche Tilgungsbestimmung der Taxifahrerin ausgelegt.

3. Keine doppelte Tilgungsbestimmung. Wenn man mit der hier vertretenen Ansicht eine nachträgliche Änderung der Tilgungsbestimmung nicht für statthaft hält, kann das Interesse des Leistenden, sich in Mehrpersonenverhältnissen auf jeden Fall einen Bereicherungsausgleich zu sichern, nur noch dadurch verwirklicht werden, dass der Leistende eine doppelte Tilgungsbestimmung erklärt: Er mag angeben, sowohl auf eigene als auch auf

---

[498] Näher *Denck* JZ 1987, 127, 128 ff.
[499] Zum Folgenden vor allem *Lorenz*, FS zum 50-jährigen Bestehen des Instituts für ausländisches und internationales Privat- und Wirtschaftsrecht der Universität Heidelberg, 1967, S. 267 ff.; *ders.* AcP 168 (1968), 286, 308 ff.; abl. auch 4. Aufl. RdNr. 90 f.; *Esser/Weyers* BT/2 § 48 III 6 a; *Larenz* II § 68 III e 1, S. 543 f.; *Medicus* BR RdNr. 951; PWW/*Leupertz* RdNr. 104; *Weber* S. 110 ff., 133 ff.
[500] So der Vorschlag von *Wilhelm* S. 175 ff.; ebenso *Koppensteiner/Kramer* § 6 V 3 c, S. 39 ff.; *Schnauder* S. 183 ff.; in diese Richtung auch *Larenz/Canaris* II/2 § 69 III 2 c, S. 192 f.
[501] Zutr. *Wendehorst* Jura 2004, 505, 511.
[502] OLG Köln VersR 1990, 1371, 1372.

fremde Verbindlichkeit zu leisten. Ein instruktives Beispiel bildet der folgende vom BGH entschiedene (hier vereinfacht dargestellte) Fall: Jemand wurde bei einem Unfall geschädigt, den sowohl er selbst als auch zwei andere Personen verschuldet hatten. Einer der Schädiger zahlte aufgrund eines Vergleichs an den Geschädigten einen Betrag, der höher war, als es seiner eigenen Haftungsquote entsprach. Diese Überzahlung musste er nach der zutreffenden Ansicht des BGH vom Geschädigten im Wege der Leistungskondiktion herausverlangen; er wurde nicht mit dem Argument gehört, er habe die Zahlung (auch) für den anderen Schädiger erbringen und damit dessen Verbindlichkeit gegenüber dem Geschädigten tilgen wollen.[503] Damit wurde dem zuviel zahlenden Schädiger die Rückgriffskondiktion gegen den anderen Schädiger verwehrt. In der Tat ist eine **doppelte Tilgungsbestimmung** in dem Sinne, dass ein und dieselbe Güterbewegung als Leistung sowohl auf eigene als auch auf fremde Verbindlichkeit gelten soll, **nicht anzuerkennen.** Wer Leistungen erbringt, darf entscheiden, welche Verbindlichkeit er damit erfüllen möchte; er muss diese Entscheidung aber bereits im Zeitpunkt der Leistungshandlung treffen und kann sie nicht später (orientiert an dann ggf. hervortretenden Opportunitätsgesichtspunkten) nachholen. Diese Notwendigkeit ergibt sich bereits aus dem Wortlaut des § 366 Abs. 1: Die Tilgungsbestimmung muss „bei der Leistung" getroffen werden.

233 Dagegen hat der BGH eine doppelte Tilgungsbestimmung in folgendem Fall angenommen: Ein Grundstücksverkäufer trat einen Teil der Kaufpreisforderung an Erfüllungs Statt an einen Bauhandwerker ab, dem er noch Werklohn schuldig war. Sodann erbrachte der Verkäufer Zahlungen auf die Werklohnforderung. Der BGH nahm an, der Verkäufer habe in Höhe der erbrachten Zahlungen sowohl die **eigene Verbindlichkeit** als auch **gleichzeitig** die **abgetretene Kaufpreisforderung** gegen den Käufer tilgen wollen.[504] Diese Deutung **widerspricht** indes evident **der Interessenlage:** Der Verkäufer kann schon deshalb nicht daran interessiert gewesen sein, die abgetretene Kaufpreisforderung zu tilgen, weil er vom Bauhandwerker Rückabtretung dieser Forderung verlangen konnte und daher bestrebt sein musste, diese Forderung zurückzuerhalten und selbst gegen den Käufer geltend zu machen; immerhin hatte er den Kaufpreis noch nicht in vollem Umfang erhalten.

234 Wenn ein Bauträger bebaute Grundstücke verkauft, dabei die Gewährleistungsansprüche gegen die Subunternehmer an die Käufer abtritt und sodann auf Anforderung der Käufer Mängel beseitigt, deren Beseitigung die Subunternehmer verweigert haben, leistet er zum einen auf die **eigene Gewährleistungspflicht** aus dem Kaufvertrag. Daneben aber leistet er nach Ansicht des BGH gleichzeitig auf die **Gewährleistungspflicht der Subunternehmer** gegenüber dem Käufer, dem er seine Mängelansprüche gegen die Subunternehmer abgetreten hat. Dem Bauträger steht danach die Rückgriffskondiktion gegen die Subunternehmer zu.[505]

C. In sonstiger Weise

I. Eingriffskondiktion

235 **1. Tatbestandselemente.** Den prominentesten Fall der Nichtleistungskondiktion verkörpert die sog. Eingriffskondiktion. Im Kern geht es darum, dass jemand Vorteile durch die Verwendung von Rechtsgütern erlangt, die nicht ihm, sondern einem anderen zustehen. Schon die genaue Erfassung des Anspruchstatbestands ist freilich im einzelnen streitig. So fragt sich, ob eine Eingriffskondiktion nur dann durchgreift, wenn derjenige, der durch Verwendung fremder Rechtsgüter erlangt hat, sich diese Vorteile durch **eigenes Handeln** verschafft hat,[506] oder ob die zur Bereicherung führende Handlung auch von einem **Dritten**

---

[503] BGH NJW 1966, 1262, 1263.
[504] BGH WM 1974, 199.
[505] BGHZ 70, 389, 396 f.
[506] So 4. Aufl. RdNr. 223.

vollzogen werden kann.⁵⁰⁷ Die zuletzt genannte Ansicht verdient den Vorzug. Sie bildet folgendes Beispiel: Der Hausmeister verfeuert fremdes Holz im Kamin seines Arbeitgebers. Hier ist in der Tat der Arbeitgeber nicht durch eigene Handlung bereichert, sondern durch die Handlung eines Dritten. Solche Fälle aus dem Tatbestand der Eingriffskondiktion auszuscheiden besteht kein Anlass. Wenn daher die Mieter eines Grundstücks das Nachbargrundstück als Zufahrt zu dem von ihnen gemieteten Grundstück benutzen, hat (auch) der Vermieter etwas erlangt: Er hat seinen Mietern auf Kosten des Eigentümers des Nachbargrundstücks die Zufahrt zum Mietgrundstück verschaffen können. Der Vermieter des Grundstücks ist daher dem Eigentümer des Nachbargrundstücks unter dem Gesichtspunkt der Eingriffskondiktion verpflichtet, diesen Vorteil herauszugeben.⁵⁰⁸ Wenn staatliche Vollstreckungsorgane schuldnerfremde Sachen versteigern und einem Dritten zuschlagen und den Erlös an den Gläubiger auskehren, steht dem ursprünglich Berechtigten die Nichtleistungskondiktion gegen den Gläubiger zu, obwohl dieser die zum ungerechtfertigten Vermögensempfang führende Handlung nicht selbst vorgenommen hat (ausführlich § 816 RdNr. 22 f.); auch hierbei handelt es sich um eine Eingriffskondiktion. Abermals fallen also Eingreifer und Empfänger auseinander.

2. Anwendungsgebiete. Der Eingriff in fremde Rechtsgüter kann darin bestehen, dass jemand **Besitz** von einer fremden Sache ergreift. In diesem Fall steht dem Berechtigten die Besitzkondiktion zu (zum Besitz als Erlangtem s. RdNr. 6). Diese wird freilich keine eigenständige praktische Bedeutung erlangen, wenn dem Berechtigten schon der dingliche Herausgabeanspruch nach § 985 zusteht. Häufiger sind die Fälle, in denen jemand aus einer ihm nicht zustehenden Rechtsposition durch **Nutzung** eigene Vorteile zieht.

3. Eingriff „auf Kosten" des Berechtigten. a) Systematische Bedeutung des Merkmals. Entgegen früher verbreiteter Meinung⁵⁰⁹ ist die Frage, ob jemand Vorteile unter Ausnutzung ihm nicht zustehender Rechtspositionen erzielt hat, nicht erst beim Merkmal „ohne Rechtsgrund", sondern bereits beim Merkmal „auf Kosten" zu stellen.⁵¹⁰ Denn durch die Verwendung des Possessivpronomens (auf „dessen" Kosten) enthält das Gesetz an dieser Stelle den Hinweis auf die Person des Bereicherungsgläubigers. Dann ist bereits an dieser Stelle zu fragen, ob der Anspruchsteller Inhaber einer Rechtsposition ist bzw. war, aus deren Inanspruchnahme einem anderen ein ihm nicht zustehender Vorteil zugeflossen ist.

b) Rechtswidrigkeitstheorien. aa) Ursprüngliche Zielsetzung: Umfassende Ausdeutung aller Bereicherungsansprüche. Die von *Fritz Schulz*⁵¹¹ begründete Rechtswidrigkeitstheorie knüpft an der **Handlung** an, welche zur Bereicherung des Empfängers führt. Daher macht sie die Gewährung von Bereicherungsansprüchen davon abhängig, ob diese Handlung nach allgemeinen Grundsätzen **rechtswidrig** war. Ist dies der Fall, so soll dieses Rechtswidrigkeitsurteil allein die bereicherungsrechtliche Verpflichtung des Eingreifers zur Herausgabe (all) dessen begründen können, was der Eingreifer erlangt hat. *Schulz* hat diese These seinerzeit allerdings nicht nur für den Bereich der Eingriffskondiktion entwickelt; sein Anliegen war vielmehr die Suche nach einer Leistungs- und Eingriffskondiktion **umfassenden Einheitsformel,** die er in der jeweils gegebenen Rechtswidrigkeit des Erlangten gefunden zu haben glaubte, wobei sich diese Rechtswidrigkeit im Bereich der Leistungskondiktion im Hinblick auf den fehlenden Rechtsgrund aus der mangelnden Rechtfertigung der Güterbewegung ergeben sollte. Die Lehre von *Schulz* hat durchaus positiven Widerhall im Schrifttum gefunden, und zwar selbst soweit sie den

---

507 So *Larenz/Canaris* II/2 § 69 I 3 a, S. 177 f. sowie § 69 IV 2 b, S. 197; PWW/*Leupertz* RdNr. 59; ebenso, aber unter Hinweis auf den Vorrang der Leistungskondiktion, jurisPK/*Martinek* RdNr. 78.
508 BGHZ 94, 160, 164.
509 Etwa *Jakobs* S. 22.
510 So im Ergebnis auch *Koppensteiner/Kramer* § 9 II, S. 88 ff.; *Larenz/Canaris* II/2 § 67 II 1, S. 131 f. und S. 134 f.; *Staudinger/Lorenz* RdNr. 23.
511 *Schulz* AcP 105 (1909), 1 ff.; dazu *Kleinheyer* JZ 1970, 471 ff.; *Jakobs* S. 54 ff.; *Reuter/Martinek* § 7 II, S. 241 ff.; *Wilhelm* S. 90 ff.; *Kellmann* S. 108 ff.; *J. Wolf* S. 52 ff.

Anspruch erhebt, alle Arten von Bereicherungsansprüchen nach einem einheitlichen Kriterium zu beurteilen.[512]

239 Das Kriterium der Rechtswidrigkeit kann indes die Ausgleichsfunktion des Bereicherungsrechts jedenfalls nicht für alle Arten von Bereicherungsansprüchen erklären. Insbesondere lässt sich die **Leistungskondiktion** mit der Kategorie der Rechtswidrigkeit **nicht sinnvoll erfassen**.[513] Denn die Rechtswidrigkeit könnte hier nicht auf eine Handlung des Empfängers bezogen werden: Die Leistungskondiktion wird nämlich durch eine Handlung des (späteren) Leistenden ausgelöst. Die Annahme der Leistung als solche gereicht dem Empfänger, wie sich im Umkehrschluss aus § 817 S. 1 ergibt, nur in den seltensten Fällen zum Vorwurf der Rechtswidrigkeit. Das Rechtswidrigkeitsurteil könnte sich also nur auf den Zustand beziehen, welcher durch die Güterbewegung erreicht wurde.[514] Wenn aber der Begriff der Rechtswidrigkeit in verschiedenen Ausprägungen gebraucht werden muss, um den ihm zugedachten Aussagewert aufrechtzuerhalten, trägt er in Wahrheit zur Klärung von Sachfragen nichts bei. Fraglich kann daher nur sein, ob das von *Schulz* in den Mittelpunkt seiner Überlegungen gestellte Rechtswidrigkeitsurteil nicht wenigstens die Problematik der Eingriffskondiktion zu meistern vermag. Eben dieser Ansatz ist im Schrifttum weiterverfolgt worden:

240 **bb) Spätere Zielsetzung: Ausdeutung der Eingriffskondiktion.** Ganz in der Tradition der von *Schulz* begründeten Lehre hat nämlich *Jakobs*[515] versucht, den Tatbestand der Eingriffskondiktion wie folgt zu beschränken: Jene Kondiktion soll nur eingreifen, wenn die Bereicherung des Schuldners darauf beruht, dass er sich Vermögensvorteile durch (rechtswidrige) **Benutzung fremder Rechtsgüter** oder unter **Verstoß** gegen **Normen** verschafft hat, die den **Schutz anderer bezwecken**. Die Rechtswidrigkeit wird damit zum prägenden Merkmal der Eingriffskondiktion: Jene Kondiktion wird durch die widerrechtliche Verwendung fremder Rechtsgüter ausgelöst.[516] Demnach soll nicht jede Vermögensmehrung, die auf widerrechtlichem Handeln beruht, herausgegeben werden müssen, sondern nur eine solche, die unter Verletzung der Rechtsgüter eines anderen erzielt worden ist.[517]

241 Zum besseren Verständnis dieser Lehre lohnt ein Blick auf ihre **Grundannahmen**. Nach *Jakobs* besteht nämlich das erlangte Etwas in den Fällen der Nutzung fremder Rechtspositionen (erst) in dem beim Empfänger eingetretenen Verwendungserfolg.[518] Dieser Erfolg sei im Vermögen des Berechtigten noch nicht vorhanden gewesen; es habe daher keine Vermögensverschiebung stattgefunden. Um dennoch einen Bereicherungsausgleich rechtfertigen zu können, bedürfe es folglich eines verbindenden Elements zwischen dem Eingriff in das Gläubigervermögen und dessen Auswirkungen im Empfängervermögen. Dies verbindende Element bestehe eben in der Rechtswidrigkeit des Eingriffs.[519] Beide Grundannahmen erscheinen indes angreifbar. Denn das Erlangte besteht gerade nicht im Verwendungserfolg (RdNr. 17 f.). Und das Erfordernis einer Vermögensverschiebung setzt voraus, dass nur solche Vorteile nach § 812 abgeschöpft werden können, die im Vermögen des Berechtigten bereits realisiert waren. Dies aber mündet in die heute überwundene Vorstellung, mit der Bereicherung des Empfängers müsse eine Entreicherung eines anderen einhergehen. Eine Vermögensverschiebung gehört auch im Bereich der Eingriffskondiktion[520] nicht zu den Tatbestandselementen des Bereicherungsanspruchs.[521] Erst recht kommt es nicht auf die „Unmittelbarkeit" einer solchen Verschiebung an.[522]

---

[512] Mit dieser Stoßrichtung hat etwa *Kellmann* S. 110 ff. die Lehre von *Schulz* verteidigt.
[513] Im Ergebnis ebenso *Jakobs* S. 155 f.; *Rümker* S. 23.
[514] Diese Vorstellung verwirft freilich *Kellmann* S. 91 nachdrücklich: rechtswidrig könnten nur menschliche Verhaltensweisen sein.
[515] *Jakobs* S. 164 ff.
[516] *Jakobs* S. 54 ff., 168 f.
[517] *Jakobs* S. 64.
[518] *Jakobs* S. 37 ff., 72 f.
[519] *Jakobs* S. 28, 42.
[520] Zur Entbehrlichkeit dieses Merkmals bei der Leistungskondiktion s. RdNr. 42 f.
[521] Wie hier *Ellger* S. 172; *Hüffer* JuS 1981, 263, 264.
[522] Ebenso *Hüffer* JuS 1981, 263, 264.

cc) **Annäherung an die Zuweisungstheorie.** Spätere Varianten der Rechtswidrigkeits- 242
theorie weisen bereits deutlich in die Richtung der in RdNr. 244 ff. vorzustellenden
Zuweisungslehre. So räumt *Wilhelm* ein, dass das Rechtswidrigkeitsurteil in seiner negativen,
als Sanktion für verbotenes Tun verstandenen Ausrichtung nicht geeignet sei, seine Bedeutung für die Eingriffskondiktion ausreichend zum Ausdruck zu bringen.[523] *Wilhelm* will statt
dessen auf die „positive Kehrseite" des Rechtswidrigkeitsurteils und damit darauf abstellen,
dass durch dieses Urteil zum Ausdruck gebracht werde, dass die fraglichen nutz- oder
gewinnbringenden Handlungen **dem Gläubiger vorbehalten** gewesen seien.[524] Daraus
zieht *Wilhelm* den Schluss, die eigentliche Problematik der Eingriffskondiktion bestehe in
der Frage, inwieweit ein Rechtsgut dem Gläubiger „zugewiesen"(!) sei, um dann zu dem
Ergebnis zu kommen, hinter dem Urteil der Rechtswidrigkeit verberge sich die Wertung,
dass dem Gläubiger durch die Rechtsordnung „ein Gut zugewiesen" bzw. vorbehalten und
deshalb die Kondiktion der Eingriffsfolgen gerechtfertigt sei.[525] Damit ist die Annäherung
zwischen Rechtswidrigkeits- und Zuweisungstheorie bis in die Terminologie vollzogen.[526]

Eine gewisse Annäherung an die Zuweisungstheorie ist auch bei *Kellmann* und bei *Haines* 243
zu beobachten. *Kellmann*, der ansonsten der Rechtswidrigkeitstheorie in der von *Schulz*
vertretenen Ausprägung nahe steht, kombiniert der Sache nach Rechtswidrigkeits- und
Zuweisungstheorie, da auch er neben der Rechtswidrigkeit des Eingriffs im Ergebnis auf die
Inanspruchnahme fremder Rechtsgüter abstellt.[527] *Haines* schließlich stellt, obwohl im Ansatz von der Rechtswidrigkeitstheorie geprägt, auf die Verletzung bestimmter Rechtspositionen, auf den Zweck einer **gläubigerschützenden Norm** ab, diesem bei der Mehrung des
eigenen Vermögens die beliebige Disposition in einem bestimmten Bereich vorzubehalten,[528] und bezieht damit eine Position, die den Zuweisungslehren (RdNr. 244 ff.) im
Ergebnis recht nahe kommt. Die Verwandtschaft der einschlägigen Kernüberlegungen
erhellt anhand des bekannten Schulbeispiels vom eiligen Geschäftsmann:[529] Wer jemanden
unter Verstoß gegen Vorschriften der Straßenverkehrsordnung überholt, um den Termin
eines gewinnträchtigen Geschäftsabschlusses nicht zu versäumen, bereichert sich nicht auf
dessen Kosten. Auf dem Boden der um Schutzzwecküberlegungen angereicherten Rechts-
widrigkeitslehre lautet die Begründung wie folgt: Die Vorschriften der StVO betreffend das
ordnungsmäßige Überholen sollen zwar die persönliche Sicherheit des Überholten schützen,
dienen aber nicht dazu, die Geschäftschancen aus einer raschen Fortbewegung im Straßenverkehr zu verteilen; das gilt unabhängig davon, ob der Überholte seinerseits durch rasche
Fortbewegung auf ein günstiges Geschäft hoffen durfte oder nicht. Auf dem Boden der
Zuweisungslehre würde die Begründung lauten: Die Hoffnung auf einen günstigen Ge-
schäftsabschluss war im Vermögen des Überholten nicht einmal als Chance vorhanden; dann
hat der Überholende auch nicht in eine dem Überholten vorbehaltene Rechtsstellung
eingegriffen. Und selbst wenn eine solche Chance vorhanden war, wird sie dem Überholten
von der Straßenverkehrsordnung nicht als Bestandteil seines Vermögens zugewiesen. Die
Argumentationslinien weisen zwar immer noch deutlich unterschiedliche Nuancen auf,
konvergieren aber durchaus beträchtlich.

c) **Zuweisungstheorie. aa) Grundformel.** Die Zuweisungstheorie, die heute, wenn 244
auch in verschiedenen Spielarten, die Diskussion beherrscht,[530] geht auf *Wilburg* zurück.[531]
Sie knüpft nicht an die Handlung an, die zum Vermögenszufluss geführt hat, und fragt

---

[523] *Wilhelm* S. 77 ff.
[524] *Wilhelm* S. 90 f.
[525] *Wilhelm* S. 93.
[526] Zust. *Reuter/Martinek* § 7 II 2, S. 246.
[527] *Kellmann* S. 110.
[528] *Haines* S. 102.
[529] *Kleinheyer* JZ 1970, 471; *Koppensteiner/Kramer* § 9 I 3, S. 72 f.; zur Kritik an der Rechtswidrigkeitstheorie ferner *Wilburg* S. 105 ff.; *Rümker* S. 34 ff.
[530] Dazu auch BGHZ 99, 385, 387 ff. = NJW 1987, 1631.
[531] *Wilburg* S. 27 ff.

konsequent auch nicht nach der rechtlichen Beurteilung dieser Handlung. Vielmehr stellt sie im Ausgangspunkt die Frage, ob der dem Empfänger zugeflossene Vorteil von der Rechtsordnung dem Gläubiger zugewiesen ist und deshalb im Ergebnis auf seine Kosten ging. Den Ansatz dieser bereicherungsrechtlichen Lehre bildet demnach der sog. **Zuweisungsgehalt subjektiver Rechte** bzw. diejenigen Befugnisse, die sich daraus ergeben und die sich der Eingreifer auf Kosten des Berechtigten zunutze macht. Dieser Gedanke leuchtet im unstreitigen Bereich etwa des Eigentums und der Immaterialgüterrechte unmittelbar ein. Nicht zuletzt daraus erklärt sich sein rasches Vordringen in der Literatur.[532]

245   Der Zuweisungstheorie wird von ihren Gegnern vorgeworfen, sie arbeite mit Leerformeln, deren Handhabung im Einzelfall die Begründung jedes gewünschten Ergebnisses erlaube.[533] In der Tat ist der **Begriff** des Zuweisungsgehalts in hohem Maße **ausfüllungsbedürftig**.[534] Das allein spricht noch nicht gegen die Zuweisungstheorie, sondern kann allenfalls als Herausforderung für deren Befürworter gedeutet werden, präzise Kriterien zur Bestimmung des Zuweisungsgehalts zu entwickeln. Das Bereicherungsrecht reflektiert hier lediglich die Unsicherheiten, die bei der Beurteilung der Frage bestehen, ob und unter welchen Voraussetzungen bestimmte Vorteile bereits die Qualität eines subjektiven Rechts erlangen.[535]

246   **bb) Orientierung am Unterlassungsanspruch.** Einen Vorschlag zur Entwicklung handhabbarer Kriterien hat *Kleinheyer* wie folgt unterbreitet:[536] Die Eingriffskondiktion sei dann gerechtfertigt, wenn der **Vermögenserwerb** des Schuldners mit Hilfe der **Rechtsgüter eines anderen** erzielt worden sei. Vom Rechtsgut einer Person könne man dann und insoweit sprechen, als es die Rechtsordnung dieser Person gestatte, über die Verwendung dieses Guts zu bestimmen und sich gegen Zugriffe auf dieses Gut zur Wehr zu setzen. Dies soll in der Regel dann der Fall sein, wenn die Rechtsordnung dem betreffenden Rechtsgutinhaber einen **Unterlassungsanspruch** zubillige.[537] Die praktische Konsequenz einer so entwickelten Definition besteht darin, dass Bereicherungsansprüche sowohl bei Verletzung des UWG und sonstiger bloßer Schutzgesetze als auch bei Verletzung des allgemeinen Persönlichkeitsrechts zuzusprechen sind.[538]

247   Diesem Ansatz ist seinerseits vorgeworfen worden, er gerate, indem er auf den Unterlassungsanspruch abstelle, allzu sehr in die **Nähe der Rechtswidrigkeitstheorie**.[539] In der Tat kann allein die Ausschlussfunktion eines Rechtsguts noch keinen Bereicherungsanspruch legitimieren. Denn aus der Befugnis zur Abwehr fremder Einwirkung folgt gerade noch nicht die Zuweisung von Vermögenspositionen. Das zeigt sich besonders deutlich am Besitz: § 863 schließt gegenüber Besitzstörungsklagen petitorische Einwendungen aus; der Klage kann der Störer also nicht einmal mit der Begründung entgegentreten, der Besitz an dem Gegenstand sei ihm durch die Vermögensrechtsordnung zum eigenen Vorteil zugewiesen.

248   **cc) Nutzungsfunktion und „Entgelttest".** Zu fragen ist daher, ob die fragliche Rechtsposition dem Anspruchsteller eine **Nutzungsfunktion** vermittelt. Dies wiederum setzt die Feststellung voraus, dass durch die zu beurteilende bereichernde Handlung des

---

[532] Vgl. etwa AnwK-BGB/*v. Sachsen Gessaphe* RdNr. 80; *Bamberger/Roth/Wendehorst* RdNr. 122; *Ellger* S. 175 f.; *Erman/Westermann/Buck-Heeb* RdNr. 65 f.; *Esser/Weyers* BT/2 § 50 I 1; *Hüffer* JuS 1981, 263; jurisPK/*Martinek* RdNr. 85; *Löwenheim/Winckler* JuS 1984, 116, 118 f.; *Medicus* BR RdNr. 709 ff.; PWW/*Leupertz* RdNr. 61 f.; RGRK/*Heimann-Trosien* RdNr. 42.
[533] So vor allem *Jakobs* S. 24, 104; *Reeb* S. 35 f.; *Kleinheyer* JZ 1970, 471, 472, 473. Vgl. AK-BGB/*Joerges* RdNr. 50, der statt dessen auf die „Realisierung von Zweckprogrammen" abstellen will, die für die betroffenen Problembereiche auszuweisen seien.
[534] *Schlechtriem*, FS Hefermehl, 1976, S. 445, 448.
[535] Zutr. *Hüffer* JuS 1981, 263.
[536] *Kleinheyer* JZ 1970, 471, 474 ff.; ihm folgend *Reeb* S. 36 f.; *Koppensteiner/Kramer*, 1. Aufl. 1975, § 9 I 4 f, S. 94 f.; in der 2. Aufl. wird dazu nicht mehr Stellung genommen.
[537] *Kleinheyer* JZ 1970, 471, 475 li. Sp.); dagegen *Larenz/Canaris* II/2 § 69 I 1 c, S. 171; skeptisch auch *Erman/Westermann/Buck-Heeb* RdNr. 66.
[538] *Kleinheyer* JZ 1970, 471, 475 ff.
[539] IdS 4. Aufl. RdNr. 248 sowie *Reuter/Martinek* § 7 III 2 b, S. 256; § 7 III 2 d (aa), S. 258.

Schuldners in solche Rechtspositionen des Gläubigers eingegriffen wurde, die für ihn einen gewissen **Vermögenswert** hatten: Nur dann, wenn der Gläubiger in einem weiten Sinn vermögensrechtlich tangiert worden ist, ist es überhaupt plausibel, dass er versucht, dem Schuldner einen bestimmten Vermögenserwerb wieder abzunehmen, ist also die Annahme verständlich und gerechtfertigt, dass ein bestimmter Erwerb des Schuldners auf Kosten des Gläubigers erzielt wurde.

Ob in diesem Sinne in Rechtspositionen mit Nutzungsfunktion eingegriffen wurde, lässt sich jedenfalls im Grundsatz[540] danach bestimmen, ob der Anspruchsteller durch den Eingriff nicht nur in seiner allgemeinen Dispositionsfreiheit, sondern zugleich in der Möglichkeit beeinträchtigt wurde, **entgeltlich** über die Rechtsstellung bzw. die aus ihr fließenden Vorteile zu **verfügen**.[541] Dabei kommt es nicht darauf an, ob der Anspruchsteller die Absicht der Realisierung solcher Nutzungs- oder Verwertungsmöglichkeiten bereits selbst hatte;[542] frühere abweichende Rechtsprechung in Bezug auf das allgemeine Persönlichkeitsrecht[543] hat der BGH mittlerweile aufgegeben.[544] Die Eingriffskondiktion wird vielmehr bereits dadurch legitimiert, dass ein anderer durch seinen Eingriff eine solche Möglichkeit nunmehr selbst realisiert und sich damit eine vermögenswerte Chance ohne Zustimmung des Anspruchstellers und ohne Zahlung eines Entgelts, das für die Zustimmung in aller Regel hätte entrichtet werden müssen, zunutze gemacht hat.

Der Gesichtspunkt entgeltlicher Verfügbarkeit ist von der Rechtsprechung bereits mit der Erwägung aufgegriffen worden, der Bereicherungsschuldner habe etwas erlangt, wofür er bei redlichem Vorgehen hätte zahlen müssen.[545] Dieser Aspekt lässt sich verallgemeinern: Der Bereicherungsschuldner hat einen Vorteil jedenfalls dann auf Kosten des Anspruchstellers (Bereicherungsgläubigers) erlangt, wenn er eine **Nutzungs- oder Verwertungsmöglichkeit okkupiert** hat, für deren Einräumung der Bereicherungsgläubiger entsprechende **Zahlung hätte verlangen können**.[546] Aus diesem Grundsatz ergibt sich, dass insbesondere solche Positionen die Eingriffskondiktion nicht rechtfertigen, die lediglich Unterlassungsansprüche gegen andere vermitteln, aber keine Vorteile zuweisen, welche einer entgeltlichen Verfügung zugänglich sind. So liegt es etwa bei Verstößen gegen die Vorschriften des UWG: Wenn jemand unlauteren Wettbewerb treibt, kann der Konkurrent zwar Unterlassung verlangen. Der unlauter Handelnde hat sich aber dadurch keine Rechtsstellung angemaßt, welche dem Konkurrenten Vorteile zuweist. Denn der Wettbewerbsverstoß betrifft keine bereits vorhandenen und als solche geschützten Verwendungsmöglichkeiten, sondern nur **Chancen,** nur gleichrangige Zugriffsmöglichkeiten auf künftige Vermögensgüter, deren Erwerb nicht bereits einer bestimmten Person vorbehalten ist, sondern im freien und fairen Wettbewerb noch jedermann offen steht.[547]

dd) Orientierung am Deliktsrecht. Auch nach *Canaris* sind Bereicherungsansprüche unter dem Gesichtspunkt der Eingriffskondiktion zu verneinen, wenn dem Rechtsgut, in das möglicherweise eingegriffen wurde, die Entgeltfähigkeit fehlt.[548] *Canaris* fügt freilich

---

[540] Krit. dazu, die Möglichkeit entgeltlicher Verfügung als alleiniges Kriterium heranzuziehen, *Erman/Westermann/Buck-Heeb* RdNr. 66.
[541] Ähnlich bereits *v. Caemmerer,* FS Rabel, 1954, S. 333, 353, der entscheidend auf die aus dem absoluten Recht fließenden Nutzungs- und Verwertungsbefugnisse abstellt *Klein* S. 154 f.; *Rümker* S. 61; *Ullmann* GRUR 1978, 615, 619; weithin ebenfalls übereinstimmend *Reuter/Martinek* § 7 III 2 c, S. 256 f.; § 7 III 2 d (bb), S. 258 ff.
[542] *Erman/Westermann/Buck-Heeb* RdNr. 68; *Kleinheyer* JZ 1970, 471, 476; *Schlechtriem,* FS Hefermehl, 1976, S. 445, 464.
[543] BGHZ 26, 349, 353 = NJW 1958, 827 (Herrenreiterfall); BGHZ 20, 345, 355 = NJW 1956, 1554 (Paul-Dahlke-Fall) hat dagegen eine vermögensrechtliche Benachteiligung für nicht erforderlich gehalten.
[544] Zur Unerheblichkeit der Vermarktungsabsicht auch § 818 RdNr. 94.
[545] Sog. Ersparnisgedanke; vgl. bereits RGZ 97, 310, 312; BGHZ 20, 345, 355 = NJW 1956, 1554; *Koppensteiner/Kramer* § 16 II 2 b, S. 162 ff.; *Jakobs* S. 148, 151; dazu auch KG NJW-RR 1992, 1362 (unbefugte Nutzung eines Aufzugs durch Mieter).
[546] Ähnlich BGHZ 107, 117, 120 f.; OLG Karlsruhe NJW-RR 2000, 1005, 1006.
[547] So zutr. *Rümker* S. 66 ff.; ähnlich *Reuter/Martinek* § 7 III 2 a (bb), S. 254 f.
[548] *Larenz/Canaris* II/2 § 69 I 1 e, S. 171.

noch ein weiteres Merkmal hinzu, das eine Rechtsposition erfüllen muss, um dem Berechtigten die Eingriffskondiktion zu vermitteln: Das Rechtsgut muss **Deliktsschutz** genießen und kann nur insoweit Grundlage einer Eingriffskondiktion sein, als der Deliktsschutz reicht.[549] Welchen zusätzlichen Ertrag diese Eingrenzung erbringt, kann hier nicht abschließend bewertet werden. Denn § 816 Abs. 2 macht deutlich, dass selbst die Anmaßung einer gewöhnlichen Forderung die Eingriffskondiktion rechtfertigt.[550] Die behauptete Kongruenz zwischen bereicherungsrechtlichem Zuweisungsgehalt einerseits und Deliktsschutz andererseits lässt sich daher nur halten, wenn man sich auf den Standpunkt stellt, auch die gewöhnliche Forderung sei als „sonstiges Recht" durch die Vorschriften über unerlaubte Handlungen gegen fremde Eingriffe geschützt. Diese Frage kann hier nicht beantwortet werden.

252 **ee) Orientierung an der Struktur des subjektiven Rechts.** Im jüngeren Schrifttum wird versucht, die Zuweisungslehre vom Kanon deliktsrechtlich geschützter Rechtspositionen zu entkoppeln und am subjektiven Recht im Allgemeinen zu orientieren. So trägt *Schurer* vor, Rechtspositionen des Zivilrechts könnten nicht bloß durch dingliche Güterzuordnung begründet werden, sondern ebenso durch Verhaltensregeln, welche subjektive Rechte begründeten. In beiden Fällen würden dem Begünstigten Befugnisse vermittelt, deren Anmaßung durch Dritte die Eingriffskondiktion begründe.[551] *Ellger* fragt demgegenüber, anknüpfend an die Privilege/Right-Theorie von *Jürgen Schmidt*,[552] ob die betroffene Rechtsposition eine **Aktionsberechtigung** und eine **Vermögensberechtigung** vermittelt: die Berechtigung, bestimmte Handlungen vorzunehmen, und die Berechtigung, den Wert eines Guts zu behalten.[553] Gerade auf dem Boden der zuletzt genannten Lehre wird freilich relativen Rechten ein bereicherungsrechtlich relevanter Zuweisungsgehalt abgesprochen.[554] Demgegenüber finden sich Stimmen, welche ausdrücklich auch relativen Rechten einen Zuweisungsgehalt beilegen wollen.[555] Die Richtigkeit der zuletzt genannten Position ergibt sich aus § 816 Abs. 2: Diese Vorschrift ist als besonders ausgeprägte Eingriffskondiktion für die Anmaßung fremder Forderungszuständigkeit anzusehen (näher § 816 RdNr. 71).

253 **4. Einzelne Rechtspositionen. a) Eigentum im allgemeinen.** Dem Eigentümer ist die **Nutzung** seines Eigentums zugewiesen. Dies ergibt sich aus § 903, wonach der Eigentümer mit seiner Sache nach Belieben verfahren kann. Deshalb ist jemand, der einen fremden Parkplatz ohne Einwilligung des Eigentümers nutzt, diesem unter dem Gesichtspunkt der Eingriffskondiktion verpflichtet.[556] Dem Eigentümer ist außerdem die Befugnis zur **Verwertung** seiner Sache zugewiesen. Deshalb steht ihm die Eingriffskondiktion zu, wenn der Gläubiger eines Dritten die Sache im Wege der Zwangsvollstreckung verwertet (näher § 816 RdNr. 23).

254 **b) Unberechtigte Untervermietung.** Der Mieter, der entgegen § 540 die Mietsache ohne Zustimmung des Vermieters untervermietet, kann nach Ansicht des **BGH** den **Untermietzins nicht** auch nur anteilig **vom Mieter herausverlangen**,[557] und zwar auch nicht nach § 812 Abs. 1 S. 1 Alt. 2:[558] Der Mieter beziehe den Untermietzins aus der Verwertung

---

[549] *Larenz/Canaris* II/2 § 69 I 1 c, S. 170 f.; dem folgend zB *Lutz/Schapiro* ZIP 2008, 1212, 1216.
[550] Zur Funktion des § 816 Abs. 2 als Sonderfall der Eingriffskondiktion s. § 816 RdNr. 71.
[551] *Schurer* S. 79 ff.
[552] *Jürgen Schmidt*, Aktionsberechtigung und Vermögensberechtigung. Ein Beitrag zur Theorie des subjektiven Rechts, 1969.
[553] *Ellger* S. 417 ff.
[554] *Ellger* S. 858 ff.
[555] *Bamberger/Roth/Wendehorst* RdNr. 128.
[556] *Baldringer/Jordans* NZV 2005, 75, 80.
[557] BGH NJW 1964, 1853; 1996, 838, 840; ebenso OLG Düsseldorf NJW-RR 1994, 596; OLG Oldenburg ZMR 1994, 507, 508; jurisPK/*Martinek* RdNr. 89; *Koppensteiner/Kramer* § 9 I 4 e, S. 84; *Mutter* MDR 1993, 303, 304 f.; *Reuter/Martinek* § 8 I 3 a, S. 307 ff.; *Söllner* JuS 1967, 449, 453.
[558] Zur Ablehnung eines Anspruchs aus § 816 vgl. dort RdNr. 12 f.; zur Diskussion anderer Anspruchsgrundlagen AnwK-BGB/*Schwab* § 677 RdNr. 5 ff.

des ihm eingeräumten Gebrauchsrechts und greife daher nicht in den Zuweisungsgehalt des Vermietereigentums ein. Im **Schrifttum** wird dem Vermieter dagegen verbreitet die Eingriffskondiktion zugebilligt.[559] Herauszugeben sei nach diesen Vorschriften nicht der gesamte Untermietzins, sondern derjenige Betrag, den der Vermieter üblicherweise als Gegenleistung für seine Zustimmung zur Untervermietung verlange (sog. **Untermietzuschlag**).[560] Daneben finden sich differenzierende Ansätze. So wird vorgetragen, der gutgläubige Mieter habe einen angemessenen Zuschlag zu zahlen, der bösgläubige dagegen den gesamten Untermietzins auszukehren.[561] Von anderer Seite wird ein Anspruch auf Zahlung eines Untermietzuschlags wenigstens dann anerkannt, wenn eine Klausel im Mietvertrag für den Fall *erlaubter* Untervermietung ausdrücklich einen solchen Zuschlag vorsieht: Dieser soll dann ebenso bei unerlaubter Untervermietung gezahlt werden müssen.[562]

Nach hier vertretener Ansicht verdient die Rechtsprechung des **BGH** im Ergebnis **Zustimmung**.[563] Durch den Mietvertrag ist die Nutzung des Mietobjekts dem Mieter zugewiesen. Wenn § 540 dem Vermieter die Erlaubnis der Untervermietung vorbehält, drückt sich hierin nicht etwa eine verbleibende Nutzungsbefugnis des Vermieters aus. Vielmehr soll § 540 den Vermieter davor schützen, dass Dritte, die er sich nicht ausgesucht hat, auf das Mietobjekt einwirken. In § 540 bringt das Gesetz also lediglich eine Abwehrbefugnis zum Ausdruck.[564]

In einem **jüngeren Urteil** hat der BGH freilich den Eigentümer eines Grundstücks für berechtigt gehalten, unter dem Gesichtspunkt der Eingriffskondiktion vom Besitzer die Herausgabe unbefugt gezogener Mieten zu verlangen. Der Fall war dadurch charakterisiert gewesen, dass der Besitzer sein **Besitzrecht** nicht von einem Mietvertrag mit dem Eigentümer, sondern von einer **gesetzlichen Anordnung** ableitete, kraft derer der Eigentümer ihm das Grundstück zur Nutzung überlassen musste. In diesem Fall habe der Eigentümer weder die Weitervermietung nach § 540 von seiner Erlaubnis abhängig machen noch das Rechtsverhältnis, aus dem der Besitzer sein Besitzrecht ableitete, aus Anlass der Weitervermietung kündigen können. Wenn ihm gegen die Weitervermietung schon keine Abwehrrechte zustünden, müsse ihm wenigstens das Recht zugebilligt werden, ungerechtfertigten Gewinn des Besitzers aus der Weitervermietung abzuschöpfen.[565] Diese Rechtsprechung überzeugt nicht: Die Tatsache, dass keine Abwehrrechte zur Verfügung stehen, bedeutet nicht, dass deshalb dem Eigentümer die Nutzungsbefugnis zugewiesen war; diese verliert er vielmehr durch gesetzliche Anordnung, einem Dritten den Gebrauch zu überlassen, in dem gleichen Umfang wie durch den Abschluss eines Mietvertrags. Die Eingriffskondiktion hätte daher auch hier verneint werden müssen.

Anders als die unberechtigte Unter- ist die **unberechtigte Hauptvermietung** zu beurteilen: Wenn jemand eine fremde Sache vermietet, ohne durch Vertrag mit dem Eigentümer überhaupt zu irgendeiner Nutzung berechtigt zu sein, so steht dem Eigentümer gegen den Vermieter die Eingriffskondiktion zu.[566] Freilich wird die **Eingriffskondiktion** hier praktisch immer **durch §§ 987 ff. verdrängt.** Denn spätestens durch Abschluss des Mietvertrags erlangt der Vermieter mittelbaren Besitz, zu dem er dem Eigentümer gegenüber nicht berechtigt ist. Nach Ansicht des Kammergerichts sperrt die Eingriffskondiktion gegen den Vermieter Bereicherungsansprüche gegen den Mieter; denn die zu dessen Gunsten einge-

---

[559] *Bamberger/Roth/Wendehorst* RdNr. 127; *Gebauer* Jura 1998, 128, 131 ff.; *Kollhosser* BB 1973, 820 f.; *Larenz/Canaris* II/2 § 69 I 2 a, S. 173; *Neumann-Duesberg* BB 1965, 729, 730 f.; PWW/*Leupertz* RdNr. 62; *Schurer* S. 105 f.; *Theuffel* JuS 1998, 886, 887 f.
[560] Vgl. die in voriger Fn. Genannten sowie *Erman/Westermann/Buck-Heeb* RdNr. 71. Ebenso für den von ihm angemessenen Anspruch aus § 816 Abs. 1 S. 1 *Diederichsen* NJW 1964, 2296, 2297. Weitergehend – nämlich für Anspruch auf Herausgabe des gesamten Untermietzinses – *Baur* JZ 1972, 630.
[561] *Larenz/Canaris* II/2 § 69 I 2 a, S. 173.
[562] *Probst* JR 1997, 24, 25.
[563] Näher AnwK-BGB/*Schwab* § 677 RdNr. 7 f.
[564] Ebenso *Mutter* MDR 1993, 303, 304 f.
[565] BGH NJW 2002, 60, 61.
[566] KG KGR 2004, 380, 381; OLG Rostock OLGR 2005, 653.

tretene Vermögensverschiebung habe sich nur zwischen dem Vermieter und dem Mieter vollzogen.[567] Diese Ansicht würde zutreffen, wenn es dem Vermieter gelungen wäre, dem Mieter ein Besitzrecht gegen den Eigentümer zu verschaffen. Das ist indes gerade nicht der Fall; namentlich kann der Mieter ein obligatorisches Nutzungsrecht gegen den Eigentümer nicht gutgläubig erwerben. Der Mieter ist vielmehr seinerseits dem Herausgabeanspruch aus § 985 ausgesetzt. Dann erscheint es konsequent, wenn der Mieter auch Nutzungen ersetzen muss – freilich nicht unter dem Gesichtspunkt der Eingriffskondiktion, sondern nach §§ 987ff.

258 **c) Der Zuweisungsgehalt des Sicherungseigentums. aa) Verwertungsbefugnis.** Der Sicherungseigentümer ist juristisch Volleigentümer; ihm ist das Sicherungsgut aber lediglich treuhänderisch mit der Maßgabe übertragen, dass er es nur verwerten darf, wenn die gesicherte Verbindlichkeit nicht ordnungsgemäß bedient wird. Konsequent liegt ein Eingriff in den Zuweisungsgehalt des Sicherungseigentums in jedem Fall vor, wenn ein Dritter es statt des Sicherungseigentümers verwertet. Deshalb steht dem Sicherungseigentümer die Eingriffskondiktion zu, wenn ein Werkunternehmer, dem der Sicherungsgeber das Sicherungsgut zum Zwecke der Reparatur übergeben hat,[568] dieses pfändet und selbst ersteigert: In diesem Fall erlangt er auf Kosten des Sicherungseigentümers die Befreiung von der Barzahlungspflicht gemäß § 817 Abs. 4 ZPO. Dem Sicherungseigentümer steht daher die Eingriffskondiktion zu[569] – dies freilich nicht mehr, wenn der Sicherungsgeber zwischenzeitlich die gesicherte Forderung bedient.[570]

259 **bb) Nutzungsbefugnis?** Dem Eigentümer ist an sich ohne Weiteres die Befugnis zur Nutzung seiner Sache zugewiesen. Anders liegt es nach Ansicht des **BGH** beim Sicherungseigentum: Dieses sei dadurch charakterisiert, dass der Sicherungsnehmer das Sicherungsgut dem Sicherungsgeber zur Nutzung überlasse. Dann aber seien die **Nutzungen dem Sicherungsgeber zugewiesen.**[571] Dem Sicherungseigentümer seien die Nutzungen erst zugewiesen, wenn er berechtigt Herausgabe verlange.[572] Der BGH hat daraus die Konsequenz gezogen, dass dem Sicherungsnehmer kein Bereicherungsanspruch zusteht, wenn das Sicherungsgut in gemietete Räume eingebracht wird, der Vermieter von seinem Pfandrecht nach § 562 Abs. 1 Gebrauch macht und das Sicherungsgut an einen Dritten vermietet: Wenn überhaupt, dann sei der Vermieter hierdurch auf Kosten des Sicherungsgebers bereichert.[573] Der BGH hielt im gegebenen Fall freilich einen Anspruch des Sicherungsnehmers gegen den Vermieter aus §§ 990 Abs. 1 S. 1, 987 für möglich.[574]

260 Den **gegebenen Fall** hat der BGH unter dem Gesichtspunkt des § 812 im Ergebnis **richtig entschieden:** Die Interessenlage gleicht derjenigen bei der unberechtigten Untervermietung (RdNr. 254ff.): Der Sicherungseigentümer hat sich seiner Nutzungsmöglichkeit begeben. Nicht ihm, sondern dem Sicherungsgeber sind die Nutzungen zugewiesen. Würde der Sicherungsgeber entgegen den Absprachen mit dem Sicherungsnehmer das Sicherungsgut einem Dritten zum Gebrauch überlassen, so stünde dem Sicherungsnehmer deswegen kein Bereicherungsanspruch gegen den Sicherungsgeber zu. Dann erzeugt auch die Nutzung des Sicherungsguts durch den Vermieter, der sein Pfandrecht der Sache nach letztlich von seinem Mieter, dem Sicherungsgeber, ableitet, keinen Bereicherungsanspruch des Sicherungsnehmers. **Widersprüchlich** erscheint dagegen die Annahme, dem Siche-

---

[567] KG KGR 2004, 380, 381.
[568] Den gutgläubigen Erwerb eines Unternehmerpfandrechts lehnt BGHZ 34, 153 ab; ebenso BGHZ 100, 95, 101.
[569] BGHZ 100, 95, 99f.; ebenso *Ellger* S. 562f.
[570] BGHZ 100, 99, 105f.; ebenso *Ellger* S. 563.
[571] BGH NJW 2007, 216, 217; insoweit zust. *v. Olshausen* ZIP 2007, 1145, 1146; grds. auch *Lutz/Schapiro* ZIP 2008, 1212, 1216ff.
[572] BGH NJW 2007, 216, 217.
[573] BGH NJW 2007, 216, 217. Für einen Bereicherungsanspruch des Sicherungseigentümers noch die Vorinstanz: OLG Rostock OLGR 2005, 653.
[574] BGH NJW 2007, 216, 217.

rungseigentümer könnte ein Anspruch aus §§ 990, 987 zustehen: Wenn dem Eigentümer die Nutzungen nicht zugewiesen sind, besteht auch keine Rechtfertigung für die Anwendung des § 987.[575]

Trifft nach alledem die Grundannahme zu, dass die Nutzungen dem Sicherungsgeber zugewiesen sind, so fragt sich, wie lange diese Zuweisung andauert. Ein Teil des Schrifttums ist mit dem **BGH** der Ansicht, dass dem **Sicherungsgeber** die Nutzungen **so lange zugewiesen** sind, bis der **Sicherungseigentümer berechtigt Herausgabe verlangt**.[576] Die Gegenansicht will dem Sicherungsgeber die Nutzungen nur so lange zubilligen, bis er den Besitz freiwillig aufgibt oder Verwertungsreife eintritt.[577] Denn der Zuweisungsgehalt orientiere sich am Deliktsschutz. Beim Sicherungseigentum sei aber der Sicherungsgeber für die Realisierung von Ersatzansprüchen betreffend den Nutzungsschaden nur bis zur Verwertungsreife oder freiwilligen Besitzaufgabe aktivlegitimiert. Die **Gegenansicht** verdient im Ergebnis **Zustimmung**. Es bietet sich nämlich auch hier an, den Fall in Analogie zur unberechtigten Untervermietung zu lösen. Vermietet der Mieter das Mietobjekt unter, nachdem das Mietverhältnis geendet hat, so steht dem Vermieter die Eingriffskondiktion zu. Denn nach Ende des Mietverhältnisses trifft die Annahme, der Vermieter habe sich seiner Nutzungsmöglichkeit begeben, gerade nicht mehr zu. Es handelt sich dann vielmehr um einen Fall der unberechtigten Hauptvermietung. Ebenso liegt es beim Sicherungseigentum, wenn Verwertungsreife eintritt: Dann ist der Sicherungsnehmer jederzeit berechtigt, Herausgabe des Sicherungsguts zum Zwecke der Verwertung zu verlangen. Ab diesem Zeitpunkt hat auch er sich nicht mehr seiner Nutzungsmöglichkeit begeben. Wenn der Sicherungsgeber den Besitz freiwillig aufgibt, verzichtet er damit auch auf die Zuweisung der Nutzungsbefugnis. Diese steht fortan wieder dem Sicherungseigentümer zu.

d) Überschreitung dinglicher Nutzungsrechte. Nach Ansicht des BGH ist der Inhaber einer Salzabbaugerechtigkeit nicht berechtigt, ohne Gestattung des Eigentümers jenes Grundstücks, auf dem der Abbau erfolgt, Rohöl im Untergrund zu speichern.[578] Speichert er Rohöl ohne Erlaubnis des Eigentümers, so soll er dem Eigentümer unter dem Gesichtspunkt der Eingriffskondiktion verpflichtet sein.[579] Wenn man diese Rechtsprechung verallgemeinert, so gelangt man zu dem Ergebnis, dass die Überschreitung dinglicher Nutzungsrechte generell die Eingriffskondiktion begründet. Damit ergibt sich ein Wertungswiderspruch zu den Fällen der unberechtigten Untervermietung: Der Inhaber eines bloß obligatorischen Nutzungsrechts ist dann stärker gegen eine Eingriffskondiktion geschützt als der Inhaber eines dinglichen Nutzungsrechts. Diese Konsequenz ist nicht hinnehmbar. Deshalb ist die **Eingriffskondiktion** bei Überschreitung eines dinglichen Nutzungsrechts immer dann **ausgeschlossen**, wenn der **Eigentümer** den **Vorteil**, den der Nutzungsberechtigte unbefugt gezogen hat, **selbst nicht hätte ziehen können.** Für den vom BGH entschiedenen Fall ergibt sich daraus, dass dem Eigentümer die Eingriffskondiktion hätte versagt werden müssen: Der zum Salzabbau Berechtigte hatte das Rohöl im Bergwerk gelagert. Dieses war dem Zugriff des Grundeigentümers mit Rücksicht auf das Abbaurecht ohnehin zur Gänze verschlossen.

e) Urheber-, Patent- und Gebrauchsmusterrechte. Die Verletzung von Urheber-, Patent- und Gebrauchsmusterrechten ist bereicherungsrechtlich als Eingriff in Rechte anzusehen, denen „Zuweisungsgehalt" im oben entwickelten Sinn zukommt. Dementsprechend sind als Folge der Rechtsgutsverletzung Ansprüche aus Eingriffskondiktion unbedenklich zu gewähren.[580] Die vom RG vertretene einschränkende Auffassung, Be-

---

[575] Zutr. v. Olshausen ZIP 2007, 1485, 1487 f.; ebenso Lutz/Schapiro ZIP 2008, 1212, 1218.
[576] v. Olshausen ZIP 2007, 1145, 1146.
[577] Zum Folgenden Lutz/Schapiro ZIP 2008, 1212, 1216 ff.
[578] BGH WM 1981, 129, 130.
[579] BGH WM 1981, 129, 131.
[580] Ebenso v. Caemmerer, FS Rabel, 1954, S. 333, 356; Ellger S. 659 ff. (für Urheberrecht), 679 ff. (für Gebrauchsmusterrechte), 692 f. (für Geschmacksmusterrechte); Erman/Westermann/Buck-Heeb RdNr. 69 und Vor § 812 RdNr. 15; Reuter/Martinek § 7 IV 2 c, S. 270 (zum Urheberrecht), § 7 IV 2 d, S. 271 ff. (zum

§ 812 264, 265   Abschnitt 8. Titel 26. Ungerechtfertigte Bereicherung

reicherungsansprüche seien jedenfalls im Bereich der Patent- und Gebrauchsmusterrechte spezialgesetzlich ausgeschlossen,[581] ist vom BGH zu Recht aufgegeben worden.[582] Die Eingriffskondiktion wegen unberechtigten Gebrauchs eines Urheberrechts (und Gleiches gilt für andere Schutzrechte der hier diskutierten Art) ist selbst dann gegeben, wenn der Urheber keine Absicht hat, sein Werk zu vermarkten, ja selbst dann, wenn der Urheber die Vermarktung ausdrücklich ablehnt.[583]

264 **f) Markenrechte.** Streitig ist die Frage eines Bereicherungsausgleichs, wenn Markenrechte verletzt werden. Die Vertreter aller Rechtswidrigkeitstheorien bejahen in diesem Fall die Eingriffskondiktion ohne Bedenken.[584] Denn ihnen kommt es nur auf die Rechtswidrigkeit des Eingriffs an; ist diese gegeben, so folgt ohne Weiteres ein Bereicherungsanspruch. Demgegenüber ist die Antwort auf dem Boden der Zuweisungstheorie nicht eindeutig. Teilweise wird ein Zuweisungsgehalt der Marke mit der Begründung geleugnet, das Markenrecht gewähre – anders als etwa das Urheber- und das Patentgesetz – keinen echten Leistungsschutz, kein wirtschaftlich verwertbares Nutzungsrecht, sondern bloßen abwehrenden Kennzeichenschutz.[585] Unter der Geltung des Warenzeichengesetzes wurde eine Bestätigung dieser Ansicht in § 8 WZG gefunden: Diese Vorschrift lasse keine echte Lizenzvergabe, sondern nur die schuldrechtliche Verpflichtung zu, gegen den Gebrauch des Zeichens durch andere nicht einzuschreiten. Der BGH[586] und der überwiegende Teil des Schrifttums[587] befürworten dagegen zu Recht ein Bereicherungsanspruch auch bei der Verletzung von Markenrechten. Das Markengesetz gibt dem Inhaber einer Marke eine ausschließliche Benutzungsbefugnis; diese umfasst auch die Möglichkeit, anderen den Gebrauch der Marke entgeltlich zu gestatten. Damit vermittelt sie eine Verwertungsmöglichkeit, die nach dem in RdNr. 248 ff. Gesagten ausreicht, um das Merkmal „auf Kosten" auszufüllen.

265 **g) Wettbewerbsvorschriften.** Wenn jemand unlauteren Wettbewerb treibt, erhebt sich abermals die Frage, ob ein Konkurrent daraus einen Anspruch unter dem Gesichtspunkt der Eingriffskondiktion herleiten kann. Die Vertreter der Rechtswidrigkeitstheorien neigen auch hier – der bloßen Rechtswidrigkeit der betreffenden Handlung wegen – dazu, die Frage zu bejahen.[588] Die Zuweisungslehren sprechen dagegen den Vorschriften des UWG ganz überwiegend einen Zuweisungsgehalt zugunsten des Konkurrenten ab.[589] *Haines* hat vom Boden seiner modifizierten, die beeinträchtigte Gläubigerposition mit in die Betrachtung einbeziehenden Rechtswidrigkeitstheorie vorgeschlagen, zwischen individualbegünstigenden und solchen Normen zu unterscheiden, die Interessen unbestimmt vieler Mitbewerber schützen wollen.[590] *Kleinheyer* will Bereicherungsansprüche generell mit der Begründung bejahen, jeder durch Wettbewerbsverstoß erlangte Wettbewerbsvorteil müsse zwangsläufig auf Kosten der Mitbewerber gehen, da diese in ihrer durch das Gesetz gewährleisteten Chancengleichheit verletzt würden.[591]

Patent- und Gebrauchsmusterrecht); RGRK/*Heimann-Trosien* Vor § 812 RdNr. 32; *Staudinger/Lorenz* Vor § 812 RdNr. 65.
[581] Vgl. nur RGZ 121, 258, 261.
[582] BGHZ 68, 90, 92 = LM GebrMG § 15 Nr. 6 m. Anm. *Bruchhausen* = NJW 1977, 1194; BGH LM GG Art. 85 Nr. 3 = NJW 1979, 101; BGHZ 82, 299 und 310 = NJW 1982, 1151 und 1154; vgl. auch OLG Nürnberg BB 1982, 2073.
[583] BGH NJW 1992, 2084, 2085; im Ergebnis zust. *Canaris* JZ 1992, 1114, 1118.
[584] *Jakobs* S. 114; *Haines* S. 89 f.; *Wilhelm* S. 94 ff.
[585] *Mestmäcker* JZ 1958, 521, 525; ihm folgend *Raiser* JZ 1961, 465, 468.
[586] BGHZ 99, 244 – Chanel Nr. 5; zust. *Larenz/Canaris* II/2 § 69 I 2 b, S. 173; § 69 I 1 e, S. 172.
[587] *v. Caemmerer*, FS Rabel, 1954, S. 333, 399; *Ellger* S. 706 f.; *Erman/Westermann/Buck-Heeb* RdNr. 69 iVm. Vor § 812 RdNr. 15; *Koppensteiner/Kramer* § 9 I 4 c, S. 80 f.; *Reeb* S. 41; *Rümker* S. 56 f.; *Staudinger/Lorenz* Vor § 812 RdNr. 68; im Ergebnis auch BGHZ 44, 372, 374 ff. = NJW 1966, 823, 825, freilich mit Hilfe der sog. 2. Schadensberechnungsmethode. Ebenso *Reuter/Martinek* § 7 IV 2 c, S. 275 ff.
[588] *Jakobs* S. 115 ff.; *Wilhelm* S. 86.
[589] *v. Caemmerer*, FS Rabel, 1954, S. 333, 396 f.; *Ellger* S. 813 ff.; *Esser/Weyers* BT/2 § 50 I 1 a *Köhler*, FS Lorenz, 2001, S. 167 ff.; *Loewenheim* WRP 1997, 913; *Rümker* S. 64 f.
[590] *Haines* S. 89 ff.; ebenso *Koppensteiner/Kramer* § 9 I 4 c, S. 81; *Baumbach/Hefermehl* Einl. RdNr. 419.
[591] *Kleinheyer* JZ 1970, 471, 476.

Nach **hier vertretener Ansicht** lässt sich eine Eingriffskondiktion **grundsätzlich nicht** 266 auf die Verletzung von Vorschriften stützen, welche die Lauterkeit des Wettbewerbs regeln. Gegen die Auffassung von *Kleinheyer* ist einzuwenden, dass im freien Wettbewerb für den potentiellen Bereicherungsgläubiger im Grundsatz nur eine gleichrangige, im Prinzip noch jedermann offen stehende Zugriffschance besteht. Diese hat sich gerade noch nicht ausreichend zu einer bereicherungsrechtlich geschützten Position verfestigt. Insbesondere fehlt es an der Möglichkeit, über jene Zugriffschance entgeltlich durch Gestattung zu verfügen (s. RdNr. 250).[592] Dies wird deutlich, wenn man sich den Fall vor Augen führt, dass ein Wettbewerber (was in der Praxis der absolute Regelfall sein wird) durch seine Handlung mehrere Konkurrenten beeinträchtigt. In diesem Fall wären auf dem Boden der hier abgelehnten Ansicht jedem beeinträchtigten Konkurrenten Bereicherungsansprüche zuzubilligen, wobei unklar wäre, in welcher Höhe diese bestehen würden.[593]

Ein Bereicherungsanspruch wegen unlauteren Wettbewerbs kann **nicht einmal dann** 267 **anerkannt** werden, wenn man ihn dem Konkurrenten nur bei Verletzung einer **individualbegünstigenden Norm** zuspricht. Denn aus dem individualbegünstigenden Charakter einer Norm folgt nur, dass dem jeweils beeinträchtigten Mitbewerber ein individueller Untersagungsanspruch zusteht. Damit aber korrespondiert gerade noch nicht die Möglichkeit entgeltlicher Gestattung. Für die Frage, ob bei Verletzung von Wettbewerbsvorschriften ein Bereicherungsausgleich stattfindet, kann es allein darauf ankommen, ob für den dadurch Beeinträchtigten die Möglichkeit bestanden hätte, das Vorgehen des Verletzers von seiner entgeltlichen Gestattung abhängig zu machen.[594] So liegt es etwa bei den nach **§ 17 UWG** geschützten Betriebs- und Geschäftsgeheimnissen oder den in **§ 18 UWG** aufgezählten, patentrechtlich nicht geschützten Verfahren, Modellen, Vorlagen etc. Hier hat sich die Rechtsposition des jeweils Berechtigten in einer Weise verfestigt, die nahe an die Gewährung entsprechender Immaterialgüterrechte heranreicht und daher Bereicherungsansprüche begründen kann.[595] Sofern einem Unternehmer aufgrund der Vorschriften des UWG **ergänzender wettbewerbsrechtlicher Leistungsschutz** zu gewähren ist, begründet dies eine bereicherungsrechtlich relevante Rechtsposition nur dann, wenn dieser Schutz dem Begünstigten eine einem Immaterialgut ähnliche Stellung vermittelt.[596] Auch die Rechtsprechung gewährt in den hier diskutierten Fällen Ansprüche auf eine angemessene Lizenzgebühr, diese freilich unter dem Gesichtspunkt des Schadensersatzrechts.[597]

h) Ausnutzung fremder Aufwendungen. Kein Raum für einen Bereicherungsaus- 268 gleich unter dem Gesichtspunkt der Eingriffskondiktion war in folgendem Fall: Jemand hatte die von einem Unternehmer zur Entwicklung eines Produkts angestellten **wissenschaftlichen Untersuchungen** als Unterlage verwendet, um seinerseits bei der zuständigen Behörde die Zulassung eines gleichartigen Produkts zu beantragen. Die Genehmigung wurde erteilt. Der Antragsteller war schon deshalb nicht aus Eingriffskondiktion verpflichtet, weil er nicht in eine dem betroffenen Unternehmer zugewiesene Rechtsposition eingegriffen hatte.[598] Aus dem gleichen Grund scheidet der Bereicherungsanspruch eines Filmproduzenten aus, wenn dieser die Besetzung des Films mit geeigneten Schauspielern organisiert und Drehpläne erstellt, die Finanzierung des Filmprojekts später zusammenbricht, der Autor des Drehbuchs sich sodann an einen anderen Produzenten wendet und dieser das Projekt unter Ausnutzung der Drehpläne und der Besetzungsliste durchführt.[599]

---

[592] *Mestmäcker* JZ 1958, 521, 526; *Raiser* JZ 1961, 465, 469; *Rümker* S. 66.
[593] Zutr. *Rümker* S. 66.
[594] Zust. *Reuter/Martinek* § 7 IV 2 f, S. 280; *Larenz/Canaris* II/2 § 69 I 2 f, S. 175 f.
[595] Ebenso *Fournier* S. 173 ff.; *Hüffer* JuS 1981, 263, 265; *Rümker* S. 69.
[596] *Ellger* S. 819 ff.; *Fournier* S. 123 ff., 145.
[597] BGHZ 57, 116, 117 ff. (sklavische Nachahmung eines Industrieproduktes); BGHZ 60, 168, 173 (Nachahmung von Modeneuheiten); BGH NJW 1977, 1062 (unbefugte Verwertung eines Betriebsgeheimnisses).
[598] BGHZ 107, 117, 120 ff.; ebenso *Larenz/Canaris* II/2 § 69 I 2 f, S. 176.
[599] OLG Karlsruhe NJW-RR 2000, 1005, 1006.

269 i) Eingerichteter und ausgeübter Gewerbebetrieb. Weitgehend identisch ist der Streitstand in Bezug auf die bereicherungsrechtliche Relevanz von Eingriffen in das Recht am eingerichteten und ausgeübten Gewerbebetrieb:[600] Gerade diejenigen Rechtssätze, die – rechtsfortbildend entwickelt – den Tätigkeitsbereich des Unternehmers schützen, sind fast ausschließlich reine **Verhaltens-** und **keine Zuweisungsnormen.** Sie behalten dem Betriebsinhaber also keine bestimmten Nutzungs- und Verwertungsmöglichkeiten vor und erlauben ihm daher auch nicht, über derartige Möglichkeiten durch entgeltliche Gestattung zu verfügen. In der Regel wird Eingriffen in dieses spezielle Rechtsgut daher die bereicherungsrechtliche Relevanz abzusprechen sein. Dies gilt auch für die Fälle der sog. **unberechtigten Schutzrechtsverwarnung:**[601] Gerade sie greift nicht in bereits bestehende, dem Verwarnten vorbehaltene vermögenswerte Rechtsgüter, sondern lediglich in allgemeine Erwerbschancen ein, an deren Realisierung er rechtswidrig gehindert wird. Dies ist ein Schadens- und kein Bereicherungsproblem.[602]

270 j) Allgemeines Persönlichkeitsrecht. aa) Grundsätzliche Eignung als Grundlage einer Eingriffskondiktion. Kontrovers diskutiert wird ferner, inwieweit Eingriffe in das allgemeine Persönlichkeitsrecht geeignet sind, Bereicherungsansprüche unter dem Gesichtspunkt der Eingriffskondiktion auszulösen. *Mestmäcker*[603] und *Raiser*[604] haben Bereicherungsansprüche mit der Begründung abgelehnt, dem allgemeinen Persönlichkeitsrecht wohne kein **vermögensrechtlicher Zuweisungsgehalt** inne. Inhaltlich regle es nur den Anspruch auf Achtung gegen Dritte, nicht aber die Berechtigung an einem vermögensrechtlich nutzbaren Herrschaftsgegenstand.

271 Demgegenüber hat bereits *Rümker*[605] zutreffend darauf hingewiesen, dass gewisse Erscheinungsformen des allgemeinen Persönlichkeitsrechts, wie etwa das Recht am eigenen Bild (§§ 22 ff. KUG), das Recht am Namen (§ 12 BGB) oder an der Firma (§ 17 HGB), das Recht an der Geheimhaltung des gesprochenen Wortes, an vertraulichen Briefen und privaten Aufzeichnungen etc. durchaus einen wirtschaftlichen Wert besitzen können und dass es allein **Sache des Berechtigten** ist, darüber zu **entscheiden,** ob er sein Bild oder seinen Namen einem anderen für Geschäftszwecke zum **Gebrauch überlassen,** seine privaten Aufzeichnungen kommerziell auswerten und damit zu einem selbstständigen Genussgut machen wolle. Andere Autoren halten Bereicherungsansprüche wegen Eingriffs in das allgemeine Persönlichkeitsrecht ebenfalls für prinzipiell möglich, befürworten aber die Einschränkung, dass dies nur gelten solle, wenn der Eingriff spezielle, gesetzlich geregelte Ausprägungen dieses Rechts betreffe.[606]

272 Andernorts wird die Frage der Entgeltfähigkeit in den Vordergrund gerückt und argumentiert, das Persönlichkeitsrechte eigneten sich immer dann als Basis einer Eingriffskondiktion, wenn sie einer **kommerziellen Verwertung zugänglich** seien. Dem allgemeinen Persönlichkeitsrecht wohne insoweit durchaus ein Zuweisungsgehalt inne.[607] Dies gelte nicht nur für das Recht am eigenen Bild oder am eigenen Namen, sondern auch für die

---

[600] Für einen Bereicherungsanspruch *Jakobs* S. 114 f.; *Kleinheyer* JZ 1970, 471, 476; *Koppensteiner/Kramer* § 9 I 4c, S. 81 f.; RGRK/*Heimann-Trosien* Vor § 812 RdNr. 34; *Schurer* S. 103 ff.; *Staudinger/Lorenz* Vor § 812 RdNr. 72; dagegen BGHZ 71, 86, 97 f.; *Bamberger/Roth/Wendehorst* RdNr. 128; *Batsch* S. 113 Fn. 448; *v. Caemmerer,* FS Rabel, 1954, S. 333, 399 f.; *Ellger* S. 795 ff.; *Erman/Westermann/Buck-Heeb* RdNr. 70; *Fikentscher/Heinemann* RdNr. 1467. *Mestmäcker* JZ 1958, 521, 526; *Raiser* JZ 1961, 465, 469; *Reuter/Martinek* § 7 IV 2b, S. 268 ff.; *Rümker* S. 59 f.
[601] BGHZ 71, 86, 98; dem folgend jetzt auch *Staudinger/Lorenz* Vor § 812 RdNr. 67.
[602] Ebenso *Hüffer* JuS 1981, 263, 265; ähnlich *Larenz/Canaris* II/2 § 69 I 2 e, S. 175, der freilich schon die Existenz des Rechts am eingerichteten und ausgeübten Gewerbebetrieb leugnet (*Larenz/Canaris* II/2 § 81 IV, S. 560 ff.).
[603] *Mestmäcker* JZ 1958, 521, 525.
[604] *Raiser* JZ 1961, 465, 471; abl. auch *Ostendorf* S. 63 ff.
[605] *Rümker* S. 59; ebenso *Bamberger/Roth/Wendehorst* RdNr. 130.
[606] *Hubmann* S. 363; *ders.* UFITA 39 (1963), 223 ff.; *Schwerdtner* S. 241 f.
[607] AnwK-BGB/*v. Sachsen Gessaphe* RdNr. 85; *Canaris,* FS Deutsch, 1999, S. 85, 88; *Funkel* S. 173 ff.; jurisPK/*Martinek* RdNr. 89; *Kläver* S. 61 ff.; *Klein* S. 158 ff.; *Klüber* S. 122 f.; PWW/*Leupertz* RdNr. 62; *Schlechtriem,* FS Hefermehl, 1976, S. 445, 449 ff.; *Siemes* AcP 201 (2001), 202, 219 ff.

Verwertung sonstiger Persönlichkeitsdetails.[608] Und in der Tat ist das Persönlichkeitsrecht grundsätzlich **taugliche Grundlage** von Bereicherungsansprüchen: Wenn der einzelne die Freiheit hat, über die Darstellung seiner Persönlichkeit zu bestimmen, kann er diese Bestimmung auch von der Zahlung eines Entgelts abhängig machen. Das Persönlichkeitsrecht wird so durch eine kommerzielle Seite ergänzt.

bb) Einzelausprägungen des Persönlichkeitsrechts. Wenn **Abbildungen** einer Person von anderen unbefugt kommerziell verwertet werden, ist der Abgebildete unter dem Gesichtspunkt der Eingriffskondiktion berechtigt, den Wert der unbefugten Nutzung (§ 818 Abs. 2) herauszuverlangen.[609] Das bloße Anfertigen solcher Abbildungen reicht dagegen nicht aus, um Bereicherungsansprüche auszulösen.[610] Bei **frei erfundenen Interviews** steht dem Verletzten ebenfalls die Eingriffskondiktion zu:[611] Die Möglichkeit, über sein eigenes Privatleben per Interview zu berichten und dieses ggf. zu vermarkten, ist dem Träger des allgemeinen Persönlichkeitsrechts zugewiesen. Das gleiche gilt, wenn jemand unbefugt **Werbung mit dem Namen eines anderen** treibt.[612] Wenn allerdings mit der Werbebotschaft, für die das Bild einer Person verwendet wird, politische Satire einhergeht, kann der Namensinhaber die Werbung nach § 23 KUG nicht untersagen und ebenso wenig ihretwegen Bereicherungsansprüche geltend machen.[613] Die Eingriffskondiktion steht auch demjenigen zu, dessen Persönlichkeitsmerkmale dadurch ausgebeutet werden, dass er durch Doppelgänger und Stimmimitationen erkennbar nachgeahmt wird.[614] Wenn ein gewöhnlicher Theaterbesucher dabei fotografiert wird, wie er sich in der Garderobe den Mantel anzieht, steht ihm kein Bereicherungsanspruch zu; denn mangels eines öffentlichen Interesses an dieser Person besteht faktisch keine Möglichkeit, das Foto kommerziell zu verwerten.[615] Die Verbreitung eines **wahren Berichts** über einen Menschen, ggf. unter Einschluss von Tatsachen aus dessen Privatsphäre, löst keinen Bereicherungsanspruch aus, wenn ein gewichtiges öffentliches Informationsinteresse besteht,[616] wie es vor allem bei Persönlichkeiten von allgemeinem Bekanntheitsgrad der Fall sein wird. Wohl aber ist die Eingriffskondiktion gegeben, wenn das zugrunde liegende Tatsachenmaterial auf unzulässige Weise beschafft wurde.[617] Ebenso begründet die unbefugte Verwertung des **nicht öffentlich gesprochenen Wortes**[618] oder **interner schriftlicher Aufzeichnungen**[619] (Tagebücher!) eines anderen die Eingriffskondiktion. Die Verwertung des Inhalts von **Briefen** durch den Empfänger löst die Eingriffskondiktion dagegen nur aus, wenn man sich auf den Standpunkt stellt, dass das allgemeine Persönlichkeitsrecht auch den Schutz vor der Kenntnisnahme des Briefs durch Dritte gewährt.[620]

cc) Unerheblichkeit einer konkreten Vermarktungsabsicht des Verletzten. Wenn jemand anders das fremde Persönlichkeitsrecht für eigene Zwecke usurpiert, steht dem Verletzten die Eingriffskondiktion ohne Rücksicht darauf zu, ob er das Recht auch selbst hätte nutzen wollen.[621] Eine **Vermarktungsabsicht** des Verletzten ist also **nicht erforderlich**. Bereicherungsansprüche scheiden erst dann aus, wenn die kommerzielle Verwer-

---

[608] *Balthasar* NJW 2007, 664; *Klüber* S. 123.
[609] BGHZ 20, 345, 354 f.; 81, 75, 80 ff.; 169, 340, 344; BGH NJW 1979, 2205, 2206; NJW-RR 1987, 231; NJW 1992, 2084, 2085; jurisPK/*Martinek* RdNr. 76.
[610] *Hort* S. 73.
[611] *Canaris*, FS Deutsch, 1999, S. 85, 88 ff.; *Götting*, FS Ullmann, 2006, S. 65, 71; *Klein* S. 162 f.
[612] BGHZ 81, 75, 77 ff.
[613] BGHZ 169, 340, 345 ff.
[614] OLG Hamburg NJW 1990, 1995 f.; OLG Karlsruhe AfP 1996, 282, 283; 1998, 326 f.; in allen diesen Fällen wurde auf diese Weise der Name von Prominenten für die Werbung ausgebeutet.
[615] AG Hamburg GRUR 1991, 910.
[616] *Kläver* S. 75, 78 ff. iVm. S. 145.
[617] *Larenz/Canaris* II/2 § 69 I 2 c, S. 174.
[618] *Kläver* S. 92 f. iVm. S. 147.
[619] *Kläver* S. 98 f. iVm. S. 147 f.
[620] Bejahend *Kläver* S. 102 f.
[621] BGHZ 169, 340, 344; *Balthasar* NJW 2007, 664, 665; *Canaris*, FS Deutsch, 1999, S. 85, 89 f.; *Ehmann* AfP 2005, 237, 246; *ders.* AfP 2007, 81, 83; *Götting*, FS Ullmann, 2006, S. 65, 68; *Klein* S. 162; *Kleinheyer* JZ

tung durch den Verletzten selbst gegen ein gesetzliches Verbot oder gegen die guten Sitten verstoßen hätte.[622] Falls jemand ohne seine Einwilligung fotografiert wird und derjenige, der das Foto geschossen hat, es an einen Dritten veräußert, wird die Eingriffskondiktion des Abgebildeten **nicht dadurch ausgeschlossen,** dass der Dritte das Foto **durch Leistung** des Fotografen erlangt hat: Denn dieser hat zwar das Eigentum am Foto, nicht aber die Befugnis zur Ausbeutung des Persönlichkeitsrechts des Abgebildeten geleistet.[623]

275   dd) **Anspruchsberechtigung Dritter.** Der BGH billigt den Bereicherungsanspruch sogar Dritten zu, denen der Rechtsinhaber seine Persönlichkeitsrechte zur Vermarktung **durch Vertrag übertragen** hat.[624] Der Schutz des Persönlichkeitsrechts greift außerdem über den Tod eines Menschen hinaus (sog. **postmortaler Persönlichkeitsschutz**). Wird also nach dem Tod dieses Recht verletzt, etwa indem Persönlichkeitsmerkmale des Verstorbenen unbefugt kommerziell ausgebeutet werden, können die **Erben** des Verstorbenen deswegen Bereicherungsansprüche geltend machen.[625] Das gilt entgegen einer jüngeren Entscheidung des BGH[626] ohne Rücksicht darauf, ob der Verstorbene es zu allgemeiner Bekanntheit gebracht hatte und seinen Persönlichkeitsmerkmalen daher ein wirtschaftlicher Wert zukommt:[627] Allein die Tatsache, dass die Persönlichkeit des Verstorbenen zwangsweise kommerzialisiert wird, zeigt, dass es sich ersichtlich lohnt, in dieser Weise zu verfahren. Dann aber erscheint es widersprüchlich, den betroffenen Persönlichkeitsmerkmalen keinen wirtschaftlichen Wert beizulegen. Wenn jemand Opfer eines Gewaltverbrechens wird und sein Leichnam in den Medien in entwürdigender Weise öffentlich zur Schau gestellt wird,[628] steht daher seinen Erben die Eingriffskondiktion zu.[629]

276   ee) **Exkurs: Kein Abwehrrecht des Eigentümers gegen Abbildungen von seiner Sache.** Im Schrifttum wird der Anerkennung einer Eingriffskondiktion für den Fall das Wort geredet, dass jemand eine Sache gegen den Willen des Eigentümers fotografiert und das Foto kommerziell verwertet.[630] Dies überzeugt indes nicht. Vom Schutzbereich des allgemeinen Persönlichkeitsrechts ist die Befugnis des Eigentümers, Fotos von ihm gehörigen Sachen kommerziell zu verwenden, nicht umfasst: Ein **„Recht am Bild der eigenen Sache"** ist **nicht anzuerkennen** – weder unter dem Gesichtspunkt des § 1004 noch des § 812. Ein Bereicherungsanspruch des Eigentümers scheidet damit aus.[631] Allerdings ist im Schrifttum gerade mit Blick auf diese Konstellation angezweifelt worden, ob die Ablehnung eines negatorischen Schutzes nach § 1004 zwingend auch die Ablehnung der Eingriffskondiktion zur Folge haben muss.[632] Jedenfalls für den hier gegebenen Fall ist diese Frage indes zu bejahen. Ein „Recht am Bild der eigenen Sache" könnte, wenn überhaupt, nicht unter dem Gesichtspunkt des allgemeinen Persönlichkeitsrechts, sondern nur unter dem Gesichtspunkt des Eigentumsschutzes diskutiert werden. Dann aber gilt tatsächlich: Wo das Eigentum kein Abwehrrecht zuweist, weist es erst recht kein Recht zur ausschließlichen kommerziellen Verwertung zu.

1970, 471, 476; *Schlechtriem*, FS Hefermehl, 1976, S. 445, 464; *Schwerdtner* S. 242; *Siemes* AcP 201 (2001), 202, 222; *Ullmann* AfP 1999, 209, 212.
[622] *Kleinheyer* JZ 1970, 471, 476.
[623] Zutr. BGH NJW 1992, 2084, 2085.
[624] BGH JZ 1987, 158 f.
[625] BGH GRUR 2000, 709, 712; im Ergebnis ebenso *Helle* JZ 2007, 444, 452 f.; anders noch OLG München BB 1997, 1971 f.
[626] BGHZ 165, 203, 209 f.
[627] Wie hier *Götting*, FS Ullmann, 2006, S. 65, 75 f.
[628] So der Fall in BGHZ 165, 203.
[629] So auch – gerade mit Blick auf diesen Fall – *Götting*, FS Ullmann, 2006, S. 65, 76.
[630] *Ruhwedel* JuS 1975, 242, 245.
[631] BGH NJW 1989, 2251, 2253 (Friesenhaus); OLG Bremen NJW 1987, 1420 f.; LG Freiburg NJW-RR 1986, 400, 401; offen gelassen in BGH NJW 1975, 778 (Tegeler Schloss); *Kübler*, FS Baur, 1981, S. 52, 61 f.; *Löhr* WRP 1975, 523 f.
[632] *Schlechtriem* JZ 1988, 854, 860; *ders.* JZ 1993, 185, 190.

k) Schleichwerbung im Fernsehen. Für den Fall der sog. Schleichwerbung im Fernse- 277
hen werden insoweit Bereicherungsansprüche unter dem Gesichtspunkt der Eingriffskondiktion gegen die werbenden Unternehmen erwogen mit der Begründung, diese griffen
durch ihre Werbung unbefugt in das ausschließliche **Recht der Sendeanstalten** ein, die
Übertragungs- und Sendemöglichkeiten kommerziell zu nutzen.[633] Die Gegenmeinung[634] sieht dagegen nicht die Werbung treibenden Unternehmen als Eingreifer an,
sondern die Veranstalter der von der Schleichwerbung betroffenen Fernsehsendungen: Die
Unternehmen könnten die Sendung nur deshalb zur Platzierung ihrer Werbung nutzen, weil
ihnen dies zuvor vom Veranstalter (entgeltlich) gestattet worden sei. Dieser nutze daher
seinerseits die ihm durch das Übertragungsinteresse der Fernsehanstalt eröffnete besondere
wirtschaftliche Chance aus. Er nutze Verwertungsmöglichkeiten, die allein den Fernsehanstalten vorbehalten seien: Die Einräumung von Werbezeiten im Fernsehen sei allein Sache
der Anstalten. So sei dem Übertragungsvertrag zwischen der Sendeanstalt und dem Veranstalter der Sendung mindestens auf Grund ergänzender Auslegung das Verbot zu entnehmen, zusätzliche Werbeflächen aufzustellen und damit das Fernsehen zu Werbezwecken zu
missbrauchen.

5. Verbindung, Vermischung, Verarbeitung. a) Bereicherungsrechtliche Klassifi- 278
zierung. Wenn jemand nach Maßgabe der §§ 946 ff. einen Rechtsverlust erleidet, ist
derjenige, zu dessen Gunsten die Rechtsänderung eintritt, zum Wertersatz verpflichtet.
§ 951 enthält eine Rechtsgrundverweisung in das Bereicherungsrecht.[635] Die Klassifizierung
des Bereicherungsanspruchs variiert je nach Fallgestaltung: (1.) Wenn derjenige, zu **dessen
Gunsten** die Rechtsänderung erfolgt ist, die Verbindung, Vermischung oder Verarbeitung
selbst vollzogen hat, trifft ihn die Wertersatzpflicht unter dem Gesichtspunkt der **Eingriffskondiktion.** (2.) Wenn die Verbindung, Vermischung oder Verarbeitung dagegen von
demjenigen vollzogen wurde, zu **dessen Nachteil** die Rechtsänderung gereicht, steht dieser
Person gegen den Begünstigten ein Bereicherungsanspruch unter dem Gesichtspunkt der
Aufwendungskondiktion zu. (3.) Wenn die Verbindung, Vermischung oder Verarbeitung
von einem **Dritten** vollzogen wurde, ist wiederum die **Eingriffskondiktion** gegeben; denn
der Eingreifer und der Empfänger des Vorteils müssen nicht notwendig identisch sein
(RdNr. 235).

b) Abgrenzung. Selbst in Fällen der Verbindung, Vermischung oder Verarbeitung 279
kommt ein Anspruch unter dem Gesichtspunkt der Bereicherung „in sonstiger Weise" nicht
in Betracht, wenn der Rechtsänderung eine Leistungsbeziehung zugrunde liegt. Daher
kommt nur die **Leistungskondiktion** in Betracht, wenn ein Bauhandwerker eigenes
Material auf Grund unwirksamen Werkvertrags für das Bauvorhaben seines Vertragspartners,
des Bauherrn, verwandt hat (reines Zweipersonen-Verhältnis).[636] Der Rechtsübergang kraft
Gesetzes ist hier nur **Mittel zum Zweck;** er wird gesteuert und damit überlagert durch die
Leistungsabsicht des Handwerkers; diese ist damit entscheidend für die Zuordnung zum
Kondiktionstyp der Leistungskondiktion.

In gleicher Weise sind die auch im Baubereich häufigen **Anweisungsfälle** allein nach 280
den Regeln der **Leistungskondiktion** zu beurteilen. Baut etwa ein Handwerker auf
Grund eines Vertrags mit einem (General-)Bauunternehmer eigene Materialien direkt beim
Bauherrn ein, so liegt eine klassische Anweisungslage vor. Der Bereicherungsausgleich
vollzieht sich dann wie dort (RdNr. 59 ff.) entlang der Leistungsbeziehungen. Ein direkter
Bereicherungsanspruch des Einbauenden gegen den Bauherrn kommt nicht in Betracht,
mag sich auch – wiederum rein rechtstechnisch – ein „unmittelbarer" Rechtsübergang
kraft Gesetzes zwischen Handwerker und Bauherr vollzogen haben.[637] Wenn der Bauherr

---

[633] *Pilger/Preusche* NJW 1974, 2308, 2310.
[634] 4. Aufl. RdNr. 268.
[635] 4. Aufl. § 951 RdNr. 3.
[636] Vgl. *Huber* JuS 1970, 342.
[637] Ebenso *Pinger* AcP 179 (1979), 301, 327 f.

den Einbau, den ein Dritter vollzogen hat, als Leistung seines Vertragspartners begreifen darf, greifen die Grundsätze über die Behandlung einer irrtümlichen Eigenleistung ein (RdNr. 179 ff.).

281 **6. Zwangsvollstreckung trotz erloschener Verbindlichkeit.** Wenn der Gläubiger in Vermögensgegenstände vollstreckt, die dem Schuldner gehören, der **titulierte Anspruch** im Zeitpunkt der Verwertung aber bereits **erloschen** ist, steht dem Schuldner gegen den Gläubiger ein Bereicherungsanspruch zu.[638] § 767 Abs. 3 ZPO schließt die Geltendmachung solcher Ansprüche nicht aus.[639] Zweifelhaft erscheint freilich die typologische Einordnung des Anspruchs. Man könnte eine Eingriffskondiktion annehmen mit der Begründung, nach Erlöschen der Forderung sei das materielle Verwertungsrecht an den betroffenen Gegenständen wieder dem Schuldner zugewiesen; der Gläubiger habe sich jene Verwertungsbefugnis angemaßt. Man könnte an einen Anspruch aus § 816 Abs. 2 denken[640] mit der Begründung, die staatlichen Vollstreckungsorgane hätten den Erlös an den Schuldner und nicht an den Gläubiger auskehren müssen. Zutreffend dürfte indes sein, dem Schuldner die **Leistungskondiktion** zuzusprechen. Denn die Auslehrung des Erlöses an den Gläubiger wird rechtlich so behandelt wie eine freiwillige Leistung des Schuldners.

282 **7. Ausschüttungen im Insolvenz- und Versteigerungsverfahren. a) Insolvenzverfahren.** Im Insolvenzverfahren kann es geschehen, dass eine bestehende **Forderung** bei der Verteilung des Erlöses **übergangen** wird und damit die **anderen Insolvenzgläubiger** im Ergebnis eine **höhere Quote** erhalten, als ihnen eigentlich zusteht. Ob der übergangene Gläubiger die begünstigten Gläubiger unter dem Gesichtspunkt der Nichtleistungskondiktion in Anspruch nehmen kann, hängt nach Ansicht des **BGH** davon ab, wie es dazu gekommen ist, dass der benachteiligte Gläubiger übergangen wurde. War jener Gläubiger mit seiner Forderung **nicht** in das **Schlussverzeichnis** gemäß § 188 InsO aufgenommen worden, so sollen **Bereicherungsansprüche ausscheiden;** denn der übergangene Gläubiger habe es in diesem Fall versäumt, fristgerecht Einwendungen gegen dies Verzeichnis zu erheben.[641] Dagegen soll der Bereicherungsanspruch des übergangenen Gläubigers gegen die begünstigten Gläubiger durchgreifen, wenn die Forderung im Schlussverzeichnis berücksichtigt war, dann aber eine vom Schlussverzeichnis abweichende Erlösverteilung vorgenommen wurde.[642] Es handelt sich hierbei, wenn man die soeben referierte Rechtsprechung für zutreffend hält, um eine Eingriffskondiktion: Der begünstigte Gläubiger nimmt eine Leistung in Empfang, die dem benachteiligten Gläubiger zusteht, und greift damit in eine fremde Rechtsposition (Forderungszuständigkeit) ein.

283 Im **Schrifttum** wird freilich mit Recht **jeglicher Bereicherungsanspruch des übergangenen Gläubigers gegen die begünstigten Gläubiger** für **ausgeschlossen** gehalten. Denn letztere haben die zu hohe Quote nicht in sonstiger Weise auf Kosten des übergangenen Gläubigers, sondern durch Leistung des Insolvenzverwalters erhalten. Der übergangene Gläubiger ist daher darauf verwiesen, vom Insolvenzverwalter eine seiner Quote entsprechende Zahlung einzufordern; dieser hat seinerseits die Überzahlung bei den begünstigten Gläubigern zu kondizieren.[643] Eine abweichende Handhabung ließe sich nur begründen, wenn man argumentieren könnte, die Auskehrung an den begünstigten Gläubiger sei dem benachteiligten gegenüber wirksam; dann wäre ein Anspruch aus § 816 Abs. 2 gegeben. Wenn dem Schlussverzeichnis zuwider der Erlös verteilt wird, gibt es indes keine Rechtfertigung dafür, dass die Leistung an den begünstigten Gläubiger dem benachteiligten gegenüber wirksam ist. Das Schlussverzeichnis ist das Ergebnis eines von der Rechtsordnung bereitgestellten Verfahrens. Aus ihm ergibt sich gerade, was an welchen Gläubiger gezahlt

---

[638] Vgl. BGHZ 83, 278, 280.
[639] *Gaul* JuS 1962, 1, 2 (re. Sp.); *Stein/Jonas/Münzberg* § 767 ZPO RdNr. 5, 89; aA mit der Folge der Unanwendbarkeit von Bereicherungsrecht *Böhm* S. 53; *Baur/Stürner/Bruns* RdNr. 45.30.
[640] So im Ergebnis 4. Aufl. RdNr. 322.
[641] BGHZ 91, 198, 204 f.; ebenso *Staudinger/Lorenz* Vor §§ 812 ff. RdNr. 50.
[642] BGHZ 91, 198, 204 f. im Anschluss an BGHZ 68, 276.
[643] *Weber* JZ 1984, 1027, 1028.

werden darf. Damit wäre die Annahme, Überzahlungen an einen Gläubiger seien den anderen gegenüber wirksam, unvereinbar.

Unter der Geltung der Vergleichsordnung hatte der BGH dem Schuldner das Recht zugesprochen, Beträge, die ein Gläubiger oberhalb seiner Vergleichsquote erhalten hatte, zurückzufordern.[644] Es handelte sich insoweit um eine Leistungskondiktion. Die Vergleichsordnung ist zwar heute nicht mehr geltendes Recht. Doch hat das OLG Brandenburg die Kernüberlegungen dieser Entscheidung des BGH mit Recht in das Insolvenzverfahren übertragen: Auch dort stellen Zahlungen an einen Gläubiger oberhalb der Insolvenzquote **rechtsgrundlose Leistungen des Insolvenzverwalters** an diesen Gläubiger dar.[645] Dies alles stützt die hier vertretene Annahme, dass der Gläubiger Ausschüttungen oberhalb der Insolvenzquote nicht in sonstiger Weise auf Kosten der übrigen Gläubiger erlangt.

b) Immobiliarvollstreckung. Das gleiche Problem stellt sich im Bereich der Zwangsversteigerung von Grundstücken, wenn ein Gläubiger **entgegen § 37 Nr. 4 ZVG** die **Anmeldung** seines Rechts **versäumt** hat, infolgedessen bei der Erlösverteilung nicht mehr berücksichtigt wird und nunmehr durch den Zuschlag das ersatzlose Erlöschen seines Rechts gewärtigen muss. Abermals wird der Gläubiger erwägen, unter dem Gesichtspunkt der Nichtleistungskondiktion diejenigen Personen in Anspruch zu nehmen, deren Rechte seinem eigenen Recht im Range nachgingen und die deshalb aus dem Versteigerungserlös weniger erhalten hätten, wenn besagter Gläubiger sein Recht angemeldet hätte. Ein solcher Anspruch ist indes gemäß § 110 ZVG ausgeschlossen.[646] Dieser Vorschrift wohnt nicht nur verfahrensrechtliche, sondern materiellrechtliche Bedeutung inne: Wer sein Recht nicht anmeldet, verliert seinen Rang gegenüber denjenigen, die ihre Rechte anmelden.

Bereicherungsansprüche sollen dagegen nach verbreiteter Ansicht dann gegeben sein, wenn die Rechte der Gläubiger zwar ordnungsgemäß angemeldet waren, der **Versteigerungserlös** aber unter den Beteiligten **fehlerhaft verteilt** wurde: Wenn ein materiell besser berechtigter Gläubiger versehentlich zu wenig erhalten hat, soll er von den nachrangig Berechtigten, die deshalb zuviel erhalten haben, die Überzahlung herausverlangen können.[647] In der Praxis wird der Fall meist so liegen, dass der **besser Berechtigte versäumt** hat, nach § 115 Abs. 1 S. 2 ZVG iVm. § 878 Abs. 1 ZPO **rechtzeitig Widerspruchsklage** gegen den Teilungsplan zu erheben. Nach § 878 Abs. 2 ZPO wird dadurch sein Recht nicht ausgeschlossen, den Betrag, der eigentlich ihm zustand, von demjenigen dadurch ungerechtfertigt begünstigten Gläubiger herauszuverlangen. Damit deutet das Gesetz bereits an, dass der Bereicherungsausgleich in der Tat zwischen dem benachteiligten und dem begünstigten Gläubiger stattzufinden hat. Rechtskonstruktiv lässt sich der Bereicherungsanspruch am besten unter Rückgriff auf § 816 Abs. 2 begründen.[648] Der unanfechtbar gewordene Teilungsplan führt dazu, dass die Leistung an den (insoweit „nicht berechtigten") nachrangigen Gläubiger dem Berechtigten (= dem vorrangigen Gläubiger) gegenüber wirksam wird.

Wenn dagegen der **Teilungsplan zutreffend festgestellt,** aber **fehlerhaft ausgeführt** wurde, gelten im Ergebnis die gleichen Grundsätze wie bei Ausschüttungen im Insolvenzverfahren entgegen dem Schlussverzeichnis: Der Teilungsplan enthält die verbindliche Anordnung, was an wen wirksam geleistet werden darf. Überzahlungen an einen Gläubiger sind den anderen gegenüber daher gerade nicht wirksam. Ein direkter Bereicherungsanspruch des benachteiligten gegen den begünstigten Gläubiger scheidet dann aus. Vielmehr gilt die Auskehrung des Erlöses als Befriedigung aus dem Grundstück, mithin als Leistung des bisherigen Eigentümers. Für den Fall, dass der Erlös nicht bar gezahlt und daher die Forderung gegen den Ersteher auf den Berechtigten übertragen wird, ist dies in § 118 Abs. 2

---

[644] BGHZ 71, 309, 312.
[645] OLG Brandenburg WM 2002, 974, 975.
[646] BGHZ 68, 276, 280; im Ergebnis ebenso *Hüffer* JuS 1981, 263, 265.
[647] So im Ergebnis 4. Aufl. RdNr. 325 sowie RGZ 153, 252, 256; BGH NJW 2001, 2477, 2478; *Erman/Westermann/Buck-Heeb* RdNr. 76; *RGRK/Heimann-Trosien* RdNr. 44.
[648] So im Ergebnis auch 4. Aufl. RdNr. 325.

S. 1 ZVG ausdrücklich angeordnet. Für den Fall, dass der Ersteher bar zahlt, kann aber nichts anderes gelten. Die Auskehrung des Erlöses wird damit behandelt wie eine Leistung des Eigentümers. Sofern ein Gläubiger mehr erhält als im Teilungsplan vorgesehen, ist diese Leistung ohne Rechtsgrund erfolgt. Der Bereicherungsanspruch ist durch das Vollstreckungsgericht zu realisieren; denn dieses ist Herr des Verteilungsverfahrens. Der benachteiligte Gläubiger kann sodann verlangen, dass das Vollstreckungsgericht die Überzahlung an ihn auskehrt, die es vom begünstigten Gläubiger zurückerhalten hat.

288 Wenn der vom **Ersteher** zu zahlende Betrag **falsch berechnet** wird und dadurch ein nachrangiger Gläubiger zu viel erhalten hat, kann der Ersteher die Überzahlung nach Ansicht des BGH nicht von jenem Gläubiger zurückverlangen.[649] Dem ist zuzustimmen: Die Zahlung des Erstehers ist als Leistung an den Schuldner und die Auskehrung des Erlöses als dessen Leistung an den begünstigten Gläubiger anzusehen. Bereicherungsansprüche des Erstehers gegen den Gläubiger sind also deswegen zu verneinen, weil zwischen beiden eine mehrpolige Leistungskette besteht.[650]

289 **c) Mobiliarvollstreckung.** Der Inhaber eines **besitzlosen Pfandrechts** (zB der Vermieter, § 562) kann nach § 805 ZPO Klage auf vorzugsweise Befriedigung erheben, wenn ein Dritter die Sache pfändet. Wird der Erlös aus der Verwertung an den Vollstreckungsgläubiger ausgekehrt, ist dieser, soweit die durch das besitzlose Pfandrecht gesicherte Forderung reicht, auf Kosten des Pfandrechtsinhabers bereichert. Der Vollstreckungsgläubiger hat daher den Erlös, soweit dieser dem Pfandrechtsinhaber gebührt hätte, nach § 812 Abs. 1 S. 1 Alt. 2 an den Pfandrechtsinhaber auszukehren.[651] Die Richtigkeit dieser Einschätzung ergibt sich aus folgender Überlegung: Die verwertete Sache war vorrangig dem Pfandrechtsinhaber und erst nachrangig dem Vollstreckungsgläubiger zur Verwertung zugewiesen; denn der Pfandrechtsinhaber hatte die zeitlich vorgehende und damit bessere Verwertungsbefugnis inne. Aber selbst wenn der Vollstreckungsgläubiger die Verwertung betreibt und einen Erlös erzielt, gebührt dieser schon für sich gesehen dinglich(!) dem Pfandrechtsinhaber vor dem Vollstreckungsgläubiger. Denn entsprechend § 1247 S. 2 ist der Erlös an die Stelle des Pfandes getreten. Das besitzlose Pfandrecht hat sich damit am Erlös fortgesetzt. Das Recht auf vorrangige Auskehrung des Erlöses ist damit dem Pfandrechtsinhaber zugewiesen. Der Vollstreckungsgläubiger, der statt dessen den Erlös in Empfang nimmt, greift folglich in ein dem Pfandrechtsinhaber zugewiesenes Recht ein und ist diesem unter dem Gesichtspunkt der Eingriffskondiktion zur Herausgabe verpflichtet.

290 **8. Bereicherungsansprüche im Fall der Rangvertauschung.** Nach § 879 Abs. 1 S. 1 bestimmt sich der Rang der Rechte an einem Grundstück nach der Reihenfolge der Eintragungen. Nach §§ 17, 45 Abs. 1 Halbs. 1 GBO hat das Grundbuchamt die Eintragungsanträge nach der Reihenfolge ihres Eingangs zu bearbeiten. Wenn nun das Grundbuchamt unter Verstoß gegen diese Vorschrift das Recht eines späteren Antragstellers vor dem eines früheren Antragstellers einträgt, verbleibt es auf der dinglichen Ebene dabei, dass der zuerst Eingetragene – obwohl sein Antrag später eingegangen war – das bessere Recht erhält. Der frühere Antragsteller wird nun erwägen, ob die **Rangvertauschung** auf der schuldrechtlichen Ebene mit Hilfe eines **Bereicherungsanspruchs** korrigiert werden kann.

291 Der **BGH** hat einen solchen Anspruch **abgelehnt:**[652] Bei der tatsächlichen Reihenfolge der Eintragungen müsse es schon deshalb verbleiben, weil es Dritte zu schützen gelte. Die Berechtigung dieses Schutzanliegens zeigt sich namentlich bei Grundschulden: Wer im Vertrauen auf die bessere Rangstelle seiner Grundschuld ein Darlehen ausgereicht hat, wird in seinem Sicherungsinteresse empfindlich gestört, wenn er den besseren Rang später hergeben muss. In die Tatbestandsmerkmale des § 812 überträgt der BGH diese Wertung in

---

[649] BGHZ 68, 276, 280; zust. 4. Aufl. RdNr. 326; *Mühl*, FS v. Lübtow, 1980, S. 547, 561.
[650] Zutr. *Medicus* BR RdNr. 730 a.
[651] *Hüffer* JuS 1981, 263, 265.
[652] BGHZ 21, 98, 99; im Ergebnis zust. *Hoche* JuS 1962, 60, 63 ff.; *Staudinger/Lorenz* Vor §§ 812 ff. RdNr. 37.

der Weise, dass er § 879 als **Rechtsgrund** für die Endgültigkeit der eingetragenen Rangfolge ansieht. Gleichwohl spricht die aus dem Gutglaubensschutz gespeiste Überlegung noch nicht entscheidend für den Ausschluss des Bereicherungsausgleichs; denn derartige Vertrauensdispositionen könnte man immer noch über § 818 Abs. 3 berücksichtigen. In der Literatur wird demgegenüber verbreitet ein Bereicherungsanspruch des früheren Antragstellers angenommen. § 879 stellt danach keinen Rechtsgrund für die Rangvertauschung bereit. Der frühere Antragsteller ist danach zur Abgabe der zur Rangänderung gemäß § 880 erforderlichen Erklärungen verpflichtet.[653]

Nach **hier vertretener Ansicht** setzt die Diskussion am falschen Tatbestandsmerkmal an: Zu fragen ist nicht nach der Rechtsgrundqualität des § 879,[654] sondern danach, ob der bessere Rang des späteren Antragstellers **auf Kosten des früheren Antragstellers** erworben wurde. Dies setzt die Annahme voraus, die durch den Eingang des Antrags beim Grundbuchamt im Zusammenhang mit der Erledigungsvorschrift des § 45 GBO entstandene Rechtsposition des betreffenden Grundpfandrechtsgläubigers sei bereits vermögensrechtlich so verfestigt, dass die Aussicht auf eine der Reihenfolge der Anträge entsprechende Eintragung dem früheren Antragsteller bereits zugewiesen ist. Eine solche Annahme erfordert die Feststellung, dass dem früheren Antragsteller wenigstens ein **Anwartschaftsrecht** auf die vorrangige Eintragung erwachsen ist. Das ist immer, aber auch nur dann der Fall, wenn die (dingliche) Erklärung des Eigentümers, das betreffende Recht des früheren Antragstellers bestellen zu wollen, gemäß § 873 Abs. 2 bindend geworden ist.[655] In diesem Fall erwirbt der spätere Antragsteller die bessere Rangstelle unter Eingriff in den Zuweisungsgehalt dieses Anwartschaftsrechts und hat daher in die Änderung des Rangs zugunsten des früheren Antragstellers einzuwilligen. Nicht zu folgen ist der Ansicht, wonach ein Bereicherungsanspruch des früheren gegen den späteren Antragsteller deswegen ausscheidet, weil es an der Unmittelbarkeit der Vermögensverschiebung fehlt:[656] Da die Eingriffskondiktion keine Vermögensverschiebung voraussetzt (RdNr. 241), greift auch das Merkmal der Unmittelbarkeit ins Leere.

Wenn sich aus den **Kausalabreden** zwischen dem Grundstückseigentümer und den Inhabern beschränkt dinglicher Rechte an dem Grundstück ergibt, dass der Eigentümer jedem Rechtsinhaber einen **bestimmten Rang** in Aussicht gestellt hat, bleibt Raum für einen Bereicherungsausgleich auf dem Boden der Leistungskondiktion. Denn dann kann der Grundstückseigentümer den besseren Rang von demjenigen, dem er nach den getroffenen Vereinbarungen nicht zustehen sollte, selbst nach § 812 Abs. 1 S. 1 Alt. 1 herausverlangen. Dem anderen Rechtsinhaber gegenüber bleibt er verpflichtet, dafür zu sorgen, dass er diesem die versprochene bessere Rangstelle einräumen kann; es handelt sich insoweit nicht um einen Bereicherungs-, sondern um den ursprünglichen Erfüllungsanspruch.

9. Störende Einwirkung auf Grundstücke. Im Schrifttum wird die Auffassung vertreten, dass jemand, der durch **Emissionen** auf ein fremdes Grundstück einwirkt, die dem Eigentümer zugewiesene Nutzungs- und Vermögensberechtigung in Anspruch nehme und deshalb die Vorteile, welche er durch die emittierende Tätigkeit ziehe, auf Kosten des Eigentümers erlange.[657] Dem ist nicht zu folgen: Der Emittent löst mit seinem Handeln gewiss Abwehransprüche des gestörten Eigentümers aus. Aber er „nutzt" das Grundstück deswegen nicht und maßt sich deshalb auch keine Eigentümerbefugnisse bezüglich des fremden Grundstücks an.

10. Passivlegitimation. Die Pflicht, Vorteile herauszugeben, welche durch Eingriff in den Zuweisungsgehalt fremder Rechtspositionen erlangt wurden, trifft in der Regel den

---

[653] Für die Anerkennung eines Bereicherungsanspruchs *Erman/Westermann/Buck-Heeb* RdNr. 80.
[654] Gegen die Anerkennung des § 879 als Rechtsgrund *Baumann* JR 1957, 415, 416; *Lent* NJW 1957, 177 f.; *H. Westermann* JZ 1956, 656 f.
[655] Ebenso *Larenz/Canaris* II/2 § 69 I 3 d, S. 179 f.
[656] So aber *Baumann* JR 1957, 415, 416; *Lent* NJW 1957, 177, 178; *Röwer* NJW 1957, 177.
[657] *Herrmann* S. 137 f.; für rechtswidrige Fluglärmbelastung ebenso *Gassner*, FS Lorenz, 2001, S. 131, 142.

Eingreifer. In jenen Fällen aber, in denen jemand etwas dadurch erlangt, dass ein Dritter den Eingriff vollzieht, trifft die Herausgabepflicht nicht den Eingreifer, sondern denjenigen, dem der Vorteil tatsächlich zugeflossen ist. Bei Beteiligung mehrerer haftet jeder Einzelne nur für dasjenige, was er selbst erlangt hat. Eine gesamtschuldnerische Haftung kommt im Recht der ungerechtfertigten Bereicherung nicht in Betracht.[658]

II. Aufwendungskondiktion

296   **1. Definition und Abgrenzung.** Von einer Aufwendungskondiktion sprechen wir, wenn jemand durch eigenes Handeln unter **freiwilliger Aufopferung von Vermögen** bewirkt, dass einem anderen ein Vorteil zufließt. Von der Leistungs- setzt sich die Aufwendungskondiktion dadurch ab, dass der Aufwendende **keinen Leistungszweck** verfolgt. Einen Unterfall der Aufwendungs- bildet die Verwendungskondiktion. Eine solche kommt immer dann in Betracht, wenn jemand auf fremde Sachen Verwendungen macht, also Maßnahmen trifft, um den Zustand der betreffenden Sache zu erhalten oder zu verbessern.

297   **2. Merkmal „auf Kosten" bei der Aufwendungskondiktion. a) Vermögensopfer.** Die Aufwendungskondiktion steht nur demjenigen zu, der eigenes Vermögen opfert. Daher scheidet eine Verwendungskondiktion aus, wenn der Verwender Gegenstände, die einem Dritten gehören, mit der fremden Sache verbunden hat. Denn dann geht der Erwerb des Sacheigentümers nicht auf Kosten des Verwenders, sondern auf Kosten jenes Dritten, dem die Gegenstände, welche der Verwender mit der Sache verbunden hat, zuvor gehörten. Dem Dritten steht dann gegen den Eigentümer der Sache, der die Verwendungen zugute gekommen sind, ein Bereicherungsanspruch unter dem Gesichtspunkt der Eingriffskondiktion zu.[659] Der Eigentümer hat zwar nicht selbst eingegriffen; doch müssen Eingreifer und Empfänger nicht notwendig identisch sein (RdNr. 235).

298   Man mag das Erfordernis der Aufopferung eigenen Vermögens bei der Aufwendungskondiktion so ausdrücken, dass diese Kondiktion eine Vermögensverschiebung vom Aufwendenden zum Empfänger erfordert.[660] Der Begriff der Vermögensverschiebung, der sich im Bereich der Leistungskondiktion (RdNr. 42 f.) und der Eingriffskondiktion (RdNr. 241) als wenig hilfreich erwiesen hatte, ließe sich für die Aufwendungskondiktion durchaus als rechtliche Kategorie halten. Einfacher lässt sich das Erfordernis eines eigenen Vermögensopfers freilich so formulieren: Der fragliche **Vermögenswert muss bis zu dem konditionsauslösenden Vorgang** zum **Vermögen des Bereicherungsgläubigers** gehört haben.[661]

299   Gegenstand einer Verwendungskondiktion können auch **Arbeitsleistungen** sein.[662] Entscheidend ist, ob der Arbeitskraft ein **Marktwert** innewohnt; dann gehört sie zum „Vermögen" des Aufwendenden und kann daher von diesem „geopfert" werden.[663] Diese Einbeziehung der Arbeitskraft in den Begriff der „Aufwendungen" hat der BGH zunächst für §§ 994 ff. ausgesprochen;[664] die dort festgehaltenen Grundsätze sind aber auf §§ 683, 670 sowie auf die Aufwendungskondiktion übertragbar. Der Einsatz von Arbeitskraft kann entgegen der Ansicht der Vorauflage[665] selbst dann eine Aufwendungskondiktion auslösen, wenn man für diese Kondiktion eine Vermögensverschiebung fordert. Denn die Arbeitskraft mit Marktwert gehört in diesem Sinne zum Vermögen des Aufwendenden. Der Ertrag ihres Einsatzes wird dann in das Vermögen des Empfängers „verschoben".

---

[658] BGH NJW 1979, 2305, 2306. Dazu bereits RdNr. 32 ff.
[659] Eine andere Frage ist es, ob dem Verwender in diesem Fall Ersatzansprüche nach anderen Vorschriften (etwa §§ 997 ff.) zustehen.
[660] IdS *Jakobs* S. 171 ff.
[661] IdS *Larenz/Canaris* II/2 § 69 III 1 b, S. 189.
[662] BGH NJW 1999, 1626, 1630; *Medicus* BR RdNr. 898.
[663] Näher dazu AnwK-BGB/*Schwab* § 670 RdNr. 9.
[664] BGH NJW 1996, 921, 922.
[665] 4. Aufl. RdNr. 305.

b) Zur Abgrenzung: Reflexvorteile. Das Erfordernis eines eigenen Vermögensopfers 300 erscheint geboten, um denjenigen, der auf welche Art auch immer Vorteile aus Vorarbeiten anderer zieht, vor einer uferlosen Bereicherungshaftung zu bewahren. Daher sind bloße Reflexvorteile **nicht geeignet**, eine **Aufwendungskondiktion auszulösen**. Eine solche Kondiktion steht daher demjenigen nicht zu, der die Ergebnisse fremder wissenschaftlicher Untersuchungen dazu nutzt, um bei der zuständigen Behörde die Genehmigung eines selbst hergestellten Produkts zu beantragen.[666] Entgegen der Ansicht des BGH[667] war die Aufwendungskondiktion auch im folgenden Fall zu versagen:[668] Zwei Personen hatten unterschiedliche Teile eines Grundstücks für den Kiesabbau vorbereitet. Der Abbau wurde zunächst von der zuständigen Behörde untersagt. Nur einer von ihnen setzte sich gegen den Bescheid zur Wehr und hatte damit Erfolg. Er baute sodann (zulässigerweise) Kies auch auf dem Teil des Grundstücks ab, den die andere Partei vorbereitet hatte. Man hätte hier allerdings auf die Idee kommen können, die andere Partei habe Arbeitskraft aufgewendet, der ein Marktwert zukomme; diejenige Partei, die nunmehr Kies abbaue, gelange in den Genuss des Ertrags dieser Arbeitskraft. Eine solche Sicht greift aber deshalb zu kurz, weil der Einsatz der Arbeitskraft für sich gesehen noch keinen Vorteil im Vermögen des anderen hinterlassen hatte: Dieser hatte sich die Möglichkeit, Kies abzubauen, erst im Rechtsbehelfsverfahren erkämpfen müssen und konnte erst danach von den fremden Vorarbeiten profitieren.

c) Verwendungen auf fremde Sachen. Wenn der Bereicherungsausgleich die Verwen- 301 dung auf Sachen betrifft, also im Fall der **Verwendungskondiktion,** liegt in jedem Fall eine Bereicherung auf Kosten des Verwenders vor, wenn die betreffenden Aufwendungen auf **fremde** Gegenstände gemacht wurden.[669] Denn Nutznießer der Maßnahmen ist ohne Zwischenschritte sogleich der Eigentümer; das Opfer aber wurde vom Aufwendenden erbracht.

Gerade bei Verwendungen auf fremde Sachen können sich freilich Probleme bei der 302 **Abgrenzung** zur **Leistungskondiktion** ergeben. Denn die Veränderung der fremden Sache mag von einer Leistungszweckbestimmung getragen sein; dann ist der Sacheigentümer nicht mehr „in sonstiger Weise" bereichert. Macht ein **gutgläubiger Eigenbesitzer** Verwendungen auf die ihm nicht gehörige Sache, so kommt (sofern man überhaupt für Bereicherungsansprüche Raum sieht und die §§ 994, 996 nicht für abschließend hält)[670] nur die Verwendungskondiktion in Frage.[671] Denn der Verwender kann hier keinen Leistungszweck verfolgen, weil er sich nicht einmal dessen bewusst ist, dass er fremdes Vermögen mehrt.

Im Ergebnis das Gleiche gilt bei Verwendungen des **bösgläubigen Eigenbesitzers.** 303 Dieser kennt zwar die dingliche Rechtslage und ist sich damit der Mehrung fremden Vermögens bewusst. Aber er verfolgt keinen Leistungszweck zugunsten des Eigentümers, sondern will sich den durch die Verwendung erzielten Vorteil selbst einverleiben. Verwendungen im eigenen Interesse können aber niemals als Leistung angesehen werden.[672] Des-

---

[666] *Larenz/Canaris* II/2 § 69 III 1 b, S. 189. Zur Ablehnung einer Eingriffskondiktion in diesem Fall s. RdNr. 268.
[667] BGH NJW 1979, 2034, 2035 f.
[668] Wie hier *Larenz/Canaris* II/2 § 69 III 1 b, S. 189.
[669] jurisPK/*Martinek* RdNr. 95.
[670] Für abschließenden Charakter der §§ 994 ff. gegenüber § 812 BGHZ 41, 157, 160; BGH NJW 1996, 52; *Bamberger/Roth/Wendehorst* RdNr. 160; *Hüffer* JuS 1981, 263, 266; *Reuter/Martinek* § 20 III 3, S. 699 ff.; *Schiemann* Jura 1981, 631, 641 ff.; *Soergel/Stadler* Vor § 994 RdNr. 16; *M. Wolf* AcP 166 (1966), 188, 199 ff., insbes. 202 ff.; dagegen *Canaris* JZ 1996, 344 ff.; *Flume*, GS Knobbe-Keuk, 1997, S. 111, 118; *G. Hager* JuS 1987, 877, 880; *Medicus* BR RdNr. 897; *Schildt* JuS 1995, 953, 956 f.; noch anders *Wernecke* S. 571 ff., wonach die §§ 994 ff. auch für das Bereicherungsrecht die Grenze markieren, innerhalb derer der Besitzer Verwendungen ersetzt verlangen kann, die er ohne die Billigung durch den Eigentümer gemacht hat. Näher zu diesem Konkurrenzproblem § 996 RdNr. 8 bis 12.
[671] *Medicus* BR RdNr. 892.
[672] *Schindler* AcP 165 (1965), 499, 508.

halb ist auch in diesem Fall die Verwendungskondiktion gegeben.[673] Freilich wird das Handeln des bösgläubigen Eigenbesitzers häufig zugleich die Voraussetzungen der Geschäftsanmaßung nach § 687 Abs. 2 erfüllen. Dann kann er für seine Verwendungen nach §§ 687 Abs. 2 S. 2, 684 S. 1 nur dann Ersatz verlangen, wenn der Eigentümer Herausgabe des durch die Geschäftsanmaßung Erlangten fordert. Nach Ansicht des BGH darf diese Wertung nicht dadurch unterlaufen werden, dass man dem Besitzer einen Bereicherungsanspruch nach § 812 Abs. 1 S. 1 Alt. 2 zuspricht.[674]

304 Wenn der **Mieter** auf das Mietobjekt wertsteigernde Aufwendungen macht, ist er, solange er das Mietobjekt nutzt, selbst bereichert; denn er nutzt fortan die verbesserte Sache. Der BGH hat aber dem Mieter mit Recht einen Bereicherungsanspruch für den Fall zugebilligt, dass das **Mietverhältnis vorzeitig endet** und der Vermieter daher früher als vorgesehen in den Genuss der wertsteigernden Aufwendungen kommt.[675] Es dürfte sich hierbei freilich nur dann um eine Verwendungskondiktion handeln, wenn der Mietvertrag keine besondere Rechtsgrundabrede enthält. Ist im Mietvertrag vorgesehen, dass der Mieter für Einbau- und/oder Instandsetzungsarbeiten keine Entschädigung erhält, so kommt allenfalls noch ein Bereicherungsanspruch wegen Wegfalls des Rechtsgrundes (§ 812 Abs. 1 S. 2 Alt. 1) in Betracht, wenn das Mietverhältnis früher endet als geplant (RdNr. 360).

305 Im Vergleich zu den bisher diskutierten Fällen umgekehrt liegt es, wenn ein **Fremdbesitzer glaubt,** dem Eigentümer auf Grund der zwischen ihnen vermeintlich bestehenden vertraglichen Beziehungen zur Vornahme der Verwendung **verpflichtet zu sein.** Hier richtet sich die bereicherungsrechtliche Rückabwicklung allein nach den Regeln der Leistungskondiktion; streitig ist, ob daneben Ansprüche des Fremdbesitzers gegen den Eigentümer aus §§ 994 ff. in Betracht kommen.[676]

306 Freilich begegnen in Rechtsprechung und Literatur gelegentlich **Unsicherheiten** bei der **Klassifizierung des Bereicherungsanspruchs.** So hatte der BGH einen Fall zu entscheiden, in dem der Verkäufer eines Grundstücks dem Käufer schon vor Zahlung des Kaufpreises und vor Übertragung des Eigentums gestattete, auf dem Grundstück ein Einkaufszentrum zu errichten. Der Käufer errichtete das Gebäude, blieb aber sodann die Zahlung des Kaufpreises schuldig. Als der Verkäufer deswegen vom Kaufvertrag zurücktrat und das Einkaufszentrum selbst nutzte, verlangte der Käufer Wertersatz für das Gebäude. Der BGH hielt den Anspruch dem Grunde nach unter dem Gesichtspunkt der Zweckverfehlungskondiktion für gerechtfertigt[677] – und dies zu Unrecht: Denn der Käufer hatte nicht etwa zweckgerichtet das Vermögen des Verkäufers gemehrt, sondern geglaubt, der Bau komme ihm selbst zugute. Richtig wäre vielmehr die Einordnung des Anspruchs als Verwendungskondiktion nach §§ 946, 951, 812 Abs. 1 S. 1 Alt. 2 gewesen: Der Käufer hatte das ihm zu jenem Zeitpunkt fremde Grundstück durch die Errichtung des Gebäudes aufgewertet. Umgekehrt ist die Zweckverfehlungs- und nicht die Verwendungskondiktion gegeben, wenn der Mieter in der vom Vermieter erkannten und gebilligten Erwartung, es werde ein langfristiger Mietvertrag zustande kommen, Verwendungen auf das Grundstück bzw. das darauf ruhende Gebäude macht.[678]

307 **d) Verwendungen auf eigene Sachen.** Nicht so eindeutig liegt es, wenn die Verwendungen auf eine Sache gemacht werden, die dem **Verwender gehört,** die dieser aber seinerseits nach § 812 herausgeben muss, weil er sie **rechtsgrundlos erlangt** hat. Denn

---

[673] *Larenz/Canaris* II/2 § 69 III 1 a, S. 189; *Medicus* BR RdNr. 893.
[674] BGHZ 39, 186, 189. Näher zur Sperrwirkung des § 687 Abs. 2 S. 2 gegenüber der Verwendungskondiktion AnwK-BGB/*Schwab* § 687 RdNr. 51 ff.
[675] BGH WM 1996, 1265, 1266; NJW-RR 2001, 727 (LS); 2006, 294, 295.
[676] Dagegen *M. Wolf* AcP 166 (1967), 188, 209 f.; dafür aber *Medicus* BR RdNr. 894.
[677] BGH NJW 2001, 3118 f.; offenlassend zur Abgrenzung zwischen Aufwendungs- oder Zweckverfehlungskondiktion in einem vergleichbaren Fall BGHZ 108, 256, 263; ohne nähere Klassifizierung für einen Anspruch „aus § 812 Abs. 1" *Horn* BuW 2003, 676, 677.
[678] *Schindler* AcP 165 (1965), 499, 516 f.; für Verwendungskondiktion in einem ähnlich gelagerten Fall aber BGHZ 10, 171, 178 f.

dann könnte man argumentieren, der Verwender habe sich letztlich zunächst selbst bereichert. Eine solche Überlegung griffe indes zu kurz. Denn der Vorteil, den der Verwender durch die Veränderung der Sache herbeigeführt hat, wird ihm nicht verbleiben, sondern nach Herausgabe der Sache dem Herausgabegläubiger zugute kommen.[679]

Zweifelhaft ist, ob ein Grundstückserwerber, der einem **Vormerkungsgläubiger** oder Vorkaufsberechtigten weichen muss, von diesem Ersatz für seine zwischenzeitlich durchgeführten Verwendungen verlangen kann. Als Anspruchsgrundlage kommt zunächst eine **Analogie zu §§ 994 ff.** in Betracht; diese hat der BGH befürwortet.[680] Der Versuch, auf das Verhältnis zwischen dem Vormerkungsberechtigten und dem Zwischenerwerber die Vorschriften des Eigentümer-Besitzer-Verhältnisses anzuwenden, ist im Grundsätzlichen auf Kritik gestoßen;[681] für den Bereich der Verwendungen ist jedoch folgendes zu beachten:[682] In dem Augenblick, in dem der Zwischenerwerber die Zustimmung nach § 888 Abs. 2 erteilt hat und die Verfügung zwischen dem Veräußerer und dem Vormerkungsberechtigten im Grundbuch vollzogen ist, ist dieser Eigentümer und kann das Grundstück nach § 985 vom Zwischenerwerber herausverlangen. Dem Herausgabebegehren des Vormerkungsgläubigers kann der Zwischenerwerber freilich nach § 999 Abs. 2 die Verwendungen, soweit sie nach §§ 994 ff. ersatzfähig sind, entgegenhalten, obwohl sie noch zu einem Zeitpunkt vorgenommen worden waren, da der Vormerkungsgläubiger noch nicht Eigentümer war. Dann ist in der Tat nicht einzusehen, warum der Zwischenerwerber die Verwendungen nicht auch schon dem Zustimmungsbegehren nach § 888 Abs. 1 soll entgegenhalten können. Sofern ein Verwendungsersatz nach §§ 994 ff. nicht in Betracht kommt, bleibt des Weiteren die Möglichkeit einer **Verwendungskondiktion** des Zwischenerwerbers gegen den Vormerkungsgläubiger. Das OLG Hamburg hat dem Zwischenerwerber in der Tat einen Bereicherungsanspruch zugebilligt, freilich unter dem Gesichtspunkt der Leistungskondiktion;[683] das trifft gewiss nicht zu, weil der Zwischenerwerber allein sein eigenes Vermögen mehren wollte.[684] Im Schrifttum wird freilich auch eine Verwendungskondiktion mit der Begründung abgelehnt, das Eigentum am Grundstück sei in dem Zeitpunkt, da der Vormerkungsgläubiger im Grundbuch eingetragen worden sei, mitsamt den vom Zwischenerwerber getätigten Verwendungen übergegangen. Dies beruhe auf einer Leistung des Veräußerers. Der Vormerkungsgläubiger könne daher die Verwendungen nicht auf Kosten des Zwischenerwerbers erlangt haben. Dieser habe sich vielmehr unter dem Gesichtspunkt vertraglicher Schadensersatzansprüche an den Veräußerer zu halten.[685] Gleichwohl verdient die Ansicht des OLG Hamburg im Ergebnis Zustimmung. Denn die Verwendungen des Zwischenerwerbers haben bereits im Zeitpunkt ihrer Vornahme das Vermögen des Vormerkungsgläubigers gemehrt, weil sie dessen Übereignungsanspruch wirtschaftlich aufgewertet haben. Die Tatsache, dass der Vormerkungsgläubiger das Eigentum am Grundstück einschließlich der Verwendungen durch Leistung des Veräußerers erhält, ist im Kontext der §§ 994 ff. wegen § 999 Abs. 2 unschädlich; dann sollte man auch bei der Verwendungskondiktion nicht anders entscheiden. Es ist daher zwar keine Leistungs-, wohl aber eine Verwendungskondiktion gegeben.[686]

e) Passivlegitimation bei der Verwendungskondiktion. Sofern die Vornahme von Verwendungen auf **fremde Sachen** eine Verwendungskondiktion auslöst, ist der **Sacheigentümer** Bereicherungsschuldner. Sofern die Vornahme von Verwendungen auf **eigene**

---

[679] So auch *Kohler* S. 469; *Larenz/Canaris* II/2 § 69 III 1 d, S. 191; *ders.* § 72 IV 3 c, S. 290; *Willoweit*, FS Wahl, 1973, S. 285, 295.
[680] BGHZ 75, 288, 292; ebenso PWW/*Leupertz* RdNr. 71.
[681] *Kohler* NJW 1984, 2849, 2851 f.
[682] Zum Folgenden *Kohler* NJW 1984, 2849, 2851 ff.
[683] OLG Hamburg NJW 1971, 1317; für Anerkennung einer Eingriffskondiktion im gegebenen Fall *Walter* NJW 1971, 1845, 1846.
[684] Zutr. *Meyer* NJW 1971, 1317 f.; *Walter* NJW 1971, 1845 f.
[685] 4. Aufl. RdNr. 318.
[686] Wie hier *Erman/Westermann/Buck-Heeb* Vor § 812 RdNr. 14; für einen Bereicherungsanspruch „in sonstiger Weise" auch RGRK/*Heimann-Trosien* RdNr. 46.

Sachen eine Verwendungskondiktion nach sich zieht, ist der **Herausgabegläubiger** Bereicherungsschuldner, derjenige also, der vom Verwender die Verschaffung des Eigentums verlangen kann. Wenn der Mieter Verwendungen auf eine gemietete Immobilie macht, die er unter dem Gesichtspunkt der Verwendungskondiktion ersetzt verlangen kann, so fragt sich, wen die Ersatzpflicht trifft, wenn der Vermieter das Mietobjekt nach Vornahme der Verwendungen veräußert. Der BGH hat ausgesprochen, dass die Erstattungspflicht in diesem Fall den aktuellen Eigentümer trifft, der nach § 566 Abs. 1 in das Mietverhältnis eingetreten ist.[687] Diese Auffassung erscheint vor dem Hintergrund, dass § 999 Abs. 2 für das Eigentümer-Besitzer-Verhältnis eine vergleichbare Regelung trifft, systemkonform und verdient daher Zustimmung.

310   Bei Verwendungen auf fremde Sachen wird die Frage diskutiert, ob jemandem, der auf ein fremdes Grundstück Verwendungen macht, ein Bereicherungsanspruch auch **gegen den Grundpfandgläubiger** zusteht. Das wird im Schrifttum mit unterschiedlicher Begründung bejaht: Teilweise wird hervorgehoben, dass die Verwendung regelmäßig zu einem Eigentumserwerb des Grundeigentümers gemäß § 946 führe. Dann ergebe sich aus § 949 S. 3, dass das Grundpfandrecht sich auf die vom Verwender eingebauten Sachen erstrecke. Konsequent werde der Grundpfandgläubiger durch die Verwendung unmittelbar bereichert.[688] Andere heben hervor, dass die Verwendungen den wirtschaftlichen Wert auch des Grundpfandrechts steigere.[689] Die **Rechtsprechung** hat dagegen die Verwendungskondiktion gegen den Grundpfandgläubiger **abgelehnt**,[690] und dies im Ergebnis **zu Recht:** Dem Grundpfandgläubiger kommt die Wertsteigerung erst zugute, wenn er die Grundschuld verwertet. Dann aber wird er nicht auf Kosten des Verwenders, sondern durch Leistung des Grundeigentümers bereichert: Dieser erfüllt seine Pflicht aus § 1147, die Zwangsvollstreckung in das Grundstück nebst den wesentlichen Bestandteilen (§ 1120) zu dulden.

311   f) **Selbstvornahme durch den Gläubiger eines Beseitigungsanspruchs.** Wer nach § 1004 Beseitigung der Störung seines Rechtsguts durch einen Dritten verlangen kann und die Störung statt dessen selbst beseitigt, kann die dabei entstanden **Kosten** nach Ansicht des **BGH** unter dem Gesichtspunkt der Aufwendungskondiktion vom Störer **ersetzt verlangen.**[691] Das Erlangte besteht in diesem Zusammenhang darin, dass der Störer von seiner Beseitigungspflicht befreit wird. Der Bereicherungsanspruch weist damit eine spürbare Nähe zur Rückgriffskondiktion auf. Der BGH stützt seine Auffassung vor allem auf den Gesichtspunkt, dass der Grundeigentümer, der die Störung selbst beseitigt, dies nur im eigenen Interesse und nicht zur Entlastung des Störers tut.[692] Im **Schrifttum** richtet sich gegen die Anerkennung eines solchen Bereicherungsanspruchs **Widerstand:**[693] Dem Störer müsse, bevor er auf Kostenersatz in Anspruch genommen werde, Gelegenheit gegeben werden, dieser Pflicht selbst nachzukommen. Kostenersatz könne er nach § 887 Abs. 1 ZPO erst verlangen, wenn er einen vollstreckbaren Titel gegen den Störer erwirkt und sich vom Gericht zur Selbstvornahme habe ermächtigen lassen.

312   Die Gegenansicht verdient jedenfalls seit Inkrafttreten der Schuldrechtsreform im Ausgangspunkt Zustimmung; sie ist freilich anders zu akzentuieren. Ausgangspunkt der Lösung ist heute die Einsicht, dass auch bei einseitigen Leistungspflichten Schadensersatz statt der Leistung gefordert werden kann, wenn der Gläubiger dem Schuldner erfolglos

---

[687] BGH NJW-RR 2006, 294, 295.
[688] *Wilhelm* WuB IV A. § 946 BGB 1.02.
[689] *Spyridakis*, Zur Problematik der Sachbestandteile, 1966, S. 115.
[690] RGZ 63, 416, 422 f.; KG WM 2002, 688; *Gaier* ZfIR 2003, 45, 46; RGRK/*Pikart* § 951 RdNr. 20; *Staudinger/Gursky* § 951 RdNr. 21.
[691] BGHZ 97, 231, 234; 106, 142, 143; BGH WM 1991, 1685, 1686; NJW 1995, 395, 396; NJW 2004, 603, 604. In allen genannten Entscheidungen ging es um Wurzelüberwuchs; zu den daraus folgenden Besonderheiten s. RdNr. 313.
[692] BGH NJW 2004, 603, 604.
[693] Abl. *Gursky* NJW 1971, 782, 784 ff.; *ders.* JZ 1992, 312, 313 ff.; *ders.* JZ 1996, 683, 686; *Picker* JuS 1974, 357, 361 f.

eine Nachfrist gesetzt hat (**§§ 280 Abs. 1, Abs. 3, 281**). Wendet man diese Vorschriften auch auf den Anspruch aus § 1004 an, so folgt, dass der Gläubiger grundsätzlich dem Schuldner die Chance geben muss, den Beseitigungsanspruch selbst zu erfüllen. Diese Wertung darf dann nicht durch die Anerkennung eines von einer solchen Fristsetzung unabhängigen Bereicherungsanspruchs unterlaufen werden. Im Kontext des Schadensersatzes statt der Nacherfüllung bei Kauf- und Werkverträgen hat der BGH dies selbst richtig erkannt;[694] für Beseitigungsansprüche aus § 1004 kann nichts anderes gelten. Daraus folgt, dass ein **Kostenerstattungsanspruch** unter dem Gesichtspunkt des § 812 nicht etwa eine rechtskräftige Verurteilung des Störers voraussetzt, sondern lediglich eine **erfolglose Fristsetzung**.

Für **Bereicherungsansprüche** ist **ohne** eine solche **Fristsetzung** nur Raum, wenn nach § 281 Abs. 2 die **Fristsetzung entbehrlich** ist oder wenn dem Gläubiger sogar kraft besonderer gesetzlicher Anordnung ein **Selbsthilferecht** zusteht. In den praktisch wichtigen Fällen des **Wurzelüberwuchses auf fremdes Grundstück** ist ein solches Selbsthilferecht in der Tat in § 910 Abs. 1 S. 1 niedergelegt. Deshalb trifft die Ansicht des BGH, dass der durch solchen Überwuchs beeinträchtigte Grundeigentümer die Wurzeln selbst beseitigen und unter dem Gesichtspunkt der Aufwendungskondiktion dem Nachbarn, von dessen Grundstück die Störung ausgeht, die Kosten in Rechnung stellen darf,[695] im Ergebnis zu.

Die Ansicht des BGH, wonach der Gläubiger die Störung auf Kosten des Störers selbst beseitigen darf, versucht man im Schrifttum auch für den Import von markenrechtsverletzenden Produkten fruchtbar zu machen: Diese werden auf Antrag des Markeninhabers von den Zollbehörden beschlagnahmt (sog. **Grenzbeschlagnahmeverfahren**). Die Kosten hat der Markeninhaber zu tragen. Vor diesem Hintergrund wird wie folgt argumentiert: Indem der Markeninhaber die Beschlagnahme der Produkte veranlasse und für jene Kosten aufkomme, erbringe er ein Vermögensopfer und damit eine Aufwendung zugunsten des Verletzers. Denn es sei dessen Aufgabe, die Markenverletzung zu beseitigen und die damit einhergehenden Kosten zu tragen. Der Verletzer sei mithin auf Kosten des Markeninhabers bereichert.[696]

g) Verhältnis zur Leistungskondiktion. Wer im fremden Interesse Vermögensopfer erbringt, weil er sich hierzu **verpflichtet glaubt,** kann dasjenige, was der Empfänger dadurch erlangt, nur mit der **Leistungskondiktion** herausverlangen; denn in diesem Fall ist der Vermögenszufluss von einem Leistungszweck (solvendi causa) getragen. Der Empfänger ist dann durch Leistung und folglich nicht mehr „in sonstiger Weise" bereichert. Die Aufwendungskondiktion scheidet damit bereits auf der Tatbestandsebene aus.

Die **Aufwendungskondiktion** ist aber **nicht einmal dann** gegeben, wenn jemand **Verwendungen** auf **fremde Sachen** durch **Vertrag mit einem Dritten** macht. Die Aufwendungskondiktion ist in diesem Fall gegenüber der Leistungskondiktion subsidiär,[697] genauer: Sie ist nicht einmal vom Tatbestand her einschlägig (RdNr. 58).[698] Denn der Verwender hat zwar Arbeit und Material hingegeben; er hat aber, sofern der Vertrag mit dem Dritten wirksam ist, im Gegenzug die Befreiung von der Verbindlichkeit aus dem Vertrag mit dem Dritten erlangt und damit per Saldo nichts geopfert. Im Ergebnis nichts anderes gilt, wenn der Vertrag mit dem Dritten nichtig ist. Der Verwender hat in diesem Fall im Gegenzug zu seinem eigenen Arbeits- und Materialeinsatz eine Leistungskondiktion gegen den Vertragspartner erlangt. Jener hat zwar durch die Verwendungen nicht die Verbesserung der Sache erlangt; denn diese gehört ihm nicht. Wohl aber hat er die Dienstleistung des Verwenders als solche erlangt und für sie nach § 818 Abs. 2 Wertersatz zu leisten.

---

[694] BGH NJW 2005, 3211, 3212.
[695] BGHZ 97, 231, 234; 106, 142, 143; BGH WM 1991, 1685, 1686; NJW 1995, 395, 396; 2004, 603, 604.
[696] *Weber* WRP 2005, 961, 963f.
[697] OLG Hamm NJW-RR 1992, 1105.
[698] AnwK-BGB/*Schwab* RdNr. 7.

III. Rückgriffskondiktion

317 **1. Definition.** Von einer Rückgriffskondiktion sprechen wir, wenn jemand auf Kosten eines anderen von einer **Verbindlichkeit befreit** wird. Abermals handelt es sich um einen Anspruch wegen Bereicherung „in sonstiger Weise", wenn und weil derjenige, der den Schuldner von seiner Verbindlichkeit gegenüber dem Gläubiger befreit, keine Leistung an den Schuldner erbringt.

318 Entgegen einer im neueren Schrifttum vertretenen Ansicht[699] ist die Rückgriffskondiktion als eigenständiger Typus eines Bereicherungsanspruchs **keinesfalls überflüssig.** Allerdings führt jemand, der eine fremde Verbindlichkeit tilgt, immer ein fremdes Geschäft, nämlich ein solches des Schuldners. Für den Rückgriff des Leistenden steht daher, sofern der Schuldner mit der Schuldtilgung einverstanden ist, ein Anspruch aus §§ 683, 670 und, sofern er nicht einverstanden ist, ein Anspruch aus § 684 in Verbindung mit dem Bereicherungsrecht zur Verfügung. Die Rückgriffskondiktion wäre daher in der Tat überflüssig, wenn § 684 eine Rechtsfolgenverweisung in die §§ 818 ff. enthielte. Indes ist andernorts zu zeigen versucht worden, dass § 684 nur als Rechtsgrundverweisung in die gesamten §§ 812 ff. gedeutet werden kann.[700] Dann aber muss belegt werden, dass der Schuldner dadurch, dass ein Dritter ihn von seiner Verbindlichkeit befreit hat, etwas auf Kosten des Dritten erlangt hat. Eben dies entspricht dem Tatbestand der Rückgriffskondiktion.

319 **2. Drittleistung.** Hauptanwendungsfall der Rückgriffskondiktion ist die Konstellation, dass ein **Dritter** gemäß § 267 anstelle des Schuldners an den Gläubiger leistet.[701] Der Schuldner erlangt dadurch die Befreiung von seiner Verbindlichkeit gegenüber dem Gläubiger.[702] Dies erlangt er auf Kosten des Leistenden; denn dieser hat eigenes Vermögen geopfert, um die Befreiung des Schuldners herbeizuführen. Eine Leistungsbeziehung besteht erst, wenn der Dritte zur Befreiung des Schuldners verpflichtet ist oder sich hierzu verpflichtet glaubt und damit den Zweck verfolgt, sich von einer Verbindlichkeit gegenüber dem Schuldner zu befreien. Allein die Tatsache, dass der Dritte bewusst eine fremde Verbindlichkeit begleicht, macht die Leistung an den Gläubiger noch nicht zugleich zu einer Leistung an den Schuldner. Vielmehr erscheint die Vermögensmehrung auf Seiten des Schuldners durch Schuldbefreiung nur als ein (wenn auch gewollter) Reflex der Leistung an den Gläubiger.[703]

320 Die Rückgriffskondiktion **scheidet** indes **aus,** wenn die Drittleistung **nicht zur Befreiung des Schuldners** führt. So liegt es in den Fällen des § 268: Wer aufgrund eines Ablösungsrechts an den Gläubiger leistet, erwirbt nach § 268 Abs. 3 S. 1 die Forderung. Der Schuldner bleibt also verpflichtet, allerdings nicht dem Gläubiger, sondern nunmehr dem ablösungsberechtigten Dritten. Beim **Scheinvaterregress** hat der BGH schon früher die Rückgriffskondiktion abgelehnt,[704] und dies zu Recht: Der Scheinvater hat nicht mit dem Ziel geleistet, eine fremde, sondern eine eigene Unterhaltspflicht gegenüber dem Kind zu erfüllen. Es fehlt an der für § 267 erforderlichen Drittleistungsbestimmung. Der Regress des Scheinvaters wird heute über den gesetzlichen Übergang des Unterhaltsanspruchs nach § 1607 Abs. 3 eröffnet.

321 **3. Zwangsversteigerungsfälle. a) Nicht angemeldete persönliche Haftung des Eigentümers.** Wenn der Eigentümer eines mit einer Grundschuld belasteten Grundstücks auch persönlich haftet, trifft ihn im Zwangsversteigerungsverfahren die Obliegenheit, die

---

[699] *Schall* S. 88 ff.
[700] AnwK-BGB/*Schwab* § 684 RdNr. 4 ff.
[701] AnwK-BGB/*v. Sachsen Gessaphe* RdNr. 109; *Bamberger/Roth/Wendehorst* RdNr. 152; *v. Caemmerer*, FS Rabel, 1954, S. 333, 360 ff.; jurisPK/*Martinek* RdNr. 93; *Koppensteiner/Kramer* § 10 II, S. 102 ff.; *Larenz/Canaris* II/2 § 69 III 2, S. 191 f.; *Medicus* BR RdNr. 948 ff.; PWW/*Leupertz* RdNr. 101; *Wendehorst* Jura 2004, 505, 510.
[702] *Canaris*, FS Larenz, 1973, S. 799, 844.
[703] Zutr. *Meyer* S. 147; gerade umgekehrt argumentiert E. *Schmidt* JZ 1971, 601.
[704] BGHZ 43, 1, 11; 46, 319, 325; BGH NJW 1993, 1195; zust. *Küppers* NJW 1993, 2918.

persönliche Verbindlichkeit anzumelden und auf Verlangen eines Beteiligten glaubhaft zu machen. Kommt er dieser Obliegenheit nach, so geht nach **§ 53 Abs. 2 ZVG** die persönliche Verbindlichkeit, soweit die Grundschuld nach § 52 Abs. 1 S. 1 ZVG bestehen bleibt, auf denjenigen über, der das Grundstück ersteigert. Versäumt der Eigentümer (= Schuldner) die Anmeldung, so bleibt er persönlich verpflichtet. Wenn er nun seine persönliche Verpflichtung erfüllt, ist der Gläubiger kraft der Sicherungsabrede dauerhaft gehindert, aus der Grundschuld vorzugehen. Der Eigentümer kann daher nach §§ 1192 Abs. 1, 1169 verlangen, dass der Gläubiger auf die Grundschuld verzichtet. Eigentümer ist aber nun mittlerweile nicht mehr der persönliche Schuldner, sondern derjenige, der das Grundstück im Zwangsversteigerungsverfahren erstanden hat. Der **Ersteher** hat damit die **Befreiung des Grundstücks von der Grundschuld** auf Kosten des persönlichen Schuldners erlangt. Dem persönlichen Schuldner steht daher gegen den Ersteher die Rückgriffskondiktion zu.[705]

b) Identität von Grundpfandgläubiger und Ersteher. Nach § 91 Abs. 2 ZVG kann der Ersteher mit dem Inhaber eines Rechts am versteigerten Grundstück vereinbaren, dass dieses Recht bestehen bleibt. Die Vereinbarung führt dazu, dass der Ersteher einen entsprechend niedrigeren Preis zu zahlen hat (§ 91 Abs. 3 S. 1 ZVG) und dass der Berechtigte (also der Inhaber des besagten Rechts) durch die Vereinbarung als aus dem Grundstück befriedigt gilt (§ 91 Abs. 3 S. 2 ZVG). Wenn dem Hypothekengläubiger das belastete Grundstück im Zwangsversteigerungsverfahren zugeschlagen wird, sind der Berechtigte und der Ersteher identisch. In diesem Fall kann die Hypothek nur bestehen bleiben, wenn der Hypothekengläubiger eine dahin lautende einfache Erklärung an das Vollstreckungsgericht richtet.[706] Folglich stellt sich die Frage, ob der Berechtigte auch in diesem Fall nach **§ 91 Abs. 3 S. 2 ZVG** so behandelt wird, als sei er aus dem Grundstück befriedigt worden. Diese Konsequenz wäre für den Hypothekengläubiger äußerst **misslich;** denn in diesem Fall würde auch die persönliche Forderung erlöschen, ohne dass er vom Eigentümer jemals eine Zahlung auf die hypothekengesicherte Forderung erhalten hätte. Wenn der Hypothekengläubiger das Grundstück ersteht und die Beibehaltung der Hypotheken erklärt, geschieht dies nicht zum Zwecke der Entlastung des Eigentümers oder des Schuldners, sondern mit dem Ziel, die Grundpfandrechte als Eigentümergrundschulden aufrecht zu erhalten, um sie im Bedarfsfall nicht neu begründen zu müssen.

Der BGH hat denn auch die Anwendung des § 91 Abs. 3 S. 2 ZVG im hier gegebenen Fall bezweifelt, aber letztlich offen gelassen:[707] Denn selbst wenn man diese Vorschrift anwende, stehe dem Hypothekengläubiger ein **Bereicherungsanspruch** gegen den Schuldner zu. Denn dieser habe dann die Befreiung von seiner Verbindlichkeit auf Kosten des Hypothekengläubigers erlangt. § 91 Abs. 3 S. 2 ZVG gebe dem Schuldner keinen Rechtsgrund, um diese Schuldbefreiung endgültig behalten zu dürfen.[708] Diese Rechtsprechung verdient Zustimmung: Die Beibehaltung von Hypotheken im Versteigerungsverfahren kann nicht sinnvoll zum Ziel haben, den persönlichen Schuldner endgültig von seiner Leistungspflicht zu befreien, ohne dass der Schuldner dafür den geringsten Gegenwert leisten müsste. In der Sache handelt es sich um eine Rückgriffskondiktion: Der persönliche Schuldner hat, wenn man § 91 Abs. 3 S. 2 anwendet, die Befreiung von seiner Verbindlichkeit dadurch erlangt, dass der Hypothekengläubiger die Hypotheken aufrechterhalten und auf diese Weise die persönliche Forderung geopfert hat.

c) Löschung einer Sicherungsgrundschuld zum Vorteil des Erstehers. aa) Problem. Mehrfach haben Fälle der folgenden Art die Gerichte beschäftigt: Zwei Personen (in der Regel Ehepaare) waren **Miteigentümer einer Immobilie.** Diese wurde zum Zwecke der Auflösung der Bruchteilsgemeinschaft (in der Regel vor dem Hintergrund, dass die Ehe

---

[705] BGHZ 56, 22, 25.
[706] BGH NJW 1981, 1601, 1602.
[707] BGH NJW 1981, 1601, 1602.
[708] BGH NJW 1981, 1601, 1602 f.

gescheitert war) nach §§ 180 ff. ZVG **zwangsversteigert** und oder von einem der bisherigen Miteigentümer erstanden. Auf der Immobilie lasteten Grundschulden, die von den bisherigen Miteigentümern zur Sicherung gemeinschaftlich aufgenommener Darlehen bestellt worden waren. Die **Grundschulden** standen noch in **voller Höhe im Grundbuch;** die **Darlehen** waren aber bereits **teilweise zurückgezahlt** worden. Der Ersteher vereinbarte mit dem Gläubiger, dass die Grundschuld bestehen bleiben sollte. Er löste das restliche Darlehen ab und erhielt vom Darlehensgeber die Bewilligung zur **Löschung der Grundschuld.**

325 In einem solchen Vorgang liegt eine **ungerechtfertigte Benachteiligung** des **anderen** (früheren) **Miteigentümers:** Denn ihm stand – gemeinschaftlich mit jenem Miteigentümer, welcher das Grundstück erstanden hatte – ein Anspruch aus der Sicherungsabrede zu. Diesen konnte der Gläubiger, solange das Miteigentum bestand, durch Verzicht auf die Grundschuld, durch Erteilung einer Löschungsbewilligung oder durch Rückübertragung der Grundschuld erfüllen. Nach der Teilungsversteigerung konnte der Anspruch dagegen nur noch durch Rückübertragung der Grundschuld erfüllt werden; diese hätte sich dann zur Hälfte in eine Eigentümergrundschuld in den Händen des Erstehers, zur Hälfte zur Fremdgrundschuld in den Händen des früheren Miteigentümers verwandelt. Die Löschungsbewilligung oder der Verzicht auf die Grundschuld schieden als Erfüllungsoptionen aus; denn sie kamen nur dem Ersteher zugute. Wenn also gleichwohl eine Löschungsbewilligung erteilt wurde, wurde dem früheren Miteigentümer die Aussicht genommen, die Grundschuld zur Hälfte als Fremdgrundschuld zurückzuerlangen. Dieser Befund wirft die Frage nach einem Ausgleichsanspruch des früheren Miteigentümers gegen den Ersteher auf.

326 Das Problem ist **nicht auf das Verhältnis zwischen zwei Miteigentümern beschränkt.** Ebenso kann es geschehen, dass ein Dritter das Grundstück ersteht und der Gläubiger dem Ersteher die Löschungsbewilligung erteilt. Dann wird der bisherige Eigentümer (bzw. bei Miteigentum: sämtliche bisherigen Miteigentümer) auf die gleiche Weise ungerechtfertigt benachteiligt, weil ihnen wiederum der Anspruch auf Rückübertragung der Grundschuld genommen wird, der ihnen eigentlich kraft der Sicherungsabrede zugestanden hatte.

327 **bb) Keine Anwendung des § 50 ZVG.** Fälle dieser Art ließen sich am leichtesten lösen, wenn man auf sie § 50 Abs. 1 ZVG anwenden könnte. Nach dieser Vorschrift hat der Ersteher den Betrag eines Grundpfandrechts, das bei der Feststellung des geringsten Gebots berücksichtigt wurde, aber nicht (mehr) besteht, zusätzlich zum Bargebot zu zahlen. Diese Regelung trägt dem Umstand Rechnung, dass der Ersteher in diesem Fall ein entsprechend weniger belastetes Grundstück erwirbt. Die Anwendung des § 50 Abs. 1 ZVG hätte zur Folge, dass der Ersteher eine Nachzahlung leisten müsste und diese an den bzw. die bisherigen Eigentümer ausgekehrt werden müsste. Der benachteiligte (Mit-)Eigentümer erhielte auf diese Weise zwar nicht das Grundpfandrecht zurück, wohl aber einen Gegenwert in Geld: An ihn wäre genau der Betrag auszukehren, in dessen Höhe er zuvor Rückübertragung des Grundpfandrechts hätte verlangen können. Indes hat der BGH mit Recht ausgesprochen, dass § 50 Abs. 1 ZVG auf die hier gegebene Konstellation **keine Anwendung** findet:[709] Denn die Grundschulden sind als nicht akzessorische Sicherungsmittel in ihrem Bestand von der persönlichen Forderung unabhängig. Sie bestehen also selbst dann in voller Höhe, wenn die gesicherte Forderung teilweise getilgt ist. Von einem **Erlöschen der Grundschulden,** wie sie für § 50 Abs. 1 ZVG Voraussetzung wäre, kann **keine Rede sein.**

328 **cc) Nichtleistungskondiktion?** In Betracht kommt daher eine Nichtleistungskondiktion des benachteiligten (Mit-)Eigentümers. Diese müsste man wie folgt begründen: Das Grundstück sei auf Kosten des früheren (Mit-)Eigentümers von der Belastung mit der Grundschuld frei geworden. Die Rechtsfolge dieser Rückgriffskondiktion wäre, dass der Ersteher dem bisherigen (Mit-)Eigentümer in Höhe des Betrages, in der dieser Rückgewähr

---

[709] BGH WM 1989, 490, 492 (insoweit in BGHZ 106, 375 nicht ab gedruckt); ZIP 1993, 664, 665; OLG Düsseldorf FamRZ 1991, 1443.

der Grundschuld hätte verlangen können, eine Fremdgrundschuld an dem erstandenen Grundstück mit gleichem Rang einräumt; sofern die Rangstelle durch ein aufgerücktes nachrangiges Grundpfandrecht neu besetzt ist, wäre nach § 818 Abs. 2 Wertersatz in Höhe jenes Betrags zu leisten, in der die Grundschuld hätte eingeräumt werden müssen.

Das **OLG Düsseldorf** hat eine solche Kondiktion indes **verworfen:** Der Gläubiger habe sich die Rückgewähr der Grundschuld, die er kraft der Sicherungsabrede geschuldet habe, schuldhaft unmöglich gemacht, indem er dem Ersteher die Löschungsbewilligung erteilt habe. Der bisherige (Mit-)Eigentümer könne daher Schadensersatz verlangen (nach heutiger Typologie: Schadensersatz statt der Leistung aus §§ 280 Abs. 1, Abs. 3, 283). Auf diesen Anspruch sei er verwiesen und könne nicht etwa den Ersteher kraft ungerechtfertigter Bereicherung in Anspruch nehmen.[710] Der **BGH** hat diese Rechtsprechung im Ergebnis **bestätigt:** Der Ersteher sei schon deshalb nicht auf Kosten des früheren (Mit-)Eigentümers bereichert, weil diesem nur ein schuldrechtlicher Anspruch auf Rückgewähr der Grundschuld zugestanden habe. Die Grundschuld sei dem früheren (Mit-)Eigentümer noch nicht dinglich zugewiesen gewesen. Deshalb werde durch die erteilte Löschungsbewilligung die Güterzuordnung nicht zu seinen Lasten verändert.[711]

Der BGH hat freilich einen Weg gewiesen, wie der bisherige (Mit-)Eigentümer gleichwohl zu einem Anspruch gegen den Ersteher gelangt: Sofern die Grundschuld nicht mehr als Sicherheit benötigt werde, sei der Gläubiger aus der Sicherungsabrede verpflichtet, entweder die Grundschuld zurückzuübertragen oder auf diese zu verzichten oder aber deren Löschung zu bewilligen. Nach dem Eigentümerwechsel durch die Zwangsversteigerung komme nur noch die Rückgewähr der Grundschuld in Betracht. Denn Verzicht und Löschung kämen nicht mehr dem Sicherungsgeber, sondern nur dem neuen Eigentümer zugute.[712] Wenn nun der Gläubiger auf die Grundschuld verzichte oder deren Löschung bewillige, erbringe er eine Leistung an einen Nichtberechtigten. Der **bisherige (Mit-)Eigentümer** könne diese Leistung **genehmigen** und den Betrag der Belastung, um den der Ersteher auf seine Kosten bereichert sei, nach **§ 816 Abs. 2** erstattet verlangen.[713]

Stellungnahme: Die bisherige Diskussion ist offensichtlich von der Vorstellung geprägt, dass ein Bereicherungsanspruch des bisherigen (Mit-)Eigentümers sich nur unter dem Gesichtspunkt der Eingriffskondiktion begründen lasse. Nach hier vertretener Ansicht ist indes die Konstellation eher derjenigen einer **Rückgriffskondiktion** vergleichbar: Der Ersteher erlangt auf Kosten des bisherigen (Mit-) Eigentümers die Befreiung von einer Verbindlichkeit. Er erlangt sie in dem Augenblick, da die Löschung der Grundschuld im Grundbuch vollzogen ist. Auf eine Genehmigung seitens des bisherigen (Mit-)Eigentümers kann es daher bereits im Ansatz nicht mehr ankommen. Der **Bereicherungsanspruch** ist vielmehr ohne Rücksicht darauf **begründet,** ob der bisherige (Mit-)Eigentümer mit der Löschung einverstanden war.

Die hier vertretene Ansicht, wonach dem früheren (mit-)Eigentümer gegen den Ersteher die Rückgriffskondiktion zusteht, bedarf der näheren Begründung. Um ihr näher zu treten, führe man sich zunächst den Fall vor Augen, dass der frühere (Mit-)Eigentümer in die Löschung der Grundschuld oder in den Verzicht auf diese **einwilligt.** In diesem Fall wäre die Situation in jeder Hinsicht mit derjenigen bei einer gewöhnlichen Drittleistung vergleichbar: (1.) Zwar ist zu beachten, dass die Einwilligung des früheren (Mit-)Eigentümers in die Erteilung der Löschungsbewilligung durch den Gläubiger nicht automatisch, sondern erst dann zur Befreiung des Erstehers führt, wenn der Gläubiger die Bewilligung auch tatsächlich erteilt. Die Befreiung des Erstehers von der Belastung durch die Grundschuld bedarf also der **Mitwirkung des Gläubigers.** Indes liegt es auch bei der Dritt-

---

[710] OLG Düsseldorf FamRZ 1991, 1443, 1444.
[711] BGH ZIP 1993, 664.
[712] BGHZ 106, 375, 378 f.; BGH WM 1990, 1253, 1255.
[713] BGH WM 1989, 490, 492 f. (insoweit in BGHZ 106, 375 nicht abgedruckt).

leistung nach § 267 nicht anders: Diese führt erst zur Befreiung des Schuldners, wenn der Gläubiger die Leistung annimmt. Tut er dies nicht, gerät er zwar, sofern nicht § 267 Abs. 2 eingreift, in Annahmeverzug; Erfüllungswirkung tritt jedoch durch das bloße Leistungsangebot nicht ein. Auch bei der Drittleistung wird also der Schuldner nicht ohne Mitwirkung des Gläubigers befreit. (2.) Das Opfer des früheren (Mit-)Eigentümers ist auch **stoffgleich** mit dem Vorteil des Erstehers: Der frühere (Mit-)Eigentümer, der sich mit der Erteilung der Löschungsbewilligung durch den Gläubiger einverstanden erklärt, verzichtet auf die Aussicht, die Grundschuld teilweise als Fremdgrundschuld zu erwerben und aus ihr gegen den Ersteher vorgehen zu können; dem korrespondiert, dass der Ersteher von der Belastung durch eben jene Grundschuld (vollständig) befreit wird. Wenn aber dem früheren (Mit-)Eigentümer, der seinen Anspruch auf Übertragung der (Teil-)Grundschuld freiwillig preisgibt, die Rückgriffskondiktion zusteht, ist **nicht einzusehen,** warum ihm bei einem **erzwungenen** Verzicht auf den Erwerb der (Teil-)Grundschuld – nämlich dann, wenn der Gläubiger die Löschungsbewilligung erteilt, ohne nach dem Einverständnis des früheren (Mit-)Eigentümers zu fragen – die **Rückgriffskondiktion versperrt** bleiben soll. Freilich bietet der hier diskutierte Fall allen Anlass, noch einmal grundsätzlich darüber nachzudenken, ob man nicht doch auch relativen Rechten (zB hier: dem schuldrechtlichen Anspruch auf Rückübertragung der Grundschuld) einen bereicherungsrechtlich relevanten Zuweisungsgehalt beilegen sollte. Dann wäre der frühere (Mit-)Eigentümer bereits durch die Eingriffskondiktion geschützt; der hier befürworteten Erweiterung der Rückgriffskondiktion bedürfte es dann nicht mehr.

333   Mit Recht lehnt dagegen der BGH einen Bereicherungsanspruch des bisherigen (Mit-)Eigentümers ab, wenn die **Grundschuld noch besteht:** Dann hat der Ersteher nichts auf Kosten des bisherigen (Mit-)Eigentümers erlangt. Denn dieser kann nach wie vor den Anspruch auf Rückübertragung der Grundschuld realisieren.[714] Im Falle früheren Miteigentums muss er freilich nach § 432 Abs. 1 Leistung an sich und den anderen Miteigentümer begehren.

334   **d) Erlösverteilung nach Teilungsversteigerung.** Wenn ein Grundstück zum Zwecke der Aufhebung der Miteigentümergemeinschaft versteigert wird (§ 180 ZVG), ist der Erlös nach § 753 Abs. 1 unter den Miteigentümern zu verteilen. Es mag nun geschehen, dass auf dem Grundstück eine **Grundschuld** lastet, welche zur Sicherheit für eine **Verbindlichkeit** dient, die **nur einen von mehreren Miteigentümern trifft** oder für deren Bedienung im Innenverhältnis ein Miteigentümer allein verpflichtet ist. Wenn nun nach Durchführung der Versteigerung der Grundschuldbetrag (bzw. der Betrag der noch valutierenden persönlichen Verbindlichkeit) an den Gläubiger ausgekehrt wird, erlischt die persönliche Haftung des betroffenen Miteigentümers. Die Auskehrung an den Gläubiger kommt also nur ihm, nicht den anderen Miteigentümern zugute. Dies führt zu folgenden rechtlichen Konsequenzen: (1.) Der Schuldbetrag ist auf die Verteilung des Erlöses unter den Miteigentümern anzurechnen. Dem persönlich haftenden Miteigentümer steht also nur ein entsprechend verminderter Teil des vom Ersteher gezahlten Betrags zu. (2.) Wenn der Erlös nicht hinreicht, um jedem Miteigentümer einen proportional gleichwertigen Anteil am Erlös zuzuweisen, wenn also der Schuldbetrag so hoch und der restliche Erlös so niedrig ist, dass die übrigen Miteigentümer keinen Vorteil erreichen können, welcher dem Betrag der Schuldbefreiung proportional gleichwertig ist, findet ein Bereicherungsausgleich statt. Die übrigen Miteigentümer können vom persönlich haftenden Miteigentümer verlangen, dass dieser den Wert der Schuldbefreiung, sofern dieser den auf ihn entfallenden Anteil am Erlös übersteigt, in Geld erstattet.[715] Es handelt sich hierbei nicht um eine Eingriffs-,[716] sondern um eine **Rückgriffskondiktion:** Der persönlich haftende Miteigentümer hat auf Kosten der anderen Miteigentümer die Befreiung von einer Verbindlichkeit erlangt.

---

[714] BGH WM 1990, 1253, 1255; ebenso OLG Düsseldorf FamRZ 1991, 1443, 1444.
[715] So auch OLG Düsseldorf FamRZ 1991, 1443, 1444.
[716] So aber OLG Düsseldorf FamRZ 1991, 1443, 1444.

4. Erwerb der Zwangssicherungshypothek nach § 868 Abs. 1 ZPO. Der BGH 335 hatte über folgenden Fall zu entscheiden: Jemand war rechtskräftig zur Zahlung von Geld verurteilt worden. Der Gläubiger hatte eine Sicherungshypothek am Grundstück des Schuldners eintragen lassen. Dieser veräußerte das Grundstück an einen Dritten. Anschließend verlor der Gläubiger einen Teil seiner Forderung gegen den Schuldner durch Abschluss eines Zwangsvergleichs. Die Zwangsvollstreckung aus dem Titel wurde bezüglich des die Vergleichsquote übersteigenden Teils der Forderung nach § 767 ZPO für unzulässig erklärt. Damit erwarb der Dritte (= der Grundstückserwerber) die Sicherungshypothek; dies folgte sowohl aus § 1163 Abs. 1 S. 2 als auch aus § 868 Abs. 1 ZPO. Der Gläubiger war nun der Auffassung, dass der Dritte dadurch auf seine Kosten bereichert sei: Der Dritte habe die Befreiung von der Pflicht zur Duldung der Zwangsvollstreckung erlangt, und zwar deshalb, weil er, der Gläubiger, infolge des Zwangsvergleichs einen Teil seiner Forderung verloren habe. Würde diese Rechtsansicht zutreffen, so würde es sich auch hier um eine Rückgriffskondiktion handeln: Der Vermögensabfluss beim Gläubiger hat zu einer Schuldbefreiung in der Person des Dritten geführt. Der **BGH** hat den **Bereicherungsanspruch** des Gläubigers indes für **unbegründet** erachtet. Er hat dies darauf gestützt, dass § 868 Abs. 1 dem Dritten einen Rechtsgrund vermittle, die Hypothek (fortan als Eigentümergrundschuld, § 1177) behalten zu dürfen.[717] Die Entscheidung verdient jedenfalls im Ergebnis **Zustimmung:** In § 868 Abs. 1 ZPO kommt ebenso wie in § 1163 Abs. 1 S. 2 die Akzessorietät der Hypothek zum Ausdruck. Der Gläubiger hat nie über ein Sicherungsmittel verfügt, welches vom Bestand der gesicherten Forderung unabhängig gewesen wäre. Er hat auch nie über ein Sicherungsmittel verfügt, das ihn in die Lage versetzt hätte, jenen Betrag beizutreiben, der beim persönlichen Schuldner uneinbringlich geworden war. Dann kann er auch nicht auf dem Umweg über das Bereicherungsrecht verlangen, so gestellt zu werden, als stehe ihm ein derartiges Sicherungsmittel zu.

D. Ohne rechtlichen Grund

I. Objektiver und subjektiver Rechtsgrundbegriff

Was durch Leistung oder in sonstiger Weise auf Kosten eines anderen erlangt wurde, muss 336 herausgegeben werden, wenn der Vermögenszufluss ohne rechtlichen Grund erfolgt ist. Früher ging man unreflektiert davon aus, bei dem Rechtsgrund iS der §§ 812 ff. handle es sich im Bereich der Leistungskondiktion um dasjenige – meist schuldrechtliche – Kausalverhältnis, auf das – vorwiegend zum Zwecke der Erfüllung – geleistet wurde,[718] also der Anspruch, der dem Empfänger gegen den Leistenden zugestanden habe. Dieses objektive Rechtsgrundverständnis begegnet noch in einer anderen Spielart: Rechtsgrund sei nicht der Anspruch selbst; denn dieser erlösche in dem Moment, da er erfüllt werde. Rechtsgrund sei vielmehr bei der Schenkung die Unentgeltlichkeits-, beim gegenseitigen Vertrag die Austauschabrede zwischen den Parteien.[719] Den so verstandenen objektiven Rechtsgrundlehren wird in neuerer Zeit zunehmend eine subjektive Auffassung gegenübergestellt. Für sie ist charakteristisch, dass die Beantwortung der Frage, ob ein Rechtsgrund bestand bzw. fehlte, nicht von der Existenz des eigentlichen Kausalverhältnisses, sondern vielmehr davon abhängt, ob der mit der Leistung **bezweckte Erfolg** eingetreten ist.[720] Dieser subjektiven

---

[717] BGH NJW 1977, 48.
[718] Vgl. etwa RGRK/*Scheffler*, 11. Aufl. 1960, Anm. 75 ff.; *Larenz* II § 68 I b, S. 529; wN bei *Welker* S. 32 Fn. 2.
[719] *Kupisch* NJW 1985, 2370, 2374 ff.; ders. JZ 1985, 101, 103 f.
[720] *Baur/Wolf* JuS 1966, 393, 394; *Ehmann* NJW 1969, 398 ff.; ders. JZ 2003, 702, 709; Erman/*Westermann/Buck-Heeb* RdNr. 1, 44; *Klinke* S. 64 f.; *Koppensteiner/Kramer* § 4 II, S. 15; *Mazza* S. 144 ff., insbes. S. 166; *Reeb* S. 29 f.; *Reuter/Martinek* § 4 II 4, S. 106 ff.; RGRK/*Heimann-Trosien* RdNr. 74; *Schnauder* S. 35 ff., 77 ff.; ders. JZ 1987, 68; ders. AcP 187 (1987), 142; ders. JZ 2002, 1080, 1082; *Weitnauer*, FS v. Caemmerer, 1978, S. 255, 274; *H. P. Westermann* S. 201 ff.

Theorie wird teilweise eine Verwandtschaft mit dem Leistungsbegriff heutiger Prägung zugeschrieben;[721] diese Verwandtschaft wird andernorts bestritten.[722] Die subjektive Theorie wird damit gerechtfertigt, dass jeder Leistende mit seiner Leistung bestimmte Zwecke verfolge (Leistung solvendi, donandi bzw. obligandi causa).[723] Dann rücke für die Frage, ob der Empfänger das Erlangte behalten dürfe, konsequent die Frage in den Vordergrund, ob dieser Leistungszweck erreicht worden sei. Sei dies nicht der Fall, so sei die Leistungskondiktion der dann gegebenen Zweckverfehlung wegen begründet.[724] Die Rechtsprechung hatte bislang keinen Anlass, sich mit dieser nur selten entscheidungserheblichen Frage zu beschäftigen.[725]

337 Die Frage, ob der mit der Leistung bezweckte Erfolg eingetreten ist, erlangt im Bereicherungsrecht tatsächlich Bedeutung, nämlich im Bereich der Zweckverfehlungskondiktion. (§ 812 Abs. 1 S. 2 Alt. 2). Gerade hieraus ergibt sich indes bereits, dass der Wortlaut des § 812 Abs. 1 S. 1 die subjektive Rechtsgrundtheorie nicht trägt: Dort ist von einer Verfehlung des Leistungszwecks eben nicht die Rede. Bei der **Zweckverfehlungskondiktion** handelt es sich um einen atypischen, für Folgerungen genereller Art aus diesem Grunde ungeeigneten Sondertatbestand.[726] In den dort geregelten Fällen fehlt es nämlich an einem Rechtsverhältnis, das Auskunft darüber geben könnte, ob der Empfänger das Geleistete behalten darf. Dann kann die Frage nach einer Rückgewährpflicht des Empfängers nur anhand des Leistungszwecks beantwortet werden. Im **Umkehrschluss** folgt dann aber: Wo ein Rechtsverhältnis besteht, das darüber Auskunft gibt, wem der Gegenstand der Güterbewegung zusteht, entscheidet dessen objektives Bestehen darüber, wem jener Gegenstand zusteht. Das Geleistete kann mit anderen Worten bereits deshalb herausverlangt werden, weil der Rechtsgrund selbst fehlt und nicht erst deshalb, weil die Leistung deswegen ihren Zweck nicht erreicht hat. Die subjektive Rechtsgrundtheorie ist damit im Ergebnis nicht haltbar.[727] Vielmehr ist an der Lehre von der Maßgeblichkeit des objektiven Rechtsgrunds festzuhalten:[728] Allein das Fehlen (oder der Wegfall) dieses objektiven Rechtsgrundes begründet die Kondiktion.[729] Dabei sollte man keine Scheu tragen, den objektiven Rechtsgrund in dem Anspruch zu erblicken, auf den geleistet worden ist: Zwar erlischt mit der Leistung das Forderungsrecht; der Anspruch behält aber die Funktion, zu legitimieren, dass der Empfänger das Erlangte behalten darf.

338 Das Merkmal „**ohne rechtlichen Grund**" bedeutet nach alledem nicht mehr und nicht weniger, als dass der Empfänger den ihm zugeflossenen Vorteil **nicht behalten darf.**[730] Diese Bestimmung des Merkmals „ohne rechtlichen Grund" beansprucht zunächst Geltung für die **Leistungskondiktion:** Der Empfänger darf das Geleistete nicht behalten, wenn und weil die Kausalbeziehung, welche der Leistung zugrunde liegt, unwirksam ist. Dieser, von *Wilhelm*[731] und *Welker*[732] im Wesentlichen übereinstimmend herausgearbeitete Gedanke

---

[721] Besonders deutlich *Weitnauer,* FS v. Caemmerer, 1978, S. 255, 274; ebenso *Reeb* S. 29 f.
[722] *Schnauder* AcP 187 (1987), 142, 146 Fn. 18.
[723] Näher *Wieling* JuS 1978, 801, 802 f.; zu einer ganzen Zweck-„Philosophie" *Weitnauer,* FS v. Caemmerer, 1978, S. 255, 260 ff. Ausf. dazu auch *Schnauder* S. 21 ff. und passim; *ders.* AcP 187 (1987), 142 ff., *ders.* JZ 2002, 1080, 1081 ff., der sich wie *Weitnauer* auf das von *Hugo Kreß* (Lehrbuch des Allgemeinen Schuldrechts, 1929) entwickelte „Zweck-System" beruft. Teilweise krit. zur Lehre von *Hugo Kreß* neuerdings *Mazza* S. 32 ff. Eine Erfassung von Bereicherungsfällen auf der Grundlage dieses Systems befürwortet auch *Stierle* S. 1 ff. für den Bereich fehlerhafter Banküberweisungen.
[724] Noch weitergehend *Weitnauer,* FS v. Caemmerer, 1978, S. 255, 274, der nicht auf die einseitige Zweckbestimmung des Leistenden, sondern auf eine Zweckvereinbarung zwischen Leistendem und Empfänger abstellen will.
[725] Skeptisch zur Relevanz des Theorienstreits wohl auch *Zöllner* ZHR 148 (1984), 313, 319.
[726] Ähnlich *Larenz/Canaris* II/2 § 67 III 1 c, 138.
[727] So auch 4. Aufl. RdNr. 171 f.; *Wilhelm* S. 81 Fn. 77.
[728] So im Ergebnis auch *Kupisch* NJW 1987, 2494, 2496.
[729] So auch *Larenz/Canaris* II/2 § 67 III 1, S. 136 ff.
[730] So im Ergebnis auch *Reuter/Martinek* § 4 II 4 a, S. 106 („Zentralfrage nach dem Behaltendürfen").
[731] *Wilhelm* S. 98 ff., 173 f. und passim.
[732] *Welker* S. 32 ff., 40 ff.

II. Beispiele

1. Leistungskondiktion. Die Frage, ob ein Rechtsgrund im dargelegten Sinn (noch) 339 besteht oder ob ein solcher Rechtsgrund von vornherein gefehlt hat oder später weggefallen ist, beantwortet sich nicht aus dem Bereicherungsrecht selbst, sondern aus den allgemeinen Regeln insbesondere des Vertrags- und Schuldrechts.[733] Das Bereicherungsrecht zieht im Bereich der Rechtsgrundlosigkeit letztlich nur Folgerungen aus Störungstatbeständen anderer Gebiete.[734] Dabei ist stets zu prüfen, ob insbesondere Vertrags- und Schuldrecht nicht **eigene Abwicklungsregeln** enthalten, die dann – als insoweit modifiziert fortbestehender Rechtsgrund – der Kondiktion entgegenstehen. So kann das Bereicherungsrecht im Falle des Rücktritts vom Vertrag neben den §§ 346 ff. nicht zur Anwendung kommen.[735] Für den Wegfall der Geschäftsgrundlage enthält § 313 ebenfalls ein eigenes Rechtsfolgenregime.

Im Bereich vertraglicher Schuldverhältnisse fehlt der Rechtsgrund, wenn ein solches 340 Schuldverhältnis zwischen den Parteien **nicht vereinbart** worden ist. Dies ist etwa der Fall beim Handeln eines Vertreters ohne Vertretungsmacht. Ist ein Mietvertrag nicht zustande gekommen und bei Vorenthaltung der Mietsache § 546a nicht anwendbar, können Bereicherungsansprüche in Betracht kommen, sofern auch §§ 987 ff. nicht eingreifen.[736] Der Rechtsgrund fehlt des Weiteren, wenn zwar ein Schuldverhältnis vereinbart wurde, das **Gesetz** der Vereinbarung aber die **Anerkennung verweigert** (Gesetzes-/Sittenwidrigkeit, Dissens, Formmangel, fehlende Geschäftsfähigkeit etc.). Im Bereich gesetzlicher Schuldverhältnisse fehlt der Rechtsgrund, wenn das Schuldverhältnis nicht bestand: Wer Schadensersatz aus unerlaubter Handlung leistet, ohne dazu verpflichtet zu sein, kann das Geleistete nach § 812 Abs. 1 S. 1 Alt. 1 zurückfordern. Der Rechtsgrund fehlt außerdem – unabhängig von der Natur des Kausalverhältnisses – bei Leistung an den **falschen Gläubiger**.

Wenn ein Mieter eine **Betriebskostennachforderung** begleicht, obwohl diese gemäß 341 § 556 Abs. 3 S. 3 wegen **Versäumung der Abrechnungsfrist** (§ 556 Abs. 3 S. 2) ausgeschlossen ist, liegt hierin eine Erfüllungsleistung **ohne Rechtsgrund.** Der Mieter kann die Zahlung daher mit Hilfe der Leistungskondiktion zurückverlangen. Die Abrechnungsfrist stellt eine materielle Ausschlussfrist dar. Ihre Versäumung begründet zugunsten des Mieters eine rechtsvernichtende Einwendung und keine Einrede. Deshalb ist der Bereicherungsanspruch nicht in entsprechender Anwendung des § 214 Abs. 2 S. 1 ausgeschlossen.[737]

Wenn jemand iS des **§ 315 Abs. 1** befugt ist, die von dem anderen Vertragsteil zu 342 erbringende Leistung einseitig festzusetzen, und die von ihm getroffene Leistungsbestimmung **nicht der Billigkeit entspricht,** fehlt einer gleichwohl erbrachten Leistung des Schuldners von Anfang an der Rechtsgrund; der Schuldner kann folglich das Geleistete nach § 812 Abs. 1 S. 1 Alt. 1 zurückfordern.[738] Dies folgt aus der in § 315 Abs. 3 S. 1 getroffenen Anordnung, wonach die unbillige Leistungsbestimmung für den Schuldner unverbindlich ist. Die unbillige Leistungsbestimmung ist damit als von Anfang an unwirksam zu betrachten. Dem steht nicht entgegen, dass die Leistungsbestimmung in diesem Fall durch Urteil getroffen wird (§ 315 Abs. 3 S. 2). Diese Vorschrift zwingt den Schuldner nicht, zunächst zu leisten und dann auf eine richterliche Umgestaltung der Leistungsbestimmung zu hoffen. Das richterliche Urteil füllt lediglich das Vakuum, das durch die Unverbindlichkeit der vom Gläubiger gesetzten Leistungsbestimmung entstanden ist.

---

[733] So zutr. *v. Caemmerer*, FS Rabel, 1954, S. 333, 343 f.
[734] Zur Sonderproblematik des Rechtsgrundes bei Anfechtungstatbeständen BGH NJW 2000, 2022.
[735] Vgl. nur Vor § 346 RdNr. 2 ff.
[736] BGH NJW-RR 2000, 382.
[737] BGH NJW 2006, 903 f.
[738] *Hempel* ZIP 2007, 1196, 1197.

343 Wenn jemand durch **einstweilige Anordnung/Verfügung** eines Gerichts zur Leistung verurteilt wird, stellt der so getroffene gerichtliche Leistungsbefehl keinen Rechtsgrund dar, kraft dessen der Empfänger das Erlangte behalten darf; dies auch nicht übergangsweise für den Zeitraum, da die einstweilige Regelung in Kraft war. Der Anordnungs-/Verfügungsgegner kann daher das Geleistete herausverlangen, wenn später in einem Hauptsacheverfahren geklärt wird, dass der einstweilig titulierte Anspruch nicht bestand.[739] Gleiches gilt sogar bei endgültig titulierten Ansprüchen, wenn auf einen solchen Anspruch Leistungen erbracht werden oder wegen eines solchen Anspruchs vollstreckt wird, obwohl zwischenzeitlich Umstände eingetreten sind, auf die der Schuldner die Vollstreckungsabwehrklage hätte stützen können.[740] Dagegen können Leistungen aufgrund eines gerichtlichen Unterhaltsvergleichs für die Vergangenheit nicht zurückgefordert werden.[741] Entfällt nach Vergleich rückwirkend auch die Rechtsgrundlage für ein bereits beigetriebenes Zwangsgeld, kann dieses herausverlangt werden.[742]

344 Nach der Rechtsprechung des **BAG** fehlt den beiderseits erbrachten Leistungen der Rechtsgrund, wenn ein **Arbeitnehmer** aufgrund gerichtlicher Anordnung während des Kündigungsschutzprozesses **weiterbeschäftigt** wird und sich die Kündigung hernach als wirksam herausstellt. Auf dem Boden dieser Annahme richten sich die beiderseitigen Ansprüche nach Bereicherungsrecht.[743] Dies bedeutet, dass der Arbeitnehmer ein Entgelt für die von ihm geleistete Tätigkeit gemäß § 818 Abs. 2 nur im Rahmen des Üblichen verlangen kann. Zweifelhaft erscheint bereits, ob der Arbeitnehmer unter dem Gesichtspunkt des § 812 Abs. 1 S. 1 Alt. 1 anteilige Urlaubsansprüche bzw. Urlaubsabgeltung geltend machen kann. In jedem Fall fehlt es für eine Lohnfortzahlung im Krankheitsfall an einer Anspruchsgrundlage.[744] Nach hier vertretener Ansicht besteht das Arbeitsverhältnis entsprechend § 102 Abs. 5 BetrVG solange fort, als die einstweilige Verfügung, die den Arbeitgeber zur Weiterbeschäftigung verpflichtet, Bestand hat (näher § 818 RdNr. 85).

345 Die Eröffnung des **Insolvenzverfahrens** ändert zwar nichts daran, dass die Ansprüche der Gläubiger materiellrechtlich in voller Höhe bestehen bleiben. Dieser Umstand gewährt dem einzelnen Gläubiger jedoch nicht das Recht, Zahlungen aus der Masse zu behalten, die ihm nach den Vorschriften des Insolvenzrechts nicht zustehen.[745] Wenn daher ein Insolvenzgläubiger mehr erhält, als es der auf ihn entfallenden Quote entspricht, oder wenn gar eine gewöhnliche Insolvenzforderung irrtümlich als Masseforderung behandelt wird, muss der Insolvenzgläubiger dasjenige, was er zuviel erhalten hat, nach § 812 Abs. 1 S. 1 Alt. 1 wieder an die Masse herausgeben. Wenn das Gericht im Vorgriff auf ein drohendes Insolvenzverfahren Sicherungsmaßnahmen nach § 21 InsO verhängt, insbesondere ein allgemeines Verfügungsverbot nach § 21 Abs. 2 Nr. 2 InsO und/oder ein Verbot der Einzelvollstreckung nach § 21 Abs. 2 Nr. 3 InsO, so sind Beträge, die nach Wirksamwerden dieser Verbote an einen Gläubiger fließen, ohne Rechtsgrund geleistet und können daher vom vorläufigen Insolvenzverwalter herausverlangt werden.[746]

346 **2. Nichtleistungskondiktion.** Bei der **Eingriffskondiktion** scheidet ein vertraglicher Rechtsgrund denknotwendig aus. Denn wenn der Rechtsinhaber den Eingriff vertraglich gestattet, liegt hierin eine Leistung des Rechtsinhabers; bei Nichtigkeit des Vertrags ist folglich die Leistungskondiktion gegeben. Ein Rechtsgrund kann nur noch auf Gesetz beruhen. Im Fall der Rangvertauschung wird § 879 als gesetzlicher Rechtsgrund diskutiert (RdNr. 290 ff.). Im Fall der Ersitzung ist diskutiert worden, ob das so erworbene Eigentum

---

[739] Für die einstweilige Anordnung nach § 620 ZPO BGHZ 93, 183; BGH FamRZ 1984, 767, 768; NJW 1992, 2415; *Schiebel* NJW-Spezial 2006, 55.
[740] BGHZ 83, 278, 280 f.
[741] BGH NJW-RR 1991, 1154, 1155 gegen OLG Köln NJW-RR 1989, 324.
[742] BAG NJW 1990, 2579, 2580.
[743] BAG AP Nr. 7 = § 611 Nr. 7 Weiterbeschäftigung; NJW 1993, 484.
[744] Vgl. dazu iE *Konzen*, FS Kim, 1995, S. 63 ff.
[745] OLG Brandenburg WM 2002, 974, 975.
[746] OLG Düsseldorf WM 1999, 843 f.

vom bisherigen Eigentümer nach § 812 herausverlangt werden kann.[747] Diese Frage entbehrt heute jeglicher praktischen Bedeutung.[748] Denn ein schuldrechtlicher Herausgabeanspruch verjährt nach § 199 Abs. 4 ohne Rücksicht auf die Kenntnis des Gläubigers in spätestens zehn Jahren. Ebenso lange dauert nach § 937 Abs. 1 die Ersitzungsfrist. In dem Moment, da der Eigenbesitzer Eigentum erwirbt, ist also immer auch ein etwaiger Bereicherungsanspruch verjährt. Im Übrigen ist festzuhalten, dass es bei Nichtleistungskondiktionen in aller Regel an einem Rechtsgrund fehlt.

Für die Frage der Rechtsgrundlosigkeit ist es **ohne Bedeutung**, ob die Handlung, die zum Rechtserwerb des Schuldners auf Kosten des Gläubigers führte, **rechtswidrig** war. Entscheidend ist vielmehr der schließlich eingetretene **Zustand**: Zu fragen ist, ob der Empfänger das Erlangte nach den allgemeinen Regeln der Güterzuordnung behalten darf.[749] Ist dies der Fall, so ist der Empfänger selbst dann vor Bereicherungsansprüchen geschützt, wenn er sich beim Erwerbsvorgang, etwa durch verbotene Eigenmacht, über die Rechtsordnung hinweggesetzt hat. Die Rechtsordnung reagiert auf die Rechtswidrigkeit des Handelns mit anderen Sanktionen, zB im Fall verbotener Eigenmacht mit Besitzschutzansprüchen nach §§ 861 f.

III. Verhältnis von Leistung und Rechtsgrund

Wenn zwar ein Kausalverhältnis besteht, die erbrachte Leistung aber **nicht zur Erfüllung geeignet** ist, ist grundsätzlich ein Bereicherungsanspruch gegeben.[750] Für diese Aussage muss nicht etwa der Gedanke der Zweckverfehlung bemüht werden.[751] Vielmehr reicht für die Annahme, dass die Leistung ohne Rechtsgrund geflossen ist, bereits die Einsicht hin, dass Anspruch und Leistung in diesen Fällen nicht kongruent sind: Der Empfänger konnte jedenfalls *diese* Leistung nicht beanspruchen und darf sie daher auch nicht behalten. Für den wichtigen Fall der Falschlieferung ist freilich § 434 Abs. 3 zu beachten. Danach steht die Falschlieferung der mangelhaften Lieferung gleich. Dies hat zu der streitigen Frage geführt, ob der Verkäufer die gelieferte Sache aus eigenem Antrieb zurückverlangen kann oder ob ihm dies Recht nur nach Maßgabe der §§ 439 Abs. 4, 346 Abs. 1 zusteht, also nur dann, wenn der Käufer Nacherfüllung verlangt und der Verkäufer diese tatsächlich erbringt.[752] Wenn der Empfänger die Leistungsabweichung genehmigt, führt dies nicht ohne weiteres dazu, dass er sie mit Rechtsgrund erlangt hat und behalten darf.[753] Dies gilt vielmehr nur dann, wenn das Angebot und die Annahme einer anderen als der ursprünglich geschuldeten Leistung dahin gedeutet werden darf, dass die Parteien das zugrunde liegende Kausalverhältnis durch Vertrag entsprechend geändert haben.

Einen Sonderfall der nicht zur Erfüllung geeigneten Leistung bildet die **Einzahlung** oder **Überweisung** auf das „**falsche Konto**" des Gläubigers: Wenn dieser mehrere Bankkonten unterhält und zuvor erklärt hat, dass er die Zahlung auf ein bestimmtes Konto wünsche, entbehrt die Zahlung des Schuldners auf ein anderes Konto des Rechtsgrundes. Der BGH begründet dieses Ergebnis mit der Überlegung, durch die Zahlung auf das falsche Konto werde der Erfüllungszweck nicht erreicht.[754] Diese Gedankenführung erinnert an die in RdNr. 336 ff. wiedergegebene und abgelehnte Lehre vom subjektiven Rechtsgrund. Das gefundene Ergebnis lässt sich auf dem Boden der objektiven Rechtsgrundtheorie wesentlich einfacher begründen: Die Leistung auf das falsche Konto war zur

---

[747] Näher dazu *Staudinger/Lorenz* Vor § 812 RdNr. 38.
[748] So auch Hk-BGB/*Eckert* § 937 RdNr. 3.
[749] Näher *Welker* S. 40 ff.; *Wilhelm* S. 99.
[750] *Staudinger/Lorenz* RdNr. 89; *Erman/Westermann/Buck-Heeb* RdNr. 46; RGRK/*Heimann-Trosien* RdNr. 77; *Medicus* BR RdNr. 689.
[751] So aber *H. P. Westermann* S. 204.
[752] Dazu näher § 434 RdNr. 41 sowie *Lettl* JuS 2002, 866, 869 f.; *Musielak* NJW 2003, 89 ff.; *Tiedtke/Schmitt* JZ 2004, 1092 ff.
[753] So aber 4. Aufl. RdNr. 176.
[754] BGH NJW 1985, 2700.

§ 812 350–353 Abschnitt 8. Titel 26. Ungerechtfertigte Bereicherung

Erfüllung nicht geeignet. Sie war daher nicht geschuldet; für sie bestand folglich auch objektiv kein Rechtsgrund.[755]

350   Bei **Anweisungsleistungen** und den ihr gleichstehenden Dreiecksverhältnissen richtet sich die Beantwortung der Frage nach der Rechtsgrundlosigkeit danach, ob es gelingt, die Leistung auf die zwischen den Beteiligten bestehenden Kausalbeziehungen, also auf Deckungs- und Valutaverhältnis, zu beziehen. Ist dies der Fall, kommt es auf das Bestehen des Rechtsgrundes in den **jeweiligen Kausalverhältnissen** an.[756] Scheitert die Zurechnung und ist infolgedessen die Direktkondiktion grundsätzlich zulässig, so wird der Bereicherungsanspruch in aller Regel durchgreifen, da zwischen dem Leistenden und dem Empfänger ein rechtfertigendes Kausalverhältnis nicht besteht. Bei **Drittzahlungen** gemäß § 267 kommt es darauf an, ob ein Rechtsgrund zwischen Schuldner und Empfänger besteht.[757]

IV. Wegfall des Rechtsgrundes

351   **1. Grundsatz.** Nach § 812 Abs. 1 S. 2 Alt. 1 besteht ein Bereicherungsanspruch auch dann, wenn jemand etwas zunächst mit Rechtsgrund erlangt hatte, der rechtliche Grund aber später wegfällt. Dabei besteht gelegentlich Unklarheit, wann von einem ursprünglich fehlenden und wann von einem später weggefallenen Rechtsgrund auszugehen ist. Diese Frage kann man etwa im Falle einer wirksamen Anfechtung stellen: Diese führt nach § 142 Abs. 1 zur rückwirkenden Nichtigkeit des Vertrags. Es besteht Streit darüber, ob diese Rückwirkung auch im Bereicherungsrecht zu beachten ist oder nicht; wenn ja, führt die Anfechtung dazu, dass der Rechtsgrund von Anfang an gefehlt hat;[758] wenn nein, führt die Anfechtung lediglich zum Wegfall des Rechtsgrundes.[759]

352   **2. Beispiele.** Der Wegfall des Rechtsgrundes erlangt **hauptsächlich** im Bereich der **Leistungskondiktion** Bedeutung. Im Kontext vertraglicher Schuldverhältnisse fällt der Rechtsgrund zB weg, wenn ein Dauerschuldverhältnis durch Kündigung beendet wird,[760] wenn ein Vertrag einvernehmlich aufgehoben wird oder wenn eine auflösende Bedingung eintritt.[761] Wenn der Insolvenzverwalter die Erfüllung eines gegenseitigen Vertrags ablehnt (§ 103 InsO), begründet dies hinsichtlich der bereits erbrachten Leistungen ebenfalls den Wegfall des Rechtsgrundes.[762] Leistungen, die in Unkenntnis des Umstandes erbracht wurden, dass der Vertrag, zu dessen Erfüllung geleistet wurde, schwebend unwirksam ist, können nach Ansicht des BGH sofort herausverlangt werden.[763]

353   **3. Beiträge zur Errichtung und Instandhaltung fremder Immobilien. a) Baukostenzuschüsse.** Im Mietrecht über Räume finden sich häufig Absprachen des Inhalts, dass der Mieter sich an den Kosten der Errichtung oder Sanierung des Mietobjekts beteiligt und die so erbrachte Leistung für einen bestimmten Zeitraum auf die zu zahlende Miete angerechnet wird (sog. **Baukostenzuschuss**). Wenn das Mietverhältnis endet, bevor der Zeitraum abgelaufen ist, innerhalb dessen der Zuschuss auf die Miete angerechnet wird, darf der Vermieter denjenigen **Teil des Zuschusses,** der noch **nicht „abgewohnt"** ist, **nicht behalten.** Es handelt sich hierbei um einen Fall des § 812 Abs. 1 S. 2 Alt. 1: Hinsichtlich des nicht „abgewohnten" Teils ist der Rechtsgrund für die Leistung des Baukostenzuschusses weggefallen.[764]

---

[755] *Kupisch* NJW 1987, 2494, 2496.
[756] AllgM, vgl. etwa nur *Staudinger/Lorenz* RdNr. 49 und 50.
[757] Ebenfalls allgM, *Staudinger/Lorenz* RdNr. 42.
[758] IdS *Soergel/Mühl* RdNr. 184; *Staudinger/Lorenz* RdNr. 88.
[759] IdS *Palandt/Sprau* RdNr. 77; *RGRK/Heimann-Trosien* RdNr. 82.
[760] BGHZ 29, 171, 174; BGH NJW 1967, 2255; 1972, 827 Nr. 4.
[761] RG WarnR 1921 Nr. 43; Recht 1922 Nr. 1399; BGH NJW 1952, 1171; MDR 1959, 658.
[762] RGZ 135, 167, 172; BGHZ 15, 333, 335; 68, 379, 381; ebenso *Erman/Westermann/Buck-Heeb* RdNr. 48.
[763] BGHZ 65, 123, 126 f.
[764] *Larenz/Canaris* II/2 § 68 I 2 c, S. 148 f.

Demgegenüber hat die **Rechtsprechung** die Auffassung vertreten, eine **Bereicherung** 354 **des Vermieters** sei **nur insoweit** gegeben, als dieser nach Beendigung des Mietvertrags **vom Nachmieter Zahlungen erlangen könne,** die über den vom **bisherigen** Mieter gezahlten **Mietzins hinausgingen.**[765] Hintergrund dieser Auffassung ist die These, dass der Vermieter iS des § 812 die vorzeitige Wiedereinräumung der Nutzungsmöglichkeit „erlange". Diese Bestimmung des Erlangten **überzeugt nicht:**[766] Die vorzeitige Nutzungsmöglichkeit erlangt der Vermieter infolge der Beendigung des Mietverhältnisses; diese stellt aber keine Leistung des Mieters dar. Das Erlangte besteht vielmehr in Geld, und zwar in den noch zu verrechnenden, dh. noch nicht „abgewohnten" Teilbeträgen der ursprünglichen Vorausleistung.[767] Die Beschränkung des Bereicherungsanspruchs des Mieters auf die vom Vermieter erzielbare Mietdifferenz kann daher allenfalls unter dem Aspekt des eventuellen Wegfalls der Bereicherung gewürdigt werden.[768] Aber dieser Wegfall ist zweifelhaft: Die Vorleistung des Mieters ist ins Vermögen des Vermieters geflossen und hat dort – jedenfalls bei bestimmungsgemäßer Verwendung – zu Werterhöhungen geführt, bezüglich derer ein Wegfall der Bereicherung nicht feststellbar ist. Sie bringt dem Vermieter lediglich nicht den Nutzen ein, wie ihn der Vertrag mit dem bisherigen Mieter mit sich gebracht hätte. Dieses Verwendungsrisiko geht indes den Mieter nichts an.[769]

Im Mietrecht ist freilich die **besondere Regelung** des § 547 zu beachten: Baukosten- 355 zuschüsse stellen eine Vorausleistung auf die Miete dar. Die Herausgabepflicht richtet sich nach § 547 Abs. 1 S. 2 nur dann nach Bereicherungsrecht, wenn der Vermieter die Beendigung des Mietverhältnisses nicht zu vertreten hat; hat er die Beendigung zu vertreten, ist er nach § 547 Abs. 1 S. 1 uneingeschränkt zur Herausgabe verpflichtet.

Was den **Umfang** der Herausgabepflicht angelangt, steht der BGH auf dem Standpunkt, 356 dass der Vermieter den Betrag, um den er bereichert sei, sofort in einer Summe zu erstatten habe.[770] Dem wird im Schrifttum mit Recht entgegengehalten, dass der Vermieter den Zuschuss im berechtigten Vertrauen auf die Beständigkeit des Erwerbs investiert hat und ihm der Betrag daher – auch anteilig – nicht liquide zur Verfügung steht. Der Vermieter ist daher durch § 818 Abs. 3 mit der Folge geschützt, dass er den Zuschuss nur nach Maßgabe der ursprünglichen Verrechnungsabrede herauszugeben hat.[771]

Besonderer Betrachtung bedürfen **verlorenen Zuschüsse,** dh. solche, für die sich 357 keine Abrede des Inhalts feststellen lässt, dass sie mit künftigen Mieten verrechnet werden sollen. Verbreitet wird hier die Zweckverfehlungskondiktion für einschlägig gehalten.[772] Dem steht jedoch entgegen, dass der Mieter bezüglich der Vorleistung eine echte vertragliche Verpflichtung übernommen hatte;[773] es bestand also ein vollständig ausgeformter Rechtsgrund. Die Schwierigkeit besteht in diesen Fällen darin, dass keine Vereinbarung existiert, aus der sich ableiten ließe, auf welchen Zeitraum des Mietverhältnisses sich der Zuschuss bezieht. Daher wird § 812 Abs. 1 S. 2 Alt. 1 teilweise für unanwendbar gehalten.[774] Stattdessen sollen die Regeln über den Wegfall der Geschäftsgrundlage (§ 313) heranzuziehen sein. Diese sollen es ermöglichen, auch den verlorenen Zuschuss auf die beabsichtigte Vertragsdauer zu beziehen und dementsprechend Rück-

---

[765] BGHZ 29, 289, 291 ff.; BGH NJW 1959, 872; WM 1960, 497; NJW 1967, 2255; WM 1967, 851; NJW 1972, 827; ebenso RGRK/*Heimann-Trosien* RdNr. 82.
[766] Ebenso *Larenz/Canaris* II/2 § 68 I 2 c, S. 148 f.; *Reuter/Martinek* § 5 II 2, S. 142 f.
[767] Im Bereich des § 557 a aF ergibt sich dies bereits daraus, dass es sich hier nach BGHZ 54, 347, 351 = NJW 1970, 2289 nur um eine Rechtsfolgenverweisung handeln soll (zust. *Staudinger/Sonnenschein* [1995] § 557 a RdNr. 30).
[768] *Wunner* NJW 1966, 2285, 2288.
[769] Zum gesamten Problemkreis *Frotz* AcP 164 (1964), 309.
[770] BGHZ 56, 285, 287 f.
[771] Wie hier *Larenz/Canaris* § 72 IV 4 a, S. 292 f.
[772] IdS *Frotz* AcP 164 (1964), 309, 326 ff.; *Staudinger/Emmerich* (1995) Vor §§ 535, 536 RdNr. 246; nach *Staudinger/Rolfs* (2006) § 547 RdNr. 11 sind verlorene Zuschüsse ohne nähere Kategorisierung nach den „§§ 812 ff." abzuwickeln.
[773] Bedenken auch bei *Staudinger/Lorenz* RdNr. 102 aE.
[774] 4. Aufl. RdNr. 191.

zahlungsansprüche zu gewähren.[775] Indes ist nicht einzusehen, warum mit Hilfe der Grundsätze über den Wegfall der Geschäftsgrundlage die maßgebliche Zeitdauer besser soll bestimmt werden können; wenn sie bestimmbar ist, steht auch einem Bereicherungsanspruch wegen Wegfalls des Rechtsgrundes nichts entgegen.[776]

358 b) **Ausbauleistungen und Sanierungsbeiträge.** Ungeachtet des § 547 hat die Rückabwicklung von Baukostenzuschüssen, Ausbauleistungen und Sanierungsbeiträgen unter dem Gesichtspunkt des **§ 812 Abs. 1 S. 2 Alt. 1** nicht an praktischer Bedeutung verloren. Sie ist vielmehr nach wie vor **in folgenden Fällen einschlägig:** (1.) bei unentgeltlichen Gebrauchsüberlassungsverträgen; (2.) bei Arbeiten des Mieters am Mietobjekt, die nicht als Vorauszahlung auf die Miete anzusehen sind; (3.) bei Arbeiten an fremden Immobilien, die von vornherein nicht im Kontext eines Gebrauchsüberlassungsvertrags stehen.

359 Ad (1.): Wenn jemand in der Erwartung, **unbefristet** und **unentgeltlich** in einer Wohnung verbleiben zu dürfen, in Absprache mit dem Eigentümer dieser Wohnung Ausbauleistungen erbringt, kann den Wert dieser Leistung ersetzt verlangen, wenn er vorzeitig auszieht und der Eigentümer daraufhin einen Mietvertrag mit einem Dritten schließt.[777] Diese Aussage ist nicht auf Realleistungen beschränkt, sondern beansprucht auch für Geldleistungen Geltung: Unter den gleichen Voraussetzungen wie den soeben beschriebenen wären beim Leihvertrag über Immobilien Baukostenzuschüsse des Entleihers nach § 812 Abs. 1 S. 2 Alt. 1 zu erstatten.

360 Ad (2.): Der Mieter, der kraft eines auf längere Zeit abgeschlossenen Mietverhältnis **entschädigungslos Leistungen für das Mietobjekt** erbringt, kann diese nach § 812 Abs. 1 S. 2 Alt. 1 zurückfordern, wenn das Mietverhältnis vorzeitig endet.[778] Es handelt sich hierbei um eine Verwendungskondiktion, wenn der Mieter die Arbeiten am Mietobjekt im eigenen Interesse vornimmt, dagegen um eine Leistungskondiktion wegen Wegfall des Rechtsgrundes, wenn der Mieter die Leistungen im Interesse des Vermieters erbringen und damit dessen Vermögen zweckgerichtet mehren sollte. Wenn der Mieter kraft einer Gestattung durch den Vermieter Ausbauleistungen erbringt und dabei keinerlei Abrede getroffen wird, dass die Kosten dieser Maßnahme mit der Miete verrechnet werden sollen, sind freilich die Grundsätze, die für Baukostenzuschüsse entwickelt wurden, nicht ohne weiteres anwendbar:[779] Ohne konkrete Anhaltspunkte im Mietvertrag oder in den begleitenden Absprachen der Parteien kann bei Realleistungen, anders als dies bei Geldzahlungen der Fall ist, gerade nicht davon ausgegangen werden, dass sie im Vorgriff auf die Miete erbracht werden. Zusammenfassend kann also festgehalten werden: Baukostenzuschüssen wohnt regelmäßig auch ohne besondere Vereinbarung die Abrede inne, dass sie Vorausleistungen auf die Mieter darstellen und über einen (ggf. durch Auslegung zu ermittelnden) Zeitraum mit der Miete verrechnet werden sollen. Der Vermieter erhält durch derartige **Geldleistungen** des Mieters im Voraus jene Liquidität, für deren Erwerb er sonst eine höhere Miete verlangen müsste. Bei Ausbau- und Sanierungsarbeiten, also bei **Realleistungen,** entspricht eine solche Einordnung im Zweifel nur dem Parteiwillen, wenn der Mieter dem Vermieter gegenüber zur Vornahme dieser Arbeiten verpflichtet ist und daher iS des § 812 eine Leistung an den Vermieter erbringt.

361 Ad (3.): Eine Herausgabepflicht unter dem Gesichtspunkt des weggefallenen Rechtsgrundes bestand in folgendem Fall: Jemand hatte den Zuschlag für die Belieferung eines Hotelbetriebs mit Bier für fünf Jahre erhalten und sich im Gegenzug verpflichtet, Räume innerhalb dieses Hotels auszubessern, ohne dafür ein gesondertes Entgelt verlangen zu können. Der Bierlieferungsvertrag endete vorzeitig. Der Hotelbetreiber hatte daher dem

---

[775] 4. Aufl. RdNr. 191.
[776] Im Ergebnis ebenso *Larenz/Canaris* II/2 § 68 I 2 c, S. 147 ff.; grds. auch *Reuter/Martinek* § 5 II 2, S. 143.
[777] BGHZ 111, 125, 128 ff.; im Ergebnis zust., in der Begr. abw. *Larenz/Canaris* II/2 § 68 I 2 c, S. 149 f.
[778] BGH WM 1996, 1265, 1266; NJW 2001, 727 (LS); NJW-RR 2006, 294, 295.
[779] Im Ergebnis ebenso OLG Stuttgart vom 17. 4. 2008, 13 U 213/07, BeckRS 2008, 7789 Tz. 23 f.

Grunde nach den Wert der Instandsetzungsarbeiten zu ersetzen.[780] In diesem Fall ging es von vornherein **nicht** um ein **Gebrauchsüberlassungsverhältnis**. § 547 konnte daher nicht zur Anwendung gelangen; der Weg war mithin frei für das Bereicherungsrecht.

4. Disagio. Wenn jemand ein Darlehen aufnimmt und neben dem Zins ein Disagio entrichten muss, handelt es sich häufig um einen **im Voraus entrichteten Zinsanteil**. Wenn der Darlehensnehmer das Recht hat, das Darlehen vorzeitig zurückzuführen, und von diesem Recht Gebrauch macht, ist hinsichtlich jenes Teils des Disagios, das auf die (nicht mehr in Anspruch genommene) Restlaufzeit des Darlehens entfällt, der Rechtsgrund weggefallen. Der Darlehensnehmer kann den betreffenden Teil des Disagios daher nach § 812 Abs. 1 S. 2 Alt. 1 herausverlangen.[781] Die Vertragsauslegung kann freilich im Einzelfall ergeben, dass dem Disagio gerade nicht die Funktion vorweg entrichteter Zinsen zukommt. So liegt es bei zinsverbilligten Krediten aus öffentlichen Förderprogrammen: Wenn das Disagio nach der Gesamtkonstruktion des Vertrags nicht beim Kreditinstitut verbleiben, sondern an diejenige öffentliche Stelle abgeführt werden soll, welche das Förderprogramm aufgelegt hat, stellt es gerade kein verschleiertes Entgelt für die Kapitalüberlassung dar und muss daher auch nicht nach § 812 Abs. 1 S. 2 Alt. 1 an den Darlehensnehmer zurückgezahlt werden, wenn dieser das Darlehen vorzeitig zurückführt.[782] Wenn ein Darlehen vom Darlehensgeber wegen schuldhafter Pflichtverletzung vorzeitig fällig gestellt wird, darf der Darlehensgeber das unverbrauchte Disagio selbst dann behalten, wenn dieses den Charakter eines verschleierten Zinses trägt. Hätte nämlich der Darlehensnehmer nicht die Kündigung des Darlehens pflichtwidrig provoziert, wäre das Disagio ebenfalls vollständig beim Darlehensgeber verblieben.[783] Wenn der Darlehensnehmer, ohne zur vorzeitigen Kündigung berechtigt zu sein, die sofortige Rückführung des Kredits wünscht, darf die Bank die Zustimmung davon abhängig machen, dass das Disagio vollständig bei ihr verbleibt.[784]

V. Beweislast

1. Leistungskondiktion. Nach dem Wortlaut des § 812 gehört die Frage, ob dem Vermögenszufluss der Rechtsgrund fehlt, zum Tatbestand des Bereicherungsanspruchs. Daraus wird für die Leistungskondiktion mit Recht der Schluss gezogen, dass der **Bereicherungsgläubiger** das **Fehlen des Rechtsgrundes zu beweisen hat**.[785] Dies gilt nach Ansicht des BGH auch für Rechtsgründe, die der Empfänger zur Verteidigung gegen die Herausgabepflicht hilfsweise vorträgt.[786] Der Bereicherungsgläubiger soll allerdings nicht gehalten sein, alle theoretisch in Betracht kommenden Rechtsgründe auszuschließen, sondern sich darauf beschränken dürfen, die vom Empfänger geltend gemachten Rechtsgründe auszuräumen.[787] Zahlungen „ohne Anerkennung einer Rechtspflicht" sollen die Beweislast in der Regel nicht ändern.[788] Wurde aber eine Zahlung lediglich als Abschlag oder Voraus-

---

[780] BGHZ 29, 171, 173 ff.
[781] BGHZ 111, 287, 290; BGH WM 1993, 2003, 2004; JZ 1997, 513; *Einsele* JZ 1997, 514, 515.
[782] BGH WM 1992, 1058, 1059; JZ 1994, 107, 108; OLG Hamm WM 1992, 184, 185 f.; *Batereau/Koppers* WM 1992, 174, 175 f.
[783] BGH JZ 1997, 513 f.
[784] BGH JZ 1997, 513, 514.
[785] BGHZ 128, 167, 171; BGH NJW 1983, 220, 221; 1983, 626; 1990, 392, 393; NJW-RR 1991, 574, 575; 1995, 130, 131; 1995, 916, 917; NJW 1999, 2887; 2003, 1039; NJW-RR 2004, 556; OLG Düsseldorf NJW-RR 1988, 1536; OLG Köln VersR 1989, 1073; NZV 1990, 466, 467; NJW 1993, 939; OLG Rostock NZBau 2007, 707, 708; OLG Schleswig MDR 1982, 317, 318; AnwK-BGB/*v. Sachsen Gessaphe* RdNr. 203; *Erman/Westermann/Buck-Heeb* RdNr. 90; *Laumen* BGHR 2007, 267; *Mankowski* CR 2004, 185, 188; PWW/*Leupertz* RdNr. 109; RGRK/*Heimann-Trosien* RdNr. 120; Staudinger/*Lorenz* RdNr. 92.
[786] BGH NJW 1982, 626, 627; 1990, 392, 393; NJW-RR 1991, 574, 575; 1995, 130, 131; 2004, 556; ebenso AnwK-BGB/*v. Sachsen Gessaphe* RdNr. 203; *Bamberger/Roth/Wendehorst* RdNr. 272.
[787] BGH NJW 1982, 626; NJW-RR 1991, 574, 575; 1995, 130, 131; 1996, 1211 f.; 2004, 556; OLG Düsseldorf NJW-RR 1988, 1536; ebenso Erman/*Westermann/Buck-Heeb* RdNr. 90; *Mankowski* CR 2004, 185, 188; *Reuter/Martinek* § 25 II, S. 757.
[788] BGH NJW-RR 1992, 1214, 1216.

zahlung für eine noch festzustellende Schuld geleistet, so hat nach Ansicht des BGH der Empfänger das Bestehen der Forderung zu beweisen, wenn der Leistende die Zahlung zurückfordert.[789]

364 Die Aussage, dass der Bereicherungsgläubiger das Fehlen eines Rechtsgrundes zu beweisen hat, ist für die Leistungskondiktion deshalb gerechtfertigt, weil der **Gläubiger** dem Schuldner das Erlangte **selbst** im Hinblick auf eine bestimmte kausale Verpflichtung **zur Verfügung gestellt** hat. Konsequent muss er dartun, dass entgegen seiner Annahme dieser Rechtsgrund nicht bestand oder in der Zwischenzeit weggefallen ist. Diese Regel gilt aber nach einer im Schrifttum vertretenen Ansicht[790] nur, wenn nach dem unstreitigen oder erwiesenen Sachverhalt ein bestimmter Rechtsgrund aufgezeigt wird, etwa ein bestimmter Vertrag: Dann könne der Gläubiger den Nachweis antreten, dass das so identifizierte Kausalverhältnis nicht oder nicht wirksam begründet worden sei. Wenn dagegen schon die Frage streitig sei, ob für den Vermögenszufluss irgendein denkbarer Grund bestehe, weshalb der Empfänger das Erlangte sollte behalten dürfen, so müsse der Empfänger das Vorliegen eines Rechtsgrundes beweisen. Dieser Ansicht ist mit folgender Modifikation zuzustimmen: Wenn jemand eine Leistung zurückfordert, die er selbst erbracht hat, muss er erklären können, warum er sie erbracht hat. Er muss daher darlegen und beweisen, welche (für den Empfänger erkennbare!) Vorstellung er im Zeitpunkt der Leistung vom Kausalverhältnis hatte und dass eben dieses Kausalverhältnis nicht existierte. Wenn dann der Empfänger behauptet, das Erlangte kraft eines anderen Rechtsgrundes behalten zu dürfen, muss er den Beweis für diesen Rechtsgrund führen. Wenn jemand als Erbe oder Testamentsvollstrecker eine Leistung zurückfordert, die der Erblasser erbracht hat, ist er praktisch kaum in der Lage, die Vorstellung des Erblassers vom Kausalverhältnis nachzuzeichnen. In diesem Fall kann allein der Empfänger sich eine Wahrnehmung davon gebildet haben, warum ihm der betreffende Vorteil zugeflossen ist. In diesem Fall liegt die Darlegungs- und Beweislast ausschließlich beim Empfänger.

365 In der Rechtsprechung begegnen zahlreiche Fälle, die der ersten Kategorie **(bestimmter Rechtsgrund)** zuzuordnen sind. So trifft den Besteller die Beweislast, wenn er dem Unternehmer auf die Rechnungssumme einen Aufschlag gezahlt hat und diesen nunmehr mit der Behauptung zurückfordert, dieser Aufschlag sei nicht vereinbart gewesen.[791] Wenn jemand eine Leistung mit der Begründung zurückverlangt, diese sei nach verständiger Auslegung des zwischen den Parteien geschlossenen Vertrags nicht geschuldet, muss er diejenigen Tatsachen beweisen, welche die von ihm für zutreffend gehaltene Vertragsauslegung stützen.[792] Wer eine Grundschuld bestellt hat, muss beweisen, dass die zugrunde liegende Sicherungsabrede nicht getroffen oder nicht wirksam ist.[793] Die Beweislast trifft den Bereicherungsgläubiger auch in folgendem Fall: Jemand hatte sich gegenüber einem Gewerbetreibenden verpflichtet, diesem die Forderungen gegen jene Kunden abzukaufen, die bei ihm mit der Kreditkarte eines bestimmten Kartenunternehmens zahlten. Er hatte sodann in Erfüllung dieser Vereinbarung Zahlungen an den Gewerbetreibenden geleistet und forderte diese nunmehr mit der Begründung zurück, dass die Umsätze, die aus den eingereichten Belegen hervorgingen, nicht im Betrieb jenes Gewerbetreibenden getätigt worden sein könnten. Vermutet wurde, dass gefälschte Kreditkarten in Umlauf gegeben worden waren. Für die Behauptung, die Zahlungen seien durch missbräuchliche Verwendung der Kreditkarte beeinflusst gewesen, trug derjenige die Beweislast, der die Zahlungen geleistet hatte und nunmehr zurückforderte.[794]

366 Zur Fallgruppe des bestimmten Rechtsgrundes gehören auch durchweg jene Sachverhalte, in denen ein **Versicherer** Leistungen zurückfordert, die er an den Versicherungs-

---

[789] BGH NJW 1989, 161, 162; 1989, 1606, 1607; 2000, 1718, 1719; 2004, 2897; 2005, 2919, 2922.
[790] *Halfmeier*, liber amicorum E. Schmidt, 2005, S. 109, 127 ff.
[791] BGH NJW-RR 1991, 574, 575.
[792] BGH WM 1973, 1135, 1136; NJW-RR 1995, 916, 917.
[793] BGH NJW 1990, 392, 393.
[794] OLG Frankfurt NJW-RR 1996, 1328, 1329.

nehmer erbracht hat. Der Versicherer, der eine Zahlung zurückfordert, weil dem Versicherungsnehmer eine Obliegenheitsverletzung zur Last falle, hat diese Verletzung zu beweisen.[795] Ein Kfz.-Kaskoversicherer, der die gezahlte Kaskoentschädigung mit der Begründung zurückfordert, dem Versicherungsnehmer falle strafbare Unfallflucht zur Last, ist für diese Behauptung beweisbelastet.[796] Wenn der Kfz.-Kaskoversicherer wegen eines angeblichen Kfz.-Diebstahls Zahlungen an den Versicherungsnehmer geleistet hat und diese nunmehr zurückfordert, besteht Streit, ob er den vollen Nachweis erbringen muss, dass ein Diebstahl nicht stattgefunden hat. Hintergrund der Kontroverse ist der Umstand, dass dem Versicherungsnehmer im Rahmen des § 12 Nr. 1 Abs. 1 lit. b AKB Beweiserleichterungen zugebilligt werden: Er muss nur das Vorhandensein von Anzeichen beweisen, die mit hinreichender Wahrscheinlichkeit das äußere Bild eines Kfz.-Diebstahls ergeben.[797] In der obergerichtlichen Rechtsprechung war teilweise vertreten worden, dass diese Beweiserleichterung im Rückforderungsprozess des Versicherers reziprok anzuwenden sei: Der Kaskoversicherer sollte danach lediglich nachweisen müssen, dass es an dem äußeren Bild eines Kfz.-Diebstahls gefehlt habe oder dass eine erhebliche Wahrscheinlichkeit für einen fingierten Versicherungsfall bestehe.[798] Der BGH hat dieser Ansicht eine Absage erteilt und ausgesprochen, dass der Versicherer seine Zahlungen nur dann zurückfordern könne, wenn er zur vollen Überzeugung des Gerichts nachweise, dass ein Diebstahl nicht stattgefunden habe.[799]

Für die Fälle eines **unbestimmten Rechtsgrundes,** dh. in Fällen, in denen sich aus dem unstreitigen oder erwiesenen Sachverhalt kein denkbarer Behaltensgrund ergibt, sondern in denen ein solcher Grund vom Empfänger nur einseitig behauptet wird, befürwortet der BGH eine von der hier vertretenen Ansicht abweichende Verteilung der Darlegungs- und Beweislast: Den Empfänger, der einen Rechtsgrund für sich reklamiere, treffe zwar eine sekundäre Behauptungslast in dem Sinne, dass er substantiiert vortragen müsse, woraus er sein Recht ableite, das Erlangte zu behalten.[800] Bringe der Empfänger aber eine solch substantiierte Behauptung vor, so liege es am Bereicherungsgläubiger, diese zu widerlegen; dies gelte sogar dann, wenn der Empfänger eine Schenkung behaupte.[801] Gerade für die Schenkungsfälle stößt diese Rechtsprechung indes im Schrifttum auf Widerspruch: Die bloße Behauptung einer Schenkung dürfe nicht ausreichen, um dem Bereicherungsgläubiger die Beweislast für den fehlenden Rechtsgrund zuzuweisen: Aus der Schwäche des unentgeltlichen Erwerbs folge vielmehr, dass der angeblich Beschenkte die Schenkung beweisen müsse.[802] In jedem Fall treffe den Empfänger die Beweislast, wenn er als Rechtsgrund keine Handschenkung, sondern ein Schenkungsversprechen behaupte: Dann liege es am angeblich Beschenkten, zu beweisen, dass die Voraussetzungen für eine Heilung nach § 518 Abs. 2 eingetreten seien. Das setze wenigstens voraus, dass das Geleistete mit dem Willen des angeblichen Schenkers (also desjenigen, der nunmehr einen Bereicherungsanspruch geltend macht) in sein Vermögen geflossen sei.[803] Nach hier vertretener Ansicht kommt es für die Beweislast nicht auf den Rechtsgrund der Zuwendung an. Vielmehr sind dieselben Grundsätze, die in RdNr. 364 ganz allgemein für die Leistungskondiktion bei unbestimmtem Rechtsgrund skizziert wurden, auch auf die Schenkung anzuwenden: Wenn der (angebliche) Schenker selbst das Geleistete zurückfordert, muss er beweisen, dass er in der Vorstellung einer Schenkung geleistet hat, dass diese Vorstellung für den Empfänger erkennbar war und

---

[795] BGHZ 128, 167, 171; OLG Köln VersR 1989, 1073.
[796] OLG Köln VersR 1989, 1973 f.
[797] BGH VersR 1984, 29 und ständig; OLG Hamm VersR 1988, 1288; OLG Saarbrücken NJW 1989, 1679.
[798] OLG Hamm VersR 1988, 1288 f.; OLG Saarbrücken NJW 1989, 1670.
[799] BGH NJW 1993, 2678, 2679 f.; ebenso bereits OLG Köln NZV 1990, 466, 467; *Musielak* NZV 1990, 467, 468.
[800] BGH NJW 1999, 2887 f.; 2003, 1039, 1040; NJW-RR 2004, 556.
[801] BGH NJW 1999, 2887, 2888.
[802] *Wacke* ZZP 114 (2001), 77, 92 ff.; im gleichen Sinne bereits *ders.* AcP 191 (1991), 1, 12 f.; zust. *Schiemann* JZ 2000, 570, 571 f.; ähnlich auch *Böhr* NJW 2001, 2059, 2061.
[803] *Böhr* NJW 2001, 2059, 2060; *Schiemann* JZ 2000, 570, 571.

dass die Schenkung nicht wirksam zustande gekommen ist. Wenn der Erbe des angeblichen Schenkers das Geleistete zurückfordert, muss der Beschenkte das Vorliegen einer wirksamen Schenkung beweisen.

368 Wer rechtsgrundlos eine Verbindlichkeit eingeht und unter dem Gesichtspunkt der ungerechtfertigten Bereicherung Befreiung von dieser Verbindlichkeit verlangt (**§ 812 Abs. 2**), muss nach den soeben herausgearbeiteten Grundsätzen beweisen, dass das Kausalverhältnis, zu dessen Erfüllung die betreffende (neue) Verbindlichkeit begründet wurde, nicht existiert.[804] Derjenige, zu dessen Gunsten ein Schuldanerkenntnis begründet wurde und aus diesem Anerkenntnis vorgeht, muss zumindest nachvollziehbar zum Rechtsgrund vortragen, wenn der Schuldner diesen bestreitet und die Einrede aus § 821 erhebt.[805] Will der Empfänger sich gegen den Bereicherungsanspruch mit der Begründung wehren, die neue Verbindlichkeit sei mit dem Ziel begründet worden, bestimmte Einwendungen gegen die Forderung im Kausalverhältnis auszuschließen, so trifft ihn hierfür die Beweislast.[806]

369 Wer eine Leistung erbracht hat und das Geleistete nunmehr nach § 812 Abs. 1 S. 1 Alt. 1 zurückfordert, muss **nicht beweisen,** dass er sich in Bezug auf den Rechtsgrund im **Irrtum** befunden habe.[807] Das Gesetz hat einen solchen Irrtum nicht als positive Voraussetzung für den Bereicherungsanspruch normiert.[808] Vielmehr ergibt sich aus § 814, dass der Empfänger, der sich gegen die Herausgabepflicht mit der Begründung wehren möchte, der Leistende habe um den fehlenden Rechtsgrund gewusst, diese Behauptung seinerseits beeisen muss; denn jene Kenntnis führt nach § 814 zu einer rechtshindernden Einwendung gegen den Bereicherungsanspruch.

370 **2. Eingriffskondiktion.** Im Bereich der Nichtleistungskondiktion will ein Teil des Schrifttums ebenso dem Bereicherungsgläubiger die Beweislast für das Fehlen des Rechtsgrundes auferlegen.[809] Jedenfalls für den Bereich der Eingriffskondiktion überzeugt diese Ansicht indes nicht. Denn dort ist eine gänzlich abweichende Sachlage gegeben. Aus der Tatsache, dass der Empfänger in die geschützte Vermögenssphäre des Gläubigers eingegriffen hat, ergibt sich nämlich in aller Regel bereits, dass ihm der erlangte Vorteil rechtsgrundlos zugeflossen ist. Das Recht des Empfängers, das Erlangte behalten zu dürfen, stellt die rechtfertigungsbedürftige Ausnahme dar. Daher trifft den **Empfänger** die **Beweislast** für das **Bestehen eines Rechtsgrundes.**[810]

371 In der Rechtsprechung haben mehrfach Fälle Bedeutung erlangt, in denen jemand aufgrund einer ihm erteilten Vollmacht zum eigenen Vorteil Verfügungen über fremde Sparoder Girokonten getroffen hatte. Sofern man in diesen sog. **Selbstbedienungsfällen** eine Eingriffskondiktion für gegeben hält, folgt zwingend, dass derjenige, welcher die Verfügung über das Konto vorgenommen hat, die Beweislast dafür trägt, dass ihm der Verfügungsbetrag nach den Absprachen mit dem Kontoinhaber endgültig verbleiben sollte.[811] Aber selbst wenn man in diesen Fällen die Leistungskondiktion für einschlägig erachtet,[812] folgt kein anderes Ergebnis: Die Befugnis, über ein fremdes Konto zu verfügen, ist die begründungsbedürftige Ausnahme. In diesem Sinne haben denn auch durchweg die Gerichte entschieden: Wenn von einem Sparbuch Geld abgehoben wird, das unstreitig ursprünglich einem anderen zustand, muss der Abhebende seine Behauptung beweisen, der ursprüngliche Inhaber habe ihm das Sparbuch oder jedenfalls den abgehobenen Betrag geschenkt.[813] Ebenso trägt

---

[804] So auch OLG Köln OLGR 2005, 17, 18.
[805] OLG Köln OLGR 2003, 157, 158.
[806] So schon 4. Aufl. RdNr. 396.
[807] *Reuter/Martinek* § 25 II, S. 757 f.
[808] *Koch* S. 126 f.
[809] *Staudinger/Lorenz* RdNr. 92.
[810] OLG Köln NJW 1993, 939; *Halfmeier,* liber amicorum E. Schmidt, 2005, S. 109, 114; für den Fall eines „eher fern liegenden Rechtsgrund[es]" auch *Bamberger/Roth/Wendehorst* RdNr. 272.
[811] IdS *Halfmeier,* liber amicorum E. Schmidt, 2005, S. 109, 115 f.
[812] So wohl OLG Köln NJW 1993, 939.
[813] RG JW 1913, 30 Nr. 18; BGH NJW 1986, 2107, 2108; OLG Bamberg ZEV 2004, 207, 208.

jemand, der gestützt auf eine Bankvollmacht Beträge vom Konto des Vollmachtgebers abgehoben hat, die Beweislast für seine Behauptung, er habe mit der Abhebung ein formnichtiges Schenkungsversprechen des Vollmachtgebers mit dessen Willen vollzogen.[814] Wenn jemand mittels einer Vollmacht von einem fremden Konto Geld an einen eigenen Gläubiger überweist, trifft ihn die Beweislast, dass der Kontoinhaber ihm den Überweisungsbetrag geschenkt hat.[815]

Beim **Prätendentenstreit** um die **Freigabe hinterlegter Beträge** hat das OLG Düsseldorf demjenigen, der die Freigabe zu seinen Gunsten verlangt, die Beweislast dafür auferlegt, dass ihm am hinterlegten Betrag das bessere Recht zusteht (im konkreten Fall: dass die Forderung, die durch Hinterlegung getilgt wurde, zu seinen Gunsten gepfändet war, bevor sie an den anderen Prätendenten abgetreten wurde). Das Gericht hat diese These auf den Rechtssatz gestützt, dass der Bereicherungsgläubiger die Beweislast für die Rechtsgrundlosigkeit des Vermögenszuflusses beim Empfänger trage.[816] Das Ergebnis trifft zu; die dafür gegebene Begründung setzt aber am falschen Tatbestandsmerkmal an: Wenn man den Bereicherungsanspruch des berechtigten Prätendenten auf § 812 Abs. 1 S. 1 Alt. 2 stützt, betrifft die Frage, wem das bessere Recht am Hinterlegungsbetrag zusteht, bereits das Merkmal „auf Kosten": Der nicht oder schwächer berechtigte Prätendent hat die Blockadeposition im Hinterlegungsverfahren auf Kosten des besser berechtigten Prätendenten erlangt. Die Beweislast für die Frage, ob jemand auf Kosten eines anderen bereichert ist, trifft aber ohne weiteres immer den Bereicherungsgläubiger. Nichts anderes gilt, wenn man den Bereicherungsanspruch des besser berechtigten Prätendenten mit der hier vertretenen Ansicht auf § 816 Abs. 2 stützt (näher § 816 RdNr. 79): Dann muss der Prätendent, der vom anderen die Freigabe des hinterlegten Betrags verlangt, beweisen, dass er selbst der „Berechtigte" an der Forderung war, die durch Hinterlegung getilgt wurde.

E. Die Zweckverfehlungskondiktion

I. Tatbestandsmerkmale

1. Leistung. Die Zweckverfehlungskondiktion stellt bereits nach dem Wortlaut des § 812 Abs. 1 S. 2 Alt. 2 eine **Spielart der Leistungskondiktion** dar. Deshalb ist auch der Leistungsbegriff mit dem des § 812 Abs. 1 S. 1 Alt. 1 identisch. Insbesondere liegt eine Leistung nur vor, wenn die Güterbewegung von einem Leistungszweck getragen wird. Die Nichterreichung eines solchen Zwecks wird in § 812 Abs. 1 S. 2 Alt. 2 ausdrücklich zum Tatbestandsmerkmal des Bereicherungsanspruchs erhoben.

2. Inhalt des Rechtsgeschäfts. a) Rechtsgrundabrede. Den Inhalt des „Rechtsgeschäfts" bildet bei der condictio ob rem die **Abrede** zwischen Leistendem und Empfänger, letzterer möge – mit Rücksicht auf die hingegebene Leistung seinerseits eine **Gegenleistung** erbringen.[817] Diese Gegenleistung bildet den „nach dem Inhalt des Rechtsgeschäfts" bezweckten Erfolg. Die Abrede ist freilich im Fall der Zweckverfehlungskondiktion nicht in dem Sinne rechtsgeschäftlich voll ausgebildet, dass der Empfänger einen Anspruch auf die Leistung und der Leistende einen Anspruch auf die Gegenleistung hat.[818] Denn andernfalls handelt es sich bei der vom Leistenden ins Werk gesetzten Güterbewegung um eine Erfüllungsleistung; bleibt die dem Leistenden gebührende Gegenleistung aus, so greifen die Regeln des allgemeinen Leistungsstörungsrechts.[819] Die Zweckverfehlungskondiktion dient demgegenüber gerade dazu, dem Leistenden einen Anspruch auf Rückgewähr des Geleis-

---

[814] BGHZ 169, 377, 380 ff.; abl. *Laumen* BGHR 2007, 267 f.
[815] OLG Köln NJW 1993, 939 f.
[816] OLG Düsseldorf NJW-RR 1988, 1536.
[817] Erman/Westermann/Buck-Heeb RdNr. 52 f.; *Medicus* RdNr. 691; *Reuter/Martinek* § 5 III 1 b, S. 149; RGRK/*Heimann-Trosien* RdNr. 92; Staudinger/*Lorenz* RdNr. 108.
[818] *Larenz/Canaris* II/2 § 68 I 3 a, S. 150 f.
[819] BGHZ 44, 321, 323.

teten zu vermitteln, wenn er die erwartete Gegenleistung **nicht erzwingen** und ihretwegen auch keine Sekundäransprüche geltend machen kann.[820] Im Schrifttum wird freilich teilweise bestritten, dass es überhaupt Leistungen gebe, die auf einen Erfolg gerichtet sein könnten, welcher nicht in der Erfüllung eines Kausalverhältnisses bestehe.[821]

375 Andererseits darf die Erwartung des Leistenden auch **nicht** bloßes, einseitiges **Motiv** geblieben sein. Zumindest ist erforderlich, dass der **Empfänger** die **Erwartung** des Leistenden **kennt** und durch die Annahme zu verstehen gibt, dass er die Zweckbestimmung **billigt**.[822] Für die Zweckverfehlungskondiktion ist daher nur Raum, wenn zwischen dem Leistenden und dem Empfänger eine **Willenseinigung** des Inhalts zustande gekommen ist, dass der Empfänger die Leistung nur im Hinblick auf die von ihm erwartete Gegenleistung, also insbesondere nicht unentgeltlich, erhält.[823] Dass der Empfänger die Verhaltenserwartung des Leistenden kennen muss, reicht nach Ansicht des BGH nicht aus.[824] An einer Willensübereinstimmung über den mit der Leistung bezweckten Erfolg fehlt es, wenn der Zuwendende den Zweck verfolgt, eine persönliche Beziehung mit dem Empfänger fortzusetzen, der Empfänger die Leistung aber als Erfüllung einer angeblich bestehenden Verbindlichkeit annimmt.[825]

376 Den von der Zweckverfehlungskondiktion erfassten Fällen ist – dies hat *Welker*[826] zutreffend herausgearbeitet – immanent, dass der Leistung nicht von vornherein der Rechtsgrund fehlt. Denn andernfalls könnte das Geleistete mit Rücksicht darauf, dass der Empfänger auf sie keinen Anspruch hat, sogleich nach § 812 Abs. 1 S. 1 Alt. 1 zurückfordern. Demgegenüber darf der Empfänger in den Fällen, in denen jemand eine Leistung in Erwartung einer Gegenleistung erbringt, auf die er seinerseits keinen Anspruch hat, das Erlangte jedenfalls **so lange behalten,** bis **endgültig feststeht,** dass der bezweckte **Erfolg nicht** mehr **eintreten** wird.[827] Die soeben beschriebene Abrede über den mit der Leistung bezweckten Erfolg enthält mithin die Vereinbarung, dass der Empfänger das Erlangte vorläufig nicht zurückzugeben braucht, sondern zunächst im Hinblick auf seine in Aussicht gestellte eigene Leistung behalten darf. Wird sie nicht erbracht, endet die Behaltensberechtigung kraft Gesetzes und eröffnet damit den Weg für die Zweckverfehlungskondiktion. Mit anderen Worten fungiert das „Rechtsgeschäft", das den mit der Leistung bezweckten Erfolg fixiert, als **Rechtsgrundabrede**.

377 **b) Zweckverfehlungskondiktion bei Nichterreichung sekundärer Vertragszwecke? aa) Gegenseitige Verträge.** Bei gegenseitig verpflichtenden, **entgeltlichen Verträgen** kommt es gelegentlich vor, dass eine Partei die von der Gegenpartei erkannte und gebilligte Erwartung hegt, die Gegenpartei werde außer der versprochenen Gegenleistung ein weitergehendes Wohlverhalten an den Tag legen, zB den Kaufgegenstand in einer bestimmten Art und Weise verwenden oder bestimmte weitere, im Vertrag nicht festgelegte Gegenleistungen erbringen. Wenn dann die Gegenleistung erbracht wird, das weitergehende Wohlverhalten des Empfängers aber ausbleibt, fragt sich, ob dem Leistenden aus diesem Grunde die Zweckverfehlungskondiktion zusteht. Die Rechtsprechung hat dies früher über-

---

[820] AnwK-BGB/*v. Sachsen Gessaphe* RdNr. 52; *Bamberger/Roth/Wendehorst* RdNr. 94; *Esser/Weyers* BT/2 § 49 II, S. 67; *Larenz/Canaris* II/2 § 68 I 3 a, S. 150 ff.; *Medicus* RdNr. 691; PWW/*Leupertz* RdNr. 45; *Reuter/Martinek* § 5 III 1 c aa, S. 151 f.; *Simshäuser* AcP 172 (1972), 19, 35; *Soergel/Mühl* RdNr. 206; *Staudinger/Lorenz* RdNr. 105.
[821] *Batsch* NJW 1973, 1639, 1640.
[822] BGHZ 44, 321, 323.
[823] BGHZ 108, 256, 265; BGH NJW 1984, 233; 2004, 512, 513; AnwK-BGB/*v. Sachsen Gessaphe* RdNr. 61; *Bamberger/Roth/Wendehorst* RdNr. 92; *Beuthien/Weber* S. 44; *Erman/Westermann/Buck-Heeb* RdNr. 51; *Hausmann* S. 311; *Larenz/Canaris* II/2 § 68 I 3 a, S. 152; *Palandt/Sprau* RdNr. 86; RGRK/*Heimann-Trosien* RdNr. 90; *Voß* S. 97.
[824] BGHZ 115, 261, 263.
[825] BGH NJW 1973, 612, 613.
[826] *Welker* S. 37 f., 72.
[827] Ebenso BGHZ 35, 356, 358; BGH NJW 1970, 136, 137; *Bamberger/Roth/Wendehorst* RdNr. 96; *Reuter/Martinek* § 5 III 1 b, S. 150.

wiegend bejaht.[828] Die Zweckverfehlungskondiktion sei dann anwendbar, wenn ein über den Anspruch auf die Gegenleistung hinausgehender Erfolg Vertragsinhalt geworden sei.[829] Sofern für diese Auffassung ein rechtskonstruktives Fundament gesucht wird, wird es auf dem Boden der in RdNr. 336 erwähnten subjektiven Rechtsgrundtheorie gesucht: Der Leistende verfolge neben dem Erfüllungszweck noch einen weiteren, **„angestaffelten"**[830] bzw. gleichberechtigt neben das Erfüllungsziel tretenden[831] Zweck, und dieser weitergehende Zweck sei eben nicht erreicht worden.

Den Versuchen, derartige Fälle mit Hilfe der Zweckverfehlungskondiktion zu lösen, ist indes **entgegenzutreten.**[832] Es mag zwar sein, dass in den hier in Rede stehenden Fällen der Tatbestand der Zweckverfehlungskondiktion erfüllt ist, weil neben den Erfüllungszweck noch ein weitergehender Leistungszweck getreten und letzterer nicht erreicht worden ist. Indes besteht kein Anlass, den Leistenden in diesen Fällen zu schützen. Denn wenn er die Erreichung sekundärer Vertragszwecke mit Rückgewähransprüchen bewehren will, muss er sich für den Fall, dass jene Zwecke nicht erreicht werden, ein vertragliches Rücktrittsrecht ausbedingen oder den Vertrag unter einer auflösenden Bedingung schließen.[833] Wenn die vertragliche Vorsorge versäumt wurde, mag man dem Leistenden im Einzelfall unter Rückgriff auf das Institut des **Wegfalls der Geschäftsgrundlage (§ 313)** helfen.[834]

Die Anerkennung der **Zweckverfehlungskondiktion** würde zu massiven **rechtskonstruktiven Verwerfungen** führen. Denn wenn man einen Rückgewähranspruch des Leistenden anerkennt, muss man konsequent ebenso einen Anspruch des Empfängers auf Rückgewähr der erbrachten Gegenleistung befürworten. Dieser lässt sich aber weder aus allgemeinem Leistungsstörungsrecht noch aus Bereicherungsrecht begründen: Das Leistungsstörungsrecht hilft dem Empfänger nicht, weil die ihm gebührende Leistung zumindest vorerst erbracht worden war. Das Bereicherungsrecht kann den Empfänger ebenfalls nicht schützen, weil die Nichterreichung des Sekundärzwecks den Vertrag nicht nichtig macht. Die Stellung des Empfängers in Bezug auf die erbrachte Gegenleistung wird denn auch von den Befürwortern der Zweckverfehlungskondiktion überhaupt nicht berücksichtigt.

Der **BGH** hat denn auch zumindest eine **restriktive Linie** bei der Anerkennung von Leistungszwecken erkennen lassen, welche über den Erfüllungszweck hinausreichen. Wenn der Käufer einer Maschine sich im Kaufvertrag verpflichtet, sich mit einem Pauschalbetrag an den Entwicklungskosten zu beteiligen, so steht ihm nicht etwa deshalb die Zweckverfehlungskondiktion zu, weil nach Vertragsschluss keine weiteren Entwicklungskosten anfallen: Entscheidend ist allein, dass der Käufer nach dem Vertrag – als Teil der geschuldeten Gegenleistung – zur Entrichtung der Pauschale verpflichtet war. Einen über die Erfüllung dieser Pflicht hinausweisenden Leistungszweck hat der BGH nicht zu identifizieren vermocht.[835] Bei einem Vertrag, durch den sich der Sponsor eines Fußballvereins direkt gegen-

---

[828] RGZ 106, 93, 98; 132, 238 („Festungsbaufall"); BGH NJW 1973, 612, 613; ebenso *Erman/Westermann/Buck-Heeb* RdNr. 52; *Liebs* JZ 1978, 697, 700 f.

[829] RGZ 66, 132, 134; 106, 93, 98; RG JW 1925, 1751; BGH NJW 1952, 60; NJW-RR 1991, 1269.

[830] *Ehmann* NJW 1973, 1035; *Erman/Westermann/Buck-Heeb* RdNr. 51; *Westermann* Causa S. 217.

[831] *Liebs* JZ 1978, 697, 700.

[832] AnwK-BGB/*v. Sachsen Gessaphe* RdNr. 57; *Bamberger/Roth/Wendehorst* RdNr. 91; *v. Caemmerer,* FS Rabel, 1954, S. 333, 345; *Esser/Weyers* BT/2 § 49 II, S. 66; *Larenz/Canaris* II/2 § 68 I 3 d, S. 153; *Medicus* RdNr. 691; PWW/*Leupertz* RdNr. 49; *Reuter/Martinek* § 5 III 2 c, S. 161 ff.; RGRK/*Heimann-Trosien* RdNr. 89; *Simshäuser* AcP 172 (1972), 20, 36; *Söllner* AcP 163 (1964), 20, 43 ff.; *Welker* S. 113 (dort speziell zum „Festungsbaufall").

[833] Ebenso *Weber* JZ 1989, 25, 28.

[834] Für Wegfall der Geschäftsgrundlage statt Zweckverfehlungskondiktion in den hier diskutierten Fällen BGH WM 1972, 888, 889 f.; NJW 1975, 776; AnwK-BGB/*v. Sachsen Gessaphe* RdNr. 57; *Bamberger/Roth/Wendehorst* RdNr. 91; *v. Caemmerer,* FS Rabel, 1954, S. 333, 346; *Larenz/Canaris* II/2 § 68 I 3 d, S. 153; *Esser/Weyers* § 49 II; *Klinke* S. 66 f.; *Koppensteiner/Kramer* § 7 III 1, S. 58; *Langenbucher,* FS Huber, 2006, S. 861, 867; RGRK/*Heimann/Trosien* RdNr. 89; *Staudinger/Lorenz* RdNr. 106; *Weber* JZ 1989, 25, 28.

[835] BGH NJW-RR 1991, 1269.

über dem Trainer verpflichtet, diesem für die Übernahme des Traineramts in dem betreffenden Verein Geld zu bezahlen, liegt eine voll ausgebildete vertragliche Bindung vor. Wenn also der Trainer absprachegemäß einen Arbeitsvertrag mit dem Fußballverein abschließt und seine Arbeit aufnimmt, hat er die Vereinbarung erfüllt. Endet die Tätigkeit des Trainers früher als geplant, kann der Sponsor die Zahlung nicht unter dem Gesichtspunkt der Zweckverfehlungskondiktion zurückfordern. Er ist vielmehr auf die Rechtsbehelfe des allgemeinen Vertragsrechts verwiesen.[836]

381 **bb) Einseitig verpflichtende Verträge.** In Fällen, in denen **nur der Leistende,** der nun die Rückforderung begehrt, seinerseits **zur Leistung verpflichtet** war, wird die Zweckverfehlungskondiktion verbreitet für ausgeschlossen gehalten.[837] Andere halten die Zweckverfehlungskondiktion in derartigen Fällen für möglich.[838] Die Streitfrage erlangt durchaus praktische Bedeutung. Bereits in RdNr. 8, 26 wurde der Fall referiert, dass sich jemand für eine fremde Schuld in der Erwartung verbürgt, dieser werde dem Schuldner in anderer Weise entgegenkommen (Umwandlung der Schadensersatzschuld in eine Darlehensschuld, Verzicht auf strafrechtliche Schritte etc.). Ebenso erscheint denkbar, dass jemand auf verbindlicher rechtsgeschäftlicher Grundlage, also zwecks Erfüllung eines entsprechenden Anspruchs des Empfängers, (meist unentgeltlich) Dienste in der – später enttäuschten – Erwartung ausgleichender letztwilliger Zuwendungen erbracht hat. Nach hier vertretener Ansicht ist hier in der Tat eine **Zweckverfehlungskondiktion möglich.** Der Leistende kann nämlich hier sein **kausales Leistungsversprechen** wegen Nichterreichung des mit diesem Versprechen verfolgten Zwecks nach § 812 Abs. 1 S. 2 Alt. 2 herausverlangen. Sobald ihn der Empfänger in Erfüllung dieser Pflicht rückwirkend von der ursprünglich eingegangenen Verbindlichkeit befreit hat, kann der Leistende den Gegenstand der Leistung selbst nach § 812 Abs. 1 S. 1 Alt. 1 als nicht geschuldet zurückverlangen.

II. Einzelfälle

382 **1. Erwartetes Wohlverhalten.** Die Gegenleistung, die der Leistende vom Empfänger erwartet, muss nicht notwendigerweise an den Leistenden selbst erbracht werden. Sie kann auch in einem Unterlassen bestehen. So liegt es bei der Erbringung bestimmter Leistungen mit dem Ziel, den Empfänger dazu zu bewegen, von einer **Strafanzeige** gegen den Leistenden oder einen Dritten **abzusehen.**[839] Des Weiteren kann eine Leistung in der Erwartung erbracht werden, der Gläubiger eines Dritten werde diesem die Möglichkeit der Ratenzahlung einräumen[840] oder die Schadensersatzforderung, die ihm gegen den Dritten zusteht, in ein Darlehen umwandeln und dem Dritten auf diese Weise gestatten, die Schuld in Raten zu bedienen.[841] Wenn jemand einer Prostituierten Geld mit der Bestimmung überlässt, sich von ihrem Zuhälter freizukaufen, diese das Geld auch an den Zuhälter weiterleitet, und letzterer das Geld entgegennimmt, die Prostituierte aber gleichwohl nicht freigibt, ist der mit der Leistung bezweckte Erfolg nicht eingetreten; die Prostituierte hat das Geld daher unter dem Gesichtspunkt der Zweckverfehlungskondiktion zu erstatten.[842]

383 Ebenso greift die Zweckverfehlungskondiktion durch, wenn jemand eine Leistung erbringt, um den Gläubiger eines Dritten dazu zu bewegen, Maßnahmen der **Zwangsvollstreckung** gegen einen Dritten zu **unterlassen.**[843] In einem solchen Fall ist freilich stets zu

---

[836] BGH NJW 1992, 2690.
[837] *Medicus* RdNr. 692; dem zust. *Staudinger/Lorenz* RdNr. 106.
[838] 4. Aufl. RdNr. 205 sowie *Welker* S. 113 f.
[839] BGH WM 1990, 819; OLG Zweibrücken MDR 1977, 227 f.
[840] BGH NJW 1966, 448, 449.
[841] RGZ 118, 358, 360.
[842] OLG Düsseldorf NJW-RR 1998, 1517.
[843] OLG Hamm NJW 1971, 1810 f.

prüfen, ob die Leistung nicht ohnehin schon als Erfüllungsleistung nach § 267 anzusehen ist.[844] Wenn ja, erlischt dadurch die titulierte Forderung; es steht dann nicht dem Leistenden die Zweckverfehlungskondiktion, sondern dem Schuldner die Vollstreckungsabwehrklage nach § 767 ZPO zu. Der Leistende muss sich in diesem Fall mit der Rückgriffskondiktion an den Schuldner halten.

2. Erwartete Erbeinsetzung/Eheschließung. a) Abgrenzung zwischen Zweckverfehlungs- und gewöhnlicher Leistungskondiktion. Wenn jemand eine Leistung, zB die Leistung von bestimmten Diensten oder die Durchführung wertsteigernder Maßnahmen an einer fremden Sache, in der Erwartung erbringt, der Begünstigte (Empfänger) werde ihn oder einen Dritten zum Erben einsetzen, müssen zwei Fallgestaltungen strikt auseinandergehalten werden: (1.) Die Abrede zwischen dem Leistenden und dem Empfänger ist so ausgestaltet, dass dem Leistenden die künftige **Erbeinsetzung nicht verbindlich zugesagt** wird. In diesem Fall ist die Gegenleistung bereits nach dem Inhalt des Rechtsgeschäfts nicht erzwingbar. Bleibt die erwartete Erbeinsetzung endgültig aus, so steht dem Leistenden die **Zweckverfehlungskondiktion** zu.[845] (2.) Nach den Absprachen zwischen dem Leistenden und dem Empfänger wird dem Leistenden die Erbeinsetzung **rechtsverbindlich zugesagt**. Diese Zusage ist nach § 2302 nichtig. Die Nichtigkeit ergreift nach § 139 auch die Pflicht des Leistenden, die versprochene Leistung zu erbringen. In diesem Fall steht dem Leistenden eine **gewöhnliche Leistungskondiktion** nach § 812 Abs. 1 S. 1 Alt. 1 zu: Die Leistung wurde erbracht, obwohl auf sie kein Anspruch bestand.[846]

Der **praktische Unterschied** zwischen beiden Fällen besteht in Folgendem: Im ersten Fall darf der Empfänger das Geleistete behalten, bis feststeht, dass er jemand anderen zum Erben bestimmt hat, dh. bis zu seinem Tod; die Zweckverfehlungskondiktion richtet sich gegen die Erben, die statt des Leistenden eingesetzt wurden. Ein eventueller Pflichtteilsanspruch des Leistenden ist auf den Bereicherungsanspruch anzurechnen;[847] denn soweit der Leistende über den Pflichtteil am Nachlass teilhat, ist der Zweck der Leistung erreicht. Im zweiten Fall kann demgegenüber das Geleistete jederzeit und sofort mit Rücksicht auf die Nichtigkeit der Vereinbarung zurückverlangt werden. Das ist auch in der Sache richtig so: Bei der Unwirksamkeit einer vertraglichen Vergütungszusage ist es dem Leistenden nicht zuzumuten, weitere Leistungen allein in der Hoffnung auf späteren Ausgleich zu erbringen bzw. mit der Rückforderung des bereits Geleisteten in der Hoffnung zuzuwarten, dass die Gegenleistung (Erbeinsetzung) doch noch erbracht wird.[848] Konsequent muss sich der Leistende in diesem Fall auch nicht einen etwaigen Pflichtteilsanspruch auf den Bereicherungsanspruch anrechnen lassen: Die Herausgabepflicht des Empfängers entsteht sofort und ohne Rücksicht auf den Erbfall.

Im Fall einer **Schenkung,** die unter der vom Beschenkten gebilligten Erwartung vollzogen wurde, dass der Beschenkte den Schenker zum Erben einsetzen werde, hat der BGH, ohne eine Zweckverfehlungskondiktion überhaupt zu diskutieren, eine Rückforderung nach Grundsätzen über den Wegfall der Geschäftsgrundlage für möglich gehalten.[849]

b) § 612 als Lösungsansatz? Bei **Dienstleistungen,** die in der Erwartung eines bestimmten, in der Zukunft liegenden Verhaltens erbracht werden, **befürwortet die Rechtsprechung** die **Anwendung des § 612** und gelangt so zu einem Anspruch des Leistenden auf Vergütung seiner Dienste. In diesem Sinne judizieren sowohl das BAG[850] als auch der

---

[844] Im konkreten Fall verneint von OLG Hamm NJW 1971, 1810 f.
[845] BGHZ 108, 256, 265 f.; der BGH hielt im gegebenen Fall alternativ einen (nicht näher spezifizierten) Anspruch aus § 812 Abs. 1 S. 1 für möglich. Ebenso OLG Karlsruhe FamRZ 2002, 918 f.; *Battes* AcP 178 (1978), 337, 373 f.; *Lieb* Ehegattenmitarbeit S. 111 m. Fn. 8; PWW/*Leupertz* RdNr. 51.
[846] *Battes* AcP 178 (1978), 337, 373; *Lieb* Ehegattenmitarbeit S. 111 m. Fn. 8.
[847] OLG Karlsruhe FamRZ 2002, 918, 919.
[848] Wie hier 4. Aufl. RdNr. 206; anders *Welker* S. 109 f.
[849] BGH NJW 1977, 950.
[850] BAG AP § 612 Nr. 15, 20 bis 29.

BGH.[851] In der Sache geht es zB um unentgeltliche Dienstleistungen der Verlobten im künftigen eigenen Betrieb des Bräutigams[852] oder des Hoferben auf dem künftigen eigenen Hof.[853]

388 Im Schrifttum hat diese Rechtsprechung ein geteiltes Echo gefunden: Einerseits ist sie als geglückte richterliche Rechtsfortbildung bezeichnet worden;[854] andererseits ist sie auf Ablehnung gestoßen.[855] In der Tat **überzeugt** es **nicht,** zur Lösung des Problems § 612 heranzuziehen. Bereits in rechtskonstruktiver Hinsicht stehen besser geeignete Rechtsfiguren zur Verfügung. So würde sich in Fällen, in denen die Dienstleistung verbindlich zugesagt wurde, die Vereinbarung aber nach § 2302 nichtig war, der Vergütungsanspruch bereits unter Rückgriff auf die Grundsätze zum fehlerhaften Arbeitsverhältnis begründen lassen.[856] Vor allem aber passt die Anwendung des § 612 von der Rechtsfolge her nicht.[857] Denn auf diese Weise lässt sich nur begründen, dass dem Dienstleistenden ein Anspruch auf regelmäßig wiederkehrende Vergütung zusteht. Eben dies ist aber in den relevanten Fällen von den Parteien ausdrücklich nicht gewollt. Die Leistung soll vielmehr unbezahlt erbracht werden – dies aber eben nur, weil der Leistende von einem bestimmten Verhalten des Begünstigten, etwa einer künftigen Eheschließung oder einer künftigen Erbeinsetzung ausgeht. Der Leistende würde überhaupt nicht auf die Idee kommen, eine Vergütung für die erbrachten Dienste zu fordern, wenn der Begünstigte das erwartete Verhalten tatsächlich an den Tag gelegt hätte. Wenn aber die enttäuschte Verhaltenserwartung den Grund des Rückforderungsbegehrens bildet, sollte man keine Scheu tragen, die Zweckverfehlungskondiktion zur Anwendung zu bringen.

389 Im Ergebnis gelten also für Dienstleistungen die in RdNr. 384 f. herausgearbeiteten Grundsätze: Wenn die Dienstleistung nicht verbindlich zugesagt war und das erwartete Verhalten des Empfängers ausbleibt, kann der Leistende gegen den Empfänger bzw. gegen dessen Erben mit der Zweckverfehlungskondiktion vorgehen. Wenn die Dienstleistung verbindlich zugesagt war, die Vereinbarung aber an einem Nichtigkeitsgrund leidet, kann der Leistende sofort Vergütung verlangen. Im letzteren Fall stützt sich dies Begehren freilich – insoweit abweichend von den in RdNr. 384 f. herausgearbeiteten Grundsätzen – nicht auf die Leistungskondiktion nach § 812 Abs. 1 S. 1 Alt. 1, sondern auf die Rechtsfigur des fehlerhaften Arbeitsverhältnisses.

390 **c) Zweckverfehlungskondiktion bei bereits eingetretenem, später aber weggefallenem Erfolg?** Nur scheinbar gelagert als die bisher diskutierten Sachverhalte ist der folgende vom BGH entschiedene Fall: Jemand hatte auf einem Grundstück, das er von seiner Tante gepachtet hatte, in der Erwartung, die Tante, die ihn **bereits zum Erben eingesetzt** hatte, später einmal beerben zu können, ein Gebäude errichtet. Die Tante bestimmte sodann eine andere Person zum Erben. Der ursprüngliche Erbe verlangte nunmehr von der Tante für das errichtete Gebäude Wertersatz unter dem Gesichtspunkt der Zweckverfehlungskondiktion. Der BGH hielt diesen Bereicherungsanspruch für gegeben.[858] Diese Entscheidung wurde kritisiert: Im Zeitpunkt der Leistung sei der Neffe, der das Gebäude errichtet habe, bereits zum Erben eingesetzt gewesen. Einen weiteren Erfolg könne er daher nicht bezweckt haben.[859] Dem Neffen stehe daher nicht die Zweckver-

---

[851] BGH LM § 196 Nr. 12 = NJW 1965, 1224; vgl. dazu die Analyse von RGRK/*Heimann-Trosien* RdNr. 93, 2. Abs.
[852] BAG AP § 612 Nr. 13.
[853] BAG AP § 612 Nr. 20.
[854] *Diederichsen* Anm. zu BAG AP § 612 Nr. 24.
[855] 4. Aufl. RdNr. 208 sowie *Beuthien* Anm. zu BAG AP § 612 Nr. 28; *Beuthien/Weber* S. 45; *Bydlinski,* FS Wilburg, 1975, S. 53 ff.; *Canaris* BB 1967, 165 ff.; *Fenn,* Die Mitarbeit in den Diensten Familienangehöriger, 1970, S. 227 ff.; *Larenz/Canaris* II/2 § 68 II 2 c, S. 160; *Lieb* Ehegattenmitarbeit S. 71 ff.
[856] *Canaris* BB 1967, 165, 167, 169; *v. Hoyningen-Huene* Anm. zu BAG AP § 612 Nr. 29; neben den vom BAG anerkannten Ansprüchen aus § 612 sind Ansprüche aus §§ 812 ff. – nach Auffassung des BAG wohl wegen des Bestehens eines Rechtsgrundes – nicht gegeben (BAG AP § 612 Nr. 26).
[857] So im Ergebnis auch *Bamberger/Roth/Wendehorst* RdNr. 90.
[858] BGHZ 44, 321, 322 ff.; zust. PWW/*Leupertz* RdNr. 47.
[859] *Esser/Weyers* BT/2 § 49 II aE; *Medicus* RdNr. 693; *Söllner* AcP 163 (1964), 20, 36.

fehlungs-, sondern die Verwendungskondiktion zu.[860] Diese Kritik trifft indes den BGH zu Unrecht.[861] Der mit der Leistung des Neffen bezweckte Erfolg bestand in einem **Unterlassen**, nämlich in der Erwartung, die Tante werde das bereits zu seinen Gunsten errichtete Testament nicht mehr zu seinem Nachteil verändern. Der Nichteintritt dieses Erfolgs stand in dem Moment endgültig fest, in dem die Tante das Testament doch änderte. Der BGH hat daher im Ergebnis zu Recht die Zweckverfehlungskondiktion zugesprochen. Allerdings war theoretisch noch denkbar, dass die Tante den Neffen, der das Gebäude errichtet hatte, mit neuerlichem Testament wieder zum Erben bestimmte. Auf diese vage Hoffnung musste sich der Neffe aber nicht verlassen. Die Verwendungskondiktion ist erst dann gegeben, wenn der gesamte Vorgang von vornherein darauf angelegt war, dass der Grundeigentümer niemals selbst in den Genuss der Wertsteigerung kommen sollte, sondern allein derjenige, der das Gebäude errichtete, hiervon profitieren sollte.[862]

d) Begrenzung der Höhe der Gegenleistung. Sofern nach dem bisher Gesagten ein Vergütungsanspruch desjenigen anzuerkennen ist, der Dienste in Erwartung eines bestimmten Verhaltens des Empfängers leistet, wirft die Bemessung der Anspruchshöhe Schwierigkeiten auf. Die Vergütung wäre eigentlich nach § 818 Ans. 2 am objektiven Marktwert der Dienstleistung auszurichten; eine so bemessene Vergütung wird indes den Gesamtumständen nicht immer gerecht. Das zeigt sich namentlich an den Fällen, in denen Dienste in der Erwartung einer späteren letztwilligen Zuwendung erbracht wurden: Der Nachlass des Begünstigten, den der Leistende zu empfangen hoffte, mag im Einzelfall deutlich weniger wert sein als die Summe der Monatslöhne, zu denen die geleisteten Dienste am Markt hätten erbracht werden können. Nun darf aber der **Leistende** durch die Leistungskondiktion, durch die Zweckverfehlungskondiktion bzw. durch die Anerkennung eines fehlerhaften Arbeitsverhältnisses **keinesfalls besser gestellt** werden, als er stünde, wenn das erwartete Verhalten (zB Erbeinsetzung) **eingetreten wäre**. Außerdem wird bei vielen Dienstleistungen eine gewisse persönliche Verbundenheit des Leistenden zum Empfänger eine Rolle spielen. Dies alles muss, wenn sich die Verhaltenserwartung des Leistenden an den Empfänger nicht erfüllt, bei der Bemessung des Ausgleichsanspruchs des Dienstleistenden berücksichtigt werden. Deshalb kann die Höhe der Vergütung im Einzelfall beträchtlich **niedriger** liegen als eine an Umfang, Dauer und Marktpreis der Dienstleistung orientierte Normalvergütung.[863]

Zweifelhaft erscheint freilich, wie dies Ergebnis **rechtskonstruktiv zu begründen** ist. Sofern der Vergütungsanspruch aus den Grundsätzen über das fehlerhafte Arbeitsverhältnis hergeleitet wird, mag man in dies Verhältnis eine konkludente (und in sich wirksame) Abrede hineinlesen, dass der Leistende sich mit einer Vergütung unterhalb der iS des § 612 Abs. 2 üblichen Sätze begnügt. Sofern der Vergütungsanspruch dem Bereicherungsrecht zu entnehmen ist, hat man früher einer Wertberechnung das Wort geredet, die nicht am objektiven Wert der Dienstleistung ansetzt, sondern an deren subjektiven Nutzen für den Empfänger.[864] Die subjektive Werttheorie ist indes im Rahmen des § 818 Abs. 2 nicht haltbar (näher § 818 RdNr. 75 f.). Eine konkludente Abrede des Inhalts, dass die geleisteten Dienste wenigstens teilweise endgültig nicht entgolten werden sollten,[865] wird sich ebenfalls kaum begründen lassen, ohne dem Parteiwillen Gewalt anzutun. Vielmehr ist die Lösung auf der Grundlage des **Verbots widersprüchlichen Verhaltens** zu suchen: Der Wert der

---

[860] AnwK-BGB/*v. Sachsen Gessaphe* RdNr. 60; *Söllner* AcP 163 (1964), 20, 30; *Staudinger/Lorenz* RdNr. 112. Für Anerkennung eines Bereicherungsanspruchs wegen Wegfalls des Rechtsgrundes (§ 812 Abs. 1 S. 2 Alt. 1) *Larenz/Canaris* II/2 § 68 I 3 e, S. 154.
[861] Dem BGH im Ergebnis zust. auch *Lieb* Ehegattenmitarbeit S. 113 f.; nach *Larenz/Canaris* II/2 § 68 I 3 b, S. 152 steht die Tatsache, dass die Erbeinsetzung im Zeitpunkt der Leistung bereits erfolgt war, ebenfalls nicht entgegen.
[862] So lag es im Fall BGH NJW 2001, 3118; dazu s. RdNr. 306.
[863] So zutr. *Beuthien* Anm. zu BAG AP § 612 Nr. 28.
[864] So noch *Lieb* Ehegattenmitarbeit S. 107 ff.; aufgegeben in 4. Aufl. RdNr. 210.
[865] Dafür offenbar 4. Aufl. RdNr. 210.

Dienstleistung orientiert sich zwar im Ausgangspunkt an deren objektivem Marktwert. Der Leistende verhält sich aber widersprüchlich, wenn er unter dem Gesichtspunkt der Zweckverfehlungskondiktion höhere Vorteile erstrebt als jene, die er bei Eintritt des bezweckten Erfolgs maximal hätte erzielen können. Im Falle der enttäuschten Erberwartung ist daher die Höhe des Wertersatzes nach oben durch den Wert des Nachlasses (bzw., wenn der Leistende die Erbeinsetzung nur zu einer bestimmten Quote erhofft hatte, durch den Wert des entsprechenden Anteils am Nachlass) begrenzt. Im Falle enttäuschter Heiratserwartung ist die Höhe des Wertersatzes nach oben durch jenen Anteil am ehelichen Lebensstandard begrenzt, den der Leistende zusammen mit dem Empfänger (dh. dem designierten Ehegatten) mit Hilfe der geleisteten Mitarbeit erzielt hätte.

393 **e) Schenkungen in Erwartung der künftigen Eheschließung.** Die bisher herausgearbeiteten Grundsätze entfalten ihre Wirkung vor allem dann, wenn in Erwartung der künftigen Eheschließung Dienste geleistet werden. Ebenso erscheint freilich denkbar, dass in dieser Erwartung Geschenke dargereicht werden. Bei derartigen Geschenken ist freilich Zurückhaltung angebracht, wenn es um die Anerkennung einer Zweckverfehlungskondiktion geht. Denn die Eheschließung selbst dürfte nur in krassen Ausnahmefällen bezweckter Erfolg der Schenkung sein; auch dürfte der Schenker selten irgendeine relevante Erwartung in Bezug auf ein künftiges bestimmtes Verhalten des in Aussicht genommenen Ehegatten hegen. Die Rückabwicklung richtet sich hier entweder nach der Spezialregelung des § 1301[866] oder – soweit daneben erforderlich und zulässig – nach den Regeln über den Wegfall der Geschäftsgrundlage (jetzt § 313).

394 Bei **Schenkungen von Eltern** an verheiratete Kinder soll nach deren Scheidung ein Bereicherungsanspruch wegen Zweckverfehlung in Betracht kommen.[867] Die Gegenansicht bevorzugt eine Lösung nach den Grundsätzen über den Wegfall der Geschäftsgrundlage.[868]

395 **f) Zweckverfehlungs- und Verwendungskondiktion im Dreiecksverhältnis.** Das OLG Koblenz hatte über folgenden Fall zu entscheiden: Die Eigentümerin eines Hausgrundstücks hatte dieses auf ihre Enkelin übertragen. Der Sohn der Eigentümerin führte an dem Haus Ausbesserungsarbeiten in der Erwartung durch, er werde eines Tages seinen Anteil an dem Haus erhalten; die Übertragung des Grundstücks auf die Enkelin (= seine Nichte) war ihm zuvor nicht offenbart worden. Als der Sohn erfuhr, dass das Hausgrundstück bereits bei Vornahme der Arbeiten der Enkelin gehörte, nahm er diese unter dem Gesichtspunkt der ungerechtfertigten Bereicherung auf Wertersatz für die erbrachten Arbeits- und Materialleistungen in Anspruch. Das Erstattungsbegehren konnte nur unter dem Gesichtspunkt der Verwendungskondiktion begründet sein. Hier stellte sich indes die Frage, ob die Verwendungskondiktion deshalb ausschied, weil der Sohn eine Leistung an die Eigentümerin (= seine Mutter) erbringen wollte (nämlich eine Leistung in Erwartung künftiger Erbeinsetzung, also eine Leistung iS des § 812 Abs. 1 S. 2 Alt. 2). Diese Frage hat das OLG Koblenz im Ergebnis mit Recht verneint und damit den Weg für die Verwendungskondiktion freigegeben:[869] Der Grundsatz, dass jemand, der an einen anderen leistet, nichts zugunsten eines Dritten aufwendet, wird aus der Einsicht gespeist, dass der Leistende im Gegenzug zum eigenen Arbeits- und Materialeinsatz von seiner Verbindlichkeit gegenüber dem Leistungsempfänger befreit wird (RdNr. 316). Davon kann im hier gegebenen Fall keine Rede sein: Der Sohn hatte die Verwendungen ohne Vertrag mit der Hauseigentümerin vorgenommen. Ihn traf keine Verbindlichkeit gegenüber ihr, von der er hätte befreit werden können. Es besteht daher **kein Vorrang der Zweckverfehlungs- vor der Verwendungskondiktion.**

396 **3. Erwarteter Vertragsschluss.** Die Zweckverfehlungskondiktion kommt in Betracht, wenn jemand Leistungen in der **Hoffnung** erbringt, der **Empfänger** werde sich auf einen

---

[866] Weber JZ 1989, 25, 28; ähnlich Welker S. 111.
[867] BGH NJW-RR 1991, 1154.
[868] OLG Oldenburg NJW 1994, 1539.
[869] OLG Koblenz NJW 1990, 126 f.

Vertragsschluss mit dem Leistenden einlassen. So hielt der BGH in folgendem Fall die Zweckverfehlungskondiktion für möglich: Ein Transportunternehmer erhoffte sich einen langfristigen Auftrag als Subunternehmer eines anderen Transportunternehmers. Er kaufte daher in Absprache mit ihm dessen bisherigem Subunternehmer zu einem überhöhten Preis zwei LKW ab. Dadurch gelang es dem bisherigen Subunternehmer, einen Kredit zurückzuführen, für den sich der Hauptunternehmer (also derjenige, mit dem der Leistende später zu kontrahieren hoffte) verbürgt hatte. Der Leistende erhielt denn auch den erhofften Auftrag; doch wurde dieser alsbald wieder gekündigt. Die Leistung des neuen Subunternehmers bestand hier darin, den Hauptunternehmer von der Bürgschaftsverpflichtung gegenüber dem Darlehensgeber des alten Subunternehmers zu befreien; der Zweck dieser Leistung, nämlich ein langfristiges Auftragsverhältnis, wurde indes verfehlt.[870] Ebenso ist die Zweckverfehlungskondiktion gegeben, wenn ein Steuerberater einem seiner Mitarbeiter die Ausbildung zum Steuerberater in der Erwartung finanziert, dass jener Mitarbeiter danach als Sozius in seine Kanzlei eintritt, besagter Mitarbeiter dann aber eine eigene Kanzlei eröffnet.[871]

Von Leistungen auf einen künftig erhofften Vertrag sind solche Leistungen **abzugrenzen,** 397 die bereits nach einem aktuell geschlossenen Vertrag geschuldet sind. Wenn ein Fußballprofi, der noch bei seinem alten Verein angestellt ist, mit einem neuen Verein einen Vertrag schließt und ihm nach diesem Vertrag neben dem regulären Gehalt ein bei Vertragsbeginn zu zahlendes Handgeld zusteht, empfängt er dieses Handgeld als nicht geschuldete Leistung ohne Rechtsgrund, wenn der Vertrag später vom Fußballverband nicht genehmigt wird und deshalb keine Rechtswirkung entfaltet. Dem neuen Verein steht daher gegen den Spieler nicht die Zweckverfehlungskondiktion, sondern die gewöhnliche Leistungskondiktion zu.[872] Das Handgeld wird in diesem Fall nicht etwa gezahlt, um den Fußballspieler zum Vereinswechsel zu veranlassen, sondern als Bestandteil des künftigen Gehalts.

Die **Zweckverfehlungskondiktion** ist dann **nicht gegeben,** wenn der Zuwendungs- 398 empfänger die Erwartung des Zuwendenden, es werde ein Vertrag zustande kommen, **nicht gebilligt** hat. Aus diesem Grund hat der BGH dem Erbensucher, der nach einem Erbfall den Erben ermittelte und ihn über den Erbfall in der Hoffnung informierte, der Erbe werde sich auf eine Honorarvereinbarung einlassen, mit Recht einen Bereicherungsanspruch versagt:[873] Der Anspruch hätte allenfalls unter dem Gesichtspunkt der Zweckverfehlung durchgreifen können. Dies aber scheiterte daran, dass die Honorarerwartung des Erbensuchers von diesem einseitig verfolgt und vom Erben gerade nicht gebilligt worden war.[874]

4. Insbesondere: Leistungen auf künftige Schuldverhältnisse. Ähnlich liegt der Fall, 399 dass jemand Leistungen auf ein erst in Aussicht genommenes Schuldverhältnis wie etwa Anzahlungen auf eine noch gar nicht rechtswirksam begründete Kaufpreisschuld erbringt. Derartige Zahlungen kann der Leistende mit der **Zweckverfehlungskondiktion** zurückfordern, wenn das Schuldverhältnis später entgegen der ursprünglichen Erwartung **nicht zustande kommt.**[875] Allerdings wird teilweise mit beachtlichen Gründen dafür plädiert, in solchen Fällen bereits einen Bereicherungsanspruch aus § 812 Abs. 1 S. 1 Alt. 1 anzuerkennen:[876] Die Leistung auf das künftige Schuldverhältnis sei als vorweggenommene Erfüllungsleistung anzusehen, die sich, wenn das Schuldverhältnis nicht zustande komme, als endgültig nicht geschuldet erweise. Allerdings kämpft diese Gegenansicht mit folgender

---

[870] BGH WM 1990, 1585, 1587.
[871] BGH NJW 2004, 512, 513.
[872] OLG Köln NJW 1971, 1367, 1368.
[873] BGH NJW 2000, 72, 73; bestätigt durch BGH NJW-RR 2006, 656.
[874] Zutr. *Pfeifer* JA 2008, 17, 20 f.; *Schulze* JZ 2000, 523, 525.
[875] RGZ 72, 342, 343; 129, 307, 308; BGH NJW 1952, 144; JZ 1961, 699; WM 1967, 1042; AnwK-BGB/*v. Sachsen Gessaphe* RdNr. 55; *Erman/Westermann/Buck-Heeb* RdNr. 53; *Larenz/Canaris* II/2 § 68 I 3 b, S. 152; PWW/*Leupertz* RdNr. 46; RGRK/*Heimann-Trosien* RdNr. 91; *Reuter/Martinek* § 5 III 1 c aa, S. 151 ff.
[876] *Weber* JZ 1989, 25, 29; *Welker* S. 102 f.; dem zust. *Larenz* II § 69 II, S. 555 sowie *Singer* JR 1983, 356, 358 ff.; obiter auch BGH NJW 1983, 1905, 1907.

Schwierigkeit: Die Leistung auf ein künftiges Schuldverhältnis wird regelmäßig von dem Bewusstsein getragen, dass eine Leistungspflicht noch nicht besteht. Deshalb scheint dem Rückforderungsbegehren § 814 entgegenzustehen. An diesem misslichen Ergebnis führt nur dann ein Weg vorbei, wenn man § 814 teleologisch reduziert: Die Vorschrift sei Ausdruck des Verbots widersprüchlichen Verhaltens. Sie komme daher nicht zur Anwendung, wenn sich das Rückforderungsbegehren im Einzelfall als nicht widersprüchlich erweise. Wer eine Leistung in der Erwartung erbringe, dass ein Vertrag zustande komme, verhalte sich nicht widersprüchlich, wenn er bei Enttäuschung dieser Erwartung das Geleistete zurückverlange.[877] Eben dies Ergebnis lässt sich indes leichter begründen, wenn man die Lösung auf dem Boden der Zweckverfehlungskondition sucht: Dann ist der Bereicherungsanspruch von vornherein nicht nach § 814, sondern nur unter den Voraussetzungen des § 815 ausgeschlossen.

400 Ein Fall der Zweckverfehlungskondition liegt auch dann vor, wenn auf die unwirksame Verpflichtung aus einem **formnichtigen Vertrag** in der **Erwartung** geleistet wird, dann werde auch der Vertragspartner die ihm obliegende Leistung erbringen und auf diese Weise die **Heilung** des Formmangels herbeiführen.[878] Daher kann der Grundstückskäufer, der den Kaufpreis in der Erwartung zahlt, der Verkäufer werde ihm das Grundstück übereignen, die Zahlung zurückfordern, wenn der Verkäufer sich auf den Formmangel beruft und die Vertragserfüllung verweigert. Die Zweckverfehlungskondition war schließlich in folgendem Fall gegeben: Jemand Geld hatte an eine Bank mit der Bestimmung überwiesen, dass es sich hierbei um eine Anzahlung für den Erwerb bestimmter Grundpfandrechte handle. Die Unterlagen zum Überweisungsauftrag trafen erst nach dem Überweisungsbetrag selbst bei der Empfängerbank ein. Die Empfängerbank behandelte die Überweisung nicht als solche an sich selbst, sondern als eine Überweisung auf ein bei ihr geführtes Konto des Grundeigentümers, der ihr noch Geld schuldete. Zu der Übertragung der Grundpfandrechte kam es nicht. Der BGH verurteilte die Empfängerbank mit Recht aus § 812 Abs. 1 S. 2 Alt. 2 zur Rückzahlung: Maßgeblich für die Zweckbestimmung der Leistung sei der Überweisungsauftrag ohne Rücksicht darauf, wann er bei der Empfängerbank eingetroffen sei.[879]

401 5. **Zweckschenkungen.** Im Bereich der Zweckschenkungen steht der Rechtsanwender vor der Aufgabe einer sorgfältigen Abgrenzung: Die Erwartung des Schenkers, der Schenkungsgegenstand werde vom Beschenkten in bestimmter Weise verwendet werden, mag nur einseitiges Motiv geblieben sein; dann kommen Rückgewähransprüche wegen Enttäuschung dieser Erwartung nicht in Betracht. Die besagte Erwartung mag ferner im Schenkungsvertrag als echte (und dh.: einklagbare) **Auflage** vereinbart worden sein. Dann richtet sich die Rückabwicklung nach § 527; neben dieser Vorschrift besteht für einen Bereicherungsanspruch weder Raum noch Bedürfnis.[880] Die genannte Erwartung mag jedoch auch so gefasst worden sein, dass das erwartete Verhalten vom Beschenkten nicht eingeklagt werden kann. In diesem Fall führt die Enttäuschung der Verhaltenserwartung dazu, dass der Beschenkte das Geschenk nach § 812 Abs. 2 Alt. 2 herausgeben muss.[881] So liegt es namentlich, wenn Eltern ihrem Kind und dessen Ehegatten zu je hälftigem Miteigentum ein Grundstück zuwenden, die Ehe sodann scheitert und das Grundstück zwangsversteigert wird.[882] Wenn eine Schenkung unter der vom Empfänger gebilligten Erwartung steht, dass der Beschenkte auf den Pflichtteil nach dem Schenker verzichten werde, ist die Zweck-

---

[877] *Weber* JZ 1989, 25, 29.
[878] AnwK-BGB/*v. Sachsen Gessaphe* RdNr. 54, 56; *Bamberger/Roth/Wendehorst* RdNr. 87; *Larenz/Canaris* II/2 § 68 I 3 b, S. 152.
[879] BGH NJW 1991, 2139.
[880] BGH LM § 527 Nr. 1 = NJW 1952, 620 (LS); *Weber* JZ 1989, 25, 29.
[881] BGH NJW 1984, 233; ebenso *Esser/Weyers* BT/2 § 49 II, S. 66. Für Wegfall der Geschäftsgrundlage in solchen Fällen PWW/*Leupertz* RdNr. 50; *Staudinger/Lorenz* RdNr. 109.
[882] BGH NJW-RR 1991, 1154; für Wegfall der Geschäftsgrundlage speziell in diesen Fällen OLG Oldenburg NJW 1994, 1539; OLG Dresden FamRZ 1997, 739 f.

verfehlungskondiktion gegeben.[883] Allerdings hat der BGH ausgesprochen, dass ein Erbverzicht nach dem Tod des Erblassers nicht nach § 812 Abs. 1 S. 2 Alt. 2 rückabgewickelt werden kann; denn es müsse nach Eintritt des Erbfalls rechtsgewiss feststehen, wer die Erbfolge angetreten habe.[884] Diese Überlegungen stehen indes einem Anspruch auf Rückabwicklung des Pflichtteilsverzichts (§ 2346 Abs. 2) nicht entgegen; denn der Pflichtteil vermittelt gerade keine dingliche Berechtigung am Nachlass. Die Frage nach seiner Rechtsbeständigkeit löst daher auch kein qualifiziertes Bedürfnis nach Rechtssicherheit aus.

6. Nichterreichung des Sicherungszwecks. Wenn jemand eine nicht akzessorische 402 Sicherheit bestellt und sodann die zu sichernde Hauptverbindlichkeit nicht zustande kommt, ist zu differenzieren: (1.) Wenn der Sicherungsvertrag bereits geschlossen war und sich aus diesem Vertrag die Pflicht des Gläubigers ergab, dem Sicherungsgeber oder einem Dritten Kredit zu gewähren, so greifen die Regeln des allgemeinen Leistungsstörungsrechts ein, wenn der Gläubiger anschließend die Kreditgewährung verweigert. Für Bereicherungsansprüche besteht dann weder Raum noch Bedürfnis.[885] (2.) Wenn der Sicherungsvertrag bereits geschlossen war, sich aber als unwirksam erweist, ist die Sicherheit ohne Rechtsgrund zur Erfüllung der Pflicht aus dem Sicherungsvertrag geleistet worden. In diesem Fall steht dem Sicherungsgeber ein Bereicherungsanspruch aus § 812 Abs. 1 S. 1 Alt. 1 zu.[886] (3.) Nur in den seltenen Fällen, in denen die Sicherheit bestellt wurde, bevor der Sicherungsvertrag zustande kam, kommt eine Zweckverfehlungskondiktion in Betracht.[887] Es handelt sich dann um eine Leistung auf ein noch zu begründendes Schuldverhältnis.

III. Rückabwicklung von Zuwendungen in gescheiterten Paarbeziehungen

1. Ehe. a) Rechtliche Kategorisierung der Leistungsvorgänge. Zuwendungen un- 403 ter Ehegatten werden häufig nicht mit der Abrede unterlegt, dass der Empfänger das Erlangte unentgeltlich soll behalten dürfen (dann würde es sich um eine Schenkung handeln), sondern dass mit der Güterbewegung die eheliche Lebensgemeinschaft gestärkt werden soll; man spricht von sog. **unbenannten** (auch: ehebedingten) **Zuwendungen**. Als Beispiel diene der Fall der Bebauung eines Grundstücks des einen Ehegatten mit Mitteln des anderen ohne Einräumung von Miteigentum. Das entscheidende Charakteristikum unbenannter Zuwendungen besteht darin, dass die Zuwendung auch dem zuwendenden Ehegatten selbst zugute kommen soll.[888] Im Schrifttum wird freilich die Unterscheidung zwischen Schenkungen und unbenannten Zuwendungen teilweise prinzipiell geleugnet,[889] mindestens aber der Anwendung der §§ 528, 530 auf unbenannte Zuwendungen das Wort geredet.[890] In Fällen, in denen ein Ehegatte dem anderen keine Vermögenssubstanz überträgt, sondern zu dessen Gunsten Arbeit leistet (zB indem er handwerkliche Arbeiten an einem Haus vornimmt, das dem anderen Ehegatten gehört), trägt der BGH Scheu, den Begriff „Zuwendung" zu verwenden;[891] er spricht dann vielmehr von einem **familienrechtlichen Kooperationsvertrag eigener Art**.[892]

b) Überblick über mögliche Ausgleichsmechanismen. Das potentielle Bedürfnis 404 nach einem Ausgleichsanspruch resultiert in diesen Fällen daraus, dass der leistende Ehegatte die Erwartung gehegt hatte, dauerhaft mit dem anderen Ehegatten zusammenzuleben und somit auch dauerhaft vom Erfolg seiner Leistung profitieren zu können, und sich diese

---

[883] *Westermann*, FS Kellermann, 1991, S. 505, 524 ff.
[884] BGH NJW 1999, 789.
[885] Zutr. *Medicus* BR RdNr. 496; *Reuter/Martinek* § 5 III 2 d, S. 167.
[886] *Medicus* BR RdNr. 495.
[887] *Medicus* BR RdNr. 495 aE.
[888] BGHZ 142, 137, 147 f. = NJW 1999, 2962; BGH FamRZ 2006, 1022; NZM 2008, 694 Tz. 16; ebenso *Blumenröhr*, FS Odersky, 1996, S. 517, 521; *Ludwig* FuR 1992, 1, 4; *Wever* FamRZ 2006, 1023.
[889] *Koch* FamRZ 1995, 321, 323; *Kollhosser* NJW 1994, 2313, 2319.
[890] *Kollhosser* NJW 1994, 2313, 2318.
[891] BGHZ 84, 361, 367; 127, 48, 51.
[892] BGHZ 84, 361, 367.

Erwartung infolge von Trennung und Scheidung zerschlägt. Um einen derartigen Ausgleichsanspruch des leistenden Ehegatten zu begründen, kommen folgende rechtliche Konstruktionen in Betracht: (1.) Man mag erwägen, ob die Ehegatten bezüglich der Schaffung des Vermögenswerts eine **Innengesellschaft** gegründet haben, die dann nach §§ 730 ff. auseinanderzusetzen ist. (2.) Man mag erwägen, ob der begünstigte Ehegatte auf Kosten des leistenden Ehegatten **ungerechtfertigt bereichert** ist. (3.) Man mag schließlich erwägen, ob bezüglich des Rechtsgeschäfts, das der Leistung zugrunde liegt, die **Geschäftsgrundlage weggefallen** ist.

405 c) **Innengesellschaft.** Gesellschaftsrechtliche Ausgleichsansprüche zieht der BGH nur dann in Betracht, wenn die Ehegatten **gemeinsam** einen **Zweck** verfolgt haben, der **über die eheliche Lebensgemeinschaft hinausweist**.[893] Der Bau eines Hauses, in dem die Ehegatten gemeinsam wohnen sollen, reicht dafür noch nicht aus;[894] denn dies dient gerade der Verwirklichung der ehelichen Lebensgemeinschaft. Ebenso wenig reicht es aus, wenn ein Ehegatte für Geschäftskredite des anderen Sicherheit leistet;[895] denn dadurch wird der vom begünstigten Ehegatten geführte Betrieb noch nicht zu einem gemeinsamen. In Betracht kommen gesellschaftsrechtlich verwurzelte Ansprüche vor allem dann, wenn die Ehegatten gemeinsam einen gewerblichen oder freiberuflichen Betrieb gegründet und in ihm gleichberechtigt gearbeitet haben.[896] Gerade für den Fall der Ehegattenmitarbeit ist im Schrifttum die Forderung erhoben worden, in Anlehnung an das Gesellschaftsrecht eine Ausgleichsordnung zu entwickeln.[897]

406 Wichtig ist folgende Klarstellung: Wenn im Einzelfall die Annahme gerechtfertigt ist, dass die Ehegatten eine Gesellschaft bürgerlichen Rechts gegründet haben, verbietet es sich, von einer „unbenannten Zuwendung" zu sprechen: In diesem Fall wird nicht Vermögen von einem auf den anderen Ehegatten übertragen, sondern für die Verfolgung eines gemeinsamen Zwecks eingesetzt; etwaige materielle Beiträge werden nach § 718 Abs. 1 Gesellschaftsvermögen. **Innengesellschaft** und **unbenannte Zuwendung schließen** sich daher **gegenseitig aus.**

407 **Rechtsfolge** einer Innengesellschaft ist, dass die Ehegatten wechselseitig die Auszahlung des Auseinandersetzungsguthabens verlangen können.[898] Unklar bleibt demgegenüber, ob auch Rückgewähr der geleisteten Einlage bzw. Wertersatz hierfür verlangt werden (§ 733 Abs. 2). Der BGH bejaht dies.[899] In teleologischer Reduktion des § 733 Abs. 2 S. 3 sollen sogar Arbeitsleistungen, die zu einer messbaren Erhöhung des Gesellschaftsvermögens geführt haben, unter dem Gesichtspunkt der Einlagenrückgewähr vorab vergütet werden müssen.[900] Im Schrifttum wird dagegen teilweise für eine konsequente Anwendung des § 733 Abs. 2 S. 3 plädiert,[901] teilweise ganz entgegengesetzt die Anwendung dieser Vorschrift als ganzes verworfen: Beiträge zur Vermögensbildung zwischen Partnern einer Paarbeziehung müssten gleich behandelt werden, gleichviel ob es sich um Beiträge in Gestalt von Arbeit oder Kapital handle.[902]

408 Ansprüche aus einer Innengesellschaft, wenn denn eine solche vorliegt, bleiben neben einem Anspruch auf Zugewinnausgleich bestehen, werden also vom **güterrechtlichen Ausgleich nicht berührt.**[903] Die Tatsache, dass die Parteien im gesetzlichen Güterstand

---

[893] BGHZ 142, 137, 144 f. = NJW 1999, 2962; BGHZ 165, 1, 6; BGH FamRZ 1968, 23, 24.
[894] BGHZ 142, 137, 144 = NJW 1999, 2962; BGH FamRZ 1968, 23, 24; OLG Köln FamRZ 1991, 816, 817.
[895] BGHZ 142, 137, 145 = NJW 1999, 2962.
[896] BGHZ 142, 137, 145 = NJW 1999, 2962.
[897] *Lieb* Ehegattenmitarbeit S. 116 f., 185 ff.; zust. *Reuter/Martinek* § 5 III 2 d, S. 169; *Welker* S. 111; für gesellschaftsrechtliche Auseinandersetzung einer nichtehelichen Lebensgemeinschaft auch *Hausmann* S. 587 ff.
[898] BGHZ 142, 137, 155 f. = NJW 1999, 2962.
[899] BGH BB 1986, 1530.
[900] BGH BB 1986, 1530; im Ergebnis zust. *Hausmann* S. 611 f.
[901] *Roemer* BB 1986, 1522, 1526.
[902] *Halfmeier* JA 2008, 97, 99.
[903] BGHZ 155, 249, 255; 165, 1, 7 f. = NJW 2006, 1268.

d) Bereicherungsansprüche. Der BGH hatte für den Ausgleich unbenannter Zuwen- **409** dungen zunächst die Anwendung des **§ 812 Abs. 1 S. 2 Alt. 1** bejaht.[905] Dies ist allgemein **abgelehnt** worden, da die Ehe nicht als Rechtsgrund für unbenannte Zuwendungen zwischen Ehegatten verstanden werden kann.[906] Der BGH hat denn auch in späteren Entscheidungen ausgesprochen, dass das Scheitern der Ehe die zuvor vollzogenen Zuwendungen nicht rechtsgrundlos macht.[907]

Auch eine **Zweckverfehlungskondiktion** ist nach einer im Schrifttum vertretenen **410** Ansicht regelmäßig nicht gegeben[908] und stößt auch beim **BGH** auf **hohe Hürden**. Denn der BGH steht auf dem Standpunkt, dass Zuwendungen unter Ehegatten im allgemeinen nicht mit der erkennbaren Zweckbestimmung gemacht werden, den Fortbestand der Ehe zu erreichen.[909] So hat der BGH eine Zweckverfehlungskondiktion für den Fall abgelehnt, dass ein Ehegatte Bauleistungen auf dem Grundstück des anderen Ehegatten erbracht hat. Diese Leistungen haben, so der BGH, ihren wirtschaftlichen Zweck erreicht: Sie haben dazu geführt, dass das beabsichtigte Gebäude errichtet und, sofern es als Familienheim dienen sollte, bezogen wurde.[910] Ob man bei dieser Aussage stehen bleiben kann, erscheint allerdings durchaus **zweifelhaft**.[911] Denn gerade bei langfristigen Investitionen wie etwa dem Bau des Familienheims wird für den leistenden Ehegatten regelmäßig die Erwartung Pate stehen, dass er an dieser Investition langfristig teilhaben werde.[912] Diese Erwartung wird vom anderen Ehegatten regelmäßig auch erkannt werden. Der BGH hält diese Erwartung des Leistenden im Rahmen einer nichtehelichen Lebensgemeinschaft für schutzwürdig (RdNr. 419). Dann leuchtet nicht ein, warum dem Leistenden gerade in der Ehe, die auf Lebenszeit geschlossen wird und bei der daher die Erwartung dauerhafter Teilhabe am gemeinsam Investierten ausdrücklich unter den Schutz des Gesetzes gestellt wird, die Zweckverfehlungskondiktion versperrt bleiben soll. Am Tatbestand dieser Kondiktion ist bei der Schaffung dauerhafter Vermögenswerte nicht zu zweifeln. Allenfalls mag man sich die Frage stellen, ob das Bereicherungsrecht im gesetzlichen Güterstand durch die §§ 1372 ff. verdrängt wird (RdNr. 413).

Einzelfälle: Das OLG Köln hatte die Zweckverfehlungskondiktion bei Leistungen **411** eines Verlobten für das Hausgrundstück des anderen Verlobten mit der Begründung bejaht, der leistende Verlobte habe die von seinem künftigen Ehegatten erkannte und gebilligte Erwartung gehegt, dass ihm ein hälftiger Miteigentumsanteil an dem Grundstück übertragen werde.[913] Der BGH hob diese Entscheidung auf, weil er die erforderliche Willensübereinstimmung nicht zu erkennen vermochte.[914] Dagegen hielt der BGH die Zweckverfehlungskondiktion in folgendem Fall für gegeben: Ein Ehepaar hatte in hohem Alter geheiratet, um die wechselseitige Altersversorgung zu sichern. Die Ehe scheiterte nach wenigen Monaten. Vor der Ehe hatte der Ehemann der Ehefrau Schmuckstücke geschenkt. Diese konnte er nach Ansicht des BGH gemäß § 812 Abs. 1 S. 2 Alt. 2 zurückfordern.[915]

---

[904] BGHZ 165, 1, 5 f. = NJW 2006, 1268.
[905] BGH FamRZ 1968, 23, 24.
[906] *Deubner* FamRZ 1968, 351; *Erman/Westermann/Buck-Heeb* RdNr. 49; *Kühne* FamRZ 1968, 356; *Lieb* Ehegattenmitarbeit S. 118 ff.; *Völkel* VersR 1992, 539, 543.
[907] BGHZ 65, 320, 323 f.; 82, 227, 231; 84, 361, 363 f.; BGH FamRZ 1982, 778.
[908] *Lieb* Ehegattenmitarbeit S. 116 ff.; *Staudinger/Lorenz* RdNr. 99.
[909] BGH FamRZ 1982, 778.
[910] BGHZ 84, 361, 363; 115, 261, 264 = NJW 1992, 427; BGH FamRZ 1968, 23, 24; WM 1990, 1585 f.
[911] Skeptisch bereits *Hausmann* S. 303 f.
[912] Zutr. (und mit dieser Begründung für die Anerkennung eines Bereicherungsanspruchs) *Joost* JZ 1985, 10, 16 f.
[913] OLG Köln FamRZ 1991, 816, 817.
[914] BGHZ 115, 261, 263 f. = NJW 1992, 427.
[915] BGH FamRZ 1994, 503 f.

412 **e) Wegfall der Geschäftsgrundlage.** Dagegen hat der BGH mehrfach die Regeln der **Störung der Geschäftsgrundlage** herangezogen.[916] Das Ereignis, das die Geschäftsgrundlage entfallen lässt, besteht im Scheitern der Ehe.[917] Dabei sind indes Besonderheiten zu beachten:

413 Im **gesetzlichen Güterstand** hält das Gesetz mit den §§ 1372 ff. eine eigenständige Ausgleichsordnung bereit. Raum für die Anerkennung von Rückgewähransprüchen unter dem Gesichtspunkt des Wegfalls der Geschäftsgrundlage ist daher nach Ansicht des BGH nur, wenn die Durchführung des Zugewinnausgleichs zu einem nicht mehr tragbaren Ergebnis führt.[918] Im Schrifttum ist die These vom Vorrang des Zugewinnausgleichs freilich auf Widerstand gestoßen.[919] Der BGH hält einen Ausgleich nach den Regeln über den Wegfall der Geschäftsgrundlage immerhin dann für möglich, wenn die fraglichen Leistungen noch in einer Zeit erbracht wurden, da die Parteien lediglich verlobt waren. Dieser Ausgleichsanspruch soll neben den Zugewinnausgleich treten; bei seiner Bemessung soll danach zu fragen sein, ob der berechtigte Ehegatte einen höheren Zugewinnausgleich beanspruchen könnte, wenn der fragliche Vermögenswert im Anfangsvermögen des verpflichteten Ehegatten nicht oder mit einem niedrigeren Wert anzusetzen gewesen wäre.[920] Einen Ausnahmefall, der die Anwendung der Grundsätze über den Wegfall der Geschäftsgrundlage rechtfertigt, hat der BGH in folgendem Fall angenommen: Die Parteien hatten im hohen Alter geheiratet, um die wechselseitige Altersversorgung zu sichern. Zum Zwecke der Versorgung übertrug der Ehemann der Ehefrau ein Wertpapierdepot. Die Ehe scheiterte nach wenigen Monaten. Angesichts dessen konnte der Ehemann das Depot wegen Wegfalls der Geschäftsgrundlage zurückfordern.[921]

414 Bei **Gütertrennung** ist für die Anwendung der Grundsätze über den Wegfall der Geschäftsgrundlage eher Raum,[922] freilich nur dann, wenn die erbrachten Leistungen, für die Ausgleich begehrt wird, über den laufenden Unterhalt hinausgehen.[923] Der zuwendende Ehegatte kann aber, so der BGH, nach dem Tod des anderen Ehegatten – selbst dann, wenn der Tod unvorhersehbar früh eintritt – nicht die Erben des anderen Ehegatten auf Ausgleich in Anspruch nehmen; er ist vielmehr auf die Erbquote nach dem anderen Ehegatten verwiesen.[924] Dieser Handhabung ist entgegen der im Schrifttum geübten Kritik[925] im Ergebnis zuzustimmen: Wenn die Ehe durch den Tod eines Ehegatten aufgelöst wird, so hat sich der in § 1353 Abs. 1 angelegte Plan einer Gemeinschaft auf Lebenszeit verwirklicht. Ein solches Ereignis kann anders als Trennung und Scheidung nicht als Störung der Geschäftsgrundlage angesehen werden.

415 Wenn es um die Frage geht, ob der frühere Ehegatte Leistungen aus einer ihn begünstigenden **Lebensversicherung** herauszugeben hat, wendet der BGH ebenfalls die Grundsätze über den Wegfall der Geschäftsgrundlage an.[926] Wenn also ein Ehegatte in Zeiten intakter Ehe eine Lebensversicherung abgeschlossen hat, deren Bezugsberechtigter der andere Ehegatte ist, so fällt spätestens mit Scheidung der Ehe die Geschäftsgrundlage für das Kausalgeschäft zwischen den Ehegatten im Valutaverhältnis weg. Stirbt der Ehegatte, der die

---

[916] BGHZ 82, 227, 236 f.; 84, 361, 367 ff.; 127, 48, 50 ff.; BGH WM 1990, 1585, 1586; NJW-RR 1994, 258; aus der Lit.: *Kühne* FamRZ 1978, 221, 222; *Lieb* Ehegattenmitarbeit S. 121 f.; *Lorenz* JZ 1968, 382, 383; *Ludwig* FuR 1992, 1, 6; *Reuter/Martinek* § 5 II 3, 145; RGRK/*Heimann-Trosien* RdNr. 86.
[917] BGHZ 84, 361, 368; 127, 48, 54. Strenger noch BGH NJW 1982, 674, 675: nicht die tatsächliche Trennung, sondern erst die vorzeitige Beendigung der Ehe begründe den Wegfall der Geschäftsgrundlage.
[918] BGHZ 82, 227, 236 f.; 115, 132, 135 f.; 127, 48, 50 f.; 142, 137, 148; BGH FamRZ 1982, 778, 779; 1989, 599, 600.
[919] *Joost* JZ 1985, 10, 13 f.
[920] BGHZ 115, 261, 267 = NJW 1992, 427.
[921] BGH FamRZ 1994, 503.
[922] Für Anwendung dieser Grundsätze bei Gütertrennung BGHZ 84, 361, 368 f.; bestätigt durch BGH NZM 2008, 694, 697 Tz. 42.
[923] BGHZ 84, 361, 367.
[924] BGH WM 1990, 1585, 1586 f.
[925] *Ludwig* FuR 1992, 1, 7.
[926] BGH NJW 1987, 3131, 3132.

Lebensversicherung abgeschlossen hat, so können seine Erben daher die Versicherungsleistungen, die der andere Ehegatte empfangen hat, von diesem herausverlangen. Im Schrifttum wird für solche Fälle die Anwendung des § 2077 befürwortet;[927] der BGH lehnt dies jedoch ab.[928]

Sofern (ausnahmsweise) ein Anspruch des zuwendenden Ehegatten auf Rückgewähr der Zuwendung unter dem Gesichtspunkt des Wegfalls der Geschäftsgrundlage anerkannt wird, unterliegt dieser Anspruch der **regelmäßigen Verjährung.** § 1378 Abs. 4 ist nicht entsprechend anzuwenden.[929] 416

2. Nichteheliche Lebensgemeinschaft. a) Innengesellschaft. Die Rechtsfiguren der Innengesellschaft und der unbenannten Zuwendung sind nicht auf die Ehe beschränkt, sondern ebenso in nichtehelichen Lebensgemeinschaften denkbar;[930] Gleiches gilt für die Figur des familienrechtlichen Kooperationsvertrags eigener Art.[931] Der BGH ist bei einer nichtehelichen Lebensgemeinschaft eher zur Annahme einer Innengesellschaft bereit als bei einer Ehe. Da nämlich die nichtehelichen Lebensgefährten einander nicht zur Lebensgemeinschaft verpflichtet sind, bedarf es für die Annahme einer Innengesellschaft **keines** über jene Gemeinschaft **hinausweisenden Zwecks.**[932] Ausreichen soll vielmehr, dass die Lebensgefährten gemeinsam einen Vermögenswert schaffen, den sie nach ihrer Vorstellung nicht nur gemeinsam nutzen, sondern der ihnen auch gemeinsam gehören soll.[933] Das Merkmal „gemeinsam gehören" kann selbst dann erfüllt sein, wenn ein Lebensgefährte Alleineigentümer wird bzw. bleibt; die formal-dingliche Zuordnung kann in der Vorstellung der Parteien in den Hintergrund treten.[934] Diesen Rechtssatz versieht der BGH freilich mit einer empfindlichen Einschränkung: Eine Gesellschaft sei nur dort anzunehmen, wo die Ehegatten mit **Rechtsbindungswillen** gehandelt hätten; eine rein tatsächliche Willensübereinstimmung genüge nicht.[935] An einem solchen Rechtsbindungswillen sei zu zweifeln, wenn die gemeinsame Wertschöpfung nicht über die Verwirklichung der Lebensgemeinschaft hinausweise.[936] Auf der Rechtsfolgenseite schließt der BGH bei nichtehelichen Lebensgemeinschaften die Anwendung der §§ 734, 722 aus:[937] Entscheidend für die Höhe des Ausgleichsanspruchs sei nicht eine etwa vereinbarte Gewinnquote, sondern Umfang und Qualität der geleisteten Arbeit. Im Schrifttum wird es teilweise für wenig ertragreich gehalten, die Anwendung gesellschaftsrechtlicher Grundsätze auf die Schaffung gemeinsamer Vermögenswerte zu beschränken. Die Lebensgefährten wirtschafteten aus einem Topf; Gesellschaftszweck sei daher ganz allgemein die gemeinsame Erfüllung materieller Lebensbedürfnisse.[938] 417

b) Bereicherungsansprüche/Wegfall der Geschäftsgrundlage. Der **BGH** hatte in **langjähriger Rechtsprechung** die Ansicht vertreten, dass eine **Rückabwicklung** unbenannter Zuwendungen nach Scheitern einer nichtehelichen Lebensgemeinschaft grundsätzlich **nicht in Betracht komme,** wenn nichts Besonderes (etwa in Gestalt eines Gesellschaftsvertrags) vereinbart sei. Denn den Parteien sei die Vorstellung gänzlich fremd, dass für 418

---

[927] *Fuchs* JuS 1989, 179, 181 f.
[928] BGH NJW 1987, 3131.
[929] BGH NJW-RR 1994, 258.
[930] Für Innengesellschaft ebenso *Schulz* FamRZ 2007, 593, 595.
[931] Ebenso *Coester* JZ 2008, 315.
[932] BGHZ 142, 137, 146; BGH NZM 2008, 694, 695 Tz. 20.
[933] BGHZ 84, 388, 390 f.; 165, 1, 10; BGH NJW 1992, 906, 907; FamRZ 1993, 939, 940; NJW-RR 1996, 1473; FamRZ 1997, 1533; FamRZ 2003, 1542, 1543; NZM 2008, 694 Tz. 18; strenger *Halfmeier* JA 2008, 97, 99.
[934] BGH NJW 1992, 906, 907.
[935] BGHZ 165, 1, 10; BGH JZ 2008, 312, 314.
[936] BGH NZM 2008, 694, 695 Tz. 22.
[937] BGHZ 84, 388, 391 f.; ebenso *Blumenröhr*, FS Odersky, 1996, S. 517, 520; wohl auch *Schulte* ZGR 1983, 437, 443; krit. aber *Roemer* BB 1986, 1522, 1525 f.
[938] *Battes* ZHR 143 (1979), 385, 394; *ders.* in: Eser (Hrsg.), Die nichteheliche Lebensgemeinschaft, 1985, S. 40.

Leistungen im gemeinsamen Interesse ein Ausgleich verlangt werden könne.[939] Damit war insbesondere der Weg für die Zweckverfehlungskondiktion versperrt;[940] ebenso der Zugang zu einer Rückabwicklung nach den Grundsätzen über den Wegfall der Geschäftsgrundlage.[941] Angesichts der gewollten rechtlichen Unverbindlichkeit der Partnerschaft trug der Zuwendende das Risiko, von dem zugewendeten Gegenstand nicht dauerhaft zu profitieren.[942] Dagegen stand eine verbreitete Auffassung im Schrifttum und teilweise auch in der Rechtsprechung, wonach derartige Zuwendungen mit Hilfe der Zweckverfehlungskondiktion zurückgefordert werden konnten.[943] Der nicht erreichte Zweck wurde teilweise in der Sicherung der gemeinsamen Zukunft,[944] teils in der Bereitschaft des Zuwendungsempfängers zur gemeinsamen Lebensgestaltung und deren Verwirklichung,[945] teils darin gesehen, dass der andere Lebensgefährte dazu veranlasst werden sollte, seinerseits Beiträge zur gemeinsamen Lebensgestaltung zu erbringen.[946] Schließlich wurde der „bezweckte Erfolg" in der dauerhaften Teilhabe an dem gemeinsam geschaffenen Wert erblickt.[947] Ebenso wurde von etlichen Autoren die Anwendung der Grundsätze über den Wegfall der Geschäftsgrundlage befürwortet.[948]

419 In einem **jüngeren Urteil** hat der BGH seine bisherige Rechtsprechung aufgegeben und hält nun Folgendes für richtig: (1.) Bei wechselseitigen Beiträgen der Lebensgefährten zum **laufenden Unterhalt** bleibe es dabei, dass kein Ausgleich stattfinde.[949] Denn diese Beiträge erfüllten ihren Unterhaltszweck in dem Moment, in dem sie erbracht würden. (2.) Wenn dagegen **Vermögenswerte** gebildet würden, welche die Beendigung der Lebensgemeinschaft **überdauerten,** komme grundsätzlich ein Ausgleichsanspruch desjenigen Lebensgefährten in Betracht, der zur Schaffung jenes Wertes beigetragen habe, nach der Trennung aber hiervon nicht mehr profitiere. Der leistende Lebensgefährte wisse zwar, dass die Lebensgemeinschaft jederzeit beendet werden könne; seiner Zuwendung liege aber regelmäßig die Erwartung zugrunde, dass die Gemeinschaft von Bestand sein werde. In dieser Erwartung sei der leistende Lebensgefährte schutzwürdig.[950] In diesen Fällen komme die Zweckverfehlungskondiktion in Betracht, wenn der empfangende Lebensgefährte die Erwartung des leistenden Ehegatten erkannt und gebilligt habe, dass letzterer an dem erworbenen bzw. geschaffenen Gegenstand dauerhaft partizipieren könne.[951] Dies setze eine Willensübereinstimmung zwischen den Lebensgefährten voraus, die aber auch dadurch getroffen werden könne, dass der andere Lebensgefährte die Leistung in Empfang nehme, ohne der von ihm

---

[939] BGHZ 77, 55, 58 f.; BGH FamRZ 1993, 939, 940; NJW-RR 1996, 1473; FamRZ 1997, 1533; 2004, 94; JZ 2008, 312, 314.
[940] Im Ergebnis gegen die Anerkennung einer Zweckverfehlungskondiktion OLG Frankfurt FamRZ 1981, 253; 1982, 265; OLG München FamRZ 1980, 239, 240; *Diederichsen* NJW 1983, 1017, 1024; *ders.* FamRZ 1988, 889, 897; *Haas* FamRZ 2002, 205, 212; *Hausmann* S. 300 ff.; *Lieb,* Gutachten A zum 57. DJT, 1988, S. 69; *Voß* S. 96 ff.
[941] BGH FamRZ 1997, 1533 f.; 2004, 94.
[942] So ausdrücklich *Halfmeier* JA 2008, 97, 100.
[943] OLG Karlsruhe NJW 1994, 948 f.; OLG Stuttgart NJW-RR 1993, 1475, 1476 f.; *Beyerle* S. 61 ff.; *Lipp* AcP 180 (1980), 537, 580 ff.; *ders.* JuS 1982, 17, 22; *Maus* S. 145 ff.
[944] *Strätz* FamRZ 1980, 434, 435.
[945] *Lipp* AcP 180 (1980), 537, 583; ähnlich OLG Karlsruhe NJW 1994, 948; *Beyerle* S. 72.
[946] *Maus* S. 148.
[947] *Schlüter/Belling* FamRZ 1986, 405, 414; zust. *Staudinger/Löhnig* Anh. §§ 1297 ff. RdNr. 115, 118 (der aber RdNr. 113 f., 117 eine Auseinandersetzung nach Gesellschaftsrecht für vorrangig hält).
[948] *Lipp* AcP 180 (1980), 537, 597 ff.; *Schulz* FamRZ 2007, 593, 598 ff. Für Rückabwicklung von Zuwendungen, deren Grundlage das Fortbestehen der Lebensgemeinschaft ist, im Ergebnis auch *Schwenzer* JZ 1988, 781, 784.
[949] BGH NZM 2008, 694, 696 Tz. 35 (bezüglich Zweckverfehlungskondiktion), 40 (bezüglich Wegfall der Geschäftsgrundlage); ebenso schon *Battes* JZ 1988, 908, 909; *Coester* JZ 2008, 315 f.; *Lipp* AcP 180 (1980), 537, 585 f. (bezüglich Zweckverfehlungskondiktion); *Schlüter/Belling* FamRZ 1986, 405, 414 (bezüglich Zweckverfehlungskondiktion); *Schulz* FamRZ 2007, 593, 594; *Staudinger/Lorenz* RdNr. 100; *Staudinger/Löhnig* Anh. §§ 1297 ff. RdNr. 119 (bezüglich Zweckverfehlungskondiktion); *Steinert* NJW 1986, 683, 686 (bezüglich beider Anspruchsgrundlagen); *Weber* JR 1988, 309, 310 f., 312; *Wellenhofer* LMK 2008, 251355.
[950] BGH NZM 2008, 694, 696 Tz. 32.
[951] BGH NZM 2008, 694, 696 Tz. 35.

erkannten Erwartung des leistenden Lebensgefährten, dauerhaft an dem betreffenden Gegenstand teilhaben zu können, zu widersprechen.[952] Fall sich eine Zweckabrede in diesem Sinne nicht feststellen lasse, komme, sofern es um einen Ausgleich für geleistete Arbeit gehe, immer noch die Anwendung der Grundsätze über den Wegfall der Geschäftsgrundlage in Betracht.[953] Denn auch bei einer nichtehelichen Lebensgemeinschaft erscheine die Annahme eines familienrechtlichen Kooperationsvertrags eigener Art denkbar, dessen Geschäftsgrundlage mit dem Scheitern der Lebensgemeinschaft entfalle.[954] Der Anspruch auf Ausgleich für geleistete Arbeit unter dem Gesichtspunkt des Wegfalls der Geschäftsgrundlage sei aber nach oben in zweierlei Hinsicht begrenzt: Er reiche nicht über den Betrag hinaus, um den das Vermögen des empfangenden Lebensgefährten im Zeitpunkt des Wegfalls der Geschäftsgrundlage noch gemehrt sei, und nicht über den Betrag der ersparten Kosten einer fremden Arbeitskraft.[955] Die **rechtspolitische Schwäche** sämtlicher denkbaren Lösungsansätze zur Vermögensauseinandersetzung in nichtehelichen Lebensgemeinschaften wird im Schrifttum darin gesehen, dass Beiträge zur Vermögensbildung nach Scheitern der Gemeinschaft abgerechnet werden, Beiträge zur Familienarbeit (Pflege des Partners, Versorgung gemeinschaftlicher Kinder) aber nicht.[956]

Wenn die nichteheliche Lebensgemeinschaft nicht durch Trennung, sondern durch den **Tod eines Lebensgefährten** aufgelöst wird, fragt sich, ob das so eingetretene Ende der Gemeinschaft zu Rückgewähransprüchen führt, ob mithin die Erben des Leistenden die Zuwendung zurückfordern können bzw. ob die Zuwendung von den Erben des Empfängers herausgegeben werden muss. Diese Frage ist selbst dann zu verneinen, wenn man Ansprüche unter dem Gesichtspunkt der Zweckverfehlungskondiktion und des Wegfalls der Geschäftsgrundlage für prinzipiell möglich hält: Die Lebensgemeinschaft, die durch den Tod eines Lebensgefährten aufgelöst wird, ist nicht gescheitert, sondern hat sich erfüllt.[957] Beim Tod des Leistenden ist außerdem zu beachten, dass Zuwendungen, die ein Partner in Erwartung seines nahenden Todes macht, bereits nach der Willensrichtung des Leistenden nicht darauf angelegt sind, dass dieser nachhaltig am zugewendeten Gegenstand teilhaben soll. Dann kann jene nachhaltige Teilhabe schon im Ansatz nicht die Geschäftsgrundlage der Zuwendung und auch nicht den mit der Leistung bezweckten Erfolg darstellen.[958]

IV. Beweislast

Bei der Zweckverfehlungskondiktion muss der **Gläubiger** sowohl die **Rechtsgrundabrede** als auch die Tatsache beweisen, dass der nach dem Inhalt dieser Rechtsgrundabrede bezweckte **Erfolg nicht eingetreten** ist.[959]

F. Verjährungsfragen

Die Verjährung von Bereicherungsansprüchen richtet sich grundsätzlich nach §§ 195, 199: Die Verjährungsfrist beträgt drei Jahre und beginnt mit dem Zeitpunkt, da der Bereicherungsgläubiger von den anspruchsbegründenden Umständen und der Person des Schuldners Kenntnis erlangt hat oder ohne grobe Fahrlässigkeit hätte erlangen müssen. Für den **Verjährungsbeginn** nach § 199 Abs. 1 ist – wie auch sonst – **nicht erforderlich,** dass

---

[952] BGH NZM 2008, 694, 696 Tz. 34 im Anschluss an BGHZ 115, 261, 263.
[953] BGH NZM 2008, 694, 697 Tz. 40.
[954] BGH NZM 2008, 694, 697 Tz. 42 ff.
[955] BGH NZM 2008, 694, 697 Tz. 45; für Ehegatten ebenso schon *Haas* FamRZ 2002, 205, 216.
[956] *Dethloff,* Gutachten A zum 67. DJT, 2008, S. A 140 f.
[957] Zutr. *Coester* JZ 2008, 315, 316. Für Ausgleichsanspruch bei Tod des Empfängers, gegen Ausgleichsanspruch bei Tod des Leistenden *Battes* JZ 1988, 908, 910.
[958] Zutr. *Wellenhofer* LMK 2008, 251355; in Bezug auf den Wegfall der Geschäftsgrundlage ebenso BGH JZ 2008, 312, 314 f.
[959] BGH WM 1958, 1275; RGRK/*Heimann-Trosien* RdNr. 121.

§ 813 1, 2   Abschnitt 8. Titel 26. Ungerechtfertigte Bereicherung

der Bereicherungsgläubiger aus den ihm bekannten Umständen den **rechtlichen Schluss** zieht, vom Empfänger Rückgewähr des zugeflossenen Vermögensvorteils verlangen zu können.[960] Bei der Rückforderung von überzahltem Bauhandwerkerlohn sind die subjektiven Voraussetzungen des § 199 Abs. 1 Nr. 2 in der Regel erfüllt, wenn der Bauherr das Leistungsverzeichnis, die Aufmaße und die Schlussrechnung kennt und aus diesen Unterlagen ohne Weiteres ersichtlich ist, dass der Handwerker seine Leistungen vertragswidrig abgerechnet hat.[961] Ohne Rücksicht auf Kenntnis oder grob fahrlässige Unkenntnis verjährt der Anspruch nach § 199 Abs. 4 spätestens in zehn Jahren von seiner Entstehung an.

423   Im Einzelfall kann freilich eine **Sonderverjährung** Platz greifen. Nach Ansicht des BGH ist bei einem gescheiterten Grundstückskaufvertrag **§ 196** mit der Folge anwendbar, dass Ansprüche auf Rückübereignung des Grundstücks und auf Rückgewähr der dafür erbrachten Gegenleistung in zehn Jahren verjähren.[962] Das gleiche soll für Ansprüche auf Rückabwicklung einer gescheiterten Reservierungsvereinbarung zum beabsichtigten Kauf eines Grundstücks gelten.[963] Wenn der Mieter wertsteigernde Maßnahmen am Mietobjekt vornimmt und derentwegen unter dem Gesichtspunkt der Aufwendungskondiktion Wertersatz verlangen kann (RdNr. 304), unterliegt dieser Anspruch nicht der kurzen Verjährung nach § 548.[964]

§ 813 Erfüllung trotz Einrede

(1) ¹Das zum Zwecke der Erfüllung einer Verbindlichkeit Geleistete kann auch dann zurückgefordert werden, wenn dem Anspruch eine Einrede entgegenstand, durch welche die Geltendmachung des Anspruchs dauernd ausgeschlossen wurde. ²Die Vorschrift des § 214 Abs. 2 bleibt unberührt.

(2) Wird eine betagte Verbindlichkeit vorzeitig erfüllt, so ist die Rückforderung ausgeschlossen; die Erstattung von Zwischenzinsen kann nicht verlangt werden.

Schrifttum: *Bülow,* Einwendungsdurchgriff und Rückforderungsdurchgriff in neuer Sicht, WM 2004, 1257; *Dauner-Lieb,* Verbraucherschutz bei verbundenen Geschäften (§ 9 VerbrKrG), WM 1991, Sonderbeilage 6 S. 4; *Freitag/Kißling,* Einwendungsdurchgriff beim drittfinanzierten Erwerb von Fondsbeteiligungen, NZG 2004, 316; *Jacoby,* Die Befriedigung aus dem Grundschulderlös, AcP 203 (2003), 664; *Kniffka,* Vertragswidriger Einzug von Raten durch Bauträger, NZBau 2000, 552; *Lenenbach,* Verbraucherschutzrechtliche Rückabwicklung eines kreditfinanzierten, fehlerhaften Beitritts zu einer Publikumspersonengesellschaft, WM 2004, 501; *Reinicke/Tiedtke,* Zweifelsfragen bei der Anwendung des Verbraucherkreditgesetzes, ZIP 1992, 224; *Schlinker,* Zur Kondiktion der Leistung bei Unkenntnis der Einrede aus § 275 II BGB, JA 2008, 423; *Vollkommer,* Zum Rückforderungsdurchgriff bei „verbundenen Geschäften", FS Franz Merz, 1992, S. 595.

I. Normzweck

1   Das in § 812 enthaltene Tatbestandsmerkmal „ohne rechtlichen Grund" findet in § 813 eine Ergänzung: Während § 812 die Kondiktion nur dann zulässt, wenn der rechtliche Grund gänzlich fehlt, **erweitert** § 813 den Herausgabeanspruch auf die Fälle, in denen dem Bereicherungsschuldner ein Anspruch auf das Geleistete zwar zustand, dieser Anspruch aber durch das Bestehen einer **peremptorischen Einrede** dauerhaft gehemmt war.

II. Anwendungsbereich

2   Der Herausgabeanspruch aus § 813 bezieht sich auf das zum Zwecke der Erfüllung einer Verbindlichkeit Geleistete. § 813 enthält damit eine Erweiterung der **condictio indebiti**.

---

[960] BGH MDR 2008, 615.
[961] BGH NJW 2008, 2427, 2428.
[962] BGH NJW-RR 2008, 824, 826.
[963] BGH NJW-RR 2008, 824, 826 f.
[964] BGH NJW-RR 2006, 294, 295 f.

Diese Beschränkung des Anwendungsbereichs leuchtet in jeder Hinsicht ein. Denn bei Leistungszwecken, die nicht in der Erfüllung einer Verbindlichkeit bestehen, kann eine Einrede gegen diese Verbindlichkeit bereits im Ansatz keine Rolle spielen. § 813 erstreckt sich des Weiteren nicht auf die condictio ob causam finitam (§ 812 Abs. 1 S. 2 Alt. 1).[1] Denn es erscheint kaum denkbar, dass ein Anspruch zunächst erfüllt und erst danach durch eine Einrede in seiner Durchsetzbarkeit blockiert wird.

Wer durch vorläufig vollstreckbares Urteil eines Oberlandesgerichts in vermögensrechtlichen Streitigkeiten zu einer Leistung verurteilt worden ist und diese erbringt, kann das Geleistete nach § 717 Abs. 3 S. 2 ZPO zurückfordern. Für den Umfang dieses Anspruchs enthält § 717 Abs. 3 S. 3 ZPO eine Rechtsfolgenverweisung auf die §§ 818 ff.[2] Daraus folgt, dass § 813 auf diesen Anspruch nicht anwendbar ist.[3] Ist also die Verurteilung ausgesprochen worden, weil das OLG dem Schuldner zu Unrecht eine vorübergehende Einrede aberkannt hat, kann der Gläubiger des titulierten Anspruchs seiner Verpflichtung zur Herausgabe des Geleisteten nicht etwa mit der Begründung entgegentreten, der Schuldner habe trotz einer lediglich vorübergehenden Einrede geleistet und diese berechtige nach § 813 gerade nicht zur Rückforderung. Im Schrifttum wird daraus die Unanwendbarkeit des § 813 bei allen Rechtsfolgeverweisungen auf das Bereicherungsrecht abgeleitet.[4]

§ 813 ist auch bei der Erfüllung fremder Verbindlichkeiten gemäß § 267 anzuwenden. Dem Leistenden steht hier gemäß § 813 ein unmittelbar gegen den Empfänger gerichteter Bereicherungsanspruch zu. Es gelten die gleichen Grundsätze wie bei einer Drittleistung auf eine von vornherein nicht bestehende Forderung (§ 812 RdNr. 155 ff.).

III. Begriff der Einrede

Der Begriff der Einrede ist im technischen Sinn des BGB zu verstehen.[5] Dies bedeutet, dass er nur die **rechtshemmenden** Einwendungen umfasst, diejenigen also, welche den Bestand des Anspruchs unangetastet lassen. Im Fall der sog. rechtshindernden bzw. rechtsvernichtenden Einwendungen kommt wegen Fehlens des Rechtsgrundes § 812 unmittelbar zur Anwendung.

Das Gesetz verlangt das Vorliegen einer **dauernden** Einrede; nur aufschiebende Einreden, wie etwa die Einreden aus §§ 320 oder 770 Abs. 2, genügen nicht.[6] Die Rückforderung von Leistungen, die auf eine bereits **verjährte** Forderung erbracht wurden, wird durch § 813 Abs. 1 S. 2 ausdrücklich ausgeschlossen, obwohl hier der klassische Fall einer peremptorischen Einrede vorliegt. Dies gilt jedoch nur, wenn der Schuldner die Leistung freiwillig erbracht hat; ist wegen einer verjährten Forderung **vollstreckt** worden, so steht dem Schuldner ein Rückforderungsanspruch zu.[7]

Als dauernde **Einreden** iS des § 813 Abs. 1 kommen insbesondere die folgenden in Betracht: §§ 821,[8] 853, 1166, 1973, 1975, 1990 ff., 2083, 2345. Dasselbe gilt für die Einreden der Arglist, des treuwidrigen Verhaltens und der Verwirkung gemäß § 242.[9] Ebenfalls um eine dauernde Einrede handelt es sich bei **§ 275 Abs. 2**. Für den dort bestimmten Fall wird freilich ein Bereicherungsanspruch nach § 813 Abs 1 für **ausgeschlossen** gehalten: Andernfalls stehe zu befürchten, dass der Schuldner auf dem Umweg

---

[1] Erman/Westermann/Buck-Heeb RdNr. 1; RGRK/Heimann-Trosien RdNr. 1.
[2] RGZ 139, 17, 22.
[3] RGZ 139, 17, 21 f.
[4] Bamberger/Roth/Wendehorst RdNr. 2; RGRK/Heimann-Trosien RdNr. 9.
[5] jurisPK/Martinek RdNr. 5; Larenz/Canaris II/2 § 68 I 5, S. 156; Staudinger/Lorenz RdNr. 6.
[6] RGZ 68, 302, 304; 139, 17, 21; AnwK-BGB/v. Sachsen Gessaphe RdNr. 3; PWW/Leupertz RdNr. 2; Wieling S. 24.
[7] BGH NJW 1993, 3318, 3320; ähnlich OLG Hamm WM 1995, 745, 747 für den Fall einer Zahlung im Rahmen einer Bürgschaft auf erstes Anfordern.
[8] Dazu BGH JZ 1995, 569 m. Anm. Wilhelm.
[9] BGH LM § 242 (Cd) Nr. 19; RGZ 72, 192, 196 f.; jurisPK/Martinek RdNr. 8; PWW/Leupertz RdNr. 2; Reuter/Martinek § 5 IV, S. 173.

über das Bereicherungsrecht seinen unverhältnismäßigen Aufwand beim Gläubiger liquidiere und diese somit im Ergebnis eine Vergütung entrichten müsse, welche sein Leistungsinteresse beträchtlich übersteige.[10] Diese Argumentation erscheint in dieser Allgemeinheit angreifbar; denn der Aufwand, den der Schuldner treibt, führt nicht ohne Weiteres dazu, dass die von ihm erbrachte Leistung tatsächlich so viel wert ist wie die für ihre Erbringung eingesetzten Mittel. Das zeigt sich deutlich am Schulbeispiel des in den See gefallen Rings: Dieser wird nicht dadurch wertvoller, dass er unter beträchtlichem Aufwand aus dem See geborgen werden muss. Der Bereicherungsanspruch aus § 813 Abs. 1 würde sich auf Herausgabe des Ringes beschränken und nicht auch eine Vergütung des Leistungsaufwands erfassen. Gleichwohl erscheint es im Ergebnis zutreffend, dem Schuldner, der unter unverhältnismäßigem Aufwand die Leistung erbringt, einen Bereicherungsanspruch aus § 275 Abs. 2 zu versagen: Das Gesetz lässt ihm die Wahl, ob er die Leistung trotz der dafür notwendigen Opfer erbringen will oder nicht. Entscheidet er sich für die Leistungsverweigerung, so erlischt damit der Erfüllungsanspruch; die Erhebung der Einrede hat also rechtsgestaltende Wirkung.[11] Konsequent hat auch die Entscheidung des Schuldners, zu erfüllen, rechtsgestaltende Wirkung: Der Schuldner gewährt dem Gläubiger auf diese Weise einen Rechtsgrund, die Leistung endgültig behalten zu dürfen. Diese Parallele zwischen der Einrede nach § 275 Abs. 2 und der Ausübung eines Gestaltungsrechts zwingt zu der Folgerung, dass der Schuldner sich an der einmal getroffenen Entscheidung, ob er erfüllen oder die Leistung verweigern will, festhalten lassen muss.

8 In einer Entscheidung, die einen besonders gelagerten Fall betraf, hat der BGH dem Eigentümer eines hypothekenbelasteten Grundstücks eine auf § 242 gegründete dauernde Einrede gegen den **Hypothekengläubiger** zugebilligt: Das Grundstück lag in der sowjetischen Besatzungszone, der Hypothekengläubiger war durch Rechtsakt der Besatzungsmacht bereits enteignet worden und nicht (wozu er eigentlich nach § 1144 verpflichtet gewesen wäre) in der Lage, dem Eigentümer die zur Löschung der Hypothek erforderlichen Urkunden zu verschaffen. Daher, so der BGH, habe der Eigentümer die Zahlung an den Hypothekengläubiger verweigern dürfen und könne das gleichwohl Geleistete nach § 813 herausverlangen.[12]

9 Wenn eine **Grundschuld** zur Sicherung einer persönlichen Forderung bestellt wurde und der Eigentümer den vollen Grundschuldbetrag an den Gläubiger zahlt, obwohl die persönliche Forderung ganz oder teilweise nicht (mehr) besteht, kann er den zuviel gezahlten Betrag nach § 813 herausverlangen; denn in Höhe des Übererlöses stand dem Eigentümer aus dem Sicherungsvertrag eine dauernde Einrede zu.[13] Wenn nicht der Eigentümer selbst, sondern ein Dritter im Zwangsversteigerungsverfahren nach § 75 ZVG iVm. §§ 1192 Abs. 1, 1150, 268 die Grundschuld ablöst, kommt demgegenüber § 813 zugunsten dieses Dritten entgegen einer im Schrifttum vertretenen Ansicht[14] nicht zur Anwendung.[15] Denn der Dritte ist nicht Partei des Sicherungsvertrags. Daher steht ihm kein Anspruch aus diesem Vertrag und folglich auch keine hieraus fließende Einrede zu; ein Anspruch nach § 813 scheidet also bereits dann aus, wenn er die Grundschuld außerhalb des Versteigerungsverfahrens ablöst. Im Zwangsversteigerungsverfahren kommt hinzu, dass § 75 ZVG eine Ablösung der Grundschuld dort nur gegen Zahlung des vollen Grundschuldbetrags ohne Rücksicht auf die Höhe der persönlichen Forderung zulässt.[16] Dann kann der Dritte erst recht nicht geltend machen, ihm habe in Höhe des Übererlöses eine Einrede zugestanden. Der Dritte muss sich vielmehr an den Eigentümer halten. Diesem steht nämlich gegen den Gläubiger – als Ausgleich dafür, dass er die Grundschuld

---

[10] *Schlinker* JA 2008, 423, 424 f.
[11] Näher *Mattheus* in: *Schwab/Witt* (Hrsg.), Examenswissen zum neuen Schuldrecht, 2003, S. 50, 83.
[12] BGH MDR 1954, 286 f.
[13] RGRK/*Heimann-Trosien* RdNr. 10.
[14] *Jacoby* AcP 203 (2003), 664, 682 f.
[15] Ebenso BGH NJW 2005, 2398, 2399; *Joswig* ZflR 2006, 29.
[16] BGH NJW 2005, 2398.

nicht mehr zurück abtreten kann, weil diese auf den Dritten übergegangen ist – ein Anspruch auf Auskehrung des Übererlöses zu. Diesen Anspruch hat der Eigentümer dadurch erlangt, dass der Dritte den vollen Grundschuldbetrag gezahlt hat, und damit in sonstiger Weise auf Kosten des Dritten.[17]

Die bloße **Möglichkeit**, den Anspruch, zu dessen Erfüllung geleistet wurde, durch Ausübung von Gestaltungsrechten zu vernichten, begründet keine Einrede.[18] Daher ist eine Kondiktion gemäß § 813 weder im Fall der an sich gegebenen, aber nicht ausgenutzten **Aufrechnungsbefugnis**[19] noch im Fall der nur möglichen, aber unterbliebenen Anfechtung zulässig.[20] **10**

Für den Fall, dass der Käufer einer mangelhaften Sache nach Verjährung seiner Gewährleistungsansprüche auf Zahlung des Kaufpreises in Anspruch genommen wird, gewährt ihm **§ 438 Abs. 4 S. 2, Abs. 5** eine dauernde Einrede: Der Käufer kann die Zahlung des Kaufpreises verweigern, falls die Voraussetzungen des Rücktrittsrechts vorliegen, der Rücktritt bzw. die Minderung an sich aber nach § 218 nicht mehr wirksam erklärt werden kann. Daher fragt sich, ob der Käufer, der vor Eintritt der Verjährung seiner Gewährleistungsansprüche zum Rücktritt berechtigt war, aber nach diesem Zeitpunkt Zahlungen auf den Kaufpreis leistet, diese nach § 813 zurückfordern kann. Das wurde schon zum früheren Recht (§ 478 aF) einhellig verneint.[21] Daran ist auch unter der Geltung des neuen Schuldrechts festzuhalten.[22] § 438 Abs. 4 S. 2, Abs. 5 erhält dem Käufer die Mängeleinrede, weil dieser, solange und soweit er nichts bezahlt, keinen Anlass verspüren muss, seine Mängelrechte zu verfolgen.[23] Sobald der Käufer Zahlungen auf den Kaufpreis leistet, ist diese ratio legis nicht mehr einschlägig. Vielmehr ist der Käufer dann gehalten, seine Mängelrechte zu verfolgen, um die Zahlung zurückzuerlangen. Dann aber muss er es auch hinnehmen, wenn ihm der Verkäufer seinerseits die Verjährung der Mängelrechte entgegenhält. Die Rückforderung des Kaufpreises wegen Mängeln der Kaufsache kann daher nur nach berechtigtem Rücktritt bzw. nach berechtigter Minderung verlangt werden und ist folglich ausgeschlossen, wenn Rücktritt bzw. Minderung nach § 218 nicht mehr wirksam erklärt werden können. **11**

Im Fall der **Erfüllung von Naturalobligationen** ergibt sich die Unanwendbarkeit auch des § 813 bereits aus dem Gesetz (§§ 656 Abs. 1 S. 2, 762 Abs. 1 S. 2). **12**

Für **verbundene Geschäfte** (§ 358 Abs. 3) gibt § 359 dem Verbraucher eine dauernde Einrede gegen den Anspruch auf Rückgewähr des Darlehens, soweit ihm aus dem damit verbundenen Vertrag gegen den Verkäufer bzw. Erbringer der Dienstleistung Einwendungen zustehen. Soweit der Verbraucher gleichwohl Zahlungen auf das Darlehen geleistet hat, fragt sich, ob er diese nach § 813 von Darlehensgeber zurückverlangen kann. Dies wird verbreitet bejaht für den Fall, dass der **Hauptvertrag nichtig** ist.[24] In diesem Fall steht dem Ver- **13**

---

[17] BGH NJW 2005, 2398, 2399.
[18] Vgl. für die Anfechtung *Grigoleit*, Vorvertragliche Informationshaftung, S. 88.
[19] *Erman/Westermann/Buck-Heeb* RdNr. 3; *Koppensteiner/Kramer* § 7 I 2, S. 53; *Larenz/Canaris* II/2 § 68 I 5 c, S. 157; *Reuter/Martinek* § 5 IV, S. 173 f.; *RGRK/Heimann-Trosien* RdNr. 5; *Staudinger/Lorenz* RdNr. 11.
[20] *Bamberger/Roth/Wendehorst* RdNr. 4; *Erman/Westermann/Buck-Heeb* RdNr. 3; *RGRK/Heimann-Trosien* RdNr. 7; *Staudinger/Lorenz* RdNr. 14. Ebenso *Reuter/Martinek* § 5 IV, S. 173; vgl. dazu auch *Zöllner* ZHR 148 (1984), 313, 314 ff.
[21] RGZ 128, 211, 215; 144, 93, 95; *Koppensteiner/Kramer* § 7 I 2, S. 52; *RGRK/Heimann-Trosien* RdNr. 6.
[22] Ebenso AnwK-BGB/*v. Sachsen Gessaphe* RdNr. 6; *Bamberger/Roth/Wendehorst* RdNr. 6; *Erman/Westermann/Buck-Heeb* RdNr. 3; *Palandt/Sprau* RdNr. 4; *PWW/Leupertz* RdNr. 6; *Staudinger/Lorenz* RdNr. 13; *Wieling* S. 25.
[23] *Schlosser* JZ 1966, 428, 430 (zu § 478 aF).
[24] § 359 RdNr. 66 ff. sowie BGH WM 2008, 244, 246 f.; OLG Dresden ZIP 2000, 180, 183; OLG Koblenz BB 2002, 1981, 1984; OLG Stuttgart ZIP 2001, 692, 697; *Bülow* WM 2004, 1257, 1262 f.; *Frey* BB 2008, 467 f.; *Giesen* Jura 1994, 194, 202; *Martis* MDR 1999, 65, 70; *PWW/Leupertz* RdNr. 6; *Schinkels* LMK 2008, 258880. Im Ergebnis ebenso, in der Begründung abw. *Vollkommer*, FS Merz, 1992, S. 595, 606 ff.: Nichtigkeit auch des Darlehensvertrags nach § 139 BGB. Diff. nach verschiedenen Nichtigkeitsgründen *Goebbels*, Der Rückforderungsdurchgriff des Verbrauchers im Rahmen der Rückabwicklung verbundener Geschäfte im Sinne des § 9 Absatz 3 Verbraucherkreditgesetz, 2000, S. 103 ff.

braucher von Beginn an eine Einwendung gegen den Partner des Hauptvertrags zu. Dadurch erlangt er nach § 359 S. 1 eine dauernde Einrede gegen den Darlehensanspruch zu. Wenn der Verbraucher gleichwohl Leistungen auf das Darlehen erbracht hat, ist § 813 Abs. 1 in der Tat zumindest in seinem Tatbestand einschlägig: Dann kann der Verbraucher die Leistungen, die er an den Darlehensnehmer erbracht hat, zurückfordern. Allerdings ist im Schrifttum die Meinung verbreitet, dass sich § 813 generell nicht zur Begründung eines Rückforderungsdurchgriffs eigne;[25] eine Diskussion dieses Problems kann im hier gesetzten Rahmen nicht geleistet werden.[26] Ebenso wird ein auf § 813 Abs. 1 gestützter Rückforderungsdurchgriff für den Fall befürwortet, dass die **Hauptleistung mangelhaft** ist:[27] Der Verbraucher sei infolge des Mangels nicht zur Zahlung verpflichtet und daher auch gegenüber der Bank zur Leistungsverweigerung berechtigt gewesen. § 813 soll selbst dann anwendbar sein, wenn der Anleger eine drittfinanzierte Gesellschaftsbeteiligung aus wichtigem Grund kündige und Darlehensraten zurückfordere, die er an die Bank gezahlt habe, obwohl er dieser das ihm gegen die Gesellschaft zustehende Auseinandersetzungsguthaben habe entgegenhalten können.[28] In den letzteren beiden Fällen ist § 813 jedoch bereits tatbestandlich nicht einschlägig.[29] Denn der Mangel der Leistung aus dem verbundenen Vertrag bzw. der wichtige Grund, der zur Kündigung der Gesellschaftsbeteiligung berechtigt, raubt dem Partner des Hauptgeschäfts nicht aus sich heraus, sondern erst dann seinen Anspruch, wenn der Verbraucher deswegen zurücktritt bzw. kündigt (§ 359 S. 1) oder wenn wenigstens die Nacherfüllung fehlgeschlagen ist (§ 359 S. 3). Freilich nimmt der BGH für den Fall einer drittfinanzierten Gesellschaftsbeteiligung, die sich als nicht rentabel erweist, einen Rückforderungsdurchgriff auf der Basis einer analogen Anwendung des § 358 Abs. 4 S. 3 an;[30] dies indes zu Unrecht.[31]

14 Im Fall des **Vertrags zugunsten Dritter** kann der Versprechende nach § 334 Einwendungen, die ihm gegen den Versprechensempfänger zustehen, auch dem Dritten entgegenhalten. Damit wirken auch dauernde Einreden des Versprechenden ebenso gegen den Dritten. Daraus ist der Schluss gezogen worden, der Versprechende, der trotz einer solchen Einrede an den Dritten leiste, könne das Geleistete nach § 813 direkt von ihm zurückfordern.[32] Diese Ansicht verdient indes keine Zustimmung.[33] Die Beantwortung der Frage, ob der Versprechende das Geleistete vom Dritten oder vom Versprechensempfänger herausverlangen kann, richtet sich vielmehr nach jenen allgemeinen Regeln, welche für die Rückabwicklung in Mehrpersonenverhältnissen gelten (§ 812 RdNr. 192 ff.).

IV. § 813 Abs. 2

15 Leistungen auf eine **noch nicht fällige**, im Übrigen aber einredefreie Verbindlichkeit können – dies stellt § 813 Abs. 2 klar – nicht als ungerechtfertigte Bereicherung heraus-

---

[25] *Dauner-Lieb* WM 1991, Beilage Nr. 6 S. 28; jurisPK/*Martinek* RdNr. 8; *Larenz/Canaris* II/2 § 68 I 5, S. 156; *Lieb* WM 1991, 1537 f.; *Reinicke/Tiedtke* ZIP 1992, 224 f.; *Staudinger/Lorenz* RdNr. 5. Zweifelnd auch BGH BKR 2007, 325, 326 f. sowie BGH vom 13. 2. 2007, XI ZR 145/06, BeckRS 2007, 4944, unter II. 4.
[26] Zum Ganzen sei auf § 359 RdNr. 66 ff., 75 ff. verwiesen.
[27] AnwK-BGB/*v. Sachsen Gessaphe* RdNr. 8; *Emmerich* in: *ders./v. Westphalen/v. Rottenburg* 2. Aufl. 1996, § 9 VerbrKrG RdNr. 184 f.; *ders.* in: *Hadding/Hopt* (Hrsg.), Das neue Verbraucherkreditgesetz, 1991, S. 82 f. (m. krit. Erwiderung *Lieb* S. 102 ff.); Erman/*Westermann/Buck-Heeb* RdNr. 3.
[28] *Lenenbach* WM 2004, 501, 510.
[29] Wie hier und mit der im Text genannten Begründung gegen die Anwendung des § 813 bei Mangel der Hauptleistung § 359 RdNr. 75 ff. sowie *Bülow* WM 2004, 1257, 1263, ebenso bei Kündigung einer Gesellschaftsbeteiligung *Freitag/Kißling* NZG 2004, 316, 318.
[30] Dafür in der Tat BGHZ 156, 46, 54 f.; für Anerkennung eines Rückforderungsdurchgriffs alternativ auf der Basis des § 813 Abs. 1 oder des § 358 Abs. 4 S. 3 OLG Stuttgart vom 15. 7. 2008, 6 U 8/06, BeckRS 2008, 15564 Tz. 72.
[31] Näher *Schwab* ZGR 2004, 861, 895 ff. mwN.
[32] Erman/*Westermann/Buck-Heeb* RdNr. 1.
[33] Wie hier AnwK-BGB/*v. Sachsen Gessaphe* RdNr. 8; *Bamberger/Roth/Wendehorst* RdNr. 8; *Staudinger/Lorenz* RdNr. 5 mwN.

verlangt werden. § 813 Abs. 2 bekräftigt damit den schon in Abs. 1 zum Ausdruck gekommenen Gedanken: Wenn der Schuldner nur vorübergehend berechtigt ist, die Leistung zurückzuhalten, dieses Recht aber nicht ausübt, hat es mit der von ihm erbrachten Leistung sein Bewenden.

Betagte Verbindlichkeiten sind solche, die zwar schon bestehen, aber noch nicht fällig sind. Davon zu unterscheiden sind Verbindlichkeiten, deren Rechtsboden zwar schon gelegt ist, die aber erst künftig entstehen werden. Ist daher die Entstehung einer Forderung an eine aufschiebende Befristung oder Bedingung geknüpft, so ist sie nicht etwa „betagt", sondern bis zum Eintritt des fraglichen Ereignisses schlicht nicht existent. In diesen Fällen kann daher das Geleistete unmittelbar gemäß § 812 wegen (noch) fehlenden Rechtsgrundes herausverlangt werden, ohne dass § 813 Abs. 2 dem entgegenstünde.[34] § 813 Abs. 2 ist etwa anwendbar, wenn der Besteller vor Fälligkeit (mangels abweichender Vereinbarung: vor Abnahme, § 641 Abs. 1 S. 1) den Werklohn ganz oder teilweise zahlt.[35] 16

Der Ausschluss der Rückforderung nach § 813 Abs. 2 setzt voraus, dass der Leistende **voll geschäftsfähig** war.[36] Wenn der Empfänger durch die Annahme einer Leistung vor Fälligkeit gegen ein **gesetzliches Verbot** verstößt, so greift die Kondiktionssperre des § 813 Abs. 2 nicht ein. So liegt es etwa bei der vorzeitigen Annahme von Bauhandwerkerlohn entgegen § 3 Abs. 2 MaBV,[37] ebenso aber für die vorzeitige Annahme des Reisepreises entgegen § 651k Abs. 4 S. 1. Würde nämlich die Leistung beim Empfänger verbleiben, so würde genau jenes Ergebnis zementiert, das die verletzte Norm gerade verhindern wollte. Im Kontext des privaten Baurechts hat der BGH diesen Grundsatz freilich eingeschränkt: Soweit Vorleistungen wirksam hätten vereinbart werden können, bedürfe der Bauherr, der Vorleistungen aufgrund eines nach § 3 Abs. 2 MaBV iVm. § 134 nichtigen Zahlungsplans erbringe, des durch die MaBV gewährleisteten Schutzes nicht.[38] Das OLG Düsseldorf hat zugunsten des Bauträgers trotz unzulässiger vorzeitiger Annahme von Werklohn § 813 Abs. 2 mit der Begründung angewandt, der Bauherr habe mit der Zahlung vor Fälligkeit eigene Vorteile, nämlich die sofortige Übergabe und Übereignung der errichteten Wohnung erstrebt und erhalten.[39] 17

§ 813 Abs. 2 Halbs. 2 entspricht der Regelung des § 272. 18

§ 814 Kenntnis der Nichtschuld

Das zum Zwecke der Erfüllung einer Verbindlichkeit Geleistete kann nicht zurückgefordert werden, wenn der Leistende gewusst hat, dass er zur Leistung nicht verpflichtet war, oder wenn die Leistung einer sittlichen Pflicht oder einer auf den Anstand zu nehmenden Rücksicht entsprach.

Schrifttum: *Canaris*, Bankvertragsrecht, 4. Aufl. 1988; *Koch*, Bereicherung und Irrtum, 1973; *Kohte*, Die Kondiktionssperre nach § 814 1. Alt. BGB, BB 1988, 633; *Kort*, Zivilrechtliche Folgen unangemessen hoher Vorstandsvergütung – eine „Mannesmann"-Spätlese, DStR 2007, 1127; *Langenbucher*, Die bereicherungsrechtliche Rückabwicklung unangemessener Vorstandsbezüge, FS U. Huber, 2006, S. 861; *St. Lorenz*, § 241 a und das Bereicherungsrecht – zum Begriff der „Bestellung" im Schuldrecht, FS W. Lorenz, 2001, S. 193; *Mayer-Maly*, Rechtsirrtum und Bereicherung, FS Heinrich Lange, 1970, S. 293; *Manchot*, Die sittliche Pflicht im Sinne von § 814 Alternative 2 BGB – ein Tor zum rechtsfreien Raum, 2002; *Schlinker*, Zur Kondiktion der Leistung bei Unkenntnis der Einrede aus § 275 II BGB, JA 2008, 423; *Singer*, Das Verbot widersprüchlichen Verhaltens, 1993; *Welker*, Bereicherungsausgleich wegen Zweckverfehlung?, 1974.

---

[34] *Bamberger/Roth/Wendehorst* RdNr. 12; *Erman/Westermann/Buck-Heeb* RdNr. 6; *PWW/Leupertz* RdNr. 7; *RGRK/Heimann-Trosien* RdNr. 14, 15; *Staudinger/Lorenz* RdNr. 16, 17.
[35] OLG Düsseldorf OLGR 2005, 34.
[36] *Erman/Westermann/Buck-Heeb* RdNr. 5; *jurisPK/Martinek* RdNr. 14; *RGRK/Heimann-Trosien* RdNr. 16; *Staudinger/Lorenz* RdNr. 18.
[37] BGHZ 171, 364, 373; *Kniffka* NZBau 2000, 552, 553.
[38] BGHZ 171, 364, 173f.
[39] OLG Düsseldorf OLGR 2005, 34, 35.

Übersicht

	RdNr.		RdNr.
I. Normzweck	1, 2	3. Bezugspunkt der Kenntnis	12, 13
II. § 814 Alt. 1	3–16	4. Träger der Kenntnis	14, 15
1. Erfasste Konditionsarten	3–6	5. Beweislast	16
2. Inhaltliche Reichweite des Konditionsausschlusses	7–11	III. § 814 Alt. 2	17–19

I. Normzweck

1 § 814 schränkt die Bereicherungshaftung des Empfängers ein: Dem Leistenden wird die Kondiktion trotz an sich fehlenden Rechtsgrunds dann versagt, wenn der Leistende das Fehlen des Rechtsgrunds kannte (Alt. 1 – RdNr. 3 ff.) oder wenn eine nur sittliche Pflicht zur Vornahme der Leistung bestand (Alt. 2 – RdNr. 17 ff.). In der **Alt. 1** enthält die Vorschrift eine **rechtshindernde Einwendung** gegen den – tatbestandlich an sich gegebenen – Bereicherungsanspruch. In seiner Alt. 2 handelt es sich hingegen um eine Ergänzung des in § 812 bestimmten Merkmals „ohne rechtlichen Grund": Die sittliche Pflicht fungiert zugunsten des Empfängers als Rechtsgrund, das Erlangte behalten zu dürfen.[1]

2 Die Alt. 1 des § 814 (Ausschluss der Kondiktion wegen Kenntnis des Fehlens des Rechtsgrundes) beruht auf dem allgemeinen Gedanken der **Unzulässigkeit widersprüchlichen Verhaltens**.[2] Zugleich kommt im Umkehrschluss zum Ausdruck, dass die Gewährung von Bereicherungsansprüchen einen Irrtum des Leistenden über seine Verpflichtung zur Leistung voraussetzt, ohne dass dieser Irrtum freilich zum Tatbestandsmerkmal erhoben worden wäre.[3]

II. § 814 Alt. 1

3 **1. Erfasste Konditionsarten.** Die vom Gesetz geforderte Kenntnis bezieht sich auf das Fehlen des Rechtsgrundes im **Zeitpunkt der Leistung,** nicht auf einen eventuellen späteren Wegfall.[4] Daraus ergibt sich, dass der Ausschluss des Bereicherungsanspruchs gemäß § 814 nur im Fall der condictio indebiti, nicht dagegen im Fall der condictio ob causam finitam (§ 812 Abs. 1 S. 2 Alt. 1) in Betracht kommt.[5] Selbst wenn der Leistende gewusst haben sollte, dass der rechtliche Grund später wegfallen werde, kann dies einen Kondiktionsausschluss nicht rechtfertigen. Denn die Verpflichtung zur Leistung bestand zunächst noch. Dem Bereicherungsgläubiger, der die zunächst tatsächlich geschuldete Leistung erbracht hat und der sie nunmehr zurückfordert, kann man daher kein widersprüchliches Verhalten vorwerfen. Ein Ausschluss des Bereicherungsanspruchs nach § 814 kommt namentlich dann nicht in Betracht, wenn der Leistende wusste, dass der Empfänger berechtigt war, das Kausalgeschäft anzufechten (näher RdNr. 13).

4 Ebenfalls nicht anwendbar ist § 814 auf die condictio ob rem (§ 812 Abs. 1 S. 2 Alt. 2).[6] Hier greift indessen der spezielle Ausschlussgrund des § 815 ein. Daraus ergibt sich, dass § 814 dem Bereicherungsanspruch insbesondere dann nicht entgegensteht, wenn zwar in Kenntnis der **Formnichtigkeit** eines Vertrages, aber zugleich in der – dann fehlgeschla-

---

[1] *Migsch* AcP 173 (1973), 46, 64 f.; *Staudinger/Lorenz* RdNr. 15; ähnlich *Manchot* S. 45, das Fehlen eines rechtlichen Grundes werde hierdurch „aufgewogen".

[2] BGHZ 73, 202, 205; *Welker* S. 103; *Koppensteiner/Kramer* § 7 I 3, S. 54; *Langenbucher*, FS U. Huber, 2006, S. 861, 868; *Medicus* SchR II § 127 I 2 a, RdNr. 656; krit. *Singer* S. 65 ff.; *Larenz/Canaris* II/2 § 68 III 1 a, S. 160.

[3] *Koch* S. 15 und passim; *Mayer-Maly*, FS Heinrich Lange, 1970, S. 293, 294 f.; *Staudinger/Lorenz* RdNr. 1.

[4] *Erman/Westermann/Buck-Heeb* RdNr. 7; jurisPK/*Martinek* RdNr. 11; PWW/*Leupertz* RdNr. 3.

[5] BGHZ 111, 125, 130; *Erman/Westermann/Buck-Heeb* RdNr. 1; RGRK/*Heimann-Trosien* RdNr. 1; *Singer* WM 1983, 254, 256; *Wendehorst* LMK 2008, 260222; *Wieling* S. 28.

[6] OLG Köln NJW-RR 1994, 1026, 1027; RGRK/*Heimann-Trosien* RdNr. 1. Anders *Erman/Westermann/Buck-Heeb* RdNr. 1, wonach im Bereich der condictio ob rem Anwendungsfälle des § 814 denkbar sein sollen.

nen – Erwartung geleistet wurde, auch der Empfänger werde die ihm nach dem Vertrag obliegende (aber wegen des Formmangels nicht geschuldete) Gegenleistung erbringen.[7] In Betracht kommt dann allenfalls ein Konditionsausschluss gemäß § 815. Dasselbe gilt für Leistungen auf **schwebend unwirksame Verträge**, wenn zwar deren Unwirksamkeit bekannt war, aber die Leistung in der Hoffnung erbracht wurde, die Genehmigung werde noch erteilt werden.[8] Dem sind ferner Leistungen auf aufschiebend bedingte Verpflichtungen gleichzustellen.[9] In allen diesen Fällen ist § 814 unanwendbar. Das überzeugt nicht nur deshalb, weil es sich bei den genannten Bereicherungsansprüchen um condictiones ob rem handelt, sondern auch deshalb, weil dem Leistenden in sämtlichen soeben referierten Fällen kein widersprüchliches Verhalten zur Last gelegt werden kann.

Nicht anwendbar ist § 814 des Weiteren im Bereich der **Verwendungskondiktion**.[10] Denn hierbei handelt es sich um einen Anspruch aus Bereicherung „in sonstiger Weise"; es wird also gerade nicht „geleistet" und schon gar nicht die Erfüllung einer Verbindlichkeit bezweckt. Zur Gewährleistung des dort erforderlichen Aufdrängungsschutzes ist § 814 ungeeignet.[11] Wenn in **Anweisungsfällen** ausnahmsweise dem Angewiesenen ein direkter Bereicherungsanspruch gegen den Zahlungsempfänger zusteht, handelt es sich um eine Nichtleistungskondiktion, auf die § 814 ebenfalls nicht anzuwenden ist.[12] Der Zahlungsempfänger kann also gegen seine Herausgabepflicht nicht einwenden, der Anweisende habe um das Nichtbestehen einer Verbindlichkeit gewusst. Entscheidend für diese Handhabung ist, dass es an einer „Leistung" des Anweisenden zu Erfüllungszwecken gerade fehlt. So liegt es etwa, wenn jemand Beträge vom Konto eines anderen abbucht, der ihm keine Einziehungsermächtigung erteilt hat: In diesem Fall fehlt es sowohl an einer Anweisung im Deckungsverhältnis zwischen Kontoinhaber und Bank als auch an einer Tilgungsbestimmung im Valutaverhältnis zwischen Kontoinhaber und Zahlungsempfänger.[13]

Entsprechend anwendbar ist § 814 Alt. 1 auf den Fall, dass der Leistende Kenntnis vom Bestehen einer **peremptorischen Einrede** iS des § 813 Abs. 1 hatte.[14] Die durch § 813 gewährte Erweiterung der Möglichkeit, rechtsgrundlos erlangte Vorteile herauszuverlangen, wird insoweit durch § 814 ebenso begrenzt wie die Kondiktion unmittelbar auf Grund des § 812. Wenn Gegenstand des Herausgabeanspruchs eine **rechtsgrundlos eingegangene Verbindlichkeit** (§ 812 Abs. 2) ist, ist § 814 direkt anwendbar. Hier wird man freilich zu differenzieren haben: Die Kondiktion ist nur dann nach § 814 ausgeschlossen, wenn derjenige, der die Verbindlichkeit eingegangen ist, wusste, dass er im Kausalverhältnis überhaupt nichts schuldete.[15] Wenn aber der Schuldner glaubte, dass eine Verbindlichkeit aus dem Kausalverhältnis tatsächlich bestehe, und er für diese Verbindlichkeit erfüllungshalber eine abstrakte Verbindlichkeit eingegangen ist, so kann er diese selbst dann kondizieren, wenn er wusste, dass der Gläubiger jedenfalls auf eine Leistung erfüllungshalber keinen Anspruch hatte. Auf Leistungen erfüllungshalber hat der Gläubiger nie einen Anspruch, und das ist dem Schuldner auch bewusst; wollte man daran den Bereicherungsanspruch scheitern lassen, so wäre § 812 Abs. 2 gegenstandslos. Entscheidend ist, dass eine Verbindlichkeit im Kausal-

---

[7] RGZ 108, 329, 335; BGHZ 73, 202, 205; BGH LM § 313 Nr. 48 = JZ 1971, 556; LM § 812 Nr. 112 = NJW 1976, 237, 238; NJW 1980, 451; OLG München DNotZ 1986, 293, 295; *Manchot* S. 64 f.; *Staudinger/Lorenz* RdNr. 9; *Welker* S. 102 ff.; zur Anwendbarkeit des § 815 in diesen Fällen BGH LM § 815 Nr. 5 = NJW 1980, 451; *Medicus* SchR II 1 a, RdNr. 656 sowie hier § 815 RdNr. 7.
[8] jurisPK/*Martinek* RdNr. 22; *Staudinger/Lorenz* RdNr. 9; vgl. auch BGHZ 65, 123, 126 = NJW 1976, 104 sowie BGH DB 1971, 1348.
[9] *Bamberger/Roth/Wendehorst* RdNr. 11; *Staudinger/Lorenz* RdNr. 9.
[10] Zum Anwendungsbereich auch BGH WM 1986, 1324, 1325.
[11] *Erman/Westermann/Buck-Heeb* RdNr. 2 bis 6; *Klauser* NJW 1965, 513; *Koppensteiner/Kramer* § 16 II 3, S. 166 f.
[12] OLG Frankfurt OLGR 2005, 66, 67.
[13] Im Fall OLG Frankfurt OLGR 2005, 66 war außerdem der Kontoinhaber nicht einmal Vertragspartner des Zahlungsempfängers, so dass dieser im Valutaverhältnis nichts zu beanspruchen hatte.
[14] AnwK-BGB/*v. Sachsen Gessaphe* RdNr. 4; PWW/*Leupertz* RdNr. 3; RGRK/*Heimann-Trosien* RdNr. 6.
[15] So auch OLG Köln OLGR 2005, 17, 18.

verhältnis getilgt werden soll; dann muss sich auf deren Nichtbestehen auch die Kenntnis nach § 814 beziehen.

7 **2. Inhaltliche Reichweite des Kondiktionsausschlusses.** § 814 ist zwar als Ausprägung, nicht aber als bereichsspezifisch abschließende gesetzliche Normierung des Verbots widersprüchlichen Verhaltens zu verstehen. Daher kann die Kondiktion ohne Vorliegen der speziellen Voraussetzungen des § 814 auch dann ausgeschlossen sein, wenn sich das Bestreben des Leistenden, das rechtsgrundlos Erlangte herauszuverlangen, auf andere Weise als unzulässiges widersprüchliches Verhalten darstellt.[16]

8 Trotz Kenntnis vom Fehlen des Rechtsgrundes hält man den Kondiktionsausschluss gemäß § 814 dann für nicht anwendbar, wenn der **Empfänger nicht darauf vertrauen konnte,** die Leistung behalten zu dürfen. So soll es etwa liegen, wenn der Rentenversicherungsträger Rente weiterzahlt, obwohl ihm der Tod des Berechtigten angezeigt worden ist;[17] wenn der Pächter trotz Senkung des Pachtzinses den auf den ursprünglichen Pachtzins laufenden Dauerauftrag bei seiner Bank nicht kündigt und diese daher weiterhin den bisherigen Betrag überweist[18] oder wenn der Vorstand einer Aktiengesellschaft unangemessen hohe Bezüge empfängt, obwohl für ihn evident ist, dass der Aufsichtsrat, der ihm diese Bezüge gewährt, damit unter Missbrauch seiner Vertretungsmacht (§ 112 AktG) handelt.[19] Die so erzielten Ergebnisse lassen sich indes mit dieser Begründung nicht halten. Denn die geschilderte Argumentation ist aus der Perspektive des Empfängers gedacht. Die ratio legis, welche der Alt. 1 des § 814 zugrunde liegt, nimmt jedoch gerade nicht jene Perspektive des Empfängers, sondern die des Leistenden ein. Sie fragt folglich nicht danach, ob der Empfänger darauf vertrauen durfte, das Erlangte behalten zu dürfen; dieser Aspekt erlangt erst im Rahmen der verschärften Haftung (§§ 818 Abs. 4, 819, 820) normative Relevanz. Vielmehr geht es allein darum, ob der Leistende sich mit der Rückforderung zu seinem eigenen Vorverhalten in Widerspruch setzt. Unter diesem Gesichtspunkt lassen sich die soeben referierten Ergebnisse lediglich mit anderer Begründung aufrechterhalten: Wenn trotz Kenntnis vom Tod des Rentenberechtigten Rente weitergezahlt bzw. trotz Senkung des Pachtzinses der Dauerauftrag nicht widerrufen wird, so handelt es sich im Regelfall um ein **Versehen** des Leistenden – der zwar den mangelnden Rechtsgrund kennt, es aber fahrlässig versäumt, den bisher ins Werk gesetzten, auf wiederkehrende Leistung ausgerichteten Zahlungsvorgang den geänderten Umständen anzupassen. Ein solches Versehen begründet gerade noch nicht den Vorwurf widersprüchlichen Verhaltens;[20] § 814 ist daher für die Fälle versehentlich fortgesetzter wiederkehrender Leistung trotz Kenntnis der veränderten Umstände teleologisch zu reduzieren. Was den Fall unangemessener Vorstandsbezüge anbelangt, so führt der Missbrauch der Vertretungsmacht dazu, dass die Gesellschaft sich die Kenntnis des Aufsichtsrats vom Mangel des Rechtsgrundes gerade nicht mehr nach § 166 Abs. 1 zurechnen lassen muss; der Anspruch gegen die Vorstandsmitglieder auf Rückgewähr der Überzahlung ist daher schon aus diesem Grund nicht nach § 814 ausgeschlossen.

9 Die **Anwendung** des § 814 ist selbst bei Kenntnis des Leistenden vom Fehlen der Verpflichtung dann **ausgeschlossen,** wenn er sich die Rückforderung ausdrücklich **vorbehalten** hatte; dadurch kann der Vorwurf widersprüchlichen Verhaltens vermieden werden.[21] Freilich wird ein solcher Vorbehalt im Allgemeinen nur dann erklärt werden, wenn der Leistende Zweifel am Bestehen seiner Verpflichtung hat. Anderseits ist es denkbar, dass

---

[16] BGHZ 32, 273, 278 = NJW 1960, 1522; RGZ 144, 89, 91; RG JW 1932, 3060; RGRK/*Heimann-Trosien* RdNr. 1, 4.
[17] BGHZ 73, 202, 206 = NJW 1979, 763.
[18] OLG Stuttgart ZMR 2006, 933, 936.
[19] *Kort* DStR 2007, 1127, 1131.
[20] Insoweit zutr. OLG Stuttgart ZMR 2006, 933, 935.
[21] BGH LM § 539 Nr. 6 = WM 1973, 146, 148; RGZ 138, 122, 124; RG HRR 1935 Nr. 490; WarnR 1914 Nr. 240; LZ 1908, 312; OLG Hamm NJW-RR 1993, 590, 591; OLG Saarbrücken MDR 2004, 329; *Erman/Westermann/Buck-Heeb* RdNr. 9; *Katins* DZWiR 2007, 124 f.; *Kohte* BB 1988, 633, 637; RGRK/*Heimann/Trosien* RdNr. 8; *Staudinger/Lorenz* RdNr. 7.

der Leistende selbst bei Zweifeln an seiner Verpflichtung sozusagen „um des lieben Friedens willen" leistet.[22] Eine solche Willensrichtung schließt die Kondiktion, über § 814 noch hinausgehend, ebenfalls aus; denn die Rückforderung erweist sich auch in diesem Fall als widersprüchliches Verhalten.

Selbst Kenntnis schadet nicht, wenn die **Leistung unter Druck** (etwa einer bevorstehenden Zwangsvollstreckung) erfolgte,[23] erst recht nicht, wenn die Leistung durch Erpressung erzwungen wurde.[24] Dasselbe gilt dann, wenn der Leistende das Fehlen seiner Verpflichtung nicht beweisen konnte:[25] Dann befindet er sich ebenfalls in einer Drucksituation, die ihn, wenn er deshalb leistet und das Geleistete hernach zurückfordert, von dem Vorwurf widersprüchlichen Verhaltens befreit. Die Rückforderung ist hier weder generell nach § 814 ausgeschlossen,[26] noch bedarf es eines Vorbehalts der Rückforderung, um die Anwendung des § 814 auszuschließen.[27] Im Übrigen dürfte der Hinweis des Leistenden, dass er nur wegen Beweisnot zur Leistung bereit sei, als ein solcher Vorbehalt anzusehen sein.[28] § 814 ist vielmehr dahingehend zu verstehen, dass ein Kondiktionsausschluss nur bei Kenntnis und Beweisbarkeit des fehlenden Rechtsgrunds eingreift. 10

Der Kondiktionsausschluss gemäß § 814 wirkt auch gegenüber dem Insolvenzverwalter.[29] 11

3. Bezugspunkt der Kenntnis. Der Kondiktionsausschluss gemäß § 814 greift nur bei **positiver Kenntnis** vom Fehlen der Leistungsverpflichtung ein.[30] Allerdings sind präzise juristische Kenntnisse nicht erforderlich; ausreichend ist es vielmehr, wenn sich die Kenntnis aus einer Art „Parallelwertung in der Laiensphäre" ergibt.[31] Die bloße Kenntnis **der Tatsachen,** aus denen sich die Unwirksamkeit der Verpflichtung ergibt, **reicht nicht aus.**[32] Falsche Schlüsse, Irrtümer oder Zweifel des Leistenden an der Rechtslage schließen die Anwendung des § 814 daher selbst dann aus, wenn der Irrtum verschuldet gewesen sein sollte.[33] Bei der Zusendung **unbestellter** Waren ist freilich § 241 a zu beachten. § 241 a Abs. 1 enthält zunächst eine Wiederholung des § 814 S. 1:[34] Der Lieferant ist mit gesetzlichen Ansprüchen ausgeschlossen. Damit greift auch der auf § 812 Abs. 1 S. 1 Alt. 1 gestützte Bereicherungsanspruch nicht durch. § 241 a enthält darüber hinaus aber eine Verschärfung des § 814.[35] Denn selbst wenn der Lieferant irrig von einer Bestellung ausgeht oder die Ware nicht für den Empfänger bestimmt war, ist der Bereicherungsanspruch des Lieferanten nach § 241 a Abs. 2 ausgeschlossen, wenn der Empfänger den Irrtum nicht 12

---

[22] *Manchot* S. 56 f.; *Staudinger/Lorenz* RdNr. 6.
[23] RGZ 147, 17, 21; 104, 246, 250; 97, 140, 142; RG JW 1938, 1047; 1935, 3093; *Bamberger/Roth/Wendehorst* RdNr. 10; *Erman/Westermann/Buck-Heeb* RdNr. 9; *Koppensteiner/Kramer* § 7 I 3, S. 54; *Larenz/Canaris* II/2 § 68 III 1 b, S. 161; *RGRK/Heimann-Trosien* RdNr. 9; *Staudinger/Lorenz* RdNr. 8.
[24] *HKK/Schäfer* §§ 812–822 RdNr. 56.
[25] *Erman/Westermann/Buck-Heeb* RdNr. 7; *PWW/Leupertz* RdNr. 6; *RGRK/Heimann-Trosien* RdNr. 10.
[26] So aber RGZ 59, 351, 354; *Soergel/Mühl* RdNr. 13.
[27] So aber *Staudinger/Lorenz* RdNr. 8.
[28] AnwK-BGB/*v. Sachsen Gessaphe* RdNr. 8; *Bamberger/Roth/Wendehorst* RdNr. 10; *RGRK/Heimann-Trosien* RdNr. 10; im Ergebnis auch *Staudinger/Lorenz* RdNr. 8.
[29] BGHZ 113, 98, 100 f.; BGH WM 1991, 331, 332; OLG Frankfurt ZIP 2007, 2426, 2427 f.; *Henckel* ZIP 1990, 137, 138; *Pape* EWiR 1990, 389, 390. In BGH WM 1993, 1765, 1767 wird darauf hingewiesen, dass in den ersten beiden Urteilen § 817 S. 2 nicht erörtert worden ist.
[30] BGHZ 52, 39, 46 (insofern nicht vollständig abgedruckt) = NJW 1969, 1165, 1167; BGHZ 113, 62, 70 = NJW 1991, 919, 920; BGH WM 1972, 283, 286; 1978, 2392, 2393; RGZ 107, 7, 10; *Erman/Westermann/Buck-Heeb* RdNr. 7; *RGRK/Heimann-Trosien* RdNr. 2; *Schlinker* JA 2008, 423 f.; *Staudinger/Lorenz* RdNr. 4.
[31] BGHZ 155, 380, 389; BGH NJW-RR 2008, 824, 825; AnwK-BGB/*v. Sachsen Gessaphe* RdNr. 5; *Bamberger/Roth/Wendehorst* RdNr. 8; jurisPK/*Martinek* RdNr. 11; *Staudinger/Lorenz* RdNr. 4; vgl. dazu OLG Koblenz OLGR 2000, 195 (formnichtiger Jagdpachtvertrag).
[32] BGHZ 52, 39, 46 (insofern nicht vollständig abgedruckt) = NJW 1969, 1165, 1167; BGH NJW 1981, 277, 278; *Erman/Westermann/Buck-Heeb* RdNr. 7; *RGRK/Heimann-Trosien* RdNr. 2; *Staudinger/Lorenz* RdNr. 4.
[33] RGZ 59, 351, 354; 72, 192, 199; 112, 355, 358; 154, 385, 397; *Larenz/Canaris* II/2 § 68 III 1 b, S. 161; *Staudinger/Lorenz* RdNr. 4.
[34] *St. Lorenz*, FS W. Lorenz, 2001, S. 193, 204.
[35] Zutr. beobachtet von *St. Lorenz*, FS W. Lorenz, 2001, S. 193, 205.

erkennen konnte. Voraussetzung dafür, dass § 241a eingreift, ist aber immer, dass die Ware „unbestellt" zugesandt wird. Sobald die Lieferung vom Empfänger irgendwie tatsächlich (also nicht notwendig durch eine reechtsgültige Willenserklärung) veranlasst worden ist, scheidet § 241a aus.[36]

13 Die **Kenntnis der Anfechtbarkeit** steht gemäß § 142 Abs. 2 nach erfolgter Anfechtung der Kenntnis des Fehlens des Rechtsgrundes von Anfang an gleich. Daraus folgt: (1.) Stand das Anfechtungsrecht dem **Leistenden** zu, so ist dessen Kondiktion, wenn er die Anfechtung erklärt, gemäß § 814 selbst dann ausgeschlossen, wenn diese Kondiktion als condictio ob causam finitam angesehen werden sollte (§ 812 RdNr. 351).[37] Im Regelfall wird aber in einer Leistung in Kenntnis der Anfechtbarkeit bereits eine die Anfechtung ausschließende **Bestätigung** gemäß § 144 zu sehen sein. (2.) Stand das Anfechtungsrecht dem **Empfänger** der Leistung zu, so kann der Leistende ungeachtet des § 814 selbst dann das Geleistete herausverlangen, wenn er um den Anfechtungsgrund wusste. Denn solange das Anfechtungsrecht vom Empfänger nicht ausgeübt wurde, blieb der Leistende verpflichtet und verhält sich daher nicht widersprüchlich, wenn er nach erfolgter Anfechtung durch den Empfänger seinen Bereicherungsanspruch nunmehr geltend macht.[38]

14 **4. Träger der Kenntnis.** Hat ein **Vertreter** die Leistung erbracht, kommt es analog § 166 auf seine Kenntnis an;[39] bei mehreren Vertretern auf die Kenntnis desjenigen, der die Leistung bewirkt hat.[40] Kannte der Leistende selbst den Mangel des Rechtsgrundes, so kann er sich analog § 166 Abs. 2 S. 1 nicht auf die Unkenntnis des Vertreters berufen, wenn dieser nach seiner Weisung gehandelt hat.[41] Bei **juristischen Personen** soll es nur auf die Kenntnis des Organs ankommen, das die Leistung bewirkt hat.[42] Dies widerspricht indes den allgemeinen Grundsätzen für die Wissenszurechnung in arbeitsteiligen Organisationen (§ 166 RdNr. 20 ff.); letztere sollten auch im Bereich des § 814 zur Anwendung gelangen.[43] Im Übrigen kommt es bei **Mitwirkung mehrerer** auf die Kenntnis dessen an, der die Leistung verantwortlich anordnete.[44]

15 Im Fall der **Drittzahlung gemäß § 267** kommt es auf die Kenntnis des Dritten vom Fehlen der Verbindlichkeit im **Valutaverhältnis** an.[45] Die Kenntnis davon, dass er dem Schuldner gegenüber zur Leistung nicht verpflichtet ist, steht seiner Rückgriffskondiktion dagegen nicht entgegen.

16 **5. Beweislast.** Das Fehlen der Verbindlichkeit sowie die Tatsache, dass gerade auf diese Verbindlichkeit geleistet wurde, sind vom Gläubiger des Anspruchs zu beweisen. Die – der Kondiktion entgegenstehende – **Kenntnis des Leistenden** ist dagegen vom **Empfänger zu beweisen.**[46] Behauptet der Empfänger, der Bereicherungsgläubiger habe trotz Zweifeln an der Existenz seiner Verbindlichkeit „um des lieben Friedens willen" geleistet (RdNr. 9), so trifft ihn dafür ebenfalls die Beweislast. Behauptet dagegen der Bereicherungsgläubiger,

---

[36] *St. Lorenz*, FS W. Lorenz, 2001, S. 193, 208 f.
[37] RGRK/*Heimann-Trosien* RdNr. 6.
[38] RGZ 151, 361, 376; BGH NJW 2008, 1878, 1879; RGRK/*Heimann-Trosien* RdNr. 6; *Wendehorst* LMK 2008, 260222.
[39] BGH NJW 1999, 1024; WM 1962, 346; 1964, 87; RGZ 108, 329, 335; OLG Stuttgart ZMR 2006, 933, 934; *Erman/Westermann/Buck-Heeb* RdNr. 8; PWW/*Leupertz* RdNr. 7; RGRK/*Heimann-Trosien* RdNr. 7; *Staudinger/Lorenz* RdNr. 5.
[40] OLG Hamm WM 1996, 1928; AnwK-BGB/*v. Sachsen Gessaphe* RdNr. 6; PWW/*Leupertz* RdNr. 7.
[41] Für Anwendbarkeit des § 166 Abs. 2 S. 1 auch OLG Stuttgart ZMR 2006, 933, 934.
[42] RGZ 79, 285, 286 f.; OLG Hamm WM 1996, 1928; *Bamberger/Roth/Wendehorst* RdNr. 8; jurisPK/*Martinek* RdNr. 18; RGRK/*Heimann-Trosien* RdNr. 7; *Staudinger/Lorenz* RdNr. 5.
[43] Dafür auch AnwK-BGB/*v. Sachsen Gessaphe* RdNr. 6; *Erman/Westermann/Buck-Heeb* RdNr. 8; *Kohte* BB 1988, 633, 636; PWW/*Leupertz* RdNr. 7. Dagegen aber OLG Stuttgart ZMR 2006, 933, 936.
[44] RGZ 95, 126, 129; *Erman/Westermann/Buck-Heeb* RdNr. 8; RGRK/*Heimann/Trosien* RdNr. 7; *Staudinger/Lorenz* RdNr. 5; aA wohl BAGE 10, 176, 179 = NJW 1961, 622 = JZ 1961, 456, 457 m. krit. Anm. *Herschel*.
[45] jurisPK/*Martinek* RdNr. 24; *Staudinger/Lorenz* RdNr. 101.
[46] OLG Stuttgart ZMR 2006, 933, 935; *Wieling* S. 25.

Kenntnis der Nichtschuld

III. § 814 Alt. 2

Die Alt. 2 des § 814 greift nach verbreiteter Meinung nur dann ein, wenn dem Leistenden das Fehlen der Verpflichtung zur Leistung **nicht bekannt** war;[48] denn andernfalls sei bereits die Alt. 1 einschlägig. Diese Lehre ist mit dem in RdNr. 1 erläuterten systematischen Verständnis der beiden Alternativen nicht vereinbar. Es wurde zu zeigen versucht, dass die Alt. 1 des § 814 eine rechtshindernde Einwendung normiert, die Alt. 2 dagegen einen Bereicherungsanspruch bereits tatbestandlich entfallen lässt, weil die sittliche Pflicht einen Rechtsgrund normiert, das Erlangte behalten zu dürfen. Wenn dies zutrifft, ist – ganz im Gegensatz zur soeben referierten Ansicht – die Alt. 2 des § 814 der ersten logisch vorgeschaltet. Ob die Leistung einer sittlichen Pflicht oder einer auf den Anstand zu nehmenden Rücksicht entsprach, ist rein objektiv zu bestimmen.[49] Im Gegensatz zu § 534 ist auch das Bewusstsein der Unentgeltlichkeit nicht erforderlich.[50] 17

Die Vorschrift hat in neuerer Zeit an Bedeutung offensichtlich verloren.[51] In der älteren Rechtsprechung hat der Rückforderungsausschluss gemäß § 814 Alt. 2 insbesondere bei rechtsgrundloser Unterstützung armer Angehöriger[52] sowie bei Leistung des standesgemäßen statt des nur geschuldeten notdürftigen Unterhalts eine Rolle gespielt.[53] Die Überzahlung von Unterhalt kann freilich niemals einer sittlichen Pflicht entsprechen, wenn der Unterhaltsanspruch des Berechtigten gerade deswegen gekürzt war, weil diesem seinerseits ein sittliches Verschulden zur Last gefallen war.[54] 18

Wenn ein Insolvenzverfahren durch einen Zwangsvergleich (früheres Recht: § 193 KO) bzw. durch einen **Insolvenzplan** (heutiges Recht: § 254 InsO) beendet wird, demzufolge dem Schuldner ein Teil der Forderung erlassen wird, stellt sich die Frage, ob der Schuldner Zahlungen, die er über das hinaus, was er nach diesem Plan schuldet, noch an den Gläubiger leistet, zurückfordern kann. In einigen Gerichtsentscheidungen wurde hier zum Nachteil des Schuldners § 814 in seiner Alt. 2 angewandt: Der Schuldner sei nicht mehr rechtlich, wohl aber noch sittlich verpflichtet, die Forderungen seiner Gläubiger vollständig zu bedienen.[55] In anderen Entscheidungen wurde dem Schuldner die Rückforderung mit der Begründung verwehrt, der „erlassene" Teil der Forderung sei nicht etwa erloschen, sondern lediglich nicht erzwingbar; es sei daher eine unvollkommene Verbindlichkeit zurückgeblieben.[56] Zahlungen auf eine solche unvollkommene Verbindlichkeit könnten nicht zurückgeführt werden. Die zuletzt genannte Deutung hat sich der Gesetzgeber für den Insolvenzplan ausdrücklich zu Eigen gemacht: Nach § 254 Abs. 3 InsO kann der Schuldner Leistungen, die er erbringt, ohne hierzu nach dem Insolvenzplan verpflichtet zu sein, nicht zurückfordern. Damit wird der Rückgriff auf § 814 entbehrlich.[57] 19

---

[47] *Erman/Westermann/Buck-Heeb* RdNr. 13; *RGRK/Heimann-Trosien* RdNr. 12; *Staudinger/Lorenz* RdNr. 15; jeweils mN zur Rspr.
[48] RGZ 78, 71, 78; RG Gruchot 58, 977, 980; KG FamRZ 2002, 1357, 1359; *AnwK-BGB/v. Sachsen Gessaphe* RdNr. 10; *Erman/Westermann/Buck-Heeb* RdNr. 11; *Palandt/Sprau* RdNr. 8; *PWW/Leupertz* RdNr. 8; *Staudinger/Lorenz* RdNr. 16.
[49] KG FamRZ 2002, 1357, 1359; *Bamberger/Roth/Wendehorst* RdNr. 13; *Reuter/Martinek* § 6 II, S. 193; *Staudinger/Lorenz* RdNr. 16.
[50] *AnwK-BGB/v. Sachsen Gessaphe* RdNr. 10; *RGRK/Heimann-Trosien* RdNr. 13.
[51] So auch *Bamberger/Roth/Wendehorst* RdNr. 14; *Medicus* SchR II RdNr. 657.
[52] IdS neuerdings auch OLG München NJW-RR 2004, 1442, 1444: Sicherung der Krankenversicherung eines in häuslicher Gemeinschaft mit dem Leistenden lebenden Verschwägerten.
[53] *Staudinger/Lorenz* RdNr. 18.
[54] KG FamRZ 2002, 1357, 1359.
[55] RGZ 78, 71, 77; RG JW 1909, 361.
[56] RGZ 71, 363, 364 f.; 155, 95, 102; 160, 134, 138.
[57] Abl. zur Heranziehung des § 814 bereits *Staudinger/Lorenz* RdNr. 22; ebenso *jurisPK/Martinek* RdNr. 37; *Manchot* S. 137 f.; *Palandt/Sprau* RdNr. 8.

§ 815 Nichteintritt des Erfolgs

Die Rückforderung wegen Nichteintritts des mit einer Leistung bezweckten Erfolgs ist ausgeschlossen, wenn der Eintritt des Erfolgs von Anfang an unmöglich war und der Leistende dies gewusst hat oder wenn der Leistende den Eintritt des Erfolgs wider Treu und Glauben verhindert hat.

Schrifttum: *Kanzleiter,* Der Ausschluß der Rückforderung von Leistungen auf formnichtige Grundstücksgeschäfte, DNotZ 1986, 258.

I. Normzweck

1 § 815 enthält in seiner **Alt. 1** die konsequente Fortsetzung desjenigen Gedankens, welcher dem Konditionsausschluss nach § 814 Alt. 1 zugrunde liegt: Ebenso wie bei der condictio indebiti die Rückforderung bei Kenntnis der Nichtschuld gesperrt ist, ist sie es bei der condictio ob rem dann, wenn der Eintritt des (nach dem Inhalt des Rechtsgeschäfts bezweckten) Erfolgs von vornherein unmöglich war und der Leistende dies gewusst hat. In diesem Fall fehlt der für die condictio ob rem charakteristische Grund, das Empfangene vorläufig behalten zu dürfen, von vornherein. Wenn der Leistende um diesen Umstand weiß, verhält er sich ebenso widersprüchlich wie wenn er das zur Erfüllung einer Verbindlichkeit Geleistete trotz Kenntnis der Nichtschuld zurückverlangt.

2 Demgegenüber stellt die **Alt. 2** des § 815 einen eigenständigen Tatbestand für den Ausschluss des Bereicherungsanspruchs dar. Das systematische Verständnis dieser Vorschrift ist streitig: Einige sehen eine gedankliche Verwandtschaft mit dem Rechtsgedanken des § 162 Abs. 1;[1] andere erblicken in ihr eine Fortsetzung der in § 326 Abs. 2 S. 1 zum Ausdruck gekommenen Gerechtigkeitsidee.[2] Die zuerst genannte Ansicht verdient den Vorzug: Die ratio legis der Konditionssperre, wie sie in der Alt. 2 des § 815 niedergelegt ist, erschöpft sich nicht in dem Vorwurf an den Gläubiger, dass dieser den Nichteintritt des Erfolgs zu vertreten hat. Vielmehr rechtfertigt sich § 815 aus dem Gedanken, dass die Parteien den Tatbestand, der den Empfänger berechtigten soll, das Erlangte endgültig zu behalten, **bewusst in der Schwebe** gehalten haben.[3] Dieser gewollte Schwebezustand erzeugt für die Parteien die Pflicht, den als ungewiss angesehenen Erfolgseintritt nicht wider Treu und Glauben zu vereiteln. Damit aber regelt § 815 eine dem § 162 vergleichbare Situation; denn die Parteien eines bedingten Rechtsgeschäfts haben sich ebenfalls entschlossen, den Bestand des Rechtsgeschäfts in der Schwebe zu halten.

II. Anwendungsbereich

3 Auf die **condictio ob causam finitam** ist jedenfalls die **Alt. 1** des § 815 **nicht anzuwenden.**[4] Denn selbst wenn der Leistende gewusst hat, dass der Rechtsgrund später wegfallen würde, ändert dies doch gleichwohl nichts daran, dass er im Zeitpunkt der Leistung hierzu verpflichtet war. Dann kann man ihm nicht vorwerfen, er verhalte sich widersprüchlich, wenn er zunächst leiste und nunmehr das Geleistete zurückfordere.

4 Die Frage, ob die **Alt. 2** des § 815 auf die condictio ob causam finitam anzuwenden ist, erlangt praktische Bedeutung namentlich bei Dauerschuldverhältnissen: So mag etwa der Mieter einen Baukostenzuschuss geleistet haben, der über einen bestimmten Zeitraum abgewohnt werden kann, und vor Ablauf dieses Zeitraums die fristlose Kündigung durch den Vermieter provozieren. Dann fragt sich, ob der Mieter den auf die Restlaufzeit entfallenden Zuschuss wegen Wegfalls des Rechtsgrundes herausverlangen kann. Die Anwendung des

---

[1] PWW/*Leupertz* RdNr. 1; RGRK/*Heimann-Trosien* RdNr. 5; *Staudinger/Lorenz* RdNr. 2.
[2] *Larenz/Canaris* II/2 § 68 III 2. Für beide Vorschriften als Grundlage der in § 815 verankerten Gerechtigkeitsidee jurisPK/*Martinek* RdNr. 6.
[3] BGHZ 29, 171, 175 f.
[4] So aber *Enneccerus/Lehmann* § 224 I 4 b; *Soergel/Mühl* RdNr. 1; dagegen – auch in der Begründung – wie hier *Erman/Westermann/Buck-Heeb* RdNr. 1.

Nichteintritt des Erfolgs 5–8 § 815

§ 815 auf die condictio ob causam finitam wird von der überwiegenden Meinung abgelehnt,[5] von anderen dagegen befürwortet[6] und von wieder anderen für immerhin denkbar gehalten.[7] Die Begründung der überwiegenden Auffassung überzeugt indes nicht in allen Punkten: So führen Überlegungen der Art, § 815 komme Strafcharakter zu bzw. sei als Ausnahmevorschrift eng auszulegen, kaum weiter. Entscheidend kann allein der Rückgriff auf die ratio legis der Kondiktionssperre sein (dazu RdNr. 2). Wäre diese allein darin zu erblicken, dass der Leistende den Nichteintritt des bezweckten Erfolgs zu vertreten hat, so wäre § 815 auf den zu vertretenden Wegfall des Rechtsgrundes entsprechend anzuwenden. Entscheidend für die Kondiktionssperre ist aber gerade nicht allein das treu- bzw. pflichtwidrige Verhalten des Leistenden, sondern der Umstand, dass die Parteien die Rechtsbeständigkeit des Erwerbs bewusst in der Schwebe gehalten haben. Daran aber fehlt es bei der condictio ob causam finitam: Die Parteien sehen dort den Rechtsgrund der Leistung zunächst als endgültig gegeben an und rechnen nicht mit dessen späterem Wegfall.[8] Deshalb gilt § 815 auch in seiner Alt. 2 bei der condictio ob causam finitam nicht. Analog angewendet wird § 815 Alt. 2 dagegen in ständiger Rechtsprechung[9] auf § 1301.

§ 815 findet insgesamt **keine Anwendung** auf den Bereicherungsanspruch aus **§ 817 S. 1**.[10] Zwar handelt es sich bei diesem Anspruch um einen Sondertatbestand der condictio ob rem (näher § 817 RdNr. 5), auf die § 815 an sich zugeschnitten ist. Wenn aber der Empfänger durch die Annahme der Leistung gegen die guten Sitten verstößt, wiegt sein Fehlverhalten so schwer, dass nicht einmal die treuwidrige Vereitelung des mit der Leistung bezweckten Erfolgs den Ausschluss des Bereicherungsanspruchs rechtfertigen kann, geschweige denn die bloße Kenntnis davon, dass der Eintritt dieses Erfolgs unmöglich ist. 5

III. Voraussetzungen

Auch für die Anwendung des § 815 **Alt. 1** ist Kenntnis erforderlich; auf die Erläuterung zu § 814 sei verwiesen (§ 814 RdNr. 12 ff.). 6

§ 815 **Alt. 2** ist nur dann anwendbar, wenn der Verstoß gegen Treu und Glauben dem Leistenden bewusst war. Absicht ist nicht erforderlich.[11] 7

Die Frage des Treupflichtverstoßes hat in der Praxis vor allem bei **formnichtigen Grundstückskaufverträgen** Bedeutung erlangt. Dabei lagen die Fälle häufig so, dass zwischen den Parteien ein höherer als der beurkundete Kaufpreis vereinbart worden war,[12] was nach §§ 117 Abs. 1 und 2, 311 b, 125 S. 1 ebenfalls zur Nichtigkeit führt. Sofern auf einen solchen Vertrag Leistungen in Kenntnis des Formmangels, aber in der Erwartung beiderseitiger Erfüllungsbereitschaft erbracht werden, können diese allenfalls unter dem Gesichtspunkt der condictio ob rem zurückgefordert werden. Der Bereicherungsanspruch kann dann nicht nach § 814, sondern nur nach § 815 gesperrt sein. Der mit der Leistung bezweckte Erfolg besteht darin, dass durch beiderseitige Erfüllung des Kaufvertrags zu den tatsächlich vereinbarten Bedingungen dessen Heilung gemäß § 311 b Abs. 1 S. 2 eintritt. Die frühere Rechtsprechung hat die Anwendung des § 815 in solchen Fällen abgelehnt: Wer das auf einen formnichtigen Vertrag Geleistete zurückfordere, ziehe bloß die gesetzlich 8

---

[5] BGHZ 29, 171, 174 ff. = NJW 1959, 875; BGH WM 1967, 851, 853; LM § 812 Nr. 78 = NJW 1968, 245; RG Gruchot 51, 972, 977 f.; AnwK-BGB/*v. Sachsen Gessaphe* RdNr. 2; *Bamberger/Roth/Wendehorst* RdNr. 2; *Medicus* SchR II § 127 I 3, RdNr. 658; *Reuter/Martinek* § 6 IV, S. 198; RGRK/*Heimann-Trosien* RdNr. 1; *Staudinger/Lorenz* RdNr. 3; *Wieling* S. 35.
[6] *Enneccerus/Lehmann* § 224 I 4 b; *Soergel/Mühl* RdNr. 1.
[7] 4. Aufl. RdNr. 2 (aber nicht bei Dauerschuldverhältnissen, RdNr. 3); *Erman/Westermann/Buck-Heeb* RdNr. 1.
[8] BGHZ 29, 171, 175 f.
[9] BGHZ 45, 258, 262 ff. = NJW 1966, 1653, 1655; RG JW 1925, 2110; PWW/*Leupertz* RdNr. 2.
[10] *Gast* SAE 1983, 214, 216.
[11] RG Gruchot 67, 176, 180; *Bamberger/Roth/Wendehorst* RdNr. 5; *Erman/Westermann/Buck-Heeb* RdNr. 3; jurisPK/*Martinek* RdNr. 12; RGRK/*Heimann-Trosien* RdNr. 5.
[12] So geschehen in BGH NJW 1980, 451; OLG München DNotZ 1986, 293.

angeordnete Konsequenz aus der Nichtigkeit.[13] Nach Ansicht der jüngeren Rechtsprechung vereitelt eine Partei, welche die ursprünglich gemeinsame Erwartung beiderseitiger Erfüllung einseitig zunichte macht, diesen Erfolgseintritt wider Treu und Glauben, sofern sie für ihre Erfüllungsverweigerung nicht beachtliche Gründe geltend machen kann.[14] Als beachtlicher Grund wurde angesehen, wenn die nunmehr leistungsunwillige Partei von der Gegenseite bei Vertragsschluss arglistig getäuscht wurde.[15] Dagegen soll es nicht ausreichen, wenn die leistungsunwillige Partei persönliche Abneigung gegen den anderen Vertragsteil hegt oder sich mit einer dem anderen Vertragsteil nahe stehenden Person eine tätliche Auseinandersetzung geliefert hat.[16] Diese Rechtsprechung ist im Schrifttum mit Recht bereits in ihrem Grundansatz auf Ablehnung gestoßen: Wenn man einmal zu dem Ergebnis gelangt ist, dass die Berufung einer Partei auf die Formnichtigkeit nicht gegen Treu und Glauben verstößt (§ 125 RdNr. 56 ff.), kann man dieser Partei nicht ohne inneren Widerspruch entgegenhalten, es verstoße aber ihr Rückforderungsbegehren gegen Treu und Glauben.[17]

9 Wenn jemand, der einen anderen durch eine Straftat geschädigt hat, mit dem Ziel, eine Strafanzeige abzuwenden, ein Schuldanerkenntnis abgibt, bleibt der mit dieser Leistung bezweckte Erfolg in dem Moment aus, in dem der Geschädigte gleichwohl Strafanzeige erstattet. Die Rückforderung des Anerkenntnisses nach § 812 Abs. 1 S. 2 Alt. 2 kann in diesem Fall gegen Treu und Glauben verstoßen, wenn der Schädiger sich verpflichtet hatte, für die Art und Weise der Zahlung der Schadenssumme einen Vorschlag zu unterbreiten, und dieser Vorschlag sodann ausbleibt. Der BGH hat freilich einen Treupflichtverstoß mit Recht verneint, wenn der Schädiger nur deshalb außerstande ist, die Begleichung des Schadens in akzeptabler Frist zuzusagen, weil der Geschädigte die dafür benötigte Kreditaufnahme durch den Schädiger vereitelt hat.[18]

10 Die Voraussetzungen des Kondiktionsausschlusses (Unmöglichkeit oder treuwidrige Erfolgsvereitelung) hat – der Rechtslage bei § 814 entsprechend – der **Empfänger** der Leistung zu **beweisen**.[19]

§ 816 Verfügung eines Nichtberechtigten

(1) ¹Trifft ein Nichtberechtigter über einen Gegenstand eine Verfügung, die dem Berechtigten gegenüber wirksam ist, so ist er dem Berechtigten zur Herausgabe des durch die Verfügung Erlangten verpflichtet. ²Erfolgt die Verfügung unentgeltlich, so trifft die gleiche Verpflichtung denjenigen, welcher auf Grund der Verfügung unmittelbar einen rechtlichen Vorteil erlangt.

(2) Wird an einen Nichtberechtigten eine Leistung bewirkt, die dem Berechtigten gegenüber wirksam ist, so ist der Nichtberechtigte dem Berechtigten zur Herausgabe des Geleisteten verpflichtet.

Schrifttum: *Bauernfeind,* Herausgabe des Erlangten Zug um Zug gegen Genehmigung der Verfügung des Nichtberechtigten, NJW 1961, 109; *Beuthien/Weber,* Ungerechtfertigte Bereicherung und Geschäftsführung ohne Auftrag, 2. Aufl. 1987; *Blaschczok,* § 816 II BGB im Mehrpersonenverhältnis, JuS 1985, 88; *Böhm* Ungerechtfertigte Zwangsvollstreckung und materiellrechtliche Ausgleichsansprüche, 1971; *v. Caemmerer,* Bereicherungsausgleich bei Verpfändung fremder Sachen, FS Hans Lewald, 1953, S. 553; *ders.,* Bereicherung und unerlaubte Handlung, FS Ernst Rabel, Bd. I, 1954, S. 333; *ders.,* Leistungsrückgewähr bei gutgläubigem Erwerb, FS Gustav Boehmer, 1954, S. 45; *Canaris,* Verlängerter Eigentumsvorbehalt und Forderungseinzug

---

[13] RGZ 72, 342, 343; RG JW 1910, 17; BGH WM 1966, 194, 196 f.
[14] BGH NJW 1980, 451 f.; OLG München DNotZ 1986, 293, 296.
[15] BGH NJW 1980, 451 f.; insoweit zust. *Roth* JuS 1980, 250, 253 f.
[16] OLG München DNotZ 1986, 293, 296.
[17] Wie hier *Kanzleiter* DNotZ 1986, 258, 269 f.; *Singer* WM 193, 254, 261; *Staudinger/Lorenz* RdNr. 2. Einen Zusammenhang zwischen beiden Fragestellungen verneint zu Unrecht 4. Aufl. RdNr. 6.
[18] BGH WM 1990, 819 f.
[19] RGZ 116, 336, 340; RG JW 1925, 2210; AnwK-BGB/*v. Sachsen Gessaphe* RdNr. 6; *Erman/Westermann/Buck-Heeb* RdNr. 4; RGRK/*Heimann-Trosien* RdNr. 7; *Staudinger/Lorenz* RdNr. 4.

durch Banken, NJW 1981, 248; *Ettinger/Reiff*, Die Auswirkungen der Entscheidung des BGH vom 7. 7. 2003 (NZG 2003, 867) auf zukünftige und bereits vollzogene Heilungen verdeckter Sacheinlagen bei der GmbH, NZG 2004, 258; *Gaul*, Ungerechtfertigte Zwangsvollstreckung und materiellrechtliche Ausgleichsansprüche, AcP 173 (1973), 323; *Gebauer*, Zur Haftung des Mieters bei unbefugter Untervermietung, Jura 198, 128; *Gerlach*, Ungerechtfertigte Zwangsvollstreckung und ungerechtfertigte Bereicherung, 1986; *Gloede*, Haftet der Vollstreckungsgläubiger, der in schuldnerfremde bewegliche Sachen vollstrecken ließ, deren früherem Eigentümer aus ungerechtfertigter Bereicherung?, MDR 1972, 291; *Gödicke*, Bereicherungsrecht und Dogmatik, 2002; *Grunsky*, Bereicherungsansprüche bei rechtsgrundloser Verfügung eines Nichtberechtigten, JZ 1962, 207; *Hadding*, Ist § 816 II BGB wirklich überflüssig?, JZ 1966, 222; *Hager*, Die Prinzipien der Mittelbaren Stellvertretung, AcP 180 (1980), 239; *ders.*, Entwicklungsstadien der bereicherungsrechtlichen Durchgriffshaftung, in: Ungerechtfertigte Bereicherung, Symposium zum Gedenken an Detlef König, 1984, S. 151; *Hombrecher*, Bereicherungshaftung nach gesetzlichem Eigentumserwerb im Mehrpersonenverhältnis – Der Jungbullenfall (BGHZ 55, 176), Jura 2003, 333; *Huber*, Bereicherungsansprüche beim Bau auf fremdem Boden, JuS 1970, 342, 515; *Jagmann*, Wertersatz oder Gewinnhaftung?, 1979; *Kornblum*, Zum Verhältnis von § 816 II zu § 812 BGB, JZ 1965, 202; *Krüger*, Bereicherung durch Versteigerung – BGH, NJW 1987, 1880, JuS 1989, 182; *Lopau*, Surrogationsansprüche und Bereicherung, 1971; *St. Lorenz*, § 241a und das Bereicherungsrecht – zum Begriff der „Bestellung" im Schuldrecht, FS W. Lorenz, 2001, S. 193; *ders.*, Bereicherungsrechtliche Drittbeziehungen, JuS 2003, 729, 839; *Lüke*, Die Bereicherungshaftung des Gläubigers bei der Zwangsvollstreckung in einem dem Schuldner nicht gehörige bewegliche Sache, Anspruch 153 (1954), 533; *Merle*, Risiko und Schutz des Eigentümers bei Genehmigung der Verfügung eines Nichtberechtigten, AcP 183 (1983), 81; *Peters*, Die Erstattung rechtsgrundloser Zuwendungen, AcP 205 (2005), 159; *Picker*, Gutgläubiger Erwerb und Bereicherungsausgleich bei Leistungen im Dreipersonenverhältnis, NJW 1974, 1790; *Plambeck*, Die Eingriffskondiktion in Kommissionsfällen, JuS 1987, 793; *Reinicke/Tiedtke* Der Streit der Finanzierungsbank mit dem Werkunternehmer um den Versteigerungserlös des reparierten Fahrzeugs, DB 1987, 2447; *Rengier*, Wegfall der Bereicherung, AcP 177 (1977), 418; *Roth*, Ist eine Genehmigung bei § 816 II BGB möglich, JZ 1972, 150; *Rothoeft*, Vermögensverlust und Bereicherungsausgleich, AcP 163 (1964), 215; *Rümker*, Das Tatbestandsmerkmal „ohne rechtlichen Grund" im Bereich der Eingriffskondiktion, 1972; *Schäfer*, Das Bereicherungsrecht in Europa, 2001; *Thielmann*, Gegen das Subsidiaritätsdogma im Bereicherungsrecht, AcP 187 (1987), 23; *Schlechtriem*, Güterschutz durch Eingriffskondiktionen, in: Ungerechtfertigte Bereicherung, Symposium zum Gedenken an Detlef König, 1984, S. 57; *Schlosser*, Bereicherungsansprüche bei unentgeltlichen sowie rechtsgrundlosen Verfügungen eines Nichtberechtigten – BGHZ 37, 363, JuS 1963, 141; *Schuler*, Bereicherungsprobleme der §§ 816, 951 BGB, NJW 1961, 1842; *Serick*, Über die Subsidiarität der Sicht des Leistungsempfängers im Sinne von § 816 Absatz 2 BGB, FS Möhring, 1975, S. 115; *Siegmann*, Zur bereicherungsrechtlichen Rückabwicklung der Einziehung veruntreuter Schecks über das Konto eines Dritten, NJW 1999, 1163; *Wacker*, Zur Dogmatik von § 816 Abs. 1 BGB, 1981; *Wallmann*, Die Geltung des Subsidiaritätsgrundsatzes im Bereicherungsrecht, 1996; *Weimar*, Zweifelsfragen bei der Leistung eines gutgläubigen Schuldners an den Zedenten, JR 1966, 461; *Weitnauer*, Die bewußte und zweckgerichtete Vermehrung fremden Vermögens, NJW 1974, 1729; *Wernecke* Abwehr und Ausgleich „aufgedrängter Bereicherungen" im Bürgerlichen Recht, 2004; *H. P. Westermann*, Die causa im französischen und deutschen Zivilrecht, 1967; *Wilburg*, Die Lehre von der ungerechtfertigten Bereicherung, 1934; *Wilckens*, Ist der Rückgriff des Bestohlenen auf den Veräußerungserlös notwendig endgültiger Verzicht auf das Eigentum?, AcP 157 (1958), 399; *M. Wolf*, Der mittelbare Stellvertreter als nichtberechtigt Verfügender, JZ 1968, 414.

Übersicht

	RdNr.		RdNr.
A. Normzweck	1–8	4. Gegenstand der Verfügung	31
I. Übersicht	1–5	5. Wirksamkeit der Verfügung	32–36
		a) Kraft Gesetzes	32
II. Stellungnahme	6–8	b) Kraft Genehmigung durch den Berechtigten	33–36
B. § 816 Abs. 1 S. 1	9–60		
I. Tatbestandsmerkmale	9–36	**II. Umfang des Herausgabeanspruchs**	37–56
1. Verfügung	9–23	1. Das „durch die Verfügung Erlangte"	37–44
a) Verfügungsbegriff	9	a) BGH: Gegenleistung als „Erlangtes"	37, 38
b) Zustimmung zu fremder Verfügung	10, 11	b) Abweichende Ansichten	39, 40
c) Verpflichtungsgeschäfte	12, 13	c) Praktische Bedeutung	41
d) Realakte	14–21	d) Stellungnahme	42–44
aa) Einbau fremder Sachen bei Dritten	14–19	2. Werterhöhende Maßnahmen	45
bb) Verarbeitung fremder Sachen	20	3. Tauschfälle	46
cc) Verbrauch fremder Sachen	21		
e) Zwangsvollstreckung	22, 23	4. Belastung eines Gegenstands durch nichtberechtigte Verfügung	47, 48
2. Begriff des Nichtberechtigten	24–29		
3. Begriff des Berechtigten	30	5. Anwendbarkeit des § 818 Abs. 2	49

	RdNr.		RdNr.
6. Anwendbarkeit der §§ 818 Abs. 3 und Abs. 4, 819	50–54	II. Begriff des Berechtigten	72–76
7. Höhe des Erlangten bei Miteigentum des Verfügenden	55	III. Rechtsgrundlosigkeit	77
8. Höhe des Erlangten bei Einbringung in Gesellschaftsvermögen	56	IV. Wirksamkeit der Leistung	78–83
		1. Einschlägige Vorschriften	78
III. Gutgläubiger, lastenfreier Erwerb	57, 58	2. Prätendentenstreit bei Hinterlegung	79
IV. Rechtsgrundlose, entgeltliche Verfügung eines Nichtberechtigten	59, 60	3. Vormerkungsschutz für das stellvertretende commodum?	80–83
C. § 816 Abs. 1 S. 2	61–69	V. Kollision zwischen Globalzession und verlängertem Eigentumsvorbehalt	84–88
I. Normzweck	61		
II. Verfügungsbegriff	62	1. Wirksamkeit der Zahlung an die Bank gegenüber dem Warengläubiger?	84, 85
III. Begriff der Unentgeltlichkeit	63–68	2. Berufung der Bank auf § 818 Abs. 3	86–88
IV. Unmittelbarkeit	69	VI. Nachträgliche Genehmigung	89–93
D. § 816 Abs. 2	70–94	VII. Durchsetzung des Anspruchs	94
I. Normzweck	70, 71		

A. Normzweck

I. Übersicht

1 § 816 enthält eine Sonderregelung spezieller Fälle von Nichtleistungskondiktionen, deren Ziel darin besteht, einen Ausgleich in den Fällen herbeizuführen, in denen mit Rücksicht auf die Sicherheit des Rechtsverkehrs zugunsten eines gutgläubigen Erwerbers bzw. eines gutgläubigen Schuldners Verfügungen eines Nichtberechtigten (§ 816 Abs. 1) oder Leistungen an einen Nichtberechtigten (§ 816 Abs. 2) vom Gesetz als wirksam angesehen werden.[1] Dabei lässt sich der teleologische Hintergrund vor allem des § 816 Abs. 1 aus zweierlei Perspektive bestimmen:

2 Zum einen kann man den Blickwinkel des **Verfügungsempfängers** einnehmen. Dieser habe, so könnte man argumentieren, den Gegenstand, der vormals dem ursprünglich Berechtigten zustand, kraft gesetzlicher Vorschrift (etwa auf Grund der §§ 932 ff.) unmittelbar auf Kosten des Berechtigten und diesem gegenüber auch rechtsgrundlos erlangt. Konsequent müsste er an sich Bereicherungsansprüchen des Berechtigten ausgesetzt sein. Da aber solche Ansprüche im Fall des **entgeltlichen** gutgläubigen Erwerbs (§ 816 Abs. 1 S. 1) im Interesse des Verkehrsschutzes ausgeschlossen seien, habe sich die Notwendigkeit ergeben, dem Berechtigten **an Stelle** der Ansprüche gegen den Erwerber Bereicherungsansprüche gegenüber dem nichtberechtigt Verfügenden einzuräumen, obwohl dieser vom Berechtigten selbst gar nichts erlangt habe (s. RdNr. 6). § 816 Abs. 1 S. 1 erscheint aus dieser Sicht als eine Art **notwendiger Ersatzregelung:** Nach ihr tritt der nichtberechtigt Verfügende – der „eigentlich" mit dem Bereicherungsausgleich nichts zu tun hat – als Ersatzschuldner an die Stelle des bereicherungsrechtlichen Primärschuldners, nämlich des Erwerbers. § 816 Abs. 1 S. 1 begründet mit anderen Worten nach dieser Interpretation **konstitutiv** eine Bereicherungshaftung, die ansonsten nach allgemeinen Grundsätzen nicht gegeben wäre. Dagegen bleibt es auf dem Boden dieses Verständnisses bei unentgeltlicher Verfügung (§ 816 Abs. 1 S. 2) bei der Bereicherungshaftung des Berechtigten, da dieser in solchen Fällen keines Schutzes bedarf.[2]

3 Zum anderen kann man vom Blickwinkel des **Verfügenden** ausgehen und in dessen nichtberechtigter Verfügung einen **Eingriff** in das Eigentum erblicken. Dieser, so lautet die

---
[1] Vgl. dazu etwa *Erman/Westermann/Buck-Heeb* RdNr. 1; *Esser/Weyers* BT/2 § 50 II 1; RGRK/*Heimann-Trosien* RdNr. 1; *Staudinger/Lorenz* RdNr. 2.
[2] Nachdrücklich für dies Verständnis des § 816 4. Aufl. RdNr. 6 ff.; Ansätze in dieser Richtung bereits bei *Rothoeft* AcP 163 (1964), 215, 220 ff.

Gedankenführung, verpflichte ebenso zum bereicherungsrechtlichen Ausgleich wie in den Fällen des unbefugten Gebrauchs oder Verbrauchs fremder Sachen.[3] Aus dieser Sicht erscheint § 816 Abs. 1 nur als ein besonders hervorgehobener Tatbestand der allgemeinen Eingriffskondiktion.

Der **Unterschied der beiden Betrachtungsweisen** dürfte sich vor allem im Rahmen des § 816 Abs. 1 S. 2 auswirken: Folgt man nämlich der zweiten Auffassung, so liegt es nahe, dem Berechtigten nicht nur einen Anspruch gegen den Empfänger auf Herausgabe des (unentgeltlich) Erlangten gemäß § 816 Abs. 1 S. 2 zu geben, sondern daneben auch einen Anspruch gegen den Nichtberechtigten, da dieser in die Rechte des Berechtigten eingegriffen und sich deren Wert zugeeignet hat.[4] Nach der ersten Auffassung scheiden solche Ansprüche gegen den unentgeltlich Verfügenden dagegen schon deshalb aus, weil dieser weder vom Berechtigten noch vom Erwerber etwas erlangt hat. Dagegen präjudiziert die Wahl des einen oder des anderen Erklärungsmodells entgegen 4. Aufl. RdNr. 4 nicht die Bestimmung des „durch die Verfügung Erlangten" (s. RdNr. 37 ff.): Wer § 816 Abs. 1 nur als Ersatzregelung für die dem ursprünglich Berechtigten versagte Kondiktion gegenüber dem Erwerber ansieht, muss nicht zwingend den aus der Verfügung erzielten Erlös als Bereicherungsgegenstand ansehen.[5] Ebenso wäre es auf der Grundlage dieser Deutung möglich, dem vormals Berechtigten einen Anspruch auf dasjenige einzuräumen, was auch der Verfügungsempfänger herausgeben müsste, wenn er nach §§ 812 ff. haften würde und das Erlangte seinerseits nicht mehr herausgeben könnte – nämlich Ersatz des objektiven Wertes nach § 818 Abs. 2. Und ebenso wenig zwingt die Überlegung, die Verfügung als solche stelle einen Eingriff in das dem Berechtigten zugewiesene Recht dar, zu der Konsequenz, „durch die Verfügung erlangt" sei ohne Rücksicht auf den erzielten Erlös allein der objektive Wert des Gegenstands[6] – wobei diese Bezeichnung des Erlangten, wie sich zeigen wird (RdNr. 6), ohnehin ungenau ist. Vielmehr könnte man ebenso gut argumentieren, der Verfügende habe sich die Möglichkeit, einen Erlös zu erzielen, auf Kosten des vormals Berechtigten verschafft – den Wert der Sache also gewissermaßen realisiert[7] – und daher diesen Erlös herauszugeben.

In den **Einbaufällen** mag es schließlich auf dem Boden der zweiten Auffassung leichter sein, Bereicherungsansprüche gegen den Einbauenden zu konstruieren: Denn dieser ist dann ebenso wie der nichtberechtigt Verfügende derjenige, der selbst in das dem Berechtigten zugewiesene Recht eingreift. Auf dem Boden der ersten Auffassung ist man dagegen gezwungen, den Einbau einer Verfügung gleichzustellen und gegen den Einbauenden einen Bereicherungsanspruch analog § 816 zu postulieren. Indes ist auch hier der Unterschied zwischen beiden Erklärungsmodellen weniger groß, als es auf den ersten Blick erscheint. Denn die Interessenbewertung, welche in § 816 zum Ausdruck kommt, dürfte auch dann zu beachten sein, wenn man den Einbauenden aus § 812 Abs. 1 S. 1 Alt. 2 haften lässt: Nur wenn eine hypothetische Verfügung des Einbauenden zugunsten des Empfängers dem Berechtigten gegenüber wirksam wäre, kann der Empfänger gegen Bereicherungsansprüche des Berechtigten abgeschirmt sein. Insgesamt werden beide Auffassungen in solchen Mehrpersonenverhältnissen, welche dadurch geprägt sind, dass jemand durch das Handeln eines anderen ein Recht an einen Dritten verliert, gegensätzliche Ausgangspositionen einneh-

---

[3] IdS AnwK-BGB/*v. Sachsen Gessaphe* RdNr. 2; *Bamberger/Roth/Wendehorst* RdNr. 2; *Beuthien/Weber* S. 89; *v. Caemmerer*, FS Lewald, 1953, S. 443, 446; *Gödicke* S. 202; jurisPK/*Martinek* RdNr. 1; *Koppensteiner/Kramer* § 9 III 1, S. 91; *Reeb* JuS 1973, 494, 495; *Reuter/Martinek* § 8 I 1 a, S. 282 ff.; *Schlechtriem*, Symposium für König, 1984, S. 57, 63 ff.; *Wallmann* S. 63, 149.
[4] So ausdrücklich *Reuter/Martinek* § 8 II 1 a, S. 331 f.
[5] Für Verfügungserlös als „Erlangtes" die hM; vgl. BGHZ 29, 157, 159 = NJW 1959, 668; RGZ 88, 351, 359; AnwK-BGB/*v. Sachsen Gessaphe* RdNr. 19; *Bamberger/Roth/Wendehorst* RdNr. 16; *Beuthien/Weber* S. 88 ff.; *Larenz/Canaris* II/2 § 69 II 1 a, S. 180 f.; *Palandt/Sprau* RdNr. 23/24; PWW/*Leupertz* RdNr. 22; RGRK/*Heimann-Trosien* RdNr. 12; *Wieling* S. 61 f.
[6] Für objektiven Wert als „Erlangtes" *v. Caemmerer*, FS Rabel, 1954, S. 333, 356 f.; *ders.*, FS Lewald, 1953, S. 447; *ders.* JR 1959, 462; im Ergebnis auch *Medicus* BR RdNr. 723; *Wacker* S. 104 ff., 113.
[7] IdS *Larenz/Canaris* II/2 § 69 II 1 a, S. 180 f.

men: Die erste Auffassung wird die Immunität des Dritten gegen Bereicherungsansprüche des Berechtigten als begründungsbedürftige Ausnahme ansehen und ggf. in geeigneten Fällen § 816 analog anwenden (zB RdNr. 17 ff.). Die zweite Auffassung wird umgekehrt Bereicherungsansprüche gegen den Empfänger (und damit auch den Fall des § 816 Abs. 1 S. 2) als Ausnahme betrachten; denn nach ihr trifft die Bereicherungshaftung bereits denjenigen, der den Rechtsverlust durch sein Handeln, zB durch seine Verfügung, herbeiführt.[8]

II. Stellungnahme

6   Die vorstehende Darstellung vermittelt den Eindruck, als handle es sich bei den beiden referierten Ansichten um einander unversöhnlich gegenüberstehende dogmatische Grundpositionen. Bei näherer Betrachtung schließen sich jedoch beide Betrachtungsweisen nicht aus, sondern ergänzen sich. Das zeigt sich namentlich im Falle der **wirksamen entgeltlichen Verfügung:** Durch diese haben sowohl der Verfügungsempfänger als auch der Verfügende in das Recht des Berechtigten eingegriffen[9] und auf Kosten des Berechtigten etwas erlangt. Beim Verfügungsempfänger ist dieses „etwas" leicht zu bestimmen: Es handelt sich um eben jenen Gegenstand, der infolge der Verfügung aus dem Vermögen des Berechtigten ausgeschieden und in das des Empfängers übergegangen ist. Schwieriger gestaltet sich die Bestimmung des Erlangten auf Seiten des Verfügenden. Insoweit ist behauptet worden, der Verfügende habe den objektiven Wert des Verfügungsgegenstandes erlangt. § 816 Abs. 1 S. 1 gewähre dem Berechtigten somit einen **primären Wertersatzanspruch** gegen den Verfügenden:[10] Gewiss treffe es zu, dass im Rahmen des § 818 Abs. 2 die Wertersatzpflicht sich lediglich als sekundäre Folge der Bereicherungshaftung darstelle; zuerst müsse ein konkreter Gegenstand in das Vermögen des Empfängers geflossen sein. Eben davon weiche aber § 816 Abs. 1 S. 1 ab: Der Verfügende habe sich den Wert des Gegenstandes als solchen nutzbar gemacht und habe daher unmittelbar diesen zu ersetzen. Dieser Auffassung ist zu widersprechen.[11] Vielmehr wird es auch in den Fällen nichtberechtigter Verfügung in aller Regel gelingen, einen primär erlangten Vorteil zu identifizieren.[12] So hat der Verfügende etwa dort, wo die nichtberechtigte Verfügung auf dem Boden eines Kaufvertrags zwischen dem Verfügenden und dem Empfänger beruht, die Befreiung von seiner Pflicht zur Verschaffung des veräußerten Gegenstandes erlangt (näher RdNr. 39).

7   Der These, der Verfügende verübe einen Eingriff in das Vermögen des Berechtigten und unterläge daher selbst dann der Bereicherungshaftung, wenn es § 816 nicht gäbe, ist entgegengehalten worden, sie begründe die Gefahr der **Verdoppelung des Bereicherungsanspruchs.** Wenn nämlich auch der Empfänger zur Herausgabe verpflichtet sei (nämlich in den Fällen des § 816 Abs. 1 S. 2 sowie dann, wenn die Verfügung des Nichtberechtigten unwirksam war), hafteten sowohl der Empfänger als auch der Verfügende.[13] Diese Konsequenz wäre in der Tat nicht mit dem Gesetz vereinbar;[14] denn nach der Struktur des § 816 Abs. 1 haftet immer nur entweder der Verfügende (S. 1) oder der Empfänger (S. 2). Die Notwendigkeit der Wirksamkeit der Verfügung macht deutlich, dass Bereicherungsansprüche gegen den Verfügenden nur geltend gemacht werden dürfen, wenn die Kondiktion gegen den Erwerber ausgeschlossen ist.[15] Um diese Gesetzeslage zu erklären, ist es jedoch

---

[8] So ausdrücklich *Reuter/Martinek* § 8 I 1 c, S. 288 f.; § 10 II, S. 399 ff.
[9] So auch *Schnauder* NJW 1999, 2841, 2842.
[10] IdS namentlich *Reuter/Martinek* § 8 I 1 c cc, S. 290 f.
[11] Insoweit zutr. die Kritik in 4. Aufl. RdNr. 7.
[12] Dies insoweit gegen 4. Aufl. RdNr. 7.
[13] So in der Tat *Reuter/Martinek* § 8 II 1 a, S. 331; grdsl. auch *Schlechtriem,* Symposium für König, 1984, S. 110, allerdings müsse der Berechtigte, vergleichbar der Genehmigung bei § 816, auf einen der Ansprüche verzichten. Dagegen haben *Koppensteiner/Kramer* § 9 III 3 a, S. 97 entgegen der Darstellung in 4. Aufl. RdNr. 8 niemals gegen eine Haftung sowohl des Verfügenden als auch des Empfängers ausgesprochen, sondern plädieren ganz im Gegenteil für eine vorrangige Haftung des Verfügenden.
[14] Ebenso *Larenz/Canaris* II/2 § 69 II 2 a, S. 184.
[15] Ebenso *Schlechtriem,* Symposium für König, 1984, S. 57, 67; aA *Reuter/Martinek* § 8 I 1 c aa, S. 287.

nicht notwendig, der nichtberechtigten Verfügung den Eingriffscharakter abzusprechen. Daran, dass der Verfügende eine dem Berechtigten zugewiesene Befugnis wahrnimmt, ist nicht zu zweifeln. Die Haftung des **unwirksam Verfügenden** entfällt vielmehr deshalb, weil dieser durch die Verfügung tatsächlich nichts erlangt, insbesondere nicht die Befreiung von seiner Verbindlichkeit aus dem Kausalgeschäft mit dem Empfänger. Für die Haftung des **unentgeltlich** Verfügenden gilt bei der Handschenkung dasselbe. Für alle diese Fälle ergibt sich aus § 816 nichts anderes als das, was auch ohne diese Vorschrift gelten würde. Lediglich bei der **Versprechensschenkung** könnte man eine Haftung des Verfügenden neben der des Empfängers (§ 816 Abs. 1 S. 2) mit der Begründung annehmen, die Verfügung befreie ihn aus seiner Verpflichtung, das Schenkungsversprechen zu erfüllen; diese Schuldbefreiung habe er durch die Verfügung „erlangt". Allein hier schließt § 816 Abs. 1 S. 2 **konstitutiv** den Anspruch gegen den Verfügenden aus; denn es wäre ungereimt, Hand- und Versprechensschenkung unterschiedlich zu behandeln. Dieser Ausnahmefall reicht aber nicht hin, um die allgemeine These zu begründen, die nichtberechtigte Verfügung stelle keinen Eingriff in eine dem Berechtigten zugewiesene Position dar.

Wenn es aber zutrifft, dass bei der wirksamen entgeltlichen Verfügung sowohl der Verfügende als auch der Empfänger etwas auf Kosten des Berechtigten erlangen, so kann § 816 Abs. 1 S. 1 nur die Funktion zukommen, die **Person des Bereicherungsschuldners** zu bestimmen. Das Gesetz bevorzugt die alleinige Haftung des Verfügenden. Denn die sachenrechtlichen Vorschriften, welche dem wirksamen Erwerb zugrunde liegen, enthalten die Wertung, dass der Verfügungsgegenstand dem Empfänger endgültig verbleiben soll. Dann soll die Rechtsbeständigkeit des Erwerbs nicht durch eine schuldrechtliche Herausgabepflicht wieder zunichte gemacht werden. § 816 Abs. 1 S. 1 dient damit dem Ziel, den **sachenrechtlich wirksamen Erwerb** auch **schuldrechtlich abzusichern**.[16] Die Funktion der Vorschrift besteht daher im Ausschluss des Bereicherungsanspruchs gegen den Verfügungsempfänger. Auf diese Weise erlangt die Vorschrift ebenso Bedeutung für das Verhältnis von Leistungs- zu Nichtleistungskondiktion: **Grundlagen und Grenzen des Vorrangs der Leistungskondiktion bei nichtberechtigter Verfügung ergeben sich aus § 816 Abs. 1.** Freilich ist im Schrifttum anhand der Gesetzesmaterialien dargelegt worden, dass es dem Gesetzgeber bei § 816 nicht um den Schutz des Erwerbers gegangen sei. Vielmehr hätten die Gesetzesverfasser die Vorschrift deshalb für nötig gehalten, weil sich nur so die Annahme halten lasse, dass der ursprünglich Berechtigte vom Verfügenden die erlangte Gegenleistung herausverlangen könne: Diese sei nämlich nicht Gegenstand einer Vermögensverschiebung vom Berechtigten zum Verfügenden gewesen.[17] Diese teleologische Deutung des § 816 steht und fällt mit der Prämisse, dass die Gegenleistung das „durch die Verfügung Erlangte" ist. Eben dies ist indes nach hier vertretener Ansicht zu verneinen (RdNr. 42 ff.).

B. § 816 Abs. 1 S. 1

I. Tatbestandsmerkmale

1. Verfügung. a) Verfügungsbegriff. Bei § 816 Abs. 1 S. 1 ist der allgemeine Verfügungsbegriff zugrunde zu legen.[18] Demnach ist Verfügung ein Rechtsgeschäft, durch das bestehende Rechte aufgehoben, übertragen, belastet oder inhaltlich verändert werden.[19] Da § 816 Abs. 1 S. 1 des Weiteren die **Wirksamkeit** der Verfügung eines Nichtberechtigten voraussetzt, kommen in erster Linie Verfügungen über Sachen in Betracht, bei denen

---

[16] AnwK-BGB/*v. Sachsen Gessaphe* RdNr. 4; *Erman/Westermann/Buck-Heeb* RdNr. 1; jurisPK/*Martinek* RdNr. 3; *Koppensteiner/Kramer* § 9 III 1, S. 91 f.; PWW/*Leupertz* RdNr. 2; Staudinger/*Lorenz* RdNr. 2.
[17] *Schäfer* S. 490.
[18] *Erman/Westermann/Buck-Heeb* RdNr. 4; *Reeb* S. 73 f.; *Reuter/Martinek* § 8 I 1 d bb, S. 293 f.; RGRK/*Heimann-Trosien* RdNr. 4.
[19] § 185 RdNr. 6 ff. mwN.

gutgläubiger Erwerb möglich ist. Verfügungen über Forderungen können dem § 816 Abs. 1 S. 1 dagegen nur unterfallen, soweit ausnahmsweise – wie etwa im Wertpapierrecht – auch dort gutgläubiger Erwerb möglich ist.

10   **b) Zustimmung zu fremder Verfügung.** Die **Einwilligung** in die Verfügung eines Nichtberechtigten bzw. deren nachträgliche **Genehmigung** sind nach hM keine Verfügungen iS des § 816. Folglich sollen gegen jemanden, der nur einer fremden Verfügung zustimmt, keine Ansprüche aus § 816 geltend gemacht werden können.[20] Gefolgert wird dies aus dem Wortlaut des § 816 Abs. 1 S. 1: Danach sei „er", nämlich der Nichtberechtigte, zur Herausgabe des durch die Verfügung Erlangten verpflichtet; Anspruchsgegner könne also nur sein, wer Partei des Verfügungsgeschäfts gewesen sei. Damit wird freilich nur die direkte, nicht aber auch die analoge Anwendung der Vorschrift ausgeschlossen. In der Sache geht es um den Bereicherungsausgleich in einem Vier-Personen-Verhältnis: Ein Nichtberechtigter verfügt mit Zustimmung eines ebenfalls Nichtberechtigten über einen Gegenstand, der dadurch dem Vermögen des Berechtigten entrissen wird und in das des Empfängers übergeht. Die hM, die dem Berechtigten einen Anspruch aus § 816 Abs. 1 S. 1 nur gegen den verfügenden, nicht aber auch gegen den zustimmenden Nichtberechtigten gewähren will, verdient für den Fall Zustimmung, dass die Einwilligung/Genehmigung keinen Beitrag zum Wirksamwerden des Rechtsgeschäfts geleistet haben kann. Wenn jemand fremdes Gut bei sich einlagert und dies Gut zunächst durch Einigung und Besitzkonstitut an eine Bank und sodann mit deren Zustimmung durch Einigung und Übergabe an einen gutgläubigen Dritten veräußert,[21] so wird die Bank wegen § 933 trotz guten Glaubens nicht Eigentümerin, wohl aber gemäß § 932 der Dritte. Die Verfügung an den Dritten wäre selbst dann wirksam gewesen, wenn der Veräußerer niemals um die Zustimmung der Bank nachgesucht hätte. Für eine Analogie fehlt es hier an der Vergleichbarkeit der Interessenlage; denn anders als der Verfügende ist der bloß Zustimmende für den Rechtsverlust des Berechtigten nicht ursächlich geworden. Einer genaueren Betrachtung bedarf jedoch die analoge Anwendung des § 816 Abs. 1 S. 1, wenn die Verfügung nur durch die **Zustimmung eines Nichtberechtigten** wirksam geworden sein kann.[22] So mag es etwa liegen, wenn ein nicht im Grundbuch eingetragener Nichtberechtigter über ein Grundstück mit Zustimmung eines eingetragenen Nichtberechtigten verfügt: Dann kann, wenn überhaupt, nur das Vertrauen des Erwerbers in die Berechtigung des Zustimmenden die Verfügung nach § 892 wirksam machen. Selbst in diesem Fall ist freilich die entsprechende Anwendung des § 816 regelmäßig zu verneinen. Denn der Nichtberechtigte, der einer fremden Verfügung bloß zustimmt, wird durch die Zustimmung meist nichts „erlangen",[23] insbesondere keine Schuldbefreiung aus dem Kausalgeschäft, dessen Partei er im Zweifel ebenfalls nicht ist.

11   Abweichendes soll nach verbreiteter Meinung im Fall der **Verkaufskommission** gelten. Obwohl dort der Kommissionär im **eigenen Namen** über die Kaufsache verfügt, soll der Anspruch aus § 816 ausschließlich den Kommittenten treffen, der als Nichtberechtigter die Kaufsache in Kommission gegeben und den Kommissionär nach § 185 ermächtigt hat, diese im eigenen Namen weiterzuveräußern.[24] Diese Auffassung fußt auf der Prämisse, dass das „durch die Verfügung Erlangte" der Veräußerungserlös ist. Dieser stehe nicht nur wirtschaftlich, sondern sogar rechtlich betrachtet dem Kommittenten zu; denn im Innenverhältnis werde die Kaufpreisforderung nach § 392 Abs. 2 HGB als eine solche des Kommittenten behandelt. Aber selbst wenn man dem nicht zustimme, komme man nicht umhin, dass der Kommissionär sich von seiner Haftung aus § 816 Abs. 1 müsse befreien können, indem er die Kaufpreisforderung abtrete; eben dies sei ihm aber nach § 392 Abs. 2 HGB

---

[20] RGZ 137, 356, 357f.; OLG Hamburg MDR 1954, 356, 357; *Bamberger/Roth/Wendehorst* RdNr. 4; *Erman/Westermann/Buck-Heeb* RdNr. 4; *jurisPK/Martinek* RdNr. 17; *Reuter/Martinek* § 8 I 1 d bb, S. 294.
[21] So lag der Fall in RGZ 137, 356.
[22] Für diese Fälle befürwortet *Rabe* JuS 1968, 211, 213 f. die Haftung des Zustimmenden aus § 816.
[23] Auf diesen Aspekt stellt auch RGZ 137, 356, 357 f. ab.
[24] IdS 4. Aufl. RdNr. 21 sowie *Larenz/Canaris* II/2 § 69 II 1 e, S. 182 f.; *Rabe* JuS 1968, 211, 214; *Staudinger/Lorenz* RdNr. 4; dazu neigend auch *Hager*, Symposium für König, 1984, S. 151, 163 ff.

versperrt. Diese Überlegungen überzeugen indes nicht. Unrichtig ist nach hier vertretener Ansicht schon die Prämisse, dass das „Erlangte" im Fall des § 816 im Veräußerungserlös besteht (näher RdNr. 37 ff.). „Erlangt" ist vielmehr die Befreiung von der Lieferverbindlichkeit gegenüber dem Dritten. Diese Verbindlichkeit aber trifft allein den Kommissionär, ohne dass § 392 Abs. 2 HGB hieran etwas zu ändern vermöchte. Und ebenso wenig trifft die Überlegung zu, der Kommissionär könne sich nur dann schadlos halten, wenn es ihm gelinge, anstelle der Herausgabe des Erlöses die Kaufpreisforderung abzutreten. Vielmehr stellt sich die Bereicherungshaftung für den Kommissionär als **risikotypischer Begleitschaden** aus der Erledigung eines fremden Geschäfts dar.[25] Daraus folgt, dass der Kommissionär gegen den Kommittenten aus §§ 670, 257 einen Anspruch auf **Freistellung von der Haftung** aus § 816 hat. Diesen Anspruch kann der Kommissionär an den vormals Berechtigten abtreten und sich so von seiner Bereicherungshaftung befreien. In der Person des vormals Berechtigten verwandelt sich der Befreiungs- in einen Zahlungsanspruch. Lässt sich aber auf diesem Wege eine befriedigende Lösung der Kommissionsfälle erreichen, so besteht kein Bedürfnis, die Verfügung des Kommissionärs dem Kommittenten zuzurechnen (oder die vom Kommittenten erteilte Verfügungsermächtigung ihrerseits als Verfügung anzusehen) und letzteren aus § 816 haften zu lassen. Vielmehr verbleibt es dabei, dass im Ausgangspunkt allein der Kommissionär als „Verfügender" dem vormals Berechtigten aus § 816 haftet.[26]

c) **Verpflichtungsgeschäfte.** Sehr intensiv wird die Frage diskutiert, ob die **unbefugte entgeltliche Gebrauchsüberlassung** an einer Sache auf der Basis eines obligatorischen Vertrags **(Miete, Pacht)** Ansprüche des Eigentümers aus § 816 auslöst. Da der Abschluss solcher Geschäfte nicht als „Verfügung" eingeordnet werden kann, kommt nur eine analoge Anwendung der Vorschrift in Betracht. Dabei sind im Ausgangspunkt zwei Fälle zu unterscheiden: (1) Zwischen dem Eigentümer und demjenigen, der einem Dritten den Gebrauch überlässt, besteht kein Rechtsverhältnis. In diesem Fall handelt es sich um eine unberechtigte Hauptvermietung/-verpachtung. (2) Zwischen dem Eigentümer und demjenigen, der einem Dritten den Gebrauch überlässt, besteht ein Rechtsverhältnis, das Letzteren zum Besitz berechtigt, insbesondere ein Miet- oder Pachtverhältnis. Dann handelt es sich um eine unberechtigte **Untervermietung/-verpachtung.** In der Tat wird die Analogie zu § 816 verbreitet für möglich gehalten.[27] Eine Gegenansicht hält die unberechtigte Vermietung/Verpachtung für einen Eingriff in das Nutzungsrecht des Eigentümers und gewährt diesem daher einen Anspruch aus § 812 Abs. 1 S. 1 Alt. 2 unter dem Gesichtspunkt der Eingriffskondiktion.[28] Eine dritte Ansicht verweist schließlich – allerdings nur für Konstellation (1) – auf die Vorschriften des Eigentümer-Besitzer-Verhältnisses (§§ 987 ff.);[29] teilweise hält man in erster Linie einen Anspruch nach §§ 987 ff., jedenfalls aber die allgemeine Eingriffskondiktion für gegeben.[30] Der BGH lehnt für den Fall der

---

[25] Zutr. *Wolf* JZ 1968, 414, 416, der allerdings als Rechtsfolge einen Zahlungsanspruch des Kommissionärs gegen den Kommittenten befürwortet.
[26] So im Ergebnis auch OLG Karlsruhe WM 2003, 584, 585; AnwK-BGB/*v. Sachsen Gessaphe* RdNr. 10; *Bamberger/Roth/Wendehorst* RdNr. 5; *G. Hager* AcP 180 (1980), 239, 258 f.; *Palandt/Sprau* RdNr. 11; *Plambeck* JuS 1987, 793, 796 f.; *Reuter/Martinek* § 8 I 1 d bb, S. 294 f.; offen gelassen von BGHZ 47, 128, 131.
[27] *Diederichsen* NJW 1964, 2296; *Esser/Weyers* BT/2 § 50 II 2; *Koppensteiner/Kramer* § 9 III 2 d bb, S. 96; *Reeb* S. 74; *Schuler* NJW 1962, 1842, 1843.
[28] So für den Fall der unberechtigten Hauptvermietung (Konstellation (1)) *Reuter/Martinek* § 8 I 3 b, S. 311 ff.; *Palandt/Sprau* RdNr. 7 mit § 812 RdNr. 34; sowie *Bamberger/Roth/Wendehorst* RdNr. 6, wenn kein Besitz der Zwischenperson gegeben ist; für den Fall der unberechtigten Untervermietung (Konstellation (2)) *Larenz/Canaris* II/2 § 69 IV 1 d, S. 182; *PWW/Leupertz* § 812 RdNr. 62; für beide Fälle *Jauernig/Stadler* RdNr. 2 mit § 812 RdNr. 51; jurisPK/*Martinek* RdNr. 7; *RGRK/Heimann-Trosien* RdNr. 4.
[29] *Medicus* BR RdNr. 715 ff.; ebenso AnwK-BGB/*v. Sachsen Gessaphe* RdNr. 7; *Bamberger/Roth/Wendehorst* RdNr. 6; *Wieling* S. 57.
[30] *Loewenheim* S. 101 f.; ebenso, aber nur für Konstellation (1) *Staudinger/Lorenz* RdNr. 6.

Untervermietung, also für Konstellation (2), jeglichen Bereicherungsanspruch des Eigentümers ab.[31]

13 Die **Analogie zu § 816 Abs. 1 ist abzulehnen,**[32] weil die Vorschrift schon ihrer ganzen Zielrichtung nach nicht passt: Diese geht dahin, dem Berechtigten für den Fall, dass er sich beim Erwerber selbst nicht schadlos halten kann, einen Substanzwertausgleich zu gewährleisten, für den insbesondere die §§ 987 ff. keine eigene Anspruchsgrundlage enthalten. Die unberechtigte Vermietung/Verpachtung geschieht demgegenüber entweder durch einen nichtberechtigten Besitzer (Konstellation (1)); dann handelt es sich bei der vereinnahmten Miete/Pacht um Nutzungen, die nach §§ 987 ff. herauszugeben sind. Oder sie geschieht durch einen berechtigten Besitzer (Konstellation (2)); dann ist zunächst zu fragen, ob das Besitzrecht ihm auch die Befugnis zur Weitergabe des Gebrauchs an Dritte bzw. wenigstens das Recht vermittelt, die erzielte Untermiete/-pacht behalten zu dürfen (§ 812 RdNr. 254 ff.). Soweit das nicht der Fall ist, stellt die unberechtigte Untervermietung einen Eingriff in das Nutzungsrecht des Eigentümers dar und ist bereits nach § 812 Abs. 1 S. 1 Alt. 2 auszugleichen. Der Analogie zu § 816 bedarf es hierfür nicht.

14 **d) Realakte. aa) Einbau fremder Sachen bei Dritten.** In der Rechtsprechung haben Fälle Bedeutung erlangt, in denen ein Handwerker Baumaterialien, die ihm selbst nicht gehörten, zur Errichtung oder Ausbesserung eines Bauwerks einsetzte, das seinem Auftraggeber gehörte. Dieser erwarb damit gemäß §§ 946, 94 Eigentum an jenen Materialien. Konsequent erhob sich die Frage, ob der frühere Eigentümer des Baumaterials – etwa der Lieferant, der es dem Handwerker verschafft, aber den dafür bedungenen Kaufpreis noch nicht erhalten hatte – vom Eigentümer des Bauwerks nach §§ 951 Abs. 1 S. 1, 812 Abs. 1 S. 1 Alt. 2 unter dem Gesichtspunkt der **Eingriffskondiktion** Wertersatz für die eingebauten Stoffe verlangen konnte.

15 Der **BGH** hat dem Lieferanten einen Wertersatzanspruch gegen den Eigentümer des Bauwerks **versagt,** und zwar unter Berufung auf ein allgemeines Dogma von der Subsidiarität der Leistungskondiktion, wie es zuvor schon im Schrifttum propagiert worden war:[33] Da der Einbau der Materialien auf einer Leistung des Handwerkers an den Eigentümer des Bauwerks zur Erfüllung einer vertraglichen Verbindlichkeit beruhe, müsse eine Eingriffskondiktion des Baustofflieferanten zurücktreten.[34] Später hat der BGH das gleiche Ergebnis auf einen abweichenden Gedankengang gestützt: Da der Baustofflieferant die Materialien selbst an den Handwerker geleistet habe, könne nicht ein Dritter auf seine Kosten hieran bereichert sein.[35]

16 Die Ansicht des BGH fordert **Kritik** heraus; sie überzeugt weder mit dem einen noch mit dem anderen Gedankengang. Die These, der Eigentümer des Bauwerks habe die Materialien durch Leistung des Handwerkers erhalten, beruht auf einer unzulässigen Vermengung von Besitz und Eigentum: Gewiss hat der Eigentümer des Bauwerks durch Leistung des Handwerkers Besitz an den Baustoffen erhalten; das Eigentum aber ist direkt kraft Gesetzes auf ihn übergegangen.[36] Die Erwiderung des BGH, beides müsse bereicherungsrechtlich in einer Gesamtschau als einheitliche Leistung des Handwerkers angesehen werden, erschöpft sich in einem Zirkelschluss: Eben dies galt es gerade zu beweisen. Nicht besser ist es um die Idee bestellt, der Baustofflieferant habe an den Handwerker geleistet und daher könne der

---

[31] BGHZ 131, 297, 305 ff.; 167, 312, 320 f.; ebenso *Reuter/Martinek* § 8 I 3 a, S. 310 f. Anders entscheidet der BGH, wenn derjenige, der den Gebrauch einem Dritten überlässt, sein eigenes Gebrauchsrecht nicht von einem Vertrag mit dem Eigentümer, sondern von einer gesetzlichen Anordnung herleitet (BGH NJW 2002, 60, 61). Vgl. zum Ganzen § 812 RdNr. 254 ff.

[32] So auch BGH NJW 2007, 216, 217; HKK/*Schäfer* §§ 812–822 RdNr. 90; *Larenz/Canaris* II/2 § 69 II 1 d, S. 182. Im Ergebnis gegen die Anwendung des § 816 auch *Gebauer* Jura 1998, 128, 129, aber nur, weil wegen der allg. Eingriffskondiktion für die Analogie zu § 816 kein Bedürfnis bestehe.

[33] Besonders deutlich *Esser*, Fälle und Lösungen zum Schuldrecht, 2. Aufl. 1965, S. 127 f.; *ders.*, Schuldrecht, 2. Aufl. 1960, § 190, 6 S. 787 f. und § 195, 5 S. 808. Ebenso bereits *Kötter* AcP 153 (1954), 193, 208.

[34] BGHZ 40, 272, 278; zust. *Berg* NJW 1964, 720.

[35] BGHZ 56, 228, 240 f. im Anschluss an *Ehmann* NJW 1971, 612, 613.

[36] Zutr. *Huber* JuS 1970, 342, 346; *ders.* NJW 1968, 1905, 1909.

Eigentümer des Bauwerks nicht auf seine Kosten bereichert sein. Denn wenn man diese Argumentation folgerichtig zu Ende denkt, wird der Eigentümer des Bauwerks selbst dort vor Bereicherungsansprüchen geschützt, wo er diesen Schutz nicht verdient, nämlich selbst dann, wenn er selbst bösgläubig ist oder aber die Baustoffe dem Lieferanten abhanden gekommen waren.[37] Es wäre merkwürdig, wenn ein auf §§ 946 ff. beruhender Erwerb stärker gegen Bereicherungsansprüche des bisherigen Eigentümers abgeschirmt wäre als ein rechtsgeschäftlicher Erwerb.[38]

Der Eigentümer des Bauwerks ist jedoch nach verbreiteter und zutreffender Ansicht dann vor einem Bereicherungsanspruch des Baustofflieferanten geschützt, wenn eine **hypothetische rechtsgeschäftliche Verfügung** des Handwerkers an ihn vor dem Einbau zu einem Eigentumserwerb nach §§ 932 ff. geführt hätte. In diesem Fall wäre der Baustofflieferant nach § 816 Abs. 1 S. 1 auf einen Bereicherungsanspruch gegen den Handwerker verwiesen. Für die Bewertung der beteiligten Interessen darf es keinen Unterschied ergeben, welchen rechtskonstruktiven Weg der Handwerker wählt, um seinen Vertrag mit dem Eigentümer des Bauwerks zu erfüllen: Das Gewicht jener Interessen hängt nicht davon ab, ob der Handwerker das Material sogleich einbaut oder aber zuvor eine rechtsgeschäftliche Verfügung hierüber vornimmt. Deshalb ist § 816 Abs. 1 S. 1 **entsprechend** anzuwenden, wenn eine vorherige rechtsgeschäftliche Übereignung der Baustoffe dem Eigentümer des Bauwerks nach §§ 932 ff. das Eigentum an den eingebauten Stoffen beschert hätte.[39]

Die Analogie zu § 816 Abs. 1 S. 1 bedeutet im **praktischen Ergebnis** zweierlei: Zum einen ist ein Bereicherungsanspruch des Baustofflieferanten gegen den Eigentümer des Bauwerks ausgeschlossen; zum anderen steht dem Baustofflieferanten ein Anspruch auf Herausgabe des Erlangten gegen den Handwerker zu, der, ohne die Baustoffen vorher an den Erwerber zu übereignen, sogleich den Einbau vorgenommen hat. Abermals setzt sich die in § 816 niedergelegte Interessenbewertung durch, dass der (hier: hypothetische) sachenrechtlich wirksame Erwerb nicht durch schuldrechtliche Ausgleichsansprüche in Frage gestellt werden darf. Grundlagen und Grenzen des Vorrangs der Leistungskondiktion sind mithin auch hier in § 816 verankert.

Die Analogie zu § 816 greift freilich – das sei in Abgrenzung zur Rechtsprechung des BGH betont – immer nur dann durch, wenn im Falle einer hypothetischen Verfügung die Voraussetzungen eines Erwerbs nach §§ 932 ff. vorgelegen hätten mithin **nicht bei Bösgläubigkeit** des Bauherrn und ebenso wenig bei **Abhandenkommen** der Baustoffe.[40] Denn in diesen Fällen wäre die hypothetische rechtsgeschäftliche Verfügung nicht „dem Berechtigten (Baustofflieferanten) gegenüber wirksam" gewesen. Dieser Einschränkung kommt in der Praxis vor allem dann Bedeutung zu, wenn die Werklohnforderung des Handwerkers kraft einer Vereinbarung zwischen ihm und dem Bauherrn einem **Abtretungsverbot** unterliegt. Denn in diesem Fall ist der Bauherr als (hier: hypothetisch rechtsgeschäftlicher) Erwerber **bösgläubig**, wenn er auf das Eigentum des Handwerkers vertraut, ohne sich erkundigt zu haben, ob die Befugnis des Handwerkers zur Eigentumsverschaffung

---

[37] So der zutr. Einwand von *Hager* JuS 1987, 877, 879; *Larenz/Canaris* II/2 § 70 III 2 d, S. 215 f.; *Picker* NJW 1974, 1790, 1792.
[38] So zutr. *v. Caemmerer*, FS Rabel, 1954, S. 333, 391, Fn. 217; *Huber* JuS 1970, 342, 346; *ders.* NJW 1968, 1905, 1909; *Jakobs* JuS 1973, 152, 154 f.; *Koppensteiner/Kramer* § 11 IV, S. 107; *Löwenheim/Winckler* JuS 1983, 684, 686 f.; *Reeb* S. 56 f.; *Wilhelm* S. 155 f.; *H. P. Westermann* JuS 1972, 18, 23; *Staudinger/Gursky* § 951 RdNr. 12 ff.
[39] 4. Aufl. § 812 RdNr. 282 sowie AnwK-BGB/*v. Sachsen Gessaphe* RdNr. 8; *Bamberger/Roth/Wendehorst* RdNr. 7; *Esser/Weyers* BT/2 § 50 II 2; *Hager* JuS 1987, 877, 879; *Huber* JuS 1970, 342, 346, Fn. 25; *Koppensteiner/Kramer* § 9 III 2 d aa, S. 95 f.; *Pinger* AcP 179 (1979), 301, 329; *Rothoeft* AcP 163 (1964), 215, 241; *Thielmann* AcP 187 (1987), 23, 34 ff.; aA RGRK/*Heimann-Trosien* RdNr. 4; für direkte Anwendbarkeit, da der Wortlaut keine rechtsgeschäftliche Verfügung verlange, jurisPK/*Martinek* RdNr. 22; *Reuter/Martinek* § 8 I 1 d cc, S. 295 ff.; *Wallmann* S. 149 f. Für Entbehrlichkeit der Analogie, da dem ursprünglich Berechtigten gegen den Einbauenden bereits die allg. Eingriffskondiktion zustehe, HKK/*Schäfer* §§ 812–822 RdNr. 90; *Staudinger/Lorenz* RdNr. 5.
[40] Wie hier *Larenz/Canaris* II/2 § 70 III 2 c, S. 213 f.; *Schildt* JuS 1995, 953, 955; aA *Schlechtriem*, Symposium für König, 1984, S. 57, 69 f.; *Wallmann* S. 150.

von der Abtretung der Werklohnforderung an den Baustofflieferanten abhängt.[41] In diesem Fall wäre eine rechtsgeschäftliche Veräußerung an den Bauherrn gescheitert. Konsequent kann dieser auch nicht gegen Bereicherungsansprüche des Baustofflieferanten geschützt sein.[42] Der Baustofflieferant kann aber in solchen Fällen einen Bereicherungsanspruch gegen den Handwerker erlangen, wenn er den Einbau **genehmigt;**[43] tut er dies, so sind fortan Ansprüche gegen den Eigentümer des Bauwerks ausgeschlossen.

20 **bb) Verarbeitung fremder Sachen.** Die in § 816 angelegte Interessenbewertung beeinflusst des Weiteren die Lösung jener Fälle, in denen jemand Sachen, die ihm nicht gehören, verarbeitet und hieran nach § 950 Abs. 1 Eigentum erwirbt. Der Verarbeitende wäre hier an sich ebenfalls einem Bereicherungsanspruch des bisherigen Eigentümers aus §§ 951 Abs. 1 S. 1, 812 Abs. 1 S. 1 Alt. 2 unter dem Gesichtspunkt der Eingriffskondiktion ausgesetzt. Wenn der Verarbeitende die Sachen **durch Leistung** von einem **Dritten** erhalten hatte, stellt sich indes erneut die Frage, ob der Verarbeitende gegen Bereicherungsansprüche des bisherigen Eigentümers geschützt ist. Die hier in Betracht kommenden Fälle sind immer so gelagert, dass der Dritte dem Verarbeitenden durch seine Leistung **kein Eigentum** verschafft hat; denn andernfalls müsste der Verarbeitende seinen Eigentumserwerb nicht erst aus § 950 herleiten. So lag es in dem bekannten Jungbullenfall des BGH: Ein Fleischereibetrieb hatte zwei gestohlene Jungbullen vom Dieb erworben, geschlachtet und zu Fleischwaren verarbeitet und wurde vom **bisherigen Eigentümer** der Bullen auf Wertersatz in Anspruch genommen. Der BGH hat diesen **Wertersatzanspruch** mit Recht **bejaht:**[44] Der Fleischereibetrieb hätte die Bullen, wenn sie noch gelebt hätten, nach § 985 herausgeben müssen, weil die nichtberechtigte Verfügung des Diebs an § 935 gescheitert sei. Dann musste er konsequent auch den Wert der Tiere ersetzen, wenn diese bereits geschlachtet und verarbeitet worden waren. Schutz vor einem solchen Anspruch hätte ihm, wenn überhaupt, allein § 816 Abs. 1 S. 1 bieten können. Diese Vorschrift griff im gegebenen Fall aber gerade nicht ein, weil die Verfügung des Diebs dem bisherigen Eigentümer gegenüber nicht wirksam geworden war. Im Übrigen ist mit Recht angemerkt worden, dass ein Vorrang der Leistungskondiktion hier bereits im Ansatz nicht zum Tragen kommen kann; denn der Dieb hatte nicht das Eigentum, sondern lediglich den Besitz an den Bullen geleistet.[45]

21 **cc) Verbrauch fremder Sachen. Keiner Analogie** zu § 816 bedarf es dagegen in den Fällen des Verbrauchs einer fremden Sache;[46] denn hier gibt der Besitzer die Sache im Gegensatz zu § 816 nicht weg, sondern er verleibt sie vielmehr seinem eigenen Vermögen durch Verbrauch endgültig ein.[47] Aus diesem Grund ist die Annahme gerechtfertigt, dass er sich damit auch ihren Wert zueignet und demgemäß zu Wertersatz gemäß §§ 812, 818 Abs. 2 verpflichtet ist.

22 **e) Zwangsvollstreckung.** Das RG hatte in seiner älteren Rechtsprechung noch angenommen, auch Verfügungen im Wege der Zwangsvollstreckung, insbesondere solche durch den Gerichtsvollzieher bei der Pfändung beweglicher Sachen oder durch den Rechtspfleger im Zwangsversteigerungsverfahren über Grundstücke könnten Verfügungen iS des § 816 darstellen.[48] Diese Idee liegt auf den ersten Blick nahe. Denn wenn die Wertung des § 816 Abs. 1 S. 1 darin besteht, den sachenrechtlich wirksamen Erwerb des Verfügungsempfängers gegen Bereicherungsansprüche des ursprünglich Berechtigten abzuschirmen, scheint die Vorschrift auch im Fall der Versteigerung schuldnerfremder Sachen zu passen. Denn dort gilt

---

[41] BGHZ 77, 274, 278 = NJW 1980, 2245); ebenso *Hager,* Symposium für König, S. 151, 172; zust. *Larenz/Canaris* II/2 § 70 III 2 b, S. 214.
[42] Zutr. *Hager,* Symposium für König, S. 151, 173.
[43] 4. Aufl. § 812 RdNr. 292.
[44] BGHZ 55, 176, 177 ff.; ebenso *Hombrecher* Jura 2003, 333, 335; *Lorenz* JuS 2003, 839, 844.
[45] *Reuter/Martinek* § 10 II 1 b, S. 400.
[46] Gegen eine entsprechende Anwendung von § 816 Abs. 1 S. 1 auch BGHZ 14, 7, 8 f. = NJW 1954, 1194; RGRK/*Heimann-Trosien* RdNr. 4.
[47] *v. Caemmerer,* FS Rabel, 1954, S. 333, 353 ff.; *Erman/Westermann/Buck-Heeb* § 812 RdNr. 67.
[48] RGZ 88, 351, 355 f. (für Zwangsversteigerung eines Grundstücks).

es, den Ersteher vor Bereicherungsansprüchen des ursprünglichen Eigentümers zu bewahren. Und in der Tat sind bei Versteigerung schuldnerfremder Sachen, sofern der Ersteher die Sache dinglich wirksam erwirbt, Bereicherungsansprüche gegen ihn nach allgemeiner Meinung ausgeschlossen.[49] Bereicherungsansprüche des ursprünglichen Eigentümers können sich daher nur noch gegen den Vollstreckungsgläubiger richten; und eben diese Folge würde sich ergeben, wenn man § 816 Abs. 1 S. 1 anwendet.

Gleichwohl wird heute im Verhältnis zwischen dem Vollstreckungsgläubiger und dem ursprünglich Berechtigten die Anwendung des § 816 Abs. 1 einhellig abgelehnt,[50] und dies zu Recht. Die Vorschrift passt weder, wenn man den Gerichtsvollzieher selbst als Verfügenden ansieht, noch dann, wenn man annimmt, der Gläubiger habe die Verfügung veranlasst und diese sei daher ihm zuzurechnen.[51] Wenn man den Gerichtsvollzieher als „Verfügenden" ansieht, so hat dieser durch die Verfügung nichts erlangt. Denn das Eigentum am Erlös steht nach § 1247 dem Dritten zu, dem zuvor die verwertete Sache gehört hatte. Wenn man den Gläubiger als „Verfügenden" ansieht, ergibt sich nichts anderes. Denn solange der Erlös nicht an ihn ausgekehrt worden ist, kann der Eigentümer jene Auskehrung verhindern, indem er – wohlgemerkt: nicht mehr wegen der versteigerten Sache, sondern nunmehr wegen des Erlöses – nach § 771 ZPO Drittwiderspruchsklage erhebt.[52] Das Bereicherungsrecht kommt erst zum Zuge, wenn der Erlös tatsächlich an den Gläubiger ausgekehrt worden ist. Für diesen Fall steht dem vormals Berechtigten ein Anspruch aus § 812 Abs. 1 S. 1 Alt. 2 unter dem Gesichtspunkt der **Eingriffskondiktion** zu;[53] so insbesondere bei der Versteigerung schuldnerfremder Sachen.[54] Für die Heranziehung des § 816 Abs. 1 besteht folglich kein Bedürfnis.

2. Begriff des Nichtberechtigten. Die Frage, ob der Verfügende Verfügungsmacht hatte oder wegen deren Fehlen als Nichtberechtigter iS des Gesetzes zu betrachten ist, beantwortet sich nach den allgemeinen Vorschriften, aus denen § 816 Abs. 1 nur bereicherungsrechtliche Konsequenzen zieht. Zu beachten ist, dass **auch derjenige** als Nichtberechtigter anzusehen ist, dessen **Verfügungsmacht nachträglich** – etwa durch wirksame Anfechtung seines Rechtserwerbs – **mit Rückwirkung weggefallen** ist.[55] In diesen Fällen sind dann nachträglich die Voraussetzungen des gutgläubigen Erwerbs zugunsten des Dritten zu prüfen.

Der Nichtberechtigte und nur dieser wird als Verfügender Schuldner des Herausgabeanspruchs. Entscheidend ist also, wer im eigenen Namen über den betreffenden Gegenstand des Berechtigten verfügt hat. Wer in **offener Stellvertretung** über fremde Gegenstände verfügt, haftet nicht selbst aus § 816. „Verfügender" ist vielmehr der Vertretene;[56] sofern dieser „Berechtigter" ist, kann er gegen den Vertreter selbst dann nicht aus § 816 vorgehen, wenn der Vertreter im Innenverhältnis pflichtwidrig gehandelt hat. Konsequent scheiden ebenso Ansprüche gegen den Dritten aus, sofern der Vertreter namens des Vertretenen

---

[49] Baur/Stürner, Zwangsvollstreckungs-, Konkurs- und Vergleichsrecht, Band I, Einzelvollstreckungsrecht, 12. Aufl. 1995, RdNr. 29.18; RGRK/Heimann-Trosien RdNr. 44.
[50] Böhm S. 64 f.; Erman/Westermann/Buck-Heeb § 812 RdNr. 74; jurisPK/Martinek RdNr. 7; Lüke AcP 153 (1954), 533, 534 ff.; Nicklisch NJW 1966, 434; Palandt/Sprau RdNr. 7; PWW/Leupertz RdNr. 4; Staudinger/Lorenz RdNr. 12.
[51] Abl. gegenüber einer solchen Zurechnung 4. Aufl. RdNr. 19 sowie Lüke AcP 153 (1954), 533, 537.
[52] Vgl. Stein/Jonas/Münzberg § 819 ZPO RdNr. 13.
[53] RGZ 156, 395, 399; BGHZ 100, 95, 99 f. (für den Fall der Identität von Gläubiger und Ersteher); Brehm JZ 1987, 780; Erman/Westermann/Buck-Heeb § 812 RdNr. 74; Gerlach S. 24 ff.; Krüger JuS 1989, 182, 183; Larenz/Canaris II/2 § 69 I 3 c, S. 178 f.; Lüke AcP 153 (1954), 538 ff.; Reinicke/Tiedtke DB 1987, 2447. Die Gegenansicht, wonach die Erlösverteilung im Vollstreckungsverfahren endgültigen Charakter tragen und nicht mehr durch Bereicherungsansprüche soll korrigiert werden können (S. 62 ff.; Gloede MDR 1972, 291 ff.), hat sich nicht durchsetzen können (gegen sie zB Brehm JZ 1987, 780 sowie ausf. Gaul AcP 173 [1973], 323 ff.).
[54] RGZ 156, 395, 399 f. BGHZ 32, 240, 245; 100, 95, 98 ff.; BGH WM 1988, 845, 846; OLG München WM 1972, 760.
[55] RGZ 138, 45, 47; Bamberger/Roth/Wendehorst RdNr. 9; jurisPK/Martinek RdNr. 14.
[56] BGH ZIP 1999, 59, 60; ZIP 1999, 435, 436; PWW/Leupertz RdNr. 5.

unentgeltlich verfügt hat.⁵⁷ Sofern aber die Vertretungsmacht zwar die Verfügung, nicht aber die als Kausalgeschäft zugrunde liegende Unentgeltlichkeitsabrede deckt, kommt ein Anspruch des Vertreten gegen den Empfänger aus § 812 Abs. 1 S. 1 Alt. 1 in Betracht.⁵⁸ Dagegen sind **mittelbare Stellvertreter** selbst nach § 816 haftbar,⁵⁹ und zwar auch im Falle eines Kommissionsgeschäfts (RdNr. 11). Der Hintermann ist schon deshalb nicht „Verfügender", weil er lediglich eine Verfügungsermächtigung ausspricht, die für eine Haftung nach § 816 nicht ausreicht (RdNr. 10). Wurde im Namen einer **Gesamthandsgemeinschaft** nichtberechtigt verfügt, so richtet sich der Anspruch aus § 816 gegen diese.⁶⁰

26 Wer zur Verfügung über fremde Gegenstände im eigenen Namen **ermächtigt** ist, ist nicht „Nichtberechtigter" iS des § 816 und haftet daher nicht nach dieser Vorschrift.⁶¹ § 816 ist deshalb nicht anwendbar, wenn der Insolvenzverwalter des Schuldners sich mit einem Gläubiger über das Eigentum an sicherungshalber übereigneten Sachen streitet und beide Parteien vereinbaren, dass der Verwalter die Sachen veräußern darf, den Erlös aber bis zur Klärung der Eigentumsfrage hinterlegen soll: Wenn sich hernach herausstellt, dass der Gläubiger tatsächlich Eigentümer des Sicherungsguts ist, richtet sich die Pflicht des Insolvenzverwalters, den hinterlegten Betrag freizugeben, nach der Parteivereinbarung.⁶² § 816 kann deshalb nicht zum Zuge kommen, weil der Gläubiger, der sich auf eine Absprache der geschilderten Art einlässt, den Verwalter zur Verfügung über das Sicherungsgut ermächtigt hat.

27 Die Verfügungsermächtigung kann sich aus einer **Einwilligung** nach § 185 Abs. 1, ebenso aber aus den **Umständen** ergeben. So ist der (nicht geschäftsführende) **Alleingesellschafter einer GmbH** auch dann befugt, über Vermögen der GmbH im eigenen Namen zu verfügen, wenn die Gesellschaft ihn nicht hierzu ermächtigt hat. Denn der Gesellschafter könnte den Geschäftsführer jederzeit bindend anweisen, die Verfügung namens der Gesellschaft vorzunehmen.⁶³ Eine Grenze findet diese Handhabung dort, wo eine hypothetische Weisung des Gesellschafters an die Geschäftsführung, über Gesellschaftsvermögen zu verfügen, nach § 241 Nr. 3 AktG wegen Verletzung gläubigerschützender Vorschriften nichtig wäre, etwa wegen Verletzung des Kapitalerhaltungsgebots aus § 30 GmbHG. Nach einer im Schrifttum vertretenen Ansicht enthält **§ 241a** eine gesetzliche Ermächtigung des Empfängers unbestellt zugesandter Waren, über diese zu verfügen.⁶⁴ Nach hier vertretener Ansicht erfährt demgegenüber die Weiterveräußerung unbestellter Waren eine abweichende Würdigung: Der Empfänger nimmt auf diese Weise konkludent das Kaufangebot des Lieferanten an.⁶⁵ Die an dieser Lösung geübte Kritik, sie mache sich die Problemlösung zu einfach,⁶⁶ verfängt nicht. Denn § 241a schließt lediglich gesetzliche Ansprüche, nicht aber die Möglichkeit aus, dass der Empfänger das Kaufangebot annimmt und ein Vertrag über den Kauf der Ware zustande kommt. Wer über die zugesandte Ware im eigenen Namen verfügt, macht deutlich, dass er sie offenbar für eigene Zwecke gebrauchen kann. Dann erscheint die Deutung als Annahme des Kaufangebots lebensnah.

28 Nichtberechtigt ist auch der **Eigentümer** dann, wenn er über einen belasteten Gegenstand verfügt und der gutgläubige Erwerber dann gemäß § 936 lastenfrei erwirbt. Schwierigkeiten bereitet die Bestimmung des „(Nicht-)Berechtigten" in den Fällen des **Treuhandeigentums.** Der BGH hält hier allein den Treuhänder für den Berechtigten und verneint

---

⁵⁷ BGH ZIP 1999, 435, 436; jurisPK/*Martinek* RdNr. 12.
⁵⁸ BGH ZIP 1999, 435, 436.
⁵⁹ Offen gelassen von BGHZ 47, 128, 131. Wie hier OLG Karlsruhe WM 2003, 584, 585; AnwK-BGB/*v. Sachsen Gessaphe* RdNr. 10; *Palandt/Sprau* RdNr. 11; PWW/*Leupertz* RdNr. 5; *Reuter/Martinek* § 8 I 1 d bb, S. 294; *Wolf* JZ 1968, 414 f.
⁶⁰ Zur Frage der bereicherungsrechtlichen Haftung mehrerer Empfänger § 812 RdNr. 32 ff.
⁶¹ BGH NJW 2004, 365.
⁶² OLG Koblenz NZI 2004, 498.
⁶³ BGH NJW 2004, 365 f.
⁶⁴ *St. Lorenz*, FS W. Lorenz, 2001, S. 193, 210 f.; aA *Sosnitza* BB 2000, 2317, 2322.
⁶⁵ *Casper* ZIP 2000, 1602, 1608.
⁶⁶ *St. Lorenz*, FS W. Lorenz, 2001, S. 193, 210.

daher dessen Haftung aus § 816 selbst dann, wenn er in einer Weise über das Treugut verfügt, welche sich als gegenüber dem Treugeber pflichtwidrig erweist.[67] Im Schrifttum wird dagegen die Anwendung des § 816 befürwortet:[68] Zwar treffe es zu, dass der Treuhänder als rechtlicher Eigentümer „Berechtigter" sei. Doch sei anerkannt, dass in seiner Insolvenz der Treugeber Aussonderung des Treuguts verlangen könne. Dann müsse das Treugut auch für den Fall des § 816 so behandelt werden, als gehöre es dem Vermögen des Treugebers an. Der praktische Unterschied zwischen beiden Ansichten zeigt sich freilich bei **entgeltlichen Verfügungen** des Treuhänders kaum: Hier mag man einen Anspruch des Treugebers auf Herausgabe des Veräußerungserlöses aus § 667 und auf Ersatz des objektiven Sachwerts aus § 280 Abs. 1 herleiten; eines Anspruchs aus § 816 Abs. 1 S. 1 bedarf es hierzu nicht. Das eigentliche Anliegen der Literaturmeinung zeigt sich vielmehr erst bei **unentgeltlichen Verfügungen** über das Treugut: Wer § 816 auf solche Verfügungen anwendet, gelangt zu einem Direktanspruch des Treugebers gegen den beschenkten Empfänger aus § 816 Abs. 1 S. 2. Obwohl dem Hinweis auf die insolvenzrechtliche Behandlung der Treuhand erhebliches Gewicht zukommt, ist dem BGH im Ergebnis zu folgen. Zwar trifft es zu, dass das Treugut wirtschaftlich dem Vermögen des Treugebers angehört. Damit ist aber noch nicht die Frage beantwortet, ob diese wirtschaftliche Realität auch im Rahmen des § 816 Abs. 1 Beachtung findet oder ob sich die Parteien dort nicht doch an der gewählten formaljuristischen Gestaltung festhalten lassen müssen. Für letzteres sprechen die besseren Gründe: Wer einem Treuhänder eigene Sachen nicht bloß zum Besitz überlässt, sondern sogar übereignet, geht ein qualifiziertes Missbrauchsrisiko ein und darf dieses nicht auf den Verfügungsempfänger verlagern. Die formale Eigentümerstellung des Treuhänders erschöpft sich daher nicht in einer vernachlässigbaren Größe, sondern beeinflusst die bereicherungsrechtliche Bewertung: Was der Empfänger durch die Verfügung eines Berechtigten (nämlich des Treuhänders) erwirbt, erlangt er nicht auf Kosten eines Dritten (nämlich des Treugebers).

29 Der Inhaber eines dinglichen **Mobiliarpfandrechts** ist zur Verfügung berechtigt, sobald Pfandreife eingetreten ist. Die Verfügungsberechtigung beschränkt sich aber auf die Verwertung nach Maßgabe der §§ 1233 bis 1240. Wenn der Pfandgläubiger das Pfand freihändig verkauft und veräußert, anstatt es, wie nach § 1235 Abs. 1 geboten, öffentlich zu versteigern, verfügt er als Nichtberechtigter.[69]

30 **3. Begriff des Berechtigten.** Auch die Frage nach dem Begriff des Berechtigten und damit nach dem Gläubiger des Anspruchs aus § 816 richtet sich nach allgemeinem Recht. Gehörte der Gegenstand, über den verfügt wurde, zu einem **Gesamthandsvermögen,** so fällt der Anspruch aus § 816 ebenfalls in dieses Vermögen und ist daher nach den betreffenden Organisationsregeln etwa der Personengesellschaften oder der Erbengemeinschaft geltend zu machen. Bestand Miteigentum, ist § 1011 entsprechend anwendbar.[70]

31 **4. Gegenstand der Verfügung.** Als Gegenstand der Verfügung eines Nichtberechtigten kommen alle Rechte in Betracht, die der Berechtigte durch gutgläubigen Erwerb verlieren kann. Demzufolge können Verfügungsgegenstand nicht nur das Eigentum sein, sondern auch sämtliche beschränkt dinglichen Rechte, sei es, dass sie durch lastenfreien Erwerb untergehen, sei es, dass sie der Nichtberechtigte durch seine Verfügung erst begründet.[71] Bei der Einziehung von **Schecks** durch Nichtberechtigte gilt folgendes: Sofern die Bank, die den Scheckbetrag auszahlt, gutgläubig iS des Art. 21 ScheckG ist, erwirbt sie Eigentum am Scheck.[72] Dieser ist Gegenstand der Verfügung.[73] Der Einlösende hat in diesem Fall den von

---

[67] BGH ZIP 1999, 59, 60 f.; zust. PWW/*Leupertz* RdNr. 6.
[68] Zum Folgenden *Jakobs* ZIP 1999, 733, 736 f.; *ders.* JZ 2000, 28, 31; ebenso, jedoch ohne Begründung jurisPK/*Martinek* RdNr. 8.
[69] OLG Celle OLGR 2003, 407, 408.
[70] BGH LM § 812 Nr. 15 = NJW 1953, 58; *Bamberger/Roth/Wendehorst* RdNr. 10; PWW/*Leupertz* RdNr. 6; *Staudinger/Lorenz* RdNr. 14.
[71] Zur Problematik des Erlangten in diesen Fällen § 818 RdNr. 74.
[72] *Siegmann* NJW 1999, 1163, 1164; *Schnauder* WM 1998, 1901, 1907.
[73] BGH WM 1969, 301, 302; *Reinhardt/Hadding* JuS 1963, 194, 198; *Schnauder* WM 1998, 1901, 1907.

der Bank ausgezahlten Betrag auf Kosten des Berechtigten erlangt. Der Berechtigte kann daher von demjenigen, der den Scheck nichtberechtigt eingelöst hat, Herausgabe des Scheckbetrags nach § 816 Abs. 1 S. 1 verlangen;[74] denn dieser Betrag ist „durch die Verfügung erlangt". Ein Anspruch aus § 816 Abs. 2 scheidet dagegen aus.[75] Denn selbst wenn an einen Nichtberechtigten gezahlt wird, wird nicht an diesen, sondern **an den Aussteller** eine Leistung bewirkt.[76] „Berechtigt" am Scheck ist, solange eine Abtretung des Schecks nicht erfolgt ist, der Aussteller.[77] Ein Dritter wird dagegen nicht schon dadurch zum Berechtigten, wenn der Scheck für ihn bestimmt ist, sondern erst, wenn er an jenem Scheck eine dingliche Berechtigung erlangt hat.[78] Vorher steht ihm auch kein Anspruch aus § 812 Abs. 1 S. 1 Alt. 2 zu.[79]

32 **5. Wirksamkeit der Verfügung. a) Kraft Gesetzes.** Auch die Beantwortung der Frage, ob eine Verfügung dem Berechtigten gegenüber wirksam ist, dieser also sein Recht am Verfügungsgegenstand verloren hat, richtet sich allein nach den allgemeinen Vorschriften über die Wirksamkeit der Verfügung eines Nichtberechtigten. Darauf ist daher zu verweisen. Dem Bereicherungsrecht obliegt es hier allein, entsprechende Konsequenzen aus sachenrechtlichen Vorgaben zu ziehen. Insbesondere ist § 816 Abs. 1 eine Ausgleichsvorschrift für die dem Eigentümer gegenüber wirksamen Fälle des gutgläubigen Erwerbs gemäß §§ 892ff., 932ff., 1032, 1138, 1155, 1192, 1207, 1208, 2366, 2368, 2370 BGB; 366 HGB. Ein bereicherungsrechtlicher Ausgleich gemäß §§ 816 Abs. 1, 818 Abs. 1 Alt. 2 kommt daher auch bei einem Einwendungsausschluss gemäß § 1157 S. 2 in Betracht.[80] Soweit hier die Möglichkeiten eines gutgläubigen Erwerbs sachenrechtlich durch die Rechtsprechung erweitert werden,[81] muss das Bereicherungsrecht dies hinnehmen.[82] Zweifel etwa an der Möglichkeit eines gutgläubigen Geheißerwerbs[83] müssen im Rahmen der §§ 932 ff. ausgetragen werden. Die „Wirksamkeit" einer zuvor unwirksamen Verfügung iS des § 816 tritt noch nicht dadurch ein, dass der Empfänger das Eigentum an der Sache **ersitzt**,[84] sondern erst dadurch, dass der Berechtigte die vorherige Verfügung genehmigt (RdNr. 33 ff.). Diese Genehmigung ist auch nach Ersitzung noch möglich[85] und führt dazu, dass der Verfügende aus § 816 haftet.

33 **b) Kraft Genehmigung durch den Berechtigten.** Nach ganz hM[86] kann die – zunächst etwa an § 935 gescheiterte – Wirksamkeit der Verfügung vom Berechtigten selbst durch nachträgliche **Genehmigung** der Verfügung gemäß § 185 mit Rückwirkung (§ 184) herbeigeführt werden, ohne dass der Verfügende deswegen als Berechtigter angesehen werden müsste. Dies ist eine praktisch sehr wichtige Möglichkeit für den Berechtigten, sich doch noch zumindest teilweise schadlos halten zu können, wenn ein Vorgehen gemäß § 985 gegen den möglicherweise unbekannten Besitzer wenig aussichtsreich erscheint.[87]

---

[74] BGH NJW 1969, 605; ebenso *Siegmann* NJW 1999, 1163, 1164.
[75] Für einen solchen Anspruch aber BGH NJW-RR 1995, 130, 131.
[76] Zutr. *Siegmann* NJW 1999, 1163, 1164; *Schnauder* WM 1998, 1901, 1907.
[77] *Siegmann* NJW 1999, 1163, 1164.
[78] Zutr. *Siegmann* NJW 1999, 1163, 1164.
[79] So aber OLG Köln NJW 1998, 2909; zutr. dagegen *Siegmann* NJW 1999, 1163, 1164.
[80] BGH WM 1996, 2197, 2199.
[81] Etwa durch die Entscheidung BGH LM § 812 Nr. 106 = NJW 1974, 1132.
[82] Zust. *Erman/Westermann/Buck-Heeb* RdNr. 6.
[83] Dazu BGH LM § 812 Nr. 106 = NJW 1974, 1132; *v. Olshausen* JZ 1975, 29; *Picker* NJW 1974, 1790; *Weitnauer* NJW 1974, 1729, 1733; vgl. auch § 812 RdNr. 183.
[84] So aber RGRK/*Heimann-Trosien* RdNr. 5; offen gelassen in BGHZ 47, 128, 131.
[85] *Staudinger/Lorenz* RdNr. 10 aE; ebenso jurisPK/*Martinek* RdNr. 20.
[86] BGHZ 56, 131, 133 = NJW 1971, 1452; BGH LM Nr. 27 = NJW 1972, 1197; RGZ 106, 44; OLG Celle OLGR 2003, 147, 148 f.; *Bamberger/Roth/Wendehorst* RdNr. 11; *Erman/Westermann/Buck-Heeb* RdNr. 7; *Larenz/Canaris* II/2 § 69 II 1 c, S. 182; RGRK/*Heimann-Trosien* RdNr. 5; *Staudinger/Lorenz* RdNr. 9. Eingehende Darstellung des Diskussionsstandes bei *Reuter/Martinek* § 8 I 2, S. 299 ff.
[87] Die Genehmigung lässt einen Schadensersatzanspruch gegen den Verfügenden nach §§ 989, 990 oder 823 unberührt; so BGHZ 32, 53 = NJW 1960, 860 = JZ 1961, 24 m. Anm. *Raiser*; BGH DB 1976, 814;

Für den Berechtigten kann die Erteilung der Genehmigung den Nachteil haben, dass er 34 damit seinen Herausgabeanspruch gegen den Erwerber bzw. dessen Rechtsnachfolger verliert. Dies hat zu Überlegungen geführt, wie man dem Berechtigten die Wahl zwischen Kondiktion gemäß § 816 Abs. 1 S. 1 und Vindikation gemäß § 985 möglichst lange erhalten kann. Teilweise wird dem Berechtigten die Möglichkeit eingeräumt, die Genehmigung unter der **auflösenden Bedingung** zu erklären, dass die Sache wieder auftaucht.[88] Gegen diese Idee werden konstruktive Bedenken erhoben: Sie sei mit dem Gebot der Rechtsklarheit nicht vereinbar;[89] generell könne bei Gestaltungsakten ein Schwebezustand nicht akzeptiert werden.[90] Daher wird überwiegend die Verurteilung des Nichtberechtigten zur Herausgabe des durch die Verfügung Erlangten Zug um Zug gegen die Genehmigung der Verfügung favorisiert.[91] Dadurch wird erreicht, dass der Berechtigte erst dann über die Genehmigung entscheiden muss, wenn er zur Vollstreckung des Herausgabeurteils schreitet: Vor der Vollstreckung muss er nach § 756 ZPO die Genehmigung erteilt haben. Die Idee einer solchen Verurteilung Zug um Zug stößt indes ihrerseits in ihrer rechtlichen Konstruktion auf Bedenken; denn die Verurteilung nach § 816 setzt voraus, dass die Genehmigung zuvor erteilt und die Verfügung dadurch bereits wirksam geworden ist.[92] Außerdem kann der Berechtigte die Genehmigung nicht in einer den Annahmeverzug begründenden Weise anbieten, weil der Verfügende auf die Genehmigung keinen Anspruch hat, insoweit also nicht, wie von §§ 293 ff. gefordert, „Gläubiger" ist.[93] Angesichts dessen scheint der Schwebezustand, der durch eine auflösend bedingte Genehmigung entsteht, eher hinnehmbar. Die Bedingung kann freilich – insoweit ist der Kritik beizupflichten – nicht darin bestehen, dass die Sache für den Eigentümer irgendwie erreichbar ist. Die Bedingung kann nur darin bestehen, dass der Berechtigte den Besitz an der Sache wiedererlangt. Sobald die Bedingung eintritt, hat der Berechtigte den Betrag, den er auf der Grundlage des § 816 Abs. 1 S. 1 vom Verfügenden erlangt hat, nach § 812 Abs. 1 S. 2 Alt. 1 wieder zurückzuerstatten. Wenn die Sache nur noch in verwüstetem Zustand an den Berechtigten herausgegeben werden kann und sich dadurch die Realisierung des Anspruchs aus § 816 als zweckmäßiger erweist, mag der Berechtigte nunmehr anstelle der bedingten eine unbedingte Genehmigung erklären.

Die Rechtsprechung erblickt in der Erhebung der Klage gegen den verfügenden Nicht- 35 berechtigten aus § 816 eine **stillschweigende Genehmigung** der Verfügung.[94] Teilweise wird diese Wirkung der Klageerhebung an die zusätzliche Voraussetzung geknüpft, dass der Berechtigte die Unwirksamkeit der Verfügung gekannt oder zumindest mit ihr gerechnet habe.[95] Gegenüber der Annahme einer stillschweigenden Genehmigung wird indes Zurückhaltung angemahnt, da sonst dem Berechtigten die Möglichkeit zu früh versperrt werde, gegen den Erwerber aus § 985 vorzugehen; dies könne sich namentlich bei Insolvenz des Nichtberechtigten endgültig zum Nachteil des Berechtigten auswirken.[96] Dies Bedenken erweist sich indes bei näherem Hinsehen als nicht durchgreifend. Denn gerade wenn man dem Berechtigten gestattet, auf welchem konstruktiven Weg auch immer eine frühzeitige Festlegung zu vermeiden, muss man von ihm erwarten, dass er von dieser Möglichkeit Gebrauch macht: Er muss klarstellen, dass er die Genehmigung nur unter einer auflösenden

---

NJW 1991, 695, 696; zust. *Bamberger/Roth/Wendehorst* RdNr. 11 in Fn. 32; für Auslegung als Verzicht im Ausnahmefall *Erman/Westermann/Buck-Heeb* RdNr. 3.

[88] Dafür zuerst *Wilkens* AcP 157 (1958), 399, 401 ff.; später *Merle* AcP 183 (1983), 81, 90 ff.
[89] *Reuter/Martinek* § 8 I 2 c, S. 305; *Soergel/Mühl* RdNr. 8; *Staudinger/Lorenz* RdNr. 9.
[90] *Bamberger/Roth/Wendehorst* RdNr. 12; *Erman/Westermann/Buck-Heeb* RdNr. 9; jurisPK/*Martinek* RdNr. 19; *Reuter/Martinek* § 8 I 2 c, S. 305; *Staudinger/Lorenz* RdNr. 9.
[91] 4. Aufl. RdNr. 26 sowie *Bauernfeind* NJW 1961, 109; *Erman/Westermann/Buck-Heeb* RdNr. 9; jurisPK/*Martinek* RdNr. 19; *Koppensteiner/Kramer* § 9 III 2 b, S. 94; *Larenz/Canaris* II/2 § 69 II 1 c, S. 182; *Palandt/Sprau* RdNr. 9; *Reeb* S. 76; *Reuter/Martinek* § 8 I 2 c, S. 304 ff.; *Staudinger/Lorenz* RdNr. 9.
[92] Zutr. *Deubner* MDR 1958, 197; *Merle* AcP 183 (1983), 81, 86.
[93] Zutr. *Merle* AcP 183 (1983), 81, 86 f.
[94] So RGZ 106, 44; 115, 31, 34.
[95] jurisPK/*Martinek* RdNr. 19; so auch die Rspr. zu § 816 Abs. 2, vgl. RdNr. 89.
[96] 4. Aufl. RdNr. 26; wohl auch *Bamberger/Roth/Wendehorst* RdNr. 12.

Bedingung erklärt bzw. Herausgabe nur Zug um Zug gegen Erteilung der Genehmigung begehrt, sich also letztere noch vorbehalten möchte.[97] Unterlässt der Berechtigte diese Klarstellung, so muss dies dahin gedeutet werden, dass er endgültig sein ursprüngliches Recht preisgibt und stattdessen das durch die Verfügung Erlangte begehrt. Wenn der Berechtigte zunächst vom Dieb **Schadensersatz verlangt,** liegt hierin noch keine konkludente Verweigerung der Genehmigung. Denn der Berechtigte hat auch dann noch die Möglichkeit, die Verfügung zu genehmigen.[98] Die Genehmigung kann auch noch nach Untergang der Sache (etwa durch Verarbeitung) erklärt werden.[99]

36 Bei **Veräußerungsketten** steht es im Belieben des Berechtigten, wessen Verfügung er genehmigen will.[100] Namentlich bei gestohlenen Sachen kann es geschehen, dass der Berechtigte nicht die Verfügung des Diebes genehmigt, sondern die Verfügung eines Dritten, der die Sache vom Dieb oder von einem weiteren Mittelsmann erworben und sodann weiterveräußert hat. Dann steht dem Berechtigten gegen den Dieb ein Anspruch auf Schadensersatz zu (§§ 990, 989 sowie §§ 992, 823 ff.) und gegen denjenigen, dessen Verfügung er genehmigt hat, ein Anspruch aus § 816 Abs. 1 S. 1. Wie beide Ansprüche sich zueinander verhalten, ist streitig. Der **BGH** hat insoweit das Bestehen eines **Gesamtschuldverhältnisses** angenommen.[101] Dies ist mit dem Argument bestritten worden, der Verfügende sei nicht Mitverursacher des Schadens, den der Dieb angerichtet habe, weshalb die erforderliche Gleichstufigkeit zu verneinen sei.[102] Als Alternative ist im Schrifttum die folgende Lösung angeboten worden: Der Dieb sei analog § 255 nur gegen Abtretung des Anspruchs aus § 816 gegen den Verfügenden zum Schadensersatz verpflichtet; der Verfügende sei seinerseits analog § 255 nur gegen Abtretung des Schadensersatzanspruchs gegen den Dieb zur Herausgabe des durch die Verfügung Erlangten verpflichtet.[103] Die Gesamtschuldlösung verdient aus folgenden Gründen den **Vorzug:** Die Aufgabe besteht darin, sicherzustellen, dass der Berechtigte nicht doppelt befriedigt wird: Er kann nicht sowohl Schadensersatz als auch Herausgabe des durch die Verfügung Erlangten beanspruchen. Eben diese Folge droht aber, wenn man § 255 anwendet, in der Insolvenz des Berechtigten: Da das Zurückbehaltungsrecht nach § 255 nicht in § 51 InsO aufgeführt ist, ist es nicht insolvenzfest. Konsequent könnte der Insolvenzverwalter sowohl den Schadensersatzanspruch als auch den Anspruch aus § 816 kumulativ zur Masse realisieren. Allenfalls könnte man dem Dieb gestatten, gegen seinen Ersatzanspruch einzuwenden, der Berechtigte habe, soweit er gegen den Verfügenden nach § 816 vorgehen könne, keinen Schaden erlitten. Dann würde aber ausgerechnet der Dieb gegenüber dem (möglicherweise gutgläubigen) Verfügenden privilegiert; denn der Verfügende hätte seinerseits keine Möglichkeit, dem Berechtigten dessen Ansprüche gegen den Dieb entgegenzuhalten. Es trifft andererseits nicht zu, dass der Verfügende nicht an der Entstehung des Schadens mitgewirkt hätte; allenfalls mag er im Einzelfall schuldlos gehandelt haben. Die für § 255 typische Situation, dass ein Beteiligter einen Schaden zu ersetzen hat, den ein anderer als primär Verantwortlicher verursacht hat, liegt mithin nicht vor: Der Verfügende hat vielmehr einen eigenen Beitrag dazu geleistet, dass dem Berechtigten der Zugriff auf seine Sache versperrt bleibt. Dass die Heranziehung des § 255 nicht richtig sein kann, zeigt sich allein schon daran, dass die Vorschrift andernfalls

---

[97] Ähnlich PWW/*Leupertz* RdNr. 9: Die Grenze des Schutzes des Berechtigten sei erreicht, wenn sein Verhalten nach allg. Auslegungsgrundsätzen als Genehmigung zu verstehen sei.
[98] BGH LM Nr. 18 = NJW 1968, 1326.
[99] BGHZ 56, 131, 135 = NJW 1971, 1452 m. Anm. *Zeiss* JR 1971, 375.
[100] AnwK-BGB/*v. Sachsen Gessaphe* RdNr. 13; *Bamberger/Roth/Wendehorst* RdNr. 11; *Erman/Westermann/Buck-Heeb* RdNr. 7; PWW/*Leupertz* RdNr. 8.
[101] BGHZ 52, 39, 43 f. = NJW 1969, 1165; ebenso *v. Caemmerer* JR 1959, 462; jurisPK/*Martinek* RdNr. 29; *Reuter/Martinek* § 8 I 2 d, S. 306 f.; RGRK/*Heimann-Trosien* RdNr. 14; *Staudinger/Lorenz* RdNr. 26; zweifelnd *Bamberger/Roth/Wendehorst* RdNr. 11.
[102] *Dilcher* JZ 1973, 199, 201; *Reeb* JuS 1970, 214, 218.
[103] *Reeb* JuS 1970, 214, 216 f.; *Reuter/Martinek* § 8 I 2 d, S. 306 f. Ausdrücklich abgelehnt wird die Anwendung des § 255 von BGHZ 52, 39, 41 f.; *Beuthien/Weber* S. 92 f.; RGRK/*Heimann-Trosien* RdNr. 14; *Staudinger/Lorenz* RdNr. 26. Zum Problemstand eingehend § 421 RdNr. 64.

in beiderlei Richtung angewendet werden müsste, nämlich sowohl zugunsten des auf Schadensersatz in Anspruch genommenen Diebes als auch zugunsten des nach § 816 belangten Verfügenden. Eine solche wechselseitige Anwendung des § 255 ist im direkten Anwendungsbereich dieser Norm undenkbar. Dies alles spricht dafür, die Ansprüche gegen den Dieb und den Verfügenden als auf dasselbe Leistungsinteresse gerichtet und auf gleicher Stufe stehend anzusehen.

II. Umfang des Herausgabeanspruchs

1. Das „durch die Verfügung Erlangte". a) BGH: Gegenleistung als „Erlangtes". 37
Nach § 816 Abs. 1 S. 1 hat der Verfügende das „durch die Verfügung Erlangte herauszugeben". Was darunter zu verstehen ist, ist streitig. Die Gesetzesmaterialien werden in dem Sinne interpretiert, dass mit diesem Tatbestandsmerkmal die vom Erwerber an den Verfügenden erbrachte Gegenleistung gemeint gewesen sei.[104] Für diese Deutung wird auch der Sinnzusammenhang mit § 816 Abs. 1 S. 2 ins Feld geführt: Der Empfänger der Verfügung hafte nach dieser Vorschrift gerade deshalb, weil es an einer Gegenleistung fehle, die vom Verfügenden herausgegeben werden könne.[105] Daraus folge, dass § 816 Abs. 1 S. 1 dem Berechtigten den Zugriff auf eben jene Gegenleistung ermöglichen wolle. Diese Deutung entspricht denn auch der Ansicht des **BGH**: Das „durch die Verfügung Erlangte" soll danach die vom Verfügenden empfangene bzw. zu beanspruchende **Gegenleistung** sein,[106] und zwar selbst insoweit, als in dieser Gegenleistung erhebliche Wertsteigerungen enthalten sind, die der Verfügende bzw. seine Vormänner bewirkt hatten.[107] Bei umsatzsteuerpflichtiger Veräußerung hat der Verfügende nach Ansicht des BGH den Bruttokaufpreis erlangt; die Umsatzsteuer kann der Verfügende aber, sofern er sie abführt, gegenüber dem Bereicherungsanspruch des Berechtigten nach § 818 Abs. 3 in Abzug bringen.[108]

Der BGH findet **breite Gefolgschaft** im **Schrifttum**.[109] Zur Unterstützung der 38 Rechtsprechung wird vorgetragen, der Verfügende habe gerade durch das Kausalgeschäft den Wert der Sache realisiert und durch die Verfügung den Anspruch auf die Gegenleistung erst einredefrei gestellt und sei deshalb zu dessen Abtretung (oder eben zur Herausgabe der empfangenen Gegenleistung) verpflichtet.[110] Es dürfe nicht übersehen werden, dass selbst ein vom Nichtberechtigten erzielter Gewinn, möge er auch die Frucht des eigenen Verhandlungsgeschicks gewesen sein, durch Verfügung über **fremde** Rechte erzielt worden sei.[111] Dies stelle einen wesentlichen Unterschied zur Wertersatzverpflichtung des § 818 Abs. 2 dar, die sich daraus rechtfertige, dass dort über eine eigene, lediglich rechtsgrundlos erlangte Sache verfügt werde.[112] Im verwandten Fall des § 285 sei die Verpflichtung zur Gewinnherausgabe fast unstreitig[113] – und dies, obwohl der Gläubiger in den dort bestimmten Fällen lediglich einen schuldrechtlichen Anspruch auf die Sache gehabt habe, über die der Schuldner zugunsten eines Dritten verfügt habe. Dann müsse der

---

[104] So 4. Aufl. RdNr. 28 unter Berufung auf Mot. III, S. 224; zur Entstehungsgeschichte *Staudinger/Lorenz* RdNr. 1.
[105] 4. Aufl. RdNr. 28.
[106] BGH NJW 1997, 190, 191; NZM 2005, 837 sowie nachstehende Fn.
[107] BGHZ 29, 157, 159 = NJW 1959, 668; BGH WM 1975, 1179.
[108] BGH WM 2008, 1132, 1133.
[109] 4. Aufl. RdNr. 28 ff. sowie AnwK-BGB/*v. Sachsen Gessaphe* RdNr. 19; *Bamberger/Roth/Wendehorst* RdNr. 16; *Erman/Westermann/Buck-Heeb* RdNr. 20; *Esser/Weyers* BT/2 § 50 II 2 c; *Ettinger/Reiff* NZG 2004, 258, 260; HKK/*Schäfer* §§ 812–822 RdNr. 204; *Jakobs* Eingriffserwerb S. 17 ff., 64 ff.; jurisPK/*Martinek* RdNr. 24 f.; *Lopau* S. 14 ff.; PWW/*Leupertz* RdNr. 22; RGRK/*Heimann-Trosien* RdNr. 12; *Reuter/Martinek* § 8 I 4 d, S. 321 ff.; *Rümker* S. 87 f.; *Wieling* S. 60 f.; einschränkend *Larenz/Canaris* II/2 § 72 I 2 a, S. 267 ff., die über § 242 eingreifen wollen, wenn sich der Anspruch erst aufgrund der Genehmigung der Verfügung ergibt. Denn es gelte zu verhindern, dass der Berechtigte entgegen dem Schutzzweck des § 816 nur den Gewinn einstreiche. Worauf der Anspruch dann gerichtet ist, lassen sie offen.
[110] *Larenz/Canaris* II/2 § 72 I 2 a, S. 267 ff.
[111] 4. Aufl. RdNr. 30 sowie *Koppensteiner/Kramer* § 13 I 2 b, S. 122 f.; *Rümker* S. 91.
[112] *Reuter/Martinek* § 8 I 4 d, S. 323.
[113] § 285 RdNr. 27 f.; so auch *Bamberger/Roth/Wendehorst* RdNr. 16; *Beuthien/Weber* S. 91.

Gewinn ebenso (und man wird wohl ergänzen müssen: erst recht) herausgegeben werden, wenn der Gläubiger zuvor sogar dinglich an der Sache berechtigt gewesen sei, welche Gegenstand der Verfügung war.[114] Freilich gelte die These, dass das „durch die Verfügung Erlangte" in der empfangenen Gegenleistung bestehe, im Guten wie im Schlechten: Bleibe der Erlös hinter dem Verkehrswert zurück, so habe sich der Berechtigte mit dem geringeren Erlös zu begnügen.[115]

39 **b) Abweichende Ansichten.** Die **Gegenmeinung** steht dagegen auf dem Standpunkt, der Verfügende habe allein den **objektiven** Verkehrswert erlangt.[116] Rechtskonstruktiv wird dies wie folgt untermauert: Durch die Verfügung habe sich der Verfügende von seiner Verpflichtung aus dem Kausalgeschäft befreit. Diese Schuldbefreiung könne er nicht mehr in Natur herausgeben, sondern habe nach 818 Abs. 2 deren Wert zu ersetzen. Die Befreiung von der Pflicht, dem Empfänger die Sache zu verschaffen, sei so viel wert wie die Sache selbst.[117]

40 Nach einer **weiteren Ansicht** soll der Richter den vom Verfügungsempfänger gezahlten Preis danach **aufteilen,** inwieweit er den Ersatz der Sache, den **Geschäftsgewinn,** als den dem Verfügenden für seine Tätigkeit gebührenden Teil, oder aber den **persönlichen Gewinn,** den der Schuldner für eine besondere, persönliche Gelegenheit erlangt habe, darstellt. Diesen habe der Richter dann durch „freies Ermessen" zu verteilen.[118]

41 **c) Praktische Bedeutung.** Die praktische Bedeutung der Kontroverse darf nicht überschätzt werden; denn im **Regelfall** wird sich die **Gegenleistung** mit dem **Verkehrswert decken.**[119] Einer Entscheidung bedarf die Streitfrage lediglich dann, wenn dies nicht der Fall ist: Zum einen mag die vom Erwerber erbrachte Gegenleistung über den objektiven Verkehrswert hinausgehen, also insbesondere **Gewinnanteile** enthalten, die über den Kaufpreis hinausgehen, welcher im Regelfall durch Veräußerung erzielt werden kann. Dann stellt sich die Frage, ob der Berechtigte diesen Gewinn mit abschöpfen darf. Zum anderen mag – was in der Diskussion oft übersehen wird – jene Gegenleistung hinter dem Verkehrswert zurückbleiben. Dann stellt sich umgekehrt die Frage, ob der Berechtigte sich (wenn ihm nicht Ansprüche aus §§ 990, 989, aus §§ 823 ff. oder aus §§ 687 Abs. 2, 678 zustehen) mit dem geringeren Erlös begnügen muss.

42 **d) Stellungnahme.** In rechtsdogmatischer Hinsicht weist die Auffassung, welche das „durch die Verfügung **Erlangte"** allein in der **Schuldbefreiung aus dem Kausalgeschäft** erblickt, den richtigen Weg. Die Gegenleistung ist Frucht allein des Kausalgeschäfts und hat mit der Verfügung nichts zu tun.[120] Dagegen verfangen auch nicht die im Schrifttum vorgetragenen Einwände.[121] So trifft es zwar zu, dass es auf dem Boden dieser Deutung niemals einen Anspruch auf das primär Erlangte bei § 816 Abs. 1 S. 1 gibt, weil die Befreiung von einer Verbindlichkeit nie herausgegeben werden kann. Die Herausgabepflicht konzentriert sich damit in der Tat sogleich auf die Wertersatzpflicht aus § 818 Abs. 2, die eigentlich vom Gesetz als sekundärer Bereicherungsanspruch gedacht ist. Und ebenso trifft es zu, dass auf diese Weise § 818 Abs. 3 weitgehend ausgeschlossen wird, weil die Schuldbefreiung regelmäßig nicht mehr ersatzlos aus dem Vermögen des Verfügenden ausscheiden kann. Der Verfügende haftet mithin selbst dann, wenn der erhaltene Erlös ersatzlos unterge-

---

[114] 4. Aufl. RdNr. 30; *Reuter/Martinek* § 8 I 4 d, S. 321.
[115] 4. Aufl. RdNr. 33 sowie *Erman/Westermann/Buck-Heeb* RdNr. 20; *Esser/Weyers* BT/2 § 50 II 2 c; RGRK/*Heimann-Trosien* RdNr. 12.
[116] *v. Caemmerer,* FS Rabel, 1954, S. 333, 356; *ders.,* FS Lewald, 1953, S. 443, S. 447; *Jagmann,* Wertersatz oder Gewinnhaftung?, 1979, S. 149 ff., 253 ff.; *Loewenheim* S. 88 f.; *Römer* AcP 119 (1919), 293, 354; *Soergel/Mühl* RdNr. 29; *Wernecke* S. 113.
[117] So vor allem *Medicus* BR RdNr. 722 ff.
[118] So *Wilburg* S. 133 unter Bezugnahme auf *Römer* AcP 119 (1919), 293, 314, der dies dort aber für § 281 aF vertritt, dagegen für § 816 der soeben dargestellten Mindermeinung folgt, vgl. S. 354.
[119] Zutr. *v. Caemmerer,* FS Rabel, 1954, S. 333, 357; *ders.,* FS Lewald, 1953, S. 443, 447; so auch PWW/ *Leupertz* RdNr. 22.
[120] Insoweit übereinstimmend jurisPK/*Martinek* RdNr. 24.
[121] Zum Folgenden *Reuter/Martinek* § 8 I 4 d, S. 322.

gangen ist.¹²² Indes ist all dies als folgerichtige Konsequenz hinzunehmen, wenn man einmal die Prämisse akzeptiert, dass der Berechtigte im Guten wie im Schlechten auf den objektiven Verkehrswert verwiesen ist.

Um die Richtigkeit eben dieser Prämisse zu verifizieren, reicht indes allein die dogmatische Ableitung, dass die Schuldbefreiung aus dem Kausalgeschäft das „durch die Verfügung Erlangte" verkörpert, nicht hin. Das zeigt ein Vergleich mit §§ 687 Abs. 2, 681 S. 2, 667. Dort ist das aus der Geschäftsanmaßung Erlangte unstreitig die vom angemaßten Eigengeschäftsführer erzielte Gegenleistung¹²³ – obwohl man sich dort ebenfalls auf den Standpunkt stellen könnte, das „fremde Geschäft", das sich der Geschäftsführer angemaßt habe, bestehe nicht schon im Abschluss des Kausalgeschäfts, sondern erst in der Verfügung und der Geschäftsführer habe durch letztere lediglich die Befreiung von der Verbindlichkeit aus dem ersteren erbracht. Es ist mithin nach einer **verallgemeinerungsfähigen gesetzlichen Wertung** zu suchen, die eine Antwort auf die Frage bereithält, ob der Berechtigte eventuellen **Gewinn abschöpfen kann** und mit eventuellen **Verlusten leben muss**, die sich aus der nichtberechtigten Verfügung ergeben. Diese Frage ist zunächst zu bejahen für den Fall des § 667: Der Beauftragte, der im eigenen Namen, aber für fremde Rechnung eine Sache verkauft und veräußert, hat schon den Kaufvertrag als fremdes Geschäft geschlossen und muss daher den hieraus erzielten Erlös herausgeben – aber auch nur diesen: Dem Auftrag ist immanent, dass dem Auftraggeber Chancen und Risiken aus der Fremdgeschäftsführung durch den Beauftragten zugewiesen sind. Der Auftraggeber hat den geschäftlichen Erfolg in die Hände des Beauftragten gelegt und darf sich an diesem Erfolg erfreuen, muss aber auch mit dem Misserfolg leben. Das gleiche gilt für den Herausgabeanspruch des Geschäftsherrn aus §§ 681 S. 2, 667 bei berechtigter Geschäftsführung ohne Auftrag:¹²⁴ Ihr hat das Gesetz dieselbe Risikostruktur beigegeben wie dem Auftrag. Schließlich besteht ein Anspruch auf Herausgabe der Gegenleistung in den Fällen des § 687 Abs. 2; denn der angemaßte Eigengeschäftsführer muss sich so behandeln lassen, als sei er für Rechnung des Geschäftsherrn tätig geworden. Letzterer kann nach §§ 687 Abs. 2, 681 S. 2, 667 ebenfalls den gesamten, aber auch nur den Veräußerungserlös herausverlangen; bleibt dieser hinter dem objektiven Verkehrswert zurück, so ist der Geschäftsherr durch den Schadensersatzanspruch aus §§ 687 Abs. 2, 678 geschützt. Alle diese Wertungen lassen sich für das **Bereicherungsrecht** gerade **nicht verifizieren**. Deshalb bleibt es dort dabei, dass der Berechtigte nur den Wert der Schuldbefreiung herausverlangen kann, den der Verfügende allein durch die Verfügung erzielt hat – also den objektiven Verkehrswert. Die Interessenbewertung, dass der Verfügende auch das Kausalgeschäft als für Rechnung des Berechtigten getätigt gelten lassen muss (bzw. bei schlechten Geschäften: gelten lassen darf), findet in § 816 (und auch in § 818 Abs. 1, 2; vgl. dort RdNr. 41 f., 75 f.) keine Stütze. Im Ergebnis haftet der Verfügende nach **§ 816 Abs. 1 S. 1** also **immer** nur auf den **objektiven Verkehrswert**.

Eine **Ausnahme** von dem Vorstehenden ist allerdings bei der nichtberechtigten Veräußerung eines **Mobiliarpfandes** anzuerkennen. Denn in diesem Fall tritt entsprechend § 1247 S. 2 der vom Pfandgläubiger erzielte Erlös an die Stelle des Pfandes. Daher hat der Pfandgläubiger in diesem Fall tatsächlich den Veräußerungserlös an den Pfandgläubiger auszukehren.¹²⁵ Die Herausgabepflicht entfällt aber in Höhe des Erlöses, den eine hypothetische öffentliche Versteigerung erbracht hätte. Ob und welchen Erlös eine solche Versteigerung erbracht hätte, muss freilich der Pfandgläubiger darlegen und beweisen.¹²⁶

2. Werterhöhende Maßnahmen. Der BGH sieht den Veräußerungserlös selbst insoweit als das „durch die Verfügung Erlangte" an, als durch ihn ein Mehrwert realisiert worden ist, den die Sache durch zwischenzeitliche wertsteigernde Aufwendungen des Verfügenden oder

---

¹²² Letzterer Einwand auch bei *Rümker* S. 90.
¹²³ Näher AnwK-BGB/*Schwab* § 687 RdNr. 31 f.
¹²⁴ Auf die nicht berechtigte Geschäftsführung ohne Auftrag sind §§ 681 S. 2, 667 nicht anzuwenden; vgl. näher AnwK-BGB/*Schwab* § 681 RdNr. 3 ff.
¹²⁵ OLG Celle OLGR 2003, 147, 149.
¹²⁶ OLG Celle OLGR 2003, 147, 149.

eines seiner Vormänner erfahren hat.[127] Im Schrifttum wird diese Handhabung als zu weitgehend kritisiert: Nach ihnen ist nur der Gewinn herauszugeben, den der Verfügende ohne zusätzlichen Einsatz eigener Mittel erhalten hat. Gewinnsteigernde Aufwendungen des Nichtberechtigten müssten diesem dagegen verbleiben.[128] Für diese Restriktion gibt es jedoch keinen Anlass. Denn werterhöhende Maßnahmen begründen Ansprüche auf Verwendungsersatz,[129] und zwar nach §§ 994 ff., da der Verfügende während der Vornahme der Verwendungen typischerweise nichtberechtigter Besitzer gewesen ist. Selbst Verwendungen, die nicht der Verfügende selbst, sondern einer seiner Vormänner gemacht hat, kann der Verfügende nach § 999 Abs. 1 vom Berechtigten ersetzt verlangen. Diese Ansprüche kann der Verfügende dem Anspruch des Berechtigten aus § 816 ebenso entgegenhalten wie zuvor dem Anspruch aus § 985 (s. RdNr. 54).

46 **3. Tauschfälle.** Die hier abgelehnte hM, die als das „durch die Verfügung Erlangte" die vom Verfügenden erzielte Gegenleistung ansieht, gerät in Schwierigkeiten, wenn diese **Gegenleistung nicht in Geld,** sondern in einer Sachleistung besteht. Einige Autoren wollen dem Berechtigten in solchen Fällen ausnahmsweise einen Anspruch auf Ersatz des objektiven Verkehrswerts zubilligen;[130] denn mit der Sachleistung könne er womöglich nichts anfangen. Andere wollen dem Berechtigten dies Risiko ebenso zuweisen wie das Risiko, dass ein etwa erzielter Veräußerungserlös hinter dem objektiven Verkehrswert zurückbleibe; Wertersatz soll nur dann verlangt werden, wenn (und man muss ergänzen: nur insoweit, als) der Verfügende durch den Erhalt der Gegenleistung anderweitige Aufwendungen erspart habe.[131] Schließlich wird vereinzelt dem Gläubiger die Wahlmöglichkeit eingeräumt, sich zwischen einem Anspruch aus § 816 Abs. 1 auf die erlangte Sache und einem Anspruch aus §§ 812 Abs. 1 S. 1, 818 Abs. 2 auf den Wert zu entscheiden. Die Bereicherung iS des § 812 liege in dem Wert, den der Nichtberechtigte dem Gläubiger durch die rechtswidrige Veräußerung entziehe.[132] Für die **hier vertretene Ansicht** bereiten die Tauschfälle demgegenüber **keinerlei Schwierigkeiten:** Der Verfügende hat sich von seiner Verpflichtung befreit, seinem Vertragspartner den Gegenstand der Verfügung zu verschaffen. Den Wert dieser Schuldbefreiung, und damit den objektiven Verkehrswert, hat er zu erstatten. Welche Gegenleistung der Verfügende erlangt hat, ist auch in diesem Fall nach hier vertretener Auffassung gänzlich unerheblich.

47 **4. Belastung eines Gegenstands durch nichtberechtigte Verfügung.** Wenn die nichtberechtigte wirksame Verfügung darin besteht, dass das Erlangte nicht veräußert, sondern mit einem beschränkten dinglichen Recht belastet wird, gilt es zu berücksichtigen, dass der Verfügende regelmäßig aufgrund eines Kausalgeschäfts zur Vornahme der Belastung verpflichtet war. Das gilt namentlich für die Begebung von Kreditsicherheiten: Die Verpflichtung hierzu folgt entweder aus dem Kreditvertrag oder aus einer ergänzenden Sicherungsabrede. Dann erlangt der Berechtigte nach einer im Schrifttum vertretenen Ansicht die Verwendung des Gegenstands als Kreditunterlage,[133] nach hier bevorzugter Meinung die **Befreiung von der Verbindlichkeit,** diese **Sicherheit zu stellen.** Die Bewertung dieses Vorteils bereitet freilich Schwierigkeiten (näher § 818 RdNr. 62 ff.).

48 Das Problem kann entgegen einer im Schrifttum vertretenen Ansicht[134] nicht dadurch gelöst werden, dass dem Bereicherungsgläubiger ein Zurückbehaltungsrecht eingeräumt

---

[127] BGHZ 29, 157, 159 ff.
[128] *Esser/Weyers* BT/2 § 50 II 2 c; *Medicus* BR RdNr. 724; ebenso *Staudinger/Lorenz* RdNr. 25, der dies aus einem Erst-Recht-Schluss zum Verwendungsersatzanspruch des bösgläubigen Eigengeschäftsführers folgert.
[129] Zutr. *Medicus* BR RdNr. 724; dem folgend auch *Bamberger/Roth/Wendehorst* RdNr. 19; PWW/*Leupertz* RdNr. 22.
[130] So im Ergebnis *Koppensteiner/Kramer* § 13 IV 2 d, S. 125; *Lopau* S. 78 ff.; *Reuter/Martinek* § 8 I 4 e, S. 327 f.
[131] 4. Aufl. RdNr. 32.
[132] *Lopau* S. 78 ff.
[133] *Canaris* NJW 1991, 2513, 2519 f.
[134] *Flume* GSD Knobbe-Keuk, 1997, S. 111, 134.

wird, wenn er vom Schuldner seinerseits auf Erstattung der Gegenleistung in Anspruch genommen wird, welche dieser für den Erwerb des Grundstücks dargebracht hatte. Diese Überlegung kann nämlich nicht in sämtlichen in Betracht kommenden Fällen, sondern allein dann weiterhelfen, wenn der Schuldner die Buchberechtigung an dem Grundstück aufgrund eines nichtigen Kauf- oder Tauschvertrags mit dem Gläubiger erworben hatte und außerdem auch die Übereignung des Grundstücks durch den Gläubiger an den Schuldner unwirksam war. Und selbst dann setzt ein Zurückbehaltungsrecht des Gläubigers voraus, dass ihm gegen den Schuldner ein Anspruch auf Rückgewähr des unbelasteten Grundstücks zusteht, dessentwegen er die besagte Gegenleistung zurückhalten kann. Eben dies ist aber, wie zu zeigen sein wird (§ 818 RdNr. 66), nicht der Fall.

5. Anwendbarkeit des § 818 Abs. 2. Die hM, die das „durch die Verfügung Erlangte" im Veräußerungserlös erblickt, wird vereinzelt so dargestellt, dass **§ 818 Abs. 2 im Bereich des § 816** überhaupt **nicht anwendbar** sei;[135] denn nicht der Wert des Gegenstandes, über den nichtberechtigt verfügt worden sei, sondern die empfangene Gegenleistung sei herauszugeben. Diese Darstellung **führt** selbst dann in die **Irre,** wenn man der besagten hM in der Sache folgt. Denn wenn selbst das ursprünglich vom Nichtberechtigten Erlangte seinerseits nicht mehr herausgegeben werden kann, bleibt gar nichts anderes übrig, als insoweit § 818 Abs. 2 – gewissermaßen sekundär – zur Anwendung zu bringen: Wenn die empfangene Gegenleistung nicht mehr herausgegeben werden kann, ist gemäß § 818 Abs. 2 deren Wert zu ersetzen, soweit § 818 Abs. 3 nicht eingreift. Nach hier vertretener Ansicht ist § 818 Abs. 2 unproblematisch anwendbar und verkörpert außerdem ein wichtiges Element in der Bestimmung des Anspruchsinhalts: Da die Befreiung des Verfügenden von seiner Schuld aus dem Kausalgeschäft mit dem Empfänger nicht in Natur herausgegeben werden kann, gelangt man nur über § 818 Abs. 2 zur angemessenen Lösung, nämlich zur Pflicht des Verfügenden, den objektiven Wert der Gegenstände zu ersetzen.

6. Anwendbarkeit der §§ 818 Abs. 3 und Abs. 4, 819. Zulässig ist es auch im Rahmen des § 816 Abs. 1, sich gemäß § 818 Abs. 3 auf Wegfall der Bereicherung zu berufen. Darüber besteht ebenso Einigkeit wie über die Anwendbarkeit der §§ 818 Abs. 4, 819.[136] Im hier interessierenden Zusammenhang sind freilich bei der Anwendung des § 818 Abs. 3 Besonderheiten zu beachten:

(1) Auf dem Boden der hier vertretenen Ansicht, dass der Verfügende durch die Verfügung nicht die Gegenleistung, sondern die Befreiung von der Pflicht erlangt hat, seinem Vertragspartner die Sache zu verschaffen, ist festzuhalten, dass ein „schlechtes Geschäft" des Verfügenden uneingeschränkt zu dessen Lasten geht: Der Verfügende ist **nicht etwa dadurch „entreichert",** dass der **Veräußerungserlös hinter dem objektiven Verkehrswert zurückgeblieben** ist. Er hat vielmehr auch dann den vollen objektiven Verkehrswert zu erstatten.[137] Um den Wert der Schuldbefreiung kann der Verfügende niemals entreichert sein. Aus dem gleichen Grund kann der Verfügende nicht unter dem Gesichtspunkt des § 818 Abs. 3 einwenden, der erzielte Erlös sei bei ihm untergegangen oder abhanden gekommen: Dies alles kann ihm den Vorteil der Schuldbefreiung nicht mehr nehmen.

Wer dagegen der hier abgelehnten Ansicht des **BGH folgt** und den Veräußerungserlös als das „durch die Verfügung Erlangte" ansieht, muss bereits auf der Ebene der primären Herausgabepflicht zu dem Ergebnis gelangen, dass der Verfügende **nur den (minderwertigen) Erlös** und darüber hinaus nichts herauszugeben hat.[138]

(2) Wenn der Verfügende die Sache zuvor entgeltlich von einem Dritten (etwa dem Dieb oder dem Hehler) erworben hat, kann er dem Anspruch des Berechtigten aus § 985 **nicht**

---

[135] RGRK/*Heimann-Trosien* RdNr. 12; ebenso jurisPK/*Martinek* RdNr. 25.
[136] *Bamberger/Roth/Wendehorst* RdNr. 19; jurisPK/*Martinek* RdNr. 24; RGRK/*Heimann-Trosien* RdNr. 13.
[137] So im Ergebnis auch *Reuter/Martinek* § 8 I 4 e, S. 325 ff.
[138] IdS nunmehr jurisPK/*Martinek* RdNr. 26 sowie zuvor schon *Schlechtriem,* Symposium für König, 1984, S. 57, 82.

den **an den Vormann gezahlten Kaufpreis** entgegenhalten.[139] Denn diese Möglichkeit hätte er auch dann nicht gehabt, wenn er vor der Verfügung vom Berechtigten nach § 985 auf Herausgabe in Anspruch genommen worden wäre. Insoweit muss der Verfügende sich vielmehr an seinen Vormann halten, der ihm auf Grund Vertragsrechts haftet.

54 (3) Nach verbreiteter Ansicht kann der Nichtberechtigte eigene Aufwendungen, etwa Bearbeitungskosten, Verkaufskosten etc., nach § 818 Abs. 3 absetzen.[140] Bestehen die Aufwendungen jedoch in **Verwendungen auf die Sache,** die Gegenstand der nichtberechtigten Verfügung gewesen ist, so kann sich der Verfügende ihretwegen nicht uneingeschränkt auf § 818 Abs. 3 berufen. Wäre er nämlich vor der Verfügung vom Berechtigten nach § 985 auf Herausgabe in Anspruch genommen worden, wäre sein Anspruch auf Ersatz von Verwendungen durch die §§ 994 ff. beschränkt. Nur diese Ansprüche kann der Verfügende daher auch dem Rechtsfortsetzungsanspruch aus § 816 Abs. 1 S. 1 entgegenhalten.[141]

55 **7. Höhe des Erlangten bei Miteigentum des Verfügenden.** Wenn Gegenstände, die teils dem Verfügenden selbst, teils dem Berechtigten gehörten, auf der Basis eines **einheitlichen Kausalgeschäfts** veräußert gewesen sind, stellt sich auf dem Boden der hM die Frage, wie das „durch die Verfügung Erlangte" zu berechnen ist. Zwei Möglichkeiten erscheinen denkbar:[142] (1) Der Erwerber hat erklärt, einen bestimmten Mehrpreis nur mit Rücksicht auf die dem Berechtigten gehörenden Gegenstände zu zahlen. Dann ist dieser Mehrpreis der Veräußerungserlös, der nach hM als das „durch die Verfügung Erlangte" herauszugeben ist. (2) Eine solche separate Erklärung des Erwerbers lässt sich nicht feststellen. Dann ist der Veräußerungserlös zum Wert sämtlicher Gegenstände ins Verhältnis zu setzen und sodann nach dem Verhältnis der Einzelwerte auf die einzelnen Gegenstände zu verteilen. Der Teil des Erlöses, der danach auf diejenigen Gegenstände entfällt, welche dem Berechtigten gehörten, ist an diesen auszukehren. Die hier vertretene Ansicht gerät demgegenüber nicht in vergleichbare Schwierigkeiten: Der Verfügende ist durch die Verfügung von seiner Verpflichtung befreit worden, die Gegenstände dem Dritten zu verschaffen. Soweit jene Gegenstände dem Berechtigten gehörten, ist diese Schuldbefreiung durch nichtberechtigte Verfügung erlangt. Der Wert dieser Befreiung – und damit der objektive Wert der Gegenstände, die dem Berechtigten gehörten – ist dem Berechtigten nach § 818 Abs. 2 zu ersetzen.

56 **8. Höhe des Erlangten bei Einbringung in Gesellschaftsvermögen.** Auf dem Boden der hM ist jemand, der fremde Gegenstände im Erfüllung seiner **Einlagepflicht** in das Vermögen einer **Gesellschaft** einbringt und im Gegenzug eine Verbesserung seiner mitgliedschaftlichen Rechtsposition erlangt, verpflichtet, diese an den Berechtigten herauszugeben. Namentlich soll der Berechtigte verlangen können, dass der Verpflichtete Aktien oder GmbH-Anteile, die er im Zuge der Einbringung erlangt hat, an den Berechtigten herausgibt.[143] Nach hier vertretener Ansicht hat der Verfügende auch in diesem Fall nur die Befreiung von seiner Einlagepflicht gegenüber der Gesellschaft erlangt und nach § 818 Abs. 2 den objektiven Wert dieser Schuldbefreiung, dh. den objektiven Wert des Einlagegegenstandes, an den Berechtigten herauszugeben. Das gilt ohne Rücksicht auf die Gesellschaftsform, dh. für die Einlage in eine AG oder GmbH ebenso wie für eine Einlage in eine OHG, KG oder GbR. An eventuellen Wertsteigerungen der Anteile, die der Verfügende erlangt hat, kann der Berechtigte damit auf dem Boden des § 816 Abs. 1 S. 1 nicht teilhaben.

---

[139] BGHZ 14, 7, 9 = NJW 1954, 1194; BGHZ 55, 176, 179 = NJW 1971, 612; BGH LM § 818 Abs. 3 Nr. 16 = NJW 1970, 2059; BGHZ 66, 150, 155 = NJW 1976, 1090, 1091; *Bamberger/Roth/Wendehorst* RdNr. 18; *Esser/Weyers* BT/2 § 51 II 2b; jurisPK/*Martinek* RdNr. 25; *Medicus* BR RdNr. 725; *Rengier* AcP 177 (1977), 418, 434 f.; näher § 818 RdNr. 136.
[140] Vgl. etwa BGH WM 1959, 374, 376; *Erman/Westermann/Buck-Heeb* RdNr. 21; *Palandt/Sprau* RdNr. 25; RGRK/*Heimann-Trosien* RdNr. 13.
[141] BGHZ 100, 95, 101 ff.; *Bamberger/Roth/Wendehorst* RdNr. 19; *Canaris* JZ 1992, 1114, 1116; *Erman/Westermann/Buck-Heeb* RdNr. 21; *Gursky* JR 1971, 361 ff.
[142] Zum Folgenden RGZ 88, 351, 357 f.
[143] *Schuler* NJW 1962, 1842, 1843.

III. Gutgläubiger, lastenfreier Erwerb

§ 816 Abs. 1 S. 1 ist auch dann anwendbar, wenn zwar der Eigentümer selbst verfügt, **57** durch diese Verfügung aber etwa gemäß § 936 ein beschränktes dingliches Recht eines Dritten, des Berechtigten, zum Erlöschen gebracht wird, bezüglich dessen der Eigentümer dann als Nichtberechtigter anzusehen ist.[144] Zweifelhaft ist, was der Verfügende hier iS von § 816 Abs. 1 S. 1 erlangt haben könnte. Sofern eine pfandbelastete Sache vom Eigentümer an einen gutgläubigen Dritten veräußert wird, könnte man daran denken, dass sich das Pfandrecht nach § 1247 S. 2 am Erlös fortsetzt.[145] In diesem Fall bedürfte es der Anwendung des § 816 nicht mehr. § 1247 S. 2 gilt indes nur für den Fall, dass der Pfandgläubiger das Pfand veräußert. Für die Veräußerung durch den Eigentümer fehlt es an der gesetzlichen Anordnung einer dinglichen Surrogation.[146] Daher erlangt der Verfügende den Erlös pfandfrei. Daher verdient – für den soeben beschriebenen Fall der Pfandveräußerung durch den Eigentümer ebenso wie für jeden anderen Fall des gutgläubig lastenfreien Erwerbs – eine andere Lösung den Vorzug: Das „durch die Verfügung Erlangte" besteht in der **Befreiung von der Belastung** durch das erloschene dingliche Recht.[147] Der Verfügende ist daher verpflichtet, dem Berechtigten den Wert dieses Rechts zu ersetzen, dh. ihm Geldmittel in Höhe des Werts zur Verfügung zu stellen, den das erloschene Recht innehatte. Beruht die lastenfreie Verfügung an einen gutgläubigen Dritten auf einem unentgeltlichen Kausalgeschäft, so trifft die Herausgabepflicht nach § 816 Abs. 1 S. 2 den Dritten.[148]

Ist ein **Sicherungsrecht** durch gutgläubig lastenfreien Erwerb erloschen, so hat der **58** Verfügende auch jene Geldmittel nur als Sicherheit zu leisten: Er hat dies Geld nach § 232 Abs. 1 Alt. 1 zu hinterlegen. Dabei ist zu beachten, dass Realsicherheiten die zu sichernde Forderung regelmäßig nicht in Höhe ihres vollen Verkehrswerts decken, weil sie typischerweise nur mit Preisabschlägen verwertet werden können. Dies Problem hat der Gesetzgeber in **§§ 234 Abs. 3, 237 S. 1** gesehen. Diese Vorschriften sind daher heranzuziehen, wenn es den Wert zu bestimmen gilt, den die erloschene Sicherheit innehatte. Ist etwa eine mit einem Vermieterpfandrecht belastete bewegliche Sache, die einen Marktwert von 150 hat, vom Mieter (= Eigentümer) an einen gutgläubigen Dritten veräußert worden (§ 936 Abs. 1 S. 1), so ist die Befreiung von der Sicherheit nur 100 wert; denn nur in dieser Höhe war die Sache nach der typisierenden Interessenbewertung des § 237 S. 1 in der Lage, die Forderungen des Vermieters zu decken. Der Mieter als Verfügender muss daher nach § 816 Abs. 1 S. 1 nur den Betrag von 100 zugunsten des Vermieters hinterlegen.

IV. Rechtsgrundlose, entgeltliche Verfügung eines Nichtberechtigten

Wenn die Verfügung eines Nichtberechtigten zwar dinglich wirksam ist, ihr aber im **59** Verhältnis zwischen Verfügendem und Empfänger der Rechtsgrund fehlt, stellt sich die Frage, was der Berechtigte verlangen kann und von wem. Nach Ansicht des **BGH** ist die rechtsgrundlose Verfügung des Nichtberechtigten im Wege eines Analogieschlusses zu § 816 Abs. 1 S. 2 der **unentgeltlichen Verfügung gleichzustellen:**[149] Der Empfänger habe schließlich ebenso wenig eine Gegenleistung entrichten müssen wie bei einem von vornherein als unentgeltlich gedachten Geschäft. Die Rechtsfolge dieser Analogie besteht darin, dass der Empfänger den Gegenstand der Verfügung als solchen unmittelbar an den Berechtigten herauszugeben hat, und zwar ohne diesem eine an den Verfügenden gezahlte Gegenleistung entgegenhalten zu können (sog. **Einheitskondiktion**). Wegen eben dieser Konsequenz wird

---

[144] BGHZ 41, 6, 13; 81, 395, 396.
[145] So RGZ 119, 265, 269.
[146] Zust. *Reuter/Martinek* § 8 I 1 d aa, S. 292 f.
[147] BGHZ 41, 6, 13; *Bamberger/Roth/Wendehorst* RdNr. 17.
[148] BGHZ 81, 395, 396: Dort erlosch ein Rohrleitungsrecht des Nachbars durch gutgläubig lastenfreien Erwerb aufgrund Schenkung eines Hausgrundstückes.
[149] BGHZ 37, 363, 368 ff.; ebenso *Grunsky* JZ 1962, 207; *Rothoeft* AcP 163 (1964), 215, 247 f.

die Analogie zu § 816 Abs. 1 S. 2 von der hL mit Recht kritisiert:[150] Wenn der Erwerber die Gegenleistung an den Veräußerer schon ganz oder teilweise erbracht hat, steht er einem unentgeltlichen Erwerber de facto gerade nicht mehr gleich. Denn er muss die Gegenleistung mühsam vom Verfügenden beitreiben und droht in dessen Insolvenz mit dem Anspruch auf die Rückgewähr jener Gegenleistung auszufallen. Der Anspruch des Berechtigten folgt nach (auch insoweit zutreffender) **hL**[151] vielmehr aus § 816 Abs. 1 S. 1 und richtet sich **gegen den Verfügenden:** Dieser hat durch die Verfügung einen Bereicherungsanspruch gegen den Erwerber erlangt und diesen an den Berechtigten abzutreten (sog. **Doppelkondiktion**).

60 Auf dem Boden der hL ergibt sich freilich ein Folgeproblem: Wenn der Verfügende seinen Bereicherungsanspruch an den Berechtigten abgetreten hat, kann der Erwerber – und eben dies ist der Grund, warum diese Lösung bevorzugt wurde – diesem Anspruch nach § 404 sämtliche Einwendungen entgegenhalten, unter anderem das auf § 273 gestützte Recht, die Herausgabe des erworbenen Gegenstandes zurückzubehalten, bis ihm die Gegenleistung wieder erstattet wird. Diese aber befindet sich noch in den Händen des Verfügenden. Dieser wird wenig Neigung verspüren, jene Gegenleistung an den Erwerber zurückzugewähren. Effektiven Rechtsschutz erlangt der Berechtigte daher nur, wenn der **Verfügende auch die Gegenleistung** an ihn **herausgibt** – nicht, damit jene Gegenleistung beim Berechtigten verbleibe, sondern **damit der Berechtigte** in die Lage versetzt wird, die **Rückabwicklung des gescheiterten Kausalgeschäfts** zwischen dem Verfügenden und dem Erwerber **in eigener Regie durchzuführen**.[152] Der Verfügende wird durch diese Lösung nicht unzumutbar belastet. Zwar bleibt er seinerseits zur Herausgabe der Gegenleistung an den Erwerber verpflichtet. Will er sich davor schützen, dass er diese sowohl an den Erwerber nach § 812 Abs. 1 S. 1 Alt. 1 als auch an den Verfügenden nach § 816 Abs. 1 S. 1 herausgeben muss, so mag er selbst die Rückabwicklung durchführen und dem Anspruch des Berechtigten aus § 816 damit den Boden entziehen. Der Berechtigte kann dann vielmehr, sofern nicht der Verfügende ihm gegenüber ein Recht zum Besitz hat, Herausgabe des Gegenstandes selbst verlangen; denn dieser befindet sich nach der Rückabwicklung zwischen Erwerber und Verfügendem wieder im Besitz des letzteren. War Gegenstand der Verfügung die Übereignung einer Sache gewesen, so ist durch die Rückübertragung auf den Verfügenden das Eigentum wieder an den Berechtigten zurückgefallen.[153]

C. § 816 Abs. 1 S. 2

I. Normzweck

61 Hat der Nichtberechtigte **unentgeltlich** verfügt, so ist gemäß § 816 Abs. 1 S. 2 trotz der (sachenrechtlichen) Wirksamkeit seines Erwerbs derjenige herausgabepflichtig, zu dessen Gunsten (unmittelbar) verfügt wurde. Dies ist deswegen gerechtfertigt, weil der unentgeltliche Erwerber weniger schutzwürdig erscheint: Aus seiner Sicht stellt sich der unentgeltliche Erwerb auf Kosten des Berechtigten als unverdientes Geschenk dar, das ihm nicht verbleiben darf. Neben Ansprüchen aus § 816 Abs. 1 S. 2 kommen Ansprüche aus § 816 Abs. 1 S. 1 gegen den nichtberechtigt Verfügenden nicht in Betracht,[154] da dieser nichts erlangt hat (RdNr. 7).

---

[150] 4. Aufl. RdNr. 40 sowie *Bamberger/Roth/Wendehorst* RdNr. 22 mit § 812 RdNr. 256; *Larenz/Canaris* II/2 § 70 II 2 a, S. 204 ff.; *Medicus* BR RdNr. 390 a; *Schlosser* JuS 1963, 141, 146; *H. P. Westermann,* Die causa, S. 227.

[151] *v. Caemmerer,* FS Boehmer, 1954, S. 145; *Canaris,* FS Larenz, 1973, S. 799, 849 ff.; *Erman/Westermann/Buck-Heeb* RdNr. 10; *Esser/Weyers* BT/2 § 50 II 3; jurisPK/*Martinek* RdNr. 37 f.; *Koppensteiner/Kramer* § 9 III 3 b, S. 97 f.; PWW/*Leupertz* RdNr. 16; *Reuter/Martinek* § 8 II 2, S. 337 ff.; RGRK/*Heimann-Trosien* RdNr. 19; *Staudinger/Lorenz* RdNr. 21.

[152] *Erman/Westermann/Buck-Heeb* RdNr. 11; *Rothoeft* AcP 163 (1964), 215, 236 ff.; *H. P. Westermann,* Die causa, S. 228 f.

[153] *Wilhelm,* Sachenrecht, 2. Aufl. 2002, RdNr. 919 ff. mwN.

[154] Anders aber *Reuter/Martinek* § 8 II 1 a, S. 331 f.

II. Verfügungsbegriff

Der Verfügungsbegriff ist mit demjenigen des § 816 Abs. 1 S. 1 identisch; daraus folgt **62** insbesondere, dass der Fall unberechtigter **Verleihung** ebenso wenig unter § 816 Abs. 1 S. 2 fällt[155] wie der Fall unberechtigter Vermietung oder Verpachtung unter § 816 Abs. 1 S. 1 (RdNr. 12 f.). Im Verzicht auf den Nießbrauch an einem Grundstück mit der Folge, dass die zuvor vom Nießbraucher an einen Dritten abgetretenen Mietzinsansprüche nunmehr dem Grundstückseigentümer zustehen (§§ 1056, 566), kann eine (unentgeltliche) Verfügung über die Mietzinsansprüche nicht gesehen werden.[156]

III. Begriff der Unentgeltlichkeit

Der Begriff der Unentgeltlichkeit ist nach allgemeinen Grundsätzen danach zu bestim- **63** men, ob der Erwerber eine Gegenleistung erbracht hat oder erbringen sollte.[157] Entscheidend ist, ob der gutgläubige Erwerber eine Leistung erbracht hat, die bei verständiger Würdigung einen **Ausgleich** für den Erwerb darstellt.[158] Der Maßstab für diese Würdigung wird unterschiedlich bestimmt: Nach Ansicht des BGH ist die Sicht des Empfängers entscheidend,[159] nach anderer Ansicht die Sicht beider Parteien;[160] nach wieder anderer Ansicht erfolgt eine objektive Bewertung.[161] Die beiden letzteren Ansichten wollen dabei die Gesamtumstände heranziehen.[162] An der Unentgeltlichkeit fehlt es nicht nur dann, wenn die Gegenleistung an den Verfügenden, sondern ebenso, wenn sie an einen Dritten erbracht werden soll.[163] Daher scheidet ein Anspruch aus § 816 Abs. 1 S. 2 gegen den gutgläubigen Erwerber einer forderungsentkleideten Hypothek aus, wenn derjenige, der ihm diese Hypothek übertragen hat, damit erreichen wollte, dass der Erwerber wegen einer auf anderem Rechtsgrund beruhenden Forderung den Schuldner (= Eigentümer des belasteten Grundstücks) persönlich in Anspruch nimmt.[164]

Eine unentgeltliche Verfügung, die den Durchgriff nach § 816 Abs. 1 S. 2 erlaubt, soll **64** auch dann vorliegen, wenn die Verfügung in der Einbringung des Verfügungsgegenstandes in **Gesellschaftsvermögen** besteht.[165] Diese Einbringung lasse sich zwar nicht als Schenkung qualifizieren; doch seien sich die Begriffe „Schenkung" und „Unentgeltlichkeit" nicht zwingend deckungsgleich. Diese Ansicht verdient in dieser Allgemeinheit keine Zustimmung. Die Einbringung erfolgt vielmehr nur dann „unentgeltlich", wenn mit ihr keinerlei Verbesserung der mitgliedschaftlichen Rechtsposition des Verfügenden einhergeht, wenn ihm also weder mehr Einfluss noch ein höherer Anteil an den Gesellschaftserträgen zuwächst. Im Falle der Einbringung in das Vermögen einer Kapitalgesellschaft scheidet Unentgeltlichkeit schon dann aus, wenn dem Verfügenden im Gegenzug zusätzliche Anteile gewährt werden.

---

[155] So aber noch *Schuler* NJW 1962, 1842, 1843.
[156] BGHZ 53, 174, 179 = NJW 1970, 752.
[157] *Erman/Westermann/Buck-Heeb* RdNr. 12; PWW/*Leupertz* RdNr. 15; RGRK/*Heimann-Trosien* RdNr. 16. Vgl. zur Unentgeltlichkeit iE § 516 RdNr. 24 ff.
[158] *Bamberger/Roth/Wendehorst* RdNr. 8; *Roethoeft* AcP 163 (1964), 215, 222 f.
[159] BGH JZ 1954, 360 für den Fall der Abtretung einer Hypothek erfüllungshalber zur Tilgung der Schuld eines Dritten; so auch jurisPK/*Martinek* RdNr. 32.
[160] *Erman/H. P. Westermann/Buck-Heeb* RdNr. 12.
[161] AnwK-BGB/*v. Sachsen Gessaphe* RdNr. 28; *Bamberger/Roth/Wendehorst* RdNr. 8; PWW/*Leupertz* RdNr. 15; *Reuter/Martinek* § 8 II 1 c, S. 334; wohl auch 4. Aufl. RdNr. 44.
[162] 4. Aufl. RdNr. 44 sowie *Erman/Westermann/Buck-Heeb* RdNr. 12.
[163] RGZ 112, 361, 368; BGH JZ 1954, 360; jurisPK/*Martinek* RdNr. 32; PWW/*Leupertz* RdNr. 15; *Reuter/Martinek* § 8 II 1 c, S. 334.
[164] BGH JZ 1954, 360.
[165] 4. Aufl. RdNr. 45. Dagegen fußen die Überlegungen von *Schuler* NJW 1962, 1842, 1843 zum Umfang der Herausgabepflicht auf der (so freilich nicht deutlich ausgesprochenen) Prämisse, dass die im Gegenzug erworbene Gesellschaftsbeteiligung eine Gegenleistung für den eingebrachten Gegenstand darstellt.

65 Die Stellung von **Sicherheiten,** sei es bei Kreditgewährung, sei es später, ist im Regelfall nicht unentgeltlich.[166] Dies gilt auch für die Eingehung abstrakter Schuldanerkenntnisse zwecks Bestärkung oder gar Ersetzung bestehender Forderungen.

66 Ein **auffälliges Missverhältnis** zwischen Leistung und Gegenleistung begründet für sich allein noch nicht den Tatbestand der Unentgeltlichkeit. Entscheidend ist vielmehr, ob den Parteien die unterschiedlichen Wertverhältnisse bewusst waren, und ob sie den höheren Wert der einen Leistung als unentgeltliche Zuwendung betrachteten.[167] Ein grobes Missverhältnis zwischen Leistung und Gegenleistung vermag indessen die **Vermutung** zu begründen, dass den Parteien die Unentgeltlichkeit bewusst war.[168]

67 Bei nichtberechtigten Verfügungen, denen eine **gemischte Schenkung** zugrunde liegt, kommt es nach Ansicht des BGH – ebenso wie beim Widerruf einer gemischten Schenkung[169] – darauf an, ob der unentgeltliche Charakter überwiegt. Ist dies der Fall, soll § 816 Abs. 1 S. 2 für die gesamte Verfügung eingreifen.[170] Der Empfänger ist danach verpflichtet, den Gegenstand der Verfügung gegen Rückerstattung des gezahlten Entgelts herauszugeben. Im Schrifttum wird diese Alles-oder-Nichts-Lösung kritisiert: Der Empfänger habe den Verfügungsgegenstand teilweise unentgeltlich erlangt und sei daher auch nur teilweise – nämlich soweit die Unentgeltlichkeit reiche – zur Herausgabe verpflichtet. Sofern der empfangene Gegenstand nicht geteilt werden könne, sei die ungeteilte Herausgabe unmöglich. Der Empfänger habe daher, soweit die Unentgeltlichkeit reiche, den Wert des Gegenstandes zu ersetzen (§ 818 Abs. 2), könne aber diesen Anspruch durch Heraugabe des Gegenstandes abwehren.[171] Daneben existiere der Anspruch des Berechtigten gegen den Verfügenden aus § 816 Abs. 1 S. 1 auf Herausgabe der empfangenen Gegenleistung fort. Der Berechtigte muss sich also teilweise an den Verfügenden, teilweise an den Empfänger halten; beide haften nicht etwa als Gesamt-, sondern als Teilschuldner (§ 420). Diese Lösung fußt auf der hier (RdNr. 37 ff.) abgelehnten Prämisse, dass das „durch die Verfügung Erlangte" in jener Gegenleistung besteht; sie lässt sich freilich auch dann begründen, wenn man das Erlangte mit der hier vertretenen Ansicht in der Befreiung von der Verbindlichkeit aus dem Kausalgeschäft erblickt: Dann muss der Verfügende nach § 818 Abs. 2 den objektiven Wert der Sache ersetzen, soweit die Verfügung entgeltlich, der Empfänger dagegen, soweit die Verfügung unentgeltlich erfolgt ist. Dem Berechtigten verbleibt freilich bei der gerichtlichen Durchsetzung die Gefahr, dass er das Verhältnis zwischen dem entgeltlichen und dem unentgeltlichen Teil der Verfügung anders bewertet als hernach das Gericht. Das Risiko, einen Teil des Anspruchs gegen den falschen Schuldner geltend zu machen, ist für ihn daher besonders groß. Dies Risiko kann der Berechtigte aber dadurch steuern, dass er einen Schuldner (etwa den Verfügenden) verklagt und dem anderen Schuldner (in diesem Fall dem Empfänger) den Streit verkündet (§ 72 ZPO).

68 Entgegen einer insbesondere früher weit verbreiteten Meinung kann der rechtsgrundlose entgeltliche Erwerb dem unentgeltlichen nicht gleichgestellt werden (RdNr. 59 f.). Dagegen bestehen keine Bedenken, § 816 Abs. 1 S. 2 im Fall der sowohl **rechtsgrundlosen** als auch **unentgeltlichen Verfügung** anzuwenden. Schutzwürdige Interessen des Erwerbers stehen hier der Direktkondiktion des Berechtigten anders als im Fall der Entgeltlichkeit nicht entgegen.[172]

---

[166] So auch *Bamberger/Roth/Wendehorst* RdNr. 8; jurisPK/*Martinek* RdNr. 34 f.
[167] *Staudinger/Cremer* (2005) § 516 RdNr. 32 mwN; für gemischte Schenkung bei Bewusstsein über die Wertverhältnisse *Bamberger/Roth/Wendehorst* RdNr. 8.
[168] *Staudinger/Cremer* (2005) § 516 RdNr. 43; ebenso für § 2325 BGHZ 59, 132, 136 f.
[169] BGHZ 30, 120, 122 f. = NJW 1959, 1363.
[170] BGH WM 1964, 614, 616; dem folgend PWW/*Leupertz* RdNr. 15.
[171] 4. Aufl. RdNr. 48 sowie *Larenz/Canaris* II/2 § 69 II 2 c, S. 184 f.; *Reuter/Martinek* § 8 II 1 c, S. 337; *Staudinger/Lorenz* RdNr. 28; ebenso jurisPK/*Martinek* RdNr. 33.
[172] Ebenso *Erman/Westermann/Buck-Heeb* RdNr. 13; *Rothoeft* AcP 163 (1964), 215, 246; *Wiethölter* JZ 1963, 286, 289; aA *Esser/Weyers* BT/2 § 50 II 3; *Koppensteiner/Kramer* § 9 III 3 b, S. 98.

IV. Unmittelbarkeit

Aus dem in § 816 Abs. 1 S. 2 ausdrücklich enthaltenen Tatbestandsmerkmal der Unmittelbarkeit folgt, dass ein Durchgriff auf den Erwerber nur dann zulässig ist, wenn sein Erwerb durch dasselbe Rechtsgeschäft begründet wurde wie der Rechtsverlust des Berechtigten. Daran **fehlt** es, wenn der Nichtberechtigte das durch die Verfügung Erlangte **zunächst** seinem **eigenen Vermögen einverleibt** und daraus dann eine unentgeltliche Zuwendung in gleicher Höhe tätigt. § 816 Abs. 1 S. 2 ist daher nicht anwendbar, wenn jemand unterschlagene Gelder auf ein eigenes Konto einzahlt und aus diesem Konto eine Auszahlung an einen Dritten vornimmt;[173] denn die unentgeltliche Zuwendung erfolgt in diesem Fall nicht gerade aus dem Gegenstand der Verfügung, sondern aus einer Vermögenseinheit, in die der Verfügungsgegenstand ununterscheidbar eingeflossen ist. Für einen Durchgriff gegen den Beschenkten kommt in einem solchen Fall allenfalls § 822 in Betracht, soweit die Inanspruchnahme des Verfügenden ausgeschlossen ist.

D. § 816 Abs. 2

I. Normzweck

§ 816 Abs. 2 betrifft den Sonderfall, dass ein Schuldner eine Leistung an einen Nichtberechtigten erbringt, die dem wahren Gläubiger gegenüber auf Grund entsprechender schuldnerschützender Bestimmungen, zB § 407, mit der Folge wirksam ist, dass dieser seinen Anspruch einbüßt, während der Schuldner von seiner Verbindlichkeit befreit wird. Auf diese Weise erhält der **Nichtberechtigte Leistungen,** die ihm **nicht zustehen,** während der Gläubiger durch Verlust seines Anspruchs eine entsprechende Vermögensminderung hinnehmen muss. Der Nichtberechtigte ist auf Kosten des wahren Gläubigers bereichert, da er in das diesem zugewiesene Recht eingegriffen hat, die Forderung einzuziehen. Die gesetzliche Rechtsfolgenanordnung – unmittelbarer bereicherungsrechtlicher Ausgleich zwischen Berechtigtem und Nichtberechtigtem – ist daher ohne weiteres einsichtig und allein mit den die Wirksamkeit anordnenden gesetzlichen Schuldnerschutzvorschriften vereinbar, da diese gerade den Zweck verfolgen, den Schuldner aus der weiteren Abwicklung herauszuhalten. Ebenso wie § 816 Abs. 1 den gutgläubigen **Rechtserwerb** gegen schuldrechtliche Rückgewähransprüche abschirmt, sichert § 816 Abs. 2 die gutgläubig erlangte (oder aus anderen Gründen gesetzlich gestattete) **Schuldbefreiung** gegen die Notwendigkeit ab, die Leistung beim falschen Gläubiger mühsam beitreiben und an den wahren Gläubiger nach wie vor leisten zu müssen; denn wenn diese Notwendigkeit bestünde, bliebe der Schuldnerschutz durch § 407 und durch verwandte Vorschriften unvollkommen. Allerdings kann der Schuldner auf den ihm gewährten Schutz auch verzichten und seinerseits die erbrachte Leistung etwa vom Zedenten nach § 812 Abs. 1 S. 1 zurückfordern. Dem wirklichen Gläubiger bleibt er dann zur Leistung verpflichtet.[174]

Die **systematische Stellung** des § 816 Abs. 2 ist streitig. Wer im Empfang der Leistung eine Verfügung über die Forderung erblickt,[175] wird § 816 Abs. 2 neben § 816 Abs. 1 für entbehrlich halten. Andere sehen § 816 Abs. 2 als Sonderfall einer Nichtleistungskondiktion neben § 812 als überflüssig an.[176] An der zuletzt genannten Ansicht ist richtig, dass der Empfänger in eine fremde Forderungszuständigkeit eingegriffen hat und dadurch auf Kosten

---

[173] BGH LM Nr. 19 = NJW 1969, 605; ebenso 4. Aufl. RdNr. 50 sowie *Reuter/Martinek* § 8 II 1 b, S. 332; abl. aber *Erman/Westermann/Buck-Heeb* RdNr. 13 („zu eng").
[174] BGHZ 52, 150, 154 = NJW 1969, 1479; BGH LM § 407 Nr. 3; RGZ 83, 184, 188; *Koppensteiner/Kramer* § 9 III 4 b, S. 100 f.; *Weimar* JR 1966, 461; § 407 RdNr. 10 mwN.
[175] Dazu § 362 RdNr. 11 f. (dort wird diese Sichtweise abgelehnt).
[176] *Koppensteiner/Kramer* § 9 III 1, S. 92; *Kornblum* JZ 1965, 202; *Reeb* S. 71 f.; *Reuter/Martinek* § 8 III 1, S. 349.

des wahren Gläubigers bereichert ist. § 816 Abs. 2 verkörpert damit in der Tat einen Spezialfall der Eingriffskondiktion.[177] Überflüssig ist § 816 Abs. 2 gleichwohl nicht.[178] Denn ohne diese Vorschrift könnte man auf die Idee verfallen, eine vorrangige Leistungsbeziehung zwischen dem Schuldner und dem Scheingläubiger anzunehmen mit der Konsequenz, dass sich ersterer an letzteren halten müsste, mithin in die Abwicklung einbezogen würde. Dies zu vermeiden ist das berechtigte Anliegen des § 816 Abs. 2.

II. Begriff des Berechtigten

72 Berechtigter und damit Gläubiger des Anspruchs aus § 816 ist der – nach allgemeinen Vorschriften zu bestimmende – wahre Gläubiger.[179] **Nichtberechtigter** und damit Schuldner des Anspruchs aus § 816 Abs. 2 ist derjenige, **an den mit befreiender Wirkung geleistet** worden ist. Dies ist bei Leistungen im Rahmen des bargeldlosen Zahlungsverkehrs der benannte Kontoinhaber. Die Bank ist hier in aller Regel nur **Zahlstelle**.[180] Umgekehrt ist die Bank (ggf. nichtberechtigte) Zahlungsempfängerin bei Zahlungen an sie selbst – etwa nach offengelegter Zession – und zwar selbst dann, wenn sie die Zahlung, die sie infolge der Einziehung der Forderung empfängt, nachfolgend dem Girokonto ihres Kunden, des Zedenten, gutschreibt.[181]

73 Leistet der Schuldner bei **mehrfacher Abtretung** der Forderung in Unkenntnis der früheren Zession an den späteren Zessionar, so wird er nach § 408 frei. „Nichtberechtigter" ist in diesem Falle der spätere Zessionar. Nur dieser hat daher die empfangene Leistung nach § 816 Abs. 2 an den Berechtigten, also an den früheren Zessionar, herauszugeben.[182] Diejenigen, die den Vermögenszufluss vom Schuldner an den Zessionar bereicherungsrechtlich als Leistung an den Zedenten ansehen wollen (§ 812 RdNr. 203 ff.), gelangen in den Fällen des § 408 folgerichtig zu dem Ergebnis, dass die Leistung nicht an den späteren Zessionar, sondern ebenfalls an den Zedenten bewirkt worden und daher dieser zur Herausgabe des Geleisteten nach § 816 Abs. 2 verpflichtet ist.[183] Diese Ansicht verdient indes schon deswegen keine Zustimmung, weil in Zessionsfällen gerade nicht an den Zedenten, sondern ausnahmslos an den Zessionar geleistet wird (§ 812 RdNr. 208 ff.). Im Gegenteil ergibt sich aus § 408 ein weiteres Argument gegen die These, in Zessionsfällen werde an den Zedenten geleistet: Wäre das richtig, so ergäbe sich die Befreiung des Schuldners bei Leistung an den späteren Zessionar bereits aus § 407;[184] § 408 wäre gänzlich überflüssig.

74 Der **tatsächliche Gläubiger** einer Forderung wird **nicht dadurch** zum „**Nichtberechtigten**" iS des § 816 Abs. 2, dass er im Zeitpunkt des Leistungsempfangs **geschäftsunfähig** ist.[185] Deshalb kann der Begünstigte eines Sparvertrags zugunsten Dritter nicht gegen den Versprechensempfänger vorgehen, wenn dieser – angeblich geistig verwirrt – den Sparvertrag auflöst und sich das Guthaben auszahlen lässt.[186]

---

[177] So auch *Bamberger/Roth/Wendehorst* RdNr. 25; *Blaschczok* JuS 1985, 88, 90; *Hadding* JZ 1966, 222.
[178] So auch 4. Aufl. RdNr. 52 sowie *Hadding* JZ 1966, 222 ff.
[179] Nichtberechtigt kann ausnahmsweise auch der Gläubiger einer titulierten Forderung sein, wenn dessen Anspruch entfallen ist. OLG Düsseldorf NJW-RR 1991, 1027 für einen Fall der Ausgleichspflicht unter geschiedenen Ehegatten; vgl. dazu auch OLG Frankfurt NJW-RR 1990, 968 (Geschäftsunfähigkeit führt nicht zur Nichtberechtigung).
[180] BGHZ 53, 139, 142 = NJW 1970, 464; BGHZ 72, 316, 318 f. = NJW 1979, 371; *Beuthien/Weber* S. 112; *Erman/Westermann/Buck-Heeb* RdNr. 14; jurisPK/*Martinek* RdNr. 47; PWW/*Leupertz* RdNr. 18; RGRK/*Heimann-Trosien* RdNr. 23.
[181] BGH WM 1959, 373 f.; *Beuthien/Weber* S. 112; RGRK/*Heimann-Trosien* RdNr. 23. Zum Problem des Wegfalls der Bereicherung in diesen Fällen RdNr. 86 ff.
[182] Wie hier *Blaschczok* JuS 1985, 88, 93. Der BGH hat in einem entsprechenden Fall den Anspruch ohne Diskussion dieser Frage unproblematisch gegen den Zweitzessionar durchgreifen lassen (BGHZ 32, 357, 359 f.; ebenso BGH NJW 1993, 1788, 1789; NJW-RR 2003, 1490, 1491 f.); ebenso *Bamberger/Roth/Wendehorst* RdNr. 29; *Erman/Westermann/Buck-Heeb* RdNr. 14; PWW/*Leupertz* RdNr. 18.
[183] 4. Aufl. RdNr. 53.
[184] So in der Tat ausdrücklich 4. Aufl. RdNr. 53.
[185] OLG Frankfurt NJW-RR 1990, 968.
[186] OLG Frankfurt NJW-RR 1990, 968 f.

In Fällen der **Zwangsvollstreckung** gilt Folgendes: (1) Wenn die Forderung gepfändet und zur Einziehung überwiesen ist, ist wegen § 836 Abs. 1 ZPO allein der Vollstreckungsgläubiger „Berechtigter".[187] Die Zahlung an den Vollstreckungsschuldner erfolgt dann wegen § 829 Abs. 1 S. 1 ZPO an einen „Nichtberechtigten"; sie ist freilich gerade wegen § 829 Abs. 1 S. 1 ZPO dem Vollstreckungsgläubiger gegenüber regelmäßig nicht wirksam. (2) Wenn die Forderung gepfändet, aber noch nicht zur Einziehung überwiesen worden ist, kann der Drittschuldner entsprechend § 1281 nur an Vollstreckungsschuldner und -gläubiger gemeinschaftlich leisten. Beide zusammen sind damit „Berechtigte". Die Zahlung allein an den Vollstreckungsschuldner erfolgt daher an einen „Nichtberechtigten"; auch sie befreit den Drittschuldner freilich nicht, ist also „den Berechtigten" gegenüber nicht wirksam.[188] (3) Wenn die Forderung für mehrere Vollstreckungsgläubiger gepfändet worden ist und die erste Pfändung unwirksam, die zweite dagegen wirksam ist, so ist die Zahlung des Drittschuldners an den ersten Vollstreckungsgläubiger eine solche an einen Nichtberechtigten. Der zweite Vollstreckungsgläubiger ist „Berechtigter", sobald er in der Lage ist, sich die Forderung zur Einziehung überweisen zu lassen. Ist die Forderung einem Vollstreckungsgläubiger zur Einziehung überwiesen und verlangt dieser nach § 853 ZPO Hinterlegung des Forderungsbetrags, so stellt nur die Hinterlegung zugunsten beider Gläubiger eine Leistung an den „Berechtigten" dar. Nach Ansicht des BGH ist die Leistung an den ersten Vollstreckungsgläubiger dem zweiten gegenüber wirksam, wenn der Drittschuldner von der zweiten Pfändung keine Kenntnis erlangt hat, etwa weil der Pfändungsbeschluss (ohne dessen Zustellung die Pfändung nach § 829 Abs. 3 nicht wirksam wird) ihn nur im Wege der Ersatzzustellung erreicht hat.[189] In diesem Fall kann der zweite Vollstreckungsgläubiger gegen den ersten nach § 816 Abs. 2 vorgehen. Dagegen lässt sich die Wirksamkeit der Leistung an den ersten Vollstreckungsgläubiger nicht schon mit dem Argument begründen, dieser dürfe auf die Wirksamkeit der ersten Pfändung vertrauen. Denn gegen die Gefahr, an den falschen Vollstreckungsgläubiger zu leisten, kann sich der Drittschuldner schützen, indem er von seinem Hinterlegungsrecht aus § 853 ZPO Gebrauch macht. 75

Bestand die Forderung, auf die gezahlt wurde, **nicht** – so etwa im Fall der Zession einer in Wahrheit gar nicht bestehenden Forderung – so greift § 816 Abs. 2 nicht ein.[190] Denn in einem solchen Fall ist weder der Zedent noch der Zessionar „Berechtigter": Es hat niemals ein Recht existiert, an dem einer der Beteiligten berechtigt oder nicht berechtigt sein konnte. Ein Anspruch des Zessionars (als dem vermeintlich „Berechtigten") gegen den Zedenten (als dem vermeintlich „Nichtberechtigten") scheidet daher aus. Vielmehr muss derjenige, der die – wegen Nichtbestehens der Forderung rechtsgrundlose – Leistung erlangt hat, diese nach § 812 Abs. 1 S. 1 Alt. 1 an den Schuldner zurückerstatten. Nach hier vertretener Auffassung ist ausnahmslos der Zessionar zur Herausgabe verpflichtet (§ 812 RdNr. 208 ff.). 76

III. Rechtsgrundlosigkeit

Der ausdrücklichen Feststellung der Rechtsgrundlosigkeit des Zahlungsempfangs des Nichtberechtigten gegenüber dem Berechtigten bedarf es nicht, da die Rechtsgrundlosigkeit **kein selbstständiges Tatbestandsmerkmal** des § 816 Abs. 2 ist; sie folgt vielmehr zwangsläufig aus dem Tatbestandsmerkmal der Nichtberechtigung.[191] Daher vermag insbesondere die Existenz eines weiteren, auf einer anderen Anspruchsgrundlage beruhenden Anspruchs des Nichtberechtigten gegenüber dem Leistenden die Kondiktion des Berechtigten nicht auszuschließen.[192] Entscheidend ist allein, ob der Leistende eben jene Forderung 77

---

[187] BGH WM 1958, 1222, 1224.
[188] BGH WM 1958, 1222, 1224.
[189] BGH WM 1958, 1222, 1224.
[190] Insoweit zutr. RGRK/*Heimann-Trosien* RdNr. 23; ebenso PWW/*Leupertz* RdNr. 20.
[191] Zust. *Reuter/Martinek* § 8 III 1, S. 349.
[192] AA OLG Hamburg OLGRspr. 22, 353, 355.

§ 816   78–80   Abschnitt 8. Titel 26. Ungerechtfertigte Bereicherung

tilgen wollte, an welcher der Leistungsempfänger nicht berechtigt war. Ist dies der Fall, so muss der Empfänger den Gegenstand der Leistung nach § 816 Abs. 2 an den Berechtigten herausgeben.

IV. Wirksamkeit der Leistung

78   **1. Einschlägige Vorschriften.** Bestimmungen, die das (ausnahmsweise) Freiwerden des Schuldners trotz Leistung an den Nichtberechtigten anordnen, finden sich im gesamten Privatrecht jeweils dort, wo ein entsprechender Schuldnerschutz für erforderlich gehalten wurde. Beispielhaft genannt seien die §§ 406 ff.,[193] 566 c, 807, 808 Abs. 1 S. 1; 851; 893; 969, 1056 Abs. 1, 1058, 1070, 1158, 1159, 1248, 1275, 1412, 1418 Abs. 4, 1431 Abs. 3, 1456 Abs. 3, 1470 Abs. 2, 1473 Abs. 2, 1497 Abs. 2, 1507 S. 2, 1959, 2019 Abs. 2, 2041 S. 2, 2111 Abs. 1 S. 2, 2135, 2367, 2368 Abs. 3, 2370; §§ 354 a S. 2, 365 HGB; Art. 16 WG; § 82 InsO.[194]

79   **2. Prätendentenstreit bei Hinterlegung.** Wenn der Schuldner von Geld oder hinterlegungsfähigen Sachen sich wegen Ungewissheit über die Person des Gläubigers nach §§ 372 S. 2, 376 Abs. 2 Nr. 1, 378 von seiner Verbindlichkeit befreit, indem er den geschuldeten Betrag bzw. die geschuldeten Gegenstände zugunsten sämtlicher Forderungsprätendenten **hinterlegt,** steht nach Ansicht des BGH dem wahren Berechtigten gegen die übrigen Forderungsprätendenten ein Anspruch aus § 812 Abs. 1 S. 1 Alt. 2 auf Abgabe der gemäß § 13 Abs. 2 HinterlO erforderlichen Freigabeerklärung zu.[195] Der materiell Nichtberechtigte habe seine Rechtsstellung ohne Rechtsgrund auf Kosten des wirklichen Gläubigers erlangt. Nach hier vertretener Ansicht trifft zwar das Ergebnis zu, nicht aber die Benennung der Anspruchsgrundlage. Vielmehr folgt der Anspruch des wahren Gläubigers aus § 816 Abs. 2, und zwar nicht in analoger,[196] sondern in direkter Anwendung: Sofern der Schuldner die geschuldete Leistung mit befreiender Wirkung zugunsten der nicht berechtigten Forderungsprätendenten hinterlegt, bewirkt er die Leistung an sie in einer Weise, die dem wahren Gläubiger gegenüber wirksam ist. Er wird dadurch von seiner Leistungspflicht frei. Der Berechtigte kann dann von den nichtberechtigten Forderungsprätendenten die Herausgabe der Rechtsposition verlangen, die diese durch die wirksame Hinterlegung zugunsten aller Prätendenten erlangt haben.

80   **3. Vormerkungsschutz für das stellvertretende commodum?** Wenn der Eigentümer über ein bebautes Grundstück, an dem zugunsten eines Dritten eine **Auflassungsvormerkung** bestellt wurde, eine vormerkungswidrige Zwischenverfügung trifft, das Gebäude sodann zerstört wird und der Verfügungsempfänger die **Versicherungssumme** einzieht, erhebt sich die Frage, ob er diese an den Vormerkungsberechtigten auskehren muss. Das Problem besteht darin, dass die Vormerkung nach § 883 Abs. 2 S. 1 nur zur relativen Unwirksamkeit der Zwischenverfügung führt: Der Verfügungsempfänger ist allen Dritten gegenüber Inhaber des erworbenen Rechts geworden, nur nicht gegenüber dem Verfügungsempfänger. Im Außenverhältnis zum Versicherer ist daher der Verfügungsempfänger, sofern er Eigentümer geworden ist, nach § 95 VVG in das Versicherungsverhältnis eingetreten und hat die Versicherungssumme als Berechtigter eingezogen. Sofern der Verfügungsempfänger ein Grundpfandrecht erlangt hat, erstreckt sich dieses auf die Versicherungsforderung (§§ 1127, 1128). Der Versicherer leistet damit an den aus seiner Sicht Berechtigten.

---

[193] Zuletzt BGH NJW-RR 2007, 989, 990 (§ 407).
[194] Vgl. dazu RGRK/*Heimann-Trosien* RdNr. 24; *Staudinger/Lorenz* RdNr. 31. Einen Sonderfall der Wirksamkeit von Zahlungen, die durch eine zwischengeschaltete finanzierende Bank an den Nichtberechtigten bewirkt wurden, behandelt BGH NJW 1972, 1197.
[195] BGH LM Nr. 90 = NJW 1970, 463; LM Nr. 99 = NJW 1972, 1045; NJW-RR 1989, 173, 174; 2007, 989, 991; § 372 RdNr. 24; *Peters* AcP 205 (2005), 159, 183; RGRK/*Heimann-Trosien* RdNr. 7.
[196] So noch 4. Aufl. § 812 RdNr. 351.

Der **BGH** hat gleichwohl dem Vormerkungsberechtigten gegen Verfügungsempfänger 81 einen Anspruch aus allgemeiner **Eingriffskondiktion** (§ 812 Abs. 1 S. 1 Alt. 2) zugesprochen.[197] Im konkreten Fall hat er deshalb einen Grundschuldgläubiger zur Herausgabe der Feuerversicherungssumme an den vormerkungsgeschützten Auflassungsgläubiger verurteilt. Der vorgemerkte Anspruch habe sich ursprünglich auf Übereignung und Übergabe des Grundstücks nebst Gebäude bezogen. Nun da das Gebäude zerstört sei, beziehe sich der Anspruch auf Übereignung und Übergabe des (nunmehr unbebauten) Grundstücks plus Abtretung des Anspruchs gegen die Versicherung gemäß § 285. Diesen Anspruch habe der Verfügungsempfänger, indem er die Versicherungssumme eingezogen habe, im Außenverhältnis zum Erlöschen gebracht. Damit habe er in den Zuweisungsgehalt der dem Vormerkungsberechtigten zustehenden Forderung auf Auskehrung des Veräußerungserlöses eingegriffen.

Im **Schrifttum** ist mit Recht darauf hingewiesen worden, dass – legt man diese Argu- 82 mentation zugrunde – die zumindest entsprechende Anwendung des **§ 816 Abs. 2** näher gelegen hätte:[198] Die Überlegungen des BGH fußen auf der Prämisse, dass sich der Verfügungsempfänger im Verhältnis zum Vormerkungsgläubiger so behandeln lassen muss, als sei nicht er, sondern dieser zur Einziehung der Forderung befugt, als sei also die Leistung des Versicherers an einen Nichtberechtigten erfolgt. Da aber nun der Versicherer gewiss mit befreiender Wirkung an den – aus seiner Sicht berechtigten! – Verfügungsempfänger geleistet hat, ist die Leistung dem Vormerkungsgläubiger gegenüber wirksam.

Nach **hier vertretener Ansicht** steht dem Vormerkungsgläubiger **kein Bereicherungs-** 83 **anspruch** gegen den Verfügungsempfänger zu.[199] Die Ansicht des BGH läuft auf eine Art Surrogationsprinzip hinaus: War vorher der Anspruch auf das Grundstück nebst Gebäude (als wesentlicher Bestandteil, § 94) gerichtet, so richtet er sich jetzt auf das Grundstück nebst Abtretung der Forderung gegen die Versicherung. Wendet man § 883 Abs. 2 S. 1 folgerichtig auf jene Forderung an, so bedeutet dies, dass die Einziehungsbefugnis des Verfügungsempfängers dem Vormerkungsberechtigten gegenüber relativ unwirksam ist. Diese Überlegung führt indes gerade nicht zu dem Ergebnis, dass der Verfügungsempfänger in eine dem Vormerkungsberechtigten zugewiesene Rechtsposition eingegriffen hat. Die relative Unwirksamkeit der Verfügung führt lediglich zu dem Ergebnis, dass im Verhältnis zu Vormerkungsberechtigten nach wie vor der Veräußerer als Eigentümer gilt. Konsequent müsste man, bezogen auf die Versicherungssumme, folgern, dass im Verhältnis zum Vormerkungsberechtigten nach wie vor der Veräußerer als ursprünglicher Eigentümer berechtigt ist, die Versicherungssumme einzuziehen. Hätte aber der Veräußerer dies getan die, so hätte der Vormerkungsberechtigte auf die Auszahlung dieser Summe keinen durch Vormerkung gesicherten Anspruch mehr haben können: Die Vormerkung kann niemals einen Anspruch auf Zahlung von Geld sichern.

V. Kollision zwischen Globalzession und verlängertem Eigentumsvorbehalt

1. Wirksamkeit der Zahlung an die Bank gegenüber dem Warengläubiger? Be- 84
sondere Bedeutung hat in der Praxis die Anwendbarkeit des § 816 Abs. 2 im Fall der Kollision zwischen (sittenwidriger) Globalzession und verlängertem Eigentumsvorbehalt gewonnen.[200] Hier ermöglicht es § 816 Abs. 2 dem durch den verlängerten Eigentumsvorbehalt gesicherten Warengläubiger, die Bank, die die Zahlung des Drittschuldners erhalten hat, als Nichtberechtigte auf Herausgabe in Anspruch zu nehmen. Allerdings lässt sich – sieht man von der umstrittenen Genehmigungsmöglichkeit bei § 816 Abs. 2 einmal ab (RdNr. 89 ff.) – die **Wirksamkeit** der Zahlung an die nichtberechtigte Bank **nicht ohne weiteres begründen.** Denn jene Wirksamkeit könnte nur darauf gestützt werden, der

---

[197] BGHZ 99, 385, 387 f.
[198] 4. Aufl. RdNr. 261 sowie *Larenz/Canaris* II/2 § 69 I 2 d, S. 174, Fn. 18.
[199] Zum Folgenden *Kohler* JR 1987, 456 ff.
[200] Dazu eingehend § 398 RdNr. 147 ff. sowie *Reuter/Martinek* § 8 III 4, S. 356 ff.

Schuldner habe auf die Gültigkeit der ersten Zession vertrauen dürfen. Eine solche Annahme findet indes im Gesetz keine Stütze: Nach § 409 muss zwar der Zedent nach Anzeige der Abtretung oder nach Vorlage einer Abtretungsurkunde die Zahlung an den ersten Zessionar gegen sich gelten lassen. Einen Rechtssatz des Inhalts, dass auch der nachfolgende Zessionar, hier: der Warengläubiger, die Anzeige oder die Vorlage der Urkunde gegen sich gelten lassen muss, kennt das geltende Recht dagegen nicht. Allenfalls könnte man daran denken, § 409 analog anzuwenden:[201] Der Zessionar, der die Forderung nur deshalb erwerbe, weil die frühere Abtretung an einen anderen unwirksam sei, dürfe nicht besser stehen als der Zedent, der bereits ursprünglich an der Forderung berechtigt gewesen sei. Trotz dieser durchaus beachtlichen Überlegung lässt sich die Analogie zu § 409 im Ergebnis nicht halten. Der Zedent muss die Zahlung gegen sich gelten lassen, weil er den Rechtsschein, dass ein anderer als er Gläubiger der Forderung ist, zurechenbar gesetzt hat. Der Zweitzessionar seinerseits hat dagegen keinen Rechtsschein des Inhalts gesetzt, dass statt seiner der Erstzessionar berechtigt sei. Der Drittschuldner kann sich gegen die Gefahr, an den Falschen zu leisten, dadurch schützen, dass er von seinem Recht Gebrauch macht, den Forderungsbetrag wegen von ihm nicht zu vertretender Ungewissheit über die Person des Gläubigers zu hinterlegen (§ 372 S. 2). Einen weitergehenden Vertrauensschutz benötigt er nicht.

85 Sofern der Drittschuldner (wie regelmäßig) auf die Forderung durch **bargeldlose Zahlung** leistet, muss sehr sorgfältig festgestellt werden, ob die Leistung des Drittschuldners als eine solche an den ursprünglichen Gläubiger (Zedenten), dessen Bank dann nur als sog. Zahlstelle fungiert, oder an die Bank selbst als Zessionarin anzusehen ist. Letzteres wird in der Regel nur nach Offenlegung der Zession angenommen werden können.[202] Soweit der Drittschuldner danach im Rechtssinne an den Zedenten und nicht an die Bank leistet, ist diese dem Warengläubiger nicht nach § 816 Abs. 2 zur Herausgabe des Forderungsbetrags verpflichtet. Diese formale Betrachtungsweise eröffnet freilich der Bank die Möglichkeit, die Rechte des Warengläubigers auszuhöhlen. Wenn nämlich die Forderung gegen den Drittschuldner zur Sicherung eines Kontokorrentkredits abgetreten worden war, mag die Bank den Zedenten (dh. ihren Kreditnehmer) dazu verpflichtet haben, die Forderungen nur auf das Konto einzuziehen, auf dem die Kreditlinie gewährt worden ist. Die vom Zedenten eingezogenen Beträge führen dann unmittelbar zu einer Rückführung der Kreditlinie und kommen damit allein der Bank und deren Sicherungsinteresse zugute. Und wenn die Forderung zur Sicherung eines Investitionskredits abgetreten worden war, mag die Bank den Zedenten verpflichten, die Forderung auf ein bei ihr geführtes Konto einzuziehen, auf das die Bank dann (etwa auf der Basis eines AGB-Pfandrechts) zugreifen kann.[203] Auf diese Weise kann die Bank erreichen, dass sämtliche Zahlungen auf die abgetretene Forderung letztlich an sie gelangen, ohne dass sie selbst die Zession offen legen muss. Die Bank kann mithin vermeiden, selbst als (nichtberechtigter und daher nach § 816 Abs. 2 herausgabepflichtiger) Leistungsempfänger in Erscheinung zu treten, und gleichwohl ihr Ziel erreichen, auf den Forderungsbetrag vorrangig zuzugreifen. Aus diesem Grund hat der BGH die Möglichkeit der Bank, sich darauf zu berufen, dass sie lediglich als Zahlstelle tätig geworden sei, also Zahlungen des Drittschuldners nicht selbst als Nichtberechtigte gemäß § 816 Abs. 2 empfangen habe, mit Recht stark eingeschränkt: Danach muss sich die Bank nach den Grundsätzen von Treu und Glauben dann als Nichtberechtigte iS von § 816 Abs. 2 behandeln lassen, wenn sie durch entsprechende Vertragsgestaltung (etwa dadurch, dass sie den Zedenten verpflichtet, die Bank als alleinige Zahlstelle anzugeben) zu erreichen sucht, dass auch ohne Offenlegung der Zession alle Zahlungen der

---

[201] Dafür Lieb JR 1971, 507, 509.
[202] BGHZ 53, 139, 142 = NJW 1970, 464; BGH LM Nr. 27 = NJW 1972, 1197, 1198; LM Nr. 28 = NJW 1974, 944; OLG Dresden EWiR 1999, 209; *Bamberger/Roth/Wendehorst* RdNr. 27.
[203] Zu einer entsprechenden Fallgestaltung vgl. OLG Brandenburg WM 1999, 267, 270: Die Bank nutzte ihre Funktion als Zahlstelle auch ohne eine Globalzession aus, indem sie veranlasste, dass mit den zur Tilgung abgetretener Warenlieferungsforderungen auf dem Geschäftskonto eingehenden Zahlungen weitere Kreditverbindlichkeiten bei ihr zurückgeführt wurden.

Drittschuldner an sie gelangen mussten.[204] Die Gegenansicht, die nur den Zedenten als den Kontoinhaber für verpflichtet hält, die eingezogenen Beträge an den Warengläubiger herauszugeben,[205] belässt der Bank das soeben dargestellte Umgehungspotential und ist daher abzulehnen.

2. Berufung der Bank auf § 818 Abs. 3. Geht man demgegenüber von der Wirksamkeit der Zahlung an die Bank aus, so haftet diese dem Warengläubiger nach § 816 Abs. 2. Konsequent erhebt sich die Frage, ob die Bank sich auf § 818 Abs. 3 berufen kann, wenn sie **im Vertrauen auf die Wirksamkeit** der Zession **Vermögensdispositionen** getroffen hat. Zwei Konstellationen bedürfen hier näherer Betrachtung: Zum einen mag die Bank, nachdem sie sich aus der abgetretenen Forderung wegen ihres Anspruchs gegen den Zedenten (das ist ihr Kreditkunde) befriedigt hat, an diesen den Überschuss auskehren. Zum anderen mag die Bank weiteren Kredit gewähren. 86

Für den ersten der beiden soeben genannten Fälle hat der BGH einen **Wegfall der Bereicherung verneint,** wenn und soweit die Bank den Betrag, den sie an den Zedenten ausgekehrt hat, wieder herausverlangen kann – insbesondere wenn und soweit sie eine **Gutschrift,** die sie zugunsten des Zedenten verfügt hat, wieder **stornieren** kann.[206] Dagegen soll die Berufung auf § 818 Abs. 3 möglich bleiben, wenn der Zedent zwischenzeitlich über den ihm gutgeschriebenen Betrag verfügt hat.[207] Der zuletzt genannten Aussage kann indes nur für den Fall zugestimmt werden, dass die Bank infolge jener Verfügung des Kunden nicht mehr berechtigt ist, die Gutschrift zu stornieren.[208] Nur in diesem Fall ist die Bereicherung der Bank infolge der Verfügung des Kunden unwiederbringlich weggefallen. Wenn die Zession an die Bank wegen Sittenwidrigkeit nichtig ist, wird man außerdem die Berufung auf § 818 Abs. 3 gänzlich versagen müssen (RdNr. 88) 87

Wenn die Bank im Vertrauen auf eine sittenwidrige Abtretung dem Zedenten **erneut Kredit gewährt,** kann sie sich nicht auf § 818 Abs. 3 berufen. Das gilt nach §§ 818 Abs. 4, 819 Abs. 1 ohne weiteres, wenn die Bank die Sittenwidrigkeit kennt. Gleiches soll aber gelten, wenn der Bank die Nichtigkeit der Zession unbekannt geblieben ist.[209] Das folge aus § 242; denn andernfalls treffe den Warengläubiger das Risiko, das sich aus der Sittenwidrigkeit der Zession an die Bank ergibt. Diese Risikoverteilung werde der Interessenlage nicht gerecht; die Bank müsse dies Risiko vielmehr selbst tragen. Teilweise wird der Bank die Berufung auf § 818 Abs. 3 in solchen Fällen generell, also ohne Rücksicht auf die Sittenwidrigkeit der Zession versagt.[210] Andere lehnen die Auffassung des BGH mit der Begründung ab, sie ziehe eine verschärfte Haftung für Fahrlässigkeit nach sich, und sprechen sich deshalb für ein Recht der Bank aus, sich auf § 818 Abs. 3 zu berufen.[211] Denn § 818 Abs. 3 kenne keine Unterscheidung von „würdigen" und „unwürdigen" Bereicherungsschuldnern.[212] Der Hinweis des BGH auf § 242 erscheint wenig aussagekräftig. Näher liegt eine teleologische Reduktion des § 818 Abs. 3: Wer eine Rechtsposition sittenwidrig erlangt hat, muss, so könnte man vertragen, ohne Rücksicht auf einen zwischenzeitlich eingetretenen Verlust eine der Sittenordnung entsprechende Güterzuordnung herstellen. Er muss daher die erlangte Position wieder herausgeben und kann sich nicht auf schutzwürdiges Vertrauen berufen, das Erlangte behalten zu dürfen. Gleichwohl ist die Gegenansicht vorzuziehen.[213] 88

---

[204] BGHZ 72, 316, 320 ff. = NJW 1979, 371; zust. *Canaris* NJW 1981, 249, 258; *Larenz/Canaris* II/2 § 69 II 3 b, S. 185; ebenso AnwK-BGB/*v. Sachsen Gessaphe* RdNr. 20; *Bamberger/Roth/Wendehorst* RdNr. 27; PWW/*Leupertz* RdNr. 19; zum selben Ergebnis kommt OLG Brandenburg WM 1999, 267, 270.
[205] *Blaschczok* JuS 1985, 88, 92 f.
[206] BGHZ 26, 185, 195 f.
[207] BGH WM 1959, 373, 374.
[208] So schon 4. Aufl. RdNr. 59.
[209] BGHZ 56, 173, 179 f.; ebenso *Lieb* JR 1971, 507, 508 f.; *Rengier* AcP 177 (1977), 418, 442.
[210] *Canaris* NJW 1981, 249, 258 f.
[211] RGRK/*Heimann-Trosien* § 812 RdNr. 59.
[212] *Reuter/Martinek* § 17 IV 3 d, S. 625 f., die ggf. über § 826 helfen wollen.
[213] Näher § 818 RdNr. 183.

VI. Nachträgliche Genehmigung

89 Streitig ist, ob der Berechtigte bei einer Leistung an einen Nichtberechtigten, die ihm gegenüber **unwirksam** ist, die Wirksamkeit wie bei § 816 Abs. 1 (RdNr. 33 ff.) durch nachträgliche Genehmigung herbeiführen kann mit der Konsequenz, dass der nichtberechtigte Empfänger dem Berechtigten fortan aus § 816 Abs. 2 haftet. **Rechtsprechung** und **hL** halten eine solche **Genehmigung** mit der dargelegten Wirkung für **möglich**.[214] Soweit der Berechtigte die Unwirksamkeit der Leistung gekannt oder zumindest damit gerechnet hat, soll eine konkludente Erklärung der Genehmigung darin liegen, dass der wahre Gläubiger gegen den nichtberechtigten Empfänger vorgeht.[215]

90 Die Vorstellung, der wahre Gläubiger könne die Leistung an den Nichtberechtigten durch Genehmigung wirksam machen, stößt im **Schrifttum** auf erhebliche **Bedenken**.[216] Diese sind zum einen Teil **rechtskonstruktiver Natur:**[217] Der Schuldner habe entweder an den wahren Berechtigten leisten wollen; dann liege eine Tilgungsbestimmung zugunsten des wahren Gläubigers und folglich keine Leistung an den Nichtberechtigten vor, die nach § 816 Abs. 2 genehmigt werden könnte. Oder der Schuldner habe an den Nichtberechtigten leisten wollen; dann bedeute die Möglichkeit einer Genehmigung durch den wahren Gläubiger einen unzulässigen Eingriff in die vom Schuldner getroffene Tilgungsbestimmung. Diese Überlegung kann indes für sich allein nicht überzeugen. Sie läuft nämlich darauf hinaus, dass der wahre Gläubiger die Leistung an den falschen niemals genehmigen kann. Diese Vorstellung entspricht eindeutig nicht der des Gesetzgebers: § 362 Abs. 2 verweist ohne jede Einschränkung auf § 185 Abs. 2 und setzt damit die Möglichkeit der Genehmigung voraus. Im Übrigen wird die Rolle der Tilgungsbestimmung von der Gegenansicht überbewertet: Allein die Tatsache, dass der Schuldner an den Berechtigten leisten will, bedeutet gerade noch nicht, dass er auch tatsächlich an den Berechtigten leistet.

91 Die hL hat freilich zur Folge, dass der Gläubiger die Leistung an den Nichtberechtigten **auch dann genehmigen kann,** wenn sie ihm gegenüber **ohnehin wirksam** ist. Die Genehmigung hat dann zur Konsequenz, dass der Schuldner ein Wahlrecht, das ihm zuvor zustand, nicht mehr ausüben kann:[218] Legt man etwa den Fall des § 407 zugrunde, so kann der Schuldner, da die Vorschrift nur seinem Schutz dient, auf diesen Schutz verzichten und das Geleistete vom Zedenten nach § 812 Abs. 1 S. 1 Alt. 1 zurückfordern. Er kann also wählen, ob er sich gegenüber dem Zessionar auf § 407 beruft oder die Leistung beim Zedenten kondiziert.[219] Die letztere Möglichkeit wird ihm durch die Genehmigung genommen. Das aber ist hinzunehmen.[220] Das primär schutzwürdige Interesse des Schuldners besteht darin, sich von seiner Verbindlichkeit zu befreien. Sofern § 407 eingreift, ist ihm dies auch bei Zahlung an einen Nichtberechtigten gelungen. Würde der Schuldner die Leistung an den Nichtberechtigten wieder herausverlangen, so wäre auch dem Anspruch des Gläubigers aus § 816 Abs. 2 der Boden entzogen. Dieser Gefahr muss der Gläubiger begegnen dürfen, indem er die Leistung genehmigt: Der Schuldner hat erlangt, was ihm zusteht, nämlich die Schuldbefreiung. Dann muss er auch dem Gläubiger zugestehen, zu erlangen,

---

[214] BGHZ 85, 267, 272 f.; 106, 381, 390; BGH LM Nr. 6; NJW 1972, 1197, 1199; 1989, 1349, 1350 f.; NJW-RR 1990, 1200, 1201; 2007, 989, 991; MDR 2007, 1207; AnwK-BGB/*v. Sachsen Gessaphe* RdNr. 39; *Bamberger/Roth/Wendehorst* RdNr. 30; *Larenz/Canaris* II/2 § 69 II 3 d, S. 186; *PWW/Leupertz* RdNr. 20; *RGRK/Heimann-Trosien* RdNr. 26; *Wieling* S. 65; zum Zeitpunkt der Anspruchsentstehung durch Genehmigung BAG DB 1987, 2314; aufgrund des Schutzcharakters der Schuldnervorschriften einschränkend *Erman/Westermann/Buck-Heeb* RdNr. 17: Genehmigung nur möglich, wenn Schuldner erklärt, die Leistung beim Nichtgläubiger zu kondizieren und dem Gläubiger weiter verpflichtet zu sein.

[215] BGH WM 1960, 611, 612; NJW-RR 1990, 1200, 1201; OLG Köln ZIP 1992, 1726, 1727.

[216] *Esser/Weyers* BT/2 § 50 II 4; *Koppensteiner/Kramer* § 9 III 4 b, S. 100 f.; *Loewenheim* S. 115 f.; *Reeb* S. 79; *Roth* JZ 1972, 150, 152 f.; *Staudinger/Lorenz* RdNr. 32; *Weimar* JR 1966, 461.

[217] Zum Folgenden *Roth* JZ 1972, 150, 152; zust. *Reuter/Martinek* § 8 III 3, S. 354.

[218] Unter anderem aus diesem Grunde gegen die Möglichkeit der Genehmigung *Reuter/Martinek* § 8 III 3, S. 355.

[219] *Weimar* JR 1966, 461.

[220] So im Ergebnis auch *Roth* JZ 1972, 150 f.

was ihm zusteht, nämlich den Leistungsgegenstand – und dies auf dem von dem Gläubiger für richtig gehaltenen Weg.

Die soeben vertretene Argumentation wird freilich im Schrifttum bekämpft:[221] Das Recht des Zessionars, den Zedenten auf Herausgabe des Geleisteten nach § 816 Abs. 2 in Anspruch zu nehmen, müsse hinter dem Recht des Schuldners zurücktreten, das Geleistete nach § 812 Abs. 1 S. 1 Alt. 1 vom Zedenten zurückzufordern. Denn **§ 407 Abs. 1 besage nicht,** dass die Leistung dem Zessionar gegenüber **wirksam** sei, **sondern** nur, dass der Zessionar diese **gegen sich gelten lassen müsse.**[222] § 407 diene damit allein dem Schutz des Schuldners und müsse somit zu dessen Disposition stehen. Diese Argumentation wirft indes mehr Fragen auf, als sie beantwortet. Denn wenn es stimmt, dass die Leistung nach § 407 Abs. 1 dem Zessionar gegenüber nicht „wirksam" ist, müsste man zu der Konsequenz gelangen, dass der Anspruch des Zessionars gegen den Zedenten aus § 816 Abs. 2 bereits tatbestandlich ausgeschlossen ist; dieser Anspruch dürfte also nicht erst auf der Konkurrenzebene hinter dem Bereicherungsanspruch des Schuldners zurücktreten. Der soeben referierten Argumentation liegt freilich unausgesprochen der Gedanke zugrunde, dass die Leistung in dem Moment dem Zessionar gegenüber wirksam wird, in dem sich der Schuldner auf den ihm nach § 407 Abs. 1 gewährten Schutz beruft. Dann aber ergeben sich weitere dogmatische Zweifelsfragen: Dann nämlich müsste de lege lata ein Gestaltungsrecht des Schuldners begründet werden, durch dessen Ausübung die Leistung, die der Zessionar zuvor nur „gegen sich gelten lassen" musste, nunmehr ihm gegenüber „wirksam" wird. Den Nachweis eines solchen Rechts hat die Gegenansicht bislang nicht einmal zu führen versucht.

Die Kritik an der hL wird zum anderen Teil auf Gesichtspunkte des **Insolvenzrisikos** gestützt. Es könne nämlich sein, dass dem nichtberechtigten Empfänger seinerseits gegen den Schuldner aus anderem Rechtsgrund eine Forderung zustehe. Gegen diese könne der Schuldner mit seinem Anspruch auf Herausgabe des Geleisteten (§ 812 Abs. 1 S. 1 Alt. 1) aufrechnen. Gebe man nun dem wahren Gläubiger die Möglichkeit, die an den nichtberechtigten Empfänger geflossene Leistung zu genehmigen, so verliere der Schuldner seinen Bereicherungsanspruch; denn seiner Leistung komme sodann Erfüllungswirkung zu. Konsequent gehe dem Schuldner auch besagte (ggf. nach § 94 InsO insolvenzfeste) Aufrechnungsmöglichkeit verloren.[223] Auch das überzeugt nicht: Dem Schuldner geht in der Insolvenz des Empfängers nichts verloren, weil er zwar seinen Bereicherungsanspruch verliert, aber von seiner Verbindlichkeit gegenüber dem wahren Gläubiger frei wird. Der Gefahr, an die Masse leisten zu müssen und wegen des eigenen Anspruchs gegen den Empfänger auszufallen, ist er nicht ausgesetzt. Gewichtiger sind die Probleme in der Insolvenz des Schuldners: Wenn der Gläubiger erkennt, dass der Schuldner (a) zahlungsunfähig ist und (b) an den falschen Gläubiger geleistet hat, kann er auf dem Boden der hL der Gefahr, wegen seines Anspruchs gegen den Schuldner auszufallen, dadurch entrinnen, dass er die Leistung an den Nichtberechtigten genehmigt und diesen nach § 816 Abs. 2 belangt. Der Schuldner verliert damit abermals seinen Bereicherungsanspruch gegen den Empfänger; die Insolvenzmasse wird daher geschmälert. Das wird als ungerecht empfunden: Der wahre Gläubiger dürfe sich nicht durch Genehmigung der Leistung auf Kosten der anderen Insolvenzgläubiger einen Vorteil verschaffen.[224] Dass diese Konsequenz der hL rechtsethisch nicht ohne weiteres überzeugt, ist unbestreitbar. Die Frage lautet indes, ob es Aufgabe des Bereicherungsrechts ist, diese Gerechtigkeitslücke zu schließen. Dies ist zu verneinen: Das Gerechtigkeitspostulat, dass bei Zahlungsunfähigkeit des Schuldners kein Gläubiger Vorteile zulasten der anderen soll durchsetzen können, ist allein vom Insolvenzrecht zu verwirklichen. Lässt das Insolvenzrecht die Genehmigung von Zahlungen an Nicht-

---

[221] Zum Folgenden *Weimar* JR 1966, 461.
[222] So schon – mit derselben Stoßrichtung – RGZ 83, 184, 188.
[223] *Roth* JZ 1972, 150, 153.
[224] *Esser/Weyers* BT/2 § 50 II 4, 477.

§ 817

berechtigte nach Insolvenzeröffnung noch zu, so hat das Bereicherungsrecht keinen Anlass, diese Entscheidung zu korrigieren.[225]

VII. Durchsetzung des Anspruchs

94 Wenn der wahre Berechtigte den nichtberechtigten Empfänger auf Auskehrung des Einziehungserlöses in Anspruch nehmen will, ist er auf Informationen angewiesen, welche Leistungen des Schuldners an jenen Empfänger geflossen sind. Sofern sich der Berechtigte hierüber schuldlos in Unkenntnis befindet, kann er vom Empfänger nach § 242 **Auskunft** verlangen. Die gegenteilige Ansicht des OLG Celle, wonach der Berechtigte in erster Linie beim Schuldner um Auskunft ersuchen müsse, welche Leistungen dieser erbracht habe,[226] begegnet Bedenken; denn sie nimmt dem Berechtigten die Chance, für die Durchsetzung des Anspruchs aus § 816 Abs. 2 die Erleichterungen des § 254 ZPO zu nutzen: Ohne Auskunftsanspruch gegen den Empfänger wird ihm die Möglichkeit der Stufenklage ohne ersichtlichen Grund abgeschnitten. Zuzugeben ist lediglich, dass die vorherige Nachfrage beim Schuldner die **praktische Notwendigkeit** einer Auskunftsklage gegen den konkurrierenden Forderungsprätendenten mindern kann: Dieser wird sich schon im eigenen Interesse auf die Zahlungen berufen, die er in wirksamer Weise an den anderen (nichtberechtigten) Prätendenten erbracht hat.

§ 817 Verstoß gegen Gesetz oder gute Sitten

¹War der Zweck einer Leistung in der Art bestimmt, dass der Empfänger durch die Annahme gegen ein gesetzliches Verbot oder gegen die guten Sitten verstoßen hat, so ist der Empfänger zur Herausgabe verpflichtet. ²Die Rückforderung ist ausgeschlossen, wenn dem Leistenden gleichfalls ein solcher Verstoß zur Last fällt, es sei denn, dass die Leistung in der Eingehung einer Verbindlichkeit bestand; das zur Erfüllung einer solchen Verbindlichkeit Geleistete kann nicht zurückgefordert werden.

Schrifttum: *Acker/Froesch/Kappel*, Zivilrechtliche Ansprüche in Korruptionsfällen und ihre kommerziellen Folgen – Wer haftet wem?, BB 2007, 1509; *Armgardt*, Der Kondiktionsausschluss des § 817 S. 2 BGB im Licht der neuesten Rechtsprechung des BGH, NJW 2006, 2070; *Bestermann/Petersen*, Vergaberecht und Preisrecht – Zivilrechtliche Unwirksamkeit des öffentlichen Auftrages bei Überschreitung des preisrechtlich zulässigen Höchstpreises, ZfBR 2008, 22; *Bunte*, Rückabwicklung sittenwidriger Ratenkreditverträge, NJW 1983, 2674; *ders.*, Probleme der Ratenkreditverträge, WM 1984, Sonderbeilage 1 S. 3; *Bydlinski*, Die Suche nach der Mitte als Daueraufgabe der Rechtswissenschaft, AcP 204 (2004), 309; *Canaris*, Der Bereicherungsausgleich bei sittenwidrigen Teilzahlungskrediten, WM 1981, 978; *ders.*, Gesetzliches Verbot und Rechtsgeschäft, 1983; *ders.*, Gesamtunwirksamkeit und Teilgültigkeit rechtsgeschäftlicher Regelungen, FS Steindorff, 1990, S. 419; *Coester-Waltjen*, Zur Rückforderung der im Rahmen eines „Liehmutter"-Arrangements" erbrachten Zahlungen – OLG Hamm, NJW 1986, 781, JuS 1987, 193; *Dauner*, Der Kondiktionsausschluss gemäß § 817 S. 2, JZ 1980, 495; *Eidenmüller*, Wertersatz für rechtsgrundlos erbrachte Bauleistungen, JZ 1996, 889; *Fabricius*, Einschränkung der Anwendung des § 817 S. 2 durch den Zweck des Verbotsgesetzes, JZ 1963, 85; *Hager*, Gesetzes- und sittenkonforme Auslegung und Aufrechterhaltung von Rechtsgeschäften, 1983; *ders.*, Die gesetzeskonforme Aufrechterhaltung übermäßiger Vertragspflichten – BGHZ 89, 316 und 90, 69, JuS 1985, 264; *Heck*, Die Ausdehnung des § 817 S. 2 auf alle Bereicherungsansprüche, AcP 124 (1925), 1; *Honsell*, Die Rückabwicklung sittenwidriger oder verbotener Geschäfte, 1974; *ders.*, Die zivilrechtliche Sanktion der Sittenwidrigkeit, JZ 1975, 439; *U. Hübner*, Bereicherungsausgleich bei Drittfinanzierung der Kommanditbeteiligung einer insolvent gewordenen Publikums-(Abschreibungs-)KG, ZIP 1984, 1175; *Jakobs*, Eingriffserwerb und Vermögensverschiebung, 1964; *Kappel/Kienle*, „Punitive Damage"? – Finanzielle Risiken für Schmiergeld zahlende Unternehmen, WM 2007, 1441; *Köhler*, Schwarzarbeitsverträge: Wirksamkeit, Vergütung, Schadensersatz, JZ 1990, 466; *Kort*, Zivilrechtliche Folgen unangemessen hoher Vorstandsvergütung – eine „Mannesmann"-Spätlese, DStR 2007, 1127; *Koziol*, Sonderprivatrecht für Konsumentenkredite?, AcP 188 (1988), 183; *Langenbucher*, Die bereicherungsrechtliche Rückforderung unangemessener Vorstandsbezüge,

---

[225] Ebenso *Schlechtriem*, Symposium für König, 1984, S. 57, 76, Fn. 78; dagegen aber *Reuter/Martinek* § 8 III 3, S. 355.
[226] OLG Celle NJW-RR 2003, 1715 f.

Verstoß gegen Gesetz oder gute Sitten   1 § 817

FS U. Huber, 2006, S. 861; *St. Lorenz*, § 241 a und das Bereicherungsrecht – zum Begriff der „Bestellung" im Schuldrecht, FS W. Lorenz, 2001, S. 193; *Mayer-Maly*, Das Bewußtsein der Sittenwidrigkeit, 1971; *Medicus*, Vergütungspflicht des Bewucherten, GS Dietz, 1973, S. 61; *Peters*, Die Erstattung rechtsgrundloser Zuwendungen, AcP 205 (2005), 159; *Prölss*, Der Einwand der „unclean hands" im Bürgerlichen Recht sowie im Wettbewerbs- und Warenzeichenrecht, ZHR 132 (1969), 35; *Reeb*, Grundprobleme des Bereicherungsrechts, 1975; *H. Roth*, Verzinsungspflicht bei wucherischen und wucherähnlichen Darlehensverträgen, ZHR 153 (1989), 423; *Salje*, Zur Rückforderung von verdeckten privaten Parteispenden, NJW 1985, 998; *Schäfer*, Strafe und Prävention im Bürgerlichen Recht, AcP 202 (2002), 397; *Schlothauer/Borggreve*, Rechtsprobleme der Rückabwicklung sittenwidriger Teilzahlungskredite, DB 1983, 1344; *Schmidt-Räntsch*, Zivilrechtliche Wirkungen von Verstößen gegen das EU-Beihilfenrecht, NJW 2005, 106; *Schmidt-Recla*, Von Schneebällen und Drehkrankheiten – Vergleichende Überlegungen zur Restitutionssperre des § 817 S. 2 BGB, JZ 2008, 60; *Sedemund*, Zivilrechtliche Regressmöglichkeiten bei Verfallsanordnung aufgrund Schmiergeldzahlungen zwecks Auftragserlangung, DB 2003, 2423; *Sonnenschein/Weitemeyer*, Rückerstattung und Verjährung preisrechtswidriger Mietzahlungen, NJW 1993, 2201; *Tiedtke*, Die gegenseitigen Ansprüche des Schwarzarbeiters und seines Auftraggebers, DB 1990, 2307; *Wambach*, Die bereicherungsrechtliche Rückabwicklung gesetzesoder sittenwidriger Verträge, 2004; *Wazlawik*, § 817 S. 2 BGB – Eine systemwidrige Vorschrift?, ZGS 2007, 336; *Wernecke*, Abwehr und Ausgleich „aufgedrängter Bereicherungen" im Bürgerlichen Recht, 2004; *Weyer*, Leistungskondiktion und Normzweck des Verbotsgesetzes, WM 2002, 627; *Westermann*, Die Bewährung des § 817 S. 2 BGB, in: Zimmermann/Knütel/Meincke (Hrsg.), Rechtsgeschichte und Privatrechtsdogmatik, 1999, S. 485; *Wieling*, Bereicherungsrecht, 4. Aufl. 2006; *Zimmermann*, Richterliches Moderationsrecht oder Totalnichtigkeit?, 1979.

Übersicht

	RdNr.		RdNr.
A. Normzweck. Allgemeines	1–3	3. Wuchermiete	41, 42
B. § 817 S. 1	4–8	4. Andere verbotene Gebrauchsüberlassungsverträge	43, 44
I. § 817 S. 1 als Sonderfall der condictio ob rem	4–6	5. Verbotene Kaufverträge	45–47
II. Zusammentreffen mit der condictio indebiti	7, 8	6. Verbotene Auftrags- und Geschäftsbesorgungsverhältnisse	48–51
C. § 817 S. 2	9–65	7. Zuwendungen in Paarbeziehungen und/oder mit sexuellem Hintergrund	52–54
I. Normzweck	9	8. Korruptionsfälle	55, 56
II. Erfasste Bereicherungsansprüche	10–13	9. Anwendbarkeit des § 817 S. 2 auf den Rechtsnachfolger/Konkursverwalter des Leistenden	57, 58
III. Analoge Anwendung des § 817 S. 2 außerhalb des Bereicherungsrechts	14–19	10. Anwendbarkeit des § 817 S. 2 auf den Vertretenen bei gesetzes- bzw. sittenwidrigem Verhalten des Vertreters	59, 60
1. Geschäftsführung ohne Auftrag	15	11. Eingehung einer Verbindlichkeit	61–63
2. Unerlaubte Handlungen	16	12. Sicherheiten	64
3. Eigentümer-Besitzer-Verhältnis	17–19	13. Keine Abdingbarkeit des § 817 S. 2	65
IV. Teleologische Einschränkungen des § 817 S. 2	20–33	**D. Subjektive Voraussetzungen des § 817**	66–70
1. Schutzzwecküberlegungen	20–29	I. Subjektive Voraussetzungen des § 817 S. 1	67
2. Das Unmittelbarkeitsprinzip	30–33	II. Subjektive Voraussetzungen des § 817 S. 2	68–70
V. Einseitiger Gesetzes- oder Sittenverstoß des Leistenden	34	**E. Prozessuales**	71
VI. Einzelprobleme	35–65		
1. Wucherdarlehen	35–37		
a) Meinungsstand	35		
b) Stellungnahme	36, 37		
2. Andere verbotene Darlehensverträge	38–40		

A. Normzweck. Allgemeines

§ 817 S. 1 begründet einen eigenen, speziellen, auf Leistungsverhältnisse beschränkten **1** **Rückgewähranspruch** für den Fall, dass der Empfänger durch die Annahme der Leistung gegen ein gesetzliches Verbot oder gegen die guten Sitten verstoßen hat. Demgegenüber

§ 817 2–4

normiert § 817 S. 2 eine **Kondiktionssperre:** Nach dieser Vorschrift bleibt dem Leistenden ein Bereicherungsanspruch versagt, falls ihm seinerseits ein Verstoß gegen ein gesetzliches Verbot oder gegen die guten Sitten zur Last gelegt werden kann. Funktion und Anwendungsbereich beider, historisch überkommener Regelungen[1] sind seit langem überaus zweifelhaft und streitig.

2 Die Begriffe des **gesetzlichen Verbots** und der **guten Sitten** sind mit denjenigen der §§ 134, 138 identisch.[2] Auf die dortigen Erläuterungen kann daher verwiesen werden. Das gesetzliche Verbot kann auch im normativen Teil eines **Tarifvertrags** enthalten sein.[3]

3 Für die Beurteilung der Gesetzes- oder Sittenwidrigkeit kommt es auf den **Zeitpunkt** der Leistung an.[4] Spätere Beurteilungen, die etwa infolge eines Wertungswandels den Vorwurf der Gesetzes- oder Sittenwidrigkeit hinfällig werden lassen, können daher im Regelfall nicht mehr berücksichtigt werden.

B. § 817 S. 1

I. § 817 S. 1 als Sonderfall der condictio ob rem

4 § 817 S. 1 enthält nach systematischer Stellung und Formulierung einen eigenen, **selbstständigen Tatbestand** der Leistungskondiktion für den Fall eines Gesetzes- oder Sittenverstoßes durch den Empfänger. In diesem Fall soll der Leistende das Geleistete herausverlangen können. Diese Regelung wirft die umstrittene Frage auf, ob für einen solchen eigenen Bereicherungsanspruch neben der Generalklausel des § 812 Abs. 1 S. 1 überhaupt Raum ist bzw. eine entsprechende Notwendigkeit besteht.[5] Dies könnte nur dann angenommen werden, wenn der Rechtsgrund der Leistung von dem in Frage stehenden Gesetzes- oder Sittenverstoß nicht berührt würde und infolgedessen die Kondiktion gemäß § 812 Abs. 1 S. 1 sperren würde. Ob solche Fälle denkbar sind, lässt sich nicht anhand des Bereicherungsrechts beantworten. Vielmehr ist insoweit die Reichweite der §§ 134, 138 auszumessen: Für einen selbstständigen Bereicherungsanspruch gemäß § 817 S. 1 wäre nur dann Raum, wenn diese Vorschriften bei nur **einseitigem** Gesetzes- oder Sittenverstoß des Empfängers nicht eingreifen, dh. die causa der Leistung unangetastet lassen würden.[6] Nach **hL** soll dies insbesondere bei der einfachen Beamtenbestechung gemäß § 331 StGB der Fall sein.[7] Als weiteres Beispiel werden erpresste Leistungen ins Feld geführt.[8] Ganz allgemein soll § 817 S. 1 all jene Fälle ergreifen, in denen der Empfänger durch die Annahme in einer Weise gesetzes- oder sittenwidrig handelt, die sich **gerade gegen den Leistenden** richtet, so zB auch den Fall, dass die **vorzeitige Leistungsannahme** gesetzes- oder sittenwidrig ist.[9] Zumindest bei der passiven Bestechung erscheint dies angreifbar; denn in diesem Fall dürfte bereits der bloß einseitige Gesetzesverstoß zur Nichtigkeit des Kausalgeschäfts nach § 134 führen.[10]

---

[1] Zur historischen Entwicklung auch *Staudinger/Lorenz* RdNr. 1 f.
[2] Statt aller RGRK/*Heimann-Trosien* RdNr. 7. Ebenso *Reuter/Martinek* § 5 V 1, S. 175.
[3] BAGE 4, 59 = AP Nr. 1; BAGE 7, 160 = AP § 611 – Urlaubskarten – Nr. 4 m. Anm. *Dersch*.
[4] BGH LM KWVO § 1 a Nr. 4; BGHZ 28, 164, 168; BGH NJW 2000, 1560, 1562; *Erman/Westermann/Buck-Heeb* RdNr. 18; PWW/*Leupertz* RdNr. 10; RGRK/*Heimann-Trosien* RdNr. 6.
[5] Bejahend *Koppensteiner/Kramer* § 7 IV 1, S. 61; *Larenz/Canaris* II/2 § 68 I 6, S. 158; *Medicus* BR RdNr. 694; abl. *Honsell* S. 34 f.; zweifelnd auch *Erman/Westermann/Buck-Heeb* RdNr. 6. Einigkeit besteht jedenfalls darüber, dass der Anwendungsbereich gering ist; so zB BGHZ 8, 348, 370 = NJW 1953, 740; *Esser/Weyers* BT/2 § 49 III; *Reeb* S. 63; RGRK/*Heimann-Trosien* RdNr. 4; *Staudinger/Lorenz* RdNr. 6 bis 9.
[6] Vgl. dazu RGZ 96, 343, 345; 97, 82, 84.
[7] RGZ 96, 343, 345; *Koppensteiner/Kramer* § 7 IV 1, S. 61; *Reeb* S. 64; RGRK/*Heimann-Trosien* RdNr. 5 m. weit. Beispielen.
[8] *Medicus* BR RdNr. 694.
[9] *Wambach* S. 45 ff.
[10] Ebenso *Larenz/Canaris* II/2 § 68 I 6, S. 157 f.

Schon vom Wortlaut des § 817 S. 1 her zweifelhaft ist allerdings, ob § 817 S. 1 überhaupt 5
Leistungsbeziehungen mit voll ausgebildetem, ggf. an §§ 134, 138 zu messendem Rechtsgrund erfassen will. Der Wortlaut und das historische Vorbild des § 817 S. 1, die condictio ob turpem causam, lassen vielmehr den Schluss zu, dass § 817 S. 1 nur den Sondertatbestand der **condictio ob rem,** und zwar für den Fall erfassen soll, dass der vom Leistenden bestimmte Zweck erreicht wurde – damit entfällt ein Bereicherungsanspruch aus § 812 Abs. 1 S. 2 Alt. 2 –, diese Zwecksetzung aber mit Rücksicht auf den Gesetzes- oder Sittenverstoß des Empfängers von der Rechtsordnung nicht anerkannt werden kann.[11] Diese Auslegung bietet sich deshalb an, weil sich § 817 S. 1 mit dem nur dort selbstständig relevanten Begriff der Zweckbestimmung im Wortlaut ganz eng an die condictio ob rem des § 812 Abs. 1 S. 2 Alt. 2 anlehnt (vgl. § 812 RdNr. 373 ff.). § 817 S. 1 wäre dann letztlich als Sonderregelung für den Fall der Gesetzes- oder Sittenwidrigkeit der im Bereich der condictio ob rem allein vorliegenden bloßen **Rechtsgrundabrede** zu verstehen.[12] Im Schrifttum wird freilich behauptet, selbst in dieser Deutung sei § 817 S. 1 überflüssig. Denn auf die Rechtsgrundabrede, kraft derer die Parteien vereinbaren, dass mit der Leistung ein bestimmter Erfolg bezweckt werden solle, seien die §§ 134, 138 entsprechend anzuwenden; jene Abrede sei daher nichtig.[13] Mit dieser Überlegung lässt sich indes die Notwendigkeit des § 817 S. 1 als Sondertatbestand der condictio ob rem nicht leugnen. Denn die Nichtigkeit der Rechtsgrundabrede hätte bloß zur Folge, dass mit der Leistung im Rechtssinne überhaupt kein Erfolg bezweckt wäre. Dann könnte der Tatbestand des § 812 Abs. 1 S. 2 Alt. 2 niemals erfüllt sein. Deshalb hat der Gesetzgeber recht daran getan, in Gestalt des § 817 S. 1 für die Fälle einer gesetzes- oder sittenwidrigen Rechtsgrundabrede einen eigenständigen Kondiktionstatbestand zu normieren.

Will man § 817 S. 1 im soeben beschriebenen Sinne als **Sonderregelung des Bereichs** 6
der condictio ob rem begreifen, so ist freilich eine Kontrollüberlegung angezeigt: Es ist zu fragen, ob § 817 S. 1 selbst in dieser eingeschränkten Deutung noch jene Fälle noch zu erfassen vermag, die bisher als Hauptbeispiele für die Vorschrift genannt wurden.[14] Indes besteht ein solches Verständnis des § 817 S. 1 auch diese praktische Bewährungsprobe. Namentlich lässt sich der prominente Fall einer **einfachen Beamtenbestechung,**[15] der vielfach als Beleg für die Notwendigkeit des § 817 S. 1 ins Feld geführt wird, ohne weiteres, ja sogar vorzugswürdig als Fall der condictio ob rem konstruieren: Weder der Beamte noch der ihn bestechende Bürger begreifen die Zuwendung als eine Handschenkung, welche direkt an §§ 134, 138 gemessen werden könnte. Der Zuwendung liegt vielmehr die vom Beamten gebilligte Erwartung des Bürgers zugrunde, es werde ein bestimmter Erfolg (nämlich die Vornahme einer bestimmten Diensthandlung) eintreten.

II. Zusammentreffen mit der condictio indebiti

Die vorstehenden Überlegungen bedeuten indes noch nicht zwingend, dass § 817 im 7
Bereich voll ausgebildeter gesetzes- oder sittenwidriger Verpflichtungsgeschäfte bedeutungslos wäre. Das zeigt sich immer dann, wenn ein Anspruch aus § 812 an einer Kondiktionssperre zu scheitern droht: Hier kann § 817 S. 1 über jene Sperre hinweghelfen. Denn nach zutreffender Ansicht kann ein Anspruch aus **§ 817 S. 1 weder an § 814**[16] **noch an § 813**

---

[11] Ebenso AnwK-BGB/*v. Sachsen Gessaphe* RdNr. 3; PWW/*Leupertz* RdNr. 1; ausf. *Honsell* S. 65 ff.; zum römischrechtlichen Vorbild des § 817 auch *Seiler*, FS Felgentraeger, 1969, S. 379 ff.
[12] Insoweit nicht konsequent *Honsell* S. 32 ff., insbes. S. 34. Wie hier *Reuter/Martinek* § 5 V 3, S. 181. Abw. aber *Gast* SAE 1983, 214, 215: § 817 S. 1 knüpft sowohl an die condictio indebiti als auch an die condictio ob rem an.
[13] So wohl *Honsell* S. 32.
[14] Vgl. dazu den Rechtsprechungsüberblick bei *Reuter/Martinek* § 5 V 2, S. 178 ff.
[15] Nachweise in Fn. 7.
[16] Vgl. außer den nachfolgend Genannten und ohne rechtskonstruktive Festlegung RGZ 99, 161, 165 f.; BGH WM 1961, 530, 531; *Schmidt-Räntsch* NJW 2005, 106, 109; offen gelassen von BGH WM 1993, 1765, 1767.

Abs. 2[17] **scheitern.** Die Richtigkeit dieser Aussage lässt sich bezüglich § 813 Abs. 2 aus dem Schutzweck der Normen folgern, welche die Annahme vorzeitiger Leistungen verbieten (§ 813 RdNr. 17); für § 814 ergibt sie sich aus einem Umkehrschluss aus § 817 S. 2: Danach soll erst der eigene Gesetzes- oder Sittenverstoß des Leistenden den Bereicherungsanspruch ausschließen, nicht aber allein schon die Kenntnis des fremden Verstoßes. Liegt nun der Leistung ein voll ausgebildetes Verpflichtungsgeschäft zugrunde, drohen diese Wertungen unterlaufen zu werden. Denn da der Bereicherungsanspruch in diesem Fall bereits aus § 812 Abs. 1 S. 1 Alt. 1 folgt, scheint die Kenntnis der Gesetzes- oder Sittenwidrigkeit nach § 814 den Anspruch auszuschließen und die vorzeitige Leistung ihn gar nicht erst zur Entstehung zu bringen. Um dies Ergebnis zu vermeiden, werden – mit Fokus auf § 814 – zwei rechtskonstruktive Lösungen vorgeschlagen: Nach einer Ansicht ist bei einem voll ausgebildeten, aber gesetzes- oder sittenwidrigen Verpflichtungsgeschäft allein § 812 und nicht § 817 S. 1 anzuwenden; doch soll § 814 in den Fällen, in denen das Fehlen des Rechtsgrundes auf Gesetzes- oder Sittenwidrigkeit beruht, restriktiv gehandhabt werden.[18] Nach der Gegenansicht ist in solchen Fällen § 817 S. 1 neben § 812 anwendbar und begründet, da nicht von der Sperre des § 814 betroffen, selbstständig den Bereicherungsanspruch des Leistenden.[19] Denkt man die Deutung des § 817 S. 1 als Sonderfall der condictio ob rem konsequent zu Ende, so verdient die zuerst genannte Lösung im Grundsatz den Vorzug, bedarf aber der Präzisierung: § 814 ist bei Gesetzes- oder Sittenverstoß **überhaupt nicht anzuwenden,** weil für diesen Fall § 817 S. 2 als insoweit speziellere Norm abschließend regelt, wann subjektive Elemente in der Person des Leistenden den Bereicherungsanspruch ausschließen. Und ebenso ist § 813 Abs. 2 überhaupt nicht anzuwenden, wenn die Annahme der vorzeitigen Leistung gegen ein gesetzliches Verbot oder die guten Sitten verstößt. In beiden Fällen verbleibt es vielmehr bei einem Anspruch aus § 812 Abs. 1 S. 1 Alt. 1.

8 Die eigenständige praktische Bedeutung des § 817 S. 1 bleibt freilich auch in diesem Zusammenhang begrenzt. Wenn nämlich, wie es der Tatbestand der Vorschrift erfordert, der Gesetzes- oder Sittenverstoß des Empfängers vom Leistenden **bezweckt** war, handelt dieser regelmäßig ebenfalls gesetzes-, mindestens aber sittenwidrig. Folglich ist der Bereicherungsanspruch des Leistenden aus § 817 S. 1 zwar nicht nach § 814, wohl aber im Regelfall nach § 817 S. 2 ausgeschlossen. Gleichwohl verbleiben indes **Fälle,** in denen der **Vorwurf** eines **Gesetzes- oder Sittenverstoßes** auf den **Empfänger beschränkt** werden kann. So liegt es, wenn der Leistende sich aus tolerablen Gründen einer sittenwidrigen Forderung des Empfängers beugt,[20] wie etwa bei der Hingabe von Geldern für die Nichtanzeige einer Straftat, für die Nichtausübung von Befugnissen oder zwecks Erfüllung nicht erzwingbarer Verpflichtungen eines Angehörigen.[21]

C. § 817 S. 2

I. Normzweck

9 Im Gegensatz zu § 817 S. 1 begründet § 817 S. 2 keinen Bereicherungsanspruch, sondern schließt ihn unter bestimmten, im Ergebnis streitigen Voraussetzungen aus. Die **Gerechtigkeitsidee,** von der diese Konditionssperre getragen wird, wurde früher in einer „Strafe für

---

[17] BGHZ 171, 364, 373; *Kniffka* NZBau 2000, 552, 553 (jeweils für die Annahme von Vorleistungen durch den Bauträger entgegen § 3 Abs. 2 MaBV); im Grundsatz wohl auch OLG Düsseldorf OLGR 2005, 34, 35.
[18] IdS 4. Aufl. RdNr. 7 sowie *Erman/Westermann/Buck-Heeb* RdNr. 6; *Honsell* S. 33, Fn. 6; ebenso AnwK-BGB/*v. Sachsen Gessaphe* RdNr. 6; PWW/*Leupertz* RdNr. 4.
[19] BAG NJW 1983, 783; BGH WM 1993, 1765, 1767; *Esser/Weyers* BT/2 § 49 III; *Fikentscher/Heinemann* RdNr. 1460; *Gast* SAE 1983, 214, 215; *Koppensteiner/Kramer* § 7 IV 2 a, S. 61 f.; *Medicus* BR RdNr. 694; *Reeb* S. 64; RGRK/*Heimann-Trosien* RdNr. 5; abl. HKK/*Schäfer* §§ 812–822 RdNr. 61. Denselben Weg – Anerkennung eines ergänzenden Anspruchs aus § 817 S. 1 – gehen BGHZ 171, 64, 73; OLG Düsseldorf OLGR 2005, 34, 35 im Kontext des § 813 Abs. 2.
[20] Zweifelnd *Larenz/Canaris* II/2 § 68 I 6, S. 158.
[21] Zu den Einzelfällen RGRK/*Heimann-Trosien* RdNr. 5; *Staudinger/Lorenz* RdNr. 8.

Verstoß gegen Gesetz oder gute Sitten

die Betätigung verwerflicher Gesinnung" erblickt.[22] Nach heute verbreiteter Ansicht steht überwiegend der Aspekt der **Rechtsschutzverweigerung** im Vordergrund: Wer sich durch gesetzes- oder sittenwidriges Handeln außerhalb der Rechtsordnung stelle, solle Rechtsschutz auch nicht bezüglich der Rückabwicklung beanspruchen können.[23] Überzeugender dürfte sich § 817 S. 2 freilich nicht mit solchen eher repressiv ausgerichteten Überlegungen begründen lassen, sondern mit dem Gedanken der **Generalprävention:**[24] Der Gesetzgeber setzt für gesetzes- oder sittenwidrige Leistungen einen adversen ökonomischen Anreiz. Die Botschaft der Norm lautet schlicht: Wer sich an gesetzes- oder sittenwidrigen Transaktionen beteiligt, muss wissen, dass seine Leistung selbst dann unwiederbringlich und ersatzlos verloren ist, wenn im Rahmen solcher Transaktionen Störungen auftreten.

II. Erfasste Bereicherungsansprüche

Die systematische Stellung des § 817 S. 2 könnte zu dem Schluss verleiten, es solle **10** allein der Anspruch aus § 817 S. 1 ausgeschlossen werden.[25] Träfe dies zu, könnten Bereicherungsansprüche aus § 812 selbst dann, wenn das Kausalgeschäft nach §§ 134, 138 nichtig wäre und der Rechtsgrund daher aus diesem Grund fehlen würde, ungeachtet des zugrunde liegenden Gesetzes- oder Sittenverstoßes durchgesetzt werden.[26] Dem § 817 S. 2 verbliebe dann nur ein sehr geringer Anwendungsbereich. Um eine derartige Aushöhlung zu verhindern, dehnen daher Rechtsprechung[27] und hL[28] die Kondiktionssperre bei **beiderseitigem** Gesetzes- oder Sittenverstoß grundsätzlich auf **sämtliche Fälle der Leistungskondiktion** aus. Dem ist zuzustimmen: Solange das Gesetz einen Ausschluss des Bereicherungsanspruchs bei Gesetzes- oder Sittenverstoß fordert, kann dieser schwerlich auf den schmalen Anwendungsbereich des § 817 S. 1 beschränkt bleiben. Dagegen ist § 817 S. 2 auf sämtliche Fälle der **Nichtleistungskondiktion** – einschließlich des § 816 Abs. 1 – nicht anwendbar.[29]

Freilich ist abweichend hiervon im Schrifttum versucht worden, den Anwendungsbereich **11** beider Sätze des § 817 dem historischen Vorbild entsprechend auf jene Fälle zu beschränken, in denen der Leistende etwas hingibt, um eine rechtlich oder sittlich missbilligte Handlung zu erreichen. Die Konsequenz wäre, dass § 817 S. 2 ausschließlich auf die Fälle des § 817

---

[22] So zB BGHZ 39, 87, 91 = NJW 1983, 950; RGZ 105, 270, 281; für Strafcharakter des § 817 S. 2 auch *Salje* NJW 1985, 998, 1002; *Schäfer* AcP 202 (2002), 397, 406 ff.; zur Kritik am Strafgedanken *Canaris*, FS Steindorff, 1990, S. 519, 523 f.; *Erman/Westermann/Buck-Heeb* RdNr. 4; *Honsell* S. 58 ff.; *Niederländer*, FG Gutzwiller, 1959, S. 621, 622; *Westermann* in: Privatrechtsgeschichte und Rechtsdogmatik, Symposium Seiler, 1999, S. 485, 487.
[23] BGHZ 35, 103, 107 = NJW 1961, 1458; BGHZ 36, 395, 399 = NJW 1962, 955; BGHZ 44, 1, 6 = NJW 1965, 1585; RGZ 63, 346, 354 f.; 99, 161, 167 f.; 151, 70, 72; AnwK-BGB/*v. Sachsen Gessaphe* RdNr. 2; *Dauner* JZ 1980, 495, 499; *Esser/Weyers* BT/2 § 49 IV; *Flume* Rechtsgeschäft § 18, 10 a, 390; *Koppensteiner/Kramer* § 7 IV 2 b, S. 63; Abwandlung (Einwand der „unclean hands") bei *Prölss* ZHR 132 (1969), 35 ff. Zurückhaltend gegenüber dieser Deutung *Erman/Westermann/Buck-Heeb* RdNr. 5; de lege ferenda für Abschaffung des § 817 S. 2 *Reeb* S. 67 f.
[24] *Canaris*, FS Steindorff, 1990, S. 519, 524; *Larenz/Canaris* II/2 § 68 III 3 a, S. 162 f.; dem folgend *Armgardt* NJW 2006, 2070, 2073; *Bamberger/Roth/Wendehorst* RdNr. 2; *Langenbucher*, FS U. Huber, 2006, S. 861, 868; *St. Lorenz* FS W. Lorenz, 2001, S. 193, 200, 210; *Staudinger/Lorenz*, RdNr. 5. Den Normzweck nicht einheitlich, sondern nach den verschiedenen Anwendungsbereichen bestimmt *Medicus*, GS Dietz, 1973, S. 61, 66 ff.
[25] So in der Tat *Wazlawik* ZGS 2007, 336, 340, 344.
[26] Vgl. *Esser/Weyers* BT/2 § 49 IV 2.
[27] St. Rspr.: BGHZ 44, 1, 6 = NJW 1965, 1585; BGHZ 50, 90, 91 = NJW 1968, 1329; so auch schon RG LZ 1922, 648; RGZ 151, 70, 72; 161, 52, 55; OGHZ 4, 57, 60.
[28] *Bamberger/Roth/Wendehorst* RdNr. 11; *Eidenmüller* JZ 1996, 889, 890 m. Fn. 7; *Erman/Westermann/Buck-Heeb* RdNr. 11; *Esser/Weyers* BT/2 § 49 IV; *Gast* SAE 1983, 214, 215; *Koppensteiner/Kramer* § 7 IV 2, a, S. 62; *Larenz/Canaris* II/2 § 68 III 3 b, S. 163 f.; *Medicus* BR RdNr. 696; *Staudinger/Lorenz* RdNr. 10; im Ergebnis auch *Fikentscher/Heinemann* RdNr. 1462; diff. *Reeb* S. 68; vgl. zu anderen Auffassungen in der älteren Lit. *Honsell* S. 32.
[29] BGHZ 39, 87, 91; 152, 307, 315; BGH WM 1967, 1217, 1218; RG JW 1910, 810; KG JW 1932, 957; *Erman/Westermann/Buck-Heeb* RdNr. 3; HKK/*Schäfer* §§ 812–822 RdNr. 60; *Löhnig* JA 2003, 270, 273; RGRK/*Heimann-Trosien* RdNr. 1.

S. 1 anzuwenden wäre, auf die Fälle des § 812 dagegen nur dann, wenn Gegenstand des Verpflichtungsgeschäfts ebenfalls die Vornahme einer gesetzes- oder sittenwidrigen Handlung ist.[30] Nach anderer Sichtweise soll er nur bei beiderseits erfüllten gesetzes- oder sittenwidrigen Verträgen ein Reurecht verhindern.[31] Derartige Restriktionen des § 817 S. 2 sind indes mit dem Gedanken der Generalprävention (RdNr. 9) nicht in Einklang zu bringen: Der Gesetzgeber will den Rechtsunterworfenen von jeder Beteiligung an gesetzes- oder sittenwidrigen Transaktionen durch die Androhung abschrecken, dass das Geleistete im Konfliktfall verloren ist. Für eine qualitative Heraushebung bestimmter Verstöße besteht weder Anlass noch Rechtfertigung.

12 Gegen die Anwendung des § 817 S. 2 auf Bereicherungsansprüche aus § 812 wird freilich vorgetragen, es sei ungereimt, aus dem Gesetzes- oder Sittenverstoß die Nichtigkeit eines Rechtsgeschäfts zu folgern, dann aber die notwendige Konsequenz, nämlich einen Anspruch auf Rückgewähr des Geleisteten, mit Rücksicht auf § 817 S. 2 zu scheuen.[32] Dieser Einwand greift indes ins Leere. Die Nichtigkeit aus §§ 134, 138 entfaltet schon deshalb die ihr zugedachte Sanktionswirkung, weil durch sie Erfüllungsansprüche aus dem fraglichen Rechtsgeschäft ausgeschlossen werden. Dagegen zwingt die Nichtigkeit nicht zu der Folgerung, der Empfänger müsse das Erlangte unter allen Umständen zurückgewähren; wäre es anders, so entzöge sich nicht nur die Kondiktionssperre des § 817 S. 2, sondern auch die des § 814 jeglicher Erklärung. Die Funktion der Nichtigkeitsvorschriften wird mithin nicht allein schon durch den Ausschluss der Rückabwicklung berührt. Das Bereicherungsrecht ist vielmehr offen für eigenständige rechtsökonomische Steuerungsimpulse – etwa für den in RdNr. 9 formulierten Präventionsgedanken.

13 Freilich wird die Anwendung der in § 817 S. 2 niedergelegten Kondiktionssperre für die Fälle nur **einseitig erfüllter Verträge** als nicht sinnvoll empfunden: Der Vorleistende könne schon keine Erfüllung verlangen. Wenn man ihm nun selbst die Rückforderung des Geleisteten verwehre, ziehe der Empfänger aus dem nichtigen Vertrag einen ungerechtfertigten Vorteil.[33] Indes spricht diese Konsequenz nicht gegen, sondern für die Anwendung des § 817 S. 2:[34] Gerade für solche Konfliktfälle will der Gesetzgeber an die Beteiligten die Warnung aussprechen, dass ihre Beteiligung an der gesetzes- oder sittenwidrigen Transaktion den endgültigen Verlust des Geleisteten zur Folge hat. Gerade in solchen Fällen kann § 817 S. 2 daher die ihm zugedachte Abschreckungswirkung am besten entfalten.

III. Analoge Anwendung des § 817 S. 2 außerhalb des Bereicherungsrechts

14 Sehr umstritten ist, ob und ggf. in welchem Umfang § 817 S. 2 außerhalb des Bereicherungsrechts analog angewandt werden kann. In der Rechtsprechung herrscht seit langem die Auffassung vor, dass § 817 S. 2 sich als eng auszulegende Ausnahmebestimmung einer Ausdehnung auf Ansprüche außerhalb des Bereicherungsrechts entziehe.[35] Diese Handhabung verdient indes in dieser Allgemeinheit keine Zustimmung:

15 **1. Geschäftsführung ohne Auftrag.** Für die Geschäftsführung ohne Auftrag wird die **entsprechende Anwendung des § 817 S. 2** vom BGH verworfen.[36] Diese Rechtsprechung fordert indes Widerspruch heraus. Wenn man nämlich die Vorschrift nicht anwendet, muss dies zu dem Ergebnis führen, dass der Geschäftsführer für den Einsatz seiner Arbeitskraft Aufwendungsersatz nach §§ 683, 670 erhält. Dies kann angesichts des Umstands, dass

---

[30] *Honsell* S. 136 ff.; sympathisierend *Erman/Westermann/Buck-Heeb* RdNr. 16.
[31] *Reeb* S. 66 f. in Anlehnung an *Bufe* AcP 157 (1958/59), 215, 239.
[32] Vgl. zB *Honsell* S. 2; dagegen *Dauner* JZ 1980, 495, 496 ff.
[33] *Esser/Weyers* BT/2 § 49 IV 2, 459; *Honsell* S. 2; *Reeb* S. 66.
[34] Abl. zum im Text referierten Einwand auch *Dauner* JZ 1980, 495, 499.
[35] So bereits RGZ 70, 1, 5 f.; 85, 293, 294; 101, 307, 308; Übersichten bei *Erman/Westermann/Buck-Heeb* RdNr. 11; RGRK/*Heimann-Trosien* RdNr. 13; *Staudinger/Lorenz* RdNr. 14; umfassende Darstellung bei *Honsell* S. 52 ff.; vgl. ferner die Nachweise in den nachfolgenden Fußnoten.
[36] BGHZ 39, 87, 90 f.; BGH WM 1967, 1217, 1218; dem folgend OLG Stuttgart ZIP 1994, 200, 202; RGRK/*Heimann-Trosien* RdNr. 13.

das Gesetz seine Tätigkeit missbilligt, kaum überzeugen.[37] Zu dieser Einsicht scheint im Ergebnis auch der BGH zu neigen: Nach seiner Ansicht darf der Geschäftsführer den rechtlich missbilligten Arbeitseinsatz nicht iS des § 670 für erforderlich halten;[38] einem auf § 812 gestützten Anspruch auf Wertersatz für die geleistete Arbeit steht, wie auch der BGH erkennt, § 817 S. 2 entgegen.[39] Der BGH meint aber, dass der Geschäftsherr Vermögenswerte, die er dem Geschäftsführer zur Erledigung des Geschäfts überlassen hat, nach §§ 681 S. 2, 667 herausverlangen kann, ohne daran durch § 817 S. 2 gehindert zu sein: Diese Werte seien nicht zum dauerhaften Verbleib, sondern bloß zur vorübergehenden Verwendung auf ihn übertragen worden.[40] Auch dies überzeugt indes nicht; vielmehr ist auch für solche Fälle § 817 S. 2 analog anzuwenden (vgl. auch RdNr. 48 ff.).

2. Unerlaubte Handlungen. Bei Deliktsansprüchen ist für die Anwendung des § 817 S. 2 nach der Interessenlage zu differenzieren. Abzulehnen ist die Anwendung dieser Vorschrift dann, wenn dem Schädiger ein Fehlverhalten mit überwiegendem Unrechtsgehalt zur Last fällt. So hatte der BGH zu entscheiden, ob der Verkäufer eines Gebrauchtwagens, der ein Fahrzeug verkaufte, obwohl er wusste, dass es zuvor dem Eigentümer gestohlen worden war, dem Anspruch des Käufers aus § 826 den Einwand aus § 817 S. 2 entgegenhalten konnte. Diese Idee lag im gegebenen Fall nahe, weil der Käufer eindeutige Indizien, die auf den Diebstahl hingewiesen hatten, schlicht ignoriert und sich damit der Einsicht in die Gesetzwidrigkeit seines Handelns bewusst verschlossen hatte. Der BGH hat indes für diesen Fall die entsprechende Anwendung des § 817 S. 2 zutreffend verneint.[41] Das lässt sich mit der ratio legis des § 817 S. 2 durchaus in Einklang bringen: Das Bedürfnis, von sittenwidrigem Handeln mit der Drohung des Verlusts von Ansprüchen abzuschrecken, muss in wesentlich stärkerem Maße an den betrügerisch handelnden Verkäufer denn an den bloß grob fahrlässig handelnden Käufer adressiert werden. Dem widerspräche es, wenn der Verkäufer die Früchte seines kriminellen Verhaltens ernten dürfte. Das OLG Koblenz hat sich durch § 817 S. 2 ebenso mit Recht nicht daran gehindert gesehen, dem Kunden eines „Dissertationsberaters" einen Anspruch auf Rückgewähr des Beraterhonorars aus § 823 Abs. 2 iVm. § 263 StGB zuzusprechen:[42] Jener Berater hatte seinem Kunden, der bereits eine Dissertation angefertigt hatte, bewusst wahrheitswidrig vorgespiegelt, mit Hilfe dieser Arbeit könne er ihm einen Doktortitel an einer deutschen Universität verschaffen. Auch hier trifft es zwar zu, dass der Kunde vor der sittlichen Missbilligung eines solchen Geschäfts bewusst die Augen verschlossen hatte. Aber das rechtfertigt es eben nicht, dem Betrüger die Früchte seines Handelns zu belassen. Näher liegt dagegen die Anwendung des § 817 S. 2, wenn der Gesetzes- oder Sittenverstoß darin begründet liegt, dass der Geschädigte seine Rechtsgüter einem Dritten anvertraut, um sie dem Zugriff von Behörden oder privaten Gläubigern zu entziehen, und der Dritte diese Güter sodann beschädigt. Der BGH hat freilich auch in einem solchen Fall die Anwendung des § 817 S. 2 unter Hinweis auf den Ausnahmecharakter der Vorschrift abgelehnt.[43] Das überzeugt indes in dieser Allgemeinheit nicht: Der Anspruch aus § 823 Abs. 1 wegen Rechtsgutsverletzung ist in diesem Fall vielmehr immer dann ausgeschlossen, wenn auch der Herausgabeanspruch nach § 985 ausgeschlossen wäre.[44]

3. Eigentümer-Besitzer-Verhältnis. Stark umstritten ist die Analogie zu § 817 S. 2 im Bereich des Eigentümer-Besitzer-Verhältnisses. Die Frage nach dieser Analogie ist immer

---

[37] Näher zum Ganzen AnwK-BGB/*Schwab* § 677 RdNr. 41. Für Anwendung des § 817 S. 2 auf Ansprüche aus Geschäftsführung ohne Auftrag auch *Koppensteiner/Kramer* § 7 IV 2 b, S. 63.
[38] BGHZ 37, 258, 263 f.
[39] BGHZ 50, 90, 91.
[40] BGHZ 39, 87, 90 f.
[41] BGH NJW 1992, 310, 311; abl. dazu *Staudinger/Lorenz* RdNr. 14. Ebenso aber für Ansprüche aufgrund Betrugs bei einem Schwarzmarktkauf OGHZ 4, 57, 65.
[42] OLG Koblenz NJW 1996, 665.
[43] BGH JZ 1951, 716, 717.
[44] Dazu RdNr. 17 ff.; zu § 817 S. 2 bei bloß vorübergehender Überlassung von Mitteln s. RdNr. 48 ff.

dann aufgeworfen, wenn im Rahmen der inkriminierten Leistungsbeziehung nicht nur das schuldrechtliche Kausalgeschäft, sondern ebenso das dingliche Erfüllungsgeschäft nichtig ist. Der **BGH** verwirft die Anwendung des § 817 S. 2 auch hier: Die Vorschrift sei weder einschlägig, wenn der Leistende, der Eigentümer geblieben sei, nach §§ 990, 987 Herausgabe von Nutzungen verlange,[45] noch dann, wenn der Empfänger nach §§ 994ff. Verwendungsersatz begehre,[46] und ebenso wenig dann, wenn der Eigentümer aus § 985 Rückverschaffung des Besitzes fordere.[47] Dagegen wird die Anwendung des § 817 S. 2 auf §§ 985 ff. von der **hL** im **Schrifttum** befürwortet.[48] Für diese Analogie werden insbesondere zwei Argumente vorgetragen: Zum einen mute es wertungswidersprüchlich an, bei Nichtigkeit bloß des schuldrechtlichen Geschäfts die Rückforderung zu versagen, diese dagegen zu gestatten, wenn der Verstoß so schwer wiege, dass er sogar das Erfüllungsgeschäft ergreife: gerade bei solch schweren Verstößen müsse die in § 817 S. 2 angelegte Rechtsschutzversagung besonders zum Tragen kommen. Zum anderen dürfe es nicht geschehen, dass derjenige, der Geld oder nicht mehr identifizierbare Sachen geleistet habe und daher exklusiv auf den (nach § 817 S. 2 gesperrten) Bereicherungsanspruch verwiesen sei, schlechter stehe als jemand, der noch identifizierbare Ware geliefert habe und daher sein Rückgewährverlangen auch auf § 985 stützen könne. Gerade bei § 987 leuchte es nicht ein, § 817 S. 2 nicht anzuwenden; denn der nach dieser Vorschrift geschuldete Nutzungsersatz weise eine Nähe zu § 818 auf.[49]

18   Eine **dritte Auffassung** will besagten Wertungswiderspruch wie folgt auflösen:[50] Grundsätzlich sei daran festzuhalten, dass das Erfüllungsgeschäft gesetzes- bzw. sittenneutral sei, dh. nicht dem Verdikt der §§ 134, 138 verfalle. In dieser – gewissermaßen als Normalfall anzusehenden – Konstellation stelle sich das Problem, ob § 817 S. 2 auf §§ 985 ff. anwendbar sei, überhaupt nicht. Da nämlich das Erfüllungsgeschäft wirksam bleibe, komme es gar nicht zu einer Vindikationslage. Wenn aber das Gesetz ausnahmsweise auch das Erfüllungsgeschäft, also den Vermögenstransfer an sich missbillige, bedeute dies, dass der verschobene Vermögenswert unter keinen Umständen beim Empfänger verbleiben dürfe. Dann sei es gerade wegen jener Gesetzesvorschrift, die das Erfüllungsgeschäft nach § 134, bzw. wegen jener sittlichen Wertung, welche es nach § 138 nichtig mache, zwingend geboten, dem Leistenden den Herausgabeanspruch aus § 985 zu belassen. Dieser Ansatz sucht mithin die Lösung des Problems nicht bei der Auslegung des § 817 S. 2, sondern in der **Reichweite der Nichtigkeit** nach §§ 134, 138. Dem ist sowohl in der Gedankenführung als auch im Ergebnis **zuzustimmen.** Ergänzend ist klarzustellen, dass dort, wo der (ausnahmsweise) nichtig übereigneten Gegenstand im Vermögen des Empfängers nicht mehr unterscheidbar vorhanden ist, im Wege der **teleologischen Reduktion** des § 817 S. 2 auch der auf Wertersatz gerichtete Bereicherungsanspruch des Leistenden bestehen bleiben muss.[51]

19   Die Diskussion wird des Weiteren von dem Bestreben beherrscht, **Wertungswidersprüche zwischen Sach- und Kapitalüberlassung** zu vermeiden. Ausgehend von der Prämisse, dass der sittenwidrig handelnde Darlehensgeber Rückgewähr der Valuta nur nach Maßgabe des vereinbarten Tilgungsplans und Zahlung von Zinsen überhaupt nicht ver-

---

[45] BGHZ 63, 365, 369. Gegen die Anwendung des § 817 S. 2 auf §§ 985 ff. auch RGRK/*Heimann-Trosien* RdNr. 13.
[46] BGHZ 41, 341, 348 ff.; insoweit zust. *Erman/Westermann/Buck-Heeb* RdNr. 22.
[47] BGHZ 11, 90, 96; obiter dicta in BGH NJW 1951, 643, JZ 1964, 558. Gegen die Anwendung des § 817 S. 2 auf § 985 auch *Palandt/Sprau* RdNr. 12; *Schlothauer/Borggreve* DB 1983, 1344, 1346.
[48] AnwK-BGB/*v. Sachsen Gessaphe* RdNr. 13; *Bamberger/Roth/Wendehorst* RdNr. 13; *Erman/Westermann/ Buck-Heeb* RdNr. 11; *Honsell* S. 56 mwN; *Jauernig/Stadler* RdNr. 9; *Koppensteiner/Kramer* § 7 IV 2 b, S. 64; *Larenz/Canaris* II/2 § 68 III 3 e, S. 165 f.; *Medicus* BR RdNr. 697; PWW/*Leupertz* RdNr. 8; *Staudinger/ Lorenz* RdNr. 14; *Wernecke* S. 571; *Wieling* S. 39.
[49] *Westermann* in: Privatrechtsgeschichte und Rechtsdogmatik, Symposium Seiler, 1999, S. 485, 496.
[50] Zum Folgenden 4. Aufl. RdNr. 28 im Anschluss an *Dauner* JZ 1980, 495, 498. Im Ansatz ebenso bereits RGZ 63, 179, 185 f.; 75, 68, 75 (jeweils für Bordellkaufvertrag).
[51] Näher zu teleologischen Einschränkungen des § 817 S. 2 s. RdNr. 20 ff.

langen kann (RdNr. 35 ff.), wird Vergleichbares mit Recht auch für die Gebrauchsüberlassung von Sachen gefordert. So hält man im Bereich des Mietwuchers eine analoge Anwendung des § 817 S. 2 auf § 985 schon deshalb für geboten, um auch dort zu erreichen, dass der Vermieter das Mietobjekt nicht vor Ende der vereinbarten Mietzeit herausverlangen kann.[52] Dem damit verfolgten Ziel einer Gleichbehandlung von Sach- und Kapitalüberlassung ist beizupflichten; sie dürfte sich freilich ohne Anwendung des § 817 S. 2 auch auf anderem rechtskonstruktivem Wege erreichen lassen (RdNr. 36). Für den Anspruch auf Herausgabe von Nutzungen aus § 987 muss § 817 S. 2 schon deshalb gelten, weil derjenige, der einem anderen gesetzes- oder sittenwidrig Sachen überlässt, nicht besser stehen darf als jemand, der ein sittenwidriges Darlehen ausgereicht hat und mit seinem Zinsanspruch nach § 817 S. 2 ausgeschlossen ist.[53] Auch dies Ergebnis verdient Zustimmung, lässt sich indes abermals auf anderem Wege ohne Rückgriff auf § 817 S. 2 erreichen (RdNr. 37). Dagegen wird der Verwendungsersatz nach §§ 994 ff. in der Tat nicht von § 817 S. 2 betroffen. Denn der Vornahme von Verwendungen liegt keine Leistung an den Eigentümer zugrunde. Vielmehr handelt es sich bei §§ 994 ff. um spezielle Ausprägungen der Verwendungskondiktion. Da § 817 S. 2 auf letztere nicht anwendbar ist, kann die Vorschrift auch keine Ansprüche aus §§ 994 ff. ausschließen.[54]

IV. Teleologische Einschränkungen des § 817 S. 2

1. Schutzzwecküberlegungen. Das allgemeine Präventionsziel des § 817 S. 2 kann **20** im Einzelfall mit Steuerungszielen kollidieren, welche sich aus der durch die Leistung verletzten Rechtsvorschrift bzw. aus jener Wertung ergeben, welche die Leistung als sittenwidrig erscheinen lässt. Es mag nämlich geschehen, dass der **Schutzzweck** der verletzten Norm bzw. die Zielrichtung der sittlichen Wertung, aus der sich die Nichtigkeit ergibt, erst dann vollständig verwirklicht wird, wenn der Empfänger das Erlangte herausgeben muss. Deshalb wird es zu Recht generell für möglich gehalten, dass der Empfänger sich in solchen Fällen nicht auf § 817 S. 2 berufen kann.[55] Dagegen lässt sich das Problem nicht dadurch lösen, dass man in solchen Fällen auch das Erfüllungsgeschäft für nichtig hält und dem Leistenden gestattet, den Gegenstand der Güterbewegung nach § 985 herauszuverlangen.[56] Denn unabhängig davon, ob man § 817 S. 2 auch auf dingliche Herausgabeansprüche anwendet (RdNr. 17 ff.), befriedigt dieser Lösungsweg deshalb nicht, weil die Frage der schutzzweckorientierten Reduktion des § 817 S. 2 sich in gleicher Weise in jenen Fällen bewähren muss, in denen es nicht um eine Sachleistung geht und in denen daher Herausgabeansprüche aus § 985 bereits im Ansatz nicht in Betracht kommen. Freilich wird gegen am Schutzzweck orientierte Einschränkungen des § 817 S. 2 eingewandt, der Gesetzgeber ordne in zahlreichen Fällen eine staatliche Abschöpfung des gesetzes- bzw. sittenwidrig erlangten Vorteils an (zB Verfall nach § 73 StGB); wo dies nicht geschehe, müsse es bei § 817 S. 2 bewenden.[57] Daran ist richtig, dass dort, wo der Fiskus auf derartige Vorteile zugreift, für eine Zurückdrängung des § 817 S. 2 keine Notwendigkeit besteht. Gerade die Fälle sittenwidrigen Empfangs lassen sich indes mit dieser Überlegung nicht befriedigend lösen; denn hier fehlt es weithin an einer öffentlichrechtlichen Abschöpfungsregel. Insgesamt besteht daher kein Anlass, die Diskussion um schutzzweckorientierte Begrenzungen des § 817 S. 2 mit Rücksicht auf staatliche Zugriffsregeln für obsolet zu erklären. In methodischer

---

[52] *Baur/Stürner* Sachenrecht § 5 IV 3a, 46 f.; *Medicus* BR RdNr. 697 mwN; *ders.*, GS Dietz, 1973, S. 61, 67; *Koppensteiner/Kramer* § 7 IV 2 c, S. 65; *Larenz/Canaris* II/2 § 68 III 3 e, S. 166, jeweils mwN.
[53] *Larenz/Canaris* II/2 § 68 III 3 e, S. 165 f.
[54] Wie hier *Larenz/Canaris* II/2 § 68 III 3 e, S. 166.
[55] *Bamberger/Roth/Wendehorst* RdNr. 23; *Esser/Weyers* BT/2 § 49 IV 3, 460; *Fabricius* JZ 1963, 85 ff.; *Koppensteiner/Kramer* § 7 IV 2 b, S. 64; *Larenz/Canaris* II/2 § 68 III 3 e, S. 166; *Salje* NJW 1985, 998, 1002 f.; *Weyer* WM 2002, 627, 630; ähnlich *Flume* Rechtsgeschäft § 18, 10 h, 396.
[56] So aber 4. Aufl. RdNr. 13 sowie *Dauner* JZ 1980, 495, 496 f.
[57] HKK/*Schäfer* §§ 812–822 RdNr. 65 f.

Hinsicht bleibt anzumerken, dass die nachfolgenden Überlegungen nichts mit einer offenen Ergebniskontrolle zu tun haben, wie sie im Schrifttum gefordert worden ist;[58] Einschränkungen des § 817 S. 2 müssen vielmehr präzise auf gesetzliche Wertungen zurückgeführt werden können.

21 Die Schwierigkeit besteht freilich darin, jene Fälle zu identifizieren, in denen die Kondiktionssperre im soeben beschriebenen Sinne dem Schutzzweck des Gesetzes bzw. der sittlichen Wertung zuwiderläuft. Nach Ansicht des BAG ist dies der Fall, wenn der Auszubildende entgegen § 12 Abs. 2 Nr. 1 (damals: § 5 Abs. 2 Nr. 1) BBiG für die **Begründung eines Ausbildungsverhältnisses** ein **Entgelt** bezahlt: Die Vorschrift soll den Auszubildenden vor finanziellen Belastungen für seine Berufsausbildung bewahren; damit sei es nicht vereinbar, wenn der Inhaber des Ausbildungsbetriebs das gezahlte Entgelt behalten dürfe.[59] Diese Ansicht verdient im Ergebnis Zustimmung. Doch hätte es nach hier vertretener Ansicht keiner Restriktion des § 817 S. 2 bedurft. Vielmehr ist bereits der Tatbestand dieser Norm nicht erfüllt. Denn nicht dem Auszubildenden, der eine Vergütung für die Begründung des Ausbildungsverhältnisses zahlt, sondern allein dem Inhaber des Ausbildungsbetriebs, der sie annimmt, fällt bei verständiger Auslegung des § 12 Abs. 2 Nr. 1 ein Gesetzesverstoß zur Last.[60]

22 Ein weiterer Beispielsfall für die schutzzweckorientierte Einschränkung des § 817 S. 2 stellt die Einzahlung von Beiträgen in ein **Schneeballsystem** dar. Der BGH verschonte einen Mitspieler in einem solchen System, der seinen Spieleinsatz zurückforderte, deshalb von der Kondiktionssperre des § 817 S. 2, weil er der Meinung war, jenem Spieler sei der Sittenverstoß nicht bewusst gewesen.[61] Über die Berechtigung dieser Sichtweise mag man füglich zweifeln; denn die Bewertung von Schneeballsystemen als unlauter steht in heutiger Zeit außer Frage.[62] Gleichwohl ist es richtig, § 817 S. 2 auf die Rückforderung von Spieleinsätzen nicht anzuwenden: Die Sittenwidrigkeit folgt gerade daraus, dass die Gewinne der anfänglichen Mitspieler auf dem Rücken der späteren Mitspieler erzielt werden. Will man diese Schieflage ausgleichen, so muss man eine Rückabwicklung anstreben, die dazu führt, dass alle Beteiligten ihren Einsatz, aber auch nicht mehr zurückerhalten. Deshalb steht § 817 S. 2 zum einen der Rückforderung des Spieleinsatzes vom Veranstalter nicht entgegen.[63] Aus dem gleichen Grund kann aber zum anderen auch der Veranstalter die – ebenfalls wegen § 138 rechtsgrundlos – ausbezahlten Gewinne von den anfänglichen Mitspielern herausverlangen, ohne daran durch § 817 S. 2 gehindert zu sein; denn er benötigt diese Gelder, um die späteren Mitspieler wegen der Rückforderung des von diesen geleisteten Einsatzes zu befriedigen. Der Rückforderung solcher Gewinne steht auch nicht § 814 entgegen;[64] denn diese Vorschrift ist bei gesetzes- oder sittenwidrigem Leistungszweck nicht anwendbar (RdNr. 7).

23 Übereinstimmend mit den hier angestellten Überlegungen hat der BGH § 817 S. 2 bei sog. **Schenkkreisen** nicht angewandt (denen ebenfalls ein Schneeballsystem innewohnt): Würde man die Kondiktionssperre durchgreifen lassen, so würden die Initiatoren solcher Systeme zum Weitermachen geradezu eingeladen.[65] Damit hat der BGH einer schutzzweckorientierten Einschränkung des § 817 S. 2 das Wort geredet. Auf die Frage, ob die Teilnehmer des Schenkkreises sich leichtfertig der Einsicht in die Sitten-

---

[58] *Westermann* in: Privatrechtsgeschichte und Rechtsdogmatik, Symposium Seiler, 1999, S. 485, 489 f.
[59] BAGE 39, 226, 229; zust. *Weyer* WM 2002, 627, 630.
[60] So auch *Gast* SAE 1983, 214, 216.
[61] BGH NJW 1997, 2314, 2315; WM 2006, 335, 336; zust. jurisPK/*Martinek* RdNr. 51; *ders.* EWiR 1997, 687, 688; *Medicus* BR RdNr. 698; *Willingmann* NJW 1997, 2932, 2933. Vgl. zu den subjektiven Erfordernissen des § 817 S. 2 RdNr. 68 ff.
[62] Zweifelnd hinsichtlich der Begründung deshalb auch *Martinek* EWiR 1997, 687, 688.
[63] Gegen die Anwendung des § 817 S. 2 bei Schneeballsystemen auch *Bamberger/Roth/Wendehorst* RdNr. 25; *Erman/Westermann/Buck-Heeb* RdNr. 23; *Möller* NJW 2006, 268; *PWW/Leupertz* RdNr. 14.
[64] So aber BGHZ 113, 98, 100 f.; BGH WM 1991, 331, 332.
[65] BGH NJW 2006, 45, 46. Ebenso *Goerth* VuR 2006, 76, 77. Im Ergebnis zust. auch *Schmidt-Recla* JZ 2008, 60, 67. Abl. aber HKK/*Schäfer* §§ 812–822 RdNr. 66.

widrigkeit des Spielsystems verschlossen haben,[66] kommt es folglich nicht mehr an. Der Bereicherungsanspruch bleibt demjenigen, der sich an einem solchen Schenkkreis beteiligt und Einsätze leistet, also erhalten – und zwar nicht nur, wenn Empfänger der Leistung ein Initiator, sondern ebenso dann, wenn Empfänger ein später in das System einsteigender Spieler ist (mithin jemand, der selbst nicht durch das System begünstigt wird).[67]

Nach Ansicht des BGH soll § 817 S. 2 des Weiteren den **Schwarzarbeiter** nicht daran hindern, wegen der von ihm geleisteten Arbeit nach Bereicherungsgrundsätzen Wertersatz zu fordern.[68] Denn das Schwarzarbeitsgesetz diene in erster Linie öffentlichen Belangen, verfolge jedoch nicht den Zweck, den (sonst begünstigten) Auftraggeber vor Ansprüchen des Schwarzarbeiters zu bewahren.[69] Der Präventionsgedanke verfange nicht; vielmehr ergebe sich aus dem Kondiktionsausschluss gerade ein Anreiz für den Auftraggeber, Schwarzarbeiter zu engagieren. Auch für den Auftragnehmer lasse sich das Risiko eingrenzen, indem er auf Vorleistung bestehe, während ein Bereicherungsanspruch wegen der drohenden Sanktionen des Schwarzarbeitsgesetzes kaum durchgesetzt werde.[70] Diese Entscheidung ist zu Recht überwiegend abgelehnt worden.[71] Insbesondere greift das letztlich auf § 242 basierende Argument des **BGH** ins Leere, dass bei Anwendung des § 817 S. 2 der Auftraggeber unangemessen begünstigt werde. Denn eine solche Begünstigung ist als hinzunehmender Rechtsreflex stets die Folge des § 817 S. 2.[72] Der Schwarzarbeiter, der sich bewusst gegen das Gesetz stellt, wäre seinerseits durch den Schutz der Rechtsordnung unangemessen begünstigt.[73]

Der **Abschlussprüfer,** der entgegen einem handelsrechtlichen Tätigkeitsverbot (damals § 319 Abs. 2 Nr. 5 HGB, entspricht dem heutigen § 319 Abs. 3 Nr. 3 a HGB) an einer Abschlussprüfung mitwirkt, soll dagegen gemäß § 817 S. 2 auch aus §§ 812 ff. keinen Anspruch auf Wertersatz für die geleistete Arbeit haben; die zur Schwarzarbeit entwickelten Grundsätze seien hier nicht übertragbar.[74] Diese sehr pauschal gehaltene Überlegung überzeugt nicht, weil sie den maßgeblichen Wertungsgesichtspunkt, der den Schwarzarbeiter vom befangenen Wirtschaftsprüfer unterscheiden soll, nicht offen legt.[75] Immerhin erlangt die Gesellschaft einen Jahresabschluss, der nach der ausdrücklichen Anordnung des § 256 Abs. 1 Nr. 3 AktG wegen des Verstoßes gegen § 319 Abs. 3 HGB nicht der Nichtigkeit verfällt.[76] Die Entscheidung des BGH verdient allein deshalb Zustimmung, weil entgegen seiner Ansicht § 817 S. 2 auch auf den Schwarzarbeiter anzuwenden ist.[77] Leistet jemand, der nicht die Qualifikation zum **Steuerberater** hat, entgegen § 5 StBerG geschäftsmäßig Hilfe in fremden Steuersachen, so kann er für die rechtsgrundlos geleistete Arbeit nach

---

[66] Bejahend OLG Celle NJW 1996, 2660 f.; OLG Köln VuR 2006, 73, 75; LG Bonn NJW-RR 2005, 490, 491; verneinend LG Stuttgart vom 16. 9. 2004, 25 O 301/04; LG Freiburg NJW-RR 2005, 491, 492.
[67] BGH NJW 2008, 1942; OLG Köln NJW 2006, 3288, 3289.
[68] BGHZ 111, 308, 312 f.; zur Berechnung des Wertersatzes s. § 818 RdNr. 86.
[69] BGHZ 111, 308, 312 f.; dem folgend KG BauR 2007, 1419, 1421.
[70] *Köhler* JZ 1990, 466, 469.
[71] AnwK-BGB/*v. Sachsen Gessaphe* RdNr. 23; *Armgardt* NJW 2006, 2070, 2073; *Kern* JuS 1993, 193, 195; *Larenz/Canaris* II/2 § 68 III 3 g, S. 167; PWW/*Leupertz* RdNr. 15; *Schmidt-Recla* JZ 2008, 60, 67; *Staudinger/Lorenz* RdNr. 10; *Tiedtke* DB 1990, 2307, 2310; *Wieling* S. 40; zust. dagegen *Westermann* in: Privatrechtsgeschichte und Rechtsdogmatik, Symposium Seiler, 1999, S. 485, 491; *Bamberger/Roth/Wendehorst* RdNr. 23; *Köhler* JZ 1990, 466, 469; 485, 491. Nach *Bydlinski* AcP 204 (2004), 309, 353 ist bei Schwarzarbeitsfällen ein beiderseitiger Kondiktionsausschluss vertretbar.
[72] Zum Bereicherungsanspruch bei verbotener Arbeitnehmerüberlassung BGH NJW 1980, 452 (dazu *Dauner* JZ 1980, 495); OLG Karlsruhe BauR 1990, 482.
[73] Zutr. *Tiedtke* DB 1990, 2307, 2310.
[74] BGH ZIP 1992, 833, 835 f.; im Ergebnis zust. *Armgardt* NJW 2006, 2070, 2071; in der Tendenz auch *Roth* Anm. zu LM § 318 Nr. 2 Bl. 5, der jedoch bezweifelt, ob die Voraussetzungen des § 817 S. 2 überhaupt gegeben sind.
[75] Krit. auch *Staudinger/Lorenz* RdNr. 10.
[76] Darauf weist *Wazlawik* ZGS 2007, 336, 341 hin.
[77] Die Entscheidung deshalb zu Recht in diesem Zusammenhang betrachtend AnwK-BGB/*v. Sachsen Gessaphe* RdNr. 23; PWW/*Leupertz* RdNr. 15.

§ 817 S. 2 keine Vergütung verlangen.[78] Gleiches gilt für verbotene, weil gegen § 3 RDG verstoßende Rechtsberatung.[79]

26 Einer teleologischen Reduktion unterliegt § 817 S. 2 des Weiteren bei einem Darlehen, das zu dem Zweck ausgereicht wird, den Betrieb eines **Bordells** zu fördern. Sofern der Betrieb eines Bordells für sich gesehen gegen die guten Sitten verstößt,[80] ist auch ein zur Förderung dieses Betriebs gewährtes Darlehen nach § 138 nichtig.[81] Wäre aus diesem Grund auch der Anspruch auf Rückgewähr der Darlehensvaluta nach § 817 S. 2 ausgeschlossen, so hätte dies zur Folge, dass der Bordellbetreiber das ihm überlassene Kapital weiterhin einsetzen kann, um den Bordellbetrieb fortzusetzen. Durch die Kondiktionssperre würde damit das sittenwidrige Treiben gefördert. Um diese Konsequenz zu vermeiden, muss dem Darlehensgeber in einem solchen Fall ein Anspruch auf Rückgewähr der Darlehenssumme zugebilligt werden, ohne dass § 817 S. 2 dem entgegenstünde.[82]

27 Werden **Parteispenden** in einer Art und Weise gewährt, die darauf gerichtet ist, die gesetzlichen Vorschriften zu umgehen, nach denen die Parteien über ihre Spenden öffentlich Rechenschaft ablegen müssen, so liegt ein beiderseitiger Gesetzesverstoß vor: Die Spende ist von beiden Seiten darauf angelegt, dem Wähler zu verschleiern, dass der Zuwendende die Partei unterstützt (und im Gegenzug, meist unausgesprochen, Entgegenkommen zugunsten eigener Interessen bei der Gestaltung und Verwirklichung des Parteiprogramms erwartet). Wird diese Spende zurückgefordert, so kann die Partei sich nicht auf § 817 S. 2 berufen. Denn andernfalls verbliebe ihr ein Vorteil, den sie sich an den Vorschriften zur öffentlichen Rechnungslegung vorbei verschafft hat.[83] Man wende nicht ein, die Partei könne das öffentliche Interesse an Spendentransparenz wiederherstellen, indem sie nunmehr über die Spende Rechnung legt. Würde man ihr mit diesem Argument die Spende belassen, so verlöre sie jeglichen Anreiz, sich an die Transparenzvorschriften zu halten. Sie könnte die Spende in der beruhigenden Gewissheit vereinnahmen, die zuvor absichtlich versäumte Rechnungslegung nachzuholen.

28 Wenn der Aufsichtsrat dem **Vorstand** einer Aktiengesellschaft **überhöhte Bezüge** gewährt, so soll, sofern dieser Vorgang die Qualität der Sittenwidrigkeit erreicht (was etwa bei Kollusion von Aufsichtsrat und Vorstand zum Nachteil der Gesellschaft der Fall sein kann), die Gesellschaft die Überzahlung zurückfordern können, ohne daran durch § 817 S. 2 gehindert zu sein. Dürften nämlich die begünstigten Vorstandsmitglieder die Überzahlung behalten, so werde genau derjenige Zustand zementiert, der im Interesse der Gesellschaft gerade verhindert habe werden sollen.[84] Nach hier vertretener Ansicht bedarf es dieser Einschränkung des § 817 S. 2 bereits im Ansatz nicht. Denn wenn die Überzahlung sittenwidrige Ausmaße annimmt, liegen immer auch die Voraussetzungen eines evidenten Missbrauchs der Vertretungsmacht durch den Aufsichtsrat vor. Dann muss die Gesellschaft sich dessen sittenwidriges Handeln nicht nach § 166 Abs. 1 zurechnen lassen. Die Gesellschaft wird daher gerade nicht so behandelt, als falle ihr das sittenwidrige Handeln zur Last.

29 Wird entgegen Art. 88 Abs. 3 S. 3 EG-Vertrag eine **staatliche Beihilfe** gewährt, bevor die EG-Kommission eine abschließende Entscheidung über deren europarechtliche Zulässigkeit erlassen hat, so hat der Begünstigte die Beihilfe zurückzugewähren, ohne sich auf § 817 S. 2 berufen zu können. Das folgt abermals aus dem Schutzzweck der verletzten Norm, hier des

---

[78] OLG Düsseldorf OLGR 2005, 291, 292; OLG Koblenz NJW 1991, 430, 431; ebenso BGH ZIP 2006, 1101, 1103 f. (wo aber im konkreten Fall das Bewusstsein des Gesetzesverstoßes zweifelhaft war; dazu RdNr. 68 ff.)
[79] OLG Düsseldorf OLGR 2005, 291, 292; ebenso OLG Hamm WM 2006, 1837, 1839 und OLG Köln OLGR 2005, 21, 24 (wo aber in den jeweiligen konkreten Fällen das Bewusstsein des Gesetzesverstoßes fehlte).
[80] Dazu BGHZ 63, 365, 366 f.
[81] BGH WM 1990, 799, 800 f.
[82] BGH WM 1990, 799, 801 f.
[83] Zutr. *Salje* NJW 1985, 998, 1003.
[84] *Kort* DStR 2007, 1127, 1131.

Art. 88 Abs. 3 S. 3 EG-Vertrag:[85] Diese Vorschrift will vermeiden, dass sich eine Verfälschung des Wettbewerbs zementiert, ohne dass die Kommission rechtzeitig dagegen einschreiten kann. Diesem Schutzzweck liefe es zuwider, wenn der Begünstigte die Beihilfe (und damit den potentiell dem Gemeinsamen Markt widersprechenden Vorteil) auch nur vorübergehend behalten und mit ihr wirtschaften dürfte. Wenn ein öffentlicher Auftraggeber entgegen der **Höchstpreisverordnung** für öffentliche Aufträge[86] dem Auftragnehmer mehr bezahlt, als es nach dieser Verordnung zulässig ist, so verstößt er zwar selbst gegen ein gesetzliches Verbot. Wollte man aber deswegen den Bereicherungsanspruch gegen den Auftragnehmer für ausgeschlossen halten, so würde geenau das erreicht, was jene Verordnung verhindern will: Der vom Verordnungsgeber für unverhältnismäßig hoch gehaltene Mittelabfluss aus der Staatskasse würde für unumkehrbar erklärt. Daher ist § 817 S. 2 mit Blick auf den Schutzzweck der Höchstpreisverordnung nicht anwendbar.[87]

2. Das Unmittelbarkeitsprinzip. § 817 S. 2 greift ferner dann nicht ein, wenn die Rückgewähr von Leistungen begehrt wird, die **an sich nicht zu beanstanden** sind, aber in ein **gesetzes- oder sittenwidriges Gesamtverhalten** eingebettet sind. Diese Einschränkung des § 817 S. 2 ist unter dem Stichwort „Unmittelbarkeitsprinzip" bekannt geworden:[88] Die Rückforderung ist nur bei solchen Leistungen ausgeschlossen, die für sich gesehen gegen das Gesetz oder gegen die guten Sitten verstoßen oder „unmittelbar" der Erfüllung einer Forderung aus einem sittenwidrigen Geschäft dienen.[89]

Gegen den beschriebenen Grundsatz als solchen ist nichts einzuwenden.[90] Die Schwierigkeit besteht freilich darin, zu bestimmen, in **welchen Fällen** die Leistung einen solchen „unmittelbaren" Gesetzes- oder Sittenverstoß verkörpert. Zu Recht verneinte dies der BGH in folgendem Fall: Ein Grundeigentümer bot sein Grundstück zu einem gegen die Preisstoppverordnung verstoßenden Kaufpreis zum Kauf an und erhielt hierauf eine Anzahlung. Während der Angebotsfrist nahm der Käufer das Angebot an; jene Verordnung war zwischenzeitlich außer Kraft getreten. Der Kaufvertrag war aber wegen Falschbeurkundung nichtig gewesen. Die Anzahlung konnte, so der BGH, zurückgefordert werden. § 817 S. 2 sei nicht anzuwenden gewesen, weil die Aufhebung der Preisstoppverordnung sich ohnehin schon abgezeichnet habe und außerdem nicht einmal sicher gewesen sei, ob es überhaupt zum Vertragsschluss kommen werde.[91] In einem weiteren Fall verkaufte jemand, der dringend Geld benötigte, zum Schein einem Anderen zwei Eigentumswohnungen. Der Käufer beantragte bei einer Bank einen Kredit unter der falschen Angabe, diesen zur Finanzierung des Kaufpreises zu benötigen. Vom Verkäufer ließ er sich von allen Verbindlichkeiten gegenüber der Bank freistellen. Nach Auszahlung des Kreditbetrags leitete der Käufer diesen an den Verkäufer weiter. In der Folgezeit stellte die Bank den Kredit wegen Zahlungsverzugs fällig und nahm den Käufer auf Rückgewähr in Anspruch. Der Käufer verlangte daraufhin vom Verkäufer Freistellung von dieser Verbindlichkeit. Der BGH hielt dies Begehren für nach § 812 Abs. 1 S. 1 Alt. 1 berechtigt. § 817 S. 2 stand nach seiner Ansicht nicht entgegen: Zwar hätten sich die Kaufvertragsparteien wegen gemeinschaftlichen Betrugs zum Nachteil der Bank strafbar gemacht. Allein die Weiterleitung der Darlehensvaluta an den Verkäufer sei aber sittlich neutral, weil damit weder der Tatserfolg habe gesichert noch die Verfolgung der Ansprüche der Bank habe erschwert

---

[85] So im Ergebnis auch *Schmidt-Räntsch* NJW 2005, 106, 109. Ebenso für gegen Art. 4 lit. c EGKSV verstoßende Beihilfen OLG Hamburg OLGR 2005, 210, 212.
[86] VO PR Nr. 30/53 vom 21. 11. 1953, BAnz. Nr. 244, zuletzt geändert durch VO vom 25. 11. 2003, BGBl. I S. 2304.
[87] Zutr. *Bestermann/Petersen* ZfBR 2008, 22, 25.
[88] Dies Prinzip darf nicht mit dem gleichnamigen Prinzip bei der Rückabwicklung in Mehrpersonenverhältnissen verwechselt werden; vgl. zu letzterem § 812 RdNr. 44.
[89] Erstmals RGZ 67, 321, 325 im Zusammenhang mit der Bestellung von Sicherheiten; s. noch RdNr. 64; den Ausschluss aus diesem Grund abl. zB OLG Hamburg NJW-RR 1991, 365, 367.
[90] Zust. auch *Reuter/Martinek* § 6 V 2 c, S. 224 f.; *Palandt/Sprau* RdNr. 6; krit. aber *Heck* AcP 124 (1925), 1, 8 ff.
[91] BGH WM 1965, 586, 589.

werden sollen.[92] Diese Beurteilung fordert Kritik heraus; denn indem der Käufer die Valuta an den Verkäufer weiterleitete, ermöglichte er diesem, das Geld zu verwenden und damit den Schaden der Bank zu vertiefen. Die Bank büßte nämlich spätestens dadurch jede Aussicht darauf ein, dass das Darlehen regulär bedient werden würde. Unter diesen Umständen war die Weiterleitung der Valuta keineswegs sittlich indifferent. Nach hier vertretener Ansicht wäre daher § 817 S. 2 anzuwenden gewesen.

32 Bei verbotener **Rechtsberatung** befürwortet der BGH ein für den Leistenden recht großzügiges Verständnis des Unmittelbarkeitserfordernisses: Wenn einzelne Dienstleistungen für sich gesehen nicht zu beanstanden seien, könne bezogen auf die dafür eingesetzte Arbeitskraft trotz § 817 S. 2 ein Wertersatzanspruch begründet sein.[93] Leistungen auf einen in sich erlaubten Kaufvertrag sollen ohne Rücksicht auf § 817 S. 2 selbst dann zurückgefordert werden können, wenn der Kaufvertrag iS des § 139 zu einer Geschäftseinheit mit einem weiteren, anstößigen Kaufvertrag zusammengefasst ist.[94] Wird ein Wucherdarlehen (RdNr. 35 ff.) ausgereicht und daneben ein weiterer, angemessen zu verzinsender Kredit gewährt, um dem Darlehensnehmer die Bedienung des Wucherdarlehens zu erleichtern, so soll der Darlehensgeber für letzteren, selbst wenn dieser nach § 139 von der Nichtigkeit des Wucherdarlehens mit erfasst werde, nach § 818 Abs. 1 Zinsen in angemessener Höhe verlangen können.[95]

33 Einen Sonderfall stellt die Rückabwicklung bei verbotener **Arbeitnehmerüberlassung** dar. Nach § 10 Abs. 1 S. 1 AÜG gilt in diesem Fall ein Arbeitsverhältnis zwischen Arbeitnehmer und Entleiher als zustande gekommen. Wenn tatsächlich der Verleiher für den Lohn der Arbeitnehmer aufgekommen ist, kann er vom Entleiher Erstattung desjenigen Betrages verlangen, den dieser dadurch erspart hat. Der BGH nimmt insoweit eine Rückgriffskondiktion an; denn der Verleiher habe durch die Lohnzahlung eine Verbindlichkeit getilgt, die wegen § 10 Abs. 1 AÜG eigentlich den Entleiher getroffen hätte.[96] Auf diesen Bereicherungsanspruch sei § 817 S. 2 nicht anzuwenden; denn die Lohnzahlung als solche sei weder gesetzlich noch sittlich zu beanstanden gewesen.[97] Diese Gedankenführung fordert Widerspruch heraus. Wenn man dem BGH darin folgt, dass der Verleiher hier – obwohl es an einer dahingehenden Leistungsbestimmung fehlt – eine Drittleistung iS des § 267 erbracht hat[98] und dadurch der Entleiher auf seine Kosten bereichert ist, hätte die Anwendung von § 817 S. 2 mit einem wesentlich einfacheren Argument verworfen werden können: Die Rückgriffskondiktion gehört zu den Nichtleistungskondiktionen. Auf letztere ist § 817 ohnehin nicht anwendbar (RdNr. 10). Das Unmittelbarkeitsprinzip hätte hier also nicht bemüht zu werden brauchen. Wenn man aber dabei bleibt, dass zwischen Verleiher und Entleiher eine gescheiterte Leistungsbeziehung besteht, so bedeutet dies: Der Verleiher hat dem Entleiher gesetzwidrig die Arbeitskraft seines Personals zur Verfügung gestellt. Da der Gesetzesverstoß auch ihm zur Last fällt, greift § 817 S. 2 ein. Man wende nicht ein, der Entleiher werde dadurch übermäßig begünstigt: Diese Begünstigung ist immanente und daher hinzunehmende Folge der in § 817 S. 2 angeordneten Rechtsschutzverweigerung.[99]

V. Einseitiger Gesetzes- oder Sittenverstoß des Leistenden

34 Zweifelhaft ist, ob der Ausschluss der Kondiktion gemäß § 817 S. 2 auch dann zu bejahen ist, wenn der Gesetzes- oder Sittenverstoß **nur dem Leistenden** zur Last fällt. Rechtspre-

---

[92] BGH WM 1990, 1324, 1325; im Ergebnis zust. *Westermann* in: Privatrechtsgeschichte und Rechtsdogmatik, Symposium Seiler, 1999, S. 491 f.
[93] BGHZ 50, 90, 92 f.; ebenso OLG Köln OLGR 2005, 21, 23.
[94] RGZ 78, 41, 46: Kauf zweier Grundstücke, von denen eines ein Bordellgrundstück war.
[95] BGH NJW 1962, 1248 f.
[96] BGHZ 75, 299, 303 f.
[97] BGHZ 75, 299, 305 f.
[98] Krit. zu dieser Konstruktion mit Recht *Dauner* JZ 1980, 495, 500.
[99] Zutr. *Dauner* JZ 1980, 495, 500 f.

chung[100] und hL[101] bejahen dies trotz Verwendung des Begriffs „gleichfalls" in § 817 S. 2; im Schrifttum regt sich freilich auch Widerspruch.[102] Praktisch wird diese Fragestellung vor allem in den Fällen des Wuchers[103] und – wenn auch weniger bedeutsam – des Monopolmissbrauchs,[104] in denen sich das sittenwidrige Handeln des Leistenden gerade gegen den Empfänger richtet.[105]

VI. Einzelprobleme

1. Wucherdarlehen. a) Meinungsstand. In den besonders bedeutsamen Fällen des **Wucherdarlehens** wird § 817 S. 2 nicht mit letzter Strenge angewandt. Würde diese Vorschrift nämlich uneingeschränkt Geltung erlangen, so könnte der Darlehensgeber nicht einmal Rückgewähr des überlassenen Kapitals verlangen. Der Darlehensnehmer könnte dieses vielmehr unverzinslich auf Dauer behalten.[106] Die Rechtsprechung vermeidet diese Konsequenz mit dem folgenden rechtskonstruktiven Kunstgriff: „Geleistet" habe der Darlehensgeber nicht die Verschaffung des Eigentums an der Darlehensvaluta, sondern lediglich die zeitweilige Überlassung von Kapital zur Nutzung.[107] „Leistung" sei mit anderen Worten nur derjenige Vorteil, welcher endgültig in das Vermögen des anderen Teils übergehe.[108] Der Darlehensgeber sei mithin lediglich gehindert, die **Darlehenssumme** sofort in einem Betrag herauszuverlangen: Die geleistete zeitweise Kapitalüberlassung müsse er vielmehr dem Darlehensnehmer belassen. § 817 S. 2 hat auf diese Weise zur Konsequenz, dass der Darlehensnehmer den Darlehensbetrag nur so zurückzahlen muss, wie er ihn nach dem nichtigen Vertrag hätte zurückzahlen sollen[109] – also nicht notwendig in gleichen Raten,[110] sondern nach Maßgabe des (wenn auch unwirksam vereinbarten) Tilgungsplans, der durchaus unterschiedliche Raten vorsehen kann,[111] bzw. zum nächstmöglichen ordentlichen Kündigungszeitpunkt.[112] **Zinsen** soll der Darlehensgeber beim Wucherdarlehen dagegen überhaupt nicht verlangen können.[113] Gerade hier regt sich freilich im Schrifttum Widerspruch: Wenn dem Darlehensnehmer jegliche Verzinsung erspart bleibe, werde er übermäßig begünstigt.[114] Die

---

[100] Insbes. RGZ 161, 52, 55; BGHZ 28, 164, 169 f.; BGH WM 1993, 1765, 1767 r. Sp.
[101] AnwK-BGB/*v. Sachsen Gessaphe* RdNr. 10; *Bamberger/Roth/Wendehorst* RdNr. 11; *Eidenmüller* JZ 1996, 889, 890 m. Fn. 7; *Erman/Westermann/Buck-Heeb* RdNr. 26; *Esser/Weyers* BT/2 § 49 IV 2; *Fikentscher/Heinemann* RdNr. 1464 f.; HKK/*Schäfer* §§ 812–822 RdNr. 62; *Kappel/Kienle* WM 2007, 1441, 1444; *Koppensteiner/Kramer* § 7 IV 2a, S. 62; *Medicus* BR RdNr. 696; *Reeb* S. 68; RGRK/*Heimann-Trosien* RdNr. 2, 12; *Schäfer* AcP 202 (2002), 397, 407; *Weishaupt* JuS 2003, 1166, 1171; *Wieling* S. 37.
[102] Abl. etwa *Wazlawik* ZGS 2007, 336, 342.
[103] RGZ 151, 70 ff.; 161, 52 ff.; PWW/*Leupertz* RdNr. 13; *Staudinger/Lorenz* RdNr. 12 mwN; umfassend zu den Wucherfällen *Honsell* S. 17 ff.; *Medicus*, GS Dietz, 1973, S. 61 ff.
[104] *Honsell* S. 5, 19.
[105] Dazu *Honsell* S. 5.
[106] So zuletzt RGZ 151, 70, 73 f.
[107] Grdlg. RGZ 161, 52, 56; aus der Lit. ebenso *Beuthien/Weber* Schuldrecht II S. 126; *Canaris*, FS Steindorff, 1990, S. 519, 527; *Medicus* BR RdNr. 699.
[108] BGH NJW-RR 1994, 291, 293; WM 1990, 1324, 1325; ZIP 1995, 456, 458; zu den Ausprägungen dieses Endgültigkeitsprinzips *Larenz/Canaris* II/2 § 68 III 3 c, S. 164 f.
[109] RGZ 161, 52, 57; BGH NJW 1983, 1420, 1423; KG NJW 1998, 2911; AnwK-BGB/*v. Sachsen Gessaphe* RdNr. 17; *Canaris* WM 1981, 978, 981; *Esser/Weyers* BT/2 § 49 IV 3; *Fikentscher/Heinemann* RdNr. 1465; jurisPK/*Martinek* RdNr. 41; *Koppensteiner/Kramer* § 7 IV 2 c, S. 65; *Medicus*, GS Dietz, 1973, S. 61, 62 ff.; *Reuter/Martinek* § 6 V 2 a, S. 216; *Wieling* S. 42.
[110] So aber OLG Düsseldorf NJW-RR 1989, 1390; OLG Karlsruhe NJW-RR 1990, 941.
[111] Dazu *Reifner* JZ 1984, 637; ebenso *Bodenbrenner* JuS 2001, 1172, 1174.
[112] *Esser/Weyers* BT/2 § 49 IV 3; *Koppensteiner/Kramer* § 7 IV 2 c, S. 65; *Reuter/Martinek* § 6 V 2 a, S. 216; *Staudinger/Lorenz* RdNr. 12; bei Fehlen eines Tilgungsplans ebenso *Bamberger/Roth/Wendehorst* RdNr. 21.
[113] RGZ 161, 52, 57 f.; BGH NJW 1962, 1148; WM 1971, 857; NJW 1983, 1420, 1423 f.; BGHZ 99, 333, 339; BGH NJW 1983, 2692, 2693; WM 1989, 170, 173; NJW 1993, 2108; WM 1998, 184. Ebenso AnwK-BGB/*v. Sachsen Gessaphe* RdNr. 18; *Bamberger/Roth/Wendehorst* RdNr. 21; *Canaris*, FS Steindorff, 1990, S. 519, 525; HKK/*Schäfer* §§ 812–822 RdNr. 68; jurisPK/*Martinek* RdNr. 42; *Keßler* DB 1984, 655; *Larenz/Canaris* II/2 § 68 III 3 c, S. 164; *Palandt/Sprau* RdNr. 21; PWW/*Leupertz* RdNr. 13; *Reifner* JZ 1984, 637, 639 ff.; *Wieling* S. 42.
[114] *Bydlinski* AcP 204 (2004), 309, 351; *Medicus*, GS Dietz, 1973, S. 61, 63; *Peters* AcP 205 (2005), 159, 197; *Staudinger/Lorenz* RdNr. 12.

völlige Versagung eines Zinsanspruchs münde in eine dem bürgerlichen Recht ansonsten fremde Privatstrafe aus.[115] Deshalb habe der Darlehensgeber zwar keinen Anspruch auf den vereinbarten Wucherzins, wohl aber auf einen angemessenen, dh. marktgerechten[116] oder wenigstens den gesetzlichen[117] Zins. Eine weniger weit gehende Auffassung hält den Darlehensnehmer lediglich für verpflichtet, die tatsächlich erwirtschafteten Zinsen bis zur Obergrenze des angemessenen Zinses herauszugeben; der Darlehensnehmer soll also einen etwa erzielten Zinsüberschuss nicht an den Darlehensgeber auskehren müssen.[118] Schließlich ist versucht worden, der Anwendung des § 817 S. 2 insgesamt zu entgehen mit der Begründung, der Darlehensnehmer hafte beim Wucherdarlehen nicht aus Leistungs-, sondern aus Eingriffskondiktion; auf letztere sei § 817 S. 2 nicht anwendbar.[119]

36 **b) Stellungnahme.** Sofern das Darlehen wegen Wuchers nichtig ist, ist am Tatbestand der Leistungskondiktion nicht zu zweifeln: Der Darlehensgeber reicht die Valuta aus, um sich von seiner hierauf gerichteten vermeintlichen Verpflichtung zu befreien. Der Lösungsweg über die Nichtleistungskondiktion ist daher nicht haltbar.[120] In der Sache verdienen die von der Rechtsprechung erzielten Ergebnisse Zustimmung, nicht aber die dafür gewählte rechtliche Konstruktion. Das gilt namentlich für den Anspruch auf **Rückgewähr der Darlehensvaluta** innerhalb des vereinbarten Zeitraums. Es mutet nämlich widersprüchlich an, als erlangtes „Etwas" das Eigentum an der Darlehensvaluta bzw. einen entsprechenden Aktivposten auf dem Girokonto des Darlehensnehmers, als „Leistung" aber nur die vorübergehende Überlassung anzusehen. Wenn man aber schon die zeitweise Verfügbarkeit der Valuta als das „Geleistete" ansieht, muss doch zumindest festgehalten werden, dass der Darlehensnehmer diese Verfügbarkeit für die Zukunft noch gar nicht „erlangt" hat.[121] Das in der Tat begrüßenswerte Ergebnis, dass dem Darlehensnehmer die Valuta für den vereinbarten Zeitraum verbleibt, lässt sich wesentlich eleganter durch eine **Beschränkung der Nichtigkeitsfolge** nach § 138 erreichen: Die Laufzeit aus dem nichtigen Vertrag wird in das bereicherungsrechtliche Rückabwicklungsverhältnis hinübergerettet. Das ist im Interesse des Darlehensnehmers geboten, der durch § 138 geschützt werden soll und den man daher nicht mit einem sofort fälligen Rückforderungsanspruch konfrontieren darf.[122]

37 Wie mit den **Zinsen** zu verfahren ist, hängt vom für die Valuta bevorzugten Lösungsweg ab. Sofern man die Rückgewähr der Valuta durch § 817 S. 2 einschränkt, ist zu fragen, ob der Zinsanspruch nach dieser Vorschrift **ausgeschlossen** ist. Die ratio legis des § 817 S. 2 spricht dafür, diese Frage zu bejahen: Das Steuerungsziel, den Darlehensgeber davon abzuhalten, überhaupt Wucherzinsen zu verlangen, lässt sich so am besten verwirklichen.[123] Denn nur wenn der Darlehensgeber befürchten muss, dass das von ihm eingesetzte Kapital nicht verzinst wird, hat er einen spürbaren Nachteil aus seiner sittenwidrigen Vorgehensweise zu befürchten. Man wende gegen die Anwendung des § 817 S. 2 nicht ein, der Darlehensnehmer werde auf diese Weise übermäßig begünstigt: Diese Begünstigung ist die hinzuneh-

---

[115] *Koziol* AcP 188 (1988), 183, 218; *Medicus*, GS Dietz, 1973, S. 61, 62; *Roth* ZHR 153 (1989), 423, 428.
[116] Dafür *Bodenbenner* JuS 2001, 1172, 1174f.; *Koppensteiner/Kramer* § 7 IV 2c, S. 66; *Medicus*, GS Dietz, 1973, S. 61, 71 ff.; *Reuter/Martinek* § 6 V 2a, S. 218 f.; *Staudinger/Lorenz* RdNr. 12; im Ergebnis auch *Bunte* NJW 1983, 2674, 2676 f.; *ders.* WM 1984, Beilage 1 S. 24; *Esser/Weyers* BT/2 § 49 IV 3; *Hager* S. 97 ff.; *Schlothauer/Borggreve* DB 1983, 1344, 1346.
[117] Dafür *Peters* AcP 205 (2005), 159, 197.
[118] Vorsichtig in diese Richtung („vertretbar") 4. Aufl. RdNr. 17. Dagegen aber ausdrücklich *Medicus*, GS Dietz, 1973, S. 61, 73.
[119] *Flume* Rechtsgeschäft § 18, 10 f., 394.
[120] Zu Recht abl. daher auch *Reuter/Martinek* § 6 V 2a, S. 217 f.; *Roth* ZHR 153 (1989), 423, 429; *Zimmermann* S. 173 f.
[121] *Hager* S. 98 f.; ebenso *Lass* WM 1997, 145, 150; gegen diesen Einwand aber wiederum *Canaris*, FS Steindorff, 1990, S. 519, 522.
[122] So bereits 4. Aufl. RdNr. 17; ebenso *Erman/Westermann/Buck-Heeb* RdNr. 21; *Lass* WM 1997, 145, 150; *Westermann* in: Privatrechtsgeschichte und Rechtsdogmatik, Symposium Seiler, 1999, S. 485, 493; dazu neigend auch *Dauner* JZ 1980, 495, 505. In dieselbe Richtung auch *Zimmermann*, Gesetzliches Verbot und Rechtsgeschäft, 1983, S. 30, der hierfür den Begriff der halbseitigen Teilnichtigkeit prägt.
[123] Zutr. *Larenz/Canaris* II/2 § 68 III 3 d, S. 164; *Canaris*, FS Steindorff, 1990, S. 519, 525.

mende Konsequenz der in § 817 S. 2 normierten Rechtsschutzverweigerung. Wenn man dagegen mit der hier vertretenen Auffassung die Lösung über eine Einschränkung der Nichtigkeitsfolge sucht, bedarf es auch für die Zinsen keines Rückgriffs auf § 817 S. 2. Da nämlich in diesem Fall die Verpflichtung des Darlehensgebers aufrechterhalten bleibt, dem Darlehensnehmer das Kapital für die vereinbarte Laufzeit zur Verfügung zu stellen, hat letzterer dieses mit Rechtsgrund erlangt. Konsequent ist auch für einen auf § 818 Abs. 1 gegründeten Anspruch auf Herausgabe von Nutzungen aus dem überlassenen Kapital kein Raum. Die Gegenansichten, die einen Zinsanspruch des Darlehensgebers in unterschiedlichem Umfang auch immer für angemessen halten, können sich freilich ebenfalls der hier bevorzugten Methode bedienen: Sie können auch die zwischen den Parteien getroffene Zinsabrede in entsprechend geringerem Umfang aufrechterhalten.[124] Aber dagegen sprechen dieselben Gründe, die auch beim Lösungsweg über § 817 S. 2 Platz greifen: Dem Darlehensgeber wird mit einer solchen geltungserhaltenden Reduktion jeder Anreiz genommen, sich um eine angemessene Zinsgestaltung zu bemühen. Zudem müsste der Zinsanspruch auf den gerade noch zulässigen Zins abgesenkt werden, da ein Ansatzpunkt für Festsetzung des marktüblichen Zinses fehlt. Dem Wucherer würde so mit Hilfe des Gerichts das Risiko einer zulässigen und gleichzeitig wirtschaftlich optimalen Gestaltung abgenommen.[125] Man wende gegen die hier vertretene Lösung auch nicht ein, dem Darlehensnehmer stehe ein Rechtsgrund nur für die entgeltliche, nicht aber für die unentgeltliche Nutzung des überlassenen Kapitals zur Seite:[126] Diese Überlegung läuft abermals dem berechtigten Anliegen zuwider, den Darlehensgeber durch die Androhung spürbarer ökonomischer Nachteile von seinem sittenwidrigen Tun abzuhalten.

2. Andere verbotene Darlehensverträge. Nach § 56 Abs. 1 Nr. 6 GewO ist es verboten, im **Reisegewerbe** Darlehensverträge zu vermitteln, sofern die Vermittlung für den Darlehensnehmer entgeltlich erfolgt. Darlehensverträge, die entgegen dieser Vorschrift im Reisegewerbe, insbesondere durch unerbetene Hausbesuche angebahnt werden, sind vom BGH mehrfach für nach § 134 nichtig gehalten worden.[127] Der Darlehensgeber kann, wenn man dies zugrunde legt, nur noch Ansprüche aus § 812 Abs. 1 S. 1 Alt. 1 geltend machen. Diese Ansprüche unterliegen nach Ansicht des BGH der gleichen Beschränkung wie Ansprüche aus Wucherdarlehen: Die Valuta kann wegen § 817 S. 2 nur ratenweise zurückverlangt werden; auf Zinsen besteht keinerlei Anspruch.[128] Gegen die Anwendung des § 817 S. 2 wird eingewandt, die Nichtigkeit ergebe sich lediglich aus den Umständen des Vertragsschlusses; die Frage der Rückforderung richte sich daher allein nach § 818 Abs. 3.[129] Indes kann es angesichts der ratio legis des § 817 S. 2 nicht darauf ankommen, ob die Verbotsnorm bzw. die sittliche Bewertung sich gegen den Vertragsinhalt oder gegen die Umstände des Zustandekommens richtet. Entscheidend ist allein, dass der Leistende, der sich außerhalb der Rechts- und Sittenordnung stellt, wissen muss, dass ihn dies Verhalten jeglicher Bereicherungsansprüche berauben kann, und dass er durch diese Drohung von jenem Verhalten abgeschreckt werden soll. Freilich sind zum Problem der im Reisegewerbe vermittelten Darlehen zwei grundsätzliche Bemerkungen angebracht: (1.) Aus heutiger Sicht muss die Frage gestellt werden, ob die Rechtsprechung, welche die Nichtigkeit von Darlehen wegen Verstoßes gegen § 56 Abs. 1 Nr. 6 GewO annimmt, als solche noch aufrecht erhalten

---

[124] So 4. Aufl. RdNr. 17; ebenso bereits *Koziol* AcP 188 (1988), 183, 219 ff.; *Medicus*, GS Dietz, 1973, S. 61, 63 ff.; *Reuter/Martinek* § 6 V 2 a, S. 218 f. Abl. zu diesem Lösungsvorschlag aber *Zimmermann* S. 177 ff., insbes. 186 ff.
[125] *Canaris*, Gesetzliches Verbot und Rechtsgeschäft, 1983, S. 28 ff.; *Medicus*, GS Dietz, 1973, S. 61, 72.
[126] So aber *Canaris* (vorige Fn.) S. 32.
[127] BGHZ 71, 358, 360 ff.; BGH NJW 1989, 3217; krit. dazu für Fälle, in denen der Darlehensnehmer wohlhabend und geschäftlich erfahren ist, *Hübner* ZIP 1984, 1175.
[128] BGH NJW 1989, 3217 f. Dagegen hatte der BGH zuvor in einem vergleichbaren Fall die Haftung des Empfängers allein daran scheitern lassen, dass dieser niemals die Verfügungsgewalt über die Darlehenssumme erhalten habe (BGHZ 71, 358, 365 f.); § 817 S. 2 wurde dort überhaupt nicht erwähnt.
[129] 4. Aufl. RdNr. 23. Für Anspruch des Darlehensgebers auf marktübliche Zinsen in den Fällen des § 56 Abs. 1 Nr. 6 GewO auch *Hübner* ZIP 1984, 1175, 1185.

werden kann. Denn es liegt er Einwand nahe, dass der Verbraucher durch das Widerrufsrecht aus § 312 hinreichend geschützt ist. Folgt man dem, so ist die auf § 56 Abs. 1 Nr. 6 GewO gestützte Rechtsprechung überholt.[130] (2.) Wenn man gleichwohl an jener Rechtsprechung festhalten möchte, ist im hier diskutierten Fall methodisch die gleiche Lösung zu bevorzugen wie beim Wucherdarlehen: Die Rückforderung der Valuta ist nicht nach § 817 S. 2 ausgeschlossen, sondern deshalb, weil die Nichtigkeitsfolge – hier: der des § 134 – eingeschränkt wird: Aus dem nichtigen Darlehensvertrag wird die Laufzeitvereinbarung isoliert und als solche als wirksam behandelt; dagegen bleibt die Zinsabrede nichtig. Auf Zahlung von Zinsen hat der Darlehensgeber auch aus §§ 812 ff. keinen Anspruch, weil der Darlehensnehmer die Valuta mit Rechtsgrund erhalten hat.

39 Dagegen ist selbst die Rückforderung des Darlehenskapitals nach § 817 S. 2 ausgeschlossen, wenn das Geld zu **verbotenen Zwecken** überlassen wurde. Denn das Verdikt der Gesetzes- und Sittenwidrigkeit trifft hier weder die Bedingungen, zu denen das Kapital überlassen wird, noch die Umstände, unter denen der Darlehensvertrag zustande kommt. Vielmehr verbietet das Gesetz bzw. die sittliche Wertung die Kapitalüberlassung als solche: Für verbotene Zwecke darf man eben überhaupt keine Finanzierung bereitstellen. So ist ein Darlehen, das ein Ausländer einer deutschen Staatsbürgerin gewährt, um diese zur Eingehung einer **Scheinehe** zu veranlassen und auf diese Weise durch Täuschung der Ausländerbehörden einen Aufenthaltsstatus zu erschleichen, nach § 138 nichtig; in diesem Fall kann bereits die Valuta gemäß § 817 S. 2 nicht zurückgefordert werden.[131] Dagegen kann ein Darlehen, das zur Finanzierung eines (rechtlich oder sittlich) verbotenen **Bordellbetriebs** gewährt wurde, trotz § 817 S. 2 zurückgefordert werden, und zwar sofort und in einem Betrag; denn andernfalls könnte der Betreiber sein verbotenes Gewerbe mit Hilfe des ihm gewährten Kapitals fortsetzen.[132]

40 Mit Rücksicht auf den verbotenen Finanzierungszweck ist die Rückforderung der Valuta namentlich dann ausgeschlossen, wenn das Darlehen zu dem Zweck hingegeben wurde, die Teilnahme an verbotenem **Glücksspiel** zu finanzieren.[133] Der BGH will diese Folge freilich in jüngerer Zeit nur dann eintreten lassen, wenn das Spielrisiko dem Darlehensgeber bekannt gewesen sei, sich verwirklicht habe und beim Darlehensgeber zu einem Verlust des Darlehenskapitals geführt habe, sprich: wenn und soweit die Darlehenssumme tatsächlich verspielt worden sei: Solange und soweit der Darlehensnehmer die Darlehenssumme noch in Händen halte, gebe es keine überzeugende Rechtfertigung, dem Darlehensgeber die Rückgewähr der Valuta zu versagen.[134] Diese Handhabung lässt sich indes nicht schon mit Hilfe der § 817 S. 2 innewohnenden ratio legis erklären. Denn man könnte sich durchaus auf den Standpunkt stellen, jemand, der Geld für verbotenes Glücksspiel bereitstelle, müsse eben wissen, dass er es nicht zurückerhalte, wenn der Darlehensnehmer sich weigere; eben hierin liege die Abschreckungswirkung des § 817 S. 2. Die Auffassung des BGH gewinnt erst dann Überzeugungskraft, wenn man sich vor Augen führt, dass derjenige, der verbotenes Glücksspiel finanziert, hierzu Beihilfe iS des § 27 StGB leistet und als Gehilfe nicht schlechter stehen darf als der Haupttäter: Hätte der Darlehensgeber sich selbst am Spiel beteiligt, so müsste er den Verlust des Einsatzes nur insoweit befürchten, als er bei diesem Spiel verliert. Dann darf er in der Tat als bloßer Finanzier nicht schlechter stehen. In einem Punkt ist freilich die neuere Rechtsprechung zu ergänzen: Der Anspruch auf Rückgewähr des Darlehens ist auch dann nach § 817 S. 2 ausgeschlossen, wenn das Glücksspiel an sich nicht verloren wird, der Einsatz dem Darlehensnehmer aber aus anderen Gründen nicht wieder zufließt, etwa weil Gewinne abredewidrig nicht ausbezahlt werden. Denn auch diesen Verlust müsste der Darlehensgeber ebenso tragen, wenn er selbst an dem Glücksspiel teil-

---

[130] IdS 4. Aufl. § 655 a RdNr. 14 mwN.
[131] OLG Düsseldorf FamRZ 1983, 1023 f.
[132] BGH WM 1990, 799, 801 f.; vgl. RdNr. 26.
[133] BGH WM 1961, 530, 531; OLG Nürnberg MDR 1978, 669; AnwK-BGB/*v. Sachsen Gessaphe* RdNr. 17; *Erman/Westermann/Buck-Heeb* RdNr. 23; *Jauernig/Stadler* RdNr. 13.
[134] BGH NJW 1995, 1152, 1153.

genommen hätte. Solche Verluste sind im Übrigen ebenso zum typischen Spielrisiko zu zählen; denn der Teilnehmer an verbotenen Glücksspielen hat nach § 134 keinen Anspruch auf Auszahlung von Gewinnen und ist insoweit allein vom Wohlwollen des Veranstalters abhängig.

3. Wuchermiete. Anders als beim Wucherdarlehen entscheidet der BGH bei der **41** Wuchermiete: Wenn der Mietpreis iS des § 5 WiStG überhöht ist, ist nach seiner Ansicht der Mietvertrag nur insoweit nichtig, als der Mietzins die ortsübliche Vergleichsmiete mehr als nur unwesentlich übersteigt.[135] Dem Vermieter wird damit nicht bloß eine marktübliche, sondern im Prinzip die **gerade noch angemessene Miete** zugesprochen. Damit ergibt sich ein unauflösbarer Widerspruch zum Wucherdarlehen: Die wucherische Kapitalüberlassung wird ohne rechtfertigenden Grund schärfer sanktioniert als die wucherische Sachüberlassung.[136] Deshalb ist die Gleichbehandlung von Kapital- und Sachüberlassung auch auf die Herausgabe des Mietobjekts zu erstrecken: Der Vermieter kann das Mietobjekt erst herausverlangen, wenn die Mietzeit abgelaufen ist oder er zum nächstmöglichen Termin wirksam kündigt.[137] Wiederum bieten sich für die Herleitung dieses Ergebnisses zwei Lösungswege an: Zum einen mag man § 817 S. 2 anwenden. Dabei handelt es sich freilich um eine analoge Anwendung. Denn wenn man wegen der Wuchermiete den Mietvertrag als ganzes für nichtig erachtet, so ist der Vermieter nicht bloß nach § 812 Abs. 1 S. 1 Alt. 1, sondern bereits nach § 985 berechtigt, Herausgabe des Mietobjekts zu verlangen. Auf dem Boden dieser Lösung ist dem Vermieter nach § 817 S. 2 jeglicher Zinsanspruch zu versagen. Bevorzugt man hingegen mit der hier vertretenen Auffassung eine Einschränkung der Nichtigkeitsfolge, so bleibt der Mietvertrag insoweit wirksam, als es um seine Laufzeit geht. Der Vermieter ist dann verpflichtet, dem Mieter für diese Zeit den Besitz zu überlassen; er ist freilich infolge der Nichtigkeit nicht zur Instandhaltung gemäß § 535 Abs. 1 S. 2 verpflichtet. In diesem Fall ist für einen Anspruch des Vermieters auf Zahlung von Miete kein Raum: Die vertragliche Mietpreisabrede ist nach § 134 nichtig. Ein Anspruch aus § 987 entfällt, weil dem Mieter ein Recht zum Besitz zusteht. Ein Anspruch aus §§ 812, 818 besteht ebenfalls nicht, da der Mieter den Besitz mit Rechtsgrund erlangt hat.

Eine **besondere Behandlung** erfährt indes die Kostenmiete nach § 8 WoBindG im **42** Bereich des **sozialen Wohnungsbaus:** Wenn die vereinbarte Miete jenen Betrag übersteigt, welcher zur Deckung der laufenden Aufwendungen erforderlich ist, ist nach § 8 Abs. 2 WoBindG nicht etwa der gesamte Mietvertrag nichtig, sondern bloß jener Teil der Mietpreisvereinbarung, der die Kostenmiete übersteigt.[138] Damit ist in diesem Bereich für § 817 S. 2 kein Raum.

4. Andere verbotene Gebrauchsüberlassungsverträge. Sofortige **Herausgabe des** **43** **Mietobjekts** kann verlangt werden, wenn die Fortsetzung des Mietbesitzes jenen Zustand perpetuieren würde, gegen den sich das Verbot richtet. Wenn das Mietobjekt dem Mieter also zu einem gesetzes- oder sittenwidrigen Zweck überlassen wurde, kann der Vermieter jederzeit nach § 985 verlangen, dass der Mieter das Mietobjekt räumt. § 817 S. 2 kann hier nicht, auch nicht analog, zugunsten des Mieters ins Feld geführt werden; denn bliebe der Mieter im Besitz des Mietobjekts, könnte er auch den rechtlich oder sittlich missbilligten Gebrauch fortsetzen.[139]

Die **Höhe der Miete** hat in der Praxis namentlich bei der **Bordellpacht** Bedeutung **44** erlangt. Sofern diese als sittenwidrig einzustufen ist, kann der Verpächter Herausgabe des Pachtobjekts nach § 985 sowie Herausgabe von Nutzungen nach § 987 verlangen. Da

---

[135] BGHZ 89, 316, 319 ff.
[136] Krit. mit Recht *Hager* JuS 1985, 264 f.; *Staudinger/Lorenz* RdNr. 12; *Zimmermann* insbes. S. 156 ff., 162.
[137] *Medicus*, GS Dietz, 1973, S. 61, 70; dazu RdNr. 35 ff.
[138] Eingehend dazu *Sonnenschein/Weitemeyer* NJW 1993, 2201, 2202 ff.
[139] So auch *Medicus* BR RdNr. 698; *Staudinger/Lorenz* RdNr. 11; für den Fall der sittenwidrigen Bordellpacht auch BGHZ 41, 341, 343 f.

Pachtgegenstand ein Unternehmen ist, ist der Pächter nach Ansicht des BGH verpflichtet, als gezogene Nutzung den objektiven Ertragswert des Bordellbetriebs für die Zeit zu erstatten, in welcher dieser ihm überlassen worden ist. Einen darüber hinaus erzielten sittenwidrigen Gewinn soll der Pächter dagegen nicht herausgeben müssen.[140] Sittenwidrig sei die Bordellpacht freilich nicht allein schon wegen der kommerziellen Verwertung von Sexualität an sich, sondern erst dann, wenn eine überhöhte Miete verlangt werde oder besondere Vereinbarungen darauf hindeuteten, dass die Prostituierten ausgebeutet werden sollten.[141] Dies Vorgehen läuft auf ein Ergebnis hinaus, das demjenigen ähnelt, welches von Teilen der Literatur beim Wucherdarlehen für sachgerecht erachtet wird, nämlich auf die Pflicht zu einer objektiv angemessenen Verzinsung der Gebrauchsüberlassung. Nach hier vertretener Ansicht sollte man freilich nicht zögern, den Anspruch aus § 987 der Sperre des § 817 S. 2 zu unterwerfen (vgl. RdNr. 17 ff.):[142] Wer eine Pacht in wucherischer Höhe verlangt oder Prostituierte auszubeuten trachtet, verdient den Schutz der Rechtsordnung nicht. Vielmehr muss sich auch hier der Grundgedanke durchsetzen, dass der Verpächter sein sittenwidriges Verhalten mit ökonomischen Nachteilen bezahlen muss und dies ihn von vornherein von sittlich missbilligten Geschäftspraktiken abhalten sollte. Dies spricht dafür, ihm jeglichen Anspruch auf Herausgabe von Nutzungen zu versagen.

45 **5. Verbotene Kaufverträge.** Die Rechtsprechung zur Bordellpacht führt dazu, dass auch der **Bordellkauf** nicht per se, sondern nur dann als sittenwidrig erachtet werden kann, wenn besondere Umstände hinzutreten. Das ist etwa der Fall, wenn ein wucherisch überhöhter Kaufpreis verlangt wird.[143] Hält man den Kaufvertrag aus diesem Grunde für insgesamt nichtig, so zwingt § 817 S. 2 zu der Konsequenz, dass der Verkäufer das Kaufobjekt (nämlich den Bordellbetrieb) nicht mehr herausverlangen kann.[144] Indes ist in der Vorauflage[145] erwogen worden, den Kaufvertrag dem Grunde nach für wirksam zu erachten und lediglich denjenigen Teil der Kaufpreisabrede der Nichtigkeitsfolge zu unterwerfen, welcher einen objektiv angemessenen Kaufpreis übersteigt. Nach hier vertretener Ansicht bleibt es auch hier – selbst wenn bloß die Höhe des Kaufpreises anstößig erscheint – bei der Gesamtnichtigkeit des Kaufvertrags mit der Konsequenz, dass Parteien mit ihren Bereicherungsansprüchen nach § 817 S. 2 ausgeschlossen bleiben. Insbesondere für die vorleistende Partei kann dies zu einem unwiederbringlichen wirtschaftlichen Nachteil führen. Abermals ist dies aber die hinzunehmende Konsequenz aus der generalpräventiven Stoßrichtung des § 817 S. 2.

46 Der Kauf eines **Radarwarngeräts,** das einen Autofahrer während der Fahrt auf Geschwindigkeitskontrollen mittels Radarmessgeräten hinweist, ist nach Ansicht des BGH gemäß § 138 nichtig.[146] Dadurch erhebt sich auch hier die Frage, ob Bereicherungsansprüche der Vertragsparteien nach § 817 S. 2 ausgeschlossen sind. In der Praxis trifft diese Frage meist den Käufer, der ein solches Gerät erworben hat und feststellen muss, dass es seinen Dienst versagt. Das LG München hat der Anwendung des § 817 S. 2 widersprochen. Denn diese sei vor dem Hintergrund der Ausgangsthese, dass der Kauf wegen Umgehung der generalpräventiv angelegten Tempokontrollen sittenwidrig sei, in sich nicht folgerichtig:

---

[140] BGHZ 63, 365, 368; zust. jurisPK/*Martinek* RdNr. 42; PWW/*Leupertz* RdNr. 14; *Reuter/Martinek* § 6 V 2 b, S. 222 f.; im Ergebnis ebenso, zur Begründung des Nutzungsanspruchs über § 987 krit. aber *Honsell* JZ 1975, 439, 441.
[141] BGHZ 63, 365, 367; ebenso *Honsell* JZ 1975, 439; *Reuter/Martinek* § 6 V 2 b, S. 220. Zur strengeren früheren Rspr. RGZ 63, 179 und 346; 68, 97; BGHZ 41, 34.
[142] Ebenso *Bamberger/Roth/Wendehorst* RdNr. 22; *Larenz/Canaris* II/2 § 68 III 3 e, S. 166; *Medicus* BR RdNr. 697.
[143] So auch jurisPK/*Martinek* RdNr. 48, zudem zu den Besonderheiten bei gleichzeitiger Restkaufpreishypothek ausf. in RdNr. 45 ff.
[144] So beiläufig *Medicus,* GS Dietz, 1973, S. 61, 73.
[145] RdNr. 21. Ebenso *Reuter/Martinek* § 6 V 2 b, S. 222.
[146] BGH WM 2005, 1384, 1385; ebenso schon LG Bonn NJW 1998, 2681, 2682; LG Stuttgart NJW-RR 2004, 57; *Bamberger/Roth/Wendehorst* RdNr. 15; jurisPK/*Martinek* RdNr. 28; *Möller* NZV 2000, 115, 116; abw. aber LG München I NJW 1999, 2600, 2601.

Verwehre man nämlich dem Käufer die Rückforderung des Kaufpreises, so werde der Verkäufer, der sich jene Umgehung zur Erwerbsquelle mache, indem er Radarwarngeräte verkaufe, dafür belohnt, dass er sich jene Umgehung zum Gewerbe mache.[147] Bei einem Verbleib des Radarwarngerätes beim Käufer werde, so ergänzt das LG Stuttgart, gesetzwidrig einem Verstoß gegen § 23 Abs. 1 b StVO Vorschub geleistet.[148] Das überzeugt indes nicht:[149] Dass der Empfänger einer Leistung, deren Bestimmung gegen die guten Sitten verstößt, ungerechtfertigt belohnt wird, ist die vom Gesetzgeber gewollte Folge des § 817 S. 2. Jene Folge ist nicht als gezielte Belohnung des ebenfalls sittenwidrig handelnden Leistungsempfängers gedacht; sie ist vielmehr ein bloßer **Reflex** der Benachteiligung des Leistenden. Unbillig ist dieses Ergebnis ebenfalls nicht; denn der Käufer steht dem verbotenen Verhalten noch näher als der Verkäufer, erwirbt er das Gerät doch zu dem Zweck, es entgegen dem Verbot des § 23 Abs. 1 b StVO einzusetzen.[150] Ganz im Gegenteil wird nur die Anwendung des § 817 S. 2 einen effektiven Anreiz auf den Käufer ausüben, sich ein solches Gerät gar nicht erst zuzulegen – mit der weiteren mittelbaren Folge, dass auch der Absatz solcher Geräte ins Stocken geraten wird und der Verkäufer deren Vertrieb auf lange Sicht wird einstellen müssen. Deshalb wird der Käufer eines Radarwarngeräts seinen Kaufpreis nach § 817 S. 2 nicht zurückerhalten.[151]

Keine Rolle spielt § 817 S. 2 beim **falsch beurkundeten Grundstückskaufvertrag:** Der Käufer, welcher jene Teile des Kaufpreises zurückfordert, die auf nicht beurkundeten Abreden beruhen, dringt mit seinem Anspruch durch, ohne dass § 817 S. 2 entgegenstünde.[152] Gesetzlich verboten ist nur die Falschbeurkundung als solche. Dagegen verstößt die Zahlung für sich gesehen nicht gegen ein gesetzliches Verbot oder gegen die guten Sitten – schon deshalb nicht, weil sie im notariellen Vertrag ohne weiteres hätte vereinbart werden können.

6. Verbotene Auftrags- und Geschäftsbesorgungsverhältnisse. Die Rechtsprechung hatte sich wiederholt mit der Rückabwicklung von Geschäftsbesorgungsverhältnissen zu befassen, die als gesetzes- oder sittenwidrig einzustufen waren: mit der Übergabe von Geld zur Tätigung gesetzeswidriger Schwarzmarktgeschäfte;[153] mit der Zahlung von Geld zur ungenehmigten Anschaffung ausländischer Währung;[154] mit der Errichtung eines Sperrmarkguthabens in der Absicht, unzulässige Verfügungen durch die Bank vornehmen zu lassen;[155] mit der Übertragung von Vermögensgegenständen zu treuen Händen zwecks Umgehung von Steuervorschriften und Devisengesetzen;[156] mit gewerbsmäßiger Adoptionsvermittlung;[157] mit der Vermittlung des entgeltlichen Erwerbs adeliger, akademischer oder diplomatischer Titel;[158] mit der Zahlung von Geld für die Verschaffung einer gefälschten Bescheinigung einer erfolgreich abgeschlossenen medizinisch-psychologischen Untersuchung, mit deren Hilfe ein Kraftfahrer seine fortbestehende Eignung zur Führung von Kraftfahrzeugen nachweisen will;[159] mit der Zahlung von Geld zur Vermittlung einer Leihmutter, die mit Hilfe des vom Auftraggeber überlassenen Sperma schwanger werden und das Kind dem Auftraggeber zur Adoption freigeben soll.[160] In allen diesen Fällen hatte

---

[147] LG München I NJW 1999, 2600, 2601.
[148] LG Stuttgart NJW-RR 2004, 57.
[149] So nun auch BGH WM 2005, 1384, 1386; zust. *Möller* EWiR 2005, 529.
[150] BGH WM 2005, 1384, 1386.
[151] Ebenso LG Bonn NJW 1998, 2681, 2682.
[152] BGH WM 1983, 1340, 1342.
[153] BGH WM 1957, 1190.
[154] BGHZ 28, 255 = NJW 1959, 143.
[155] BGH WM 1960, 767; 1962, 263; 1966, 1246, 1247.
[156] BGHZ 39, 87 = NJW 1963, 950.
[157] BGH NJW 1997, 47; OLG Oldenburg NJW 1991, 2216.
[158] BGH NJW 1994, 187; OLG Koblenz NJW 1999, 2904; OLG Köln NJW-RR 1994, 1540; OLG Stuttgart NJW 1996, 665.
[159] OLG Karlsruhe Blutalkohol 44 (2007), 49, 50.
[160] OLG Hamm NJW 1986, 781.

der **Geschäftsherr** dem jeweils **Beauftragten** zur Erledigung des Geschäfts **Vermögenswerte überlassen**. Konsequent erhob sich die Frage, ob dem Anspruch des Geschäftsherrn auf Rückgewähr dieser Werte § 817 S. 2 entgegensteht.

49   Die **Rechtsprechung** ist in den genannten Fällen nicht zu einheitlichen Ergebnissen gelangt. Bei der Überlassung von Geld zur Vornahme von Schwarzmarktgeschäften trug der BGH keine Bedenken, § 817 S. 2 anzuwenden: Dies Geld war für den Auftraggeber somit unwiederbringlich verloren.[161] Ebenso entschied der BGH bezüglich des Sperrmarktguthabens.[162] Gänzlich anders urteilte der BGH dagegen beim – insoweit ähnlich gelagerten – Fall der Überlassung von Geld zur unerlaubten Devisenbeschaffung: Dies Geld könne vom Beauftragten zurückgefordert werden, da es ihm nicht endgültig habe überlassen werden sollen. Das Vermögen des Beauftragten habe zu keinem Zeitpunkt dauerhaft gemehrt werden sollen.[163] In den Fällen gewerblicher Adoptionsvermittlung ließ das OLG Oldenburg den Anspruch auf Rückgewähr des Vermittlerhonorars an § 817 S. 2 scheitern.[164] Der BGH nahm später einen differenzierenden Standpunkt ein: Wenn dem Vermittler ein Betrag bezahlt werde, von dem ein Teil zu seinem Verbleib und ein anderer Teil zur Weiterleitung an Dritte bestimmt gewesen sei, so könne der erstere Teil nach § 817 S. 2 nicht zurückgefordert werden;[165] den letzteren Teil habe der Vermittler dagegen nach §§ 681 S. 2, 667 zu erstatten.[166] Auch diese Entscheidungen lassen sich auf das Prinzip zurückführen, dass der **Beauftragte** Geld, das ihm **endgültig verbleiben** sollte, nach § 817 S. 2 **behalten** kann, während er Geld, das er **weiterleiten** sollte, **herauszugeben** hat.[167] Die gleiche Linie praktizieren die Gerichte bei Verträgen zur Verschaffung akademischer und anderer Titel gegen Entgelt: Wer dem „Verkäufer" dieses Titels den „Kaufpreis" zahlt, kann diesen nach § 817 S. 2 nicht wieder zurückfordern;[168] wer einen solchen Betrag einem Treuhänder anvertraut, damit dieser einen Titel beschaffe und das Geld als Kaufpreis an den „Verkäufer" weiterleite, hat dagegen dem Treuhänder diesen Betrag nur vorübergehend überlassen und kann ihn daher nach §§ 681 S. 2, 667 zurückfordern.[169] Der Anwendung der §§ 681, 667 liegt dabei die Prämisse zugrunde, dass § 817 S. 2 auf Ansprüche aus Geschäftsführung ohne Auftrag nicht anwendbar sei (RdNr. 15). Auf dem Boden der soeben dargestellten Rechtsprechungslinie hätten freilich auch die eingangs referierten Schwarzmarktfälle anders entschieden werden müssen: Denn auch hier war das Geld dem Beauftragten nicht zum endgültigen Verbleib überlassen worden, sondern mit dem Zweck, dies Geld für Rechnung des Auftraggebers zu verbergen oder aber damit andere Wirtschaftsgüter zu erwerben, die dann ihrerseits dem Auftraggeber zufließen sollten. Schließlich trug das OLG Karlsruhe keine Bedenken, dem Kraftfahrer einen Anspruch auf Rückgewähr der Vergütung, welche er für die Beschaffung der gefälschten MPU-Bescheinigung gezahlt hatte, unter Berufung auf § 817 S. 2 zu verwehren.[170] Die Vergütung war allerdings offenbar so ausgestaltet gewesen, dass sie zum Verbleib beim Auftragnehmer bestimmt war; das OLG hat konsequent Ansprüche aus §§ 681 S. 2, 667 nicht einmal ansatzweise erwogen. Gegen den Anspruch auf Rückgewähr des Leihmutterentgelts griff § 817 S. 2 nach Ansicht des OLG Hamm deshalb nicht durch, weil es beim Auftraggeber am Bewusstsein der Sittenwidrigkeit gefehlt habe.[171] Mit dieser Begründung ließ sich die Nichtanwendung des § 817 S. 2 indes

---

[161] BGH WM 1957, 1190, 1191.
[162] BGH WM 1960, 767, 769.
[163] BGHZ 28, 255, 257 f.
[164] OLG Oldenburg NJW 1991, 2216, 2217.
[165] BGH NJW 1997, 47, 49.
[166] BGH NJW 1997, 47, 48 f.
[167] So auch Anwk/*v. Sachsen Gessaphe* RdNr. 20: „Endgültigkeitskriterium".
[168] BGH NJW 1994, 187; OLG Koblenz NJW 1999, 2904, 2905; OLG Köln NJW-RR 1994, 1540, 1542.
[169] OLG Stuttgart NJW 1996, 665, 666; noch anders *Hospach* NJW 1996, 644, 645, der in der Weiterleitung an einen ungeeigneten Dritten eine zum Schadensersatz verpflichtende Verletzung der Geschäftsführungsverpflichtungen sieht.
[170] OLG Karlsruhe Blutalkohol 44 (2007), 49, 50.
[171] OLG Hamm NJW 1986, 781, 783.

kaum halten:[172] Wenn der Vertrag sittenwidrig ist, weil das Kind zur Handelsware degradiert wird, muss sich diese Wertung dem Auftraggeber aufdrängen. Eher schon lässt sich die Nichtanwendung des § 817 S. 2 mit Schutzzwecküberlegung der in RdNr. 20 ff. geschilderten Art begründen: Dürften Leihmutter und Vermittler das Geld behalten, so würde ihnen die Erwerbsquelle gesichert und damit ein Anreiz zur Fortsetzung ihres sittenwidrigen Handelns geschaffen.[173]

Stellungnahme: Der Versuch, die Folgen des § 817 S. 2 dadurch zu umgehen, dass man auf die §§ 677 ff. ausweicht, kann methodisch kaum überzeugen.[174] Vielmehr ist **§ 817 S. 2** auf Ansprüche aus §§ 677 ff. im Rahmen sittenwidriger Geschäftsbesorgungsverhältnisse **analog anzuwenden** (RdNr. 15).[175] Diese Analogie greift in jedem Fall durch, wenn der Gesetzes- bzw. Sittenverstoß gerade in der Übergabe von Vermögensgegenständen an den Auftragnehmer liegt.[176] Wer einem anderen Teile seines Vermögens überträgt, um gesetzliche Vorschriften zu umgehen, kann das Recht nicht zur Rückerlangung in Anspruch nehmen. § 817 S. 2 greift daher ein, wenn Vermögenswerte auf einen Treuhänder übertragen werden, um sie dem Zugriff der Behörden zu entziehen.[177] Nicht anders ist freilich in jenen Fällen zu entscheiden, in denen durch die Übergabe von Vermögen auf den Auftragnehmer der eigentliche Gesetzesverstoß nur vorbereitet wird.[178] Denn auch hier spricht die generalpräventive Stoßrichtung des § 817 S. 2 für die Anwendung dieser Vorschrift: Der Auftraggeber, der Dritte in seine gesetzes- oder sittenwidrigen Machenschaften einschaltet und ihnen zu diesem Zweck Vermögenswerte überträgt, muss wissen, dass diese Werte für ihn im Konfliktfall unwiederbringlich verloren sind. Diese Drohung mag ihn von seinem Tun abhalten.

Wenn ein **Anlagevermittler** aufgrund eines Anlagevertrags an den Anleger überhöhte Ausschüttungen leistet, steht § 817 S. 2 der Rückforderung dieser Ausschüttungen entgegen, wenn dieser Anlagevertrag deshalb sittenwidrig ist, weil der Vermittler die Geldanlage nur vorgetäuscht und in Wahrheit das Geld des Anlegers veruntreut hat.[179]

7. Zuwendungen in Paarbeziehungen und/oder mit sexuellem Hintergrund. Die Frage, ob § 817 S. 2 auch auf Zuwendungen im Bereich **außerehelicher** bzw. ehebrecherischer **Verhältnisse** Anwendung finden soll, stellt sich nur insoweit, als solche Zuwendungen überhaupt noch als sittenwidrig angesehen werden können.[180] Zuwendungen im Bereich außerehelicher Beziehungen werden heute **nicht mehr per se als sittenwidrig** und damit nichtig angesehen;[181] es wird vielmehr danach differenziert, ob diese Zuwendungen gerade zur Aufrechterhaltung der Beziehungen erbracht wurden, oder ob auch andere, unter Umständen achtenswerte, Motive eine Rolle spielten.[182] Mittlerweile wird man sogar noch einen Schritt weiter gehen können: Da § 1 S. 1 ProstG seit dem 1. 1. 2002 sogar der Prostituierten einen einklagbaren Anspruch auf ihren Lohn zubilligt, müssen Zuwendungen erst recht dort Bestand haben, wo sie im Rahmen einer personalen Bezie-

---

[172] So auch *Kollhosser* JZ 1987, 446, 447.
[173] IdS *Coester-Waltjen* JuS 1987, 193, 195.
[174] Aus diesem Grunde gänzlich gegen die Anwendung der §§ 677 ff. bei gestörten Geschäftsbesorgungsverhältnissen *Lorenz* NJW 1996, 883, 885; *Medicus* BR RdNr. 412; *Schildt* JuS 1995, 953, 957; *Schubert* AcP 178 (1978), 425, 452.
[175] Für die entgeltliche Titelvermittlung ebenso *Weiler* NJW 1997, 1053, 1054.
[176] AA im Ergebnis BGHZ 39, 87, 90 f. = NJW 1963, 950.
[177] Zu Recht für die Anwendung des § 817 S. 2 daher BGH WM 1957, 1190, 1191.
[178] Wie hier bereits 4. Aufl. RdNr. 23 sowie *Bamberger/Roth/Wendehorst* RdNr. 19; *Erman/Westermann/Buck-Heeb* RdNr. 14.
[179] BGH NJW-RR 1993, 1457, 1458 f.; zust. *Armgardt* NJW 2006, 2070, 2071.
[180] Vgl. dazu § 138 RdNr. 55 ff.; *Flume* Rechtsgeschäft § 18, 5, S. 375 f.
[181] So noch BGH LM § 138 (Cd) Nr. 15 = NJW 1968, 932; nicht eindeutig BGHZ 35, 103, 108 = NJW 1961, 1458; vgl. dazu auch OLG Hamm DNotZ 1988, 712 m. Anm. *Lieb*.
[182] BGHZ 53, 369, 382 = NJW 1970, 1273; BGH LM § 138 (Cd) Nr. 20 = NJW 1973, 1645; daher im Hinblick auf § 817 S. 2 überholt BGH FamRZ 1960, 129; NJW 1980, 1520; generell für einen Anspruch aus § 817 S. 1 und die Differenzierung nur bei einem möglichen Ausschluss nach S. 2 problematisierend dagegen jurisPK/*Martinek* RdNr. 19 und RdNr. 30.

hung der Beteiligten gegeben werden. Damit dürfte sich das Problem der Sittenwidrigkeit solcher Zuwendungen erledigt haben.[183]

53 Dagegen hat der BGH mit Recht einem Verlag einen Vergütungsanspruch gegen einen Anzeigenkunden versagt, der ein **Inserat** in Auftrag gegeben hatte, in dem **sexuelle Dienste** feilgeboten wurden. Der Anzeigenvertrag war nach § 120 Abs. 1 Nr. 2 OWiG nichtig. Der BGH hielt wegen § 817 S. 2 auch einen Bereicherungsanspruch für ausgeschlossen:[184] Diese Norm bezwecke, jede nach außen erkennbare Werbung für entgeltliche sexuelle Handlungen zu unterbinden. Dieses Ziel würde durch die Anerkennung eines bereicherungsrechtlichen Wertersatzanspruchs unterlaufen.

54 Wenn der Vater eines nichtehelichen Kindes der Mutter ein Darlehen gewährt, er sich kurz darauf von der Mutter in einer separaten Vereinbarung die **Zusage** geben lässt, dem Kind und Dritten gegenüber seine **Vaterschaft zu verschweigen** und keine Unterhaltsansprüche des Kindes gegen ihn geltend zu machen, und bei Einhaltung dieser Zusage auf die Rückforderung des Darlehens verzichtet, so kann er das Darlehen auch dann nicht zurückfordern, wenn die Mutter die Zusage hernach nicht einhält. Nach Ansicht des LG Koblenz ist nämlich der Vater nach § 817 S. 2 gehindert, die Befreiung der Mutter von der Darlehensschuld zu kondizieren, welche diese durch den Verzichtsvertrag gemäß § 397 Abs. 1 erlangt hat.[185] Das Ergebnis verdient Zustimmung. Die rechtliche Begründung ist indes anders zu akzentuieren; denn infolge der Nichteinhaltung der Zusage war die vereinbarte aufschiebende Bedingung für den Verzicht des Vaters auf die Darlehensforderung noch nicht eingetreten. Daher muss die Argumentation ergänzt werden: Entweder man stellt sich auf den Standpunkt, die Bedingung für den Verzicht sei für sich gesehen sittenwidrig und die Verzichtswirkung trete daher sofort ein. Oder man argumentiert, bereits der Darlehensvertrag sei wegen seiner offensichtlichen Verbindung mit den Zusagen der Mutter sittenwidrig[186] und der bereicherungsrechtliche Anspruch auf Herausgabe der Darlehenssumme als solcher nach § 817 S. 2 gesperrt.

55 **8. Korruptionsfälle.** § 817 S. 2 steht der Rückforderung von Leistungen zum Zwecke der Bestechung entgegen. Das gilt zum einen für die Bestechung von **Amtsträgern**; hier verstößt die Leistung gegen das in § 334 StGB verankerte gesetzliche Verbot. Die Kondiktionssperre gilt aber auch für die Zahlung von Schmiergeldern an **Private** zwecks Beschaffung von Aufträgen;[187] soweit diese nicht ebenfalls gesetzlich verboten ist (etwa nach § 299 StGB), verstößt sie jedenfalls gegen die guten Sitten.[188] Sittenwidrig sind in jedem Fall die Verträge, die zwischen dem Schmiergeldzahler einerseits und dem von einem so bestochenen Stellvertreter des Geschäftsherrn andererseits geschlossen werden; denn erstere beide haben zum Nachteil des letzteren kolludiert.[189]

56 Werden solche Schmiergelder freilich zur **grenzüberschreitenden Auftragsbeschaffung** eingesetzt, so soll nach verbreiteter Ansicht bei der Anwendung des § 817 S. 2 zu berücksichtigen sein, dass es am Ort der Auftragsvergabe üblich sein könne, die Erteilung von Aufträgen von derartigen Zahlungen abhängig zu machen. Dies müsse – und zwar selbst dann, wenn Schuldstatut das deutsche Recht sei – auch die Anwendung des § 817 S. 2 beeinflussen; denn mit moralischem Rigorismus könne im internationalen Wettbewerb niemand bestehen.[190] Diese Haltung kann nicht überzeugen. Denn sie trägt dazu bei, in der ausländischen Vergabestelle eben jene Zustände zu zementieren, welche die unlautere per-

---

[183] So auch *Staudinger/Lorenz* RdNr. 18.
[184] BGHZ 118, 182, 192 f.
[185] LG Koblenz FF 2007, 156, 157. Zust. vor allem mit Blick auf die Schweigevereinbarung *Sanders* FF 2007, 158, 160.
[186] IdS – vorzugswürdig – *Sanders* FF 2007, 158 f.
[187] OLG Rostock NZBau 2007, 707, 708; *Acker/Froesch/Kappel* BB 2007, 1509, 1511; *Kappel/Kienle* WM 2007, 1441, 1444; *Sedemund* DB 2003, 2423, 2427.
[188] OLG Rostock NZBau 2007, 707, 708.
[189] *Kappel/Kienle* WM 2007, 1441, 1443 f.
[190] *Sedemund* DB 2003, 2423, 2427; *Staudinger/Lorenz* RdNr. 20.

Verstoß gegen Gesetz oder gute Sitten 57–59 § 817

sönliche Vorteilsnahme der mit der Auftragsvergabe betrauten Personen begünstigen. Es sind nicht etwa die nationalen Wertvorstellungen auf dem Altar der Sachzwänge des internationalen Wettbewerbs zu opfern; vielmehr muss ganz im Gegenteil die eigene Rechtsordnung eine positive Vorreiterrolle spielen: Wenn, dem Vorbild eines uneingeschränkt angewandten § 817 S. 2 folgend, alle Rechtsordnungen die Bestechung zur grenzüberschreitenden Auftragsbeschaffung mit einer Rückforderungssperre sanktionieren würden, würde ein effektiver Anreiz gesetzt, Schmiergeldzahlungen generell zu unterlassen und einer entsprechenden Vergabepraxis in der jeweiligen Beschaffungsstelle die tatsächliche Grundlage zu entziehen.

9. Anwendbarkeit des § 817 S. 2 auf den Rechtsnachfolger/Insolvenzverwalter 57 **des Leistenden.** Unter der Geltung der Konkursordnung hatte die Rechtsprechung früher angenommen, im Insolvenzverfahren über das Vermögen des Leistenden könne dem **Insolvenzverwalter** § 817 S. 2 nicht entgegengehalten werden.[191] Die Rechtsschutzverweigerung entbehre des inneren Grundes, weil dem Insolvenzverwalter kein Sittenverstoß zur Last gelegt werden könne.[192] Wenn das Erlangte in die Insolvenzmasse zurückfließe, so komme dies den Insolvenzgläubigern zugute, denen ebenfalls kein Vorwurf gemacht werden könne.[193] Diese Rechtsprechung wurde in der Literatur überwiegend abgelehnt;[194] der BGH hat sie nunmehr zutreffend aufgegeben.[195]

Der Rechtsnachfolger des Leistenden kann nicht mehr Rechte haben als der Leistende 58 selbst. Daraus folgt, dass § 817 S. 2 auch auf den **Rechtsnachfolger** Anwendung findet.[196] Im Fall der rechtsgeschäftlichen Abtretung des Bereicherungsanspruchs folgt dies schon aus § 404. Dieser Grundsatz erfährt nur dann eine Ausnahme, wenn der Leistende mit der Zuwendung an den Empfänger beabsichtigt hatte, den potentiellen (nicht mit dem Empfänger identischen) Rechtsnachfolger sittenwidrig zu schädigen. In diesem Fall muss der Rechtsnachfolger den Bereicherungsanspruch geltend machen dürfen, ohne hieran durch § 817 S. 2 gehindert zu sein; denn sonst würde der Schutz des Rechtsnachfolgers in sein Gegenteil verkehrt.[197] Freilich ist in diesen Fällen nach der hier vertretenen Auffassung auch das dingliche Verfügungsgeschäft nichtig. Dem Leistenden ist somit die dingliche Rechtsposition erhalten geblieben. Sofern die Rechtsnachfolge sich auf diese erstreckt, kann der Rechtsnachfolger dingliche Ansprüche geltend machen, die bereits im Ansatz nicht durch § 817 S. 2 blockiert sind (vgl. RdNr. 17 ff.).

10. Anwendbarkeit des § 817 S. 2 auf den Vertretenen bei gesetzes- bzw. sitten- 59 **widrigem Verhalten des Vertreters.** Gesetzes- bzw. sittenwidriges Verhalten des Vertreters wird nach allgemeinen Grundsätzen dem Vertretenen **zugerechnet**.[198] Letzterer muss sich daher § 817 S. 2 entgegenhalten lassen, wenn er die Rückgewähr des Geleisteten begehrt.[199] Abweichend hiervon gab der BGH der Klage einer Gemeinde auf Rückgewähr eines Geschenks statt, das ihre Organe 1938 unter eklatantem Verstoß gegen jegliche Bewirt-

---

[191] BGHZ 19, 338, 340 = NJW 1956, 587; BGH LM Nr. 15 = NJW 1962, 483 f.; RG JW 1931, 2093; RGZ 99, 161, 166 ff.
[192] BGH LM Nr. 15 = NJW 1962, 483; freilich nur, soweit sie vom Konkursverwalter wirksam angefochten werden konnten, vgl. BGHZ 44, 1, 6 f.
[193] BGHZ 19, 338, 340 = NJW 1956, 587.
[194] *Bamberger/Roth/Wendehorst* RdNr. 17; *Erman/Westermann/Buck-Heeb* RdNr. 18; *Honsell* S. 50; *Koppensteiner/Kramer* § 7 IV 2 c, S. 66; *Medicus* BR RdNr. 701.
[195] BGHZ 106, 169, 174 ff. = WM 1989, 191; zust. auch PWW/*Leupertz* RdNr. 11.
[196] Vgl. zB RGZ 111, 151, 155; *Koppensteiner/Kramer* § 7 IV 2 c, S. 66; *Medicus* BR RdNr. 701; *Reuter/Martinek* § 6 V 2 d, S. 226; *Staudinger/Lorenz* RdNr. 16.
[197] Ebenso *Bamberger/Roth/Wendehorst* RdNr. 17; *Reuter/Martinek* § 6 V 2 d, S. 225. Im Ergebnis – in einem Fall der Erbenschädigung – anderer Auffassung das RG in RGZ 111, 151, 155, das allerdings gleichzeitig einen Anspruch aus § 826 zuspräch.
[198] Ebenso – teilweise unter Berufung auf eine Analogie zu § 166 Abs. 1 – *Acker/Froesch/Kappel* BB 2007, 1509, 1511; *Bamberger/Roth/Wendehorst* RdNr. 17; *Erman/Westermann/Buck-Heeb* RdNr. 9; jurisPK/*Martinek* RdNr. 18; *Kappel/Kienle* WM 2007, 1441, 1444; PWW/*Leupertz* RdNr. 11; *Staudinger/Lorenz* RdNr. 17.
[199] RGZ 100, 246, 250; BGH NJW 1992, 310, 311; *Erman/Westermann/Buck-Heeb* RdNr. 18; *Staudinger/Lorenz* RdNr. 17.

schaftungsgrundsätze für öffentliche Haushalte der Tochter von Hermann Göring zu ihrer Taufe gemacht hatte, um Hermann Göring zu ehren.[200] Diese Entscheidung wurde aber maßgeblich von den politischen Verhältnissen zum Zeitpunkt der Entscheidung beeinflusst.[201] Sie verdient im Ergebnis durchaus Zustimmung.[202] Die Berufung der Empfängerin auf § 817 S. 2 verstieß in dieser Situation gegen Treu und Glauben. Denn die Gemeinde hatte seinerzeit politisch keine andere Wahl, als einem führenden Kopf des NS-Regimes zu huldigen; die für sie handelnden Organwalter verdankten ihre Ämter im Zweifel ebenfalls ihrer Loyalität zu jenem Regime.

60 Wenn die Vergabe privater Aufträge durch **Schmiergeldzahlungen** erwirkt wird, handelt zwar der Vertreter des dadurch geschädigten Geschäftsherrn sittenwidrig. Da aber das Geschäft nicht für und gegen den ihn wirkt, muss er sich das sittenwidrige Verhalten seines Stellvertreters nicht zurechnen lassen. Daraus ergibt sich die wichtige Konsequenz, dass der Geschäftsherr die Vergütung zurückfordern kann, die er an den Auftragnehmer erbracht hat, welcher erst durch Schmiergelder an den Auftrag gelangt ist.[203] Dagegen ist die Kondiktion des Schmiergeldzahlers wegen der von ihm erbrachten Leistung nach § 817 S. 2 gesperrt.[204]

61 **11. Eingehung einer Verbindlichkeit.** Gemäß **§ 817 S. 2 Halbs. 2** erstreckt sich der Ausschluss des Bereicherungsanspruchs nicht auf Verbindlichkeiten, die der Leistende eingegangen ist. Die Regelung betrifft in erster Linie das abstrakte Schuldversprechen, das, wie bereits § 812 Abs. 2 klarstellt, Gegenstand eines selbständigen Bereicherungsanspruchs sein kann. § 817 S. 2 Halbs. 2 enthält mithin die Anordnung, dass der Empfänger nicht bloß gehindert ist, aus jenem Schuldversprechen vorzugehen, sondern dass er dies Versprechen ungeachtet des gesetzes- oder sittenwidrigen Leistungszwecks an den Leistenden herausgeben muss.[205] Das gleiche gilt für ein noch nicht erfülltes, auf einem sittenwidrigen Kausalgeschäft beruhendes abstraktes und noch nicht erfülltes Schuldanerkenntnis.[206] Selbst wenn jemand einen Wechsel hingegeben und dabei gegen die guten Sitten verstoßen hat, kann er, wenn er den Wechselbetrag noch nicht gezahlt hat, wegen § 817 S. 2 Halbs. 2 die Leistung auf den Wechsel verweigern (§ 821)[207] und den Wechsel herausverlangen. Die ratio legis dieser Vorschrift leuchtet unmittelbar ein: Wer lediglich eine Verbindlichkeit eingeht, hat das Vermögen des Empfängers effektiv noch nicht gemehrt; er hat es lediglich künftig zu mehren versprochen.[208] Wollte man den Leistenden an diesem Versprechen festhalten, so liefe dies darauf hinaus, dass die Rechtsordnung dem ebenfalls gesetzes- bzw. sittenwidrig handelnden Empfänger helfen muss, eine auf solch fragwürdige Weise erlangte Rechtsposition durchzusetzen. Eben dies will § 817 S. 2 Halbs. 2 vermeiden.[209]

62 Freilich scheint an dieser Stelle ein **Wertungswiderspruch** auf: Eines Bereicherungsanspruchs, der auf Herausgabe der abstrakten Verbindlichkeit gerichtet ist, bedarf es nur, wenn diese Verbindlichkeit ungeachtet ihres gesetzes- oder sittenwidrigen Hintergrunds als solche wirksam begründet worden ist. Davon geht offenbar der Gesetzgeber aus – obwohl er zugleich für die harmloseren Fälle bloßer Naturalobliegenheiten angeordnet hat, dass auch

---

[200] BGHZ 36, 395, 399 ff.
[201] Deutlich BGHZ 36, 395, 400 f.
[202] Ebenso *Staudinger/Lorenz* RdNr. 17; wohl auch *Honsell* S. 51.
[203] *Acker/Froesch/Kappel* BB 2007, 1509, 1511; *Kappel/Kienle* WM 2007, 1441, 1444.
[204] *Acker/Froesch/Kappel* BB 2007, 1509, 1511; *Kappel/Kienle* WM 2007, 1441, 1444 f.
[205] RGZ 64, 146, 148; *Bamberger/Roth/Wendehorst* RdNr. 18; jurisPK/*Martinek* RdNr. 32; *Palandt/Sprau* RdNr. 14; RGRK/*Heimann-Trosien* RdNr. 31; *Staudinger/Lorenz* RdNr. 24; *Wieling* S. 42.
[206] OLG Brandenburg OLGR 2005, 76, 78.
[207] Wie hier BGH NJW 1994, 187; zust. AnwK-BGB/*v. Sachsen Gessaphe* RdNr. 22; jurisPK/*Martinek* RdNr. 32; PWW/*Leupertz* RdNr. 12; aA *Erman/Westermann/Buck-Heeb* RdNr. 25 mit der Begründung, die Wechselhingabe stehe der Erfüllung gleich.
[208] *Staudinger/Lorenz* RdNr. 24.
[209] AnwK-BGB/*v. Sachsen Gessaphe* RdNr. 22; *Bamberger/Roth/Wendehorst* RdNr. 18; jurisPK/*Martinek* RdNr. 32; RGRK/*Heimann-Trosien* RdNr. 31.

solche Verbindlichkeiten nicht eingeklagt werden können, welche zur Erfüllung solcher Obliegenheiten eingegangen wurden (§§ 656 Abs. 2, 762 Abs. 2).[210] Wenn man daher – vorzugswürdig – auch dem Schuldversprechen, das auf der Basis eines gesetzes- oder sittenwidrigen Kausalverhältnisses hingegeben wird, die Wirksamkeit abspricht,[211] bedarf der Leistende nicht mehr der Möglichkeit, dies Versprechen zu kondizieren. § 817 S. 2 Halbs. 2 bleibt aber auch bei dieser Deutung nicht gegenstandslos. Vielmehr erlangt dann umso mehr die Anordnung Bedeutung, dass das zur Erfüllung einer solchen abstrakten Verbindlichkeit Geleistete nicht zurückgefordert werden kann: Der Leistende kann sich dann eben nicht darauf berufen, jene Verbindlichkeit sei wegen Gesetzes- oder Sittenwidrigkeit nicht begründet worden.

Welche Verbindlichkeiten von § 817 S. 2 Halbs. 2 erfasst sind, ist anhand des Ziels **63** dieser Vorschrift zu ermitteln: Die Rechtsordnung will dem sittenwidrig handelnden Empfänger nicht dabei helfen, die bislang unfertig gebliebene Leistung endgültig zu erzwingen. Deshalb kann der Leistende in jedem Fall ein **Schuldversprechen** oder ein **Schuldanerkenntnis** herausverlangen; nach § 817 S. 2 Halbs. 2 kann ihm der Einwand eigenen gesetzes- oder sittenwidrigen Verhaltens nicht entgegengesetzt werden. Bei **Wechseln** und **Schecks** ist zu differenzieren:[212] Hat der Leistende ein solches Papier selbst begeben und hat der Empfänger es noch nicht eingelöst, so ist die Leistung noch nicht abgeschlossen. Der Leistende kann daher jene Papiere zurückfordern. Deshalb hat der BGH mit Recht § 817 S. 2 Halbs. 2 auf einen Wechsel angewandt, der für den Fall, dass der Kauf eines diplomatischen Titels fehlschlagen sollte, die Honorarrückforderung des Kunden sichern sollte.[213] In solchen und ähnlichen Fällen kann der Leistende auch eine über die eingegangene Verbindlichkeit ausgestellte Urkunde, hier also die Wechsel- bzw. Scheckurkunde zurückverlangen.[214] Hat dagegen ein Dritter ein solches Papier begeben und die eine Partei des verbotenen Geschäfts dies Papier der anderen Partei übertragen, so hat letztere einen Vermögenswert erlangt, der über ein bloßes Leistungsversprechen der anderen Partei hinausgeht – nämlich einen durchsetzbaren Anspruch gegen einen Dritten. In diesem Fall bleibt die Rückforderung des Wechsels/Schecks nach § 817 S. 2 ausgeschlossen, ohne dass Halbs. 2 der Vorschrift etwas daran zu ändern vermöchte.[215]

12. Sicherheiten. Die Kondiktionssperre des § 817 S. 2 steht der Rückforderung von **64** Sicherheiten, die für Forderungen aus sitten- bzw. rechtswidrigen Verträgen bestellt wurden, nicht entgegen;[216] abweichende frühere Rechtsprechung des RG[217] ist heute überholt. Die Begründung für diese Handhabung variiert. Ursprünglich wurde die Zurückdrängung des § 817 S. 2 auf das bereits in RdNr. 30 ff. erläuterte Unmittelbarkeitsprinzip gestützt: Die Bestellung einer Sicherheit beruhe nicht unmittelbar auf dem inkriminierten Vertrag, sondern auf einer daneben bestehenden Sicherungsabrede; die Sicherung als solche sei weder vom Gesetz verboten, noch werde sie kraft sittlicher Wertung missbilligt.[218] Die Heranziehung des Unmittelbarkeitsprinzips kann freilich in diesem Zusammenhang kaum befriedigen: Die Sicherung erscheint vielmehr als graduelles Minus zur Erfüllung und verstößt daher im gleichen Umfang wie diese gegen das Gesetz bzw. gegen die guten Sitten. Eine weitere Begründungsvariante besteht darin, Sicherheiten ihres nur vorübergehenden Zwecks wegen aus dem Anwendungsbereich des § 817 S. 2 herauszunehmen.[219] Dieses sog. Endgültigkeitskriterium hat sich bereits in anderem

---

[210] *Reuter/Martinek* § 6 V 2 e, S. 226; *Staudinger/Lorenz* RdNr. 24.
[211] So wohl auch *Staudinger/Lorenz* RdNr. 24.
[212] Wie im Folgenden *Staudinger/Lorenz* RdNr. 25.
[213] BGH NJW 1994, 187.
[214] *Staudinger/Lorenz* RdNr. 25.
[215] RG JW 1921, 461; KG OLGE 39, 183, 184.
[216] BGHZ 19, 205, 207 = NJW 1956, 177; RG JW 1921, 461; RGZ 67, 321, 325 f.; 68, 97, 103; *Erman/Westermann/Buck-Heeb* RdNr. 14; PWW/*Leupertz* RdNr. 14; *Staudinger/Lorenz* RdNr. 13.
[217] RGZ 63, 179, 187 ff.; 71, 432, 436; 73, 143, 144.
[218] RGZ 67, 321, 325. Diesem Begründungsansatz folgend *Reuter/Martinek* § 6 V 2 c, S. 224 f.; ebenso *Erman/Westermann/Buck-Heeb* RdNr. 14; jurisPK/*Martinek* RdNr. 21.

Zusammenhang als kaum befriedigend erwiesen.[220] Es überzeugt hier schon deshalb nicht, weil aus der vorübergehenden Verschaffung eines Vermögenswerts rasch eine endgültige werden kann – wenn nämlich der Sicherungsfall eintritt und der Gläubiger zur Verwertung schreitet. Vielmehr lässt sich das zutreffende Ergebnis, dass die Sicherheit (solange und soweit sie noch nicht verwertet wurde) zurückgefordert werden kann, ohne weiteres aus dem Gesetz selbst herleiten. Denn es besteht eine enge Verwandtschaft zwischen Sicherheitsleistungen und solchen Leistungen, die in der meist erfüllungshalber erfolgenden Eingehung einer weiteren Verbindlichkeit bestehen (zu letzteren RdNr. 61 ff.). Ebenso wie letztere (etwa Wechsel, Schecks) nach **§ 817 S. 2 Halbs. 2** herausverlangt werden können, kann der Sicherungsgeber die Sicherheit ebenso zurückfordern. In beiden Fällen liegt noch keine abgeschlossene Leistung vor. Dem Gläubiger werden vielmehr aus der zusätzlichen Verbindlichkeit bzw. aus der Sicherheit zusätzliche Vorteile gewährt, die aber erst noch der Verwertung bedürfen. Dann gilt für die Sicherheit ebenso wie für die zusätzlich eingegangene Verbindlichkeit, dass die Rechtsordnung dem Gläubiger nicht bei der Realisierung solcher Vorteile helfen darf.[221]

65 **13. Keine Abdingbarkeit des § 817 S. 2.** § 817 S. 2 ist **zwingend:** Ist die Rückforderung einer Leistung gemäß § 817 S. 2 ausgeschlossen, so können die Parteien nicht wirksam nachträglich vereinbaren, der Empfänger schulde das Geleistete als Darlehen.[222]

D. Subjektive Voraussetzungen des § 817

66 Die Frage, ob für die Anwendung des § 817 bzw. die Bejahung des Vorliegens eines Gesetzes- oder Sittenverstoßes subjektive Voraussetzungen erfüllt sein müssen, ist ebenso wie im Bereich der §§ 134, 138[223] überaus streitig,[224] zumal sich eine sowohl für S. 1 als auch für S. 2 einheitliche Auffassung kaum begründen lässt. Es ist daher zu differenzieren:

I. Subjektive Voraussetzungen des § 817 S. 1

67 Für § 817 S. 1 wird zunehmend die Auffassung vertreten, hier genüge **objektive Gesetzes- oder Sittenwidrigkeit;** subjektive Komponenten seien deswegen nicht erforderlich, weil es allein darum gehe, die materiell richtige Güterzuordnung wiederherzustellen.[225] Diese Auffassung entspricht der im Vordringen begriffenen Beurteilung derselben Frage im Bereich der §§ 134, 138.[226] Ihr ist zuzustimmen. Wenn nämlich ein Rechtsgeschäft (bzw. eine Rechtsgrundabrede, s. RdNr. 5) mit einem Fehler infiziert ist, der unter dem Gesichts-

---

[219] So vor allem BGHZ 19, 205, 206 f. *Reuter/Martinek* § 6 V 2 c, S. 224 f. und *Larenz/Canaris* II/2 § 68 III 3 d, S. 164 f. wollen das Kriterium der Endgültigkeit neben dem der Unmittelbarkeit zur Begründung heranziehen.
[220] S. RdNr. 48 ff. im Zusammenhang mit verbotenen Geschäftsbesorgungsverhältnissen.
[221] Wie hier schon 4. Aufl. RdNr. 22 sowie *Bamberger/Roth/Wendehorst* RdNr. 19; *Staudinger/Lorenz* RdNr. 13.
[222] BGHZ 28, 164, 169 f.; BGH NJW 1994, 187; AnwK-BGB/*v. Sachsen Gessaphe* RdNr. 12; *Bamberger/ Roth/Wendehorst* RdNr. 11; RGRK/*Heimann-Trosien* RdNr. 3, 30.
[223] Vgl. dazu § 134 RdNr. 110; § 138 RdNr. 129 ff.
[224] Vgl. die Übersichten bei *Erman/Westermann/Buck-Heeb* RdNr. 8; RGRK/*Heimann-Trosien* RdNr. 8, 20; *Staudinger/Lorenz* RdNr. 21, 22 mwN.
[225] AnwK-BGB/*v. Sachsen Gessaphe* RdNr. 8; *Bamberger/Roth/Wendehorst* RdNr. 9; *Esser/Weyers* BT/2 § 49 III; *Koppensteiner/Kramer* § 7 IV 1, S. 60; PWW/*Leupertz* RdNr. 6; *Reeb* S. 65; RGRK/*Heimann-Trosien* RdNr. 8; *Wieling* S. 37. Für Bewusstsein der Sittenwidrigkeit auch im Rahmen des § 817 S. 1 aber *Erman/ Westermann/Buck-Heeb* RdNr. 8 (wonach bei Gesetzesverstößen ggf. Fahrlässigkeit ausreichen kann); *Mayer-Maly*, Das Bewusstsein der Sittenwidrigkeit, S. 47 ff.; zudem jurisPK/*Martinek* RdNr. 17; *Palandt/Sprau* RdNr. 8. Unzutr. distanziert sich *Bamberger/Roth/Wendehorst* RdNr. 9 von einer hM, die ein Bewusstsein oder leichtfertiges Verschließen vor dem Gesetzes- oder Sittenverstoß fordere. Die von ihr zitierten Urteile betreffen allesamt § 817 S. 2; ebenso die von *Erman/Westermann/Buck-Heeb* RdNr. 8; *Esser/Weyers* BT/2 § 49 III; jurisPK/*Martinek* RdNr. 17; *Palandt/Sprau* RdNr. 8 angeführten Judikate; krit. zu dieser Bezugnahme auch AnwK-BGB/*v. Sachsen Gessaphe* RdNr. 9.
[226] Dazu § 138 RdNr. 129 sowie *Flume* Rechtsgeschäft § 18, 3, 372 ff.

punkt der Gesetzes- oder Sittenwidrigkeit zur Nichtigkeit führt, zwingt dies zu der Konsequenz, dass der Empfänger das Erlangte nicht behalten darf. Daraus folgt: Sofern die Feststellung eines Gesetzes- oder Sittenverstoßes als solche nicht von subjektiven Voraussetzungen, etwa einer bestimmten verwerflichen Absicht etc., abhängt, dürfen solche subjektiven Anforderungen auch in § 817 S. 1 nicht hineingelesen werden. Anders liegt es nur dort, wo der Gesetzes- oder Sittenverstoß ausnahmsweise von derartigen subjektiven Elementen abhängig ist: Dann gelten diese Erfordernisse auch im Rahmen des § 817 S. 1.

II. Subjektive Voraussetzungen des § 817 S. 2

Grundsätzlich anders ist die Rechtslage bei § 817 S. 2. Ein Ausschluss des Bereicherungsanspruchs ist auch und gerade unter dem Aspekt der **Generalprävention** (RdNr. 9) nur dann zu rechtfertigen, wenn sich der Leistende **bewusst** außerhalb der Rechtsordnung gestellt, wenn er die Rechts- oder Sittenordnung **vorsätzlich** verletzt hat.[227] Denn nur dann konnte ihn die Abschreckungswirkung, welche der Gesetzgeber der Kondiktionssperre zugedacht hat, in vollem Umfang erreichen. Die von § 817 S. 1 abweichende Behandlung stößt zwar im Schrifttum auf Widerspruch.[228] Sie rechtfertigt sich aber aus dem ganz unterschiedlichen Normzweck der beiden Sätze des § 817: Während es in § 817 S. 1 darum geht, die Kondiktion wegen der Gesetzes- oder Sittenwidrigkeit zu begründen und damit die materiell richtige Güterzuordnung wieder herzustellen – ein objektives Anliegen –, zielt § 817 S. 2 als Sanktion auf die Versagung an sich gerechtfertigter Ausgleichsansprüche. Dies ist kein per se bereits aus objektiven Belangen zu rechtfertigendes Anliegen, sondern eine **Verhaltensfolge,** die dem Leistenden gegenüber nur dann gerechtfertigt werden kann, wenn er bewusst einen entsprechenden Gesetz- oder Sittenverstoß begangen hat. Die Besorgnis, durch solche subjektiven Anforderungen werde „das abgehärtete Gewissen und das unterentwickelte Moralempfinden" belohnt,[229] ist zwar nicht von der Hand zu weisen. Ihr ist aber dadurch zu begegnen, dass das „Bewusstsein" der Sittenwidrigkeit entsprechend weit verstanden wird (RdNr. 69 f.).

Zweifelhaft ist, welche Anforderungen im Einzelnen an die für § 817 S. 2 unverzichtbare subjektive Komponente zu stellen sind; ob also das Bewusstsein der Gesetzes- oder Sittenwidrigkeit selbst oder aber nur Kenntnis der sie begründenden Tatumstände zu fordern ist.[230] An dieser Stelle wirkt sich das soeben RdNr. 68 formulierte Gerechtigkeitspostulat aus, dass fehlendes Unrechtsempfinden nicht prämiert werden darf: Bei **Sittenverstößen** genügt für § 817 S. 2 die Kenntnis der relevanten Umstände; mindestens aber ist aus dieser Kenntnis der (unwiderlegliche) Schluss zu ziehen, der Leistende müsse sich des Sittenverstoßes bewusst gewesen sein.[231] Die Rechtsprechung behilft sich hier oftmals mit der Formel, die in § 817 S. 2 hineingelesenen subjektiven Anforderungen seien bereits dann erfüllt, wenn der Leistende sich der Einsicht in die Sittenwidrigkeit leichtfertig verschließe.[232] An der Kennt-

---

[227] St. Rspr.; vgl. RGZ 127, 276; 161, 52, 57; RG JW 1931, 1924; 1931, 3442, 3443; BGHZ 50, 90, 92; 75, 299, 302; BGH WM 1967, 229; 231; 1978, 949, 951; NJW 1993, 2108, 2109; 2000, 1560, 1562; ZIP 2006, 1101, 1104; OLG Düsseldorf OLGR 2005, 291, 292; OLG Köln OLGR 2005, 21, 24. Ebenso AnwK-BGB/*v. Sachsen Gessaphe* RdNr. 22; *Bamberger/Roth/Wendehorst* RdNr. 16; *Jauernig/Stadler* RdNr. 11; jurisPK/*Martinek* RdNr. 26; *Larenz/Canaris* II/2 § 68 III 3 b, S. 163; *Mayer-Maly,* Das Bewusstsein der Sittenwidrigkeit, 1971, S. 47 ff.; in Bezug auf Gesetzesverstöße auch *Staudinger/Lorenz* RdNr. 22. Abl. aber HKK/*Schäfer* §§ 812–822 RdNr. 68, wonach der objektive Verstoß für die Kondiktionssperre ausreichen soll.
[228] *Esser/Weyers* BT/2 § 49 IV 3, Fn. 46 iVm. § 49 III, Fn. 32; *Reuter/Martinek* § 6 V 1 e, S. 212 f.; krit. auch *Erman/Westermann/Buck-Heeb* RdNr. 13.
[229] Aus diesem Grund lassen *Kollhosser* JZ 1986, 446, 447 und *Reuter/Martinek* § 6 V 1 e, S. 212 auch bei § 817 S. 2 den rein objektiven Verstoß genügen; ebenso, aber nur für Sittenverstöße *Staudinger/Lorenz* RdNr. 21; der Argument zust., im Ergebnis jedoch wie die Rspr. *Bamberger/Roth/Wendehorst* RdNr. 16.
[230] Vgl. die Nachweise bei *Mayer-Maly* S. 47 ff.
[231] IdS auch RGZ 161, 52, 57; BGH NJW 1993, 2108; *Larenz/Canaris* II/2 § 68 III 3 b, S. 163; *Staudinger/Lorenz* RdNr. 21; noch weitergehend BGH LM § 22 GenG Nr. 1 = NJW 1983, 1420, 1423, wo ein leichtfertiges Handeln ausdrücklich vorsätzlichem Tun gleichgestellt wird; ebenso erfolgt eine solche Gleichstellung in BGH.

nis der Sittenwidrigkeit fehlt es freilich, solange die eigene Rechtsauffassung von den Gerichten gebilligt wird. Wird ein Geschäft also infolge geänderter Rechtsprechung erstmals als sittenwidrig gebrandmarkt, so fehlt es für vorher abgeschlossene Geschäfte an den subjektiven Erfordernissen des § 817 S. 2.[233]

70 Was **Gesetzesverstöße** anbelangt, so kann die Existenz der verschiedenartigsten, oft eher rechtstechnisch zu verstehenden Verbotsgesetze nicht ohne weiteres als bekannt vorausgesetzt werden. Folglich kann auch der Schluss von der Kenntnis der Umstände auf die Kenntnis der Gesetzeswidrigkeit nicht immer gezogen werden.[234] Im Regelfall wird man daher – unbeschadet eventueller Beweiserleichterungen – die **Kenntnis** gerade **des Verbotsgesetzes** verlangen müssen,[235] soweit es nicht um gesetzliche Verbote geht, die – ähnlich wie die Sittenordnung als Inbegriff der unerlässlichen Grundregeln menschlichen Zusammenlebens – als allgemein bekannt angesehen werden dürfen.[236] Die Rechtsprechung lässt es mit Recht genügen, wenn sich der Darlehensgeber der Einsicht in den Gesetzesverstoß leichtfertig verschließt:[237] Andernfalls würde abermals die Befürchtung genährt, dass der Wertblinde für sein unterentwickeltes Unrechtsempfinden belohnt wird.

E. Prozessuales

71 Wendet der Bereicherungsschuldner ein, dass dem Leistenden ein Verstoß gegen ein gesetzliches Verbot oder gegen die guten Sitten zur Last fällt, so trägt er hierfür die **Beweislast**.[238] Denn bei § 817 S. 2 handelt es sich um eine rechtshindernde Einwendung. Ist streitig, ob es sich bei einer Zahlung des Generalunternehmers an einen Subunternehmer um (nicht geschuldete) Vorschüsse für dessen Tätigwerden oder aber um ein verschleiertes Schmiergeld an den Auftraggeber handelt, so soll freilich nach Ansicht des OLG Rostock der Leistende beweisen müssen, dass ein solches Schmiergeld nicht vorliegt. Denn er trage die Beweislast für das Fehlen des Rechtsgrundes; die Schmiergeldabrede könne aber einen solchen Rechtsgrund darstellen.[239] Diese Überlegungen finden keine Zustimmung. Denn sie laufen darauf hinaus, dem Leistenden den Beweis dafür aufzuerlegen, dass er nicht gesetzes- und/oder sittenwidrig gehandelt hat. Eine Schmiergeldabrede kann niemals einen Rechtsgrund begründen; folglich kann der Leistende auch nicht aus diesem Grunde gehalten sein, die Behauptung einer solchen Abrede zu widerlegen.

§ 818 Umfang des Bereicherungsanspruchs

(1) Die Verpflichtung zur Herausgabe erstreckt sich auf die gezogenen Nutzungen sowie auf dasjenige, was der Empfänger auf Grund eines erlangten Rechts oder als Ersatz für die Zerstörung, Beschädigung oder Entziehung des erlangten Gegenstands erwirbt.

(2) Ist die Herausgabe wegen der Beschaffenheit des Erlangten nicht möglich oder ist der Empfänger aus einem anderen Grunde zur Herausgabe außerstande, so hat er den Wert zu ersetzen.

---

[232] RGZ 161, 52, 57; BGH NJW 1983, 1420, 1423; 1989, 3217, 3218; 1992, 310, 311; 1993, 2108; 2005, 1490, 1491; ZIP 2006, 1101, 1104; OLG Celle NJW 1996, 2660; OLG Karlsruhe Blutalkohol 44 (2007), 49, 50; OLG Oldenburg NJW 1991, 2216, 2217.

[233] Ebenso *Canaris* WM 1981, 978, 985 ff. für die vor BGHZ 80, 153 = NJW 1981, 1206 geschlossenen Teilzahlungskreditverträge; anders aber ausdrücklich BGH NJW 1983, 2692, 2693 (gebilligt durch BVerfG NJW 1984, 2345).

[234] ZB *Staudinger/Lorenz* RdNr. 22.

[235] BGHZ 50, 90, 92 = NJW 1968, 1329; RGZ 132, 33, 41; *Staudinger/Lorenz* RdNr. 22.

[236] Dazu RGZ 95, 347, 349.

[237] BGH NJW 1989, 3217, 3218; 1993, 2108, 2109.

[238] OLG Rostock NZBau 2007, 707, 708.

[239] OLG Rostock NZBau 2007, 707, 708.

(3) Die Verpflichtung zur Herausgabe oder zum Ersatz des Wertes ist ausgeschlossen, soweit der Empfänger nicht mehr bereichert ist.

(4) Von dem Eintritt der Rechtshängigkeit an haftet der Empfänger nach den allgemeinen Vorschriften.

Schrifttum: *Baldringer/Jordans,* Beurteilung des „Abschleppfalles" nach bürgerlichem Recht – insbesondere Ersatz der Abschleppkosten bei widerrechtlichem Parken, NZV 2005, 75; *Ballerstedt,* Das Unternehmen als Gegenstand eines Bereicherungsanspruchs, FS Schilling, 1973, S. 290; *Batsch,* Bereicherungshaftung ohne Vermögensmehrung, NJW 1972, 611; *Bayer,* Neue und neueste Entwicklungen zur verdeckten GmbH-Sacheinlage, ZIP 1998, 1985; *ders.,* Unwirksame Leistungen auf die Stammeinlage und nachträgliche Erfüllung, GmbHR 2004, 453; *Becker,* Heilung verdeckter Sacheinlagen bei der GmbH, RNotZ 2005, 569; *Bengelsdorf,* Zum allgemeinen Weiterbeschäftigungsanspruch, SAE 1987, 254; *ders.,* Der Einzug des Bereicherungsrechts in das Arbeitsrecht, FS Leinemann, 2006, S. 289; *Beuthien,* Das fehlerhafte Arbeitsverhältnis als bürgerlich-rechtliches Abwicklungsproblem, RdA 1969, 161; *ders.,* Das Rätsel Saldotheorie, Jura 1979, 532; *Beuthien/Weber,* Ungerechtfertigte Bereicherung und Geschäftsführung ohne Auftrag, 2. Aufl. 1987; *Bieder,* Überzahlung von Arbeitsentgelt und formularvertraglicher Ausschluss des Entreicherungseinwands, DB 2006, 1318; *Blomeyer,* Fortschritte der modernen Schuldrechtsdogmatik, AcP 154 (1955), 527; *Bockholdt,* Die Übertragung rücktrittsrechtlicher Wertungen auf die bereicherungsrechtliche Rückabwicklung gegenseitiger Verträge, AcP 206 (2006), 769; *Bodenbenner,* Bereicherungsrechtliche Rückabwicklung nach Belastung des rechtsgrundlos erlangten Gegenstandes mit einem Kreditsicherungsrecht, 2002; *Brandner,* Die Herausgabe von Verletzervorteilen im Patentrecht und im Recht gegen den unlauteren Wettbewerb, GRUR 1980, 359; *Bremecker,* Die Bereicherungsbeschränkung des 818 Abs. 3 BGB bei nichtigen gegenseitigen Verträgen, 1982; *Büdenbender,* Die Berücksichtigung der Gegenleistung bei der Rückabwicklung gegenseitiger Verträge, AcP 200 (2000), 627; *Büttner,* Der Anspruch auf Herausgabe von Kapitalnutzungen, BB 1970, 233; *v. Caemmerer,* Bereicherungsausgleich bei Verpfändung fremder Sachen, FS Lewald, 1953, S. 443; *ders.,* Mortuus redhibetur – Bemerkungen zu den Urteilen BGHZ 53, 144 und BGHZ 57, 137, FS Larenz, 1973, S. 621; *ders.,* Gesammelte Schriften, Band 1, 1968; *Canaris,* Der Bereicherungsausgleich bei sittenwidrigen Teilzahlungskrediten, WM 1981, 978; *ders.,* Die Feststellung von Lücken im Gesetz, 2. Aufl. 1983; *ders.,* Die Gegenleistungskondiktion, FS Lorenz, 1991, S. 19; *ders.,* Der Bereicherungsausgleich bei Bestellung einer Sicherheit an einer rechtsgrundlos erlangten Sache, NJW 1991, 2513, JA 1992, 272; *ders.,* Der Vorrang außerbereicherungsrechtlicher, insbesondere dinglicher Wertungen gegenüber der Saldotheorie und dem Subsidiaritätsdogma, JZ 1992, 1114; *ders.,* Schuldrechtsmodernisierung 2002, 2002; *Diesselhorst,* Die Natur der Sache als außergesetzliche Rechtsquelle, verfolgt an der Rechtsprechung zur Saldotheorie, 1968; *Dütz,* Die Weiterbeschäftigungs-Entscheidung des Großen Senats des Bundesarbeitsgerichts und ihre Folgen für die Praxis, NZA 1986, 214; *Ebel,* Die verschärfte Haftung des Minderjährigen nach § 819 Abs. 1 BGB im Falle der Eingriffskondition, JA 1982, 526; *Ebert,* Bereicherungsausgleich im Wettbewerbs- und Immaterialgüterrecht, 2001; *Eckert,* Zur Frage, welche Vermögensnachteile der Käufer im Rahmen der bereicherungsrechtlichen Rückabwicklung eines formnichtigen Grundstückskaufvertrages als entreichernde Posten in das Abrechnungsverhältnis einstellen darf, JR 1992, 507; *Ellger,* Bereicherung durch Eingriff, 2002; *Ernst,* Sachmängelhaftung und Gefahrtragung, FS Huber, 2006, S. 165; *Ewald,* Das geltende Abzahlungsgesetz und seine Reform, 1956; *Färber-Kappes,* Die Entscheidung des Großen Senats zum Weiterbeschäftigungsanspruch während des Kündigungsschutzprozesses, NZA 1986, 215; *Fest,* Der Einfluss der rücktrittsrechtlichen Wertungen auf die bereicherungsrechtliche Rückabwicklung nichtiger Verträge, 2006; *Finkenauer,* Das faktische Synallagma und die Lehre von der Gesamtabrechnung, JuS 1998, 986; *ders.,* Vindikation, Saldotheorie und Arglisteinwand, NJW 2004, 1704; *Fischer/H. Albrecht,* Bereicherung und Schaden, FS Ernst Zitelmann, 1913, S. 5; *Flessner,* Wegfall der Bereicherung, 1970; *Flume,* Die Entreicherungsgefahr und die Gefahrtragung bei Rücktritt und Wandlung, NJW 1970, 1161; *ders.,* Der Wegfall der Bereicherung in der Entwicklung vom römischen zum geltenden Recht, FS Niedermeyer, 1953, S. 103; *ders.,* Die Saldotheorie und die Rechtsfigur der ungerechtfertigten Bereicherung, AcP 194 (1994), 427; *ders.,* Aufwendungen und Erträge bei der Rückabwicklung nichtiger gegenseitiger Verträge als Problematik der Rechtsfigur der ungerechtfertigten Bereicherung, GS Knobbe-Keuk, 1997, S. 111; *Freund/Stölting,* Gebrauchtwagenfälle im neuen Schuldrecht – Auswirkungen des Rücktrittsfolgenrechts auf das Bereicherungsrechts, ZGS 2002, 182; *Frieser,* Der Bereicherungswegfall in Parallele zur hypothetischen Schadensentwicklung, Berlin 1987; *Gaier,* Grundpfandgläubiger als Schuldner eines Ausgleichsanspruchs wegen des Eigentums durch Grundstücksverbindung, ZflR 2005, 45; *M. Gebauer,* Schadensersatz statt Herausgabe?, ZGS 2005, 103; *P. Gebauer,* Zur Haftung des Mieters bei unbefugter Untervermietung, Jura 1998, 128; *Glaß,* Gefahrtragung und Haftung beim gesetzlichen Rücktritt, 1959; *Götting,* Die bereicherungsrechtliche Lizenzanalogie bei Persönlichkeitsrechtsverletzungen, FS Ullmann, 2006, S. 65; *Goetzke,* Subjektiver Wertbegriff im Bereicherungsrecht?, AcP 173 (1973), 289; *Gretter,* Bereicherungsansprüche bei Rückabwicklung eines nichtigen Kaufvertrages – Ersparte Schuldzinsen als herauszugebende Nutzungen iS von § 818 Abs. 1 BGB?, DB 1995, 516; *Grunewald,* Saldotheorie und neues Rücktrittsrecht, FS Hadding, 2004, S. 33; *Gursky,* Nochmals: Kraftfahrzeugvermietung an Minderjährige, NJW 1969, 2183; *ders.,* Ersparnisgedanke und Reservesache im Bereicherungsrecht, JR 1972, 279; *ders.,* Die Belastung des Bereicherungsgegenstandes durch den Kondiktionsschuldner, JR 1992, 95; *Haas,* Die Verwendungsersatzansprüche im Eigentümer-Besitzer-Verhältnis und die aufgedrängte Bereicherung, AcP

176 (1976), 1; *Habersack,* Verdeckte (gemischte) Sacheinlage, Sachübernahme und Nachgründung im Aktienrecht, ZGR 2008, 48; *Häsemeyer,* Die gefährliche Kontovollmacht – BGHZ 83, 293, JuS 1984, 176; *Hagen,* Funktionale und dogmatische Zusammenhänge von Schadens- und Bereicherungsrecht, FS Larenz, 1973, S. 866; *Hagmann,* Gewinnherausgabe im Rahmen des Nutzungsherausgabeanspruchs gemäß § 818 I 1. Alt. BGB, 2007; *Haines,* Bereicherungsansprüche bei Warenzeichenverletzungen und unlauterem Wettbewerb, 1970; *Halfmeier,* Inhalt des Konditionsanspruchs und Wegfall der Bereicherung, JA 2007, 492; *Ham/Müller,* „Biete Motorrad für Auto und Indienreise", JA 2005, 102; *Heck,* Grundriß des Schuldrechts, 1929 (Nachdruck 1958); *Heermann,* Schadensersatz und Bereicherungsausgleich bei Patentrechtsverletzungen, GRUR 1999, 625; *Heimburger,* Rückforderung von Überzahlungen an Soldaten, Beamte und Arbeitnehmer des Bundes, RiA 2003, 57; *Helle,* Privatautonomie und kommerzielles Persönlichkeitsrecht, JZ 2007, 444; *Hellwege,* Die Rückabwicklung gegenseitiger Verträge als einheitliches Problem, 2004; *ders.,* Ein einheitliches Regelungsmodell für die Rückabwicklung gegenseitiger Verträge, JZ 2005, 337; *Hombrecher,* Die verschärfte Haftung Minderjähriger nach § 819 Abs. 1 BGB – der Flugreisefall (BGH NJW 1971, 609 = BGHZ 55, 128), Jura 2002, 250; *Honsell,* Bereicherungsanspruch und Schadensersatz bei arglistiger Täuschung, NJW 1973, 350; *ders.,* Der defekte Mähdrescher – BGHZ 78, 216, JuS 1982, 810; *Horst,* Aufwendungsersatz für Einbauten und Investitionen des Mieters, MDR 2007, 1117; *Hromadka,* Irrtümliche Überzahlung von Lohn, in: Geschichtliche Rechtswissenschaft: Ars tradendo innovandoque aequitatem sectandi, Freundesgabe für Alfred Söllner zum 60. Geburtstag, 1990, S. 105; *U. Huber,* Der Unfall des betrogenen Gebrauchtwagenkäufers – BGHZ 57, 137, JuS 1972, 439; *ders.,* Einige Probleme des Rechts der Leistungsstörungen im Licht des Haager einheitlichen Kaufrechts, JZ 1974, 433; *Jagmann,* Wertersatz oder Gewinnhaftung? Der Gegenstand des Bereicherungsanspruchs bei der Rückabwicklung rechtsgrundloser Leistungen im deutschen und im amerikanischen Recht, 1979; *Jakobs,* Lucrum ex negotiatione, 1993; *ders.,* Eingriffserwerb und Vermögensverschiebung in der Lehre von der ungerechtfertigten Bereicherung, 1964; *Junker,* Der „Besserverdienende" als Rechtsbegriff, ZIP 1994, 671; *Kälberer,* Nutzungsherausgabe bei der Rückabwicklung von Börsentermingeschäften, ZIP 1997, 1055; *Käßer,* Der fehlerhafte Arbeitsvertrag, 1979; *Keil,* Fehlerhafte Unternehmenskäufe, 1998; *D. Kaiser,* Die Rückabwicklung gegenseitiger Verträge wegen Nicht- und Schlechterfüllung nach BGB, 2000; *H. Kaiser,* Die Nutzungsherausgabe im Bereicherungsrecht, 1987; *Kellmann,* Grundsätze der Gewinnhaftung, 1969; *ders.,* Bereicherungsausgleich bei Nutzung fremder Rechtsgüter, NJW 1971, 862; *Kiehnle,* § 822 BGB und die „Saldotheorie", JA 2005, 737; *Knütel,* § 822 BGB und die Schwächen unentgeltlichen Erwerbs, NJW 1989, 2504; *König,* Gewinnhaftung, FS v. Caemmerer, 1978, S. 179; *Kohler,* Überholte Vollstreckungsabwehr und verschärfte Bereicherungshaftung, ZZP 99 (1986), 34; *ders.,* Rückforderung aufgrund einstweiliger Anordnung gezahlten Ehegattenunterhalts, FamRZ 1988, 1005; *ders.,* Die gestörte Rückabwicklung gescheiterter Austauschverträge, 1989; *ders.,* Bereicherungsrechtliche Rückgewähr eines grundpfandrechtlichen belasteten Grundstücks, NJW 1991, 1999; *ders.,* Erforderliche und klare Worte zum Entreicherungseinwand, NJW 1992, 3145; *Koller-Pfeiffer,* Zur Anwendung der Saldotheorie bei der Abwicklung des unverbindlichen Börsentermingeschäfts, EWiR 2001, 619; *Konzen,* Schuldrechtsreform, Rücktritt und Wegfall der Bereicherung bei gescheiterten Austauschverhältnissen, FS Canaris, 2007, S. 605; *Koppensteiner,* Probleme des bereicherungsrechtlichen Wertersatzes, NJW 1971, 588, 1769; *Kurz,* Der Besitz als möglicher Gegenstand der Eingriffskondiktion, 1969; *Larenz,* Zur Bedeutung des Wertersatzes im Bereicherungsrecht, FS v. Caemmerer, 1978, S. 209; *Lass,* Die bereicherungsrechtliche Rückabwicklung des nichtigen Darlehensvertrages, WM 1997, 145; *Leser,* Von der Saldotheorie zum faktischen Synallagma. Ein Beitrag zur Lehre vom Wegfall der Bereicherung, Diss. Freiburg 1956; *ders.,* Der Rücktritt vom Vertrag, 1975; *Lieb,* Die Ehegattenmitarbeit im Spannungsfeld zwischen Rechtsgeschäft, Bereicherungsausgleich und gesetzlichem Güterstand, 1970; *ders.,* Nutzungsmöglichkeiten als Gegenstand von Bereicherungsansprüchen, NJW 1971, 1289; *ders.,* Schwerpunkte Arbeitsrecht, 7. Aufl. 2000; *Linke,* Die Rückabwicklung gescheiterter gegenseitiger Verträge, 2007; *St. Lorenz,* Die Lösung vom Vertrag, Rücktritt und Widerruf, in: Schulze/ Schulte-Nölke (Hrsg.), Die Schuldrechtsreform vor dem Hintergrund des Gemeinschaftsrechts, 2001, S. 329; *W. Lorenz,* Die bereicherungsrechtliche Rückabwicklung gegenseitiger Verträge, FS Canaris, 2007, S. 793; *v. Lübtow,* Beiträge zur Lehre von der Condictio nach römischem und geltenden Recht, 1952; *Mankowski/ Schreier,* Die bereicherungsrechtliche Rückabwicklung unwirksamer Klingeltonverträge, VuR 2007, 281; *Mayer-Maly,* Rechtsirrtum und Bereicherung, FS Heinrich Lange, 1970, S. 293; *Medicus,* Die verschärfte Haftung des Bereicherungsschuldners, JuS 1993, 705; *Meincke,* Rechtsfolgen nachträglicher Unmöglichkeit der Leistung beim gegenseitigen Vertrag, AcP 171 (1971), 19; *Metzler,* Zwei Rechtsfragen bei Autovermietung an Minderjährige, NJW 1971, 690; *Meyer,* Der Bereicherungsausgleich in Dreiecksverhältnissen, 1979; *Misera-Schwab,* Lohnüberzahlung – Wegfall der Bereicherung, SAE 1994, 327; *Nicklisch,* Zum Umfang des Bereicherungsanspruchs wegen der Versteigerung schuldnerfremder Sachen, NJW 1966, 435; *Oechsler,* Schuldrecht Besonderer Teil, Vertragsrecht, 2003; *Ossenbühl,* Staatshaftungsrecht, 4. Aufl. 1991; *Ostendorf,* Die Be- und Entreicherung beim ungerechtfertigten Gebrauch von Gegenständen und Leistungen, Diss. Kiel 1972; *Paefgen,* Die minderjährige Valutasortenverkäuferin – LG Köln, NJW-RR 1991, 868, JuS 1992, 192; *Pallasch,* Noch einmal – Das Weiterbeschäftigungsverhältnis und seine Rückabwicklung, BB 1993, 2225; *Pawlowski,* Rechtsgeschäftliche Folgen nichtiger Willenserklärungen, 1966; *ders.,* Die Ansprüche des Vermieters eines Kraftfahrzeugs gegen den minderjährigen Mieter – OLG Hamm, NJW 1966, 2357; *Petersen,* Der Minderjährige im Schuld- und Sachenrecht, Jura 2003, 399; *Pinger,* Wertersatz im Bereicherungsrecht, MDR 1972, 101, 187; *ders.,* Funktion und dogmatische Einordnung des Eigentümer-Besitzer-Verhältnisses, 1973, S. 113; *Rave,* Ausgleichsanspruch des Mieters aus Bereicherung, GE 2005, 221; *Reeb,* Grundprobleme des Bereicherungsrechts, 1975; *Reichert-Clauß,* Bereicherungsrechtliche Rückabwicklung des verdeckten Ge-

schäfts bei verdeckter Sacheinlage, NZG 2004, 273; *Reimer,* Die aufgedrängte Bereicherung. Paradigma der „negatorischen" Abschöpfung in Umkehrung zum Schadensersatzrecht, 1990; *Reiner,* Börsenrecht, JZ 2002, 300; *Rengier,* Wegfall der Bereicherung, AcP 177 (1977), 418; *Reuter,* Die Belastung des Bereicherungsgegenstandes mit Sicherungsrechten – ein Beitrag zum Inhalt des Bereicherungsanspruchs, FS Gernhuber, 1993, S. 369; *G. Roth,* Vorteil, Schaden und Wert im Bereicherungsrecht, FS Küchenhoff, 1972, S. 371; *Rudorf,* Leistung und Gegenleistung beim Bereicherungsausgleich, 1981; *Rupietta,* Die bereicherungsrechtliche Rückabwicklung unwirksamer Unternehmenskaufverträge, 2001; *Schäfer,* Der Zins im Bereicherungsrecht, 2002; *Schauhoff,* Die Bereicherungshaftung wegen der Nutzung rechtsgrundlos erlangten Geldes. Zur Auslegung des § 818 Abs. 1 und 2 BGB, 1992; *Schiebel,* Unterhaltsrückforderung bei Titelabänderung, NJW-Spezial 2006, 55; *Schilken,* Wissenszurechnung im Zivilrecht, 1983; *ders.,* Zur Bedeutung des § 822 BGB, JR 1989, 363; *Schlechtriem,* Rechtsprechungsübersicht zum Bereicherungsrecht, JZ 1984, 509, 555; 1988, 854; 1993, 24, 128, 185; *Schnitzler,* Unbeachtlichkeit des Bereicherungswegfalls trotz guten Glaubens?, JZ 1972, 270; *Schön,* Steuern im Bereicherungsausgleich, ZHR 155 (1991), 247; *ders.,* Bereicherungszinsen der öffentlichen Hand, NJW 1993, 3289; *Schöne,* Das rechtsgrundlos erlangte Unternehmen – Herausgabe oder Wertersatz?, ZGR 2000, 86; *Schreiber,* Die Bösgläubigkeit des Bereicherungsschuldners – OLG Hamm, NJW 1977, 1824; *Schröder,* Rückabwicklung des Leasingvertrages bei entfallener Geschäftsgrundlage und Wegfall der Bereicherung, JZ 1989, 717; *Schuler,* Bereicherungsprobleme der §§ 816, 951 BGB, NJW 1962, 1842; *Schur,* Die Verknüpfung wechselseitiger Leistungen, JuS 2006, 673; *Schwab/Witt,* Einführung in das neue Schuldrecht, 2002; *Schwenn,* Die Gefahrtragung beim Rücktritt, AcP 152 (1952/1953), 138; *Schwerdtner,* Das Weiterbeschäftigungsverhältnis als Arbeitsverhältnis „zweiter Klasse", DB 1989, 878; *Schwintowski,* Das Unternehmen im Bereicherungsausgleich, JZ 1987, 588; *Singer,* Formnichtigkeit und Treu und Glauben, WM 1983, 254; *Strutz,* Die Abzugsfähigkeit von Aufwendungen für den Erwerb der Sache im Rahmen des § 818 Abs. 3 BGB, NJW 1968, 141; *Teichmann,* Die Flugreise-Entscheidung – BGHZ 55, 128, JuS 1972, 247; *Tommaso/Weinbrenner,* Bereicherungsrechtliche Mehrpersonenverhältnisse nach § 822 BGB, Jura 2004, 649; *Thier,* Rücktrittsrecht und Bereicherungshaftung: Zur Reichweite von § 346 Abs. 3 S. 1 Nr. 3 BGB und seinen Wirkungen für die bereicherungsrechtliche Rückabwicklung gegenseitiger Verträge, FS Heldrich, 2005, S. 439; *Törl,* Die bereicherungsrechtliche Behandlung nicht-gegenständlicher Vermögensvorteile, 1977; *Walker,* Die bereicherungsrechtliche Rückabwicklung des Weiterbeschäftigungsverhältnisses, DB 1988, 1596; *Weitnauer,* Der arglistig getäuschte Käufer, NJW 1970, 637; *Wendehorst,* Der Rückgriff, Jura 2004, 505; *Wernecke,* Abwehr und Ausgleich „aufgedrängter Bereicherungen" im Bürgerlichen Recht, 2004; *H. P. Westermann,* Bereicherungshaftung des Erwerbers gestohlener Sachen: Zur „Subsidiarität" der Eingriffskondiktion – BGHZ 55, 176; *ders.,* Bereicherungsrechtliche Rückabwicklung von Börsentermingeschäften, FS Medicus, 1999, S. 675; *Wieling,* Synallagma bei Nichtigkeit und gesetzlichem Rücktritt, JuS 1973, 397; *ders.,* Bereicherungsrecht, 1993; *Wilburg,* Die Lehre von der ungerechtfertigten Bereicherung, 1934; *ders.,* Zusammenspiel der Kräfte im Aufbau des Schuldrechts, AcP 163 (1964), 346; *Wilhelm,* Rechtsverletzung und Vermögensentscheidung als Grundlagen und Grenzen des Anspruchs aus ungerechtfertigter Bereicherung, 1973; *ders.,* Kenntniszurechnung kraft Kontovollmacht?, AcP 183 (1983), 1; *ders.,* Bereicherungsausgleich im Dreiecksverhältnis, JZ 1995, 573; *E. Wolf,* Rücktritt, Vertretenmüssen und Verschulden, AcP 153 (1954), 97; *Zahn,* Die Herausgabe des Verletzergewinnes, 2005.

Übersicht

	RdNr.		RdNr.
I. Normzweck und innerer Aufbau ...	1–5	4. Unternehmensverträge	31–37
II. § 818 Abs. 1	6–42	a) Meinungsstand	31, 32
1. Differenzierung zwischen Nutzungen und Surrogaten	6	aa) Herausgabepflicht dem Grunde nach	31
2. Nutzungen als sekundärer Bereicherungsgegenstand	7–19	bb) Herausgabepflicht der Höhe nach	32
a) Systematische Stellung des § 818 Abs. 1	7	b) Stellungnahme	33–35
		c) Steuern	36
b) Begriff der Nutzungen	8–10	d) Einzelgegenstände im Unternehmensverbund	37
c) Miet- und Zinserträge	11–14		
d) Zinsersparnis	15	5. Besitzkondition	38
e) Reinvestition rechtsgrundlos erlangten Geldes	16, 17	6. Herausgabe von Surrogaten	39–42
		a) Commodum ex re	39
f) Besonderheiten bei Kreditinstituten	18	b) Nutzungen aus dem commodum ex re	40
g) Sekundäransprüche	19	c) Commodum ex negotiatione?	41, 42
3. Nutzungen als primärer Bereicherungsgegenstand	20–30	aa) Meinungsstand	41
a) Nichtige Gebrauchsüberlassungsverträge	21–29	bb) Stellungnahme	42
		III. § 818 Abs. 2	43–110
aa) Meinungsstand	21–25	1. Voraussetzungen der Wertersatzpflicht	43–61
bb) Stellungnahme	26–29	a) Überblick	43
b) Eingriff in fremde Rechte	30		

§ 818 Abschnitt 8. Titel 26. Ungerechtfertigte Bereicherung

	RdNr.		RdNr.
b) Unmöglichkeit der Herausgabe im Allgemeinen	44–46	e) Wertende Risikozuweisung im Einzelfall?	129–133
aa) Objektive und subjektive Unmöglichkeit	44, 45	f) Fazit	134
bb) Irrelevanz des Verschuldens	46	4. Einzelne Abzugsposten	135–159
c) Teilunmöglichkeit	47–56	a) Aufwendungen zum Zwecke des Erwerbs	135
aa) Herausgabe plus Wertersatz	47, 48	b) Erwerbspreis	136–138
bb) Einschränkung des § 818 Abs. 3?	49–51	c) Kosten der Zwangsvollstreckung	139
cc) Umgestaltung zum aliud	52–56	d) Verwendungen, Aufwendungen für den bestimmungsgemäßen Einsatz	140, 141
d) Insbesondere die Rückabwicklung rechtsgrundloser Unternehmensübertragungen	57–60	e) Steuern	142–146
		f) Nachteile durch Vermögensdispositionen	147–151
e) Unmöglichkeit wegen Beschaffenheit des Erlangten	61	g) Rückabwicklungskosten, Vertragsstrafe	152–155
2. Dingliche Belastungen	62–74	h) Prozesskosten	156
a) Rechtsgrundloser, aber dinglich wirksamer Erwerb	63–73	i) Folgeschäden	157, 158
aa) Ansicht des BGH	63	j) Bezugnahme auf das Aktivvermögen	159
bb) Kritik	64	5. Wegfall des Erlangten	160–181
cc) Stellungnahme	65–73	a) Ersatzloser Wegfall der Bereicherung	160
b) Fehlender dinglich wirksamer Erwerb	74	b) Anderweitige verbleibende Bereicherung	161–175
3. Umfang der Verpflichtung	75, 76	aa) Darlegungs- und Beweislast	161
4. Allgemeine bereicherungsrechtliche Gewinnhaftung?	77–81	bb) Surrogate	162
5. Einzelfälle	82–101	cc) Erfolgreicher Einsatz zur Erzielung anderweitiger Vermögensvorteile	163
a) Arbeits- und Dienstleistungen	82–86		
b) Nutzungen	87–91	dd) Ersparte Aufwendungen	164–168
c) Unwirksame Überlassung von Schutzrechten	92	ee) Tilgung eigener Verbindlichkeiten	169–171
d) Immaterielle Unternehmenswerte	93	ff) Vermögensbildung	172
e) Bewertung unkörperlicher Vorteile bei Eingriffskondiktion	94–97	gg) Veräußerung des Erlangten	173
f) Rückgewähr von Sachen	98	hh) Bei Eingriff in fremde Rechtspositionen	174, 175
g) Bau auf fremdem Grund	99	c) Überzahlung versorgungsrelevanter Leistungen	176–181
h) Fremdwährung	100	aa) Herausgabepflicht dem Grunde nach	176
i) Unternehmen	101		
6. Zeitpunkt der Wertermittlung	102–110	bb) Der Bereicherungswegfall und sein Nachweis	177–181
a) Primäre Wertersatzansprüche	103		
b) Sekundäre Wertersatzansprüche	104	6. Normative Einschränkungen	182–193
c) Wertersatzansprüche in Baufällen	105–107	a) Allgemeines	182
d) Nutzungsersatz in Einbaufällen	108–110	b) Sittenwidriges Verhalten des Empfängers	183
IV. § 818 Abs. 3	111–275	c) Treuwidriges Verhalten des Empfängers	184
1. Der Abschied von der „Bereicherung" als Zentralbegriff des Bereicherungsrechts	111–115	d) Anweisungsfälle	185–190
2. Rechtsnatur des Abs. 3	116–121	aa) Notwendigkeit einer normativen Korrektur	185
a) Rechtsvernichtende Einwendung	116, 117	bb) Bereicherungsausgleich entlang der Leistungsbeziehungen	186
b) Rechtshindernde Einwendung	118		
c) Keine eigene Anspruchsgrundlage	119	cc) Durchgriffsfälle	187–190
d) Fortbestand eigenständiger Ansprüche wegen Vermögensminderung	120, 121	e) Entreicherung beim nichtigen Darlehen	191–193
3. Notwendigkeit und Qualität eines Zusammenhangs zwischen Erwerb und Entreicherung	122–134	7. Aufgedrängte Bereicherung	194–208
		a) Das Problem	194
a) Kausalität	123	b) Rückgriffskondiktion	195–199
b) Vertrauensschutz	124	c) Aufwendungskondiktion	200–207
c) Schadensersatzrechtliche Begrenzungsversuche	125–127	aa) Schutz des Aufwendungsempfängers	201–204
d) Der Topos der „vermögensmäßigen Entscheidung"	128	bb) Schutz des Aufwendenden?	205–207
		d) Leistungskondiktion	208

	RdNr.		RdNr.
8. Bereicherungsrechtliche Rückabwicklung nichtiger Austauschverträge	209–275	aa) Verbleibende Unterschiede zwischen Saldotheorie und Rücktrittsfolgenrecht	248–251
a) Problem	209	bb) Übertragung der neu gefassten §§ 346 ff. ins Bereicherungsrecht	252–265
b) Saldotheorie in der Rechtsprechung des RG	210	k) Nebenansprüche	266–268
c) Saldotheorie in der Rechtsprechung des BGH	211–219	l) Besonders schutzbedürftige Vertragsparteien	269–272
aa) Grundsatz	211–215	m) Rückabwicklung unkörperlicher Leistungen im gegenseitigen Vertrag	273–275
bb) Ausnahmen	216, 217		
cc) Sonderfälle	218, 219	V. § 818 Abs. 4	276–302
d) Einwände im Schrifttum (Überblick)	220	1. Haftungsverschärfung	276
e) Kritik an der Durchführung der Saldotheorie	221–229	2. Rechtshängigkeit	277–281
aa) Zeitpunkt der Entreicherung	221	3. Inhalt der Verweisung	282–301
bb) Automatische Saldierung	222–224	a) Verweisung auf §§ 291, 292	282–287
cc) Fälle der arglistigen Täuschung	225–227	aa) Verzinsung rechtsgrundlos erlangten Geldes	283
dd) Kosten der Leistungsvorbereitung	228	bb) Schadensersatz	284, 285
ee) Sonderfälle	229	cc) Nutzungsersatz	286
f) Kritik am Ansatz der Saldotheorie	230–233	dd) Aufwendungsersatz	287
aa) Vorleistungsfälle	230, 231	b) Bereicherungsunabhängige Wertersatzhaftung	288
bb) Wertung des § 446 S. 1 im Bereicherungsrecht?	232	c) Verweisung auf §§ 275 ff.?	289–301
cc) Minderjährigenschutz	233	aa) Überblick	289
g) Vorüberlegungen zu einer bereicherungsrechtlichen Gefahrtragungsregel	234–240	bb) Reichweite der primären Herausgabepflicht	290
aa) Problemfelder	234	cc) Haftung für zu vertretende Pflichtverletzung	291–295
bb) Wertersatz als Ausgleichsinstrument	235, 236	dd) Zahlungsunvermögen	296–298
cc) Die Idee der zurechenbaren vermögensmäßigen Entscheidung	237–240	ee) Stellvertretendes commodum	299–301
h) Gegenleistungskondiktion	241, 242	4. Teleologische Korrektur	302
i) Die Parallele zu §§ 350, 351 aF	243–247		
j) Einfluss des neuen Schuldrechts	248–265		

I. Normzweck und innerer Aufbau

Die Herausgabepflicht des Bereicherungsschuldners wird zunächst maßgeblich von denjenigen Vorschriften bestimmt, welche die Herausgabepflicht dem Grunde nach regeln (§§ 812, 813, 816, 817 S. 1). Die Anwendbarkeit der §§ 818 ff. setzt mithin – sofern nicht außerhalb des Bereicherungsrechts auf diese Vorschriften verwiesen wird – das Bestehen eines Bereicherungsanspruchs voraus.[1] Herauszugeben ist danach in erster Linie das erlangte Etwas, dh. der vom Schuldner konkret erlangte **Gegenstand**.[2] Dieser bereicherungsrechtliche Primäranspruch ist **nicht am Vermögen orientiert**,[3] sondern auf Herausgabe exakt jenes Gegenstandes gerichtet, den der Bereicherungsschuldner durch Leistung oder in sonstiger Weise erlangt hat (§ 812 RdNr. 1 f.). Diese Herausgabeverpflichtung wird durch § 818 unter zweierlei Aspekten modifiziert: Zum einen wird die Herausgabepflicht gemäß § 818 Abs. 1 auf die gezogenen Nutzungen **erweitert**, zum anderen wird sie gemäß § 818 Abs. 3 auf die (noch) vorhandene Bereicherung **beschränkt**. 1

Kann das erlangte Etwas **von vornherein** in Natur nicht herausgegeben werden, wie etwa bei unbefugter Nutzung fremder, geschützter Rechte oder bei rechtsgrundloser Inanspruchnahme fremder Arbeitskraft, so tritt an die Stelle der Verpflichtung zur Herausgabe eine (ursprüngliche) **Wertersatzpflicht** gemäß § 818 Abs. 2. Auch diese steht ebenso wie 2

---

[1] jurisPK/*Martinek* RdNr. 1.
[2] *Larenz/Canaris* II/2 § 71 I 1, S. 254.
[3] *Larenz/Canaris* II/2 § 71 III 2, S. 262 mwN insbes. zur Gegenmeinung; zum Ganzen *Reuter/Martinek* § 14 I, S. 516 ff.; *Staudinger/Lorenz* RdNr. 1.

die Herausgabepflicht grundsätzlich unter dem Vorbehalt, dass der Bereicherungsschuldner noch bereichert ist. Dementsprechend kann auch die Wertersatzpflicht des § 818 Abs. 2 im Hinblick auf § 818 Abs. 3 gemindert sein oder gar ganz entfallen.

3 Wird die Herausgabe des gegenständlich Erlangten durch ein **späteres** Ereignis unmöglich, so ist zu unterscheiden: Aus § 818 Abs. 1 ergibt sich zunächst die Verpflichtung zur Herausgabe eines erlangten **Surrogats**. Sind dem Schuldner irgendwelche Ersatzansprüche für die Zerstörung, Beschädigung oder Entziehung jedoch nicht erwachsen, so stellt sich die Frage, ob der Schuldner dennoch gemäß § 818 Abs. 2, der selbst keine einschränkenden Voraussetzungen enthält, Wertersatz zu leisten hat, oder ob er sich auf Wegfall der Bereicherung gemäß § 818 Abs. 3 berufen kann.[4] Diese Frage ist dahingehend zu beantworten, dass eine Wertersatzverpflichtung auch bei späterem Wegfall des Erlangten grundsätzlich vom Fortbestand der Bereicherung abhängig ist, dh. voraussetzt, dass sich der Schuldner auf § 818 Abs. 3 nicht berufen kann. Die Entscheidung, ob eine Wertersatzpflicht zu bejahen ist, hängt also von der vorrangigen Frage ab, ob der Wegfall des Erlangten auch zum Wegfall der Bereicherung geführt hat. Dies gilt freilich nicht uneingeschränkt. Es sind vielmehr Fälle denkbar, in denen sowohl das Erlangte als auch die Bereicherung weggefallen sind, der Schuldner sich aber auf § 818 Abs. 3 mit Rücksicht auf eine normative Einschränkung dieser Vorschrift (näher RdNr. 182 ff.) nicht berufen kann. In diesen Fällen ist daher ausnahmsweise eine bereicherungs**unabhängige** Wertersatzverpflichtung gemäß § 818 Abs. 2 zu bejahen.

4 Nach Rechtshängigkeit (§ 818 Abs. 4) sowie unter den Voraussetzungen der §§ 819, 820 gelten für die Bestimmung des Umfangs der Herausgabeverpflichtung des Schuldners sowie für eventuelle Schadensersatzpflichten die **„allgemeinen Vorschriften"**; dh. die spezifisch bereicherungsrechtlichen Bestimmungen der Absätze 1 bis 3 des § 818 gelten dann allenfalls noch insoweit, als sie durch die im Einzelnen genauer festzulegenden allgemeinen Vorschriften (RdNr. 282 ff.) nicht verdrängt werden.

5 Die **Problemschwerpunkte des § 818** liegen im **Nutzungsbegriff** (RdNr. 6 ff.), in der damit verbundenen **Gewinnproblematik** (RdNr. 77 ff.) sowie in der Frage, ob die Verpflichtung zur Leistung von Wertersatz gemäß § 818 Abs. 2 nach einem **subjektiven oder einem objektiven Wertbegriff** zu bestimmen ist (RdNr. 75 f.). Im Bereich des § 818 Abs. 3 ist besonders streitig, ob und inwieweit diese sehr weit gefasste, früher als Zentralbegriff[5] (miss-)verstandene Vorschrift durch normative Erwägungen, insbesondere im Bereich der Rückabwicklung gegenseitiger Verträge (RdNr. 209 ff.), eingeschränkt werden kann.

II. § 818 Abs. 1

6 **1. Differenzierung zwischen Nutzungen und Surrogaten.** § 818 Abs. 1 begründet die Verpflichtung zur Herausgabe sowohl von Nutzungen als auch von Surrogaten, dh. von demjenigen, das der Schuldner als Ersatz für den ursprünglich erlangten Bereicherungsgegenstand oder durch Ausübung eines erlangten Rechts erhalten hat. Damit werden zwei ganz **unterschiedliche Regelungen** in einer Vorschrift zusammengefasst: Die Verpflichtung zur Herausgabe von **Surrogaten** tritt im Fall der **Unmöglichkeit** der Herausgabe des primär Erlangten an dessen Stelle und hängt infolgedessen systematisch eher mit dem in § 818 Abs. 2 geregelten Problemfeld zusammen. Dabei geht die Verpflichtung zur Herausgabe des Surrogats der Verpflichtung zum Wertersatz vor; ein Wahlrecht des Gläubigers oder des Schuldners besteht insoweit nicht.[6] Demgegenüber ist der Anspruch auf Herausgabe von **Nutzungen** ein den Hauptanspruch ergänzender und erweiternder **Nebenfolgeanspruch**.

---

[4] Abw. von der iÜ ganz hM wollen *Koppensteiner/Kramer* § 14 I 1, S. 128 f., die Möglichkeit des Schuldners, sich auf Wegfall des Erlangten berufen zu können, nicht erst aus § 818 Abs. 3, sondern aus § 818 Abs. 2 ableiten.

[5] Vgl. RGZ 54, 137, 141; 75, 361, 362; 118, 185, 187; BGH WM 1978, 708, 711; *H. A. Fischer,* FS Zitelmann, 1913, S. 40; *Flume,* FS Niedermeyer, 1953, S. 103, 175; dazu noch eingehend RdNr. 111 ff.

[6] *Erman/Westermann/Buck-Heeb* RdNr. 4; *Staudinger/Lorenz* RdNr. 21.

2. Nutzungen als sekundärer Bereicherungsgegenstand. a) Systematische Stellung des § 818 Abs. 1. § 818 Abs. 1 ordnet die Nutzungen aus dem Erlangten als sekundären Bereicherungsgegenstand ein: Im Sinne von § 812 „erlangt" ist zunächst nur der Gegenstand, aus dem die Nutzungen gezogen werden. Es kommt im Rahmen von § 818 Abs. 1 nicht darauf an, ob sich der Anspruch aus Bereicherung durch Leistung oder aus Bereicherung in sonstiger Weise ergibt.[7] Für die Pflicht zur Herausgabe von **Nutzungen** bedarf es daher einer **eigenständigen gesetzlichen Anordnung**. Diese hält das Gesetz in § 818 Abs. 1 bereit. Ob Nutzungen in Einzelfällen auch als *primärer Bereicherungsgegenstand* angesehen werden kann, bedarf einer gesonderten Diskussion (RdNr. 20 ff.).

b) Begriff der Nutzungen. Der Nutzungsbegriff richtet sich nach den allgemeinen Vorschriften der §§ 100, 99. Die Pflicht zur Herausgabe erstreckt sich demnach auf die Sach- und Rechtsfrüchte des erlangten Gegenstandes sowie die Vorteile, die der Gebrauch der erlangten Sache oder des Rechts gewährt. Herauszugeben sind, soweit nicht die Voraussetzungen der Haftungsverschärfung gemäß §§ 818 Abs. 4, 819, 820 gegeben sind, nur die **tatsächlich gezogenen Nutzungen**.[8] Dabei ist es unerheblich, ob der Bereicherte (weitere) Nutzungen hätte ziehen können, und ob er dies schuldhaft unterlassen hat.[9] Andererseits kommt es auch nicht darauf an, ob der Bereicherungsgläubiger die Nutzungen hätte selbst ziehen können.[10] Verwendet der Empfänger rechtsgrundlos erlangtes Geld in einer Weise, die nach der **Lebenserfahrung** bestimmte wirtschaftliche Vorteile vermuten lässt, so ist der übliche Zinssatz als gezogene Nutzung anzusetzen.[11] Sofern sich ein Bereicherungsanspruch gegen den Fiskus richtet, spricht die Lebenserfahrung freilich gerade nicht dafür, dass der Fiskus aus dem rechtsgrundlos hingegebenen Geld Nutzungen gezogen hat. Denn der Fiskus legt vereinnahmtes Geld in der Regel nicht gewinnbringend an, sondern verfügt über die vorhandenen Mittel im Interesse der Allgemeinheit.[12]

Im **neueren Schrifttum** ist freilich ein interessanter abweichender Vorschlag zur Bestimmung der „Nutzungen" iS des § 818 Abs. 1 unterbreitet worden: Dieser sei gänzlich **unabhängig von den §§ 99, 100** zu entwickeln. Denn die §§ 99, 100 seien für die Zwecke des § 818 Abs. 1 einerseits zu eng, andererseits zu weit geraten: Zu eng sei die Orientierung an §§ 99, 100 insoweit, als Früchte und Nutzungen begrifflich an körperliche Gegenstände anknüpften und es schwer falle, Vorteile aus anderen Bereicherungsgegenständen (Geld, Unternehmen) unter die §§ 99, 100 zu fassen.[13] Zu weit falle die Orientierung an §§ 99, 100 insoweit aus, als § 99 Abs. 3 auf die tatsächlich erzielten Erträge abziele. Denn dabei werde außer Acht gelassen, dass Vorteile, die vermöge eines Rechtsverhältnisses über den Bereicherungsgegenstand in das Vermögen des Empfängers geflossen seien, auch auf dessen persönlichem Einsatz und dessen Verhandlungsgeschick beruhten. Die §§ 99, 100 dienten der Zuordnung von Vermögensgütern zu bestimmten Personen, nicht aber dem Ausgleich ungerechtfertigt erlangter Vermögensvorteile.[14] Deshalb dürfe der Nutzungsbegriff § 818 Abs. 1 nicht die tatsächlich erzielten Erträge erfassen, sondern müsse sich auf jene Folgevorteile beschränken, welche in dem rechtsgrundlos erlangten Gegenstand objektiv angelegt gewesen seien.[15]

Die soeben referierten Überlegungen sind von erheblichem Gewicht, **reichen** aber im Ergebnis **nicht hin,** um eine Bestimmung der „**Nutzungen**" gänzlich **unabhängig von**

---

[7] jurisPK/*Martinek* RdNr. RdNr. 10; *Reuter/Martinek* § 14 I, S. 516 ff.
[8] BGHZ 64, 322, 323; 102, 41, 47 f.; BGH JZ 1995, 572, 573; ZIP 1998, 1603, 1604; AnwK-BGB/*Linke* RdNr. 8; *Bamberger/Roth/Wendehorst* RdNr. 15; PWW/*Leupertz* RdNr. 5; jurisPK/*Martinek* RdNr. 12.
[9] RGZ 72, 152 f.; BGH NJW 1968, 197; *Koppensteiner/Kramer* § 13 II 1, S. 126; RGRK/*Heimann-Trosien* RdNr. 7; *Staudinger/Lorenz* RdNr. 11.
[10] RGZ 121, 163; OLG Hamburg NJW-RR 1999, 1204, 1205; *Erman/Westermann/Buck-Heeb* RdNr. 11; jurisPK/*Martinek* RdNr. 12.
[11] BGHZ 64, 322, 323; 102, 41, 48; BGH ZIP 1997, 593, 596.
[12] BGHZ 158, 1, 9.
[13] Ausf. *Hagmann* S. 122 ff., zusammenfassend S. 136.
[14] *Hagmann* S. 139 ff.
[15] *Hagmann* S. 143 f.

§§ 99, 100 zu rechtfertigen. Denn die §§ 99, 100 dienen sehr wohl auch dem Ausgleich von ungerechtfertigten Wertverschiebungen. Der Begriff der „Nutzungen" muss sich nämlich gerade bei jenen zahlreichen Anspruchsgrundlagen bewähren, welche auf einen solchen Ausgleich gerichtet sind: namentlich bei § 346 Abs. 1, bei § 818 Abs. 1 sowie bei § 987 Abs. 1. Immerhin will die dargestellte Ansicht den besonderen, für § 818 Abs. 1 entworfenen Nutzungsbegriff auch auf § 346 Abs. 1 ausdehnen,[16] nicht aber auf § 987 Abs. 1.[17] Damit wird die Legaldefinition der Nutzungen aber eines erheblichen Teils ihres praktischen Anwendungsbereichs beraubt. Zuzugeben ist freilich, dass man sich bei der Subsumtion unter §§ 99, 100, soweit es um andere Bereicherungsgegenstände als körperliche Sachen geht, ganz erheblich von jenen Vorstellungen lösen muss, welche die Auslegung dieser Vorschriften im Zusammenhang mit Früchten und Nutzungen aus körperlichen Gegenständen leiten. Dies wird nachfolgend anhand der Einzelprobleme zu erörtern sein.

11   c) **Miet- und Zinserträge.** Zu den Früchten gehören nach ausdrücklicher gesetzlicher Anordnung des § 99 Abs. 3 auch die Erträge, die mittels „eines Rechtsverhältnisses" erzielt werden. Dementsprechend sind gemäß § 818 Abs. 1 auch **Erträge aus Vermietung oder Verpachtung** des erlangten Gegenstandes ebenso herauszugeben wie **Zinsen**, die bei der Anlage einer rechtsgrundlos empfangenen Geldsumme erzielt werden.[18] Maßgeblich ist dabei der tatsächlich erzielte Ertrag,[19] im Falle der Vermietung also die tatsächlich erzielten Mieteinnahmen[20] und im Falle der Anlage rechtsgrundlos erlangten Geldes der daraus tatsächlich gezogene Zins.[21]

12   Allerdings plädiert eine **Gegenmeinung** im Schrifttum dafür, jene Nutzungen, welche das Erlangte „vermöge eines **Rechtsverhältnisses**" gewähre (§§ 100, 99 Abs. 3), im Wege der systematischen Auslegung aus dem Anwendungsbereich des § 818 Abs. 1 **auszuscheiden**. Denn andernfalls drohe ein Wertungswiderspruch: Sei die Herausgabe des primär Erlangten deshalb unmöglich, weil der Empfänger es weiterveräußert habe, stehe dem Gläubiger bloß ein Anspruch auf Ersatz des objektiven Werts und nicht etwa ein Anspruch auf Herausgabe des Veräußerungserlöses zu (vgl. RdNr. 41 f.): Herauszugeben seien in diesem Fall nur commoda ex re, nicht aber commoda ex negotiatione. Dann aber mute es seltsam an, wenn der Gläubiger im Bereich der Nutzungen auch rechtsgeschäftliche Surrogate (Erträge aus der Vermietung oder der verzinslichen Anlage des Erlangten) herausverlangen könne.[22] Der Gläubiger könne daher als Nutzung bloß den üblichen Miet- bzw. Pachtzins herausverlangen und dürfe einen darüber hinaus erzielten Ertrag behalten. Anders liege es nur, wenn der Empfänger die Sache bereits im vermieteten Zustand erhalten habe; dann sei der gezogene Mietzins herauszugeben.[23]

13   Die Gegenmeinung **überzeugt indes nicht.** Bereits bei der Herausgabe von Zinsen aus der Anlage rechtsgrundlos erlangten Geldes gerät sie in Schwierigkeiten. Denn auf ihrem Boden wäre der „übliche" Anlagezins herauszugeben. Diesen aber gibt es nicht; der Anlagezins variiert vielmehr je nach Anlageform. Nach der Gegenmeinung soll der Schuldner in diesem Fall denjenigen Zins herausgeben müssen, den er andernfalls bei einer *Kreditaufnahme* hätte entrichten müssen;[24] denn dieser Zins stelle den Wert (§ 818 Abs. 2) für die Nutzung rechtsgrundlos erlangten Geldes dar.[25] Diese Überlegung fußt indes auf einer ihrerseits begründungsbedürftigen Prämisse: An Geschäften, welche die Überlassung von Kapital zum Gegenstand haben, ist immer eine Seite als Überlassender und die andere Seite

---

[16] *Hagmann* S. 175 ff.
[17] *Hagmann* S. 168 ff.
[18] *Reuter/Martinek* § 15 II 3 b, S. 539; *Schäfer* S. 50 ff.
[19] So auch HKK/*Schäfer* §§ 812–822 RdNr. 203.
[20] So auch BGH JZ 1995, 572, 573.
[21] AnwK-BGB/*Linke* RdNr. 9; *Büttner* BB 1970, 233; PWW/*Leupertz* RdNr. 7.
[22] *Ebert* S. 158; *Hagmann* S. 147, 154 f.; *Larenz/Canaris* II/2 § 72 II 3 b, S. 271 f.; im Ergebnis ähnlich *Peters* AcP 205 (2005), 159, 190.
[23] *Hagmann* S. 147, 154 f.; *Larenz/Canaris* II/2 § 72 II 3 b, S. 271 f.
[24] *Larenz/Canaris* II/2 § 72 II 3 b, S. 272. Im Ergebnis ebenso *Hagmann* S. 156 f.: marktüblicher Debetzins.
[25] So ganz allg. *Larenz/Canaris* II/2 § 72 III 2 b, S. 275.

als Überlassungsempfänger beteiligt. Die Gegenmeinung behandelt nun den Empfänger von rechtsgrundlos erlangtem Geld hinsichtlich der Nutzungen als (hypothetischen) *Überlassungsempfänger:* Sie stellt ihn so, als hätte er ansonsten Kredit aufgenommen, sich an dem Überlassungsgeschäft also als Darlehens*nehmer* beteiligt. Das kann, wenn überhaupt, nur dann einleuchten, wenn man die gleiche Sichtweise für denjenigen Empfänger einnimmt, der rechtsgrundlos Besitz und/oder Eigentum an einer Sache erlangt hat, wenn man mithin selbst denjenigen, der jene Sache vermietet oder verpachtet hat, unter dem Gesichtspunkt des § 818 Abs. 1 so stellt, als habe er seinerseits die Sache von einem anderen *ge*mietet bzw. *ge*pachtet. Das aber passt nicht mit der von der Gegenmeinung aufgestellten These zusammen, der Empfänger, der die Sache bereits in vermietetem Zustand erlangt habe, habe die gezogene Miete herauszugeben;[26] denn dann werden die Nutzungen des Empfängers doch wieder aus der *Vermieter*perspektive berechnet. Aber selbst wenn man der Gegenmeinung den allein folgerichtigen Ausgangspunkt – Empfänger als hypothetischer *Mieter, Pächter oder Kreditnehmer* – unterstellt und diesen Ausgangspunkt mit trägt, verdient die Gegenmeinung keine Zustimmung. Denn sie behandelt den Empfänger von Geld ohne jeden rechtfertigenden Grund schlechter als den Empfänger einer Sache. Während nämlich der Eigentümer bzw. Besitzer einer Sache diese typischerweise zum selben Preis vermieten kann, zu dem er sie seinerseits mieten müsste, bleiben die Zinsen aus einer hypothetischen Anlage von Geld typischerweise weit hinter jenen Zinsen zurück, die im Falle einer Kreditaufnahme aufgewendet werden müssten. Deshalb erscheint es generell angemessen, wenn der Empfänger, der die erlangte Sache bzw. das erlangte Geld durch entgeltliche Gebrauchsüberlassung genutzt hat, ausschließlich den dadurch erzielten Ertrag herausgeben muss – diesen aber dann vollständig.

Das Argument, es müsse der Zusammenhang zwischen der Herausgabe von mittelbaren Früchten (§ 99 Abs. 3) und der Pflicht zur Herausgabe des commodum ex negotiatione gewahrt bleiben, erscheint nur stichhaltig, wenn es sich allgemeingültig, also auch außerhalb des Bereicherungsrechts formulieren lässt, wenn sich mithin jener behauptete Zusammenhang auch außerhalb des § 818 Abs. 1 bewährt. Dies aber erscheint alles andere als selbstverständlich: Der Besitzer, der sich beim Erwerb des Besitzes in grob fahrlässiger Unkenntnis über sein fehlendes Besitzrecht befand, hat, wenn er die Sache veräußert, nach §§ 816 Abs. 1 S. 1, 818 Abs. 2 nur den objektiven Wert herauszugeben; dieser Anspruch richtet sich entgegen verbreiteter Meinung gerade nicht auf den Veräußerungserlös (näher § 816 RdNr. 42 ff.). Wenn der Besitzer die Sache vermietet, müsste konsequent der Anspruch aus §§ 990 Abs. 1 S. 1, 987 Abs. 1 ebenfalls auf den objektiven Mietwert und dürfte nicht nach § 99 Abs. 3 auf den tatsächlich erzielten Mietzins gerichtet sein. Es wäre mithin (auch) für § 987 Abs. 1 ein eigenständiger, von §§ 99, 100 unabhängiger Nutzungsbegriff zu entwerfen. Zum diesem notwendigen Argumentationsschritt hat sich die Gegenmeinung bislang nicht in der Lage gesehen: Bei § 987 Abs. 1 soll es vielmehr dabei bleiben, dass der Besitzer auch die mittelbaren Sachfrüchte, also zB den tatsächlich erzielten Mietzins aus der Vermietung der Sache herausgeben muss.[27] Dann aber ist die angeblich zwingende Kohärenz zwischen Nutzungs- und Surrogatherausgabe aufgelöst. Konsequent kann man auch im Rahmen des § 818 Abs. 1 aus dem Umstand, dass der Erlös aus der Weiterveräußerung nicht herausgegeben werden muss, nicht folgern, dass der Empfänger auch den aus der Weitervermietung erzielten Mietzins behalten darf.

d) Zinsersparnis. Wenn jemand mit rechtsgrundlos erhaltenem Geld **verzinsliche Verbindlichkeiten tilgt,** zieht er ebenfalls Nutzungen. Diese bestehen nach neuerer Rechtsprechung darin, dass der Empfänger durch die Schuldtilgung **Zinsen erspart.**[28] Der

---

[26] Insoweit immerhin folgerichtig *Hagmann* S. 154: Auch bei Vermietung oder Verpachtung des erlangten Gegenstandes ist nicht der tatsächlich erzielte, sondern bloß der „übliche" Miet- bzw. Pachtzins herauszugeben.
[27] *Hagmann* S. 168 ff.
[28] BGHZ 138, 160, 164 ff.; ebenso AnwK-BGB/*Linke* RdNr. 8; *Bamberger/Roth/Wendehorst* RdNr. 13 (§ 818 Abs. 1 analog); *Büttner* BB 1970, 233; *Flume,* GS Knobbe-Keuk, 1997, S. 111, 128, 129; *Hagmann*

Gegenansicht, nach der es in einem solchen Fall an der Ziehung von Nutzungen fehlen soll,[29] ist zuzugeben, dass die „Ersparnis" sich als solche kaum als „Gebrauchsvorteil" iS des § 100 darstellen lässt; sie verkörpert eher eine Kategorie des § 818 Abs. 3 (RdNr. 164 ff.). Gleichwohl lässt es sich kaum rechtfertigen, denjenigen Bereicherungsschuldner, der mit Hilfe des erlangten Geldes Verbindlichkeiten tilgt, besser zu behandeln als denjenigen, der das Geld anlegt – zumal die ersparten Passivzinsen typischerweise höher liegen als die erwirtschafteten Aktivzinsen. Daher ist der Rechtsprechung mit der Maßgabe zuzustimmen, dass der „Gebrauchsvorteil", der bei der Verwendung erlangten Geldes zur Schuldtilgung entsteht, in der **Befreiung** von den (sonst) weiterlaufenden **Zinsverbindlichkeiten** besteht.[30] Herauszugeben ist daher nicht bloß ein objektiv zu bewertender angemessener Zinssatz für die Verwendung fremden Geldes,[31] sondern die tatsächliche Zinsersparnis, also jene Zinshöhe, die andernfalls an den Gläubiger der verzinslichen Verbindlichkeit zu entrichten gewesen wäre.

16   **e) Reinvestition rechtsgrundlos erlangten Geldes.** Setzt der Empfänger Geld, das er aufgrund eines nichtigen Darlehensvertrags erlangt hat, wie vorgesehen als Betriebsmittel ein, so lässt die Lebenserfahrung vermuten, dass er einen wirtschaftlichen Vorteil erlangt hat; der Wert der gezogenen Nutzung ist dann deckungsgleich mit dem üblichen Zinssatz, den er bei Aufnahme eines gütigen Darlehens hätte entrichten müssen.[32] Wenn der Empfänger den Betrag, den er in sein Unternehmen investiert hat, nicht auf der Grundlage eines nichtigen Darlehensvertrags, also nicht zur vorübergehenden Nutzung, sondern auf der Grundlage eines nichtigen Kaufvertrags, also zum endgültigen Verbleib erlangt hat, ist er nach Ansicht des BGH insoweit zur Herausgabe des Unternehmensertrags verpflichtet, als die rechtsgrundlos erlangte Geldsumme zu diesem Ertrag beigetragen hat.[33] Inwieweit dies der Fall ist, soll nach § 287 ZPO zu schätzen sein.[34] Stellt man diese beiden Rechtssätze einander gegenüber, so erhellt, dass die **Rechtsprechung** bei der Benennung der gezogenen Nutzungen offenbar danach **differenziert,** ob dem Empfänger das Geld als **Darlehen** oder mit dem Ziel des **endgültigen Verbleibs** zugewendet worden war. Dieser Differenzierung ist **zuzustimmen;** sie findet eine Parallele in der Berechnung des Nutzungswerts bei Sachüberlassungen (RdNr. 88). Insbesondere kann der Empfänger, der Geld als Eigenmittel erhalten hat, bereicherungsrechtlich nicht so gestellt werden, als hätte er ein Darlehen aufgenommen. Die Nutzung von Eigenkapital hat vielmehr einen anderen Wert als die Nutzung von Fremdkapital. Auch aus diesem Grund kann es nicht überzeugen, die Kapitalnutzung pauschal mit dem für eine Kreditaufnahme üblichen Zinssatz zu bewerten.[35] Freilich bedeutet diese Sichtweise nicht, dass Nutzungen aus zeitweise überlassenem Kapital rechtsdogmatisch anders einzuordnen wären als Nutzung aus dauerhaft überlassenem Geld; insbesondere sind selbst beim Darlehen die Nutzungen nicht das primär „Erlangte" (RdNr. 22 ff., 27 f.).

17   Wenn bei einem nichtigen Darlehensvertrag der Darlehensnehmer das Kapital verlustbringend investiert hat, soll er nach einer früheren Entscheidung des BGH keine Nutzungen aus jenem Kapital gezogen haben; denn ihm seien aus jener Nutzung keine Vorteile verblieben.[36] Letzteres ist nicht haltbar: **Allein die Tatsache,** dass der **Darlehensnehmer das Geld einsetzt,** bedeutet, dass er es **nutzt:**[37] Er zieht, wenn man so will, „Gebrauchsvorteile" aus dem ihm überlassenen Geld. Dass die Investition, zu der er es nutzt, fehlschlägt und die

---

S. 142; jurisPK/*Martinek* RdNr. 35; *Koppensteiner* NJW 1971, 588, 594; PWW/*Leupertz* RdNr. 7; *Schäfer* S. 73 ff.; *Schlechtriem* JZ 1998, 957, 959; *Schön* NJW 1993, 3289, 3293.
[29] RGZ 136, 135, 136; LG München I BauR 1989, 486; *Gretter* DB 1995, 516; wohl auch *Hahn* ZfBR 1982, 139, 140.
[30] So bereits 4. Aufl. RdNr. 8.
[31] So aber *Hagmann* S. 156 f.; *Schäfer* S. 90.
[32] RGZ 151, 123, 127.
[33] BGHZ 64, 322, 324.
[34] BGHZ 64, 322, 324.
[35] So aber *Larenz/Canaris* II/2 § 72 II 2, S. 271; § 72 III 2 b, c, S. 275; krit. RdNr. 13.
[36] BGH WM 1991, 1983; offenlassend BGHZ 104, 337, 343 f.
[37] So auch *Hagmann* S. 142.

Nutzung des Darlehenskapitals dem Empfänger daher letztlich keinen Vorteil bringt, kann, wenn überhaupt, allenfalls im Rahmen des § 818 Abs. 3 Bedeutung erlangen.[38] Allerdings wird die Gegenthese vertreten, der Einsatz von Geld führe niemals zu „Nutzungen" in Gestalt von Gebrauchsvorteilen, weil das Geld nicht ge-, sondern verbraucht werde.[39] Mit dieser Handhabung wird indes einer wenig überzeugenden Ungleichbehandlung von Sach- und Kapitaleinsatz das Wort geredet: „Gebraucht" hat der Empfänger gewiss nicht die Geldscheine und Geldmünzen bzw. das durch den rechtsgrundlosen Empfang gesteigerte Guthaben auf seinem Konto. „Gebraucht" hat er aber den im Geld verkörperten Kapitalwert.

f) Besonderheiten bei Kreditinstituten. Hat ein Kreditinstitut rechtsgrundlos Geld erlangt, so ist es zur Herausgabe von Nutzungen verpflichtet, soweit es den zugeflossenen Betrag nutzen konnte. Dabei spricht eine **tatsächliche Vermutung** dafür, dass ein **Kreditinstitut** Nutzungen in Höhe von **5% über dem Basiszinssatz** gezogen hat.[40] Wenn eine Bank im Auftrag eines nicht börsentermingeschäftsfähigen Kunden mit eigenen Mitteln Optionsscheine erwirbt und den dafür verausgabten Kaufpreis dem Konto des Kunden belastet, erlangt sie diese zu ihren Gunsten vorgenommene Sollbuchung rechtsgrundlos. Sie kann sich gegen den Anspruch des Kunden auf Rückgängigmachung der Buchung auch nicht auf § 818 Abs. 3 mit der Begründung berufen, sie habe aus eigenen Mitteln den Kaufpreis für diese Papiere aufwenden müssen; denn andernfalls würde der Kunde gerade mit jenem Risiko belastet, vor dem ihn die Vorschriften über die Börsentermingeschäftsfähigkeit (damals §§ 52 ff. BörsG) schützen wollen.[41] Das hat zu der Frage geführt, ob der von der Bank aufgewendete Kaufpreis auch insoweit unbeachtet bleibt, als die Bank Nutzungen aus der rechtsgrundlos erlangten Sollbuchung, also letztlich aus dem Geld gezogen hat, das sie zu Unrecht als ihr zustehend behandelt hat. In der Rechtsprechung der Instanzgerichte und im Schrifttum war die Frage vielfach bejaht worden: Wenn die Bank den Betrag, den sie dem Kunden zu Unrecht belastet habe, ohne Rücksicht auf eigene Aufwendungen herausgeben müsse,[42] so müsse sie auch die Nutzungen aus eben diesem Betrag herausgeben.[43] Dagegen steht eine Gegenmeinung,[44] der sich auch der BGH angeschlossen hat,[45] auf dem Standpunkt, die Bank habe aus dem rechtsgrundlos erlangten Betrag, soweit sie ihn als Kaufpreis für die Optionsscheine eingesetzt habe, keinen wirtschaftlichen Vorteil ziehen können. Daher könne sie nur aus demjenigen Betrag iS des § 818 Abs. 1 Nutzungen gezogen haben, der ihr nach Abzug jenes von ihr aufgewendeten Kaufpreises verbleibe, also letztlich nur aus der von ihr für die Termingeschäfte vereinnahmten Provision. Diese Argumentation führt zu dem befremdlichen Ergebnis, dass der Betrag, den die Bank als rechtsgrundlos erlangt nach § 812 Abs. 1 S. 1 Alt. 1 herausgeben muss, nicht identisch ist mit dem Betrag, aus dem die erzielten Nutzungen berechnet werden.[46] Sie lässt sich entgegen der Ansicht des BGH[47] nicht mit der Begründung

---

[38] Dazu näher *Larenz/Canaris* II/2 § 72 III 2 c, S. 275. Zur Berufung des Darlehensnehmers auf § 818 Abs. 3 näher RdNr. 191 ff. sowie § 819 RdNr. 12.
[39] *Schauhoff* S. 92 ff.
[40] BGH NJW 2007, 2401, 2404; vgl. bereits BGH ZIP 1998, 1603, 1605: 5% über dem Diskontsatz der Deutschend Bundesbank.
[41] Zutr. BGH ZIP 1998, 1603, 1604. im Ergebnis ebenso *Westermann*, FS Medicus, 1999, S. 675, 681 f.; Vgl. auch noch RdNr. 216, 229. Das Erfordernis einer Börsentermingeschäftsfähigkeit ist im Zuge der Umsetzung der Richtlinie 2004/39/EG – Markets in Financial Instruments Directive – aufgehoben worden.
[42] Vgl. aber LG Düsseldorf EWiR 1997, 981, 982: Die Bank könne gegen ihre Pflicht zur Herausgabe von Nutzungen den Gewinnungsaufwand, also die allg. Personal- und Sachkosten aufrechnen. Diese Überlegung spielt indes hier deswegen keine Rolle, weil es beim vorliegend zu diskutierenden Problem um die spezielle Frage geht, ob die Bank den an einen Dritten gezahlten Kaufpreis gegenrechnen kann.
[43] OLG Frankfurt ZIP 1993, 1855, 1859 f.; OLG Saarbrücken ZIP 1997, 1961; OLG Stuttgart ZIP 1996, 2162, 2163; OLG Zweibrücken WM 1995, 1272, 1275 f.; LG Hamburg ZIP 1992, 615, 616; LG Frankfurt ZIP 1997, 975, 976; *Drygala* EWiR 1997, 981; *Kälberer* ZIP 1997, 1055, 1056 f.
[44] OLG Frankfurt ZIP 1997, 1740, 1742 f.; LG Hannover WM 1996, 2111, 2112; AG Kaufbeuren WM 1996, 672, 673; *Hartung* EWiR 1997, 983, 984; *Westermann*, FS Medicus, 1999, S. 675, 687 f.; *Zeller* WuB I G 1.–4.97.
[45] BGH ZIP 1998, 1603, 1604 f.
[46] Diese Konsequenz nimmt BGH ZIP 1998, 1603, 1604 ausdrücklich hin.
[47] BGH ZIP 1998, 1603, 1604.

halten, dass nach § 818 Abs. 1 nur die tatsächlich gezogenen Nutzungen herauszugeben seien. Denn wenn man einmal die Bank so behandelt, als sei ihr der gesamte Betrag zugeflossen, den sie dem Kunden belastet habe, so muss man sie folgerichtig auch so behandeln, als sei sie in der Lage gewesen, mit dem gesamten Betrag Vorteile zu erwirtschaften. Daher verdient die zuerst referierte Auffassung den Vorzug.

19 **g) Sekundäransprüche.** Soweit die Nutzungen selbst nicht mehr herausgegeben werden können, haftet der Bereicherungsschuldner gemäß § 818 Abs. 2 auf Wertersatz, es sei denn, er kann sich insoweit auf Wegfall der Bereicherung berufen.[48] Wo es um § 818 Abs. 3 geht, sind, soweit der Empfänger das Geld im Rahmen eines gegenseitigen Vertrages erlangt hat, die dafür geltenden Besonderheiten (RdNr. 209 ff.) auch bezüglich der Nutzungen zu berücksichtigen.[49]

20 **3. Nutzungen als primärer Bereicherungsgegenstand.** Die bisherigen Überlegungen waren auf den Fall gemünzt, dass Nutzungen neben dem primär erlangten Gegenstand als sekundärer Bereicherungsgegenstand nach § 818 Abs. 1 herauszugeben sind. Demgegenüber werden Fälle diskutiert, in denen die Nutzungen *selbst* das iS des § 812 erlangte „Etwas" darstellen und daher bereits gemäß § 812 und nicht erst nach § 818 Abs. 1 herauszugeben (bzw. gemäß § 818 Abs. 2) zu ersetzen sein sollen. Es handelt sich (a) um die Rückabwicklung nichtiger Gebrauchsüberlassungsverträge und (b) um Fälle des Eingriffs in fremde Rechtspositionen durch deren Nutzung.

21 **a) Nichtige Gebrauchsüberlassungsverträge. aa) Meinungsstand.** Bei einem nichtigen **Miet- oder Pachtvertrag** hat der Mieter bzw. Pächter zunächst rechtsgrundlos Besitz an jenem Objekt erlangt, das ihm zum Gebrauch überlassen worden war. In diesem Besitz erschöpft sich das Erlangte indes anerkanntermaßen nicht. Vielmehr war dem Mieter/Pächter die Gelegenheit geboten, das Objekt für eigene Zwecke zu nutzen. Streit besteht nun über die Frage, was der Mieter/Pächter insoweit „erlangt" hat. Ein Teil des Schrifttums sieht neben dem Besitz die **tatsächlich gezogenen** Nutzungen als „erlangt" an.[50] Dabei wird nicht immer deutlich, ob die Nutzungen als primärer Bereicherungsgegenstand iS des § 812 anzusehen[51] oder aber wie auch sonst kraft der Nebenverpflichtung aus § 818 Abs. 1 herauszugeben sind. Für letztere Deutung spricht das für diese Meinung vorgetragene Argument, die Kondiktion des Vermieters sei in Wahrheit eine reine Besitzkondiktion:[52] Dann ist eben nur der Besitz das primär „Erlangte" iS des § 812. Die Gegenmeinung steht auf dem Standpunkt, der Mieter/Pächter habe ohne Rücksicht darauf, ob und wie er die Sache genutzt habe, die pure **Nutzungsmöglichkeit** erlangt.[53] Er habe daher ohne Rücksicht auf einen erzielten Ertrag nach § 818 Abs. 2 den Wert der Nutzungs*möglichkeit* herauszugeben. Was der Mieter mit dem ihm zur Nutzung überlassenen Gegenstand anfange, sei Gegenstand seiner *vermögensmäßigen Entscheidung* und gehe den Vermieter nichts an;[54] das Risiko, dass das Potential der Nutzungsmöglichkeit nicht erschlossen werde, müsse der Mieter tragen.[55] Sinn der Miete sei der Gebrauch und nichts anderes; der Mieter verhalte sich daher widersprüchlich, wenn er sich dem Vermieter gegenüber darauf berufe, er habe von der Sache

---

[48] Zur Nutzungsproblematik bei unwirksamen Börsentermingeschäften BGH ZIP 1999, 528.
[49] Ebenso *Larenz/Canaris* II/2 § 72 III 2 c, S. 275.
[50] *Batsch* NJW 1972, 611, 613; *ders.* S. 44; *Erman/Westermann/Buck-Heeb* RdNr. 9; *Esser/Weyers* BT/2 § 51 I 3, S. 99 ff.; *Goetzke* AcP 173 (1973), 289, 311; *Gursky* JR 1972, 279 ff.; *ders.* JR 1998, 7, 12; HKK/*Schäfer* §§ 812–822 RdNr. 206; *Kleinheyer* JZ 1961, 474; *Koppensteiner* NJW 1971, 1769, 1774; *Koppensteiner/Kramer* § 13 I 1 b (dd), S. 120; *Larenz/Canaris* II/2 § 71 I 2, S. 256; *Pinger* MDR 1972, 101, 102; *Soergel/Mühl* RdNr. 17, 20; *J. Wolf* S. 54.
[51] In diesem Sinne dezidiert *Gursky* JR 1998, 7, 12; *Medicus*, GS Dietz, 1973, S. 61, 73.
[52] AnwK-BGB/*Linke* RdNr. 13; *Canaris*, FS Lorenz, 1991, S. 19, 49.
[53] So namentlich die 4. Aufl., vgl. dort § 812 RdNr. 357 ff., insbes. 359, 364 sowie 818 RdNr. 12; dem folgend *Bamberger/Roth/Wendehorst* § 812 RdNr. 57; *Flume*, GS Knobbe-Keuk, 1997, S. 111, 125; *H. Kaiser* S. 62 ff.; *Kohler* S. 312 ff.; *Raisch*, FS Friedrich Weber, 1975, S. 337, 340; *Reuter/Martinek* § 15 I 2 c, S. 530 ff.; *Wieling* AcP 169 (1969), 137, 167; *Kellmann* S. 91 f.; *Staudinger/Lorenz* RdNr. 13.
[54] *Flume*, GS Knobbe-Keuk, 1997, S. 111, 125.
[55] *Kohler* S. 317.

tatsächlich keinen Gebrauch gemacht.[56] Der Vermieter leiste nur die Einräumung einer Gebrauchsmöglichkeit; also könne auch nur diese Möglichkeit als solche primärer Gegenstand des Bereicherungsanspruchs sein.[57]

Im Bereich der **Überlassung von Kapital** hat sich der BGH – entgegen der Darstellung in 4. Aufl. RdNr. 13 – niemals auf den Standpunkt gestellt, dass der Darlehensnehmer bereits die abstrakte Möglichkeit zur Kapitalnutzung erlangt habe. Vielmehr ist das Gegenteil der Fall: Der BGH stützt die Pflicht zur Herausgabe von Kapitalnutzungen allein auf § 818 Abs. 1. Das häufig als Ausgangsentscheidung herangezogene Urteil des RG[58] musste sich mit der Frage nicht näher beschäftigen, weil der Empfänger das Darlehen in einer Notsituation aufgenommen hatte, in der es ihm an genügendem flüssigem Betriebskapital gefehlt hatte:[59] Der Empfänger hatte daher *ganz sicher* die Darlehenssumme zu eigenen Zwecken eingesetzt. Der BGH judizierte sodann, „auch der Vorteil einer unberechtigten vorübergehenden *Verwertung* von Geld" sei auf Kosten des anderen erlangt und herauszugeben;[60] im Übrigen nahm er Bezug auf die besagte Entscheidung des RG. Und in einer kurz darauf folgenden Entscheidung des BGH wird die Pflicht, den durch Kapitalnutzung erzielten Vorteil herauszugeben, eindeutig auf § 818 Abs. 1 gestützt, jener Vorteil also gerade nicht als primär Erlangtes angesehen.[61] Allerdings hat sich das OLG Karlsruhe in einer jüngeren Entscheidung – unter ausdrücklicher Bezugnahme auf die Vorauflage – dafür ausgesprochen, bereits die Möglichkeit der Kapitalnutzung als Erlangtes iS des § 812 Abs. 1 zu qualifizieren.[62]

Legt man die soeben referierte Rechtsprechung des BGH zugrunde, so greift erst dann, **wenn** der **Darlehensnehmer** das ihm überlassene **Kapital verwendet hat,** die bereits erwähnte (RdNr 8) **Vermutung** des BGH ein, dass der Empfänger denjenigen **Nutzen gezogen hat,** der nach der Lebenserfahrung zu erwarten ist. In diesem Sinne ist die Ansicht der Rechtsprechung zu verstehen, der Empfänger habe die für eine Kreditaufnahme übliche Vergütung zu entrichten:[63] Es handelt sich hierbei nicht um eine Beschreibung des „Erlangten". Allenfalls mag man die Rechtsprechung als Beweiserleichterung zugunsten des Gläubigers begreifen, wobei wiederum deren Bezugspunkt unterschiedlich beschrieben wird: Zum einen wird vorgetragen, es sei regelmäßig davon auszugehen, dass der Empfänger das Kapital auch tatsächlich eingesetzt habe.[64] Diese Beweiserleichterung bezieht sich auf § 818 Abs. 1: Der Gläubiger wird der konkreten Darlegung enthoben, dass der Empfänger überhaupt tatsächlich Nutzungen gezogen hat. Zum anderen wird vorgetragen, der Gläubiger müsse nicht im Einzelnen dartun, in welcher Weise das Kapital, das der Empfänger in seinem Betrieb habe arbeiten lassen, sondern könne die übliche Vergütung fordern.[65] Diese Beweiserleichterung bezieht sich auf § 818 Abs. 2 und enthebt den Gläubiger von der Notwendigkeit, den Wert der Kapitalnutzung anhand der konkreten Umstände des Einzelfalles zu beziffern. Wenn der **Empfänger Bankkredit in Anspruch genommen hat,** spricht der Beweis des ersten Anscheins dafür, dass er die rechtsgrundlos erlangte Summe eingesetzt hat, um den Kredit ganz oder teilweise zurückzuführen. Dann ist ohne weiteren Vortrag des Gläubigers davon auszugehen, dass der Empfänger in Höhe der Rückführung Sollzinsen erspart hat.[66]

Die Position der **Rechtsprechung** lässt sich somit dahin **zusammenfassen,** dass der Darlehensnehmer nur die Darlehenssumme als primär Erlangtes herauszugeben hat, Nut-

---

[56] *Reuter/Martinek* § 15 I 2 c, S. 531.
[57] *Bamberger/Roth/Wendehorst* § 812 RdNr. 57.
[58] RGZ 151, 123, 127.
[59] Vgl. die Darstellung des Sachverhalts in RGZ 151, 123, 125.
[60] BGH NJW 1961, 452; Hervorhebung nicht im Original.
[61] BGH NJW 1962, 1148.
[62] OLG Karlsruhe WM 2005, 645, 646.
[63] RGZ 151, 123, 127; BGH NJW 1962, 1148.
[64] *Koppensteiner/Kramer* § 13 II 1, S. 126. Ebenso für den Fall, dass Empfänger des Geldes ein Kaufmann oder ein Kreditinstitut ist *Büttner* BB 1970, 233, 234. Zu Kreditinstituten s. RdNr. 18.
[65] RGRK/*Heimann-Trosien* RdNr. 10. Nach *Büttner* BB 1970, 233, 235 ist bei Kaufleuten wegen § 352 HGB ein Mindestzinsertrag von 5% zu unterstellen.
[66] *Büttner* BB 1970, 233, 235.

zungen aus dem Darlehenskapital dagegen nur nach Maßgabe des § 818 Abs. 1, also nur, wenn und soweit er diese Nutzungen tatsächlich gezogen hat. Der Vortrag, *dass* der Darlehensnehmer Nutzungen in Höhe der üblichen Vergütung für eine entgeltliche Kapitalüberlassung gezogen *hat*, wird dem Darlehensgeber durch eine entsprechende Vermutung erleichtert. Die **Gegenmeinung** erwidert freilich auch hier, iS des § 812 „erlangt" sei auch hier nur die abstrakte Möglichkeit der Kapitalnutzung unabhängig davon, ob ein entsprechender Nutzungserfolg auch wirklich erwirtschaftet werden konnte.[67]

25 Eine **vermittelnde Auffassung** sieht beim nichtigen Darlehen zwar nicht die abstrakte Nutzungsmöglichkeit, wohl aber die **tatsächlich erzielten Nutzungen** aus dem überlassenen Kapital als „Erlangtes" iS des § 812 an.[68] Die gleiche Ansicht wird auch für die Einräumung von Immaterialgüterrechten aufgrund unwirksamen Vertrags vertreten.[69]

26 **bb) Stellungnahme.** Für den Bereich der Nutzung von Sachen hat der BGH die Ansicht, wonach der Empfänger bereits die abstrakte Nutzungsmöglichkeit iS des § 812 erlangt hat, verworfen, weil er befürchtete, dass bei einer solchen Sichtweise auch der gutgläubige Empfänger trotz nicht gezogener Nutzungen Wertersatz leisten müsse und damit gegen das bereicherungsrechtliche Schädigungsverbot verstoßen werde. Diese Befürchtung wäre indes nur dann begründet, wenn man sagen könnte, wegen der nichtgegenständlichen Natur des Erlangten könne die Bereicherung, die in Gestalt der bloßen Nutzungsmöglichkeit liege, gar nicht entfallen.[70] Dann würde man in der Tat mit der Auffassung, „erlangt" sei bereits die Nutzungsmöglichkeit, dem Bereicherungsschuldner ohne Rücksicht auf die Nichtigkeitsursache einen Mietvertrag aufdrängen. Indes ist gerade *nicht* von einem stetigen Verbleib der Nutzungsmöglichkeit im Vermögen des Schuldners, sondern umgekehrt davon auszugehen, dass sich die **Nutzungsmöglichkeit** (und auch ggf. **tatsächlich gezogene Gebrauchsvorteile** selbst) durch **Zeitablauf erschöpfen**.[71] Damit verbleibt dem Schuldner die Möglichkeit, sich insoweit auf Wegfall der Bereicherung zu berufen, soweit nicht Ausgaben erspart wurden oder durch die Nutzung ein bleibender Vermögensvorteil eingetreten ist.[72]

27 Gleichwohl kann die These, der Empfänger habe als primären Bereicherungsgegenstand bereits die **abstrakte Nutzungsmöglichkeit** erlangt, **nicht überzeugen**. Das gilt zunächst für die Überlassung von Sachen: Der Mieter erlangt beim nichtigen Mietvertrag gerade nicht jene Nutzungsmöglichkeit, die derjenigen bei einem wirksamen Mietvertrag entspricht. Denn es fehlt wegen der Nichtigkeit des Mietvertrags an der typusprägenden Instandhaltungspflicht des Vermieters (§ 535 Abs. 1 S. 2).[73] Ebenso wenig kann einleuchten, dass der Mieter im Gegensatz zum Käufer ohne Rücksicht auf tatsächlich gezogene Vorteile haften soll:[74] Der Unterschied zwischen Kauf (Erwerb zur Nutzung als eigene Sache) und Miete (Nutzung als fremde Sache) manifestiert sich (abgesehen davon, dass der Käufer regelmäßig auch das Eigentum rechtsgrundlos erwirbt) nicht in der Beschreibung des erlangten Vorteils, sondern in der *Bewertung* dieses Vorteils (RdNr. 87 ff.), also im Bereich des § 818 Abs. 2 sowie, wenn überhaupt, allenfalls noch im Rahmen des § 818 Abs. 3, wenn es um die Frage geht, ob die Berufung auf diese Vorschrift wegen zurechenbarer Risikoübernahme ausgeschlossen ist. Gerade hier zeigt sich freilich, dass eine erfolgsunabhängige Haftung des Mieters auch in der Wertung nicht überzeugt: Denn die These, der Empfänger könne sich nicht auf § 818 Abs. 3 berufen, wenn er kraft zurechenbarer vermögensmäßiger Entschei-

---

[67] 4. Aufl. RdNr. 13; ebenso *Canaris* WM 1981, 978, 986; *Gretter* DB 1995, 516, 517.
[68] *Schäfer* S. 105 ff.
[69] *Ebert* S. 31 ff.
[70] So in der Tat *Mestmäcker* JZ 1958, 521, 524; *Batsch* NJW 1969, 1743, 1745; *ders.* NJW 1972, 611, 613, 614; *Koppensteiner* NJW 1971, 1769, 1774; *Medicus* NJW 1970, 665, 666; früher auch *Lieb* Ehegattenmitarbeit S. 97.
[71] *Lieb* NJW 1971, 1289, 1292; *Gursky* NJW 1969, 2183, 2184; *ders.* JR 1972, 279, 282; *Canaris* JZ 1971, 560, 561; *Rengier* AcP 177 (1977), 418, 445; *Reeb* S. 121 f.; zur Relevanz des Aspekts der Ausgabenersparnis s. noch § 818 RdNr. 95 ff.
[72] Insoweit zutr. 4. Aufl. § 812 RdNr. 362.
[73] *Canaris*, FS Lorenz, 1991, S. 19, 49.
[74] So auch *Canaris*, FS Lorenz, 1991, S. 19, 48 f.; ähnlich *Gursky* JR 1998, 7, 12 f.

dung das Risiko der Entreicherung übernommen habe, ist in dieser Allgemeinheit nicht geeignet, eine Reduktion des § 818 Abs. 3 zu begründen (RdNr. 128, 240). Das gilt gerade auch bei der Miete: Die in § 537 Abs. 1 zum Ausdruck gekommene Wertung, dass den Mieter das Verwendungsrisiko trifft, ist an einen wirksamen Mietvertrag geknüpft. Wo das Gesetz dem Mietvertrag die Anerkennung verweigert, akzeptiert es auch die damit verbundene Risikoverteilung nicht. Auch dies spricht dafür, den Mieter nur für tatsächlich gezogene Vorteile haften zu lassen. Die Position des Mieters beim nichtigen ist mit der beim wirksamen Mietvertrag schon deshalb nicht vergleichbar, weil die Nutzungsmöglichkeit im ersteren Fall rechtlich in keiner Weise gesichert ist:[75] Der Mieter muss jederzeit mit einem Herausgabeverlangen des Vermieters rechnen. Für rechtsgrundlos erlangtes Darlehenskapital kann nichts anderes gelten: Für eine unterschiedliche Behandlung von Sach- und Kapitalüberlassung gibt es keinen einleuchtenden Grund. Zu Recht hat daher das RG dem Empfänger von rechtsgrundlos erlangtem Darlehenskapital bezüglich der *Nutzungen* gestattet, geltend zu machen, dass er um jene Nutzungen nicht mehr bereichert sei.[76]

Damit verdient insgesamt die **Rechtsprechung** zur Herausgabe von Darlehensnutzungen **Zustimmung;** die von ihr herausgearbeiteten Grundsätze sind ebenso auf die Herausgabe von Sachnutzungen zu übertragen. Die hier der Rechtsprechung geleistete Gefolgschaft bezieht sich auf sämtliche dort getroffenen dogmatischen Aussagen: (1.) Die abstrakte Nutzungsmöglichkeit scheidet als „Erlangtes" iS des § 812 aus. (2.) Auch die vom Schuldner tatsächlich gezogenen Nutzungen sind nicht etwa als primär „Erlangtes" nach § 812, sondern als Nebenfolge zur Herausgabe der Valuta (bzw. bei Sachkondiktion: des Besitzes)[77] nach § 818 zu ersetzen. Denn die Nutzungen beruhen nicht auf einer bewussten und zweckgerichteten Vermögensmehrung durch den Gläubiger, sondern auf einer eigenen Handlung des Schuldners.

Gegen die hier vertretene Ansicht spricht entgegen abweichender Einschätzung im Schrifttum[78] auch nicht der Umstand, dass bei nichtigen **Dienstleistungsverträgen** die Dienstleistung als solche ohne Rücksicht auf einen beim Empfänger verbliebenen Vorteil als primär „Erlangtes" herauszugeben ist.[79] Denn bei der Überlassung von Sachen und von Kapital erlangt der Empfänger einen gegenständlich fassbaren Vorteil, der in Natur herausgegeben werden kann. An die Herausgabe dieses Vorteils kann eine Pflicht zur Herausgabe von Nutzungen nach § 818 Abs. 1 anknüpfen. Eben daran fehlt es bei Dienstleistungen: Hier bleibt gar nichts anderes übrig, als die unkörperliche Leistung als solche als „Erlangtes" zu begreifen. Diese Handhabung ist der Notwendigkeit geschuldet, das Erlangte iS des § 812 gegenständlich zu bestimmen (RdNr. 111 ff.); sie rechtfertigt aber keine generelle Wertung des Inhalts, dass der Empfänger dem Grunde nach Vorteile herausgeben muss, die ihm nicht erwachsen sind. Indes unterscheiden sich Dienstleistungen und Nutzungen gerade auch in der Wertung: Dem Empfänger von Dienstleistungen wird ohne eigenes Zutun etwas zugewendet. Dagegen entscheidet der Mieter oder Darlehensnehmer selbst, ob und welche Vorteile er aus überlassenen Sachen bzw. überlassenem Geld zieht. Ein Zwang, von der Pflicht zur primären Herausgabe von Dienstleistungen auf die Pflicht zur primären Herausgabe einer Nutzungsmöglichkeit zu schließen, besteht daher nicht.

b) Eingriff in fremde Rechte. Gebrauchsvorteile können nicht bloß auf der Basis von nichtigen Verträgen erlangt werden, sondern ebenso durch eigenmächtige Anmaßung fremder Rechtspositionen. Hier ist abermals zu differenzieren: Sofern der Vorteil dadurch erlangt wird, dass der Bereicherungsschuldner unrechtmäßig Besitz von einer fremden **Sache** ergreift, ist der Besitz als primär Erlangtes anzusehen. Nutzungen hat der Schuldner, soweit

---

[75] Zutr. *Gursky* JR 1998, 7, 12.
[76] RGZ 151, 123, 127. Bezüglich der Valuta scheidet der Entreicherungseinwand aus (näher § 819 RdNr. 12).
[77] Vgl. zu § 818 bei der Besitzkondiktion auch noch RdNr. 38.
[78] 4. Aufl. RdNr. 14.
[79] *Erman/Westermann/Buck-Heeb* RdNr. 16, 27; RGRK/*Heimann-Trosien* RdNr. 16; Staudinger/*Lorenz* RdNr. 23, 26; näher § 812 RdNr. 17 ff.

nicht §§ 987 ff. als vorrangige Spezialregelungen eingreifen, nach § 818 Abs. 1 zu ersetzen. Die Idee, bereits hier die Nutzungsmöglichkeit als primär Erlangtes anzusehen,[80] ist mit Recht auf Ablehnung gestoßen:[81] Wenn diese Vorstellung wirklich die des Gesetzgebers wäre, wären auch die §§ 987 ff. anders ausgestaltet worden. Dann hätte es nämlich in § 987 nicht der Differenzierung zwischen tatsächlich gezogenen und schuldhaft nicht gezogenen Nutzungen bedurft. Man hätte sich vielmehr mit der Anordnung begnügen können, dass der Besitzer die faktische Möglichkeit, die Sache zu nutzen, vergüten müsse. So weit wollte der Gesetzgeber ersichtlich nicht einmal beim bösgläubigen oder verklagten Besitzer gehen – und, wie die Verweisung in §§ 818 Abs. 4, 292 Abs. 2 auf § 987 zeigt, auch nicht beim bösgläubigen Bereicherungsschuldner. Wenn jemand allerdings eine fremde Sache nutzt, *ohne* von ihr Besitz zu ergreifen, sind die tatsächlich gezogenen Nutzungen – und *nur* diese – primärer Bereicherungsgegenstand[82] und daher bereits nach § 812 zu erstatten; § 818 Abs. 1 spielt in *diesem* Fall keine Rolle. Ebenso liegt es, wenn ein Besitzer Nutzungen zieht, der zwar zum Besitz, nicht aber zur Nutzung befugt ist:[83] Der Besitz kann, da nicht rechtsgrundlos erlangt, nicht kondiziert werden; konsequent bleiben nur die Nutzungen als „Erlangtes" übrig. Maßt sich der Schuldner eine **unkörperliche Rechtsposition,** insbesondere ein **Immaterialgüterrecht** an, so erlangt er nicht dieses Recht an sich (das beim Inhaber verbleibt!), sondern allein die (unbefugte) Nutzung.[84] Diese ist daher in solchen Fällen in der Tat als primär Erlangtes bereits nach § 812 und nicht erst nach § 818 Abs. 1 herauszugeben. Auch in letzteren beiden Fällen hat der Schuldner indes nur die tatsächlichen Nutzungen, nicht etwa schon die Nutzungsmöglichkeit erlangt.[85]

31 **4. Unternehmenserträge. a) Meinungsstand. aa) Herausgabepflicht dem Grunde nach.** Wenn Gegenstand einer rechtsgrundlosen Transaktion ein Unternehmen ist, stellt sich die Frage, ob die Gewinne, die der Empfänger aus dem Betrieb dieses Unternehmens erzielt und dem Unternehmensvermögen entnommen hat, als Nutzung iS des § 818 Abs. 1 an den Gläubiger herausgegeben werden müssen. Der **BGH** hatte eine solche Verpflichtung ursprünglich bereits dem Grunde nach abgelehnt,[86] später aber mit der Begründung **befürwortet,** jene Gewinne stünden unmittelbaren Sachfrüchten iS des § 99 Abs. 1 zumindest ähnlich.[87] Verneint wurde die Verpflichtung zur Gewinnherausgabe freilich dann, wenn der Empfänger das Unternehmen mit Hilfe der rechtsgrundlos erlangten Betriebsmittel erst aufgebaut hatte.[88] Ebenso lehnte der BGH die Verpflichtung zur Gewinnherausgabe ab, wenn der Gewinn nicht über ein bescheidenes Entgelt für die unternehmerische Eigenleistung des Empfängers hinausgehe; denn ein solcher Gewinn sei nicht auf eine Leistung des Verkäufers zurückzuführen.[89] In der Literatur zu § 818 wird die Verpflichtung zur Gewinnherausgabe grundsätzlich überwiegend bejaht;[90] die Literatur zu § 987 ist dagegen kritischer.[91]

32 **bb) Herausgabepflicht der Höhe nach.** In Bezug auf den **Umfang** der Gewinnherausgabe wird die Herausgabepflicht des Empfängers verbreitet auf jene Erträge beschränkt,

---

[80] 4. Aufl. § 812 RdNr. 360.
[81] Im Ergebnis wie hier, wenn auch mit teilweise abw. Begr. *Ellger* S. 883 f.; *Gursky* JR 1972, 279, 281 m. Fn. 17; *Haines* S. 40 ff.; *Koppensteiner/Kramer* § 13 I 1 b (aa), S. 118 f.
[82] So auch *Gursky* JR 1998, 7, 10; ebenso für Nutzung als primär Erlangtes bei Eingriffskondiktion *Ellger* S. 886.; *H. Kaiser* S. 134.
[83] Für Gebrauchsvorteil als primär Erlangtes in diesem Fall auch *Gursky* JR 1998, 7, 10.
[84] BGHZ 169, 340, 344; *Ellger* S. 886 f.; *Hagmann* S. 98 f.; etwas abw. *Ebert* S. 120 f.: „erlangt" ist die durch den Eingriff erzielte Verbesserung der eigenen Marktchancen.
[85] Dies abermals gegen 4. Aufl. § 812 RdNr. 360.
[86] BGHZ 7, 208, 218 = LM § 987 Nr. 2 = NJW 1952, 1410; BGH JR 1954, 460.
[87] BGHZ 63, 365, 368; BGH NJW 1978, 1578; LM § 987 Nr. 3; § 818 Abs. 2 Nr. 7.
[88] BGHZ 109, 179, 190 f.
[89] BGH NJW 1994, 2021, 2022, insoweit in BGHZ 126, 105 nicht abgedruckt.
[90] *Ballerstedt,* FS Schilling, 1973, S. 289, 295 ff.; *Erman/Westermann/Buck-Heeb* RdNr. 10; *Kohler* S. 684 ff.; *Koppensteiner/Kramer* § 13 II 1, S. 126; § 16 II 1 b, S. 156 f.; *Reuter/Martinek* § 16 II 3, S. 560 ff.; RGRK-*Heimann-Trosien* § 818 RdNr. 8; *Schwintowski* JZ 1987, 588, 592 f.; *Staudinger/Lorenz* RdNr. 12.
[91] *Staudinger/Gursky* § 987 RdNr. 21; 4. Aufl. § 987 RdNr. 13; aufgeschlossener gegenüber einem Gewinnherausgabeanspruch dagegen *Soergel/Mühl* § 987 RdNr. 2; *Erman/Ebbing* § 987 RdNr. 13.

welche in den im Unternehmen begründeten Chancen angelegt gewesen seien.[92] Nicht der tatsächlich erzielte Gewinn sei daher an den Gläubiger auszukehren, sondern nur derjenige, welcher dem objektiven Ertragswert entspreche.[93] Für die Ermittlung dieses Wertes werden unterschiedliche Standpunkte eingenommen. Zum einen wird der objektive Ertragswert zunächst ohne Rücksicht auf den tatsächlich erzielten Gewinn eruiert und sodann angenommen, dass jeder tatsächlich erzielte Gewinn, der über diesen Wert hinausgehe, auf der persönlichen Tüchtigkeit objektiv des Empfängers beruhe und folglich nicht herauszugeben sei.[94] Zum anderen wird einer Sicht ex post das Wort geredet: Es sei zu fragen, ob sich bei rückblickender Betrachtung die erzielten Gewinne als Ausfluss der vorhandenen Gewinnchancen darstellten oder als Folge der subjektiven Geschäftstüchtigkeit des Empfängers.[95] Ein auf solche individuellen Fähigkeiten zurückzuführender Gewinnanteil sei nicht nach § 818 Abs. 1 herauszugeben;[96] denn dies vertrage sich nicht mit der gesetzlichen Wertentscheidung, wonach commoda ex negotiatione dem rechtsgrundlosen Empfänger verblieben.[97] Im Zweifelsfall seien der Eigenanteil des Empfängers an der Gewinnerzielung einerseits und der im Unternehmen objektiv angelegte Gewinnanteil andererseits nach § 287 Abs. 2 ZPO zu schätzen.[98] Umgekehrt gehe es zu Lasten des Empfängers, wenn der von ihm erzielte Gewinn hinter demjenigen zurückbleibe, der mit Rücksicht auf die tatsächlich vorhandenen Ertragschancen hätte erzielt werden können.[99] Sofern der Empfänger von den herauszugebenden Gewinnen einen angemessenen Unternehmerlohn abziehe (RdNr. 31), habe er, so der BGH, den restlichen Reingewinn abzuführen; eine weitere Minderung der Pflicht zur Gewinnherausgabe durch Aufteilung des Unternehmenserfolgs in objektiven Ertragswert und individuelle Leistungsfähigkeit des Erwerbers hält der BGH nicht für angebracht.[100]

b) Stellungnahme. Die Verpflichtung des Empfängers zur Gewinnherausgabe ist **dem Grunde nach** zu **befürworten**. Dabei sollte man keine Bedenken tragen, Unternehmenserträge dem Nutzungsbegriff zu unterstellen. Der Gesetzgeber hat den Besonderheiten des Unternehmens als Gegenstand rechtsgeschäftlicher Transaktion wenig Aufmerksamkeit geschenkt. Bereits beim Unternehmenskauf bereitet es seit jeher Schwierigkeiten, das Unternehmen als „Sache" zu bezeichnen. Der Gesetzgeber hat daraus die Konsequenz gezogen, dass das Unternehmen nur über § 453 Abs. 1 als tauglicher Gegenstand eines Kaufvertrags angesehen werden kann.[101] Konsequent muss auch der Begriff der Nutzung in einer Weise ausgedehnt werden, dass er auch das Unternehmen als Transaktionsgegenstand angemessen erfasst. So gesehen bestehen keine Bedenken, Erträge eines Unternehmens als Ausbeute iS des § 99 Abs. 1 und damit als Nutzungen iS des § 100 anzusehen.[102] Was den **Umfang** des Herausgabeanspruchs anbelangt, so ist allein der **tatsächlich erzielte** und dem Unternehmensvermögen entnommene **Gewinn** an den Gläubiger auszukehren[103] – zu seinem Vorteil, wenn der Empfänger übermäßig erfolgreich gewirtschaftet hat, zu seinem Nachteil, wenn der unternehmerische Erfolg des Empfängers hinter den objektiven Möglichkeiten zurückgeblieben ist. Mit dieser Auffassung wird die hier zur Herausgabe von Miet- und Anlageerträgen vertretene Ansicht (RdNr. 11 ff.) folgerichtig fortgesetzt.

---

[92] *Larenz/Canaris* II/2 § 72 II 3 c, S. 272 f.
[93] So schon RG Recht 1908, 1792; BGH NJW 1978, 1578; im Ergebnis ebenso, aber nur mit Rücksicht auf § 817 S. 2 BGHZ 63, 365, 367 f.; aus dem Schrifttum für Begrenzung auf den objektiven Ertragswert 4. Aufl. RdNr. 26 sowie *Keil* S. 232 ff.; *Kohler* S. 684 ff.; *Rupietta* S. 246 ff.; *Schwintowski* JZ 1987, 588, 593.
[94] *Kohler* S. 686.
[95] *Larenz/Canaris* II/2 § 72 II 3 c, S. 272 f.; III 3 b, S. 277, 279 f.
[96] So im Ergebnis auch BGHZ 168, 220, 241 ff.; BGH NJW 1978, 1578; AnwK-BGB/*Linke* RdNr. 12; *H. Kaiser* S. 236 ff.
[97] *Larenz/Canaris* II/2 § 72 II 3 c, S. 272 f.
[98] BGHZ 168, 220, 242; AnwK-BGB/*Linke* RdNr. 12; *H. Kaiser* S. 242.
[99] 4. Aufl. RdNr. 26.
[100] BGHZ 168, 220, 242.
[101] Näher BT-Drucks. 14/6040 S. 241.
[102] *Kohler* S. 684 f.; *Soergel/Mühl* § 99 RdNr. 3.
[103] Im Ergebnis ebenso 4. Aufl. RdNr. 21; *Reuter/Martinek* § 16 II 3, S. 560 ff.

34 **Abzulehnen** ist die Ansicht, wonach der Eigenanteil des Bereicherungsschuldners durch eine analoge Anwendung des § 102 bzw. im Wege der Schätzung gemäß § 287 ZPO berücksichtigt werden soll:[104] § 102 ist als dogmatischer Anknüpfungspunkt für die behauptete Rechtsfolge ungeeignet, weil die Vorschrift keine Aufteilung der Früchte in solche kraft Eigenleistung des Schuldners und solche kraft Werthaltigkeit der herauszugebenden Sache regelt, sondern lediglich die Kosten für die Gewinnung der Früchte erfasst. § 102 zielt mit anderen Worten darauf ab, dass die Herausgabepflicht für den Schuldner nicht zu einem Verlustgeschäft wird. Das Anliegen der soeben referierten Analogie besteht indes darin, dem Schuldner einen Teil der erzielten Vorteile zu belassen, also die Abschöpfung jener Vorteile zu begrenzen. Darüber hinaus muss indes nach hier vertretener Ansicht der Empfänger auch den besagten Eigenanteil herausgeben – eben um die Gleichbehandlung mit den Miet- und Zinserträgen bei Herausgabe von Sachen bzw. Geld herzustellen.

35 Dagegen **überzeugt** die Ansicht des BGH, wonach die Herausgabe des Gewinns ausscheidet, wenn dieser sich in einem (im konkreten Fall durchaus bescheidenen) **Entgelt** für die **unternehmerische Eigenleistung** des Empfängers erschöpft. Wollte man dem Empfänger verwehren, die in das Unternehmen investierte Arbeitsleistung in Rechnung zu stellen, so liefe die Gewinnherausgabe darauf hinaus, dass der Empfänger für die Zeit, da er das rechtsgrundlos erlangte Unternehmen geführt hat, kostenlos für den Bereicherungsgläubiger gearbeitet hat. Der Empfänger darf daher vom herauszugebenden Gewinn eine angemessene Eigenvergütung absetzen.[105]

36 **c) Steuern.** Im Unternehmen angefallene Steuern wirken sich unmittelbar auf die Höhe des nach § 818 Abs. 1 herauszugebenden Unternehmensertrags aus:[106] **Vom Ertrag unabhängige Steuern** wie etwa die Gewerbekapitalsteuer lassen sich als Aufwand darstellen, welcher unmittelbar das betriebliche Ergebnis mindert. **Vom Ertrag abhängige Steuern** wie etwa die Einkommen- und die Gewerbesteuer mindern zwar nicht ihrerseits das Betriebsergebnis, da sie an dieses Ergebnis überhaupt erst anknüpfen. Die Steuerlast des Empfängers wird aber dadurch ausgeglichen, dass dieser die Beträge, die er an den Gläubiger auszukehren hat, als die Steuerlast mindernde negative Einkünfte (etwa aus Gewerbebetrieb) geltend machen kann. Der Empfänger muss also das Ergebnis vor Ertragsteuern an den Gläubiger auskehren, kann sich aber beim Fiskus erholen.

37 **d) Einzelgegenstände im Unternehmensverbund.** Unternehmenserträge sind nur dann nach § 818 Abs. 1 als Nutzung herauszugeben, wenn das erlangte „Etwas" in einem Unternehmen besteht. Dagegen steht dem Gläubiger **kein Anspruch** auf Herausgabe solcher Erträge zu, wenn der Empfänger durch seine Leistung oder in sonstiger Weise auf seine Kosten rechtsgrundlos einen **Einzelgegenstand** erlangt hat, der sodann in das betriebliche Gefüge integriert wurde und – bei typisierender Betrachtungsweise – zum **Unternehmensertrag beigetragen** hat.[107] Der Gegenmeinung, die insoweit eine Pflicht zur Herausgabe wenigstens eines Teils der Unternehmenserträge befürwortet,[108] ist zwar zuzugeben, dass es ökonomisch möglich wäre, einen Teil des Ertragswerts jenem Einzelgegenstand zuzuweisen, auf den sich der Bereicherungsanspruch bezieht. Indes lässt sich eine solche Sicht *rechtlich* nicht mit der im Bereicherungsrecht sonst üblichen gegenständlichen Betrachtungsweise (RdNr. 111 ff.) vereinbaren. Die Pflicht zur Herausgabe von Nutzungen knüpft an das Erlangte an. Das Erlangte besteht hier gerade nicht in einem Unternehmen als ganzes, sondern in einem Einzelgegenstand. Unternehmenserträge resultieren nicht aus dem Vorhandensein einer Ansammlung von Einzelgegenständen, denen sie anteilig zugerechnet werden können, sondern aus der Betätigung am Markt, die der Unternehmensträger nicht

---

[104] So aber 4. Aufl. RdNr. 21; abl. zu dieser These wie hier auch *Hagmann* S. 146; *Keil* S. 229 f.; *Larenz/Canaris* II 2 § 72 II 3 c, S. 272.
[105] In diesem Sinne neuerdings auch BGHZ 168, 220, 242.
[106] Zum Folgenden *Schön* ZHR 155 (1991), 247, 264 ff.
[107] Wie hier *Reuter/Martinek* § 15 II 3 b, S. 539 ff.
[108] 4. Aufl. RdNr. 19.

allen besagten Gegenständen verdankt, sondern vor allem dem Umstand, dass über die Summe dieser Gegenstände hinaus ein lebendiger Organismus geschaffen worden ist, in dem die vorhandenen Ressourcen ineinander greifen.

5. Besitzkondiktion. Wenn der Gegenstand des Bereicherungsanspruchs in der **Herausgabe rechtsgrundlos erlangten Besitzes** besteht, stellt sich die Frage, ob die Gebrauchsvorteile der (fremden) Sache als Ausfluss nur des Eigentums oder auch des Besitzes angesehen werden können. Zu Recht wird überwiegend letzteres angenommen[109] und damit dem Gläubiger der Besitzkondiktion auch die Möglichkeit eröffnet, den Nebenfolgeanspruch des § 818 Abs. 1 geltend zu machen. Wenn der Gläubiger der Besitzkondiktion zugleich Eigentümer der Sache ist, folgt sein Herausgabeanspruch freilich außerdem aus § 985. Konsequent erhebt sich dann die Frage, ob die Verpflichtung des Besitzers zur Herausgabe von Nutzungen abschließend in §§ 987 f. geregelt ist (arg. § 993).[110] 38

6. Herausgabe von Surrogaten. a) Commodum ex re. Außer Nutzungen hat der Empfänger gemäß § 818 Abs. 1 bestimmte, vom Gesetz im Einzelnen aufgelistete Surrogate herauszugeben. Anstelle des ursprünglich Erlangten ist demnach zunächst das herauszugeben, was der Empfänger **auf Grund des erlangten Rechts** erworben hat. Schulbeispiele bilden die Einziehung einer rechtsgrundlos abgetretenen Forderung[111] und der Erlös aus der Verwertung eines ohne Rechtsgrund bestellten Sicherungsrechts.[112] Als Surrogat herauszugeben ist auch all das, was der Bereicherungsschuldner als Ersatz für die **Zerstörung, Beschädigung** oder **Entziehung** des erlangten Gegenstandes erhält. In Betracht kommen hier ganz allgemein Schadensersatz- oder Entschädigungsleistungen bzw. Ansprüche auf solche Leistungen,[113] insbesondere Versicherungsleistungen,[114] ferner Entschädigungen aus unerlaubter Handlung,[115] Enteignung oder enteignungsgleichem Eingriff.[116] 39

b) Nutzungen aus dem commodum ex re. Zieht der Schuldner aus einem erlangten Surrogat **Nutzungen,** so sind auch diese gemäß § 818 Abs. 1 herauszugeben.[117] Dies allerdings nur, soweit der Surrogatsbegriff reicht: Sofern man mit der hier vertretenen Auffassung rechtsgeschäftlich erlangte Gegenwerte nicht als nach § 818 Abs. 1 herauszugebendes Surrogat ansieht (RdNr. 41 f.), werden daraus auch keine Nutzungen geschuldet. 40

c) Commodum ex negotiatione? aa) Meinungsstand. Streitig ist die Frage, ob der **rechtsgeschäftliche Gegenwert,** den der Bereicherungsschuldner durch **Veräußerung** einer rechtsgrundlos erlangten Sache erzielt hat, als Surrogat iS des § 818 Abs. 1 angesehen werden kann. Die hL lehnt die Einbeziehung des Veräußerungserlöses in die Herausgabepflicht ab und gewährt bei Veräußerung einer rechtsgrundlos, aber dinglich wirksam erlangten Sache lediglich einen Anspruch auf Ersatz des **objektiven Werts** gemäß § 818 Abs. 2.[118] Vertragliche Schadensersatzansprüche gegen Dritte, die dem Empfänger durch den Einsatz des Erlangten erwachsen, scheiden folglich, da sie ihrerseits bloß ein durch Rechts- 41

---

[109] RGZ 115, 31, 34; 129, 307, 312; BGH JZ 1995, 572, 573; *Kurz* S. 65 ff.; *Staudinger/Lorenz* RdNr. 30.
[110] Vgl. dazu 4. Aufl. § 993 RdNr. 1, 15; *Kurz* S. 65 ff.; *Medicus* BR RdNr. 600 f.
[111] *Bamberger/Roth/Wendehorst* RdNr. 8; *Larenz/Canaris* II/2 § 72 I 1 a, S. 264; *Reeb* S. 94.
[112] *Bamberger/Roth/Wendehorst* RdNr. 8; *Larenz/Canaris* II/2 § 72 I a, S. 264.
[113] *Bamberger/Roth/Wendehorst* RdNr. 8.
[114] *Larenz/Canaris* II/2 § 72 I 1 a, S. 264 f.; *Reeb* S. 94.
[115] *Erman/Westermann/Buck-Heeb* RdNr. 14; jurisPK/*Martinek* RdNr. 15.
[116] *Erman/Westermann/Buck-Heeb* RdNr. 14.
[117] Vgl. nur *Koppensteiner* NJW 1971, 588, 593 Fn. 45; *Reuter/Martinek* § 16 II 1, S. 555; *Palandt/Sprau* RdNr. 8; RGRK/*Heimann-Trosien* RdNr. 9; *Staudinger/Lorenz* RdNr. 15.
[118] BGHZ 24, 106, 110 f.; 75, 203, 206; 112, 288, 294 f.; 158, 63, 67; AnwK-BGB/*Linke* RdNr. 17; *Bamberger/Roth/Wendehorst* RdNr. 8; *Larenz/Canaris* II/2 § 72 I a, S. 264; *v. Caemmerer,* FS Rabel, 1954, S. 333, 357 sowie FS Lewald, 1953 (Neudruck 1978), S. 447 ff.; *Erman/Westermann/Buck-Heeb* RdNr. 14; *Fikentscher/Heinemann* § 104 V RdNr. 1516; *Frank* JuS 1981, 102, 104 f.; *Halfmeier* JA 2007, 492, 494; *Hagmann* S. 147; HKK/*Schäfer* §§ 812–822 RdNr. 202; *Jagmann* S. 142 ff.; jurisPK/*Martinek* RdNr. 16 ff.; *Koppensteiner* NJW 1971, 1769, 1772; *Larenz/Canaris* II/2 § 72 I 1 c, S. 266 f.; *Peters* AcP 205 (2005), 159, 189 f.; PWW/*Leupertz* RdNr. 8; *Reiner* JZ 2002, 300, 302; *Reuter/Martinek* § 16 I 1, S. 549 ff.; *Schauhoff* S. 127 f.; *Schubert* JR 1980, 199 f.; *Staudinger/Lorenz* RdNr. 27; *Wolf* ZfIR 2007, 405, 406.

geschäft erlangtes Surrogat darstellen, ebenfalls aus dem Anwendungsbereich des § 818 Abs. 1 aus.[119] Dagegen sieht eine Mindermeinung auch das rechtsgeschäftliche Surrogat (also insbesondere den vom Empfänger erzielten Erlös aus der Weiterveräußerung) als ein nach § 818 Abs. 1 herauszugebendes Surrogat an; der Gläubiger könne aber, sofern der Schuldner das Eigentum aufgrund eines nichtigen Vertrages erlangt habe, niemals mehr verlangen als die seinerzeit bedungene Gegenleistung.[120]

42 **bb) Stellungnahme.** Die **hL** verdient den **Vorzug.** Für sie streitet der Wortlaut der Vorschrift, der als herauszugebende Surrogate explizit nur commoda ex re auflistet. Ob die Entstehungsgeschichte der Vorschrift die These stützt, dass der Gesetzgeber rechtsgeschäftliche Surrogate aus dem Anwendungsbereich des § 818 Abs. 1 ausscheiden wollte,[121] wird freilich mit guten Gründen bezweifelt.[122] Jedenfalls aber sprechen für die Ansicht, wonach commoda ex negotiatione von § 818 Abs. 1 nicht erfasst werden, dieselben Gründe, die schon für die Entscheidung der parallelen Streitfrage im Rahmen des § 816 Abs. 1 S. 1 den Ausschlag (*gegen* die Anerkennung des Veräußerungserlöses als das durch die Verfügung Erlangte) gegeben haben (näher § 816 RdNr 42 ff.): Es fehlt im Bereich des § 818 Abs. 1 an einer gesetzlichen Wertung des Inhalts, dass sich der Bereicherungsschuldner, der einen besonders günstigen Veräußerungserlös erzielt hat, so behandeln lassen muss, als habe er sein Verhandlungsgeschick in den Dienst des Gläubigers gestellt. Umgekehrt lässt sich § 818 Abs. 1 kein Anhaltspunkt dafür entnehmen, dass der Gläubiger sich auf den vom Schuldner erzielten Erlös verweisen lassen muss, wenn dieser hinter dem wirklichen Wert der Sache zurückbleibt. Allerdings bleibt für die **praktische Relevanz** der Streitfrage eines festzuhalten: Die Tatsache, dass der Schuldner bei der Weiterveräußerung einen bestimmten Erlös erzielt, mag darauf hindeuten, dass dieser Erlös am Markt auch tatsächlich erzielt werden konnte[123] und dass daher eine entsprechende Summe als Wertersatz nach § 818 Abs. 2 geschuldet ist.

III. § 818 Abs. 2

43 **1. Voraussetzungen der Wertersatzpflicht. a) Überblick.** § 818 Abs. 2 ordnet eine Wertersatzpflicht des Empfängers für den Fall an, dass die Herausgabe entweder wegen der Beschaffenheit des Erlangten (von vornherein) oder aber auf Grund anderer (späterer) Umstände nicht mehr möglich ist. Diese Wertersatzpflicht greift nur ein, wenn der Empfänger **kein herausgabefähiges Surrogat** erlangt hat. Ein solches wäre gemäß § 818 Abs. 1 vorrangig herauszugeben; ein Wahlrecht besteht insoweit nicht.[124] § 818 Abs. 2 zählt zu den besonderen Vorschriften des Bereicherungsrechts über den Umfang der Bereicherungshaftung und greift daher an sich nicht ein, wenn der Empfänger verschärft haftet. Denn in diesem Fall richtet sich die Haftung nach den „allgemeinen" Vorschriften, womit an sich auch die Anwendung des § 818 Abs. 2 ausgeschlossen ist. Freilich wird sich vor allem bei unkörperlichen Vermögensvorteilen die Notwendigkeit ergeben, § 818 Abs. 2 selbst im Bereich der verschärften Haftung noch einen eigenen Anwendungsbereich zu belassen (RdNr. 288). Die Wertersatzpflicht bezieht sich auch auf Nutzungen gemäß § 818 Abs. 1, soweit diese nicht in Natur herausgegeben werden können (RdNr. 87 ff.).

44 **b) Unmöglichkeit der Herausgabe im Allgemeinen. aa) Objektive und subjektive Unmöglichkeit** Der in § 818 Abs. 2 verwendete Begriff der Unmöglichkeit umfasst sowohl die objektive als auch die subjektive Unmöglichkeit.[125] An dieser Stelle kommt es

---

[119] BVerwG NJW 1992, 328, 329.
[120] 4. Aufl. RdNr. 31 sowie *Koppensteiner/Kramer* § 16 II 1 c, S. 158; *Schäfer* S. 70 ff.
[121] In diesem Sinne *Larenz/Canaris* II/2 § 72 I 1 c, S. 266.
[122] *Jakobs* Lucrum S. 110 ff.; zweifelnd auch 4. Aufl. RdNr. 31.
[123] So *Larenz/Canaris* II/2 § 72 I 1 c, S. 266; ebenso *Staudinger/Lorenz* RdNr. 27 aE.
[124] BGH NJW 1995, 53, 55 (Subsidiarität des Wertersatzanspruchs); *Reuter/Martinek* § 16 III 1, S. 563; *Staudinger/Lorenz* RdNr. 21.
[125] *Erman/Westermann/Buck-Heeb* RdNr. 15; *Esser/Weyers* BT/2 § 51 I 4 b; *Koppensteiner/Kramer* § 16 I 2, S. 153; *Palandt/Sprau* RdNr. 17; *RGRK/Heimann-Trosien* RdNr. 15; *Soergel/Mühl* RdNr. 37; *Staudinger/Lorenz* RdNr. 21 (unstr.).

freilich zu Friktionen mit den Grundsätzen des allgemeinen Schuldrechts. Denn der Begriff der **subjektiven Unmöglichkeit** ist im Bereich des § 275 Abs. 1 – spätestens seit der Schuldrechtsreform[126] – eng auszulegen: Die Leistung ist erst dann „für den Schuldner unmöglich", wenn dieser keine Chance mehr hat, sich den Leistungsgegenstand noch zu verschaffen, wenn also kein Dritter bereit ist, ihm diesen (bzw. bei Gattungsschulden: einen solchen) Gegenstand zu überlassen.[127] Wäre nun diese Begriffsbestimmung auch für § 818 Abs. 2 maßgeblich, so drohte das vor allem in § 818 Abs. 3 zum Ausdruck gekommene bereicherungsrechtliche Schädigungsverbot aus den Angeln gehoben zu werden: Dem Empfänger obläge es dann nämlich, das Erlangte, das sich gegenwärtig nicht mehr in seinem Vermögen befindet, zurückzuverschaffen, und zwar unter Inkaufnahme erheblichen Mehraufwands: Die Grenze dieser Pflicht wäre erst erreicht, wenn jener Aufwand die Schwelle zur groben Unverhältnismäßigkeit iS des § 275 Abs. 2 überschreitet. Daher kann der Gläubiger im Fall der Unmöglichkeit der Herausgabe einer vom Empfänger erlangten Sache deren **Wiederbeschaffung** oder – im Fall vertretbarer Sachen – die Beschaffung einer gleichwertigen Sache **nicht verlangen**.[128]

Nach einer **Gegenmeinung** ist die Überlegung, welche Anstrengungen zur Wiederbeschaffung der Schuldner von sich weisen darf, von vornherein erst bei § 818 Abs. 3, nicht aber schon bei Abs. 2 zu berücksichtigen. Daher soll ebenso wie bei § 275 Abs. 1 Unmöglichkeit ausscheiden, wenn der Schuldner sich das Erlangte wiederbeschaffen kann.[129] Auf dem Boden dieser Gegenmeinung müsste man den Umfang des Bereicherungsanspruchs wie folgt bestimmen: Der Empfänger hat das Erlangte wiederzubeschaffen und an den Gläubiger herauszugeben, aber wegen § 818 Abs. 3 nur Zug um Zug gegen Erstattung des für die Wiederbeschaffung getätigten Aufwands. Hier zeigt sich, dass die Gegenmeinung den Schutz des gutgläubigen Bereicherungsschuldners nicht in gleicher Weise verwirklicht wie die hier vertretene Ansicht. Denn die Höhe des zu erstattenden Aufwands mag den Gläubiger davon abhalten, den Bereicherungsanspruch überhaupt geltend zu machen. Dann mag es geschehen, dass der Empfänger den erlangten Gegenstand vergebens zurück erwirbt – vergebens deshalb, weil der Gläubiger ihm anschließend keine Chance lässt, den auf § 818 Abs. 3 gegründeten Zug-um-Zug-Einwand geltend zu machen und auf diese Weise die Erstattung des Wiederbeschaffungsaufwands zu erzwingen. Der Empfänger müsste daher entgegen der Intention des § 818 Abs. 3 per Saldo eine Vermögensminderung hinnehmen. Die Gegenmeinung **überzeugt** daher **nicht** – und zwar auch nicht mit dem weiterhin vorgetragenen Argument, die Rückgewährpflicht nach §§ 812 ff. umfasse ebenso Beschaffungselemente wie die nach §§ 346 ff.:[130] Zwar trifft es zu, dass die Wertersatzpflicht im Falle der Veräußerung und Belastung (§ 346 Abs. 2 S. 1 Nr. 2) erst eintritt, wenn der Empfänger außerstande ist, den empfangenen Gegenstand wieder zu beschaffen.[131] Das Recht der Rücktrittsfolgen kennt indes keine privilegierte Haftung nach dem Vorbild des § 818 Abs. 3.

bb) Irrelevanz des Verschuldens. Verschulden des Empfängers bezüglich des Umstandes, der zur Unmöglichkeit der Herausgabe geführt hat, ist für das Entstehen der Wert-

---

[126] Zur Interpretation der subjektiven Unmöglichkeit unter der Geltung des früheren Schuldrechts ausf. *Wagner* JZ 1998, 482 ff.
[127] Näher § 275 RdNr. 52.
[128] RGZ 56, 383, 387; BGH BB 1971, 1348; NJW 1991, 917, 918 (II 3 c); AnwK-BGB/*Linke* RdNr. 25; Erman/Westermann/*Buck-Heeb* RdNr. 15; Koppensteiner/Kramer § 16 I 2, S. 154; PWW/*Leupertz* RdNr. 9; RGRK/*Heimann-Trosien* RdNr. 17; Staudinger/*Lorenz* RdNr. 21, 25; *Tommaso*/Weinbrenner Jura 2004, 649, 653.
[129] *Bodenbenner* S. 100 ff.; Reuter/Martinek § 16 III 2, S. 564; *Reuter,* FS Gernhuber, 1993, S. 369, 378. Vermittelnd Bamberger/Roth/*Wendehorst* RdNr. 19: keine Wiederbeschaffungspflicht, sofern Wiederbeschaffung nicht problemlos möglich; jurisPK/*Martinek* RdNr. 41: jedenfalls dann keine Pflicht zum Rückerwerb, wenn Empfänger dafür mehr als den Wert des Erlangten aufwenden müsste.
[130] In diesem Sinne aber *Bodenbenner* S. 105 ff.
[131] *Schwab* in: ders./Witt (Hrsg), Examenswissen zum neuen Schuldrecht, 2. Aufl. 2003, S. 343, 349 f. mwN.

ersatzverpflichtung **nicht erforderlich**.[132] Dies erklärt sich aus der Abschöpfungsfunktion des Bereicherungsrechts: Im Wertersatzanspruch nach § 818 Abs. 2 setzt sich die Wertung fort, dass der Empfänger herauszugeben hat, was ihm nicht zusteht. Fällt das Erlangte infolge eines späteren Ereignisses ersatzlos weg, verläuft die Verteidigungslinie des Empfängers gegen den Bereicherungsanspruch nicht entlang der Verschuldensfrage, sondern entlang der Frage, ob der Empfänger um das Erlangte noch bereichert ist. Wenn nicht, kann er sich gegen die Herausgabepflicht unter Berufung auf § 818 Abs. 3 wehren – und dort wiederum grundsätzlich ohne Rücksicht auf Verschulden (zu Ausnahmen bei gegenseitigen Verträgen s. RdNr. 209 ff.).

47 **c) Teilunmöglichkeit. aa) Herausgabe plus Wertersatz.** Die teilweise Unmöglichkeit der Herausgabe ist in § 818 Abs. 2 der völligen nicht ausdrücklich gleichgestellt worden. Denn anders als in § 275 Abs. 1 ist die Rechtsfolgenanordnung des § 818 Abs. 2 nicht an die einschränkende Formulierung „soweit" geknüpft: Die Herausgabe ist, so liest sich das Gesetz, entweder gänzlich unmöglich oder gar nicht. Daraus folgert die **hL** insbesondere für den Fall der Beschädigung oder Umbildung des Erlangten, dass der Empfänger das **Erlangte** lediglich im **derzeitigen Zustand** herauszugeben hat, **ohne Wertersatz** leisten zu müssen.[133] Die **Gegenansicht** erkennt demgegenüber auch die Teilunmöglichkeit als Fall des § 818 Abs. 2 an.[134] Geschuldet ist danach Herausgabe des noch Vorhandenen und ergänzend Wertersatz.[135]

48 Diese **Gegenansicht überzeugt** zunächst dort, wo das Erlangte in rechtlich selbständigen Gegenständen und/oder vertretbaren Sachen besteht: Wenn der Empfänger, dem aufgrund eines nichtigen Kaufvertrags ein PKW und ein Wohnanhänger übereignet worden ist, einen dieser beiden Gegenstände nicht mehr herausgeben kann, ist er nur insoweit zum Wertersatz verpflichtet. Ebenso hat der Empfänger, dem 100 Flaschen Wein rechtsgrundlos übereignet worden sind, diejenigen Flaschen herauszugeben, die sich noch in seinem Vermögen befinden, und wegen der übrigen Wertersatz zu leisten. Und wer 6000 Liter Öl rechtsgrundlos geliefert bekommen und davon 3000 Liter verbraucht hat, hat die verleibende Menge herauszugeben und wegen der verbrauchten Wertersatz zu leisten. In allen diesen Fällen müsste sogar die hL zur Anwendung des § 818 Abs. 2 gelangen; denn *in Bezug auf die untergegangenen Gegenstände* ist *Vollunmöglichkeit* eingetreten. Aber auch bei Beschädigung und/oder Belastung des erlangten Gegenstands sollte nichts anderes gelten: Der Bereicherungsschuldner kann zwar in diesen Fällen noch den erlangten Gegenstand herausgeben. Dagegen ist er nicht mehr in der Lage, den in jenem Gegenstand verkörperten wirtschaftlichen Wert, der ihm einst zugeflossen war, zu erstatten. Gerade diese Unfähigkeit soll durch den Wertersatzanspruch ausgeglichen werden.

49 **bb) Einschränkung des § 818 Abs. 3?** Für den Fall der **Beschädigung** oder **Umgestaltung** des erlangten Gegenstands müsste die soeben abgelehnten hL an sich zu dem Ergebnis gelangen, dass eine Wertersatzpflicht ausscheidet, weil das Erlangte, wenn auch in verändertem Zustand, noch vorhanden ist. Indes ist auf dem Boden dieser Lehre versucht worden, dieser Konsequenz zu entrinnen, indem man eine **ergänzende Wertersatzpflicht** des Schuldners angenommen hat, die auf seinem **zurechenbaren Verhalten** beruht. Denn sonst, so wird vorgetragen, stünde der Empfänger im Fall der Beschädigung etc. besser als im Fall der gänzlichen Unmöglichkeit der Herausgabe. Die Grenze zur Schadensersatzpflicht des Bösgläubigen werde damit noch nicht überschritten, da es sich bei § 818 Abs. 2 lediglich um eine Wertersatzpflicht, nicht dagegen um eine Schadensersatzpflicht handele. Offenbar soll der Empfänger sich gegen diese Wertersatzpflicht auch **nicht** unter Berufung auf § 818

---

[132] AnwK-BGB/*Linke* RdNr. 24; jurisPK/*Martinek* RdNr. 40; *Palandt*/*Sprau* RdNr. 17; PWW/*Leupertz* RdNr. 11; RGRK/*Heimann-Trosien* RdNr. 15; *Staudinger*/*Lorenz* RdNr. 24.
[133] AnwK-BGB/*Linke* RdNr. 26; PWW/*Leupertz* RdNr. 10; RGRK/*Heimann-Trosien* RdNr. 16; *Staudinger*/*Lorenz* RdNr. 22.
[134] *Bamberger*/*Roth*/*Wendehorst* RdNr. 24; *Canaris* NJW 1991, 2513, 2514; HKK/*Schäfer* §§ 812–822 RdNr. 214; jurisPK/*Martinek* RdNr. 42; *Reuter*, FS Gernhuber, 1993, S. 369, 383.
[135] HKK/*Schäfer* §§ 812–822 RdNr. 214.

Abs. 3 wehren können; denn die hier wiedergegebene Auffassung versteht sich als Konsequenz aus Bestrebungen zur Restriktion des § 818 Abs. 3.[136] Die weitere Folgerung aus dem Postulat einer sowohl von Verschulden als auch von einer verbliebenen Bereicherung unabhängigen Wertersatzpflicht besteht dann darin, dass diese Pflicht ebenso den bösgläubigen Bereicherungsschuldner treffen soll.[137] Die Grundlage dieser Pflicht ist dann ebenfalls § 818 Abs. 2; denn eine Wertersatzpflicht, die *nicht* vom Verschulden des Empfängers abhängt, lässt sich nicht einmal aus §§ 818 Abs. 4, 292 Abs. 1, 989 entnehmen.[138]

Bereits an dieser Stelle zeigt sich, dass die Annahme einer **sowohl vom Verschulden als auch von einer verbleibenden Bereicherung unabhängigen Wertersatzpflicht** (die dann, um Ungleichbehandlungen zu vermeiden, auch bei vollständiger Unmöglichkeit der Herausgabe gelten müsste) **nicht richtig sein kann:** Wenn nicht einmal der bösgläubige Bereicherungsschuldner allein wegen „zurechenbaren Verhaltens" zum Wertersatz herangezogen werden kann, dann umso weniger der gutgläubige. Und allein die Tatsache, dass die Unmöglichkeit der Herausgabe auf „zurechenbarem Verhalten" beruht, rechtfertigt nicht einmal ansatzweise eine Restriktion des § 818 Abs. 3. Vielmehr gilt es die gesetzliche Interessenbewertung zu respektieren, wonach das Risiko der Entreicherung nicht dem gutgläubigen Empfänger, sondern dem Bereicherungsgläubiger zugewiesen ist. Dem Versuch, § 818 Abs. 3 zurückzudrängen, ist daher entgegenzutreten. Was die Wertersatzpflicht *dem Grunde nach* anbelangt, so ist der Einsicht, dass der Gläubiger bei Beschädigung des Erlangten nicht schlechter stehen kann als bei dessen Untergang, nichts hinzuzufügen. Die Konsequenz einer ergänzenden Wertersatzpflicht ist aber eben auf dem Boden der hL nicht darstellbar, sondern nur aufgrund der hier für richtig gehaltenen Gegenansicht.

Demgegenüber ist auf dem Boden der **hier vertretenen Ansicht** festzuhalten: (1.) Der 51 Empfänger hat zunächst das Erlangte in dem Zustand herauszugeben, in dem es sich befindet. (2.) Sofern der Wert des Erlangten gemindert ist, etwa durch Beschädigung, ist ergänzend nach § 818 Abs. 2 Wertersatz zu leisten: Die Herausgabe im bisherigen Zustand ist in qualitativer Hinsicht teilweise unmöglich; § 818 Abs. 2 ist auch auf diesen Fall anwendbar. (3.) Der gutgläubige Bereicherungsschuldner kann sich aber, sofern er infolge der Wertminderung nicht mehr bereichert ist, auf § 818 Abs. 3 berufen.

cc) Umgestaltung zum aliud. Zweifelhaft ist, ob Unmöglichkeit der Herausgabe auch 52 dann angenommen werden kann, wenn der Bereicherungsgegenstand zwar noch vorhanden, aber so **wesentlich umgestaltet** worden ist, dass jedenfalls wirtschaftlich daraus etwas **ganz anderes** geworden ist. Die damit zusammenhängenden Probleme lassen sich in zwei Teilfragen aufgliedern: (1.) Ist der Empfänger verpflichtet, die Umgestaltung rückgängig zu machen? (2.) Wenn nein: Ist der Empfänger verpflichtet (und berechtigt), den umgestalteten Gegenstand herauszugeben, oder darf er den Gegenstand behalten und muss er stattdessen Wertersatz leisten?

Ad (1.): Selbst dort, wo die Umgestaltung noch **rückgängig** gemacht werden kann, ist 53 der Empfänger hierzu **nicht verpflichtet.**[139] Das beruht auf demselben Grund, der bereits für die These streitet, dass der Empfänger, der das Erlangte veräußert hat, nicht verpflichtet ist, es sich wieder zu beschaffen (RdNr. 44 f.): Müsste der Empfänger den damit verbundenen Aufwand auf sich nehmen, würde entgegen der Wertung des § 818 Abs. 3 der Bereicherungsausgleich im Ergebnis zu einer Schmälerung seines Vermögensbestandes im Vergleich zum *Status quo ante* führen.

Ad (2.): Das **RG** hat im Fall der Bebauung eines rechtsgrundlos erlangten Grundstücks 54 mit einer umfangreichen und wertvollen Fabrikanlage mit tiefen Maschinenfundamenten **Unmöglichkeit der Herausgabe** bejaht.[140] Die praktische Konsequenz dieser Hand-

---

[136] 4. Aufl. RdNr. 35; ebenso *Reuter/Martinek* § 16 III 2, S. 565 f.
[137] So ausdrücklich 4. Aufl. RdNr. 35.
[138] Vgl. aber zur Annahme einer verschuldensunabhängigen Wertersatzpflicht auch im Eigentümer-Besitzer-Verhältnis *Rengier* AcP 177 (1977), 418, 448 f.
[139] AnwK-BGB/*Linke* RdNr. 25; PWW/*Leupertz* RdNr. 9.
[140] RGZ 133, 293, 295 f.; 169, 65, 76.

habung besteht darin, dass der Empfänger den erlangten Gegenstand, im Referenzfall das Grundstück, zusammen mit dem Gebäude behalten darf, aber den Grundstückswert nach § 818 Abs. 2 ersetzen muss. Auch der BGH hält es für möglich, dass wertsteigernde Aufwendungen des Bereicherungsschuldners zur Unmöglichkeit der Herausgabe in Natur führen können. Ob dies der Fall sei, hänge vom Wertverhältnis zwischen dem rechtsgrundlos erlangten Grundstück und dem vom Empfänger darauf errichteten Gebäude ab.[141] Allerdings bleibt es bei der Verpflichtung zur Herausgabe eines vom Empfänger bebauten Grundstücks in Natur, wenn die Bebauung gegen materielles Baurecht verstößt und deshalb ohnehin wieder beseitigt werden müsste.[142]

55 Nach **hier vertretener Ansicht** ist die Anwendung des **§ 818 Abs. 2** jedoch **abzulehnen**.[143] Durch die Verbindung ist das Gebäude Teil des erlangten Grundstücks (§§ 946, 94) und daher zusammen mit diesem herauszugeben. Es bleibt daher dabei, dass der Gläubiger nur den **umgestalteten erlangten Gegenstand** zurückerhält, nicht aber stattdessen Wertersatz fordern kann. Die Umgestaltung ändert nichts daran, dass der Empfänger ein schutzwürdiges Interesse daran hat, sich durch Herausgabe des ursprünglich Erlangten von seiner Herausgabepflicht zu befreien. Die Kosten, die dem Empfänger bei der Umgestaltung entstanden sind, kann dieser gemäß § 818 Abs. 3 dem Bereicherungsanspruch des Gläubigers entgegensetzen: Er kann die Rückgabe des Bereicherungsgegenstandes (hier des Grundstücks) vom Ersatz seiner bereicherungsmindernden (oder die Bereicherung gar übersteigenden) Aufwendungen abhängig machen.[144] Ist der Gläubiger dazu bereit, besteht kein Anlass, ihm den Bereicherungsgegenstand vorzuenthalten; denn auch ihm ist ein schutzwürdiges Interesse daran zuzuerkennen, exakt denjenigen Gegenstand wiederzuerlangen, der zu Unrecht aus seinem Vermögen ausgeschieden ist. Ist der Gläubiger freilich zum Aufwendungsersatz nicht bereit, so muss er von der Verfolgung seines Bereicherungsanspruchs insgesamt absehen.

56 Ein der **Unmöglichkeit** gleichzustellender Fall ist **nicht einmal dann** gegeben, wenn die Herausgabe in Natur für den Schuldner so gravierende Nachteile nach sich zieht, dass diese **außer Verhältnis** zu den Vorteilen für den Gläubiger stehen. Allerdings war im Schrifttum eben diese Lösung vorgetragen und dogmatisch auf eine Analogie zu § 251 Abs. 2 S. 1[145] bzw. auf die Rechtsfigur der wirtschaftlichen Unmöglichkeit[146] gestützt worden. Die in Rede stehenden Nachteile können hierbei *nicht* in dem Aufwand bestehen, der betrieben werden müsste, um die Umgestaltung wieder rückgängig zu machen; denn dies ist, wie soeben RdNr. 53 gesehen, bereits im Ansatz nicht geschuldet. Die Nachteile können allenfalls darin bestehen, dass der Aufwand für die Umgestaltung sich aus der Sicht des Empfängers als nutzlos erweist, weil nach der Rückgewähr des Erlangten nunmehr der Gläubiger von der Umgestaltung profitiert. Eine auf *diese* Überlegung gestützte Unverhältnismäßigkeit kann indes spätestens seit der **Schuldrechtsreform** der Herausgabepflicht nicht mehr entgegenstehen. Denn die Unverhältnismäßigkeit der Leistung ist nunmehr in § 275 Abs. 2 geregelt. Danach kommt es darauf an, ob *die Leistung* einen *Aufwand* erfordert, der außer Verhältnis zum Leistungsinteresse des Gläubigers steht. Die „Leistung" ist in den hier diskutierten Fällen die Rückgewähr des primär Erlangten; der unverhältnismäßige Aufwand muss sich allein auf diese Leistung beziehen. Die Rückgewähr an sich dürfte dem Schuldner aber regelmäßig keine besondere Mühe bereiten. Die Aufwendungen, die er gemacht hat, lagen vielmehr zeitlich *vor* der Rückgewähr und lassen sich daher nicht als ein speziell auf diese bezogener Aufwand darstellen. Für die Analogie zu § 251 Abs. 2 S. 1 fehlt es neben § 275 Abs. 2 an einer

---

[141] BGH NJW 1981, 2687, 2688; WM 1987, 1533, 1534; dem im Ansatz folgend BVerwG NJW 1980, 2538, 2540; *Erman/Westermann/Buck-Heeb* RdNr. 15; RGRK/*Heimann-Trosien* RdNr. 17 (zB Errichtung eines Fabrikgebäudes); *Staudinger/Lorenz* RdNr. 21.
[142] BVerwG NJW 1980, 2538, 2540.
[143] Ebenso 4. Aufl. RdNr. 31 sowie *Larenz/Canaris* II/2 § 72 III 1 a, S. 274; *Reimer* S. 102 ff.
[144] Für diese Handhabung im Ergebnis auch BGH NJW 1980, 1789, 1790.
[145] *Larenz/Canaris* II/2 § 72 III 1 a, S. 274.
[146] *Linke* JR 1982, 91, 93 f.

planwidrigen Regelungslücke. Aus dem gleichen Grund hilft die Rechtsfigur der wirtschaftlichen Unmöglichkeit nicht weiter; denn diese ist durch die Reform in eben jenem § 275 Abs. 2 aufgegangen. Die Befürchtung, es würden wirtschaftliche Werte unnötig zerschlagen,[147] realisiert sich nach dem hier vertretenen Konzept ebenfalls nicht. Denn eine solche Zerstörung träte nur ein, wenn der Empfänger verpflichtet wäre, die Umgestaltung rückgängig zu machen, etwa das errichtete Gebäude abzubrechen. Eine solche Pflicht existiert jedoch gerade nicht. Die Frage lautet nur, in wessen Hand der umgestaltete Gegenstand verbleiben soll – und das ist nach hier vertretener Ansicht grundsätzlich der Gläubiger.

d) Insbesondere die Rückabwicklung rechtsgrundloser Unternehmensübertragungen. Selbst bei der Rückabwicklung einer auf nichtigem Vertrag beruhenden Unternehmensübertragung ist, sofern die Abwicklung **bereicherungsrechtlichen Regeln** folgt, daran festzuhalten, dass das **Unternehmen in Natur zurückgewährt** werden muss – und zwar selbst dann, wenn sich um Umlauf- oder Anlagevermögen erhebliche Änderungen ergeben haben.[148] Die **Grenze** ist freilich nach einer im Schrifttum vertretenen Ansicht dort erreicht, wo ein **Identitätswechsel** stattgefunden hat: Wertersatz ist danach nicht bei jeder Erhaltungs- oder Modernisierungsinvestition und schon gar nicht bei jeder Änderung der Organisationsabläufe, sondern, grob gesprochen, erst dann geschuldet, wenn das Tätigkeitsfeld, welches der Erwerber dem Unternehmen beigelegt hat, nach der Verkehrsauffassung mit dem ursprünglichen Unternehmensgegenstand überhaupt nichts mehr zu tun hat.[149] Die Annahme, die Herausgabe des Unternehmens sei bei Identitätswechsel unmöglich, erklärt sich im Kern aus einer Parallele zur Umgestaltung einzelner Sachen: Diese könne ebenfalls so weit gehen, dass das Umgestaltungsprodukt mit der ursprünglich empfangenen Sache nichts mehr gemein habe. Sei ein solcher Fall gegeben, so sei nicht mehr primäre Herausgabe, sondern Wertersatz geschuldet. Diese Auffassung wurde indes in RdNr. 55 für die Herausgabe einzelner Sachen abgelehnt. Konsequent führt auch bei einem herauszugebenden Unternehmen selbst der Identitätswechsel nicht zur Unmöglichkeit der Herausgabe. Vielmehr ist das Unternehmen, sofern es noch als lebender Organismus existiert, in dem Zustand herauszugeben, in dem es sich aktuell befindet, völlig unabhängig davon, wie sich sein Tätigkeitsfeld zwischenzeitlich entwickelt hat. Wohl aber ist die Herausgabe des Unternehmens unmöglich (und wird daher Wertersatz geschuldet), wenn der Empfänger die Tätigkeit des übernommenen Unternehmens beendet hat – nämlich bei Insolvenz, Ausschlachtung und Stilllegung.[150]

Sofern der Erwerber für die **Umgestaltung** des Unternehmens **Aufwendungen** aus seinem Privatvermögen getätigt hat, mag er diese dem Herausgabeanspruch des Veräußerers gemäß § 818 Abs. 3 entgegensetzen; dann muss er das Unternehmen nur Zug um Zug gegen Erstattung des Aufwands zurückübertragen. Sofern im Schrifttum geltend gemacht wird, der Veräußerer sei in seinem Interesse daran schutzwürdig, das umgestaltete Unternehmen nicht zurücknehmen zu müssen,[151] ist dem folgendes zu entgegnen: Ist das Unternehmen in der Hand des Erwerbers entwertet worden, so manifestiert sich hierin eben jenes Entreicherungsrisiko, das der Veräußerer als Bereicherungsgläubiger gemäß § 818 Abs. 3 zu tragen hat. Hat der Erwerber Aufwendungen gemacht, von deren Erstattung er die Rückübertragung des Unternehmens abhängig macht, so mag der Veräußerer die Erstattung der Aufwendungen schlicht verweigern und damit die Rückabwicklung auf diese Weise blockieren.

Allerdings ist auf eines aufmerksam zu machen: Für die Übertragung des Unternehmens ist im absoluten Regelfall eine **Gegenleistung** bedungen. Nach hier vertretener Ansicht (RdNr. 252 ff.) richten sich die Sekundärfolgen der Rückabwicklung nichtiger Austauschverträge nicht nach §§ 818 ff., sondern nach **§§ 346 ff. analog.** Die Anwendung dieser Vorschriften führt indes zu keinen abweichenden Ergebnissen als den vorstehend skizzierten;

---

[147] *Linke* JR 1982, 91, 94.
[148] BGHZ 168, 220, 229 f.; *Staudinger/Lorenz* RdNr. 21.
[149] Ausf. *Rupietta* S. 169 ff.; *Schöne* ZGR 2000, 86, 103 ff.; dem folgend *Staudinger/Lorenz* RdNr. 21; ebenso schon *Keil* S. 241 ff.; *Schwintowski* JZ 1987, 588, 589 ff.
[150] Näher *Rupietta* S. 204 ff.
[151] *Schwintowski* JZ 1987, 588, 590.

im Gegenteil: Jene Ergebnisse werden durch eine Betrachtung der Rechtsfolgen aus den §§ 346 ff. eher noch bestätigt. Würde nämlich der Unternehmenskauf nach dem von einer Partei erklärten Rücktritt gemäß §§ 346 ff. rückabgewickelt, so könnten selbst erhebliche vom Erwerber vorgenommene Neustrukturierungen nicht als „Umgestaltung" iS des § 346 Abs. 2 S. 1 Nr. 2 angesehen werden. Der Erwerber bliebe vielmehr zur Rückübertragung des Unternehmens in seinem aktuellen Zustand verpflichtet. Andernfalls würde sich nämlich im Falle eines Rücktritts wegen Mangels die völlig unannehmbare Konsequenz einstellen, dass der Erwerber gar nichts mehr herausgeben müsste: Das Unternehmen wäre im Rechtssinne umgestaltet mit der Folge, dass es nicht mehr in Natur herausgegeben, sondern nur noch Wertersatz geleistet werden müsste; denn neben dem Wertersatzanspruch besteht kein Anspruch des Rückgewährgläubigers auf Herausgabe des Verarbeitungsprodukts.[152] Der Wertersatzanspruch aber wäre zumindest dann, wenn der Rücktritt wegen eines Mangels erklärt worden wäre, seinerseits durch § 346 Abs. 3 Nr. 1 ausgeschlossen. Wenn aber die §§ 346 ff. nach einer Rückabwicklung der Unternehmensübertragung in Natur verlangen, sollte man auch dann nicht anders entscheiden, wenn man jene Abwicklung nach den Regeln des Bereicherungsrechts vornimmt.

60 Von dem hier befürworteten **Grundsatz,** dass das Unternehmen ohne Rücksicht auf eingetretene Veränderungen **in dem Zustand** herauszugeben ist, **in dem es sich befindet,** und daneben eine ergänzende Wertersatzpflicht nicht besteht, sind freilich **Ausnahmen** denkbar. Wenn etwa der Empfänger den Kundenstamm des erworbenen Unternehmens in ein anderes Unternehmen eingliedert, das er schon vorher innehatte, und die Kunden nach der Rückabwicklung des Vertrags über das hinzu erworbene Unternehmen nicht bereit sind, wieder zum Verkäufer dieses Unternehmens zu wechseln, ist die Herausgabe des Kundenstamms unmöglich mit der Folge, dass der Erwerber *insoweit* Wertersatz schuldet.[153] Wenn eine Steuerberaterpraxis rechtsgrundlos veräußert worden ist und deren Mandantenstamm sich nicht mehr auf den ursprünglichen Veräußerer zurückübertragen lässt, ist die Herausgabe der Praxis insgesamt unmöglich.[154] Denn bei einer solchen Praxis ruht der absolute Kern der Ertragskraft in der fachlichen Kompetenz und in der persönlichen Ausstrahlung des jeweiligen Praxisinhabers. Diese Eigenschaften wiederum spiegeln sich in der Gesamtheit jener Personen, welche dem Praxisinhaber ihre Steuerangelegenheiten anvertrauen möchten.

61 **e) Unmöglichkeit wegen Beschaffenheit des Erlangten.** Den Hauptanwendungsfall für die (primäre) **Unmöglichkeit** der Herausgabe **wegen der Beschaffenheit** des Erlangten bilden die in ihrer Eigenart schon mehrfach hervorgehobenen Fälle der **Nutzung fremder** Gegenstände oder Rechte bzw. die Fälle der Dienst- oder **Arbeitsleistung** (RdNr. 12 ff.; § 812 RdNr. 357 ff.). Stets ist hier als erlangt die Nutzung bzw. die Dienstleistung selbst anzusehen und – hier liegt das Hauptproblem – zu bewerten (RdNr. 82 ff.).

62 **2. Dingliche Belastungen.** Streitig ist, ob und ggf. in welchem Umfang eine Wertersatzpflicht des Empfängers dann angenommen werden kann, wenn dieser den (dinglich wirksam, aber rechtsgrundlos erworbenen) Gegenstand dinglich **belastet** hat, wie etwa im Fall der Hypotheken- oder Grundschuldbestellung nach rechtsgrundloser Grundstücksübereignung (RdNr. 63 ff.). Ein vergleichbares Problem stellt sich, wenn solche dinglichen Belastungen auf wirksamer Verfügung eines **Nichtberechtigten** beruhen (RdNr. 74).

63 **a) Rechtsgrundloser, aber dinglich wirksamer Erwerb. aa) Ansicht des BGH.** Der BGH hat in einer sehr knapp begründeten Entscheidung angenommen, die (vom Bereicherungsschuldner mangels entsprechender Anspruchsgrundlage nicht zu beseitigende) Belastung sei als **Teilunmöglichkeit** der Herausgabe anzusehen. Daher sei der Bereicherungsschuldner außer zur Rückübereignung des noch belasteten Grundstücks ergänzend zum Wertersatz gemäß § 818 Abs. 2 in Höhe des Nominalwerts der betreffenden Grundpfandrechte verpflichtet. Allerdings könne der Bereicherungsschuldner im Hinblick auf

---

[152] *Schwab* in: *ders./Witt* (Hrsg.), Examenswissen zum neuen Schuldrecht, S. 343, 345 f.
[153] BGH ZIP 2000, 531, 532 f.
[154] BGHZ 168, 220, 230 ff.; insoweit zust. *Bodenbenner* MDR 2007, 1057, 1059.

§ 818 Abs. 3 die Zahlung des Wertersatzes davon abhängig machen, dass der Bereicherungsgläubiger ihn Zug um Zug von jener Verbindlichkeit befreit, welche er mit Hilfe des rechtsgrundlos erlangten Gegenstandes besichert habe.[155]

bb) Kritik. Im **praktischen Ergebnis** überzeugt diese Entscheidung nicht:[156] Wenn der Bereicherungsgläubiger den Schuldner erst von seiner Verbindlichkeit gegenüber dem Sicherungsnehmer befreien muss, läuft er Gefahr, dass der Bereicherungsschuldner zwischenzeitlich in Vermögensverfall gerät. Versucht man diesem Problem zu entrinnen, indem man dem Bereicherungsgläubiger zunächst einen einredefreien Anspruch auf Wertersatz zubilligt, ihn aber für verpflichtet hält, mit dem vom Schuldner gezahlten Wertersatz dessen Verbindlichkeit gegenüber dem Sicherungsnehmer zu tilgen, so mutet man umgekehrt dem Schuldner eine ungesicherte Vorleistung zu. Insgesamt also leidet die vom BGH befürwortete Lösung unter der Schwierigkeit, dass Wertersatz und Schuldbefreiung sich einem zeitgleichen wechselseitigen Austausch entziehen.

cc) Stellungnahme. Eine Stellungnahme zu dem Problem hat sich in die folgenden **vier Teilfragen** aufzugliedern: (1.) Ist der Schuldner **verpflichtet, die Belastung zu beseitigen** und den empfangenen Gegenstand in unbelastetem Zustand herauszugeben? (2.) Wenn nein: Hat der Schuldner wenigstens die **Darlehensvaluta herauszugeben,** die er im Gegenzug zur Bestellung der Sicherheit erlangt hat? Erst wenn auch diese Frage zu verneinen ist, ist der Bereicherungsgläubiger auf Wertersatz nach § 818 Abs. 2 zu verweisen, und es stellt sich dann (3.) das Problem, wie dieser **Wertersatz zu berechnen** ist. Schließlich ist (4.) zu erörtern, ob der Schuldner den Anspruch auf **Rückübertragung der Sicherheit,** der ihm bei vollständiger Befriedigung des Sicherungsnehmers zusteht, an den Bereicherungsgläubiger abzutreten hat. Schließlich wird auf Besonderheiten beim verschärft haftenden Schuldner und bei gegenseitigen Verträgen einzugehen sein.

Ad (1.): Die **erste** dieser vier Fragen hat der BGH zu Recht **verneint:**[157] Ebenso wenig wie der Empfänger bei *Weiterveräußerung* des Erlangten zu dessen Wiederbeschaffung verpflichtet ist (RdNr. 44 f.), ist er bei *Belastung* des Erlangten gehalten, diese rückgängig zu machen. Im Schrifttum wird dagegen eine Pflicht zur unbelasteten Herausgabe befürwortet.[158] Gegen die Argumentation des BGH ist namentlich eingewandt worden, der Empfänger, der das Erlangte belastet habe, müsse zur Beseitigung der Belastung lediglich seinen unrechtmäßig erlangten Vorteil opfern.[159] Damit ist offenbar gemeint, der Schuldner brauche lediglich das Darlehen wieder zurückführen und könne so die Belastung beseitigen; dazu sei er, so wird von anderer Seite ergänzt, dem Darlehensgeber gegenüber ohnehin verpflichtet.[160] Der „unrechtmäßig erlangte Vorteil" wäre damit im Sinne dieser Ansicht die Darlehensvaluta. Dabei wird indes übersehen, dass der Schuldner das Darlehen nicht nach Belieben vorzeitig tilgen kann, sondern nur, wenn er darüber hinaus alle in Zukunft anfallenden Zinsen begleicht oder, sofern die Voraussetzungen des § 490 Abs. 2 vorliegen, außerordentlich kündigt und eine Vorfälligkeitsentschädigung zahlt. Der Schuldner muss also zur Beseitigung der Belastung gerade *mehr* opfern als nur die empfangene Darlehenssumme. Schließlich wird die These, der Empfänger sei zur Beseitigung der Belastung verpflichtet, als Teil eines übergreifenden Lösungsansatzes vorgetragen: Danach ist – entgegen der hier (RdNr. 53) vertretenen Ansicht – der Empfänger zur Herausgabe des erlangten Gegenstandes in dem Zustand verpflichtet, in dem er ihn erhalten hat. Diese Pflicht schließt sogar die Wiederbeschaffung des Erlangten und konsequent ebenso die Pflicht zur Beseitigung der

---
[155] BGHZ 112, 376, 380 f. = NJW 1991, 917, 918.
[156] Zum Folgenden *Canaris* NJW 1991, 2513 f.; ebenso *Erman/Westermann/Buck-Heeb* RdNr. 6.
[157] Insoweit zust. auch *Canaris* NJW 1991, 2513; *Gursky* JR 1992, 95, 97; *Erman/Westermann/Buck-Heeb* RdNr. 6.
[158] *Bodenbenner* S. 95 ff., zusammenfassend S. 116 f.; *Flume,* GS Knobbe-Keuk, 1997, S. 111, 131; *Jakobs* Lucrum S. 133 f.; *Kohler* NJW 1991, 1999, 2000; *Reuter* JZ 1991, 872, 873; *ders.,* FS Gernhuber, 1993, S. 369, 378.
[159] *Reuter* JZ 1991, 872, 873; *ders.,* FS Gernhuber, 1993, S. 369, 378.
[160] *Kohler* NJW 1991, 1999, 2000.

Belastung ein.¹⁶¹ Dieser Ansicht wird hier schon deshalb nicht gefolgt, weil ihre Prämissen – Pflicht zur Rückgängigmachung der Belastung – keine Zustimmung verdienen. Der Empfänger hat die Belastung nur dann zu beseitigen, wenn die Kreditsicherung primärer Bereicherungsgegenstand ist – wenn nämlich der Bereicherungsgläubiger selbst ein Verwertungsrecht zugunsten des Darlehensgebers des Empfängers bestellt hat (BGHZ 150, 187, 193).

67 Ad. (2.): Auch die **zweite** Frage ist zu **verneinen**. Der Empfänger schuldet nicht Auskehrung der Valuta,¹⁶² und zwar nicht einmal Zug um Zug gegen Freistellung von der Verpflichtung gegenüber dem Darlehensgeber.¹⁶³ Die Darlehensvaluta verkörpert ein commodum ex negotiatione. Derartige Vorteile, welche der Empfänger aufgrund eines Rechtsgeschäfts als Ersatz für den ursprünglichen Bereicherungsgegenstand erlangt, sind nicht nach § 818 Abs. 1 von der Bereicherungshaftung umfasst (RdNr. 41 f.).

68 Mit dem bisher Gesagten steht fest, dass die Belastung des rechtsgrundlos erlangten Gegenstands weder rückgängig gemacht noch durch ein Surrogat ausgeglichen werden muss. Die Herausgabe ist folglich iS des § 818 Abs. 2 unmöglich. Die **Unmöglichkeit** ist zwar nur eine **vorübergehende;** doch steht dies der Anwendung des § 818 Abs. 2 nicht entgegen:¹⁶⁴ Andernfalls könnte der Bereicherungsgläubiger aktuell weder Beseitigung der Belastung noch Wertersatz fordern. Vielmehr müsste er auf die ungewisse Aussicht verwiesen werden, irgendwann einmal das von Belastungen befreite Grundstück herausverlangen zu können. Ebenso wenig steht, wie in RdNr. 47 f. gezeigt, der Anwendung des § 818 Abs. 2 der Umstand entgegen, dass die Rückgewähr des Erlangten nur teilweise unmöglich ist (nämlich nur mit der zwischenzeitlich hierauf ruhenden Belastung). Daher **hat der Empfänger** mit Rücksicht auf die Belastung des Erlangten **Wertersatz zu leisten**.

69 Ad (3.): Damit erhebt sich die **dritte** Frage, nämlich danach, wie der Wertersatz zu **berechnen** ist. Hier stehen zwei durchaus gegensätzliche Methoden zur Diskussion: Man kann zum einen die Perspektive des Bereicherungs*gläubigers* einnehmen und zu ermitteln suchen, welcher Wert diesem infolge der Belastung *entgeht*. Dann gelangt man zu dem Ergebnis, dass der Veräußerungswert des Gegenstands sich um den Betrag gemindert hat, für den er vom Schuldner belastet wurde. Diese Methode hat offensichtlich der BGH (RdNr. 63) angewandt und ist insoweit zu einem folgerichtigen Ergebnis gelangt: Der Veräußerungswert des rechtsgrundlos übereigneten Grundstücks ist um den Nominalbetrag des Grundpfandrechts herabgesunken. Die Bedenken gegen diesen Ansatz liegen indes auf der Hand: Wenn man den Schuldner für verpflichtet hält, Wertersatz in Höhe des gesamten Nominalwerts zu leisten, so muss der Schuldner doppelt zahlen. Zum einen nämlich leistet er Wertersatz an den Bereicherungsgläubiger; zum anderen hat er nach wie vor die persönliche Verbindlichkeit gegenüber dem Kreditgeber zurückzuführen, zugunsten dessen er den empfangenen Gegenstand belastet hatte. Daher erscheint es vorzugswürdig, die Perspektive des Schuldners einzunehmen¹⁶⁵ und zu fragen, welcher Wert – objektiv betrachtet!¹⁶⁶ – ihm durch die Belastung zugeflossen ist. Der Vorteil der dem Schuldner verbleibt, besteht darin, dass er das Grundstück, das einem anderen (nämlich dem Bereicherungsgläubiger) zusteht, als Kreditunterlage einsetzen konnte. Dieser Vorteil ist mit dem Betrag zu bewerten, den der Schuldner als angemessene Vergütung entrichten müsste, wenn er darum nachsuchte, dass ein anderer ihm sein Grundstück für die Besicherung des von ihm aufgenommenen Kredits zur Verfügung stellt. Der Schuldner hat mithin als Wertersatz eine Art **Avalprovision** an den Bereicherungsgläubiger zu erstatten.¹⁶⁷

---

¹⁶¹ *Bodenbenner* S. 95 ff.
¹⁶² *Canaris* NJW 1991, 2513, 2515; *Kohler* NJW 1991, 1999; *Reuter*, FS Gernhuber, 1993, S. 369, 382.
¹⁶³ So aber *Jakobs* Lucrum S. 134.
¹⁶⁴ Skeptisch aber 4. Aufl. RdNr. 42 sowie *Canaris* NJW 1991, 2513, 2514; *Kohler* NJW 1991, 1999, 2000.
¹⁶⁵ Dafür mit Nachdruck *Canaris* NJW 1991, 2513, 2515.
¹⁶⁶ Die nachfolgende Lösung fußt nicht auf dem Boden der in RdNr. 75 f. noch zu erörternden subjektiven Werttheorie.
¹⁶⁷ Grdl. *Canaris* NJW 1991, 2513, 2515 ff.; ebenso *Gursky* JR 1992, 95, 96 f.; tendenziell auch *Reuter*, FS Gernhuber, 1993, S. 369, 385.

An dieser Stelle ist darauf hinzuweisen, dass selbst diejenigen Autoren, welche den Empfänger entgegen der hier vertretenen Ansicht für verpflichtet halten, die Belastung zu beseitigen, nicht leugnen können, dass diese Beseitigung aktuell unmöglich sein kann, weil der Empfänger zur vorzeitigen Kündigung des Kredits nicht berechtigt ist und seine Sicherheit nicht zurückerhält. Konsequent müssen jene Autoren zu der Frage Stellung beziehen, wie der Vorteil des Empfängers, den empfangenen Gegenstand als Kreditsicherheit eingesetzt zu haben (sog. **Haftnutzungsvorteil**), abzuschöpfen und wie der nach § 818 Abs. 2 zu ersetzende Wert zu berechnen ist. Insoweit wird vorgeschlagen, diesen Vorteil in extensiver Auslegung des § 818 Abs. 1 der Herausgabepflicht zu unterwerfen;[168] denn er sei vergleichbar einem Gebrauchsvorteil aus dem Erlangten erworben. Der Vorteil bestehe in der Differenz der Kosten für einen Real- und einen Blankokredit,[169] also offenbar in der Zinsdifferenz und ggf. in erhöhten, vom Kreditnehmer zu tragenden Kreditversicherungskosten. 70

Ad (4.): Die **vierte** Frage ist dahin zu beantworten, dass der Schuldner seinen Anspruch gegen den Sicherungsnehmer auf Rückübertragung der Sicherheit bei vollständiger Erfüllung der gesicherten Schuld an den Bereicherungsgläubiger abzutreten hat. Im Schrifttum wird diese Pflicht teilweise auf § 818 Abs. 1 gestützt; denn der Rückübertragungsanspruch stelle sich als commodum ex re dar.[170] Mit dem Wortlaut des § 818 Abs. 1 ist dies nicht zu vereinen; denn der Rückübertragungsanspruch ist keine Folge von Entziehung, Beschädigung oder Zerstörung des Erlangten, sondern eine Folge rechtsgeschäftlicher Disposition. Nach hier vertretener Ansicht ist daher eine abweichende Lösung zu bevorzugen: Die Pflicht, den Rückübertragungsanspruch gegen den Sicherungsgeber an den Bereicherungsgläubiger abzutreten, ist **Teil der primären Herausgabepflicht** aus § 812 Abs. 1. Zwar hat der Empfänger diesen Anspruch nicht durch Leistung bzw. auf Kosten des Bereicherungsgläubigers erlangt. Wohl aber hat der Empfänger seinerzeit einen unbelasteten Vermögensgegenstand erlangt und hatte ursprünglich *diesen* an den Bereicherungsgläubiger auszukehren. Der Rechtsbehelf, dessen es bedarf, um jenen Gegenstand wieder in einen unbelasteten Zustand zurückzuversetzen, erweist sich damit als quantitatives Minus zur vormals geschuldeten lastenfreien Rückübertragung. 71

Der **bösgläubige** oder **verklagte** Schuldner ist nach §§ (819 Abs. 1,) 818 Abs. 4, 292 Abs. 1, 989 zum **Schadensersatz** verpflichtet; denn die Belastung bewirkt eine Verschlechterung des Bereicherungsgegenstandes. Sofern es möglich ist, die Belastung zu beseitigen, ist Schadensersatz in Gestalt der Naturalherstellung zu leisten: Der Empfänger schuldet dann eben jene Beseitigung.[171] Sofern der Gläubiger statt der Naturalherstellung Geldersatz verlangt (§ 249 Abs. 2 S. 1) oder sofern die Naturalherstellung unmöglich und der Gläubiger in Geld zu entschädigen ist (§ 251 Abs. 1), fragt sich, wie der Schaden des Bereicherungsgläubigers zu beziffern ist. Dieser besteht nicht notwendig in einer dauerhaften Wertminderung; denn es besteht die Chance, dass der Schuldner die gesicherte Verbindlichkeit bedient und die Sicherheit daher wieder ausgelöst werden kann. Der Schaden besteht vielmehr darin, dass der Bereicherungsgläubiger den rechtsgrundlos an den Schuldner verlorenen Gegenstand seinerseits nicht mehr als Kreditunterlage zur Liquiditätsbeschaffung einsetzen kann. Der Schuldner hat ihm daher diese Liquidität in Gestalt eines **Bardepots** in Höhe der Belastung zur Verfügung zu stellen.[172] Der im Schrifttum vertretenen Ansicht, dass der verschärft haftende Schuldner daneben *nicht* verpflichtet sei, auch den Anspruch auf Rückübertragung der Sicherheit an den Bereicherungsgläubiger abzutreten,[173] ist zu widersprechen: Wenn die gesicherte Verbindlichkeit getilgt ist, hat der Bereicherungsgläubiger ein schutzwürdiges Interesse daran, die Beseitigung der Belastung aus eigenem Antrieb zu erzwingen. Deshalb kann er auch und gerade im Fall der ver- 72

---

[168] *Bodenbenner* S. 192 ff.
[169] *Bodenbenner* S. 205.
[170] *Canaris* NJW 1991, 2513, 2516.
[171] Insoweit ebenso *Staudinger/Lorenz* RdNr. 4.
[172] *Canaris* NJW 1991, 2513, 2517.
[173] *Canaris* NJW 1991, 2513, 2517.

schärften Haftung die Abtretung des Rückübertragungsanspruchs gegen den Sicherungsgeber verlangen. Zu dieser Konsequenz zwingt auch in dogmatischer Hinsicht die hier vertretene Ansicht, dass es sich hierbei um einen Teil des primären Rückgewähranspruchs handelt (vgl. soeben RdNr. 71).

73 Im Schrifttum ist mit Recht kritisiert worden,[174] dass im Ausgangsfall des BGH (RdNr. 63) ein gewichtiges Sachverhaltselement nicht ausreichend gewürdigt worden ist: Der Empfänger hatte das Eigentum an dem Grundstück, das er hernach belastete, aufgrund eines nichtigen **gegenseitigen Vertrags** erlangt. Hätte der BGH die Saldotheorie (zu ihr RdNr. 209 ff.) angewandt, so hätte er dem Bereicherungsgläubiger (hier: Verkäufer) gestatten müssen, die Verschlechterung, die in der Belastung des Grundstücks liegt, als Abzugsposten von der Gegenleistung (hier: Kaufpreis) geltend zu machen, die er seinerseits an den Schuldner zurückzugewähren hat.[175] Nach hier vertretener Ansicht (RdNr. 252 ff.) richten sich die Sekundärfolgen der Rückabwicklung nichtiger gegenseitiger Verträge nach einer Analogie zu §§ 346 ff.; daraus folgt im hier gegebenen Fall die entsprechende Anwendung des § 246 Abs. 2 S. 1 Nr. 2. Dies mündet in die nachstehenden Rechtsfolgen: (a) Der Schuldner kann die Gegenleistung in vollem Umfang herausverlangen. (b) Er hat aber wegen der Belastung Wertersatz zu leisten, und zwar in Höhe der durch die Belastung eingetretenen Verschlechterung. (c) Bei der Auslegung des § 346 Abs. 2 Nr. 2 ist zu beachten, dass die Begriffe „Veräußerung" und „Belastung" mit Rücksicht auf § 275 Abs. 1 einschränkend auszulegen sind: Beide Ereignisse führen nur und erst dann zur Wertersatzpflicht, wenn der Schuldner keine Chance hat, die Folgen der Verfügung rückgängig zu machen. In erster Linie hat der Schuldner sich den veräußerten Gegenstand wieder zu beschaffen bzw. die Belastung zu beseitigen.[176]

74 **b) Fehlender dinglich wirksamer Erwerb.** Die bisher herausgearbeiteten Grundsätze waren auf den Fall gemünzt, dass der Schuldner *Eigentümer* des Grundstücks geworden war. Wenn dies nicht der Fall ist, der **Schuldner** aber das Erlangte **als Nichtberechtigter** wirksam zugunsten eines Dritten **belastet** hat, ist er dem Berechtigten in zweierlei Hinsicht verpflichtet: Zum einen hat er das Erlangte selbst (das ja in seinem Vermögen noch vorhanden ist!) in Natur herauszugeben. Dem Berechtigten stehen insoweit dingliche Ansprüche zu, etwa aus §§ 985, 894. Zum anderen muss der Schuldner nach § 816 Abs. 1 S. 1 herausgeben, was er durch die Belastung des Grundstücks erlangt hat. Das „Erlangte" besteht, wie § 816 RdNr. 47 f. ausgeführt, darin, dass der Schuldner von seiner Verbindlichkeit befreit wurde, eine Sicherheit zu stellen. Der Wert dieser Schuldbefreiung besteht in einer (objektiv angemessenen) Vergütung, die der Schuldner entrichten müsste, wenn er bei einem Dritten darum nachsuchte, für seinen Kredit eine entsprechende Realsicherheit bereitzustellen. Der Schuldner hat daher auch hier an den Bereicherungsgläubiger eine **Avalprovision** zu zahlen.[177]

75 **3. Umfang der Verpflichtung.** Überaus streitig ist die Frage, wie der gemäß § 818 Abs. 2 geschuldete Wertersatz zu bemessen ist. Früher war man sich in Rechtsprechung und Lehre weitgehend darüber einig, dass der Begriff des Werts **objektiv**, als **Verkehrswert** des Erlangten also, zu verstehen sei.[178] Demgegenüber wird in der Literatur verbreitet ein

---

[174] 4. Aufl. RdNr. 42 sowie *Canaris* NJW 1991, 2513, 2518 f.
[175] *Canaris* NJW 1991, 2513, 2518; *Reuter/Martinek* § 17 I 4 b, S. 582 f.
[176] Näher *Schwab* in: *ders./Witt* (Hrsg.), Examenswissen zum neuen Schuldrecht, 2. Aufl. 2003, S. 344, 349 f.
[177] Im Ergebnis ebenso 4. Aufl. RdNr. 43 sowie – auf der Grundlage der Ansicht, dass das Erlangte in der Verwendung als Kreditunterlage besteht – *Canaris* NJW 1991, 2513, 2520.
[178] St. Rspr.: RGZ 147, 396, 398; BGHZ 5, 197, 201; 10, 171, 180; 17, 236, 240; 36, 321, 323; 37, 258, 264; 55, 128, 135; BGH NJW 1982, 1155; GRUR 2000, 685, 686; ebenso AnwK-BGB/*Linke* RdNr. 29; *Bamberger/Roth/Wendehorst* RdNr. 27; *Diederichsen* Jura 1970, 378, 397; *Ebert* S. 142 f.; *Ellger* S. 890 ff.; *Fikentscher/Heinemann* § 104 V RdNr. 1516; *Goetzke* AcP 173 (1973), 289, 308 ff.; HKK/*Schäfer* §§ 812–822 RdNr. 202; jurisPK/*Martinek* RdNr. 43; *Larenz*, FS v. Caemmerer, 1978, S. 209, 218 ff.; PWW/*Leupertz* RdNr. 13; RGRK/*Heimann-Trosien* RdNr. 18; *Schauhoff* S. 128 f.; Soergel/*Mühl* RdNr. 33; Staudinger/*Lorenz* RdNr. 26 f.

subjektiver Wertbegriff befürwortet: Der Bereicherungsschuldner soll demnach (nur) zum Ersatz des Werts verpflichtet sein, den das Erlangte *gerade für ihn* konkret/individuell hat.[179] Vereinzelt wird nur im Bereich der Nichtleistungskondiktion für einen subjektiven, im Übrigen für einen objektiven Wertbegriff geworben.[180] Die subjektive Werttheorie wird von zwei Kernanliegen getragen: Zum einen sollen – insbesondere in den Fällen der aufgedrängten Bereicherung – die Interessen des Schuldners daran gewahrt werden, nur insoweit Wertersatz leisten zu müssen, als das Erlangte gerade für ihn spür- und verwertbare Vorteile gebracht hat.[181] Zum anderen soll es der subjektive Wertbegriff im Interesse des Gläubigers ermöglichen, den Schuldner über den objektiven Verkehrswert hinaus auch zur Gewinnherausgabe zu verpflichten.[182]

Die **subjektive Werttheorie** ist indes **abzulehnen.** Bereits in ihren Kernanliegen können sie nicht einleuchten. Das gilt zum einen für den Gesichtspunkt des Schuldnerschutzes: Das Problem, dass das Erlangte für die gerade vom Schuldner verfolgten Zwecke nicht den Nutzen bringt, der im objektiven Wert des Erlangten zum Ausdruck kommt, lässt sich ohne weiteres in § 818 Abs. 3 verarbeiten; eines subjektiven Wertbegriffs bedarf es hierfür nicht.[183] Zum anderen kann aber auch das Anliegen der subjektiven Werttheorie nicht gebilligt werden, eine dogmatische Begründung für eine Gewinnhaftung bereitzustellen.[184] Zur Beantwortung der Frage, ob der Schuldner Gewinne herausgeben muss, die er oberhalb des objektiven Werts erzielt hat, kann nämlich eine Norm, die bloß auf Geldausgleich bei Unmöglichkeit primärer Herausgabe zielt, keinen Beitrag leisten. Vielmehr ist für eine Gewinnhaftung nur Raum, wenn das Gesetz derartige Gewinne bereits durch die Beschreibung des Erlangten, also des primären Gegenstands der Herausgabepflicht, dem Gläubiger zuweist. Nach herrschender, wenn auch hier abgelehnter Ansicht ist dies im Bereich des § 816 Abs. 1 S. 1 geschehen: Danach besteht das Erlangte bei nichtberechtigter Veräußerung im dadurch erzielten Erlös (ausführlich § 816 RdNr. 37 ff.). Sofern es *nicht* gelingt, in der Beschreibung des Erlangten die Ausprägung einer gesetzlich gewollten Gewinnhaftung zu erblicken, können auch die Sekundärrechte dem Empfänger keine weitergehenden Rechte vermitteln. Vielmehr bringt § 818 Abs. 1 gerade für die Weiterveräußerung des Erlangten zum Ausdruck, dass rechtsgeschäftlich vermittelte Gewinne *nicht* herauszugeben sind (RdNr. 41 f.). Diese Weichenstellung darf nicht durch einen auf Gewinnhaftung angelegten subjektiven Wertbegriff unterlaufen werden.[185] Die subjektive Werttheorie begeht des Weiteren den Fehler, dass sie das Erlangte bzw. dessen Wert unzulässig mit der Bereicherung vermengt:[186] Die Verpflichtung zu Wertersatz orientiert sich nach dem Konzept des § 818 Abs. 2 am ursprünglich Erlangten, das im Wege einer gegenständlichen Betrachtungsweise zu ermitteln ist (RdNr. 111 ff.). Demgegenüber stellt der subjektive Wertbegriff auf den konkreten Nutzen für den Empfänger und damit auf dessen Bereicherung ab.

4. Allgemeine bereicherungsrechtliche Gewinnhaftung? Für die Frage, wie Gewinne zu behandeln sind die der Empfänger mit Hilfe des rechtsgrundlos Erlangten erzielt hat, sind zwei zentrale Einsichten von Bedeutung: (1.) Das Erlangte ist **gegenständlich** zu bestimmen, dh. es ist zu fragen, welche konkret bestimmbare Vermögensposition dem Empfänger zuge-

---

[179] *Erman/Westermann/Buck-Heeb* RdNr. 17 ff.; *Esser/Weyers* BT/2 § 51 I 4 c; *Hagen*, FS Larenz, 1973, S. 867, 883 f.; *Koppensteiner* NJW 1971, 1769 ff.; *Koppensteiner/Kramer* § 16 II 1 b, S. 155 ff., § 16 II 4, S. 169 ff.; *Pinger* S. 126 ff.
[180] Für diese Differenzierung *Reeb* S. 96 ff.
[181] *Reeb* S. 101; *Pinger* S. 126 f.; *Koppensteiner/Kramer* § 16 II 3, S. 166 ff., 169; *Koppensteiner* NJW 1971, 1769, 1771.
[182] *Erman/Westermann/Buck-Heeb* RdNr. 18; *Koppensteiner* NJW 1971, 1769, 1772; *Koppensteiner/Kramer* § 16 II 1 b, c, S. 156 ff.; *Reeb* S. 101, 107.
[183] Ebenso *Goetzke* AcP 173 (1973), 289, 318 f.; *Larenz*, FS v. Caemmerer, 1978, S. 209, 224 ff.
[184] Im Ergebnis ebenso *Goetzke* AcP 173 (1973), 289, 319 ff.; *Larenz*, FS v. Caemmerer, 1978, S. 209, 219; *Reuter/Martinek* § 16 III 3, S. 566 f.
[185] Zutr. *Larenz/Canaris* II/2 § 72 III 3 a, S. 277.
[186] So zu Recht 4. Aufl. RdNr. 45 sowie *Larenz*, FS v. Caemmerer, 1978, S. 223; *Larenz/Canaris* II/2 § 72 III 2 d, S. 276; *Goetzke* AcP 173 (1973), 289, 307; *Palandt/Sprau* RdNr. 18.

flossen ist (RdNr. 111 ff.). (2.) Wenn das Erlangte nicht mehr herausgegeben werden kann, hat der Empfänger nach § 818 Abs. 2 den **objektiven** Wert zu ersetzen (RdNr. 75 f.).

78 Die soeben formulierten Einsichten lassen sich indes nicht als gesicherter Bestand bereicherungsrechtlicher Dogmatik darstellen. So hat sich bei der Bestimmung des Erlangten geraume Zeit eine sog. **vermögensorientierte Betrachtungsweise** gehalten:[187] Es sei Aufgabe des Bereicherungsrechts, die gesamte „Bereicherung", dh. den Gesamtbetrag der beim Bereicherungsschuldner eingetretenen Vermögensmehrung abzuschöpfen. Auf dieser Basis erschien es selbstverständlich, dass der Empfänger **auch Gewinne herausgeben musste,** die er mit Hilfe des Erlangten erzielte; denn diese Gewinne zählten eben in einer Gesamtschau zur „Bereicherung" des Empfängers.[188] Die gegenständliche Betrachtungsweise hat sich indes heute mit Recht durchgesetzt (RdNr. 111 ff.): Den Begriff der „Bereicherung" verwendet das Gesetz nicht bei der Beschreibung des Gegenstands, den der Empfänger herauszugeben hat, sondern erst bei der Formulierung der Einwendung, die der Empfänger gegen seine Herausgabepflicht geltend machen kann. Eine generelle Gewinnhaftung erscheint des Weiteren für diejenigen Autoren vorzugswürdig, welche entgegen der hier vertretenen Ansicht (RdNr. 41 f.) bereits im Rahmen des § 818 Abs. 1 eine Pflicht zur Herausgabe auch des commodum ex negotiatione befürworten[189] bzw. die ganz allgemein den hier abgelehnten (RdNr. 75 f.) subjektiven Wertbegriff zugrunde legen.[190] Speziell für den Fall der Eingriffskondiktion wird außerdem argumentiert, der im Eingriff in fremde Rechte verwurzelte Bereicherungsanspruch lasse sich nicht als Rückgewähranspruch charakterisieren und daher auch nicht auf den Wert des hingegebenen Vermögens beschränken. Vielmehr sei der Eingreifende auf Kosten des Verletzten in Höhe all dessen bereichert, was er mit Hilfe des usurpierten Rechts(guts) erlangt habe – und damit eben in Höhe des gesamten erzielten Gewinns.[191]

79 Eine **generelle Gewinnhaftung** des Bereicherungsschuldners ist indes **abzulehnen.**[192] Unerwartet hohe Vorteile aus der Veräußerung des erlangten Gegenstands oder einer sonstigen Verwendung, die zur Unmöglichkeit der Herausgabe führt, sind nur insoweit von der Wertersatzpflicht umfasst, als sich bei einer Betrachtung **ex post** ergibt, dass die Erzielbarkeit dieses Vorteils bereits von Beginn an in jenem Gegenstand **angelegt** war.[193] Denn insoweit zeigt sich, dass *dieser* Vorteil dem objektiven Marktwert des Gegenstands entspricht. Diese Betrachtung wird sehr häufig zu dem Ergebnis führen, dass der Empfänger, der eine rechtsgrundlos erlangte Sache weiterveräußert hat, den Veräußerungserlös herauszugeben hat – aber, wie zu betonen ist, nicht deshalb, weil rechtsgeschäftliche Surrogate generell herauszugeben wären, sondern weil eine Vermutung dafür spricht, dass sich der Preis nach den Regeln von Angebot und Nachfrage gebildet hat und deshalb der veräußerte Gegenstand auch objektiv den vom Empfänger erzielten Preis wert war. In dieser Sicht liegt also keine Aufweichung, sondern eine Bestätigung und Konkretisierung jener Lehre, die den Bereicherungsgläubiger im Rahmen des § 818 Abs. 2 auf den objektiven Wert verweist.

80 Eine Verpflichtung zur Herausgabe von Gewinnen besteht demnach nur dort, wo sie durch eine besondere gesetzliche Anordnung gedeckt ist. Das ist nach hier vertretener Ansicht (RdNr. 11 ff.) nur im Bereich der **Nutzungen** der Fall (und dort mit Rücksicht auf § 99 Abs. 1 und 3): Wer Geld herauszugeben hat, hat erzielte oder ersparte Zinserträge

---

[187] Vgl. *Flume* NJW 1970, 1161, 1162 f.; *ders.,* GS Knobbe-Keuk, 1997, S. 111 ff.; *ders.,* FG BGH, 2000, S. 525, 528 ff.
[188] So folgerichtig *Reuter/Martinek* § 15 II 3 b, S. 538 f.
[189] *Koppensteiner/Kramer* § 16 II 1 a, b, S. 155 ff., die ebenda S. 158 auch die Anwendung des § 818 Abs. 1 auf rechtsgeschäftlich erzielte Gewinne aus der Veräußerung rechtsgrundlos erlangter Sachen befürworten; anders jedoch *Fikentscher/Heinemann* § 104 V RdNr. 1516.
[190] *Erman/Westermann/Buck-Heeb* RdNr. 18; *Esser/Weyers* BT/2 § 51 I 3 e, S. 101 f.; *Wieling* § 5 I 3 a, S. 72 f.
[191] *Jakobs* Eingriffserwerb S. 17 ff., 64 ff.
[192] Ebenso *v. Caemmerer,* FS Rabel, 1954, S. 179, 356; *Ebert* S. 177 ff.; *Hagmann* S. 154 ff.; *König,* FS v. Caemmerer, 1978, S. 206; *Sack,* FS Hubmann, 1985, S. 373, 380 f.; *Schlechtriem,* FS Hefermehl, 1976, S. 458 f.; *Staudinger/Lorenz* RdNr. 29.
[193] *Larenz/Canaris* II/2 § 72 III 3 b, c, S. 278 f.

herauszugeben; wer eine Sache herausgegeben hat, hat den tatsächlich erzielten Mietzins und wer ein Unternehmen herausgegeben hat, den tatsächlich erzielten Gewinn auszukehren.

Sofern danach dem Grunde nach eine Verpflichtung zur Herausgabe von Gewinnen besteht, kann sich der Empfänger hiervon allenfalls unter Berufung auf **§ 818 Abs.** 3 verteidigen: Er kann vortragen, er hätte, wenn er die Rechtsgrundlosigkeit des Erwerbs gekannt hätte, ein **anderes Geschäft** abgeschlossen und damit **denselben Gewinn** erzielt.[194] Ebenso greift beim Empfang rechtsgrundloser Dienstleistungen und bei der Nutzung rechtsgrundlos erlangter Sachen auf der Basis des § 818 Abs. 3 der Einwand durch, der Empfänger hätte in Kenntnis des fehlenden Rechtsgrundes die Leistung durch Eigenarbeit erbracht bzw. eine eigene Sache genutzt.[195] 81

5. Einzelfälle. a) Arbeits- und Dienstleistungen. Bei **Arbeitsleistungen** ist stets der objektive Wert, bemessen nach den üblichen Sätzen (§ 612 Abs. 2), zu vergüten.[196] Die Rückabwicklung von Arbeitsleistungen nach §§ 812 ff. scheidet freilich insgesamt aus, soweit die Voraussetzungen eines fehlerhaften Arbeitsverhältnisses vorliegen.[197] Bei **selbständigen Dienstverträgen** vertritt der BGH eine abgestufte Formel: Der Wert der Dienstleistung richte sich nach der üblichen, hilfsweise nach der angemessenen, vom Auftraggeber ersparten Vergütung.[198] Diese Formel findet in ihrer ersten Komponente Zustimmung, fordert aber hinsichtlich ihrer zweiten Komponente Kritik heraus: Ob der Auftraggeber etwas erspart hat, ist nicht für die Wertbemessung, sondern erst für die Frage relevant, ob er sich auf Wegfall der Bereicherung (§ 818 Abs. 3) berufen kann. Die Ersparnis des Auftraggebers kann zur Ermittlung eines *objektiven* Werts nichts beitragen, weil sie nur anhand der individuellen Verhältnisse des Auftraggebers bestimmt werden kann. 82

Ob die Tätigkeit **erfolgreich** war, dh. zu entsprechender Mehrung des Empfängervermögens geführt hat, ist **gleichgültig**. Eine **mangelhafte** Tätigkeit ist freilich bereits objektiv weniger wert und daher auch mit einem entsprechend geringeren Betrag anzusetzen. Ist die Tätigkeit infolge des Mangels nicht einmal ansatzweise geeignet, dem anderen Vertragsteil Vorteile zu bringen, so ist sie bereits objektiv wertlos und konsequent nicht nach § 818 Abs. 2 zu vergüten.[199] 83

Im Schrifttum wird die Ansicht vertreten, dass eine zurechenbar vereinbarte **vertragliche Vergütung** im Hinblick auf das Verbot des venire contra factum proprium die Obergrenze der Verpflichtung zum Wertersatz bilde.[200] Andere meinen (ganz in dieselbe Richtung weisend), es sei ein Bereicherungsanspruch in Höhe des vereinbarten Entgelts zu gewähren.[201] Das **überzeugt nicht:** Wenn das Gesetz der vertraglichen Vereinbarung die rechtliche Anerkennung verweigert, ist davon auch das von den Parteien festgelegte Äquivalenzverhältnis von Leistung und Gegenleistung betroffen. Dann muss sich der Gläubiger gerade nicht an seiner Entscheidung festhalten lassen, die Leistung für ein minderwertiges Entgelt zu erbringen. Abweichend ist freilich für den Dienstleistenden zu entscheiden, der durch 84

---

[194] BVerwG NJW 1992, 328, 330; *Jakobs* Eingriffserwerb S. 136 ff.; *Larenz/Canaris* II/2 § 73 I 2 f., S. 299 f.; im Ergebnis ebenso, aber auf § 818 Abs. 2 gestützt *Koppensteiner/Kramer* § 14 II 2 a, S. 135 f.
[195] *Gursky* JR 1972, 279, 283.
[196] BGHZ 36, 321, 323; BGHZ 37, 258, 264; AnwK-BGB/*Linke* RdNr. 31; *Erman/Westermann/Buck-Heeb* RdNr. 24; RGRK/*Heimann-Trosien* RdNr. 20; *Staudinger/Lorenz* RdNr. 26.
[197] Dazu die Rspr. des BAG AP § 611 – Faktisches Arbeitsverhältnis; BGHZ 41, 282, 288 f. = NJW 1964, 1367; BGHZ 53, 152, 158 f. = NJW 1970, 609; abl. zu dieser Rechtsfigur 4. Aufl. RdNr. 46.
[198] BGHZ 36, 321, 323; 37, 258, 264; 50, 90, 91; 55, 128, 130; 70, 12, 17; BGH NJW-RR 1992, 1110, 1116; NJW 2000, 1560, 1562; ZIP 2006, 1101, 1103; NJW 2007, 1130, 1131; OLG Düsseldorf OLGR 2005, 291, 292; OLG Köln OLGR 2005, 21, 23; aus dem Schrifttum zust. PWW/*Leupertz* RdNr. 16; ähnlich *Bamberger/Roth/Wendehorst* RdNr. 30. Allein auf die ersparte Vergütung stellt OLG Hamm WM 2006, 1837, 1839 ab.
[199] So für die mangelhafte Leistung eines Steuerberaters BGH DB 1992, 2028, 2029; für die mangelhafte Leistung eines Architekten BGH NJW 1982, 879, 881.
[200] 4. Aufl. RdNr. 46; AnwK-BGB/*Linke* RdNr. 31; jurisPK/*Martinek* RdNr. 50; RGRK/*Heimann-Trosien* RdNr. 26; Vor und Vor § 812 RdNr. 20 aE; *Staudinger/Lorenz* RdNr. 26.
[201] RAG JW 1930, 3010; BGH 41, 282 für Dienste „höherer Art"; BGHZ 53, 157 = NJW 1987, 2251 sowie BAG NJW 1987, 2251 = DB 1990, 1287; *Erman/Westermann/Buck-Heeb* RdNr. 24.

arglistige Täuschung die Anfechtung des Vertrags durch den anderen Vertragsteil provoziert:[202] Die Anfechtung dient dazu, den Getäuschten von den Folgen einer Störung der Willensentschließung zu befreien, die der Täuschende zu verantworten hat. Diesem Ziel würde es widersprechen, wenn der Getäuschte infolge der Anfechtung schlechter stünde als nach dem angefochtenen Vertrag. Die im nichtigen Vertrag festgelegte Vergütung mag allenfalls als Indiz für die Angemessenheit dienen können.[203]

85 Wenn während eines laufenden Kündigungsschutzprozesses das Gericht durch einstweilige Verfügung oder durch vorläufig vollstreckbares Urteil die **Weiterbeschäftigung des Arbeitnehmers** anordnet, sich aber dann schließlich die **Kündigung** als **wirksam herausstellt**, hat der Arbeitnehmer die zwischenzeitlich erbrachten Arbeitsleistungen rechtsgrundlos erbracht. Nach der Rechtsprechung des BAG[204] und der wohl hL[205] sind jene Arbeitsleistungen nach Maßgabe der §§ 812, 818 Abs. 2 zu vergüten. Der Wert der Arbeitsleistung soll sich im Tariflohn erschöpfen; übertarifliche Leistungen sollen also unberücksichtigt bleiben.[206] Ebenso wenig soll der Arbeitnehmer Anspruch auf Entgeltfortzahlung und auf Abführung von Sozialversicherungsbeiträgen haben.[207] Leistungen, welche der Arbeitgeber jenseits des Tariflohns für tatsächlich geleistete Arbeit an den Arbeitnehmer erbringt, kann er seinerseits als von ihm rechtsgrundlos geleistet herausverlangen.[208] Darüber hinaus können dem Arbeitgeber Schadensersatzansprüche aus §§ 717 Abs. 2, 945 ZPO zustehen. Im Interesse des sozialen Schutzes für den Arbeitnehmer wird freilich für eine zurückhaltende Interpretation dieser Vorschriften plädiert.[209] Sowohl die Heranziehung der §§ 812 ff. als auch die zurückhaltende Anwendung vollstreckungsrechtlicher Schadensersatznormen kranken daran, dass das Potential spezifisch arbeitsrechtlicher Wertungen nicht ausgeschöpft wird. Insoweit bietet sich eine **Analogie** zu § 102 Abs. 5 BetrVG an.[210] Danach ist der Arbeitnehmer zu unveränderten Bedingungen weiterzubeschäftigen, wenn der Betriebsrat der Kündigung widersprochen hat und der Arbeitnehmer Kündigungsschutzklage erhebt. Wenn schon das Veto des Betriebsrats einen Weiterbeschäftigungsanspruch auslösen kann, so muss dies erst recht gelten, wenn ein staatliches Gericht die Weiterbeschäftigung anordnet.

86 Bei formnichtigem **Arbeitnehmerüberlassungsvertrag** hat der Verleiher nach der Rechtsprechung einen Bereicherungsanspruch in Höhe der üblichen Vergütung einschließlich des üblichen Gewinnanteils gegen den Entleiher.[211] Bei der Wertbemessung der Leistungen auf Grund eines nichtigen **Schwarzarbeitsvertrags** sind wegen der mit der Schwarzarbeit verbundenen Risiken erhebliche Abschläge in Ansatz zu bringen.[212]

87 b) **Nutzungen.** Wenn der Schuldner nach § 818 Abs. 1 Nutzungen herauszugeben hat, lassen sich diese sehr häufig nicht mehr in Natur herausgeben. Dies gilt namentlich für **Gebrauchsvorteile** aus rechtsgrundlos (zu Eigentum oder zum Gebrauch) überlassenen Sachen, ebenso für Zinsersparnisse mit Hilfe rechtsgrundlos erlangten Kapitals. Für derartige Nutzungen ist daher nach § 818 Abs. 2 Wertersatz zu leisten. Der objektive Wert der Nutzung wurde früher häufig mit jener Vergütung gleichgestellt, welche der Empfänger hätte entrichten müssen, wenn er sich die Nutzungsmöglichkeit am Markt hätte beschaffen müssen, zB durch Anmietung einer anderen Sache; konsequent wurde als Wertersatz für die

---

[202] BGH JZ 1960, 603.
[203] In diesem Sinne *Bamberger/Roth/Wendehorst* RdNr. 30.
[204] BAG NZA 1987, 373; 1993, 177; LAG Düsseldorf DB 1991, 975, 976.
[205] *Bengelsdorf*, FS Leinemann, 2006, S. 289, 299 ff.; *Heimburger* RiA 2003, 57, 59; *Lieb*, Schwerpunkte Arbeitsrecht, RdNr. 392 f., *Staudinger/Richardi* (1999) § 611 RdNr. 815; *Pallasch* BB 1993, 2225, 2228; *Bengelsdorf* SAE 1987, 254, 263 ff.; *Walker* DB 1988, 1596 ff.; krit., aber ohne eigenen Lösungsansatz *Schwerdtner* DB 1989, 878, 879; *Zöllner/Loritz/Hergenröder* Arbeitsrecht § 24 VII 6 d, S. 293.
[206] LAG Düsseldorf DB 1991, 975, 976.
[207] LAG Düsseldorf DB 1991, 975, 976.
[208] LAG Düsseldorf DB 1991, 975, 976.
[209] *Dütz* NZA 1986, 209, 215.
[210] Zum Folgenden *Färber/Kappus* NZA 1986, 215, 218 f.
[211] BGH NJW 1984, 1456.
[212] BGH NJW 1990, 2542, 2543; KG BauR 2007, 1419, 1421.

Nutzung der **übliche Miet- oder Pachtzins** für eine solche Sache gewährt. Diese Berechnungsmethode wurde sogar angewendet, um den Wert der Nutzungen zu berechnen, die der Käufer beim nichtigen Kaufvertrag aus der Kaufsache gezogen hatte.[213] Sie kann indes nur für diejenigen Fälle überzeugen, in denen die Sache kraft eines nichtigen **Gebrauchsüberlassungsvertrags** in den Besitz des Empfängers gelangt ist.[214] In diesem Fall hat sich der Empfänger entschieden, eine fremde Sache in Anspruch gegen Entgelt zu nutzen, und muss sich daher für die Wertberechnung an dieser Entscheidung festhalten lassen. Ebenso ist ein objektiver Mietwert zu ersetzen, wenn der Schuldner die Nutzung einer fremden Sache durch eigenmächtige Anmaßung des Gebrauchs erlangt hat, also im Fall der Eingriffskondiktion.[215]

Anders stellt sich dagegen die Situation dar, wenn dem Empfänger die Sache **dauerhaft überlassen** worden war, namentlich im Falle eines nichtigen Kaufvertrags: Wäre der Empfänger in einem solchen Fall zur Zahlung eines üblichen Mietzinses verpflichtet,[216] so würden sich binnen kurzer Zeit Zahlungspflichten aufsummieren, die den Substanzwert der Sache bei weitem übersteigen. Der Verkäufer bekäme beim nichtigen Kaufvertrag auf dem Umweg über den Nutzungsersatz ein Vielfaches dessen, was er bei wirksamem Kaufvertrag als Kaufpreis hätte verlangen können. Dies gilt selbst dann, wenn man die Gewinnspanne gewerblicher Vermieter aus dem üblichen Mietzins herausrechnet.[217] Demgegenüber ist festzuhalten: Der Empfänger hat sich im Fall des Kaufs dafür entschieden, die Sache als eigene zu nutzen; daran hat sich auch die Wertberechnung zu orientieren.[218] Die Rechtsprechung steht daher zutreffend auf dem Standpunkt, dass der Empfänger in einem solchen Fall lediglich die **zeitanteilige lineare Wertminderung** im Vergleich zur voraussichtlichen Gesamtnutzungsdauer als Nutzungswert zu entrichten hat.[219] Bei einem gescheiterten Kaufvertrag über ein bebautes Grundstück hat der BGH freilich den Wert der Nutzungen anhand des objektiven Mietwerts berechnet;[220] dies war aber im konkreten Fall deshalb gerechtfertigt, weil die Käuferseite nach dem Vertrag mit Zahlung des Kaufpreises auch vor Eigentumsübertragung zur Weitervermietung berechtigt war. Wenn der Schuldner werterhöhende Investitionen auf die Sache gemacht hat, ist der Wert der Nutzungen aus demjenigen Wert zu berechnen, den die Sache vor der Vornahme der Investitionen hatte.[221] Ist streitig, ob und inwieweit durch Investitionen des Schuldners der Nutzungswert erhöht worden (und deshalb ein entsprechender Betrag vom nach § 818 Abs. 1, 2 geschuldeten Wertersatz für die Nutzungen abzuziehen) ist, so trifft den Schuldner die Beweislast.[222]

Die gleichen Grundsätze gelten bei rechtsgrundlos erlangtem **Geld**: Wer aufgrund nichtigen Vertrags Fremdkapital in Anspruch genommen hat, hat den üblichen Darlehenszins zu entrichten; wer aufgrund nichtigen Vertrags Geld zum endgültigen Verbleib erhalten hat, hat demgegenüber nur diejenigen Nutzungen herauszugeben, die er aus dem erworbenen Eigenkapital tatsächlich zieht (vgl. RdNr. 11 ff.).

Wird aufgrund eines unwirksamen **Jagdpachtvertrags** die Jagd ausgeübt und dabei ein Teil derjenigen Tiere erlegt, die nach dem Abschussplan zum Abschuss freigegeben worden sind, bemisst sich der Wert, den der Jäger dem Verpächter nach §§ 812 Abs. 1 S. 1 Alt. 1, 818 Abs. 2 für die in Anspruch genommenen Jagdfreuden zu ersetzen hat, nicht ohne

---

[213] *Diesselhorst* S. 111; auch heute noch *Erman/Westermann/Buck-Heeb* RdNr. 26; *Palandt/Sprau* RdNr. 12, 24. In BGH LM § 249 (Ca) Nr. 4 = NJW 1962, 1909, 1910 (betrifft Rückabwicklung eines Kaufvertrags nach wirksamer Arglistanfechtung durch Käufer) findet sich keine explizite Äußerung zur Methode der Wertberechnung.
[214] Für Bemessung des Wertersatzes nach dem objektiven Mietzins für diesen Fall auch *Gursky* JR 1998, 7, 13.
[215] So auch BGH WM 1981, 129, 131; *Baldringer/Jordans* NZV 2005, 75, 80.
[216] Dafür in der Tat *Hagmann* S. 150 ff.
[217] So der Vorschlag von *Hagmann* S. 153.
[218] So auch *Canaris*, FS Lorenz, 1991, S. 19, 55 f.
[219] BGHZ 115, 47, 54 f. = NJW 1991, 2484; BGH NJW 1996, 250, 252; OLG Köln NJW-RR 1988, 1136. Aus dem Schrifttum zust. *Wernecke* S. 566.
[220] BGH JZ 1996, 151, 153.
[221] BGH NJW 1992, 892; JZ 1996, 151, 153.
[222] BGH JZ 1996, 151, 153; zust. *Medicus* JZ 1996, 153, 154.

Weiteres nach dem Verhältnis der bereits abgeschossenen und der noch abzuschießenden Tiere. Denn das Nutzungsrecht bei der Jagdpacht dient daneben auch dazu, dem Jäger ein Naturerlebnis, ggf. sogar die Befriedigung des bloßen Geltungsbedürfnisses zu vermitteln.[223]

91 Bei einem unwirksamen vertrag über die Nutzung (ggf. über das Abonnement) von **Handy-Klingeltönen** wird im Schrifttum mit beachtlichen Gründen vorgetragen, dass der nach § 818 Abs. 2 zu leistende Wertersatz nicht unbesehen mit den üblichen Tarifen der Anbieter gleichgesetzt werden könne; denn der Markt für die Bereitstellung von Klingeltönen sei oligopolistisch strukturiert und fördere daher keine angemessenen Preise zutage.[224] Die Gerichte müssten sich daher bei der Berechnung des Wertersatzes von den üblichen Tarifen gänzlich lösen. Insbesondere beim Abonnement von Klingeltönen bestehe der eigentliche Mehrwert für den Kunden nicht schon in der Bereitstellung solcher Töne, sondern erst in deren tatsächlicher Nutzung.

92 **c) Unwirksame Überlassung von Schutzrechten.** Bei nichtigen **Lizenzverträgen** über die Nutzung fremder Immaterialgüterrechte wird objektiver Wertersatz geschuldet. Der Schuldner hat mithin – ebenso wie in den Fällen eigenmächtiger Anmaßung eines gewerblichen Schutzrechts (RdNr. 94), eine angemessene und übliche Lizenz zu entrichten.[225] Gegen diese Lizenzanalogie wende man nicht ein, dass der Schutzrechtsinhaber sich der Nutzungsbefugnis durch Vertrag begeben und sich dabei mit einer bestimmten Vergütung begnügt habe.[226] Zwar könnte man argumentieren, die zurechenbar vereinbarte Vergütung stelle die Obergrenze des Wertersatzes dar, weil der Schutzrechtsinhaber sich widersprüchlich verhalte, wenn er als Wertersatz mehr als jene von ihm verlangte Vergütung fordere. Dieser Einwand erscheint indes hier ebenso wenig stichhaltig wie bei Arbeitsleistungen (RdNr. 84): Wenn das Gesetz dem Vertrag die rechtliche Anerkennung verweigert, bedeutet dies, dass der Gläubiger an der vertraglichen Äquivalenzvereinbarung gerade nicht festgehalten wird.

93 **d) Immaterielle Unternehmenswerte.** Wertersatz wird schließlich auch dann geschuldet, wenn es nach nichtiger, weil kartellrechtswidriger Zusammenlegung von Tageszeitungen um die Verteilung der Nutzung des **Kundenstamms** der eingegliederten Tageszeitung geht.[227] Hat jemand ohne wirksamen Vertrag eine fremde Arztpraxis übernommen, so sind bei der Bewertung des nach § 818 Abs. 2 herauszugebenden **Goodwill** die Umstände des Einzelfalls zu berücksichtigen: Umsätze aus kassenärztlicher und privatärztlicher Behandlungstätigkeit, Kostenbelastung, Mietverhältnis über die Praxisräume, Organisations- und Rationalisierungsgrad, Praxisgeschichte (handelt es sich um eine alteingeführte und entsprechend renommierte Praxis?), Einzugsgebiet, medizinische Infrastruktur, Lage der Praxisräume, Qualität der Angestellten, fachliche Ausrichtung und Struktur der Praxis.[228]

94 **e) Bewertung unkörperlicher Vorteile bei Eingriffskondiktion.** Bei **Eingriffen** in fremde Nutzungsrechte durch **unbefugten Gebrauch** fremder Gegenstände oder fremder geschützter Rechte ist ebenfalls der (objektive) Marktwert solcher Nutzungen zu ersetzen.[229] Bei gewerblichen Schutzrechten ist dies abermals eine **angemessene Lizenzgebühr;**[230]

---

[223] OLG Hamm NJW-RR 1988, 1268, 1269.
[224] *Mankowski/Schreier* VuR 2007, 281, 286 ff.
[225] BGHZ 82, 299, 307 f.; vgl. 99, 244, 248; BGH ZIP 1997, 1979, 1981; GRUR 2000, 685, 686 f.
[226] Zu Recht abl. auch BGH GRUR 2000, 685, 686 f.
[227] BGH NJW-RR 1991, 1002, 1004.
[228] OLG Karlsruhe WM 1989, 1229, 1230. Im konkreten Fall wurde der Goodwill mit einem Drittel des Jahresumsatzes abzüglich eines kalkulierten Arztlohnes bemessen.
[229] RGZ 97, 310, 311 f. (Nutzung einer Gleisanlage); BGHZ 20, 270, 275 (Nutzung eines Parkplatzes); BGHZ 20, 345, 354 f. (Verletzung des Rechts am eigenen Bild); BGHZ 36, 171, 186 und BGHZ 38, 356, 369 (Urheberrechtsverletzung); BGHZ 44, 372, 380 (Warenzeichenverletzung); BGHZ 82, 299 (Gebrauchsmusterverletzung); BGHZ 82, 310 (Patent) mit Besprechung *Falk* GRUR 1983, 488 ff.; BGH WM 1996, 1497 (Straßennutzung durch Energieversorgungsunternehmen); *Erman/Westermann/Buck-Heeb* RdNr. 26; RGRK/*Heimann-Trosien* RdNr. 20; *Staudinger/Lorenz* RdNr. 28 f.
[230] BGHZ 82, 299, 305 ff.; BGH BB 1992, 1302; WM 1998, 1736, 1739; ebenso AnwK-BGB/*Linke* RdNr. 34; jurisPK/*Martinek* RdNr. 55; *Ellger* S. 892 f., 894 ff.; *Hagmann* S. 99.

Gleiches gilt bei Eingriffen in das allgemeine Persönlichkeitsrecht[231] wie etwa beim Abdruck eines frei erfundenen Interviews oder bei der rechtswidrigen Nutzung des fremden Rechts am eigenen Bild. Die Verpflichtung zur Zahlung einer angemessenen Lizenzgebühr ist nicht davon abhängig, dass der Verletzte bereit oder in der Lage ist, gegen Entgelt Lizenzen für die Verbreitung seines Bildnisses oder für die öffentliche Wiedergabe seines gesprochenen Wortes zu vergeben.[232]

Die weitergehende Ansicht, dass jemand, der in ein fremdes Schutzrecht eingreift, auch den **Verletzergewinn** zu ersetzen habe,[233] hat der **BGH** mit Recht **verworfen:**[234] Dies liefe abermals auf eine subjektive Wertbestimmung hinaus, die von § 818 Abs. 2 nicht gedeckt ist. Der Gewinn des Verletzers ist unter dem Gesichtspunkt der Abschöpfung unrechtmäßig erlangter Vorteile erst dann auszukehren, wenn der Verletzer sich kraft gesetzlicher Wertung so behandeln lassen muss, als habe er den Gewinn für Rechnung des Schutzrechtsinhabers erzielt, mithin erst dann, wenn die Voraussetzungen der § 687 Abs. 2, 681 S. 2, 667 vorliegen.[235]

Wenn daher für den Wertersatz nach § 818 Abs. 2 eine objektiv angemessene Lizenzgebühr maßgeblich ist, so ist freilich gleichwohl nicht zu verkennen, dass diese Angemessenheit sich auch nach den Gewinnmöglichkeiten richtet, welche in der Nutzung des betreffenden Rechts angelegt sind, und dass sich solche Möglichkeiten auch nachträglich **(ex post)** anhand des tatsächlich erzielten Gewinns zeigen können. Sofern der tatsächlich erzielte Gewinn die objektiven Gewinnmöglichkeiten aus der Nutzung des Schutzrechts aufhellt, muss er bei der Bemessung der Lizenzgebühr mit berücksichtigt werden.[236] Eine abweichende Ansicht im Schrifttum möchte dagegen den Marktwert des Erlangten bei der Usurpation von Immaterialgüterrechten auf dasjenige beschränken, was auch Sicht **ex ante** im Zeitpunkt des Eingriffs als angemessene Lizenz zu entrichten gewesen wäre; denn im Falle der vertraglichen Einräumung einer solchen Lizenz sei der Nutzer ebenfalls nicht zu einer Nachzahlung verpflichtet.[237] Dieser Einwand überzeugt indes nicht. Denn wer es versäumt, die Chance der günstigen Verwertung durch ordnungsgemäßen Abschluss eines Lizenzvertrags zu erkaufen, darf diese Chance bei unbefugter Nutzung nicht kraft Gesetzes durch das Bereicherungsrecht zugewiesen bekommen.

Wertersatz bei **unbefugter Stromentnahme** richtet sich nach den Tarifen des Energieversorgers. Bei mehreren Tarifen ist derjenige maßgeblich, der im Einzelfall zu einer angemessenen Vergütung führt.[238] Wenn ein **Energieversorgungsunternehmen** gemeindliche **Wege- und Straßengrundstücke nutzt,** ohne dadurch kraft einer ihr erteilten Konzession befugt zu sein, schuldet es für diese Nutzung aus §§ 812 Abs. 1 S. 1 Alt. 2, 818 Abs. 2 ein angemessenes Entgelt.[239] Bei der Bewertung der Angemessenheit ist nicht pauschal ein Prozentsatz vom gesetzlichen Höchstbetrag der Konzessionsgebühr anzusetzen. Vielmehr ist zu fragen, ob für Nutzungen der Art, wie das Energieversorgungsunternehmen sie in Anspruch genommen hat, ein Marktpreis existiert. Wenn das Versorgungsunternehmen nur eine übergangsweise Nutzung anstrebt und in anderen Gemeinden vergleichbare Fälle existieren, in denen Konzessionen für kurzfristige Übergangszeiträume erteilt wurden,

---

[231] *Götting*, FS Ullmann, 2006, S. 65, 71.
[232] BGHZ 169, 340, 344; ebenso wohl *Helle* JZ 2007, 444, 451.
[233] *Fournier*, Bereicherungsausgleich bei Eingriffen in Wettbewerbspositionen im Sinne des § 1 UWG, 1998, S. 184 ff.; *Haines* S. 121, 127 ff.; *Jakobs* Eingriffserwerb S. 72 ff.; *Kellmann* S. 137 ff. Für unbefugten Gebrauch fremder Sachen ebenso *Goetzke* AcP 173 (1973), 289, 320 f.
[234] BGHZ 20, 345, 354 f. = NJW 1956, 1554; BGHZ 36, 171, 186 = NJW 1962, 532; BGHZ 38, 356, 369 = NJW 1963, 651; BGHZ 44, 372, 380 = NJW 1966, 823; BGHZ 82, 299, 305 ff. = NJW 1982, 1154; BGHZ 99, 244, 248 f. = NJW 1987, 2869. Gegen Verpflichtung zur Gewinnherausgabe auch *Ebert* S. 159; *Ellger* S. 900 ff.; *Heermann* GRUR 1999, 625, 634 f.; jurisPK/*Martinek* RdNr. 55; *Zahn* S. 36 ff.
[235] Wie hier *Larenz/Canaris* II/2 § 72 III 3 c, S. 279.
[236] Zutr. *Larenz/Canaris* II/2 § 72 III 3 c, S. 278 f.
[237] *Halfmeier* JA 2007, 492, 495 f.
[238] BGHZ 117, 29, 31 ff. = NJW 1992, 1383.
[239] BGHZ 132, 198, 207.

bieten die von den anderen Gemeinden verlangten Gebühren einen Anhaltspunkt zur Bestimmung einer marktgerechten Bestimmung des Nutzungswerts.[240]

98 **f) Rückgewähr von Sachen.** Beim **Verbrauch** fremder oder rechtsgrundlos erlangter eigener Gegenstände ist deren objektiver Wert zu ersetzen.[241] Das gleiche gilt für die Veräußerung. Für den Fall, dass der Empfänger den Gegenstand aufgrund eines gegenseitigen Vertrags erlangt hat, wird auch hier die These vertreten, dass der Gläubiger mit Rücksicht auf das Verbot widersprüchlichen Verhaltens keinen höheren Wertersatz fordern könne als die Vergütung, für die er (zurechenbar) bereit gewesen sei, jenen Gegenstand herzugeben.[242] Das überzeugt hier ebenso wenig wie für die Rückabwicklung von Dienstleistungen und Lizenzverträgen (RdNr. 84, 92). Ebenso ist Wertersatz zu leisten, wenn der Empfänger eine Sache, die er rechtsgrundlos zu Eigentum erlangt hat, **verschenkt**.[243] Bei Unmöglichkeit der Herausgabe nur des **Besitzes** ist der Wertersatz nicht am Substanz-, sondern lediglich am Gebrauchswert des Erlangten zu bemessen.[244]

99 **g) Bau auf fremdem Grund.** Errichtet jemand auf fremdem Grund und Boden ein Gebäude und begehrt er sodann nach §§ 946, 951 Abs. 1 S. 1, 812 Abs. 1 S. 1 Alt. 2 unter dem Gesichtspunkt der Aufwendungskondiktion Wertersatz, so ist **streitig, was** der **Grundeigentümer erlangt** hat. Nach einer in der Minderheit gebliebenen Ansicht besteht das Erlangte im Eigentum an dem Gebäude und den dafür verwendeten Materialien.[245] Die hL erblickt demgegenüber das Erlangte in der objektiv zu bemessenden Verkehrswertsteigerung des Grundstücks.[246] Mit der gebotenen gegenständlichen Betrachtung des „Erlangten" ist allein die Mindermeinung vereinbar: Durch Verbindung mit dem Grundstück hat der Grundeigentümer gemäß § 946 Eigentum am Gebäude erlangt. Dieses ist also für sich gesehen zu bewerten. Wenn jemand ein fremdes Gebäude rechtsgrundlos ausbessert oder erweitert, hat der Grundeigentümer abermals zunächst Eigentum an den dafür verwendeten Materialien erlangt. In diesem Fall liegt indes kein funktionell abgrenzbarer Vermögensgegenstand vor, der einer isolierten Bewertung zugänglich wäre. Daher besteht der nach § 818 Abs. 2 zu ersetzende Wert in einem solchen Fall in der Tat in der Differenz des Ertragswerts nach und vor Durchführung der entsprechenden Arbeiten.[247]

100 **h) Fremdwährung.** Wenn das Erlangte in **ausländischer Valuta** besteht, ist die Bewertung des Erlangten unmittelbar gemäß § 818 Abs. 2 vorzunehmen. Der Heranziehung des § 244 bedarf es entgegen abweichender früherer Rechtsprechung[248] nicht.[249]

101 **i) Unternehmen.** Ist die Herausgabe eines Unternehmens ausnahmsweise unmöglich (näher RdNr. 57 ff.), so bemisst sich der zu ersetzende Wert nach dem **Ertragswert**.[250] Für den Fall, dass das Unternehmen in der Hand des Erwerbers spürbar an Ertragswert gewonnen hat, spricht freilich viel für die Annahme, dass diese Steigerung auf der persönlichen Leistung des Empfängers beruht, die der Veräußerer vermutlich so nicht erbracht hätte. Deshalb wird im Schrifttum mit beachtlichen Gründen dafür plädiert, in die Ertragswertberechnung, welche nach § 818 Abs. 2 vorzunehmen ist, auch eine bestimmte Geschäfts-

---

[240] BGHZ 132, 198, 209.
[241] *Erman/Westermann/Buck-Heeb* RdNr. 26; *RGRK/Heimann-Trosien* RdNr. 20; *Staudinger/Lorenz* RdNr. 28.
[242] 4. Aufl. RdNr. 52.
[243] Zur Berufung auf § 818 Abs. 3 in diesen Fällen noch RdNr. 148.
[244] RGZ 115, 31, 34; BGH LM § 812 Nr. 15 = NJW 1953, 58; *Erman/Westermann/Buck-Heeb* RdNr. 30; *RGRK/Heimann-Trosien* RdNr. 20; *Staudinger/Lorenz* RdNr. 30. S. auch RdNr. 13.
[245] *Staudinger/Gursky* § 951 RdNr. 24.
[246] 4. Aufl. RdNr. 55 sowie BGHZ 10, 171, 180; 17, 236, 241; BGH NJW 1962, 2293, 2294; WM 1966, 369, 370 f.; OLG Koblenz NJW 1990, 126; *jurisPK/Martinek* RdNr. 58; *RGRK/Heimann-Trosien* RdNr. 18; *Staudinger/Lorenz* RdNr. 26.
[247] BGHZ 111, 125, 131; *jurisPK/Martinek* RdNr. 58.
[248] RG JW 1922, 1150; 1923, 141.
[249] RGZ 108, 120, 121; 114, 342, 344 f.; RG JW 1927, 980; *Erman/Westermann/Buck-Heeb* RdNr. 15; *RGRK/Heimann-Trosien* RdNr. 17; *Staudinger/Lorenz* RdNr. 25.
[250] BGHZ 168, 220, 239 ff. = NJW 2006, 2847.

periode (etwa die letzten beiden Geschäftsjahre) einzubeziehen, in der das Unternehmen noch vom Veräußerer betrieben worden war.[251]

6. Zeitpunkt der Wertermittlung. Streitig ist, welcher Zeitpunkt der Wertermittlung 102 gemäß § 818 Abs. 2 zugrunde zu legen ist. Die wohl hL[252] und die Rechtsprechung[253] stellen auf den Zeitpunkt der **Entstehung des Bereicherungsanspruchs** ab. Daraus folgt insbesondere, dass Wertsteigerungen, die nach diesem Zeitpunkt eintreten, dem Bereicherungsschuldner zugute kommen; er braucht nur den Wert zu ersetzen, den das Erlangte in dem Zeitpunkt hatte, in dem es dem Empfänger zugeflossen ist. Für den Fall nachträglicher Unmöglichkeit der Herausgabe soll freilich der Zeitpunkt maßgebend sein, zu dem der Wertersatzanspruch entsteht,[254] dh. der Zeitpunkt, in dem die Unmöglichkeit eintritt. Einige Autoren plädieren sogar dafür, auf jenen Zeitpunkt abzustellen, in dem der Bereicherungsanspruch rechtshängig oder der Empfänger bösgläubig wird;[255] vereinzelt wird sogar der Zeitpunkt der letzten mündlichen Verhandlung im Wertersatzprozess für ausschlaggebend gehalten.[256] Demgegenüber ist in der Vorauflage mit Recht einer differenzierenden Betrachtungsweise das Wort geredet worden:[257]

a) Primäre Wertersatzansprüche. Der **Zeitpunkt des Erlangens** und damit der 103 früheste mögliche Zeitpunkt für die Entstehung von Wertersatzansprüchen gemäß § 818 Abs. 2 ist dann maßgebend, wenn es sich um primäre Wertersatzansprüche in dem Sinn handelt, dass – der Beschaffenheit des Erlangten wegen – von vornherein nur Wertersatz in Betracht kommt, wie etwa bei der bereicherungsrechtlichen Abgeltung einmaliger Dienstleistungen oder der Nutzung fremder Vermögensgüter.[258] Hier wäre es ganz unangemessen, „Wertsteigerungen" – etwa durch zwischenzeitliche Erhöhungen des verkehrsüblichen Entgelts – dem Bereicherungsgläubiger durch Wahl eines späteren Berechnungszeitpunkts zugute kommen zu lassen, obwohl sich im Vermögen des Bereicherungsschuldners diese „Wertsteigerung" gar nicht niederschlagen konnte. Der Schuldner kann daher nur auf Zahlung desjenigen Werts in Anspruch genommen werden, den das Erlangte im Zeitpunkt des Zuflusses hatte. Bei „zeitlich gestreckten" Bereicherungsvorgängen, wie etwa bei der rechtsgrundlosen Inanspruchnahme von Dienstleistungen, ist von periodischer Anspruchsentstehung und damit von der Maßgeblichkeit des **jeweiligen** Entstehungszeitpunkts auszugehen.[259]

b) Sekundäre Wertersatzansprüche. Anders ist dann zu entscheiden, wenn es um den 104 Ersatz des Wertes von Gegenständen geht, deren – ursprünglich geschuldete – **Herausgabe** mit der Folge des Entstehens von Wertersatzansprüchen erst zu einem **späteren Zeitpunkt unmöglich** geworden ist. Hier folgt aus der bloßen Hilfsfunktion des Wertersatzanspruchs gemäß § 818 Abs. 2 in der Tat, dass es dann auf den Zeitpunkt der Unmöglichkeit der Herausgabe bzw. der darauf beruhenden Entstehung des Wertersatzanspruchs ankommen muss und nicht etwa auf den (früheren) Zeitpunkt der Entstehung des vorhergehenden Herausgabeanspruchs. Andererseits können Wertsteigerungen, die erst nach dem Zeitpunkt

---

[251] *Bodenbenner* MDR 2007, 1057, 1060.
[252] AnwK-BGB/*Linke* RdNr. 38; *Bodenbenner* MDR 2007, 1057, 1059 f.; *Diederichsen* Jura 1970, 378, 397; *Palandt/Sprau* RdNr. 19; PWW/*Leupertz* RdNr. 14; *Reiner* JZ 2002, 300, 302; RGRK/*Heimann-Trosien* RdNr. 19; *Staudinger/Gursky* § 951 RdNr. 35; *Wilburg* AcP 163 (1964), 346, 352.
[253] RGZ 101, 389, 391; 119, 332, 336; BGHZ 5, 197, 201; BGH NJW 1963, 1299, 1301; OLG Düsseldorf ZMR 1988, 221. In den bisher vom BGH entschiedenen Fällen fiel der Zeitpunkt der Entstehung des Bereicherungsanspruchs mit dem Zeitpunkt der Entstehung der Wertersatzpflicht zusammen.
[254] BGHZ 168, 220, 237 f.; AnwK-BGB/*Linke* RdNr. 38; *Bamberger/Roth/Wendehorst* RdNr. 33; *Buck-Heeb* BGHR 2006, 1213, 1214; *Erman/Westermann/Buck-Heeb* RdNr. 21; *Furtner* MDR 1961, 649, 650; jurisPK/*Martinek* RdNr. 44, 44.1; *Koppensteiner* NJW 1971, 588, 591; *Pinger* MDR 1972, 187, 188; PWW/*Leupertz* RdNr. 14; teilweise auch *Staudinger/Lorenz* RdNr. 31.
[255] *Jakobs* Eingriffserwerb S. 142.
[256] *Esser/Weyers* BT/2 § 51 I 4 c, S. 105; *Koppensteiner/Kramer* § 16 III 3 a, S. 178.
[257] 4. Aufl. RdNr. 56 ff.
[258] Zust. *Reuter/Martinek* § 16 III 4 b, S. 570 f.
[259] So zutr. *Larenz/Canaris* II/2 § 72 III 5 b, S. 283.

der Entstehung des Wertersatzanspruchs (etwa nach Veräußerung des Erlangten) eingetreten sind, schon deswegen nicht mehr berücksichtigt werden, weil sie dem Vermögen des Bereicherungsschuldners selbst gar nicht mehr zugute kommen.[260] Auch hier greift die Überlegung durch, dass der Bereicherungsgläubiger seine Rechtsstellung nicht durch eine beliebige Wahl des Zeitpunkts, in dem er den Anspruch geltend macht, soll beeinflussen können. Schon deshalb kann es nicht auf die Rechtshängigkeit des Bereicherungsanspruchs oder gar auf einen noch späteren Zeitpunkt ankommen.

105 **c) Wertersatzansprüche in Baufällen.** Einen **Sonderfall** stellen schließlich die Fälle des Wertersatzes wegen **Baus auf fremdem Boden** dar. Der nach § 946 bewirkte Rechtsverlust führt in diesem Fall zu einer Aufwendungskondiktion dessen, der das Gebäude errichtet hat. Hier entsteht der Wertersatzanspruch gemäß §§ 951 Abs. 1 S. 1, 812 Abs. 1 S. 1 Alt. 2, 818 Abs. 2 bereits im Moment des Einbaus. Konsequent stellt die **hM** für die Wertberechnung auf den **Zeitpunkt der Fertigstellung** ab.[261] Im Schrifttum wird demgegenüber vorgeschlagen, auf denjenigen Zeitpunkt abzustellen, in dem der Grundeigentümer den Besitz an dem bebauten Grundstück erlangt, dh. in dem der Erbauer das bebaute Grundstück räumt. Als dogmatische Begründung für diesen Standpunkt wird eine Analogie zu § 996 angeboten: Nützliche Verwendungen kann der nicht berechtigte Besitzer ebenfalls nur in der Höhe geltend machen, in welcher der Wert der herauszugebenden Sache noch erhöht ist, wenn der Eigentümer die Sache wieder erlangt.[262]

106 Wenn das Gebäude seit der Fertigstellung an **Wert verliert**, unterscheiden sich beide Ansichten im praktischen Ergebnis nicht: Auf dem Boden der hM greift zugunsten des Grundeigentümers § 818 Abs. 3 ein; die Gegenansicht wird bereits über § 818 Abs. 2 nur den geringeren Wert als geschuldet ansehen. Unterschiede ergeben sich allein bei zwischenzeitlichen **Wertsteigerungen:** Diese verbleiben auf dem Boden der hM endgültig beim Grundeigentümer, während sie nach der Gegenansicht bis zur Räumung des Grundstücks durch den Erbauer zu einem höheren Wertersatzanspruch führen. So besteht denn auch das zentrale Anliegen der Gegenmeinung darin, eben diese Folge herbeizuführen:[263] Der Grundeigentümer soll nicht beliebig die Zahlung von Wertersatz hinauszögern und gleichwohl entsprechende Wertsteigerungen für sich behalten dürfen. Dies Gerechtigkeitspostulat überzeugt durchaus im Ansatz. Die Gegenmeinung kämpft nun aber ihrerseits mit der Schwierigkeit, dass auf ihrer Grundlage nunmehr der *Erbauer* beliebig den Stichtag bestimmt, auf den der Wertersatz berechnet wird; denn er kann seinerseits die Herausgabe des bebauten Grundstücks hinauszögern und – das wäre die Konsequenz der Gegenmeinung – zwischenzeitliche Wertsteigerungen abschöpfen. Im unmittelbaren Anwendungsbereich des § 996 besteht diese Gefahr nicht in gleichem Maße, weil die Werterhöhung, die durch nützliche Verwendungen des Besitzers bewirkt wird, bei typisierender Betrachtungsweise umso mehr herabsinkt, je später die Sache zurückgegeben wird; im Fall des § 996 hat der Besitzer daher hinsichtlich des Verwendungsersatzes ein Interesse an einer schnellen Rückgabe. Deshalb ist nach einer Lösung zu suchen, die *beiden* Parteien die Chance belässt, den Bewertungsstichtag herbeizuführen: Es ist zwar im Ausgangspunkt derjenige Wert maßgeblich, den das Gebäude in dem Zeitpunkt innehat, in dem der Grundeigentümer den Besitz an dem bebauten Grundstück (wieder) erlangt. Wenn aber der Grundeigentümer seinen Anspruch auf Herausgabe des bebauten Grundstücks vorher rechtshängig gemacht hat, ist der Wert zu diesem Zeitpunkt maßgeblich. Spätere Wertsteigerungen dürfen dem Erbauer dann nicht mehr zugute kommen; denn sie treten nach demjenigen Zeitpunkt ein, in dem der Erbauer das Grundstück spätestens hätte herausgeben müssen. Der Erbauer darf aus der pflichtwidrigen Vorenthaltung des Besitzes keine Vorteile ziehen.

---

[260] Ebenso *Larenz/Canaris* II/2 § 72 III 5 a, S. 282.
[261] BGH NJW 1954, 265, 266; LM § 951 Nr. 16 = NJW 1962, 2293; WM 1963, 1066, 1068; 1973, 71; RGRK/*Heimann-Trosien* RdNr. 19.
[262] *Larenz/Canaris* II/2 § 72 III 5 d, S. 285; ebenso 4. Aufl. RdNr. 59.
[263] Deutlich 4. Aufl. RdNr. 59.

In den Fällen, in denen die **Rechtsgrundlosigkeit zunächst noch offen** ist, kann der 107
Wertersatzanspruch erst dann entstehen, wenn das Fehlschlagen des Geschäfts und damit die
Rechtsgrundlosigkeit feststehen.[264] Dies mag etwa der Fall sein, wenn auf fremdem Grund
in der Erwartung künftigen Eigentums gebaut wird und diese Erwartung hernach fehlschlägt.[265]

d) Nutzungsersatz in Einbaufällen. Schwierige Folgeprobleme ergeben sich beim 108
Bau auf fremdem Grund und Boden, wenn die Parteien gegeneinander Ansprüche auf
Nutzungsersatz geltend machen. Solche Ansprüche sind nämlich in **zweierlei Richtung**
denkbar: Zum einen mag der **Grundeigentümer** das Gebäude nutzen und der Erbauer
deswegen einen Anspruch aus § 818 Abs. 1 als Folge der ihm zustehenden Aufwendungskondiktion geltend machen. Zum anderen mag der **Erbauer** das Gebäude nutzen. Dann
kann – sofern nicht vorrangig die §§ 987ff. eingreifen – der Erbauer aus Eingriffskondiktion verpflichtet sein, die Nutzungen aus Grundstück und/oder Gebäude herauszugeben.

Einen Anspruch des **Erbauers gegen den Grundeigentümer** auf Herausgabe von 109
Nutzungen aus dem Gebäude hat der BGH verneint. Denn der Grundeigentümer sei auch
Eigentümer des Gebäudes geworden und nutze dieses daher als sein eigenes.[266] Die Gegenmeinung hält demgegenüber den Grundeigentümer so lange für verpflichtet, die Nutzungen
aus dem Gebäude an den Erbauer herauszugeben, bis der Grundeigentümer für das Gebäude
Wertersatz leistet.[267] Die Gegenmeinung verdient den Vorzug. Die Tatsache, dass der Grundeigentümer das Gebäude als eigenes nutzt, ist für die *schuldrechtliche* Zuweisung von Nutzungen ohne Belang; anders wäre nicht erklärbar, warum jemand, dem rechtsgrundlos eine
Sache rechtsgeschäftlich übereignet wurde, selbstverständlich auch Nutzungen zu ersetzen
hat. Erst der geleistete Wertausgleich legitimiert es, auch die Nutzungen endgültig dem
Grundeigentümer zuzuweisen.

Einen Anspruch des **Grundeigentümers gegen den Erbauer** auf Herausgabe von 110
Nutzungen hat der BGH in Bezug auf das **Grundstück** zu Recht bejaht,[268] in Bezug auf
das **Gebäude** dagegen verneint.[269] Letzterem ist zuzustimmen, soweit der Erbauer das
Grundstück genutzt hat, bevor der Grundeigentümer Wertersatz geleistet hat. Denn für diese
Zeit wäre er, wie gezeigt (RdNr. 109), seinerseits berechtigt, vom Grundeigentümer Nutzungsersatz zu verlangen; dann kann er nicht seinerseits dem Grundeigentümer zum Nutzungsersatz verpflichtet sein.

IV. § 818 Abs. 3

1. Abschied von der „Bereicherung" als Zentralbegriff des Bereicherungsrechts. 111
§ 818 Abs. 3 eröffnet seinem Wortlaut nach dem (gutgläubigen[270]) Bereicherungsschuldner
die fast unbegrenzte Möglichkeit, den Bereicherungsanspruch des Gläubigers durch Berufung darauf abzuwenden, er sei nicht (mehr) bereichert. Diese Regelung wurde – vor allem
gestützt auf die Entstehungsgeschichte[271] – früher ganz herrschend dahingehend verstanden,
dass die gesetzlich angeordnete Herausgabepflicht des Bereicherungsschuldners keinesfalls zu

---

[264] So BGHZ 35, 356, 358f. = NJW 1961, 2205; BGH WM 1961, 700; LM § 812 Nr. 88 = NJW 1970, 136, 137; *Larenz/Canaris* II/2 § 72 III 5 d, S. 285; *RGRK/Heimann-Trosien* RdNr. 19; *Staudinger/Lorenz* RdNr. 31.
[265] *Larenz/Canaris* II/2 § 72 III 5 d, S. 285. Sämtliche in voriger Fn. zitierten Urteile beziehen sich auf solche Einbaufälle.
[266] BGH NJW 1961, 452.
[267] *Larenz/Canaris* II/2 § 72 III 5 e, S. 285.
[268] BGHZ 35, 356, 361 f.; ebenso *Larenz/Canaris* II/2 § 72 III 5 e, S. 285.
[269] BGHZ 35, 356, 362; BGH WM 1966, 369, 370 f.; ebenso *Koppensteiner* NJW 1971, 588, 593; *Larenz/Canaris* II/2 § 72 III 5 e, S. 285.
[270] Zur Differenzierung zwischen der Haftung des gut- und des bösgläubigen Bereicherungsschuldners eingehend *Larenz/Canaris* II/2 § 71 II, III, S. 257 ff.
[271] Prot. II S. 706.

einer Verminderung seines Vermögens über den Betrag seiner wirklichen (und noch vorhandenen) Bereicherung hinaus führen dürfe.[272] Dies wurde – zum Teil noch in neuerer Zeit[273] – als oberster Grundsatz des Bereicherungsrechts angesehen.[274] Dementsprechend wurde dem Bereicherungsschuldner nicht nur gestattet, sich in weitestem Umfang auf den ersatzlosen Wegfall des Erlangten zu berufen, sondern es wurde ihm auch erlaubt, alle möglichen sonstigen Vermögensnachteile bereicherungsmindernd geltend zu machen, wenn sie nur im ursächlichen Zusammenhang mit dem rechtsgrundlosen Erwerb entstanden waren.[275] Dementsprechend wurde – vom Gesetzeswortlaut scheinbar abgedeckt – die Bereicherung von vornherein als bloßer Überschuss zwischen den Vor- und Nachteilen des Bereicherungsvorgangs, als Wertdifferenz zwischen dem (noch) vorhandenen Vermögen und demjenigen hypothetischen Vermögen, das ohne den bereichernden Vorgang vorhanden wäre, und dementsprechend als bloßer **Saldo** verstanden.[276] Als „Bereicherung" wurde der **„Überschuss der Aktiv- über die Passivposten"**[277] angesehen und infolgedessen die Bereicherung als einheitlicher (Rest-)Anspruch des Bereicherungsgläubigers betrachtet; zwischen der Ermittlung des herauszugebenden Gegenstands im Rahmen des § 812 und der Bereicherung gemäß § 818 Abs. 3 sollte infolgedessen überhaupt kein Unterschied bestehen.[278] Das Verschwimmen von „Erlangtem" und „Bereicherung" zeigte sich besonders deutlich dort, wo nicht gegenständliche Vorteile abzuschöpfen waren.[279]

112 Die damit verbundene weitgehende **Privilegierung des Bereicherungsschuldners** beruhte auf der entstehungsgeschichtlich[280] begründeten Auffassung, dass dem Bereicherungsgläubiger die Rückforderung ohnehin nur aus Gründen der Billigkeit gestattet werde und daher zum Schutze des Empfängers eine weitgehende Beschränkung des Rückforderungsrechts erforderlich sei.[281] Dementsprechend wurde – in sich konsequent – nicht die von § 812 angeordnete Pflicht zur Herausgabe des **Erlangten,** sondern – gestützt auf § 818 Abs. 3 – die Pflicht zur Herausgabe der **Bereicherung** als das zentrale Anliegen des Bereicherungsrechts angesehen. Am konsequentesten hat dies bereits 1913 *H. A. Fischer* mit den Worten „nicht auf das Erlangte, sondern auf die Bereicherung haftet der Schuldner" zum Ausdruck gebracht und daher § 812 expressis verbis für „falsch" und daher zumindest der Restriktion bedürftig erklärt.[282]

113 Demgegenüber hat sich vor allem auf Grund der Arbeiten von *v. Caemmerer*[283] im neueren Schrifttum ein grundsätzlich veränderter Blickwinkel durchgesetzt. Im Vordergrund der Betrachtung steht heute ganz überwiegend nicht mehr die Bereicherung, sondern – der Paragraphenfolge entsprechend – das Erlangte.[284] Die **Herausgabe exakt des zugeflosse-**

---

[272] RGZ 118, 185, 187; BGHZ 1, 75, 81 = NJW 1951, 270; BGHZ 55, 128, 134 = NJW 1971, 609; RGRK/*Heimann-Trosien* RdNr. 22; *Staudinger/Lorenz* RdNr. 33; vgl. auch schon *Planck/Landois* Anm. 5 a.
[273] Etwa BGH WM 1978, 708, 711; dazu *Staudinger/Lorenz* RdNr. 33.
[274] BGHZ 1, 75, 81 = NJW 1951, 270.
[275] So zB RGZ 141, 310, 312; BGHZ 1, 75, 81 = NJW 1951, 270; BGHZ 14, 7, 9 = NJW 1954, 1194.
[276] BGHZ 1, 75, 81 = NJW 1951, 270; BGHZ 9, 333, 335 = NJW 1953, 1020; eindringlich in diesem Sinne *Flume,* FS Niedermeyer, 1953, S. 153 f.
[277] So wörtlich RGRK/*Heimann-Trosien* RdNr. 22; ähnlich BGHZ 1, 75, 81 = NJW 1951, 270; *Koppensteiner/Kramer* § 14 I 2, S. 129.
[278] RGRK/*Heimann-Trosien* RdNr. 24.
[279] Vgl. dazu BGHZ 20, 270, 275 = NJW 1956, 1276; BGHZ 22, 395, 400 = NJW 1957, 457; BGHZ 36, 171, 186 = NJW 1962, 532; aus dem Schrifttum etwa *Staudinger/Seufert,* 10./11. Aufl. 1975 (Stand 1960), § 812 RdNr. 28; RGRK/*Scheffler,* 11. Aufl. Bd. II 2, 1960, § 812 RdNr. 14; *Heck,* § 141.3; *Enneccerus/Lehmann* § 221 I 4.
[280] S. dazu *Staudinger/Lorenz* RdNr. 1.
[281] Anschaulich vor allem in der älteren Lit., etwa *Planck/Landois* Anm. 5 a; ebenso BGHZ 36, 232, 235.
[282] *H. A. Fischer,* FS Ernst Zitelmann, 1913, S. 10 f.
[283] *v. Caemmerer,* Ges. Schriften, S. 209, 253 f., 258.
[284] So etwa – in erster Linie bezogen auf die nichtgegenständlichen Vermögensvorteile – *Kleinheyer* JZ 1961, 473, 474; *Gursky* JR 1972, 279; *Pinger* MDR 1972, 101 ff.; *Lieb* Ehegattenmitarbeit S. 98 ff.; *ders.* NJW 1971, 1289 ff.; allg. *Koppensteiner/Kramer* § 14 I 2, S. 130; *Reeb* S. 10 ff.; *Flessner* S. 99 ff.; *Erman/Westermann/Buck-Heeb* RdNr. 2; *Rengier* AcP 177 (1977), 418, 431 mwN.

nen Vorteils stellt den **ursprünglichen Inhalt des Bereicherungsanspruchs** dar. Demgegenüber verkörpert die Befugnis des Empfängers, sich gemäß § 818 Abs. 3 auf Wegfall der Bereicherung berufen zu können, nur eine Einwendung gegen die Herausgabepflicht: Erst auf dieser Ebene kommen die schutzwürdigen Interessen des Empfängers zur Geltung. Die Verpflichtung zur Herausgabe des Erlangten ist der Regelfall, der sozusagen normale Anspruchsinhalt,[285] während die Möglichkeit, sich auf Wegfall der Bereicherung berufen zu dürfen, als überprüfungs- und begründungsbedürftiger Ausnahmefall zugunsten des insoweit auch beweisbelasteten Empfängers,[286] zum Schutze seiner, einer Abwägung zugänglichen Interessen erscheint.[287] Der Zentralbegriff der §§ 812 ff. ist mithin heute nicht mehr „die Bereicherung", sondern „das Erlangte".

Die zutreffende Erkenntnis, die diesem Betrachtungswandel zugrunde liegt, besteht darin, dass die §§ 812 ff. nicht bloß eine Billigkeitshaftung normieren, sondern ein einleuchtendes und universell gültiges Gerechtigkeitsprinzip zum Ausdruck bringen: *Wer etwas erhalten hat, was ihm nicht zusteht, darf es nicht behalten.* Die §§ 812 ff. fungieren mithin als notwendiges Instrument zur **Korrektur irregulärer Vermögenszuordnungen**.[288]

Aus der Fixierung auf das „Erlangte" statt auf die „Bereicherung" folgt zum einen, dass die Herausgabepflicht die Regel und die Berufung auf Entreicherung die Ausnahme bildet. Zum anderen wirkt sich die geänderte Betrachtungsweise ebenso auf die Formulierung des **Anspruchsziels** aus: Der Gegenstand der Herausgabepflicht wird nicht mehr durch eine vermögensorientierte Betrachtungsweise bestimmt, also nicht mehr als bloßer Überschuss der Vorteile über die Einbußen. Maßgeblich ist vielmehr eine **gegenständliche Betrachtungsweise**:[289] Herauszugeben ist exakt derjenige Vorteil, welcher dem Empfänger zugeflossen ist. Nur diese Sichtweise wird der Interessenlage gerecht. Denn der Gläubiger hat ein legitimes Interesse daran, genau den Gegenstand zurückzuerhalten, den er rechtsgrundlos hingegeben hat bzw. der ihm rechtsgrundlos genommen wurde, und der Schuldner hat ein ebenso legitimes Interesse daran, sich durch dessen Herausgabe von seiner Schuld befreien zu können.[290]

2. Rechtsnatur des Abs. 3. a) Rechtsvernichtende Einwendung. § 818 Abs. 3 ermöglicht es als rechtsvernichtende Einwendung[291] dem Bereicherungsschuldner, sich gegenüber dem Herausgabeverlangen des Gläubigers bzw. gegenüber dessen Wertersatzanspruch gemäß § 818 Abs. 2 darauf zu berufen, im Zusammenhang mit dem rechtsgrundlosen Erlangen seien in seinem Vermögen bereicherungsmindernde Nachteile entstanden, die im Ergebnis zu Lasten des Gläubigers gehen müssten.[292] Um **bereicherungsmindernde Negativposten** geltend zu machen, bedarf der Schuldner **keiner besonderen Anspruchsgrundlage**. Vielmehr darf er die Herausgabe des Erlangten bzw. die Leistung von Wertersatz schlicht verweigern, soweit nicht die ihm entstandenen Vermögensnachteile ausgeglichen bzw. verrechnet werden. Eine eigene Anspruchsgrundlage in Bezug auf den Ersatz von Aufwendungen oder die Geltendmachung von Schäden benötigt der Bereicherungsschuldner erst, sobald die Voraussetzungen der §§ 818 Abs. 4, 819 vorliegen.

Für den Entreicherungseinwand ist **kein Raum,** wenn die Parteien für den Fall, dass die Leistung zurückgefordert werden soll, **vertragliche Abreden** getroffen haben. Denn in

---

[285] Deutlich in diesem Sinne bereits BGHZ 55, 128, 133.
[286] *Larenz/Canaris* II/2 § 73 I 1 c, S. 297.
[287] Sehr pointiert in diesem Sinne *v. Caemmerer,* Ges. Schriften, S. 244; ihm folgend *Meincke* AcP 171 (1971), 19, 39; dagegen *Flume* NJW 1970, 1161, 1163.
[288] *Flessner* S. 102 f. unter Berufung auf *v. Caemmerer,* Ges. Schriften, S. 213 ff. und *Raape* AcP 152 (1952/53), 458, 462; zeitlich noch früher *Wilburg* S. 143 f. Aus neuerer Zeit vgl. etwa *Koppensteiner/Kramer* § 1 II 2/3; *Rengier* AcP 177 (1977), 418, 421.
[289] Grdl. *v. Caemmerer,* FS Rabel I, 1954, S. 333, 368; ebenso zB *Bodenbenner* S. 78 ff.; *Larenz/Canaris* II/2 § 71 I 1, S. 254 f.
[290] *Larenz/Canaris* II/2 § 71 I 1, S. 254 f.
[291] BGHZ 118, 383, 388; OLG Köln NJW-RR 1998, 1701.
[292] *Erman/Westermann/Buck-Heeb* RdNr. 31; *RGRK/Heimann-Trosien* RdNr. 34.

diesem Fall ist der Anspruch auf Rückerstattung des zugeflossenen Vorteils kein Bereicherungsanspruch, sondern ein vertraglicher Rückgewähranspruch.[293]

118 **b) Rechtshindernde Einwendung.** § 818 Abs. 3 scheint seinem Wortlaut nach („nicht mehr bereichert") vorauszusetzen, dass das Ereignis, welchen den Wegfall der Bereicherung begründet, nur berücksichtigt wird, wenn es nach dem rechtsgrundlosen Erwerb eintritt. Indes besteht Einigkeit darüber, dass die Vorschrift auch und erst recht gilt, wenn der Empfänger durch das Erlangte **von vornherein nicht bereichert** war.[294] § 818 Abs. 3 mutiert in diesen Fällen zur rechtshindernden Einwendung.

119 **c) Keine eigene Anspruchsgrundlage.** Dieses Verständnis der Möglichkeit, sich auf Wegfall der Bereicherung berufen zu können, schließt freilich die Erkenntnis ein, dass **§ 818 Abs. 3** dem Bereicherungsschuldner die Möglichkeit des **angriffsweisen Vorgehens nicht eröffnet**: § 818 Abs. 3 stellt keine eigene Anspruchsgrundlage dar, mit deren Hilfe der Bereicherungsschuldner einen Ausgleich für seine bereicherungsmindernden Vermögensnachteile verlangen könnte, sondern er führt im Ergebnis lediglich zu einer besonderen Verteidigungsmöglichkeit des Schuldners derart, dass er Herausgabe des Erlangten nur **Zug um Zug**[295] gegen Zahlung derjenigen Beträge verlangen kann, die im Ergebnis zum „Wegfall der Bereicherung" geführt haben. Im Fall des § 818 Abs. 2 führt die Möglichkeit, bereicherungsmindernde Vermögensnachteile geltend machen zu können, zu einer schlichten Verrechnung mit dem Zahlungsanspruch des Gläubigers: Dieser mindert sich um diejenigen Beträge, die der Schuldner gemäß § 818 Abs. 3 geltend machen kann, ohne dass es einer förmlichen Aufrechnungserklärung bedarf;[296] dies wäre nicht einmal möglich, da – wie ausgeführt – ein aufrechnungsfähiger Gegenanspruch des Schuldners durch § 818 Abs. 3 gar nicht zur Verfügung gestellt wird.[297] Wenn infolge des Ereignisses, das dazu geführt hat, dass der Wert des Erlangten gemindert wurde, ein **anderer Vorteil** ins Vermögen des Schuldners geflossen ist, so hat der Schuldner zwar im Ausgangspunkt nach § 818 Abs. 2 Wertersatz zu leisten, kann sich davon aber befreien, indem er den Ersatzvorteil herausgibt:[298] § 818 Abs. 3 erzeugt auf diesem Wege eine **Ersetzungsbefugnis** zugunsten des Empfängers. Die abweichende Darstellung in Rechtsprechung und Schrifttum, der Schuldner habe nur noch den Ersatzvorteil herauszugeben,[299] erscheint ungenau, weil sie den Anschein erweckt, als könne der Gläubiger die Herausgabe des Ersatzvorteils *erzwingen*;[300] dies kann er indes nur, sofern der Ersatzvorteil in einem commodum ex re iS des § 818 Abs. 1, nicht aber dann, wenn es in einem rechtsgeschäftlichen Surrogat besteht.

120 **d) Fortbestand eigenständiger Ansprüche wegen Vermögensminderung.** Soweit freilich die Vermögensminderung **eigenständige Gegenansprüche** auslöst, bleiben diese **von § 818 Abs. 3 unberührt.** Der BGH hat dies in einem Fall ausgesprochen, in dem ein

---

[293] BGHZ 155, 166, 177 (für Rückabwicklung eines aus wichtigem Grund gekündigten Subventionsdarlehensvertrags); BGH NJW-RR 1992, 25 (für Rückabwicklung von Leistungen aus einem privaten Versicherungsvertrag).
[294] *Gursky* NJW 1969, 2183, 2184; RGRK/*Heimann-Trosien* RdNr. 22; *Tiedtke* DB 1979, 1261, 1263.
[295] RGZ 137, 324, 336 f.; BGH WM 1972, 564, 565; NJW 1980, 1789, 1790; *Bamberger/Roth/Wendehorst* RdNr. 42; *Erman/Westermann/Buck-Heeb* RdNr. 47; jurisPK/*Martinek* RdNr. 82; *D. Kaiser* S. 407; *Larenz/Canaris* II/2 § 73 I 4 a, S. 301. Zu Besonderheiten bei § 816 vgl. dort RdNr. 50 ff.
[296] Zust. BGH ZIP 1999, 659; vgl. auch *Honsell* MDR 1970, 717 ff.; *Erman/Westermann/Buck-Heeb* RdNr. 47; *Medicus* BR RdNr. 224; aus der – älteren – Rspr. RGZ 54, 137, 141; 86, 343, 346. Gegen die Missverständlichkeit des in diesem Zusammenhang oft gebrauchten Begriffs „Saldo" RGRK/*Heimann-Trosien* § 812 RdNr. 56 und § 818 RdNr. 22 im Anschluss an *Diederichsen* Jura 1970, 378, 404.
[297] Zu diesem Erfordernis statt aller § 387 RdNr. 14 ff.
[298] BGHZ 158, 63, 67 (bezogen auf § 822, aber auf der Prämisse, dass der nach § 822 Verpflichtete nichts anderes schuldet als der Erstempfänger. Konsequent muss man für dessen Haftung denselben Inhalt annehmen: Wertersatzpflicht mit Befugnis, sich durch Herausgabe des rechtsgeschäftlichen Surrogats zu befreien). Nach *Bamberger/Roth/Wendehorst* RdNr. 43 besteht die hier befürwortete Ersetzungsbefugnis des Empfängers jedenfalls dann, wenn der Ersatzvorteil in seinem Wert schwer zu bestimmen ist oder wenn der Empfänger minderjährig ist, arglistig getäuscht wurde oder in vergleichbarer Weise schutzwürdig ist.
[299] RGZ 86, 343, 349; *Reuter*, FS Gernhuber, 1993, S. 369, 383, 385.
[300] So sogar ausdrücklich *Reuter*, FS Gernhuber, 1993, S. 369, 384 f.

Beschenkter auf das geschenkte Grundstück Aufwendungen in Gestalt des Einsatzes persönlicher Arbeitskraft gemacht hatte[301] und hernach wegen groben Undanks auf Rückgewähr des Grundstücks belangt wurde (§§ 531 Abs. 2, 818). Der BGH sah die Notwendigkeit, dem Beschenkten eine eigenständige Aufwendungskondiktion zuzusprechen, darin, dass § 818 Abs. 3 dem Beschenkten nicht weiterhalf: Dessen Vermögen, so der BGH, habe sich nicht gemindert.[302] Im Schrifttum wird teilweise die gleiche Handhabung für sämtliche Bereicherungsansprüche befürwortet.[303] Aufwendungen, die der Empfänger auf sich genommen hat, um (nach § 818 Abs. 1 herauszugebende) Nutzungen zu ziehen, kann er nach § 102 ersetzt verlangen;[304] auch dieser Anspruch wird durch § 818 Abs. 3 nicht ausgeschlossen. § 102 begrenzt andererseits nicht die Befugnis, Aufwendungen, die zur Nutzungs- und Fruchtziehung gemacht werden, nach § 818 Abs. 3 von der Bereicherungsschuld abzuziehen.

Gegen die Idee, dem Empfänger eine **Aufwendungskondiktion** zuzuerkennen, also **121** gegen die soeben referierte Rechtsprechung des BGH, sind freilich **Bedenken** laut geworden:[305] Habe der Empfänger die Sache durch Leistung erlangt, so entstehe eine dogmatisch unbefriedigende Gemengelage von Leistungs- und Aufwendungskondiktion. Letztere benötige der Empfänger selbst dann nicht, wenn er lediglich Arbeitskraft investiert habe; denn wenn man mit der These ernst mache, dass der Arbeitseinsatz, sofern ihm ein Marktwert zukomme, ein Vermögensopfer bedeute, so müsse man folgerichtig annehmen, dass auch dieser Einsatz zu einem Wegfall der Bereicherung führt – selbst wenn das übrigen Vermögen des Empfängers keine Schmälerung erfahren habe. Trotz dieser Einwände ist im Ergebnis eine eigenständige Aufwendungskondiktion des Empfängers anzuerkennen. Denn nur diese ermöglicht es ihm, aus eigenem Antrieb die Rückabwicklung zu betreiben; er muss nicht darauf warten, dass der Gläubiger Rückabwicklung begehrt. An dieser Möglichkeit eines **angriffsweisen Vorgehens** hat er im Regelfall ein **schutzwürdiges Interesse**. Eine abweichende Handhabung erscheint allenfalls dort diskutabel, wo das Gesetz die Initiative zur Rückabwicklung allein in die Hände des Gläubigers legt – wie dies beim Schenkungswiderruf der Fall ist. Der vom BGH entschiedene Fall zeigt freilich, dass selbst dort die Notwendigkeit einer eigenständigen Aufwendungskondiktion bestehen kann – nämlich wenn die Aufwendung im Einsatz von Arbeitskraft besteht. Denn die Idee, den Einsatz von Arbeitskraft trotz im Übrigen ungeschmälerten Vermögens als Wegfall der Bereicherung anzusehen, fällt schwer. Wer unter dem Gesichtspunkt des Aufwendungsersatzes fremden Arbeitseinsatz vergüten muss, ist hierzu deshalb verpflichtet, weil er nicht erwarten kann, kostenlos in den Genuss von Leistungen zu gelangen, für die er andernfalls hätte bezahlen müssen. Dieser Befund rechtfertigt es, Aufwendungsersatzansprüche auch für geleistete geldwerte Arbeit anzuerkennen. Er zwingt aber nicht dazu, dem Bereicherungsschuldner, der sonst keine Verluste erlitten hat, durch § 818 Abs. 3 die Möglichkeit zu eröffnen, Vermögen durch Arbeitskraft hinzu zu erwerben und sich damit besser zu stellen als vor dem Empfang der rechtsgrundlosen Leistung.

3. Notwendigkeit und Qualität eines Zusammenhangs zwischen Erwerb und **122** **Entreicherung.** Bis heute besteht keine Klarheit darüber, welcher Zusammenhang zwischen dem rechtsgrundlosen Erwerb einerseits und der Vermögensminderung andererseits bestehen muss, damit der Empfänger letztere dem Bereicherungsanspruch des Gläubigers nach § 818 Abs. 3 entgegenhalten kann. Diskutiert werden die folgenden Kriterien:

a) Kausalität. Die **Rechtsprechung**[306] hat bisher überwiegend auf eine reine Kausali- **123** tätsbetrachtung abgestellt: Abzugsfähig sollen demnach all diejenigen Vermögensnachteile

---

[301] Zur Einordnung von Arbeitskraft als „Aufwendung" AnwK-BGB/*Schwab* § 670 RdNr. 7 ff. mwN.
[302] BGH NJW 1999, 1626, 1630.
[303] *Büdenbender* JuS 1998, 227, 231.
[304] So für Aufwendung zur Erzielung von Unternehmenserträgen *Ballerstedt*, FS Schilling, 1973, S. 289, 298 ff.
[305] Zum Folgenden D. *Kaiser* S. 407 ff.
[306] Vgl. dazu RGZ 106, 4, 7; 114, 342, 346; BGHZ 1, 75, 81; BGH LM § 818 Abs. 3 Nr. 7 = MDR 1957, 598 m. Anm. *Pohle*; BGH WM 1970, 1421; BGH LM § 652 Nr. 70 = NJW 1981, 277 (sowohl bestätigend als auch einengend); aus dem Schrifttum RGRK/*Heimann-Trosien* RdNr. 26.

sein, die (adäquat) kausal auf dem rechtsgrundlosen Erlangen beruhen. Diese Auffassung ist in der Literatur zu Recht als deutlich zu großzügig empfunden worden:[307] Eine Kausalitätsbetrachtung kann allenfalls eine äußerste Grenze der berücksichtigungsfähigen Nachteile liefern. Sie kann mithin nur notwendige, nicht aber hinreichende Voraussetzung für die Möglichkeit sein, eine bestimmte Vermögensminderung nach § 818 Abs. 3 geltend zu machen. In einer jüngeren Entscheidung ist der BGH von einer reinen Kausalitätsbetrachtung abgerückt und hat stattdessen Gesichtspunkte wertender Risikozuweisung den Ausschlag geben lassen (näher RdNr. 129 ff.).

124 **b) Vertrauensschutz.** In der **Literatur** dominieren Vertrauensschutzerwägungen. Im Vordergrund steht dabei die Formel, abzugsfähig seien diejenigen Nachteile, die gerade darauf beruhen, dass der Schuldner auf die Beständigkeit seines Erwerbes vertraut habe.[308] Der Vertrauensschutzgedanke wird freilich mit unterschiedlichem Blickwinkel formuliert. Teilweise wird bezüglich gescheiterter Vertragsbeziehungen argumentiert, der Schuldner dürfe nicht besser stehen, als er bei Wirksamkeit des Kausalgeschäfts stünde.[309] Dieser Ansicht ist zu widersprechen:[310] Wenn das Gesetz die Gültigkeit des Kausalgeschäfts nicht anerkennt, bedeutet dies gerade, dass der Empfänger selbst die Rückabwicklung eines ihm ungünstigen Geschäfts verlangen kann. Die Testfrage ist daher anders zu stellen: Zu fragen ist, **wie** der Bereicherungsschuldner bei (rechtzeitiger) **Kenntnis** von der **Rechtsgrundlosigkeit** seines Erwerbs **stünde**.[311]

125 **c) Schadensersatzrechtliche Begrenzungsversuche.** Eine weitere Auffassung sieht in der Berücksichtigungsfähigkeit bereicherungsmindernder Nachteile ein schadensersatzrechtliches Problem.[312] *Flessner*[313] hat im Anschluss an *Wilburg*[314] auf rechtsvergleichender Basis eine ganze Palette verschiedener schadensersatzrechtlicher Zurechnungskriterien entwickelt: Es sei danach zu fragen, wer für den Vermögenszufluss als solchen, für dessen Rechtsgrundlosigkeit und/oder für den Wegfall des Erlangten verantwortlich sei, in wessen Organisationsbereich sich das die Bereicherung mindernde Ereignis vollzogen habe, wem der Nutzen aus dem Erlangten verbleibe, wen eine nachteilige Entscheidung härter treffe (Verlust der Substanz des Erlangten oder bloß einer Gewinnchance?), die wirtschaftliche Belastungsfähigkeit der Parteien und der Zweck der den Bereicherungsanspruch begründenden Norm. Diese Kriterien verstehen sich offenbar nicht als geschlossenes System, das für die Lösung konkreter Fälle zwingende Ableitungen erlaubt, sondern eher als Argumentationsvorschläge, die je nach Einzelfall zum Tragen kommen sollen. Die Idee, für die Zuweisung des Verlustrisikos darauf abzustellen, wer für die Rechtsgrundlosigkeit verantwortlich ist, hat auch andernorts Anklang gefunden.[315] Dagegen lehrt *Rengier*[316] in der Nachfolge von *v. Tuhr*,[317] dass es sich im Wesentlichen um die Problematik des Ersatzes von **Vertrauensschäden** handele. Die aus dieser Grundannahme gezogenen Konsequenzen reichen sehr weit: Nach diesem Ansatz ist nur der Wegfall dieses Erlangten selbst daher noch gemäß § 818 Abs. 3 zu beurteilen. Dagegen beantwortet sich die Frage des Ersatzes aller sonstigen Nachteile nicht

---

[307] So etwa *v. Caemmerer*, Ges. Schriften, S. 262; *Eckert* JR 1992, 507, 508; *Erman/Westermann/Buck-Heeb* RdNr. 32; *Esser/Weyers* § 51 II 2 b; *Flume*, FS Niedermeyer, 1953, S. 103, 154; *Halfmeier* JA 2007, 492, 494; *Koppensteiner/Kramer* § 14 II 1, S. 132 f.; *Strutz* NJW 1968, 141 f.; *Wilburg* S. 141 ff.

[308] AnwK-BGB/*Linke* RdNr. 51; *Beuthien* Jura 1979, 532, 533; *Eckert* JR 1992, 507, 508; *Erman/Westermann/Buck-Heeb* RdNr. 32; *Haines* S. 146 f.; *Halfmeier* JA 2007, 492, 494; jurisPK/*Martinek* RdNr. 66; *Koppensteiner/Kramer* § 14 II 1, S. 132; *Palandt/Sprau* RdNr. 27; PWW/*Leupertz* RdNr. 18; *Reeb* S. 115; *Rudolf* S. 157 ff.; *Soergel/Mühl* RdNr. 57; *Staudinger/Lorenz* RdNr. 38; *Wernecke* S. 550 ff.

[309] *Loewenheim* S. 143, 152.

[310] Wie hier *Larenz/Canaris* II/2 § 73 I 2 a, S. 297.

[311] *Larenz/Canaris* II/2 § 73 I 2 a, S. 297.

[312] *Flessner* S. 103 ff.; *Rengier* AcP 177 (1977), 418, 430 ff.; *Schnitzler* JZ 1972, 270, 272.

[313] *Flessner* S. 112 ff.

[314] *Wilburg* S. 145 ff.

[315] Etwa bei *Diesselhorst* S. 75 f.

[316] *Rengier* AcP 177 (1977), 418, 430 ff.; krit. *Reuter/Martinek* § 14 II 1, S. 523 f., § 17 II 3, S. 586 f.

[317] *v. Tuhr*, FS Bekker, 1907, S. 294, 314 ff.

mehr aus dem Bereicherungsrecht, sondern aus einer – ggf. analogen – Anwendung der §§ 122, 179 Abs. 2, 307, 309 aF. Diese Nachteile verlieren konsequent den Charakter reiner Abzugsposten; der Bereicherungsschuldner ist stattdessen auf die Geltendmachung selbstständiger Schadensersatzansprüche zu verweisen.[318]

Diese schadensersatzrechtliche Betrachtungsweise ist **mit § 818 Abs. 3 nicht vereinbar.**[319] Denn diese Vorschrift will dem Bereicherungsschuldner die Notwendigkeit, für die Geltendmachung der Vermögensminderung eine eigenständige Anspruchsgrundlage ins Feld führen zu müssen, gerade ersparen (RdNr. 116). Die hier abgelehnte Ansicht verkennt den Regelungsgehalt des § 818 Abs. 3 außerdem insoweit, als sie dem Bereicherungsschuldner aufgibt, die Verantwortlichkeit des Gläubigers für die eingetretene Vermögensminderung konkret zu belegen. Die Möglichkeit, eine solche Minderung dem Bereicherungsanspruch entgegenzuhalten, wird so zur begründungsbedürftigen Ausnahme. § 818 Abs. 3 spricht indes die gegenteilige Sprache: Wenn der Bereicherungsschuldner nicht verschärft haftet, ist das Risiko einer Minderung des Vermögenszuflusses dem Bereicherungsgläubiger zugewiesen. Nicht die Befugnis des gutgläubigen unverklagten Schuldners, solche Minderungen geltend zu machen, bedarf mithin einer besonderen Begründung, sondern die Beschneidung dieser Befugnis. Erst recht unhaltbar ist in der vorgeschlagenen Allgemeinheit die These, die Verantwortlichkeit des Empfängers für den Wegfall der Leistung lasse sich als Kriterium für die Frage heranziehen, ob der wirtschaftliche Verlust den Schuldner oder den Gläubiger treffen solle: Den gutgläubigen unverklagten Empfänger treffen gerade keine Sorgfaltspflichten im Umgang mit dem Erlangten. Bedenken begegnet schließlich der Versuch, für die Zuweisung von Verlustrisiken ein diffuses Konglomerat von Kriterien anzubieten: Das Gesetz enthält in § 818 Abs. 3 bereits eine klare Anordnung, nämlich die, dass den gutgläubigen unverklagten Bereicherungsschuldner kein Verlustrisiko trifft. Wer mit welcher Begründung auch immer für eine Zurückdrängung des § 818 Abs. 3 eintritt, muss dafür Rechtsfortbildung lege artis betreiben – nämlich ein durch abweichende gesetzliche Wertungen unterfüttertes Konzept mit systembildender Kraft vorlegen.

Sind demnach schadensersatzrechtliche Erwägungen nicht in der Lage, die Befugnis des Schuldners, Vermögenseinbußen geltend zu machen, zu *begründen,* so können sie diese Befugnis doch immerhin **einschränken.** Wer etwa ein Rechtsgeschäft nach §§ 119, 120 anficht, hat dem anderen Teil nach § 122 den Vertrauensschaden zu ersetzen. Konsequent kann er dem Bereicherungsanspruch des anderen Teils nicht die eigenen Aufwendungen entgegensetzen.[320] Denn die Minderung des Bereicherungsanspruchs, den der andere Teil dadurch erlitte, würde sogleich ihrerseits einen Vertrauensschaden begründen, für den der Anfechtende wiederum aufzukommen hätte.

d) Der Topos der „vermögensmäßigen Entscheidung". Namentlich auf *Flume*[321] zurückzuführen ist der Topos der „vermögensmäßigen Entscheidung". Danach sollen jedenfalls im Bereich der Rückabwicklung gegenseitiger Verträge solche Nachteile und Risiken als bereicherungsmindernd ausscheiden, die auf freien Entscheidungen des Schuldners beruhen, welche „unbeeinflusst von der causa des Erwerbs getroffen worden" sind. Dahinter steckt mit anderen Worten die Idee, der Schuldner könnte ungeachtet der Nichtigkeit des Kausalgeschäfts **zurechenbar** das **Risiko** bestimmter Vermögensminderungen **übernommen** haben. Anders ausgedrückt: Es könnten nur solche Nachteile in Abzug gebracht werden, die dem Vermögenserwerb selbst, nicht aber solche, die dem Verhalten des Bereicherungsschuldners zuzurechnen seien.[322] Dieser Gedanke überzeugt freilich bereits bei der bereicherungsrechtlichen Rückabwicklung nichtiger Austauschverträge nicht (näher

---

[318] So ausdrücklich *Rengier* AcP 177 (1977), 418, 430 ff.
[319] Abl. auch *D. Kaiser* S. 447; *Larenz/Canaris* II/2 § 73 I 6 a, b, S. 308 f.
[320] Zutr. *Canaris* JZ 1992, 1114, 1116 f.
[321] *Flume,* FS Niedermeyer, 1953, S. 103, 154 ff.; ders. NJW 1970, 1161, 1163; ders. AcP 194 (1994), 427, 440; ihm folgend *Wilhelm* S. 62 f.
[322] *Flume,* FG BGH, 2000, S. 525, 540.

RdNr. 240) und taugt daher erst recht nicht als allgemeines Prinzip zur Einschränkung des § 818 Abs. 3.[323]

129 **e) Wertende Risikozuweisung im Einzelfall?** In einer neueren Entscheidung will der BGH § 818 Abs. 3 unter den generellen Vorbehalt einer wertenden Risikozuweisung im Einzelfall stellen. Im konkreten Fall begehrte der Käufer Rückabwicklung eines formnichtigen Grundstückkaufvertrags nach Maßgabe der Saldotheorie (s. noch RdNr. 209 ff.) und stellte in die Gesamtsaldierung, die seinem Zahlungsantrag zugrunde lag, unter anderem die Kosten der Eintragung einer Auflassungsvormerkung sowie die Kosten der Finanzierung des Kaufpreises ein. Beides versagte der BGH dem Käufer.[324] Bezüglich der Finanzierungskosten lautete sein maßgebliches Argument, dass der Käufer vom Verkäufer bereits nach § 818 Abs. 1 die aus dem Kaufpreis gezogenen Nutzungen herausverlangen könne. Dann dürfe er nicht auch noch selbst aufgewendete Kreditzinsen liquidieren; denn damit würde er doppelt begünstigt.[325]

130 Die Entscheidung verdient im Ergebnis Zustimmung; die **Begründung** gibt indes zu **gravierenden Bedenken** Anlass. Eine konturenlose Einzelfallprüfung vermag den Regelungsgehalt des § 818 Abs. 3 in keiner Weise zu erhellen.[326] Merkwürdig ist im Übrigen, dass sich der BGH überhaupt auf eine Diskussion der betreffenden Abzugsposten eingelassen hat, obwohl diese nicht als Einwendungen gegen Bereicherungsansprüche des Verkäufers, sondern *angriffsweise* geltend gemacht wurden, was dem Bereicherungsschuldner bekanntlich mangels Anspruchsgrundlage gerade verwehrt ist (RdNr. 119).[327] Insgesamt zeigt sich an dem vom BGH entschiedenen Fall sehr deutlich, dass der BGH gut beraten wäre, schleunigst von der Saldotheorie Abschied zu nehmen (zur Kritik an der Saldotheorie näher RdNr. 221 ff., 230 ff.). In die Versuchung, eine wertende Einzelfallbetrachtung vorzunehmen, geriet der BGH nämlich nur deshalb, weil er bei der bereicherungsrechtlichen Rückabwicklung nichtiger gegenseitiger Verträge ohne jedes dogmatische Fundament eine Gesamtsaldierung aller wechselseitig angefallenen Vermögensposten favorisiert. Hätte der BGH, wie es geboten wäre, das Rechtsverhältnis im Ausgangspunkt in zwei selbständige wechselseitige Bereicherungsansprüche aufgespaltet (RdNr. 253), wäre ihm sogleich aufgefallen, dass es keinen Bereicherungsanspruch des Verkäufers gab, dem der Käufer die Kosten der Vormerkung und der Finanzierung hätte entgegenhalten können:

131 Bereits die Aussage, dass die Kosten der **Auflassungsvormerkung** nicht berücksichtigt werden können, hätte sich wesentlich einfacher begründen lassen als mit einer wertenden Einzelfallbetrachtung. Zwar trifft es zu, dass diese Kosten als solche der Vertragsdurchführung anzusehen sind und sich grundsätzlich bereicherungsmindernd auswirken.[328] Durch die Nichtigkeit des Kaufvertrags war jedoch die Vormerkung unwirksam und durch ihre Eintragung das Grundbuch daher unrichtig geworden. Der Verkäufer konnte daher nach § 894 Löschung der Vormerkung verlangen, ohne dass der Käufer dem die Kosten der Eintragung jener Vormerkung hätte entgegenhalten können. Dann konnte der Käufer diese Kosten auch nicht einem auf Löschung der Vormerkung gerichteten Bereicherungsanspruch entgegenhalten.[329]

132 Auch die **Finanzierungskosten** werden teilweise für abzugsfähig gehalten, weil der Kredit im Vertrauen auf die Rechtsbeständigkeit des Erwerbs aufgenommen worden sei.[330] Eben dies ist indes nicht der Fall. Der BGH hat diese Kosten vielmehr im Ergebnis zu

---

[323] Krit. auch *Diesselhorst* S. 58 f.; schon früher *A. Blomeyer* AcP 154 (1955), 527, 534.
[324] BGHZ 116, 251, 256 f. = NJW 1992, 1037; für Finanzierungskosten ebenso BGH NJW-RR 1992, 589, 590; OLG Hamm NJW-RR 1993, 590, 591.
[325] Insoweit zust. *Pfeiffer* LM § 818 Abs. 3 Nr. 35.
[326] Zu Recht krit. insoweit 4. Aufl. RdNr. 77 sowie *Kohler* NJW 1992, 3145, 3146; insoweit zust. *Pfeiffer* LM § 818 Abs. 3 Nr. 35.
[327] So auch *Eckert* JR 1992, 507.
[328] Aus diesem Grunde *für* Abzugsfähigkeit der Vormerkungskosten *Eckert* JR 1992, 507, 508; *Pfeiffer* LM § 818 Abs. 3 Nr. 35.
[329] *Canaris* JZ 1992, 1114, 1115; *Kohler* NJW 1992, 3145, 3146; *Larenz/Canaris* II/2 § 73 III 6 c, S. 334.
[330] *Eckert* JR 1992, 507, 508.

Recht nicht vom Bereicherungsanspruch des Verkäufers abgesetzt. Zur Begründung hätte indes die Feststellung genügt, dass diese mit dem rechtsgrundlosen Erwerb nichts zu tun hatten. Die Notwendigkeit, den Kaufpreis zu finanzieren, ergab sich aus der Sicht des Käufers allein schon daraus, dass er den *schuldrechtlichen Kaufvertrag* geschlossen hatte. Das Finanzierungsdarlehen hätte er mit anderen Worten allein schon deswegen aufnehmen müssen, weil er sich zur Zahlung des Kaufpreises verpflichtet hatte. Dabei spielte es mithin keine Rolle, ob der Verkäufer schon irgendetwas an ihn geleistet hatte. Die Finanzierungskosten sind somit Aufwendungen nicht im Zusammenhang mit dem rechtsgrundlosen Erwerb, sondern im Zusammenhang mit dem Abschluss des nichtigen Kausalgeschäfts. Solche Kosten sind durch den rechtsgrundlosen Erwerb nicht verursacht und daher nicht nach § 818 Abs. 3 abzugsfähig.[331] Ebenso wenig kann der Käufer diejenigen Kosten in Ansatz bringen, welche ihm für die Erteilung der Löschungsbewilligung bezüglich der Grundschuld entstehen, die er zur Sicherung des Finanzierungsdarlehens bestellt hatte: Spätestens mit der Erkenntnis, dass der Kaufvertrag an der Formnichtigkeit scheitern würde, war die ursprünglich erteilte Einwilligung des Verkäufers, dass der Käufer das Grundstück belastete, hinfällig. Der Käufer war daher spätestens ab dann nach § 1004 verpflichtet, auf eigene Kosten die Löschung der Grundschuld herbeizuführen. Diese Kosten konnte er folgerichtig nicht dem Verkäufer in Rechnung stellen oder nach § 818 Abs. 3 entgegenhalten.[332]

Das OLG Hamm hat – in Fortführung der soeben wiedergegebenen Entscheidung des BGH – vorgeschlagen, solche **Aufwendungen** zugunsten einer Partei in die Gesamtsaldierung einzustellen, die **nach dem (nichtigen) Vertrag** eigentlich die **Gegenpartei** hätte tätigen müssen: Habe etwa der Grundstückskäufer das Grundstück vermessen und die Eintragung der Auflassungsvormerkung bewirkt, obwohl nach dem Kaufvertrag beides vom Verkäufer sicherzustellen gewesen sei, so könne der Käufer die ihm insoweit entstandenen Kosten in die Gesamtsaldierung einstellen.[333] Auch das OLG Hamm erlaubte dem Käufer wegen dieser Kosten ein angriffsweises Vorgehen gegen den Verkäufer. Die Entscheidung ist schon aus diesem Grunde, abzulehnen: In der Sache wird dem Käufer ein Anspruch auf Ersatz von Vertrauensschäden zugebilligt, ohne dass danach gefragt würde, ob dem Verkäufer eine zu vertretende Pflichtverletzung zur Last fällt. Nicht überzeugen kann aber auch der Versuch, die Verteilung der Aufwendungen, wie sie im nichtigen Vertrag geschrieben steht, unreflektiert ins Bereicherungsrecht zu übertragen: Es möchte nämlich sein, dass der Schutzzweck der die Nichtigkeit begründenden Norm einer solchen Risikoverteilung entgegensteht.[334] Im Referenzfall war der Kaufvertrag an einem Formmangel gescheitert. Der vertrag wurde nicht anerkannt, weil die Parteien vor Übereilung geschützt werden sollen. Dann kann aber auch die Verteilung der Kosten für die Vorbereitung der Leistung sich nicht nach diesem Vertrag richten.

f) Fazit. Die Vertrauensschutzerwägungen der hL (RdNr. 124) sind kritisiert worden, weil sie sich des Öfteren als zu pauschal und daher als zu wenig aussagekräftig für die Entscheidung des jeweiligen konkreten Einzelfalls erwiesen hätten.[335] Diese Kritik ist in dieser Allgemeinheit ohne Substanz. Die **Idee des Vertrauensschutzes** trägt vielmehr dem Umstand Rechnung, dass **§ 818 Abs. 3** nur dem **gutgläubigen Bereicherungsschuldner** die Möglichkeit eröffnet, sich auf Wegfall der Bereicherung zu berufen. Diese gesetzliche Wertung legt es nahe, für § 818 Abs. 3 einen Zusammenhang zwischen Vermögensminderung einerseits und Vertrauen des Schuldners auf die Rechtsbeständigkeit des Erwerbs andererseits zu fordern.

---

[331] *Kohler* NJW 1992, 3145, 3146. Im Ergebnis ebenso *Flume,* GS Knobbe-Keuk, 1997, S. 111, 116 f.; D. *Kaiser* S. 445.
[332] *Canaris* JZ 1992, 1114, 1115 f.
[333] OLG Hamm NJW-RR 1993, 590, 591.
[334] Zutr. (in Auseinandersetzung mit BGHZ 116, 251) *Eckert* JR 1992, 507; *Flume,* GS Knobbe-Keuk, 1997, S. 111, 115 f.
[335] 4. Aufl. RdNr. 76 sowie *Flessner* S. 121.

§ 818   135–137   Abschnitt 8. Titel 26. Ungerechtfertigte Bereicherung

135   **4. Einzelne Abzugsposten. a) Aufwendungen zum Zwecke des Erwerbs.** Die ganz hL sieht **Erwerbskosten** generell als nach § 818 Abs. 3 **abzugsfähig** an.[336] Zu nennen sind zunächst diejenigen Aufwendungen, die der Schuldner zum Zwecke des Erwerbs gemacht hat, wie Frachten, Zölle,[337] Makler- bzw. Vermittlungsprovisionen,[338] Planungsgebühren, Grundbuchkosten, notarielle Kosten,[339] Werbungskosten, gezahlte Mehrwertsteuer.[340] Dieser hL ist nur teilweise zu folgen: **Kosten des Vertragsschlusses** nämlich können schon deshalb **nicht** nach § 818 Abs. 3 geltend gemacht werden, weil sie nicht durch den Erwerb, sondern bereits durch den Vertragsschluss veranlasst sind.[341] Deshalb fallen von den genannten Positionen jedenfalls die Maklerprovisionen und die Kosten der Beurkundung des Vertrags aus dem Kreis der nach § 818 Abs. 3 abzugsfähigen Kosten heraus.[342] Beim gutgläubigen Scheckerwerb gemäß Art. 21 ScheckG sind Leistungen an einen Vertreter ohne Vertretungsmacht nach § 818 Abs. 3 abzusetzen.[343]

136   **b) Erwerbspreis.** Wer kraft Bereicherungsrechts einen gesetzlichen Eigentumserwerb gemäß §§ 946 ff.[344] auszugleichen hat (§§ 951 Abs. 1 S. 1, 812 Abs. 1 S. 1 Alt. 2) oder nach nichtberechtigter Verfügung gemäß § 816 Abs. 1 zur Herausgabe des dadurch Erlangten verpflichtet ist, kann Aufwendungen, die er für den Erwerb von einer anderen Person als dem Gläubiger tätigen musste, nach allgemeiner Meinung **nicht nach § 818 Abs. 3 geltend machen.**[345] Denn vor dem Eigentumserwerb bzw. der Verfügung wäre der ursprünglich Berechtigte – sei es sofort, sei es nach Beendigung eines den Schuldner zeitweise zum Besitz berechtigenden Rechtsverhältnisses – berechtigt gewesen, Herausgabe zu verlangen. Diesem Herausgabeanspruch hätte der Schuldner den an den Dritten gezahlten Erwerbspreis und die übrigen Erwerbskosten ebenfalls nicht entgegenhalten können.[346] Es ist allein Sache des Schuldners, sich mit dem Dritten, von dem er die Sache erworben hatte, auf Grund der entsprechenden Leistungsstörungsregeln auseinanderzusetzen[347], und der Schuldner hat das Risiko der Insolvenz dieser Person allein zu tragen. Der durch die Nichtleistungskondiktionen gewährte Schutz würde unterlaufen, wenn sich der Gläubiger Zahlungen an Dritte bereicherungsmindernd entgegenhalten lassen müsste.[348]

137   **Ausnahmsweise** können freilich auch Gegenleistungen, die an Dritte erbracht wurden, dann gegenüber dem Bereicherungsanspruch des Gläubigers berücksichtigt werden, wenn dieser selbst den Vertrauenstatbestand erzeugt hat, auf dem die Disposition des Schuldners

---

[336] BGH WM 1993, 251, 257; *Erman/Westermann/Buck-Heeb* RdNr. 39; *Esser/Weyers* BT/2 § 51 II 2 b; *Flessner* S. 17; *Kohler* S. 139 f.; *Palandt/Sprau* RdNr. 42; *Planck/Landois* Anm. 5 b; *Staudinger/Lorenz* RdNr. 37.
[337] Für Abzugsfähigkeit von Frachten und Zöllen etwa AnwK-BGB/*Linke* RdNr. 55; *Kohler* S. 139; *Nicklisch* NJW 1966, 434, 435; *Wernecke* S. 556.
[338] RGZ 72, 1, 3; AnwK-BGB/*Linke* RdNr. 55; PWW/*Leupertz* RdNr. 25.
[339] RG Recht 1911 Nr. 320.
[340] BGH LM § 818 Abs. 3 Nr. 16 = NJW 1970, 2059.
[341] Zutr. *D. Kaiser* S. 444. Die gleiche Überlegung steht der Annahme entgegen, der Käufer könne beim nichtigen Grundstückskauf die Kosten der Auflassungsvormerkung und der Kaufpreisfinanzierung nach § 818 Abs. 3 geltend machen; vgl. RdNr. 129 ff.
[342] Gegen Abzugsfähigkeit von Notargebühren auch OLG Hamm NJW-RR 1993, 590, 591.
[343] OLG Hamm WM 1982, 833.
[344] S. dazu den Sonderfall LG Köln WM 1991, 1894 (Ankauf und Vermischung ausländischer Valuta von einem Minderjährigen); dazu *Paefgen* JuS 1992, 192, 195.
[345] BGHZ 40, 272, 275 ff.; 55, 166, 179 f.; 56, 228, 239 f.; BGH NJW 1970, 2059; 1995, 3315, 3317; AnwK-BGB/*Linke* RdNr. 58; *Bamberger/Roth/Wendehorst* RdNr. 59; *Beuthien* Jura 1979, 532, 534; *v. Caemmerer*, Ges. Schriften, S. 262; *Erman/Westermann/Buck-Heeb* RdNr. 40; *Esser/Weyers* BT/2 § 51 II 2 b; HKK/*Schäfer* §§ 812–822 RdNr. 201; jurisPK/*Martinek* RdNr. 102; *Larenz/Canaris* II/2 § 73 I 5 a, S. 302 f.; *Medicus* BR RdNr. 725; PWW/*Leupertz* RdNr. 25; *Rengier* AcP 177 (1977), 418, 434 f.; *Schnitzler* JZ 1972, 270 f.; *Staudinger/Lorenz* RdNr. 37.
[346] *Lehmann*, FS Nipperdey, 1955, S. 31, 34.
[347] Vgl. *Strutz* NJW 1968, 141 f.; *Reeb* S. 120; *Medicus* BR RdNr. 725.
[348] So *Koppensteiner/Kramer* § 14 II 1, S. 133; der Sache nach – unter Hinweis auf den in dieser Fallkonstellation häufig einschlägigen § 935 – auch *H. P. Westermann* JuS 1972, 18, 24. Im Ergebnis auch *Reuter/Martinek* § 17 IV 3 c, S. 621 ff.

zugunsten des Dritten beruht.[349] So mag es etwa liegen, wenn jemand eine fremde Schuld in dem irrigen Glauben begleicht, er sei selbst Schuldner: Wenn der Gläubiger im Vertrauen auf die Rechtsbeständigkeit der Zahlung die ihm obliegende Gegenleistung an den wahren Schuldner erbringt, liegt hierin eine Vermögensdisposition, die dem Bereicherungsanspruch nach § 818 Abs. 3 entgegengehalten werden kann. Der Gläubiger ist um die Gegenleistung entreichert, wenn der wirkliche Schuldner zwischenzeitlich in Vermögensverfall geraten ist und weder die geschuldete Leistung erbringen noch die Gegenleistung zurückgewähren wird.

Das Problem der an einen Dritten gezahlten Gegenleistung stellt sich auf dem Boden der Rechtsprechung auch beim **Finanzierungsleasing.** Denn nach Ansicht des BGH fällt, sobald es dem Leasingnehmer gelungen ist, aus abgetretenem Gewährleistungsrecht des Leasinggebers dessen Kaufvertrag mit dem Lieferanten in ein Rückgewährschuldverhältnis zu verwandeln, die Geschäftsgrundlage des Leasingvertrags rückwirkend weg.[350] Bereits gezahlte Leasingraten sind zurückzuzahlen, und zwar nach Bereicherungsrecht.[351] Nach Ansicht des BGH kann der Leasinggeber diesem Anspruch den an den Lieferanten gezahlten Kaufpreis nicht nach § 818 Abs. 3 entgegenhalten.[352] Diese Sichtweise ist verbreitet kritisiert worden.[353] Nach hier vertretener Ansicht handelt es sich hierbei um **kein Problem des § 818 Abs. 3.** Vielmehr ist die Rückabwicklung gescheiterter Finanzierungsleasingverträge gemäß § 500 nach den Regeln über verbundene Geschäfte zu bewirken:[354] Der Leasingvertrag und der (vom Leasinggeber zwar im eigenen Namen, aber letztlich für Rechnung des Leasingnehmers geschlossene) Kaufvertrag über die Lieferung des Leasingguts stellen im Rechtssinne verbundene Geschäfte dar. Damit stellt sich für das Finanzierungsleasing ebenso wie für den drittfinanzierten Abzahlungskauf die Frage, ob im Fall des § 359 auch ein Rückforderungsdurchgriff wegen vom Verbraucher bereits geleisteter (dort Darlehens-, hier Leasing-) Raten stattfindet. Nach hier vertretener Ansicht ist dies für das finanzierte Abzahlungsgeschäft bereits dem Grunde nach zu verneinen;[355] Gleiches gilt konsequent beim Finanzierungsleasing. Insbesondere kann ein solcher Rückforderungsdurchgriff jedenfalls dann, wenn Auslöser der Rückabwicklung ein Mangel der Kaufsache ist, nicht auf § 813 gestützt werden;[356] auch dies muss folgerichtig bei Mängeln des Leasingguts gelten. Es fehlt bereits dem Grunde nach an einem Bereicherungsanspruch des Leasingnehmers; auf § 818 Abs. 3 kommt es gar nicht mehr an. Der Leasingnehmer darf nämlich nicht besser stehen als jemand, der ohne Finanzierungshilfe von dritter Seite ein Teilzahlungsgeschäft direkt mit dem Lieferanten schließt. Letzterer muss wegen der bereits gezahlten Raten das Risiko der Insolvenz des Lieferanten tragen; dann darf er beim drittfinanzierten Abzahlungskauf dies Risiko nicht auf die Bank und beim Leasing nicht auf den Leasinggeber abwälzen.[357]

c) Kosten der Zwangsvollstreckung. Abzugsfähig sind nach **hM** ferner die Kosten der Zwangsvollstreckung,[358] wenn der Bereicherungsschuldner in fremde Sachen oder Forderungen vollstreckt hat und der Berechtigte kraft Bereicherungsrechts Herausgabe des Erlöses oder der eingezogenen Beträge verlangt. Diese hM **überzeugt nicht:** Würde auf

---

[349] Vgl. statt aller *Rengier* AcP 177 (1977), 418, 436 mwN.
[350] Statt aller BGHZ 81, 298, 305 f.
[351] BGHZ 109, 139, 144.
[352] BGHZ 109, 139, 145 = NJW 1990, 314.
[353] 4. Aufl. RdNr. 82 sowie *Schröder* JZ 1989, 717, 719 ff.
[354] So schon unter der Geltung des alten Schuldrechts *Larenz/Canaris* II/2 § 66 IV 3, S. 116 ff.; aus dem neuen Schuldrecht und mit Blick darauf, dass die Tatbestände eines „verbundenen Vertrages" im Rahmen des Finanzierungsleasings vorliegen: *Habersack* BB 2003, Beilage Nr. 6 S. 2, 4 f.
[355] Ausf. *Schwab* ZGR 2004, 861, 885 ff.
[356] Zu diesem Fragenkreis näher § 359 RdNr. 75 (vgl. aber anderseits RdNr. 66 für den Fall der Unwirksamkeit des finanzierten Geschäfts) sowie § 813 RdNr. 13.
[357] So auch *Schröder* JZ 1989, 717, 722 (für finanzierten Abzahlungskauf), 724 (für Leasing).
[358] BGHZ 32, 240, 244; 66, 150, 155 ff.; AnwK-BGB/*Linke* RdNr. 55; Bamberger/Roth/*Wendehorst* RdNr. 57; Erman/Westermann/*Buck-Heeb* § 812 RdNr. 75; jurisPK/*Martinek* RdNr. 101; *Lent* NJW 1955, 674; *Lüke* AcP 153 (1954), 533, 545 Fn. 45; Palandt/*Sprau* § 812 RdNr. 39; PWW/*Leupertz* RdNr. 25; *Schuler* NJW 1962, 1842, 1845; Soergel/*Mühl* RdNr. 61.

§ 818 140, 141   Abschnitt 8. Titel 26. Ungerechtfertigte Bereicherung

Betreiben des Berechtigten die Zwangsvollstreckung nach § 771 ZPO für unzulässig erklärt, so müsste der Gläubiger von der Zwangsvollstreckung in diesen Gegenstand ohne weiteres ablassen. Er wäre namentlich nicht berechtigt, seinen Verzicht auf die Fortsetzung der Vollstreckung davon abhängig zu machen, dass der Berechtigte die Kosten der Vollstreckung begleicht.[359] Das gilt zum einen für die Kosten der Pfändung,[360] entgegen einer vermittelnden Meinung[361] aber ebenso für die Kosten der Verwertung, etwa der Versteigerung: Würde der Berechtigte in einem Zeitpunkt nach § 771 ZPO vorgehen, in dem die gepfändete Sache zwar versteigert, der Erlös aber noch nicht an den Gläubiger ausgekehrt ist, so müsste der Erlös vollständig an den Berechtigten ausgekehrt werden – ohne Abzug der Versteigerungskosten.[362]

140 **d) Verwendungen, Aufwendungen für den bestimmungsgemäßen Einsatz.** In Betracht kommen ferner Verwendungen auf das Erlangte, und zwar ohne Rücksicht auf Notwendigkeit, Nützlichkeit oder darauf, ob eine Werterhöhung eingetreten bzw. noch vorhanden ist.[363] Dies sind vielmehr Gesichtspunkte, die sämtlich nur dann zu beachten sind, wenn der Bereicherungsschuldner selbstständige Verwendungsersatzansprüche gegenüber dem Eigentümer erheben will bzw. erheben muss, wie dies insbesondere dem Bösgläubigen im Rahmen der §§ 818 Abs. 4, 819 gemäß §§ 292 Abs. 2, 994 Abs. 2 allein übrig bleibt. Die Abzugsfähigkeit substanzwerterhöhender Aufwendungen entfällt entgegen abweichender Meinung im Schrifttum nicht dadurch, dass sie zwischenzeitlich zerstört worden sind:[364] Entscheidend ist allein, dass der Berechtigte im Vertrauen auf die Rechtsbeständigkeit seines Erwerbs in den erlangten Gegenstand investiert hat. Abzugsfähig sind auch die **gewöhnlichen Erhaltungskosten** bzw. die **Kosten der Nutzungs- und Fruchtziehung,** soweit die Nutzungen herauszugeben sind.[365] Die Abzugsfähigkeit von Aufwendungen ist der Höhe nach nicht begrenzt,[366] insbesondere nicht durch § 102 (RdNr. 120).

141 Zu berücksichtigen sind ferner Aufwendungen, die den **bestimmungsgemäßen Einsatz des Erlangten** erst **ermöglichen** sollten.[367] Dies gilt freilich nur dann, wenn sie für den Schuldner nach Rückgabe des Erlangten nicht mehr verwertbar sind. Nach einer im Schrifttum vertretenen Ansicht kann bei nichtigen gegenseitigen Verträgen ein Wegfall der Bereicherung darin liegen, dass der eine Teil die Gegenleistung, die er vom anderen Teil zurückerhält, nicht mehr oder nur noch eingeschränkt verwenden kann.[368] Nach hier vertretener Ansicht ist § 818 Abs. 3 für die Rückabwicklung nichtiger Austauschverträge bereits im Ansatz nicht einschlägig. Denn Leistungsstörungen im Rückgewährschuldverhältnis richten sich nach hier bevorzugter Sicht ausschließlich nach dem entsprechend anzuwendenden § 346 Abs. 2, 3 (RdNr. 252 ff.). Nach diesen Vorschriften kann der Rückgewährgläubiger Umstände, welche die Verwendbarkeit der von ihm zurückzunehmenden Gegenleistung einschränken, nur geltend machen, soweit sie den Tatbestand einer Verschlechterung iS des § 346 Abs. 2 S. 1 Nr. 3 begründen. In diesem Fall kann er vom anderen Teil Wertsatz verlangen. Dieser Anspruch ist ausgeschlossen, soweit sich der andere Teil auf das Haftungsprivileg nach § 346 Abs. 3 S. 1 Nr. 3 berufen kann.

---

[359] Zutr. OLG München WM 1975, 281, 283; *Nicklisch* NJW 1966, 434, 435. Im Ergebnis gegen Abzugsfähigkeit der Vollstreckungskosten auch LG Stade MDR 1963, 925; AG Büdingen NJW 1965, 1381; AG Soltau NJW 1955, 674.
[360] Insoweit wie hier auch *Larenz/Canaris* II/2 § 73 I 5 c, S. 304.
[361] Für Abzugsfähigkeit wenigstens der Verwertungskosten *Larenz/Canaris* II/2 § 73 I 5 c, S. 304.
[362] Zutr. *Nicklisch* NJW 1966, 434, 435.
[363] RG WarnR 1919 Nr. 196 BGH ZIP 1998, 292, 294; ZIP 1999, 659, 664; *Bamberger/Roth/Wendehorst* RdNr. 71; *Flessner* S. 18; *Flume,* GS Knobbe-Keuk, 1997, S. 111, 117 ff.; jurisPK/*Martinek* RdNr. 99; *Staudinger/Lorenz* RdNr. 37.
[364] So aber *Larenz/Canaris* II/2 § 73 I 2 d, S. 299; abl. zu Recht *Flume,* GS Knobbe-Keuk, 1997, S. 111, 120.
[365] BGH NJW 1983, 1905, 1907 = BB 1983, 1118; *Kohler* S. 139 m. Fn. 96; *Staudinger/Lorenz* RdNr. 37.
[366] *Larenz/Canaris* II/2 § 73 I 2 d, S. 298, Fn. 10.
[367] So RG Recht 1907 Nr. 3804.
[368] RGRK/*Heimann-Trosien* § 812 RdNr. 60.

e) **Steuern.** Steuern, die der Empfänger zu zahlen hat, können im Einzelfall bereits **das** 142 **Erlangte mindern** und gewinnen, soweit dies der Fall ist, bereits auf der Ebene der §§ 812, 818 Abs. 1 Bedeutung; eines Rückgriffs auf § 818 Abs. 3 bedarf es insoweit nicht mehr. So liegt es namentlich bei ertragsunabhängigen Steuern auf nach § 818 Abs. 1 herauszugebende Unternehmensgewinne (RdNr. 36). Des Weiteren kann sich die **Rückgewährpflicht** ihrerseits auf die **steuerliche Veranlagung auswirken,**[369] nämlich die Steuerpflicht mindern. Soweit dies der Fall ist, soweit mithin die erlittene Steuerbelastung durch gegenläufige Steuerminderungen ausgeglichen werden, ist der Empfänger um die gezahlten Steuern nicht entreichert; ein Rückgriff auf § 818 Abs. 3 scheidet dann ebenfalls aus. So liegt es bei ertragsabhängigen Steuern auf nach § 818 Abs. 1 herauszugebende Unternehmensgewinne (RdNr. 36).

Soweit eine **Steuerbelastung definitiv beim Bereicherungsschuldner verbleibt,** 143 kann sie **grundsätzlich** nach § 818 Abs. 3 vom Bereicherungsanspruch **abgezogen werden.** Das gilt zum einen für reine Besitzsteuern. In diesem Sinne kann jemand, der einen rechtsgrundlos erlangten Hund herausgeben muss, entgegen verbreiteter Ansicht[370] die **Hundesteuer** nach § 818 Abs. 3 in Abzug bringen; denn diese Steuer legitimiert sich aus der Möglichkeit, durch das Halten des Hundes Vorteile zu ziehen. Da die Nutzungen nach § 818 Abs. 1 herausgegeben werden müssen, muss auch die damit verbundene Steuerlast in Abzug gebracht werden dürfen[371] – und zwar ohne Rücksicht auf die Höhe der tatsächlich gezogenen Gebrauchsvorteile. Ebenso kann jemand, der rechtsgrundlos Eigentum und/oder Besitz an einem **Kraftfahrzeug** erlangt hat, nach § 818 Abs. 3 die gezahlte Kfz.-Steuer dem Anspruch des Gläubigers auf Rückübereignung/Herausgabe nebst Nutzungsersatz entgegenhalten.[372] Selbst der bösgläubige bzw. verklagte Bereicherungsschuldner kann dem Herausgabeanspruch des Gläubigers Haltersteuern wie die Kfz.- oder die Hundsteuer nach §§ 891 Abs. 1, 818 Abs. 4, 292 Abs. 2, 995 entgegenhalten. Dann ist nicht einzusehen, weshalb dem gutgläubigen Schuldner wegen solcher Steuern die Berufung auf § 818 Abs. 3 verwehrt bleiben sollte.[373] Wer auf eine rechtsgrundlos erhaltene Maklerprovision Einkommen- und Umsatzsteuer abgeführt hat, ist um die abgeführten Steuerbeträge entreichert.[374]

Wenn man im Fall des § 816 Abs. 1 S. 1 das durch die Verfügung Erlangte mit dem BGH 144 im Veräußerungserlös erblickt, darf der Verfügende von diesem Erlös die an den Fiskus abgeführte **Mehrwertsteuer** abziehen.[375] Nach hier vertretener Ansicht hat der Verfügende freilich bloß die Befreiung von der Verbindlichkeit aus dem Kausalgeschäft mit dem Verfügungsempfänger erlangt und folglich nach § 818 Abs. 2 nur den Wert dieser Schuldbefreiung, mithin den objektiven Verkehrswert der Sache zu ersetzen; die Mehrwertsteuer bleibt hier sowohl bei der Bestimmung des Erlangten als auch bei der Frage der Entreicherung unberücksichtigt.

Bei nach § 818 Abs. 1 herauszugebenden **Unternehmenserträgen** kann sich ein Wegfall 145 der Bereicherung nur in zweierlei Gestalt einstellen:[376] zum einen, wenn die ertragsunabhängigen Steuern die herauszugebenden Erträge übersteigen und aus der Substanz des Unternehmens bezahlt werden müssen; zum anderen, wenn bei ertragsabhängigen Steuern der Empfänger aus der Möglichkeit, die nach § 818 Abs. 1 zurückzugewährenden Erträge steuermindernd geltend zu machen, nicht Vorteile in mindestens derselben Höhe zieht, in der er zuvor Steuern auf jene Erträge hatte zahlen müssen. Zu denken ist etwa an Progressionsunterschiede. Soweit sich hierdurch ein Wegfall der Bereicherung ergibt, mindert dieser nach § 818 Abs. 3 den Bereicherungsanspruch des Gläubigers. Das gilt ohne weiteres,

---

[369] Dazu eingehend *Schön* ZHR 155 (1991), 247, 252 ff.
[370] *Koppensteiner/Kramer* § 14 II 1 c, S. 134 f.; *Esser/Weyers* § 51 II 2 b, S. 111 f.
[371] Zutr. *Schön* ZHR 155 (1991), 247, 267.
[372] Ebenso *Reuter/Martinek* § 17 III 2 b, S. 594.
[373] Zutr. *Reuter/Martinek* § 17 III 2 b, S. 594.
[374] BGH WM 1992, 745, 748.
[375] Insoweit folgerichtig BGH NJW 1970, 2059; WM 2008, 1132, 1133.
[376] Zum Folgenden *Schön* ZHR 155 (1991), 247, 266.

soweit die Steuern aus einer Tätigkeit entstanden sind, welche einer ordnungsmäßigen Wirtschaft entsprechen;[377] es gilt aber ebenso, wenn die Steuern kraft einer atypischen Tätigkeit des Empfängers (etwa durch Spekulation) angefallen sind:[378] Jene Tätigkeit hat der Empfänger im Vertrauen auf die Rechtsbeständigkeit seines Erwerbs entfaltet und deshalb auch den Steuertatbestand im Vertrauen hierauf verwirklicht.

146 Das Recht des Bereicherungsschuldners, Steuern anspruchsmindernd geltend zu machen, unterliegt nach verbreiteter Ansicht **Einschränkungen.** So hatte das RG über folgenden Fall zu entscheiden:[379] Jemand hatte mit seinem Bruder einen Erbvertrag geschlossen, wonach er seinem Bruder seinen Anteil an einem Landgut zu vermachen hatte; letzterer verpflichtete sich im Gegenzug, betriebliche Darlehensschulden des ersteren zu tilgen. Nach Vertragsschluss heiratete ersterer und focht den Erbvertrag nach § 2078 Abs. 2 an. Der Bruder verlangte daraufhin die von ihm geleisteten Zahlungen auf das Darlehen zurück. Ihm wurde der Einwand entgegengesetzt, infolge der Darlehenstilgung sei die betriebliche Steuerlast gestiegen; in Höhe dieser gestiegenen Steuerlast sei die Bereicherung weggefallen. Das RG verwarf diesen Einwand mit der Begründung, der Anfechtungsgrund habe rein persönliche Belange des Schuldners berührt und dürfe sich daher nicht zu Lasten seines Bruders auswirken.[380] Im Schrifttum ist anknüpfend hieran – in Anlehnung an die in RdNr. 125 ff. referierten Versuche, § 818 Abs. 3 durch schadensersatzrechtliche Überlegungen zurückzudrängen – versucht worden, ein allgemeines Prinzip folgenden Inhalts zu postulieren: Der Empfänger könne die Steuerlast nicht nach § 818 Abs. 3 geltend machen, wenn und soweit er für den Nichtigkeitsgrund verantwortlich sei. Diese Sicht überzeugt weder allgemein noch im vom RG entschiedenen Fall: Entweder das Gesetz zieht aus der Verantwortlichkeit einer Partei für den Nichtigkeitsgrund die Konsequenz, dass diese Partei den Vertrauensschaden der anderen ersetzen muss. Dann ist der verantwortlichen Partei aus *diesem* Grund die Berufung auf Wegfall der Bereicherung versagt; denn was sie nach § 818 Abs. 3 geltend machen würde, müsste sie sogleich wiederum als Vertrauensschaden ersetzen (RdNr. 127). Oder das Gesetz zieht eine solche Konsequenz nicht (wie etwa bei der Anfechtung eines Erbvertrags, vgl. §§ 2281 Abs. 1 S. 1, 2078 Abs. 3!). Dann dürfen Rechtsfolgen, welche im Ergebnis einer Pflicht zum Ersatz des Vertrauensschadens gleichkommen, auch nicht auf kaltem Wege über eine Einschränkung des § 818 Abs. 3 erzielt werden.

147 **f) Nachteile durch Vermögensdispositionen.** Berücksichtigungsfähig sind die Nachteile, die der Bereicherungsschuldner durch Vermögensdispositionen erleidet, die er im Vertrauen auf den Erwerb vornimmt oder unterlässt.[381] So kann sich auf Wegfall der Bereicherung berufen, wer im Vertrauen auf die Rechtsbeständigkeit des Erwerbs eine **Forderung verjähren lässt,** die ihm gegen einen Dritten zusteht.[382] Das gleiche Recht steht jemandem zu, der es im Vertrauen auf jene Rechtsbeständigkeit unterlässt, einen Anspruch gegen einen Dritten geltend zu machen, und nunmehr erkennen muss, dass jener Dritte zwischenzeitlich zahlungsunfähig geworden ist.[383] Die **Aufgabe von Sicherheiten,** die zugunsten des Empfängers für eine Forderung gegen einen Dritten bestellt waren, führt nur dann zum Wegfall der Bereicherung, wenn und soweit dadurch das Risiko gestiegen ist, dass diese Forderung uneinbringlich geworden ist, mithin nicht, wenn und soweit der dritte Schuldner zahlungsfähig ist.[384]

---

[377] Insoweit ebenso *Schön* ZHR 155 (1991), 247, 268.
[378] Insoweit anders *Schön* ZHR 155 (1991), 247, 268.
[379] RGZ 170, 65.
[380] RGZ 170, 65, 68.
[381] jurisPK/*Martinek* RdNr. 104; *Oertmann* Anm. 3 b; *Planck/Landois* Anm. 5 c; *Staudinger/Lorenz* RdNr. 38 f.
[382] RGZ 70, 350, 352; *Bamberger/Roth/Wendehorst* RdNr. 74; jurisPK/*Martinek* RdNr. 104.
[383] BGH WM 1961, 273, 274; OLG München NJW-RR 1988, 1391, 1392; *Bamberger/Roth/Wendehorst* RdNr. 74.
[384] BGH WM 1961, 273, 274; RGRK/*Heimann-Trosien* RdNr. 35.

Ebenso findet das **Unterlassen** eines **anderen günstigen Geschäfts** im Rahmen des § 818 Abs. 3 Berücksichtigung: So liegt es, wenn der Schuldner in Kenntnis des fehlenden Rechtsgrundes ein vergleichbares Gut anderweitig preisgünstiger erworben hätte;[385] desgleichen, wenn der Schuldner erlangtes Geld in Kenntnis des fehlenden Rechtsgrundes lukrativer eingesetzt hätte (dann mindert auch der dadurch entgangene Gewinn die Bereicherung).[386] Ganz allgemein sind vom Bereicherungsanspruch all jene Vorteile nach § 818 Abs. 3 abzusetzen, die der Empfänger auch ohne den rechtsgrundlosen Vermögenszufluss (im Falle der Eingriffskondiktion insbesondere: die er auch bei rechtmäßigen Verhalten) erzielt hätte.[387] Ferner begründet der Erwerb wertloser Gegenstände (Wertpapiere!) mit rechtsgrundlos erlangtem Geld den Einwand aus § 818 Abs. 3.[388] Erst recht ist der Einwand aus § 818 Abs. 3 begründet, wenn der Empfänger das Erlangte **weiterverschenkt** hat. Hat der Empfänger im Vertrauen auf die Rechtsbeständigkeit des Erwerbs ein Schenkungsversprechen abgegeben und das Erlangte in Erfüllung dieses Versprechens dem Dritten verschafft, so verbleibt ihm nicht etwa deshalb eine Bereicherung, weil die Übertragung des erlangten Gegenstands in das Vermögen des Beschenkten ihn von der Verbindlichkeit aus dem Schenkungsversprechen befreit hat;[389] denn dies Versprechen ist der Empfänger überhaupt nur deswegen eingegangen, weil er davon ausging, das Erlangte behalten zu dürfen.

Wenn eine **Bank** sich von einem Kreditkunden **Forderungen abtreten lässt** und sodann einzieht, die Abtretung aber daran gescheitert ist, dass dieselben Forderungen zuvor schon an einen Dritten abgetreten worden waren, so fällt die Bereicherung der Bank nicht schon dann weg, wenn sie den Forderungsbetrag dem Kreditkonto des Kunden gutschreibt; denn die Gutschriften kann sie bei Aufdeckung der wahren Sachlage wieder stornieren.[390] Wohl aber fällt ihre Bereicherung weg, wenn sie infolge dieser Gutschriften neuerliche **Verfügungen des Kreditschuldners zulässt,** die sie in Kenntnis des Umstands, dass sie den eingezogenen Betrag nach § 816 Abs. 2 an den wahren Gläubiger auskehren muss, nicht zugelassen hätte.[391] Wenn die Abtretung an die Bank freilich an § 138 gescheitert ist, erhebt sich die Frage, ob der Bank selbst dann noch die Berufung auf § 818 Abs. 3 zusteht (RdNr. 183).

Wenn der **Mieter** gemietete **Räume renoviert,** weil er sich dazu aufgrund einer Klausel für verpflichtet hält, die in Wahrheit einer Inhaltskontrolle nach § 307 nicht standhält,[392] erbringt er eine rechtsgrundlose Leistung an den Vermieter. Im Schrifttum wird die Auffassung vertreten, dass der Vermieter dem Anspruch auf Ersatz des Wertes der Renovierungsarbeiten mit folgender Begründung § 818 Abs. 3 entgegenhalten kann: Der Vermieter habe im Vertrauen auf die Wirksamkeit der Klausel darauf verzichtet, eine höhere Miete zu verlangen. Hätte er gewusst, dass er die Schönheitsreparaturen selbst zu tragen hat, so hätte er auf die Miete einen angemessenen Zuschlag erheben können; dessen maximale Höhe sei in § 28 Abs. 4 der Zweiten Berechnungsverordnung geregelt. Konsequent könne er dem Anspruch des Mieters auf Wertersatz für die Renovierungsarbeiten nach § 818 Abs. 3 einen solchen Zuschlag abziehen.[393] Diese Ansicht ist abzulehnen: Der Vermieter hat bereits bei Abschluss des Mietvertrags darauf verzichtet, eine höhere Miete zu verlangen. Zu diesem Zeitpunkt hat er die Renovierungsleistung des Mieters noch gar nicht erlangt und kann daher auch nicht auf deren Rechtsbeständigkeit vertraut haben. Die Vertrauensdisposition des Mieters ist mithin nicht gerade durch den Empfang der rechtsgrundlosen Leistung motiviert.

Beim rechtsgrundlos erlangten **Unternehmen** soll sich der Erwerber wegen einer zwischenzeitlich eingetretenen **Wertminderung** nur dann auf § 818 Abs. 3 berufen können,

---

[385] *Kohler* S. 148 ff.
[386] *Koppensteiner/Kramer* § 14 II 2a, S. 135.
[387] *Haines* S. 128, 147 ff.
[388] LG Düsseldorf WM 1991, 1969.
[389] So auch *Wernecke* S. 551.
[390] BGHZ 26, 185, 194 f.; *Lieb* JR 1971, 507, 508.
[391] *Lieb* JR 1971, 507, 508.
[392] Überblick zur (Un-)Wirksamkeit von Schönheitsreparaturklauseln bei *Schwab*, AGB-Recht, 2008, RdNr. 1103 ff.
[393] *Rave* GE 2005, 221, 223.

§ 818   152, 153   Abschnitt 8. Titel 26. Ungerechtfertigte Bereicherung

wenn diese auf Zufall beruht, etwa auf einem Konjunktureinbruch oder auf einem allgemeinen Preisverfall. Dagegen soll die Berufung auf § 818 Abs. 3 ausscheiden, wenn die Minderung ihre Ursache in einem Verhalten des Erwerbers, also in (wenn auch schuldlosen) unternehmerischen Fehlentscheidungen hat.[394] Denn der Erwerber, so wird zur Begründung vorgetragen, hätte in Kenntnis des fehlenden Rechtsgrundes diese Entscheidungen gar nicht selbst treffen, sondern dem Verkäufer überlassen müssen. Dieser Ansicht kann nicht zugestimmt werden. Zum einen ist nicht einzusehen, weshalb der Unternehmenskäufer für zurechenbares Verhalten einstehen soll, während den gutgläubigen Empfänger sonstiger rechtsgrundloser Leistungen nicht einmal eine Verschuldenshaftung trifft. Zum anderen wurde in RdNr. 33 ff. die Verpflichtung des Erwerbers zur Herausgabe sämtlicher tatsächlich erzielter Erträge befürwortet. Der Verkäufer profitiert also im Bereicherungsausgleich von vorteilhaften Unternehmerentscheidungen des Erwerbers; dann muss er auch mit den Konsequenzen nachteiliger Unternehmerentscheidungen leben.

152   **g) Rückabwicklungskosten, Vertragsstrafe.** Die Kosten der Rückabwicklung können ebenfalls die Bereicherung mindern.[395] Ob dazu auch die Kosten der Rücksendung gehören,[396] erscheint indes eher zweifelhaft: Denn der Bereicherungsschuldner ist regelmäßig nicht zur Rücksendung verpflichtet; Erfüllungsort ist grundsätzlich der Wohn- bzw. Geschäftssitz des Bereicherungsschuldners.[397] Dann fallen auch keine Rücksendekosten an. Wenn der Bereicherungsschuldner einen **Geldbetrag**, den er nach §§ 812 ff. herauszugeben hat, **versendet** und dieser Betrag auf dem Weg zum Gläubiger **untergeht** oder abhanden kommt, kann sich jedenfalls der gutgläubige unverklagte Bereicherungsschuldner auf § 818 Abs. 3 berufen.[398] Die Gegenansicht, die § 270 Abs. 1 mit der Folge anwenden will, dass die Gefahr zufälligen Untergangs zu Lasten des Bereicherungsschuldners geht,[399] verkennt, dass § 270 Abs. 1 nur „im Zweifel" gilt und daher hinter spezialgesetzlichen Interessenbewertungen zurückzutreten hat. Eine solche Spezialregelung aber verkörpert auch § 818 Abs. 3: Die Rückgewährschuld darf den gutgläubigen unverklagten Bereicherungsschuldner nicht in einer Weise belasten, dass sein Vermögen nach Erfüllung dieser Schuld im Vergleich zu dem Zustand, der vor dem rechtsgrundlosen Erwerb bestand, gemindert wird. Aus dem gleichen Grund dürfen – ebenfalls abweichend von § 270 Abs. 1 – die **Kosten** der Rückzahlung dem gutgläubigen unverklagten Bereicherungsschuldner nicht zur Last fallen: Auch sie mindern vielmehr in einer nach § 818 Abs. 3 beachtlichen Weise die Bereicherung, dürfen also vom Schuldner von der herauszugebenden Geldsumme abgezogen werden.

153   Freilich wird es häufig so liegen, dass der Bereicherungsschuldner, der seine Pflicht zur Rückgewähr rechtsgrundlos erlangten Geldes erfüllt, um seine Rückgewährpflicht *weiß* und daher **bösgläubig** ist.[400] Danach scheint es, als hafte der Schuldner gemäß §§ 819 Abs. 1, 818 Abs. 4 nach den „allgemeinen Vorschriften" und damit auch nach § 270. Im Schrifttum wird gleichwohl die Auffassung vertreten, selbst dem bösgläubigen Bereicherungsschuldner dürfe weder Gefahr noch Kosten der Rückzahlung aufgebürdet werden.[401] Diese Auffassung bedarf einer **differenzierenden Würdigung:** Ihr ist – nur – für den Fall zuzustimmen, dass das Erlangte dem Empfänger ohne eigenes Zutun durch zurechenbare Handlung des Gläubigers zugeflossen ist. In diesem Fall hat nämlich der Gläubiger durch eigenes Handeln den Sachverhalt herbeigeführt, aufgrund dessen der Empfänger zur Rückgewähr von Geld verpflichtet ist. Dann darf er dem Empfänger weder die Gefahr noch die Kosten aufbürden, die mit der

---

[394] *Canaris*, FS Lorenz, 1991, S. 19, 57.
[395] AnwK-BGB/*Linke* RdNr. 55.
[396] So AnwK-BGB/*Linke* RdNr. 55.
[397] AnwK-BGB/*Schwab* § 269 RdNr. 45.
[398] Vgl. bereits AnwK-*Schwab* § 270 RdNr. 17; ebenso *Erman/Westermann/Buck-Heeb* RdNr. 35; jurisPK/*Martinek* RdNr. 123; *Sieveking* MDR 1947, 291, 292; *Soergel/Mühl* RdNr. 80.
[399] RGRK/*Heimann-Trosien* RdNr. 34; *Staudinger/Seufert*, 10./11. Aufl. 1975 (Stand 1960), RdNr. 59; im Ergebnis ebenso, wenn auch mit unterschiedlicher Begr. OLG Braunschweig MDR 1947, 290, 291.
[400] Darauf weist zutr. *D. Kaiser* S. 449 hin.
[401] *Sieveking* MDR 1947, 291, 292.

Erfüllung der Bereicherungs-(Geld-)schuld einhergehen. Aus diesem Grund trägt bei der Leistungs-, der Aufwendungs- und der Rückgriffskondiktion und ebenso bei der Durchgriffskondiktion des Angewiesenen in Mehrpersonenverhältnissen der *Gläubiger* Gefahr und Kosten der Rücksendung. Diese Handhabung fußt freilich *nicht* auf einer Auslegung des § 818 Abs. 3, sondern allein auf einer Interpretation des § 270: Die Vorschrift gilt nur „im Zweifel" und daher nicht, wenn Kosten und Risiko der Geldübermittlung vom Gläubiger zurechenbar veranlasst worden sind. Wo der Empfänger dagegen durch eigenes Handeln die Bereicherungsschuld begründet hat, nämlich bei der Eingriffskondiktion, bleibt es bei der Regel des § 270: Der *bösgläubige* bzw. *verklagte* Bereicherungsschuldner trägt Gefahr und Kosten der Geldübermittlung. Nur bei der Eingriffskondiktion ist daher der *gutgläubige* Schuldner auf die soeben RdNr. 152 befürwortete Anwendung des § 818 Abs. 3 angewiesen.

Die vorstehenden Überlegungen beanspruchen Gültigkeit über die Geldschuld hinaus: 154 Hat man sich einmal darauf verständigt, dass über die Verteilung von Gefahr und Kosten der Rückabwicklung nicht allein die Frage der Gut- und Bösgläubigkeit entscheidet, sondern ebenso der **Erfüllungsort** der Rückgewährpflicht, so lassen sich angemessene Ergebnisse auch für die Rückgewähr von Sachleistungen erzielen. Der aus dem Recht der Gewährleistung für Sachmängel bekannte Grundsatz, dass der Käufer die mangelhafte Sache dort zurückzugewähren hat, wo sie sich vertragsgemäß befindet,[402] lässt sich auch im Bereicherungsrecht fruchtbar machen. Namentlich bei der Rückabwicklung gegenseitiger Verträge hat jede Partei die von ihr empfangene Leistung grundsätzlich an ihrem Wohn- bzw. Geschäftssitz zurückzugewähren.[403] Der Schuldner bedarf *insoweit* nicht mehr des Rückgriffs auf § 818 Abs. 3; die hL, wonach Rückabwicklungskosten nach dieser Vorschrift vom Bereicherungsanspruch abgesetzt werden können,[404] greift insoweit ins Leere. Ihrer bedarf es nur dort, wo der Vermögenszufluss beim Schuldner nicht vom Gläubiger veranlasst wurde, nämlich bei der Eingriffskondiktion: Dort kann der gutgläubige Schuldner die Kosten der Rückgewähr nach § 818 Abs. 3 absetzen, der bösgläubige nicht.

Hat der Empfänger an einen Dritten eine **Vertragsstrafe** zu zahlen, so kann er diese nach 155 § 818 Abs. 3 vom Bereicherungsanspruch in Abzug bringen.[405]

h) **Prozesskosten.** Die Prozesskosten des **im Rechtsstreit um die Bereicherungs-** 156 **schuld unterlegenen Schuldners** mindern seine Bereicherung nicht. Der BGH stützt diese Handhabung auf eine allgemeine Billigkeitserwägung: Es könne nicht angehen, dass der Schuldner sich ohne Grund gegen seine Herausgabepflicht wehre und gleichwohl noch die Verfahrenskosten auf den Gläubiger abwälze.[406] Nach hier vertretener Ansicht lässt sich das Ergebnis einfacher begründen: Prozesskosten entstehen nur, wenn und soweit der Gläubiger zuvor den Bereicherungsanspruch rechtshängig gemacht hat. Ab diesem Zeitpunkt haftet der Schuldner ohnehin verschärft und kann sich nicht mehr auf § 818 Abs. 3 berufen – auch nicht wegen der ihm selbst entstandenen Prozesskosten.

i) **Folgeschäden.** Entgegen einer beachtlichen Meinung im Schrifttum[407] kann der 157 Empfänger Folgeschäden, die das Erlangte an anderen Rechtsgütern des Schuldners verursacht hat, **nicht** nach § 818 Abs. 3 von der Bereicherungsschuld **abziehen**.[408] Schulbei-

---

[402] Näher AnwK-BGB/*Schwab* § 269 RdNr. 34 mwN.
[403] Ausf. *D. Kaiser* S. 449 ff.
[404] Vgl. RGZ 96, 345, 347; BGH WM 1970, 963; *Beuthien* Jura 1979, 532, 533; Erman/Westermann/Buck-Heeb RdNr. 39.
[405] Vgl. dazu Staudinger/*Seufert*, 10./11. Aufl. 1975, RdNr. 38; RGRK/*Heimann-Trosien* RdNr. 34.
[406] BGH WM 1965, 1022, 1023; im Ergebnis ebenso schon RG Recht 1919, 420. Aus dem Schrifttum ebenso AnwK-BGB/*Linke* RdNr. 55.
[407] Für Abzugsfähigkeit der nachstehend im Text genannten Schäden Palandt/*Sprau* RdNr. 44; Planck/ Landois Anm. 5 c; RGRK/*Heimann-Trosien* RdNr. 26; in Bezug auf die Eingriffskondiktion auch *Reuter/ Martinek* § 17 IV 3 d, S. 624 f.
[408] Wie hier *Beuthien* Jura 1979, 532, 533; Erman/Westermann/Buck-Heeb RdNr. 37; Esser/Weyers BT/2 § 51 II 2 b; *Flume*, FS Niedermeyer, 1953, S. 103, 155 f.; Larenz/Canaris II/2 § 73 I 2 g, S. 300; Oertmann Anm. 3 a b; *Reeb* S. 119; *Rengier* AcP 177 (1977), 418, 434; Soergel/*Mühl* RdNr. 79; für Leistungskondiktion auch *Reuter/Martinek* § 17 III 2 b, S. 592 f.

§ 818 158, 159 Abschnitt 8. Titel 26. Ungerechtfertigte Bereicherung

spiel ist der rechtsgrundlos erlangte Hund, der einen Teppich zerbeißt.[409] Aber auch der Haftpflichtschaden, den der erlangte Hund verursacht, kann nicht nach § 818 Abs. 3 geltend gemacht werden.[410] Diese Handhabung lässt sich freilich *nicht* mit der Überlegung begründen, der Empfänger habe (jedenfalls bei gegenseitigen Verträgen) die Risiken solcher Schäden mit dem Erwerb unabhängig davon übernommen, ob sich der Vertrag als wirksam erweise oder nicht.[411] Der Topos der „zurechenbaren vermögensmäßigen Entscheidung", der diesem Argument zugrunde liegt, ist nämlich als allgemeines Kriterium der Risikozuweisung im Bereicherungsrecht ungeeignet (RdNr. 128, 240). Die fehlende Abzugsfähigkeit von Folgeschäden ergibt sich vielmehr aus dem fehlenden Zusammenhang solcher Schäden mit dem nach § 818 Abs. 3 zu schützenden Vertrauen des Bereicherungsschuldners: Folgeschäden der genannten Art wären ebenso eingetreten, wenn der Empfänger um die Rechtsgrundlosigkeit des Erwerbs gewusst hätte.[412] Aus eben diesem Grund kann – entgegen abweichender Ansicht im Schrifttum[413] – der Bereicherungsschuldner Folgeschäden, die durch das Erlangte in seinem Vermögen entstehen, nicht einmal dann nach § 818 Abs. 3 geltend machen, wenn sie auf einem Mangel der rechtsgrundlos gelieferten Sache beruhen.[414] Für Schäden, die sich aus derartigen Mängeln ergeben, kann der Bereicherungsgläubiger nur verantwortlich gemacht werden, wenn ihm eine zu vertretende Schutzpflichtverletzung zur Last fällt.[415] Diskutabel erscheint daneben der Vorschlag, den Abzug von Folgeschäden der genannten Art auch dann anzuerkennen, wenn feststeht, dass der Schaden andernfalls beim Gläubiger eingetreten wäre.[416]

158 Festzuhalten ist, dass die **Berufung auf § 818 Abs. 3** bei **Folgeschäden** der beschriebenen Art entgegen einer im Schrifttum vertretenen Ansicht[417] nicht bloß bei der **Leistungs-**, sondern ebenso bei der **Eingriffskondiktion** ausscheidet; denn die dafür tragende Überlegung, dass solche Schäden selbst bei Kenntnis der Rechtsgrundlosigkeit nicht hätten verhindert werden können, behält auch dort uneingeschränkt ihre Gültigkeit. So kann etwa jemand, der durch Eingriff in fremde Rechte Gewinn erzielt hat, sich nicht mit der Begründung auf § 818 Abs. 3 berufen, das eingenommene Geld sei von seinem Mitarbeiter veruntreut worden; denn das gleiche Schicksal hätte ihm auch bezüglich jenes Vermögens ereilen können, das er *nicht* nach §§ 812 ff. herauszugeben hatte.[418]

159 **j) Bezugnahme auf das Aktivvermögen.** Nach hL soll vom Wegfall der Bereicherung auch dann auszugehen sein, wenn das Aktivvermögen des Schuldners unter den Wert des Erlangten abgesunken ist.[419] Dies beruht auf der Vorstellung, für die Feststellung der Bereicherung käme es auf die Gesamtvermögenslage des Schuldners an. Dieser Auffassung kann nicht zugestimmt werden; denn auf diese Weise würden sich Umstände auf den Wegfall der Bereicherung auswirken, die mit dem Erwerb des Gegenstandes und dessen Schicksal nichts zu tun haben. Vor allem ist nicht einzusehen, weshalb der Bereicherungsgläubiger etwa in der Insolvenz des Bereicherungsschuldners nicht wenigstens die Quote soll verlangen können.[420]

---

[409] *Flume,* FS Niedermeyer, 1953, S. 103, 155; *Haines* S. 147; *Larenz/Canaris* II/2 § 73 I 2 g, S. 300; *Loewenheim* S. 143, 152.
[410] Ebenso *Flume,* FG BGH, 2000, S. 525, 540 f.; anders, aber im Vergleich zum Fall des zerbissenen Teppichs nicht folgerichtig *Larenz/Canaris* II/2 § 73 I 2 h, S. 300.
[411] So aber 4. Aufl. RdNr. 90 sowie *Flume,* FS Niedermeyer, 1953, S. 103, S. 155 f.
[412] Zutr. *Larenz/Canaris* II/2 § 73 I 2 g, S. 300.
[413] 4. Aufl. RdNr. 90 sowie *Flume* NJW 1970, 1161, 1163.
[414] Wie hier *Larenz/Canaris* II/2 § 73 I 2 g, S. 300; *Reuter/Martinek* § 17 III 2 b, S. 593.
[415] Zutr. *Larenz/Canaris* II/2 § 73 I 2 g, S. 300. Im Ergebnis ebenso *Bamberger/Roth/Wendehorst* RdNr. 78.
[416] In diesem Sinne *Bamberger/Roth/Wendehorst* RdNr. 78.
[417] *Reuter/Martinek* § 17 IV 3 d, S. 624 f.
[418] *Haines* S. 146 f.
[419] Vgl. etwa RGZ 68, 269, 270; BGH LM § 818 Abs. 3 Nr. 7 = MDR 1957, 598 m. Anm. *Pohle; Soergel/Mühl* RdNr. 65; OLG Köln VersR 1991, 648.
[420] Zutr. *Flessner* S. 109; *Kiehnle* JA 2005, 737; *Reuter/Martinek* § 17 III 2 b, S. 594; zweifelnd auch *Staudinger/Lorenz* RdNr. 34.

5. Wegfall des Erlangten. a) Ersatzloser Wegfall der Bereicherung. Der **ersatzlose** **160** Wegfall des Erlangten begründet den Wegfall der Bereicherung.[421] Der Bereicherungsschuldner ist in diesem Fall nach § 275 Abs. 1 von der Pflicht zur Herausgabe des Erlangten[422] und nach § 818 Abs. 3 von der Pflicht zum Wertersatz befreit. Dies beruht insbesondere darauf, dass den **gutgläubigen** Bereicherungsschuldner im Gegensatz zum **bösgläubigen** irgendwelche Sorgfaltspflichten im Umgang mit der vermeintlich rechtsbeständig seinem eigenen Vermögen zugeordneten Sache nicht treffen.[423] *Nutzungen* und *Dienstleistungen* verflüchtigen sich in dem Moment, in dem sie in Anspruch genommen werden; sie fallen in dem Moment, in dem sie „erlangt" werden, immer auch sogleich wieder weg.[424] Die Gegenthese, derartige Vorteile würden dem Vermögen des Empfängers mit Inanspruchnahme endgültig einverleibt,[425] hat sich mit Recht nicht durchsetzen können.[426] Das Vermögen ist durch die unkörperliche Leistung *gegenständlich* nicht gemehrt worden. Die Bereicherung mag sich allenfalls in Gestalt einer *Ausgabenersparnis* noch positiv im Vermögen des Empfängers niederschlagen und *deshalb* die Berufung auf § 818 Abs. 3 versperrt sein (RdNr. 164 ff.). Der Verbrauch von Geld zur Bestreitung des eigenen Lebensbedarfs begründet den Wegfall der Bereicherung,[427] es sei denn, der Empfänger hat durch den Einsatz rechtsgrundlos erlangten Geldes die Notwendigkeit erspart, anderweitige Ressourcen anzugreifen (RdNr. 164 ff.).

b) Anderweitige verbleibende Bereicherung. aa) Darlegungs- und Beweislast. **161** Die Berufung auf § 818 Abs. 3 ist dagegen beim Wegfall des Erlangten ausgeschlossen, sofern auf andere Weise eine Bereicherung im Vermögen des Empfängers verblieben ist. Da es sich bei § 818 Abs. 3 um eine rechtsvernichtende Einwendung handelt, trifft den **Empfänger** auch insoweit die **Darlegungs- und Beweislast:**[428] Er muss nicht nur darlegen und beweisen, dass das Erlangte in seinem Vermögen nicht mehr vorhanden ist, sondern ebenso das Verbleiben einer anderweitigen Bereicherung zur Überzeugung des Gerichts ausschließen. Wer etwa behauptet, das Erlangte zur Erzielung anderweitiger Vorteile eingesetzt zu haben, muss, um § 818 Abs. 3 mit Erfolg geltend zu machen, darlegen und beweisen, dass ihm dies misslungen ist.[429]

bb) Surrogate. Wegfall der Bereicherung scheidet aus, soweit der Empfänger anstelle des **162** Erlangten ein Surrogat erlangt hat, das er nach § 818 Abs. 1 herausgeben muss. Insbesondere greift § 818 Abs. 3 nicht ein, wenn und soweit dem Empfänger anstelle des Erlangten werthaltige **Bereicherungs- oder Schadensersatzansprüche gegen Dritte** zustehen.[430] Die rechtliche Konsequenz besteht in diesem Fall darin, dass der Empfänger anstelle des ursprünglich Erlangten nach § 818 Abs. 2 Wertersatz zu leisten hat, ohne sich demgegenüber auf § 818 Abs. 3 berufen zu können. Sofern freilich die Forderungen gegen Dritte in ihrem rechtlichen Bestand oder in ihrer Durchsetzbarkeit zweifelhaft erscheinen, kann der Gläubiger lediglich die Abtretung jener zweifelhaften Forderung verlangen.[431]

cc) Erfolgreicher Einsatz zur Erzielung anderweitiger Vermögensvorteile. Der **163** Wegfall des Erlangten lässt des Weiteren die Verpflichtung des Empfängers unberührt, **Nutzungen** aus dem Erlangten zu ersetzen. Die Verpflichtung zu deren Herausgabe ist nur ausgeschlossen, wenn und soweit der Empfänger auch um sie nicht mehr bereichert ist.

---

[421] *Flessner* S. 13; *Haines* S. 146; *Reeb* S. 113; *Soergel/Mühl* RdNr. 65; *Staudinger/Lorenz* RdNr. 34.
[422] *Wernecke* S. 548 f.
[423] *Ham/Müller* JA 2005, 102, 104; *Larenz/Canaris* II/2 § 73 I 1, S. 295.
[424] *Kellmann* NJW 1971, 862, 865; *Lieb* NJW 1971, 1289, 1292.
[425] *Batsch* NJW 1969, 1743, 1746.
[426] Zu Recht abl. auch *Pinger* MDR 1972, 101, 103.
[427] BGH FamRZ 1984, 767, 768; MDR 2003, 570.
[428] BGHZ 118, 383, 387 f.; OLG Köln NJW-RR 1998, 1701; AnwK-BGB/*Linke* RdNr. 61; Bamberger/Roth/*Wendehorst* RdNr. 161; jurisPK/*Martinek* RdNr. 84; PWW/*Leupertz* RdNr. 40.
[429] BGH NJW-RR 1989, 1298, 1299.
[430] BVerwG FamRZ 1993, 323, 324; NJW 1992, 328, 330; BGH JZ 1994, 732, 733; OLG Düsseldorf NJW-RR 1993, 507, 508.
[431] BGH NJW 1989, 453, 456.

164 dd) Ersparte Aufwendungen. Der Wegfall des Erlangten führt des Weiteren dann nicht zum Wegfall der Bereicherung, wenn der Empfänger dadurch, dass er den rechtsgrundlosen Vorteil erlangt bzw. eingesetzt hat, anderweitige Aufwendungen erspart hat.[432] Die früher verbreitete Auffassung, wonach ersparte Aufwendungen als selbstständiges Etwas, also als primärer Bereicherungsgegenstand anzusehen war,[433] ist freilich heute überholt. Denn in ihm kommt die heute überwundene vermögensorientierte Betrachtung des „Erlangten" zum Ausdruck. Nach der heute zu Recht herrschenden gegenständlichen Betrachtungsweise (RdNr. 111 ff.) ist Gegenstand der Herausgabepflicht im Kontext des § 812 der dem Empfänger ursprünglich zugeflossene Vorteil und im Kontext des § 812 der konkret gezogene Gebrauchsvorteil oder die konkret erzielten Früchte. Ebenso wenig spielt der Gesichtspunkt ersparter Aufwendungen bei der Bestimmung des nach § 818 Abs. 2 zu ersetzenden Wertes eine Rolle; die gegenteilige Ansicht[434] beruht auf der ebenfalls abzulehnenden subjektiven Werttheorie (RdNr. 75 f.). Der Gedanke der ersparten Aufwendungen hat seinen Platz und seine Funktion allein im Rahmen der Feststellung, ob der Empfänger **noch bereichert** ist.[435]

165 Seinen Schwerpunkt hat der Gedanke der bereicherungsbegründenden Aufwandsersparnis in den Fällen des **Verbrauchs** rechtsgrundlos erlangter Gegenstände; hier hat der Schuldner durch diesen Verbrauch die Anschaffung entsprechender Gegenstände und damit die dafür aufzuwendenden (vertraglichen) Kosten erspart.[436] Beim Verbrauch von rechtsgrundlos erlangtem **Geld** hat der Empfänger Aufwendungen erspart, wenn er ohne den Empfang dieses Geldes andere Ressourcen aus seinem Vermögen hätte angreifen müssen. Die Überlegung, dass die Ersparnis von Aufwendungen die Bereicherung (ganz oder teilweise) bestehen lässt, zieht damit die Notwendigkeit einer **Hypothese** nach sich: Zu fragen ist, wie sich der Empfänger verhalten hätte, wenn der rechtsgrundlos erlangte Vorteil ihm nicht zugeflossen wäre.

166 Diese Hypothese führt namentlich zu dem Ergebnis, dass **Luxusausgaben** die Bereicherung wegfallen lassen:[437] Wenn der Vorteil als solcher nicht (mehr) herausgegeben werden kann und die Annahme gerechtfertigt erscheint, dass der Empfänger sich in diesem Fall einen vergleichbaren Vorteil *nicht* anderweitig gegen Entgelt verschafft hätte, ist die Bereicherung weggefallen. Wer etwa rechtsgrundlos eine Beförderungsleistung erlangt, die er sich sonst nicht geleistet hätte, ist um jene Leistung entreichert.[438] Man wende nicht ein, die Luxusausgabe sei Folge einer zurechenbaren vermögensmäßigen Entscheidung des Empfängers und dürfe deshalb nicht auf den Bereicherungsgläubiger abgewälzt werden:[439] Jene Entscheidung beruhte gerade auf der irrigen Annahme, das Erlangte behalten zu dürfen. Das Risiko eines solchen Irrtums will § 818 Abs. 3 dem Empfänger gerade nicht zuweisen. Umgekehrt scheidet die Berufung auf Wegfall der Bereicherung aus, wenn anzunehmen ist,

---

[432] RGZ 97, 310, 312; 14, 7, 9; 20, 270, 275; 20, 395, 400; 26, 349, 352; 36, 171, 186; 38, 356, 368 f.; 111, 125, 131 f.; AnwK-BGB/*Linke* RdNr. 45; *Fikentscher/Heinemann* § 104 VI 2, RdNr. 1520; *Gursky* JR 1972, 279, 282; *Ham/Müller* JA 2005, 102, 105; *Jakobs* Eingriffserwerb S. 54; jurisPK/*Martinek* RdNr. 70; *Koppensteiner* NJW 1971, 1769, 1774; *Koppensteiner/Kramer* § 16 II 2 b, S. 162 ff.; *Lieb* Ehegattenmitarbeit S. 89 f.; *ders.* NJW 1971, 1289, 1292; PWW/*Leupertz* RdNr. 21; *Reeb* S. 118.

[433] *Enneccerus/Lehmann* § 221 I 4; *Planck/Landois* § 812 Anm. 1 e; RGRK/*Scheffler*, 11. Aufl. 1960, § 812 RdNr. 14 f.; heute noch: *Palandt/Sprau* § 812 RdNr. 28; RGRK/*Heimann-Trosien* § 812 RdNr. 13.

[434] *Koppensteiner* NJW 1971, 1769, 1774.

[435] *Canaris* JZ 1971, 560, 561; *Canaris/Westermann/Buck-Heeb* RdNr. 27, 35 sowie § 812 RdNr. 9; *Goetzke* AcP 173 (1973), 289, 308, 311; *Gursky* JR 1972, 279, 281; *Kellmann* NJW 1971, 862, 864 f.; *Lieb* Ehegattenmitarbeit S. 89 f.; *ders.* NJW 1971, 1289, 1292; *Pinger* MDR 1971, 101, 102; *Teichmann* JuS 1972, 247, 249; *Staudinger/Lorenz* § 812 RdNr. 72.

[436] *Canaris* JZ 1971, 560, 561; *Koppensteiner/Kramer* § 16 II, 2 c, S. 164; *Erman/Westermann/Buck-Heeb* RdNr. 26; RGRK/*Heimann-Trosien* RdNr. 33; *Staudinger/Lorenz* § 812 RdNr. 72 aE.

[437] *Bamberger/Roth/Wendehorst* RdNr. 53; *Canaris* JZ 1971, 560, 561; AnwK-BGB/*Linke* RdNr. 45; *Halfmeier* JA 2007, 492, 494 f.; *Heimburger* RiA 2003, 57, 66; *Hombrecher* Jura 2002, 250, 252; jurisPK/*Martinek* RdNr. 93; *Lieb* NJW 1971, 1289, 1292; *Beuthien/Weber* S. 54, 60; *Kellmann* NJW 1971, 862, 865; PWW/*Leupertz* RdNr. 21.

[438] *Wernecke* S. 559 mit anschaulichem Fallbeispiel.

[439] Zutr. *Halfmeier* JA 2007, 492, 495.

dass der Empfänger die Ausgabe, wäre das rechtsgrundlos empfangene Geld nicht geflossen, aus anderen Mitteln bestritten hätte. So kann etwa kaum angenommen werden, dass der Empfänger ohne den rechtsgrundlosen Vermögensempfang auf eine notwendige ärztliche Behandlung verzichtet hätte.[440]

Wer rechtsgrundlos empfangenes Geld beim **Glücksspiel verliert,** kann sich dann **nicht** auf § 818 Abs. 3 berufen, wenn er **ohnehin am Glücksspiel teilgenommen hätte,** dh. selbst dann, wenn ihm das rechtsgrundlos empfangene Geld nicht zugeflossen wäre. Denn in diesem Fall hat der Empfänger durch das rechtsgrundlos empfangene Geld Aufwendungen erspart, die er andernfalls aus eigenen Mitteln bestritten hätte.[441] Einen schwierigen Fall hatte das OLG Hamm zu entscheiden: Eine Versicherungsgesellschaft überwies einem Versicherungsvertreter versehentlich Geld, das sie ihm nicht schuldete. Der Vertreter hielt die Zahlung für eine solche einer anderen Versicherungsgesellschaft, die letztere ihm tatsächlich schuldete, und verspielte das Geld in einer Spielbank. Das OLG Hamm versagte dem Vertreter die Berufung auf § 818 Abs. 3 mit der Begründung, zwar habe der Vertreter das erlangte Geld verloren, doch sei ihm dafür der Anspruch gegen die dritte Versicherungsgesellschaft erhalten geblieben.[442] Diese Entscheidung verdient im Ergebnis Zustimmung:[443] Der Empfänger darf nicht besser stehen, als er stünde, wenn seine irrige Einschätzung der Wirklichkeit entsprochen hätte. Hätte es sich aber bei der Zahlung tatsächlich um jene Leistung der dritten Gesellschaft gehandelt, für welche der Empfänger sie gehalten hat, so hätte er *dieses* Geld verspielt und nunmehr endgültig verloren. 167

Die Ersparnis von Aufwendungen kann den Einwand des Wegfalls der Bereicherung selbst dann ausschließen, wenn der Empfänger das Erlangte **unentgeltlich an einen Dritten weitergibt.** Denn es möchte sein, dass der Schuldner, hätte er den weitergegebenen Gegenstand nicht rechtsgrundlos erworben, einen anderen Gegenstand entgeltlich hätte erwerben müssen, um die betreffende unentgeltliche Zuwendung machen zu können. Sofern aus diesem Grund eine Berufung auf § 818 Abs. 3 ausscheidet, kann der Gläubiger den Dritten nicht gemäß § 822 in Anspruch nehmen. Denn die unentgeltliche Weitergabe des Erlangten hat in diesem Fall nicht, wie es aber nach § 822 erforderlich ist, zum Ausschluss der Bereicherungshaftung des Erstempfängers geführt. 168

ee) Tilgung eigener Verbindlichkeiten. Vom **Fortbestand der Bereicherung** trotz Wegfalls des Erlangten ist auch dann auszugehen, wenn der Schuldner mit dem Erlangten **eigene Schulden getilgt** hat. Die Bereicherung liegt hier im Ergebnis in der Befreiung von den entsprechenden Verbindlichkeiten.[444] Das gilt auch bei Überzahlung von Beamtenbezügen, Arbeitslohn und Unterhalt: Wenn und soweit die Überzahlung für die Schuldentilgung verwendet wurde, besteht die Bereicherung fort.[445] Die Tilgung von Verbindlichkeiten führt indes nur dann zum Fortbestand der Bereicherung, wenn der rechtsgrundlose Vermögenszufluss für jene Tilgung **ursächlich** war: Wenn die Schuldtilgung mit Mitteln bewirkt wurde, welche dem Empfänger *zustanden,* und die rechtsgrundlos erlangten Mittel statt dessen anderweitig ausgegeben wurden, bleibt es beim Wegfall der Bereicherung.[446] Praktische Bedeutung erlangt dies vor allem bei Überzahlung von Unterhalt, Arbeitslohn 169

---

[440] BGH MDR 2003, 570.
[441] *Schlechtriem* JZ 1993, 185, 189.
[442] OLG Hamm NJW-RR 1991, 155.
[443] So im Ergebnis auch 4. Aufl. RdNr. 99; krit. aber *Schlechtriem* JZ 1993, 185, 189.
[444] RGZ 72, 1, 4; RG JW 1936, 717; Recht 1925 Nr. 29; 1912, Nr. 1295; BGH DB 1971, 1348, 1349; ZIP 1996, 336; AnwK-BGB/*Linke* RdNr. 47; Erman/Westermann/Buck-Heeb RdNr. 36; *Gaier* ZflR 2005, 45, 48; *Ham/Müller* JA 2005, 102, 105; jurisPK/*Martinek* RdNr. 88; RGRK/*Heimann-Trosien* RdNr. 33; *Staudinger/Lorenz* RdNr. 35.
[445] Für überzahlte Beamtenbezüge: BVerwGE 28, 68, 75; RGRK/*Heimann-Trosien* RdNr. 40; für überzahlten Arbeitslohn: BAG NJW 1996, 411, 412; für überzahlten Unterhalt: OLG Köln NJW-RR 1998, 1701 f.; OLG Zweibrücken FamRZ 1998, 834 f.; Erman/Westermann/Buck-Heeb RdNr. 38.
[446] BGHZ 118, 383, 386 ff.; ebenso OLG Köln NJW-RR 1998, 1701, 1702; OLG Zweibrücken FamRZ 1998, 834, 835.

oder Beamtenbezügen: Wenn der Empfänger nachweist, dass er die Verbindlichkeit[447] auch schon vor dem Empfang der Überzahlung in gleichem Umfang bedient und sich dafür in seinem übrigen Lebensstandard eingeschränkt hat, hat er damit den Nachweis erbracht, dass die Überzahlung für die Schuldtilgung nicht ursächlich war, sondern dass er die Überzahlung für eine Verbesserung des eigenen Lebensstandards verbraucht hat.[448] Der Entreicherungseinwand greift in einem solchen Fall durch: Der Empfänger *hätte die Schuld in nicht minderem Umfang getilgt, wenn es zu der Überzahlung gar nicht erst gekommen wäre.*

170 Dagegen schließt die Tilgung fremder Schulden, *wenn* die Überzahlung für sie ursächlich war, die Berufung auf Wegfall der Bereicherung selbst dann aus, wenn der Schuldner **vermögenslos** ist und ohne die Überzahlung keine Chance gehabt hätte, die Verbindlichkeit zu erfüllen.[449] Der Schuldner kann sich insbesondere nicht darauf berufen, er habe von der Schuldtilgung keinen persönlichen Vorteil. Vielmehr versetzt ihn der Bereicherungsanspruch des Gläubigers, wie es der Funktion der §§ 812 ff. entspricht, in exakt den Zustand vor der Überzahlung zurück: Er hat gewissermaßen die getilgte Verbindlichkeit gegen die Bereicherungsschuld eingetauscht.

171 Von vornherein **ausgeschlossen** ist die Berufung auf § 818 Abs. 3, wenn bereits **das erlangte Etwas** in der **Befreiung von einer Verbindlichkeit** besteht. Denn diesen Vorteil kann dem Empfänger niemand mehr nehmen.[450] Wenn also jemand ohne Rechtsgrund die Darlehensschuld eines anderen abgelöst hat, kann er diesen Betrag selbst dann vom ursprünglichen Darlehensschuldner zurückfordern, wenn dieser das Darlehen für den Erwerb eines Gegenstands verwendet hat, der ihm nunmehr keine Vorteile mehr bringt.[451]

172 **ff) Vermögensbildung.** Wenn es um die Frage geht, ob überzahlter Lohn oder Unterhalt zur Vermögensbildung verwendet wurde, gelten, was das Erfordernis der Kausalität zwischen Überzahlung und Vermögensbildung anbelangt, die gleichen Grundsätze, die bereits für die Tilgung von Verbindlichkeiten herausgearbeitet wurden (RdNr. 169 ff.): Waren schon vor dem Empfang der Überzahlung bestimmte Teile des Einkommens angespart worden und setzt der Empfänger seine Sparbemühungen während der Dauer der Überzahlung in gleichem Umfang fort, so ist anzunehmen, dass das Einkommen auch ohne die Überzahlung in gleicher Höhe angespart worden wäre. Die Vermögensbildung ist damit durch die Überzahlung nicht ursächlich herbeigeführt worden. Vielmehr ist in diesem Fall davon auszugehen, dass der überzahlte Teil des Einkommens für die Lebensführung verbraucht und der Empfänger daher entreichert ist.[452] Bei überzahltem Altersvorsorgeunterhalt spricht freilich eine Vermutung dafür, dass erst die Überzahlung zu einer entsprechend höheren Einzahlung in die Rentenkasse geführt hat.[453] Denn der Vorsorgeunterhalt dient gerade dazu, solche Einzahlungen zu ermöglichen, mithin Vermögensbildung im Vorgriff auf das Alter zu betreiben. Überzahlter oder bereits dem Grunde nach zu Unrecht empfangener Krankenvorsorgeunterhalt führt nicht ohne weiteres zum Wegfall der Bereicherung;[454] denn der Empfänger mag durch die Einzahlung dieses Unterhaltsbetrags in eine Krankenkasse *überhaupt* oder jedenfalls *besseren* Krankenversicherungsschutz erlangt haben. Dann liegt in diesem Versicherungsschutz eine verbleibende Bereicherung.

173 **gg) Veräußerung des Erlangten.** Wenn der Empfänger den erlangten Gegenstand veräußert, bieten sich unterschiedliche Möglichkeiten, eine verbleibende Bereicherung zu identifizieren. Nach einer im Schrifttum vertretenen, hier aber abgelehnten Ansicht ist der Veräußerungserlös nach § 818 Abs. 1 als Surrogat herauszugeben (RdNr. 41 f.). Wertersatz

---

[447] In BGHZ 118, 383 handelte es sich um Darlehensraten, in OLG Köln NJW-RR 1998, 1701 um laufende Anwaltskosten aus mehreren die Unterhaltspflicht betreffenden Gerichtsverfahren.
[448] BGHZ 118, 383, 390; ebenso OLG Köln NJW-RR 1998, 1701, 1702.
[449] So zutr. RGRK/*Heimann-Trosien* RdNr. 40 gegen BVerwGE 15, 15, 19.
[450] BGH ZIP 1996, 336, 337.
[451] BGH ZIP 1996, 336, 337.
[452] OLG Zweibrücken FamRZ 1998, 834, 835 (betreffend Aufwendungen für den Bau eines Eigenheims).
[453] Zutr. OLG Köln NJW-RR 1998, 1701, 1702.
[454] So aber OLG Zweibrücken FamRZ 1998, 834, 835.

wird dann nur noch geschuldet, soweit jener Erlös hinter dem objektiven Verkehrswert zurückbleibt; *insoweit* ist die Bereicherung des Empfängers dann weggefallen. Lehnt man die Einordnung des Veräußerungserlöses als Surrogat iS des § 818 Abs. 1 ab, so hat der Empfänger von vornherein anstelle des erlangten Gegenstandes nach § 818 Abs. 2 Wertersatz zu leisten. Man könnte nun anknüpfend hieran argumentieren, der Empfänger sei um den Wert des Gegenstandes noch in Höhe des erlangten Gegenwerts bereichert.[455] Auf dem Boden dieser Deutung erhebt sich die Folgefrage, ob der Empfänger Wertersatz in Geld leisten muss oder sich darauf beschränken darf, den Anspruch gegen den Dritten auf jene Gegenleistung an den Bereicherungsgläubiger abzutreten. Letztere Möglichkeit soll ihm nur offen stehen, wenn die Erfüllung zweifelhaft ist; ansonsten bleibe es bei der Verpflichtung zu Wertersatz.[456] Nach **hier vertretener Ansicht** ist demgegenüber **immer Wertersatz in Geld zu leisten,** und die Berufung auf § 818 Abs. 3 ist kategorisch **ausgeschlossen.** Denn durch die Weiterveräußerung hat der Empfänger die Befreiung von der Verbindlichkeit aus dem Kausalgeschäft mit dem Dritten erlangt, welches jener Weiterveräußerung zugrunde liegt. In Gestalt dieser Schuldbefreiung ist mithin endgültig eine Bereicherung im Vermögen des Empfängers verblieben, und zwar in Höhe des objektiven Verkehrswerts; denn die Befreiung von der Verbindlichkeit, dem Dritten den Gegenstand verschaffen zu müssen, ist exakt soviel wert wie der Gegenstand selbst.[457]

hh) Bei Eingriff in fremde Rechtspositionen. Für den Fall der Eingriffskondiktion bei Usurpation fremder **Immaterialgüterrechte** drängt der BGH § 818 Abs. 3 in sehr weitgehendem Maße zurück: Selbst der gutgläubige Eingreifer könne sich nicht auf § 818 Abs. 3 berufen; er müsse sich vielmehr an der Sachlage, die er selbst geschaffen habe, festhalten lassen.[458] Dem kann in dieser Allgemeinheit nicht gefolgt werden.[459] Vielmehr ist zu differenzieren: Sofern die Verletzung eines fremden Rechts, zB eines fremden Patents oder fremder Persönlichkeitsrechte zu einem **Gewinn** geführt hat, ist in Höhe dieses Gewinns eine Bereicherung verblieben.[460] Der Verletzer muss in diesem Fall als Wertersatz für den Gebrauch des Rechts eine angemessene Lizenzgebühr entrichten (RdNr. 94) und kann sich nur insoweit auf Wegfall der Bereicherung berufen, als der erzielte Gewinn hinter dieser Gebühr zurückbleibt. Bei Persönlichkeitsverletzungen kommt des Weiteren in Betracht, dass der Verletzer zwar keinen bezifferbaren Vermögensvorteil, wohl aber einen allgemeinen **Imagegewinn** erzielt hat; dies erscheint vor allem denkbar, wenn eine prominente Persönlichkeit ohne bzw. gegen ihren Willen als Werbeträger eingesetzt wird. Dann würde sich der Verletzer widersprüchlich verhalten, wenn er sich auf Wegfall der Bereicherung beriefe; die Einwendung nach § 818 Abs. 3 ist ihm in einem solchen Fall vielmehr nach § 242 verschlossen.[461] Wenn aber weder ein bezifferbarer noch ein im soeben beschriebenen Sinne immaterieller Gewinn verbleibt, muss sich der Verletzer auf § 818 Abs. 3 berufen können;[462] so etwa, wenn die Verwendung eines fremden Patents nur zu Verlusten geführt hat.[463]

Im Bereich unbefugter **Sachnutzung** nimmt der BGH, was § 818 Abs. 3 anbelangt, einen deutlich freundlicheren Standpunkt zugunsten des Bereicherungsschuldners ein. Er gestattete nämlich einem Energieversorgungsunternehmen, das ohne Konzession gemeindliche Straßen- und Wegegrundstücke genutzt hatte, die Berufung auf Wegfall der Bereicherung, weil das Unternehmen, solange es keine Konzessionsgebühren gezahlt hatte, diese

---

[455] *Larenz/Canaris* II/2 § 73 I 3 b, S. 301.
[456] *Larenz/Canaris* II/2 § 73 I 3 b, S. 301.
[457] Zum parallelen Problem bei § 816 Abs. 1 S. 1 vgl. § 816 RdNr. 51.
[458] BGHZ 20, 345, 355 = NJW 1956, 1554; BGH NJW 1979, 2205, 2206; NJW-RR 1987, 231, 232; NJW 1992, 2084, 2085.
[459] Abl. bereits 4. Aufl. RdNr. 145 sowie *Ebert* S. 172 ff.; *Gursky* JR 1998, 7, 11.
[460] *Heermann* GRUR 1999, 625, 635; *Larenz/Canaris* II/2 § 73 I 5 i, S. 307 f.
[461] *Canaris* JZ 1992, 1114, 1120; *Larenz/Canaris* II/2 § 73 I 5 i, S. 307 f.; auch dagegen aber *Gursky* JR 1998, 7, 11.
[462] Für Zulässigkeit der Berufung auf § 818 Abs. 3 auch *Reuter/Martinek* § 17 IV 3 b, S. 621.
[463] *Heermann* GRUR 1999, 625, 636.

§ 818 176, 177 Abschnitt 8. Titel 26. Ungerechtfertigte Bereicherung

auch nicht auf den Strompreis aufgeschlagen hatte, welchen sie ihren Kunden abverlangte; es war im gegebenen Fall auch nicht möglich, eine nunmehr nach §§ 812, 818 Abs. 2 zu zahlende Nutzungsgebühr nachträglich auf den Strompreis aufzuschlagen und von den Tarifkunden entsprechende Nachforderungen zu erheben.[464] Im konkreten Fall gab der Umstand den Ausschlag, dass das Versorgungsunternehmen, solange es keine Konzessionsgebühren zahlte, nach § 4 der Konzessionsabgabenverordnung *verpflichtet* war, diesen Kostenpunkt von dem Strompreis abzurechnen, den es seinen Kunden in Rechnung stellte. Die Entscheidung hätte indes nicht anders ausfallen dürfen, wenn das Versorgungsunternehmen die Strompreise *freiwillig* um den Konzessionsgebührenanteil gekürzt hätte: Es läge dann der Fall einer bereicherungsmindernden Vermögensdisposition im Vertrauen auf die Rechtsbeständigkeit des Erwerbs (hier: des Nutzungsvorteils) vor.

176 **c) Überzahlung versorgungsrelevanter Leistungen. aa) Herausgabepflicht dem Grunde nach.** Besonderheiten gelten für die Überzahlung von Gehalt und Lohn. Hier ist schon die Rechtsgrundlage für die Geltendmachung von Rückforderungsansprüchen streitig: Im öffentlichrechtlichen Bereich sollen nicht die §§ 812 ff., sondern die Rechtsgrundsätze über den sog. öffentlichrechtlichen Erstattungsanspruch zur Anwendung kommen.[465] Auf die Rückforderung irrtümlicher Zahlung von gesetzlichen Altersrenten nach dem Tod des Rentenberechtigten wendet der BGH hingegen §§ 812 ff. an;[466] im Schrifttum wird demgegenüber auch hier der öffentlichrechtliche Erstattungsanspruch bevorzugt.[467] Die Überzahlung von Rentenbezügen aus einer privaten Versicherung ist, wenn sich in den Versicherungsbedingungen eine Regelung hierzu findet, kraft Vertrags geschuldet; das Bereicherungsrecht – und damit § 818 Abs. 3 – findet dann keine Anwendung.[468] Auch im Bereich des **Arbeitsrechts** hat sich das BAG zunächst gegen die unmittelbare Anwendung der §§ 812 ff. gewandt und statt dessen eine eigenständige Rückerstattungspflicht aus der arbeitsvertraglichen Treuepflicht entwickelt.[469] Mittlerweile wendet freilich das BAG §§ 812 ff. an.[470] Bei überzahltem Unterhalt stand die Anwendung der §§ 812 ff. nie in Frage.[471]

177 **bb) Der Bereicherungswegfall und sein Nachweis.** Unabhängig von der gewählten Anspruchsgrundlage ist jedoch anerkannt, dass dem Empfänger der Überzahlung die Möglichkeit eingeräumt werden muss, sich auf Wegfall der Bereicherung zu berufen.[472] Der Empfänger ist dann **nicht mehr bereichert,** wenn er die Überzahlung für die eigene **Lebenshaltung verbraucht** hat. Das gilt für überzahlten Arbeitslohn[473] ebenso wie für überzahlten Unterhalt;[474] bei Beamtenbezügen kann nichts anderes gelten. Denn der Lebensbedarf verflüchtigt sich in dem Moment, in dem er anfällt, von selbst; er kann nicht rückwirkend gedeckt werden. Konsequent verflüchtigt sich auch Vorteil, welcher in der Deckung des Bedarfs liegt, von selbst. Es verbleibt mithin keine Bereicherung im Vermögen des Empfängers. Die Annahme, die Bereicherung sei weggefallen, kann selbst dann gerechtfertigt sein, wenn der Empfänger Anschaffungen getätigt hat, die in seinem Vermögen noch

---

[464] BGHZ 132, 198, 210 ff.; zust. *Kühne/Scholtka* JZ 1996, 1131, 1133.
[465] St. Rspr. seit RGZ 107, 189, 190; BVerwGE 18, 308, 314; 25, 72, 81; 28, 1; BSG NJW 1975, 607; *Erman/Westermann/Buck-Heeb* Vor § 812 RdNr. 19 ff.; *Ossenbühl* § 54 2, S. 341 ff.; RGRK/*Heimann/Trosien* RdNr. 36 ff. und Vor § 812 RdNr. 51 ff.; *Staudinger/Lorenz* RdNr. 38 und Vor § 812 RdNr. 73: zu beachten sind die Verweisungen in §§ 48 Abs. 2 VwVfG, 87 Abs. 2 BBG und 37 Abs. 2 AO.
[466] BGHZ 71, 180, 183 f.; 73, 202, 203; *Bethge* NJW 1978, 1801 f.
[467] *Bethge* NJW 1978, 1801 f.
[468] BGH NJW-RR 1992, 25.
[469] BAG AP § 394 Nr. 5 = NJW 1960, 1589; AP § 819 Nr. 1 = NJW 1961, 622. Für direkte Anwendung von Bereicherungsrecht: Anm. *Hueck* zu BAG AP § 394 Nr. 5; *Larenz* zu BAG AP § 611 – Lohnrückzahlung – Nr. 1; *Schnorr v. Carolsfeld* zu BAG AP § 819 Nr. 1.
[470] BAG SAE 1994, 323, 325; NJW 1996, 411 f.
[471] Vgl. nur BGH FamRZ 1984, 767, 768.
[472] BVerwGE 20, 295, 297 ff.; 25, 72, 81 (für Vertrauensschutz); BAG in Fn. 470; *Ossenbühl* § 54 2 a, S. 341; RGRK/*Heimann-Trosien* Vor § 812 RdNr. 55; *Staudinger/Lorenz* RdNr. 38.
[473] *Misera/Schwab* SAE 1994, 327.
[474] BGH FamRZ 1985, 368.

vorhanden sind; denn die Realisierung dieses Vermögenszuwachses durch Verkauf wird in aller Regel wirtschaftlich sinnlos und daher unzumutbar sein.[475] In vom **Arbeitgeber** gestellten **AGB** ist der Ausschluss des § 818 Abs. 3 bei Lohnüberzahlungen nach § 307 Abs. 2 Nr. 1 unwirksam, wenn nicht nach der Ursache der Lohnüberzahlung differenziert wird; wirksam ist der Ausschluss des § 818 Abs. 3, wenn er sich auf den Fall beschränkt, dass die Ursache der Überzahlung aus dem Verantwortungsbereich des Arbeitnehmers stammt (etwa fehlerhafte Information).[476]

Die **Schwierigkeit** besteht nun für den Empfänger darin, dass er den Wegfall der Bereicherung **beweisen** muss. Das würde im hier interessierenden Zusammenhang bedeuten, dass der Empfänger nachweisen müsste, die Überzahlung für allgemeine Lebenshaltungskosten ausgegeben zu haben. Aufzeichnungen über die Verausgabung rechtsgrundlos erlangten Geldes existieren indes gewöhnlich nicht – schon gar nicht beim gutgläubigen Bereicherungsschuldner, der darauf vertraut hat, dass ihm das Geld zustehe, und daher für eine aufwendige Dokumentation seines Ausgabeverhaltens überhaupt keinen Anlass hatte.

Aus diesem Grunde wird intensiv über **Beweiserleichterungen** zugunsten des Empfängers diskutiert. So hat das BVerwG angenommen, für den Wegfall der Bereicherung spreche eine Vermutung, wenn die Überzahlung verhältnismäßig geringfügig gewesen sei und feststehe, dass in der fraglichen Zeit keine besonderen Rücklagen gebildet und keine aus dem Rahmen des Üblichen fallenden Ausgaben gemacht worden seien.[477] Die gleiche Linie vertritt das BAG für den Fall, dass der Arbeitnehmer einer unteren oder mittleren Einkommensgruppe angehört;[478] bei Besserverdienern lasse sich demgegenüber eine Lebenserfahrung des Inhalts, das alles, was eingeht, auch ausgegeben werde, nicht feststellen.[479] Als „geringfügige Überzahlung" wird teils bloß eine solche bis zu 10%,[480] teils sogar eine solche bis zu 20%[481] angesehen. Später hat das BAG diese Rechtsprechung präzisiert und ausgesprochen, dass der Arbeitnehmer nur dann ohne konkrete Darlegung den Verbrauch der Überzahlung geltend machen könne, wenn insoweit die Voraussetzungen des Anscheinsbeweises vorlägen. Das sei nur der Fall, wenn es sich um Überzahlungen in relativ geringer Höhe handele und wenn der Arbeitnehmer ein unteres oder mittleres Einkommen und darüber hinaus keine nennenswerten Nebeneinkünfte beziehe. Wenn der Arbeitgeber solche Nebeneinkünfte plausibel vortrage, habe der Arbeitnehmer substantiiert zu erwidern.[482] Der BGH hat die für das Arbeits- und das Beamtenrecht geltenden Grundsätze auf die Rückforderung überzahlten Unterhalts übertragen:[483] Sofern der Unterhaltsempfänger Zahlungen erhalte, die dem Gehalt eines Arbeitnehmers oder Beamten der unteren oder mittleren Einkommensgruppe entspreche, kämen ihm die gleichen Beweiserleichterungen zugute, wenn er dartue, dass er eine eventuelle Überzahlung zur Verbesserung seines Lebensstandards verbraucht habe.

Im **Schrifttum** ist demgegenüber behauptet worden, auch bei Großverdienern werde üblicherweise alles ausgegeben, was eingehe.[484] Im Übrigen lasse sich das Beweisproblem nicht in Abhängigkeit von der Einkommenshöhe lösen, sondern nur nach Verantwortungs-

---

[475] BGH MDR 1959, 109, 110; RGRK/*Heimann-Trosien* RdNr. 40.
[476] Im Einzelnen *Bieder* DB 2006, 1318, 1320 f.
[477] BVerwGE 8, 261, 267; 13, 107, 111; ebenso 4. Aufl. RdNr. 107 sowie RGRK/*Heimann-Trosien* RdNr. 40; *Soergel/Mühl* RdNr. 68; vgl. dazu auch die in BAG NJW 1996, 411, 412 zitierten Verwaltungsvorschriften.
[478] BAG SAE 1994, 323, 325 f.; *Heimburger* RiA 2003, 57, 66; vgl. ferner BAG AP § 812 Nr. 5 (Bl. 485 Ziff. 4): § 818 Abs. 3 greift durch, wenn der Arbeitgeber durch von ihm gesetzte Richtlinien zu erkennen gegeben hat, er unterstelle bei Umständen der im konkreten Fall gegebenen Art den Wegfall der Bereicherung.
[479] BAG SAE 1994, 323, 325 f.
[480] BVerwGE 13, 107, 111; BAG AP § 812 Nr. 5; ebenso *Heimburger* RiA 2003, 57, 66 mit dem Zusatz, dass 300 DM (also ca. 150 Euro) die Obergrenze einer geringfügigen Überzahlung bildeten.
[481] LAG München NZA 1989, 316.
[482] Vgl. zu allem Vorstehenden BAG NJW 1996, 411, 412.
[483] BGHZ 118, 383, 389; BGH NJW 1998, 2433 f.; ebenso *Schiebel* NJW-Spezial 2006, 55.
[484] *Grunsky* AuR 1987, 314, 316; dem folgend 4. Aufl. RdNr. 108.

bereichen: Wenn der Arbeitgeber die Überzahlung ohne eigenes zutun vorgenommen habe, treffe ihn die Beweislast für die Entreicherung des Arbeitnehmers. Dagegen treffe letzteren die Beweislast, wenn er die Überzahlung durch – und sei es auch nur schuldlos – falsche Angaben erwirkt habe. Denn dann habe er die Überzahlung zurechenbar veranlasst.[485] Im Übrigen wird dem BAG vorgeworfen, es erhebe einen politischen Kampfbegriff zu einem gesetzlichen Tatbestandsmerkmal[486] und provoziere „kaum überwindbare Abgrenzungsschwierigkeiten".[487] Die Idee einer Beweislastverteilung nach Verantwortungsbereichen leidet freilich an einer entscheidenden Schwäche: Zu beweisende Tatsache ist nicht die Veranlassung der Überzahlung, sondern die Entreicherung des Arbeitnehmers durch Einkommensverwendung. *Diese* Tatsache entspringt ausschließlich dem Verantwortungsbereich des Arbeitnehmers. Auf die Verteilung von Verantwortungsbereichen lässt sich daher eine differenzierte Beweislast nicht stützen.[488]

181 Eine eigene **Stellungnahme**[489] hat vorab zwei wichtige Thesen festzuhalten: (1.) Der Arbeitnehmer hat den Wegfall der Bereicherung ebenso darzulegen und zu beweisen wie jeder andere Bereicherungsschuldner auch. Will der Arbeitnehmer *ohne* konkrete Darlegung, wie er die Überzahlung verwendet hat, mit seiner Berufung auf § 818 Abs. 3 durchdringen, so wird ihm dies nur gelingen, wenn insoweit die Voraussetzungen des **Anscheinsbeweises** gegeben sind. Das hat das BAG völlig richtig erkannt. (2.) Sofern danach vom Arbeitnehmer ein konkreter Sachvortrag erwartet werden muss, genügt dieser seiner Darlegungslast, indem er dartut, durch welche **Bedarfsposten** seine Lebenshaltung vor und nach Eintritt der Überzahlung geprägt wurde. Ein solcher Sachvortrag kann vom Arbeitnehmer problemlos verlangt werden. Ein Vortrag gleicher Qualität wird nämlich bei Scheidung einer Großverdienerehe auch vom unterhaltsberechtigten Ehegatten gefordert, wenn es darum geht, dasjenige Einkommen zu beziffern, das iS des § 1578 Abs. 1 die ehelichen Lebensverhältnisse geprägt hat:[490] In solchen Fällen sind jene Lebensverhältnisse niemals durch das gesamte, sondern immer nur durch einen Teil des Einkommens geprägt worden. In der Praxis haben diese Anforderungen an den Sachvortrag des Unterhaltsgläubigers bisher nicht zu nennenswerten Schwierigkeiten geführt. Im Einzelnen: Ad (1.): Dafür, dass die Überzahlung für die eigene Lebenshaltung verbraucht wurde, spricht der Beweis des ersten Anscheins, wenn (a) der Arbeitnehmer ein niedriges Einkommen bezieht (also nicht mehr bei mittleren Einkommen) und (b) die Überzahlung nicht ins Gewicht fällt, sprich: so gering ausfällt, dass mit ihr keine sinnvollen Aktivitäten auf dem Sektor der Vermögensbildung angestrengt werden können. Je niedriger das Grundeinkommen ist, desto höher darf die Überzahlung sein, damit gleichwohl die Annahme gerechtfertigt erscheint, dass die Überzahlung vollständig ausgegeben wurde. Ad (2.): Ein auf die geschilderte Methode gegründeter Sachvortrag setzt voraus, dass der Arbeitnehmer *erstens* darlegt, welche Bedarfsposten seit Eintritt der Überzahlung seine Lebensverhältnisse prägen, und *zweitens* darlegt, welche Bedarfsposten in einem aussagekräftigen Zeitraum *vor* Eintritt der Überzahlung seine Lebensverhältnisse geprägt haben. Bei kurzfristigen Überzahlungen mag es genügen, Veränderungen in einem bestimmten Bedarfsposten darzutun, welche die Überzahlung komplett aufzehren.

182 **6. Normative Einschränkungen. a) Allgemeines.** Der Vorstellung der Gesetzesverfasser entspricht ein Verständnis des § 818 Abs. 3, wonach die Entreicherung des Schuldners allein anhand der tatsächlichen Umstände zu ermitteln ist, also keinen Raum lassen für Überlegungen, welche darauf abzielen, dem (selbst gutgläubigen) Schuldner durch normative Erwägungen einen Teil des Entreicherungsrisikos zuzuweisen.[491] In der Tat hat der

---

[485] *Grunsky* AuR 1987, 314, 316.
[486] *Junker* ZIP 1994, 671; dem folgend 4. Aufl. RdNr. 108.
[487] 4. Aufl. RdNr. 108; in der Sache ebenso bereits *Junker* ZIP 1994, 671.
[488] Vgl. bereits *Misera/Schwab* SAE 1994, 327, 329.
[489] Zum Folgenden ausf. *Misera/Schwab* SAE 1994, 327, 330 ff.
[490] Dazu näher BGH FamRZ 1990, 280, 281; OLG Frankfurt FamRZ 1981, 1061, 1062; OLG Hamm FamRZ 1983, 924.
[491] Vgl. hierzu Mot. II S. 837; ferner *Rengier* AcP 177 (1977), 418, 420; *Staudinger/Lorenz* RdNr. 1.

Gesetzgeber es in §§ 818 Abs. 4, 819, 820 im Ausgangspunkt selbst übernommen, jene Fälle zu benennen, in denen die Berufung auf Wegfall der Bereicherung ausgeschlossen sein soll.[492] Die Idee einer **normativen Korrektur** des § 818 Abs. 3 außerhalb dieser Fälle darf daher nur mit erheblicher **Zurückhaltung** verfolgt werden.

b) Sittenwidriges Verhalten des Empfängers. Eine normative Korrektur des § 818 Abs. 3 hat der BGH für den Fall befürwortet, dass der Empfänger den ihm zugeflossenen Vorteil durch objektiv sittenwidriges Verhalten erlangt hatte: Eine Bank hatte sich Forderungen ihres Kreditkunden gegen Dritte abtreten lassen, eingezogen und die eingegangenen Beträge ihrem Kunden gutgeschrieben. Die Abtretungen erwiesen sich indes wegen Kollision mit branchenüblichen verlängerten Eigentumsverhältnissen als sittenwidrig, was der Bank aber im Zeitpunkt der Abtretung nicht bekannt gewesen war, da die einschlägige Rechtsprechung des BGH[493] damals noch nicht existierte. Gegen den Anspruch eines Lieferanten auf Auskehrung des eingezogenen Betrags aus § 816 Abs. 2[494] wandte die Bank ein, sie sei nicht mehr bereichert: Durch die Gutschrift der eingezogenen Beträge habe dem Kunden ein Teil der Kreditlinie wieder zur Verfügung gestanden, die dieser auch ausgeschöpft habe; außerdem habe sie jenem Kunden im Vertrauen auf die Rechtsgültigkeit der Abtretung weiteren Kredit gewährt. Beim **BGH** fand dieser Einwand kein Gehör: Die Abtretung sei aus Gründen gescheitert, welche im **Verantwortungsbereich der Bank** verwurzelt seien; die Sittenwidrigkeit der von *ihr* geforderten Globalzession habe dazu geführt, dass sie die eingezogenen Beträge auf Kosten des Lieferanten rechtsgrundlos erlangt habe. Die Folgen dieses sittenwidrigen Verhaltens müsse sie selbst tragen und nicht der Lieferant.[495] Die Entscheidung des BGH ist mit Recht kritisiert worden: Jenseits der gesetzlich geregelten Fälle verschärfter Haftung geht es nicht an, Fälle zu definieren, in denen der Empfänger des Einwands aus § 818 Abs. 3 nicht würdig ist.[496] Dem BGH könnte allenfalls im Ergebnis zugestimmt werden, wenn die Bank im konkreten Fall einer verschärften Haftung unterlegen hätte. Eben dies ist im Schrifttum unter Berufung auf § 819 Abs. 2 behauptet worden.[497] Dagegen ist eingewandt worden, die Vorschrift gelte nur für die Leistungskondition.[498] Dies Hindernis wäre freilich ggf. noch durch Analogiebildung überwindbar gewesen. Gewichtiger spricht gegen die Anwendung des § 819 Abs. 2, dass diese Vorschrift das Bewusstsein der Sittenwidrigkeit erfordert (näher § 819 RdNr. 18) und es im vorliegenden Fall an eben diesem Bewusstsein der Bank gefehlt hatte.

c) Treuwidriges Verhalten des Empfängers. Normative Korrekturen des § 818 Abs. 3 sind ferner dort angebracht, wo der Schuldner im Einzelfall gegen **Treu und Glauben** verstößt, wenn er sich auf Wegfall der Bereicherung beruft. Wenn der Vermieter rechtsgrundlos wertsteigernde Aufwendungen des Mieters erlangt hat, ist er um die Möglichkeit bereichert, eine höhere Miete erzielen zu können. Wenn eine solche höhere Miete nur deshalb nicht erzielt wird, weil das Mietobjekt Mängel aufweist, die es für eine Weitervermietung untauglich machen, handelt der Vermieter treuwidrig, wenn er sich aus diesem Grunde darauf beruft, er sei um die Möglichkeit höherer Mieteinnahmen nicht bereichert.[499] Denn das Hindernis entspringt allein seinem eigenen Verantwortungsbereich.

d) Anweisungsfälle. aa) Notwendigkeit einer normativen Korrektur. Der Bereicherungsausgleich in der Leistungskette und in Anweisungsfällen vollzieht sich grundsätzlich zwischen den Parteien der jeweiligen Leistungsbeziehung. Die dafür maßgeblichen Wertungsgesichtspunkte sind (1.) die Relativität der Schuldverhältnisse: Jeder Partei müssen

---

[492] RGRK/*Heimann-Trosien* RdNr. 27.
[493] BGHZ 30, 149, 152 ff.
[494] Zur Anwendbarkeit des § 816 Abs. 2 in solchen Fällen näher § 816 RdNr. 84 f.
[495] BGHZ 56, 173, 179 f.
[496] *Reuter/Martinek* § 17 IV 3 d, S. 625 f.; RGRK/*Heimann-Trosien* RdNr. 27; skeptisch auch *Lieb* JR 1971, 507, 508 f.
[497] *Wilhelm* S. 72 Fn. 47.
[498] *Reuter/Martinek* § 17 IV 3 d, S. 626 m. Fn. 180.
[499] So zu Recht BGH NJW-RR 2006, 294, 295.

eigene Einwendungen erhalten bleiben, und sie muss von Einwendungen aus ihr fremden Schuldverhältnissen verschont werden; (2.) die Privatautonomie: Keine Partei soll ein Insolvenzrisiko tragen, das sie nicht zurechenbar übernommen hat (ausführlich § 812 RdNr. 54 f.). Umgekehrt spielen diese Wertungsgesichtspunkte dort *keine* Rolle, wo ausnahmsweise einer Partei ein Bereicherungsanspruch direkt gegen eine solche Person zugesprochen wird, mit der sie keine Leistungsbeziehung unterhält. Aus alledem ergibt sich die Notwendigkeit einer normativen **Korrektur des § 818 Abs. 3**. Denn es droht die Gefahr, dass mit Hilfe dieser Vorschrift die **Interessenbewertungen unterlaufen** werden, die für die Bestimmung des richtigen Bereicherungsgläubigers und -schuldners leitend gewesen sind. Das sei hier beispielhaft anhand der Anweisungsfälle erläutert:

186   **bb) Bereicherungsausgleich entlang der Leistungsbeziehungen.** Für den Grundfall – Bereicherungsausgleich entlang der Leistungsbeziehungen – kann sich der Anweisende gegenüber dem Bereicherungsanspruch des fehlerhaft Angewiesenen entgegen einer abweichenden Meinung im Schrifttum[500] **nicht** mit der Begründung **auf § 818 Abs. 3 berufen,** er könne seinerseits seinen **Bereicherungsanspruch** gegen den **Dritten** (Zuwendungsempfänger) **nicht realisieren.**[501] So ist früh erkannt worden, dass der Anweisende nicht mit dem Einwand gehört wird, die Forderung im Valutaverhältnis sei bereits verjährt gewesen und er (der Anweisende) sei daher nicht bereichert.[502] Ebenso wenig darf der Anweisende dem Angewiesenen nach § 818 Abs. 3 entgegenhalten, der Forderung im Valutaverhältnis habe ein Vertrag zwischen ihm und dem Leistungsempfänger zugrunde gelegen, dessen Aufhebung er verlangen kann; die gegen ihn gerichtete Forderung im Valutaverhältnis sei daher nicht durchsetzbar gewesen.[503] Denn auf diese Weise wird dem Angewiesenen letztlich eine Einwendung aus einem ihm fremden Rechtsverhältnis entgegengehalten. Vor solchen Einwendungen sollte er aber gerade verschont bleiben. Ebenso darf dem Anweisenden nicht gestattet werden, sich darauf zu berufen, dass das Valutaverhältnis ebenfalls fehlerhaft und sein Bereicherungsanspruch gegen den Leistungsempfänger uneinbringlich sei. Denn damit wird dem Angewiesenen letztlich das Risiko der Insolvenz des Leistungsempfängers aufgebürdet, den er sich nicht als Vertragspartner ausgesucht hat.

187   **cc) Durchgriffsfälle.** Für den Ausnahmefall – Bereicherungsausgleich **abweichend von den Leistungsbeziehungen** (also namentlich die Fälle des Durchgriffs) – bestand bislang weitgehend Einigkeit darüber, dass der gutgläubige Zuwendungsempfänger in seinem Vertrauen auf die Rechtsbeständigkeit der Zuwendung geschützt wurde: Er konnte sich gegenüber dem direkten Bereicherungsanspruch des (scheinbar) Angewiesenen mit der Begründung auf § 818 Abs. 3 berufen darf, dass *sein eigener* Bereicherungsanspruch gegen den (scheinbar) *Anweisenden* auf Rückgewähr der dargebrachten *Gegenleistung* nicht realisiert werden könne. Streitig war nur, ob die Berufung auf § 818 Abs. 3 voraussetzte, dass der Bereicherungsanspruch des Zuwendungsempfängers gegen den (scheinbar) Anweisenden tatsächlich uneinbringlich war[504] oder ob der Zuwendungsempfänger sich ganz generell unter Berufung auf § 818 Abs. 3 von seiner Herausgabepflicht dadurch befreien konnte, dass er dem (scheinbar) Angewiesenen seinen Bereicherungsanspruch gegen den Anweisenden auf Herausgabe der Gegenleistung abtrat.[505] In jedem Fall ist die Berufung auf § 818 Abs. 3

---

[500] *Koppensteiner/Kramer* § 6 II, S. 29; *H. P. Westermann* JuS 1968, 17, 21.
[501] Wie hier *Pinger* AcP 179 (1979), 301, 320; *Rengier* AcP 177 (1977), 418, 444; *Wilhelm* S. 122 ff.; *Canaris,* FS Larenz, 1973, S. 799, 813, 819; *Medicus* BR RdNr. 673; wohl auch *Köndgen,* FS Esser, 1975, S. 55, 73.
[502] Zutr., wenn auch noch ohne Bezugnahme auf § 818 Abs. 3, *Canaris,* FS Larenz, 1973, S. 799, 809 f.
[503] *Schwab* in: *Teichmann/Mattheus/Kainer* (Hrsg.), Zivilrechtliche Anwaltsfälle in Studium und Examen, 2007, S. 309, 322.
[504] Dafür *Flume* JZ 1962, 281, 282 Fn. 14 aE; *Meyer* S. 79; *Köndgen,* FS Esser, 1975, S. 55, 72.
[505] Dafür 4. Aufl. § 812 RdNr. 74. Sofern in solchen Fällen eine Abwicklung entlang der Leistungsbeziehung befürwortet wird, kann (scheinbar) Angewiesenen ausnahmsweise gestattet, sich gegenüber dem Bereicherungsanspruch des (scheinbar) Angewiesenen auf die Abtretung der Ansprüche gegen den Zuwendungsempfänger zu beschränken; vgl. *Pfister* JR 1969, 47, 48 f.; *Wieling* JuS 1978, 801, 809.

ausgeschlossen, wenn die Empfängerbank berechtigt ist, die Gutschrift auf dem Konto des Empfängers nach Nr. 8 AGB-Banken zu stornieren; Bedeutung erlangt dies vor allem bei einer Hausüberweisung.[506]

Demgegenüber hatte das **OLG Celle** folgenden Fall zu entscheiden: Ein unerkannt Geschäftsunfähiger kaufte Elektrogeräte. Der Verkäufer vermittelte in seinen Geschäftsräumen dem Käufer das zur Finanzierung des Kaufs benötigte Darlehen. Die Darlehenssumme wurde direkt an den Verkäufer ausgezahlt. Mit Rücksicht auf die Geschäftsunfähigkeit des Käufers nahm die Bank den Verkäufer direkt in Anspruch.[507] Dieser verteidigte sich damit, der Käufer habe die Geräte weiterveräußert und sei vermögenslos; er, der Verkäufer, sei daher um den Einkaufspreis der Geräte entreichert. Das OLG Celle wies diesen Einwand mit der Begründung zurück, das Darlehen sei letztlich auf **Veranlassung** des Verkäufers **(Zuwendungsempfängers)** zustande gekommen, um die Durchführung des Absatzgeschäfts zu sichern; allein der Verkäufer habe auch persönlichen Kontakt zum Käufer gepflegt. Deshalb müsse der Verkäufer das Risiko tragen, dass er weder die Geräte wieder sehe noch deren Gegenwert ersetzt bekomme.[508]

Die Entscheidung des **OLG Celle** verdient im Ergebnis **Zustimmung**; der auf den Einzelfall abgestellten Überlegung zur Risikozuweisung hätte es indes nicht bedurft: Dass die Bank den Verkäufer ausnahmsweise direkt in Anspruch nehmen durfte, bedeutete zugleich, dass dem Verkäufer ausnahmsweise seine Einwendung aus dem Rechtsverhältnis mit dem Käufer – nämlich das aus § 348 analog (RdNr. 253) gespeiste Recht, die Rückgewähr des Kaufpreises von der Rückgewähr der Kaufsache abhängig zu machen – genommen werden durfte: Er durfte ausnahmsweise dem Bereicherungsanspruch eines Dritten (nämlich der Bank) ausgesetzt werden, der er diese Einwendung nicht entgegenhalten konnte. Wenn man diese Folge einmal gebilligt hat, darf man sie nicht über § 818 Abs. 3 wieder rückgängig machen: Dann darf der Verkäufer auch nach § 818 Abs. 3 nicht einwenden, dass ihm die Kaufsache nicht zurückgewährt wird.

Diese Aussage lässt sich über den vom OLG Celle entschiedenen Fall hinaus **verallgemeinern:** Der Zuwendungsempfänger darf sich gegenüber der Direktkondiktion des (scheinbar) Angewiesenen **nicht** mit der Begründung **auf § 818 Abs. 3 berufen,** sein **eigener Anspruch** gegen den (scheinbar) **Anweisenden** auf Rückgewähr der **Gegenleistung** sei **uneinbringlich.** Das ist auch in der Sache angemessen: Denn wenn der Zuwendungsempfänger sich darauf beschränken dürfte, den illiquiden Bereicherungsanspruch gegen den (scheinbar) Anweisenden an den (scheinbar) Anweisenden abzutreten, trüge dieser das Risiko der Insolvenz *sowohl* des Zuwendungsempfängers *als auch* des (scheinbar) Anweisenden. Man versuche nicht, diese Folge mit der Begründung zu rechtfertigen, dem (scheinbar) Angewiesenen sei sein misslungener Erfüllungsversuch im Deckungsverhältnis zuzurechnen.[509] Denn mit dem gleichen Recht kann man dem Zuwendungsempfänger vorhalten, ihm sei die Erbringung der Gegenleistung im Valutaverhältnis zuzurechnen. Das Zurechnungsargument neutralisiert sich auf diese Weise und kann daher die einseitige Zuweisung eines doppelten Insolvenzrisikos an den (scheinbar) Angewiesenen nicht rechtfertigen.

e) Entreicherung beim nichtigen Darlehen. In drei Ende der 1970er Jahre ergangenen Entscheidungen hatte der BGH über Bereicherungsansprüche gegen **gutgläubige Darlehensschuldner** zu befinden. Im ersten einschlägigen Fall war die Valuta eines wegen Verstoßes gegen § 56 Abs. 1 Nr. 6 GewO zustande gekommenes und daher nichtigen (§ 817 RdNr. 38) Darlehens in ein sittenwidriges Schneeballsystem investiert worden; die Darlehenssumme war dabei direkt an den Initiator dieses Systems geflossen. Der BGH argumentierte, die Valuta sei im Rechtssinne dem Darlehensnehmer niemals zugeflossen;

---

[506] OLG Karlsruhe WM 2008, 632, 634.
[507] Zur Zulässigkeit der Direktkondiktion bei Geschäftsunfähigkeit des Anweisenden § 812 RdNr. 88.
[508] OLG Celle NJW 1992, 3178, 3179.
[509] So aber 4. Aufl. § 812 RdNr. 74.

auch sei dieser nicht um Ansprüche gegen den Initiator bereichert.[510] Bei diesen Ausführungen bleibt dunkel, ob der BGH den Bereicherungsanspruch des Darlehensgebers schon daran scheitern ließ, dass der Darlehensnehmer *nichts erlangt,* oder erst daran, dass er *nicht bereichert* war; § 818 Abs. 3 taucht in der maßgeblichen Gedankenführung des BGH nicht auf. In einer wenig später ergangenen Entscheidung war ein ebenfalls unter Verstoß gegen § 56 Abs. 1 Nr. 6 GewO aufgenommenes Darlehen in den Kauf einer wertlosen Produktionsmaschine investiert worden. Das Darlehen war in diesem Fall den Darlehensnehmern ausbezahlt und von diesen an den Verkäufer weitergeleitet worden. Hier gewährte der BGH den Darlehensnehmern den Entreicherungseinwand aus § 818 Abs. 3: Dem Schutzzweck des § 56 Abs. 1 Nr. 6 GewO entspreche es, dass der Darlehens*geber* das Entreicherungsrisiko tragen müsse.[511] In einer weiteren Entscheidung billigte der BGH einem Darlehensnehmer, der die Darlehenssumme in einen abermals wertlosen Gegenstand investiert hatte und dabei vom Verkäufer in einer dem Darlehensgeber zurechenbaren Weise arglistig getäuscht worden war, unter Berufung auf § 818 Abs. 3 den Einwand zu, er sei nicht mehr bereichert.[512] Der Darlehensnehmer könne vielmehr den Darlehensgeber auf Bereicherungsansprüche gegen den Verkäufer verweisen.

192 Bei der Lektüre der beiden zuletzt genannten Entscheidungen fällt auf, dass die Überlegungen zu einer normativen Risikozuweisung, die der BGH anstellt, nicht etwa das Ziel verfolgen, § 818 Abs. 3 *einzuschränken,* sondern im Gegenteil die **Anwendbarkeit des § 818 Abs. 3** überhaupt erst zu **begründen.** Diese Stoßrichtung der vom BGH vorgetragenen Argumentation überrascht auf den ersten Blick; sie erweist sich indes bei näherem Zusehen als folgerichtig: Denn im Normalfall kann sich der Darlehensnehmer in Ansehung der Darlehensvaluta gerade *nicht* auf Wegfall der Bereicherung berufen; ihm war vielmehr von Anfang an bekannt, dass er die Valuta würde zurückzahlen müssen. Diese Handhabung folgt nach der Auffassung des BGH aus einer Analogie zu § 819 Abs. 1, nach hier vertretener Ansicht aus dem Verbot widersprüchlichen Verhaltens, also aus § 242 (näher § 819 RdNr. 12). Der BGH hat es freilich in den referierten Entscheidungen versäumt, diesen Ausgangspunkt klarzustellen. Legt man die Analogie zu § 819 Abs. 1 zugrunde, so hätte der BGH folgerichtig die Frage stellen müssen, ob diese Analogie wieder einzuschränken sei; auf dem Boden der hier vertretenen Ansicht ist zu fragen, ob dem Darlehensnehmer in den zitierten Fällen ausnahmsweise *kein* widersprüchliches Verhalten vorgeworfen werden kann, wenn er sich auf § 818 Abs. 3 beruft. Diese Frage ist klar zu *bejahen* beim arglistig getäuschten Darlehensnehmer: Dieser muss auch bereicherungsrechtlich so gestellt werden, als hätte er das Darlehen weder aufgenommen noch die Valuta weitergereicht. Ihm ist daher in der Tat die Berufung auf § 818 Abs. 3 zu gestatten. Das Gleiche gilt im Fall des § 56 Abs. 1 Nr. 6 GewO: Wenn es zutrifft, dass diese Norm den Darlehensnehmer vor Übereilung schützen will,[513] muss der Darlehensnehmer vor allen negativen Folgen seiner übereilten Entscheidung bewahrt werden. Dann muss er ebenfalls so gestellt werden, als hätte er das Darlehen nie aufgenommen und weitergereicht. Der BGH verdient daher in beiden Punkten Zustimmung.

193 Sämtliche in RdNr. 191 geschilderten Referenzfälle waren so gelagert, dass aus heutiger Sicht das Darlehen und der finanzierte Vertrag eine **wirtschaftliche Einheit** iS des § 358 Abs. 3 bildeten. Hier bietet sich noch ein anderer Weg an, dem Darlehensnehmer (sofern er Verbraucher ist) das Risiko des wirtschaftlichen Verlusts abzunehmen: Analog § 358 Abs. 4 S. 3 tritt der Darlehensgeber in die Rechte und Pflichten des Unternehmers ein, der mit dem Darlehensnehmer den finanzierten Vertrag geschlossen hat. Der Darlehensnehmer kann daher vom Darlehensgeber Rückgewähr der an jenen Unternehmer erbrachten Leistung – typischerweise also einen der Darlehensvaluta entsprechenden Betrag – zurückverlangen und

---

[510] BGHZ 71, 358, 365 f.
[511] BGH NJW 1979, 1597, 1598 f.
[512] BGH NJW 1978, 2144, 2145.
[513] So BGH NJW 1979, 1597, 1598.

muss seinerseits nur die vom Unternehmer empfangene Leistung herausgeben.[514] Der BGH geht hier sogar noch weiter: Wenn die Anweisung des Darlehensnehmers an den Darlehensgeber, die Valuta direkt an den Unternehmer auszuzahlen, nicht wirksam ist, hat der Darlehensnehmer *überhaupt nichts erlangt*. So entschied der BGH unter der Geltung des Abzahlungsgesetzes für den Fall, dass das Darlehen und mit ihm die Anweisung, die Valuta an den Unternehmer auszuzahlen, noch widerrufen werden konnten und daher nach damaligem Recht noch nicht wirksam waren.[515] Im gleichen Sinne entscheidet er in neuerer Zeit, wenn die Anweisung wegen Verstoßes gegen das Rechtsberatungsgesetz nichtig ist.[516] Die neuere Rechtsprechung soll offenbar ohne Rücksicht auf das Vorliegen eines verbundenen Geschäfts Anwendung finden und fordert daher Kritik heraus:[517] Der Sache nach wird dem Darlehensnehmer ein § 358 Abs. 4 S. 3 vergleichbarer Schutz gewährt. Dann sollte man diesen Schutz auch vom Vorliegen eines verbundenen Geschäfts abhängig machen.

7. Aufgedrängte Bereicherung. a) Das Problem. Zahlreiche Bereicherungsansprüche, vor allem diejenigen unter dem Gesichtspunkt der Aufwendungs- und Rückgriffskondiktion, entstehen **ohne Zutun des Empfängers.** Dies begründet für die Rückabwicklung so lange keine Schwierigkeiten, als der Empfänger das Erlangte in Natur herausgeben und sich auf diese Weise von seiner Bereicherungsschuld befreien kann. Vor allem die Aufwendungs- und die Rückgriffskondiktion sind jedoch durch das weitere Merkmal charakterisiert, dass der Empfänger das Erlangte **nicht mehr in Natur herausgeben kann** und damit dem Grund nach gemäß § 818 Abs. 2 **Wertersatz** leisten muss. Das gilt zum einen für die Rückgriffskondiktion: Die Schuldbefreiung kann ihrer Natur nach nicht gegenständlich herausgegeben werden; ihr nach § 818 Abs. 2 zu ersetzender Wert besteht im Nennbetrag der Verbindlichkeit. Die gleiche Interessenlage besteht zum anderen bei der Aufwendungskondiktion: Das Arbeitsergebnis, das der Gläubiger (also derjenige, der die Aufwendung getätigt hat) erzielt hat, etwa die Ausbesserung oder Erweiterung einer Sache, kann ebenfalls nicht bzw. nicht sinnvoll in Natur herausgegeben werden. Wenn der Empfänger nunmehr zum Wertersatz herangezogen wird, wird er im Einzelfall einwenden wollen, das Erlangte wirke sich **gerade für sein Vermögen** nicht oder jedenfalls nicht in Höhe des Wertes positiv aus, der eigentlich nach § 818 Abs. 2 zu ersetzen wäre. Es fragt sich folglich, ob und inwieweit er davor bewahrt werden muss, gleichwohl Wertersatz in voller Höhe leisten zu müssen.

b) Rückgriffskondiktion. In Fällen der Rückgriffskondiktion – also wenn der Schuldner in sonstiger Weise rechtsgrundlos die Befreiung von einer Verbindlichkeit erlangt – entsteht das Problem der aufgedrängten Bereicherung immer dann, wenn der Schuldner gegen den – vom Leistenden erfüllten – Anspruch des Gläubigers **Einreden** hätte erheben können. Auf eine solche Situation werden im Schrifttum unterschiedliche Antworten bereitgehalten:

So wird im Hinblick darauf, dass der Leistende in Kenntnis des Fehlens einer eigenen Verpflichtung gehandelt hat, die Anwendung des § 814 erwogen.[518] Diese Lösung kann indes schon deshalb **nicht überzeugen,**[519] weil sie über das Regelungsziel des § 814 (dort RdNr. 2) hinausschießt: Wer in Erfüllung einer fremden Verbindlichkeit leistet, verhält sich nicht widersprüchlich, wenn er das Geleistete zurückverlangt, weil die fremde Verbindlichkeit nicht besteht. Denn das Bestehen dieser Verbindlichkeit war gerade Prämisse der

---

[514] In diesem Sinne *Möller/Lutz* VuR 2005, 81, 85 f.; *Schäfer* BKR 2005, 98, 103 f.
[515] BGH DB 1980, 440, 441.
[516] BGH WM 2004, 1227, 1230; BKR 2004, 447, 450.
[517] Zum Folgenden ausf. *Schwab* in: *Teichmann/Mattheus/Kainer* (Hrsg.), Zivilrechtliche Anwaltsfälle in Studium und Examen, 2007, S. 309, 315 ff. Abl. auch *Seidel* JZ 2005, 497, 502; zust. aber *Lorenz* LMK 2004, 153, 154. Zu BGH DB 1980, 440 krit. 4. Aufl. RdNr. 104.
[518] So *Reeb* S. 84.
[519] Im Ergebnis wie hier *Fikentscher/Heinemann* § 103 II 2 b bb, RdNr. 1487; *Medicus* BR RdNr. 952; *Wernecke* S. 590 f.

§ 818 197–201   Abschnitt 8. Titel 26. Ungerechtfertigte Bereicherung

Leistung gewesen. § 814 ist erst anwendbar, wenn der Leistende auch um das Nichtbestehen der fremden Verbindlichkeit weiß.

197   Abzulehnen ist auch der Vorschlag, die Schutzbedürftigkeit des Schuldners bei der Wertberechnung gemäß **§ 818 Abs. 2** zu berücksichtigen.[520] Denn ein solcher Lösungsweg ist auf die Anerkennung eines subjektiven Wertbegriffs angewiesen, der sich im Rahmen des § 818 Abs. 2 gerade nicht halten lässt (RdNr. 75 f.). Eher schon lässt sich die Überlegung hören, dass dem Schuldner mit Hilfe des **§ 818 Abs. 3** geholfen werden kann:[521] Die Befreiung des Schuldners von einer einredebehafteten Verpflichtung führt im Vermögen des Schuldners zu keinem Mehrwert.

198   Gleichwohl trifft eine andere Lösung die Interessenlage noch präziser: Zugunsten des Schuldners sind die **§§ 404 ff. analog** auf den Bereicherungsanspruch des Leistenden gegen den Schuldner anzuwenden.[522] Dafür spricht die Ähnlichkeit der Sachlage mit der Abtretung bzw. mit dem Forderungsübergang kraft Gesetzes: Ob das Gesetz dem Leistenden Bereicherungsansprüche gibt, oder ob es die getilgte Forderung kraft Gesetzes auf ihn überleitet und ihm damit die Einwendungen des Schuldners gemäß § 412 auch gegenüber dem neuen Gläubiger erhält, erscheint nur als ein rechtstechnischer und damit wertungsmäßig irrelevanter Unterschied. Der bereicherungsrechtliche Rückgriff kann jedenfalls nicht stärker sein als der auf einen Forderungsübergang kraft Gesetzes gestützte.[523] Dem entspricht es, wenn der BGH die für die getilgte Schuld geltende Verjährungsfrist auf den Bereicherungsanspruch des Zahlenden anwendet.[524]

199   Erfolgt die Drittzahlung gemäß § 267 auf Grund eines **Ablösungsrechts** gemäß § 268, ist für eine eigene bereicherungsrechtliche Rückabwicklung deswegen kein Raum, weil § 268 Abs. 3 in diesem Fall einen **gesetzlichen Forderungsübergang** vorsieht. Der Schuldner bleibt also aus der ursprünglichen Verbindlichkeit verpflichtet. Er hat folglich bereits im Ansatz keine Schuldbefreiung erlangt, die Gegenstand eines Bereicherungsanspruchs sein könnte.

200   **c) Aufwendungskondiktion.** Im Fall der Aufwendungskondiktion stellt sich das Problem der aufgedrängten Bereicherung vor allem bei der **Veränderung von Sachen:** Jemand hat eine Aufwendung getätigt, die einer fremden Sache zugute kommt, und verlangt nun von deren Eigentümer Wertersatz. Sofern die Sache sich im Besitz dessen befand, der die Aufwendung getätigt hat, trifft die Aufwendungskondiktion mit Ansprüchen aus §§ 994, 996 zusammen. In diesem Zusammenhang ist streitig, ob §§ 994, 996 als spezielle Vorschriften die Aufwendungskondiktion verdrängen[525] oder ob neben diesen Vorschriften für eine solche Kondiktion noch Raum ist.[526] Für die nachfolgenden Darlegungen wird die ergänzende Anwendbarkeit der Aufwendungskondiktion zugrunde gelegt.

201   **aa) Schutz des Aufwendungsempfängers.** Vereinzelt ist vorgeschlagen worden, das Problem der aufgedrängten Bereicherung durch eine analoge Anwendung des **§ 814** zu lösen.[527] Dieser Ansatz verdient jedoch keine Zustimmung.[528] § 814 erfasst in seinem unmittelbaren Anwendungsbereich zunächst nur Fälle der Leistungskondiktion. Der Berei-

---

[520] So noch *Medicus*, 9. Aufl. 1979, RdNr. 952.
[521] So der Vorschlag von *Wilhelm* S. 176.
[522] *Canaris*, FS Larenz, 1973, S. 799, 845; *Erman/Westermann/Buck-Heeb* § 812 RdNr. 27; HKK/*Schäfer* §§ 812–822 RdNr. 215; *Larenz/Canaris* II/2 § 69 III 2 b, S. 192; *Meyer* 143 f.; *Reuter/Martinek* § 12 III 4 a, S. 472; *Wendehorst* Jura 2004, 505, 511; sowie nunmehr auch *Medicus* BR RdNr. 952 aE. Für Analogie zu § 404 auch *Wernecke* S. 587.
[523] Zutr. *v. Caemmerer*, FS Dölle, 1963, S. 135, 153.
[524] BGH NJW 2000, 3492.
[525] Dafür vor allem der BGH, vgl. BGHZ 41, 157; BGH NJW 1996, 52. Aus dem Schrifttum im gleichen Sinne *Haas* AcP 176 (1976), 1, 19 f.; *Jakobs* AcP 167 (1967), 350, 372.
[526] Dafür *Canaris* JZ 1996, 344 ff.; *Flume*, GS Knobbe-Keuk, 1997, S. 111, 118; *G. Hager* JuS 1987, 877, 880; *Medicus* BR RdNr. 897; *Schildt* JuS 1995, 953, 956 f.
[527] *Klauser* NJW 1965, 513, 515 f.; weitgehend ebenso *Staudinger/Lorenz* Vor § 812 RdNr. 46.
[528] Gegen die Anwendung des § 814 auch *Reuter/Martinek* § 18 I 3 b, S. 638; § 15 III 2 a, S. 545; *Medicus* BR RdNr. 899; *Esser/Weyers* BT/2 § 50 III 3 § 51 I 4 e, S. 496.

cherungsanspruch wird hier deshalb ausgeschlossen, weil in der Rückforderung der Leistung trotz Kenntnis des Fehlens eines Rechtsgrundes ein widersprüchliches Verhalten des Leistenden zu sehen ist. Dieser Gedanke lässt sich auf die Aufwendungskondiktion allenfalls dann übertragen, wenn der Verwender bewusst eine Mehrung fremden Vermögens herbeigeführt hat. Im Übrigen müsste die Anwendung des § 814 zum Ausschluss der Rückforderung ganz unabhängig davon führen, ob die Verwendung in Natur herausgegeben werden kann oder nicht.[529] Damit greift dieser Vorschlag über den eigentlichen Problembereich der aufgedrängten Bereicherung weit hinaus.[530]

Ein erheblicher Teil des Schrifttums[531] versucht das Problem der aufgedrängten Bereicherung zu lösen, indem im Bereich des § 818 Abs. 2 einem **subjektiven Wertbegriff** das Wort geredet wird: Es sei nicht auf die objektive Verkehrswertsteigerung abzustellen, sondern darauf, ob und inwieweit gerade der Schuldner im Rahmen seiner Vermögensdispositionen aus dieser Steigerung auch wirklich Nutzen ziehen könne. Andere Autoren sprechen sich gerade auch im Zusammenhang mit der aufgedrängten Bereicherung gegen eine solche subjektive Färbung des Wertbegriffs aus.[532] Die Frage des subjektiven Nutzens für den Empfänger könne, wenn überhaupt, nur unter dem Gesichtspunkt des **§ 818 Abs. 3** Bedeutung erlangen.[533] Die zuletzt genannte Ansicht verdient Zustimmung: Eine subjektive Werttheorie lässt sich im Kontext des § 818 Abs. 2 nicht halten (RdNr. 75 f.). Dass allein § 818 Abs. 3 den zutreffenden Ansatzpunkt zur Lösung des Problems bietet, zeigt sich bereits daran, dass einige Verfechter der Gegenansicht sich gezwungen sehen, zur Rechtfertigung des subjektiven Wertbegriffs bei der Aufwendungskondiktion auf den Gedanken des § 818 Abs. 3 zurückzugreifen.[534] Wenn die Aufwendung dem Empfänger nicht jenen Nutzen bringt, welcher ihrem objektiven Wert entspricht, so ist der Empfänger eben nicht um diesen Wert, sondern nur um den Betrag bereichert, in dessen Höhe er persönlich von der Aufwendung profitiert. § 818 Abs. 3 wirkt in dieser Situation freilich nur dilatorisch:[535] Wenn sich der Empfänger entgegen seinen ursprünglichen Planungen am Ende doch entschließt, die durch die rechtsgrundlose Aufwendung verbesserte Sache zu Geld zu machen, hat er den durch die Aufwendung gewonnen Mehrwert realisiert und daher nach § 818 Abs. 2 herauszugeben.

Die Verortung der aufgedrängten Bereicherung in § 818 Abs. 3 zieht freilich ein **Folgeproblem** nach sich: Wenn der **Empfänger** darum **weiß,** dass ihm der Erfolg der Aufwendung nicht zusteht, scheint es, als könne er sich wegen §§ 819 Abs. 1, 818 Abs. 4 nicht auf § 818 Abs. 3 berufen. Die Konsequenz wäre, dass der Empfänger für die Herausgabe eines Vorteils, der ihm gegen seinen Willen zugeflossen ist, verschärft haftet. Bei diesem Ergebnis kann es in der Tat nicht verbleiben. Um es zu vermeiden, bieten sich zwei Überlegungen an: Zum einen wird der Fall häufig so liegen, dass der Empfänger nicht einmal darum weiß, dass ihm der Erfolg einer fremden Verwendung zugeflossen ist. Dann fehlt ihm die Kenntnis davon, dass er etwas erlangt hat; er weiß, wenn überhaupt, nur darum, dass er, *wenn* er etwas erlangt, dieses herausgeben muss. Wer aber schon nicht darum weiß, dass er etwas erlangt hat, kann dafür auch nicht verschärft haften. Zum anderen – und diese Überlegung lässt sich für sämtliche Fälle aufgedrängter Bereicherung unter den Gesichtspunkt der Aufwendungs-

---

[529] Auf § 814 stützt auch *Scheyhing* AcP 157 (1958/1959), 371, 389 Fn. 68 seine Lösung, wonach ein Bereicherungsanspruch bei Verwendungen, die allein im Eigeninteresse erfolgen, entfallen soll.
[530] So zutr. *Koppensteiner/Kramer* § 16 II 3 b, S. 166 f.; *Pinger,* Funktion und dogmatische Einordnung des Eigentümer-Besitzer-Verhältnisses, 1973, S. 113; *Staudinger/Gursky* § 951 RdNr. 46.
[531] 4. Aufl. RdNr. 313 sowie *Erman/Westermann/Buck-Heeb* § 814 RdNr. 6; *Esser/Weyers* BT/2 § 51 I 4 e; *Feiler* S. 98 ff.; *Goetzke* AcP 173 (1973), 289, 318 f.; *Koller* DB 1974, 2385, 2389; *Koppensteiner/Kramer* § 16 II 3 c, 168; *Medicus* BR RdNr. 899; *Pinger* S. 123 ff.; *Reeb* S. 101 ff.; *v. Rittberg* S. 115 ff.
[532] *Schindler* AcP 165 (1965), 499, 502 f.; *Staudinger/Gursky* § 951 RdNr. 44; *Willoweit,* FS Wahl, 1973, S. 285, 290.
[533] HKK/*Schäfer* §§ 812–822 RdNr. 215; *Larenz,* FS v. Caemmerer, 1978, S. 209, 222 f.; *Larenz* II § 70 II, 578.
[534] 4. Aufl. RdNr. 314 sowie *Goetzke* AcP 173 (1973), 289, 318 f.; *Koller* DB 1974, 2385, 2389; *Pinger* S. 126 ff.; *ders.* MDR 1972, 187, 189.
[535] *Halfmeier* JA 2007, 492, 495.

kondiktion verallgemeinern – hat der BGH in anderem Zusammenhang mit Recht ausgesprochen, dass selbst der bösgläubige oder verklagte Empfänger dann nicht verschärft haftet, wenn er außerstande ist, die noch im Zeitpunkt der Gutgläubigkeit getroffene, zur Entreicherung führende Vermögensdisposition rückgängig zu machen (RdNr. 302). Diese Überlegung lässt einen grundlegenden Gerechtigkeitsgedanken erkennen: Wenn jemand auf die Tatsache, dass er verklagt wurde oder um die Herausgabepflicht weiß, nicht mit der sofortigen Herausgabe reagieren kann, kann man ihm das Risiko, dass der erlangte Vorteil in seinen Händen an Wert verliert oder seinen objektiven Wert gar nicht erst verwirklicht, nicht mit Rücksicht auf die verschärfte Haftung zuweisen. Das gilt gerade auch für die Aufwendungskondiktion: Selbst der bösgläubige oder verklagte Bereicherungsschuldner erlangt den Vorteil, der ihm durch fremde Aufwendung zufließt, bevor er jenen Zufluss verhindern kann. Dann kann er nicht das Risiko tragen, dass dieser Vorteil sich in seinem Vermögen nicht in Höhe seines objektiven Werts positiv niederschlägt.

204 Der Empfänger ist gegen Veränderungen an seiner Sache, die ihm nicht gelegen kommen, noch auf andere Weise geschützt: Er kann die Sache dem Verwender analog § 1001 S. 2 zur Beseitigung der Verwendungen zurückgeben[536] und sogar, sofern diese sein Eigentum beeinträchtigen, nach § 1004 **Beseitigung der Veränderung verlangen**.[537] Dies gelingt freilich nicht bei jeder unwillkommenen Verwendung auf die Sache: Wenn jemand rechtsgrundlos Eigentum an einer Sache erworben und auf diese Sache Verwendungen gemacht hat, bevor er die Sache an den bisherigen Eigentümer zurückübereignet, sind diese Verwendungen nicht als Störung des Eigentums anzusehen.[538] Denn der Verwender hat nicht auf fremdes, sondern auf eigenes Eigentum eingewirkt. Der redliche unverklagte Besitzer schuldet nach der Wertung des § 993 Abs. 1 aE nicht Beseitigung der von ihm gemachten Verwendungen.[539] Darüber hinaus wird argumentiert, dass sich Maßnahmen, welche der Erhaltung der Sachsubstanz dienen (etwa Reparaturleistungen), selbst dann, wenn sie an fremden Sachen vorgenommen würden, kaum als Beeinträchtigung qualifizieren ließen.[540] Die Gegenansicht hält dagegen alles für eine Störung des Eigentums, was der jeweilige Eigentümer als Störung bewertet,[541] und daher ohne Rücksicht darauf, ob die Verwendung sich positiv oder negativ auf die Sache auswirke und ob sie mit den konkreten Nutzungsabsichten des Eigentümers kollidiere.[542] Die Gegenansicht verdient den Vorzug: Beeinträchtigt wird das Eigentum iS des § 1004 durch jede Einwirkung; denn der Eigentümer kann nach § 903 grundsätzlich jede Einwirkung verbieten. Freilich wird es gerade bei Reparaturleistungen häufig so liegen, dass sie nicht mehr rückgängig gemacht und daher nicht mehr iS des § 1004 „beseitigt" werden können. In diesem Fall soll der Eigentümer die gegen ihn gerichtete Aufwendungskondiktion mit der Begründung abwehren können, er habe ein Recht darauf, so gestellt zu werden, wenn die Veränderung der Sache noch rückgängig gemacht werden könnte.[543] Nach hier vertretener Ansicht genügt es, dem Eigentümer gegenüber der Aufwendungskondiktion die Berufung auf § 818 Abs. 3 zu gestatten: Der Eigentümer, dem die Aufwendung keinen persönlichen Ertrag bringt, ist um sie nicht bereichert. Und derjenige, dem sie Ertrag bringt, verhält sich widersprüchlich, wenn er einerseits meint, jenen Ertrag behalten zu dürfen, andererseits aber argumentiert, er würde, wenn das noch möglich wäre, auf Wegnahme der Verwendung dringen: Dann würde sie ihm auch keinen Ertrag mehr bringen.

205 **bb) Schutz des Aufwendenden?** Das Kernanliegen sämtlicher bisher diskutierten Lösungsansätze bestand darin, den **Empfänger** vor aufgedrängter Bereicherung zu **schützen**. Die vorstehenden Überlegungen haben zu zeigen versucht, dass sich unter Umständen sogar

---

[536] *Horst* MDR 2007, 1117, 1119.
[537] *Medicus* BR RdNr. 899; *Wernecke* S. 191 ff.; *Wolf* JZ 1966, 467, 472.
[538] Ebenso *Wernecke* S. 577.
[539] *Haas* AcP 176 (1976), 1, 22 f.
[540] *Medicus* BR RdNr. 899.
[541] *Wernecke* S. 584.
[542] *Wernecke* S. 200.
[543] *Wernecke* S. 585.

der bösgläubige oder verklagte Empfänger darauf berufen kann, um die rechtsgrundlose Aufwendung nicht bereichert zu sein. Umgekehrt fragt sich, ob die am Schutz des Empfängers orientierte Argumentation nicht ihrerseits einer Korrektur bedarf, ob es mithin Fälle gibt, in denen auch der Aufwendende seinerseits Schutz verdient und deshalb die Berufung des Empfängers (und zwar selbst des gutgläubigen!) auf § 818 Abs. 3 ihrerseits **zurückgedrängt** werden muss. Eben dies wird im Schrifttum für den Fall behauptet, dass der **Aufwendende** seinerseits **gutgläubig** ist.[544] Die Gedankenführung lautet – erneut dargestellt anhand des wichtigsten Fallbeispiels, nämlich der Veränderung einer Sache – wie folgt: Wenn sich jemand unter Berufung auf Aufwendungen gegen einen fremden Bereicherungsanspruch verteidige, könne er, soweit er gutgläubig sei, dem Bereicherungsgläubiger nach § 818 Abs. 3 sämtliche Aufwendungen entgegenhalten ohne Rücksicht darauf, ob diese irgend einen Ertrag erbracht hätten; der Gläubiger könne Herausgabe der Sache nur Zug um Zug gegen Ersatz der Aufwendungen verlangen. Dann mute es seltsam an, wenn jemand, der seine Aufwendungen ins Feld führe, um einen eigenen Bereicherungsanspruch zu verfolgen, mit diesem Anspruch daran scheitere, dass die andere Partei, deren Sache durch die Aufwendung erhalten oder verbessert worden sei, dafür nicht einmal dann Wertersatz leisten müsse, wenn die Aufwendung tatsächlich zu einer Wertsteigerung geführt habe.

Die **rechtliche Konsequenz** aus dieser Überlegung lautet freilich nicht, dass die Gegenpartei, deren Sache die Aufwendung zugute gekommen sei, sich ihrerseits überhaupt nicht mehr auf § 818 Abs. 3 berufen könne. Vielmehr müsse die Gegenpartei lediglich **umdisponieren**:[545] Soweit die ihr zustehende Sache eine objektive Wertsteigerung erfahren habe, lasse sich diese durch Veräußerung der Sache realisieren. Der Empfänger dürfe sich also nicht darauf zurückziehen, er wolle die Sache behalten und unter diesen Umständen bringe ihm die Aufwendung nichts. Vielmehr müsse er die Sache veräußern und die ihm zuteil gewordene Wertsteigerung zu Geld machen. Versäume er dies und lasse er sich damit den Mehrwert entgehen, den die Sache durch die Aufwendung erfahren habe, so könne er sich nicht auf § 818 Abs. 3 berufen. Der Empfänger könne sogar dann, wenn der Aufwendende um das Fehlen des Rechtsgrundes gewusst habe, gehalten sein, den Wert, der ihm durch die fremde Aufwendung zugeflossen sei, zu realisieren; in diesem Fall sei ihm aber ein erheblicher Ermessensspielraum einzuräumen.[546]

Die soeben wiedergegebene Ansicht fußt in **tatsächlicher** Hinsicht auf folgender Beobachtung: Der Empfänger der Aufwendung ist zwar nicht (oder nicht in voller Höhe) bereichert, wenn er über seine Sache so disponiert, wie er es ursprünglich vorhatte; er **wäre** aber **bereichert,** wenn er **anders disponieren** würde als ursprünglich geplant. Die darauf aufbauende These, der Empfänger sei gehalten, in diesem Sinne anders zu disponieren, um den vollen Mehrwert zu realisieren, der ihm durch die Aufwendung zugeflossen ist, fußt **rechtsdogmatisch** auf der Prämisse, die Stellung des Aufwendenden als Bereicherungsgläubiger sei möglichst an diejenige Stellung anzunähern, welche der Aufwendende als Bereicherungsschuldner innehätte. Diese Prämisse entspricht indes nicht der Normstruktur des § 818 Abs. 3: Wenn dort dem Bereicherungsschuldner das Recht zugebilligt wird, gegen die Herausgabepflicht Vermögensminderungen (zB Aufwendungen) einzuwenden, die er erlitten hat, so bedeutet dies gerade nicht ohne weiteres, dass der Schuldner diese Posten auch angriffsweise als Bereicherungsanspruch verfolgen kann. Aber auch in tatsächlicher Hinsicht begegnet die hier diskutierte Ansicht Zweifeln. Denn es mag sein, dass die Disposition, die der Aufwendungsempfänger über die Sache ursprünglich geplant hatte, ihm anderweitige Vorteile beschert hätte, auf die er verzichten müsste, wenn er die Sache zum Zwecke der Wertrealisierung veräußerte. Dann müssten jene entgangenen Vorteile auf dem Boden der hier diskutierten Ansicht folgerichtig wiederum über § 818 Abs. 3 geltend gemacht werden können. Der Grundeigentümer, der das von einem anderen reparierte Gebäude eigentlich abreißen wollte,

---

[544] Zum Folgenden *Larenz/Canaris* § 72 IV 3 b, S. 289 f.
[545] *Larenz/Canaris* § 72 IV 3 b, S. 289.
[546] *Larenz/Canaris* § 72 IV 3 d, S. 290 f.

mag etwa vorgehabt haben, darauf ein anderes Gebäude zu errichten und zu Ertragszwecken zu nutzen; an dieser Planung wäre er gehindert, wenn man ihm die **Obliegenheit** auferlegen wollte, das Grundstück zu **veräußern,** um den aus der Reparatur resultierenden **Mehrwert zu Geld zu machen.** Deshalb besteht eine solche Obliegenheit nur **ausnahmsweise,** nämlich dann, wenn evident ist, dass der Aufwendungsempfänger keine anderen Ertrag bringenden Dispositionen geplant hatte. Dem Grundeigentümer, der das Gebäude auf dem Grundstück niederreißen wollte, ohne eine anderweitige Verwendung des Grundstücks geplant zu haben, ist es in der Tat zumutbar, stattdessen das Grundstück samt Gebäude zu veräußern, um den Mehrwert zu realisieren, den das Gebäude durch die vom Aufwendenden vorgenommene Reparatur erfahren hat. Wenn ein solcher Fall gegeben ist, besteht die Veräußerungsobliegenheit unabhängig von der Gut- oder Bösgläubigkeit des Aufwendenden.

208 **d) Leistungskondiktion.** Das Problem der aufgedrängten Bereicherung stellt sich im Einzelfall sogar bei Leistungskondiktionen – immer dann nämlich, wenn jemand, der nach dem Vertrag eine **bestimmte Leistung erbringen soll,** stattdessen eine **andere erbringt.** Derartige Leistungen sind, sofern nicht Spezialregelungen wie etwa § 434 Abs. 3 eingreifen,[547] nach §§ 812 ff. zurückzugewähren, und zwar regelmäßig unter dem Gesichtspunkt der Leistungskondiktion. Das Problem der aufgedrängten Bereicherung stellt sich in solchen Situationen, sobald eine Leistung erbracht wird, die nicht in Natur zurückgewährt werden kann. So liegt es etwa, wenn ein Chefarzt nach dem Behandlungsvertrag zur persönlichen Durchführung einer Operation verpflichtet ist und diese vertragswidrig durch einen bei ihm angestellten Assistenzarzt durchführen lässt: Selbst wenn die Operation von diesem Assistenzarzt kunstgerecht ausgeführt worden ist, hat der Patient etwas anderes erlangt als was ihm nach dem Vertrag zusteht. Die ärztliche Leistung kann nicht mehr in Natur herausgegeben werden; sie ist dem Patienten also aufgedrängt worden. Im Falle der Leistungskondiktion kommt in solchen Fällen in der Tat § 814 zur Anwendung: Der Chefarzt wusste, dass er die Operation nicht durch einen Assistenzarzt erbringen musste, ja dass er sie nicht einmal auf diese Weise erbringen durfte. Damit hat er in Kenntnis der Nichtschuld geleistet und kann für die erbrachte Leistung keinen Wertersatz nach §§ 812 Abs. 1 S. 1 Alt. 1, 818 Abs. 2 verlangen.[548]

209 **8. Bereicherungsrechtliche Rückabwicklung nichtiger Austauschverträge. a) Problem.** Die bereicherungsrechtliche Rückabwicklung gegenseitiger Verträge hat in den §§ 812 ff. eine Sonderregelung nicht erfahren.[549] Daraus würde an sich folgen, dass im Fall der Nichtigkeit jeder Vertragspartner einen eigenen selbstständigen Anspruch auf Rückgewähr des jeweils Geleisteten haben müsste. Dies ist der Standpunkt der sog. **Zweikondiktionentheorie.**[550] Deren uneingeschränkte Durchführung bereitet dann und so lange keine Schwierigkeiten, als die beiderseitigen Leistungen noch ungeschmälert beim jeweiligen Empfänger vorhanden sind: In diesem Fall sind beide Bereicherungsansprüche wenigstens über das Zurückbehaltungsrecht aus § 273 miteinander verknüpft. Demnach steht jedem Vertragspartner die Möglichkeit offen, den gegen ihn gerichteten Bereicherungsanspruch nur Zug um Zug gegen Rückgabe der eigenen Leistung zu erfüllen. Schwierigkeiten bereitet die Anwendung der Zweikondiktionentheorie jedoch dann, wenn eine der beiden Leistungen – etwa die verkaufte und übereignete Sache – (ersatzlos) **untergegangen** ist oder **verschlechtert** wurde. Denn dann wäre zum einen der Bereicherungsanspruch desjenigen, dessen Leistung beim Vertragspartner weggefallen ist, nach § 818 Abs. 3 ausgeschlossen; zum anderen müsste er aber gleichwohl die in seinem Vermögen noch vorhandene Gegenleistung herausgeben. Sein Vertragspartner würde gewissermaßen mit leeren

---

[547] Vgl. zum Problem der Rückgewähr eines „besseren" aliud statt vieler *Musielak* NJW 2003, 89; *Tiedtke/Schmitt* JZ 2004, 1092.

[548] Wie hier OLG Koblenz NJW 2008, 1679, 1681. Skeptisch gegenüber der Anwendung des § 814 auf Fälle aufgedrängter Bereicherung *Wolf* JZ 1966, 467, 471.

[549] Ebenso *Larenz/Canaris* II/2 § 73 III, S. 321; aA offenbar *Flume* AcP 194 (1994), 427, 433.

[550] Aus der älteren Lit.: *Oertmann* DJZ 1915, 1063 ff. und JW 1918, 132; *Schneider* JherJb. 61 (1912), 179, 184 ff.; *v. Tuhr,* FS Bekker, 1907, S. 293, 307. Im neueren Schrifttum hat sich HKK/*Schäfer* §§ 812–822 RdNr. 214 für die Rückkehr zur reinen Zweikondiktionenlehre ausgesprochen.

Händen kommen und mit vollen gehen.[551] Derjenige, dessen Leistung weggefallen ist, würde damit einseitig die Gefahr der zufälligen Verschlechterung und des zufälligen Untergangs tragen. Man ist sich heute weitgehend einig, dass es bei dieser Handhabung nicht bewenden kann. Zu erheblichen Meinungsverschiedenheiten hat indes die Suche nach Alternativen, also nach einer Gerechtigkeit verbürgenden Gefahrtragungsregel geführt.

b) Saldotheorie in der Rechtsprechung des RG. Die von der Rechtsprechung 210 angebotene Lösung ist bis heute unter dem Begriff **Saldotheorie** bekannt. In der dafür grundlegenden Entscheidung formulierte das RG wie folgt:[552] „Wie sich schon aus der Überschrift des Titels ‚ungerechtfertigte Bereicherung' ergibt und wie insbesondere aus § 818 Abs. 3 gefolgert werden muss, wonach die Verpflichtung zur Herausgabe oder zum Ersatz bei nicht mehr gegebener Bereicherung ausgeschlossen ist, kann und muss unter dem nach § 812 herauszugebenden ‚etwas' nicht etwa ein beliebiger einzelner aus dem Vermögen des Einen in das des Anderen hinübergeflossener Wert, sondern nur die Gesamtheit des Hinübergelangten unter gleichzeitiger Berücksichtigung der dafür gegebenen Werte und der auf dem Empfangenen ruhenden Lasten verstanden werden." Am Beispiel eines nichtigen Kaufvertrags: Der Käufer hatte iS der §§ 812 ff. nicht Besitz und ggf. Eigentum an der Kaufsache „erlangt", sondern den Vermögenswert, der sich aus dem objektiven Wert der Kaufsache abzüglich des gezahlten Kaufpreises ergab, mithin die **wertmäßige Differenz** zwischen dem **Wert der Kaufsache** und dem **Kaufpreis**. „Etwas erlangt" hatte er daher nur insoweit, als diese Differenz zu seinen Gunsten ausschlug, als mithin der Wert der Kaufsache höher war als der Kaufpreis. Der Verkäufer seinerseits hatte nicht eine bestimmte Geldsumme erlangt, sondern den *Vermögenswert, der sich aus dem Geld abzüglich des Wertes der Kaufsache ergab*. Das hatte Konsequenzen für den Bereicherungsanspruch des Käufers: Dieser richtete sich nicht auf Rückgewähr des Kaufpreises, sondern auf Rückgewähr der Differenz – des Saldos (deshalb der Name „Saldotheorie") – zwischen dem Kaufpreis und dem Wert der Kaufsache. Entscheidend war, ob unter Berücksichtigung der Gegenleistung für eine Partei ein Überschuss verbleibt.[553]

c) Saldotheorie in der Rechtsprechung des BGH. aa) Grundsatz. Die Saldotheorie 211 in ihrer vom RG propagierten Version ist deutlich erkennbar in einem vermögensorientierten Verständnis vom „Erlangten" verwurzelt: Das „Erlangte" wird gleichgesetzt mit der „Bereicherung". Nur auf dieser Prämisse gelingt es dem RG, die „Bereicherung" des einen Teils als Saldo zwischen dem Empfangenen und dem Weggegebenen zu begreifen und zu folgern, nur die Differenz sei überhaupt „erlangt". Der BGH hat die Saldotheorie in zahlreichen Entscheidungen übernommen.[554] Auch im Schrifttum fand sie Unterstützung.[555] Zwischenzeitlich proklamierte indes der BGH eine wichtige **Modifikation** der Saldotheorie, indem er wie folgt formulierte:[556] „Nach § 818 Abs. 3 ist der Bereicherungsschuldner von der Verpflichtung zur Herausgabe des Erlangten oder seines Wertes frei, soweit er nicht mehr bereichert ist. Bei der Rückabwicklung eines nichtigen Kaufvertrages verschafft die Saldotheorie dem Verkäufer die Vorteile dieser Bestimmung auch insoweit, als die Kaufsache beim Käufer untergegangen oder verschlechtert worden ist. Soweit der Käufer bei der Rückabwicklung die Sache in ihrem ursprünglichen Zustand dem Verkäufer nicht

---

[551] So plastisch *Tiedtke* DB 1979, 1261, 1264.
[552] RGZ 54, 137, 141; vgl. seither RGZ 60, 284, 291; 86, 343, 344 f.; 94, 253, 254; 105, 29, 31; 129, 307, 310; 135; 374, 377; 137, 324, 336; 139, 208, 213; 140, 156, 161; *Fischer* S. 3, 54 ff.; *Maenner* DJZ 1916, 282 ff.; *Planck/Landois* Anm. 5 e.
[553] RGRK/*Heimann-Trosien* § 812 RdNr. 61; so noch immer BGH JZ 1995, 572, 573; OLG Dresden NJW-RR 1996, 1013 (Klage wegen fehlenden Vortrags eines Saldos unschlüssig).
[554] BGHZ 1, 75, 81; 9, 333, 335; 53, 144, 146; 57, 137, 146 ff.; 72, 252, 254; 146, 298, 307 ff.; 116, 251, 255 ff.; 147, 152, 157 f.; BGH NJW 1988, 3011; NJW 1990, 314, 316; BGH NJW 1963, 1870; JZ 1995, 572, 573.
[555] *A. Blomeyer* AcP 154 (1955), 527, 534 ff.; *Berg* NJW 1981, 2337, 2338 und JuS 1981, 179, 181; *v. Caemmerer*, FS Larenz, 1973, S. 621, 635 ff.; *ders.*, FS Rabel, 1954, S. 384 ff.; *Fikentscher/Heinemann* § 104 VI 4 b ff, RdNr. 1526 aE; *Palandt/Sprau* RdNr. 48; RGRK/*Heimann-Trosien* § 812 RdNr. 61.
[556] BGHZ 57, 137, 150.

§ 818 212–214 Abschnitt 8. Titel 26. Ungerechtfertigte Bereicherung

mehr bieten kann, ist auch dieser nicht mehr als bereichert anzusehen." Der BGH hat diese Sichtweise in einer späteren Entscheidung bestätigt und ausdrücklich in Antithese zur Saldotheorie nach dem Verständnis des RG gestellt[557] – und dies zu Recht: Denn nunmehr differenziert er zwischen dem „Erlangten" und der „Bereicherung" und passt damit die Saldotheorie der heute vorherrschenden Ansicht an, dass das „Erlangte" *gegenständlich* zu bestimmen ist: „Erlangt" hat der Käufer Besitz und ggf. Eigentum an der Kaufsache und der Verkäufer den Kaufpreis. Die Saldotheorie wirkt sich erst im Rahmen des § 818 Abs. 3 aus. Die Konsequenz dieser Handhabung besteht im *Abschied vom einheitlichen Bereicherungsanspruch* gegen den, zu dessen Gunsten ein Überschuss verblieben ist: Solange sich – wieder am Beispiel des Kaufvertrags – die Kaufsache in unverändertem Zustand befindet, bestehen zwei gegenläufige Bereicherungsansprüche, nämlich der des Verkäufers auf Rückgabe/Rückübereignung der Kaufsache und der des Käufers auf Rückzahlung des Kaufpreises.[558] Deshalb ist der spätere Untergang der Kaufsache als Entreicherung zu qualifizieren: des Käufers um die Kaufsache und *des Verkäufers um den Kaufpreis*. Der BGH sieht in der so verstandenen Saldotheorie „die folgerichtige Anwendung des in § 818 Abs. 3 BGB zum Ausdruck gekommenen Rechtsgedankens auf gegenseitige Verträge, bei denen Leistung und Gegenleistung in einem von beiden Parteien gewollten Austauschverhältnis (Synallagma) stehen, ein Umstand, der auch bei der Rückabwicklung nichtiger Verträge nach Bereicherungsrecht berücksichtigt werden muss."[559]

212 In **jüngerer Zeit** ist indes der BGH freilich zum **alten Verständnis** der Saldotheorie **zurückgekehrt** – und zwar ohne die Abweichung von den soeben wiedergegebenen Grundsätzen offen zu legen. Nach heutiger Lesart „ist der Bereicherungsanspruch bei beiderseits ausgeführten gegenseitigen nichtigen Verträgen ein einheitlicher Anspruch auf Ausgleich aller mit der Vermögensverschiebung zurechenbar zusammenhängenden Vorgänge in Höhe des sich dabei ergebenden Saldos."[560] Daraus folgt bei gleichartigen Leistungen, dass diese automatisch (also ohne dass es einer Aufrechnung bedürfte) gegeneinander zu rechnen sind[561] und derjenige, zu dessen ein Überschuss verbleibt, diesen herauszugeben hat. Bei ungleichartigen Leistungen ist der Bereicherungsanspruch des einen Teils immanent dadurch bedingt, dass er von sich aus die Rückgewähr der empfangenen Gegenleistung anbietet;[562] es soll also keines Zurückbehaltungsrechts nach § 273 bedürfen. Der Bereicherungsanspruch sei „nicht isoliert auf Rückzahlung des Kaufpreises gerichtet, sondern von vornherein durch dem Abzug der ihm seinerseits von Seiten des Verkäufers zugeflossenen Vorteile beschränkt."[563]

213 Die **abweichende Handhabung** der Saldotheorie wirkt sich durchaus auf das **praktische Ergebnis** aus: Wenn der Bereicherungsanspruch von vornherein auf Herausgabe des Saldos aus Leistung und Gegenleistung zielt, ist dieser Anspruchsinhalt von Gut- oder Bösgläubigkeit der Beteiligten unabhängig. Wenn dagegen die Gegenleistung erst bei § 818 Abs. 3 berücksichtigt wird, bedeutet dies, dass derjenige, welcher die später untergegangene Leistung erbracht hat, dem Anspruch auf Herausgabe der Gegenleistung nicht mehr mit § 818 Abs. 3 begegnen kann, wenn im Zeitpunkt des Untergangs bereits verschärfte Haftung eingetreten war.[564]

214 Das Verständnis der Saldotheorie müsste sich des Weiteren bei folgerichtiger Fortschreibung in der **Insolvenz** einer Partei auswirken: Wenn man nämlich anerkennt, dass der Anspruch des Verkäufers auf Herausgabe der Kaufsache einerseits und der Anspruch des

---

[557] BGHZ 72, 252, 255.
[558] Deutlich in diesem Sinne BGHZ 72, 252, 254.
[559] BGHZ 57, 137, 150; ebenso BGH NJW 1999, 1181; RGRK/*Heimann-Trosien* § 812 RdNr. 61.
[560] BGHZ 147, 152, 157; ebenso schon und mit ähnlicher Formulierung BGHZ 145, 52, 54 f.; BGH JZ 1995, 572, 573; ZIP 1997, 1979, 1981; ZIP 1998, 780, 782.
[561] BGHZ 147, 152, 157.
[562] BGHZ 146, 298, 307; BGH NJW 1999, 1181; ebenso schon BGH NJW 1963, 1870; 1973, 613, 615; 1988, 3011; JZ 1995, 572, 573.
[563] BGHZ 116, 251, 256; 145, 52, 55; 149, 326, 333 f.; 161, 241, 250; BGH JZ 1995, 572, 573; NJW 1999, 1181.
[564] Diesen Unterschied notiert zu Recht *Tiedtke* DB 1979, 1261, 1262 f.

Käufers auf Rückgewähr des Kaufpreises andererseits zwei isolierte Ansprüche darstellen, kann zB. der Insolvenzverwalter des Verkäufers die gelieferte Kaufsache herausverlangen und den Käufer wegen des Kaufpreises auf die Insolvenzquote verweisen. Wenn aber der Bereicherungsanspruch sich von vornherein auf den von einer Seite erzielten Wertüberschuss richtet, besteht diese Möglichkeit nicht mehr.[565] Im Schrifttum wird denn auch aus dem zuletzt genannten Verständnis der Saldotheorie (dh. aus der derzeitigen Handhabung dieser Theorie durch den BGH) eben dies gefolgert: Die Abhängigkeit von Leistung und Gegenleistung sei auch in der Insolvenz einer Partei zu berücksichtigen.[566] Das würde bedeuten: Selbst in der Insolvenz einer Partei könnte lediglich diejenige Partei, zu deren Gunsten ein Überschuss verbleibe, diesen herausverlangen; ungleichartige Leistungen wären Zug um Zug zu erstatten. In der Tat müsste der BGH, wenn er den Bereicherungsanspruch beim gegenseitigen Vertrag als einen einheitlichen, auf Herausgabe des Wertüberschusses gerichteten Anspruch begreift, diese Konsequenz ziehen. Er hat sie indes ausdrücklich gescheut:[567] Ein nichtiger Vertrag könne in der Insolvenz keine stärkeren Wirkungen äußern als ein gültiger. Die Partei eines nichtigen Vertrags stehe daher nicht besser, als wenn ihr aus § 273 ein (nicht insolvenzfestes) Zurückbehaltungsrecht zustehe. Es bleibt also nach Ansicht des BGH dabei, dass die solvente Partei die empfangene Leistung vollständig zur Masse erstatten muss und wegen der Gegenleistung auf die Quote verwiesen wird.

Die untrennbare Verknüpfung der wechselseitigen Leistungen wirkt sich schließlich aus, **215** wenn eine Partei den Bereicherungsanspruch als **Gegenrecht** gegen **andere Ansprüche** der anderen Partei einsetzen möchte. So hat der BGH ausgesprochen, dass jemand, der aus einem beiderseits erfüllten, aber nichtigen Austauschvertrag etwas zu fordern hat, mit diesem Anspruch nicht gegen eine auf anderem Rechtsgrund beruhende Forderung der Gegenpartei **aufrechnen** kann.[568] Denn der Anspruch aus dem gescheiterten Vertrag sei nicht isoliert auf Rückgewähr der hingegebenen Leistung gerichtet, sondern durch die Rückgewähr der Gegenleistung immanent beschränkt. Ebenso wenig eignet sich nach Ansicht des BGH der Anspruch aus dem gescheiterten Austauschvertrag als Grundlage einer **Arglisteinrede:** Wenn bei einem nichtigen Kaufvertrag der Kaufpreis bezahlt und die Kaufsache wirksam übereignet, aber noch nicht übergeben worden ist, kann, so der BGH, der Käufer als Eigentümer Herausgabe nach § 985 verlangen. Den Einwand des Verkäufers, der Käufer müsse die Kaufsache, da rechtsgrundlos geleistet, ohnehin sogleich wieder zurückgeben (dolo agit, qui petit, quod statim rediturus est), hat der BGH zurückgewiesen: Der Käufer müsse die Kaufsache nicht ohne weiteres, sondern nur Zug um Zug gegen Erstattung des Kaufpreises zurückgeben. Der Anspruch des Verkäufers auf Rückgabe der Kaufsache stehe also nicht für sich allein, sondern sei durch die Rückgewähr des Kaufpreises immanent begrenzt. Dann aber könne der Anspruch des Verkäufers auf Rückgabe der Kaufsache aus § 812 dem Anspruch des Käufers auf deren Herausgabe aus § 985 nicht entgegengehalten werden.[569]

bb) Ausnahmen. Die Saldotheorie hat in der Rechtsprechung des BGH Einschränkun- **216** gen erfahren. Da der BGH sie als Ausprägung des § 818 Abs. 3 versteht, kommt sie dem Verkäufer nicht zugute, wenn die Kaufsache zu einem Zeitpunkt beschädigt oder zerstört wird, zu dem der Anspruch des Käufers auf Rückzahlung des Kaufpreises **rechtshängig** (§ 818 Abs. 4)[570] oder der Verkäufer **bösgläubig** (§§ 819 Abs. 1, 818 Abs. 4)[571] ist; in beiden Fällen kann sich nämlich V nicht mehr auf § 818 Abs. 3 und konsequent auch nicht

---

[565] Diesen Unterschied notiert zu Recht *v. Caemmerer*, FS Larenz, 1973, S. 621, 636.
[566] *Wilhelm* JZ 1995, 572, 575 f.
[567] Zum Folgenden BGHZ 161, 241, 250 ff. Der konkrete Fall – Rückabwicklung eines nichtigen Arbeitnehmerüberlassungsvertrags – war dadurch gekennzeichnet, dass die Leistungen, die rückabgewickelt werden mussten, nicht einmal im Synallagma standen.
[568] BGHZ 145, 52, 55.
[569] BGH NJW-RR 2004, 229, 231.
[570] BGHZ 72, 252, 255 f.
[571] BGHZ 57, 137, 150 f.; BGH ZIP 2000, 1582, 1583 f.; für Anwendung der Saldotheorie selbst in Fällen verschärfter Haftung aber RGZ 139, 208, 213.

mehr auf die Saldotheorie berufen. Ferner hat der BGH die Saldotheorie unter der Geltung des bisherigen Rechts auch dann nicht angewandt, wenn V einen Mangel arglistig verschwiegen hat, K den Kaufvertrag deshalb nach § 123 **anficht** und sodann dem Wagen ohne Verschulden des K etwas zustößt: In diesem Fall hätte K ebenso gut Wandlung des Kaufvertrags verlangen können, die in diesem Fall nicht nach §§ 467 S. 1, 350 aF ausgeschlossen gewesen wäre; dann dürfe V nicht besser stehen, nur weil K sich zufällig für die Anfechtung entschieden habe.[572] Im Fall der Anfechtung wegen Drohung müsste man wohl ebenso zu dem Ergebnis gelangen, dass die Saldotheorie nicht zu Lasten des Bedrohten gelten kann.[573] Die Saldotheorie soll des Weiteren nicht zur Anwendung kommen, wenn die Sache nach einer Irrtumsanfechtung durch den Käufer nur in entwertetem Zustand zurückgegeben werden kann, die Verschlechterung aber auf einem Sachmangel beruht, für den nach Vertragsrecht der Verkäufer einzustehen hätte.[574] Keine Geltung beansprucht die Saldotheorie, soweit sie sich zum Nachteil eines **geschäftsunfähigen** oder beschränkt geschäftsfähigen Bereicherungsgläubigers auswirkt.[575] Die fehlende Börsentermingeschäftsfähigkeit einer Partei soll dagegen der Anwendung der Saldotheorie zu ihren Lasten nicht entgegenstehen.[576] Schließlich hat der BGH die Anwendung der Saldotheorie abgelehnt, wenn Leistung und Gegenleistung in einem groben Missverhältnis stehen und daher die Voraussetzungen eines sog. **wucherähnlichen Geschäfts** erfüllt sind; der so übervorteilte Vertragspartner braucht sich, wenn er seine Leistung zurückfordert, die Saldotheorie nicht entgegenhalten zu lassen.[577] Wenn bei einem nichtigen Kaufvertrag der Verkäufer mit der Rücknahme der Kaufsache in Verzug geraten und der Käufer daher nach § 383 Abs. 1 berechtigt war, die Kaufsache öffentlich versteigern zu lassen, trug der Verkäufer bereits nach der Rechtsprechung des RG die Gefahr, dass der Versteigerungserlös hinter dem objektiven Wert der Ware zurückblieb.[578] Ob die Saldotheorie zum Nachteil eines **vollmachtlos Vertretenen** gelten kann, ist noch nicht geklärt.[579]

217 Wenn über das Vermögen einer Partei das **Insolvenzverfahren** eröffnet worden ist, gilt die Saldotheorie nach Ansicht des BGH ebenfalls nicht mehr: Die solvente Partei hat vielmehr die empfangene Leistung zu erstatten und muss sich wegen der Gegenleistung auf die Quote verweisen lassen.[580] **Dingliche Ansprüche** werden von der Saldotheorie ebenfalls nicht erfasst: Diese werden weder automatisch mit dem Anspruch auf Erstattung der Gegenleistung saldiert, noch sind sie (bei Ungleichartigkeit der Leistungen) immanent durch das Angebot der Rückgewähr der Gegenleistung beschränkt. Allenfalls mag dem Schuldner ein Zurückbehaltungsrecht aus § 273 zustehen. Das gilt vor allem, wenn der Insolvenzverwalter einer Vertragspartei dingliche Ansprüche aus dem gescheiterten Vertrag erhebt: Macht er etwa den Anspruch des insolventen Verkäufers auf Löschung der Anfangsvermögen auf dem (durch nichtigen Vertrag) verkauften Grundstück aus § 894 geltend, so kann der Käufer dem nicht unter Berufung auf die Saldotheorie entgegenhalten, es müsse im Gegenzug die Rückgewähr des Kaufpreises angeboten werden.[581] Der Käufer ist wegen des Anspruchs auf Rückgewähr des Kaufpreises vielmehr (und erst recht, da die Saldotheorie, wie soeben referiert, schon für die schuldrechtliche Rückabwicklung nicht gilt) auf die Quote verwiesen.

218 **cc) Sonderfälle.** Das RG hatte über den Fall eines nichtigen Kaufvertrags über die Lieferung von Maschinen zu befinden, der so gelagert war, dass der Käufer einen Teil des

---

[572] BGHZ 53, 144, 148; 78, 216, 220; OLG Karlsruhe NJW-RR 1992, 1144; im Ergebnis ebenso BGH ZIP 1990, 778, 780; insoweit zust. *Deimel* JA 2001, 177, 179; *Schubert* JR 1981, 154.
[573] In diesem Sinne jurisPK/*Martinek* RdNr. 79.
[574] BGHZ 78, 216, 223 f. (Mähdrescher); *Larenz/Canaris* II/2 § 73 III 7 b, S. 335.
[575] BGHZ 126, 105, 107 f.; 147, 152, 158; BGH ZIP 1990, 778, 780; 2000, 2028, 2029. Im Ergebnis ebenso *Mankowski/Schreier* VuR 2007, 281, 289; *Petersen* Jura 2003, 399, 401; PWW/*Leupertz* RdNr. 34.
[576] BGHZ 147, 152, 157 f.
[577] BGHZ 146, 298, 307 ff.
[578] RGZ 94, 253, 255.
[579] Zweifelnd *Bamberger/Roth/Wendehorst* RdNr. 132.
[580] BGHZ 161, 241, 250 ff.; dazu RdNr. 214.
[581] BGHZ 150, 138, 146.

Kaufpreises vorgeleistet und der Verkäufer die Maschinen gefertigt, aber noch nicht ausgeliefert hatte und auch nicht in der Lage war, sie an einen Dritten zu verkaufen. Nach Ansicht des RG konnte der Verkäufer dem auf Rückgewähr des Kaufpreises gerichteten Bereicherungsanspruch des Käufers die Kosten entgegenhalten, die ihm für die Anfertigung der Maschinen entstanden waren[582] – also die **Kosten** für die **Vorbereitung der Gegenleistung**. Denn der Verkäufer habe diese Kosten im Vertrauen auf die Gültigkeit des Kaufvertrags aufgewendet. Allerdings spielte dabei der Umstand eine Rolle, dass es sich bei dem Kaufgegenstand um Reparationsgüter in der Zeit nach dem ersten Weltkrieg handelte und die Notwendigkeit einer bereicherungsrechtlichen Rückabwicklung sich allein deswegen ergab, weil der Bereicherungsgläubiger – das Deutsche Reich – von einem gesetzlichen Stornorecht Gebrauch gemacht hatte: Das Deutsche Reich war allein für das Scheitern der Vertragsbeziehung und für die Tatsache verantwortlich, dass der Verkäufer den Vorbereitungsaufwand vergeblich investiert hatte. Das OLG Hamm möchte die Kosten der Leistungsvorbereitung anders verteilen: Wenn jemand derartige Kosten investiert habe, die er nach dem (nichtigen) Vertrag selbst zu tragen habe, könne er sie nicht zu Lasten der Gegenpartei in die Saldierung einstellen, wohl aber dann, wenn er Kosten investiert habe, die nach dem nichtigen Vertrag an sich die Gegenpartei zu tragen habe (RdNr. 133).[583]

Das Bereicherungsrecht ist ebenfalls einschlägig für die Rückabwicklung einer **verschleierten Sacheinlage** im GmbH-Recht. Einen solchen Fall sieht die Rechtsprechung[584] als gegeben an, wenn zwar *formell* eine Bareinlageverpflichtung durch Zahlung von Geld in das Gesellschaftsvermögen erfüllt worden ist, bei *wirtschaftlicher Betrachtungsweise* aber nicht Geld, sondern eine Sachleistung geflossen ist, weil die Gesellschaft den eingezahlten Betrag dafür eingesetzt hat, eine Sachleistung von einem Gesellschafter zu erwerben. Einer solchen verschleierten Sacheinlage kommt entsprechend §§ 5 Abs. 4 S. 1, 19 Abs. 5 GmbHG keine Erfüllungswirkung zu: Der Gesellschafter hat die Bareinlage vielmehr erneut zu erbringen. Das Verkehrsgeschäft, auf dessen Grundlage die Gesellschaft die Sachleistung gegen Entgelt vom Gesellschafter erworben hat, ist nichtig; der BGH hat offen gelassen, ob nach § 134 oder aber analog § 27 Abs. 3 AktG.[585] Damit stehen zwei rechtsgrundlose Leistungen einander gegenüber, die es einer Rückabwicklung zuzuführen gilt: Zum einen der Anspruch des Gesellschafters auf Rückgewähr der Sachleistung; zum anderen der Anspruch der Gesellschaft auf Rückgewähr der dafür geleisteten Vergütung. Nach Ansicht des BGH gilt für die Rückabwicklung einer solchen verschleierten Sacheinlage die Saldotheorie:[586] Der Gesellschafter, der eine verschleierte Sacheinlage geleistet hat, soll danach, sofern diese nicht (mehr) in Natur herausgegeben werden kann, deren Wert in Abzug bringen können, wenn er von der Gesellschaft auf Rückzahlung der dafür hingegebenen Vergütung in Anspruch genommen wird.

d) Einwände im Schrifttum (Überblick). Die Saldotheorie forderte bereits in der älteren Literatur Kritik heraus.[587] Im neueren Schrifttum wird sie ganz überwiegend verworfen.[588] Die Einwände lassen sich in **zwei Kategorien** unterteilen: Einige von ihnen richten sich gegen die Durchführung der Saldotheorie (RdNr. 221 ff.), dh. selbst wenn sie

---

[582] RGZ 116, 377, 380; 118, 185, 187 f.; zust. *Flessner* S. 117.
[583] OLG Hamm NJW-RR 1993, 590, 591.
[584] S. etwa BGHZ 110, 47.
[585] BGH ZIP 1998, 780, 782.
[586] BGHZ 173, 145, 155 f.; BGH ZIP 1998, 780, 782 f.; WM 2008, 784, 786.
[587] Bedenken insbes. bei *Wilburg* S. 156 ff.; *Flume*, FS Niedermeyer, 1953, S. 103, 160 ff.; *Lehmann*, FS Nipperdey, 1955, S. 31, 38.
[588] *Beuthien* Jura 1979, 532, 534 f.; *Braun* JuS 1981, 813, 816 ff.; *Bremecker* S. 45 ff., 106 ff.; *Büdenbender* AcP 2000, 627, 663 ff.; *Canaris*, FS Larenz, 1973, S. 799, 816; *ders.* WM 1981, 978, 979 ff.; *ders.*, FS Lorenz, 1991, S. 19 ff.; *Diesselhorst* S. 50 ff.; *ders.* JZ 1970, 418; *Erman/Westermann/Buck-Heeb* RdNr. 44 ff.; *Esser/Weyers* BT/2 § 51 II 3 c, S. 114 ff.; *Flume* NJW 1970, 1161 f.; *D. Kaiser* S. 318 ff.; *Honsell* MDR 1970, 717 f.; *Koppensteiner/Kramer* § 14 III, S. 136 ff.; *Pawlowski* S. 45 ff.; *Reeb* S. 123 ff.; *Rengier* AcP 177 (1977), 418, 440 ff.; *Singer* WM 1983, 254, 261 ff.; *Staudinger/Lorenz* RdNr. 41 ff.; *Tiedtke* DB 1979, 1261, 1263; *Weitnauer* NJW 1970, 637, 639; *Wilhelm* S. 63.

durchgreifen sollten, würden sie es erlauben, die Saldotheorie im Kern aufrecht zu erhalten. Andere Kritikpunkte sind hingegen darauf angelegt, die Saldotheorie bereits in ihren Grundlagen anzugreifen (RdNr. 230 ff.).

221 **e) Kritik an der Durchführung der Saldotheorie. aa) Zeitpunkt der Entreicherung.** Im Schrifttum wird teilweise Anstoß daran genommen, dass der BGH diejenige Partei, welche die von ihr hingegebene Leistung nicht zurückerhält (also zB der Verkäufer), erst in dem Moment als entreichert ansieht, in dem jene Leistung (zB die Kaufsache) bei der anderen Partei untergeht bzw. verschlechtert wird: Entreicherung trete vielmehr schon mit der Hingabe der eigenen Leistung, also schon mit Übereignung und Übergabe der Kaufsache ein.[589] Dabei wird freilich einschränkend formuliert, die Entreicherung trete zunächst nur vorläufig ein und werde erst mit Untergang der Leistung endgültig.[590] Diese Kritik mündet in die wichtige Konsequenz, dass der Leistende (zB der Verkäufer) sich auch dann noch auf die Saldotheorie berufen kann, wenn die Verschlechterung oder der Untergang seiner Leistung (zB der Kaufsache) erst nach Rechtshängigkeit eintritt: Um jene Leistung „entreichert" sei der Leistende bereits durch deren Hingabe und damit *vor* Rechtshängigkeit gewesen.[591] Diese Kritik überzeugt nicht: Solange die Leistung bei der Gegenseite (zB beim Käufer) unversehrt vorhanden ist, wird der Leistende diese zurückerhalten und deshalb „per Saldo" keine Vermögenseinbuße erleiden. Der vom BGH gewählte **Zeitpunkt der „Entreicherung" des Leistenden** ist vielmehr vor dem Hintergrund seiner Gedankenführung folgerichtig gewählt.

222 **bb) Automatische Saldierung. Zu Recht** wendet sich die **Kritik** im Schrifttum indes gegen die Aussage des BGH, Leistung und Gegenleistung würden, sofern gleichartig, **automatisch saldiert**.[592] Eine solche Saldierung kommt bei ungleichartigen Leistungen ohnehin nicht in Betracht.[593] Freilich hat der BGH, wie gesehen (RdNr. 212), dieser Einsicht im Ansatz durchaus Rechnung getragen: Nach seiner Ansicht ist bei ungleichartigen Leistungen der Anspruch auf Rückgewähr der einen Leistung durch das Angebot der Rückgewähr der Gegenleistung immanent beschränkt. Diese Handhabung überzeugt indes ebenfalls nicht.[594] Denn sie verknüpft Leistung und Gegenleistung enger, als dies bei einem wirksamen gegenseitigen Vertrag der Fall wäre. Für den Bereich des wirksamen Austauschvertrags ist allerdings über jene Verknüpfung eine aufschlussreiche Kontroverse ausgefochten worden: Im Rahmen des § 320 Abs. 1 war nämlich – ganz ähnlich zu der Handhabung, die der BGH im Rahmen der Saldotheorie bevorzugt – die These vertreten worden, beim gegenseitigen Vertrag entstehe der Leistungsanspruch des einen Teils erst, wenn er dem anderen Teil die Gegenleistung zumindest angeboten habe; dies Angebot habe derjenige, der die Leistung begehre, schlüssig darzulegen. Der andere Teil sei nicht auf eine bloße Einrede beschränkt.[595] Diese Ansicht hat sich jedoch mit Recht nicht durchsetzen können, weil sie dem klaren Wortlaut des § 320 Abs. 1 widerspricht.[596] Wenn aber beim *wirksamen* Vertrag der eine Teil seine Leistung zunächst ohne Rücksicht auf die Gegenleistung fordern kann und es sodann dem anderen Teil obliegt, die Gegenseitigkeit durch eine Einrede geltend zu machen, ist nicht einzusehen, warum beim *nichtigen* Vertrag die Gegenseitigkeit der Leistungen bereits den

---

[589] *Huber* JuS 1972, 439, 443; *Tiedtke* DB 1979, 1261, 1263.
[590] *Huber* JuS 1972, 439, 443.
[591] So ausdrücklich *Tiedtke* DB 1979, 1261, 1262 f.
[592] Abl. auch *Beuthien* Jura 1979, 532, 534. Für automatische Saldierung gleichartiger Leistungen und immanente Beschränkung des Anspruchs durch Angebot der Rückgewähr einer ungleichartigen Gegenleistung aber *Flume*, FG BGH, 2000, S. 525, 538.
[593] *Bremecker* S. 29 f., 65 ff.; *Finkenauer* JuS 1998, 986, 988; *Koppensteiner/Kramer* § 14 III 2 a, S. 139 f.; *Reuter/Martinek* § 17 III 3 c aa, S. 599 ff.
[594] Zum Folgenden bereits *Finkenauer* JuS 1998, 986, 988; *ders.* NJW 2004, 1704, 1705; *Linke* S. 44; *Schur* JuS 2006, 673, 678 f.; *Schwab* in: *ders./Witt* (Hrsg.), Examenswissen zum neuen Schuldrecht, 2. Aufl. 2003, S. 343, 386.
[595] *U. Huber* JuS 1972, 57, 58 f.; *Larenz* I § 15 I, S. 206.
[596] Zutr. *Soergel/Wiedemann*, 12. Aufl. 1990, § 320 RdNr. 10 mwN; im Ergebnis übernommen in *Soergel/Gsell*, 13. Aufl. 2005, § 320 RdNr. 14.

Anspruch der jeweiligen Partei immanent begrenzen soll. Das nichtige Synallagma kann niemals stärkere Wirkungen erzeugen als das wirksame. Im Übrigen ist mit Recht darauf hingewiesen worden, dass die Lehre vom einheitlichen Bereicherungsanspruch, wenn man sie auch bei ungleichartigen Leistungen anwendet, der verklagten Partei die Möglichkeit nimmt, die Rückgewähr der Leistung, welche sie selbst hingegeben hat, im Wege der Widerklage herauszuverlangen; denn es handelt sich dann um einen einheitlichen, durch die Hauptklage bereits erschöpften Streitgegenstand.[597] Diese Konsequenz der Lehre vom einheitlichen Bereicherungsanspruch ist indes mit Rücksicht auf das Gebot der prozessualen Waffengleichheit nicht hinnehmbar. Bei *gleichartigen Leistungen* ist jede Partei hinreichend dadurch geschützt, dass sie mit ihrem eigenen Rückgewähranspruch gegen den Anspruch der Gegenpartei aufrechnen kann.[598]

Der BGH hat in einer jüngeren Entscheidung der sittenwidrig handelnden Partei die Berufung auf die automatische Saldierung versagt.[599] Auch dies leuchtet nicht ohne weiteres ein. Denn die automatische **Saldierung** versteht sich nicht als Bevorzugung einer bestimmten Partei eines gegenseitigen Vertrags und kann daher – wenn man sie denn entgegen der hier vertretenen Ansicht für richtig hält – **nicht** an der **verwerflichen Gesinnung scheitern.**[600]

Auf Widerspruch ist ferner die Ansicht des BGH gestoßen, Bereicherungsansprüche aus beiderseits erfüllten nichtigen Austauschverträgen eigneten sich wegen ihrer automatischen Saldierung nicht als Grundlage für eine **Arglisteinrede:** Wenn der Kaufvertrag nichtig, die Kaufsache aber wirksam übereignet sei, so stehe zwar dem Käufer dem Grunde nach gemäß § 985 ein Anspruch auf Herausgabe zu. Diesem Anspruch müsse aber der Verkäufer mit dem Einwand begegnen dürfen, der Käufer müsse die Sache nach § 812 ohnehin sogleich wieder herausgeben.[601] Dem könne auch nicht entgegenstehen, dass der Verkäufer dann den Kaufpreis zurückgewähren müsse. Der Käufer, der dies erzwingen wolle, möge sogleich auf Rückzahlung klagen; davon unberührt bleibe aber, dass die Kaufsache angesichts der Nichtigkeit des Kaufvertrags beim Verkäufer verbleiben müsse.

cc) Fälle der arglistigen Täuschung. Die vom BGH für die Fälle arglistiger Täuschung befürwortete Ausnahme von der Saldotheorie ist ebenfalls auf Kritik gestoßen: Der Hinweis auf die Bösgläubigkeit des Verkäufers greife schon deswegen nicht durch, weil der **Wegfall der Bereicherung** nicht beim Bösgläubigen, sondern beim **gutgläubigen Empfänger,** dem Käufer, eingetreten sei.[602] Damit werden freilich die **Aussagen des BGH zur Saldotheorie verkannt:** In der Diktion des BGH ist dadurch, dass der Käufer um die Kaufsache entreichert ist, auch der Verkäufer um den Kaufpreis entreichert. Der *Verkäufer* ist es also, der sich auf § 818 Abs. 3 beruft; dann kann die Berufung hierauf auch nach §§ 819 Abs. 1, 818 Abs. 4 ausgeschlossen sein. Freilich wird im Schrifttum generell gefordert, die Saldotheorie, wenn man sie denn für richtig hält, auch in Fällen verschärfter Haftung anzuwenden.[603]

Zu Recht wird dagegen die Rechtsprechung des BGH für den Fall kritisiert, dass die Kaufsache durch **Eigenverschulden des arglistig getäuschten Käufers** untergeht. Der BGH hatte ausgesprochen, dass der Verkäufer in diesem Fall gegen den Rückgewähranspruch des Käufers zwar nicht § 254 Abs. 1, wohl aber § 242 einwenden könne: Er bekomme daher nur einen Teil des Kaufpreises zurück.[604] Das Schrifttum versagt dieser Handhabung fast durchweg die Gefolgschaft:[605] Wenn – wie es im vom BGH entschiedenen

---

[597] *Finkenauer* JuS 1998, 986, 988.
[598] *Finkenauer* JuS 1998, 986, 989.
[599] BGHZ 146, 298, 307 ff.
[600] Zutr. *Flume* ZIP 2001, 1621, 1622 f.
[601] *Finkenauer* NJW 2004, 1704, 1706 f.; *Linke* S. 44.
[602] *Kühne* JR 1972, 112, 113; *Honsell* NJW 1973, 350, 351; *Koppensteiner/Kramer* § 16 V 2 c, cc, S. 185.
[603] *v. Caemmerer,* FS Larenz, 1973, S. 621, 636; *Honsell* MDR 1970, 717, 720.
[604] BGHZ 57, 137, 152.
[605] *v. Caemmerer,* FS Larenz, 1973, S. 621, 638; *Erman/Westermann/Buck-Heeb* RdNr. 46; *Finkenauer* JuS 1998, 986, 988; *Honsell* MDR 1970, 717, 720 f.; *ders.* NJW 1973, 350, 352; *Huber* JuS 1972, 439, 444; *Larenz/Canaris* II/2 § 73 III 5 b, S. 330; *Lieb* JZ 1972, 442, 444; *Reuter/Martinek* § 17 III 3 c, bb, S. 610;

Sachverhalt der Fall war – der Untergang der Kaufsache mit dem arglistig verschwiegenen Mangel nichts zu tun habe, sei die Nachlässigkeit allein dem Käufer anzulasten und ihm daher jeglicher Anspruch auf Rückgewähr des Kaufpreises zu versagen.[606] Daran ist jedenfalls richtig, dass die vom BGH befürwortete Schadensteilung in keinem Fall zutreffen kann.

227 Ob es Fälle gibt, in denen dem Käufer selbst eigenes Verschulden nicht schadet, wird freilich noch zu erörtern sein (RdNr. 255 ff.). Immerhin wird im Schrifttum die Ansicht vertreten, dass der arglistig getäuschte Käufer *keinen* Gegenansprüchen des Verkäufers (also offenbar nicht einmal bei schuldhafter Zerstörung der Kaufsache) ausgesetzt werden dürfe; denn er habe sich selbst mit einer unerlaubten und im Regelfall strafbaren Handlung außerhalb der Rechtsordnung gestellt.[607] Ebenso wird der (ebenfalls im Anschluss an die genannte Entscheidung vorgetragene) Einwand, die Gefahrtragung müsse sich unabhängig von der Gut- oder Bösgläubigkeit des Verkäufers beurteilen,[608] einer kritischen Würdigung zu unterziehen sein (RdNr. 258 f.). Festzuhalten ist an dieser Stelle lediglich, dass auch das **Bereicherungsrecht** eine **eigene Antwort** auf die Frage bereithalten muss, wen das **Zufallsrisiko** trifft, wenn der Käufer vom Verkäufer **betrogen** wurde. Der Versuch, den Käufer in diesem Fall ausschließlich auf Schadensersatzansprüche aus § 823 Abs. 2 iVm. § 263 StGB zu verweisen,[609] der arglistigen Täuschung also unter dem Blickwinkel des Bereicherungsrechts keine Bedeutung beizumessen, überzeugt daher nicht.[610]

228 **dd) Kosten der Leistungsvorbereitung.** Auf Kritik ist die in RdNr. 218 wiedergegebene Ansicht des RG gestoßen, der Verkäufer könne dem Anspruch des Käufers auf Rückgewähr des Kaufpreises die Kosten für die Vorbereitung der Gegenleistung, also zB für die Herstellung der Kaufsache entgegenhalten. Denn der Verkäufer könne, *wenn* er die Gegenleistung erbracht habe, die Nutzungen herausverlangen, die der Käufer aus ihr ziehe. Dann könne man ihm nicht gestatten, auch noch die Aufwendungen für die eigene Leistungserbringung vom zurückzuzahlenden Kaufpreis abzusetzen. Denn sonst werde der Verkäufer doppelt begünstigt.[611] Dieser Einwand überzeugt. Ergänzend ist darauf hinzuweisen, dass die Lösung des RG dem Verkäufer nur hilft, wenn ein Teil des Kaufpreises vorgeleistet wurde. Wie zu zeigen sein wird (RdNr. 230 f.), darf der Umfang der Rückgewährpflicht nicht von der Frage abhängen, ob eine Partei vorgeleistet hat.

229 **ee) Sonderfälle.** Die vom BGH für richtig gehaltenen bereichsspezifischen Fortentwicklungen der Saldotheorie haben im Schrifttum ebenfalls nicht durchweg Anklang gefunden. So ist – entgegen der Rechtsprechung des BGH (RdNr. 216) – gefordert worden, von der Saldotheorie auch zugunsten von Personen eine Ausnahme zu machen, die, obwohl **nicht börsentermingeschäftsfähig**, ein Börsentermingeschäft abgeschlossen haben.[612] Ebenso sind Zweifel geäußert worden, ob es denn angemessen sei, einem Gesellschafter, der durch eine **verschleierte Sacheinlage** die Sachgründungsvorschriften umgehe, die Rechtswohltat der Saldotheorie zugute kommen zu lassen,[613] wie der BGH es getan hat. Allerdings gebe es bei einer verschleierten Sacheinlage Ansprüche, die miteinander saldiert werden könnten. Dies seien aber entgegen der Ansicht des BGH nicht der Anspruch des Gesellschafters auf

---

Wieling JuS 1973, 397, 402. Für Möglichkeit einer Berücksichtigung des Mitverschuldens auch im Bereicherungsrecht aber *Flessner* S. 113 ff.; *ders.* (insoweit BGHZ 57, 137 zust.) NJW 1972, 1777, 1782 sowie (ebenfalls BGHZ 57, 137 zust.) *Berg* NJW 1981, 2337, 2338.

[606] Für Verschuldenshaftung des arglistig getäuschten Käufers auch *Diesselhorst* S. 153.
[607] *Pawlowski* S. 51. Abl. *Honsell* NJW 1973, 350, 351.
[608] *v. Caemmerer*, FS Larenz, 1973, S. 621, 637; *Erman/Westermann/Buck-Heeb* RdNr. 46; *Flume* NJW 1970, 1161; *Honsell* MDR 1970, 717, 720; *ders.* NJW 1973, 350, 351; *Huber* JuS 1972, 439, 444; *Lieb* JZ 1972, 442, 444; *Staudinger/Lorenz* RdNr. 44.
[609] *Reuter/Martinek* § 17 III 3 c, bb, S. 608 ff.
[610] Abl. bereits 4. Aufl. RdNr. 122.
[611] *D. Kaiser* S. 444 f.
[612] *Koller/Pfeiffer* EWiR 2001, 619, 620.
[613] *Bayer* ZIP 1998, 1985, 1991; *Becker* RNotZ 2005, 569, 579; *Lieb* ZIP 2002, 2103, 2107 f.; *Reichert-Clauß* NZG 2004, 273, 274; dem BGH zust. aber *Habersack* ZGR 2008, 48, 62 f.; *Helms* GmbHR 2000, 1079, 1081 f.

Wertersatz für die Sacheinlage einerseits und der Anspruch der Gesellschaft auf Rückerstattung der für die Sacheinlage geleisteten Vergütung andererseits. Vielmehr seien der Anspruch des Gesellschafters auf Rückerstattung der ursprünglichen Bareinlage (die wegen § 19 Abs. 5 GmbHG keine Tilgungswirkung entfaltet habe) einerseits und der Anspruch der Gesellschaft auf die für die Sacheinlage geleistete Vergütung andererseits.[614] Im praktischen Ergebnis bedeutet dies: Die Gesellschaft kann der soeben referierten Literaturmeinung zufolge nach wie vor verlangen, dass die Bareinlage geleistet wird; denn die Bareinlageschuld ist wegen § 19 Abs. 5 GmbHG noch nicht erfüllt. Der Gesellschafter kann aus dem Gesellschaftsvermögen die Sacheinlage oder, falls diese nicht mehr herausgegeben werden kann, Wertersatz verlangen. In der Insolvenz der Gesellschaft muss er freilich die Bareinlage leisten und ist wegen des Anspruchs auf Rückgewähr der Sacheinlage auf die Quote verwiesen. Mit diesen Konsequenzen verdient die Ansicht der Literatur in der Tat Zustimmung. Denn wenn man dem BGH folgt, bleiben nach Saldierung der wechselseitigen Ansprüche aus dem nichtigen Verkehrsgeschäft folgende Ansprüche übrig: der Anspruch der Gesellschaft auf nochmalige Leistung der Bareinlage und der Anspruch des Gesellschafters auf Rückgewähr der ursprünglich geleisteten Bareinlage. Wirtschaftlich betrachtet muss die Gesellschaft die neuerlich geleistete Bareinlage dazu verwenden, um die ursprünglich geleistete Bareinlage zu erstatten. Von einer effektiven Kapitalaufbringung, die mit Hilfe der Lehre von der verschleierten Sacheinlage gegen Umgehungsstrategien abgeschirmt werden soll, kann unter diesen Umständen keine Rede sein.[615]

f) Kritik am Ansatz der Saldotheorie. aa) Vorleistungsfälle. Die mit der Saldotheorie beabsichtigte Verlagerung der Gefahrtragung auf den Leistungsempfänger (zB den Käufer) versagt in den Vorleistungsfällen:[616] Geht etwa der noch nicht bezahlte Kaufgegenstand beim Käufer, dem er vorgeleistet wurde, unter, so trägt das Risiko der Verkäufer. Denn die **Saldotheorie** stellt – das ist die Konsequenz aus ihrer Verortung in § 818 Abs. 3 – lediglich einen **Abzugsposten** dar, ermöglicht dem Verkäufer aber kein aktives Vorgehen.[617] Damit macht sie die Gefahrtragung davon abhängig, ob der Verkäufer den Kaufpreis bereits erhalten hat oder nicht. Diese Folge versucht man vielfach mit der Überlegung zu rechtfertigen, dieses Risiko habe der Verkäufer mit seiner Vorleistung eben übernommen.[618] Aber dagegen spricht, dass mit Vorleistungen lediglich das Risiko der Insolvenz des Vertragspartners, nicht dagegen das Risiko des Untergangs der Sache verbunden ist.[619] Die Regelung der Gefahrtragung hat im Gegensatz zur Insolvenz mit dem Vorleistungsrisiko nichts zu tun.

Noch eklatanter zeigt sich die Untauglichkeit der Saldotheorie als Gefahrtragungsregel, wenn man sich den Fall vor Augen führt, dass noch **keine der beiden Leistungen geflossen** ist:[620] Wenn jetzt die Kaufsache beim Verkäufer untergeht, bestehen keinerlei wechselseitigen Bereicherungsansprüche; der Verkäufer trägt vielmehr den wirtschaftlichen Verlust selbst. Und denkt man sich nun hinzu, dass der Käufer den Kaufpreis bereits bezahlt hat, so wird der Verkäufer diesen an den Käufer zurückgewähren müssen, ohne sich darauf berufen zu können, die Kaufsache sei in seinen eigenen Händen untergegangen, bevor er sie

---

[614] *Bayer* ZIP 1998, 1985, 1992; *ders.* EWiR 1999, 69, 70; *ders.* GmbHR 2004, 445, 453.
[615] Wie hier *Becker* RNotZ 2005, 569, 579; *Reichert-Clauß* NZG 2004, 273, 274.
[616] AnwK-BGB/*Linke* RdNr. 74; *Braun* JuS 1981, 813, 816; *Bremecker* S. 46 ff.; *Diesselhorst* S. 62 ff.; *ders.* JZ 1970, 418; *Flume,* FS Niedermeyer, 1953, S. 103, 162; *ders.* NJW 1970, 1161, 1162; *Helms* GmbHR 2000, 1079, 1082; HKK/*Schäfer* §§ 812–822 RdNr. 212; *Honsell* MDR 1970, 717 f.; *ders.* NJW 1973, 350; *ders.* JuS 1981, 810, 814; *Larenz/Canaris* II/2 § 73 III 2 d, S. 325; *Lehmann,* FS Nipperdey, 1955, S. 31, 36 f.; *Linke* S. 46, 74 ff.; *Pawlowski* S. 73; *Reeb* S. 124; *Wilhelm* S. 64.
[617] *Medicus* BR RdNr. 225 f.; *Roth,* FS Canaris, 2007, S. 1131, 1136.
[618] *Koppensteiner/Kramer* § 16 V 4, S. 188 f.; *Larenz/Canaris* II/2 § 73 III 2 d, S. 326 aE; *Esser* Schuldrecht, 2. Aufl. 1960, § 199 4 b, S. 822; ferner *Medicus* BR RdNr. 226.
[619] *Bremecker* S. 47; *Canaris,* FS Lorenz, 1991, S. 19 ff., 23; *Flume* NJW 1970, 1161, 1162; *Honsell* MDR 1970, 717, 718; *Pawlowski* S. 75; *Rengier* AcP 177 (1977), 418, 441; *Reuter/Martinek* § 17 III 3 b, S. 597 f.; jetzt auch *Esser/Weyers* BT/2 § 51 II 3 c.
[620] Zum Folgenden zutr. *Flume* AcP 194 (1994), 427, 436.

an den Käufer habe ausliefern können. Dann aber kann die Saldotheorie die ihr zugedachte Funktion einer allgemeinen Gefahrtragungsregel nicht erfüllen.

232 bb) Wertung des § 446 S. 1 im Bereicherungsrecht? Der BGH scheint freilich die Saldotheorie bereits im Ausgangspunkt auf die Fälle gemünzt zu haben, in denen die später untergegangene Leistung bereits geflossen, also zB die Kaufsache bereits übergeben, ggf. sogar bereits übereignet worden ist. Beim *wirksamen* Kaufvertrag trägt in der Tat der Käufer die Gefahr des zufälligen Untergangs oder der zufälligen Verschlechterung, dh. er muss den Kaufpreis bezahlen, obwohl er die Kaufsache nicht mehr bekommt. Man hat nun die Saldotheorie – oder zumindest die in ihr beherbergte Gefahrtragungsregel – mit der Begründung zu rechtfertigen versucht, es werde hierbei lediglich die Wertung des § 446 S. 1 ins Bereicherungsrecht übertragen.[621] Diese Wertung ist indes bei **nichtigen Verträgen** gänzlich **fehl am Platz:** § 446 setzt einen rechtsbeständigen Kaufvertrag voraus; sobald er ungültig ist oder wird oder durch Rücktritt oder Wandlung eine Umgestaltung erfährt, entfällt auch die Grundlage für die in § 446 angeordnete Gefahrtragung.[622] Diese korrespondiert nämlich ebenfalls gerade mit der Zuweisung der Nutzungen an den Käufer in § 446 S. 2, welche durch die Nichtigkeit des Vertrages hinfällig wird.[623]

233 cc) Minderjährigenschutz. Der Saldotheorie wird ferner vorgeworfen, sie sei nicht geeignet, die erforderlichen Ausnahmen von ihrer Geltung im Fall der **Minderjährigkeit** oder **Geschäftsunfähigkeit** des Vertragspartners, bei dem die Sache untergegangen ist, überzeugend zu rechtfertigen.[624] Dieser Einwand könnte freilich nur durchgreifen, wenn abweichende und in sich überzeugende Lösungswege für die Rückabwicklung nichtiger Austauschverträge existieren sollten, die ihrerseits den Schutz der genannten Personen innerhalb ihres gedanklichen Ansatzes verarbeiten können. Das ist, wie zu zeigen sein wird, nicht der Fall.

234 g) Vorüberlegungen zu einer bereicherungsrechtlichen Gefahrtragungsregel. aa) Problemfelder. Sucht man nach **Alternativen zur Saldotheorie,** so hat man sich vor Augen zu führen, dass die Aufgabe darin besteht, eine allgemeine Gefahrtragungsregel für nichtige Austauschverträge zu entwerfen. Das schließt eine Reflexion über die *Folgen* der Gefahrzuweisung an den Leistungsempfänger ebenso ein wie Überlegungen zu den *Voraussetzungen* für eine solche Zuweisung.

235 bb) Wertersatz als Ausgleichsinstrument. Sofern dem Empfänger das Risiko aufzuerlegen ist, dass die Leistung in seinen Händen **verschlechtert** wurde oder **untergegangen** ist, kann die **Rechtsfolge** nur darin bestehen, dass der Empfänger ohne Rücksicht auf eine noch vorhandene Bereicherung zum **Wertersatz** verpflichtet ist.[625] Diese Idee wird freilich von anderer Seite bekämpft: Das Bereicherungsrecht kenne eine von der Bereicherung unabhängige Wertersatzpflicht nicht. Auch § 818 Abs. 2 könne vielmehr nur dann zur Anwendung kommen, wenn noch eine entsprechende Bereicherung im Vermögen des Empfängers vorhanden sei. Sei dies nicht der Fall, so könne auch eine Wertersatzpflicht nicht in Betracht kommen.[626] Der Empfänger der später untergegangenen bzw. verschlechterten Leistung könne freilich die Gegenleistung nur zurückverlangen, wenn er von sich aus Wertersatz anbiete.[627] Damit wird die Gegenpartei auf eine Einwendung gegen den Anspruch des Empfängers auf Rückgewähr der Gegenleistung beschränkt; ihr wird hingegen bewusst nicht

---

[621] *Honsell* MDR 1970, 717, 718.
[622] *Weitnauer* NJW 1970, 637, 638.
[623] *Canaris,* FS Lorenz, S. 19, 28.
[624] *Diesselhorst* S. 182, 185 f.; *Flume,* FS Niedermeyer, 1953, S. 103, 163; *Honsell* MDR 1970, 717, 718; *Koppensteiner/Kramer* § 16 V 5, S. 189; *Pawlowski* S. 54 f.; *Tiedtke* DB 1979, 1261, 1264; bereits *Oertmann* DJZ 1915, 1063, 1064.
[625] *Canaris,* FS Lorenz, S. 22, 54, 61; *Larenz/Canaris* II/2 § 73 III 2 b, S. 325, 7 c, S. 336; *Reuter/Martinek* § 17 III 3 c, aa, S. 602.
[626] *Koppensteiner/Kramer* § 16 V 2, S. 181 ff. (beide stehen der Saldotheorie ebenfalls abl. gegenüber; vgl. § 14 III 1 b, 137).
[627] *Koppensteiner/Kramer* § 16 V 2 a, S. 181; dagegen zutr. *Canaris,* FS Lorenz, S. 19, 22, 25 f.

gestattet, aus eigenem Antrieb Wertersatz zu verlangen.[628] Diese Lösung ist abzulehnen, weil sie in Vorleistungsfällen den gleichen Bedenken begegnet wie die Saldotheorie:[629] Der Verkäufer etwa, der seine Leistung schon erbracht, den Kaufpreis aber noch nicht erhalten hat, hat keine Chance, Wertersatz für die untergegangene bzw. verschlechterte Kaufsache zu erzwingen.

Die Annahme einer Wertersatzpflicht gemäß § 818 Abs. 2, welche von einer verbleibenden Bereicherung unabhängig ist, wird des Weiteren mit dem Argument bekämpft, eine solche Pflicht stelle den Gutgläubigen im Ergebnis schlechter als den Bösgläubigen. Denn dieser hafte bei Verschlechterung oder Untergang der Sache gemäß §§ 819, 818, Abs. 4, 292, 989 nur dann auf Schadensersatz, wenn ihn ein Verschulden treffe.[630] Dieser Einwand überzeugt indes ebenfalls nicht.[631] Denn zum einen werden damit Wert- und Schadensersatzpflicht unzulässig in eins gesetzt; letztere geht indes weiter als erstere.[632] Zum anderen ist klarzustellen, dass die von einer Bereicherung unabhängige Wertersatzpflicht, wenn man sie denn befürwortet, den Bösgläubigen gleichermaßen trifft: Wenn man sich einmal entschlossen hat, das Risiko des zufälligen Untergangs oder der zufälligen Verschlechterung dem Leistungsempfängers zuzuweisen, gilt dies **unabhängig** von dessen **Gut- oder Bösgläubigkeit.**[633]

cc) Die Idee der zurechenbaren vermögensmäßigen Entscheidung. Fragt man nun nach den **Voraussetzungen** für die Risikozuweisung an den Leistungsempfänger, also für eine solche von der Bereicherung unabhängige Wertersatzpflicht, so ist zuerst eine Überlegung zu diskutieren, die im Schrifttum erhebliche Aufmerksamkeit erfahren hat. Ihr Inhalt lässt sich (abermals am Beispiel des nichtigen Kaufvertrags) wie folgt skizzieren:[634] Ungeachtet der Nichtigkeit des Vertrags habe der Käufer **faktisch** das **Risiko übernommen,** dass die Sache bei ihm untergehe oder er sie nicht nutzbringend verwenden könne. Indem er nämlich den (wenn auch nichtigen) Vertrag überhaupt geschlossen und durchgeführt habe, habe er die **zurechenbare vermögensmäßige Entscheidung** getroffen, den ihm geleisteten Gegenstand (Kaufsache) anstelle der von ihm im Gegenzug erbrachten Leistung (Kaufpreis) seinem Vermögen einzuverleiben, wie sein Eigentum zu betrachten und das damit einhergehende Verlust- und Verwendungsrisiko zu übernehmen.[635] An dieser Entscheidung müsse der Käufer sich festhalten lassen; er verhalte sich widersprüchlich, wenn er ihre Folgen auf den anderen Vertragsteil abzuwälzen suche. Er sei mithin in Höhe des Kaufpreises, den er sich entschlossen habe, für den Erwerb der Kaufsache einzusetzen, bereits im Ansatz nicht entreichert.[636] Deshalb müsse er – darin manifestiert sich ein gewichtiger Unterschied des hier referierten Konzepts zur Saldotheorie – selbst dann Wertersatz für die untergegangene Kaufsache leisten, wenn er selbst den Kaufpreis noch nicht bezahlt habe.[637] Auf diese Weise soll die in RdNr. 230 f. gerügte Schwäche der Saldotheorie in Vorleistungsfällen vermieden werden. Die Idee der zurechenbaren Vermögensentscheidung wirkt sich außerdem auf den Verwendungsersatz aus: Das Risiko nicht werterhöhender oder weggefallener Verwendungen

---

[628] *Koppensteiner/Kramer* § 16 V 4, S. 188 f.
[629] So schon 4. Aufl. RdNr. 124.
[630] *Flessner* S. 144; *Törl*, Die bereicherungsrechtliche Behandlung nichtgegenständlicher Vermögensvorteile, Diss. Köln 1977, S. 198.
[631] So schon 4. Aufl. RdNr. 129; ebenso *Rengier* AcP 177 (1977), 418, 447.
[632] Ebenso *Larenz/Canaris* II/2 § 73 III 7 d, S. 337.
[633] Ebenso *Larenz/Canaris* II/2 § 73 II 5 a, S. 319.
[634] Zum Folgenden *Flume* AcP 194 (1994), 427, 439 ff.; ebenso schon *ders.* NJW 1970, 1161, 1163; *ders.*, FS Niedermeyer, 1953, S. 103, 152, 164 ff.; zust. *Canaris*, FS Larenz, 1973, S. 799, 816; *Ernst*, FS Huber, 2006, S. 165, 234 f.; *Huber* JuS 1972, 439, 444; *Lehmann*, FS Nipperdey, 1955, S. 31, 38; *Lieb* Ehegattenmitarbeit S. 105 ff.; *ders.* NJW 1971, 1289, 1293; *Reeb* S. 116; *Wilhelm* S. 62.
[635] Nach *Huber* JuS 1972, 439, 444 besteht die zurechenbare vermögensmäßige Entscheidung noch nicht im Empfang, sondern erst in der Ingebrauchnahme der Fahrzeugs.
[636] *Flume*, FS Niedermeyer, 1953, S. 103, 166 f.; *ders.*, FG BGH, 2000, S. 525, 542; zust. *Lehmann*, FS Nipperdey, 1955, S. 31, 35; für fehlenden Vertrauensschutz des Käufers in Höhe des Kaufpreises auch *Diesselhorst* S. 111.
[637] *Flume*, FS Niedermeyer, 1953, S. 103, 167 f.

trage der Käufer, weil es dessen Vermögensentscheidung gewesen sei, die erlangte Kaufsache nach seinem Geschmack zu gestalten.[638] Der Käufer müsse sich jedoch ausnahmsweise dann *nicht* an jener Entscheidung festhalten lassen, wenn (1.) der Schutzzweck der Vorschrift, welche die Nichtigkeit des Vertrags anordne, eine abweichende Lösung gebiete oder (2.) der Empfänger (Käufer) die Vermögensentscheidung rückgängig gemacht habe.

238 Die Ausnahme zu (1.) greift namentlich dann ein, wenn der Empfänger **nicht** oder **beschränkt geschäftsfähig** ist.[639] Das geltende Recht akzeptiert keine „vermögensmäßigen Entscheidungen" solcher Personen, oder anders ausgedrückt: Solche Entscheidungen sind den genannten Personen nicht „zuzurechnen". Die Ausnahme zu (2.) soll eingreifen, wenn der Empfänger (Käufer) den Vertrag wegen Irrtums oder arglistiger Täuschung **angefochten** habe. Die Anfechtung könne ebenfalls zur Folge haben, dass die vermögensmäßige Entscheidung des Empfängers, für den empfangenen Gegenstand das Verlust- und Verwendungsrisiko zu übernehmen, diesem nicht zuzurechnen sei. Der Empfänger der untergegangenen Leistung könne sich dann auf § 818 Abs. 3 berufen und dennoch die seinerseits hingegebene Gegenleistung herausverlangen.[640] Bei der Irrtumsanfechtung soll derjenige, der die später weggefallene Leistung erbracht habe (Verkäufer), dem Anspruch auf Rückgewähr der Gegenleistung (Kaufpreis) einredeweise einen Anspruch auf Schadensersatz aus § 122 entgegenhalten können: Dadurch, dass er im Vertrauen auf die Rechtsbeständigkeit des Vertrags geleistet habe, sei ihm ein Schaden entstanden, da er nunmehr seine Leistung wegen § 818 Abs. 3 nicht mehr zurückerhalte und dennoch die Gegenleistung zurückerstatten müsse. Diesen Schaden könne er vom Käufer ersetzt verlangen.[641]

239 Da der Gedanke der zurechenbaren vermögensmäßigen Entscheidung ganz an der Entgeltlichkeit des Erwerbs orientiert ist, ergibt sich im Umkehrschluss, dass bei **unentgeltlichem** Erwerb für eine solche **Risikozuweisung** an den Bereicherungsschuldner **kein Raum** ist:[642] Da der Erwerber hier für den entsprechenden Gegenstand nichts aufgewendet hat, kann ihn mehr als das bloße Verlustrisiko nicht treffen; mit einer Verpflichtung zur Leistung von Wertersatz würde man ihn vielmehr zu Aufwendungen verpflichten, die er nie tätigen wollte. Dagegen **liegt** eine „vermögensmäßige Entscheidung" beider Parteien selbst dann **vor,** wenn der Käufer bloß Besitz, aber noch **kein Eigentum** erlangt hat, ja selbst dann, wenn die Übereignung dinglich unwirksam ist:[643] Die Vermögensentscheidung des Käufers manifestiert sich bereits darin, dass er die Kaufsache entgegennimmt, in seine Herrschaftssphäre überführt und wie eine eigene nutzt. Und die Vermögensentscheidung des Verkäufers manifestiert sich darin, dass er sich entschieden hat, eine Sache von einem bestimmten objektiven Wert gegen einen bestimmten Kaufpreis wegzugeben. Der Käufer muss dann zwar die Kaufsache nach § 985 herausgeben, kann aber den Kaufpreis ohne Rücksicht darauf kondizieren, ob dieser beim Verkäufer noch vorhanden ist.

240 Nach **hier vertretener Ansicht** ist die Idee der zurechenbaren vermögensmäßigen Entscheidung als Kriterium der Risikozuweisung bei der Rückabwicklung von Austauschverträgen **ungeeignet.** Denn sie setzt voraus, was es zu beweisen gilt – dass nämlich das Risiko eines zufälligen wirtschaftlichen Verlustes ohne rechtsgültigen Vertrag wirksam übernommen werden kann. *Gegen* diese Annahme spricht, dass das Gesetz bei wirksam geschlossenen Verträgen die Vorteile und Risiken aus dem Vertrag zwischen den Parteien *verteilt* und dies Gefüge einseitig zu Lasten des Leistungsempfängers verschoben wird, wenn man ihm die Übernahme von Verlustrisiken unterstellt. Dieser Kritikpunkt lässt sich an mehreren Vertragstypen veranschaulichen. Beim wirksamen Kaufvertrag trägt der Käufer ab Übergabe der Kaufsache zwar die Preisgefahr; ihm gebühren aber auch die Nutzungen. Diese Kohärenz von

---

[638] *Flume,* GS Knobbe-Keuk, 1997, S. 111, 120 f.
[639] *Flume* NJW 1970, 1161, 1162; insoweit ebenso *Canaris,* FS Lorenz, 1991, S. 19 ff., 35.
[640] *Flume* AcP 194 (1994), 427, 441; *ders.,* FG BGH, 2000, S. 525, 544.
[641] Ebenso *Canaris,* FS Lorenz, S. 19, 29 f.; anders aber BGH NJW 1981, 224, 226, insoweit in BGHZ 78, 216 nicht abgedruckt.
[642] *Flume,* FS Niedermeyer, 1953, S. 103, 157; *ders.* NJW 1970, 1161, 1163; *Reeb* S. 117; *Wilhelm* S. 75.
[643] *A. Blomeyer* AcP 154 (1955), 527, 542; *Flume,* FS Niedermeyer, 1953, S. 103, 171.

Vorteil und Risiko ist in § 446 S. 1 und 2 angelegt. Will man jetzt beim *nichtigen* Kaufvertrag dem Käufer unterstellen, er habe auch ohne gültigen Kaufvertrag das Risiko des zufälligen Untergangs oder der zufälligen Verschlechterung übernommen, löst man – ähnlich wie die Saldotheorie – diesen Zusammenhang auf: Der Käufer muss dann ohne Rücksicht auf eine ihm verbliebene Bereicherung Wertersatz für die Kaufsache leisten *und* außerdem nach § 818 Abs. 1 die gezogenen Nutzungen herausgeben. Diese Konsequenz ist inakzeptabel – und dennoch für die Befürworter des Gedankens der Vermögensentscheidung unausweichlich, und zwar ohne Rücksicht auf die Ursache der Nichtigkeit. Beim wirksamen Mietvertrag trägt der Mieter nach § 537 Abs. 1 S. 1 das Verwendungsrisiko, dh. er muss Miete zahlen ohne Rücksicht darauf, ob er den Mietgebrauch (sinnvoll) wahrnehmen kann. Dem korrespondiert aber, dass § 535 Abs. 1 S. 2 dem Vermieter die Sachgefahr zuweist – und zwar nicht bloß in dem Sinne, dass ihm zufällig entstandene Schäden am Mietobjekt nicht ersetzt werden, sondern darüber hinaus in dem Sinne, dass der Mieter von ihm Instandsetzung verlangen kann. Wenn man nun dem Mieter beim *nichtigen* Mietvertrag vorhält, er habe gewusst, dass ihm der Mietgebrauch nicht unentgeltlich gewährt werde und dass er das Verwendungsrisiko tragen würde, so verschiebt man abermals das Gleichgewicht zu seinen Lasten; denn ein Anspruch auf Instandsetzung steht ihm *nicht* zu (vgl. RdNr. 27). Im Übrigen stört an der Idee der zurechenbaren Vermögensentscheidung die Orientierung der Gefahrtragung an Höhe bzw. Wert der versprochenen Leistungen: Wenn das Gesetz den Vertrag nicht akzeptiert, dann auch nicht die in ihm enthaltene subjektive Äquivalenzvereinbarung.[644] Auf eine eben solche Bindung läuft aber die Lehre von der Vermögensentscheidung hinaus.

h) Gegenleistungskondiktion. Die Idee der zurechenbaren Vermögensentscheidung ist in ein weiteres Konzept eingeflossen, das im Schrifttum für die bereicherungsrechtliche Rückabwicklung nichtiger Austauschverträge vorgeschlagen worden ist: die Idee der Gegenleistungskondiktion. Dies Konzept hält daran fest, dass die Rückabwicklung dem Regime des Bereicherungsrechts folgt, korrigiert § 818 Abs. 3 zum Nachteil des Leistungsempfängers aber in folgender Weise: Bei gegenseitigen Verträgen gingen beide Parteien davon aus, dass die **Leistung,** welche sie an die jeweils **andere Partei** erbracht hätten, für sie **endgültig verloren** sei. In Höhe dieser Leistung verdienten sie daher nicht den durch § 818 Abs. 3 vermittelten Vertrauensschutz. Vielmehr seien sie so zu behandeln, als wüssten sie um den Mangel des Rechtsgrundes; sie hafteten daher *insoweit* gemäß § 819 Abs. 1 verschärft. Dies freilich nur, soweit sie das Entreicherungsrisiko, dem sie auf diese Weise ausgesetzt seien, zurechenbar eingegangen seien. Die Idee der Gegenleistungskondiktion mündet in die wichtige Konsequenz, dass jede Partei für den von ihr verschuldeten Verlust der eigenen Leistung bis zur Höhe der Gegenleistung auf Schadensersatz haftet (§§ 819 Abs. 1, 818 Abs. 4, 292 Abs. 1, 989).[645]

In dem soeben referierten Konzept findet sich das Kriterium der zurechenbaren Vermögensentscheidung wieder: Mit dem Einsatz der Gegenleistung trifft der Empfänger die Vermögensentscheidung zugunsten jener Leistung, die er bereits erhalten hat. Diese Idee, die Vermögensentscheidung als eine solche *in Abhängigkeit vom wechselseitigen Leistungsaustausch* zu begreifen und sie also nicht im Empfang oder Gebrauch der *erhaltenen Leistung,* sondern in der Weggabe der *Gegenleistung* zu erblicken, war von *Flume* als dem Begründer der Idee von der Vermögensentscheidung ebenfalls schon befürwortet worden.[646] Beachtung verdient freilich, dass die Zurückdrängung des § 818 Abs. 3 nach dem Konzept der Gegenleistungskondiktion dann **nicht** zu einer **Wertersatzhaftung** des Empfängers führt, wenn die Leistung in dessen Händen **zufällig** weggefallen ist; der Rekurs auf §§ 819 Abs. 1, 818 Abs. 4, 292 Abs. 1, 989 trägt nur eine Verschuldenshaftung.[647] Das Konzept der Gegen-

---

[644] Zutr. *Pawlowski* S. 67 ff.

[645] *Larenz/Canaris* II/2 § 73 III 7 d, S. 337; ebenso schon *Rudorf* S. 179 ff.; aus dem neueren Schrifttum zust. *Linke* S. 162 ff.

[646] *Flume*, FS Niedermeyer, 1953, 103, 152 ff., 164 ff.; ders. NJW 1970, 1161, 1163 f.; ders. AcP 194 (1994), 427, 449 f.

[647] Eingehend *Canaris*, FS Lorenz, 1991, S. 19, 26 ff.

leistungskondiktion entgeht damit insbesondere dem Einwand, dem Empfänger gleichzeitig das Risiko der Zufallsentreicherung und die Verpflichtung zum Nutzungsersatz aufzubürden. Gleichwohl erhebt sich die grundsätzliche Frage, ob das Bereicherungsrecht insgesamt für den Ausgleich bei gescheiterten Vertragsverhältnissen ausreichend gerüstet ist. Hieran sind erhebliche Zweifel angebracht:

243 i) **Die Parallele zu §§ 350, 351 aF.** Im Schrifttum hat nämlich mit der Zeit der Gedanke deutlich an Boden gewonnen, dass die Regeln, nach denen sich die Rückabwicklung nichtiger Austauschverträge richtet, mit denjenigen **harmonisiert** werden sollten, welche für den **Rücktritt vom Vertrag** gelten.[648] Nach § 350 aF war der Rücktritt *nicht* dadurch ausgeschlossen, dass der empfangene Gegenstand beim Rücktrittsberechtigten durch *Zufall* untergegangen war; *wohl aber* war der Rücktritt nach § 351 aF ausgeschlossen, wenn der Berechtigte eine wesentliche Verschlechterung, den Untergang oder die Unmöglichkeit der Herausgabe *verschuldet* hatte. Diese Wertung wurde nun ins Bereicherungsrecht übertragen: Der Bereicherungsschuldner haftete nicht für zufälligen Untergang, sondern wurde frei, ohne dass seinerseits sein Bereicherungsanspruch gegen den anderen Vertragspartner beschnitten wurde.[649] Vereinzelt wurde vorgeschlagen, § 351 aF im Bereicherungsrecht nur in der modifizierten Gestalt des § 487 Abs. 2 aF anzuwenden.[650] Nach dieser Vorschrift schuldete der Viehkäufer, der wegen Mangels des gekauften Tieres wandelte, den Tod des Tieres oder die Verschärfung seiner Krankheit aber selbst verschuldet hatte, Wertersatz; die Wandlung selbst war aber nicht ausgeschlossen. Bei näherem Hinsehen ergab sich indes zur „unmodifizierten" Anwendung des § 351 aF kein Unterschied. Denn die Rechtsfolge des ins Bereicherungsrecht transportierten § 351 aF konnte nur lauten, dass der Käufer sich gegenüber dem Wertersatzanspruch des Verkäufers nicht auf § 818 Abs. 3 berufen konnte. Der Käufer schuldete also ohnehin allein Wertersatz – ob nach § 487 Abs. 2 analog oder nach einem von § 818 Abs. 3 „befreiten" § 818 Abs. 2, war eher gleichgültig.

244 Die **Analogie zu §§ 350, 351 aF** wurde freilich **im Grundsätzlichen bekämpft**.[651] Der Verkäufer trage im direkten Anwendungsbereich des § 350 aF die Gefahr des zufälligen Untergangs und der zufälligen Verschlechterung deshalb, weil hierfür eine *besondere Legitimation* existiere: Entweder der Verkäufer habe sich auf diese Gefahr freiwillig eingelassen, indem er den Rücktrittsvorbehalt zugunsten des Käufers akzeptiert habe, oder er habe das Scheitern des Vertrags selbst zu verantworten, weil er durch eine zu vertretende Pflichtverletzung den Rücktritt des Käufers provoziert habe. Eine solche besondere Legitimation existiere für Bereicherungsfälle nicht ohne weiteres. Daher fehle es an der für eine analogen Anwendung des § 350 erforderlichen Vergleichbarkeit der Interessenlage.[652]

245 Dieser Einwand konnte die Richtigkeit der Analogie zu §§ 350, 351 nicht entkräften. Die soeben referierte Argumentation könnte allenfalls auf der Prämisse überzeugen, dass der Käufer, indem er die Kaufsache in Empfang bzw. in Gebrauch genommen hat, faktisch das Risiko des zufälligen Untergangs übernommen hat: Träfe dies zu, so bedürfte es in der Tat einer besonderen Rechtfertigung, wenn jenes Risiko wieder auf den Verkäufer zurückfallen soll. Doch hat sich gerade diese Prämisse – nämlich die Idee der zurechenbaren Vermögensentscheidung – als verfehlt erwiesen (RdNr. 240): Da dem Käufer die Nutzungen für die Zeit, da er die Leistung innehat, nicht zugute kommen, verbietet sich die Annahme, er habe

---

[648] 4. Aufl. RdNr. 130 ff. sowie *Beuthien* Jura 1979, 532, 535; *Büdenbender* AcP 2000, 627, 671 ff.; *v. Caemmerer*, FS Larenz, 1973, S. 621, 625; *Canaris*, FS Lorenz, 1991, S. 19, 21; *Diesselhorst* JZ 1970, 418; *Erman/Westermann/Buck-Heeb* RdNr. 44; *Flessner* NJW 1972, 1777, 1780 f.; *Huber* JuS 1972, 439, 443 f.; *Larenz/Canaris* II/2 § 73 III 2 a, S. 324 f.; § 73 III 3, S. 327; *Leser*, Der Rücktritt vom Vertrag, 1975, S. 116, 120; *Lieb* JZ 1972, 442, 444; *Medicus* BR RdNr. 229 f.; *Reeb* Grundprobleme S. 118; *Weitnauer* NJW 1970, 637, 638.
[649] Ebenso eingehend *Larenz/Canaris* II/2 § 73 III 3, S. 327 ff.; aA *Flume* NJW 1970, 1165; diff. *ders.* AcP 194 (1994), 427, 441 f.
[650] *Reuter/Martinek* § 17 III 3 c, aa, S. 601/602.
[651] Abl. etwa *Flume* AcP 194 (1994), 427, 443 ff.; *D. Kaiser* S. 324 ff.
[652] *Flume* AcP 194 (1994), 427, 445.

das Risiko des zufälligen Untergangs übernommen. Diese Einsicht verdeutlicht, dass für die Frage, wer im bereicherungsrechtlichen Abwicklungsverhältnis die Gefahr der Zufallsentreicherung trägt, gerade die umgekehrte Perspektive die zutreffende ist: Angesichts dessen, dass der Käufer etwaige Nutzungen herausgeben muss (§ 818 Abs. 1) und somit im Ergebnis von der Kaufsache nichts hat, bedarf nicht die Gefahrtragung des *Verkäufers* einer besonderen Legitimation, sondern die des *Käufers*: Warum soll er, da er von der Kaufsache nichts hat, das Risiko des zufälligen Untergangs tragen müssen? Diese besondere Legitimation wurde unter der Geltung des alten Schuldrechts zu Recht darin gesucht, dass der Käufer den Untergang der Kaufsache *verschuldet* hatte. Eben dies war aber Inhalt des in §§ 350, 351 aF zum Ausdruck gekommenen Wertungsgefüges.

Die Analogie zu §§ 350, 351 löste freilich noch nicht alle Probleme, sondern beschwor **246** neue herauf. So war im Einzelnen fraglich, welche Ursachen für den Wegfall der Leistung geeignet waren, dem Empfänger die Berufung auf § 818 Abs. 3 abzuschneiden. **Erwogen** wurde, den **Zufallsbegriff** des § 350 zugunsten einer weiten Auslegung des Verschuldensbegriffs iS des § 351 **eng auszulegen.**[653] Als Verschulden konnte man, wenn man einer solchen engen Auslegung folgte, jedes zurechenbare Verhalten ansehen, das die Gefahr des Untergangs oder der Verschlechterung mit sich brachte; ein sorgfaltswidriges Verhalten war nicht erforderlich. Dies Verständnis des „Zufalls" musste dann folgerichtig in das Bereicherungsrecht ausstrahlen: Der Empfänger konnte sich nicht auf den Wegfall des Erlangten berufen, wenn der Untergang oder die Verschlechterung auf einem ihm zurechenbaren Verhalten beruhte. Dafür reichte es bereits aus, dass der Erwerber das Erlangte den Risiken aussetzte, die mit seiner Verwendung normalerweise verbunden waren.[654] Das betraf namentlich die Gebrauchtwagenfälle:[655] Der Käufer müsse sich bis zur Höhe des Wertes der von ihm hingegebenen Gegenleistung so behandeln lassen, als habe er den Mangel des rechtlichen Grundes gekannt (§ 819 Abs. 1). Denn ihm sei, auch und gerade wenn er an die Rechtsbeständigkeit des Vertrags geglaubt habe, bewusst gewesen, dass er mit der Ingebrauchnahme das Risiko einging, dass die Kaufsache dabei Schaden nahm und er die Gegenleistung dennoch verloren hatte. Wenn er unter diesen Umständen das Fahrzeug in Gebrauch nehme, so gehe er das Risiko eines solchen Schadens bewusst ein, wenn er nicht von der Möglichkeit Gebrauch mache, sich gegen Schäden aus der Ingebrauchnahme zu *versichern* (was beim Kfz. heißt: Vollkasko). Er sei mangels Abschlusses einer solchen Versicherung gewissermaßen „Selbstversicherer" und müsse daher auch die Risiken aus der Ingebrauchnahme tragen, dürfe sie also nicht über § 818 Abs. 3 auf den Verkäufer abwälzen.[656]

Diese soeben beschriebene **enge Auslegung** des Begriffs „Zufall" war freilich **keines- 247 wegs zwingend.**[657] Verstand man den „Zufall" in § 350 aF als Gegenbegriff zum „Verschulden" in § 351 aF, so war die Folgerung unausweichlich, dass dem Empfänger eben doch nur sorgfaltswidriges Verhalten schadete: Die Gleichsetzung von „Verschulden" und „zurechenbarem Verhalten" sprengt die Grenzen des möglichen Wortsinns. Der soeben beschriebene Gedankengang, der Käufer habe gewusst, dass er die Kaufsache auf das Risiko in gebrauch nehme, sie dabei zu verlieren und gleichwohl den Kaufpreis nicht mehr zurückzuerhalten, leidet an denselben Mängeln wie die Idee der zurechenbaren Vermögensentscheidung (RdNr. 240) und die Analogie zu § 446 im Bereicherungsrecht (RdNr. 232): Dem Käufer wird das Risiko unverschuldeten Untergangs aufgebürdet, obwohl er zugleich nach § 818 Abs. 1 die Nutzungen aus der Kaufsache herausgeben muss.

---

[653] *v. Caemmerer*, FS Larenz, 1973, S. 621, 632 f.; *Huber* JuS 1972, 439, 444; *ders.* JZ 1974, 433, 439; *Leser* S. 201 ff.; *Rengier* AcP 177 (1977), 418, 427, 439; *Ernst Wolf* AcP 153 (1954), 97, 139 f. Ebenso *Canaris* WM 1981, 978, 980 l. Sp.

[654] *Bremecker* S. 132 ff.; *v. Caemmerer*, FS Larenz, 1973, S. 621, 633; *Huber* JZ 1974, 433, 439; *Rengier* AcP 177 (1977), 418, 439.

[655] Zum Folgenden *Canaris*, FS Lorenz, 1991, S. 19, 33; *Flume* NJW 1970, 1161, 1164; *ders.*, FG BGH, 2000, S. 525, 543.

[656] Ebenso für Versagung der Berufung auf § 818 Abs. 3 nach Ingebrauchnahme *Huber* JuS 1972, 439, 444.

[657] Mit Recht krit. auch *D. Kaiser* S. 327 f.

248 j) Einfluss des neuen Schuldrechts. aa) Verbleibende Unterschiede zwischen Saldotheorie und Rücktrittsfolgenrecht. Der Ertrag der Diskussion um die Analogie zu §§ 350, 351 aF ist auch heute – nun, da diese beiden Vorschriften im Zuge der Schuldrechtsreform abgeschafft und durch ein völlig neues Rücktrittsfolgeregime ersetzt wurden – keinesfalls obsolet. Vielmehr erleichtert die Einsicht, dass die Rückabwicklungsfolgen bei nichtigen und bei wirksamen Verträgen grundsätzlich denselben Regeln folgen sollten, die Begründung der These, dass heute auch für das **Bereicherungsrecht** grundsätzlich auf die **§§ 346 bis 348 zurückgegriffen werden kann.** Dies umso mehr, als der Gesetzgeber die Anregung aus der Reformdiskussion, § 818 Abs. 3 ebenfalls einer Revision zu unterziehen,[658] nicht aufgegriffen hat. Immerhin hat der Reformgesetzgeber der Rückabwicklung nichtiger Austauschverträge in der Begründung zum Regierungsentwurf Aufmerksamkeit gewidmet: Dort heißt es, dass für die Rückabwicklung nach Rücktritts- und Bereicherungsrecht möglichst gleiche Prinzipien gelten sollten.[659] Ergänzend heißt es dort, die Aufhebung des umstrittenen § 350 aF erleichtere die Begründung der Saldotheorie;[660] der Wegfall der §§ 350 bis 353 aF vereinfache die Rechtsanwendung.[661] Bereits dies ist freilich deswegen mehr als zweifelhaft, weil die § 350 aF zugrunde liegende Wertung keineswegs vollständig entfallen ist, sondern in gewissem Umfang in § 346 Abs. 3 Nr. 3 im Wesentlichen erhalten geblieben ist. Jedenfalls lässt sich die Annahme der Gesetzesbegründung, das neue Rücktrittsfolgenrecht erleichtere die Begründung der Saldotheorie, nicht halten. Vielmehr verbleiben **gewichtige Unterschiede** in den Ergebnissen einerseits der **Saldotheorie**, andererseits der **neu gefassten §§ 346 ff.:**

249 (1) Wenn eine Partei vorleistet und die Leistung beim Empfänger untergeht oder verschlechtert wird, so ist ein Bereicherungsanspruch des **Vorleistenden** selbst im Gefolge der Saldotheorie nach § 818 Abs. 3 ausgeschlossen (RdNr. 230). § 346 Abs. 2 spricht eine andere Sprache: Danach erhält selbstverständlich auch der Vorleistende Wertersatz für die Leistung, die der Empfänger nicht mehr oder nur noch mit gemindertem Wert herausgeben kann.[662]

250 (2) Die Saldotheorie verknüpft den Anspruch einer Partei auf Rückgewähr der von ihr erbrachten Leistung unmittelbar mit der Fähigkeit dieser Partei, die ihrerseits empfangene Leistung herauszugeben: Wer das nicht kann, hat wegen § 818 Abs. 3 auch keinen Anspruch darauf, seine Leistung zurückzubekommen. Dagegen sind die **wechselseitigen Rückgewähransprüche** in § 346 voneinander **gänzlich unabhängig:** Für den Anspruch jeder Partei ist isoliert zu prüfen, ob er sich in einen Wertersatzanspruch verwandelt hat (§ 346 Abs. 2) und ob selbst dieser nach § 346 Abs. 3 ausgeschlossen ist. So kann es ohne weiteres geschehen, dass eine Partei einen Anspruch auf Rückgewähr oder Wertersatz hat und die andere nicht. Diese Handhabung ist mit der Saldotheorie nicht vereinbar;[663] § 346 erhebt sie zur generellen Regel.

251 (3) Wenn es im Bereicherungsrecht um die Saldierung der untergegangenen Leistung mit der Gegenleistung geht, setzt die Rechtsprechung[664] ohne Rücksicht auf die vertragliche Entgeltvereinbarung allein den **objektiven Wert** der untergegangenen Leistung an.[665] Dagegen nimmt die Berechnung des Wertersatzes bei Rücktritt vom Vertrag nach § 346 Abs. 2 S. 2 bei der vertraglich bedungenen Gegenleistung ihren Ausgang.

252 bb) Übertragung der neu gefassten §§ 346 ff. ins Bereicherungsrecht. Wenn also tatsächlich eine Angleichung von Rücktritts- und Bereicherungsrecht stattfinden soll, so

---

[658] *St. Lorenz* in: *Schulze/Schulte-Nölke* (Hrsg.), Die Schuldrechtsreform vor dem Hintergrund des Gemeinschaftsrechts, 2000, S. 329, 347.
[659] BT-Drucks. 14/6040 S. 194 re. Sp. u.
[660] BT-Drucks. 14/6040 S. 195 li. Sp. u.
[661] BT-Drucks. 14/6040 S. 195 li. Sp. o.
[662] Darauf weist mit Recht *Hager* in: *Ernst/Zimmermann* (Hrsg.), Zivilrechtswissenschaft und Schuldrechtsreform, 2001, S. 429, 442 hin.
[663] Zutr. *Kohler* JZ 2001, 325, 331.
[664] BGH WRP 2000, 766, 767 f.
[665] Darauf weist zu Recht *Wetzel* ZRP 2001, 117, 124 hin.

liegt diese nicht in einer Anpassung der Rücktrittsregeln an die Saldotheorie, sondern *umgekehrt* in einer **Aufgabe der Saldotheorie zugunsten der neuen Rücktrittsregeln.** Und in der Tat eröffnet die analoge Anwendung der §§ 346 ff. bei der bereicherungsrechtlichen Rückabwicklung gegenseitiger Verträge die Chance, die Begründungsdefizite, welche der Saldotheorie nach bisherigem Verständnis innewohnen, zu überwinden. Die Analogie bedeutet im praktischen Ergebnis folgendes:[666]

(1) Ist ein Austauschvertrag nichtig, so entstehen **zwei selbständige gegenläufige Bereicherungsansprüche:** der einen Partei auf Rückgewähr der Leistung und der anderen Partei auf Rückgewähr der Gegenleistung; beim nichtigen Kaufvertrag also ein Anspruch des Käufers auf Rückzahlung des Kaufpreises und ein Anspruch des Verkäufers auf Rückübereignung und Rückgabe des Pkw. Beide Ansprüche sind analog §§ 348,[667] 320, 322 (bzw. nach aA gemäß § 273[668]) Zug um Zug zu erfüllen; jede Partei kann also die Rückgewähr verweigern, bis sie ihre eigene Leistung zurückerhält. Es handelt sich hierbei um eine **Einrede.** Eine automatische Saldierung bei gleichartigen Leistungen findet nicht statt. Ebenso wenig gehört bei ungleichartigen Leistungen das Angebot, die Gegenleistung zurückzugewähren, zum schlüssigen Vortrag eines Bereicherungsanspruchs.

(2) Geht die Leistung unter, so wird hierdurch der Anspruch des Empfängers auf Rückgewähr der seinerseits erbrachten Gegenleistung nicht berührt. Derjenige, der die untergegangene (oder auch nur verschlechterte) Leistung erbracht hat, hat vielmehr einen selbständigen Anspruch auf **Wertersatz** analog § 346 Abs. 2 S. 1 Nr. 3. Damit erledigt sich zugleich der früher gegen die Anwendung der §§ 350 f. aF vorgetragene Einwand, diese Vorschriften beträfen nicht die Begründung oder den Ausschluss eines Anspruchs auf Wertersatz und zeitigten daher nicht die für das Bereicherungsrecht benötigte Rechtsfolge:[669] § 346 Abs. 2 enthält nunmehr die Rechtsfolge eines Wertersatzanspruchs. Ebenso erledigen sich die Vorleistungsfälle: Die Partei, die vorgeleistet hat und deren Leistung nunmehr bei der Gegenseite untergegangen ist, kann Wertersatz ohne Rücksicht darauf fordern, dass sie selbst noch nichts erhalten hat.

(3) In der Regel gehen die Parteien von der Wirksamkeit des Vertrags aus; sie vertrauen also auf die Rechtsbeständigkeit ihres Erwerbs und werden von der Nichtigkeit als einer gesetzlichen Rechtsfolge überrascht. Der Empfänger der untergegangenen oder verschlechterten Leistung ist daher so zu stellen wie eine Partei, die aufgrund eines **gesetzlichen** Rücktrittsrechts zum Rücktritt vom Vertrag berechtigt ist und den Rücktritt auch erklärt hat. Der Empfänger haftet daher **analog § 346 Abs. 3 S. 1 Nr. 3** wegen Untergangs oder Verschlechterung der Leistung grundsätzlich nur dann, wenn er die eigenübliche Sorgfalt missachtet hat.[670] Teilweise wird die analoge Anwendung dieser Vorschrift im Bereicherungsrecht für methodisch unzulässig gehalten, das gleiche Ergebnis aber dadurch erzielt, dass einer teleologischen Reduktion des § 818 Abs. 3 unter Berücksichtigung der Wertungen des § 346 Abs. 3 S. 1 Nr. 3 das Wort geredet wird.[671]

Das Haftungsprivileg der eigenüblichen Sorgfalt gilt nach hier vertretener Ansicht **generell,** weil die Nichtigkeit kraft Gesetzes die Parteien ebenso überraschend trifft wie der gesetzliche Rücktrittsgrund.[672] Allerdings wird im Schrifttum die Analogie zu § 346 Abs. 3

---

[666] Zum Folgenden bereits *Schwab* in: *ders./Witt* (Hrsg.), Examenswissen zum neuen Schuldrecht, 2003, S. 343, 385 ff.

[667] Für Analogie zu § 348 auch schon *Beuthien* Jura 1979, 532, 535; *Singer* WM 1983, 254, 262; aus jüngerer Zeit ebenso *Bockholdt* AcP 206 (2006), 769, 802.

[668] In diesem Sinne *Linke* S. 217 ff.

[669] *D. Kaiser* S. 326.

[670] *Freund/Stölting* ZGS 2002, 182, 184 f.; für Haftung des Käufers bloß für eigenübliche Sorgfalt bereits unter der Geltung des alten Rechts *Diesselhorst* JZ 1970, 418. Dagegen befürwortet *Hellwege* S. 559 selbst bei arglistiger Täuschung die Gefahrtragung des (getäuschten) Empfängers.

[671] AnwK-BGB/*Linke* RdNr. 82; *Linke* S. 173 ff.

[672] Wie hier *Konzen*, FS Canaris, 2007, S. 605, 627; *Linke* S. 183 ff. Die Ähnlichkeit der Interessenlage bei Nichtigkeit einerseits, gesetzlichem Rücktritt andererseits betont auch *Hager* in: *Ernst/Zimmermann* (Hrsg.), Zivilrechtswissenschaft und Schuldrechtsreform, 2001, S. 429, 443.

S. 1 Nr. 3 verbreitet auf den Fall beschränkt, dass der Nichtigkeits- oder Anfechtungsgrund dem Rückgewährgläubiger der untergegangenen Leistung zuzurechnen bzw. von diesem zu verantworten ist.[673] Nach dieser Ansicht ist folglich für eine entsprechende Anwendung des § 346 Abs. 3 S. 1 Nr. 3 bei sog. „neutralen" Nichtigkeitsgründen, also solchen, die von keiner Partei zu vertreten sind, kein Raum. Teilweise wird sogar die Anwendung des § 346 Abs. 3 S. 1 Nr. 3 für gänzlich entbehrlich gehalten; denn die Fälle, in denen der Nichtigkeitsgrund von einer Partei zu vertreten sei, seien durch die Ausnahmen von der Saldotheorie ausreichend berücksichtigt.[674] Der Überlegung, § 346 Abs. 3 S. 1 Nr. 3 nur dann analog anzuwenden, wenn eine Partei den Nichtigkeitsgrund zu vertreten habe, liegt die Prämisse zugrunde, dass sich das dort niedergelegte Haftungsprivileg in seinem direkten Anwendungsbereich, also beim gesetzlichen Rücktritt, durch eine vom Rücktrittsgegner zu verantwortende Pflichtverletzung rechtfertige.[675] Diese Prämisse ist indes ihrerseits nicht haltbar. Der Zweck der Haftungsmilderung ergibt sich vielmehr aus einem Umkehrschluss aus § 357 Abs. 3 S. 3: Dem Verbraucher kommt die Milderung nicht zugute, wenn er das Widerrufsrecht kennt. Also rechtfertigt sich die Milderung allein aus der Unkenntnis des Widerrufs-/Rücktrittsrechts. Konsequent gilt § 346 Abs. 3 S. 1 Nr. 3 im Bereicherungsrecht zugunsten jeder Vertragspartei, die den Grund der Nichtigkeit des Austauschvertrags nicht gekannt hat.

257 Die **erste Gebrauchtwagenentscheidung des BGH**[676] verdient damit **aus heutiger Sicht** im Ergebnis **Zustimmung:** Denn der zugrunde liegende Sachverhalt war dort so gelagert gewesen, dass den Käufer an dem Unfall kein Verschulden traf. Deshalb konnte der Käufer Rückgewähr des Kaufpreises fordern, ohne seinerseits wegen des zerstörten Wagens Wertersatz leisten zu müssen. Die **zweite Gebrauchtwagenentscheidung** des BGH[677] ist dagegen auch aus heutiger Sicht **nicht haltbar:** Entweder der Käufer hatte die eigenübliche Sorgfalt nicht verletzt – dann schuldet er aus heutiger Sicht keinerlei Wertersatz. Oder er *hatte* die eigenübliche Sorgfalt verletzt oder unabhängig davon grob fahrlässig gehandelt (§ 277!) – dann schuldet er aus heutiger Sicht *vollen* Wertersatz. Die arglistige Täuschung vermag daran nichts zu ändern. Lediglich wenn der arglistig verschwiegene Mangel sich in der späteren Zerstörung des Wagens niedergeschlagen hat, ist an eine Beschneidung des Wertersatzanspruchs zu denken (RdNr. 260).

258 (4) Nach hier vertretener Ansicht[678] ist § 346 Abs. 3 S. 1 Nr. 3 bei Untergang oder Verschlechterung der Leistung nach Kenntnis des Berechtigten vom Rücktrittsgrund nicht mehr anwendbar. Das gilt auch im Bereicherungsrecht: Treten Untergang oder Verschlechterung zu einem Zeitpunkt ein, da der Empfänger um die Nichtigkeit des Vertrags **weiß,** ist für das Privileg der eigenüblichen Sorgfalt **kein Raum.**[679] Solche Kenntnis liegt nach § 142 Abs. 2 auch vor, wenn der Empfänger die Anfechtbarkeit kannte, etwa wenn er selbst die arglistige Täuschung begangen hat, die den Gegner zur Anfechtung berechtigte. Wenn eine Partei den Rückforderungsanspruch **rechtshängig** gemacht hat, kann der Gegner ebenfalls nicht mehr darauf vertrauen, die Leistung behalten zu dürfen; § 346 Abs. 3 S. 1 Nr. 3 findet dann ebenfalls keine Anwendung. Im Schrifttum wird die Analogie zu § 346 Abs. 3 S. 1 Nr. 3 teilweise bereits für den Fall verworfen, dass die Partei, in deren Händen die empfangene Leistung untergegangen ist oder verschlechtert wurde, den Nichtigkeitsgrund kennen

---

[673] *Bockholdt* AcP 206 (2006), 769, 789 ff.; *Büdenbender* AcP 2000, 627, 667 ff.; *Fest* S. 86 f., 88 ff.; *Grunewald,* FS Hadding, 2004, S. 33, 37 f.; *St. Lorenz* in: *Schulze/Schulte-Nölke* (Hrsg.), Die Schuldrechtsreform vor dem Hintergrund des Gemeinschaftsrechts, 2001, S. 329, 346 f.; *ders./Riehm,* Lehrbuch zum neuen Schuldrecht, 2002, RdNr. 432 f.; *W. Lorenz,* FS Canaris, 2007, S. 793, 806 ff.; *Oechsler* RdNr. 186 f., insbes. 192 ff.; *Roth,* FS Canaris, 2007, S. 1131, 1143 ff., 1147; *Their,* FS Heldrich, 2005, S. 439, 452 f.
[674] *Halfmeier* JA 2007, 492, 497.
[675] Vgl. statt vieler *Kamanabrou* NJW 2003, 30, 31.
[676] BGHZ 53, 144.
[677] BGHZ 57, 137.
[678] Ausf. *Schwab* in: *ders./Witt* (Hrsg.), Examenswissen zum neuen Schuldrecht, 2. Aufl. 2003, S. 343, 366 ff.
[679] Insoweit wie hier *Konzen,* FS Canaris, 2007, S. 605, 628; *Linke* S. 187 ff.

muss.[680] Bloß **fahrlässige Unkenntnis** der Nichtigkeit reicht indes nach hier vertretener Ansicht **nicht** aus, um dem Empfänger das Haftungsprivileg zu nehmen. Das ergibt sich abermals aus der Handhabung des § 346 Abs. 3 S. 1 Nr. 3 in seinem direkten Anwendungsbereich: Die Vorschrift gewährt dem gesetzlich Rücktrittsberechtigten zunächst unbeschränkt das Haftungsprivileg. Die Nichtanwendung der Vorschrift bei Kenntnis des Rücktrittsgrundes ist Folge einer teleologischen Reduktion. Wenn diese beim Rücktritt nur im Falle der Kenntnis angebracht ist, darf bei der bereicherungsrechtlichen Rückabwicklung nichts anderes gelten.

Zweifelhaft ist freilich, wie in diesen Fällen das Risiko des Leistungswegfalls stattdessen zu verteilen ist. Beim Rücktritt vom *wirksamen* Vertrag enthält § 346 Abs. 3 S. 1 Nr. 2 die Wertung, dass den **Empfänger** selbst das **Risiko** des **zufälligen Untergangs** trifft, es sei denn, der Gegner hat Untergang bzw. Verschlechterung zu vertreten oder der Schaden wäre auch bei ihm eingetreten. Nach hier vertretener Ansicht gilt selbst diese Wertung auch im Bereicherungsrecht.[681] Dagegen ist eingewandt worden, selbst der bösgläubige bzw. verklagte Bereicherungsschuldner hafte nach §§ 819 Abs. 1, 818 Abs. 4, 989 nur für Verschulden. Dann lasse sich eine an Zufall anknüpfende Wertersatzpflicht nicht rechtfertigen.[682] Aber damit wird der Unterschied zwischen Schadens- und Wertersatzpflicht verkannt: Letztere beschränkt sich auf den bloßen Substanzwert, während erstere weit darüber hinausgehen kann. An der hier vertretenen Ansicht wird daher festgehalten.

Die Einsicht, dass § 346 Abs. 3 S. 1 Nr. 2 auch im Bereicherungsrecht gilt, bedeutet umgekehrt, dass der Leistende das Risiko des Leistungswegfalls trägt, wenn seine Leistung infolge eines Umstands untergeht oder verschlechtert wird, die er selbst zu vertreten hat. Daraus folgt insbesondere, dass die **Wertersatzpflicht** auch beim nichtigen Kaufvertrag **entfällt,** wenn sich ein **Mangel** der Kaufsache im Untergang oder in der Verschlechterung **niedergeschlagen** hat.[683] Die Entscheidung des BGH im vierten Gebrauchtwagenfall[684] trifft daher aus heutiger Sicht ebenfalls im Ergebnis zu: Dort war eben dies der Fall gewesen. Einer differenzierten Betrachtung bedarf dagegen die zweite Gebrauchtwagenentscheidung,[685] wenn man unterstellt, der arglistig getäuschte Käufer habe entgegen der eigenüblichen Sorgfalt oder gar grob fahrlässig gehandelt und dadurch die Zerstörung des Wagens verschuldet. In diesem Fall ist er nicht schon analog § 346 Abs. 3 S. 1 Nr. 3 von der Wertersatzpflicht befreit (RdNr. 257). Wenn man aber unterstellt, dass sich der vom Verkäufer arglistig verschwiegene Mangel in der späteren Zerstörung des Wagens niedergeschlagen hat, kommt eine Befreiung von der Wertersatzpflicht analog § 346 Abs. 3 S. 1 Nr. 2 in Betracht: Denn dann hat der Verkäufer den Untergang zu vertreten. Er hat ihn freilich *nicht allein* zu vertreten. Deswegen bietet sich *in diesem Fall* tatsächlich die entsprechende Anwendung des § 254 Abs. 1 an: Der Wertersatzanspruch besteht zwar, ist aber um den Verursachungsanteil zu kürzen, welcher dem Verkäufer zur Last fällt. Wenn sich der Mangel dagegen (und so lag es wohl im entschiedenen Fall) *nicht* im Untergang des Wagens niedergeschlagen hat, haftet auch der arglistig getäuschte Käufer auf Schadensersatz, sofern nicht § 346 Abs. 3 S. 1 Nr. 3 eingreift.

---

[680] *Konzen,* FS Canaris, 2007, S. 605, 628.
[681] *Schwab* in: *ders./Witt* (Hrsg.), Examenswissen zum neuen Schuldrecht, 2. Aufl. 2003, 343, 387.
[682] 4. Aufl. RdNr. 138. Ebenso *Bockholdt* AcP 206 (2006), 769, 795 f.; *Konzen,* FS Canaris, 2007, S. 605, 628.
[683] Ebenso (und gestützt auf die Analogie zu § 346 Abs. 3 S. 1 Nr. 2) auch *Bockholdt* AcP 206 (2006), 769, 783; *Fest* S. 106; *Grunewald,* FS Hadding, 2004, S. 33, 36; *Linke* S. 206 ff., 210 ff.; im gleichen Sinne im Kontext eines de lege ferenda zu entwerfenden Rückabwicklungsmodells *Hellwege* JZ 2005, 337, 343. Für diese Handhabung schon unter der Geltung des früheren Rechts *Berg* NJW 1981, 2337, 2338; *Beuthien* Jura 1979, 532, 535; *v. Caemmerer,* FS Larenz, 1973, S. 621, 638; *Honsell* MDR 1970, 717, 719; *ders.* NJW 1973, 350, 351; *ders.* JuS 1981, 810, 814; *Rengier* AcP 177 (1977), 418, 438; *Tiedtke* DB 1979, 1261, 1265; *Wieling* JuS 1973, 397, 399. Die Befürworter der Idee der zurechenbaren Vermögensentscheidung gelangen zum selben Ergebnis (RdNr. 272).
[684] BGHZ 78, 216.
[685] BGHZ 57, 137.

261   Selbst wenn der Empfänger um die Nichtigkeit des Vertrags weiß, besteht die Möglichkeit, dass zu seinen Gunsten eine Haftungsmilderung eingreift – dann nämlich, wenn er der Gegenpartei die Rückgewähr der empfangenen Leistung in **Annahmeverzug** begründender Weise angeboten hat. Sofern beide Leistungen ausgetauscht wurden, genügt gemäß § 298 ein Leistungsangebot Zug um Zug. In diesem Fall hat der Empfänger gemäß **§ 300 Abs. 1** nur Vorsatz und grobe Fahrlässigkeit zu vertreten.[686] So lag der Fall im dritten Gebrauchtwagenfall des BGH,[687] der daher im Ergebnis richtig entschieden worden ist: Unterstellt man nämlich lebensnah, dass der Käufer schon vorprozessual Rückabwicklung Zug um Zug begehrt und der Verkäufer dies abgelehnt hatte, so hatte der Verkäufer erklärt, dass er die Rückleistung des Käufers nicht annehmen werde. Es genügte daher ein wörtliches Angebot, um die Rückgewähr erneut anzubieten (§ 295 Alt. 1), und dies Angebot lag im auf Rückabwicklung Zug um Zug gerichteten Klageantrag. Der BGH hat freilich völlig überflüssig das Kriterium der Rechtshängigkeit bemüht, um sein Ergebnis zu begründen. Denn er hätte den Fall nicht anders entscheiden dürfen, wenn es dem Käufer gelungen wäre, die Rückgewähr *vorprozessual* in Annahmeverzug begründender Weise anzubieten.[688] Vor diesem Hintergrund ist auch der sog. Goudakäse-Fall des RG[689] auch aus heutiger Sicht zutreffend entschieden worden: Wenn der Käufer beim nichtigen Kaufvertrag den Verkäufer mit der Rücknahme der Kaufsache in Annahmeverzug setzt, die Kaufsache nach **§ 383 Abs. 1** öffentlich versteigert und diese Versteigerung einen Erlös unterhalb des Verkehrswerts ergibt, beruht dieser Nachteil nicht einmal auf einer Pflichtverletzung des Käufers, sondern auf rechtmäßigem Verhalten. Der Käufer hat daher lediglich den Mindererlös herauszugeben, aber darüber hinaus keinen Wertersatz zu leisten.

262   (5) Grundsätzlich ist es sachgerecht, **beide Parteien so zu stellen,** als wären sie **kraft Gesetzes** zum Rücktritt berechtigt, und ihnen auf diesem Wege das Privileg des § 346 Abs. 3 S. 1 Nr. 3 zukommen zu lassen, das ja bekanntlich für den Gegner des gesetzlichen Rücktrittsrechts nicht gilt. Eine **Einschränkung** erfährt dieser Grundsatz namentlich dann, wenn ein Kaufvertrag wegen **Anfechtung** nichtig ist (§ 142 Abs. 1), der Käufer aber ebenso wegen eines Mangels die Auflösung des Vertrags begehren könnte – nach früherem Recht durch Wandlung (§§ 467 S. 1, 346 ff. aF), nach heutigem Recht durch Rücktritt (§§ 437 Nr. 2, 323, 326 Abs. 5): Da die Rechtsstellung des Verkäufers nicht davon abhängen darf, welchen Rechtsbehelf der Käufer wählt, ist auch im Falle der Anfechtung allein der *Käufer* einem gesetzlich Rücktrittsberechtigten gleichzustellen; nur er kommt daher in den Genuss des Haftungsprivilegs. Der Verkäufer wäre dagegen bei mangelhafter Lieferung Rücktritts*gegner;* für ihn bleibt es daher auch im Rahmen des Bereicherungsrechts dabei, dass er gemäß § 346 Abs. 3 S. 1 Nr. 2 grundsätzlich selbst bei zufälligem Verlust der Kaufsumme haftet. Diese Einschränkung des § 346 Abs. 3 S. 1 Nr. 3 lässt sich verallgemeinern: Wann immer bei unterstellter Wirksamkeit des Vertrags einer Partei ein gesetzliches Rücktrittsrecht zustünde, gilt die Analogie zu § 346 Abs. 3 S. 1 Nr. 3 nur für sie und nicht auch für den Gegner.

263   (6) Beruht die Nichtigkeit des Vertrags darauf, dass eine Partei ihn **wegen Irrtums angefochten** hat, und kann der Anfechtungsberechtigte die Leistung trotz Beachtung der eigenüblichen Sorgfalt nicht mehr herausgeben, so scheidet zwar auch hier eine Wertersatzpflicht gemäß § 346 Abs. 3 S. 1 Nr. 3 aus. Doch ist dem Anfechtungsgegner aus einem anderen Grund ein Anspruch auf Ersatz des objektiven Wertes der Leistung zuzusprechen: Der Anfechtungsgegner hat nach § 122 Abs. 1 einen Anspruch auf Ersatz des Vertrauensschadens. Er wird so gestellt, wie er stünde, wenn er den Vertrag nicht geschlossen hätte. In diesem Fall hätte er den Vertrag auch nicht erfüllt; der Leistungsgegenstand wäre nicht in die Hände des Anfechtungsberechtigten gelangt und daher auch nicht dort untergegangen. Den

---

[686] Darauf ist gerade im Zusammenhang mit der Saldotheorie zutr. hingewiesen worden (*Larenz/Canaris* II/2 § 73 III 7 c, S. 336; *Tiedtke* DB 1979, 1261, 1265).
[687] BGHZ 72, 252.
[688] Zutr. *Larenz/Canaris* II/2 § 73 III 7 c, 336.
[689] RGZ 94, 253; zur Darstellung dieser Entscheidung RdNr. 216 aE.

objektiven Wert des Leistungsgegenstandes kann der Anfechtungsgegner daher nach § 122 Abs. 1 ersetzt verlangen.[690] Das gilt freilich wiederum *nicht,* wenn dem Empfänger bei unterstellter Wirksamkeit des Vertrags ein gesetzliches Rücktrittsrecht zustünde. So lag es im vierten Gebrauchtwagenfall des BGH: Der Wagen litt an einem Sachmangel, für den der Verkäufer verantwortlich gewesen wäre, wenn nicht zuvor der Käufer den Kaufvertrags wegen Irrtums angefochten hätte. Der BGH hat daher dem Verkäufer im Ergebnis zu Recht einen Anspruch aus § 122 Abs. 1 versagt.[691]

(7) Die Analogie zu §§ 346 ff. ist schließlich in der Lage, jene Fälle zu verarbeiten, in denen der Empfänger die erlangte Sache **verbraucht**. Im Schrifttum wird auf dem Boden der Idee von der zurechenbaren Vermögensentscheidung die Ansicht vertreten, der Käufer, der die Kaufsache verbrauche, gehe davon aus, dass der Kaufpreis für ihn endgültig verloren sei und er durch den Verbrauch auch die Kaufsache dem Untergang weihe; er könne sich daher wegen des Verbrauchs nicht auf § 818 Abs. 3 berufen.[692] Die hier vertretene Ansicht trägt dem Gedanken des fehlenden Vertrauensschutzes ebenfalls Rechnung: Der Leistende hat einen Anspruch auf **Wertersatz** entsprechend **§ 346 Abs. 2 S. 1 Nr. 2.** Der Empfänger ist von der Wertersatzpflicht **entsprechend § 346 Abs. 3 S. 1 Nr. 1** nur befreit, wenn die Sache mangelhaft war (und er deshalb bei Wirksamkeit des Vertrags hätte zurücktreten können) und sich der Mangel erst beim Verbrauch gezeigt hat. Die Anwendung des § 346 Abs. 3 S. 1 Nr. 1 erfordert hier eine doppelte Analogie: Sie ist in entsprechender Anwendung sowohl auf den von ihrem Wortlaut nicht erfassten Verbrauch[693] also auch in entsprechender Anwendung auf den nichtigen Vertrag auszudehnen.[694] Die Analogie zu § 346 Abs. 3 S. 1 Nr. 1 ist erst recht gerechtfertigt, wenn sich ein Mangel der durch nichtigen Vertrag verkauften Sache erst bei der Verarbeitung oder Umgestaltung gezeigt hat. Allerdings wird die Analogie zu § 346 Abs. 3 S. 1 Nr. 1 im Bereicherungsrecht mit der Überlegung verworfen, bei nichtigen Verträgen gebe es keinen zur Vertragsauflösung berechtigenden Mangel.[695] Das greift indes zu kurz: Hat der Käufer den Vertrag wegen arglistiger Täuschung angefochten, so ist es zwar nicht der Mangel, wohl aber einem dem Käufer unbekannt gebliebene (und rechtswidrig vorenthaltene) Eigenschaft der Kaufsache, die sich erst beim Verbrauch, bei der Verarbeitung oder bei der Umgestaltung gezeigt hat. Diese Ähnlichkeit der Sachverhalte reicht für eine entsprechende Anwendung des § 346 Abs. 3 S. 1 Nr. 1 im Bereicherungsrecht aus.

(8) **Nicht** in das Bereicherungsrecht übernommen werden kann die in **§ 346 Abs. 2 S. 2** enthaltene Regelung, wonach die Höhe des Wertersatzes am Betrag der Gegenleistung zu orientieren ist.[696] Denn anders als der Rücktritt ergreift der Nichtigkeitsgrund gerade auch die Äquivalenzvereinbarung der Parteien;[697] der Vertrag kann gerade deswegen nichtig sein, weil (wie etwa in den §§ 104 ff.) die Zivilrechtsordnung den Parteien nicht zutraut, ein angemessenes und den Interessen aller Parteien gerecht werdendes Gefüge vertraglicher Rechte und Pflichten im Vertrag zu etablieren. Es bleibt daher dabei, dass die untergegangene Leistung ohne Rücksicht auf die vertraglich vereinbarte Gegenleistung mit ihrem objektiven Wert anzusetzen ist.

k) Nebenansprüche. Wenn man die Situation des nichtigen Austauschvertrags mit der Interessenlage beim Rücktritt für vergleichbar hält, liegt es nahe, die Analogie zu §§ 346 ff. auch auf Nebenansprüche auszudehnen: **Nutzungen** und **Verwendungen** werden konsequent ebenfalls nicht mehr nach Maßgabe des § 818, sondern **ausschließlich nach**

---

[690] Ebenso *Canaris,* FS Lorenz, S. 19, 29 f. (s. RdNr. 127); im Ergebnis auch *Fest* S. 88.
[691] BGH NJW 1981, 224, 226 (insoweit in BGHZ 78, 216 nicht abgedruckt).
[692] *Larenz/Canaris* II/2 § 73 III 2 c, S. 326.
[693] AllgM, vgl. etwa *Benicke* ZGS 2002, 369, 370; *Gaier* WM 2002, 1, 10.
[694] Ebenso *Fest* S. 110.
[695] *Grunewald,* FS Hadding, 2004, S. 33, 36.
[696] Wie hier *Fest* S. 98 ff.; im Ergebnis ebenso, hinsichtlich der Begründung aber skeptisch 4. Aufl. RdNr. 139. Dagegen für Beibehaltung der vertraglichen Äquivalenzvereinbarung auch im Bereicherungsrecht *Beuthien* Jura 1979, 532, 535.
[697] So zu Recht bereits unter der Geltung des alten Rechts *Pawlowski* S. 67 ff.

§ 818 267

§§ 346 f. ersetzt. Diese Vorschriften treten damit für die Rückabwicklung nichtiger Austauschverträge komplett an die Stelle des in § 818 niedergelegten Rückabwicklungsregimes.[698] Anwendbar sind insbesondere § 347 Abs. 1 für nicht gezogene Nutzungen[699] und Abs. 2 für Aufwendungen.[700] Hiergegen ist eingewandt worden, es fehle insoweit an einer planwidrigen Gesetzeslücke.[701] Aber das trifft nicht zu: Der Gesetzgeber hat in der in RdNr. 248 referierten Passage der Gesetzesbegründung deutlich zum Ausdruck gebracht, dass seiner Meinung nach das Rückabwicklungsregime des Bereicherungsrechts den nichtigen Austauschvertrag nicht erfasst. Andernfalls hätte er nicht angedeutet, dass die Neufassung des Rücktrittsfolgenrechts die Begründung der Saldotheorie erleichtern solle: Denn die Saldotheorie ist ihrerseits das Ergebnis einer Rechtsfortbildung, setzt also ihrerseits eine Lücke voraus. Der Gesetzgeber hat somit für nichtige Austauschverträge die Existenz einer Regelungslücke ausdrücklich eingestanden.

267   So hat denn auch die Aufgabe, auf der Basis des § 818 ein überzeugendes Rückabwicklungsregime bezüglich der **Nutzungen** aufzurichten, beträchtliche Schwierigkeiten bereitet. Auf der Basis der **Saldotheorie** müsste man die von beiden Seiten tatsächlich gezogenen Nutzungen ermitteln und (unter Einbeziehung der geflossenen Hauptleistungen) automatisch saldieren. Die Rechtsprechung ist denn auch teilweise so verfahren.[702] In anderen Entscheidungen hat sie demgegenüber nicht die vom Empfänger gezogenen, sondern die dem Gegner entgangenen Nutzungen in die Saldierung eingestellt[703] und damit in Ansehung der Nutzungen *de facto* eine Haftung selbst des gutgläubigen Empfängers für auf der Gegenseite entgangenen Gewinn konstruiert. Denkt man die Saldotheorie weiter, so müsste der Umstand, dass eine Partei keine Nutzungen gezogen hat, dazu führen, dass sie von der anderen Partei ebenfalls keine Nutzungen ersetzt verlangen kann.[704] Im **Schrifttum** ist teilweise betont worden, die Wertung des § 818 Abs. 1 lasse sich nicht durch Rechtsfortbildung korrigieren: Beide Parteien hätten allein diejenigen Nutzungen herauszugeben, welche sie tatsächlich gezogen hätten.[705] Von anderer Seite ist befürchtet worden, dass es zu ungerechten Ergebnissen führe, wenn man allein auf die beiderseits *tatsächlich* gezogenen Nutzungen abstelle. Denn dann stehe derjenige schlechter, der ordnungsgemäß mit der empfangenen Leistung gewirtschaftet habe: Ihn treffe eine entsprechend erhöhte Herausgabepflicht.[706] Um dieser Folge zu entgehen, sind mehrere Vorschläge unterbreitet worden: Teilweise wird derjenigen Partei, die im Wege der Klage Herausgabe von Nutzungen verlangt, auferlegt, ihrerseits nicht nur Herausgabe der selbst tatsächlich gezogenen Nutzungen, sondern darüber hinaus Erstattung der Differenz zum objektiven Nutzungswert anzubieten.[707] Eine andere Ansicht betont, jede Partei, die den nichtigen Vertrag für gültig halte, glaube daran, dass die selbst erbrachte Leistung endgültig verloren sei, und sei daher bis zur Höhe dieser Leistung so zu behandeln, als sei sie bösgläubig. Deshalb hafte bis zu dieser Höhe jede Partei nach §§ 819 Abs. 1, 818 Abs. 4, 292 Abs. 2, 987 Abs. 2 auf Herausgabe von Nutzungen, die sie entgegen den Regeln einer ordnungsmäßigen Wirtschaft nicht gezogen habe.[708] Vereinzelt hält man sogar § 987 Abs. 2 für anwendbar, ohne den Emp-

---

[698] *Schwab* in: ders./*Witt* (Hrsg.), Examenswissen zum neuen Schuldrecht, 2. Aufl. 2003, S. 343, 389.
[699] Ebenso *Bockholdt* AcP 206 (2006), 769, 799 f.; im gleichen Sinne, aber mit Ausnahme zugunsten des arglistig Getäuschten *Fest* S. 120 ff.
[700] Ebenso *Bockholdt* AcP 206 (2006), 769, 801 f.; *Fest* S. 130 ff.
[701] 4. Aufl. RdNr. 140.
[702] RG JW 1936, 2912 sowie BGH JZ 1995, 572, 573: Verrechnung von tatsächlich gezogenen Gebrauchsvorteilen aus der Kaufsache mit dem zurück zu gewährenden Kaufpreis; ferner BGH ZIP 2000, 1582, 1583: Verrechnung der vom Verkäufer ersparten bzw. gezogenen Zinsen gegen vom Käufer gezogene Mieteinnahmen bei (wegen Arglistanfechtung) nichtigem Kaufvertrag.
[703] RG HRR 1938 Nr. 5: Verrechnung Gewinn, den der Verkäufer hätte ziehen können, wenn er das Grundstück nicht an den Käufer übergeben hätte, mit dem zurück zu gewährenden Kaufpreis.
[704] Dafür im Ergebnis – trotz grds. Ablehnung der Saldotheorie – 4. Aufl. RdNr. 141.
[705] *D. Kaiser* S. 402 ff.
[706] *Koppensteiner/Kramer* § 14 III 2 b, S. 141.
[707] *Koppensteiner/Kramer* § 14 III 2 b, S. 141.
[708] *Canaris*, FS Lorenz, 1991, S. 19, 45 f.

fänger als bösgläubig zu betrachten.[709] Folgt man der hier vertretenen Ansicht, so wird das Gerechtigkeitspostulat, das diesen Konstruktionsversuchen zugrunde liegt, vollständig eingelöst: Denn dann haftet jede Partei analog § 347 Abs. 1 auch für schuldhaft nicht gezogene Nutzungen. Dem möglichen Einwand, dass dem Empfänger nicht sowohl das Risiko des zufälligen Leistungswegfalls als auch die Ersatzpflicht für nicht gezogene Nutzungen aufbürden dürfe,[710] entgeht die hier vertretene Ansicht ebenfalls: Denn solange der Empfänger nichts von der Nichtigkeit des Vertrags weiß, trägt er die Gefahr des zufälligen Leistungswegfalls entsprechend § 346 Abs. 3 S. 1 Nr. 3 gerade nicht. Dann erscheint es nicht unbillig, ihn aber zum Ersatz nicht gezogener Nutzungen zu verpflichten.

Was **Aufwendungen** anbelangt, so haben Versuche, die Rückabwicklung gegenseitiger Verträge auf dem Boden allein der §§ 812 ff. darzustellen, ebenfalls keine einhellig akzeptierten Ergebnisse hervorgebracht. So hält ein Teil des Schrifttums den Empfänger ohne weiteres für berechtigt, diese nach § 818 Abs. 3 dem Bereicherungsanspruch der Gegenpartei entgegenhalten.[711] Die Gegenansicht argumentiert freilich, die Aufwendungen müsse der Empfänger auch bei der Rückabwicklung des Vertrags selbst tragen, da er diese auch hätte tragen müssen, wenn der Vertrag (wie er geglaubt habe) gültig gewesen wäre. Daher könne der Empfänger Aufwendungen nur nach Maßgabe der §§ 994, 996 ersetzt verlangen; insbesondere trage er das Risiko unnützer Verwendungen, die nicht zu einer Wertsteigerung geführt hätten.[712] Dieser Überlegung wird wiederum entgegengehalten, der Empfänger habe die Aufwendungen im Vertrauen darauf gemacht, er werde den Gegenstand der Leistung behalten dürfen; eben diese Erwartung habe sich indes mit der Nichtigkeit des Vertrags zerschlagen.[713] Daher sei es eben doch gerechtfertigt, dem Empfänger zu gestatten, sämtliche Aufwendungen in Abzug zu bringen. § 818 Abs. 3 bietet freilich bloß eine Einwendung, aber keinen Anspruch auf Aufwendungsersatz, ermöglicht dem Empfänger also kein aktives Vorgehen. Deshalb ist schon vor der Schuldrechtsreform mit Recht vorgeschlagen worden, dem Empfänger einen eigenständigen Anspruch auf Verwendungsersatz einzuräumen. Dieser Anspruch wurde teilweise auf die allgemeine Aufwendungskondiktion gestützt,[714] teilweise (und vorzugswürdig) auf eine Analogie zu §§ 347 S. 2 aF, 994 ff.[715] Diese Handhabung findet ihre konsequente Fortsetzung in einer entsprechenden Anwendung des heutigen § 347 Abs. 2 beim nichtigen Austauschvertrag. Der Empfänger erhält auf diese Weise einen eigenen Anspruch auf Aufwendungsersatz, den er angriffsweise verfolgen kann. Die Analogie zu § 347 Abs. 2 bedeutet freilich ebenso, dass der Empfänger, wenn er *selbst* auf Rückgewähr in Anspruch genommen wird und Aufwendungen als *Verteidigungsmittel* einsetzen möchte, diese dem Rückgewähranspruch *nur* unter den dort bestimmten Voraussetzungen entgegenhalten kann. Eine allgemeine, in § 818 Abs. 3 verwurzelte Berechtigung, Aufwendungen in Abzug zu bringen, besteht daneben nicht.

l) Besonders schutzbedürftige Vertragsparteien. Die Anhänger der Ansicht, das Risiko des Leistungswegfalls anhand des Kriteriums der zurechenbaren Vermögensentscheidung zu verteilen (RdNr. 237 ff.), reklamieren als Vorteil dieses Kriteriums, dass es den Schutz von **Minderjährigen** und **Geschäftsunfähigen** systemkonform zu verarbeiten vermag: Diese Personen sind zu einer *zurechenbaren* Vermögensentscheidung eben nicht in der Lage.[716] Aber auch die anderen Auffassungen gelangen einmütig zu dem Ergebnis, dass diesen Personen niemals das Risiko des Leistungswegfalls aufgebürdet werden darf: So sieht

---

[709] *Kohler* S. 511 ff.
[710] Dies wendet *D. Kaiser* S. 404 f. gegen die Überlegungen der Vorauflage und gegen die Ansicht von *Canaris* ein.
[711] 4. Aufl. RdNr. 142 sowie *Canaris,* FS Lorenz, 1991, S. 19, 46.
[712] *Diesselhorst* S. 112, 122.
[713] *Canaris,* FS Lorenz, 1991, S. 19, 46.
[714] *Flume,* GS Knobbe-Keuk, 1997, S. 111, 118; *Kohler* S. 467 ff. Zur Kritik von *D. Kaiser* S. 407 ff. vgl. RdNr. 121.
[715] *Canaris,* FS Lorenz, 1991, S. 19, 47.
[716] 4. Aufl. RdNr. 143; vgl. ferner RdNr. 238.

es namentlich die Rechtsprechung auf der Basis der Saldotheorie;[717] ebenso diejenigen Stimmen im Schrifttum, die der Saldotheorie, und sei es in modifizierter Form, anhängen.[718] Auf der Basis einer Analogie zu den Rückabwicklungsvorschriften der §§ 346 ff. ergibt sich indes nichts anderes;[719] und ebenso wenig werden der Minderjährige und der Geschäftsunfähige mit den Folgen der Saldotheorie belastet, wenn man das Konzept der Gegenleistungskondiktion (RdNr. 241 f.) zugrunde legt.[720] Die Saldotheorie und die Analogie zu den §§ 346 ff. können zwar die Geschäftsunfähigkeit nicht unmittelbar innerhalb des Kriteriums verarbeiten, das sie für die Risikoverteilung gewählt haben. Sie müssen vielmehr eine Ausnahme von dem jeweils für richtig gehaltenen Verteilungskriterium postulieren. Diese Ausnahme lässt sich aber ohne weiteres aus dem Schutzzweck der §§ 104 ff. ableiten: Es dürfen den Minderjährigen und den Geschäftsunfähigen nicht auf dem Umweg über das Bereicherungsrecht jene rechtlichen Nachteile treffen, vor denen sie gerade bewahrt werden sollten.

270   Allerdings wird im Schrifttum behauptet, der nicht oder beschränkt geschäftsfähige Empfänger der später untergegangenen Leistung hafte wenigstens für (altersadäquate) **eigenübliche Sorgfalt**.[721] Diese Ansicht ist indes **abzulehnen.** Denn die Auferlegung solcher Haftungsgefahren läuft dem im Gesetz angelegten Schutz vor den Folgen rechtlich nachteiliger Geschäfte zuwider. Es bleibt vielmehr in solchen Fällen tatsächlich bei § 818 Abs. 3: Der nicht oder beschränkt geschäftsfähige Empfänger muss nichts herausgeben, kann aber seinerseits die hingegebene Gegenleistung herausverlangen. Ebenso wenig ist der **Aufwendungsersatz** zu seinem Nachteil durch § 347 Abs. 2 beschränkt: Der nicht oder beschränkt geschäftsfähige Empfänger kann vielmehr sämtliche frustrierten Aufwendungen nach § 818 Abs. 3 vom Bereicherungsanspruch der Gegenpartei abziehen, weil er auch vor dem Risiko derartig fehlgeschlagener Investitionsentscheidungen geschützt werden muss.

271   Im neueren Schrifttum wird sogar vereinzelt in rechtspolitischer Perspektive ein Regelungsmodell befürwortet, das selbst den **minderjährigen Empfänger** mit der **Gefahr** des zufälligen Untergangs und der zufälligen Verschlechterung **belastet**. Diese Folge, so wird argumentiert, lasse sich ohnehin nicht vermeiden, wenn beide Parteien minderjährig seien und das Erlangte auf beiden Seiten untergehe; einen absoluten Schutz vor Zufallsgefahren könne daher der Minderjährigenschutz nicht bieten. Die Vorschriften über den Minderjährigenschutz dienten denn auch nicht dazu, den Minderjährigen vor dem tatsächlichen Verlust von Gegenständen zu bewahren, welche in sein Vermögen gelangt seien.[722] Diese Überlegungen können nicht überzeugen: Aus der Sonderkonstellation beiderseitiger Minderjährigkeit können keine derart allgemeinen Folgerungen gezogen werden; denn in diesem Fall sind beide Parteien gleichermaßen schutzwürdig. Die Folgen, die sich bei beiderseitiger Minderjährigkeit ergeben, müssen daher nicht die gleichen sein wie in dem Fall, dass nur eine Partei minderjährig (und damit schutzbedürftiger als die andere) ist. Der Minderjährige ist vielmehr soweit irgend möglich davor zu bewahren, dass er faktisch (nämlich durch Versagung von Rückgewähransprüchen) an einem Vertrag festgehalten wird, vor dem ihn das Gesetz schützen wollte. Es bleibt nach alledem dabei, dass im Falle der Beteiligung von nicht oder beschränkt Geschäftsfähigen die **reine Zweikondiktionentheorie** gilt: Es bestehen zwei gänzlich voneinander unabhängige wechselseitige Bereicherungsansprüche. Die Tatsache, dass einer dieser Ansprüche nach § 818 Abs. 3 erloschen ist, berührt den Anspruch der Gegenpartei in keiner Weise.

272   Die Tatsache, dass der Leistende den Empfänger **arglistig getäuscht** hat, beseitigt dagegen auch nach denjenigen Autoren, die für das Kriterium der zurechenbaren Vermögensentscheidung eintreten, die Annahme einer solchen Vermögensentscheidung **nicht:**[723] Das Risiko,

---

[717] BGHZ 126, 105, 107 f.; OLG Nürnberg WM 1990, 307.
[718] *Reuter/Martinek* § 17 III 3 c, bb, S. 606 ff.; *RGRK/Heimann-Trosien* § 812 RdNr. 64.
[719] *Medicus* BR RdNr. 231.
[720] *Larenz/Canaris* II/2 § 72 III 5, S. 329 ff.
[721] *Freund/Stölting* ZGS 2002, 182, 185.
[722] *Hellwege* S. 555 ff.
[723] 4. Aufl. RdNr. 143.

dass sich bei bestimmungsgemäßer Verwendung die damit verbundenen Gefahren verwirklichen, hat mit der Bösgläubigkeit des Leistenden nichts zu tun. Diese Gefahr soll daher beim Leistungsempfänger zu belassen sein.[724] Die Vermögensentscheidung soll dem Empfänger freilich dann nicht mehr zuzurechnen sein, wenn der Wegfall des Erlangten gerade auf der Mangelhaftigkeit selbst beruht.[725] Ob und inwieweit die Zurechnung durch Willensmängel – etwa durch Irrtum oder Dissens – ausgeschlossen ist, soll danach zu beurteilen sein, ob sich der betreffende Willensmangel gerade auf die aus der vermögensmäßigen Entscheidung abgeleitete Risikotragung bezieht. Nach hier vertretener Ansicht löst sich das Problem umfassend durch die Analogie zu § 346 Abs. 3 S. 1 Nr. 3: Das dort enthaltene Haftungsprivileg kommt nur dem Getäuschten zugute, nicht aber dem Täuschenden (RdNr. 258). Dabei ist es unerheblich, ob sich im Untergang oder in der Verschlechterung der Leistung gerade der arglistig verschwiegene Mangel niedergeschlagen hat; sofern letzteres der Fall ist, greift zugunsten des Getäuschten freilich sogar § 346 Abs. 3 S. 1 Nr. 2 ein.

m) Rückabwicklung unkörperlicher Leistungen im gegenseitigen Vertrag. Die Idee der zurechenbaren vermögensmäßigen Entscheidung wirkt sich nachhaltig auf die Rückabwicklung gegenseitiger Verträge aus, welche die Erbringung unkörperlicher Leistungen zum Gegenstand haben. Es handelt sich um Verträge über **Dienstleistungen,** über die Nutzung von **Immaterialgüterrechten** und schließlich um **Mietverträge** – sofern man bei ihnen entgegen der hier vertretenen Ansicht das primär „Erlangte" in der abstrakten Nutzungsmöglichkeit erblickt (RdNr. 21 ff.): Diese Nutzungsmöglichkeit ist als solche ebenfalls gegenständlich nicht fassbar. Die Argumentation lautet nun wie folgt: Wer eine Dienstleistung in Anspruch nehme oder eine Sache miete, tue dies in dem Bewusstsein, hierfür eine Gegenleistung entrichten zu müssen – und zwar ohne Rücksicht darauf, ob sie die Leistung in seinem Vermögen positiv niederschlage. Dann verdiene der Empfänger einer unkörperlichen Leistung nicht den durch § 818 Abs. 3 vermittelten Vertrauensschutz.[726] Für den Fall des Mietvertrags wurde dieser Gedankenführung in RdNr. 26 ff. verworfen: Dem Verwendungsrisiko des Mieters korrespondiert ein Instandhaltungsanspruch aus § 535 Abs. 1 S. 2; letzterer fällt aber beim nichtigen Vertrag weg. Was Verträge über Dienstleistungen anbelangt, so wird der Fall meist so liegen, dass der Empfänger solche Leistungen ohnehin in Anspruch nehmen wollte und daher um ersparte Aufwendungen bereichert ist (RdNr. 164 ff.); einer Zurückdrängung des § 818 Abs. 3 bedarf es dann nicht mehr. Der Fall, dass der *gutgläubige* Empfänger in Kenntnis der Nichtigkeit die Dienstleistung nicht in Anspruch genommen hätte, ist praktisch nur bei Willensmängeln denkbar, und bei diesen dürfte es regelmäßig an einer zurechenbaren Vermögensentscheidung des Inhalts fehlen, *genau eine solche* Dienstleistung wie die tatsächlich erbrachte in Anspruch nehmen zu wollen.

Beim nichtigen **Darlehen** ist zunächst anerkannt, dass der Darlehensnehmer sich bezüglich der **Valuta** nicht auf § 818 Abs. 3 berufen kann: Diese war ihm von vornherein mit der Maßgabe anvertraut worden, dass er sie eines Tages würde zurückzahlen müssen (näher § 819 RdNr. 11). Der Darlehensnehmer kann seiner Verpflichtung, die Valuta zurückzuerstatten, also nicht mit der Begründung entgehen, er habe sie für eine später fehlgeschlagene Investition verwendet. Zweifelhaft ist aber, ob der Darlehensnehmer den (nach § 818 Abs. 1 herauszugebenden, s. RdNr. 22 ff., 27 f.) Nutzungsvorteil aus dem überlassenen Kapital ohne Rücksicht auf eine vorhandene Bereicherung nach § 818 Abs. 2 zu vergüten hat, ob er also das Darlehen selbst dann **verzinsen** muss, wenn er die Valuta tatsächlich nicht nutzbringend einsetzen konnte. Das wird zum Teil unter Rückgriff auf den Gedanken der zurechenbaren

---

[724] Im Ergebnis ebenso *v. Caemmerer,* FS Larenz, 1973, S. 621, 637; *Huber* JZ 1974, 433, 439; *Leser,* Der Rücktritt vom Vertrag, S. 120 ff.; *Rengier* AcP 177 (1977), 418, 427, 440; *Reuter/Martinek* § 17 III 3 c, bb, S. 608 ff.
[725] *Canaris,* FS Lorenz, 1991, S. 19, 41; *Ernst,* FS Huber, 2006, S. 165, 236; *Flume* NJW 1970, 1161, 1163; *ders.,* FG BGH, 2000, S. 525, 545 *Larenz/Canaris* II/2 § 73 III 5 b, S. 330.
[726] 4. Aufl. RdNr. 144; ebenso *Larenz/Canaris* II/2 § 73 III 2 e, S. 326; für Pachtvertrag auch *Diesselhorst* S. 106 f.

Vermögensentscheidung bejaht:[727] Der Darlehensnehmer habe die Valuta in dem Bewusstsein in Anspruch genommen, dass er die Bereitstellung des Kapitals bezahlen müsse und dass er das Risiko der erfolgreichen Verwendung trage. Deshalb könne er sich auch hinsichtlich der Zinsen nicht mit der Begründung auf § 818 Abs. 3 berufen, die Möglichkeit, fremdes Kapital zu nutzen, habe sich nicht positiv in seinem Vermögen niedergeschlagen.

275 Diese Überlegung überzeugt indes auch hier nicht: Der Verpflichtung, **Zinsen** zu zahlen, **korrespondiert** nicht allein die bloße Verfügbarkeit fremden Kapitals, sondern die **Gewissheit**, es für die **eigenen Dispositionen einsetzen** zu können. Diese Gewissheit bleibt dem Darlehensnehmer bei nichtigem Darlehensvertrag vorenthalten; denn er muss die Valuta auf Verlangen in einem Betrag herausgeben. Allein in den Sonderfällen des Wucherdarlehens darf er es planmäßig tilgen; dort schuldet er aber ohnehin gemäß § 817 S. 2 für die Nutzung keinen Wertersatz (näher § 817 RdNr. 35 ff.). Dass Verzinsungspflicht einerseits und Gewissheit über die Verfügbarkeit der Valuta andererseits untrennbar miteinander zusammenhängen, zeigt sich deutlich am Beispiel des formnichtigen Verbraucherdarlehens: Dieses wird nach § 494 Abs. 2 S. 1 gültig, wenn der Verbraucher das Darlehen empfängt oder in Anspruch nimmt; die Verzinsung beschränkt sich indes gemäß § 494 Abs. 2 S. 2 auf den gesetzlichen Zinssatz. Der Verbraucher hat mithin den Nutzungsvorteil – wenn auch mit ermäßigtem Zinssatz – gerade deshalb zu vergüten, weil der Darlehensvertrag *gültig* bleibt und er weiterhin rechtsgewiss über die Valuta disponieren kann. Deswegen bleibt es dabei, dass der Darlehensnehmer nur tatsächlich gezogene Nutzungen herausgeben muss und auch diese nicht mehr, wenn und soweit er um sie nicht mehr bereichert ist. Die **Rechtsprechung** hat daher mit Recht den Einwand des Darlehensnehmers, die Darlehensnutzung habe keinerlei Vorteil erbracht, zugelassen.[728] Allenfalls mag zugunsten des Darlehensnehmers die Vermutung sprechen, die Nutzung habe die ihrer Art nach gewöhnlichen Vorteile gebracht – Vorteile, die etwa beim Einsatz der Valuta als Betriebsmittel mit dem üblichen Darlehenszins anzusetzen sind.[729]

V. § 818 Abs. 4

276 **1. Haftungsverschärfung.** Gemäß § 818 Abs. 4 haftet der Empfänger (Bereicherungsschuldner) ab Rechtshängigkeit „nach den allgemeinen Vorschriften". Das Gleiche gilt gemäß § 819 Abs. 1 im Fall der Kenntnis des Empfängers vom Fehlen des rechtlichen Grundes sowie dann, wenn die Voraussetzungen des § 819 Abs. 2 bzw. § 820 Abs. 1 vorliegen. Damit ist im Vergleich zum Umfang der Haftung, die den gutgläubigen unverklagten Bereicherungsschuldner gemäß § 818 Abs. 1 bis 3 trifft, eine Haftungsverschärfung verbunden.

277 **2. Rechtshängigkeit.** Die von § 818 Abs. 4 im Ergebnis angeordnete Haftungsverschärfung tritt ein mit Rechtshängigkeit. Dies ist gemäß §§ 261 Abs. 1, 253 Abs. 1 ZPO der Zeitpunkt der Zustellung der **Klage** auf **Herausgabe** des Erlangten bzw. auf Leistung von Wertersatz.[730] Im Mahnverfahren gilt gemäß § 696 Abs. 3 ZPO die Streitsache als mit Zustellung des Mahnbescheids rechtshängig geworden, wenn sie alsbald nach Erhebung des Widerspruchs gemäß § 696 Abs. 1 ZPO an das Gericht abgegeben wird. Die Rechtshängigkeit von Ansprüchen, die erst im Laufe des Prozesses erhoben werden, regelt § 261 Abs. 2 ZPO. Die nur hilfsweise Geltendmachung von Ansprüchen steht der Rechtshängigkeit nicht entgegen.[731] Eine außergerichtliche Abmahnung reicht im Rahmen des § 818 Abs. 4 nicht aus.[732]

---

[727] 4. Aufl. RdNr. 145; ebenso *Larenz/Canaris* II/2 § 73 III 2 e, S. 326 f.; *ders.*, FS Lorenz, 1991, S. 22, 54 f.
[728] BGHZ 115, 268, 270 = NJW 1992, 109.
[729] BGH ZIP 1997, 593, 596. Vgl. zu dieser Vermutung RdNr. 8.
[730] Statt aller *Staudinger/Lorenz* RdNr. 49.
[731] So bereits RGZ 117, 112, 114; *Erman/Westermann/Buck-Heeb* RdNr. 49; *Palandt/Sprau* RdNr. 51.
[732] RGZ 93, 271, 272.

Wenn einem **Unterhaltsschuldner** durch einstweilige Anordnung gemäß § 620 ZPO **278** die Zahlung von Unterhalt aufgegeben wurde und sich auf seine negative Feststellungsklage hin im Hauptsacheverfahren herausstellt, dass er in Wahrheit nicht oder jedenfalls nicht in der titulierten Höhe zum Unterhalt verpflichtet war, erhebt sich die Frage, ob die negative Feststellungsklage zugleich dazu geführt hat, dass sein Anspruch auf Rückgewähr der Überzahlungen rechtshängig geworden ist. Die gleiche Frage stellt sich für die Abänderungsklage nach § 323 ZPO: Solange über das Abänderungsbegehren des Unterhaltsschuldners nicht entschieden ist, kann der Unterhaltsgläubiger wegen des vollen ursprünglich titulierten Betrags die Zwangsvollstreckung betreiben. Stellt sich im Nachhinein das Abänderungsbegehren als berechtigt heraus, so liegt die These nahe, dass die Abänderungsklage zugleich den Anspruch auf Rückgewähr des zwischenzeitlich (wie man nun weiß) zuviel gezahlten Unterhalts rechtshängig gemacht hat. Die praktische Bedeutung dieser Frage für den Unterhaltsschuldner ist erheblich: Denn regelmäßig wird der Unterhaltsgläubiger die Überzahlung verbraucht haben und um sie nicht mehr bereichert sein (RdNr. 177). Der Unterhaltsschuldner muss daher, um den Einwand des § 818 Abs. 3 aus dem Feld zu schlagen, die Voraussetzungen der verschärften Haftung dartun – etwa in Gestalt der Rechtshängigkeit des Rückgewähranspruchs.

Der **BGH** hat sowohl bezüglich der negativen Feststellungsklage[733] als auch bezüglich der **279** Abänderungsklage[734] ausgesprochen, dass diese Klagen den Rückgewähranspruch **nicht rechtshängig** machen. Der BGH sieht in *dogmatischer* Hinsicht Leistungs- und Feststellungsklage nicht als gleichwertig an und befürchtet in *wertender* Hinsicht, dass der Unterhaltsgläubiger in eine Zwickmühle gerät: Solange er aus dem Unterhaltstitel vollstrecken kann, versiegt für ihn die Quelle staatlicher Transferleistungen; wenn er aber vollstreckt und sich hernach herausstellt, dass er Überzahlungen empfangen hat, treibe ihn die Rückgewährpflicht in die Überschuldung. Konsequent müsse der Empfänger die gesamte Unterhaltszahlung für eine potentielle Rückforderung bereithalten; das widerstreite aber dem Zweck von Unterhaltsleistungen, die Lebensführung sicherzustellen.

Diese Überlegungen verdienen **keine Zustimmung**; vielmehr machen nach hier vertretener Ansicht sowohl für die negative Feststellungsklage[735] als auch die Abänderungsklage[736] den Rückgewähranspruch iS des § 818 Abs. 4 rechtshängig. Denn der Unterhaltsschuldner gibt mit einer solchen Klage unmissverständlich zu erkennen, dass er nicht bereit ist, es bei der Überzahlung bewenden zu lassen. Auch die Feststellungsklage ist ein geeignetes Instrument, um einen Anspruch rechtshängig zu machen. Die Befürchtung, dass der Unterhaltsempfänger die ihm zufließenden Zahlungen nicht für die Lebenshaltung verwenden kann, weil er sie für eine potentielle Rückforderung bereithalten muss, bestünde bei einer Leistungsklage nicht minder; diese aber würde unbestreitbar den Rückgewähranspruch rechtshängig machen. Die Annahme, dass die Klage auf Feststellung des Rückgewähranspruchs oder die negative Feststellungsklage auf Nichtbestehen der Unterhaltspflicht den Rückgewähranspruch rechtshängig machen, ist zum Schutz des Unterhaltsschuldners erforderlich, weil sich dieser – abermals entgegen der Ansicht des BGH[737] – nicht mit einer Klage auf künftige Leistung gemäß § 258 ZPO schützen kann: Ob eine künftige Überzahlung eintritt, hängt von seinen eigenen Handlungen ab. Der Betrag der Überzahlung ist nicht im Voraus bestimmbar. In solchen Fällen ist der Weg einer Klage auf künftige wiederkehrende Leistung versperrt.

---

[733] BGHZ 93, 183, 186 f.; ebenso OLG Brandenburg OLGR 2007, 237, 239; AnwK-BGB/*Linke* RdNr. 85; *Bamberger/Roth/Wendehorst* RdNr. 81; jurisPK/*Martinek* RdNr. 113; *Kohler* ZZP 99 (1986), 34, 45; *Mertens* FamRZ 1994, 601, 603; PWW/*Leupertz* RdNr. 37; *Schiebel* NJW-Spezial 2006, 55, 56.

[734] BGH FamRZ 1986, 793; 1992, 1152, 1154; NJW 1998, 2433, 2434; ebenso OLG Brandenburg OLGR 2007, 237, 239; OLG Zweibrücken FamRZ 1998, 834, 835; AnwK-BGB/*Linke* RdNr. 85; PWW/*Leupertz* RdNr. 37; *Schiebel* NJW-Spezial 2006, 55, 56.

[735] Wie hier OLG Hamm FamRZ 1984, 297, 298; OLG München FamRZ 1983, 1043; ausf. *Schwab* FamRZ 1994, 1567 ff.

[736] Vgl. bereits *Schwab* FamRZ 1994, 1567, 1571.

[737] BGHZ 118, 383, 391.

281 **Unberührt** von der soeben diskutierten Frage, ob § 818 Abs. 4 anzuwenden ist, bleibt die Frage nach einer verschärften Haftung gemäß § 820 (dort RdNr. 9). Wenn der Unterhaltsgläubiger aus einer einstweiligen Anordnung vollstreckt, kommt ferner ein **Schadensersatzanspruch** analog §§ 717 Abs. 2, 945 in Betracht. Auch dieser wird vom BGH verneint,[738] von Teilen des Schrifttums aber zu Recht bejaht.[739]

282 **3. Inhalt der Verweisung. a) Verweisung auf §§ 291, 292.** Der Inhalt der Verweisung auf die allgemeinen Vorschriften ist im Einzelnen unklar. Nach Mot. II S. 838, 841 sollte dadurch vor allem zum Ausdruck gebracht werden, dass die Verpflichtung zur Herausgabe durch einen späteren Wegfall der Bereicherung – abgesehen von einer durch Zufall eintretenden Unmöglichkeit der Leistung – keine Änderung mehr erfahren soll. Mit den allgemeinen Vorschriften sind in erster Linie die §§ 291, 292 gemeint (s. aber noch RdNr. 158). Daraus sowie aus der Weiterverweisung auf die §§ 987 ff. ergibt sich im Einzelnen Folgendes:

283 **aa) Verzinsung rechtsgrundlos erlangten Geldes.** Ist der verschärft haftende Empfänger aus §§ 812 ff. zur Zahlung einer Geldsumme verpflichtet, so ist diese gemäß §§ 291, 288 Abs. 1 zu verzinsen,[740] und zwar in Höhe des **gesetzlichen Zinssatzes** (§ 288). Die Rechtsprechung des RG, wonach der Zinssatz sich selbst dann nach dem BGB und nicht nach § 352 HGB richtete, wenn dem rechtsgrundlosen Vermögenszufluss ein Handelsgeschäft zugrunde lag,[741] ist durch die Schuldrechtsreform obsolet geworden. Denn indem § 291 auf § 288 Abs. 1 S. 2, Abs. 2 verweist, ist klargestellt, dass der verschärft haftende Empfänger **mindestens 5% über dem jeweiligen Basiszinssatz** schuldet[742] und, wenn an dem Rückabwicklungsverhältnis kein Verbraucher beteiligt ist, mindestens 8% über dem Basiszinssatz. Zum einen ist also der Zinssatz ohnehin immer höher als 5%, zum anderen gilt die Differenzierung des Zinssatzes nach der Person der Beteiligten über §§ 818 Abs. 4, 291 nunmehr auch im Bereicherungsrecht. Freilich behauptet eine Gegenansicht, § 818 Abs. 4 verweise in Wahrheit nur auf § 246 als „allgemeine Vorschrift"; es bleibe daher dabei, dass die Geldschuld des bösgläubigen oder verklagten Bereicherungsschuldners lediglich mit 4% zu verzinsen sei.[743] Diese Gegenansicht versteht sich vor dem Hintergrund der Insolvenzanfechtung: § 143 Abs. 1 S. 2 stellt den Empfänger anfechtbaren Erwerbs einem bösgläubigen Bereicherungsschuldner gleich und verweist damit auf §§ 819 Abs. 1, 818 Abs. 4. Träfe diese Gegenansicht zu, so müsste sie jedoch generell für jeden Fall des § 818 Abs. 4 gelten. Die Gegenansicht ist indes nicht haltbar: Wenn der bösgläubige (bzw. der nach § 143 Abs. 1 S. 2 InsO als bösgläubig geltende) Empfänger wie ein verklagter haftet, muss auch der Zinssatz so bemessen sein, als wäre er tatsächlich verklagt worden. Maßgeblich kann daher nur der in §§ 291, 288 bestimmte Zinssatz sein. Auf die Frage, ob der Empfänger schuldhaft versäumt hat, aus der empfangenen Geldsumme Nutzungen zu ziehen (§§ 292 Abs. 2, 987 Abs. 2),[744] kommt es nur an, wenn der Empfänger einen höheren als den in §§ 291, 288 bestimmten Zinssatz hätte erzielen können.

284 **bb) Schadensersatz.** Bezieht sich der **Herausgabeanspruch** auf eine **Sache,** so haftet der Bereicherungsschuldner gemäß §§ 292, 989, 990 auf **Schadensersatz,** wenn er die Sache infolge eines Verschuldens nicht oder nicht mehr unversehrt herausgeben kann.[745]

---

[738] BGH FamRZ 1984, 767, 769.
[739] *Ditzen* FamRZ 1988, 349 ff.; *Olzen* FamRZ 1986, 1169 ff.; ebenso schon AG Viersen FamRZ 1984, 300.
[740] BGHZ 171, 38, 42; AnwK-BGB/*Linke* RdNr. 87; *Bamberger/Roth/Wendehorst* RdNr. 99; PWW/*Leupertz* RdNr. 39.
[741] RGZ 96, 53, 57; RG WarnR 1921 Nr. 58.
[742] So auch BGHZ 171, 38, 42 f.; OLG Hamm NZI 2006, 642; OLG Karlsruhe ZIP 2004, 2064, 2065; AnwK-BGB/*Linke* RdNr. 87; *Bamberger/Roth/Wendehorst* RdNr. 100; jurisPK/*Martinek* RdNr. 121; PWW/*Leupertz* RdNr. 39.
[743] *Uhlenbruck/Hirte,* 12. Aufl. 2003, § 143 InsO RdNr. 35; ebenso noch MünchKommInsO/*Kirchhof,* 1. Aufl. 2002, § 143 RdNr. 63, nicht mehr aufrechterhalten in 2. Aufl. 2008.
[744] Davon hat OLG Karlsruhe WM 2005, 645, 646 – in dieser Allgemeinheit verfehlt – die Verzinsungspflicht abhängig gemacht.
[745] Statt aller *Larenz/Canaris* II/2 § 73 II 3 a, S. 314.

Dabei muss er sich das Fehlverhalten seiner Erfüllungsgehilfen nach § 278 zurechnen lassen;[746] denn die Rückgewährpflicht nach §§ 812 ff. begründet ein gesetzliches Schuldverhältnis. Wenn der rechtsgrundlose Vermögenszufluss vom Empfänger nicht veranlasst wurde (zB Falschlieferung; fehlgeleitete Überweisung), ist eine strenge Sorgfaltshaftung nach dem Maßstab des § 276 nicht sachgerecht. Es bietet sich vielmehr eine Analogie zu § 968 an: Der Empfänger haftet in diesem Fall nur für Vorsatz und grobe Fahrlässigkeit.[747]

Für zufälligen Untergang haftet auch der bösgläubige Bereicherungsschuldner allenfalls dann, wenn man eine Verzugshaftung für möglich hält (§ 287 S. 2; dazu RdNr. 293 f.) oder bei einer aus anderen Gründen angeordneten Haftungsverschärfung. Im Übrigen kann auch er sich auf einen nicht zu vertretenden Wegfall des Erlangten berufen.

cc) **Nutzungsersatz.** Für die Herausgabe von **Nutzungen** verweist § 292 Abs. 2 auf § 987. § 818 Abs. 1 wird durch diese Vorschriften verdrängt.[748] Ab Rechtshängigkeit haftet der Bereicherungsschuldner zunächst nach §§ 292, 987 Abs. 1 für die tatsächlich gezogenen Nutzungen. Sofern die Erstattung von Gebrauchsvorteilen aus einer rechtsgrundlos übereigneten Kaufsache geschuldet ist, erhebt sich die Frage, ob deren Wert sich auch hier nach der zeitanteiligen linearen Wertminderung im Vergleich zur voraussichtlichen Gesamtnutzungsdauer richtet, der objektive Sachwert also die Obergrenze des Nutzungsersatzes bildet, wie dies in RdNr. 88 für die Bewertung von nach § 818 Abs. 1 herauszugebenden Nutzungen angenommen wurde. Der BGH bejaht diese Frage insbesondere mit der Begründung, der Empfänger, dem die Sache, wenn auch rechtsgrundlos, übereignet sei, nutze nicht eine fremde, sondern eine eigene Sache.[749] Im Schrifttum wird dagegen mit Recht geltend gemacht, dass die Sache, selbst wenn sie dem Empfänger übereignet worden war, dem Bereicherungsgläubiger zusteht; eben dies wird mit dem Herausgabeanspruch nach § 812 zum Ausdruck gebracht. Der Empfänger weiß (§ 819 Abs. 1) bzw. muss in qualifizierter Weise damit rechnen (§§ 818 Abs. 4, 820 Abs. 1), dass er eine Sache nutzt, die in seinem Vermögen eigentlich nichts verloren hat. In diesem Fall muss er so behandelt werden, als habe er fremdes Gut genutzt: Die Nutzungen berechnen sich daher auch für ihn nach dem objektiven Mietwert.[750] Erst recht schuldet der Empfänger als Ersatz für gezogene Gebrauchsvorteile den objektiven Mietwert, wenn ihm die Sache aufgrund nichtigen Vertrags nur zum vorübergehenden Gebrauch überlassen war, wie dies etwa bei Leasingverträgen der Fall ist.[751] Darüber hinaus haftet der bösgläubige oder verklagte Empfänger gemäß § 987 Abs. 2 auch für schuldhaft nicht gezogene Nutzungen.[752]

dd) **Aufwendungsersatz.** Auch die Möglichkeit, **bereicherungsmindernde Aufwendungen** geltend zu machen, ist für den Bereicherungsschuldner ab Rechtshängigkeit erheblich eingeschränkt: Der Schuldner hat jetzt nur noch Anspruch auf Ersatz notwendiger Verwendungen und dies nur nach den Vorschriften der Geschäftsführung ohne Auftrag (§§ 292 Abs. 2, 994 Abs. 2, 995).[753] Andere Nachteile im Zusammenhang mit dem Erwerb kann er nicht geltend machen.[754] Dies lässt sich einmal mit einem Gegenschluss aus den genannten Vorschriften rechtfertigen, zum anderen mit der Erwägung, dass der Schuldner nach Rechtshängigkeit nicht mehr auf die Beständigkeit seines Erwerbs vertrauen kann, so dass er bei weiteren Aufwendungen auf eigenes Risiko handelt.

b) **Bereicherungsunabhängige Wertersatzhaftung.** Soweit § 818 Abs. 4 mit der Verweisung auf die allgemeinen Vorschriften keine Sonderregelungen enthält, haftet der **verklagte Bereicherungsschuldner** im gleichen Umfang **wie der nichtverklagte**. Insbeson-

---

[746] *Larenz/Canaris* II/2 § 73 II 3 a, S. 314 f.
[747] Überzeugend *Peters* AcP 205 (2005), 159, 193 f.
[748] *Gursky* JR 1998, 7, 8 f.
[749] BGH NJW 1996, 250, 252 f.
[750] *Gursky* JR 1998, 7, 9.
[751] Für objektiven Mietwert als Nutzungsersatz in diesem Fall OLG Hamm ZIP 1989, 45, 47.
[752] OLG Karlsruhe WM 2005, 645, 646.
[753] RGZ 117, 112, 114; *Planck/Landois* Anm. 8 a.
[754] Statt aller RGRK/*Heimann-Trosien* RdNr. 47.

dere kann auch den bösgläubigen Bereicherungsschuldner eine Wertersatzpflicht treffen, die *nicht* davon abhängt, ob ihm noch eine Bereicherung verblieben ist.[755] Diese Wertersatzpflicht ist nicht bloß von einer Bereicherung, sondern ebenso von einem Verschulden unabhängig. Aus diesem Grunde wird sie durch § 818 Abs. 4 nicht ausgeschlossen;[756] denn diese Vorschrift normiert über §§ 292, 989 lediglich eine verschuldens*abhängige* Pflicht zum *Schadensersatz,* unterscheidet sich also von der Wertersatzpflicht sowohl in den Voraussetzungen als auch in den Rechtsfolgen. Von praktischem Interesse ist eine solche Wertersatzpflicht vor allem dann, wenn der Schadensersatzanspruch aus §§ 818 Abs. 4, 292, 989 versagt, weil das Erlangte nicht in einer Sache besteht – nämlich bei rechtsgrundlos erlangten *Dienstleistungen:* Für sie hat der verschärft haftende Empfänger ohne Rücksicht darauf Wertersatz zu leisten, ob ihm eine Bereicherung verblieben ist. Für den Empfang rechtsgrundloser Beförderungsleistungen hat auch der BGH dies bereits anerkannt.[757]

289 **c) Verweisung auf §§ 275 ff.? aa) Überblick.** Die Verweisung auf die „allgemeinen Vorschriften" lässt sich womöglich sogar in dem Sinne begreifen, dass außer den §§ 291, 292 sogar die Vorschriften des **allgemeinen Leistungsstörungsrechts** ins Bereicherungsrecht hineintransportiert werden. So mag man erwägen, ob den bösgläubigen oder verklagten Bereicherungsschuldner die Haftung wegen zu vertretender Pflichtverletzung trifft (§§ 280 ff.). In diesem Zusammenhang mag man diskutieren, ob der Bereicherungsschuldner, der Geld herauszugeben hat, im Falle der verschärften Haftung sein Zahlungsunvermögen immer zu vertreten hat; des Weiteren ist zu erwägen, ob ihn im Falle des Verzugs die Haftung nach §§ 280 Abs. 1, 2, 286 und die Verantwortlichkeit für Zufall nach § 287 S. 2 trifft. Schließlich wird zu diskutieren sein, ob der Bereicherungsgläubiger über §§ 818 Abs. 4, 285 das stellvertretende commodum herausverlangen kann.

290 **bb) Reichweite der primären Herausgabepflicht.** Der gutgläubige Bereicherungsschuldner, der zur Herausgabe des Erlangten außerstande ist, weil er es weiterveräußert hat, ist, wie gezeigt (RdNr. 44 f.), nicht verpflichtet, Bemühungen zu entfalten, um sich den erlangten Gegenstand wieder zu verschaffen. Diese Privilegierung verdient der verschärft haftende Empfänger nicht: Will er der Herausgabepflicht unter Berufung auf Unmöglichkeit entgehen, so muss er die Voraussetzungen des § 275 dartun. Insbesondere für den Fall der Weiterveräußerung bedeutet dies, dass seine Herausgabepflicht nur dann wegen **subjektiver Unmöglichkeit** erlischt, wenn derjenige, in dessen Vermögen das Erlangte geflossen ist, nicht bereit ist, es dem Schuldner (und sei es gegen Entgelt) wieder zur Verfügung zu stellen.[758]

291 **cc) Haftung für zu vertretende Pflichtverletzung.** Die Frage, inwieweit auf § 280 zurückgegriffen werden kann bzw. muss, bedarf einer **differenzierenden Würdigung.** Führt eine zu vertretende Pflichtverletzung zum Untergang bzw. zur Verschlechterung der herauszugebenden Sache oder zur **Unmöglichkeit** der Herausgabe, so bedarf es keiner Ansprüche aus §§ 818 Abs. 4, 280 Abs. 1, 3, 283; denn §§ 292, 989 sind insoweit als speziellere Regelungen anzusehen. Unverzichtbar ist die Heranziehung der §§ 280 ff. aber beim Verlust von Früchten: Hier wurde schon unter der Geltung des alten Schuldrechts die Verweisung des § 818 Abs. 4 auch auf § 280 aF bezogen.[759] Heute folgt der Anspruch aus §§ 818 Abs. 4, 280 Abs. 1, 3, 283: Zur Leistungspflicht des Schuldners gehört die Herausgabe von Früchten. Führt der Schuldner durch eine zu vertretende Pflichtverletzung deren Untergang oder Verlust herbei, so verletzt er diese Leistungspflicht und schuldet anstelle der besagten Früchte Schadensersatz statt der Leistung.

---

[755] *Halfmeier* JA 2007, 492, 496; HKK/*Schäfer* §§ 812–822 RdNr. 207; *Larenz/Canaris* II/2 § 73 II 5 a, S. 319 f.; *Kohler* S. 316; abl. unter Berufung auf die (angeblich) „klare Regelung des Gesetzes" *Gebauer* Jura 1998, 128, 134.
[756] *Koppensteiner/Kramer* § 16 II 1 f, S. 160 f.
[757] BGHZ 55, 128, 134 f.
[758] Vgl. zu dieser Voraussetzung der subjektiven Unmöglichkeit § 275 RdNr. 52.
[759] *Gursky* JR 1998, 7, 8.

Für den Fall der **Leistungsverzögerung** stellt sich zunächst die Frage, ob und unter 292
welchen Voraussetzungen der Gläubiger die Möglichkeit hat, auf **Schadensersatz statt der
Leistung** überzugehen. Unter der Geltung des alten Schuldrechts hatte der BGH die
Anwendung des § 283 aF bejaht. Nach dieser Vorschrift konnte der Gläubiger dem Schuldner nach dessen rechtskräftiger Verurteilung zur Leistung eine Frist mit der Erklärung
bestimmen, dass er die Leistung nach Ablauf der Frist ablehne. Nach erfolglosem Fristablauf
konnte er anstelle der Leistung Schadensersatz wegen Nichterfüllung verlangen. Das, so der
BGH, gelte auch im Bereicherungsrecht, aber mit der Einschränkung, dass § 283 aF nur
anzuwenden sei, wenn feststehe, dass der Schuldner die primäre Herausgabeschuld erfüllen
könne oder verschärft hafte; denn andernfalls bestehe die Gefahr, dass der gutgläubige
Bereicherungsschuldner, der nach § 818 Abs. 2 nur auf Wertersatz hafte, auf dem Umweg
über den Schadensersatz wegen Nichterfüllung über diesen Betrag hinaus in Anspruch
genommen werde.[760] Damit knüpfte der BGH an seine Rechtsprechung zu § 985 an: Der
mittelbare Besitzer könne nur auf Herausgabe verklagt werden, wenn er bösgläubig bzw.
verklagt sei; denn andernfalls bestehe die Gefahr, dass es ihm nicht gelinge, den unmittelbaren Besitz zurückzuerhalten, und er sodann trotz Gutgläubigkeit nach § 283 auf Schadensersatz in Anspruch genommen werde.[761] Seit der **Schuldrechtsreform** hat der Gläubiger
nach §§ 280 Abs. 1, 3, 281 Abs. 1 S. 1 unabhängig von einer rechtskräftigen Verurteilung
die Möglichkeit, dem Schuldner eine Frist zu setzen und nach deren Ablauf Schadensersatz
statt der Leistung zu verlangen. Denkt man die Rechtsprechung zum bisherigen Recht unter
der Geltung des neuen Rechts fort, so wird man prognostizieren müssen, dass der BGH auch
den Anspruch auf Schadensersatz statt der Leistung nach §§ 280 Abs. 1, 3, 281 nur unter
den soeben genannten Voraussetzungen zusprechen wird. Denn abermals gilt es zu vermeiden, dass dem gutgläubigen Bereicherungsschuldner, der zur Herausgabe außerstande ist,
eine Schadensersatzhaftung aufgebürdet wird – dies umso mehr, als der gutgläubige Bereicherungsschuldner nicht verpflichtet ist, sich den Gegenstand wieder zu beschaffen
(RdNr. 44 f.). Im neueren Schrifttum wird dagegen ohne jede Einschränkung (also offenbar
selbst für den gutgläubigen Bereicherungsschuldner) die Anwendung des § 281 auf Bereicherungsansprüche befürwortet.[762]

Die Verzögerung der Herausgabe kann weiterhin eine **Verzugshaftung** des verschärft 293
haftenden Bereicherungsschuldners nach §§ 280 Abs. 1, 2, 286 nach sich ziehen, falls die
Verzugsvorschriften zu den nach § 818 Abs. 4 in Bezug genommenen „allgemeinen Vorschriften" gehören. Die weitere Konsequenz wäre, dass der Empfänger in diesem Fall selbst
für den zufälligen Untergang des Erlangten gemäß § 287 S. 2 verantwortlich ist. Der BGH
hat § 287 S. 2 in der Tat für anwendbar erklärt.[763] Auch im Schrifttum wird verbreitet eine
Verzugshaftung des verschärft haftenden Bereicherungsschuldners befürwortet.[764] In der
Vorauflage sind freilich gerade gegen die Anwendung des § 287 S. 2 Bedenken geäußert
worden: Diese sei „systemwidrig".[765]

Stellungnahme: Eine **Verzugshaftung** des verschärft haftenden Bereicherungsschuld- 294
ners ist anzuerkennen, wenn er bösgläubig, nicht aber, wenn er lediglich verklagt ist[766] und
ebenso wenig, wenn er nach § 820 Abs. 1 S. 2 verschärft haftet.[767] Denn andernfalls wird
der Bereicherungsschuldner ohne sachlichen Grund schlechter gestellt als der Schuldner

---

[760] BGH ZIP 2000, 460, 462.
[761] BGHZ 53, 29, 32 ff.
[762] In diesem Sinne ohne nähere Begründung *Gebauer* ZGS 2005, 103, 110.
[763] BGHZ 75, 203, 207.
[764] HKK/*Schäfer* §§ 812–822 RdNr. 208; *Lange* JZ 1964, 640 f.; *Reuter/Martinek* § 20 I 2 a, S. 673.
[765] 4. Aufl. RdNr. 159.
[766] Zutr. AnwK-BGB/*Linke* RdNr. 88 aE; *Bodenbenner* S. 174 ff.; *Larenz/Canaris* II/2 § 73 II 4, S. 317 f.;
Staudinger/Lorenz RdNr. 51. Vgl. auch OLG Celle ZIP 2006, 1399, 1401: Dort wurde bei einem Bereicherungsanspruch nach § 143 Abs. 1 InsO iVm. §§ 819 Abs. 1, 818 Abs. 4 gefragt, ob der Empfänger den
zufälligen Untergang des Erlangten nach § 287 S. 2 iVm. § 990 Abs. 2 zu verantworten habe; der Zugang zu
§ 287 S. 2 wurde also ebenfalls nur über § 990 Abs. 2 erschlossen.
[767] *Bodenbenner* S. 179.

eines Herausgabeanspruchs aus § 985: Letzterer haftet nach § 990 Abs. 2 nur dann wegen Verzugs, wenn er bösgläubig, nicht aber dann, wenn er bloß verklagt ist. Dieser Begrenzung der Verzugshaftung wohnt ein vernünftiger Grund inne: Der bösgläubige Besitzer weiß, dass er die Sache herausgeben muss, und hat keinen Grund mehr, sie dem Gläubiger vorzuenthalten, wenn dieser eine Mahnung ausspricht. Der verklagte Besitzer besitzt diese Kenntnis nicht; er befindet sich über seine Herausgabepflicht lediglich in Ungewissheit. Er könnte der Verzugshaftung, wenn man sie denn annähme, nur entgegen, indem er die Sache herausgibt und damit das Begehren des Gläubigers in der Hauptsache (zumindest vorübergehend) erfüllt. Das ist ihm nicht zuzumuten; er muss vielmehr die Chance behalten, seine Rechtsposition angemessen zu verteidigen. Die gleiche Wertung gilt es ins Bereicherungsrecht zu übernehmen: Nur der bösgläubige Schuldner kann das Erlangte gefahrlos an den Gläubiger herausgeben, weil er weiß, dass er es nicht behalten darf. Dagegen befindet sich der verklagte Schuldner in Ungewissheit über die Herausgabepflicht; Gleiches gilt für den nach § 820 Abs. 1 S. 2 verschärft haftenden Schuldner. Konsequent trifft auch die Zufallshaftung nach § 287 S. 2 lediglich den **bösgläubigen, nicht** aber den **verklagten** oder den nach § 820 Abs. 1 S. 2 verschärft haftenden Schuldner.

295 Wenn das alles aber zutrifft, so muss man die gleiche Handhabung für den Anspruch auf **Schadensersatz statt der Leistung** befürworten: Auch dieser besteht nur gegen den bösgläubigen, nicht aber gegen den verklagten Bereicherungsschuldner. Denn einem solchen Anspruch könnte der Empfänger abermals nur dadurch entgehen, dass er die Sache herausgibt, obwohl noch völlig offen ist, ob das Gericht das Herausgabebegehren des Gläubigers für durchgreifend erachtet.

296 **dd) Zahlungsunvermögen.** Die Frage, ob der verschärft haftende Bereicherungsschuldner ohne Rücksicht auf Verschulden unbedingt für sein Zahlungsunvermögen einzustehen hat (**„Geld muss man haben"**), ist vom BGH unter der Geltung des alten Schuldrechts im bejahenden Sinne beantwortet worden: § 818 Abs. 4 verweise auch auf § 279 aF.[768] Dort war geregelt, dass der Gattungsschuldner verschuldensunabhängig für sein Unvermögen einstehen musste, aus der geschuldeten Gattung zu liefern; diese Regelung weitete der BGH auch auf die Geldschuld aus und transportierte sie sodann über § 818 Abs. 4 ins Bereicherungsrecht. Diese Rechtsprechung wurde im Schrifttum mit der Begründung kritisiert, der Bereicherungsschuldner, der Gattungssachen erlangt habe und sie unverschuldet verliere (Zerstörung durch Dritte, Raub usw.), werde hierdurch schlechter gestellt als derjenige, der bestimmte Stücke erlangt habe und für diese nur nach Maßgabe der §§ 292, 989 Ersatz leisten müsse.[769] Eine vom Verschulden unabhängige Haftung dürfe den Schuldner nach §§ 818 Abs. 4, 292 Abs. 1, 992, 848 nur treffen, wenn ihm eine unerlaubte Handlung zur Last falle.[770]

297 § 279 aF ist durch die **Schuldrechtsreform** ersatzlos weggefallen. Stattdessen kommt nach § 276 Abs. 1 S. 1 eine vom Verschulden unabhängige Haftung in Betracht, wenn sie sich aus dem Inhalt des Schuldverhältnisses, insbesondere aus der Übernahme einer Garantie oder eines Beschaffungsrisikos ergibt. Es führt nicht weiter, wenn man die Frage heute dahin formuliert, ob § 818 Abs. 4 auch auf § 276 Abs. 1 S. 1 verweist;[771] vielmehr ist zu problematisieren, ob sich beim bösgläubigen oder verklagten Bereicherungsschuldner die unbedingte Einstandspflicht für das eigene finanzielle Leistungsvermögen aus dem „Inhalt des Schuldverhältnisses" ergibt. *Gegen* diese Annahme spricht, dass man den Bereicherungsschuldner – selbst den bösgläubigen oder verklagten – nicht unversehens mit einem gewöhnlichen Gattungs- oder Geldschuldner gleichsetzen kann. Eine geschuldete „Gattung" kann es bei Bereicherungsschulden von vornherein nicht geben. Denn die Frage, welche Gattung geschuldet ist, bestimmt sich nach der Parteivereinbarung. Eine solche existiert beim rechts-

---

[768] BGHZ 83, 293, 299 f.
[769] 4. Aufl. RdNr. 158 sowie *Medicus* JuS 1993, 705, 709; *Wilhelm* AcP 183 (1983), 1, 10 f.
[770] *Schubert* JR 1982, 463, 464.
[771] So aber 4. Aufl. RdNr. 158.

grundlosen Vermögenstransfer aber gerade nicht; zumindest ist sie nicht wirksam. Vielmehr ist darauf hinzuweisen, dass der Empfänger nur die Herausgabe desjenigen Gegenstandes schuldet, welchen er erlangt hat: **Bereicherungsschulden** sind jedenfalls zunächst **Stückschulden**.[772] Das gilt selbst bei rechtsgrundlos erlangtem Geld: Herauszugeben ist ein konkretes Guthaben, konkrete Geldscheine oder Münzen, ein konkretes Sparbuch und Dergleichen.[773] Kann der Schuldner diese nicht mehr herausgeben, so ist in der Tat wie bei anderen Sachen zu fragen, ob der Empfänger die Unmöglichkeit der Herausgabe verschuldet hat (§§ 292 Abs. 1, 989).

Eine **abweichende** Handhabung erscheint erst dann denkbar, wenn der Empfänger Geld oder vertretbare Sachen mit eigenen Beständen **ununterscheidbar vermengt:** Dann verschafft er sich Dispositionsfreiheit darüber, mit welchen konkreten Mitteln er erfüllen will. Bei *vertretbaren Sachen* führt indes selbst dies nicht zu einer vom Verschulden unabhängigen Einstandspflicht. Vielmehr ist die Haftung auf den beim Schuldner verfügbaren Bestand beschränkt; denn andere als die dort vorhandenen Gegenstände kann der Empfänger nicht erlangt haben. Die Bereicherungsschuld verwandelt sich mit anderen Worten lediglich in eine Vorratsschuld. Geht der gesamte Bestand ohne Verschulden des Empfängers unter, so scheidet eine Haftung nach §§ 818 Abs. 4, 292 Abs. 1, 989 aus. Für die Herausgabe rechtsgrundlos erlangten *Geldes* hat der verschärft haftende Empfänger dagegen in der Tat ohne Rücksicht auf Verschulden einzustehen, wenn er das Geld ununterscheidbar mit seinem übrigen Vermögen vermengt hat; denn hier lässt sich nicht einmal ein abgrenzbarer Vermögensbestandteil identifizieren, dem das Geld zugeordnet werden könnte.

ee) Stellvertretendes commodum. Nach Ansicht des **BGH** gehört auch § 285 (§ 281 aF) zu den „allgemeinen Vorschriften", auf die in § 818 Abs. 4 verwiesen wird.[774] Gegen diese Rechtsprechung ist eingewandt worden, für die Einbeziehung des § 285 bestehe kein Bedürfnis, weil der Empfänger bereits nach § 818 Abs. 1 auf die Herausgabe von Surrogaten hafte.[775] Dieser Einwand greift indes in doppelter Hinsicht zu kurz:

(1.) Wenn es für *Nutzungen* zutrifft, dass § 818 Abs. 1 durch §§ 292, 987 verdrängt wird, liegt es nahe, auch hinsichtlich der *Surrogate* eine Spezialität des § 285 anzunehmen. Die Ansicht des **BGH**, dass § 818 Abs. 4 auch auf § 285 verweist, ist also ohne Rücksicht darauf **zutreffend**, welchen Umfang die Surrogathaftung nach § 285 im Ergebnis annimmt (RdNr. 301).

(2.) Mit dem soeben referierten Einwand wird unterstellt, dass die Surrogathaftung nach § 818 Abs. 1 zu denselben Ergebnissen führen würde wie diejenige nach §§ 818 Abs. 4, 285. Diese Annahme wäre folgerichtig, wenn sich die Haftung nach § 818 Abs. 1 auch auf das *commodum ex negotiatione* beziehen würde. Das ist indes nicht der Fall (RdNr. 41 f.). Die Einbeziehung des § 285 in die Verweisung durch § 818 Abs. 4 zieht daher die gewichtige **praktische Konsequenz** nach sich, dass der verschärft haftende Empfänger auch das **rechtsgeschäftlich erlangte Surrogat** herausgeben muss; und dies ist auch das erklärte Anliegen des BGH:[776] Der verschärft haftende Empfänger, der das Erlangte nicht mehr herausgeben kann, weil er es veräußert hat, haftet auf Herausgabe des Veräußerungserlöses. Denn nach ganz hM[777] erstreckt sich die Haftung nach § 285 auf eben diesen Erlös. An dieser Stelle erscheint indes Widerspruch angezeigt. Denn der Umstand, kraft dessen der Empfänger das Erlangte nach § 275 Abs. 1 nicht mehr herauszugeben braucht, besteht nicht im Abschluss des Kausalgeschäfts, durch das sich der Empfänger vom Dritten den Veräußerungserlös versprechen lässt, sondern in der Veräußerung. Dann aber gilt dasselbe, was nach hier vertretener Ansicht im Rahmen des § 816 zutrifft (vgl. dort RdNr. 42 ff.): Infolge *dieses*

---

[772] Ebenso *Esser/Weyers* BT/2 § 51 III 2 b, S. 120.
[773] *Wilhelm* AcP 183 (1983), 1, 11.
[774] BGHZ 75, 203, 207; ebenso *Frank* JuS 1981, 102, 105; HKK/*Schäfer* §§ 812–822 RdNr. 208; *Larenz/Canaris* II/2 § 73 II 3 b, S. 315; *Schubert* JR 1980, 199, 200.
[775] 4. Aufl. RdNr. 157; ebenso *Esser/Weyers* BT/2 § 51 III 2 b, S. 120.
[776] BGHZ 75, 203, 207.
[777] S. § 285 RdNr. 22 f. mN auch zur (hier bevorzugten; s. sogleich im Text) Gegenansicht.

Umstands hat er Empfänger nicht den Veräußerungserlös erlangt, sondern die Befreiung von der Verbindlichkeit, den betreffenden Gegenstand zu übereignen. Diese Schuldbefreiung ist objektiv soviel wert wie der veräußerte Gegenstand selbst; herauszugeben ist daher nur der objektive Wert. Den verschärft haftenden Empfänger trifft damit die Pflicht, diesen Wert zu ersetzen, und zwar ohne Rücksicht darauf, inwiefern er um die Schuldbefreiung noch bereichert ist. Die ganz hM, wonach § 285 einen Anspruch auf den Veräußerungserlös gewährt, ist daher abzulehnen.

302 **4. Teleologische Korrektur.** In einem Sonderfall hat der BGH dem Bereicherungsschuldner trotz Eintritt der verschärften Haftung die Berufung auf § 818 Abs. 3 gestattet: Ein Energieversorgungsunternehmen hatte gemeindliche Wege- und Straßengrundstücke ohne gültige Konzession (und damit ohne Rechtsgrund) genutzt und – gesetzlicher Verpflichtung entsprechend – die Ersparnis der Konzessionsgebühren zum Anlass genommen, die Stromtarife um den hierauf entfallenden Kostenanteil zu senken. Das Unternehmen setzte die Nutzung der Grundstücke auch nach Rechtshängigkeit der Klage auf Zahlung eines Nutzungsentgelts aus § 812 Abs. 1 S. 1 Alt. 2 fort. Der BGH gestattete dem Unternehmen indes selbst für die Zeit nach Rechtshängigkeit die Berufung darauf, dass es infolge der Reduktion der Stromtarife um den Kostenanteil für die ersparten Konzessionsgebühren nicht mehr bereichert sei; denn kraft Gesetzes habe keine Möglichkeit bestanden, die Stromtarife wieder zu erhöhen.[778] Das Unternehmen als Bereicherungsschuldner habe also **keine Möglichkeit** gehabt, eine **Vermögensdisposition,** die es getroffen habe, da es noch gutgläubig gewesen sei, nach Rechtshängigkeit wieder **rückgängig** zu machen. Die Entscheidung verdient mindestens im Ergebnis Zustimmung. Der Sache nach handelt es sich hierbei um eine teleologische Reduktion des § 818 Abs. 4: Die Vorschrift beruht auf dem Gedanken, dass der verklagte Schuldner mit der Herausgabepflicht rechnen muss und sich darauf einstellen kann. Die Vorschrift kommt folglich nicht zur Anwendung, wenn der Schuldner, *obwohl* er mit der Herausgabepflicht rechnen muss, sich *nicht* entsprechend einrichten kann.

§ 819 Verschärfte Haftung bei Kenntnis und bei Gesetzes- oder Sittenverstoß

(1) Kennt der Empfänger den Mangel des rechtlichen Grundes bei dem Empfang oder erfährt er ihn später, so ist er von dem Empfang oder der Erlangung der Kenntnis an zur Herausgabe verpflichtet, wie wenn der Anspruch auf Herausgabe zu dieser Zeit rechtshängig geworden wäre.

(2) Verstößt der Empfänger durch die Annahme der Leistung gegen ein gesetzliches Verbot oder gegen die guten Sitten, so ist er von dem Empfang der Leistung an in der gleichen Weise verpflichtet.

Übersicht

	RdNr.		RdNr.
I. Normzweck	1	4. Zeitpunkt der Kenntnis	19
II. § 819 Abs. 1	2–20	5. Beweislast	20
1. Bezugspunkt der Kenntnis	2–6	III. § 819 Abs. 2	21–24
2. Träger der Kenntnis	7–10	IV. Rechtsfolgen	25
3. Der Kenntnis gleichzuachtende Fälle	11–18		

I. Normzweck

1 § 819 begründet keinen eigenen Bereicherungsanspruch, sondern setzt einen solchen voraus und regelt ebenso wie § 818 lediglich den **Umfang** der Haftung. Der Verweis auf die Bereicherungshaftung bei Rechtshängigkeit besagt, dass der Empfänger rechtsgrundlos erlangter Vorteile im Fall des § 819 ebenso verschärft haftet wie im Fall des § 818 Abs. 4.

---

[778] BGHZ 132, 198, 213.

§ 819 enthält damit (ebenso wie § 820) nicht etwa eine Ausnahme von § 818 Abs. 4 und dem dort normierten Erfordernis der Rechtshängigkeit,[1] sondern eine Erweiterung des Bereichs der verschärften Haftung durch mit der Rechtshängigkeit gleichwertige Tatbestände. Sie alle beruhen auf der Grundannahme, dass der Empfänger in denjenigen Fällen, für welche die verschärfte Haftung angeordnet ist, nicht schutzwürdig auf die Rechtsbeständigkeit des Erwerbs vertrauen kann. § 819 greift insoweit zwei Fälle heraus: Abs. 1 betrifft den Fall, dass der Empfänger entweder Kenntnis vom Fehlen des Rechtsgrundes hatte (RdNr. 2 ff.) oder diese Kenntnis später erlangt (RdNr. 19); Abs. 2 regelt die Konstellation, in welcher der Empfänger durch die Annahme der Leistung gegen ein gesetzliches Verbot oder die guten Sitten (RdNr. 21 ff.) verstieß. Die Vorschrift umfasst alle Arten von Bereicherungsansprüchen; wie die Bereicherung zustande gekommen ist, welcher Kondiktionstyp also vorliegt, und worauf das Fehlen des Rechtsgrundes im Einzelnen beruht, ist folglich gleichgültig. Zur Frage, ob die verschärfte Haftung den Normal- oder den Ausnahmefall bildet, gilt das zu § 818 Gesagte entsprechend (näher § 818 RdNr. 113).

II. § 819 Abs. 1

1. Bezugspunkt der Kenntnis. Die nach § 819 Abs. 1 zur Haftungsverschärfung führende Kenntnis des Empfängers bezieht sich auf den „Mangel des rechtlichen Grundes". Die Schwierigkeit bei der Handhabung dieses Merkmals besteht darin, dass die kognitive Kategorie der „Kenntnis" mit dem nur durch normative Bewertung auszufüllenden Begriff des (mangelnden) „Rechtsgrundes" verknüpft wird. Was unter „Kenntnis" vom fehlenden Rechtsgrund zu verstehen ist, kann mithin nur gelingen, wenn man sich die ratio legis des § 819 Abs. 1 vor Augen führt: Der Empfänger haftet verschärft, weil er weiß, dass er das Erlangte zurückgeben muss, weil ihm also jedes schutzwürdige Vertrauen fehlt. Daraus folgt zweierlei: Einerseits kann es nicht ausreichen, dass der Empfänger bloß die Tatsachen kennt, auf denen das Fehlen des Rechtsgrundes beruht.[2] Denn aus dieser Kenntnis wird er nicht immer auf den fehlenden Rechtsgrund schließen. Die „Kenntnis" des Empfängers muss vielmehr die normative Bewertung umschließen, dass er das Erlangte nicht behalten darf.[3] Die Anforderungen an die „Kenntnis" dürfen andererseits nicht so hoch angesetzt werden, dass überhaupt nur noch Rechtskundige bösgläubig sein können. Vielmehr reicht es aus, wenn sich aufgrund der dem Empfänger bekannten Tatsachen das Fehlen des Rechtsgrundes so stark aufdrängt, dass es einem redlich denkenden Empfänger nicht verborgen bleiben konnte. Im Anschluss an seine Rechtsprechung zu § 990[4] formuliert der BGH daher zu Recht, dass Kenntnis vom Mangel des Rechtsgrundes bereits derjenige habe, der sich der **Einsicht**, das Erlangte nicht behalten zu dürfen, **bewusst verschließe**.[5] Bei dieser Formel geht es nicht etwa darum, auf der Ebene der **Beweiswürdigung** aus der Eindeutigkeit der Tatsachen auf das Vorliegen der Kenntnis auch der Rechtsfolgen zu schließen.[6] Vielmehr wird mit jener Formel zum Ausdruck gebracht, dass selbst dem rechtlich nicht versierten Empfänger ein Minimum an wertender Reflexion zugemutet werden muss, ob ihm das Erlangte rechtlich zusteht. Bei einer nicht nur geringfügigen Überzahlung von Lohn und Gehalt spricht der Beweis des ersten Anscheins dafür, dass der Arbeitnehmer den Mangel des Rechtsgrundes kannte, und zwar in Bezug auf die gesamte Überzahlung.[7] Bei der Rück-

---

[1] So aber *Erman/Westermann/Buck-Heeb* RdNr. 1.
[2] So aber OLG Hamm NJW 1977, 1824; *Schreiber* JuS 1978, 230, 231. Dagegen wie hier BGHZ 118, 383, 392; BGH NJW 1998, 2433, 2434; *Bamberger/Roth/Wendehorst* RdNr. 3; *Erman/Westermann/Buck-Heeb* RdNr. 1; *Esser/Weyers* BT/2 § 51 III 1 a; *Jauernig/Stadler* RdNr. 4; *Knütel* JR 1971, 293, 294; *Larenz/Canaris* II/2 § 73 II 1 a, S. 310; *Reeb* S. 126; *Wieling* S. 86.
[3] Dazu ausf. *Mayer-Maly*, FS Heinrich Lange, 1970, S. 291, 301.
[4] Aus der Rspr. zu § 990 vgl. etwa BGHZ 32, 76, 92 ff. = NJW 1960, 1105.
[5] BGHZ 133, 246, 249 f.; ebenso AnwK-BGB/*Linke* RdNr. 2; PWW/*Leupertz* RdNr. 3; RGRK/*Heimann-Trosien* RdNr. 3; *Schilken*, Wissenszurechnung im Zivilrecht, 1983, S. 292 ff.
[6] So aber 4. Aufl. RdNr. 2.
[7] *Grunsky* AuR 1987, 314, 316; *Misera/Schwab* SAE 1994, 327, 333.

forderung von gegen europäisches Gemeinschaftsrecht verstoßenden Beihilfen ist deren Empfänger in dem Moment bösgläubig, in dem er von der Entscheidung der EG-Kommission Kenntnis nimmt, in welcher der Verstoß festgestellt wird.[8]

3   Im Fall der **condictio ob rem** bezieht sich die Kenntnis nicht nur auf die Unmöglichkeit des Eintritts des bezweckten Erfolgs, sondern auch auf die Rechtsfolge, den Wegfall der vorläufigen Behaltensberechtigung. Nach Ansicht des BGH reicht es aus, dass die Kenntnis der Rechtsfolge „nahe gelegen habe".[9] Diese Formulierung trifft im Kern das Richtige; sie ist lediglich mit der neueren Rechtsprechung zu § 819 (vgl. soeben) zu harmonisieren: Es reicht aus, dass der Empfänger sich bewusst der Einsicht in den Wegfall der Behaltensberechtigung verschlossen hat.

4   Die **Kenntnis der Anfechtbarkeit** eines Rechtsgeschäfts steht gemäß § 142 Abs. 2 der Kenntnis der Nichtigkeit gleich. Im Kontext des § 819 ist dies gleichbedeutend mit der Kenntnis vom Wegfall des Rechtsgrundes. Dies gilt hier – mit einer in RdNr. 6 zu erörternden Ausnahme – unabhängig davon, ob die Anfechtungsbefugnis dem Leistenden oder dem Empfänger zusteht.[10] Die Kenntnis des Empfängers, dass eine Partei – sei es er selbst, sei es die Gegenseite – berechtigt war, das Kausalgeschäft anzufechten, führt damit grundsätzlich zur verschärften Haftung. Für den Fall der **widerrufenen Schenkung** beginnt die verschärfte Haftung des Beschenkten (§§ 531 Abs. 2, 819 Abs. 1) erst mit dem Zugang der Widerrufserklärung, nicht schon mit Kenntnis der den Widerruf begründenden Umstände.[11] § 142 Abs. 2 gilt insoweit auch nicht entsprechend.

5   Wenn **beide Parteien wissen,** dass der Rechtsgrund einer Leistung **von Anfang an fehlt,** gelangt § 819 Abs. 1 bereits deshalb nicht zur Anwendung, weil die Leistung nach § 814 ohnehin nicht zurückgefordert werden kann. Wo ein Bereicherungsanspruch nicht besteht, kann auch eine verschärfte Haftung nicht eingreifen. Wenn der Empfänger **irrig annimmt,** dass der **Leistende** vom fehlenden Rechtsgrund **Kenntnis** hatte, brauchte er wegen § 814 nicht damit zu rechnen, den Bereicherungsgegenstand herausgeben zu müssen. Deshalb ist in diesen Fällen § 819 nicht anzuwenden.[12]

6   Fällt der Rechtsgrund dadurch (rückwirkend) weg, dass der ursprünglich wirksame Vertrag, in dessen Erfüllung geleistet wurde, **angefochten** wird, so ist zu beachten, dass der Bereicherungsanspruch des Anfechtungsgegners nicht schon an § 814 scheitert; denn bis zur Anfechtung war dieser zur Leistung verpflichtet gewesen (näher § 814 RdNr. 13). Dieser Befund wirft das Problem auf, ob der Anfechtende für die Herausgabe der Leistung, die er vom Anfechtungsgegner empfangen hat, seinerseits nach § 819 Abs. 1 verschärft haftet, sobald er von seinem Anfechtungsrecht Kenntnis erlangt. Für den Fall, dass der **Anfechtungsgegner** die **Anfechtbarkeit kannte,** namentlich für den Fall, dass der Vertrag wirksam wegen arglistiger Täuschung angefochten wurde, ist diese Frage zu verneinen.[13] Würden Willensmängel unmittelbar zur Nichtigkeit des Vertrags führen, so hätte die Partei, welche den Willensmangel ihres Vertragspartners kannte, ihre Leistung in Kenntnis der Nichtschuld erbracht. Ihr Bereicherungsanspruch wäre nach § 814 ausgeschlossen; die Frage einer verschärften Haftung des Anfechtenden würde sich gar nicht erst stellen. Wenn nun nach der Konzeption der §§ 119, 120, 123 Willensmängel bloß zur Anfechtbarkeit führen, so dient dies dem Interesse des Anfechtungsberechtigten: Dieser soll entscheiden können, ob

---

[8] OLG Hamburg OLGR 2005, 210, 212.
[9] BGHZ 35, 356, 361.
[10] Vgl. dazu AnwK-BGB/*Linke* RdNr. 7; jurisPK/*Martinek* RdNr. 9; PWW/*Leupertz* RdNr. 4; *Reuter/Martinek* § 18 II 2b, S. 643f.; *Staudinger/Lorenz* RdNr. 7.
[11] BGHZ 140, 275, 281.
[12] RGZ 137, 171, 179; RG JW 1937, 1959; RGZ 151, 361, 375; AnwK-BGB/*Linke* RdNr. 6; *Erman/Westermann/Buck-Heeb* RdNr. 1; *Koppensteiner/Kramer* § 15 I 2 e, S. 147; *Soergel/Mühl* RdNr. 11. Für Anwendung von § 819 dagegen *Bamberger/Roth/Wendehorst* RdNr. 4; danach soll aber die positive Kenntnis vom fehlenden Rechtsgrund zu verneinen sein, wenn die Leistung als Bestätigung nach § 144 oder konkludentes Angebot zum Neuabschluss verstanden worden sei.
[13] Im Ergebnis ebenso, aber mit abw. Begr. RGZ 151, 361, 375f.; abl. zu dieser Entscheidung aber 4. Aufl. RdNr. 9; *Reuter/Martinek* § 18 II 2b, S. 643f.; *Staudinger/Lorenz* RdNr. 7.

er das Geschäft trotz des Willensmangels gegen sich gelten lassen möchte oder nicht. Dann aber darf nicht eben diese Rechtsfolge – Anfechtbarkeit statt Nichtigkeit – dazu führen, dass der Anfechtungsberechtigte im Rahmen der Bereicherungshaftung schlechter gestellt wird. Der Anfechtungsberechtigte hat zwar gleichwohl die empfangene Leistung herauszugeben, da sich die Anwendung des § 814 zum Nachteil des Anfechtungsgegners nicht begründen lässt (vgl. § 814 RdNr 13). Eine verschärfte Haftung darf ihn aber nicht treffen. Wenn der **Anfechtungsgegner** die **Anfechtbarkeit nicht kannte** (zB bei der Irrtumsanfechtung), bleibt es demgegenüber grundsätzlich dabei, dass der Anfechtungsberechtigte ab Kenntnis des Anfechtungsgrundes verschärft haftet. Denn die hypothetische Überlegung, dass die Kondiktion des Anfechtungsgegners nach § 814 ausgeschlossen wäre, wenn der Willensmangel sogleich die Nichtigkeit des Vertrags begründet hätte, greift in diesem Fall gerade nicht durch. Wenn aber der **Anfechtungsberechtigte irrig angenommen** hat, der **Anfechtungsgegner** habe die **Anfechtbarkeit gekannt,** ist der Fall nach den in RdNr. 5 dargelegten Grundsätzen zu lösen. Das folgt erneut aus der Parallelüberlegung zu § 814: Würde der Willensmangel zur Nichtigkeit führen, so würde die verschärfte Haftung der Partei, bei welcher der Willensmangel gegeben ist, ausscheiden, wenn diese irrig unterstellt hätte, der andere Teil habe den Willensmangel gekannt. Denn dann müsste die Partei, die vom Willensmangel betroffen ist, wegen § 814 nicht mit der Rückforderung rechnen. Anknüpfend hieran gilt abermals das Gebot, dass die Partei, die vom Willensmangel betroffen ist, bereicherungsrechtlich nicht deshalb schlechter stehen darf, weil die Rechtsfolgen des Willensmangels sich in der bloßen Anfechtbarkeit erschöpfen. Deshalb haftet der Anfechtungsberechtigte, der irrig die Kenntnis des Anfechtungsgegners vom Willensmangel unterstellt, nicht verschärft.

2. Träger der Kenntnis. Ist der Bereicherungsgegenstand mit Wissen und Wollen des Bereicherungsschuldners von einer **anderen Person** in Empfang genommen worden, kommt es analog § 166 Abs. 1 zunächst auf deren Kenntnis an.[14] Eigene Kenntnis des Bereicherungsschuldners führt jedoch über § 166 Abs. 2 hinaus immer zur verschärften Haftung.[15] Wenn die Rechtsgrundlosigkeit von Zahlungen, die auf einem Bankkonto eingehen, aus dem angegebenen Verwendungszweck ersichtlich ist, kann die Bank der verschärften Haftung nach §§ 819 Abs. 1, 166 Abs. 1 nicht dadurch entgehen, dass sie vorträgt, ihre Angestellten nähmen diesen Verwendungszweck regelmäßig nicht wahr.[16] Die Bank muss ihren Geschäftsbetrieb vielmehr so organisieren, dass die Rechtsgrundlosigkeit des Empfangs, soweit sie aus den der Bank bekannten Umständen ersichtlich ist, betriebsintern rasch aufgedeckt wird.

Bei **Geschäftsunfähigen** kommt es gemäß § 166 stets auf die Kenntnis (eines) gesetzlichen Vertreters an.[17] Bei **beschränkt Geschäftsfähigen** soll nach verbreiteter Meinung ohne Rücksicht auf den Kondiktionstyp das Gleiche gelten.[18] Dagegen ist nach hier vertretener Ansicht zu differenzieren: Im Fall der Leistungskondiktion kommt es auf die Kenntnis des (bzw. eines) gesetzlichen Vertreters an. Denn der Minderjährige muss davor geschützt

---

[14] RGZ 108, 329, 335; BGH WM 1962, 609, 610; BGHZ 83, 293, 295 f.; BGH NJW-RR 2001, 127, 128; OLG Hamm OLGR 1999, 127; OLG Karlsruhe WM 2007, 389, 391; OLG Köln NJW 2000, 1045; OLG Schleswig FamRZ 2008, 512, 513; jurisPK/*Martinek* RdNr. 8; *Larenz/Canaris* II/2 § 73 II 2b, S. 313; PWW/*Leupertz* RdNr. 5; RGRK/*Heimann-Trosien* RdNr. 6; § 814 RdNr. 7; teilweise abw. *Koppensteiner/Kramer* § 15 I 2 d, S. 146; *Häsemeyer* JuS 1984, 176, 179; einschränkend auch *Wilhelm* AcP 183 (1983), 1, 28 ff.

[15] *Koppensteiner/Kramer* § 15 I 2 d, S. 146.

[16] Im Ergebnis ebenso OLG Karlsruhe WM 2007, 389, 391.

[17] *Schilken* S. 295.

[18] 4. Aufl. RdNr. 7; ebenso AnwK-BGB/*Linke* RdNr. 5; *Bamberger/Roth/Wendehorst* RdNr. 8; *Batsch* NJW 1972, 611; *Erman/Westermann/Buck-Heeb* RdNr. 6; *Larenz/Canaris* II/2 § 73 II 2 a, S. 312; *Lieb* JZ 1971, 560, 562 f.; *Metzler* NJW 1971, 690; *Pinger* MDR 1972, 101, 103, Fn. 40; PWW/*Leupertz* RdNr. 6; *Reeb* S. 127; *Schilken* S. 295 ff.; *Staudinger/Lorenz* RdNr. 10; *Wilhelm* S. 188 f.; wohl auch *Petersen* Jura 2003, 399, 400 f.; vgl. ferner *Ebel* JA 1982, 526, der eine verschärfte bereicherungsrechtliche Haftung nur bei Genehmigung des Eingriffs durch den gesetzlichen Vertreter bejaht.

werden, auf dem Umweg über verschärfte Bereicherungshaftung im wirtschaftlichen Endergebnis jene Gegenleistung entrichten zu müssen, zu deren Erbringung er sich nicht wirksam verpflichten konnte.[19] Demgegenüber ist bei der Eingriffskondiktion die eigene Kenntnis des Minderjährigen dann maßgebend, wenn und soweit die Voraussetzungen der §§ 828 f. vorliegen.[20] Namentlich kommt es auf die §§ 828 f. an, wenn der rechtsgrundlose Vermögenszufluss zugleich – wie etwa im Fall der Erschleichung von Beförderungsleistungen – einen Deliktstatbestand erfüllt.[21] Mit der hier befürworteten Differenzierung wird nicht etwa das Bereicherungsrecht systemwidrig mit Schadensersatzfunktionen angereichert.[22] Vielmehr bringt § 828 die gesetzliche Wertung zum Ausdruck, dass ein Minderjähriger jenseits des siebten Lebensjahres Rechtsnachteile zu gewärtigen hat, wenn er Unrecht tut und in der Lage ist, dies einzusehen. Im direkten Anwendungsbereich des § 828 besteht jener Rechtsnachteil in einer Schadensersatzpflicht: Der Minderjährige hat – ohne dass ihm infolge des von ihm begangenen Unrechts ein Vorteil zugeflossen sein müsste – die Vermögenseinbuße zu kompensieren, die er einem anderen zugefügt hat. Dann muss er erst recht den Rechtsnachteil gewärtigen, herausgeben zu müssen, was er infolge der rechtswidrigen Handlung erlangt hat. Dieser Erst-Recht-Schluss ist gerechtfertigt, weil die Herausgabepflicht typischerweise weniger schwer wiegt als die Schadensersatzpflicht; denn wo es um Bereicherungshaftung geht, muss dem Minderjährigen – anders als bei der Schadensersatzhaftung – zuvor wenigstens ein Vorteil zugeflossen sein.

9 Bei **juristischen Personen** kann die haftungsverschärfende Kenntnis auf zweierlei Weise vermittelt werden: Zum einen mag diejenige Person bösgläubig gewesen sein, welche den Bereicherungsgegenstand für die juristische Person in Empfang nimmt. Dann ist deren Kenntnis vom fehlenden Rechtsgrund der juristischen Person nach § 166 Abs. 1 zuzurechnen (RdNr. 7). Zum anderen mag ein organschaftlicher Vertreter (Geschäftsführer, Vorstandsmitglied) wissen, dass dem Vermögenszufluss der Rechtsgrund fehlt; dann ist dies Wissen ebenfalls als ein solches der juristischen Person anzusehen.[23]

10 Es ist die Frage aufgeworfen worden, ob sich der Vertretene die Kenntnis eines **vollmachtlosen Vertreters** nach § 166 zurechnen lassen muss. Die Frage stellt sich immer dann, wenn der Vertreter die Leistung des Gläubigers entgegennimmt und verbraucht oder veruntreut: Wenn die Kenntnis des Vertreters dem Vertretenen zugerechnet wird, ist letzterer bösgläubig mit der Folge, dass er sich wegen jenes Verbrauchs nicht auf § 818 Abs. 3 berufen kann. Die Zurechnung ist indes in jedem Fall zu verneinen, wenn sich die fehlende Vertretungsmacht auch auf den Empfang der Leistung erstreckt.[24] Wenn die Vertretungsmacht dagegen zwar nicht das Grundgeschäft erfasste, auf dem die Leistung beruhte, wohl aber den Empfang der Leistung als solchen, lässt sich zumindest diskutieren, ob der Vertretene sich nach § 166 Abs. 1 so behandeln lassen muss, als hätte er selbst Kenntnis vom fehlenden Rechtsgrund gehabt. Die Kenntnis ist nach Ansicht des BGH sogar dann zuzurechnen, wenn der Vertreter vollmachtlos (auch) im Namen des Vertretenen ein Darlehen aufnimmt und die Valuta auf ein Konto des Vertretenen überweisen lässt, über das ihm vom Vertretenen eine Kontovollmacht erteilt worden ist.[25] Demgegenüber hatte das RG dem Vertretenen die

---

[19] So zutr. – im Zusammenhang mit Verträgen Minderjähriger über die entgeltliche Nutzung von Handy-Klingeltönen – *Derleder/Thielbar* NJW 2006, 3233, 3238.

[20] BGH MDR 1977, 388; *Canaris*, Die Feststellung von Lücken im Gesetz, 2. Aufl. 1983, S. 104 f.; *Diederichsen*, Fälle und Lösungen, 4. Aufl. 1978, S. 48, 56 ff.; *Gursky* NJW 1969, 2183, 2184; *Kellmann* NJW 1971, 862, 865; *Palandt/Sprau* RdNr. 6; *Pawlowski* JuS 1967, 302 ff.; *Reuter/Martinek* § 18 III 1, S. 653 f.; RGRK-*Heimann-Trosien* RdNr. 7.

[21] Zustimmungswürdig daher insoweit BGHZ 55, 128, 136; so auch *Hombrecher* Jura 2004, 250, 253 f.; *Kellmann* NJW 1971, 862, 865; *Teichmann* JuS 1972, 247, 250; *Wieling* S. 86; abl. aber *Canaris* JZ 1971, 560, 563; *Medicus* FamRZ 1971, 250, 251 sowie für minderjährige Schwarzfahrer in öffentlichen Verkehrsmitteln *Harder* NJW 1990, 857, 863 f.

[22] So aber 4. Aufl. RdNr. 7.

[23] So schon RG HRR 1928 Nr. 1412; im neueren Schrifttum etwa PWW/*Leupertz* RdNr. 6; RGRK/*Heimann-Trosien* RdNr. 6; *Staudinger/Lorenz* RdNr. 9.

[24] *Canaris* JuS 1980, 332, 335.

[25] BGHZ 83, 293, 295 ff.

Berufung auf § 818 Abs. 3 gestattet, wenn der Vertreter die Leistung (die auf ein Konto des Vertretenen geflossen war) veruntreut hatte.[26] In der Tat ist die Anwendung des § 819 in den referierten Fällen abzulehnen.[27] Denn sie führt im Ergebnis dazu, dass der Vertretene im Ergebnis aus einem Rechtsgeschäft auf das Erfüllungsinteresse haftbar gemacht wird, obwohl der Abschluss dieses Geschäfts ihm mangels Vertretungsmacht gerade nicht zugerechnet wird.

3. Der Kenntnis gleichzuachtende Fälle. Wenn aus ein und demselben Rechtsverhältnis **wechselseitige Bereicherungsansprüche zweier Parteien** entspringen (zB Rückabwicklung eines nichtigen Vertrags) und eine Partei den ihr zustehenden Anspruch gerichtlich geltend macht, haftet zum einen der verklagte Bereicherungsschuldner verschärft (§ 818 Abs. 4). Ebenso aber haftet der **klagende Bereicherungsgläubiger** wegen des gegen ihn selbst gerichteten Gegenanspruchs **verschärft** – nicht nach § 818 Abs. 4, weil (und solange) der klagende Bereicherungsgläubiger nicht seinerseits verklagt wird, wohl aber nach § 819 Abs. 1:[28] Zwar weiß der Bereicherungsgläubiger nicht, ob das Gericht seine Auffassung teilt, dass es an einem Rechtsgrund für die geflossenen Vorteile fehlt. Wenn er jedoch den Prozess gewinnt, ist er mit seiner Rechtsbehauptung, dass die Gegenseite das Erlangte nicht behalten darf, durchgedrungen. Für diesen Fall musste er aber zwingend zu der Einsicht gelangen, dass infolge der einheitlichen Beurteilung des Kausalverhältnisses auch der an ihn selbst geflossene Vorteil rechtsgrundlos erlangt ist. Diese Einsicht ist der Kenntnis des fehlenden Rechtsgrundes gleichzustellen. Der klagende Bereicherungsgläubiger verhält sich widersprüchlich, wenn er zum einen mit der Behauptung vor Gericht zieht, die Gegenseite habe ihren Vorteil rechtsgrundlos erlangt, und andererseits für den selbst empfangenen Vorteil schutzwürdiges Vertrauen reklamiert.

Eine analoge Anwendung des § 819 Abs. 1 wird beim **nichtigen Darlehen** befürwortet, wenn das Darlehen trotz der Nichtigkeit zur Auszahlung gelangt ist und der Darlehensnehmer die Nichtigkeit nicht erkannt hat. Der Empfänger einer Darlehensvaluta weiß nämlich – ebenso wie jemand, der den Mangel des rechtlichen Grundes kennt –, dass er das Erlangte nicht behalten darf.[29] Im Schrifttum wird dies teilweise bereits im Ergebnis in Frage gestellt;[30] andere stimmen dem BGH zwar im Ergebnis zu, bieten aber abweichende Begründungen an. So wird zum einen einer **teleologischen Reduktion** des § 818 Abs. 3 das Wort geredet: Diese Vorschrift sei nicht anwendbar, weil der Empfänger der Valuta den mit dieser Vorschrift erstrebten Vertrauensschutz nicht verdiene.[31] Andernorts wird ausgeführt, die Berufung auf § 818 Abs. 3 verstoße gegen das Verbot widersprüchlichen Verhaltens.[32] Eine wieder andere Ansicht hält § 818 Abs. 3 für unanwendbar, weil der Darlehensnehmer ungeachtet der Nichtigkeit des Darlehens die zurechenbare vermögensmäßige Entscheidung getroffen habe, eine Investition unter Aufnahme von Fremdkapital zu tätigen. Dann könne er dem Darlehensgeber nicht entgegenhalten, die Investition, welche er mit Hilfe dieses Kapitals getätigt habe, habe sich zerschlagen, nicht rentiert oder gar als Verlustgeschäft erwiesen.[33] Praktische Bedeutung erlangt die Kontroverse, wenn es um die Haftung des Darlehensnehmers für **Zinsen** geht. Denn die Begründung der verschärften Haftung über eine Analogie zu § 819 Abs. 1 zwingt an sich zu der Konsequenz, dass der Darlehensnehmer die Valuta nach §§ 818 Abs. 4, 291 zu verzinsen hat.[34]

---

[26] RG JW 1913, 587, 589; dort wurde eine verschärfte Haftung nach § 819 überhaupt nicht diskutiert.
[27] Wie hier 4. Aufl. § 818 RdNr. 158 sowie OLG Hamm NJW 1981, 993, 994; *Canaris* JuS 1980, 332, 335; *Wilhelm* AcP 183 (1983), 1, 31 f.; dem BGH zust. aber *Reuter/Martinek* § 18 II 2 c, S. 647 sowie (wenn auch gestützt auf § 278) *Schubert* JR 1982, 463, 464.
[28] Zutr. *Larenz/Canaris* II/2 § 73 II 1 d, S. 311.
[29] RGZ 151, 123, 127; BGHZ 83, 293, 297 ff.; 115, 268, 270 f.; BGH WM 1969, 857, 858; ZIP 1999, 653, 655; OLG Hamm NJW 1981, 877; AnwK-BGB/*Linke* RdNr. 9; *Lenenbach* WM 2004, 501, 511; *Palandt/Sprau* RdNr. 2; *Wieling* S. 87; wohl auch *Staudinger/Lorenz* RdNr. 35.
[30] Abl. etwa *Knops* WM 2006, 70, 77; *Tonner/Tonner* WM 2006, 505, 510 f.
[31] *Canaris* WM 1981, 978, 981.
[32] *Lass* WM 1997, 145, 148.
[33] 4. Aufl. RdNr. 9 iVm. 4. Aufl. § 812 RdNr. 166, § 818 RdNr. 145; so auch *Bamberger/Roth/Wendehorst* RdNr. 5 mit § 818 RdNr. 49; PWW/*Leupertz* RdNr. 4 aE.
[34] Zutr. *Lass* WM 1997, 145, 148.

§ 819   13, 14   Abschnitt 8. Titel 26. Ungerechtfertigte Bereicherung

Zum gleichen Ergebnis gelangt man, wenn man die verschärfte Haftung mit der Figur der vermögensmäßigen Entscheidung begründet.[35] Der BGH hat indes aus der Analogie zu § 819 Abs. 1 gerade nicht abgeleitet, dass der Darlehensnehmer ohne Rücksicht auf erlangte eigene Vorteile Zinsen auf das nichtige Darlehen schuldet. Er hat vielmehr den Einwand zugelassen, dass die Darlehensnutzung dem Empfänger keinerlei wirtschaftlichen Vorteil erbracht habe.[36] Das bedeutet der Sache nach, dass sich der Darlehensnehmer unter Berufung auf § 818 Abs. 3 gegen die Pflicht zur Verzinsung des Darlehens mit der Begründung wehren kann, er sei um den Vorteil aus der Darlehensnutzung nicht mehr bereichert. Diese Handhabung verdient im Ergebnis Zustimmung. Man trete ihr insbesondere nicht mit der Figur der „vermögensmäßigen Entscheidung" entgegen; denn bei dieser Überlegung bleibt außer Acht, dass die Rechtsordnung beim nichtigen Darlehen diese „Entscheidung" gerade nicht akzeptiert.[37] Wenn aber der Empfänger eines nichtigen Darlehens von einer bereicherungsunabhängigen Haftung für **Zinsen** zu verschonen ist, sollte die verschärfte Haftung des Empfängers wegen der **Valuta** nicht über eine Analogie zu § 819 Abs. 1 begründet werden. Vielmehr reicht es aus, dem Empfänger bezüglich der Valuta die Berufung auf § 818 Abs. 3 mit Rücksicht auf das Verbot widersprüchlichen Verhaltens zu verwehren.

13   **Fahrlässigkeit**, selbst grobe, führt hingegen grundsätzlich **nicht** zur verschärften Haftung nach § 819 Abs. 1.[38] Das gilt entgegen abweichender Meinung im Schrifttum[39] auch im Falle der Eingriffskondiktion; insbesondere ist der strengere Maßstab des § 990 Abs. 1 S. 1 nicht auf das Bereicherungsrecht übertragbar.[40] Nach Ansicht des BGH kann jedoch der Empfänger aus dem Schuldverhältnis verpflichtet sein, sich darum zu bemühen, rechtsgrundlose Leistungen aufzuspüren, bevor er über sie verfügt. Versäume der Empfänger diese Prüfung fahrlässig, so soll er dem Leistenden aus § 280 Abs. 1 zum Schadensersatz verpflichtet sein.[41] So liege es etwa im bargeldlosen Zahlungsverkehr: Der Girokunde habe seine Kontoauszüge zu prüfen und dürfe nicht ohne eine solche Prüfung über den (durch irrtümliche Doppelgutschriften zu seinen Gunsten veränderten) beiderseits anerkannten Saldo verfügen.[42] Die Anerkennung einer solchen Haftung des Empfängers führt dazu, dass dieser die rechtsgrundlose Leistung erstatten muss, ohne sich auf Wegfall der Bereicherung berufen zu können. Daher begegnet die Annahme einer Haftung aus § 280 Abs. 1 erheblichen Bedenken. Denn die gesetzliche Wertung, dass allein derjenige Empfänger verschärft haften soll, der den Mangel des Rechtsgrundes kennt, wird auf diese Weise unterlaufen.[43]

14   Eine verschärfte Haftung für Fahrlässigkeit ist mithin nur dort anzuerkennen, wo sie durch gesetzliche **Sonderbestimmungen** eigens angeordnet ist. So haftet jemand, dessen Vermögenserwerb der **Insolvenzanfechtung** unterliegt, nach § 143 Abs. 1 S. 2 InsO gleich einem bösgläubigen Bereicherungsschuldner immer verschärft. Subjektive Voraussetzungen in der Person des Empfängers beeinflussen bereits die Frage, ob ein Anfechtungstatbestand vorliegt; wenn ein solcher Tatbestand gegeben ist, besteht selbst dann, wenn dafür Kenntnis des Empfängers nicht erforderlich war (wie zB bei der Schenkungsanfechtung, § 134 InsO),[44]

---

[35] Dafür in der Tat 4. Aufl. § 818 RdNr. 146.
[36] BGHZ 115, 268, 270 = NJW 1992, 109.
[37] Krit. zur Figur der „vermögensmäßigen Entscheidung" § 818 RdNr. 128, 240.
[38] Ganz hM, vgl. statt aller AnwK-BGB/*Linke* RdNr. 3; *Larenz/Canaris* II/2 § 73 II 1 a, S. 310; *Reuter/Martinek* § 18 II 2 d, S. 647 f.; *Staudinger/Lorenz* RdNr. 8.
[39] *Koppensteiner/Kramer* § 15 I 2 b, S. 143; *Wilhelm*, Rechtsverletzung und Vermögensentscheidung, 1973, S. 188, Fn. 421.
[40] Näher *Reuter/Martinek* § 18 II 2 d, S. 647 f.
[41] BGHZ 72, 9, 14; OLG München WM 1971, 264, 265; *Liesecke* WM 1975, 238, 241; MünchKommHGB/*Häuser* Bd. 5 Anh. I Recht des Zahlungsverkehrs RdNr. B 236; *Peters* AcP 205 (2005), 159, 192.
[42] BGHZ 72, 9, 14 = NJW 1978, 2149.
[43] Wie hier *Blaurock* NJW 1984, 1, 3; *Canaris* Bankvertragsrecht RdNr. 435; *Reuter/Martinek* § 18 II 2 e, S. 649.
[44] § 143 Abs. 1 S. 2 InsO gilt ohne Einschränkung auch für die Schenkungsanfechtung, vgl. nur OLG Köln WM 2005, 477.

kein Grund mehr, den Empfänger in seinem Vertrauen auf die Rechtsbeständigkeit des Erwerbs zu schützen. Wer in anfechtbarer Weise Geld erwirbt, schuldet nach § 143 Abs. 1 S. 2 InsO iVm. §§ 819 Abs. 1, 818 Abs. 4, 291 Prozesszinsen jedenfalls ab Eröffnung des Insolvenzverfahrens, und zwar mit dem Zinssatz des § 288 und nicht bloß des § 246.[45] Das gilt auch, wenn Anfechtungsgegner (und damit Empfänger des anfechtbaren Erwerbs) der Fiskus ist.[46]

Den **Beamten** trifft nach § 87 Abs. 2 S. 2 BBG, § 53 Abs. 2 BRRG die verschärfte **15** Haftung schon bei grober Fahrlässigkeit. Ihm ist es nach Ansicht des BVerwG zuzumuten, einen Bescheid über seine Bezüge auf seine Richtigkeit zu überprüfen und dabei (insbesondere bei automatisierten Bescheiden) Schlüsselkennzahlen anhand beigefügter Erläuterungen zu entschlüsseln.[47] Der Beamte ist aber nicht gehalten, zum Zwecke einer solchen Überprüfung, sofern er sie aus eigener Kraft nicht leisten kann, einen sachkundigen Dritten einzuschalten;[48] für die Fehleinschätzung eines gleichwohl eingeschalteten Dritten hat er dann auch nicht einzustehen.[49]

Im Schrifttum wird die Auffassung vertreten, dass die beamtenrechtlich bestimmte Locke- **16** rung der Voraussetzungen für die verschärfte Haftung auch auf den Bereicherungsanspruch des **privaten Arbeitgebers** auf Erstattung von Lohnüberzahlungen anzuwenden sei.[50] Das läuft methodisch auf eine Analogie zu § 87 Abs. 2 S. 2 BBG, § 53 Abs. 2 BRRG hinaus. Für diese Analogie besteht indes kein hinreichendes Fundament. Anders als der Arbeitslohn verstehen sich Beamtenbezüge nämlich nicht als Gegenleistung für erbrachte Arbeit, sondern als Leistung zur Sicherung des Unterhalts, die der Dienstherr kraft seiner Fürsorge- und Treuepflicht schuldet. Dies Verständnis rechtfertigt es, Beamten ihrerseits eine gesteigerte Treuepflicht aufzuerlegen, an der Aufdeckung von Überzahlungen mitzuwirken. Dagegen nimmt der Arbeitnehmer, solange er es nicht besser weiß, den Lohn in dem Glauben entgegen, ihn sich, dem Verständnis des Arbeitsentgelts entsprechend, durch eigene Leistung verdient zu haben. Deshalb ist im privaten Arbeitsrecht an dem in § 819 Abs. 1 verankerten Erfordernis der positiven Kenntnis festzuhalten.[51]

Bei **Zahlungen unter Vorbehalt** oder auf einen **auflösend bedingten Rechtsgrund** **17** besteht zwar die Gefahr des Entstehens einer Rückzahlungsverpflichtung. Dies steht indessen der von § 819 Abs. 1 geforderten **Kenntnis nicht gleich.** Die Ungewissheit darüber, ob das Erlangte zurückzugewähren ist, führt vielmehr allein unter den Voraussetzungen des § 820 zur verschärften Haftung. Unter dem Gesichtspunkt des § 819 haftet der Empfänger demgegenüber nur dann verschärft, wenn er weiß, dass ihm die Zahlung unter Vorbehalt nicht zusteht bzw. sobald er erfährt (§ 819 Abs. 1 S. 2), dass die auflösende Bedingung eingetreten ist.[52]

Außerordentlich zurückhaltend ist die Rechtsprechung in Bezug auf den Empfänger von **18** (vor allem titulierten) **Unterhaltsleistungen** selbst dann, wenn der Unterhaltsverpflichtete sich mit Hilfe einer negativen Feststellungsklage oder einer Abänderungsklage (§ 323 ZPO) gegen seine weitere Inanspruchnahme wehrt:[53] Haftungsverschärfende Kenntnis wird stets verneint. In der Tat liegt solche Kenntnis regelmäßig nicht vor: Der Unterhaltsgläubiger, der sich gegen solche Klagen wehrt, glaubt die bisher gezahlte Unterhaltsrente beanspruchen zu können. Die gerichtliche Gegenwehr des Unterhaltsschuldners erzeugt aus seiner Sicht lediglich – wenn auch qualifizierte – Ungewissheit darüber, ob ihm die erlangten Beträge

---

[45] BGH NJW-RR 2007, 557, 558 f.
[46] OLG Köln NZI 2007, 529, 530.
[47] BVerwGE 40, 212, 217 f.; ebenso *Heimburger* RiA 2003, 59, 67.
[48] BVerwGE 32, 228, 233.
[49] BVerwGE 32, 228, 234.
[50] *Hromadka*, FS Söllner, 1990, S. 105, 113.
[51] Im Ergebnis wie hier *Heimburger* RiA 2003, 59, 67.
[52] BVerwGE 13, 248, 253; 18, 72, 74; 24, 92, 100 f.; RGRK/*Heimann-Trosien* RdNr. 8.
[53] BGHZ 93, 183, 188 f. = NJW 1985, 1074 für eine auf Nichtbestehen des Unterhaltsanspruchs gerichtete Feststellungsklage; BGH NJW 1986, 2057 für eine Unterhaltsabänderungsklage; ferner BGHZ 118, 383 = NJW 1992, 2415; BGH NJW 1998, 2433, 2434 f.; 2000, 740, 741; zust. *Bamberger/Roth/Wendehorst* RdNr. 6.

tatsächlich zustehen. Diese Ungewissheit erlangt jedoch nicht für § 819 Bedeutung, sondern eher unter dem Gesichtspunkt des § 818 Abs. 4 (dort RdNr. 278 ff.) und des § 820 (dort RdNr. 9).

19   **4. Zeitpunkt der Kenntnis.** Nach § 819 Abs. 1 Alt. 1 tritt verschärfte Haftung ein, wenn der Empfänger bereits bei Erlangung des Vorteils um den fehlenden Rechtsgrund wusste. Der Empfänger haftet dann von Anfang an verschärft. Gemäß § 819 Abs. 1 Alt. 2 kann verschärfte Haftung aber auch dadurch begründet werden, dass der Empfänger erst später, also nachdem er den Vorteil erlangt hat, erfährt, dass es an einem Rechtsgrund mangelt. In diesem Fall wird freilich erst ab demjenigen Zeitpunkt verschärft gehaftet, in welchem der Empfänger die entsprechende Kenntnis erlangt. Dieser Zeitpunkt ist nach der Rechtsprechung genau festzustellen:[54] Ein Wegfall der Bereicherung, der zwar noch nicht eingetreten ist, aber auf der zwangsläufigen Fortentwicklung von Ursachen beruht, die vor dem Zeitpunkt der Kenntniserlangung lagen, soll dem Empfänger daher selbst dann nicht schaden, wenn er sich erst nach Eintritt der verschärften Haftung verwirklicht.[55]

20   **5. Beweislast.** Die zur verschärften Haftung führende Kenntnis des Empfängers hat der Leistende als Bereicherungsgläubiger zu beweisen.[56] Will der Empfänger einwenden, er habe irrig angenommen, dass der Leistende um den Mangel des Rechtsgrundes gewusst habe (RdNr. 5), so muss er das Vorliegen dieses Irrtums beweisen.[57]

III. § 819 Abs. 2

21   Die Haftungsverschärfung gemäß § 819 Abs. 2 bezieht sich auf den Bereicherungsanspruch gemäß § 817 S. 1 und greift nach seinem Wortlaut nur dann ein, wenn der Vorwurf des Gesetzes- oder Sittenverstoßes **allein den Empfänger** trifft.[58] Bei **beiderseitigem** Verstoß erübrigt sich die Anordnung einer verschärften Haftung im Regelfall deshalb, weil dann die Kondiktion gemäß § 817 S. 2 überhaupt ausgeschlossen sein wird.[59] Ist dies ausnahmsweise einmal nicht der Fall, ist § 819 Abs. 2 entsprechend anwendbar.[60] So liegt es insbesondere bei Zahlungen auf der Basis sittenwidriger Schneeballsysteme:[61] Der Empfänger unterliegt dort nach § 819 Abs. 2 der verschärften Haftung.[62]

22   Die Haftungsverschärfung gemäß § 819 Abs. 2 setzt – abweichend von der Rechtslage bei § 817 S. 1[63] (§ 817 RdNr. 67) – das **Bewusstsein** des Empfängers von der **Rechts- oder Sittenwidrigkeit** voraus.[64] Dies ergibt sich aus dem Normzusammenhang mit § 819 Abs. 1: Dort hat der Gesetzgeber die Wertung getroffen, dass schutzwürdiges Vertrauen, das Erlangte behalten zu dürfen, erst dann entfällt, wenn der Empfänger weiß, dass ihm der zugeflossene Vorteil nicht zusteht. Diese Wertung muss auch die Interpretation des § 819 Abs. 2 leiten. Eine Haftungsverschärfung ist folglich generell nur dann vertretbar, wenn der

---

[54] RG JW 1928, 2444, 2445; *Staudinger/Lorenz* RdNr. 5.
[55] Das ergibt sich aus RG JW 1928, 2444 m. Anm. *A. Werner*; JW 1932, 1724; ebenso AnwK-BGB/*Linke* RdNr. 10.
[56] RGZ 72, 152, 155; BGH NJW 1958, 1725; AnwK-BGB/*Linke* RdNr. 11; PWW/*Leupertz* RdNr. 11; RGRK/*Heimann-Trosien* RdNr. 17.
[57] RGZ 137, 171, 179; *Bamberger/Roth/Wendehorst* RdNr. 12; *Palandt/Sprau* RdNr. 10.
[58] AnwK-BGB/*Linke* RdNr. 12; RGRK/*Heimann-Trosien* RdNr. 12; *Staudinger/Lorenz* RdNr. 12.
[59] So auch PWW/*Leupertz* RdNr. 8; RGRK/*Heimann-Trosien* RdNr. 14.
[60] BGH LM § 134 Nr. 30 = NJW 1958, 1725; OLG München NJW 2000, 2592, 2595; *Erman/Westermann/Buck-Heeb* RdNr. 7; jurisPK/*Martinek* RdNr. 14; *Koppensteiner/Kramer* § 15 I 3, S. 147; *Palandt/Sprau* RdNr. 7.
[61] Zur Unanwendbarkeit des § 817 S. 2 in diesen Fällen näher § 817 RdNr. 22 f.
[62] OLG Köln NJW 2006, 3288, 3289.
[63] Abw. (Identität der Rechtslage) *Erman/Westermann/Buck-Heeb* RdNr. 7.
[64] Ganz hM; vgl. *Bamberger/Roth/Wendehorst* RdNr. 10; *Esser/Weyers* BT/2 § 51 III 1 b; *Jauernig/Stadler* RdNr. 6; *Larenz/Canaris* II/2 § 73 II 1 b, S. 310; PWW/*Leupertz* RdNr. 9; RGRK/*Heimann-Trosien* RdNr. 12; skeptisch anscheinend *Medicus* BR RdNr. 530 aE; abw. *Erman/Westermann/Buck-Heeb* RdNr. 7: grobe Fahrlässigkeit ausreichend.

zugrunde liegende Gesetzes- oder Sittenverstoß dem Empfänger bewusst war.[65] Kenntnis auch der Rechtsfolge – der Nichtigkeit gemäß §§ 134, 138 – ist nicht erforderlich. Liegt auch sie vor, ist bereits § 819 Abs. 1 anwendbar.[66]

Aus dem Wortlaut der Vorschrift ergibt sich, dass sowohl der objektive Verstoß als auch die Kenntnis des Empfängers im Zeitpunkt der Annahme der Leistung vorgelegen haben müssen.[67] Gleichwohl kann auch die nachträglich erlangte Kenntnis dem Empfänger schaden, wenn diese sich auch auf die Rechtsfolge (Nichtigkeit des Kausalgeschäfts nach §§ 134, 138) bezieht: Dann ist bereits § 819 Abs. 1 Alt. 2 anwendbar.[68] 23

Die **Beweislast** dafür, dass der Empfänger durch die Annahme einer Leistung **bewusst** gegen ein gesetzliches Verbot oder gegen die guten Sitten verstoßen hat, obliegt dem Leistenden.[69] 24

IV. Rechtsfolgen

Der **Umfang der Haftungsverschärfung** ergibt sich in beiden Fallbereichen des § 819 durch Verweisung auf § 818 Abs. 4. Auf die dortigen Erläuterungen sei daher verwiesen (näher § 818 RdNr. 282 ff.). 25

§ 820 Verschärfte Haftung bei ungewissem Erfolgseintritt

(1) ¹War mit der Leistung ein Erfolg bezweckt, dessen Eintritt nach dem Inhalt des Rechtsgeschäfts als ungewiss angesehen wurde, so ist der Empfänger, falls der Erfolg nicht eintritt, zur Herausgabe so verpflichtet, wie wenn der Anspruch auf Herausgabe zur Zeit des Empfangs rechtshängig geworden wäre. ²Das Gleiche gilt, wenn die Leistung aus einem Rechtsgrund, dessen Wegfall nach dem Inhalt des Rechtsgeschäfts als möglich angesehen wurde, erfolgt ist und der Rechtsgrund wegfällt.

(2) Zinsen hat der Empfänger erst von dem Zeitpunkt an zu entrichten, in welchem er erfährt, dass der Erfolg nicht eingetreten oder dass der Rechtsgrund weggefallen ist; zur Herausgabe von Nutzungen ist er insoweit nicht verpflichtet, als er zu dieser Zeit nicht mehr bereichert ist.

Übersicht

	RdNr.		RdNr.
I. Normzweck	1	2. Ungewissheit	6, 7
II. Tatbestand	2–14	3. Nach dem Inhalt des Rechtsgeschäfts	8–14
1. Bereicherungsanspruch	2–5	III. Rechtsfolgen	15

I. Normzweck

§ 820 erweitert[1] – unter gleichzeitiger Einschränkung der Rechtsfolgen durch Abs. 2 (RdNr. 9) – den Bereich der verschärften Haftung des Bereicherungsschuldners („Emp- 1

---

[65] *Bamberger/Roth/Wendehorst* RdNr. 10; *RGRK/Heimann-Trosien* RdNr. 12; ähnlich auch *Koppensteiner/Kramer* § 15 I 3, S. 147.
[66] *jurisPK/Martinek* RdNr. 14; *PWW/Leupertz* RdNr. 9; *Staudinger/Lorenz* RdNr. 13; vgl. dazu auch *Reuter/Martinek* § 18 II 3, S. 650.
[67] So bereits Mot. II S. 850; ferner *AnwK-BGB/Linke* RdNr. 13; *Jauernig/Stadler* RdNr. 6; *RGRK/Heimann-Trosien* RdNr. 13; aA aber *Esser/Weyers* BT/2 § 51 III 1 b; *Koppensteiner/Kramer* § 15 I 3, S. 147; *Planck/Landois* Anm. II.
[68] So zutr. *Staudinger/Lorenz* RdNr. 13.
[69] Vgl. bereits RG JW 1905, 391; *Planck/Landois* Anm. II. sowie *Bamberger/Roth/Wendehorst* RdNr. 12.
[1] *Erman Westermann/Buck-Heeb* RdNr. 1 sehen in dieser Regelung – entsprechend ihrer Auffassung zu § 819 (s. dort Fn. 1) – eine Ausnahme von dem Grundsatz des § 818 Abs. 4. Wie hier zB *PWW/Leupertz* RdNr. 1; *Staudinger/Lorenz* RdNr. 1. In der Sache besteht kein Unterschied.

§ 820 2–4

fänger") auf zwei Sonderfälle der Leistungskondiktion, nämlich den Fall der condictio ob rem (Abs. 1 S. 1) sowie auf den Fall der condictio ob causam finitam (Abs. 1 S. 2). Geltungsgrund der Haftungsverschärfung ist aber bei § 820 Abs. 1, anders als bei § 819 Abs. 1, nicht mehr die Kenntnis, sondern die **subjektive Ungewissheit** über den **künftigen Wegfall** des rechtlichen Grundes. Ein weiterer Unterschied zu § 819 besteht darin, dass bezüglich der subjektiven Voraussetzungen nicht mehr auf die Person des Empfängers, sondern („nach dem Inhalt des Rechtsgeschäfts") auf **beide Beteiligte,** also auch auf den Bereicherungsgläubiger abgestellt wird. Damit komplettiert § 820 Abs. 1 das Bündel jener Vorschriften, welche sich mit dem Einfluss subjektiver Elemente auf die Bereicherungshaftung befassen: Die Kenntnis des Gläubigers führt zum Haftungsausschluss (§ 814); die Kenntnis des Schuldners führt zur Haftungsverschärfung (§ 819 Abs. 1);[2] ebenso die beiderseitige subjektive Ungewissheit (§ 820 Abs. 1).

II. Tatbestand

2   **1. Bereicherungsanspruch.** § 820 setzt seinem Wortlaut nach an sich voraus, dass entweder der Fall der condictio ob rem (Abs. 1. S. 1) oder der condictio ob causam finitam (Abs. 1 S. 2) vorliegt. Gleichwohl wird § 820 Abs. 1 S. 2 weithin und zu Recht **entsprechend** angewandt, wenn es um die Rückgewähr von Leistungen geht, die bereits **von Anfang an nicht geschuldet** waren, wenn also ein Fall der condictio indebiti vorliegt.[3] Wenn es nämlich zutrifft, dass die beiderseitige Ungewissheit die rechtsethische Rechtfertigung für die verschärfte Haftung liefert, kann es keinen Unterschied bedeuten, ob die Zweifel sich auf das anfängliche Bestehen oder auf den späteren Wegfall der Verbindlichkeit beziehen. § 820 gilt daher auch dann, wenn die Parteien übereinstimmend bezweifeln, ob die Verbindlichkeit überhaupt jemals bzw. in Höhe der erbrachten Leistung zur Entstehung gelangt ist.

3   Auf dem Boden dieser Analogie ist mit Recht anerkannt, dass § 820 Abs. 1 S. 2 auch bei **Zahlungen unter Vorbehalt** (§ 814 RdNr. 8) Anwendung findet. Die beiderseitige Ungewissheit ist in diesem Fall gegeben, wenn der Empfänger dem erklärten Vorbehalt des Leistenden nicht widerspricht.[4] Weist er den Vorbehalt dagegen zurück, so fehlt es auf seiner Seite an der erforderlichen Ungewissheit.

4   Sehr streng verfahren die Gerichte mit Empfängern von **Gehalts- oder Versorgungsbezügen** gemäß § 87 BBG: Deren Auszahlung soll stets – mit der Folge verschärfter Haftung gemäß § 820 – unter dem einverständlichen Vorbehalt der Rückzahlung stehen. Dies wird zum einen dadurch erreicht, dass der gesetzliche Vorbehalt der Rückforderung (§ 87 Abs. 2 S. 1 BBG) dem vereinbarten gleichgestellt wird,[5] zum anderen dadurch, dass an das Einverständnis des Empfängers mit dem Vorbehalt nur äußerst geringe Anforderungen gestellt werden.[6] Diese Argumentation ist indes nicht haltbar. Denn § 87 Abs. 2 S. 1 BBG enthält eine Rechtsfolgenverweisung auf die §§ 818 ff. und verlangt damit dem Rechtsanwender ab, die Heranziehung des § 820 eigenständig zu begründen. § 87 Abs. 2 S. 2 BBG formuliert erleichterte Anforderungen an die Bösgläubigkeit des Empfängers iS des § 819 und enthält damit den Hinweis, dass der Gesetzgeber bei Überzahlung von Bezügen allein § 819 als Grundlage einer verschärften Haftung ansieht.

---

[2] Zum nicht ausdrücklich geregelten und daher iE str. Fall der beiderseitigen Kenntnis näher § 819 RdNr. 5 f.
[3] So schon 4. Aufl. RdNr. 1 („vertretbar"); ebenso *Singer* JR 1983, 356, 360.
[4] BGH NJW 1989, 161, 162; 2006, 286, 288; DZWiR 2007, 121, 124; OLG Hamm NJW-RR 1997, 705; OLG München WM 1993, 411, 413; OLG Zweibrücken NJW-RR 1995, 841, 842; AnwK-BGB/*Linke* RdNr. 9; PWW/*Leupertz* RdNr. 3; *Staudinger/Lorenz* RdNr. 5; einschränkend *Bamberger/Roth/Wendehorst* RdNr. 8: nur wenn das Schweigen des Empfängers ausnahmsweise Erklärungswert hat und daher eine Abbedingung von § 818 Abs. 3 vorliegt; skeptisch auch *Erman/Westermann/Buck-Heeb* RdNr. 3.
[5] Vgl. BVerwG Buchholz § 87 BBG Nr. 27; RGRK/*Heimann-Trosien* RdNr. 4.
[6] Vgl. BVerwGE 11, 283, 286 f. sowie wiederum RGRK/*Heimann-Trosien* RdNr. 4; zum Fall der ungebührlichen Verzögerung der Überprüfung RAG JW 1934, 55, 56.

Das BVerwG[7] wendet des weiteren § 820 an, wenn **Beamtenbezüge** auf Grund eines – 5
wie sich später herausstellt – unbegründeten **Widerspruchs gegen die Entlassungsverfügung** zunächst (wegen der aufschiebenden Wirkung) weitergezahlt wurden. Dem ist aus den gleichen Gründen zuzustimmen,[8] aus denen hier die Anwendbarkeit des § 820 bei Überzahlung von Unterhalt aufgrund gesetzlicher Anordnung befürwortet wurde (RdNr. 4): Der Widerspruchsführer hat (durch die aufschiebende Wirkung des Widerspruchs gemäß § 80 Abs. 1 VwGO) einen bloß vorläufigen Titel inne, um die empfangenen Zahlungen zu behalten. Die gleiche Interessenlage besteht beim Unterhaltsempfänger, an den aufgrund einer einstweiligen Anordnung Unterhalt gezahlt wird.

2. Ungewissheit. Das Tatbestandsmerkmal „ungewiss" enthält sowohl eine objektive 6
als auch vor allem eine subjektive Komponente:[9] Der Wegfall des Rechtsgrundes bzw. der Nichteintritt des Erfolgs muss nicht nur objektiv ungewiss sein; vielmehr muss der Eintritt des Erfolgs als ungewiss angesehen bzw. der Wegfall des Rechtsgrundes als möglich angesehen werden. Daher ist für § 820 Abs. 1 kein Raum, wenn die objektive Ungewissheit den Parteien bzw. auch nur einer von ihnen nicht bewusst war. In objektiver Hinsicht reicht – im Gegensatz zu einer älteren Betrachtungsweise[10] – auch nicht jeder Grad von Unsicherheit aus; vielmehr müssen die Beteiligten mit dem Wegfall des rechtlichen Grundes **ernsthaft gerechnet** haben; „der mehr im Unterbewusstsein gebliebene, aber vernünftigerweise nicht ausscheidbare Gedanke an den Ausfall des bezweckten oder gewünschten Erfolgs genügt dazu nicht".[11] Eine solche eingeschränkte Interpretation der Ungewissheit ist erforderlich, da sonst praktisch jeder Fall der condictio ob rem von § 820 erfasst würde.[12]

Die Ungewissheit bezieht sich im Fall der **condictio ob causam finitam** (§ 820 Abs. 1 7
S. 2) ebenso wie bei § 819 auf das Fehlen des Rechtsgrundes selbst. Der Versuch, den Bezugspunkt der Ungewissheit für den Fall der **condictio ob rem** (§ 820 Abs. 1 S. 1) zu bestimmen, muss bei den Eigenheiten dieser Kondiktionsart ansetzen. Wer etwas mit der Maßgabe empfängt, dass er es bei Nichteintritt eines bestimmten Erfolgs zurückgewähren muss, bezieht seine Berechtigung, das Erlangte vorläufig behalten zu dürfen, aus einer Rechtsgrundabrede mit dem Leistenden. Die subjektive Ungewissheit bezieht sich im Fall des § 820 Abs. 1 S. 1 konsequent nicht allein auf den objektiven Nichteintritt des Erfolgs, sondern auf den damit verbundenen Wegfall eben dieser Rechtsgrundabrede.

3. Nach dem Inhalt des Rechtsgeschäfts. Mit dem „**Rechtsgeschäft**" ist im Fall des 8
§ 820 Abs. 1 S. 2 **(condictio ob causam finitam)** jene Kausalbeziehung gemeint, auf deren Grundlage geleistet wurde. Den Hauptanwendungsfall für § 820 Abs. 1 S. 2 stellen Leistungen auf Verpflichtungen dar, die **auflösend bedingt** sind.[13]

Freilich steht der **BGH** auf dem Standpunkt, dass der objektive Rechtsgrund in einer 9
rechtsgeschäftlichen Verbindlichkeit bestehen muss. Auf Zahlungen, die auf **Gesetz** beruhen, soll § **820 Abs. 1 S. 2** selbst dann **nicht anwendbar** sein, wenn die Parteien des gesetzlichen Schuldverhältnisses modifizierende Absprachen getroffen haben. Deshalb sei für § 820 Abs. 1 S. 2 kein Raum, wenn Unterhalt gezahlt werde und Unterhaltsberechtigter

---

[7] NJW 1983, 2042.
[8] Ebenso AnwK-BGB/*Linke* RdNr. 9; PWW/*Leupertz* RdNr. 3.
[9] AllgM; vgl. *Bamberger/Roth/Wendehorst* RdNr. 5; jurisPK/*Martinek* RdNr. 6; *Staudinger/Lorenz* RdNr. 2; StudK/*Beuthien* Anm. 2; *Wieling* S. 87.
[10] So etwa *Planck* DJZ 1906, 23; *Plank/Landois* Anm. 1; dagegen aber *Oertmann* Anm. 1; *Staudinger/Seufert*, 10./11. Aufl. 1975 (Stand 1960) RdNr. 3; in anderer Richtung, aber ebenfalls mit restriktiver Tendenz RG WarnR 1923/24 Nr. 47 (61).
[11] BGH LM Nr. 1 = JZ 1961, 699 = MDR 1961, 832; ebenso *Kohler* ZGS 2005, 386, 390; nicht ausreichend ist die Ungewissheit über den weiteren Bestand eines Unterhaltsvergleichs: BGHZ 118, 383, 393; BGH NJW 1998, 2433, 2435; für eine weitergehende Auslegung des § 820 Abs. 1 S. 2 *Kohler* ZZP 99 (1986), 34 ff.; vgl. auch *ders.* FamRZ 1988, 1005; diff. *Larenz/Canaris* II/2 § 73 II 1 c, S. 311.
[12] So auch *Enneccerus/Lehmann* § 227 V 3, S. 862; *Staudinger/Lorenz* RdNr. 3; sowie AnwK-BGB/*Linke* RdNr. 6.
[13] So auch 4. Aufl. RdNr. 8; *Staudinger/Lorenz* RdNr. 6.

und -verpflichteter sich dabei im Klaren seien, dass das Gericht später womöglich eine geringere Unterhaltspflicht feststelle.[14] Diese Rechtsprechung **überzeugt nicht:**[15] Die condictio ob causam finitam ist nicht zwingend an eine vertragliche Beziehung zwischen Leistendem und Empfänger gebunden. Mit „Rechtsgeschäft" ist in § 820 Abs. 1 S. 2 folglich nicht der Inhalt eines solchen Vertrags, sondern allein die Tatsache gemeint, dass beide Parteien die Rechtsbeständigkeit des Erwerbs übereinstimmend bezweifeln (RdNr. 10). Derartige Zweifel sind aber ebenso bei gesetzlichen Verbindlichkeiten denkbar. Die – ebenfalls für die Überzahlung von Unterhalt ausgesprochene – These des BGH, eine gerichtliche Anordnung, etwa eine einstweilige Anordnung nach § 620 Nr. 4, 6 ZPO, könne dem Begriff des Rechtsgeschäfts nicht gleichgestellt werden,[16] ist konsequent gleichfalls abzulehnen;[17] denn die Leistung auf eine solchen Anordnung kann (und wird häufig) wiederum mit dem beiderseitigen Bewusstsein einhergehen, dass über den Bestand der Verbindlichkeit das letzte Wort noch nicht gesprochen ist. Die Anwendung des § 820 Abs. 1 S. 2 kann man im Unterhaltsrecht allenfalls mit der Begründung verwerfen, der Unterhalt, der sich hernach als überzahlt herausstelle, sei in Wahrheit nie geschuldet gewesen; der Rechtsgrund sei daher nicht, wie für § 820 Abs. 1 S. 2 erforderlich, später weggefallen, sondern habe nie bestanden. Dem ist jedoch entgegenzuhalten, dass § 820 Abs. 1 S. 2 auf die condictio indebiti entsprechend anzuwenden ist (RdNr. 2).

10 In Übereinstimmung mit der hier zum Unterhaltsrecht vertretenen Ansicht geht man im **Beamtenrecht** davon aus, dass der Beamte nach § 820 Abs. 1 S. 2 verschärft haftet, wenn er gegen eine Verfügung vorgeht, wonach er vom Dienst entfernt oder seine Bezüge gekürzt werden, und ihm deshalb wegen der aufschiebenden Wirkung seines Rechtsbehelfs die Bezüge (ungekürzt) fortgezahlt werden: Die aufschiebende Wirkung begründe einen gesetzlichen Vorbehalt des Inhalts, dass der Leistungsgrund rückwirkend fortfallen könne.[18]

11 Im Fall der **condictio ob rem** (§ 820 Abs. 1 S. 1) entspricht dem die (rechtsgeschäftlich nicht voll ausgebildete) Abrede der Beteiligten über die Umstände, die – ihren Eintritt vorausgesetzt – das Behaltendürfen des Empfängers legitimieren sollen. Sofern man bei Leistungen auf Grund von Rechtsgeschäften, die noch der **Genehmigung** bedürfen, den Tatbestand der condictio ob rem überhaupt als gegeben ansieht, ist die Haftungsverschärfung nach § 820 Abs. 1 S. 1 auch dort zu berücksichtigen.[19] Allerdings werden die subjektiven Voraussetzungen dann fehlen, wenn die Parteien die Erteilung der Genehmigung als sicher angesehen haben.[20] Wird einem **Makler** eine Vorauszahlung auf seinen Provisionsanspruch geleistet, so muss dieser damit rechnen, dass das Hauptgeschäft nicht zustande kommt; er haftet damit gemäß § 820 Abs. 1 S. 1 verschärft.[21] Wird der Hauptvertrag unter einer aufschiebenden Bedingung geschlossen (mit der Folge, dass der Provisionsanspruch nach § 652 Abs. 1 S. 2 bis zum Bedingungseintritt gesperrt ist), so greift § 820 Abs. 1 S. 2 nicht ein, wenn Makler und Maklerkunde fest mit dem Bedingungseintritt (zB mit der Aufstellung eines bestimmten Bebauungsplans oder der Erteilung einer Baugenehmigung) gerechnet haben;[22] denn dann fehlt es wiederum an der für § 820 erforderlichen Ungewissheit. Überweist jemand Geld an einen Rechtsanwalt mit dem Auftrag, es **treuhänderisch** zu

---

[14] BGH NJW 1998, 2433, 2435; bestätigt in BGHZ 143, 65, 70 f.; OLG Brandenburg OLGR 2007, 237, 239; OLG Zweibrücken NJW-RR 1995, 841, 842 f.; dem folgend jurisPK/*Martinek* RdNr. 16; PWW/*Leupertz* RdNr. 3.
[15] Ausf. zum Folgenden *Schwab* FamRZ 1994, 1567, 1571 ff.
[16] BGH NJW 1984, 2095; 1985, 1074; OLG Zweibrücken NJW-RR 1995, 841, 842 f.
[17] Berechtigte Kritik auch bei *Kohler* ZZP 99 (1986), 1986, 34, 52 ff.
[18] *Heimburger* RiA 2003, 59, 68.
[19] Vgl. RG JW 1927, 38.
[20] AA RG WarnR 1923/1924 Nr. 47 (61), sowie offenbar *Staudinger/Lorenz* RdNr. 4; wie hier *Bamberger/Roth/Wendehorst* RdNr. 6; RGRK/*Heimann-Trosien* RdNr. 5 unter Berufung auf RG HRR 1933 Nr. 1843.
[21] RG SeuffA 74 Nr. 174.
[22] BGH WM 1992, 745, 747.

verwalten, und kommt der Treuhandauftrag anschließend nicht zustande, so kann der Überweisende den Geldbetrag nach § 812 Abs. 1 S. 2 Alt. 2 zurückfordern; der Rechtsanwalt haftet in diesem Fall nach § 820 Abs. 1 S. 1 verschärft.[23]

Nicht erforderlich ist, dass die Ungewissheit im „Rechtsgeschäft" ausdrücklich zum Ausdruck gebracht wurde. Das Abstellen auf das „Rechtsgeschäft" hat vielmehr vor allem den Sinn, die Notwendigkeit der **beiderseitigen Ungewissheit** zu betonen: Die Parteien müssen die Rechtsbeständigkeit des Erwerbs übereinstimmend bezweifeln. Zweifel, die allein der Empfänger an der Rechtsbeständigkeit seines Erwerbs hat, reichen demnach für die Anwendung des § 820 nicht aus. Allerdings hat das RG wiederholt entschieden, dass die subjektive Ungewissheit auf Umständen beruhen müsse, die **im Rechtsgeschäft** selbst ihren **Niederschlag** gefunden hätten.[24] Umstände, die außerhalb des Rechtsgeschäfts liegen, reichen demnach für die Anwendung des § 820 selbst dann nicht aus, wenn sie auf andere Weise beiderseitige Ungewissheit der Parteien begründen.[25] In der Praxis dürfte es allerdings selten sein, dass sich eine solche Ungewissheit nicht auf vertraglich geregelte Umstände zurückführen lässt.

Das Merkmal „nach dem Inhalt des Rechtsgeschäfts" bestimmt auch den für die subjektive Ungewissheit maßgebenden **Zeitpunkt:** Die Ungewissheit muss im Moment der **Leistung** vorliegen,[26] nicht dagegen schon bei Abschluss des Rechtsgeschäfts.[27] Denn wenn sie erst zwischen Abschluss des Rechtsgeschäfts und Erbringung der Leistung eintritt, kann sie noch zum Inhalt des (entsprechend geänderten) Rechtsgeschäfts werden. Ebenso kann die ursprünglich gegebene Ungewissheit zwischen Abschluss des Rechtsgeschäfts und Erbringung der Leistung entfallen; dann rechtfertigt sie auch keine verschärfte Haftung mehr. Die subjektive Ungewissheit entfällt freilich nur, wenn beide Seiten zwischenzeitlich den Eintritt des Erfolgs als sicher bzw. den späteren Wegfall des Rechtsgrundes als ausgeschlossen betrachten; die einseitig geänderte Einschätzung einer Partei genügt noch nicht.[28] Entsteht hingegen die Ungewissheit erst nach Erbringung der Leistung, so führt dies nicht zur verschärften Haftung nach § 820. Denn eine solche Ungewissheit wird nicht mehr zum „Inhalt des Rechtsgeschäfts", welches der Leistung zugrunde liegt. Eine entsprechende nachträgliche Änderung des Rechtsgeschäfts wäre nur anzunehmen, wenn sich beide Parteien darauf einigen. Der Parteiwille des Empfängers wird freilich gegen diese Änderung und die damit verbundene verschärfte Haftung sprechen.

Auch im Bereich gegenseitiger Verträge ist an der Voraussetzung der ernsthaften beiderseitigen Ungewissheit festzuhalten. Daher geht es zu weit, im Bereich gegenseitiger Verträge – sofern deren Rückabwicklung sich überhaupt nach §§ 818 ff. richtet (§ 818 RdNr. 209 ff.) – stets von einer die Anwendung des § 820 begründenden Ungewissheit über die Erbringung der Gegenleistung auszugehen.[29] Denn die Parteien schließen Verträge und erfüllen diese, weil sie zunächst auf die Vertragstreue der Gegenseite vertrauen.

III. Rechtsfolgen

Bezüglich der Rechtsfolgen sei zunächst auf die Erläuterungen zu § 818 Abs. 4 verwiesen (§ 818 RdNr. 282 ff.). Die Haftungsverschärfung erfährt freilich in § 820 Abs. 2 wiederum zwei Einschränkungen: **Zinsen** sind nach § 820 Abs. 2 Halbs. 1 nicht schon ab Empfang der Leistung, sondern erst nach Wegfall des Rechtsgrundes zu entrichten. Bezüglich der

---

[23] Das OLG Düsseldorf (OLGR 2005, 654, 655 f.) hat in einem solchen Fall (zu Unrecht) eine condictio indebiti und (folgerichtig) eine verschärfte Haftung nach § 819 Abs. 1 angenommen.
[24] RG JW 1931, 529, 530 m. zust. Anm. *Oertmann*; JW 1938, 1025, 1028.
[25] Das spricht zB RG JW 1931, 529, 530 offen aus; ebenso AnwK-BGB/*Linke* RdNr. 7; jurisPK/*Martinek* RdNr. 7; PWW/*Leupertz* RdNr. 2.
[26] Ähnlich *Jauernig/Stadler* RdNr. 2: Empfang; wie hier *Bamberger/Roth/Wendehorst* RdNr. 6.
[27] So aber AnwK-BGB/*Linke* RdNr. 1; *Erman/Westermann/Buck-Heeb* RdNr. 2; jurisPK/*Martinek* RdNr. 7; *Staudinger/Lorenz* RdNr. 2; StudK/*Beuthien* Anm. 2.
[28] Insoweit zutr. *Reuter/Martinek* § 18 II 4, S. 652.
[29] So aber offenbar *Meincke* AcP 171 (1971), 19, 38 ff.

Verpflichtung zur **Nutzungsherausgabe** bleibt es bei der Regelung des § 818 Abs. 1 (Herausgabe nur der gezogenen Nutzungen). Insoweit stellt § 820 Abs. 2 Halbs. 2 keine eigene Anspruchsgrundlage, sondern nur eine beschränkende Ergänzungsregelung dar.

§ 821 Einrede der Bereicherung

Wer ohne rechtlichen Grund eine Verbindlichkeit eingeht, kann die Erfüllung auch dann verweigern, wenn der Anspruch auf Befreiung von der Verbindlichkeit verjährt ist.

1 **1. Normzweck.** Die Vorschrift betrifft, wenn man sich allein ihren Wortlaut vor Augen führt, den folgenden Fall: Jemand ist rechtsgrundlos eine Verpflichtung eingegangen ist und kann daher vom Gläubiger dieser Verpflichtung – und zwar seinerseits nach §§ 812 ff. – verlangen, von dieser Verbindlichkeit freigestellt zu werden; dieser Befreiungsanspruch ist aber verjährt. Der Freistellungsgläubiger hat die rechtsgrundlos eingegangene Verpflichtung aber noch nicht oder nicht vollständig erfüllt. In diesem Fall soll der Freistellungsgläubiger die (weitere) Inanspruchnahme aus der rechtsgrundlos eingegangenen Verpflichtung einredeweise verweigern können.[1] § 821 steht auf diese Weise in einem **systematischen Zusammenhang** mit § 853,[2] ebenso aber mit § 438 Abs. 4 S. 2 und mit §§ 215, 216. Alle diese Vorschriften bringen ein allgemeines Prinzip zum Ausdruck: Der Gläubiger einer verjährten Forderung kann zwar einerseits den Status quo nicht mehr zu seinen Gunsten verändern, weil sein Anspruch nicht mehr durchsetzbar ist. Er muss aber andererseits auch keine Veränderung des Status quo zu seinen Lasten hinnehmen: Er muss die Verbindlichkeit, derer er sich vormals entledigen konnte, nicht noch erfüllen (§§ 821, 853, 438 Abs. 4 S. 2) und behält eine zu seinen Gunsten bestehende Aufrechnungslage bzw. Zurückbehaltungsrechte (§ 215) sowie etwa bestellte Sicherheiten (§ 216).

2 **2. Verjährter Freistellungsanspruch.** Der in § 821 beschriebene Fall wird in der Praxis höchst selten begegnen. Er kann nämlich nur eintreten, wenn der Anspruch auf Freistellung von der rechtsgrundlos zustande gekommenen Forderung rascher verjährt als jene Forderung selbst. Das kann nur geschehen, wenn die Verjährung der rechtsgrundlos zustande gekommenen Forderung gehemmt war oder neu begonnen hatte.[3] Außerdem ist an die Fälle zu denken, in denen zur Sicherung des Erfüllungsanspruchs aus der rechtsgrundlos eingegangenen Verpflichtung Hypotheken oder Pfandrechte bestellt wurden, aus denen der Gläubiger gemäß § 216 Abs. 1 auch noch nach Eintritt der Verjährung Befriedigung suchen kann.[4]

3 **3. Nicht verjährter Freistellungsanspruch.** Ein weitergehender Anwendungsbereich für § 821 ergibt sich dann, wenn man aus dieser Vorschrift die Befugnis des Schuldners ableitet, die Erfüllung rechtsgrundlos eingegangener Verpflichtungen auch schon **vor Eintritt der Verjährung** im Wege der (Bereicherungs-)Einrede verweigern zu können. Allerdings würde sich eine solche Befugnis bereits aus allgemeinen Vorschriften (§ 242 – dolo agit, qui petit, quod statim rediturus est, s. § 242 RdNr. 373 ff.) ergeben. Daher wird im Schrifttum mit Recht vorgeschlagen, vor Verjährung des Freistellungsanspruchs nicht § 821 anzuwenden, sondern auf eben jene aus § 242 abgeleitete dolo-agit-Einrede zurückzugreifen.[5] Betrachtet man nämlich den Wortlaut des § 821 („kann ... auch dann verweigern"), so erhellt, dass die Vorschrift die Bereicherungseinrede nicht begründet, sondern bereits voraussetzt.[6]

---

[1] Mot. II S. 693; näher *Reuter/Martinek* § 24 I, S. 744 f.
[2] Vgl. *Soergel/Mühl* RdNr. 1.
[3] Dazu *Schreiber* Gruchot 53 (1909), 298, 308; ebenso jurisPK/*Martinek* RdNr. 11; PWW/*Leupertz* RdNr. 1; *Staudinger/Lorenz* RdNr. 3.
[4] RGZ 86, 301, 304 f.; *Bamberger/Roth/Wendehorst* RdNr. 2 (noch unter Verweis auf § 223 aF); *Schreiber* Gruchot 53 (1909), 298, 309; *Soergel/Mühl* RdNr. 1.
[5] RGRK/*Heimann-Trosien* RdNr. 3; *Staudinger/Lorenz* RdNr. 3.
[6] So im Ergebnis auch AnwK-BGB/*Linke* RdNr. 3; *Esser/Weyers* BT/2 § 51 V; jurisPK/*Martinek* RdNr. 1; *Wilhelm* JZ 1995, 573, 574; ähnlich *Reuter/Martinek* § 24 I, S. 745; krit., jedoch die „gefestigte

Beispiele: Wer aufgrund unwirksamen Vertrags Eigentum an einer Sache erworben hat 4
und nunmehr den Veräußerer, der sich noch im Besitz der Sache befindet, auf Herausgabe
belangt, muss sich nach § 242 – ohne das es eines Rückgriffs auf § 821 bedürfte – entgegenhalten lassen, dass er nach § 812 verpflichtet ist, die Sache an den Veräußerer zurück zu
übereignen.[7] Wer das Eigentum an einer Sache durch wirksame, aber unentgeltliche Verfügung eines Nichtberechtigten verloren hat, kann den Herausgabeanspruch des Erwerbers
(§ 985) mit der Begründung abwehren, dieser sei nach § 816 Abs. 1 S. 2 zur Rückübereignung verpflichtet. Zur Begründung dieses Ergebnisses bedarf es keines Rückgriffs auf
§ 821. Wer eine Sache nach §§ 929 S. 1, 930 wirksam, aber rechtsgrundlos veräußert und
sich nunmehr dem Anspruch des Erwerbers auf Herausgabe nach § 985 gegenübersieht, soll
sich demgegenüber selbst dann unter Berufung auf § 821 wehren können, wenn sein eigener
Anspruch auf Rückübereignung aus § 812 noch nicht verjährt ist.[8] Auch dies ist indes
abzulehnen: Der Fall lässt sich vor Eintritt der Verjährung ohne weiteres mit Hilfe des § 242
lösen. Die Handhabung des § 821 durch die Rechtsprechung erweckt freilich nicht selten
den Eindruck, als erblickten die Gerichte in § 821 bereits die Grundlage der Bereicherungseinrede: Die „§§ 812 Abs. 2, 821" werden dort als Grundlage der Bereicherungseinrede
herangezogen, ohne dass danach gefragt würde, ob der Anspruch auf Freistellung von der
rechtsgrundlos eingegangenen Verpflichtung schon verjährt ist.[9]

Wendet man § 821 entgegen der hier vertretenen Ansicht bereits vor Eintritt der Ver- 5
jährung an, so kann er auch dann herangezogen werden, wenn etwa die Inanspruchnahme
aus Sicherheiten abgewendet werden soll, die für eine Schuld bestellt wurden, die gar nicht
entstand oder nicht mehr besteht. Dies freilich nur, soweit die Sicherheit gemäß § 812 hätte
kondiziert werden können.

4. Vom Berechtigten „eingegangene" Verbindlichkeit. Die Einrede nach § 821 6
richtet sich gegen Verbindlichkeiten, die jemand zuvor „eingeht". Das setzt an sich voraus,
dass der Freistellungsgläubiger die Verbindlichkeit, gegen die er sich mit Hilfe des § 821
wehren möchte, **selbst begründet** hat. Den klassischen Anwendungsfall des § 821 bildet
die Gegenwehr gegen abstrakte Verpflichtungen. So kann die Bereicherungsreinrede gegen
Verbindlichkeiten aus **Wechsel** oder **Scheck** geltend gemacht werden, wenn die Eingehung
dieser Verpflichtungen rechtsgrundlos erfolgte;[10] dasselbe gilt für abstrakte Schuldversprechen bzw. Schuldanerkenntnisse.[11] So kann zB eine Bank sich mit Hilfe des § 821 gegen die
Inanspruchnahme aus rechtsgrundlos erteilten Kontogutschriften wenden.[12] Aus dem in
RdNr. 3 gebildeten Beispiel der unentgeltlichen nichtberechtigten Verfügung folgt indes,
dass § 821 beim Tatbestandsmerkmal des „Eingehens" von Verbindlichkeiten einer Erweiterung seines Anwendungsbereichs bedarf. Denn der ursprüngliche Eigentümer hat die Herausgabeschuld, gegen die er sich unter Berufung auf § 816 Abs. 1 S. 2 verteidigt, nicht
selbst begründet. Gleichwohl gebietet die ratio legis des § 821 (RdNr. 1) dessen **entsprechende Anwendung:** Auch der ursprüngliche Eigentümer muss, gleichviel worauf seine
Herausgabepflicht beruht, selbst nach Verjährung seines gegenläufigen Anspruchs aus § 816
Abs. 1 S. 2 eine Veränderung des Status quo zu seinen Lasten nicht hinnehmen.

---

richterliche Rechtsfortbildung" akzeptierend *Bamberger/Roth/Wendehorst* RdNr. 3; ebenso PWW/*Leupertz*
RdNr. 2.
 [7] *Staudinger/Lorenz* RdNr. 3.
 [8] 4. Aufl. RdNr. 3; nicht eindeutig *Esser/Weyers* BT/2 § 51 V: „ ‚Einrede der Bereicherung' [...], erforderlichenfalls mit der in § 821 vorgesehenen Ergänzung".
 [9] BGH WM 1991, 1152, 1153; 1992, 1522, 1523; JZ 1995, 569, 570.
 [10] BGHZ 57, 292, 300 = NJW 1972, 251 mwN; BGH NJW 1975, 214 = MDR 1975, 208 zum Wechsel;
OLG Frankfurt BB 1977, 1173 zum Scheck; grds. auch *Baumbach/Hefermehl* Einl. WG RdNr. 10; PWW/
Leupertz RdNr. 2; *Staudinger/Lorenz* RdNr. 6.
 [11] BGH NJW 1991, 2140, 2141 (zur Begründung dieser Entscheidung krit. *Schlechtriem* JZ 1993, 185, 186;
Staudinger/Lorenz RdNr. 4); ferner OLG Brandenburg OLGR 2005, 76; OLG Köln OLGR 2003, 157, 158;
2005, 17, 18.
 [12] BGH WM 1991, 1152, 1153; 1992, 1522, 1523; 1995, 353, 354.

7 **5. Bereicherungseinrede bei Drittbeteiligung am Schuldverhältnis.** Die Bereicherungseinrede kann gemäß § 404 auch **Rechtsnachfolgern** entgegengehalten werden.[13] Ebenso können sich diejenigen Personen auf die Einrede berufen, die nach allgemeinen Regeln die Einreden des Schuldners geltend machen dürfen, wie etwa der Bürge, der Schuldübernehmer, der Hypothekenschuldner oder der Drittverpfänder.[14]

8 **6. Einwendungen gegen den Befreiungsanspruch.** Die Bereicherungseinrede setzt voraus, dass der gegenläufige Anspruch auf Vertragsaufhebung besteht; § 821 schützt den Freistellungsgläubiger nur vor der Verjährung des Befreiungsanspruchs, nicht aber vor sonstigen gegen diesen Anspruch gerichteten Einwendungen. § 821 greift daher **nicht ein**, wenn der Befreiungsanspruch mit **rechtshindernden oder rechtsvernichtenden Einwendungen** behaftet ist. Namentlich kann sich der Freistellungsgläubiger nicht mehr auf § 821 berufen, soweit sich der Gläubiger der ursprünglichen Verbindlichkeit gegenüber dem Befreiungsanspruch auf Wegfall der Bereicherung berufen kann.[15]

9 **7. Prozessuales.** Die Einrede wird **nicht von Amts wegen,** sondern nur dann beachtet, wenn sich die betreffende Partei darauf beruft.[16] Die **Beweislast** dafür, dass die Verbindlichkeit ohne Rechtsgrund eingegangen wurde, trägt derjenige, der die Verbindlichkeit (angeblich rechtsgrundlos) eingegangen ist.[17] Die Bereicherungseinrede ist **insolvenzfest:** Sie kann vor Insolvenzeröffnung dem Sequester, nach Insolvenzeröffnung dem Verwalter entgegengehalten werden.[18]

§ 822 Herausgabepflicht Dritter

Wendet der Empfänger das Erlangte unentgeltlich einem Dritten zu, so ist, soweit infolgedessen die Verpflichtung des Empfängers zur Herausgabe der Bereicherung ausgeschlossen ist, der Dritte zur Herausgabe verpflichtet, wie wenn er die Zuwendung von dem Gläubiger ohne rechtlichen Grund erhalten hätte.

Übersicht

	RdNr.		RdNr.
I. Normzweck	1	2. Zuwendung an den Dritten	11–15
II. Dogmatische Einordnung	2–8	3. Ausschluss der Bereicherungshaftung des Erstempfängers	16–18
III. Abgrenzungen zu § 816 Abs. 1 S. 2	9	V. Beweislast	19
IV. Voraussetzungen	10–18	VI. Eigene Bereicherungshaftung des Dritten	20
1. Bereicherungsanspruch gegen den Erstempfänger	10		

I. Normzweck

1 § 822 normiert einen Sonderfall der Durchgriffskondiktion im Mehrpersonenverhältnis: Der Dritte hat das Erlangte aufgrund einer Leistungsbeziehung mit dem ursprünglichen rechtsgrundlosen Empfänger erhalten. Nach allgemeinen Grundsätzen müssten ihm daher an sich Einwendungen gegen den ursprünglichen Empfänger erhalten bleiben; insbesondere

---

[13] Vgl. RGZ 86, 301, 304; § 404 RdNr. 5; *Bamberger/Roth/Wendehorst* RdNr. 5; jurisPK/*Martinek* RdNr. 6; RGRK/*Heimann-Trosien* RdNr. 4.
[14] RG JW 1936, 917 Nr. 6; *Erman/Westermann/Buck-Heeb* RdNr. 2; RGRK/*Heimann-Trosien* RdNr. 4.
[15] AnwK-BGB/*Linke* RdNr. 4; *Planck/Landois* Anm. 6; PWW/*Leupertz* RdNr. 3.
[16] AllgM; vgl. etwa BGH NJW 1991, 2140; WM 1992, 1522, 1523; NJW-RR 1999, 573, 574; NJW 2005, 2991, 2993; *Bamberger/Roth/Wendehorst* RdNr. 5: PWW/*Leupertz* RdNr. 3; Staudinger/*Lorenz* RdNr. 9 unter Berufung auf *Rümelin* AcP 98 (1906), 169, 275 f.
[17] OLG Köln OLGR 2005, 17, 18.
[18] BGH JZ 1995, 569, 570 f.; ebenso AnwK-BGB/*Linke* RdNr. 4; jurisPK/*Martinek* RdNr. 9; *Wilhelm* JZ 1995, 573, 574 f.

müsste der Dritte das Erlangte mit der Begründung behalten dürfen, er habe es vom ursprünglichen Bereicherungsschuldner mit Rechtsgrund erlangt. Gleichwohl wird im Fall des § 822 ausnahmsweise dem Bereicherungsgläubiger der **Durchgriff** auf eine weitere Person gestattet. Die rechtspolitische Rechtfertigung dieser Norm fußt auf zwei Überlegungen: Zum einen wäre der Bereicherungsgläubiger ohne den direkten Bereicherungsanspruch gegen den Dritten nicht in der Lage, sein **Restitutionsinteresse** zu realisieren; zum anderen ist der Dritte als unentgeltlicher Empfänger **nicht schutzwürdig**.[1]

II. Dogmatische Einordnung

Nach **verbreiteter Ansicht** handelt es sich bei § 822 um einen **eigenständigen Bereicherungsanspruch** des Gläubigers gegen den Dritten, dem das Erlangte unentgeltlich zugewendet wurde.[2] Zur Begründung wird auf die Entstehungsgeschichte verwiesen: Der Gesetzgeber sei ausweislich der Materialien zum BGB selbstverständlich davon ausgegangen, dass der Anspruch gegen den Dritten einer eigenständigen Verjährung unterliege, der zu Lasten des Erstempfängers abgelaufene Teil der Verjährungsfrist also nicht zugunsten des Dritten wirke.[3]

Die **Gegenansicht** steht demgegenüber auf dem Standpunkt, dass § 822 lediglich den Anspruch des Gläubigers gegen den Erstempfänger auf den Dritten erstrecke.[4] § 822 wird auf diese Weise als eine Art **gesetzliche Schuldübernahme** gedeutet. Nur auf dieser Prämisse sei erklärbar, dass § 822 etwa im Rahmen des § 528 Anwendung finde: § 528 sei anerkanntermaßen Rechtsfolgenverweisung (näher § 528 RdNr. 5). Wäre § 822 als eigenständige Kondiktion anzusehen, so beträfe die Vorschrift nicht den Umfang, sondern den Grund des Bereicherungsanspruchs und könnte daher von § 528 als Rechtsfolgenverweisung nicht mehr erfasst werden. Im Übrigen habe der Gesetzgeber selbst gezeigt, dass er § 822 nicht als selbständigen Bereicherungsanspruch ansehe; denn er habe die Vorschrift nicht dem Normenkomplex der §§ 812 bis 817 – Bereicherungshaftung dem Grunde nach – zugeschlagen, sondern erst beim Umfang der Bereicherungshaftung verortet. Der **BGH** hat die Frage bislang **offen gelassen**.[5]

Die **praktischen Konsequenzen** des Streits stellen sich wie folgt dar: Nach der zuletzt genannten Ansicht kann der Dritte dem Gläubiger entsprechend § 417 Abs. 1 S. 1 alle Einwendungen und Einreden entgegenhalten, die auch dem Erstempfänger zustanden – natürlich mit Ausnahme des § 818 Abs. 3: Die Entreicherung des Erstempfängers bildet den Grund der Haftung des Dritten; folglich kann nicht gerade sie den Anspruch des Gläubigers zu Fall bringen. Die erstgenannte Ansicht muss dagegen zwischen rechtshindernden/-vernichtenden Einwendungen einerseits und Einreden andererseits differenzieren: Einwendungen, die den Anspruch des Gläubigers gegen den Erstempfänger ausschließen, kommen auch nach ihr dem Dritten zugute. Das folgt aus einem Umkehrschluss aus § 822: Der Dritte haftet nur, wenn der Erstempfänger **infolge der unentgeltlichen Zuwendung,** also nach § 818 Abs. 3 befreit ist. Ist der Erstempfänger dagegen bereits aus anderen Gründen befreit, besteht auch kein Anspruch gegen den Dritten. Einreden des Erstempfängers kommen dagegen dem Dritten nicht zugute. Denn sie schließen die Haftung des Erstempfängers nicht aus. Selbst wenn also der Anspruch des Gläubigers gegen den Dritten einredebehaftet war (§§ 241 Abs. 1, 273 Abs. 1 etc.), führt erst die unentgeltliche Zuwendung an den Dritten

---

[1] Vgl. dazu *Esser/Weyers* BT/2 § 51 II 4; *Larenz/Canaris* II/2 § 69 V 1a, S. 195. Wegen des ersten Gesichtspunkts ist zuweilen auch von einer subsidiären Haftung des Dritten die Rede, vgl. etwa *Jauernig/Stadler* RdNr. 3; jurisPK/*Martinek* RdNr. 1; PWW/*Leupertz* RdNr. 1; *Staudinger/Lorenz* RdNr. 3, 11.
[2] 4. Aufl. RdNr. 1 sowie AnwK-BGB/*v. Sachsen Gessaphe* RdNr. 2; *Jakobs* ZIP 1999, 733, 734; *Larenz/Canaris* II/2 § 69 IV 1, S. 195; *Lorenz* LMK 2004, 98; PWW/*Leupertz* RdNr. 1; *Reuter/Martinek* § 8 VI 1 d, S. 360; *Staudinger/Lorenz* RdNr. 2; *Tommaso/Weinbrenner* Jura 2004, 649, 650 f.
[3] *Staudinger/Lorenz* RdNr. 2.
[4] *Bamberger/Roth/Wendehorst* RdNr. 1; *Bockholdt* JZ 2004, 796, 797; *ders.*, Die Haftung des unentgeltlichen Erwerbers § 822 BGB, 2004, S. 72 ff.; Erman/*Westermann/Buck-Heeb* RdNr. 1; *Esser/Weyers* II/2 § 51 II 4, S. 117; *Knütel* NJW 1989, 2504; Palandt/*Sprau* RdNr. 1; *Schuschke* BGHReport 2004, 754, 755.
[5] BGHZ 158, 63, 67 = NJW 2004, 1314.

dazu, dass der Anspruch gegen den Erstempfänger ausgeschlossen ist. Wenn aber der Anspruch gegen den Dritten eine eigenständige Kondiktion verkörpert, kann der Dritte aus Einreden des Erstempfängers nichts für sich herleiten. Er kann sich also weder auf ein Zurückbehaltungsrecht berufen, das dem Erstempfänger zustand, noch auf eine bereits eingetretene Verjährung des Anspruchs gegen den Erstempfänger und erst recht nicht auf einen zugunsten des Erstempfängers bereits abgelaufenen Teil einer an sich noch laufenden Verjährungsfrist: Gegen ihn beginnt der Anspruch vielmehr gänzlich neu zu verjähren.

5 Die dogmatische Einordnung des § 822 zeitigt selbst Konsequenzen für den Fall der **Rechtswegzuordnung.** Es mag nämlich geschehen, dass der Empfänger etwas, das er kraft eines öffentlich-rechtlichen Erstattungsanspruchs an den Fiskus zurückgewähren muss, unentgeltlich an einen Dritten weiterleitet. Wenn man den Anspruch des Fiskus gegen den Dritten aus § 822 als eigenständigen Anspruch begreift, handelt es sich um einen Anspruch privatrechtlicher Natur, der von den ordentlichen Gerichten zu verfolgen ist.[6] Wenn man dagegen auf dem Standpunkt steht, dass § 822 lediglich eine gesetzliche Schuldübernahme anordnet, teilt die Rückgewährpflicht des Dritten die Rechtsnatur der Rückgewährpflicht, welche zuvor den Erstempfänger traf; der Anspruch bleibt also ein öffentlichrechtlicher und ist vor den Verwaltungsgerichten zu verfolgen.

6 Nach **hier vertretener Ansicht** überzeugt zunächst die Verknüpfung der dogmatischen Einordnung des § 822 mit § 528 nicht. Denn selbst wenn man § 822 als eigenständige Anspruchsgrundlage begreift, steht nichts entgegen, die Vorschrift im Bereich des § 528 anzuwenden, sei es im Rahmen einer erweiternden Auslegung,[7] sei es im Wege der Analogie:[8] Entscheidend kann nur sein, welche Vorschriften des Bereicherungsrechts der Gesetzgeber durch die Verweisung in § 528 bei verständiger Würdigung dieser Vorschrift in Bezug genommen wissen wollte. Wenn § 822 dazugehört, kann dessen Anwendung, gleichviel wie man ihn dogmatisch einordnet, nicht deshalb gehindert sein, weil man § 528 als Rechtsfolgenverweisung begreift: Rein begriffliche Ableitungen dürfen niemals eine an der Zielsetzung einer Vorschrift orientierte Normexegese ersetzen.

7 Den Ausschlag für die Entscheidung zwischen beiden Ansichten gibt vielmehr der Normzweck des § 822: Der **Gläubiger** soll durch die Entreicherung des Erstempfängers infolge unentgeltlicher Zuwendung **weder besser noch schlechter stehen** als zuvor. Daraus folgt zunächst, dass nur eine solche Gesetzesinterpretation richtig sein kann, die dem Dritten die Berufung auch auf Einreden des Erstempfängers gestattet: Der Gläubiger, vom Erstempfänger Herausgabe nur Zug um Zug verlangen konnte, darf nicht gegen den Dritten Herausgabe ohne diese Einschränkung verlangen können; der Gläubiger, dessen Anspruch gegen den Erstempfänger bereits verjährt war, darf auch nicht gegen den Dritten vorgehen können. All diese Ergebnisse sind nur auf dem Boden der **zweiten Ansicht** begründbar; diese verdient daher im Grundsatz den **Vorzug:** § 822 begründet eine gesetzliche Schuldübernahme; der Dritte tritt in die Position ein, die vormals der Erstempfänger innehatte, und kann sich entsprechend § 417 Abs. 1 S. 1[9] auf alle Einreden und Einwendungen berufen, die vormals dem Erstempfänger zustanden.

8 Allerdings ist zu beachten, dass der Gläubiger, der den Erstempfänger in Unkenntnis der unentgeltlichen Zuwendung an den Dritten auf Herausgabe verklagt, in die **Verjährungsfalle** geraten kann. Denn in diesem Fall hat er eine Person verklagt, die nach § 818 Abs. 3 nicht mehr Schuldner ist und gegen die daher auch keine Verjährung mehr laufen und folglich auch keine Verjährung mehr durch Klageerhebung nach § 204 Abs. 1 Nr. 1 gehemmt werden kann. Die Verjährung läuft dieweil gegen den Dritten weiter, dem entsprechend

---

[6] Dafür in der Tat KG NJW-RR 2007, 144.
[7] Dafür (auf dem Boden der zuerst genannten Meinung) *Staudinger/Lorenz* RdNr. 2; ebenso *Tommaso/Weinbrenner* Jura 2004, 649, 650 f.
[8] Dafür (auf dem Boden der zuerst genannten Meinung) AnwK-BGB/*v. Sachsen Gessaphe* RdNr. 8; PWW/*Leupertz* RdNr. 2.
[9] Dafür auch *Bockholdt*, Die Haftung des unentgeltlichen Erwerbers gemäß § 822 BGB, 2004, S. 79 ff.; *Knütel* NJW 1989, 2504, 2505.

§ 417 Abs. 1 S. 1 derjenige Teil der Verjährungsfrist zugute kommt, welcher zugunsten des Erstempfängers vor der Zuwendung bereits abgelaufen ist. Bis es dem Gläubiger gelingt, den Dritten gerichtlich auf Herausgabe zu belangen, mag die Verjährungsfrist bereits abgelaufen sein. Bliebe man bei diesem Ergebnis stehen, so würde der Gläubiger entgegen dem Normzweck des § 822 in Bezug auf die Verjährung schlechter gestellt als er vor der Zuwendung stand. Deshalb muss der Dritte in umgekehrter Anwendung des § 407 Abs. 1 Alt. 2 die Hemmung der Verjährung durch Klageerhebung des Gläubigers gegen den Erstempfänger gegen sich gelten lassen, es sei denn, dass der Gläubiger im Zeitpunkt der Klageerhebung die Zuwendung an den Dritten kennt. Die hier gegebene Interessenlage gleicht der des § 407 deshalb, weil die Schuldübernahme im vorliegenden Fall nicht der Zustimmung des Gläubigers bedarf – ebenso wie die Zession generell nicht der Zustimmung des Schuldners bedarf. Ebenso wie der Schuldner einer abgetretenen Forderung mangels gegenteiliger Kenntnis auf die Rechtshandlungszuständigkeit des Altgläubigers vertrauen darf, muss im hier gegebenen Fall der Gläubiger mangels Kenntnis der Schuldübernahme auf die Rechtshandlungszuständigkeit des Altschuldners, nämlich des Erstempfängers vertrauen dürfen.

III. Abgrenzung zu § 816 Abs. 1 S. 2

Von § 816 Abs. 1 S. 2 unterscheidet sich § 822 dadurch, dass es bei § 816 um die bereicherungsrechtlichen Auswirkungen der Verfügungen Nichtberechtigter geht, während der Empfänger im Fall des § 822 als Berechtigter verfügt.

IV. Voraussetzungen

1. Bereicherungsanspruch gegen den Erstempfänger. § 822 ist vor allem einschlägig, wenn der Empfänger bis zur Weitergabe an den Dritten einem **Bereicherungsanspruch** ausgesetzt war. Allerdings kann § 822 auch von **Verweisungen auf das Bereicherungsrecht** umfasst sein. Namentlich ist § 822 anwendbar, wenn der ursprüngliche Empfänger nach § 528 zur Herausgabe des Erlangten verpflichtet ist und das Erlangte seinerseits unentgeltlich an einen Dritten weitergegeben hat.[10] Dabei genügt jede Kondiktionsart; ob der Empfänger aus Leistungs- oder aus Nichtleistungskondiktion (einschließlich des § 816)[11] in Anspruch genommen werden soll, ist gleichgültig. § 822 ist schließlich ebenso anzuwenden, wenn der Schuldner eines Anspruchs aus dieser Vorschrift das Erlangte **seinerseits** an einen **Vierten** unentgeltlich weitergibt.[12]

2. Zuwendung an den Dritten. Der Rechtserwerb des Dritten muss auf **rechtsgeschäftlicher unentgeltlicher Zuwendung** beruhen.[13] Infrage kommen in erster Linie Schenkungen und letztwillige Verfügungen zugunsten von Personen, die nicht Erben geworden sind (Der Erbe haftet bereits als solcher für Bereicherungsansprüche gegenüber dem Erblasser). Bei gemischter Schenkung kommt ein Bereicherungsanspruch gegenüber dem Dritten nur in Höhe des unentgeltlichen Teils der Zuwendung in Betracht.[14] Dieser Anspruch richtet sich nicht auf den Gegenstand, sondern auf dessen entsprechenden Teilwert (vgl. auch § 816 RdNr. 67). Keine Anwendung findet § 822 dagegen, wenn der Empfänger das Erlangte im Wege einer sog. unbenannten Zuwendung an seinen Ehegatten weitergegeben hat; denn bei solchen Zuwendungen fehlt es am Merkmal der Unentgeltlichkeit.[15]

---

[10] BGHZ 106, 354, 356 ff.; 158, 63, 65 ff.; *Knütel* NJW 1989, 2504, 2505; RGRK/*Heimann-Trosien* RdNr. 5.
[11] Zu § 816 Abs. 1 S. 1 vgl. RGZ 98, 131, 136; zu § 816 insgesamt wiederum *Planck/Landois* Anm. 2a.
[12] AnwK-BGB/*v. Sachsen Gessaphe* RdNr. 3; Erman/*Westermann/Buck-Heeb* RdNr. 2; Palandt/*Sprau* RdNr. 2; *Reuter/Martinek* § 8 IV 1, S. 362.
[13] Vgl. PWW/*Leupertz* RdNr. 3; Staudinger/*Lorenz* RdNr. 7 f.
[14] AnwK-BGB/*v. Sachsen Gessaphe* RdNr. 4; Bamberger/Roth/*Wendehorst* RdNr. 7; Staudinger/*Lorenz* RdNr. 8; RGRK/*Heimann-Trosien* RdNr. 4 unter Berufung auf BGHZ 59, 132, 135 ff. zu § 2325; *Tommaso/Weinbrenner* Jura 2004, 649, 653.
[15] LG Ravensburg FamRZ 1993, 72.

12 Nach ganz **hM** greift § 822 nicht nur dann ein, wenn das Erlangte selbst unentgeltlich an einen Dritten weitergegeben wurde, sondern auch bei **unentgeltlicher Weitergabe von Surrogaten oder Nutzungen,** ja selbst (wenn auch rechtstatsächlich schwer vorstellbar) bei Weitergabe eines entsprechenden **Werts,** den der Empfänger gemäß § 818 Abs. 2 dem Gläubiger schuldete.[16] Dieser Einschätzung ist dem Grunde nach zuzustimmen: § 822 will dem Gläubiger gegen den Dritten exakt diejenige Rechtsposition einräumen, die ihm zunächst gegen den ursprünglichen Bereicherungsschuldner zustand. Soweit letzterer daher nach § 818 Abs. 1 Nutzungen und Surrogate herauszugeben hatte, diese aber unentgeltlich an den Dritten weitergegeben hat, muss konsequent der Dritte die Herausgabe leisten.

13 Diejenigen Autoren, nach denen sich die Herausgabepflicht gemäß § 818 Abs. 1 auf das **rechtsgeschäftliche Surrogat** des Erlangten erstreckt, gelangen konsequent zu dem Ergebnis, dass auch dessen unentgeltliche Weitergabe zu einem Anspruch aus § 822 gegen den Dritten führt.[17] Die Erstreckung des § 818 Abs. 1 auf commoda ex negotiatione ist freilich abzulehnen (näher § 818 RdNr. 41 f.). Die Anwendung des § 822 auf die Weitergabe von rechtsgeschäftlichen Surrogaten kann daher nur im Wege der **Analogie** gelingen.[18] Die Voraussetzungen der Analogie liegen jedoch in der Tat vor. Zum einen ist die Interessenlage mit derjenigen im von § 822 direkt geregelten Fall vergleichbar: Der Erstempfänger ist nicht mehr bereichert; der Zweitempfänger hat der Sache nach den Gegenwert des Geschenks unentgeltlich erlangt. § 822 bringt allgemein den Gedanken zum Ausdruck, dass der unentgeltliche Empfänger eher als der entgeltliche damit rechnen muss, den erlangten Vorteil wieder herauszugeben. Das trifft auch bei der Schenkung nicht des Erlangten, sondern des Surrogats zu. Eine planwidrige Lücke ist ebenfalls gegeben: Herausgabeansprüche betreffend das rechtsgeschäftliche Surrogat sind in § 818 Abs. 1 nicht vorgesehen und konsequent in § 822 vergessen worden. § 822 bringt den ihm zugrunde liegenden Gedanken folglich nur unvollkommen zum Ausdruck. Die **Rechtsfolge** der Analogie besteht nicht etwa darin, dass der Dritte das empfangene Surrogat herausgeben muss.[19] Vielmehr tritt der Dritte auch hier in die Position des ursprünglichen Empfängers ein:[20] Dieser hatte das Erlangte gegen ein Surrogat eingetauscht. Da § 818 Abs. 1 ihn nicht zur Herausgabe des Surrogats verpflichtete, die Herausgabe des ursprünglich Erlangten aber unmöglich geworden war, hatte der Erstempfänger gemäß § 818 Abs. 2 Wertersatz zu leisten. Er war aber berechtigt, sich von der Wertersatzpflicht in Höhe desjenigen Wertes, welcher dem Surrogat innewohnte, durch dessen Herausgabe von seiner Wertersatzpflicht zu befreien. Die gleiche Position hat nunmehr der Dritte inne: Auch er muss Wertersatz leisten, kann sich aber, soweit der Wert des erlangten Surrogats reicht, durch dessen Herausgabe von seiner Wertersatzpflicht befreien.

14 Im Übrigen wird dem Dritten § 818 Abs. 3 zugute kommen; denn mehr als das Surrogat hatte er niemals erlangt, so dass er jenseits des Wertes des Surrogats auch niemals bereichert war. Dabei ist jedoch zu beachten, dass der Dritte womöglich aus dem Surrogat **Nutzungen** gezogen hat. Zwar sind Nutzungen, die der Bereicherungsschuldner aus dem rechtsgeschäftlich erlangten Surrogat gezogen hat, ebenfalls nicht von § 818 Abs. 1 erfasst (vgl. § 818 RdNr. 41 f.). Wenn aber aus diesem Surrogat Nutzungen gezogen wurden und diese – sei es in Natur, sei es in Gestalt der Ersparnis anderweitiger Ausgaben – im Vermögen des Dritten verblieben sind, ist die Bereicherung insoweit nicht weggefallen.

---

[16] IdS für die Weitergabe von Surrogaten BGHZ 158, 63, 66 = NJW 2004, 1314; zust. *Bockholdt* JZ 2004, 796, 798; *Schuschke* BGHReport 2004, 754, 755; vgl. ferner PWW/*Leupertz* RdNr. 4; *Planck/Landois* Anm. 2 b; RGRK/*Heimann-Trosien* RdNr. 6; *Soergel/Mühl* RdNr. 2; aA aber OLG Naumburg Recht 1902 Nr. 1998.

[17] So 4. Aufl. RdNr. 7.

[18] Zum Folgenden ausf. BGHZ 158, 63, 65 f. = NJW 2004, 1314.

[19] So aber *Staudinger/Lorenz* RdNr. 6; *Tommaso/Weinbrenner* Jura 2004, 649, 653.

[20] Zum Folgenden BGHZ 158, 63, 67 f.; zust. jurisPK/*Martinek* RdNr. 10; ebenso wohl *Bamberger/Roth/Wendehorst* RdNr. 11.

Die Pflicht, den Wert des ursprünglich Erlangten (also nicht des Surrogats!) zu ersetzen, kann, soweit in Gestalt von Nutzungen eine Bereicherung des Dritten verblieben ist, nicht nach § 818 Abs. 3 ausgeschlossen sein.[21] Bestehen die Nutzungen in Gebrauchsvorteilen (§ 100), so sind sie mit der zeitanteiligen linearen Wertminderung im Verhältnis zur voraussichtlichen Restnutzungsdauer zu bewerten (näher § 818 RdNr. 88). Sofern also der Dritte durch den Gebrauch des ihm unentgeltlich zugewendeten Surrogats anderweitige Ausgaben erspart, hat er dem Bereicherungsgläubiger den Wert des ursprünglich Erlangten auch dann zu ersetzen, wenn er sich im Übrigen durch Herausgabe des Surrogats von seiner Wertersatzpflicht befreit. De facto läuft dies auf das gleiche Ergebnis hinaus, als wenn er aus dem erlangten Surrogat nach § 818 Abs. 1 Nutzungen ersetzen müsste.

Wieder anders liegt das Problem, wenn der Erstempfänger dem Dritten weder das 15 primär Erlangte noch ein Surrogat, sondern einen **gänzlich anderen Gegenstand** aus seinem Vermögen unentgeltlich zuwendet, weil er darauf vertraut, das Erlangte behalten zu dürfen. Auch hier kommt, da dem Dritten nicht „das Erlangte" zugewendet wurde, allein eine **analoge Anwendung** des § 822 in Betracht. Diese ist zu befürworten.[22] Sie lässt sich damit rechtfertigen, dass auch in diesem Fall die Haftung des Erstempfängers infolge der Zuwendung nach § 818 Abs. 3 entfällt, und zwar obwohl das ursprünglich Erlangte noch in seinem Vermögen vorhanden ist:[23] Bei § 818 Abs. 3 kommt es anders als bei § 812 Abs. 1 nicht mehr darauf an, ob der Gegenstand des rechtsgrundlosen Vermögenszuflusses als solcher noch beim Empfänger vorhanden ist, sondern ob bei diesem insgesamt eine Vermögensmehrung verblieben ist. Dies ist zu verneinen, wenn und soweit der Empfänger im Vertrauen auf die Rechtsbeständigkeit des Vermögenszuflusses Dispositionen getroffen hat, die sein Vermögen mindern. Dann aber muss der Dritte, sofern er unentgeltlich zum Nutznießer dieser Disposition geworden ist, anstelle des Erstempfängers für die Restitution des Vermögenszuflusses einstehen. Der Dritte kann freilich den ursprünglichen Bereicherungsgegenstand nicht herausgeben, da er nie in dessen Besitz gelangt ist. Er schuldet daher nach § 818 Abs. 2 Wertersatz und kann sich von dieser Verpflichtung dadurch befreien, dass er dasjenige herausgibt, was er unentgeltlich vom Erstempfänger erlangt hat.

3. Ausschluss der Bereicherungshaftung des Erstempfängers. Der Bereicherungs- 16 anspruch des § 822 ist nur gegeben, **„soweit infolgedessen die Verpflichtung des Empfängers zur Herausgabe der Bereicherung ausgeschlossen ist"**. Mit der Formulierung „infolgedessen" fordert das Gesetz einen **Kausalzusammenhang** zwischen der unentgeltlichen Zuwendung an den Dritten und dem Wegfall der Bereicherungshaftung nach § 818 Abs. 3. Konnte sich der Empfänger bereits vor seiner Zuwendung an den Dritten auf § 818 Abs. 3 berufen, ist § 822 nicht mehr anwendbar. Dies erscheint auch in der Sache angemessen; denn die Interessen des Gläubigers konnten in diesem Fall durch eine solche Zuwendung nicht mehr beeinträchtigt werden.[24]

Die Anwendung des § 822 bereitet Schwierigkeiten, wenn der ursprüngliche Bereiche- 17 rungsschuldner verschärft haftet, der gegen ihn gerichtete Anspruch aber nicht mehr verwirklicht werden kann, weil er **insolvent** ist. Nach Ansicht des **BGH** ist § 822 in diesem Fall **unanwendbar**.[25] Der BGH beruft sich insoweit (ausschließlich) auf den „klaren Wort-

---

[21] BGHZ 158, 63, 68 für die Nutzung eines dem Dritten geschenkten Pkw.; *Bamberger/Roth/Wendehorst* RdNr. 11; *Bockholdt* JZ 2004, 796, 799; *Schuschke* BGHReport 2004, 754, 755.
[22] Im Ergebnis wie hier *Reuter/Martinek* § 8 IV 4, S. 370. Dagegen aber *Schilken* JR 1989, 363, 364.
[23] Gegen die Anwendung des § 818 Abs. 3 auf den Erstempfänger – und deshalb auch gegen die Anwendung des § 822 auf den Dritten – *Staudinger/Lorenz* RdNr. 6.
[24] HM, vgl. etwa *Erman/Westermann/Buck-Heeb* RdNr. 4; PWW/*Leupertz* RdNr. 5; *Staudinger/Lorenz* RdNr. 12; *Tommaso/Weinbrenner* Jura 2004, 649, 654.
[25] BGHZ 154, 88, 92 = NJW 2003, 1445; BGH NJW 1969, 605, 606; 1999, 1026; ebenso (auch gegen eine analoge Anwendung des § 822) *Bockholdt*, Die Haftung des unentgeltlichen Erwerbers gemäß § 822 BGB, 2004, S. 255 ff.; *Kiehnle* JA 2005, 737, 738; *Kornblum* JuS 1970, 437, 440 f.; *Oertmann* Anm. 1;

laut des Gesetzes". In der Tat ist § 822 seinem Wortlaut nach nicht einschlägig; denn in den hier diskutierten Fällen ist der Anspruch gegen den ursprünglichen Empfänger nicht rechtlich „ausgeschlossen", sondern lediglich faktisch nicht durchsetzbar. Verbreitet wird indes im **Schrifttum** einer **analogen Anwendung des § 822** das Wort geredet:[26] Der Gläubiger sei nicht weniger schützwürdig als wenn der Anspruch gegen den Empfänger aus Rechtsgründen ausgeschlossen sei; der Dritte sei demgegenüber als unentgeltlicher Empfänger ebenso wenig schützwürdig wie in den von § 822 direkt erfassten Fällen.[27] Die Analogie zu § 822 **überzeugt jedoch nicht.**[28] Denn es fehlt an der Vergleichbarkeit der Interessenlage. In seinem direkten Anwendungsbereich räumt § 822 dem Gläubiger gegenüber dem Dritten exakt diejenige Stellung ein, die ihm zuvor gegen den ursprünglichen Empfänger zustand: Was der Gläubiger von diesem nicht zurückerlangt, mag er nun vom Dritten zurückverlangen. Das erscheint in der Sache deshalb gerechtfertigt, weil der Gläubiger das Erlangte ohne die Zuwendung vom ursprünglichen Empfänger kondizieren könnte. Im Fall der Insolvenz lässt sich eben diese Hypothese nicht aufstellen: Hätte der Empfänger das Erlangte nicht dem Dritten zugewendet, so müsste der Gläubiger seinen Bereicherungsanspruch gegen den Empfänger geltend machen und wäre auf die Insolvenzquote verwiesen. Anders läge es nur in dem (unwahrscheinlichen und wohl kaum nachweisbaren) Fall, dass gerade die Zuwendung an den Dritten die Insolvenz herbeigeführt hat. Wollte man in dieser Situation dem Gläubiger einen Bereicherungsanspruch gegen den Dritten gewähren, so stünde der Gläubiger besser, als er ohne die Zuwendung stünde. Diese Konsequenz ist vom Schutzprogramm des § 822 nicht mehr gedeckt.

18 § 822 hat selbst in **Anweisungsfällen** Bedeutung erlangt. Die Fallgestaltung ist die folgende: Der Anweisende veranlasst in fehlerhafter Weise den Angewiesenen, einem Dritten einen Vermögensvorteil zuzuwenden, und vereinbart mit dem Dritten im Valutaverhältnis, dass dieser jenen Vorteil unentgeltlich behalten solle. Nach Ansicht des BGH erübrigt sich in einem solchen Fall jegliche Reflexion darüber, ob der Bereicherungsausgleich entlang der Leistungsbeziehungen zu suchen sei. Der fehlerhaft Angewiesene könne nach dem Gedanken der §§ 816 Abs. 1 S. 2, 822 schon deshalb direkt gegen den Dritten vorgehen, weil er das Erlangte unentgeltlich erworben habe – immer vorausgesetzt freilich, dass eine Bereicherungshaftung des Anweisenden infolge der unentgeltlichen Zuwendung nach § 818 Abs. 3 ausgeschlossen sei, also nicht bei verschärfter Haftung des Anweisenden.[29] Die Ansicht des BGH verdient in ihren praktischen Ergebnissen Zustimmung; jedoch entbehrt der Rückgriff auf den Rechtsgedanken der §§ 816 Abs. 1 S. 2, 822 jeglichen argumentativen Eigenwerts. Denn entweder es bleibt trotz der fehlerhaften Anweisung dabei, dass der Bereicherungsausgleich entlang der Leistungsbeziehungen zu suchen ist. Dann steht dem Angewiesenen gegen den Anweisenden an sich ein Bereicherungsanspruch zu, der aber infolge der unentgeltlichen Zuwendung des Anweisenden an den Dritten nach § 818 Abs. 3 ausgeschlossen ist. Wenn der Angewiesene sich deshalb an den Dritten wendet, handelt es sich um eine direkte Anwendung des § 822.[30] Oder die fehlerhafte Anweisung führt schon für sich gesehen zur Anerkennung einer Direktkondiktion des Angewiesenen gegen den Dritten; dann bedarf es zur Begründung dieses Ergebnisses nicht mehr des Rückgriffs auf die §§ 816 Abs. 1 S. 2, 822.[31]

Planck/Landois Anm. 4; *Reuter/Martinek* § 8 IV 2, S. 367; *Schlechtriem* WuB IV A § 822 BGB 1.99; *Staudinger/Lorenz* RdNr. 11.
[26] IdS 4. Aufl. RdNr. 6 sowie *Canaris*, FS Larenz, 1973, S. 799, 833; *Kohler*, Lehrbuch des Bürgerlichen Rechts, Bd. II 1. Teil, 1906, § 170, 467; *Larenz/Canaris* II/2 § 69 IV 1 a, S. 195; *Knütel* NJW 1989, 2504, 2508; *Medicus* SchR II RdNr. 691; *Schilken* JR 1989, 363, 365 f.; *Tommaso/Weinbrenner* Jura 2004, 649, 655 f.
[27] De lege ferenda zweifelnd *Staudinger/Lorenz* RdNr. 11.
[28] Abl. auch AnwK-BGB/*v. Sachsen Gessaphe* RdNr. 7; *Bamberger/Roth/Wendehorst* RdNr. 10; jurisPK/*Martinek* RdNr. 6.
[29] BGHZ 88, 232, 236 f.; 145, 269, 274 f.
[30] IdS *Lorenz* JuS 2003, 729, 733.
[31] So wohl auch *Bockholdt* (Fn. 25) S. 162.

V. Beweislast

Der Gläubiger hat nicht nur die unentgeltliche Weitergabe, sondern auch die Tatsache zu beweisen, dass der Empfänger infolgedessen selbst nicht mehr haftet. Darüber hinaus soll ihm nach **hL** auch der (Negativ-) Beweis obliegen, dass Haftungsverschärfungen, die den Einwand des Wegfalls der Bereicherung ausschließen, nicht gegeben waren.[32]

VI. Eigene Bereicherungshaftung des Dritten

Die eigene Bereicherungshaftung des Dritten richtet sich nach den §§ 818 bis 820.

---

[32] Vgl. etwa AnwK-BGB/*v. Sachsen Gessaphe* RdNr. 11; *Staudinger/Lorenz* RdNr. 15 mwN; aA früher RGRK/*Scheffler*, 11. Aufl. 1960, RdNr. 14; aufgegeben von RGRK/*Heimann-Trosien* RdNr. 8.

Titel 27. Unerlaubte Handlungen

Vorbemerkungen

Schrifttum: Für allgemeines Schrifttum zum Deliktsrecht vgl. die Angaben zu § 823.

Rechtshistorisch: *Benöhr,* Die Redaktion der Paragraphen 823 und 826 BGB, in: *Zimmermann* (Hrsg.), Rechtsgeschichte und Privatrechtsdogmatik, 2000, S. 499 ff.; *Coing,* Europäisches Privatrecht, Bd. I, 1985; Bd. II, 1989; *Jakobs/Schubert,* Die Beratung des Bürgerlichen Gesetzbuchs, Recht der Schuldverhältnisse, Bd. III, 1983; *Jansen,* Die Struktur des Haftungsrechts, 2003, S. 181 ff.; *v. Jhering,* Das Schuldmoment im römischen Privatrecht, in: *ders.,* (Hrsg.), Vermischte Schriften juristischen Inhalts, 1879, S. 155 ff.; *Kaser,* Das Römische Privatrecht, Bd. I, 2. Aufl. 1971; *Kaufmann,* Rezeption und Usus modernus der actio legis aquiliae, 1958; *Schubert,* Die Vorlagen der Redaktoren für die erste Kommission zur Ausarbeitung des Entwurfs eines Bürgerlichen Gesetzbuchs, Recht der Schuldverhältnisse, Teil I, 1980, Teil III, Besonderer Teil II, 1980; *Seiler,* Römisches deliktisches Schadensersatzrecht in der obergerichtlichen Rechtsprechung des 19. Jahrhunderts, FS Hermann Lange, 1992, S. 245; *Windscheid/Kipp,* Lehrbuch des Pandektenrechts, Bd. I, II, 9. Aufl. 1906; *Zimmermann,* The Law of Obligations, 1990; *Zimmermann/Verse,* Die Reaktion des Reichsgerichts auf die Kodifikation des deutschen Deliktsrechts (1900–1914), in: *Falk/Mohnhaupt* (Hrsg.), Das Bürgerliche Gesetzbuch und seine Richter, 2000, S. 319 ff.

Zur ökonomischen Analyse des Deliktsrechts: *Adams,* Ökonomische Analyse der Gefährdungs- und Verschuldenshaftung, 1985; *Assmann/Kirchner/Schanze,* Ökonomische Analyse des Rechts, 1978/1993; *Calabresi,* The Costs of Accidents, 1970; *Cooter/Ulen,* Law & Economics, 4. Aufl. 2004, S. 307 ff.; *Eidenmüller,* Effizienz als Rechtsprinzip, 1995; *Endres,* Ökonomische Grundlagen des Haftungsrechts, 1991; *Kötz,* Ziele des Haftungsrechts, FS Steindorff, 1990, S. 643; *Kötz/Wagner,* Deliktsrecht, 10. Aufl. 2006, S. 26 ff.; *Landes/ Posner,* The Economic Structure of Tort Law, 1987; *Posner,* Economic Analysis of Law, 7. Aufl. 2007, S. 167 ff.; *Schäfer/Ott,* Lehrbuch der ökonomischen Analyse des Zivilrechts, 4. Aufl. 2005, S. 121 ff.; *Shavell,* Economic Analysis of Accident Law, 1987; *ders.,* Foundations of Economic Analysis of Law, 2004, S. 175 ff.; *ders.* in: *Polinsky/Shavell* (Hrsg.), Handbook of Law and Economics, Bd. 1, 2007, S. 139 ff.; *Sunstein* (Hrsg.), Behavioral Law and Economics, 2000; *Taupitz,* Ökonomische Analyse und Haftungsrecht – Eine Zwischenbilanz, AcP 196 (1996), 114; *Wagner,* Die Aufgaben des Haftungsrechts – eine Untersuchung am Beispiel der Umwelthaftungsrechts-Reform, JZ 1991, 175; *ders.,* Haftung und Versicherung als Instrumente der Techniksteuerung, VersR 1999, 1441.

Präventions- und Straffunktion des Deliktsrechts: *Dreier,* Kompensation und Prävention, 2002; *Ebert,* Pönale Elemente im deutschen Privatrecht, 2004; *Körner,* Zur Aufgabe des Haftungsrechts – Bedeutung präventiver und punitiver Elemente, NJW 2000, 241; *Möller,* Das Präventionsprinzip des Schadensersatzrechts, 2006; *Müller,* Punitive Damages und deutsches Schadensersatzrecht, 2000; *Stoll,* Schadensersatz und Strafe, FS Rheinstein, Bd. II, 1969, S. 569; *Wagner,* Geldersatz für Persönlichkeitsverletzungen, ZEuP 2000, 200; *ders.,* Prävention und Verhaltenssteuerung durch Privatrecht – Anmaßung oder legitime Aufgabe?, AcP 206 (2006), 352; *ders.,* Neue Perspektiven im Schadensersatzrecht – Kommerzialisierung, Strafschadensersatz, Kollektivschaden, in: Verhandlungen des 66. Deutschen Juristentags, Bd. 1, 2006, S. A 68 ff.

Deliktsrecht und Verfassungsrecht: *v. Bar,* Der Einfluß des Verfassungsrechts auf die westeuropäischen Deliktsrechte, RabelsZ 59 (1995), 203; *Canaris,* Grundrechte und Privatrecht, AcP 184 (1984), 201; *ders.,* Grundrechte und Privatrecht – eine Zwischenbilanz –, 1999; *Diederichsen,* Das Bundesverfassungsgericht als oberstes Zivilgericht, AcP 198 (1998), 171; *ders.,* Die Rangverhältnisse zwischen den Grundrechten und dem Privatrecht, in: *Starck* (Hrsg.), Rangordnung der Gesetze, 1995, S. 39 ff.; *Dürig,* Grundrechte und Zivilrechtsprechung, FS Nawiasky, 1956, S. 157; *Flume,* Rechtsgeschäft und Privatautonomie, FS Hundert Jahre DJT I, 1960, S. 135; *J. Hager,* Grundrechte im Privatrecht, JZ 1994, 373; *Lepa,* Die Einwirkung der Grundrechte auf die Anwendung des Deliktsrechts in der Rechtsprechung des Bundesgerichtshofs, FS Steffen, 1995, S. 261; *Wieacker,* Geschichtliche Wurzeln des Prinzips der verhältnismäßigen Rechtsanwendung, FS Robert Fischer, 1979, S. 867.

Zur Gefährdungshaftung: *Baums,* Die Einführung der Gefährdungshaftung durch Friedrich Carl von Savigny, SZGerm 104 (1987), 277; *Blaschczok,* Gefährdungshaftung und Risikozuweisung, 1993; *Brüggemeier,* Vertrag – Quasi-Vertrag – Sonder-Delikt – Delikt, AG 1982, 268; *v. Caemmerer,* Reform der Gefährdungshaftung, 1971; *Deutsch,* Methode und Konzept der Gefährdungshaftung, VersR 1971, 1; *ders.,* Das neue System der Gefährdungshaftungen: Gefährdungshaftung, erweiterte Gefährdungshaftung und Kausal-Vermutungshaftung, NJW 1992, 73; *Esser,* Die Zweispurigkeit unseres Haftpflichtrechts, JZ 1953, 129; *ders.,* Grundlagen und Entwicklung der Gefährdungshaftung – Beiträge zur Reform des Haftpflichtrechts und zu

Vorbemerkungen **Vor § 823**

seiner Wiedereinordnung in die Gedanken des allgemeinen Privatrechts, 2. Aufl. 1969; *Gitter,* Schadensausgleich im Arbeitsunfallrecht, 1969; *Kötz,* Haftung für besondere Gefahr, AcP 170 (1970), 1; *ders.,* Gefährdungshaftung – Empfiehlt sich eine Vereinheitlichung und Zusammenfassung der gesetzlichen Vorschriften über die Gefährdungshaftung im BGB und erscheint es erforderlich, das Recht der Gefährdungshaftung weiterzuentwickeln? Gutachten und Vorschläge zur Überarbeitung des Schuldrechts, Bd. II, 1981, S. 1779 ff.; *Koziol,* Bewegliches System und juristische Methodenlehre, in: *Bydlinski/Krejci/Schilcher/Steininger* (Hrsg.), Das bewegliche System im geltenden und künftigen Recht, 1986, S. 51 ff.; *Laufs,* Deliktische Haftung ohne Verschulden? – eine Skizze, FS Gernhuber, 1993, S. 245; *Ogorek,* Untersuchungen zur Entwicklung der Gefährdungshaftung im 19. Jahrhundert, 1975; *Will,* Quellen erhöhter Gefahr, 1980; *Zweigert/Kötz,* Die Haftung für gefährliche Anlagen in den EWG-Ländern sowie in England und den Vereinigten Staaten von Amerika, 1966.

Verhältnis zum Vertragsrecht: *Gsell,* Substanzverletzung und Herstellung, 2003, S. 319 ff.; *Klein,* Konkurrenz und Auslegung, 1997; *Kötz,* Haftungsausschlußklauseln, in: 25 Jahre Karlsruher Forum (Beilage VersR 1983), S. 145 ff.; *Schlechtriem,* Vertragsordnung und außervertragliche Haftung, 1972; *ders.,* Vertragliche und außervertragliche Haftung. Empfiehlt es sich, das Verhältnis von vertraglicher und außervertraglicher Haftung durch den Gesetzgeber neu zu ordnen, die Bereiche beider Haftungsarten neu abzugrenzen und ihre Ausgestaltung aneinander anzugleichen? Gutachten und Vorschläge zur Überarbeitung des Schuldrechts, Bd. II, 1981, S. 1591 ff.; *Wagner,* Schuldrechtsreform und Deliktsrecht, in: *Dauner-Lieb/Konzen/K. Schmidt* (Hrsg.), Das neue Schuldrecht in der Praxis, 2003, S. 203 ff.

Verhältnis zum Versicherungsrecht: *Armbrüster,* Der Schutz von Haftpflichtinteressen in der Sachversicherung, 1994; *v. Bar,* Das „Trennungsprinzip" und die Geschichte des Wandels der Haftpflichtversicherung, AcP 181 (1981), 289; *H. Baumann,* Zur Überwindung des „Trennungsprinzips" im System von Haftpflicht und Haftpflichtversicherung – Die Bedeutung des Abtretungsverbots gemäß § 7 Nr. 3 AHB, FS Zivilrechtslehrer 1934/1935, 1999, S. 13; *Brüggemeier,* Gesellschaftliche Schadensverteilung und Deliktsrecht, AcP 182 (1982), 385; *Denck,* Verdrängung des Haftungsrechts durch Teilungsabkommen?, NJW 1982, 2048; *v. Hippel,* Reform des Regresses der Sozialversicherer?, ZRP 1972, 49; *Kaiser,* Risikozuweisung durch Teilungsabkommen, 1981; *Kötz,* Sozialer Wandel im Unfallrecht, 1976; *E. Lorenz,* Zum Regreß des Gebäudeversicherers gegen den seinem Versicherungsnehmer haftpflichtigen Mieter, VersR 1992, 399; *ders.,* Einfluß der Haftpflichtversicherungen auf die Billigkeitshaftung nach § 829 BGB, FS Medicus, 1999, S. 353; *Wagner,* Versicherungsfragen der Umwelthaftung, in: *Ahrens/Simon* (Hrsg.), Umwelthaftung, Risikosteuerung und Versicherung, 1996; *ders.* (Hrsg.), Tort Law and Liability Insurance, 2005; *Weyers,* Unfallschäden, 1971; *Wussow,* Teilungsabkommen, 4. Aufl. 1975.

Zum negatorischen Rechtsschutz: *v. Bar,* Vorbeugender Rechtsschutz vor Verkehrspflichtverletzungen, in: 25 Jahre Karlsruher Forum (Beilage VersR 1983), S. 80 ff.; *Bodewig,* Der Rückruf fehlerhafter Produkte, 1999; *Hohloch,* Die negatorischen Ansprüche und ihre Beziehungen zum Schadensersatzrecht, 1976; *Konzen,* Aufopferung im Zivilrecht, 1969; *Michaelis,* Beiträge zur Gliederung und Weiterentwicklung des Schadensrechts, FS Siber II, 1943, S. 185; *Picker,* Der negatorische Beseitigungsanspruch, 1972; *Stoll,* Haftungsrechtlicher Schutz gegen drohendes Unrecht, FS Hermann Lange, 1992, S. 729; *Wagner,* Öffentlich-rechtliche Genehmigung und zivilrechtliche Rechtswidrigkeit, 1989. Vgl. auch die Angaben bei § 1004.

Reform: *v. Bar,* Deliktsrecht, in: BMJ (Hrsg.), Gutachten und Vorschläge zur Überarbeitung des Schuldrechts, Bd. II, 1981, S. 1681 ff.; *Kötz,* Gefährdungshaftung, ebenda, S. 1779 ff.; *Mohnhaupt-Wolf,* Deliktsrecht und Rechtspolitik, 2004; *Nipperdey,* Die Generalklausel im künftigen Recht der unerlaubten Handlungen, in: *ders.* (Hrsg.), Grundfragen der Reform des Schadensersatzrechts, 1940, wieder abgedruckt in: *Schubert* (Hrsg.), Akademie für Deutsches Recht 1933–1945, Protokolle der Ausschüsse, Bd. III/5, 1993, S. 634 ff.; *Reinhardt,* Die Billigkeitshaftung im künftigen Schadensersatzrecht, in: *Schubert* (Hrsg.), Akademie für Deutsches Recht 1933–1945, Protokolle der Ausschüsse, Bd. III/5, 1993, S. 662 ff.; *Wagner,* Das Zweite Schadensersatzrechtsänderungsgesetz, NJW 2002, 2049; *ders.,* Das neue Schadensersatzrecht, 2002.

Rechtsvergleichung und Europäisches Deliktsrecht: *v. Bar,* Gemeineuropäisches Deliktsrecht, Bd. I, 1996; *ders.,* Gemeineuropäisches Deliktsrecht, Bd. II, 1999; *ders.,* Konturen des Deliktsrechtskonzepts der Study Group on a European Civil Code, ZEuP 2001, 515; *v. Bar/Clive/Schulte-Nölke,* Principles, Definitions and Model Rules of European Private Law – Draft Common Frame of Reference, 2008; *Bussani* (Hrsg.), European Tort Law 2007; *van Dam,* European Tort Law, 2006; *European Group on Tort Law,* Principles of European Tort Law, 2005; *Jansen,* Auf dem Weg zu einem europäischen Haftungsrecht, ZEuP 2001, 30; *ders.,* Principles of European Tort Law?, RabelsZ 70 (2006), 732; *Koziol/Steininger* (Hrsg.), European Tort Law, jährlich seit 2001 (2002, 2003, 2004 usw.); *Rabel,* Die Grundzüge des Rechts der unerlaubten Handlungen, Deutsche Landesreferate zum internationalen Kongreß für Rechtsvergleichung im Haag 1932, Sonderheft zu RabelsZ 6 (1932), S. 10 ff.; *Markesinis/Unberath,* The German Law of Torts, 4. Aufl. 2002; *Wagner,* Grundstrukturen des Europäischen Deliktsrechts, in: *Zimmermann* (Hrsg.), Grundstrukturen des Europäischen Deliktsrechts, 2003, S. 189 ff.; *ders.,* The Project of Harmonizing European Tort Law, 42 CML Rev, 1269 (2005); *ders.,* Deliktsrecht, in: *v. Bar/Schulte-Nölke/Schulze,* Der akademische Entwurf für einen Gemeinsamen Referenzrahmen, 2008, S. 161 ff.; *Winiger/Koziol/Koch/Zimmermann* (Hrsg.), Digest of European Tort Law, Vol. 1, 2007; *Wurmnest,* Grundzüge eines europäischen Haftungsrechts, 2003.

Vor § 823

Übersicht

	RdNr.		RdNr.
I. Begriff des Deliktsrechts	1	3. Voraussetzungen negatorischen Rechtsschutzes	36, 37
II. Geschichtliche Entwicklung des Deliktsrechts	2–6	VII. Funktionen des Deliktsrechts	38–44
1. Deliktsrecht und Strafrecht	2	1. Ausgleichsfunktion	38, 39
2. Von den Zwölf Tafeln zur lex Aquilia	3	2. Präventionsfunktion	40, 41
3. Rezeption, usus modernus und Naturrechtskodifikationen	4–6	3. Straffunktion	42–44
III. Entwicklung und Grundkonzeption des BGB-Deliktsrechts	7–15	VIII. Ökonomische Analyse des Deliktsrechts	45–61
1. Der Vorentwurf	8, 9	1. Grundlagen	45, 46
2. Erste Kommission	10–12	2. Einzelheiten	47–57
3. Zweite Kommission	13	a) Optimale Sorgfalt des Schädigers	47–49
4. Fazit	14, 15	b) Sorgfaltsmaßnahmen des Opfers	50
IV. Deliktsrecht als Teilsystem des Rechts außervertraglicher Haftung	16–27	c) Optimales Aktivitätsniveau	51, 52
1. Ergänzung durch die Gefährdungshaftung	16–26	d) Effiziente Risikoverteilung	53–56
a) Verbreitung der Gefährdungshaftung	16	e) Administrative Kosten	57
b) Zurechnungsgrund	17, 18	3. Kritik und Steuerungsgrenzen	58–61
c) Gefährdungshaftung und Rechtswidrigkeit	19–21	a) Informationsprobleme	59
d) Verhältnis zur Verschuldenshaftung	22	b) Beschränkte Rationalität	60
e) Generalklausel; Analogieproblem	23, 24	c) Normative Einwände	61
f) Versteckte Gefährdungshaftungen in Gestalt überspannter Verkehrspflichten?	25, 26	IX. Verhältnis zu anderen Rechtsgebieten	62–66
2. Verknüpfung mit der Aufopferungshaftung	27	1. Deliktsrecht und Strafrecht	62
		2. Deliktsrecht und Verfassungsrecht	63–66
V. Überlagerung des Deliktsrechts durch das Versicherungsrecht	28–33	X. Ausschluss und Derogation der Delikthaftung	67–79
1. Dominanz des Versicherungsprinzips beim Ausgleich von Personenschäden	28, 29	1. Gesetzliche Haftungsausschlüsse	67
2. Regressansprüche der Versicherungsträger	30–32	2. Beeinflussung durch das Vertragsrecht	68–79
3. Rückwirkung der Versicherung auf die Haftung	33	a) Kumulationsprinzip	68
		b) Beeinflussung des Delikts- durch das Vertragsrecht	69–79
VI. Ergänzung des repressiven Deliktsschutzes durch negatorische Ansprüche	34–37	aa) Vorrang der Vertragshaftung	69
1. Gesetzliche Abwehransprüche	34	bb) Erstreckung von Verjährungsvorschriften	70
2. Verallgemeinerung des negatorischen Rechtsschutzes	35	cc) Erstreckung von Haftungsprivilegien	71–73
		dd) Vertraglicher Haftungsausschluss	74–79
		XI. Novellen und Reformperspektiven	80–84
		XII. Europäisches Deliktsrecht	85
		XIII. Internationales Privatrecht	86
		XIV. Zivilprozessrecht	87

I. Begriff des Deliktsrechts

1 In der europäischen Rechtstradition bildet das Deliktsrecht die eine der beiden großen Abteilungen des Schuldrechts, mit dem Vertragsrecht als seinem Pendant.[1] Gegenstand des Deliktsrechts sind **Verpflichtungen zum Schadensausgleich auf außervertraglicher Grundlage,** die also weder auf einem entsprechenden vertraglichen Versprechen beruhen, wie beim Versicherungsvertrag, noch die Nicht- bzw. Schlechterfüllung eines auf eine sons-

---

[1] Das ist die klassische summa divisio obligationum nach *Gaius*, Institutionen III, 88, die dann später zu einem Quartett aus Vertrag, Quasi-Vertrag, Delikt, Quasi-Delikt erweitert wurde; Inst. 3.13.2. Eingehend dazu *Zimmermann*, Law of Obligations, S. 10 ff.; vgl. auch *Windscheid/Kipp*, Pandektenrecht II, § 362 Anm. 1, S. 539 f.; zur Entwicklung in der Neuzeit *Coing*, Europäisches Privatrecht I, § 78 II, S. 394 ff.

tige Leistung gerichteten vertraglichen Primärleistungsanspruchs sanktionieren und deshalb ihre Grundlage in den §§ 280 f., 241 Abs. 2 finden. Die Rechtsfolgen der §§ 823 ff. treten unabhängig von einem rechtsgeschäftlichen Willen der Beteiligten ein. Mehrdeutig ist der Begriff des Deliktsrechts insofern, als er offen lässt, ob er sich allein auf „Delikte" im eigentlichen Sinn des Wortes bezieht oder ob er die früher sog. Quasi-Delikte einschließt. Letztere begründen zwar ebenfalls eine außerhalb des Vertragsrechts stehende Einstandspflicht für Schäden Dritter, knüpfen diese aber nicht an rechtswidrig-schuldhaftes Verhalten des Schädigers, sondern verwenden andere Zurechnungsgesichtspunkte, insbesondere denjenigen der Schaffung und Kontrolle einer Quelle erhöhter Gefahr (iE RdNr. 17). Wie § 833 S. 1 zeigt, hält das BGB die strikte Trennung von Delikt und Quasi-Delikt nicht durch und befindet sich damit in Übereinstimmung sowohl mit dem Code Civil, der den Begriff des Quasi-Delikts nicht auf die verschuldensunabhängige Haftung, sondern auf das Fahrlässigkeitsdelikt bezieht,[2] als auch mit dem englischen Recht, das unter „torts" nicht nur Tatbestände der Verschuldenshaftung, sondern auch solche der strikten Haftung fasst. Soweit an einem engen Verständnis des Begriffs „Deliktsrecht" festgehalten wird, bietet es sich an, den Begriff „Haftungsrecht" als verbindende Klammer für Tatbestände der Verschuldenshaftung und der verschuldensunabhängigen Haftung, insbesondere der Gefährdungshaftung, zu benutzen.[3]

II. Geschichtliche Entwicklung des Deliktsrechts

1. Deliktsrecht und Strafrecht. Das Deliktsrecht ist Teil des deutschen Obligationenrechts und als solches geprägt von der Tradition des römischen Rechts. In der Antike entwickelte sich das private Deliktsrecht aus **derselben Wurzel wie das öffentliche Strafrecht,**[4] wie überhaupt in frühen Gesellschaften privat- und strafrechtliche Elemente regelmäßig in einem einzigen Rechtsinstitut miteinander verwoben sind. In Rom hatten sich die allgemein-deliktsrechtlichen Klagen aus dem Talionsrecht, dem Recht zur Selbsthilfe, entwickelt und dieses abgelöst. Statt des natürlichen Rechts, am Körper des Täters Rache zu nehmen, erhielt der Verletzte die Klage auf eine Geldzahlung, die zugleich der Vergeltung (Buße) wie auch der Genugtuung (Schadensersatz) diente und insofern als „actio mixta" qualifiziert wurde.[5] Trotz der seit der frühen Neuzeit geläufigen strikten Trennung von Straf- und Zivilrecht ist es bis heute nichts Ungewöhnliches, dass ein und dasselbe Verhalten eine zum Schadensersatz verpflichtende unerlaubte Handlung darstellt und zugleich mit Strafe belegt wird, zumal das Deliktsrecht über § 823 Abs. 2 in erheblichem Umfang an die Wertungen des Strafrechts anknüpft. Soweit dies der Fall ist, kann der Verletzte seinen privaten Schadensersatzanspruch im Strafprozess im Wege des Adhäsionsverfahrens gemäß §§ 403 ff. StPO geltend machen.

2. Von den Zwölf Tafeln zur lex Aquilia. Neben die zum Teil schon in der Zwölf-Tafel-Gesetzgebung enthaltenen Delikte, insbesondere die Sachentziehung (furtum) und die Persönlichkeitsverletzung (actio injuriarum), trat der Legende nach im Jahre 286 v. Chr. durch Plebiszit die lex Aquilia, die zur **Keimzelle des modernen Deliktsrechts** werden sollte.[6] Nach ihrem Wortlaut betrafen das hier allein interessierende 1. und 3. Kapitel der lex Aquilia zwar nur die Sachbeschädigung, Letztere umfasste wegen der im klassischen Rom üblichen Sklavenhaltung indessen auch Verletzungen von Leib und Leben von Personen.

---

[2] Vgl. die Überschrift zum 2. Buch, IV. Titel, II. Kapitel des Code Civil.
[3] Vgl. *Deutsch*, dessen einschlägiges Werk den Titel „Allgemeines Haftungsrecht" trägt.
[4] *Coing*, Europäisches Privatrecht I, § 100, S. 503; *Kaser*, Das Römische Privatrecht, § 39, S. 146 ff.; *Liebs* S. 188 ff.; *Zimmermann*, Law of Obligations, S. 2 f., 914 ff.; *Jansen*, Struktur des Haftungsrechts, S. 189 ff. Wegen der Einzelheiten der Entwicklung und Dogmatik des römischen Deliktsrechts muss auf die Spezialliteratur verwiesen werden, die in den beiden genannten Werken dokumentiert ist. Speziell zum Geldersatz für Persönlichkeitsverletzungen vgl. *Wagner* ZEuP 2000, 200, 201 ff.; zur Entwicklung in England vgl. *Pollock/Maitland*, History of English Law II, S. 448 ff.
[5] *Kaser*, Das Römische Privatrecht, § 142 IV, S. 611 f.; *Zimmermann*, Law of Obligations, S. 918 f.
[6] Zur Geschichte der lex Aquilia eingehend *Zimmermann*, Law of Obligations, S. 953 ff., 998 ff.; *Jansen*, Struktur des Haftungsrechts, S. 202 ff.

Damit war die lex Aquilia bestens dazu geeignet, in der Folgezeit auf die Verletzung „freier" Menschen ausgedehnt zu werden.[7] Genauso wie die übrigen Deliktstatbestände war sie zwar zunächst auf vorsätzliche Rechtsverletzungen zugeschnitten,[8] wurde jedoch noch in der vorklassischen Zeit auf fahrlässiges Verhalten ausgedehnt; sie setzte lediglich voraus, dass die Verletzung „iniuria" erfolgte, was im Sinne einer Synthese der heute üblichen Begriffe der Rechtswidrigkeit und der Schuld zu verstehen ist.[9] Schuldhaft handelte der Täter, wenn ihm Vorsatz (dolus) oder Fahrlässigkeit (culpa) vorzuwerfen war. Schließlich war die lex Aquilia auch in ihren Rechtsfolgen ausgesprochen modern, weil sich die Sanktionen am Restitutionsprinzip – und nicht an Straf- oder Vergeltungsgedanken – orientierten.[10]

4 **3. Rezeption, usus modernus und Naturrechtskodifikationen.** Mit der Rezeption des römischen Rechts kam die lex Aquilia in den deutschen Territorien in Gebrauch und entwickelte sich zu einer **allgemeinen Schadensersatzklage** nicht nur für Körperverletzungen und Sachbeschädigungen, sondern darüber hinaus für jedwede rechtswidrig-schuldhafte Zufügung eines Vermögensschadens.[11] Während das Deliktsrecht in der Wissenschaft des römischen Rechts als System von Einzeltatbeständen gepflegt wurde, in dem die actio legis Aquiliae lediglich als eine unter vielen erschien, wurde sie von der Gerichtspraxis zu einem Universaltatbestand ausgebaut, der das Deliktsrecht faktisch beherrschte[12] und dessen Schutzbereich nach im 19. Jahrhundert verbreiteter, wenn auch nicht allgemein geteilter Ansicht nicht auf absolute subjektive Rechte beschränkt war, sondern sich uU sogar auf reine Vermögensinteressen erstreckte.[13] Vor diesem Hintergrund postulierten die Naturrechtslehrer und die ihnen folgenden Kodifikationen ein allgemeines Prinzip der Deliktshaftung für jeden schuldhaft zugefügten Schaden. Früher Höhepunkt dieser Entwicklung war der französische **Code civil** aus dem Jahr 1804, dessen Art. 1382 bekanntlich die klassische deliktische Generalklausel mit den treffenden Worten umschreibt:

„*Tout fait quelconque de l'homme, qui cause à autrui un dommage, oblige celui par la faute duquel il est arrivé, à le réparer.*"[14]

5 Aus dem deutschen Sprachraum ist insoweit vor allem § 1295 des **österreichischen ABGB** von 1811 zu nennen, der formuliert:

„*Jedermann ist berechtigt, von dem Beschädiger den Ersatz des Schadens, welchen dieser ihm aus Verschulden zugefügt hat, zu fordern; der Schaden mag durch Übertretung einer Vertragspflicht oder ohne Beziehung auf einen Vertrag verursacht worden sein.*"

6 Das **preußische Allgemeine Landrecht** von 1794 schließlich widmete dem Haftungsgrund zwar sieben Paragraphen,[15] die jedoch lediglich den Umfang der Ersatzpflicht am Verschuldensgrad orientierten, im Übrigen aber auf einem allgemeinen Prinzip beruhten:

---

[7] *Liebs* S. 207 f.; *Kaser*, Das Römische Privatrecht, § 144 III 3, S. 622.
[8] *Kaser*, Das Römische Privatrecht, § 41 IV 2, S. 161; *Zimmermann*, Law of Obligations, S. 1005.
[9] *Kaser*, Das Römische Privatrecht, § 144 II 1, S. 620; eingehend zu dieser Entwicklung *Zimmermann*, Law of Obligations, S. 1004 ff.
[10] *Zimmermann*, Law of Obligations, S. 961.
[11] *Coing*, Europäisches Privatrecht I, § 102 I, II, S. 509 f.; eingehend *Kaufmann*, Rezeption und Usus modernus der actio legis aquiliae, S. 29 ff.; *Jansen*, Struktur des Haftungsrechts, S. 272 ff., 274.
[12] *Coing*, Europäisches Privatrecht II, § 106 IV, S. 518 mwN; *Kaufmann*, Rezeption und Usus modernus der actio legis aquiliae, S. 124 ff.
[13] *Zimmermann/Verse* in: Das Bürgerliche Gesetzbuch und seine Richter, S. 319, 329; *Seiler*, FS Hermann Lange, 1992, S. 245, 256 ff.; vgl. die Schilderung des Streitstands in RGZ 9, 158, 163 ff.: Vermögensschaden des Eigentümers von Transportgut infolge Beschädigung des Transportmittels; ganz ähnlich zum BGB BGH VersR 1979, 905; OLG Karlsruhe VersR 1975, 38, 39; *v. Bar*, Probleme der Haftpflicht für deliktsrechtliche Eigentumsverletzungen, S. 31 f.
[14] Tatsächlich meint Art. 1382 Code civil nur das Vorsatzdelikt, wie sich aus dem Wort „fait" ergibt; die Generalklausel für Fahrlässigkeitstaten (négligence) findet sich in Art. 1383 Code civil; vgl. *Wagner*, Grundstrukturen des Europäischen Deliktsrechts, S. 200.
[15] Allgemeines Landrecht für die Preußischen Staaten (1794), Teil 1, Titel 6, §§ 10 bis 16.

Vorbemerkungen 7–10 **Vor § 823**

Wer einem anderen aus Vorsatz oder Versehen Schaden zufügt, muss diesen (ganz oder teilweise) wiedergutmachen.[16]

III. Entwicklung und Grundkonzeption des BGB-Deliktsrechts

Anders als die eben geschilderten Rechtsordnungen postuliert das BGB **keine „große", das gesamte Deliktsrecht beherrschende Generalklausel**, enthält aber auch keinen Katalog von Spezialtatbeständen, wie er im Dresdner Entwurf noch enthalten war,[17] sondern verwirklicht einen Kompromiss. 7

1. Der Vorentwurf. Einer Generalklausel französischen Stils am nächsten stand noch der von dem Redaktor *Franz Philipp v. Kübel* verfasste Vorentwurf zum BGB, der den Titel über die „Unerlaubten Handlungen" mit einer Bestimmung eröffnete, die sich durchaus als **Generalklausel** verstehen ließ: 8

„Hat Jemand durch eine widerrechtliche Handlung oder Unterlassung aus Absicht oder aus Fahrlässigkeit einem Anderen einen Schaden zugefügt, so ist er diesem zum Schadensersatz verpflichtet".[18]

In der Begründung **verwirft** *v. Kübel* **das Enumerationsprinzip** des klassischen römischen Rechts und der Pandektenwissenschaft zugunsten eines einzigen selbstständigen und allgemeinen Rechtsgrunds der Schadensersatzpflicht, „wonach jeder widerrechtliche (schuldhafte) Eingriff in eine fremde Rechtssphäre [...] den Anspruch auf Schadensersatz begründet".[19] Dies geschieht in der ausdrücklich erklärten Absicht, die Haftung im Vergleich zum Standard des Gemeinen Rechts auszudehnen und Schadensersatz bei jeder Verletzung eines von der Rechtsordnung als schutzwürdig anerkannten Interesses zu gewähren.[20] Insbesondere sollte sich das Deliktsrecht nicht auf den Schutz von absoluten Rechten beschränken, sondern auch reine Vermögens- und immaterielle Persönlichkeitsinteressen vor Eingriffen abschirmen.[21] Die weitere Entstehungsgeschichte des BGB lässt sich als schrittweises Abrücken von den hochgesteckten Zielen des Vorentwurfs deuten. Das zentrale Instrument dazu war die Präzisierung der Haftungsvoraussetzung der Rechtswidrigkeit. 9

2. Erste Kommission. Die Erste Kommission folgte dem Ansatz *v. Kübels* insofern, als sie sich dazu bekannte, die Lösung der modernen Gesetzgebungen aufzunehmen und „die Schadensersatzpflicht nicht an einzelne bestimmte, möglicherweise nicht erschöpfend gestaltete Delikte zu knüpfen, sondern allgemein als die mögliche Folge einer jeden unerlaubten Handlung hinzustellen".[22] Folgerichtig wird der noch im Dresdner Entwurf enthaltene umfangreiche Katalog von Einzeldelikten gestrichen.[23] Darüber hinaus wollte insbesondere *Windscheid* den **Anschluss an das französische Recht** herstellen und die allenthalben zu konstatierenden Schutzlücken des deutschen Rechts schließen. Nach seinen Vorstellungen sollte das Erfordernis der „Widerrechtlichkeit" gestrichen und bündig formuliert werden: „Wer wissentlich oder fahrlässig einem Anderen Schaden zufügt, ist diesem zum Ersatz des Schadens verpflichtet".[24] Erstaunlicherweise wurde dieser Antrag in der Kommission zu- 10

---

[16] Vgl. *Staudinger/Hager* RdNr. 3.
[17] Die Vorschriften sind abgedruckt bei *Schubert*, Die Vorlagen der Redaktoren für die erste Kommission zur Ausarbeitung des Entwurfs eines Bürgerlichen Gesetzbuchs, Recht der Schuldverhältnisse III/2, S. 751 ff.
[18] So § 1 des Teilentwurfs Nr. 15 von *v. Kübel*, abgedruckt bei *Schubert*, Die Vorlagen der Redaktoren für die erste Kommission zur Ausarbeitung eines Entwurfs eines Bürgerlichen Gesetzbuchs, Recht der Schuldverhältnisse I, S. 653.
[19] *v. Kübel* (Fn. 18) S. 659 f., 661.
[20] *v. Kübel* (Fn. 18) S. 660.
[21] *v. Kübel* (Fn. 18) S. 660 f. mit § 14 Abs. 2 S. 1 des Teilentwurfs: „Wegen eines anderen Schadens als eines Vermögensschadens kann eine durch das freie Ermessen des Richters zu bestimmende Entschädigung in Geld gefordert werden."
[22] Mot. II S. 725.
[23] Die Bestimmungen sind abgedruckt bei *Schubert*, Recht der Schuldverhältnisse, S. 751 ff. Zu den Gründen für die Streichung *Jakobs/Schubert*, Die Beratung des Bürgerlichen Gesetzbuchs, Recht der Schuldverhältnisse III, S. 902 ff.
[24] *Jakobs/Schubert*, Die Beratung des Bürgerlichen Gesetzbuchs, Recht der Schuldverhältnisse III, S. 873, 875.

nächst akzeptiert,[25] der Beschluss jedoch später wieder revidiert, ohne dass die zentrale Frage erneut diskutiert worden wäre.[26] Maßgebend für das Festhalten an der Voraussetzung der Widerrechtlichkeit war nämlich keineswegs die Ablehnung einer deliktischen Generalklausel, sondern das Bemühen um die Verkürzung des Verschuldensbezugs,[27] nach dem sich Vorsatz und Fahrlässigkeit nicht auch auf den Schadenseintritt beziehen müssen.[28] Erst in diesem Zusammenhang entschloss sich die Kommission dazu, die Haftungsvoraussetzung der Widerrechtlichkeit in den Gesetzestext aufzunehmen, in die beiden Fälle des Rechts- und des Gesetzesverstoßes aufzufächern und um den heute in § 826 geregelten Tatbestand der sittenwidrigen Schädigung zu ergänzen.

11 Dementsprechend waren in **§ 704 des Ersten Entwurfs** (E-I) die beiden Absätze des heutigen § 823 BGB schon deutlich angelegt, wenn auch in umgekehrter Reihenfolge und zudem mit dem sachlichen Unterschied, dass sich gemäß § 704 Abs. 2 beim Eingriff in absolute subjektive Rechte das Verschulden lediglich auf die rechtswidrige Handlung zu beziehen brauchte, während im Fall des § 704 Abs. 1 auch der Schaden vom Verschulden umfasst, also gewollt oder erkennbar gewesen sein musste:

„Hat Jemand durch eine aus Vorsatz oder Fahrlässigkeit begangene widerrechtliche Handlung – Thun oder Unterlassen – einem Anderen einen Schaden zugefügt, dessen Entstehung er vorausgesehen hat oder voraussehen musste, so ist er dem Anderen zum Ersatze des dadurch verursachten Schadens verpflichtet, ohne Unterschied, ob der Umfang des Schadens vorauszusehen war oder nicht.

Hat Jemand aus Vorsatz oder Fahrlässigkeit durch eine widerrechtliche Handlung das Recht eines Anderen verletzt, so ist er den durch die Rechtsverletzung dem Anderen verursachten Schaden diesem zu ersetzen verpflichtet, auch wenn die Entstehung des Schadens nicht vorauszusehen war. Als Verletzung eines Rechts im Sinne der vorstehenden Vorschrift ist auch die Verletzung des Lebens, des Körpers, der Gesundheit, der Freiheit und der Ehre anzusehen."

Der Vorläufer des § 826 findet sich schließlich in **§ 705 E-I**, der formuliert, widerrechtlich sei auch

„die kraft der allgemeinen Freiheit an sich erlaubte Handlung, wenn sie einem Anderen zum Schaden gereicht und ihre Vornahme gegen die guten Sitten verstößt."

12 Bei unbefangener Lesart präsentiert sich § 704 Abs. 1 E-I als **Generalklausel** und wird herkömmlich auch so verstanden.[29] In Wahrheit ist die Vorschrift hingegen keine deutsche Version von Art. 1382, 1383 Code civil, sondern Vorläufer des § 823 Abs. 2, weil sie sich auf Verstöße gegen objektives Recht beschränkte.[30] Folgerichtig wird in den Motiven eingeräumt, mit § 704 E-I des Entwurfs werde den damals verbreiteten Klagen über die Schutzlücken des gemeinen Deliktsrechts „nicht abgeholfen".[31] Den entscheidenden Schritt in Richtung auf das französische Recht brachte erst der Tatbestand des § 705 E-I, der anders als der heutige § 826 nicht auf vorsätzliches Handeln beschränkt war, sondern eine allgemeine culpa-Haftung für reine Vermögensschäden einführte, sofern die Handlung nur eine „illoyale" war, also gegen die guten Sitten verstieß.[32] Erst damit wurde aus der Sicht der Gesetzesverfasser die weitere Enumeration von Einzeltatbeständen überflüssig.[33] Wie umfassend die Erste Kommission die Deliktshaftung in Wahrheit konzipiert hatte,

---

[25] *Jakobs/Schubert*, Die Beratung des Bürgerlichen Gesetzbuchs, Recht der Schuldverhältnisse III, S. 873, 875.
[26] *Jakobs/Schubert* (Fn 25), S. 881, 884.
[27] *Benöhr* in: Rechtsgeschichte und Privatrechtsdogmatik, S. 499, 505 f., 522.
[28] *Jakobs/Schubert* (Fn 25), S. 876 bis 882.
[29] So *v. Caemmerer*, FS DJT II, S. 66; *Larenz/Canaris* II/2 § 75 I 3, S. 354; *Medicus* SchR II RdNr. 739; eingehend *Börgers*, Von den „Wandlungen" zur „Restrukturierung" des Deliktsrechts?, S. 78 ff.
[30] *Schwitanski*, Deliktsrecht, Unternehmensschutz und Arbeitskampfrecht, S. 112; *Schmiedel*, Deliktsobligationen nach deutschem Kartellrecht, S. 14.
[31] Mot. II S. 726.
[32] Mot. II S. 727.
[33] Mot. II S. 726.

erkennt man schon an einem der ganz wenigen praktischen Beispiele, das sich in den Gesetzesmaterialien zu den §§ 823 ff. findet, nämlich dem Fall der Tötung einer lebensversicherten Person. Hier sollte der Versicherer Schadensersatz wegen des erlittenen Prämienausfalls verlangen können, falls der Täter voraussehen konnte, dass das Opfer lebensversichert war.[34] Der Erste Entwurf enthielt somit zwar nicht in seinem § 704 Abs. 1 E-I, aber doch in § 705 E-I bzw. in dessen Zusammenspiel mit den beiden Tatbeständen des § 704 E-I eine deliktische Generalklausel.[35] Der heutige § 823 Abs. 1 (§ 704 Abs. 2 E-I) hatte in diesem Kontext nicht die Funktion der Haftungs*begrenzung*, sondern diejenige der Haftungs*ausdehnung*, denn anders als beim Gesetzes- und Sittenverstoß brauchte sich das Verschulden nicht auf den Schaden, sondern lediglich auf die Verletzung eines absoluten subjektiven Rechts zu beziehen.

3. Zweite Kommission. Anders als in den übrigen Teilen des BGB war die Zweite Kommission bei der Überarbeitung des Deliktsrechts keineswegs darum bemüht, den Ersten Entwurf um „Tropfen sozialen Öls" anzureichern, sondern im Gegenteil die Haftung zurück zu schneiden, weil sie als untragbar weitgehend empfunden wurde.[36] Nur so werde das Deliktsrecht seiner Aufgabe gerecht, „die Rechtskreise der Einzelnen, innerhalb deren diese ihre individuelle Freiheit entfalten und ihre Interessen verfolgen dürfen, voneinander abzugrenzen".[37] Diese **Abgrenzung** wollte man in bewusster Unterscheidung zum französischen Recht **nicht dem Richter überlassen,** sondern ihm **Wertungskriterien** an die Hand geben.[38] Die Wertungen, um die es den Gesetzesverfassern gegangen ist, lassen sich zu zwei Gesichtspunkten verdichten: An erster Stelle sollte der Kreis der potentiell anspruchsberechtigten Deliktsgläubiger auf diejenigen Personen beschränkt werden, die selbst unmittelbar einen Nachteil erlitten hatten, während mittelbar Geschädigte, deren Schaden auf der Verletzung eines Dritten beruht, auf die Ausnahmevorschriften der heutigen §§ 844 ff. beschränkt wurden (§ 844 RdNr. 1 ff.). Gleichrangig neben diesem Anliegen steht das Bemühen um die **Beschränkung der Haftung für reine Vermögensschäden,** die ihrerseits nicht Folge einer Rechtsgutsverletzung sind. Ausdrücklich wurde die Einführung einer allgemeinen Culpa-Haftung für jeden Vermögensschaden abgelehnt.[39] Aus diesen Gründen wurde der Tatbestand der Gesetzesverletzung (§ 704 Abs. 1 E-I, heute § 823 Abs. 2) auf Normen mit Individualschutzzweck beschränkt, und der von der Ersten Kommission als Auffangtatbestand konzipierte § 705 E-I (heute § 826), der eine allgemeine Fahrlässigkeitshaftung für illoyale Handlungen statuierte, dieser Funktion beraubt, indem die von der Vorkommission des Reichsjustizamts verfügte Verengung auf vorsätzliche Eingriffe[40] beibehalten und ein Antrag *Plancks,* das ursprüngliche Konzept wiederherzustellen, mit floskelhafter Begründung abgelehnt wurde (vgl. auch § 826 RdNr. 1).[41] Der heute zentralen Vorschrift des § 823 Abs. 1 kommt in einem solchen rechtlichen Umfeld nicht mehr die Funktion der Haftungs*ausdehnung* durch Verkürzung des Verschuldensbezugs, sondern umgekehrt diejenige der Haftungs*beschränkung* zu, nämlich der Beschränkung der Schadensersatzpflicht auf Einbußen, die ihrerseits Folge der Verletzung eines absoluten Rechts oder Rechtsguts sind, bei gleichzeitiger Ausklammerung reiner Vermögensschäden und immaterieller Persönlichkeitsinteressen.

4. Fazit. In der Denkschrift zum BGB heißt es, der Gesetzgeber habe nicht etwa das Enumerationsprinzip des klassischen römischen Rechts adoptiert, sondern einen **Kompromiss zwischen Generalklausel und Einzeltatbeständen** gefunden. Dem Vorbild des französischen Rechts folgend, würden die Voraussetzungen der Haftung für unerlaubte

---

[34] Mot. II S. 728, und dazu die Vorkommission des Reichsjustizamts, bei *Jakobs/Schubert* (Fn 25), S. 892 f.
[35] Übereinstimmend *Fezer,* Teilhabe und Verantwortung, S. 478.
[36] Prot. II S. 571 f.
[37] Prot. II S. 567.
[38] Prot. II S. 571.
[39] Prot. II S. 573 f.
[40] *Jakobs/Schubert* (Fn 25), S. 893.
[41] Prot. II S. 576.

Handlungen „auf allgemeiner Grundlage" geregelt; anders als das französische Vorbild begnüge sich das BGB indessen nicht mit der Stipulation einer Generalklausel, sondern es „begrenzt [...] die Voraussetzungen der Schadensersatzpflicht schärfer, um dadurch eine feste gesetzliche Grundlage für die richterliche Entscheidung zu schaffen".[42] Diese Begrenzungen beruhen sämtlich auf dem Tatbestandsmerkmal der Rechtswidrigkeit, das seinerseits in drei Alternativen aufgefächert wird: Rechtsverstoß (§ 823 Abs. 1), Gesetzesverstoß (§ 823 Abs. 2), vorsätzlicher Sittenverstoß (§ 826).

15 Diese Charakterisierung ist weit verbreitet,[43] trifft jedoch viel mehr auf den Ersten Entwurf zu als auf das maßgeblich von der Zweiten Kommission bestimmte BGB, die das ursprünglich in Aussicht genommene Haftungssystem in zwei entscheidenden Hinsichten verkürzt hat, nämlich (1) durch **Ausklammerung immaterieller Persönlichkeitsgüter** jenseits von Leben, Körper, Gesundheit und Freiheit aus dem Schutzbereich des § 823 Abs. 1 und (2) durch **Reduktion der Einstandspflicht für reine Vermögensschäden** auf vorsätzlich-sittenwidrige Handlungen (§ 826), soweit nicht gegen ein drittschützendes Gesetz verstoßen wurde (§ 823 Abs. 2). Damit blieb das BGB in mancher Hinsicht noch hinter dem zu Ende des 19. Jahrhunderts erreichten Rechtszustand zurück, und zwar nicht nur für diejenigen Provinzen, in denen bis 1900 der Code civil mit seiner deliktischen Generalklausel galt, sondern auch im Bereich des gemeinen Rechts, in dem durchaus Ansätze für einen erweiterten Deliktsschutz vorhanden waren.[44] Bekanntlich haben sich die beiden zentralen Wertungen der Zweiten Kommission in der Folgezeit nicht halten lassen, sondern sind von der Rechtspraxis de facto überwunden worden (§ 826 RdNr. 2 f.).[45] Für die Haftung bei Verletzung reiner Vermögensinteressen hat bereits das RG den Stab zugunsten einer allgemeinen culpa-Haftung mit der Anerkennung des Rechts am eingerichteten und ausgeübten Gewerbebetrieb gebrochen (vgl. § 823 RdNr. 187 ff.). Die Anerkennung von Persönlichkeitsrechten als deliktsrechtlich geschützte Güter musste indessen noch bis nach dem Zweiten Weltkrieg warten, bis das GG einer entsprechenden Rechtsfortbildung die als notwendig empfundene verfassungsrechtliche Legitimation verschafft hatte (vgl. § 823 RdNr. 179 ff.; Anh. § 12 RdNr. 10).

IV. Deliktsrecht als Teilsystem des Rechts außervertraglicher Haftung

16 **1. Ergänzung durch die Gefährdungshaftung. a) Verbreitung der Gefährdungshaftung.** Die Haftungstatbestände der §§ 823 ff. beruhen ganz überwiegend auf dem **Verschuldensprinzip**, dh. sie knüpfen die Schadensersatzpflicht an vorsätzliches oder fahrlässiges und damit pflichtwidriges Verhalten, mag Letzteres auch unter bestimmten Voraussetzungen vermutet werden wie in den Fällen der §§ 831, 832. Die Haftung für sog. Luxustiere nach § 833 S. 1 ist der einzige, außerhalb des Rechts der Sonderverbindungen angesiedelte Haftungstatbestand des BGB, der die Einstandspflicht nicht vom Verschulden, also von der Pflichtwidrigkeit des Verhaltens, abhängig macht.[46] Obwohl schon das ältere deutsche Recht weitgehend mit Erfolgshaftungstatbeständen operierte und auch dem römischen Recht Haftungen ohne Verschulden nicht unbekannt waren, hat die Gefährdungshaftung im modernen Sinn erst mit Beginn der Industrialisierung im 19. Jahrhundert ihren Anfang und Aufschwung genommen. Der Startschuss für diese Karriere war bekanntlich die auf *v. Savigny* zurückgehende Regelung des Preußischen Gesetzes über die Eisenbahn-Unternehmungen vom 3. 11. 1838;[47] eine Regelung, die

---

[42] Denkschrift S. 97.
[43] *Rabel* Sonderheft zu RabelsZ 6 (1932), 10, 13; *v. Caemmerer*, FS DJT Bd. II, S. 49, 66 f.; *ders.*, FS Rabel I, S. 333.
[44] Vgl. Fn. 13.
[45] *Brüggemeier* Deliktsrecht RdNr. 81.
[46] Die ursprüngliche Fassung des BGB enthielt in dem früheren § 835 noch einen weiteren Tatbestand der Gefährdungshaftung, und zwar zu Lasten des Jagdberechtigten für Wildschäden. Seit 1952 (Gesetz vom 29. 11. 1952, BGBl. I S. 780) findet sich die einschlägige Regelung in den §§ 29 ff. BJagdG.
[47] *Baums* SZGerm. 104 (1987), 277 ff.; eingehend zur Entstehungsgeschichte des § 25 Preußisches Eisenbahngesetz (GS 1838, 505, 510) *Lenz*, Haftung ohne Verschulden, S. 57 ff.

später in § 1 RHpflG 1871 aufgegangen ist und sich heute im Kern unverändert in § 1 HPflG findet. In der Folgezeit ist dieses Prinzip auf Energie- und Rohrleitungsanlagen (§ 2 HPflG), Bergwerke (§ 114 BBergG), Luftfahrzeuge (§§ 33 ff. LuftVG), Kernanlagen (§§ 25 ff. AtG) und Kraftfahrzeuge (heute § 7 StVG) ausgedehnt worden, und auch die Haftung für fehlerhafte Produkte nach § 1 ProdHaftG und § 84 AMG ist nicht durchweg, wenn auch ganz überwiegend, verschuldensabhängig.[48] Seit 1884 gilt zudem für den wichtigen Bereich der Arbeitsunfälle und Berufskrankheiten das Prinzip der Gefährdungshaftung, wenn auch in sozialrechtlichem statt in privatrechtlichem Gewand,[49] denn die heute in SGB VII geregelte soziale Unfallversicherung erbringt ihre Entschädigungsleistungen unabhängig davon, ob der Arbeitgeber oder einer seiner Verrichtungsgehilfen das Schadensereignis verschuldet hat. Der Schwung des Gefährdungshaftungsprinzips ist bis heute ungebrochen, denn wann immer es neuartige Gefahrenquellen haftungsrechtlich einzufangen gilt, wie etwa im Zusammenhang mit der Regulierung der Gentechnik, oder wenn das Schadenspotential bereits eingeführter und sozial akzeptierter technischer Anlagen der Öffentlichkeit durch Katastrophen vor Augen geführt wird, wie im Fall umweltgefährdender Anlagen Ende der achtziger Jahre infolge der Unfälle in Tschernobyl, bei Sandoz in Basel und der Berichte über das Waldsterben, reagiert der Gesetzgeber mit der Einführung neuer Gefährdungshaftungstatbestände, in den genannten Fällen mit den §§ 32 ff. GenTG, 1 ff. UmweltHG.[50] Seit 2007 wird das auf private Rechtsgutsverletzungen zugeschnittene UmweltHG durch die ordnungsrechtliche Verantwortlichkeit für ökologische Schäden nach Maßgabe des USchG ergänzt.[51]

b) Zurechnungsgrund. Nach dem der Gefährdungshaftung zugrunde liegenden Zurechnungsprinzip muss derjenige, der eine Gefahrenquelle zum eigenen Vorteil unterhält und beherrscht, im Fall der Realisierung der Gefahr für die dadurch bei Dritten verursachten Schäden unabhängig davon aufkommen, ob diese sich durch Maßnahmen pflichtgemäßer Sorgfalt (§ 276 Abs. 2) hätten vermeiden lassen.[52] Diese Formulierung ist allerdings mehr eine Umschreibung als eine normative Begründung. Was Letztere anlangt, hat insbesondere *Esser* versucht, die Gefährdungshaftung strikt von der Verschuldenshaftung abzugrenzen und allein unter Gesichtspunkten der **Verteilungsgerechtigkeit** – der iustitia distributiva – zu legitimieren.[53] Danach besteht ihre Aufgabe darin, die „sozialen Zufallsschäden gerecht zu verteilen".[54] Tatsächlich lässt sich eine verschuldensunabhängige Haftung für besondere Gefahrenquellen insoweit mit distributiven Erwägungen begründen, als die Gefährdungshaftung die ungleiche Verteilung der Vorteile und Lasten technischer Risiken dadurch kompensiert, dass der Geschädigte de facto auf Kosten des Schädigers versichert wird.[55] Die der Gefährdungshaftung unterliegenden Anlagen und Betriebe bringen ihrem jeweiligen Halter bzw. Betreiber erheblichen Nutzen, begründen aber für die übrigen Rechtssubjekte erhebliche, rechtlich durch § 254 sanktionierte Anpassungslasten. Anders als bei alltäglichen Gefährdungshandlungen lässt sich bei Risiken, die mit dem Betrieb technischer Anlagen verbunden sind, auch nicht darauf vertrauen, dass sich Vorteile und Nachteile solcher

---

[48] Zur Einordnung der Haftung aus § 1 ProdHaftG vgl. Einl. ProdHaftG RdNr. 14 ff.
[49] *Deutsch/v. Bar* MDR 1979, 536; *Gitter*, Schadensausgleich im Arbeitsunfallrecht, 1969, S. 28 ff.
[50] Zum rechtspolitischen Hintergrund speziell des UmweltHG vgl. etwa *Wagner* JZ 1991, 175; *Rehbinder* NuR 1989, 149.
[51] Gesetz über die Vermeidung und Sanierung von Umweltschäden vom 10. 5. 2007, BGBl. I S. 666; dazu eingehend *Wagner* VersR 2008, 965 ff.
[52] BGHZ 67, 129, 130 = NJW 1976, 2130; *Deutsch* NJW 1992, 73, 74 f.; *Wagner* JZ 1991, 175, 176; *v. Bar*, FS Hermann Lange, 1992, S. 373, 385 f.; *Adams*, Ökonomische Analyse der Gefährdungs- und Verschuldenshaftung, S. 105 ff.; *Deutsch* Haftungsrecht I RdNr. 635 ff.; *Larenz/Canaris* II/2 § 84 I 2, S. 605 f.; *Kötz/Wagner* Deliktsrecht RdNr. 341.
[53] *Esser*, Grundlagen und Entwicklung der Gefährdungshaftung, S. 69 ff.; zust. *Kötz*, FS Steindorff, 1990, S. 643, 660; im Grundsatz auch *Larenz/Canaris* II/2 § 84 I 2 c, S. 607 f.
[54] *Esser*, Grundlagen und Entwicklung der Gefährdungshaftung, S. 69.
[55] Vgl. *Adams*, Ökonomische Analyse der Gefährdungs- und Verschuldenshaftung, S. 90 ff., 105 ff.; auch *Wagner* JZ 1991, 175, 176.

Aktivitäten bei dem einzelnen Individuum im Zeitablauf ausgleichen. Zu widersprechen ist dem Ansatz *Essers* allerdings insofern, als er suggeriert, Aufgabe der Gefährdungshaftung sei die Verteilung von Zufallsschäden als Folgen schicksalhafter, vom einzelnen nicht steuerbarer Ereignisse, kurz: des Unheils.[56] Wie die ökonomische Analyse des Rechts überzeugend herausgearbeitet hat, ist eine verschuldensunabhängige Haftung genauso gut wie eine Verschuldenshaftung dazu geeignet, dem Schädiger Anreize zu sorgfältigem Verhalten zu vermitteln (eingehend RdNr. 52).

18 Entgegen einem verbreiteten Vorurteil[57] ist die **Präventionswirkung der Gefährdungshaftung** sogar größer als diejenige der Verschuldenshaftung, weil sich mit ihr nicht nur der Sorgfaltsaufwand, sondern auch das Aktivitätsniveau, also die Menge der Gefahrenquellen, steuern lassen (eingehend RdNr. 45 ff.). Aus diesem Grund ist die Gefährdungshaftung das angemessene Haftungsregime für solche Aktivitäten, bei denen auch bei Einhaltung der im Verkehr erforderlichen Sorgfalt Schäden in erheblichem Umfang entstehen, wie dies typischerweise bei mit Motorkraft angetriebenen Fahrzeugen und Anlagen der modernen Technik der Fall ist. Die allgemeine Deliktshaftung setzt demgegenüber gerade keine „Quelle erhöhter Gefahr" voraus, sondern gilt unabhängig von der Art der Aktivität für jedermann und verpflichtet dazu, die Gefährdung von Rechtsgütern Dritter zu vermeiden. Deshalb ist sie das richtige Haftungsregime in Fällen, in denen sich Schäden mit wirtschaftlich vertretbarem Aufwand vermeiden lassen; die **Gefährdungshaftung ist vorzugswürdig, wenn sich Rechtsgutsverletzungen mit wirtschaftlich vertretbarem Sorgfaltsaufwand nicht völlig verhindern lassen,** sodass es zusätzlicher Anreize zur Steuerung der Menge der schadensträchtigen Aktivität bedarf.[58]

19 **c) Gefährdungshaftung und Rechtswidrigkeit.** Nach Ansicht des V. und des III. ZS des BGH sind Verschuldens- und Gefährdungshaftung auch dogmatisch parallel strukturiert, weil auch die Gefährdungshaftung die Rechtswidrigkeit des Eingriffs voraussetze.[59] Der für die Kernbereiche des Delikts- und Gefährdungshaftungsrechts zuständige VI. ZS vertritt dagegen mit einem Großteil der Literatur die gegenteilige Auffassung, nach der es im Rahmen der Gefährdungshaftung auf die Rechtswidrigkeit nicht ankommt.[60] Tatsächlich trifft beides zu, denn die Antwort hängt ganz maßgeblich von dem zugrunde gelegten Rechtswidrigkeitsbegriff ab. Wird unter Rechtswidrigkeit ein **rechtswidriger Erfolg**, nämlich die **Verletzung des Schutzbereichs des Deliktsrechts** bzw. eines geschützten Rechtsguts verstanden, dann setzen die Gefährdungshaftungstatbestände Rechtswidrigkeit voraus. Mit Ausnahme des § 22 WHG verlangen sie nämlich durchgängig die Verletzung eines der Rechtsgüter Leben, Körper, Gesundheit und Eigentum (vgl. § 823 RdNr. 8 ff.).[61]

20 Anders verhält es sich, wenn der Rechtswidrigkeitsbegriff nicht auf den Verletzungserfolg, sondern auf die Handlung bezogen ist. Unter Zugrundelegung der in der Praxis dominierenden und auch hier vertretenen Lehre vom **Handlungsunrecht** wird die Rechtswidrigkeit des Verhaltens erst durch die **Pflichtwidrigkeit**, regelmäßig also durch einen Sorgfaltspflichtverstoß, konstituiert. Aus dieser Sicht ist die Prämisse des V. ZS des BGH, „die Rechtswidrigkeit im Bereich der unerlaubten Handlungen [könne] nicht unterschiedlich

---

[56] *Esser*, Grundlagen und Entwicklung der Gefährdungshaftung, S. 75.
[57] *Medicus*, Umweltschutz als Aufgabe des Zivilrechts, in: *Breuer/Kloepfer/Marburger/Schröder* (Hrsg.), Umweltschutz und Privatrecht, 1990, s. 5, 13; *Rohe* AcP 201 (2001), 117, 151.
[58] *Shavell*, Economic Analysis of Accident Law, S. 31; genauso *Brüggemeier* AG 1982, 268, 275 f.; *Kötz/Wagner* Deliktsrecht RdNr. 498 ff.; *Wagner*, Grundstrukturen des Europäischen Deliktsrechts, S. 273, 289 f.; eingehend zur Steuerung des sog. Aktivitätsniveaus RdNr. 45 f.
[59] BGHZ 117, 110, 111 f. = NJW 1992, 1389 (V. ZS); wohl auch BGHZ 57, 170, 176 = NJW 1972, 204, 205 (III. ZS); zust. *v. Bar* Verkehrspflichten S. 131 ff.; *Seiler*, FS Zeuner, 1994, S. 279, 292; *Staudinger/Eberl-Borges* § 833 RdNr. 25.
[60] BGHZ 34, 355, 361 = NJW 1961, 655, 657; BGHZ 105, 65, 68 = NJW 1988, 3019; vgl. auch RGZ 141, 406, 407; BGHZ 24, 21, 26 = NJW 1957, 785, 786 (GS); genauso *Larenz/Canaris* II/2 § 84 I 3 a, S. 610; *Deutsch* Haftungsrecht I RdNr. 644; *Staudinger/Hager* RdNr. 30.
[61] Weiter *Seiler*, FS Zeuner, 1994, S. 279, 292.

beantwortet werden",[62] unhaltbar, denn es liegt offen zutage, dass die Rechtswidrigkeit im Rahmen des § 823 Abs. 1 zumindest im Regelfall der mittelbaren Verletzung, nach hier vertretener Auffassung ganz allgemein, einen Sorgfaltspflichtverstoß voraussetzt, während dies bei der Gefährdungshaftung nicht der Fall ist, denn sonst wäre sie mit der Verschuldenshaftung identisch.[63] Soweit demgegenüber darauf hingewiesen wird, Tatbestände nach Art der §§ 84 AMG, 1 ProdHaftG machten bei näherem Zusehen die Haftung durchaus von der Pflichtwidrigkeit des gefährdenden Verhaltens abhängig,[64] belegt dies lediglich, dass es sich bei den genannten Bestimmungen gar nicht um Gefährdungshaftungtatbestände handelt (eingehend Einl. ProdHaftG RdNr. 14 ff.).

Um den **Unterschied zwischen Schutzbereichs- und Handlungsunrecht** deutlich zu machen und überdies klarzustellen, dass Gefährdungshaftungstatbestände nach Art des § 833 S. 1 pflichtwidriges Verhalten iS von Handlungsunrecht nicht voraussetzen, sollte nicht die Rechtswidrigkeit zur Voraussetzung der Gefährdungshaftung gemacht, sondern stattdessen sollten Duldungspflichten und damit korrespondierende Eingriffsrechte als Ausschlussgründe auch bei der Gefährdungshaftung anerkannt werden. Im Gegenzug sind dem Geschädigten, der zur Duldung des Eingriffs in seine Rechtssphäre verpflichtet ist, Aufopferungs-Entschädigungsansprüche einzuräumen, wie sie beispielsweise § 906 Abs. 2 S. 2 gewährt.[65] **21**

d) Verhältnis zur Verschuldenshaftung. Wie in den Spezialgesetzen zur Gefährdungshaftung klargestellt wird, tritt Letztere **ergänzend neben die Verschuldenshaftung,** lässt also weitergehende Ansprüche aufgrund Deliktsrechts unberührt (§§ 12 HPflG, 16 StVG, 42 LuftVG, 15 Abs. 2 ProdHaftG, 91 AMG, 121 BBergG, 18 Abs. 1 UmweltHG, 37 Abs. 3 GenTG). Anders liegt es nur im Bereich des Atomrechts, weil Art. 6 Pariser Übereinkommen iVm. §§ 25, 25 a AtG eine Kanalisierung der Haftung hin zum Anlagebetreiber und die Begrenzung von dessen Verantwortlichkeit bewirken. Raum für die ergänzende Anwendung des Deliktsrechts bliebt nur in den Fällen des § 26 AtG (vgl. § 26 Abs. 7 AtG). **22**

e) Generalklausel; Analogieproblem. Anders als wichtige ausländische Rechtsordnungen kennt das deutsche Recht keine Generalklausel der Gefährdungshaftung, und im Unterschied zur Verschuldenshaftung enthält es auch kein System bereichsspezifischer Generaltatbestände, sondern folgt durchweg dem **Enumerationsprinzip.**[66] Die Gefährdungshaftung bedarf folglich der Anordnung durch den Gesetzgeber, und zwar im Hinblick auf die konkrete Gefahrenquelle. Diese Regelungstechnik hat zu einer starken Zersplitterung des Rechts der verschuldensunabhängigen Haftung geführt, nämlich zur Ausdifferenzierung einer stetig wachsenden Zahl von Sondertatbeständen, die jeweils auf bestimmte, eng definierte Anlagen oder Tätigkeiten zugeschnitten sind.[67] Das Ergebnis sind nicht zu erklärende Übergänge vom einen Haftungsregime zum anderen in wertungsmäßig gleich liegenden Fällen. Den bisher schon zu beklagenden Beispielen, insbesondere bei Verletzungen durch motorgetriebene Beförderungsmittel wie Kraft- und Schienenfahrzeuge einerseits, Motorboote, Rolltreppen und Schlepplifte andererseits, für die zum Teil Gefährdungs-, zum anderen Teil Verschuldenshaftung gilt,[68] hat das UmweltHG eine Fülle willkürlicher Distinktionen hinzugefügt, etwa diejenige, dass für Anlagen zum Halten von Schweinen mit mehr als 1700 Mastschweineplätzen eine verschuldensunabhängige Haftung gilt, für solche mit 1699 Mastschweineplätzen aber nicht (vgl. § 1 UmweltHG iVm. Nr. 64 d Anhang 1 zum UmweltHG). Durchgreifende Abhilfe könnte nur eine Abkehr vom bisherigen Regelungsansatz durch Einführung einer Generalklausel der Gefährdungshaftung bringen wie sie im europäischen Ausland verbreitet und auch für Deutschland u.a. in dem von *Kötz* **23**

---

[62] BGHZ 117, 110, 111 = NJW 1992, 1389.
[63] *Larenz/Canaris* II/2 § 84 II 1 d, S. 616.
[64] *v. Bar* Verkehrspflichten S. 132.
[65] Vgl. BGHZ 117, 110, 113 f. = NJW 1992, 1389; eingehend RdNr. 27.
[66] Ausf. *Wagner,* Grundstrukturen des Europäischen Deliktsrechts, S. 275 ff.
[67] Vgl. nur *Kötz* Gefährdungshaftung S. 1786.
[68] *Kötz* Gefährdungshaftung S. 1786.

erstatteten Gutachten zur Reform des Schuldrechts gefordert worden ist.[69] Einer politischen Vorgabe des Bundesjustizministeriums entsprechend, hat die Schuldrechtskommission diesen Vorschlag nicht aufgegriffen, sondern ihre Bemühungen auf das Vertragsrecht konzentriert.[70] Auch auf der europäischen Ebene sind die Meinungen geteilt. Während die Principles of European Tort Law und der darauf basierende österreichische Reformentwurf eine Generalklausel vorsehen,[71] belassen es die Principles of European Law bei einer Anzahl „kleiner" Generalklauseln bzw. bei der Enumeration von Gattungstatbeständen.[72]

24 Die Rechtsprechung hat es seit jeher abgelehnt, neue Gefährdungshaftungstatbestände zu schaffen oder auch nur die bestehenden durch **Analogiebildung** zu erweitern.[73] Tatsächlich bricht vor dem Hintergrund einer detailverliebten Regelungstechnik des Gesetzgebers die Basis für einen Analogieschluss zusammen. Wenn die der verschuldensunabhängigen Haftung nach dem UmweltHG unterliegenden Anlagen mit Hilfe eines Katalogs aufgezählt werden und dabei noch nach der Größe, etwa der Zahl der gehaltenen Tiere, differenziert wird, dann lässt sich der Haftungsnorm schlechterdings kein generalisierbarer Rechtsgedanke mehr entnehmen, der über die in dem Katalog aufgezählten Anlagen hinausreicht. Deshalb überzeugt es, wenn der BGH die Haftung des Luftfahrzeughalters nach § 33 Abs. 1 LuftVG nicht auf solche Schäden ausgedehnt hat, die durch Lärmeinwirkung allmählich entstehen.[74] Woher sollte der Richter die Legitimation dazu nehmen, wenn der Gesetzgeber in deutlicher Abweichung vom Wortlaut etwa der §§ 1 HPflG, 7 Abs. 1 StVG die Haftung auf Rechtsgutsverletzungen „durch Unfall" eines Luftfahrzeugs beschränkt hat? Allerdings ist eine extensive Interpretation dort möglich, wo das Gesetz selbst die der Haftung unterworfenen Anlagen oder Tätigkeiten mit Gattungsbegriffen umschreibt. Ob sie auch geboten ist, hängt entscheidend davon ab, ob sich auf diese Weise Wertungswidersprüche und willkürliche Differenzierungen vermeiden lassen oder ob die Abgrenzungsprobleme nur einen Schritt weiter hinausgeschoben werden.[75] Unter diesem Gesichtspunkt hat der BGH wohl recht daran getan, wenn er die Eisenbahnhaftung nach dem RHpflG nicht auf Schlepplifte ausgedehnt hat, denn damit hätte sich eine zuverlässige Grenze kaum markieren lassen, sondern es wäre eine Fülle von Abgrenzungsproblemen zu anderen Transportmitteln aufgeworfen worden.[76]

25 **f) Versteckte Gefährdungshaftungen in Gestalt überspannter Verkehrspflichten?** Nach einer verbreiteten, von *Esser* begründeten Auffassung besteht der Preis für die durch das Enumerationsprinzip aufgerichtete **Veränderungssperre im deutschen Haftungsrecht** in der Aufweichung und Ausweitung der Verschuldenshaftung in dem Sinne, dass die Rechtsprechung von dem Schädiger mehr verlangt als die Beobachtung der im Verkehr erforderlichen Sorgfalt.[77] Dieser Befund mündet mitunter in den Vorschlag, „Fahrlässigkeits- und Gefährdungshaftung [zu] verschmelzen"[78] und die Haftung aus Gefährdung als **Ein-**

---

[69] *Kötz* Gefährdungshaftung S. 1785 ff.; *ders.* AcP 170 (1970), 1, 41; genauso *Deutsch* VersR 1971, 1, 2 ff.; *ders.* Haftungsrecht RdNr. 707 ff.; *v. Caemmerer*, Reform der Gefährdungshaftung, S. 19 ff.; *Will*, Quellen erhöhter Gefahr, S. 277 f.; wohl auch *Larenz/Canaris* II/2 § 84 I 1, S. 602.

[70] Vgl. BMJ (Hrsg.), Abschlussbericht der Kommission zur Überarbeitung des Schuldrechts, 1992, S. 15; RdNr. 78.

[71] Art. 5:101; vgl. *European Group on Tort Law*, Principles of European Tort Law; § 1302 österreichischer Reformentwurf, vgl. *Griss/Kathrein/Koziol* (Hrsg.), Entwurf eines neuen österreichischen Schadensersatzrechts, 2006; dazu *Wagner* JBl. 2008, 2 ff.

[72] Art. 3:208; vgl. *Study Group on a European Civil Code*, Principles of European Law, 2008; eingehend zum Problem *Wagner*, Grundstrukturen des Europäischen Deliktsrechts, S. 274 ff.

[73] RGZ 78, 171, 172; 99, 96, 98 f.; 147, 353, 355 f.; BGHZ 55, 229, 234 = NJW 1971, 607, 608 f.; BGHZ 63, 234, 237 = NJW 1975, 117, 118; BGH VersR 1958, 194; NJW 1960, 1345, 1346; 1993, 2173, 2174.

[74] BGH NJW 1993, 2173, 2174.

[75] Ähnlich wohl *Staudinger/Hager* RdNr. 29.

[76] BGH NJW 1960, 1345, 1346; übereinstimmend *Larenz/Canaris* II/2 § 84 I 1 b, S. 602; aA *Deutsch* VersR 1971, 1, 4.

[77] *Esser* JZ 1953, 129, 131 ff.; *Laufs*, FS Gernhuber, 1993, S. 245, 250; *Will*, Quellen erhöhter Gefahr, S. 59 ff.; *Stürner* VersR 1984, 297, 299 f.; *Schmidt-Salzer*, FS Steffen, 1995, S. 428, 436 f.

[78] Vgl. *v. Bar* Verkehrspflichten S. 131 ff.; *ders.*, Gemeineuropäisches Deliktsrecht II, RdNr. 306.

standspflicht für verdünnt-pflichtwidriges Verhalten „für eine entsprechend dem Grad der Gefahr vollständig objektivierte Unsorgfalt" zu deuten.[79]

Angesichts der angeborenen Fehlsamkeit der Menschen und damit auch der Gerichte ist **26** es in der Tat unbestreitbar, dass höchstrichterliche Urteile existieren, in denen die von §§ 823 Abs. 1, 276 Abs. 2 geforderten **Sorgfaltspflichten überspannt** worden sind.[80] Welche Judikate diese Einschätzung verdienen, darüber wird freilich keine Einigkeit zu erzielen sein. Beispielhaft zu nennen ist das von *Jansen* herausgestellte Urteil des OLG Düsseldorf: In dem zugrunde liegenden Fall hatte eine „Hausfrau" und Mieterin während des Laufs der Waschmaschine ihre Wohnung verlassen und konnte deshalb nicht verhindern, dass nach dem Platzen des Wasserschlauchs Wasser in die darunter liegende Wohnung eindrang und dort Schäden anrichtete.[81] Das OLG bejahte die Haftung, bekannte allerdings freimütig, die Auferlegung der Pflicht, während des Waschvorgangs die Wohnung nicht zu verlassen, nähere die Verschuldens- der Gefährdungshaftung an. – In der heutigen Zeit allgegenwärtiger Sicherheitsventile, die das Austreten größerer Wassermengen beim Platzen von Schläuchen zuverlässig verhindern, erscheint die Auferlegung einer Art „Hausarrest" während des Laufs der Waschmaschine in der Tat als Überspannung der Sorgfaltspflichten.[82] Wie Hausfrauen und -männer der älteren Generation zu berichten wissen, war die durch Waschmaschinen verursachte Wasserschadensgefahr bis in die fünfziger und sechziger Jahre hinein jedoch allgemein bekannt, und es war gängige Praxis, während des Laufs der Waschmaschine das Haus oder die Wohnung nicht zu verlassen. Das schlechte Gewissen des OLG Düsseldorf erscheint insofern unbegründet. Auch im Übrigen ist der These, die Sorgfaltspflichten würden von der Rechtsprechung systematisch überspannt, mit Skepsis zu begegnen. Im europäischen Vergleich stellt die Praxis des deutschen Deliktsrechts keineswegs einen Ausreißer dar, und im Vergleich zur Praxis in den Vereinigten Staaten erscheint sie geradezu als Oase der Großzügigkeit. Bei alledem ist zu bedenken, dass die Entwicklung der Gefährdungshaftung gerade in den Rechtsordnungen der USA in den Händen der Gerichte liegt. Vor diesem Hintergrund ist es wenig plausibel, die vermeintliche Überspannung von Verkehrspflichten ausgerechnet mit dem Enumerationsprinzip im Recht der Gefährdungshaftung zu erklären. Folgerichtig besteht auch **kein Grund, die Deliktshaftung vom Verhaltensunrecht abzulösen** und als eine „Garantiehaftung bei der Teilnahme am Rechtsverkehr" im Sinne der Haftung für die „zurechenbare" Verursachung eines rechtswidrigen Erfolgs zu verstehen (§ 823 RdNr. 12).[83]

2. Verknüpfung mit der Aufopferungshaftung. Der Grundgedanke des Aufopfe- **27** rungsprinzips ist in klassischer Weise in **§§ 74, 75 Einleitung zum preußischen Allgemeinen Landrecht** formuliert, nach denen Rechtsverletzungen zwar zu dulden sind, wenn der Eingriff der „Beförderung des gemeinschaftlichen Wohls" dient, der Betroffene allerdings einen Anspruch auf Entschädigung hat.[84] Damit ist die Aufopferungshaftung noch einen Schritt weiter von der Verschuldenshaftung entfernt als die Gefährdungshaftung, denn genauso wenig wie diese setzt die Aufopferungshaftung pflichtwidriges Verhalten voraus; anders als bei der Gefährdungshaftung ist jedoch sogar das Schutzbereichsunrecht durch ein im Allgemeininteresse bestehendes Eingriffsrecht ausgeschlossen (zum Schutzbereichsunrecht vgl. § 823 RdNr. 10). Deswegen können zwar Gefährdungs- und Verschuldenshaftung, nicht aber Aufopferungs- und Verschuldenshaftung miteinander konkurrieren, sondern

---

[79] *v. Bar* Verkehrspflichten S. 144; ähnlich *Jansen,* Struktur des Haftungsrechts, S. 405, 607 ff. und passim.
[80] Vgl. etwa die Fälle bei *Will,* Quellen erhöhter Gefahr, S. 60 f.
[81] OLG Düsseldorf VersR 1975, 159; *Jansen,* Struktur des Haftungsrechts, S. 3; *ders.* AcP 202 (2002), 517, 527 f.
[82] Wie das OLG Düsseldorf (VersR 1975, 159) feststellte, „hat die Industrie ein Einschlussstück für die Wasserleitung entwickelt, das den Wasserzufluss unterbindet, wenn der Wasserschlauch platzt oder von seinem Anschluß abspringt." Die Beklagte hatte diese Sicherheitstechnik offenbar nicht genutzt.
[83] So aber *Jansen,* Struktur des Haftungsrechts, S. 119 ff., 389 ff., 433.
[84] Die Vorschriften sind abgedruckt bei *Deutsch* Haftungsrecht I RdNr. 720; *Palandt/Bassenge* § 903 RdNr. 50.

schließen sich wechselseitig aus, denn jene ist an rechtmäßige Eingriffe geknüpft.[85] Klassisches Beispiel aus dem BGB ist der Entschädigungsanspruch nach aggressivem Notstand aus § 904 S. 2, während in der Praxis der nachbarrechtliche Aufopferungsanspruch des § 906 Abs. 2 S. 2 samt seiner legislatorischen Ergänzung durch § 14 S. 2 BImSchG und seinen richterrechtlichen Erweiterungen auf ungeschriebene Duldungspflichten und den faktischen Duldungszwang ganz im Vordergrund steht.[86] Aus der Existenz der Aufopferungshaftung und der Dynamik dieses Prinzips im geltenden Recht ergibt sich eine wichtige Folgerung für das Deliktsrecht, dass nämlich die Rechtfertigung des schädigenden Verhaltens noch keine abschließende Entscheidung über das Bestehen von Kompensationsansprüchen erlaubt.[87] Entschädigungspflichten kommen vielmehr auch und gerade dann in Betracht, wenn sich der Schädiger auf ein Recht zum Eingriff im höherrangigen Interesse berufen kann.

V. Überlagerung des Deliktsrechts durch das Versicherungsrecht

28 1. **Dominanz des Versicherungsprinzips beim Ausgleich von Personenschäden.**
Das Deliktsrecht des modernen Sozialstaats ist ohne Berücksichtigung seiner institutionellen Einbettung in das private und soziale Versicherungsrecht nicht zu verstehen und in seiner praktischen Relevanz einzuschätzen.[88] In der Realität trägt das Deliktsrecht nur noch sehr wenig zur Kompensation von Personenschäden bei, weil der Großteil der Schadenskosten – jedenfalls zunächst – von **öffentlichen Sozialversicherungsträgern** aufgefangen wird. So sind ca. 85% der Bevölkerung in der gesetzlichen Krankenversicherung gegen Gesundheitsrisiken abgesichert,[89] deren Träger auf Grund der §§ 27, 44 ff. SGB V nicht nur dazu verpflichtet sind, für die Heilbehandlung zu sorgen und die dafür notwendigen Aufwendungen zu tragen, sondern darüber hinaus auch den verletzungsbedingten Verdienstausfall durch Zahlung von Krankengeld weitgehend zu kompensieren haben. Vorrangig ist zudem der Arbeitgeber des Geschädigten auf Grund des Entgeltfortzahlungsgesetzes (§ 3 EFZG) verpflichtet, für eine Dauer von sechs Wochen den vollen Lohn fortzuzahlen. Bleibt eine dauerhafte Schädigung der Gesundheit zurück, die die Erwerbsfähigkeit des Geschädigten mindert oder gar aufhebt, bestehen Ansprüche gegen die Träger der gesetzlichen Rentenversicherung nach den §§ 9, 20, 43 SGB VI, in der ebenfalls mehr als 63% der Bevölkerung freiwillig oder obligatorisch versichert sind.[90] Die Rentenversicherungsträger erbringen insbesondere Rehabilitationsleistungen, zahlen Übergangsgelder und darüber hinaus Renten wegen Erwerbsunfähigkeit. Kommt es während der Arbeitszeit oder auf dem Arbeitsweg zu einem Unfall oder erkrankt ein Arbeitnehmer an einem berufsbedingten Leiden, richten sich entsprechende Leistungsansprüche des Geschädigten bzw. seiner Hinterbliebenen exklusiv gegen die gesetzliche Unfallversicherung (SGB VII), in der ein Großteil der abhängig Beschäftigten – und darüber hinaus eine bunte Mischung weiterer Personengruppen wie selbstständige Landwirte, Schüler, Küstenschiffer, ehrenamtlich Tätige, Helfer in Unglückslagen (vgl. den Katalog in § 2 SGB VII) – insgesamt wiederum über 90% der Bevölkerung – versichert sind.[91] Die soziale Absicherung der Beamten gegen Körperverletzung, Krankheit und Tod wird durch das Beamtenrecht gewährleistet und entspricht dem für Arbeitnehmer geschilderten Standard. Unternehmer und Selbstständige schließlich können freiwillig Mitglied eines Sozialversicherungsträgers werden und dann entsprechende Leistungsansprüche erwerben oder privaten Versicherungsschutz einkaufen.

---

[85] *Deutsch* Haftungsrecht I RdNr. 722; *Larenz/Canaris* II/2 § 85 I 1, S. 655.
[86] Vgl. 4. Aufl. § 906 RdNr. 141; eingehend *Larenz/Canaris* II/2 § 85 II 4, S. 661 f., § 84 III, S. 665 ff.; *Deutsch* Haftungsrecht I RdNr. 716 ff.
[87] Eingehend *Wagner*, Öffentlich-rechtliche Genehmigung und zivilrechtliche Rechtswidrigkeit, S. 100 ff.
[88] Zur Entwicklung D. *Zöllner* in: *Köhler/Zacher* (Hrsg.), Ein Jahrhundert Sozialversicherung, 1981, S. 45 ff.
[89] Bundesministerium der Gesundheit, Gesetzliche Krankenversicherung, 2007, S. 53, die Quote ergibt sich, wenn die Zahl der Mitglieder der gesetzlichen Krankenkassen und die Zahl der Mitversicherten addiert werden.
[90] Vgl. die Angaben unter www.deutsche-rentenversicherung.de.
[91] Statistisches Bundesamt, Statistisches Jahrbuch 2007 für die Bundesrepublik Deutschland, 2007, S. 201.

Für den eigentlichen Schadensausgleich zwischen Schädiger und Geschädigtem bleibt 29 nach alledem bei Personenschäden nur ein schmaler Korridor. Vor allem geht es um das **Schmerzensgeld,** das im Leistungskatalog sämtlicher Sozialversicherungszweige fehlt. Folgerichtig betreffen die meisten der vor die Gerichte kommenden Personenschadensfälle den Ausgleich immaterieller Schäden, soweit der Schmerzensgeldanspruch nicht ausnahmsweise durch das Sozialversicherungsrecht ausgeschlossen wird, wie es bei Ansprüchen gegen Arbeitgeber und Arbeitskollegen wegen Arbeitsunfällen und Berufskrankheiten in den §§ 104, 105 SGB VII angeordnet ist. Obwohl die gesetzliche Unfallversicherung kein Schmerzensgeld zahlt, ist diese Regelung vom BVerfG als verfassungsgemäß bestätigt worden.[92] Beim Ausgleich von **Vermögensschäden,** die als Folge von Eingriffen in die in § 823 Abs. 1 genannten Persönlichkeitsgüter entstehen, kommt das Deliktsrecht nur zum Zuge, soweit es um Schadensspitzen geht, die die Sozialversicherung nicht ausgleicht, oder eine Person geschädigt ist, die nicht als Arbeitnehmer, Beamter oder als Familienmitglied eines Arbeitnehmers oder Beamten die eben geschilderte soziale Absicherung genießt und auch nicht privat versichert ist. Kompensationsfähige Schadensspitzen entstehen vor allem bei unfallbedingt dauerhafter Minderung der Erwerbsfähigkeit einer vergleichsweise jungen Person, die erst relativ wenig Rentenanwartschaften erworben hatte und die zudem noch auf einen beruflichen Aufstieg hoffen durfte (vgl. §§ 842, 843 RdNr. 13 f.). Die Berechnung eines solchen sog. Fortkommensschadens bereitet der Praxis verständlicherweise große Probleme.[93]

2. Regressansprüche der Versicherungsträger. Die Verlagerung der finanziellen Fol- 30 gen von Personenschäden auf soziale oder private Versicherungsträger erfolgt nicht endgültig. Zwar erhält der Geschädigte die erlittenen Einbußen nicht doppelt ersetzt, aber eine Entlastung des Schädigers findet ebenfalls nicht statt, weil die **Ersatzansprüche des Geschädigten** gegen den deliktisch Verantwortlichen gemäß §§ 86 VVG, 116 SGB X **auf die Versicherung übergehen,** soweit diese den Schaden durch eigene Leistungen ausgeglichen hat.[94] Zugunsten des Lohn fortzahlenden Arbeitgebers findet sich die Anspruchsgrundlage für den Regress in § 6 EFZG. Damit scheint die volle Bedeutung und Wirkkraft des Deliktsrechts wieder hergestellt, wenn sich auch seine Zwecksetzung grundlegend ändert. Aus dem Recht des privatrechtlichen Schadensausgleichs wird das „**Recht der Regressvoraussetzungen**" zugunsten von Versicherungsträgern.[95] Die Bedeutung dieser Umwälzung wird noch verstärkt durch den Umstand, dass auch der Schädiger in der Regel Versicherungsschutz genießt, und zwar in Gestalt einer Haftpflichtversicherung. Den Abschluss eines Haftpflichtversicherungsvertrags hat der Gesetzgeber bei einzelnen Aktivitäten sogar zur Pflicht gemacht, insbesondere beim Betrieb von Kraftfahrzeugen nach Maßgabe des PflVersG, beim Betrieb von Luftfahrzeugen gemäß §§ 2 Abs. 1 Nr. 3, 43 LuftVG, in eingeschränkter Weise auch mit Blick auf Atomanlagen (§ 13 Abs. 2 AtG) und sonstige umweltgefährdende Anlagen nach Maßgabe der §§ 19, 20 UmweltHG sowie in einigen weiteren Bereichen.[96]

Allerdings hat sich das Deliktsrecht in seiner Rolle als **Verteilungsschlüssel im Ver-** 31 **hältnis unter Schadens- und Haftpflichtversicherern** nicht durchweg als geeignet erwiesen, weil es komplexe Zurechnungsregeln zur Verfügung stellt, deren Anwendung im Einzelfall juristisch aufwändig ist und vor allem die kostenintensive Aufklärung einer Fülle

---

[92] BVerfGE 34, 118, 128 ff. = NJW 1973, 502; vgl. auch BGH NJW 2003, 1871, 1873; dagegen *Hanau* Jura 1970, 112; *Kötz/Wagner* Deliktsrecht RdNr. 604 f. Seit der 1992 erfolgten Besserstellung Schwerverletzter durch Nichtanrechnung von Teilen der unfallversicherungsrechtlichen Verletztenrente auf die Erwerbsunfähigkeitsrente kann die Haltung des BVerfG überzeugen; vgl. BVerfG NJW 1995, 1607.
[93] BGH NJW 1997, 937; 1998, 1633, 1634 mwN; *Medicus* DAR 1994, 442 ff.
[94] Zu der insoweit bestehenden Regelungsoptionen auf rechtsvergleichender Basis *Wagner*, Grundstrukturen des Europäischen Deliktsrechts, S. 333 ff.
[95] *Weyers* Unfallschäden S. 401; *Kötz,* Sozialer Wandel im Unfallrecht, S. 26 f.; Einzelheiten zum Regress bei *Kötz/Wagner* Deliktsrecht RdNr. 761 ff.
[96] Überblick bei *Wagner*, Tort Law and Liability Insurance, S. 94 ff.; vgl. die – unvollständige, es fehlt etwa § 51 BRAO – Zusammenstellung bei *Prölss/Martin* VVG Vorbem. IV RdNr. 2 ff.

von Tatsachen erfordert. Obwohl die Kosten eines deutschen Zivilprozesses nicht übermäßig hoch sind, erweist sich die Abwicklung des Rückgriffs „nach Sach- und Rechtslage" in vielen Fällen als zu teuer.[97] Folgerichtig haben die Träger der Sozialversicherung mit den privaten Haftpflichtversicherern sog. **Teilungsabkommen** abgeschlossen, die den Regress zwischen den an einem Schadensfall beteiligten Versicherungsträgern weitgehend unabhängig vom Deliktsrecht regeln,[98] indem sie an die Stelle der individuellen Abwicklung nach Sach- und Rechtslage eine Pauschalabgeltung nach Maßgabe grobmaschiger und deshalb leicht und kostengünstig verifizierbarer Regulierungskriterien setzen. Regelmäßig kommt es für die Leistungspflicht des Haftpflichtversicherers allein darauf an, dass der Schädiger Deckungsschutz genießt und zwischen dem versicherten Risikobereich und dem Schaden ein ursächlicher Zusammenhang bestehen *könnte*.[99] Ob dieser Zusammenhang wirklich besteht und ob die weiteren Haftungsvoraussetzungen vorliegen, bleibt ungeklärt. Im Gegenzug wird die Leistungspflicht des Haftpflichtversicherers auf einen bestimmten Anteil der Aufwendungen des Sozialversicherungsträgers begrenzt, der regelmäßig zwischen 50% und 60% liegt.[100] Nur wenn ein sog. Groteskfall vorliegt, also offensichtlich ist, dass eine Haftung des Versicherungsnehmers für den Schaden ausscheidet, kommt auch eine Abrechnung nach dem Teilungsabkommen nicht in Betracht.[101]

32 Teilungsabkommen haben ihre **Domäne im Bereich der Straßenverkehrs-Haftpflicht** als eines Massenphänomens, das jeden Tag für eine Vielzahl neuer Schadensfälle sorgt, die es abzuwickeln gilt. Wie gut sie außerhalb des Verkehrsunfallrechts funktionieren, ist eine offene Frage. Insbesondere in den Bereichen der Produkt- und Umwelthaftung geht es nicht um die Bewältigung einer Vielzahl strukturell ähnlicher und nur im Hinblick auf die Verantwortungsanteile von Schädiger und Geschädigtem unterschiedlicher Haftungsfälle, sondern um die Abwicklung eines singulären Großschadens, etwa nach einem Störfall in einer industriellen Anlage, oder eines Serienschadens, der zwar ebenfalls massenhaft auftritt, bei dem aber die Einzelfälle in rechtlich relevanter Hinsicht gleich liegen. In solchen Fällen dürfte eine Abwicklung nach Sach- und Rechtslage die dafür aufgewendeten Kosten durchaus wert sein, während die Abrechnung nach einem Teilungsabkommen zu Ungerechtigkeiten führen kann, die sich auch im Zeitablauf nicht ausgleichen.[102] Diese Überlegungen werden durch die Praxis bestätigt, denn der BGH ist bereits mehrfach mit dem Regress in Produkthaftpflichtfällen beschäftigt worden, in denen sich Haftpflichtversicherer – im Ergebnis erfolglos – dagegen zur Wehr gesetzt haben, ohne weitere Aufklärung der Sach- und Rechtslage Rückgriffsansprüche zu befriedigen, die in ihrer Höhe die jeweilige Versicherungssumme überstiegen, aber auf schon im Ansatz unklaren und zweifelhaften Haftpflichtansprüchen beruhten.[103]

33 **3. Rückwirkung der Versicherung auf die Haftung.** Nach dem **Trennungsprinzip** ist die Haftungsfrage gänzlich unabhängig von der Versicherungsfrage zu beurteilen und der Haftungsprozess folglich unabhängig vom Deckungsprozess.[104] Tatsächlich sind jedoch beide

---

[97] Nach schon länger zurückliegenden Erhebungen *v. Hippels* betrugen die Gesamtkosten des Regresses in Fällen mit Teilungsabkommen ca. 18% und in Fällen ohne Teilungsabkommen ca. 34% der Regresssummen; vgl. ZRP 1972, 49, 50.

[98] *Prölss/Martin* § 67 VVG RdNr. 52ff.; *Kötz/Wagner* Deliktsrecht RdNr. 780ff.; *Kaiser*, Risikozuweisung durch Teilungsabkommen, 1981; *Weyers* Unfallschäden S. 139ff.; *Wussow*, Teilungsabkommen, 4. Aufl. 1975. Ein Textauszug aus einem solchen Abkommen findet sich in BGHZ 20, 385, 387 = NJW 1956, 1236, 1237 und in BGH VersR 1979, 1093.

[99] BGH VersR 1967, 269, 270; 1979, 1093f.; *Prölss/Martin* § 67 VVG RdNr. 60, 62; *Wussow* (Fn. 98) S. 74ff.

[100] *Kaiser* (Fn. 98) S. 18f.

[101] BGHZ 20, 385, 390 = NJW 1956, 1236, 1237; BGH VersR 1979, 1093, 1094; *Prölss/Martin* § 67 VVG RdNr. 63; *Wussow* (Fn. 98) S. 88ff.; vgl. auch *Kaiser* (Fn. 98) S. 116ff.

[102] *Bünstorf*, Personenschäden durch fehlerhafte Produkte, 2005, S. 203f.

[103] BGH VersR 1983, 26, 27; vgl. weiter BGH MDR 1982, 557 und 997.

[104] BGHZ 117, 345, 350 = NJW 1992, 1509, 1510; BGHZ 119, 276, 279 = NJW 1993, 68f.; *H. Baumann*, FS Zivilrechtslehrer, 1934/35, S. 13ff.; *E. Lorenz*, FS Medicus, 1999, S. 353, 359f.; *v. Bar* AcP 181 (1981), 289; rechtsvergleichend *Wagner*, Tort Law and Liability Insurance, S. 333f.

Bereiche in mannigfacher Weise miteinander verschränkt. Beispielsweise ist der Versicherer entgegen den §§ 322, 325 ZPO an das Urteil im Haftpflichtprozess gebunden, obwohl er nicht Partei dieses Rechtsstreits war,[105] und im Rahmen des § 829 wird die Haftung teilweise explizit von der Existenz einer Haftpflichtversicherung abhängig gemacht (§ 829 RdNr. 18 ff.). Im Übrigen sträubt sich die Rechtsprechung durchweg dagegen, einen stillschweigenden Haftungsverzicht auch dann anzunehmen, wenn der Schädiger versichert ist, sodass auch hier die Haftung davon abhängt, ob versicherungsmäßige Deckung zur Verfügung steht oder nicht.[106]

VI. Ergänzung des repressiven Deliktsschutzes durch negatorische Ansprüche

1. Gesetzliche Abwehransprüche. Derjenige, der seine Rechtsgüter durch das Verhalten eines anderen bedroht sieht, ist nicht darauf angewiesen, die Verletzung abzuwarten, um dann Schadensersatz nach den §§ 823 ff. zu verlangen, sondern er kann die eigene Rechtssphäre mit Hilfe von Abwehransprüchen gegen drohende Eingriffe verteidigen. Vor Störungen geschützt ist gemäß § 862 zunächst der **Besitz** einschließlich des Rechtsbesitzes (§§ 1029, 1090 Abs. 2). In Bezug auf das **Eigentumsrecht** findet sich eine Anspruchsgrundlage für Abwehransprüche in § 1004, den die Vorschriften über die **beschränkt dinglichen Rechte** entweder wiederholen bzw. konkretisieren (§§ 1017 Abs. 2, 1053 f.) oder durch Verweisung in Bezug nehmen (§§ 1027, 1065, 1227). Weitere Verweisungen auf § 1004 finden sich außerhalb des BGB in den §§ 11 Abs. 1 ErbbauRG, 8 PachtkreditG, 34 Abs. 2 WEG, während das **Immaterialgüterrecht** eine Vielzahl inhaltsgleicher Regelungen enthält (§§ 37 Abs. 2 HGB, 14 Abs. 5, 15 Abs. 4 MarkenG, 24 Abs. 1 GebrMG, 42 ff. GeschmMG, 139 Abs. 1 PatG, 97 Abs. 1 UrhG). Die damit gegebene weitreichende Abschirmung absoluter Vermögensrechte vor Eingriffen wird in wichtiger Hinsicht komplettiert durch die **Unterlassungsansprüche des Wettbewerbsrechts** gemäß §§ 3, 8 UWG, 33 GWB, mit denen reine Vermögensinteressen gegenüber rechtswidrigem Verhalten im Wettbewerb geschützt werden.

2. Verallgemeinerung des negatorischen Rechtsschutzes. Das geschriebene Recht enthält damit bereits ein weitverzweigtes Netz negatorischen Rechtsschutzes, das allerdings neben vielen kleineren zwei großflächige Lücken enthält, nämlich den Schutz von Persönlichkeitsgütern jenseits des Namensrechts (§ 12) sowie von Vermögensinteressen außerhalb von Wettbewerbsverhältnissen. Die zuletzt genannte Fallgruppe der Abwehr von Eingriffen in **Vermögensinteressen** hat das RG fünf Jahre nach Inkrafttreten des BGB beschäftigt, und es hat nicht gezögert, den negatorischen Schutz sämtlicher durch ein Gesetz geschützter Rechtsgüter als „ein Gebot der Gerechtigkeit" anzuerkennen und diese sog. **actio quasi negatoria** auf eine Analogie zu den §§ 12, 862, 1004 zu stützen.[107] Damit wurde der präventive Schutz von Vermögensinteressen in Gestalt von Unterlassungs-,[108] später auch von Beseitigungsansprüchen anerkannt.[109] Praktische Bedeutung hat dies vor allem für Rechtsstreitigkeiten unter Nachbarn, weil mit Hilfe der quasi-negatorischen Unterlassungsklage de facto das öffentliche Raumplanungs- und Anlagenzulassungsrecht um privatrechtliche Sanktionen ergänzt wird, und zwar auch soweit lediglich gegen Regelungen in Verwaltungsakten (Bau- oder Anlagengenehmigungen) verstoßen wird (eingehend § 823 RdNr. 341 ff.).[110] Die gleiche Entwicklung vollzog sich im Bereich immaterieller **Persönlichkeitsinteressen,** blieb allerdings zunächst auf den engen Schutzbereich des § 823 Abs. 2

---

[105] RGZ 113, 286, 290; 167, 243, 245 ff.; BGHZ 28, 137, 139 = NJW 1958, 1872 f.; BGHZ 117, 345, 349 ff. = NJW 1992, 1509, 1510; BGHZ 119, 276, 278 ff. = NJW 1993, 68 f.; BGH NJW 1998, 2537.
[106] Ausf. RdNr. 74 ff.; rechtsvergleichend *Wagner,* Tort Law and Liability Insurance, S. 332 f.
[107] RGZ 60, 6, 7 f.; zuvor schon, wenn auch im Rahmen des § 826, RGZ 48, 114, 118 ff.; zur geschichtlichen Entwicklung vgl. den Überblick bei *Hohloch,* Die negatorischen Ansprüche und ihre Beziehungen zum Schadensersatzrecht, S. 41 ff.
[108] RGZ 60, 6, 7 f.; genauso RGZ 61, 366, 369; 116, 151, 153 ff.
[109] RGZ 148, 114, 123.
[110] Grdlg. BGHZ 62, 265, 266 = NJW 1975, 1240; BGHZ 122, 1, 3 ff. = NJW 1993, 1580 f.

iVm. §§ 185 ff. StGB beschränkt.[111] Erst mit der Anerkennung des Allgemeinen Persönlichkeitsrechts nach dem Zweiten Weltkrieg wurde der negatorische Rechtsschutz auch für Persönlichkeitsinteressen komplett[112] und hat sich mittlerweile zu einer Sondermaterie entwickelt, für die der Anspruch auf Widerruf erwiesenermaßen oder vermeintlich unrichtiger Tatsachenbehauptungen von kaum zu unterschätzender praktischer Bedeutung ist (vgl. § 12 Anh. RdNr. 201 ff.). Insgesamt lässt sich somit feststellen, dass nach heutiger Rechtslage sämtliche Rechte und Interessen, die den Schutz des Deliktsrechts genießen, durch präventiv wirkende Abwehransprüche gegen drohende Eingriffe abgeschirmt sind.[113] Dafür ist es unerheblich, ob eine der oben genannten spezialgesetzlichen Anspruchsgrundlagen verwirklicht ist, ob das bedrohte Rechtsgut in den Katalog des § 823 Abs. 1 fällt oder ob es lediglich über §§ 823 Abs. 2, 824, 826 oder einen sonstigen Deliktstatbestand geschützt ist.

36   3. **Voraussetzungen negatorischen Rechtsschutzes.** Anders als der deliktische Schadensersatzanspruch setzt das Abwehrbegehren nicht voraus, dass dem Eingreifenden ein Verschuldensvorwurf zu machen ist bzw. ein solcher zu machen wäre, würde die zu unterlassende Handlung ausgeführt. Der früher anerkannte,[114] auf §§ 823, 249 gestützte und Verschulden voraussetzende **deliktische Widerrufsanspruch** wird heute vom Anspruch analog §§ 12, 1004 praktisch verdrängt.[115] Unklar und umstritten ist allerdings, von welchen Anforderungen der negatorische Schutz seinerseits abhängt, insbesondere, ob die **Rechtswidrigkeit** des – geschehen oder als geschehen gedachten – Eingriffs vorausgesetzt wird. Unabhängig von dem hier nicht zu erörternden Streit um Handlungs- und Erfolgsunrecht (vgl. § 823 RdNr. 13 ff., dort auch zur Abstimmung mit dem negatorischen Rechtsschutz) und den schwierigen Zurechnungsproblemen im Rahmen des § 1004[116] herrscht doch insoweit Einigkeit, als der Unterlassungsanspruch nur gegeben ist, wenn die Eingriffshandlung – würde sie ausgeführt – rechtswidrig wäre.[117] Mittelbare Störer, wie beispielsweise Internet-Dienstleister, denen vorgeworfen wird, Rechtsverletzungen Dritter nicht zu verhindern, sind nur im Rahmen des ihnen Möglichen und Zumutbaren zur Unterlassung verpflichtet.[118]

37   Wenig geklärt sind die Voraussetzungen der negatorischen Haftung bei **Verkehrspflichtverletzungen,** etwa in den Bereichen der Produkt- und der Umwelthaftung. Kann beispielsweise der Erwerber eines sich als gefährlich erweisenden Produkts von dessen Hersteller auf Grund Deliktsrechts Rückruf und – kostenlose – Reparatur desselben verlangen? Während diese Spezialfrage in den Zusammenhang des Produkthaftungsrechts gehört (§ 823 RdNr. 649 ff.), besteht im Ausgangspunkt kein Zweifel daran, dass Unterlassungs- und Beseitigungsansprüche auch gegenüber Verkehrspflichtverletzungen gegeben sein können.[119] Wenn ein morscher Baum auf einem Grundstück das Nachbargrundstück und uU auch Leib und Leben der Nachbarn zu beschädigen droht,[120] kann diese Gefahr abgewehrt werden. Die Voraussetzungen des Abwehranspruchs sind dabei unter Berücksichtigung der Wertungen der §§ 907, 908 mit Rücksicht auf zwei Kriterien zu bestimmen, nämlich (1) die

---

[111] RGZ 95, 339, 342 f.; RG MuW 31, 276, 278; gegenüber dem Anspruch auf Widerruf abl. noch RGZ 60, 12, 16 ff.; vgl. dazu *E. Ulmer* ZAkDR 1936, 535, 538 f.; zum Allg. Persönlichkeitsrecht abl. RGZ 69, 401, 403 f. – Friedrich Nietzsche.
[112] BGHZ 13, 334, 338 ff. = NJW 1954, 1404, 1405 – Leserbrief.
[113] *Larenz/Canaris* II/2 § 86 I 1, S. 673 f.; § 86 VII, S. 703 f.; *Erman/Schiemann* RdNr. 20; *Staudinger/Hager* RdNr. 63; aus der neueren Rspr. etwa BGHZ 122, 1, 2 ff. = NJW 1993, 1580, 1581 f.
[114] RGZ 56, 271, 286; 97, 343, 345; BGHZ 10, 104 f. = NJW 1953, 1386.
[115] RGZ 60, 6, 7 f.; 148, 114, 122 f.; 163, 210, 214 ff.; BGHZ (GS) 34, 99, 102 f. = NJW 1961, 658, 659; BGHZ 99, 133, 136 f. = NJW 1987, 1400; BGHZ 128, 1, 6 = NJW 1995, 861, 862; *Erman/Ehmann* Anh. § 12 RdNr. 741.
[116] Vgl. 3. Aufl. § 1004 RdNr. 49 ff.; *Larenz/Canaris* II/2 § 86 II 2, S. 677, § 86 IV, S. 691 ff., § 88 III, S. 714 ff.
[117] *Larenz/Canaris* II/2 § 86 II 1, S. 675; insoweit übereinstimmend auch *Picker,* Der negatorische Beseitigungsanspruch, S. 175.
[118] BGHZ 148, 13, 17; 158, 343, 350; *Spindler* GRUR 2004, 724.
[119] *v. Bar* in: 25 Jahre Karlsruher Forum, S. 80 ff.; *Erman/Schiemann* RdNr. 21; *Staudinger/Hager* RdNr. 64.
[120] Beispiel nach *v. Bar* in: 25 Jahre Karlsruher Forum, S. 84 f.

hinreichende Konkretisierung der Gefahr für die Rechtsgüter des Anspruchstellers und (2) die Unausweichlichkeit der Gefahr für das potentielle Opfer, dem die Gefahrsteuerung entweder unmöglich oder unzumutbar ist.[121] Daraus folgt ohne weiteres, dass im Beispiel des morschen Baums zwar der Mieter oder Eigentümer des Nachbargrundstücks, auf den der Baum zu fallen droht, die Beseitigung der Gefahrenlage verlangen kann, nicht aber ein Passant, der zu Recht fürchtet, der Baum könne auf einen von ihm häufig benutzten öffentlichen Weg fallen.[122] Schließlich ist stets zu berücksichtigen, dass § 1004 bzw. sein quasi-negatorisches Pendant grundsätzlich keinen Anspruch auf bestimmte Maßnahmen der Gefahrenbeseitigung begründet, sondern es dem Störer überlassen bleibt, auf welche Weise er die Beeinträchtigung oder Bedrohung fremder Rechte beseitigt (§ 1004 RdNr. 63).[123]

VII. Funktionen des Deliktsrechts

1. Ausgleichsfunktion. Über die Zwecke des Deliktsrechts, und darüber hinaus des Haftungsrechts allgemein, bestand lange Zeit Einigkeit. Traditionell wird gelehrt, primärer Zweck der §§ 823 ff. sei der Ausgleich von Schäden, nach der gesetzlichen Systematik grundsätzlich durch Naturalrestitution (§ 249 Abs. 1), im praktischen Regelfall aber durch Zahlung einer Geldsumme (§§ 249 Abs. 2, 251): „Im Vordergrund der Haftungsansprüche steht der *Ausgleich* für den materiellen Schaden und die erlittene Unbill".[124] Tatsächlich ist nicht zu bestreiten, dass deliktsrechtlich begründete Schadensersatzansprüche zum Ausgleich erlittener Nachteile führen, sofern sich die bestehenden Kompensationspflichten auch tatsächlich durchsetzen lassen. Ebenso deutlich dürfte allerdings sein, dass sich daraus für die **normative Orientierung des Haftungsrechts,** also für die Frage, unter welchen Voraussetzungen denn nun die Kompensation eines Schadens geboten ist, überhaupt **nichts ableiten** lässt.[125] Es liegt auf der Hand, dass nicht jeder Nachteil, der von einem Rechtssubjekt erlitten wird, nach deliktsrechtlichen Zurechnungsgesichtspunkten zu restituieren ist. Im Gegenteil, es ist die Aufgabe des Deliktsrechts, *nicht* jeden Schaden auszugleichen, sondern zu markieren, wo die Grenze zwischen dem Grundprinzip des *casum sentit dominus* und der Schadensabnahme durch einen Dritten verläuft. Als normative Leitlinie des Deliktsrechts hätte der Ausgleichsgedanke nur Sinn, wenn er es ermöglichte, eine Unterscheidung zu treffen zwischen solchen Schäden, die beim Geschädigten liegen bleiben sollen, und anderen, für die der Schädiger aufkommen soll. Gerade dies kann der Ausgleichsgedanke jedoch nicht leisten, worüber auch der Verweis auf „kontextuelle Gerechtigkeit" nicht hinwegzutäuschen vermag.[126] Die Grenzziehung erfolgt vielmehr anhand von Zurechnungsprinzipien, mit denen die Verantwortlichkeit des Dritten normativ begründet wird, insbesondere Verschulden und Gefährdung.[127]

Der Ausgleichsgedanke scheitert jedoch nicht nur auf dem eigentlichen Terrain des Deliktsrechts, sondern ist auch nicht dazu in der Lage, die für den modernen Sozialstaat kennzeichnende **großflächige Überlagerung des Deliktsrechts durch das Sozial- und das Privatversicherungsrecht** zu verarbeiten. Die deliktsrechtliche Fragestellung lautet in vielen Fällen nicht, ob ein geschädigtes Individuum von einem Dritten Ausgleich für die erlittenen Nachteile verlangen kann, sondern ob ein Versicherungsträger, der den Schaden

---

[121] *v. Bar* in: 25 Jahre Karlsruher Forum, S. 84 f.; vgl. auch *Stoll,* FS Hermann Lange, 1992, S. 729, 739.
[122] *Wagner,* Öffentlich-rechtliche Genehmigung und zivilrechtliche Rechtswidrigkeit, 1989, S. 262, 267; *Michaelis,* FS Siber II, 1943, S. 105; *Konzen,* Aufopferung im Zivilrecht, S. 202.
[123] RGZ 147, 27, 30 f.
[124] *Deutsch* Haftungsrecht I RdNr. 17; *Larenz/Canaris* II/2 § 75 I 2 i, S. 354; *Staudinger/Hager* RdNr. 9; ähnlich 3. Aufl. RdNr. 41 ff.; *Jansen,* Struktur des Haftungsrechts, S. 33 ff.
[125] Vgl. *Wagner* VersR 1999, 1441 f.; *ders.* AcP 206 (2006), 352, 423 ff., 453 ff.; übereinstimmend *Kötz,* FS Steindorff, 1990, S. 643, 644 f.; *Rehbinder* in: *Endres/Rehbinder/Schwarze* (Hrsg.), Haftpflichtrecht und Verhütung von Umweltschäden, 1992, S. 38 f.; *Schäfer/Ott,* Ökonomische Analyse des Zivilrechts, S. 114; treffend, allerdings primär mit Bezug auf das Schadensrecht, bereits *Schiemann,* Argumente und Prinzipien bei der Fortbildung des Schadensrechts, S. 185 f.: „Inhaltsleere des Ausgleichsprinzips".
[126] So aber *Brüggemeier* Haftungsrecht S. 9.
[127] Vgl. nur *Larenz/Canaris* II/2 § 75 I 2, S. 351 ff.

bereits ausgeglichen hat, gegen einen anderen auf Grund der §§ 86 VVG, 116 SGB X, 6 EFZG einen Kostenerstattungsanspruch hat, wobei es sich bei diesem anderen wiederum um einen Versicherungsträger, nämlich einen Haftpflichtversicherer, oder um ein Individuum handeln kann.[128] Obwohl dieser Befund nicht neu ist, wird mitunter weiter unterstellt, es gehe primär um Schadensausgleich,[129] oder die Funktionen des Deliktsrechts werden aufgespalten, je nachdem, ob der Schaden zunächst von einem Versicherungsträger ausgeglichen wird oder nicht.[130] Dabei bleibt offen, an welchen normativen Leitlinien das Deliktsrecht in den Regressfällen auszurichten ist.

40 **2. Präventionsfunktion.** Die Fähigkeit des Deliktsrechts, durch Überwälzung von Schadenskosten auch der Schadensvermeidung zu dienen, wird allgemein notiert und auch begrüßt.[131] **Konsequenzen für die normative Orientierung dieses Rechtsgebiets** werden aus dieser Erkenntnis jedoch nicht gezogen, was insbesondere in der Qualifikation der Prävention als „erwünschtes Nebenprodukt" zum Ausdruck kommt.[132] Die Präventionsfunktion des Deliktsrechts ist nach hM nicht dazu in der Lage, eigenständig Schadensersatzansprüche zu begründen, also auch dort, wo es an einem ohnehin ersatzfähigen Schaden fehlt.[133] Damit wird auf eine systematische Erfassung und Konkretisierung des Präventionsgedankens ebenso verzichtet wie auf seine Umsetzung in die dogmatischen Kategorien des Deliktsrechts.

41 Anders als der Ausgleichsgedanke ist die Präventionsfunktion durchaus dazu in der Lage, die normative Einheit des Deliktsrechts trotz seiner partiellen Verzahnung mit dem sozialen und privaten Versicherungsrecht zu wahren.[134] Wird das Präventionsziel nicht im Sinne der Gewährleistung absoluter Sicherheit verabsolutiert, sondern anhand **ökonomischer Kriterien** konkretisiert (§ 823 RdNr. 259 ff.), liefert es einen normativen Ausgangspunkt, von dem aus die Unterscheidung zwischen denjenigen Schäden, deren Kosten einem Dritten anzulasten sind, und anderen, die nach der Parömie des *casum sentit dominus* dem Geschädigten zur Last fallen, möglich wird (RdNr. 45 ff.). Die dafür relevanten Kriterien, nämlich die Möglichkeiten des Schädigers und des Geschädigten, im Interesse der Schadensvermeidung tätig zu werden, und das jeweilige Verhältnis von Sorgfalts- und Schadenskosten, verlieren nichts von ihrer Determinationskraft, wenn es nicht um den Schadensausgleich zwischen zwei Individuen, sondern um die Kostenverteilung zwischen Individuum und regressierender Versicherung bzw. um den Rückgriff im Verhältnis zweier Versicherungsträger geht, die ihrerseits unterschiedlich zusammengesetzte Versichertenkollektive repräsentieren. Die völlig berechtigte Frage, „ob es eigentlich noch gerechtfertigt ist, dass wir die hochdifferenzierten Zurechnungsregeln des Haftungsrechts auch über die Schadensallokation zwischen Risikogemeinschaften entscheiden lassen",[135] kann überzeugend nur unter dem Gesichtspunkt der Anreize zur Schadensvermeidung bejaht werden.[136] Das Bemühen um Schadensausgleich erfordert es jedenfalls nicht, dass beispielsweise eine Krankenkasse den Hersteller eines fehlerhaften Produkts wegen der von ihr aufgewendeten Heilungskosten in Regress nimmt. Schließlich werden die Beiträge zur Betriebshaftpflichtversicherung, die den Schaden für den Hersteller regulieren wird, ebenso zu 100% von den Unternehmen aufgebracht wie die

---

[128] Vgl. RdNr. 30. Zur Berücksichtigung dieser Alternative durch die Rspr. im Fall des „stillschweigenden Haftungsverzichts" iE RdNr. 75 ff.

[129] Vgl. *Esser/Weyers* BT/2 § 53 4, S. 135 ff.; *Staudinger/Hager* RdNr. 7 ff.

[130] *Erman/Schiemann* RdNr. 8 ff.; offen *Staudinger/Hager* RdNr. 7 ff.; vgl. auch 3. Aufl. RdNr. 51 *(Mertens)*.

[131] *Brüggemeier*, Prinzipien des Haftungsrechts, S. 3 ff.; *ders.* Haftungsrecht S. 9 f.; *Deutsch* Haftungsrecht I RdNr. 17; RGRK/*Steffen* RdNr. 6; *Staudinger/Hager* RdNr. 9 f.

[132] *Larenz* I § 27 I, S. 423 f.; *Staudinger/Hager* RdNr. 10; mit Blick auf das Schadens- (im Gegensatz zum Haftungs-)recht auch *Lange* Schadensersatz Einl. III 2, S. 10 f.

[133] Deutlich BGHZ 165, 203, 207 = NJW 2006, 605, 607 RdNr. 14; *Soergel/Mertens* Vor § 249 RdNr. 28; eingehend *Wagner*, Gutachten zum 66. DJT, S. A 68 ff.

[134] *Wagner* AcP 206 (2006), 352, 454 ff.

[135] *Kötz*, Sozialer Wandel im Unfallrecht, S. 29.

[136] Dazu iE *Wagner*, Grundstrukturen des Europäischen Deliktsrechts, S. 331 f.

Krankenkassenbeiträge; der „Arbeitnehmerbeitrag" zur Krankenversicherung ändert schließlich nichts daran, dass auch dieser zunächst vom Unternehmen durch entsprechende Umsätze verdient werden muss. Wenn das Deliktsrecht in diesem Bereich gleichwohl noch eine legitime Rolle spielt, dann nur deshalb, weil erst durch die Kostenzurechnung anhand deliktsrechtlicher Prinzipien gewährleistet wird, dass die Haftpflichtversicherung den Schaden spürt und somit einen Anreiz hat, auf ihren Versicherungsnehmer im Sinne der Vermeidung zukünftiger Schäden einzuwirken, etwa indem sie einen Selbstbehalt geltend macht, die Versicherungsprämie erhöht (Bonus/Malus) oder den Vertrag kündigt.[137] Der maßgebliche – und soweit ersichtlich: einzige – Gesichtspunkt, der das Deliktsrecht unter den heutigen institutionellen Bedingungen über seine sämtlichen Anwendungsbereiche hinweg normativ zu verklammern vermag, ist nach allem die Präventionsfunktion (eingehend RdNr. 40 ff.).

3. Straffunktion. Die Frage, ob dem Deliktsrecht auch eine Straffunktion zukommt, ist lange Zeit unerörtert geblieben, nachdem das 19. Jahrhundert den endgültigen Abschied des gemeinen Rechts von der römischen Pönalklage, der *actio iniuriarum,* gebracht hatte.[138] Die Motive zum BGB lehnten die „Hereinziehung moralisierender oder strafrechtlicher Gesichtspunkte" in das private Deliktsrecht ausdrücklich ab,[139] und zwar auch in Abgrenzung zum *common law,* das die **Trennung von Straf- und Zivilrecht** nie mit derselben Rigorosität durchgeführt hat wie die Rechtsordnungen des Kontinents. Interessanterweise sind es gerade Fälle im Anwendungsbereich der früheren *actio iniuriarum* gewesen, nämlich Persönlichkeitsverletzungen, die in der zweiten Hälfte des 20. Jahrhunderts zur vorsichtigen Wiederbelebung der Straffunktion geführt haben. Insbesondere mit Blick auf diese Rechtsprechung wird zum Teil geltend gemacht, der BGH habe de facto punitive Elemente in das Deliktsrecht eingeführt bzw. wiederbelebt.[140]

Diese These krankt daran, dass ihre Anhänger sich nicht ausreichend Rechenschaft darüber geben, was überhaupt mit der „Straffunktion" des Deliktsrechts gemeint sein soll.[141] Ein flüchtiger Blick in die Zweckdiskussion des Strafrechts zeigt sofort, dass die Frage nach der Funktion der Strafe keineswegs einhellig beantwortet wird, sondern mindestens zwei verschiedene Strafzwecke genannt werden, nämlich **Vergeltung und Prävention.** Die Prävention, also die Vermeidung zukünftiger Schäden durch Vermittlung von Anreizen zu kosteneffizienten Sorgfaltsmaßnahmen, ist nun sicherlich ein legitimer Zweck des Deliktsrechts und als solcher auch einhellig anerkannt, wenn auch in seinem Stellenwert zwischen Anhängern und Gegnern ökonomischer Theorieansätze umstritten.[142] Insofern werden offene Türen eingerannt, wenn die dreifache Schadensberechnung im Immaterialgüterrecht oder die GEMA-Rechtsprechung herausgestellt wird, um die Präventionsfunktion der Haftung zu illustrieren.[143]

Eine darüber noch hinausgehende Straffunktion des Deliktsrechts könnte allenfalls auf die **Vergeltung begangenen Unrechts** bezogen sein. Dieser Gedanke klingt – wenn auch in sublimierter Form – in der viel zitierten Formulierung des großen ZSs des BGH an, das Schmerzensgeld verfolge nicht nur Kompensationszwecke, sondern in ihm schwinge „auch

---

[137] Zu diesen Instrumenten iE *Wagner* in: *Ahrens/Simon* (Hrsg.), Umwelthaftung, Risikosteuerung und Versicherung, S. 97, 104 f.; *ders.* VersR 1999, 1441, 1445 f.

[138] Dazu *Wagner* ZEuP 2000, 200, 201 ff.; zur aktuellen Diskussion *Wagner* Gutachten zum 66. DJT S. A 72 ff.

[139] Mot. II S. 17 f.

[140] *Ebert,* Pönale Elemente im deutschen Privatrecht, S. 497 ff.; *Canaris,* FS Deutsch, 1999, S. 85, 107; *H. P. Westermann* in: *Koller* (Hrsg.), Einheit und Folgerichtigkeit im juristischen Denken, 1998, S. 125 ff.; *Stürner* AfP 1998, 1; *ders.,* FS Großfeld, 1999, S. 1201 ff.; *Dreier* GRUR Int. 2004, 706, 708; *Carsten Schäfer* AcP 202 (2002), 397, 423; *Siemes* AcP 201 (2001), 202, 212; *Rosengarten* NJW 1996, 1935; *Seitz* NJW 1996, 2848 f.; ambivalent *Körner* NJW 2000, 241, 244 f., 246.

[141] Repräsentativ *Ebert,* Pönale Elemente im deutschen Privatrecht, S. 6 ff. und passim; eingehend zum Problem *Wagner* AcP 206 (2006), 352, 360 ff.

[142] *Wagner* AcP 206 (2006), 352, 422 ff.; vgl. RdNr. 40 f. sowie RdNr. 45 ff.

[143] Zu diesen und weiteren Fallgruppen *Wagner* AcP 206 (2006), 352, 364 ff.

heute noch etwas vom Charakter der Buße oder [...] der Genugtuung mit".[144] Eine als Sühne verstandene Genugtuungsfunktion des Schmerzensgeldes verbietet sich jedoch bei der Gefährdungshaftung von vornherein und ist auch im Anwendungsbereich der Verschuldenshaftung unhaltbar, schon weil unerfindlich bleibt, warum es der Vergeltung allein bei der Zufügung von immateriellen Schäden, nicht aber in den viel häufigeren Fällen von Vermögensschäden bedarf.[145] Im Übrigen ist zu berücksichtigen, dass Schadensersatzansprüche in aller Regel ohnehin nicht aus dem Privatvermögen des Schädigers, sondern aus einem Versicherungsfonds befriedigt werden, sodass ein etwa vorhandenes Interesse des Opfers an Vergeltung von vornherein leer läuft.[146] Soweit sich das Schadensersatzbegehren gegen eine Körperschaft richtet, die selbst nicht handeln kann und folgerichtig auch nicht straffähig ist (vgl. § 14 StGB), steht zudem in den Sternen, ob die „Bestrafung" der Juristischen Person durch zivile Ersatzansprüche dazu führt, dass diejenigen Angestellten oder Organmitglieder, die für sie deliktisch gehandelt haben, entsprechenden Sanktionen ausgesetzt werden.

VIII. Ökonomische Analyse des Deliktsrechts

45   **1. Grundlagen.** Die ökonomische Analyse des Rechts hat sich in den sechziger Jahren zunächst in den Vereinigten Staaten als Forschungsrichtung etabliert und ist seit den achtziger Jahren in Deutschland rezipiert und fortentwickelt worden.[147] Einen ihrer Forschungsschwerpunkte bildet seit jeher das Deliktsrecht. Schon der berühmte Aufsatz von *Ronald H. Coase* über das Problem der sozialen Kosten setzte sich mit deliktsrechtlichen Fällen auseinander, nämlich mit Schäden infolge Funkenflugs von Lokomotiven und umherstreunendern Rindern.[148] Zwar war es gerade die zentrale These von *Coase,* dass es für die Effizienz auf die Wahl der Haftungsregel überhaupt nicht ankomme, doch gilt dies nur unter der Annahme, dass die Parteien kostenlos über die Zuweisung des Schadensrisikos verhandeln können; eine Annahme, die ebenso analytisch legitim wie praktisch unrealistisch ist. Die Teilnehmer am Straßenverkehr beispielsweise haben keine realistische Möglichkeit, durch Verhandlungen zu klären, ob und nach welcher Regel Schäden zugerechnet werden sollen. Diese Aufgaben muss die Rechtsordnung übernehmen, die dann ihrerseits daraufhin analysiert werden kann, ob die von ihr getroffenen Entscheidungen „effizient" sind, ob die Wirkungen der Entscheidungen also den Wohlstand der Bürger mehren oder nicht. In der realen Welt kommt es also für die **Effizienz der Ressourcenallokation durchaus auf die Haftungsregel** an.[149]

46   Auf dieser Grundlage lässt sich das Haftungsrecht als ein Steuerungsinstrument verstehen, das die Individuen zu effizientem Verhalten anreizen soll, nämlich dazu, den Saldo aus **Nutzen und Kosten ihrer Aktivitäten zu maximieren.** Diese Prärogative ist ihrerseits wiederum aufzuspalten in zwei Unterziele: Zum einen geht es darum, bei gegebenem Nutzen die mit einer Aktivität verbundenen Schäden, genauer: die Summe aus Schadens- und Sorgfaltskosten, zu minimieren. Zum anderen ist darauf zu achten, dass die Individuen schadensgeneigte Aktivitäten nur aufnehmen, wenn der daraus gezogene Nutzen ihre Kosten einschließlich der Vermeidungs- und der Schadenskosten übersteigt. Die deliktischen Verhaltenspflichten sind demnach so einzustellen, dass dem potentiellen Schädiger ein wirtschaftlicher Anreiz gegeben wird, das gebotene Maß an Sorgfalt walten zu lassen und sich nur in solchen Aktivitäten zu engagieren, deren Nutzen größer ist als die Summe aller anfallenden Kosten. So simpel diese Formel auf den ersten Blick scheint, so komplex erweist sich der Versuch, sie zu konkretisieren und auf den Einzelfall anzuwenden (RdNr. 59). Nur die wichtigsten Punkte können im

---

[144] BGHZ (GS) 18, 149, 155, insoweit nicht abgedruckt in NJW 1955, 1675; eingehend zu einem Verständnis der Genugtuung als privatrechtliche Sühne *Stoll,* FS Rheinstein, Bd. II, 1969, S. 569, 571.
[145] *Wagner* Gutachten zum 66. DJT S. A 74 f.
[146] Eingehend, auch zum Folgenden *Wagner* AcP 206 (2006), 352, 362 f.; *ders.* Gutachten zum 66. DJT S. A 77 f.
[147] Vgl. die Literaturangaben vor RdNr. 1.
[148] *Coase,* The Problem of Social Cost, 3 Journal of Law and Economics (1960), 1 ff.; Übersetzung in *Assmann/Kirchner/Schanze,* Ökonomische Analyse des Rechts, S. 129 ff.
[149] *Demsetz,* When does the Rule of Liability Matter?, 1 Journal of Legal Studies (1972), 13, 25 ff.

Folgenden angesprochen werden, wobei auf die Verwendung technischer ökonomischer Begriffe und formaler Analysemethoden soweit als möglich verzichtet wird.

2. Einzelheiten. a) Optimale Sorgfalt des Schädigers. Betrachtet man zunächst allein die Kostenseite, so zeigt sich, dass diese aus zwei verschiedenen Größen zusammengesetzt ist, nämlich einmal dem Wert der durch die Aktivität verursachten **Schäden** und den Kosten der zur Abwendung von Schäden getroffenen **Sorgfaltsmaßnahmen.** Folgerichtig kann das Steuerungsziel unter dem Gesichtspunkt ökonomischer Effizienz nicht darin bestehen, die Schadenskosten ohne Rücksicht auf die Kosten möglicher Vermeidungsmaßnahmen auf Null zu reduzieren. Die Haftung muss so eingestellt werden, dass der potentielle Schädiger den wirtschaftlichen Anreiz hat, Schäden zu vermeiden, deren Kosten höher sind als die Kosten möglicher Sorgfaltsmaßnahmen, durch deren Einsatz sie verhindert worden wären. Jede Abweichung von diesem Standard, etwa durch Absenkung oder weitere Intensivierung der Sorgfaltsanstrengungen, vermindert die gesellschaftliche Wohlfahrt. Im erstgenannten Fall suboptimaler Sorgfaltsvorkehrungen entstehen Schäden, die sich durch geringere Kosten verursachende Sorgfaltsmaßnahmen hätten vermeiden lassen; in der zweiten Konstellation werden volkswirtschaftliche Ressourcen für Sorgfaltsmaßnahmen vergeudet, die mehr kosten als sie Nutzen bringen.

Eine nähere Untersuchung der gängigen Haftungsprinzipien ergibt nun das auf den ersten Blick erstaunliche Resultat, dass sich das unter dem Gesichtspunkt der Effizienz erwünschte Maß an Prävention sowohl **im Rahmen einer Verschuldenshaftung** als auch im Rahmen einer Gefährdungshaftung einstellt.[150] Hängt die Haftung vom Verstoß gegen eine Sorgfaltspflicht ab, wird der potentielle Schädiger darum bemüht sein, den rechtlich vorgegebenen Sorgfaltsstandard einzuhalten, denn sofern ihm dies gelingt, hat er nur die Kosten seiner Sorgfaltsmaßnahmen, nicht hingegen diejenigen der gleichwohl noch entstehenden Residualschäden zu tragen. Sofern nun der Sorgfaltsstandard im Sinne der ökonomischen Analyse mit Hilfe eines Vergleichs von Schadens- und Sorgfaltskosten ermittelt wird, erweist sich die Verschuldenshaftung als effizientes Haftungsregime. Die Annahme, die Gerichte orientierten sich bei der Konkretisierung des Fahrlässigkeitsmaßstabs an ökonomischen Kriterien, ist weniger unrealistisch als dies gemeinhin angenommen wird. Immerhin betont der BGH in ständiger Rechtsprechung, § 823 verlange vom Schädiger nicht die Gewährleistung absoluter Sicherheit, sondern verpflichte zur Sorgfalt lediglich im Rahmen des Möglichen und Zumutbaren, was durchaus in ökonomischem Sinn verstanden wird (wN in § 823 RdNr. 64, 258 f.).[151] In den Vereinigten Staaten hat der Bundesrichter *Learned Hand* in einer berühmt gewordenen Entscheidung den Vorbehalt des Möglichen und Zumutbaren in eine griffige Formel gebracht und ausgesprochen, ein Fahrlässigkeitsvorwurf sei nur zu erheben, wenn die Kosten der in concreto außer Acht gelassenen Sorgfaltsmaßnahme kleiner seien als die mit der Eintrittswahrscheinlichkeit multiplizierten Schadenskosten.[152] Dieser Ansatz ist von der ökonomischen Theorie insofern verfeinert worden, als es nicht auf den Vergleich der Gesamtkosten möglicher Sorgfaltsmaßnahmen mit den Gesamtkosten der zu vermeidenden Schäden ankommt, sondern auf eine sog. Marginalanalyse, die die zur Debatte stehenden Grenzkosten ermittelt: Der potentielle Schädiger sollte seinen Sorgfaltsaufwand so lange ausdehnen, bis die Grenzkosten einer zusätzlichen Sorgfaltseinheit größer sind als die dadurch zu vermeidenden Grenzschäden.[153]

---

[150] Dazu nach wie vor grdlg. die Arbeit von *John Prather Brown*, Toward an Economic Theory of Liability, 2 Journal of Legal Studies (1973), 323.

[151] Abgesehen von der fehlerhaften Doppelverneinung treffend BGH VersR 1975, 812: „Ein allg. Verbot, andere nicht zu gefährden, wäre utopisch".

[152] United States v. Caroll Towing Co. 159 F. 2 d 169 (2 d Cir. 1947), mit dem Zusatz: „Possibly it serves to bring this notion into relief to state it in algebraic terms: if the probability be called P; the injury, L; and the burden, B; liability depends upon whether B is less than L multiplied by P: i. e., whether B < PL." Äquivalente Formulierungen bei *Endres,* Ökonomische Grundlagen des Haftungsrechts, S. 17 f.; *Shavell,* Economic Analysis of Accident Law, S. 7 f.

[153] Grdlg. wiederum *Brown* (Fn. 150) S. 332 ff., 341 ff.

49 Wie steht es nun um die Sorgfaltsanreize, wenn der Schädiger unabhängig von einer Pflichtverletzung, nämlich im Rahmen einer **Gefährdungshaftung,** für den Schaden aufzukommen hat? Im juristischen Schrifttum ist die Vorstellung verbreitet, der Adressat einer Gefährdungshaftung werde mit seinen Sorgfaltsanstrengungen nachlassen, weil er nicht mit der Freistellung von der Schadensersatzpflicht belohnt werde,[154] doch dies verkennt die wirkliche Entscheidungssituation. Unter der Geltung einer Gefährdungshaftung werden dem Akteur sämtliche durch sein Handeln verursachten Schäden zugerechnet, sodass er deren Kosten zur Gänze tragen muss. Ein rationaler Akteur wird unter solchen Bedingungen darum bemüht sein, kostenträchtige Schadensfälle durch Sorgfaltsmaßnahmen zu vermeiden. Allerdings wird er nicht jedwede mögliche Sorgfaltsmaßnahme ergreifen, ohne Rücksicht auf deren Kosten, sondern seinen Sorgfaltsaufwand so lange ausdehnen, bis die Kosten einer weiteren Sorgfaltsmaßnahme größer sind als die dadurch vermiedenen Schäden. Unter der Gefährdungshaftung wird er also das sozial erwünschte Sicherheitsniveau aus freien Stücken prästieren. Im Unterschied zur Verschuldenshaftung wird dem potentiellen Schädiger der einzuhaltende Sorgfaltsstandard allerdings nicht extern von einem Gericht vorgegeben, sondern dessen Fixierung obliegt dem Betroffenen selbst. Andererseits werden Abweichungen von diesem Standard längst nicht so hart „bestraft" wie bei der Verschuldenshaftung, da der Akteur die Kosten von Residualschäden ebenfalls und ohne Rücksicht auf einen Sorgfaltspflichtverstoß zu tragen hat.

50 **b) Sorgfaltsmaßnahmen des Opfers.** Die bisherigen Überlegungen haben sich auf das Verhalten des potentiellen Schädigers konzentriert und dabei stillschweigend unterstellt, dass es allein darauf ankommt, diesen zu kosteneffektiven Sorgfaltsmaßnahmen anzureizen. Zwar gibt es tatsächlich Fälle, in denen das potentielle Opfer praktisch keinerlei Einfluss auf Eintrittswahrscheinlichkeit und Schwere der Verletzung hat, etwa bei Umweltkatastrophen oder der unerkennbaren Verseuchung von Lebensmitteln durch Schadstoffe oder Krankheitserreger. Zahlenmäßig werden diese sog. „unilateralen Unfälle" jedoch weit übertroffen vom sog. **bilateralen Fall,** für den es kennzeichnend ist, dass nicht nur der „Täter", sondern auch das „Opfer" einen Beitrag zur Schadensvermeidung hätte leisten können.[155] Das ökonomische Ziel besteht dann darin, den **optimalen Mix von Sorgfaltsmaßnahmen** beider Parteien zu finden, also diejenige Kombination, in der die Summe aus den Schadenskosten sowie den addierten Sorgfaltsaufwendungen beider Seiten minimal ist. Die Verschuldenshaftung erreicht dieses Ziel ohne weiteres, weil das Opfer damit rechnen muss, dass der Schädiger sich sorgfältig verhält und folglich nicht haftet, sodass sämtliche Schäden bei ihm liegen bleiben. Unter dieser Voraussetzung hat der potentiell Verletzte allen Anlass, Sorgfaltsmaßnahmen zu ergreifen, deren Kosten geringer sind als der Wert der durch sie vermiedenen Schäden. Allein die Gefährdungshaftung in der radikalen Variante einer unbedingten und schrankenlosen Einstandspflicht des Schädigers führt nicht zu optimalen Ergebnissen, weil sie dem Opfer keinerlei Anreize vermittelt, seinerseits Sorgfaltsmaßnahmen zu ergreifen, sondern es de facto beim Schädiger versichert. Wird die Gefährdungshaftung hingegen um eine Mitverschuldensklausel ergänzt, nach der der Schadensersatzanspruch zu kürzen oder auszuschließen ist, wenn der Verletzte sich sorgfaltswidrig verhalten hat, stellen sich auch im bilateralen Fall effiziente Ergebnisse ein.[156] Da diese Voraussetzung im deutschen Recht durchgängig erfüllt ist, lässt sich zusammenfassend feststellen, dass sowohl die Verschuldens- als auch die mit einer Mitverschuldensklausel kombinierte Gefährdungshaftung den Effizienztest bestehen, mit Blick auf die Anreize zu sorgfältigem Verhalten also gleichwertig sind. Dafür ist es allerdings erforderlich, das Verhalten mindestens einer Partei durch ein Gericht zu regulieren, indem die Sorgfaltsmaßnahmen entweder des Schädigers – so bei der

---

[154] *Medicus* in: *Breuer/Kloepfer/Marburger/Schröder* (Hrsg.) Umweltschutz und Privatrecht, S. 5, 13; *Steffen* NJW 1990, 1817, 1818; *Cosack* VersR 1992, 1439, 1441.
[155] Zum Folgenden vgl. *Brown* (Fn. 150) S. 337 ff.
[156] *Brown* (Fn. 150) S. 343; *Adams* S. 56 ff.; *Endres* S. 26 ff.; *Shavell,* Economic Analysis of Accident Law, S. 12 f.

Verschuldenshaftung – oder des Opfers – unter einem Regime der Gefährdungshaftung – oder auch beider Parteien an einem ökonomisch inspirierten Standard gemessen werden und je nach Ergebnis die Haftungsfrage beantwortet wird. Es liegt auf der Hand, dass die mit einer solchen Aufgabe verbundenen Anforderungen an die Informationsbasis im Rahmen eines Gerichtsverfahrens nicht leicht zu erfüllen sind (genauer RdNr. 59).

c) Optimales Aktivitätsniveau. Die ökonomische Analyse sorgt sich indessen nicht nur um Sorgfaltsmaßnahmen, sondern auch um das optimale **Quantum der schadensträchtigen Aktivität** selbst, um das sog. Aktivitätsniveau. Es ist nämlich durchaus möglich, dass ein gegebener Schaden sich zwar nicht durch kosteneffektive Sorgfaltsmaßnahmen hätte vermeiden lassen, dass er aber gleichwohl größer ist als der aus der Aktivität gezogene Nutzen. Produziert beispielsweise ein veralteter Industriebetrieb Schadstoffemissionen, die sich durch kosteneffiziente Sorgfaltsmaßnahmen – etwa durch Einbau eines Filters – nicht vermeiden lassen, dann sollte zwar diese Sorgfaltsmaßnahme nicht ergriffen werden. Damit ist aber noch nicht gesagt, dass ein solcher Grenzbetrieb mehr Nutzen schafft als er Schäden verursacht; uU lässt sich ein Wohlfahrtsgewinn erzielen, wenn der Betrieb eingestellt und die daran gebundenen menschlichen und sachlichen Ressourcen für eine andere Aktivität freigesetzt werden. Zu einer entsprechenden Veränderung der Ressourcenallokation der Volkswirtschaft wird es allerdings nur kommen, wenn die Schadenskosten dem Betrieb auch wirklich zugerechnet werden. Soweit dies geschieht, beeinflusst das private Haftungsrecht auch auf diese Weise die Allokation volkswirtschaftlicher Ressourcen, also die Verteilung der stets knappen Produktionsfaktoren, aus denen eine Volkswirtschaft ihre Güter und Dienstleistungen erwirtschaftet. Die Allokationsfunktion des Haftungsrechts darf indessen nicht so verstanden werden, als ginge es um Entscheidungen über Wert und Existenz bestimmter Betriebe oder Güter. Bezugspunkt ist vielmehr die Regulierung der Menge einer bestimmten schadensträchtigen Aktivität. In einer funktionierenden Wettbewerbswirtschaft, in der die Substitution eines Guts durch ein anderes leicht möglich ist, führt die Anlastung von Schadenskosten lediglich dazu, dass von einem bestimmten Gut weniger nachgefragt wird, weil sein Preis steigt, während die Nachfrage nach einem anderen Gut, das geringere Schadenskosten verursacht, größer wird.

Betrachtet man unter diesem Gesichtspunkt die beiden gängigen Haftungsregimes der Verschuldens- und der **Gefährdungshaftung,** so erweist sich Letztere als **überlegen.** Die Verschuldenshaftung führt nämlich dazu, dass derjenige, der eine gefährliche Aktivität aufnimmt, im Weiteren aber sorgfältig verfährt, die Kosten gleichwohl auftretender Residualschäden nicht tragen muss, auch insoweit nicht, als das Opfer sich seinerseits ebenfalls sorgfaltsgemäß verhalten hat. Die Schäden, die trotz aller gebotenen Sorgfalt gleichfalls noch entstehen, werden von dem Akteur also nicht internalisiert und bei der Abwägung, ob der aus der Aktivität gezogene Nutzen deren volle Kosten einschließlich der Kosten von Residualschäden übersteigt, nicht berücksichtigt. Folgerichtig wird zu viel von der schadensträchtigen Aktivität produziert und nachgefragt. Die Gefährdungshaftung vermeidet eben diese Schwäche, indem sie dem Akteur auch die Kosten derjenigen Schäden zurechnet, die trotz aller Sorgfaltsmaßnahmen entstehen, und ihn somit zwingt, den aus der Aktivität gezogenen Nutzen mit der Summe aus Schadens- und Sorgfaltskosten in Beziehung zu setzen. Mit einer Gefährdungshaftung lässt sich also nicht nur das Sorgfalts-, sondern auch das Aktivitätsniveau des potentiellen Schädigers steuern. Diese Asymmetrie der beiden Haftungsregimes erklärt, warum sich die verschuldensunabhängige Haftung in Deutschland wie in den meisten übrigen Rechtsordnungen der westlichen Welt nur für solche Aktivitäten durchgesetzt hat, die von vornherein ein erhöhtes Gefährdungspotential in dem Sinne aufweisen, dass auch bei Einhaltung des jeweiligen Sorgfaltsstandards noch Residualschäden erheblichen Umfangs entstehen (vgl. RdNr. 19 ff.).

d) Effiziente Risikoverteilung. Auch aus ökonomischer Sicht lässt sich dem Haftungsrecht eine Ausgleichsfunktion reservieren, die allerdings nicht auf den trivialen Vorgang des Schadensausgleichs durch Transferzahlung bezogen, sondern ebenfalls am Effizienzziel orientiert ist. Sie basiert auf der ökonomischen Theorie der Versicherung, die ihrerseits auf dem Begriff der **Risikoaversion** aufbaut. Risikoavers ist ein Individuum, wenn es einen Zustand der Sicherheit einem Zustand der Unsicherheit auch dann vorzieht, wenn beide Zustände in ihrem Erwartungswert völlig identisch sind.[157] Es wird beispielsweise ein sicheres Einkommen von 2000 Euro/Monat einer fünfzigprozentigen Chance auf einen Gewinn von 4000 Euro/Monat vorziehen, obwohl beide Alternativen in ihrem Erwartungswert gleich sind. Der Grund für die darin zum Ausdruck kommende negative Einstellung gegenüber dem Risiko ist der abnehmende Grenznutzen des Geldes: Für ein Individuum stiften die „ersten" 2000 Euro, die es monatlich verdient und mit denen es seine Grundbedürfnisse – Wohnung, Nahrung, Kleidung – befriedigt, mehr Nutzen als die „nächsten" 2000 Euro, die es für weniger dringende Bedürfnisse einsetzt. Speziell mit Blick auf die Gefahr, durch das Verhalten Dritter einen Schaden zu erleiden, wirkt sich Risikoaversion dahin aus, dass der Einzelne daran interessiert ist, den unsicheren Zustand in einen sicheren zu transformieren. Dies gelingt durch Einschaltung einer Versicherung, die das Risiko übernimmt, mit anderen, gleichartigen und voneinander unabhängigen Risiken in einem Pool zusammenfasst und damit fast zum Verschwinden bringt: Wenn zum Beispiel das Risiko, auf der Fahrt von A nach B einen Schaden zu erleiden, $1/1000$ beträgt, so besteht für den einzelnen Autofahrer ein Zustand der Unsicherheit, nicht aber für eine Versicherung, die 1000 Autofahrer unter Vertrag hat, denn Letztere kann nahezu mit statistischer Sicherheit davon ausgehen, dass ihr die Kosten eines Schadensfalls zur Last fallen werden.[158] Wie wertvoll den Individuen der Risikotransfer auf eine Versicherung ist, zeigt sich im Übrigen daran, dass sie eine Prämie zu zahlen bereit sind, die nicht nur den Erwartungswert zukünftiger Schäden (sog. reine Risikoprämie), sondern darüber hinaus auch die Verwaltungskosten der Versicherung deckt und das eingesetzte Kapital verzinst. Umgekehrt liegt auf der Hand, dass die Belastung des Einzelnen mit Schadenskosten, deren Höhe die eigene wirtschaftliche Leistungsfähigkeit übersteigt, bei dem Betroffenen zu weiteren Nachteilen führt – Einschränkung der Lebensführung, schlimmstenfalls Insolvenz –, die über den eigentlichen Schaden hinausgehen. In der Terminologie von *Calabresi* sind dies die „sekundären Schadenskosten", um deren Optimierung das Haftungsrecht ebenfalls besorgt sein sollte.[159] Die ökonomische Ausgleichsfunktion des Deliktsrechts ist demnach gerichtet auf effiziente Risikoverteilung in dem Sinne, dass der Schaden derjenigen Partei angelastet wird, die ihn leichter tragen kann.[160]

54 Die **Suche nach dem besseren Risikoträger** eröffnet ihrerseits wiederum eine Fülle von **Folgeproblemen**. Zunächst kommt es nicht allein auf die Risikoneigung des Opfers an, das vor wirtschaftlicher Überforderung bewahrt werden soll, sondern gleichermaßen auf diejenige des Schädigers. Ist Letzterer nicht risikoavers, wird dies häufig darauf beruhen, dass er über mehr wirtschaftliche Mittel verfügt als der Geschädigte, sich insofern also selbst versichern kann. Ist der Schädiger hingegen ebenfalls risikoavers, dann ist das Ziel effizienter Risikoverteilung zwar noch nicht verloren, aber es verlagert sich auf die Frage, welche der Parteien das Risiko bei einer Versicherung zur Deckung bringen könnte, wer von beiden also als der **„bessere Versicherungsnehmer"** erscheint. Die Antwort darauf fällt häufig nicht leicht, weil regelmäßig sowohl der Schädiger die Möglichkeit hat, das Risiko bei einer Haftpflichtversicherung zu platzieren, als auch der Betroffene eine Schadens- oder Kaskoversicherung einschalten könnte. In solchen Konstellationen wäre das Risiko derjenigen

---

[157] Vgl. *Wagner*, Tort Law and Liability Insurance, in: *Faure* (Hrsg.), Tort Law and Economics, 2008; *ders.* in: *Ahrens/Simon* (Hrsg.) Umwelthaftung, Risikosteuerung und Versicherung, S. 98 ff. mwN; *Shavell*, Foundations of Economic Analysis of Law, S. 258 ff.

[158] Die Aussage ist insofern übertrieben, als das absolute Risiko (Umfang der Abweichung des Ergebnisses vom statistischen Durchschnitt) mit der Größe des Pools ansteigt und nicht abnimmt; vgl. *P. A. Samuelson*, Risk and Uncertainty. A Fallacy of Large Numbers, Scientia 6/57 (1963), 1 ff.; *M. Hellwig* Journal of Economic Theory 67 (1995), 299 ff.

[159] Vgl. *Calabresi*, The Costs of Accidents, S. 27 f., 39 ff.

[160] *Shavell*, Foundations of Economic Analysis of Law, S. 259, der dieser Prärogative ebenso viel Bedeutung zumisst wie der Optimierung von Schadens- und Sorgfaltskosten.

Partei aufzuerlegen, die es zu geringeren Kosten versichern könnte, was häufig, wenn auch längst nicht immer, der Schädiger sein wird, weil die Versicherung dann die Möglichkeit hat, risikoangemessene Prämien zu kalkulieren und damit zur Reduktion von Zahl und Umfang der Schadensfälle beizutragen.

Vor diesem Hintergrund sind gegenüber einer **Indienststellung des Haftungsrechts** **55** **für Zwecke der Risikoverteilung erhebliche Vorbehalte** anzumelden. Die Rechtsprechung rekurriert nur selten auf Erwägungen über effiziente Risikoverteilung, wie etwa in den Fällen explodierender Mineralwasserflaschen, wo der Versicherungsgedanke von den amerikanischen Gerichten explizit, vom BGH allenfalls implizit, betont worden ist (eingehend § 823 RdNr. 663).[161] Die Abhängigkeit der Haftung von den Vermögensverhältnissen der Parteien liefe auf die Regel hinaus, zu Lasten der wirtschaftlich leistungsfähigeren Partei zu entscheiden, käme also einer *deep pocket liability* gleich. Abgesehen davon, dass das Deliktsrecht damit in den Dienst des Ziels gestellt würde, die Einkommens- und Vermögensverteilung zu nivellieren, käme es zu einer Verzerrung der Sorgfaltsanreize für beide Seiten, denn die „reiche" Partei würde ihren Sorgfaltsaufwand über das optimale Niveau ausdehnen, während die „arme" Partei umso weniger Anreiz zu sorgfältigem Verhalten hätte.[162] Zudem müsste berücksichtigt werden, dass regelmäßig beide Parteien Zugang zu Versicherungsmärkten haben, die Zuweisung des Schadens zum besseren Versicherungsnehmer jedoch die Sorgfaltsanreize des Deliktsrechts verzerren würde. Das über einen Deliktsanspruch entscheidende Gericht sollte die Frage, welche der Parteien den Schaden besser tragen kann, folglich im Regelfall ignorieren. Mit dieser Empfehlung stimmt überein, dass das geltende Deliktsrecht in § 829 die effiziente Risikoverteilung nur dann zum Maßstab nimmt, wenn der Schädiger konstitutionell nicht in der Lage ist, das eigene Verhalten im Interesse der Schadensvermeidung zu steuern (iE § 829 RdNr. 1).

Im Übrigen ist die Maxime effizienter Risikoallokation eine Domäne nicht des Delikts- **56** rechts, sondern der **Gefährdungshaftung** und damit eine Angelegenheit nicht der Gerichte, sondern des Gesetzgebers.[163] Nur bei dieser kommt das Opfer in den Genuss einer quasi-Versicherung durch den Schädiger, der ohne weiteres für den von ihm verursachten Schaden aufzukommen hat. Auf der anderen Seite richtet sich die Gefährdungshaftung typischerweise an Unternehmen, bei denen realistischerweise davon ausgegangen werden kann, dass sie durch die Haftungsandrohung nicht überfordert werden, weil sie risikoneutral sind und das Risiko unter Ausnutzung des Gesetzes der großen Zahl selbst versichern oder weil sie es bei einer Haftpflichtversicherung zur Deckung bringen. Abgesehen von der viel kritisierten und als Anomalie eingeordneten Handlungshaftung nach § 22 Abs. 2 WHG[164] existiert ein einziger Fall, in dem der Gefährdungshaftung auch Privatpersonen unterworfen sind, nämlich die Haftung des Kraftfahrzeughalters nach § 7 StVG. Die daraus resultierende brisante Risikoverteilung hat den Gesetzgeber bekanntlich zur Einführung eines gesetzlichen Zwangs zum Risikotransfer auf eine Haftpflichtversicherung durch das PflVersG veranlasst, der Schädiger und Geschädigten gleichermaßen vor übermäßigen Schadenslasten schützt.

e) Administrative Kosten. Die Steuerungswirkungen des Haftungsrechts stellen sich **57** nicht von allein ein, sondern bedürfen der Durchsetzung, die ihrerseits nicht kostenlos zu haben ist. Damit sind die von *Calabresi* sog. **tertiären Schadenskosten** angesprochen.[165] Die volkswirtschaftlichen Kosten, die ein staatliches Gerichtssystem und die ihm zuarbeiten-

---

[161] Escola v. Coca-Cola Bottling Co. of Fresno 150 P.2d 436 (1944) mit der berühmten Formulierung von *Traynor* S. 441: „The cost of an injury and the loss of time or health may be an overwhelming misfortune to the person injured, and a needless one, for the risk of injury can be insured by the manufacturer and distributed among the public as a cost of doing business." Dieser Gedanke mag auch dem BGH in BGHZ 104, 323, 325 = NJW 1988, 2611, die Hand geführt haben.
[162] *Shavell*, Economic Analysis of Accident Law, S. 209.
[163] Vgl. Fn. 23.
[164] Vgl. dazu *Larenz* VersR 1963, 593, 599; *Larenz/Canaris* II/2 § 84 V 1, S. 632.
[165] *Calabresi*, The Costs of Accidents, S. 28; vgl. weiter *Shavell*, Economic Analysis of Accident Law, S 262 ff.; *Schäfer/Ott*, Ökonomische Analyse des Zivilrechts, S. 128.

den Anwälte verursachen, sind allerdings nur in Kauf zu nehmen, solange sie geringer sind als der volkswirtschaftliche Nutzen, der durch ein optimal eingestelltes und durchgesetztes Haftungsrecht erzielt wird. So sind beispielsweise auch Kleinstschäden, die eine Vielzahl von Einzelpersonen durch eine bestimmte Aktivität erlitten haben, zu restituieren, weil sie in der Summe erheblich sind und diese Summe dem Schädiger angelastet werden muss, damit er einen Anreiz hat, entsprechende Sorgfaltsmaßnahmen zu ergreifen.[166] Damit ist indessen noch nicht gesagt, dass es ökonomisch geboten ist, diese Kleinstschäden auch tatsächlich für ersatzfähig zu erklären. Denn sofern die Kosten einer Vielzahl von Schadensersatzprozessen höher sind als der Nutzen in Gestalt eines vorteilhaften Saldos von Schadens- und Sorgfaltskosten, sollte auf die Rechtsdurchsetzung besser verzichtet werden. Die Zurückhaltung des BGB gegenüber der Ersatzfähigkeit reiner Vermögensschäden lässt sich auch unter diesem Gesichtspunkt rechtfertigen (vgl. § 826 RdNr. 17). Im Interesse der Anreizwirkung von Haftungsregeln vorzugswürdig ist es indessen, die administrativen Kosten der Rechtsdurchsetzung zu senken, und zwar durch Bündelung von Streuschäden und durch Einführung von Instrumenten kollektiver Rechtsverfolgung wie Gruppenklagen und Verbandsklagen.[167]

58 **3. Kritik und Steuerungsgrenzen.** Es ist hier nicht der Ort, die rechtsphilosophische Fundierung und die methodologische Legitimität ökonomisch motivierter Argumente zu erörtern, zumal führende Vertreter der ökonomischen Analyse den eigenen Standpunkt als pragmatisch beschreiben[168] bzw. **keinen Absolutheitsanspruch** gegenüber demokratisch oder judiziell legitimierten Entscheidungen erheben.[169] Speziell mit Blick auf die Tauglichkeit des ökonomischen Ansatzes im Bereich des Deliktsrechts werden vor allem zwei Einwände erhoben: In Bezug auf die realen Möglichkeiten der Rechts- und Gerichtspraxis wird geltend gemacht, die für die ökonomische Analyse notwendigen Daten stünden dem Richter regelmäßig nicht zur Verfügung und seien im Rahmen eines von den Dispositions- und Verhandlungsmaximen beherrschten Zivilprozesses zwischen zwei Privatleuten auch nicht zu beschaffen.[170] Darüber hinaus wird die normative Legitimität des ökonomischen Ansatzes in Frage gestellt, soweit es nicht um Eingriffe in vertretbare Güter, insbesondere Vermögensrechte, sondern um die Beeinträchtigung höchstpersönlicher Rechte wie Leib und Leben geht.[171]

59 **a) Informationsprobleme.** Der auf die Verschuldenshaftung gemünzte Einwand, den Gerichten stünden die für das **Fahrlässigkeitskalkül notwendigen Informationen** nicht ohne weiteres zur Verfügung, trifft insoweit zu, als es an statistischem Material und anderen „harten Zahlen" in aller Regel fehlen wird.[172] Bereits *Learned Hand* selbst hat die in seiner Formel steckenden Informationsprobleme klar erkannt, allerdings darauf vertraut, im Einzelfall die entscheidenden Faktoren ausmachen zu können.[173] Tatsächlich ist quantitative Exaktheit gar nicht erforderlich, um Einzelfälle unter Berücksichtigung des Effizienzkriteriums zu würdigen. Es ist nicht die Aufgabe des Richters, den Sorgfaltsstandard abstrakt zu definieren, sondern zu entscheiden, ob der Beklagte in concreto sorgfaltswidrig gehandelt hat oder nicht. Für diese Entscheidung reicht es völlig aus, wenn ein **qualitatives Urteil** darüber gefällt wird, ob das schadensträchtige Verhalten oberhalb oder unterhalb des geforderten Sorgfaltsniveaus liegt, ohne abschließend festzulegen, wo genau die maßgebliche Grenze verläuft. Die Praxis verfährt dementsprechend so, dass zunächst diejenigen Sorgfaltsmaßnah-

---

[166] *Wagner* Gutachten zum 66. DJT S. A 23, A 107 ff.
[167] Eingehend dazu *Wagner* Gutachten zum 66. DJT S. A 109 ff.
[168] Zuletzt *Posner* 111 Harv. L. Rev. 1637; *ders.*, Economic Analysis of Law, S. 13 f.
[169] *Schäfer/Ott,* Ökonomische Analyse des Zivilrechts, S. 6 ff., 23 f.; *Ott/Schäfer* JZ 1998, 213, 214.
[170] *Larenz/Canaris* II/2 § 76 III 4 h, S. 417; *Taupitz* AcP 196 (1996), 114, 155 ff.; *Eidenmüller*, Effizienz als Rechtsprinzip, S. 429 ff., 455.
[171] *Larenz/Canaris* II/2 § 76 III 4 h, S. 417; *Blaschczock*, Gefährdungshaftung und Risikozuweisung, S. 255 ff.; *Eidenmüller*, Effizienz als Rechtsprinzip, S. 456.
[172] Eingehend *Taupitz* AcP 196 (1996), 114, 157 ff.
[173] „Moisan v. Loftus" 178 F. 2d 148, 149 (2 d Cir. 1949): „if any statistics were available, they never are".

men identifiziert werden, deren Einsatz den jeweiligen Schaden verhindert hätte, um dann die Prüfung anzuschließen, ob ihre Realisierung dem Beklagten unter Kosten/Nutzen-Gesichtspunkten angesonnen werden kann (§ 823 RdNr. 259 f.). Im Rahmen der Haftung für Verkehrspflichtverletzung ist allgemein anerkannt, dass es im Rahmen dieser Prüfung auf die Höhe des maßgeblichen Schadens, auf die Wahrscheinlichkeit des Schadenseintritts als auch auf die wirtschaftliche Zumutbarkeit der Sorgfaltsmaßnahme ankommt.[174] Damit ist mit anderen Worten dasjenige ausgedrückt, was die Hand-Formel mit etwas formaleren Ausdrucksmitteln auf den Punkt gebracht hat.

b) Beschränkte Rationalität. Weiter lässt sich der Realitätsgehalt des ökonomischen Ansatzes noch grundsätzlicher in Frage stellen, nämlich mit Blick auf die Prämisse des **rational-egoistisch handelnden Nutzenmaximierers,** als den sich das wirtschaftswissenschaftliche Modell das Individuum vorstellt. Seitdem in den achtziger Jahren damit begonnen wurde, die Verhaltensprognosen der Ökonomie und speziell diejenigen der Spieltheorie durch Experimente zu überprüfen, stellte sich eine „Anomalie" nach der anderen heraus.[175] Im Angesicht seiner beschränkten Informationsverarbeitungskapazität hat der Mensch Strategien des Handelns unter Unsicherheit und Zeitdruck entwickelt, die sich an leicht zugänglichen Informationen orientieren und mit holzschnittartigen Entscheidungsregeln operieren. Es besteht kein Zweifel daran, dass diese sog. Heuristiken für das menschliche Leben unverzichtbar sind,[176] doch mitunter führen sie das Subjekt in die Irre. Für das Haftungsrecht besonders interessant ist die Einsicht, dass Individuen ihre eigenen Fähigkeiten und Gefahrsteuerungspotentiale systematisch überschätzen (Überoptimismus),[177] dass sie den Eintritt relativ unwahrscheinlicher Schadensszenarien systematisch unterschätzen, also deren Eintrittswahrscheinlichkeit praktisch gleich Null setzen, dass jedoch im Nachhinein, nach Realisierung des Risikos, dessen Eintrittswahrscheinlichkeit stark übertrieben, also nahe Eins gesetzt wird (sog. *hindsight bias*), und dass Nachteile nicht objektiv, sondern immer im Verhältnis zum status quo bewertet werden (Präsentationseffekte – *framing*).[178] Was aus diesen Erkenntnissen nicht nur für die ökonomische Analyse des Rechts, sondern für die Wirtschaftswissenschaften allgemein folgt, lässt sich derzeit noch nicht abschließend beurteilen. Sicherlich sind sie ein weiterer Grund dafür, ökonomische Modelle nicht absolut zu setzen und gegenüber Einwänden nicht-ökonomischer Provenienz zu immunisieren. Auf der anderen Seite sind die beobachteten „Verhaltensanomalien" kein hinreichender Grund, sich gleich wieder von der ökonomischen Analyse zu verabschieden, zumal dieser Forschungszweig kein halbes Jahrhundert alt ist und den Anlass zur Erforschung der Informationsverarbeitungs- und Entscheidungskapazitäten des „realen Menschen" überhaupt erst geliefert hat. Deshalb steht zu erwarten, dass die ökonomische Theorie langfristig auch die genannten Verhaltensanomalien integrieren und in komplexeren Modellen produktiv verarbeiten kann. 60

c) Normative Einwände. Der Hinweis auf **hochrangige und verfassungsrechtlich geschützte Rechte der Person,** die im Strudel einer hemmungslosen Kosten/Nutzen-Abwägung unterzugehen drohten,[179] beruht möglicherweise auf dem Vorurteil, dass die Ökonomie immaterielle Güter nicht ernst genug nähme. In Wahrheit sind aus ökonomischer Sicht 61

---

[174] *Larenz/Canaris* II/2 § 76 III 4 b, S. 414.
[175] Grundlegend *Herbert A. Simon,* A Behavioral Model of Rational Choice, 69 Q. J. Econ. (1955), 99; Zusammenstellungen bahnbrechender Arbeiten finden sich bei *Kahneman/Tversky* (Hrsg.), Judgments under Uncertainty: Heuristics and Biases, 1982; *dies.*, Choices, Values, and Frames, 2000; vgl. auch die Beiträge in *Sunstein* (Hrsg.), Behavioral Law and Economics; Überblicke bei *Eidenmüller* JZ 2005, 216; *Schäfer/Ott,* Ökonomische Analyse des Zivilrechts, S. 65 ff.
[176] *Gigerenzer/Todd,* Fast and Frugal Heuristics: The Adaptive Toolbox, in: *Gigerenzer, Todd and the ABC Research Group* (Hrsg.), Simple Heuristics that Make Us Smart, 1999, S. 3 ff.; vgl. auch *Gigerenzer,* Gut Feelings (deutsch: Bauchentscheidungen), 2007, S. 16 f.; *Timothy D. Wilson,* Strangers to Ourselves: Discovering the Adaptive Unconscious, 2004.
[177] *Weinstein,* Unrealistic Optimism about Future Events, 39 J. Personality & So. Psychol. (1980), 806, 810.
[178] Grundlegend *Kahneman/Tversky,* Prospect Theory, An Analysis of Decision under Risk, 47 Econometrica (1979), 263 = *Kahneman/Tversky* (Fn. 175) S. 17 ff.
[179] *Larenz/Canaris* § 76 III 4 h, S. 417; insoweit ähnlich *Eidenmüller,* Effizienz als Rechtsprinzip, S. 455 f.

Beeinträchtigungen immaterieller Natur im Rahmen der Schadensberechnung genauso zu berücksichtigen wie materielle oder gar monetäre Einbußen.[180] Selbst diejenigen Ökonomen, die bei der Berechnung immaterieller Schäden sehr zurückhaltend verfahren und nicht auf die ex post, nach Eintritt des Schadens, geforderte Wiedergutmachungsleistung, sondern auf eine ex ante bestimmte und aus der Risikoprämie errechnete Größe abstellen, kommen auf diese Weise zu Schmerzensgeldbeträgen, die zum Teil um Größenordnungen über dem in Deutschland üblichen Niveau liegen.[181] Sicherlich ist die Bewertung immaterieller Schäden aus ökonomischer Sicht mit Schwierigkeiten behaftet, aber dies gilt genauso für jeden anderen Bewertungsansatz. Verglichen mit dem haftungsrechtlichen Status quo in Deutschland würde eine stärkere Berücksichtigung ökonomischer Analyseinstrumente jedenfalls nicht zur Absenkung des Schutzstandards, sondern im Gegenteil zu einer wesentlichen Verbesserung führen, die immateriellen und hochrangigen Rechtsgütern denjenigen Respekt verschaffen könnte, den sie auch und gerade aus ökonomischer Sicht verdienen.

IX. Verhältnis zu anderen Rechtsgebieten

62 **1. Deliktsrecht und Strafrecht.** Historisch teilen sich Straf- und Deliktsrecht dieselbe Wurzel und haben sich erst später in zwei verschiedene Rechtsgebiete ausdifferenziert.[182] In den Rechtsordnungen des common law ist die **Trennung** nie vollständig durchgeführt worden, nachdem es dort möglich bleibt, dem Geschädigten über die Kompensation der erlittenen Nachteile hinaus eine vom Schädiger zu leistende Strafzahlung (*punitive* oder *exemplary damages*) zuzusprechen.[183] Auch in Deutschland bleiben die beiden Rechtsgebiete in vielfältiger Weise miteinander verklammert, und zwar prozessrechtlich über das Adhäsionsverfahren der §§ 403 ff. StPO und materiell-rechtlich über die Transmissionsnorm des § 823 Abs. 2, der sämtliche Individualrechtsgüter schützenden Normen des Strafrechts um die Verpflichtung ergänzt, den Schaden des Opfers wieder gutzumachen (vgl. § 823 RdNr. 369).[184]

63 **2. Deliktsrecht und Verfassungsrecht.** Es entspricht der ständigen Praxis des BVerfG seit dem Lüth-Urteil, Normen des Privatrechts an der Verfassung und insbesondere an den Grundrechten der Art. 1 ff. GG zu messen.[185] Die Folgen dieser Entscheidung für das Privatrecht, den **Gestaltungsspielraum des Privatrechtsgesetzgebers** sowie die Letztentscheidungskompetenz der Zivilgerichte wurden zunächst durch die Debatte darüber verdeckt, wie sich die Grundrechtsbindung des Privatrechts erklären lasse, ob als unmittelbare Bindung der Privatrechtssubjekte an die grundrechtlichen Gewährleistungen oder als bloß mittelbare „Ausstrahlung" des Verfassungsrechts auf die Privatrechtsordnung, insbesondere durch die insoweit als „Einfallstore" fungierenden Generalklauseln.[186] Insbesondere *Canaris* verdankt die Dogmatik die Überwindung dieser Alternative zugunsten der Einsicht, dass nach der insoweit klaren Regelung des Art. 1 Abs. 3 GG nicht die einzelnen Privatrechtssubjekte, wohl aber der Gesetzgeber an die Verfassung gebunden ist, und Letzterer auch insoweit, als er Privatrechtsnormen schafft oder ändert.[187]

64 Es ist hier nicht der Ort, die allgemeine Diskussion über die Einwirkung des GG auf das Privatrecht weiterzuführen.[188] Speziell mit Blick auf die deliktsrechtliche Problematik ergibt

---

[180] Vgl. statt aller *Shavell*, Economic Analysis of Accident Law, S. 133 f.
[181] Vgl. *Schäfer/Ott*, Ökonomische Analyse des Zivilrechts, S. 344 ff.; *Ott/Schäfer* JZ 1990, 563; eingehend zum Problem *McCaffery/Kahnemann/Spitzer*, Framing the Jury: Cognitive Perspective on Pain and Suffering Awards, in: *Sunstein* (Hrsg.), Behavioral Law and Economics, S. 259 ff.
[182] S. RdNr. 2; zur Entwicklung in Deutschland *Ebert*, Pönale Elemente im deutschen Privatrecht, S. 13 ff.
[183] *Wagner* Gutachten zum 66. DJT S. A 68 ff.
[184] Rechtsvergleichend *Wagner*, Grundstrukturen des Europäischen Deliktsrechts, S. 206 ff.
[185] BVerfGE 7, 198 = NJW 1958, 257; eine umfangreiche Sammlung der einschlägigen Rspr. ist dokumentiert bei *Diederichsen* AcP 198 (1998), 171.
[186] Grdlg. für diese Differenzierung *Dürig*, FS Nawiasky, 1956, S. 157, 167 f.
[187] *Canaris* AcP 184 (1984), 201; *ders.*, Grundrechte und Privatrecht, S. 16 ff.
[188] Vgl. dazu *Diederichsen* AcP 198 (1998), 171, 204 ff.; *Canaris*, Grundrechte und Privatrecht; rechtsvergleichend *v. Bar* RabelsZ 59 (1995), 203.

Vorbemerkungen

sich ein differenziertes Bild. Einerseits überzeugt es, wenn das BVerfG aus der Verfassung die Verpflichtung des Gesetzgebers hergeleitet hat, für einen **Mindestschutz der grundrechtlich geschützten Rechtsgüter** auch gegenüber Eingriffen privater Dritter zu sorgen.[189] In den Urteilen zur Abtreibungsfrage stand dabei das Schutzinstrument des Strafrechts zur Debatte, aber analoge Überlegungen treffen auch auf das Deliktsrecht zu. Die Vorstellungen, die §§ 823 ff. würden ersatzlos gestrichen oder das Rechtsgut Leben oder das Eigentumsrecht aus dem Text des § 823 Abs. 1 getilgt, zeigen schon zur Genüge, dass der Spielraum des Deliktsrechtsgesetzgebers im grundrechtsrelevanten Bereich nicht grenzenlos ist. Das BVerfG hat es deshalb im Ergebnis mit Recht beanstandet, dass der BGH selbst den grob fahrlässig handelnden Sachverständigen, der für schwere Eingriffe in die Fortbewegungsfreiheit des Geschädigten verantwortlich war, von der Haftung aus § 823 Abs. 1 freistellte (vgl. § 839 a RdNr. 2).[190] Genauso würde es der Verfassung widersprechen, wenn Abwehransprüche von Grundstückseigentümern gegen umweltbeeinträchtigende Vorhaben ausgeschlossen würden, ohne dass dieser Eingriff im überwiegenden Interesse der Allgemeinheit geboten wäre und im Gegenzug durch Verfahrensbeteiligungsrechte und Entschädigungsansprüche kompensiert würde.[191] Auch ist unter Berufung auf die Grundrechte der Art. 1 Abs. 1, 2 GG der Schutzbereich des Deliktsrechts gegenüber dem geschriebenen Recht des BGB von der Rechtsprechung in wichtiger Hinsicht erweitert worden, nämlich durch die Anerkennung eines allgemeinen Persönlichkeitsrechts im Rahmen von § 823 Abs. 1 (vgl. § 823 RdNr. 179 ff.)[192] sowie durch Gewährung von Immaterialschadensersatz für schwerwiegende und nicht anders auszugleichende Eingriffe in dieses Recht jenseits von § 253.[193] Die darin liegende Rechtsfortbildung ist vom BVerfG als mit der Verfassung vereinbar angesehen worden.[194]

Andererseits ist trotz Anerkennung der Bindung des Privatrechtsgesetzgebers an die Grundrechte davor zu warnen, die Determinationskraft verfassungsrechtlicher Wertungen für die Ordnung privatrechtlicher Beziehungen zu überschätzen und dem Irrglauben zu verfallen, das **Verhältnismäßigkeitsprinzip** könne eine verlässliche normative Richtschnur beim Ausgleich von Interessenkonflikten unter Privatrechtssubjekten sein. Letzteres ist im preußischen Polizeirecht entstanden und zu einem Instrument der Kontrolle von hoheitlichen Eingriffen in Freiheit und Eigentum durch die Exekutive (Polizei und Ordnungsbehörden) entwickelt worden.[195] Mit seinen differenzierten Prüfungskriterien der Geeignetheit, Erforderlichkeit und Proportionalität eignet es sich nicht dazu, Konflikte zwischen Vertragspartnern oder zwischen Geschädigtem und Schadensverursacher zu lösen, denn im Privatrechtsverkehr ist die Freiheit des einen die Unfreiheit des anderen.[196] Wenn im privaten Schadensersatzrecht gleichwohl mitunter von Verhältnismäßigkeit die Rede ist, dann in untechnischer Absicht. Insbesondere der Verhältnismäßigkeitsvorbehalt des § 251 Abs. 2 erschöpft sich in der Regel darin, dass die Kosten der Naturalrestitution nicht disproportional zu dem Nutzen sein dürfen, den der Geschädigte durch die Wiederherstellung des beeinträchtigten Rechtsguts erhält.

---

[189] BVerfGE 39, 1, 41 – Fristenlösung; 46, 160, 164 – Schleyer; 49, 89, 141 f. – Kalkar; 53, 30, 57 – Mühlheim-Kärlich; 56, 54, 73 – Fluglärm; 77, 170, 214 – C-Waffen; 77, 381, 402 f. – Gorleben; 88, 203, 252 ff., 271, 296 – Abtreibung.
[190] BVerfGE 49, 304, 316 ff. = NJW 1979, 305, 306 zu BGHZ 62, 54 = NJW 1974, 312 = JZ 1974, 548 m. Anm. *Hopt*.
[191] BVerfGE 61, 82, 113 – Sasbach; in der Sache genauso BVerfGE 53, 30, 38 – Mülheim-Kärlich; eingehend dazu *Wagner*, Öffentlich-rechtliche Genehmigung und zivilrechtliche Rechtswidrigkeit, S. 123 ff.; speziell zur Problematik konfligierender Nutzungen im Gentechnikrecht *Wagner* VersR 2007, 1017, 1033.
[192] Grdlg. BGHZ 13, 334, 338 ff. = NJW 1954, 1404, 1405 – Leserbrief.
[193] Grdlg. BGHZ 26, 349, 352 ff. = NJW 1958, 827, 829 f. – Herrenreiter, sowie BGHZ 128, 1, 15 f. = NJW 1995, 861, 865 – Caroline v. Monaco I; zu dieser „eigentlichen" Einwirkung der Grundrechte auf das Deliktsrecht *Lepa*, FS Steffen, 1995, S. 261, 263 ff.
[194] BVerfGE 34, 269, 280 ff. = NJW 1973, 1221 – Soraya; vgl. auch *Larenz/Canaris* II/2 § 84 I, S. 491 ff.
[195] Grdlg. PrOVGE 9, 353; 13, 424, 426 (zu § 10 II 17 ALR); eingehend zur Entwicklung *Hirschberg*, Der Grundsatz der Verhältnismäßigkeit, S. 2 ff.; *Wieacker*, FS Robert Fischer, 1979, S. 867 ff.
[196] Dies wird eingeräumt von *J. Hager* AcP 196 (1996), 168, 181 f.

66 Umgekehrt ist selbstverständlich, dass die Zivilrechtsdogmatik und die ordentlichen Gerichte bei der **Auslegung und Fortbildung des Privatrechts** zuallererst darum bemüht sind, die berechtigten Interessen der Parteien zu schützen und im Konfliktfall zu einem vernünftigen Ausgleich zu bringen, wobei elementare und deshalb auch verfassungsrechtlich anerkannte Rechtspositionen besonders ins Gewicht fallen.[197] Das Verfassungsrecht sollte das Privatrecht und die Letzteres anwendenden Gerichte nur dann der Kontrolle an seinen eigenen Maßstäben unterwerfen, wenn grundrechtlich geschützte Interessen in grober und evidenter Weise fehlgewichtet worden sind. Deshalb ist das BVerfG mit Recht um verfassungsrichterliche Selbstbeschränkung bemüht, indem es betont, die Auslegung und Anwendung einfachen Rechts nicht nachprüfen zu wollen.[198] In der Praxis des Gerichts ist diese Maxime jedoch nicht immer befolgt worden, wofür die Kontroverse zwischen den beiden Senaten des BVerfG sowie zwischen einem von diesen und dem VI. ZS des BGH um die haftungsrechtliche Behandlung des Unterhaltsschadens bei ungewollten Schwangerschaften ein besonders spektakuläres Beispiel liefert (eingehend § 823 RdNr. 86 ff.).

X. Ausschluss und Derogation der Deliktshaftung

67 **1. Gesetzliche Haftungsausschlüsse.** § 104 SGB VII schließt die vertragliche und deliktische Haftung des Arbeitgebers für Arbeitsunfälle und Berufskrankheiten aus.[199] Im Gegenzug kommt der geschädigte Arbeitnehmer in den Genuss der Leistungen der Gesetzlichen Unfallversicherung.[200] § 105 SGB VII erstreckt den Haftungsausschluss auf Schäden, die durch Arbeitskollegen des Opfers in demselben Betrieb verursacht wurden. Der für die Praxis sehr bedeutsame § 106 Abs. 3 Alt. 3 SGB VII schließlich privilegiert Beschäftige und Arbeitgeber verschiedener Unternehmen, die auf einer gemeinsamen Betriebsstätte tätig waren, als sich der Arbeitsunfall ereignete.[201]

68 **2. Beeinflussung durch das Vertragsrecht. a) Kumulationsprinzip.** In Frankreich ist das Verhältnis zwischen Vertrags- und Deliktsrecht grundsätzlich im Sinne des **„non-cumul"** geordnet, nach dem das Vertragsrecht die Anwendung des Deliktsrechts ausschließt, soweit es um die Haftung im Rahmen einer Sonderverbindung geht (§ 826 RdNr. 15 f).[202] In Deutschland gilt seit jeher das gegenteilige Prinzip der **Häufung vertragsrechtlicher und deliktischer Haftungsansprüche**, die zwar von jeweils eigenen Voraussetzungen abhängen, jedoch kumulativ gegeben sind, wenn diese Voraussetzungen in doppelter Hinsicht vorliegen.[203] Selbstverständlich wird der Geschädigte nur ein einziges Mal entschädigt; die Kumulation hat lediglich zur Folge, dass er sich dabei auf die ihm günstigere Anspruchsgrundlage stützen kann.[204] Diese Rechtslage war schon unter dem früheren Gemeinen Recht anerkannt,[205] und

---

[197] Vgl. schon *Flume*, FS Hundert Jahre DJT I, S. 135, 141: „Man sollte [...] die verfassungsmäßige Statuierung der Grundrechtsnormen in ihrer Bedeutung für das Privatrecht nicht überschätzen. Die Werte, um die es bei den Grundrechten geht, verdanken ihre Geltung nicht einer Entdeckung des Grundgesetzes, und seit je ist das Privatrecht um ihre Verwirklichung bemüht gewesen." Zust. *Diederichsen* in: Starck (Hrsg.), Rangordnung der Gesetze, S. 39, 71 f.
[198] Vgl. etwa BVerfGE 89, 214, 230 – Bürgschaft Familienangehöriger; BVerfGE 96, 375, 398 f. mwN.
[199] Zum Folgenden *Kötz/Wagner* Deliktsrecht RdNr. 600 ff.
[200] Einzelheiten bei *Kötz/Wagner* Deliktsrecht RdNr. 594 ff.
[201] Grundlegend BGHZ 145, 331; weiter BGHZ 157, 213; Überblick bei *Stöhr* VersR 2004, 809.
[202] Der Hauptgrund für den „non-cumul des responsabilité" ist nicht etwa eine grds. andere Wertung der Sachfrage als im deutschen Recht, sondern der Umstand, dass der Code civil eine deliktische Generalklausel und damit eine allg. Fahrlässigkeitshaftung (auch) für reine Vermögensschäden kennt. Würde diese neben die Einstandspflicht aus Vertrag treten, würde das Delikts- das Vertragsrecht völlig erdrücken bzw. absorbieren. Vgl. nur *Zimmermann*, Law of Obligations, S. 906; *Schlechtriem*, Vertragsordnung und außervertragliche Haftung, S. 68; *Wagner*, Grundstrukturen des Europäischen Deliktsrechts, S. 232 f.; *Klein*, Konkurrenz und Auslegung, S. 72 f.
[203] Vgl. Fn. 207.
[204] *Larenz/Canaris* II/2 § 83 VI 1, S. 597; *Staudinger/Hager* RdNr. 40, beide mit Erläuterung der verschiedenen Konstruktionsmöglichkeiten. Vgl. dazu aber auch *Henckel*, Parteilehre und Streitgegenstand im Zivilprozeß, 1961, S. 260 f., 280 f.
[205] Vgl. nur ROHG SeuffA 31 Nr. 141; BayObLG SeuffA 45 Nr. 12; OAG Lübeck SeuffA 27 Nr. 120; OLG Hamburg SeuffA 51 Nr. 246.

der Gesetzgeber des BGB hat sie nicht ändern, sondern die weitere Entwicklung Rechtsprechung und Wissenschaft überlassen wollen.[206] Nach Inkrafttreten des BGB hat die Rechtsprechung aus guten Gründen am Kumulationsprinzip festgehalten,[207] denn andernfalls hätte das Eingehen einer Sonderverbindung ggf. eine Absenkung des Schutzes vor Eingriffen in rechtlich geschützte Güter und Interessen zur Folge.[208]

b) Beeinflussung des Delikts- durch das Vertragsrecht. aa) Vorrang der Vertragshaftung. Die Kumulation vertrags- und deliktsrechtlicher Haftung und die wechselseitige Unabhängigkeit der Anspruchsvoraussetzungen ist nicht strikt durchgeführt, sondern kennt Ausnahmen, die entweder auf einer entsprechenden Vereinbarung der Parteien oder auch auf einer gesetzlichen Regelung beruhen können. Ausdrückliche Bestimmungen zur Konkurrenzfrage finden sich freilich nur selten. Eine wichtige Ausnahme macht das **Transportrecht**: Nachdem der BGH die Konkurrenz vertrags- und deliktsrechtlicher Ansprüche zugelassen hat,[209] ordnet nunmehr § 434 Abs. 1 HGB die Deliktsansprüche des Absenders und des Empfängers gegen den Frachtführer wegen Verlusts oder Beschädigung des Gutes den vertragsrechtlichen Haftungsbefreiungen und Haftungsbegrenzungen der §§ 426 ff. HGB unter.[210] Dieselbe Regel gilt in den Grenzen des § 434 Abs. 2 HGB auch für Schadensersatzansprüche Drittbetroffener. – Auch im **Luftverkehrsrecht** wird das Deliktsrecht durch das Vertragsrecht überlagert und verdrängt. Gemäß § 48 Abs. 1 LuftVG können Fluggäste Schadensersatzansprüche gegen den verantwortlichen Luftfrachtführer nur nach Maßgabe und in den Grenzen der §§ 44 ff. LuftVG geltend machen. Für weitergehende Ansprüche aufgrund der §§ 823 ff., 249 ff. ist kein Raum. Was die Verantwortlichkeit Dritter, etwa von Wartungsfirmen oder Terroristen anlangt, bleibt es gemäß § 48 Abs. 2 S. 1 LuftVG bei der Anwendbarkeit des allgemeinen Deliktsrechts. Das Kumulationsprinzip gilt ferner bei Verletzungen der Rechtsgüter betriebsexterner Dritter, insbesondere für Ansprüche der Opfer von Flugzeugabstürzen am Boden. Hier steht die Gefährdungshaftung gemäß §§ 33 ff. LuftVG neben den §§ 823 ff., wie in § 42 LuftVG klargestellt ist.

bb) Erstreckung von Verjährungsvorschriften. Im Sinne einer Grundregel gilt, dass vertragsrechtliche Verjährungsbestimmungen **nicht auch für konkurrierende Deliktsansprüche gelten**.[211] Nach der Teil-Harmonisierung schuldrechtlicher Verjährungsfristen mit den §§ 195, 199 hat die Grundregel praktische Bedeutung vor allem für die Gewährleistungsfristen der §§ 438, 634a (§ 438 RdNr. 5; § 634a RdNr. 13; § 823 RdNr. 594.). Prominente Ausnahme ist die Verjährungsregelung für Schadensersatzansprüche von Vermietern, Verpächtern und Entleihern gemäß §§ 548, 591 b, 606, die auch auf das Deliktsrecht erstreckt wird (vgl. § 548 RdNr. 3; § 591 b RdNr. 1; § 606 RdNr. 4). Die transportrechtliche Verjährungsvorschrift des § 439 HGB erfasst über § 434 HGB auch Deliktsansprüche.[212]

---

[206] So die Protokolle der Ersten Kommission bei *Jakobs/Schubert*, Die Beratung des Bürgerlichen Gesetzbuchs, Recht der Schuldverhältnisse III, S. 885.
[207] Grdlg. die Entscheidungen RGZ 85, 185, 186; 87, 306, 309; RGZ 88, 317 f., und vor allen anderen RGZ 88, 433 ff.; Nachweise zum älteren Schrifttum und auch zur damals vertretenen Gegenauffassung bei *Planck/Flad* Anm. 5b; BGHZ 9, 301, 302 = NJW 1953, 1180; BGHZ 17, 214, 217 = NJW 1955, 1314, 1315; BGHZ 46, 140, 141 = NJW 1967, 42; BGHZ 66, 315, 319 = NJW 1976, 1505, 1506; BGHZ 100, 190, 201 = NJW 1987, 2008, 2010; BGHZ 101, 337, 344 = NJW 1988, 53 f.; BGHZ 110, 323, 328 = NJW 1990, 2877, 2878; BGHZ 116, 297, 300 = NJW 1992, 1679, 1680; BGHZ 123, 394, 398 = NJW 1994, 1220, 1221; BGH NJW 1978, 2241, 2242; 2004, 1032, 1033; 2005, 1423, 1425; NJW-RR 2005, 172; zust. *Wagner* in: *Dauner-Lieb/Konzen/K. Schmidt* (Hrsg.), Das neue Schuldrecht in der Praxis, S. 205 f.; *Erman/Schiemann* RdNr. 25; RGRK/*Steffen* RdNr. 35; Soergel/*Zeuner* RdNr. 35, 40; umfassende Dokumentation der Rspr. bei *Staudinger/Hager* RdNr. 38.
[208] Treffend RGZ 88, 433, 435; vgl. auch *Klein*, Konkurrenz und Auslegung, S. 27 f. und passim.
[209] BGHZ 46, 140, 144 ff. = NJW 1967, 42, 43 f.
[210] *Koller* in: *Koller/Roth/Morck* (Hrsg.) HGB, 6. Aufl. 2007, § 434 RdNr. 1.
[211] *Wagner* in: *Dauner-Lieb/Konzen/K. Schmidt* (Hrsg.), Das neue Schuldrecht in der Praxis, S. 203, 207 ff.; *Wagner* JZ 2002, 475, 478 ff.
[212] *Koller* (Fn. 210) § 434 HGB RdNr. 1; Soergel/*Spickhoff* RdNr. 80.

71 cc) **Erstreckung von Haftungsprivilegien.** Zu Friktionen zwischen Delikts- und Vertragsrecht kommt es auch dann, wenn Letzteres den Schuldner durch **Absenkung des allgemeinen Sorgfaltsstandards** (§ 276) auf Vorsatz und grobe Fahrlässigkeit privilegiert, wie dies bei einigen unentgeltlichen Geschäften wie Schenkung, Leihe und Verwahrung der Fall ist (§§ 521, 599, 690). Die hM nimmt wie selbstverständlich an, die genannten Privilegien erfassten auch Deliktsansprüche, die außervertragliche Haftung sei also ebenfalls auf Vorsatz und grobe Fahrlässigkeit bzw. eigenübliche Sorgfalt beschränkt (vgl. § 521 RdNr. 6; § 599 RdNr. 4).[213] Soweit dafür eine Begründung gegeben wird, findet sich der Hinweis, das Haftungsprivileg sei andernfalls „praktisch nur von sehr geringer Bedeutung".[214] Diese extensive Praxis steht in auffälligem Gegensatz zu den Bemühungen, den Anwendungsbereich der genannten Privilegien bei vertraglichen Schadensersatzansprüchen möglichst restriktiv zu fassen, indem die §§ 521, 599, 690 auf Verzögerungs-, Nichterfüllungs- und Mangelschäden, also auf das vertragliche Äquivalenzinteresse, beschränkt werden.[215] Der BGH differenziert nicht anhand des verletzten Interesses, sondern anhand der Schadensursache; das Haftungsprivileg gilt danach nur für solche Schäden, die mit dem Gegenstand der Schenkung usw. „im Zusammenhang" stehen (vgl. § 521 RdNr. 6).[216] Bei Verletzungen von Integritätsinteressen, den sog. Mangelfolgeschäden, bleibt es demnach bei § 276. Wer einen Wagen mit defekten Bremsen verschenkt und den Mangel bei Aufwendung der erforderlichen Sorgfalt hätte erkennen können, haftet dem Beschenkten also nicht auf den Wert des Wagens, wohl aber für Körper- und Gesundheitsschäden, die dieser durch einen auf Grund des Mangels eintretenden Unfall erlitten hat.

72 Erstrecken sich die Privilegien der Vertragshaftung somit nicht auf **Verletzungen von Integritätsinteressen**, muss dies erst recht für die Deliktshaftung gelten. Gleichwohl unterwarf der IVa. ZS des BGH den Deliktsanspruch wegen Schäden an den übrigen Rechtsgütern des Beschenkten der Regelung des § 521, sofern die eingetretenen Nachteile nur „im Zusammenhang mit dem Vertragsgegenstand" standen (zust. § 521 RdNr. 6).[217] Mit dieser Begründung wurde ein Landwirt mit seiner Schadensersatzklage abgewiesen, der Abfälle aus der Lebensmittelproduktion (Kartoffelpülpe) geschenkt bekommen, sie an seine Mastbullen verfüttert hatte und anschließend mit ansehen musste, wie sie verendeten.[218] Demgegenüber ist kein Grund dafür ersichtlich, den Rechtsgüterschutz nach § 823 Abs. 1 gegenüber einem Abfallproduzenten nur deshalb zurückzunehmen, weil er die unerwünschten Koppelprodukte seines Betriebs „verschenkt" hat.[219] Die Erstreckung des § 521 auf Verletzungen von Integritätsinteressen ist nur dann geboten, wenn es um die Integrität des Vertragsgegenstands selbst geht, also um die unter dem Begriff des „Weiterfresserschadens" diskutierte Fallgruppe. Im Schenkungs- wie im Kauf- und Werkvertragsrecht ist das Integritätsinteresse an dem Vertragsgegenstand Teil des Äquivalenzinteresses und genießt folglich keinen weiterreichenden Schutz als dieses (§ 823 RdNr. 131 ff.).[220]

73 Die eben angestellten Überlegungen gelten entsprechend für andere Normen, deren Gegenstand die haftungsrechtliche Privilegierung eines Schuldners ist, wie insbesondere

---

[213] 4. Aufl. § 690 RdNr. 8; RGZ 88, 317, 318; die sonst noch in Bezug genommene Entscheidung RGZ 66, 363, 364 f. ist insofern ein Fehlzitat, als es dort um die Erstreckung der kurzen Verjährung der §§ 558, 606 auf die Deliktshaftung geht, nicht aber um Haftungsprivilegien. Vgl. weiter BGHZ 46, 140, 145 = NJW 1967, 42, 43 f.; BGHZ 93, 23, 29 = NJW 1985, 794, 796; berechtigte Kritik an dieser Zitierpraxis bei *Schlechtriem* BB 1985, 1356, 1357.
[214] *Larenz/Canaris* II/2 § 83 VI 2, S. 597; ohne Begr. genauso *Erman/Schiemann* RdNr. 26.
[215] *Schlechtriem*, Vertragsordnung und außervertragliche Haftung, S. 332 ff.; *Stoll* JZ 1985, 384, 385 f.; *Klein*, Konkurrenz und Auslegung, S. 137 ff.; *Larenz* II/1 § 47 II S. 202 ff. m. Fn. 18.
[216] BGHZ 93, 23, 27 f.; *Soergel/Spickhoff* RdNr. 76.
[217] BGHZ 93, 23, 27 f. = NJW 1985, 794, 795 f.; *Soergel/Spickhoff* RdNr. 76.
[218] BGHZ 93, 23, 29 = NJW 1985, 794, 796: „Die Haftungsmilderung des § 521 BGB muss, wenn und soweit sie der Beklagten bei der Verletzung ihrer vertraglichen Schutzpflichten zugutekommt, auch auf Ansprüche des Klägers aus unerlaubter Handlung durchschlagen".
[219] Übereinstimmend *Schlechtriem* BB 1985, 1356, 1357; *Stoll* JZ 1985, 384, 385 f.; *Larenz* II/1 § 47 II a, S. 202 m. Fn. 18; vgl. auch *Wagner* JZ 2002, 475, 478 ff.
[220] Ausf. *Wagner* in: *Dauner-Lieb/Konzen/K. Schmidt* (Hrsg.), Das neue Schuldrecht in der Praxis, S. 203, 214 ff.

§ 708 und § 680, nach denen der Gesellschafter einer Gesellschaft bürgerlichen Rechts und der Geschäftsführer bei der negotiorum gestio nur für diligentia quam in suis iS des § 277 einzustehen haben (vgl. auch § 708 RdNr. 4, 12 ff.). Nach ständiger Rechtsprechung erstreckt sich das Haftungsprivileg des § 708 auch auf deliktische Ansprüche, doch soll es nicht in Betracht kommen, „wo es sich um die Erfüllung von Gesellschafterpflichten im Straßenverkehr handelt".[221] Eine Sonderregel allein für den Bereich der Straßenverkehrsunfälle ist indessen abzulehnen (vgl. § 708 RdNr. 12 ff.). Die Grundprämisse des BGH, mit der Anwendung des § 708 auf Körperverletzungen werde der Vorschrift ein „weites und ganz andersartiges Anwendungsfeld" eröffnet,[222] ist richtig, doch sie gilt allgemein und nicht bloß im Straßenverkehr. Es ist in der Tat nicht zu verstehen, warum der Gesellschafter durch Abschluss des Gesellschaftsvertrags des Schutzes seiner Integritätsinteressen – Leben, Körper, Gesundheit, Eigentum – teilweise verlustig gehen sollte.[223] Dieses Argument hat an Durchschlagskraft gewonnen, seitdem die Gesellschaft bürgerlichen Rechts als Rechtssubjekt anerkannt worden ist.[224] Schließlich findet sich bei juristischen Personen nirgends eine Regelung, die Gesellschaftern bzw. Geschäftsführern das Privileg einräumt, die Rechtsgüter von Mitgesellschaftern fahrlässig zu verletzen.[225] Haftungsprivilegien sind allenfalls im Verhältnis zwischen der Gesellschaft und dem Geschäftsführer vertretbar, und sie finden sich dort auch, wenngleich unter dem Deckmantel der *business judgment rule* (§ 93 Abs. 1 S. 2 AktG).[226] Auf der Basis des aktuellen Verständnisses der Gesellschaft bürgerlichen Rechts als Rechtssubjekt ist § 708 auf die Haftung des Gesellschafters gegenüber *der Gesellschaft* zu beschränken. Nur insoweit – bei Schädigung des Gesellschaftsvermögens – trifft der Grundgedanke der Vorschrift zu, dass die Gesellschafter „sich gegenseitig so nehmen wollten, wie sie einmal seien" (§ 708 RdNr. 1).[227] Für Verletzungen der persönlichen Rechtsgüter von Mitgesellschaftern gilt die Vorschrift nicht.

dd) Vertraglicher Haftungsausschluss. (1) Nachgiebigkeit des Deliktsrechts. Das Deliktsrecht ist **ius dispositivum**.[228] Die Auffassung, die §§ 823 ff. seien jedenfalls im Hinblick auf Verletzungen der Rechtsgüter Leib und Leben zwingend,[229] verträgt sich weder mit § 276 Abs. 3, der lediglich die Vorsatzhaftung unabdingbar ausgestaltet, noch mit dem differenzierten und fein abgestimmten Schutzinstrumentarium der Inhaltskontrolle Allgemeiner Geschäftsbedingungen. 74

(2) Grenzen des AGB-Rechts. Die §§ 305 ff. ziehen der Wirksamkeit formularmäßiger Haftungsausschlüsse oder -milderungen enge Grenzen. Gemäß § 309 Nr. 7 lit. a ist bei **Personenschäden** jedwede Verkürzung der Verschuldenshaftung unwirksam, während bei **Sach- und reinen Vermögensschäden** die Haftung für Vorsatz und grobe Fahrlässigkeit derogationsfest ist (§ 309 Nr. 7 lit. b). Diese Klauselverbote gelten auch für den Ausschluss von Deliktsansprüchen, soweit sie mit vertraglichen Schadensersatzansprüchen konkurrieren, also für sämtliche Fälle, in denen deliktische Verkehrs- und vertragliche Schutzpflichten parallel laufen.[230] Wegen des Verbots geltungserhaltender Reduktion scheitern formularmäßige Haftungsfreizeichnungen bereits dann, wenn sie die Haftung pauschal ausschließen, 74a

---

[221] BGHZ 46, 313, 316 ff. = NJW 1967, 558, 559.
[222] BGHZ 46, 313, 318 = NJW 1967, 558, 559.
[223] *Larenz*, FS Harry Westermann, 1974, S. 299, 302 f.; allg. *Schlechtriem*, Vertragsordnung und außervertragliche Haftung, 1972, S. 289 ff.
[224] BGHZ 146, 341 = NJW 2001, 1056; eingehend dazu *Wagner* ZZP 117 (2004), 305, 317 ff.
[225] Zu den Anwendungsgrenzen des § 708 bei Personengesellschaften BGHZ 69, 207, 209 = NJW 1977, 2311; BGHZ 75, 321, 327 f. = NJW 1980, 589.
[226] Vgl. *K. Schmidt* GesR § 14 V, S. 424 ff.; zur business judgment rule grundlegend BGHZ 135, 244, 253 f. = NJW 1997, 1926; zur Entwicklung und Kodifikation *Fleischer* ZIP 2004, 685.
[227] Mugdan II S. 985.
[228] St. Rspr.; vgl. RG JW 1911, 30, 31; RGZ 88, 433, 436; BGHZ 9, 301, 306 = NJW 1953, 1180, 1182; wN bei *Staudinger/Hager* RdNr. 41; zust. *Erman/Schiemann* RdNr. 27; *Soergel/Spickhoff* RdNr. 99.
[229] *Deutsch* Haftungsrecht I RdNr. 619; *Stoll*, Handeln auf eigene Gefahr, S. 274 Fn. 1.
[230] So bereits zum alten Recht des § 11 Nr. 7 AGBG statt aller BGHZ 100, 158, 184 = NJW 1987, 1931, 1938; § 309 Nr. 7 RdNr. 9 *(Kieninger)*; wohl übersehen in OLG Bamberg VersR 2006, 661, 662.

ohne einen expliziten Vorbehalt zugunsten von Personenschäden sowie vorsätzlich oder grob fahrlässig verursachten Sachschäden zu machen.[231] Im kaufmännischen Rechtsverkehr ergeben sich weitgehend identische Schutzstandards aus der Generalklausel des § 307.[232] Dies gilt jedenfalls zugunsten der persönlichen Rechtsgüter Leib, Leben und Freiheit, bezüglich derer sich ein rationaler Kunde die Erfüllung der allgemeinen Sorgfaltspflichten durch seinen Vertragspartner wohl kaum abhandeln ließe, selbst nicht gegen Gewährung eines Preisnachlasses. Die Rechtsprechung geht mitunter noch darüber hinaus und invalidiert Haftungsausschlüsse für leichte Fahrlässigkeit auch mit Blick auf bloße Sachschäden. So soll die Haftungsfreizeichnung eines **Waschanlagenbetreibers** eine unangemessene Benachteiligung des Kunden darstellen und deshalb gemäß § 307 Abs. 1 unwirksam sein.[233]

75 **(3) Gefälligkeitsverhältnisse.** Im Rahmen von Gefälligkeitsverhältnissen steht die Haftung des Gefälligen für Vorsatz und grobe Fahrlässigkeit ebenso außer Streit wie die Haftung des durch die Gefälligkeit Begünstigten für jedes Verschulden.[234] Problematisch ist allein, ob derjenige, der unentgeltlich im Interesse eines anderen handelt, auch für solche Schäden einstehen muss, die infolge **leicht fahrlässigen Fehlverhaltens** entstehen. Mangels expliziter Abreden steht in der Praxis der stillschweigende Ausschluss der Haftung im Vordergrund, doch dürfte unstreitig sein, dass die Parteien nicht mit Erklärungsbewusstsein und Geschäftswillen handeln.[235] Auch der von einigen Gerichten favorisierte Weg über die **ergänzende Vertragsauslegung** ist in Wahrheit nicht gangbar, denn ein der richterlichen Ergänzung fähiger Vertrag ist gerade nicht geschlossen worden.[236] In der Sache geht es darum, die Deliktshaftung bei Gefälligkeitsverhältnissen durch Richterrecht einzuschränken, und zwar mit Rücksicht auf die Interessenlage und die Wertung, dass altruistisches Handeln gefördert werden sollte und nicht mit scharfen haftungsrechtlichen Sanktionen belegt werden darf. Nach der Rechtsprechung ist ein Haftungsausschluss für leichte Fahrlässigkeit eine besonderer Umstände bedürftige Ausnahme,[237] wobei das Kriterium der Versicherung bzw. Versicherungsmöglichkeit entweder der Haftung oder des Schadens selbst eine entscheidende Rolle spielt. Unversicherte Schädiger kommen regelmäßig in den Genuss eines Haftungsausschlusses für leichte Fahrlässigkeit.[238] In geeigneten Fällen können Eltern als Stellvertreter für ihre Kinder einen Haftungsverzicht für leichte Fahrlässigkeit erklären.[239]

76 Umgekehrt sieht der BGH keinen Anlass zur Einschränkung sowohl der Delikts- als auch der Gefährdungshaftung, wenn der Schädiger das Risiko bei einer **Haftpflichtversicherung** zur Deckung gebracht hat. Diese Voraussetzung ist nicht nur im Bereich der Kraftfahrzeugunfälle,[240] sondern darüber hinaus bei der Jagdausübung[241] sowie in aller Regel auch bei der Tierhalterhaftung regelmäßig erfüllt. Liegt es so, ist die nach § 833 S. 1 gegebene Einstandspflicht des Pferdehalters gegenüber dem Reiter, dem das Pferd gefälligkeitshalber überlassen wurde, nicht konkludent ausgeschlossen (§ 833 RdNr. 18).[242] Bestimmend für dieses Ergebnis ist die Überlegung, es widerspreche den Interessen der Parteien, durch Annahme eines konkludenten Haftungsverzichts den „Schutz der normalen Haftpflichtver-

---

[231] BGHZ 86, 284, 297 = NJW 1983, 1322, 1325; BGHZ 96, 18, 25 f. = NJW 1986, 1610, 1612; BGH NJW 1986, 2757, 2758; § 309 Nr. 7 RdNr. 32 *(Kieninger)*.
[232] BGH NJW 1986, 2757, 2758; Einzelheiten bei § 309 Nr. 7 RdNr. 33 *(Kieninger)*.
[233] BGH NJW 2005, 422, 424 = VersR 2005, 804.
[234] Vgl. zum Parallelproblem bei der Leihe OLG Oldenburg VersR 2007, 1002, 1003.
[235] Insoweit treffend OLG Hamm NJW-RR 2007, 1517, 1518.
[236] OLG Hamm NJW-RR 2007, 1517, 1518.
[237] BGHZ 34, 355, 361 = NJW 1961, 655, 657; BGHZ 41, 79, 81 = NJW 1964, 860; BGHZ 43, 72, 76 = NJW 1965, 907; BGH NJW 1993, 3067, 3068; *Lange/Schiemann* Schadensersatz § 10 XVI 2, S. 654, XVII, S. 658 f.
[238] OLG Hamm NJW-RR 2007, 1517, 1518 f. – Junggesellenabschied.
[239] AG Nürnberg VersR 2006, 662 f. Mit einem Vertrag zu Lasten Dritter hat dies nichts zu tun.
[240] BGHZ 63, 51, 59 = NJW 1974, 2414; BGH NJW 1993, 3067, 3068.
[241] BGH VersR 1958, 851, 852; 1959, 206, 207; unter anderen Rahmenbedingungen noch anders RGZ 129, 39, 45.
[242] BGH NJW 1992, 2474, 2475.

sicherung [zu] entwerten".[243] Die **Abhängigkeit des konkludenten Haftungsausschlusses vom Versicherungsschutz** erfordert mitunter minutiöse Prüfungen der einschlägigen Versicherungsbedingungen, insbesondere der AKB, um zu ermitteln, ob dem Schädiger mit Blick auf den konkreten Unfall Haftpflichtversicherungsschutz zustand oder nicht. Nur soweit eine Lücke im Schutzschirm der Haftpflichtversicherung auszumachen ist, den Schädiger also das Risiko einer persönlichen Einstandspflicht trifft, wird ein stillschweigender Haftungsverzicht angenommen.[244] Eine empfindliche Deckungslücke wiesen die AKB früher mit Blick auf vom Halter selbst erlittene Schäden auf, für die der Fahrer zwar uU nach §§ 823, 18 StVG haftete, für die er jedoch gemäß § 11 Nr. 2, 3 AKB aF keine Deckung erhielt. Diese versicherungsrechtliche Regelung war der Anlass für die Rechtsprechung zur sog. **Gefälligkeitsfahrt,** die insbesondere Ehefrauen und Freunden des Halters zugute kam, die Letzteren im Zustand der Trunkenheit nach Hause chauffierten.[245] Nachdem die genannte Bestimmung der AKB nunmehr den Deckungsausschluss auf Sachschäden – praktisch also auf Beschädigungen an dem vom Fahrer gelenkten Fahrzeug selbst – beschränkt, hat sich auch der konkludente Haftungsausschluss entsprechend reduziert.[246] Kommt der durch den Unfall während einer Gefälligkeitsfahrt Geschädigte wegen der Verletzung in den Genuss von Ansprüchen aus einer Unfall- oder Lebensversicherungspolice, mit denen der Schaden de facto ausgeglichen wird, hält der BGH wiederum einen stillschweigenden Haftungsausschluss für möglich.[247]

(4) Probefahrten, Autorennen. Gemäß § 2 b Abs. 3 lit. b AKB ist die Deckung von 77 Ersatzansprüchen aus der Verwendung des Fahrzeugs bei bestimmten behördlich genehmigten Autorenn-Veranstaltungen und den dazugehörigen Übungsfahrten ausgeschlossen, und der Haftpflichtversicherer ist gemäß §§ 3 Nr. 1 PflVersG, 4 Nr. 4 KfzPflVV berechtigt, diesen Deckungsausschluss dem Geschädigten entgegenzuhalten. In diese Lücke im Haftpflichtversicherungsschutz des Rennteilnehmers tritt ein Haftungsausschluss für Schäden, die er einem Mitbewerber ohne gewichtige Regelverletzung zufügt.[248] Zur Begründung rekurrierte der BGH allerdings nicht auf eine konkludente Vereinbarung der Parteien, sondern auf das Verbot des venire contra factum proprium, wie es für die Haftung im Rahmen sportlicher Kampfspiele entwickelt worden ist (§ 823 RdNr. 548 ff.). Gleiches soll für die Teilnehmer einer „Radtouristikfahrt" gelten, die einander ebenfalls nicht für leichte Fahrlässigkeit verantwortlich sind.[249] Soweit der Schädiger den Deckungsschutz einer Haftpflichtversicherung genießt, verstößt seine Inanspruchnahme nicht gegen § 242.[250] – Eine bei Probefahrten uU schmerzliche Deckungslücke weisen die AKB nach wie vor insofern auf, als Haftpflichtversicherungsschutz zugunsten des Fahrers in Bezug auf das Risiko der Beschädigung oder Zerstörung fremder Kraftfahrzeuge während ihres Gebrauchs wegen der sog. **Benzinklausel** der §§ 1 Nr. 2 b, 2 Nr. 3 c AHB nicht zur Verfügung gestellt wird.[251] Während bei der Leihe eines Kfz. unter Freunden und Verwandten nicht ernsthaft angenommen werden kann, der Eigentümer/Halter verzichte auf den deliktsrechtlichen Schutz seines Eigentums, mag dies beim Kfz-Händler anders sein, denn er hat Möglichkeit und Anlass, das Schadensrisiko durch Abschluss einer Sach- bzw. **Kaskoversicherung für den Vorführwagen** auf einen professionellen Risikoträger zu transferieren. Folgerichtig hat die Rechtsprechung in diesen Fällen einen konkludenten Haftungsverzicht zugunsten des Kunden angenommen[252] und

---

[243] BGH NJW 1993, 3067, 3068; genauso bereits BGH VersR 1958, 851, 852; 1959, 206, 207; BGHZ 39, 156, 158 = NJW 1963, 1099.
[244] Vgl. OLG Koblenz NJW-RR 2005, 1048, 1049 – Unfall mit Mietwagen in Zypern.
[245] BGH VersR 1980, 384, 385; ähnliche Konstellationen in BGH VersR 1978, 625; NJW 1979, 414, 415.
[246] OLG Karlsruhe OLGZ 1980, 386, 388; OLG Frankfurt NJW-RR 1986, 1350, 1352; NJW 1998, 1232.
[247] BGH VersR 1961, 846, 847.
[248] BGHZ 154, 316, 324 = NJW 2003, 2018, 2019 f.
[249] OLG Stuttgart NJW-RR 2007, 1251, 1252.
[250] BGH VersR 2008, 540, 541 RdNr. 10 ff.
[251] BGH NJW 1972, 1363; 1980, 1681, 1682.
[252] BGH NJW 1972, 1363 f.; 1979, 643, 644; 1980, 1681, 1682; aA *Lange/Schiemann* Schadensersatz § 10 XVI 2, S. 657.

sich dabei von der Frage leiten lassen, welche der Parteien besser zur Versicherung des Risikos in der Lage gewesen wäre.[253] Praktische Bedeutung hat dies insbesondere dann, wenn der Händler den Abschluss der Kaskoversicherung unterlassen hat. Kommt er dieser Obliegenheit nämlich nach, ergibt sich die Freistellung des Fahrers bereits aus § 15 Abs. 2 AKB. Der Haftungsverzicht gilt im Übrigen nicht nur gegenüber professionellen Automobilhändlern, sondern auch zu Lasten privater Eigentümer, die ihren Gebrauchtwagen im Wege des Agenturgeschäfts von einem Händler vermarkten lassen.[254] Der Eigentümer kann indessen wegen des Schadens an seinem Fahrzeug nach § 280 Rückgriff bei dem Händler nehmen, wenn Letzterer es versäumt hat, eine Kaskoversicherung abzuschließen.[255] Anders liegt es wiederum, wenn die Kaufverhandlungen ohne Einschaltung eines Händlers unmittelbar zwischen Privatpersonen geführt werden und in diesem Zusammenhang eine Probefahrt veranstaltet wird. Da es dem privaten Gebrauchtwagenverkäufer nicht möglich ist, für solche Probefahrten eine Kaskoversicherung abzuschließen, entspricht die Annahme eines konkludenten Haftungsausschlusses für leichte Fahrlässigkeit nicht der Interessenlage.[256]

78 **(5) Haftung des Mieters für Gebäudeschäden.** Ähnlich wie in den eben erörterten Fällen verhält es sich in der praktisch häufigen Situation, dass eine gemietete Sache im Rahmen einer Kasko-, Hausrats- oder Feuerversicherung gegen Beschädigung oder Zerstörung versichert ist: Haftet dann der Mieter eines Kraftfahrzeugs, einer Wohnung oder eines Gebäudes gegenüber einem Schadensversicherer aus gemäß § 86 VVG übergegangenem Recht für den von ihm leicht fahrlässig angerichteten Schaden? Der BGH vertrat in ständiger Rechtsprechung die Auffassung, der Rückgriff des Versicherers scheitere an einem konkludent zwischen Vermieter und Mieter vereinbarten **Haftungsausschluss für leichte Fahrlässigkeit,** wenn der Mieter die Kosten der Schadensversicherung vertraglich übernommen habe, wie es sowohl bei der Kraftfahrzeug- als auch bei der Raum- und Grundstücksmiete üblich ist.[257] Nicht dieses Ergebnis, sondern der beschrittene Weg hat die Kritik eines Teils der Literatur herausgefordert, die für eine versicherungsrechtliche Lösung eingetreten ist: Dem Sachversicherungsvertrag sei ein **konkludenter Regressverzicht** zugunsten des Mieters zu entnehmen, der auf diese Weise den in § 67 Abs. 2 VVG aF (§ 86 Abs. 3 VVG nF) ausdrücklich genannten Familienangehörigen (nunmehr: Angehörigen der Hausgemeinschaft) des Versicherungsnehmers gleichzustellen sei.[258] Dieser Ansicht hat sich der für das Versicherungsrecht zuständige IV. ZS des BGH für leicht fahrlässig begangene Schädigungshandlungen des Mieters angeschlossen.[259] Unter der Voraussetzung, dass der Mieter die Kosten der Gebäudeversicherung (anteilig) getragen hat, gilt dies nach Ansicht des BGH auch dann, wenn er haftpflichtversichert war.[260] Allerdings soll zwischen Haftpflicht- und Gebäudeversicherer ein Innenausgleich analog den Regeln über die Mehrfach-

---

[253] Zu ähnlichen Kriterien beim Haftungsausschluss im Rahmen von Vertragsbeziehungen *Kötz* in: 25 Jahre Karlsruher Forum, S. 145, 147 ff.
[254] BGH NJW 1979, 643, 644; OLG Koblenz NJW-RR 2003, 1185, 1186 = VersR 2004, 342;
[255] BGH NJW 1986, 1099 f.
[256] OLG Köln NJW 1996, 1288, 1289.
[257] RGZ 122, 292, 293 f.; BGHZ 22, 109, 115 f. = NJW 1956, 1915, 1916; BGHZ 43, 295, 298 ff. = NJW 1965, 1269, 1270; BGHZ 131, 288, 293 ff. = NJW 1996, 715, 716; BGH VersR 1990, 625, 626; *Lange/Schiemann* Schadensersatz § 10 XVI 2, S. 656 f.; eingehend zu einer solchen „gewillkürten Haftungsersetzung durch Versicherungsschutz" *M. Fuchs* BB 1992, 1217, 1218 ff.
[258] *Prölss/Martin* § 80 VVG RdNr. 14; *Armbrüster,* Der Schutz von Haftpflichtinteressen in der Sachversicherung, S. 121 f.; *ders.* NJW 1997, 177, 178 f. mwN; mit Sympathie auch *E. Lorenz* VersR 1992, 399, 402; im Ergebnis genauso, konstruktiv aber abw. *H. Honsell* VersR 1985, 301, 303 ff., der den Mieter als Mitversicherten gemäß § 80 VVG aF (§ 48 VVG nF) in den Deckungsschutz einbeziehen will, mit der Folge, dass er nicht „Dritter" iS des § 67 VVG aF (§ 86 VVG nF) ist; dagegen wiederum BGH VersR 1992, 311; eingehend *E. Lorenz* VersR 1999, 399, 400 f.
[259] BGHZ 145, 393, 397 ff. = NJW 2001, 1353, 1354 f. = VersR 2001, 94, 95 m. Anm. *E. Lorenz* und *Wolter* = MDR 2001, 272 m. zust. Anm. *van Bühren;* bestätigt durch BGH NJW 2006, 3707, 3708 = VersR 2006, 1536.
[260] BGH NJW 2006, 3707, 3709 = VersR 2006, 1536 m. Anm. *Günther;* NJW 2006, 3712, 3713 = VersR 2006, 1530; aA OLG Köln VersR 2004, 593, 594 f. m. Anm. *Günher;* krit. zu diesen Entscheidungen *Armbrüster* NJW 2006, 3683; zur Rechtslage nach der VVG-Reform *Staudinger/Kassing* VersR 2007, 10.

versicherung in § 78 Abs. 2 VVG (§ 59 Abs. 2 VVG aF) stattfinden.²⁶¹ Umgekehrt ist es mit Begründung und Funktion des Regressverzichts nicht vereinbar, ihn auch noch auf die **Hausratversicherung** des Vermieters zu erstrecken.²⁶² Schließlich hat der Mieter keinen Cent für die Hausratversicherung des Vermieters bezahlt.

(6) Kritik. Die Gerichte räumen offen ein, dass angebliche konkludent getroffene 79 Verzichtsabreden „letztlich fingiert" werden, um die von der objektiven Interessenlage gebotenen Ergebnisse zu rechtfertigen.²⁶³ Mit ihrem Bemühen, den Haftungsausschluss exakt in die Lücken des Haftpflicht- bzw. Sachversicherungsschutzes einzupassen, geht es der Rechtsprechung ganz offenbar nicht um Willenserforschung (§§ 133, 157), sondern um **effiziente Risikoallokation.** Damit werden allerdings die **Sorgfaltsanreize der privilegierten Partei** – des Kunden bei der Probefahrt, des gerichtsnotorischen Wohnungsmieters, der Streichhölzer in der Nähe spielender Kinder herumliegen lässt oder mit einer Zigarette im Mund auf dem Sofa einschläft²⁶⁴ – verwässert, weil de facto die lückenlose Immunität gegenüber Haftungsansprüchen wegen fahrlässiger Rechtsgutverletzungen gewährleistet wird. Dies ist bedenklich, weil gegenüber dem Kunden oder Wohnungsmieter diejenigen Instrumente fehlen, die einem Haftpflicht- oder Sachversicherer zur Verfügung stehen, um den Versicherungsnehmer zu sorgfältigem Verhalten anzuhalten, wie beispielsweise Bonus/Malus-Systeme. Deshalb ist es durchaus zweifelhaft, ob die Haftungsprivilegien – gleich, wie sie begründet werden – wirklich im Interesse der Begünstigten liegen. Im Bereich der Gebäudeversicherungen für Miethäuser beispielsweise wird sich durch die geschilderte Rechtsprechung das Schadensvolumen vergrößern, dies wiederum einen Anstieg der Versicherungsprämien zur Folge haben, wofür am Ende die Gesamtheit aller Wohnungs- und Gebäudemieter im Rahmen der Miet-Nebenkosten aufzukommen hat.²⁶⁵ Wegen dieser Zusammenhänge ist es zu begrüßen, dass die Rechtsprechung die Erstreckung des Privilegs auf grob fahrlässiges Verhalten ablehnt.²⁶⁶ Nachdem die VVG-Reform für den Regressanspruch des Versicherers in § 86 Abs. 2 S. 3 VVG das Alles-oder-nichts-Prinzip verabschiedet hat, lässt sich eine Beschränkung – kein vollständiger Ausschluss – des Regresses auch in Fällen grober Fahrlässigkeit erwägen.²⁶⁷ Wenn allerdings der quotale Regress einen angemessenen Kompromiss zwischen Verhaltenssteuerung und Risikoallokation darstellt, sollte er auch auf leicht fahrlässiges Verhalten erstreckt und ein vollumfänglicher Ausschluss des Regresses in diesen Fällen entgegen der aktuellen Rechtsprechung vermieden werden.²⁶⁸

XI. Novellen und Reformperspektiven

Das Deliktsrecht des BGB ist seit 1900 nie einer Generalrevision unterzogen worden, 80 sondern in seinen Grundstrukturen bis heute dasselbe geblieben. In der Zeit des Nationalsozialismus wurde im Rahmen der Arbeiten der Akademie für Deutsches Recht an einem **„Volksgesetzbuch"** daran gedacht, das dreigliedrige Deliktsrecht des BGB durch eine Generalklausel nach Art des Art. 1382 Code civil abzulösen(!),²⁶⁹ das Prinzip der Totalreparation zugunsten einer allgemeinen Reduktionsklausel zu verabschieden und der Ver-

---

[261] BGH NJW 2006, 3707, 3710 f. = VersR 2006, 1536 m. Anm. *Günther*.
[262] So aber OLG Stuttgart VersR 2004, 592, 593; treffend dagegen BGH NJW 2006, 3714 f.; *Günther* VersR 2004, 595, 596 ff.
[263] BGH NJW 1993, 3067, 3068; ganz deutlich auch OLG Frankfurt NJW-RR 1986, 1350, 1351.
[264] So der Sachverhalt in BGHZ 131, 288 = NJW 1996, 715; vgl. auch RdNr. 41 ff.
[265] Ausf. dazu *C. Huber* VersR 1998, 265; weitgehend zust. *Staudinger/Hager* RdNr. 45.
[266] Vgl. OLG Frankfurt NJW 1998, 1232, 1233; überzeugende Begr. aus ökonomischer Sicht bei *Kötz* in: 25 Jahre Karlsruher Forum, S. 145, 148 f.
[267] Dafür *Staudinger/Kassing* VersR 2007, 10, 11 ff.
[268] Vgl. die Nachweise in Fn. 259, 260.
[269] *Nipperdey* in: *Schubert* (Hrsg.), Akademie für Deutsches Recht Bd. III/5, S. 634 ff.; der vorgeschlagene „Entwurf einer deutschen Schadensordnung" ist abgedruckt aaO S. 688 ff.; im Auszug 4. Aufl. RdNr. 16.

schuldens- eine allgemeine Billigkeitshaftung an die Seite zu stellen,[270] doch zur Realisierung dieser Vorschläge ist es aus den bekannten Gründen nicht gekommen.[271]

81 Weitreichende Vorschläge zur Reform des Deliktsrechts sowie des Rechts der außervertraglichen Haftung allgemein finden sich in den Gutachten von *v. Bar* und *Kötz*, die sie im Zuge der Vorarbeiten zur **Schuldrechtsreform** erstattet haben.[272] Das Bundesjustizministerium hat sich jedoch frühzeitig dazu entschlossen, das Reformprojekt auf die Gebiete des Leistungsstörungs-, Gewährleistungs- und Verjährungsrechts zu konzentrieren und das Deliktsrecht auszuklammern.[273] Dabei ist es geblieben, und folgerichtig ist das Deliktsrecht nicht Gegenstand der Schuldrechtsreform des Jahres 2001 gewesen, sondern wird von ihr bloß reflexartig betroffen.[274] Die Erstreckung der gewährleistungsrechtlichen Schadensersatzhaftung des Verkäufers auf leichte Fahrlässigkeit (§§ 437 Nr. 3, 280) sowie die weitgehende, wenn auch längst nicht vollständige, Harmonisierung der für Ersatzansprüche geltenden Verjährungsfristen auf der Grundlage des früheren § 852 Abs. 1 (jetzt §§ 195, 199 nF) erlauben in vielen Fällen die Schadensliquidation auf vertragsrechtlicher Grundlage, in denen früher auf das Deliktsrecht zurückgegriffen werden musste. Insofern hat die Schuldrechtsreform das Vertragsrecht erheblich aufgewertet.

82 In zeitlicher Nähe zum Schuldrechtsmodernisierungsgesetz wurde 2002 das **Zweite Gesetz zur Änderung schadensersatzrechtlicher Vorschriften** erlassen.[275] Es ließ den Text der §§ 823 ff. unverändert, fügte jedoch mit § 839 a eine neue Haftungsgrundlage in das BGB ein. Vor allem aber stellte das Gesetz den Schmerzensgeldanspruch für Delikts-, Gefährdungs- und Vertragshaftung zur Verfügung, indem es den Text des § 847 aF als § 253 Abs. 2 neu kodifizierte.[276] Praktisch hatte dies eine weitere Aufwertung der Vertragshaftung wegen Schutzpflichtverletzung (§§ 280, 241 Abs. 2) und zusätzlich auch einen erheblichen Bedeutungszuwachs der Gefährdungshaftung zur Folge.

83 Wesentlich ambitionierter als das Zweite Schadensersatzrechtsänderungsgesetz war der Referentenentwurf eines Gesetzes zur Änderung und Ergänzung schadensersatzrechtlicher Vorschriften aus dem Jahr 1967 – **sog. Entwurf 1967** –, der den Kern des Deliktsrechts einer Generalrevision unterziehen wollte.[277] Neben einer Vielzahl von Detailregelungen und bedeutsameren Änderungen wie der Einführung einer allgemeinen Reduktionsklausel (§ 828 RdNr. 17 ff.; § 829 RdNr. 27) war daran gedacht, das Allgemeine Persönlichkeitsrecht explizit in den Schutzbereich der allgemeinen deliktsrechtlichen Fahrlässigkeitshaftung nach § 823 Abs. 1 einzubeziehen[278] und die Gehilfenhaftung nach dem im Ausland anerkannten Prinzip des „respondeat superior" auszugestalten, also die nach § 831 Abs. 1 gegebene Möglichkeit des Entlastungsbeweises zu streichen (vgl. § 831 RdNr. 3 ff.). Eben diese ambitionierten Vorschläge waren es, die das Schicksal des Entwurfs besiegelt haben, noch bevor er zu einer Regierungsvorlage geworden war, denn sie entfachten sofort eine intensive rechtspolitische Debatte und forderten den Widerstand von Interessengruppen heraus; insbesondere die geplante Anerkennung des Allgemeinen Persönlichkeitsrechts stieß auf heftigen Widerstand. Das Bundesjustizministerium hat daraus offenbar seine Lehren gezogen und die wirklich heiklen deliktsrechtlichen Themen seither nicht mehr angefasst. Für den Persönlichkeitsschutz bleibt dies weitgehend folgenlos, weil die Rechtsprechung

---

[270] *Reinhardt* in: Schubert (Hrsg.), Akademie für Deutsches Recht Bd. III/5, S. 662 ff.
[271] Eingehend *Mohnhaupt-Wolf*, Deliktsrecht und Rechtspolitik, S. 24 ff.
[272] *v. Bar*, in: BMJ (Hrsg.), Gutachten und Vorschläge zur Überarbeitung des Schuldrechts, Bd. II, 1981, S. 1681 ff.; *Kötz*, ebenda, S. 1779 ff.
[273] Abschlussbericht der Kommission zur Überarbeitung des Schuldrechts, hrsg. vom BMJ, 1992, S. 15.
[274] Dazu eingehend *Wagner* in: *Dauner-Lieb/Konzen/K. Schmidt* (Hrsg.), Das neue Schuldrecht in der Praxis, S. 203 ff.
[275] Das Erste Gesetz zur Änderung schadensersatzrechtlicher Vorschriften vom 16. 8. 1977, BGBl. I S. 1577, betraf ausschließlich die Gefährdungshaftung; eingehend *Kötz*, FS v. Caemmerer, 1978, S. 389 ff.
[276] Eingehend *Wagner* NJW 2002, 2049; *ders.*, Das neue Schadensersatzrecht, 2002.
[277] BMJ, RefE eines Gesetzes zur Änderung und Ergänzung schadensersatzrechtlicher Vorschriften, Bd. I und II, 1967.
[278] Vgl. Fn. 277 Bd. I S. 3, 7; Bd. II S. 8 ff., 53 ff.

hier statt des Gesetzgebers tätig geworden ist, doch die Gehilfen- und Unternehmenshaftung bedürfte dringend einer Reform, damit die Hypertrophie von Ausweichstrategien nach Art der Unternehmensorganisationspflichten endlich abgebaut werden kann (iE § 823 RdNr. 380 ff., 386 ff.). Gleichwohl ist auf absehbare Zeit nicht mit weiteren legislatorischen Schritten zu rechnen, denn das Streben nach grundsätzlicheren Änderungen in den Kernbereichen des Vertrags- und Deliktsrechts verlagert sich immer mehr auf die europäische Ebene, wie auch das deutsche Schuldrecht vor allem von dort in den letzten zwanzig Jahren seine wesentlichen rechtspolitischen Impulse bezogen hat.

In **Österreich** ist jüngst ein Vorschlag für eine umfassende Reform des Schadensersatzrechts des ABGB vorgelegt worden.[279] Der Entwurf basiert auf den Erträgen des europäischen Rechtsvergleichungs- und Rechtsvereinheitlichungsprojekts der European Group on Tort Law und hat heftige Kritik auf sich gezogen.[280] Es bleibt abzuwarten, ob sich der Entwurf durchsetzen wird.

XII. Europäisches Deliktsrecht

Die Frage einer Harmonisierung der Privatrechte der Mitgliedstaaten der EU steht auf der rechtspolitischen Tagesordnung, wenn auch unter dem camouflierenden Begriff des **„Gemeinsamen Referenzrahmens"**.[281] Die Europäische Kommission konzentriert sich zwar einstweilen auf das Vertragsrecht,[282] doch es ist abzusehen, dass über kurz oder lang auch das Recht der außervertraglichen Schuldverhältnisse sowie dasjenige der Mobiliarsicherheiten einbezogen werden wird, wie dies in dem Entwurf eines Gemeinsamen Referenzrahmens auch geschieht.[283] In der Tat ist der **Harmonisierungsbedarf** im Deliktsrecht nicht geringer als im Vertragsrecht,[284] was für sich allein genommen selbstverständlich noch nicht besagt, dass die Vorteile einer Rechtsvereinheitlichung ihre Nachteile überwiegen würden.[285] Im Bereich der außervertraglichen Haftung liegen sogar bereits **zwei verschiedene Entwürfe** vor, nämlich einmal die „Principles of European Tort Law" der seit 1992 existierenden, früher unter dem Namen Tilburg-Group bekannten European Group on Tort Law[286] sowie die „Principles of European Law: Non-Contractual Liability Arising out of Damage Caused to Another" der Study Group on a European Civil Code.[287] Die Vorschläge der beiden Gruppen weichen zwar in zahlreichen Einzelfragen voneinander ab, ihre Grundstrukturen stimmen jedoch weitgehend überein.[288] Beide Entwürfe hätten im Fall ihrer legislatorischen Umsetzung eine nicht unerhebliche Haftungsausweitung zur Folge. Für diese mag es gute Gründe geben, doch sie wird ohne Zweifel auf viel politischen Widerstand stoßen.[289] Die Diskussion in Österreich liefert einen Vorgeschmack darauf.[290]

---

[279] *Griss/Kathrein/Koziol* (Hrsg.), Entwurf eines neuen österreichischen Schadensersatzrechts, 2006; *Griss* JBl. 2005, 273.

[280] Zu Entwurf und Kritik *Wagner* JBl. 2008, 2 ff.

[281] *v. Bar/Clive/Schulte-Nölke*, Draft Common Frame of Reference; zu diesem Projekt *Lehne* ZEuP 2007, 1; sowie die Beiträge in ZEuP 2007, 109–323.

[282] Mitteilung der Kommission an den Rat und das Europäische Parlament zum Europäischen Vertragsrecht, ABl. EG Nr. C 255 S. 1 vom 13. 9. 2001.

[283] *v. Bar/Clive/Schulte-Nölke*, Draft Common Frame of Reference, S. 303 ff.

[284] Ausf. dazu *Wagner*, Grundstrukturen des Europäischen Deliktsrechts, S. 192 ff.

[285] Dazu mit Blick auf das Vertragsrecht *Wagner* 39 CML Rev 2002, 995.

[286] *European Group on Tort Law* (Fn. 71), deutsche Übersetzung aaO S. 209 ff. sowie in ZEuP 2004, 427 ff.; vgl. dazu *Koziol* ZEuP 2004, 234; *Wagner* 42 CML Rev 2005, 1269.

[287] Fn. 72, 283; eingehend zum Deliktsrechtskonzept der Study Group on a European Civil Code *v. Bar* ZEuP 2001, 515.

[288] *Wagner* ZEuP 2003, 451 ff.; *Jansen* RabelsZ 70 (2006), 732, 752 ff.; vgl. auch die zum Österreichischen Entwurf (Fn. 279) geführte Diskussion bei *Schmidt-Kessel*, Reform des Schadensersatzrechts, Band I, 2006, S. 74 ff.; *Wagner* JBl. 2008, 2.

[289] Eingehend *Eidenmüller/Faust/Grigoleit/Jansen/Wagner/Zimmermann* JZ 2008, 529 ff.; *Wagner* in: *v. Bar/Schulte-Nölke/Schulze* (Hrsg.), Der akademische Entwurf für einen Gemeinsamen Referenzrahmen, 2008, S. 161 ff..

[290] Vgl. Fn. 280.

XIII. Internationales Privatrecht

86 Das deutsche internationale Privatrecht der unerlaubten Handlungen findet sich bisher in den Art. 40 ff. EGBGB.[291] Zum 11. 1. 2009 tritt die **Rom II-VO** in Kraft, mit der das Kollisionsrecht der außervertraglichen Schuldverhältnisse vergemeinschaftet wird.[292] Die Normen der Rom II-VO gelten nicht nur für solche Sachverhalte, bei denen die Deliktsrechte zweier oder mehrerer Mitgliedstaaten der EU um ihre Anwendung konkurrieren, sondern sie beanspruchen gemäß Art. 3 Rom II-VO **universelle Geltung,** sind also auch dann einschlägig, wenn zwischen dem Recht eines Mitgliedstaates und demjenigen eines Drittstaates zu entscheiden ist. Sachlich gilt die VO für **Schadensersatzansprüche auf außervertraglicher Grundlage,** gleich, ob es sich um Verschuldens- oder Gefährdungshaftung handelt. Abwehransprüche nach Art der actio negatoria werden ebenfalls erfasst, nicht aber die Staatshaftung, die Haftung für Persönlichkeitsverletzungen und gesellschaftsrechtliche Haftungstatbestände.[293] Soweit die VO anwendbar ist, ist folgende **Anknüpfungshierarchie** zu beachten: (1) Vorrang hat die Parteivereinbarung in Gestalt einer Rechtswahl, Art. 14; (2) Anknüpfungsregeln für besondere Deliktstypen, Art. 5 bis 9 VO; (3) Recht des gemeinsamen gewöhnlichen Aufenthalts, Art. 4 Abs. 2, wenn nicht offensichtlich engere Verbindung, Art. 4 Abs. 3; (4) Erfolgsort, Art. 4 Abs. 1, wiederum unter dem Vorbehalt einer wesentlich engeren Verbindung.[294]

XIV. Zivilprozessrecht

87 Klagen aus unerlaubter Handlung können selbstverständlich am allgemeinen Gerichtsstand des Schädigers erhoben werden (§§ 12 ff. ZPO, Art. 2 EuGVVO), daneben aber auch am **Deliktsgerichtsstand.** Die internationale Zuständigkeit ergibt sich dabei aus Art. 5 Nr. 3 EuGVVO, der nach der Rechtsprechung des EuGH auch dann anzuwenden ist, wenn die Zuständigkeit der Gerichte eines Drittstaates in Rede steht.[295] Für die örtliche Zuständigkeit ist § 32 ZPO maßgeblich, nach dem die Klage am **Tatort** erhoben werden kann. Daneben existieren Sonder-Deliktsgerichtsstände für bestimmte Ansprüche, nämlich für Klagen wegen Umweltschäden in § 32 a ZPO, für die Geltendmachung von Arzneimittelschäden in § 94 a AMG. Die Einzelheiten müssen den einschlägigen Kommentierungen vorbehalten bleiben.

§ 823 Schadensersatzpflicht

(1) Wer vorsätzlich oder fahrlässig das Leben, den Körper, die Gesundheit, die Freiheit, das Eigentum oder ein sonstiges Recht eines anderen widerrechtlich verletzt, ist dem anderen zum Ersatz des daraus entstehenden Schadens verpflichtet.

(2) ¹**Die gleiche Verpflichtung trifft denjenigen, welcher gegen ein den Schutz eines anderen bezweckendes Gesetz verstößt.** ²**Ist nach dem Inhalt des Gesetzes ein Verstoß gegen dieses auch ohne Verschulden möglich, so tritt die Ersatzpflicht nur im Falle des Verschuldens ein.**

Schrifttum: Für Nachweise zur Rechtsgeschichte, zur Rechtsvergleichung, zum Europäischen Deliktsrecht und zur ökonomischen Analyse vgl. Vor § 823.

---

[291] Vgl. dazu 4. Aufl. Bd. 10 *(Junker)*.
[292] Verordnung (EG) Nr. 864/2007 des Europäischen Parlaments und des Rates vom 11. 7. 2007 über das auf außervertragliche Schuldverhältnisse anzuwendende Recht ("Rom II"), ABl. EG Nr. L 199 S. 40.
[293] Einzelheiten bei *Wagner* IPRax 2008, 1 ff.
[294] *Wagner* IPRax 2008, 1, 4.
[295] EuGH Slg. 2000, I-5925, 5955 Nr. 47 = NJW 2000, 3121 – Group Josi Reinsurance Company; Slg. 2005, I-1383, Nr. 25 f. – Owusu; EuGH Gutachten 1/03 Nr. 114 ff.; vgl. *Wagner* IPRax 2006, 372, 389 f.

Schrifttum zu Grundfragen des Deliktsrechts: *v. Bar,* Entwicklung und rechtsstaatliche Bedeutung der Verkehrs(sicherungs)pflichten, JZ 1979, 332; *ders.,* Verkehrspflichten – Richterliche Gefahrsteuerungsgebote im deutschen Deliktsrecht, 1980; *ders.,* Deliktsrecht, in: BMJ (Hrsg.), Gutachten und Vorschläge zur Überarbeitung des Schuldrechts, 1981, S. 1681; *ders.,* Entwicklungen und Entwicklungstendenzen im Recht der Verkehrs(sicherungs)pflichten, JuS 1988, 169; *Baumann,* Schuldtheorie und Verbotsirrtum im Zivilrecht?, AcP 155 (1956), 495; *Baur,* Der Beseitigungsanspruch nach § 1004 BGB, AcP 160 (1961), 465; *Bindokat,* Mehrerlei Unrecht?, JZ 1958, 553; *Börgers,* Von den „Wandlungen" zur „Restrukturierung" des Deliktsrechts?, 1993; *Bötticher,* Zur Ausrichtung der Sanktion nach dem Schutzzweck der verletzten Privatrechtsnorm, AcP 158 (1959/60), 385; *Brüggemeier,* Deliktsrecht, 1986; *ders.,* Haftungsrecht, 2006; *ders.,* Prinzipien des Haftungsrechts, 1999; *ders.,* Gesellschaftliche Schadensverteilung und Deliktsrecht, AcP 182 (1982), 383; *ders.,* Judizielle Schutzpolitik de lege lata – Zur Restrukturierung des BGB-Deliktsrechts, JZ 1986, 969; *ders.,* Haftungsfolgen, Entwicklungstendenzen im europäischen und deutschen Schadensersatzrecht, in: *Ott/Schäfer,* Die Präventivwirkung zivil- und strafrechtlicher Sanktionen, S. 171; *ders.,* Vertrag – Quasi-Vertrag – Sonder-Delikt – Delikt, AG 1982, 268; *ders.,* Fahrlässigkeitshaftung, FS E. Schmidt, 2005, S. 33; *v. Caemmerer,* Bereicherung und unerlaubte Handlung, FS Rabel, Bd. I, 1954, S. 333; *ders.,* Wandlungen des Deliktsrechts, FS 100 Jahre DJT, Bd. II, 1960, S. 49; *ders.,* Die absoluten Rechte in § 823 Abs. 1 BGB, Karlsruher Forum 1961, S. 19; *ders.,* Die Bedeutung des Schutzbereichs einer Rechtsnorm für die Geltendmachung von Schadensersatzansprüchen aus Verkehrsunfällen, DAR 1970, 283; *Canaris,* Schutzgesetze – Verkehrspflichten – Schutzpflichten, FS Larenz, 1983, S. 27; *ders.,* Grundstrukturen des deutschen Deliktsrechts, VersR 2005, 577; *Deutsch,* Zurechnung und Haftung im zivilen Deliktsrecht, FS Honig, 1970, S. 33; *ders.,* Finalität, Sozialadäquanz und Schuldtheorie als zivilrechtliche Strukturbegriffe, FS Welzel, 1974, S. 227; *ders.,* System und Aufbau der Schadenshaftung im Deliktsrecht, FS F. Weber, 1975, S. 125; *ders.,* Irrtum, Vorsatz und Fahrlässigkeit, FS Sieg, 1976, S. 127; *ders.,* Entwicklungstendenzen des Schadensrechts in Rechtsprechung und Wissenschaft, JuS 1967, 152; *ders.,* Die neuere Entwicklung der Rechtsprechung zum Haftungsrecht, JZ 1984, 308; JZ 1990, 733; *ders.,* Die Fahrlässigkeit als Außerachtlassung der äußeren und der inneren Sorgfalt, JZ 1988, 993; *ders.,* Fahrlässigkeit und erforderliche Sorgfalt, 2. Aufl. 1995; *ders.,* Regreßverbot und Unterbrechung des Haftungszusammenhangs im Zivilrecht, JZ 1972, 551; *Esser,* Die Zweispurigkeit unseres Haftpflichtrechts, JZ 1953, 129; *Fabarius,* Äußere und innere Sorgfalt, 1991; *Fraenkel,* Tatbestand und Zurechnung bei § 823 Abs. 1 BGB, 1979; *Geilen,* Strafrechtliches Verschulden im Zivilrecht?, JZ 1964, 6; *Gsell,* Substanzverletzung und Herstellung, 2003; *P. Gottwald,* Kausalität und Zurechnung, Karlsruher Forum 1986, S. 3; *Gotzler,* Rechtmäßiges Alternativverhalten im haftungsbegründenden Zurechnungszusammenhang, 1977; *G. Hager,* Zum Begriff der Rechtswidrigkeit im Zivilrecht, FS E. Wolf, 1985, S. 133; *Hanau,* Die Kausalität der Pflichtwidrigkeit, 1971; *Henckel,* Vorbeugender Rechtsschutz im Zivilrecht, AcP 174 (1974), 97; *Hohloch,* Die negatorischen Ansprüche und ihre Beziehungen zum Schadensersatzrecht, 1976; *K. Huber,* Verkehrspflichten zum Schutz fremden Vermögens, FS v. Caemmerer, 1978, S. 359; *U. Huber,* Normzwecktheorie und Adäquanztheorie, JZ 1969, 677; *ders.,* Fahrlässigkeit und Voraussehbarkeit, FS Heimpel, Bd. III, 1972, S. 440; *ders.,* Zivilrechtliche Fahrlässigkeit, FS E. R. Huber, 1973, S. 253; *ders.,* Verschulden, Gefährdung und Adäquanz, FS Wahl, 1973, S. 301; *Jansen,* Das Problem der Rechtswidrigkeit bei § 823 Abs. 1 BGB, AcP 202 (2002), 517; *ders.,* Die Struktur des Haftungsrechts, 2003; *Kleindiek,* Deliktshaftung und juristische Person, 1997; *Koziol,* Delikt, Verletzung von Schuldverhältnissen und Zwischenbereich, JBl. 1994, 209; *ders.,* Objektivierung des Fahrlässigkeitsmaßstabes im Schadensersatzrecht?, AcP 196 (1996), 593; *ders.,* Generalnorm und Einzeltatbestände als System der Verschuldenshaftung – Unterschiede und Ausgleichsmöglichkeiten, ZEuP 1995, 359; *ders.,* Gedanken zum privatrechtlichen System des Rechtsgüterschutzes, FS Canaris, Bd. I, 2007, S. 631; *Larenz,* Hegels Zurechnungslehre und der Begriff der objektiven Zurechnung, 1927; *ders.,* Tatzurechnung und „Unterbrechung des Kausalzusammenhanges", NJW 1955, 1009; *ders.,* Rechtswidrigkeit und Handlungsbegriff im Zivilrecht, FS Dölle, Bd. I, 1963, S. 169; *ders.,* Über Fahrlässigkeitsmaßstäbe im Zivilrecht, FS Willburg, 1965, S. 119; *ders.,* Zum heutigen Stand der Lehre von der objektiven Zurechnung im Schadensersatzrecht, FS Honig, 1970, S. 79; *Laufs,* Deliktische Haftung ohne Verschulden? – eine Skizze, FS Gernhuber, 1993, S. 245; *Lehmann,* Begrenzung der Rechtswidrigkeit unter vergleichender Berücksichtigung des schweizerischen Rechts, FS Hedemann, 1958, S. 177; *Lüer,* Die Begrenzung der Haftung bei fahrlässig begangenen unerlaubten Handlungen, 1969; *Mertens,* Deliktsrecht und Sonderprivatrecht – Zur Rechtsfortbildung des deliktischen Schutzes von Vermögensinteressen, AcP 178 (1978), 227; *ders.,* Verkehrspflichten und Deliktsrecht, VersR 1980, 397; *Münzberg,* Verhalten und Erfolg als Grundlagen der Rechtswidrigkeit und Haftung, 1966; *Nipperdey,* Rechtswidrigkeit, Sozialadäquanz, Fahrlässigkeit, Schuld im Zivilrecht, NJW 1957, 1777; *ders.,* Rechtswidrigkeit und Schuld im Zivilrecht, Karlsruher Forum 1959, S. 3; *Nipperdey/Säcker,* Tatbestandsaufbau und Systematik der deliktischen Grundtatbestände, NJW 1967, 1985; *Picker,* Der negatorische Beseitigungsanspruch, 1972; *Reinhardt,* Das subjektive Recht in § 823 I BGB, Karlsruher Forum 1961, S. 3; *Rümelin,* Die Verwendung der Kausalbegriffe in Straf- und Civilrecht, AcP 90 (1900), 171; *Schiemann,* Wandlungen der Berufshaftung, FS Gernhuber, 1993, S. 387; *R. Schmidt,* Praktisch wichtige Auswirkungen der neuen Schuldtheorie im Zivilrecht, NJW 1958, 488; *J. Schröder,* Verkehrssicherungspflicht gegenüber Unbefugten, AcP 179 (1979), 567; *D. Schwab,* Die deliktische Haftung bei widerrechtlichem Verweilen des Verletzten im Gefahrenbereich, JZ 1967, 13; *Stathopoulos,* Bemerkungen zum Verhältnis von Fahrlässigkeit und Rechtswidrigkeit, FS Larenz, 1983, S. 631; *Steffen,* Verkehrspflichten im Spannungsfeld von Bestandsschutz und Handlungsfreiheit, VersR 1980, 409; *ders.,* Haftung im Wandel, ZVersWiss. 1993, 13; *Stoll,* Unrechtstypen bei Verletzung absoluter Rechte, AcP 162 (1963), 203; *ders.,* Zum Rechtfertigungsgrund des verkehrsrichtigen Verhaltens, JZ 1958, 553; *ders.,* Handeln auf eigene Gefahr, 1961; *ders.,* Kausalzusammen-

§ 823

hang und Normzweck im Deliktsrecht, 1968; *ders.*, Richterliche Fortbildung und gesetzliche Überarbeitung des Deliktsrechts, 1984; *ders.*, Haftungsfolgen im bürgerlichen Recht – Eine Darstellung auf rechtsvergleichender Grundlage, 1993; *Ulmer*, Die deliktische Haftung aus der Übernahme von Handlungspflichten, JZ 1969, 163; *Wagner*, Öffentlich-rechtliche Genehmigung und zivilrechtliche Rechtswidrigkeit, 1989; *ders.*, Schasdensersatz – Zwecke, Inhalte, Grenzen, Karlsruher Forum 2006, S. 5; *ders.*, Neue Perspektiven im Schadensersatzrecht – Kommerzialisierung, Strafschadensersatz, Kollektivschaden, in: Verhandlungen des 66. DJT, Bd. I, 2006; *Weber*, Verfolgungsfälle: objektive und subjektive Zurechnung, FS Steffen, 1995, S. 507; *Weitnauer*, Zum Schutz der absoluten Rechte, Karlsruher Forum 1961, S. 28; *ders.*, Schadensersatz, ein unerschöpfliches Thema mit immer neuen Variationen, in: 25 Jahre Karlsruher Forum, 1983, S. 189; *Welzel*, Die deutsche strafrechtliche Dogmatik der letzten 100 Jahre und die finale Handlungslehre, JuS 1966, 421; *Wieacker*, Rechtswidrigkeit und Fahrlässigkeit im Bürgerlichen Recht, JZ 1957, 535; *Wiethölter*, Der Rechtfertigungsgrund des verkehrsrichtigen Verhaltens, 1960; *ders.*, § 823 II BGB und die Schuldtheorie, JZ 1963, 205; *Wussow*, Zur Lehre von der Sozialadäquanz, NJW 1958, 891; *Zeuner*, Bemerkungen zum Problem der Rechtswidrigkeit aus zivilrechtlicher Sicht, JZ 1961, 41; *ders.*, Gedanken über Bedeutung und Stellung des Verschuldens im Zivilrecht, JZ 1966, 1; *ders.*, Historische Linien in der Entwicklung des Rechts am Gewerbebetrieb, des allgemeinen Persönlichkeitsrechts und der Verkehrssicherungspflichten, in: 25 Jahre Karlsruher Forum, 1983, S. 196; *Zimmermann*, Herausforderungsformel und Haftung für fremde Willensbetätigungen nach § 823 I BGB, JZ 1980, 10.

Ausgewählte strafrechtliche Schriften: *Achenbach*, Historische und dogmatische Grundlagen der strafrechtssystematischen Schuldlehre, 1974; *Engisch*, Untersuchungen über Vorsatz und Fahrlässigkeit im Strafrecht, 1930; *Jakobs*, Studien zum fahrlässigen Erfolgsdelikt, 1972; *ders.*, Strafrecht Allgemeiner Teil, 2. Aufl. 1993; *Jescheck/Weigend*, Strafrecht Allgemeiner Teil, 5. Aufl. 1996.

Vorbemerkung zur Gliederung

Die nachfolgende Kommentierung teilt sich in vier größere Abschnitte, die fortlaufend gegliedert sind. Sie beginnt mit einer den dogmatischen Grundlagen des § 823 gewidmeten **Einleitung,** in der es um den dreistufigen Deliktsaufbau, den Fahrlässigkeitsbegriff sowie Legitimation und systematische Verankerung der Verkehrspflichten geht (RdNr. 1 ff.). Daran schließt sich im **Ersten Teil** die Darstellung der zentralen Elemente des § 823 Abs. 1 an, nämlich Rechtsgutsverletzung (B, RdNr. 65 ff.) und Pflichtverletzung (C, RdNr. 232 ff.), bevor abschließend auf die allgemeinen Haftungsvoraussetzungen und Einwendungen (Handlung, Rechtfertigung, Kausalität etc.) eingegangen wird (D, RdNr. 304 ff.). Der **Zweite Teil** der Kommentierung (E, RdNr. 327 ff.) behandelt die Haftung wegen Schutzgesetzverletzung aus § 823 Abs. 2; der **Dritte Teil** (F, RdNr. 378 ff.) betrifft das Haftungssubjekt, insbesondere die Unternehmenshaftung und die Haftung der Leitungsorgane von Gesellschaften. Im **Vierten Teil** schließlich wird das umfangreiche Fallmaterial ausgewertet und zu Ordnungsrahmen für verschiedene Lebensbereiche verdichtet (G, RdNr. 429 ff.), wobei sich die Produkthaftung (H, RdNr. 592 ff.), die Umwelthaftung (J, RdNr. 677 ff.) und die Arzthaftung (K, RdNr. 698 ff.) bereits zu eigenständigen Rechtsgebieten entwickelt haben und deshalb jeweils im Zusammenhang dargestellt werden.

Übersicht

	RdNr.		RdNr.
Einleitung zu § 823	1–64	d) Rechtswidrigkeit und Abwehrrechte	13–18
A. Grundlegung	1–64	aa) Notwehr	14
I. Der dreistufige Deliktsaufbau	1–49	bb) Negatorische Haftung	15–18
1. Historische Grundlagen	1–3	e) Ausweichstrategien der Erfolgsunrechtslehre	19, 20
2. Rechtswidrigkeit: Handlungs- oder Erfolgsunrecht?	4–27	f) Unmittelbare Verletzungshandlungen	21, 22
a) Streitstand	5–7	g) Vorsatzdelikte	23, 24
b) Funktionswandel der Rechtswidrigkeit	8–10	h) Der Rechtfertigungsgrund verkehrsrichtigen Verhaltens	25
c) Entkoppelung des Deliktsrechts vom Handlungsunrecht *(Brüggemeier, Jansen)?*	11, 12	i) Ergebnis: Ein einheitlich strukturiertes Delikt	26, 27

Schadensersatzpflicht

	RdNr.
3. Verschulden	28–46
a) Fahrlässigkeit: Äußere und innere Sorgfalt	28–35
aa) Meinungsstand	28–31
bb) Stellungnahme	32–35
b) Der Fahrlässigkeitsmaßstab	36–41
c) Restbestände der Verschuldensprüfung	42–46
4. Zusammenfassung und Konsequenzen für den Deliktsaufbau	47–49

II. Die Verkehrspflichten im Deliktssystem ... 50–64

1. Begriff und Terminologie ... 50
2. Zur Legalität der Verkehrspflichten ... 51–57
    a) Die Illegalitätsthese ... 51
    b) Die Entstehungsgeschichte des BGB ... 52–54
    c) Die Deliktsrechtskonzeption *Fraenkels* ... 55–57
3. Der Standort der Verkehrspflichten in § 823 ... 58–61
    a) Meinungsstand ... 58
    b) Stellungnahme ... 59, 60
    c) Verankerung der Verkehrspflichten im Aufbau des § 823 Abs. 1 ... 61
4. Verkehrspflichten und Fahrlässigkeit ... 62–64

Erster Teil: Haftung für Verletzung subjektiver Rechte: § 823 Abs. 1 ... 65–326

B. Die absoluten Rechte des § 823 Abs. 1 ... 65–231

I. Die gesetzlich genannten Rechtsgüter ... 65–141

1. Leben ... 65–67
2. Körper und Gesundheit ... 68–98
    a) Körper und Gesundheit als Teilgewährleistungen des Persönlichkeitsrechts ... 68–70
    b) Körper- und Gesundheitsverletzung ... 71–83
        aa) Abgrenzung ... 71, 72
        bb) Gesundheitsverletzung ... 73–77
        cc) Mobbing, Stalking ... 78
        dd) Schockschäden ... 79–83
    c) Schutz der körperlichen Integrität am Ende des Lebens ... 84, 85
    d) Deliktsrecht und Fortpflanzung ... 86–98
        aa) Unterhalt für ein Kind als Schaden? ... 86–88
        bb) Schadensersatzansprüche der Eltern ... 89–92
        cc) Schadensersatzansprüche des Kindes ... 93–97
        dd) Heterologe Insemination ... 98
3. Freiheit ... 99–101
4. Eigentum ... 102–141
    a) Schutzinhalt und Verletzungsmodi ... 102–104
    b) Beeinträchtigungen des Eigentumsrechts ... 105–110
    c) Einwirkung auf die Sache selbst, insbesondere Substanzverletzung ... 111–113
    d) Sonstige Eigentumsverletzungen ... 114–116

§ 823

	RdNr.
aa) Fotografieren	114, 115
bb) Falsche Behauptungen	116
e) Nutzungsbeeinträchtigungen	117–125
aa) Rechtsprechung	117–120
bb) Literatur	121
cc) Stellungnahme	122–124
dd) Haftungsumfang	125
f) Weiterfresser- und Produktionsschäden	126–141
aa) Weiterfresserschäden	127–132
bb) Produktionsschäden	133–138
cc) Schäden bei der Herstellung von Bauwerken	139–141

II. Schutz sonstiger Rechte ... 142–177

1. Grundlegung ... 142–145
2. Die sonstigen Rechte im Einzelnen ... 146–173
    a) Beschränkte dingliche Rechte ... 146–150
        aa) Nutzungsrechte und Verwertungsrechte ... 146, 147
        bb) Schutzbereich und Verletzungsmodalitäten ... 148–150
    b) Anwartschaftsrechte ... 151–154
    c) Aneignungsrechte ... 155, 156
    d) Besitz ... 157–159
    e) Forderungen ... 160–162
    f) Immaterialgüterrechte ... 163–166
    g) Ehe ... 167–169
    h) Elterliche Sorge, Umgangsrecht ... 170
    i) Mitgliedschaftsrechte ... 171–173
3. Fälle mangelnden Deliktsschutzes ... 174–177
    a) Umweltgüter, Gemeingebrauch ... 174, 175
    b) Arbeitskraft und Arbeitsplatz ... 176
    c) Sonstiges ... 177

III. Persönlichkeitsschutz ... 178–183

1. Persönlichkeitsgüter als subjektive Rechte ... 178
2. Das Allgemeine Persönlichkeitsrecht ... 179–183
    a) Schutzbereich und Pflichtwidrigkeit ... 179
    b) Persönlichkeitsrechtlicher Vermögensschutz ... 180, 181
    c) Zweispurigkeit des Persönlichkeitsschutzes ... 182, 183

IV. Vermögensschutz ... 184–231

1. Das Vermögen – kein sonstiges Recht ... 184–186
2. Unternehmensschutz ... 187–224
    a) Das Recht am eingerichteten und ausgeübten Gewerbebetrieb ... 187–192
        aa) Geschichtliche Entwicklung ... 187, 188
        bb) Kritik ... 189–192
    b) Schutzbereichsdefinition ... 193–198
        aa) Betriebsbezogenheit des Eingriffs ... 194
        bb) Interessenabwägung ... 195, 196
        cc) Subsidiarität ... 197
        dd) Bereicherungsrechtliche Konsequenzen ... 198
    c) Die Schutzbereiche im Einzelnen ... 199–224
        aa) Unberechtigte Schutzrechtsverwarnung ... 199–205

§ 823

Abschnitt 8. Titel 27. Unerlaubte Handlungen

	RdNr.
bb) Verwässerung oder Verunglimpfung berühmter Marken und Unternehmenskennzeichen	206
cc) Geschäftsschädigende Kritik	207–212
dd) Aufruf zum Boykott	213–218
ee) Rechtswidrige Streiks	219, 220
ff) Betriebsblockaden	221–223
gg) Sonstiges	224
3. Verkehrspflichten zum Schutz fremden Vermögens?	225–228
4. Die Haftung zwischen Vertrag und Delikt	229–231
C. Pflichtverletzung	232–303
I. Verkehrspflichten als deliktische Sorgfaltspflichten	232–234
II. Entstehungsgründe für Verkehrspflichten	235–257
1. Grundlegung	235–240
2. Sicherungspflichten (Sachhalterhaftung)	241–247
a) Gefahrsteuerung und Gefährdungshaftung	241
b) Typologie der Sicherungspflichten	242–247
aa) Verkehrssicherungspflichten	243
bb) Unterhaltung einer sonstigen gegenständlichen Gefahrenquelle	244
cc) Inverkehrbringen von Gegenständen	245
dd) Sicherungspflichten bei gefährlichem Verhalten	246, 247
3. Fürsorgepflichten	248–254
a) Übernahme von Fürsorgepflichten	249–251
b) Solidarität in Ehe und Familie	252
c) Gefahrengemeinschaften	253
d) Allgemeines Staatsbürgerverhältnis	254
4. Berufshaftung	255–257
III. Umfang und Intensität von Verkehrspflichten	258–285
1. Grundsätze deliktischer Gefahrsteuerungsgebote	258–276
a) Faktische und rechtliche Möglichkeit zur Gefahrsteuerung	258
b) Nutzen und Kosten von Sorgfaltsmaßnahmen	259, 260
c) Sorgfaltsmaßnahmen des Opfers; Vertrauensgrundsatz	261–263
d) Sorgfaltsaufwand und Fehlverhalten Dritter	264–266
e) Privilegierte Personengruppen	267–269
f) Sicherungspflichten gegenüber Unbefugten	270–273
g) Beurteilungszeitpunkt	274–276
2. Deliktische Sorgfaltspflichten und außerdeliktische Verhaltensstandards	277–285
a) Öffentlich-rechtliche Sicherheitsstandards	277–279
b) Technische Regeln und Unfallverhütungsvorschriften	280–283
c) Deliktische Sorgfaltspflichten und hoheitliche Genehmigungen	284, 285

	RdNr.
IV. Relativität deliktischer Sorgfaltspflichten (Schutzzwecklehre)	286–291
1. Relativität der Fahrlässigkeit	286
2. Persönlicher Schutzbereich	287–289
3. Sachlicher Schutzbereich	290
4. Funktionaler Schutzbereich	291
V. Die Person des Pflichtenträgers	292, 293
VI. Delegation deliktischer Sorgfaltspflichten	294–303
1. Grundlagen	294, 295
2. Übernehmerhaftung	296, 297
3. Entlastung des primär Verantwortlichen	298–303
D. Allgemeine Voraussetzungen der Haftung nach § 823 Abs. 1	304–326
I. Überblick	304
II. Menschliches Verhalten als Haftungsvoraussetzung	305–307
III. Kausalität	308–311
IV. Rechtfertigung	312–320
1. Dogmatische Grundlagen. Irrtum	312, 313
2. Einzelne Rechtfertigungsgründe	314–320
a) Allgemeines	314
b) Rechtfertigung im Nachbarschaftsverhältnis nach § 906	315
c) Öffentlich-rechtliche Genehmigungen	316, 317
d) Einwilligung und mutmaßliche Einwilligung	318
e) Handeln auf eigene Gefahr	319, 320
V. Rechtsfolgen	321, 322
VI. Beweislast	323–326
Zweiter Teil: § 823 Abs. 2	327–377
E. Haftung für Verletzung objektiven Rechts: § 823 Abs. 2	327–377
I. Grundlegung	327–331
1. Stellung im System des Deliktsrechts	327
2. Präzisierungs- und Ergänzungsfunktionen des § 823 Abs. 2 bei Rechtsgutsverletzungen	328
3. Öffnungsfunktion des § 823 Abs. 2 bei reinen Vermögensschäden	329, 330
4. Zugriff auf das Privatvermögen von Leitungsorganen	331
II. Normcharakter der Verhaltenspflicht	332–345
1. Normqualität	332–338
a) Gesetz im materiellen Sinn	332, 333
b) Unfallverhütungsvorschriften	334
c) Technische Regeln, Verbandsnormen, Verwaltungsvorschriften	335
d) Europarecht	336
e) Verfassungsrecht	337
f) Gewohnheits- und Richterrecht; Verkehrspflichten	338

	RdNr.
2. Bestimmtheit der Norm	339, 340
3. Verwaltungsakte	341–345
a) Problemstellung	341, 342
b) Entscheidungsmaßstäbe für Behörden und Verhaltensnormen für den Bürger	343
c) Bindung des Zivilgerichts an die Behördenentscheidung?	344, 345
III. Schutzgesetzeigenschaft der verletzten Norm	346–357
1. Der Wille des Gesetzgebers	346–348
2. Differenzierung der Schutzbereiche	349
3. Tragbarkeit im Gesamtsystem des Deliktsrechts	350, 351
4. Schutzgesetze zugunsten von Vermögensinteressen	352–354
5. Vorverlagerung des Rechtsgüterschutzes	355–357
IV. Verschulden	358–362
1. Bezugsgegenstand des Verschuldens	358, 359
2. Inhalt des Verschuldensurteils	360–362
V. Beweislast	363–366
1. Grundregeln	363
2. Verschuldensnachweis	364
3. Kausalitätsnachweis	365
4. Exkurs: Restschuldbefreiung	366
VI. Rechtsprechungsübersicht	367–377
1. Anerkennung bestimmter Normen als Schutzgesetze	367–371
a) Aus dem BGB	368
b) Aus dem StGB	369
c) Aus anderen Bundesgesetzen und Verordnungen	370
d) Aus landesrechtlichen Vorschriften	371
2. Verneinung der Schutzgesetzqualität	372–377
a) Aus dem BGB	373
b) Aus dem StGB	374
c) Aus anderen Bundesgesetzen	375
d) Aus Landesgesetzen	376
e) Sonstige Vorschriften	377
Dritter Teil: Das Haftungssubjekt	378–428
F. Individualhaftung und Unternehmenshaftung	378–428
I. Unternehmenshaftung	378–390
1. Das Regelungskonzept des BGB	378, 379
2. Zurückdrängung des § 831 durch betriebliche Organisationspflichten	380, 381
3. Ausdehnung des § 31 und körperschaftliche Organisationspflichten	382–384
4. Beweiserleichterungen	385
5. Die Unternehmenshaftung im System des Deliktsrechts	386–390
II. Persönliche Haftung der Leitungsorgane und Mitarbeiter juristischer Personen	391–428
1. Haftung wegen Schutzgesetzverletzung	392–413
a) Grundlagen	392
b) Allgemeine Geschäftsleitungspflicht	393
c) Bilanzierungspflicht	394
d) Insolvenzverschleppungshaftung	395–404
aa) Allgemeine Insolvenzantragspflicht	395
bb) Meinungsstand	396
cc) Alt- und Neugläubiger	397–401
dd) Vertrags- und Deliktsgläubiger	402
ee) Gesellschafter	403
ff) Passivlegitimation, faktischer Geschäftsleiter	404
e) Nichtabführung von Sozialversicherungsbeiträgen	405–412
f) Sonstige Fälle	413
2. Haftung nach § 823 Abs. 1	414–428
a) Organhaftung	414–416
b) Arbeitnehmerhaftung	417
c) Stellungnahme	418–420
d) Beschränkung der persönlichen Haftung von Leitungsorganen und Arbeitnehmern	421–423
e) Differenzierung nach Pflichteninhalt: Sicherungspflichten vs. Fürsorgepflichten?	424, 425
f) Beweiserleichterungen	426
g) Verjährung	427
h) Regress gegen den Unternehmensträger	428
Vierter Teil: Konkretisierte deliktische Sorgfaltspflichten	429–832
G. Einzelne Haftungsbereiche	429–591
I. Übersicht	429
II. Sachgefahren	430–544
1. Verkehrsanlagen	430–458
a) Rechtsnatur und Adressat der Straßenverkehrssicherungspflicht	430–433
b) Abgrenzung zu anderen verkehrsbezogenen Pflichten	434–436
aa) Verkehrsregelungspflicht	434
bb) Ordnungsrechtliche Sicherungspflicht	435
cc) Spezielle Sicherungspflichten kraft Deliktsrechts	436
c) Die Straße als Sicherungsobjekt	437
d) Umfang und Intensität	438–456
aa) Zumutbarkeit und Vertrauensgrundsatz	438, 439
bb) Baulicher Zustand	440–442
cc) Bäume und Sträucher	443
dd) Verkehrsregelung	444, 445
ee) Reinigungs- und Streupflicht	446–452
ff) Insbesondere: Streupflicht auf Gehwegen	453–456
e) Wasserstraßen	457, 458
2. Grundstücke, Haus und Garten	459–472
a) Adressaten deliktischer Sicherungspflichten	460–462

§ 823

Abschnitt 8. Titel 27. Unerlaubte Handlungen

	RdNr.
b) Pflichtmaßstäbe	463, 464
c) Pflichtinhalte	465–472
aa) Gebäude	465, 466
bb) Gärten und Grünanlagen	467–469
cc) Wälder	470
dd) Verkehrsanlagen und Stellplätze	471, 472
3. Baustellen	473–481
a) Adressaten deliktischer Sorgfaltspflichten	473
b) Umfang der Sorgfaltspflicht	474–476
c) Gerüste	477, 478
d) Tiefbau	479
e) Straßenbaustellen	480, 481
4. Geschäftsräume, insbes. Kaufhäuser und Supermärkte	482–485
a) Grundlagen	482
b) Bauliche Sicherheit	483
c) Fußböden	484
d) Parkplatz	485
5. Hotels, Gaststätten, Diskotheken	486–491
a) Pflichtadressaten	486
b) Sicherungspflichten in Hotels, Gastwirtschaften und Diskotheken	487–489
c) Hotels	490
d) Gäste	491
6. Krankenhäuser und Arztpraxen	492–494
7. Schulen und Schulheime	495
8. Spiel- und Sportanlagen	496–521
a) Spielplätze	496–502
aa) Pflichtenträger	496
bb) Geltungsbereich	497–499
cc) Inhalt und Umfang	500, 501
dd) Mitverantwortlichkeit der Eltern	502
b) Freizeitparks	503
c) Schwimmbäder	504–511
aa) Grundlagen	504
bb) Pflichtinhalte	505–507
cc) Baden in Seen und im Meer	508, 509
dd) Pflichten von Bademeistern	510, 511
d) Sportanlagen	512–521
aa) Anlagen- und Verhaltenshaftung	512
bb) Pflichtadressaten	513, 514
cc) Umfang und Intensität von Sicherungsmaßnahmen	515
dd) Schutz der Zuschauer, Schiedsrichter und Anlieger	516
ee) Schutz der Sportler	517–520
ff) Haftungsausschluss, Mitverschulden	521
9. Freizeitveranstaltungen	522–527
a) Musikkonzerte	522–524
b) Volksfeste	525, 526
c) Theater	527
10. Infrastrukturanlagen	528–534
a) Starkstromleitungen	528–530
b) Kühltürme	531
c) Wasserleitungen	532
d) Kanalisation	533
e) Friedhöfe	534

	RdNr.
11. Autowaschanlagen	535
12. Straßenverkehr	536–538
13. Schienenverkehr	539
14. Umgang mit gefährlichen Gegenständen	540–544
a) Chemikalien und Gefahrstoffe	540, 541
b) Arzneimittel	542
c) Feuerwerkskörper	543
d) Waffen	544
III. Verhaltensgefahren	545–591
1. Sport und Spiel	546–556
a) Grundlagen	546, 547
b) Kampfsportarten	548–552
c) Parallelsportarten	553–556
2. Deliktische Sorgfaltspflichten bei der Jagdausübung	557–560
a) Veranstalterhaftung	558
b) Teilnehmerhaftung	559
c) Haftungsausschluss durch Unfallversicherung	560
3. Internetdelikte	561–576
a) Nationales Deliktsrecht und globales Kommunikationsmedium	561
b) Verantwortlichkeit nach Telemedienrecht	562
c) Präformierung deliktischer Sorgfaltsstandards	563–565
d) Negatorische Ansprüche	566
e) Das Leitbild des Internet-Deliktsrechts und Typen von Rechtsverletzungen	567, 568
f) Die Sorgfaltspflichten der Diensteanbieter und Nutzer im Einzelnen	569–576
aa) Allgemeines	569
bb) Speicherplatzanbieter	570, 571
cc) Zugangsanbieter	572
dd) Inhaltsanbieter	573–575
ee) DENIC e.G.	576
4. Reiseveranstalter und Luftfrachtführer	577–583
a) Grundlagen	577
b) Sorgfaltsstandard	578–580
c) Terroranschläge	581
d) Economy-class-syndrom	582
e) Haftungsausschluss	583
5. Rechtsverfolgung	584–591
a) Gesetzliche Haftungsbeschränkungen	584
b) Haftung der Prozessparteien	585–591
aa) Fallgruppen	585
bb) Recht auf Irrtum	586–591
H. Produkthaftung	592–676
I. Die Delikthaftung des Warenherstellers	592, 593
1. Deliktsrechtliche Lösung	592
2. Abgrenzung zu § 831	593
II. Verhältnis zum Vertragsrecht und zum ProdHaftG	594–597
1. Vertragsrecht	594, 595
2. Verhältnis zum ProdHaftG	596, 597

	RdNr.
III. Geltungsbereich der Produkthaftung	598–600
1. Unternehmenshaftung	598
2. Produktbegriff; Haftung für fehlerhafte Dienstleistungen	599
3. Mitarbeiterhaftung	600
IV. Pflichtenträger	601–616
1. Endhersteller	601
2. Arbeitsteilige Produktion	602–604
a) Formen der Arbeitsteilung	602, 603
b) Qualitätssicherungsvereinbarungen	604
3. Zulieferer	605
4. Händler	606, 607
5. Quasi-Hersteller	608
6. Importeure	609
7. Beteiligte von Lizenzverträgen	610–613
8. Leasing und Franchising	614
9. Haftung im Konzern und bei Betriebsaufspaltung	615, 616
V. Pflichtinhalte	617–657
1. Fehlerbegriff und Sorgfaltspflichten	617–619
a) Fehler als Kürzel für Sorgfaltspflichtverstoß	617
b) Haftung für Wirkungslosigkeit	618
c) Haftung für Entsorgungssicherheit	619
2. Sorgfaltsmaßstab	620–627
a) Grundlagen	620
b) Sicherheitserwartungen	621–623
c) Fehlgebrauch und Missbrauch	624
d) Öffentliches Sicherheitsrecht und technische Regeln	625
e) Entwicklungsrisiken	626, 627
3. Die Verkehrspflichten des Warenherstellers im Einzelnen	628–657
a) Konstruktionspflichten	628–631
b) Fabrikationspflichten	632–635
c) Instruktionspflichten	636–644
aa) Grundlagen	636
bb) Wechselwirkungen, Zubehör	637
cc) Intensität der Instruktionspflicht	638–641
dd) Inhaltliche Anforderungen	642
ee) Tabakprodukte, Süßwaren, Genussmittel	643, 644
d) Produktbeobachtungspflichten	645–657
aa) Funktion	645, 646
bb) Informationssammlung	647, 648
cc) Reaktionspflichten (Produktionsumstellung, Warnung, Rückruf)	649–657
VI. Verschulden und Beweisfragen	658–666
1. Grundregeln	658, 659
2. Fehlernachweis	660–662
3. Fehlerbereichsnachweis	663
4. Kausalitätsnachweis	664–666
VII. Schutzgesetzverletzung	667–676
1. Das Geräte- und Produktsicherheitsgesetz (GPSG)	668–673

	RdNr.
2. Weitere Schutzgesetze	674, 675
3. Beweisgrundsätze	676
J. Umwelthaftung	677–697
I. Individualschäden und ökologische Schäden	677–679
1. Privates Umwelthaftungsrecht	677
2. Privatrechtliche Haftung für ökologische Schäden	678
3. Das Umweltschadensgesetz	679
II. Luftverschmutzung	680–683
1. Rechtswidrigkeitsmaßstab	680, 681
2. Haftungsbegründende Kausalität	682
3. Schutzgesetzverletzung	683
III. Elektrosmog	684–686
IV. Gewässerverschmutzung	687
V. Gefahrstoffe; Chemikalien; Nanomaterialien; Mineralöllieferungen	688–692
VI. Bodenschutz und Abfallhaftung	693–697
1. Grundlagen	693, 694
2. Deponiebetreiber	695
3. Abfallerzeuger	696, 697
K. Arzthaftung	698–832
I. Die Arzthaftung zwischen Schuld- und Sozialversicherungsrecht	698–705
1. Arzthaftung aus Vertrag und Delikt	699, 700
2. Amtshaftung für ärztliche Leistungen	701
3. Arzthaftung und Sozialversicherung	702
4. Reform	703–705
a) Haftungsersetzung durch Versicherungsschutz	703
b) Gefährdungshaftung	704
c) Vertragsrechtliche Lösung und Proportionalhaftung	705
II. Haftungssubjekte und arbeitsteiliges Zusammenwirken	706–724
1. Niedergelassene Ärzte	706
2. Arzthaftung und Krankenhaushaftung	707–715
a) Totaler Krankenhausaufnahmevertrag	707–709
b) Ambulanz	710
c) Wahlleistungen; Arztzusatzvertrag	711
d) Belegärzte	712
e) Geburtshäuser	713
f) Psychiatrische Kliniken	714
g) Rettungsdienste; Durchgangsärzte	715
3. Organisationspflichten von Krankenhausträgern	716–718
4. Arzt und Pflegepersonal	719
5. Arbeitsteiliges Zusammenwirken mehrerer Ärzte	720–723
6. Exkurs: Heilpraktiker	724
III. Grundvoraussetzungen ärztlicher Haftung	725–753

§ 823

Abschnitt 8. Titel 27. Unerlaubte Handlungen

RdNr.

1. Der ärztliche Heileingriff als Körperverletzung... 725–728
2. Einwilligung des Patienten... 729–741
   a) Grundsatz: „Recht auf Krankheit".. 729
   b) Widerruf der Einwilligung... 730
   c) Einwilligungsfähigkeit Erwachsener... 731–735
      aa) Rechtsnatur... 731
      bb) Akte antizipierter Selbstbestimmung... 732
      cc) Patientenverfügungen... 733
      dd) Vorsorgevollmacht... 734
      ee) Zustimmung des Betreuers; Genehmigung des Vormundschaftsgerichts... 735
   d) Einwilligungsfähigkeit Minderjähriger... 736–738
      aa) Einsichtsfähigkeit... 736
      bb) Zustimmung der Sorgeberechtigten... 737
      cc) Schwangerschaftsabbruch Minderjähriger... 738
   e) Mutmaßliche Einwilligung... 739, 740
   f) Rechtsfolgen der Behandlung ohne Einwilligung... 741
3. Ärztliche Sorgfaltspflichten... 742–752
   a) Objektiver Standard... 742–744
   b) Autonomer Standard... 745
   c) Evidence-Based Medicine... 746
   d) Außenseitermeinungen... 747
   e) Beurteilungszeitpunkt... 748
   f) Neuartige Behandlungsmethoden und Arzneimittel... 749
   g) Relativierung durch das Wirtschaftlichkeitsgebot des Sozialversicherungsrechts... 750–752
4. Behandlungs- und Aufklärungsfehler.. 753

IV. Behandlungsfehler... 754–769
1. Diagnose... 755, 756
2. Therapiewahl... 757–759
3. Durchführung der Heilbehandlung.... 760, 761
4. Nachsorge... 762, 763
5. Fehler bei der therapeutischen Aufklärung (Sicherungsaufklärung)... 764–768
   a) Abgrenzung von der Selbstbestimmungsaufklärung... 764
   b) Umfang der Sicherungsaufklärung.. 765
   c) Diagnoseaufklärung... 766
   d) Aufklärung zur Förderung der Therapie und Sicherung des Heilerfolgs... 767
   e) Persönlicher Schutzbereich... 768
6. Exkurs: Ärztliche Zeugnisse... 769

V. Aufklärungsfehler... 770–799
1. Abgrenzung zur therapeutischen und zur wirtschaftlichen Aufklärung... 770
2. Dogmatische Grundlagen der Selbstbestimmungsaufklärung... 771–773
3. Gegenstand und Umfang der Selbstbestimmungsaufklärung... 774–790
   a) Relevante Risiken; Statistiken... 774–776

RdNr.

   b) Erwarteter Nutzen... 777, 778
   c) Behandlungsalternativen... 779–782
   d) Medizinischer Fortschritt, neue Behandlungsmethoden... 783
   e) Kunstfehler... 784
   f) Bekannte Risiken; Umstellung der Behandlung... 785, 786
   g) Empfängerhorizont für Risikobeschreibungen... 787, 788
   h) Fragen des Patienten; Verzicht auf Aufklärung... 789, 790
4. Therapeutische Privilegien und das Gebot rücksichtsvoller Aufklärung..... 791, 792
5. Zeitpunkt der Aufklärung... 793, 794
6. Subjekte und Adressaten der Aufklärung... 795, 796
7. Form der Aufklärung... 797
8. Schutzzweckzusammenhang... 798, 799

VI. Arzthaftungsprozess und Beweisrecht... 800–832
1. Das Gebot der Waffengleichheit... 800
2. Sachverhaltsfeststellung bei Behandlungsfehlern... 801–821
   a) Darlegungs- und Beweislast des Patienten... 801–803
   b) Anscheinsbeweis... 804–806
   c) Grober Behandlungsfehler... 807–815
      aa) Beweislastumkehr... 807
      bb) Geltungsbereich... 808
      cc) Begriff des groben Behandlungsfehlers... 809
      dd) Wahrscheinlichkeit der Schadensverursachung... 810
      ee) Feststellung des groben Behandlungsfehlers... 811
      ff) Beweislast... 812
      gg) Würdigung; Beweismaßreduktion als Alternative... 813, 814
      hh) Proportionalhaftung... 815
   d) Der Diagnosefehler im Besonderen. 816, 817
   e) Verstoß gegen Dokumentationspflichten... 818, 819
   f) Verstoß gegen Organisationspflichten... 820
   g) Verpflichtung zur Offenbarung von Behandlungsfehlern?... 821
3. Beweisgrundsätze bei Aufklärungsfehlern... 822–830
   a) Sicherungs- und Selbstbestimmungsaufklärung... 822, 823
   b) Beweismaß... 824
   c) Rechtmäßiges Alternativverhalten... 825–829
      aa) Hypothetische Einwilligung... 825–827
      bb) Vermutung aufklärungsrichtigen Verhaltens... 828
      cc) Hypothetische Kausalverläufe... 829
   d) Schmerzensgeld bei zwingender Indikation?... 830
4. Streitgegenstand und Rechtskraft... 831

VII. Mitverschulden des Patienten... 832

Einleitung zu § 823

A. Grundlegung

I. Der dreistufige Deliktsaufbau

1. Historische Grundlagen. Wie die Straftat setzt sich das privatrechtliche Delikt nach 1 herkömmlicher Auffassung aus drei verschiedenen Stufen zusammen: **Tatbestand, Rechtswidrigkeit und Schuld.** Der Tatbestand umschreibt die Verbotsmaterie, deren Verwirklichung auf der zweiten Stufe als rechtswidrig oder rechtmäßig bewertet wird, während auf der dritten Stufe das Verschulden des Täters im Hinblick auf Tatbestand und Rechtswidrigkeit, kurz: den Unrechtstatbestand, festzustellen ist. Bei Schaffung des BGB an der Wende zum 20. Jahrhundert war dieser dreistufige Deliktsaufbau keineswegs anerkannt, und zwar weder im Zivil- noch im Strafrecht.[1] Das bis 1900 in vielen deutschen Territorien geltende römische Recht der lex Aquilia hatte Rechtswidrigkeit und Schuld nicht voneinander geschieden, sondern die culpa in das Erfordernis der iniuria hineininterpretiert,[2] wie dies bis heute der Praxis der meisten ausländischen Rechtsordnungen entspricht.[3] Mit der Rechtswidrigkeit hat der deutsche Gesetzgeber einem Begriff zu einer Zentralstellung im Deliktsrecht verholfen, den die vorherige Rechtsentwicklung nicht benötigte und der in der Dogmatik der heutigen europäischen Nachbarstaaten bestenfalls eine Nebenrolle spielt, die zudem regelmäßig in die zentrale Haftungsvoraussetzung des Verschuldens – culpa, faute, negligence – integriert ist. Die schwierigen dogmatischen Probleme des § 823 beruhen zu einem erheblichen Teil darauf, dass diese Vorschrift Widerrechtlichkeit und Verschulden (Vorsatz oder Fahrlässigkeit) nebeneinander als Haftungsvoraussetzungen nennt und die dogmatische Entwicklung nach 1900 zu einem dreistufigen Deliktsaufbau geführt hat, in dem die Rechtswidrigkeit dem Verschulden vorgeordnet ist.

Die **Ausdifferenzierung der Rechtswidrigkeit** diente ausweislich der Gesetzesmateria- 2 lien vor allem dem Zweck, eine allgemeine Fahrlässigkeitshaftung auch für die Verletzung reiner Vermögens- und unkörperlicher Persönlichkeitsinteressen zu vermeiden (zur Entstehungsgeschichte Vor § 823 RdNr. 8 ff.). Insbesondere ging es der für die Fassung der §§ 823 ff. maßgeblichen Zweiten Kommission darum, bloß mittelbar in ihren Vermögensinteressen Geschädigte als Deliktsgläubiger auszuschließen, soweit nicht die besonderen Voraussetzungen der §§ 844 ff. gegeben waren (zum in den Materialien diskutierten Beispielsfall der Lebensversicherung vgl. Vor § 823 RdNr. 12).[4] Im Übrigen diente die Rechtswidrigkeitskategorie als Instrument zur Verkürzung des Verschuldensbezugs; Vorsatz und Fahrlässigkeit müssen sich bei § 823 – anders als bei Beeinträchtigung reiner Vermögensschäden gemäß § 826 – nicht auf „den" Schaden oder gar sämtliche Folgeschäden, sondern allein auf die Verletzung absoluter Rechtsgüter oder Schutzgesetze beziehen.[5]

Damit lässt sich die **Funktion der Rechtswidrigkeit** aus historischer Sicht eindeutig 3 bestimmen: Der Rechtswidrigkeit kommt die Aufgabe zu, den **Schutzbereich des Deliktsrechts** im Hinblick auf die **geschützten Interessen** und damit auch in Bezug auf den potentiell aktivlegitimierten Personenkreis zu umreißen.[6] Dieser Schutzbereich wird in § 823

---

[1] Zum Stand der Strafrechtsdogmatik an der Wende zum 20. Jahrhundert *Jescheck/Weigend,* Strafrecht AT, § 22 I S. 200 f.; *Welzel* JuS 1966, 421 f.; *Achenbach* S. 19 ff.; für das Zivilrecht vgl. nur *Wiethölter,* Rechtfertigungsgrund verkehrsrichtigen Verhaltens, S. 26.
[2] *Kaser,* Das römische Privatrecht, Bd. I, § 144 II, S. 620; *Kaufmann* S. 8, 74; *Pernice* S. 26 ff.
[3] Grdlg. *von Caemmerer,* FS 100 Jahre DJT, Bd. II, 1960, S. 49, 126 ff.; aus heutiger Sicht eingehend *Wagner* in: Zimmermann (Hrsg.), Grundstrukturen des Europäischen Deliktsrechts, S. 189, 213 ff.; *v. Bar,* Gemeineuropäisches Deliktsrecht II, RdNr. 211 ff.
[4] Dazu ausf. *Börgers* S. 88 ff., 95.
[5] Vgl. die Protokolle der 1. Kommission bei *Jakobs/Schubert* S. 876 ff.; Mot. II S. 727 f.; Prot. II S. 571 f.
[6] Eingehend *Wagner,* Grundstrukturen des Europäischen Deliktsrechts, S. 217 ff.; *Koziol,* FS Canaris, Bd. I, 2007, S. 631, 633 ff.

Abs. 1 zunächst auf physisch greifbare Persönlichkeitsgüter – Körper, Gesundheit, Leben, Freiheit – sowie absolut geschützte Vermögensrechte begrenzt, sodann gemäß § 823 Abs. 2 in vorsichtiger und selektiver Weise auf sonstige Interessen erstreckt, die den Schutz entsprechend motivierter Gesetze genießen und schließlich abgerundet durch § 826, der insofern als „Generalklausel" bezeichnet werden mag,[7] als er nicht nach Art des verletzten Interesses diskriminiert, im Übrigen aber sehr anspruchsvolle Anforderungen stellt, nämlich vorsätzlich-sittenwidrige Schadenszufügung voraussetzt. Ein über die Definition des Schutzbereichs des Deliktsrechts hinausgehender rechtsdogmatischer Ehrgeiz kann den Motiven und den Protokollen zum späteren § 823 nicht entnommen werden.[8] Insbesondere fehlt jeder Hinweis darauf, sich von den hergebrachten Grundsätzen der aquilischen Haftung distanzieren zu wollen.[9] Es wäre deshalb verfehlt, anzunehmen, der Gesetzgeber habe die dogmatische Fortentwicklung des Deliktsrechts durch die Vorgabe eines im Einzelnen spezifizierten dreistufigen Deliktsaufbaus, mit Vorsatz und Fahrlässigkeit als Schuldformen, verschließen wollen.

4 **2. Rechtswidrigkeit: Handlungs- oder Erfolgsunrecht?** Die Verselbstständigung der Rechtswidrigkeit zu einer Vorsatz und Fahrlässigkeit vorgeordneten Prüfungsstufe hat vor allem im Rahmen des § 823 Abs. 1 einen tiefgreifenden Streit provoziert, der das Grundverständnis des Tatbestands und den **Deliktsaufbau** ebenso wie zahlreiche Einzelfragen betrifft. Grund dafür ist eine im Gesetz angelegte Asymmetrie: Während nämlich die Rechtswidrigkeit in den §§ 823 Abs. 2, 826 von vornherein handlungsbezogen, nämlich durch den Verstoß gegen ein Schutzgesetz bzw. durch die vorsätzlich-sittenwidrige Schädigung definiert ist, ist sie in § 823 Abs. 1 augenscheinlich nicht auf das deliktische Verhalten, sondern auf einen Erfolg bezogen, nämlich auf die Verletzung der dort enumerierten Rechtsgüter und absoluten Rechte.

5 a) **Streitstand.** Nach einer früher herrschenden, heute nur noch vereinzelt vertretenen Lehre markiert die Rechtswidrigkeit in § 823 Abs. 1 nicht nur die **Missbilligung des Verletzungserfolgs,** sondern darüber hinaus auch die **Widerrechtlichkeit der diesen verursachenden Handlung.** Rechtswidrig ist also jedes Verhalten, das adäquat-kausal ein durch § 823 Abs. 1 geschütztes Rechtsgut verletzt.[10] Die damit indizierte Rechtswidrigkeit kann nur durch den Nachweis eines Rechtfertigungsgrundes widerlegt werden und bedarf keiner positiven Begründung. Die Frage, ob der Verursacher des Erfolgs vorsätzlich oder sorgfaltswidrig gehandelt hat, spielt erst im Rahmen des Verschuldens eine Rolle. Diese Lehre stand im Einklang mit dem früheren strafrechtlichen Verbrechensbegriff der sog. kausalen Handlungslehre, nach der die bloße Verursachung der Rechtsgutsverletzung die Rechtswidrigkeit des Verhaltens indiziert.[11]

6 Seit dem Siegeszug der finalen Handlungslehre im Strafrecht wird dort die bloße Verursachung eines Verletzungserfolgs nicht mehr als ausreichend zur Konstituierung des Unrechts angesehen, sondern zusätzlich **objektiv pflichtwidriges Verhalten** gefordert. Im Anschluss an entsprechende Vorstöße *Nipperdeys* tritt ein Teil der Zivilrechtslehre dafür ein, diese Lehre auf das private Fahrlässigkeitsdelikt zu übertragen und auch im Rahmen des § 823 Abs. 1 das Rechtswidrigkeitsurteil von dem Verstoß gegen eine Sorgfaltspflicht abhängig zu machen; wie beim strafrechtlichen Fahrlässigkeitsdelikt ist die objektive Sorgfaltspflichtverletzung also Teil des Unrechtstatbestandes.[12] Darüber hinaus soll nach dieser

---

[7] *v. Caemmerer*, FS 100 Jahre DJT, Bd. II, 1960, S. 49, 67 f.; *Deutsch* Haftungsrecht I RdNr. 67; *Staudinger/Oechsler* § 826 RdNr. 20.
[8] Vgl. *Börgers* S. 86 f.; 94 f.; 96 f.
[9] Zur ignoranten Haltung der Pandektistik gegenüber der Gerichtspraxis im 19. Jahrhundert *Jansen*, Die Struktur des Haftungsrechts, S. 363 ff.
[10] *Jauernig/Teichmann* RdNr. 50; *Lehmann*, FS Hedemann, 1958, S. 177, 189; *Reinhardt* Karlsruher Forum 1961, 3, 6 ff.; *Weitnauer* Karlsruher Forum 1961, 28, 30 f.; *Stoll* JZ 1958, 137, 141 ff.; *Bindokat* JZ 1958, 553.
[11] Zum klassischen Verbrechensbegriff *Jescheck/Weigend*, Strafrecht AT, § 22 II, S. 202 f.
[12] *Nipperdey* NJW 1957, 1777 ff.; *ders.* Karlsruher Forum 1959, 3 ff.; *Wiethölter*, Rechtfertigungsgrund verkehrsrichtigen Verhaltens, S. 33 ff.; *Esser/Weyers* BT/2 § 55 II 3, S. 170; *Münzberg*, Verhalten und Erfolg, S. 47 ff.

Auffassung auch beim Vorsatzdelikt das Rechtswidrigkeitsurteil nicht allein auf die Verursachung eines Eingriffs in die von § 823 Abs. 1 geschützten Rechtsgüter gestützt, sondern zusätzlich von der Feststellung vorsätzlichen Handelns abhängig gemacht werden.[13] Dieser zweite Schritt wird von einem Großteil der heutigen Anhänger der Lehre vom Handlungsunrecht indessen nicht nachvollzogen und das Vorsatzdelikt nicht im Gleichklang mit der modernen Strafrechtsdogmatik konstruiert. Stattdessen soll beim Vorsatzdelikt weiterhin „allein die Verletzung der in § 823 Abs. 1 genannten Rechtsgüter und Rechte" die Rechtswidrigkeit indizieren.[14]

Die heute hM praktiziert in der Sache einen **Kompromiss zwischen Verhaltens- und Erfolgsunrecht,** indem sie – im Anschluss an *v. Caemmerer* und *Larenz* – zwischen unmittelbaren und mittelbaren Eingriffen in die von § 823 Abs. 1 geschützten Rechtsgüter differenziert.[15] **Unmittelbare Rechtsgutsverletzungen sind ohne weiteres rechtswidrig,** sofern nicht einer der anerkannten Rechtfertigungsgründe eingreift. Das verbotene Verhalten besteht in diesem Fall allerdings nicht erst in der vollendeten Rechtsverletzung, sondern bereits in der – unmittelbaren – Gefährdung eines absoluten Rechts oder Rechtsguts – sog. gefährdungsbezogene Rechtswidrigkeit.[16] Wird der Verletzungserfolg hingegen durch eine bloß **mittelbar wirkende Handlung** oder eine Unterlassung herbeigeführt, bedarf es für das Rechtswidrigkeitsurteil des **Verstoßes gegen eine Sorgfaltspflicht** – sog. verbotsbezogene Rechtswidrigkeit.[17] Jenseits dieser Grundsätze herrscht innerhalb der hM allerdings keine Einigkeit; insbesondere wird die Grenzlinie zwischen mittelbaren und unmittelbaren Eingriffen nicht einheitlich gezogen: Während nach *v. Caemmerer* nur Eingriffe in den Zuweisungsgehalt fremder Herrschaftsrechte, insbesondere des Eigentums oder eines Immaterialgüterrechts, ohne weiteres rechtswidrig sind,[18] hält *Larenz* unmittelbare Eingriffe auch bei den in § 823 Abs. 1 genannten Lebensgütern für möglich und definiert die Unmittelbarkeit einheitlich im Sinne einer besonders engen Kausalbeziehung: Der Eingriff in den fremden Rechtskreis müsse „noch als Bestandteil der Handlung anzusehen sein", der Erfolg „so nahe bei der Handlung [liegen], dass er für die Anschauung des Lebens von ihr nicht zu trennen ist".[19] Nach *U. Huber* wiederum ist für die Unmittelbarkeit entscheidend, ob „der Verletzungsvorgang selber noch der Kontrolle, der Beherrschung durch den Eingreifenden unterliegt, mag er diese Kontrolle auch in unrichtiger Weise oder überhaupt nicht ausüben."[20] Meinungsunterschiede sind schließlich auch bei der Frage zu verzeichnen, ob die Differenzierung zwischen unmittelbaren und mittelbaren Eingriffen auch für die Vorsatzhaftung gilt. Während dies bei *Larenz* der Fall zu sein scheint,[21] hält *v. Caemmerer* vorsätzliche Rechtsverletzungen stets ohne weiteres für rechtswidrig.[22]

---

[13] *Nipperdey* Karlsruher Forum 1959, 3, 6; wohl auch *Wiethölter*, Rechtfertigungsgrund verkehrsrichtigen Verhaltens, S. 60 f.
[14] *Esser/Weyers* BT/2 § 55 II 3, S. 171; *Brüggemeier*, Prinzipien des Haftungsrechts, S. 57 ff.
[15] *v. Caemmerer* Karlsruher Forum 1961, 19 ff.; ders., FS 100 Jahre DJT, Bd. II, 1960, S. 131 f.; *Larenz*, FS Dölle, Bd. I, 1963, S. 169, 193; dem folgend *Deutsch* Haftungsrecht I RdNr. 237; *Stoll* AcP 162 (1963), 203, 206, 228; *Larenz/Canaris* II/2 § 75 II 3, S. 365 ff.; *Fikentscher/Heinemann* RdNr. 598, 1401, 1591; *Medicus* SchR II RdNr. 750; *Mertens* VersR 1980, 397 ff.; *Staudinger/Hager* RdNr. A 9; *Soergel/Spickhoff* RdNr. 12 ff., 18; nunmehr auch *Brüggemeier* Haftungsrecht S. 56 ff., der drei verschiedene Typen von Fahrlässigkeitsdelikten unterscheidet.
[16] *Deutsch* Haftungsrecht I RdNr. 237; *Brüggemeier* Haftungsrecht S. 53, 56.
[17] *Deutsch* Haftungsrecht I RdNr. 236; *Brüggemeier* Haftungsrecht S. 69 ff.
[18] *v. Caemmerer* Karlsruher Forum 1961, 19 ff.; ders., FS 100 Jahre DJT, Bd. II, 1960, S. 49, 131 f.; dem folgend *G. Hager*, FS E. Wolf, 1985, S. 133, 137 f.; *Brüggemeier* Haftungsrecht S. 49 f.
[19] *Larenz*, FS Dölle, Bd. I, 1963, S. 169, 193; dem folgend *v. Bar* JuS 1988, 169, 170; *Medicus* SchR II RdNr. 750; *Staudinger/Hager* RdNr. A 9.
[20] *U. Huber*, FS E. R. Huber, 1973, S. 253, 276; ähnlich *Stoll* AcP 162 (1963), 203, 227 f.
[21] *Larenz*, FS Dölle, Bd. I, 1963, S. 169, 193: „Der Eingriff in das Recht oder Rechtsgut braucht zwar nicht von dem Handelnden gewollt …". Genauso *Mertens* VersR 1980, 397 ff.; 3. Aufl. RdNr. 4, 13, 49 (*Mertens*).
[22] *v. Caemmerer* Karlsruher Forum 1961, 19; ders., FS 100 Jahre DJT, Bd. II, 1960, S. 49, 131; genauso *G. Hager*, FS E. Wolf, 1985, S. 133, 135; *RGRK/Steffen* RdNr. 109, 116; *Marburger*, Regeln der Technik im

8 b) Funktionswandel der Rechtswidrigkeit. Der Streit um den Rechtswidrigkeitsbegriff bei § 823 Abs. 1 beruht darauf, dass die oben herausgearbeitete Funktion der Rechtswidrigkeit, den Schutzbereich des Deliktsrechts zu definieren, stillschweigend ausgetauscht worden ist gegen eine andere, nämlich „Recht" von „Unrecht" abzugrenzen oder den Widerspruch zur Rechtsordnung auszuzeichnen.[23] Objekt des Rechtswidrigkeitsprädikats ist jetzt nicht mehr ein **Verletzungserfolg,** eine Schutzbereichsverletzung, sondern **menschliches Verhalten.** Dieser Funktionswandel kennzeichnet gerade auch die Lehre vom Erfolgsunrecht, denn das Unrecht im Sinne dieser Lehre ist nicht auf die Schutzbereichsverletzung bezogen, sondern auf die menschliche Handlung; der Eintritt des Erfolgs bzw. sein unmittelbares Bevorstehen ist lediglich der Grund dafür, die Handlung als rechtswidrig zu qualifizieren.[24] In *diesem* Punkt stimmen die gegensätzlichen Auffassungen des Handlungs- und Erfolgsunrechts völlig überein; beide Konzepte verstehen sich als Versuche zur Definition rechtswidriger Handlungen.

9 Die Diskrepanz zwischen den beiden Funktionen der Rechtswidrigkeit lässt sich auch an dem **Beispiel** verdeutlichen, mit dem *Jhering* die Trennung von Rechtswidrigkeit und Verschulden eingeläutet hat, nämlich der Vergleich des redlichen unrechtmäßigen Besitzers mit dem Dieb.[25] Das Problem dieses Vergleichs besteht rückblickend darin, dass ein „rechtswidriger" *Erfolg* – das Auseinanderfallen von Eigentum und Besitz bei Fehlen eines legitimierenden Besitzrechts – mit einer rechtswidrigen *Handlung* – der Wegnahme einer Sache in Zueignungsabsicht – in Beziehung gesetzt wird.[26] Im ersten Fall bezieht sich die Rechtswidrigkeit ausschließlich auf eine Störung der Zuordnung rechtlich geschützter Güter und Interessen, die nicht nur Deliktsansprüche auslöst, sondern ggf. auch solche aus dem Eigentümer/Besitzer-Verhältnis und insbesondere aus Bereicherungsrecht.[27] Das **Schutzbereichsunrecht** in diesem Sinne stellt also die **Querverbindung zu anderen Ausgleichssystemen** und insbesondere auch zur Gefährdungshaftung her (RdNr. 198; Vor § 823 RdNr. 19 ff.).[28] Die **handlungsbezogene Rechtswidrigkeit** hingegen weist keinerlei Querverbindungen zu anderen Ausgleichsmodi auf, für die es regelmäßig gerade nicht darauf ankommt, wie, also durch welche „Handlung", der widerrechtliche Erfolg verursacht worden ist. Stattdessen ist der handlungsbezogene Rechtswidrigkeitsbegriff die **Brücke zu den Abwehrrechten** und insbesondere zu § 227:[29] Wenn dort die Notwehr von einem gegenwärtigen rechtswidrigen Angriff abhängig gemacht wird, dann bezieht sich die Rechtswidrigkeit offenbar auf die Handlung, und nicht auf den drohenden Erfolg.

10 Ein Ausweg aus den mit dieser Verschiebung des Begriffsverständnisses provozierten Verwicklungen lässt sich nur finden, wenn die beiden **Funktionen der Rechtswidrigkeit klar voneinander geschieden** werden. Die erste Funktion wirft die Frage auf, ob die Verletzung eines bestimmten Interesses in den Schutzbereich des Deliktsrechts fällt, so dass es verboten ist, den Erfolg vorsätzlich oder durch sorgfaltswidriges Verhalten herbeizuführen. Das **Schutzbereichsunrecht** in diesem Sinn wird in § 823 Abs. 1 durch Bezugnahme auf bestimmte Rechtsgüter, das Eigentum sowie „sonstige Rechte" definiert, die der Abgrenzung insbesondere gegen reine Vermögensinteressen bedürfen. Die zweite, im Zentrum des Streits zwischen Handlungs- und Erfolgsunrecht stehende Frage betrifft die Voraussetzungen, die vorliegen müssen, damit ein bestimmtes menschliches Verhalten, das einen Eingriff

---

Recht, S. 431 Anm. 15: „Dass die vorsätzliche Tatbestandsverwirklichung stets rechtswidrig ist, ist unstreitig."
[23] Symptomatisch *Deutsch* Haftungsrecht I RdNr. 226.
[24] Vgl. *Jansen* AcP 202 (2002), 517, 544 ff., der dafür optiert, zu einem ausschließlich erfolgsbezogenen Verständnis der Rechtswidrigkeit zurückzukehren, ohne den funktionalen Bezug zur Schutzbereichsdefinition zu thematisieren.
[25] *v. Jhering,* Das Schuldmoment im römischen Privatrecht, S. 155, 159.
[26] Vgl. *v. Caemmerer,* FS 100 Jahre DJT, Bd. II, 1960, S. 49, 127.
[27] *v. Caemmerer,* FS Rabel, Bd. I, 1954, S. 333, 352 f.; *ders.* Karlsruher Forum 1961, S. 19 f.
[28] *Koziol,* FS Canaris, Bd. I, 2007, S. 631, 651 ff.; *Jansen,* Struktur des Haftungsrechts, S. 410.
[29] Besonders deutlich *Deutsch,* Fahrlässigkeit und erforderliche Sorgfalt, S. 276 ff.

in den Schutzbereich des § 823 Abs. 1 verursacht hat, als rechtwidrig bezeichnet werden kann – **Verhaltensunrecht**.

c) Entkoppelung des Deliktsrechts vom Handlungsunrecht *(Brüggemeier, Jansen)*? Aktuelle Vorschläge in der Literatur gehen dahin, das Deliktsrecht gänzlich vom Handlungsunrecht im technischen Sinn abzukoppeln. So impliziert das Fahrlässigkeitsurteil nach Auffassung *Brüggemeiers* keinen Verstoß gegen Sorgfaltspflichten, sondern erfordert lediglich die Feststellung der **„Verkehrswidrigkeit"** des Verhaltens.[30] Die Delikthaftung setzt demnach kein „pflichtwidriges" Verhalten voraus, sondern wird durch „sorgfaltswidriges" Verhalten ausgelöst.[31] Der Stellenwert dieser semantischen Umstellung wird nicht auf Anhieb klar. Die dogmatischen und normativen Konsequenzen einer Entkoppelung von Delikthaftung und Handlungsunrecht werden bei *N. Jansen* deutlich: Sie macht den Weg frei für eine an den Prinzipien des Rechtsgüterschutzes und des gerechten Schadensausgleichs orientierte Haftungsordnung, die bewusst darauf verzichtet, dem „Täter" einen – moralischen oder rechtlichen – Vorwurf zu machen.[32] Das Fahrlässigkeitsurteil drückt nach dieser Auffassung nicht aus, dass der Schädiger etwas „falsch gemacht" hat, weshalb dem Geschädigten bzw. Bedrohten auch keine Abwehrrechte zustehen, sondern es will lediglich sagen, dass er die Schadenskosten deshalb tragen sollte, weil sie ihm zumutbar sind.[33] Mit „Handlungsunrecht" im Sinne pflichtwidrigen Verhaltens hat ein solches Konzept nichts zu tun; die **Verkehrs- und Sorgfaltspflichten sind lediglich „Obliegenheiten zum Zweck der Haftungsvermeidung"**,[34] die einen gleitenden Übergang zwischen Verschuldens- und Gefährdungshaftung vermitteln.[35] § 823 Abs. 1 wird so zu einem „allgemeinen Grundtatbestand des Haftungsrechts, und zwar auch mit Blick auf die Gefährdungshaftung".[36]

Jansen kann für sein Konzept in Anspruch nehmen, dass es nicht nur die viel beklagten Überspannungen der Verkehrspflichten zu erklären vermag (Vor § 823 RdNr. 26), sondern vor allem auch dem Reichtum distributiver und korrektiver Argumente, die in Rechtsprechung und Literatur zur Begründung der Fahrlässigkeit verwendet werden, einen dogmatischen Rahmen verleiht.[37] Gleichwohl sprechen mE durchschlagende **Gründe dagegen, das Deliktsrecht des BGB vom Handlungsunrecht** – von dem Erfordernis pflichtwidrigen Verhaltens – **zu entkoppeln**. Der Umstand, dass der Wortlaut des § 276 Abs. 2 Fahrlässigkeit als Verstoß gegen eine Sorgfalt*pflicht* definiert, mag für sich genommen ein Detail sein, doch dieses Detail indiziert, dass der historische Gesetzgeber der Vorstellung anhing, die Delikthaftung setze rechtswidriges Verhalten voraus, dh. einen Verstoß gegen rechtliche Verhaltensanforderungen bzw. Verhaltenspflichten. Dieser Auffassung entspricht eine bis heute ungebrochene Rechtstradition. Wenn nicht festgestellt werden kann, dass der Beklagte etwas „falsch gemacht" hat, dass er sich im Interesse der Rechtsgüter des Klägers hätte anders verhalten sollen, lässt sich eine Delikthaftung nicht begründen – helfen würde hier nur eine strikte Haftung wie die Gefährdungshaftung, die eben jene Feststellung nicht verlangt (Vor § 823 RdNr. 16 ff.). Für eine Gefährdungshaftung bietet die lex lata des § 823 Abs. 1 jedoch sicher keine Grundlage,[38] und auch de lege ferenda stellte es keinen Fortschritt dar, wenn die **Unterscheidung zwischen den beiden Haftungsregimen** der Verschul-

---

[30] *Brüggemeier*, FS E. Schmidt, 2005, S. 33, 48 f.; *ders*. Haftungsrecht S. 54 f.
[31] *Brüggemeier* aaO; genauso *Jansen* AcP 202 (2002), 517, 525 f., 530 f., 533 f.; sympathisierend *Schermaier* in: Schmoeckel/Rückert/Zimmermann (Hrsg.), Historisch-kritischer Kommentar zum BGB, Bd. II, 2007, Vor § 276 RdNr. 18, 20 ff.
[32] *Jansen*, Struktur des Haftungsrechts, S. 433 ff., 545 ff.
[33] *Jansen*, Struktur des Haftungsrechts, S. 579 f., 587: „Zumutbarkeit einer Haftungsverpflichtung gegenüber dem Schädiger".
[34] *Jansen*, Struktur des Haftungsrechts, S. 480, 591, 614 (kein wörtliches Zitat); *ders*. ZEuP 2001, 30, 54 ff.
[35] *Jansen*, Struktur des Haftungsrechts, S. 615 ff.; *ders*. ZEuP 2003, 490, 494 ff., 511 f.; *ders*. RabelsZ 70 (2006), 732, 751, 765 f.
[36] *Jansen*, Struktur des Haftungsrechts, S. 618, 561 f., 589 f.; *ders*. AcP 202 (2002), 517, 544 ff.
[37] *Jansen* AcP 202 (2002), 517, 549.
[38] *Canaris* VersR 2005, 577, 578; HKK/*Schermaier* (Fn. 31) Vor § 276 RdNr. 18; wohl übereinstimmend *Jansen* AcP 202 (2002), 517, 553.

dens- und der Gefährdungshaftung eingeebnet würde.[39] Der Hinweis, dass die §§ 228, 904 S. 2 eine Haftung für die Folgen rechtmäßigen Verhaltens anordnen,[40] ist zwar richtig, beweist aber mE nur, dass es neben der Deliktshaftung für schuldhaftes Verhalten noch andere Haftungsregime und Zurechnungsgründe gibt, im Beispiel die Aufopferungshaftung (Vor § 823 RdNr. 27). Die Umdeutung der Fahrlässigkeit als „Erfolgsverantwortlichkeit",[41] die bis zur Grenze der höheren Gewalt reichen kann,[42] würde der Praxis die Instrumente für eine erhebliche Ausdehnung der Deliktshaftung in die Hand geben, für die ein Bedürfnis nicht erkennbar ist. Dogmatisch dürfte es nicht haltbar sein, die **Einhaltung der im Verkehr erforderlichen Sorgfalt als Haftungsausschlussgrund** ähnlich den Rechtfertigungsgründen zu qualifizieren,[43] weil damit eine generelle Beweislastumkehr zu Lasten des Erfolgsverursachers einherginge. Die Umdeutung der Sorgfaltspflichten in Obliegenheiten zur Haftungsvermeidung führt in einen Zirkel, wie er in folgender Formulierung zum Ausdruck kommt: „Fahrlässig handelt, wer die ihm zur Vermeidung der Haftung obliegende Sorgfalt außer acht lässt."[44] Demgegenüber sollte der Fahrlässigkeitsbegriff nicht von seiner Fixierung auf die Frage gelöst werden, ob sich der Schaden durch mögliche und zumutbare Sicherheitsmaßnahmen hätte vermeiden lassen. In dieses Konzept lässt sich der Umstand, dass der Schädiger für eine Gefahrenquelle verantwortlich ist, zwanglos integrieren, weil die Zumutbarkeit von Sorgfaltsmaßnahmen maßgeblich vom Umfang des drohenden Schadens und der Wahrscheinlichkeit seines Eintritts abhängt (RdNr. 259). Der springende Punkt ist jedoch, dass im Rahmen der Deliktshaftung absolute Sicherheit nicht verlangt werden kann – auch nicht im Umgang mit Gefahrenquellen (RdNr. 258). Soweit dieser Grundsatz in der Praxis der Gerichte nicht durchweg berücksichtigt wurde, verdienen die jeweiligen Urteile Kritik, nicht aber das herkömmliche Verständnis der Fahrlässigkeit und der Deliktshaftung (Vor § 823 RdNr. 26).

13 **d) Rechtswidrigkeit und Abwehrrechte.** Ist somit am Handlungsunrecht festgehalten, ist das Verhältnis der Rechtswidrigkeit zu den Abwehrrechten der §§ 227, 1004 zu bestimmen. Fraglich ist, ob die Abwehrrechte bereits durch das **Schutzbereichsunrecht,** also einen drohenden Eingriff in ein von § 823 Abs. 1 geschütztes Rechtsgut, ausgelöst werden,[45] oder ob dafür zusätzlich die **Rechtswidrigkeit der Handlung,** also deren Pflichtwidrigkeit, erforderlich ist. Weder die eine noch die andere Lösung wird durch den Wortlaut der §§ 227, 1004 präjudiziert, denn in § 1004 ist von Rechtswidrigkeit nirgends die Rede, und die Notwehr setzt zwar die Rechtswidrigkeit des Angriffs voraus, ohne indessen zu definieren, was mit diesem Begriff gemeint ist. Folgerichtig ist die Frage auch im Rahmen der strafrechtlichen Parallelbestimmung des § 32 umstritten.[46]

14 **aa) Notwehr.** Zugunsten der Erfolgsorientierung der Rechtswidrigkeit bei den Abwehrrechten wird das Beispiel eines Patienten genannt, dem eine redliche Krankenschwester ein tödlich wirkendes Medikament injizieren will, dessen Wirkung sie wegen einer falschen Etikettierung der Flasche nicht erkennen kann.[47] Derartige Konstellationen haben den polemischen Hinweis provoziert, „wir hätten sonst die Figur der erlaubten Tötung durch **verkehrsrichtiges Verhalten".**[48] In Wahrheit ist indessen durchaus fraglich, ob in einer

---

[39] Im Ergebnis genauso *Canaris* VersR 2005, 577, 578 f.
[40] *Jansen,* Struktur des Haftungsrechts, S. 585; vgl. auch *ders.* RabelsZ 70 (2006), 732, 747 f.
[41] *Jansen,* Struktur des Haftungsrechts, S. 580.
[42] *Jansen,* Struktur des Haftungsrechts, S. 592, 607 ff.
[43] *Jansen,* Struktur des Haftungsrechts, S. 581 ff., 614; *ders.* AcP 202 (2002), 517, 547 ff.
[44] *So Koziol,* Struktur des Haftungsrechts, S. 591; *ders.* AcP 202 (2002), 517, 548.
[45] So *Koziol,* FS Canaris, Bd. I, 2007, S. 631, 643 f.
[46] Dazu *Jakobs,* Strafrecht AT, Kap. 12 RdNr. 16 ff.; *Graul* JuS 1995, 1049, 1050 ff.; *Schönke/Schröder/Lecker/Perron* § 32 StGB RdNr. 19 f.
[47] Vgl. *Larenz,* FS Dölle, Bd. I, 1963, S. 169, 173, 195; *Deutsch,* Fahrlässigkeit und erforderliche Sorgfalt, S. 257 ff., 447: „Der Pferdefuß der Lehre von der ausschließlich handlungsbezogenen Rechtswidrigkeit bleiben aber die Abwehrrechte...". Weiter *Fikentscher/Heinemann* RdNr. 598; *Zeuner* JZ 1961, 41 f.
[48] *Lehmann,* FS Hedemann, 1958, S. 177, 189; *R. Schmidt* NJW 1958, 488 f.; *Wussow* NJW 1958, 891, 892.

solchen Konstellation das „schneidigste" aller Abwehrrechte, das Notwehrrecht, die richtige Antwort auf den Angriff darstellt.[49] In der Strafrechtsdogmatik besteht Einigkeit darüber, dass dem Patienten die Notwehrbefugnisse jedenfalls nicht in dem üblichen Umfang zur Verfügung stehen, wobei hier dahinstehen mag, ob dieses Ergebnis über die Beschränkung der durch § 32 StGB gedeckten Abwehrhandlungen auf solche der Schutzwehr[50] oder durch das Erfordernis eines pflichtwidrigen Angriffs erreicht werden sollte.[51] Diese Einschränkungen sind nur vor dem Hintergrund verständlich, dass die Notwehr nicht der einzige Grund ist, der die Abwehr eines Angriffs zu rechtfertigen vermag, sondern eine Rechtfertigung auch nach Maßgabe der §§ 228, 904 BGB, 34 StGB bzw. der allgemeinen Grundsätze des defensiven Notstands erfolgen kann.[52] Dass derjenige, der den Bruch einer Gasleitung zuerst bemerkt hat, seinem Nachbarn die Zigarette aus der Hand schlagen darf,[53] lässt sich auch unabhängig von § 227 begründen und nötigt folglich nicht zu einer rein erfolgsbezogenen, auf die Rechtsgutsgefährdung fixierten Bestimmung der Rechtswidrigkeit.

bb) Negatorische Haftung. Gleiches gilt im Ergebnis auch für die Abwehransprüche aus § 1004, deren komplexe Dogmatik und Verhältnis zu § 823 an dieser Stelle nicht umfassend erörtert werden kann.[54] Bei der **Zustandshaftung** sind die Berührungspunkte zum Deliktsrecht ohnedies gering.[55] Genauso wie bei §§ 985, 986 und im Übrigen auch bei der Eingriffskondition nach § 812 Abs. 1 S. 1 Alt. 2[56] geht es bei dieser allein um die Rechtmäßigkeit der tatsächlichen Güterverteilung (RdNr. 9), nicht dagegen um die Beurteilung der Legalität einer in der Vergangenheit ausgeführten oder in Zukunft bevorstehenden Handlung. Folgerichtig ist für die Zustandshaftung allein die Verletzung des Schutzbereichs des Deliktsrechts Voraussetzung, nicht aber auch das Vorliegen von Handlungsunrecht. Bei der **Handlungshaftung** muss es demgegenüber aus den eben dargestellten Gründen auf Handlungsunrecht ankommen, so dass Abwehransprüche nur unter der Voraussetzung pflichtwidrigen Verhaltens anzuerkennen sind.

Allerdings ist speziell mit Blick auf den **Unterlassungsanspruch** darauf hinzuweisen, dass dieser **zukunftsbezogen** ist und insofern ein **hypothetisches Verhalten** betrifft. Der eben im Kontext der Notwehr erörterte Fall, dass es mangels objektiver Erkennbarkeit des Eingriffs am Handlungsunrecht fehlt, während das Rechtsgut unmittelbar bedroht ist, kann hier kaum auftreten: „Zur Beurteilung steht [...] ein noch nicht realisiertes Tun, ein *hypothetisches* Verhalten. Dieses Verhalten muss, als *geschehend gedacht,* rechtswidrig sein."[57] Selbst wenn der Handelnde bzw. ein objektiver Beobachter in dessen Lage die rechtsverletzende Wirkung seines Tuns nicht zu erkennen vermag, „ist die Einschränkung seines Gesichtskreises *noch zu beheben*", so dass die objektive Pflichtwidrigkeit der hypothetischen Handlung unproblematisch gegeben ist.[58] Soweit das Verhalten des vermeintlichen Störers die Grenzen des erlaubten Risikos wahrt, also keine Verkehrspflicht verletzt (RdNr. 233, 571), sind Unterlassungsansprüche hingegen ausgeschlossen.

Dieselbe Überlegung gilt für den **Beseitigungsanspruch,** sofern man mit einem Teil der Literatur für diesen ebenfalls eine noch *gegenwärtige* tatsächliche Inanspruchnahme des

---

[49] Als Illustration aus der Praxis vgl. den jedes Katheder-Beispiel übertreffenden Fall BSG JZ 2000, 96 m. Anm. *Roxin* und Bespr. *Simon* JuS 2001, 639.
[50] BSG JZ 2000, 96, 97 f.; *Jescheck/Weigend,* Strafrecht AT, § 32 II S. 341, § 32 III, S. 345 f.
[51] *Jakobs,* Strafrecht AT, Kap. 12 RdNr. 16; *Roxin* JZ 2000, 99; *ders.,* Strafrecht AT, Bd. I, 3. Aufl. 1997, § 15 RdNr. 14 ff.; *Schönke/Schröder/Lenckner/Perron* § 32 StGB RdNr. 21. Zur Parallelfrage, ob pflichtgemäßes Verhalten eine strafrechtliche Garantenstellung begründet, im verneinenden Sinn BGHSt 25, 218, 221 f.
[52] Vgl. *Jakobs,* Strafrecht AT, Kap. 13 RdNr. 1 ff., 46 ff.
[53] Beispiel von *Deutsch,* Fahrlässigkeit und erforderliche Sorgfalt, S. 258 f.
[54] Vgl. 4. Aufl. § 1004 RdNr. 23 ff., 49 ff.; *Picker* Beseitigungsanspruch S. 85 ff.
[55] *Picker* Beseitigungsanspruch S. 171 ff.; *Larenz/Canaris* II/2 § 86 IV 1, S. 691 f.; *Staudinger/Gursky* (1999) § 1004 RdNr. 166.
[56] Dazu *v. Caemmerer,* FS Rabel, Bd. I, 1954, S. 333, 352 f.
[57] *Picker* Beseitigungsanspruch S. 175. Diese Überlegung gilt unabhängig davon, ob man der Lehre *Pickers* iÜ folgt. Ähnlich *Schwitanski,* Deliktsrecht, Unternehmensschutz und Arbeitskampfrecht, S. 173 f.; *Münzberg,* Verhalten und Erfolg, S. 423 f.
[58] *Picker* Beseitigungsanspruch S. 177 f.; genauso *Deutsch,* Fahrlässigkeit und erforderliche Sorgfalt, S. 262.

Eigentums durch den Störer verlangt.⁵⁹ Die herrschende Gegenmeinung gibt den Beseitigungsanspruch zwar auch gegen Störungen, die durch in der Vergangenheit abgeschlossene Handlungen verursacht worden sind, handelt sich eben damit aber schwerwiegende Probleme ein, die anderweitig gelöst werden müssen, um der Gefahr einer Ausuferung der negatorischen Haftung zu begegnen.⁶⁰

18 Sofern mit den negatorischen Ansprüchen vom Störer mehr verlangt wird als bloßes Nichtstun, kommt es auf die handlungsbezogenen Voraussetzungen der Abwehrrechte an, wie sich am Beispiel der **Verantwortlichkeit von Internet-Providern** zeigen lässt (RdNr. 571). In diesen Fällen macht der I. ZS des BGH die **negatorische Haftung explizit vom Handlungsunrecht – vom Verstoß gegen eine Verkehrspflicht – abhängig** und verabschiedet sich damit im Rahmen von § 1004 von einem erfolgsbezogenen Rechtswidrigkeitsbegriff.⁶¹ Der maßgebliche Grund für die damit verbundene Einschränkung der Abwehransprüche liegt darin, dass der als Störer zu qualifizierende Internet-Dienstleister die Beeinträchtigung nicht durch bloßes Unterlassen abstellen kann, sondern kostspielige Maßnahmen ergreifen muss.⁶² Ein einheitliches dogmatisches Konzept des § 1004 muss beide Fallgruppen – Tun und Unterlassen – erklären können. Dies gelingt, wenn jedenfalls bei der Handlungshaftung die Pflichtwidrigkeit des Verhaltens zur Voraussetzung gemacht und hinzugefügt wird, dass die erkennbare Beeinträchtigung von Rechter Dritter in der Regel – vorbehaltlich einer Duldungspflicht – pflichtwidrig ist, sofern sie durch bloßes Unterlassen vermieden werden kann.

19 **e) Ausweichstrategien der Erfolgsunrechtslehre.** Wird der Wechsel in dem Bezugspunkt der Rechtswidrigkeit in § 823 Abs. 1, weg von der Definition des Schutzbereichs und hin zur Kennzeichnung pflichtwidriger Handlungen, ignoriert und mit der Erfolgsunrechtslehre von der Verursachung einer Schutzbereichsverletzung auf die Rechtswidrigkeit der dafür kausalen Handlung geschlossen, ergeben sich auch im Übrigen **unhaltbare Konsequenzen.** Würde mit der Vorstellung Ernst gemacht, wären nicht nur Herstellung und Handel gefährlicher Güter wie Messer, Waffen oder Kraftfahrzeuge, sondern darüber hinaus ein unübersehbares Netz „äquivalenter" Ursachen bis hin zur Zeugung und Erziehung späterer „Deliktstäter" als rechtswidrig zu qualifizieren und den negatorischen Rechtsbehelfen der §§ 227, 1004 ausgesetzt.

20 Diese Konsequenzen sind derart absurd, dass sie auch von der älteren Lehre, die ganz generell von der Verletzung des Schutzbereichs des § 823 Abs. 1 auf die Rechtswidrigkeit der Handlung schließen wollte, nicht gezogen wurden. Allerdings wurde das Erfordernis einer eigenständigen Begründung des Handlungsunrechts nicht offen anerkannt, sondern mit Hilfe der Lehre von der **adäquaten Kausalität** und insbesondere der **Unterlassungsdogmatik** bemäntelt.⁶³ Mit dem Erfordernis der adäquaten Kausalität wird das Fahrlässigkeitselement der Voraussehbarkeit der Rechtsverletzung de facto in abgeschwächter Form auf die Tatbestandsebene vorverlagert, was es dem RG beispielsweise ermöglichte, den adäquaten Kausalzusammenhang zwischen dem Überfliegen einer Silberfuchsfarm durch Linienflugzeuge und dem Totbeißen der Jung- durch die Muttertiere nur unter der Voraussetzung zu bejahen, dass das Flugzeug nicht in geringer Höhe und unter großer Geräuschentwicklung – kurz: sorgfaltswidrig – über die Farm hinweggeflogen ist.⁶⁴ Unter dem Gesichtspunkt der sachgerechten Begrenzung des handlungsbezogenen Rechtswidrigkeitsurteils ungleich wichtiger war die Dogmatik der Unterlassungsdelikte, die eine Rechtspflicht zum Handeln voraussetzte und es in diesem Zusammenhang ermöglichte und erforderte, die

---

⁵⁹ *Picker* Beseitigungsanspruch S. 86 f.; ihm folgend *Staudinger/Gursky* (1999) § 1004 RdNr. 17; *Henckel* AcP 174 (1974), 97, 102 f.
⁶⁰ *Baur/Stürner* § 12 RdNr. 8; 4. Aufl. § 1004 RdNr. 71 ff.
⁶¹ BGHZ 158, 236, 252 = NJW 2004, 3102, 3105; BGHZ 148, 13, 17 f. = NJW 2001, 3265; BGH NJW 2007, 2636, 2639 Tz. 40.
⁶² *Koziol*, FS Canaris, Bd. I, 2007, S. 631, 646 f.
⁶³ Vgl. *Kötz/Wagner* RdNr. 107.
⁶⁴ RGZ 158, 34, 38 f.

Sorgfaltspflichten des Schädigers im Einzelfall zu konturieren und zu begrenzen (eingehend RdNr. 235 ff.). Im Bereich der Unterlassungsdelikte reichte die bloße „Verursachung" einer Rechtsgutsverletzung also seit jeher nicht aus, um das Verhalten als rechtswidrig zu qualifizieren, sondern es musste eine Pflichtverletzung hinzukommen. Der dadurch eröffnete Spielraum zur Erzielung sachgerechter Ergebnisse konnte umso wirkungsvoller genutzt werden, als das RG bereits in seiner grundlegenden Entscheidung zur Verkehrspflichtverletzung mit Recht festgestellt hatte, es beruhe „der Gegensatz zwischen kausalem Tun und kausalem Unterlassen überhaupt mehr auf der Vorstellung, als auf dem objektiven Bestande der Dinge, insofern dafür der Ausgangspunkt der Vorstellung bestimmend ist."[65]

f) Unmittelbare Verletzungshandlungen. Im Grunde ist die heute hM bei diesem Ansatz stehen geblieben und hat lediglich die beim Unterlassungsdelikt bereits anerkannte Haftungsvoraussetzung der Sorgfaltspflichtverletzung offen auf Rechtsgutsverletzungen durch positives Tun erstreckt, soweit Letztere den Erfolg nur mittelbar herbeiführen. Damit ist die **handlungsunrechtliche Lehre,** die die Rechtswidrigkeit des Verhaltens nicht schon mit der Verursachung einer Schutzbereichsverletzung, also eines Eingriffs in ein nach § 823 Abs. 1 geschütztes Rechtsgut, für gegeben hält, sondern dafür das Vorliegen einer Sorgfaltspflichtverletzung verlangt, für die Masse der Fälle anerkannt. Gerade deshalb stellt sich allerdings umso dringender die Frage, was es rechtfertigt, in der Fallgruppe der unmittelbaren Verletzungen auf die Feststellung von Handlungsunrecht zu verzichten bzw. Letzteres aus dem bloßen Faktum der Verursachung einer Schutzbereichsverletzung abzuleiten. Zwar wird der unmittelbare Eingriff in fremde Rechte – Schulbeispiele sind der Stich mit dem Messer oder die Ausführung eines Faustschlags – in aller Regel pflichtwidrig sein, doch dies spricht gerade dafür, den unmittelbaren Eingriffen ihre dogmatische Sonderstellung zu nehmen und sie in die allgemeine Konzeption des Handlungsunrechts einzugliedern.

Der berechtigte Kern der Differenzierung zwischen unmittelbaren und mittelbaren Verletzungshandlungen besteht nicht in der Aufspaltung des Rechtswidrigkeitsbegriffs und des Fahrlässigkeitsdelikts, sondern in der Einsicht, dass **Existenz und Reichweite deliktischer Sorgfaltspflichten** sich bei eigenhändiger Zufügung der Rechtsgutsverletzung in der Regel von selbst verstehen,[66] während sie umso problematischer werden, je komplexer die kausale Struktur ist, die das Verhalten des in Anspruch Genommenen mit der Rechtsgutsverletzung verbindet. Am Beispiel: Wenn bei einer Treibjagd ein Jagdgast zu Schaden kommt, weil ein anderer strauchelt und sich dabei ein Schuss aus seinem Gewehr löst, versteht sich von selbst, dass derjenige, der mit einem geladenen und entsicherten Gewehr in einer Gruppe von Menschen durch den Wald pirscht, die im Verkehr erforderliche Sorgfalt aufwenden muss, um die Verletzung Dritter zu verhindern. Der BGH hat deshalb kein einziges Wort darauf verloren, die Existenz von Sorgfaltspflichten des Jagdgastes zu begründen.[67] Weniger selbstverständlich ist es, dass etwa auch den Waldeigentümer, der gefallene Stämme achtlos im Wald herumliegen lässt und damit das Straucheln des Jagdgastes verursacht hat, eine Sorgfaltspflicht gegenüber dem Verletzten trifft. In diesem, und nur in diesem, Sinne ist es zutreffend, der eigenhändigen Rechtsgutsverletzung die bloße Rechtsgutsgefährdung gegenüberzustellen und nur in den Fällen bloßer Rechtsgutsgefährdungen Existenz und Umfang deliktsrechtlicher Sorgfaltspflichten zu problematisieren.[68] An der Struktur des Handlungsunrechts vermag die Variation des Begründungsaufwands für deliktische Sorgfaltspflichten indessen nichts zu ändern.

g) Vorsatzdelikte. Noch fragwürdiger ist die Sonderrolle des Vorsatzdelikts, zumal diese nicht nur von der hM (vgl. RdNr. 7), sondern auch von überzeugten Anhängern einer konsequent handlungsbezogenen Orientierung der Rechtswidrigkeit anerkannt

---

[65] RGZ 52, 373, 376.
[66] *Soergel/Spickhoff* RdNr. 13.
[67] BGH VersR 1958, 851; 2000, 1419, 1420.
[68] Ähnlich, wenn auch auf anderer dogmatischer Grundlage *U. Huber,* FS E. R. Huber, 1973, S. 253, 274 ff.

wird.⁶⁹ Dies führt bei *Brüggemeier* zu einer **Spaltung des Deliktsrechts** zwischen Vorsatz- und Fahrlässigkeitsdelikt, die in grundverschiedener Weise dogmatisch konstruiert werden.⁷⁰ Während das Fahrlässigkeitsunrecht objektiv verkehrswidriges Verhalten voraussetzt, ist der Vorsatz weiterhin Schuldform, und beim Vorsatzdelikt bleibt es beim traditionell-dreistufigen Deliktsaufbau, bei dem der Eingriff in den Schutzbereich die Rechtswidrigkeit des dafür kausalen Verhaltens indiziert.

24   Doch wie kann für das Vorsatzunrecht falsch sein, was für das Fahrlässigkeitsunrecht richtig ist? – In Wahrheit werden mit einer **Sonderbehandlung des Vorsatzdelikts** sämtliche Schwierigkeiten heraufbeschworen, die die moderne Deliktsrechtsdogmatik dazu bewogen haben, im Bereich der mittelbar-fahrlässigen Delikte von dem erfolgsmotivierten Rechtswidrigkeitsbegriff abzugehen und das Unrechtsurteil von der Verletzung einer Sorgfaltspflicht abhängig zu machen. Wie auch in der Strafrechtslehre allgemein anerkannt ist, liegt es bei der Vorsatztat nämlich keineswegs so, dass das Handeln in Kenntnis der Verursachung einer Rechtsgutsverletzung eo ipso rechtswidrig ist.⁷¹ Auch das Vorsatzdelikt bedarf der **Beschränkung auf unerlaubte Risiken;** andernfalls haftete der Hersteller von Automobilen, Waffen und gefährlichen Werkzeugen womöglich wegen vorsätzlichen Eingriffs in geschützte Rechtsgüter.⁷² Wenn schließlich die Abwehrbefugnisse des potentiellen Opfers davon abhängig gemacht werden, dass der Täter vorsätzlich gehandelt hat, dann ist damit stillschweigend bereits akzeptiert, dass der Vorsatz *nicht* Schuldform ist, sondern den Tatbestand des Vorsatzdelikts mitkonstituiert. Dementsprechend würde auch in der heutigen Strafrechtslehre niemand auf den Gedanken kommen, das Handlungsunrecht für Vorsatz- und Fahrlässigkeitsdelikte grundverschieden zu bestimmen, nämlich bei Fahrlässigkeitsdelikten auf dem Nachweis einer Sorgfaltspflichtverletzung zu bestehen und beim Vorsatzdelikt andererseits die bloße Verursachung einer Rechtsgutsverletzung als rechtswidrig zu qualifizieren.⁷³

25   **h) Der Rechtfertigungsgrund verkehrsrichtigen Verhaltens.** Der Große ZS des BGH hat in einer berühmten Entscheidung eine **Annäherung an die Verhaltensunrechtslehre** versucht, indem er zwar nicht das sorgfaltswidrige Verhalten zur Unrechtsvoraussetzung, wohl aber das sorgfaltsgemäße, „verkehrsrichtige" Verhalten zu einem Rechtfertigungsgrund promoviert hat.⁷⁴ Dies hat die praktisch wichtige Konsequenz, dass den Schädiger die Beweislast für sein verkehrsrichtiges Verhalten trifft.⁷⁵ Die weitere Folge, dass die „Verkehrsrichtigkeit" des Verhaltens auf der Verschuldensebene noch einmal, und nun mit umgekehrter Beweislast (RdNr. 323 ff.),⁷⁶ zu prüfen ist, hat der Große ZS des BGH zwar gesehen, dies jedoch im Rahmen des § 823 Abs. 1 als unvermeidlich hingenommen,⁷⁷ um die Geschäftsherrnhaftung nach § 831 trotz Unaufklärbarkeit des Unfallhergangs begründen zu können (vgl. § 831 RdNr. 28 ff.). An der widersprüchlichen Verteilung der Beweislast wird aber lediglich deutlich, dass der Große ZS des BGH mit dem „Rechtfertigungsgrund verkehrsrichtigen Verhaltens" einen dogmatischen Holzweg beschritten hat. Denn zur Debatte stand nicht die ausnahmsweise Rechtfertigung eines Eingriffs in den

---

⁶⁹ *Brüggemeier*, Prinzipien des Haftungsrechts, S. 57 ff.; *Esser/Weyers* BT/2 § 55 II 3 a, S. 170; *Esser/Schmidt* AT/2 § 26 I, S. 79 f.; *Wiethölter*, Rechtfertigungsgrund des verkehrsrichtigen Verhaltens, S. 59 ff.
⁷⁰ So insbes. *Brüggemeier*, Prinzipien des Haftungsrechts, S. 56: Vorsatzhaftung als *aliud* zur Fahrlässigkeitshaftung; *ders.* Haftungsrecht S. 51; *ders.*, FS E. Schmidt, 2005, S. 33, 44 f.; genauso bereits *Wiethölter*, Rechtfertigungsgrund des verkehrsrichtigen Verhaltens, S. 64.
⁷¹ *Jakobs*, Strafrecht AT, Kap. 7 RdNr. 35 ff. mwN, speziell zur Äquivalenz von erlaubtem Risiko und Sorgfaltspflicht beim Fahrlässigkeitsdelikt RdNr. 40; vgl. auch *Brüggemeier*, Prinzipien des Haftungsrechts, S. 57; *U. Huber*, FS Wahl, 1973, S. 301, 307 ff.
⁷² *Jakobs*, Strafrecht AT, Kap. 7 RdNr. 35 ff.; *Jescheck/Weigend*, Strafrecht AT, § 36 I, S. 401.
⁷³ Vgl. statt aller *Jescheck/Weigend*, Strafrecht AT, § 24 II 4 c, S. 242; *Jakobs*, Strafrecht AT, Kap. 8 RdNr. 1.
⁷⁴ BGHZ 24, 21, 25 ff. = NJW 1957, 785, 786; vgl. dazu nur *Wieacker* JZ 1957, 535; *Stoll* JZ 1958, 137; *v. Caemmerer*, FS 100 Jahre DJT, Bd. II, 1960, S. 49, 115 mwN in Fn. 293.
⁷⁵ BGHZ 24, 21, 28 = NJW 1957, 785, 786.
⁷⁶ Im Rahmen des § 823 Abs. 1 trägt der Geschädigte die Beweislast für die Verletzung einer Verkehrssicherungs- bzw. Sorgfaltspflicht; BGH VersR 1985, 641 f.
⁷⁷ BGHZ 24, 21, 28 f. = NJW 1957, 785, 786.

Schutzbereich des § 823 Abs. 1 zur Förderung überwiegender Gegeninteressen oder wegen wirksamen Verzichts des Rechtsgutsträgers (Einwilligung), sondern die Frage nach den Voraussetzungen, unter denen eine Handlung das Prädikat der Rechtswidrigkeit verdient.[78] Soweit das Handlungsunrecht von der Pflichtwidrigkeit des Verhaltens abhängig gemacht wird, ist beim Fahrlässigkeitsdelikt der Nachweis einer Sorgfaltspflichtverletzung konstitutiv für das Unrecht, nicht die Verkehrsrichtigkeit des Verhaltens ein Rechtfertigungsgrund.

i) Ergebnis: Ein einheitlich strukturiertes Delikt. Insgesamt spricht demnach alles dafür, **Vorsatz- und Fahrlässigkeitsdelikte** auch im Zivilrecht **einheitlich zu konstruieren,** nämlich die **Pflichtwidrigkeit** im Sinne einer Sorgfaltspflichtverletzung (Fahrlässigkeit) bzw. einer bewussten Überschreitung des erlaubten Risikos (Vorsatz) als Unrechtstatbestand auszuzeichnen. Mit der Differenzierung zwischen Schutzbereichsverletzung und Verhaltensunrecht erledigen sich nicht nur viele Unklarheiten im Bereich des § 823 Abs. 1, sondern sie ebnet den Weg zu einem **einheitlich strukturierten Fahrlässigkeitsdelikt** und damit zu einer Deliktsrechtsdogmatik, die nicht länger zwischen „unmittelbaren" und „mittelbaren" Verletzungshandlungen sowie Unterlassungen differenzieren muss. Im Rahmen des einheitlichen Deliktsaufbaus mögen dann durchaus verschiedene **Typen von Fahrlässigkeitsdelikten** unterschieden werden.[79] Derartige Unterscheidungen und die darauf bezogenen Sachfragen ändern nichts an der einheitlichen Grundstruktur des Delikts.

Darin liegt keine unreflektierte Übernahme strafrechtlicher Theorien,[80] sondern der Versuch einer sachlich überzeugenden, dogmatisch möglichst einfachen und **international anschlussfähigen Konstruktion** der unerlaubten Handlung. Schließlich sollten die Vorteile einer **einheitlichen Dogmatik** nicht ohne Not preisgegeben werden, denn es ist einer der großen Vorteile von Kodifikationen kontinental-europäischer Prägung, dass sie die einheitliche Konstruktion paralleler Institute erlauben und das Recht damit übersichtlich und leicht handhabbar halten. In europäischer Perspektive hätte die Anerkennung eines einheitlich strukturierten Fahrlässigkeitsdelikts die angenehme Folge, dass sie die deutsche Dogmatik auf gleiche Augenhöhe etwa mit dem englischen Recht bringen würde, das diesen Schritt schon längst vollzogen hat.[81]

3. Verschulden. a) Fahrlässigkeit: Äußere und innere Sorgfalt. aa) Meinungsstand. Eng verknüpft mit den Meinungsverschiedenheiten über den zivilrechtlichen Rechtswidrigkeitsbegriff sind diejenigen über das deliktische Verschulden, wobei sich die Erörterungen wiederum ganz auf das Fahrlässigkeitsdelikt konzentrieren. Die wohl hM führt die **Differenzierung zwischen unmittelbaren und mittelbaren Verletzungen** auch im Rahmen des Verschuldens fort, und zwar mit Hilfe der Unterscheidung zwischen äußerer und innerer Sorgfalt.[82] Fahrlässigkeit ist danach die Außerachtlassung der äußeren und der inneren Sorgfalt. Unter äußerer Sorgfalt wird das von außen beobachtbare Verhalten verstanden, und Fahrlässigkeit setzt insoweit voraus, dass der Schädiger sich anders verhalten hat als gefordert, also etwa die Höchstgeschwindigkeit nicht eingehalten oder unsichere Produkte in den Verkehr gebracht hat etc. Die innere Sorgfalt hingegen „besteht in einem intellektuell-emotionalen Vorgang, der aus zwei Teilen zusammengesetzt ist. Die eine Hälfte richtet sich auf *Erkenntnis der Norm* und ihrer Tatbestandsmerkmale. [...] Die andere Hälfte [...] ist auf die *Erbringung der äußeren Sorgfalt* gerichtet."[83]

Diese **Verdoppelung des Fahrlässigkeitsbegriffs** ermöglicht eine differenzierte Einordnung der Fahrlässigkeit in die Struktur des § 823 Abs. 1 und insbesondere ein Festhalten der **Fahrlässigkeit als Verschuldensform** auch in den Fällen handlungsunrechtlich ge-

---

[78] *Esser/Weyers* BT/2 § 58 I 2, S. 212; *Kötz/Wagner* RdNr. 288; *Larenz/Canaris* II/2 § 79 III 2 c, S. 479 f.; *Erman/Schiemann* § 831 RdNr. 13 aE.
[79] So *Brüggemeier* Haftungsrecht S. 56 ff.
[80] Zutr. *Wiethölter*, Rechtfertigungsgrund des verkehrsrichtigen Verhaltens, S. 60.
[81] Eingehend *Wagner* in: Zimmermann (Hrsg.), Grundstrukturen des Europäischen Deliktsrechts, S. 189, 216 f.
[82] *Deutsch* Haftungsrecht I RdNr. 385 ff.; *U. Huber*, FS E. R. Huber, 1973, S. 253, 265 ff.; *v. Bar* Verkehrspflichten S. 172 ff.; *ders.* JuS 1988, 169, 173.
[83] *Deutsch* Haftungsrecht I RdNr. 388.

prägter Rechtswidrigkeit, also beim mittelbaren Verletzungsverhalten, das nur unter der Voraussetzung eines Verstoßes gegen eine Verkehrspflicht rechtswidrig sein soll. Wie genau sich innere und äußere Sorgfalt in den beiden Fallgruppen des § 823 Abs. 1 auf die Ebenen der Rechtswidrigkeit und Schuld verteilen, wird allerdings auch von den Anhängern der Differenzierung zwischen äußerer und innerer Sorgfalt nicht einheitlich beantwortet. Nach U. *Huber* besteht das Verschulden bei § 823 stets in der Außerachtlassung der inneren Sorgfalt, im Fall unmittelbarer Rechtsgutsverletzung weil das äußere Verhalten des Eingreifenden eo ipso rechtswidrig ist und im Fall der mittelbaren Rechtsgutsverletzung, sowie der Schutzgesetzverletzung, weil das äußerlich geforderte Verhalten entweder durch Schutzgesetz vorgeschrieben (§ 823 Abs. 2) oder durch das Gericht im Wege der Konkretisierung der allgemeinen Sorgfaltspflicht im Einzelfall zu definieren ist.[84] Stattdessen ist es auch denkbar, bei unmittelbaren Verletzungshandlungen im Rahmen des Verschuldens auch den Verstoß gegen äußere Sorgfaltspflichten zu prüfen.[85] Schließlich wird die Differenzierung zwischen äußerer und innerer Sorgfalt und deren unterschiedliche Verankerung im Deliktsaufbau mitunter zum Anlass genommen, einen differenzierten Fahrlässigkeitsmaßstab einzuführen: Danach ist im Rahmen der auf Unrechtsebene zu prüfenden Verletzung der äußeren Sorgfalt ein objektiver Maßstab anzulegen, während für die Prüfung der inneren Sorgfaltswidrigkeit als Verschulden ein subjektiver Maßstab gelten, also auf die individuellen Fähigkeiten des konkreten Akteurs Rücksicht zu nehmen sein soll.[86]

30   In der **Rechtsprechung** des BGH findet sich ebenfalls die Unterscheidung zwischen äußerer und innerer Sorgfalt, wobei die Außerachtlassung der äußeren Sorgfalt zum Unrechtstatbestand gezählt wird, während der Verstoß gegen innere Sorgfaltspflichten der Verschuldensprüfung vorbehalten bleibt. Praktisch geht es um die Frage der Erkennbarkeit der Sorgfaltspflicht für den Schädiger.[87] Die Differenzierung wird allerdings in zweierlei Hinsicht akzentuiert. Zum einen kehrt die Rechtsprechung die Beweislast bezüglich des Verschuldens um, insbesondere durch die Annahme eines Anscheinsbeweises, kraft dessen die Außerachtlassung der äußeren Sorgfalt einen Verstoß gegen die Gebote der inneren Sorgfalt indiziert.[88] Zum zweiten wird die innere Sorgfalt an einem deutlich subjektiv gefärbten Maßstab gemessen, was etwa in der Formulierung deutlich wird, der Schädiger könne aus „besonderen persönlichen Gründen" nicht zur Gefahrvermeidung verpflichtet gewesen sein. Mitunter hat der VI. ZS des BGH sogar einen subjektiven Fahrlässigkeitsmaßstab angewandt, so etwa in der Apfelschorf-Entscheidung gefragt, ob „*dieser* Hersteller die entsprechenden Erkenntnismöglichkeiten hatte oder sich hätte verschaffen müssen".[89]

31   Die **Gegenauffassung** lehnt die Auffächerung der Fahrlässigkeit in innere und äußere Sorgfalt bzw. entsprechende Sorgfaltspflichtverstöße gänzlich ab und kommt auf diese Weise beim Fahrlässigkeitsdelikt zu einem zweistufigen Aufbau aus den Stufen Tatbestandsmäßigkeit (Schutzbereichsunrecht) und Rechtswidrigkeit (Handlungsunrecht).[90]

32   **bb) Stellungnahme.** Eine Stellungnahme zu den Ingredienzen der Fahrlässigkeit fällt nicht leicht, weil unter dem Begriff der inneren Sorgfalt eine schwer auf einen gemeinsamen Nenner zu bringende **Menge von Einzelfragen** versammelt wird.[91] Im Einzelnen geht es

---

[84] U. *Huber*, FS E. R. Huber, 1973, S. 253, 269, 277, 280; wohl auch *Deutsch* Haftungsrecht I RdNr. 385 ff.
[85] So v. *Bar* JuS 1988, 169, 173.
[86] So U. *Huber*, FS E. R. Huber, 1973, S. 253, 270 ff.; der Sache nach auch v. *Caemmerer* Karlsruher Forum 1961, 19, 25 f.; Tendenzen in diese Richtung auch bei *Deutsch* JZ 1988, 993, 995 f.
[87] BGH VersR 1976, 149, 151; 1990, 1289, 1290 f.; NJW 1994, 2232, 2233.
[88] BGHZ 80, 186, 199 = NJW 1981, 1603, 1605 f. – Apfelschorf I; 116, 60, 73 = NJW 1992, 560, 562 – Kindertee I; BGH NJW 1986, 2757, 2758; NJW-RR 1988, 471; NJW 1994, 2232, 2233; OLG Karlsruhe VersR 2005, 420; RGRK/*Steffen* RdNr. 502; zust. *Deutsch* Haftungsrecht I RdNr. 391 f.
[89] BGHZ 80, 186, 199 = NJW 1981, 1603, 1605 f. – Apfelschorf I (Hervorhebung hinzugefügt); explizit iS einer Subjektivierung die Entscheidung BGH NJW 1984, 1958, 1959.
[90] *Brüggemeier* Deliktsrecht RdNr. 113; *ders.*, Prinzipien des Haftungsrechts, S. 74 ff.; insoweit auch *Brüggemeier* Haftungsrecht S. 59 f.
[91] Symptomatisch die Zusammenstellung von Fallgruppen der inneren Sorgfalt bei *Deutsch* JZ 1988, 993, 996.

um Tatbestands- und Rechtsirrtümer, die (partielle) Subjektivierung der Fahrlässigkeit und mitunter sogar um die Unzumutbarkeit normgemäßen Verhaltens. Jede dieser Fallgruppen wirft ein eigenes Sachproblem auf, das in der einen oder anderen Weise gelöst werden kann, ohne dass ein notwendiger Zusammenhang zwischen den Einzellösungen bestünde. Deshalb ist es wenig zweckmäßig, Irrtums-, Subjektivierungs- und Zumutbarkeitsfragen in den großen Topf der inneren Sorgfalt zu werfen und damit gleichsam über einen Kamm zu scheren.

In der Sache liegt auf der Hand, dass sich in nicht wenigen haftungsrechtlich relevanten Situationen **äußere Verhaltensanforderungen gar nicht aufstellen lassen,** weil das Einzige, was von dem Akteur verlangt werden kann, Aufmerksamkeit und Vorsicht ist.[92] Am Beispiel: Kommt es bei einer Treibjagd zu einem Jagdunfall, weil ein Jagdgast beim Gehen im Dickicht stolpert, wobei sich ein Schuss löst, der einen anderen Teilnehmer tödlich verletzt, so ist die Sorgfaltspflichtverletzung nicht schon mit dem bloßen Faktum des Stolperns und Schießens gegeben, sondern es kommt allein darauf an, ob der Jagdgast die Pflicht verletzt hat, sich vorsichtig und achtsam zu bewegen, also aus Unvorsichtigkeit und Unachtsamkeit gestolpert ist, und genau so hat der BGH den Fall auch geprüft.[93] Auf diese Auffangfunktion der allgemeinen Sorgfaltspflicht kann also sicherlich nicht verzichtet werden, ohne dass sie deswegen mit einem besonderen Begriff – eben dem der inneren Sorgfalt – belegt werden muss. Darüber hinaus ist einzuräumen, dass zwischen der objektiven Geltung eines Verhaltensgebots und der subjektiven Erkennbarkeit des Eingreifens dieses Gebots in einer konkreten Gefahrensituation durchaus unterschieden werden kann. Die (objektive) Erkennbarkeit der Gefahr wird folglich auch von denjenigen Rechtsordnungen verlangt, denen die Unterscheidung zwischen Rechtswidrigkeit und Verschulden sowie innerer und äußerer Sorgfalt unbekannt ist.[94] Ein viel diskutiertes Beispiel ist die Injektion einer tödlichen Dosis eines Medikaments durch eine gutgläubige Krankenschwester, die auf die fehlerhafte Dosierungsanleitung oder Etikettierung des Herstellers vertraut (RdNr. 14). Sofern die Fehldosierung für eine mit der gebotenen Sorgfalt handelnde Krankenschwester nicht erkennbar war, liegt fahrlässiges Handeln nicht vor.[95]

Das eigentliche Problem der Differenzierungslösung ist ihre **Verquickung mit dem Deliktsaufbau,** die dazu geführt hat, das Handlungsunrecht allein mit Rücksicht auf eine Verletzung der äußeren Sorgfalt zu bestimmen, während die innere Sorgfalt dem Verschulden zuzurechnen sein soll. Die daraus resultierende Spaltung des Fahrlässigkeitsbegriffs verdankt sich wohl allein dem Bemühen um die Rettung des dreistufigen Deliktsaufbaus trotz Anerkennung des Umstands, dass die für die Praxis zentralen Verkehrspflichten bereits das Unrecht – und nicht erst das Verschulden – konstituieren. Dies zeigt sich sofort bei einem Blick in die Strafrechtslehre, von der die Unterscheidung zwischen äußerer und innerer Sorgfalt in der ersten Hälfte des 20. Jahrhunderts insbesondere durch *Binding* und *Engisch* entwickelt worden ist,[96] und in der die Differenzierung bis heute geläufig, wenn auch keineswegs Allgemeingut ist.[97] *Binding* hatte unter der inneren Sorgfalt die Verpflichtung zur „Vorprüfung der ins Auge gefassten Handlung auf ihren rechtlichen Gehalt", insbesondere durch Erfassung der Handlungssituation, Folgenabschätzung und Konkretisierung der dem Täter bekannten Sorgfaltspflicht, verstanden.[98] Die heutige Dogmatik bezieht

---

[92] *U. Huber,* FS E. R. Huber, 1973, S. 253, 265.
[93] BGH VersR 2000, 1419, 1420.
[94] Vgl. zum englischen tort der negligence nur *Fleming,* The Law of Torts, 9. Aufl. 1998, S. 120; *Fabarius,* Äußere und innere Sorgfalt, S. 19 ff.; zu anderen europäischen Rechtsordnungen *v. Bar,* Gemeineuropäisches Deliktsrecht II, RdNr. 228 ff.
[95] Insoweit verhält es sich im deutschen genauso wie im englischen und französischen Recht; vgl. die Beiträge von *Rogers* und *Viney* in: Koziol (Hrsg.), Unification of Tort Law: Wrongfulness, S. 55, 64.
[96] *Engisch,* Untersuchungen über Vorsatz und Fahrlässigkeit, S. 266 ff.
[97] *Jescheck/Weigend,* Strafrecht AT, § 55 I, S. 578 ff. mwN; abl. vor allem *Jakobs,* Studien zum fahrlässigen Erfolgsdelikt, S. 59 ff.
[98] *Binding,* Die Schuld im Deutschen Strafrecht, 1919, S. 121; ders., Die Normen und ihre Übertretung, Bd. IV, 1919, § 292 II, S. 500.

hingegen die „Vorprüfungspflicht" unter Ausklammerung der dem Verbotsirrtum vorbehaltenen Erkundung der Rechtslage allein auf die Erkenntnis und richtige Einschätzung der tatsächlichen Gefahrenlage.[99]

35 Ist die Erkennbarkeit der konkret gegebenen Risiken somit Voraussetzung der im Einzelfall zu fordernden Sorgfalt, ist es ausgeschlossen, sie von der äußeren Sorgfalt zu trennen und im **Deliktsaufbau einer anderen Systemstelle,** nämlich der Verschuldensprüfung, vorzubehalten. Schon bei *Engisch* ist von Anfang an klargestellt, dass es sich „bei der Unterscheidung von innerer und äußerer Sorgfalt um einen Gegensatz *innerhalb* des ‚richtigen' Verhaltens zur Vermeidung der Tatbestandsverwirklichung" handelt und nicht etwa um zwei auf verschiedenen Ebenen angesiedelte Zurechnungselemente. Diese Systematik ist auch sachgerecht, denn die äußere Sorgfalt, das äußerlich sachgemäße Handeln in Gefahrensituationen ist „stets – von Zufällen abgesehen – nur Konsequenz der vollständigen inneren Sorgfalt",[100] dh. der „Vorprüfung" im Sinne *Bindings*. Wenn man an der Auffächerung der Sorgfalt in eine innere und eine äußere Komponente festhalten will, dann kann dies in Übereinstimmung mit der strafrechtlichen Doktrin[101] nur in der Weise geschehen, dass beide Komponenten ein und derselben Systemstelle zugewiesen werden.[102] Im Ergebnis gehört die Fahrlässigkeit somit einschließlich der inneren Sorgfalt zum Unrechtstatbestand, weil sie das Handlungsunrecht konstituiert.

36 **b) Der Fahrlässigkeitsmaßstab.** Der Fahrlässigkeitsmaßstab des Deliktsrechts ist nach hM **ein objektiver,** der zwar auf die **konkrete Handlungssituation** bezogen ist sowie nach **Verkehrskreisen** differenziert und typisiert, auf individuelle Unzulänglichkeiten des Schädigers aber keine Rücksicht nimmt.[103] Dies gilt auch dann, wenn nicht nur das einzelne Individuum, sondern die Angehörigen des Verkehrskreises insgesamt mit ihren üblichen Gebräuchen und Verfahrensweisen hinter dem Maß des objektiv Erforderlichen zurückbleiben: Der „eingerissene Schlendrian" ist dann eben zu korrigieren.[104] Wie der BGH in Entscheidungen zum Arzthaftungsrecht klargestellt hat, sanktioniert das Deliktsrecht die Verletzung eines Verhaltensstandards und setzt nicht die persönliche Vorwerfbarkeit des Verhaltens voraus.[105] Dies gilt gleichermaßen für die äußere wie die innere Sorgfalt, also insbesondere auch für die Frage, ob die tatsächliche Gefahrenlage und die Gebotenheit von Sorgfaltsmaßnahmen erkennbar waren.[106] Diese Vorgehensweise wird von den Anhängern des subjektiven Fahrlässigkeitsbegriffs als widersprüchlich und ungerecht abgelehnt; mit dem objektiven Standard werde eine Enklave der Verursachungshaftung geschaffen, die „willkürlich und prinzipslos abgegrenzt" sei.[107]

---

[99] *Jescheck/Weigend,* Strafrecht AT, § 55 I, S. 578.
[100] *Jakobs,* Studien zum fahrlässigen Erfolgsdelikt, S. 62 f.; übereinstimmend *v. Bar,* Gemeineuropäisches Deliktsrecht II, RdNr. 229.
[101] *Jescheck/Weigend,* Strafrecht AT, § 55 I, S. 578.
[102] *Stathopoulos,* FS Larenz, 1983, S. 631, 635; *Fabarius,* Äußere und innere Sorgfalt, S. 101; *v. Bar,* Gemeineuropäisches Deliktsrecht II, RdNr. 229.
[103] RGZ 68, 422, 423; 95, 16, 17 f.; 102, 47, 49; RG JW 1904, 357; BGHZ 8, 138, 140 = NJW 1953, 257; BGHZ 39, 281, 283 = NJW 1963, 1609 f.; BGHZ 24, 21, 27 = NJW 1957, 785, 786; BGHZ 80, 186 = NJW 1981, 1603; BGHZ 113, 297, 303 = NJW 1991, 1535, 1537; BGH VersR 1968, 395; NJW 1994, 2232, 2233; 1995, 1150, 1151; OLG Düsseldorf NJW-RR 2002, 24; OLG Hamm NJW-RR 1990, 794; OLG Nürnberg VersR 1957, 682, 683; *Heck* SchuldR § 26, S. 78; *Esser/Schmidt* AT/2 § 26 II, S. 82 ff.; *v. Bar* Verkehrspflichten. S. 137 f.; *Deutsch* Haftungsrecht I RdNr. 399 f., 403 ff.; *ders.,* Fahrlässigkeit und erforderliche Sorgfalt, S. 326 ff.; *Larenz* I § 20 III, S. 285 ff.; *ders.,* FS Willburg, S. 119, 124 ff.; *Medicus* SchR I RdNr. 309.
[104] Prot. II S. 604; RGZ 105, 80, 83; 128, 39, 44; 163, 129, 134; BGHZ 8, 138, 140 = NJW 1953, 257; BGHZ 23, 288, 290 = NJW 1957, 746 f.; BGH VersR 1960, 22; OLG Oldenburg VersR 1979, 91, 92.
[105] BGH NJW 2001, 1786, 1787 = VersR 2001, 646; BGH VersR 2003, 1128, 1130 = NJW 2003, 2311; ähnlich bereits RGZ 163, 129, 134.
[106] BGH NJW 1994, 2232, 2233; RGRK/*Steffen* § 823 RdNr. 415; nur versehentlich abw. wohl BGHZ 80, 186, 198 f. = NJW 1981, 1603, 1605 f.
[107] *Planck/Siber* § 276 Anm. 2 b, S. 221; vgl. weiter *v. Caemmerer* Karlsruher Forum 1961, 19, 25; *Nipperdey* NJW 1957, 1777, 1780 f.; *ders.* Karlsruher Forum 1959, 3, 8 f.; *Koziol* AcP 196 (1996), 593; mit Blick auf eine weit verstandene innere Sorgfalt auch *U. Huber,* FS E. R. Huber, 1973, S. 253, 270 f.

Tatsächlich erliegen die Anhänger des subjektiven Fahrlässigkeitsbegriffs einem Zirkel- 37
schluss, wenn sie die Deliktshaftung unreflektiert als **Haftung für individuell vorwerfbares Fehlverhalten** auffassen, um dann von diesem Standpunkt aus den objektiven Fahrlässigkeitsbegriff zu diskreditieren, dessen Tradition bis in die Zeit der römischen Antike zurückreicht,[108] der im Gemeinen Recht am Vorabend der Kodifikation herrschend war,[109] vom Gesetzgeber des BGB gerade auch für das Deliktsrecht zugrunde gelegt wurde[110] und schließlich auch im Wortlaut des § 276 Abs. 2 zum Ausdruck kommt. Vor allem aber suggeriert die Schärfe der Auseinandersetzung einen Gegensatz, der näherer Prüfung gar nicht standhält. Die hM operiert seit jeher keineswegs mit einem strikt objektiven Maßstab, sondern mit einem **komplexen Mischsystem,** das zwar von den Fähigkeiten eines verständigen Durchschnittsmenschen ausgeht, jedoch mehrere Einfallstore für Subjektivierungen enthält, indem es die objektiven (Durchschnitts-)Anforderungen den Kapazitäten des konkret Handelnden anpasst. Der mit Abstand wichtigste Gesichtspunkt ist dabei die Konkretisierung des Sorgfaltsstandards nach **Verkehrskreisen,** mit der verhindert wird, dass ein Chirurg über denselben Leisten geschlagen wird wie ein Landarzt und ein Landwirt als Halter einer an Milzbrand erkrankten Kuh genauso behandelt wird wie ein Tierarzt. Darüber hinaus wird das Maß der geforderten Sorgfalt in Abhängigkeit vom Alter des konkreten Akteurs bestimmt, wobei Kinder und Senioren privilegiert, nämlich nicht am Maßstab des verständigen Durchschnittsmenschens mittleren Alters, sondern an einem alterstypischen Maßstab zu messen sind.[111] Auf diese Weise werden die Wertungen der §§ 827, 828, nach denen die Haftung ausgeschlossen ist, wenn der konkrete Täter die Fähigkeit zu bewusst gesteuertem Handeln (§ 827) oder zur Erkenntnis der Gefahr (§ 828) nicht besaß, in die Fahrlässigkeitsprüfung hinein verlängert (zu den Konsequenzen für § 829 vgl. dort RdNr. 8 ff.). Schließlich wirkt sich die Objektivierung der Fahrlässigkeit niemals zugunsten des Täters aus; wenn ein konkreter Akteur über besondere, überdurchschnittliche Kenntnisse und Fähigkeiten verfügt, muss er sie im Interesse der Schadensvermeidung auch einsetzen, wenn er der Haftung entgehen will.[112]

Der damit herausgearbeitete Befund eines komplexen, objektive und subjektive Elemente 38
in sich vereinenden Fahrlässigkeitsmaßstabs lässt zwar den Streit um die beiden puristischen Lösungen verblassen, wirft aber umso dringender die Frage nach der **normativen Fundierung** der vorfindlichen Mischung auf. Der objektive Maßstab hat zunächst den **pragmatischen Vorteil,** dass die Subjektivierung der Fahrlässigkeitsprüfung in jedem Einzelfall eine Fülle von Informationen aus der Sphäre des Schädigers erforderte, deren Feststellung einen ganz erheblichen Aufwand machen würde, zumal sie von dem beklagten Schädiger leicht manipulierbar wären und sich im Prozess folglich nicht ohne weiteres verifizieren ließen.[113] Deshalb orientieren sich die Gerichte mit Recht an den Möglichkeiten und an der Kostenfunktion eines erwachsenen Durchschnittsmenschen.

Der entscheidende Gesichtspunkt zugunsten des objektiven Fahrlässigkeitsbegriffs ist 39
jedoch nicht seine größere Praktikabilität, sondern seine Verknüpfung mit der **Steuerungsfunktion der Haftung** (Vor § 823 RdNr. 40 f., 47 ff.). Prima facie erscheint insoweit zwar der subjektive Fahrlässigkeitsmaßstab vorzugswürdig, weil sich die Gebote der verkehrserforderlichen Sorgfalt, also die Möglichkeiten und Kosten von Präventionsmaßnahmen,

---

[108] Vgl. nur *Zimmermann,* The Law of Obligations, S. 1008 f. m. Fn. 69; *Kaser,* Das Römische Privatrecht, Bd. II, § 258 IV 3 a, S. 350 f.
[109] *Windscheid/Kipp* Pandektenrecht I § 101, S. 520 f. m. Fn. 8, S. 526; *Jansen,* Struktur des Haftungsrechts, S. 440 ff.
[110] Prot. II S. 604: Es komme darauf an, „welches Maß von Sorgfalt der gesunde und normale Verkehr im Allgemeinen für erforderlich halte".
[111] RGZ 68, 422, 423; BGHZ 39, 281, 283 = NJW 1963, 1609 f.; *Deutsch* Haftungsrecht I RdNr. 407; *Esser/Schmidt* AT/2 § 26 II, S. 88 f.; RGRK/*Steffen* RdNr. 409; *Soergel/Spickhoff* RdNr. 142.
[112] BGH NJW 1987, 1479, 1480 m. Anm. *Deutsch; Deutsch* Haftungsrecht I RdNr. 397 ff.; wohl auch *Esser/Schmidt* AT/2 § 26 II, S. 87 f.; RGRK/*Steffen* RdNr. 411; *Soergel/Spickhoff* RdNr. 143.
[113] *Wagner* in: *Zimmermann* (Hrsg.), Grundstrukturen des Europäischen Deliktsrechts, S. 265 f. mwN; *Posner,* Economic Analysis of Law, § 6.2, S. 183 f.; *Shavell,* Economic Analysis of Accident Law, S. 74.

immer nur mit Rücksicht auf die Verhaltensoptionen des konkret Handelnden bestimmen lassen (vgl. Vor § 823 RdNr. 47 ff.).[114] Tatsächlich würden jedoch wesentliche Potentiale zur Schadensvermeidung verschüttet, wenn es auf die Möglichkeiten und Fähigkeiten des Akteurs im Zeitpunkt der schädigenden Handlung ankäme. Zum einen liegt auf der Hand, dass die **Fähigkeiten des Einzelnen zu sorgfältigem Verhalten** keineswegs natürlich vorgegeben sind, sondern mit Hilfe entsprechender Anstrengungen im positiven Sinne beeinflusst werden können.[115] – Ein Arzt wird nicht als solcher geboren, sondern muss entsprechende Kenntnisse erst erwerben, und *deshalb* kann sich ein Krankenhausarzt, dem bei einer Geburt ein Behandlungsfehler unterläuft, vor Gericht genauso wenig mit dem Hinweis entlasten, er sei durch das Geschehen überfordert gewesen,[116] wie ein Schrankenwärter, der für den Dienst an einer viel befahrenen Strecke ungeeignet ist.[117] Eng verwandt mit diesem Gesichtspunkt ist die Überlegung, dass der Einzelne regelmäßig nicht durch unbeeinflussbare Naturkräfte in Situationen gerät, die sein Gefahrsteuerungsvermögen übersteigen, sondern dass jeder Akteur es selbst in der Hand hat, die **Entstehung von Überforderungslagen** zu vermeiden.[118] – Ein betrunkener Autofahrer mag auch bei Aufbietung aller Konzentration nicht mehr dazu in der Lage sein, den Unfall zu verhindern, aber er war sehr wohl dazu in der Lage, das Fahren in alkoholisiertem Zustand zu vermeiden, und *deshalb* wird auf seine situative Unfähigkeit zur Schadensvermeidung keine Rücksicht genommen (vgl. § 827 S. 2 sowie dort RdNr. 11 ff.). Folgerichtig versagt die Rechtsprechung dem Schädiger die Entlastung mit Rücksicht auf körperliche oder geistige **Behinderungen und Erkrankungen,** wenn er voraussehen konnte, dass er der konkreten Situation nicht gewachsen sein würde: Wer weiß, dass das eigene Sehvermögen eingeschränkt ist oder ein Zustand der Übermüdung droht, darf sich gar nicht erst ans Steuer setzen.[119] Dabei gehen die Gerichte zu Recht von der Annahme aus, dass ein jeder Akteur um die Grenzen der eigenen Fähigkeiten weiß oder zumindest wissen kann und im Übrigen zur Vermeidung von Überforderungssituationen in der Lage ist.[120] Kurzum: Der objektive Fahrlässigkeitsmaßstab ist eine Abreviatur für die Wertung, dass ein jeder Akteur die Grenzen der eigenen Gefahrsteuerungskompetenzen kennen muss und sich gar nicht erst in Situationen begeben darf, denen er nicht gewachsen ist.[121]

40 Auf der eben bereiteten normativen Grundlage sind auch die allgemein **anerkannten Subjektivierungen des Fahrlässigkeitsmaßstabs** einfach zu erklären. Die Zugehörigkeit zu einem bestimmten **Verkehrskreis,** das **Alter** einer Person (§ 828), **Geisteskrankheiten** und **Ohnmachtszustände** (§ 827 S. 1) lassen sich im Streitfall relativ problemlos ermitteln und – dies ist entscheidend – die Entlastung des Täters mit Rücksicht auf diese Eigenschaften unterminiert nicht die Anreize, sich auf gefährliche Situationen sorgfältig vorzubereiten bzw. sich nicht in Situationen zu begeben, denen man nicht gewachsen ist (§ 827 RdNr. 1; § 829 RdNr. 1). Folgerichtig lässt § 827 S. 2 selbst den bewusstlosen oder berauschten Delikttäter haften, wenn er sich selbst in vermeidbarer Weise in diesen Zustand gebracht hat (vgl. § 827 RdNr. 11 ff.). Schließlich erweisen sich auch die Ausnahmefälle, in denen die Rechtsprechung analog §§ 827 f. eine Subjektivierung des Sorgfaltsmaßstabs vornimmt, als

---

[114] *Posner,* Economic Analysis of Law, § 6.2, S. 183 f.; *Shavell,* Economic Analysis of Accident Law, S. 73 f.
[115] *Shavell,* Economic Analysis of Accident Law, S. 77 f.
[116] BGH NJW 2001, 1786, 1787 = VersR 2001, 646.
[117] Beispiel von *v. Caemmerer* Karlsruher Forum 1961, 19, 25.
[118] *Shavell,* Economic Analysis of Accident Law, S. 75; ähnlich *Deutsch,* Fahrlässigkeit und erforderliche Sorgfalt, S. 137 ff. „Grundsatz der objektiven Übernahme".
[119] BGH JZ 1968, 103 m. zust. Anm. *Deutsch*; BGH NJW 1974, 948, 949; 1988, 909 f.; OLG Hamburg VersR 1964, 1273, 1274.
[120] Deutlich BGH JZ 1968, 103: „... Erwägung, dass der Beklagte wie jeder Kraftfahrer seine individuellen Sehmöglichkeiten zumindest erkennen muss."
[121] *Shavell,* Economic Analysis of Accident Law, S. 78; ähnlich *Deutsch* JZ 1968, 104, 105: „Im Rechtsverkehr wird eine Person nach dem Stellenwert beurteilt, den sie einnimmt. Dabei wird vorausgesetzt, dass sich der Handelnde freiwillig auf diesen Platz gestellt hat. ... Wer sich ohne Not dem Verkehrskreis hinzugesellt, hat sich so zu verhalten, wie es dort erwartet wird."

wohlbegründet. Wenn ein Akteur auf Grund eines für ihn weder steuerbaren noch vorhersehbaren Kompetenzmangels nicht dazu in der Lage ist, die von Angehörigen seiner Altersklasse und seines Verkehrskreises verlangte Sorgfalt zu prästieren, etwa weil er am Steuer eines Kfz. einen Herzinfarkt oder eine Gehirnblutung erleidet, läuft die Steuerungsfunktion der Haftung ohnehin ins Leere, und über die Anlastung der Schadenskosten ist unter dem Gesichtspunkt der wirtschaftlichen Verhältnisse nach Maßgabe des § 829 zu entscheiden.[122] Da es sich um Umstände handelt, die in der Sphäre des Schädigers liegen, trägt Letzterer allerdings die Beweislast für ihre tatsächlichen Voraussetzungen, nicht etwa muss der Geschädigte nachweisen, dass es dem Schädiger auf Grund seiner gesundheitlichen Lage möglich war, den objektiven Sorgfaltsstandard einzuhalten.[123]

Die vorstehenden Überlegungen bestätigen das bisher für den **Deliktsaufbau** erzielte 41 Ergebnis: Genauso wenig wie die Unterscheidung zwischen äußerer und innerer Sorgfalt ist diejenige zwischen objektivem und subjektivem Sorgfaltsmaßstab dazu geeignet, die Fahrlässigkeitsprüfung zu verdoppeln und gleich zwei Systemstellen zuzuordnen.[124] Insbesondere lässt sich die komplexe Mischung aus objektiven und subjektiven Elementen nicht aufspalten, um die objektiven der Rechtswidrigkeit und die subjektiven dem Verschulden zuzuweisen.[125] Die objektiven Verhaltensgebote der Rechtsordnung können nicht völlig von „subjektiven" Gesichtspunkten freigehalten, die verkehrserforderliche Sorgfalt kann nicht ohne Rücksicht auf den Verkehrskreis und das Alter des Handelnden bestimmt werden. Der einzelne Akteur trifft die Wahl des eigenen Sorgfaltsniveaus nicht in Isolation, sondern muss sich notwendigerweise an den für die übrigen Verkehrsteilnehmer geltenden Verhaltensgeboten orientieren, wobei eine Absenkung der Sorgfaltsanforderungen für die eine Seite regelmäßig zu einer Verschärfung des Standards für die Gegenseite führt: Der Landwirt, der eine an Milzbrand erkrankte Kuh notschlachten lässt, braucht sich über Ansteckungsrisiken für den Metzger keine Gedanken zu machen, wenn ein Tierarzt zugegen ist, der dann aber selbstverständlich die Verantwortung zu tragen hat;[126] wer einen alten und gebrechlichen Menschen die Straße überqueren sieht, muss sein eigenes Fahrverhalten sofort darauf einstellen, also besondere Vorsicht walten lassen (RdNr. 267); und wo Kinder spielen, sind die Erwachsenen generell stärker gefordert, nämlich zu erhöhter Sorgfalt verpflichtet (RdNr. 268). Die darin zum Ausdruck kommende **Wechselbezüglichkeit der Sorgfaltsanforderungen** schließt es aus, die subjektiven Fahrlässigkeitselemente der Verschuldensprüfung vorzubehalten. Eine Ausnahme gilt nur insoweit, als bei unvorhersehbaren körperlichen Mängeln die §§ 827 f. analog angewendet werden, und sie verdankt sich ausschließlich der Beweislastverteilung (vgl. RdNr. 40, 307).

c) Restbestände der Verschuldensprüfung. Mit der Anerkennung von Vorsatz und 42 Fahrlässigkeit als Unrechtselemente verliert die Verschuldensprüfung als dritte Stufe des traditionellen Deliktsaufbaus das meiste von ihrem Inhalt und ihrer Bedeutung. Sicher verbleibt der Verschuldensstufe die Prüfung der **Deliktsfähigkeit** nach Maßgabe der §§ 827, 828.

Im Strafrecht ist die Anerkennung des Vorsatzes als Unrechtselement eng mit der **Schuld-** 43 **theorie** verbunden, nach der das Fehlen des Unrechtsbewusstseins bzw. der Irrtum über das Verbotensein des Verhaltens die Verwirklichung des Vorsatzdelikts nicht ausschließt, wenn der Irrtum nur vermeidbar war. Diese Lösung hat der Gesetzgeber in § 17 StGB kodifiziert. Gleichwohl wird im Zivilrecht überwiegend an der **Vorsatztheorie** festgehalten, nach der sich der Vorsatz nicht nur auf den Eingriff in das Rechtsgut, sondern darüber hinaus auch

---

[122] Übereinstimmend BGHZ 98, 135, 138 f. = NJW 1987, 121 f.; *Koziol* AcP 196 (1996), 593, 609 f.; vgl. auch RdNr. 307.
[123] BGHZ 98, 135, 137 ff. = NJW 1987, 121 f.
[124] Vgl. aber BGH NJW 1984, 1957 f., wo innere Sorgfalt und Subjektivierung gleichgesetzt werden.
[125] So aber *U. Huber,* FS E. R. Huber, 1973, S. 253, 270 ff.; der Sache nach auch *v. Caemmerer* Karlsruher Forum 1961, 19, 25 f.; Tendenzen in diese Richtung auch bei *Deutsch* JZ 1988, 993, 995 f.
[126] RGZ 102, 372, 375.

auf die Rechtswidrigkeit dieses Eingriffs beziehen muss.[127] Die herkömmliche Alternative dazu besteht darin, den Vorsatz als Unrechtskonstituante anzuerkennen, den Verbotsirrtum im Rahmen der Schuld zu lösen und den Erlaubnistatbestandsirrtum wie im Strafrecht für den Ausschluss der Vorsatzhaftung ausreichen zu lassen.[128]

44 Tatsächlich ist die Vorsatztheorie auch im Zivilrecht weit weniger selbstverständlich als dies auf den ersten Blick scheinen mag. In einer wichtigen Entscheidung zur Ersatzfähigkeit von Demonstrationsschäden im Rahmen von § 823 Abs. 1 hat sich der **VI. ZS** des BGH zur Schuldtheorie bekannt, allerdings ohne sich mit den abweichenden Stimmen in Rechtsprechung und Literatur auseinander zu setzen.[129] Soweit die Haftung auf § 823 Abs. 2 iVm. einer Vorschrift des StGB gestützt wird, kommt die strafrechtliche Schuldtheorie ohnehin zur Anwendung,[130] und schließlich ist im Rahmen des § 826 anerkannt, dass die dort zentrale Haftungsvoraussetzung vorsätzlich-sittenwidrigen Handelns das Bewusstsein der Rechts- bzw. Sittenwidrigkeit *nicht* erfordert (eingehend § 826 RdNr. 26 ff.).[131] Die Vorsatztheorie erweist sich damit gerade in denjenigen Bereichen als obsolet, in denen es im Ergebnis auf sie ankommt, wo nämlich die Fahrlässigkeitshaftung fehlt oder eingeschränkt ist, wie in § 826 sowie in § 823 Abs. 2 iVm. strafrechtlichen Tatbeständen.[132] Sind wie in § 823 Abs. 1 Vorsatz- und Fahrlässigkeitshaftung kongruent, hat der Grundsatz der Vorsatztheorie, auch ein verschuldeter Rechtsirrtum schließe die Haftung aus, hingegen keinerlei Konsequenzen: Der Schädiger haftet dann eben nicht für vorsätzliches, sondern für fahrlässiges Handeln.[133] Ist es der hM somit nicht gelungen, ihren anspruchsvollen Vorsatzbegriff in den wirklich entscheidenden Fragen durchzuhalten, sollte der letzte Schritt vollzogen und die Vorsatztheorie aus dem privaten Deliktsrecht ganz verabschiedet werden (§ 276 RdNr. 159).[134]

45 Beim **Fahrlässigkeitsdelikt** spielt der Verbotsirrtum als Irrtum über Existenz und Umfang deliktsrechtlicher Sorgfaltspflichten keine große Rolle, weil es in den einschlägigen Fällen regelmäßig schon an der Erkennbarkeit der tatsächlichen Gefährdungslage mangelt.[135] In einer viel zitierten Entscheidung des BGH hatte es der Betreiber eines Skilifts versäumt, die in den Abfahrtshang integrierten Metallstützen der Liftanlage mit Stroh- oder Schaumstoffpolstern abzusichern, um so die Verletzungsgefahr für stürzende Skifahrer zu verringern.[136] Der VI. ZS des BGH bejahte in diesem Fall eine entsprechende Verkehrspflicht des Beklagten, ließ die Haftung im Ergebnis aber am Verschulden scheitern, weil die Annahme einer solchen Sorgfaltspflicht weder von Obergerichten ausgesprochen worden war noch in der Tendenz der bisherigen Rechtsprechung lag; deshalb sei dem Liftbetreiber der Pflichtverstoß bei Anwendung verkehrserforderlicher Sorgfalt nicht erkennbar gewesen.[137]

46 Der Problematik des Irrtums über die Geltung bzw. den Inhalt einer Verhaltensnorm lässt sich entgegen einem Teil der Literatur nicht mit Hilfe des **Rückwirkungsverbots** auswei-

---

[127] RGZ 72, 4, 6 f.; 84, 188, 194; 119, 265, 267 f.; 159, 211, 227; BGHZ 69, 128, 142 = NJW 1977, 1875, 1878 (zu § 839); BGH VersR 1984, 1071; *Erman/Battes* § 276 RdNr. 17 f.; *Larenz* I § 20 II, S. 280 f.; *Fikentscher/Heinemann* RdNr. 649; *Esser/Schmidt* AT/2 § 26 I 2, S. 80 f.
[128] So LG Traunstein NJW-RR 2007, 1324, 1325.
[129] BGHZ 59, 30, 39 f. = NJW 1972, 1366, 1368 f.
[130] BGH JZ 1963, 218; NJW 1985, 134, 135; *Deutsch* Haftungsrecht I RdNr. 357; *ders.*, FS Sieg, 1976, S. 127, 133; *Larenz/Canaris* II/2 § 77 IV 2 b, S. 446; *Wiethölter* JZ 1963, 205, 206 ff.
[131] RGZ 136, 293, 298 f.; 161, 229, 233; BGHZ 8, 83, 87 f. = NJW 1953, 297, 298 f.; BGHZ 101, 380, 388 = NJW 1987, 3256, 3258; *Erman/Schiemann* § 826 RdNr. 11; *Wiethölter* JZ 1963, 205, 208 f.
[132] Vom Standpunkt der Vorsatztheorie aus wird dieses Vorgehen bei § 823 Abs. 2 mit Recht beanstandet von *Esser/Schmidt* AT/2 § 26 I 2, S. 81.
[133] Vgl. als Beispiel RGZ 119, 265, 267 f.
[134] Deutlicher noch 3. Aufl. § 276 RdNr. 58 *(Hanau)*; *Soergel/M. Wolf* § 276 RdNr. 55; *Wiethölter* JZ 1963, 205, 209 f.; wohl auch *Staudinger/Löwisch* (2001) § 276 RdNr. 21; *Larenz/Canaris* II/2 § 77 IV 2 b, S. 446; *Spickhoff*, Gesetzesverstoß und Haftung, S. 209; unentschieden *Deutsch* Haftungsrecht I RdNr. 353 ff.; *ders.*, FS Sieg, 1976, S. 127, 132 f.
[135] *Jescheck/Weigend*, Strafrecht AT, § 57 I 2, S. 593.
[136] BGH NJW 1985, 620.
[137] BGH NJW 1985, 620, 621; genauso BGH NJW 1995, 2631, 2632; OLG Hamm VersR 1990, 913, 914; 1996, 1155 f.; OLG Köln NJW-RR 2000, 692, 693; für den Fall unklarer Rechtslage auch RGZ 119, 265, 268; BGHZ 17, 266, 295.

chen.¹³⁸ Die Konkretisierung eines unbestimmten Rechtsbegriffs wie desjenigen der verkehrserforderlichen Sorgfalt ist die ureigene Aufgabe der Rechtsprechung, die nicht den Grenzen des auf Normen bezogenen Rückwirkungsverbots unterliegt.¹³⁹ Abgesehen davon erlaubt Letzteres nur Entscheidungen nach dem Alles-oder-Nichts-Prinzip und keine Feinsteuerung je nach Vermeidbarkeit des Irrtums: Wenn vor der Postulierung einer Verkehrspflicht durch den BGH diese schlechthin nicht „gelten" würde,¹⁴⁰ ohne dass es auf die objektive Erkennbarkeit ankäme, ließe sich die Haftung in vielen Fällen nicht begründen. Noch weniger kann es überzeugen, die Möglichkeit des Verbotsirrtums beim Fahrlässigkeitsdelikt zusammen mit der Existenz von Rechtfertigungs- und Entschuldigungsgründen schlichtweg zu leugnen.¹⁴¹ Allerdings sind die Sorgfaltsanforderungen an den Sicherungspflichtigen, der ja die tatsächliche Gefahrensituation positiv kennt oder sich zumindest in fahrlässiger Unkenntnis über sie befindet, hoch anzusetzen, wenn es um die Erkennbarkeit der Norm geht.¹⁴² Insoweit gilt die Regel, dass von jedem die Kenntnis der für seinen Tätigkeitsbereich maßgebenden Rechtsvorschriften erwartet wird.¹⁴³ In den seltenen Fällen, in denen danach ein unvermeidbarer Verbotsirrtum in Betracht kommt, sollte wie beim Vorsatzdelikt das Verschulden verneint werden.

4. Zusammenfassung und Konsequenzen für den Deliktsaufbau. Insgesamt behält § 823 nach der hier vertretenen Auffassung zwar eine dreistufige Struktur, doch die Gewichte sind zu Lasten der Verschuldensprüfung verschoben. **Vorsatz und Fahrlässigkeit** sind keine Schuldformen, sondern **begründen das Handlungsunrecht**, indem der Verletzungserfolg entweder bewusst und gewollt unter Überschreitung des erlaubten Risikos oder aber fahrlässig, dh. unter Außerachtlassung der im Verkehr erforderlichen Sorgfalt, verursacht worden ist. Diese Prüfung gehört in den Deliktstatbestand, dessen Verwirklichung die Rechtswidrigkeit „indiziert" bzw. begründet, wenn nicht ein Ausnahmetatbestand gegeben ist, der die Verletzung des Rechtsguts rechtfertigt. Im Rahmen des Verschuldens kommt es dann nur noch auf die Zurechnungsfähigkeit des Schädigers an, §§ 827 f., sowie auf die seltenen Fälle eines unvermeidbaren Verbotsirrtums. Da der herkömmliche Terminus „Verschuldenshaftung" der Sache nach die Einstandspflicht für Vorsatz und Fahrlässigkeit meint, beides aber Unrechtselemente sind, erweist sich der Begriff als missverständlich. Treffender wäre § 823 als „Haftung für Pflichtwidrigkeit" zu kennzeichnen.¹⁴⁴

Der **Deliktstyp des § 823 Abs. 2** unterscheidet sich grundsätzlich von dem erfolgsbezogenen Abs. 1, weil der Schutzbereich des Deliktsrechts hier von vornherein handlungsbezogen definiert ist. Dadurch kann sich an den einschlägigen Wertungen indessen nichts ändern, so dass für den Unrechtstatbestand des § 823 Abs. 2 nicht nur ein objektiver Verstoß gegen das Schutzgesetz, sondern Vorsatz oder Fahrlässigkeit im voll entwickelten Sinn Voraussetzung ist. Sofern das Schutzgesetz das Handlungsunrecht nicht selbst vollständig umschreibt, sondern seinerseits bloße Erfolgsverursachungsverbote statuiert, ist der Unrechtstatbestand mit Hilfe des § 823 Abs. 2 S. 2 zu ergänzen und zu prüfen, ob der Erfolg unter Außerachtlassung der im Verkehr erforderlichen Sorgfalt verwirklicht worden ist (RdNr. 359).

In der Literatur ist bereits der offene **Übergang zu einem zweistufigen Deliktsaufbau** – wenn auch beschränkt auf das Fahrlässigkeitsdelikt – vorgeschlagen worden.¹⁴⁵ Tatsächlich

---

[138] So aber *Brüggemeier* Deliktsrecht RdNr. 114; *Jansen*, Struktur des Haftungsrechts, S. 450 f.
[139] Die zur Rückwirkung von Gesetzen entwickelten Grundsätze gelten nicht ohne weiteres für die Rückwirkung höchstrichterlicher Rspr.; vgl. BVerfGE 18, 224, 240 = NJW 1965, 243; BVerfG WM 1992, 2068, 2070 = NZA 1993, 213.
[140] So *Brüggemeier* Deliktsrecht RdNr. 114.
[141] So aber *Brüggemeier*, Prinzipien des Haftungsrechts, S. 66; im Ergebnis genauso *v. Bar*, Gemeineuropäisches Deliktsrecht II, RdNr. 233.
[142] Vgl. § 276 RdNr. 117; RGZ 119, 265, 268; Produkthaftungshandbuch/*Foerste* § 28 RdNr. 11; *Soergel/M. Wolf* § 276 RdNr. 103; *Staudinger/Löwisch* (2001) § 276 RdNr. 52 f.
[143] Dazu und zu weiteren Einzelheiten § 276 RdNr. 73 f. mwN.
[144] *Wagner* in: *Zimmermann* (Hrsg.), Grundstrukturen des Europäischen Deliktsrechts, S. 249 ff.; ähnlich *v. Bar*, Gemeineuropäisches Deliktsrecht I, RdNr. 5; Bd. II, RdNr. 179: „Haftung für eigenes Fehlverhalten".
[145] *Brüggemeier*, Prinzipien des Haftungsrechts, S. 62 ff., 76.

§ 823 50, 51   Abschnitt 8. Titel 27. Unerlaubte Handlungen

ließe sich die Prüfung der Vermeidbarkeit des Verbotsirrtums genauso wie diejenige der Zurechnungsfähigkeit gemäß §§ 827, 828 ohne große Schwierigkeiten in den Fahrlässigkeitsmaßstab integrieren. Der ohnehin nach Alter und Verkehrskreis gestaffelte Maßstab der im Verkehr erforderlichen Sorgfalt ist flexibel genug, auch die Fälle der Unzurechnungsfähigkeit wegen krankhafter Störung der Geistestätigkeit (§ 827) oder jugendlichen Alters (§ 828) aufzunehmen und in entsprechend differenzierte Standards umzusetzen.

II. Die Verkehrspflichten im Deliktssystem

50 **1. Begriff und Terminologie.** In der Praxis des Deliktsrechts dominiert das Fahrlässigkeitsdelikt. **Kernstück der Haftungsbegründung** ist dann die Feststellung, dass der Täter die im Verkehr erforderliche Sorgfalt außer Acht gelassen hat.[146] Die Pflichten, deren Verletzung sanktioniert wird, werden von der modernen Dogmatik als **Verkehrspflichten** bezeichnet. Dieser Ausdruck ist eine Schöpfung der Praxis; das BGB kennt ihn nicht.[147] In seiner für die Entwicklung grundlegenden Entscheidung aus dem Jahr 1902 postulierte das RG den Grundsatz, dass „ein jeder für die Beschädigung durch seine Sachen insoweit aufkommen solle, als er dieselbe bei billiger Rücksichtnahme auf die Interessen des anderen hätte verhüten können".[148] Da die ersten Entscheidungen des RG sich auf Fälle bezogen, in denen der Kläger bei der Benutzung öffentlicher Wege, Straßen und Plätze einen Schaden erlitten hatte, war zunächst von der Pflicht zur Verkehrssicherung, kurz: Verkehrssicherungspflicht, die Rede. Später wurde die Pflicht „zur billigen Rücksichtnahme auf die Interessen des anderen" ausgedehnt auf Fallgestaltungen, in denen es nicht um Verletzungen im öffentlichen Verkehr, sondern um den Schutz vor sonstigen Gefahrenquellen ging, etwa defekten oder sonst gefährlichen Produkten[149] und insbesondere auch vor gefährlichen Tätigkeiten, wie etwa der Notschlachtung eines Tieres, das mit auch für den Menschen ansteckenden Krankheitserregern infiziert war.[150] In dem zuletzt erwähnten Fall, in dem über die Haftung eines Tierarztes für die Milzbrandinfektion des ihm bei der Notschlachtung eines kranken Rinds helfenden Metzgers zu entscheiden war, sprach das RG die „besonders gearteten allgemeinen Rechtspflichten" zum Schutz der Rechtsgüter anderer mit dem bis heute üblichen Terminus „Verkehrspflichten" an.[151] Zu allen Einzelheiten RdNr. 232 ff.

51 **2. Zur Legalität der Verkehrspflichten. a) Die Illegalitätsthese.** Die Aufmerksamkeit der Dogmatik erregten die Verkehrspflichten erst in der Zeit nach dem Zweiten Weltkrieg, insbesondere durch eine grundlegende Arbeit *v. Caemmerers,* der die Verkehrspflichten – neben dem Recht am eingerichteten und ausgeübten Gewerbebetrieb sowie dem Allgemeinen Persönlichkeitsrecht – als eine von drei Generalklauseln qualifizierte, mit denen die Lücken des gesetzlichen Deliktssystems geschlossen worden seien.[152] Obwohl *v. Caemmerer* die Legalität der Verkehrspflichten selbst nicht in Frage stellte, zeigt sich hieran ein Verständnis der Verkehrspflichten als eine dem BGB fremde Schöpfung der Praxis, die von *Esser* noch krasser akzentuiert wurde: Sie seien **„aus wilder Wurzel entsprungen"**, und selbst bei den Juristen schienen „die illegitimen Kinder die vitalsten zu sein".[153] Ähnlich formuliert *v. Bar,* die Haftung für Verkehrspflichtverletzung sei von der Rechtsprechung „genau genommen contra legem" entwickelt worden,[154] und *Mertens* differenziert zwischen

---

[146] Jüngste Beispiele aus der Rspr. etwa: BGHZ 139, 43, 46 = NJW 1998, 2436; BGHZ 139, 79, 82 ff. = NJW 1998, 2905, 2906.
[147] Eingehend zur Entwicklung *Wagner* in: Willoweit (Hrsg.), Rechtswissenschaft und Rechtsliteratur im 20. Jahrhundert, S. 181, 185 ff.
[148] RGZ 52, 373, 379.
[149] RG DR 1940, 1293, 1294 – Bremsen II.
[150] RGZ 102, 372, 373, 375 – Milzbrand.
[151] RGZ 102, 372, 375.
[152] *v. Caemmerer,* FS 100 Jahre DJT, Bd. II, 1960, S. 49, 71.
[153] *Esser* JZ 1953, 129, 132; ähnlich *Deutsch* JuS 1967, 152, 157: „Wildwuchs".
[154] *v. Bar* Verkehrspflichten S. 25.

einem „legislativen" und einem „judiziellen" Konzept des § 823.[155] Danach erfasst die legislative Konzeption des § 823 Abs. 1 allein den eigenhändigen und unmittelbaren Eingriff in absolute Rechte und Rechtsgüter, dessen Rechtswidrigkeit ohne weiteres indiziert ist, während es auf die Sorgfaltswidrigkeit des Verhaltens erst im Rahmen des Verschuldens ankommt (RdNr. 5 ff.). Die Verkehrspflichten sind hingegen Kern der von der Rechtsprechung entwickelten judiziellen Konzeption des § 823 Abs. 1, bei der die Verletzung eines der dort genannten Rechtsgüter nicht die Rechtswidrigkeit indiziert, sondern Letztere erst durch den Nachweis einer Sorgfaltspflichtverletzung begründet werden muss, die folglich nicht erst im Rahmen des Verschuldens eine Rolle spielt. Damit wird der Streit zwischen Erfolgs- und Handlungsunrecht dogmatisch aufgelöst und § 823 Abs. 1 in einen Doppeltatbestand aufgespalten, nämlich in ein erfolgsunrechtlich und in ein handlungsunrechtlich strukturiertes Delikt.[156]

b) Die Entstehungsgeschichte des BGB. Die Vorstellung von der Ungesetzlichkeit der Verkehrspflichten beruht auf der Prämisse, der Gesetzgeber habe § 823 Abs. 1 auf **unmittelbare Eingriffe** in absolute Rechtspositionen durch positives Tun begrenzen[157] bzw. die Haftung für Unterlassen nur in den Spezialtatbeständen der §§ 823 Abs. 2, 831 bis 838 anerkennen wollen.[158] Tatsächlich ergeben sich diese vermeintlichen Einschränkungen keineswegs mit Evidenz aus der Entstehungsgeschichte der §§ 823 ff. (vgl. eingehend Vor § 823 RdNr. 7 ff.). Die Gesetzesmaterialien zum Deliktsrecht bewegen sich durchweg auf erheblicher Abstraktionshöhe und vermeiden geradezu peinlich das Eingehen auf die zahlreichen Einzelfälle, die die gemeinrechtliche Praxis des 19. Jahrhunderts beschäftigten. Eine nähere Untersuchung dieser Praxis ergibt jedoch ein eindrucksvolles Bild von der Fähigkeit der damaligen Gerichte, die aquilische Haftung modernen Herausforderungen anzupassen.[159] Insbesondere kann kein Zweifel daran bestehen, dass die Haftung für Unterlassen im gemeinen Recht anerkannt war und so extensiv gehandhabt wurde, dass sie den gesamten Bereich einschloss, der später mit dem Begriff der Verkehrspflichtverletzung belegt wurde.[160] Im Rahmen der lex Aquilia war einzustehen für „schuldvolle Unterlassungen", wenn ein unsachgemäß im Stall angebundenes Pferd sich losmachte und „eine sehr erhebliche Beschädigung einer Frauensperson" verursachte,[161] bei Holzfällarbeiten Passanten durch herabstürzende Bäume geschädigt wurden,[162] beim Abreißen einer Mauer Steine auf das Nachbargrundstück fielen und dort Schaden anrichteten,[163] wenn hochexplosiver Sprengstoff einem Bauunternehmer überlassen wurde, der ihn seinerseits an einen unkundigen Dritten weitergab[164] usw. Auch die klassische Verpflichtung des Hauseigentümers, Flure und Treppenhäuser zu beleuchten und ganz allgemein „die dem allgemeinen Verkehr dienenden Räume so einzurichten, dass sie ohne Gefahr passiert werden können", ist keineswegs eine Erfindung erst des 20. Jahrhunderts, sondern war schon unter der lex Aquilia etabliert.[165] Zwar wurde das Unterlassen dem positiven Tun nur gleichgestellt, wenn eine Pflicht zum Handeln bestand, Letztere wurde jedoch großzügig bejaht.[166] Die von Seiten der Pandektistik aufgestellte und im Rückblick mitunter sehr restriktiv verstandene

---

[155] *Mertens* VersR 1980, 397; 3. Aufl. RdNr. 12 ff. *(Mertens)*.
[156] *Mertens* VersR 1980, 397, 399: „Der Streit zwischen Verhaltens- und Erfolgsunrechtslehre war – nachträglich besehen – müßig. Beide Seiten redeten jeweils über ein anderes Delikt – und bezogen darauf, hatten sie beide recht."
[157] So *Mertens* VersR 1980, 397, 398; 3. Aufl. RdNr. 13 *(Mertens)* im Anschluss an *Fraenkel* S. 36 ff.
[158] *v. Bar* Verkehrspflichten S. 16 ff.
[159] Eingehend zum Ganzen *Kleindiek*, Deliktshaftung und juristische Person, S. 54–115.
[160] Anders *v. Bar* Verkehrspflichten S. 8 ff.
[161] Oberappellationsgericht Dresden SeuffA 3 Nr. 55 (1847); vgl. OLG Cassel SeuffA 43 Nr. 188 (1888).
[162] Obertribunal Stuttgart SeuffA 15, Nr. 129 (1862).
[163] Oberappellationsgericht München SeuffA 30 Nr. 144 (1868).
[164] RG SeuffA 42 Nr. 299 (1887).
[165] OLG Darmstadt SeuffA 46 Nr. 96 (1890); OLG Celle SeuffA 55 Nr. 399 (1899); vgl. auch BGH NJW 1994, 945, 946; NJW-RR 1990, 409, 410; VersR 1961, 1119, 1120.
[166] Der Streitstand zur Unterlassenshaftung nach der lex Aquilia wird geschildert von OLG Hamburg SeuffA 45 Nr. 90 (1889).

§ 823 53, 54 Abschnitt 8. Titel 27. Unerlaubte Handlungen

Voraussetzung,[167] das Handeln müsse durch eine vorangegangene oder begleitende Tätigkeit geboten sein,[168] wurde entweder explizit aufgegeben[169] oder aber so weit interpretiert, dass die Eröffnung eines Verkehrs auf Wegen oder Plätzen oder in Gebäuden ohne weiteres unter eine Sicherungspflichten auslösende „vorangegangene oder begleitende Tätigkeit" fiel.[170] Entgegen *v. Bar* waren es also nicht erst das RG und der BGH, die einem strikten Ingerenzprinzip die Gefolgschaft versagten und an die Eröffnung eines Verkehrs die Verpflichtung zur Gefahrsteuerung knüpften.[171]

53   In den Materialien zum BGB findet sich kein einziger Hinweis auf die Absicht, die Haftung für Unterlassungen gegenüber dem erreichten Rechtszustand einzuschränken oder gar abzuschaffen. Zunächst steht außer Frage, dass die dem Deliktsrecht gewidmeten **Bestimmungen des BGB positives Tun und Unterlassen gleichermaßen erfassen.** Im Vorentwurf *v. Kübels* und im Ersten Entwurf war dies – in Parenthese – noch ausdrücklich klargestellt worden.[172] Wenn die Klarstellung später entfallen ist, dann nur deshalb, weil die Zweite Kommission der selbstverständlichen Auffassung war, „man brauche *bei seinem Thun und Lassen* auf die rechtlich geschützten Interessen der Anderen nur insoweit zu achten, als man *bei Anwendung ordnungsgemäßer Sorgfalt* erkennen müsse, dass dieselben gefährdet werden".[173] Auch für die Absicht des Gesetzgebers, die Unterlassenshaftung nur im Rahmen der strafrechtlichen Trias Gesetz, Vertrag, Ingerenz[174] oder nur auf Grund rechtswidrigen vorangegangenen Tuns – im Sinne eigenhändig-unmittelbar rechtsgefährdender Handlungen – anzuerkennen,[175] ist nichts ersichtlich. Im Gegenteil, der Vorentwurf schildert ausführlich die verschiedenen Ansichten zur Handlungspflicht nach gemeinem Recht und wertet die extensiven Tendenzen „jedenfalls als ein Zeugnis dafür [...], dass der beschränkte Standpunkt des römischen Rechts den Bedürfnissen der Gegenwart nicht mehr entspricht".[176] Tatsächlich könne „die Verpflichtung zum Handeln die verschiedensten Gründe haben", worüber es einer besonderen Bestimmung nicht bedürfe.[177]

54   Damit ist der These, den §§ 831 ff. und insbesondere **§ 836 komme „bloß singuläre Bedeutung" zu,**[178] der Boden entzogen. Zwar ist *v. Bar* zuzugeben, dass sich die Motive zu § 735 des Ersten Entwurfs, dem Vorläufer des heutigen § 836, so lesen, als bedürfe es einer Sondervorschrift über die Gebäudehaftung allein deshalb, weil eine Einstandspflicht für Unterlassungen sonst nicht bestehe.[179] Die Textstelle schildert indessen den Zustand des römischen Rechts unter der lex Aquilia, während die Existenz einer weitergehenden Ersatzpflicht des Gebäudeeigentümers nach Maßgabe der römischen cautio damni infecti eingeräumt wurde.[180] Das RG hat sich mit Recht von Anfang an geweigert, aus den Ausführungen des Ersten Entwurfs zur Gebäudehaftung weitreichende Umkehrschlüsse zu ziehen, mit denen die im 19. Jahrhundert voll etablierte und akzeptierte Rechtsprechung zu den deliktischen Sorgfaltspflichten etwa der Eigentümer von Bäumen, öffentlichen Wegen und

---

[167] *v. Bar* Verkehrspflichten S. 7, der wie selbstverständlich davon ausgeht, dass sich die Verkehrspflichten unter der genannten Voraussetzung nicht entwickeln lassen.
[168] *Windscheid/Kipp* Pandektenrecht II § 455 2 S. 974.
[169] So mit Blick auf die Verkehrssicherungspflichten bei öffentlichen Wegen OLG Celle SeuffA 52 Nr. 20 (1895): Eine Unterlassung mache „auch ohne Rücksicht auf eine vorhergehende oder begleitende Tätigkeit in allen Fällen aquilisch haftbar, wo sie sich charakterisiert als ein Zuwiderhandeln gegen eine bestehende Verbindlichkeit, gegen eine Pflicht zum Handeln."
[170] So bezüglich mangelnder Treppenhausbeleuchtung OLG Celle SeuffA 55 Nr. 399 (1899).
[171] So aber *v. Bar* Verkehrspflichten S. 17; wie hier *Kleindiek*, Deliktshaftung und juristische Person, S. 112 ff.; *Zimmermann/Verse* in: *Falk/Mohnhaupt* (Hrsg.), Das Bürgerliche Gesetzbuch und seine Richter, S. 334.
[172] Mot. II S. 727; *Jakobs/Schubert* S. 883.
[173] Prot. II S. 569; RGZ 52, 373, 375 f.; *Kleindiek*, Deliktshaftung und juristische Person, S. 100 f.
[174] So *v. Bar* Gutachten S. 1699, 1701.
[175] So *Fraenkel* S. 305.
[176] *Schubert* Vorlagen S. 665.
[177] *Schubert* Vorlagen S. 667.
[178] *v. Bar* Verkehrspflichten S. 19; genauso *ders.* Gutachten S. 1700; *ders.* JZ 1979, 332, 334.
[179] Mot. II S. 814.
[180] Mot. II S. 814 f.

sonstigen Sachen obsolet geworden wäre: „Abgesehen von der allgemeinen Unmaßgeblichkeit der Motive" spreche dagegen, dass die Stellungnahme der Ersten Kommission nicht nur die Entwicklung des gemeinen Rechts ignoriert, sondern sogar die Rechtslage nach klassischem römischen Recht unzutreffend – nämlich übermäßig restriktiv – dargestellt habe, und der Erste Entwurf im späteren Gesetzgebungsverfahren korrigiert worden sei.[181] In der ersten Hälfte des 20. Jahrhunderts ist dementsprechend niemand auf den Gedanken gekommen, die Legalität der Verkehrspflichten infrage zu stellen.[182] Wegen der in § 836 enthaltenen Beweislastumkehr zu Lasten des Gebäudebesitzers wird dieser Haftungstatbestand bei Anerkennung der Verkehrspflichten auch keineswegs funktionslos (vgl. § 836 RdNr. 2, 5). Schließlich lässt sich entgegen der Ansicht *v. Bars* ganz zwanglos rechtfertigen,[183] dass § 840 Abs. 3 den Gebäudebesitzer gegenüber anderen Verantwortlichen privilegiert, ihm nämlich einen Regressanspruch gegen denjenigen einräumt, der wegen erwiesener Pflichtwidrigkeit, insbesondere nach § 823 Abs. 1, für den Schaden aufzukommen hat.[184] Dieses Privileg verliert keineswegs seine Berechtigung, wenn § 836 als Konkretisierung der allgemeinen deliktischen Sorgfaltspflicht verstanden wird, sondern es verdankt sich allein der später eingefügten Beweislastumkehr, wie schon daran deutlich wird, dass der Erste Entwurf, der auf dem Nachweis der Sorgfaltspflichtverletzung durch den Geschädigten auch im Bereich der Gebäudehaftung insistierte, eine dem § 840 Abs. 3 vergleichbare Regel nicht bzw. nur für die Fälle der heutigen §§ 831, 832 enthielt.[185]

c) **Die Deliktsrechtskonzeption** *Fraenkels*. Eine eingehende Begründung der These, die Haftung nach § 823 Abs. 1 beschränke sich auf „unmittelbare" Rechtsgutsverletzungen, findet sich wenn schon nicht in den Gesetzesmaterialien, so immerhin bei *Fraenkel*. Danach statuiert § 823 Abs. 1 **kein „allgemeines Erfolgsverursachungsverbot"**, sondern tatbestandsmäßig sei „immer nur die den Erfolg ummittelbar herbeiführende Handlung [...] als die zeitlich letzte den Eintritt eines tatbestandsmäßigen Erfolgs bedingende Handlung".[186] Zwar bleibt *Fraenkel* bei dieser Formel nicht stehen, sondern erkennt vier weitere Fälle der Deliktshaftung an, diese bleiben jedoch sämtlich auf die verschiedenen Formen der Täterschaft und Teilnahme im strafrechtlichen Sinn beschränkt[187] und sind damit Ausdruck des Bemühens, die Zurechnung von Verletzungserfolgen nach § 823 Abs. 1 im Interesse des Schutzes der allgemeinen Handlungsfreiheit einzuschränken.[188]

Dieses Konzept widerspricht nicht nur der Praxis des 19. und 20. Jahrhunderts, sondern findet auch **in den Materialien zum BGB keinerlei Stütze**.[189] Insbesondere hat das Merkmal der Widerrechtlichkeit mit der zeitlichen Relation zwischen Verhalten und Verletzungserfolg nicht das Geringste zu tun, sondern dient allein der Definition des gegenständlichen Schutzbereichs des Deliktsrechts, insbesondere der Ausklammerung reiner Vermögensschäden (RdNr. 8 ff.).[190] Trotz aller Unklarheiten und Interpretationsspielräume der Materialien zum BGB-Deliktsrecht bleibt doch festzuhalten, dass sich an keiner einzigen Stelle ein Hinweis auf die wahrlich schwerwiegende Absicht findet, die etablierte Judikatur zur lex Aquilia zu beseitigen und die Haftung auf unmittelbare Rechtsverletzungen zurück-

---

[181] RGZ 52, 373, 378 f.; vgl. auch *Kleindiek*, Deliktshaftung und juristische Person, S. 85 ff.; *Zimmermann/Verse* in: *Falk/Mohnhaupt* (Hrsg.), Das Bürgerliche Gesetzbuch und seine Richter, S. 333; zur Gebäudehaftung § 836 RdNr. 1 ff.
[182] *Wagner* in: *Willoweit* (Hrsg.), Rechtswissenschaft und Rechtsliteratur im 20. Jahrhundert, S. 181, 186 f.; einzige Ausnahme ist der Beitrag von *Hofacker*, Die Verkehrssicherungspflicht, 1929, der freilich primär staatshaftungsrechtlich motiviert war.
[183] *v. Bar* Verkehrspflichten S. 19 f.
[184] Vgl. auch *Kleindiek*, Deliktshaftung und juristische Person, S. 88 f.
[185] Vgl. § 713 des Ersten Entwurfs sowie die Synopse bei Mugdan II S. CXXV.
[186] *Fraenkel* S. 53, 242.
[187] *Fraenkel* S. 69.
[188] *Fraenkel* S. 21 f., 56, 62 f., 242; vgl. dazu auch *Staudinger/Hager* RdNr. A 10; *Kleindiek*, Deliktshaftung und juristische Person, S. 35.
[189] Ausf. zum Folgenden *Kleindiek*, Deliktshaftung und juristische Person, S. 35 ff.; *Gsell*, Substanzverletzung und Herstellung, S. 143 ff.
[190] AA *Fraenkel* S. 99 und öfter.

zuführen. Hätte man die Gesetzesverfasser gefragt, ob § 823 Abs. 1 das von *Fraenkel* perhorreszierte allgemeine Erfolgsverursachungsverbot statuiert, sie „hätten die Frage vermutlich bejaht".[191] Dies mit guten Gründen, denn die **„Unmittelbarkeit"** der Erfolgsverursachung als solche ist als Anknüpfungskriterium der Verschuldenshaftung **ungeeignet**.

57 Umso erstaunlicher ist es, dass *Fraenkel* gleichwohl zum Kronzeugen für Deliktsrechtskonzeptionen geworden ist, die die **Dynamik der Verkehrspflichten** und die damit verbundenen Wandlungen des Deliktsrechts betonen.[192] Dieses Missverständnis war wohl nur möglich, weil man die Primärfunktion der Rechtswidrigkeit in § 823 Abs. 1, den Kreis der deliktsrechtlich geschützten Rechtsgüter zu definieren, vernachlässigt und sie stattdessen auf das Handlungsunrecht bezogen hat, also unreflektiert von der Verursachung eines Verletzungserfolgs auf die Widerrechtlichkeit des Verhaltens geschlossen hat (RdNr. 8 ff.). Wird die Rechtswidrigkeit des Verhaltens hingegen konsequent von seiner Pflichtwidrigkeit abhängig gemacht, kann überhaupt keine Rede davon sein, § 823 Abs. 1 inauguriere ein „allgemeines Erfolgsverursachungsverbot", das als solches in der Tat unerfüllbar und unvertretbar wäre. Erkennt man, dass *Fraenkel* ein Zerrbild des BGB gezeichnet hat, verlieren die Verkehrspflichten viel von ihrem vermeintlich revolutionären Charakter. Mit dieser Einschätzung stimmt überein, dass sie den Zeitgenossen in Rechtsprechung und Literatur zu Anfang des 20. Jahrhunderts auch nicht als grundstürzende Neuerungen aufgefallen sind. Insgesamt kann keine Rede davon sein, die Verkehrspflichten seien von der Rechtsprechung „contra legem" entwickelt worden.[193] Vielmehr hat sie richtig gesehen, dass nach § 823 Abs. 1 nicht nur positives Tun, sondern auch Unterlassen zur Auslösung der Haftung geeignet ist, und dass es ihr selbst – der Rechtsprechung – sowie der Lehre überlassen bleibt, die Grenze zwischen Tun und Unterlassen zu ziehen und die „verschiedenen Gründe" für eine Rechtspflicht zum Handeln herauszuarbeiten. Die Verkehrspflichten sind das Resultat der Bemühungen um die Erfüllung dieser Aufgabe.

58 **3. Der Standort der Verkehrspflichten in § 823. a) Meinungsstand.** Die Infragestellung der Legalität der Verkehrspflichten hat auch ihre Verankerung in § 823 Abs. 1 zweifelhaft werden lassen, wo sie von der hM und insbesondere von der Rechtsprechung seit jeher angesiedelt werden.[194] Nach einer von *Larenz* begründeten, später von ihm aber wieder fallen gelassenen,[195] besonders eindringlich durch *v. Bar* entwickelten Auffassung gehören sie **nicht in Abs. 1 des § 823, sondern in Abs. 2,** weil sie den Schutzgesetzen in relevanter Hinsicht gleich zu erachten seien.[196] Genau wie diese statuierten Verkehrspflichten abstrakte Gefährdungsverbote, verkürzten so den für die Haftung erforderlichen Verschuldensbezug und verlagerten die Beweislast hinsichtlich des Verschuldens auf den Schädiger.[197] Eine vermittelnde Auffassung vertritt *Mertens*, der die Verkehrspflichten am liebsten einem „ungeschriebenen § 823 Abs. 3" zuordnen würde,[198] tatsächlich aber im Rahmen des Abs. 1

---

[191] *Benöhr* in: Zimmermann/Knotel/Meinke (Hrsg.), Rechtsgeschichte und Privatrechtsdogmatik, S. 517.
[192] Vgl. *v. Bar* Gutachten S. 170: *Fraenkel* habe einen „dem BGB wohl gerecht werdenden, aber für die gegenwärtige gesellschaftliche Ordnung der Bundesrepublik [...] völlig unhaltbaren Schluss gezogen"; ähnlich 3. Aufl. RdNr. 13 *(Mertens)*, der die legislative Konzeption des BGB-Deliktsrechts mit den Vorstellungen *Fraenkels* identifiziert.
[193] Treffend *Canaris*, FS Larenz, 1983, S. 27, 78 f.; *Larenz/Canaris* II/2 § 76 III 2, S. 404 f.; ausf. *Kleindiek*, Deliktshaftung und juristische Person, S. 20 ff.
[194] St. Rspr. seit RGZ 52, 373; vgl. nur BGH VersR 1956, 419, 420; NJW 1987, 2671, 2672; *Canaris*, FS Larenz, 1983, S. 27, 77 ff.; *Larenz/Canaris* II/2 § 76 III 2 b, S. 405; *Deutsch* Haftungsrecht I RdNr. 62; *Erman/Schiemann* RdNr. 6; *Jauernig/Teichmann* RdNr. 43; *Fikentscher/Heinemann* RdNr. 1591; *Soergel/Spickhoff* RdNr. 7; *Staudinger/Hager* RdNr. E 5; *Kleindiek*, Deliktshaftung und juristische Person, S. 31 f.; *Kötz/Wagner* RdNr. 126; *Marburger* VersR 1983, 597, 605.
[195] *Larenz*, FS Dölle, Bd. I, 1963, S. 189, 193 ff.; anders aber *ders.* II/1, 12. Aufl. 1981, § 72 I d S. 617 f.
[196] *v. Bar* Verkehrspflichten S. 157 ff.; *ders.* JuS 1988, 169, 171; *Assmann* Prospekthaftung S. 262; genauso bereits *Larenz*, FS Dölle, Bd. I, 1963, S. 169, 189, 193 ff.; *Deutsch* JuS 1967, 152, 157; *K. Huber*, FS v. Caemmerer, 1978, S. 359, 377 ff.
[197] *v. Bar* Verkehrspflichten S. 159 ff.
[198] *Mertens* AcP 178 (1978), 227, 231 ff.

zwei verschiedene Tatbestände unterschieden, nämlich eine legislative und eine judizielle Konzeption (vgl. auch RdNr. 51).[199]

b) Stellungnahme. Demgegenüber sind die Verkehrspflichten **mit Selbstverständlichkeit § 823 Abs. 1** zuzuordnen, in dessen Rahmen sie die zentrale Rolle spielen, die zum Schutz der Rechtsgüter anderer gebotenen Sorgfaltsanforderungen zu konkretisieren. Die Entstehungsgeschichte des Gesetzes lässt zwar viele Fragen offen, ergibt jedoch über alle Brüche hinweg mit Deutlichkeit, dass die allgemeine Fahrlässigkeitshaftung für Rechtsgutsverletzungen in § 823 Abs. 1 anzusiedeln ist. Die Funktion des § 823 Abs. 2 besteht hingegen darin, den Schutzbereich des Deliktsrechts auszudehnen, und zwar durch Vorverlagerung des Schutzes absoluter Rechtsgüter und durch selektiven Schutz unkörperlicher Persönlichkeits- und reiner Vermögensinteressen (vgl. iE RdNr. 328 ff.) Diese Erweiterungen sind nach der Konzeption des § 823 Abs. 2 nur im Tausch gegen die Voraussetzung eines *gesetzlich* formulierten Verhaltensgebots zu haben, das Rechtssicherheit und Voraussehbarkeit verbürgt und der Gestaltungskraft des Richters Grenzen setzt (vgl. Vor § 823 RdNr. 13). Die Ausdehnung des Schutzbereichs des Deliktsrechts unter dem Banner des § 823 Abs. 2 bedarf also einer vorherigen legislatorischen Entscheidung, an der es im Fall der Verkehrspflichtverletzung fehlt; Letztere sind ein deliktsrechtsautonomer und kein heteronomer Pflichtengenerator.[200] Die Konkretisierung des allgemeinen Sorgfaltsgebots durch die Gerichte im konkreten Einzelfall stellt sich geradezu als das Gegenteil einer präexistenten gesetzgeberischen Entscheidung dar.

Die umstrittene Frage, ob der **Deliktsschutz für reine Vermögensschäden** durch fallgruppenweise Anerkennung von Verkehrspflichten zum Schutz fremden Vermögens über das durch Schutzgesetze und § 826 gewährleistete Maß hinaus ausgedehnt werden sollte, ist damit nicht in der einen oder anderen Weise präjudiziert (vgl. RdNr. 184 ff., 225 ff.). Im Gegenteil, diese Sachfrage kann nicht dadurch erledigt werden, dass die Verkehrspflichten zwischen den verschiedenen Absätzen des § 823 hin- und hergeschoben werden, sondern sie bedarf einer eigenständigen – sachlichen – Lösung. Letztere wird auch nicht mit der von *Mertens* vorgeschlagenen Differenzierung zwischen einer legislativen und einer judiziellen Konzeption des § 823 Abs. 1 erreicht, und so ist der Vorschlag auch nicht gemeint (RdNr. 51). Seine auf die Vermittlung von Erfolgs- und Handlungsunrecht zielenden dogmatischen Grundlagen erledigen sich allerdings, wenn die handlungsunrechtliche Lehre der zentralen deliktsrechtlichen Norm des § 823 Abs. 1 insgesamt zugrunde gelegt wird (vgl. RdNr. 10 ff., 26 f.).

c) Verankerung der Verkehrspflichten im Aufbau des § 823 Abs. 1. Die praktisch belanglose, jedoch umstrittene Frage nach der präzisen Verankerung der Verkehrspflichten in der Struktur des § 823 Abs. 1 entweder bei der Rechtswidrigkeit[201] oder bereits auf Tatbestandsebene[202] ist auf der Grundlage der hier vertretenen, handlungsunrechtlichen Konzeption des Fahrlässigkeitsdelikts iS der **Tatbestandslösung** zu entscheiden. Die Rechtswidrigkeit fügt dem Tatbestand nichts hinzu, was sich nicht schon aus ihm selbst ergibt, sondern ist lediglich Anlass dafür, die Möglichkeit des Eingreifens von Rechtfertigungsgründen zu bedenken.

4. Verkehrspflichten und Fahrlässigkeit. Abschließend bleibt das Verhältnis zwischen Verkehrspflicht und Sorgfaltswidrigkeit bzw. Fahrlässigkeit zu erörtern. Für die traditionelle Lehre gerät mit der Anerkennung und Proliferation der Verkehrspflichten die Trennung von Rechtswidrigkeit und Verschulden, insbesondere die **Differenzierung zwischen Rechts-**

---

[199] *Mertens* VersR 1980, 397; *ders.*, 3. Aufl. RdNr. 12 ff.
[200] In Anlehnung an die Terminologie bei *v. Bar*, Gemeineuropäisches Deliktsrecht II, RdNr. 224.
[201] *v. Bar* Verkehrspflichten S. 174 f.; *Esser/Schmidt* AT/2 § 25 IV 1 c, S. 69; *Esser/Weyers* BT/2 § 55 II 2, S. 170.
[202] *U. Huber*, FS E. R. Huber, 1973, S. 253, 264 f.; *Erman/Schiemann* RdNr. 76; *Larenz/Canaris* II/2 § 75 II 3 c, S. 368; *Fikentscher/Heinemann* RdNr. 1595 m. Fn. 12; *Medicus* BR RdNr. 646 f.; *Wiethölter*, Rechtfertigungsgrund verkehrsrichtigen Verhaltens, S. 41.

widrigkeit und Fahrlässigkeit, ins Wanken.[203] Während *U. Huber* die Verkehrspflichten als Konkretisierungen allein der äußeren Sorgfalt versteht und folgerichtig am Maßstab des § 276 Abs. 2 misst, die Prüfung der inneren Sorgfalt hingegen dem Verschulden vorbehält und an einem subjektiven Maßstab orientiert,[204] wird auch eine solche Teil-Identität von Fahrlässigkeit und Verkehrswidrigkeit verbreitet geleugnet und der Verkehrspflichtige am „Höchstmaß an äußerer Sorgfalt" gemessen.[205] Die Verkehrspflichten reichen danach bis zur Grenze höherer Gewalt bzw. eines unabwendbaren Ereignisses iS des § 17 Abs. 3 StVG, so dass der Verpflichtete für die Sorgfalt eines idealen Menschen in der jeweiligen Rolle (Kraftfahrer etc.) einzustehen hat.

63 Ein solches Vorgehen erfordert die **doppelte Konkretisierung der Sorgfaltspflicht** und die zweifache Prüfung ihrer Verletzung: Einmal auf der Ebene des Unrechtstatbestands, in Gestalt der – an welchem Maßstab auch immer zu bestimmenden – Verkehrspflichtverletzung, und ein zweites Mal im Rahmen des Verschuldens, nunmehr orientiert am Maßstab der im Verkehr erforderlichen Sorgfalt. Eine Verdoppelung des Sorgfaltsmaßstabs und der Pflichtwidrigkeitsprüfung lässt sich auch nicht dadurch vermeiden, dass die Verschuldensprüfung auf die Verletzung der inneren Sorgfalt beschränkt wird,[206] und zwar unabhängig von den Gründen, die ohnehin gegen eine derartige Aufspaltung des Fahrlässigkeitsbegriffs sprechen (RdNr. 32 ff.). Wird nämlich auch auf der Verschuldensebene mit der hM am objektiven Fahrlässigkeitsmaßstab festgehalten,[207] hat der Schädiger weiterhin für die „Sorgfalt im Höchstmaß" einzustehen, wenn eine vernünftige Person in seiner Lage dies nur hätte erkennen können. Im Ergebnis ergibt sich somit eine Haftung, die über das im Verkehr Erforderliche iS des § 276 Abs. 2 deutlich hinausgeht. Eine der Wertungen, die sich § 823 Abs. 1 mit hinreichender Deutlichkeit entnehmen lässt, ist allerdings die Beschränkung der Haftung auf Vorsatz und Fahrlässigkeit, Letztere in § 276 Abs. 2 definiert als die Außerachtlassung der im Verkehr erforderlichen Sorgfalt – und nicht der Sorgfalt im Höchstmaß. Wenn die Anhänger der Trennung von Verkehrspflichtverletzung und Fahrlässigkeit nicht dazu bereit sind, das Maß der höchsten Sorgfalt im Rahmen des Verschuldens auf dasjenige der im Verkehr erforderlichen Sorgfalt zu moderieren, verlassen sie den Regelungsplan des Gesetzes und überspannen die Sorgfaltsanforderungen. Soll dies vermieden werden, kommt es zu einer sinnlosen Verdoppelung der Fahrlässigkeitsprüfung, einmal orientiert an der Sorgfalt im Höchstmaß, ein zweites Mal orientiert an dem im Verkehr Erforderlichen, für die ein sachlicher Grund nicht ersichtlich ist.

64 Im Ergebnis ist damit nicht zwischen Fahrlässigkeit und Verkehrswidrigkeit zu differenzieren, sondern die **Verkehrspflichtverletzung mit der Außerachtlassung der im Verkehr erforderlichen Sorgfalt** iS des § 276 Abs. 2 gleichzusetzen.[208] Dem folgt überwiegend auch die Rechtsprechung, denn das RG hatte bereits in seiner ersten und grundlegenden

---

[203] *U. Huber*, FS E. R. Huber, 1973, S. 253, 267 f., 274 ff.; *Deutsch* Haftungsrecht I RdNr. 385, 237; *ders.,* Fahrlässigkeit und erforderliche Sorgfalt, S. 171 f.; genauso *v. Bar* Verkehrspflichten S. 175; *Fikentscher/Heinemann* RdNr. 578; *Larenz*, FS Dölle, Bd. I, 1963, S. 169, 189 f.; *Larenz/Canaris* II/2 § 75 II 3 d, S. 369 f.; *Kleindiek*, Deliktshaftung und juristische Person, S. 33 f.; *Soergel/Spickhoff* RdNr. 11; *Staudinger/Hager* RdNr. A 6; *Zeuner* JZ 1966, 1, 4 f.; gegen die Identifizierung von Verkehrswidrigkeit und Fahrlässigkeit auch *v. Caemmerer*, FS 100 Jahre DJT, Bd. II, 1960, S. 49, 132 Fn. 345.
[204] *U. Huber*, FS E. R. Huber, 1973, S. 253, 267 f., 270 f., 274 ff.
[205] *Deutsch* Haftungsrecht I RdNr. 385, 237; *ders.,* Fahrlässigkeit und erforderliche Sorgfalt, S. 171 f.; genauso *v. Bar* Verkehrspflichten S. 175; *Fikentscher/Heinemann* RdNr. 578, 1593; *Larenz*, FS Dölle, Bd. I, 1963, S. 169, 189 f.; *Larenz/Canaris* II/2 § 75 II 3 d, S. 369 f. (anders aber § 76 III 3, S. 407); *Kleindiek*, Deliktshaftung und juristische Person, S. 33 f.; *Staudinger/Hager* RdNr. A 6; *Zeuner* JZ 1966, 1, 4 f.; gegen die Identifizierung von Verkehrswidrigkeit und Fahrlässigkeit auch *v. Caemmerer*, FS 100 Jahre DJT, Bd. II, 1960, S. 49, 132 Fn. 345.
[206] Vgl. Rn. 29 mN.
[207] So allein *v. Caemmerer* Karlsruher Forum 1961, 19, 25.
[208] *Brüggemeier* Deliktsrecht RdNr. 114; *ders.,* Prinzipien des Haftungsrechts, S. 75; *Kötz/Wagner* RdNr. 127; *Esser/Schmidt* AT/2 § 25 IV, S. 68 f.; *Wiethölter*, Rechtfertigungsgrund verkehrsrichtigen Verhaltens, S. 52 f.; *Stathopoulos*, FS Larenz, 1983, S. 631, 633 f.; mit Abstrichen auch *RGRK/Steffen* RdNr. 139, 397, 403, 416; *Medicus* BR RdNr. 659; trotz Differenzierung zwischen äußerer und innerer Sorgfalt auch *U. Huber*, FS E. R. Huber, 1973, S. 253, 267 f., 269 f.; *ders.,* FS Wahl, 1973, S. 301, 302 f.

Entscheidung zu den Verkehrspflichten das Maß der „billigen Rücksichtnahme auf die Interessen des anderen" anhand der im Verkehr erforderlichen Sorgfalt bestimmt.[209] Auch der BGH orientiert die Intensität der Verkehrspflichten ausdrücklich[210] oder der Sache nach an § 276 Abs. 2, wenn betont wird, es bedürfe nur solcher Sicherungsmaßnahmen, „die ein verständiger und in vernünftigen Grenzen vorsichtiger Mensch für ausreichend halten darf",[211] und „die Verkehrssicherungspflicht reiche [...] nicht weiter, als die im Verkehr erforderliche Sorgfalt gebietet."[212]

Erster Teil: Haftung für Verletzung subjektiver Rechte: § 823 Abs. 1

B. Die absoluten Rechte des § 823 Abs. 1

I. Die gesetzlich genannten Rechtsgüter

1. Leben

Schrifttum: *Brüggemeier*, Haftungsfolgen, Entwicklungstendenzen im europäischen und deutschen Schadensersatzrecht, in: *Ott/Schäfer* (Hrsg.), Die Präventivwirkung zivil- und strafrechtlicher Sanktionen, 1999, S. 171; *Coester-Waltjen*, Der Schwangerschaftsabbruch und die Rolle des künftigen Vaters, NJW 1985, 2175; *Odersky*, Schmerzensgeld bei Tötung naher Angehöriger, 1989; *Ott/Schäfer*, Schmerzensgeld bei Körperverletzungen, JZ 1990, 563; *Roth-Stielow*, Nochmals: Der Schwangerschaftsabbruch und die Rolle des zukünftigen Vaters, NJW 1985, 2746; *Stoll*, Zur Deliktshaftung für vorgeburtliche Gesundheitsschäden, FS Nipperdey, Bd. I, 1965, S. 739; *Verschraegen*, Das ungeborene Kind und sein Recht auf Leben – Vo gegen Frankreich, FS Otte, 2005, S. 417.

Obwohl das Leben das ranghöchste Rechtsgut ist, spielt seine Verletzung im Deliktsrecht 65 anders als im Strafrecht eine geringe Rolle. Der Grund dafür besteht darin, dass der Tod keinerlei Ansprüche des Verletzten selbst auslöst, sondern allenfalls Schadensersatzpflichten gegenüber dessen Angehörigen nach Maßgabe der §§ 844 ff. War der Getötete niemandem gegenüber unterhalts- oder dienstpflichtig, kommt der Schädiger sogar mit der Zahlung der bloßen Beerdigungskosten davon, § 844 Abs. 1. In der ökonomischen Literatur zum Deliktsrecht ist kritisiert worden, dass Eingriffe in das Rechtsgut Leben **zivilrechtlich häufig sanktionslos** bleiben (§ 844 RdNr. 5).[213] Während de lege ferenda darüber nachgedacht wird, den Täter zur Zahlung einer den Wert des menschlichen Lebens reflektierenden Geldsumme an den Staat oder eine gemeinnützige Einrichtung zu verurteilen[214] oder den Angehörigen nach ausländischem Vorbild eigene Schmerzensgeldansprüche zuzubilligen (§ 844 RdNr. 4),[215] ist de lege lata vorgeschlagen worden, über einen unmittelbar vor dem Tod in der Person des Opfers entstandenen und sodann auf die Erben übergehenden **Schmerzensgeldanspruch** doch noch zu einer weitergehenden Sanktionierung schuldhafter Tötungshandlungen zu kommen.[216] Der BGH hat diesen Bestrebungen indessen eine Absage erteilt und entsprechende Schmerzensgeldansprüche nur in engen Grenzen zugelas-

---

[209] RGZ 52, 373, 379.
[210] BGH VersR 1975, 812; NJW 1985, 620; anders aber BGH NJW 1994, 2232, 2233, wo eine Verkehrspflichtverletzung bejaht und die Frage der Sorgfaltspflichtverletzung gemäß § 276 Abs. 2 – verstanden als Außerachtlassung der inneren *und* der äußeren Sorgfalt – im Rahmen des Verschuldens erörtert wird.
[211] BGH VersR 1976, 149, 150; genauso BGH VersR 1960, 715, 716; 1964, 746; 1975, 812; 1977, 334, 335; 1992, 844, 845; NJW 1995, 1150, 1151; OLG Köln VersR 1997, 1113; OLG Hamm NJW-RR 2002, 90, 91; *Steffen* ZVersWiss. 1993, 13, 22; vgl. auch RdNr. 258 ff.; Vor § 823 RdNr. 48.
[212] BGH VersR 1960, 715, 716.
[213] *Adams*, Ökonomische Analyse der Gefährdungs- und Verschuldenshaftung, S. 174 ff.; *Schäfer/Ott*, Lehrbuch der ökonomischen Analyse des Zivilrechts, S. 349 ff. und JZ 1990, 563, 569 ff.; *Posner*, Economic Analysis of Law, S. 214 ff.
[214] *Adams*, Ökonomische Analyse der Gefährdungs- und Verschuldenshaftung, S. 174; vgl. auch *Kötz/Wagner* RdNr. 737 ff.
[215] *Odersky*, Schmerzensgeld bei Tötung naher Angehöriger, S. 10 ff.; abl. *G. Müller* VersR 1995, 489, 494; eingehend *Wagner*, Gutachten zum 66. DJT, S. A 61 ff.; *Kötz/Wagner* RdNr. 731 ff.
[216] *Brüggemeier* in: *Ott/Schäfer* (Hrsg.), Die Präventivwirkung zivil- und strafrechtlicher Sanktionen, S. 171, 189.

sen.²¹⁷ Maßstab für die Bemessung eines in der Person des Getöteten entstandenen und dann auf die Erben übergegangenen Anspruchs sind danach ausschließlich die vor dem Eintritt des Todes tatsächlich erlittenen Schmerzen und Qualen des Opfers, nicht aber der Wert des Lebens selbst oder der Verlust für die nahen Angehörigen. Zu nennenswerten Beträgen ist so nicht zu gelangen.

66 Der nach § 823 Abs. 1 gewährleistete Lebensschutz eignet sich auch nicht zur Feinsteuerung ärztlichen Verhaltens im Bereich der **Transplantationsmedizin,** weil es auch zivilrechtlich nicht auf den Herztod bzw. das Ende aller Körperfunktionen, sondern genauso wie im Strafrecht auf den Hirntod, dh. die irreversible Zerstörung des Zerebrums ankommt.²¹⁸ Rechtsschutz gegen unbefugte Organentnahme ist nur unter dem Gesichtspunkt des Allgemeinen Persönlichkeitsrechts zu gewähren, wobei erst die Annahme eines Eingriffs auch in die Persönlichkeitsinteressen der Angehörigen den Weg zu Schmerzensgeldansprüchen ebnen dürfte (RdNr. 70).

67 Ob auch der **Embryo** den Schutz des § 823 Abs. 1 genießt, wird nicht einheitlich beurteilt. Da die Rechtsfähigkeit des Menschen gemäß § 1 erst mit der Vollendung der Geburt beginnt, wäre die Verursachung einer Totgeburt nicht als Eingriff in das Rechtsgut Leben zu werten.²¹⁹ Nachdem sich die Rechtsprechung über die Wertung des § 1 bei Körper- und Gesundheitsverletzungen zu Lasten von Embryonen indessen mit Recht hinweggesetzt und die Ersatzfähigkeit solcher pränataler Schädigungen anerkannt hat (RdNr. 93), ist mit Blick auf das Rechtsgut Leben nicht anders zu entscheiden.²²⁰ Praktische Bedeutung hat diese Weichenstellung allerdings nur für die Ansprüche aus § 844, während die Anerkennung des Lebensrechts des Embryos im Rahmen von § 823 Abs. 1 nicht dazu benutzt werden darf, die Entscheidung des Gesetzgebers zugunsten der Zulässigkeit von Abtreibungen mit den Mitteln des Deliktsrechts wieder rückgängig zu machen. Dem präsumptiven Vater des Nasciturus stehen folglich keine Nothilferechte zugunsten des ungeboren Lebens zu, mit denen er eine zulässige Abtreibung, etwa im Wege einer auf die §§ 1628, 1912 gestützten einstweiligen Verfügung, verhindern könnte.²²¹ Diese Wertung hat das BVerfG in seinem zweiten Abtreibungsurteil ausdrücklich unterstrichen, obwohl es den Schwangerschaftsabbruch als rechtswidrig, wenn auch „nicht strafbar" qualifiziert hat.²²² Der in vitro gezeugte Embryo ist vor seiner Einpflanzung nicht als menschliches Leben geschützt.²²³

2. Körper und Gesundheit

Schrifttum: *Börgers,* Zurechnungszusammenhang zwischen Verkehrsverstoß und Schlaganfall, NJW 1990, 2535; *Buchner/Wiebel,* Die Fehlerhaftigkeit des Produktes Zigarette, VersR 2001, 29; *Deutsch,* Die Gesundheit als Rechtsgut im Haftungsrecht und Staatshaftungsrecht, in: 25 Jahre Karlsruher Forum, 1983, S. 93; *ders.,* Die Infektion als Zurechnungsgrund, NJW 1986, 757; *ders.,* Die neue Entscheidung des BGH zur Aids-Haftung, NJW 1991, 1937; *ders.,* Das Persönlichkeitsrecht des Patienten, AcP 192 (1992), 161; *ders.,* Kausalität und Schutzbereich der Norm im Arzthaftungsrecht, FS Geiß, 2000, S. 367; *Diederichsen,* Unterhaltskosten als Vermögensschaden, VersR 1981, 693; *Karczewski,* Die Haftung für Schockschäden, 1992; *Laufs/Reiling,* Schmerzensgeld wegen schuldhafter Vernichtung deponierten Spermas?, NJW 1994, 775; *Möllers,* Rechtsgüterschutz im Umwelt- und Haftungsrecht, 1996; *G. Müller,* Spätschäden im Haftpflichtrecht, VersR 1998, 129; *dies.,* Der HWS-Schaden, VersR 2003, 137; *Nixdorf,* Zur ärztlichen Haftung hinsichtlich entnommener Körpersubstanzen: Körper, Persönlichkeit, Totenfürsorge, VersR 1995, 740; *Park,* Grund und Umfang der Haftung für Schockschäden nach § 823 Abs. 1 BGB, 1997; *Scheu,* Deliktische Produktverantwortung für

---

²¹⁷ BGHZ 138, 388, 391 ff. = NJW 1998, 2741, 2742.
²¹⁸ BayObLG NJW-RR 1999, 1309, 1311; OLG Frankfurt NJW 1997, 3099, 3010; OLG Köln NJW-RR 1992, 1480, 1481; *Staudinger/Hager* RdNr. B 1; *Brüggemeier* Haftungsrecht S. 211 f.
²¹⁹ So 3. Aufl. RdNr. 72.
²²⁰ *Brüggemeier* Deliktsrecht RdNr. 184; *ders.* Haftungsrecht S. 207; *Staudinger/Hager* RdNr. B 3; *Stoll,* FS Nipperdey, Bd. I, 1965, S. 739, 760; *Verschraegen,* FS Otte, 2005, S. 417, 424; offen gelassen in EGMR NJW 2005, 727, 731 Tz. 85.
²²¹ *Coester-Waltjen* NJW 1985, 2175, 2176 f.; insoweit auch AG Köln NJW 1985, 2201; *Roth-Stielow* NJW 1985, 2746 f.
²²² BVerfGE 88, 203, 279 f. = NJW 1993, 1751.
²²³ Eingehend zur Problematik *Brüggemeier* Haftungsrecht S. 208 ff.

Hepatitis C-Infektionen hämophiler Patienten, 1999; *Schiemann,* Wandlungen der Berufshaftung, FS Gernhuber, 1993, S. 387; *Spickhoff,* Zur Haftung für HIV-kontaminierte Blutkonserven, JZ 1991, 756; *Steffen/Dressler,* Arzthaftungsrecht, 10. Aufl. 2006; *Stoll,* Haftungsfolgen im bürgerlichen Recht, 1993, S. 284 f.; *Stürner,* Zur Gerechtigkeit richterlicher Schadenszuweisung, VersR 1984, 297; *Taupitz,* Wem gebührt der Schutz im menschlichen Körper?, AcP 191 (1991), 201; *ders.,* Der deliktsrechtliche Schutz des menschlichen Körpers und seiner Teile, NJW 1995, 745; *Zimmermann,* Gesellschaft, Tod und medizinische Erkenntnis, NJW 1979, 569.

a) **Körper und Gesundheit als Teilgewährleistungen des Persönlichkeitsrechts.** 68
Mit der deliktsrechtlichen Anerkennung der Rechtsgüter Körper und Gesundheit schützt das BGB den Kernbereich der Persönlichkeit vor Eingriffen Dritter. Vor dem Hintergrund der heute etablierten Anerkennung eines Allgemeinen Persönlichkeitsrechts, das einen umfassenden Schutz der Person vor widerrechtlichen Eingriffen gewährleistet, erscheinen die in § 823 Abs. 1 ausdrücklich genannten Rechtsgüter Körper, Gesundheit und Freiheit als **partikulare Ausprägungen eines umfassenden Persönlichkeitsschutzes.** Der BGH hat diesen Zusammenhang so ausgedrückt, Schutzgut des § 823 Abs. 1 sei „nicht die Materie, sondern das Seins- und Bestimmungsfeld der Persönlichkeit, das in der körperlichen Befindlichkeit materialisiert ist".[224] Diese Sichtweise trifft sich mit Bestrebungen der Literatur, die verschiedenen Schutzbereiche des Allgemeinen Persönlichkeitsrechts zu speziellen Persönlichkeitsrechten zu verdichten, die dann nicht wie Rahmenrechte funktionieren, sondern den im Gesetz ausdrücklich genannten Rechtsgütern gleichgestellt werden können (RdNr. 179).[225]

Auf dieser Grundlage hat der BGH auch vom **menschlichen Organismus abgetrennte** 69
Körperteile noch in den Schutzbereich des „Körpers" einbezogen, wenn sie nach dem Willen des Rechtsträgers wieder in diesen eingegliedert werden sollen, wie im Fall der Eigentransplantation, oder wenn sie dafür bestimmt bleiben „eine körpertypische Funktion" des Rechtsträgers zu erfüllen.[226] Mit dieser Argumentation verpflichtete der BGH ein Krankenhaus zur Zahlung von Schmerzensgeld an einen früheren Krebspatienten, dessen für die Zwecke späterer Fortpflanzung zur Verwahrung gegebene Spermakonserve versehentlich vernichtet worden war. Der Großteil der Literatur hat sich hingegen zu Recht gegen eine solche Inflation des Körperbegriffs gewendet und stattdessen das Allgemeine Persönlichkeitsrecht als verletzt angesehen.[227] Tatsächlich ist das private Interesse an bewusster und planvoller Fortpflanzung auch im Übrigen nicht Teil des Rechts am eigenen Körper, sondern ein *anderer* Schutzbereich des Allgemeinen Persönlichkeitsrechts.[228]

Die Einordnung getrennter Körperteile und -substanzen als Teil der Person oder als Sache 70
hat erhebliche Konsequenzen für die **Transplantationsmedizin,** aber auch für die genetische Forschung.[229] So ist der Schutzbereich des Allgemeinen Persönlichkeitsrechts – und nicht derjenige des Rechts am Körper – betroffen, wenn an **Körpersubstanzen,** die mit Willen des Patienten entnommen worden sind, Forschungsarbeiten durchgeführt werden[230] oder wenn sie quasi als Rohstoffe zu kommerziellen Zwecken verwendet werden.[231] Durch die Trennung vom Körper werden die Substanzen zwar zu Sachen, an denen jedoch Persönlichkeitsrechte fortbestehen.[232] Die wissenschaftliche oder kommerzielle Nutzung der

---

[224] BGHZ 124, 52, 54 = NJW 1994, 127 in Anlehnung an RGRK/*Steffen* RdNr. 9; vgl. auch BGHZ 24, 72, 78: Persönlichkeitsrecht als „Muttergrundrecht" bzw. „Quellrecht"; BGH NJW 1980, 1452, 1453; 1995, 2407, 2408: „Recht am eigenen Körper als gesetzlich ausgeformter Teil des allg. Persönlichkeitsrechts."
[225] *Larenz/Canaris* II/2 § 80 II, S. 498 f., § 80 III, S. 517 ff.
[226] BGHZ 124, 52, 55 f. = NJW 1994, 127, 128.
[227] *Taupitz* JR 1995, 22 ff.; *Laufs/Reiling* NJW 1994, 775; *Nixdorf* VersR 1995, 740, 743 f.; *Erman/Schiemann* RdNr. 17; *Soergel/Spickhoff* RdNr. 34; *Staudinger/Hager* RdNr. B 19; zu den „wahren Gründen" des VI. ZSs *Jaeger* MDR 2004, 1280, 1281.
[228] BGHZ 86, 240, 249 = NJW 1983, 1371, 1373. Der Umstand, dass der BGH in dieser Entscheidung der Mutter eines schwer geschädigten Kindes kein Schmerzensgeld gewährt hat, steht der Gewährung eines solchen in dem hier interessierenden, in relevanter Hinsicht umgekehrt liegenden Fall nicht entgegen.
[229] Vgl. *Deutsch* AcP 192 (1992), 161; *Taupitz* AcP 191 (1991), 201; *Nixdorf* VersR 1995, 740 ff.
[230] *Deutsch* AcP 192 (1992), 161, 169; *Nixdorf* VersR 1995, 740, 742; *v. Freier* MedR 2005, 321.
[231] Dazu eingehend *Taupitz* AcP 191 (1991), 201, 206 ff., 228; *Wagner,* Verh. 66. DJT, Bd. I, S. A 43 ff.
[232] *Deutsch/Spickhoff* Medizinrecht RdNr. 859 f.; *Taupitz* JZ 1992, 1089, 1092.

Körpersubstanz ist nicht schon wegen der Einwilligung in den Heileingriff erlaubt, der die Entnahme ermöglicht hat. Vielmehr bedarf es einer **spezifischen Einwilligung** des Patienten in die Nutzung „seiner" Körpersubstanzen.[233] Während in solchen Fällen die Gewährung von Immaterialschadensersatz unproblematisch ist, liegen die Dinge bei der **Organentnahme post mortem** – dh. nach Eintritt des Hirntods (RdNr. 65 f.) – wesentlich schwieriger.[234] Hier wäre allenfalls an die Persönlichkeitsinteressen der Angehörigen anzuknüpfen, um diesen einen eigenen Schmerzensgeldanspruch gegen den Arzt bzw. die Klinik zuzusprechen.[235]

71 b) Körper- und Gesundheitsverletzung. aa) Abgrenzung. Die **Abgrenzung der beiden Rechtsgüter Körper und Gesundheit** untereinander ist nicht ganz einfach, praktisch aber bedeutungslos, weil weder die Haftungsvoraussetzungen noch der Haftungsumfang je nachdem differieren, ob der Körper oder die Gesundheit verletzt ist. Herkömmlich wird unter einer Körperverletzung die Verletzung der äußeren Integrität des Körpers verstanden, die allerdings auch „von Innen" angegriffen werden kann, etwa durch Verabreichung aggressiver Substanzen (Säure).[236] In aller Regel gehen Körper- und Gesundheitsverletzungen Hand in Hand, weil die Verletzung der äußeren Integrität zu einer Störung der inneren Lebensvorgänge führt.[237] Die Körperverletzung kann auch isoliert vorliegen und sich in der Zufügung von Schmerzen erschöpfen wie bei der Verabreichung von Ohrfeigen oder von Schlägen, die keine Folgen hinterlassen, bei einer **Beschneidung**[238] oder beim Verlust von Schneidezähnen.[239] Wird ein Angehöriger dazu veranlasst, ein **doppelt vorhandenes Organ,** etwa eine Niere, zu **spenden,** liegt darin eine Verletzung von Körper und Gesundheit, die demjenigen zurechenbar ist, der den Empfänger entsprechend geschädigt hat.[240] Die Vereitelung der Transplantation eines verfügbaren Organs ist Körperverletzung an dem frustrierten Empfänger.[241] Der Verlust der **Haare** infolge einer unsachgemäß durchgeführten Dauerwellenbehandlung begründet die Haftung allein wegen Körperverletzung aus § 823 Abs. 1,[242] und dasselbe gilt für das bloße Abschneiden derselben,[243] wenngleich hier die Übergänge zum Schutzbereich des Allgemeinen Persönlichkeitsrechts fließend sind: Nicht nur bei Naturvölkern stellt das Abschneiden der Haupthaare gegen den Willen des Betroffenen einen schweren Angriff auf die menschliche Würde dar, was im Rahmen der Bemessung des Immaterialschadensersatzes Berücksichtigung finden muss. Insoweit ähnlich verhält es sich bei der **Erzwingung des Geschlechtsverkehrs,** die ebenfalls zugleich einen Angriff auf die körperliche Unversehrtheit wie auch auf die Ehre und Würde des Opfers darstellt. Auch wenn es gänzlich an äußerlicher Gewaltanwendung fehlt, der Geschlechtsakt also etwa ausschließlich durch Drohungen erzwungen wird, liegt nicht nur ein Eingriff in das Allgemeine Persönlichkeitsrecht, sondern auch eine Körperverletzung vor.[244] Zum **ärztlichen Heileingriff** s. RdNr. 725 ff.

---

[233] *Deutsch* VersR 1985, 1002, 1004; *Taupitz* JZ 1992, 1089, 1093; *Wagner,* Verh. 66. DJT, Bd. I, S. A. 43 ff.; wohl auch *Brüggemeier* Haftungsrecht S. 241.
[234] Dazu eingehend *Deutsch/Spickhoff* Medizinrecht RdNr. 877 ff.
[235] *Nixdorf* VersR 1995, 740, 744 f.; offen *Deutsch* AcP 192 (1992), 161, 174; aA *Zimmermann* NJW 1979, 569, 575.
[236] *Deutsch* in: 25 Jahre Karlsruher Forum, S. 93, 95; *Brüggemeier* RdNr. 186; *Soergel/Spickhoff* RdNr. 33; *Staudinger/Hager* RdNr. B 8.
[237] *Larenz/Canaris* II/2 § 76 II 1 b, S. 378.
[238] OLG Frankfurt NJW 2007, 3580 f., allerdings unter dem Gesichtspunkt des Persönlichkeitsschutzes.
[239] OLG Köln NJW-RR 2007, 174.
[240] BGHZ 101, 215, 217 = NJW 1987, 2925.
[241] *Spickhoff* VersR 2006, 1569, 1576.
[242] AG Köln NJW-RR 2001, 1675 f.
[243] BGHSt NJW 1953, 1440; BVerwG NJW 1972, 1726, 1728.
[244] So aber *Brüggemeier* Deliktsrecht RdNr. 187; unklar *Staudinger/Hager* RdNr. B 9. Unproblematisch als Körperverletzung zu werten ist natürlich die Defloration gegen den Willen des Opfers; OLG München LZ 1928, 1110 f. Der freiwillige außereheliche Geschlechtsverkehr ist keine unerlaubte Handlung; RGZ 96, 224, 225.

Für die Haftung ist es unerheblich, ob die Körper- oder Gesundheitsverletzung nur 72 deshalb eingetreten ist, weil der Betroffene über eine schwache Konstitution verfügte, eine Schadensdisposition aufwies oder gar eine Vorschädigung erlitten hatte; der **Schädiger muss sein Opfer so nehmen, wie er es antrifft.**[245] Das bedeutet selbstverständlich nicht, dass erhebliche wissenschaftliche Zweifel an der Schadenseignung bestimmter Stoffe, Produkte und Verfahren außer Acht gelassen werden dürften, um dem Geschädigten zu einem Ersatzanspruch zu verhelfen.[246] Bei **HWS-Verletzungen** lehnt die Rechtsprechung eine sog. **Harmlosigkeitsgrenze** ab, nach der bei Verkehrsunfällen mit einer kollisionsbedingten Geschwindigkeitsänderung von weniger als 15 km/h eine Körperverletzung generell zu verneinen ist.[247]

bb) Gesundheitsverletzung. Die Gesundheitsverletzung bezieht sich hingegen auf das 73 Funktionieren der inneren Lebensvorgänge ohne Rücksicht auf die Integrität der Organe und Körperteile.[248] Da Gesundheit ein relativer Begriff ist, wird darum gestritten, welche Intensität der Beeinträchtigung für den Tatbestand des § 823 Abs. 1 zu fordern ist. Einhellig abgelehnt wird allerdings die überaus großzügige **Gesundheitsdefinition der Welt-Gesundheitsorganisation** (WHO), die Gesundheit nicht als Normal-, sondern als Idealzustand vollständigen körperlichen und psychischen Wohlbefindens versteht.[249] Während die hM für den Komplementärbegriff der Krankheit einen nach den anerkannten Regeln der Medizin diagnostizierten Krankheitsbefund verlangt,[250] will die Gegenansicht auch sonstige Störungen des körperlichen oder psychischen Wohlbefindens anerkennen, sofern sie nur erheblich sind.[251] Die dafür gezogene Parallele zu §§ 3 Abs. 1, 5 Abs. 1 Nr. 1 BImSchG[252] vermag indessen nicht recht zu überzeugen, weil die genannten Vorschriften den Schutz absoluter Rechtsgüter (Vermeidung von „Gefahren") um die Abwehr „erheblicher Belästigungen" ergänzen, die erhebliche Belästigung also gerade nicht als Gesundheitsgefährdung verstehen.[253] Deshalb ist im Rahmen von § 823 Abs. 1 an dem Krankheitsbegriff der Medizin festzuhalten, der allerdings nicht anhand von Alltagstheorien der Gerichte, sondern mit Hilfe des modernen Standes der medizinischen Wissenschaft zu definieren ist und weder die Behandlungsfähigkeit noch die Behandlungsbedürftigkeit, wohl aber die Erheblichkeit der Störung voraussetzt.[254] Letztere kann auch bei Beeinträchtigungen durch chemische Stoffe wie etwa im Fall bestimmter Holzschutzmittel[255] oder bei fortgesetzten Einwirkungen von Immissionen, insbesondere von Lärm und Gerüchen,[256] zu bejahen sein.

Wesentlich häufiger als isolierte Körperverletzungen sind die Fälle einer **Gesundheits-** 74 **beeinträchtigung ohne Körperverletzung.** Hier sind zwei Fallgruppen zu unterscheiden, nämlich **somatische Beeinträchtigungen,** die nicht auf einer Verletzung der

---

[245] BGHZ 20, 137, 139 = NJW 1956, 1108; BGHZ 107, 359, 363 = NJW 1989, 2616, 2617; BGHZ 132, 341, 345 = NJW 1996, 2425, 2426; BGHZ 137, 142, 145 = NJW 1998, 810, 811; BGH NJW 1983, 340, 341.
[246] OLG Frankfurt NJW-RR 2000, 1268, 1271 – Silicon-Brustimplantate.
[247] BGH NJW 2003, 1116 f. = VersR 2003, 474, 475; KG VersR 2006, 235, 236; OLG Brandenburg VersR 2006, 237 f.; OLG Schleswig NJW-RR 2007, 171, 172; *G. Müller* VersR 2003, 137.
[248] *Deutsch* in: 25 Jahre Karlsruher Forum, S. 93, 95; *Soergel/Spickhoff* RdNr. 38; *Staudinger/Hager* RdNr. B 20.
[249] „Health is a state of complete physical, mental and social wellbeing and not merely the absence of desease or infirmity" (Präambel der WHO; erhältlich unter www.who.int/aboutwho/en/definition.html). Abl. *Deutsch* in: 25 Jahre Karlsruher Forum, S. 93; *Möllers,* Rechtsgüterschutz im Umwelt- und Haftungsrecht, S. 42 f.
[250] *Larenz/Canaris* II/2 § 76 II 1 a, S. 378 f.; RGRK/*Steffen* RdNr. 10.
[251] *Brüggemeier* Deliktsrecht RdNr. 191; *Möllers,* Rechtsgüterschutz im Umwelt- und Haftungsrecht, S. 35 ff.
[252] *Möllers,* Rechtsgüterschutz im Umwelt- und Haftungsrecht, S. 40.
[253] Vgl. dazu statt aller *Jarass* BImSchG, 7. Aufl. 2007, § 3 RdNr. 21 f., 25 f.
[254] *Larenz/Canaris* II/2 § 76 II 1 a, S. 378 f.; *Brüggemeier* Deliktsrecht RdNr. 191: Es gibt auch Krankheiten, die man nicht behandeln kann.
[255] OLG Düsseldorf NJW-RR 1999, 32, 33 f.; OLG Stuttgart VersR 2001, 465, 468.
[256] BGH MDR 1971, 37 f.; BGH NJW 1997, 2748, 2749 = EWiR 1998, 83 f. zu § 1 UmweltHG.

körperlichen Integrität beruhen, sowie **psychische Störungen** aller Art.[257] Auf der Grenze zwischen beiden Fallgruppen steht die psychisch vermittelte Störung der physischen Lebensvorgänge, wenn etwa eine Tageszeitung fälschlich von der bevorstehenden Insolvenz eines prominenten Architekten berichtet und Letzterer daraufhin Entzündungen der Gallenblase und des Bauchfelles erleidet, an denen er verstirbt,[258] oder bei einem Straßenverkehrsunfall ein Beteiligter von dem anderen derart provoziert wird, dass er einen Schlaganfall erleidet.[259] Klassische Fälle sind Vergiftungen, etwa mit von der Gemeinde geliefertem bleihaltigem Trinkwasser[260] oder durch **Doping** eines Sportlers,[261] und die **Ansteckung mit einer Krankheit** durch Übertragung entsprechender Erreger. Für den Verletzungstatbestand ist es gleichgültig, ob die Krankheit sofort zum Ausbruch kommt[262] oder zunächst latent bleibt, wie dies bei vielen schweren Infektionen der Fall ist.[263] Praktisch hat dies zur Folge, dass die Betroffenen schon **während der Inkubationszeit** Schadensersatz verlangen können und nicht auf den Krankheitsausbruch warten müssen. Folgerichtig konnten die Opfer von Infektionen mit dem HI-Virus Schadensersatz nach § 823 Abs. 1 verlangen, noch bevor die Krankheit AIDS bei ihnen manifest wurde (zu Beweiserleichterungen vgl. RdNr. 804 ff.).[264] Die **irrationale Angst** einer bei einem Allergietest mit Rindfleisch in Berührung gekommenen Vegetarierin, sich mit der Creutzfeldt-Jakob-Krankheit infiziert zu haben, stellt jedoch keine Gesundheitsverletzung dar.[265] Genauso liegt es bei der bloßen Einlagerung von Schadstoffen in Haaren und Organen, solange keinerlei Beschwerden auftreten und auch nicht sicher ist, dass sie jemals auftreten werden.[266]

75 Die **Haftung von Personen, die Krankheitserreger in sich tragen,** ist zwar nicht gänzlich ausgeschlossen, jedoch durch sachgerechte Konturierung von Sorgfaltspflichten zu beschränken. Zwar ist niemand deliktsrechtlich verpflichtet, mit einem Schnupfen das Haus zu hüten und Gäste abzuweisen,[267] doch darf eine Person, die von ihrer Infektion mit einer ebenso ansteckenden wie gefährlichen Krankheit weiß, nicht ungeschützt mit anderen in Kontakt treten;[268] ob dies ohne weiteres auch für den Fall ungeschützten Geschlechtsverkehrs mit der Ehefrau/dem Lebenspartner nach Aufsuchen einer Prostituierten gilt, ist zweifelhaft.[269] Strengen Sorgfaltspflichten unterliegen die **Hersteller von Blutkonserven** in Bezug auf das Screening der Spender und die Untersuchung des gespendeten Blutes,[270] während sich die solche Produkte applizierenden Krankenhäuser auf die Kontrolle durch als zuverlässig bekannte Hersteller verlassen können. Allerdings ist der Patient über eventuell

---

[257] *Erman/Schiemann* RdNr. 19; *Staudinger/Hager* RdNr. B 26 ff.
[258] RGZ 148, 154, 159.
[259] BGHZ 107, 359, 363 = NJW 1989, 2616, 2617, wo allerdings die Haftung im Ergebnis abgelehnt wird (dagegen wiederum zu Recht *v. Bar* JZ 1989, 1071; *Börgers* NJW 1990, 2535); genauso BGHZ 93, 351, 355 = NJW 1985, 1390, 1391; BGH VersR 1971, 905, 906 (insoweit nicht in BGHZ 56, 163); *Staudinger/Hager* RdNr. B 28.
[260] RGZ 152, 159, 132.
[261] *Deutsch* VersR 2008, 145, 150.
[262] Vgl. RGZ 96, 224, 225; 135, 9.
[263] BGHZ 8, 243, 245 f. = NJW 1953, 417; BGHZ 114, 284, 289 = NJW 1991, 1948, 1949; BGH VersR 1954, 116, 117; BGHSt 36, 1, 6 f.; 36, 262, 265; OLG Celle NJW-RR 1997, 1456, 1457 – Hepatitis C; *Scheu*, Deliktische Produktverantwortung für Hepatitis C-Infektionen, S. 189 ff.; *Deutsch* NJW 1986, 757; *ders.* NJW 1991, 1937; *Spickhoff* JZ 1991, 756, 757; *Larenz/Canaris* II/2 § 76 II 1 a, S. 377; *Staudinger/Hager* RdNr. B 24.
[264] BGHZ 114, 284, 289 = NJW 1991, 1948, 1949; BGH VersR 2005, 1238 = NJW 2005, 2614; zur Haftung für AIDS-Infektionen, insbes. durch verseuchte Blutprodukte vgl. auch BGHZ 116, 379 = NJW 1992, 743; *Scheu*, Deliktische Produktverantwortung für Hepatitis C-Infektionen, S. 95 ff.; *Deutsch* NJW 1986, 757; *ders.* NJW 1991, 1937; *Spickhoff* JZ 1991, 756.
[265] So im Ergebnis auch AG Düren NJW 2001, 901, 902.
[266] KG VersR 1991, 826, 827.
[267] *Soergel/Spickhoff* RdNr. 42; *Staudinger/Hager* RdNr. B 24.
[268] BGHSt 36, 1, 9 ff., hier sogar mit Annahme bedingten Verletzungsvorsatzes!
[269] Bejahend RGZ 135, 9, 10 f.
[270] BGHZ 114, 284, 291 ff. = NJW 1991, 1948, 1949 ff.; BGHZ 116, 379, 380 f. = NJW 1992, 743; *Deutsch* NJW 1986, 757; *ders.* NJW 1991, 1937; *Spickhoff* JZ 1991, 756.

verbleibende Restrisiken aufzuklären,[271] zum Schutz von Ehegatten und Lebenspartnern ggf. auch noch nach der Operation, im Rahmen der sog. **Sicherungsaufklärung** (RdNr. 768).[272] Zum sog. „**economy-class-syndrom**", also Thrombosezuständen bei Langstreckenflügen, eingehend RdNr. 582. Zu Gesundheitsschäden durch Elektrosmog RdNr. 684 ff.

Die haftungsrechtliche Bewältigung der durch **Tabakkonsum** verursachten Gesundheitsschäden wirft eine Vielzahl von Problemen auf, die von verschiedenen Rechtsordnungen und -kulturen unterschiedlich gelöst werden. Die Produkthaftung der Zigarettenhersteller für Raucherschäden hängt davon ab, ob es sich bei den handelsüblichen Zigaretten um fehlerhafte Waren handelt, ob dem Konsumenten die mit dem Rauchen verbundenen Gefahren ohnehin bekannt waren und wie generell das Verhältnis zwischen Herstellerverantwortung und Konsumentenautonomie zu bestimmen ist (RdNr. 643 f.; § 3 ProdHaftG RdNr. 16).[273] Der Umstand, dass die Inhalation von Tabakrauch die Gesundheit schädigt, liegt jedenfalls auf der Hand.[274] Geringfügige Beeinträchtigungen durch Raucher, etwa im Freien, mögen lästig sein, erreichen jedoch nicht die für die Annahme einer Gesundheitsverletzung geltende Relevanzschwelle, vgl. jetzt § 1 Abs. 1 Nr. 2 BNichtrSchG).[275] Im Übrigen dürften Unterlassungsansprüche der Passivraucher außerhalb der engeren Arbeitssphäre kaum zu begründen sein.[276] Zur Produkthaftung der Hersteller von Süßwaren und Fast Food s. RdNr. 596.

Der Begriff der Gesundheit ist nicht auf die Physis beschränkt, sondern schließt die Psyche ein. Die schuldhafte Verursachung eines **seelischen Leidens** löst deshalb ebenfalls Schadensersatzansprüche aus, ohne dass es darauf ankommt, ob die psychische Krankheit ihrerseits auf physischen oder gar organischen Veränderungen beruht (RdNr. 74).[277] Zwar ist die Feststellung, Qualifizierung und Bewertung psychischer Beeinträchtigungen mit besonders großen Unsicherheiten behaftet,[278] doch auch hier gilt der Grundsatz, dass der Täter das Opfer so zu nehmen hat, wie er es vorfindet (RdNr. 73), sich also nicht mit Hinweis auf dessen besondere Schadensanfälligkeit verteidigen kann,[279] und zwar weder im Rahmen der Haftungsbegründung[280] noch bei der Haftungsausfüllung, also bei psychischen Leiden, die ihrerseits durch psychische, in aller Regel aber physische Primärverletzungen ausgelöst worden sind.[281] Eine Einstandspflicht besteht somit zunächst auch dann, wenn das psychische Leiden keine „normale" Reaktion, sondern eine **Fehlverarbeitung** bestimmter Ereignisse, etwa der – schuldlosen – Mitbeteiligung an einem schweren, für den Gegner tödlich ausgehenden Verkehrsunfall, darstellt.[282] Um gleichwohl noch zu einer gewissen Objektivierung der Haftungsvoraussetzungen zu kommen, wird der Grundsatz, dass Schadensdispositionen und Vorschädigungen des Opfers außer Betracht zu lassen sind, dann außer Kraft gesetzt, wenn sich in dem psychischen Leiden nicht die Verletzung, sondern das **allgemeine Lebensrisiko** des Betroffenen realisiert hat. Unter dieser Voraussetzung

---

[271] BGHZ 116, 379, 382 ff. = NJW 1992, 743 f.
[272] BGH VersR 2005, 1238, 1239 f. = NJW 2005, 2614.
[273] Die Haftung des Zigarettenherstellers wird verneint von LG Bielefeld NJW 2000, 2514.
[274] BGHZ 124, 230, 235 = NJW 1994, 730, 731; BVerfGE 95, 171, 184, dort auch Nachweise medizinischer Forschungsergebnisse; Letzteres auch bei *Buchner/Wiebel* VersR 2001, 29, 30 m. Fn. 13 ff.
[275] Bundesnichtraucherschutzgesetz vom 20. 7. 2007, BGBl. I. S. 1595; zum früheren Recht BVerwG NJW 1996, 1297; BAG NJW 1996, 3028, 3029 f.
[276] AA *Staudinger/Hager* RdNr. B 22, bei „mangelnder Ausweichmöglichkeit".
[277] RGZ 85, 335, 337; 170, 129, 136; BGH NJW 1991, 747, 748.
[278] *Brandt* VersR 2005, 616.
[279] Vgl. die häufig gerade Fälle psychischer Gesundheitsverletzungen betreffenden Nachweise Fn. 246; *G. Müller* VersR 1998, 129, 132.
[280] BGHZ 93, 351, 355 = NJW 1985, 1390, 1391; BGH NJW 1986, 777, 778 f.; OLG Hamm NJW-RR 2001, 1676, 1677.
[281] BGHZ 20, 137, 139 = NJW 1956, 1108 f.; BGHZ 56, 163, 165 = NJW 1971, 1883, 1884; BGHZ 132, 341, 345 f. = NJW 1996, 2425, 2426; BGHZ 137, 142, 145 ff. = NJW 1998, 810, 811 f.; BGH NJW 1983, 340, 341; 1991, 747, 748.
[282] So der Fall BGH NJW 1986, 777, 779.

scheidet die Haftung aus, weil es am Rechtswidrigkeitszusammenhang fehlt,[283] der Schaden also außerhalb des Schutzbereichs der verletzten Haftungsnorm liegt. Der Gefahr, dass der Geschädigte die psychische Erkrankung nur vortäuscht oder sich geradezu in seelische Probleme hineinsteigert, um auf diese Weise in den Genuss von Schadensersatzzahlungen zu kommen, steuert der BGH, indem unverhältnismäßige und übertriebene seelische Reaktionen des Betroffenen auf geringfügige körperliche Verletzungen **(Bagatellen)** dem Haftpflichtigen ebenso wenig zugerechnet werden wie ein neurotisches Streben des Geschädigten nach Versorgung und Sicherheit, das den Unfall zum Anlass nimmt, aus dem Erwerbsleben auszusteigen (**Rentenneurose;** vgl. § 249 RdNr. 183 ff.).[284] Ob dieser großzügige Maßstab dem Geschädigten die richtigen Anreize dazu vermittelt, wieder Anschluss an das gesellschaftliche Leben zu gewinnen, erscheint jedoch zweifelhaft und kontrastiert auffällig mit der restriktiven Haltung des BGH im Bereich der Schockschäden (RdNr. 79 ff.). Stattdessen sollte es generell darauf ankommen, ob die psychischen Leiden des Geschädigten noch als angemessene und verhältnismäßige Reaktionen auf das Unfallgeschehen anzusehen sind.

78   cc) **Mobbing, Stalking.** Mobbing und Stalking sind Phänomene der modernen Lebenswelt, aber **keine Rechtsbegriffe.**[285] Sofern das fortgesetzte Belästigen, Anfeinden und Schikanieren (Mobbing) bei dem Opfer zu Schlafstörungen, Verfolgungsängsten oder Depressionen führt, liegt eine **Gesundheitsverletzung** iS des § 823 Abs. 1 vor.[286] Gleiches gilt, wenn die nämlichen Symptome durch Stalking, dh. andauerndes Nachstellen, verursacht werden. Im zuletzt genannten Fall kommt zudem eine Haftung aus § 823 Abs. 2 iVm. **§ 238 StGB** in Betracht.[287] Obwohl § 238 StGB nicht den Schutz des Vermögens des Stalkingopfers bezweckt, können die Kosten für Telefon-Fangschaltungen als Aufwendungen zur Abwehr oder Minderung des Schadens gemäß §§ 823 Abs. 1, 249 liquidiert werden (§ 249 RdNr. 172).[288] Schließlich können auch Detektivkosten zur Auffindung eines entführten Kindes ersetzt verlangt werden, obwohl es sich bei dem Sorgerecht um ein immaterielles Rechtsgut handelt.[289] Bleiben die durch Mobbing oder Stalking verursachten psychischen Störungen unterhalb der Schwelle einer Gesundheitsverletzung, kommt die Verantwortlichkeit nach § 823 Abs. 1 wegen Verletzung des **Allgemeinen Persönlichkeitsrechts** in Betracht (RdNr. 73, 178 ff.).[290]

79   dd) **Schockschäden.** Der sog. Schockschaden ist eine **psychisch vermittelte Gesundheitsverletzung,** die nicht einen der an dem jeweiligen Unfallgeschehen unmittelbar Beteiligten trifft, sondern einen Dritten, der einem Unfall als Zeuge beiwohnt oder vom Tod oder der schweren Verletzung eines Angehörigen benachrichtigt wird.[291] Dieser Dritte kann auch ein Nasciturus sein, dessen Mutter bei der Benachrichtigung vom Unfall ihres Ehemanns einen Kreislaufzusammenbruch erleidet.[292] Darüber hinaus stellen auch Depressionen und posttraumatische Belastungsstörungen, die infolge des Verlusts eines Angehörigen oder einer sonstigen geliebten Person eintreten, eine Gesundheitsverletzung dar, sofern

---

[283] BGH NJW 1986, 777, 779; 1991, 747, 748; 1991, 2347, 2348; *Erman/Schiemann* RdNr. 20.
[284] BGHZ 20, 137, 140 ff. = NJW 1956, 1108, 1109; BGHZ 39, 313, 316 = VersR 1963, 731; BGHZ 132, 341, 346 ff. = NJW 1996, 2425, 2426 f.; BGHZ 137, 142, 146 ff. = NJW 1998, 810, 811 f.; BGH NJW 1986, 777, 779; eingehend *G. Müller* VersR 1998, 129, 132 ff.; *Brandt* VersR 2005, 616.
[285] Zum Mobbing treffend BAG NZA 2007, 1155, 1159 Tz. 56; *Rieble/Klumpp* ZIP 2002, 369, 370.
[286] *Bieszk/Stadtler* NJW 2007, 3382, 3383; *Keiser* NJW 2007, 3387, 3388.
[287] *Keiser* NJW 2007, 3387, 3391.
[288] AA *Keiser* NJW 2007, 3387, 3391.
[289] BGHZ 111, 168, 175 = NJW 1990, 2060; vgl. auch BGHZ 66, 182, 191 f. = NJW 1976, 1198; BGHZ 75, 230, 235 ff. = NJW 1980, 119 – Fangprämie.
[290] BAG NZA 2007, 1155, 1159 Tz. 58; *Rieble/Klumpp* ZIP 2002, 369, 370 ff.
[291] Speziell zur Benachrichtigung BGHZ 93, 351, 354 f. = NJW 1985, 1390 f.; dort auch die Klarstellung, dass der Tod des primären Unfallopfers nicht vorausgesetzt wird, auch eine schwere Verletzung reicht aus.
[292] BGHZ 93, 351, 355 ff. = NJW 1985, 1390, 1391 f.

sie Krankheitswert erreichen.²⁹³ Auf Fälle, in denen der Nervenzusammenbruch nach Enttäuschung bloßer Vermögenserwartungen, etwa auf Zahlung einer hohen Abfindung, eintritt, ist diese Rechtsprechung nicht zu übertragen.²⁹⁴

Entgegen einer in der Literatur vertretenen Ansicht folgt aus den §§ 844 ff. **keineswegs** **die dogmatische Unhaltbarkeit der Ersatzfähigkeit von Schockschäden**.²⁹⁵ Aus der Fokussierung der Aktivlegitimation auf den primär Verletzten ergibt sich lediglich, dass ein Ersatzanspruch nicht auf den Umstand gestützt werden kann, der Schädiger habe *einem anderen gegenüber* die Voraussetzungen eines Haftungstatbestands verwirklicht, insbesondere pflichtwidrig in dessen absolute Rechte eingegriffen. Nach allgemeinen deliktsrechtlichen Grundsätzen kann kein Zweifel an der Haftung bestehen, wenn die eigene Gesundheitsverletzung durch die Verletzung einer anderen Person vermittelt wird, denn dann handelt es sich gar nicht um einen „Drittschaden", sondern um eine eigenständige Rechtsgutsverletzung, deren Folgen selbstverständlich auszugleichen sind, sofern nur die übrigen Voraussetzungen des § 823 Abs. 1 vorliegen.²⁹⁶ Im Übrigen braucht der Schockgeschädigte gar kein Dritter zu sein, denn eine zum Schadensersatz verpflichtende Gesundheitsverletzung kann auch dadurch ausgelöst werden, dass das Opfer im Rückspiegel beobachtet, wie es selbst einem schweren Verkehrsunfall mit knapper Not entgeht („Beinaheunfall"), und in der Folge Angstzustände entwickelt, deren psychische Bewältigung einige Zeit erfordert.²⁹⁷ 80

Das eigentliche Problem der Schockschäden betrifft also nicht ihre grundsätzliche Anerkennung, sondern ihre **Begrenzung**. Im Grunde geht es wiederum um die sämtliche psychischen Gesundheitsbeeinträchtigungen kennzeichnenden Probleme mangelnder Verifizierbarkeit und leichter Manipulierbarkeit (RdNr. 77). Diese Schwierigkeiten meistert die Rechtsprechung, indem sie eine **Erheblichkeitsschwelle** postuliert, die die Beeinträchtigung des Dritten überschreiten muss, um als Gesundheitsverletzung restitutionsfähig zu sein. Die bei Verlust eines nahen Angehörigen allenthalben entstehenden Gefühle von Trauer, Schmerz und Niedergeschlagenheit reichen allein nicht aus, sondern die Beeinträchtigung des Dritten muss **Krankheitswert** erreichen, wobei allerdings nicht allein die medizinische Diagnose, sondern in letzter Instanz die Verkehrsauffassung entscheiden soll.²⁹⁸ Dabei scheint der VI. ZS des BGH in seiner einschlägigen Grundsatzentscheidung sogar vorauszusetzen, dass sich das psychische Leid in somatischen Beschwerden niedergeschlagen hat, die den „Charakter eines [...] ‚schockartigen' Eingriffs in die Gesundheit tragen".²⁹⁹ Erst seit dieser Entscheidung sind die einschlägigen Fälle unter dem Stichwort des Schockschadens geläufig; das RG bevorzugte die Bezeichnung des Fernwirkungsschadens.³⁰⁰ 81

Hinter diesem Wandel der Terminologie verbergen sich sachliche Differenzen. Der BGH misst mit zweierlei Maß, je nachdem, ob der „unmittelbar" Verletzte psychische Beeinträchtigungen erleidet oder ob Letztere einen Dritten treffen, der den Unfall beobachten muss oder von ihm Nachricht erhält.³⁰¹ Während die Rechtsprechung in der erstgenannten Konstellation überaus großzügig verfährt (vgl. RdNr. 77 mit Fn. 283), wird die **Erheblich-** 82

---

²⁹³ BGHZ 132, 341, 344 = VersR 1996, 990, 991; BGH VersR 2006, 1653, 1655 Tz. 33 = NJW 2006, 3268; BGHZ 172, 263, 265 f. Tz. 12 = VersR 2007, 1093; OLG Köln VersR 2006, 416.
²⁹⁴ OLG Hamm VersR 2006, 415, 416.
²⁹⁵ So aber *Fraenkel* S. 164 f.; zutr. hingegen RGZ 133, 270, 272 f. m. ausf. Begr.
²⁹⁶ Grdlg. RGZ 133, 270, 272 f.; vgl. weiter RGZ 157, 11, 13; 162, 321, 322 (zum österreichischen Recht); BGHZ 56, 163, 165 f. = NJW 1971, 1883, 1884; BGH NJW 1984, 1405; 1986, 777; 1989, 2317 f.; zust. *Karczewski*, Die Haftung für Schockschäden, S. 328; *Park*, Grund und Umfang der Haftung für Schockschäden, S. 38; *Larenz/Canaris* II/2 § 76 II 1 e, S. 380 f.; *Soergel/Spickhoff* RdNr. 45 ff.; *Staudinger/Hager* RdNr. B 30 ff.; rechtsvergleichend *Karczewski*, Die Haftung für Schockschäden, S. 98 ff.
²⁹⁷ AG Köln NJW-RR 2001, 1393, 1394; vgl. auch die Typologie bei *Park*, Grund und Umfang der Haftung für Schockschäden, S. 128 ff.
²⁹⁸ Grdlg. BGHZ 56, 163, 165 f. = NJW 1971, 1883, 1884; vgl. weiter BGH NJW 1984, 1405; 1986, 777; 1989, 2317 f.; VersR 2006, 1653, 1655 Tz. 33 = NJW 2006, 3268.
²⁹⁹ BGHZ 56, 163, 166 = NJW 1971, 1883, 1885; BGH NJW 1986, 777, 778.
³⁰⁰ RGZ 133, 270, 272 f.
³⁰¹ Krit. gegenüber der „Gesundheitsverletzung kraft Verkehrsanschauung" auch *Karczewski*, Die Haftung für Schockschäden, S. 342 ff.; vgl. auch *Staudinger/Hager* RdNr. B 34.

keitsschwelle bei Drittgeschädigten derart hochgeschraubt, dass rein psychische Gesundheitsverletzungen ohne körperliche Auswirkungen wohl stets darunter bleiben. In einer neueren Entscheidung des BGH wird bei Schockschäden Dritter, die **selbst an dem Verkehrsunfall nicht beteiligt** waren, sogar die Zurechnung völlig ausgeschlossen.[302] Diese Lösung vermag nicht zu überzeugen: Die Probleme der Verifikation und der Manipulationsgefahr sind in sämtlichen Fallgruppen dieselben; sie verschärfen sich nicht, wenn das seelische Leid einen Dritten trifft. Folgerichtig sollte der Standard für die Anerkennung psychischer Beeinträchtigungen als Gesundheitsverletzungen in allen Fällen gleich sein (vgl. RdNr. 77), auch bei Schockschäden sollte es allein auf die medizinische Diagnose ankommen, und schließlich ist stets zu fordern, dass es sich bei der psychischen Reaktion des Opfers nicht um eine völlig unverhältnismäßige Reaktion auf das Unfallgeschehen handelt. Im Rahmen des zuletzt genannten, normativen Kriteriums spielt insbesondere die Existenz einer persönlichen Nähebeziehung zwischen primärem Opfer und Schockgeschädigtem eine Rolle, die indessen kein familienrechtliches Statusverhältnis zu sein braucht.[303] Auch auf die Eigenschaft des Schockgeschädigten als **Polizeibeamter** sollte es ankommen.[304] Diese flexiblen Kriterien sind sachgerechter als der Versuch, den Kreis der Ersatzberechtigten je nach Verwandtschaftsgrad oder sonstigem Näheverhältnis zum Unfallopfer abstrakt zu definieren.[305]

83 Die Frage, ob sich der Schockgeschädigte das **Mitverschulden des primär Geschädigten** an dem Unfall anrechnen lassen muss, ist in Ergebnis wie Begründung umstritten. Die Rechtsprechung bejaht seit jeher eine Zurechnung des Mitverschuldens, doch während sich das RG dafür auf eine entsprechende Anwendung des § 846 gestützt hat (§ 846 RdNr. 5),[306] beruft sich der BGH auf die §§ 254, 242.[307] In der Literatur wird dieses Ergebnis mit der Begründung abgelehnt, das affektive Verhältnis zwischen Schockgeschädigtem und Unfallopfer sei kein Zurechnungskriterium für das Mitverschulden.[308] Obwohl dies zutrifft, sprechen die besseren Gründe für die Lösung der Rechtsprechung: Schon das RG hat auf die bei Nichtanrechnung des Mitverschuldens eintretende Konsequenz aufmerksam gemacht, dass der Schädiger gemäß §§ 840 Abs. 1, 426 bei dem primären Unfallopfer Regress nehmen könnte, nachdem er den Anspruch des Schockgeschädigten ausgeglichen hat.[309] Den Rückgriff gegen den primär Geschädigten kurzerhand abzuschneiden, weil diesen keinerlei Sorgfaltspflichten in Bezug auf die Erhaltung der eigenen Rechtsgüter Leben und Gesundheit träfen, wie der BGH angedeutet hat, kann demgegenüber nicht überzeugen, nachdem die Haftung des primär Verletzten für die Provokation riskanter Rettungsversuche anerkannt ist (vgl. RdNr. 288, § 249 RdNr. 155 ff.). Der Haftungsausschluss zu Lasten der Angehörigen gemäß §§ 104 ff. SGB VII gilt nicht für Schockschäden (§ 844 RdNr. 7).

84 **c) Schutz der körperlichen Integrität am Ende des Lebens.** Die mit **Organspenden** lebender oder hirntoter Personen zusammenhängenden Rechtsfragen sind im Transplantationsgesetz geregelt.[310] Das Gesetz macht die Zulässigkeit von Organentnahmen

---

[302] BGHZ 172, 263, 266 f. Tz. 14 = VersR 2007, 1093 = NJW 2007, 2764.
[303] Übereinstimmend *Larenz/Canaris* II/2 § 76 II 1 e, S. 381; eingehend *Karczewski,* Die Haftung für Schockschäden, S. 353 ff.; weitergehend, nämlich gegen jede Einschränkung *Staudinger/Hager* RdNr. B 35.
[304] AA BGHZ 172, 263, 268 Tz. 17 = VersR 2007, 1093 = NJW 2007, 2764.
[305] So aber OLG Stuttgart NJW-RR 1989, 477, 478; *Brüggemeier* Deliktsrecht RdNr. 139; *Deutsch* Haftungsrecht I RdNr. 915 f., der den Schockschadensersatz in unmittelbare Nähe des Angehörigenschmerzensgeldes rückt, das in Deutschland nicht anerkannt ist (RdNr. 65; § 844 RdNr. 4) – jedoch betrifft der Schockschadensersatz keineswegs nur Schmerzensgeld, sondern gerade auch Vermögensschäden!; *Soergel/Spickhoff* RdNr. 47; offen gelassen in BGH NJW 1986, 777, 778.
[306] RGZ 157, 11, 13 f.
[307] BGHZ 56, 163, 167 ff. = NJW 1971, 1883, 1885 f.
[308] *Staudinger/Hager* RdNr. B 39.
[309] RGZ 157, 11, 14; *Deutsch* Haftungsrecht I RdNr. 917; in der Tat dafür *Park,* Grund und Umfang der Haftung für Schockschäden, S. 119.
[310] Eingehend dazu *Deutsch/Spickhoff,* Medizinrecht, 6. Aufl. 2008, RdNr. 870 ff.

bei hirntoten Patienten primär von deren schriftlicher Einwilligung abhängig, sekundär von der Zustimmung nächster Angehöriger (§ 4 TPG). Die Zulässigkeit von **Organentnahmen bei Lebenden** ist in § 8 TPG zusätzlich durch objektive Kriterien beschränkt, insbesondere durch die Voraussetzung, dass der Spender nicht über das Operationsrisiko hinaus gefährdet wird und die Spende dazu geeignet ist, das Leben des Empfängers zu erhalten oder eine schwerwiegende Krankheit zu heilen. Diese Grundsätze sind nunmehr dafür maßgeblich, ob die schon zuvor als Bestandteil des Persönlichkeitsrechts der Patienten und ihrer Angehörigen deliktsrechtlich anerkannte Befugnis zur autonomen Disposition über die Bereitschaft zur Organspende verletzt ist oder nicht.[311] Zur Sterbehilfe s. RdNr. 731.

Ähnliche Grundsätze wie für Organtransplantationen gelten auch für **klinische Sektionen am Leichnam,** die das im Rahmen von § 823 Abs. 1 geschützte postmortale Persönlichkeitsrecht des Betroffenen verletzen, wenn Letzterer sich die Öffnung seiner Leiche zu Lebzeiten verbeten hatte.[312] Fehlt es an einer Willensäußerung des Verstorbenen, so hat das Krankenhaus das im Rahmen des Allgemeinen Persönlichkeitsrechts geschützte **Totensorgerecht der Angehörigen** zu respektieren und deren Einwilligung einzuholen.[313]

d) Deliktsrecht und Fortpflanzung

Schrifttum: *Coester-Waltjen,* Der nasciturus der hirntoten Mutter, FS Gernhuber, 1993, S. 837; *Deutsch,* Schadensrecht und Verfassungsrecht: Akt II, NJW 1994, 776; *ders.,* Das Kind oder sein Unterhalt als Schaden, VersR 1995, 609; *ders.,* Die Spätabtreibung als juristisches Problem, ZRP 2003, 332; *Deutsch/Spickhoff,* Medizinrecht, 6. Aufl. 2008, RdNr. 437 ff.; *Junker,* Pflichtverletzung, Kindesexistenz und Schadensersatz, 2002; *Gehrlein,* Grenzen der Schadensersatzpflicht des Arztes für Unterhaltsaufwand bei ungewollter Schwangerschaft, NJW 2000, 1771; *Katzenmeier,* Versicherungsrechtliche Vorsorge statt „Schadensfall Kind", FS Jayme, Bd. II, 2004, S. 1227; *G. Müller,* Fortpflanzung und ärztliche Haftung, FS Steffen, 1995, S. 355; *Picker,* Schadensersatz für das unerwünschte Kind, AcP 195 (1995), 483, 501; *ders.,* Schadensersatz für das unerwünschte eigene Leben – „Wrongful Life", 1995; *Rebhahn,* Entwicklungen zum Schadensersatz wegen „unerwünschter Geburt" in Frankreich, ZEuP 2004, 794; *Reinhart,* „Wrongful Life – gibt es ein Recht auf Nichtexistenz?, VersR 2001, 1081; *R. Schmidt,* Der Schutz der Leibesfrucht gegen unerlaubte Handlung, JZ 1952, 167; *Selb,* Schädigung des Menschen vor der Geburt – ein Problem der Rechtsfähigkeit?, AcP 166 (1966), 76; *Schiemann,* Schmerzensgeld für fehlgeschlagene Sterilisation, JuS 1980, 709; *Stathopoulos,* Schadensersatz und Persönlichkeitsschutz des behinderten Kindes, FS Canaris, Bd. I, 2007, S. 1213; *Stoll,* Zur Delikthaftung für vorgeburtliche Gesundheitsschädigung, FS Nipperdey, Bd. I, S. 739, 761; *ders.,* Haftungsfolgen im bürgerlichen Recht, 1993, S. 280; *Stürner,* Das nicht abgetriebene Wunschkind als Schaden, FamRZ 1985, 753; *ders.,* Der Schutz des ungeborenen Kindes im Zivilrecht, Jura 1987, 75; *ders.,* Das Bundesverfassungsgericht und das frühe menschliche Leben – Schadensdogmatik als Ausformung humaner Rechtskultur?, JZ 1998, 317; *R. Weber,* Schadensersatzrechtliche Folgen der Geburt eines unerwünschten Kindes?, VersR 1999, 389; *Winter,* Leben als Schaden? Vom Ende eines französischen Sonderwegs, JZ 2002, 330; *ders.,* „Bébé préjudice" und „Kind als Schaden", 2002; *Zimmermann,* Schadensbemessung und Billigkeit: die Entscheidungen des BGH zum Ladendiebstahl und zur fehlgeschlagenen Familienplanung, JZ 1981, 86; *ders.,* „Wrongful life" und „wrongful birth", JZ 1997, 131.

aa) Unterhalt für ein Kind als Schaden? Die unter dem Schlagwort „Kind als Schaden" kontrovers diskutierten rechtsethischen Fragen der Haftung im Bereich der Fortpflanzungsmedizin und der pränatalen Diagnostik betreffen in weitem Umfang die Haftung des Arztes aus Vertrag (vgl. RdNr. 699 f.). Diese kann an dieser Stelle nicht umfassend aufgearbeitet werden, zumal sie eng mit der jeweiligen **Haltung zur Abtreibungsfrage** zusammenhängt, über die es weder einen gesellschaftlichen noch einen juristischen bzw. rechtsethischen Konsens gibt.[314] Dies erklärt, warum einschlägige Entscheidungen des österreichischen OGH

---

[311] *Deutsch/Spickhoff* (Fn. 310) RdNr. 639; vgl. auch LG Bonn VersR 1970, 715 = JZ 1971, 56.
[312] *Deutsch/Spickhoff* (Fn. 310) RdNr. 522 ff.; *Zimmermann* NJW 1979, 569, 573 f.; *Soergel/Spickhoff* RdNr. 110; *Brüggemeier* Haftungsrecht S. 220.
[313] *Zimmermann* NJW 1979, 569, 571; *Soergel/Spickhoff* RdNr. 110.
[314] Grds. krit. bzw. abl. gegenüber einer Haftung für unerwünschte Nachkommen *Schiemann* JuS 1980, 709, 710 ff.; *Diederichsen* VersR 1981, 693; *Stürner* VersR 1984, 297; *ders.* FamRZ 1985, 753; *ders.* Jura 1987, 75; *ders.* JZ 1998, 317; *Zimmermann* JZ 1981, 86, 89; *ders.* JZ 1997, 131 f.; besonders eingehend *Picker* AcP 195 (1995), 483, 501 ff.

heftige Diskussionen auslösten,[315] warum in Frankreich die Nationalversammlung die Cour de cassation und ihren „arrêt Perruche" korrigierte,[316] was der EGMR wiederum als rechtswidrigen Eingriff in das Eigentumsgrundrecht qualifizierte,[317] und warum die englische Rechtsprechung hin und her schwankt zwischen der Ablehnung von Schadensersatz für die unerwünschte Geburt eines gesunden Kindes,[318] Ersatzgewährung bei Geburt eines behinderten Kindes[319] und einer salomonischen Mittellösung, wenn eine behinderte Mutter von einem gesunden Kind entbunden wird (RdNr. 91 aE).[320]

87 In Deutschland ist in Folge der Anfang der neunziger Jahre erneut geführten Diskussion um die Strafbarkeit der Abtreibung eine Kontroverse zwischen dem VI. ZS des BGH und dem 2. Senat des BVerfG darüber ausgebrochen, ob die Kompensation der Unterhaltslast für ein Kind dieses herabwürdige und es gleichsam selbst als „Schaden" erscheinen lasse.[321] Der BGH hat sich der vom BVerfG im Rahmen eines obiter dictums im 2. Fristenlösungsurteil geäußerten Aufforderung widersetzt, seine Rechtsprechung insgesamt aufzugeben, einschließlich der Fälle der Sterilisation und der fehlerhaften genetischen Beratung.[322] Diese Beharrlichkeit ist vom 1. Senat des BVerfG – wenn auch gegen den ausdrücklichen Willen des 2. Senats[323] – nicht beanstandet worden.[324] Aus haftungsrechtlicher Sicht bleibt anzumerken, dass die Differenzierung zwischen der Existenz des Kindes als Wert an sich und der daraus resultierenden **Unterhaltsbelastung,** die einen anhand der Differenzhypothese zu ermittelnden **Vermögensschaden** darstellen kann,[325] keineswegs ad hoc vom BGH entwickelt wurde, sondern bis auf die Rechtsprechung des RG zurückgeht, das die Unterhaltspflicht für ein nicht gewolltes Kind ganz unproblematisch als Vermögensschaden qualifizierte.[326] Diesen Ausgangspunkt teilen nicht nur die französische Cour de cassation,[327] sondern auch der niederländische Hoge Raad,[328] das schweizerische Bundesgericht[329] und der österreichische OGH.[330] Für das deutsche Recht hat der VI. ZS des BGH mit Recht darauf aufmerksam gemacht, dass die *generelle* Verneinung ärztlicher Haftung für unerwünschte Nachkommenschaft im Ergebnis dazu führt, dass weite Bereiche der Fortpflanzungsmedizin und der pränatalen Diagnostik von Haftungsansprüchen isoliert würden.[331] Gynäkologen und Fortpflanzungsmediziner erhielten gleichsam einen haftungsrechtlichen Freibrief, weil sie nicht damit zu rechnen hätten, für die negativen *wirtschaftlichen* Folgen des eigenen fehlerhaften Tuns einstehen zu müssen. Besonders in den Fällen der Sterilisation und der genetischen Beratung im Vorfeld einer Schwangerschaft, aber auch bei fehlerhaften Eingriffen oder Präparaten zur Verhütung der

---

[315] Dazu OGH öRZ 2008, 153; 2008, 155 = RdM 2007, 20 m. Bespr. *Chr. Huber;* öRZ 2008, 161; *Reinhart* VersR 2001, 1081; *Koziol/Steininger* öRZ 2008, 138 mwN; vorbereitend *Bydlinski,* FS Koziol, 2000, S. 29 ff.
[316] Eingehend *Rebhahn* ZEuP 2004, 794; vgl. weiter *Winter* JZ 2002, 338; *ders.,* „Bébé préjudice" und „Kind als Schaden", S. 83 ff.; *Katzenmeier,* FS Jayme, Bd. II, 2004, S. 1277, 1279 ff.
[317] *Knetsch* VersR 2006, 1050 mwNachw.
[318] McFarlane vs. Tayside Health Board [2000] 2 AC 59, 78 ff. (HL 1999).
[319] Parkinson vs. St James and Seacroft University Hospital NHS Trust [2002] QB 266, 276 ff. (CA 2001).
[320] Rees vs. Darlington Memorial Hospital NHS Trust [2004] 1 AC 309, 321 ff. (HL(E) 2003).
[321] So BVerfGE 88, 203, 296 = NJW 1993, 1751, 1764.
[322] BGHZ 124, 128, 136 = NJW 1994, 788, 790; eingehend *G. Müller,* FS Steffen, 1995, S. 355, 356 ff.
[323] BVerfGE 96, 409 ff. = NJW 1998, 523.
[324] BVerfGE 96, 375, 396 ff., 403 ff. = NJW 1998, 520, 522; vgl. auch die abw. Meinung der Richter *Mahrenholz* und *Sommer* in: BVerfGE 88, 203, 358 = NJW 1993, 1751, 1778; zu der Kontroverse selbst vgl. *Deutsch* NJW 1994, 776; *ders.* VersR 1995, 609; *ders.,* FS Geiß, 2000, S. 367; *ders.* NJW 1998, 510; *Stürner* JZ 1998, 317; *R. Weber* VersR 1999, 389, 391 ff.
[325] BGHZ 124, 128, 140 ff. = NJW 1994, 788, 791 f.; zust. *Stathopoulos,* FS Canaris, Bd. I, 2007, S. 1213, 1217.
[326] RGZ 108, 86, 87 ff.; umfassende Nachweise bei *Junker,* Pflichtverletzung, Kindesexistenz und Schadensersatz, S. 334 ff.; zur Entwicklung der Rspr. des BGH *G. Müller* NJW 2003, 697, 698 ff.
[327] S. Fn. 316.
[328] Hoge Raad JZ 1997, 893 m. Bespr. *Vranken* = ZEuP 1998, 324 m. Bespr. *v. Bar.*
[329] BGE 132 III 359 = ZEuP 2007, 888 m. Bespr. *Essebier.*
[330] S. Fn. 315.
[331] BGHZ 124, 128, 137, 139 = NJW 1994, 788, 790 f.

Schwangerschaft,[332] ist nicht zu verstehen, warum eine Pflichtverletzung des Arztes, die zu einem greifbaren Vermögensschaden führt, nicht durch einen entsprechenden Ersatzanspruch sanktioniert werden sollte. Der Zweck dieser rechtmäßigen und von großen Teilen der Öffentlichkeit auch ethisch gebilligten Maßnahmen besteht schließlich darin, eine (weitere) **wirtschaftliche Belastung der Eheleute** zu vermeiden. Selbst in den hoch problematischen Abtreibungsfällen ist es nicht ohne Widerspruch, wenn der 2. Senat des BVerfG die Rechtmäßigkeit und Wirksamkeit auf Abtreibung gerichteter Verträge im Rahmen der Beratungslösung generell[333] und die Rechtmäßigkeit der Abtreibung selbst in den Grenzen der medizinischen, embryopathischen und kriminologischen Indikation anerkennt,[334] haftungsrechtliche Sanktionen für pflichtwidriges Verhalten des Arztes aber in weitem Umfang ausschließen will.[335] Solange sich Mediziner und Eltern auf dem Boden der Rechtsordnung bewegen, muss das Haftungsrecht die notwendigen Anreize zu sorgfältigem Verhalten setzen.[336]

Damit erweist sich die polemische Formel vom „Kind als Schaden" als viel zu pauschal, um der Art der Schäden und der Vielzahl **unterschiedlicher Fallgestaltungen** gerecht zu werden. Grundlegend ist die Unterscheidung zwischen Ansprüchen der Mutter oder beider Eltern wegen der Belastungen durch eine von ihnen nicht gewollte Schwanger- bzw. Elternschaft (wrongful birth claim), sowie der zweiten Fallgruppe, in der ein Kind selbst Schadensersatz wegen einer von ihm pränatal erlittenen Gesundheitsverletzung verlangt (wrongful life claim).[337]

bb) Schadensersatzansprüche der Eltern. Auf der Grenze zwischen Körperverletzung und Eingriff in das Allgemeine Persönlichkeitsrecht stehen die Fälle **ungewollter Schwangerschaften,** etwa infolge einer **fehlgeschlagenen Sterilisation** oder des **Versagens von Verhütungsmaßnahmen.** Der BGH knüpft die Haftung in diesen Fällen an die **Verletzung des ärztlichen Behandlungsvertrags**[338] und ersetzt den **Unterhaltsschaden** in **Höhe** von 135% des Satzes der Regelbetrags-Verordnung zuzüglich eines Aufschlags für den Betreuungsunterhalt abzüglich des Kindergelds (§ 249 RdNr. 37).[339] Aufgrund von § 823 Abs. 1 lässt sich dasselbe Ergebnis erzielen, denn die Verursachung einer ungewollten Schwangerschaft stellt nicht nur eine Verletzung des Rechts auf Familienplanung als Teil des Allgemeinen Persönlichkeitsrechts dar,[340] sondern auch eine **Körperverletzung zu Lasten der Schwangeren.** Da Schwangerschaft und Geburt mit erheblichen körperlichen Veränderungen und Schmerzen verbunden sind, ist eine Körperverletzung der Frau nicht von der Hand zu weisen,[341] denn dieses Rechtsgut schützt nicht nur die physische Integrität,

---

[332] Dazu BGH NJW 2007, 989, 990 Tz. 15 = VersR 2007, 109 m. Bespr. *Mörsdorf-Schulte* NJW 2007, 964.
[333] BVerfGE 88, 203, 295 = NJW 1993, 1751, 1763.
[334] BVerfGE 88, 203, 257 = NJW 1993, 1751, 1754.
[335] BVerfGE 88, 203, 295 f. = NJW 1993, 1751, 1763 f.; speziell zum letzten Punkt krit. *Weber* VersR 1999, 389, 393.
[336] Allerdings ist einzuräumen, dass eine zu streng eingestellte Haftung des Arztes ihm einen Anreiz zu vorsichtigem Handeln nach dem Motto „in dubio contra infantem" vermitteln könnte; so *Stürner* Jura 1987, 75 f.; *Picker*, Schadensersatz für das unerwünschte eigene Leben – „Wrongful Life", S. 10. Hier kommt es darauf an, die Sorgfaltspflichten richtig zu bestimmen.
[337] Weitere Differenzierungen bei *Junker*, Pflichtverletzung, Kindesexistenz und Schadensersatz, S. 30 ff., die zwischen wrongful birth und wrongful pregnancy danach differenziert, ob das ungewollte Kind gesund ist (wrongful pregnancy) oder behindert zur Welt kommt (wrongful life). Eingehend zur aktuellen Rechtslage in den USA *Junker* aaO S. 45 ff.
[338] BGH NJW 2007, 989, 990 Tz. 8 = VersR 2007, 109 m. Bespr. *Mörsdorf-Schulte* NJW 2007, 964; wN in Fn. 348; *Soergel/Spickhoff* Anh. I RdNr. 182 ff.
[339] Zuletzt BGH NJW 2007, 989, 990 f. Tz. 27 ff. m. Bespr. *Mörsdorf-Schulte* 964; *Soergel/Spickhoff* Anh. I RdNr. 189 ff.
[340] So aber *Erman/Schiemann* RdNr. 18; *ders.* JuS 1980, 709, 710 ff.; *Lange* § 6 IX 7 h, S. 339; *Brüggemeier* Deliktsrecht RdNr. 187, 200, 716.
[341] BVerfGE 88, 203, 295 f. = NJW 1993, 1751, 1763 f.; BGH NJW 1980, 1452, 1453; 1981, 2002, 2003; 1985, 671, 673; 1995, 2407, 2408 = LM § 249 (A) Nr. 109 m. Anm. *Schiemann*; *G. Müller*, FS Steffen, 1995, S. 355, 365; *Jaeger* MDR 2004, 1280, 1281; *Soergel/Spickhoff* Anh. I RdNr. 185; *Staudinger/Hager* RdNr. B 13 f.; *Junker*, Pflichtverletzung, Kindesexistenz und Schadensersatz, S. 514 ff. mit umfassenden Nachweisen;

sondern auch die Dispositionsfreiheit des Einzelnen in Bezug auf seine physische Integrität, so dass mit dem Integritätsschutz immer auch der Autonomieschutz gewährleistet ist. Auch bei der Körperverletzung steht nicht der Leib als solcher, sondern „das körperliche Selbstbestimmungsrecht der Persönlichkeit" auf dem Spiel (RdNr. 68, 71).[342] Eine Körperverletzung zu Lasten der Frau kommt auch dann in Betracht, wenn sie über die empfängnisverhütenden Wirkungen eines Hormonpräparats falsch beraten worden ist[343] oder ein aus gegebenem Anlass durchgeführtes genetisches Screening bzw. die daran anschließende Beratung fehlerhaft war.[344] Die Rechtsprechung hat einer Mutter auch dann Schmerzensgeld wegen Körperverletzung zugebilligt, wenn die **fehlgeschlagene Sterilisation** nicht bei ihr selbst, sondern **bei ihrem Ehemann oder Partner** durchgeführt worden war.[345] Insofern liegt es nicht wesentlich anders als in dem Parallelfall, in dem auf Grund ärztlichen Versagens ein Krankheitserreger von dem einen auf den anderen Ehepartner übertragen wird.[346]

90 Der Konflikt zwischen der Autonomie der Mutter und dem Lebensinteresse des Embryos kulminiert in denjenigen Fällen, in denen dem Arzt weder falsche genetische Beratung noch die fehlerhafte Durchführung einer Sterilisation anzulasten ist, sondern er **der Frau** die Möglichkeit nimmt, **über den Abbruch der Schwangerschaft zu entscheiden**.[347] Dabei stehen Fälle im Vordergrund, in denen ein schwer geschädigtes Kind geboren wird, dessen Prädisposition der Arzt pflichtwidrig nicht erkannt oder der Mutter verschwiegen hat. Der BGH stellt hier **allein auf den Arztvertrag** ab und differenziert danach, ob der Schutz vor den aus der Geburt eines Kindes erwachsenden Belastungen vom **Schutzbereich des Behandlungs- oder Beratungsvertrags** umfasst war.[348] Auf dieser Grundlage scheiden Ersatzansprüche solcher Mütter aus, die den beklagten Arzt aus anderen Gründen als zur gynäkologischen Untersuchung und Beratung aufgesucht haben, etwa zur Durchführung eines operativen Eingriffs[349] oder wegen eines Hautekzems.[350] Im Übrigen kann die Mutter Ersatz des **vollen Unterhaltsbedarfs** verlangen, nicht nur des behinderungsbedingten Mehrbedarfs.[351] Darüber hinaus gewährt der BGH der Mutter ein **Schmerzensgeld** wegen Körper- und Gesundheitsverletzung, allerdings nur mit Blick auf Komplikationen während der Schwangerschaft und der Geburt, nicht auch wegen psychischer Beeinträchtigungen, die durch die Pflege eines schwer behinderten Kindes ausgelöst werden.[352] Kommt ein gesundes Kind zur Welt, scheiden Schmerzensgeldansprüche der Mutter wegen eines „Überlastungs-

---

insoweit zust. wohl auch *Stürner* Jura 1987, 75, 78; rechtsvergleichend *Stoll*, Haftungsfolgen im bürgerlichen Recht, S. 266 ff.; aA *Brüggemeier* Haftungsrecht S. 229 f.
[342] Treffend, wenn auch krit. *Schiemann* LM § 249 (A) Nr. 109 Bl. 5; vgl. aber *Schiemann*, FS Gernhuber, 1993, S. 387, 400; gegen das Selbstbestimmungsrecht (im Gegensatz zum Recht am Körper) abstellend *Brüggemeier* Haftungsrecht S. 235.
[343] BGH VersR 1997, 1422, 1423.
[344] BGHZ 124, 128 = NJW 1994, 788; *G. Müller*, FS Steffen, 1995, S. 355, 366.
[345] BGH NJW 1995, 2407, 2408 = LM § 249 (A) Nr. 109 m. Anm. *Schiemann*; für Österreich OGH öRZ 2008, 155 = RdM 2007, 20 m. Bespr. *Chr. Huber*.
[346] BGH NJW 1995, 2407, 2408 = LM § 249 (A) Nr. 109 m. Anm. *Schiemann*.
[347] Ausf. dazu *Junker*, Pflichtverletzung, Kindesexistenz und Schadensersatz, S. 256 ff.
[348] BGHZ 86, 240, 247 f. = NJW 1983, 1371, 1372 f.; BGHZ 89, 95, 98 ff. = NJW 1984, 658 f.; BGHZ 95, 199, 203 ff. = NJW 1985, 2752, 2753 f.; BGHZ 143, 389, 393 = NJW 2000, 1782, 1783; BGHZ 149, 236, 239 = NJW 2002, 886 = FamRZ 2002, 386 m. Anm. *Spickhoff*; BGH NJW 2002, 1489, 1490; 2636, 2637; *G. Müller* NJW 2003, 697, 698; zu den verschiedenen Fallgruppen *Gehrlein* NJW 2000, 1771.; generell verneinend OLG Koblenz NJW-RR 2006, 967 f. m. Bespr. *Mörsdorf-Schulte* NJW 2006, 3105. Für Österreich OGH öRZ 2008, 153, 155; 2008, 161.
[349] So der Fall BGHZ 143, 389, 395 = NJW 2000, 1782, 1784.
[350] BGH NJW 2005, 891, 892 = VersR 2005, 411.
[351] BGHZ 76, 249, 250 ff. = NJW 1980, 1450 f.; BGHZ 124, 128, 135 ff. = NJW 1994, 788, 790 ff.; BGHZ 149, 236, 239 = NJW 2002, 886 = FamRZ 2002, 386 m. Anm. *Spickhoff*; BGHZ 151, 133, 137 = NJW 2002, 2636, 2637; BGH NJW 1995, 2407, 2409; 2002, 1489, 1490; OLG Karlsruhe VersR 2002, 1426, 1427; *Steffen/Dressler* Arzthaftungsrecht RdNr. 271; *G. Müller*, FS Steffen, 1995, S. 355 ff., 363 f.; *dies.* NJW 2003, 697, 705 f.
[352] BGHZ 86, 240, 249 = NJW 1983, 1371, 1373; BGH NJW 1985, 671, 673 m. Anm. *Deutsch* 2749, 2752; NJW 1995, 2412, 2413; *G. Müller*, FS Steffen, 1995, S. 355, 366; vgl. auch *Junker*, Pflichtverletzung, Kindesexistenz und Schadensersatz, S. 567 ff.

syndroms" von vornherein aus.³⁵³ Schließlich ist bei der Bemessung des Schmerzensgelds zu berücksichtigen, dass der Mutter ein anderer körperlicher Eingriff – nämlich die Abtreibung – erspart worden ist.³⁵⁴

Die vorstehenden Grundsätze stehen unter der Voraussetzung, dass eine **Abtreibung des Kindes nicht nur straffrei** iS der §§ 218 ff. StGB, sondern darüber hinaus auch **rechtmäßig** gewesen wäre, was nach den Maßstäben zu beurteilen ist, die das BVerfG in seinem zweiten Urteil zur Fristenlösung aufgestellt hat.³⁵⁵ In dieser Einschränkung liegt die wesentliche **Konzession des VI. ZS des BGH an den 2. Senat des BVerfG.** Obwohl der BGH immer schon auf dem Standpunkt gestanden hat, eine Haftung des Arztes für die Verletzung pränataler Sorgfaltspflichten setze voraus, dass der **Abbruch rechtmäßig gewesen wäre,** hat sich mit der Entscheidung des BVerfG eine wesentliche Verengung der Gründe für einen rechtmäßigen Schwangerschaftsabbruch ergeben.³⁵⁶ Die heutige Fristenlösung des § 218a Abs. 1 StGB hat zwar in der Strafrechtspraxis die frühere „soziale Indikation" bei wirtschaftlicher Notlage weitgehend ersetzt, doch anders als diese führt jene nicht mehr zur Rechtmäßigkeit des Schwangerschaftsabbruchs, sondern nur noch zu seiner Straflosigkeit.³⁵⁷ Da der BGH diese Verengung mitvollzogen hat, bleiben für den Schadensersatz wegen unterbliebener Abtreibung im Wesentlichen die Fälle der kriminologischen Indikationen (§ 218a Abs. 3 StGB) sowie der allgemeinen medizinischen Indikation gemäß § 218a Abs. 2 StGB, die nunmehr in modifizierter Form auch die embryopathische Indikation umfasst, ohne dass dies im Gesetz zum Ausdruck käme.³⁵⁸ Nach der lex lata kommt es nicht mehr auf die Schwere der **Behinderung des Kindes,** sondern allein auf die dadurch verursachten physischen und psychischen Belastungen der Mutter an.³⁵⁹ Der VI. ZS des BGH sieht sich deshalb genötigt, selbst im Detail die Voraussetzungen des § 218a Abs. 2, 3 StGB zu überprüfen, der in der strafrechtlichen Praxis bestenfalls ein Schattendasein führt, weil der Schwangerschaftsabbruch nach der Fristenlösung des § 218a Abs. 1 StGB auch dann nicht bestraft wird, wenn es am Nachweis einer Indikation fehlt.³⁶⁰ Die Mutter muss darlegen und nachweisen, dass im Zeitpunkt des hypothetischen Schwangerschaftsabbruchs eine Gefahr für ihr Leben oder einer schwerwiegenden Beeinträchtigung ihres körperlichen oder seelischen Gesundheitszustands gegeben war, die nicht auf zumutbare Weise abgewendet werden konnte.³⁶¹ Im Bestreitensfall muss das Gericht einen Sachverständigen einschalten.³⁶² Unter diesen Voraussetzungen bleibt allerdings schwer erklärbar, warum der Unterhaltsschaden kompensiert – und nicht lediglich die psychische Beeinträchtigung der Mutter restituiert wird.³⁶³

---

[353] BGH NJW 1995, 2412, 2413.
[354] BGHZ 86, 240, 248 f. = NJW 1983, 1371, 1373.
[355] BGHZ 149, 236, 239 = NJW 2002, 886 = FamRZ 2002, 386 m. Anm. *Spickhoff*; BGHZ 151, 133, 138 f. = NJW 2002, 2636, 2637; BGH NJW 2002, 1489, 1490; 2003, 3411; 2006, 1660, 1661 = VersR 2006, 702; danach wäre insbes. der Fall BGH NJW 1985, 671 nach heutigen Maßstäben anders zu entscheiden. Dazu schon damals abl. *Stürner* FamRZ 1985, 753.
[356] BGHZ 151, 133, 138 = NJW 2002, 2636, 2637; BGH NJW 2002, 1489, 1490; 2003, 3411; 2006, 1660 = VersR 2006, 702.
[357] Vgl. *Schönke/Schröder/Eser* § 218a StGB RdNr. 12.
[358] Vgl. BT-Drucks. 13/1850 S. 26 und dazu BGHZ 151, 133, 138 f. = NJW 2002, 2636, 2637; BGH NJW 2003, 3411; 2006, 1660, 1661 = VersR 2006, 702; *G. Müller* NJW 2003, 697, 702 f.; zum früheren Recht OLG Karlsruhe VersR 2002, 1426, 1427; zu den Gründen *Schönke/Schröder/Eser* § 218a StGB RdNr. 37; mit Recht krit. zur Ambivalenz des Gesetzgebers *Deutsch* ZRP 2003, 332, 335; wegen der Gesetzesänderung die Ersatzfähigkeit des Unterhaltsschadens verneinend *Mörsdorf-Schulte* NJW 2006, 3105, 3106 f.
[359] BGHZ 151, 133, 138 f. = NJW 2002, 2636, 2637; BGH NJW 2003, 3411; 2006, 1660, 1661 = VersR 2006, 702.
[360] Vgl. BGHZ 149, 236, 240 ff. = NJW 2002, 886 = FamRZ 2002, 386 m. Anm. *Spickhoff*; BGH NJW 2002, 1489, 1490 f.; OLG Hamm NJW 2002, 2649, 2650; OLG Koblenz NJW-RR 2006, 967, 968; mit Recht krit. *Spickhoff* NJW 2002, 1758, 1764; für Österreich OGH öRZ 2008, 153; öRZ 2008, 161.
[361] BGHZ 151, 133, 139 f. = NJW 2002, 2636, 2637; BGH NJW 2003, 3411 f.; 2006, 1660, 1661 = VersR 2006, 702.
[362] BGH NJW 2003, 3411, 3412.
[363] *Mörsdorf-Schulte* NJW 2006, 3105, 3106 f.

92 Auch **Väter „ungewollter" Kinder** können Ansprüche auf Ersatz des ihnen entstandenen Unterhaltsschadens nach den Grundsätzen des Vertrags mit Schutzwirkung für Dritte geltend machen, etwa der Ehemann nach fehlgeschlagener Sterilisation seiner Frau[364] und der nichteheliche Vater bei Verletzung des auf Empfängnisverhütung gerichteten Behandlungsvertrags,[365] während bei fehlerhafter genetischer Beratung ein unmittelbares vertragliches Band zwischen Ehemann und Arzt existiert.[366] Demgegenüber ist einem 15-jährigen Jugendlichen ein Schadensersatzanspruch verweigert worden, obwohl seine 13-jährige Freundin eine Gynäkologin aufgesucht, diese die Anti-Baby-Pille verschrieben, die bereits bestehende Schwangerschaft aber übersehen hatte.[367] Wäre ein Schwangerschaftsabbruch rechtmäßig gewesen – was er in diesem Fall nicht war – gäbe es jedoch keinen Grund, die Drittschutzrichtung des Behandlungsvertrags zu verneinen und dem Vater eigene Ersatzansprüche vorzuenthalten.[368]

93 cc) Schadensersatzansprüche des Kindes. Im Gegensatz zu den Fällen des „wrongful birth" geht es beim **„wrongful life"** nicht um Schadensersatzansprüche der Eltern wegen der Geburt eines – gesunden oder behinderten, jedenfalls aber nicht gewollten – Kindes, sondern um Schadensersatzansprüche des Kindes selbst. Letztere kommen nur insoweit in Betracht, als das Kind mit einer Behinderung zur Welt gekommen ist – sonst fehlt es offensichtlich an einer Gesundheitsverletzung. Heute steht außer Zweifel, dass **der Nasciturus den Schutz des § 823 Abs. 1 genießt**, so dass ein geschädigtes Kind Schadensersatzansprüche gegen Dritte, insbesondere Ärzte, geltend machen kann, die vor seiner Geburt, im embryonalen Stadium, auf seinen Körper und seine Gesundheit eingewirkt haben.[369] Die in der Literatur dagegen vorgetragenen Bedenken, etwa unter dem Gesichtspunkt des § 1, der die Rechtsfähigkeit des Menschen erst mit der Vollendung der Geburt eintreten lässt,[370] hat der BGH mit überzeugender Begründung zurückgewiesen.[371] Entscheidend dürfte insoweit sein, dass § 1 keine Aussage über die Verletzungsfähigkeit von Schutzgütern macht, sondern allein den Zeitpunkt regelt, von dem ab ein menschliches Wesen Träger von Rechten und Pflichten sein kann.[372] Folgerichtig haftet der Verursacher eines Verkehrsunfalls für die Schäden, die dem Nasciturus durch den Aufprall oder wegen Durchblutungsstörungen der Plazenta infolge des von der Schwangeren erlittenen Schocks zugefügt worden sind.[373] Da es auf die Schädigung des Nasciturus und nicht auf die Körperverletzung der Schwangeren ankommt, gilt dies auch dann, wenn die für den Embryo fatale Mangeldurchblutung der Plazenta nicht auf einer physischen Verletzung der werdenden Mutter beruht, sondern durch einen Angriff auf die Psyche der Schwangeren verursacht wird.[374]

94 Von besonderer praktischer Bedeutung sind **Schädigungen des Embryos während des für seine Gesundheit besonders riskanten Geburtsvorgangs,** für die der behandelnde Arzt auch deliktsrechtlich einzustehen hat: Die Tätigkeit des Arztes bei der Geburtshilfe ist selbst bei vaginaler Geburt Körperverletzung am Kind.[375] Schließlich steht die Haftung der

---

[364] BGHZ 76, 259, 262 = NJW 1980, 1452, 1453; eingehend *Junker*, Pflichtverletzung, Kindesexistenz und Schadensersatz, S. 229 ff.
[365] BGH NJW 2007, 989, 991 Tz. 22 ff. = VersR 2007, 109 m. Bespr. *Mörsdorf-Schulte* NJW 2007, 964.
[366] BGHZ 124, 128, 132 = NJW 1994, 788, 789.
[367] BGH NJW 2002, 1489, 1490 = VersR 2002, 767.
[368] Wie hier OLG Karlsruhe VersR 2002, 1426, 1427.
[369] BGHZ 58, 48, 49 ff. = NJW 1972, 1126 f.; BGHZ 86, 240, 253 = NJW 1983, 1371, 1374; BGHZ 106, 153, 155 f. = NJW 1989, 1538, 1539; *Larenz/Canaris* II/2 § 76 II 1 h, S. 385; *Brüggemeier* Haftungsrecht S. 254 ff.; *Staudinger/Hager* RdNr. B 42; *Soergel/Spickhoff* Anh. I RdNr. 196.
[370] Eingehend dazu die Untersuchung von *Selb* AcP 166 (1966), 76, der die Schwierigkeiten ebenfalls für überwindbar hält.
[371] BGHZ 58, 48, 49 ff. = NJW 1972, 1126 f.
[372] *Larenz/Canaris* II/2 § 76 II 1 h, S. 385; eingehend *Stoll*, FS Nipperdey, Bd. I, 1965, S. 739, 761 ff.; *ders.*, Haftungsfolgen im bürgerlichen Recht, S. 284 f.
[373] So der Sachverhalt in BGHZ 58, 48 = NJW 1972, 1126 = JZ 1972, 363 m. Anm. *Stoll*.
[374] BGHZ 93, 351, 356 ff. = NJW 1985, 1390, 1391 f. m. Anm. *Deubner* = JR 1985, 461 m. Anm. *Schlund*.
[375] BGHZ 106, 153, 156 = NJW 1989, 1538, 1539; *G. Müller*, FS Steffen, 1995, S. 355, 367 f.

Mutter selbst zur Debatte, soweit sie durch ihren Lebenswandel den Nasciturus schädigt, etwa durch einen Unfall bei der Ausübung einer gefährlichen Sportart oder – praktisch viel häufiger – durch Konsum von Drogen und Alkohol. Entgegen einer verbreiteten Meinung kann es nicht überzeugen, deliktsrechtliche Sorgfaltspflichten der Mutter gegenüber dem Embryo gänzlich auszuschließen.[376] Dem Abtreibungsrecht ist mit Deutlichkeit die Wertung zu entnehmen, dass die Mutter kein unumschränktes Dispositionsrecht über Leben und Gesundheit des Embryos hat. Auf der anderen Seite muss das Kind gemäß § 1664 bis zur Grenze von Vorsatz und grober Fahrlässigkeit (§ 277) seine Mutter haftungsrechtlich so nehmen, wie sie ist. Für den Nasciturus kann nichts anderes gelten.[377] Im Übrigen kommt alles darauf an, die die Mutter treffenden Sorgfaltspflichten richtig einzustellen und keine übertriebenen Anforderungen an die Lebensführung einer schwangeren Frau zu stellen.

Davon zu unterscheiden sind Fallgestaltungen, in denen das **Kind ab initio,** vom Zeitpunkt seiner Zeugung an, **mit der Schädigung existiert** hat. So liegt es insbesondere, wenn die Eltern an Erbkrankheiten leiden, die sie an das Kind weitergegeben haben, wenn die Keimzellen eines Elternteils geschädigt worden sind oder wenn die Mutter eine sonstige Krankheit durch ihren Blutkreislauf schon im Augenblick der Empfängnis auf das Kind überträgt. Der BGH differenziert bei der Lösung danach, ob die Schädigung des Kindes darauf beruht, dass es überhaupt gezeugt wurde, oder darauf, dass im embryonalen Stadium die Abtreibung unterblieben ist. Die zuerst genannte Konstellation lag dem BGH in dem sog. *Lues-Fall* vor, in dem die Mutter bei einer Bluttransfusion im Krankenhaus mit Lues infiziert worden war und 14 Monate später ein ebenfalls daran erkranktes Kind zur Welt brachte.[378] Das Gericht hat sich, mit stark naturrechtlich gefärbter Begründung, über dogmatische Bedenken[379] hinweggesetzt und eine Gesundheitsverletzung des Kindes bejaht, obwohl es niemals in unversehrtem Zustand existiert hat.[380] Tatsächlich kann dieser Umstand die Annahme einer Gesundheitsverletzung nicht ausschließen, weil die Eigenschaften einer verletzungsfreien Existenz offen zutage liegen und hier – anders als bei den viel diskutierten Eigentumsverletzungen im Zusammenhang mit den sog. Weiterfresser- und Produktionsschäden (RdNr. 223 ff.) – ein Überspielen der Wertungen des Gewährleistungsrechts von vornherein nicht zu besorgen ist.[381] Entgegen einem entsprechenden Vorschlag in der Literatur kann es nicht in Betracht kommen, diese Grundsätze speziell für genetische Schäden, insbesondere infolge von Bestrahlung mit radioaktivem Material, aufzugeben und die Haftung pauschal zu verneinen.[382] Die Sorge, das Ausmaß potentieller Ersatzansprüche für genetische Schäden könne dazu führen, dass bestimmte riskante Tätigkeiten nicht mehr mit Gewinn betrieben werden können, spricht nicht für den Ausschluss der Haftung, sondern für die Einstellung einer Aktivität, deren Nutzen offenbar geringer ist als der Erwartungswert der durch sie verursachten Schäden (RdNr. 259 f.).[383]

Anders entscheidet der VI. ZS des BGH schließlich in einer dritten, besonders kontrovers diskutierten Fallgruppe, die dadurch gekennzeichnet ist, dass ein **Arzt eine pränatale Untersuchung fehlerhaft durchführt oder es versäumt, die Mutter über den Befund aufzuklären.**[384] So hat der BGH die Haftung des Arztes in einem Fall verneint, in dem er eine infolge einer Röteln-Erkrankung der Mutter eingetretene Schädigung des Kindes übersehen und nicht zu dessen – auf Grund damaliger embryopathischer Indikation zulässiger –

---

[376] So aber *Stoll,* FS Nipperdey, Bd. I, 1965, S. 739, 758 f.; *Staudinger/Hager* RdNr. B 49; wohl auch *Erman/Schiemann* RdNr. 22.
[377] *Coester-Waltjen,* FS Gernhuber, 1993, S. 837, 847 f.
[378] BGHZ 8, 243 = NJW 1953, 417.
[379] *R. Schmidt* JZ 1952, 167.
[380] BGHZ 8, 243, 246 ff. = NJW 1953, 417 f.; bestätigt in BGHZ 86, 240, 253 = NJW 1983, 1371, 1374.
[381] *Larenz/Canaris* II/2 § 76 II 1 h, S. 385.
[382] So *Bentzien* VersR 1972, 1095 ff.
[383] Eingehend dazu im Kontext der Pflichtvorsorge- und Freistellungspflichten des AtG *Wagner* in: *Ahrens/Simon* (Hrsg.), Umwelthaftung, Risikosteuerung und Versicherung, S. 100 ff.
[384] Eingehend dazu *Junker,* Pflichtverletzung, Kindesexistenz und Schadensersatz, S. 597 ff., 647 ff.

Abtreibung geraten hatte.[385] Das Kind könne dem Arzt nicht zum Vorwurf machen, die Schwangerschaft, die zu seiner Geburt geführt hat, nicht von vornherein verhindert oder nach der Empfängnis durch Abtreibung unterbrochen zu haben – es könne sein Schadensersatzbegehren also nicht darauf stützen, dass es überhaupt existiert. Dieser Grundsatz gilt nach der Rechtsprechung nicht nur für das Deliktsrecht, sondern schließt auch vertragsrechtliche Schadensersatzansprüche unter dem Gesichtspunkt des Vertrages mit Schutzwirkung zugunsten Dritter aus.[386] Er steht in Übereinstimmung mit der Haltung der englischen Gerichte[387] und der neuesten französischen Gesetzgebung,[388] ist aber in beiden Ländern umstritten.[389] – In der deutschen Literatur werden eigene Ersatzansprüche des Kindes verbreitet bejaht.[390] Die Kritiker halten es für widersprüchlich, wenn der BGH einerseits einen Schaden des Kindes verneint, den Unterhaltsaufwand der Eltern jedoch als Schaden anerkennt und im Rahmen der Vertragshaftung restituiert (vgl. RdNr. 90). Praktisch hat diese Diskrepanz zur Folge, dass das behinderte Kind seine Versorgung mit dem Tod der Eltern verliert. Auf der Grundlage der beiden Prämissen, dass auch ein ab initio beeinträchtigter Mensch eine Gesundheitsverletzung erlitten haben kann, und dass zwischen der Existenz des Kindes als solcher und dem Unterhaltsbedarf differenziert werden kann und muss (RdNr. 95), lässt sich indessen auch ein eigener Anspruch des Kindes aus § 823 Abs. 1, gerichtet auf Ersatz des behinderungsbedingten Mehrbedarfs, begründen.[391] Vorausgesetzt wäre allerdings auch hier, dass die Abtreibung iS des § 218a Abs. 2 StGB rechtmäßig gewesen wäre (RdNr. 91).

97   Der BGH verfolgt die eingeschlagene Linie auch insofern konsequent, als er **Regressansprüche der gesetzlichen Krankenkassen** gegen den Arzt auf Grund von § 116 SGB X wegen der Kosten des für die medizinische Versorgung eines (schwerst-)behinderten Kindes zu leistenden Aufwands abgelehnt hat.[392] Konstruktiv ergibt sich dieses Ergebnis aus der Ablehnung eigener Schadensersatzansprüche des behinderten Kindes (RdNr. 96) sowie aus der sozialversicherungsrechtlichen Regelung des § 10 SGB V, nach dem die Familienmitglieder des Versicherungsnehmers selbstständig Versicherungsschutz genießen, also selbst Inhaber von Leistungsansprüchen gegen die Krankenkasse sind. Da das Kind keinen eigenen Schadensersatzanspruch gegen den Arzt hat, kann insofern nichts übergehen, und die Unterhaltsleistungen der Eltern, die der Arzt auszugleichen hätte, sind mit den Krankenversicherungsleistungen nicht kongruent.[393] Allerdings muss darauf hingewiesen werden, dass die Kosten des behinderungsbedingten Mehrbedarfs auch dann vom Kollektiv der Kranken-

---

[385] BGHZ 86, 240, 251 f. = NJW 1983, 1371, 1373 f. = JZ 1983, 447 m. Anm. *Deutsch*; zugespitzt *Picker*, Schadensersatz für das unerwünschte eigene Leben – „Wrongful Life", S. 11; dem BGH zust. *Larenz/Canaris* II/2 § 76 II 1 f, S. 383; *Brüggemeier* Deliktsrecht RdNr. 199.

[386] BGHZ 86, 240, 252 ff. = NJW 1983, 1371, 1373 f.; *Deutsch* JZ 1983, 451; *ders.* MDR 1984, 793, 795; *ders.* VersR 1995, 609, 614; *ders.* NJW 2003, 26, 27; *Staudinger/Hager* RdNr. B 51; offen gelassen von *Larenz/Canaris* II/2 § 76 II 1 f, S. 383.

[387] McKay vs. Essex Area Health Authority [1982] QB 1166 (CA 1982).

[388] Art. 1 des Gesetzes Nr. 2002–203 vom 4. 3. 2002, JO vom 5. 3. 2002, S. 4118, abgedruckt bei *Rebhahn* ZEuP 2004, 794, 795: „Nul ne peut se prévaloir d'un préjudice du seul fait de sa naissance.".

[389] Vgl. *Rebhahn* ZEuP 2004, 794, 805 ff.; *le Tourneau/Cadiet*, Droit de la responsabilité et des contrats, 2002, Nr. 1435 ff.; *Markesinis/Deakin*, Tort Law, 5. Aufl. 2003, S. 308 f.

[390] So auf der Grundlage des Arztvertrags *Deutsch* VersR 1995, 609, 614; *ders.* NJW 2003, 26, 27; *Spickhoff* FamRZ 2002, 389, 390; *ders.* VersR 2006, 1569, 1570 f.; *Deutsch/Spickhoff* Medizinrecht RdNr. 446; *Soergel/Spickhoff* Anh. I RdNr. 197; *Staudinger/Hager* RdNr. B 51; auf der Grundlage von § 823 *Erman/Schiemann* RdNr. 22; *Stoll*, Haftungsfolgen im bürgerlichen Recht, S. 284 f., auf der Basis einer Persönlichkeitsverletzung auch *Stathopoulos*, FS Canaris, Bd. I, 2007, S. 1213, 1223 ff.

[391] Übereinstimmend *Erman/Schiemann* RdNr. 22; *Stoll*, Haftungsfolgen im bürgerlichen Recht, S. 285; für Persönlichkeitsverletzung *Soergel/Spickhoff* Anh. I RdNr. 197; ähnlich *Stathopoulos*, FS Canaris, Bd. I, 2007, S. 1213, 1221 ff.; *Brüggemeier* Haftungsrecht S. 258: „distributive Gerechtigkeit"; vgl. auch *Deutsch* VersR 1995, 609, 614; abl. wegen der zweifellos bestehen bleibenden konstruktiven Probleme *Zimmermann* JZ 1997, 132; zur Kausalitätsproblematik eingehend *Rebhahn* ZEuP 2004, 794, 812 ff.

[392] BGH VersR 2002, 192 m. Anm. *Büsken*; ausf. Begr. in OLG Naumburg VersR 2001, 341, 342 f.; anders noch OLG Düsseldorf VersR 1998, 194, 195.

[393] OLG Naumburg VersR 2001, 341, 342.

versicherten zu finanzieren wären, wenn der Regress gegen den Arzt zugelassen würde, denn aus den Beiträgen der Krankenversicherten werden selbstverständlich auch die Kosten der Haftpflichtversicherung des Arztes bestritten.[394]

dd) Heterologe Insemination. Die heterologe Insemination, also die Befruchtung der Eizelle mit dem Samen eines anderen Mannes als des Ehemanns der Frau, wirft verschiedene Konflikte auf, von denen manche auch haftungsrechtliche Konsequenzen haben können. In Betracht kommen Schadensersatzansprüche des auf diese Weise gezeugten Kindes gegen den Arzt, der eine anonymisierte Samenspende verwendet hat, wegen Verletzung des im Rahmen von Art. 1 Abs. 1, 2 Abs. 1 GG geschützten **Rechts auf Kenntnis der eigenen Abstammung**.[395] Gelingt hingegen die Individualisierung des Spenders, steht dessen Schadensersatzanspruch gegen den Arzt, die Klinik oder die Samenbank zur Debatte. **Haftungsgrund** wäre die Verletzung einer Pflicht zur **Aufklärung** über die familien- und erbrechtlichen Risiken einer Samenspende.[396]

3. Freiheit

Schrifttum: *Deutsch*, Freiheit und Freiheitsverletzung im Haftungsrecht, FS Hauß, 1978, S. 43; *Eckert*, Der Begriff Freiheit im Recht der unerlaubten Handlungen, JuS 1994, 625.

Das Rechtsgut Freiheit wird heute nahezu einhellig auf die **körperliche Fortbewegungsfreiheit** beschränkt,[397] unter Ausklammerung der Willens- und Handlungsfreiheit, die im Rahmen des Art. 2 Abs. 1 GG verfassungsrechtlichen Schutz genießt.[398] Der dagegen erhobenen Kritik ist zuzugeben, dass die Entstehungsgeschichte ein solch enges Verständnis des Rechtsguts Freiheit nicht erzwingt und das RG einige Jahre und eine Vielzahl von Entscheidungen gebraucht hat, bis sich Freiheit iS des § 823 Abs. 1 mit Fortbewegungsfreiheit gleichsetzen ließ.[399] Trotzdem ist der hM im Ergebnis zuzustimmen. Was die Entstehungsgeschichte anlangt, so erscheint die terminologische Differenz zwischen § 823 Abs. 1 und den §§ 845, 847 aF, wo von Freiheitsentziehung die Rede ist bzw. war,[400] als zu schmal, um daraus auf die Verwendung eines weiten Freiheitsbegriffs in der erstgenannten Bestimmung zu schließen. Vor allem lässt sich eine solche Interpretation des § 823 Abs. 1 kaum mit der Entscheidung des Gesetzgebers gegen eine allgemeine Fahrlässigkeitshaftung für reine Vermögensschäden und Beeinträchtigungen allgemeiner Persönlichkeitsinteressen in Einklang bringen, wie sie insbesondere in § 826 sowie den Sondertatbeständen der §§ 824, 825 zum Ausdruck kommt, die überflüssig wären, schützte § 823 Abs. 1 die allgemeine Willens- und Handlungsfreiheit im geschäftlichen wie privaten Verkehr.[401] Schließlich ist zwar einzuräumen, dass ein restriktiv interpretierter Freiheitsbegriff Schutzlücken aufreißt, die jedoch nach Anerkennung des Rechts am eingerichteten und ausgeübten Gewerbebetrieb sowie des Allgemeinen Persönlichkeitsrechts durch die Rechtsprechung weitgehend geschlossen worden sind. Diese beiden der Konkretisierung bedürftigen und einer Abwägung konfligierender Schutzgüter zugänglichen Rahmenrechte sind zum Schutz der Willens- und Handlungsfreiheit besser geeignet als das Rechtsgut

---

[394] Besonders deutlich OLG Naumburg VersR 2001, 341, 342; krit. auch *Spickhoff* NJW 2002, 1758, 1764; vgl. auch G. *Müller* NJW 2003, 697, 706.
[395] BVerfGE 79, 256 = NJW 1989, 891; BVerfGE 90, 263 = NJW 1994, 2475; *Spickhoff* VersR 2006, 1569, 1572.
[396] *Spickhoff* VersR 2006, 1569, 1573 f.
[397] *Deutsch*, FS Hauß, 1978, S. 43, 57 ff.; *Kötz/Wagner* RdNr. 142; *Larenz/Canaris* II/2 § 76 II 2, S. 385 f.; *Brüggemeier* RdNr. 211; *Erman/Schiemann* RdNr. 23; *Staudinger/Hager* RdNr. B 53; *Soergel/Spickhoff* RdNr. 53.
[398] BVerfGE 6, 32, 36 f. = NJW 1957, 297 – Elfes.
[399] *Eckert* JuS 1994, 625, 628 ff.; einen Überblick über die frühe Rspr. des RG zum Freiheitsbegriff gibt *Deutsch*, FS Hauß, 1978, S. 43, 49 ff. Die Unentschlossenheit des RG findet sich allerdings vor allem in einer einzigen Entscheidung, RGZ 58, 24, 28, während etwa in RGZ 48, 114, 123 f. klar gesagt wird, § 823 Abs. 1 schütze nicht die Willensfreiheit.
[400] Darauf stellt *Eckert* JuS 1994, 625, 629 entscheidend ab.
[401] *Larenz/Canaris* II/2 § 76 II 2, S. 385 f.; *Erman/Schiemann* RdNr. 23; *Staudinger/Hager* RdNr. B 53.

Freiheit.⁴⁰² Letzteres ist somit auf die Fortbewegungsfreiheit zu beschränken, so dass auch die Nötigung durch Drohung, Zwang oder Täuschung nicht erfasst ist,⁴⁰³ sondern dem Allgemeinen Persönlichkeitsschutz anheim fällt, soweit nicht ohnehin § 823 Abs. 2 iVm. § 240 StGB eingreifen.

100   § 823 Abs. 1 schützt die Freiheit sowohl vor Beschränkungen als auch vor ihrem völligen Entzug, etwa durch Einsperren oder durch das sog. **Fixieren eines psychisch Kranken**.⁴⁰⁴ Aus dem so definierten Schutzbereich des Rechtsguts ergibt sich ohne weiteres, dass der Tatbestand ausscheidet, wenn jemand daran gehindert wird, an einen bestimmten Ort zu gelangen, nicht aber daran, seinen aktuellen Standort zu verlassen. Das Steckenbleiben im Stau oder das **Zuparken von Autos** beeinträchtigt die Willensfreiheit, weil die Betroffenen nicht dahin gelangen könne, wohin sie wollen, nicht aber die Fortbewegungsfreiheit, weil der Autofahrer sich nach wie vor frei bewegen kann. In solchen Fällen steht allein eine Eigentumsverletzung unter dem Gesichtspunkt der Nutzungsbeeinträchtigung zur Debatte.⁴⁰⁵ Im Übrigen entspricht der Tatbestand weitgehend demjenigen der Freiheitsberaubung gemäß § 239 StGB, auf dessen Kasuistik Bezug genommen werden kann.

101   In deliktsrechtlicher Hinsicht ebenso bedeutsam sind Freiheitsentziehungen, die **von staatlichen Stellen vollzogen** werden, die jedoch auf Veranlassung oder unter Mitwirkung einer Privatperson handeln. So liegt es etwa, wenn jemand im nationalsozialistischen Deutschland eine Nachbarin der „Rassenschande" mit einem Juden bezichtigt, so dass diese für ein Jahr lang ins Gefängnis wandert,⁴⁰⁶ wenn eine in einer geschlossenen Anstalt tätige Nervenärztin ein Entmündigungsverfahren in Betreff einer Patienten einleitet, nur um die dort vorhandenen Plätze zu füllen,⁴⁰⁷ oder wenn ein psychiatrischer Sachverständiger einem selbst ernannten „Sozialanwalt" eine „psychopathische progressive Querulanz mit eindeutigem Krankheitswert" attestiert, mit der Folge, dass der Betroffene für drei Monate in ein Landeskrankenhaus eingewiesen wird, obwohl er völlig gesund ist (vgl. § 839a RdNr. 2).⁴⁰⁸ Die Haftung von Spruchrichtern ist gemäß § 839 Abs. 2 eng beschränkt; zur Sachverständigenhaftung vgl. § 839a.

4. Eigentum

1. Schrifttum allgemein: *v. Bar,* Probleme der Haftpflicht für deliktsrechtliche Eigentumsverletzungen, 1992; *Beater,* Der Schutz von Eigentum und Gewerbebetrieb von Fotografen, JZ 1998, 1101; *Marschall v. Bieberstein,* Schadensersatz für Gewinnentgang bei Eigentumsverletzung, FS v. Caemmerer, 1978, S. 411; *Boecken,* Deliktsrechtlicher Eigentumsschutz gegen reine Nutzungsbeeinträchtigungen, 1995; *Brüggemeier,* Der BGH und das Problem der „Vermögensfunktionsstörung", VersR 1984, 902; *v. Caemmerer,* Das Problem des Drittschadensersatzes, ZHR 127 (1965), 241; *Deutsch,* Das Eigentum als absolutes Recht und als Schutzgegenstand der Haftung, MDR 1988, 441; *Henckel,* Prozeßrecht und materielles Recht, S. 289 ff., 1970; *Grüneberg,* Schadensersatzpflicht bei verkehrshindernd abgestellten Kraftfahrzeugen, NJW 1992, 945; *G. Hager,* Haftung bei Störung der Energiezufuhr, JZ 1979, 53; *U. Huber,* Gefahren des vertraglichen Abtretungsverbots für den Schuldner der abgetretenen Forderung, NJW 1968, 1905; *Jahr,* Schadensersatz wegen deliktischer Nutzungsentziehung – zu Grundlagen des Rechtsgüterschutzes und des Schadensersatzrechts, AcP 183 (1983), 725; *Jakobs,* Die Verlängerung des Eigentumsvorbehalts und der Ausschluß der Abtretung der Weiterveräußerungsforderung, JuS 1973, 152; *Janssen,* Abschleppen im bürgerlichen Recht, NJW 1995, 624; *Kübler,* Eigentumsschutz gegen Sachabbildung und Bildreproduktion?, FS F. Baur, 1981, S. 51; *Möschel,* Der Schutzbereich des Eigentums nach § 823 I BGB, JuS 1977, 1; *Plum,* Zur Abgrenzung des Eigentums- vom Vermögensschaden, AcP 181 (1981), 68; *Rehbinder,* Ersatz ökologischer Schäden – Begriff, Anspruchsberechtigung und Umfang

---

⁴⁰² *Deutsch,* FS Hauß, 1978, S. 43, 60; *Larenz/Canaris* II/2 § 76 II 2, S. 385 f.
⁴⁰³ So aber *Palandt/Thomas* RdNr. 6; 3. Aufl. RdNr. 82 *(Mertens);* wie hier *Staudinger/Hager* RdNr. B 53; *Soergel/Spickhoff* RdNr. 54.
⁴⁰⁴ BGH NJW 1959, 2301 f. = LM (Ab) Nr. 1; OLG Karlsruhe VersR 1995, 217, 218; dort indessen nur Vertragshaftung erörtert.
⁴⁰⁵ Übereinstimmend AG Köln DAR 1988, 98; *Larenz/Canaris* II/2 § 76 II 2, S. 386; ambivalent *Staudinger/Hager* RdNr. B 54.
⁴⁰⁶ RG DR 1940, 393. Das RG bejaht die Haftung, setzt das Schmerzensgeld allerdings herab, weil sich die Klägerin „nicht so verhalten hat, wie man es von einer deutschen Frau in rassischer Beziehung verlangen muss" (aaO S. 394).
⁴⁰⁷ OLG Nürnberg NJW-RR 1998, 791.
⁴⁰⁸ BGHZ 62, 54 = NJW 1974, 312 = JZ 1974, 548 m. Anm. *Hopt.*

des Ersatzes unter Berücksichtigung rechtsvergleichender Erfahrungen, NuR 1988, 105; *Rosenbach*, Eigentumsverletzung durch Umweltveränderung, 1997; *K. Schmidt*, Gutgläubiger Eigentumserwerb trotz Abtretungsverbots in AGB – Zur Bedeutung des § 354a HGB für die Praxis zu § 366 HGB, NJW 1999, 400; *Weitnauer*, Zum Schutz der absoluten Rechte, Karlsruher Forum, 1961, S. 28; *Zeuner*, Störungen des Verhältnisses zwischen Sache und Umwelt als Eigentumsverletzung, FS Flume, Bd. I, 1978, S. 775.

2. **Weiterfresser- und Produktionsschäden**: *Brüggemeier*, Die vertragsrechtliche Haftung für fehlerhafte Produkte und der deliktsrechtliche Eigentumsschutz nach § 823 Abs. 1 BGB, VersR 1983, 501; *Diederichsen*, Die Deckung des Produkthaftpflichtrisikos im Rahmen der Betriebshaftpflichtversicherung, VersR 1971, 1077; *ders.*, Wohin treibt die Produzentenhaftung, NJW 1978, 1281; *ders.*, Die Entwicklung der Produzentenhaftung, VersR 1984, 797; *Foerste*, Neues zur Produkthaftung – Passive Beobachtungspflicht und Äquivalenzinteresse, NJW 1994, 909; *ders.*, Deliktische Haftung für Fehlinvestitionen, NJW 1998, 2877; *Franzen*, Deliktische Haftung für Produktionsschäden, JZ 1999, 702; *Gsell*, Substanzverletzung und Herstellung, 2003; *G. Hager*, Zum Schutzbereich der Produzentenhaftung, AcP 184 (1984), 413; *Hinsch*, Ausweitung der deliktsrechtlichen Zuliefererhaftung durch das Transistor-Urteil, VersR 1998, 1353; *H. Honsell*, Produkthaftungsgesetz und allgemeine Deliktshaftung, JuS 1995, 211; *U. Huber*, Zur Haftung des Verkäufers wegen positiver Vertragsverletzung, AcP 177 (1977), 281; *Jagenburg*, Deliktshaftung auf dem Vormarsch. Zur Haftung des Werkunternehmers wegen Eigentumsverletzung durch Baumängel, FS Locher, 1990, S. 93; *Katzenmeier*, Vertragliche und deliktische Haftung in ihrem Zusammenspiel, dargestellt am Problem der „weiterfressenden Mängel", 1994; *D. Koch*, Produkthaftung, 1995; *Kullmann*, Die Rechtsprechung des BGH zur deliktischen Haftung des Herstellers für Schäden an der von ihm hergestellten Sache, BB 1985, 409; *ders.*, Problemfälle der Eigentumsverletzung bei der deliktischen Produzentenhaftung, PHI 1999, 16; *Mansel*, Das neue Verjährungsrecht, NJW 2002, 89; *Merkel*, „Weiterfressende Mängel" ohne Ende? Zur Kritik der Rechtsprechung des BGH, NJW 1987, 358; *Rauscher*, Deliktshaftung des Herstellers für Beschädigung der Kaufsache – BGH, NJW 1985, 2420, JuS 1987, 14; *Reinicke/Tiedtke*, Stoffgleichheit zwischen Mangelunwert und Schäden im Rahmen der Produzentenhaftung, NJW 1986, 10; *Rengier*, Produzentenhaftung und Verjährung, JZ 1977, 346; *R. Schaub*, „Weiterfresserschäden" bei Bauwerken, VersR 2001, 940; *Schlechtriem*, Der sogenannte Weiterfresserschaden – ein Alptraum der deutschen Rechtsdogmatik?, FS Hyung-Bae Kim, 1995, S. 281; *ders.*, Haftung bei „weiterfressendem" Mangel – BGH, VI ZR 310/79 vom 18. 1. 1979, JA 1983, 255; *Schmidt-Salzer*, Deliktshaftung des Herstellers für Schäden an der gelieferten Sache, BB 1983, 534; *Schwenzer*, Sachgüterschutz im Spannungsfeld deliktischer Verkehrspflichten und vertraglicher Leistungspflichten, JZ 1988, 525; *Steffen*, Die Bedeutung der „Stoffgleichheit" mit dem „Mangelunwert" für die Herstellerhaftung aus Weiterfresserschäden, VersR 1988, 977; *Steinmeyer*, Deliktische Eigentumsverletzung bei weiterfressenden Mängeln an der Kaufsache?, DB 1989, 2157; *Tiedtke*, Zur Haftung des Herstellers eines fehlerhaften Produktes bei Schäden an der gelieferten Sache, ZIP 1992, 1446; *Wagner*, Schuldrechtsreform und Deliktsrecht, in: *Dauner-Lieb/Konzen/K. Schmidt* (Hrsg.), Das neue Schuldrecht in der Praxis, 2002, S. 203; *Westermann*, Das neue Kaufrecht, NJW 2002, 241.

3. **Computer-Software und Daten**: *Bartsch*, Computerviren und Produkthaftung, CR 2000, 721; *Meier/Wehlau*, Die zivilrechtliche Haftung für Datenlöschung, Datenverlust und Datenzerstörung NJW 1998, 1585; *Spindler*, Deliktsrechtliche Haftung im Internet – nationale und internationale Rechtsprobleme, ZUM 1996, 533; *ders.*, Das Jahr-2000-Problem in der Produkthaftung: Pflichten der Hersteller und der Softwarenutzer, NJW 1999, 3737; *Taeger*, Außervertragliche Haftung für fehlerhafte Computerprogramme, 1995.

a) **Schutzinhalt und Verletzungsmodi.** Das Eigentum ist ein umfassendes Herrschaftsrecht über eine Sache, kraft dessen der Rechtsinhaber nach Belieben mit ihr verfahren und andere von jeder Einwirkung ausschließen kann (**§ 903 S. 1**). Daraus – und nicht aus einem vorrechtlichen Verständnis der „Sachbeschädigung"[409] – ergeben sich die drei Verletzungsmodalitäten, die geeignet sind, Schadensersatzansprüche nach § 823 Abs. 1 auszulösen, nämlich: (1) Entziehung oder Belastung des Eigentumsrechts; (2) nachteilige Einwirkung auf den jeweiligen körperlichen Gegenstand, insbesondere durch Substanzverletzung und durch Vorenthaltung des Besitzes, sowie (3) sonstige Störungen der Nutzbarkeit der Sache. Trotz Verwirklichung des Tatbestands scheidet eine deliktische Haftung für Eigentumsverletzung aus, soweit die §§ 992, 2025 die Anwendung des § 823 zugunsten der Ausgleichsregeln des Eigentümer/Besitzer-Verhältnisses gemäß §§ 987 ff., 2018 ff. ausschließen.

Aus der Regelung des § 903 S. 1 lässt sich weiter schließen, dass unter dem Gesichtspunkt des Eigentums nur Sachen, also körperliche Gegenstände, seien sie beweglich oder immobil, deliktsrechtlichen Schutz genießen, nicht aber Forderungen und andere Vermögensrechte, die allerdings uU „sonstige Rechte" darstellen. Insbesondere bei **Software** und **Dateien** ist die Qualifikation als körperlicher Gegenstand problematisch, denn technisch gesehen handelt es sich bei gespeicherten Daten lediglich um ein bestimmtes Muster magnetischer

---

[409] Vgl. *v. Bar*, Probleme der Haftpflicht für deliktsrechtliche Eigentumsverletzungen, S. 8 f.

Spannung, die als solche den Sachbegriff des § 90 nicht erfüllt. Sachen im Sinne dieser Vorschrift sind hingegen die üblichen **Datenträger,** also Disketten, Festplatten und Bänder, deren Oberfläche in bestimmter Weise magnetisiert ist. Folglich erfüllt es den Tatbestand der Eigentumsverletzung, wenn die Magnetisierung von Speichermedien modifiziert wird, indem die auf diesen Datenträgern gespeicherten Informationen verändert oder gelöscht werden.[410] Dies ist keine illegitime Hilfskonstruktion zur Erschleichung des Deliktsschutzes,[411] sondern Konsequenz der Definition des Schutzbereichs von § 823 Abs. 1 mit Hilfe des Begriffs der Eigentumsverletzung.[412] Einem weitergehenden Deliktsschutz von Datenbeständen durch deren Anerkennung als „sonstiges Recht" steht entgegen, dass sich ein „Recht am eigenen Datenbestand" inhaltlich kaum fixieren und in seinem Schutzbereich definieren ließe.[413] Im Übrigen ist der Geschädigte ohne weiteres dazu in der Lage, sich durch regelmäßiges Speichern und durch Anlage von Sicherungsdateien selbst vor Datenverlusten zu schützen.[414]

104 Obwohl es für die Sachqualität nicht auf den Aggregatzustand ankommt, versagt der deliktische Eigentumsschutz weitgehend, wenn es um den **Schutz von Umweltgütern** geht, weil es bei Letzteren an der individuellen Zuordnung zu einem Rechtssubjekt fehlt. Dies gilt noch am wenigsten für das Rechtsgut Boden, das – sieht man vom Meeresgrund ab – vollständig parzelliert und eigentumsrechtlich zugeordnet ist. Die **Verunreinigung des Erdreichs mit Chemikalien** ist deshalb ohne weiteres als Eigentumsverletzung zu qualifizieren (RdNr. 112).[415] Mit dem Boden sind gemäß §§ 93, 94 seine wesentlichen Bestandteile geschützt, wozu nicht nur Artefakte, insbesondere Gebäude, sondern auch Pflanzen, also Bäume, Sträucher etc., gehören. Was den Tierbestand anlangt, so ist das Jagdrecht zwar ein vom Eigentum getrenntes subjektives Recht, das als „sonstiges Recht" im Rahmen des § 823 Abs. 1 Schutz genießt (vgl. RdNr. 155), dem Eigentümer verbleibt jedoch ein schutzwürdiges Bestandserhaltungsinteresse, das in den Schutzbereich des Eigentumsrechts fällt.[416] Entsprechendes dürfte für eine **„ökologische Grundausstattung"** des Eigentums mit wilden, nicht jagdbaren Tieren gelten.[417] Wesentlich schwächer ist der deliktsrechtliche Schutz der **Umweltmedien Luft und Wasser** ausgeprägt. Insbesondere zählt das Grundwasser seit der Nassauskiesungs-Entscheidung des BVerfG nicht mehr zum Inhalt des Grundeigentums, was die paradoxe Folge zeitigt, dass es dem privatrechtlichen Schutz entzogen ist.[418] Nicht viel besser steht es um die Luft, obgleich § 905 die Luftsäule über dem Grundstück dessen Eigentümer zuweist. Bedeutung hat dies allein für kleinräumige Immissionen, für die das öffentliche und private Nachbarrecht insbesondere des § 906 die auch für das Deliktsrecht verbindlichen Beurteilungsmaßstäbe liefert (RdNr. 315).[419]

105 **b) Beeinträchtigungen des Eigentumsrechts.** Der klassische Fall eines Eingriffs in das Eigentum*s*recht ist die **Verfügung eines Nichtberechtigten,** allerdings nur insoweit, als die Verfügung dem Eigentümer gegenüber nach den Vorschriften über den gutgläubigen Erwerb wirksam ist, §§ 892 f., 932 ff., 2366 BGB, 366 HGB, Art. 16 WG, Art. 21 ScheckG.[420]

---

[410] OLG Karlsruhe NJW 1996, 200, 201; *Bartsch* CR 2000, 721, 723; *Spindler* NJW 1999, 3737, 3738; *Staudinger/Hager* RdNr. B 60; eingehend *Meier/Wehlau* NJW 1998, 1585, 1588.
[411] *Meier/Wehlau* NJW 1998, 1585, 1588.
[412] *Staudinger/Hager* RdNr. B 60.
[413] Dafür *Meier/Wehlau* NJW 1998, 1585, 1588 f.; wohl auch *Spindler* ZUM 1996, 533, 547: „Bestand an Daten als eigentumsähnliches Recht iS von § 823 Abs. 1".
[414] LG Konstanz NJW 1996, 2662.
[415] BGH VersR 1972, 67, 69; NJW 1995, 1150; OLG Zweibrücken NJW-RR 2000, 1554, 1555.
[416] *Rehbinder* NuR 1988, 105, 107.
[417] *Rehbinder* NuR 1988, 105, 107.
[418] BVerfGE 58, 300, 328 ff. = NJW 1982, 747 f.; mit Recht krit. dazu *Rehbinder* NuR 1988, 105, 107; für das Deliktsrecht anders noch BGH NJW 1976, 46 f.; zum Schutz von Nutzungsrechten am Grundwasser als sonstige Rechte bei Fn. 678.
[419] BGHZ 44, 130, 134 = NJW 1965, 2099 f.; BGHZ 90, 255, 258 = NJW 1984, 2207; BGHZ 117, 110, 111 = NJW 1992, 1389.
[420] BGHZ 56, 73, 77 f. = NJW 1971, 1358 f.; BGH NJW 1986, 1174, 1175; 1996, 1535, 1537; *Larenz/Canaris* II/2 § 76 II 3 S. 386; *Brüggemeier* Deliktsrecht RdNr. 328; *Staudinger/Hager* RdNr. B 65.

Die Verfügung muss keine Vollrechtsübertragung sein, sondern kann auch in der Bestellung eines beschränkt-dinglichen Rechts, etwa der Belastung durch ein Pfandrecht in Ausnutzung der §§ 1207 f., bestehen. Der Schadensersatzanspruch aus § 823 Abs. 1 tritt neben den Bereicherungsanspruch aus § 816 Abs. 1, der sich in aller Regel, nämlich bei entgeltlicher Verfügung, ebenfalls gegen den Verfügenden richtet. Wie der Bereicherungsanspruch des § 816 Abs. 1 wird auch der deliktische Anspruch nicht durch den Umstand ausgeschlossen, dass das Geschäft zunächst unwirksam war, wie etwa im Fall des § 935 Abs. 1, dann jedoch vom Eigentümer gemäß § 185 genehmigt und damit die Rechtsverletzung erst manifest wurde (vgl. auch § 816 RdNr. 33).[421]

Aus den eben zitierten Vorschriften über den gutgläubigen Erwerb vom Nichtberechtigten ist die Wertung zu entnehmen, dass der **redliche Dritte,** der das Eigentum oder eine Belastung an der Sache zu Lasten ihres wahren Eigentümers erwirbt, Letzterem gegenüber nicht auf Schadensersatz haftet.[422] Insofern bleibt bei Immobilien sogar die grob-fahrlässige Verkennung der Rechtslage sanktionslos, sofern sie im Grundbuch nicht ausgewiesen ist, und bei beweglichen Sachen hat der fahrlässig-gutgläubige Erwerber ebenfalls nicht für die Verletzung seiner Sorgfaltspflichten einzustehen. Das gegenteilige Ergebnis würde die primär im Interesse des Verkehrsschutzes bestehenden Vorschriften über den redlichen Erwerb zu Makulatur machen.

Die Gefahr des Rechtsverlusts droht dem Eigentümer nicht bloß durch eine rechtsgeschäftliche Verfügung eines Nichtberechtigten, sondern auch durch die **Verwirklichung eines Tatbestands originären Eigentumserwerbs** gemäß §§ 946 ff. Insbesondere die Herstellung einer Verbindung der Sache mit einem Grundstück durch deren Einbau (§ 946) sowie ihre Verarbeitung zu einer neuen Sache (§ 950) verpflichten zum Schadensersatz, sofern der Dritte schuldhaft gehandelt hat.[423] Erneut konkurriert der deliktische Anspruch mit einem Bereicherungsanspruch aus §§ 951 Abs. 1, 812. Während diese Rechtsfolgen für denjenigen, der den Einbau oder die Verarbeitung durchführt und beherrscht, außer Zweifel stehen, ist die personale Reichweite und der sachliche Umfang deliktischer Schutzpflichten schwieriger zu bestimmen. Problematisch ist einerseits die außervertragliche Haftung des Bauherrn, der es zulässt, dass fremdes, insbesondere unter Eigentumsvorbehalt geliefertes Baumaterial in das Bauwerk eingebaut wird, so dass der Eigentümer aus seiner Rechtsstellung verdrängt wird. Der BGH (VII. ZS) lehnt es in ständiger Rechtsprechung ab, dem Bauherrn deliktische Schutzpflichten in Bezug auf das Eigentum von Baustofflieferanten aufzuerlegen, und zwar selbst dann, wenn er mit dem Bauunternehmer ein Abtretungsverbot (§ 399 S. 2) vereinbart hat.[424] Umgekehrt hat der VIII. ZS des BGH anerkannt, dass den Käufer, der Fertigwaren von einem verarbeitenden Betrieb unter Vereinbarung eines Abtretungsverbots erwirbt, im Rahmen des § 932 Erkundigungspflichten hinsichtlich verlängerter Eigentumsvorbehalte der Rohstofflieferanten treffen können.[425] Die in der Literatur erhobenen Bedenken gegen die Freistellung des Bauherrn[426] haben sich durch § 354a HGB indessen weitgehend erledigt.[427]

Ein weiterer praxisrelevanter Fall des Eingriffs in die Rechtsstellung des Eigentümers ist die Pfändung der Sache durch den Gläubiger eines Nichteigentümers, also die vom Gesetz

---

[421] BGH NJW 1960, 860; 1991, 695, 696; zu § 816 genauso RGZ 106, 44, 45; 115, 31, 35.

[422] Mot. III S. 225 = Mugdan III S. 124; RGZ 85, 61, 64; 90, 395, 397 f.; BGH NJW 1967, 1660, 1661 f.; *Larenz/Canaris* II/2 § 76 II 3, S. 386; *Brüggemeier* Deliktsrecht RdNr. 328; *Staudinger/Hager* RdNr. B 66; *Soergel/Spickhoff* RdNr. 68.

[423] BGHZ 56, 73, 77 f. = NJW 1971, 1358 f.; BGHZ 56, 228, 237 f. = NJW 1971, 1750; BGHZ 109, 297, 300 = NJW 1990, 976, 977.

[424] BGHZ 56, 228, 237 = NJW 1971, 1750; BGHZ 102, 293, 309 = NJW 1988, 1210, 1213; BGH NJW-RR 1993, 343, 344 f. = LM (Ac) Nr. 52; *Jakobs* JuS 1973, 152, 154; *Erman/Schiemann* RdNr. 26.

[425] BGHZ 77, 274, 277 f. = NJW 1980, 2245, 2246 f. im Anschluss an *Huber* NJW 1968, 1905, 1906; BGH NJW 1999, 425, 426; eingehende Rechtfertigung der Differenzierung durch den II. ZS in BGH NJW-RR 1991, 343, 344 f.

[426] *Huber* NJW 1968, 1905, 1907; *Staudinger/Hager* RdNr. B 68.

[427] Eingehend *K. Schmidt* NJW 1999, 400, 401; *Canaris* Handelsrecht § 26 RdNr. 24 f.

plastisch sog. **Verfügung im Wege der Zwangsvollstreckung.** Der mit Hilfe der Zwangsvollstreckungsorgane erzwungene Eigentumstransfer ist ein Eingriff in die Rechtsstellung des Berechtigten, sofern dieser für den titulierten Anspruch nicht haftet. Die von der Legalordnung in den §§ 1205 f. garantierte Verknüpfung von Sicherungsrecht und Besitz und deren vollstreckungsrechtliche Absicherung durch § 808 Abs. 1 ZPO ist mit der Etablierung der atypischen Sicherungsrechte aufgebrochen worden, und folgerichtig betreffen die Entscheidungen zu Eigentumsverletzungen durch Zwangsvollstreckungsakte durchweg **Vorbehalts- oder Sicherungseigentum,** bei denen der Eigentümer keinen Besitz an dem Sicherungsgut hat bzw. erhält, so dass es beim Sicherungsgeber gepfändet werden kann. Trotz dieser und anderer Besonderheiten von Vorbehalts- und Sicherungseigentum werden sie von § 823 Abs. 1 als vollwertiges Eigentum und nicht als „sonstiges Recht" geschützt.[428] Die verfahrensrechtliche Rechtmäßigkeit des Pfändungsakts schließt die materiell-rechtliche Haftung des Gläubigers auf Grund Deliktsrechts auch nicht aus, denn § 808 ZPO sowie die übrigen verfahrensrechtlichen Voraussetzungen der Zwangsvollstreckung legitimieren das öffentlich-rechtlich bestimmte Handeln der Vollstreckungsorgane, sind aber kein Rechtfertigungsgrund für das Verhalten des Gläubigers.[429] Letzterer haftet also für den vom Eigentümer erlittenen Rechtsverlust, sofern ihn an der Pfändung und Verwertung einer schuldnerfremden Sache ein Verschulden trifft.[430]

109 Wesentlich verschärft wird die den Gläubiger treffende Haftungsandrohung indessen dadurch, dass er sich das **Verschulden seines Anwalts** jedenfalls nach der Pfändung, bei der Entscheidung über die Freigabe der in Beschlag genommenen Sache, nach § 278 ohne die Möglichkeit einer Entlastung zurechnen lassen muss,[431] was die Berufung auf Rechtsirrtümer de facto ausschließt.[432] Bereits der tatbestandsmäßige Eingriff in ein deliktisch geschütztes Rechtsgut begründet nämlich eine Sonderverbindung, innerhalb derer gemäß §§ 254 Abs. 2 S. 2, 278 das Mitverschulden von Erfüllungsgehilfen zuzurechnen ist.[433] Damit erübrigt sich auch der in der Literatur favorisierte Weg über das Eigentümer/Besitzer-Verhältnis,[434] zumal die dann nach §§ 989, 990, 992, 993 Abs. 1 aE eintretende Haftungsminderung auf grobe Fahrlässigkeit (§ 990 Abs. 1 S. 1 iVm. § 932 Abs. 2) weder sachgerecht ist noch dogmatisch überzeugt, weil der zwangsweise Zugriff des Vollstreckungsgläubigers auf vermeintliches Schuldnervermögen als verbotene Eigenmacht zu qualifizieren wäre,[435] was wiederum gemäß § 992 den Anwendungsbereich des Deliktsrechts eröffnen würde. Darüber hinaus haftet der Anwalt auch persönlich für von ihm veranlasste Vollstreckungsmaßnahmen, mit denen das Eigentum Dritter beeinträchtigt wird.[436]

110 Entscheidend für die Reichweite der Haftung sind in beiden Fällen die **im Rahmen der Zwangsvollstreckung zu beachtenden Sorgfaltspflichten.** Die von der Rechtsprechung für die Inanspruchnahme eines rechtsstaatlichen Verfahrens sonst anerkannte

---

[428] RGZ 61, 430, 432; 156, 395, 400; BGHZ 100, 95, 107 = NJW 1987, 1880, 1882 f.; BGHZ 118, 201, 205 = NJW 1992, 2014, 2015.
[429] BGHZ 58, 207, 213 f. = JZ 1973, 29 = NJW 1972, 1048, 1049 f. m. zust. Anm. *Henckel*; eingehend *Henckel*, Prozessrecht und materielles Recht, 1970, S. 248 ff., 330.
[430] RGZ 61, 430, 432; 108, 260, 263; 156, 395, 400; BGHZ 58, 207, 210 = NJW 1972, 1048; BGHZ 67, 378, 382 f. = NJW 1977, 384, 385; BGHZ 95, 10, 16 = NJW 1985, 1959, 1960 f.; BGHZ 100, 95, 106 f. = NJW 1987, 1880, 1882 f.; BGHZ 118, 201, 205 ff. = NJW 1992, 2014, 2015 f.
[431] BGHZ 58, 207, 211 ff. = JZ 1973, 29 = NJW 1972, 1048, 1048 f.
[432] BGHZ 118, 201, 208 = NJW 1992, 2014, 2015 f.
[433] BGHZ 103, 338, 342 f. = NJW 1988, 2667 f.; BGHZ 116, 60, 74 = NJW 1992, 560, 563; *Henckel* JZ 1973, 32.
[434] *Rosenberg/Gaul/Schilken* Zwangsvollstreckungsrecht, 11. Aufl. 1997, § 53 V 1, S. 826 f.; MünchKommZPO/*Schilken* § 804 RdNr. 37; *Stein/Jonas/Münzberg* § 771 ZPO RdNr. 76 ff.; *Staudinger/Hager* RdNr. B 73 f.
[435] So auch RG JW 1905, 494; *v. Tuhr* II/2 § 88 III 1 Fn. 32; abl. RGZ 116, 363, 365 f., allerdings von dem Ausgangspunkt aus, dass § 771 ZPO die Anwendung der §§ 985 ff. insgesamt ausschließt, was zutr. und konsequent ist.
[436] BGHZ 118, 201, 205 ff. = NJW 1992, 2014, 2015 f.

Privilegierung durch Reduktion des Verschuldensmaßstabs auf Vorsatz und grobe Fahrlässigkeit (RdNr. 586 ff.) kommt dem Gläubiger in diesem Zusammenhang nicht zugute, weil es um den Eingriff in die Rechte eines Dritten geht.[437] Andererseits würde es die Effektivität der Zwangsvollstreckung grundsätzlich in Frage stellen, wäre der Gläubiger ex ante, vor Durchführung der Pfändung, dazu verpflichtet, die Eigentumslage an sämtlichen pfändbaren, im Besitz des Schuldners befindlichen Gegenständen aufzuklären.[438] Eine Pflichtverletzung kommt deshalb nur in Betracht, wenn dem Gerichtsvollzieher spezifische Anweisungen zur Pfändung bestimmter Gegenstände gegeben werden, von denen der Gläubiger weiß oder bei Anwendung der im Verkehr erforderlichen Sorgfalt wissen kann, dass sie nicht dem Schuldner gehören.[439] Im Regelfall entscheidet der Gerichtsvollzieher indessen autonom darüber, welche Gegenstände er pfändet, so dass Sorgfaltspflichten des Gläubigers erst ex post, nach Vollzug der Pfändung, aktuell werden, wenn nämlich der drittbetroffene Eigentümer von ihm die Freigabe des zu Unrecht gepfändeten Gegenstandes verlangt. Insoweit ist Gläubiger verpflichtet, den gepfändeten Gegenstand unverzüglich freizugeben, nachdem der Drittberechtigte sein „die Veräußerung hinderndes Recht" (§ 771 Abs. 1 ZPO) ihm gegenüber dargelegt und glaubhaft gemacht hat.[440] Unter Glaubhaftmachung ist in diesem Zusammenhang nicht das Beweismaß des § 294 ZPO zu verstehen, sondern die Darlegung von Tatsachen, nach denen die Zugehörigkeit der Pfandsache zum Schuldnervermögen als ausgeschlossen oder ernsten Zweifeln unterliegend erscheint.[441]

c) Einwirkung auf die Sache selbst, insbesondere Substanzverletzung. Die beiden Fallgruppen der Eigentumsverletzung durch Einwirkung auf die Sache selbst sind **Entzug und Vorenthaltung des Besitzes** sowie die Sachbeschädigung. Im erstgenannten Fall ist die Sperrwirkung des § 992 zu beachten; im Übrigen konkurrieren Schadensersatzansprüche aus § 823 Abs. 1 mit dem Herausgabeanspruch aus § 985, uU auch mit Kompensationsansprüchen aus §§ 989, 990. Soweit der Entzug bzw. die Vorenthaltung des Besitzes zugleich den Tatbestand des **Diebstahls** bzw. der **Unterschlagung** verwirklicht,[442] ergeben sich entsprechende Rechtsfolgen zudem aus § 823 Abs. 2 iVm. §§ 242, 246 StGB. Eine Haftung nach § 823 Abs. 1 kann allerdings auch für Diebstahlshandlungen Dritter in Betracht kommen, wenn etwa im Rahmen eines vom Schädiger zu verantwortenden Verkehrsunfalls ein Geldtransporter von Unbekannten ausgeräumt wird.[443] Eine zum Schadensersatz verpflichtende Besitzentziehung liegt schließlich auch dann vor, wenn eine Sache durch fahrlässiges Verhalten an einen Ort befördert wird, von dem sie zu vertretbaren Kosten nicht mehr zurückgeholt werden kann, also etwa eine wasser- und druckfeste Uhr unversehrt auf den Meeresgrund sinkt.[444]

Der praktisch wichtigere Fall der Sachbeschädigung betrifft die **Einwirkung auf die Sachsubstanz,** wobei die Zerstörung den Grenzfall der **Beschädigung** darstellt. Neben die klassischen Fälle vorsätzlicher Verletzungshandlungen, etwa mutwilliger **Zerstörungen** durch Vandalismus, und fahrlässiger Beschädigungen im Rahmen von Straßenverkehrs- oder sonstigen Unfällen treten die mittelbaren Eigentumsverletzungen, wie etwa die Vernichtung von Fischen durch Abwässer, die in einen Teich geleitet werden,[445] die Infektion von Tieren mit Krankheitserregern,[446] das Entweichenlassen fremden Was-

---

[437] BGHZ 118, 201, 206 = NJW 1992, 2014, 2015 f. in Abgrenzung zu BGHZ 36, 18, 20 f. = NJW 1961, 2254, 2255; BGHZ 74, 9, 14 ff. = NJW 1979, 1351, 1352 f.
[438] BGHZ 55, 20, 30 = NJW 1971, 799, 800; BGHZ 95, 10, 15 f. = NJW 1985, 1959, 1960 f.
[439] BGHZ 118, 201, 208 = NJW 1992, 2014, 2015 f.; BGH WM 1965, 863, 864 f.; Stein/Jonas/Münzberg § 771 ZPO RdNr. 76.
[440] BGHZ 58, 207, 215 = NJW 1972, 1048, 1050; genauso BGHZ 67, 378, 383 = NJW 1977, 384, 385.
[441] BGH WM 1965, 863, 864 f.; Staudinger/Hager RdNr. B 73.
[442] BGHZ 75, 230 = NJW 1980, 119.
[443] BGH NJW 1997, 865, 866.
[444] OLG Karlsruhe r+s 1996, 302.
[445] BGHZ 65, 221, 224 f. = NJW 1976, 291, 292.
[446] RG JW 1908, 543, 544; BGH VersR 1976, 930; OLG Frankfurt NJW 1985, 2425.

sers,⁴⁴⁷ die Beschädigung von Gebäuden durch Rissbildungen infolge von Erschütterungen oder Abgrabungen,⁴⁴⁸ die **Kontamination des Bodens** durch Schadstoffe,⁴⁴⁹ die Beschädigung des Lacks von Pkw. durch eisenhaltige Staubpartikel,⁴⁵⁰ die Beschädigung fremder Kabel,⁴⁵¹ die **Verlegung von Kabeln** in fremdem Grund und Boden oder das Recycling fremder Pfandflaschen.⁴⁵² Bloße **Staubablagerungen** auf Kfz. stellen keine Eigentumsverletzung dar.⁴⁵³ Beruft sich ein Werkunternehmer auf ein vertraglich eingeräumtes Recht zur Substanzverletzung, trägt er insoweit die **Beweislast**.⁴⁵⁴

113 Genauso wie bei Körper- und Gesundheitsverletzungen schließt der Substanzschutz den **Schutz der Dispositionsfreiheit des Berechtigten** ein (RdNr. 71, 89).⁴⁵⁵ Eine Eigentumsverletzung ist auch in denjenigen Fällen zu bejahen, in denen Veränderungen der Substanz die Verwendungsfähigkeit der Sache beeinträchtigen oder in denen die Sache wegen eines **behördlichen Vermarktungsverbots** nicht mehr gewinnbringend veräußert werden kann. Gleiches gilt, wenn wegen des Einsatzes mit Medikamenten belasteten Futters die Tiere nicht mehr vermarktet werden dürfen,⁴⁵⁶ wenn eine für **ökologischen Landbau** genutzte Ackerfläche von dem konventionell bewirtschafteten Nachbargrundstück durch herbizidhaltiges Regenwasser überschwemmt⁴⁵⁷ oder durch gentechnisch veränderte DNA kontaminiert wird,⁴⁵⁸ wenn ein Bibliothekskatalog, eine Kartei oder ein Archiv durcheinander gebracht wird,⁴⁵⁹ ein Tank oder Behälter gegen den Willen des Eigentümers befüllt wird,⁴⁶⁰ Baustoffe in einem Wohnhaus Knackgeräusche verursachen,⁴⁶¹ wenn gegen den Willen des Berechtigten Eis zum Schmelzen,⁴⁶² tiefgefrorenes Gemüse während des Transports zum Auftauen,⁴⁶³ flüssiger Stahl zum Erkalten,⁴⁶⁴ Transportbeton zum Abbinden⁴⁶⁵ gebracht, Milch zu Butter⁴⁶⁶ zerrührt oder Daten gelöscht werden (RdNr. 103). Für die Eigentumsverletzung ist es unerheblich, ob sich die Sache wieder in den ursprünglichen Zustand versetzen, also etwa erkaltetes Schmelzgut durch Erhitzen wieder flüssig machen lässt, denn die Kosten einer solchen Prozedur sind gemäß §§ 823, 249 Abs. 2 vom Schädiger zu tragen.⁴⁶⁷ Folgerichtig ist eine Substanzverletzung auch zu bejahen, wenn ein Abwasserkanal mit Beton zugesetzt wird⁴⁶⁸ oder sich ein übelriechendes Gewindeschneidemittel derart hartnäckig an den Innenwänden von Wasserrohren anlagert, dass es nur mit großem Aufwand wieder beseitigt werden

---

⁴⁴⁷ OLG Düsseldorf NJW-RR 1993, 1120.
⁴⁴⁸ BGHZ 85, 375, 381 = NJW 1983, 872, 873 f.
⁴⁴⁹ BGH VersR 1972, 274, 275; NJW 1995, 1150; OLG und LG Köln VersR 1983, 287.
⁴⁵⁰ BGHZ 92, 143, 144, 146 = NJW 1985, 47, 48.
⁴⁵¹ BGH NJW 1996, 387.
⁴⁵² BGH NJW 2007, 2913 = VersR 2007, 78.
⁴⁵³ LG Dortmund NJW-RR 2007, 471, 472.
⁴⁵⁴ BGH NJW-RR 2005, 172 = VersR 2005, 282.
⁴⁵⁵ Umfangreiche Kasuistik bei *Plum* AcP 181 (1981), 68, 93 ff.; zur insoweit identischen Rechtslage im Strafrecht *Schönke/Schröder/Stree* § 303 StGB RdNr. 8 b f.
⁴⁵⁶ BGHZ 105, 346, 350 = NJW 1989, 707, 708; OLG Koblenz VersR 2007, 73, 74.
⁴⁵⁷ BGHZ 90, 255, 257 = NJW 1984, 2207.
⁴⁵⁸ *Wagner* VersR 2007, 1017, 1031 f.; einschr. OLG Stuttgart VersR 2001, 70, 71 f.; offen BT-Drucks. 15/3088 S. 30; für eine „Legalisierungswirkung" der Inverkehrbringensgenehmigung *Wolfers/Kaufmann* ZUR 2004, 321, 322 f.
⁴⁵⁹ BGHZ 76, 216, 217, 219 f. = NJW 1980, 1518 f.; *v. Bar*, Probleme der Haftpflicht für deliktsrechtliche Eigentumsverletzungen, S. 10 f.
⁴⁶⁰ BGH VersR 2006, 381.
⁴⁶¹ OLG Oldenburg NJW-RR 1988, 540, 541.
⁴⁶² Vgl. BGH BB 1965, 767, wo allerdings nur Ansprüche nach der früheren Kraftverkehrsordnung erörtert werden.
⁴⁶³ OLG Karlsruhe BB 1964, 740; das Gericht verneint den Tatbestand des § 823 Abs. 1 mit der Begründung, es fehle an einer unmittelbaren Einwirkung auf die Sache.
⁴⁶⁴ AA OLG Hamm NJW 1976, 760 m. zust. Anm. *Finzel*; wie hier *Möschel* JuS 1977, 1, 2.
⁴⁶⁵ Beispiel nach *Plum* AcP 181 (1981), 68, 99.
⁴⁶⁶ OLG Karlsruhe VersR 1986, 1125, 1126 f.
⁴⁶⁷ Vgl. die Nachweise in Fn. 464.
⁴⁶⁸ BGH VersR 2000, 503, 504.

kann.⁴⁶⁹ Schließlich kann eine Eigentumsverletzung auch darin zu sehen sein, dass sich Handelsware nicht veräußern lässt, weil sie mit einem **„Mangelverdacht"** behaftet ist, der mit Einsatz wirtschaftlich zumutbarer Mittel nicht aufzuklären ist.⁴⁷⁰

d) Sonstige Eigentumsverletzungen. aa) Fotografieren. Das Fotografieren fremden **114** Eigentums ohne die Erlaubnis des Berechtigten sowie die kommerzielle Verwertung der Aufnahmen wird in der Rechtsprechung differenziert beurteilt: Während das **Fotografieren frei einsehbarer Gegenstände,** insbesondere die Abbildung von Häusern „von der Straße aus" nicht als Eingriff in die Rechtssphäre des Eigentümers gewertet wird, bedarf die Abbildung nicht frei einsehbarer Gegenstände der Gestattung des Eigentümers, und zwar nicht nur bezüglich der Abbildung selbst, sondern auch mit Blick auf eine etwaige kommerzielle Nutzung des Fotos, etwa als Ansichtskarte.⁴⁷¹ Diese Unterscheidung wird durch § 59 Abs. 1 S. 1 UrhG nahe gelegt, nach dem es erlaubt ist, Werke iS des § 2 UrhG, „die sich bleibend an öffentlichen Wegen, Straßen oder Plätzen befinden, [...] durch Lichtbild [...] zu vervielfältigen, zu verbreiten und öffentlich wiederzugeben". Die **Verbindlichkeit der urheberrechtlichen Wertung für das Deliktsrecht** kann allein aus § 59 UrhG heraus nicht beurteilt werden. Vielmehr kommt es darauf an, ob die fotografische Ausnutzung der Sache dem Eigentümer gemäß § 903 S. 1 ausschließlich zugewiesen ist; und dies ist zu verneinen: Das Fotografieren fremden Eigentums genauso wie das sonstige Ab- und Nachbilden tangiert nicht den Schutzbereich des Eigentums, sondern allein denjenigen des dem Urheber – der nicht der Eigentümer sein muss und es in aller Regel auch nicht ist – zustehenden Immaterialgüterrechts.⁴⁷² Wenn die Rechtsordnung das Urheberrecht als absolutes Recht anerkennt, als solches aber zeitlich befristet und den Schranken der §§ 45 ff. UrhG unterwirft, dann ergibt sich daraus zwingend, dass dem Eigentümer als solchem keine entsprechenden Ausschließlichkeitsrechte zustehen. Wäre dem nicht so, könnte „der Eigentümer auf Dauer verbieten, was bis dahin nur dem Urheber befristet erlaubt war".⁴⁷³

Die Aneignung des in einer Sache, insbesondere einem Gebäude verkörperten geistigen **115** Werks durch Abbildung und Reproduktion der äußeren Gestalt greift also **nicht in den Schutzbereich des Eigentums** ein. Dies gilt entgegen der Schloss-Tegel-Entscheidung⁴⁷⁴ auch dann, wenn das Gebäude nicht von öffentlichen Straßen aus einsehbar ist. Folgerichtig hat der BGH in der Apfel-Madonna-Entscheidung die Reproduktion einer in einem Museum ausgestellten Skulptur nicht als Verletzung des Eigentumsrechts angesehen und zur Begründung nicht auf den hier unanwendbaren § 59 Abs. 1 S. 1 UrhG, sondern darauf abgestellt, dass der Beklagte „nicht auf das im Eigentum des Museums stehende Originalstück ,eingewirkt', sondern lediglich von dem unkörperlichen Gegenstand des Werks der bildenden Kunst" Gebrauch gemacht habe.⁴⁷⁵ Das alles ändert selbstverständlich nichts daran, dass der Eigentümer gemäß §§ 903, 1004 sein Grundstück mit Sichtblenden jedweder

---

⁴⁶⁹ Im Ergebnis übereinstimmend, in der Begr. auf eine Nutzungsbeeinträchtigung abstellend BGH NJW 1994, 517, 518 m. Bespr. *Foerste* NJW 1994, 909; NJW-RR 1995, 342 = JZ 1994, 574 m. Anm. *Brüggemeier*. Unberechtigte Zweifel bei *Foerste* NJW 1994, 909, 910.

⁴⁷⁰ BGHZ 105, 346, 350 = NJW 1989, 707, 708; zum Parallelproblem im Rahmen des Gewährleistungsrechts vgl. BGH NJW 1989, 218 m. Bespr. *Wank* JuS 1990, 95; LG Lübeck NJW-RR 1987, 243; AG Wolfsburg NJW-RR 1986, 989; AG Bad Kreuznach NJW-RR 1987, 242; *Soergel/Huber* § 459 RdNr. 336.

⁴⁷¹ BGH NJW 1975, 778; 1989, 2251, 2252.

⁴⁷² BGH NJW 1989, 2251, 2252; LG Bremen NJW 1987, 1420; *Staudinger/Gursky* (1999) § 1004 RdNr. 78; *Schmieder* NJW 1975, 1164; *Kübler*, FS Baur, 1981, S. 51, 58; *v. Bar*, Probleme der Haftpflicht für deliktsrechtliche Eigentumsverletzungen, S. 32; wohl auch *Staudinger/Hager* RdNr. B 103 f.; weitergehend *Brüggemeier* Deliktsrecht RdNr. 323 f.; *Beater* JZ 1998, 1101, 1106, der dem Eigentümer zwar Abwehr- und Schadensersatzansprüche zubilligen will, gleichwohl aber einen wirtschaftlichen Zuweisungsgehalt des Eigentumsrechts mit Blick auf die kommerzielle Nutzung von Fotografien verneint. Ausschließungs- und Nutzungsfunktion sind in § 903 aber zwei Seiten derselben Medaille.

⁴⁷³ Treffend *Schack*, Urheber- und Urhebervertragsrecht, 4. Aufl. 2007, RdNr. 39.

⁴⁷⁴ BGH NJW 1975, 778; vgl. auch KG OLGRspr. 20, 402 (1909).

⁴⁷⁵ BGHZ 44, 288, 294 = NJW 1966, 542, 543 f.; zur Spannung dieser Aussage mit dem Tenor des Schloss-Tegel-Urteils bereits *Schmieder* NJW 1975, 1164.

Art umgeben, andere von dem Betreten ausschließen und mit zahlenden Besuchern auch ein Fotografierverbot bzw. ein Verbot kommerzieller Ausnutzung von Fotografien vertraglich vereinbaren kann.[476] Bei Verstoß gegen ein solches Verbot lassen sich Schadensersatzansprüche wohl aus Vertrag, nicht aber aus § 823 Abs. 2 iVm. § 123 StGB herleiten.[477]

116 **bb) Falsche Behauptungen.** Wie sich aus der Wertung des § 12 mit Deutlichkeit ergibt, umfasst der Schutzbereich subjektiver Rechte auch die Freiheit vor unwahren Behauptungen über die Inhaberschaft an diesen Rechten und über sonstige Tatsachen, die für die Wertbildung von Bedeutung sind, wenn sich zum Beispiel ein Dritter in der Öffentlichkeit und insbesondere gegenüber potentiellen Käufern der Sache die **Eigentümerstellung** an dieser **anmaßt**.[478] Gleiches gilt, wenn zu Unrecht die Behauptung verbreitet wird, ein **Gemälde sei eine Fälschung** oder ein Grundstück mit Schadstoffen kontaminiert. Soweit in diesem Zusammenhang auf den Rechtfertigungsgrund des § 193 StGB bzw. auf das von der Rechtsprechung postulierte „Recht auf Irrtum" bei der gerichtlichen Verfolgung rechtlicher Interessen verwiesen wird,[479] ist zu erwidern, dass diese Institute nicht geeignet sind, die Annahme einer Eigentumsverletzung auszuschließen.

117 **e) Nutzungsbeeinträchtigungen. aa) Rechtsprechung.** Die **Nutzungsanmaßung durch Dritte** ist Eigentumsverletzung (soeben, RdNr. 111), und Gleiches gilt für die „**Besetzung**" von Häusern oder Braunkohlebaggern durch Umwelt- oder sonstige Aktivisten.[480] Wird der Eigentümer lediglich daran gehindert, die ihm zustehenden Eigentümerbefugnisse auszuüben, ohne dass es zu einer Beeinträchtigung der Sachsubstanz oder überhaupt nur zu einer körperlichen Einwirkung auf die Sache kommt, ist darauf zu achten, die **Wertung des BGB gegen eine allgemeine Fahrlässigkeitshaftung für reine Vermögensschäden** nicht zu unterlaufen (RdNr. 3, 184).[481] Paradigmatisch für die Problematik ist der berühmte Fall, in dem infolge des Absturzes der Ufermauer eines Kanals (Fleet) Schiffe des Klägers (sog. Schuten) nicht mehr wie von ihm geplant eingesetzt werden konnten, wobei das eine Schiff aus dem zur Verladestelle führenden Stichkanal nicht mehr herauskam, während das andere nicht hineinkonnte. Der BGH nahm für das eingesperrte Schiff eine Eigentumsverletzung an, verneinte sie aber mit Blick auf das ausgesperrte Schiff.[482] Diese Wertung darf auch über § 823 Abs. 2 nicht wieder rückgängig gemacht werden.[483]

118 Entscheidendes Differenzierungskriterium ist damit die **Intensität der Nutzungsbeeinträchtigung**: Ist die Verwendungsfähigkeit der Sache praktisch aufgehoben, wie bei dem eingesperrten Schiff, wird die Eigentumsverletzung bejaht, ist dagegen nur eine bestimmte Verwendungsmodalität bzw. eine Mehrzahl von Verwendungszwecken, die das Einsatzpotential der Sache nicht erschöpfen, ausgeschlossen, liegt keine Eigentumsverletzung vor. Folgerichtig besteht nach § 823 Abs. 1 kein Anspruch auf Ersatz der Kosten für die Umladung von Frachtgütern gegen denjenigen, der ein Lastschiff beschädigt und dadurch den Überschlag der Ladung erforderlich gemacht hat.[484] Wo die Grenze hier im Einzelnen verläuft, lässt sich nur schwer ausmachen. In einem dem Fleet-Fall ganz ähnlichen Sachverhalt, in dem die Zufahrt zu einem Binnenhafen infolge eines Deichbruchs für ca. 1 Jahr für Schiffe versperrt worden war, verneinte der BGH einen Eingriff in das Eigentum an den dort errichten Umschlags- und Lagereieinrichtungen mit der Begründung, diese Anlagen seien

---

[476] *Schack* (Fn. 473) RdNr. 39; *Brüggemeier* Deliktsrecht RdNr. 325.
[477] Übereinstimmend *Staudinger/Gursky* (1999) § 1004 RdNr. 80; aA *Brüggemeier* Deliktsrecht RdNr. 325.
[478] *Larenz/Canaris* II/2 § 76 II 3 d, S. 391; *Staudinger/Gursky* (1999) § 1004 RdNr. 31.
[479] *Staudinger/Hager* RdNr. B 78; dazu RdNr. 544 ff.
[480] LG Aachen NJW-RR 2007, 89, 90.
[481] RG JW 1905, 367; BGH NJW-RR 2005, 673, 674; *Brüggemeier* VersR 1984, 902, 903 ff.; *Staudinger/Hager* RdNr. B 96.
[482] BGHZ 55, 153, 159 = NJW 1971, 886, 888.
[483] BGH NJW-RR 2005, 673 f.
[484] BGH VersR 1979, 905, 906; OLG Karlsruhe VersR 1975, 36, 37.

benutzbar und bloß die Kunden ausgeblieben.[485] Genauso liegt es, wenn infolge der Beschädigung der Oberleitung auf einem bestimmten Streckenabschnitt keine Elektroloks eingesetzt werden können.[486] In der Instanzrechtsprechung sind unterschiedliche Antworten auf die Frage gegeben worden, ob die Ablagerung von auf einem fremden Grundstück als eine vom Abfallproduzenten zu verantwortende Eigentumsverletzung anzusehen ist, wenn der Weitertransport – etwa wegen Insolvenz des Entsorgungsunternehmens – scheitert (vgl. RdNr. 696).[487]

Feinsinnige Differenzierungen beherrschen die Rechtsprechung zur **Blockade von** **Grundstückszufahrten.** So war in einem vom BGH entschiedenen Fall das Betriebsgrundstück der Klägerin wegen eines Brandes auf dem als Tanklager genutzten Nachbargrundstück insgesamt fünf Stunden lang blockiert gewesen. Das Gericht sprach Schadensersatz nur für die ersten zwei Stunden zu, in denen das Grundstück unmittelbar gefährdet war und infolge polizeilicher Anordnung geräumt wurde, verneinte aber eine Eigentumsverletzung mit Blick auf die weiteren drei Stunden, in denen es durch Einsatzfahrzeuge der Feuerwehr und der Polizei ebenfalls blockiert war.[488] Umstritten und höchstrichterlich noch nicht endgültig geklärt, sind die Grundsätze zum **„Einsperren" von Fahrzeugen.** Allgemein anerkannt ist immerhin, dass das Steckenbleiben im alltäglichen Stau ebenso wenig Eigentumsverletzung an dem eingeklemmten Fahrzeug darstellt[489] wie die Außergefechtsetzung seines potentiellen Fahrers, etwa durch Zufügung einer Körperverletzung oder durch Entzug der Fahrerlaubnis.[490] Auch die Blockade einer Straßenbahnstrecke durch einen verunfallten Pkw. ist keine Eigentumsverletzung und auch kein Eingriff in den Gewerbebetrieb des Verkehrsunternehmens.[491] Auf der anderen Seite hat der BGH eine mehrtägige Blockade von Baumaschinen durch Demonstranten als Eigentumsverletzung anerkannt,[492] während die praktisch bedeutsame Frage nach der rechtlichen Beurteilung des „Zuparkens" von Straßenbahnen, Kraftfahrzeugen, privaten Parkplätzen,[493] Garagen- und Grundstücksausfahrten noch höchstrichterlicher Klärung harrt.[494]

Schließlich lassen sich die **Stromkabel-Fälle** in diesen Kontext einordnen, denn durch die Unterbrechung der Stromzufuhr wird es dem Unternehmer unmöglich gemacht, die in seinem Betrieb gebündelten Eigentumsrechte ihrem bestimmungsgemäßen Produktivzweck zuzuführen. Gleichwohl hat der BGH eine Eigentumsverletzung lediglich unter dem Gesichtspunkt der Substanzverletzung geprüft und im Einzelfall bejaht, wenn etwa Bruteier infolge des Stromausfalls verdorben waren.[495] Genauso wäre zu entscheiden, wenn der Stromausfall zum Eingehen von Pflanzenkulturen oder zum irreversiblen Erkalten von flüssigem Roheisen führt (vgl. RdNr. 113). Hat die Unterbrechung der Stromzufuhr hingegen keinerlei Substanzschäden, sondern bloß den zeitweiligen Betriebsstillstand zur Folge, scheidet nach der Rechtsprechung die Annahme einer Eigentumsverletzung ebenso aus wie eine Haftung unter dem Gesichtspunkt des Eingriffs in das

---

[485] BGHZ 86, 152, 154 f. = NJW 1983, 2313 = JZ 1983, 857 m. Anm. *Müller-Graff.*
[486] BGH NJW-RR 2005, 673, 674.
[487] Bejahend OLG Dresden VersR 1995, 836; verneinend OLG Düsseldorf VersR 1995, 1363, 1364.
[488] BGH NJW 1977, 2264.
[489] *Zeuner,* FS Flume, Bd. I, 1978, S. 775, 787; *Soergel/Spickhoff* RdNr. 56; *Larenz/Canaris* § 76 II 3 c, S. 389; *Staudinger/Hager* RdNr. B 91.
[490] BGHZ 45, 212, 219 = NJW 1966, 1260, 1261 f.; BGHZ 63, 203, 206 f. = NJW 1975, 347, 349; vgl. auch BGHZ 55, 146, 148 ff. = NJW 1971, 796, 797 f.
[491] LG Hannover NJW-RR 2006, 1458.
[492] BGHZ 137, 89, 97 f. = NJW 1998, 377; OLG Celle r + s 1998, 109 f.; anders bei Behinderung von Bauarbeiten durch einen im Bereich der anvisierten Baustelle abgestellten Pkw.: OLG Frankfurt NJW-RR 1990, 730.
[493] Richtigerweise von AG Erkelenz NJW-RR 2007, 1031, als Eigentumsverletzung anerkannt.
[494] Befürwortend LG Bielefeld ZfS 1990, 337; AG Bonn VersR 1993, 1248 f.; AG Köln DAR 1988, 98, sowie das obiter dictum in BGHZ 63, 203, 206 = NJW 1975, 347, 349; abl. AG Köln VersR 1988, 1160; AG Frankfurt/M NJW-RR 1990, 730; sowie das obiter dictum in BGH NJW 1977, 2264, 2265 f.; Nachweise aus der Instanz-Rspr. bei *Grüneberg* NJW 1992, 945; *Janssen* NJW 1995, 624.
[495] BGHZ 41, 123, 126 ff. = NJW 1964, 720, 722.

Recht am eingerichteten und ausgeübten Gewerbebetrieb[496] und schließlich auch eine Einstandspflicht nach § 823 Abs. 2, weil es sich bei den landesrechtlichen Vorschriften zum sorgsamen Umgang mit Versorgungsleitungen nicht um Schutzgesetze handelt (vgl. RdNr. 124, 479).[497]

121 **bb) Literatur.** In der Literatur ist wiederholt vorgeschlagen worden, **Nutzungsbeeinträchtigungen grundsätzlich als Eigentumsverletzungen** anzuerkennen, ohne dass sich über die wohl allseits als notwendig akzeptierten Einschränkungen Einigkeit hätte erzielen lassen.[498] So wird beispielsweise allein auf die Intensität der Beeinträchtigung von Eigentümerinteressen abgestellt und jede nicht unerhebliche Nutzungsbeeinträchtigung[499] oder lediglich solche, die den Marktwert der Sache herabsetzen,[500] als Eigentumsverletzung qualifiziert. Die Alternative dazu besteht in einer normativen Konkretisierung sowohl des Begriffs der Eigentumsverletzung als auch der zum Schutz des Eigentums mobilisierten Verkehrspflichten.[501] Die in diesem Rahmen erarbeiteten Wertungskriterien sind insbesondere: (1) Vertragliche Allokation des Risikos des Nutzungsausfalls zum Eigentümer (Stromkabelfälle); (2) Verneinung eines Rechts auf ungestörte Ausübung des Gemeingebrauchs an öffentlichen Verkehrswegen (Fleetfall); (3) Gewährleistung der Verkehrssicherheit von Verkehrswegen nur zur Vermeidung von Körper- und Substanzschäden (Verkehrsstaus).[502] Noch weiter geht ein neuerer Ansatz, der einen denkbar weit gespannten Verletzungstatbestand erst im Rahmen der Rechtswidrigkeit mit Hilfe einer auf den Einzelfall bezogenen Interessenabwägung moderieren will, in deren Rahmen neben Art und Dauer der Nutzungsbeeinträchtigung sowohl der Umfang der dem Eigentümer drohenden Vermögensnachteile als auch der juristische Stellenwert des vom Schädiger verfolgten Handlungszwecks Berücksichtigung finden sollen.[503]

122 **cc) Stellungnahme.** Tatsächlich ist nicht daran zu zweifeln, dass bloße Nutzungsbeeinträchtigungen Eigentumsverletzungen iS des § 823 Abs. 1 darstellen können. Immerhin wird die **Nutzungsfunktion des Eigentums** in § 903 S. 1 besonders betont,[504] es wird in § 906 stillschweigend vorausgesetzt, dass Nutzungsbeeinträchtigungen als Eigentumsstörungen zu qualifizieren sind,[505] und ist § 823 Abs. 1 nicht auf Sachbeschädigungen beschränkt. Von der Beschädigung oder Zerstörung der Sache unterscheidet sich die reine Nutzungsbeeinträchtigung indessen „nur in der Zeitdimension".[506] Gleichwohl bedarf es einer Einschränkung, weil sie in gefährliche Nähe zu reinen Vermögensschäden gerät, für die eine allgemeine Fahrlässigkeitshaftung nach § 823 Abs. 1 gerade nicht besteht. An dieser deliktsrechtlichen Wertung – und nicht an allgemeinen Interessenabwägungen[507] – ist folglich die Abgrenzungsaufgabe zu orientieren. Das Kriterium der Marktwertherabsetzung ist für die Beurteilung von Nutzungsbeeinträchtigungen, die typischerweise vorübergehender Natur

---

[496] BGHZ 29, 65, 67 ff. = NJW 1959, 479 ff.; genauso für Telefonleitungen BGH VersR 1977, 616, 617; für Oberleitungen der Bahn BGH NJW-RR 2005, 673, 674.
[497] BGHZ 66, 388, 389 = NJW 1976, 1740; BGH NJW 1977, 2208, 2209; anders noch BGH NJW 1968, 1279, 1280 f. Vgl. zu dieser Frage auch *G. Hager* JZ 1979, 53, 54, 55.
[498] *Medicus* SchR II RdNr. 797; *Jahr* AcP 183 (1983), 725, 751 ff.; eingehend *Boecken*, Deliktsrechtlicher Eigentumsschutz gegen reine Nutzungsbeeinträchtigungen, S. 208 ff.; *Möschel* JuS 1977, 1, 2 ff.; *Staudinger/Hager* RdNr. B 97 f.; *Erman/Schiemann* RdNr. 29, 31; auf der Grundlage einer – mE nicht nachvollziehbaren – verfassungsrechtlichen Argumentation auch *Rosenbach*, Eigentumsverletzung durch Umweltveränderung, 1997, S. 71 ff.
[499] *Staudinger/Hager* RdNr. B 97.
[500] 3. Aufl. RdNr. 113 *(Mertens)*.
[501] *Larenz/Canaris* II/2 § 76 II 3 c, S. 388 ff.; *Zeuner*, FS Flume, Bd. I, 1978, S. 775, 784 ff.
[502] Vgl. die vorherigen Fn.
[503] *Boecken*, Deliktsrechtlicher Eigentumsschutz gegen reine Nutzungsbeeinträchtigungen, S. 348 ff.
[504] *v. Bar*, Probleme der Haftpflicht für deliktsrechtliche Eigentumsverletzungen, S. 31, krit. zur Argumentation mit § 903 *Jansen*, Sturktur des Haftungsrechts, S. 502 f.
[505] Vgl. *Zeuner*, FS Flume, Bd. I, 1978, S. 775, 779; *Boecken*, Deliktsrechtlicher Eigentumsschutz gegen reine Nutzungsbeeinträchtigungen, S. 216 f.
[506] *Jahr* AcP 183 (1983), 725, 756 m. Fn. 153.
[507] So aber *Boecken*, Deliktsrechtlicher Eigentumsschutz gegen reine Nutzungsbeeinträchtigungen, S. 337 ff.

sind, wenig geeignet[508] und versagt völlig bei Gütern, für die es keinen Gebrauchtmarkt gibt.[509]

Dem Gesetzgeber ging es bei der **Ausklammerung reiner Vermögensschäden** aus § 823 Abs. 1 vor allem um die Begrenzung des Kreises potentieller Anspruchsinhaber auf die in absoluten Rechten betroffenen Personen (im Einzelnen § 826 RdNr. 12 ff.; vgl. Vor § 823 RdNr. 13). Dadurch lassen sich Rechtsstreitigkeiten um **diffuse Schadensbilder** vermeiden, die im Streitfall schwer zu verifizieren sind und gegen die sich das Opfer leicht selbst schützen kann – beispielhaft zu nennen sind die Vielzahl von Vermögenseinbußen, die infolge eines unfallbedingten Verkehrsstaus oder einer defekten Oberleitung eintreten. Werden reine Nutzungsbeeinträchtigungen an dieser Prärogative gemessen, so kommen Beeinträchtigungen, die eine Vielzahl von Personen gleichermaßen betreffen und deren Intensität im Rahmen des im gesellschaftlichen Zusammenleben Einzukalkulierenden liegt, nicht als Eigentumsverletzungen in Betracht. Anders liegt es, wenn eine Ausuferung der Haftung nicht droht, weil ein überschaubarer Personenkreis in erheblicher Weise in der Nutzung des Eigentums beeinträchtigt worden ist. Dabei kann das Nachbarrecht (§§ 1004, 906) als Orientierungshilfe dienen, denn die zwischen benachbarten Grundstücken bestehende „Schicksalsgemeinschaft" ist das Paradebeispiel überschaubarer Beziehungen innerhalb eines begrenzten Personenkreises, so dass eine Haftung auch für bloße Nutzungsbeeinträchtigungen vertretbar und angemessen ist, sofern Letztere eine gewisse Erheblichkeitsschwelle („Wesentlichkeit") überschreiten. 123

Auf dieser Grundlage ist eine **Eigentumsverletzung zu bejahen** bei einer mehrtägigen Blockade von Baumaschinen,[510] beim Einsperren eines Schiffs in einem von der Außenwelt abgeschnittenen Binnengewässer[511] und bei der polizeilichen Absperrung eines Betriebsgrundstücks wegen der auf dem Nachbargrundstück bestehenden Explosionsgefahr.[512] Anders liegt es, wenn die Nutzbarkeit einer Vielzahl von Sachen verschiedener Eigentümer lediglich partiell beeinträchtigt wird, also etwa Schiffe eine bestimmte Verladestelle nicht mehr anlaufen können, weil der dahin führende Kanal gesperrt ist, oder wegen beschädigter Oberleitung auf einem bestimmten Schienenabschnitt nicht mit Elektroloks gefahren werden kann; in solchen Fällen hat der BGH eine Eigentumsverletzung mit Recht verneint.[513] In den **Stromkabelfällen** ist zu bedenken, dass Ausfälle des Stroms oder anderer Versorgungsleistungen eine Vielzahl von Konsumenten und Unternehmen betrifft, die Vermögensschäden unterschiedlichster Art und Höhe erleiden können, wenn man an die nahezu ubiquitären Computer und sonstigen Elektrogeräte in Anwaltskanzleien, Arztpraxen usw. denkt. In relevanter Hinsicht liegt es hier also genauso wie bei reinen Vermögensschäden, bei denen ebenfalls eine Überflutung von Gerichten und Versicherungen mit diffusen Haftungsklagen droht,[514] während sich potentiell besonders intensiv betroffene Stromkunden durch entsprechende Maßnahmen selbst vor den ihnen infolge des Ausfalls drohenden Schäden schützen können. Zwar ist einzuräumen, dass durch die damit eintretende Beschränkung der Haftung des Bauunternehmers auf den Schaden am Kabel selbst der Großteil der verursachten Verluste unausgeglichen bleibt,[515] jedoch scheint die Rechtsprechung der dadurch eintretenden Anreizlücke in gewissem Umfang gegenzusteuern, indem sie das Maß der bei Erdarbeiten geforderten Sorgfalt an dem drohenden 124

---

[508] *Brüggemeier* VersR 1984, 902; im Ergebnis auch *Müller-Graff* JZ 1983, 860, 862.
[509] Treffend AG Bonn VersR 1993, 1248, 1249: „Nach Kenntnis des Gerichts existiert ein Markt für gebrauchte Straßenbahnen nicht.".
[510] BGHZ 137, 89, 97 f. = NJW 1998, 377, 379 f.
[511] BGHZ 55, 153, 159 = NJW 1971, 886, 888.
[512] BGH NJW 1977, 2264 ff.; entgegen dieser Entscheidung sollte dies auch für die Zeit der Sperrung der Zufahrt durch Polizei und Feuerwehr gelten.
[513] BGHZ 55, 153, 159 = NJW 1971, 886, 888; BGH NJW-RR 2005, 673, 674.
[514] *Wagner* in: Zimmermann, Grundstrukturen des Europäischen Deliktsrechts, S. 189, 238 f.
[515] *G. Hager* JZ 1979, 53, 55; *Staudinger/Hager* RdNr. B 95; für Eingriff in das Recht am eingerichteten und ausgeübten Gewerbebetrieb *Brüggemeier* VersR 1984, 902, 904 f.; *ders.* Deliktsrecht RdNr. 321, 439 ff.

Gesamtschaden – und nicht bloß an dem Eigentumsschaden am Kabel – orientiert (RdNr. 479).[516]

125 **dd) Haftungsumfang.** Ist Eigentum verletzt, sind nach allgemeinen Regeln **sämtliche Folgeschäden** zu ersetzen. Demgegenüber hat *Marschall von Bieberstein* vorgeschlagen, den Haftungsumfang bei Nutzungsbeeinträchtigungen an Betriebsgegenständen zu beschränken.[517] Zu restituieren sei nicht der gesamte entgangene Gewinn des betroffenen Unternehmens, sondern neben dem eigentlichen Substanzschaden lediglich der „unmittelbar" eintretende Gewinnentgang, „der infolge der nicht mehr möglichen Nutzung des beschädigten oder zerstörten Gegenstands selbst entsteht".[518] Damit würden zwar die Übergänge zwischen der vollumfänglichen Haftung für Eigentumsverletzungen und dem Haftungsausschluss bei reinen Vermögensschäden geglättet, doch die als Folge dieses Strukturprinzips des deutschen Deliktsrechts unvermeidlichen Wertungsbrüche (RdNr. 121) sollten eher durch vorsichtige Ausdehnung der Haftung für reine Vermögensschäden behoben werden als durch Einschränkung des Haftungsumfangs bei Eigentumsverletzungen.[519]

126 **f) Weiterfresser- und Produktionsschäden.** Eine besonders heiß diskutierte Fallgruppe betrifft Eigentumsschäden, die in Zusammenhang mit der Güterproduktion stehen. Die sog. **Weiterfressermängel** betreffen Fälle, in denen eine Sache bereits im Zeitpunkt ihrer Herstellung bzw. Auslieferung einen **latenten Defekt** aufweist, der sich indessen erst nach dem **Eigentumserwerb** eines Dritten bei diesem materialisiert und die Sache beschädigt oder zerstört. Produktionsschäden haben mit Weiterfressermängeln gemeinsam, dass sie im Prozess der Warenherstellung angelegt sind und regelmäßig – wenn auch nicht notwendig – erst nach Inverkehrbringen des Produkts hervortreten. Im Unterschied zu den Weiterfressermängeln betreffen sie jedoch nicht das Endprodukt, sondern Halbfertigware, und sie realisieren sich folgerichtig auch nicht beim Endabnehmer, sondern beim Hersteller des End- bzw. eines weiteren Zwischenprodukts, und zwar in der Weise, dass die übrigen für die Herstellung eingesetzten Stoffe entwertet werden.

127 **aa) Weiterfresserschäden. (1) Rechtsprechung.** Die heutige Rechtsprechung zu den Weiterfresserschäden geht zurück auf das berühmte **Schwimmerschalter-Urteil** des VIII. ZS aus dem Jahre 1976.[520] In dem zugrunde liegenden Fall war eine Reinigungs- und Entfettungsanlage durch einen Brand zerstört worden, weil ein die Heizung der Anlage regulierender Schwimmerschalter nicht funktionierte. Der BGH bejahte eine Eigentumsverletzung, obwohl die Kaufsache von vornherein mangelhaft hergestellt worden war, der Käufer also nie mangelfreies Eigentum erworben hatte, mit der Begründung, der Mangel habe sich auf ein funktionell begrenztes Einzelteil beschränkt und erst nach Eigentumserwerb auf das im Übrigen mangelfreie Eigentum des Käufers ausgedehnt.[521] Die praktische Durchschlagskraft des damit geborenen Schadensersatzanspruchs wegen Eigentumsverletzung an der Kaufsache selbst wurde dadurch erhöht, dass der in dem Kaufvertrag über die Reinigungsanlage enthaltene **Gewährleistungsausschluss** nicht auf die Deliktshaftung erstreckt wurde.[522]

128 Der VI. ZS hat sich in dem für die weitere Entwicklung maßgeblichen **Gaszug-Urteil** dieser Rechtsprechung angeschlossen und dem verunglückten Käufer eines Pkw., der wegen

---

[516] BGH VersR 1983, 152 f.; OLG Hamm NJW-RR 2002, 1391 f: Verpflichtung des Bauunternehmers, im Fall versehentlicher Freilegung eines Starkstromkabels sofort das Versorgungsunternehmen zu informieren.
[517] *Marschall v. Bieberstein,* FS v. Caemmerer, 1978, S. 411, 429 ff.
[518] Im Beispiel *v. Biebersteins,* FS v. Caemmerer, 1978, S. 411, 423, 433: Bei einem Brand in einer Vergaserfabrik sind nicht Ersatz des entgangenen Gewinns des Automobilkonzerns, zu dem die Vergaserfabrik gehört, sondern nur der infolge Ausfalls der Vergaserproduktion entfallenen Gewinne.
[519] Im Ergebnis gegen den Vorschlag *Marschall v. Biebersteins* auch *Erman/Schiemann* RdNr. 30; *Staudinger/Hager* RdNr. B 94 ff.
[520] BGHZ 67, 359, 363 = NJW 1977, 379, 380 = JZ 1977, 343 m. Anm. *Lieb.*
[521] BGHZ 67, 359, 364 f. = JZ 1977, 343 = NJW 1977, 379, 380 f.
[522] BGHZ 67, 359, 366 f. = JZ 1977, 343 = NJW 1977, 379, 381; vgl. weiter BGH NJW 1978, 2241, 2242 f. – Hinterreifen I; BGH NJW 2004, 1032, 1033 – Hinterreifen II, m. Bespr. *Gsell* 1913.

eines mangelhaften Gaszugs auch dann beschleunigte, wenn der Fuß vom Gas genommen wurde, Schadensersatz wegen deliktischer Eigentumsverletzung gewährt.[523] Allerdings hat er das Abgrenzungskriterium neu formuliert, denn für den Tatbestand der Eigentumsverletzung kommt es nicht mehr auf eine naturalistisch-technische Prüfung der Frage an, ob der Mangel von vornherein die Gesamtsache erfasst oder ob er auf ein „funktionell begrenztes" Einzelteil beschränkt ist,[524] sondern auf die normative Unterscheidung zwischen **Äquivalenz- und Integritätsinteresse,** die ihrerseits zum **Kriterium der Stoffgleichheit** führt:[525] Der geschädigte Käufer oder Werkbesteller ist auf das Gewährleistungsrecht beschränkt, soweit der Schutz des vertraglichen Äquivalenzverhältnisses betroffen ist, also das Interesse daran, für den gezahlten Preis eine funktionstaugliche und werthaltige Gegenleistung zu erhalten. Das Integritätsinteresse des Käufers wird hingegen durch das Deliktsrecht geschützt, wie auch seine übrigen Rechtsgüter ihres deliktsrechtlichen Schutzes nicht dadurch verlustig gehen, dass er in vertragliche Beziehungen zu einem Dritten tritt.[526] Für die Frage, ob im Einzelfall das Äquivalenz- oder das Integritätsinteresse des Geschädigten betroffen ist, muss der Mangelunwert ermittelt werden, der dem Produkt bereits im Zeitpunkt des Eigentumserwerbs anhaftete, um ihn mit dem geltend gemachten Schaden zu vergleichen. Eine Eigentumsverletzung ist ausgeschlossen, wenn der später eingetretene Schaden „stoffgleich" dem ursprünglichen Mangelunwert ist, insbesondere weil eine Beseitigung des Fehlers technisch unmöglich ist oder aus wirtschaftlichen Gründen nicht in Betracht kommt, weil die dafür aufzuwendenden Kosten außer Verhältnis zum Wert der Sache stehen.[527] Als Anhalt für diese Abgrenzung ist die Minderungsformel des § 441 Abs. 3 heranzuziehen.[528] Wird die Sache durch den Weiterfressermangel völlig zerstört, ist der Deliktsanspruch demnach ausgeschlossen, wenn sie wegen des Mangels von Anfang an nichts wert war, insbesondere deshalb, weil der zur Zerstörung führende Fehler mit wirtschaftlich zumutbarem Aufwand nicht entdeckt oder zumindest nicht beseitigt werden konnte.[529] Dabei kommt es darauf an, ob die Entdeckung des Fehlers bei gezielter Suche und unter Aufwendung vertretbarer Kosten objektiv möglich war.[530] Irrelevant ist hingegen, ob sich die Zerstörung der „Rest-Sache" durch ein unfallartiges, also plötzliches und unvorhergesehenes Ereignis oder durch einen allmählichen Degradierungsprozess vollzog und ob außer der Sache selbst auch noch andere Rechtsgüter des Geschädigten oder Dritter gefährdet wurden.[531]

Auf der Grundlage dieser Unterscheidung hat der BGH seine **Rechtsprechung** in der Folgezeit **ausgebaut** und Ersatzansprüche auf Grund von § 823 Abs. 1 gewährt, wenn ein Autokäufer wegen eines geplatzten Reifens verunglückte,[532] ein Kompressormotor infolge eines mangelhaft befestigten Ölablauf-Rohres trocken gelaufen,[533] ein Austauschmotor infolge fehlender Fixierung des Nockenwellensteuerrads zu Schaden gekommen[534] oder ein Teil der Antriebseinheit eines Hochseeschiffes – ein sog. Grim'sches Leitrad – wegen eines ungeeigneten Schmiermittels auf hoher See verloren gegangen war.[535] Das gegenteilige

---

[523] BGHZ 86, 256 = NJW 1983, 810 = JZ 1983, 499 m. Anm. *Stoll*.
[524] So BGHZ 67, 359, 364 = JZ 1977, 343 = NJW 1977, 379, 380; BGH NJW 1978, 2241, 2242.
[525] BGHZ 86, 256, 258 ff. = NJW 1983, 810, 811 = JZ 1983, 499 m. Anm. *Stoll*.
[526] Die Entscheidung BGH NJW-RR 1993, 1113, 1114 – Blumenerde – benutzt die Differenzierung zwischen Äquivalenz- und Integritätsinteresse nicht zur Definition des deliktischen Eigentumsschutzes, sondern zur Abgrenzung des Anwendungsbereichs der kurzen kaufvertraglichen Verjährungsfrist; soweit (nur) das Äquivalenzinteresse betroffen ist, soll der Anspruch aus § 823 Abs. 1 „ausnahmsweise" in der Frist des § 477 aF (§ 438 nF) verjähren. Dieser Ansatz ist jedoch vereinzelt geblieben.
[527] BGH NJW 1992, 1678.
[528] BGH NJW 1985, 2420; *Steffen* VersR 1988, 977, 979.
[529] Vgl. auch die Darstellung bei *Reinicke/Tiedtke* NJW 1986, 10, 13.
[530] BGH NJW 1992, 1678 f.
[531] BGH NJW 1985, 2420, 2421; 1996, 2224, 2225.
[532] Zuletzt BGH NJW 2004, 1032, 1033 – Hinterreifen II, m. Bespr. *Gsell* 1913, allerdings ohne Prüfung der Stoffgleichheit.
[533] BGH NJW 1985, 2420.
[534] BGH NJW 1992, 1678; ähnlich der Sachverhalt in OLG Köln VersR 1991, 348, 349.
[535] BGH NJW 1996, 2224 = LM (M) Nr. 1 m. krit. Anm. *Foerste*.

Ergebnis ergab sich indessen in einem Fall, in dem eine Kfz.-Reparaturwerkstatt vom Hersteller einer Hebebühne Schadensersatz verlangte, weil die Hebebühne infolge eines Konstruktionsfehlers zusammengebrochen war. Nachdem der Hersteller die Bühne repariert hatte, ohne den Konstruktionsfehler zu beheben, bejahte der BGH seine Haftung zwar für den von der Bühne heruntergestürzten Pkw., verneinte jedoch die Ersatzpflicht für den infolge des Nutzungsausfalls der Hebebühne entgangenen Gewinn, weil insoweit lediglich das Äquivalenzinteresse des Käufers betroffen sei.[536] Verneint wurde eine deliktsrechtlich relevante Eigentumsverletzung weiter in Fällen, in denen die zu Paletten geformten Einzeltöpfe für Blumenstecklinge infolge zu schwacher Perforierung nicht ohne Beschädigung voneinander getrennt werden konnten, so dass sie unverkäuflich waren,[537] wenn als Bodenbelag verlegte Fliesen eine fehlerhafte Glasur aufwiesen, so dass sich schon bei geringer Belastung an der Oberfläche Löcher bildeten[538] und wenn die in den Fußboden eines Schwimmbades eingebrachte Kunststofffolie undicht war und folglich ausgetauscht werden musste.[539]

130 **(2) Literatur.** Die Literatur hat die Entwicklung der Rechtsprechung zu den Weiterfresserschäden von Anfang an kritisch begleitet; die zustimmenden Stimmen sind die Minderheit.[540] Die **Kritik** setzt zum Teil grundsätzlich an, indem die Delikthaftung mit Blick auf Schäden am Vertragsgegenstand selbst gänzlich abgelehnt wird,[541] zum anderen werden **Differenzierungslösungen** vorgeschlagen, die anhand verschiedener Gesichtspunkte zwischen deliktsrechtlich relevanten Weiterfresserschäden und allein nach Gewährleistungsrecht abzuwickelnden Äquivalenzstörungen unterscheiden. Verbreitet ist insbesondere die Auffassung, der Hersteller hafte nur dann nach Deliktsrecht, wenn er eine ihm obliegende **allgemeine Verkehrspflicht** verletzt habe, was wiederum voraussetze, dass das Produkt nicht nur seine eigene Integrität, sondern auch Leib, Leben und Eigentum Dritter bedrohrt[542] oder sich infolge mangelhafter Produktsicherheit mehr oder minder gewaltsam selbst beschädigt bzw. zerstört.[543] Schließlich wird vorgeschlagen, die Haftung für Weiterfresserschäden auf die Verletzung einer **Instruktionspflicht** zu gründen: Verletzungshandlung sei nicht die Inverkehrgabe einer (teilweise) fehlerhaften Sache, sondern die unterlassene Aufklärung über diesen Fehler und die damit verbundene Gefahr der Selbstzerstörung.[544]

131 **(3) Stellungnahme.** Die Fundamentalopposition gegen die Rechtsprechung kann sich insbesondere auf drei Argumente berufen, nämlich die Leugnung des Tatbestands einer Eigentumsverletzung,[545] die Rechtsunsicherheitsthese, nach der es dem BGH nicht gelungen sei, praktikable Abgrenzungskriterien zu entwickeln[546] und die These vom Vorrang des Gewährleistungsrechts.[547] Tatsächlich hat der erste Gesichtspunkt wenig Überzeugungskraft, denn es ist nicht zu bezweifeln, dass **auch eine mangelhafte Sache Delikts-**

---

[536] BGH NJW 1983, 812, 813.
[537] OLG Oldenburg VersR 1986, 1006; Revision vom BGH nicht angenommen.
[538] OLG Bamberg VersR 1986, 997; Revision vom BGH nicht angenommen.
[539] OLG Oldenburg VersR 1986, 1003, mit Nichtannahmebeschluss des BGH aaO S. 1004.
[540] Zust. aber *Kullmann* BB 1985, 409, 413; *Steffen* VersR 1988, 977; RGRK/*Steffen* Vor § 823 RdNr. 39; *Staudinger/Hager* RdNr. B 115 ff.; *Fikentscher/Heinemann* RdNr. 1564 f.; *Nickel* VersR 1984, 318; *Merkel* NJW 1987, 358; *Rauscher* JuS 1987, 14, 16; im Ergebnis ähnlich *Gsell*, Substanzverletzung und Herstellung, S. 95 ff.
[541] *Diederichsen* VersR 1971, 1077, 1094; *ders.* NJW 1978, 1281, 1285 f.; *ders.* VersR 1984, 797, 799; *Schubert* JR 1977, 458 ff.; *H. Honsell* JuS 1995, 211, 215; *Reinicke/Tiedtke* NJW 1986, 10, 12 f.; *Brüggemeier* VersR 1983, 501, 506 ff.; *ders.* Deliktsrecht RdNr. 316 ff.; *Erman/Schiemann* RdNr. 124; *Soergel/Spickhoff* RdNr. 82.
[542] *Stoll* JZ 1983, 501, 503; *G. Hager* AcP 184 (1984), 413, 417; *Schwenzer* JZ 1988, 525, 528; *Schlechtriem*, FS Hyung-Bae Kim, 1995, S. 281, 286 ff.
[543] *Mertens* VersR 1980, 397, 406; 3. Aufl. RdNr. 108 *(Mertens).*
[544] So *Gsell*, Substanzverletzung und Herstellung, S. 95 ff., 116 ff.; *dies.* NJW 2004, 1913, 1914 f.
[545] *Diederichsen* VersR 1971, 1077, 1094; *ders.* VersR 1984, 797, 799; *Schubert* JR 1977, 458, 459; *H. Honsell* JuS 1995, 211, 215; *Schmidt-Salzer* BB 1979, 8 f.; *Schubert* JR 1977, 458, 459.
[546] *Stoll* JZ 1983, 501, 502; *Deutsch* JZ 1984, 308, 311; *Reinicke/Tiedtke* NJW 1986, 10, 12 f.
[547] *Rengier* JZ 1977, 346, 347; *Reinicke/Tiedtke* NJW 1986, 10, 13 f.

schutz genießt,** was sich sofort an dem Fall zeigt, dass ein *Dritter* sie beschädigt oder zerstört.[548] Würde etwa ein Attentäter in ein zur Auslieferung bereitstehendes Automobil eine Zeitbombe einbauen und Letzteres nach Übereignung explodieren, läge eine Eigentumsverletzung zweifellos vor. Nicht anders liegt es, wenn der Verkäufer eines Ferrari diesen mit überalterten Reifen ausstattet, so dass der Wagen bei einem Unfall zerstört wird. Was den Sorgfaltspflichtverstoß anlangt, so ist an die Herstellerpflichten zur fehlerfreien Konstruktion und Fabrikation der Ware anzuknüpfen (RdNr. 628 ff.), nicht hingegen an die vermeintliche Instruktionspflicht, bei der Inverkehrgabe des Produkts auf die Gefahr seiner Selbstzerstörung hinzuweisen.[549] Ein Produkt, das sich infolge eines Konstruktions- oder Fabrikationsfehlers selbst zerstören wird, darf nämlich auch dann nicht in den Verkehr gebracht werden, wenn ihm eine entsprechende Warnung beigegeben wird (RdNr. 649 ff.). Ein Kfz.-Hersteller, der einen Wagen mit dem Hinweis versehen auslieferte: „Vorsicht, bei Tempo 100 km/h platzt der Reifen am rechten Hinterrad!", haftete trotzdem, weil er sich seiner Pflichten zur sicheren Konstruktion und Fabrikation des Produkts nicht durch eine – kostengünstigere – Warnung entziehen kann.[550] Weil die **Pflichten zur sicheren Konstruktion und Fabrikation der Instruktionspflicht *vorgelagert*** sind, kann die haftungsauslösende Pflichtverletzung nicht in dem Fehlen von Warnhinweisen bestehen (RdNr. 631).

Obgleich in den Weiterfresserfällen somit eine Eigentumsverletzung vorliegt und überdies häufig auch eine Pflichtverletzung, ist die Haftung des Herstellers oder Verkäufers gleichwohl ausgeschlossen, und zwar wegen des **Vorrangs des Vertragsrechts.** Der Geschädigte hat zwar grundsätzlich die Wahl, ob er sein Begehren auf vertragsrechtliche oder deliktsrechtliche Anspruchsgrundlagen stützt, das Bestehen eines Vertragsverhältnisses zum Schädiger schließt die Berufung auf die §§ 823 ff. nicht aus (vgl. Vor § 823 RdNr. 68 ff.). Der Käufer eines Pkw., der infolge eines von Anfang an defekten Hinterreifens oder Gaszugs einen Unfall erleidet, kann die ihm entstandenen Personenschäden ebenso nach § 823 Abs. 1 liquidieren wie Sachschäden an seiner Kleidung und seinem Gepäck.[551] Warum also nicht auch den Schaden an dem Pkw. selbst? Die Antwort lautet, dass eine solche Haftung ein **Vertragsinteresse mit Deliktsschutz ausstatten** würde. Entgegen der Rechtsprechung des BGH betrifft der Schaden an der Sache selbst nämlich keineswegs das Integritätsinteresse, sondern das Äquivalenzinteresse des Käufers.[552] Diese Unterscheidung geht zurück auf die Rechtsprechung des VIII. ZS zum Kauf-Gewährleistungsrecht und diente dort der Begründung der Haftung des Verkäufers für Mangelfolgeschäden nach den Regeln der positiven Vertragsverletzung,[553] die allerdings immer auf die übrigen Rechtsgüter des Käufers beschränkt blieb.[554] Tatsächlich ist das Integritätsinteresse an der Kaufsache selbst Bestandteil des vertraglichen Äquivalenzinteresses und lässt sich zu Letzterem genauso wenig in Gegensatz bringen wie es sich von ihm abgrenzen lässt.[555] Die Unmöglichkeit, einen Teil der Kaufsache herauszulösen und dem Integritätsinteresse des Käufers zuzuweisen, zeigt sich am deutlichsten in den Fällen, in denen der latente Fehler entdeckt wird, bevor es zur Zerstörung der Restsache kommt. Man stelle sich vor, der Eigner des mit einem fehlerhaften Grim'schen Leitrad ausgestatteten Seeschiffs hätte vor dessen Verlust auf hoher See bemerkt,

---

[548] Übereinstimmend *Schlechtriem* JA 1983, 255, 256; *Gsell* JZ 2005, 1171, 1172; *v. Bar,* Probleme der Haftpflicht für deliktsrechtliche Eigentumsverletzungen, S. 21 f.; *Staudinger/Hager* RdNr. B 115.
[549] So aber *Gsell,* Substanzverletzung und Herstellung, S. 112 ff.; *dies.* NJW 2004, 1913, 1914 f.
[550] AA *Gsell* NJW 2004, 1913, 1915 m. Fn. 21; im Ergebnis wie hier *Schlechtriem* AcP 204 (2004), 300, 307.
[551] *Soergel/Huber* Vor § 459 RdNr. 259; schlagendes Beispiel dazu ist OLG Düsseldorf NJW 1975, 453, besprochen bei *Huber* AcP 177 (1977), 281, 322 f.
[552] So auch der VII. ZS in BGHZ 162, 86, 94 f. = NJW 2005, 1423 = JZ 2005, 1167 m. Anm. *Gsell.*
[553] BGHZ 77, 215, 218 = NJW 1980, 1950, 1951.
[554] BGHZ 77, 215, 218 = NJW 1980, 1950, 1951: „Schutz seiner sonstigen Güter vor Schädigungen durch eine mangelhafte [...] Kaufsache".
[555] Vgl. eingehend *Wagner* in: *Dauner-Lieb/Konzen/K. Schmidt,* Das neue Schuldrecht in der Praxis, 2003, S. 216; genauso BGHZ 162, 86, 94 f. = NJW 2005, 1423 = JZ 2005, 1167 m. Anm. *Gsell.*

dass das Schmiermittel für den eingesetzten Zweck ungeeignet ist.[556] Wäre in diesem Zeitpunkt die Verjährungsfrist abgelaufen oder die Gewährleistung wirksam ausgeschlossen gewesen, stünden dem Käufer keine vertraglichen Gewährleistungsansprüche zu. Deliktsansprüche scheitern indessen daran, dass (noch) kein Schaden eingetreten ist, was zu der absurden Konsequenz führt, dass der Schutz des Käufers davon abhängt, dass er den Fehler nicht entdeckt, mit allen adversen Konsequenzen für seine Anreize, den Kaufgegenstand nach latenten Mängeln zu untersuchen und damit Weiterfresserschäden vermeiden zu helfen. Daran zeigt sich, dass es sich bei den Weiterfresserschäden um Mangel- und nicht um Mangelfolgeschäden handelt, die ausschließlich Angelegenheit des Vertragsrechts sind.[557]

133   bb) Produktionsschäden. (1) Rechtsprechung. Die mit den Weiterfresserschäden verwandten Produktionsschäden sind **Eigentumsverletzungen**, die bei der **Herstellung oder Bearbeitung einer Sache** dadurch entstehen, dass eine von mehreren Zutaten mangelhaft ist und damit auch die anderen entwertet werden. Aktuelle Beispiele aus der Rechtsprechung betreffen defekte elektronische Bauteile, wie etwa Kondensatoren oder Transistoren, die in Regler für Anti-Blockier-Systeme von Bremsanlagen oder in Steuergeräte von Zentralverriegelungsanlagen eingebaut werden.[558] Im Unterschied zu der eben erörterten Fallgruppe der Weiterfresserschäden kommt es im weiteren Verlauf aber nicht zur Beschädigung oder Zerstörung des Gesamtprodukts, also der Regel- oder Steuereinheit, sondern Letztere verliert lediglich ihre Funktionstüchtigkeit, eben weil eines ihrer Bauteile einen Defekt hat. Als Geschädigter tritt in diesen Fällen auch nicht der Erwerber des schadhaften Endprodukts auf, sondern dessen Produzent, der mit dem mangelhaften Bauteil andere Zutaten verbunden und diese damit entwertet hat.

134   Die Rechtsprechung differenziert auch hier zwischen **Äquivalenz- und Integritätsinteresse**,[559] verneint eine Eigentumsverletzung an der Gesamtsache, hält eine Eigentumsverletzung allerdings insofern für gegeben, als „unversehrt im Eigentum des Herstellers der Gesamtsache stehende Einzelteile durch ihr unauflösliches Zusammenfügen mit fehlerhaften anderen Teilen nicht nur in ihrer Verwendbarkeit, sondern erheblich in ihrem Wert beeinträchtigt worden [sind]".[560] Das danach entscheidende unauflösliche Zusammenfügen ist nicht allein unter technischen Gesichtspunkten zu beurteilen, sondern es reicht aus, wenn sich die Teile mit wirtschaftlich vertretbarem Aufwand nicht mehr trennen lassen, was für den Zeitpunkt der ursprünglichen Verbindung festzustellen ist.[561] Dieser Ansatz hat Konsequenzen für den **Haftungsumfang**: In der Kondensatoren-Entscheidung hat der VI. ZS dem geschädigten Zulieferer nämlich nicht Ersatz für sämtliche durch die Ausmusterung der fehlerhaften Steuergeräte entstandenen Schäden gewährt, sondern den Ersatz auf den Wert der übrigen, nicht mangelbehafteten Bauteile beschränkt.[562] Hingegen sind weder die Herstellungskosten noch der Wert der funktionslosen Gesamtsache auszugleichen und erst recht kein durch die Funktionslosigkeit der Gesamtsache entgangener Gewinn zu ersetzen.[563]

---

[556] So der Sachverhalt in BGH NJW 1996, 2224 = LM (M) Nr. 1 m. krit. Anm. *Foerste*.
[557] Übereinstimmend *Brüggemeier* Deliktsrecht RdNr. 316; *Erman/Schiemann* RdNr. 124; *v. Bar*, Probleme der Haftpflicht für deliktsrechtliche Eigentumsverletzungen, S. 23 f.
[558] BGHZ 117, 183 = NJW 1992, 1225 – Kondensatoren = LM (Ac) Nr. 53 m. Anm. *Schmidt-Salzer* = JZ 1992, 801 m. Anm. *Brüggemeier/Herbst*; BGHZ 138, 230 = NJW 1998, 1942 – Transistoren = LM (Ac) Nr. 66 m. Anm. *Kullmann* = JZ 1999, 97 m. Anm. *Brüggemeier* = NJW 1998, 1942 m. Bespr. *Foerste* NJW 1998 2877 = VersR 1998, 855 m. Bespr. *Hinsch* VersR 1998, 1353; sowie die Bespr. *Kullmann* PHI 1999, 16; vgl. weiter OLG Stuttgart NJW-RR 2002, 25, 26 – Digital-Schaltuhren.
[559] BGHZ 138, 230, 237 = NJW 1998, 1942, 1943; BGHZ 117, 183, 187 = NJW 1992, 1225; OLG Stuttgart NJW-RR 2002, 25, 26.
[560] BGHZ 138, 230, 236 = NJW 1998, 1942, 1943; BGHZ 117, 183, 188 f. = NJW 1992, 1225 f.; OLG Stuttgart NJW-RR 2002, 25, 26.
[561] BGHZ 138, 230, 238 = NJW 1998, 1942, 1943 f.; hinsichtlich des Zeitpunkts noch offen BGHZ 117, 183, 189 = NJW 1992, 1225, 1227.
[562] BGHZ 138, 230, 235 = NJW 1998, 1942, 1943; ähnlich auch BGHZ 117, 183, 190 = NJW 1992, 1225, 1227.
[563] AA OLG München VersR 2006, 15 f.

(2) **Kritik.** Diese Argumentation und das mit seiner Hilfe erzielte Ergebnis haben in der 135 Literatur Zustimmung,[564] überwiegend aber Ablehnung erfahren.[565] Die Kritik entzündet sich vor allem an der **Qualifikation des Verarbeitungsvorgangs als Eigentumsverletzung.** Der Fehlschluss bestehe darin, „die wirtschaftliche Entwertung der Bestandteile mit einer tatbestandlichen Gebrauchsbeeinträchtigung ineinszusetzen".[566] Es sei widersprüchlich, eine Verletzung des Integritätsinteresses durch Herstellung einer wertlosen Gesamtsache zwar zu verneinen, andererseits aber mit Blick auf Zutaten zu bejahen, die entwertet werden, weil die Gesamtsache nicht funktioniert.[567] Würde dieser Ansatz einer „Haftung für provozierte Selbstverletzungen" verallgemeinert, müsse man auch gemäß § 823 Abs. 1 haften lassen, wenn jemand verleitet werde, sein Geld in Vermögensanlagen zu investieren, die sich als wertlos erweisen.[568] Neben grundsätzlicher Kritik findet sich in der Literatur aber auch eine **vermittelnde Auffassung,** die die Haftung für Produktionsschäden – und darüber hinaus auch für weiterfressende Mängel – nicht schlechthin ausschließen, sondern lediglich begrenzen will. Danach trifft den Hersteller eines mangelhaften Bauteils „eine Gefahrsteuerungs- und -abwendungspflicht [nur] im Hinblick auf Umweltschäden, die durch ein mangelhaftes Produkt drohen".[569] Gehaftet wird also nicht für jedweden Mangel, der das Bauteil nutz- und wertlos macht, sondern lediglich für die Verletzung allgemeiner Gebote der Produktsicherheit, eines „der Unfallvermeidung und dem Umweltschutz dienende[n] Sicherheitsstandards".[570]

(3) **Stellungnahme.** Soweit die Literatur nicht wahrhaben mag, dass in den hier interes- 136 sierenden Fällen der Tatbestand einer Eigentumsverletzung verwirklicht ist, ist ihr nicht zu folgen. Allerdings hat der BGH der Kritik Vorschub geleistet, indem er die Erörterung in den Bahnen und mit der **Terminologie der Judikatur zu den Weiterfresserschäden** geführt hat. Indessen ist Letztere nur mit Blick auf das defekte Endprodukt – den Regler, die Steuereinheit – relevant und führt dort zu dem trivialen Ergebnis, dass eine Eigentumsverletzung nicht vorliegt. Die Frage, ob durch die Produktion das Eigentum des Herstellers an den übrigen von ihm eingesetzten Produktionsfaktoren verletzt worden ist, hat mit der Weiterfresserproblematik indessen gar nichts zu tun.[571] Wenn ein Hersteller mangelfreie Bauteile mit mangelhaften verbindet, dann ist es geradezu unsinnig zu fragen, ob die Beeinträchtigung der mangelfreien Teile zum Äquivalenzinteresse (welches Vertrags?) gehört. Vielmehr ist offensichtlich, dass es hier um den Schutz der Integrität der übrigen Rechtsgüter des Produzenten geht, in der Terminologie des Kaufrechts um Mangelfolgeschäden, nicht um Mangelschäden, wie in den Weiterfresser-Fällen.[572] Insoweit ist schlechterdings nicht zu bestreiten, dass die bereits im Eigentum des Geschädigten stehenden weiteren „Zutaten" der schließlich mangelhaften Gesamtsache den Schutz des § 823 Abs. 1 genießen und dass das Eigentum an unversehrten Sachen durch deren Verbindung mit mangelhaften Sachen verletzt werden kann. Man muss die unversehrten Bauteile nur hinreichend „groß" machen, um sofort einleuchtende Ergebnisse zu erzielen: Wer etwa einen Altbau saniert und diesen dabei mit kontaminierten Dämmmaterialien auskleidet, so dass das gesamte Gebäude abgerissen werden muss, verursacht eine Eigentumsverletzung an dem zuvor unversehrten

---

[564] *Kullmann* PHI 1999, 16 ff.; *ders.* NJW 1999, 96, 97; *Staudinger/Hager* RdNr. B 115 ff.; *Wagner* (Fn. 555) S. 216 ff.
[565] *Brüggemeier* JZ 1999, 99; *Foerste* NJW 1998, 2877; *Hinsch* VersR 1998, 1353; *Franzen* JZ 1999, 702, 708 ff.; *Jauernig/Teichmann* RdNr. 6.
[566] *Brüggemeier* JZ 1999, 99, 100.
[567] *Brüggemeier* JZ 1999, 99, 100 f.; *Franzen* JZ 1999, 702, 708 ff.; *Foerste* NJW 1998, 2877, 2878.
[568] *Foerste* NJW 1998, 2877, 2878.
[569] 3. Aufl. RdNr. 100, 108.
[570] 3. Aufl. RdNr. 100.
[571] *Brüggemeier* JZ 1999, 99, 100; *Wagner* (Fn. 555) S. 217; schief deshalb auch der Ansatz bei *Franzen* JZ 1999, 702; auch in der Instanzrechtsprechung werden die beiden Fallgruppen der Weiter- und Produktionsschäden häufig in eins gesetzt; vgl. OLG Oldenburg NJW-RR 2001, 459 f.
[572] Zu dieser Unterscheidung und ihrer Übertragung auf das Deliktsrecht vgl. *Erman/Schiemann* RdNr. 124; *Wagner* (Fn. 555) S. 217.

Bauwerk. Genauso liegt es, wenn ein Reifenhändler einen 16 Jahre alten Reifen montiert und der Pkw. kurze Zeit später verunglückt.[573] Genauso wenig lässt sich in dem häufig herangezogenen Vergleichsfall der Vermischung gleichartiger Sachen[574] eine Eigentumsverletzung verneinen: Wenn jemand 100 Liter verdorbene Milch oder 1 Liter Mineralöl in den mit 10 000 Litern einwandfreier Milch befüllten Tank einer Molkerei schüttet, kann wohl kaum bestritten werden, dass dadurch das Eigentum an der einwandfreien Milch verletzt wird.[575] Wie kann sich etwas ändern, wenn nicht Mineralöl und Milch, sondern ein defektes und eine Vielzahl einwandfreier elektronischer Bauteile untrennbar miteinander vermischt bzw. verbunden werden? Der insoweit erhobene Einwand, in dem zuletzt genannten Fall handele es sich um eine systemwidrige Haftung für „provozierte Selbstverletzungen",[576] führt ebenfalls in die Irre. Abgesehen davon, dass damit das Vorliegen einer Eigentumsverletzung zugestanden wird, ist eine solche Haftung keine Anomalie, sondern ein ganz gewöhnlicher Fall der Produkthaftung. So liegen etwa provozierte Selbstverletzungen vor, wenn ein Hühnermäster sein Vieh mit einem Serum impft, das die Tiere schützen soll, jedoch aktive Erreger enthält,[577] oder wenn ein Obstbauer seine auf dem Feld stehenden Früchte mit einem Fungizid „verbindet", das sich als wirkungslos erweist.[578] Im Übrigen ist auch strafrechtlich verantwortlich, wer einen Gutgläubigen dazu bringt, sich selbst zu schädigen.[579]

137 Ein Ausschluss der Haftung in den Fällen der Produktionsschäden ließe sich somit nicht durch Leugnung einer Eigentumsverletzung, sondern allenfalls wegen des **Vorrangs des Gewährleistungsrechts** rechtfertigen. Die für den Kaufvertrag über das schadhafte Einzelteil geltende lex contractus kann allerdings keine Prärogative mit Rücksicht auf den Schutz solcher Bauteile beanspruchen, die sich bereits im Vermögen des Käufers befinden.[580] Für von dem schadhaften Teil verursachte Substanzverletzungen scheint der Deliktsschutz auch unstreitig zu sein, wie etwa in Fällen, in denen Wein in mit untauglichen Korken verschlossenen Flaschen verdirbt,[581] verunreinigte Blumenerde die normale Entwicklung von Jungpflanzen hemmt[582] oder ungeeigneter Lack Nässeschäden an den damit behandelten Möbeln verursacht oder das Holz vergilben lässt.[583] Anders zu entscheiden, wenn die funktionstüchtigen Zutaten zwar unversehrt bleiben, jedoch von dem defekten Bauteil nicht mehr getrennt werden können, ließe sich nur rechtfertigen, wenn bloße Nutzungsbeeinträchtigungen generell aus dem Eigentumsschutz ausgeklammert würden.[584] Das Gegenteil ist indessen der Fall (RdNr. 122 ff.). An einer Haftung für die Aufopferung unversehrter Sachen durch deren untrennbare Verbindung oder Vermischung mit defekten Teilen ist folglich nicht vorbeizukommen; der Rechtsprechung des BGH ist zuzustimmen.[585] Die gebotene Abgrenzung zu reinen Vermögensschäden ist nicht im Rahmen der Haftungsbegründung, sondern auf der Ebene der Haftungsausfüllung zu leisten: Ersatzfähig

---

[573] OLG Düsseldorf VersR 1999, 64 f.
[574] *Foerste* NJW 1998, 2877, 2878: Der ahnungslose Eigentümer verschneidet guten mit verdorbenem Wein.
[575] Vgl. *Soergel/Huber* Vor § 459 RdNr. 263.
[576] So *Foerste* NJW 1989, 2877, 2878; mit Recht abl. *Gsell,* Substanzverletzung und Herstellung, S. 297 ff.
[577] BGHZ 51, 91 = NJW 1969, 269 – Hühnerpest.
[578] BGHZ 80, 186 und 199 = NJW 1981, 1603, 1605 f. – Apfelschorf.
[579] Vgl. den sog. Sirius-Fall BGHSt 32, 38 = NJW 1983, 2579 = NStZ 1984, 70 m. Anm. *Roxin* 71: „Willensherrschaft kraft Irrtum". Vgl. weiter BGH JZ 1987, 474 m. Bespr. *Brandts/Schlehofer* JZ 1987, 442 ff.
[580] *Wagner* (Fn. 555) S. 217; aus der Luft gegriffen ist deshalb auch die These bei *Franzen* JZ 1999, 702, 709, die deliktische Verkehrspflicht des Herstellers der defekten Zutat erstrecke sich nicht auf das Eigentum Dritter an ihren übrigen, einwandfreien Zutaten.
[581] BGHZ 101, 337, 340 f. = NJW 1988, 52 f.; BGH NJW 1990, 908, 909 = VersR 1990, 204, 205.
[582] BGH NJW-RR 1993, 793 (dort allerdings mit Erstreckung der kurzen Verjährung nach § 477 auf den Deliktsanspruch); BGH NJW 1999, 1028, 1029 = LM (Ac) Nr. 67 m. Anm. *Kullmann* = EWiR 1/99, 315 *(Foerste).*
[583] BGH VersR 1996, 1116; 1992, 100; OLG Düsseldorf VersR 1992, 100 f.; OLG Oldenburg NJW-RR 2001, 459.
[584] So mit Recht *Kullmann* NJW 1999, 96, 97.
[585] Vgl. *Wagner* (Fn. 555) S. 216 ff.

ist nur der Wert der aufgeopferten Zutaten, nicht indessen Vermögensaufwendungen, die der am Ende erfolglosen Herstellung einer mangelhaften Gesamtsache dienten (RdNr. 128 aE).

Schließlich lassen sich nur bei Anerkennung der Produktionsschäden als Eigentumsverletzung die **Reparatur-Fälle** konsistent lösen, bei denen die Konkurrenz des Deliktsrechts zum Werkvertragsrecht zur Debatte steht. Hier tritt der Schaden an dem Gegenstand ein, der einem Werkunternehmer zur Reparatur überlassen wurde, etwa an einem Sattel-Pritschenauflieger, der durch fehlerhafte Montage eines Doppelachsaggregats beschädigt wird,[586] an einem Pkw., dessen Erwerber einen Unfall erleidet, weil die von dem Verkäufer mit Wartungsarbeiten beauftragte Werkstatt die Handbremse falsch eingestellt hatte,[587] oder an einem Gebäude, das nachträglich mit Asbestzementplatten verkleidet wird, deren Ausschwemmungen die Fenster beschädigen.[588] Der Werkunternehmer erlangt kein Recht zum Eingriff in die Rechtsgüter des Bestellers, soweit dieser dazu nicht seine Einwilligung erteilt hat und hat dem Eigentümer folglich für den Schaden aufzukommen.[589] Für die Erteilung der Einwilligung im Rahmen eines Vertrags trägt der Werkunternehmer die **Beweislast**.[590] Genauso haftet der Lohnunternehmer, der ein fremdes Ackergrundstück unfachmännisch pflügt, so dass geringere Erträge erzielt werden.[591] 138

cc) Schäden bei der Herstellung von Bauwerken. Wie bei beweglichen Sachen lassen sich auch bei Bauwerken Weiterfresserschäden und Produktionsschäden unterscheiden, wenn sich auch jeder **Weiterfresserschaden als Produktionsschaden darstellen lässt,** soweit nämlich Schadensersatz nicht für das beschädigte oder zerstörte Gesamtgebäude, sondern lediglich für die mit den mangelhaften Bauteilen bzw. dem ungeeigneten Grundstück verbundenen Baustoffe verlangt wird.[592] Die Rechtsprechung ist mit Fällen beschäftigt worden, in denen für die Decken eines Hauses Beton mit einer zu geringen Festigkeit verwandt oder fehlerhafte Betonbalken eingebaut wurden, so dass das Haus einstürzte,[593] nach einem Umbau die Balken einer Geschossdecke barsten,[594] die Außenhaut eines Flachdachs wegen einer mangelhaften Abdeckfolie[595] oder infolge darunter arbeitender Dämmelemente aufriss,[596] nach einer fehlerhaften Einbauanleitung des Herstellers verlegte Isolierdachelemente zu arbeiten begannen und starke Knackgeräusche verursachten,[597] es an einem Haus zu Rissbildungen kam, weil der mit Schlacke verfüllte Untergrund in Bewegung geraten war,[598] infolge der Lieferung salzhaltigen Kalks der Mörtel mangelhaft und das damit errichtete Gebäude unbrauchbar[599] oder der aufgebrachte Putz wegen mineralischer Verunreinigungen des dafür verwendeten Lotsands schadhaft wurde.[600] 139

Der BGH lehnt es in ständiger Rechtsprechung ab, in der **Errichtung eines Gebäudes** auf ungeeignetem Untergrund oder mit mangelhaften Baumaterialien eine Eigentumsverlet- 140

---

[586] So BGHZ 55, 392, 394 f. = NJW 1971, 1131, 1132 – Doppelachsaggregat; zust. *Brüggemeier/Herbst* JZ 1992, 802, 803; krit., aber auch nicht schlechthin abl. Produkthaftungshandbuch/*Foerste* § 21 RdNr. 70, 73 ff., 77. Vgl. auch BGH JZ 1979, 401, 402 – Kartonmaschine.
[587] BGH NJW 1993, 655, 656 f.; genauso BGH VersR 1978, 722, 723; OLG Hamm NJW-RR 2004, 311, 312.
[588] BGH NJW 1981, 2250.
[589] *Staudinger/Peters* (2000) § 635 RdNr. 66 ff.
[590] BGH NJW-RR 2005, 172 = VersR 2005, 282.
[591] BGH NJW-RR 2001, 1599, 1600.
[592] Überblick zur Delikthaftung für Baumängel bei *Jagenburg*, FS Locher, 1990, S. 93 ff.
[593] BGHZ 39, 366 = NJW 1963, 1827 (hier war das Gebäude allerdings noch nicht eingestürzt); BGH VersR 1957, 304.
[594] BGHZ 162, 86 = NJW 2005, 1423 = JZ 2005, 1167 m. Anm. *Gsell*.
[595] BGH VersR 1984, 1151.
[596] BGH NJW 1981, 2248.
[597] OLG Oldenburg NJW-RR 1988, 540, 541.
[598] BGHZ 146, 144 = NJW 2001, 1346 = VersR 2001, 462 m. Bespr. *Schaub* 940 = LM § 823 (Ac) Nr. 68 m. Anm. *Spickhoff* = JZ 2001, 876 m. Anm. *St. Lorenz*.
[599] RG JW 1905, 367.
[600] BGH NJW 1978, 1051.

zung zu sehen.[601] Dieser Rechtsprechung ist im Ergebnis zuzustimmen, soweit das Grundstück mit dem bereits errichteten Gebäude und folglich mit bereits vorhandener Schadensanlage erworben wird, weil in diesem Fall im Verhältnis der Vertragsparteien untereinander das Vertragsrecht maßgeblich für die Risikoverteilung mit Blick auf Schäden an dem Kaufgegenstand ist (vgl. RdNr. 132). Anders liegt es, wenn zunächst bloß ein mangelhaftes Grundstück erworben und es anschließend mit einem Gebäude bebaut wird, das infolge des ungeeigneten Baugrunds beschädigt oder zerstört wird. Wie auch bei der Verbindung beweglicher Sachen (RdNr. 136 f.) stellt die Aufopferung des Baumaterials eine Eigentumsverletzung dar,[602] wobei der Schadensersatz allerdings auf den Wert der Baumaterialien beschränkt ist und die übrigen Herstellungskosten des Gebäudes genauso wenig einschließt wie den erforderlichen Reparaturaufwand (zu entsprechenden Einschränkungen bei der Verbindung beweglicher Sachen vgl. RdNr. 134 aE). Bei **Umbauten** kommt es darauf an, ob die mangelhafte Leistung des Bauunternehmers oder Architekten solche Bauteile betrifft, die bestimmungsgemäßer Gegenstand des Eingriffs in die Bausubstanz waren – dann wird der Deliktsanspruch durch das Vertragsrecht ausgeschlossen – oder ob der Schaden an Eigentum eintritt, das von dem Sanierungsauftrag nicht betroffen war – dann ist § 823 Abs. 1 insoweit anwendbar.[603]

141 Schwieriger sind die Fälle zu beurteilen, in denen der Schaden darauf beruht, dass ein Teil der **eingesetzten Baumaterialien mangelhaft** war. Die Rechtsprechung hat Schadensersatzansprüche zum Teil mit der Begründung abgelehnt, mit dem Einbau des fehlerhaften Materials sei „jeweils ein weiterer mangelhaft errichteter Bauteil" entstanden und in diesem Zustand in das Eigentum des Bauherrn übergegangen,[604] zum anderen mit der Erwägung zugesprochen, das übrige Bauwerk sei bereits vor Anbringung des schadhaften Teils „in mangelfreiem Zustand" Eigentum des Bauherrn geworden.[605] Indessen kann es für die rechtliche Beurteilung wohl kaum darauf ankommen, ob das mangelhafte Material mehr oder weniger zu Anfang der Bauarbeiten oder erst nahe deren Ende in das Gebäude eingefügt wird. Vielmehr ist generell nach den Grundsätzen über Produktionsschäden der Wert der übrigen mit dem mangelhaften Baumaterial verbundenen Zutaten zu ersetzen, sofern eine Trennung technisch unmöglich oder wirtschaftlich sinnlos ist (vgl. RdNr. 134). Folgerichtig hat der Bauherr, dessen Haus mangelhaft verputzt worden ist, keinen Anspruch gegen den Lieferanten verunreinigten Lotsandes auf Ersatz der Kosten für das Neuverputzen des Hauses, weil sich mangelhafter Putz mit wirtschaftlich vertretbarem Aufwand von dem Bauwerk wieder trennen lässt.[606] Entgegen dem BGH wäre dem Bauherrn ein Schadensersatz wegen des für den Putz aufgeopferten Kalks und Zements allerdings zuzusprechen gewesen.[607]

II. Schutz sonstiger Rechte

Schrifttum: *Deutsch,* Entwicklung und Entwicklungsfunktion der Deliktstatbestände, JZ 1963, 385; *Canaris,* Der Schutz obligatorischer Forderungen nach § 823 Abs. 1 BGB, FS Steffen, 1995, S. 85; *Fabricius,* Zur Dogmatik des „sonstigen Rechts" gemäß § 823 Abs. 1 BGB, AcP 160 (1961), 273; *Fezer,* Teilhabe und Verantwortung, 1986; *Habersack,* Die Mitgliedschaft – subjektives und „sonstiges" Recht, 1996; *Krasser,* Der Schutz vertraglicher Rechte gegen Eingriffe Dritter, 1971; *Löwisch,* Der Deliktsschutz relativer Rechte, 1970; *Wagner,* Rudolph von Jherings Theorie des subjektiven Rechts und der berechtigenden Reflexwirkung, AcP 193 (1993), 319.

---

[601] BGHZ 39, 366, 367 = NJW 1963, 1827; BGHZ 146, 144, 148 ff. = NJW 2001, 1346, 1347 f.; vgl. auch RG JW 1905, 367.
[602] So auch BGHZ 146, 144, 153 = NJW 2001, 1346, 1349. Entgegen dem BGH handelt es sich bei den Ansprüchen auf Ersatz der Kosten für die Sanierung des Gebäudes einerseits und auf Ersatz der Kosten der aufgeopferten Baumaterialien andererseits nicht um verschiedene Streitgegenstände, so dass eine Auseinandersetzung mit dem Produktionsschaden in dem zitierten Urteil nicht unterbleiben durfte.
[603] BGHZ 162, 86, 95 f. = NJW 2005, 1423 = JZ 2005, 1167 m. Anm. *Gsell.*
[604] BGH NJW 1981, 2248, 2250 – Dämmelemente.
[605] BGH VersR 1984, 1151, 1152 – Abdeckfolie.
[606] So auch BGH NJW 1978, 1051.
[607] Anders BGH NJW 1978, 1051, mit der Erwägung, das Eigentum an Kalk und Zement sei beim Anrühren des Putzes gemäß §§ 948, 950 untergegangen.

1. Grundlegung. Nach einer verbreiteten, von *Heck* begründeten Auffassung hat der Gesetzgeber mit der Anerkennung sonstiger Rechte in § 823 Abs. 1 zwar ein „Blankettgesetz"[608] geschaffen und einen „Schritt ins Ungewisse getan".[609] Jedoch seien die Entwicklungsmöglichkeiten des § 823 Abs. 1 über den Begriff des sonstigen Rechts von vornherein begrenzt, weil vorausgesetzt werde, dass die zu schützende Rechtsposition durch Normen **außerhalb des Deliktsrechts** anerkannt sei. In diesem Konzept spielt § 823 Abs. 1 die Rolle einer **„Sanktionsnorm"**.[610] Damit sind indessen nicht alle Schwierigkeiten behoben, weil durchaus zweifelhaft sein kann, ob eine bestimmte Position so ausgestaltet ist, dass sie als „sonstiges Recht" gelten kann. Voraussetzung dafür ist ihr Charakter als absolutes Recht,[611] der wiederum von zwei Kriterien abhängt, nämlich der Zuordnungs- bzw. Nutzungs- und der Ausschlussfunktion der in Rede stehenden Position.[612] Die Zuordnungsfunktion darf nicht auf Vermögenswerte beschränkt werden, sondern kann sich genauso auf immaterielle „Güter", insbesondere auf die eigene Person beziehen. Auch im Übrigen hat sie wenig Determinationskraft, weil sich auch von einem schuldrechtlichen Anspruch sagen lässt, er ordne dem Gläubiger ein Gut zu oder er stelle selbst ein solches dar (RdNr. 160 ff.). Als entscheidend für die Qualifizierung einer Position als absolutes subjektives Recht erweist sich damit die Ausschlussfunktion, also das gegenüber jedermann bestehende Eingriffsverbot – im Gegensatz zu solchen Verboten, die nur gegenüber bestimmten Personen bestehen, die dem Inhaber rechtsgeschäftlich verbunden sind.[613]

In vielen Fällen ist die Ermittlung der **Ausschlussfunktion** unproblematisch, weil sie von gesetzlichen Regelungen außerhalb des Deliktsrechts angeordnet wird, wenn etwa das BGB im Zusammenhang mit der Ausgestaltung beschränkter dinglicher Rechte auf die für das Eigentum geltenden Vorschriften verweist (§§ 1027, 1065, 1227; wN Vor § 823 RdNr. 34) oder Spezialgesetze eigenständige Abwehransprüche normieren, wie etwa in den §§ 37 Abs. 2 HGB, 14 Abs. 5, 15 Abs. 4 MarkenG, 24 Abs. 1 GebrMG, 42 GeschmMG, 139 Abs. 1 PatG, 97 Abs. 1 UrhG. Soweit es an derartigen positiv-rechtlichen Regelungen fehlt, droht sich die Ermittlung des „sonstigen Rechts" zu einem circulus vitiosus auszuwachsen: Ein nicht nach § 823 Abs. 2 geschütztes privates Interesse genießt negatorischen Schutz entsprechend § 1004 genau dann, wenn es ein absolutes Recht iS des § 823 Abs. 1 ist (vgl. Vor § 823 RdNr. 35); eben dies scheint jedoch davon abzuhängen, dass es Abwehrbefugnisse gegen jedermann begründet. Als Ausweg aus diesem Zirkel wird verbreitet vorgeschlagen, maßgeblich darauf abzustellen, ob der zu schützenden Rechtsposition ein gewisses Maß **sozialtypischer Offenkundigkeit** zukommt,[614] die zum Teil davon abhängig gemacht wird, dass das verletzte Rechtsgut wegen eines sinnlich wahrnehmbaren Bezugsgegenstands äußerlich erkennbar ist.[615] Ernst genommen und strikt durchgeführt versagt dieses Konzept jedoch schon bei den Immaterialgüterrechten, die zweifellos absolute Rechte, aber nicht sinnlich wahrnehmbar sind, zumal das Urheberrecht nicht einmal der öffentlichen Regis-

---

[608] *Heck* SchuldR § 148, S. 450.
[609] *Deutsch* JZ 1963, 385, 388.
[610] *Heck* SchuldR § 147 III a, S. 449; dem folgend *Deutsch* JZ 1963, 385, 389; *Fraenkel* S. 40, 112; *Börgers* S. 99; *Habersack* S. 128.
[611] *Larenz/Canaris* II/2 § 76 II 4, S. 392; *Fikentscher/Heinemann* RdNr. 1568. AA *Löwisch,* Deliktsschutz relativer Rechte, S. 48 ff., der stattdessen für ein je nach dem Charakter des beeinträchtigten Rechts abgestuftes System von Verhaltenspflichten plädiert.
[612] *Larenz/Canaris* II/2 § 76 I 1, S. 374; *Canaris,* FS Steffen, 1995, S. 85, 90; *Staudinger/Hager* RdNr. B 124; allein auf die Zuordnungsfunktion abstellend *Habersack* S. 130 ff.
[613] Vgl. *K. Schmidt,* Kartellverfahrensrecht – Kartellverwaltungsrecht – Bürgerliches Recht, 1977, S. 351 f. Genau andersherum *Habersack* S. 131, der in dem Abstellen auf die Ausschlussfunktion eine petitio principii sieht; der umfassende Rechtsschutz gegenüber jedermann könne sich gerade erst durch Subsumtion unter die §§ 1004, 823 BGB ergeben.
[614] Grdlg. *Fabricius* AcP 160 (1961), 273, 289 ff.; vgl. auch *Köndgen,* Selbstbindung ohne Vertrag, S. 367; *Canaris,* FS Steffen, 1995, S. 85, 93 f.; *Larenz/Canaris* II/2 § 76 I 1, S. 374; 3. Aufl. RdNr. 123 (*Mertens*).
[615] So *Fabricius* AcP 160 (1961), 273, 291.

trierung unterliegt.⁶¹⁶ Im Übrigen ist die sozialtypische Offenkundigkeit kein statischer Zustand, sondern wird maßgeblich davon geprägt, was die Rechtsordnung als von jedermann zu achtendes Schutzgut anerkennt.

144 Die **Funktion der Schutzbereichsdefinition** mit Hilfe absoluter Rechte besteht nicht darin, Schutzgüter auszuzeichnen, die sinnlich wahrnehmbar sind, sondern in der Ausklammerung reiner Vermögensschäden aus der allgemeinen Fahrlässigkeitshaftung (RdNr. 3, 184 ff.; § 826 RdNr. 12 ff.). Diese teleologisch-funktionale Rechtfertigung ist maßgebend nicht nur für die Konturierung der explizit geschützten Rechte in Rand- und Grauzonen, etwa in den Fällen des Eigentumsschutzes gegen bloße Nutzungsbeeinträchtigungen (RdNr. 123), sondern auch für die Anerkennung als sonstiges Recht. Damit zeigt sich, dass § 823 Abs. 1 entgegen der von *Heck* begründeten Auffassung keine „Blankettnorm" ist, die lediglich anderweitig begründete Positionen mit Schadensersatzpflichten bewehrt. Die Konkretisierung des Schutzbereichs der explizit genannten Rechtsgüter ist vielmehr ebenso eine genuin deliktsrechtliche Aufgabe wie die Entscheidung über die Anerkennung eines Interesses als „sonstiges Recht".

145 Dabei ist die Einsicht der modernen Rechtstheorie zu berücksichtigen, dass sich Gewährleistungen nach Art der in § 823 Abs. 1 genannten Rechtsgüter eindimensionaler Qualifikation entziehen, und sie vielmehr als komplexe **Bündel funktional unterschiedlicher Rechtspositionen** zu verstehen sind.⁶¹⁷ So gewährt etwa das Eigentum sowohl die Freiheit zur Nutzung des Gegenstands als auch Substanzschutz, während Persönlichkeitsrechte durchaus auch Gewährleistungen enthalten, die analytisch als Vermögensrechte aufzufassen sind, wie etwa das patrimoniale Persönlichkeitsrecht.⁶¹⁸ Genauso ist es ohne weiteres möglich, dass lediglich ein Teil der in einem subjektiven Recht zusammengefassten Einzelbefugnisse mit absoluten Wirkungen ausgestattet ist, deren Beeinträchtigung die Delikthaftung auslöst.

146 **2. Die sonstigen Rechte im Einzelnen. a) Beschränkte dingliche Rechte. aa) Nutzungsrechte und Verwertungsrechte.** Das Sachenrecht des BGB erlaubt es, das im Eigentumsrecht versammelte Bündel von Einzelbefugnissen aufzuschnüren und je gesondert zu übertragen. Die so gebildeten Abspaltungen des Eigentumsrechts teilen dessen Rechtscharakter und sind damit **„sonstige Rechte" par excellence**.⁶¹⁹ Dies gilt sowohl für Nutzungsrechte, wie Erbbaurecht, Nießbrauch, Dienstbarkeit⁶²⁰ und Wegerecht als auch für Verwertungsrechte, wie Hypothek, Grundschuld und Reallast bei Grundstücken,⁶²¹ das Pfandrecht an beweglichen Sachen, einschließlich der besitzlosen Pfandrechte etwa des Vermieters⁶²² und des in der Zwangsvollstreckung erworbenen Pfändungspfandrechts⁶²³ sowie schließlich auch für dingliche Befugnisse sonstigen Inhalts, wie etwa Vorkaufsrechte. Vorbehalts- und Sicherungseigentum sind im Verhältnis zu Dritten als vollwertige Eigentumsrechte anzusehen und genießen schon deshalb den Schutz des § 823 Abs. 1.⁶²⁴ Im Rahmen des Eigentums geschützt

---

⁶¹⁶ Eingehend *Löwisch* S. 42 ff.; *Krasser* S. 181 ff.; abl. auch *Medicus*, FS Steffen, 1995, S. 333, 335 f.; *Habersack* S. 129 f.; *Jansen*, Struktur des Haftungsrechts, S. 470 f.; zu den Immaterialgüterrechten vgl. aber auch *Fabricius* AcP 160 (1961), 273, 300 f., der sein Kriterium der Offenkundigkeit für erfüllt hält.

⁶¹⁷ *Wagner* AcP 193 (1993), 319, 343 f.; ausf. *Alexy*, Theorie der Grundrechte, 1985, S. 168 ff., 181 ff.; *Jansen*, Struktur des Haftungsrechts, S. 62, 313 ff.

⁶¹⁸ BGHZ 143, 214, 219 = NJW 2000, 2195, 2197 = GRUR 2000, 709 m. zust. Anm. *Wagner*, RdNr. 180 f.

⁶¹⁹ BGH NJW 2001, 971, 972; Erman/*Schiemann* RdNr. 37; RGRK/*Steffen* RdNr. 27; Soergel/*Spickhoff* RdNr. 91; Staudinger/*Hager* RdNr. B 126.

⁶²⁰ BGH VersR 1964, 1201; 2006, 1690 Tz. 8.

⁶²¹ RGZ 69, 85, 91; 73, 333, 335; BGHZ 60, 267, 273 = NJW 1973, 997, 999; BGHZ 65, 211, 212 = NJW 1976, 189 f.; BGHZ 92, 280, 292 = NJW 1985, 376, 379; BGH NJW 1991, 695, 696; 2001, 971, 972.

⁶²² RGZ 98, 345, 346; 119, 265, 267; BGH WM 1965, 701, 704.

⁶²³ BGHZ 95, 10, 20 = NJW 1985, 1959, 1961 f.; RG JW 1906, 89, 90; HRR 1925, Nr. 141; OLG Stuttgart OLGE 41, 185, 186 (1921); zur Frage des Verschuldensmaßstabs bei Auseinandersetzungen um die Zulässigkeit der Zwangsvollstreckung gemäß § 771 Abs. 1, 3 ZPO vgl. Fn. 2577.

⁶²⁴ BGHZ 100, 95, 107 = NJW 1987, 1880, 1882 f.; BGHZ 118, 201, 204 f. = NJW 1992, 2014, 2015; Staudinger/*Wiegand* (1995) Anh. §§ 929–931 RdNr. 238; *Baur/Stürner* § 57 RdNr. 32, § 59 RdNr. 30; vgl. auch 4. Aufl. Anh. §§ 929–936 RdNr. 5 mwN.

sind auch die Ablösungsrechte des Eigentümers aus §§ 1150, 1249[625] und das Verbietungsrecht des Grundeigentümers aus § 907.[626]

Das RG qualifizierte auch das **Pfandrecht an Forderungen** gemäß § 1279 als sonstiges 147 Recht, was angesichts der entsprechenden Einordnung der Pfandrechte an den übrigen Vermögensgegenständen prima facie einleuchtet.[627] Da jedoch ein Pfandrecht seinem Inhaber keine weitergehenden Befugnisse einräumen kann als das Vollrecht selbst, kommt es entscheidend darauf an, ob die Forderung Deliktsschutz nach § 823 Abs. 1 genießt. Die heute hM verneint die Frage und lehnt es konsequenterweise ab, das Pfandrecht an Forderungen als sonstiges Recht zu qualifizieren.[628] Wird ein deliktischer Forderungsschutz hingegen in engen Grenzen anerkannt (RdNr. 161), folgt daraus auch die Anerkennung eines entsprechenden Pfandrechtsschutzes.[629] Damit lässt sich auch vermeiden, dass die Grenze des Deliktsschutzes mitten durch die Pfandrechte an Rechten verläuft und Differenzierungen anhand der Natur des Rechts, an dem das Pfandrecht besteht, vermieden werden.

bb) Schutzbereich und Verletzungsmodalitäten. Beschränkte dingliche Rechte sind 148 **Abspaltungen aus dem Eigentum,** und folgerichtig bleiben ihre Schutzbereiche hinter demjenigen des Vollrechts zurück.[630] Die Verletzungsmodalitäten lassen sich folglich nur unter Rückgriff auf die dem Rechtsinhaber eingeräumte Position und ihre Ausgestaltung konkretisieren. Ganz allgemein gilt allerdings, dass jedes Recht durch **Verfügungen Nichtberechtigter** verletzt werden kann, sofern der gutgläubige Erwerb wie in §§ 892 f., 936 zugelassen ist.[631] Wie beim Eigentum trifft die Haftung den nichtberechtigt Verfügenden, nicht den Erwerber, der bei beweglichen Sachen nicht für leichte Fahrlässigkeit (§ 936) einzustehen hat und bei Grundstücksrechten für Fahrlässigkeit generell nicht haftet (§ 892).[632] Bei Rechten an Immobilien fordert die Rechtsprechung einen „grundstücksbezogenen Eingriff", durch den die Verwirklichung des jeweiligen Rechts in rechtlicher oder tatsächlicher Hinsicht beeinträchtigt wird,[633] wenn etwa das dienende Grundstück an einen Gastwirt verpachtet wird, obwohl der Betrieb einer Schankwirtschaft auf Grund einer entsprechenden Dienstbarkeit gerade zu unterlassen ist[634] oder dem Nießbraucher der Besitz entzogen wird.[635]

Eine **Verletzung von Verwertungsrechten an einem Grundstück,** insbesondere 149 einer Grundschuld, ist demnach gegeben, wenn die grundpfandrechtliche Haftungsmasse, wie sie sich unter Berücksichtigung der §§ 1120 ff. ergibt, durch tatsächliche oder rechtliche Einwirkungen geschmälert wird (vgl. §§ 1133, 1134), etwa durch Zerstörung oder Verschlechterung des auf dem Grundstück stehenden Gebäudes oder von Zubehör.[636] Selbst Baumaßnahmen erheblichen Umfangs, mit denen der Wert des Grundstücks aufs Spiel gesetzt wird, können einen Eingriff in das Recht des Grundpfandgläubigers darstellen, so dass zur Meidung der Haftung dessen Zustimmung einzuholen ist.[637] Speziell bei der Entfernung von Zubehör kommt es gemäß §§ 1135, 1122 Abs. 2 für die Haftung ausschließlich darauf an, ob die Veräußerung den Regeln ordnungsgemäßer Wirtschaft

---

[625] So wohl auch RGZ 83, 390, 393; für selbständigen Schutz als sonstiges Recht hingegen *Staudinger/Hager* RdNr. B 136; *Soergel/Spickhoff* RdNr. 94.
[626] Möglicherweise für selbständigen Schutz als sonstiges Recht RGZ 145, 107, 115; wie hier *Staudinger/Hager* RdNr. B 136 aE; *Erman/Schiemann* RdNr. 39.
[627] RGZ 106, 318, 321; 138, 252, 253 ff.
[628] *Erman/Schiemann* RdNr. 37; *RGRK/Steffen* RdNr. 29; *Soergel/Spickhoff* RdNr. 93.
[629] Übereinstimmend *Staudinger/Hager* RdNr. B 127.
[630] Missverständlich *Staudinger/Hager* RdNr. B 128.
[631] BGH WM 1965, 701, 704.
[632] BGH WM 1965, 701, 704; vgl. RdNr. 99.
[633] BGH NJW 2001, 971, 972 f.
[634] BGH VersR 1964, 1201.
[635] *Staudinger/Hager* RdNr. B 131.
[636] RGZ 73, 333, 335; BGHZ 65, 211, 212 = NJW 1976, 189 f.; *Erman/Schiemann* RdNr. 38; *Staudinger/Hager* RdNr. B 129.
[637] BGHZ 65, 211, 212 ff. = NJW 1976, 189 f. = LM (Ad) Nr. 8 m. Anm. *Steffen*; *RGRK/Steffen* RdNr. 27; *Staudinger/Hager* RdNr. B 132.

entspricht,[638] während der Enthaftungstatbestand des § 1122 Abs. 1 zwar den Erwerb des Dritten ermöglicht, die Handlung des Verfügenden dem Pfandgläubiger gegenüber aber nicht legitimiert.[639] Im Übrigen hängt dessen Schadensersatzanspruch nicht davon ab, dass ein Dritter gutgläubig lastenfreies Eigentum gemäß § 936 erworben hat, weil seine Rechte bereits durch die Entfernung ausgehöhlt bzw. gefährdet werden.[640] Die Genehmigung der Verfügung durch den Pfandgläubiger lässt seinen Deliktsanspruch unberührt, wie es im Rahmen des § 816 Abs. 1 S. 1 anerkannt ist (RdNr. 105; zur Rechtslage nach Bereicherungsrecht vgl. § 816 RdNr. 36).[641] Die beschriebenen Verletzungshandlungen können im Übrigen auch durch den Eigentümer selbst begangen werden, dessen Zustimmung zum Eingriff eines Dritten im Verhältnis zum Pfandgläubiger die Haftung des Dritten allerdings nicht auszuschließen vermag.[642] Andererseits ist der Schutzbereich der pfandrechtlichen Verwertungsrechte überschritten, wenn nicht die Haftungsmasse verkürzt, sondern lediglich der persönliche Schuldner einer dinglich gesicherten Forderung an Leib oder Leben verletzt wird und der Gläubiger dadurch einen Vermögensschaden erleidet.[643]

150 Soweit eine Haftung gegenüber den Inhabern beschränkter dinglicher Rechte besteht, ist der Schädiger davor zu bewahren, dass er sowohl vom **Eigentümer** als auch von dem **weiteren Berechtigten,** also etwa von dem Hypothekar oder Grundschuldgläubiger in Anspruch genommen wird und womöglich zweimal leisten muss. Diese Gefahr droht insbesondere dann, wenn der gemäß § 249 Abs. 2 S. 1 verlangte Geldbetrag nicht für die Wiederherstellung der Sache eingesetzt, sondern anderweitig verbraucht wird. Verbreitet wird die analoge Anwendung des § 1281 vorgeschlagen, mit der Folge, dass der Schädiger nur an Eigentümer und sonstigen Berechtigten gemeinschaftlich leisten könnte.[644] Diese Lösung schützt indessen nur die dinglich berechtigten Parteien, nicht aber den Schadensersatzschuldner, der Gefahr läuft, nach Zahlung an den Eigentümer erneut leisten zu müssen, weil § 851 bei der Beschädigung von Grundstücken nicht gilt (§ 851 RdNr. 2). Zwar kann sich der Schädiger der Identität seiner Gläubiger durch Einsicht in das Grundbuch versichern, doch in der Praxis dürfte dies kaum einmal geschehen. Abhilfe ist möglich durch Annahme einer Gesamtgläubigerschaft, bei der gemäß § 428 die Zahlung an einen der Gesamtgläubiger befreiende Wirkung im Gesamtverhältnis hat (so § 1134 RdNr. 19), während die Regeln über die Mitgläubigerschaft gemäß § 432 auf unteilbare Leistungen beschränkt sind und den Schuldner zudem der Gefahr aussetzen, dass er nicht an alle Gläubiger gemeinschaftlich und damit ohne Tilgungswirkung leistet (so aber § 1065 RdNr. 6).

b) Anwartschaftsrechte

Schrifttum: *Canaris,* Verdinglichung obligatorischer Rechte, FS Flume, Bd. I, 1978, S. 371; *Müller-Laube,* Die Konkurrenz zwischen Eigentümer und Anwartschaftsberechtigtem um die Drittschutzansprüche, JuS 1993, 529; *C. Paulus,* Deliktsschutz für den Vormerkungsberechtigten?, JZ 1993, 555.

151 Das **Anwartschaftsrecht des Vorbehaltskäufers** genießt als „sonstiges Recht" den Schutz des § 823 Abs. 1.[645] Damit wird die deliktsrechtliche Konsequenz daraus gezogen, dass das Anwartschaftsrecht ein dem Eigentum „wesensgleiches Minus" ist, das selbständig übertragen, verpfändet und in der Zwangsvollstreckung gepfändet werden kann, dessen

---

[638] RGZ 69, 85, 91; 73, 333, 335; BGHZ 92, 280, 292 = NJW 1985, 376, 379; BGHZ 107, 255, 256 = NJW 1989, 2123 f.; BGH NJW 1991, 695, 696; *Soergel/Spickhoff* RdNr. 91; zur Problematik eines deliktischen Rückführungsanspruchs des Pfandgläubigers *Staudinger/Hager* RdNr. B 130.
[639] BGHZ 60, 267, 272 f. = NJW 1973, 997, 999.
[640] RGZ 98, 345, 346; *Staudinger/Hager* RdNr. 129.
[641] BGH NJW 1991, 695, 696.
[642] RGZ 73, 333, 335.
[643] BGH NJW 2001, 971, 972.
[644] *Larenz/Canaris* II/2 § 76 II 4, S. 392 f.; *Medicus* BR RdNr. 609; *Staudinger/Hager* RdNr. B 135.
[645] BGHZ 55, 20, 25 f. = NJW 1971, 799, 800; BGH WM 1970, 699; RGZ 170, 1, 6 f.; OLG Celle NJW 1960, 967, 968; OLG Koblenz WM 1989, 535; *Baur/Stürner* § 59 RdNr. 45; *Staudinger/Hager* RdNr. B 151; *Erman/Schiemann* RdNr. 42; *Soergel/Spickhoff* RdNr. 95.

Inhaber Pfändungsakte von Gläubigern Dritter gemäß §§ 809, 771 ZPO verhindern kann und das weithin als Kreditunterlage dient. Bei der um die Zahlung des Kaufpreises bedingten Übereignung ist der Sachwert de facto zwei Personen anteilig zugewiesen. Bliebe dem Anwartschaftsrecht gleichwohl der Schutz des § 823 Abs. 1 vorenthalten, „würde diese Bestimmung den von ihr angestrebten Schutz teilweise verfehlen, weil sie den bereits vom Eigentümer zugunsten des Anwärters abgespaltenen Vermögenswert nicht erfasste".[646]

Sehr umstritten ist allerdings die Frage, wie die Konkurrenz zwischen den Kaufvertragsparteien in Bezug auf die **Geltendmachung des Schadensersatzanspruchs** zu lösen ist. Die vom RG adoptierte und auch in der modernen Literatur vorgetragene Lösung, dem Käufer allein den vollen Schadensersatzanspruch zuzugestehen,[647] kann nicht überzeugen, weil sie das Sicherungsinteresse des Vorbehaltsverkäufers ohne Not opfert: Verwendet der Käufer den Schadensersatzbetrag nicht unverzüglich für die Reparatur der beschädigten Sache oder ist Letztere unmöglich, fällt der Verkäufer in der Insolvenz des Käufers mit der Forderung auf den Restkaufpreis aus und erhält nur ein wertloses Wrack zurück.[648] Wohl um diese Folge zu vermeiden, hat der BGH die Lösung des RG abgemildert und die Gesamt-Schadensersatzleistung je nach dem Verhältnis der Wertanteile zwischen dem Eigentümer und dem Anwartschaftsberechtigtem aufgeteilt: Der Schaden des Vorbehaltskäufers beläuft sich dann nicht auf den vollen Wert der Waren zuzüglich seines Nutzungsschadens, sondern von diesem ist die Summe der noch ausstehenden Kaufpreisraten abzuziehen; der Rest ist vom Eigentümer geltend zu machen.[649] Indessen scheitert eine solche Parzellierung des Schadensersatzanspruchs in der Praxis, weil sich die von Käufer und Verkäufer jeweils geltend zu machenden Anteile mit der Zahlung jeder weiteren Rate verschieben.[650] Wenig interessengerecht wäre es schließlich auch, den Schadensersatzanspruch umgekehrt allein dem Vorbehaltsverkäufer an die Hand zu geben, die Empfangszuständigkeit indessen dem Käufer mit der Folge, dass er nur Leistung an den Käufer verlangen kann.[651] Damit würde diejenige Partei zum Anspruchsinhaber gemacht, die von dem Schadensereignis in eigenen wirtschaftlichen Interessen zunächst nicht betroffen ist – der Käufer ist zur Weiterzahlung der Raten verpflichtet – und von ihm häufig gar nichts erfahren wird.[652] Da bei beweglichen Sachen § 851 den Ersatzverpflichteten davor schützt, trotz Zahlung an den Besitzer der beschädigten Sache, also den Vorbehaltskäufer, nochmals an beide Kaufvertragsparteien gemeinschaftlich zahlen zu müssen, erscheint die entsprechende Anwendung der **Regeln über die Mitgläubigerschaft interessengerecht.**[653] Dies lässt sich sowohl mit Blick auf den Rechtsgedanken des § 1281 begründen, wenn das Vorbehaltseigentum in funktionaler Parallele zu einem – allerdings besitzlosen – Pfandrecht an beweglicher Sache gesehen wird als auch mittels einer entsprechenden Anwendung des § 432, wenn die gemeinsame Rechtszuständigkeit von Vorbehaltsverkäufer und Vorbehaltskäufer betont wird (vgl. § 432 RdNr. 2).

Nach Anerkennung des Anwartschaftsrechts des Vorbehaltskäufers als „sonstiges" Recht muss gleiches konsequenterweise auch für das **Anwartschaftsrecht des Auflassungsempfängers** vor Eintragung gelten.[654] Die in der Literatur verbreitete Gegenmeinung leugnet nicht den Satz, dass Anwartschaftsrechte als sonstige Rechte Deliktsschutz genießen, sondern lediglich die Annahme, die Position des Auflassungsempfängers vor Eintragung begründe ein Anwartschaftsrecht und nicht bloß eine faktische Anwart-

---

[646] BGHZ 114, 161, 164 f. = NJW 1991, 2019 f.
[647] RGZ 170, 1, 7; *Müller-Laube* JuS 1993, 529, 534 f.
[648] So auch *Staudinger/Hager* RdNr. B 155; aA *Müller-Laube* JuS 1993, 529, 534 f.
[649] BGHZ 55, 20, 31 f. = NJW 1971, 799, 800 f.
[650] So *Müller-Laube* JuS 1993, 529, 532 f.
[651] So *Flume* II § 42 4 e, S. 741 f.
[652] *Müller-Laube* JuS 1993, 529, 532.
[653] *Baur/Stürner* § 59 RdNr. 45; *Larenz/Canaris* II/2 § 76 II 4 b, S. 393; *Staudinger/Hager* RdNr. B 155.
[654] BGHZ 114, 161, 164 f. = NJW 1991, 2019 f., im Anschluss an BGHZ 49, 197, 200 ff. = NJW 1968, 493 f.; 83, 395, 398 f. = NJW 1982, 1639 f.; *Larenz/Canaris* II/2 § 76 II 4 b, S. 393; *Baur/Stürner* § 19 RdNr. 20; 4. Aufl. § 925 RdNr. 35; *RGRK/Steffen* RdNr. 31.

§ 823 154   Abschnitt 8. Titel 27. Unerlaubte Handlungen

schaft.[655] Einigkeit besteht zunächst insoweit, als die bloße Verpflichtung zur Übereignung, ohne Erklärung der Auflassung, dem Erwerber kein Anwartschaftsrecht an dem Grundstück verschafft und zwar auch dann nicht, wenn der Übereignungsanspruch durch eine Vormerkung gesichert ist.[656] Gleiches gilt, wenn zwar die Auflassung erklärt, aber ein Eintragungsantrag beim Grundbuchamt nicht gestellt[657] oder zwar gestellt ist, er aber vom Veräußerer stammt, der ihn jederzeit zurücknehmen kann.[658] Umgekehrt steht das Anwartschaftsrecht des Erwerbers und dessen deliktischer Schutz nicht in Frage, wenn die Auflassung erklärt, der Antrag auf Eintragung im Grundbuch vom Erwerber gestellt und zu seinen Gunsten eine Vormerkung eingetragen bzw. der entsprechende Antrag gestellt ist.[659] Wirklich umstritten ist nur der Fall, dass die Auflassung erklärt und der Eintragungsantrag von dem Erwerber gestellt ist, ohne dass der Rechtserwerb zusätzlich durch eine Vormerkung abgesichert wäre. Der BGH hat hier mit Blick auf das grundbuchrechtliche Prioritätsprinzip des § 17 GBO ein Anwartschaftsrecht anerkannt sowie dessen Übertragbarkeit und Pfändbarkeit bejaht,[660] woraus die entsprechenden deliktsrechtlichen Konsequenzen zu ziehen sind. Die Gegenansicht verweist darauf, ein Verstoß gegen § 17 GBO mache die vorherige Eintragung eines später eingegangen Antrags nicht unwirksam, und selbst die unrichtige und daher vom Beschwerdegericht aufgehobene Zurückweisung des Eintragungsantrags führe zum endgültigen Verlust der Priorität.[661] Diese pathologischen Fälle ändern jedoch nichts daran, dass der Verkäufer den Rechtserwerb des Käufers nicht mehr vereiteln kann. Darauf muss es entscheidend ankommen, denn auch beim Eigentumsvorbehalt ist das Erstarken des Anwartschaftsrechts des Vorbehaltskäufers nur gegen Zwischenverfügungen des Verkäufers geschützt, nicht aber dagegen, dass es aus sonstigen Gründen nicht zur Entstehung gelangt, etwa weil der Käufer durch ein externes Ereignis an der Zahlung fälliger Raten gehindert wird.[662]

154   Unabhängig von dem Anwartschaftsrecht des Auflassungsempfängers vor Eintragung wird die **Vormerkung** in der Literatur verbreitet als sonstiges Recht angesehen, das allerdings lediglich gegenüber dem vormerkungswidrigen Erwerber, nicht hingegen gegenüber Dritten Schutz bieten soll.[663] Im Ergebnis wird damit der in den §§ 883 Abs. 2, 888 angelegte Schutz vor Zwischenverfügungen des Veräußerers erweitert um den Schutz vor tatsächlichen Eingriffen in das veräußerte Grundstück, etwa dem Abriss des auf dem Grundstück stehenden Gebäudes durch den vormerkungswidrigen Erwerber. An dieser Auffassung muss verblüffen, dass sie das Deliktsrecht mobilisiert, um dem Vormerkungsberechtigten Schutz vor einer einzigen Person – dem vormerkungswidrigen Erwerber – zu verschaffen, und zwar vor Eingriffen, die in den §§ 883 Abs. 2, 888 nicht geregelt sind und die genauso von x-beliebigen Dritten ausgehen können, denen gegenüber der Deliktsschutz dann aber versagt.[664] De facto kommt es hier zu einer deliktischen Absicherung des Gewährleistungsinteresses eines durch Vormerkung gesicherten Grundstückskäufers, für die eine Legitimation nicht ersichtlich ist. Somit bleibt es dabei, dass der Vormerkungsberechtigte wie jeder andere Käufer bei Untergang oder Mangelhaftigkeit der Kaufsache auf Ansprüche gegen seinen Verkäufer

---

[655] Besonders klar 4. Aufl. § 873 RdNr. 43 mwN; im Ergebnis genauso *Erman/Schiemann* RdNr. 42; *Medicus* BR RdNr. 469; *Soergel/Spickhoff* RdNr. 96; 3. Aufl. RdNr. 143.
[656] BGHZ 89, 41, 44 f. = NJW 1984, 973 f.; 4. Aufl. § 873 RdNr. 43 Fn. 125 aE; 4. Aufl. § 925 RdNr. 34.
[657] BGHZ 106, 108, 111 f. = NJW 1989, 1093, 1094; BGH WM 1975, 255, 256.
[658] BGHZ 45, 186, 190 = NJW 1966, 1019, 1020; BGHZ 49, 197, 200 = NJW 1968, 493 f.
[659] So BGHZ 114, 161, 166 = NJW 1991, 2019, 2020; 4. Aufl. § 873 RdNr. 43; *Erman/Schiemann* RdNr. 42; *Medicus* BR RdNr. 469; *Soergel/Spickhoff* RdNr. 96.
[660] BGHZ 45, 186, 188 ff. = NJW 1966, 1019 f.; BGHZ 49, 197, 200 ff. = NJW 1968, 493 f.; BGHZ 83, 395, 398 f. = NJW 1982, 1639 f.; *Baur/Stürner* § 19 RdNr. 16 ff.; 4. Aufl. § 925 RdNr. 32 ff.
[661] BGHZ 45, 186, 191 = NJW 1966, 1019, 1020; BGH WM 1975, 255, 256.
[662] BGHZ 49, 197, 202 = NJW 1968, 494.
[663] Grdlg. *Canaris*, FS Flume, Bd. I, 1978, S. 371, 383 ff.; *Larenz/Canaris* II/2 § 76 II 4 h, S. 398 f.; dem folgend *Soergel/Spickhoff* RdNr. 97; *Staudinger/Hager* RdNr. B 157; *Erman/Schiemann* RdNr. 42; *Baur/Stürner* § 20 RdNr. 42.
[664] Ähnlich *Staudinger/Gursky* (2002) § 888 RdNr. 71.

angewiesen ist und von diesem gemäß oder analog § 285 (§ 281 aF) jedenfalls die Abtretung von dessen Deliktsansprüchen verlangen kann, seien sie gegen den vormerkungswidrigen Erwerber oder gegen einen Dritten gerichtet.[665]

c) Aneignungsrechte. Als eigentumsähnliche Rechte geschützt sind Aneignungsrechte, **155** die sich als Abspaltungen des Grundeigentums darstellen, wie etwa das **Bergwerkseigentum**.[666] Gleiches gilt für das **Fischereirecht** als ein das Grundeigentum belastendes, dingliches Recht.[667] Ein rechtswidriger Eingriff in das Fischereirecht liegt sicher vor, wenn Fischbestände vernichtet werden, doch jenseits dieses Kernbereichs stellt nicht jede tatsächliche Behinderung des Fischfangs eine rechtswidrige Beeinträchtigung des Fischereiberechtigten dar. Geboten ist vielmehr eine an den Maßstäben des § 906 orientierte Abwägung der Interessen des Fischreiberechtigten mit denjenigen der Uferanlieger und dritter Gewässerbenutzer.[668] Die Grenze zur Rechtswidrigkeit ist überschritten, wenn der Fischereiberechtigte in der Ausübung seines Rechts gravierend beeinträchtigt wird, wobei die Einwirkungen verschiedener Störungsquellen zusammenzurechnen sind. Auch der Fischereipächter hat wegen des mit dem Fischereiausübungsrechts verbundenen Aneignungsrechts eine absolut geschützte Rechtsposition inne.[669] Parallel dazu liegen die Dinge im Bereich des Jagdrechts: Das **Jagdausübungsrecht der Jagdgenossenschaft** ist wie Eigentum gegen Beeinträchtigungen der unterliegenden Grundstücke geschützt,[670] soweit diese eine wesentliche Störung des Jagdausübungsrechts zur Folge haben.[671] Das **Jagdausübungsrecht des Jagdpächters** ist nicht „bloß" schuldrechtlicher Natur (vgl. §§ 3 Abs. 1, 11 Abs. 1 BJagdG),[672] sondern umfasst ebenfalls ein Aneignungsrecht, das etwa durch die rechtswidrige Tötung von Wild verletzt wird.[673] Darüber hinaus kann er ggf. auch bei Beeinträchtigungen der im Jagdgebiet liegenden Grundstücke Schadensersatz verlangen.[674] Ein selbstständiger Schutz von Eigentümer- und **Anliegergebrauchsrechten** nach § 24 WHG ist demgegenüber nicht geboten, weil es sich bei diesen um bloße Bestandteile des Grundeigentums handelt.[675] Allgemeine Rechte zur Nutzung von öffentlichen Wegen und Plätzen im Rahmen des **Gemeingebrauchs** oder zum Betreten von Feld, Wald und Flur genießen im Rahmen des § 823 Abs. 1 keinen Deliktsschutz.[676]

Wassernutzungsrechte sind nach § 823 Abs. 1 geschützt, sofern sie mit privatrecht- **156** licher Ausschlusswirkung gegenüber Dritten versehen sind, wie dies insbesondere, aber nicht nur, bei der wasserrechtlichen Bewilligung gemäß §§ 8, 11 WHG der Fall ist.[677] Dies gilt

---

[665] Übereinstimmend *Staudinger/Gursky* (2002) § 888 RdNr. 71; *C. Paulus* JZ 1993, 555 unentschieden 4. Aufl. § 888 RdNr. 17 m. Fn. 27 *(Wacke);* speziell zur Lösung mit Hilfe des § 285 BGHZ 99, 385, 388 ff. = NJW 1987, 1631, 1632; *C. Paulus* aaO S. 558 f.
[666] RGZ 110, 1, 17; 161, 203, 208; *Staudinger/Hager* RdNr. B 136; *Soergel/Spickhoff* RdNr. 94.
[667] BGHZ 49, 231, 234 = NJW 1968, 648; BGHZ 50, 73, 74 = NJW 1968, 1284 f.; BGH MDR 1973, 1013; NJW-RR 2007, 1319, 1320 Tz. 12; RGRK/*Steffen* RdNr. 32; *Staudinger/Hager* RdNr. B 136.
[668] BGH NJW-RR 2007, 1319, 1320 Tz. 13; krit. zur Gewichtung der Interessen des Fischereiberechtigten *Strasser/Großkopf* NuR 2008, 615.
[669] BGHZ 147, 125, 128 = NJW-RR 2002, 245.
[670] BGHZ 84, 261, 265 f. = NJW 1982, 2183; BGHZ 112, 392, 399 f. = NJW 1991, 1421, 1423; BGHZ 132, 63, 65 = NJW 1996, 1897; BGHZ 143, 321, 324 = NJW 2000, 1720, 1721; *Staudinger/Hager* RdNr. B 136; *Soergel/Spickhoff* RdNr. 94; *Bamberger/Roth/Spindler* RdNr. 88.
[671] BGH NJW-RR 2004, 100, 102.
[672] *Mitzschke/Schäfer* BJagdG, 4. Aufl. 1982, § 11 RdNr. 4; aA aber BVerwG DVBl. 1983, 898, 899; offen gelassen in BGHZ 112, 392, 400 = NJW 1991, 1421, 1423.
[673] BGH LM Nr. 10 zu § 823 (F); LG Trier NJW-RR 2006, 894, 895.
[674] OLG Düsseldorf NJW-RR 1988, 526; erleidet der Jagdpächter eine Körperverletzung, so hat der Haftpflichtige die frustrierten Aufwendungen für die Unterhaltung der Jagd allerdings nicht als Folgeschaden zu ersetzen: BGHZ 55, 146, 148 ff. = NJW 1971, 796, 797 f.
[675] Übereinstimmend *Staudinger/Hager* RdNr. B 136.
[676] BGHZ 55, 153, 160 = NJW 1971, 886, 888; BGHZ 86, 152, 156 = NJW 1983, 2313, 2314; BGH NJW 1977, 2264 f.; OLG Düsseldorf NJW-RR 1988, 526, 527; OLG Nürnberg MDR 1983, 667; RGRK/ *Steffen* RdNr. 32; vgl. auch BGHZ 51, 310 = NJW 1969, 791.
[677] BGHZ 69, 1, 6 ff. = NJW 1977, 1770, 1771 f.; *Breuer,* Öffentliches und privates Wasserrecht, 3. Aufl. 2004 RdNr. 1067; weitergehend *Staudinger/Hager* RdNr. B 136.

trotz der Nassauskiesungs-Entscheidung des BVerfG (vgl. RdNr. 104) auch für Nutzungsrechte am Grundwasser, die der BGH mit Blick auf § 3 Abs. 1 Nr. 6 WHG in weitem Umfang als verletzungsfähige Rechtsgüter anerkannt hat.[678] Diese Judikatur ist zwar zu der Haftungsnorm des § 22 WHG ergangen, die eine Rechtsgutsverletzung nicht voraussetzt, jedoch sind Nutzungsrechte am Grundwasser auch im Rahmen des § 823 Abs. 1 als sonstiges Recht anzuerkennen, ohne dass es auf die Anordnung einer privatrechtlichen Ausschlusswirkung wie in § 11 WHG ankäme.

d) Besitz

Schrifttum: *Canaris,* Verdinglichung obligatorischer Rechte, FS Flume, Bd. I, 1978, S. 371; *Th. Honsell,* Schadensersatz nach verbotener Besitzentziehung, JZ 1983, 531; *Medicus,* Besitzschutz durch Ansprüche auf Schadensersatz, AcP 165 (1965), 115; *Mincke,* Forderungsrechte als „sonstige Rechte" iS des § 823 Abs. 1 BGB, JZ 1984, 862; *Schnauder,* Schadensersatz bei Kraftfahrzeugleasing – BGHZ 116, 22, JuS 1992, 820; *v. Venrooy,* Nochmals: Zivilrechtliche Folgen des Parkens vor Grundstückszufahrten – AG Heidelberg, NJW 1977, 1541 und AG Karlsruhe, NJW 1977, 1926, JuS 1979, 102; *Wieser,* Der Schadensersatzanspruch des Besitzers aus § 823 BGB – BGH, JZ 1954, 613, JuS 1970, 557.

157 Der Gesetzgeber hat den Besitz ganz bewusst nicht in den Rechtsgüterkatalog des § 823 Abs. 1 aufgenommen, um zu dem dogmatischen Streit um das Wesen des Besitzes nicht Stellung nehmen zu müssen.[679] Darüber hinaus wurde eine Haftung wegen Gesetzesverletzung nach Maßgabe des heutigen § 823 Abs. 2 für möglich gehalten. Das RG hat schon bald nach Inkrafttreten des BGB den Schutz des Besitzers über § 823 Abs. 2 iVm. § 858 erwogen,[680] darüber hinaus aber das **Besitzrecht** des Mieters, „eben weil es von jedermann geachtet werden muss", **als sonstiges Recht anerkannt,**[681] worüber heute kein Streit mehr herrscht.[682] Von praktischer Bedeutung ist dies nicht nur für Mieter[683] und Pächter,[684] sondern insbesondere auch für Leasingnehmer[685] sowie den Bauunternehmer vor Abnahme des Werks.[686] Insbesondere können Letztere das Haftungsinteresse für den Substanzschaden nach § 823 Abs. 1 ersetzt verlangen, sofern sie dem Eigentümer für die Beschädigung der Mietsache einzustehen haben.[687] Gleichwohl fällt es dogmatisch nicht leicht, den Besitz als absolutes Recht iS des § 823 Abs. 1 zu qualifizieren. Zwar stehen dem Besitzer gemäß §§ 859, 862 Abwehrrechte gegenüber jedermann zu, der den Besitz entzieht oder sonst stört, jedoch wird der Besitz in den §§ 854 ff. als ein tatsächliches Herrschaftsverhältnis – und eben nicht als Rechtsverhältnis – ausgestaltet. Ein Teil der Lehre knüpft deshalb nicht an den Besitz selbst, sondern an das Recht zum Besitz an,[688] handelt sich dabei jedoch das

---

[678] BGHZ 103, 129, 132 f. = NJW 1988, 1593, 1594; offen noch BGHZ 98, 235, 236 = NJW 1987, 187.
[679] Prot. II S. 569.
[680] RGZ 59, 326, 328; genauso RGZ 170, 1, 6; BGH NJW 1962, 1342.
[681] RGZ 59, 326, 328; 91, 60, 65 f.; 105, 213, 218; 170, 1, 6 f.; vgl. zur Rspr. des RG *Zimmermann/Verse* in: *Falk/Mohnhaupt,* Das Bürgerliche Gesetzbuch und seine Richter, S. 319, 325 f.
[682] BGHZ 32, 194, 204 = NJW 1960, 1201, 1204; BGHZ 62, 243, 248 = NJW 1974, 1189, 1190; BGHZ 66, 277, 282 = NJW 1976, 1630, 1631; BGHZ 137, 89, 98 = NJW 1998, 377, 380; *v. Caemmerer,* FS 100 Jahre DJT, Bd. II, 1960, S. 49, 81 f.; *Fabricius* AcP 160 (1961), 273, 298, 302 f.; *Fikentscher/Heinemann* RdNr. 1568; *Larenz/Canaris* II/2 § 76 II 4 f, S. 396 f.; *Soergel/Spickhoff* RdNr. 98; *Staudinger/Hager* RdNr. B 168.
[683] BGH NJW 1981, 750, 751; OLG Köln VersR 2002, 1383 f.; nach BGH NJW 1962, 1342 sind für die Abwehr- und Schadensersatzansprüche der Mieter von Grundstücken wegen Immissionen die Kautelen des § 906 maßgeblich.
[684] OLG Düsseldorf VersR 1995, 1363, 1364.
[685] Zum Schadensersatzanspruch des Leasingnehmers gegen einen Dritten, der für den infolge eines Verkehrsunfalls eingetretenen Schaden der geleasten Sache verantwortlich ist eingehend BGHZ 116, 22, 24 ff. = NJW 1992, 553 m. Bespr. *Schnauder* JuS 1992, 820; weiter BGH VersR 1976, 943, 944; OLG Köln VersR 2002, 1383 f.
[686] BGH NJW 1984, 2569, 2570.
[687] BGHZ 116, 22, 24 ff. = NJW 1992, 553; OLG Köln VersR 2002, 1383 f.
[688] *Canaris,* FS Flume, Bd. I, 1978, S. 384, 401; *Larenz/Canaris* II/2 § 76 II 4 f, S. 396 f., der darüber hinaus allerdings Ansprüche aus §§ 823 Abs. 2, 858 gewährt (aaO, § 77 III 1 c, S. 440 f.); *v. Caemmerer,* FS 100 Jahre DJT, Bd. II, 1960, S. 49, 81 f.; *Soergel/Spickhoff* RdNr. 98; *Mincke* JZ 1984, 862, 863; *v. Venrooy* JuS 1979, 102, 103; in diese Richtung auch RGZ 59, 326, 328; BGHZ 66, 277, 282 = NJW 1976, 1630, 1631; für den Nutzungsschaden auch der BGH.

Problem ein, dass das Besitzrecht etwa des Mieters aus § 535 S. 1 ein relatives Recht aus dem Mietverhältnis ist. Erst die Zusammenfügung beider Teile ebnet den Weg zu § 823 Abs. 1, nämlich der durch die §§ 858 ff. gewährleistete, gegen jedermann wirkende Schutz eines relativen Rechts. Insofern erscheint es müßig, darum zu streiten, ob der Besitz selbst oder das Recht zum Besitz das für das Deliktsrecht geeignete Schutzobjekt darstellt.[689]

Ein Teil der Lehre beschränkt den Deliktsschutz konsequent auf den **berechtigten Besitz**,[690] während die Gegenauffassung nicht strikt auf dem Vorliegen eines Besitzrechts beharrt und dem **unrechtmäßigen Besitzer** Deliktsschutz gewährt, soweit ihm im Verhältnis zum Eigentümer auch Nutzungsbefugnisse zustehen, er insbesondere berechtigt ist, die Nutzungen zu behalten (§§ 987, 988, 990, 993 Abs. 1).[691] Noch weiter geht die Ansicht, **jedwede Form des Besitzes** genieße Schutz vor deliktischen Eingriffen gemäß §§ 823 Abs. 2, 858, und die nach Maßgabe der §§ 989 ff. gestuften Nutzungsbefugnisse der unrechtmäßigen Besitzer seien erst im Rahmen der Schadensberechnung zu berücksichtigen.[692] Dieser Ansatz scheitert im Rahmen des § 823 Abs. 1 jedoch daran, dass sich die Frage nach dem Schutz der vom Besitzer eingenommenen Position nicht in die Haftungsausfüllung abschieben lässt. Im Verhältnis zum Eigentümer jedenfalls darf die bloß faktische Nutzungsmöglichkeit nicht pro futuro durch Zubilligung von Schadensersatzansprüchen perpetuiert und damit so getan werden, als stünde dem Besitzer ein Recht zum Besitz zu.[693] Folgerichtig hat der Mieter keine Schadensersatzansprüche gegen den Eigentümer wegen entgangener Nutzung der Mieträume, wenn ihm nach wirksamer Beendigung des Mietverhältnisses die Nutzungsmöglichkeit durch verbotene Eigenmacht entzogen wird.[694] Soweit dem redlichen entgeltlichen unrechtmäßigen Eigenbesitzer nach fehlgeschlagenem Eigentumserwerb gemäß §§ 987 ff., 993 Abs. 1 die gezogenen Nutzungen im Verhältnis zum Eigentümer zu belassen und diese Nutzungen auch gezogen worden sind, genießen sie wegen § 955 im Rahmen des Eigentums Deliktsschutz. Werden die Früchte vor den Augen des in diesem Zeitpunkt noch redlichen Besitzers durch einen Dritten zerstört, liegt ein Eingriff nicht in den Besitz, sondern in sein Aneignungsrecht vor, das als sonstiges Recht den Schutz des § 823 Abs. 1 genießt (vgl. RdNr. 155 f.). Handelt es sich um einen redlichen unberechtigten Fremdbesitzer, etwa den Pächter auf Grund unwirksamen Pachtvertrags, gilt § 955 nicht, doch bleibt er dem Eigentümer trotz §§ 987, 993 ohnehin zur Nutzungsherausgabe auf Grund Leistungskondiktion verpflichtet, so dass auch insoweit ein Interesse am Schutz des unberechtigten Besitzes nicht anzuerkennen ist.[695] Ein etwa bestehendes Haftungsinteresse des unrechtmäßigen Besitzers schließlich lässt sich ohne weiteres im Rahmen des Ausgleichsanspruchs aus §§ 840 Abs. 1, 426 auffangen, weil er dem Eigentümer als Gesamtschuldner neben dem Dritten für den Schaden an der Sache einzustehen hat.[696] Insgesamt bleibt es somit dabei, dass allein der berechtigte Besitz als sonstiges Recht gemäß § 823 Abs. 1 geschützt ist.

Im Rahmen des **§ 823 Abs. 2** ist wiederum zu berücksichtigen, dass die Vorschrift die Wahrnehmung eines konkreten Individualinteresses durch den Gesetzgeber erfordert, wovon kaum die Rede sein kann, wenn es um Interessen geht, die dem Besitzer rechtlich gar nicht zugewiesen sind.[697] Darüber hinaus ist es nicht Zweck der §§ 858 ff., unrechtmäßigen Besitzern – einschließlich „der Räuber und der Diebe"[698] – über § 823 Abs. 2 zu deliktischen Schadensersatzansprüchen zu verhelfen, sondern die Funktion der Vorschriften besteht

---

[689] So wohl auch *Medicus* AcP 165 (1965), 115, 136.
[690] Vgl. Fn. 688.
[691] *Medicus* BR RdNr. 607; ausf. *ders.* AcP 165 (1965), 115, 120 ff.; *Erman/Schiemann* RdNr. 43; *Jauernig/Teichmann* RdNr. 16.
[692] *Wieser* JuS 1970, 557, 559 f.; *Th. Honsell* JZ 1983, 531, 532 ff.
[693] *Wieser* JuS 1970, 557 f.
[694] BGHZ 73, 355, 362 = NJW 1979, 1358, 1359; BGHZ 79, 232, 236 = NJW 1981, 865, 866.
[695] *Staudinger/Gursky* (1999) Vor § 987 RdNr. 6, 45 ff., *Staudinger/Gursky* (1995) § 955 RdNr. 4.
[696] AA wohl *Medicus* AcP 165 (1965), 115, 123, 142 ff.: Konkurrenzproblem.
[697] Ähnlich *Wieser* JuS 1970, 557, 560; aA *Th. Honsell* JZ 1983, 531, 533.
[698] *Th. Honsell* JZ 1983, 531.

allein darin, den status quo im Interesse des Rechtsfriedens zu sichern.[699] Dies wird auch daran deutlich, dass selbst der Dieb Besitzschutz nach Maßgabe der §§ 858 ff. genießt und die Besitzansprüche generell den eigentümlichen Anspruchsschranken der §§ 861 Abs. 2, 864 Abs. 1 unterliegen.[700] Nach allem kann es nicht in Betracht kommen, mit Hilfe der §§ 823 Abs. 2, 858 ff. nach § 823 Abs. 1 nicht bestehende Haftungsansprüche zugunsten nichtberechtigter Besitzer zu begründen.[701]

e) Forderungen

Schrifttum: *Canaris,* Der Schutz obligatorischer Forderungen nach § 823 Abs. 1 BGB, FS Steffen, 1995, S. 85; *H. C. Ficker,* Interference with contractual relations und deliktsrechtlicher Schutz der Forderung, FS H. G. Ficker, 1967, S. 152; *Koziol,* Die Beeinträchtigung fremder Forderungsrechte, 1967; *Krasser,* Der Schutz vertraglicher Rechte gegen Eingriffe Dritter, 1971; *Medicus,* Die Forderung als „sonstiges Recht" nach § 823 Abs. 1 BGB?, FS Steffen, 1995, S. 333; *Mincke,* Forderungsrechte als „sonstige Rechte" iS des § 823 Abs. 1 BGB, JZ 1984, 862; *Otte,* Schadensersatz nach § 823 I BGB wegen Verletzung der Forderungszuständigkeit, JZ 1969, 253; *Picker,* Der deliktische Schutz der Forderung als Beispiel für das Zusammenspiel von Rechtszuweisung und Rechtsschutz, FS Canaris, Bd. I, 2007, S. 1001; *Schwerdtner,* Recht der unerlaubten Handlung – Deliktischer Rechtsgüter- und Rechtsschutz, Jura 1981, 414.

160 Aus der Prämisse, dass sich die Formel vom „sonstigen Recht" nur auf absolut geschützte Rechte bezieht, scheint ohne weiteres zu folgen, dass Forderungen keinen Deliktsschutz genießen, weil es sich bei ihnen um **relative Rechte** handelt, die lediglich die Parteien des jeweiligen Schuldverhältnisses berechtigen und verpflichten. In der Tat wird diese Schlussfolgerung durch die Gesetzesmaterialien[702] ebenso gestützt wie durch eine seit Inkrafttreten des BGB unveränderte hM, die die Einbeziehung von Forderungen in § 823 Abs. 1 ablehnt.[703] Darüber hinaus steht außer Streit, dass die schuldhafte Nichterfüllung einer schuldrechtlichen Verpflichtung kein Delikt des Schuldners darstellt, so dass die Gefahr einer Verdoppelung des allgemeinen Leistungsstörungsrechts im Deliktsrecht von vornherein gebannt ist. Am Vertragsbruch des Schuldners beteiligte Dritte haften dem Gläubiger nur unter den Voraussetzungen des § 826 (eingehend § 826 RdNr. 53 ff.).[704] Schließlich gibt es auch kein deliktisch geschütztes „Recht auf eine Sache", das bei Beschädigung oder Zerstörung von Sachen mobilisiert werden könnte, die ihrerseits Gegenstand schuldrechtlicher Verschaffungsansprüche sind.[705]

161 Die Meinungsverschiedenheiten betreffen allein Eingriffe in die sog. **Forderungszuständigkeit,** die von einer in der Literatur verbreiteten Auffassung als sonstiges Recht anerkannt

---

[699] 4. Aufl. Vor § 854 RdNr. 15 f. mwN; *Medicus* AcP 165 (1965), 115, 118 f.

[700] Allg. wird dem Deliktsbesitzer denn auch die Berufung auf § 823 versagt, ohne dass sich dafür in dem vermeintlichen Schutzgesetz des § 858 irgendein Anhalt finden ließe; vgl. *Th. Honsell* JZ 1983, 531, 535; *Staudinger/Hager* RdNr. B 169, mit Berufung auf die §§ 992, 817 S. 2; mit Blick auf die Haftungs- und Verwendungsinteressen anders indessen *Medicus* AcP 165 (1965), 115, 120 f., 123, 124 f.: Haftungsbefreiung durch Rückgabe der unversehrten Sache billige „das Gesetz selbst dem ‚bösesten' Besitzer zu".

[701] Für Kongruenz der Wertungen *Soergel/Spickhoff* RdNr. 222, 236; *Medicus* BR RdNr. 621; wohl auch BGHZ 73, 355 = NJW 1979, 1358; 79, 232, 237 f. = NJW 1981, 865, 866; aA *Larenz/Canaris* II/2 § 76 II 4 f, S. 396 f., der einerseits den Besitzschutz nach § 823 Abs. 1 auf den berechtigten Besitz beschränkt, diese Wertung aber im Rahmen von § 823 Abs. 2 wieder rückgängig macht, indem er jedem Besitzer – auch dem Deliktsbesitzer? – Schadensersatzansprüche aus §§ 823 Abs. 2, 858 zubilligt; aaO, § 77 III 1 c, S. 440 f. Umgekehrt *Staudinger/Hager* RdNr. G 41, B 169 f., der nur den Schutz nach §§ 823 Abs. 2, 858, nicht aber denjenigen nach § 823 Abs. 1 auf berechtigte Besitzer beschränken will.

[702] Mot. II S. 727. Dies wird auch von der Gegenmeinung anerkannt: *Canaris,* FS Steffen, 1995, S. 85.

[703] Grdlg. RGZ 57, 353, 355 ff.; weiter RGZ 95, 283, 284; 111, 298, 302; RG JW 1905, 367, 368; zur Rspr. des RG vgl. *Zimmermann/Verse* in: *Falk/Mohnhaupt,* Das Bürgerliche Gesetzbuch und seine Richter, S. 319, 324 f.; weiter BGHZ 12, 308, 317 f. = NJW 1954, 1159; *Krasser* S. 186 ff.; *Jauernig/Teichmann* RdNr. 17; *Esser/Weyers* BT/2 § 55 I 2 b, S. 163; *Fikentscher/Heinemann* RdNr. 1558; *Gernhuber* Schuldverhältnis § 3 II 8; *Erman/Schiemann* RdNr. 36; BGH LM § 842 Nr. 6 = NJW 1970, 137 f.; *Otte* JZ 1969, 253; *Fraenkel* S. 237 ff.; *Krasser* S. 186 ff.; *H. C. Ficker,* FS H. G. Ficker, 1967, S. 152; *Schwerdtner* Jura 1981, 414, 419; *Medicus,* FS Steffen, 1995, S. 333.

[704] BGHZ 12, 308, 317 f. = NJW 1954, 1159.

[705] RGZ 53, 353, 357; *Canaris,* FS Steffen, 1995, S. 85, 96; *Koziol,* Die Beeinträchtigung fremder Forderungsrechte, S. 137; *Medicus,* FS Steffen, 1995, S. 333, 334, 339.

wird.[706] Präziser gesagt geht es um das absolute Recht *an* der Forderung im Gegensatz zum relativen Recht *aus* der Forderung.[707] Die Bedeutung dieser Fallgruppe ist zwar relativ gering, denn Forderungen sind gegen Verfügungen Nichtberechtigter ohnehin immun, weil ein gutgläubiger Erwerb grundsätzlich ausgeschlossen ist, so dass mangels Schaden des Forderungsinhabers Deliktsansprüche gegen den Nichtberechtigten ausscheiden. Die außerhalb des Wertpapierrechts wichtigste Ausnahme enthält § 407 für den Fall der Annahme der Leistung des redlichen Schuldners durch den Zedenten, insbesondere im Rahmen von verlängertem Eigentumsvorbehalt und Sicherungszession, doch wird der für den Zessionar eintretende Schaden bereits durch Ersatzansprüche aus dem der Abtretung zugrunde liegenden Kausalgeschäft sowie durch den Bereicherungsanspruch des § 816 Abs. 2 kompensiert.[708] All dies darf jedoch nicht den Blick dafür verstellen, dass im Bereich des Wertpapierrechts ohne § 823 Abs. 1 nicht auszukommen ist, wenn etwa der nichtberechtigte Inhaber eines Wechsels diesen wirksam an einen redlichen Erwerber überträgt (Art. 16 WG).[709] Im Übrigen wird die Forderung im Rahmen der Zwangsvollstreckung wie ein Vermögensrecht mit entsprechendem Zuweisungsgehalt behandelt, weil der Forderungsprätendent die Drittwiderspruchsklage (§ 771 ZPO) erheben kann.[710]

Somit ist die Forderung als ein Vermögensrecht und damit als Schutzgut des § 823 Abs. 1 anzuerkennen. Praktische Bedeutung hat dies beispielsweise für den **Schutz von Internet-Domains**. Mit der Registrierung der Domain bei der DENIC e.G. erwirbt der Inhaber kein Eigentum, sondern lediglich ein relatives vertragliches Nutzungsrecht, das jedoch als sonstiges Recht zu qualifizieren ist: „Es ist dem Inhaber der Domain ebenso ausschließlich zugewiesen wie Eigentum an einer Sache."[711]

f) Immaterialgüterrechte

Schrifttum: *Becker,* Das Recht am Good Will, NJW 1951, 540; *Bürglen,* Die Verfremdung bekannter Marken zu Scherzartikeln, FS Gaedertz, 1992, S. 70; *V. Deutsch,* Der Schutz von Marken und Firmen außerhalb des Wettbewerbsrechts, FS Gaedertz, 1992, S. 99; *Krings,* Haben §§ 14 Abs. 2 Nr. 3 und 15 Abs. 3 MarkenG den Schutz der berühmten Marke sowie des berühmten Unternehmenskennzeichens aus §§ 12, 823 Abs. 1, 1004 BGB ersetzt?, GRUR 1996, 624; *Moench,* Die Bedeutung der Meinungsfreiheit bei Eingriffen in geschützte Rechtspositionen, NJW 1984, 2920; *Piper,* Der Schutz der bekannten Marken, GRUR 1996, 429, 437 f.; *K. Schmidt,* Integritätsschutz von Unternehmen nach § 823 BGB – Zum „Recht am eingerichteten und ausgeübten Gewerbebetrieb", JuS 1993, 985; *Wagner,* Zeichenkollisionen im Internet, ZHR 162 (1998), 701.

Immaterialgüterrechte, also **Patentrecht, Markenrecht,** sonstige gewerbliche Schutzrechte, das **Urheberrecht** sowie die **Firma,**[712] gehören zum sicheren Bestand der sonstigen Rechte, denn ihnen kommt sowohl Zuweisungsgehalt zu als auch Ausschlusswirkung gegenüber Dritten, die in aller Regel sogar spezialgesetzlich angeordnet ist, wie in den §§ 37 Abs. 2 HGB, 14 Abs. 5, 15 Abs. 4 MarkenG, 24 Abs. 1 GebrMG, 42 GeschmMG, 139 Abs. 1 PatG, 97 Abs. 1 UrhG. Die genannten Vorschriften enthalten jedoch regelmäßig schon selbst eine Anspruchsgrundlage für Schadensersatzbegehren wegen vorsätzlicher oder fahrlässiger Beeinträchtigung des Schutzgehalts des jeweiligen Rechts, so dass es des Rückgriffs auf § 823 Abs. 1 nicht bedarf.[713] Das allgemeine Deliktsrecht darf auch nicht dazu

---

[706] *v. Caemmerer,* FS Rabel, Bd. I, 1954, S. 333, 355 f.; *Koziol,* Die Beeinträchtigung fremder Forderungsrechte, S. 140 ff.; *Canaris,* FS Steffen, 1995, S. 85, 96; *Larenz/Canaris* II/2 § 76 II 4 g, S. 397 f.; *Mincke* JZ 1984, 862, 865; *Picker,* FS Canaris, Bd. I, 2007, S. 1001, 1016 ff.; *Stoll* AcP 162 (1963), 203, 212; mit Blick auf die relevanten Fallgruppen auch *Fabricius* AcP 160 (1961), 273, 301 f., 303 f.; wohl auch *Soergel/Spickhoff* RdNr. 88.
[707] *Picker,* FS Canaris, Bd. I, 2007, S. 1001, 1003 ff.
[708] Vgl. aber das – ersonnene – Beispiel von *Canaris,* FS Steffen, 1995, S. 85, 87.
[709] *Stranz,* Wechselgesetz, 14. Aufl. 1952, Art. 16 Anm. 23; *Picker,* FS Canaris, Bd. I, 2007, S. 1001, 1023.
[710] Ausf. *Canaris,* FS Steffen, 1995, S. 85, 90 ff.
[711] BVerfG NJW 2005, 589; zur Pfändung und Verwertung einer Internet-Domain als anderes Vermögensrecht gemäß § 857 ZPO LG Mönchengladbach NJW-RR 2005, 439.
[712] Zum Doppelcharakter der Firma als Persönlichkeits- und Immaterialgüterrecht BGHZ 85, 221, 223 = NJW 1983, 755 f.; *Baumbach/Hopt* § 17 HGB RdNr. 5.
[713] § 37 Abs. 2 S. 2 HGB behält Schadensersatzansprüche hingegen lediglich vor und normiert sie nicht selbst.

benutzt werden, vermeintliche Schutzlücken der Spezialgesetze zu schließen, weil damit die vom Gesetzgeber jeweils in hochdifferenzierter Weise ausgestalteten Schutzgrenzen der einzelnen Immaterialgüterrechte überspielt würden.[714] Allerdings kann § 826 zur Anwendung kommen, wenn besondere Umstände vorliegen, die geeignet sind, die Sittenwidrigkeit des schädigenden Verhaltens zu begründen (§ 826 RdNr. 138 ff.).[715] Zum Schutz von Internet-Domains unter dem Gesichtspunkt des Forderungsrechts s. RdNr. 162.

164 Die ältere Rechtsprechung schützte **berühmte Warenzeichen und Unternehmenskennzeichen** im Rahmen des Rechts am eingerichteten und ausgeübten Gewerbebetrieb gegen Verwässerung, weil die früheren Bestimmungen des WZG bzw. des § 16 UWG aF insoweit keinen Schutz boten.[716] Voraussetzung der deliktischen Haftung waren überragende Verkehrsgeltung mit einem Bekanntheitsgrad von mehr als 80%,[717] Alleinstellung, Eigenart sowie allgemeine Wertschätzung des Zeichens.[718] Diese Rechtsprechung hat durch die §§ 14 Abs. 2 Nr. 3, 15 Abs. 3 MarkenG einen großen Teil ihres Anwendungsbereichs eingebüßt und ist heute folglich vor allem noch für Altfälle relevant, bei denen die Verletzungshandlung vor dem 1. 1. 1995 begonnen hat, § 153 MarkenG. Obwohl § 2 MarkenG ausdrücklich erklärt, der Markenschutz nach sonstigen Vorschriften bleibe unberührt, würde die Zulassung vollständiger Anspruchskonkurrenz die Determinationskraft der §§ 14, 15 MarkenG unterminieren und ihre Begrenzungsfunktion vereiteln.[719] Für § 823 Abs. 1 bleiben demnach nur noch Randbereiche,[720] etwa bei der Ausnutzung einer berühmten Marke für die politische Werbung einer extremistischen Partei,[721] sowie das Lächerlichmachen eines berühmten Unternehmenskennzeichens und sonstige Rufschädigungen,[722] gegen die der Schutz des § 15 Abs. 3 MarkenG versagt, weil es an einer zeichenmäßigen Verwendung fehlt.[723] Die Rechtsprechung tendiert allerdings dazu, diese Fallgruppe nicht unter § 823 Abs. 1 zu bringen, sondern mit Hilfe des § 3 UWG zu lösen (vgl. jetzt auch § 4 Nr. 7 UWG),[724] was allerdings ein Wettbewerbsverhältnis voraussetzt, das gerade in den Verunglimpfungsfällen nicht immer gegeben ist.[725] Soweit demnach § 823 Abs. 1 noch Anwendung finden kann, ist allerdings das berühmte Zeichen selbst als sonstiges Recht zu qualifizieren und nicht bloß mittelbar im Rahmen des eingerichteten und ausgeübten Gewerbebetriebs zu schützen.[726]

---

[714] RGZ 112, 2, 7; 121, 65, 73; BGHZ 5, 1, 9 = NJW 1952, 784, 785; *Schack* (Fn. 473) RdNr. 710.
[715] BGHZ 26, 52, 59 = NJW 1958, 459, 460; BGHZ 33, 20, 28 f. = NJW 1960, 2043, 2045; BGHZ 44, 288, 296 = NJW 1966, 542, 545; § 826 RdNr. 110 ff.
[716] BGHZ 28, 320, 328 = NJW 1959, 675, 676; BGH GRUR 1966, 623, 624 f. – Kupferberg; eingehend *Brüggemeier* Deliktsrecht RdNr. 376 ff.
[717] BGHZ 114, 105, 111 ff. = NJW 1991, 3218, 3220 – Avon.
[718] BGH GRUR 1990, 711, 712 ff. – Telefonnummer 4711; BGHZ 114, 105, 109 ff. = NJW 1991, 3218, 3219 – Avon.
[719] BGHZ 138, 349, 351 ff. = NJW 1998, 3781 f. – MAC Dog = LM MarkenG § 14 Nr. 7 m. Anm. *Schmieder*; *Ingerl/Rohnke* § 14 MarkenG RdNr. 523; *Staudinger/Hager* RdNr. D 66. Zum verbleibenden Anwendungsbereich des § 823 Abs. 1 neben § 14 Abs. 2 Nr. 3 MarkenG *Piper* GRUR 1996, 429, 437 f.; *Krings* GRUR 1996, 624.
[720] Außer den im Folgenden genannten Fällen vgl. etwa OLG Hamburg NJW-RR 1999, 1060 – Bild Dir keine Meinung; sowie die Übersicht bei *Ingerl/Rohnke* § 14 MarkenG RdNr. 85–99.
[721] OLG Hamburg NJW-RR 1998, 552.
[722] So mit Recht *Dunz* ZIP 1986, 1147, 1148 in Anm. zu BGHZ 98, 94 = NJW 1986, 2951 – BMW; vgl. weiter BGHZ 91, 117, 120 ff. = NJW 1984, 1956 f. – Mordoro; *Bürglen*, FS Gaedertz, 1992, S. 70, 80 ff., mit eingehender Darstellung des übrigen Fallrechts; *Ingerl/Rohnke* § 14 MarkenG RdNr. 524; *Soergel/Spickhoff* RdNr. 102 m. Fn. 520; ähnlich *Hubmann* JZ 1986, 1110; *K. Schmidt* JuS 1993, 985, 992; weitergehend *Moench* NJW 1984, 2920, 2923.
[723] Zum Erfordernis zeichenmäßiger Verwendung unter dem MarkenG *Wagner* ZHR 162 (1998), 701, 707; *Ingerl/Rohnke* § 14 MarkenG RdNr. 50 ff.
[724] BGHZ 125, 91, 98 ff., 104 f. = NJW 1994, 1954, 1956 f. – Mars.
[725] Vgl. BGHZ 98, 94, 95 f. = NJW 1986, 2951 – BMW; OLG Frankfurt und LG Wiesbaden NJW 1982, 648 – Lusthansa.
[726] *Soergel/Spickhoff* RdNr. 101; *Erman/Schiemann* RdNr. 56; *v. Deutsch*, FS Gaedertz, 1992, S. 99, 106 ff.; wohl auch *Staudinger/Hager* RdNr. B 137; anders BGHZ 91, 117, 120 f. = NJW 1984, 1956 f. – Mordoro; BGHZ 98, 94, 99 = NJW 1986, 2951, 2952 – BMW.

Auch im Bereich des **Patentrechts** kommt ein ergänzender Schutz nach § 823 Abs. 1 in 165
Betracht, soweit nämlich die **Erfindung noch nicht beim Patentamt angemeldet** ist.
Allerdings beschränkt er sich auf die unbefugte Anmeldung der Erfindung durch einen
Dritten und begründet kein dem eigentlichen Patent entsprechendes Ausschließlichkeitsrecht, das es ermöglichen würde, die tatsächliche Ausnutzung der Erfindung durch Dritte zu
verhindern.[727] Darüber hinaus hat sich die Rechtsprechung auch bereit gefunden, Betriebs-
und Geschäftsgeheimnisse unabhängig vom Patentschutz als sonstige Rechte anzuerkennen
und damit unter deliktischen Schutz zu stellen,[728] doch tatsächlich dürfte hier allein der
Unternehmensschutz zur Debatte stehen.[729] Wegen weiterer Einzelheiten der Abgrenzung
des Deliktsschutzes zu den verschiedenen Immaterialgüterrechten muss auf die einschlägige
Spezialliteratur verwiesen werden.

Nach der Rechtsprechung sollen sogar **Auszeichnungen für ausgestellte Waren** (Me- 166
daillen, Diplome, Preise) ein besonderes Recht des Ausgezeichneten iS des § 823 Abs. 1
darstellen,[730] was wegen der weiten Auslegung des Begriffs der Wettbewerbshandlung im
Rahmen des § 3 UWG von bloß marginaler Bedeutung ist. Im Übrigen ist es vorzugswürdig, die genannten Auszeichnungen nur im Rahmen des eingerichteten und ausgeübten
Gewerbebetriebs zu schützen, und Gleiches gilt für den unternehmerischen **Goodwill,** der
kein spezifisches sonstiges Recht begründet.[731]

g) Ehe
Schrifttum: *Deutsch,* Familienrechte als Haftungsgrund, VersR 1993, 1, 7, sowie FS Gernhuber, 1993,
S. 581; *Jayme,* Die Familie im Recht der unerlaubten Handlungen, 1971; *Struck,* „Räumlich-gegenständlicher
Bereich der Ehe" oder Gemeinsamkeit der Wohnung?, JZ 1976, 160.

Die Rechtsprechung erkennt die Ehe grundsätzlich als im Rahmen von § 823 Abs. 1 167
geschütztes Rechtsgut an, beschränkt den Schutz indessen auf **Verletzungen des räumlich-gegenständlichen Bereichs** und damit vor allem auf den Schutz vor dem Eindringen eines Dritten in die eheliche Wohnung.[732] Auch insoweit werden die Rechtsfolgen
auf Unterlassungsansprüche beschränkt und Schadensersatzansprüche gegen den anderen
Ehegatten wegen Ehebruchs generell verneint,[733] denn die vermögensrechtlichen Folgen
ehewidrigen Verhaltens seien im Familienrecht abschließend geregelt.[734] Die Privilegierung
auch des eheexternen Dritten beruht wiederum darauf, dass der Ehegatte vor Rückgriffsansprüchen des Dritten, mit dem er die Ehe gebrochen hat, bewahrt werden soll.[735]
Anders ist es nur, wenn die Täuschung des Ehepartners über die Abstammung eines
während der Ehe geborenen Kindes den Tatbestand des § 826 erfüllt (vgl. auch § 826
RdNr. 150).[736]

In der Literatur wird ein **deliktischer Schutz der Ehe vor Eingriffen Dritter** ver- 168
breitet befürwortet, in seinen Rechtsfolgen allerdings auf das sog. Abwicklungsinteresse, also

---

[727] RGZ 77, 81, 82 f.; 140, 53, 55 f.; *Staudinger/Hager* RdNr. B 138.
[728] BGHZ 16, 172, 175 = NJW 1955, 628, 629; *Staudinger/Hager* RdNr. B 139.
[729] Für den Schutz lediglich im Rahmen des eingerichteten und ausgeübten Gewerbebetriebs BGHZ 17, 41, 50 f. = NJW 1955, 829, 830.
[730] RGZ 109, 50, 53; *Staudinger/Hager* RdNr. B 139. Zum Schutz nach § 5 Abs. 2 Nr. 3 UWG vgl. *Köhler*
in: *Hefermehl/Köhler/Bornkamm* § 5 UWG RdNr. 5158 ff.
[731] AA *Becker* NJW 1951, 540, 541; wie hier *Staudinger/Hager* RdNr. B 139.
[732] BGHZ 6, 360, 363 ff. = NJW 1952, 975; BGHZ 34, 80, 87 = NJW 1961, 504, 506; BGH NJW 1990, 706, 708; RGRK/*Steffen* RdNr. 66; *Staudinger/Hager* RdNr. B 175 f.
[733] BGHZ 23, 215, 217 ff. = NJW 1957, 670 f.; BGHZ 23, 279, 281 f. = NJW 1957, 671; BGHZ 80, 235, 237 ff.; BGH NJW 1973, 991, 992; 1990, 706 f.
[734] BGHZ 23, 215, 217 f. = NJW 1957, 670 f.; BGHZ 26, 217, 220 ff. = NJW 1958, 544 f.; BGHZ 57, 229, 231 f. = NJW 1972, 199.
[735] BGHZ 23, 279, 282 = NJW 1957, 671.
[736] BGHZ 80, 235, 241; BGH NJW 1990, 706, 708; RGRK/*Steffen* § 826 RdNr. 132; aA noch
BGHZ 23, 215, 221 = NJW 1957, 670, 671. Selbst beim Unterschieben eines nicht aus der Ehe
stammenden Kindes liegen die Voraussetzungen des § 826 indessen in aller Regel nicht vor, und zudem ist
der Ehemann durch den Regress gemäß § 1607 Abs. 3 S. 2 gegen den Erzeuger geschützt; vgl. *Wagner*
FamRZ 1999, 7, 11 ff.

insbesondere die Scheidungskosten, beschränkt (4. Aufl. § 1353 RdNr. 40 f. mwN).[737] Diese Lösung setzt voraus, dass der relativen Bindung der beiden Ehegatten untereinander Abwehransprüche im Außenverhältnis korrespondieren und sich gegen Dritte richten, die im Einverständnis mit einem der Ehegatten handeln. Indessen steht nach dem heutigen Scheidungsrecht die Verpflichtung der Ehegatten zur ehelichen Lebensgemeinschaft von vornherein unter dem Vorbehalt einer nicht-zerrütteten Beziehung. Das gilt selbst im Vorfeld der Scheidung, denn die §§ 1565 ff. setzen voraus, dass auch vor der Scheidung ein Recht zum Getrenntleben besteht. Damit gilt de facto der Grundsatz, dass kein Ehegatte gegen seinen Willen zur Herstellung oder Fortsetzung der ehelichen Lebensgemeinschaft verpflichtet ist.[738] Unter dieser Prämisse ist nicht zu sehen, wie ein externer Dritter noch den „Ehekern" verletzen kann, wenn er im Einverständnis mit einem der Ehegatten sexuelle Beziehungen zu diesem aufnimmt (4. Aufl. § 1353 RdNr. 37).[739] Der Rechtsprechung ist in ihrer Ablehnung von Schadensersatzansprüchen aus § 823 Abs. 1 folglich zuzustimmen.

169 Die Gewährung deliktischen Schutzes für den **räumlich-gegenständlichen Bereich** vermag nicht zu überzeugen. Nimmt ein Ehegatte einen Dritten, mit dem er sexuelle Beziehungen unterhält, in die eheliche Wohnung auf, ist aus den eben genannten Gründen nicht das Rechtsgut Ehe verletzt, sondern – neben uU bestehenden Eigentums- und Besitzrechten des anderen Ehegatten – dessen **Recht auf Achtung seiner Persönlichkeit**.[740] Es verletzt die Würde eines Menschen, wenn sich der eigene Ehepartner über einen entgegenstehenden Willen hinwegsetzt und einen Dritten in die eheliche Wohnung aufnimmt. Dass es hier in Wahrheit um Verletzungen des Allgemeinen Persönlichkeitsrechts geht, zeigt sich sofort, wenn man Fälle ins Auge fasst, in denen zwei Menschen in nichtehelicher Lebensgemeinschaft zusammenleben und der eine Teil den anderen durch Aufnahme eines dritten Intimpartners in die gemeinsame Wohnung düpiert und demütigt. Schließlich lässt sich mit Hilfe des Ansatzes beim Allgemeinen Persönlichkeitsrecht zwanglos erklären, warum sich der gegenständliche Schutzbereich sogar auf die Arbeitsstätte erstrecken kann,[741] in der Rechtsfolge aber auf Abwehransprüche beschränkt ist: Der von dem gedemütigten Ehepartner erlittene Schaden ist nicht materieller, sondern immaterieller Natur, rechtfertigt aber normalerweise nicht die Zuerkennung von Schmerzensgeld, weil er durch Naturalrestitution gemäß § 249 Abs. 1, nämlich Entfernung des Dritten aus der eigenen räumlichen Sphäre, behoben werden kann.

170 h) **Elterliche Sorge, Umgangsrecht.** Die elterliche Sorge ist als **absolutes Recht** iS des § 823 Abs. 1 anerkannt.[742] Allerdings handelt es sich im Innenverhältnis zwischen Eltern und Kind um ein komplexes Bündel relativ wirkender Rechte und Pflichten. Im Außenverhältnis zu Dritten ist die elterliche Sorge zwar kein Herrschaftsrecht, sie genießt jedoch absoluten Schutz, wie die Ansprüche des § 1632 auf Herausgabe des Kindes und auf Bestimmung seines Umgangs „mit Wirkung für und gegen Dritte" belegen (vgl. auch § 1626 RdNr. 8 ff).[743] Auch bei der Bestimmung des **Schutzbereichs** der elterlichen Sorge ist zwischen verschiedenen Inhalten und Dimensionen dieses komplexen Rechtsverhältnisses

---

[737] *Gernhuber/Coester-Waltjen* § 17 III, S. 157 ff.; *Jayme*, Die Familie im Recht der unerlaubten Handlungen, S. 263 ff.; *Fabricius* AcP 160 (1961), 273, 318 ff.; *Struck* JZ 1976, 160; *Medicus* BR RdNr. 619; *Soergel/Spickhoff* RdNr. 105 f.; *Erman/Schiemann* RdNr. 45.
[738] *Schwab*, Familienrecht, 16. Aufl. 2008, RdNr. 106, 141.
[739] Übereinstimmend *Schwab*, Familienrecht, RdNr. 148 ff.; *Deutsch* VersR 1993, 1, 6 = FS Gernhuber, 1993, S. 581, 593; andeutungsweise auch BGHZ 6, 360, 363 ff. = NJW 1952, 975.
[740] *Schwab*, Familienrecht, RdNr. 142; aA *Deutsch* VersR 1993, 1, 7 = FS Gernhuber, 1993, S. 581, 594.
[741] BGHZ 34, 80, 87 = NJW 1961, 504, 506; BGHZ 35, 302, 304; RGRK/*Steffen* RdNr. 67; *Staudinger/Hager* RdNr. B 175; *Erman/Schiemann* RdNr. 45.
[742] BGHZ 111, 168, 172 f. = LM § 823 (Af) Nr. 12 = NJW 1990, 2060, 2061 = JR 1991 m. Anm. *Wenz*; *Erman/Schiemann* RdNr. 46; *Soergel/Spickhoff* RdNr. 108; *Staudinger/Hager* RdNr. B 183.
[743] BGHZ 111, 168, 172 f. = LM § 823 (Af) Nr. 12 = NJW 1990, 2060, 2061 = JR 1991 m. Anm. *Wenz*; *Erman/Schiemann* RdNr. 46; *Soergel/Spickhoff* RdNr. 108; *Staudinger/Hager* RdNr. B 183.

zu differenzieren. § 823 Abs. 1 verlangt einen Eingriff in die absoluten Schutzgehalte des Sorgerechts, an denen es fehlt, wenn das Kind selbst seinen Eltern gegenüber ungehorsam ist oder ein Dritter das Kind an Körper und Gesundheit verletzt.[744] Die absoluten Schutzgehalte des Sorgerechts sind indessen betroffen, wenn aus Sicht der Eltern unerwünschte Personen Umgang mit dem Kind pflegen; dagegen können sie sich mit Unterlassungsansprüchen gemäß §§ 1004, 823 Abs. 1 zur Wehr setzen.[745] Als sonstiges Recht geschützt ist auch das **Umgangsrecht** des nicht sorgeberechtigten Elternteils.[746] Der Schadensersatzanspruch erstreckt sich ggf. auch auf den Ersatz von Detektivkosten, die für die Suche nach dem Kind aufgewandt worden sind, wenn sie sich im Rahmen des ex ante Vernünftigen halten.[747] Darüber hinaus kommen Ansprüche aus § 823 Abs. 2 iVm. § 235 StGB in Betracht. Hauptfälle der Sorgerechtsverletzung sind jedoch **Kindesentziehungen und -entführungen** durch den nicht-sorgeberechtigten Elternteil. Gemäß §§ 1671 ff. überdauert die gemeinsame elterliche Sorge grundsätzlich sowohl Trennung als auch Scheidung der Ehegatten, so dass jeder der beiden Elternteile der Deliktshaftung ausgesetzt ist, wenn er die gemeinsamen Kinder dem anderen Teil durch Verbringung an einen anderen Ort entzieht. Eine alleinige Verfügungsbefugnis eines Elternteils über die Kinder besteht allerdings für den Fall, dass diesem das alleinige Sorgerecht oder zumindest das Aufenthaltsbestimmungsrecht übertragen worden ist.[748] In internationalen Fällen ist das Haager Übereinkommen über die zivilrechtlichen Aspekte internationaler Kindesentführung zu beachten.[749]

i) Mitgliedschaftsrechte

Schrifttum: *Deutsch,* Das „sonstige Recht" des Sportlers aus der Vereinsmitgliedschaft, VersR 1991, 837; *Götz/Götz,* Die Haftung des Vereins gegenüber dem Mitglied – BGHZ 110, 323, JuS 1995, 106; *Grunewald,* Die Gesellschafterklage bei der Personengesellschaft, 1990; *Habersack,* Die Mitgliedschaft – subjektives und „sonstiges" Recht, 1996; *Hadding,* Ergibt die Vereinsmitgliedschaft „quasi-vertragliche" Ansprüche, „erhöhte Treue- und Förderpflichten" sowie ein sonstiges Recht iS des § 823 Abs. 1 BGB?, FS Kellermann, 1991, S. 91; *Helms,* Schadensersatzansprüche wegen Beeinträchtigung der Vereinsmitgliedschaft, 1998; *Lutter,* Theorie der Mitgliedschaft, AcP 180 (1980), 84; *Mertens,* Die Geschäftsführung in der GmbH und das ITT-Urteil, FS Robert Fischer, 1979, S. 461; *Reuter,* Die Mitgliedschaft als sonstiges Recht iS des § 823 I BGB, FS Hermann Lange, 1992, S. 707; *K. Schmidt,* Die Vereinsmitgliedschaft als Grundlage von Schadensersatzansprüchen, JZ 1991, 157.

Die Mitgliedschaft in einem Verband, etwa einem Idealverein, einer GmbH oder einer AG wird von der hM als sonstiges Recht iS des § 823 Abs. 1 anerkannt und damit deliktsrechtlich geschützt.[750] Dieser Schutz erstreckt sich nach der Rechtsprechung nicht nur auf **Eingriffe verbandsexterner Dritter**,[751] sondern auch auf das Verbands-Innenverhältnis, also auf **pflichtwidriges Verhalten der Verbandsorgane** gegenüber dem einzelnen Mitglied oder einer Mitgliedergruppe.[752] Anders als der herkömmliche Ansatz bei der positiven Vertragsverletzung wegen Verletzung gesellschaftsrechtlicher Treuepflichten ebnet die Mobilisierung des Deliktsrechts den Weg zur Haftung nicht nur des Verbandes gemäß § 31, sondern darüber hinaus auch seiner Leitungsorgane. Dies zeigt sich deutlich an der Leitentscheidung im Schärenkreuzer-Fall, die den Vorsitzenden eines Segelvereins persönlich

---

[744] *Erman/Schiemann* RdNr. 46; im Ergebnis auch *Staudinger/Hager* RdNr. B 183, allerdings mit der unzutr. Begr., es sei ein „finaler" Eingriff erforderlich. Zu den Möglichkeiten, die Kosten von Krankenhausbesuchen im Rahmen des dem Kind selbst zustehenden Schadensersatzes zu liquidieren, vgl. BGHZ 106, 28, 29 f. = NJW 1989, 766 sowie § 254 RdNr. 24 f.
[745] OLG Frankfurt NJW 1979, 2052 f.
[746] BGH JZ 2003, 46, 47 m. Anm. *Henrich* (obiter); OLG Frankfurt NJW-RR 2005, 1339.
[747] BGHZ 106, 169, 175 ff. = NJW 1989, 580, 581 f.
[748] Vgl. dazu *Palandt/Diederichsen* § 1671 RdNr. 5 mwN.
[749] Vgl. die Kommentierung 4. Aufl. Anh. Art. 24 EGBGB.
[750] BGHZ 110, 323, 327 f., 334 = NJW 1990, 2877, 2878 – Schärenkreuzer; genauso bereits RGZ 100, 274, 278; 158, 248, 255; *Flume* I/2, 1983, S. 307 m. Fn. 188; *Lutter* AcP 180 (1980), 84, 130 f.; *Mertens,* FS Robert Fischer, 1979, S. 461, 468 ff.; *Reuter,* FS Hermann Lange, 1992, S. 707, 710 ff.; *K. Schmidt* JZ 1991, 157, 158 f.; *Deutsch* VersR 1991, 837, 839 f.; *Götz/Götz* JuS 1995, 106, 109 f.; ausf. *Habersack* S. 117 ff.; grds. abl. *Hadding,* FS Kellermann, 1991, S. 91, 102 ff.
[751] Dazu die Fälle RGZ 100, 274, 278; 158, 248, 255.
[752] BGHZ 110, 323, 327 f. = NJW 1990, 2877, 2878 – Schärenkreuzer.

§ 823   172, 173   Abschnitt 8. Titel 27. Unerlaubte Handlungen

dafür haftbar machte, dass er das Boot eines Mitgliedes zu Unrecht als regelwidrig beanstandet und von der Teilnahme an Bodensee-Regatten ausgeschlossen hatte. Zu der Frage, ob diese Grundsätze auf Mitgliedschaftsrechte an einer Korporation, insbesondere e. V., AG und GmbH beschränkt sind oder darüber hinaus auch für Personengesellschaften gelten,[753] hat die Rechtsprechung noch nicht Stellung bezogen.

172   Tatsächlich fasst die Mitgliedschaft in Verbänden ein ganzes Bündel von Einzelberechtigungen zusammen, die sich in zwei Gruppen gliedern lassen, nämlich die **Mitverwaltungsrechte** an dem Verband und die **Vermögensrechte** an dem Verbandsvermögen.[754] Entgegen einer in der Literatur verbreiteten Ansicht handelt es sich bei einer in dieser Weise zusammengesetzten Position nicht insgesamt um ein Herrschaftsrecht,[755] weil insbesondere die Mitverwaltungsbefugnisse nicht auf ein Rechtsobjekt, sondern auf ein anderes Rechtssubjekt gerichtet sind und ihnen Treuepflichten gegenüber diesem Rechtssubjekt an die Seite gestellt sind; die Mitgliedschaft weist mehr Parallelen zu familienrechtlichen Rechtspositionen als zu den klassischen Sachenrechten auf.[756] Hinsichtlich der Kombination von relativer Binnenwirkung und absoluter Außenwirkung liegt es genauso wie beim Recht der elterlichen Sorge (vgl. RdNr. 170). Wird das die genannten Befugnisse bündelnde Mitgliedschaftsrecht dem Berechtigten entzogen, etwa ein GmbH-Anteil unzulässigerweise von einem Dritten zur Versteigerung gebracht, liegt ein Eingriff in ein absolutes subjektives Recht zweifellos vor.[757] Sehr viel problematischer liegen die Dinge, wenn nicht das Mitgliedschaftsrecht insgesamt, sondern lediglich in diesem gebündelte Einzelberechtigungen betroffen sind. So hat bereits das RG klargestellt, die Mitgliedschaft in einer Aktiengesellschaft könne nicht dadurch verletzt werden, dass das Vermögen oder die Ertragsfähigkeit der AG geschmälert werde.[758] Positiv gewendet, ist die Rechtsstellung des Mitglieds nur verletzt, wenn in konkrete Einzelbefugnisse eingegriffen wird, die ihrerseits absoluten Schutz genießen.[759]

173   Vor allem aber ist der Mitgliedschaft entgegen dem BGH **deliktischer Schutz im Innenverhältnis,** gegenüber Handlungen des Verbands bzw. seiner Organe selbst, zu versagen. Was die mitgliedschaftlichen Vermögensrechte anlangt, so dürfte auf der Hand liegen, dass etwa die Vorenthaltung der Dividende durch eine Aktiengesellschaft kaum anders beurteilt werden kann als die Nichterfüllung einer Geldforderung durch einen sonstigen Schuldner. Das Rechtsverhältnis zwischen Verband und Mitglied ist relativer Art, und es streift diese Rechtsnatur nicht dadurch ab, dass das Mitgliedschaftsrecht im Außenverhältnis gegen seinen Entzug durch Dritte geschützt ist.[760] Dieses Bedenken lässt sich auch nicht dadurch ausräumen, dass das Verhalten des Organwalters dem Verband nicht gemäß § 31 zugerechnet und die Haftung auf diese Weise auf die Leitungsorgane konzentriert wird.[761] Erst recht geht

---

[753] Im zuletzt genannten Sinn *Lutter* AcP 180, 84, 130 f.; *Habersack* S. 146 ff.; mit Blick auf OHG und KG auch *Reuter*, FS Hermann Lange, 1992, S. 707, 712 f.
[754] Diese Struktur der Mitgliedschaft steht ihrer Qualifikation als subjektives Recht allerdings nicht entgegen; aA *Hadding*, FS Kellermann, 1991, S. 91, 102 f.; sowie – nicht auf der Höhe der Diskussion – *Helms*, Schadensersatzansprüche wegen Beeinträchtigung der Vereinsmitgliedschaft, S. 63 ff., 112 f.
[755] So aber *K. Schmidt* JZ 1991, 157, 158; *Larenz/Canaris* II/2 § 76 II 4 e, S. 394; *Deutsch* VersR 1991, 837, 839; *Habersack* S. 142 ff.
[756] Übereinstimmend § 38 RdNr. 16 *(Reuter)*; *ders.*, FS Hermann Lange, 1992, S. 707, 710 ff.
[757] RGZ 100, 274, 278.
[758] RGZ 158, 248, 255; *K. Schmidt* JZ 1991, 157, 159; *Habersack* S. 156 ff.; vgl. auch BGH ZIP 1987, 29, 32 f.
[759] Übereinstimmen *Mertens*, FS Robert Fischer, 1979, S. 461, 496; *K. Schmidt* JZ 1991, 157, 159; *Grunewald*, Die Gesellschafterklage bei der Personengesellschaft, 1990, S. 99 m. Fn. 4.
[760] *Baumbach/Hueck/Zöllner/Noack* § 43 GmbHG RdNr. 65; *Lutter/Hommelhoff* § 43 GmbHG RdNr. 32; *Lutter* AcP 180 (1980), 84, 142; *Reuter*, FS Hermann Lange, 1992, S. 707, 721 f.; *ders.* § 38 RdNr. 19; aA *Götz/Götz* JuS 1995, 106, 109; *Habersack* S. 171 ff.; *Larenz/Canaris* II/2 § 76 II 4 e, S. 395; wohl auch *Flume* I/2, 1983, S. 307 f. m. Fn. 188.
[761] So *Mertens*, FS Robert Fischer, 1979, S. 461, 470; 3. Aufl. RdNr. 152 *(Mertens)*; abl. *Wiedemann* GesR I S. 463 f.; *Reuter*, FS Hermann Lange, 1992, S. 707, 723 m. zutr. Hinweis, dass sich die Schadensersatzhaftung (auch) des Verbandes selbst aus dem Gesichtspunkt der positiven Vertragsverletzung ohnehin nicht vermeiden lässt.

es nicht an, die Beeinträchtigung faktischer Mitgliedsinteressen vermögensmäßiger oder ideeller Natur als Verletzung absoluter Mitgliedschaftsrechte zu qualifizieren,[762] wie dies der BGH in dem Schärenkreuzer-Fall getan hat. Sonst käme man kaum umhin, auch die Weigerung des Vorsitzenden eines Tennisvereins, zugunsten eines ihm missliebigen Mitglieds eine Übungsstunde auf dem Vereinsplatz zu reservieren, als Verletzung eines absoluten Rechts nach § 823 Abs. 1 anzusehen.

3. Fälle mangelnden Deliktsschutzes
a) Umweltgüter, Gemeingebrauch

Schrifttum: *Diederichsen,* Ausbau des Individualschutzes gegen Umweltbelastungen, Referat zum 56. DJT, Bd. II, 1986; *Forkel,* Immissionsschutz und Persönlichkeitsrecht, 1968; *Gerlach,* Privatrecht und Umweltschutz im System des Umweltrechts, 1989; *Godt,* Haftung für Ökologische Schäden, 1997; *Kadner,* Der Ersatz ökologischer Schäden, 1995; *Köndgen,* Überlegungen zur Fortbildung des Umwelthaftpflichtrechts, UPR 1983, 345; *Möllers,* Rechtsgüterschutz im Umwelt- und Haftungsrecht, 1996; *Marburger,* Ausbau des Individualschutzes gegen Umweltbelastungen, Gutachten zum 56. DJT, Bd. I, 1986; *Medicus,* Zivilrecht und Umweltschutz, JZ 1986, 778; *Seibt,* Zivilrechtlicher Ausgleich ökologischer Schäden, 1994; *Simitis,* Haftungsprobleme beim Umweltschutz, VersR 1972, 1087.

In der Literatur ist vereinzelt vorgeschlagen worden, Umweltgüter wie saubere Luft, **174** saubereres Wasser und unbelasteter Boden unmittelbar als sonstige Rechte anzuerkennen[763] oder mittelbar im Rahmen eines entsprechend weit verstandenen **Allgemeinen Persönlichkeitsrechts** zu erfassen,[764] um die „leicht verwundbare Empfindungs- und Gefühlswelt" deliktsrechtlichem Schutz zu unterstellen.[765] Damit würden Gewährleistungsinhalt und -umfang des Allgemeinen Persönlichkeitsrechts in einer Weise aufgebrochen, die sinnvolle Begrenzungen kaum noch erlaubte. Jedenfalls ginge es nicht an, Beeinträchtigungen des emotionalen Wohlbefindens nur dann zu berücksichtigen, wenn sie sich zugleich als Störungen von Umweltmedien darstellten. Abgesehen davon dürfte das Allgemeine Persönlichkeitsrecht von vornherein der falsche Ort für eine solche Ausdehnung des Individualrechtsschutzes sein, weil mit dem Rechtsgut der Gesundheit ein spezielles und besser geeignetes Persönlichkeitsrecht zur Verfügung steht. Mit gutem Grund beharrt jedoch die hM zum deliktsrechtlichen Gesundheitsschutz auf einem restriktiven, an der medizinischen Wissenschaft orientierten Gesundheitsbegriff (RdNr. 73), denn wie gerade die Diskussion um den deliktischen Umweltschutz zeigt, würde die großzügige Anerkennung von Beeinträchtigungen des Wohlbefindens als Gesundheitsstörung § 823 Abs. 1 in die Nähe einer Popularklage rücken.[766]

Die unmittelbare **Anerkennung der Umweltgüter Luft, Wasser und Boden als** **175** **sonstige Rechte** vermeidet diese Inkonsistenzen, vollzieht indessen mehr oder weniger offen den Bruch mit dem auf Schutz von Individualinteressen ausgerichteten § 823 Abs. 1. Umweltgüter sind öffentliche Güter, bei denen definitionsgemäß ein Zuweisungsgehalt ebenso fehlt wie die Ausschlussfunktion.[767] Folgerichtig sind sie in Deutschland mit dem die europäische Richtlinie über Umwelthaftung zur Vermeidung und Sanierung von Umweltschäden umsetzenden **Umweltschadensgesetz** (USchG) einem **öffentlich-rechtlichen**

---

[762] Insoweit übereinstimmend *K. Schmidt* JZ 1991, 157, 159; *Habersack* S. 273; aA *Reuter,* FS Hermann Lange, 1992, S. 707, 713 ff.; *ders.* § 38 RdNr. 17; *Götz/Götz* JuS 1995, 106, 109; *Larenz/Canaris* II/2 § 76 II 4 e, S. 395; *Deutsch* VersR 1991, 837, 841.
[763] *Köndgen* UPR 1983, 345, 349 ff. unter Rückgriff auf den tort der „public nuisance" des anglo-amerikanischen Rechtskreises. Vgl. auch *Godt,* Haftung für Ökologische Schäden, S. 149 ff.
[764] *Forkel,* Immissionsschutz und Persönlichkeitsrecht, 1968, S. 24 ff., 47 ff.; ähnlich, wenn auch weniger weitgehend *Möllers,* Rechtsgüterschutz im Umwelt- und Haftungsrecht, S. 35 ff.; vgl. RdNr. 73.
[765] *Forkel,* Immissionsschutz und Persönlichkeitsrecht, 1968, S. 27.
[766] Treffend *Köndgen* UPR 1983, 345, 349: „Es wäre Etikettenschwindel, unter der Devise des Persönlichkeitsschutzes die Popularklage im Umweltrecht einführen zu wollen."; abl. auch *Diederichsen,* Referat zum 56. DJT, S. L 76; *Simitis* VersR 1972, 1087, 1092; *Gerlach,* Privatrecht und Umweltschutz im System des Umweltrechts, S. 286; *Kadner,* Der Ersatz ökologischer Schäden, S. 82 f.; *Seibt,* Zivilrechtlicher Ausgleich ökologischer Schäden, S. 49.
[767] Insoweit übereinstimmend *Köndgen* UPR 1983, 345, 349.

§ 823 176, 177   Abschnitt 8. Titel 27. Unerlaubte Handlungen

Resitutionsregime unterworfen worden. Letzteres klammert die von Privatleuten erlittenen Schäden aus und konzentriert sich auf den Schaden an der Umwelt selbst, die sog. ökologische Schäden (vgl. dazu auch RdNr. 677 ff.). Damit stimmt zusammen, dass die Befugnis zur Ausübung des **Gemeingebrauchs** nicht als sonstiges Recht gemäß § 823 Abs. 1 anerkannt ist.[768]

b) Arbeitskraft und Arbeitsplatz

Schrifttum: *Ebert*, Das Recht am Arbeitsplatz, 1990; *Gamerschlag/Perband*, Mobbing – Verstärkter Rechtsschutz gegen ein Massenphänomen in der Arbeitswelt, VersR 2002, 287; *Nipperdey*, Der Arbeitskampf als unerlaubte Handlung, FS Sitzler, 1956, S. 79; *Rieble/Klump*, Mobbing und die Folgen, ZIP 2002, 369; *Riesenhuber*, Die Rechtsbeziehungen zwischen Arbeitnehmern, JZ 1999, 711.

176   Die Arbeitskraft bzw. die Befugnis zur Erzielung von Einkommen durch Verwertung der Arbeitskraft ist durch § 823 Abs. 1 nicht geschützt.[769] Die Öffnungsklausel zugunsten eines „sonstigen Rechts" bezieht sich nicht auf die allgemeinen Fähigkeiten und Kompetenzen des Menschen, die **bloße Erwerbsaussichten** begründen.[770] Werden Letztere enttäuscht, liegt ein reiner Vermögensschaden vor. Der im Arbeitsrecht viel diskutierte Fall der sog. **Druckkündigung** wirft die Frage auf, ob sich Arbeitskollegen gemäß § 823 Abs. 1 haftbar machen, wenn sie den Arbeitgeber durch abfällige Werturteile o. Ä. zur Kündigung des Arbeitsvertrags mit einem den Kollegen missliebigen Arbeitnehmer veranlassen.[771] Das **BAG** tendiert in seiner neueren Rechtsprechung dazu, dem Recht am Arbeitsplatz die Anerkennung zu versagen, und dies verdient Zustimmung: Das angebliche „Recht am Arbeitsplatz" ist ein Bündel schuldrechtlicher Beziehungen zwischen Arbeitgeber und Arbeitnehmer, denen eine Ausschlussfunktion gegenüber vertragsexternen Dritten nicht zukommt.[772] Insofern liegt es nicht anders als bei Vertragsverhältnissen sonstigen Inhalts, die ebenfalls keinen deliktischen Schutz vor ihrer Beendigung durch eine der Vertragsparteien bieten. Wird ein Arbeitnehmer von seinen Arbeitskollegen psychisch oder gar physisch drangsaliert (sog. **Mobbing**, RdNr. 78), kommen allerdings Schadensersatzansprüche wegen Verletzung von Körper und Gesundheit, jedenfalls aber des Allgemeinen Persönlichkeitsrechts in Betracht.[773] Insofern ist auch eine Haftung des Arbeitgebers, der von entsprechenden Verhaltensweisen seiner Mitarbeiter weiß oder vor diesen die Augen verschließt, denkbar,[774] sofern nicht ein Arbeitsunfall iS des § 8 SGB VII vorliegt, so dass die Haftung sowohl des Arbeitgebers als auch der Kollegen gemäß §§ 104 f. SGB VII ausgeschlossen ist (vgl. auch § 825 RdNr. 19 ff.).[775]

177   **c) Sonstiges. Gestaltungsrechte** sind keine deliktisch geschützten Befugnisse, was unbedenklich ist, weil sie von Dritten ohnehin nicht verletzt werden können.[776] Das **Bankgeheimnis** als solches ist kein sonstiges Recht, sondern ggf. im Rahmen des Rechts am Unternehmen geschützt.[777] Der **Gemeingebrauch** an öffentlichen Straßen und Wegen ist

---

[768] *Zeuner*, FS Flume, Bd. I, 1978, S. 775, 785 f.; *Boecken*, Deliktsrechtlicher Eigentumsschutz gegen reine Nutzungsbeeinträchtigungen, S. 353.
[769] RGZ 51, 369, 372 ff.; *Bamberger/Roth/Spindler* RdNr. 99; eingehend *Wagner*, Verh. 66. DJT, Bd. I, S. A 46 ff.
[770] RGZ 51, 369, 373.
[771] Dafür *Fitting*, 24. Aufl. 2008, § 104 BetrVG RdNr. 11; *Däubler/Kittner/Klebe*, 11. Aufl. 2008, § 104 BetrVG RdNr. 10; mit mancherlei Einschränkungen, insbes. dem Vorrang des KSchG, auch *Fabricius* AcP 160 (1961), 273, 305 ff.
[772] BAG NZA 1998, 1113, 1115 f. = NJW 1999, 164 = JZ 1999, 733 m. Bespr. *Riesenhuber* JZ 1999, 711, 715 f.; abl. auch LG Frankfurt/M NJW-RR 2000, 831, 832; *Erman/Schiemann* RdNr. 60; *Palandt/Thomas* RdNr. 27; ErfK/*Preis* 619 a RdNr. 56; *Zöllner/Loritz/Hergenröder* Arbeitsrecht, 6. Aufl. 2008, § 14 I, S. 161; ausf. *Ebert*, Das „Recht am Arbeitsplatz", 1990, S. 1, 17 ff., 86 ff.; für die Anerkennung wohl *Staudinger/Hager* RdNr. B 190 f.; *Nipperdey*, FS Sitzler, 1956, S. 79, 92 ff.
[773] *Rieble/Klump* ZIP 2002, 369, 372 ff.
[774] Vgl. dazu *Gamerschlag/Perband* VersR 2002, 287, 289 ff.
[775] Vgl. zu dem insoweit ähnlichen Fall einer Vergewaltigung BSG NJW 2002, 388, 389.
[776] *Staudinger/Hager* RdNr. B 192.
[777] *Baumbach/Hopt* BankGesch RdNr. A/9 aE; *Staudinger/Hager* RdNr. B 192.

kein im Rahmen von § 823 Abs. 1 geschütztes Rechtsgut, weil ihm jede Ausschlussfunktion fehlt.[778]

III. Persönlichkeitsschutz

Schrifttum: Umfassende Nachweise finden sich im Anh. § 12. Ergänzend vgl. *Götting,* Persönlichkeitsrechte als Vermögensrechte, 1995; *Peifer,* Individualität im Zivilrecht, 2001; *Ullmann,* Persönlichkeitsrechte in Lizenzen?, AfP 1999, 209; *Schlechtriem,* Inhalt und systematischer Standort des allgemeinen Persönlichkeitsrechts, DRiZ 1975, 65; *Wagner,* Geldersatz für Persönlichkeitsverletzungen, ZEuP 2000, 200; *ders.,* Prominente und Normalbürger im Recht der Persönlichkeitsverletzungen, VersR 2000, 1305.

1. Persönlichkeitsgüter als subjektive Rechte. Die Qualität der in § 823 Abs. 1 geschützten Persönlichkeitsgüter Leben, Körper, Gesundheit und Freiheit als subjektive Rechte ist seit jeher angezweifelt und damit die Frage verbunden worden, ob sich die Wendung „sonstiges Recht" in § 823 Abs. 1 allein auf das Eigentum bezieht oder ob es die vorgenannten Rechtsgüter mit in Bezug nimmt.[779] Auch heute noch werden Leben, Gesundheit, Körper und Freiheit die Eigenschaft als Gegenstände subjektiver Rechte abgesprochen, weil sie **anders als das Eigentumsrecht keine Herrschaftsrechte** seien.[780] Indessen werden Persönlichkeitsrechte zusammen mit den Eigentums- und Immaterialgüterrechten in der allgemeinen Rechtslehre durchaus zu den absoluten subjektiven Rechten gezählt.[781] Der Begriff des subjektiven Rechts ist nicht auf Herrschaftsrechte über Vermögensgegenstände begrenzt, wie insbesondere die Grundrechtsvorschriften der Art. 1 ff. GG zeigen, die Persönlichkeits- und Eigentumsrechte in einem Atemzug nennen. Schließlich sprechen die Gesetzesmaterialien entgegen einer landläufigen Vorstellung keineswegs dafür, das „sonstige Recht" allein auf das unmittelbar davor genannte Eigentum zu beziehen,[782] und folgerichtig sind spezielle Persönlichkeitsrechte nach Art des Namensrechts (§ 12) sowie des Rechts am eigenen Bild (§ 22 KunstUrhG) seit jeher unter § 823 Abs. 1 subsumiert worden.[783]

2. Das Allgemeine Persönlichkeitsrecht. a) Schutzbereich und Pflichtwidrigkeit. Die **Entscheidung des BGB** gegen die Einbeziehung sonstiger Persönlichkeitsinteressen, insbesondere der Ehre, in den Schutzbereich des § 823 Abs. 1[784] ist mit der Anerkennung des Allgemeinen Persönlichkeitsrechts unter dem Grundgesetz bekanntlich wieder rückgängig gemacht worden.[785] Heute gilt das Allgemeine Persönlichkeitsrecht weithin als **Rahmenrecht,** bei dem sich Erfolgs- und Handlungsunrecht untrennbar miteinander mischen.[786] Tatsächlich kann kein Zweifel daran bestehen, dass das Allgemeine Persönlichkeitsrecht für neuartige Verletzungsformen anfälliger ist als etwa das Eigentumsrecht und sich

---

[778] BGHZ 23, 157, 160 = NJW 1957, 630 f.; BGHZ 45, 150, 154 = NJW 1966, 1120 f.; BGHZ 55, 153, 160 = NJW 1971, 886, 888; BGHZ 86, 152, 156 = NJW 1983, 2313, 2314; vgl. auch BGHZ 55, 261, 264 f. = NJW 1971, 605, 606; *Erman/Schiemann* RdNr. 44; *Staudinger/Hager* RdNr. B 185; *RGRK/Steffen* RdNr. 32 a.
[779] RGZ 51, 369, 373; 56, 271, 275; zweifelnd und deshalb eine Klarstellung für nötig haltend Mot. II S. 728; zur einschlägigen Diskussion im 19. Jahrhundert *Klippel/Lies-Benachib* in: Das Bürgerliche Gesetzbuch und seine Richter, S. 343, 359 mwN.
[780] *Fikentscher/Heinemann* RdNr. 1558; *Larenz* AT, 7. Aufl. 1989, § 13 I, S. 211 f.; *Larenz/Canaris* II/2 § 76 I 1, S. 374; *Medicus* SchR II RdNr. 777; *Habersack* S. 137.
[781] *Larenz/Wolf* § 14 RdNr. 15, § 15 RdNr. 4; *Larenz/Canaris* II/2 § 76 I 1, S. 374; *Röhl,* Allgemeine Rechtslehre, 2. Aufl. 2001, § 43 I, S. 347 ff.; wN bei *Fezer,* Teilhabe und Verantwortung, S. 454 ff.; vgl. auch *v. Caemmerer,* FS v. Hippel, 1967, S. 27, 39; *Schlechtriem* DRiZ 1975, 65, 68; *Peifer,* Individualität im Zivilrecht, S. 139.
[782] Ausf. *Zeuner* in: 25 Jahre Karlsruher Forum 1983, 196 mwN.
[783] Anh. § 12 RdNr. 59 ff., *Larenz/Canaris* II/2 § 76 II 4 d, S. 393.
[784] Zu den Gründen vgl. Prot. II S. 641; Mugdan II S. 1297 (Bericht der XII. Reichstags-Kommission); eingehend zur Entwicklung am Vorabend des BGB *Wagner* ZEuP 2000, 200, 203 f.
[785] Eingehend zur Entwicklung *Wagner* in: Willoweit (Hrsg.), Rechtswissenschaft und Rechtsliteratur im 20. Jahrhundert, 2007, S. 181, 192 ff.; *Kötz/Wagner* Deliktsrecht RdNr. 166, 367 ff.; *Larenz/Canaris* II/2 § 80 I, S. 491 ff.
[786] Vgl. nur BGHZ 169, 193, 196 Tz. 13 f. = NJW 2007, 684; *Fikentscher/Heinemann* RdNr. 1584.

§ 823 180 Abschnitt 8. Titel 27. Unerlaubte Handlungen

folgerichtig immer wieder neue Schutzbereiche entwickeln. Diese Eigenart sollte aber nicht verdecken, dass sich auch beim Allgemeinen Persönlichkeitsrecht klar zwischen Schutzbereich, Rechtfertigung des Eingriffs in den Schutzbereich und Pflichtwidrigkeit – Vorsatz und Fahrlässigkeit – unterscheiden lässt.[787] Sobald der Schutzbereich des Persönlichkeitsrechts mit Blick auf die konkrete Fallgruppe definiert ist, ist die Pflichtwidrigkeit in derselben Weise zu prüfen wie bei jedem anderen absoluten Recht, etwa den besonderen Persönlichkeitsgütern Körper, Gesundheit und Freiheit (RdNr. 68).[788]

180 **b) Persönlichkeitsrechtlicher Vermögensschutz.** In diesem Kommentar wird das Allgemeine Persönlichkeitsrecht im Anhang zu § 12 umfassend dargestellt, und seine verschiedenen Schutzbereiche werden dort erläutert. Aus deliktsrechtlicher Sicht bleibt zu ergänzen, dass das Allgemeine Persönlichkeitsrecht heute **nicht mehr auf den Schutz immaterieller Interessen beschränkt** ist.[789] Klarheit in die Grauzone persönlichkeitsrechtlichen Vermögensschutzes haben die beiden in Zusammenhang mit Marlene Dietrich stehenden Entscheidungen gebracht, mit denen der I. ZS den bei speziellen Persönlichkeitsrechten bereits anerkannten **vermögensrechtlichen Ansatz** auf das Allgemeine Persönlichkeitsrecht erstreckt hat.[790] Letzteres dient danach nicht nur „dem Schutz ideeller, sondern auch kommerzieller Interessen der Persönlichkeit".[791] Darüber hinaus geht das patrimoniale Vermögensrecht beim Tode seines Trägers nicht unter, sondern auf seine Rechtsnachfolger – also die Erben – über, so dass auch **post mortem erfolgende Eingriffe** noch geeignet sind, Kompensationsansprüche auszulösen.[792] Die **Dauer** des Schutzes der vermögenswerten Bestandteile des Allgemeinen Persönlichkeitsrechts ist entsprechend § 22 S. 3 KunstUrhG auf **zehn Jahre** nach dem Tod begrenzt.[793] Verfassungsrechtliche Bedenken gegen diese richterliche Fortbildung des Persönlichkeitsschutzes sind nicht begründet.[794] Praktisch hat dies zur Folge, dass die Entschädigungsfrage von den Restriktionen des Immaterialschadensersatzes abgekoppelt wird, der Geldanspruch also keine erhöhte Eingriffsintensität und keinen besonderen Verschuldensgrad mehr erfordert.[795] Vielmehr ist der Schadensersatzanspruch bei Verletzung des patrimonialen Persönlichkeitsrechts ohne weiteres gegeben, wenn die allgemeinen Deliktsvoraussetzungen erfüllt sind.[796] Genauso wie bei Eingriffen in die immateriellen Bestandteile des Allgemeinen Persönlichkeitsrechts stellt nicht jede Beeinträchtigung eine Verletzung des sachlichen Schutzbereichs dar, sondern die gegenläufigen Interessen des Eingreifenden müssen abgewogen werden, besonders dann, wenn sie gleichfalls verfassungsrechtliche Anerkennung genießen.[797] Die Berufung auf die Meinungs- und die Kunstfreiheit gemäß Art. 5 Abs. 1, 3 GG ist nicht allein deswegen ausgeschlossen oder

---

[787] *Larenz/Canaris* II/2 § 80 II, S. 498 f.; ähnlich *Erman/Ehmann* Anh. § 12 RdNr. 112 ff.; zust. Anh. § 12 RdNr. 9 *(Rixecker)*.
[788] Genauso liegt es beim Recht am eingerichteten und ausgeübten Gewerbebetrieb; vgl. RdNr. 196 Fn. 850.
[789] BGHZ 143, 214, 220 ff. – Marlene Dietrich = NJW 2000, 2195 = GRUR 2000, 709 m. Anm. *Wagner* = JZ 2000, 1056 m. Anm. *Schack*; BGHZ 169, 193, 196 Tz. 12 = NJW 2007, 684; zur Entwicklung *Wagner* ZEuP 2000, 200; *ders.* VersR 2000, 1305, 1307 ff.
[790] BGHZ 143, 214, 218 ff. – Marlene Dietrich = NJW 2000, 2195 = GRUR 2000, 709 m. Anm. *Wagner* = JZ 2000, 1056 m. Anm. *Schack*; NJW 2000, 2201 – Der blaue Engel = GRUR 2000, 715 m. Anm. *Wagner*. Vorbereitend *Ullmann* AfP 1999, 209 ff., unter Bezugnahme auf die rechtsvergleichende Monographie von *Götting*; vgl. auch *Wagner* ZEuP 2000, 200 ff. mwN; BGHZ 169, 193, 196 Tz. 12 = NJW 2007, 684 – Klaus Kinski.
[791] BGHZ 143, 214 (1. LS) = NJW 2000, 2195; BGH NJW 2000, 2201; wegen „individualitätsgefährdender Tendenzen" von Eigentumsrechten an der eigenen Persönlichkeit abl. *Peifer*, Individualität im Zivilrecht, S. 291 ff.; genauso *Schack* JZ 2000, 1060, 1062.
[792] BGHZ 143, 214, 220 = NJW 2000, 2195, 2197 f.; BGHZ 169, 193, 196 Tz. 12 = NJW 2007, 684.
[793] BGHZ 169, 193, 198 f. Tz. 16 ff. = NJW 2007, 684.
[794] BVerfG NJW 2006, 3409 f.
[795] Zu diesen einschränkenden Voraussetzungen vgl. nur BGHZ 35, 363, 369 = NJW 1961, 2059 – Ginseng; aus der neueren Rspr. etwa BGHZ 132, 13, 27 – Lohnkiller = NJW 1996, 1131, 1134 = LM § 823 Nr. 123 m. Anm. *Marly*; BGHZ 164, 203, 210 f. = NJW 2006, 605, 607 Tz. 19.
[796] BGHZ 143, 214, 228 = NJW 2000, 2195, 2200; BGH NJW 2000, 2201, 2202.
[797] BGHZ 169, 193, 197 Tz. 14 = NJW 2007, 684.

gering zu schätzen, weil der Eingreifende in Gewinnerzielungsabsicht handelte. Die Erben haben nicht die Befugnis, die öffentliche Auseinandersetzung mit Leben und Werk des Verstorbenen zu kontrollieren.[798]

Bei schuldhafter Verletzung des patrimonialen Persönlichkeitsrechts erhält der Geschädigte 181 Zugang zu dem differenzierten Instrumentarium der **dreifachen Schadensberechnung**, wie es für Eingriffe in Immaterialgüterrechte seit jeher anerkannt ist:[799] Er kann entweder die ihm entstandenen Nachteile – einschließlich des entgangenen Gewinns – konkret beziffern, statt dessen einen abstrakten Wertausgleich verlangen, der sich an der für die Verletzungshandlung hypothetisch zu erzielenden Lizenzgebühr orientiert, oder wahlweise den vom Schädiger durch die Rechtsverletzung erzielten Gewinn beanspruchen, wobei zu diesem Zweck Auskunfts- und Rechnungslegungsansprüche gewährt werden. Auch der immaterialgüterrechtliche Gewinnabschöpfungsanspruch setzt allerdings lediglich schuldhaftes, nicht aber vorsätzliches Verhalten des Verletzers voraus.[800] Diese Abweichung von dem in § 687 Abs. 2 positivierten Regelungsmodell ist im Bereich von Patent-, Marken- und Urheberrechten angemessen,[801] sollte indessen auf das im Tatbestand weniger spezifizierte Allgemeine Persönlichkeitsrecht nicht übertragen werden.[802]

c) **Zweispurigkeit des Persönlichkeitsschutzes.** Aus heutiger Sicht stellt sich das 182 Allgemeine Persönlichkeitsrecht somit als ein komplexes Bündel unterschiedlicher Einzelbefugnisse dar, die zum Teil **immaterielle, zum anderen aber auch Vermögensinteressen des Rechtsträgers** gegen rechtswidrige Eingriffe abschirmen (vgl. RdNr. 145). Die Alternative – entweder immaterielles Recht oder Vermögensrecht – war deshalb von Anfang an falsch gestellt; tatsächlich bietet das Allgemeine Persönlichkeitsrecht den Rahmen sowohl für Vermögensrechte wie für immaterielle Schutzpositionen, wie dies bei den speziellen Persönlichkeitsrechten am Namen (§ 12) und am eigenen Bild (§ 22 KunstUrhG) längst anerkannt ist. Die **Befristung** auf zehn Jahre gilt dementsprechend nur für die vermögenswerten, **nicht für die immateriellen Bestandteile** des Allgemeinen Persönlichkeitsrechts.[803] Die **Abgrenzung zwischen den beiden Schutzsphären** des patrimonialen und des ideellen Persönlichkeitsschutzes ist schwierig, zumal sich hier die Zuständigkeiten des I. und des VI. ZS des BGH berühren. Nach der Rechtsprechung des VI. ZS kommt eine *Verletzung* der vermögenswerten Bestandteile des postmortalen Persönlichkeitsrechts nur in Betracht, wenn der verstorbenen Person selbst eine wirtschaftliche Nutzung ihres Persönlichkeitsrechts möglich gewesen wäre, dieses also bereits zu deren Lebzeiten wirtschaftlichen Wert gehabt hat.[804] Unter dieser Prämisse ist der Anwendungsbereich des patrimonialen Persönlichkeitsrechts auf Prominente beschränkt. Der I. ZS hat hingegen in seinem Urteil in Sachen „Lafontaine" den seit der Herrenreiter-Entscheidung verbindlichen Grundsatz aufgegeben, die Liquidation der hypothetischen Lizenzgebühr wegen Verletzung des Rechts am eigenen Bild setze das grundsätzliche Einverständnis des Betroffenen mit der Vermarktung seiner Person voraus.[805] Damit wird der Anwendungsbereich des patrimonialen Persönlichkeitsschutzes erheblich ausgeweitet.

Die Anerkennung vermögenswerter Bestandteile des Allgemeinen Persönlichkeitsrechts 183 verdrängt nicht dessen immaterielle Schutzgehalte. Folgerichtig kann es vorkommen, dass **eine einzige Verletzungshandlung** *beide* **Ausprägungen des Persönlichkeitsrechts**

---

[798] BGHZ 169, 193, 197 Tz. 13 = NJW 2007, 684.
[799] BGHZ 143, 214, 231 f. = NJW 2000, 2195, 2201. Zur dreifachen Schadensberechnung grdlg. RGZ 35, 63, 67 ff.; 43, 56, 58 ff.; 50, 111, 115; vgl. auch den Überblick bei § 687 RdNr. 28 ff.
[800] Vgl. nur BGH NJW 1962, 1507 f.; *Erman/Ehmann* § 687 RdNr. 11 mwN; speziell zum Urheberrecht auch § 97 Abs. 1 UrhG.
[801] Vgl. *H. D. Assmann* BB 1985, 15, 17 ff., 21.
[802] Ausf. *Wagner* ZEuP 2000, 200, 225 f. mwNachw.
[803] BGHZ 169, 193, 199 Tz. 18 = NJW 2007, 684.
[804] BGHZ 164, 203, 209 = NJW 2006, 605, 607 Tz. 17.
[805] BGHZ 169, 340, 344 Tz. 12 = NJW 2007, 689.

trifft. Dafür bieten gerade die notorischen Caroline-Fälle wertvolles Anschauungsmaterial: Wenn eine Illustrierte ein Interview mit der monegassischen Prinzessin erfindet, in dem diese sich über Belästigungen durch die Presse beklagt, dann sind ausschließlich die Vermögensinteressen der Geschädigten betroffen, denn der Inhalt des Interviews ist in keiner Weise ehrenrührig und entspricht aller Wahrscheinlichkeit nach der Wahrheit.[806] Die Zeitschrift beeinträchtigt hier kein immaterielles Interesse der Prominenten, sondern sie eignet sich einen Teil des Vermögenswerts ihrer Person an. Wird hingegen in einem weiteren, ebenfalls frei erfundenen Artikel wahrheitswidrig behauptet, Caroline leide an Brustkrebs,[807] dann wird zwar ebenfalls das fremde Vermögensrecht ohne Zustimmung des Rechtsträgers ausgebeutet, aber zusätzlich wird auch das Bild der Person in der Öffentlichkeit verfälscht, was im Rahmen des § 823 Abs. 1 zusätzlich zu sanktionieren und analog § 253 Abs. 2 durch ein Schmerzensgeld abzugelten ist.[808]

IV. Vermögensschutz

184   **1. Das Vermögen – kein sonstiges Recht.** Nach wohl unbestrittener Auffassung ist das Vermögen kein „sonstiges Recht" iS des § 823 Abs. 1.[809] Es ist geradezu die inhaltliche Pointe des Deliktssystems des BGB, dass der **Schutzbereich** des Deliktsrechts in § 823 Abs. 1 grundsätzlich **auf die Verletzung absoluter Rechte beschränkt** ist (vgl. RdNr. 2 f.; Vor § 823 RdNr. 13) und diese Restriktion nur in zwei Fällen durchbrochen wird, nämlich bei Verletzung gesetzlicher und individualschützender Verhaltenspflichten (§ 823 Abs. 2) und bei sittenwidrig-vorsätzlicher Schadenszufügung (§ 826). Dieser Standpunkt des BGB ist keineswegs willkürlich, sondern zumindest im Ausgangspunkt sachlich gut begründet.[810] Zwischen dem Vermögen als solchem und absoluten Rechten besteht ein fundamentaler Unterschied, weil nur letztere umfassend vor Eingriffen abzuschirmen sind. Eine monistische Erklärung für diese Differenzierung lässt sich allerdings nicht geben, sondern die Diskriminierung reiner Vermögensschäden ist auf eine Mehrzahl von Erwägungen zurückzuführen, nämlich: (1) die Ausklammerung von Fällen, in denen dem privaten Schaden kein volkswirtschaftlicher Nachteil gegenüber steht, wie es für die Schädigung durch fairen Leistungswettbewerb typisch ist; (2) der Schutz der Haftungsvoraussetzungen und -begrenzungen des Vertragsrechts vor Unterspülung durch eine deliktische Fahrlässigkeitshaftung für Vermögensnachteile; (3) die Kanalisierung der Schadensabwicklung durch Konzentration der Aktivlegitimation auf den unmittelbar Geschädigten; (4) Diskriminierung diffuser Schadensbilder wie etwa Vermögensschäden durch Verkehrsstaus, die eine Vielzahl von Personen betreffen, bei jedem Einzelnen regelmäßig nur ein geringes und überdies schwer zu verifizierendes Ausmaß erreichen und die von dem Betroffenen typischerweise selbst abgewehrt oder gemindert werden können (eingehend § 826 RdNr. 12 ff., 17).

185   Insgesamt kommt eine deliktsrechtliche **Gleichbehandlung Rechtsverletzungen und Vermögeneinbußen** nicht in Betracht, so dass die Entscheidung des Gesetzgebers des BGB auch aus heutiger Perspektive noch Zustimmung verdient. Auf der anderen Seite lassen die eben aufgezählten Restriktionsgründe sofort erkennen, dass ein völliger Ausschluss der Haftung für reine Vermögensschäden ebenfalls zu weit geht: Die Sonderstellung des Ver-

---

[806] So der Fall BGHZ 128, 1 = NJW 1995, 861 = LM (Ah) Nr. 119 m. Anm. *Ehmann*.
[807] So in BGH NJW 1996, 984 = LM (Ah) Nr. 122 m. Anm. *Deutsch*.
[808] Zu weiteren Beispielen aus dem US-amerikanischen Recht *Wagner* ZEuP 2000, 200, 222.
[809] RGZ 51, 92, 93; 52, 365, 366; 58, 24, 28; 62, 315, 317; 95, 173, 174; 102, 223, 225; zur Rspr. des RG eingehend *Zimmermann/Verse* in: *Falk/Mohnhaupt*, Das Bürgerliche Gesetzbuch und seine Richter, S. 319, 322 f.; BGHZ 27, 137, 140 = NJW 1958, 1041, 1042; BGHZ 41, 123, 126 f. = NJW 1964, 720, 722; BGHZ 86, 152, 155 = NJW 1983, 2313, 2314; BGH LM § 831 (Fc) Nr. 1; *Canaris*, FS Larenz, 1983, S. 27, 36; *Larenz/Canaris* II/2 § 75 I 3 b, S. 356 f.; *Staudinger/Hager* RdNr. B 192.
[810] Übereinstimmend *Canaris*, FS Larenz, 1983, S. 27, 36: „rechtspolitisch beifallswürdig, ja geradezu eine Tat"; genauso *Larenz/Canaris* II/2 § 75 I 3 b, S. 356 f.; vgl. auch *Wagner* in: *Zimmermann*, Grundstrukturen des Europäischen Deliktsrechts, S. 189, 230 ff.

mögens besteht darin, dass nicht jeder Eingriff die Haftung auslöst, nicht aber, dass jedweder Eingriff gerechtfertigt ist. Der deliktsrechtlich einzig relevante Unterschied zwischen Körper und Eigentum einerseits, dem Vermögen als solchem andererseits, besteht darin, dass Eingriffe in absolute Rechte generell mit den gebotenen Sorgfaltsvorkehrungen zu vermeiden sind, wenn nicht ausnahmsweise ein Rechtfertigungsgrund eingreift, während bei reinen Vermögensschäden aus den oben genannten Gründen zunächst im Wege einer aufwändigen Prüfung ermittelt werden muss, ob sie vermieden werden sollten, ob beispielsweise dem privaten Schaden tatsächlich auch ein volkswirtschaftlicher Nachteil korrespondiert. Die Haftung für reine Vermögensschäden bedarf also zwingend eines „Filters", der die zu vermeidenden Nachteile von den übrigen trennt und damit den Schutzbereich des Deliktsrechts im Einzelfall definiert. Eben diesen Filter stellt § 826 mit dem Sittenwidrigkeitskriterium zur Verfügung (§ 826 RdNr. 11).

Der für die weitere Entwicklung des BGB-Deliktsrechts folgenschwere Fehler bestand darin, den Vermögensschutz über die Sittenwidrigkeit hinaus generell auf **vorsätzliche Eingriffe** zu beschränken (vgl. auch Vor § 823 RdNr. 13, § 826 RdNr. 1). In dieser restriktiven Fassung ist § 826 sowohl für den Gesetzgeber als auch für die Rechtsprechung zum Prokrustesbett geworden, dem beide Akteure nur insoweit zu entfliehen vermochten, als es um den Schutz von Unternehmen, genauer: des in Unternehmen gebundenen Vermögens, geht. Was dessen Schädigung durch unlauteren Wettbewerb betrifft, hat sich der Gesetzgeber selbst kurz nach Inkrafttreten des BGB korrigiert und 1909 in Gestalt des heutigen § 3 UWG eine Generalklausel geschaffen,[811] deren Inhalt die Rechtsprechung unter dem Begriff des Rechts am eingerichteten und ausgeübten Gewerbebetrieb auf den Schutz des Unternehmens im allgemeinen Deliktsrecht erstreckt hat. Diese Judikatur ist zunächst darzustellen, bevor auf die Frage eines weitergehenden deliktischen Vermögensschutzes zurückgekommen wird (vgl. RdNr. 225 ff.).

2. Unternehmensschutz. a) Das Recht am eingerichteten und ausgeübten Gewerbebetrieb

Schrifttum: *Assmann/Kübler*, Testhaftung und Testwerbung, ZHR 142 (1978), 177; *Ballerstedt*, Zur zivilrechtlichen Haftung für Demonstrationsschäden, JZ 1973, 105; *Diederichsen/Marburger*, Die Haftung für Demonstrationsschäden, NJW 1970, 777; *Fikentscher*, Das Recht am Gewerbebetrieb (Unternehmen) als „sonstiges Recht" iS des § 823 Abs. 1 BGB in der Rechtsprechung des Reichsgerichts und des Bundesgerichtshofes, FS Kronstein, 1967, S. 261; *H. H. Jakobs*, Eingriffserwerb und Vermögensverschiebung in der Lehre von der ungerechtfertigten Bereicherung, 1964; *Käppler*, Die Folgen rechtswidriger Maßnahmen bei Arbeitskämpfen, NZA 1989, 475; *Kleinheyer*, Rechtsgutsverwendung und Bereicherungsausgleich, JZ 1970, 471; *Kübler*, Öffentliche Kritik an gewerblichen Erzeugnissen und beruflichen Leistungen, AcP 172 (1972), 177; *Lindacher*, Die Haftung wegen unberechtigter Schutzrechtsverwarnung oder Schutzrechtsklage, ZHR 144 (1980), 350; *Mestmäcker*, Eingriffserwerb und Rechtsverletzung in der ungerechtfertigten Bereicherung, JZ 1958, 521; *Möllers*, Zur Zulässigkeit des Verbraucherboykotts – Brent Spar und Mururoa, NJW 1996, 1374; *Nipperdey*, Der Arbeitskampf als unerlaubte Handlung, FS Sitzler, 1956, S. 79; *L. Raiser*, Der Stand der Lehre vom subjektiven Recht im Deutschen Zivilrecht, JZ 1961, 465; *Sack*, Unbegründete Schutzrechtsverwarnungen, 2006; *ders.*, Die Subsidiarität des Rechts am Gewerbebetrieb, VersR 2006, 1001; *ders.*, Das Recht am Gewerbebetrieb, 2007; *Säcker*, Wahrnehmung legitimer politischer Interessen und Deliktsrecht, ZRP 1969, 60; *Schildt*, Der deliktische Schutz des Rechts am Gewerbebetrieb, WM 1996, 2261; *Schricker*, Öffentliche Kritik an gewerblichen Erzeugnissen und beruflichen Leistungen, AcP 172 (1972), 203; *Wagner*, Abscheid von der unberechtigten Schutzrechtsverwarnung, ZIP 2005, 49; *Wagner/Thole*, Kein Abschied von der unberechtigten Schutzrechtsverwarnung, NJW 2005, 3470; *Wagner*, Gesetzliche Schuldverhältnisse, in: *Willoweit* (Hrsg.), Rechtswissenschaft und Rechtsliteratur im 20. Jahrhundert, 2007, S. 181; *Wilhelm*, Das Recht am eingerichteten und ausgeübten Gewerbebetrieb und das UWG, FS Canaris, Bd. I, 2007, S. 1293.

aa) Geschichtliche Entwicklung.
Das Recht am eingerichteten und ausgeübten Gewerbebetrieb ist eine Frucht des 20. Jahrhunderts, also der Rechtsentwicklung unter § 823 Abs. 1, obwohl die einschlägigen Fälle natürlich schon vor dem Inkrafttreten des BGB

---

[811] Die Absicht zur Korrektur des § 826 ergibt sich klar aus dem Bericht der Kommission zur Vorberatung des Entwurfs eines UWG, Verhandlungen des Reichstags, XII, 1. Session, Bd. 255, S. 8433, 8434 f. (1909); zur Vorgeschichte der wettbewerblichen Generalklausel und zum Enumerationsprinzip des UWG 1896 vgl. *Beater*, Unlauterer Wettbewerb, 2002, § 3 RdNr. 77 f., 68 ff.

bekannt waren.⁸¹² Das RG gewährte in seiner **Rechtsprechung zum gemeinen Recht** dem Unternehmen zwar deliktischen Schutz, vermied es jedoch, das Recht am Unternehmen selbst als verletzungsfähiges Rechtsgut anzuerkennen. So sprach es dem von einem Boykottaufruf betroffenen Buchhändler einen Schadensersatzanspruch wegen vorsätzlich-rechtswidriger Vermögensbeschädigung gemäß § 8 ALR I. 6 zu.⁸¹³ Die zweite, bis heute wichtige Fallgruppe der unberechtigten Schutzrechtsverwarnung beschäftigte im Jahr 1888 den VI. ZS des RG in Gestalt der Patentanmaßung, wobei das Gericht wiederum nicht mit dem Recht am eingerichteten und ausgeübten Gewerbebetrieb operierte, sondern den Eigentumsschutz nach Maßgabe der lex Aquilia auf Nutzungsbeeinträchtigungen ausdehnte.⁸¹⁴ Im Übrigen hielt es an dem gemeinrechtlichen Grundsatz fest, dass eine Haftung für reine Vermögensschäden nur bei Vorsatz, unter dem Gesichtspunkt der actio de dolo, nicht aber schon bei bloßer Fahrlässigkeit nach Maßgabe der lex Aquilia gegeben war.⁸¹⁵

188 Nach **Inkrafttreten des BGB** wurde das Recht am eingerichteten und ausgeübten Gewerbebetrieb vom RG bald anerkannt, und zwar in Fällen unberechtigter Schutzrechtsverwarnungen,⁸¹⁶ nicht dagegen beim Boykott, den das Gericht weiterhin allein unter dem Gesichtspunkt der vorsätzlich-sittenwidrigen Vermögensschädigung (§ 826) würdigte.⁸¹⁷ Zur Begründung seiner Anerkennung des Rechts am Unternehmen berief sich das RG insbesondere auf den durch das UWG gewährten umfassenden Schutz des Unternehmens vor Beeinträchtigungen im Wettbewerb.⁸¹⁸ Folgerichtig orientierte sich das Gericht bei der Lösung solcher Fälle primär am Wettbewerbsrecht, darüber hinaus an § 824 und sah im Übrigen § 826 als die einschlägige Vorschrift zum Schutz vor illoyalen Handlungen im gewerblichen Verkehr an.⁸¹⁹ Damit sollte vermieden werden, das Wegkonkurrieren von Gewinnen durch Wettbewerbsverhalten mit deliktsrechtlichen Sanktionen zu versehen.⁸²⁰ Der **BGH** hat diese Rechtsprechung übernommen, das Recht am eingerichteten und ausgeübten Gewerbebetrieb als sonstiges Recht anerkannt und seinen Schutzbereich noch erheblich erweitert, insbesondere auf Äußerungsdelikte erstreckt (RdNr. 208 ff.).⁸²¹

189 **bb) Kritik.** Von einem Teil der Literatur, insbesondere von *Canaris* und *Sack*, wird das Recht am Gewerbebetrieb als „Normenerschleichung" charakterisiert⁸²² und seine deliktsrechtliche Legitimität im Rahmen von § 823 Abs. 1 grundsätzlich bestritten.⁸²³ Diese Kritik macht mit Recht geltend, dass unter dem Titel des „sonstigen Rechts" am Gewerbebetrieb **reine Vermögensschäden ersetzt** werden. In der Tat widerspricht die mit dem Recht am Gewerbebetrieb geschaffene **partielle Fahrlässigkeitshaftung für reine Vermögensschäden** klar den Absichten der Zweiten Kommission, die § 826 um das Vorsatzerfordernis angereichert hat, obwohl mit dem Korrektiv der Sittenwidrigkeit bereits ein wirksamer und in der Tat unverzichtbarer Filter zur Verfügung stand (§ 826 RdNr. 1).

---

⁸¹² Zur geschichtlichen Entwicklung *Zeuner* in: 25 Jahre Karlsruher Forum 1983, 196 f.; *Zimmermann/Verse* in: Das Bürgerliche Gesetzbuch und seine Richter, S. 329; *K. Schmidt* JuS 1993, 985, 986; *Sack* Gewerbebetrieb S. 3–136; *Wagner* in: Rechtswissenschaft und Rechtsliteratur im 20. Jahrhundert, S. 198 ff.
⁸¹³ RGZ 28, 238, 248.
⁸¹⁴ RGZ 22, 208, 209.
⁸¹⁵ RGZ 9, 158, 163 ff.; 22, 133, 138 f.; OLG Stuttgart SeuffA 39 Nr. 7; OLG Braunschweig SeuffA 42 Nr. 299.
⁸¹⁶ RGZ 58, 24, 29 ff. (1904); vgl. weiter RGZ 65, 210, 213 f.; 73, 107, 111; 73, 253, 256 f.; 94, 248, 249 f.
⁸¹⁷ RGZ 28, 238, 248; vgl. weiter RGZ 51, 369, 374; 56, 271, 275 f.; 64, 52, 55 f.; 76, 35, 40; 100, 213, 214; 155, 257, 276 f.; ausf. Darstellung der reichsgerichtlichen Rspr. in ihrer Entwicklung bei *Brüggemeier* Deliktsrecht RdNr. 388 ff.; *Sack* Gewerbebetrieb S. 22, 52 ff.
⁸¹⁸ RGZ 51, 369, 374; 56, 271, 275 f.; 58, 24, 29.
⁸¹⁹ RGZ 56, 271, 276; 65, 210, 213 f.
⁸²⁰ RGZ 65, 210, 213; 73, 107, 112.
⁸²¹ Vgl. nur BGHZ 3, 270, 278 ff. = NJW 1952, 660, 661 – Constanze; BGHZ 8, 142, 144 = NJW 1953, 297 – langsame Zahler; ausf. zur Entwicklung der BGH-Rspr. *Sack* Gewerbebetrieb S. 100 ff.
⁸²² *Enneccerus/Lehmann* § 234 I 1 b, S. 941, wenn auch mit grds. Akzeptanz des Rechts am Gewerbebetrieb; ähnlich *Brüggemeier* Haftungsrecht S. 362: „illegitim".
⁸²³ *Larenz/Canaris* II/2 § 81 II 2, S. 545, § 81 IV 3, S. 560 ff.; *ders.* VersR 2005, 577, 582 f.; *Sack* Gewerbebetrieb S. 142 ff.; *ders.* VersR 2006, 1001, 1003 ff.

Schadensersatzpflicht 190–192 § 823

In der Sache hat sich eine **strikte Diskriminierung reiner Vermögensschäden** an vielen Stellen als **sachlich ungerechtfertigt** erwiesen.[824] Selbst die Kritiker des Rechts am Gewerbebetrieb bemühen sich um den Nachweis, dass die etablierten Fallgruppen der Haftung mehr oder weniger restlos auf anderer Rechtsgrundlage aufrecht erhalten werden könnten, wobei als Ersatz neben § 826 die §§ 3 ff., 9 UWG und mitunter auch die Tatbestände des GWB in Betracht kommen.[825] Umgekehrt hat die Rechtsprechung das in einem Unternehmen gebundene Vermögen nicht schlechthin als schutzfähig anerkannt, sondern primär Schutzlücken in den Zwischenräumen der §§ 823 Abs. 2, 824, 826 BGB, 3 bis 7 UWG geschlossen und dabei diejenigen Vorgaben beachtet, wegen denen eine flächendeckende Fahrlässigkeitshaftung für reine Vermögensschäden nicht in Betracht kommen kann und vom Gesetzgeber des BGB auch nicht angeordnet worden ist (RdNr. 184). Insbesondere hat der BGH stets an der grundlegenden Wertung des Gesetzgebers festgehalten, **keinen Ersatz für mittelbare Schäden** zu gewähren, so dass der Arbeitgeber keinen Ausgleich für solche Nachteile verlangen kann, die ihm infolge der Verletzung eines Arbeitnehmers entstehen.[826] Darüber hinaus lassen sich die Instrumente zur Begrenzung des Schutzbereichs des Rechts am Gewerbebetrieb – das Erfordernis eines unmittelbaren, betriebsbezogenen Eingriffs und der Vorbehalt einer Güter- und Interessenabwägung – als Versuch interpretieren, die gegen eine allgemeine Fahrlässigkeitshaftung für reine Vermögensschäden sprechenden Wertungen umzusetzen (RdNr. 184; § 826 RdNr. 12 ff., 29).[827]

190

Der Streit um das Recht am eingerichteten und ausgeübten Gewerbebetrieb betrifft somit weniger die praktischen Ergebnisse als ihren dogmatischen Überbau. Insofern ist den Kritikern darin Recht zu geben, dass sich die meisten Fallgruppen auf der Basis des gerade reformierten **Wettbewerbsrechts** überzeugender lösen lassen als mit Hilfe des § 823 Abs. 1. In den verbleibenden Fällen erscheint es vorzugswürdig, **§ 826 zur Zentralnorm des deliktischen Vermögensschutzes** auszubauen anstatt in § 823 Abs. 1 eine Enklave der Haftung für reine Vermögensschäden zu schaffen.[828] Das Recht am eingerichteten und ausgeübten Gewerbebetrieb muss deshalb nicht mit einem „big bang" verabschiedet werden, wohl aber sollte der BGH Schritt für Schritt einzelne Fallgruppen des § 823 Abs. 1 dem UWG bzw. § 826 zuordnen. Indessen hat sich der Große ZS des BGH im Jahr 2005 geweigert, die praktisch wichtige Fallgruppe der **unberechtigten Schutzrechtsverwarnung** nicht mehr im Rahmen des Rechts am eingerichteten und ausgeübten Gewerbebetrieb, sondern auf der Grundlage des Wettbewerbsrechts (§§ 3, 4 Nr. 8, 10 UWG) zu lösen.[829] Damit ist eine gute Gelegenheit verpasst worden, etablierte Fallgruppen des Rechts am Gewerbebetrieb auf eine methodisch und sachlich feste Grundlage zu stellen.

191

Zur Vermeidung von Wertungswidersprüchen ist es jedenfalls geboten, das Recht am Unternehmen nicht auf Gewerbebetriebe im handelsrechtlichen Sinn zu beschränken,[830] sondern auf die **Angehörigen freier Berufe**[831] sowie auf **Non-Profit-Organisationen** zu erstrecken.[832] Zwar hatte das RG noch betont, die ärztliche Berufsausübung liege „wegen des dabei obwaltenden höheren wissenschaftlichen und sittlichen Interesses außerhalb des materiellen Gewerbebegriffs", um der ärztlichen Praxis den Schutz des § 823 Abs. 1 vor-

192

---

[824] Zu weitgehend daher die Kritik von *Canaris* VersR 2005, 577, 582.
[825] *Larenz/Canaris* II/2 § 81 III, S. 546 ff.; *Sack* Gewerbebetrieb S. 183 ff.
[826] BGHZ 7, 30, 36 = NJW 1952, 1249 f.; BGH NJW 2003, 1040, 1041; *v. Caemmerer*, FS 100 Jahre DJT, Bd. II, 1960, S. 49, 88; *Soergel/Beater* Anh. V RdNr. 37; *RGRK/Steffen* RdNr. 44.
[827] BGH NJW 2003, 1040, 1041.
[828] AA *Erman/Schiemann* RdNr. 50; *Bamberger/Roth/Spindler* RdNr. 104, 113; sowie die 4. Aufl.
[829] BGH (GS) BGHZ 164, 1, 2 ff. = NJW 2005, 3141 m. Bespr. *Wagner/Thole* 3470 = JZ 2007, 362 m. Bespr. *Faust* = VersR 2006, 126.
[830] Zur Ausklammerung von Freiberuflern auch nach reformiertem Handelsrecht *Baumbach/Hopt* § 1 HGB RdNr. 19.
[831] *Zeuner* in: 25 Jahre Karlsruher Forum, 1983, 196, 197; *Soergel/Beater* Anh. V RdNr. 21; *Erman/Schiemann* RdNr. 60; *Staudinger/Hager* RdNr. D 6; *RGRK/Steffen* RdNr. 38; offen für den Fall eines Profisportlers BGH NJW 2003, 1040, 1041.
[832] *Bamberger/Roth/Spindler* RdNr. 107.

zuenthalten.⁸³³ In der modernen Rechtsprechung ist jedoch zunehmend anerkannt, dass sich auch Ärzte, Rechtsanwälte oder etwa ein Postkarten vertreibender Grafiker auf das Recht am eingerichteten und ausgeübten Gewerbebetrieb berufen können.⁸³⁴ Um dieses Ergebnisses willen bedarf es keiner „Personalisierung" des Rechts am Unternehmen in dem Sinne, dass Schutzgegenstand nicht ein Vermögensobjekt, sondern die „freie gewerbliche Betätigung" wäre.⁸³⁵ Thema des Rechts am Unternehmen ist nicht die Ausweitung des Persönlichkeitsschutzes, sondern die teleologisch angeleitete Erstreckung des § 823 Abs. 1 auf die Restitution reiner Vermögensschäden. Dabei sollte es bleiben.

193 b) **Schutzbereichsdefinition.** Das in einem Unternehmen zusammengefasste Vermögen genießt nicht generell den Schutz des § 823 Abs. 1, sondern nur insoweit, als ein betriebsbezogener Eingriff vorliegt, der bei Abwägung der konfligierenden Interessen im Einzelfall zu vermeiden war. Diese beiden Erfordernisse sind **funktionale Äquivalente zu dem in § 826 enthaltenen Filter der Sittenwidrigkeit,** mit dessen Hilfe diejenigen Vermögensinteressen ausgezeichnet werden, die in den Schutzbereich des Deliktsrechts einbezogen sind. Sittenwidrigkeit einerseits, Betriebsbezogenheit und Interessenabwägung andererseits sind deshalb in gleicher Weise funktional zu interpretieren (§ 826 RdNr. 11 ff.).⁸³⁶

194 aa) **Betriebsbezogenheit des Eingriffs.** Wie das RG ständig wiederholte, schützt § 823 Abs. 1 **nicht die bloße Erwerbsaussicht,** und zwar auch nicht unter dem Aspekt eines Eingriffs in den eingerichteten und ausgeübten Gewerbebetrieb.⁸³⁷ In der Rechtsprechung des RG setzte sich insoweit die Formel durch, der Eingriff müsse sich „unmittelbar gegen den Bestand des Gewerbebetriebes richten, sei es, dass dieser tatsächlich gehindert, oder dass seine rechtliche Zulässigkeit verneint und seine Schließung oder Einschränkung verlangt wird".⁸³⁸ In der späteren Rechtsprechung ist die Voraussetzung einer **Bestandsgefährdung** fallen gelassen und statt dessen auf die **Unmittelbarkeit des Eingriffs** abgestellt worden,⁸³⁹ was der BGH im Sinne einer spezifischen Betriebsbezogenheit interpretiert.⁸⁴⁰ Danach muss sich der Eingriff **gegen den Betrieb als solchen** richten und darf nicht lediglich vom Gewerbebetrieb ablösbare Rechtspositionen beeinträchtigen.⁸⁴¹ Dem Deliktsschutz steht es allerdings nicht entgegen, wenn nur einzelne Geschäftsaktivitäten des Unternehmens beeinträchtigt werden.⁸⁴² Es geht allein darum, diffuse Schadensbilder auszuklammern, wie etwa Umsatzverluste einer Spedition infolge des Staus auf einer Autobahn oder Produktionseinbußen wegen Unterbrechung der Stromzufuhr, also Fälle, in denen das Unternehmen nicht anders betroffen ist als eine Vielzahl anderer Personen auch, und es zudem über hinreichende Möglichkeiten zum Selbstschutz verfügt (vgl. RdNr. 120, 124; § 826 RdNr. 17). Darüber hinaus gewährleistet das Erfordernis eines betriebsbezogenen Eingriffs die Kanalisierung der Schadensabwicklung auf das unmittelbar betroffene Rechtssubjekt, indem Fälle ausgeschieden werden, in denen das Unternehmen bloß **mittelbar,** etwa infolge der Verletzung eines

---

⁸³³ RGZ 64, 155, 157.
⁸³⁴ OLG Hamburg NJW-RR 1999, 1060; OLG Köln VersR 1996, 234; OLG München NJW 1977, 1106; NJW-RR 1996, 1487, 1488; vgl. auch BGHZ 33, 321, 335 f. = NJW 1961, 725, 728.
⁸³⁵ So aber *Zeuner*, FS Flume, Bd. I, 1978, S. 775, 780 f.; wie hier *Erman/Schiemann* RdNr. 60.
⁸³⁶ BGH NJW 2003, 1040, 1041; mit Recht gegen ein naturalistisches Verständnis der Betriebsbezogenheit *Fikentscher/Heinemann* RdNr. 1581.
⁸³⁷ Besonders deutlich RGZ 73, 253, 256 f.; 102, 223, 225; vgl. auch RGZ 64, 52, 55 f.
⁸³⁸ RGZ 73, 107, 112; 77, 217, 218 f.; 79, 224, 226; 102, 223, 225; ähnlich RGZ 76, 35, 46; 95, 339, 340.
⁸³⁹ RGZ 163, 21, 32; zuvor schon RGZ 132, 311, 316; 158, 377, 379; RG JW 1929, 1217, 1218; 1939, 484, 485; dem folgend BGHZ 29, 65, 74 = NJW 1959, 479, 481; zur Entwicklung eingehend *Sack* Gewerbebetrieb S. 43 ff.
⁸⁴⁰ BGH NJW 2003, 1040, 1041; NJW-RR 2005, 673, 675; RGRK/*Steffen* RdNr. 41; krit. *Sack* Gewerbebetrieb S. 144 ff.
⁸⁴¹ BGHZ 29, 65, 74 = NJW 1959, 479, 481; vgl. auch BGHZ 2, 287, 293 = NJW 1951, 643, 644; BGHZ 3, 270, 278 ff. = NJW 1952, 660, 661; umfassende Rspr.-Nachweise bei *Staudinger/Hager* RdNr. D 11.
⁸⁴² BGHZ 3, 270, 279 = NJW 1952, 660, 661 – Constanze I; BGHZ 29, 65, 69 = NJW 1959, 479, 480 – Stromkabel; BGH NJW 1983, 2195, 2196 – photokina.

Angestellten oder Eiskunstlaufpartners, infolge eines Stromausfalls oder eine Sperrung von Infrastruktureinrichtungen betroffen ist (RdNr. 189; § 826 RdNr. 12).[843] Die für die Restitution reiner Vermögensschäden erforderliche „Nähebeziehung" zwischen Schädiger und Geschädigtem kann schließlich auch durch subjektive Umstände konstituiert werden; sie kann sich insbesondere aus der Willensrichtung des Verletzers ergeben.[844]

bb) Interessenabwägung. Das zweite wesentliche Korrektiv der Haftung wegen Eingriffs in den eingerichteten und ausgeübten Gewerbebetrieb besteht darin, dass sich Inhalt und Grenzen dieses Rechts erst aus einer „Interessen- und Güterabwägung mit der im Einzelfall konkret kollidierenden Interessensphäre anderer ergeben."[845] Dieses Gebot zur Abwägung der konfligierenden Interessen wird teilweise iS der Konturierung von Sorgfaltspflichten verstanden und folgerichtig formuliert, beim Recht am Gewerbebetrieb bestehe zwischen den Konzeptionen des Erfolgs- und des Handlungsunrechts „kein Widerspruch".[846] Tatsächlich hat *v. Caemmerer* das Recht am eingerichteten und ausgeübten Gewerbebetrieb als eine im sachlichen Anwendungsbereich **beschränkte Generalklausel** charakterisiert,[847] bei der es letztlich darum gehe, „neue Verhaltensnormen [...] wertend herauszuarbeiten."[848] Von diesem Ansatz ist es nur noch ein kleiner Schritt zur grundsätzlichen Anerkennung solcher Verhaltenspflichten auch außerhalb des Unternehmensschutzes, also zur Anerkennung von Verkehrspflichten zum Schutz fremden Vermögens.[849] Dazu eingehend RdNr. 225 ff. 195

Demgegenüber ist auch hier die **Konturierung des Schutzbereichs des Deliktsrechts** klar von der weiteren Frage zu trennen, ob der Täter den hintanzuhaltenden Erfolg durch sorgfaltswidriges Verhalten oder gar vorsätzlich verursacht hat. Erst wenn feststeht, dass es geboten war, einen bestimmten Verletzungserfolg zu vermeiden, ist ein Bezugspunkt für die Sorgfaltspflichten des Handelnden vorhanden und lässt sich das Maß der zu prästierenden Sorgfalt bestimmen. Die von der Rechtsprechung entwickelten Kriterien zur Einschränkung der Haftung wegen Eingriffs in das Recht am Gewerbebetrieb sind nichts anderes als Definitionen des tatbestandlichen Schutzbereichs des § 823 Abs. 1.[850] Dies gilt entgegen landläufiger Meinung nicht nur für das Erfordernis der Betriebsbezogenheit (RdNr. 194), sondern auch für den Vorbehalt der Interessenabwägung.[851] Letzterer ist das Einfallstor für die Spielregeln einer freiheitlich-demokratischen Marktgesellschaft, bei deren Einhaltung eine Haftung für Vermögensschäden grundsätzlich ausscheidet. Diese Wertung harmoniert vollkommen mit derjenigen des UWG, das eine Fahrlässigkeitshaftung für reine Vermögensschäden anerkennt, sofern die Regeln des Leistungswettbewerbs verletzt wurden. Im Recht am Gewerbebetrieb erfährt diese Wertung ihre Abrundung (RdNr. 190) indem Verstöße gegen die Spielregeln einer freien Marktgesellschaft auch dann sanktioniert werden, wenn 196

---

[843] Vgl. BGH NJW 2003, 1040, 1041; NJW-RR 2005, 673, 675.

[844] BGHZ 69, 128, 139 = NJW 1977, 1875, 1877; vgl. auch BGHZ 59, 30, 35 = NJW 1972, 1366, 1367; krit. *Sack* Gewerbebetrieb S. 146 ff.

[845] BGHZ 45, 296, 307 = NJW 1966, 1617, 1618 f.; BGHZ 59, 30, 34 = NJW 1972, 1366, 1367; BGHZ 65, 325, 331 = NJW 1976, 620, 621 f.; BGHZ 74, 9, 14 = NJW 1979, 1351, 1352; BGHZ 138, 311, 318 = NJW 1998, 2141, 2142; ausf. zur Entwicklung der Rspr. *Sack* Gewerbebetrieb S. 149 ff.

[846] BGHZ 74, 9, 14 = NJW 1979, 1351, 1352; BGH NJW 1980, 881, 882; ähnlich bereits BGHZ 45, 296, 307 = NJW 1966, 1617, 1618 f.; BGH NJW 1972, 1571, 1572; OLG Frankfurt NJW 1969, 2095, 2096; RGRK/*Steffen* RdNr. 46; *Staudinger/Hager* RdNr. D 4.

[847] *v. Caemmerer*, FS 100 Jahre DJT, Bd. II, 1960, S. 49, 89 ff.

[848] *v. Caemmerer*, FS 100 Jahre DJT, Bd. II, 1960, S. 49, 91; ganz ähnlich *Fikentscher*, FS Kronstein, 1967, S. 261, 287: Recht am eingerichteten und ausgeübten Gewerbebetrieb als „Bündel von Verhaltensnormen"; *ders.* RdNr. 1049, 1221, 1223; ähnlich *L. Raiser* JZ 1961, 465, 469; *Krasser* S. 213; *Schildt* WM 1996, 2261, 2262.

[849] So insbes. 3. Aufl. RdNr. 466, 472 ff. *(Mertens)*; *v. Bar* Verkehrspflichten S. 157 ff., 204 ff., 233 f.; *Brüggemeier* Deliktsrecht RdNr. 330, 445 ff.; *K. Huber*, FS v. Caemmerer, 1978, S. 359 ff.

[850] Ähnlich BGHZ 65, 325, 339 = NJW 1976, 620, 624; zur Parallelproblematik beim Allgemeinen Persönlichkeitsrecht vgl. RdNr. 172.

[851] Insoweit aA RGRK/*Steffen* RdNr. 46; Erman/*Schiemann* RdNr. 66, sowie die in Fn. 848 Genannten.

sie außerhalb von Wettbewerbsverhältnissen erfolgen, wenn also beispielsweise durch Fernsehsender oder andere Massenmedien unberechtigte Anschuldigungen erhoben werden oder wirtschaftliche Macht zum Zwecke der öffentlichen Meinungsbildung oder zur Erpressung eines bestimmten Verhaltens ausgenutzt wird.[852]

197 **cc) Subsidiarität.** Als Tatbestand einer Fahrlässigkeitshaftung für reine Vermögensschäden beschwört das Recht am eingerichteten und ausgeübten Gewerbebetrieb die Gefahr herauf, das gesetzliche **System selektiven deliktischen Vermögensschutzes** aus den Angeln zu heben. Des Rückgriffs auf § 823 Abs. 2 iVm. den §§ 253, 263, 266 StGB und anderen Schutzgesetztatbeständen bedürfte es ebenso wenig wie der Mobilisierung von § 824 oder § 826, wenn § 823 Abs. 1 über das Recht am Unternehmen die dort geregelten Fälle abdecken, die dazwischen bestehenden Schutzlücken ausfüllen und damit die Schutzbereichsgrenzen der genannten Sondertatbestände de facto nivellieren würde. Der Vermeidung solcher Konsequenzen dient bereits die funktionale Orientierung der Haftungsvoraussetzungen der Betriebsbezogenheit und der Interessenabwägung (RdNr. 194, 196), darüber hinaus aber der Grundsatz der Subsidiarität des Rechts am eingerichteten und ausgeübten Gewerbebetrieb bzw. sein Charakter als „Auffangtatbestand".[853] Soweit auf diese Weise den in § 823 Abs. 1 ausdrücklich genannten Rechten und insbesondere der Eigentumsverletzung der Anwendungsvorrang gesichert wird,[854] hat dies allerdings bloß technische Bedeutung und keinen Einfluss auf den Schutzbereich des Deliktsrechts. Auch § 826 vermag im Ergebnis keinerlei Sperrwirkung gegenüber der Anwendung des Rechts am Unternehmen zu entfalten, weil letzteres gerade entwickelt wurde, um eine sektoral begrenzte Fahrlässigkeitshaftung für reine Vermögensschäden einzuführen und damit § 826 zu ergänzen.[855] Anders liegt es indessen bei **Schädigungshandlungen in Wettbewerbsabsicht,** deren deliktsrechtliche Konsequenzen im UWG **abschließend geregelt** sind.[856] Allein für die Fallgruppe der unberechtigten Schutzrechtsverwarnung ist kein solcher Vorrang anzuerkennen (RdNr. 199 ff.). Praktische Bedeutung hat die Prärogative des UWG weniger für den Haftungsgrund – die Wertungen des Wettbewerbsrechts ließen sich auch im Rahmen des § 823 Abs. 1 zur Geltung bringen – als für die Verjährung: Die Sechs-Monats-Frist des § 11 Abs. 1 UWG wäre obsolet, wenn daneben ein Anspruch aus § 823 Abs. 1 bestünde, der in der Drei-Jahres-Frist des § 195 verjährte.[857] Im Ergebnis genauso beurteilt die Rechtsprechung das Konkurrenzverhältnis zu § 824; die Vorschrift ist eine abschließende Regelung der Haftung für die Verbreitung falscher Tatsachen, sofern letztere geeignet sind, die „wirtschaftliche Wertschätzung", also Kredit, Erwerb und Fortkommen eines konkret Betroffenen zu beeinträchtigen.[858] Jenseits des so definierten Anwendungsbereichs, etwa bei Verbreitung falscher Tatsachen, die ein Unternehmen in anderer Weise als durch Infragestellung seiner Kredit- und Vertrauenswürdigkeit im Geschäftsverkehr zu schädigen geeignet sind,[859] oder bei Publikation zwar wahrheitsgemäßer, aber rechtswidrig erlangter geschäftsschädigender

---

[852] BGH NJW 1963, 484 f.; BGHZ 45, 296, 307 = NJW 1966, 1617, 1618 f.
[853] Grdlg. BGHZ 8, 387, 394 f. – Fernsprechnummer, und BGHZ 36, 252, 257 = NJW 1962, 1103, 1105 – Gründerbildnis; vgl. weiter BGHZ 38, 200, 204 = NJW 1963, 531, 532 – Kindernähmaschinen; BGHZ 69, 128, 138 f. = NJW 1977, 1875, 1877 – Fluglotsenstreik; BGH NJW 1969, 2046, 2047 f.; 1983, 2195, 2196; VersR 1992, 363, 364; *Soergel/Beaterr* Anh. V RdNr. 15 ff.; *Erman/Schiemann* RdNr. 61 f.; *Staudinger/Hager* RdNr. D 20 ff.; RGRK/*Steffen* RdNr. 37; *K. Schmidt* JuS 1993, 985, 988 f.; konsequent und krit. *Larenz/Canaris* II/2 § 81 I 4, S. *Sack* Gewerbebetrieb S. 166 ff.
[854] BGHZ 55, 153, 158 f. = NJW 1971, 886, 887 f.; BGHZ 105, 346, 350 = NJW 1989, 707, 708; BGHZ 137, 89, 97 = NJW 1998, 377, 379 f.
[855] BGHZ 69, 128, 139 = NJW 1977, 1875, 1877 – Fluglotsenstreik.
[856] BGHZ 8, 387, 394 f. – Fernsprechnummer; BGHZ 36, 252, 257 = NJW 1962, 1103, 1105 – Gründerbildnis; BGHZ 43, 359, 361 = NJW 1965, 1527, 1528 – Testkauf; BGH NJW 1969, 2046, 2047 f. – Colle de Cologne; NJW 1983, 2195, 2196 – photokina; eingehend *Sack* Gewerbebetrieb S. 170 ff.
[857] Trotzdem für Anspruchskumulation noch die Rspr. des RG; vgl. RGZ 74, 434, 436; RG JW 1930, 1732.
[858] BGHZ 90, 113, 121 f. = NJW 1984, 1607, 1609; BGHZ 138, 311, 315 = NJW 1998, 2141, 2142; BGH NJW 1983, 2195, 2196, VersR 1992, 363, 364.
[859] BGHZ 90, 113, 122 = NJW 1984, 1607, 1609.

Umstände, bleibt der Rückgriff auf das Recht am eingerichteten und ausgeübten Gewerbebetrieb möglich.[860] Schließlich stellt § 824 weder für sich allein genommen noch im Zusammenspiel mit den §§ 823 Abs. 2, 185 ff. StGB eine abschließende Regelung für sämtliche Äußerungsdelikte dar und entfaltet folglich auch keine Sperrwirkung gegenüber dem Allgemeinen Persönlichkeitsrecht.[861]

dd) Bereicherungsrechtliche Konsequenzen. Wird der Schutzbereich des Rechts am eingerichteten und ausgeübten Gewerbebetrieb unter Berücksichtigung der maßgeblichen Wertungen in der eben beschriebenen Weise konturiert, dann spricht nichts dagegen, diese Position auch bereicherungsrechtlich anzuerkennen und bei **Verletzungen ihres Schutzbereichs Ansprüche aus Eingriffskondiktion** zu gewähren.[862] Der entgegen gesetzte Standpunkt der hM[863] beruht auf dem Missverständnis, dem Unternehmen werde bei Anerkennung des Zuweisungsgehalts ein bestimmtes Betätigungsfeld samt Umsätzen und Erträgen rechtlich „reserviert".[864] In Wahrheit geht es jedoch nur darum, die Einzelgewährleistungen des Rechts am Gewerbebetrieb – und damit einen winzigen Ausschnitt der Wettbewerbsbedingungen insgesamt – auch mit den Mitteln des Bereicherungsrechts zu schützen. Dies wird gerade in dem Fall deutlich, den der BGH zum Anlass dafür genommen hat, Bereicherungsansprüche a limine abzulehnen: Die Inhaberin eines Patents betreffend eine Vorrichtung zur Befestigung von Fahrradgepäckträgern hatte nicht nur das Herstellerunternehmen mit der Behauptung der Patentverletzung auf Unterlassung in Anspruch genommen, sondern auch dessen Abnehmer verwarnt, mit der Folge, dass diese über Jahre hinweg ihren Bedarf bei Lizenznehmern der Patentinhaberin deckten (RdNr. 163 ff., 202 f.). Nachdem die Patentverletzungsklage abgewiesen worden war, machte das zu Unrecht verwarnte Unternehmen Ausgleichsansprüche gegen die Patentinhaberin geltend, doch ohne Erfolg. Die Ablehnung eines Bereicherungsausgleichs durch den BGH verletzt in eklatanter Weise das Gebot der Gleichbehandlung, insbesondere der Waffengleichheit zwischen Schutzrechtsinhaber und potentiellem Schutzrechtsverletzer. Wäre der Prozess nämlich zu Gunsten der Patentinhaberin ausgegangen, stünde außer Zweifel, dass ihr der Patentverletzer nicht nur Schadensersatz, sondern auch Bereicherungsausgleich schuldet. Dasselbe muss folglich auch im umgekehrten Fall gelten, wenn der Schutzrechtsinhaber den Verletzungsprozess verliert und nunmehr das zu Unrecht verwarnte Unternehmen auf Bereicherungsausgleich dringt. Praktische Unzuträglichkeiten sind schon deshalb nicht zu erwarten, weil der BGH in der genannten Entscheidung doch noch einen Anspruch auf Bereicherungsausgleich gegen die Schutzrechtsinhaberin gewährt hat, nämlich im Rahmen des § 852 Abs. 3.[865] In den sonstigen Fallgruppen des Rechts am eingerichteten und ausgeübten Gewerbebetrieb werden Konditionsansprüche allerdings häufig ins Leere gehen, weil es an einer Bereicherung des Eingreifenden fehlt.[866]

c) Die Schutzbereiche im Einzelnen. aa) Unberechtigte Schutzrechtsverwarnung. Die unberechtigte Schutzrechtsverwarnung ist eine der beiden klassischen Fallgruppen des Unternehmensschutzes, die schon vor dem Inkrafttreten des BGB etabliert war (vgl. RdNr. 187) und im Rahmen des § 823 Abs. 1 vom RG bereits 1904 anerkannt wurde.[867]

---

[860] BGHZ 138, 311, 315 = NJW 1998, 2141, 2142.
[861] Vgl. Anh. § 12 RdNr. 6.
[862] Übereinstimmend *Staudinger/Lorenz* (1999) Vor § 812 RdNr. 72; *H. H. Jakobs*, Eingriffserwerb und Vermögensverschiebung in der Lehre von der ungerechtfertigten Bereicherung, 1964, S. 114 ff.; *Kleinheyer* JZ 1970, 471, 476.
[863] BGHZ 71, 86, 98 = NJW 1978, 1377, 1379; *v. Caemmerer*, FS Rabel, Bd. I, 1954, S. 333, 399 f.; *ders.*, FS 100 Jahre DJT, Bd. II, 1960, S. 49, 89 f.; *Larenz/Canaris* II/2 § 69 I 2 e, S. 175; *Reuter/Martinek*, Ungerechtfertigte Bereicherung, 1983, § 7 IV 2 b, S. 268 ff.; *Fikentscher/Heinemann* RdNr. 1467; *Mestmäcker* JZ 1958, 521, 526; *Sack* Gewerbebetrieb S. 160.
[864] *Sack* Gewerbebetrieb S. 160.
[865] BGHZ 71, 86, 99 ff. = NJW 1978, 1377, 1379 f.
[866] *Staudinger/Lorenz* (1999) § 812 RdNr. 72.
[867] RGZ 58, 24, 27 ff.; vgl. weiter RGZ 94, 248, 249 f.; 141, 336, 338 ff.; RG JW 1929, 1217, 1218; 1939, 484, 485; eingehend zur historischen Entwicklung *Brüggemeier* Deliktsrecht RdNr. 344 ff.

Der BGH hat diese **Rechtsprechung** übernommen und trotz Kritik bis zum heutigen Tag fortgeführt.[868] Danach haftet derjenige, der ein Immaterialgüterrecht für sich in Anspruch nimmt und deshalb von einem anderen Unternehmen die Einstellung einer dieses Schutzrecht angeblich verletzenden Geschäftstätigkeit verlangt, wegen rechtswidrigen Eingriffs in den eingerichteten und ausgeübten Gewerbebetrieb, falls sich das Schutzrecht als nicht existent erweist oder zwar besteht, aber die inkriminierte Handlung nicht erfasst. Je nach dem, ob das Verlangen unmittelbar gegenüber dem Herstellerunternehmen als dem vermeintlichen Rechtsverletzer geltend gemacht wird[869] oder dessen Kunden aufgefordert werden, von diesem keine Waren und Dienstleistungen mehr zu beziehen, sind **Hersteller- und Abnehmerverwarnung** zu unterscheiden. Dabei wird unter „Verwarnung" ein ernsthaftes und endgültiges Unterlassungsbegehren verstanden, unabhängig davon, ob es schließlich zu einer gerichtlichen Auseinandersetzung kommt oder nicht. Diese Anforderungen erfüllen sog. **Berechtigungsanfragen** nicht, die der Haftungsvermeidung dienen, indem sie den vermeintlichen Verletzer bloß über die eigene Rechtsauffassung informieren, ohne die Einstellung von Produktion oder Vertrieb des inkriminierten Guts zu verlangen.[870]

200 Soweit die Literatur **Bedenken gegen die Rechtsprechung** erhebt, wird vor allem die Wahl der Rechtsgrundlage kritisiert: Die unberechtigte Schutzrechtsverwarnung sei kein Fall des allgemeinen Deliktsrechts, sondern eine Angelegenheit des Wettbewerbsrechts, nämlich Behinderungswettbewerb iS von §§ 3, 4 Nr. 10 UWG[871] bzw., was die Abnehmerverwarnung anlangt, ein Fall der §§ 3, 4 Nr. 8 UWG.[872] Nachdem der frühere Tatbestand der Anschwärzung gemäß § 14 UWG aF durch § 9, 4 Nr. 8 UWG den allgemeinen Haftungsmaßstäben angeglichen worden ist,[873] und sich im Rahmen von § 3 UWG ein Verzicht auf das Erfordernis der Kenntnis der die Unlauterkeit begründenden tatsächlichen Umstände abzeichnet,[874] ist es ohne weiteres möglich, die Fallgruppe der unberechtigten Schutzrechtsverwarnung unverkürzt dem Wettbewerbsrecht zuzuweisen. Eben diesen Weg wollte der I. ZS auch beschreiten,[875] doch der **Große ZS** hat diesem Bestreben widersprochen, ohne auf wettbewerbsrechtliche Ansprüche auch nur einzugehen.[876] Gemäß dem Subsidiaritätsprinzip wären Ansprüche aus UWG jedoch vorrangig zu prüfen gewesen, so dass man davon ausgehen muss, dass das Recht am Gewerbebetrieb bei dieser Fallgruppe **nicht subsidiär** gegenüber dem Wettbewerbsrecht ist.[877] Das ist zwar nicht zu begründen, einstweilen jedoch verbindlich. Darüber hinaus hat der Große ZS ein Sonderregime für die **gerichtliche Geltendmachung von Schutzrechten** etabliert, für die ein Haftungsprivileg gelten soll, das die Fahrlässigkeitshaftung nach § 823 Abs. 1 ausschließt (RdNr. 197). Damit ist die frühere Rechtsprechung obsolet, nach der ein Eingriff in den eingerichteten und ausgeübten Gewerbebetrieb auch dann vorliegt, wenn der Verwarnte dem Unterlassungsbegehren erst auf Grund eines erstinstanzlichen, vorläufig vollstreckbaren Urteils Folge leistet.[878]

201 Die **Voraussetzungen der Haftung** für außergerichtliche unberechtigte Schutzrechtsverwarnung hatten sich gegenüber den für Eingriffe in Gewerbebetriebe sonst geltenden

---

[868] BGHZ 2, 287, 293 = NJW 1951, 643, 644; BGHZ 13, 210, 216 = NJW 1954, 1238, 1239; BGHZ 38, 200, 204 ff. = NJW 1963, 531, 532 ff.; BGHZ 62, 29, 31 ff. = NJW 1974, 315 f.; zuletzt BGH NJW-RR 1998, 331, 332 – Chinaherde.
[869] Die alleinige Geltendmachung gegenüber dem vermeintlichen Verletzer reicht aus, um die Haftung auszulösen; RG GRUR 1942, 54, 55 f.
[870] Dazu *Sack* Unbegründete Schutzrechtsverwarnungen S. 55 ff.; *Haedicke* JZ 2006, 578, 580.
[871] AA *Sack* Unbegründete Schutzrechtsverwarnungen S. 21 mwN.
[872] *Brüggemeier* Deliktsrecht RdNr. 354 ff.; *Larenz/Canaris* II/2 § 81 III 4, S. 554 f.; *Lindacher* ZHR 144 (1980), 350, 355 ff.
[873] *Wagner/Thole* NJW 2005, 3470, 3471.
[874] *Köhler* in: *Hefermehl/Köhler/Bornkamm* § 3 UWG RdNr. 41 mwN.
[875] BGH NJW 2004, 3322; zust. *Wagner* ZIP 2005, 48; *Wilhelm*, FS Canaris, Bd. I, 2007, S. 1293, 1299 ff.
[876] BGHZ (GS) 164, 1, 2 ff. = NJW 2005, 3141 m. Bespr. *Wagner/Thole* 3470 = JZ 2007, 362 m. Bespr. *Faust* = VersR 2006, 126 = BB 2005, 2260 m. Bespr. *Sack* 2368; dazu auch *Sack*, Unbegründete Schutzrechtsverwarnungen.
[877] BGH GRUR 2006, 433, 434 Tz. 16.
[878] BGH NJW 1996, 397, 399; *Sack*, Unbegründete Schutzrechtsverwarnungen S. 14 f. mwN.

Regeln weitgehend verselbstständigt,[879] doch nach der Entscheidung des Großen ZS zeichnet sich in diesem Bereich eine Umkehr ab. Nach herkömmlicher Rechtsprechung setzte die Haftung wegen unberechtigter Schutzrechtsverwarnung **keine Interessenabwägung** voraus (vgl. RdNr. 195 f.), sondern die **Rechtswidrigkeit des Eingriffs war ohne weiteres gegeben,** wenn sich die Verwarnung als unberechtigt erwies.[880] Nachdem der Große ZS an der Verankerung der unberechtigten Schutzrechtsverwarnung bei § 823 Abs. 1 festgehalten hat (RdNr. 199), wird erwogen, die Rechtswidrigkeit der Verletzung – wie in den übrigen Fällen des Eingriffs in den eingerichteten und ausgeübten Gewerbebetrieb – von einer **Interessenabwägung abhängig** zu machen.[881] Insoweit sind zwei Fragen auseinander zu halten: (1) Der zukunftsbezogene negatorische Rechtsschutz ist grundsätzlich nicht von der Feststellung der Fahrlässigkeit abhängig, sondern insoweit reicht die Verletzung des sachlichen Schutzbereichs des Deliktsrechts aus (RdNr. 3, 196). Nachdem gerichtlich geklärt ist, dass das Schutzrecht nicht verletzt ist, die Verwarnung also unberechtigt war, sind weitere Verwarnungen ohne weiteres schuldhaft (RdNr. 15 ff.).[882] (2) Die Interessenabwägung zur Feststellung der Rechtswidrigkeit eines Eingriffs in das Recht am eingerichteten und ausgeübten Gewerbebetrieb dient primär der Gewährleistung grundrechtlicher Freiheiten – Streikrecht, Versammlungsfreiheit, Meinungsfreiheit – und ist mit der Fahrlässigkeitsprüfung nicht identisch. Da grundrechtliche Garantien bei dieser Fallgruppe keine Rolle spielen,[883] ist ohne weiteres daran festzuhalten, dass die erwiesenermaßen **unberechtigte Verwarnung ohne weiteres zur Unterlassung verpflichtet** (§ 824 RdNr. 36 f., 39 f.). Auf die Fahrlässigkeit kommt es erst an, wenn Schadensersatz begehrt wird, und hier ist eine Interessenabwägung bzw. eine Berücksichtigung der Informationsbeschaffungskosten durchaus am Platz (RdNr. 202).

Bei der **Herstellerverwarnung** ist der **Fahrlässigkeitsvorwurf** nicht schon deshalb 202 begründet, weil ein Gericht später zu Lasten des Schutzrechtsinhabers entschieden, also den Bestand des Rechts verneint, seinen Umfang eng gefasst oder eine Verletzung abgelehnt hat. Andererseits darf sich das die Verwarnung aussprechende Unternehmen nicht allein auf das eigene Urteil verlassen, sondern ist gehalten, den **Rat erfahrener Rechts- und Patentanwälte einzuholen.**[884] Diese Standards sind strenger zu handhaben, wenn es um ungeprüfte Schutzrechte geht, als wenn der Verwarner aus geprüften Schutzrechten vorgeht.[885] Jedenfalls für die zuletzt genannte Fallgruppe zeichnet sich in der aktuellen Rechtsprechung des I. ZS des BGH eine Entspannung der früher übermäßig strengen Sorgfaltsanforderungen ab,[886] wenn ausgesprochen wird, der Schutzrechtsinhaber müsse nicht klüger sein als die Eintragungsbehörde.[887] Demgegenüber hat der X. ZS des BGH betont, ein Patentinhaber handele schuldhaft, wenn er weitergehende Erkenntnisse habe als die Erteilungsbehörde, diese später erfahre oder er sich der Erkenntnis in vorwerfbarer Weise verschlossen habe.[888] Dem ist zuzustimmen, doch gleichwohl davor zu warnen, die Sorgfaltspflichten des Schutzrechtsinhabers zu überspannen; zumal in Fällen, in denen er im Verhältnis zum Verwarnten

---

[879] BGHZ 62, 29, 32 f. = NJW 1974, 316 = JZ 1974, 617 m. Anm. *Blaurock*; wohl auch schon RG JW 1929, 1217, 1218; vgl. auch *Brüggemeier* Deliktsrecht RdNr. 347.
[880] BGHZ 38, 200, 206 ff. = NJW 1963, 531, 532 ff.; BGH NJW 1976, 916; 1996, 397, 399; RGZ 141, 336, 338 f.; RG GRUR 1942, 54, 55.
[881] BGH NJW-RR 2006, 832, 833 Tz. 24; GRUR 2006, 433, 435 Tz. 20 f.
[882] *Picker* Beseitigungsanspruch S. 177 f.; genauso *Deutsch*, Fahrlässigkeit und erforderliche Sorgfalt, S. 262; im Ergebnis genauso krit. *Sack* Gewerbebetrieb S. 153; unnötig kompliziert *Sack*, Unbegründete Schutzrechtsverwarnungen, S. 89 ff.
[883] Die in BGH GRUR 2006, 433, 435 Tz. 20, geprüften Gesichtspunkte ließen sich wohl auch im Rahmen der Fahrlässigkeitsprüfung zur Geltung bringen.
[884] BGHZ 62, 29, 38 f. = NJW 1974, 315, 317 f.; BGH NJW 1976, 916.
[885] BGHZ 62, 29, 36 f. = NJW 1974, 315, 317; BGH NJW 1976, 916; NJW-RR 1998, 331, 332; RGZ 94, 248, 250.
[886] *Sack*, Unbegründete Schutzrechtsverwarnungen, S. 95 ff. mwN: das RG habe den Sorgfaltspflichtverstoß bloß „fingiert".
[887] BGH NJW-RR 2006, 832, 833 f. Tz. 25.
[888] BGHZ 165, 311, 317 = JZ 2006, 576 m. Bespr. *Haedicke*.

über **keinen Informationsvorsprung** verfügt. Im Rahmen der Sorgfaltspflicht ist nun nicht allein auf die Erkennbarkeit der Nichtberechtigung abzustellen, sondern zusätzlich zu fragen, in welchem Umfang und mit welchem Aufwand der (vermeintliche) Schutzrechtsinhaber den Sachverhalt hätte aufklären können.[889] Der Aufwand des Schutzrechtsinhabers für die Informationsbeschaffung ist sodann mit dem Kenntnisstand und den Informationsmöglichkeiten des anderen Teils zu vergleichen, um so zu einer sachgerechten Zuweisung von Informationslasten zu kommen. Darüber hinaus ist der Verwarnte gemäß § 254 gehalten, einer als unberechtigt einzuschätzenden Verwarnung gegenüber **nicht voreilig nachzugeben.**[890]

203 Wesentlich strengere Sorgfaltsanforderungen gelten bei der **Abnehmerverwarnung,** denn diese trifft den Hersteller oder Lieferanten wesentlich härter als eine Herstellerverwarnung, bei der er selbst das Heft des Handelns in der Hand behält.[891] Die Verwarnung der Abnehmer des das Schutzrecht vermeintlich missachtenden Herstellers ist erst zulässig, wenn sich dessen Verwarnung als nutzlos erwiesen hat, und sie erfordert eine aufwändige Überprüfung der eigenen Rechtsposition.[892] Diesen Sorgfaltsstandard hat der Schutzrechtsinhaber nicht nur bei der ersten Verwarnung zu beachten, sondern es handelt sich um eine **Dauerverpflichtung** des Inhalts, die Verwarnung bei Bekanntwerden neuer Umstände ggf. zurückzunehmen.[893] Werden diese Anforderungen nicht eingehalten, haftet der Verwarnende dem Hersteller oder Lieferanten auf Ersatz des Schadens, der ihm insbesondere dadurch entstanden ist, dass sich die verwarnten Abnehmer von ihm abgewandt und anderen Lieferanten zugewandt haben. Für die Ansprüche der abgemahnten Abnehmer selbst gelten hingegen die Grundsätze über die Herstellerverwarnung.[894] **Zulieferer des Herstellers,** die das angeblich schutzrechtsverletzende Bauteil hergestellt haben, sind nach der Rechtsprechung nicht aktivlegitimiert, können also keinen Ersatz verlangen, wenn der Endhersteller infolge der Abnehmerverwarnung die Geschäftsbeziehung beendet.[895]

204 Auf die **gerichtliche Geltendmachung** eines Anspruchs wegen Schutzrechtsverletzung sollen die vorstehenden Grundsätze nach der Rechtsprechung des Großen ZS **keine Anwendung** finden. Bei subjektiver Redlichkeit greife nicht rechtswidrig in ein geschütztes Rechtsgut seines Verfahrensgegners ein, „wer ein staatliches, gesetzlich eingerichtetes und geregeltes Verfahren einleitet oder betreibt, auch wenn sein Begehren sachlich nicht gerechtfertigt ist und dem anderen Teil aus dem Verfahren über dieses hinaus Nachteile erwachsen."[896] In der Tat entspricht dieser Grundsatz der ständigen Rechtsprechung des VI. ZS[897] und des IX. ZS[898] (RdNr. 586 ff.), doch lässt sich die Privilegierung des Anspruchstellers – unterstellt, sie wäre auch in den Fällen der Schutzrechtsverwarnung angebracht – nicht auf die Anstrengung eines Gerichtsverfahrens begrenzen, die außergerichtliche Geltendmachung also ausklammern.[899] Insoweit vermag die vom Großen ZS angezogene These, die scharfe Haftung für außergerichtliche unberechtigte Schutzrechtsverwarnungen sei ein **Korrelat für das dem Rechtsinhaber gewährte Monopol,**[900] nicht zu erklären, warum die

---

[889] Vgl. auch *Sack,* Unbegründete Schutzrechtsverwarnungen, S. 98 ff.
[890] BGH NJW 1963, 531, 534 f. (insoweit nicht in BGHZ 38, 200); BGHZ 71, 86, 93 = NJW 1978, 1377, 1378; BGH NJW-RR 1998, 331, 332 f.; vgl. auch RG GRUR 1942, 54, 56 f.; *Staudinger/Hager* RdNr. D 60.
[891] *Sack,* Unbegründete Schutzrechtsverwarnungen, S. 5 ff.
[892] BGH NJW 1979, 916; *Brüggemeier* Deliktsrecht RdNr. 371; *Soergel/Beater* Anh. V RdNr. 73; *Staudinger/Hager* RdNr. D 59.
[893] BGHZ 71, 86, 92 f. = NJW 1978, 1377, 1378.
[894] *Sack,* Unbegründete Schutzrechtsverwarnungen, S. 7.
[895] BGHZ 171, 13, 20 ff., RdNr. 26 ff. = GRUR 2007, 313.
[896] BGHZ (GS) 164, 1, 6 = NJW 2005, 3141 m. Bespr. *Wagner/Thole* 3470 = JZ 2007, 362 m. Bespr. *Faust* = VersR 2006, 126.
[897] BGHZ 16, 18, 20 ff.; 74, 9, 13 ff.; 118, 201, 206; 154, 269, 271 f.; BGH NJW 2004, 446, 447 f.
[898] BGHZ 95, 10, 18 ff.
[899] *Wagner/Thole* NJW 2005, 3470, 3472; *Sack* BB 2005, 2368, 2371; *Faust* JZ 2007, 365, 367.
[900] RGZ 58, 24, 30; BGHZ 62, 29, 32 f. = NJW 1974, 315, 316 f.; BGHZ (GS) 164, 1, 3 = NJW 2005, 3141 m. Bespr. *Wagner/Thole* 3470.

Rechtsordnung das fahrlässige Überschätzen der eigenen Rechtsposition mit einer Haftung belegt, die wieder wegfällt, wenn ebenso fahrlässig Klage erhoben wird. Diese Lösung hat zur Konsequenz, dass allein die **Anstrengung eines Gerichtsverfahrens einen haftungsrechtlichen Vorteil** verschafft, obwohl mit der Klageerhebung der Druck auf den Verwarnten erhöht – und nicht vermindert – wird. Der Hinweis des X. ZS, für einen Schaden, der auf das gerichtliche Vorgehen des Schutzrechtsinhabers zurückzuführen sei, hafte dieser „nur nach den Regeln der Prozessgesetze",[901] trifft allein im Bereich des einstweiligen Rechtsschutzes zu (§ 945 ZPO). Wer eine Unterlassungs- oder Schadensersatzklage in erster Instanz verliert, schuldet seinerseits lediglich Kostenerstattung (§§ 91 ff. ZPO) und gerade keinen Schadensersatz, und selbst derjenige, der erst in zweiter Instanz unterliegt, macht sich nur dann schadensersatzpflichtig, wenn er die Zwangsvollstreckung angedroht oder durchgeführt hatte (§ 717 Abs. 2 ZPO). Nach der Rechtsprechung des Großen ZS ist dies bei der außergerichtlichen Geltendmachung eines unberechtigten Unterlassungsanspruchs anders, denn insoweit soll die Fahrlässigkeitshaftung wegen unberechtigter Schutzrechtsverwarnung ungeschmälert eingreifen.[902] Folgt der außergerichtlichen Verwarnung die gerichtliche Klage, wird man den **Schadensersatz nach Zeitabschnitten aufteilen** müssen. – Demgegenüber ist ein sachlicher Grund für die Ungleichbehandlung der beiden Stufen der Rechtsdurchsetzung nicht ersichtlich. Entweder die redliche Geltendmachung subjektiver Rechte genießt ein haftungsrechtliches Privileg oder dies ist nicht der Fall.

Noch weniger als die Unterscheidung zwischen gerichtlicher und außergerichtlicher Geltendmachung überzeugt es, wenn der X. ZS trotz **gerichtlicher Geltendmachung des Unterlassungsanspruchs gegenüber den Abnehmern einen Schadensersatzanspruch des Herstellers** gegen den vormaligen Kläger und Verwarner wegen fahrlässigen Eingriffs in das Recht am Gewerbebetrieb zulässt.[903] Zwar trifft es zu, dass der Hersteller bei der mit gerichtlicher Hilfe durchgesetzten Abnehmerverwarnung nicht Partei des Rechtsstreits war, sich also nicht selbst verteidigen konnte, doch hat dies den BGH nicht davon abgehalten bei vermeintlichen Äußerungsdelikten, die im Rahmen der Rechtsverfolgung begangen werden, das Haftungsprivileg auf prozessunbeteiligte Dritte zu erstrecken (§ 824 RdNr. 52).[904] Wenn dies richtig ist, dann darf die bloße Einleitung eines rechtsstaatlich kontrollierten Verfahrens gegen einen Dritten erst recht keine Haftung für einfache Fahrlässigkeit auslösen. – Diese Problematik macht erneut deutlich, dass eine **Konsolidierung der Haftungsgrundsätze für unberechtigte Rechtsverfolgung** auf der Grundlage kohärenter Prinzipien auch nach der Entscheidung des Großen ZS noch aussteht.

bb) Verwässerung oder Verunglimpfung berühmter Marken und Unternehmenskennzeichen. Die Rechtsprechung zum deliktischen Schutz berühmter Warenzeichen und Unternehmenskennzeichen gegen Verwässerung im Rahmen des Rechts am eingerichteten und ausgeübten Gewerbebetrieb hat sich **mit Inkrafttreten des MarkenG** weitgehend **erledigt**[905] und ist im Übrigen deshalb hinfällig, weil das berühmte Kennzeichen selbst als sonstiges Recht im Rahmen von § 823 Abs. 1 anzuerkennen ist (RdNr. 164).

cc) Geschäftsschädigende Kritik. (1) Schutzlücken. Die deliktsrechtlichen Folgen geschäftsschädigender Kritik bestimmen sich ausschließlich nach den § 4 Nr. 7, 8 UWG, wenn die Parteien in einem Wettbewerbsverhältnis zueinander stehen.[906] Fehlt es daran, sind primär die bürgerlich-rechtlichen Tatbestände der §§ 824, 823 Abs. 2 iVm. §§ 185 ff. StGB

---

[901] BGHZ 165, 311, 318 = JZ 2006, 576 m. Bespr. *Haedicke*.
[902] BGHZ (GS) 164, 1, 7 = NJW 2005, 3141 m. Bespr. *Wagner/Thole* 3470 = JZ 2007, 362 m. Bespr. *Faust* = VersR 2006, 126.
[903] BGHZ 165, 311, 314 f. = JZ 2006, 576 m. Bespr. *Haedicke*.
[904] BGH NJW 2008, 996, 997 f. Tz. 14 ff.
[905] BGHZ 138, 349, 351 f. = NJW 1998, 3781 f. – Mac Dog; BGH NJW 2002, 2031, 2032 – shell.de.
[906] BGHZ 3, 270, 276 ff. = NJW 1952, 660 f. – Constanze; *Staudinger/Hager* RdNr. D 27; *Köhler* in: *Hefermehl/Köhler/Bornkamm* § 4 UWG RdNr. 7.8, RdNr. 8.9.

einschlägig. Im Übrigen kann der Anwendungsbereich des § 826 eröffnet sein, wenn nämlich der Täter die Unrichtigkeit seiner Behauptungen kennt oder infolge von Leichtfertigkeit nicht kennt und mit Schädigungsvorsatz handelt (§ 826 RdNr. 23 ff.). Aus dem Regelungszusammenhang der genannten Vorschriften ergeben sich indessen auch die wesentlichen **Schutzlücken der ursprünglichen Gesetzeskonzeption,**[907] nämlich **geschäftsschädigende Werturteile** und solche **Tatsachenbehauptungen,** die von den §§ 824, 823 Abs. 2 iVm. §§ 186 ff. StGB nicht erfasst werden und für die nach Maßgabe der §§ 826, 823 Abs. 2 iVm. § 185 StGB nur bei Vorsatz bzw. Leichtfertigkeit gehaftet wird. Beispielsweise hat der BGH die Anwendung des § 824 in einem Fall abgelehnt, in dem eine Bürgerinitiative mit Falschinformationen gegen ein geplantes Infrastrukturprojekt der Deutschen Bundesbahn vorgegangen war, weil die von der Bahn befürchteten Verzögerungen durch Masseneinsprüche im Planfeststellungsverfahren keinen Einfluss auf ihre Geschäftsbeziehungen zu Lieferanten, Kunden und Beschäftigten haben konnten (vgl. § 824 RdNr. 37).[908]

208 **(2) Unternehmensschutz gegenüber Äußerungsdelikten.** Die Lücken des Deliktsschutzes vor geschäftsschädigender Kritik hat die Rechtsprechung mit Hilfe des Rechts am eingerichteten und ausgeübten Gewerbebetrieb geschlossen.[909] Am Maßstab des § 823 Abs. 1 sind **geschäftsschädigende Werturteile** außerhalb von Wettbewerbsverhältnissen ebenso zu messen[910] wie **falsche Tatsachenbehauptungen,** soweit sie nicht von den Tatbeständen der §§ 824, 826, 823 Abs. 2 iVm. §§ 186 ff. StGB erfasst werden.[911] Dagegen wird von Seiten der **Literatur** mit Recht geltend gemacht, im Bereich der Äußerungsdelikte bedürfe es der Heranziehung des Rechts am eingerichteten und ausgeübten Gewerbebetrieb nicht, weil die Deliktstatbestände der §§ 4 Nr. 7, 8 UWG, 826, 823 Abs. 2 BGB, 185 ff. StGB einen ausreichenden Schutzstandard zur Verfügung stellten.[912] In der Sache ist vor **Übertreibungen** zu warnen, wie sie dem I. ZS des BGH in der berühmt-berüchtigten „Constanze"-Entscheidung unterlaufen sind, in der öffentliche Kritik an Unternehmen unter den Vorbehalt des Erforderlichkeitsprinzips gestellt wurde: sie sei nur dann rechtmäßig, „wenn sie objektiv nach Inhalt, Form und Begleitumständen das gebotene und notwendige Mittel zur Erreichung des rechtlich gebilligten Zwecks bilde […]".[913] Die in einer derartigen Relativierung der Meinungsäußerungsfreiheit liegende Verkürzung verfassungsrechtlich geschützter Kommunikationsgrundrechte ist vielfach kritisiert und vom VI. ZS des BGH unter dem Eindruck des „Lüth"-Urteils des BVerfG[914] in der „Höllenfeuer"-Entscheidung schließlich zurückgenommen worden.[915] In dogmatisch-technischer Hinsicht brachte diese Entscheidung die Klarstellung, dass derjenige, der in der Öffentlichkeit eine kritische Meinung zu Produkten oder Praktiken eines Unternehmens äußert, keinen Rechtfertigungsgrund nachweisen muss, um der Haftung nach § 823 Abs. 1 zu entgehen.[916] In der Sache verabschiedete sich der BGH von dem Versuch, die Erforderlichkeit der Kritik im Einzelfall nachzuprüfen, betonte das Recht, sich öffentlich auch in scharfer Form zu Wort zu melden und überließ die Grenzen der Meinungsfreiheit im

---

[907] Zu dieser eingehend *Kübler* AcP 172 (1972), 177, 179 ff.
[908] BGHZ 90, 113, 119 ff. = NJW 1984, 1607, 1608 f.
[909] Das RG hat es allerdings abgelehnt, die Verbreitung geschäftsschädigender Tatsachen und Werturteile als „unmittelbaren" Eingriff zu qualifizieren; vgl. RGZ 56, 271, 275 f.; 95, 339, 340; 101, 335, 337.
[910] BGHZ 3, 270, 278 ff. = NJW 1952, 660, 661 – Constanze; BGHZ 45, 296, 306 ff. = NJW 1966, 1617, 1618 f. – Höllenfeuer; BGH NJW 1963, 484; 1970, 187, 189 – Hormocenta; NJW 2002, 1192, 1193 = JZ 2002, 663 m. zust. Anm. *Kübler* – „Käse-Vergleich".
[911] BGHZ 90, 113, 121 ff. = NJW 1984, 1607, 1609 f. – Schnellbahntrasse.
[912] *Larenz/Canaris* II/2 § 81 III 2 c, S. 550; *Kübler* AcP 172 (1972), 177, 196 ff.; *Assmann/Kübler* ZHR 142 (1978), 413, 425 f.; ähnlich auch noch das RG, das mit § 826 operierte; vgl. RG JW 1932, 1883; wN bei *Kübler* AcP 172 (1972), 177, 184.
[913] BGHZ 3, 270, 281 = NJW 1952, 660, 661 – Constanze.
[914] BVerfGE 7, 198, 221 ff. = NJW 1958, 257.
[915] BGHZ 45, 296, 306 ff. = NJW 1966, 1617, 1618 f.; Andeutungen auch schon in BGHZ 36, 77, 83 = NJW 1962, 32, 34 – Waffenhändler.
[916] BGHZ 45, 296, 307 = NJW 1966, 1617, 1618.

Übrigen einer im Licht des Art. 5 Abs. 1 GG durchzuführenden Güter- und Interessen-abwägung.[917]

(3) Haftungsvoraussetzungen. Die **Güter- und Interessenabwägung** anhand aller Umstände des Einzelfalls bestimmt seit der Höllenfeuer-Entscheidung die Bemühungen der Gerichte um Konturierung des Schutzbereichs des Rechts am Unternehmen.[918] Dabei sind im Anschluss an die Unterscheidung zwischen Tatsachenbehauptung und Werturteil (eingehend § 824 RdNr. 9 ff.) wichtige Wertungskriterien entwickelt worden, die die Interessenabwägung in den allermeisten Fällen präjudizieren. Bei **geschäftsschädigenden Werturteilen** ist wegen Art. 5 Abs. 1 S. 1 GG ein großzügiger Maßstab anzulegen.[919] Ein Unternehmen muss sich kritische Meinungsäußerungen bis an die Grenze der sog. **Schmähkritik** gefallen lassen.[920] Unter dieser Prämisse lässt die Rechtsprechung auch sog. „**Anti-Werbung**" zu, mit der bekannte Marken und Unternehmenskennzeichen persifliert und die Werbebotschaft gegen das Unternehmen selbst gerichtet wird, solange letzteres nicht in diskriminierender Weise herabgewürdigt oder diffamiert wird.[921] Nach der hier vertretenen Auffassung liegt in diesen Fällen ein Eingriff in das geschützte Immaterialgüterrecht als sonstiges Recht und nicht erst in das Recht am eingerichteten und ausgeübten Gewerbebetrieb vor (vgl. RdNr. 164, 191). Umgekehrt sind **erwiesen falsche Tatsachenbehauptungen** kein nützlicher Beitrag zum Prozess öffentlicher Meinungsbildung,[922] sondern behindern diesen, und stellen folglich stets einen Eingriff in den Schutzbereich des eingerichteten und ausgeübten Gewerbebetriebs dar (zu den Einzelheiten der Abgrenzung zwischen wahren und unwahren Tatsachenbehauptungen vgl. § 824 RdNr. 26 f.). War dem Äußernden die Unrichtigkeit der Tatsache im Zeitpunkt ihrer Behauptung oder Verbreitung bekannt, ist die Haftung ohne weiteres begründet.[923] Andernfalls kommt es darauf an, ob der Kritiker sich redlich um die Aufklärung des Sachverhalts bemüht, insbesondere alle ihm nach den Umständen zugänglichen Informationsquellen genutzt hat (§ 824 RdNr. 45 ff.; zur Differenzierung zwischen Deliktstatbestand (Eingriff in den Schutzbereich) und Rechtswidrigkeit vgl. RdNr. 196).[924]

Die **Verbreitung wahrer Tatsachen** schließlich muss ein Gewerbetreibender nach der auch im Rahmen des § 823 Abs. 1 beachtlichen Wertung des § 824 grundsätzlich hinnehmen, auch wenn sie mit Kritik an seinen Leistungen verbunden ist und folglich seine Geschäftstätigkeit beeinträchtigt.[925] Insoweit unterscheidet sich die Rechtslage nach bürger-

---

[917] Dazu zuletzt BGH NJW 2002, 1192, 1193 = JZ 2002, 663 m. zust. Anm. *Kübler*; im Kontext des Allgemeinen Persönlichkeitsrechts BVerfG NJW 2002, 3767 f.
[918] BGHZ 65, 325, 331 f. = NJW 1976, 620, 621 f.; BGHZ 90, 113, 125 = NJW 1984, 1607, 1610; BGHZ 91, 117, 121 ff. = NJW 1984, 1956, 1957 f.; zuletzt BGHZ 138, 311, 318 = NJW 1998, 2141, 2143; *Soergel/Beater* Anh. V RdNr. 80 ff.
[919] Vgl. BGH NJW 2002, 1192, 1193 = JZ 2002, 663 m. zust. Anm. *Kübler*.
[920] Grdlg. wiederum die Höllenfeuer-Entscheidung BGHZ 45, 296, 310 = NJW 1966, 1617, 1619; dem folgend BVerfGE 66, 116, 151 – Mephisto; BVerfGE 93, 266, 293 f. = NJW 1995, 1303; BVerfG NJW 2003, 961, 962; BGHZ 65, 325, 333 = NJW 1976, 620, 622 – Warentest; BGH NJW 1987, 1082, 1083; 2000, 1036, 1038; 2002, 1192, 1193 = JZ 2002, 663 m. zust. Anm. *Kübler*; OLG München NJW 1994, 1964, 1965; OLG Frankfurt NJW 1990, 2002 (mit einschlägigem Anschauungsmaterial); vgl. auch BGH NJW 1964, 1181, 1183 – Hormocenta; *Staudinger/Hager* RdNr. D 28; *Soergel/Beater* Anh. V RdNr. 83 f.; *Erman/Schiemann* RdNr. 71.
[921] BGHZ 91, 117, 122 ff. = NJW 1984, 1956, 1957 f. – Mordoro.
[922] Vgl. BVerfGE 61, 1, 8 = NJW 1983, 1415; BVerfGE 85, 1, 15 = NJW 1992, 1439, 1440; BVerfGE 90, 1, 15 = NJW 1994, 1781; BVerfGE 90, 241, 254 = NJW 1994, 1779; BVerfGE 97, 125, 149 = NJW 1998, 1381; BVerfGE 99, 185, 197 = NJW 1999, 1322, 1324; BVerfG NJW 1991, 1475, 1476; 1991, 2074, 2075, 1992, 1442, 1443; 2000, 199, 200; 2003, 1856, 1857; 2004, 589; RGZ 95, 339, 343; BGHZ 31, 308, 318 = NJW 1960, 456, 478 f.; BGHZ 90, 113, 116 = NJW 1984, 1607, 1607 f.; BGHZ 139, 95, 101 = NJW 1998, 3047, 3048; BGH NJW 1951, 352; 1977, 1681, 1682; 1997, 1148, 1149; 1997, 2513; VersR 2006, 382, 383 Tz. 22; EGMR NJW 2000, 1015, 1017 Tz. 65.
[923] BGH VersR 2006, 382, 383 Tz. 22.
[924] BGHZ 90, 113, 126 = NJW 1984, 1607, 1610.
[925] BVerfG NJW-RR 2000, 1209, 1210; BGHZ 36, 77, 80 ff. = NJW 1962, 32, 33 – Waffenhandel; BGHZ 90, 113, 116 = NJW 1984, 1607 f. – Schnellbahntrasse; BGHZ 138, 311, 320 f. = NJW 1998, 2141 = JZ 1998, 1120 m. Bespr. *Beater*; BGH NJW 1966, 2010, 2011; 1980, 881, 882; NJW 1987, 2746 f. = JZ

lichem Recht von den unter §§ 3, 4 Nr. 7 UWG geltenden Grundsätzen, nach denen rufschädigende Kritik eines Wettbewerbers selbst dann sittenwidrig sein kann, wenn sie auf zutreffende Tatsachen gestützt ist.[926] Außerhalb von Wettbewerbsverhältnissen wiegt das Informationsinteresse der Öffentlichkeit jedoch ungleich schwerer, so dass bei der Inkriminierung wahrer Tatsachenbehauptungen **größte Zurückhaltung** geboten ist. Die Verbreitung der rufschädigenden, aber wahren Tatsache stellt einen rechtswidrigen Eingriff in das Recht am Gewerbebetrieb dar, wenn sie zu einer Wettbewerbsverzerrung führt, weil aus einer Mehrzahl von Unternehmen, die sämtlich Anlass zu der fraglichen Kritik geben, eines herausgegriffen und **an den Pranger gestellt** wird, etwa ein Fernsehsender ein einzelnes Unternehmen für eine Praxis schilt, die die gesamte Branche befolgt.[927] Gleiches gilt, wenn besondere Loyalitätspflichten aus einem Darlehensvertrag verletzt werden, was in dem Fall bejaht wurde, dass eine Bank öffentlich bestätigt, der Finanzsektor sei nicht mehr bereit, einem kreditunwürdigen Unternehmen, das zu ihren Kunden zählt, weitere Kredite zur Verfügung zu stellen.[928] Jenseits dieser Ausnahmefälle ist der Meinungsfreiheit selbst dann der Vorrang einzuräumen, wenn die Informationsbasis für geschäftsschädigende Kritik **auf rechtswidrige Weise erlangt** wurde, etwa durch Ausspähung des zuvor getäuschten Arbeitgebers[929] oder durch Filmaufnahmen in einer Ferienappartement-Anlage, die zwar die Feriengäste, nicht aber der Eigentümer der Anlage autorisiert hatten.[930] Noch viel weniger als im Strafprozessrecht gilt im Bereich der privaten Kommunikation die im amerikanischen Beweisrecht wurzelnde „fruit of the poisonous tree doctrine", nach der die Rechtswidrigkeit der Informationsgewinnung mehr oder weniger zwingend die Unzulässigkeit der Informationsverbreitung bewirkt.[931] Jedenfalls dann, wenn das der Kritik ausgesetzte Unternehmen kein schutzwürdiges Interesse an der Geheimhaltung der ausgespähten Tatsachen hatte, ist ein rechtswidriger Eingriff in den Gewerbebetrieb zu verneinen.[932]

211 **(4) Warentests.** Die Ergebnisse von Warentests, insbesondere solchen der **Stiftung Warentest,** misst die Rechtsprechung an einem einheitlichen Standard, der allerdings auf zwei verschiedene Deliktstatbestände, nämlich primär auf § 823 Abs. 1 und ergänzend auf § 824 gestützt wird.[933] Dabei darf die Veröffentlichung eines Testberichts nicht schon dann als sorgfaltswidrig qualifiziert werden, wenn er in irgendeiner Hinsicht „falsch" ist.[934] Umgekehrt gelten aber auch nicht die großzügigen Maßstäbe der „Höllenfeuer"-Entscheidung, nach der das Unternehmen negative Bewertungen bis zur Grenze der Schmähkritik zu tolerieren hat (vgl. RdNr. 208). Vielmehr gilt ein **prozeduraler Sorgfaltsstandard;** es

---

1987 414, 415 m. zust. Anm. *Brüggemeier*; BGH GRUR 1969, 304, 306 – Kredithaie; enger wohl BGH NJW 1983, 2195, 2196 – photokina.
[926] Vgl. nur BGH GRUR 1962, 45, 48 – Betonzusatzmittel; 1968, 262, 265 – Fälschung; 1990, 1012, 1013 f. – Presshaftung; OLG Stuttgart NJW-RR 1997, 108; *Hefermehl/Köhler/Bornkamm* § 4 UWG RdNr. 7.16 mwN.
[927] BGH GRUR 1969, 304, 306 – Kredithaie; NJW 1987, 2746, 2747 = JZ 1987 414, 415 m. zust. Anm. *Brüggemeier*; *Staudinger/Hager* RdNr. D 25; zur „Wettbewerbsnähe" als Differenzierungskriterium *Schricker* AcP 172 (1972), 203, 233.
[928] Vgl. den Fall „Kirch/Breuer": BGHZ 166, 84, 102 Tz. 70, 114 Tz. 124 f. = NJW 2006, 830 = JZ 2006, 732 m. Bespr. *Spindler*; vgl. weiter LG München NJW 2003, 1046, 1051 m. krit. Bespr. *Wagner* ZInsO 2003, 485; OLG München NJW 2004, 224; U.S. District Court, Southern District of New York, ZIP 2005, 76.
[929] BGHZ 80, 25 = NJW 1981, 1089; BVerfGE 66, 116 – Fall Wallraff.
[930] BGHZ 138, 311 = NJW 1998, 2141; JZ 1998, 1120 m. Bespr. *Beater* 1101.
[931] BVerfGE 66, 116, 137 ff.; BGHZ 138, 311, 318 f. = NJW 1998, 2141, 2143; im Ergebnis ähnlich *Staudinger/Hager* RdNr. D 25.
[932] Ähnlich BGHZ 80, 25, 38 ff. = NJW 1981, 1089, 1092; BGHZ 138, 311, 318 f. = NJW 1998, 2141, 2143 f., sowie zum Persönlichkeitsschutz BGHZ 73, 120, 128 = NJW 1979, 647, 649; BGH VersR 1987, 778, 78; wohl weitergehend BGHZ 8, 142, 144 ff. = NJW 1953, 297 (noch unter der Constanze-Doktrin); BGH NJW 1994, 1281, 1282 (unter dem Gesichtspunkt des Persönlichkeitsschutzes).
[933] Besonders deutlich BGH NJW 1997, 2593, 2594; vgl. auch *Larenz/Canaris* II/2 § 81 III 2 b, S. 549 f.
[934] Grdlg. BGHZ 65, 325, 330 ff. = NJW 1976, 620, 621 f. = JZ 1976, 446 m. Anm. *Deutsch*; Andeutungen bereits bei BGH GRUR 1967, 113; zust. *Assmann/Kübler* ZHR 142 (1978), 413, 423 ff.; *Brüggemeier* Deliktsrecht RdNr. 407; *Staudinger/Hager* RdNr. D 32.

kommt darauf an, ob die dem Bericht zugrundeliegenden Untersuchungen neutral, objektiv und sachkundig durchgeführt worden sind und sowohl der Prüfungsmodus als auch die aus den Ergebnissen gezogenen Schlussfolgerungen plausibel (vertretbar, diskutabel) erscheinen.[935] Ist der Test danach zu beanstanden, so haftet der Tester nach Maßgabe des § 824 Abs. 1 für falsche Tatsachenbehauptungen[936] und auf Grund von § 823 Abs. 1 wegen Eingriffs in das Recht am eingerichteten und ausgeübten Gewerbebetrieb für unvertretbare Werturteile.[937] Das Gesamturteil des Tests, das von der Stiftung Warentest zu plakativen Noten („gut") zusammengefasst wird, ist insgesamt als Werturteil zu qualifizieren.[938] Entsprechendes gilt für Vergleichstests von Versicherungspolicen oder anderen Finanzprodukten.[939] Bei abstrakten, von bestimmten Produkten losgelösten Systemvergleichen verschiedener Warengattungen fehlt es jedoch am Erfordernis eines betriebsbezogenen Eingriffs in den Gewerbebetrieb eines der vielen betroffenen Unternehmen.[940] Weiterer Einschränkungen der Haftung unter dem Gesichtspunkt der Wahrnehmung berechtigter Interessen gemäß § 824 Abs. 2, der auf Eingriffe in das Recht am Gewerbebetrieb ggf. analog anzuwenden wäre, bedarf es unter diesen Umständen nicht.[941] Entsprechende Grundsätze gelten für die Bewertungen von **Ratingagenturen** (§ 826 RdNr. 84 ff.).

(5) Gastronomiekritik. Insoweit gelten die eben geschilderten Standards in abgeschwächter Form, weil die Bewertung von Restaurants viel stärker **von subjektiven Faktoren geprägt** wird als die Evaluierung sonstiger, insbesondere technischer Produkte,[942] vor allem aber weil den Restaurantführern und -kritikern – bei allem Respekt – der quasi-hoheitliche Status der Stiftung Warentest abgeht.[943] Auch von privaten Institutionen dürfen **falsche Tatsachenbehauptungen** allerdings nicht verbreitet werden,[944] das „Testverfahren" darf nicht völlig willkürlich sein, das Urteil über das Angebot an Speisen und Getränken also nicht allein auf den Genuss einer Tasse Cappuccino gestützt werden,[945] und die Beurteilung selbst darf nicht in die Form von **Schmähkritik** gebracht und beispielsweise gesagt werden, die in dem Lokal feilgebotenen Gerichte sähen aus wie „eine Portion Pinscherkot".[946] Über den Gastronomiebereich hinaus gelten die genannten Grundsätze für sämtliche Test- und **Evaluierungsberichte privater Institutionen** über bestimmte Güter oder Dienstleistungen.[947]

dd) Aufruf zum Boykott. Während bei rechtswidrigen Streiks und Betriebsblockaden der bzw. die Schädiger selbst durch ihr eigenes Verhalten das Unternehmen beeinträchtigen, vollzieht sich beim Boykott der **Eingriff mit Hilfe unbeteiligter Dritter,** die dazu aufgerufen werden, bestimmte Güter und Dienstleistungen nicht mehr nachzufragen. Zu unterscheiden sind demnach der sog. Verrufer (Boykottierer), die Boykottadressaten und das boykottierte Unternehmen.[948] Dabei schadet es nicht, wenn die Boykottadressaten nicht selbst Kunden oder Lieferanten des boykottierten Unternehmens sind, soweit sie nur die

---

[935] BGHZ 65, 325, 334 f. = NJW 1976, 620, 622 f.; BGH NJW 1987, 2222, 2223; OLG Frankfurt VersR 2003, 470, 771; zur Rechtfertigung *Assmann/Kübler* ZHR 142 (1978), 413, 419 ff.; 423 ff.
[936] Beispiel: BGH NJW 1986, 981: unzutr. Preisvergleich; BGH NJW 1989, 1923: unzutr. Produktbeschreibung.
[937] Beispiel: BGH NJW 1987, 2222, 2223.
[938] BGHZ 65, 325, 328 ff. = NJW 1976, 620, 621; OLG Frankfurt VersR 2003, 470, 471.
[939] OLG Frankfurt VersR 2003, 470, 471.
[940] BGH NJW 1963, 1871, 1872; OLG Frankfurt OLGZ 1984, 362, 365 f.; *Staudinger/Hager* RdNr. D 32.
[941] BGHZ 65, 325, 338 f. = NJW 1976, 620, 623 f.
[942] BGH NJW 1987, 1082, 1083; OLG München NJW 1994, 1964 f.; *Staudinger/Hager* RdNr. D 34.
[943] Zu Letzterem *Assmann/Kübler* ZHR 142 (1978), 413, 416 ff.: Tätigkeit der Stiftung Warentest ist als „staatliche Verbraucherinformation" zu qualifizieren; genauso *Brüggemeier* Deliktsrecht RdNr. 403 ff.
[944] Vgl. BGH NJW-RR 1998, 250, 252.
[945] OLG München NJW 1994, 1964, 1965.
[946] OLG Frankfurt NJW 1990, 2002; OLG München NJW 1994, 1964, 1965; OLG Nürnberg OLGZ 1981, 118, 121.
[947] *Assmann/Kübler* ZHR 142 (1978), 413, 423 ff.; *Brüggemeier* Deliktsrecht RdNr. 408.
[948] BGHZ 19, 72, 77 = NJW 1956, 341, 342; *Brüggemeier* Deliktsrecht RdNr. 388; *Staudinger/Hager* RdNr. D 35. Der Ausdruck „Boykott" geht zurück auf die Aktion der irischen Landliga gegen den Verwalter

§ 823 214–216

Möglichkeit haben, deren Verhalten zu beeinflussen.[949] Im Übrigen kommt eine Haftung der Boykottadressaten regelmäßig ohnehin nicht in Betracht, weil in einer Marktwirtschaft grundsätzlich kein Zwang zur Nachfrage bestimmter Güter oder gar zum Vertragsschluss mit einem bestimmten Unternehmen besteht, so dass die Meidung geschäftlicher Kontakte kein Delikt darstellt. Zur Debatte steht allein die Verantwortlichkeit des Boykottinitiators.

214 Während das RG Boykottaufrufe noch ausschließlich am Maßstab des § 826 gemessen hatte (vgl. RdNr. 188), wurde § 823 Abs. 1 vom BGH auch für diese Fallgruppe mobilisiert.[950] Heute sind allerdings **wettbewerbsrechtliche Spezialregelungen** in weiten Bereichen vorrangig.[951] Fordert ein Unternehmen oder eine Unternehmensvereinigung ein anderes Unternehmen bzw. eine andere Vereinigung zu Liefer- oder Bezugssperren in der Absicht auf, andere unbillig zu beeinträchtigen, ist der Aufruf am Maßstab des § 21 Abs. 1 GWB zu messen, und der Verrufer ist dem Geschädigten gemäß § 33 GWB zum Schadensersatz verpflichtet, sofern ihm Vorsatz oder Fahrlässigkeit zur Last fällt.[952] Übernimmt ein Unternehmen eine vertragliche Verpflichtung zur Diskriminierung anderer – etwa im Rahmen vertikaler Vertriebsbindungssysteme – ist § 14 GWB einschlägig. Darüber hinaus geht auch § 4 Nr. 10 UWG dem § 823 Abs. 1 als Sonderdeliktsrecht vor, so dass Boykottaufrufe, die zu Wettbewerbszwecken erfolgen, anhand dieser Norm zu prüfen sind.[953] Der BGH hält dem Verrufer dabei die Privilegien der in Art. 5 Abs. 1 GG geschützten Meinungsfreiheit nur unter der Voraussetzung zugute, dass es ihm um „eine argumentative Auseinandersetzung zB über politische, soziale, kulturelle oder [...] wirtschaftliche Belange" geht, nicht aber, wenn er primär zur Förderung privater Wettbewerbsinteressen handelt.[954] Die nähere Auseinandersetzung mit dieser Judikatur und der dagegen vorgebrachten Kritik gehört ins Wettbewerbsrecht.[955]

215 Für den nach **allgemeinem Deliktsrecht** zu beurteilenden und als Eingriff in das Recht am eingerichteten und ausgeübten Gewerbebetrieb zu qualifizierenden Boykott bleibt vor diesem Hintergrund nur noch Raum bei Boykottaufrufen, die zu anderen als Wettbewerbszwecken, also aus politischen, sozialen, religiösen oder sittlichen Gründen ausgesprochen werden. Gerade diese Fallgruppe scheint allerdings an Bedeutung zu gewinnen, denn gerade in der modernen Mediengesellschaft ist der Aufruf zum Boykott bestimmter Unternehmen (**„Käuferstreik"**) ein beliebtes Mittel, das insbesondere von Nicht-Regierungsorganisationen (Greenpeace, BUND, Amnesty International) genutzt wird, um Druck von der „Nachfrageseite" auszuüben und von dort aus Allokationsentscheidungen zu beeinflussen.[956] Allerdings dürfte auch insoweit § 826 ausreichen, um die sanktionswürdigen Fälle zu erfassen (RdNr. 191).[957]

216 Den freiheitsfeindlichen Tendenzen der Nachkriegs-Rechtsprechung des BGH (RdNr. 208) ist hier wie anderswo durch sachgerechte Begrenzung der Haftung unter Beachtung der Prärogativen des Art. 5 Abs. 1 GG zu begegnen. Insbesondere stellt der Aufruf zum Boykott **nicht schon per se einen rechtswidrigen Eingriff** in den Gewerbebetrieb dar, sondern das betroffene Unternehmen genießt Schutz nur gegenüber bestimmten

---

eines Landguts namens Charles Cunningham Boycott; vgl. *Markert* in: *Immenga/Mestmäcker* § 21 GWB RdNr. 1.
[949] BGH NJW 1985, 60, 61 – Tchibo-Uhren.
[950] BGHZ 24, 200, 205 = NJW 1957, 1315 – Spätheimkehrer; BGH NJW 1964, 29, 30 – Blinkfüer.
[951] In dem Fall BGH NJW 1977, 628 war die Anweisung des Polizeipräsidenten anhand der Regeln zu überprüfen, die für die privatwirtschaftliche Betätigung der öffentlichen Hand gelten.
[952] Ausf. *Markert* in: *Immenga/Mestmäcker* § 21 GWB RdNr. 7 ff.; als Beispielsfall vgl. etwa BGH NJW 1990, 1531.
[953] BGH GRUR 1980, 242, 243; NJW 1985, 60, 61; 1985, 62, 63; zum Verhältnis § 21 GWB/§ 3 UWG *Markert* in: *Immenga/Mestmäcker* § 21 GWB RdNr. 49.
[954] BGH NJW 1985, 60, 62 – Tchibo-Uhren; NJW 1985, 62, 63 – Copy-Charge, jeweils unter Hinweis auf BVerfGE 25, 256, 264 = NJW 1969, 1161 – Blinkfüer.
[955] Vgl. *Köhler* in: *Hefermehl/Köhler/Bornkamm* § 4 UWG RdNr. 10 123.
[956] Vgl. dazu OLG Frankfurt NJW 1969, 2095 – Robbenjagd; NJW-RR 1988, 52 – Pelzmäntel; *Möllers* NJW 1996, 1374.
[957] *Larenz/Canaris* II/2 § 81 III 3, S. 553 f.

Verletzungsmodalitäten. Während im Rahmen der §§ 21 GWB, 3, 4 Nr. 10 UWG primär zu prüfen ist, ob das inkriminierte Verhalten den Prinzipien fairen Leistungswettbewerbs entspricht, kommt es im Rahmen des § 823 Abs. 1 darauf an, ob der Boykottaufruf seinerseits den verfassungsrechtlichen Schutz des Art. 5 Abs. 1 GG genießt. Dies erfordert entgegen einem verbreiteten Ansatz allerdings keine globale Interessenabwägung, bei der häufig den Ausschlag gibt, inwieweit der mit dem Boykott verfolgte politische Zweck – in der Terminologie des Art. 8 GG: sein „Fernziel" – als mehr oder weniger ehrenwert angesehen wird.[958] Vielmehr lassen sich relativ **klar umgrenzte Fallgruppen** identifizieren, in denen der Schutzbereich des Rechts am Gewerbebetrieb verletzt ist. Insbesondere sind **Boykottaufrufe grundsätzlich unbedenklich,** soweit sie mit **zutreffenden Tatsachenbehauptungen** motiviert werden. Unter dieser Voraussetzung handelt es sich nämlich schlicht um einen Beitrag zur Information der Öffentlichkeit, der von Seiten der betroffenen Unternehmen nicht unterbunden werden kann. Deshalb ist der Rechtsprechung der Instanzgerichte zuzustimmen, die Werbekampagnen von Tierschützern gegen den Pelzhandel nicht beanstandet haben, wenn die Konsumenten lediglich mit wahren Tatsachen über Aufzuchts- und Schlachtungsmethoden konfrontiert wurden.[959] Hier verhält es sich nicht anders als in der Fallgruppe geschäftsschädigender Kritik (RdNr. 210).[960] Der Eingriff in das Recht am eingerichteten und ausgeübten Gewerbebetrieb hängt dabei ausschließlich von der objektiven Wahrheit oder Unwahrheit der behaupteten Tatsache ab,[961] während die Rechtswidrigkeit des Verhaltens wie auch sonst die Verletzung einer Sorgfaltspflicht voraussetzt (RdNr. 195).[962] Der redliche Verrufer, der beispielsweise nicht wissen konnte, dass sich in einer auf hoher See zu versenkenden Ölplattform kein Altöl mehr befand, haftet also nicht, wenn ihm in Hinblick auf seine Unkenntnis kein Fahrlässigkeitsvorwurf zu machen ist. Unter § 826 käme es auf Leichtfertigkeit an. Nach Aufklärung des Irrtums besteht wie stets kein Anlass mehr, die Verbreitung der unrichtigen Tatsache weiterhin zu privilegieren.[963]

Die **Motive des Verrufers** sind für die Tatbestandsmäßigkeit des Eingriffs nur relevant, wenn der Boykott auf **Werturteile** gestützt wird. So hat das BVerfG im Fall „Lüth" seine Prüfung mit Recht nicht darauf beschränkt, ob der Aufruf zum Boykott der Filme des durch seine maßgebliche Beteiligung an dem Streifen „Jud Süß" schwer belasteten Regisseurs Veit Harlan durch zutreffende Tatsachenbehauptungen begründet war,[964] sondern darüber hinaus die Motive des Beschwerdeführers an den Prinzipien des GG, insbesondere an der Menschenwürdegarantie gemessen.[965] Auf dieser Grundlage wäre also beispielsweise ein **Boykottaufruf aus rassistischen Motiven** auch zivilrechtlich rechtswidrig. Wiederum ist in solchen Fällen die Haftung nach § 826 problemlos zu begründen, und auf diese Vorschrift hatten auch die hamburgischen Instanzgerichte die Verurteilung von „Lüth" zur Unterlassung seines Boykottaufrufs gestützt.[966]

Für die dritte Fallgruppe, die eine Haftung für den Boykottaufruf auszulösen geeignet ist, steht der Fall „Blinkfüer", in dem der Springer-Verlag Zeitschriftenhändler dazu aufgefordert hatte, keine Publikationen mehr zu vertreiben, in denen über die Rundfunk- und

---

[958] In diese Richtung aber BVerfGE 62, 230, 244 = NJW 1983, 1181 – Denkzettel; BVerfG NJW 1992, 1153, 1154; OLG Düsseldorf MDR 1953, 356, 357.
[959] OLG Frankfurt NJW 1969, 2095, 2096 – Robbenjagd; NJW-RR 1988, 52 f. – Pelzmäntel; LG München I NJW-RR 1988, 54 – Pelzmäntel.
[960] BGHZ 138, 311, 320 f. = NJW 1998, 2141, 2143 f.; vgl. auch BGHZ 90, 113, 116 = NJW 1984, 1607 f. – Schnellbahntrasse.
[961] AA *Möllers* NJW 1996, 1374, 1376, der bereits die Tatbestandsmäßigkeit des Eingriffs davon abhängig machen will, ob der Verrufer sich redlich um die Ermittlung der objektiven Wahrheit bemüht hat.
[962] Übereinstimmend für die Fallgruppe der geschäftsschädigenden Kritik BGHZ 90, 113, 126 = NJW 1984, 1607, 1610.
[963] So ausdrücklich und mit Recht BGHZ 90, 113, 116 = NJW 1984, 1607 f.
[964] BVerfGE 7, 198, 221 ff. = NJW 1958, 257.
[965] BVerfGE 7, 198, 215 ff. = NJW 1958, 257.
[966] BVerfGE 7, 198, 201 f., 213. = NJW 1958, 257.

Fernsehprogramme „der Ostzone" informiert wurde, und diese Aufforderung mit der Drohung verbunden hatte, andernfalls die Geschäftsbeziehungen abzubrechen. Anders als der BGH[967] qualifizierte das BVerfG dieses Verhalten als Eingriff in den eingerichteten und ausgeübten Gewerbebetrieb, der nicht durch die Meinungsfreiheit des Art. 5 Abs. 1 GG gedeckt sei.[968] Tatsächlich ergibt sich die Rechtswidrigkeit in diesem Fall aus dem Umstand, dass ein den Pressemarkt dominierendes Unternehmen diese Stellung ausnutzt, um seine eigenen Kunden zu einem von ihm gewünschten Verhalten zu nötigen. Der Boykottaufruf ist hier also kein Beitrag zum Prozess öffentlicher und privater Meinungsbildung, sondern dient der Einschränkung dieses Prozesses: Er ist nicht mehr Meinungsäußerung, sondern überschreitet die Grenze zur rechtswidrigen **Meinungsdurchsetzung**.[969] In der Nähe dieses Tatbestands wird man schließlich auch Fälle ansiedeln müssen, in denen der Verrufer dazu auffordert, bestehende Verträge mit einem anderen Unternehmen zu brechen.[970]

219 ee) **Rechtswidrige Streiks.** Es ist hier nicht der Ort, das spezialgesetzlich bis heute nicht geregelte, aber infolge einschlägigen Richterrechts mittlerweile hochkomplexe **Arbeitskampfrecht** im Einzelnen darzustellen. Festzuhalten bleibt, dass der rechtmäßige, dh. insbesondere von einer Gewerkschaft organisierte, nach Ablauf der Friedenspflicht veranstaltete, auf ein tarifvertraglich regelbares Ziel gerichtete, mit erlaubten Mitteln geführte und auch im Übrigen verhältnismäßige Streik keine deliktsrechtliche Haftung auslöst.[971] Die weiteren Einzelheiten der Abgrenzung zwischen rechtmäßigem und rechtswidrigem Streik müssen der einschlägigen Spezialliteratur überlassen bleiben.[972]

220 Der nach arbeitsrechtlichen Wertungen **rechtswidrige Arbeitskampf** stellt nach ständiger Rechtsprechung der Arbeitsgerichte einen Eingriff in den eingerichteten und ausgeübten Gewerbebetrieb dar, der uU Schadensersatzansprüche des Arbeitgebers nach § 823 Abs. 1 auslöst.[973] Während der III. ZS des BGH diesem Ansatz gefolgt ist, hat der VI. ZS im Fall eines rechtswidrigen Fluglotsen-Streiks die Haftung auf § 826 gestützt, ohne sich mit der Rechtsprechung der Arbeitsgerichte auseinander zu setzen.[974] Auch in der Literatur stößt der Ansatz beim Gewerbebetrieb auf Ablehnung; alternativ werden verschiedene Anspruchsgrundlagen vorgeschlagen, nämlich Eigentumsverletzung an den Produktionsmitteln gemäß § 823 Abs. 1,[975] § 823 Abs. 2 iVm. §§ 240, 253 StGB,[976] § 823 Abs. 2 iVm. den richterrechtlichen Grundsätzen des Arbeitskampfrechts[977] oder schließlich die Haftung aus Vertrag[978] bzw. nach Maßgabe der Schutzpflichtverletzungen sanktionierenden culpa in contrahendo.[979] Jeder Einzelne dieser Vorschläge weist seinerseits schwerwiegende Schwächen auf: Die Qualifizierung von Streiks als Eigentumsverletzung überdehnt diesen Tatbestand (RdNr. 124), eine Lösung der Haftungsfrage bei rechtswidrigen Streiks über § 823 Abs. 2 und das Strafgesetz arbeitet mit einem Instrument, das viel zu grobkörnig für die hier gestellte Aufgabe sozialer Feinsteuerung erscheint, und der Versuch, die Gesamtproblematik über das Vertragsrecht bzw. die culpa in contrahendo zu lösen, passt nur, soweit es um die

---

[967] BGH NJW 1964, 29, 30 ff. – Blinkfüer.
[968] BVerfGE 25, 256, 263 ff. = NJW 1969, 1161 – Blinkfüer.
[969] Treffend *Kübler* AcP 172 (1972), 177, 197; *Larenz/Canaris* II/2 § 81 III 3, S. 551; ähnlich BVerfGE 25, 256, 265; *Staudinger/Hager* RdNr. D 42; *RGRK/Steffen* RdNr. 58.
[970] BGH NJW 1985, 1620 f. – Mietboykott; im Ergebnis genauso BVerfG NJW 1989, 381, 382.
[971] BAG NJW 1964, 1291; 1961, 1668; *Brüggemeier* Deliktsrecht RdNr. 420 ff.; *Soergel/Beater* Anh. V RdNr. 49; *Käppler* JuS 1990, 618, 619.
[972] Vgl. etwa *Zöllner/Loritz/Hergenröder* Arbeitsrecht, 6. Aufl. 2008, S. 424 ff.
[973] BAGE 2, 75, 77 = NJW 1955, 1373; BAGE 15, 174, 195 = NJW 1964, 883, 884; BAGE 15, 211, 215 f. = NJW 1964, 1291, 1292; BAGE 41, 209, 222; 46, 322, 345 = NJW 1985, 85; BAGE 48, 160, 165 = NJW 1985, 2509; BAGE 58, 364, 389 = BAG NJW 1989, 57, 60 f.; 1989, 63; *Nipperdey*, FS Sitzler, 1956, S. 79, 87 ff.; *Soergel/Beater* Anh. V RdNr. 49; *Brüggemeier* Haftungsrecht S. 369 ff.; *K. Schmidt* JuS 1993, 985, 989.
[974] BGHZ 70, 277, 280 = NJW 1978, 816, 817.
[975] *Schwitanski*, Deliktsrecht, Unternehmensschutz und Arbeitskampfrecht, S. 328 ff.
[976] *Zöllner/Loritz/Hergenröder*, Arbeitsrecht, 6. Aufl. 2008, S. 430.
[977] *Erman/Schiemann* RdNr. 58 aE.
[978] So *Staudinger/Richardi* (1999) Vor § 611 RdNr. 897 ff.
[979] *Larenz/Canaris* II/2 § 81 III 6, S. 559 f.

Haftung der Arbeits- und Tarifvertragsparteien geht, während § 823 Abs. 1 die einheitliche Beurteilung der Handlungen sämtlicher Beteiligter erlaubt. Insgesamt ist die Überlegenheit einer dieser Alternativlösungen gegenüber dem herkömmlichen Ansatz des BAG bisher nicht nachgewiesen worden.[980] Bevor schließlich die richterrechtlichen Grundsätze des Arbeitskampfrechts zu Schutzgesetzen iS des § 823 Abs. 2 promoviert werden, erschiene es vorzugswürdig, dem Ansatz des BAG bei § 823 Abs. 1 und dem Recht am eingerichteten und ausgeübten Gewerbebetrieb seinerseits den Status von Richterrecht zuzuerkennen.[981] Am besten wäre jedoch eine Ansiedlung der Fallgruppe in § 826 (§ 826 RdNr. 144).

ff) Betriebsblockaden. Sofern im Zusammenhang mit einem Arbeitskampf die Betriebsstätte eines Unternehmens von Streikposten blockiert wird, gelten die eben dargestellten Grundsätze, nach denen es für die deliktsrechtliche Würdigung unter dem Gesichtspunkt des Rechts am eingerichteten und ausgeübten Gewerbebetrieb auf die **arbeitsrechtliche Rechtmäßigkeit der konkreten Streikmaßnahme** ankommt. Dieselbe Eingriffswirkung ergibt sich unabhängig von Arbeitskämpfen, wenn die Blockade aus sonstigen Gründen durchgeführt wird, insbesondere im Rahmen einer **politischen Demonstration.** Selbstverständlich kann auch das eine in das andere übergehen, wenn die streikenden Arbeitnehmer sich nicht darauf beschränken, der Arbeit fernzubleiben und ggf. arbeitswillige Kollegen zu überreden, es ihnen gleichzutun, sondern darüber hinaus per Streikposten den Lieferverkehr des bestreikten Unternehmens unterbrechen, Kunden vom Betreten des Betriebsgrundstücks abhalten oder den arbeitswilligen Teil der Belegschaft daran hindern, in den Betrieb zu gelangen.[982] Was die rein politisch motivierte Blockade anlangt, so sind in der Rechtsprechung Fälle notorisch, die in der bewegten Zeit nach 1968 spielen und an denen regelmäßig auf der einen Seite studentische Organisationen des linken Spektrums und auf der anderen Unternehmen standen, die zur Springer-Verlagsgruppe gehörten oder mit dieser zusammenarbeiteten.[983] In einem relativ aktuellen Fall hingegen hatte eine Bürgerinitiative Baumaschinen blockiert, um die Durchführung der für die Anlage eines Gewerbeparks notwendigen Erschließungsarbeiten zu verhindern.[984]

Die vorsätzliche Blockade des Zugangs zu einem Betrieb stellt einen rechtswidrigen Eingriff in das Recht am eingerichteten und ausgeübten Gewerbetrieb dar;[985] vorzugswürdig wäre wiederum die Anwendung des § 826 (§ 826 RdNr. 144). In der Sache kommt es entscheidend auf die Reichweite der in Art. 8 GG gewährleisteten **Demonstrationsfreiheit** und deren Vermittlung mit den übrigen verfassungsrechtlich geschützten Rechtsgütern, insbesondere dem **Eigentumsrecht** des Art. 14 GG ab. Die zwei grundlegenden Entscheidungen des BVerfG zur Strafbarkeit von Sitzblockaden als Nötigung gemäß § 240 StGB tragen zu dieser Grenzziehung wenig bei, weil sie ausschließlich die Interpretation des strafrechtlichen Gewaltbegriffs sowie des verfassungsrechtlich in Art. 103 Abs. 2 GG abgesicherten Bestimmtheitsgrundsatzes (nulla poena sine lege certa) und des damit korrespondierenden Analogieverbots betreffen.[986] Die zivilrechtliche Literatur hat Abwägungsmaßstäbe und -leitlinien entwickelt, die eine Vermittlung von Eigentums- bzw. Unternehmens-

---

[980] Übereinstimmend *Staudinger/Hager* RdNr. D 47.
[981] Als Gewohnheitsrecht kann man die Rspr. zum Eingriff in den eingerichteten und ausgeübten Gewerbebetrieb durch rechtswidrigen Streik angesichts der geschilderten Meinungsverschiedenheiten entgegen *Gamillscheg*, Kollektives Arbeitsrecht I, 1997, § 26 II 3 a, S. 1217 f. verstehen, allerdings nicht qualifizieren.
[982] BAG NJW 1989, 57; 1989, 61 ff.
[983] BGHZ 59, 30 = NJW 1972, 1366, 1366; BGH NJW 1972, 1571.
[984] BGHZ 137, 89, 97 ff. = NJW 1998, 377, 379 f. Der BGH hat in dieser Entscheidung die Frage eines Eingriffs in den eingerichteten und ausgeübten Gewerbebetrieb offen gelassen und das Verhalten der Initiatoren allein unter dem Gesichtspunkt einer Eigentumsverletzung gewürdigt. Dies offenbar deshalb, weil nicht das Betriebsgrundstück selbst, sondern lediglich die in der Nähe der Baustelle abgestellten Baumaschinen blockiert wurden. Die Nähe der reinen Nutzungsbeeinträchtigungen iS des Eigentumsrechts zu reinen Vermögensschäden, die im Rahmen des Rechts am eingerichteten und ausgeübten Gewerbebetrieb ausnahmsweise zu restituieren sind, ist oben bereits herausgearbeitet worden; vgl. RdNr. 117, 123.
[985] BGHZ 59, 30, 34 f. = NJW 1972, 1366, 1367; BGHZ 137, 89, 99 f. = NJW 1998, 377, 380.
[986] BVerfGE 73, 206 = NJW 1987, 43 – Mutlangen; BVerfGE 92, 1 = NJW 1995, 1141 – Sitzblockaden.

schutz mit der Demonstrationsfreiheit herstellen sollen und nach denen auch die gezielte Behinderung von Gewerbebetrieben im Einzelfall legitimiert sein kann.[987] Der BGH ist indessen weder darauf noch auf die moderne strafrechtliche Diskussion eingegangen,[988] sondern hat stattdessen eine **einfache Differenzierung** vorgenommen: Blockaden des Zugangs zu Gewerbebetrieben sind ebenso wie Behinderungen von Verkehrsteilnehmern hinzunehmen, wenn sie notwendige Nebenwirkungen der Ansammlung von Menschen sind, die eine Versammlung iS des Art. 8 GG nun einmal ausmacht.[989] Entschädigungslos hinzunehmen sind darüber hinaus symbolische Blockadehandlungen, die Rechtsgüter Dritter nur kurzfristig und zum Zweck der Erzielung einer erhöhten Medienaufmerksamkeit beeinträchtigen, wenn sich also beispielsweise Demonstranten für wenige Minuten vor dem Werkstor versammeln, damit Pressefotos oder Filmaufnahmen gemacht werden können.[990] Eine darüber hinaus gehende **gezielte Blockade von Gewerbebetrieben von einiger Dauer** ist hingegen nach Ansicht des BGH nicht von Art. 8 GG gedeckt, weil die Versammlungsfreiheit nicht für den Zweck zur Verfügung steht, der Gegenseite durch Ausübung von Zwang den eigenen Willen aufzunötigen.[991] Diesen Differenzierungen ist mit der Maßgabe zuzustimmen, dass die Abgrenzung zwischen symbolischen und dauerhaften Betriebsblockaden als eine normative Aufgabe zu begreifen ist, die die Konkretisierung des Schutzbereichs des Art. 8 GG zum Gegenstand hat.

223 Obwohl § 823 Abs. 1 **Vorsatz und Fahrlässigkeit** als gleichberechtigte Schuldformen nebeneinander stellt, ist die fahrlässige Blockade von Gewerbebetrieben nicht analog zum vorsätzlichen Eingriff zu würdigen. Wie auch in anderen Fällen ist zu berücksichtigen, dass die Betriebsbezogenheit des Eingriffs auch durch die entsprechende Willensrichtung des Täters begründet werden kann (RdNr. 194), an der es bei fahrlässigen Eingriffen regelmäßig fehlt. Die „Blockade" eines Binnenhafens durch eine infolge sorgfaltswidriger Errichtung eingestürzte Ufermauer begründet deswegen ebenso wenig eine Haftung[992] wie die Erschwerung des Vorankommens durch einen Verkehrsunfall (vgl. RdNr. 119). Anders liegt es wiederum, wenn auch bei Anerkennung der Fahrlässigkeitshaftung eine unübersehbare Ausweitung des Kreises der Ersatzberechtigten nicht droht, weil einzelne Personen bzw. Gewerbebetriebe handgreiflich betroffen sind, wenn etwa der Zugang zu einem Ladenlokal durch Bauarbeiten auf dem Nachbargrundstück dauerhaft und wesentlich beeinträchtigt wird.[993]

224 gg) **Sonstiges.** Die **Unterbrechung der Stromzufuhr** stellt ebenso wenig einen Eingriff in den eingerichteten und ausgeübten Gewerbebetrieb dar (RdNr. 120, 124)[994] wie die Durchtrennung von Oberleitungen der Bahn[995] oder von Telefon- und sonstigen Fernmeldekabeln, über die der Betrieb an das Kommunikationsnetz angeschlossen ist.[996] Gleiches gilt für die **Blockade einer Straßenbahnstrecke** durch einen Unfallwagen.[997] Denn einerseits ist der Betrieb genauso betroffen wie eine Vielzahl gewerblicher und privater Strom- und Telefonkunden, und zum anderen handelt es sich um die Störung einer vertragsrecht-

---

[987] *Diederichsen/Marburger* NJW 1970, 777, 781 ff.; *Säcker* ZRP 1969, 60, 63 ff.; *Ballerstedt* JZ 1973, 105.
[988] Vgl. dazu den Überblick bei *Schönke/Schröder/Eser* § 240 StGB RdNr. 1 b f., 26 f. mwN.
[989] BGHZ 137, 89, 99 = NJW 1998, 377, 380.
[990] BGHZ 137, 89, 99 f. = NJW 1998, 377, 380.
[991] BGHZ 59, 30, 36 f. = NJW 1972, 1366, 1367 f.; BGHZ 137, 89, 100 = NJW 1998, 377, 380; BGH NJW 1972, 1571, 1572.
[992] BGHZ 86, 152, 156 = NJW 1983, 2313, 2314; AA *Brüggemeier* VersR 1984, 902, 905; unter dem Gesichtspunkt des Eigentumsschutzes auch *Staudinger/Hager* RdNr. B 98; vgl. RdNr. 117.
[993] BGHZ 62, 361, 363 f. = NJW 1974, 1869, 1870, allerdings mit Rechtfertigung wegen Erteilung einer Sondernutzungserlaubnis; BGH VersR 1961, 831, 832; OLG Düsseldorf NJW 1961, 1125; *K. Schmidt* JuS 1993, 985, 990; zum öffentlichen Entschädigungsrecht vgl. auch BGHZ 23, 157, 161 ff. = NJW 1957, 630, 631.
[994] BGHZ 29, 65, 74 f. = NJW 1959, 479, 481; aA *Brüggemeier* Deliktsrecht RdNr. 440 f.
[995] BGH NJW-RR 2005, 673, 675.
[996] BGH NJW 1977, 1147.
[997] LG Hannover NJW-RR 2006, 1458.

lichen Leistungsbeziehung zwischen Kunden und Elektrizitäts- bzw. Telekommunikationsunternehmen. Ähnliche Erwägungen rechtfertigen auch den Ausschluss deliktischer Ersatzansprüche des Inhabers eines Binnenhafens, der infolge des Einsturzes der Ufermauer einer Wasserstraße Umsatzeinbußen erleidet.[998]

3. Verkehrspflichten zum Schutz fremden Vermögens? Die Verschiebungen innerhalb der Delikts- und Schuldrechtsdogmatik, die mit der Anerkennung und der Karriere der Verkehrspflichten verbunden sind, haben einen Teil der Literatur dazu ermutigt, jenseits des Rechts am eingerichteten und ausgeübten Gewerbebetrieb und der Anknüpfung an absolute Rechte für eine **Anerkennung deliktischen Vermögensschutzes im Rahmen des § 823** einzutreten. Die Verkehrspflichten sollen danach nicht auf den Schutz der Rechtsgüter des § 823 Abs. 1 beschränkt sein, sondern auch das Vermögen umfassen können (RdNr. 58 ff.). Die dogmatische Abstützung dieser These geschieht nicht einheitlich, doch überwiegt der Ansatz bei § 823 Abs. 2: Die Verkehrspflichten seien **judizielle Schutzgesetze** iS der § 823 Abs. 2, Art. 2 EGBGB oder diesen zumindest gleich zu erachten, womit die Beschränkung auf den Rechtsgüterkatalog des § 823 Abs. 1 wie von selbst entfällt.[999] Nach *Mertens* hingegen sprengen die Verkehrspflichten sowohl das Konzept des § 823 Abs. 1 wie auch dasjenige des § 823 Abs. 2 und stellen vielmehr in der Sache einen „ungeschriebenen § 823 Abs. 3" dar.[1000]

Die Verankerung der Verkehrspflichten in § 823 Abs. 2 ist oben bereits erörtert und verworfen worden (RdNr. 59): Die Haftung für Unterlassungen und sog. mittelbare Verletzungshandlungen zählt zum genuinen Anwendungsbereich des § 823 Abs. 1, während § 823 Abs. 2 den Deliktsschutz von einer legislatorischen Entscheidung abhängig macht und schon deshalb als Rechtsgrundlage für die Fortbildung des Schutzbereichs des Deliktsrechts ausscheidet. Auch abgesehen davon hat die unter dem Stichwort der Verkehrspflichten erfolgte Dynamisierung und **Ausweitung deliktischer Sorgfaltspflichten** zum Schutz von Freiheit und Eigentum mit der **Ausweitung des Schutzbereichs des Deliktsrechts** auf reine Vermögensinteressen gar nichts zu tun.[1001] Eine Rechtsordnung kann weitreichende Sorgfaltspflichten zum Schutz von Freiheit und Eigentum aufstellen, ohne deswegen genötigt zu sein, ebensolche Sorgfaltspflichten auch mit Blick auf das Vermögen als solches anzuerkennen. Folgerichtig ist etwa in England die Existenz einer allgemeinen „duty of care" fest etabliert, ohne dass deshalb auch der Schutzbereich des Deliktsrechts generell auf reine Vermögensinteressen erstreckt worden wäre.[1002] Im Rahmen des deutschen Deliktsrechts kann es sicher nicht angehen, Vermögensinteressen über § 823 Abs. 2 allein vor Unterlassungen und „mittelbaren" Verletzungshandlungen zu schützen, nicht aber vor „unmittelbaren" Eingriffen im Sinne eines dann nur noch mit rudimentären Funktionen betrauten § 823 Abs. 1.[1003]

Die Formel von einem **„ungeschriebenen § 823 Abs. 3"** bringt demgegenüber treffend zum Ausdruck, dass es bei der Anerkennung eines allgemeinen deliktischen Vermögensschutzes nicht um die Wiederentdeckung des gesetzlichen Systems, sondern um dessen Fortentwicklung geht. Im Gegensatz zu den Verkehrspflichten zum Schutz der in § 823 Abs. 1 ausdrücklich genannten Rechtsgüter lässt sich dieser Vorschlag allerdings nicht auf eine „judizielle Konzeption" des § 823 stützen, denn Verkehrspflichten zum Schutz des Vermögens sind in der Rechtsprechung bisher nicht anerkannt worden (RdNr. 184 mN in

---

[998] BGHZ 86, 152, 156 f. = NJW 1983, 2313, 2314; zur Frage der Eigentumsverletzung vgl. RdNr. 117.
[999] *v. Bar* Verkehrspflichten S. 157 ff.; *ders.* JuS 1988, 169, 171; *Assmann* Prospekthaftung S. 262; genauso bereits *Larenz*, FS Dölle, Bd. I, 1963, S. 169, 189, 193 ff.; *Deutsch* JuS 1967, 152, 157; *K. Huber*, FS v. Caemmerer, 1978, S. 359, 377 ff.
[1000] *Mertens* AcP 178 (1978), 227, 231 f.; vgl. auch RdNr. 58; 3. Aufl. RdNr. 12 ff.
[1001] AA *Brüggemeier* Deliktsrecht RdNr. 80 ff., 86; *Assmann* Prospekthaftung S. 258: Verkehrspflichten hätten „Sprengkraft für das gesamte Deliktsrecht".
[1002] Eingehend *Wagner* in: Zimmermann, Grundstrukturen des Europäischen Deliktsrechts, S. 189, 220 ff.
[1003] So aber *K. Huber*, FS v. Caemmerer, 1978, S. 359, 381: „Vermögensinteressen sind gegen den unmittelbaren Eingriff nicht geschützt; sie sind nur dann, aber immer dann geschützt, wenn ihre Gefährdung allg. verboten ist."

Fn. 809). Im Gegenteil, RG und BGH haben stets beim absoluten Recht angesetzt und einzelne Vermögensinteressen zu subjektiven Rechten verdichtet, um etwa dem Unternehmen den ihm gebührenden Schutz auch außerhalb des Wettbewerbsrechts zu verschaffen (RdNr. 187 ff.).

228 Auch in der Sache kann es nicht in Betracht kommen, das Vermögen den in § 823 Abs. 1 aufgezählten Rechten einfach gleichzustellen, weil **ein allgemeiner Schutz vor fahrlässig zugefügten Vermögensschäden viel zu weit ginge.** Dies wird auch von den Anhängern der Verkehrspflichten zum Schutz fremden Vermögens anerkannt, die lediglich für eine selektive Ausweitung des Vermögensschutzes in bestimmten Fallgruppen plädieren.[1004] Daran wird aber nur umso deutlicher, dass es in der Sache um die Ergänzung des § 826 um eine Fahrlässigkeitshaftung für sittenwidrig-illoyal zugefügte reine Vermögensschäden geht. Die gesamte Problematik ist nur entstanden, weil die Zweite Kommission in unreflektierter Weise die in § 705 des Ersten Entwurfs vorgesehene Fahrlässigkeitshaftung für sittenwidrig zugefügte Vermögensschäden auf das Vorsatzerfordernis umgestellt hat (eingehend Vor § 823 RdNr. 13; § 826 RdNr. 1), und sie wäre auch nur durch die Rückgängigmachung dieser Entscheidung zu lösen. Um das begonnene Sprachspiel fortzuführen: Verkehrspflichten zum Schutz reiner Vermögensinteressen gehören weder zu § 823 Abs. 1 oder Abs. 2 noch in einen fiktiven § 823 Abs. 3, sondern in einen um die Fahrlässigkeitshaftung erweiterten § 826 bzw. einen neu zu schaffenden § 826 Abs. 2.

229 **4. Die Haftung zwischen Vertrag und Delikt.** Die Anhänger einer Fahrlässigkeitshaftung für reine Vermögensschäden nehmen allerdings für sich in Anspruch, die von der Rechtsprechung ohnehin erreichten und weithin akzeptierten Ergebnisse lediglich auf eine andere – richtigere – dogmatische Grundlage zu stellen. Mit der offenen Anerkennung deliktischen Vermögensschutzes soll der **Rechtsprechung erspart werden,** auf **gezwungen anmutende vertragsrechtliche Ersatzkonstruktionen** auszuweichen.[1005] Thema der Verkehrspflichten zum Schutz fremden Vermögens sind fast ausschließlich Fälle der sog. Berufshaftung (RdNr. 255 ff.), insbesondere die Haftung von Grundstücks-Sachverständigen für Verkehrswertgutachten, von Banken für die von ihnen gegebenen Auskünfte, von Wirtschaftsprüfern und Steuerberatern für ihre Testate und schließlich die Prospekthaftung im umfassenden Sinn der Sanktionierung kapitalmarktbezogener Informationspflichten (§ 826 RdNr. 60 ff., 68 ff.). Hier kreist die Diskussion um diejenigen Fälle, in denen das Vertragsrecht versagt, entweder weil es an einem Vertragsschluss gänzlich fehlt oder weil ein vertragsexterner Dritter Ersatz seines Vermögensschadens verlangt. An diesen Fallgruppen müsste sich eine Deliktshaftung für reine Vermögensschäden bewähren.

230 An der deutschen Diskussion um den deliktischen Vermögensschutz überrascht die Gewissheit, mit der die genannten Fallgruppen für das Deliktsrecht in Anspruch genommen werden. Ein Blick auf die Deliktsrechte unserer europäischen Nachbarn macht nämlich schnell deutlich, dass überall ein **Zwischenbereich zwischen Vertrag und Delikt** existiert, der mit guten Gründen entweder der einen oder anderen Domäne des Obligationenrechts oder auch einer dritten Spur zwischen Vertrag und Delikt – der Vertrauenshaftung – zugewiesen werden kann.[1006] Wie schmal der Grat zwischen Vertrag und Delikt mitunter ist, zeigt sich etwa in den Fällen fahrlässig-falscher Bankauskünfte, die der BGH trotz § 676 Abs. 2 mit Hilfe eines „stillschweigenden Auskunftsvertrags" löst,[1007] während das House of

---

[1004] Übereinstimmend im Ansatz, mit Unterschieden iE 3. Aufl. RdNr. 472; *K. Huber*, FS v. Caemmerer, 1978, S. 359, 379; *v. Bar* Verkehrspflichten S. 234 ff.; *Brüggemeier* Deliktsrecht RdNr. 458 ff.; *Assmann* Prospekthaftung S. 260 f.

[1005] Besonders deutlich *K. Huber*, FS v. Caemmerer, 1978, S. 359, 385 f., 379: „Es ist nicht mehr die Aufgabe der Rspr., diesen Schritt zu vollziehen, sondern der Wissenschaft, zu erkennen, dass die Rspr. ihn vollzogen hat." Genauso *Mertens* Diskussionsbeitrag Karlsruher Forum 1988, 27 f.; ähnlich *v. Bar* Verkehrspflichten S. 206 ff., 237; *Assmann* Prospekthaftung S. 248 f.; 3. Aufl. RdNr. 472 *(Mertens)*.

[1006] Dazu eingehend *Wagner* in: Zimmermann, Grundstrukturen des Europäischen Deliktsrechts, S. 189, 233 ff.; *Koziol* ZEuP 1995, 359, 362 ff.

[1007] BGHZ 7, 371, 374 f. = NJW 1953, 60; BGH WM 1979, 548, 549 f.; 1990, 1990, 1991; 1998, 1771 f.; vgl. auch BGHZ 123, 126, 128 = NJW 1993, 2433; RGZ 101, 297, 301.

Lords zwar auf das Deliktsrecht zurückgreift, dort die Ersatzfähigkeit reiner Vermögensschäden aber vom Vorliegen einer „vertragsähnlichen Nähebeziehung abhängig" macht.[1008] Deshalb ist es alles andere als evident, dass die Haftung für Bankauskünfte im Deliktsrecht besser aufgehoben wäre als im Vertragsrecht.[1009] Würde der BGH den Übergang wagen, müsste er damit rechnen, lediglich das Lager seiner Kritiker auszuwechseln, ohne dass sich am Streit um das Problem irgendetwas ändern würde.

Dieser komparative Hintergrund lehrt, Systematisierungsfragen im Grenzbereich von Vertrags- und Deliktsrecht nicht überzubewerten.[1010] Immerhin beruht die **Gesamtkonzeption des deutschen Deliktsrechts** auf dem Bemühen, eine allgemeine „actio culpae", dh. eine Fahrlässigkeitshaftung auch für reine Vermögensschäden gerade nicht zur Verfügung zu stellen (vgl. RdNr. 184; Vor § 823 RdNr. 13). Diese Entscheidung lässt sich nicht insgesamt rückgängig machen. Ein völliges Abgehen von der Semantik des absoluten Rechts und die offene Anerkennung einer Fahrlässigkeitshaftung für reine Vermögensschäden im Rahmen des § 823 Abs. 1 würde das gesetzliche System sprengen, § 826 überflüssig machen und deshalb die Grenzen richterlicher Rechtsfortbildung überschreiten.[1011]

C. Pflichtverletzung

I. Verkehrspflichten als deliktische Sorgfaltspflichten

Nach der hier entwickelten Konzeption des § 823 Abs. 1 konstituiert die Pflichtverletzung nicht erst die Schuld, sondern bereits das **Handlungsunrecht** der Tat (RdNr. 4 ff., 22, 26 f.). Diese Grundsätze entsprechen beim Fahrlässigkeitsdelikt im Ergebnis der herkömmlichen, wenn auch nicht immer klar artikulierten Auffassung, nach der die Rechtswidrigkeit von der Verletzung einer Verkehrspflicht abhängt. Verkehrspflichten sind am Fahrlässigkeitsmaßstab des § 276 Abs. 2 orientiert, verlangen also von jedermann, beim eigenen Tun und Lassen die im Verkehr erforderliche Sorgfalt zu beachten (RdNr. 62 ff.). Dieser Maßstab ist von der Art des Verletzungsverhaltens unabhängig, denn die im Verkehr erforderliche Sorgfalt ist sowohl bei „unmittelbaren" und „mittelbaren" Verletzungshandlungen als auch bei Unterlassungen zu beachten (RdNr. 21 f., 53, 56).

Unter diesen Prämissen verlieren die Verkehrspflichten zwar nichts von ihrer praktischen Bedeutung, aber doch ihren theoretischen Sonderstatus. Die Verkehrspflichten sind nichts anderes als **deliktische Sorgfaltspflichten** zum Schutz der Rechtsgüter des § 823 Abs. 1, die bei jedweder Form des Fahrlässigkeitsdelikts zu prüfen sind. Folgerichtig haben die in Deutschland so berühmten Verkehrspflichten kein dogmatisches Pendant in denjenigen Rechtsordnungen, die mit einem einheitlichen Fahrlässigkeitsdelikt operieren, wie etwa das englische und das französische Recht.[1012] Im deutschen Recht besteht die eigentliche Funktion der Verkehrspflichtdogmatik darin, Existenz und Umfang von Sorgfaltspflichten in solchen Fällen zu begründen, in denen sich die Gebote der verkehrserforderlichen Sorgfalt nicht von selbst verstehen, weil der Eintritt der Rechtsverletzung selbst nicht der direkten Kontrolle des Handelnden unterliegt (vgl. RdNr. 22). Die Rede von den Verkehrspflichten könnte deshalb ohne jeden dogmatischen Verlust aufgegeben werden. Sie wird im Folgenden

---

[1008] Hedley Byrne & Co. Ltd. vs. Heller & Partners Ltd. [1964] A. C. 465, 528 f.: „Voraussetzung der Haftung sei eine Beziehung „equivalent to contract [...] in which, but for the absence of consideration, there would be a contract". Eingehend zum Ganzen *Wagner* in: Zimmermann, Grundstrukturen des Europäischen Deliktsrechts, S. 189, 221 ff.

[1009] So aber *v. Bar* Verkehrspflichten S. 233 ff.; *Brüggemeier* Deliktsrecht RdNr. 456 ff.; *Hopt* AcP 193 (1983), 608, 661 f.

[1010] Treffend *Mertens* Diskussionsbeitrag Karlsruher Forum 1988, 27: „Wir sollten uns bewusst bleiben, dass es bei der Einordnung der Dritthaftungsfälle [...] letztlich nur um eine Frage der Systematisierung geht."

[1011] *Canaris*, FS Larenz, 1983, S. 27, 78 ff.; *Larenz/Canaris* II/2 § 76 III 2 b, S. 405 f.; *Erman/Schiemann* RdNr. 76.

[1012] Dazu eingehend *Wagner* in: Zimmermann, Grundstrukturen des Europäischen Deliktsrechts, S. 189, 215 ff.

allein aus Gründen der leichteren Verständlichkeit beibehalten, allerdings zwischen Verkehrspflichten und deliktischen Sorgfaltspflichten kein Unterschied gemacht. Beim **Vorsatzdelikt** spielen die Verkehrspflichten unter dem umgekehrten Vorzeichen des erlaubten Risikos eine Rolle: Ein Verhalten, das sich innerhalb des **erlaubten Risikos** hält, löst selbst dann keine Haftung aus, wenn der Akteur die schädlichen Konsequenzen seines Handelns vorausgesehen und gebilligt hat.

234   **Bezugspunkte von Vorsatz oder Fahrlässigkeit** sind bei § 823 nicht sämtliche Tatbestandselemente, einschließlich des Schadens und der haftungsausfüllenden Kausalität, sondern lediglich der **ungerechtfertigte Eingriff in den Schutzbereich** der Vorschrift (RdNr. 321). Im Rahmen von § 823 Abs. 1 muss sich die Pflichtwidrigkeit also nicht auf Folgeschäden, sondern lediglich auf die Verursachung einer Rechtsgutsverletzung beziehen,[1013] und im Rahmen von Abs. 2 reicht es aus, wenn der Täter pflichtwidrig gegen das Schutzgesetz verstößt, während der Eintritt einer Rechtsguts- oder Interessenverletzung nicht vom Vorsatz umfasst oder fahrlässig verursacht sein muss (vgl. RdNr. 358 f.).

II. Entstehungsgründe für Verkehrspflichten

235   **1. Grundlegung.** Die ältere Lehre anerkannte drei Entstehungsgründe für deliktische Handlungspflichten: **Gesetz, Vertrag und vorangegangenes Tun** (Ingerenz).[1014] Diese Triade hat die zivilrechtliche Verkehrspflichtdogmatik mittlerweile weit hinter sich gelassen, und auch im Strafrecht hat sich die Erkenntnis durchgesetzt, dass es nicht entscheidend auf die eben genannten Entstehungsgründe, sondern auf die Existenz einer spezifischen Beziehung des Garanten zu dem bedrohten Rechtsgut oder zur überwachungsbedürftigen Gefahrenquelle ankommt.[1015] In der heutigen zivilrechtlichen Literatur werden die Entstehungsgründe und die Inhalte von Verkehrspflichten mit Hilfe einer **bunten Vielzahl** einander **ähnlicher** und sich **überschneidender Gesichtspunkte** systematisiert, wie Eröffnung eines Verkehrs, Beherrschung eines Sachbereichs, Inverkehrbringen von Sachen, Schaffung einer Gefahrenlage, berufliche Sicherungsverantwortung usw.[1016] Sämtliche dieser Fallgruppen lassen sich zwei grundlegenden Dimensionen zuordnen, nämlich entweder dem Schutz der Umwelt vor einer Gefahrenquelle oder dem Schutz eines Rechtsguts vor Gefahren aus der Umwelt. Kurz gesagt geht es um die Zuständigkeit für die Kontrolle von Gefahrenquellen einerseits und um Fürsorgepflichten in Bezug auf bestimmte Rechtsgüter Dritter andererseits. In Übereinstimmung damit unterscheidet auch die Strafrechtsdogmatik Überwacher- und Beschützergaranten.[1017]

236   Paradigmatisch für die **Verpflichtung zur Kontrolle von Gefahrenquellen** sind die beiden grundlegenden Entscheidungen des RG zur damals sog. Verkehrssicherungspflicht, die den Straßenverkehrssicherungspflichtigen für einen morschen, auf den öffentlichen Weg gestürzten Baum[1018] bzw. für den Unfall auf einer ungestreuten und mangelhaft instand gehaltenen Treppe haftungsrechtlich verantwortlich machten.[1019] Beispielhaft für **Fürsorgepflichten** in Bezug auf die Rechtsgüter Dritter sind zwei Entscheidungen des RG aus den zwanziger Jahren, in denen es um Versäumnisse professioneller Berufsträger ging: In dem einen Fall hatte ein Hamburger Rollfuhrunternehmer den Transportwagen nur mit einem Kutscher bemannt, so dass die Ware gestohlen werden konnte, als Letzterer den

---

[1013] BGHZ 59, 30, 39 = NJW 1972, 1366, 1369; OLG Celle r+s 1998, 109, 110.
[1014] Zur historischen Entwicklung v. Bar Verkehrspflichten S. 8 ff.; ders. JZ 1979, 332 f.; *Kleindiek*, Deliktshaftung und juristische Person, S. 58 ff.; de lege lata hält die Dreiteilung für maßgeblich *Fikentscher/Heinemann* RdNr. 1544; wohl auch *Larenz* I § 27 III c, S. 458.
[1015] *Schönke/Schröder/Stree* § 13 StGB RdNr. 8; für das Deliktsrecht *Deutsch* Haftungsrecht I RdNr. 102 f.
[1016] Vgl. etwa 3. Aufl. RdNr. 210; *Staudinger/Hager* RdNr. E 13 ff.
[1017] *Schönke/Schröder/Stree* § 13 StGB RdNr. 9.
[1018] RGZ 52, 373; nahezu identischer, nunmehr im Rahmen von § 839 BGB iVm. Art. 34 GG gelöster Fall in BGHZ 123, 102, 105 = NJW 1993, 2612, 2613.
[1019] RGZ 54, 53.

Wagen für kurze Zeit unbeaufsichtigt ließ.[1020] Im zweiten Fall hatte es ein zur Notschlachtung einer an Milzbrand erkrankten Kuh herbeigerufener Tierarzt versäumt, einen Metzgermeister, der an der Hand eine Wunde hatte, vor Ansteckung zu schützen. In beiden Fällen bejahte das RG eine Sorgfaltspflichtverletzung des Berufsträgers und stützte sich dabei maßgeblich auf die öffentliche Übernahme einer Aufgabe durch den Betrieb eines Gewerbes als Fuhrunternehmer bzw. auf die Berufsstellung als Tierarzt.[1021]

Mit der am Pflicht*inhalt* orientierten Differenzierung zwischen Sicherungspflichten gegenüber Gefahrenquellen und Fürsorgepflichten gegenüber Rechtsgütern ist über die **Entstehungsvoraussetzungen** deliktischer Sorgfaltspflichten noch nicht viel gesagt. Dabei geht es zunächst um die Aufgabe, in dem stets vorhandenen Netz sozialer Handlungszusammenhänge diejenigen Akteure zu identifizieren, die am besten zur Steuerung bestimmter Gefahren in der Lage sind. Die dabei maßgeblichen Kriterien sind dieselben, die auch Umfang und Intensität der Pflichten bestimmen, so dass die Existenzbedingungen deliktischer Sorgfaltspflichten lediglich Mindestvoraussetzungen umschreiben (RdNr. 258 ff.). Unabdingbare Voraussetzung ist insoweit die **tatsächliche und rechtliche Möglichkeit zur Gefahrsteuerung** im konkreten Einzelfall.[1022] Wer gar keine Möglichkeit hat, im Interesse der Schadensvermeidung tätig zu werden, den treffen keine entsprechenden Pflichten. Der in einem Provinzkrankenhaus praktizierende Belegarzt ist nicht verpflichtet, einer entbindenden Mutter den medizinischen Standard eines Perinatalzentrums (Frauen- mit angeschlossener Kinderklinik) zu bieten.[1023] Nun ist die Möglichkeit zur Gefahrsteuerung keine extern vorgegebene Voraussetzung, sondern weithin eine **Funktion des wirtschaftlichen Aufwands,** der im Interesse der Schadensvermeidung getrieben wird, wobei es nicht nur auf die Möglichkeiten des Schädigers, sondern auch auf die Selbstschutzmöglichkeiten des Opfers ankommt (eingehend RdNr. 261 ff.). Folgerichtig lässt sich die Existenz von Verkehrspflichten nicht ohne Rücksicht auf den wirtschaftlichen Aufwand bestimmen:[1024] Derjenige, der die Rechtsgutsverletzung offensichtlich nur um den Preis unverhältnismäßiger Kosten vermeiden kann, kommt nicht als Träger von Verkehrspflichten in Betracht.

Die bloße faktische Möglichkeit zur Gefahrsteuerung mit wirtschaftlich vertretbarem Aufwand reicht allerdings für sich allein genommen nicht aus, um eine Person bei Meidung von Schadensersatzpflichten zu Sicherheitsmaßnahmen zu verpflichten;[1025] hinzukommen muss eine **normativ begründete Zuständigkeit** für die konkrete Gefahrenquelle bzw. das zu schützende Rechtsgut: Selbstverständlich wird eine deliktische Entsorgungspflicht in Bezug auf gefährliche Abfälle nicht dadurch begründet, dass einem darauf spezialisierten Unternehmen die Abfälle vor die Füße geworfen werden. Eine „Allzuständigkeit" des Einzelnen für die Abwehr sämtlicher Gefahren, zu deren Steuerung er die Möglichkeit hat, gibt es nicht. Obwohl die Übergänge sicherlich fließend sind, lässt sich insoweit doch eine grundlegende Unterscheidung treffen, die an die Differenzierung zwischen Sicherungs- und Fürsorgepflichten anknüpft. **Sicherungspflichten** treffen grundsätzlich jede Person **für ihre eigene Sphäre,** nämlich für das **eigene Verhalten** und die **eigenen Sachen**.[1026] Jedermann muss sein Verhalten so einrichten und seine Sachen in einem solchen Zustand halten, dass es nicht zu Verletzungen Dritter kommt, die sich mit einem zumutbaren Aufwand hätten vermeiden lassen. Insbesondere bedarf es zur Auslösung deliktischer Sorgfaltspflichten keiner erhöhten oder gar außergewöhnlichen Gefahrenlage (eingehend RdNr. 241). Wer durch sein Verhalten oder durch einen gefährlichen Zustand seiner Sachen

---

[1020] RGZ 102, 38, 42 f.
[1021] RGZ 102, 38, 42 f.; 102, 372, 374 f.
[1022] BGHZ 9, 373, 383 f.; 14, 83, 87 = NJW 1954, 1403 f.; BGH NJW 1984, 801; 1987, 1013, 1014; VersR 1985, 641, 642; *v. Bar* Verkehrspflichten S. 122 ff.; RGRK/*Steffen* RdNr. 148 f.
[1023] BGH NJW 1996, 1596, 1597.
[1024] Auch insoweit wohl übereinstimmend *v. Bar* Verkehrspflichten S. 127 ff.
[1025] Übereinstimmen *Larenz/Canaris* II/2 § 76 III 4 a, S. 412 f.; RGRK/*Steffen* RdNr. 151.
[1026] Aus strafrechtlicher Sicht genauso G. *Jakobs*, Die strafrechtliche Zurechnung von Tun und Unterlassen, Nordrhein-Westfälische Akademie der Wissenschaften, Vorträge Nr. G 344, 1996, S. 19 ff.

die Rechtsgüter seiner Mitbürger gefährdet, ist deliktsrechtlich gehalten, diese Gefährdung durch entsprechende Sorgfaltsmaßnahmen im gebotenen Maße einzudämmen.[1027]

239 Während jedermann ohne weiteres verpflichtet ist, das eigene Verhalten und die eigenen Sachen so einzurichten, dass Verletzungen von Rechtsgütern Dritter möglichst vermieden werden, besteht die Fürsorgepflicht zum Schutz fremder Rechtsgüter vor **Gefahren**, die ihnen aus der **Sphäre Dritter oder infolge des Verhaltens des Rechtsgutsträgers selbst** drohen, **nur ausnahmsweise.**[1028] Eine generelle deliktsrechtliche Pflicht zur Fürsorge für fremde Rechtsgüter kann nicht ernsthaft in Betracht kommen, weil sie die Autonomie sowohl des Bedrohten als auch des Helfers in empfindlicher Weise einschränken würde. Wer aus Gefälligkeit die gelegentliche Reinigung eines leer stehenden Hauses übernimmt, haftet nicht für Schäden, die wegen kurzzeitiger Nichtabsperrung der Hauptwasserleitung entstehen;[1029] wer einen Drogenabhängigen dabei beobachtet, wie er sich das Suchtmittel erneut zuführen will, ist deliktsrechtlich nicht gehalten, ihm in den Arm zu fallen;[1030] wer ein Fahrzeug mangelhaft gegen Benutzung durch Unbefugte sichert, haftet für Schäden Dritter, nicht aber ohne weiteres auch für Verletzungen, die der Schwarzfahrer selbst erleidet.[1031]

240 Die Differenzierung zwischen Sicherungs- und Fürsorgepflichten findet Bestätigung in dem Prinzip der **Korrespondenz von Vorteilen und Nachteilen,** auf das die Verkehrspflichten als wichtigste Emanationen der allgemeinen deliktischen Sorgfaltspflicht mitunter gestützt werden.[1032] Mit einer gewissen Generalisierung lässt sich sagen, dass jedermann aus seinem eigenen Verhalten und seinen eigenen Sachen Vorteile zieht und folgerichtig auch die damit verbundenen Schadensrisiken kontrollieren und steuern muss. Zudem ist jeder in Bezug auf seine eigene Sphäre auch dazu in der Lage, etwaige Gefahren unter Aufwand vertretbarer wirtschaftlicher Mittel einzudämmen. Kategorial anders verhält es sich bei Fürsorgepflichten in Bezug auf die Rechtsgüter anderer: Sie erfordern regelmäßig einen Übergriff in eine fremde Sphäre, der einen erhöhten Aufwand verursacht, und ihnen korrespondiert gerade kein Vorteil des Handelnden, sondern ein solcher des geschützten Dritten. Im Grundsatz besteht deshalb keine Pflicht, andere vor Selbstgefährdung oder vor der Schädigung durch Dritte zu bewahren; sie bedarf vielmehr der sorgfältigen Begründung im Einzelfall.[1033]

241 **2. Sicherungspflichten (Sachhalterhaftung). a) Gefahrsteuerung und Gefährdungshaftung.** Sicherungspflichten sind deliktische Sorgfaltspflichten zur Kontrolle und Steuerung von Gefahren, die der **eigenen Verantwortungssphäre** entspringen. Nach einer stehenden Formulierung der Rechtsprechung muss derjenige, der in seinem Verantwortungsbereich eine Gefahrenlage schafft oder andauern lässt, alle ihm zumutbaren Maßnahmen und Vorkehrungen treffen, um eine Schädigung anderer zu verhindern.[1034] Wohl auch wegen dieser Formel von der Schaffung oder dem Andauernlassen von Gefahrenlagen ist immer wieder die **Nähe der Verkehrspflichten zur Gefährdungshaftung** herausgestri-

---

[1027] *Larenz/Canaris* II/2 § 76 III 3 a, S. 408.
[1028] *G. Jakobs* (Fn. 1026) S. 26 f.; vgl. auch *Ulmer* JZ 1969, 163, 170.
[1029] OLG Koblenz NJW-RR 2002, 595.
[1030] Vgl. BGH NJW 1999, 573, 574: Keine Verpflichtung einer Straßenbahnfahrerin, die Waggons an Endhaltestellen zu überprüfen, um hilflose Fahrgäste vor sich selbst zu schützen.
[1031] BGH NJW 1978, 421, 422, ähnlich BGH NJW 1991, 418, 419.
[1032] *v. Bar* Verkehrspflichten S. 125 ff.; *Kleindiek*, Deliktshaftung und juristische Person, S. 201, 209 ff., 225; zu diesem Gesichtspunkt auch schon *Mataja*, Das Recht des Schadenersatzes vom Standpunkte der Nationalökonomie, 1888, S. 57 ff. und passim. Ähnliche Differenzierung wie hier bei RGRK/*Steffen* RdNr. 151 ff.
[1033] BGHZ 9, 301, 307 = NJW 1953, 1180, 1182; BGH RdA 1954, 195; VersR 1978, 183, 184; NJW 1986, 1865; 1987, 2510; OLG Nürnberg NJW 1999, 3721 f. Beispielhaft sind insoweit die Herausforderungsfälle zu nennen; dazu RdNr. 288 f.
[1034] Vgl. etwa BGH VersR 2006, 665 Tz. 13; weiter BGHZ 14, 83, 85 = NJW 1954, 1403; BGHZ 54, 165, 168 = NJW 1970, 1877; BGHZ 60, 54, 55 = NJW 1973, 460 f.; BGHZ 103, 338, 340 = NJW 1988, 2667; BGHZ 121, 367, 375 = NJW 1993, 1799, 1800 f.; BGHZ 136, 69, 77 = NJW 1997, 2517, 2519; BGH NJW-RR 2002, 525, 526; VersR 2006, 420 Tz. 11.

chen worden.[1035] Letzteres beruht wohl auf der Judikatur des RG, deren Akzent auf dem Erfordernis einer gegenständlichen „Gefahrenquelle" lag, die wiederum insbesondere in der Eröffnung eines „Verkehrs" auf einem Grundstück gesehen wurde (RdNr. 236).[1036] Obwohl die Rechtsprechung die Formel bis heute tradiert, ist die Haftung de facto nicht an eine „Gefahrenquelle" im wahren Sinne des Wortes geknüpft, sondern an die Kontrolle der jeweils eigenen Sphäre bzw. des eigenen Verantwortungsbereichs. Wer auf seinem Grundstück einen Baum wachsen lässt, schafft dadurch keine Gefahrenquelle, sondern Letztere entsteht erst dadurch, dass der Grundeigentümer die ihm obliegenden Sorgfaltspflichten verletzt, indem er einen erkennbar morschen Baum nicht beseitigt.[1037] Genauso verhält es sich, wenn jemand eine Straße dem Verkehr übergibt[1038] oder einen Spielautomaten in einer Gaststätte aufstellt, denn obwohl ein Spielautomat keine Gefahrenquelle darstellt, ist der Aufsteller doch gehalten, Sicherungsmaßnahmen zu ergreifen, damit er nicht umstürzt.[1039] Das bedeutet: **Die Sicherungspflicht ist nicht daran geknüpft, dass eine Gefahrenlage geschaffen wurde, sondern es besteht die allgemeine Pflicht, von vornherein keine Gefahren zu verursachen.** Auch bei den Sicherungspflichten der deliktischen Produkthaftung ist evident, dass sie nicht an das Schaffen oder Andauernlassen einer Gefahrenquelle geknüpft sind, sondern schlechthin sämtliche Waren betreffen, die von einem Hersteller oder Importeur in den Verkehr gebracht werden. Sie gelten für technisch anspruchsvolle Produkte genauso wie für landwirtschaftliche Produkte und Lebensmittel; für in Massenproduktion hergestellte Waren genauso wie für Handwerksgegenstände und Speisen in Restaurants;[1040] kurz: die Verkehrspflicht des Warenherstellers ist „nichts anderes als Verantwortung für den Unternehmensbereich".[1041] Eine erhöhte Gefahr ließe sich bei der Produkthaftung nur mit Rücksicht auf die Fehlerhaftigkeit der Ware begründen, aber dies hieße wiederum, die Verletzung einer Sorgfaltspflicht zum Anknüpfungsmoment für deren Existenz zu machen. Verkehrspflichten im Allgemeinen und die Sicherungspflichten im Besonderen sind lediglich Anwendungsfälle der allgemeinen deliktischen Sorgfaltspflicht in Bezug auf die eigene Sphäre, also das eigene Verhalten und die eigenen Sachen, und sie verpflichten dazu, diese Sphäre so zu gestalten, dass keine Gefährdungen Dritter entstehen, die sich mit dem gebotenen Aufwand hätten vermeiden lassen.

b) Typologie der Sicherungspflichten. Je nach Anknüpfungspunkt der Sicherungspflichten lassen sich **verhaltensbezogene und sachbezogene Sorgfaltsgebote** unterscheiden. Insbesondere auf Letztere ist der herkömmliche Begriff der Verkehrspflichten gemünzt, wobei sich wiederum Verkehrssicherungspflichten im engeren Sinn (RdNr. 243) und sonstige sachbezogene Verkehrspflichten (RdNr. 244) unterscheiden lassen. Aus den verhaltensbezogenen Sicherungspflichten ragt der Bereich der Produkthaftung als Sondermaterie heraus (RdNr. 245), während die sonstigen verhaltensbezogenen Sorgfaltspflichten auch von der Rechtsprechung häufig gar nicht als Verkehrspflichten angesprochen werden (RdNr. 246 f.).[1042] Damit zeigt sich erneut, dass die Verkehrspflichten als dogmatische Kate-

---

[1035] *v. Bar* Verkehrspflichten S. 114 f., 128 ff., 136 ff.; *Erman/Schiemann* RdNr. 82; ähnlich OGH JBl. 1996, 446, 448; *Koziol*, Bewegliches System und juristische Methodenlehre in: *Bydlinski/Krejci/Schilcher/Steininger*, Das bewegliche System im geltenden und künftigen Recht, 1986, S. 51 ff.
[1036] Vgl. auch *Brüggemeier* AG 1982, 268, 275 f.
[1037] Zutr. daher die Würdigung des Falls durch RGZ 52, 373, 376 f., wo von einer „Gefahrenquelle" folgerichtig nicht die Rede ist; genauso BGH NJW 1958, 627, 629.
[1038] Treffend RGZ 121, 404, 407: „Für den, der eine Straße zum öffentlichen Verkehr bestimmt und einrichtet, ergibt sich die bürgerlich-rechtliche Pflicht, für ihre ordnungsgemäße und betriebssichere Herstellung und Instandhaltung zu sorgen, daraus, *dass er über die Sache, das Straßengrundstück, unmittelbar verfügt.*" (Hervorhebung hinzugefügt); genauso RGZ 68, 358, 365.
[1039] BGH VersR 1993, 198, 199.
[1040] BGHZ 116, 104, 108 ff. = NJW 1992, 1039, 1040 f.; vgl. auch die Kritik von *Diederichsen*, Die Haftung des Warenherstellers, 1967, S. 75 f., 200; *Simitis*, Gutachten zum 47. DJT, S. C 35 ff.
[1041] *Simitis*, Gutachten zum 47. DJT, S. C 37.
[1042] Vgl. etwa BGH VersR 1973, 30 (Überlassung von Chemikalien an einen Minderjährigen); BGH VersR 1958, 851; 2000, 1419, 1420.

gorie überflüssig sind, weil sie lediglich einen Ausschnitt der deliktischen Sorgfaltspflichten bezeichnen, deren Verletzung die Fahrlässigkeitshaftung begründet (RdNr. 232 ff.).

243 aa) Verkehrssicherungspflichten. Die Eröffnung eines öffentlichen Verkehrs verpflichtet zur Verkehrssicherung.[1043] Dieser Grundsatz stand an der Wiege der Entwicklung der Verkehrspflichten überhaupt und hatte dabei vor allem auch die Funktion, die Staatshaftung der öffentlichen Hand für die von ihr errichteten und verwalteten Verkehrswege zu begründen.[1044] Die Verkehrssicherungspflicht im engeren Sinne ist jedoch nicht auf **öffentliche Wege** und Plätze beschränkt. Im Privatrechtsverkehr verpflichtet sie denjenigen, der Dritten Zugang zu seinem **Grundstück** und seinem **Gebäude** gewährt, den gebotenen Sicherheitsstandard zu gewährleisten. Der Eigentümer eines Mietshauses hat folglich für die Zugfestigkeit des Treppengeländers einzustehen,[1045] auf einem der Öffentlichkeit zugänglich gemachten Grundstück darf sich keine ungesicherte Grube befinden, ein dem Publikumsverkehr offen stehendes Kaufhaus muss mit entsprechenden Sicherheitsvorkehrungen ausgestattet sein usw. Die Intensität der Sicherungspflichten ist dabei umso größer, je bescheidener die Gefahrsteuerungsmöglichkeiten der Passanten sind.

244 bb) Unterhaltung einer sonstigen gegenständlichen Gefahrenquelle. Die Verkehrssicherungspflichten sind nur der historisch grundlegende und deshalb hier besonders herausgestellte Anwendungsfall der generellen Sicherungspflicht in Bezug auf die **eigene gegenständliche Sphäre,** die nicht auf Verkehrsgefahren beschränkt ist und sich auch nicht nur auf Grundstücke bezieht, sondern genauso für **bewegliche Sachen** gilt. Der Sachhalter ist verpflichtet, die Umwelt vor Gefahren zu schützen, die von dem Gegenstand verursacht werden,[1046] so „dass jeder für eine Beschädigung durch seine Sache insoweit aufkommen soll, als er sie bei billiger Rücksichtnahme auf die Interessen des anderen hätte verhüten müssen".[1047] Wichtige **Konkretisierungen** der Haftung für einen angemessenen Sicherheitsstandard innerhalb der jeweils eigenen gegenständlichen Sphäre bringen die **§§ 836 bis 838.** Immobilien sind jedoch nicht nur gegen das Ablösen von Teilen zu sichern (§ 836 RdNr. 5), und die Sorgfaltspflichten gelten ganz genauso für bewegliche Sachen, wie Schusswaffen, Chemikalien usw. Ein Gewehr muss entladen werden, wenn man es aktuell nicht benötigt und sich in menschlicher Gesellschaft befindet,[1048] man darf keine Natronlauge in ungekennzeichneten Bierflaschen an Orten herumstehen lassen, zu denen Handwerker Zugang haben usw.[1049]

245 cc) Inverkehrbringen von Gegenständen. Sicherungspflichten treffen darüber hinaus denjenigen, der eine Sache zwar aktuell nicht in Besitz hat, der sie aber hergestellt und in den Verkehr gebracht hat. Zwar ist dem Hersteller die Gefahrsteuerung bei der Produktverwendung nicht möglich; sie obliegt dem Produktnutzer, doch ist er der richtige Adressat für **Sicherungspflichten bei der Konstruktion und Fabrikation von Waren sowie der Instruktion** ihrer Nutzer. Eine Ausschöpfung der dem Hersteller zur Verfügung stehenden Steuerungspotentiale im Interesse der Produktsicherheit ist nur zu erwarten, wenn er mit einer Haftung für Pflichtverletzungen belegt wird (Vor § 823 RdNr. 40, 47 ff.). Der **Fehlerbegriff** des Produkthaftungsrechts hat die Funktion, denjenigen Bereich zu definieren, in dem die Gefahrsteuerung dem Hersteller – und nicht dem Produktnutzer – obliegt. Beide Bereiche zusammen ergeben umfassende Sorgfaltspflichten bei der Benutzung von Produk-

---

[1043] RGZ 54, 53, 55 ff.; BGHZ 5, 378, 380 f. = NJW 1952, 1050, 1051 f.; BGHZ 9, 373, 382 ff.; BGHZ 14, 83, 85 = NJW 1954, 1403; BGHZ 16, 95, 96 = NJW 1955, 298, 299; BGHZ 60, 54, 55 = NJW 1973, 460 f.; BGHZ 108, 273, 274 = NJW 1989, 2808; BGHZ 121, 367, 375 = NJW 1993, 1799, 1800 f.
[1044] RGZ 52, 373, 376 ff.; 53, 53, 57; 54, 53, 55 ff.; 55, 24, 26 f.; eingehende Schilderung und Würdigung dieser Entwicklung in BGHZ 9, 373, 380 = NJW 1953, 1297, 1298; vgl. weiter BGHZ 14, 83, 85 = NJW 1954, 1403; BGHZ 16, 95, 96 = NJW 1955, 298, 299.
[1045] BGHZ 5, 378, 380 f. = NJW 1952, 1050, 1051 f.
[1046] *Erman/Schiemann* RdNr. 89; *Staudinger/Hager* RdNr. E 16.
[1047] BGH NJW 1958, 627, 629.
[1048] Vgl. BGH VersR 1958, 851; 1990, 1289; OLG Düsseldorf VersR 1990, 903.
[1049] BGH NJW 1968, 1182, 1183.

ten: Der Hersteller hat für eine fehlerfreie Beschaffenheit der von ihm in Verkehr gebrachten Ware zu sorgen, während dem Produktnutzer Sorgfaltspflichten beim konkreten Einsatz des Gegenstands obliegen.

dd) Sicherungspflichten bei gefährlichem Verhalten. Die Produkthaftung ist nur der prominenteste Fall deliktischer Sicherungspflichten, die nicht an die Innehabung einer Sache, sondern an **gefährliches Tun** geknüpft sind. In offenbarer Nähe zur Produkthaftung angesiedelt sind die Sicherungspflichten in Bezug auf die „negativen Produkte" des Herstellungsprozesses, also **Abfälle** und Reststoffe: Der Produzent ist gehalten, „das Erforderliche zu tun, damit sich diese (potentiellen) Gefahren nicht zum Schaden Dritter auswirken können".[1050] Die Haftung gewerblicher Unternehmen ist im Übrigen nicht davon abhängig, dass ein körperlicher Gegenstand – sei es ein Wirtschaftsgut, sei es Abfall – hergestellt wird. Vielmehr haben auch die Erbringer von **Dienstleistungen,** etwa der Inhaber einer Kfz.-Werkstatt, für Schäden einzustehen, die infolge fahrlässigen Verhaltens an deliktisch geschützten Rechtsgütern eintreten.[1051] Darüber hinaus besteht ganz allgemein die Verpflichtung, das eigene Verhalten so einzurichten, dass andere keinen vermeidbaren Gefahren ausgesetzt werden. Ein Reiseveranstalter darf Touristen nicht in Hotels unterbringen, in denen ihnen schwerwiegende Gefahren drohen,[1052] ein Lieferant von Mineralölprodukten muss alle zumutbaren Vorsichtsmaßnahmen ergreifen, damit Schäden beim Befüllen der Vorratstanks vermieden werden,[1053] der Betreiber einer Großbaustelle muss darauf achten, dass beim Abtransport von breiigem Erdaushub nicht die gesamte Nachbarschaft verschmutzt wird usw.[1054]

Auch **vorangegangenes gefährliches Tun** verpflichtet zur anschließenden Steuerung der selbst heraufbeschworenen Gefahren. Der Bauunternehmer haftet auch für solche Schäden, die erst nach Verlassen der Baustelle entstehen, aber durch den unsicheren baulichen Zustand des Gebäudes oder Grundstücks verursacht werden, denn seine Zuständigkeit zur Gefahrsteuerung beruht nicht auf der aktuellen Beherrschung der Sache, sondern auf gefährlichem Verhalten.[1055] Ein liegengebliebenes Kfz. muss gesichert und andere unfallbedingte Gegenstände von der Fahrbahn geborgen werden, damit kein Unfall wegen des sich ergebenden Hindernisses entsteht,[1056] die Benutzung eines verkehrsunsicheren Kfz. ist durch geeignete Sicherungsmaßnahmen zu verhindern.[1057]

3. Fürsorgepflichten. Obwohl die Sicherungspflichten in Bezug auf die eigenen Sachen und das eigene Verhalten, einschließlich des vorangegangenen gefahrerhöhenden Tuns, weite Bereiche deliktischer Sorgfaltspflichten abdecken, erfassen sie doch nicht das gesamte Spektrum. Insbesondere zur Begründung mitmenschlicher **Hilfspflichten im sozialen Nahbereich** bedarf es zusätzlicher Kategorien.[1058] Die eben angesprochene Teilmenge der von der Verkehrspflichtdogmatik nicht erfassten Handlungspflichten entspricht cum grano salis demjenigen Bereich, der in der modernen Strafrechtslehre unter den Begriff des Beschützergaranten bzw. der Garantenpflicht kraft institutioneller Zuständigkeit gebracht wird.[1059] Die deliktische Verantwortlichkeit für den Schutz der Rechtsgüter Dritter ist keine

---

[1050] BGH NJW 1976, 46.
[1051] BGHZ 55, 392, 394 f. = NJW 1971, 1131, 1132 – Doppelachsaggregat; BGH NJW-RR 1993, 655, 656 – Handbremse; LG Ansbach BB 1995, 1767 m. Bespr. *Brüggemeier* BB 1995, 2489; ganz ähnlich der Fall BGH VersR 1978, 722, 723.
[1052] BGHZ 103, 298, 303 f. = NJW 1988, 1380, 1381, mit expliziter Profilierung gegenüber der Zustandshaftung.
[1053] BGH NJW 1984, 234; 1995, 1150.
[1054] BGH VersR 1966, 145, 146.
[1055] BGH VersR 1960, 798, 799; NJW-RR 1990, 726, 727; NJW 1997, 582, 583.
[1056] BGHSt 5, 393, 394; BayObLG NJW 1969, 2026 f.; weiterhin ist dem Unfallopfer Hilfe zu leisten, BGH NJW 1958, 957 f.
[1057] BGH VRS 17, 388, 390; VRS 22, 211 ff.
[1058] RGRK/*Steffen* RdNr. 156.
[1059] Dazu ausf. *Jakobs,* Strafrecht AT, Kap. 29 RdNr. 28, 57 ff.; *Schönke/Schröder/Stree* § 13 StGB RdNr. 9 f.

Selbstverständlichkeit, sondern die Ausnahme, die einer besonderen Begründung bedarf (RdNr. 240).

249   **a) Übernahme von Fürsorgepflichten.** Eine Garantenstellung kann durch **Rechtsgeschäft** begründet werden, das die eine Partei zur Fürsorge um die Rechtsgüter der Gegenseite verpflichtet. Dabei geht es nicht um die Delegation der Verkehrspflicht zur Sicherung des eigenen Bereichs im Interesse gefährdeter Dritter, sondern um die Begründung deliktischer Fürsorgepflichten in Bezug auf die Rechtsgüter des Delegatars selbst.[1060] Genauso wie bei der Delegation von Verkehrspflichten ist allerdings nicht entscheidend, ob das Vertragsverhältnis als solches wirksam ist (RdNr. 296), sondern es kommt ausschließlich auf die **faktische Übernahme** der entsprechenden Fürsorge- und Obhutsaufgaben an.[1061] So treffen einen **Arzt** nicht nur eigene Sicherungspflichten in dem Sinne, dass er bei Eingriffen in Körper und Gesundheit des Patienten die im Verkehr erforderliche Sorgfalt beachten muss, sondern ihm obliegen darüber hinaus Pflichten zum Schutz des Patienten vor Gefahren, die Letzterem unabhängig von dem konkreten ärztlichen Heileingriff drohen.[1062] Erhält der Arzt nach einer Operation einen beunruhigenden histologischen Befund, hat er *von sich aus* im Interesse des Patienten tätig zu werden,[1063] ein Hausarzt muss *von sich aus* einen Hausbesuch durchführen, wenn schwere Krankheitssymptome nicht abklingen usw.[1064] Der Krankenhausaufnahmevertrag verpflichtet den Krankenhausträger nicht nur zur medizinischen Versorgung des Patienten, sondern auch zu dessen Schutz (vgl. auch RdNr. 493);[1065] insbesondere ist er vor Schädigungen durch Besucher zu bewahren.[1066] Der Betreiber einer Badeanstalt bzw. der **Schwimmmeister,** der die Sorge um die Rechtsgüter der Badegäste übernommen hat, haben für Gesundheitsschäden und Todesfälle einzustehen, die infolge einer Verletzung der Aufsichtspflicht entstehen.[1067]

250   **Gesteigerte Fürsorgepflichten** gelten mit Blick auf solche Personen, die ihr eigenes Verhalten nicht oder nur begrenzt nach rationalen Kriterien steuern können. **Kinder** sind im Eigeninteresse am eigenmächtigen Verlassen des Krankenhauses zu Kindern (vgl. auch RdNr. 493);[1068] psychisch kranke (depressive) Patienten sind daran zu hindern, sich selbst das Leben zu nehmen.[1069] Veranstaltet eine Gemeinde ein Ferienspiel-Programm für Schulkinder, muss sie deren Beaufsichtigung und Betreuung gewährleisten.[1070] Dem Träger einer Schule obliegt es, dafür Sorge zu tragen, dass sich die Schüler in den Unterrichtsräumen und sonstigen Schulanlagen ungefährdet bewegen können.[1071] Ein **Gastwirt** ist sowohl öffentlich-rechtlich (§ 20 Nr. 2 Gaststättengesetz) als auch straf- und deliktsrechtlich gehalten, den Alkoholausschank an erkennbar Betrunkene zu unterlassen; er ist im Vorfeld dieses Tatbestands jedoch nicht gehalten, sich zum Hüter des Wohls seiner Gäste zu machen.[1072]

[1060] Vgl. auch *Ulmer* JZ 1969, 163, 173: Übernahme von Schutzpflichten.
[1061] Vgl. schon RGZ 102, 38, 42; weiter BGH NJW 1979, 1248, 1249; *Jakobs*, Strafrecht AT, Kap. 29 RdNr. 70; *Schönke/Schröder/Stree* § 13 StGB RdNr. 28.
[1062] BGH NJW 1979, 1248, 1249; 1985, 2749, 2750; 1990, 2929, 2930.
[1063] BGH NJW 1985, 2749, 2750; 2000, 2741, 2742.
[1064] BGH NJW 1979, 1248, 1249.
[1065] BGH NJW 1976, 1145 f.; OLG Köln NJW-RR 1994, 862.
[1066] BGH NJW 1976, 1145 f.
[1067] Grdlg. RGZ 136, 228, 230: Übernahme einer „Fürsorgepflicht" durch Eröffnung und Betrieb eines Strandbads auf der Nordseeinsel Baltrum; genauso BGH NJW 1962, 959 f.; 1980, 392; VersR 1990, 989, 990 = NJW-RR 1990, 1245, 1246; OLG Hamm VersR 1996, 727, 728; KG VersR 2000, 734, 735; bei Behinderten gelten selbstverständlich gesteigerte Fürsorgepflichten: BGH NJW 1991, 2960 f. Genauer RdNr. 494.
[1068] So für eine Kinderklinik OLG Köln NJW-RR 1994, 862.
[1069] BGHZ 96, 98, 100 = NJW 1986, 775; BGH NJW 1994, 794, 795; 2000, 3425 f.; OLG Naumburg NJW-RR 2001, 1251; OLG Stuttgart NJW-RR 1995, 662, 663; 2001, 1250; OLG Oldenburg VersR 1997, 117, 118.
[1070] OLG Bremen VersR 1978, 525, 526.
[1071] BGHZ 44, 103, 106 = NJW 1965, 1760, 1761.
[1072] OLG Saarbrücken NJW-RR 1995, 986, 987; zum Strafrecht genauso BGHSt 19, 152, 154 ff. = NJW 1964, 412; BGHSt 26, 35, 38 ff. = NJW 1975, 1175; eingehend zu den Sicherungspflichten von Hoteliers und Gastwirten, RdNr. 487 ff.

Die Übernahme deliktisch sanktionierter Fürsorgepflichten kommt jedoch nicht nur bei 251 Persönlichkeitsgütern in Betracht, sondern genauso auch bei **Eigentumsrechten.** Schon das RG hatte den Schleppschifffahrtsunternehmer für Schäden verantwortlich gemacht, die infolge des achtlosen Liegenlassens eines Kahns dessen Eigentümer entstanden waren.[1073] Ganz allgemein begründet derjenige, der eine Sache in Obhut nimmt, damit eine durch Schadensersatzansprüche begründete Verpflichtung zur „Sorgfalt für fremdes Eigentum",[1074] was insbesondere für Lagerhalter und Transporteure von Bedeutung ist, wobei allerdings § 434 HGB die Haftungsausschlüsse und -beschränkungen des Transportvertragsrechts auf die Deliktshaftung erstreckt (vgl. Vor § 823 RdNr. 67). Außerhalb eines Obhutsverhältnisses trifft den Heizungsmonteur, der eine Ölheizung erneuert, die Verpflichtung, den Besteller auf ihm erkennbare Sicherheitsmängel von Peripheriegeräten und -leitungen hinzuweisen, auch wenn sie nicht selbst Gegenstand seines Auftrags sind.[1075] Eine allgemeine Rechtspflicht zum Schutz fremder Güter vor Beschädigung besteht dagegen nicht.[1076]

b) Solidarität in Ehe und Familie. Ein wichtiger Generator für Fürsorgepflichten 252 zugunsten der Rechtsgüter anderer sind die Institutionen Ehe und Familie. Ehegatten sind einander ebenso zum Beistand in Gefährdungslagen verpflichtet wie Eltern gegenüber ihren Kindern und umgekehrt.[1077] Entscheidend für Bestand und Umfang dieser Pflichten ist dabei nicht der Umstand, dass sie im Gesetz eigens ausgesprochen sind, etwa in § 1353 Abs. 1 aE, wo es heißt, die Ehegatten trügen füreinander Verantwortung, und in § 1626 Abs. 1 S. 2, nach dem sich die elterliche Sorge gerade auch auf die Person des Kindes bezieht. Maßgebend ist vielmehr die **Existenz einer sozialen Nähebeziehung,** die das Vertrauen in die Leistung von Hilfe und Beistand in persönlichen Notsituationen rechtfertigt.[1078] Dementsprechend kann es auf die rechtliche Vertypung und Institutionalisierung der personalen Beziehung in dem Rechtsverhältnis Ehe oder Eltern/Kind-Verhältnis nicht entscheidend ankommen. Auch die Partner einer nichtehelichen Lebensgemeinschaft schulden einander ein Mindestmaß an interpersonaler Solidarität, und beide Partner zusammen sind für das Wohlergehen eines in dieser Lebensgemeinschaft aufwachsenden Kindes ohne Rücksicht darauf verantwortlich, ob zu beiden Teilen ein rechtliches Eltern/Kind-Verhältnis besteht.[1079]

c) Gefahrengemeinschaften. Im Gegensatz zu den eben genannten Verhältnissen sozia- 253 ler Familienbeziehungen stehen persönliche **Verbindungen der Sozialsphäre,** wie etwa das Zusammenwohnen in einer Wohngemeinschaft, die für sich allein nicht ausreichen, um durch Schadensersatzansprüche bewehrte Hilfspflichten hervorzubringen.[1080] Allerdings können sich distanzierte Sozialbeziehungen zu Gefahrengemeinschaften steigern, wie etwa in einer Gruppe von Bergsteigern, und als solche deliktsrechtliche Hilfs- und Rettungspflichten generieren.[1081]

d) Allgemeines Staatsbürgerverhältnis. Demgegenüber begründet das allgemeine 254 Verhältnis zu Mitbürgern, die in eine Notlage geraten sind, zwar die **strafbewehrten Hilfspflichten des § 323 c StGB,** nicht aber auch deliktische, auf Erfolgsabwendung

---

[1073] RGZ 120, 121, 125; zur außervertraglichen Natur der Haftung aaO S. 122 f.
[1074] RGZ 102, 38, 42.
[1075] OLG Zweibrücken NJW-RR 2000, 1554.
[1076] RGZ 97, 11, 12; 102, 38, 42; 120, 121, 122 f.
[1077] BGHZ 73, 190, 193 f. = NJW 1979, 973 f.; vgl. auch BGHZ 103, 338, 344 = NJW 1988, 2667, 2668; BGHSt 19, 167 f.; *Deutsch* Haftungsrecht I RdNr. 103; *Staudinger/Hager* RdNr. H 8.
[1078] Übereinstimmend *Jakobs,* Strafrecht AT, Kap. 29 RdNr. 28.
[1079] *Fikentscher/Heinemann* RdNr. 1544; aA *Jakobs,* Strafrecht AT, Kap. 29 RdNr. 66, mit dem Argument, andernfalls werde das Ehemonopol zerstört. – Es ist aber nicht Aufgabe des Straf- oder des Deliktsrechts, das Ehemonopol durchzusetzen, sondern den Rechtsgüterschutz in dem gebotenen Umfang zu gewährleisten.
[1080] BGHSt NJW 1987, 850.
[1081] *Staudinger/Hager* RdNr. H 10; *Jakobs,* Strafrecht AT, Kap. 29 RdNr. 71; *Schönke/Schröder/Stree* § 13 StGB RdNr. 24.

gerichtete Handlungspflichten,[1082] wie dies von einem Teil der Literatur gelehrt wird.[1083] Bei dieser umstrittenen Frage ist im Auge zu behalten, dass § 323 c StGB die Existenz weitergehender, auf Erfolgsabwendung gerichteter strafrechtlicher Handlungspflichten nicht ausschließt; in diesen Fällen erfolgt die Bestrafung allerdings nicht aus § 323 c StGB, sondern aus dem jeweiligen Erfolgsdelikt, also etwa §§ 212, 223 StGB iVm. § 13 StGB. Soweit den Täter eine Garantenstellung iS des § 13 StGB trifft, begründen die dafür maßgeblichen Umstände regelmäßig auch seine deliktische Einstandspflicht für den schuldhaft nicht abgewendeten Schaden, und zwar sowohl gemäß § 823 Abs. 1 als auch gemäß § 823 Abs. 2 iVm. den einschlägigen Straftatbeständen des StGB. Hingegen würden sämtliche **Differenzierungen der Unterlassungsdogmatik** und der Lehre von den Garantenpflichten über den Haufen geworfen und einplaniert, wären § 323 c StGB und die insofern ähnliche Vorschrift des § 138 StGB als Quelle deliktischer Handlungspflichten anzuerkennen. Genau dies wäre jedoch die Folge, würden die §§ 138, 323 c StGB als Schutzgesetze iS von § 823 Abs. 2 anerkannt.[1084] Insoweit liegen die Dinge genauso wie im Binnenbereich des Strafrechts, für das ebenfalls mit Recht daran festgehalten wird, dass sich aus den §§ 138, 323 c StGB keine auf die Abwendung des Verletzungserfolgs bezogenen Handlungspflichten ergeben.[1085]

255 **4. Berufshaftung.** Der Begriff der Berufshaftung im eigentlichen Wortsinn bezeichnet sämtliche Regeln über die Einstandspflicht der Angehörigen von „Berufen" gegenüber ihren Vertragspartnern und Dritten. Damit sind große Teile des Obligationenrechts angesprochen, das nicht nur der Delikts-, sondern genauso der Vertragshaftung gewidmet ist. Die Berufshaftung erweist sich somit allein in soziologischer Hinsicht als einheitliche Kategorie; dogmatisch handelt es sich um eine **Querschnittsmaterie,** zumal das Privatrecht noch mit den berufsrechtlichen Regelungen des öffentlichen Rechts im Zusammenhang gesehen werden muss. Schließlich ist die Berufshaftung auch in sich stark segmentiert, weil sich beispielsweise das Arzt-, das Anwalts- und das Bankrecht keineswegs über einen Leisten schlagen lassen.

256 Obwohl nicht zu leugnen ist, dass die Zugehörigkeit zu einem bestimmten Beruf „ein immer wiederkehrender, mehr oder weniger zentraler Topos" bei der Begründung einer vertraglichen oder außervertraglichen Haftung ist,[1086] kann von der Etablierung der **Berufshaftung als eigenständiger dogmatischer Kategorie keine Rede** sein.[1087] Die Diskussion konzentriert sich seit jeher auf einen schmalen Ausschnitt der berufsrelevanten Haftungsfragen, nämlich auf die Haftung von Wertgutachtern und Banken für reine Vermögensschäden „zwischen" Vertrag und Delikt (RdNr. 229 ff.).[1088] Dogmatisch stehen zur Lösung dieser Fallgruppen vor allem die Rechtsinstitute des konkludent geschlossenen Vertrags, der culpa in contrahendo, des Vertrags mit Schutzwirkung zugunsten Dritter sowie schließlich die Deliktshaftung für reine Vermögensschäden gemäß § 826 zur Verfügung.[1089] Die viel diskutierte Frage, ob sich das mit Blick auf reine Vermögensschäden restriktive Konzept des deutschen Deliktsrechts mit Hilfe von „Verkehrspflichten zum Schutz fremden

---

[1082] Wie hier BGH NJW 1999, 573, 574; *Esser/Schmidt* AT/2 § 25 III 2 b, S. 61 f.; RGRK/*Steffen* RdNr. 136; *Staudinger/Hager* RdNr. H 9; *Dütz* NJW 1970, 1822, 1824.

[1083] So *Larenz/Canaris* II/2 § 77 III 1 d, S. 441; *Mertens* AcP 178 (1978) 227, 247; *Fraenkel* S. 284; *Soergel/Spickhoff* RdNr. 237.

[1084] *Ulmer* JZ 1969, 163, 165 Fn. 29; *Dütz* NJW 1970, 1822, 1824 f.

[1085] Statt aller *Schönke/Schröder/Stree* § 13 StGB RdNr. 57 mwN.

[1086] *Hopt* AcP 183 (1983), 608, 634 f.; als Beleg vgl. etwa BGHZ 103, 298, 304 = NJW 1988, 1380, 1381.

[1087] Übereinstimmend *Köndgen,* Selbstbindung ohne Vertrag, S. 352; *v. Bar* ZGR 1983, 476, 507; *Kleindiek,* Deliktshaftung und juristische Person, S. 431 f.; an diesem Befund hat auch das Werk von *Hirte* Berufshaftung, 1996, nichts geändert.

[1088] *Hopt* AcP 183 (1983), 608, 610 f.; *Köndgen,* Selbstbindung ohne Vertrag, S. 5 f.; *Koziol* JBl. 1994, 209; erneute, wenig weiterführende Diskussion dieser Problemlagen bei *V. Lang* AcP 201 (2001), 451, 459 ff.

[1089] Vgl. dazu *Hopt* AcP 183 (1983), 608, 640 ff.; *Köndgen,* Selbstbindung ohne Vertrag, S. 352 ff.; *ders.* in: Lorenz (Hrsg.), Einbeziehung Dritter in den Vertrag, S. 3 ff.; *Canaris,* FS Larenz, 1983, S. 27, 90 ff.; *v. Bar* Verkehrspflichten S. 220 ff.

Vermögens" überwinden lässt,[1090] ist jedoch in Wahrheit **keine Frage der Verkehrspflichten** oder der handlungsunrechtlichen Konstruktion des Deliktstatbestands, sondern betrifft die Definition des Schutzbereichs des Deliktsrechts (RdNr. 226 ff.).[1091] Genauso wenig ist die Ausweitung des Schutzbereichs des § 823 Abs. 1 eine Angelegenheit des Berufsrechts oder der Berufshaftung, denn ein vernünftiger Grund dafür, warum Sachverständige, Banken und Anlageberater für fahrlässig verursachte reine Vermögensschäden haften sollten, alle anderen Akteure aber nicht, ist nirgends ersichtlich. Umgekehrt stellt sich die Problematik der reinen Vermögensschäden auch keineswegs bei jedweder Berufsausübung; insbesondere Ärzte[1092] sehen sich regelmäßig mit der Haftung für Körper- und Gesundheitsverletzungen konfrontiert, für deren Bewältigung § 823 Abs. 1 vollkommen ausreicht.

Die Angehörigen freier Berufe und sonstiger Professionen unterliegen **keinen anderen Sorgfaltspflichten** als die übrige Bevölkerung.[1093] Die Ausübung eines Berufs iS der Zugehörigkeit zu einer Gruppe besonders ausgebildeter und spezialisierter Akteure bestimmt jedoch das **Maß der erforderlichen Sorgfalt,** das je nach Verkehrskreis unterschiedlich ausfällt (vgl. RdNr. 37).[1094] Im Rahmen ihres professionellen Aufgabengebiets sind die Angehörigen eines Berufs zur Gefahrsteuerung geradezu prädestiniert, weil sie ihnen in besonders wirksamer Weise und zu besonders geringen Kosten möglich ist, während das Publikum das eigene Sorgfaltsniveau unter der Voraussetzung wählt, dass professionelle Spezialisten verfügbar sind und ggf. eingreifen werden.[1095] Von einem Herzspezialisten wird mehr erwartet als von einem Hausarzt, für die Vermögensberatung durch eine Großbank gelten andere Standards als für den privaten „Anlagetipp" eines Privatanlegers, und der Veranstalter einer Pauschalreise hat seinen Gästen dasjenige Quantum zusätzlicher Sicherheit zu bieten, das die auf eigene Faust organisierte Reise nicht zu gewährleisten vermag.[1096] Wenn mehrere Passanten gleichzeitig ein schwerverletztes Unfallopfer erreichen, versteht sich von selbst, dass den einzigen Arzt unter den potentiellen Helfern eine besondere Verantwortung trifft, die über den Pflichtenkreis der Übrigen hinausreicht. 257

III. Umfang und Intensität von Verkehrspflichten

1. Grundsätze deliktischer Gefahrsteuerungsgebote. a) Faktische und rechtliche Möglichkeit zur Gefahrsteuerung. Die Kriterien, nach denen sich der Umfang deliktischer Sorgfaltspflichten bestimmt, sind weitgehend identisch mit denjenigen Gesichtspunkten, von denen ihre Existenz abhängt (RdNr. 237 ff.). Insbesondere bestehen Verkehrspflichten immer nur im Rahmen der dem Sicherungspflichtigen zur Verfügung stehenden **faktischen und rechtlichen Handlungsmöglichkeiten.**[1097] Einem Kraftwerksbetreiber, dessen Kühltürme Wasserdampf emittieren, der die anliegenden Straßen vereisen lässt, kann folgerichtig nicht zum Vorwurf gemacht werden, er habe es versäumt, verkehrsregelnde Maßnahmen, wie etwa die Anordnung von Geschwindigkeitsbeschränkungen, zu ergreifen, weil dazu allein die Straßenverkehrsbehörde befugt ist.[1098] Umgekehrt lässt sich daraus nicht folgern, der Sicherungspflichtige müsse alle tatsächlich möglichen Maßnahmen im Interesse 258

[1090] Grdlg. *K. Huber,* FS v. Caemmerer, 1978, S. 359 ff., der Berufshaftung und Vermögensschutz gleichsam als zwei Seiten derselben Problemmedaille begreift; ähnlich 3. Aufl. RdNr. 466, 472 ff. *(Mertens); v. Bar* Verkehrspflichten S. 157 ff., 204 ff., 233 f.; *Brüggemeier* Deliktsrecht RdNr. 330, 445 ff.
[1091] AA *Brüggemeier* Deliktsrecht RdNr. 77, 456.
[1092] Vgl. BGH NJW 1962, 959 f.; NJW-RR 1990, 1245, 1246.
[1093] *Larenz/Canaris* II/2 § 76 III 3 b, S. 409; wohl anders BGHZ 103, 298, 304 = NJW 1988, 1380, 1381: „... die gewerblichen Berufspflichten begründen und begrenzen zugleich auch Verkehrssicherungspflichten". Ähnlich RGRK/*Steffen* RdNr. 155.
[1094] BGHZ 103, 298, 304 = NJW 1988, 1380, 1381.
[1095] BGH RdA 1954, 195 m. Anm. *A. Hueck;* NJW 1987, 2510, 2511; *Schiemann,* FS Gernhuber, 1993, S. 387, 390 f.
[1096] BGHZ 103, 298, 304 = NJW 1988, 1380, 1381.
[1097] BGH VersR 1985, 641, 642; treffend *Röckrath* NStZ 2003, 641, 642: „Die tatsächliche Vermeidbarkeit des Erfolgs ist elementarste Voraussetzung der Zurechnung".
[1098] BGH VersR 1985, 641, 642.

der Schadensvermeidung treffen. Die deliktischen Sorgfaltspflichten verlangen keine absolute Sicherheit in dem Sinne, dass der Eintritt von Rechtsgutsverletzungen schlechthin ausgeschlossen wäre;[1099] sie enden nicht erst am empirisch-technisch und rechtlich **Möglichen,** sondern bereits an der **Grenze des Zumutbaren.**[1100] Nach einer in der Rechtsprechung gebrauchten Formel kann sich der Sicherungspflichtige auf solche Maßnahmen beschränken, „die ein verständiger und umsichtiger, in vernünftigen Grenzen vorsichtiger Mensch für notwendig und ausreichend hält, um andere vor Schaden zu bewahren".[1101]

259 **b) Nutzen und Kosten von Sorgfaltsmaßnahmen.** Der einzuhaltende Sorgfaltsstandard richtet sich nach dem Nutzen und den Kosten von Sicherheitsmaßnahmen. Die maßgebenden Faktoren für die Ermittlung des Nutzens solcher Maßnahmen sind die **Höhe des Schadens** und der **Grad der Eintrittswahrscheinlichkeit.** Wie der BGH treffend ausführt, sind „Sicherungsmaßnahmen um so eher zumutbar, je größer die Gefahr und die Wahrscheinlichkeit ihrer Verwirklichung sind".[1102] Schwerwiegende Schäden rechtfertigen einen erheblichen Vermeidungsaufwand auch dann, wenn ihr Eintritt nicht sehr wahrscheinlich ist; doch ist ihr Eintritt außerordentlich unwahrscheinlich, sind Sicherheitsmaßnahmen nicht geboten.[1103] In ökonomischer Terminologie ausgedrückt, kommt es auf den **Schadenerwartungswert,** dh. das Produkt aus Schadenshöhe und Eintrittswahrscheinlichkeit an. Je größer der Erwartungswert, desto kostspieligere Sicherheitsmaßnahmen sind von dem Pflichtigen zu verlangen, bis zu der Grenze, in der die **Sorgfaltskosten** die Kosten des Produkts aus Schadenshöhe und Eintrittswahrscheinlichkeit erreichen (Vor § 823 RdNr. 48).[1104] Genau genommen ist der Pflichtenträger gehalten, die Sicherungsmaßnahmen so lange auszudehnen, bis die Grenzkosten einer zusätzlichen Einheit an Sorgfaltsaufwand gleich dem Grenzertrag in Gestalt zusätzlich vermiedener Schäden sind.[1105] Wäre also eine Reduktion der erwarteten Schäden um den Betrag von 100 nur um den Preis einer Sicherungsmaßnahme zu haben, deren Kosten sich auf 120 beliefen, sollte sie unterbleiben und ein Fahrlässigkeitsvorwurf wäre folglich nicht zu erheben.

260 Die Orientierung der deliktischen Fahrlässigkeitshaftung an einem **wirtschaftlichen Kalkül** wird vom BGH zwar ausdrücklich abgelehnt,[1106] der Sache nach jedoch praktiziert.[1107] Die Ablehnung bezieht sich in Wahrheit lediglich auf eine willkürliche und interessengeleitete Berücksichtigung ökonomischer Kriterien, wenn sich der Schädiger etwa mit dem bloßen Hinweis auf die absolute Höhe der Kosten von Sicherungsmaßnahmen ver-

---

[1099] Treffend BGH VersR 1975, 812: „Ein allg. Verbot, andere nicht zu gefährden, wäre utopisch."; genauso BGH VersR 2006, 233, 234 Tz. 10 = NJW 2006, 610; VersR 2006, 1083, 1084 Tz. 7; 2007, 72, 73 Tz. 11; BGHZ 108, 273, 274 = NJW 1989, 2808; BGH VersR 1960, 715, 716; 1964, 746; 1975, 812; 1976, 149, 150; 1977, 334, 335; NJW-RR 1990, 789, 790; 1992, 981; NJW 1994, 3348; 1995, 1150, 1151; vgl. RdNr. 65 mwN.
[1100] BGHZ 44, 103, 106 = NJW 1965, 1760, 1761; BGHZ 58, 149, 158 = NJW 1972, 724, 726; BGHZ 108, 273, 274 = NJW 1989, 2808; BGH VersR 2007, 72, 73; RGRK/*Steffen* RdNr. 150; Erman/Schiemann RdNr. 80; *Larenz/Canaris* II/2 § 76 III 4 b, S. 414; *Soergel/Krause* Anh. II RdNr. 32; *Staudinger/Hager* RdNr. E 71.
[1101] BGH VersR 2006, 233, 234 Tz. 9 = NJW 2006, 610; VersR 2006, 1083, 1084 Tz. 6; NJW 1990, 1236, 1237; NJW-RR 2002, 525, 526.
[1102] BGH VersR 2007, 72, 73; genauso RGZ 147, 353, 356; BGH VersR 1960, 609, 611; NJW 1971, 1313, 1314; RGRK/*Steffen* RdNr. 150; Erman/Schiemann RdNr. 80; *Larenz/Canaris* II/2 § 76 III 4 b, S. 414; *Soergel/Krause* Anh. II RdNr. 32; *Staudinger/Hager* RdNr. E 71.
[1103] BGH VersR 2006, 233, 234 Tz. 14 = NJW 2006, 610.
[1104] Sog. Hand-Formel, nach der Entscheidung des amerikanischen Richters Learned Hand in: United States vs. Caroll Towing Co. 159 F. 2 d 169 (2 d Cir. 1947); dazu *Brüggemeier*, Prinzipien des Haftungsrechts, S. 67 ff.
[1105] *Kötz/Wagner* RdNr. 65 ff. mwN.
[1106] BGH NJW 1984, 801, 802.
[1107] Vgl. etwa BGHZ 58, 149, 158 = NJW 1972, 724, 726: kein Verkehrspflichtverstoß, weil der Beklagten die Sicherungsmaßnahme „wegen der damit verbundenen hohen Kosten nicht zuzumuten [sei]". In der Sache genauso BGH VersR 1960, 22; VersR 1976, 1086, 1087; NJW 1984, 801, 802; OLG Nürnberg NZV 1994, 68; OLG Celle OLGZ 1990, 343, 344; NJW-RR 1988, 663; Erman/Schiemann RdNr. 81; und auch RGRK/*Steffen* RdNr. 150 sowie *Steffen* ZVersWiss. 1993, 13, 26: „allg. Grundsätze der Finanzierbarkeit"; besonders deutlich OLG Hamm NJW-RR 2002, 1104; 2002, 1459, 1460.

Schadensersatzpflicht   § 823

teidigt. Selbstverständlich lässt sich die Haftung für eine Gesichtsverletzung, die der Zuschauer eines Eishockey-Bundesligaspiels durch einen umherfliegenden Puck erleidet, nicht allein deshalb verneinen, weil die Errichtung eines Schutzzauns den erklecklichen Betrag von 75 000 Euro kosten würde.[1108] Die Kosten einer hypothetischen Sicherungsmaßnahme sind vielmehr in Beziehung zu den Kosten der damit vermiedenen Schäden zu setzen, wobei sämtliche während der Lebensdauer des Schutzzauns vermiedenen Gesundheitsschäden zu berücksichtigen sind.[1109] Genau so geht der BGH auch vor: Das Gericht prüft in jedem Einzelfall, ob und ggf. durch welche Sicherungsmaßnahme der Schaden hätte vermieden werden können und setzt die Kosten dieser Maßnahme in Bezug zu den damit potentiell vermiedenen Schäden.[1110] Steht die finanzielle Belastung außer Verhältnis zum erzielten Sicherheitsgewinn, kann die Maßnahme unterbleiben.[1111] In das eben vorgestellte Kalkül sind entgegen einem verbreiteten Vorurteil selbstverständlich auch immaterielle Beeinträchtigungen einzustellen, denen gegenüber sich der ökonomische Ansatz also keineswegs blind zeigt (Vor § 823 RdNr. 61).

c) **Sorgfaltsmaßnahmen des Opfers; Vertrauensgrundsatz.** In der großen Masse **261** der Fahrlässigkeitsdelikte ist nicht nur der Schädiger zur Abwehr oder Minderung der Verletzung in der Lage, sondern Eintritt und Umfang des Schadens hängen genauso von den **Sorgfaltsvorkehrungen des Opfers** ab (Vor § 823 RdNr. 50);[1112] Letzteres ist aufgerufen, „sich auch selbst zu schützen".[1113] Der **Sorgfaltsstandard wird damit reziprok,** denn die Verhaltensanforderungen an die eine Seite lassen sich nur auf der Grundlage einer Annahme über das Sorgfaltsniveau der Gegenseite formulieren.[1114] Der Bewältigung dieser Problematik dient der in der Verkehrspflichtdogmatik verbreitete Topos des Vertrauensschutzes iS der Erwartung der Gewährleistung eines bestimmten Sicherheitsstandards.[1115] Das Zusammenwirken beider Parteien im Interesse der Prävention setzt voraus, dass jede Seite bestimmte Erwartungen über das Sorgfaltsniveau der Gegenseite ausbildet und die eigenen Sicherheitsmaßnahmen daran ausrichtet. Eben diese Erwartungen werden durch das Deliktsrecht generiert und geschützt, indem im Enttäuschungsfall der angerichtete Schaden ersetzt wird.[1116] Jeder muss und darf sich bei der Wahl seines eigenen Sorgfaltsniveaus darauf einstellen, dass auch alle übrigen Akteure und insbesondere der später Geschädigte das ihnen Obliegende zur Prävention beitragen. Im Straßenverkehrsrecht wird diese Regel als **Vertrauensgrundsatz** ausdrücklich formuliert und postuliert,[1117] doch sie ist für das Deliktsrecht insgesamt zu verallgemeinern.[1118] So sind beispielsweise Sicherheitsmaßnahmen entbehrlich, wenn eine Gefahrenquelle „vor sich selbst warnt";[1119] der Betreiber einer öffentlichen Einrichtung muss deren Nutzer

---

[1108] BGH NJW 1984, 801, 802.
[1109] Zur richtigen ökonomischen Analyse eines ähnlichen Falls (Wildschutzzaun an Landstraße) vgl. *Kötz/Schäfer* JZ 1992, 355 f.; *Schäfer/Ott*, Lehrbuch der ökonomischen Analyse des Zivilrechts, S. 173 f.; zu BGHZ 108, 273 = NJW 1989, 2808; wie hier OLG Hamm NJW-RR 2002, 1459, 1460.
[1110] BGH VersR 2005, 279, 280 = NJW-RR 2005, 251, 253.
[1111] BGH NJW 1984, 801, 802.
[1112] *Schäfer/Ott*, Lehrbuch der ökonomischen Analyse des Zivilrechts, S. 207 ff.
[1113] *Steffen* ZVersWiss. 1993, 13, 22.
[1114] *Schäfer/Ott*, Lehrbuch der ökonomischen Analyse des Zivilrechts, S. 217 ff. Eingehende Demonstration und Diskussion dieser Aufgabe anhand des Wildschutzzaunfalls (BGHZ 108, 273 = NJW 1989, 2808) bei *Kötz/Schäfer* JZ 1992, 355 f.; *Taupitz* AcP 196 (1996), 114, 156 ff.; *Ott/Schäfer* in: *dies.*, Die Präventivwirkung zivil- und strafrechtlicher Sanktionen, S. 131, 140 f.
[1115] *Ulmer* JZ 1969, 163, 169 ff.; *v. Bar* Verkehrspflichten S. 117 ff.; allein im Rahmen der Übernahmehaftung *Larenz/Canaris* II/2 § 76 III 3 b, S. 410.
[1116] Vgl. als Beispiele etwa BGH NJW 1955, 300; 1985, 1076 f.; 1987, 1013, 1014; OLG Hamburg VersR 1997, 376, 377; OLG Köln VersR 1993, 1494 f.
[1117] BGHZ (VGS) 14, 232, 236 ff. = NJW 1954, 1493, 1494 f.; BGH VersR 1982, 701; OLG Köln VersR 2002, 1302, 1303; *Hentschel/König*, Straßenverkehrsrecht, 39. Aufl. 2007, § 1 StVO RdNr. 20 ff.; *Geigel/Knerr* Kap. 1 RdNr. 80.
[1118] Übereinstimmend *Deutsch*, Fahrlässigkeit und erforderliche Sorgfalt, S. 140; *v. Bar* Verkehrspflichten S. 118.
[1119] BGH NJW 1985, 1076, 1077.

nicht vor sämtlichen möglichen Gefahren schützen, sondern nur vor solchen, die über das übliche Risiko hinausgehen und von den Nutzern nicht erkannt und kontrolliert werden können. Wer aus jugendlichem Überschwang einen Kopfsprung in einen Baggersee oder gar in ein als solches gekennzeichnetes Nichtschwimmerbecken wagt, kann sich wegen seiner Querschnittslähmung nicht an das Kiesabbauunternehmen bzw. an den Betreiber des Schwimmbads halten.[1120] Für Beachparties, die in Diskotheken veranstaltet werden, sollte nichts anderes gelten.[1121] Auch im Zusammenhang mit der Konturierung der Sorgfaltspflichten des Warenherstellers ist der Vertrauensgrundsatz anerkannt (RdNr. 621)[1122] und speziell für die sondergesetzliche Haftung in § 3 Abs. 1 ProdHaftG normiert: Ein fehlerhaftes Produkt bietet nicht die Sicherheit, die von ihm **berechtigterweise erwartet** werden kann (vgl. § 3 ProdHaftG RdNr. 4 ff.). Dort wie allgemein gilt zudem der Grundsatz, dass sich der Schädiger bei der Wahl des eigenen Sorgfaltsniveaus an den **Gefahrkenntnissen und Gefahrvermeidungskompetenzen** eines Repräsentanten desjenigen **Verkehrskreises** orientieren kann, zu dem der **potentiell Geschädigte** gehört (vgl. RdNr. 621; § 3 ProdHaftG RdNr. 5). Die Deutsche Bahn kann also bei der Verkehrsregelung an einer Baustelle davon ausgehen, dass die Bauarbeiter um die Gefahren ihrer Tätigkeit wissen und das ihrerseits Notwendige tun werden.[1123]

262 Der Vertrauensgrundsatz bewirkt allerdings keine gleichsam „blinde" Ankoppelung der Haftung an die faktisch vorhandene Erwartungsstruktur. Die im Verkehr erforderliche Sorgfalt bezeichnet das Maß der in der konkreten Situation objektiv gebotenen Präventionsanstrengungen, **nicht das faktisch sozial Übliche,** so dass das Deliktsrecht uU auch einem „im Verkehr eingerissenen Schlendrian" entgegenwirken kann (vgl. RdNr. 36). Wenn der BGH beispielsweise einen Heilpraktiker an einem Standard misst, der sich an dem „Erwartungshorizont eines durchschnittlichen Patienten, der einen Heilpraktiker aufsucht" orientiert, wird ein **normativer Maßstab** angewandt, der die Sorgfaltsanstrengungen von Heilpraktiker und Patient miteinander in Beziehung setzt.[1124] Als heuristisches Ideal fungiert dabei die Vorstellung eines **externen Beobachters,** der die von *beiden* Parteien jeweils zu erbringenden Sorgfaltsvorkehrungen festlegt. Da das Maß, in dem jeder Einzelne zu Sicherheitsvorkehrungen verpflichtet ist, von Nutzen und Kosten solcher Vorkehrungen abhängt, ist der Schädiger nur insoweit zu Sicherheitsanstrengungen verpflichtet, als der damit erzielte Sicherheitsgewinn nicht einfacher (kostengünstiger) durch Sorgfaltsmaßnahmen des Geschädigten realisiert werden kann.[1125] Die Aufgabe des über einen Deliktsanspruch entscheidenden Gerichts besteht folglich darin, den **optimalen Mix von Sorgfaltsvorkehrungen** in dem Sinne zu finden, dass jede Partei diejenigen Anstrengungen unternimmt, deren Kosten im Licht der damit vermiedenen Schäden gerechtfertigt sind und deren Nutzen nicht zu geringeren Kosten von einem anderen Akteur erbracht werden könnte.

263 Sind die Gefahrsteuerungsmöglichkeiten zwischen Schädiger und Geschädigtem asymmetrisch verteilt, und zwar so, dass dem Schädiger überlegene Steuerungsmöglichkeiten zur Verfügung stehen, sind Letztere auch im Interesse der Vermeidung solcher Unfälle einzusetzen, die erst durch ein zwar sorgfaltswidriges, aber doch **vorhersehbares Fehlverhalten des Geschädigten** entstehen. Der Träger der Straßenverkehrssicherungspflicht hat den

---

[1120] BGH NJW 1980, 1159, 1160 f.; OLG Oldenburg VersR 1987, 1199; OLG Hamm OLGZ 1993, 255, 256; vgl. auch RdNr. 477 ff.
[1121] AA LG Bonn NJW-RR 2008, 534, 535.
[1122] Eingehend BGH VersR 1985, 1093, 1094; NJW 1990, 906, 907; vgl. auch den Überblick bei Produkthaftungshandbuch/*Foerste* § 24 RdNr. 3 ff. mwN.
[1123] BGH NJW 2002, 1263, 1264; genauso bei anderen Baustellen; vgl. die Nachweise in RdNr. 474 ff.
[1124] BGHZ 113, 297, 303 = NJW 1991, 1535, 1537; genauso für die Produkthaftung BGH NJW 1990, 906, 907; zur Eisenbahnhaftung gegenüber Bauarbeitern BGH NJW 2002, 1263, 1264; zur Haftung eines Busfahrers gegenüber seinen Fahrgästen BGH NJW 1993, 654, 655; zur Haftung des Grundstückseigentümers BGH NJW 1955, 300; vgl. auch *Edenfeld* VersR 2002, 272, 274.
[1125] Dies ist der Kern des ökonomischen Prinzips der Haftung des „cheapest cost avoider"; vgl. *Calabresi*, The Costs of Accidents, 1970, S. 135 ff.; vgl. dazu *Schäfer/Ott*, Lehrbuch der ökonomischen Analyse des Zivilrechts, S. 211 f.

Verkehrsteilnehmer auch vor den Folgen – maßvoll – fehlerhaften Verhaltens zu schützen,[1126] der Hersteller sein Produkt so zu gestalten, dass auch bei nahe liegendem Fehlgebrauch Schäden möglichst vermieden werden,[1127] ein Schwimmbad ist so auszugestalten, dass auch bei vorhersehbar regelwidrigem Verhalten kein übermäßiger Schaden entsteht (vgl. RdNr. 505),[1128] die Fahrgäste eines Karussells sind daraufhin zu beobachten, ob sie den Sicherungsbügel umlegen und einrasten lassen (vgl. RdNr. 525)[1129] usw. Hingegen haftet der Betreiber eines Kaufhauses nicht, wenn ein Kunde ohne Not über die auf einem Hubkarren abgestellte Palette steigen will und sich dabei verletzt, denn jeder vernünftige Mensch würde den Hubkarren einfach zur Seite schieben anstatt über ihn hinwegzusteigen.[1130]

d) Sorgfaltsaufwand und Fehlverhalten Dritter. Regelmäßig hängen Eintritt und Umfang eines Schadens nicht allein von dem Verhalten zweier Parteien ab, sondern darüber hinaus auch von demjenigen Dritter, das mit den Handlungen und Unterlassungen der eigentlichen Parteien des (potentiellen) Schadensersatzanspruchs ein Handlungsgeflecht bildet. Auch insoweit gilt, dass jeder aus einer Mehrzahl von Akteuren den eigenen Sorgfaltsaufwand bis zu derjenigen Grenze ausdehnen muss, jenseits derer ein anderer die (Rest-)Gefahr mit weniger Aufwand steuern kann. Ein gutes Beispiel für diese differenzierte Zuweisung deliktischer Handlungspflichten an eine Vielzahl von Akteuren ist die Produkthaftung von Herstellern bzw. Importeuren und Händlern, der ein System **arbeitsteiliger Erfüllung von Verkehrspflichten** zugrunde liegt (RdNr. 617 ff.). So ist der Inhaber eines Schreibwarengeschäfts deliktsrechtlich gehalten, die Abgabe gefährlicher Feuerwerkskörper an Kinder zu unterlassen, doch dies nur insoweit, als die Gefährlichkeit des konkreten Produkts für ihn selbst erkennbar ist (RdNr. 607).[1131] Der Händler haftet demnach nicht, wenn der Hersteller das Produkt in verharmlosender Weise beschrieben und Warnungen vor etwaigen Gefahren unterlassen hat; er darf auf die Produktbeschreibung durch den Hersteller „vertrauen". Konsequenterweise treffen den Hersteller aber komplementäre Pflichten zur Deklarierung und Beschreibung des Produkts, die dazu bestimmt sind, dem Händler die Steuerung der Gefahr zu ermöglichen.[1132] Damit wird ein aufeinander abgestimmtes **System komplementärer Sorgfaltspflichten** inauguriert, das den gebotenen Schutz durch Zusammenwirken der beteiligten Akteure zu möglichst geringen Kosten bereitstellt.[1133] In ähnlicher Weise kann sich der Betreiber eines Spielplatzes in Bezug auf die technische Sicherheit der aufgestellten Geräte auf die Kompetenz des Herstellers verlassen, für die wiederum letzterer nach den Grundsätzen der Produkthaftung einzustehen hat (vgl. RdNr. 501). Entscheidend für die Allokation der deliktischen Sorgfaltspflichten ist demnach die Zuweisung von Verantwortungsbereichen an eine Mehrzahl von Akteuren, deren konkreter Zuschnitt sich nach denselben Kriterien richtet, die auch sonst für den Umfang der Verkehrspflichten maßgeblich sind, nämlich nach den individuellen Möglichkeiten und den Kosten der Gefahrsteuerung.

Allerdings gilt die Einsicht, dass die Gebote des Deliktsrechts nicht von jedermann stets beachtet werden, nicht nur für das Opfer (RdNr. 263), sondern auch für Dritte. Der

---

[1126] Vgl. RdNr. 417 sowie OLG Hamm VersR 2000, 788; BGH VersR 1994, 618, 620, wo allerdings zu weitgehend formuliert wird, der Vertrauensgrundsatz gelte im Verhältnis zwischen straßenverkehrssicherungspflichtiger Körperschaft und Verkehrsteilnehmer überhaupt nicht. Wie hier RGRK/*Steffen* RdNr. 145.

[1127] BGHZ 116, 60, 65 f. = NJW 1992, 560 f.; BGH NJW 1972, 2217, 2221; 1995, 1286, 1288; eingehend RdNr. 577.

[1128] BGH NJW 1978, 1629; 1980, 1159, 1160; 1982, 1144, 1145; OLG Düsseldorf NJW-RR 1987, 862; OLG Karlsruhe VersR 1998, 1040; 2000, 1420, 1421 f.

[1129] OLG Düsseldorf NJW-RR 1994, 24.

[1130] OLG Frankfurt NJW-RR 2001, 1674 f.

[1131] BGHZ 139, 43, 49 ff. = NJW 1998, 2436, 2437; ähnlich BGH VersR 2007, 72, 73.

[1132] BGHZ 139, 79, 85 f. = NJW 1998, 2905, 2907.

[1133] Dies wird verkannt von *Möllers* JZ 1999, 24, 29, der den Händler auch für solche Gefahren von Feuerwerkskörpern verantwortlich machen will, die diesem in Ermangelung einer entsprechenden Produktdeklarierung nicht erkennbar sind.

Schädiger muss sein Verhalten und seine Sphäre so einrichten, dass **vorhersehbares Fehlverhalten Dritter** möglichst keine nachteiligen Konsequenzen für das potentielle Opfer hat. Dem Betreiber eines Sportplatzes sind folglich die von unbefugten Nutzern der Anlage in der Nachbarschaft verursachten Schäden zuzurechnen, wenn Vorkehrungen gegen die Nutzung durch Unbefugte unterlassen wurden.[1134] Der Eigentümer eines Mehrfamilienhauses muss Sorge dafür tragen, dass die Abdeckroste eines unmittelbar vor der Haustür platzierten, 1,20 m tiefen Lichtschachts nicht durch Unbefugte abgehoben werden können.[1135] Diese Beispiele lassen sich dahin verallgemeinern, dass der Inhaber einer potentiell gefährlichen Anlage gehalten ist, diese auch gegen Eingriffe durch Unbefugte zu sichern.[1136]

266 Die insoweit geltenden **Standards** sind wesentlich strenger als diejenigen im Binnenverhältnis zwischen Schädiger und Geschädigtem. Während in diesem Sicherungsmaßnahmen nur insoweit geboten sind, als dies zur Abwendung vorhersehbaren und nahe liegenden Fehlverhaltens notwendig ist, gehen die Sicherungspflichten im Verhältnis des Schädigers zu unbefugten Dritten darüber hinaus und beziehen insbesondere auch **vorsätzlich-missbräuchliches Fehlverhalten Dritter** mit ein. Der Halter eines Kfz. hat für die Folgen eines von einem Dieb verursachten Verkehrsunfalls persönlich einzustehen, wenn er den Diebstahl durch fahrlässiges Verhalten ermöglicht hat (vgl. § 14 Abs. 2 S. 2 StVO), und zwar selbst dann, wenn der Dieb die Rechtsgutsverletzung vorsätzlich herbeigeführt hat.[1137] Diese Intensivierung der Sorgfaltsanforderungen mit Blick auf Eingriffe Dritter beruht wohl darauf, dass das Opfer keine oder nur geringe Möglichkeiten hat, den Eingriff des Dritten abzuwehren, während dies dem Schädiger ohne großen Aufwand möglich wäre: Abdeckroste über Lichtschächten lassen sich etwa durch einfache und kostengünstige Vorrichtungen gegen unbefugtes Entfernen sichern (vgl. RdNr. 483 aE).

267 e) **Privilegierte Personengruppen.** Modifikationen erfährt der Vertrauensgrundsatz schließlich in denjenigen Fällen, in denen der Schädiger erkennen kann, dass die von ihm gefährdeten Personen nur **eingeschränkt** zur **selbstverantwortlichen Gefahrsteuerung** in der Lage sind (vgl. auch RdNr. 268).[1138] Unter dieser Voraussetzung der Erkennbarkeit gilt, dass die **Verkehrspflicht** grundsätzlich **an den schutzbedürftigsten Personen** ausgerichtet werden muss, die mit der Gefahrenquelle in Kontakt kommen können.[1139] So muss beispielsweise der Betreiber einer Gaststätte damit rechnen, dass seine Gäste nach **Alkoholgenuss** zu unvernünftigem und sorglosem Verhalten neigen, und ist folgerichtig gehalten, besonders intensive Sicherheitsmaßnahmen zu ergreifen, um Unfälle in seinem Lokal (Treppen) oder auf dem Parkplatz (Eisglätte) zu vermeiden (eingehend RdNr. 456).[1140] Für den Bereich des Straßenverkehrs verpflichtet § 3 Abs. 2a StVO den Verkehrsteilnehmer gegenüber Kindern, Hilfsbedürftigen und älteren Menschen zu äußerster Sorgfalt, was allerdings nur unter der zusätzlichen Voraussetzung gilt, dass das mindere oder erhöhte Alter bzw. die Hilflosigkeit äußerlich erkennbar ist.[1141]

268 Bei **Minderjährigen gilt der Vertrauensgrundsatz nur eingeschränkt,** so dass ihre verminderten Kompetenzen durch entsprechend gesteigerte Sorgfaltspflichten der anderen

---

[1134] RGZ 138, 21, 23; BGH NJW 1980, 223 f.; 1987, 2671 f.
[1135] BGH NJW 1990, 1236, 1237; genauso BGH VersR 1976, 149, 150; zu den Grenzen OLG Karlsruhe NJW-RR 2005, 1264.
[1136] Zur Haftung des Straßenverkehrssicherungspflichtigen für mutwillige Störungen des Verkehrs durch verkehrsfremde Hindernisse BGHZ 37, 165, 170 = NJW 1962, 1565, 1566.
[1137] BGH NJW 1971, 459, 460 f.; vgl. aber auch BGH NJW 1997, 660, 661, wo eine Haftung des Halters abgelehnt wird, wenn das Fahrzeug von einem Kaufinteressenten anlässlich einer Probefahrt gestohlen wurde. Dies gilt allerdings nur, wenn die Unzuverlässigkeit bzw. Gefährlichkeit des Kaufinteressenten vom Verkäufer nicht erkannt werden konnte.
[1138] BGH NJW 1994, 2829, 2830; VersR 2000, 199, 200 f.
[1139] BGH NJW 1985, 620.
[1140] BGH VersR 1960, 715, 716.
[1141] BGH NJW 1994, 2829, 2830; VersR 2000, 199, 200 f.

Seite zu kompensieren sind.[1142] Zum einen ist dem Umstand Rechnung zu tragen, dass Kinder weniger als Erwachsene zur **selbstständigen Gefahrsteuerung** im Eigeninteresse befähigt sind. Folgerichtig muss die Gemeinde ihren Spielplatz so ausgestalten, dass Kinder auch bei Fehlgebrauch oder Missbrauch der zur Verfügung gestellten Anlagen keine schwerwiegenden Schäden davontragen.[1143] Darüber hinaus ist in Rechnung zu stellen, dass Kinder dazu neigen, sich aus **Übermut oder Leichtsinn** selbst in Gefahrenlagen zu bringen, die jeder Erwachsene vermeiden würde. Anders als sonst muss der Verkehrssicherungspflichtige darauf reagieren und ggf. Maßnahmen ergreifen, die Kinder wirksam daran hindern, sich selbst ganz bewusst schwersten Gefahren auszusetzen. Besteht beispielsweise die Möglichkeit, durch Erklettern von Eisenbahnwaggons in die unmittelbare Nähe einer Starkstrom-Oberleitung zu gelangen, so dass die Elektrizität überspringen kann, darf sich die Bahn nicht auf die üblichen Warnhinweise in Form von stilisierten Blitzen beschränken, sondern muss die von der Oberleitung ausgehende Lebensgefahr durch entsprechend drastische Piktogramme in einer auch Kindern eingängigen Form deutlich machen, um letztere vor fahrlässiger Selbstgefährdung zu bewahren.[1144] Das bedeutet allerdings nicht, dass der **Minderjährigenschutz** im Deliktsrecht schlechthin **grenzenlos** und die Kosten von Sicherungsmaßnahmen für die Delikthaftung gegenüber Kindern irrelevant wären. Vielmehr hat der BGH in dem Oberleitungsfall ausdrücklich klargestellt, dass physisch wirkende Schutzmaßnahmen wie etwa die Errichtung von Schutzzäunen „aus Kostengründen" nicht in Betracht kommen könnten.[1145] Im Übrigen bestehen gesteigerte Sicherungspflichten nur dort, wo mit Kindern gerechnet werden muss, also etwa nicht in Gaststätten.[1146] Bei konventionellen Gefahrenquellen kann der Sicherungspflichtige zudem auf das natürliche Angstgefühl von Kindern und Jugendlichen setzen und braucht keine besonderen Sicherungsmaßnahmen zu ergreifen.[1147]

Schließlich dürfen die **Gefahrsteuerungsmöglichkeiten der Eltern** nicht unbeachtet bleiben, sondern sie sind mit denjenigen des Sicherungspflichtigen in Beziehung zu setzen:[1148] Wer einen Pferdehof betreibt, muss die Ställe nicht so verschließen, dass es auch längere Zeit unbeaufsichtigt gebliebenen Kindern unmöglich ist, die Sicherungen zu überwinden; dies zu verhindern, ist vielmehr Sache der Eltern (vgl. auch RdNr. 272).[1149] Wer mit einer Nachbarin ein Schwätzchen von Vorgarten zu Vorgarten hält, den trifft seinerseits keine Verantwortung, wenn sich die Kleinkinder der Nachbarin in einem unbeaufsichtigten Moment in den hinter dem Haus liegenden Garten begeben und dort in einen Zierteich fallen.[1150]

f) Sicherungspflichten gegenüber Unbefugten. Die Frage, ob und inwieweit Verkehrspflichten auch gegenüber solchen **Personen** bestehen, **die sich unbefugt in den vom Pflichtenträger zu verantwortenden Gefahrenbereich begeben** haben, ist Gegenstand einer Vielzahl von Entscheidungen und Stellungnahmen, die sich nur schwer auf einen Nenner bringen lassen. Einen besonders strikten Standpunkt hatte das RG eingenommen, das einem Gaststättenbesucher, der auf dem Weg zur Damentoilette schwer

---

[1142] BGH NJW 1997, 582, 583; genauso BGH VersR 1973, 621; NJW 1975, 108; 1978, 1629; VersR 1985, 812, 813; NJW 1991, 2340; VersR 1992, 844; NJW 1994, 3348; 1995, 2631; VersR 1999, 1033, 1034; OLG Karlsruhe VersR 1998, 1389, 1399; OLG Köln NJW-RR 2000, 692, 693; OLG Stuttgart VersR 1989, 971, 972; OLG Saarbrücken NJW-RR 2006, 1165, 1166 f.
[1143] BGHZ 103, 338, 340 = NJW 1988, 2667; OLG Celle VersR 1984, 167, 168; NJW-RR 1987, 283, 284; OLG Düsseldorf VersR 1982, 979 f.; OLG Hamm VersR 1996, 1515, 1516.
[1144] BGH NJW 1995, 2631, 2632 = NZV 1995, 272 = MDR 1995, 579 = LM (Aa) Nr. 162; aA OLG Hamm VersR 1990, 913, 914; das OLG Köln NJW-RR 2000, 692, 693, hält der Deutschen Bahn deshalb einen Verbotsirrtum zugute.
[1145] BGH NJW 1995, 2631, 2632; genauso BGH NJW-RR 1992, 981 f.; OLG Hamm VersR 1990, 913, 914; 1996, 1155; 2002, 1104; OLG Köln NJW-RR 2000, 692, 693.
[1146] OLG Hamm NJW-RR 2002, 1104, 1105.
[1147] BGH VersR 1999, 1033, 1034; OLG Köln MDR 1996, 478.
[1148] Besonders deutlich OLG Hamm NJW-RR 2002, 233, 234 f.
[1149] BGH VersR 1992, 844, 845; genauso OLG Köln VersR 1993, 1494 f.
[1150] OLG Hamm NJW-RR 2002, 233, 234 f.

gestürzt war, den Schadensersatzanspruch abgesprochen hat, obwohl die Herrentoilette genau gegenüber lag und ebenfalls die Benutzung der gefährlichen Treppe erfordert hätte.[1151] Genauso beurteilte das RG auch Fälle, in denen Kinder auf fremden, verbotswidrig betretenen Grundstücken zu Schaden kamen.[1152] Demgegenüber hatte der BGH keine Bedenken, den Fahrer eines nicht mehr zugelassenen Kfz. in den Schutzbereich der Straßenverkehrssicherungspflicht einzubeziehen,[1153] und die Deutsche Bahn in einem Fall zu Schadensersatz zu verurteilen, in dem Kinder unter eklatanter Missachtung elementarer Vorsichtsmaßregeln in die Nähe von Oberleitungen kletterten und dabei einen Starkstromschlag erlitten (RdNr. 268).[1154]

271 Der Schlüssel zur Lösung des Problems liegt wiederum in der Einsicht, dass sich die Sorgfaltspflichten der einen Seite nur in Abhängigkeit von den Sorgfaltspflichten der Gegenseite bestimmen lassen.[1155] Zu klären ist also die **Reichweite des Vertrauensgrundsatzes,** nach dem jedermann bei der Wahl des eigenen Sorgfaltsniveaus davon ausgehen kann, dass sich auch alle anderen Personen sorgfältig verhalten (RdNr. 261, 264). In diesem Sinne gilt, dass der Geschädigte, der sich selbst sorgfaltswidrig verhalten hat, einen anderen nicht mit der Begründung auf Schadensersatz in Anspruch nehmen kann, dieser hätte die Verletzung verhindern sollen. Erklimmt der Angestellte einer Reinigungsfirma zum Fensterputzen das Dach eines Kunden und fällt von dort in einen ungesicherten Lichtschacht, ist der Grundstückseigentümer dafür nicht verantwortlich, weil die Sicherungspflichten bei solchen Arbeiten nämlich nach einer in Unfallverhütungsvorschriften positivierten Praxis nicht dem Kunden, sondern dem Reinigungsunternehmen obliegen.[1156] Dieser Grundsatz gilt allerdings immer nur in Bezug auf die Sorgfaltsanforderungen der konkreten Gefahrsituation. Der Fall des verunglückten Autofahrers, der ein nicht zugelassenes Auto gefahren hat oder nicht im Besitz einer Fahrerlaubnis war, sich in der konkreten Unfallsituation aber sachgemäß verhalten hat, ist deshalb unproblematisch: Selbstverständlich wird **nicht** gleichsam **vogelfrei,** wer gegen Verhaltensnormen verstößt, die für das konkrete Unfallgeschehen gar keine Rolle gespielt haben.[1157]

272 Unter den oben bereits herausgearbeiteten Prämissen liegt allerdings auf der Hand, dass diese Grundsätze gegenüber **Kindern,** die zu eigenverantwortlichem Handeln erkennbar nicht oder nicht in gleichem Umfang wie Erwachsene in der Lage sind, nur eingeschränkt gelten (RdNr. 268). Insbesondere muss der Halter gegenständlicher Gefahrenquellen – wie Baustellen, Eisenbahnanlagen, Benzinflaschen, Garten- und Löschwasserteiche etc. – damit rechnen, dass Kinder zu einem **Verbote missachtenden und leichtsinnigen Verhalten** neigen.[1158] Folgerichtig darf er sich nicht auf Zutrittsverbote und Gefahrwarnungen beschränken, sondern muss durch **Beseitigung oder Einschließung der Gefahrenquelle** dafür sorgen, dass Kinder nicht zu Schaden kommen. Befindet sich auf einer Baustelle ein Löschteich, der entgegen den einschlägigen Sicherheitsanforderungen eine Umzäunung vermissen lässt, haften Bauherr, Bauunternehmer und Architekt für den Unfall eines Kindes, den dieses beim unerlaubten Spielen auf der Baustelle erleidet.[1159] Dabei gilt die Regel, dass umso wirksamere Schutzmaßnahmen zu ergreifen sind, je größer die **Anziehungskraft** ist,

---

[1151] RGZ 87, 128, 129: „Dort hatte er nichts zu suchen.".
[1152] RGZ 76, 187, 188.
[1153] BGH NJW 1966, 1456 f.
[1154] BGH 1995, 2631; OLG Karlsruhe NZV 1993, 111, 112; vgl. auch BGH VersR 1973, 621, 622; NJW 1975, 108.
[1155] Instruktiv insoweit OLG Hamburg VersR 1997, 376 f.; übereinstimmend *v. Bar* Verkehrspflichten S. 189; im Ansatz abw. *J. Schröder* AcP 179 (1979), 567, 574 ff.; vgl. auch *Staudinger/Hager* RdNr. E 42 ff.
[1156] OLG Hamburg VersR 1997, 376, 377.
[1157] BGH NJW 1966, 1456, 1457; *v. Bar* Verkehrspflichten S. 189; *Larenz/Canaris* II/2 § 76 III 6 a, S. 424; *D. Schwab* JZ 1967, 13, 17 f.
[1158] BGH VersR 1973, 621, 622; NJW 1975, 108; 1995, 2631; OLG Köln NJW-RR 2000, 692, 693; OLG München VersR 1988, 961; OLG Stuttgart VersR 1989, 971; *Staudinger/Hager* RdNr. E 45; *D. Schwab* JZ 1967, 13, 19 f.
[1159] BGH NJW 1997, 582, 583; vgl. weiter OLG Stuttgart VersR 1989, 971, 972 sowie die Nachweise in Fn. 1161.

die die Gefahrenquelle auf Kinder ausübt, und je mehr Kinder sich in ihrer Nähe aufzuhalten pflegen.[1160] Das Produkt aus Schadenshöhe und Eintrittswahrscheinlichkeit determiniert also auch hier die Intensität der Sorgfaltspflicht. Absolute Sicherheit wird vom Verkehrspflichtträger wiederum nicht verlangt,[1161] zumal auch die Eltern bzw. Erziehungsberechtigten und deren Gefahrsteuerungsmöglichkeiten mit zu berücksichtigen sind. Haben beispielsweise die Inhaber eines Hausgrundstücks mit Gartenteich mit ihren Nachbarn vereinbart, dass die Grundstücke nicht eingefriedet werden, ist es Sache dieser Nachbarn, ihre Kleinkinder so zu beaufsichtigen, dass sie nicht in den 40 cm tiefen Teich fallen und dort ertrinken.[1162]

Schwierigkeiten bereiten die Fälle, in denen sich **Erwachsene** in voller Kenntnis oder fahrlässiger Unkenntnis der Situation verbotswidrig in eine Gefahrenlage begeben und darin umkommen bzw. verletzt werden. Hier ist zu differenzieren: Der unbefugt Handelnde hat keinen Anspruch darauf, dass der Eigentümer eines Grundstücks oder einer Anlage Sicherheitsmaßnahmen ergreift, nur um **Diebe, Einbrecher und sonstige unbefugt Handelnde** vor Schäden zu bewahren; Letztere können und müssen den Schaden einfach dadurch vermeiden, dass sie das fremde Grundstück nicht betreten. Die Gerichte kleiden diesen Grundsatz in die Regel, dass **Verkehrspflichten nur so weit reichen, wie ein Verkehr auch tatsächlich eröffnet worden** ist.[1163] Folgerichtig haftet der Eigentümer eines abgelegenen Anwesens nicht einem Hundehalter, der auf der Suche nach seinem Tier nachts das Grundstück betritt und in einen Kellerschacht fällt,[1164] ein Abrissunternehmer nicht einem Zuschauer, der das Spektakel fotografieren will,[1165] der Bauunternehmer nicht einem Bauhandwerker, der sich zur Planung weiterer Arbeiten am Wochenende eigenmächtig auf die Baustelle begibt und dort zu Schaden kommt.[1166] Anders liegt es, wenn der Eigentümer **unabhängig von dem Eindringling zu Sicherheitsmaßnahmen** verpflichtet gewesen wäre, diese aber unterlassen hat. Dann beruht es letztlich auf Zufall, dass ein Unbefugter statt eines rechtmäßigen Besuchers verletzt worden ist. Da der Pflichtenträger dafür verantwortlich war, Schäden der jeweiligen Art durch Sicherheitsmaßnahmen zu verhindern, sollten ihm auch sämtliche der tatsächlichen eingetretenen Nachteile zugerechnet werden, um ihn zu entsprechendem Sorgfaltsaufwand zu veranlassen.[1167] Wenn also beispielsweise eine Baustelle auf einer Fußgängerbrücke nachts weder beleuchtet noch gesichert wird, so dass ein Fahrradfahrer einen Unfall erleidet, kann sich die verantwortliche Gemeinde nicht mit dem Hinweis entlasten, der Geschädigte habe die Fußgängerbrücke ohnehin nicht benutzen dürfen.[1168] Dieser Umstand spielt vielmehr erst im Rahmen des Mitverschuldens eine Rolle.

g) Beurteilungszeitpunkt. Maßgebender Zeitpunkt für die Beurteilung der Angemessenheit der Sorgfaltsanstrengungen ist im Rahmen des § 823 der **Zeitpunkt der für die Rechtsgutsverletzung ursächlichen Handlung.** Folgerichtig haftet der Hersteller eines Produkts nicht für sog. **Entwicklungsrisiken,** also solche Fehler, die im Zeitpunkt der Inverkehrgabe des Produkts entweder nicht erkennbar oder nicht vermeidbar waren (vgl. auch RdNr. 272). Genauso ist bei der Bestimmung der Sorgfaltspflichten des Gebäudeeigentümers oder des Betreibers eines Schwimmbads darauf Rücksicht zu nehmen, ob es sich um einen Alt- oder einen Neubau handelt (RdNr. 463, 505). Die Absenkung der Sorg-

---

[1160] BGH JZ 1973, 631, 632 m. krit. Anm. *Schwab*; NJW 1997, 582, 583; OLG Köln NJW-RR 2000, 692, 693.
[1161] BGH VersR 1992, 844, 845; OLG Hamm VersR 1990, 913, 914.
[1162] BGH NJW 1994, 3348; LM (Dc) Nr. 201; vgl. auch das Beispiel in Fn. 1149.
[1163] BGH NJW 1957, 499; VersR 1958, 554; NJW 1985, 1078; OLG Hamm VersR 1993, 491; VersR 1994, 325, 326; NJW-RR 2001, 1602, 1603; *Larenz/Canaris* II/2 § 76 III 6 a, S. 424; *Staudinger/Hager* RdNr. E 52; treffende Einordnung dieser Rspr. in die allg. Deliktsdogmatik bei *D. Schwab* JZ 1967, 13, 16 f.
[1164] OLG Düsseldorf NJW-RR 2001, 1173.
[1165] OLG Hamm NJW-RR 2001, 1602, 1603.
[1166] BGH VersR 1958, 554.
[1167] Übereinstimmend *Larenz/Canaris* II/2 § 76 III 6 a, S. 424; *Staudinger/Hager* RdNr. E 52; *J. Schröder* AcP 179 (1979), 567, 584 ff.
[1168] OLG Düsseldorf VersR 1998, 1021 f.; vgl. auch OLG Hamm VersR 1993, 491; 1996, 1517.

faltsanforderungen gegenüber **Altbauten** bzw. in der Vergangenheit vermarkteter Produkte trägt zum einen dem Umstand Rechnung, dass die Kosten von Sorgfaltsmaßnahmen nach Fertigstellung und Inverkehrgabe eines Produkts oder Gebäudes in aller Regel drastisch ansteigen: Während ex ante, vor Beginn der Fertigung, die Wahl einer sichereren Konstruktion häufig kostenmäßig kaum zu Buche schlägt, ist das Umbauen eines bereits fertig hergestellten Gegenstands in aller Regel überaus kostspielig, wenn nicht sogar prohibitiv teuer (RdNr. 259). Auf der anderen Seite fällt ins Gewicht, dass dem potentiellen Opfer erhöhte Aufwendungen zum Selbstschutz möglich sind, weil derjenige, der einen Altbau betritt oder ein älteres Produkt erwirbt, **vernünftigerweise nicht erwarten kann, den aktuellen Sicherheitsstandard geboten** zu bekommen: Der Halter eines Oldtimers muss wissen und sich darauf einstellen, dass der Wagen nicht über Airbags und andere Segnungen der modernen Sicherheitstechnik verfügt, wer ein Fachwerkhaus aus dem 15. Jahrhundert betritt, muss wissen, dass die steinalten Holztreppen nicht denselben Sicherheitsstandard bieten wie eine Massivtreppe in einem Neubau usw.

275   Allerdings gilt der Bezug der Sorgfaltsanforderungen auf den Zeitpunkt der schadensursächlichen Handlung nicht strikt in dem Sinne, dass der Schädiger jedweder **Folgeverantwortung** enthoben wäre. Vielmehr bleibt er zu solchen Sicherheitsmaßnahmen verpflichtet, die mit geringem Aufwand möglich sind und einen relativ großen Sicherheitsgewinn bringen, wie dies typischerweise bei solchen Maßnahmen der Fall ist, die das potentielle Opfer erst in den Stand setzen, selbst die Gefahrsteuerung zu übernehmen. Der Hersteller eines erst später als gefährlich oder wirkungslos erkannten Produkts hat also deren aktuelle Nutzer zu **warnen,** anstatt sie blindlings in ihr Verderben laufen zu lassen (eingehend RdNr. 627, 651). Genauso ist der Halter eines Altbaus verpflichtet, gröbste Sicherheitsmängel zu beseitigen und das Gebäude auf den aktuellen Stand der Sicherheitstechnik zu bringen, soweit sich dies im Zuge ohnehin durchgeführter Renovierungsmaßnahmen bewerkstelligen lässt.[1169]

276   In diesem Kontext gehört auch die vereinzelt thematisierte Frage, ob die **Fortschreibung technischer Regeln,** etwa von DIN-Normen oder Unfallverhütungsvorschriften, ihren Adressaten dazu zwingt, seine Anlagen dem neuen Standard anzupassen.[1170] Da die Zivilgerichte an technische Regeln nicht gebunden sind (RdNr. 277 ff.), ist die Frage eines **deliktsrechtlich sanktionierten Vollzugszwangs** allerdings falsch gestellt.[1171] Maßgebend ist vielmehr erneut die Zumutbarkeit von Anpassungsmaßnahmen, was wiederum von deren Kosten sowie dem Umfang des dadurch erzielten Sicherheitsgewinns abhängt.[1172] Der Betreiber eines Karussells, das kurz nach dem Krieg nach dem damaligen Stand der Technik ohne Sicherheitsbügel gebaut worden ist, ist im Interesse des Schutzes von Leib und Leben der Fahrgäste verpflichtet, die Anlage entsprechend nachzurüsten.[1173] Ein Versorgungsunternehmen, das eine Starkstromleitung überland führt, muss die Anlage nachrüsten, wenn die Kosten dieser Maßnahme im Lichte der damit zu rettenden Menschenleben zumutbar sind.[1174]

2. Deliktische Sorgfaltspflichten und außerdeliktische Verhaltensstandards

Schrifttum: *Falke,* Techniksteuerung durch Normung im europäischen Rechtsvergleich, in: *Vieweg* (Hrsg.), Techniksteuerung und Recht, 2000, S. 177; *v. Falkenhausen,* Vorverlegung der Haftung bei Verletzung von Unfallverhütungsvorschriften und Schutzgesetzen, 1981; *Marburger,* Die Regeln der Technik im Recht, 1979; *ders.,* Die haftungs- und versicherungsrechtliche Bedeutung technischer Regeln, VersR 1983, 597; *ders.,* Grundsatzfragen des Haftungsrechts unter dem Einfluß der gesetzlichen Regelungen zur Produzenten- und zur Umwelthaftung, AcP 192 (1992), 1; *ders.,* Formen, Verfahren und Rechtsprobleme der Bezugnahme gesetzlicher Regelungen auf industrielle Normen und Standards, in: *Müller-Graff* (Hrsg.), Technische Regeln im Binnenmarkt, 1990, S. 27; *Pieper,* Die Regeln der Technik im Zivilprozeß, BB 1987, 273; *Wagner,* Öffentlich-rechtliche Genehmigung und zivilrechtliche Rechtswidrigkeit, 1989.

[1169] OLG Hamm NJW-RR 1989, 736, 737; OLG Dresden VersR 1995, 1501, 1502; RdNr. 440.
[1170] Vgl. nur RGZ 147, 353, 361 f.; BGHZ 103, 338, 342 = NJW 1988, 2667, 2668.
[1171] So aber OLG Dresden VersR 1995, 1501, 1502.
[1172] Übereinstimmend RGZ 147, 353, 362.
[1173] LG Bonn VersR 1988, 1268, 1269.
[1174] RGZ 147, 353, 362.

a) Öffentlich-rechtliche Sicherheitsstandards. Eine Vielzahl von Lebensbereichen ist 277 mit einem **dichten Netz öffentlich-rechtlicher Regulierung** überzogen, das den Privatrechtssubjekten detaillierte Vorgaben hinsichtlich des eigenen Verhaltens macht. Das Baurecht stellt Anforderungen an die Beschaffenheit von Bauwerken, das Umweltrecht reglementiert den Betrieb umweltbelastender Anlagen und sonstige umweltgefährliche Aktivitäten, das öffentliche Wirtschaftsrecht reglementiert die eine Vielzahl von Gütermärkten samt der zugehörigen Industriezweige, das Produktsicherheitsrecht regelt die Beschaffenheit von Waren usw. Das Deliktsrecht steht angesichts eines ständig dichter werdenden Netzes öffentlich-rechtlicher Verhaltensnormen vor der Frage, ob es sich deren Standards zu eigen machen und den Verstoß gegen eine öffentlich-rechtliche Verhaltensnorm um eine privatrechtliche Haftungsnorm ergänzen oder ob es sich dazu indifferent stellen soll. Deliktsrechtsdogmatisch betrifft dieses Problem zunächst und vor allem den Tatbestand der **Schutzgesetzverletzung nach § 823 Abs. 2,** in dessen Rahmen allerdings seit jeher davon abgesehen wird, das öffentliche Recht unbesehen in das Deliktsrecht zu spiegeln und jedweden Verstoß gegen eine Verwaltungsnorm mit einer Schadensersatzpflicht zu bewehren (eingehend RdNr. 627, 651).

Im Rahmen des § 823 Abs. 1 geht es um den **Einfluss öffentlich-rechtlicher Ver-** 278 **haltensstandards auf die Formulierung von Verkehrspflichten.** Insbesondere *Marburger* plädiert für deren Verbindlichkeit auch für das private Deliktsrecht, so dass „nach technischem Sicherheitsrecht erlaubte Risiken auch haftungsrechtlich gelaufen werden dürfen".[1175] Danach verhält sich nicht sorgfaltswidrig und damit auch nicht unrechtmäßig, wer die einschlägigen Verhaltensnormen des technischen Sicherheitsrechts einhält. Auf derselben Linie liegt die Entscheidung des BGH im sog. Wildtaubenfall, in dem es das Gericht ablehnte, mangels Konkretisierung der einschlägigen Verhaltensnorm des BJagdG durch eine Verfügung der zuständigen Jagdbehörde zivilrechtliche Verkehrspflichten des Jagdberechtigten zum Schutz der anliegenden Gemüsebauern zu entwickeln (eingehend § 835 RdNr. 16).[1176] Diese Entscheidung des III. ZS ist zu Recht ein Ausreißer geblieben.[1177] Der VI. ZS sieht sich in ständiger Rechtsprechung durch öffentlich-rechtliche Verhaltensstandards nicht daran gehindert, den Sorgfaltsaufwand des Schädigers eigenständig und unabhängig zu würdigen. Insbesondere stellen die Vorschriften des öffentlich-rechtlichen Sicherheitsrechts **keine für das Deliktsrecht verbindliche und abschließende Regelung der Sorgfaltspflichten** der Adressaten dieser Vorschriften dar.[1178] Beispielsweise besagt die Konformität eines Gebäudes mit öffentlichem **Baurecht** nichts dafür, dass es auch den privatrechtlichen Sicherheitsanforderungen entspricht,[1179] und die in einer kommunalen Satzung statuierten Zeiten allgemeiner **Streupflicht** stehen einer weiterreichenden Verantwortung etwa von Gastwirten für die Verkehrssicherheit der von ihnen betriebenen Vergnügungseinrichtungen nicht entgegen.[1180] Im Rahmen der deliktischen **Produkthaftung** gemäß § 823 Abs. 1 versagt es der BGH dem Hersteller seit jeher, sich blind auf das öffentliche Produktsicherheitsrecht zu verlassen und verpflichtet ihn dazu, selbstständig zu prüfen, welche Sicherheitsvorkehrungen notwendig sind, um unter Umständen mehr zu tun, als Behörden von ihm verlangen (RdNr. 625).[1181] Ein Schreibwarenhändler, der zwischen den Jahren einen Knallkörper an ein Kind im Grundschulalter verkauft, verhält sich nicht schon deshalb sorgfältig, weil das Produkt keinerlei Vertriebsbeschränkungen nach

---

[1175] *Marburger* VersR 1983, 597, 602; *ders.,* Regeln der Technik im Recht, S. 437.
[1176] BGHZ 62, 265, 270 = NJW 1975, 1240, 1241.
[1177] Abl. auch *Canaris,* FS Larenz, 1983, S. 27, 55 f.; *Larenz/Canaris* II/2 § 76 III 4 f, S. 416; *Erman/Schiemann* RdNr. 156; *v. Bar* JuS 1988, 169, 173; dem BGH zust. hingegen *Staudinger/Hager* RdNr. E 34.
[1178] BGHZ 139, 43, 46 f. = NJW 1998, 2436; BGHZ 139, 79, 83 = NJW 1998, 2905, 2906; BGH VersR 1985, 641; 1987, 102, 103; NJW 1990, 1236, 1237.
[1179] BGH VersR 1969, 655, 656; 1990, 1236, 1237; OLG Köln VersR 1999, 243, 244.
[1180] BGH NJW 1987, 2671 f.
[1181] BGHZ 70, 102, 107 = NJW 1978, 419, 420; BGH NJW 1983, 751, 752; 1987, 372, 373; genauso Produkthaftungshandbuch/*Foerste* § 24 RdNr. 21, 42, 44; *Erman/Schiemann* RdNr. 116; wohl auch 3. Aufl. RdNr. 30.

dem **Sprengstoffrecht** unterliegt (RdNr. 264, 607).[1182] Schließlich besteht auch die deliktische Umwelthaftung unabhängig von den Vorgaben des **Umweltverwaltungsrechts** und der Letzteres konkretisierenden allgemeinen Verwaltungsvorschriften nach Art der TA Luft und der TA Lärm.[1183]

279 Dieser Judikatur, die die **Autonomie der privatrechtlichen Sorgfaltspflichten** und damit die Selbstständigkeit des Deliktsrechts insgesamt betont, ist zuzustimmen.[1184] Das Postulat der Einheit der Rechtsordnung verlangt keine Harmonisierung der Bewertungsmaßstäbe quer durch sämtliche Teilgebiete des heutigen, hoch-komplexen Rechtssystems.[1185] Im Gegenteil, die Ausdifferenzierung verschiedener Teilrechtsordnungen verdankt sich gerade der Einsicht, dass unterschiedliche Zwecksetzungen den Einsatz verschiedener Instrumente erfordern. Folgerichtig kann das Steuerrecht wirtschaftliche Aktivitäten mit Abgabepflichten belegen, die zivilrechtlich rechtswidrig oder sogar ordnungsrechtlich verboten sind (§§ 40 ff. AO), denn das Steuerrecht verfolgt andere Zwecke als das Zivil- und das Ordnungsrecht. Für die hier interessierende Fragestellung ist entscheidend, dass das private **Deliktsrecht kein bloßes Anhängsel des öffentlichen Sicherheitsrechts** ist, sondern durchaus eigene Funktionen erfüllt.[1186] Diese bestehen nicht nur in der Gewährleistung von **Schadensausgleich,** sondern vor allem in einer weit **über das öffentliche Recht hinausgehenden Verhaltenssteuerung im konkreten Einzelfall.** Der Staat kann bei der Statuierung hoheitlicher Verhaltensstandards gar nicht anders, als einen relativen hohen Generalisierungsgrad zu wählen, denn der Versuch einer flächendeckenden und detailgenauen Reglementierung privaten Verhaltens würde entweder jede gesellschaftliche Aktivität erdrosseln oder der wirtschaftlich-technologischen Entwicklung ständig und unweigerlich hinterherhinken.[1187] Das öffentliche Recht bedarf der Ergänzung durch Privatrecht, das die Aufgabe der Verhaltenssteuerung im Einzelfall und im Detail wahrnimmt. Eine diese Einsicht ignorierende Anbindung privatrechtlicher Sorgfaltsstandards an öffentlich-rechtliche Verhaltensnormen würde das öffentliche Recht überfordern und dem Staat eine Aufgabe zuschieben, die sinnvoll nicht erfüllt werden kann bzw. aus ordnungspolitischen Gründen auch nicht erfüllt werden sollte. Wer einer Anbindung zivilrechtlicher Standards an diejenigen des öffentlichen Sicherheitsrechts das Wort redet, der zwingt den Staat zu umso intensiveren Bemühungen um die Regulierung privaten Verhaltens. Andersherum gewendet: Deregulierung und Stärkung der Privatrechtsgesellschaft sind nur zu haben, wenn das Privatrecht seine eigenen Ordnungsaufgaben auch erkennt und in originärer Verantwortung ausfüllt.

280 **b) Technische Regeln und Unfallverhütungsvorschriften.** Die meisten Vorschriften des Rechts der technischen Sicherheit verzichten von vornherein auf den Versuch, das Verhalten ihrer Adressaten im Detail zu regeln, sondern enthalten **Globalformeln** nach Art des § 4 Abs. 1 S. 1, Abs. 2 S. 1 GPSG, der den beim Inverkehrbringen von Produkten zu prästierenden Sicherheitsstandard durch das Gebot definiert, Sicherheit und Gesundheit der Verwender oder Dritter bei bestimmungsgemäßer Verwendung oder vorhersehbarer Fehlanwendung nicht zu gefährden (RdNr. 668).[1188] Dabei sind primär die speziellen Anforderungen einschlägiger Rechtsverordnungen zu beachten, und im Übrigen technische Nor-

---

[1182] BGHZ 139, 43, 46 f. = NJW 1998, 2436; vgl. auch BGHZ 139, 79, 83 = NJW 1998, 2905, 2906 zu den deliktischen Sorgfaltspflichten der Hersteller und Importeure solcher Feuerwerkskörper.
[1183] BGHZ 92, 143, 152 = NJW 1985, 47, 49; weiter BGHZ 69, 105, 115 ff. = NJW 1977, 1917, 1919 f.; BGHZ 70, 102, 111 = NJW 1978, 419, 421; BGHZ 121, 248, 251 = NJW 1993, 1656, 1657; BGH ZIP 1997, 1705, 1706 f. = NJW 1997, 2748, 2749.
[1184] *Canaris*, FS Larenz, 1983, S. 27, 55 f.; *Larenz/Canaris* II/2 § 76 III 4 f, S. 416; *Diederichsen*, Referat zum 63. DJT, S. L 58 ff.; *Erman/Schiemann* RdNr. 156; *v. Bar* JuS 1988, 169, 173; aA *Staudinger/Hager* RdNr. E 34.
[1185] Eingehend und mit Beispielen *Wagner*, Öffentlich-rechtliche Genehmigung und zivilrechtliche Rechtswidrigkeit, S. 93 ff.
[1186] *Steffen* ZVersWiss. 1993, 13, 24.
[1187] *Diederichsen*, Referat zum 56. DJT, S. L 58 ff.; *Versen*, Zivilrechtliche Haftung für Umweltschäden, S. 146 ff.
[1188] Zu den haftungsrechtlichen Folgen der Vorgängerregelung im ProdSG *Wagner* BB 1997, 2541 ff.

men, von denen vermutet wird, dass sie den gesetzlichen Sicherheitsanforderungen genügen (§ 4 Abs. 1 S. 2, Abs. 2 S. 4 GPSG). Ganz ähnlich ist die Regelungstechnik des BImSchG, dessen §§ 5 Abs. 1 Nr. 1, 3 Abs. 1 BImSchG den Betreiber einer genehmigungsbedürftigen Anlage dazu verpflichtet, keine „schädlichen Umwelteinwirkungen" zu verursachen, die „Gefahren, erhebliche Nachteile oder erhebliche Belästigungen" hervorrufen. Die Verhaltensstandards im Einzelnen ergeben sich dann erst aus Verwaltungsvorschriften gemäß § 48 BImSchG, insbesondere der TA Luft und der TA Lärm. Unabhängig davon, ob derartige **Verweisungsnormen** bestehen oder nicht, existiert eine kaum überschaubare Menge sog. „technischer Regeln", die praktisch jedwede artifizielle Tätigkeit reglementieren und von privaten Institutionen wie dem Deutschen Institut für Normung (DIN), Verbänden wie dem Verband Deutscher Ingenieure (VDI) aufgestellt und mittlerweile auch auf europäischer Ebene durch CEN (Centre Européen de Normalisation) und CENELEC (Centre Européen de Normalisation Electrotechnique) zu international einheitlichen Standards zusammengeführt werden.[1189]

Aus den eben angestellten Überlegungen zur Unabhängigkeit des privaten Deliktsrechts von öffentlich-rechtlichen Verhaltensstandards ergibt sich bereits, dass sich die **Verbindlichkeit technischer Regeln** auch im Rahmen deliktsrechtlicher Verkehrs- und Sorgfaltspflichten nicht aus dem Umstand ihrer Inbezugnahme durch öffentliches Sicherheitsrecht begründen lässt (RdNr. 279). Damit ist noch nicht gesagt, dass ihnen diese Wirkung nicht aus eigenem Recht zukommt. Tatsächlich erheben die technischen Regeln den Anspruch, das geronnene Fachwissen der einschlägigen Verkehrskreise zu verkörpern, so dass ihre Maßgeblichkeit für die ebenfalls nach Maßgabe der Verkehrskreise differenzierten deliktischen Sorgfaltspflichten nahe liegen mag (RdNr. 36). Folgerichtig bieten sie den Gerichten **wertvolle Orientierungspunkte** bei der Ermittlung der verkehrserforderlichen Sorgfalt im Einzelfall und wirken insofern wie Mindeststandards.[1190] Auch kann der Kausalitätsnachweis erleichtert werden, wenn der Verstoß gegen eine technische Regel feststeht und der Geschädigte eine Verletzung erlitten hat, die mit der einschlägigen Norm gerade vermieden werden soll (vgl. auch RdNr. 326).[1191]

Darüber hinausgehend hat *Marburger* gefordert, technische Regeln als verbindliche Fixierung auch der deliktsrechtlichen Pflichten anzusehen, denn wer sie beachte, der handele sachgemäß.[1192] Die Rechtsprechung ist diesem Petitum nicht gefolgt: Die deliktischen Sorgfaltspflichten werden weder durch den **Inhalt** noch durch den **Schutzzweck** von DIN-Normen und anderen technischen Regeln determiniert, sondern sie sind **eigenständig zu beurteilen**.[1193] Privatrechtsgestaltende Wirkung in dem Sinne, dass sie die deliktsrechtlichen Sorgfaltspflichten determinieren würden, kommt technischen Regeln nicht zu. Einerseits teilen sie die **Schwächen jedes Regulierungssystems,** insbesondere die Gefahr der Alterung und Versteinerung. Zum anderen sind die privaten Normungsorganisationen nationaler und europäischer Provenienz keineswegs allein auf die Ziele Rechtsgüterschutz und Sicherheit verpflichtet, sondern ihr primäres Anliegen ist zunächst die Standardisierung.[1194] Schließlich ist der Prozess der **Normsetzung kein reiner Erkenntnisakt,** son-

---

[1189] Zur technischen Normung auf europäischer Ebene *Marburger* in: *Müller-Graff* (Hrsg.), Technische Regeln im Binnenmarkt, S. 27 ff.; *Falke* in: *Vieweg* (Hrsg.), Techniksteuerung und Recht, S. 177 ff.
[1190] BGHZ 92, 143, 151 f. = NJW 1985, 47, 49; BGHZ 103, 338, 341 f. = NJW 1988, 2667 f.; BGHZ 114, 273, 275 f. = NJW 1991, 2021, 2022; BGH NJW 1971, 1313, 1314; 1980, 1219, 1221; 1984, 801, 802; 1997, 582, 583; NJW-RR 2002, 525, 526; VersR 2004, 657, 658.
[1191] BGHZ 114, 273, 276 = NJW 1991, 2021, 2022; BGH NJW 2001, 2019, 2020; *Marburger,* Regeln der Technik im Recht, S. 448 ff., 453 ff.
[1192] *Marburger* VersR 1983, 597, 600 ff.; *ders.,* Regeln der Technik im Recht, S. 439 f.; ähnlich *Diederichsen* NJW 1978, 1281, 1289.
[1193] Zuletzt BGH VersR 2004, 657, 658; weiter RGZ 147, 353, 358; RG JW 1935, 2628; BGHZ 92, 143, 152 = NJW 1985, 47, 49; BGH VersR 1966, 165, 166; NJW 1983, 751 f.; 1984, 801, 802; 1987, 372, 373; 1997, 582, 583; 2001, 2019, 2020; vgl. auch BGHZ 59, 303, 308 f. = NJW 1972, 2300, 2301 f.
[1194] *Marburger,* Regeln der Technik im Recht, S. 46: Rationalisierungsfunktion versus Schutz- und Sicherungsfunktion; *Falke* in: *Vieweg* (Hrsg.), Techniksteuerung und Recht, S. 177, 178, mit der Differenzierung zwischen koordinativen und regulativen Standards.

§ 823 283, 284   Abschnitt 8. Titel 27. Unerlaubte Handlungen

dern auch wertender Natur, und eine Kompetenz zur autoritativen Setzung von Verhaltensstandards im Zivilrecht kommt den privaten Normungsorganisationen – bei allem Respekt – nicht zu. Der BGH hat somit Recht, wenn er sich die Kompetenz zu einer von den technischen Regeln **abweichenden Pflichtenkonkretisierung im Einzelfall** vorbehält.[1195] Diese muss übrigens keineswegs notwendig in einer Verschärfung der Anforderungen gegenüber dem in einer technischen Regel positivierten Standard bestehen. Vielmehr kann die Zivilrechtsprechung auch flexibel auf den technischen Fortschritt reagieren, indem sie von den Regeln abweichende, aber gleich geeignete oder bessere technische Lösungen akzeptiert.[1196] Im Übrigen zeigt die Praxis, dass auch regelwidrige technische Anlagen unter bestimmten Umständen einen hinreichenden Sicherheitsstandard bieten können, wenn nämlich die Regelwidrigkeit ihrem Nutzer erkennbar ist.[1197]

283   Diese Grundsätze bestimmen auch den deliktsrechtlichen Status von **Unfallverhütungsvorschriften** der Berufsgenossenschaften, die von den Trägern der gesetzlichen Unfallversicherung als autonomes Verbandsrecht auf der Grundlage von § 15 SGB VII erlassen werden.[1198] Sie sind die Früchte langjähriger Erfahrung mit betrieblichen Unfallrisiken und können folglich zur **Konkretisierung der allgemeinen Verkehrssicherungspflicht** herangezogen werden.[1199] Dies gilt nicht nur gegenüber Betriebsangehörigen, auf deren Schutz sich die Unfallverhütungsvorschriften beziehen, sondern genauso im Verhältnis zu externen Dritten, die keinen größeren Gefahren ausgesetzt werden dürfen, sondern mindestens die gleiche Sicherheit beanspruchen können wie jene.[1200] Hat die Unfallverhütungsvorschrift den **Schutz betriebsfremder Dritter** nicht im Visier, sind zusätzliche Sicherungsmaßnahmen zu ergreifen.[1201] Auch im Übrigen können die Anforderungen des Deliktsrechts über diejenigen des berufsgenossenschaftlichen Satzungsrechts hinausgehen; Letzteres ist keine **abschließende Regelung** der privatrechtlichen Verkehrspflichten.[1202] Sind weitergehende Gefahren nicht erkennbar, **befreit** die Einhaltung der Unfallverhütungsvorschrift allerdings vom **Vorwurf des Verschuldens**.[1203] Steht der Verstoß gegen eine Unfallverhütungsvorschrift fest, wird vermutet, dass die eingetretene Rechtsgutsverletzung auf diesem Verstoß beruht, die **Beweislast hinsichtlich der haftungsbegründenden Kausalität** wird also umgekehrt (vgl. auch RdNr. 29, 325).[1204] Darüber hinaus ist das **Verschulden** des Verkehrssicherungspflichtigen nach den Regeln des **Anscheinsbeweises** als erwiesen anzusehen, wenn ein objektiver Verstoß gegen Unfallverhütungsvorschriften feststeht.[1205]

284   c) **Deliktische Sorgfaltspflichten und hoheitliche Genehmigungen.** Behördliche Genehmigungen sind nur **ausnahmsweise als Rechtfertigungsgrund für Rechtsgutsverletzungen** anzuerkennen, wenn nämlich das jeweilige verwaltungsrechtliche Fachgesetz den behördlichen Zulassungsakt mit **Ausschlusswirkung gegenüber privaten Rechten Dritter** ausstattet und die Letzteren zugemuteten Nachteile durch Gewährung von **Aufopferungs-Entschädigungsansprüchen** kompensiert (eingehend

---

[1195] BGHZ 59, 303, 308 f. = NJW 1972, 2300, 2301 f.; BGH NJW 1987, 2222, 2223; für das öffentliche Recht BVerwG NVwZ-RR 1997, 214.
[1196] Insoweit übereinstimmend *Marburger* VersR 1983, 597, 603.
[1197] Beispiel: OLG Koblenz VersR 1997, 125: Mieterin begeht eine fehlerhaft konstruierte Raumspartreppe 4000mal, bis etwas passiert.
[1198] *Wagner*, Kollektives Umwelthaftungsrecht auf genossenschaftlicher Grundlage, 1990, S. 94 ff.
[1199] BGH NJW 2001, 2019, 2020; weiter BGH NJW 1957, 499; VersR 1958, 554; 1961, 419, 420; 1964, 942, 944; 1968, 641, 642; VersR 1975, 812, 813; NJW 1978, 2032, 2033; OLG Hamburg VersR 1982, 561; OLG Frankfurt VersR 1995, 1365, 1366; OLG Hamm NJW-RR 1998, 1328, 1329 (von der Redaktion zu Unrecht als Urteil zu § 823 Abs. 2 eingestuft); OLG Köln VersR 1997, 1355, 1356; OLG Karlsruhe VersR 1992, 893.
[1200] BGH VersR 1961, 419, 420; 1965, 1055; 1975, 812, 813.
[1201] BGH 2003, 1319 f.
[1202] BGH VersR 2003, 1319 f. = NJW-RR 2003, 1459; VersR 2004, 657, 658.
[1203] BGH VersR 2003, 1319, 1320 = NJW-RR 2003, 1459.
[1204] RGZ 95, 238, 239; 128, 320, 329; BGH VersR 1955, 105, 106; 1961, 419, 420; 1964, 942, 944; NJW 1978, 2032, 2033; 1994, 945, 946; OLG Hamm NJW-RR 1998, 1328, 1329.
[1205] BGH VersR 1956, 435; 1955, 105, 106; 1965, 1055, 1056.

RdNr. 316 f.).[1206] Darüber hinaus vermögen die in einem Genehmigungsbescheid enthaltenen Verhaltensstandards und Auflagen auch die **Verkehrspflichten** des Adressaten **nicht abschließend** zu **determinieren**.[1207] Schon das RG hat es einer Gemeinde verwehrt, sich der Haftung für den verkehrsunsicheren Zustand einer Brücke mit dem Hinweis zu entledigen, das Bauwerk sei „durch Sachverständige und mit Genehmigung der Aufsichtsbehörde hergestellt worden" (vgl. RdNr. 463).[1208] Auch der BGH vertritt in ständiger Rechtsprechung den Standpunkt, der Verpflichtete habe in eigener Verantwortung die Gefahrenlage zu eruieren und die danach gebotenen Sicherungsmaßnahmen zu ergreifen, ohne sich auf die Genehmigung seiner Anlage, die allgemeine Betriebserlaubnis für sein Fahrzeug oder die Gestattung des Verhaltens verlassen zu können.[1209] Schließlich vermag auch die **Untätigkeit von Behörden** nicht die Geltung deliktsrechtlicher Sorgfaltspflichten zu suspendieren.[1210] Wird vor einem Autorennen die Rennstrecke durch die zuständigen Sicherheitsbehörden und im Übrigen auch durch Selbstverwaltungsgremien der Sportverbände abgenommen, so vermag dies den Veranstalter nicht von seiner Verantwortung für die Gewährleistung angemessener Sicherheitsstandards zu entlasten.[1211] Die Genehmigung der gefährlichen Tätigkeit schließt schließlich auch den **Verschuldensvorwurf** nicht aus.[1212]

Auf dieser Grundlage kann es nicht überzeugen, die Genehmigung bzw. die darin enthaltenen Auflagen **zugunsten des Geschädigten** wie eine autoritative Fixierung der im Rahmen des § 823 Abs. 1 zu beachtenden Verkehrspflichten zu behandeln und dem Schädiger damit den Einwand abzuschneiden, die Erfüllung dieser Auflagen sei technisch unmöglich, wirtschaftlich unzumutbar oder mit Blick auf anderweitige, gleich geeignete Sicherungsmaßnahmen unterblieben.[1213] Die Verletzung der Auflagen eines Genehmigungsbescheids kann allenfalls im Rahmen des **§ 823 Abs. 2** eine Rolle spielen, sofern nämlich die damit vollzogenen Vorschriften des Verwaltungsrechts als Schutzgesetz anzuerkennen sind (vgl. RdNr. 341 ff.).

IV. Relativität deliktischer Sorgfaltspflichten (Schutzzwecklehre)

1. Relativität der Fahrlässigkeit. Deliktische Sorgfaltspflichten im Allgemeinen und Verkehrspflichten im Besonderen lassen sich nicht in abstracto bestimmen, sondern bedürfen der **Einbettung in die konkrete Handlungs- und Gefährdungssituation** (vgl. RdNr. 258 ff.). Darüber hinaus zeigt die Problematik der Verletzung Unbefugter (RdNr. 270 ff.), dass es weiterer Relativierungen bedarf, insbesondere je nach der Person, deren Verhalten mit demjenigen des Schädigers im Interesse der Prävention koordiniert werden soll. Dies gilt ohne Rücksicht darauf, ob es sich um eine „mittelbare" oder eine „unmittelbare" Rechtsgutsverletzung handelt.[1214] Die **Sorgfaltspflichten** des Deliktsrechts sind also generell **relativer Natur,** wobei die dafür maßgeblichen normativen Kriterien in der **Schutzzwecklehre** zusammengefasst werden.[1215] Auf der Ebene der

---

[1206] *Wagner,* Öffentlich-rechtliche Genehmigung und zivilrechtliche Rechtswidrigkeit, S. 123 ff.
[1207] BGH NJW 1984, 801; 1985, 620, 621; 1994, 2232, 2233; OLG Jena NJW 2006, 624, 625; OLG Karlsruhe NJW-RR 2006, 1167, 1168 f.
[1208] RGZ 55, 24, 27.
[1209] BGHZ 99, 167, 176 = NJW 1987, 1009, 1011; BGHZ 103, 298, 305 = NJW 1988, 1380, 1382; BGH VersR 1961, 419, 421; 1964, 279, 280; 1966, 165, 166; 1969, 665, 666; 1976, 149, 150; NJW 1985, 620, 621; 1987, 372, 373; 1994, 2232, 2233; 1997, 582, 583; genauso OLG Düsseldorf NJW-RR 1993, 93, 94; VersR 1998, 1167; RGRK/*Steffen* RdNr. 219, 221; *Wagner,* Öffentlich-rechtliche Genehmigung und zivilrechtliche Rechtswidrigkeit, S. 85 ff.; *Versen,* Zivilrechtliche Haftung für Umweltschäden, S. 142 ff.
[1210] BGH VersR 1955, 692, 693; 1956, 175, 176; 1976, 66, 67; OLG Jena NJW 2006, 624, 625.
[1211] BGH NJW 1975, 533; genauso bereits RGZ 138, 21, 24.
[1212] BGH NJW 1985, 620, 621; *Versen,* Zivilrechtliche Haftung für Umweltschäden, S. 185 ff.
[1213] So aber BayObLG VersR 1979, 743, 744; ähnlich auch BGH VersR 1961, 419, 420.
[1214] *D. Schwab* JZ 1967, 13, 17, 21; aA, nämlich zwischen unmittelbaren und mittelbaren Verletzungen diff., Staudinger/*Schiemann* (1998) § 249 RdNr. 32 f.
[1215] Für die Rspr. vgl. BGHZ 27, 137, 140 = NJW 1958, 1041, 1042; BGHZ 107, 359, 364 = NJW 1989, 2616, 2617; OLG Köln NJW-RR 1994, 91, 92; aber auch BGHZ 105, 346, 351 = NJW 1989, 707, 708; grdlg. *Rabel,* Das Recht des Warenkaufs, Bd. I, 1936, S. 495 ff. (mit Blick auf die Vertragshaftung); für die

Haftungsbegründung (zur Haftungsausfüllung eingehend § 249 RdNr. 115 ff.) kommt Letzterer die Funktion zu, das Erfordernis des Rechtswidrigkeitszusammenhangs zwischen Sorgfaltspflichtverstoß und Rechtsgutsverletzung zu erfassen.[1216]

287 **2. Persönlicher Schutzbereich.** Der persönliche Schutzbereich der Sorgfaltspflichten zum Schutz der Rechtsgüter des § 823 Abs. 1 lässt sich in aller Regel problemlos bestimmen; er ist mit dem **Kreis der Rechtsgutsträger** identisch. Jedermann, der in seinen eigenen Rechtsgütern verletzt ist, kann denjenigen, der die Verletzung vorsätzlich unter Überschreitung des erlaubten Risikos oder fahrlässig durch Außerachtlassen der im Verkehr erforderlichen Sorgfalt verursacht hat, auf Schadensersatz in Anspruch nehmen (zum Schockschaden RdNr. 79 ff.).

288 Schwierigkeiten bereitet die Definition des persönlichen Schutzbereichs des § 823 Abs. 1 dann, wenn der Rechtsgutsträger die Verletzung nicht passiv erlitten, sondern gleichsam aktiv mitverursacht hat. So liegt es insbesondere in den sog. **Herausforderungsfällen,** in denen der Geschädigte in einer vom Schädiger zu verantwortenden Gefahrenlage seine eigenen Rechtsgüter aus freien Stücken aufopfert, um Schlimmeres zu verhüten (§ 249 RdNr. 155 ff.).[1217] Dem Grundsatz nach besteht zwar keine Verpflichtung dazu, andere vor Selbstschädigung zu bewahren, doch davon ist eine Ausnahme zu machen, wenn das Handeln des Geschädigten auf billigenswerten Motiven beruht und durch die vom Schädiger geschaffene Gefährdungslage herausgefordert worden ist.[1218] Diese Voraussetzungen sind insbesondere bei **Rettungshandlungen** des Opfers oder Dritter erfüllt, bei denen der Retter selbst zu Schaden kommt. Die Haftung schafft hier die notwendigen Anreize zu altruistischem Verhalten, indem sie dem Eingreifenden auch jenseits des Unfallversicherungsschutzes nach § 2 Abs. 1 Nr. 13 SGB VII Integritätsschutz garantiert.[1219] Ist die Rettungshandlung im Hinblick auf den sonst drohenden Schaden vernünftig und angemessen (nicht unverhältnismäßig) und von billigenswerten Motiven getragen, haftet derjenige, der die Gefährdungslage in sorgfaltswidriger Weise geschaffen hat, für die Nachteile, die der Retter bei seinem Eingreifen erleidet.[1220] Repräsentative Fälle waren früher die Bändigung durchgehender Pferde,[1221] heutzutage etwa die Rettung von Insassen aus einem Bus oder einem verunglückten Kraftfahrzeug,[1222] die Verantwortlichkeit von Schlägern für Körperverletzungen eingreifender Dritter[1223] oder die **Organspende durch ein Familienmitglied,** wenn ein Angehöriger durch deliktisches Verhalten eines Dritten das eigene Organ eingebüßt hat.[1224]

289 Genauso sind die sog. **Verfolgungsfälle** zu lösen, in denen ein Privatmann oder ein Polizist bei der Verfolgung eines Straftäters einen Körper- und Gesundheitsschaden erlei-

---

Deliktshaftung kurz *ders.* Sonderheft zu RabelsZ 6 (1932), 10, 16; *v. Caemmerer* in: Gesammelte Schriften I, S. 395 ff.; *ders.* DAR 1970, 283 ff. (= Gesammelte Schriften III S. 345 ff.); weiter *Kötz/Wagner* Deliktsrecht RdNr. 198; *Larenz/Canaris* II/2 § 76 III 6, S. 423 ff.; *v. Bar* Verkehrspflichten S. 181 ff.; krit. *Deutsch* Haftungsrecht I RdNr. 301 f.

[1216] Vgl. *U. Huber,* FS Wahl, 1973, S. 301, 312 f.; *ders.,* FS Heimpel, Bd. III, 1972, S. 440, 451 ff.; *Kötz/Wagner* RdNr. 195 ff.; *Larenz/Canaris* II/2 § 76 III 6, S. 423; *Zimmermann* JZ 1980, 10, 12 ff. Mit der Kausalität hat die Frage nichts zu tun; vgl. BGHZ 57, 25, 29 f.= NJW 1971, 1980, 1981; anders aber *Deutsch* JZ 1972, 551, 552 f.; *Stürner* VersR 1984, 297, 300 f.

[1217] Treffend der amerikanische Richter Cardozo in *Wagner v. International Railway,* 133 N. E. 437 (1921): „danger invites rescue"; zusammenfassend BGHZ 172, 263, 267 Tz. 15 = VersR 2007, 1093; vgl. auch *Zimmermann* JZ 1980, 10, 13 ff.; *v. Caemmerer* DAR 1970, 283, 291; *Kötz/Wagner* RdNr. 201.

[1218] Vgl. Fn. 1033.

[1219] § 2 Abs. 1 Nr. 13 a SGB VII erstreckt den Schutz der gesetzlichen Unfallversicherung auf Personen, „die bei Unglücksfällen oder gemeiner Gefahr oder Not Hilfe leisten oder einen anderen aus erheblicher gegenwärtiger Gefahr für seine Gesundheit retten."

[1220] BGHZ 101, 215, 221 = NJW 1987, 2925, 2926; BGH VersR 1978, 183, 184; NJW 1986, 1865.

[1221] RGZ 29, 120, 121 f.; 50, 219, 222 ff.

[1222] RGZ 164, 125, 126; OLG Stuttgart NJW 1965, 112; OLG Karlsruhe VersR 1991, 353 f.; OLG Düsseldorf NJW-RR 1995, 1365; vgl. auch BGH NJW 1981, 760.

[1223] OLG Nürnberg NJW 1999, 3721 f.

[1224] BGHZ 101, 215, 219 ff. = NJW 1987, 2925, 2925 f. Blut- und Organspender genießen iÜ Unfallversicherungsschutz nach § 2 Abs. 1 Nr. 13 b SGB VII.

det.¹²²⁵ Die Rechtsprechung bejaht Schadensersatzansprüche des gestrauchelten Verfolgers unter drei Voraussetzungen: (1) die Verfolgung muss für den Verfolger ein gesteigertes Verletzungsrisiko begründet haben; (2) die Entscheidung zur Aufnahme der Fährte muss auf billigenswerten Motiven beruhen und eine vernünftige und verhältnismäßige Reaktion auf den Fluchtversuch gewesen sein; (3) in subjektiver Hinsicht ist erforderlich, dass der Fliehende damit hätte rechnen müssen, dass er verfolgt werden und der Verfolger dabei Schaden nehmen würde.¹²²⁶ Mit Hilfe des zuerst genannten Kriteriums sollen die Fälle aussortiert werden, in denen sich lediglich das allgemeine Lebensrisiko bzw. das im Vergleich dazu gesteigerte Berufsrisiko des Polizisten realisiert hat,¹²²⁷ während die zweite Voraussetzung solche Schadensrisiken aus der haftungsrechtlichen Zurechnung ausklammert, die der Verfolger vernünftigerweise nicht hätte eingehen dürfen.¹²²⁸ Das dritte Kriterium schließt die Zurechnung in Fällen aus, in denen der Täter die Verfolgung gar nicht bemerken konnte.¹²²⁹ Ist danach ein Haftungsgrund gegeben, ist auf der Ebene der Haftungsausfüllung ein Mitverschulden des Verfolgers im Rahmen des § 254 zu berücksichtigen.¹²³⁰ Angesichts dieser mannigfachen Einschränkungen wäre es vorzugswürdig, die Haftung ganz auszuschließen.¹²³¹

3. Sachlicher Schutzbereich. Der Schutzbereich deliktischer Sorgfaltspflichten ist aber nicht nur in persönlicher, sondern auch in **sachlicher** Hinsicht, also je nach **Art des verletzten Interesses** beschränkt. Liegt das Interesse im Schutzbereich der verletzten Sorgfaltspflicht, sind sämtliche adäquat verursachten Schadensfolgen ersatzfähig, ohne dass es darauf ankommt, ob deren Eintritt vorauszusehen war.¹²³² Derjenige, der die Vorfahrtsregeln missachtet und dadurch einen Unfall verursacht, haftet dem Gegner zwar für die Folgen der Verletzung von Körper und Eigentum, nicht aber für die Gesundheitsschäden, die Letzterer erst infolge seiner psychischen Erregung und dem dadurch verursachten Schlaganfall erleidet.¹²³³ Wird infolge eines Unfalls eine Straße blockiert, so dass die übrigen Verkehrsteilnehmer die Unfallstelle unter Nutzung des Grünstreifens umfahren, ist die Ersatzpflicht auch dann ausgeschlossen, wenn die Blockade durch sorgfaltswidriges Verhalten des verunfallten Kraftfahrzeuglenkers verursacht wurde (vgl. auch § 249 RdNr. 153 f.).¹²³⁴ Die allgemeinen Verkehrsregeln dienen zwar nicht nur dem öffentlichen Interesse an der Sicherheit und Leichtigkeit des Straßenverkehrs, sondern auch dem Schutz privater Rechtsgüter, doch ist ihr sachlicher Schutzbereich auf die Vermeidung von Sach- und Personenschäden beschränkt – das Straßenverkehrsrecht bewirkt keine Ausdehnung des Schutzbereichs des Deliktsrechts auf allgemeine Vermögensinteressen.¹²³⁵

4. Funktionaler Schutzbereich. In **funktionaler Hinsicht** schließlich schützen deliktische Sorgfaltspflichten nur vor solchen Rechtsgutverletzungen, deretwegen sie bestehen.

---

¹²²⁵ Zum Schutz der Verfolger im Rahmen der gesetzlichen Unfallversicherung vgl. § 2 Abs. 1 Nr. 13 c SGB VII.
¹²²⁶ BGHZ 57, 25, 28 ff. = NJW 1971, 1980 f.; BGHZ 63, 189, 191 ff. = NJW 1975, 168; zusammenfassend BGHZ 132, 164, 166 ff. = NJW 1996, 1533 f. = JZ 1996, 1178, 1179 f. m. Anm. *Teichmann*; dem BGH grds. folgend *Zimmermann* JZ 1980, 10, 13; *Strauch* VersR 1992, 932, 935 ff.; umfassender Überblick über die Rspr. bei *Weber*, FS Steffen, 1995, S. 507 ff.; vgl. auch § 249 RdNr. 164 ff.
¹²²⁷ BGHZ 57, 25, 32 = NJW 1971, 1980, 1981; BGHZ 132, 164, 167 = NJW 1996, 1533; konkretes Beispiel, in dem die Haftung unter diesem Gesichtspunkt verneint worden ist: BGH NJW 1971, 1982, 1983: Ausgleiten auf einem „frisch geschnittenen Rasen".
¹²²⁸ BGHZ 63, 189 = NJW 1975, 168; BGHZ 132, 164, 167 f. = NJW 1996, 1533 f.
¹²²⁹ Dazu besonders instruktiv BGH VersR 1991, 111, 112.
¹²³⁰ BGHZ 57, 25, 32 = NJW 1971, 1980, 1981; BGHZ 63, 189 = NJW 1975, 168; BGHZ 132, 164, 172 ff. = NJW 1996, 1533, 1534 f.
¹²³¹ *Kötz/Wagner* RdNr. 202; *Esser/Schmidt* AT/2 § 33 II 2 a, S. 235.
¹²³² RGZ 148, 154, 165.
¹²³³ BGHZ 107, 359, 364 f. = NJW 1989, 2616, 2617 f.
¹²³⁴ BGHZ 58, 162, 168 = JZ 1972, 559 m. Bespr. *Deutsch* S. 551 ff., gegen OLG Düsseldorf NJW 1955, 1031 m. abl. Bespr. *Larenz* ebd. S. 1009 ff.
¹²³⁵ LG Frankfurt/M NJW-RR 1990, 730 f.; LG Berlin NJW 1983, 288, 289; anders LG München I NJW 1983, 288.

Es muss sich also diejenige Gefahr realisiert haben, die hintanzuhalten die verletzte Sorgfaltspflicht bezweckte. So schuldet ein Autofahrer seinem Beifahrer nicht allein deshalb Schadensersatz wegen Körper- und Gesundheitsverletzung, weil er verkehrsrechtswidrig eine Anliegerstraße befahren hat und dabei mit einem Wagen zusammengestoßen ist, der seinerseits die linke Fahrbahn benutzt hat.[1236] Eine Gemeinde, die die ihr obliegende Sicherungspflicht für einen Spielplatz vernachlässigt, haftet nicht für Schäden, die ein Jugendlicher bei einem „Tarzan-Spiel" erleidet, indem er sich mit einem Seil von einer 5 m hohen Hütte herabschwingt und gegen ein – marodes – Spielgerät prallt.[1237] Hat es der Schädiger hingegen versäumt, eine bestimmte Sorgfaltsmaßnahme zu ergreifen, durch die die Rechtsgutsverletzung vermieden worden wäre, kann er sich nicht mit dem Hinweis auf einen ungewöhnlichen Kausalverlauf entlasten; er haftet auch für solche Schäden, die auf untypische Weise eingetreten sind.[1238]

V. Die Person des Pflichtenträgers

292 Deliktische Sorgfaltspflichten setzen die tatsächliche und rechtliche Möglichkeit der Gefahrsteuerung voraus und nehmen in ihrer Intensität auf die Kosten möglicher Sicherungsmaßnahmen Rücksicht (RdNr. 258 ff.). Aus diesen Prämissen folgt ohne weiteres die Verantwortlichkeit eines jeden Akteurs für das **eigene Verhalten** (RdNr. 246 f.). Soweit die deliktische Sorgfaltspflicht an die Innehabung einer Sache geknüpft ist (RdNr. 243 f.), verpflichtet sie nicht ohne weiteres den Eigentümer, sondern denjenigen, der auf Grund seiner **tatsächlichen Verfügungsgewalt zur Gefahrsteuerung am besten in der Lage ist**.[1239] Die Unmaßgeblichkeit der vermögensrechtlichen Zuweisung für die deliktischen Sorgfaltspflichten ergibt sich bereits aus den Wertungen der §§ 836 ff., denn die Gebäudehaftung ist ebenfalls nicht an den Eigentümer, sondern an den **Besitzer** bzw. den Gebäudeunterhaltspflichtigen adressiert. Das RG hat schon in seiner ersten Entscheidung zu den Verkehrssicherungspflichten nicht nur den die tatsächliche Sachherrschaft ausübenden Eigentümer eines morschen Baums, sondern genauso auch dessen Besitzer für den durch dessen Fall verursachten Schaden verantwortlich gemacht.[1240] Genauso ist der **Veranstalter** einer Sportveranstaltung selbst Träger der Verkehrspflichten zum Schutz der Zuschauer, und zwar unabhängig von etwa bestehendem Eigentum an der Sportanlage.[1241] Bei Straßen trifft die Verkehrssicherungspflicht weder den Eigentümer noch den Träger der Straßenbaulast, sondern diejenige Behörde, die die Straße verwaltet und technisch betreut.[1242] Daneben und zusätzlich kann auch ein Privatrechtssubjekt verantwortlich sein, etwa für die Beseitigung von Verschmutzungen oder Vereisungen der Fahrbahn.[1243]

293 Fallen Sacheigentum und Verfügungsgewalt auseinander, bedeutet dies nicht notwendig, dass entweder nur der Eigentümer oder nur der Gewalthaber zur Ergreifung von Sicherungsmaßnahmen verpflichtet ist, sondern es gilt das Prinzip: Ein jeder nach seinen Möglichkeiten. Danach kann sich **in Bezug auf ein und dieselbe Gefahrenquelle die Verantwortlichkeit mehrerer Personen** ergeben, die wiederum sowohl verhaltens- als auch sachbezogen sein kann. So sind beispielsweise bei der Errichtung von Bauwerken Grundeigentümer, Bauunternehmer und der die Bauaufsicht ausübende Architekt nebeneinander

---

[1236] BGH VersR 1970, 159, 160; weitere Beispiele bei *v. Caemmerer* DAR 1970, 283, 289.
[1237] BGH VersR 1978, 762, 763; vgl. auch BGH NJW 1978, 1626, 1627.
[1238] BGH VersR 1961, 465, 466.
[1239] RGZ 52, 373, 375 f.; BGHZ 9, 373, 383 f.; BGH NJW 1975, 533; 1984, 801; *Larenz/Canaris* II/2 § 76 III 3 a, S. 408, § 76 III 5 a, S. 418 f.; *Staudinger/Hager* RdNr. E 54.
[1240] RGZ 52, 373, 375 f.
[1241] BGH NJW 1975, 533; 1984, 801 f.; RdNr. 485 f.
[1242] BGHZ 9, 373, 382 ff.; 60, 54, 55 f. = NJW 1973, 460 f.; BGHZ 108, 273, 274 = NJW 1989, 2808; *Rinne* NJW 1996, 3303; krit. *Steiner*, Straßen- und Wegerecht, in: *ders.*, Besonderes Verwaltungsrecht, 8. Aufl. 2006, RdNr. 114 ff.; eingehend *Grote* in: *Kodal/Krämer* Straßenrecht Kap. 40 RdNr. 1 ff.; RdNr. 430.
[1243] BGH VersR 1985, 641; OLG Schleswig NZV 1992, 31.

zur Gewährleistung eines sicheren Zustands des Grundstücks verpflichtet, und zwar jeweils so weit, wie die Gefahrenlage jedem Einzelnen erkennbar und durch eigene Sorgfaltsmaßnahmen vermeidbar ist.[1244] Vermieter und Mieter müssen in Frostperioden in geeigneter Weise zusammenwirken, um Wasserschäden an den Rechtsgütern anderer Mieter zu verhindern (vgl. RdNr. 461).[1245] In diesen Fällen kommt eine **wechselseitige Entlastung** der Sicherungspflichtigen nicht in Betracht;[1246] ggf. haften die mehreren Sicherungspflichtigen gemäß § 840 Abs. 1 als Gesamtschuldner.[1247] **Unklarheiten** in der Abgrenzung der Sicherungszuständigkeiten dürfen nicht zu Lasten des Geschädigten gehen.[1248] Die Sicherungspflicht in Bezug auf ein und denselben Gegenstand kann auch aufgeteilt sein, wenn etwa die eine Hälfte einer Außentreppe zum Eingang eines öffentlichen Schwimmbads und die andere Hälfte zu einem Restaurant führt.[1249]

VI. Delegation deliktischer Sorgfaltspflichten

1. Grundlagen. Die unter dem Stichwort der Delegation von Verkehrspflichten diskutierte Problematik ist vielschichtig und komplex. Ausgeklammert bleiben im Folgenden zunächst sämtliche Fragen, die das arbeitsteilige Zusammenwirken im Rahmen von **Unternehmen** sowie die Haftung von **Arbeitnehmern** und Mitgliedern von **Leitungsorganen** betreffen. Letztere lassen sich nur auf der Grundlage eines dogmatisch stimmigen Konzepts von der deliktischen Verantwortlichkeit des Unternehmens bzw. Unternehmensträgers selbst lösen, das zudem nicht allein für § 823 Abs. 1, sondern insbesondere auch für § 823 Abs. 2 Geltung beanspruchen muss und folgerichtig gesondert behandelt wird (vgl. RdNr. 378 ff. sowie § 831 RdNr. 1 ff.). An dieser Stelle geht es allein um die **Einschaltung selbstständiger Dritter** in die Erfüllung deliktsrechtlicher Sorgfaltspflichten, sei es von Personen aus dem persönlichen Umfeld, sei es von anderen Unternehmen (sog. „independent contractors").[1250] 294

Deliktische Sorgfaltspflichten **müssen nicht höchstpersönlich erfüllt** werden, sondern können zur Ausführung auf Dritte übertragen werden, was selbstverständlich deren Zustimmung voraussetzt.[1251] Dieser Grundsatz ist keine Konzession an die Bequemlichkeit des Sicherungspflichtigen, sondern dient seinerseits der Schadensprävention, weil die verkehrserforderliche Sorgfalt in einer komplexen und hochtechnisierten Welt in vielen Fällen die Einschaltung von Experten nicht nur erlaubt, sondern verlangt.[1252] Sodann stellen sich die Fragen (1) nach den Voraussetzungen und den Konsequenzen einer Übernahme deliktischer Sorgfaltspflichten für den Dritten und (2) nach den Rückwirkungen der Übernahme auf die Haftung des primär Verantwortlichen. 295

2. Übernehmerhaftung. Für die Begründung der Deliktshaftung des Übernehmers von Sorgfaltspflichten verlangte die ältere Rechtsprechung eine **wirksame vertragliche Vereinbarung** zwischen dem primären Pflichtadressaten und dem Dritten: Wer Sicherungspflichten durch Rechtsgeschäft übernehme, hafte selbst und unmittelbar gegenüber vertragsexternen Personen, die infolge der Verletzung einer solchen Pflicht einen Schaden erlitten.[1253] Die neuere Judikatur des BGH stützt den Übergang deliktischer Sicherungspflichten 296

[1244] BGH NJW 1970, 2290 f.; 1987, 1013; 1997, 582, 583 f.; *Kleindiek*, Deliktshaftung und juristische Person, S. 428 ff.; eingehend RdNr. 473.
[1245] BGH NJW 1972, 34, 35.
[1246] BGH VersR 1985, 641; OLG Köln VersR 1995, 674, 675.
[1247] BGH NJW 1997, 582, 584; *Staudinger/Hager* RdNr. E 56.
[1248] BGH NJW 1972, 1321, 1323.
[1249] BGH NJW 1985, 270 f.
[1250] Zur Parallelproblematik im englischen Recht *Markesinis/Deakin*, Tort Law, 4. Aufl. 1999, S. 324 ff.
[1251] BGH VersR 1976, 66, 67; *Ulmer* JZ 1969, 163, 171; *Baums*, FS Lukes, 1989, S. 623, 632; *Larenz/Canaris* II/2 § 76 III 5 c, S. 419.
[1252] Treffend *Larenz/Canaris* II/2 § 76 III 5 c, S. 420 f.
[1253] RGZ 127, 14, 18; RG JW 1906, 59, 60; BGH VersR 1957, 234, 235; LM Nr. 15 Dienst- und ArbeitsunfallG = MDR 1964, 839.

indessen auf das **Faktum einverständlicher Aufgabenübernahme,** so dass es auf die Wirksamkeit des Übernahmevertrags nicht ankommt.[1254]

297 Liegt ein faktisches Einverständnis vor und wird dies durch eine entsprechende Praxis gestützt, wird der **Übernehmer seinerseits im Außenverhältnis deliktisch verantwortlich.**[1255] Seine Haftung beruht nicht auf einer Umleitung vertraglicher Leistungspflichten zugunsten Dritter, sondern ist deliktsrechtlicher Natur:[1256] Die einverständliche Übernahme von Sicherungspflichten in fremder Sphäre weckt bei dem primär Verpflichteten das berechtigte Vertrauen, der Übernehmer werde die gebotenen Maßnahmen treffen.[1257] Wenn beispielsweise der Beifahrer eines Traktors sich bereit erklärt, die rückwärtige Fahrbahn auf herannahende Verkehrsteilnehmer zu beobachten, dabei aber einen Radfahrer übersieht, der deshalb auf den nach links abbiegenden Traktor prallt und getötet wird, dann beruht seine Einstandspflicht dem Geschädigten gegenüber darauf, dass er den primär sicherungspflichtigen Fahrer von eigenen Vorkehrungen – dem Blick über die Schulter vor dem Abbiegen – abgehalten hat.[1258] Diese Verantwortlichkeit besteht **auch im Verhältnis zum primär Sicherungspflichtigen** selbst. Kommt beispielsweise der Eigentümer eines Hausgrundstücks auf dem verschneiten Gehweg zu Fall, so haftet ihm das Kehrunternehmen, das die Streupflicht in diesem Winter durch Vertrag mit dem Eigentümer übernommen hatte, auch deliktisch auf Schadensersatz.[1259] Schließlich können Verkehrspflichten auch bloß **teilweise übernommen** werden, indem dem Dritten ein eingeschränkter Aufgabenbereich zugewiesen wird.[1260] Da es indessen auch in diesem Zusammenhang nicht auf das rechtsgeschäftliche Arrangement, sondern auf die tatsächlichen Verhältnisse ankommt, beschränkt sich die Außenhaftung des Übernehmers nur dann auf den zugewiesenen Bereich, wenn der nicht übertragene Teil der Verkehrspflicht auch tatsächlich von dem primär Sicherungspflichtigen faktisch wahrgenommen wird.[1261]

298 **3. Entlastung des primär Verantwortlichen.** Die **Gerichte lehnen** es seit jeher **ab,** dem Sicherungspflichtigen die Versäumnisse der von ihm beauftragten Partei gemäß **§ 278** wie eigene **zuzurechnen,**[1262] während Teile der Literatur vorschlagen, § 278 oder zumindest den dort enthaltenen Rechtsgedanken auch im Bereich der Verkehrspflichtverletzung anzuwenden, mit der Folge, dass der Sicherungspflichtige für das Verhalten seiner Hilfspersonen unbedingt einzustehen hätte.[1263] Eine vermittelnde Auffassung differenziert je nach Art der verletzten Verkehrspflicht: Nach *Mertens* ist § 278 anzuwenden auf Verkehrspflichten in Verhältnissen gesteigerten sozialen Kontakts, die durch gegenseitige Rollenerwartungen strukturiert werden,[1264] während *Vollmer* und ähnlich *v. Bar* die Anwendung des § 278 im Rahmen der Verkehrspflichtverletzung von einem Bündel verschiedener Kriterien abhängig machen, die an die Zurechnungsgründe der Gefährdungshaftung angelehnt sind, wie das

---

[1254] Den Übergang markiert wohl BGH NJW 1959, 34, 35; besonders deutlich BGH NJW-RR 1989, 394, 395; VersR 2008, 505, 506 Tz. 9; *Ulmer* JZ 1969, 163, 172; weiter *Staudinger/Hager* RdNr. E 63; *RGRK/Steffen* RdNr. 129; *Christensen*, Verkehrspflichten in arbeitsteiligen Prozessen, 1995, S. 90 ff.
[1255] BGH VersR 1964, 942, 943 f.; 1970, 38, 39; 1975, 329, 330; NJW 2006, 3628, 3629 Tz. 11 = VersR 2007, 78.
[1256] BGH NJW-RR 1989, 394, 395 (= VersR 1989, 526).
[1257] BGH VersR 1961, 233, 234; NJW-RR 1989, 394, 395 (= VersR 1989, 526); VersR 2008, 505, 506 Tz. 9; grdlg. *Ulmer* JZ 1969, 163, 171; weiter *v. Bar* Verkehrspflichten S. 121, *Larenz/Canaris* II/2 § 76 III 3 b, S. 410; *Kleindiek*, Deliktshaftung und juristische Person, S. 409; *RGRK/Steffen* RdNr. 129; *Christensen*, Verkehrspflichten in arbeitsteiligen Prozessen, 1995, S. 124 ff.
[1258] Beispiel nach BGH VersR 1961, 233.
[1259] BGH VersR 1989, 526.
[1260] BGH VersR 1993, 198, 199; vgl. auch BGHZ 110, 114, 121 = NJW 1990, 1361, 1363.
[1261] BGH VersR 1993, 198, 199.
[1262] RGZ 99, 263, 264; 113, 293, 296; BGHZ 4, 1, 3 = NJW 1952, 418 f. mwN älterer Lit. sowie die Nachweise in Fn. 1275; ohne Begr. anders RGZ 127, 14, 18 f.; zust. *Ulmer* JZ 1969, 163, 171; *Larenz/Canaris* II/2 § 76 III 5 c, S. 419 f.; *Erman/Schiemann* RdNr. 86; *Soergel/Krause* Anh. II dNr. 56; *Staudinger/Hager* RdNr. E 62.
[1263] *Brüggemeier* Deliktsrecht RdNr. 129 f.; *Baums*, FS Lukes, 1989, S. 623, 636 ff.
[1264] 3. Aufl. RdNr. 205, 226; *Mertens* VersR 1980, 397, 408.

Vorliegen einer besonderen Gefahrenquelle sowie die Versicherbarkeit der Haftung durch denjenigen, in dessen Sphäre die Gefahrenquelle existiert.[1265]

Die Diskussion um die Anwendung des § 278 bei Delegation deliktischer Sorgfaltspflichten krankt daran, dass sie einen **Gegensatz zwischen § 278 und § 831** behauptet,[1266] der so gar nicht existiert.[1267] Der Anwendungsbereich des § 831 ist auf das Verhalten von **Verrichtungsgehilfen** (Arbeitnehmern) beschränkt (vgl. § 831 RdNr. 14 ff.) und besagt nichts für die Zurechnung des Verhaltens von Familienmitgliedern, Freunden, Vertragspartnern und selbstständigen Unternehmen, soweit diese mit der Erfüllung deliktischer Sorgfaltspflichten betraut werden. Besonders deutlich wird dies in den Fällen, in denen Streu- und Reinigungspflichten vom Eigentümer auf die Mieter transferiert oder von einer Eigentümergemeinschaft an ein unabhängiges Unternehmen delegiert werden;[1268] § 831 ist auf diese und andere Fälle der Einschaltung von „independent contractors" nicht zugeschnitten und wäre folglich allenfalls analog darauf anwendbar.[1269] § 278 wiederum gilt zwar ganz unabhängig von der Weisungsgebundenheit und organisatorischen Eingliederung des Gehilfen in den Betrieb des Schuldners (vgl. § 278 RdNr. 44), eben deshalb ginge jedoch seine **pauschale Übernahme in das Deliktsrecht zu weit.** Tatsächlich haben selbst die Anhänger einer extensiven Anwendung des § 278 vor allem die Unternehmenshaftung im Blick, beziehen die unbedingte Zurechnung also auf das Verhalten der Arbeitnehmer des primär Verantwortlichen.[1270] Auf diese Weise würde gleichsam die Rechtsfolge des § 278 – Zurechnung des Gehilfenverhaltens – auf den Tatbestand des § 831 – deliktisches Verhalten eines Arbeitnehmers – angewendet. In der Sache ist dies auch deshalb verfehlt, weil § 278 vor allem dem Umstand Rechnung trägt, dass der Erfüllungsgehilfe mangels Vertragsverhältnis zum Geschädigten diesem persönlich nicht haftet, während die Entlastung des Übernehmers deliktischer Sorgfaltspflichten wegen des sonst gegebenen Wegfalls präventiv wirkender Anreize nicht in Frage kommt.[1271] Auf der Grundlage der hier vertretenen Konzeption bietet schließlich auch die Verkehrspflichtdogmatik keine Begründung für die Anwendung des § 278, denn Verkehrspflichten sind nichts anderes als deliktische Sorgfaltspflichten (RdNr. 232 ff.). Eine selektive Zurechnung nach dem Muster, die Haftung für Dritte richte sich grundsätzlich nach § 831, bei Verkehrspflichtverletzungen aber ausnahmsweise nach § 278, scheidet damit aus.[1272]

Im Ergebnis ist somit der **Rechtsprechung zuzustimmen,** die die deliktische Haftung zwischen dem Dritten und der originär verantwortlichen Partei aufteilt. Eine echte Delegation der Sorgfaltspflicht mit vollständiger Haftungsbefreiung des originär Verantwortlichen findet nicht statt.[1273] Die **fortbestehenden Sorgfaltspflichten** des primären Pflichtenträgers ergeben sich *nicht* aus § 831, wie teilweise angenommen wird, obwohl es an der Eingliederung des Übernehmers in den Betrieb des Deleganten ebenso fehlt wie an seiner Weisungsgebundenheit, sondern weiterhin aus § 823 Abs. 1;[1274] lediglich ihr Inhalt ändert sich, nämlich in **Auswahl-, Instruktions- und Überwachungspflichten.**[1275] Bei der originär verantwortlichen Partei verbleibt die Verpflichtung zur sorgfältigen Auswahl und

---

[1265] *Vollmer* JZ 1977, 371, 375; ähnlich *v. Bar* Verkehrspflichten S. 269 ff.
[1266] Vgl. *Brüggemeier* AcP 191 (1991), 33, 52; *Baums,* FS Lukes, 1989, S. 623, 635 ff.; *Mertens* VersR 1980, 397, 408; aber auch *Larenz/Canaris* II/2 § 76 III 5 c, S. 420; *Staudinger/Hager* RdNr. E 62.
[1267] Vgl. *Ulmer* JZ 1969, 163, 171.
[1268] Beispiele nach BGH NJW 1985, 270; NJW-RR 1989, 394; zur Abfallhaftung BGH NJW 2006, 3628, 3629 Tz. 8 = VersR 2007, 78,.
[1269] So in der Tat *Brüggemeier* Deliktsrecht RdNr. 133.
[1270] *Brüggemeier* Deliktsrecht RdNr. 129 f.: keine haftungsbefreiende Delegation auf „abhängige Gehilfen (Arbeitnehmer)"; *Baums,* FS Lukes, 1989, S. 623, 636 ff.
[1271] *Brüggemeier* AcP 191 (1991), 33, 55 f.; *Wagner* VersR 2001, 1057, 1061.
[1272] In diese Richtung aber *v. Bar* Verkehrspflichten S. 243, 245, 247, 270 ff.
[1273] BGH NJW 1987, 2671, 2673; wN in Fn. 1275.
[1274] BGH NJW 1987, 2671, 2673; unrichtig OLG Köln VersR 1995, 801, 802.
[1275] BGHZ 110, 114, 121 f. = NJW 1990, 1361, 1363; BGH VersR 1952, 51; 1985, 243, 244; NJW 1976, 46, 47; 1985, 270, 271; 1987, 2671, 2673; 1996, 2646; NJW-RR 1989, 394, 395; NJW 2006, 3628, 3629 Tz. 11 = VersR 2007, 78; VersR 2008, 505 Tz. 9.

fortlaufenden Überwachung des Übernehmers,[1276] wobei die diesbezüglichen Anstrengungen umso intensiver sein müssen, je größer die Gefahr, also das Produkt aus Schadenshöhe und Eintrittswahrscheinlichkeit ist (RdNr. 259).[1277] Diese Verpflichtung wird auch nicht allein deshalb hinfällig, weil das Unternehmen des Übernehmers über eine staatliche Genehmigung für das entsprechende Gewerbe verfügt oder im Hinblick auf bestimmte Sicherheits- und Qualitätsziele hin **zertifiziert** worden ist. Erst bei hoheitlich verordnetem **Kontrahierungszwang** entfallen die Auswahl- und Überwachungspflichten des Übertragenden (RdNr. 697).[1278]

301 Ob die Verpflichtung zur sorgfältigen Auswahl des Beauftragten auch die **Prüfung von dessen finanzieller Leistungsfähigkeit** umfasst, wird in der Literatur nicht einheitlich beantwortet. Dabei dominiert die Auffassung, der Delegant müsse dafür Sorge tragen, dass der Beauftragte durch ausreichende Eigenmittel oder durch Nachweis einer Haftpflichtversicherung die Gewähr dafür bietet, im Schadensfall etwaige Ersatzansprüche Dritter auch erfüllen zu können.[1279] Dem ist mit dem Argument widersprochen worden, außerhalb der an Gefährdungshaftungstatbestände gekoppelten Versicherungsobligatoria bestehe für den originär Sicherungspflichtigen ebenfalls **keine Verpflichtung zur Deckungsvorsorge,** so dass es widersprüchlich sei, diese ausgerechnet für den Fall der Delegation deliktischer Sorgfaltspflichten einzufordern, um damit letztlich reine Vermögensinteressen des Geschädigten zu schützen.[1280] Allerdings ist die Unterkapitalisierung korporativer Haftungsträger zu Lasten ihrer Gläubiger ein virulentes Problem des Gesellschaftsrechts (§ 826 RdNr. 122). Wenn bei natürlichen Personen über Unterkapitalisierung, Existenzvernichtung und Durchgriff nicht diskutiert wird, dann lediglich deshalb, weil eine **Verpflichtung zu angemessener Kapitalausstattung** in diesem Kontext sinnlos wäre: Die Haftung des Sicherungspflichtigen steht ja schon fest und bedarf keiner Verdoppelung durch einen weiteren, inhaltsgleichen Ersatzanspruch wegen mangelnder Kapitalausstattung bzw. Deckungsvorsorge, der erst im Fall der Insolvenz aktuell und somit ebenfalls nur die Quote ergeben würde. Anders als bei Gesellschaften stehen „Hintermänner", wie Gesellschafter und Geschäftsleiter, auf deren Privatvermögen zugegriffen werden könnte, nicht zur Verfügung. Daraus lässt sich nicht folgern, Haftungsrisiken erheblichen Ausmaßes dürften deliktsrechtlich gelaufen werden, ohne über einen entsprechenden Kapitalstock oder eine Haftpflichtversicherung zu verfügen. Im Gegenteil, sobald eine rechtliche Verselbstständigung des Haftungssubjekts erfolgt, entstehen auch Pflichten zur Gewährleistung der **Korrespondenz von Haftungsrisiko und Haftungsmasse.** Dann aber erscheint es keineswegs widersprüchlich, sondern konsequent, diese Verpflichtung auch auf einen anderen Fall der rechtlichen Verselbstständigung des Haftungssubjekts, nämlich die Delegation deliktischer Sorgfaltspflichten, zu erstrecken. Wer beispielsweise große Mengen ölhaltiger Sonderabfälle einem Entsorger übergibt, dessen Betriebsausstattung sich auf vier Öfen und elf Ölfässer beschränkt, die auf dem Gelände einer ehemaligen Kiesgrube ungesichert abgestellt sind, verstößt gegen seine deliktischen Sorgfaltspflichten und hat folglich für etwa entstandene Schäden Dritter aufzukom-

---

[1276] RGZ 113, 293, 296 f.; BGH VersR 1956, 31, 32; 1968, 1161; NJW 1972, 1321, 1323; 1985, 270, 271; VersR 1989, 526.

[1277] Besonders deutlich BGH NJW 1976, 46, 47; 2006, 3628, 3629 Tz. 10 = VersR 2007, 78; NJW-RR 1987, 147.

[1278] Der Schwerpunkt der Problematik liegt im Bereich der Abfallentsorgung, vgl. BGH NJW 2006, 3628, 3629 Tz. 11 = VersR 2007, 78.

[1279] 3. Aufl. RdNr. 206, 226; *Kullmann* in: *Kullmann/Pfister* Produzentenhaftung Kza. 3250, S. 14; *v. Wilmowsky* NuR 1991, 253, 257; *Paschke/Köhlbrandt* NuR 1993, 256, 258; *Fuchs* JZ 1994, 533, 536; *Leonhard,* FS Leser, 1998, S. 370, 386; im Ergebnis auch; OLG München BB 1993, 2270; das Gericht stellt mit Recht reduzierte Anforderungen an die fortlaufende Überwachung eines einmal als solvent befundenen Unternehmens.

[1280] *Marburger* in: Kreislauf oder Kollaps im Abfallwirtschaftsrecht, 1995, S. 129, 151; *Enders,* Die zivilrechtliche Verantwortlichkeit für Altlasten und Abfälle, S. 291; *Spindler* Unternehmensorganisationspflichten S. 722, 768, 781 f.; *Franz,* Qualitätssicherungsvereinbarungen und Produkthaftung, 1995, S. 133 f.); Produkthaftungshandbuch/*Foerste* § 25 RdNr. 54 f.; 1012.

men.¹²⁸¹ Mit einer Fahrlässigkeitshaftung für reine Vermögensschäden nach § 823 Abs. 1 hat dies nichts zu tun, denn die Auswahl- und Überwachungspflichten des Auftraggebers bleiben beschränkt auf den Rechtsgüterschutz nach Maßgabe des § 823 Abs. 1 sowie den Vermögensschutz gemäß §§ 823 Abs. 2, 826.¹²⁸² Folgerichtig kann ein Dritter, dem der insolvente Übernehmer keine Rechtsgutsverletzung, sondern einen vom Schutzbereich des Deliktsrechts nicht umfassten Vermögensschaden zugefügt hat, nicht auf den Deleganten zurückgreifen, nur weil dieser eine Verkehrspflicht zum Schutz der Rechtsgüter anderer auf das nunmehr insolvente Unternehmen übertragen hat.¹²⁸³

Entsprechende Überlegungen gelten für die **Überwachungspflichten** des originär Verpflichteten; auch sie sind primär abhängig von dem Gewicht des Schadensrisikos¹²⁸⁴ und darüber hinaus relativ zur Zuverlässigkeit des Übernehmers. Wird ein **Fachunternehmen** beauftragt, kann sich der primär Sicherungspflichtige von Anfang an auf **Stichproben** beschränken.¹²⁸⁵ Auch im Übrigen reichen **regelmäßige Kontrollen** aus, soweit nicht bei schwerwiegenden Schadensrisiken gesteigerte Überwachungspflichten bestehen. Ergeben sich keinerlei Hinweise auf Nachlässigkeiten, kann darauf vertraut werden, dass der Übernehmer sich ordnungsgemäß verhält.¹²⁸⁶ Betraut ein Mieter für die Zeit seiner urlaubsbedingten Abwesenheit eine befreundete Person mit der Wahrnehmung der ihm obliegenden Wegereinigungs- und Streupflichten, ist er nicht gehalten, den Urlaub zu unterbrechen, um letzteren zu kontrollieren.¹²⁸⁷ Ist jedoch für den primär Sicherungspflichtigen erkennbar, dass bestimmte Sicherungsmaßnahmen nicht getroffen werden oder nicht ausreichen, kann er sich seiner Haftung nicht entschlagen. Folgerichtig haftet der Vermieter einer Gaststätte für Pflichtverletzungen des Mieters, wenn er sich selbst gelegentlich in der Gaststätte aufhielt und dort den verkehrswidrigen Zustand bemerken musste.¹²⁸⁸

Nicht die Eigenhaftung des Übernehmers, wohl aber die Verengung der ursprünglichen Verkehrspflicht des originär Verantwortlichen auf Kontroll- und Überwachungspflichten setzt nach der Rechtsprechung eine **„klare Absprache"** zwischen den beiden Parteien voraus, damit die primäre Zuständigkeit für die zu treffenden Sicherungsmaßnahmen eindeutig geregelt ist.¹²⁸⁹ Jedwede Unklarheiten in der Kompetenzabgrenzung dürfen nicht zu Lasten des Geschädigten gehen.¹²⁹⁰ Dieses Erfordernis führt in der Praxis zu einer erheblichen Ausdehnung der Haftung des primär Sicherungspflichtigen, wenn etwa der Lieferant von Heizöl oder gefährlicher Chemikalien dafür haftbar gemacht wird, dass er einen zum Zweck der Tankbefüllung geöffneten, drei Meter tiefen Lichtschacht nicht wieder abgedeckt hat, obwohl der Sicherheitsbeauftragte des Empfängers beim Abschluss der Entladearbeiten zugegen war.¹²⁹¹

D. Allgemeine Voraussetzungen der Haftung nach § 823 Abs. 1

I. Überblick

Schwerpunkte der Haftungsbegründung nach § 823 sind die Feststellung einer Schutzbereichsverletzung, also der Verletzung eines der in der Norm genannten oder in Bezug

---

¹²⁸¹ BGH NJW 1976, 46, 47 f.
¹²⁸² Ausf. *Wagner*, FS Gerhardt, 2004, S. 1043, 1064 f.; *ders.*, FS K. Schmidt, 2009 (im Erscheinen).
¹²⁸³ Zutr. OLG Düsseldorf VersR 1995, 1363, 1365.
¹²⁸⁴ Deutlich RGZ 128, 149, 158 f.; BGH VersR 1952, 61; weitere Beispiele Fn. 1277.
¹²⁸⁵ BGH NJW-RR 1987, 147 f.
¹²⁸⁶ BGH NJW 1985, 270, 271.
¹²⁸⁷ OLG Köln VersR 1995, 801, 802.
¹²⁸⁸ RGZ 92, 359, 361 ff.; 95, 61, 63; genauso für den Mieter eines Pferdestalls BGH NJW-RR 1990, 789, 790; für die Streupflicht BGH VersR 1952, 60.
¹²⁸⁹ BGH NJW-RR 1988, 471 f.; NJW 1996, 2646; OLG Nürnberg VersR 1996, 900 f.; NJW-RR 2001, 1106, 1107; OLG Saarbrücken NJW-RR 2006, 1165, 1167.
¹²⁹⁰ BGH NJW 1972, 1321, 1323; vgl. auch BGHZ 31, 219, 222 f. = NJW 1960, 479 f.
¹²⁹¹ So, im Ergebnis nicht überzeugend, BGH NJW-RR 1988, 471 f.

genommenen Rechtsgüter, sowie der Pflichtwidrigkeit, also von Vorsatz oder Fahrlässigkeit (RdNr. 26 f.). Daneben sind eine Reihe allgemeiner Voraussetzungen zu prüfen sowie die Möglichkeit der Rechtfertigung in Betracht zu ziehen. Nur diese Gesichtspunkte werden neben den Rechtsfolgen und der Beweislastverteilung im Folgenden erörtert.

II. Menschliches Verhalten als Haftungsvoraussetzung

305 Erste Voraussetzung des § 823 ist das Vorliegen einer zur Auslösung der Haftung geeigneten Handlung, oder besser: eines entsprechenden Verhaltens, das sowohl in einer Handlung als auch einer Unterlassung bestehen kann. Verletzungshandlung in diesem Sinn ist nur ein der Steuerung durch Bewusstsein und Willen unterliegendes und insofern grundsätzlich **beherrschbares menschliches Verhalten**.[1292] Wird die zu einem Schaden führende Kausalkette hingegen durch einen unwillkürlichen, körperlichen Reflex oder durch eine physische Zwangslage (**vis absoluta**) in Gang gesetzt, hatte der Schädiger in Wahrheit gar keine Möglichkeit, sich anders zu verhalten, als er es getan hat. Da sowohl die durch das Deliktsrecht vermittelten Anreize zu sorgfältigem Verhalten in solchen Fällen ins Leere gehen als auch von personaler Verantwortung im rechtsethischen Sinn keine Rede sein kann, scheidet eine Haftung aus (§ 827 RdNr. 1).[1293] Dieses Ergebnis entspricht der Wertung des § 827 S. 1, der die Verantwortlichkeit für einen im Zustand der Bewusstlosigkeit verursachten Schaden ausschließt und damit einen Ausschnitt aus dem Kreis der hier in Betracht kommenden Fälle regelt.[1294]

306 Die Entlastung setzt allerdings voraus, dass der Schädiger sich **nicht schuldhaft** in eine Lage manövriert hat, in der ihm eine Steuerung des eigenen Verhaltens nicht mehr möglich war.[1295] Folgerichtig kann sich nicht entlasten, wer am Steuer eines Kraftfahrzeuges einschläft, auf die Gegenfahrbahn gerät und dort mit einem entgegenkommenden Fahrzeug frontal zusammenstößt.[1296] Fehlt es an einem zurechenbaren Fehlverhalten, kann sich die Schadensersatzpflicht des unwillkürlich Handelnden gleichwohl noch aus der **Billigkeitshaftung** nach § 829 ergeben (§ 829 RdNr. 11).[1297] Ist schließlich die Haftung des Handelnden wegen unwiderstehlicher Zwangseinwirkung ausgeschlossen, besteht selbstverständlich die Möglichkeit, den vis absoluta Übenden in Anspruch zu nehmen; insoweit besteht kein Regressverbot.[1298]

307 Erhebliche Schwierigkeiten bereitet die Verteilung der **Darlegungs- und Beweislast**, wenn Streit um das Vorliegen einer willkürlichen menschlichen Handlung besteht. Der BGH ist bereits zweimal mit dieser Frage konfrontiert worden und hat sie jeweils entgegengesetzt beantwortet. In der ersten Entscheidung ging es um eine Wirtshaus-Schlägerei, bei der sich nicht aufklären ließ, ob der schadensträchtige Wurf einer Kegelkugel in das Gesicht des Klägers auf einer willkürlichen Handlung des Beklagten oder vielmehr auf einer Reflexbewegung infolge eines Schlages in die Magengrube beruhte. Der BGH legte dem Geschädigten die Beweislast für das Vorliegen einer willkürlichen menschlichen Handlung auf und wies die Klage ab.[1299] Genau anders herum entschied das Gericht mit Blick auf

---

[1292] BGHZ 39, 103, 106 = NJW 1963, 953; BGHZ 98, 135, 137 = NJW 1987, 121 = JZ 1987, 40 m. krit. Anm. *Baumgärtel*; OLG Düsseldorf NJW-RR 1997, 1313; *Deutsch* Haftungsrecht I RdNr. 91 f.; *Larenz/Canaris* II/2 § 75 II 1, S. 361; *Esser/Schmidt* AT/2 § 25 III 1, S. 59; *Staudinger/Hager* RdNr. H 1; *RGRK/Steffen* RdNr. 72.
[1293] BGHZ 39, 103, 106 = NJW 1963, 953.
[1294] BGHZ 98, 135, 138 f. = NJW 1987, 121, 121 f. = JZ 1987, 40 m. krit. Anm. *Baumgärtel*.
[1295] BGH NJW 1974, 948, 949; OLG Düsseldorf NJW-RR 1997, 1313 – Sturz vom Treppenabsatz; *Staudinger/Hager* RdNr. H 4.
[1296] BGH NJW 1974, 948, 949; vgl. auch OLG Düsseldorf NJW-RR 1997, 1313 – Sturz vom Treppenabsatz.
[1297] BGHZ 23, 90, 98 = NJW 1957, 674, 675; BGHZ 98, 135, 137 = NJW 1987, 121, 121 f. = JZ 1987, 40 m. krit. Anm. *Baumgärtel*.
[1298] *Deutsch* Haftungsrecht I RdNr. 93; *Staudinger/Hager* RdNr. H 2.
[1299] BGHZ 39, 103, 107 ff. = NJW 1963, 953 f.; zust. *Larenz/Canaris* II/2 § 75 II 1, S. 361; *Staudinger/Hager* RdNr. H 3.

einen schweren Verkehrsunfall, bei dem sich nicht aufklären ließ, ob der Unfallwagen deshalb auf die Gegenfahrbahn geraten war, weil der Fahrer am Steuer einen Herzinfarkt erlitten hatte. Hier sah sich der BGH an die Wertung des § 827 S. 1 gebunden und verallgemeinerte sie auf sämtliche Fälle, in denen das Fehlen einer willkürlichen menschlichen Handlung auf inneren Vorgängen beruht. Folgerichtig wurde der Haftpflichtversicherung die Darlegungs- und Beweislast dafür auferlegt, dass ihr Versicherungsnehmer im Zeitpunkt der Schädigung bewusstlos war.[1300] Die entgegengesetzte Beweislastverteilung beschränkt sich danach auf Fälle, „bei denen bereits das *äußere* Erscheinungsbild eines eigenständigen Handelns des Täters in Frage steht".[1301] Gegenüber dieser Differenzierung dürfte es vorzuziehen sein, den in BGHZ 39, 103 etablierten Grundsatz der Beweislastverteilung zugunsten des Schädigers gänzlich aufzugeben. Genau genommen stand nämlich auch bei dieser Entscheidung nicht das äußere Erscheinungsbild, also der Wurf einer Kegelkugel, im Streit, sondern ein innerer Vorgang, nämlich eine Reflexbewegung des Beklagten, die ihrerseits auf einem Schlag in die Magengrube beruhte. Folgerichtig lässt sich der allgemeine Satz formulieren, dass Einschränkungen der Zurechnungsfähigkeit bis hin zum Ausschluss der Haftungsvoraussetzung einer willkürlichen menschlichen Handlung vom Schädiger darzulegen und zu beweisen sind.[1302] Eine solche Lastenverteilung entspricht der Wertung der §§ 827 f., die sich dahin generalisieren lässt, dass die Zurechnungsfähigkeit den vom Gesetz unterstellten Normalfall darstellt, demgegenüber sich der Schädiger entlasten muss.

III. Kausalität

Kausalität ist eine allgemeine juristische Kategorie, die an dieser Stelle nicht in vollem Umfang entfaltet werden kann (vgl. aber § 249 RdNr. 98 ff.). Im Rahmen von § 823 Abs. 1 sind **zwei verschiedene Kausalitätserfordernisse** zu unterscheiden, nämlich einmal der Ursachenzusammenhang zwischen dem Verhalten des Schädigers und der Rechtsgutsverletzung – sog. haftungsbegründende Kausalität – und zum zweiten derjenige zwischen der Rechtsgutsverletzung und dem Schaden – haftungsausfüllende Kausalität.[1303] Diese Differenzierung ist auch prozessual von großer Bedeutung, weil die haftungsbegründende Kausalität gemäß **§ 286 ZPO** zur Überzeugung des Gerichts nachzuweisen ist, während im Rahmen der Haftungsausfüllung das Beweismaß nach Maßgabe des **§ 287 ZPO** reduziert ist.[1304] Die Erstreckung der § 287 ZPO zugeordneten Beweismaßreduktion auch auf die haftungsbegründende Kausalität lehnt der BGH in ständiger Rechtsprechung ab.[1305] Zur Beweislastumkehr bei groben Behandlungsfehlern s. RdNr. 807.

Für die **haftungsbegründende Kausalität** ist die herkömmliche Formel der conditio sine qua non maßgeblich, die allerdings die naturwissenschaftlichen Ursache-Wirkungs-Beziehungen nicht aufklärt, sondern die Kenntnis dieser Zusammenhänge voraussetzt.[1306] Darüber hinaus ist zu beachten, dass ein wissenschaftstheoretisch anspruchsvoller „natürlicher" Kausalitätsbegriff eine ganze Reihe von Fällen nicht erfasst, die nach common sense und einhelliger Ansicht eine Ursache-Wirkungs-Relation aufweisen. Dies gilt insbesondere für die Unterlassung, die den eingetretenen Verletzungserfolg im naturwissenschaftlich-logi-

---

[1300] BGHZ 98, 135, 137 ff. = NJW 1987, 121, 121 f. = JZ 1987, 40 m. krit. Anm. *Baumgärtel*; abl. *Esser/Weyers* BT/2 § 55 II 2 b, S. 169 f.

[1301] BGHZ 98, 135, 137 = NJW 1987, 121.

[1302] Übereinstimmend, wenn auch nur mit Blick auf Straßenverkehrsunfälle, *Baumgärtel* JZ 1987, 42; umgekehrt hingegen *Esser/Weyers* BT/2 § 55 II 2, S. 169 f.

[1303] *Deutsch* Haftungsrecht I RdNr. 125 f.

[1304] BGHZ 4, 192, 196 = NJW 1952, 301, 302; BGH NJW 1987, 705 f.; 1992, 2694, 2695; 2000, 2814, 2815; 2008, 1381, 1382 Tz. 9; *Stein/Jonas/Leipold*, 22. Aufl. 2008, § 287 ZPO RdNr. 18; *Wagner*, FS Hirsch, 2008, S. 453, 459 ff.

[1305] BGH NJW 2004, 777, 778 f. = VersR 2004, 118.

[1306] *Esser/Schmidt* AT/2 § 33 I 1, S. 224; *Jakobs*, Strafrecht AT, Kap. 7 RdNr. 9; vgl. auch *Kötz/Wagner* RdNr. 186 ff.

schen Sinn nicht verursachen kann.[1307] Wie an diesen Beispielen deutlich wird, ist für das Haftungsrecht kein naturwissenschaftlich-logischer, sondern ein pragmatischer Kausalitätsbegriff maßgeblich, nach dem als Ursache die menschliche Intervention gilt, die den Normalverlauf der Dinge verändert hat bzw. verändert hätte.[1308] Diese Einsicht ist jedoch kein Grund, den Kausalitätsbegriff aus dem Haftungsrecht zu verabschieden und Kausalitätsprobleme gänzlich in normativ determinierten Zurechnungskriterien aufgehen zu lassen.[1309] Die Orientierung an einer pragmatisch verstandenen Kausalitätsvoraussetzung entspricht vielmehr dem Zweck des Deliktsrechts, das Verhalten der Privatrechtssubjekte im Interesse der Schadensvermeidung zu steuern und zu koordinieren.[1310]

310 Ist die conditio sine qua non-Formel das Rückgrat der haftungsbegründenden Kausalität, erweisen sich normativ motivierte Einschränkungen nach Art der **Adäquanztheorie** als überflüssig. Es ist sinnlos, die haftungsbegründende Kausalität mit Hilfe normativer Zurechnungskriterien einzuschränken, wenn die Pflichtwidrigkeit ohnehin die konkrete Vorhersehbarkeit und Vermeidbarkeit des Erfolgs voraussetzt.[1311] In entscheidender Hinsicht anders liegt es bei der haftungsausfüllenden Kausalität, weil der Ursachenzusammenhang zwischen Rechtsgutsverletzung und Folgeschaden von der Pflichtwidrigkeit gerade nicht umfasst sein muss, so dass dieses Korrektiv insoweit ausscheidet. Folgerichtig bedarf es hier der Einschränkung der Folgenzurechnung,[1312] wenn auch nicht notwendig unter dem Gesichtspunkt der Adäquanz und damit nach Maßgabe des Vorhersehbaren. Vielmehr sollte auf der Hand liegen, dass es sich um eine Wertungsfrage handelt, die in Wahrscheinlichkeitskalkülen nicht aufgeht und durch letztere nicht einmal treffend erfasst wird. Entscheidendes Kriterium muss vielmehr sein, ob der konkrete Folgeschaden als Konsequenz aus der Rechtsgutsverletzung anzusehen ist oder ob es sich nicht vielmehr um die Realisierung des allgemeinen Lebensrisikos handelt, für die die vom Schädiger zu verantwortende Rechtsgutsverletzung nur der Auslöser war (vgl. RdNr. 77).[1313]

311 Von großer Bedeutung für sämtliche Bereiche des Deliktsrechts ist demnach die **Schutzzwecklehre,** nach der die Verletzung eines Interesses nur dann die Haftung begründet, wenn es in den sachlichen Schutzbereich der einschlägigen deliktischen Sorgfaltspflicht fällt und der Träger dieses Interesses zu dem Personenkreis zählt, zu dessen Schutz die verletzte Sorgfaltspflicht besteht.[1314] Dazu im Einzelnen RdNr. 286 ff.

IV. Rechtfertigung

312 **1. Dogmatische Grundlagen. Irrtum.** Die Verletzung eines der in § 823 Abs. 1 genannten Rechte ist ein Erfolg, an dessen Vermeidung die Rechtsordnung ein Interesse hat. Rechtsgutsverletzungen sind allerdings nicht um jeden Preis zu vermeiden, sondern genießen Schutz nur gegenüber willentlichen sowie sorgfaltswidrigen Eingriffen. Darüber hinaus ist ihr Schutz noch in einer anderen Weise relativiert, nämlich durch Rechtfertigungsgründe. Mit diesen werden besondere Situationen ausgezeichnet, in denen die **Verletzung des Schutzbereichs des Deliktsrechts ausnahmsweise**

[1307] *Gottwald* Karlsruher Forum 1986, 3, 4f.; *Esser/Schmidt* AT/2 § 33 I 2, S. 229; *Jakobs,* Strafrecht AT, Kap. 7 RdNr. 26; vgl. aber auch *Hart/Honoré,* Causation in the Law, S. 38.
[1308] *Gottwald* Karlsruher Forum 1986, 3, 6; *Hart/Honoré,* Causation in the Law, S. XXXV f., 26 ff. und passim; *Wagner,* Kollektives Umwelthaftungsrecht auf genossenschaftlicher Grundlage, 1990, S. 126; aus ökonomischer Sicht *Adams,* Ökonomische Analyse der Gefährdungs- und Verschuldenshaftung, S. 146 ff., 166 f.
[1309] *Deutsch* Haftungsrecht I RdNr. 118.
[1310] *Hart/Honoré,* Causation in the Law, S. IXXX.
[1311] *J. G. Wolf,* Der Normzweck im Deliktsrecht, S. 23 ff.; *Stoll,* Kausalzusammenhang und Normzweck im Deliktsrecht, S. 20; *U. Huber* JZ 1969, 677, 680; *Deutsch* Haftungsrecht I RdNr. 126; *Kötz/Wagner* RdNr. 191 ff.; wohl auch BGH NJW 1981, 983: „untrennbar mit dem Inhalt der konkreten Sorgfaltspflicht verbunden"; offen gelassen in BGHZ 57, 25, 27 = NJW 1971, 1980; aA *Staudinger/Schiemann* (1998) § 249 RdNr. 23.
[1312] BGH NJW 1952, 1010 f.; *Deutsch* Haftungsrecht I RdNr. 127.
[1313] So auch die Rspr. zur sog. Rentenneurose.
[1314] BGH NJW 1987, 2671, 2672.

erlaubt ist.[1315] Die Vielzahl der anerkannten Rechtfertigungsgründe lässt sich auf drei allgemeine Gesichtspunkte zurückführen, nämlich einerseits die Disposition über den Rechtsgüterschutz durch den Betroffenen, die nach dem herkömmlichen Grundsatz des volenti non fit iniuria die Haftung ausschließt, die Verwirkung des Deliktsschutzes durch pflichtwidriges Verhalten des Opfers selbst (Notwehr) und schließlich die Inanspruchnahme privater Güter im überwiegenden Interesse eines anderen (Notstand).[1316]

Die **irrtümliche Annahme** der tatsächlichen Voraussetzungen eines Rechtfertigungsgrundes schließt die Rechtswidrigkeit des Verhaltens nicht aus.[1317] Nach den im Zivilrecht entsprechend anzuwendenden strafrechtlichen Regeln über den analog § 16 Abs. 1 StGB zu behandelnden **Erlaubnistatbestandsirrtum**[1318] kann es allerdings am **Verschulden** fehlen.[1319] Im Rahmen der Fahrlässigkeitshaftung (vgl. § 16 Abs. 1 S. 2 StGB) kommt es darauf an, ob dem Schädiger hinsichtlich seines Irrtums ein Verstoß gegen die verkehrserforderliche Sorgfalt gemäß § 276 Abs. 2 vorzuwerfen ist.

2. Einzelne Rechtfertigungsgründe. a) Allgemeines. Als Rechtfertigungsgründe seit jeher anerkannt sind die auch im **Strafrecht** geläufigen Tatbestände der Notwehr gemäß §§ 227 BGB, 32 StGB,[1320] des Notstands gemäß §§ 228, 904 BGB, 34 StGB, 16 OWiG,[1321] der Selbsthilfe nach §§ 229, 561, 581 Abs. 2, 859, 860, 867, 910, 962, 1005 (s. dort)[1322] und das Recht zu vorläufiger Festnahme nach § 127 StPO. Ein elterliches Züchtigungsrecht ist nach der Neufassung von § 1631 Abs. 2 S. 1, nach der Kinder ein Recht auf gewaltfreie Erziehung haben, nicht mehr anzuerkennen.[1323]

b) Rechtfertigung im Nachbarschaftsverhältnis nach § 906. Im Nachbarschaftsverhältnis bestimmt sich die Rechtmäßigkeit von Immissionen ausschließlich nach den Maßstäben des § 906, dessen Duldungspflichten für unwesentliche und ortsübliche Einwirkungen somit im Rahmen von § 823 Rechtfertigungswirkung entfalten (RdNr. 680).[1324] Soweit ein **Grundstückseigentümer gemäß § 906 Einwirkungen zu dulden hat,** soll dies entsprechend auch für **Eigentümer beweglicher Sachen** gelten, die einer Immission ausgesetzt sind.[1325] Dieser Rechtsprechung ist nur mit der Maßgabe zuzustimmen, dass dem Fahrniseigentümer dann auch der rechtswidrigkeits- und verschuldensunabhängige Aufopferungs-Entschädigungsanspruch des § 906 Abs. 2 S. 2 zustehen muss (Vor § 823 RdNr. 27);[1326] eine isolierte Verlängerung nur der Duldungspflichten, nicht aber der Kompensationsansprüche auf andere Personen als Grundstückseigentümer ist nicht nur methodisch bedenklich, sondern auch verfassungsrechtlich problematisch (RdNr. 680).[1327]

c) Öffentlich-rechtliche Genehmigungen. Diese Grundsätze gelten nicht nur für § 906, sondern auch für die in umweltrechtlichen Fachgesetzen verbreiteten Vorschriften

---

[1315] *Deutsch* Haftungsrecht I RdNr. 256: „Übergang in das Spezielle oder Konkrete".
[1316] *Jakobs*, Strafrecht AT, Kap. 11 RdNr. 3; *Kötz/Wagner* RdNr. 204.
[1317] BGHZ 169, 364, 366 f. Tz. 7 f. = NJW-RR 2007, 310; OLG Karlsruhe VersR 1997, 241.
[1318] Statt aller BGHSt 45, 378, 384 = NJW 2000, 1348; BGHSt NStZ 2001, 530; *Schönke/Schröder/Cramer/Sternberg-Lieben* § 16 StGB RdNr. 16.
[1319] BGHZ 169, 364, 366 f. Tz. 7 f. = NJW-RR 2007, 310; OLG Karlsruhe VersR 1997, 241.
[1320] Zum Rechtfertigungsgrund der Notwehr beim Fahrlässigkeitsdelikt vgl. BGHSt NJW 2001, 3200, 3201.
[1321] Dazu eingehend *Deutsch* Haftungsrecht I RdNr. 263 ff.; zur Anwendung des § 228 bei der Notlandung eines Flugzeugs OLG Hamm NJW-RR 2001, 237, 238.
[1322] Zu Selbsthilferegelungen außerhalb des BGB vgl. *Soergel/Fahse* Vor § 227 RdNr. 2.
[1323] Anders noch 3. Aufl. RdNr. 37.
[1324] BGHZ 44, 130, 134 = NJW 1965, 2099 f.; BGHZ 90, 255, 257 f. = NJW 1984, 2207; BGHZ 92, 143, 148 ff. = NJW 1985, 47, 48 f.; BGHZ 117, 110, 111 = NJW 1992, 1389; *Erman/Hagen/Lorenz* § 906 RdNr. 5; RGRK/*Steffen* RdNr. 17.
[1325] BGHZ 92, 143, 148 f. = LM (J) Nr. 37 m. Anm. *Lepa* = NJW 1985, 47, 48 = JZ 1984, 1106 m. Anm. *Baumgärtel*.
[1326] AA BGH VersR 2008, 648, 649 Tz. 14.
[1327] Ausf. *Wagner*, Öffentlich-rechtliche Genehmigung und zivilrechtliche Rechtswidrigkeit, S. 266 ff.; zust. *Rehbinder* in: *Landmann/Rohmer*, Umweltrecht (52. EL 2007) § 14 RdNr. 42 ff.; ausdrücklich abl. aber BGHZ 92, 143, 148 f. = NJW 1985, 47, 48.

nach Art des § 14 BImSchG (§ 26 GewO aF), nach denen einer öffentlich-rechtlichen **Anlagegenehmigung privatrechtliche Gestaltungswirkung** mit der Folge zukommt, dass der Nachbar die mit ihrem Betrieb verbundenen Immissionen dulden muss: Deliktsansprüche des Grundeigentümers sind im Hinblick auf die Rechtfertigungswirkung des § 14 S. 1 BImSchG zugunsten eines Aufopferungsanspruchs ausgeschlossen, der im Fall des § 14 S. 2 BImSchG sogar auf vollen Schadensersatz gerichtet ist.[1328] Für den Fahrniseigentümer sowie sämtliche Personen, die einen Schaden an anderen Rechtsgütern als dem Grundeigentum, etwa eine Gesundheitsbeeinträchtigung erlitten haben, gilt die Duldungspflicht des § 14 S. 1 BImSchG entsprechend, allerdings nur im Tausch gegen die Aktivlegitimation im Rahmen von § 14 S. 2 BImSchG (RdNr. 680).[1329] Der BGH macht das **Junktim zwischen Duldungspflicht und Aufopferungs-Entschädigungsanspruch** hingegen davon abhängig, dass die bewegliche Sache dem Eigentümer oder Besitzer des beeinträchtigten Grundstücks gehört und verneint die Aktivlegitimation **sonstiger Fahrniseigentümer** im Rahmen der §§ 906 Abs. 2 S. 2 BGB, 14 S. 2 BImSchG.[1330]

317 Für sonstige **öffentlich-rechtliche Genehmigungen** ist zu differenzieren: Fehlt es an der gesetzlichen Anordnung privatrechtlicher Gestaltungswirkung nach dem Muster des § 14 S. 1 BImSchG, kommt der Genehmigung keine Rechtfertigungswirkung in Bezug auf Verletzungen der Rechtsgüter Dritter zu (vgl. auch RdNr. 284).[1331] Folgerichtig ist insbesondere der Baugenehmigung, die nach den ausdrücklichen Regelungen der Landes-Bauordnungen gerade „unbeschadet der privaten Rechte Dritter" ergeht,[1332] die Rechtfertigungswirkung im Nachbarschaftsverhältnis zu versagen.[1333] Legitimatorische Kraft in Bezug auf Eingriffe in Rechtsgüter Dritter kommt hingegen der wasserrechtlichen Bewilligung sowie Planfeststellungsbeschlüssen zu, deren privatrechtsgestaltende Wirkung in den §§ 11 WHG, 75 Abs. 2 VwVfG angeordnet ist (vgl. auch 4. Auflage § 906 RdNr. 122 ff.).[1334]

318 **d) Einwilligung und mutmaßliche Einwilligung.** Der Einwilligung des Geschädigten kommt erhebliche praktische Bedeutung als Rechtfertigungsgrund insbesondere im Bereich des **Arzthaftungsrechts** zu, und sie wird deshalb in diesem Zusammenhang erläutert (vgl. RdNr. 729 ff.). Gleiches gilt für die mutmaßliche Einwilligung (RdNr. 739 f.).

319 **e) Handeln auf eigene Gefahr.** Unter den Begriff der rechtfertigenden Einwilligung wurde von der älteren Rechtsprechung auch das sog. Handeln auf eigene Gefahr gebracht. Dabei willigt der Geschädigte zwar nicht in die Verletzung seiner Rechtsgüter ein, nimmt aber deren Gefährdung bewusst auf sich. Charakteristisch für diese Konstellationen ist die Gefälligkeitsfahrt mit einem erkennbar betrunkenen oder aus sonstigen Gründen fahruntüchtigen Kraftfahrer; hier könnte in dem Einsteigen in den Pkw. eine **„Einwilligung in die Gefährdung"** zu sehen sein, die dann auch auf die eingetretene Verletzung durchschlagen könnte. Das RG hatte das Handeln auf eigene Gefahr zunächst im Rahmen von

---

[1328] *Wagner*, Öffentlich-rechtliche Genehmigung und zivilrechtliche Rechtswidrigkeit, S. 180; *Erman/Hagen/Lorenz* § 906 RdNr. 57; *Jarass*, BImSchG, 7. Aufl. 2007, § 14 RdNr. 27.
[1329] *Wagner*, Öffentlich-rechtliche Genehmigung und zivilrechtliche Rechtswidrigkeit, S. 262 ff.; *ders.* NuR 1992, 201, 203 f., im Anschluss an *Canaris*, FS Larenz, 1983, S. 27, 56; zust. *Rehbinder* in: *Landmann/Rohmer*, Umweltrecht (52. EL 2007) § 14 RdNr. 45, 68; *Jarass* BImSchG, 7. Aufl. 2007, § 14 RdNr. 21; weithin abl. *Versen*, Zivilrechtliche Haftung für Umweltschäden, S. 99 ff.; ambivalent *Spindler* in: *Feldhaus*, BImSchG, Bd. I, 2. Aufl. Stand 2001, § 14 RdNr. 76, 117, der einerseits der Ausdehnung der Aktivlegitimation bei § 14 S. 2 BImSchG zustimmt, andererseits aber eine Rechtfertigungswirkung der Genehmigung ablehnt: Der Drittbetroffene hat dann zugleich Deliktsansprüche wegen rechtswidriger und Aufopferungsansprüche wegen rechtmäßiger Schädigung! Die Aktivlegitimation des Fahrniseigentümers wird in BGHZ 92, 143, 145 = NJW 1985, 47, ausdrücklich abgelehnt.
[1330] BGH VersR 2008, 648 f. Tz. 10 ff.
[1331] *Wagner*, Öffentlich-rechtliche Genehmigung und zivilrechtliche Rechtswidrigkeit, S. 123 ff.
[1332] Vgl. nur § 75 Abs. 3 S. 1 BauO NRW.
[1333] *Wagner*, Öffentlich-rechtliche Genehmigung und zivilrechtliche Rechtswidrigkeit, S. 212 ff., 230 ff.; *Erman/Hagen/Lorenz* § 906 RdNr. 25.
[1334] *Wagner*, Öffentlich-rechtliche Genehmigung und zivilrechtliche Rechtswidrigkeit, S. 149 ff., 169, 188 ff., 202; *Erman/Hagen/Lorenz* § 906 RdNr. 58 f.

§ 254 anspruchsmindernd berücksichtigt,[1335] später eine rechtfertigende Einwilligung angenommen,[1336] was vom BGH wiederum zu einem Haftungsverzicht, also einem konkludenten vertraglichen Ausschluss der Deliktshaftung umgedeutet worden ist,[1337] bis dann der BGH in einer die Entwicklung resümierenden und bis heute grundlegenden Entscheidung aus dem Jahr 1961 zu dem Ansatz beim **Mitverschulden** zurückgekehrt ist.[1338]

Tatsächlich reicht die **herkömmliche Fahrlässigkeitsdogmatik** durch ihren Bezug auf die konkrete Handlungssituation sowie die reziproken Sorgfaltserwartungen der betroffenen Akteure vollkommen aus, um der dem Handeln auf eigene Gefahr zugrunde liegenden Intuition Rechnung zu tragen, dass derjenige, der sich bewusst in eine gefährliche Situation begibt, nicht das normale Sicherheitsniveau verlangen kann.[1339] Diese Grundsätze bewähren sich gerade auch bei Schäden, die dem Teilnehmer eines Kampfspiels oder Wettkampfs durch regelkonformes Verhalten eines Mitspieler zugefügt werden (RdNr. 517 ff.). Im Bereich der Verschuldenshaftung ist deshalb fraglich, ob es der Mobilisierung des Verbots selbstwidersprüchlichen Verhaltens tatsächlich noch bedarf,[1340] um die Haftung für Schädigungen durch regelkonformes Verhalten auszuschließen. Anders liegt es bei der **Gefährdungshaftung,** die nicht schon durch sachgerechte Zuschneidung der Sorgfaltspflichten der Parteien begrenzt werden kann. Hier ermöglicht die Berücksichtigung des Handelns auf eigene Gefahr im Rahmen von § 254 elastische und situationsadäquate Ergebnisse (vgl. § 833 RdNr. 59 ff.).[1341]

V. Rechtsfolgen

Ist der Tatbestand des § 823 verwirklicht, richtet sich der Haftungsumfang nach den allgemeinen Vorschriften der §§ 249 ff. Gemäß dem Prinzip der Totalreparation hat der Geschädigte Anspruch auf vollumfänglichen **Ausgleich sämtlicher Nachteile ohne Rücksicht auf den Grad des Verschuldens.**[1342] Für den Haftungsumfang ist es also irrelevant, ob der Schädiger vorsätzlich, grob fahrlässig oder leicht fahrlässig gehandelt hat. Damit stimmt zusammen, dass sich das Verschulden des Schädigers bloß auf die Rechtsgutsverletzung, nicht aber auf die Folgeschäden zu beziehen braucht (vgl. RdNr. 233). Auf der anderen Seite muss sich der Geschädigte seine eigene Mitverantwortlichkeit nach Maßgabe des § 254 anrechnen lassen.

Ein wichtiges Strukturprinzip des deutschen Deliktsrechts ist die Beschränkung des Schadensersatzes und der **Aktivlegitimation** auf diejenige Person, in deren Rechtsgut eingegriffen worden ist (§ 823 Abs. 1) bzw. deren Individualinteresse durch ein Schutzgesetz wahrgenommen wird (§ 823 Abs. 2). Drittbetroffenen, die infolge der Verletzung der Rechte oder Interessen eines anderen einen Vermögens- oder Gefühlsschaden erleiden, steht nach § 823 kein Ersatzanspruch zu, sofern sie nicht ihrerseits in Rechtsgütern verletzt sind. Folgerichtig kann eine Lebensversicherung keinen Schadensersatz verlangen, wenn ihr Versicherungsnehmer durch deliktisches Verhalten eines Dritten zu Tode kommt (§ 844 RdNr. 2), und dessen Angehörigen steht kein Anspruch auf Zahlung von Schmerzensgeld zur Seite.[1343] Das Prinzip der Beschränkung der Aktivlegitimation auf den unmittelbar in

---

[1335] RGZ 130, 162, 169.
[1336] RGZ 141, 162, 165.
[1337] BGHZ 2, 159, 160 = NJW 1951, 916; ähnlich BGH VersR 1959, 107.
[1338] BGHZ 34, 355, 358 ff. = NJW 1961, 655, 656 f. = JZ 1961, 602 m. zust. Anm. *Flume*; dem folgend BGHZ 43, 72, 76 f. = NJW 1965, 907 f.; BGH NJW 1984, 801, 803; NJW-RR 1990, 726, 728; 2006, 813, 814 Tz. 145 = VersR 2006, 416; *Deutsch* Haftungsrecht I RdNr. 589; *Soergel/Spickhoff* Vor § 823 RdNr. 105 ff.; *Staudinger/Hager* Vor § 823 RdNr. 49.
[1339] Ähnlich BGHZ 154, 316, 323 = NJW 2003, 2018.
[1340] Erwogen von BGHZ 154, 316, 323 = NJW 2003, 2018.
[1341] BGHZ 34, 355, 359 ff. = NJW 1961, 655, 656 f. = JZ 1961, 602.
[1342] *Wagner* Karlsruher Forum 2006, 15 f.
[1343] BGHZ 138, 388, 393 f. = NJW 1998, 2741, 2742 f.; krit. *Hacks* NJW 1975, 1450, 1452; *Odersky*, Schmerzensgeld bei Tötung naher Angehöriger; vgl. auch *Kötz*, FS v. Caemmerer, 1978, S. 389, 406 ff.; § 844 RdNr. 4.

seinen Rechtsgütern Geschädigten wird allein in den §§ 844 ff. durchbrochen, allerdings nur beim Tod des primären Opfers und in Bezug auf bestimmte Vermögensschäden Drittbetroffener, nämlich Beerdigungskosten, entgangenen Unterhalt und entgangene Dienste.

VI. Beweislast

323 Die Beweislast für die Anspruchsvoraussetzungen des § 823 trägt der Anspruchsteller, im Prozess also der **Schadensersatzkläger**.[1344] Dies gilt für sämtliche Tatbestandsmerkmale der Norm, also nicht nur für die Haftungsbegründung und insbesondere für die häufig zentrale Voraussetzung der Sorgfaltspflichtverletzung,[1345] sondern auch für sämtliche Fragen der Haftungsausfüllung. Ist allerdings die Höhe des Schadens streitig oder zweifelhaft, ob bestimmte Schäden auf der Rechtsguts- oder Gesetzesverletzung beruhen, kommen dem Kläger insoweit die Beweiserleichterungen des § 287 ZPO zugute.

324 Auch in Bezug auf den Haftungsgrund wird das Prinzip der Allokation der Darlegungs- und Beweislast beim Anspruchsteller in vielerlei Hinsicht zugunsten des Geschädigten durchbrochen. Unmittelbar aus der Fassung des Gesetzes ergibt sich bereits, dass der Geschädigte nicht die **Verschuldensfähigkeit** des Schädigers zu beweisen hat, sondern sich umgekehrt der Schädiger gemäß §§ 827, 828 entlasten muss, wenn er aus diesem Grund der Haftung entgehen will.[1346] Genauso liegt es, wenn der Schädiger seine Haftung mit dem Vorbringen in Abrede stellt, er sei im Zeitpunkt des Unfalls auf Grund innerer Krankheitsvorgänge gar **nicht handlungsfähig** gewesen, etwa weil er am Steuer seines Kfz. einen Herzinfarkt erlitten habe (RdNr. 307).[1347] Nach der Rechtsprechung trifft den Verletzten allerdings die Beweislast dafür, dass die Handlungsfähigkeit des Schädigers nicht auf Grund externer Umstände, wie **physischen Zwangs,** ausgeschlossen war.[1348] Schließlich ist seit jeher anerkannt, dass das Eingreifen von **Rechtfertigungsgründen** vom Schädiger darzulegen und zu beweisen ist, während sich der Kläger mit dem Nachweis einer sorgfaltswidrig verursachten Rechtsgutsverletzung begnügen kann.[1349] Bei **mehreren Notwehrhandlungen** im Rahmen einer Schlägerei gehen Zweifel daran, welcher Schlag welche Verletzung ausgelöst hat, zu Lasten des Angreifers und Geschädigten.[1350] Zu Besonderheiten bei der Schutzgesetzverletzung gemäß § 823 Abs. 2 RdNr. 363 ff.

325 Die Allokation der Beweislast auf der Seite des Geschädigten gilt demnach nur für die drei – allerdings zentralen – Haftungsvoraussetzungen der Rechtsgutsverletzung, der Sorgfaltspflichtverletzung und der haftungsbegründenden Kausalität. Während die Rechtsprechung daran mit Blick auf die Rechtsgutsverletzung uneingeschränkt festhält, sind bei der Feststellung der **Sorgfaltspflichtverletzung Beweiserleichterungen im Einzelfall** möglich, soweit nämlich die Voraussetzungen für einen Anscheinsbeweis oder gar eine Beweislastumkehr vorliegen.[1351] Insbesondere kann bei typischen Geschehensabläufen vom äußeren Hergang der Schadensentstehung auf einen Sorgfaltspflichtverstoß geschlossen werden, so dass sich beispielsweise ein Kraftfahrer entlasten muss, der während der Fahrt eingeschlafen ist und dadurch einen Unfall verursacht hat.[1352] Gleiches gilt bei der Verletzung technischer Regeln in DIN-Normen oder Unfallverhütungsvorschriften (RdNr. 281, 283).[1353] Zur komplexen Verteilung der Beweislast in Produkthaftungsfällen RdNr. 658 ff.

[1344] BGHZ 39, 103, 106 = NJW 1963, 953; BGH NJW-RR 1990, 1422, 1423; *Baumgärtel/Wittmann*, FS K. Schäfer, 1979, S. 13 f.
[1345] BGH VersR 1985, 641 f.
[1346] BGHZ 39, 103, 108 = NJW 1963, 953 f.; BGHZ 98, 135, 138 = NJW 1987, 121.
[1347] BGHZ 98, 135, 137 ff. = NJW 1987, 121 f. = JZ 1987, 40 m. krit. Anm. *Baumgärtel*.
[1348] BGHZ 39, 103, 106 f. = NJW 1963, 953; BGHZ 98, 135, 137 = NJW 1987, 121.
[1349] BGHZ 24, 21, 27 = NJW 1957, 785, 786; BGHZ 39, 103, 108 = NJW 1963, 953, 954; BGHZ 71, 339, 345 = NJW 1978, 2155, 2156; BGH NJW 2008, 571, 573 Tz. 21; RGRK/*Steffen* RdNr. 497 ff.
[1350] BGH NJW 2008, 571, 573 Tz. 21.
[1351] *Baumgärtel/Wittmann*, FS K. Schäfer, 1979, S. 13, 15 ff.
[1352] BGH NJW 1974, 948, 949.
[1353] BGH VersR 1972, 149, 150; 1984, 775, 776; NJW 1994, 945, 946 = VersR 1994, 324, 325; OLG Karlsruhe VersR 2003, 1584, 1587.

Steht umgekehrt der Sorgfaltspflichtverstoß fest, kann dessen **Kausalität** für den einge- 326
tretenen Schaden uU mit Hilfe des **Anscheinsbeweises** nachgewiesen werden. So ist
anerkannt, dass bei feststehender Verletzung von Schutzgesetzen (zu § 823 Abs. 2 vgl.
RdNr. 365) oder Unfallverhütungsvorschriften (vgl. RdNr. 283) sowie DIN-Normen (vgl.
RdNr. 281), deren Kausalität für die Rechtsgutsverletzung im Wege eines Anscheinsbeweises festgestellt werden kann, wenn sich in dem Unfall gerade die Gefahr verwirklicht hat, zu
dessen Verhinderung die Vorschrift erlassen worden ist. Im Umwelthaftungsrecht ist von
Bedeutung, dass ein Verstoß gegen öffentlich-rechtliche Emissionsgrenzwerte zur **Umkehr
der Beweislast** für die haftungsbegründende Kausalität führen kann (vgl. RdNr. 682). Ein
großer Teil der Arzthaftungsprozesse dreht sich um den Nachweis eines **groben Behandlungsfehlers** durch den Geschädigten, weil sich dann die Beweislast für die Kausalität zu
Lasten des Arztes umkehrt (vgl. RdNr. 807 ff.).

Zweiter Teil: § 823 Abs. 2

E. Haftung für Verletzung objektiven Rechts: § 823 Abs. 2

Schrifttum: *Canaris*, Schutzgesetze – Verkehrspflichten – Schutzpflichten, FS Larenz, 1983, S. 27; *Deutsch*, Schutzgesetze aus dem Strafrecht in § 823 Abs. 2 BGB, VersR 2004, 137; *Dörner*, Zur Dogmatik der Schutzgesetzverletzung – BGH, NJW 1982, 1037 und NJW 1985, 134, JuS 1987, 522; *Gieseke*, Recht am Unternehmen und Schutz des Unternehmens, GRUR 1950, 298; *Finke*, Die Auswirkungen der europäischen technischen Normen und des Sicherheitsrechts auf das nationale Haftungsrecht, 2001; *Karollus*, Funktion und Dogmatik der Haftung aus Schutzgesetzverletzung, 1992; *Knöpfle*, Zur Problematik der Beurteilung einer Norm als Schutzgesetz iS des § 823 Abs. 2 BGB, JZ 1967, 697; *Kollmer*, Zivilrechtliche und arbeitsrechtliche Wirkungen des Gerätesicherheitsgesetzes, NJW 1997, 2015; *Landmann/Rohmer*, Umweltrecht, Bd. I. Stand 2000; *Peters*, Zur Gesetzestechnik des § 823 II BGB, JZ 1983, 913; *K. Schmidt*, Kartellverfahrensrecht, Kartellverwaltungsrecht, Bürgerliches Recht, 1977; *ders.*, Aufgaben und Leistungsgrenzen der Gesetzgebung im Kartelldeliktsrecht, 1978; *ders.*, Deliktsschutz durch Verwaltungshandeln – Praxis und Dogmatik der „Schutzverwaltungsakte" im Rahmen des § 823 Abs. 2 BGB, FS Zeuner, 1994, S. 259; *ders.*, Bankrott oder Bewährung des § 823 Abs. 2 BGB?, FS Canaris, Bd. I, 2007, S. 1175; *Schmiedel*, Deliktsobligationen im deutschen Kartellrecht, Teil 1, 1974; *Spickhoff*, Gesetzesverstoß und Haftung, 1998; *Stapelfeld*, Außenhaftung des Geschäftsführers bei Verletzung der Buchführungspflicht, GmbHR 1991, 94; *Taupitz*, Berufsständische Satzungen als Schutzgesetze iS des § 823 Abs. 2 BGB, FS Steffen, 1995, S. 489; *Wagner*, Das neue Produktsicherheitsgesetz: Öffentlich-rechtliche Produktverantwortung und zivilrechtliche Folgen, BB 1997, 2489 und 2541; *ders.*, Umweltschutz mit zivilrechtlichen Mitteln, NuR 1992, 201; *Wiethölter*, § 823 Abs. 2 BGB und die Schuldtheorie, JZ 1963, 205; *G. Williams*, The effect of penal legislation in the law of tort, (1960) 23 M. L. R. 233 A.

I. Grundlegung

1. Stellung im System des Deliktsrechts. § 823 Abs. 2 ist einer der **Transmissions-** 327
**riemen für die in anderen Rechtsgebieten getroffenen Wertungen in das Delikts-
recht.**[1354] Die Vorschrift ermöglicht es insbesondere, die zahlenmäßig ständig wachsenden
Verhaltensstandards des öffentlichen Rechts, etwa des Straßenverkehrs-, Gewerbe-, Ar-
beitsschutz- und Umweltrechts, in das Zivilrecht hinein zu verlängern und ihre Verletzung mit privatrechtlichen Schadensersatzansprüchen zu sanktionieren. In das System des
deutschen Deliktsrechts fügt sich die Vorschrift insofern ein, als sie **Ausdruck des
Kompromisses zwischen Generalklausel und Enumerationsprinzip** ist (Vor § 823
RdNr. 13 f.).[1355] In § 823 Abs. 2 hat sich der Gesetzgeber die Kompetenz zur Entscheidung über den Schutzbereich des Deliktsrechts gewissermaßen selbst vorbehalten, soweit
nicht bereits eine Haftung nach den §§ 823 Abs. 1, 826 besteht, also ein absolutes Recht
verletzt worden ist oder der Tatbestand einer vorsätzlich-sittenwidrigen Vermögensschädi-

---

[1354] BGHZ 122, 1, 8 = NJW 1993, 1580, 1581 f.; *Deutsch* JZ 1963, 385, 389; *Brüggemeier* Deliktsrecht RdNr. 791; *Staudinger/Hager* RdNr. G 3; *Soergel/Spickhoff* RdNr. 181.
[1355] *Brüggemeier* Deliktsrecht RdNr. 790; *Spickhoff*, Gesetzesverstoß und Haftung, S. 57 ff.

gung vorliegt (RdNr. 59, 226). Die **Funktionen** des § 823 Abs. 2 sind differenziert zu bestimmen, je nachdem, ob es um die in § 823 Abs. 1 ohnehin geschützten **Rechtsgüter** oder um **reine Vermögensinteressen** geht, deren Verletzung nur nach Maßgabe des § 826 deliktsrechtlich sanktioniert ist.

328 **2. Präzisierungs- und Ergänzungsfunktionen des § 823 Abs. 2 bei Rechtsgutsverletzungen.** In Bezug auf die Rechtsgüter des § 823 Abs. 1 hat Abs. 2 im Wesentlichen Präzisierungs- und darüber hinaus Ergänzungsfunktion, soweit nämlich die Haftung bereits an die pflichtwidrige Rechtsgutsgefährdung geknüpft ist. Im Mittelpunkt der Schutzgesetzprüfung steht die Frage, ob die **Vorverlagerung des Rechtsgüterschutzes** haftungsrechtlich geboten ist.[1356] Dabei gilt es im Auge zu behalten, dass sich die Vorenthaltung des Status als Schutzgesetz im Ergebnis häufig nicht auf die Haftung auswirkt, weil der in Betracht kommende (öffentlich-rechtliche) Verhaltensstandard jedenfalls im Rahmen des § 823 Abs. 1 bei der **Konturierung der Verkehrspflicht** berücksichtigt werden kann (iE RdNr. 281). Zwar hat es der III. ZS des BGH in der Wildtauben-Entscheidung abgelehnt, das Fehlen eines Schutzgesetzes im Rahmen des § 823 Abs. 1 durch Statuierung entsprechender Verkehrspflichten aufzufangen (RdNr. 278),[1357] dieses Urteil hat in der übrigen Rechtsprechung jedoch zu Recht keine Gefolgschaft gefunden.[1358] Es widerspricht der Ergänzungs- und Erweiterungsfunktion des § 823 Abs. 2, dem Fehlen von Schutzgesetzen gleichsam Sperrwirkung auch für die Anerkennung deliktischer Pflichten zum Schutz der in § 823 Abs. 1 anerkannten Rechtsgüter zuzumessen. Genauso wenig kann es in Betracht kommen, die in einem Schutzgesetz enthaltenen und durch einen Verwaltungsakt konkretisierten Verhaltensgebote, etwa die in einer **Genehmigung enthaltenen Auflagen,** als autoritative Fixierung der im Rahmen des § 823 Abs. 1 zu beachtenden Verkehrspflichten zu behandeln und die Einwände des Verkehrspflichtigen mit dem Hinweis abzutun, er hätte den Genehmigungsbescheid anfechten können.[1359]

329 **3. Öffnungsfunktion des § 823 Abs. 2 bei reinen Vermögensschäden.** Grundlegend anders liegt es, wenn der **Ersatz reiner Vermögensschäden** auf dem Spiel steht, denn mit der Anerkennung vermögensbezogener Verhaltensstandards als Schutzgesetze wird der **Schutzbereich des Deliktsrechts an zentraler Stelle erweitert.** Folgerichtig muss die Prüfung von der Entscheidung des BGB **gegen eine allgemeine Fahrlässigkeitshaftung für reine Vermögensschäden** ausgehen und sich an der Frage orientieren, ob eine solche Einstandspflicht im konkreten Fall sachlich geboten und tragbar erscheint.[1360] Es kann nicht in Betracht kommen, die allgemeine Sorgfaltspflicht unter dem Stichwort der **Verkehrspflichten zum Schutz fremden Vermögens** generell auf Vermögensinteressen zu beziehen und damit die Architektur des § 823 obsolet zu machen (RdNr. 225 ff.). Dies gilt gerade auch dann, wenn Spezialgesetze – wie etwa das WpHG in seinen §§ 31 ff. – die Pflichten von Unternehmen umfassend normieren, so dass ihre Anerkennung als Schutznormen de facto zu einer allgemeinen Fahrlässigkeitshaftung für reine Vermögensschäden führen würde.[1361]

330 Genauso wenig Anlass besteht allerdings, den Anwendungsbereich des § 823 Abs. 2 mit *Canaris* im Bereich der reinen Vermögensinteressen besonders zurückhaltend und unter maßgeblicher **Berücksichtigung strafrechtlicher Wertungen** zu bestimmen. Danach soll

---

[1356] *Larenz/Canaris* II/2 § 77 I 1 b, S. 431; *Erman/Schiemann* RdNr. 153; *Staudinger/Hager* RdNr. G 2; *RGRK/Steffen* RdNr. 535; *Deutsch* Haftungsrecht I RdNr. 63.
[1357] BGHZ 62, 265, 268 ff. = NJW 1975, 1240, 1240 f.
[1358] Vgl. nur *Canaris,* FS Larenz, 1983, S. 27, 55 ff.; *Larenz/Canaris* II/2 § 76 III 4 f, S. 416, § 77 II 1 b, S. 433; eingehend § 835 RdNr. 16.
[1359] So aber BayObLG VersR 1977, 743, 744.
[1360] RGZ 91, 72, 76; BGHZ 66, 388, 390 f. = NJW 1976, 1740 f.; BGHZ 125, 366, 374 = NJW 1995, 1801, 1803; *Canaris,* FS Larenz, 1983, S. 27, 58 ff.; *Larenz/Canaris* II/2 § 77 I 1 c, S. 431 f.; *Staudinger/Hager* RdNr. G 4. Mit „Subsidiarität" der Haftung wegen Schutzgesetzverletzung hat dies nichts zu tun; vgl. *Larenz/Canaris* II/2 § 77 II 3, S. 435 f.
[1361] BGH NJW 2008, 1734, 1736 RdNr. 18 ff.

Schadensersatzpflicht 331 § 823

vom Leitbild des Strafgesetzes auszugehen sein, das „nach Unrechtsgehalt und tatbestandlicher Präzision eine hinreichende Gewähr gegen die Systemsprengung und die Aushöhlung der durch §§ 823 Abs. 1, 826 vorgegebenen deliktsrechtlichen Grundentscheidungen bietet".[1362] Ist das Verhalten nicht mit Kriminalstrafe bedroht – was trotz der Proliferation strafrechtlicher Tatbestände im Bereich des Vermögensschutzes noch ganz überwiegend der Fall ist[1363] – bedürfe die Haftung einer besonderen Legitimation, nämlich des Nachweises, dass sich die Haftung als Typisierung und maßvolle Ergänzung des § 826 verstehen lasse.[1364] Der Lehre von der „Strafrechts-Akzessorietät" des § 823 Abs. 2 ist nicht zu folgen.[1365] Sie widerspricht den **Absichten der Gesetzesverfasser,** denn in den Beratungen des BGB ist ein Antrag, den heutigen § 823 Abs. 2 ausdrücklich auf Verstöße gegen Strafgesetze zu beschränken, gescheitert.[1366] Die **Rechtsprechung** hat seit jeher betont, auch andere als Strafgesetze kämen als Schutzgesetze in Betracht,[1367] und umgekehrt hat sie selbst bei Straftatbeständen einen auf die Vermeidung reiner Vermögensschäden gerichteten Schutzzweck mitunter verneint.[1368] Diese Position ist sachlich begründet, denn der **moderne Strafgesetzgeber verfolgt** gerade im Bereich des Vermögensschutzes **keinen geschlossenen systematischen Ansatz,** sondern sanktioniert die Zufügung reiner Vermögensschäden in den verschiedensten Spezialgesetzen bald als Straftat, bald als Ordnungswidrigkeit und bald überhaupt nicht.[1369] Gerät eine dieser Sondermaterien in den Lichtkegel der öffentlichen Meinung, kommt es etwa zur massenhaften Schädigung von Kleinanlegern an der Börse, wird die Sanktionsintensität mitunter erhöht, etwa die Ordnungswidrigkeit zur Straftat aufgewertet, ohne dass sich an den **für einen deliktischen Vermögensschutz entscheidenden Gesichtspunkten** irgendetwas geändert hätte. Auch im Bereich der Restitution reiner Vermögensschäden muss es somit ausschließlich auf autonom-deliktsrechtliche Wertungen ankommen (RdNr. 185), wie etwa auf das Prinzip der Kanalisierung der Schadensabwicklung auf den unmittelbar Betroffenen. Folgerichtig wird der Schutzgesetzcharakter von der Rechtsprechung regelmäßig verneint, wenn es um die **Restitution mittelbarer Schäden** geht, die dem Betroffenen erst infolge der Verletzung von Rechtsgütern Dritter entstanden sind.[1370]

4. Zugriff auf das Privatvermögen von Leitungsorganen. Eine im Gesetz nicht 331 ohne weiteres angelegte Funktion des § 823 Abs. 2 besteht heute darin, die Passivlegitimation zu erweitern, nämlich die **persönliche Haftung von Leitungsorganen für die Folgen korporativer Delikte** zu begründen.[1371] Soweit drittschützende Strafgesetze das Verhalten von Unternehmen regulieren, rechnet § 14 StGB die Pflichten der Gesellschaft dem Organ zu und macht Letzteres auf diese Weise zum Haftungssubjekt. Daneben ist über § 31 die Verantwortlichkeit des korporativ verfassten Unternehmens zu begründen (§ 840 Abs. 1). Daraus resultiert eine deutliche Verschärfung der persönlichen Außenhaftung von Geschäftsführern und anderen Leitungsorganen, die als solche weder mit dem Gesellschaftsrecht noch mit § 823 Abs. 1 abgestimmt ist (RdNr. 392 ff.). Deshalb ist es zu begrüßen, dass der XI. ZS die Schutzgesetzeigenschaft der §§ 31 ff. WpHG im Ergebnis verneint hat, obwohl auf der Hand liegt, dass die Vorschriften auch dem Schutz der Anleger dienen sollen (§ 826 RdNr. 68 ff.).[1372] Für den BGH war maßgeblich, dass die Promotion der §§ 31 ff.

[1362] *Canaris,* FS Larenz, 1983, S. 27, 58.
[1363] Vgl. *Spickhoff,* Gesetzesverstoß und Haftung, S. 50.
[1364] *Canaris,* FS Larenz, 1983, S. 27, 68; *Larenz/Canaris* II/2 § 77 II 4 c, S. 438 f.
[1365] Abl. *Brüggemeier* Deliktsrecht RdNr. 799; *Spickhoff,* Gesetzesverstoß und Haftung, S. 53 f.; *Staudinger/Hager* RdNr. G 6 aE, G 9, beiläufig BGH VersR 2005, 238, 239.
[1366] Prot. II S. 572.
[1367] RGZ 128, 298, 300; 138, 165, 168.
[1368] BGH NJW 1977, 1147 f. (zu § 317 StGB).
[1369] *Spickhoff,* Gesetzesverstoß und Haftung, S. 54.
[1370] BGHZ 66, 388, 391 = NJW 1976, 1741.
[1371] Aktuelles Beispiel: BGH VersR 2006, 1374, 1376 Tz. 25 ff.: persönliche Haftung des Geschäftsführers einer GmbH, die Bankgeschäfte betrieb, ohne im Besitz einer entsprechenden Lizenz zu sein.
[1372] BGH NJW 2008, 1734, 1735 ff. RdNr. 14 ff.

§ 823 332–334 Abschnitt 8. Titel 27. Unerlaubte Handlungen

WpHG zu Schutzgesetzen zu einer Fahrlässigkeitshaftung für reine Vermögensschäden nicht nur der Wertpappierdienstleistungsunternehmen geführt, sondern darüber hinaus auch noch ein entsprechendes **Haftungsrisiko zu Lasten der Leitungsorgane sämtlicher Mitarbeiter** dieser Unternehmen begründet hätte. Wie sich aus der Verjährungsregelung des § 37a WpHG ergibt, ging der Gesetzgeber indessen davon aus, dass die Mitarbeiter solcher Unternehmen enttäuschten Anlegern nicht mit ihrem Privatvermögen haften.[1373]

II. Normcharakter der Verhaltenspflicht

332 **1. Normqualität. a) Gesetz im materiellen Sinn.** Gemäß **Art. 2 EGBGB** ist Gesetz iS des BGB **jede Rechtsnorm.** Diese Definition kann als Ausgangspunkt auch für § 823 Abs. 2 dienen.[1374] Folglich sind nicht nur Parlamentsgesetze, sondern auch untergesetzliche Normakte als Anknüpfungspunkte für die Haftung nach § 823 Abs. 2 in Betracht zu ziehen,[1375] wie etwa **Rechtsverordnungen,** beispielsweise die StVO, oder **Satzungen** der Kammern und Gebietskörperschaften.

333 Mit dem zuletzt genannten Beispiel ist bereits deutlich geworden, dass es auf die Herkunft der Norm aus dem **Bundes- oder dem Landesrecht** nicht ankommt; über § 823 Abs. 2 kann auch der Landesgesetzgeber das Deliktsrecht beeinflussen, und gleiches gilt für **Kommunen**[1376] und **berufsständische Kammern** im Rahmen der ihnen zustehenden Satzungsgewalt.[1377] Zwar hat der BGH den Schutzgesetzcharakter einer ärztlichen **Berufsordnung** einmal mit dem Argument verneint, eine solche Satzung werde „schon aus verfassungsrechtlichen Erwägungen nicht die privatrechtlichen Beziehungen der Kammerangehörigen zu Außenstehenden regeln wollen und dürfen".[1378] Kompetenzrechtliche Erwägungen sind jedoch schon deshalb fehl am Platz, weil die Entscheidung über die Anknüpfung von Schadensersatzansprüchen letztlich vom bürgerlichen Deliktsrecht und dem zu dessen Anwendung berufenen Zivilgericht kontrolliert wird (RdNr. 350). § 823 Abs. 2 bezieht sich nicht auf solche Normen, die selbst einen privatrechtlichen Schadensersatzanspruch begründen – wofür unter dem GG in der Tat dem Bundesgesetzgeber die (konkurrierende) Gesetzgebungskompetenz zusteht (Art. 74 Nr. 1 GG) – sondern transponiert selbst die mit anderweitigen Rechtsfolgen versehene Rechtsnorm in das Deliktsrecht.[1379]

334 **b) Unfallverhütungsvorschriften.** Unter diesen Prämissen bestehen auch keine Bedenken dagegen, die **Unfallverhütungsvorschriften** der Berufsgenossenschaften als Schutzgesetze im Rahmen des § 823 Abs. 2 anzuerkennen.[1380] Unfallverhütungsvorschriften sind Normen des Arbeitsschutzes, die von den als selbstständige Körperschaften öffentlichen Rechts organisierten Berufsgenossenschaften gemäß § 15 SGB VII erarbeitet und in der Form von **Satzungen** erlassen werden.[1381] Die Sorge, die Entwicklung des Deliktsrechts könne in nicht kontrollierbarer Weise an die Berufsgenossenschaften ausgeliefert werden,[1382]

[1373] BGH NJW 2008, 1734, 1736 RdNr. 23.
[1374] RGZ 135, 242, 245; *Erman/Schiemann* RdNr. 154; *Staudinger/Hager* RdNr. G 9; *Spickhoff,* Gesetzesverstoß und Haftung, S. 88 f.
[1375] RGRK/*Steffen* RdNr. 538; *Staudinger/Hager* RdNr. G 9; *Brüggemeier* Deliktsrecht RdNr. 794; *Spickhoff,* Gesetzesverstoß und Haftung, S. 77 ff.
[1376] Zu Satzungen über die Streupflicht OLG Köln NJW-RR 1996, 655, 656; OLG Celle VersR 1998, 604; krit. *Larenz/Canaris* II/2 § 76 III 7 c, S. 429.
[1377] BGH NJW 1965, 2007; *Brüggemeier* Deliktsrecht RdNr. 798; *Staudinger/Hager* RdNr. G 5; krit. *Peters* JZ 1983, 913, 918 f.
[1378] BGH NJW 1981, 2007, 2008; vgl. aber auch BGH NJW 1991, 1532, 1533; *Köndgen,* Selbstbindung ohne Vertrag, S. 368 f.
[1379] *Taupitz,* FS Steffen, 1995, S. 489, 495; *Staudinger/Hager* RdNr. G 31.
[1380] *Marburger,* Regeln der Technik im Recht, S. 477 ff.; ders. VersR 1983, 597, 605 f.; *Staudinger/Hager* RdNr. G 14; *Soergel/Spickhoff* RdNr. 186; wohl auch BGH NJW 1984, 360, 362; offen OLG Karlsruhe VersR 2003, 1584, 1587.
[1381] Einzelheiten bei *Wagner,* Kollektives Umwelthaftungsrecht auf genossenschaftlicher Grundlage, 1990, S. 94 ff.; vgl. auch RdNr. 283.
[1382] So 3. Aufl. RdNr. 184; im Ergebnis ähnlich *Larenz/Canaris* II/2 § 77 II 1 d, S. 433: nur intern verbindlich.

ist angesichts des beschränkten Schutzzwecks der Unfallverhütungsvorschriften und der ungeschmälerten parallelen Geltung der Haftung aus § 823 Abs. 1 unbegründet.[1383] Die Rechtsprechung hat ihnen gleichwohl den Status als Schutzgesetz mit der Begründung vorenthalten, sie dienten ausschließlich dazu, die Berufsgenossenschaften vor Entschädigungsansprüchen zu bewahren und nicht auch dem Individualschutz.[1384] Eben diese Motivation liegt indessen sämtlichen Verhaltensnormen zugrunde, die ein Hoheitsträger zur Steuerung des Verhaltens der eigenen Mitarbeiter oder Mitgliedsunternehmen erlässt, und sie bestimmt auch das Handeln von Unternehmen und Privatpersonen, sofern diese bewusst über das Maß ihrer Sorgfaltsanstrengungen entscheiden. Die Individualschutzrichtung der Unfallverhütungsvorschriften ist deshalb grundsätzlich zu bejahen,[1385] allerdings ihr **Schutzbereich in mehrfacher Hinsicht zu beschränken,** nämlich in personeller Hinsicht auf die Betriebsangehörigen, also Unternehmer und deren Arbeitnehmer als Versicherte der gesetzlichen Unfallversicherung, sowie in sachlicher Hinsicht auf Personenschäden, die Letztere am Arbeitsplatz erleiden.[1386] Wegen der **Haftungsbeschränkungen** zugunsten von Unternehmern und Arbeitskollegen nach den §§ 104ff. SGB VII[1387] erweist sich die Schutzgesetzeigenschaft insoweit als weitgehend bedeutungslos. Im Verhältnis zu betriebsexternen Dritten spielen die Unfallverhütungsvorschriften eine Rolle als Hilfe bei der Konkretisierung der Verkehrspflichten (RdNr. 283).

c) **Technische Regeln, Verbandsnormen, Verwaltungsvorschriften.** Schon keine 335 Rechtsnormen und erst recht keine Schutzgesetze sind **technische Regeln** wie etwa die sog. DIN-Normen des deutschen Instituts für Normung, denn sie beruhen nicht auf staatlicher Rechtssetzung, sondern verdanken sich der Privatinitiative (RdNr. 280 ff.).[1388] Nicht anders verhält es sich bei den **Wettkampfregeln von Sportverbänden**[1389] sowie bei **Verwaltungsvorschriften:** Sofern die Voraussetzungen für die Anerkennung einer Drittschutzrichtung vorliegen, ist Schutznorm nicht die Verwaltungsvorschrift, sondern die einschlägige Gesetzesbestimmung, im Bereich des Immissionsschutzrechts also etwa die §§ 5 Abs. 1 Nr. 1, 22 Abs. 1 Nr. 1 BImSchG, zu deren Konkretisierung die Verwaltungsvorschriften nach § 48 BImSchG (TA Luft, TA Lärm) erlassen worden sind.[1390]

d) **Europarecht.** Vorschriften des **EU-Sekundärrechts** kommen selbstverständlich als 336 Schutzgesetze in Betracht, soweit sie unmittelbare Geltung im Verhältnis zum Bürger beanspruchen.[1391] Diese Voraussetzung wird von **Verordnungen** ohne weiteres erfüllt,[1392] nicht aber von **Richtlinien,** die nur im Vertikalverhältnis zwischen Gemeinschaft und Mitgliedstaaten verbindlich sind, nicht aber im Horizontalverhältnis unter Bürgern. Folgerichtig hat der EuGH ausgesprochen, dass sich aus der Verletzung einer EG-Richtlinie, die von dem jeweiligen Mitgliedstaat pflichtwidrig nicht umgesetzt worden war, keine Scha-

---

[1383] *Marburger* VersR 1983, 597, 605 f.
[1384] RGZ 48, 327, 331 (noch zu § 26 ALR I. 6.); 95, 180, 182; 95, 238, 240; 128, 320, 329; BGH VersR 1953, 335; 1955, 105 f.; NJW 1968, 641, 642; OLG Köln VersR 1997, 1355, 1356; anders allein BGH NJW 1984, 360, 362.
[1385] *Marburger,* Regeln der Technik im Recht, S. 478; *ders.* VersR 1983, 597, 605; offen BGH NJW 1984, 360, 362.
[1386] BGH VersR 1965, 1055; NJW 1984, 360, 362; *Marburger,* Regeln der Technik im Recht, S. 478 f.; *ders.* VersR 1983, 597, 605 f.; *Staudinger/Hager* RdNr. G 14.
[1387] Die oben nachgewiesenen Entscheidungen des RG und des BGH betreffen ganz überwiegend solche Regressansprüche der Berufsgenossenschaft gegen den Unternehmer, die nach § 903 RVO aF als Vorläufer von § 640 RVO aF bereits bei einfacher Fahrlässigkeit gegeben waren.
[1388] BGH VersR 1984, 270; *Staudinger/Hager* RdNr. G 13; zu § 823 Abs. 1 genauso BGHZ 103, 338, 342 = NJW 1988, 2667, 2668; NJW 1994, 3349, 3350; genauso im Rahmen der Gewährleistung beim Werkvertrag BGH NJW 1998, 2814, 2815.
[1389] OLG Karlsruhe NJW-RR 2004, 1257.
[1390] Vgl. BGHZ 70, 102, 107 = NJW 1978, 419, 420; BGH NJW 1983, 751, 752; 1987, 372, 373; *Marburger,* Regeln der Technik im Recht, S. 476 f.; vgl. auch BGH NJW 1995, 132, 133; aA *Staudinger/Hager* RdNr. G 15; noch weitergehend *Brüggemeier* Deliktsrecht RdNr. 794.
[1391] *Spickhoff,* Gesetzesverstoß und Haftung, S. 78.
[1392] Vgl. EuGH Slg. 2002, I-7289, 7321 f. – Muñoz/Frumar.

§ 823 337, 338 Abschnitt 8. Titel 27. Unerlaubte Handlungen

densersatzansprüche im Verhältnis zwischen Privatleuten herleiten lassen.[1393] Soweit eine Norm unmittelbar gilt – sei es kraft EU-Primärrechts (Art. 81, 82 EG-Vertrag), sei es aufgrund europäischen Verordnungsrechts, sei es aufgrund nationalen Rechts, das die Vorgaben einer Richtlinie transformiert – hält der EuGH privatrechtliche Schadensersatzansprüche bei Zuwiderhandlungen nicht nur für möglich, sondern im Interesse einer effektiven Durchsetzung des EG-Rechts (private enforcement) sogar für geboten.[1394] Dabei geht es dem Gerichtshof darum, Verstöße gegen Gemeinschaftsrecht mit Sanktionen zu versehen, die **„wirksam, verhältnismäßig und abschreckend"** sind[1395] – auch, wenn es nur um die Durchsetzung einer Kennzeichnungspflicht für Tafeltrauben geht. Der **Individualschutzzweck** der verletzten Norm des Gemeinschaftsrechts **spielt** dabei bisher überhaupt **keine Rolle.** Im Lichte entsprechender Judikatur des EuGH zum Europäischen Wettbewerbsrecht[1396] hat sich der deutsche Gesetzgeber im Zuge der Siebten GWB-Novelle genötigt gesehen, im Bereich des Kartellrechts auf das Schutzgesetzprinzip zu verzichten.[1397] Gemäß § 33 Abs. 1 GWB idF von 2005 stehen Schadensersatzansprüche wegen Verstoßes gegen das GWB, das europäische Wettbewerbsrecht oder eine Verfügung der Kartellbehörde (RdNr. 841) jedem „Betroffenen" zu. Diese Formulierung schließt es zwar nicht von vornherein aus, Ansprüche von Sekundärabnehmern und Verbrauchern abzuschneiden, dies jedoch allein im Interesse einer effektiven Durchsetzung des Kartellrechts und gerade nicht mangels Drittschutzrichtung des Wettbewerbsrechts.[1398] Das **Schutznormkonzept ist** damit im Bereich des Kartellrechts **erledigt.** Außerhalb des Kartellrechts bedarf die allgemeine deliktsrechtliche Norm des § 823 Abs. 2 der **gemeinschaftsrechtskonformen Auslegung,** soweit es um Verstöße gegen unmittelbar geltendes EG-Recht geht, und Entsprechendes gilt für nationales Transformationsrecht, mit dem die Vorgaben von EG-Richtlinien umgesetzt werden.[1399] In diesem Bereich hängt die Haftung nicht davon ab, dass die verletzte Verhaltensnorm dem Schutz der Ersatz begehrenden Partei zu dienen bestimmt war, sondern jeder „Betroffene" ist aktivlegitimiert.[1400]

337 e) **Verfassungsrecht.** Normen des GG kommen als Schutzgesetze in Betracht, doch bleibt dies folgenlos, weil die Verfassung sich naturgemäß auf generalklauselartige Garantien beschränkt. Allerdings sind die abstrakten Vorgaben des GG in weitem Umfang durch **Entscheidungen des BVerfG** konkretisiert worden, die gemäß § 31 Abs. 2 BVerfGG mit Gesetzeskraft ausgestattet sind und deshalb ihrerseits als Schutzgesetze gelten können.[1401] Praktisch werden kann die Gesetzeseigenschaft von Entscheidungen des BVerfG allerdings nur dann, wenn sie konkrete Verhaltenspflichten statuieren und diese dem Individualschutz im Bürger/Bürger-Verhältnis zu dienen bestimmt sind. Soweit ersichtlich, gibt es keine Fälle, in denen diese Voraussetzungen erfüllt waren.

338 f) **Gewohnheits- und Richterrecht; Verkehrspflichten.** Vorsicht ist geboten, wenn Gewohnheits- und Richterrecht die Eigenschaft einer für § 823 Abs. 2 geeigneten Rechtsnorm zuerkannt wird,[1402] denn § 823 Abs. 2 knüpft an die Verletzung **konkreter Ver-**

[1393] EuGH EuZW 2007, 545, 546 Tz. 20 – Carp/Ecorad.
[1394] EuGH EuZW 2001, 715 – Courage/Crehan; Slg. 2002, I-7289, 7321 f. – Muñoz/Frumar; ausf. *Wagner* AcP 206 (2006), 352, 404 ff.
[1395] So die stehende Formel des EuGH Slg. 1991, I-4371, 4387 – Strafverfahren gegen Vaandevenne, eingehend *Wagner* AcP 206 (2006), 352, 413 mwN.
[1396] EuGH Slg. 2001, I-6297, 6323 Nr. 27 = EuZW 2001, 715 – Courage.
[1397] BT-Drucks. 15/5049 S. 49; eingehend dazu *K. Schmidt*, FS Canaris, Bd. I, S. 1175 ff., *Wagner* in: *Eger/Schäfer* (Hrsg.), Ökonomische Analyse der europäischen Zivilrechtsentwicklung, 2007, S. 622.
[1398] *Wagner* AcP 206 (2006), 352, 407 ff.; *ders.* in: *Eger/Schäfer* (Hrsg.), Ökonomische Analyse der europäischen Zivilrechtsentwicklung, 2007, S. 629 ff.
[1399] Vgl. auch *Finke*, Die Auswirkungen der europäischen technischen Normen, S. 146 ff., die allerdings am Schutznormkonzept festhält.
[1400] *Wagner* AcP 206 (2006), 352, 416 f.; ähnlich, wenn auch restriktiver *K. Schmidt*, FS Canaris, Bd. I, 2007, S. 1175, 1186 ff.
[1401] RGRK/*Steffen* RdNr. 538; *Staudinger/Hager* RdNr. G 9; *Spickhoff*, Gesetzesverstoß und Haftung, S. 76.
[1402] So *Larenz/Canaris* II/2 § 77 II 1 c, S. 433; *Staudinger/Hager* RdNr. G 11.

haltenspflichten an, die von der **übrigen Rechtsordnung** statuiert worden sind, woran es in aller Regel fehlt.[1403] Insbesondere dürfen gewohnheits- oder richterrechtliche Pflichten deliktsrechtlicher Provenienz nicht zu Schutzgesetzen stilisiert werden. Genau dies geschieht aber, wenn vom Richter ad hoc gebildete Verhaltensgebote wie die **Verkehrspflichten** (RdNr. 225 ff.) oder gar generalklauselartige Globalformeln wie diejenige von den „allgemeinen Grundsätzen, die unser soziales Leben beherrschen" Schutzgesetzeigenschaft zugesprochen wird.[1404]

2. Bestimmtheit der Norm. Nach der Rechtsprechung muss das Gesetz ein **bestimmtes Gebot oder Verbot** aussprechen und darf sich nicht darauf beschränken, „allgemeine Grundsätze" zu statuieren.[1405] Dementsprechend hat der BGH beispielsweise der in einer Kammersatzung enthaltenen Regelung, nach der sich Fachärzte „grundsätzlich" auf das Fach beschränken müssen, dessen Facharztbezeichnung sie führen, die Schutzgesetzqualität abgesprochen.[1406] In der Literatur findet sich das Bestimmtheitsgebot hingegen nur vereinzelt,[1407] und von *Spickhoff* wird es nach eingehender Untersuchung abgelehnt; es sei unreflektiert aus § 26 I. 6 ALR übernommen worden und scheitere schon daran, dass die als Erfolgsvermeidungsverbote formulierten Tatbestände des Strafrechts seit jeher als Schutzgesetze anerkannt werden, obwohl beispielsweise § 230 StGB sich darauf beschränkt, die Verursachung des Todes eines Menschen durch sorgfaltswidriges Verhalten zu verbieten.[1408] Folgerichtig hat der BGH § 8 LMBG aF (= Art. 14 Abs. 1 VO 178/2002 EG, § 5 Abs. 1 S. 2 LFGB nF), der das Inverkehrbringen gesundheitsschädlicher Lebensmittel schlechthin – und nicht nur „grundsätzlich" – verbietet, als Schutzgesetz im Interesse von Körper und Gesundheit anerkannt und es lediglich abgelehnt, mangels konkreter Umschreibung des geforderten Verhaltens im Gesetz aus der bloßen Verwirklichung des Verbotstatbestands auf eine Sorgfaltspflichtverletzung zu schließen.[1409]

Größeres Gewicht kommt dem Postulat der Bestimmtheit zu, wenn es um den **Schutz reiner Vermögensinteressen** geht. Eben Letztere standen in der oben erwähnten Entscheidung zu einer ärztlichen Berufsordnung auf dem Spiel, denn sie betraf nicht etwa ein Schadensersatzbegehren wegen von einem inkompetenten Arzt verursachter Gesundheitsverletzungen, sondern eine von einem Facharzt gegen den Chefarzt eines Krankenhauses erhobene Konkurrentenklage.[1410] In diesem Fall hat der BGH eine Haftung wegen Verletzung der allgemein und vage formulierten Vorschrift der ärztlichen Berufsordnung mit Recht abgelehnt, denn die Entscheidung des BGB gegen eine Fahrlässigkeitshaftung für reine Vermögensschäden darf nicht durch Anerkennung generalklauselartiger oder vager Tatbestände als Schutzgesetze umgangen werden.

3. Verwaltungsakte. a) Problemstellung. Verwaltungsakte sind Einzelfallregelungen und damit geradezu das **Gegenteil einer abstrakt-generellen Regelung** in Gesetzesform, auf die die § 823 Abs. 2 und Art. 2 EGBGB abstellen.[1411] Selbstverständlich ist es dem Gesetzgeber unbenommen, die Verletzung der in einem Verwaltungsakt stipulierten Verhaltenspflichten durch Gewährung privatrechtlicher Schadensersatzansprüche zu sanktionie-

---

[1403] *Spickhoff*, Gesetzesverstoß und Haftung, S. 87: Die Rspr. hat bisher in keinem einzigen Fall die Haftung auf die Verletzung einer „Schutznorm" des Gewohnheits- und Richterrechts gestützt. Vgl. auch *Brüggemeier* Deliktsrecht RdNr. 796; *Erman/Schiemann* RdNr. 155.
[1404] So *Gieseke* GRUR 1950, 298, 310; abl. *Brüggemeier* Deliktsrecht RdNr. 795; *Spickhoff*, Gesetzesverstoß und Haftung, S. 88 f.
[1405] BGH NJW 1965, 2007; genauso RGZ 128, 298, 300; BGH NJW 1977, 1147 f.; GRUR 1962, 159, 162 – Blockeis.
[1406] BGH NJW 1965, 2007.
[1407] *RGRK/Steffen* RdNr. 539; *K. Schmidt*, FS Zeuner, 1994, S. 259, 267; *Taupitz*, FS Steffen, 1995, S. 489, 498.
[1408] *Spickhoff*, Gesetzesverstoß und Haftung, S. 119, 121.
[1409] BGHZ 116, 104, 115 = NJW 1992, 1039, 1042 – Hochzeitsessen.
[1410] BGH NJW 1965, 2007.
[1411] *K. Schmidt*, Kartellverfahrensrecht – Kartellverwaltungsrecht – Bürgerliches Recht, S. 367; *ders.*, FS Zeuner, 1994, S. 259, 264; ausf. *Schmiedel*, Deliktsobligationen im deutschen Kartellrecht, S. 47 ff.

ren, wie dies de lege lata vor allem bei der sog. **kartellrechtlichen „Schutzverfügung"** gemäß § 33 Abs. 1 GWB der Fall ist, nach dem nicht nur der Verstoß gegen Vorschriften dieses Gesetzes oder gegen die Art. 81, 82 EG-Vertrag, sondern auch solche gegen eine „Verfügung der Kartellbehörde" mit Unterlassungs- und Schadensersatzansprüchen sanktioniert werden (vgl. auch RdNr. 336).

342 Jenseits dieser kartellrechtlichen Sonderbestimmung ist bis heute nicht geklärt, welche Rolle Verwaltungsakte im Rahmen des § 823 Abs. 2 spielen. Insbesondere die ältere Rechtsprechung neigte dazu, sie kurzerhand und ohne Versuch einer Rechtfertigung gegenüber dem Gesetzesbegriff selbst als Schutzgesetze zu qualifizieren,[1412] selbst dann, wenn diese Qualifikation dem zugrunde liegenden Gesetz vorenthalten wurde.[1413] Nachdem diese Aufwertung von Verwaltungsakten zu Schutzgesetzen in der Literatur heftig kritisiert worden war,[1414] hat sich der V. ZS des BGH der **Lehre vom „gestreckten Verbotstatbestand"** bzw. der „Rechtsfolgenanordnung kraft Verfahrens"[1415] angeschlossen, die Gesetz und Verwaltungsakt miteinander kombiniert und die **durch den Verwaltungsakt konkretisierte Norm als Schutzgesetz** qualifiziert.[1416] Auf diese Weise ist es möglich, beispielsweise **Verkehrszeichen praktisch wie Schutzgesetze** zu behandeln.[1417] Dabei kommt eine Haftung nach § 823 Abs. 2 selbstverständlich nur unter der zusätzlichen Voraussetzung in Betracht, dass die durch den Verwaltungsakt konkretisierte Vorschrift ihrerseits eine Schutzrichtung zugunsten individueller Rechte aufweist. Diese Frage ist indessen strikt von der Prüfung zu trennen, ob die einschlägige öffentlich-rechtliche Norm ipso iure wirkt oder der konkretisierenden Umsetzung ins Außenverhältnis durch behördliche Einzelfallentscheidung bedarf.[1418]

343 **b) Entscheidungsmaßstäbe für Behörden und Verhaltensnormen für den Bürger.** Das Verwaltungsrecht kennt zwei **verschiedene Regelungsmodi,** nämlich einmal die für den Bürger **ipso iure verbindliche Normierung** des gebotenen bzw. verbotenen Verhaltens im Gesetz und andererseits die Formulierung abstrakter Regelungsziele und Verhaltensvorgaben im Rahmen **gesetzlicher Ermächtigungsgrundlagen,** die Behörden zu Regelungen gegenüber dem Bürger berechtigen und ggf. auch verpflichten.[1419] Im erstgenannten Fall – ein Beispiel ist § 5 BImSchG – kommt das Gesetz selbst für die Anknüpfung der Haftung aus § 823 Abs. 2 in Frage, unabhängig vom Erlass eines Verwaltungsakts. Im zuletzt genannten Fall hingegen ist die Vorschrift keine Verhaltensanweisung gegenüber dem Einzelnen, sondern ausschließlich Entscheidungsmaßstab für behördliches Handeln. Dem Zivilrichter ist es dementsprechend verwehrt, auf die Ermächtigungsgrundlage selbst zuzugreifen, um **einen nicht vorhandenen Vollzugsakt zu substituieren** oder eine entsprechende Behördenentscheidung inhaltlich zu korrigieren, denn damit würde die Definition der maßgebenden Verhaltensstandards auf die Judikative

---

[1412] RG JW 1916, 38; RGRK/*Steffen* RdNr. 538; zumindest ähnlich auch OLG Hamm JZ 1981, 277; OLG München VersR 1983, 887, 888; NJW-RR 2007, 1621; anders, nämlich auf das Schutzgesetz abstellend RG 1909, 493, 494.
[1413] BGHZ 62, 265, 266 = NJW 1975, 1240; OLG Hamm JZ 1981, 277; mit Recht abl. *K. Schmidt*, FS Zeuner, 1994, S. 259, 268 f.
[1414] *Schmiedel*, Deliktsobligationen im deutschen Kartellrecht, S. 47 ff.; *K. Schmidt*, Kartellverfahrensrecht – Kartellverwaltungsrecht – Bürgerliches Recht, S. 367; vgl. auch *Marburger*, Regeln der Technik im Recht, S. 482 f.; 3. Aufl. RdNr. 174 ff. *(Mertens)*, der allerdings auch unmittelbar – ohne Verwaltungsakt – als Schutzgesetz fungierende Ge- und Verbote anerkennt.
[1415] *K. Schmidt*, Kartellverfahrensrecht – Kartellverwaltungsrecht – Bürgerliches Recht, S. 378 ff.
[1416] BGHZ 122, 1, 3 ff. = LM (B) Nr. 10 m. Anm. *Rehbinder* = NJW 1993, 1580, 1581 f.; genauso BGH NJW 1997, 55 = LM (B) Nr. 12 m. Anm. *Rehbinder*; *Erman/Schiemann* RdNr. 156; grdlg. *K. Schmidt*, Kartellverfahrensrecht – Kartellverwaltungsrecht – Bürgerliches Recht, S. 378 ff.; *ders.,* FS Zeuner, 1994, S. 259, 269 ff.
[1417] BGH NJW 2005, 2923, 2924.
[1418] *W. H. Roth* in: Frankfurter Kommentar zum GWB, Bd. 3, Stand 2002, § 35 RdNr. 25.
[1419] Übereinstimmend *W. H. Roth* (Fn. 1418) § 33 RdNr. 28 ff.; die Möglichkeit ipso iure wirkender Verhaltensnormen ist auch von *Karsten Schmidt* stets anerkannt worden; vgl. *K. Schmidt*, Kartellverfahrensrecht – Kartellverwaltungsrecht – Bürgerliches Recht, S. 145 ff., 373 f.

verlagert.[1420] Ein Beispiel für eine öffentlich-rechtliche Norm, die lediglich Verhaltensmaßstäbe für behördliches Handeln statuiert, ohne den Bürger selbst unmittelbar zu verpflichten, ist die Vorschrift des § 1 Abs. 2 S. 2 BJagdG, nach der die Hege so durchgeführt werden muss, dass Wildschäden *möglichst* vermieden werden (§ 835 RdNr. 16).[1421] Die Entscheidung darüber, in welchem Umfang im konkreten Einzelfall der Abschuss erfolgen muss, obliegt gemäß § 27 BJagdG der zuständigen Jagdbehörde, und erst mit dieser Entscheidung wird ein konkretes Gebot ausgesprochen, an dessen Verletzung die Haftung aus § 823 Abs. 2 geknüpft ist.[1422] Für die Abgrenzung zu ipso iure geltenden Normen kommt es maßgeblich darauf an, dass der Behörde ein eigener Entscheidungsspielraum bei der Definition des Verhaltensstandards eingeräumt wird und sie nicht lediglich einen unbestimmten Rechtsbegriff zu konkretisieren hat.

c) **Bindung des Zivilgerichts an die Behördenentscheidung?** Zwar betont der **344** BGH, Schutzgesetz sei „nicht der Verwaltungsakt als solcher [...], sondern die jeweilige Eingriffsnorm, auf der er beruht,"[1423] doch das ordentliche **Gericht soll an den Inhalt des Verwaltungsakts gebunden sein, solange er nicht nichtig ist oder aufgehoben** wurde.[1424] Diesem Standpunkt ist nur für diejenigen Fälle zuzustimmen, in denen die Behörde vage gesetzliche Standards aufgrund einer entsprechenden **Ermächtigung konkretisiert**. In diesen Fällen wird erst durch den Verwaltungsakt das konkrete Ge- oder Verbot geschaffen, an dessen Verletzung die Haftung aus § 823 Abs. 2 geknüpft ist. Anders liegt es bei **ipso iure geltenden Verhaltensnormen,** obwohl der V. ZS des BGH in der Ballettschule-Entscheidung auch für diese Fallgruppe ausgesprochen hat, die Zivilgerichte dürften behördliche Entscheidungen nicht in Frage stellen, und folglich der Klage des Nachbarn auf Einhaltung der in der Baugenehmigung enthaltenen Lärmschutzauflagen stattgegeben hat, obwohl der Betreiber der Ballettschule zur Überzeugung des Berufungsgerichts geltend gemacht hatte, die Auflagen seien überzogen und durch das Gesetz nicht gedeckt (vgl. RdNr. 342 mit Fn. 1416).[1425] Das zur Begründung angeführte Argument, die Auflagen in dem Genehmigungsbescheid wirkten „rechtsgestaltend, indem sie durch Konkretisierung entsprechender Normen gegenüber der Beklagten ein Gebot aussprechen",[1426] trifft gerade nicht zu: Jedenfalls die in casu streitentscheidende Norm des § 22 Abs. 1 Nr. 1 BImSchG entfaltet unmittelbare Wirkung sowohl gegenüber dem Anlagebetreiber als auch gegenüber dem Drittbetroffenen; Auflagen der zuständigen Behörde wirken gerade nicht rechtsgestaltend und schließen eine dynamische Fortschreibung der Betreiberpflichten nicht aus.[1427]

Wird die Auffassung des BGH konsequent zu Ende gedacht, wäre das Zivilgericht auch **345** bei **Untätigkeit der Behörde** daran gehindert, auf das Schutzgesetz zurückzugreifen und Letzteres eigenverantwortlich zu konkretisieren. Selbst die Verletzung von Strafgesetzen könnte erst dann zur Haftung nach § 823 Abs. 2 führen, nachdem die für den Vollzug zuständigen Behörden, also zunächst die Staatsanwaltschaft und schließlich die Strafgerichte, entsprechende Vollzugsmaßnahmen ergriffen, also Strafverfahren eingeleitet und Strafurteile

---

[1420] Besonders deutlich *K. Schmidt,* FS Zeuner, 1994, S. 259, 265: Die Ermächtigung ist „ein Gesetz, aber keine Ge- oder Verbotsnorm", der Verwaltungsakt ist „ein Ge- oder Verbot, jedoch kein Gesetz"; *ders.,* Kartellverfahrensrecht – Kartellverwaltungsrecht – Bürgerliches Recht, S. 367; *W.H. Roth* (Fn. 1418) § 35 RdNr. 24, 25; vgl. auch *Erman/Schiemann* RdNr. 156.
[1421] BGHZ 62, 265, 266 = NJW 1975, 1240.
[1422] BGHZ 62, 265, 267 f. = NJW 1975, 1240; in diesem Fall war die Verfügung der Jagdbehörde allerdings nicht hinreichend konkret gefasst, so dass auch insoweit eine Haftung aus § 823 Abs. 2 nicht in Betracht kam (Verpflichtung, „den Wildtaubenbesatz so zu reduzieren, dass größere Wildschäden nicht mehr zu erwarten sind").
[1423] BGHZ 122, 1, 3 = NJW 1993, 1580, 1581.
[1424] BGHZ 122, 1, 5 f. = LM (B) Nr. 10 m. Anm. *Rehbinder* = NJW 1993, 1580, 1581 f.; BGH NJW 1997, 55 = LM (B) Nr. 12 m. Anm. *Rehbinder*; zust. *K. Schmidt,* FS Zeuner, 1994, S. 259, 270 ff.
[1425] Zust. *Rehbinder* Anm. zu BGH LM (B) Nr. 10; anders aber *ders.* Anm. zu BGH LM (B) Nr. 12.
[1426] BGHZ 122, 1, 5 = NJW 1993, 1580, 1581.
[1427] BVerwGE 98, 235, 247 = NVwZ 1996, 379, 381; *Jarass,* BImSchG, 7. Aufl. 2007, § 5 RdNr. 2, § 22 RdNr. 12.

erlassen hätten. Damit stellt der V. ZS den gesamten Bestand öffentlich-rechtlicher Schutznormen zur Disposition der zuständigen Behörden, indem er den Rückgriff des Zivilrichters auf das Schutzgesetz selbst ausschließt. Die staatlichen Behörden sind jedoch nicht dazu in der Lage, die vorhandenen Rechtsmassen des öffentlichen Rechts in jedem Einzelfall zu konkretisieren, zu vollziehen und diese Vollzugsakte sich ständig verändernden Umständen anzupassen. Im Beispiel der Ballettschule etwa ist keineswegs auszuschließen, dass die behördlichen Lärmschutzauflagen auf eine spezifische Grundstückssituation bezogen waren, die in dieser Form zum Zeitpunkt des Unterlassungsbegehrens gar nicht mehr existierte, und in einem anderen Fall, in dem es um die Unterlassung der Nutzung eines Kamins in einer Reihenhaussiedlung ging, ist durchaus zweifelhaft, ob der klagende Nachbar von den nach Maßgabe der Auflage zu vermeidenden Immissionen überhaupt in relevanter Weise betroffen war.[1428] Weiter ist zu bedenken, dass selbst im Kartellrecht die Konkretisierungsbefugnis des Zivilgerichts durch die **Siebente GWB-Novelle** maßgeblich gestärkt worden ist (RdNr. 336).[1429] Schließlich werden wirksame und bestandskräftige Verwaltungsakte in Amtshaftungsprozessen von Zivilgerichten regelmäßig überprüft,[1430] und auch bei der Beurteilung der Fehlerhaftigkeit eines als Bauland verkauften Grundstücks wird eine Bindung an die Behördenentscheidung abgelehnt.[1431]

III. Schutzgesetzeigenschaft der verletzten Norm

346   **1. Der Wille des Gesetzgebers.** Die Prüfung der Schutzgesetzeigenschaft der verletzten Norm ist das **Herzstück der Anspruchsvoraussetzungen** des § 823 Abs. 2 und auch in der Praxis häufig von entscheidender Bedeutung für die Haftungsfrage. Maßgebend ist, ob die verletzte Vorschrift **dem Schutz von Individualinteressen zu dienen bestimmt** ist. Dabei muss der **Individualschutz nicht der ausschließliche Zweck** des Gesetzes sein, sondern es reicht aus, wenn *auch* Individualinteressen geschützt werden sollen.[1432] In den vielen Fällen, in denen eine Verhaltensnorm an anderer Stelle des einschlägigen Fachgesetzes um einen Straftatbestand ergänzt wird, handelt es sich um ein **„zusammengesetztes Schutzgesetz"**, über dessen Individualschutzzweck insgesamt zu entscheiden ist.[1433] Sofern sich ergibt, dass die Verhaltenspflicht Drittinteressen zu dienen bestimmt ist, ergibt sich eine Haftung nach § 823 Abs. 2 nicht nur in demjenigen Umfang, in dem die Zuwiderhandlung straf- oder bußgeldbewehrt ist (RdNr. 330).

347   Ausgangspunkte für die Feststellung der Individualschutzrichtung sind die üblichen **Interpretationskanones**, wobei die teleologische Auslegung allerdings nicht in Betracht kommt, weil es gerade um die Ermittlung des Zwecks der Vorschrift geht.[1434] Um die Konkretisierung dieser Interpretationsregeln hat sich vor allem *Schmiedel* verdient gemacht,[1435] nach dem es entscheidend darauf ankommen soll, ob die verletzte Norm in ihrem Tatbestand ein **bestimmtes Verletzungsobjekt** ausdrücklich nennt und entweder vor Verletzungen oder vor Gefährdungen oder auch nur vor einem bestimmten Verhalten bzw. einem in mehreren Varianten ausdifferenzierten Verhalten schützt. Tatsächlich nimmt auch die Rechtsprechung

---

[1428] *Rehbinder* Anm. zu BGH LM (B) Nr. 12.
[1429] *Wagner* AcP 206 (2006), 352, 405 ff.; *ders.* in: *Eger/Schäfer* (Hrsg.), Ökonomische Analyse der europäischen Zivilrechtsentwicklung, 2007, S. 605 ff.
[1430] BGHZ 122, 1, 5 = NJW 1993, 1580, 1581; unter Hinweis auf BGHZ 113, 17, 18 f. = NJW 1991, 1168 f.
[1431] BGHZ 117, 159, 166 = NJW 1992, 1384, 1386.
[1432] BGHZ 12, 146, 148 = NJW 1954, 675; BGHZ 29, 344, 350 f. = NJW 1959, 880, 881 f.; BGHZ 40, 306 = NJW 1964, 396; BGHZ 84, 312, 314 = NJW 1982, 2780; BGHZ 100, 13, 15 = NJW 1987, 1818 f.; BGHZ 106, 204, 206 = NJW 1989, 974; BGH NJW-RR 2005, 673; VersR 2005, 238; NJW 2005, 2923, 2924; *Staudinger/Hager* RdNr. G 19; *RGRK/Steffen* RdNr. 541; *Spickhoff*, Gesetzesverstoß und Haftung, S. 111 f.; *Deutsch* Haftungsrecht I RdNr. 307.
[1433] Anders *Maier-Reimer* NJW 2007, 3157, 3158 f.
[1434] Vgl. auch *Schmiedel*, Deliktsobligationen im deutschen Kartellrecht, S. 159 ff.
[1435] *Schmiedel*, Deliktsobligationen im deutschen Kartellrecht, S. 168, 169, 171, 179; die Regeln sind abgedruckt in 3. Aufl. RdNr. 173.

häufig die Formulierung des potentiellen Schutzgesetzes zum Ausgangspunkt und steht seiner Anerkennung für die Zwecke der Haftungsbegründung von vornherein skeptisch gegenüber, wenn das vermeintlich geschützte Rechtsgut im Tatbestand „weder als Verletzungsobjekt noch als Objekt konkreter Gefährdung genannt [ist]".[1436] Auch deshalb hat es der BGH abgelehnt, den Straftatbestand der Urkundenfälschung gemäß § 267 StGB als Schutzgesetz zugunsten fremden Vermögens anzuerkennen.[1437] Nach neuerer Rechtsprechung kommt es darauf an, dass der Individualschutz **„im Aufgabenbereich der Norm"** liegt und nicht als bloßer Reflex ihrer Befolgung eintritt.[1438]

Eine nicht zu unterschätzende Hilfe bei der Bestimmung des Schutzgesetzcharakters **348** verwaltungsrechtlicher Normen bietet das öffentliche Recht,[1439] das sich im Rahmen des verwaltungsrechtlichen Drittschutzes gleichfalls vor die Frage nach dem individualschützenden Charakter öffentlich-rechtlicher Vorschriften gestellt sieht. Nicht von ungefähr operiert die für die Beurteilung dieser Frage maßgebende sog. **Schutznormtheorie** mit denselben Prüfungskriterien, die eben für § 823 Abs. 2 erarbeitet worden sind.[1440] Auf dieser Grundlage ist eine Vielzahl bau-, planungs- und umweltrechtlicher Normen als dritt- bzw. nachbarschützend anerkannt, insbesondere das baurechtliche Rücksichtnahmegebot[1441] und die gemäß §§ 5 Abs. 1 Nr. 1, 22 Abs. 1 Nr. 1 BImSchG bestehende Grundpflicht der Betreiber immissionsschutzrechtlicher Anlagen zur Abwehr von Gefahren für die Nachbarschaft.[1442] Enthält das verwaltungsrechtliche Fachgesetz allerdings neben drittschützenden Verhaltensnormen auch **Dispensermächtigungen,** wie dies im Baurecht durchweg der Fall ist, dann hängt die Haftung gemäß § 823 Abs. 2 nicht nur von einem Verstoß gegen die Schutznorm ab, sondern setzt zusätzlich voraus, dass die Geltung dieser Schutznorm nicht im Wege eines Dispenses im Einzelfall außer Kraft gesetzt worden ist.[1443]

2. Differenzierung der Schutzbereiche. Die Schutzgesetzeigenschaft ist keine Frage **349** des Alles oder Nichts, sondern es sind **drei Dimensionen** zu unterscheiden:[1444] (1) Der **personelle Schutzbereich,** also die Frage, ob der Geschädigte zum Kreis derjenigen Personen gehört, die die Norm schützen will, (2) der **sachliche Schutzbereich,** nach dem es auf die Art des verletzten Interesses ankommt und (3) der **modale Schutzbereich,** der dem Umstand Rechnung trägt, dass einzelne Verhaltensnormen bestimmte Rechtsgüter nur vor Eingriffen bestimmter Art und Weise bzw. aus einer bestimmten Richtung schützen.[1445] Diese Differenzierungen spielen bei solchen Schutznormen keine Rolle, die lediglich das allgemeine Eingriffsverbot bei absoluten Rechten wiederholen, das bereits in § 823 Abs. 1 enthalten ist, etwa bei den Straftatbeständen der §§ 222, 229 StGB über fahrlässige Verletzungen der Rechtsgüter Leib und Leben. Anders liegt es bei den zahlreichen **Normen des Verwaltungsrechts,** die absolute Rechte nur vor bestimmten Verletzungen schützen sollen, wie etwa die Verhaltensnormen der StVO. Hier lösen nur solche Schäden die Haftung aus, in denen sich die spezifischen Risiken realisiert haben, die durch die jeweilige Verkehrsregel vermieden werden sollten.[1446] Reine **Vermögensinteressen** schließlich dürfen mit Hilfe

---

[1436] BGHZ 100, 13, 15 = NJW 1987, 1818 f.
[1437] BGHZ 100, 13, 15 ff. = NJW 1987, 1818 f.
[1438] BGH NJW-RR 2005, 673; VersR 2005, 238; NJW 2005, 2923, 2924.
[1439] So auch BGHZ 66, 354, 355 f. = NJW 1976, 1888 f.
[1440] Dazu statt aller *Marburger,* Gutachten zum 56. DJT, S. 18 ff. mwN.
[1441] BVerwGE 52, 122, 125 ff.; BGHZ 94, 151, 159 ff. = NJW 1994, 1546; BVerwG DÖV 1981, 672, 673 ff.; BGHZ 122, 1, 4 = NJW 1993, 1580 f.; *Marburger,* Gutachten zum 56. DJT, S. C 29 ff.
[1442] BVerwGE 74, 315, 326 f.; 79, 254, 257; BGHZ 122, 1, 4 f. = NJW 1993, 1580 f.; *Jarass* BImSchG, 7. Aufl. 2007, § 5 RdNr. 120, § 22 RdNr. 69; vgl. allg. zur Anerkennung der Drittschutzrichtung öffentlich-rechtlicher Normen durch das Deliktsrecht *Marburger,* Gutachten zum 56. DJT, S. C 122; BGHZ 86, 356, 362 = NJW 1983, 1795, 1796 f. (zu § 839).
[1443] BGHZ 66, 354, 356 f. = NJW 1976, 1888, 1889.
[1444] Grdlg. *Rümelin* AcP 90 (1900), 171, 306; weiter *Brüggemeier* Deliktsrecht RdNr. 801; *Staudinger/Hager* RdNr. G 24 ff.; *Spickhoff,* Gesetzesverstoß und Haftung, S. 244 ff.; *Deutsch* VersR 2004, 137, 138 ff.; vgl. auch Prot. II S. 571.
[1445] Vgl. etwa OLG München VersR 1983, 887, 888.
[1446] Vgl. OLG Koblenz VersR 2005, 1408 (zu § 12 Abs. 1 Nr. 3 StVO).

des § 823 Abs. 2 nicht allgemein in den Schutzbereich des Deliktsrechts einbezogen werden, und dementsprechend betreffen die zahlreichen einschlägigen Schutzgesetze des Strafrechts stets nur **bestimmte Verletzungsmodi**, im Fall des § 263 StGB etwa nur die täuschungsbedingte Selbstschädigung durch den Vermögensträger.[1447] Ein Beispiel für die Beschränkung des Schutzbereichs bei Eingriffen in absolute Rechte ist § 909, der nach in der Literatur vielfach kritisierter,[1448] aber zutreffender Rechtsprechung des BGH zwar die Eigentümer sämtlicher Grundstücke in der Nachbarschaft des vertieften Grundstücks schützt, aber doch nur insoweit, als der erlittene Schaden darauf beruht, dass der Boden des Nachbargrundstücks durch die Vertiefung seine Stütze verloren hat.[1449] Folgerichtig kann der Eigentümer des übernächsten Nachbargrundstücks, dessen Gebäude nicht deshalb zu Schaden kommt, weil es die notwendige Stütze verliert, sondern weil es mit dem eingestürzten Gebäude durch Anker verbunden ist, seinen Schaden nicht nach §§ 823 Abs. 2, 909 liquidieren.

350 **3. Tragbarkeit im Gesamtsystem des Deliktsrechts.** Trotz der Anbindung der Haftung an legislatorische Vorgaben ist es in der Praxis doch wieder **der Richter, der über den Umfang der haftungsrechtlich geschützten Interessen entscheidet.** Der Gesetzgeber bedenkt die spezifisch deliktsrechtlichen Implikationen der von ihm getroffenen Regelungen in aller Regel nicht, und die als Schutzgesetz in Betracht kommenden **Rechtsnormen lassen diesen Charakter nicht erkennen.**[1450] Eine der wenigen prominenten Ausnahmen ist § 15 Abs. 6 S. 1 WpHG, der verhindern will, dass die in § 15 Abs. 1 WpHG normierte Verpflichtung des Emittenten zur unverzüglichen Veröffentlichung von Insiderinformationen als Schutzgesetz qualifiziert wird und in der Folge die Sonder-Haftungsnormen der §§ 37 b, 37 c WpHG überspielt werden (§ 826 RdNr. 72 f.).[1451]

351 In der Masse der Fälle lässt sich die Frage, ob es sich bei einer bestimmten Norm um ein Schutzgesetz handelt, also nicht aus diesem heraus, durch dessen Interpretation beantworten, sondern sie bedarf einer **autonom-deliktsrechtlichen Würdigung** durch das Gericht. Dabei stellen der Wortlaut des präsumtiven Schutzgesetzes und seine Interpretation den Ausgangspunkt für eine Argumentation dar, die maßgeblich auf die **Zwecke des Deliktsrechts** generell und speziell auf die Funktionen des § 823 Abs. 2 im Gefüge des Deliktsrechts abstellt (RdNr. 328 ff.).[1452] Entscheidend kommt es darauf an, ob die mit der Anerkennung als Schutzgesetz verbundene Haftung „**im Lichte des haftpflichtrechtlichen Gesamtsystems** tragbar erscheint".[1453] Insbesondere muss verhindert werden, dass über die breitflächige Anerkennung von straf- und verwaltungsrechtlicher Verhaltensstandards, die in Hülle und Fülle vorhanden sind, die zentrale **Wertung** des BGB **gegen eine allgemeine**

[1447] RGZ 62, 315, 317; BGHZ 57, 137, 142 = NJW 1972, 36, 37; BGH NJW 1993, 2992; 1994, 2027, 2028.
[1448] *Baur/Stürner* § 25 RdNr. 41; *Staudinger/Roth* (1995) § 909 RdNr. 23.
[1449] BGHZ 12, 75, 77 f.; zust. *Staudinger/Hager* RdNr. G 25.
[1450] *Schmiedel*, Deliktsobligationen im deutschen Kartellrecht, S. 108; *Spickhoff*, Gesetzesverstoß und Haftung, S. 123 f.; vgl. als Beispiel aus der Rspr. BGHZ 22, 293, 297 f. = NJW 1957, 500, 501 zu § 248 b StGB. Treffend G. *Williams,* The effect of penal legislation in the law of torts, (1960) 23 M. L. R. 233, 244: Suche nach dem Willen des Gesetzgebers ist „looking for what is not there".
[1451] Begr. RegE zum 4. Finanzmarktförderungsgesetz, BT-Drucks. 14/8017 S. 87: „Die Neuregelung unterstreicht, dass es sich bei § 15 nicht um ein Schutzgesetz im Sinne des § 823 Abs. 2 BGB handelt. Schutzgut des § 15 ist die Sicherung der Funktionsfähigkeit des Kapitalmarkts."; BVerfG NJW 2003, 501, 502 f.; vgl. auch *Wagner* ZGR 2008, 495, 502.
[1452] Ähnlich *Deutsch* Haftungsrecht I RdNr. 308: Trotz Individualschutzrichtung keine Haftung, „wenn die Gefahr übermäßiger Zweckverwirklichung besteht." Zurückhaltender *Karollus,* Funktion und Dogmatik der Haftung aus Schutzgesetzverletzung, S. 359 ff.
[1453] BGHZ 66, 388, 390 = NJW 1976, 1740; BGHZ 66, 388, 390 = NJW 1976, 1740; BGHZ 100, 13, 18 f. = NJW 1987, 1818; BGHZ 106, 204, 207 = NJW 1989 974; BGHZ 125, 366, 374 = NJW 1995, 1801, 1803; BGH NJW 2008, 1734, 1736 RdNr. 18; BAG VersR 2006, 984, 985; *U. Huber*, FS Heimpel, Bd. III, 1982, S. 440, 471 f.; RGRK/*Steffen* RdNr. 544; *Staudinger/Hager* RdNr. G 4; ähnlich *Deutsch* Haftungsrecht I RdNr. 62; verkannt von *Knöpfle* JZ 1967, 697, 699: „Indem § 823 Abs. 2 BGB auf den Zweck des einzelnen Gesetzes abstellt, verzichtet er auf eine eigenständige bürgerlich-rechtliche Beurteilung des Sachverhalts.".

Fahrlässigkeitshaftung für reine Vermögensschäden unterlaufen wird. So wird beispielsweise die Schutzgesetzqualität der aufsichtsrechtlichen Normen der §§ 31 ff. WpHG verneint, weil sonst über § 823 Abs. 2 eine allgemeine Fahrlässigkeitshaftung zu Lasten der Finanzindustrie eingeführt würde.[1454]

4. Schutzgesetze zugunsten von Vermögensinteressen. Die Anerkennung einer Haftung für reine Vermögensschäden kann nur im Licht derjenigen Gesichtspunkte beurteilt werden, die für die haftungsrechtliche Diskriminierung reiner Vermögensschäden maßgebend sind (§ 826 RdNr. 11, 12 ff., vgl. RdNr. 184; Vor § 823 RdNr. 13). Die Rechtsprechung ist stets darum besorgt, eine **Ausuferung der Haftung durch Aktivlegitimation eines unüberschaubaren Kreises potentiell Geschädigter** zu vermeiden, wenn beispielsweise den Urkundsdelikten die Schutzgesetzeigenschaft mit der Begründung vorenthalten wird, § 267 StGB schütze zwar Individualinteressen, letztere seien indessen zu „undeutlich" und „unstrukturiert", um die Gewährung privatrechtlicher Schadensersatzansprüche rechtfertigen zu können.[1455] Hinter der Formulierung, dem Einzelnen müsse die Befugnis eingeräumt worden sein, den Geltungsanspruch der Norm im Zivilrechtsweg über einen Schadensersatzanspruch selbst durchzusetzen,[1456] verbirgt sich also entgegen der in der Literatur geäußerten Kritik kein Zirkelschluss,[1457] sondern die funktionale Ausrichtung des § 823 Abs. 2 auf die sektorale Durchbrechung des Prinzips, dass für reine Vermögensschäden kein Ersatz zu leisten ist.

Bei der Vielzahl von Verhaltensnormen, die dem Schutz der in § 823 Abs. 1 genannten absoluten Rechte dienen, darf die **Anerkennung des Schutzzwecks** in der einen Richtung **nicht unreflektiert auf reine Vermögensschäden erstreckt** werden. Gefordert ist vielmehr eine eigenständige Prüfung und Begründung des Schutzzwecks speziell mit Blick auf Vermögensinteressen. So hat der BGH beispielsweise die Schutzgesetzeigenschaft von Strafvorschriften über **Eingriffe in die öffentliche Infrastruktur** zwar mit Blick auf das Eigentum an solchen Einrichtungen bejaht, so dass der Schadensersatzanspruch des Eigentümers eines Strom- oder Fernmeldekabels auf § 823 Abs. 2 gestützt werden kann, mit Blick auf die an diese Einrichtungen angeschlossenen Personen und deren reine Vermögensinteressen indessen verneint.[1458] § 64 EBO ist Schutzgesetz nur hinsichtlich von Gesundheit und Eigentum der Eisenbahnverkehrsunternehmen und anderer vom Eisenbahnverkehr unmittelbar berührter Personen, nicht aber mit Blick auf die allgemeinen Vermögensinteressen eines Eisenbahnverkehrsunternehmers, der seine Elektroloks auf einem Streckenabschnitt nicht einsetzen kann.[1459]

Insbesondere lehnt der BGH es in ständiger Rechtsprechung ab, die Normen des **Straßenverkehrsrechts** pauschal als Schutzgesetze anzuerkennen.[1460] Die Übertretung einer Verkehrsregel begründet also nicht automatisch eine Haftung für sämtliche Vermögensschäden, die mit dem Verkehrsverstoß in einem adäquaten Kausalzusammenhang stehen. Vielmehr ist der Schutzbereich der Verkehrsregeln – dh. der einschlägigen Vorschrift des StVG oder der StVO in Verbindung mit dem diese konkretisierenden Verkehrszeichen (RdNr. 342) – grundsätzlich auf die **Verkehrsteilnehmer** und in sachlicher Hinsicht auf die **Rechtsgüter Leib, Leben und Eigentum** beschränkt.[1461] So hat der BGH den Vorschriften der §§ 12 Abs. 1 Nr. 6 a, 45 Abs. 1 S. 2 Nr. 1, Abs. 6 StVO über Halteverbote an Baustellen lediglich Schutzwirkung zugunsten der Rechtsgüter Körper und Gesundheit

---

[1454] BGH NJW 2008, 1734, 1736 Tz. 18 ff.
[1455] BGHZ 100, 13, 19 = NJW 1987, 1818, 1819; aA jedoch *Larenz/Canaris* II/2 § 77 II 2, S. 434 f., allerdings ohne Auseinandersetzung mit der Sorge um die Ausuferung der Haftung durch Anerkennung der Aktivlegitimation eines unübersehbaren Personenkreises.
[1456] BGHZ 40, 306 = NJW 1964, 396; BGHZ 100, 13, 19 = NJW 1987, 1818, 1819.
[1457] So aber *Staudinger/Hager* RdNr. G 21; *Erman/Schiemann* RdNr. 157; *Spickhoff*, Gesetzesverstoß und Haftung, S. 123 f.
[1458] BGH NJW 1977, 1147 f. (zu § 317 StGB).
[1459] BGH NJW-RR 2005, 673 f.
[1460] BGH NJW 2005, 2923, 2924.
[1461] BGH NJW 2005, 2923, 2925; *Bamberger/Roth/Spindler* RdNr. 192.

§ 823 von Passanten zuerkannt,[1462] nicht aber auch mit Blick auf reine Vermögensinteressen des Bauunternehmers, der wegen des Falschparkers nicht wie geplant mit den Arbeiten beginnen kann.[1463] Es fragt sich allerdings, ob derjenige, der unter flagranter Missachtung von Verkehrsvorschriften seine Interessen durchsetzt, tatsächlich ein solches Haftungsprivileg verdient hat.

355 **5. Vorverlagerung des Rechtsgüterschutzes.** Die Vorverlagerung des Schutzes der Rechtsgüter des § 823 Abs. 1 kann auf zweierlei Weise geschehen, nämlich einmal durch **Ausdehnung des Schutzbereichs absoluter Rechte,** wenn etwa der Grundeigentümer vor Lärmimmissionen geschützt wird, die er nach § 906 entschädigungslos hinzunehmen hätte, oder vor einer Grenzbebauung, die mit Hilfe des § 1004 nicht zu verhindern wäre.[1464] Die wichtigsten Fälle betreffen indessen die **Anknüpfung der Haftung an die bloße Gefährdung** subjektiver Rechte, wie etwa durch die §§ 5 ff. LFGB (§§ 8, 15 LMBG aF),[1465] §§ 4 ff. GPSG (§§ 3, 3a GSG aF,[1466] §§ 4, 5 ProdSG aF),[1467] die auch dem Schutz des Einzelnen vor Verletzungen seiner Rechtsgüter durch fehlerhafte Lebensmittel und Produkte dienen.[1468] Allerdings ist der sachliche Schutzbereich der genannten Vorschriften auf **Personenschäden** beschränkt.[1469]

356 Die Vorverlagerung der Haftungsgrenze ändert selbstverständlich nichts an dem Grundsatz, dass erst mit der Rechtsgutsverletzung ein restitutionsfähiger Schaden entsteht, an den sich weitere Folgeschäden anschließen können. Wenn die Anknüpfung der Haftung an die Gefährdung gleichwohl von praktischer Bedeutung ist, dann wegen der Erleichterung der Geltendmachung von Unterlassungsansprüchen gemäß §§ 1004, 823 Abs. 2, mit denen ein Verhalten unterbunden werden kann, obwohl ein Eingriff in die Rechtsgüter des § 823 Abs. 1 gerade nicht unmittelbar bevorsteht,[1470] vor allem aber wegen der **Verkürzung des Verschuldensbezugs.** Dies bleibt bei **konkreten Gefährdungsdelikten** weitgehend folgenlos, weil die konkrete Gefährdung in der Regel zur Verletzung des Rechtsguts führt, so dass sich an der Intensität der Sorgfaltspflicht kaum etwas ändert. Anders liegt es bei **abstrakten Gefährdungsdelikten,** die den Eintritt einer konkreten Rechtsgutsgefährdung nicht voraussetzen. Würden abstrakte Gefährdungsdelikte des Straf- oder Verwaltungsrechts ohne nähere Prüfung über § 823 Abs. 2 in das private Deliktsrecht transponiert, bestünde die Gefahr einer Übermaßhaftung, also der Überspannung der Anreize zu sorgfältigem Verhalten. Diese Überlegungen lassen sich am Beispiel der **Schlägerei** gemäß § 231 StGB (= § 227 StGB aF) demonstrieren, für deren Strafbarkeit es nicht auf die Ursächlichkeit der einzelnen Tatbeiträge ankommt. Strafrechtlich kann also selbst derjenige belangt werden, von dem feststeht, dass er keinen für den Tod eines Menschen oder eine schwere Körperverletzung ursächlichen Tatbeitrag geleistet hat.[1471] Der BGH hat den Schlägereitatbestand mit Recht als Schutzgesetz anerkannt, dieser Entscheidung jedoch sogleich die Schärfe wieder genommen, indem er dem Täter die Möglichkeit eröffnet hat, sich durch den Nachweis von

---

[1462] BGH NJW 1983, 1326.
[1463] BGH NJW 2004, 356, 357 = VersR 2004, 255.
[1464] BGHZ 66, 354, 355f. = NJW 1976, 1888f.; BGHZ 122, 1, 3ff. = LM (B) Nr. 10 m. Anm. *Rehbinder* = NJW 1993, 1580, 1581f.; genauso BGH NJW 1997, 55 = LM (B) Nr. 12 m. Anm. *Rehbinder*; vgl. weiter BGHZ 40, 306, 310 = NJW 1964, 396, 398; *Larenz/Canaris* II/2 § 77 III 1 b, S. 439.
[1465] BGHZ 116, 104, 114f. = NJW 1992, 1039, 1042; OLG Düsseldorf NJW-RR 1990, 732, 734.
[1466] BGH NJW 1980, 1219; 1983, 812, 813; VersR 2006, 710; *Diederichsen* NJW 1978, 1281, 1289; *Kollmer* NJW 1997, 2015, 2017; *Kullmann* in: *Kullmann/Pfister* Produzentenhaftung Kz. 2450 unter A I.
[1467] *Wagner* BB 1997, 2451, 2452; *Kullmann* (Fn. 1466) Kz. 2705 unter B.
[1468] Übersicht über wichtige Schutzgesetze im Dienst der Produktsicherheit bei Produkthaftungshandbuch/ *Foerste* § 32 RdNr. 11 ff.
[1469] So zu 3 GSG BGH NJW 1983, 812, 813; *Kullmann* (Fn. 1466) Kz. 2450 unter B III 1; zu §§ 4, 5 ProdSG *Wagner* BB 1997, 2451, 2452; *Kullmann* (Fn. 1466) Kz. 2705 unter B II 1.
[1470] Vgl. dazu etwa BGHZ 122, 1, 3ff. = LM (B) Nr. 10 m. Anm. *Rehbinder* = NJW 1993, 1580, 1581f.; genauso BGH NJW 1997, 55 = LM (B) Nr. 12 m. Anm. *Rehbinder*.
[1471] Die schwere Folge ist lediglich objektive Bedingung der Strafbarkeit, BGHSt 33, 103; *Schönke/Schröder/ Stree* § 231 StGB RdNr. 1, 13.

Schadensersatzpflicht 357, 358 § 823

der Haftung zu entlasten, dass seine Beteiligung an der Schlägerei für die Verletzung der Rechtsgüter des Opfers nicht ursächlich geworden ist.[1472] Wie der BGH treffend formuliert, wäre ein anderes Ergebnis „mit den Zurechnungsgrundsätzen der privaten Schadensabnahme nicht vereinbar."[1473]

Ist die Wahrscheinlichkeit der Schadensentstehung noch geringer als bei § 231 StGB, ist 357 mit einer solchen cura posterior nicht auszukommen und die **Schutzgesetzeigenschaft** der fraglichen Norm von vornherein zu **verneinen.** So liegt es etwa beim unbefugten Gebrauch eines Fahrzeugs gemäß § 248b StGB. Diese Vorschrift ist ohne weiteres als Schutzgesetz zugunsten des Eigentümers bzw. Nutzungsberechtigten anzuerkennen, darüber hinaus aber nicht auch als Schutznorm zugunsten von Verkehrsteilnehmern, die während der Schwarzfahrt an Leib, Leben oder Eigentum verletzt werden.[1474] Zwar steht außer Zweifel, dass § 248b StGB auch der Verkehrssicherheit dient, jedoch ist die Vorverlagerung des nach den §§ 823 Abs. 1 BGB, 7 StVG ohnehin bestehenden Deliktsschutzes durch **§ 248b StGB** weder geboten noch gerechtfertigt.[1475] Wollte man dies anders sehen, so wäre auch § 242 StGB als Schutzgesetz zugunsten von Verkehrsteilnehmern zu qualifizieren, mit der Folge, dass der Dieb allein deshalb zum Schadensersatz bei Verkehrsunfällen verpflichtet wäre.[1476] Im Ergebnis genauso liegt es beim Delikt des Landfriedensbruchs gemäß § 125 StGB, dem der BGH die Eigenschaft als Schutzgesetz iS des § 823 Abs. 2 abgesprochen hat.[1477]

IV. Verschulden

1. Bezugsgegenstand des Verschuldens. Nach hM muss sich das Verschulden bei 358 § 823 Abs. 2 **allein auf die Schutzgesetzverletzung** beziehen, nicht dagegen auf einen darüber hinaus gehenden Verletzungserfolg, sofern er nicht zum Tatbestand des Schutzgesetzes gehört.[1478] Folglich braucht der Täter nicht „das Bewusstsein der Schadensentstehung" zu haben.[1479] Besondere praktische Bedeutung hat dies vor allem für Vorsatzdelikte, weil es bei diesen für die Schadensersatzpflicht ausreicht, wenn der Vorsatz das verbotene Verhalten umfasst.[1480] Die Haftung gemäß § 823 Abs. 2 iVm. § 231 StGB greift schon dann, wenn der Täter vorsätzlich an einer Schlägerei teilgenommen hat, während er die Verletzung nicht antizipiert haben muss.[1481] Für die Haftung aus § 823 Abs. 2 wegen Betrugs ist Vorsatz in Bezug auf den primären, zum Tatbestand des § 263 StGB zählenden Vermögensschaden erforderlich, nicht auch in Bezug auf Folgeschäden.[1482] Einer in der Literatur vertretenen Meinung, nach der sich das Verschulden nicht nur auf den **Tatbestand des Schutzgesetzes,** sondern darüber hinaus auch auf den Eintritt einer Rechtsguts- bzw. Interessenverletzung beziehen muss,[1483] ist nicht zu folgen, denn sie würde die Funktion des § 823 Abs. 2,

---

[1472] BGHZ 103, 197, 200 ff. = NJW 1988, 1383 f.; *Spickhoff*, Gesetzesverstoß und Haftung, S. 299 f.
[1473] BGHZ 103, 197, 202 = NJW 1988, 1383, 1384.
[1474] BGHZ 22, 293, 296 ff. = NJW 1957, 500 f.; genauso für den Fall des Fahrens ohne Fahrerlaubnis BGH VersR 1959, 277, 278.
[1475] BGHZ 22, 293, 298 f. = NJW 1957, 500, 501; zur Deliktshaftung des Kfz.-Halters für Schäden infolge von Schwarzfahrten eingehend RdNr. 537.
[1476] BGHZ 22, 293, 299 = NJW 1957, 500, 501.
[1477] BGHZ 89, 383, 400 f. = JZ 1984, 521, 525 m. Anm. *Stürner*; zum Meinungsstand *Schönke/Schröder/Lenckner* § 125 StGB RdNr. 2.
[1478] RGZ 66, 251, 255; BGHZ 7, 198, 207 = NJW 1953, 700, 701; BGHZ 37, 375, 381 = NJW 1962, 1862, 1863; BGHZ 103, 197, 200 = NJW 1988, 1383, 1384; BGH VersR 1955, 504, 505; NJW 1968, 1279, 1281; 1971, 459, 461; 1988, 1383, 1384; *Staudinger/Hager* RdNr. G 34; *Erman/Schiemann* RdNr. 159; *Soergel/Spickhoff* RdNr. 209; *RGRK/Steffen* RdNr. 560.
[1479] BGH VersR 1984, 270, 271.
[1480] Vgl. etwa BGHZ 37, 375, 381 = NJW 1962, 1862, 1863; übereinstimmend *Staudinger/Hager* RdNr. G 35.
[1481] BGHZ 103, 197, 200 = NJW 1988, 1383, 1384.
[1482] BGHZ 57, 137, 143 = NJW 1972, 36, 37.
[1483] *Fikentscher/Heinemann* RdNr. 1635; *Stoll*, Kausalzusammenhang und Normzweck im Deliktsrecht, S. 22 f.; *U. Huber* JZ 1969, 755; 3. Aufl. RdNr. 187.

§ 823 359, 360   Abschnitt 8. Titel 27. Unerlaubte Handlungen

die Haftung für Rechtsgutsverletzungen durch Anknüpfung an bloße Gefährdungsdelikte vorzuverlagern, im Ergebnis zunichte machen. Davon unberührt bleibt die Möglichkeit des vermeintlichen Schädigers, sich durch den Nachweis zu entlasten, dass sein Verhalten nicht ursächlich für den Schaden geworden ist (vgl. RdNr. 356).

359   Besondere Probleme werfen diejenigen Schutzgesetze auf, die kein bestimmtes Verhalten ge- oder verbieten, sondern ihrerseits dem Regelungsmodell des § 823 Abs. 1 folgen, indem sie sich mit dem **Verbot eines bestimmten Erfolgs** begnügen. So verhält es sich beispielsweise bei § 5 LFGB (§ 8 LMBG aF), nach dem es verboten ist, gesundheitsschädliche Lebensmittel herzustellen, zu behandeln oder in den Verkehr zu bringen (RdNr. 674). Mit der Verwirklichung eines solchen Verbotstatbestands ist die Pflichtwidrigkeit des schädigenden Verhaltens noch nicht erwiesen, sondern sie bedarf gemäß § 823 Abs. 2 S. 2 eigenständiger Begründung.[1484] Der Vorbehalt zugunsten der Pflichtwidrigkeit in § 823 Abs. 2 S. 2 erfordert die **Feststellung des Handlungsunrechts** bei Schutznormen, die nicht an die Pflichtwidrigkeit in einem konkret-situationsspezifischen Sinn anknüpfen, denen sich also keine hinreichend konkretisierten Sorgfaltspflichten entnehmen lassen. § 823 Abs. 2 S. 2 ist also wie folgt zu lesen: Soweit das Schutzgesetz nur einen unerwünschten Erfolg umschreibt, aber keine konkreten Verhaltenspflichten statuiert, tritt die Ersatzpflicht nur ein, wenn der Erfolg pflichtwidrig, also vorsätzlich oder fahrlässig herbeigeführt wird. Damit lässt sich die Vorschrift ohne weiteres in ein Konzept integrieren, das die Pflichtwidrigkeit als Teil des Handlungsunrechts versteht und insoweit nicht zwischen äußerer und innerer Sorgfalt differenziert (RdNr. 28 ff.).[1485]

360   **2. Inhalt des Verschuldensurteils.** Ist die verletzte Schutznorm ein Straftatbestand oder ist die Verhaltensnorm um eine separate Strafnorm ergänzt, stellt sich die Frage, ob das Verschulden anhand zivilrechtlicher Maßstäbe zu bestimmen ist oder ob das **Strafrecht** auch insofern **maßgeblich** bleibt. – Verwaltungsrechtliche Schutznormen sind insofern unproblematisch, weil das öffentliche Recht keine eigene Schuldlehre kennt. Im Grenzbereich von Straf- und Zivilrecht will die hM einen bunten **Mix delikts- und außerdeliktsrechtlicher Kriterien** anwenden: Die Schuldfähigkeit soll sich nicht nach den strafrechtlichen Regelungen der §§ 19, 20 StGB, sondern nach den Vorschriften der §§ 827, 828 richten;[1486] andererseits die in dem jeweiligen Straftatbestand vorausgesetzte **Schuldform auch für die Haftung nach § 823 Abs. 2** zu fordern sein, so dass letztere entfällt, wenn nur vorsätzliches Verhalten strafbar ist, der Täter aber lediglich fahrlässig gehandelt hat.[1487] Weiter soll das Strafrecht darüber entscheiden, ob vorsätzliches Handeln überhaupt vorliegt, so dass auch im Rahmen der Haftung aus Schutzgesetzverletzung die strafrechtliche Schuldtheorie maßgeblich ist: Der vermeidbare Verbotsirrtum schließt demnach weder die Strafbarkeit noch die Haftung aus.[1488] Umgekehrt soll es sich wieder bei Fahrlässigkeitstaten verhalten;

[1484] BGHZ 116, 104, 115 = NJW 1992, 1039, 1042 = ZIP 1992, 410 m. Anm. *Brüggemeier*; im Ergebnis zust. *Erman/Schiemann* RdNr. 159; *Deutsch*, Fahrlässigkeit und erforderliche Sorgfalt, S. 474 f. (wenn auch im Rahmen des Konzepts „innerer Sorgfalt"); *v. Bar* Verkehrspflichten S. 286 f.; RGRK/*Steffen* RdNr. 566; *Spickhoff*, Gesetzesverstoß und Haftung, 1998, S. 308.

[1485] Anders *Spickhoff*, Gesetzesverstoß und Haftung, S. 205 f., der stattdessen auch im Rahmen des § 823 Abs. 2 zwischen erfolgs- und verhaltensbezogener Rechtswidrigkeit differenzieren will; genau anders herum *Brüggemeier* Deliktsrecht Rn. 825: Verletzung des Schutzgesetzes „stellt die objektive Fahrlässigkeit dar".

[1486] *Esser/Schmidt* AT/2 § 26 I 2 a, S. 81; *Dörner* JuS 1987, 522, 526; *Staudinger/Hager* RdNr. G 36; *Soergel/Spickhoff* RdNr. 212; *Karollus*, Funktion und Dogmatik der Haftung aus Schutzgesetzverletzung, S. 318 f.; *Schmiedel*, Deliktsobligationen im deutschen Kartellrecht, S. 79, der allerdings die Verschuldenserfordernisse konsequent dem Deliktsrecht entnimmt.

[1487] RGZ 118, 312, 315; 166, 40, 46; BGH NJW 1962, 910, 911; 1982, 1037, 1038; 1985, 134, 135; *Soergel/Spickhoff* RdNr. 210; *Staudinger/Hager* RdNr. G 37; krit. *Maier-Reimer* NJW 2007, 3157, 3159 f.

[1488] BGHZ 133, 370, 381 f. = NJW 1997, 130, 132 f.; BGH NJW 1962, 910, 911; VersR 1984, 1071; *Spickhoff*, Gesetzesverstoß und Haftung, S. 208 f.; *Fikentscher/Heinemann* RdNr. 1635; *Erman/Schiemann* RdNr. 159; *Staudinger/Hager* RdNr. G 38; zum Ordnungswidrigkeitenrecht genauso BGHZ 46, 17, 22 = NJW 1966, 2014, 2016; zum Strafrecht vgl. nur BGHSt 2, 194, 208; 16, 155, 158; 19, 295; aA *Dörner* JuS 1987, 522, 527; im Rahmen einer abw. Konzeption auch *Karollus*, Funktion und Dogmatik der Haftung aus Schutzgesetzverletzung, S. 314.

hier sei entgegen der strafrechtlichen Doktrin kein subjektiver Sorgfaltspflichtverstoß erforderlich, sondern der objektive Sorgfaltsmaßstab des Zivilrechts anzuwenden.[1489] Von dem Vorliegen objektiver Bedingungen der Strafbarkeit soll auch die zivilrechtliche Haftung abhängen,[1490] während es für unerheblich gehalten wird, ob es an einem notwendigen Strafantrag fehlt oder hinsichtlich der Strafe Verjährung eingetreten ist.[1491]

Die eklektische Vorgehensweise der hM führt dazu, dass die **Haftung** nach § 823 Abs. 2 **an Delikte geknüpft** wird, **die so im Strafrecht gar nicht existieren.**[1492] Zwar kann die zivilrechtliche Schadensersatzpflicht sicher nicht davon abhängen, dass auch die formalen Strafverfolgungsvoraussetzungen, wie ein **Strafantrag**, gegeben sind, und genauso wenig kann es auf den **Verjährungseintritt** ankommen, den der Geschädigte mangels Befugnis zur Erhebung der öffentlichen Klage ohnehin nicht abwenden kann. Umso bedenklicher ist es jedoch, die Voraussetzungen des materiellen Straftatbestandes aufzuschnüren und anderen Maßstäben zu unterwerfen als sie im Strafrecht selbst angewandt werden.[1493] Die verschiedenen strafrechtlichen Kategorien samt ihrer Inhalte sind wechselseitig aufeinander bezogen und stellen erst in ihrer Summe das Schutzgesetz dar, an dessen Verletzung die Haftung aus § 823 Abs. 2 geknüpft ist.[1494]

Für die **Teilnahme an dem Delikt der Schutzgesetzverletzung** gelten die allgemeinen Regeln des § 830, der allerdings in seinem sog. strafrechtlichen Teil – § 830 Abs. 1 S. 1, Abs. 2 – erneut auf das StGB verweist, und zwar auf die §§ 26 ff. (§ 830 RdNr. 11 ff., 13 ff.).[1495]

V. Beweislast

1. Grundregeln. Den allgemeinen Regeln über die Beweislastverteilung entsprechend wird der **Geschädigte** für verpflichtet gehalten, die Voraussetzungen für einen Anspruch aus § 823 Abs. 2 darzulegen und ggf. zu beweisen.[1496] In Wahrheit ist damit allerdings lediglich ein Grundprinzip genannt, das mannigfache Ausnahmen erfährt. So hat der Geschädigte zwar grundsätzlich den objektiven Verstoß gegen das Schutzgesetz nachzuweisen, doch dies gilt uneingeschränkt nur, soweit das Schutzgesetz selbst keine besonderen Beweislastregeln enthält. Insbesondere das Strafrecht kennt jedoch durchaus abweichende Zuweisungen der Beweislast, wie etwa die Beweislastumkehr in Bezug auf die Wahrheit einer vom Schädiger verbreiteten ehrenrührigen Tatsache gemäß § 186 StGB, die ebenso in das Deliktsrecht zu transformieren ist wie die Beweisregel des § 190 StGB.[1497]

2. Verschuldensnachweis. Bei Schutzgesetzen verwaltungsrechtlicher Provenienz, die regelmäßig kein Verschuldenserfordernis aufstellen, gelten abweichende Regeln für den Nachweis fahrlässigen Verhaltens (§ 823 Abs. 2 S. 2): Ist ein objektiver Verstoß gegen das

---

[1489] BGH VersR 1968, 378, 379; LM (Bb) Nr. 2; *Spickhoff*, Gesetzesverstoß und Haftung, S. 217 f.; *Deutsch*, Unerlaubte Handlungen, RdNr. 227; *Dörner* JuS 1987, 522, 527; *Soergel/Spickhoff* RdNr. 211; *Erman/Schiemann* RdNr. 159; *Staudinger/Hager* RdNr. G 38.
[1490] *Staudinger/Hager* RdNr. G 36.
[1491] *Staudinger/Hager* RdNr. G 36; *Dörner* JuS 1987, 522, 526 f.
[1492] *Larenz/Canaris* II/2 § 77 IV 2 b, S. 446; treffend auch *Wiethölter* JZ 1963, 205, 209: Haftung für „irreale Schutzgesetzverletzungen"; diese Vorgehensweise rechtfertigend *Spickhoff*, Gesetzesverstoß und Haftung, S. 208 f., 218.
[1493] Übereinstimmend *Larenz/Canaris* II/2 § 77 IV 2 b, S. 446; *Medicus* SchR II RdNr. 830.
[1494] BGH NJW 1962, 910, 911; *Wiethölter* JZ 1963, 205, 208; dies wird eingeräumt von *Spickhoff*, Gesetzesverstoß und Haftung, 1998, S. 217.
[1495] Vgl. *Maier-Reimer* NJW 2007, 3157, 3161 f.
[1496] BGHZ 100, 190, 195 = NJW 1987, 2008, 2009; BGH NJW 1985, 1774, 1775 = JZ 1975, 540 m. Anm. *Baumgärtel*; 1986, 1105, 1106; 1987, 1694, 1695; *Staudinger/Hager* RdNr. G 39; *Soergel/Spickhoff* RdNr. 229; *RGRK/Steffen* RdNr. 564; *Spickhoff*, Gesetzesverstoß und Haftung, S. 284; vgl. auch BVerfGE 52, 131, 158 zum Arzthaftungsprozess.
[1497] BGHZ 95, 212, 216 = NJW 1985, 2644, 2646; BGH NJW 1985, 2225, 2226; ausf. *Spickhoff*, Gesetzesverstoß und Haftung, S. 300 ff.

Schutzgesetz festgestellt, muss sich der Täter entlasten, also Umstände nachweisen, die geeignet sind, die Pflichtwidrigkeit auszuschließen.[1498] Auf welches beweisrechtliche Institut die Regel gestützt wird, ist bis heute unklar; die Rechtsprechung oszilliert zwischen Anscheinsbeweis[1499] und Beweislastumkehr (Vermutung).[1500] Jedenfalls gilt die **Beweiserleichterung bezüglich der Fahrlässigkeit** bei feststehendem Schutzgesetzverstoß nur dann, wenn das Schutzgesetz tatsächlich das verbotene Verhalten umschreibt, so dass im Fall des Verstoßes ohne weiteres das Handlungsunrecht gegeben ist. Beschränkt sich das Schutzgesetz hingegen darauf, ein Erfolgsverursachungsverbot zu statuieren, etwa das Herstellen und Inverkehrbringen gesundheitsschädlicher Lebensmittel (§ 4 LFGB, § 8 LMBG aF) zu untersagen, so rechtfertigt die Verursachung eines tatbestandlichen Erfolges noch nicht die Vermutung sorgfaltswidrigen oder sonst schuldhaften Verhaltens.[1501]

365 **3. Kausalitätsnachweis.** Nach allgemeinen Regeln **obliegt dem Geschädigten der Kausalitätsnachweis,** also der Nachweis einer ursächlichen Verbindung zwischen der Verletzung des Schutzgesetzes und dem Eintritt des Schadens. Während der Nachweis der Schadenshöhe und der haftungsausfüllenden Kausalität eine Angelegenheit des § 287 ZPO ist, stellt sich hinsichtlich der „haftungsbegründenden" Kausalität, also des Ursachenzusammenhangs zwischen Schutzgesetzverstoß und primärer Rechtsgutsverletzung, die Frage nach Beweiserleichterungen. Im technischen Sinn haftungsbegründend ist die Rechtsgutsverletzung bei § 823 Abs. 2 zwar regelmäßig nicht, weil sie kein Tatbestandsmerkmal der meisten Schutzgesetze ist, doch ändert dies nichts daran, dass der Geschädigte einen Schaden nachweisen muss, wenn er Kompensation und nicht bloß Unterlassung verlangt. Die Rechtsprechung kommt dem Geschädigten mit **Beweiserleichterungen** zur Hilfe, nämlich mit der Annahme eines Anscheinsbeweises,[1502] in engen Grenzen auch mit einer Beweislastumkehr.[1503] Sie sind schon deshalb geboten, weil andernfalls die Funktion des § 823 Abs. 2, die Haftung gegenüber dem Verletzungsdelikt des § 823 Abs. 1 vorzuverlagern, durch das Erfordernis des Vollbeweises (§ 286 ZPO) hinsichtlich des Primärschadens vereitelt würde.[1504] Die Beweiserleichterungen werden ausgelöst mit dem Nachweis des Verstoßes gegen das Schutzgesetz bzw. – so ist zu ergänzen (vgl. RdNr. 359) – gegen eine im Schutzgesetz selbst nicht normierte Sorgfaltspflicht. Weiter muss sich in dem Schadensereignis gerade diejenige Gefahr verwirklicht haben, der entgegenzuwirken das Schutzgesetz bestimmt ist.[1505] Damit zeigt sich, dass die vom BGH in seiner Rechtsprechung zur Haftung wegen Beteiligung an einer Schlägerei gemäß § 823 Abs. 2, § 231 StGB anerkannte Möglichkeit des Schädigers, sich durch den Nachweis zu entlasten, das eigene Verhalten sei für den Schaden nicht ursächlich geworden (vgl. RdNr. 356 mit Fn. 1472), keine Besonderheit dieser Fallgruppe ist, sondern verallgemeinert werden kann: Sofern das verletzte **Schutzgesetz an die bloße Rechtsgutsgefährdung anknüpft,** spricht lediglich ein Anscheinsbeweis dafür, dass die Rechtsgutsverletzung durch das gesetzeswidrige Verhalten verursacht worden ist, mit der Folge, dass sich der Schädiger ggf. entlasten muss.

[1498] RGZ 113, 293, 294 f.; BGHZ 51, 91, 103 f. = NJW 1969, 269, 274; BGH VersR 1955, 504; NJW 1968, 1279, 1281; VersR 1977, 136, 137; BGH NJW 1985, 1774, 1775 = JZ 1985, 540 m. Anm. *Baumgärtel*; *Erman/Schiemann* RdNr. 159; *Staudinger/Hager* RdNr. G 40; *Soergel/Spickhoff* RdNr. 232.
[1499] RGZ 113, 293, 294; BGH VersR 1984, 270, 271; RGRK/*Steffen* RdNr. 566.
[1500] RGZ 145, 107, 116; BGHZ 51, 91, 103 f. = NJW 1969, 269, 274; BGH NJW 1985, 1774, 1775 = JZ 1975, 540 m. Anm. *Baumgärtel*; vgl. dazu auch *Brüggemeier* Deliktsrecht RdNr. 826; *Staudinger/Hager* RdNr. G 40; die Frage wird offen gelassen in BGH VersR 1977, 136, 137.
[1501] BGHZ 116, 104, 115 = NJW 1992, 1039, 1042 = ZIP 1992, 410 m. Anm. *Brüggemeier*; anders noch BGHZ 51, 91, 103 f. = NJW 1969, 269, 274 (zu § 6 AMG); RGRK/*Steffen* RdNr. 566; *Deutsch* Fahrlässigkeit S. 474 f.; *v. Bar* Verkehrspflichten S. 286 f.; *Spickhoff*, Gesetzesverstoß und Haftung, S. 308.
[1502] BGH NJW 1973, 1547, 1549; 1987, 1694, 1695; 1985, 1774, 1775 = VersR 1985, 452, 453; VersR 1986, 916, 917; RGRK/*Steffen* RdNr. 564; ausf. *Spickhoff*, Gesetzesverstoß und Haftung, S. 311 ff.
[1503] BGH NJW 1985, 1774, 1775 = VersR 1985, 452, 453; vgl. auch BGH NJW 1983, 2935, 2936.
[1504] Treffend *Spickhoff*, Gesetzesverstoß und Haftung, S. 313, der im Folgenden allerdings für die Anwendung des § 287 ZPO auch auf die Feststellung des Primärschadens plädiert; aaO S. 318 f.
[1505] BGH VersR 1986, 916, 917; NJW 1987, 1694, 1695.

4. **Exkurs: Restschuldbefreiung.** Schadensersatzpflichten wegen vorsätzlichen Zuwi- 366
derhandlungen gegen schutzgesetzliche Verhaltensstandards sind nur dann gemäß § 302
Nr. 1 InsO von der Restschuldbefreiung ausgenommen, wenn sich der **Vorsatz** des Täters
auch auf die **Schadenszufügung** erstreckte.[1506]

VI. Rechtsprechungsübersicht

1. Anerkennung bestimmter Normen als Schutzgesetze. Schutzgesetzcharakter hat 367
die Rechtsprechung insbesondere folgenden Normen zuerkannt:

a) Aus dem BGB. § **226,** Schikaneverbot (RGZ 58, 214, 216 – obiter dictum); § **394,** 368
Aufrechnungsverbot gegen unpfändbare Forderung (RGZ 85, 108, 118); § **611 a** (LAG
Niedersachsen DB 1985, 1401; LAG Hamburg DB 1988, 131, 132; ArbG Hamm ZIP 1984,
1525 = DB 1984, 2700; ArbG Hamburg DB 1985, 1402); § **618,** Schutzpflicht zugunsten
Dienstverpflichteter (RG JW 1907, 829, 830); § **858,** Verbotene Eigenmacht (BGHZ 20,
169, 171 = NJW 1956, 787, 788; BGH LM [Ad] Nr. 1); § **906,** Zuführung unwägbarer
Stoffe auf Nachbargrundstück (RGZ 63, 374, 375); § **907,** gefahrdrohende Anlagen (RGZ
145, 107, 115 = JW 1934, 2764, 2767); § **908** (RG Recht 1904 Nr. 447); § **909,** Schädigung des Nachbargrundstücks durch Vertiefung (BGHZ 63, 176, 179 = NJW 1975, 257;
BGHZ 85, 375, 378 = NJW 1983, 872; BGH NJW 1973, 2207; 1977, 763; LM (Eh)
Nr. 40 = NJW 1981, 50; NJW 1981, 50; 1987, 2808; 1991, 2019; VersR 1996, 1108, 1109;
1997, 119; RGZ 132, 51, 57; 167, 14, 25; vgl. auch BGHZ 72, 289 = NJW 1979, 164);
§ **1004,** Beseitigungs- und Unterlassungsanspruch aus Eigentum (BGHZ 104, 6, 16; BGH
DB 1964, 65; JZ 1977, 178; RGZ 121, 185, 189 = JW 1928, 2133, 2134; OLG München
BlGBW 1978, 150; zweifelnd aber BGH LM [B] Nr. 8); § **1027,** Schutz der Grunddienstbarkeit (RG Recht 1919 Nr. 1430; WarnR 1911, 331); §§ **1133 bis 1135,** Schutz der
Hypothekengläubiger (BGHZ 65, 211, 212 = NJW 1976, 189; BGHZ 92, 280, 292; BGH
NJW 1983, 746, 747; 1985, 376, 379; 1991, 695, 696; RG JW 1909, 416; 1936, 3234;
WarnR 1914 Nr. 287); § **1249** (RGZ 83, 390, 393); § **1365 Abs. 1,** Einschränkung der
Verfügungsmacht des Ehegatten über Vermögen im Ganzen (OLG Celle NJW 1970, 1882,
1883).

b) Aus dem StGB. § **123,** Hausfriedensbruch (BGHZ 63, 124, 129 = NJW 1975, 49, 369
51) § **142** = § 139a aF, Unfallflucht (BGH LM [Be] Nr. 24 = NJW 1981, 750, vom BGH
offen gelassen, ob auch zugunsten des Verfolgers); § **154** = § 153 aF, Meineid (RG WarnR
1908 Nr. 211); § **156,** Falsche Versicherung an Eides Statt (BGH LM [Be] Nr. 8 = DB
1959, 111); § **159,** Versuch der Anstiftung zur Falschaussage (OLG Frankfurt/M MDR
1978, 315); § **163,** Fahrlässiger Falscheid (BGHZ 42, 313, 318 = NJW 1965, 298; OLG
München VersR 1977, 482 f.; dazu *Canaris,* FS Larenz, 1983, S. 27, 60; *Peters* JZ 1983, 913,
919 f.); § **164,** Falsche Verdächtigung (BGH JR 1953, 181); § **166,** Beschimpfung von
Bekenntnissen, Religionsgesellschaften und Weltanschauungsvereinigungen (BGHZ 8, 276,
284 = NJW 1953, 457, 458; BGHZ 100, 190, 192 = NJW 1987, 2008; RGZ 118, 312,
313); § **170 Abs. 1** = § 170 b aF, Verletzung der Unterhaltspflicht (BGHZ 30, 162, 172 =
NJW 1959, 1725; vgl. aber auch BGH LM [Be] Nr. 19 = NJW 1974, 1868); § **176** Abs. 1
Nr. 3 aF, Beischlaf mit einem Mädchen unter 14 Jahren (BGH LM [Be] Nr. 21 = NJW
1978, 2027: auch im Hinblick auf die Kosten einer Fürsorgeerziehung wegen einer dadurch
eingetretenen sittlichen Verwahrlosung); § **185,** Beleidigung (RGZ 140, 392, 395); § **186,**
Üble Nachrede (BGHZ 95, 212 = LM [Be] Nr. 27 = NJW 1985, 2644; BGH NJW 1993,
930, 931; RGZ 115, 74, 79; 156, 372, 374; OLG Düsseldorf NJW 1978, 704); § **189,**
Verunglimpfung des Andenkens Verstorbener (RGZ 91, 350, 356); § **202** = § 299 aF,
Verletzung des Briefgeheimnisses (RGZ 94, 1, 2); § **218,** Abtreibung (BGHZ 7, 198, 207 =
NJW 1953, 700); § **221,** Aussetzung (RG Recht 1911 Nr. 1129); § **222,** Fahrlässige
Tötung (OLG Düsseldorf NJW 1958, 1920); §§ **223, 224, 229,** Körperverletzung (BGH

[1506] BGH VersR 2007, 1571, 1572 Tz. 15.

§ 823   370   Abschnitt 8. Titel 27. Unerlaubte Handlungen

VersR 1987, 1133, 1134); § 231 (§ 227 aF), Schlägerei (BGHZ 103, 197, 199 = LM [Be] Nr. 30 = NJW 1988, 1383); § 239, Freiheitsberaubung (RG WarnR 1917 Nr. 118); § 240, Nötigung (BGH NJW 1962, 910); § 241, Bedrohung (RG GruchB 67, 568); § 248 b, unbefugter Gebrauch eines Kfz. (RdNr. 349); § 248 c, Entziehung elektrischer Energie (BGHZ 117, 29 = NJW 1992, 1383); § 253, Erpressung (BGH WM 1992, 1184, 1188; RGZ 166, 46); § 257, Begünstigung, wenn nicht Täter nur der Bestrafung entzogen werden soll (BGH VersR 1958, 399); § 259, Hehlerei (RGZ 94, 191); § 261, Geldwäsche (LG Köln ZIP 2008, 260, 262); § 263, Betrug (BGHZ 57, 137 = NJW 1972, 36; BGH NJW 1993, 2992; BGH NJW-RR 2005, 751); § 263 a, Computerbetrug (LG Köln ZIP 2008, 260, 261); § 264, Subventionsbetrug (BGH LM [Be] Nr. 31 = NJW 1989, 974 = JR 1989 m. Anm. *Peters*); § 264 a, Kapitalanlagebetrug (BGHZ 116, 7, 12 ff. = LM (Be) Nr. 38 m. Anm. *Koller* = NJW 1992, 241, 242 f. und dazu *Larenz/Canaris* II/2 § 77 I 1 d, S. 432; *Pleyer-Hegel* ZIP 1987, 79; BGH NJW-RR 2005, 751; NJW-RR 2007, 1332, 1334); § 265, Versicherungsbetrug (OLG Düsseldorf NJW-RR 1995, 1493); § 266, Untreue (BGHZ 8, 276 = NJW 1953, 457; BGHZ 100, 190, 192 = NJW 1987, 2008; BGH LM [Ba] Nr. 1; BGH VersR 1995, 1205; BGH ZIP 2001, 1874, 1876 f.); § 266 a, Vorenthalten und Veruntreuen von Arbeitsentgelt (eingehend RdNr. 390 ff.); § 287, Verbotene Lotterie (RG WarnR 1928 Nr. 63); § 288, Vollstreckungsvereitelung (BGHZ 114, 305, 308 = LM [Be] Nr. 36 = NJW 1991, 2420; BGH NJW-RR 1991, 467; BGH ZIP 1991, 230, 231); § 291, Wucher (AG Sigmaringen NJW-RR 2006, 1686); § 292, Jagdwilderei (BGH VersR 1958, 233); § 299, Schmiergelder im geschäftlichen Verkehr (Schönke/Schröder/Heine § 299 StGB RdNr. 2); §§ 306 bis 307, Brandstiftung (BGH LM [Ae] Nr. 3 = NJW 1970, 38, 40); § 317, Störung von Telekommunikationsanlagen zugunsten der Telekom, nicht zugunsten einzelner Fernsprechteilnehmer (BGH NJW 1977, 1147); § 340, Körperverletzung im Amt (RG JW 1906, 745).

370   c) Aus anderen Bundesgesetzen und Verordnungen. Aktiengesetz: § 92 Abs. 2 aF, Insolvenzantragspflicht, dazu § 15 a Abs. 1 InsO und RdNr. 395 ff.); § 399 Abs. 1 Nr. 1 und 4, Haftung gegenüber Aktionären und Gläubigern (BGHZ 105, 121, 123 = NJW 1988, 2794, 2795; RGZ 157, 213, 217; RG JW 1935, 2427, 3301); § 400 Abs. 1 Nr. 1 (BGHZ 149, 10, 20 f. = NJW 2001, 3622; BGHZ 160, 134, 140 ff. = NJW 2004, 2664; BGH NJW 2005, 2450, 2452; ZIP 2007, 1560, 1562 RdNr. 18; BGH ZIP 2001, 1874, 1877 ff. – Bremer Vulkan); § 403 (vgl. OLG Karlsruhe ZIP 1985, 409, 413 mit zu enger Auffassung des Schutzbereichs der Vorschrift); **Angestelltenversicherungsgesetz:** §§ 118, 121 (BGH ZIP 1985, 996, 997); **Arbeitnehmererfindungsgesetz:** § 16 (OLGZ 1993, 79, 81); **Arzneimittelgesetz:** § 5 (BGH NJW 1991, 2351; OLG Hamm NJW-RR 2003, 1382), § 6 a (*Deutsch* VersR 2008, 145, 150); **Arzneimittelverordnung** zugunsten der Allgemeinheit und der Apotheken (BGHZ 23, 184, 197 = NJW 1957, 949); **Ausl-InvestmG (aF; vgl. jetzt InvG):** §§ 8, 2 Nr. 2, 4 lit. f (BGH ZIP 2004, 2095, 2099); **Bauforderungssicherungsgesetz:** §§ 1, 2 Abs. 2, 4 des Gesetzes zur Sicherung von Bauforderungen zugunsten der Bauhandwerker und Baulieferanten (BGH NJW 1986, 1104; BGH BB 1987, 437; BGH WM 1989, 1473; BGH WM 1990, 192; BGH NJW-RR 1991, 141; OLG Koblenz BauR 1985, 697 f.); **Betriebsverfassungsgesetz:** §§ 78 S. 2, 78 a zugunsten des auszubildenden Amtsträgers (BAG DB 1975, 1226); **Börsengesetz:** § 89 (OLG Düsseldorf WM 1989, 175; ZIP 1994, 1765); **Bundes-Bodenschutzgesetz:** § 4 (vgl. RdNr. 638); **Bundesdatenschutzgesetz:** §§ 4, 29 Abs. 2 (OLG Hamm NJW 1996, 131); §§ 3, 24 (OLG Hamm ZIP 1983, 552, 554); § 32 Abs. 2 (*Winkelmann* MDR 1985, 718); **Bundesimmissionsschutzgesetz:** § 5 Nr. 1, 2 zugunsten des Nachbarn (OVG Münster DB 1976, 2199); **Bundesjagdgesetz:** § 20 Abs. 1 (BGH VRS 50, 321 = DB 1976, 720, 721); § 27 (BGH VersR 1974, 905 = MDR 1974, 829); **Bundespersonalvertretungsgesetz:** § 107 (BAG DB 1982, 2711 = AP Nr. 1 m. abl. Anm. *Herschel*); **Eisenbahn-Bau- und Betriebsordnung:** §§ 11, 17 = 18, 46 aF (BGH VersR 1956, 99, 100; OLG Frankfurt/M VersR 1994, 114); § 64 EBO = 80 aF (BGH VersR 1957, 465,

aber nur für Eigentumsverletzungen, *nicht* für reine Vermögensschäden der Eisenbahnverkehrsunternehmen BGH NJW-RR 2005, 673 f.); **Embryonenschutzgesetz:** § 1 (*Deutsch* NJW 1991, 721); **Futtermittelgesetz:** § 3 Nr. 2 lit. a und § 3 Nr. 3 lit. b (BGHZ 105, 346, 355 f. = NJW 1989, 707); § 3 Nr. 2 lit. b (BGH NJW 1987, 1694, 1695); **Futtermittelverordnung:** § 17 m. Anh. 3 (BGH NJW 1987, 1694, 1695); **Gefahrgutverordnung Straße:** (OLG Hamm NJW-RR 1993, 914, 915); **Genossenschaftsgesetz:** § 69 (RGZ 59, 49, 52); dagegen zutr. *Canaris*, FS Larenz, 1983, S. 27, 60; § 146 = aF § 147 (RGZ 87, 306, 309); **§ 147** (RGZ 81, 269, 271); **§ 148** (RG LZ 1914, 863 f.); **GmbH-Gesetz:** § 64 Abs. 1 aF = § 15a Abs. 1 InsO (eingehend RdNr. 397 ff.); **Geräte- und Produktsicherheitsgesetz:** vgl. RdNr. 668 ff.; **Gewerbeordnung:** §§ 41a aF, 154 Abs. 1 Nr. 1 (RGZ 138, 219, 221; zu § 56 Abs. 1 Nr. 6 vgl. BGHZ 71, 358, 362 = NJW 1978, 1970 f. und BGH NJW 1985, 1020, 1023 = BB 1985, 749 m. Anm. *Westphal*); § 144 Abs. 1 Nr. 1 c (= § 147 Abs. 1 Nr. 1 aF) iVm. § 33a (BGH VersR 1957, 669, 670); **Gesetz gegen Wettbewerbsbeschränkungen:** vgl. RdNr. 341 ff. sowie §§ 1, 81 Abs. 1 Nr. 1 GWB (§ 38 Abs. 1 Nr. 1 aF), § 21 Abs. 2 (§ 25 Abs. 1 aF) zugunsten der vom Marktzutritt ausgeschlossenen Wettbewerber und der Marktgegenseite, jedenfalls insoweit sich die Kartellabsprache oder das abgestimmte Verhalten gezielt gegen bestimmte Abnehmer und Lieferanten richtet (BGHZ 64, 232, 237 f. = DB 1975, 307; BGH DB 1983, 1193); § 25 Abs. 2 (BGHZ 44, 279, 283 = NJW 1965, 2249); § 20 Abs. 1 (§ 26 Abs. 2 aF) (BGHZ 36, 91, 100 = NJW 1962, 196); § 20 Abs. 6 (§ 27 aF) (BGHZ 29, 344, 351 = NJW 1959, 880); **Grundgesetz:** Die Freiheit zu spezifisch koalitionsmäßiger Betätigung nach Art. 9 Abs. 3 (BAG NJW 1983, 1098 f.; vgl. dazu auch RdNr. 166); **Handelsgesetzbuch:** § 331 Nr. 1 (AG Bonn AG 2001, 484, 486); **Heilpraktikergesetz:** §§ 1, 5 (BGH NJW 1972, 1132); **Kreditwesengesetz:** § 18 KWG Genehmigungsvorbehalt für Bankgeschäfte, § 32 Abs. 1 S. 1 KWG (BGH VersR 2006, 1374, 1375 RdNr. 12 ff., vgl. auch BGHZ 162, 49, 57 f. = VersR 2005, 1287, 1289 f.; BGH NJW 2005, 2703; ZIP 2006, 382, 385); Meldevorschriften bei Großkrediten (LG Stuttgart MDR 1963, 758); § 13 zugunsten der Bankkunden (BGH WM 1970, 633, 636; 1971, 1330, 1332; vgl. zu § 6 Abs. 1 auch BGHZ 74, 144, 148 ff. = NJW 1979, 1354, woraus sich ergibt, dass das KWG generell dem Schutz der Gläubiger eines Kreditinstituts zu dienen bestimmt ist); **Insolvenzordnung:** § 15a Abs. 1 (RdNr. 395 ff.); **Investmentgesetz** (vgl. AuslInvestG); **Kreislaufwirtschafts- und Abfallgesetz:** § 10 Abs. 4 (vgl. RdNr. 694; offen gelassen in BGH NJW 2006, 3630); **Kunsturhebergesetz:** § 22 (BGHZ 20, 345, 347 = NJW 1956, 1554; BGHZ 26, 349, 351 = NJW 1958, 827; OLG München NJW 1988, 915, 916); **Lebens- und Futtermittelgesetzbuch (LFBG):** § 8 LMBG aF (RdNr. 359, sowie BGHZ 51, 91, 103 = NJW 1969, 69 zu § 3 LebensmittelG aF; BGHZ 116, 104, 114 f. = NJW 1992, 241, 242 f.; OLG Hamm VersR 1996, 72; § 17 Abs. 1 Nr. 2 entspr. § 4 Nr. 2 LebensmittelG aF, RGZ 170, 155, 156 f.); § 15 (OLG Düsseldorf NJW-RR 1990, 732, 734); **Luftverkehrsordnung:** § 6 = § 8 aF LuftverkehrsVO (RG DR 1939, 867 = HRR 1939 Nr. 693); **Markengesetz:** §§ 127, 128 (vgl. zu § 26 des außer Kraft getretenen Warenzeichengesetzes BGH GRUR 1965, 317, 319; MDR 1974, 996); **Mietpreisvorschriften:** BVerwGE 3, 362, 363 = NJW 1956, 1491; **Milch- und Fettgesetz:** BGHZ 26, 42, 49 = NJW 1958, 177; BGH LM § 823 (Bf) Nr. 15, 16; **Mutterschutzgesetz:** § 9 Abs. 2 (BAG AP MuSchG § 9 Nr. 10); **Ordnungswidrigkeitengesetz:** § 121 (RG WarnR 1918, 168); **Personenbeförderungsgesetz:** § 40 Abs. 1 (BGHZ 26, 42, 43 = NJW 1958, 177; OLG Bamberg NJW 1956, 1601, 1602; aA OLG Hamburg NJW 1956, 716); **Pflanzenschutzgesetz:** § 15 Abs. 3 Nr. 1 lit. a (entspr. § 12 Abs. 1 Nr. 5 PflSchG vom 10. 5. 1968) bezweckt Schutz vor schädlichen Nebenwirkungen von Pflanzenschutzmitteln, nicht vor den Folgen mangelhafter Wirksamkeit (BGH NJW 1981, 1606, 1608); **Pflanzenschutzmittel:** Verordnung über bienenschädliche Pflanzenschutzmittel (OLG Neustadt VersR 1958, 251); **Pflichtversicherungsgesetz:** § 1 (OLG Düsseldorf VersR 1973, 374; OLG Celle VersR 1973, 657); § 6 = § 5 aF (BGH VRS 22, 178; VersR 1962, 216); **Produktsicherheitsgesetz:** vgl. unter Geräte- und Produktsicherheitsgesetz; **Rechtsberatungsgesetz:** Art. 1 § 1 (BGHZ 15,

315, 317 = NJW 1955, 422; BGHZ 37, 258, 261; LG Koblenz AnwBl. 1973, 49; LG Hamburg AnwBl. 1969, 143); **Scheckgesetz:** Art. 39 (OLG Hamm SeuffA 77, 72); **Schwerbehindertengesetz:** § 14 Abs. 2 S. 1 entspr. § 11 Abs. 2 Satz 1 aF (BAG DB 1981, 899; BAG NZA 1992, 27, 29 = DB 1991, 2489, 2490); **Seeschifffahrtsstraßenordnung:** § 37 entspr. § 42 aF vom 15. 5. 1971 (OLG Hamburg VersR 1972, 1118, 1119); **Sicherheitsfilmgesetz:** OLG Frankfurt/M VersR 1972, 105; **Sprengstoffgesetz:** § 9 (BGH LM § 823 [Bf] Nr. 4); **Steuerberatungsgesetz:** § 5 (OLG Koblenz NJW 1991, 430); **Straßenbahn-Bau- und Betriebsordnung** vom 11. 12. 1987: § 54 Abs. 8 entspr. § 38 Straßenbahn-Bau- und Betriebsordnung v. 13. 11. 1937 (BGH VersR 1953, 255); **Straßenverkehrsgesetz:** §§ 1, 23 (RG Recht 1925 Nr. 691); §§ 2, 21 = § 24 aF (BGH LM [J] Nr. 11 = NJW 1979, 2309; aber keine Haftung des ein Fahrzeug Überlassenden gegenüber dem Fahrer ohne Fahrerlaubnis, der sich den Unfall selbst zufügt: BGH NJW 1991, 418, 419); **Straßenverkehrsordnung:** § 1 (BGH NJW 1972, 1804, 1806; BGHZ 23, 90, 97 = NJW 1957, 674); § 2 (OLG Nürnberg VersR 1980, 338); § 3 Abs. 1 (BGH VersR 1957, 102; NJW 1972, 1804, 1805; LM StVO § 9 Nr. 21 = NJW 1974, 1379); § 4 (OLG München NJW 1968, 653); § 5 (BGH VersR 1968, 578); § 10 (OLG Karlsruhe VersR 1956, 425); § 12 Abs. 1 Nr. 3 StVO (OLG Koblenz VersR 2005, 1408: aber nicht für Unfälle mit einbiegenden Fahrzeugen); § 12 Abs. 1 Nr. 6 (BGH NJW 1983, 1326; aber nur mit Blick auf Körper- und Sachschäden, nicht wegen reiner Vermögensschäden; BGH NJW 2004, 356, 357; AG Waiblingen NJW-RR 2002, 895); § 12 Abs. 1 Nr. 7 (OLG Köln NZV 1990, 268); § 12 Abs. 3 Nr. 3 (OLG Nürnberg NJW 1974, 1145, OLG Karlsruhe NJW 1978, 274); s. aber auch AG Köln VersR 1977, 238, das die Schutzgesetzeigenschaft in Bezug auf die freie Zufahrt zu einem Kundenparkhaus verneint; § 14 Abs. 2 = §§ 20, 35 aF (BGH DB 1971, 233, 234; NJW 1970, 280; LM StVO 1970 § 14 Nr. 2 = NJW 1981, 113; KG VerkMitt. 1983 Nr. 72; OLG Jena VersR 2004, 879, 880); § 15 = § 23 aF (BGH VersR 1969, 895, 896); § 16 = § 12 aF (OLG Hamm VersR 1972, 1060); § 17 = §§ 23, 24 aF (BGH VersR 1969, 895, 896; BGH VersR 1957, 108; OLG Celle VersR 1958, 627); § 25 = § 37 aF (BGH NJW 1957, 1526); § 32 = § 41 aF (BGH VRS 20, 337; OLG Celle VersR 1965, 574, 575); § 32 Abs. 1 Satz 2 (OLG Frankfurt/M NJW 1992, 318); § 37 Abs. 2 Nr. 1 (Rotlicht an Ampeln: BGH NJW 1981, 2301); § 41 = § 3 aF (BGH VersR 1955, 183; NJW 1970, 421); § 41 Abs. 2 Nr. 6 Zeichen 265 (BGH NJW 2005, 2923, 2924 f.); § 41 Abs. 2 Nr. 7 (BGH VersR 1972, 558); **Straßenverkehrszulassungsordnung:** § 4 (RG JW 1937, 158); § 27 Abs. 3 (BGH LM PflVG Nr. 5 = NJW 1974, 1086; OLG Köln MDR 1971, 299); § 29 c (BGH NJW 1956, 1715; OLG Nürnberg VersR 1973, 1135; vgl. aber auch BGH LM [Bf] Nr. 68); § 41 (RG JW 1934, 2460); § 53 a (BGH VersR 1969, 895); **Trinkwasserverordnung** idF v. 5. 12. 1990 entspr. §§ 3, 8 TrinkwasserVO v. 31. 1. 1975: §§ 3 und 10 (eingehend RdNr. 687); **Urheberrechtsgesetz:** § 63 = § 25 aF (RGZ 81, 120, 125); **Gesetz gegen den unlauteren Wettbewerb:** §§ 1, 3 (BGHZ 15, 338, 355 = NJW 1955, 382; BGHZ 41, 315, 317 = NJW 1964, 1369; BGHZ 48, 12, 16 = NJW 1967, 1558); **Versicherungsaufsichtsgesetz:** § 140 = §§ 85, 108 Abs. 2 aF (RGZ 95, 156; BGH LM [Bf] Nr. 53 = NJW 1973, 1547, 1549); **Versicherungsvertragsgesetz:** § 12 (OLG München HRR 1929 Nr. 2105); **Waffengesetz:** §§ 35 Abs. 1, 45 Abs. 1 (OLG Hamm NJW 1997, 949); **Wasserhaushaltsgesetz:** eingehend RdNr. 633; **Zahnheilkundegesetz:** (OLG Oldenburg NdsRpfl. 1955, 133); **Zivilprozessordnung:** § 803 (BGH BB 1956, 254; RGZ 143, 118, 123); § 840 (RGZ 149, 251, 256); **Zugabeverordnung** aF: (BGH NJW 1956, 911).

371 **d) Aus landesrechtlichen Vorschriften. Bauvorschriften:** in Polizeiverordnungen (BGH VersR 1957, 244; WM 1974, 572; MDR 1977, 41); **Bayerisches Waldgesetz:** Art. 14 Abs. 3 iVm. Abs. 5 Nr. 2 (OLG München VersR 1991, 678); **Fischereigesetz Bayern:** Art. 77 Abs. 1, 2, 3 (BayObLGZ 1962, 196, 201); **Feuerverhütungsregelungen** (RG JW 1913, 863; BayObLG NJW 1975, 2020; OLG Schleswig VersR 1989, 53 f.); **Landesstraßengesetz Baden-Württemberg:** § 31 Abs. 2 S. 1, Verbot von Anpflanzun-

Schadensersatzpflicht 372–375 § 823

gen, welche die Sicherheit und Leichtigkeit des Verkehrs beeinträchtigen (OLG Stuttgart VersR 1978, 1075); **Ortssatzungen über die Streupflicht** (BGH VersR 1957, 446; NJW 1970, 95); **Pflanzenabfallverordnung Nordrhein-Westfalen:** § 3 Abs. 2 Satz 3, Mindestabstand bei Abbrennen von Stroh (OLG Hamm VersR 1992, 247); **Pressegesetz Bayern:** § 10 (BayObLGZ 1958, 189, 193); **Wassergesetze** (BGHZ 46, 17, 23 = NJW 1966, 2014; BGH LM [Bf] Nr. 50 = NJW 1970, 1875; MDR 1971, 38; NJW 1980, 2580; WM 1983, 155; RGZ 145, 107, 116; BayObLGZ 80, 65; vgl. RdNr. 633); **Wegereinigungsgesetz Preußen** (BGHZ 27, 278, 283 = NJW 1958, 1234; BGHZ 32, 352, 355 = NJW 1960, 1810; BGH BB 1969, 1458).

2. Verneinung der Schutzgesetzqualität. Die Rechtsprechung hat beispielsweise bei 372 folgenden Vorschriften die Schutzgesetzqualität – zumindest in bestimmter Hinsicht – verneint:

a) Aus dem BGB. § 573 (= § 564b aF): Umzugskosten bei unberechtigter Kündigung 373 (OLG Hamm NJW 1984, 1044; aA OLG Karlsruhe OLGZ 77, 72); § 733 nicht zugunsten der Gesellschaftsgläubiger (KG JR 1951, 22); § 822 (RGZ 53, 312); § 832 (RGZ 53, 312, 314); § 839 (RGZ 131, 239, 250); § 883 Abs. 2 (OLG Köln DRiZR 1927 Nr. 793); § 910 nicht für Schäden durch herüberragende giftige Zweige (OLG Düsseldorf NJW 1975, 739).

b) Aus dem StGB. § 30 Abs. 2 entspr. § 49a Abs. 2 aF (*Wilts* NJW 1963, 1963); § 125 374 (BGHZ 89, 383, 400 f. = JZ 1984, 521, 525 m. Anm. *Stürner*; vgl. RdNr. 349); § 145 d nicht zugunsten des fälschlich Angezeigten (KG DAR 1975, 18); §§ 222, 229 nicht zugunsten der Vermögensinteressen des Verletzten (OLG Düsseldorf NJW 1958, 1920); § 248 b (RdNr. 349); § 258 (BGH VersR 1958, 399; MDR 1968, 573); § 267 (eingehend RdNr. 345); § 317 nicht zugunsten des Fernmeldeteilnehmers (BGH LM [Be] Nr. 20 = NJW 1977, 1147); § 323 = § 330 aF nicht zugunsten der Vermögensinteressen des Bauherrn (BGHZ 39, 366, 367 f. = NJW 1963, 1827; KG MDR 1962, 214).

c) Aus anderen Bundesgesetzen. §§ 9 Abs. 1, 27 und 183 **AktG** nicht zugunsten 375 zukünftiger Aktionäre (BGH WM 1992, 1812, 1820); § 37 Abs. 1 S. 4 und §§ 92 Abs. 1, 93 Abs. 1, 2 AktG nicht zugunsten der Gläubiger der AG (LG Hamburg WPM 1977, 152 bzw. BGH LM [Bf] Nr. 70 = NJW 1979, 1829); § 88 **BörsG** aF = § 20a **WpHG** nF (BT-Drucks. 10/318, S. 45; BVerfG NJW 2003, 501, 502 f.; BGHZ 160, 134, 139 f. = NJW 2004, 2664; § 826 RdNr. 68 ff.); **FGG (künftig:** § 220 Abs. 1 Nr. 2, Nr. 3, Abs. 3 **FamFG)** § 53b Abs. 2 S. 2 und 3 FamFG (OLG Hamm FamRZ 1985, 718; OLG Karlsruhe NJW 1986, 854); §§ 9, 9a BFernStrG nicht zugunsten des Straßenbaulastträgers (BGH NJW 1975, 47); §§ 55, 56 **GewO** (OLG Hamm WM 1989, 1376, 1380); § 30 **GmbHG** nicht zugunsten der Gesellschaftsgläubiger (BGHZ 110, 342, 359 f. = NJW 1990, 1725); zu § 43 Abs. 1 GmbHG vgl. RdNr. 393; zu § 41 GmbHG vgl. RdNr. 394; § 52 GmbHG (RGZ 73, 392); § 7a **GüKG** 1998 (BGH VersR 2005, 238); § 12 = § 22 aF **GWB** (BGH NJW 1974, 901 m. abl. Anm. *Emmerich*); vgl. dazu auch *Canaris*, FS Larenz, 1983, S. 27, 65; zu § 238 **HGB** vgl. RdNr. 384; **KWG** § 18 – Informationspflichten des Kreditinstituts (BGH VersR 1973, 247; WM 1984, 128, 131; OLG München WM 1984, 128; OLG Frankfurt WM 1985, 253, 254); § 130 **OWiG** (BGHZ 125, 366, 373 ff. = LM GmbHG § 13 Nr. 24 m. Anm. *Roth*); die Vorschriften der **StVO** nicht zugunsten der allgemeinen Vermögensinteressen der Hinterbliebenen eines Verletzten (BGH VRS 64, 168); § 21 **StVZO** nicht zugunsten des Kfz.-Erwerbers (BGH BB 1955, 683); § 29 c StVZO nicht zugunsten des Versicherungsnehmers (BGH NJW 1956, 1715; str.); § 29 d Abs. 1 StVZO (BGH LM [Bf] Nr. 73 = NJW 1980, 1792; dazu *Schlosser* JuS 1982, 657; *Cypionka* JuS 1983, 23); §§ 2, 6, 41 Abs. 1 Nr. 1 **WHG** (BGHZ 69, 1 = NJW 1977, 1770; aA OLG München NJW 1967, 571); **WpHG** § 15 (BT-Drucks. 12/7918, S: 96, 102; BVerfG NJW 2003, 501, 502; BGHZ 160, 134, 138 f. = NJW 2004, 2664; vgl. § 826 RdNr. 72); § 20a WpHG (§ 826 RdNr. 78), §§ 31 ff. (BGH NJW 2008, 1734, 1735 ff.; § 826 RdNr. 76); §§ 2, 43, 48 **WPO** (OLG Saarbrücken BB 1978, 1434, 1436); § 410 **ZPO** (BGHZ 42, 313 = NJW 1965, 298; BGHZ 62, 54, 57 = NJW 1974, 312, 313 m. Anm. *Hellmer* 556; OLG Hamm

§ 823 376, 377   Abschnitt 8. Titel 27. Unerlaubte Handlungen

MDR 1983, 933; OLG München MDR 1983, 403; offen gelassen von BGH NJW 1984, 870); § 410 Abs. 1 S. 2 ZPO (OLG Oldenburg VersR 1989, 108).

376 **d) Aus Landesgesetzen.** § 18 Abs. 3 **Bad.-Württ. BauO** und die nach dem gleichen Muster gestalteten Vorschriften der Bauordnungen anderer Länder sind keine Schutzgesetze zugunsten einzelner Stromabnehmer (BGH LM [Bf] Nr. 64 m. Anm. *Dunz* = NJW 1976, 1740); zu § 13 Abs. 3 **LBO Saarland** vgl. in diesem Sinne auch OLG Saarbrücken VersR 1976, 176. Art. 15 BayBauO – Schutz gegen Feuchtigkeit – (OLG München NJW 1977, 438); § 17 Nds. BauO (LG Braunschweig NdsRpfl. 1976, 33, 34); wassergesetzliche Vorschriften (§ 25 Bad.-Württ. **WasserG**, § 90 NRW WasserG) zum Schutze des Grundwassers sind keine Schutzgesetze zugunsten des Grundstückseigentümers, der von einer Verschmutzung durch Öl betroffen wird (OLG Karlsruhe VersR 1978, 47, 48; vgl. auch RdNr. 687); die Vorschriften über die Errichtung der **Ärztekammern** bezwecken nicht den Schutz einzelner Patienten (OLG Düsseldorf VersR 1985, 370, 371 zum **HeilBerG** NW).

377 **e) Sonstige Vorschriften.** Die in Teil A der **VOB** aufgestellten Richtlinien und Regeln (BGH VersR 1965, 764, 765; KG WiB 1996, 39, 40); **Unfallverhütungsvorschriften** der Berufsgenossenschaften (vgl. RdNr. 334 f.); **berufsständische Vorschriften** (vgl. RdNr. 333).

Dritter Teil: Das Haftungssubjekt

F. Individualhaftung und Unternehmenshaftung

Schrifttum: *Altmeppen,* Haftung der Geschäftsleiter einer Kapitalgesellschaft für Verletzung von Verkehrssicherungspflichten, ZIP 1995, 881; *ders.,* Haftung der Gesellschafter einer Personengesellschaft für Delikte, NJW 1996, 1017; *Altmeppen/Wilhelm,* Quotenschaden, Individualschaden und Klagebefugnis bei der Verschleppung des Insolvenzverfahrens über das Vermögen der GmbH, NJW 1999, 673; *v. Bar,* Zur Struktur der Deliktshaftung von juristischen Personen, ihren Organen und ihren Verrichtungsgehilfen, FS Kitagawa, 1992, S. 279; *Baums,* Haftung für den Verrichtungsgehilfen nach deutschem und schweizerischem Recht, FS Lukes, 1989, S. 623; *Bork,* Haftung des GmbH-Geschäftsführers wegen verspäteten Konkursantrags, ZGR 1995, 505; *Brandes,* Die Haftung für Organisationspflichtverletzung, 1994; *Brüggemeier,* Organisationshaftung, AcP 191 (1991), 33; *Canaris,* Die Haftung für fahrlässige Verletzungen der Konkursantragspflicht nach § 64 GmbHG, JZ 1993, 649; *Dreher,* Die persönliche Verantwortlichkeit von Geschäftsleitern nach außen und die innergesellschaftliche Aufgabenteilung, ZGR 1992, 22; *D. Eckardt,* Persönliche Organ- und Gehilfenhaftung für Verkehrspflichtverletzungen im Unternehmen, in: *Willingmann* u. a. (Hrsg.), Jahrbuch junger Zivilrechtswissenschaftler 1996, 1997, S. 61; *Flume,* Die Haftung des GmbH-Geschäftsführers bei Geschäften nach Konkursreife der GmbH, ZIP 1994, 337; *Foerste,* Nochmals: Persönliche Haftung der Unternehmensleitung – die zweite Spur der Produkthaftung?, VersR 2002, 1; *Goette,* Haftung des Geschäftsführers in Krise und Insolvenz der GmbH, ZInsO 2001, 529; *Götting,* Die persönliche Haftung des GmbH-Geschäftsführers für Schutzrechtsverletzungen und Wettbewerbsverstöße, GRUR 1994, 6; *Groß,* Deliktische Außenhaftung des GmbH-Geschäftsführers, ZGR 1998, 551; *ders.,* Die Rechtsprechung des Bundesgerichtshofes zur Haftung des GmbH – Geschäftsführers wegen Nichtabführung von Arbeitnehmerbeiträgen zur Sozialversicherung, ZIP 2001, 945; *Grunewald,* Die Haftung von Organmitgliedern nach Deliktsrecht, ZHR 157 (1993), 451; *Haas,* Geschäftsführerhaftung und Gläubigerschutz, 1997; *Haß,* Die persönliche Haftung des GmbH-Geschäftsführers bei Wettbewerbsverstößen und Verletzung gewerblicher Schutzrechte, GmbHR 1994, 666; *Karollus,* Weitere Präzisierungen zur Konkursverschleppungshaftung, ZIP 1995, 269; *Kleindiek,* Deliktshaftung und juristische Person, 1997; *Kraakman,* Corporate Liability Strategies and the Costs of Legal Controls, 93 Yale L. J. 857; *Landwehr,* Die Haftung der juristischen Person für körperschaftliche Organisationsmängel, AcP 164 (1964), 482; *Leßmann,* Mitarbeiter-Eigenhaftung bei der Produzentenhaftung, JuS 1979, 853; *Lieb,* Haftung eines Angestellten des Herstellers für ein fehlerhaftes Produkt nach den Grundsätzen der Produzentenhaftung?, JZ 1976, 526; *Lutter,* Zur persönlichen Haftung des Geschäftsführers aus deliktischen Schäden im Unternehmen, ZHR 157 (1993), 464; *ders.,* Haftungsrisiken des Geschäftsführers einer GmbH, GmbHR 1997, 329; *Martinek,* Repräsentantenhaftung: Die Organhaftung nach § 31 BGB als allgemeines Prinzip der Haftung von Personenverbänden für ihre Repräsentanten, 1979; *Matusche-Beckmann,* Das Organisationsverschulden, 2001; *Medicus,* Zur deliktischen Außenhaftung von Arbeitnehmern, FS W. Lorenz, 1991, S. 155; *ders.,* Deliktische Außenhaftung der Vorstandsmitglieder und Geschäftsführer, ZGR 1998, 570; *Mertens,* Zur deliktischen Eigenhaftung von Organmitgliedern und Arbeitnehmern einer juristischen Person, Mélanges

Fritz Sturm, Bd. II, 1999, S. 1055; *Reiff/Arnold,* Unbeschränkte Konkursverschleppungshaftung des Geschäftsführers einer GmbH auch gegenüber gesetzlichen Neugläubigern?, ZIP 1998, 1893; *Reuber,* Die haftungsrechtliche Gleichbehandlung von Unternehmensträgern, 1990; *Rogge,* Verkehrssicherungspflicht der Arbeitnehmer auf Baustellen – OLG Düsseldorf, BauR 1993, 617, JuS 1995, 581; *Sandmann,* Die Haftung von Arbeitnehmern, Geschäftsführern und leitenden Angestellten, 2001; *Schlechtriem,* Organisationsverschulden als zentrale Zurechnungskategorie, FS Heiermann, 1995, S. 281; *K. Schmidt,* Haftung und Zurechnung im Unternehmensbereich – Grundlagen im Zivil- und Versicherungsrecht –, Karlsruher Forum, 1993, S. 4; *ders.,* Gehilfenhaftung – Leutehaftung – Unternehmenshaftung, FS Raisch, 1995, S. 189; *Spindler,* Unternehmensorganisationspflichten, 2001; *Ulmer,* Die höchstrichterlich „enträtselte" Gesellschaft bürgerlichen Rechts, ZIP 2001, 585; *Wagner,* Persönliche Haftung der Unternehmensleitung: die zweite Spur der Produkthaftung?, VersR 2001, 1057.

Zur Arbeitnehmerhaftung: *Denck,* Der Schutz des Arbeitnehmers vor der Außenhaftung, 1980; *ders.,* Über Grenzfälle der Außenhaftung des Arbeitnehmers, BB 1989, 1192; *Hanau,* Arbeitnehmer und Unternehmen im Haftungsbereich, Karlsruher Forum, 1993, S. 24; *Krause,* Die Beschränkung der Außenhaftung des Arbeitnehmers, VersR 1995, 752; *Otto/Schwarze,* Die Haftung des Arbeitnehmers, 3. Aufl. 1998.

Zur Insolvenzverschleppungshaftung: *Altmeppen,* Insolvenzverschleppungshaftung Stand 2001, ZIP 2001, 2201; *Altmeppen/Wilhelm,* Quotenschaden, Individualschaden und Klagebefugnis bei der Verschleppung des Insolvenzverfahrens über das Vermögen der GmbH, NJW 1999, 673; *Blank,* Haftung des Geschäftsführers einer GmbH gegenüber der Bundesagentur für Arbeit für gezahltes Insolvenzgeld bei verspäteter Insolvenzantragstellung (§ 826 BGB)?, ZInsO 2007, 188; *Bork,* Haftung des GmbH-Geschäftsführers wegen verspäteten Konkursantrags, ZGR 1995, 505; *Canaris,* Die Haftung für fahrlässige Verletzungen der Konkursantragspflicht nach § 64 GmbHG, JZ 1993, 649; *Ekkenga,* Die Insolvenzhaftung gegenüber dem „Neugesellschafter" nach GmbH- und Aktienrecht, FS Hadding, 2004, S. 343; *Flume,* Die Haftung des GmbH-Geschäftsführers bei Geschäften nach Konkursreife der GmbH, ZIP 1994, 337; *Groß,* Deliktische Außenhaftung des GmbH-Geschäftsführers, ZGR 1998, 551; *Haas,* Geschäftsführerhaftung und Gläubigerschutz, 1997; *ders.,* Aktuelle Rechtsprechung zur Insolvenzantragspflicht des GmbH-Geschäftsführers nach § 64 Abs. 1 GmbHG, DStR 2003, 423; *Karollus,* Weitere Präzisierungen zur Konkursverschleppungshaftung, ZIP 1995, 269; *Röhricht,* Insolvenzrechtliche Aspekte im Gesellschaftsrecht, ZIP 2005, 505; *K. Schmidt,* Konkursverschleppungshaftung und Konkursverursachungshaftung, ZIP 1988, 1497; *ders.,* Kein Abschied vom „Quotenschaden" bei der Insolvenzverschleppungshaftung!, NZI 1998, 9; *ders.,* Insolvenzordnung und Gesellschaftsrecht, ZGR 1998, 633; *ders.,* Haftungsrealisierung in der Gesellschaftsinsolvenz, KTS 2001, 373; *ders.,* Verbotene Zahlungen in der Krise von Handelsgesellschaften und die daraus resultierenden Ersatzpflichten, ZHR 168 (2004), 637; *Spindler,* Unternehmensorganisationspflichten, 2001; *Ulmer,* Zur persönlichen Haftung des Gesellschafter-Geschäftsführers einer GmbH aus culpa in contrahendo und zur Schadensersatzpflicht des Geschäftsführers bei Verletzung der Konkursantragspflicht, ZIP 1993, 769; *Wagner,* Deliktsgläubiger und Insolvenzrecht, FS Gerhardt, 2004, S. 1042; *ders.,* Grundfragen der Insolvenzverschleppungshaftung, FS K. Schmidt, 2009 (im Erscheinen).

Zur Nichtabführung von Sozialversicherungsbeiträgen: *Goette,* Haftung des Geschäftsführers in Krise und Insolvenz der GmbH, ZInsO 2001, 529; *Groß,* Die Rechtsprechung des Bundesgerichtshofs zur Haftung des GmbH-Geschäftsführers wegen Nichtabführung von Arbeitnehmerbeiträgen zur Sozialversicherung, ZIP 2001, 945; *Karollus,* Weitere Präzisierungen zur Konkursverschleppungshaftung, ZIP 1995, 269; *K. Schmidt,* Verbotene Zahlungen in der Krise von Handelsgesellschaften und die daraus resultierenden Ersatzpflichten, ZHR 168 (2004), 637; *Schneider/Brouwer,* Die straf- und zivilrechtliche Verantwortlichkeit des Geschäftsführers für die Abführung der Arbeitnehmeranteile zur Sozialversicherung, ZIP 2007, 1033.

I. Unternehmenshaftung

1. Das Regelungskonzept des BGB. Das BGB enthält **keine spezifischen Regelungen über die Haftung von Unternehmen,** sondern adressiert die Haftung an das einzelne Individuum, das als Geschäftsherr gemäß § 831 für Delikte seiner Verrichtungsgehilfen einzustehen hat. Für Korporationen gilt überdies die Regel des § 31, nach dem der Verein für den Schaden aufzukommen hat, den einer seiner verfassungsmäßigen Vertreter einem Dritten zufügt. Diese Vorschrift wird seit jeher für sämtliche juristische Personen verallgemeinert und insbesondere auf AG und GmbH erstreckt sowie entsprechend auf Personengesellschaften, bis hin zur BGB-Gesellschaft, angewandt (§ 31 RdNr. 11 ff., § 705 RdNr. 262 ff.).[1507] Die Schwierigkeiten dieses zweispurigen Konzepts ergeben sich daraus, dass die §§ 31, 831 auf verschiedenen Zurechnungsprinzipien beru-

---

[1507] Speziell zur GbR BGH NJW 2003, 1445, 1446 f.; *K. Schmidt* NJW 2003, 1897, 1898 ff.

hen.[1508] Während § 31 der das Unternehmen tragenden Gesellschaft das **Verschulden ihrer Organe strikt,** ohne die Möglichkeit der Entlastung **zurechnet,** begründet § 831 eine **Haftung des Geschäftsherrn für eigenes Verschulden,** wobei lediglich die Beweislast zugunsten des Geschädigten umgekehrt wird; eine Zurechnung des Gehilfenverschuldens erfolgt nicht (§ 831 RdNr. 1 ff.). Die Regelung des Entlastungsbeweises des Geschäftsherrn in § 831 Abs. 1 S. 2 geht zudem davon aus, dass er zwar zur sorgfältigen Auswahl des Gehilfen, nicht aber zu dessen Anleitung und fortlaufender Überwachung verpflichtet ist (§ 831 RdNr. 33 ff.). Schließlich ist auch die **Organhaftung nach § 31 restriktiv** ausgestaltet, denn die Vorschrift gilt ihrem Wortlaut nach nur für den Vereinsvorstand bzw. allgemein für Korporationsorgane im verbandsverfassungsrechtlichen Sinn. Selbst die erst von der Zweiten Kommission vorgenommene Ausdehnung des § 31 auf sonstige verfassungsmäßig berufene Vertreter ändert daran nichts,[1509] weil auch dieser Status gemäß § 30 von einer entsprechenden Regelung in der Satzung abhängig ist. Damit könnte an sich die juristische Person selbst durch entsprechende Gestaltung ihrer Satzung über den Anwendungsbereich der unbedingten Haftung nach §§ 31, 30 entscheiden.

379 Die mit Inkrafttreten des BGB unmittelbar einsetzende **Rechtsentwicklung** hat die beiden eben herausgearbeiteten **Entscheidungen des Gesetzgebers,** nämlich gegen eine Verpflichtung zur Anleitung und ständigen Beaufsichtigung von Verrichtungsgehilfen und gegen eine unbedingte Zurechnung des Verhaltens anderer Personen als der verfassungsmäßig berufenen Vertreter de facto **weitgehend rückgängig** gemacht.[1510] Angesichts des Wortlauts sowohl des § 831 Abs. 1 S. 2 als auch der §§ 30, 31 konnte sich diese Entwicklung allerdings nur zum Teil im Rahmen dieser Spezialtatbestände vollziehen. Vielmehr fungierte einmal mehr § 823 Abs. 1 und insbesondere die Figur der Verkehrs- bzw. **Verkehrssicherungspflicht** als dogmatischer Aufhänger und Motor der Rechtsfortbildung (vgl. RdNr. 50 ff.).

380 **2. Zurückdrängung des § 831 durch betriebliche Organisationspflichten.** Was die Einstandspflicht des Unternehmens für das Versagen nachgeordneter Mitarbeiter anlangt, ist in der Gerichtspraxis die Haftung des Geschäftsherrn nach § 831 schon kurz nach Inkrafttreten des BGB von der **Unternehmenshaftung auf der Grundlage des § 823 Abs. 1** überflügelt worden. In seinen grundlegenden Entscheidungen zur Straßenverkehrssicherungspflicht aus den Jahren 1902/03 hat das RG zwar einerseits betont, den Geschäftsherrn treffe im Rahmen des § 831 angesichts der klaren Regelung des Abs. 1 S. 2 keine Verpflichtung zur Anleitung und Beaufsichtigung des Verrichtungsgehilfen, sondern nur eine solche zu sorgfältiger Auswahl (diligentia in eligendo).[1511] Letzteres hat das Gericht allerdings nicht gehindert, eben diese Verpflichtung zur diligentia in custodiendo aus § 823 Abs. 1 herzuleiten und sie unmittelbar auf das Unternehmen zu beziehen.[1512] Dieser Ansatz ist in der Folgezeit zu dem allgemeinen **Gebot** ausgebaut worden, die **innerbetrieblichen Abläufe so zu organisieren,** dass Schädigungen Dritter in dem gebotenen Umfang vermieden werden,[1513] also für eine „ordentliche Betriebsführung zu sor-

---

[1508] Eingehend *Brüggemeier,* Prinzipien des Haftungsrechts, S. 112 ff.
[1509] Mugdan I S. 618; eingehend zur Entstehungsgeschichte des § 31 *Kleindiek,* Deliktshaftung und juristische Person, S. 207 ff., 210.
[1510] Eingehend zum Folgenden *Brüggemeier* Deliktsrecht RdNr. 120 ff.; *ders.,* Prinzipien des Haftungsrechts, S. 112 ff.; *Kleindiek,* Deliktshaftung und juristische Person, S. 284 ff.; *v. Bar* Verkehrspflichten S. 254 ff.; als Beispiel aus der Rspr. vgl. BGH NJW 1968, 247 f., 1973, 1602, 1603 f.; VersR 1996, 469, 470.
[1511] RGZ 53, 53, 56.
[1512] RGZ 53, 53, 58: „Als Betriebsunternehmerin liegt der Beklagten die Pflicht ob, die Zufahrtsstraße zu beleuchten; ihre Haftung wegen Vernachlässigung dieser Pflicht bestimmt sich daher nicht ausschließlich nach den Vorschriften über die Haftung des Geschäftsherrn für das Tun und Lassen des zur Verrichtung Bestellten, sondern auch nach der Vorschrift in § 823". Genauso RGZ 53, 276, 281 f. – Erfurter Bahnhofsvorplatz; RG JW 1907, 674.
[1513] Vgl. den Definitionsversuch bei *Brandes,* Die Haftung für Organisationspflichtverletzung, S. 116; der Sache nach genauso *v. Bar* Verkehrspflichten S. 96.

gen".[1514] Zu diesem Zweck sind nicht nur die nachgeordneten Mitarbeiter sorgfältig auszuwählen (§ 831), sondern diese sind auch in dem gebotenen Umfang zu instruieren[1515] und die sorgfältige Ausführung der übertragenen Tätigkeiten ist zu überwachen.[1516] Die Pflichten sind umso intensiver, je größer die Gefahren sind, deren Steuerung dem Untergebenen anheim gegeben wird.[1517] Eine „*lückenlose* Überwachung" nachgeordneter Mitarbeiter ist allerdings nicht geboten,[1518] denn dann wäre § 831 völlig obsolet.

Das geschilderte Pflichtenprogramm des Unternehmens wird verbreitet unter dem Stichwort des **„Organisationsverschuldens"** zusammengefasst,[1519] obwohl nicht Verschuldensfragen zur Debatte stehen, sondern die Konturierung der dem Unternehmensträger obliegenden deliktischen Sorgfaltspflichten (RdNr. 62 ff., 232 ff.).[1520] Obwohl § 831 die Entlastung des Geschäftsherrn mit Blick auf das Fehlverhalten nachgeordneter Mitarbeiter zulässt, sind die **Organisationspflichten** des Unternehmens **nicht mit haftungsbefreiender Wirkung delegierbar:** „Ein Entlastungsvorbringen, das darauf hinausläuft, die gesamte Geschäftsführung sei einem zuverlässigen Geschäftsführer überlassen, ist von vornherein unzureichend".[1521] Vielmehr ist die Betriebsorganisation und die Überwachung derjenigen Mitarbeiter, für die sich das Unternehmen uU gemäß § 831 entlasten kann, einer Person zu übertragen, für die die Körperschaft gemäß § 31 unbedingt einzustehen hat, wodurch der Übergang zur Haftung für körperschaftlichen Organisationsmangel geebnet ist (RdNr. 384).[1522] Entsprechende Grundsätze gelten auch für **öffentlich-rechtliche Körperschaften,** insbesondere für Städte und Gemeinden, denen so der Entlastungsbeweis nach § 831 Abs. 1 S. 2 abgeschnitten wird.[1523]

3. Ausdehnung des § 31 und körperschaftliche Organisationspflichten. Eine ähnliche dogmatische Überwölbung und praktische Verdrängung wie im Verhältnis von § 831 und § 823 Abs. 1 hat auch im Verhältnis des § 31 zu § 823 Abs. 1 stattgefunden (vgl. auch § 31 RdNr. 3 ff.). Ansatzpunkt dafür war eine Prämisse, die den §§ 31, 30 diametral entgegen läuft, dass nämlich die Entscheidung zwischen unbedingter Verhaltenszurechnung gemäß § 31 und Verschuldenshaftung nach § 831 *nicht* der Kontrolle des Verbandes selbst anheim gegeben werden darf, der die Zahl der Organe und verfassungsmäßigen Vertreter durch entsprechende Gestaltung seiner Satzung (§§ 26, 30) klein halten kann.[1524] Stattdessen wurde die **Abgrenzung zwischen Verrichtungsgehilfe und Organ** bereits vom RG nicht allein anhand verbandsrechtlicher Kriterien durchgeführt, sondern für die Regelungszwecke des Deliktsrechts funktionalisiert. Diese Funktionalisierung hat sich auf zweierlei Wegen vollzogen:

Der erste wesentliche Schritt zur deliktsrechtlichen Mobilisierung des § 31 besteht in der **Ausdehnung des Kreises der verfassungsmäßigen Vertreter,** für die die Körperschaft ohne Entlastungsmöglichkeit haftet, im Wege der Abkopplung des Anwendungsbereichs der

---

[1514] BGHZ 4, 1, 2 f. = NJW 1952, 418; RGZ 89, 136, 137 f.
[1515] BGHZ 17, 214, 220 f. = NJW 1955, 1314, 1315; BGHZ 24, 200, 213 f. = NJW 1957, 1315, 1316; BGH NJW 1965, 815, 816; 1971, 1313, 1315; VersR 1978, 722, 723; NJW 1988, 48, 49.
[1516] RGZ 53, 276, 281 f.; 89, 136, 137 f.; RG JW 1936, 3162, 3163; BGHZ 4, 1, 2 f. = NJW 1952, 418; BGH VersR 1978, 538, 540.
[1517] BGH VersR 1978, 538, 540.
[1518] So *Kleindiek*, Deliktshaftung und juristische Person, S. 353 f., 359; insoweit aber wohl über die Rspr. hinausreichend.
[1519] RG JW 1938, 3162, 3163; BGH NJW 1971, 1313, 1314; VersR 1983, 152, 153; NJW-RR 1996, 867, 868; VersR 2000, 984 f.; KG VersR 2000, 734; OLG Düsseldorf NJW 1992, 2972; OLG Köln NJW-RR 1994, 862; eingehende Schilderung der Entwicklung bei *Kleindiek*, Deliktshaftung und juristische Person, S. 292 ff.; *Matusche-Beckmann* Organisationsverschulden S. 37 ff., *Spindler* Unternehmensorganisationspflichten S. 689 ff.
[1520] *v. Bar* Verkehrspflichten S. 96; *Deutsch* Haftungsrecht I RdNr. 546; *Erman/Schiemann* RdNr. 83; *Matusche-Beckmann* Organisationsverschulden S. 81 ff., 95 f.
[1521] BGH VersR 1964, 297; 1978, 722, 723; RGZ 113, 293, 297; RG JW 1938, 3162, 3163.
[1522] BGHZ 32, 53, 59 = NJW 1960, 860, 862.
[1523] Vgl. aus der Rspr. nur RGZ 89, 136, 137 f.; BGHZ 27, 278, 280, 283 = NJW 1958, 1234, 1235; BGH VersR 1962, 1013, 1014 f.
[1524] Besonders deutlich RG DR 1944, 287; BGH NJW 1972, 334; vgl. auch RGZ 89, 136, 137 f.; 157, 228, 235 f.

§§ 31, 30 von dem Erfordernis der Bestellung durch die Verbandssatzung (§ 31 RdNr. 3 ff.).[1525] Als „Repräsentant" der Körperschaft, für dessen Verhalten sie unbedingt einzustehen hat, wird jedermann angesehen, der einen bestimmten Aufgaben- oder Funktionsbereich innerhalb der Organisation selbstständig und eigenverantwortlich wahrnimmt.[1526] Entscheidend ist dabei nicht, ob der Mitarbeiter nach seinem Rang innerhalb des Unternehmens einem Mitglied der Leitungsebene gleich zu erachten ist, sondern maßgeblich ist der **„Verkehrsschutz im Außenverhältnis"**.[1527] Folgerichtig kommt es auf die Einräumung rechtsgeschäftlicher Vertretungsmacht nicht an.[1528] Auf dieser Grundlage werden Banken und Kliniken die Delikte von **Filialleitern** und **Chefärzten** und Gasversorgungsunternehmen das Versagen von **Ingenieuren** zugerechnet, ohne dass eine Entlastungsmöglichkeit bestünde.[1529] Die darin liegende Ausdehnung der Unternehmenshaftung ist in ihrer Bedeutung deshalb kaum zu unterschätzen, weil sie im Zusammenhang mit den Pflichten des § 831 Abs. 1 S. 2 (vgl. dort RdNr. 11) zu sehen ist und praktisch bewirkt, dass das Unternehmen für die Pflichtverletzungen seiner Repräsentanten, denen die Auswahl-, Überwachungs- und Instruktionspflichten mit Blick auf Verrichtungsgehilfen obliegen, unbedingt einzustehen hat.

384   Der Überwindung der trotz Ausweitung des Anwendungsbereichs des § 31 noch verbleibenden Grenzen einer unbedingten Verhaltenszurechnung zum Unternehmensträger dient die im Rahmen von § 823 Abs. 1 entwickelte **Haftung für körperschaftlichen Organisationsmangel (§ 31 RdNr. 6 ff.)**. In diesen Fällen ist dem Unternehmen gerade nicht der Vorwurf zu machen, dass die innerbetriebliche Organisation der Gefahrenabwehr mangelhaft war; defizitär erscheint vielmehr allein der **rechtliche Status der dafür verantwortlichen Mitarbeiter**.[1530] Ein körperschaftlicher Organisationsmangel liegt danach vor, wenn die Leitung eines Teilbereichs des Unternehmens bzw. die Erfüllung deliktischer Verhaltenspflichten einer Person anvertraut wird, die nicht die Stellung eines verfassungsmäßigen Vertreters erhält.[1531] Im Ergebnis wird auf diese Weise der im Rahmen von § 831 anerkannte **dezentralisierte Entlastungsbeweis**[1532] **wieder rückgängig** gemacht und eine unbedingte Haftung des Unternehmens für die Pflichtverletzungen derjenigen Personen statuiert, die innerhalb der Körperschaft de facto die Geschäftsherrnfunktion wahrnehmen.[1533] Schließlich hat die Rechtsprechung das Institut des körperschaftlichen Organisationsmangels sogar auf andere deliktische Sorgfaltspflichten als diejenige zur innerbetrieblichen Gewährleistung eines hinreichenden Sicherheitsniveaus bezogen und unmittelbar an die verletzte Pflicht zum Schutz des jeweiligen Rechtsguts angeknüpft. Dem Unternehmensträger wird vorgeworfen, die konkrete **deliktische Sorgfaltspflicht im Außenverhältnis** – etwa die Prüfung sensib-

---

[1525] Grdlg. RGZ 91, 1, 3 ff.; vgl. weiter RGZ 94, 318, 320; 157, 228, 235 ff.; 163, 21, 29 f.; BGHZ 49, 19, 21 = NJW 1968, 391 f.; BGH VersR 1962, 664, 665; 1968, 92, 93; anders, nämlich auf einer Bestellung des Vertreters durch die Satzung bestehend, noch RGZ 53, 276, 279 f.

[1526] RGZ 94, 318, 320; 163, 21, 30; RG JW 1936, 915; BGHZ 49, 19, 21 = NJW 1968, 391 f.; BGHZ 77, 74, 78 f. = NJW 1980, 1901, 1902; BGHZ 101, 215, 218 = NJW 1987, 2925; BGH VersR 1962, 66; 1968, 92, 93; NJW 1972, 334; 1977, 2259, 2260; eingehend *Martinek* Repräsentantenhaftung S. 143 ff., 196 ff.; *Reuber*, Die haftungsrechtliche Gleichbehandlung von Unternehmensträgern, S. 309 ff.

[1527] BGH NJW 1977, 2259, 2260; genauso bereits BGH VersR 1962, 664, 665; 1968, 92, 93.

[1528] BGHZ 49, 19, 21 = NJW 1968, 391 f.; BGH NJW 1972, 334; 1977, 2259, 2260; insoweit anders noch RGZ 91, 1, 3 ff.; 94, 318, 320; 120, 304, 307. Zur entstehungsgeschichtlichen Rechtfertigung des Verzichts auf das Erfordernis satzungsmäßiger Regelung der Organstellung RGZ 91, 1, 4 f.; 157, 228, 235.

[1529] Zur Haftung für Filialleiter RGZ 91, 1, 3 f.; 94, 318, 320; 157, 228, 235; RG JW 1936, 915; BGHZ 13, 198, 203 = NJW 1954, 1193, 1194; BGH VersR 1968, 92, 93; NJW 1977, 2259, 2260; OLG Köln NJW 1972, 1950 f.; OLG München VersR 1974, 269; OLG Nürnberg VersR 1997, 1113, 1114; für Chefärzte BGHZ 77, 74, 78 f. = NJW 1980, 1901, 1902; BGHZ 101, 215, 218 = NJW 1987, 2925; BGH NJW 1981, 633, 634; OLG Brandenburg VersR 2000, 1283, 1284; anders noch BGHZ 1, 383, 387 f.; BGHZ 4, 138, 152; zu Ingenieuren BGH VersR 1978, 538, 540.

[1530] Besonders deutlich BGH NJW 1980, 2810, 2811; Überblick über die Entwicklung der Rspr. des RG bei *Landwehr* AcP 164 (1964), 483 ff.

[1531] RGZ 89, 136, 137 f.; 157, 228, 235 f.; 162, 129, 166; RG JW 1936, 3162, 3163; BGHZ 24, 200, 213 = NJW 1957, 1315, 1316; BGH NJW 1980, 2810, 2811.

[1532] RGZ 78, 107, 108; BGHZ 4, 1, 2 f. = NJW 1952, 418; eingehend § 831 RdNr. 42 ff.

[1533] Besonders deutlich RGZ 89, 136, 137 f.

ler Beiträge einer Publikation auf mögliche Verletzungen von Persönlichkeitsrechten Dritter – nicht selbst bzw. durch Organe vorgenommen zu haben, für deren Versagen nach § 31 unbedingt einzustehen ist.[1534] Diese Grundsätze gelten über § 89 genauso für **öffentlich-rechtliche Körperschaften.**[1535]

4. Beweiserleichterungen. Die Begründung und Ausgestaltung deliktischer Organisationspflichten zu Lasten von Unternehmensträgern für sich allein genommen löst noch nicht das Problem, dass der Geschädigte normalerweise keinen Zugang zu den für die Darlegung und den Nachweis einer Organisationspflichtverletzung erforderlichen Informationen hat, weil er schon nicht dazu in der Lage ist, ein einzelnes **Individuum** – sei es ein Verrichtungsgehilfe, sei es ein Organwalter – **zu identifizieren,** das innerhalb der Unternehmensorganisation für den Schaden Verantwortung trägt. Auch dieses Problem hat die Rechtsprechung zu lösen verstanden: Bereits das RG hatte es für die Haftung eines Warenherstellers wegen eines fehlerhaft fabrizierten Produkts gemäß § 831 ausreichen lassen, dass der **Geschädigte lediglich die Pflichtverletzung „des Unternehmens" nachweist,** ohne konkret zu belegen, welcher Verrichtungsgehilfe welche konkrete Maßnahme unterlassen hat; insoweit müsse die beklagte juristische Person den Entlastungsbeweis führen.[1536] Genauso verfuhr das RG auch mit Blick auf die Einstandspflicht für Organe gemäß §§ 31, 30.[1537] Der BGH hat diesen Ansatz fortgeführt und dem Unternehmen die Beweislast für *sämtliche* Verrichtungsgehilfen auferlegt, mit der Folge, dass entweder der konkrete Mitarbeiter identifiziert werden muss, der für den Schaden verantwortlich ist, um den individuellen Entlastungsbeweis zu führen, oder der Entlastungsbeweis für alle Verrichtungsgehilfen zu erbringen ist.[1538] Zusätzlich wird von dem Unternehmen verlangt, sich ggf. auch von dem **Vorwurf des Organisationsverschuldens zu entlasten.**[1539] Diesen Grundsätzen wird der dezentralisierte Entlastungsbeweis untergeordnet.[1540]

5. Die Unternehmenshaftung im System des Deliktsrechts. Die damit zu konstatierende weitgehende **Einebnung der durch die §§ 31, 831 vorgegebenen Differenzierung** zwischen der Haftung für Delikte von Organen und solchen von Verrichtungsgehilfen ist in der Literatur kaum auf Widerspruch gestoßen.[1541] Stattdessen ist in mehrfacher Hinsicht versucht worden, die eben dargestellten Grundsätze auf tragfähige dogmatische Grundlagen zu stellen. Als konsensfähig kann dabei zunächst gelten, dass die Rechtsprechung zum körperschaftlichen Organisationsmangel obsolet ist, wenn der Begriff des verfassungsmäßigen Vertreters und damit der Anwendungsbereich des § 31 nicht verbandsrechtlich-formal, sondern deliktsrechtlich-funktional verstanden und auf sämtliche Repräsentanten des Unternehmens mit sicherheitsmäßig relevanter Eigenverantwortung erstreckt wird (§ 31 RdNr. 8).[1542]

Nicht ernsthaft im Streit steht darüber hinaus die Prämisse, dass die **deliktischen Verhaltensgebote das Unternehmen bzw. den Unternehmensträger als solchen ver-**

[1534] BGHZ 39, 124, 130 = NJW 1963, 902, 903; BGH NJW 1980, 2810, 2811; RG JW 1936, 915; 1938, 3162, 3163.
[1535] BGHZ 27, 278, 280, 283 = NJW 1958, 1234 f.; BGH VersR 1962, 1013, 1014.
[1536] RGZ 87, 1, 4; 159, 283, 291; genauso BGH VersR 1954, 104, 105; NJW 1968, 247, 248; 1973, 1602, 1603.
[1537] RGZ 89, 136, 137; RG JW 1908, 543, 544.
[1538] BGH VersR 1959, 104, 105; NJW 1968, 247, 248; 1973, 1602, 1603.
[1539] BGHZ 51, 91, 104 ff. = NJW 1969, 269, 274 f.; BGH NJW 1968, 247, 249; 1973, 1602, 1603; ähnlich OLG Hamm VersR 1996, 72, 73.
[1540] BGH VersR 1964, 297; NJW 1968, 247, 248 f.; ähnlich BGHZ 11, 151, 155 f.; BGH VersR 1959, 104, 105; zum Bedeutungsverlust des dezentralisierten Entlastungsbeweises *K. Schmidt* Karlsruher Forum 1993, 4, 5 f.
[1541] Vgl. aber *Landwehr* AcP 164 (1964), 482, 501 ff., der stattdessen für eine Reform des § 831 plädiert, aaO S. 516.
[1542] Grdlg. *Larenz* AT, 7. Aufl. 1989, § 10 II d, S. 167; dem folgend § 31 RdNr. 7; *Flume* I/2 § 11 III 2, S. 387 f.; *Larenz/Wolf* AT § 10 RdNr. 94; *Kleindiek*, Delikthaftung und juristische Person, S. 328 f.; *Spindler* Unternehmensorganisationspflichten S. 604 ff.; in der Analyse übereinstimmend, die Analogie jedoch abl. *Landwehr* AcP 164 (1964), 482, 492, 501 ff.

pflichten und nicht die Mitglieder der Leitungsorgane und die Verrichtungsgehilfen persönlich.[1543] Insbesondere in den Bereichen der Produkt- und Umwelthaftung hat die Praxis die differenzierten Zurechnungsregeln der §§ 31, 831 weit hinter sich gelassen, die Haftung auf § 823 Abs. 1 gestützt, die Verkehrspflicht ganz selbstverständlich an den regelmäßig als Kapitalgesellschaft verfassten Unternehmensträger adressiert und folgerichtig gefragt, ob die juristische Person die „ihr" obliegenden Verkehrspflichten verletzt hat.[1544] Maßstab für die Intensität der Sorgfaltspflicht ist dabei das Gefahrenpotential des Unternehmens insgesamt und nicht etwa dasjenige der Sach- und Handlungssphäre des einzelnen Leitungsorgans oder Mitarbeiters.

388 Der in § 831 Abs. 1 S. 2 eingeräumte Entlastungsbeweis gelingt in der Praxis nur höchst selten,[1545] und im Bereich der Produkthaftung lässt sich sagen, der Exkulpationsbeweis für Verrichtungsgehilfen sei praktisch „tot".[1546] Damit zeigt sich der **instrumentelle Charakter der Organisationspflichten** als bloßes „Mittel, um Versäumnisse des Beauftragten dem Pflichtenträger haftungsbegründend zuzurechnen",[1547] schärfer formuliert: als Vehikel zur Ausschaltung des Entlastungsbeweises nach § 831 Abs. 1 S. 2. Diese Einschätzung bestätigt sich, wenn das deutsche Deliktsrecht mit Rechtsordnungen verglichen wird, die eine unbedingte Zurechnung des Gehilfenverschuldens nach dem Modell des respondeat superior vornehmen: Letzteren sind die in Deutschland so prominenten Organisationspflichten im Bereich der Unternehmenshaftung gänzlich unbekannt.[1548] Sie sind funktionales Äquivalent für eine Zurechnungsregel, die dem Unternehmensträger das pflichtwidrige Verhalten sämtlicher Mitarbeiter anlastet.[1549]

389 Im Interesse der Rechtsklarheit und Methodenehrlichkeit wäre es vorzugswürdig, sich mit dem beschriebenen Zustand nicht zufrieden zu geben, sondern das **Unternehmenshaftungsrecht auf eine dogmatische Grundlage** zu stellen, die dem Stand der Rechtsentwicklung entspricht. Die Maxime, das arbeitsteilig organisierte Unternehmen deliktsrechtlich genauso zu behandeln wie eine einzige natürliche Person,[1550] bedarf im Interesse der Wettbewerbsgleichheit zudem der Verallgemeinerung für sämtliche Unternehmensträger, unabhängig von ihrer Organisationsform als Kapitalgesellschaft, Personengesellschaft oder Einzelkaufmann.[1551] Mit einer extensiven Anwendung des § 31 allein ist es deshalb nicht getan, sondern nötig ist eine Regel, die deliktisches Handeln der Mitarbeiter sämtlicher Hierarchieebenen dem Unternehmensträger ohne die Möglichkeit einer Entlastung zurechnet. Dieses Ziel ließe sich erreichen, wenn § 831 einem Vorschlag der Literatur folgend auf die „interne Delegation" von Verkehrspflichten einer Organisation nicht ange-

---

[1543] So bereits für die Deliktshaftung des Fiskus ohne jede Umschweife RGZ 52, 373, 374; 89, 136 f.; genauso RGZ 53, 53, 57; BGHZ 32, 53, 59 = NJW 1960, 860, 862; *Brüggemeier* AcP 191 (1991), 33, 43, 52, 64 f.; *K. Schmidt* Karlsruher Forum 1993, 4, 7 f.; *Medicus* ZGR 1998, 570, 576; *Haas*, Geschäftsführerhaftung und Gläubigerschutz, S. 215 ff., 223; *Spindler* Unternehmensorganisationspflichten S. 859; die Unternehmensbezogenheit der Verkehrspflichten in ihrer historischen Entwicklung wird herausgearbeitet bei *Kleindiek*, Deliktshaftung und juristische Person, S. 127 ff., 214 ff., 284 ff.

[1544] Den Übergang markieren die Entscheidungen BGH NJW 1968, 247, 248; 1973, 1602, 1603.

[1545] Vgl. BGH NJW 1991, 98, 99, wo die Entlastung immerhin für möglich gehalten wird.

[1546] *Diederichsen* NJW 1978, 1281, 1287.

[1547] *Kleindiek*, Deliktshaftung und juristische Person, S. 300; vgl. auch *Steffen* ZVersWiss. 1993, 13, 27 f.; *Schlechtriem*, FS Heiermann, 1995, S. 281, 284; ähnlich *Spindler* Unternehmensorganisationspflichten S. 780 ff., 793, 988, 1012 f., 1028: Organisationspflicht weniger Pflicht als Zurechnungsregel.

[1548] Dazu iE *Wagner* in: *Zimmermann*, Grundstrukturen des Europäischen Deliktsrechts, S. 189, 299. Anders verhält es sich bezeichnenderweise bei Einschaltung externer Dritter (sog. independent contractors), deren Verhalten dem Prinzipal *nicht* zugerechnet wird.

[1549] *Steffen* ZVersWiss. 1993, 13, 27 f.; ähnlich *Spindler* Unternehmensorganisationspflichten S. 781 ff., 1012 f., 1028.

[1550] Dazu *K. Schmidt* Karlsruher Forum 1993, 4, 7 f. Zur Vermittlung dieses Grundsatzes mit der Entstehungsgeschichte des § 31 *Kleindiek*, Deliktshaftung und juristische Person, S. 238 ff., 240.

[1551] Dies ist das berechtigte Petitum von *Reuber*, Die haftungsrechtliche Gleichbehandlung von Unternehmensträgern, S. 332 ff., 344 f. und passim; vgl. auch *Kleindiek*, Deliktshaftung und juristische Person, S. 243 ff., 274, der § 31 auf sämtliche Fälle der organschaftlichen Verwaltung eines rechtlich verselbstständigten Sondervermögens analog anwenden will.

wandt würde (dagegen RdNr. 299 f.).¹⁵⁵² Die Vorschrift wäre teleologisch zu reduzieren und auf diejenigen Fallkonstellationen zu beschränken, in denen ein Prinzipal einen Gehilfen mit einer bestimmten Verrichtung beauftragt und letzterer gegen andere deliktische Pflichten als diejenigen des Unternehmens verstößt.¹⁵⁵³ Aus dem privaten Bereich ist beispielhaft der Babysitter zu nennen, der in Bad oder Küche Unheil anrichtet, so dass die Nachbarn zu Schaden kommen, während im gewerblichen Bereich § 831 einschlägig bliebe, wenn Bauarbeiter systematisch Material des Bauherrn beiseite schaffen.¹⁵⁵⁴ Maßgebendes Differenzierungskriterium wäre stets die Frage, ob der Gehilfe Verkehrspflichten seines Prinzipals erfüllt – dann ist eine Entlastung im Hinblick auf das Gehilfenverhalten nicht möglich – oder, ob er ihn selbst originär treffende deliktische Sorgfaltspflichten verletzt hat, mit der Folge, dass sich der Geschäftsherr nach Maßgabe des § 831 Abs. 1 S. 2 entlasten kann.

Der **teleologischen Reduktion des § 831** steht allerdings der Wortlaut der Vorschrift **390** ebenso wie ihre Entstehungsgeschichte entgegen, denn die Zweite Kommission hat bei der Beratung des späteren § 831 eine unbedingte Einstandspflicht von Unternehmen für das Verhalten ihrer Verrichtungsgehilfen im Interesse mancher „der Schonung bedürfenden industriellen Zweige" sowie kleiner Landwirtschaftsbetriebe abgelehnt (eingehend zur Entstehungsgeschichte § 831 RdNr. 1 ff.).¹⁵⁵⁵ Im internationalen Vergleich wäre die Zurechnung des Gehilfenversagens über § 823 Abs. 1 insofern eine Anomalie, als die Regel des respondeat superior dem allgemeinen Deliktstatbestand des § 823 Abs. 1 implantiert und damit die **Unterscheidung von Eigendelikt und Zurechnung von Gehilfendelikten** einplaniert würde. Genauso wenig kann es überzeugen, die Unternehmenshaftung als Gefährdungshaftung auszugestalten wie dies im amerikanischen Konzept der **enterprise liability** anklingt und in den Vorarbeiten zur aktuellen Reform des schweizerischen Haftungsrechts vorgeschlagen worden ist, denn auch dieser Ansatz bleibt dem Grundfehler des BGB verhaftet, die Haftung für Gehilfenversagen als Delikt des Geschäftsherrn zu konzipieren bzw. in einem anderen Haftungsgrund in der Person des Prinzipals zu verankern.¹⁵⁵⁶ Dieser Fehler wirkt sich hier nur in die andere Richtung, nämlich zu Lasten des Unternehmens aus. Wie das französische und das englische Recht eindrucksvoll belegen, lösen sich die Probleme der Unternehmenshaftung ebenso wie diejenigen der Organhaftung¹⁵⁵⁷ praktisch in Luft auf, sobald dem Geschäftsherrn das Delikt des Gehilfen – dessen es allerdings bedarf – einfach zugerechnet wird.¹⁵⁵⁸ Eben diese Regel des respondeat superior war im Referentenentwurf von 1967 vorgesehen (Vor § 823 RdNr. 83)¹⁵⁵⁹ und wurde von den Gutachtern zur Schuldrechtsreform gefordert (Vor § 823 RdNr. 81),¹⁵⁶⁰ ist vom Zweiten Schadensrechtsänderungsgesetz jedoch gleichwohl nicht realisiert worden (Vor § 823 RdNr. 80 f.; § 831 RdNr. 3 ff.). In dieser rechtspolitisch umstrittenen Frage bleibt wohl nur die Hoffnung auf die **europäische Privatrechtsangleichung** (Vor § 823 RdNr. 84). In der Tat sieht **Art. VI.-3201 DCFR** eine strikte

---

[1552] *Baums*, FS Lukes, 1989, S. 623, 632 ff.; vorsichtiger *K. Schmidt*, FS Raisch, S. 189, 203 ff.; *Steffen* ZVersWiss. 1993, 13, 28: Annäherung an § 278.

[1553] So *Baums*, FS Lukes, 1989, S. 623, 635 f.; vgl. auch *Soergel/Krause* Anh. II RdNr. 69.

[1554] So der Fall BGHZ 11, 151, 153 ff.

[1555] Prot. II S. 603 = Mugdan II S. 1094.

[1556] Eingehend *Wagner* in: Zimmermann, Grundstrukturen des Europäischen Deliktsrechts, S. 189, 301 ff.; zum österreichischen Reformentwurf, der im wesentlichen dem Stand der Rechtsentwicklung in Deutschland entspricht *Wagner* JBl. 2008, 2, 11 ff.

[1557] Dazu RdNr. 393 ff., sowie *Wagner* in: Zimmermann, Grundstrukturen des Europäischen Deliktsrechts, S. 189, 293, 295.

[1558] *Wagner* in: Zimmermann, Grundstrukturen des Europäischen Deliktsrechts, S. 189, 291 ff.

[1559] BMJ, Referentenentwurf eines Gesetzes zur Änderung und Ergänzung schadensersatzrechtlicher Vorschriften, Bd. I, II, 1967. Danach sollte § 831 folgenden Wortlaut erhalten: „Wer einen anderen zu einer Verrichtung bestellt, ist, wenn der andere in Ausführung der Verrichtung durch eine vorsätzlich oder fahrlässig begangene unerlaubte Handlung einem Dritten einen Schaden zufügt, neben dem anderen zum Ersatz des Schadens verpflichtet."

[1560] *Schlechtriem*, Vertragliche und außervertragliche Haftung in: BMJ (Hrsg.), Gutachten und Vorschläge zur Überarbeitung des Schuldrechts, Bd. II, S. 1591, 1678; *v. Bar*, Deliktsrecht, S. 1681, 1762.

Zurechnung des Verhaltens von Mitarbeitern jedweder Hierarchiestufe zum Unternehmensträger vor.[1561]

II. Persönliche Haftung der Leitungsorgane und Mitarbeiter juristischer Personen

391 Mit der **Anerkennung deliktischer Sorgfaltspflichten des Unternehmens selbst** (RdNr. 387) ist das Konstruktionsprinzip der Akzessorietät, also der Abhängigkeit der Einstandspflicht der Korporation vom Vorliegen eines Organ- oder Gehilfendelikts, obsolet und die Unternehmenshaftung nicht notwendig parasitär zur Mitarbeiterhaftung. Damit scheint die Frage nach der persönlichen Haftung von Unternehmensmitarbeitern, seien es solche der Leitungsebene, seien es Arbeitnehmer nachgeordneter Ebenen, ohne weiteres erledigt zu sein. In der viel diskutierten **Baustoff-Entscheidung** ist der BGH dieser Logik jedoch nicht gefolgt, sondern hat die **Haftung der Leitungsorgane für unerlaubte Handlungen der Organisation** bejaht. Tatsächlich war dieser Schritt weit weniger spektakulär als vielfach angenommen wird, denn die persönliche Haftung von Arbeitnehmern für am Arbeitsplatz begangene Delikte ist seit jeher anerkannt. Eine Lösung der Problematik kann folgerichtig nur gelingen, wenn Arbeitnehmer und Mitglieder von Leitungsorganen an denselben Maßstäben gemessen und beide Fallgruppen konsistent behandelt werden.[1562] Bevor darauf im Einzelnen eingegangen wird, ist jedoch die **Haftung nach § 823 Abs. 2** zu untersuchen, die ganz **erhebliche Haftungsrisiken** insbesondere für Gesellschaftsorgane birgt.[1563]

392 **1. Haftung wegen Schutzgesetzverletzung. a) Grundlagen.** Über alle Meinungsverschiedenheiten um die Arbeitnehmer- und Organhaftung hinweg besteht bisher Einigkeit, dass **Arbeitnehmer** sich gemäß § 823 Abs. 2 schadensersatzpflichtig machen können, sofern sie von einem Schutzgesetz in die Pflicht genommen werden,[1564] und dasselbe gilt für **Leitungsorgane**, ggf. auch kumulativ zu ihrer Haftung im Innenverhältnis gemäß § 43 GmbHG.[1565] Bei **strafrechtlichen Schutzgesetzen** begründet die Vorschrift des **§ 14 Abs. 1 StGB** de facto eine weitreichende Verantwortung der Geschäftsführung für strafrechtlich relevante Vorgänge im Unternehmen.[1566] Daneben haftet das **Unternehmen selbst** über § 31 als Gesamtschuldner (§ 840 Abs. 1).[1567] Die Qualifikation einer Norm als Schutzgesetz begründet demnach häufig zugleich auch eine **persönliche Außenhaftung der Geschäftsleitung von Gesellschaften** mit beschränkter Haftung, ohne dass dies in der Schutzgesetzdogmatik bereits Niederschlag gefunden hätte. Allerdings hat der XI. ZS die Schutzgesetzeigenschaft des § 32 WpHG auch deshalb abgelehnt, weil damit die persönliche Außenhaftung der Mitarbeiter von Wertpapierdienstleistungsunternehmen begründet werde, was vor dem Hintergrund des § 37a WpHG nicht im Sinne des Gesetzgebers sein könne.[1568]

393 **b) Allgemeine Geschäftsleitungspflicht. Verbot der Einlagenrückgewähr.** Eine wichtige Haftungsbegrenzung zugunsten der Leitungsorgane juristischer Personen ergibt

---

[1561] *Wagner* in: v. Bar/Schulte-Nölke/Schulze (Hrsg.), Der akademische Entwurf für einen Gemeinsamen Referenzrahmen, 2008, S. 161, 184 ff.
[1562] *Grunewald* ZHR 157 (1993), 451, 456: kein Sonderrecht für Geschäftsführer; *Eckardt* in: Jahrbuch Junger Zivilrechtswissenschaftler 1996, S. 61, 66; *Kleindiek*, Deliktshaftung und juristische Person, S. 447 f.; vgl. auch *Brüggemeier* AcP 191 (1991), 33, 56.
[1563] Überblick zu den verschiedenen Gründen außervertraglicher Organhaftung bei *Groß* ZGR 1998, 551.
[1564] *Otto/Schwarze*, Die Haftung des Arbeitnehmers, RdNr. 471; *Denck*, Der Schutz des Arbeitnehmers vor der Außenhaftung, S. 75 f.
[1565] BGH (II. ZS) NJW 1994, 2027, 2028; *Lutter* GmbHR 1997, 329; 334; *Kleindiek*, Deliktshaftung und juristische Person, S. 4 f. 453.
[1566] Vgl. etwa BGH VersR 2006, 1374, 1376 Tz. 27; zur Problematik *Jakobs*, Strafrecht AT, Kap. 21 RdNr. 10 ff.; *Schönke/Schröder/Lenckner/Perron* § 14 StGB RdNr. 1 ff.; speziell zu § 266a Abs. 1 StGB RdNr. 390; für eine „Befreiung des Zivilrechts vom strafrechtlichen Denken" *Spindler* Unternehmensorganisationspflichten S. 895 f.; krit. auch *Maier-Reimer* NJW 2007, 3157, 3158 ff.; *Schneider/Brouwer* ZIP 2007, 1033, 1035.
[1567] BGH VersR 2006, 1374, 1376 Tz. 28; *Maier-Reimer* NJW 2007, 3157, 3159.
[1568] BGH NJW 2008, 1734, 1736 Tz. 23.

sich allerdings zunächst daraus, dass die **allgemeinen Leitungspflichten** der Vorstandsmitglieder und Geschäftsführer aus §§ 93 Abs. 1 AktG, 43 Abs. 1 GmbHG **keine Schutzgesetze** iS des § 823 Abs. 2 darstellen.[1569] Gleiches gilt für das in § 30 Abs. 1 GmbHG enthaltene **Verbot der Einlagenrückgewähr.**[1570] Diese Pflichten bestehen nämlich allein im Innenverhältnis zur Gesellschaft, nicht aber auch im Außenverhältnis zu Dritten. Genauso käme es einer Wendung der im Innenverhältnis zur Gesellschaft bestehenden Sorgfaltspflichten des Leitungsorgans ins Außenverhältnis gleich, wenn der an den Betriebs- bzw. Unternehmensinhaber adressierte, die Aufsichtspflicht in Unternehmen betreffende Ordnungswidrigkeitstatbestand des § 130 OWiG als Schutzgesetz anerkannt und mit Hilfe des § 9 Abs. 1, 2 OWiG auf die Mitglieder von Leitungsorganen der das Unternehmen tragenden juristischen Person projiziert würde. An dieser gesellschaftsrechtlichen Wertung scheitert die **Qualifikation des § 130 OWiG als Schutzgesetz.**[1571] Aus diesen Grundsätzen folgt, dass der Verstoß gegen die gesellschaftsrechtliche **Verpflichtung zur Sicherstellung risikoadäquaten Haftpflichtversicherungsschutzes** keine persönliche Außenhaftung der Geschäftsleiter gegenüber dem geschädigten Dritten auslöst.[1572]

c) **Bilanzierungspflicht.** Der BGH hat die Frage, ob die Bilanzierungspflicht nach § 41 GmbHG bzw. § 238 HGB ein Schutzgesetz iS des § 823 Abs. 2 ist, in einer älteren Entscheidung verneint,[1573] in einer neueren Entscheidung jedoch einen auf die Verletzung des § 41 GmbHG iVm. § 823 Abs. 2 gestützten Schadensersatzanspruch jedenfalls unter der Voraussetzung für möglich gehalten, dass ein **Dritter auf die Richtigkeit des Rechenwerks vertraut** und daraufhin Vermögensdispositionen getroffen, insbesondere der Gesellschaft einen Kredit gewährt hat.[1574] Dem ist jedenfalls insoweit zu folgen, als die Verletzung handelsrechtlicher Bilanzierungspflichten in den §§ 283 Abs. 1 Nr. 5 bis 7, 283b StGB[1575] oder in § 331 HGB unter Strafe gestellt ist.[1576]

d) **Insolvenzverschleppungshaftung.** aa) **Allgemeine Insolvenzantragspflicht.** Die Schutzgesetzeigenschaft von Normen, die das Leitungsorgan einer Gesellschaft im Fall des Eintritts der Zahlungsunfähigkeit zur Stellung des Insolvenzantrags verpflichten, wurde vor allem anhand der Regelung des § 64 GmbHG aF diskutiert, obwohl die parallelen Regelungen für den eingetragenen Verein (§ 42), die Aktiengesellschaft (§ 92 AktG) und die GmbH & Co. bzw. GmbH & Co. KG (§§ 130a, 177a HGB) dasselbe Problem aufwarfen. Mit dem Inkrafttreten der **GmbH-Reform** Ende 2008 sind die Insolvenzantragspflichten in den jeweiligen Gesellschaftsstatuten gestrichen und in **§ 15a Abs. 1 InsO** in einer Vorschrift zusammengeführt worden, die **für jeden Gesellschaftstyp** gilt.[1577]

bb) **Meinungsstand.** Der **BGH** qualifizierte **§ 64 Abs. 1 GmbHG** aF in ständiger Rechtsprechung als **Schutzgesetz,**[1578] und für § 15a Abs. 1 InsO nF kann nichts anderes

---

[1569] BGHZ 110, 342, 359f. = NJW 1990, 1725; BGHZ 125, 366, 375 = NJW 1995, 1801, 1803; BGH WM 1979, 853, 854; *Groß* ZGR 1998, 551, 555; *Maier-Reimer* NJW 2007, 3157, 3159; *Ulmer/Paefgen* § 43 GmbHG RdNr. 166.
[1570] BGHZ 110, 342, 359f. = NJW 1990, 1725; BGHZ 148, 167, 170 = NJW 2001, 3123.
[1571] BGHZ 125, 366, 373ff. = NJW 1995, 1801, 1804f.; *Ulmer/Paefgen* § 43 GmbHG RdNr. 221; ausf. *Spindler* Unternehmensorganisationspflichten S. 871 ff.
[1572] Zu dieser Verpflichtung BGH NJW-RR 1986, 572, 574; *R. Koch* ZGR 2006, 184, 190ff.
[1573] BGH BB 1964, 1273.
[1574] BGHZ 125, 366, 377ff. = NJW 1995, 1801, 1804f.; *K. Schmidt* ZIP 1994, 837, 842; *Groß* ZGR 1998, 551, 555; aA *Ulmer/Paefgen* § 41 GmbHG RdNr. 11f.
[1575] *Canaris*, FS Larenz, 1983, S. 27, 73f.; *Haas*, Geschäftsführerhaftung und Gläubigerschutz, S. 143ff.; *Staudinger/Hager* RdNr. G 42, G 47; *Baumbach/Hueck/Schulze-Osterloh* § 41 GmbHG RdNr. 3; mit Einschränkungen *Spindler* Unternehmensorganisationspflichten S. 899f.
[1576] MünchKommHGB/*Quedenfeld*, 2. Aufl. 2008, § 331 RdNr. 2; *Staub/Dannecker*, 4. Aufl. 2002, § 331 RdNr. 6; Beck BilKomm/*Hoyos/Huber*, 6. Aufl. 2006, § 331 RdNr. 40; *Baumbach/Hopt/Merkt* § 331 HGB RdNr. 1; *Maier-Reimer* NJW 2007, 3157, 3161.
[1577] *Wagner*, FS K. Schmidt, 2009, unter IV. (im Erscheinen).
[1578] BGHZ 29, 100, 102ff. = NJW 1959, 623f.; BGHZ 75, 96, 106 = NJW 1979, 1823, 1825f.; vgl. weiter BGHZ 126, 181, 190ff. = NJW 1994, 2220, 2222.; anders noch RGZ 73, 30, 35.

gelten.[1579] Die in der Literatur vertretene **Gegenmeinung,** die die Schutzgesetzeigenschaft des § 64 Abs. 1 GmbHG aF leugnete und die Lösung im Rahmen von § 64 Abs. 2 GmbHG aF (= § 64 S. 1 GmbHG nF) suchte,[1580] konnte schon unter dem alten Recht nicht überzeugen.[1581] Seinem Wortlaut nach ist der Tatbestand des § 64 S. 1 GmbHG auf „Zahlungen" nach Eintritt der Insolvenzreife beschränkt, und die Rechtsfolge ist auf Rückzahlung gerichtet. Diese Maßgaben stellen für die Insolvenzverschleppungshaftung ein Prokrustesbett dar, denn ihr Tatbestand muss sinnvollerweise jede Masseverkürzung erfassen und die Rechtsfolge ist auf Schadensersatz – und nicht auf Rückzahlung – zu richten. Für beides bieten die **§§ 15a Abs. 1 InsO, 823 Abs. 2 eine tragfähige Grundlage,** die zudem den Vorteil hat, sämtliche Gesellschaftstypen – einschließlich der **Scheinauslandsgesellschaften mit beschränkter Haftung** – erfassen zu können.[1582] Die Funktion des § 823 Abs. 2 besteht gerade darin, jenseits von § 826 für einen angemessenen **Schutz vor reinen Vermögensschäden** zu sorgen (RdNr. 329f.). Genau darum geht es bei der Insolvenzverschleppungshaftung, und nicht um einen Schutz „der Allgemeinheit" vor überschuldeten Kapitalgesellschaften.[1583]

397 **cc) Alt- und Neugläubiger.** Nach neuerer Rechtsprechung ist der Schutzbereich der §§ 15a Abs. 1 InsO, 823 Abs. 2 nicht mehr auf Altgläubiger begrenzt, die bereits im Zeitpunkt des Eintritts der Insolvenzreife Gläubiger der Gesellschaft waren, sondern er erstreckt sich auch auf die Neugläubiger, die diese Stellung erst erlangt haben, nachdem das Leitungsorgan die Insolvenzantragspflicht bereits verletzt hatte.[1584] Zudem ist heute anerkannt, dass der Neugläubiger nicht nur Anspruch auf Ersatz des sog. **Quotenschadens** hat, also des Nachteils, der infolge einer verschleppungsbedingten Verminderung der Insolvenzquote eintritt,[1585] sondern **Ersatz des Vertrauensschadens** verlangen kann.[1586] Den Vertrauensschaden erleidet der Neugläubiger dadurch, dass er der GmbH im Vertrauen auf deren Solvenz noch Geld- oder Sachmittel zur Verfügung stellt, ohne einen entsprechend werthaltigen Gegenanspruch zu erlangen; plastisch ist von **„Kreditgewährungsschaden"** die Rede.[1587] Diese Schadensersatzansprüche der Neugläubiger sind **außerhalb des Insolvenzverfahrens gegen den Geschäftsführer geltend zu machen,** weil es sich nicht um einen „Gesamtschaden" der Insolvenzgläubiger iS des § 92 InsO handelt.[1588] Der nach der Differenzhypothese berechnete Schaden des Neugläubigers ist von dem Quotenschaden der Altgläubiger verschieden und darf mit letzterem nicht in einen Topf geworfen werden, denn sonst würde er zu Lasten des Geschädigten sozialisiert.[1589]

398 In der **Literatur** hat das eben geschilderte Konzept des II. ZS Zustimmung,[1590] aber auch Ablehnung gefunden.[1591] Die **Alternativlösung** besteht darin, den durch die Insolvenz-

---

[1579] Eingehend *Wagner,* FS K. Schmidt, 2009 (im Erscheinen).
[1580] *Altmeppen/Wilhelm* NJW 1999, 673, 678f.; *Altmeppen* ZIP 2001, 2201, 2205ff.; *ders.* in: *Roth/Altmeppen* § 64 GmbHG RdNr. 94ff.
[1581] *K. Schmidt* ZHR 168 (2004), 637, 640, 659; *Haas* DStR 2003, 423, 427; *Baumbach/Hueck/Schulze-Osterloh* § 64 GmbHG RdNr. 90; anders nur RGZ 73, 30, 32ff., 35; *Altmeppen/Wilhelm* NJW 1999, 673; *Altmeppen* in: *Roth/Altmeppen* § 64 GmbHG RdNr. 94.
[1582] Dazu BT-Drucks. 16/6410 S. 134.
[1583] Vgl. demgegenüber *Altmeppen* ZIP 2001, 2201, 2205.
[1584] BGHZ 29, 100, 104ff. = NJW 1959, 623, 624.
[1585] BGHZ 29, 100, 105ff., 107 = NJW 1959, 623, 624f.; genauso BGHZ 100, 19, 23ff. = NJW 1987, 2433, 2434f.
[1586] BGHZ 126, 181, 190ff. = NJW 1994, 2220, 2222; dazu *Groß* ZGR 1998, 551, 556.
[1587] BGHZ 171, 46, 52 Tz. 13 = VersR 2007, 1702; BGHZ 164, 50, 60 = NJW 2005, 3137.
[1588] BGHZ 138, 211, 214ff. = NJW 1998, 2667ff.; BGHZ 171, 46, 52 Tz. 13 = VersR 2007, 1702.
[1589] *Wagner,* FS K. Schmidt, 2009, unter VI. 4. (im Erscheinen).
[1590] *Lutter/Hommelhoff* § 64 GmbHG RdNr. 40; *Flume* ZIP 1994, 337, 339ff.; *Bork* ZGR 1995, 505, 512ff.; *Karollus* ZIP 1995, 269f.; *Haas,* Geschäftsführerhaftung und Gläubigerschutz, S. 97ff., 103f.; *Spindler* Unternehmensorganisationspflichten S. 860.
[1591] *K. Schmidt* NJW 1993, 2934; *ders.* NZI 1998, 9, 13f.; *Ulmer* ZIP 1993, 769, 771f.; *Canaris* JZ 1993, 649; *Altmeppen/Wilhelm* NJW 1999, 673; *Altmeppen* in: *Roth/Altmeppen* § 64 GmbHG RdNr. 94ff.; *Baumbach/Hueck/Schulze-Osterloh* § 64 GmbHG RdNr. 93.

verschleppung bei sämtlichen Gläubigern entstehenden Quotenschaden zu bündeln und der Gesellschaft zuzuweisen, mit der Folge, dass der **Aggregatschadensersatzanspruch** in der Insolvenz gemäß § 92 InsO vom Verwalter im Interesse sämtlicher Gläubiger geltend zu machen wäre.[1592] Die Neugläubiger – und nur diese – könnten ihren über den allgemeinen Quotenschaden hinausgehenden Schaden ggf. außerhalb des Insolvenzverfahrens geltend machen. Obwohl der Geschäftsleiter die Vertragsverhandlungen als Organ der Gesellschaft führt, soll er auf der Grundlage der **culpa in contrahendo** gemäß § 311 Abs. 3 S. 2 für den Schaden des Neugläubigers aufkommen müssen, weil er selbst – stets und ohne weiteres – besonderes Vertrauen für die Mindest-Bonität der Gesellschaft in Anspruch nehme.[1593] Diese **Konstruktion vermag nicht zu überzeugen.**[1594] Zum einen ist nicht ersichtlich, was mit der Auswechslung der Anspruchsgrundlage – c. i. c. statt § 823 Abs. 2 – eigentlich gewonnen werden kann. Darüber hinaus ist offensichtlich, dass die Erklärung über die Mindest-Bonität der Gesellschaft von dem Geschäftsführer nicht abgegeben, sondern ihm lediglich in den Mund gelegt wird. Eine tragfähige Grundlage in dem privatautonom gesetzten Verhalten der Beteiligten hat sie daher nicht. Somit verdient die **Rechtsprechung Zustimmung,** wenn sie die einmal gewählte Anspruchsgrundlage der §§ 15 a Abs. 1 InsO, 823 Abs. 2 auch dann beibehält, wenn es um die individuellen Schäden der Neugläubiger geht.

Wird mit der Insolvenzverschleppungshaftung ein Kreditgewährungsschaden des Neugläubigers liquidiert, müsste dieser offenbar zunächst abwarten, welche Quote er im Insolvenzverfahren über das Vermögen der Gesellschaft erhält, um sodann den Restschaden gegen den Geschäftsleiter geltend zu machen. So hatte der BGH zunächst auch entschieden,[1595] doch mittlerweile ist diese Einschränkung fallen gelassen worden.[1596] Der Neugläubiger kann nunmehr den Geschäftsleiter bereits **vor Abschluss des Insolvenzverfahrens auf vollen Schadensersatz in Anspruch nehmen,** hat diesem aber im Gegenzug **analog § 255 die Insolvenzforderung gegen die Gesellschaft abzutreten.**[1597] Damit ist die praktische Wirkung der Insolvenzverschleppungshaftung deutlich gesteigert worden. Auf der Basis dieser Rechtsprechung lässt sich jedoch noch einen Schritt weiter gehen und das Übel beseitigen, dass der Insolvenzverwalter den gemäß § 92 InsO eingeforderten Quotenschaden für Alt- und Neugläubiger getrennt berechnen und entsprechende Sondermassen bilden müsste.[1598] Schließlich erleidet auch der Neugläubiger einen Quotenschaden, wenn der Geschäftsleider, wie regelmäßig, die Antragstellung nach Vertragsschluss weiter verzögert. Da jedoch mit der vom Neugläubiger entsprechend § 255 abgetretenen Insolvenzforderung der **Quotenschaden des Neugläubigers anteilig an den Geschäftsführer zurückfließt,** wird dessen Doppelhaftung zuverlässig vermieden. Verlangt der Verwalter Ersatz des Quotenschadens, nachdem der Neugläubiger bereits seinen Kreditgewährungsschaden liquidiert hat, kann ihm der Geschäftsleiter entgegen halten: dolo agit qui petit quod statim redditurus est.[1599]

Wie der BGH beiläufig ausgesprochen hat, kommt es für die **Unterscheidung zwischen Alt- und Neugläubigern** auf den Zeitpunkt an, in dem derjenige **Anspruch entstanden ist,** für den Schadensersatz begehrt wird.[1600] Unter der Prämisse, dass der Neugläubiger einen „Kreditgewährungsschaden" geltend macht, ist dies inkonsequent, denn danach dürfte es nicht auf die Entstehung des Anspruchs auf die Gegenleistung oder Rückzahlung, sondern es müsste auf den Zeitpunkt der Kreditgewährung durch Vorleistung oder Valutierung

---

[1592] *K. Schmidt* NZI 1998, 9, 10 f.; *ders.* ZGR 1998, 633, 667 f.; *ders.* KTS 2001, 373, 382 f.; *ders.* ZHR 168 (2004), 637, 642; im Ergebnis genauso *Altmeppen* in: *Roth/Altmeppen* § 64 GmbHG RdNr. 102.
[1593] *K. Schmidt* ZIP 1988, 1497, 1503 f.; *ders.* NJW 1993, 2934, 2935; enger *Altmeppen* ZIP 2001, 2201, 2210; *ders.* in: *Roth/Altmeppen* § 64 GmbHG RdNr. 103 ff.
[1594] Ausf. *Wagner*, FS K. Schmidt, 2009, unter IV. 3. (im Erscheinen); anders noch die 4. Aufl.
[1595] BGHZ 126, 181, 201 = NJW 1994, 2220, 2222.
[1596] BGHZ 171, 46, 55 Tz. 20 = VersR 2007, 1702.
[1597] BGHZ 171, 46, 55 Tz. 20 = VersR 2007, 1702.
[1598] *K. Schmidt* NZI 1998, 9, 10 f.; *ders.* ZGR 1998, 633, 667 f.; *ders.* KTS 2001, 373, 385 f.
[1599] Eingehend *Wagner*, FS K. Schmidt, 2009, unter VI. 5. (im Erscheinen).
[1600] BGH NJW 2007, 3130, 3131 Tz. 16.

§ 823 401–403

ankommen: Als Neugläubiger zu qualifizieren ist, **wer der Gesellschaft nach Eintritt der Insolvenzreife Kredit gewährt,** insbesondere eine Vorleistung erbracht hat.[1601]

401 **Keine Neugläubiger** sind Personen, die ihre **Forderung gegen die Gesellschaft erst nach Stellung des Insolvenzantrags erworben** haben und deshalb häufig den Status als Massegläubiger genießen.[1602] Dies trifft vor allem auf die **Bundesagentur für Arbeit** zu, die nach der Zahlung von **Insolvenzgeld** die Arbeitsentgeltansprüche der Arbeitnehmer aufgrund der Legalzession in § 187 SGB III geltend machen will.[1603] Da diese Ansprüche erst entstehen, nachdem die in § 15a Abs. 1 InsO ausgesprochene Verpflichtung zur Stellung des Insolvenzantrags bereits erfüllt worden ist, fallen sie aus dem Schutzbereich des § 823 Abs. 2 heraus; in Betracht kommt allein eine Haftung gemäß § 826 (§ 826 RdNr. 95).

402 dd) **Vertrags- und Deliktsgläubiger.** Der BGH bejaht die Aktivlegitimation von Neugläubigern gegenüber dem Geschäftsleiter nur mit Blick auf **Vertragsgläubiger** und schließt sog. „**unfreiwillige Gläubiger**", die ihre Rechtsstellung nicht einer freiwilligen Kreditgewährung an die GmbH, sondern der Verwirklichung eines gesetzlichen Tatbestands verdanken, aus dem Schutzbereich der §§ 15a Abs. 1 InsO, 823 Abs. 2 aus.[1604] Der Staat in seiner Rolle als **Steuergläubiger** erleidet dadurch allerdings keinen Nachteil, weil er sich auf Vorschriften in der Abgabenordnung stützen kann, die einen unmittelbaren Zugriff auf den Geschäftsleiter ermöglichen (§§ 69, 34, 191 AO). Bei **Sozialversicherungsträgern** ist fraglich, ob sie durch eine Verzögerung des Insolvenzantrags überhaupt einen Schaden erleiden.[1605] Die Leittragenden sind demnach vor allem **Deliktsgläubiger,** die durch ein der Gesellschaft zuzurechnendes Verhalten nach Eintritt der Insolvenzreife geschädigt werden. Indessen haben Deliktsgläubiger – im Gegensatz zu Vertragsgläubigern – keinerlei Möglichkeiten, sich selbst vor der Schädigung durch eine zahlungsunfähige GmbH zu schützen, während für Kreditgeber der Satz gilt: „caveat creditor".[1606] Auch aus dogmatischer Sicht überzeugt es nicht, Deliktsgläubiger zu diskriminieren.[1607] Zwar erleiden letztere keinen „Kreditgewährungsschaden", doch dies ist kein Argument, wenn die Haftung nicht auf culpa in contrahendo, sondern auf §§ 15a Abs. 1 InsO, 823 Abs. 2 gestützt wird. Der vom BGH betonte Zweck der Insolvenzantragspflicht, bankrotte Gesellschaften mit beschränktem Haftungsfonds vom Geschäftsverkehr fernzuhalten, damit durch das Auftreten solcher Gebilde nicht Gläubiger geschädigt oder gefährdet werden,[1608] trifft unabhängig davon zu, ob sie der Gesellschaft freiwillig oder unfreiwillig Kredit gewähren. Die Einbeziehung von Deliktsgläubigern führt auch nicht zu einer unreflektierten und uferlosen Haftung des Geschäftsführers für deliktisches Verhalten „seiner" Gesellschaft, weil der Ersatzanspruch nicht an die Primärverletzung, etwa einen Unfall mit einem fehlerhaften Produkt, sondern an die Verletzung der Insolvenzantragspflicht geknüpft wird.

403 ee) **Gesellschafter.** Der Schutzbereich der Haftung aus §§ 15a Abs. 1 InsO, 823 Abs. 2 bleibt auf die Gläubiger der Gesellschaft beschränkt und erstreckt sich nicht auf die **Gesell-**

[1601] OLG Saarbrücken NZG 2001, 414, 415; OLG Celle NZG 2002, 730, 732; *Haas* DStR 2003, 423, 427; vgl. auch BGHZ 171, 46, 52 Tz. 13.
[1602] BGHZ 108, 134, 136 = NJW 1989, 3277 = ZIP 1989, 1341, 1345.
[1603] Zuletzt BGHZ 175, 58 = ZIP 2008, 361, 362 Tz. 14.
[1604] BGHZ 164, 50, 61 f. = NJW 2005, 3137; offen gelassen in BGH ZIP 1999, 967 f.; 2003, 1713, 1714 m. Anm. *K. Schmidt* = DStR 2003, 1673 m. Anm. *Goette;* zust. genauso *Haas,* Geschäftsführerhaftung und Gläubigerschutz, 1997, S. 235 ff.; *Ulmer* ZIP 1993, 769, 771 f.; *Bork* ZGR 1995, 505, 519; *Altmeppen* in: *Roth/Altmeppen* § 64 GmbHG RdNr. 34; *Baumbach/Hueck/Schulze-Osterloh* § 64 GmbHG RdNr. 92.
[1605] Ein Schaden des Sozialversicherungsträgers wird verneint in BGH NJW 1999, 2182, 2183; DStR 2003, 1672 f. m. Anm. *Goette;* ZIP 2008, 361, 363 f.; OLG Saarbrücken ZIP 2007, 328, 329 f.; *Lutter/Hommelhoff/Kleindiek* § 64 GmbHG RdNr. 51; *Blank* ZInsO 2007, 188, 191; aA OLG Frankfurt NZG 1999, 947, 948; OLG Koblenz ZIP 2007, 120, 121 f.
[1606] Vgl. *Canaris* JZ 1993, 649, 652; vgl. auch die Nachweise in Fn. 1682 f.
[1607] Übereinstimmend *Reiff/Arnold* ZIP 1998, 1893, 1896 ff.; *Röhricht* ZIP 2005, 505, 508 f.; *Wagner,* FS Gerhardt, 2004, S. 1043, 1062 ff.; *ders.,* FS K. Schmidt, 2009 (im Erscheinen); *Lutter/Hommelhoff/Kleindiek* § 64 GmbHG RdNr. 41, 50.
[1608] BGHZ 126, 181, 193 f.

schafter der später insolventen GmbH.[1609] Nach der Gegenauffassung sind neu geworbene Gesellschafter, die von dem Geschäftsleiter zum Beitritt zu einer insolvenzreifen Gesellschaft verleitet werden, in den Schutzbereich der Insolvenzverschleppungshaftung einzubeziehen.[1610] Der BGH hat in einem ähnlichen Fall hingegen sogar Ansprüche aus § 826 verneint.[1611] Dieser Rechtsprechung ist mit Blick auf die Verantwortlichkeit des Geschäftsleiters zu folgen.[1612] Die persönliche Haftung der Geschäftsleitung wegen Weiterführung insolventer Gesellschaften dient dem Schutz eines den Gläubigern gewidmeten Haftungsfonds, **nicht** hingegen **dem Interesse der Gesellschafter** daran, dass die Gesellschaft ihre Schulden in vollem Umfang tilgen und dann zum Nutzen der Gesellschafter weiterexistieren kann. Würden dem Neu-Gesellschafter Ersatzansprüche gegen einen Geschäftsführer gewährt, geriete er in eine Konkurrenzsituation mit dem Insolvenzverwalter der Gesellschaft und den Ansprüchen der Neugläubiger und erhielte eine Befriedigung, die ihm nach der InsO nicht zusteht.

ff) Passivlegitimation, faktischer Geschäftsleiter. Die Insolvenzantragspflicht trifft **404** ausweislich des § 15a Abs. 1 InsO **jedes Mitglied des Vertretungsorgans** und jeden Abwickler persönlich. Eine wechselseitige Entlastung ist ausgeschlossen, bei mehrköpfigen Organen haften alle Geschäftsleiter gemäß § 840 Abs. 1 als **Gesamtschuldner.**[1613] Aufgrund der Neuregelung des § 15a Abs. 3 InsO ist bei **führungslosen GmbHs** darüber hinaus jeder Gesellschafter, bei führungslosen AGs jedes Mitglied des Aufsichtsrats zur Stellung des Insolvenzantrags verpflichtet, es sei denn, der Gesellschafter oder das Aufsichtsratsmitglied hatte von der Überschuldung oder von der Führungslosigkeit keine Kenntnis. Davon unberührt bleibt die Verpflichtung sog. faktischer Geschäftsführer, die gesellschaftsrechtlich nicht wirksam zum Organ bestellt worden sind, jedoch de facto wie ein solches agieren.[1614] Eine über diese Verantwortlichkeitskategorien noch hinausgehende Haftung der Gesellschafter gemäß § 830 wegen vorsätzlicher Teilnahme am Fahrlässigkeitsdelikt des Geschäftsführers ist abzulehnen (§ 830 RdNr. 13, 24 ff.).[1615]

e) Nichtabführung von Sozialversicherungsbeiträgen. Die Vorschrift des **§ 266a 405 Abs. 1 StGB,** die die Vorenthaltung von Arbeitnehmerbeiträgen zur Sozialversicherung durch den Arbeitgeber unter Strafe stellt, **ist** als **Schutzgesetz** iS des **§ 823 Abs. 2 zugunsten der Sozialversicherungsträger** anerkannt.[1616] Die Arbeitnehmer, denen durch die Nichtabführung von Sozialversicherungsbeiträgen idR kein Nachteil entsteht, können sich allein auf den Tatbestand des § 266a Abs. 2 StGB berufen.[1617] Die **unmittelbare persönliche Einstandspflicht** der die gesellschaftsrechtliche Organstellung wahrnehmenden Person, insbesondere des **Geschäftsführers** einer GmbH, ergibt sich dabei nicht aus allgemeinen Rechtsgrundsätzen, sondern aus der Zurechnungsnorm des § 14 Abs. 1 Nr. 1 StGB, nach der der Geschäftsführer so behandelt wird, als sei er persönlich der Sozialversicherungsbeiträge vorenthaltende „Arbeitgeber" iS des § 266a Abs. 1 StGB (RdNr. 392).[1618] Folgerichtig kennt die Rechtsprechung **keine haftungsbefreiende Delegation,** und zwar weder

---

[1609] BGHZ 29, 100, 103 = NJW 1959, 623 f.; BGHZ 75, 96, 107 = NJW 1979, 1823, 1826 f.; BGHZ 96, 231, 237 = NJW 1986, 837, 839; *Scholz/K. Schmidt* § 64 GmbHG RdNr. 57; *Altmeppen* in: *Roth/Altmeppen* § 64 GmbHG RdNr. 61.
[1610] *J. Ekkenga,* FS Hadding, 2004, S. 343 ff.
[1611] BGHZ 96, 231, 235 ff. = NJW 1986, 837, 838 f. – BuM; BGH LM (Gd) Nr. 22.
[1612] Ausf. *Wagner,* FS K. Schmidt, 2009, unter V. 4. (im Erscheinen).
[1613] *Wagner,* FS K. Schmidt, 2009, unter VII. 1. (im Erscheinen).
[1614] BT-Drucks. 16/6140 S. 135; *Wagner,* FS K. Schmidt, 2009, unter VII. 2., 3. (im Erscheinen).
[1615] *Wagner,* FS K. Schmidt, 2009, unter VII. 4. (im Erscheinen).
[1616] BGHZ 134, 304, 307 = NJW 1997, 1237; BGHZ 136, 332, 333 = NJW 1998, 227; BGHZ 144, 311, 313 f. = NJW 2000, 2993; BGH NJW 2005, 2546, 2547; BAG VersR 2006, 984; Übersicht bei *Groß* ZGR 1998, 551, 557 ff.; *ders.* ZIP 2001, 945, 947 ff.; *Schneider/Brouwer* ZIP 2007, 1033.
[1617] BAG VersR 2006, 984.
[1618] BGH NJW 2002, 1123, 1124 = JZ 2002, 666 m. Anm. *Katzenmeier*; BGHSt 47, 318, 324 = NJW 2002, 2480; vgl. allg. *Schönke/Schröder/Lenckner/Perron* § 14 StGB RdNr. 8; krit. *Maier-Reimer* NJW 2007, 3157 f.; *Schneider/Brouwer* ZIP 2007, 1033, 1035.

in vertikaler Richtung, also auf Mitarbeiter, noch in horizontaler Richtung, auf andere Mitglieder eines kollektiven Geschäftsführungsorgans. Zwar darf der Geschäftsleiter andere Personen mit der Abführung der Sozialversicherungsbeiträge betrauen, doch muss er die Erfüllung der Pflicht durch organisatorische Maßnahmen sicherstellen und die zuständigen Mitarbeiter überwachen,[1619] wobei sich diese Pflicht in der Unternehmenskrise zu einer akuten Kontroll- und Eingriffspflicht verdichtet.[1620] All das gilt selbstverständlich erst **ab dem Zeitpunkt der Bestellung zum Geschäftsführer,** so dass eine straf- und deliktsrechtliche Verantwortlichkeit für die Fehler der eigenen Vorgänger ausscheidet.[1621] Wie die Insolvenzverschleppungshaftung (RdNr. 404) ist auch die Haftung aus §§ 266 a StGB, 823 Abs. 2 nicht an einen gesellschaftsrechtlich perfekten Bestellungsakt geknüpft, sondern sie trifft auch **faktische Geschäftsführer.**[1622] Zum Regress nach Zahlung von **Insolvenzgeld** vgl. § 826 RdNr. 97.

406   Die **Rechtsstellung des Geschäftsleiters in der Krise der Gesellschaft ist äußerst prekär,** weil **Pflichten** zugunsten verschiedener Schutzziele miteinander **kollidieren** und die **Rangordnung** dieser Pflichten unklar ist. Im einzelnen konfligieren (1) die **Verpflichtung zur Zahlung von Sozialversicherungsbeiträgen** nach Maßgabe der §§ 28 d ff. SGB IV, deren Nichterfüllung in § 266 a StGB unter Strafe gestellt ist; (2) das dem § 130 InsO zugrunde liegende **Verbot der Privilegierung einzelner Gläubiger** im Vorfeld der Insolvenz; (3) die **Verpflichtung zur Erhaltung der Masse** zugunsten aller Gläubiger gemäß § 64 GmbHG nF (§ 64 Abs. 2 GmbHG aF). Die dadurch für den Geschäftsleiter heraufbeschworene Rechtsunsicherheit ist im Hinblick auf die einschneidenden Rechtsfolgen unter rechtsstaatlichen Gesichtspunkten bedenklich, denn es drohen die Strafbarkeit gemäß § 266 a StGB, die Haftung auf Schadensersatz gemäß §§ 266 a StGB, 823 Abs. 2, die Verpflichtung zur Rückgewähr geleisteter Zahlungen gemäß § 64 S. 1 GmbHG nF (§ 64 Abs. 2 GmbHG aF)[1623] sowie die Haftung auf Rückgewähr gemäß § 143 Abs. 1 InsO.

407   Im Ausgangspunkt ist anerkannt, dass die Strafbarkeit nach § 266 a StGB und somit auch die daran geknüpfte **Haftung** nach § 823 Abs. 2 entfällt, wenn die Erfüllung der sozialrechtlichen Leistungspflicht dem Unternehmen mangels finanzieller Leistungsfähigkeit **unmöglich** geworden ist.[1624] Dies ist nicht schon dann der Fall, wenn das Unternehmen seinen Arbeitnehmern überhaupt keinen oder nur einen Teil des vereinbarten Lohns gezahlt hat, denn Tathandlung des § 266 a Abs. 1 StGB ist nicht das „Einbehalten", sondern das „Vorenthalten" von Versicherungsbeiträgen.[1625] Auch der **Eintritt der Zahlungsunfähigkeit im insolvenzrechtlichen Sinne (§ 17 Abs. 2 InsO) lässt die Beitragspflicht und die Strafandrohung unberührt.** Die Grenze ist erst dann überschritten, wenn das Unternehmen nicht mehr über genug liquide Mittel verfügt, um gerade die Arbeitnehmeranteile am Sozialversicherungsbeitrag zu decken.[1626] Selbst wenn es an der Leitungsfähigkeit der Gesellschaft zur Zahlung der Beiträge fehlt, kommt eine Verantwortlichkeit des Geschäftsführers dennoch in Betracht, wenn ihn an der Leistungsunfähigkeit ein Verschulden trifft. Der Geschäftsführer ist bei sich **abzeichnender Krise** verpflichtet, die zukünftige, fristgerechte Erfüllung der nach § 266 a Abs. 1 strafbewehrten Pflichten durch die Bildung von Rücklagen, notfalls durch Kürzung von Nettolöhnen sicherzustellen.[1627] Die **Beweislast** für diese Umstände, insbesondere in Bezug auf die Möglichkeit bzw. Finanzkraft zur Abführung der

---

[1619] BGHSt 47, 318, 325 = NJW 2002, 2480.
[1620] BGHZ 133, 370, 377 ff. = NJW 1997, 130, 132; *Groß* ZIP 2001, 945, 946.
[1621] BGH NJW 2002, 1122.
[1622] BGHSt 47, 318, 324 f. = NJW 2002, 2480.
[1623] Dazu BGHZ 146, 264; BGH NJW 2003, 2316; eingehend *K. Schmidt* ZHR 168 (2004), 637, 644 ff.
[1624] BGHZ 133, 370, 379 f. = NJW 1997, 130, 132; BGHZ 134, 304, 307 = NJW 1997, 1237; BGH NJW 1998, 1306; 2000, 2993; 2002, 1123, 1124; NJW-RR 2003, 966, 967; 2005, 2546, 2547; NJW 2006, 3573; NJW-RR 2007, 991, 993; BGHSt 47, 318, 320 = NJW 2002, 2480, 2481.
[1625] BGH NJW 2000, 2993, 2994; 2001, 967, 969; 2002, 1122; 2002, 1123, 1124 f.
[1626] BGH ZIP 1996, 1989, 1900; NJW 2002, 1123, 1124; *Groß* ZIP 2001, 945, 949.
[1627] BGHZ 134, 304, 314 = NJW 1997, 1237, 1239; BGH NJW 2001, 967, 968; 2001, 969, 970; 2006, 3573; NJW-RR 2007, 991, 993.

Sozialversicherungsbeiträge, trägt der klagende Sozialversicherungsträger, wobei allerdings dem Geschäftsführer eine sekundäre Behauptungslast auferlegt wird.[1628]

Im Ergebnis wird das Mitglied eines gesellschaftsrechtlichen Leitungsorgans durch die eben geschilderte Rechtsprechung dazu gezwungen, den Ansprüchen der Sozialversicherungsträger, soweit sie den Arbeitnehmeranteil am Versicherungsbeitrag betreffen, **absoluten Vorrang gegenüber allen anderen Forderungen** einzuräumen. Die Erfüllung anderer fälliger Forderungen entlastet den Geschäftsführer weder straf- noch haftungsrechtlich, soweit sie dazu führt, dass im Anschluss die Mittel zur Erfüllung der sozialrechtlichen Pflichten fehlen.[1629] Der früher zuständige VI. ZS stützte dieses Privileg vor allem auf den Willen des Gesetzgebers sowie die Regelung des § 266a Abs. 6 StGB, die in Krisensituationen lediglich das Absehen von Strafe gestattet.[1630] Der 5. Strafsenat des BGH hat sich dieser Rechtsprechung angeschlossen und sie fortgeführt.[1631] Insbesondere hat er betont, das Gebot der Gleichbehandlung aller Gläubiger und die darauf aufsetzende Masseerhaltungspflicht gemäß § 64 GmbHG nF (§ 64 Abs. 2 S. 1 GmbHG aF) sei im Rahmen von § 266a StGB kein Rechtfertigungsgrund.[1632]

Der seit kurzem zuständige II. ZS[1633] ist demgegenüber mehrfach in obiter dicta davon ausgegangen, dass nach Eintritt der Insolvenzreife die **Masseerhaltungspflicht aus § 64 GmbHG nF** die straf- und zivilrechtliche Haftung nach § 266a StGB und § 823 Abs. 2 verdränge.[1634] Das der Zahlung von Versicherungsbeiträgen zugrunde liegende Motiv, die straf- und zivilrechtliche Haftung zu vermeiden, sei im Rahmen von § 64 Satz 2 GmbHG kein Entschuldigungsgrund. Der Geschäftsleiter befindet sich damit nach Eintritt der Insolvenzreife des Unternehmens in einem haftungsrechtlichen Dilemma. Führt er die Sozialversicherungsbeiträge nicht ab, macht er sich strafbar und haftet dem Sozialversicherungsträger persönlich nach § 823 Abs. 2 iVm. § 266a StGB. Führt er die Beiträge dagegen ab, entgeht er zwar der Strafverfolgung und der Haftung gegenüber dem Sozialversicherungsträger, läuft jedoch Gefahr, vom Insolvenzverwalter auf Erstattung der gezahlten Beträge zur Masse in Anspruch genommen zu werden. Der 5. Strafsenat hat diese Zwickmühle dadurch aufgelöst, dass er die Masseerhaltungspflicht nach § 64 GmbHG nF innerhalb der **Dreiwochenfrist des § 64 Abs. 1 GmbHG aF (§ 15a Abs. 1 InsO nF) als Rechtfertigungsgrund** für die Vorenthaltung von Sozialversicherungsbeiträgen qualifiziert hat.[1635] Führt der Geschäftsleiter nach Ablauf dieser Frist das Unternehmen trotz fortbestehender Insolvenzreife weiter, lebt der Vorrang der sozialrechtlichen Pflichten wieder auf.[1636] Der 5. Strafsenat begründet diese Rechtsprechung mit der Erwägung, das Leitungsorgan könne die Pflichtenkollision jederzeit durch Stellung des Insolvenzantrags auflösen.[1637] Der **II. ZS** hat sich mit dieser Judikatur abgefunden und den damit gegebenen **Vorrang des § 266a StGB vor der Masseerhaltungspflicht des § 64 GmbHG hingenommen.** Soweit die Strafandrohung gemäß § 266a StGB reicht, ist die Auszahlung von Sozialversicherungsbeiträgen „mit den Pflichten eines ordentlichen und gewissenhaften Geschäftsleiters" iS von § 64 Satz 2 GmbHG nF vereinbar.[1638] Das Leitungsorgan haftet demnach der Masse gegenüber nicht.

[1628] BGH NJW 2002, 1123, 1124 f.; 2005, 2546, 2547.
[1629] BGHZ 134, 304, 310 = NJW 1997, 1237, 1238.
[1630] BGHZ 134, 304, 310 ff. = NJW 1997, 1237, 1238 f.
[1631] BGHSt 47, 318, 321 ff. = NJW 2002, 2480; BGHSt 48, 307, 308 ff. = NJW 2003, 3787; BGHSt NJW 2005, 3650, 3652.
[1632] BGHSt 48, 307, 310 = NJW 2003, 3787; BGHSt NJW 2005, 3650, 3652.
[1633] Vgl. *Schneider/Brouwer* ZIP 2007, 1033, 1035.
[1634] BGHZ 146, 264, 275 = NJW 2001, 1280; NJW 2005, 2546, 2548; genauso OLG Brandenburg ZIP 2007, 724; OLG Naumburg GmbHR 2007, 1327; *Goette* ZInsO 2001, 529, 536; dagegen wiederum *Groß* ZIP 2001, 945, 950.
[1635] BGHSt 48, 307, 310 ff. = NJW 2003, 3787.
[1636] BGHSt 48, 307, 310 f. = NJW 2003, 3787; BGHSt NJW 2005, 3650, 3652.
[1637] BGHSt NJW 2005, 3650, 3652; dem folgen für die Haftung nach § 823 Abs. 2 OLG Hamburg ZIP 2007, 725; für die vergleichbare Problematik der Lohnsteuerhaftung des Leitungsorgans BFH ZIP 2007, 1604.
[1638] BGH NJW 2007, 2118, 2120 Tz. 12 m. zust. Anm. *Altmeppen*; ZIP 2008, 1275; NJW 2008, 2504, 2505 Tz. 13; anders noch BGH NJW 2005, 2546, 2548.

§ 823 410–414 Abschnitt 8. Titel 27. Unerlaubte Handlungen

410 Die Harmonisierung der Rechtsprechung der zuständigen Straf- und Zivilsenate des BGH ist zu begrüßen, da sie ein unabdingbares **Mindestmaß an Widerspruchsfreiheit** der Pflichtenordnung und Rechtssicherheit für gesellschaftsrechtliche Leitungsorgane schafft.[1639] Aus dem **Blickwinkel des Insolvenzrechts** ist der gegenwärtige Stand der Rechtsprechung jedoch **problematisch,** denn es kennt keinen Vorrang von Ansprüchen der Sozialversicherungsträger mehr, nachdem das früher in § 61 Abs. 1 Nr. 1 lit. d KO enthaltene Vorrecht weggefallen ist. Dementsprechend geht der IX. ZS davon aus, die einem Sozialversicherungsträger im Vorfeld der Insolvenz gewährte Befriedigung könne vom Insolvenzverwalter gemäß § 130 InsO (kongruente Deckung) auch dann angefochten werden, wenn sie gemäß § 266 a StGB geboten war![1640] Der Vorrang der Beitragspflicht gilt also zunächst nur für die Zeit der Unternehmenskrise vor Eröffnung des Insolvenzverfahrens und wird nur in denjenigen Fällen definitiv, in denen es nicht zur Eröffnung des Insolvenzverfahrens kommt, sei es, weil kein Insolvenzantrag gestellt, sei es, dass er mangels Masse abgewiesen wird (§ 26 Abs. 1 S. 1 InsO). Unter dem Gesichtspunkt des **Rechtsstaatsprinzips** ist es jedoch äußerst **bedenklich,** wenn der Geschäftsleiter durch Androhung von Straf- und Haftungssanktionen zu Zahlungen genötigt wird, die vom Insolvenzverwalter prompt wieder rückgängig gemacht werden können.[1641] Dies gilt umso mehr als die Anfechtbarkeit der hypothetisch erbrachten, in der Realität unterbliebenen Beitragszahlung die Strafbarkeit des Geschäftsleiters unberührt lassen soll.[1642] Pflichten, bei deren Geltendmachung der dolo agit-Einwand eingreifen würde, sollte der Staat nicht mit dem Schwert des Strafrechts durchsetzen.

411 Was den **Umfang des erstattungsfähigen Schadens** anbetrifft, so haftet der Geschäftsführer für die vorenthaltenen Arbeitnehmerbeiträge, soweit der Sozialversicherungsträger bei der insolventen Kapitalgesellschaft keine Befriedigung erlangen konnte. Allerdings kann der in Anspruch genommene Geschäftsführer einwenden, dass der Sozialkasse durch die Vorenthaltung kein Schaden entstanden sei, da bei **rechtmäßigem Alterntivverhalten** die Zahlung an die Sozialkasse ohnehin durch den Insolvenzverwalter gemäß § 130 InsO anfechtbar gewesen wäre.[1643] Eine Haftung auch für Säumniszuschläge gemäß § 24 Abs. 1 SGB IV, besteht nicht, da diese von § 266 a StGB nicht erfasst werden.[1644]

412 Die **Darlegungs- und Beweislast** für die tatsächlichen Voraussetzungen des Anspruchs aus §§ 266 a StGB, 823 Abs. 2 trägt der Ersatz begehrende Sozialversicherungsträger. Dies gilt auch für die Möglichkeit der Beitragsleistung.[1645] Der Geschäftsführer hat darzulegen und ggf. nachzuweisen, dass der Schaden auch bei rechtmäßigem Alternativverhalten eingetreten wäre.

413 **f) Sonstige Fälle.** Betreibt eine GmbH **Bankgeschäfte,** ohne über die dafür gemäß § 32 Abs. 1 S. 1 KWG erforderliche Erlaubnis zu verfügen, haftet die Gesellschaft enttäuschten Darlehensgebern und Kapitalanlegern nach § 823 Abs. 2[1646] und darüber hinaus der Geschäftsführer mit seinem Privatvermögen.[1647]

414 **2. Haftung nach § 823 Abs. 1. a) Organhaftung.** Im Mittelpunkt der Diskussion um die allgemeine Deliktshaftung der Mitglieder gesellschaftsrechtlicher Leitungsorgane steht das **Baustoff-Urteil** aus dem Jahr 1989, in dem der BGH den Geschäftsführer einer insolventen GmbH persönlich dafür verantwortlich machte, dass in dem Bauunternehmen unter verlängertem Eigentumsvorbehalt gelieferte Waren abredewidrig eingebaut und damit das Vorbehaltseigentum des klagenden Baustoffhändlers gemäß § 946 zum Erlöschen ge-

---

[1639] *Altmeppen* NJW 2007, 2121.
[1640] BGHZ 149, 100, 106 ff. = NJW 2002, 512; BGH ZIP 2003, 1666, 1668.
[1641] Ausdrücklich aA BGHSt 48, 307, 312 ff. = NJW 2003, 3787; BGH ZIP 2003, 1666, 1668.
[1642] BGHSt NJW 2005, 3650, 3652.
[1643] BGH NJW 2001, 967, 969; 2002, 1123, 1124; 2005, 2546, 2548.
[1644] BGH ZIP 1985, 996, 998, KG ZIP 2008, 506, 507 f.
[1645] BGH NJW 2005, 2546, 2547.
[1646] BGH ZIP 2006, 382, 385 Tz. 17 = VersR 2006, 546.
[1647] BGH VersR 2006, 1374, 1376 Tz. 27.

Schadensersatzpflicht 415 § 823

bracht worden war.¹⁶⁴⁸ In einem ersten Revisionsurteil in derselben Sache hatte der Senat dem Berufungsgericht noch in Übereinstimmung mit früheren Entscheidungen mit auf den Weg gegeben,¹⁶⁴⁹ eine Haftung des beklagten GmbH-Geschäftsführers für die Eigentumsverletzung komme in Betracht, „sofern und soweit er persönlich an ihr mitgewirkt hat (§ 830 Abs. 1 S. 1, Abs. 2)".¹⁶⁵⁰ In dem zweiten Revisionsurteil begründete der BGH die Verkehrspflichtverletzung des Geschäftsführers jedoch unter Berufung auf seine „Zuständigkeit für die Organisation und Leitung des Unternehmens" und legte ihm eine **„Garantenstellung zum Schutz fremder Rechtsgüter"** auf, die ihre Träger der Einflusssphäre der Gesellschaft anvertraut haben.¹⁶⁵¹ Die Brisanz einer derart weit gezogenen Verantwortung des Leitungsorgans ergibt sich vor allem aus der Funktion der Organisationspflichten als Surrogate für eine nach § 831 nicht zu begründende Einstandspflicht des Unternehmens für Delikte von Mitarbeitern jedweder Hierarchiestufe (vgl. RdNr. 388). Folglich ist die Gefahr nicht von der Hand zu weisen, dass die **Geschäftsleitung** im Ergebnis **für deliktisches Handeln „des Unternehmens"** bzw. sämtlicher Mitarbeiter verantwortlich gemacht wird. Die persönliche Haftung findet nach der Rechtsprechung erst dort eine sichere Grenze, wo der Vorstand oder Geschäftsführer auf Weisung eines anderen Organs, also der Mitglieder- oder Hauptversammlung gehandelt hat.¹⁶⁵² Schließlich müssen die Grundsätze der Baustoff-Entscheidung im Zusammenhang mit dem „Schärenkreuzer"-Urteil gesehen werden, nach dem die persönliche Deliktshaftung nicht nur gegenüber externen Dritten, sondern auch gegenüber **Mitgliedern des Verbands** selbst eingreift (vgl. RdNr. 171 ff.).¹⁶⁵³

In der **Literatur** hat die Baustoff-Entscheidung ein überwiegend **kritisches Echo** ausgelöst,¹⁶⁵⁴ dessen Grundmotiv die Sorge vor einer uferlosen bzw. mit der Haftung des Unternehmensträgers kongruenten Einstandspflicht von Leitungsorganen ist.¹⁶⁵⁵ Deren Haftung für Vorsatzdelikte und unmittelbare Verletzungshandlungen wird allerdings ebenso akzeptiert wie die Verantwortlichkeit nach § 823 Abs. 2.¹⁶⁵⁶ Der Streit betrifft allein die für die Praxis allerdings überragend wichtige Fallgruppe der mittelbaren Verletzungshandlungen. Eine **persönliche Haftung für Verkehrspflichtverletzungen** allgemein und für Organisationspflichtverletzungen im Besonderen wird von Teilen der Literatur grundsätzlich abgelehnt, denn im Außenverhältnis treffe die Pflicht zur Verkehrssicherung allein die juristische Person. Die Geschäftsleitung sei nur im Innenverhältnis zum Unternehmensträger zur Erfüllung der Sicherungspflichten verpflichtet, und es fehle an einer Übernahme dieser Aufgabe mit haftungsbegründender Wirkung im Außenverhältnis.¹⁶⁵⁷ Eine persönliche Haftung des Organs für Verkehrspflichtverletzungen kommt danach nur in Betracht, wenn

---

¹⁶⁴⁸ BGHZ 109, 297 = NJW 1990, 976 – Baustoff II = JZ 1990, 486 m. Anm. *Mertens/Mertens*.
¹⁶⁴⁹ RG GRUR 1936, 1084, 1089; 1929, 354, 355 f.; RGZ 91, 72, 76 f.; BGH GRUR 1957, 342, 347; 1964, 88, 89; NJW 1974, 1371, 1372; ZIP 1986, 183, 186 f. Eingehend zu dieser Fallgruppe *Götting* GRUR 1994, 6; *Haß* GmbHR 1994, 666; als Beispielsfall außerhalb des Immaterialgüterrechts vgl. BGH NJW 1991, 695, 696 – Zahnpressformen: persönliche Haftung des GmbH-Geschäftsführers bei unberechtigter Entfernung von Zubehörstücken eines pfandrechtlich belasteten Grundstücks.
¹⁶⁵⁰ BGHZ 100, 19, 25 = NJW 1987, 2433, 2434 f. – Baustoff I.
¹⁶⁵¹ BGHZ 109, 297, 303 = NJW 1990, 976, 977 f.
¹⁶⁵² BGHZ 110, 323, 335 = NJW 1990, 2877, 2879 f. – Schärenkreuzer.
¹⁶⁵³ BGHZ 110, 323, 334 = NJW 1990, 2877, 2879 f. – Schärenkreuzer.
¹⁶⁵⁴ Nachdrücklich zust. allerdings *Foerste* VersR 2002, 1 ff.
¹⁶⁵⁵ Vgl. nur *Lutter* ZHR 157 (1993), 464, 470 ff.; *ders.* GmbHR 1997, 329, 337; *Deutsch* Haftungsrecht I RdNr. 561; *Medicus*, FS W. Lorenz, 1991, S. 155, 163 ff.; *Lutter/Hommelhoff* § 43 GmbHG RdNr. 59 ff.; wN bei *Kleindiek*, Deliktshaftung und juristische Person, S. 8.
¹⁶⁵⁶ *Lutter* ZHR 157 (1993), 474, 466 f., 468 ff.; *ders.* GmbHR 1997, 329, 334; *Kleindiek*, Deliktshaftung und juristische Person, S. 453 ff.; *Mertens*, FS Sturm, Bd. II, 1999, S. 1055, 1062 f.; *Medicus*, FS W. Lorenz, 1991, S. 155, 165; *ders.* ZGR 1998, 570, 571; *Groß* ZGR 1998, 551, 552 ff.; *Spindler* Unternehmensorganisationspflichten S. 867; *Sandmann*, Die Haftung von Arbeitnehmern, Geschäftsführern und leitenden Angestellten, S. 428; als aktuelles Beispiel aus der Rspr. vgl. BGHZ 110, 323, 334 = NJW 1990, 2877, 2879 f. – Schärenkreuzer.
¹⁶⁵⁷ Eingehend *Kleindiek*, Deliktshaftung und juristische Person, S. 191 ff., 368 ff., 393 ff.; genauso *Lutter/Hommelhoff* § 43 GmbHG RdNr. 47; *Medicus* ZGR 1998, 570, 572 ff.; *Mertens/Mertens* JZ 1990, 488 f.; *Mertens*, FS Sturm, Bd. II, 1999, S. 1055, 1056 ff.

es selbst eine Quelle erhöhter Gefahr schafft oder selbst und gewissermaßen „vor Ort" als Bewahrungs- bzw. Beschützergarant auftritt.[1658] Alternativ dazu wird vorgeschlagen, die persönliche Einstandspflicht des Organs auf die Verletzung solcher **Pflichten** zu beschränken, die **gegenüber der Allgemeinheit** bestehen, bei Verletzung „vertragsbegleitender" Sorgfaltspflichten jedoch zu verneinen.[1659] Nach einer dritten Ansicht hängt die persönliche Einstandspflicht der Organmitglieder davon ab, dass der geschädigte Dritte konkret und erkennbar darauf vertraut hat, das Organmitglied werde seine Rechtsposition schützen.[1660] Schließlich wird vorgeschlagen, eine Verkehrspflichthaftung von Leitungsorganen von einem „Missbrauch des Unternehmensträgers als Zurechnungssubjekt von Gefahren und Risiken" abhängig zu machen, wobei die Vernachlässigung der dem Geschäftsführer oder Vorstandsmitglied obliegenden Organisationspflichten durchaus einen solchen Missbrauch begründen kann.[1661]

416   Durch diese Kritik hat sich der VI. ZS **bisher unbeeindruckt** gezeigt,[1662] obwohl sich auch der II. ZS in einem obiter dictum distanziert gegenüber dem Baustoff-Urteil geäußert hat.[1663] Die in der Folgezeit ergangene Kindertee-Entscheidung hat zudem deutlich gemacht, dass die Organhaftung nicht nur bei Insolvenz der juristischen Person eine praktische Rolle spielt, sondern auch dann, wenn die Forderung gegen letztere verjährt ist (vgl. RdNr. 428).[1664]

417   **b) Arbeitnehmerhaftung.** Strukturell genauso wie bei den Mitgliedern kollektiver Leitungsorgane stellt sich die Frage der persönlichen Haftung nachgeordneter Mitarbeiter dar. Wiederum besteht insofern Einigkeit, als die Haftung für vorsätzliche und „unmittelbar" verursachte Rechtsgutsverletzungen nicht angezweifelt wird.[1665] Die Auseinandersetzungen konzentrieren sich auf die mittelbaren Rechtsgutsverletzungen bzw. **Verkehrspflichtverletzungen.** Von einem Teil der Literatur wird die Arbeitnehmerhaftung für Verkehrspflichtverletzungen generell verneint: Allein der Arbeitgeber habe „Präventionsmacht", er könne das Haftungsrisiko am besten versichern, und nur ihm komme der Nutzen der Tätigkeit des Arbeitnehmers zugute, so dass er auch das korrespondierende Schadensrisiko tragen müsse.[1666] Die hM hingegen hält an der persönlichen Haftung des Arbeitnehmers auch für Verkehrspflichtverletzungen fest und bringt die eben genannten Zurechnungsgründe erst im Rahmen des **innerbetrieblichen Schadensausgleichs** zur Geltung: Weil der Arbeitgeber die innerbetrieblichen Anstrengungen zur Schadensprävention kontrolliert und Nutzen aus der Tätigkeit des Arbeitnehmers zieht, hat letzterer einen auf Freistellung von der Schadensersatzpflicht gerichteten Anspruch gegen seinen Arbeitgeber.[1667] Selbst im Innenverhältnis wird der Arbeitnehmer allerdings **nur bei einfacher Fahrlässigkeit** entlastet, während er für vorsätzlich verursachte Schäden und regelmäßig auch für solche infolge grob-fahrlässigen Verhaltens keine Freistellung verlangen kann.[1668] Auf das Außenverhältnis schlägt diese Risikoverteilung zwischen Arbeitgeber und Arbeitnehmer nicht

---

[1658] *Kleindiek*, Deliktshaftung und juristische Person, S. 457 ff.; *Lutter/Hommelhoff* § 43 GmbHG RdNr. 47; *Mertens/Mertens* JZ 1990, 488, 489 f.; *Mertens*, FS Sturm, Bd. II, 1999, S. 1055, 1062 f.; vgl. RdNr. 235 f.
[1659] *Grunewald* ZHR 157 (1993), 451, 455 ff., 458.
[1660] *Dreher* ZGR 1992, 22, 42 f.
[1661] *Haas*, Geschäftsführerhaftung und Gläubigerschutz, S. 256 ff., 266.
[1662] BGH ZIP 1996, 780.
[1663] BGHZ 125, 366, 375 f. = NJW 1995, 1801, 1803 f.
[1664] BGH NJW 2001, 964 = VersR 2001, 381 = ZIP 2001, 379 m. Anm. *Brüggemeier*; ausf. *Wagner* VersR 2001, 1057.
[1665] *Denck* BB 1989, 1192, 1196; *Otto/Schwarze*, Die Haftung des Arbeitnehmers, RdNr. 459; *Kleindiek*, Deliktshaftung und juristische Person, S. 452 ff.
[1666] Eingehend *Denck*, Der Schutz des Arbeitnehmers vor der Außenhaftung, S. 61 ff.; stärker diff. *Otto/Schwarze*, Die Haftung des Arbeitnehmers, RdNr. 461 ff.; *Kötz/Wagner* RdNr. 318; *Krause* VersR 1995, 752, 756 ff.; vgl. auch *Kleindiek*, Deliktshaftung und juristische Person, S. 446 ff.
[1667] BAG (GS) NJW 1995, 210, 211 f.; BGH NJW 1994, 856; *Otto/Schwarze*, Die Haftung des Arbeitnehmers, RdNr. 475 ff.; *Hanau/Adomeit*, Arbeitsrecht, 14. Aufl. 2007, RdNr. 704 ff., 713; primär präventiv motivierte Begründung bei *Kötz/Wagner* RdNr. 329 ff.
[1668] BAG NZA 1998, 140 f.; NJW 1998, 1810; 1999, 966, 967.

durch, so dass der Arbeitnehmer in der Tat persönlich für den Schaden aufzukommen hat, wenn sein Arbeitgeber insolvent ist und auch keine Betriebshaftpflichtversicherung eintritt.[1669]

c) Stellungnahme. Soweit die Literatur dem BGH folgt, wird § 31 als Überleitungsnorm konzipiert, der ein Delikt des Organs zwingend voraussetzt und Letzteres kumulativ der juristischen Person zurechnet.[1670] Auf dieser Grundlage lässt sich die Organhaftung nur einschränken, wenn gleichzeitig die Einstandspflicht des Unternehmensträgers zurückgestutzt wird. Letzteres bedeutet einen Rückfall hinter den bereits erreichten **Entwicklungsstand der Unternehmenshaftung,** weil ein Unternehmen Sicherheit nur im Wege arbeitsteiligen Zusammenwirkens gewährleisten kann und die Pflichten der Organisation deshalb notwendig über die Pflichten eines einzelnen Mitarbeiters gleich welcher Hierarchiestufe hinausgehen.[1671] Es verstößt auch nicht gegen das positive Recht, wenn dieser Einsicht Rechnung getragen wird, denn sie hatte sich bereits vor Beginn der Arbeiten am BGB in der Judikatur durchgesetzt und ist der Kodifikation zugrunde gelegt, jedenfalls durch sie nicht ausgeschlossen worden.[1672] Der um Begrenzung der Organ- und Mitarbeiterhaftung bemühten Literatur ist somit im Ausgangspunkt zuzustimmen: **Es überzeugt nicht, die dem Unternehmensträger obliegenden Sorgfaltspflichten auf den einzelnen Mitarbeiter zu projizieren** und damit insbesondere den Mitgliedern der Geschäftsleitung ein Haftungsrisiko aufzubürden, das sich ihrer Kontrolle von vornherein entzieht (vgl. RdNr. 414 f.). Dies gilt insbesondere für die Organisationspflichten, deren Funktion es ist, die haftungsrechtlichen Folgen des gemäß § 831 Abs. 1 S. 2 zulässigen Entlastungsbeweises bei Delikten nachgeordneter Mitarbeiter zu kompensieren, nicht aber, die Geschäftsleitung tatsächlich zu lückenloser Überwachung aller Betriebsangehörigen zu veranlassen.

Die deliktische Außenhaftung von Organen und Arbeitnehmern ist somit keine Blaupause der Unternehmenshaftung, sondern bedarf eigenständiger Begründung. Zu diesem Zweck **ungeeignet** ist allerdings die **Unterscheidung zwischen mittelbaren und unmittelbaren Rechtsgutsverletzungen,** wie sie von weiten Teilen der Literatur praktiziert wird (vgl. RdNr. 415). Letztere findet in der hier vertretenen Deliktsrechtskonzeption, die von einem einheitlich strukturierten Fahrlässigkeitsdelikt ausgeht, ohnehin keinen Platz (RdNr. 21 f., 26, 332 ff.), ist aber auch sonst nicht dazu geeignet, die persönliche Haftung von Unternehmensangehörigen zu erklären und zu begrenzen.[1673] Eine Krankenschwester, die fahrlässig ein Neugeborenes zu Boden fallen lässt (unmittelbare Verletzung), verletzt genauso Sorgfaltspflichten ihres Arbeitgebers wie ein Fließbandarbeiter, der ein Bauteil montiert, das ihm zuvor auf den Boden gefallen und infolgedessen defekt ist, so dass es beim Verbraucher zu einem Schaden führt (mittelbare Verletzung) oder ein Sprengmeister, der Schäden am Eigentum des Vertragspartners seines Arbeitgebers verursacht, weil er sich nicht hinreichend über die örtlichen Verhältnisse unterrichtet hat (unmittelbare Verletzung).[1674] Praktisch läuft die Begrenzung der persönlichen Haftung auf unmittelbare Rechtsgutsverletzungen auf eine **Diskriminierung von Mitarbeitern mit „Außenkontakt"** – wie Kraftfahrer,[1675] Krankenschwestern usw. – bei gleichzeitiger Abschirmung der im internen Unter-

---

[1669] BGHZ 108, 305, 307 ff. = NJW 1989, 3273, 3274 f.; BGH NJW 1994, 852, 854 ff.; zuvor schon BGHZ 30, 40, 49 = NJW 1959, 1221, 1223; BGHZ 41, 203, 204 f. = NJW 1964, 1272 f.; BGHZ 50, 250, 257; *Otto/Schwarze,* Die Haftung des Arbeitnehmers, RdNr. 473.
[1670] So *Foerste* VersR 2002, 1, 2 ff.; vgl. auch *Altmeppen* ZIP 1995, 881, 887 f.; *ders.* NJW 1996, 1017, 1023 f.
[1671] Vgl. *K. Schmidt* Karlsruher Forum 1993, 4, 13 f.; ausf. RdNr. 387.
[1672] Dazu eingehend *Kleindiek,* Delikthaftung und juristische Person, S. 214 ff.
[1673] AA *Spindler* Unternehmensorganisationspflichten S. 867, 933 mit dem nachfolgend genannten Beispielen; *Rogge* JuS 1995, 581, 582; OLG Hamm NJW-RR 1990, 1324 f.; wie hier *Steffen* Karlsruher Forum 1993, 27; *Eckardt* in: Jahrbuch Junger Zivilrechtswissenschaftler, S. 61, 66.
[1674] BGH VersR 1973, 1069, 1070. Dies verkennt mE *Kleindiek,* Delikthaftung und juristische Person, S. 374; wie hier *Brüggemeier* AcP 191 (1991), 33, 54; *Steffen* Karlsruher Forum 1993, 27; *Eckardt* in: Jahrbuch junger Zivilrechtswissenschaftler 1996, S. 61, 67.
[1675] Vgl. dazu die Beispiele BGH VersR 1988, 1166, 1167; 1989, 1187.

nehmensbereich, etwa in der Produktion tätigen Arbeitskräfte hinaus, für die ein sachlicher Grund nicht ersichtlich ist.[1676] Bezeichnenderweise können die Anhänger der Differenzierung zwischen unmittelbaren und mittelbaren Verletzungen diese nur durchhalten, indem sie die Grenzziehung manipulieren, um doch noch zu sachlich tragbaren Ergebnissen zu gelangen.[1677]

420   Bei mittelbaren wie unmittelbaren Rechtsgutverletzungen kann sich eine persönliche Haftung von Organen und Mitarbeitern vielmehr nur an eine – partielle – **Übernahme der das Unternehmen insgesamt treffenden deliktischen Sorgfaltspflichten** knüpfen (ausführlich zur Haftung durch Übernahme deliktischer Sorgfaltspflichten RdNr. 288 f.).[1678] Insoweit gilt nichts anderes als bei der **Pflichtendelegation** an eine außerhalb des Unternehmens stehende Person. Der Einwand, anders als dort fehle es bei der Pflichtenübernahme im Binnenbereich des Unternehmens an einer Entlastung des Prinzipals, weil das Unternehmen weiter für die Erfüllung „seiner" Verkehrspflichten einzustehen habe,[1679] überzeugt nicht. Es ist widersprüchlich, einerseits darauf zu insistieren, die deliktischen Sorgfaltspflichten seien an den Unternehmensträger und nicht an das Organ adressiert,[1680] andererseits aber die Möglichkeit einer haftungsbegründenden Pflichtenübernahme durch das Organ mit dem Argument zu leugnen, dessen Verhalten sei Handeln der juristischen Person selbst, so dass das Organ seinem Unternehmen gar nicht selbstständig gegenüber trete und folglich auch keine Pflichten übernehmen könne.[1681] Zwar wird der originär Verkehrspflichtige – das Unternehmen – nicht völlig aus seiner Haftung entlassen, doch dies ist auch bei der Pflichtendelegation auf externe Dritte nicht grundsätzlich anders, weil auch in diesem Fall bei dem originär Sicherungspflichtigen ein nicht zu verniedlichendes Haftungsrisiko verbleibt (vgl. RdNr. 300 ff.). Die entstehende **Schnittmenge von Organ- und Unternehmenshaftung** ist **zum Schutz der Deliktsgläubiger des Unternehmens gerechtfertigt und erforderlich**.[1682] Die korporative Haftungsbeschränkung zugunsten juristischer Personen ist gegenüber Deliktsgläubigern viel schwerer zu legitimieren als gegenüber Vertragsgläubigern, denn erstere können Insolvenzrisiken nicht durch Anpassung der Preis- bzw. Zinshöhe ausgleichen, mit Hilfe dinglicher Sicherungsrechte minimieren oder durch Verweigerung des Vertragsschlusses ausschließen.[1683] Eben deshalb müssen sie sich darauf ver-

---

[1676] So aber *Spindler* Unternehmensorganisationspflichten S. 933 f.; wie hier *Brüggemeier* AcP 191 (1991), 33, 56 f.

[1677] Vgl. *Kleindiek,* Deliktshaftung und juristische Person, S. 464, der zur Rettung des von ihm gewünschten Ergebnisses annehmen will, dass der Geschäftsführer eines Pharmaunternehmens, der keine organisatorischen Vorkehrungen gegen das Inverkehrbringen von HIV-infiziertem Blutplasma trifft, eine unmittelbare Rechtsgutsverletzung begeht – und deshalb persönlich für den Schaden einzustehen hat! Ähnlich *Spindler* Unternehmensorganisationspflichten S. 867, der Unmittelbarkeit dann anzunehmen will, wenn der Organwalter bei Dritten berechtigte Sicherheitserwartungen geweckt hat, etwa durch Erklärungen an die Öffentlichkeit. Mit der deliktsrechtlichen Differenzierung zwischen unmittelbaren Rechtsgutsverletzungen und Verkehrspflichtverletzungen (RdNr. 21) haben diese Kriterien nichts zu tun.

[1678] Im Ansatz wie hier *Brüggemeier* AcP 191 (1991), 33, 64 f.; *Larenz/Canaris* II/2 § 76 III 5 d, S. 421; *Grunewald* ZHR 157 (1993), 451, 456; *Eckardt* in: Jahrbuch Junger Zivilrechtswissenschaftler 1996, S. 61, 70 ff.; *Sandmann,* Die Haftung von Arbeitnehmern, Geschäftsführern und leitenden Angestellten, S. 448 ff.

[1679] *Kleindiek,* Deliktshaftung und juristische Person, S. 436 f., 448; *Krause* VersR 1995, 752, 759.

[1680] So mit überzeugender Begr. *Kleindiek,* Deliktshaftung und juristische Person, S. 191 ff.

[1681] So *Kleindiek,* Deliktshaftung und juristische Person, S. 436; *Medicus* BR RdNr. 570, 575 f.; wie hier BGHZ 166, 84, 115 Tz. 126 = NJW 2006, 830; *Larenz/Canaris* II/2 § 76 III 5 d, S. 421 ff.; *Grunewald* ZHR 157 (1993), 451, 456; *Eckardt* in: Jahrbuch Junger Zivilrechtswissenschaftler 1996, S. 70 ff.; ähnlich *v. Bar,* FS Kitagawa, 1992, S. 279, 293 f.

[1682] *Kraakman,* Corporate Liability Strategies and the Costs of Legal Controls, 93 Yale L.J. 857, 867 f. (1984); *Brüggemeier* AcP 191 (1991), 33, 65; der Sache nach auch *Larenz/Canaris* II/2 § 76 III 5 d, S. 422; aA *Spindler* Unternehmensorganisationspflichten S. 866, mit dem Argument, die Pflicht, eine angemessene Eigenkapitalausstattung der Korporation sicherzustellen, obliege den Gesellschaftern. Dies ist zwar richtig, doch der Geschäftsführer kann durch Abschluss risikoadäquater Betriebshaftpflichtversicherungen die Insolvenzrisiken von Deliktsgläubigern ebenfalls steuern und ist darüber hinaus gehalten, die Führung eines Unternehmens, dessen Ressourcen zur Abdeckung möglicher Schäden Dritter nicht ausreichen, zu unterlassen.

[1683] Allg. zum Problem und zu verschiedenen Instrumenten seiner Besserung *Posner,* Economic Analysis of Law, 5. Aufl. 1998, S. 435; *Easterbrook/Fischel,* The Economic Structure of Corporate Law, 1991, S. 52 ff.

Schadensersatzpflicht

lassen können, dass diejenigen natürlichen Personen, denen die Wahrnehmung der Sicherungspflichten des Unternehmensträgers obliegt, ihren Aufgaben auch pflichtgemäß nachkommen.[1684] Eine völlige Freistellung des Leitungsorgans oder Arbeitnehmers von den Folgen sorgfaltswidrigen Handelns bei der Wahrnehmung von Sicherungspflichten des Unternehmens wäre aus präventiven Gründen untragbar. Besonders deutlich wird dies in Fällen, in denen den leitenden oder nachgeordneten Mitarbeiter ein schweres Verschulden trifft, in denen er also **vorsätzlich oder grob fahrlässig** gehandelt hat. Hier greifen bekanntlich nicht einmal die Regeln des innerbetrieblichen Schadensausgleichs ein,[1685] und umso weniger Anlass besteht, den (leitenden) Mitarbeiter im Außenverhältnis zu entlasten und dem Geschädigten damit uU den Ersatzanspruch zu versagen.[1686] Diskutabel wäre der völlige Ausschluss der Haftung im Außenverhältnis allenfalls für Fälle einfacher Fahrlässigkeit, doch auch insoweit ist zu bezweifeln, ob der dadurch bewirkte Ausfall verhaltenssteuernder Anreize durch Sanktionen im Innenverhältnis zwischen Unternehmer und Leitungsorgan bzw. Arbeitnehmer (Verweis, Bußzahlung, Nichtbeförderung, Entlassung) wirklich kompensiert werden kann.[1687]

d) Beschränkung der persönlichen Haftung von Leitungsorganen und Arbeit- 421 **nehmern.** Aus dem Ansatz der arbeitsteiligen Erfüllung der Verkehrspflichten des Unternehmens durch Mitarbeiter sämtlicher Hierarchieebenen ergibt sich auch der Schlüssel für die in der Literatur mit Recht angemahnte Begrenzung der persönlichen Einstandspflicht von Arbeitnehmern und Leitungsorganen.[1688] Die sie treffenden **Sorgfaltspflichten** sind mit denjenigen des Unternehmensträgers **nicht kongruent,** und es lässt sich eine persönliche Einstandspflicht nur insoweit begründen, wie die **faktische Pflichtenübernahme** reicht, die ihrerseits anhand der allgemeinen Determinanten deliktischer Sorgfaltspflichten zu bestimmen ist, insbesondere anhand der tatsächlichen und rechtlichen Möglichkeiten zur Gefahrsteuerung sowie der faktischen Übernahme der Aufgabe.[1689]

Speziell für **Mitglieder von Leitungsorganen** lassen sich weitergehende deliktische 422 Sorgfaltspflichten – in Übereinstimmung auch mit dem Baustoff-Urteil – nicht aus den Pflichten herleiten, die ihnen im **Innenverhältnis** zur Gesellschaft gemäß §§ 93 Abs. 1 AktG, 43 Abs. 1 GmbHG obliegen und bei deren Verletzung sie *der Gesellschaft* auf Grund der §§ 93 Abs. 2 AktG, 43 Abs. 2 GmbHG zum Schadensersatz verpflichtet sind.[1690] Vielmehr sind Mitglieder kollegialer Leitungsorgane im Außenverhältnis allein für Vorgänge in ihrem jeweiligen **Zuständigkeitsbereich deliktisch verantwortlich,** und auch dies nur insoweit, als sie diese Aufgaben nicht zulässigerweise auf sorgfältig ausgewähltes **Personal delegiert** haben. Für Fehler Untergebener haben sie schon deshalb nicht einzustehen, weil sie weder iS von § 831 Abs. 1 deren Geschäftsherrn sind – das ist der Unternehmensträger[1691] – noch von letzterem Auswahl und Anleitung von Verrichtungsgehilfen gemäß § 831 Abs. 2 vertraglich übernommen haben (§ 831 RdNr. 50).[1692] Das von einem Straf-

---

[1684] BGH NJW 1994, 852, 854; *Larenz/Canaris* II/2 § 76 III 5 d, S. 422.
[1685] *Kötz/Wagner* RdNr. 320 ff.; *Otto/Schwarze,* Die Haftung des Arbeitnehmers, RdNr. 475 ff., jeweils mwN.
[1686] Vgl. auch *Otto/Schwarze,* Die Haftung des Arbeitnehmers, RdNr. 473, nach denen die Präventionswirkung der Haftung dadurch gesichert werden könnte, dass dem Arbeitgeber gegen den Arbeitnehmer Regressansprüche in denjenigen Fällen eingeräumt würden, in denen nach geltendem Recht der innerbetriebliche Schadensausgleich ausgeschlossen ist (Vorsatz, ggf. grobe Fahrlässigkeit).
[1687] *Brüggemeier* AcP 191 (1991), 33, 42 f., 55 f.
[1688] Zu der Vorstellung, „dass sich eine juristische Person auch durch Nichtorgane, also durch gewöhnliche Angestellte, „verhält", *v. Bar,* FS Kitagawa, 1992, S. 288.
[1689] Im Ansatz ähnlich *K. Schmidt* Karlsruher Forum 1993, 4, 14; allg. zu den Voraussetzungen der Pflichtenübernahme RdNr. 296 f.
[1690] Eindringlich *Lutter* ZHR 157 (1993), 464, 470 ff.; *Mertens/Mertens* JZ 1990, 488, 489; *Medicus* ZGR 1998, 570, 578 und BGHZ 109, 297, 303 = NJW 1990, 976, 977 f., wenn auch mit etwas ambivalenter Formulierung. Zu dieser Schwäche des Baustoff-Urteils *Groß* ZGR 1998, 551, 567.
[1691] BGHZ 109, 297, 304 = NJW 1990, 976, 978; BGHZ 125, 366, 375 = NJW 1995, 1801, 1803; BGH NJW 1974, 1371 f.; *Groß* ZGR 1998, 551, 563.
[1692] BGH NJW 1974, 1371, 1372.

senat des BGH stammende „Lederspray"-Urteil kann insoweit als Musterbeispiel für die sachliche Begründung der persönlichen Verantwortung von Unternehmensvorständen jenseits einer Pauschalanknüpfung an die gesellschaftsrechtliche Organstellung gelten.[1693] Eine völlige Kongruenz organschaftlicher und unternehmerischer Sorgfaltspflichten kommt allerdings in Betracht, wenn sich die Stellung als Leitungsorgan mit derjenigen eines beherrschenden Gesellschafters verbindet und ein Tatbestand verwirklicht ist, bei dem die korporative Haftungsbeschränkung zur Externalisierung von Schadenskosten missbraucht wird.[1694]

423 Noch mehr als beim Leitungspersonal ist bei **Arbeitnehmern** darauf zu achten, dass die **Übernahme unternehmerischer Sorgfaltspflichten nur partiell** erfolgt: Den Arbeitnehmer trifft keine umfassende Präventionsverantwortung, sondern nur einen Ausschnitt aus der umfassenden Sicherungspflicht des Unternehmens. Eine Sorgfaltspflichtverletzung scheidet von vornherein aus, wenn sich das Verhalten des Arbeitnehmers darauf beschränkt, die Weisungen der Unternehmensleitung auszuführen,[1695] aber auch im Übrigen bleiben die Sorgfaltspflichten von Mitarbeitern in aller Regel weit hinter denjenigen des Unternehmensträgers zurück: Der Laborleiter eines Chemieunternehmens hat nicht für die fehlerhafte Instruktion der Produktnutzer einzustehen;[1696] der Mitarbeiterin einer Gaststätte ist nicht schon deshalb eine Sorgfaltswidrigkeit vorzuwerfen, weil feststeht, dass den Gästen mit Salmonellen verseuchter Nachtisch gereicht wurde,[1697] derjenige der für den Inhalt einer Zeitung „verantwortlich iS des Presserechts" ist, haftet nicht für Persönlichkeitsverletzungen, wenn ihm tatsächlich keinerlei redaktionelle Befugnisse zukamen.[1698]

424 e) **Differenzierung nach Pflichteninhalt: Sicherungspflichten vs. Fürsorgepflichten?** Die Rechtsprechung bleibt bei diesen Restriktionen indessen nicht stehen, sondern differenziert noch weiter zwischen Sicherungspflichten, die dem **Schutz der Allgemeinheit** dienen, und Fürsorgepflichten in Bezug auf Sachen Dritter, die dem Unternehmen, bei dem der Arbeitnehmer beschäftigt ist, **kraft Berufs oder Gewerbes** obliegen. Werden allgemeine Sicherungspflichten übernommen, hat der Arbeitnehmer im Rahmen der faktisch erfolgten Übernahme für Drittschäden aufzukommen, so etwa der Bauleiter eines Bauunternehmens für den Absturz von Baufahrzeugen infolge ungenügender Vorkehrungen gegen Abrutschgefahr,[1699] der Redakteur einer Zeitschrift für Persönlichkeitsverletzungen, die bei Durchführung der gebotenen Überprüfungsmaßnahmen unterblieben wären[1700] und die Mitarbeiterin einer Gaststätte für Gesundheitsschäden von Gästen, die durch verdorbene oder kontaminierte Speisen verursacht werden.[1701] Anders wird entschieden, wenn es um **berufsbezogene Fürsorgepflichten zugunsten fremder Sachen** geht: Der Mitarbeiter eines Landguts haftet nicht persönlich, wenn in Pension genommene Pferde infolge ihm unterlaufener Pflichtverletzungen eingehen[1702] und der Angestellte eines Bewachungsunternehmens hat nicht für den Verlust der von ihm zu bewachenden Pelzwaren durch Diebstahl aufzukommen.[1703]

[1693] BGH NJW 1990, 2560, 2563 f.; insoweit übereinstimmend *Spindler* Unternehmensorganisationspflichten S. 868 f.
[1694] *Haas*, Geschäftsführerhaftung und Gläubigerschutz, S. 256 ff.; abl. *Spindler* Unternehmensorganisationspflichten S. 855 f.
[1695] OLG Hamm NJW-RR 1999, 1324, 1325; *Larenz/Canaris* II/2 § 76 III 5 b, S. 419; *Krause* VersR 1995, 752, 759; *Eckardt* in: Jahrbuch Junger Zivilrechtswissenschaftler, S. 61, 71 f.; für die Pflichtendelegation an unternehmensexterne Dritte genauso BGH VersR 1985, 839, 840; eingehend *Denck*, Der Schutz des Arbeitnehmers vor der Außenhaftung, S. 54 ff.; zur Parallelfrage bei der Organhaftung vgl. RdNr. 414 m. Fn. 1692.
[1696] BGH VersR 1987, 102, 104.
[1697] BGHZ 116, 104, 113 f. = NJW 1992, 1039, 1041 f.
[1698] KG NJW 1991, 1490, 1491.
[1699] BGH VersR 1964, 942, 943 f.; 1973, 836, 838.
[1700] BGH VersR 1977, 371, 372.
[1701] BGHZ 116, 104, 113 f. = NJW 1992, 1039, 1041 f.
[1702] BGH RdA 1954, 195 m. Anm. *A. Hueck*.
[1703] BGH NJW 1987, 2510, 2511; zust. *Grunewald* ZHR 157 (1993), 451, 455 ff., 458.

Mit dieser Judikatur wird die **Außenhaftung auf Sicherungspflichten beschränkt,** 425
bei Fürsorgepflichten hingegen abgelehnt, ohne dass sich dafür ein sachlicher Grund
angeben ließe (zu der Unterscheidung zwischen Sicherungs- und Fürsorgepflichten
RdNr. 235 ff.).[1704] Auch Fürsorgepflichten können haftungsbegründend übernommen werden,[1705] etwa durch Schwimmmeister[1706] oder durch einen Babysitter, dem die Obhut über
ein Kleinkind anvertraut ist. Sollte die für ein entsprechendes Dienstleistungsunternehmen
arbeitende Betreuungsperson tatsächlich haftungsfrei sein, wenn sie das Kind auf einem
Spielplatz unbeaufsichtigt lässt, um eine Zigarette zu rauchen?[1707] Der Umstand, dass etwa
im Wachmann-Fall nur fremdes Eigentum verletzt wurde, bewirkt keine Einschränkung der
sonst geltenden Grundsätze. Auch der Gesichtspunkt des Vorrangs des Vertragsrechts greift
nicht durch,[1708] weil es in den von der Rechtsprechung entschiedenen Fällen durchweg um
die Verletzung anderer Rechtsgüter als derjenigen des Vertragspartners ging und im Übrigen
Vertrags- und Deliktshaftung kumuliert werden (Vor § 823 RdNr. 68).[1709] Die Privilegierung von Bewachungspersonal etwa gegenüber Ärzten und Schwimmmeistern lässt sich
auch nicht auf den Gedanken der Berufshaftung stützen (RdNr. 255 ff.).[1710] Angestellte
Krankenhausärzte und Bademeister befinden sich hinsichtlich der Rechtsgüter Dritter in
keiner anderen Position als sonstige Arbeitnehmer, und Entsprechendes gilt für die Verkehrserwartungen.[1711]

f) **Beweiserleichterungen.** Für die persönliche Inanspruchnahme von Unternehmens- 426
angehörigen **entfällt der tragende Legitimationsgrund für die Beweiserleichterungen,** die einem gegen das Unternehmen selbst vorgehenden Geschädigten mit Recht
gewährt werden.[1712] Diese verdanken sich nämlich dem Umstand, dass es dem Geschädigten
kaum möglich ist, die Vorgänge innerhalb des Unternehmens aufzuklären und eine konkrete
Person zu identifizieren, auf deren Fehlverhalten der von ihm erlittene Schaden beruht
(RdNr. 385). Folglich braucht der Kläger im Produkthaftungsprozess lediglich nachzuweisen, dass er durch ein fehlerhaftes Produkt zu Schaden gekommen ist, das von dem Hersteller
– regelmäßig einer juristischen Person – mit diesem Fehler in den Verkehr gebracht wurde.
So sachgerecht dies ist, so sachwidrig wäre es, dem Geschädigten bei Einhaltung derselben
Beweisschwelle zu erlauben, auch den Geschäftsführer einer GmbH oder den Vorstand einer
Aktiengesellschaft (kollektiv?) in Anspruch zu nehmen. In diesen Fällen steht nämlich nicht
die Haftung einer Organisation zur Debatte, sondern die individuelle Verantwortlichkeit
einer Einzelperson für das eigene Fehlverhalten.[1713]

g) **Verjährung.** In der Kindertee-Entscheidung hat es der BGH abgelehnt, die Verjäh- 427
rung der gegen das Unternehmen gerichteten Ansprüche mit der **Verjährung der Haftung
der Leitungsorgane zu synchronisieren.**[1714] Deshalb war es dem geschädigten Produktnutzer möglich, noch mehr als zehn Jahre nach dem Eintritt des Schadens und der Erlangung der Kenntnis von der Identität des Herstellers gegen die unternehmensintern für den
Fehler verantwortlichen Mitarbeiter und Leitungsorgane vorzugehen, ohne sich bei dem
Herstellerunternehmen nach deren Identität auch nur erkundigt zu haben. Diese Judikatur

---

[1704] Übereinstimmend *Kleindiek,* Deliktshaftung und juristische Person, S. 463; *Hanau* Karlsruher Forum 1993, 24, 25.
[1705] Vgl. RdNr. 240, 249 f. Fehl geht daher das Argument (bei *Larenz/Canaris* II/2 § 76 III 5 d, S. 421), den Wachmann treffe keine Verkehrspflicht gegenüber dem Eigentümer.
[1706] BGH NJW 1962, 959 f.; NJW-RR 1990, 1245, 1246; NJW 1991, 2960.
[1707] Sie wäre es nicht: BGH VersR 1956, 520, 521.
[1708] *Kleindiek,* Deliktshaftung und juristische Person, S. 420 f. gegen *Grunewald* ZHR 157 (1993), 451, 455.
[1709] Speziell für die Arbeitnehmerhaftung BGH VersR 1973, 1069, 1070.
[1710] So aber BGH NJW 1987, 2510, 2511.
[1711] Die persönliche Haftung der Ärzte und Bademeister wird auf den Gedanken der Berufshaftung gestützt; vgl. nur BGH NJW 1988, 2298, 2299; 1962, 959 f.; NJW-RR 1990, 1245, 1246.
[1712] BGHZ 116, 104, 113 f. = NJW 1992, 1039, 1041 f.; eingehend *Wagner* VersR 2001, 1057, 1061.
[1713] Übereinstimmend *Lieb* JZ 1976, 526, 527; *Leßmann* JuS 1979, 853, 8576 f.; *Spindler* Unternehmensorganisationspflichten S. 740 f.; aA Produkthaftungshandbuch/*Foerste* § 30 RdNr. 118 ff.
[1714] BGH NJW 2001, 964 f. = ZIP 2001, 370 m. Anm. *Brüggemeier.*

§ 823   428, 429   Abschnitt 8. Titel 27. Unerlaubte Handlungen

konnte schon unter dem alten Verjährungsrecht, das gemäß § 852 Abs. 1 aF positive Kenntnis des Geschädigten u. a. von der Person des Ersatzpflichtigen voraussetzte, nicht überzeugen.[1715] Nachdem § 199 Abs. 1 Nr. 2 die subjektiven Anforderungen an den Verjährungsbeginn auf grobe Fahrlässigkeit gesenkt hat, ist von dem Geschädigten jedenfalls zu verlangen, **einfachste und auf der Hand liegende Aufklärungsmöglichkeiten** zu nutzen. Mindestens ist das Unternehmen zur Benennung der intern für den schadensträchtigen Bereich zuständigen Mitarbeiter – Arbeitnehmer wie Leitungsorgane – aufzufordern.[1716]

428 **h) Regress gegen den Unternehmensträger.** Anders als Arbeitnehmer haben Mitglieder gesellschaftsrechtlicher **Leitungsorgane keinen Freistellungsanspruch gegen das Unternehmen,** dem sie dienen.[1717] Allerdings können sie von der Gesellschaft gemäß §§ 675, 670 Aufwendungsersatz wegen der an den Geschädigten geleisteten Schadensersatzbeträge verlangen, sofern dem nicht die gesellschaftsrechtlichen Wertungen der §§ 93 Abs. 1, 2, 4 AktG, 43 GmbHG entgegenstehen.[1718]

Vierter Teil: Konkretisierte deliktische Sorgfaltspflichten

G. Einzelne Haftungsbereiche

I. Übersicht

429 Die folgende Darstellung der Deliktsrechtspraxis in den verschiedenen Lebensbereichen folgt der **Differenzierung zwischen Sachgefahren und Verhaltensgefahren.** Im erstgenannten Fall ist der vermeintliche Schädiger dazu verpflichtet, einen zu seiner Herrschaftssphäre gehörigen Gegenstand so zu gestalten, zu warten und zu kontrollieren, dass keine vermeidbaren Gefahren für Rechtsgüter Dritter geschaffen werden (RdNr. 430 ff.). Paradigmatisch ist die deliktsrechtliche Verpflichtung zur Sicherung von Verkehrsanlagen, die sog. Verkehrssicherungspflicht. Die zweite Abteilung betrifft Fälle, in denen die Sorgfaltspflichten nicht auf die Kontrolle von Sachgefahren gerichtet sind, sondern das Gebot der Vermeidung gefährlichen Verhaltens konkretisieren (RdNr. 546 ff.). In diese Systematisierung lassen sich die ebenso komplexen wie praktisch wichtigen Bereiche der **Produkt-, Umwelt- und Arzthaftung** nicht ohne Brüche einordnen; sie bleiben deshalb gesonderten Darstellungen vorbehalten (RdNr. 592 ff., 677 ff., 698 ff.).

II. Sachgefahren

Schrifttum: Umfassende Übersichten über die Rechtsprechung zur Verkehrssicherungspflicht bei Straßen geben *Greger,* Zivilrechtliche Haftung im Straßenverkehr, 4. Aufl. 2007, § 13, mit alphabetischer Übersicht über Einzelfälle RdNr. 54 ff.; vgl. weiter *Appel/Schlarmann,* Haftungsprobleme bei Ölschäden, VersR 1973, 993; *G. Birk,* Ersatzpflicht für Dachlawinenschäden, NJW 1983, 2911; *Engler,* Der öffentlich-rechtliche Immissionsabwehranspruch, 1995; *Fell,* Ansprüche aus positiver Vertragsverletzung und Delikt aufgrund der Missachtung der Sorgfaltsanforderungen beim Befüllen von Öltanks, VersR 1988, 1222; *Gaisbauer,* Eigenmächtiges Anfertigen von Haus- und Wohnungsschlüsseln durch den Mieter, DWW 1980, 17; *Hentschel/König,* Straßenverkehrsrecht, 39. Aufl. 2007; *Horst,* Schnee- und Eisglätte – Praxisrelevante Haftungsfragen, MDR 2001, 187; *Hußla,* Zur Versicherungspflicht der Gemeinden für Rutschbahnen auf Kinderspielplätzen und für Müllkippen, VersR 1971, 877 f.; *Kodal/Krämer,* Straßenrecht, 6. Aufl. 1999; *Kunz,* Unfälle auf Rolltreppen – zum Stand der Rechtsprechung, MDR 1982, 186; *Mohr,* Der Fall Monica Seles – Personenschutz als Versicherungspflicht des Sportturnierveranstalters, SpuRt 1997, 191; *Rinne,* Aus der neueren Rechtsprechung des BGH zur Haftung der öffentlichen Hand bei Verletzung der Räum- und Streupflicht auf

---

[1715] *Wagner* VersR 2001, 1057, 1058 f.; genauso auch die Vorinstanz; OLG Frankfurt vom 29. 9. 1999, 23 U 3/97.
[1716] AA *Foerste* VersR 2002, 1, 5 f.
[1717] Zum innerbetrieblichen Schadensausgleich zugunsten von Arbeitnehmern vgl. die Nachweise in Fn. 1669.
[1718] Ausf. dazu *Wagner* VersR 2001, 1057, 1062 f. mwN.

öffentlichen Verkehrsflächen, NJW 1996, 3303; *Röckrath,* Die Haftung für Unfälle auf Berg- und Skireisen – am Beispiel des Lawinenunfalls im Tiroler Jamtal, VersR 2002, 1193; *Scheffen,* Zivilrechtliche Haftung im Sport, NJW 1990, 2658; *Schenke,* Probleme der Unterhaltungs- und Verkehrssicherungspflicht auf öffentlichen Wasserstraßen, VersR 2001, 533; *Schmid,* Der Umfang der Räum- und Streupflicht auf öffentlichen Straßen und Wegen, NJW 1988, 3177; *Schulze,* Die Beschädigung von Erdkabeln und sonstigen Erdleitungen der Energieversorgungsunternehmen durch unerlaubte Handlungen Dritter, insbesondere durch Tiefbauunternehmen, VersR 1998, 12; *Staab,* Der Straßenzustand und die Verkehrssicherungspflicht der öffentlichen Hand, VersR 2003, 689; *Steiner,* Straßen- und Wegerecht, in: *ders.,* Besonderes Verwaltungsrecht, 8. Aufl. 2006; *Stollenwerk,* Verkehrsberuhigung und Verkehrssicherungspflicht, VersR 1995, 21; *Tschernitschek,* Schutzzwecklehre und Betriebsbegriff beim Entladen von Kraftfahrzeugen, NJW 1980, 205; *Tücks,* Verschärfte Versicherungspflichten als Betreiber einer Wasserrutschbahn in einer Badeanlage, VersR 2000, 422.

1. Verkehrsanlagen. a) Rechtsnatur und Adressat der Straßenverkehrssicherungspflicht. Die privatrechtliche Straßenverkehrssicherungspflicht ist eine Konkretisierung der allgemeinen deliktischen Sorgfaltspflicht gemäß § 823 Abs. 1, deren Verletzung privatrechtliche Schadensersatzansprüche generiert.[1719] Sie ist nach ständiger Rechtsprechung **nicht identisch mit der Straßenbaulast,** als der öffentlich-rechtlichen Verpflichtung zu Bau und Unterhaltung der Straße, sondern sie besteht neben dieser und trifft auch nicht notwendig dieselbe Körperschaft wie die Straßenbaulast. In Übereinstimmung mit dem allgemeinen Grundsatz, dass deliktische Sorgfaltspflichten an die tatsächliche und rechtliche Möglichkeit zur Gefahrsteuerung geknüpft sind, trifft sie denjenigen **Verwaltungsträger, der die Straße tatsächlich verwaltet und technisch betreut.**[1720] Die Einstandspflicht der Körperschaft für mangelhafte Organisation der inneren Abläufe richtet sich nach den von der Rechtsprechung für die Unternehmenshaftung entwickelten Grundsätzen.[1721]

Das Gesagte gilt allerdings nur insoweit, als nicht das **Landesrecht** die **Verkehrssicherungspflicht** für öffentliche Wege durch ausdrückliche Regelung oder entsprechenden Organisationsakt **zu einer hoheitlichen Aufgabe** macht, wie es mittlerweile in sämtlichen Bundesländern mit der Ausnahme Hessens geschehen ist (§ 839 RdNr. 182).[1722] Unter dieser Voraussetzung fallen öffentlich-rechtliche Straßenbaulast und privatrechtliche Verkehrssicherungspflicht zusammen und richten sich zunächst an ein und dieselbe Körperschaft. Dort muss die Verkehrssicherungspflicht allerdings nicht verbleiben, sondern es kommt darauf an, welcher Verwaltungsträger die Aufgabe der Verkehrssicherung faktisch wahrnimmt.[1723] Insbesondere bei **Bundesfernstraßen** (Autobahnen und Bundesstraßen) fallen Straßenbaulast und Verkehrssicherungspflicht auseinander, denn hier ist der Bund zwar grundsätzlich Träger der Straßenbaulast (§ 5 BFStrG), doch die Verwaltung dieser Straßen erfolgt gemäß Art. 90 GG durch die Länder, die insoweit im Auftrag des Bundes handeln. Die Straßenverkehrssicherungspflicht bei Bundesstraßen obliegt damit den Ländern, die selbst darüber entscheiden können, ob sie diese Aufgabe in privatrechtlicher oder in hoheitlicher Form wahrnehmen wollen.[1724] Für Ortsdurchfahrten im Zuge der Bundesstraßen sind gemäß § 5 Abs. 2 BFStrG Gemeinden mit mehr als 80 000 Einwohnern Träger der Straßenbaulast; gemäß § 5 Abs. 2a BFStrG uU auch schon Gemeinden mit mehr als

---

[1719] RGZ 121, 404, 407; 128, 149, 157; 147, 275, 278 f.; 154, 16, 25; BGHZ 9, 373, 382 ff.; BGHZ 14, 83, 85 = NJW 1954, 1403; BGHZ 16, 95 f. = NJW 1955, 298, 299; BGHZ 60, 54, 55 f. = NJW 1973, 460 f.; BGHZ 108, 273, 274 = NJW 1989, 2808; BGH NJW 1996, 3208, 3210; *Rinne* NJW 1996, 3303; krit. *Steiner,* in: *ders.,* Besonderes Verwaltungsrecht (Fn. 1242) RdNr. 114; eingehend dazu *Grote* in: *Kodal/Krämer* Straßenrecht Kap. 40 RdNr. 1 ff.

[1720] BGHZ 108, 273, 274 = NJW 1989, 2808; genauso BGHZ 16, 95, 96 = NJW 1955, 298, 299; *Rinne* NJW 1996, 3303, 3304.

[1721] BGH VersR 1962, 1013, 1014 f.; iE RdNr. 373, 374 aE.

[1722] BGHZ 60, 54, 55 f. = NJW 1973, 460 f.; BGHZ 108, 273, 274 = NJW 1989, 2808; BGH VersR 2002, 1040, 1041 = NJW 2002, 1265; *Steiner,* in: *ders.,* Besonderes Verwaltungsrecht (Fn. 1242) RdNr. 116; *Grote* in: *Kodal/Krämer* Straßenrecht Kap. 40 RdNr. 10; vgl. iE: § 59 BWStrG; Art. 72 BayStrWG; § 7 Abs. 5 BerlStrG; § 10 Abs. 1 S. 1 BrandStrG; § 9 BremLStrG; § 5 HambWG; § 10 Abs. 1 MVStrWG; § 10 Abs. NdsStrG; § 9 a NWStrWG; § 48 Abs. 2 RhPflStrG; § 9 Abs. 3 a SaarStrG; § 10 Abs. 1 S. 1 SächsStrG; § 10 Abs. 1 SachsAnhStrG; § 10 Abs. 4 SchlHStrWG; § 10 Abs. 1 ThürStrG.

[1723] Vgl. die Nachweise in Fn. 1719.

[1724] BGHZ 16, 95 = NJW 1955, 298; BGH VersR 1966, 562, 563; NJW 1996, 3208, 3210; *Grote* in: *Kodal/Krämer* Straßenrecht Kap. 40 RdNr. 35.

§ 823   432   Abschnitt 8. Titel 27. Unerlaubte Handlungen

50 000 Einwohnern. In den Ortsdurchfahrten kleinerer Gemeinden bezieht sich die Straßenbaulast der Gemeinde hingegen nur auf Gehwege und Parkplätze (§ 5 Abs. 3 BFStrG). Für die Verwaltung und Unterhaltung der übrigen Straßen sind teils die Länder, teils die Gemeinden verantwortlich; die Rechtslage ist in den einzelnen Ländern unterschiedlich.[1725] Träger der Verkehrssicherungspflicht ist auch im Verhältnis der Länder zu den Kreisen und Gemeinden nicht diejenige Körperschaft, die die Kosten des Straßenbaus zu tragen hat, sondern diejenige, der die **Durchführung der tatsächlichen Verwaltungsmaßnahmen** obliegt.[1726] Bei Straßen sämtlicher Ordnung kann die Straßenverkehrssicherungspflicht auch im Fall hoheitlicher Wahrnehmung auf Dritte übertragen werden, und zwar sowohl auf andere Verwaltungsträger als auch auf Privatrechtssubjekte, insbesondere die Straßenanlieger.[1727] Dies hat Bedeutung vor allem für die Reinigungs- und Streupflichten bei Gehsteigen, die praktisch durchweg kraft Ortssatzung oder Observanz den Anliegern auferlegt werden (eingehend RdNr. 453 ff.),[1728] aber auch für die Verkehrssicherungs- und -regelungspflichten an Baustellen, soweit diese dem Bauunternehmer übertragen worden sind (RdNr. 480 f.).[1729] Der BGH sollte sich noch stärker **von den öffentlich-rechtlichen Vorgaben emanzipieren:** Die deliktischen Sicherungspflichten beruhen auf eigenen Zurechnungsprinzipien und Wertungen, mit denen die komplizierten und von mancherlei Zufälligkeiten und Interessen bestimmten Kompetenzordnungen, insbesondere des Landesrechts, nicht immer kompatibel sind.[1730] Die öffentlich-rechtliche Zuständigkeitsverteilung spielt nur insoweit eine Rolle, als sich die betroffenen Verwaltungsträger auch **faktisch in der vorgesehenen Weise verhalten.**[1731]

432   Durch die landesrechtliche Ausgestaltung der Straßenverkehrssicherungspflicht als **Hoheitsaufgabe** ändert sich nichts an ihrem Inhalt,[1732] wohl aber an der Anspruchsgrundlage für Schadensersatzansprüche, die sich nunmehr aus **§ 839 iVm. Art. 34 GG** ergibt (§ 839 RdNr. 182),[1733] und zwar auch insoweit als die Verkehrssicherungspflicht inhaltlich über die Straßenbaulast hinausgeht.[1734] Für die Praxis von großer Bedeutung ist dabei, dass es der BGH in richterrechtlicher Fortbildung des Staatshaftungsrechts ablehnt, die **Subsidiaritätsklausel** des § 839 Abs. 1 S. 2 auf Verletzungen der Verkehrssicherungspflicht anzuwenden, so dass der Ersatzanspruch des Geschädigten weder durch Ansprüche gegen sonstige Unfallbeteiligte noch durch Leistungen von Privat- und Sozialversicherern gemindert wird (§ 839 RdNr. 314).[1735] Der Ausschluss des Verweisungsprivilegs reicht so weit wie die privatrechtliche Straßenverkehrssicherungspflicht und gilt auch bei **Delegation der Verkehrssicherungspflicht** auf Dritte,[1736] insbesondere im Fall der Überwälzung der Verpflichtung zur

---

[1725] Vgl. zB §§ 43 ff. NWStrWG; einen Überblick über die in den einzelnen Bundesländern geltende Rechtslage gibt *Geigel/Wellner* Kap. 14 RdNr. 67; eine umfassende systematische Darstellung des Straßenrechts in Bund und Ländern enthält *Kodal/Krämer* Straßenrecht.

[1726] BGHZ 14, 83, 85 ff. = NJW 1954, 1403 f.

[1727] BGHZ 118, 368, 369 = NJW 1992, 2476; BGH NJW 1970, 95, 96; *Grote* in: *Kodal/Krämer* Straßenrecht Kap. 40 RdNr. 39 ff.; *Staudinger/Hager* RdNr. E 95; einschlägige Rechtsgrundlagen finden sich etwa in § 5 Abs. 1 S. 1 BFStrG; § 45 NWStrWG.

[1728] Vgl. dazu nur BGH NJW 1985, 484 = LM (Dc) Nr. 142.

[1729] OLG Hamm VersR 2000, 643, 644; LG Coburg VersR 1999, 635.

[1730] Treffend 3. Aufl. RdNr. 230 *(Mertens)*: eine Art „mittelalterliches Partikularrecht".

[1731] In diese Richtung auch BGH VersR 1983, 639, 640; 1994, 618, 620; BGHZ 31, 219, 223 = NJW 1960, 479, 480.

[1732] BGHZ 60, 54, 62 = NJW 1973, 460, 463: Verkehrssicherungs- und Amtspflichten „decken sich ... inhaltlich völlig"; BGH NJW 1980, 2194, 2195; *Grote* in: *Kodal/Krämer* Straßenrecht Kap. 40 RdNr. 13; *Steiner,* in: *ders.,* Besonderes Verwaltungsrecht (Fn. 1242) RdNr. 116 f.

[1733] BGHZ 60, 54, 60 ff. = NJW 1973, 460, 462 f.; BGHZ 75, 134 f. = NJW 1979, 2043 f.; BGHZ 112, 74 = NJW 1991, 33; BGHZ 118, 368, 369 = NJW 1992, 2476; BGHZ 123, 102, 103 = NJW 1993, 2612, 2613; BGH VersR 1994, 618, 619; *Geigel/Wellner* Kap. 14 RdNr. 40; *Steiner,* in: *ders.,* Besonderes Verwaltungsrecht (Fn. 1242) RdNr. 116; *Grote* in: *Kodal/Krämer* Straßenrecht Kap. 40 RdNr. 13.

[1734] BGHZ 112, 74 f. = NJW 1991, 33 f.

[1735] BGHZ 75, 134, 136 ff. = NJW 1979, 2043, 2044 f.; BGHZ 118, 368, 370 ff. = NJW 1992, 2476, 2476 f.; BGH VersR 1981, 335, 336; 1985, 642, 643; 1994, 618, 619; für den eigentlichen Straßenverkehr auch BGHZ 68, 217 = NJW 1977, 1238; anders noch BGHZ 60, 54, 63 f. = NJW 1973, 460, 463; Bedeutung hat dies vor allem für die Regressansprüche der §§ 86 VVG, 116 SGB X, 6 EFZG.

[1736] Zu deren Zulässigkeit auch bei hoheitlicher Ausgestaltung vgl. die Nachweise in Fn. 1727.

Sicherung der Gehwege bei Schnee- und Eisglätte auf die Anlieger (RdNr. 453). In diesem Fall hat die Körperschaft für die Verletzung der bei ihr verbleibenden Überwachungspflicht ohne die Möglichkeit der Verweisung gemäß § 839 Abs. 1 S. 2 einzustehen.[1737] In personaler Hinsicht gilt der Ausschluss des Verweisungsprivilegs nicht nur zugunsten von Verkehrsteilnehmern, sondern genauso für Straßenanlieger, die durch die Verletzung der Verkehrssicherungspflicht einen Schaden erleiden.[1738]

Sind **mehrere Personen verkehrssicherungspflichtig,** bestehen deren Verantwortlichkeiten nebeneinander (§ 840 Abs. 1, allgemein RdNr. 292);[1739] insbesondere kann sich im Binnenverhältnis öffentlich-rechtlicher Körperschaften der eine Pflichtenträger nicht mit dem Hinweis auf die Untätigkeit auch des anderen entlasten.[1740] Besteht zwischen öffentlichen Körperschaften Streit, wer verkehrssicherungspflichtig ist, so hat bis zu dessen Entscheidung diejenige Körperschaft die Verkehrssicherungspflicht zu erfüllen, die sie bislang wahrgenommen hatte.[1741]

b) Abgrenzung zu anderen verkehrsbezogenen Pflichten. aa) Verkehrsregelungspflicht. Anders liegt es indessen bei der sog. Verkehrsregelungspflicht als der **Amtspflicht** der zuständigen Straßenverkehrsbehörde, den Verkehr durch **Verkehrszeichen und sonstige Verkehrseinrichtungen** zu regeln, um dessen **Leichtigkeit und Sicherheit** zu gewährleisten (§ 839 RdNr. 185 ff.).[1742] Dem Träger der Verkehrsregelungspflicht steht dabei ein erhebliches Ermessen zu, und das **Verweisungsprivileg** des § 839 Abs. 1 S. 2 gilt unverkürzt,[1743] so dass Schadensersatzansprüche regelmäßig scheitern, soweit sie nicht auf Schmerzensgeld gerichtet sind oder Schutzlücken des (Sozial-)Versicherungsrechts ausfüllen. Allerdings kann uU der Träger der Straßenverkehrssicherungspflicht in Anspruch genommen werden, falls dieser die ihm obliegenden Pflichten verletzt hat (vgl. RdNr. 444; vgl. auch § 839 RdNr. 185 ff.). Damit hat der BGH der Unterscheidung zwischen privatrechtlicher (§ 823) und hoheitlicher (§ 839) Verkehrssicherungspflicht die praktische Spitze genommen und dem Landesgesetzgeber mit Recht die Möglichkeit aus der Hand geschlagen, einen Teil der zu verantwortenden Schadenskosten über § 839 Abs. 1 S. 2 auf Dritte, insbesondere auf die Sozialversicherungsträger abzuwälzen.

bb) Ordnungsrechtliche Sicherungspflicht. Das Landesrecht enthält spezielle Vorschriften über die **Straßenreinigung innerhalb geschlossener Ortschaften,** die ohne Rücksicht auf die Straßenbaulast den Kommunen zur Pflicht gemacht wird.[1744] Neben der allgemeinen Straßenverkehrssicherungspflicht existiert bei **innerörtlichen Straßen** also auch noch eine „polizeiliche" bzw. „ordnungsrechtliche" Sicherungspflicht der öffentlichen Hand, die allerdings auf das Reinigen, Räumen und Abstreuen der Straße beschränkt ist.[1745] In diesem Rahmen ist sie **kongruent mit der zivilrechtlichen Verkehrssicherungspflicht** und folgerichtig autonom-deliktsrechtlich zu definieren; ihr Umfang wird durch die Landes-Straßenreinigungsgesetze weder eingeschränkt noch erweitert.[1746] Allerdings bleibt die polizeiliche Reinigungspflicht öffentlich-rechtlicher Natur, so dass die Gemeinde für Pflichtver-

---

[1737] BGHZ 118, 368, 372 ff. = NJW 1992, 2476, 2477.
[1738] BGHZ 123, 102, 105 f. = NJW 1993, 2612, 2613.
[1739] BGH VersR 1985, 641; OLG Köln VersR 1995, 674, 675; OLG Schleswig NZV 1992, 31; *Staudinger/Hager* RdNr. E 93.
[1740] BGH VersR 1994, 618, 620.
[1741] BGH VersR 1994, 618, 620; BGHZ 31, 219, 223 = NJW 1960, 479, 480 zur Streupflicht; *Staudinger/Hager* RdNr. E 94.
[1742] BGH VersR 1988, 697; 1990, 739, 740; NJW 1961, 1572; VersR 1981, 336, 337; OLG Düsseldorf NJW-RR 1994, 1443.
[1743] OLG Düsseldorf NJW-RR 1994, 1443.
[1744] Vgl. insbes. die Nachfolgeregelungen zu § 1 Pr. WegereinigungsG, wie etwa § 1 StrReinG NW; dazu BGH NJW 1985, 484.
[1745] BGH VersR 1984, 890 f.; 1993, 2802; 1997, 311, 312; eingehend zur Entwicklung *Bauer* in: *Kodal/Krämer* Straßenrecht Kap. 41 RdNr. 1 ff.; vgl. auch *Staudinger/Hager* RdNr. E 82.
[1746] Eingehend BGHZ 112, 74, 81 ff. = NJW 1991, 33, 35 f. zu § 1 StrReinG NW; genauso BGHZ 27, 278, 281 = NJW 1958, 1234 f.; BGH VersR 1984, 890, 891; 1991, 665; NJW 1993, 2802, zu § 17 LStrG RhPf.; *Rinne* NJW 1996, 3303, 3304 f.

§ 823 436, 437 Abschnitt 8. Titel 27. Unerlaubte Handlungen

letzungen nach § 839 einzustehen hat.[1747] Daneben kann wohl kaum eine privatrechtliche Haftung der Kommune aus § 823 Abs. 2 iVm dem jeweiligen Landes-Straßenreinigungsgesetz treten, wie dies in der Rechtsprechung mitunter angenommen wird.[1748] Darüber hinaus kommt eine kumulative Haftung der straßenverkehrssicherungspflichtigen Körperschaft nicht mehr in Betracht: Die polizeiliche Reinigungs- und Streupflicht der Gemeinden geht der allgemeinen Straßenverkehrssicherungspflicht vor und verdrängt die Haftung des Straßenbaulast- bzw. sonstigen Verwaltungsträgers aus § 823 oder § 839.[1749] Davon unberührt bleibt die Befugnis der Kommune, die Reinigungs- und Streupflichten in Bezug auf Gehwege durch Ortssatzung auf die **Anlieger** zu übertragen (eingehend RdNr. 453 ff.).[1750]

436 cc) **Spezielle Sicherungspflichten kraft Deliktsrechts.** Schließlich können auch **Privatpersonen Adressaten spezieller Sicherungspflichten** sein, sofern sie durch ihr Verhalten einen **gefährlichen Zustand** geschaffen haben. So müssen **Bauunternehmer** und **Landwirte,** deren Baustellen- und Ackerfahrzeuge die Straße verschmutzt haben, für deren Reinigung sorgen;[1751] der Verursacher einer **Ölspur** hat diese zu sichern und zu beseitigen;[1752] der Bauer, dessen **Vieh** die Straße verdreckt, muss sie wieder reinigen,[1753] der Betreiber eines Kraftwerks, dessen Kühltürme zur **Vereisung** der anliegenden Straßen führen, hat diese zu sichern[1754] usw.[1755] Sperrt ein Bauunternehmer eine Straße, so hat in erster Linie er selbst die dadurch erforderlich gewordenen Maßnahmen zur Verkehrssicherung zu treffen; dass die Straßenbaubehörde ihrerseits die von ihr selbst veranlassten Maßnahmen für ausreichend erachtet hat, vermag ihn nicht zu entlasten.[1756] Bei mangelhafter Wiederherstellung der Straßendecke nach Kabelverlegungsarbeiten haftet auch das dafür verantwortliche Versorgungsunternehmen.[1757] In sämtlichen Fällen wird die Körperschaft, der die allgemeine Verkehrssicherungspflicht oder die – vorrangige – polizeiliche Reinigungspflicht[1758] obliegt, nicht aus ihren Pflichten entlassen; sofern sie nicht binnen angemessener Zeit die Warnung der Verkehrsteilnehmer und die Reinigung der Straße veranlasst, hat sie selbst für Schäden Dritter aufzukommen.[1759] Zur Haftung mehrerer RdNr. 292 f., 433.

437 c) **Die Straße als Sicherungsobjekt.** Die generelle Straßenverkehrssicherungspflicht erstreckt sich nicht nur auf die eigentliche Fahrbahn, sondern auch auf **Trenn-, Seiten-, Rand-, Sicherheits- und Mittelstreifen**[1760] (vgl. § 1 Abs. 4 Nr. 1 BFStrG), **Wassergräben und Entwässerungsanlagen**[1761] sowie auf das **Bankett.**[1762] Eine Pflicht zu dessen

---

[1747] BGHZ 27, 278, 280 = NJW 1958, 1234; BGHZ 32, 352, 355 f. = NJW 1960, 1810, 1811. Die Haftung aus § 839 soll danach allerdings nicht eingreifen, wenn die Gemeinde es versäumt hat, irgendwelche organisatorischen Maßnahmen zu treffen, um der Reinigungspflicht nachzukommen. In diesem Fall sei sie gemäß §§ 89, 31, 823 Abs. 2 iVm dem einschlägigen Landes-Straßenreinigungsgesetz zum Schadensersatz verpflichtet (BGHZ 27, 278, 283 = NJW 1958, 1234). Mit dieser Differenzierung fällt der III. ZS weit hinter den bereits erreichten Stand der Unternehmens- und Staatshaftung zurück (vgl. RdNr. 378 ff.). In BGHZ 32, 352, 356 = NJW 1960, 1810, 1811 hat der Senat denn auch den Rückzug angetreten, ohne seinen diff. Ansatz völlig aufzugeben, was richtig gewesen wäre.
[1748] BGHZ 27, 278, 283 = NJW 1958, 1234, 1235; OLG Hamm VersR 2001, 652, 653.
[1749] BGHZ 27, 278, 281 = NJW 1958, 1234 f.; BGH VersR 1997, 311, 312 f.
[1750] BGH NJW 1985, 484; Vorläufer ist insoweit § 5 Pr. WegereinigungsG.
[1751] BGHZ 12, 124, 125 ff. = NJW 1954, 594 f.; BGH VersR 1959, 708, 710; OLG Schleswig NZV 1992, 31.
[1752] Vgl. BGH VersR 1956, 778 f.; 1958, 330, 331 (jeweils zur Beseitigungspflicht des zuständigen Verwaltungsträgers).
[1753] BGH VersR 1955, 108, 109; 1961, 1121, 1122; OLG Köln VersR 1996, 207.
[1754] BGH VersR 1985, 641, 642; OLG Köln VersR 1995, 674, 675.
[1755] WN aus der Rspr. bei *Greger,* Haftungsrecht des Straßenverkehrs, § 13 RdNr. 75 f.
[1756] BGH VersR 1977, 543; zur Verkehrssicherungspflicht des Bauunternehmers vgl. weiter auch KG VersR 1978, 766; OLG Bremen VersR 1978, 873; OLG Schleswig MDR 1982, 318; aber auch RGZ 128, 149, 157.
[1757] OLG Schleswig VersR 1955, 173: Bundespost.
[1758] Vgl. Fn. 1757.
[1759] BGH VersR 1955, 108, 109; 1956, 778 f.; 1958, 330, 331; 1961, 1121, 1122; 1985, 641; OLG Köln VersR 1995, 674, 675.
[1760] BGH NJW 1980, 2194 f.
[1761] BGH VersR 1983, 639, 640.
[1762] BGH VersR 2005, 660 f.; OLG Köln VersR 1992, 71, 72; *Greger,* Haftungsrecht des Straßenverkehrs, § 13 RdNr. 54 ff. mit reichhaltiger Kasuistik; *Geigel/Wellner* Kap. 14 RdNr. 69; *Staudinger/Hager* RdNr. E 91.

Befestigung besteht allerdings grundsätzlich nicht, und selbst Warnhinweise sind nur erforderlich, sofern dessen mangelnde Geeignetheit als Fahrbahnuntergrund nicht ohnehin offensichtlich ist.[1763] Darüber hinaus hat der Sicherungspflichtige für den gefahrlosen Zustand von verkehrsfremden Anlagen zu sorgen, die sich entweder im Fahrbahnkörper selbst befinden, wie etwa Straßenbahnschienen, oder die am Fahrbahnrand angebracht sind, wie Reklameanlagen, Baugerüste, Automaten oder in Vorgärten stehende Bäume und Sträucher.[1764] Werden Spaziergänger, die an einer Straßenböschung Schutz vor dem Regen suchen, durch ein umstürzendes Steinkreuz verletzt, hat der Träger der Straßenverkehrssicherungspflicht dafür einzustehen, sofern er die im Verkehr erforderliche Sorgfalt außer Acht gelassen hat.[1765] Die Verkehrssicherungspflicht gilt auch für **Radwege**,[1766] **Parkplätze**,[1767] einschließlich des angrenzenden Geländes,[1768] **Marktplätze**,[1769] Fußgängerüber- und -unterführungen, einschließlich etwa vorhandener **Treppen** und Rolltreppen,[1770] sowie **Parkwege**.[1771] Wander-, Forst- und **Waldwege** unterliegen einer stark reduzierten Verkehrssicherungspflicht.[1772] Für die Verkehrssicherheit der **Bürgersteige** hat grundsätzlich derjenige aufzukommen, der für die Verwaltung der Straße verantwortlich ist,[1773] wobei die Reinigungs- und Streupflichten häufig auf Grund Landesrechts durch Ortssatzung auf die Anlieger überwälzt worden sind (eingehend RdNr. 453 ff.).[1774] Darin liegt keine Überspannung der Straßenverkehrssicherungspflicht, weil auch andere Grundstücke als Straßenflächen von dem Eigentümer oder Sachhalter in sicherem Zustand zu erhalten sind, so dass die Grenze der Fahrbahn die Grenze deliktischer Sicherungspflichten ohnehin nicht zu markieren vermag. Ob eine Straße öffentlich oder privat ist, spielt für das Ausmaß der Verkehrssicherung folglich ebenfalls keine entscheidende Rolle, wohl aber die Intensität ihrer Benutzung (RdNr. 438).[1775]

d) Umfang und Intensität. aa) Zumutbarkeit und Vertrauensgrundsatz. Der Straßenverkehrssicherungspflichtige ist gehalten, die Straße in einem dem **regelmäßigen Verkehrsaufkommen adäquaten Zustand** zu erhalten und im Rahmen des Möglichen und Zumutbaren alles zu tun, um Gefahren für Verkehrsteilnehmer auszuschließen bzw. zu mindern, die wegen eines ordnungswidrigen Zustands der Verkehrsanlage drohen.[1776] Da das Mögliche weithin eine Funktion des wirtschaftlichen Aufwands ist, letzterer aber die Zumutbarkeitsfrage aufwirft, lassen sich beide Gesichtspunkte in dem Kriterium **ökonomischer Verhältnismäßigkeit** zusammenführen: Der Straßenverkehrssicherungspflichtige ist nur zu solchen Maßnahmen verpflichtet, deren Nutzen in Gestalt der Verhinderung zukünf-

---

[1763] BGH VersR 2005, 660 f.; *Geigel/Wellner* Kap. 14 RdNr. 69; OLG Bamberg VersR 1981, 960; OLG Hamm VersR 1983, 466; 1983, 1164. Zur Sicherungspflicht bei Seitenstreifen von Radwegen OLG Celle VersR 1988, 857.
[1764] BGHZ 37, 165, 169 f. = NJW 1962, 1565, 1566; BGH VersR 1994, 618, 620; *Staudinger/Hager* RdNr. E 90.
[1765] BGHZ 37, 165, 170 = NJW 1962, 1565, 1566.
[1766] OLG Hamm VersR 2000, 609; 2000, 788 f.; OLG Celle NJW-RR 2005, 754.
[1767] BGH LM (Ea) Nr. 45.
[1768] BGH VersR 1966, 562, 563: Sturz des seine Notdurft verrichteten Nutzers eines Autobahn-Rastplatzes in einen Abgrund.
[1769] OLG Hamm NJW-RR 2005, 255, 256 (mit mE übertriebenen Anforderungen).
[1770] BGH VersR 2002, 1040, 1041 = NJW 2002, 1265; OLG Düsseldorf NJW-RR 1994, 1442; OLG Hamm NJW-RR 2006, 1110 f.
[1771] OLG Köln VersR 1992, 71, 72: einschließlich der Trampelpfade, die von Spaziergängern erfahrungsgemäß als Abkürzung benutzt werden!
[1772] OLG Celle VersR 2006, 1423; OLG Koblenz NJW-RR 2003, 1253 f.; OLG Saarbrücken NJW-RR 2005, 1336; vgl. auch OLG Düsseldorf VersR 1983, 542; OLG Köln NuR 1988, 103; OLG Koblenz NZV 1990, 391, 392; OLG München VersR 1992, 1534.
[1773] BGH VersR 1981, 335, 336; eingehend *Staudinger/Hager* RdNr. E 160 ff.
[1774] Vgl. etwa OLG Köln VersR 1993, 1286.
[1775] OLG Düsseldorf VersR 1983, 544; LG München VersR 1983, 765.
[1776] BGHZ 37, 165, 168 = NJW 1962, 1565, 1566; BGHZ 108, 273, 274 = NJW 1989, 2808; BGH NJW 1991, 2824; OLG Düsseldorf NJW 1996, 731, 732; OLG Köln OLGZ 1993, 214; OLG Saarbrücken NZV 1998, 284; OLG Hamm VersR 1997, 718; *Staudinger/Hager* RdNr. E 86.

tiger Schäden nicht außer Verhältnis zu ihren Kosten steht (RdNr. 259).[1777] Der Nutzen kostspieliger Sicherheitsvorkehrungen wird dabei vor allem von der Art und der Bedeutung eines Verkehrsweges, also der Stärke des Verkehrs bestimmt.[1778] Bei der Konkretisierung dieses Standards können sich die Zivilgerichte an den Maßstäben orientieren, die für die öffentlich-rechtliche Straßenbaulast gelten, ohne an diese gebunden zu sein (vgl. RdNr. 277 ff.).[1779]

439 Bei der Fixierung des Maßes erforderlicher Sicherheitsmaßnahmen ist zu berücksichtigen, dass auch die potentiell geschädigten **Verkehrsteilnehmer das Ihrige** zur Vermeidung von Unfällen beitragen müssen. Jeder muss die ihm dargebotene **Straße so nehmen, wie sie ist,** und sich auf erkennbare Gefahrenquellen einstellen (RdNr. 261 ff.).[1780] Der Verkehrssicherungspflichtige ist grundsätzlich nur für solche Gefahren verantwortlich, die für einen **sorgfältigen Verkehrsteilnehmer nicht erkennbar bzw. vermeidbar** sind, vor denen er sich also nicht selbst schützen kann.[1781] Wegen der überlegenen Gefahrsteuerungsmöglichkeiten des Verkehrssicherungspflichtigen ist dabei allerdings kein strenger Maßstab anzuwenden, sondern es sind auch Maßnahmen zur Vermeidung solcher Unfälle zu treffen, die erst durch ein **nahe liegendes Fehlverhalten** des Verkehrsteilnehmers verursacht werden.[1782] So hat der Verkehrssicherungspflichtige nicht für den Schaden eines Autofahrers einzustehen, den dieser bei dem unvorsichtigen Befahren einer noch nicht fertiggestellten Straße durch Aufprall auf einen deutlich sichtbar herausstehenden Kanaldeckel erleidet.[1783] Umgekehrt ist es ihm anzulasten, wenn Nutzer eines Autobahnparkplatzes beim Verrichten der Notdurft in einen Abgrund stürzen, der von dem Parkplatz zwar durch Sträucher abgegrenzt, aber doch mühelos zu erreichen ist.[1784]

440 **bb) Baulicher Zustand.** Der bauliche Zustand der Straße darf keine Gefahren bergen, die für Verkehrsteilnehmer nicht erkennbar sind und denen sie nicht ausweichen können. Das Sicherheitsgebot gilt für die **Beschaffenheit des Fahrbahnbelags**[1785] (Unebenheiten,[1786] Netzrisse,[1787] Wasseransammlungen,[1788] Frost- und Hitzeaufbrüche),[1789] **Hindernisse** auf **Rad-**[1790] und **Gehwegen,**[1791] und **Regeneinläufe.**[1792] Auch vor **Steinschlag** sind die Verkehrsteilnehmer zu schützen.[1793] **Brücken** und Straßenstücke, bei denen ein Abkommen von

---

[1777] BGH NJW 1991, 2824, 2825.
[1778] Vgl. BGHZ 112, 74, 75 = NJW 1991, 33, 34; BGH VersR 1983, 39; OLG Köln VersR 1986, 557; OLG Hamm MDR 1996, 1131.
[1779] OLG Frankfurt VersR 1984, 473.
[1780] BGH NJW 1980, 2194, 2195.
[1781] BGHZ 108, 273, 274 f. = NJW 1989, 2808; BGH VersR 2002, 1040, 1041; OLG Düsseldorf NJW 1996, 731 f.; VersR 1996, 602, 603; OLG Hamm VersR 1997, 718, 719; 2000, 609; 2000, 788; OLG Rostock VersR 2000, 1297 (LS); LG Oldenburg VersR 1999, 1416, 1417; RGRK/*Steffen* RdNr. 145; *Staab* VersR 2003, 689, 690.
[1782] BGH VersR 2002, 1040, 1041. Nur in diesem Sinne formuliert BGH VersR 1994, 618, 620 zutr., der Vertrauensgrundsatz gelte im Verhältnis zwischen Verkehrssicherungspflichtigem und Verkehrsteilnehmer nicht. In casu ging es um eine durch Buschwerk zugewachsene Warnanlage an einem Bahnübergang, die erst 10 m vorher erkannt werden konnte. Wie hier OLG Hamm VersR 2000, 788.
[1783] OLG Düsseldorf VersR 1993, 1029 f.; OLG Koblenz VersR 1993, 1246.
[1784] BGH VersR 1966, 562, 563.
[1785] BGH LM (Ea) Nr. 55; RGRK/*Steffen* RdNr. 182.
[1786] Dazu OLG Karlsruhe MDR 1984, 54; OLG Frankfurt VersR 1984, 394: flache Mulden sind anders als Schlaglöcher noch keine relevante Gefährdung; OLG Hamm VersR 1993, 1033: Fahrer von tiefergelegten Fahrzeugen müssen ihr besonderes Augenmerk auf Fahrbahnunebenheiten richten.
[1787] OLG Hamm NJW-RR 2005, 254, 255.
[1788] OLG Nürnberg VerkMitt. 1982 Nr. 14; vgl. auch OLG Köln VersR 1991, 822.
[1789] OLG Celle VersR 1984, 1172.
[1790] OLG Celle NJW-RR 2001, 1393: Trennung von Rad- und Gehweg durch eine bauliche Maßnahme (Trennkante) nicht verkehrspflichtwidrig.
[1791] Gewisse Unebenheiten sind hier hinnehmbar; vgl. iE BGH VersR 1967, 261; OLG Hamm VersR 1988, 467; OLG Schleswig VersR 1989, 627; OLG Koblenz MDR 1992, 1127; OLG Düsseldorf VersR 1993, 1416; detaillierter *Staudinger/Hager* RdNr. E 160 ff.
[1792] OLG Hamm VersR 2006, 854 f.
[1793] BGH NJW 1968, 246; OLG Koblenz NJW-RR 2003, 1330, 1331.

der Straße mit Absturzgefahr verbunden ist, sind grundsätzlich durch Geländer zu sichern.[1794] Eine Hecke auf dem **Mittelstreifen** einer Straße mit zwei getrennten Fahrbahnen ist in der Nähe von Durchfahrten auf einer Höhe zu halten, die Sichtbehinderungen beim Ein- und Abbiegen ausschließt.[1795] Zur Errichtung eines **Wildschutzzauns** an einer Landstraße ist die zuständige Körperschaft nach Ansicht des BGH selbst dann nicht verpflichtet, wenn es an einer bestimmten Stelle zu nicht weniger als fünfzig durch Wildwechsel verursachten Verkehrsunfällen pro Jahr kommt.[1796] Das OLG Hamm hat bei einem neu gestalteten **Marktplatz** eine Unebenheit von 1,7 cm beanstandet; mE zu Unrecht.[1797] **Inline-Skater** können nicht verlangen, dass Geh- und Radwege in einer Weise planiert werden, dass sie als gefahrlose Piste für die Ausübung ihres Sports taugen.[1798] Zu Straßenbauarbeiten RdNr. 480 f.

Bauliche und gestalterische Maßnahmen zur **Beruhigung und Verlangsamung des Straßenverkehrs,** wie etwa Blumenkübel, Absperrpoller, Beete, Bodenschwellen, Aufpflasterungen oder sog. „Kölner Teller", sind kein Hindernis iS des § 32 StVO und folgerichtig auch außerhalb verkehrsberuhigter Bereiche (Zeichen 325 zu § 42 StVO) nicht schon per se unzulässig.[1799] Die Anlagen zur Verkehrsberuhigung sind jedoch in einer Weise zu gestalten, dass sie einerseits den ihnen zugedachten Zweck der Verkehrsberuhigung erfüllen, andererseits aber **nicht selbst zu einer Gefahrenquelle** werden.[1800] Sämtliche Hindernisse müssen folgerichtig für einen besonnenen Verkehrsteilnehmer ohne weiteres erkennbar sein, was beispielsweise die hinreichende Ausleuchtung auf der Fahrbahn platzierter Blumenkübel erfordert.[1801] Bodenschwellen sind so auszugestalten, dass sie auch von Fahrzeugen mit geringer Bodenfreiheit überwunden werden können, wobei als schutzwürdig auch die Belange solcher Fahrer angesehen werden, die ihr Kfz. – im zulässigen Rahmen – „tiefergelegt" haben.[1802] Unter diesem Gesichtspunkt sind Aufpflasterungen besser als Bodenschwellen und somit vorzugswürdig.[1803] „Kölner Teller" müssen in einer Weise angebracht werden, dass auf die Bedürfnisse von Fahrradfahrern die gebotene Rücksicht genommen wird.[1804] 441

Ist eine Straße einmal in den gebotenen Zustand gebracht, ist der Sicherungspflichtige gehalten, sie laufend auf sichtbare Veränderungen oder Mängel zu **überwachen.**[1805] Nach größeren Eingriffen in den Straßenkörper durch entsprechende Baumaßnahmen oder nach der Übernahme eines zuvor von einer anderen Körperschaft verwalteten Weges in die eigene Verwaltungszuständigkeit sind besonders intensive Kontrollen durchzuführen. 442

cc) Bäume und Sträucher. Die grundlegende Entscheidung des RG zur Verkehrssicherungspflicht betraf den Fall, dass ein auf dem Straßengrundstück stehender, erkennbar 443

[1794] RGZ 55, 24, 28; *Staudinger/Hager* RdNr. E 103.
[1795] BGH NJW 1980, 2194, 2195.
[1796] BGHZ 108, 273, 275 ff. = NJW 1989, 2808, 2809. Tatsächlich war nach den Grundsätzen der Rspr. eine Warnung in diesem Fall nicht ausreichend, weil letztere nicht von der Durchführung ökonomisch zumutbarer Sicherungsmaßnahmen entbindet und das Verhalten der vielen Autofahrer, die ihre Geschwindigkeit trotz des Warnschildes nicht in dem gebotenen Umfang reduziert hatten und in der Folge verunglückten, durchaus im Rahmen eines „nahe liegenden Fehlgebrauchs" der Straße lag; vgl. zu diesem Kriterium der Nachweise in Fn. 1782. Zur richtigen ökonomischen Analyse des Falls *Kötz/Schäfer* JZ 1992, 355 f.; *Schäfer/Ott,* Lehrbuch der ökonomischen Analyse des Zivilrechts, S. 173 f.
[1797] OLG Hamm NJW-RR 2005, 255, 256.
[1798] OLG Koblenz NJW-RR 2001, 1392; zur Haftung von Inline-Skatern BGH NJW 2002, 1955, 1956 = VersR 2002, 727; *Vogenauer* VersR 2002, 1345 ff., 1478 ff.
[1799] BGH NJW 1991, 2824 f.; OLG Hamm NZV 1994, 400, 401 mwN; OLG Düsseldorf NJW 1996, 731, 732; aA OLG Frankfurt NJW 1992, 318 f.; *Hentschel/König* Straßenverkehrsrecht § 32 StVO RdNr. 8, § 45 StVO RdNr. 35; *Geigel/Zieres* Kap. 27 RdNr. 672; *Staudinger/Hager* RdNr. E 105; vgl. dazu auch *Stollenwerk* VersR 1995, 21.
[1800] BGH NJW 1991, 2824 f.; OLG Köln OLGZ 1993, 214, 215; OLG Düsseldorf NJW 1996, 731, 732; OLG Hamm NZV 1994, 400, 401; VersR 1997, 718, 719; LG Oldenburg VersR 1999, 1416, 1417.
[1801] OLG Nürnberg NZV 1991, 353.
[1802] BGH NJW 1991, 2824, 2825; OLG Köln OLGZ 1993, 214, 215; OLG Düsseldorf VersR 1996, 602, 603.
[1803] OLG Hamm NJW 1993, 1015, 1016 f.
[1804] OLG Saarbrücken NZV 1998, 284.
[1805] BGH NJW 1973, 277, 278; VersR 1960, 237, 238; OLG Frankfurt DAR 1984, 19; *Staudinger/Hager* RdNr. E 85, 89, 114.

morscher Baum umgestürzt war, allerdings nicht auf der Fahrbahn zum Liegen kam, sondern auf Haus und Grund eines Anliegers (RdNr. 236).[1806] Selbstverständlich wäre ebenfalls zugunsten des Geschädigten zu entscheiden gewesen, wenn der Baum auf die Fahrbahn gestürzt wäre und ein Verkehrsteilnehmer Schaden erlitten hätte. Der Verkehrssicherungspflichtige muss unter Berücksichtigung forstwirtschaftlicher Erkenntnisse die **Bäume an der Straße** auf die Gefahren von Windbruch und Windwurf, des Umsturzes durch Krankheitsbefall und des Herabfallens von Ästen kontrollieren.[1807] In Ermangelung besonderer Verdachtsmomente reicht eine sorgfältige Inaugenscheinnahme ohne Einsatz technischer Hilfsmittel, wie zB Hubwagen.[1808] Bei großen Bäumen ist eine sog. **Baumschau** vom Kraftfahrzeug nicht genug.[1809] Die **Beweislast** dafür, dass bei zumutbarer Überwachung die Schädigung entdeckt und in Reaktion darauf Ast oder Baum beseitigt worden wäre, trägt der Geschädigte.[1810] Ferner ist dafür zu sorgen, dass Äste nicht in den für den Verkehr freizuhaltenden Luftraum von vier Metern über der Straße hineinragen, wobei bei Anliegerstraßen Ausnahmen anzuerkennen sind.[1811] Anpflanzungen am Straßenrand oder in dessen Nähe dürfen **Verkehrszeichen** und -signalanlagen nicht verdecken.[1812]

444 dd) Verkehrsregelung. Der Straßenverkehrssicherungspflichtige ist zwar nicht allgemein für die Verkehrsregelung verantwortlich, wohl aber insoweit, als es nicht bloß um die Leichtigkeit, sondern auch um die Sicherheit des Verkehrs geht; insofern lässt sich von **Verkehrssicherung durch Verkehrsregelung** sprechen.[1813] Es verstößt gegen die Verkehrssicherungspflicht, wenn die an einer Gefahrenstelle verfügte Geschwindigkeitsbegrenzung Verkehrsteilnehmer in falscher Sicherheit wiegt, weil das festgesetzte Limit viel zu hoch liegt.[1814] Die für Zwecke der Verkehrsregelung angebrachten **Zeichen** und **Signale** müssen tatsächlich erkannt werden können.[1815] Bei Verkehrssignalanlagen sind die Verantwortungsbereiche der Straßenverkehrsbehörden und des Verkehrssicherungspflichtigen dahingehend abzugrenzen, dass den Verkehrsbehörden die Amtspflicht obliegt, für die Sicherheit und Leichtigkeit des Verkehrs zu sorgen und keine verkehrsregelnden Einrichtungen anzubringen, die infolge unrichtiger Programmierung gefahrbringende Zeichen geben, während es zum Aufgabenkreis des Verkehrssicherungspflichtigen gehört, Verkehrssignalanlagen ordnungsgemäß zu unterhalten und vor Funktionsstörungen zu bewahren, damit die Anlagen die von der Straßenverkehrsbehörde angeordneten oder gesteuerten Zeichen richtig ausstrahlen.[1816] Entkoppelt eine Gemeinde zwei aufeinander abgestimmte Ampeln, die ursprünglich koordiniert waren, und erzeugt sie damit eine Verkehrsgefährdung, so verletzt sie ihre Verkehrssicherungspflicht.

445 Ein besonderer Anwendungsfall der Verkehrssicherung durch Verkehrsregelung ist die Verpflichtung zur **Warnung der Verkehrsteilnehmer,** wenn von dem baulichen Zustand

---

[1806] RGZ 52, 373, 374.
[1807] BGHZ 123, 102, 103 = NJW 1993, 2612, 2613; BGH VersR 1974, 88; 1994, 618, 620; NJW 2004, 1381; OLG Oldenburg VersR 1977, 845; OLG Düsseldorf VersR 1983, 61; OLG Köln VersR 1992, 1370; VersR 1993, 850 f.; OLG Koblenz MDR 1993, 219; OLG Brandenburg VersR 1995, 1051; 2002, 504; für jährlich zweimalige Prüfung in belaubtem und unbelaubtem Zustand OLG Düsseldorf VersR 1992, 467; OLG Hamm NJW-RR 2003, 968, zur Technik der Baumkontrolle *Hötzel* NJW 1997, 1757. Aber: keine Verkehrssicherungspflicht des Straßenbaulastträgers für solche Bäume, die sich innerhalb des Waldsaums befinden: BGH LM § 839 (Ca) Nr. 73 = NZV 1989, 346 m. Anm. *Steinert*; OLG Koblenz NZV 1990, 391.
[1808] BGH NJW 2004, 1381; OLG Hamm VersR 1980, 636; für jährlich zweimalige Prüfung in belaubtem und unbelaubtem Zustand OLG Düsseldorf VersR 1992, 467; OLG Hamm NJW-RR 2003, 968, zur Technik der Baumkontrolle *Hötzel* NJW 1997, 1757.
[1809] OLG Brandenburg VersR 2002, 504 f.
[1810] BGH NJW 2004, 1381.
[1811] OLG Schleswig VersR 1994, 359.
[1812] BGH VersR 1994, 618, 620.
[1813] OLG Frankfurt VersR 1984, 473; OLG Hamm VersR 1978, 64; OLG Koblenz NJW-RR 2002, 1105.
[1814] OLG Frankfurt VersR 1984, 473.
[1815] BGH VersR 1994, 618, 620.
[1816] BGH VersR 1966, 1080, 1081; NJW 1971, 2220, 2221; 1972, 1268, 1269; LM (Dc) Nr. 107 = MDR 1977, 32.

der Straße ernste Gefahren ausgehen, deren Vermeidung nicht möglich oder unzumutbar ist.[1817] Wird auf der Autobahn ein Fahrstreifen wegen einer kurzfristigen oder beweglichen Baustelle gesperrt, so müssen die Kraftfahrer durch Verkehrszeichen so rechtzeitig gewarnt werden, dass sie auch bei hoher Geschwindigkeit noch reagieren können.[1818] Umgekehrt kann sich der Verantwortliche durch Anbringung einer Warnung nicht seiner Verpflichtung zur Durchführung zumutbarer, dh. wirtschaftlich gebotener Sicherungsmaßnahmen entschlagen (vgl. RdNr. 631): Bodenwellen auf Landstraßen, die einen Sprungschanzeneffekt aufweisen, sind zu beseitigen; hier reicht eine Warnung nicht aus.[1819]

ee) Reinigungs- und Streupflicht. (1) Grundlagen. Die Verpflichtung zur Reinigung der Straßen und Wege und zum Streuen bei Schnee- und Eisglätte ist lediglich ein Anwendungsfall der eben dargestellten Grundsätze.[1820] Allerdings überschneiden sich bei der Reinigungspflicht – genauso wie bei der Streupflicht – zwei verschiedene Pflichtenkreise, nämlich die **ordnungsrechtliche Straßenreinigungspflicht** auf Grund der in der Tradition des preußischen Gesetzes über die Reinigung öffentlicher Wege stehenden Landesgesetze sowie die allgemeine Straßenverkehrssicherungspflicht.[1821] Da jedoch auch Letztere ganz überwiegend hoheitlich wahrgenommen wird, kommt als **Anspruchsgrundlage** einheitlich § 839 in Betracht, wobei das **Verweisungsprivileg** des § 839 Abs. 1 S. 2 nicht gilt (vgl. RdNr. 432). Inhaltlich sind polizeiliche Reinigungs- und allgemeine Verkehrssicherungspflicht **kongruent** (vgl. RdNr. 435), insbesondere umfassen beide auch die Winterwartung.[1822] Jedoch können sich beim Pflichtadressaten Abweichungen ergeben, weil die Reinigungspflicht nach dem Landesrecht in aller Regel den Gemeinden obliegt, die Verkehrssicherungspflicht jedoch derjenigen Körperschaft, die die Straße tatsächlich verwaltet.[1823] Bei Kompetenzkonflikten kommt es darauf an, welcher Verwaltungsträger faktisch tätig geworden ist; zu Lasten des Geschädigten dürfen sie jedenfalls nicht gelöst werden. **Privatleute** treffen **originäre Reinigungs- und Streupflichten** in Bezug auf öffentliche Straßen, wenn sie deren Verschmutzung verursacht haben oder für ihre Vereisung verantwortlich sind (RdNr. 436), so etwa der Betreiber eines Kraftwerks, dessen Kühltürme Wasserdampf freisetzen, der sich auf den anliegenden Straßen niederschlägt.[1824]

(2) Straßenreinigungspflicht. Soweit eine Straße nicht durch Baustellenverkehr oder Unfälle verschmutzt wird (RdNr. 436), betrifft die Straßenreinigungspflicht vor allem das **Freihalten von Blüten und Laub,** die sich bei Nässe in einen glatten Matschfilm verwandeln können. Daraus resultierende Rutschgefahren lassen sich in der Nähe von Laubbäumen und zumal im Herbst mit wirtschaftlich vertretbarem Aufwand allerdings nicht gänzlich vermeiden. Das Liegenlassen von Blüten und Blättern auf öffentlichen Straßen löst deshalb nicht ohne weiteres die Haftung aus.[1825] Umgekehrt ist es einer Wohnungseigentümergemeinschaft durchaus zuzumuten, einen zu der Anlage führenden **Stichweg** von nassem und faulendem Laub frei zu halten.[1826]

[1817] OLG Hamm VersR 2000, 609 f.; OLG Celle VersR 2000, 1427; LG Coburg VersR 1999, 635; *Staudinger/Hager* RdNr. E 118 ff.
[1818] BGH NJW 1981, 2120.
[1819] OLG Schleswig VersR 1980, 1150, 1151.
[1820] Vgl. zum Folgenden auch *Rinne* NJW 1996, 3303; wenig empfehlenswert *Schmid* NJW 1988, 3177.
[1821] Vgl. RdNr. 435; zu den beiden Verpflichtungsgründen jeweils repräsentativ BGH NJW 1972, 903 – allg. Verkehrssicherungspflicht; NJW 1993, 2802 – polizeiliche Reinigungspflicht.
[1822] BGHZ 27, 278, 280 = NJW 1958, 1234; BGH VersR 1992, 444; OLG Hamm VersR 2001, 652, 653; ausdrücklich § 1 Abs. 2 StrReinG NW.
[1823] In Bayern geht die – hoheitlich ausgestaltete – allg. Straßenverkehrssicherungspflicht nach Art. 72 BayStrWG der polizeilichen Streupflicht der Gemeinden gemäß Art. 51 Abs. 1, 2 BayStrWG vor, weil es sich bei den zuletzt genannten Regelungen bloß um nachdrückliche Empfehlungen an die Gemeinde handelt; so BayObLG VersR 1991, 666.
[1824] BGH VersR 1985, 641; OLG Köln VersR 1995, 674, 675.
[1825] OLG Nürnberg NZV 1994, 68.
[1826] BGH NJW-RR 1989, 394 f.; OLG Köln VersR 1995, 801, 802.

448 **(3) Streupflicht.** Der Umfang der Streupflicht ist entgegen landläufiger Vorstellung durchaus **begrenzt,** und es steht zu erwarten, dass die Rechtsprechung angesichts des gestiegenen Umweltbewusstseins zu weiteren Einschränkungen kommen wird.[1827] Sie richtet sich nach **Art, Frequentierung und Gefährlichkeit des Verkehrsweges**[1828] und steht unter dem Vorbehalt des Zumutbaren, der im vorliegenden Kontext explizit ökonomisch verstanden, nämlich auf die **Leistungsfähigkeit der Gemeinde** bezogen wird (vgl. RdNr. 259).[1829] In der Tat zehrt eine umfassend verstandene Streupflicht erhebliche Ressourcen der Kommunen auf, ohne dass jemals nachgeprüft worden wäre, ob sich diese Mittel an anderer Stelle nicht wesentlich besser, mit einem größeren Gewinn an Sicherheit, einsetzen lassen. Es ist noch nicht einmal erwiesen, dass das Streuen von Straßen die **Unfallziffern senkt,** denn es verleitet die Verkehrsteilnehmer zu einer sorglosen Haltung in kritischen Witterungslagen und ermöglicht den Verzicht auf die Anschaffung einer Winterausrüstung. Insgesamt dient die Streupflicht mehr dem zügigen Fortkommen als der Schadensvermeidung, also der Leichtigkeit und nicht der Sicherheit des Verkehrs. Diese Überlegungen sprechen dafür, die Pflichten der Gemeinden in diesem Bereich nicht zu überspannen, sondern tendenziell zurückzuschrauben.

449 Grundlegend für Inhalt und Umfang der Räum- und Streupflichten ist die Differenzierung zwischen inner- und außerörtlichem Bereich. **Außerhalb geschlossener Ortschaften** sind nur **besonders gefährliche Stellen** abzustreuen, also solche, deren Vereisung der Verkehrsteilnehmer nicht erkennen kann, nicht hingegen der gesamte Straßenzug.[1830] Typische Gefahrenstellen in diesem Sinne sind **Brücken.**[1831] Entscheidend ist stets der Erwartungshorizont eines sorgfältigen Verkehrsteilnehmers (RdNr. 439). Die Streupflicht auf außerörtlichen **Rad- und Gehwegen** entfällt in aller Regel gänzlich, weil Fußgänger und Radfahrer bei solchen Witterungsbedingungen dort nicht anzutreffen sind.[1832] Der darüber weit hinausgehende **Winterdienst,** wie er auf den Bundesfernstraßen und insbesondere den Autobahnen geboten wird, ist ein Service der zuständigen Verwaltungsträger, zu dem sie nicht verpflichtet sind.[1833] Allerdings wird man annehmen dürfen, dass überobligationsmäßige Anstrengungen, wenn sie denn erbracht werden, mit der gebotenen Sorgfalt durchgeführt werden müssen. Wird also beispielsweise eine Autobahn auf ganzer Länge geräumt, dann dürfen nicht einzelne Abschnitte ausgespart oder vernachlässigt werden, die als solche für den Verkehrsteilnehmer nicht erkennbar sind.[1834]

450 Schon im Ansatz verschieden sind die Streupflichten im **innerörtlichen Bereich** zu beurteilen. Insoweit hat die Rechtsprechung die Träger der allgemeinen Verkehrssicherungspflicht seit jeher für verpflichtet gehalten, bei Glätte zumindest die **verkehrswichtigen Straßen an ihren gefährlichen Stellen,** an denen Kraftfahrer bremsen, ausweichen oder in sonstiger Weise die Fahrtrichtung oder Geschwindigkeit ändern, zu bestreuen.[1835] Nichts anderes gilt im Rahmen der den Gemeinden obliegenden polizeilichen Reinigungspflicht, und zwar auch dann, wenn der Wortlaut der Straßenreinigungsgesetze der Länder die Annahme weitergehender Verpflichtungen nahelegt (vgl. RdNr. 435 mit Fn. 1746).[1836]

[1827] Treffend *Rinne* NJW 1996, 3303, 3304: „Ein Stück Lebensqualität, höchst angenehm und nützlich, aber [...] nicht im strengsten Sinne lebensnotwendig"; Prognose über die weitere Entwicklung aaO S. 3308.
[1828] St. Rspr., vgl. BGHZ 112, 74, 75 f. = NJW 1991, 33, 34; vgl. weiter BGH NJW 1972, 903; VersR 1991, 665 = LM § 839 (Ca) Nr. 78; NJW 1993, 2802 = LM § 839 (Ca) Nr. 90; BayObLG VersR 1991, 666.
[1829] BGHZ 112, 74, 75 f. = NJW 1991, 33, 34; BGH NJW 1972, 903, 904; VersR 1991, 665; NJW 1993, 2802 = LM § 839 (Ca) Nr. 90; BayObLG VersR 1991, 666; eingehend *Rinne* NJW 1996, 3303, 3308.
[1830] BGHZ 31, 73, 75 = NJW 1960, 32; BGHZ 40, 379, 382 = NJW 1964, 814, 816; BGH NJW 1972, 903; VersR 1962, 1013, 1014; 1995, 721, 722; *Rinne* NJW 1996, 3303, 3305.
[1831] BGHZ 31, 73, 76 = NJW 1960, 32; BGH NJW 1972, 903.
[1832] BGH VersR 1995, 721, 722.
[1833] *Bauer* in: *Kodal/Krämer* Straßenrecht Kap. 41 RdNr. 38.
[1834] IdS auch BGHZ 31, 73, 75 f. = NJW 1960, 32.
[1835] Zusammenfassend BGHZ 112, 74, 76 = NJW 1991, 33, 34; vgl. auch BGHZ 31, 73, 75 = NJW 1960, 32; BGHZ 40, 379, 380 f.; BGH VersR 1985, 568, 569; 1991, 665; OLG Dresden VersR 1996, 1428; OLG Nürnberg NJW-RR 2004, 103 f.
[1836] BGHZ 112, 74, 81 ff. = NJW 1991, 33, 35.

Anliegerstraßen in Wohngebieten sind folgerichtig selbst dann nicht zu streuen, wenn sie – etwa im Hinblick auf ihr starkes Gefälle – besonders gefährlich sind.[1837] Trotz der bei Schnee und Eis erhöhten Unfallgefahr für Radfahrer ist die Gemeinde nicht zu besonders intensivem Streuen der **Radwege** verpflichtet, sondern umgekehrt sind die Radfahrer gehalten, ggf. auf die abgestreute Straße auszuweichen.[1838] An **Fußgängerüberwegen,** an belebten **Kreuzungen** und auf **Parkplätzen** muss für Fußgänger wenigstens *eine* Möglichkeit zum gefahrlosen Passieren freigeräumt und abgestreut werden.[1839] An besonders belebten Stellen wie **Bahnhöfen** und Haltestellen hat der Streupflichtige gesteigerten Anforderungen zu genügen; bei starker Glättebildung ist mehrmals täglich (alle drei Stunden) zu streuen.[1840] Solange mit weiteren Schneefällen oder mit neuer Glatteisbildung gerechnet werden muss, darf das Streugut auf einem Bahnsteig liegen gelassen werden.[1841]

In **zeitlicher Hinsicht** ist mit den Streuarbeiten **am Morgen** so rechtzeitig zu beginnen, dass der Berufsverkehr bereits geräumte Straßen vorfindet. Kommt es erst im Verlauf des Tages zur Glättebildung, ist dem Streudienst eine gewisse **Reaktionszeit** zuzugestehen, nach deren Ablauf die Aufgaben anhand einer Prioritätenliste abzuarbeiten sind.[1842] Die Streupflicht endet am Abend gegen 20.00 Uhr.[1843] Zur **Nachtzeit** müssen die Fahrbahnen nicht abgestreut werden, auch nicht an besonderen Gefahrenstellen.[1844] Ein vorsorgliches Streuen in den Abendstunden kann aber geboten sein.[1845]

Die streupflichtige Körperschaft ist deliktsrechtlich gehalten, ihren **Streudienst** im Rahmen ihrer Leistungsfähigkeit so zu **organisieren,** dass eine ordnungsgemäße Erfüllung der ihr obliegenden Pflichten auch bei schwierigen Witterungsverhältnissen gewährleistet ist.[1846] Die dabei maßgebenden Prioritäten sollten in ruhigen Zeiten ausformuliert und in einem Streuplan niedergelegt werden.[1847] Bei andauerndem Schneefall oder fortwährender Eisbildung sind die Maßnahmen zu wiederholen, wenn sie nicht wegen katastrophaler Witterungsverhältnisse von vornherein sinnlos sind,[1848] wofür der Streupflichtige die **Beweislast** trägt.[1849] Was die Art der eingesetzten Streumittel anlangt, so hat die Rechtsprechung bisher keine Präferenz erkennen lassen.[1850] Angesichts der erheblichen Umweltprobleme, die das Streuen mit Salz verursacht, sollte es den Streupflichtigen jedoch nicht verwehrt werden, auf andere Mittel (Granulat, Splitt etc.) auszuweichen. Die Räumung einer Fahrspur durch einen Pflug begründet für die Fahrer kein **Vertrauen** darauf, dass die gesamte geräumte Fläche auch befahrbar ist.[1851]

ff) Insbesondere: Streupflicht auf Gehwegen. Gehwege zählen zwar zum Straßenkörper, doch obliegt die Streupflicht nur theoretisch den Gemeinden,[1852] weil sie in der Praxis regelmäßig **durch Ortssatzung auf die Anlieger übertragen** wird, die originär nur für die Zuwege auf ihrem Grundstück sicherungs- und streupflichtig sind (eingehend

---

[1837] Zweifelnd *Rinne* NJW 1996, 3303, 3305.
[1838] OLG Celle NJW-RR 2001, 596, 597.
[1839] BGH NJW 1966, 202 f.; VersR 1985, 568, 570; 1991, 665; 1995, 721, 722; NJW 1993, 2802, 2803; BayObLG VersR 1991, 666.
[1840] BGH NJW 1993, 2802, 2803.
[1841] BGH VersR 2003, 1451.
[1842] BGHZ 112, 74, 85 f. = NJW 1991, 33, 36; BGH NJW 1993, 2802, 2803; dies gilt auch für die Streupflichten von Straßenanliegern; vgl. BGH VersR 1966, 90, 92; 1985, 484, 485.
[1843] BGH NJW 1985, 270.
[1844] BGHZ 40, 379, 382 ff. = NJW 1964, 814, 816 f.; BGH NJW 1972, 903.
[1845] OLG Hamm NJW-RR 2004, 386.
[1846] BGH VersR 1962, 1013, 1014 f.; OLG Hamm VersR 1984, 194; OLG Frankfurt VersR 1995, 45.
[1847] BGH VersR 1962, 1013, 1014 f.
[1848] BGH VersR 1968, 1161; NJW 1993, 2802, 2803; *Horst* MDR 2001, 187, 189. Die Beweislast für die Sinnlosigkeit entsprechender Bemühungen trifft allerdings den Streupflichtigen: BGH VersR 1966, 90, 92 (insoweit nicht in NJW 1966, 202); NJW 1985, 484, 485.
[1849] BGH NJW-RR 2005, 1185.
[1850] BGH NJW 1993, 2802, 2803; *Horst* MDR 2001, 187, 188.
[1851] OLG München VersR 2007, 1578, 1579.
[1852] Im Ausgangspunkt ist dies jedoch die Rechtslage; eine originäre Streupflicht des Straßenanliegers mit Blick auf Fahrbahn und Gehweg existiert nicht; vgl. etwa BGH NJW 1972, 1321, 1323; OLG Hamm VersR 2001, 652, 653; *Larenz/Canaris* II/2 § 76 III 7 c, S. 429.

RdNr. 443).[1853] Die dafür notwendigen Ermächtigungsgrundlagen finden sich in den Landes-Straßenreinigungsgesetzen, in Nordrhein-Westfalen etwa in § 4 StrReinG.[1854] Mit einer solchen Delegation der Streupflicht wird der Anlieger selbst im Außenverhältnis haftbar, während bei der Gemeinde nach allgemeinen Grundsätzen Überwachungspflichten verbleiben, für deren Nichterfüllung sie ggf. nach § 839 einzustehen hat.[1855] Die Pflichten des Anliegers als Übernehmer der, vor der Delegation hoheitlichen, Reinigungspflicht ergeben sich nach aktueller Rechtsprechung aus § 823 Abs. 1,[1856] während § 823 Abs. 2 iVm. dem jeweiligen Landes-Straßenreinigungsgesetz bzw. der dieses konkretisierenden Ortssatzung allenfalls kumulativ als Anspruchsgrundlage herangezogen wird.[1857] Verpflichtet ist der Eigentümer eines Anliegergrundstücks, nicht auch der Käufer eines solchen vor Eintragung im Grundbuch.[1858] Für die Räumung der Gehwege vor **kommunalen Grundstücken** hat die Gemeinde wie ein Privater nach § 823 Abs. 1 einzustehen.[1859]

454 Bei Hausgrundstücken, die in **Wohnungseigentum oder Miterbbaurechte** aufgeteilt sind, sind die Miteigentümer gemeinsam mit der Streupflicht belastet.[1860] Der Eigentümer des Anliegergrundstücks kann seinerseits die Streupflicht an seine **Mieter** weitergeben. Nach allgemeinen Grundsätzen bleibt der Vermieter/Eigentümer auch in diesem Fall residual sicherungspflichtig, wenn er sich auch in Grenzen auf pflichtgemäßes Verhalten der Mieter verlassen kann, solange keine konkreten Anhaltspunkte dieses Vertrauen erschüttern (RdNr. 298 ff.).[1861] Die Bestellung eines **Hausmeisters** oder eines sonstigen Dritten entbindet den Verkehrssicherungspflichtigen nicht von der persönlich geschuldeten Überwachungspflicht.[1862] Überträgt die Eigentümergemeinschaft die Streupflicht durch eine von ihr beschlossene **Hausordnung** auf einzelne Gemeinschafter, bleiben die übrigen zur Überwachung verpflichtet, und zwar auch im **Interesse** der Mieter ebendieser Eigentumswohnungen.[1863] Bei **Krankheit oder Verhinderung** ist dafür Sorge zu tragen, dass jemand einspringt.[1864] Trifft die Streupflicht alle Gemeinschafter zusammen, kann einer von ihnen nicht die übrigen wegen Verletzung der Streupflicht in die Haftung nehmen.[1865] Lässt das jeweilige Landes-Straßenreinigungsgesetz hingegen die privative Übertragung der Streupflicht auf einen Dritten zu, was in der Tradition des § 6 PrWegRG (§ 4 Abs. 3 StrReinG NW) die Zustimmung der Gemeinde voraussetzt, ist der Eigentümer auch seiner Überwachungspflichten ledig,[1866] während der Übernehmer im Außenverhältnis in vollem Umfang haftpflichtig wird.[1867]

455 Der **Umfang der Streupflicht auf Gehwegen** richtet sich wie stets nach der Verkehrsbedeutung. Ist diese gering, ist es nicht erforderlich, den Gehweg über seine gesamte Breite hinweg abzustreuen, sondern es genügt die **Räumung eines Streifens** von ca. 1 m Breite, der es zwei Fußgängern gestattet, vorsichtig aneinander vorbeizukommen.[1868] Bei Zuwegen

---

[1853] BGH NJW-RR 1989, 394 f.
[1854] Vorläufer ist § 5 des pr. Wegereinigungsgesetzes, vgl. BGH NJW 1985, 484; VersR 1994, 444; vgl. auch *Horst* MDR 2001, 187.
[1855] BGHZ 118, 368, 372 f. = NJW 1992, 2476, 2477; weiter BGH NJW 1966, 2311, 2312; 1971, 43, 44; 1972, 1321, 1323; *Rinne* NJW 1996, 3303, 3305 f.
[1856] BGH NJW 1985, 484 f.; VersR 1992, 444, 445; anders wohl BGH NJW 1970, 95 f.; 1972, 1321, 1322 f.; zu weitgehend *Larenz/Canaris* II/2 § 76 III 7 c, S. 429.
[1857] BGHZ 27, 278, 283 = NJW 1958, 1234, 1235; BGH NJW 1972, 1321, 1322 f.; OLG Hamm VersR 2001, 652, 653.
[1858] BGH NJW 1990, 111, 112.
[1859] BGH VersR 1992, 444, 445.
[1860] BGH NJW 1985, 484 = LM (Dc) Nr. 142; OLG Hamm VersR 2002, 1299 f.
[1861] BGH NJW 1985, 270, 271.
[1862] BGH VersR 1975, 42.
[1863] BGH NJW 1985, 484 f. = LM (Dc) Nr. 142.
[1864] BGH VersR 1970, 182; allg. RGZ 128, 149, 159.
[1865] OLG Hamm VersR 2002, 1299, 1300.
[1866] BGH NJW 1972, 1321, 1323; 1990, 111, 112; RGRK/*Steffen* RdNr. 132; berechtigte Bedenken gegen diese Rechtsfolge in RGZ 102, 269, 271.
[1867] BGH NJW 1970, 95, 96.
[1868] OLG Nürnberg NJW-RR 2002, 23; vgl. auch OLG Celle VersR 2002, 208 (LS).

auf Privatgrundstücken reicht sogar das Abstreuen eines Streifens von ca. 0,5 m, der einer einzigen Person das ungefährdete Passieren erlaubt.[1869] Setzt die einschlägige Ortssatzung eine morgendliche **Uhrzeit** fest, setzt die Verpflichtung zur Räumung zu diesem Zeitpunkt ein.[1870] Besonderen Gefahrenherden, wie etwa einer tropfenden Dachrinne, ist Rechnung zu tragen.[1871] Ist das Abstreuen wegen andauernden Regens auf den gefrorenen Untergrund sinnlos, entfällt die entsprechende Verpflichtung,[1872] wobei der Streupflichtige die Beweislast trägt.[1873] Weitergehende Pflichten obliegen den Betreibern von **Gaststätten,** Vergnügungseinrichtungen sowie Verkehrsanlagen (Bahnhöfen), die die Parkplätze und Gehwege um die jeweilige Einrichtung auch des Nachts in einem für Fußgänger gefahrlosen Zustand halten müssen.[1874] Die Streupflichten dauern während der gesamten Öffnungszeit der Einrichtung und darüber hinaus ca. eine weitere Stunde an, bis damit gerechnet werden kann, dass die letzten Gäste den Ort verlassen haben.[1875] Dies gilt auch dann, wenn in einer kommunalen Satzung Zeiten der allgemeinen Streupflicht statuiert sind.[1876] Ein Gastwirt muss die durch Alkohol reduzierten Gefahrsteuerungskompetenzen seiner Gäste in Rechnung stellen und deshalb einen höheren Sicherheitsstandard gewährleisten, etwa selbst bei stärkstem Schneetreiben oder Eisregen wiederholt streuen.[1877] Der persönliche Schutzbereich der Streupflicht (RdNr. 287 ff.) ist dabei auch nicht auf die Besucher der jeweiligen Etablissements beschränkt, sondern bezieht Passanten mit ein, die sich auf die Verkehrssicherheit des Gehwegs vor der Gaststätte verlassen.[1878] Entsprechende Grundsätze gelten auch für die Betreiber von öffentlichen Schwimmbädern und sonstigen Sportanlagen sowie Vergnügungsstätten.[1879]

Kommt es bei Glatteis auf dem Gehweg zu einem Unfall und steht fest, dass die Streupflicht verletzt worden ist, ist die Kausalität der Pflichtverletzung für die Rechtsgutsverletzung mit Hilfe eines **Anscheinsbeweises** festzustellen.[1880]

e) **Wasserstraßen.** Die Rechtslage bei Wasserstraßen entspricht derjenigen bei terrestrischen Verkehrswegen, wenn man von der ganz unterschiedlichen Art der Nutzung absieht. Die Sicherungspflichten ergeben sich auch hier aus der allgemeinen deliktischen **Sorgfaltspflicht des Sachhalters,** in der Formulierung der Rechtsprechung also aus dem Schaffen oder Andauernlassen einer Gefahrenquelle (eingehend RdNr. 241).[1881] Sie sind nicht identisch mit der **öffentlich-rechtlichen Unterhaltungspflicht** des zuständigen Verwaltungsträgers (§ 839 RdNr. 183), etwa nach den §§ 7 ff. WaStrG, §§ 90 ff. WassG NW, auf deren Einhaltung der Einzelne gerade keinen Anspruch hat, was in einigen Landes-Wassergesetzen auch ausdrücklich ausgesprochen ist.[1882] Zwar gesteht der BGH Bund und Ländern wiederum das Recht zu, die privatrechtliche Sicherungspflicht in eine **Hoheitsaufgabe** zu überführen, verlangt dafür aber einen eindeutigen Gesetzgebungsakt, an dem es

---

[1869] OLG Frankfurt NJW-RR 2002, 23, 24.
[1870] OLG Schleswig NJW-RR 2004, 171.
[1871] LG München II NJW-RR 2006, 1251.
[1872] OLG Celle NJW-RR 2004, 1251 f.
[1873] BGH NJW-RR 2005, 1185.
[1874] BGHZ 40, 379, 383 f. = NJW 1964, 814, 816 f.; BGH VersR 1960, 715, 716; NJW 1985, 482, 483; 1987, 2671 f.; LM (Dc) Nr. 140 = NJW 1985, 270; LG Bielefeld VersR 1998, 380 f.
[1875] BGH NJW 1985, 270, 271; 1985, 482, 483.
[1876] BGH NJW 1985, 482, 483; 1987, 2671 f.
[1877] BGH NJW 1985, 482, 483.
[1878] BGH NJW 1987, 2671, 2672 f.
[1879] BGH NJW 1985, 270.
[1880] OLG Celle NJW-RR 2004, 1251.
[1881] Zusammenfassend BGHZ 121, 367, 375 = NJW 1993, 1799, 1800 f.; vgl. auch RGZ 147, 275, 279; 155, 1, 9; BGHZ 9, 373, 385 ff.; BGHZ 20, 57, 59 = NJW 1956, 946; BGHZ 35, 111, 112; 55, 153, 155 = NJW 1971, 886, 887; BGHZ 86, 152, 153 = NJW 1983, 2313; BGHZ 125, 186, 188 f. = NJW 1994, 3090 f.; BGH NJW 1996, 3208, 3209; die zitierte Formulierung ist missverständlich, weil nicht die Kreation einer Gefahrenlage Sorgfaltspflichten generiert, sondern jedermann deliktisch gehalten ist, sein Verhalten und seine Sachen so einzurichten, dass vermeidbare Gefahren für Rechtsgüter Dritter gar nicht erst entstehen. Wie hier RGZ 68, 358, 365.
[1882] Vgl. etwa § 46 Abs. 1 WassG BaWü; § 63 WassG RhPf; dazu BGHZ 121, 367, 374 = NJW 1993, 1799, 1800; BGHZ 125, 186, 188 = NJW 1994, 3090 f.; vgl. auch BGH NJW 1996, 3208, 3209.

in aller Regel fehlt,[1883] so dass hier § 823 Abs. 1 die Praxis beherrscht.[1884] In manchen Entscheidungen hält es der BGH demgegenüber sogar für möglich, dass ein Anspruch aus § 823 Abs. 1 mit einem solchen aus § 839 konkurriert,[1885] was weiterer Anlass dazu sein sollte, die zivilrechtliche Verkehrssicherungspflicht endlich von öffentlich-rechtlichen Unterhaltungspflichten und der diesbezüglichen Kompetenzverteilung abzukoppeln (RdNr. 431).[1886] Schließlich treffen Sicherungspflichten in Bezug auf Wasserstraßen nicht nur Verwaltungsträger, sondern auch **Privatrechtssubjekte,** die durch ihr Verhalten oder ihre Sachen andere nicht in vermeidbarer Weise gefährden dürfen (vgl. RdNr. 436): Wer Anker oder Lukendeckel in der Schifffahrtsrinne verliert, hat unverzüglich Maßnahmen zu ergreifen, um andere Wasserfahrzeuge zu warnen und zu schützen.[1887]

458 Entgegen einer deutlichen Tendenz der Rechtsprechung, den **Umfang der Sicherungspflichten** bei Wasserstraßen mit Rücksicht auf die Regelung öffentlich-rechtlicher Unterhaltungslasten in den Bundes- und Landeswassergesetzen zu bestimmen,[1888] richtet sich die Verkehrssicherungspflicht nach genuin deliktsrechtlichen Grundsätzen: **Absolute Sicherheit** kann nicht verlangt werden, sondern lediglich zumutbare, **ökonomisch verhältnismäßige Maßnahmen,** wobei der Sicherungspflichtige davon ausgehen kann, dass sich auch die Verkehrsteilnehmer sorgfältig bzw. nur in moderater und vorhersehbarer Weise sorgfaltswidrig verhalten (RdNr. 259 ff.; zur Straßenverkehrssicherungspflicht vgl. RdNr. 438 f.).[1889] Zu vermeiden sind demnach nur solche Gefährdungen, die für die Nutzer der Straße nicht bzw. nicht rechtzeitig erkennbar sind und vor denen sie sich nicht selbst schützen können. **Sachlich** beziehen sich die Sicherungspflichten sowohl auf den Zustand des Gewässerbetts, wenn auch nur im Bereich der Fahrrinne,[1890] als auch auf Liegeplätze,[1891] Reeden, Landestellen und ihre Zufahrtswege,[1892] Uferbefestigungen,[1893] Schleusen und die anliegenden Grundstücke samt Baumbewuchs.[1894] Fremdkörper wie Müll, Schrott oder sonstiges über Bord gegangenes Ladegut sind in regelmäßigen Abständen aus dem Gewässerbett zu entfernen.[1895] Den Vorgang des Schleusens selbst hat die Wasserstraßenverwaltung nicht umfassend zu kontrollieren, sondern es obliegt zu aller erst den Schiffsbesatzungen selbst, beim Ein- und Ausfahren Schädigungen Dritter durch entsprechend vorsichtiges

---

[1883] BGHZ 9, 373, 388 (Mittellandkanal); 86, 152, 153 = NJW 1983, 2313 (Elbe-Seitenkanal); BGHZ 20, 57, 59 = NJW 1956, 946 (Neckar); im Ausgangspunkt genauso, im Ergebnis anders BGHZ 35, 111, 113, für den Nord-Ostsee-Kanal, begründet mit abwegig-extensiver Interpretation des Errichtungsstatuts aus der Kaiserzeit.

[1884] BGHZ 121, 367, 374 = NJW 1993, 1799, 1800; BGHZ 125, 186, 188 = NJW 1994, 3090 f.

[1885] BGH NJW 1996, 3208, 3209: eine in Ausübung eines öffentlichen Amtes begangene Verletzung der publizistischen Unterhaltungspflicht könne *zugleich* eine Verletzung der privatrechtlichen Verkehrssicherungspflicht sein!

[1886] Vgl. auch BGH VersR 1983, 639, 640, mit der bemerkenswerten Formulierung, die Pflicht zur Gewässerunterhaltung sei zwar öffentlich-rechtlicher Natur, für Nicht- und Schlechterfüllung werde aber nach § 823 Abs. 1 gehaftet. Zur Kritik an der Rspr. im Straßenverkehrsrecht RdNr. 243. Zutr. BGHZ 55, 153, 154 f. = NJW 1971, 886 f.; BGHZ 86, 152, 158 = NJW 1983, 2313, 2314: keine drittgerichteten Amtspflichten der öffentlichen Hand bei Neubau, Ausbau und Unterhaltung von Wasserstraßen! Genau andersherum die Kritik von *Schenke* VersR 2001, 533, 534 ff.: Verkehrssicherungspflicht als originär hoheitliche Amtspflicht.

[1887] BGHZ 65, 384, 386 = NJW 1976, 748.

[1888] Deutlich etwa BGHZ 55, 153, 156 = NJW 1971, 886 f.; BGH VersR 1983, 639, 640; generell dafür *Schenke* VersR 2001, 533, 536.

[1889] OLG Karlsruhe VersR 1996, 129; der Sache nach auch BGH VersR 1965, 512, 513; 1983, 639, 640 f.; NJW 1996, 3208, 3210; Berufungskammer Rheinschifffahrt VersR 1994, 748, 749.

[1890] RGZ 155, 1, 10, 12; BGHZ 125, 186, 189 = NJW 1994, 3090 f.

[1891] RGZ 147, 275, 279.

[1892] Zum Umfang der Verkehrssicherungspflicht bei Brückenpfeilerstümpfen OLG Karlsruhe VkBl. 1977, 393; bei Schiffsliegeplätzen in natürlichen Wasserläufen BGH LM (Dc) Nr. 123; OLG Köln VkBl. 1977, 230; OLG Karlsruhe VersR 1994, 358; zu den Anforderungen an die Überwachung einer Hängeseilbrücke, die über eine Bundeswasserstraße führt, BGH LM § 836 Nr. 22 = VersR 1988, 629.

[1893] BGHZ 55, 153, 155 = NJW 1971, 886, 887.

[1894] Detailliert *Staudinger/Hager* RdNr. E 185 ff.

[1895] BGHZ 125, 187, 189 = NJW 1994, 3090 f.; Berufungskammer Rheinschifffahrt VersR 1994, 748, 749 f.

Navigieren zu vermeiden.[1896] Für den **Rhein** besteht nach Art. 28 rev. Mannheimer Rheinschifffahrtsakte eine völkerrechtliche Pflicht der Anliegerstaaten, eine Fahrrinne nach bestimmten Grundsätzen zu unterhalten.[1897] Erhebliche praktische Bedeutung hat schließlich die Haftung des Gewässerunterhaltpflichtigen bei mangelhafter Instandhaltung von Entwässerungsgräben, auch solchen an Straßen, sowie **Drainagesystemen**.[1898]

2. Grundstücke, Haus und Garten. Die deliktische Haftung für Mängel der Gebäudesubstanz ist in den **§§ 836 ff. speziell geregelt.** Der Grundtatbestand des § 836 beschränkt sich dabei nicht auf die Normierung von Verkehrspflichten, sondern konzentriert die Haftung bei dem aktuellen Eigenbesitzer des Gebäudes, dem es obliegt, sich durch Nachweis der Beachtung der im Verkehr erforderlichen Sorgfalt zu entlasten (§ 836 RdNr. 2, 19 ff.). Soweit die Rechtsgutsverletzung nicht durch Einsturz eines Bauwerks oder Ablösung von Gebäudeteilen verursacht wird, bleibt es bei der Haftung nach § 823 Abs. 1, in deren Rahmen der Geschädigte die **Beweislast** für die Sorgfaltspflichtverletzung trägt. Zum Schutz der Hauseigentümer vor defekten Wasserleitungen RdNr. 532.

a) Adressaten deliktischer Sicherungspflichten. Die deliktischen Sicherungspflichten in Bezug auf Grundstücke gemäß § 823 Abs. 1 sind ebenso wenig wie diejenigen der §§ 836 ff. auf den jeweiligen **Grundstückseigentümer** bezogen, sondern richten sich an denjenigen, der faktisch die Herrschaft über den Gegenstand ausübt, also an den **Sachhalter.** Bei Eigentumswohnanlagen sind die **Wohnungseigentümer** in Rechtsgemeinschaft sicherungspflichtig.[1899] Teilen sie die Wahrnehmung der Verkehrssicherungspflichten unter sich auf, indem sie etwa einen Reinigungs- oder Streuplan erstellen, oder beauftragen sie einen Verwalter mit der Verkehrssicherung, und kommt die danach zuständige Person ihren Sicherungspflichten nicht nach, so hat sie geschädigten Dritten gegenüber für den Schaden aufzukommen.[1900] Dabei sind auch die (übrigen) Wohnungseigentümer selbst in den Deliktsschutz mit einbezogen.[1901] Kommt ein Wohnungseigentümer also auf einem mangelhaft unterhaltenen Zuweg zu Fall und zieht sich Verletzungen zu, kann er seinen Mitgemeinschafter oder den Verwalter auf Schadensersatz in Anspruch nehmen.[1902]

Ist ein bebautes Grundstück vermietet, hat der **Mieter** für Schäden aufzukommen, soweit er durch eigene Maßnahmen die Verkehrssicherheit des Gebäudes beeinträchtigt, indem er etwa Wischlappen auf Treppen oder im Eingangsbereich herumliegen lässt.[1903] Verlässt ein Mieter im Winter während einer Frostperiode für längere Zeit die gemieteten Räume, muss er dafür Sorge tragen, dass die **Wasserleitungen** nicht einfrieren und zerplatzen, so dass nach dem Eintritt von Tauwetter bei Mitmietern Wasserschäden entstehen.[1904] Der **Vermieter** bleibt verantwortlich für die sichere bauliche Beschaffenheit sowie die Unterhaltung der Gemeinschaftsanlagen und die Gewährleistung eines sicheren Zugangs zum Gebäude,[1905] wobei allerdings die einschlägigen Sicherungspflichten auf die Mieter überwälzt werden können. Beispielhaft ist die verbreitete Abrede, **Streu- und Reinigungspflichten** durch turnusmäßige Eigenarbeit der Mieter zu erfüllen. Soweit derartige Aufgaben übernommen werden, haftet der Mieter oder Pächter persönlich nicht nur gegenüber externen Dritten,

---

[1896] BGH VersR 1965, 512, 513; OLG Karlsruhe VersR 1996, 129; vgl. auch BGHZ 20, 57, 61 = NJW 1956, 946.
[1897] Vgl. BGH LM (Dc) Nr. 61 m. Anm. *Liesecke* = NJW 1962, 1051.
[1898] Dazu BGH VersR 1983, 639, 640 f.; NJW 1996, 3208, 3209 f.; BGHZ 125, 186, 190 ff. = NJW 1994, 3090 f.
[1899] BGH NJW-RR 1989, 394; NJW 1985, 484 = VersR 1985, 243, 244; OLG Hamm JMBl. NRW 1981, 245, 246, 248; *Horst* MDR 2001, 187, 191.
[1900] Zur Verwalterhaftung nach § 838 vgl. etwa BGH NJW 1993, 1782; OLG Düsseldorf NJW-RR 1992, 1244 f.
[1901] BGH NJW-RR 1989, 394, 395.
[1902] BGH NJW-RR 1989, 394, 395; OLG Frankfurt OLGZ 1982, 16, 17; 1985, 144; vgl. auch 3. Aufl. § 27 WEG RdNr. 16.
[1903] OLG Koblenz MDR 1992, 348.
[1904] BGH NJW 1969, 41 f.; 1972, 34, 35.
[1905] Vgl. etwa OLG Hamm VersR 1997, 200 f.; OLG Nürnberg VersR 1996, 900 f.

sondern auch gegenüber den eigenen Mitmietern.[1906] Im Einzelnen richtet sich die Haftungsverteilung zwischen den Parteien nach den getroffenen Absprachen und der **faktischen Übernahme** der entsprechenden Aufgaben, ohne dass es auf die Wirksamkeit der möglicherweise zugrunde liegenden Rechtsgeschäfte ankäme.[1907] Dem Eigentümer verbleiben gegenüber dem Mieter oder Pächter **Überwachungs- und Kontrollpflichten,** bei deren Verletzung er geschädigten Dritten einzustehen hat (ausführlich zur Delegation von Verkehrspflichten RdNr. 294 ff.).[1908] Im umgekehrten Verhältnis gilt dies indessen nur unter der Voraussetzung, dass der Eigentümer Sicherungspflichten übernimmt, die sonst dem Mieter oblägen.[1909] Wer **aus Gefälligkeit ein Haus hütet,** haftet dem Eigentümer nicht für Schäden, die durch zwar weisungswidriges, allgemein aber nicht sorgfaltswidriges Verhalten entstehen.[1910]

462 Für die bauliche Sicherheit von Häusern ist nicht nur der Eigentümer/Bauherr verantwortlich, sondern darüber hinaus sind auch **Architekten** und **Bauunternehmer** im Rahmen der von ihnen übernommenen Aufgaben deliktisch haftbar (vgl. RdNr. 293, 473). Eine völlige Entlastung des Eigentümers tritt durch die Einschaltung dieser Personen indessen nicht ein; er bleibt der für die Verkehrssicherheit primär Verantwortliche und mit entsprechenden Auswahl- und Überwachungspflichten belastet (allgemein RdNr. 298 ff.).[1911]

463 b) **Pflichtmaßstäbe.** Wie stets wird der Umfang der Sicherungspflichten bei Grundstücken und Gebäuden durch die Zumutbarkeit bzw. **ökonomische Vertretbarkeit** von Sorgfaltsmaßnahmen begrenzt und kann absolute Sicherheit nicht verlangt werden (RdNr. 259). Auszugehen ist von den berechtigten **Erwartungen des Verkehrs;** Gefahren, vor denen das Publikum keinen Schutz erwartet, weil die Gefahrenquellen erkennbar und Selbstschutzmöglichkeiten verfügbar sind, begründen keine Haftung (RdNr. 261).[1912] Insbesondere den Nutzern von **Mietwohnungen** gegenüber darf sich der Vermieter darauf verlassen, dass sie das gebotene Maß an Sorgfalt walten lassen und sich auf erkennbare Gefahrenquellen einstellen.[1913] Dies gilt auch im Verhältnis zu **Kindern,** weil es zuerst Sache der Eltern ist, sie vor Verletzungen, etwa an Heizkörpern oder sonstigen gefährlichen Gegenständen zu schützen.[1914] Die legitimen Sicherheitserwartungen des mitteleuropäischen Verkehrs bestimmen auch den Sorgfaltsaufwand im Verhältnis des Wohnungsinhabers zu seinen **Gästen;** Letztere haften für Kratzspuren am Parkett nicht allein deshalb, weil sie es unterlassen haben, beim Betreten der fremden Wohnung die Schuhe auszuziehen.[1915] Bei **Altbauten** ist zu beachten, dass sie nach denjenigen Sicherheitsregeln errichtet wurden, die in der Vergangenheit, womöglich vor Jahrhunderten, einmal gegolten haben. Eine Verpflichtung, sie den heutigen Standards anzupassen, besteht weder nach privatem Deliktsrecht noch nach öffentlichem Baurecht, zumal Altbauten und Fachwerkhäuser für Besucher als solche erkennbar sind.[1916] Eine Holztreppe in einem 1912 errichteten Gebäude ist folglich nicht fehlerhaft, wenn die Höhen und Breiten der Treppenstufen variieren.[1917] Allerdings besteht die Verpflichtung, ältere Häuser in gutem Zustand zu erhalten und von Zeit zu Zeit von einem Fachmann auf etwaige Sicherheitsmängel hin kontrollieren zu lassen.[1918] Verletzungen **öffentlich-rechtlicher Sicherheitsstandards oder technischer Regeln** führen

---

[1906] OLG Köln VersR 1995, 801, 802.
[1907] Beispielhaft BGH NJW 1985, 1076, 1077.
[1908] BGH NJW 1986, 1076, 1077; OLG Nürnberg VersR 1996, 900, 901.
[1909] So wohl auch OLG Nürnberg VersR 1996, 900, 901.
[1910] OLG Koblenz NJW-RR 2002, 595.
[1911] BGH VersR 1961, 419, 421; NJW 1994, 2232, 2233.
[1912] BGH VersR 1955, 300; NJW 1993, 1782, 1783; OLG Köln VersR 1983, 44; LG Gießen NJW-RR 2002, 1388, 1389.
[1913] OLG Köln VersR 1993, 1494 f.
[1914] OLG Köln VersR 1993, 1494 f.
[1915] AG Siegburg NJW-RR 2001, 1390, 1391.
[1916] Zur Parallelproblematik bei Schwimmbädern RdNr. 505.
[1917] OLG Hamm VersR 1991, 1154; 1997, 200, 201.
[1918] BGH VersR 1988, 629, 631; NJW 1993, 1782, 1783.

Schadensersatzpflicht **464, 465 § 823**

regelmäßig zur Haftung, während ihre Einhaltung nach allgemeinen Regeln die Annahme weitergehender deliktischer Sicherungspflichten genauso wenig auszuschließen vermag wie die Erteilung einer Baugenehmigung.[1919]

Verschärfte Sicherungspflichten gelten für Gebäude, die dem **Publikumsverkehr** offen stehen,[1920] doch kann auch insoweit absolute Sicherheit nicht verlangt werden, so dass es etwa nicht erforderlich ist, die nass gewischten Treppen eines Bürogebäudes mit Warntafeln zu kennzeichnen.[1921] Zu Kaufhäusern, Supermärkten, Gastwirtschaften, Krankenhäuser usw. s. RdNr. 482 ff., 486 ff., 492 ff. **464**

c) Pflichtinhalte. aa) Gebäude. Im Bereich der **baulichen Sicherheit** von Gebäuden spielen die allenthalben vorhandenen Vorschriften des technischen Sicherheitsrechts und private Industriestandards wie DIN-Normen in der Praxis eine große Rolle.[1922] Beispielsweise dürfen **Wendeltreppen** nicht so konstruiert sein, dass sie „gegen so gut wie alle Regeln für den Treppenbau verstoßen".[1923] **Treppenhäuser** sind so zu gestalten, dass die bei Stürzen drohenden Verletzungsgefahren möglichst minimiert werden, was bei einem über die gesamte Außenfläche einfach verglasten Treppenhaus nicht gewährleistet ist.[1924] Die Verwendung gewöhnlichen, **nicht splitterfreien Glases** als Türeinsatz ist in Schulen verkehrswidrig,[1925] nicht aber in Mietwohnungen.[1926] Bei **Glastüren** kann eine besondere Kennzeichnung geboten sein.[1927] **Außentreppen** mit einem rutschigen Belag sind mit einem Handlauf zu versehen.[1928] Auch bei Treppen in öffentlichen Gebäuden ist es nicht erforderlich, dass der Handlauf die letzte Stufe überragt.[1929] Die **Bodenpflege** in Treppenhäusern und Fluren ist so vorzunehmen, dass keine übermäßige Glätte entsteht.[1930] **Technische Apparaturen** wie Heizung, Fahrstühle, Rolltreppen, Öltanks bedürfen der regelmäßigen Wartung, wobei die Wartungsabstände einzuhalten sind, die normalerweise ausreichen, um das ständige gefahrlose Funktionieren der Anlage zu gewährleisten.[1931] **Gefährliche Anlagen** sind an einem sicheren Standort aufzustellen und nötigenfalls vor dem Zugriff Unbefugter und vor Umwelteinflüssen abzuschirmen.[1932] Auch das sofortige Abschalten der Anlage im Fall einer Störung kann zu gewährleisten sein.[1933] **465**

[1919] Vgl. nur BGH VersR 1998, 1029, 1030; 1999, 1033, 1034; speziell für Treppen OLG Hamm MDR 2000, 158, 159; allg. RdNr. 277 ff., 284, 317.

[1920] Vgl. BGH VersR 1960, 715, 716; 1961, 798, 799; 1961, 1119, 1120; NJW 1986, 2757; 1988, 1588; OLG Koblenz NJW-RR 1995, 158; OLG Köln NJW 1972, 1950; VersR 2001, 596; *Staudinger/Hager* RdNr. E 190.

[1921] LG Gießen NJW-RR 2002, 1388, 1389.

[1922] Vgl. etwa OLG Hamm VersR 1997, 200, 201; die äußere bauliche Sicherheit ist iÜ das Thema der §§ 836 ff.; vgl. dort RdNr. 17 ff.

[1923] BGH NJW 1970, 2290; zu den Sicherungspflichten in Bezug auf Treppen vgl. weiter BGH BB 1957, 240; OLG Frankfurt VersR 1987, 204; OLG Düsseldorf VersR 1990, 870; OLG Köln VersR 1992, 512; 1996, 383; OLG Schleswig VersR 1998, 1563. Ein Treppengeländer muss gegen das Herunterrutschen von Schülern in einem Internat gesichert sein (BGH LM [Dc] Nr. 129 = NJW 1980, 1745), nicht aber gegen das Herrunterrutschen Erwachsener (OLG Celle MDR 1983, 933). Vgl. auch den Überblick bei *Gaisbauer* DWW 1980, 17.

[1924] BGH VersR 1969, 655, 656; vgl. auch NJW 1994, 2252, 2253.

[1925] Dazu BGH VersR 1963, 947; 1967, 714.

[1926] BGH VersR 2006, 1083, 1084 Tz. 10 ff.

[1927] Vgl. OLG Köln VersR 1994, 1317.

[1928] LG Neustadt a. Rbge. VersR 2000, 1292, 1293.

[1929] OLG Karlsruhe NJW-RR 2008, 341, 342.

[1930] BGH NJW 1994, 945, 946; die umfangreiche Bohner-Kasuistik (zu ihr *Staudinger/Hager* RdNr. E 196) hat sich angesichts der heutigen Bodenbeläge und Reinigungstechniken erledigt.

[1931] Zur Betriebssicherheit von Aufzügen: BGH VersR 1957, 153; OLG Celle VersR 1959, 111; OLG Hamm VersR 1978, 64; zur Haftung bei Ölschäden in Zusammenhang mit Fehlern der Tank- und Befüllungsvorrichtungen BGH LM § 276 (Ce) Nr. 3 = NJW 1978, 1576; LM ZPO § 144 Nr. 7 = NJW 1982, 1049; LM § 254 (Ea) Nr. 16 = NJW 1983, 1108; LM (Dc) Nr. 138 = NJW 1984, 233; LM WasserhaushaltsG § 22 Nr. 27 m. Anm. *Salje* = VersR 1993, 1155; LM § 276 (Bb) Nr. 13 = NJW 1995, 1150 = VersR 1995, 427; OLG Köln BB 1982, 2025; OLG Frankfurt VersR 1988, 355; OLG Saarbrücken VersR 1988, 356; *Appel/Schlarmann* VersR 1973, 993; *Tschernitschek* NJW 1980, 205; *Gerlach* DAR 1996, 205, 212 f.; *Fell* VersR 1988, 1222.

[1932] LG Heidelberg VersR 1984, 1157 (Gasdruckminderer).

[1933] Vgl. für den Rolltreppenmotor OLG Oldenburg MDR 1965, 134.

466 Für die **Sicherung des Zugangs** zu einem Gebäude gelten strenge Anforderungen.[1934] So hat nach Ansicht des BGH der Hauseigentümer auch bei außergewöhnlich schwierigen und gefährlichen Witterungsverhältnissen seinen Mietern die jederzeitige Begehbarkeit des vom Bürgersteig zum Hauseingang führenden Weges zu gewährleisten.[1935] Grundstückseinfahrten sind so zu gestalten, dass sie weder für die Grundstücksnutzer noch für den Straßenverkehr eine Gefahrenquelle darstellen; ggf. ist eine die Sicht behindernde Mauer abzureißen.[1936] Die **Beleuchtung** des Zugangs, der Außentreppen und des Treppenhauses in Mietshäusern und öffentlichen Gebäuden bei Dunkelheit ist zu gewährleisten. Eine Dauerbeleuchtung ist bei Mietshäusern nicht erforderlich, wenn von allen maßgeblichen Punkten aus Lichtschalter ohne weiteres erkennbar und leicht zugänglich sind.[1937] Ob die Beleuchtung in der Nacht durchgehend zu funktionieren hat, hängt davon ab, wie nennenswert der Verkehr in dem Gebäude zu dieser Zeit ist und ob mit Personen gerechnet werden muss, die mit den Örtlichkeiten nicht vertraut sind.[1938] **Keller-** und **Lichtschächte** auf Grundstücken, die dem Publikumsverkehr offen stehen, müssen abgedeckt, die Abdeckungen gegen unbefugtes Entfernen gesichert[1939] und diese Sicherungen in gebührenden Abständen kontrolliert werden;[1940] **Lichtkuppeln** auf begehbaren Dächern müssen durchtrittssicher sein.[1941] Auf Privatgrundstücken sind solche Maßnahmen entbehrlich, soweit sie lediglich dem Schutz **unbefugter Eindringlinge** dienen würden (RdNr. 270 ff.),[1942] und dasselbe gilt bei Geschäftshäusern in denjenigen Bereichen, die dem Personal und den Besuchern nicht offen stehen.[1943]

467 bb) **Gärten und Grünanlagen.** Sicherungspflichten hinsichtlich des **Gartens** von Privatgrundstücken bestehen grundsätzlich nicht bzw. nur in reduziertem Umfang, weil private Gärten dem Verkehr normalerweise nicht zugänglich und die üblichen und bekannten Verletzungsgefahren beim Aufenthalt in Gärten – wie etwa das Ausgleiten und Hinschlagen auf einer regennassen, abschüssigen Rasenfläche – allgemein bekannt sind (RdNr. 261).[1944] Zu Sorgfaltspflichten bei **Grillparties** RdNr. 541. Der Eigentümer ist nicht gehalten, sein Grundstück so herzurichten, dass es auch für **Unbefugte** keine Gefahrenquelle darstellt (RdNr. 270 ff.). Eine Haftung scheidet folglich aus, wenn ein Passant, der auf der Straße von einem Hund angesprungen wird, auf das Grundstück stürzt und sich an einem dort aufgestellten Zierstein verletzt.[1945] Diese Einschränkung gilt allerdings nicht ohne weiteres gegenüber **Kindern,** insbesondere nicht, wenn sich auf dem Grundstück eine Gefahrenquelle befindet, die eine besondere Anziehungskraft auf Kinder ausübt, wie dies bei Teichen und Schwimmbecken,[1946] Grubenstollen,[1947] Eisenbahnwaggons (RdNr. 268, 272) und Verbrennungsöfen der Fall ist (RdNr. 268, 272). Duldet eine Gemeinde das **Fußballspiel** auf einer Rasenfläche, muss der diese abgrenzende Zaun so beschaffen sein, dass sich Kinder beim Überklettern nicht schwer verletzen können.[1948] Fürsorgepflichten erwachsen dem

---

[1934] Umfangreiche Aufbereitung der Kasuistik bei *Staudinger/Hager* RdNr. E 191 ff.
[1935] BGH VersR 1977, 431, 432. Zur Verkehrssicherungspflicht des Pächters einer Autobahnraststätte für die Gehwege vom Parkplatz zum Raststättengebäude vgl. BGH LM (Ee) Nr. 8 = NJW-RR 1993, 27; OLG Düsseldorf VersR 1993, 1285, 1286.
[1936] BGH NJW 1966, 40, 41; *Staudinger/Hager* RdNr. E 202.
[1937] BGH VersR 1963, 360, 361.
[1938] Vgl. etwa LG Mönchengladbach VersR 1965, 1187; Einzelheiten zur Beleuchtungspflicht bei *Geigel-Wellner* Kap. 14 RdNr. 129.
[1939] BGH NJW 1990, 1236, 1237 = VersR 1990, 498; OLG Stuttgart VersR 1977, 263; 1994, 867; zu den Grenzen der Sicherungspflicht OLG Karlsruhe NJW-RR 2005, 1264.
[1940] Vgl. etwa BGH VersR 1964, 279.
[1941] OLG Hamm NJW-RR 2005, 675, 676.
[1942] OLG Düsseldorf NJW-RR 2001, 1173; OLG Hamm NJW-RR 2001, 1602 f.
[1943] OLG Hamburg VersR 1997, 376, 377.
[1944] OLG Köln VersR 1983, 44: keine Haftung des Gastgebers für Sturz eines Gastes.
[1945] OLG München MDR 1996, 1020: trotz Verzierung des Grundstücks mit Naturgesteinsbrocken.
[1946] Nachweise in Fn. 1159.
[1947] BGH LM (Dc) Nr. 147.
[1948] So – sehr weitgehend – LG Tübingen NJW-RR 2002, 960.

Grundeigentümer dadurch allerdings nicht, sondern er kann sich normalerweise darauf verlassen, dass die Erziehungsberechtigten ihre Kinder beaufsichtigen und diese von dem Betreten seines Grundstücks abhalten werden (RdNr. 272).[1949]

Gesteigerte Sorgfaltspflichten gelten wiederum bei **öffentlichen Grünanlagen,** und zwar nicht nur hinsichtlich der gekennzeichneten und für den Publikumsverkehr freigegebenen Wege, Flächen und Einrichtungen, sondern in Bezug auf sämtliche Orte, die von Besuchern faktisch aufgesucht werden, also beispielsweise auch in Bezug auf Trampelpfade und Rasenflächen.[1950] Zu den Sicherungspflichten bei Friedhöfen. RdNr. 534. 468

Die Sicherungspflichten desjenigen, der die Verfügungsgewalt über ein Grundstück ausübt, erstrecken sich auch auf **Bäume** und andere Pflanzen, die keine vermeidbaren Gefahren für Nachbarn und Dritte hervorrufen dürfen.[1951] Der Baumbestand muss so angelegt und instand gehalten werden, dass er im Rahmen des nach forstwissenschaftlichen Erkenntnissen Möglichen gegen Windbruch und Windwurf, insbesondere aber auch gegen Umstürzen auf Grund fehlender Standfestigkeit gesichert ist. Daran ändert auch der naturschutzrechtliche Schutz von Bäumen als Naturdenkmal oder Landschaftsbestandteil nichts.[1952] 469

cc) **Wälder.** Waldbesitzer unterliegen zwar ebenfalls der Verkehrssicherungspflicht, doch auf **Waldwegen** ist primär der Wanderer für seine eigene Sicherheit verantwortlich.[1953] Die überlange **Lagerung geschlagenen Holzes** im Wald kann eine Haftung gegenüber dem Waldnachbarn für Forstschäden auslösen, die letzterer durch den Befall des eigenen Waldes mit Borkenkäfern erlitten hat.[1954] 470

dd) **Verkehrsanlagen und Stellplätze.** Die Verantwortlichkeit des Sicherungspflichtigen erstreckt sich auf die **Umzäunung**[1955] und den **das Grundstück umgebenden Verkehrsbereich.**[1956] Bei Verlassen des Anwesens darf der Besucher nicht unverhofft in eine besondere Gefahrenlage geraten,[1957] und der Straßenverkehr darf durch dort lagerndes Baumaterial nicht gefährdet werden.[1958] Die Pflicht, einer Gefahr zu begegnen, die sich für den Straßenverkehr aus dem Höhenunterschied von Straße und Grundstück ergibt, trifft aber grundsätzlich allein den Träger der Straßenverkehrssicherungspflicht (RdNr. 430 ff.).[1959] Unter besonderen Umständen kann auch eine Haftung des Grundstückseigentümers für die Verkehrssicherheit benachbarter Grundstücke in Betracht kommen.[1960] Gelangen Emissionen oder sonstige Stoffe auf das Nachbargrundstück, so ist deren Rechtmäßigkeit am Maßstab des § 906 zu bestimmen, womit zugleich das Maß des im Rahmen des § 823 Abs. 1 zu prästierenden Sicherheitsaufwands bestimmt wird (RdNr. 315 ff.).[1961] 471

Die Feinabstimmung der Sorgfaltspflichten des Publikums und des Grundstückseigentümers ist das zentrale Problem der **Dachlawinenschäden,** die die Rechtsprechung viel beschäftigt haben. Die Judikatur geht von dem Grundsatz aus, dass sich **jedermann selbst vor Dachlawinen zu schützen** habe und bejaht Sicherungspflichten des Eigentümers nur, wenn sie nach den örtlichen Gepflogenheiten, der Witterungslage, den konkreten Schnee- 472

[1949] Vgl. BGH NJW 1994, 3348 = VersR 1994, 1486 f.; OLG Koblenz VersR 1996, 986 f.
[1950] OLG Köln OLGZ 1992, 247, 248.
[1951] BGH NJW 2003, 1732, 1733; 2004, 3328; OLG Köln NJW-RR 2006, 169.
[1952] *Otto* VersR 2006, 344.
[1953] OLG Celle VersR 2006, 1423; vgl. Fn. 1772.
[1954] OLG Hamm NJW-RR 2008, 265.
[1955] Vgl. etwa zur Einzäunung von Weiden, um das Vieh von einer vorbeiführenden Straße fernzuhalten, BVerwG VRS 35, 467; OLG Köln NZV 1993, 269 (LS); zur Absicherung eines in Autobahnnähe befindlichen Pferdestalls BGH LM (Dc) Nr. 175 = VersR 1990, 796. Eine Pflicht zur Abgrenzung einer Baustelle gegenüber ungeregeltem Wintersportbetrieb besteht nicht ohne weiteres (OLG Stuttgart VersR 1983, 932).
[1956] Vgl. BGH MDR 1982, 826.
[1957] BGH LM (Dc) Nr. 72 = NJW 1966, 40; OLG Frankfurt VersR 1972, 470.
[1958] BGH VRS 20, 337.
[1959] BGHZ 24, 124 = NJW 1957, 1065.
[1960] Vgl. OLG Köln VersR 1983, 190: verwilderte Parzelle im unmittelbaren Bereich einer Wohnanlage.
[1961] BGHZ 44, 130, 134 = NJW 1965, 2099 f.; BGHZ 90, 255, 257 f. = NJW 1984, 2207; BGHZ 92, 143, 148 ff. = NJW 1985, 47, 48 f.; BGHZ 117, 110, 111 = NJW 1992, 1389; *Erman/Hagen/Lorenz* § 906 RdNr. 5; RGRK/*Steffen* RdNr. 17.

§ 823

verhältnissen und den Informationen der Beteiligten erforderlich waren.[1962] In einem ländlichen, schneereichen Ort reicht es aus, wenn der Eingangsbereich des Gebäudes durch **Fanggitter** gesichert wird.[1963] In einer Großstadt, in der es nur selten zu ergiebigen Schneefällen kommt, muss dies erst recht gelten; das Anbringen von Fanggittern kann hier außerhalb der Eingangsbereiche nur an den zu Verkehrsflächen[1964] oder Parkplätzen[1965] geneigten Dachpartien geboten sein, insbesondere bei **Parkplätzen,** die zu einem Geschäftsbetrieb gehören, von dem die Lawinengefahr ausgeht.[1966] Die Entfernung von Schnee- und Eisbrettern vom Dach kann angesichts der erheblichen Gefahren eines solchen Unterfangens für Leib und Leben nicht verlangt werden, sondern der Sicherungspflichtige kann sich auf die Warnung des Verkehrs und ggf. die Absperrung der Gefahrenstelle beschränken.[1967] Gleiches gilt, wenn auf Grund außergewöhnlicher Witterungslagen die Fanggitter erkennbar überfordert sind.[1968] Eine Verpflichtung, die hoch gelegenen Dachrinnen von Mehrfamilienhäusern mit Hilfe einer (teuren) Spezialleiter oder der Berufsfeuerwehr von **Eiszapfen** zu befreien, besteht ebenfalls nicht.[1969]

473   **3. Baustellen. a) Adressaten deliktischer Sorgfaltspflichten.** Die Sicherungspflichten auf Baustellen treffen zunächst den **Bauherrn** als Veranlasser der gefährlichen Aktivitäten.[1970] Nach allgemeinen Grundsätzen haften allerdings auch **Architekten**[1971] und **Bauunternehmer** im Rahmen der ihnen übertragenen und auch tatsächlich wahrgenommenen Aufgabenkreise (RdNr. 293).[1972] Deren Sicherungspflichten überdauern den **Zeitpunkt der Fertigstellung** und Abnahme des Bauwerks, denn sie beruhen nicht auf dem Zustand des von ihnen kontrollierten Grundstücks, sondern auf gefährlichem Verhalten (zum gefährlichen Verhalten als Pflichtengenerator RdNr. 246 f.).[1973] Im Gegenzug verengen sich die Pflichten des Bauherrn bei Einschaltung von Fachleuten, zumal er als bautechnischer Laie nicht denselben strengen Anforderungen unterliegt wie Bauunternehmer und Architekt (RdNr. 36, 298 ff.).[1974] Ihn treffen grundsätzlich keine Überwachungspflichten, wenn er ein als zuverlässig gekanntes Fachunternehmen mit der Bauausführung beauftragt.[1975] Ist der Bauherr allerdings selbst sachkundig oder von einem Kundigen – etwa einem Architekten – über die Gefährlichkeit des Vorhabens aufgeklärt worden, muss er im Interesse der Schadensvermeidung tätig werden und kann sich nicht mit Rücksicht auf den Bauunternehmer entlasten.[1976] Kommen – wie regelmäßig – mehrere Unternehmer auf der Baustelle zum Einsatz, so obliegt dem Bauherrn keine besondere **Koordinierungspflicht,** sondern er

---

[1962] Vgl. nur BGH VersR 1955, 300; OLG Karlsruhe NJW-RR 1986, 1404; eingehend und mit umfassenden Nachweisen *Birk* NJW 1983, 2911, 2912 ff.
[1963] BGH VersR 1955, 300; OLG Karlsruhe NJW-RR 1986, 1404.
[1964] OLG Düsseldorf VersR 1978, 545; OLG Celle VersR 1982, 775; 1982, 979; vgl. auch OLG Celle NJW-RR 1988, 663.
[1965] OLG Karlsruhe NJW-RR 1986, 1404; OLG Celle VersR 1982, 979.
[1966] OLG Frankfurt VersR 2000, 1514 f.; LG Ulm NJW-RR 2006, 1253.
[1967] *Birk* NJW 1983, 2911, 2916; OLG Frankfurt VersR 2000, 1514, 1515.
[1968] OLG München VersR 1965, 1037.
[1969] OLG Celle NJW-RR 1988, 663: „Die Anschaffung eines solch teuren Geräts nur für die relativ seltenen Fälle der Eiszapfenbildung kann ernstlich nicht in Erwägung gezogen werden.".
[1970] BGHZ 120, 124, 128 f. = NJW 1993, 1647, 1648 (III. ZS); BGH VersR 1960, 824; vgl. auch BGHZ 114, 273, 275 = NJW 1991, 2021, 2022; OLG München NJW-RR 1994, 1241; OLG Hamm VersR 1993, 491; 1997, 124 = NJW-RR 1996, 1362; OLG Düsseldorf NJW-RR 1999, 318; *Staudinger/Hager* RdNr. E 216.
[1971] BGHZ 68, 169, 175 = NJW 1977, 947; BGH NJW-RR 2007, 1027 Tz. 12.
[1972] BGH NJW 1970, 2290 f.; 1987, 1013; 1997, 582, 583 f.; vgl. auch BGHZ 114, 273, 275 = NJW 1991, 2021, 2022; OLG Karlsruhe VersR 1982, 1010; OLG Hamm VersR 1993, 491; NJW-RR 2002, 1457, 1458; OLG Düsseldorf NJW-RR 1999, 318; *Staudinger/Hager* RdNr. E 217, 219; eingehend *Kleindiek* S. 428 ff.
[1973] BGH VersR 1960, 798, 799; NJW 1970, 2290 f.; 1985, 1078; 1987, 1013; NJW-RR 1990, 726, 727; NJW 1997, 582, 583; OLG Hamm VersR 1993, 491; 1997, 124.
[1974] BGH VersR 1961, 419, 421; NJW 1994, 2232, 2233; OLG Hamm VersR 1993, 491; 1997, 124 = NJW-RR 1996, 1362, OLG Zweibrücken VersR 2004, 611:
[1975] BGHZ 120, 124, 129 = NJW 1993, 1647, 1648 (III. ZS); BGH VersR 1982, 595, 596.
[1976] BGH NJW 1959, 627, 629; 1960, 824 (Stadtbauamt); OLG München NJW-RR 1994, 1241; OLG Düsseldorf NJW-RR 1999, 318; *RGRK/Steffen* RdNr. 238.

kann sich darauf beschränken, die beauftragten Unternehmer zusammenzuführen, um letzteren die Koordinierung der zu ergreifenden Sicherungsmaßnahmen zu ermöglichen.[1977] Bei Bauvorhaben größeren Ausmaßes wird man allerdings davon ausgehen müssen, dass der Bauherr entweder einen Architekten oder einen Generalunternehmer mit der Wahrnehmung entsprechender Koordinierungsaufgaben betrauen muss.

b) Umfang der Sorgfaltspflicht. Die Intensität der bei Baustellen zu beachtenden Sicherungspflichten hängt nach allgemeinen Grundsätzen von einer **Kosten/Nutzen-Abwägung** sowie von den berechtigten Sicherheitserwartungen des Verkehrs – also potentieller Besucher – ab (RdNr. 259, 261).[1978] Normalerweise können sich die am Bau Beteiligten darauf verlassen, dass die **Baustelle nur von Fachleuten betreten** wird, denen die typischen Gefahrenquellen ohnehin bekannt sind; deren Sicherheitserwartungen ist Rechnung zu tragen, nicht denjenigen von Laien, die sich eigenmächtig auf der Baustelle zu schaffen machen.[1979] Die berechtigten Sicherheitserwartungen der Bauarbeiter gehen insbesondere dahin, dass **Schächte abgedeckt** oder in sonstiger Weise gesichert werden[1980] sowie auf verborgene Gefahrenquellen aufmerksam gemacht wird. Soweit die Gefahren der Baustelle von dem Bauunternehmer und seinen Gehilfen erkannt und in Kauf genommen wurden, können sie den Bauherrn nicht für von ihnen erlittene Schäden verantwortlich machen.[1981]

Besichtigt der Bauherr den Rohbau am Wochenende mit **Verwandten und Bekannten,** hat der Bauunternehmer keinen höheren Sicherheitsstandard zu gewährleisten, sondern im Gegenteil der Bauherr für die Sicherheit seiner selbst und seiner Gäste zu sorgen.[1982] Gleiches gilt für das Betreten der Baustelle im Rahmen eines nebenan stattfindenden **Richtfestes.**[1983] Kommt ein Gast an einer Gefahrstelle zu Schaden, die auch den Bauarbeitern nicht zugemutet werden kann, ist er in den Schutzbereich der Delikthaftung einbezogen.[1984] Muss damit gerechnet werden, dass die Baustelle attraktiv auf **Kinder** wirkt, wovon ohne weiteres auszugehen ist, falls Kinder in der Nähe wohnen oder sich aufhalten, ist der Rohbau durch Anbringung von Türen oder Gittern gegen deren Eindringen zu sichern.[1985] Im Inneren dürfte die Verpflichtung zu Sicherungsmaßnahmen hingegen regelmäßig enden, wenn man von ganz rudimentären und geringen Aufwand verursachenden Vorkehrungen absieht.[1986] Intensivierte Pflichten gelten auch dann, wenn der Bauherr eines erst teilweise fertiggestellten Geschäftshauses Schaulustige durch erleuchtete und ausstaffierte Schaufenster anlockt.[1987]

Wird in unmittelbarer Nähe einer **Starkstromleitung** eine Baustelle eingerichtet, ist insbesondere der Architekt gehalten, besondere Sicherungsmaßnahmen für Arbeiten zu ergreifen, bei denen die Gefahr eines unbeabsichtigten Leitungskontakts besteht, wie es bei der Aufstuhlung eines Daches der Fall sein kann.[1988] Ein **Abbruchunternehmer** muss die Arbeiten so durchführen, dass das Nachbargrundstück weder durch den Zusammenbruch von Gebäudeteilen noch durch Entzug der notwendigen Stütze zu Schaden kommt, soweit sich diese Gefahren mit zumutbaren Mitteln vermeiden lassen.[1989] Im Übrigen orientieren sich die Gerichte bei der Bestimmung von Art und Umfang der auf einer Baustelle

---

[1977] OLG Düsseldorf NJW-RR 1999, 318; OLG Hamm NJW-RR 1999, 319.
[1978] Umfangreiche Kasuistik zum Folgenden bei *Staudinger/Hager* RdNr. E 221 ff.; *Geigel/Wellner* Kap. 14 RdNr. 176 f.
[1979] BGH NJW 1957, 499; VersR 1958, 554; 1969, 37; NJW 1958, 1078 f.; OLG Hamm VersR 1993, 491; NJW-RR 2002, 1457, 1458. Das gilt auch für den Ehepartner des Bauherrn.
[1980] BGH VersR 1964, 431, 432; OLG Hamm VersR 1993, 491; 1997, 124; *Staudinger/Hager* RdNr. E 229.
[1981] *Foerste* NJW 2005, 3182, 3183 gegen OLG Stuttgart NJW 2006, 2567.
[1982] BGH NJW 1986, 1078, 1079.
[1983] OLG Hamm NJW-RR 2002, 1457, 1458.
[1984] OLG Hamm VersR 1993, 491; NJW-RR 2002, 1457, 1458; vgl. RdNr. 263.
[1985] Allg. RdNr. 262; OLG Karlsruhe VersR 1982, 1010 f.
[1986] Vgl. OLG Karlsruhe VersR 1982, 1010, 1011.
[1987] OLG München NJW-RR 1994, 1241.
[1988] LG Karlsruhe WM 1973, 94, 95 f.
[1989] BGH NJW 1960, 1116; VersR 1966, 165, 166.

§ 823 477–479 Abschnitt 8. Titel 27. Unerlaubte Handlungen

erforderlichen Sicherungsmaßnahmen an den einschlägigen **Normen des DIN**[1990] sowie an den **Unfallverhütungsvorschriften** der Bau-Berufsgenossenschaft,[1991] ohne indessen an diese gebunden zu sein (vgl. RdNr. 280 ff.).

477 c) **Gerüste.** Besondere Sicherungspflichten gelten mit Blick auf Gerüste, bei deren Zusammen- oder Einbrechen der BGH in seiner neueren Rechtsprechung allerdings **primär §§ 836 ff.** anwendet, so dass die von der Instanzrechtsprechung entwickelten Grundsätze nur noch im Rahmen des Entlastungsbeweises des Sicherungspflichtigen eine Rolle spielen (§ 836 RdNr. 8 f.; § 837 RdNr. 3).[1992] Sowohl im Rahmen des § 823[1993] als auch nach § 837[1994] ist zunächst der **Gerüstbauunternehmer** für die Sicherheit des Gerüsts verantwortlich, nicht hingegen der technisch regelmäßig unkundige Bauherr.[1995] Wird der Gerüstbauer vom Generalunternehmer als Subunternehmer eingesetzt, ist daneben auch jener zur Sicherheitsgewähr verpflichtet, und dasselbe gilt für den Architekten, in beiden Fällen allerdings nur soweit ihnen die Fehlerhaftigkeit des Gerüsts erkennbar ist oder sie Veränderungen an der vom Subunternehmer gewählten Konstruktion veranlassen oder vornehmen.[1996] Demgegenüber geht es zu weit, einen **Bauhandwerker,** der ein von dritter Seite auf der Baustelle errichtetes Gerüst lediglich nutzt und dessen Mangel an Standsicherheit erkennt, zur Beseitigung dieser Gefahrenquelle zu verpflichten, denn der Bauhandwerker ist weder auf Grund seines Verhaltens noch auf Grund des Zustands seiner Sachen für die Gefahr verantwortlich, und Fürsorgepflichten für die Rechtsgüter von Passanten treffen ihn nicht.[1997]

478 Inhaltlich ist der Gerüstbauunternehmer verpflichtet, die **Standsicherheit des Gerüsts** durch entsprechende Konstruktion und durch Einsatz einwandfreier Materialien zu gewährleisten, was die Verwendung morscher Bretter und verasteter Bohlen ebenso ausschließt wie das Stehenlassen eines auskragenden Stegs, der in den Luftraum über der Fahrbahn ragt und ein Hindernis für Lkws darstellt.[1998] Der Gerüstbauer darf sich nicht allein auf die Sicherheit der das Gerüst nutzenden Bauarbeiter konzentrieren, sondern muss auch die Sicherheit von **Passanten** gewährleisten, die bei der Benutzung des Bürgersteigs nicht zu einem Hindernislauf genötigt werden dürfen.[1999] In der Praxis spielen die einschlägigen technischen Normen und Unfallverhütungsvorschriften eine große Rolle.[2000] Abschließend sind sie indessen nicht: Errichtet jemand unter Verstoß gegen Unfallverhütungsvorschriften ein Gerüst, dessen zweite Lage aus erkennbar brüchigen Schalbrettern besteht und lässt er dieses übers Wochenende auf einer Baustelle stehen, muss er nicht damit rechnen, dass fremde Arbeiter sich des Geräts bemächtigen und die zweite Lage benutzen werden (vgl. RdNr. 283).[2001] Auf der anderen Seite wird die Haftung durch die **baupolizeiliche Abnahme** der Gerüstkonstruktion nicht ausgeschlossen (allgemein RdNr. 284, 316 f.).[2002]

479 d) **Tiefbau.** Einen Tiefbauunternehmer trifft die Pflicht, sich vor der Aufnahme von Bauarbeiten an öffentlichen Straßen und anderen dem öffentlichen Gebrauch gewidmeten Flächen über **Existenz und Verlauf unterirdischer Versorgungsleitungen** zu informie-

---

[1990] BGHZ 114, 273, 275 f. = NJW 1991, 2021, 2022.
[1991] BGH NJW 1960, 1116; OLG Hamm VersR 1997, 124.
[1992] BGH NJW 1997, 1853 = VersR 1997, 835, 836; NJW 1999, 2593, 2594; in der Lit. und von den Instanzgerichten wird dies noch nicht ausreichend zur Kenntnis genommen.
[1993] BGH VersR 1963, 651 f.; OLG Nürnberg VersR 1991, 191; OLG Frankfurt VersR 1992, 760, 761; OLG Hamm VersR 1993, 712; vgl. zum Folgenden auch *Staudinger/Hager* RdNr. E 236 ff.
[1994] BGH VersR 1997, 835, 836; 1999, 1424, 1425.
[1995] Besonders deutlich OLG Nürnberg VersR 1991, 191; der Bauherr kann verpflichtet sein, soweit er Sicherheitsmängel des Gerüsts zu erkennen vermag.
[1996] OLG Frankfurt VersR 1992, 760, 761; OLG Düsseldorf NJW-RR 1994, 1310, 1311.
[1997] AA OLG Köln MDR 1996, 470 f.
[1998] Vgl. das Beispiel OLG Hamm VersR 1993, 712.
[1999] OLG Nürnberg VersR 1991, 191.
[2000] OLG Frankfurt VersR 1992, 760; OLG Hamm VersR 1993, 712; OLG Düsseldorf NJW-RR 1994, 1310.
[2001] BGH VersR 1962, 720, 721.
[2002] BGH VersR 1963, 651 f.

ren.²⁰⁰³ Anzusprechen sind nicht primär die Gemeinden, weil sie nicht über vollständige Pläne verfügen, sondern die jeweiligen **Versorgungsunternehmen,** einschließlich der privaten Telekommunikationsunternehmen,²⁰⁰⁴ bei Tiefbauarbeiten in der Nähe von Gleisen auch die Deutsche Bahn.²⁰⁰⁵ Dasselbe gilt auch bei Ausschachtungsarbeiten auf privat genutzten Grundstücken unter der Voraussetzung, dass konkrete Anhaltspunkte für das Vorhandensein solcher Leitungen gegeben sind.²⁰⁰⁶ An diese Verpflichtung sind angesichts der immensen Schäden, die bei der Durchtrennung insbesondere von Gas- und Starkstromleitungen drohen, **strenge Anforderungen** zu stellen,²⁰⁰⁷ wobei die einschlägigen **DIN-Normen** („Erdarbeiten"; „Bauarbeiten") eine Orientierungshilfe bieten.²⁰⁰⁸ Als Maßstab für die Intensität der Sorgfaltsaufwendungen scheint die Rechtsprechung nicht allein auf den drohenden Schaden an der Versorgungsleitung selbst abzustellen, die als Scheinbestandteil (§ 95) im Eigentum des jeweiligen Versorgungsunternehmens steht,²⁰⁰⁹ sondern die **Folgeschäden** bei den Anschlusskunden des Versorgungsunternehmens mit zu berücksichtigen, obwohl es sich bei Letzteren überwiegend um reine Vermögensschäden handelt, für die eine Haftung nicht besteht (vgl. RdNr. 120, 124).²⁰¹⁰ Dogmatisch ist diese Vorgehensweise zwar problematisch, weil Schadensposten in das Sorgfaltskalkül eingestellt werden, für die gar nicht gehaftet wird. Jedoch ist der Judikatur im Ergebnis zu folgen, weil die bei den Anschlusskunden eintretenden Schäden – nicht anders als die Verletzung des Eigentums an der Leitung – volkswirtschaftliche Verluste darstellen (vgl. RdNr. 184, § 826 RdNr. 13 f.). Der Bauunternehmer ist folgerichtig gehalten, sich Verlegepläne der jeweils zuständigen Versorgungsunternehmen (nicht der Kommunen oder sonstiger Dritter!) zu verschaffen und bei der Durchführung der Abgrabungsarbeiten entsprechende Vorsicht walten zu lassen.²⁰¹¹ Fehlt es an solchen Unterlagen, dürfen die Arbeiten erst nach Durchführung von Probebohrungen aufgenommen werden.²⁰¹² In allen Fällen ist ein hinreichender **Sicherheitsabstand** einzukalkulieren, weil damit gerechnet werden muss, dass der tatsächliche Kabelverlauf von dem Verlegeplan abweicht;²⁰¹³ in unmittelbarer Nähe der Leitung mag sogar die **Ausschachtung per Hand** geboten sein.²⁰¹⁴ Da die geschilderten Erkundigungs-, Aufklärungs- und Sorgfaltspflichten an das Tiefbauunternehmen selbst adressiert sind, haftet es für Verstöße in diesem Bereich nach § 31 ohne Entlastungsmöglichkeit.²⁰¹⁵ Zur Haftung des Bauunternehmers für Rückstauschäden, die infolge der Sanierung der Schmutzwasserkanalisation eintreten, s. RdNr. 533.

e) **Straßenbaustellen.** Die Sicherungspflichten bei Straßenbaustellen treffen zunächst den **Träger der Straßenverkehrssicherungspflicht** (RdNr. 430 ff.),²⁰¹⁶ der allerdings befugt ist, sie auf Dritte, insbesondere auf den die **Arbeiten ausführenden Unternehmer,** **480**

---

²⁰⁰³ BGH NJW 1971, 1313, 1314; VersR 2006, 420 Tz. 7; OLG Düsseldorf NJW-RR 1994, 22; OLG Hamm VersR 1998, 70; eingehend *Schulze* VersR 1998, 12 m. vielen wN aus der Rspr. der Instanzgerichte.
²⁰⁰⁴ OLG Düsseldorf NJW-RR 2005, 753.
²⁰⁰⁵ LG Karlsruhe NJW-RR 2004, 1666 f.
²⁰⁰⁶ BGH VersR 1985, 1147, 1148; 1996, 117, 118; 2006, 420 f., RdNr. 11 f.
²⁰⁰⁷ Besonders eindringlich BGH NJW 1971, 1313, 1314; weiter BGH VersR 1983, 152; 2006, 420 Tz. 7 f.
²⁰⁰⁸ BGH VersR 1985, 1147.
²⁰⁰⁹ BGHZ 37, 353, 356 ff. = NJW 1962, 1817 f.; BGHZ 125, 56, 59 = NJW 1994, 999; *Schulze* VersR 1998, 12, 13 mwN; aA OLG Hamm VersR 1998, 70: Starkstromkabel als Grundstückszubehör!
²⁰¹⁰ Bei der Durchtrennung von Gasleitungen kann es allerdings zu schwerwiegenden Rechtsgutsverletzungen kommen, vgl. BGH VersR 1985, 1147.
²⁰¹¹ BGH NJW 1971, 1313, 1314; VersR 1983, 152, 153; OLG Köln NJW-RR 1992, 983, 984; OLG Düsseldorf NJW-RR 1994, 22; OLG Frankfurt VersR 1994, 445 f.; *Schulze* VersR 1998, 12, 14 f.
²⁰¹² BGH NJW 1971, 1313, 1314; VersR 2006, 420 Tz. 8; *Schulze* VersR 1998, 12, 16.
²⁰¹³ OLG Hamm VersR 1998, 70, 71.
²⁰¹⁴ BGH VersR 2006, 420 Tz. 8; *Schulze* VersR 1998, 12, 16.
²⁰¹⁵ Vgl. BGH NJW 1971, 1313, 1314; OLG Düsseldorf NJW-RR 1994, 22; OLG Hamm VersR 1998, 70; OLG Köln NJW-RR 1992, 983; allg. zur Unternehmenshaftung RdNr. 378 ff.
²⁰¹⁶ BGH VersR 1960, 349, 350; OLG Düsseldorf VersR 1998, 1167; OLG Karlsruhe VersR 2006, 855.

zu übertragen.[2017] Dann reduziert sich die jenem obliegende Sicherungspflicht auf Auswahl- und Überwachungspflichten,[2018] während der Übernehmer im Außenverhältnis haftbar wird (RdNr. 277 ff.).[2019] Letzterer ist gehalten, den **Verkehr vor unvorhersehbaren Hindernissen zu warnen** und eine der Gefahrenlage angemessene Verkehrsregelung, insbesondere durch entsprechende Beschilderung zu treffen. Die Schilder müssen ihrerseits sicher aufgestellt sein und müssen den vor Ort üblichen Stürmen standhalten können.[2020] Die **„Richtlinien für die Sicherungen von Arbeitsstätten an Straßen"** (RSA) bieten wertvolle Anhaltspunkte, stellen jedoch keine abschließende und verbindliche Regelung der Sorgfaltsanforderungen des Sicherungspflichtigen dar; maßgebend bleibt die Gefahrensituation vor Ort, wie sie sich für einen verständigen Beobachter darstellt.[2021] Vor **Hindernissen und Gefahrenquellen,** die für den einzelnen Verkehrsteilnehmer ohne weiteres erkennbar sind, muss nicht gewarnt werden.[2022] Dies gilt auch für Baustellen außerhalb des eigentlichen Straßenkörpers, soweit sie nach den Umständen dazu geeignet sind, Verkehrsteilnehmer über den Verlauf der Fahrbahn zu täuschen oder in sonstiger Weise irrezuführen.[2023]

481 Um die Erkennbarkeit der Gefahr zu gewährleisten, bedürfen Straßenbaustellen in aller Regel der **Absperrung und Beschilderung.**[2024] Dabei kann der Sicherungspflichtige davon ausgehen, dass blinde Personen nicht ohne Begleitung durch Mensch oder Hund am Straßenverkehr teilnehmen, so dass eine rein optisch wirkende Absperrung von Baustellen auf Gehwegen durch sog. Flatterleinen grundsätzlich ausreicht.[2025] Bei **noch nicht fertig ausgebauten Straßen** bedarf es lediglich der Warnung oder Sicherung vor unerwarteten und nicht ohne weiteres erkennbaren Gefahren.[2026] Mit bewusster **Missachtung solcher Markierungen** braucht der Bauunternehmer nicht zu rechnen,[2027] doch hat er ihre Existenz und Funktionsfähigkeit in regelmäßigen Abständen zu kontrollieren.[2028] Selbst bei viel befahrenen Bundesstraßen dürfen dabei allerdings keine übertriebenen Anforderungen gestellt und mehr als ein Kontrollgang zur Nachtzeit sicher nicht verlangt werden.[2029] Die **Fahrbahn** ist von Zeit zu Zeit von groben Verunreinigungen zu reinigen, nicht aber ständig und völlig sauber zu halten.[2030] Besonders strenge Anforderungen gelten, wenn eine **längere Zeit existierende Baustelle aufgehoben** und Bauzäune sowie ähnliche Sperrvorrichtungen beseitigt werden: Der Verkehr erwartet dann nämlich mit Recht, die Straße wieder in einem gefahrlosen Zustand und einen Bürgersteig ohne gefährlich aufragende Kanaldeckel vorzufinden.[2031] Dass bei **Baumfällarbeiten** größeren Ausmaßes der Verkehr unterbrochen werden muss, ist selbstverständlich.[2032]

482 **4. Geschäftsräume, insbes. Kaufhäuser und Supermärkte. a) Grundlagen.** Für Geschäftsräume, die dem Publikumsverkehr offen stehen, gelten **strengere Sicherheitsstandards** als für Privatwohnungen, weil der Einzelne erhöhten Gefahren ausgesetzt ist (RdNr. 464, 468). Diese beruhen darauf, dass eine Vielzahl von Personen auf engem Raum interagiert und nicht vorausgesetzt werden kann, dass sich sämtliche Akteure stets sorgfalts-

---

[2017] BGH NJW 1982, 2187, 2188; OLG Köln NJW-RR 1990, 862; OLG Düsseldorf VersR 1998, 1167; OLG Brandenburg VersR 1998, 912; OLG Karlsruhe VersR 2006, 855.
[2018] OLG Hamm VersR 2000, 643, 644.
[2019] BGH NJW 1982, 2187, 2188; OLG Köln NJW-RR 1990, 862.
[2020] AG Bergheim VersR 2008, 506 f. m. Anm. *Keppeler.*
[2021] OLG Karlsruhe NJW-RR 2006, 855, 857.
[2022] BGH VersR 1960, 349, 350; OLG Brandenburg VersR 1998, 912; OLG Hamm VersR 1998, 475 f.
[2023] BGH NJW 1982, 2187, 2188.
[2024] Vgl. dazu etwa RGZ 128, 149, 157 ff.; OLG Köln VersR 1995, 720; OLG Düsseldorf VersR 1996, 1166 f.; OLG Karlsruhe NJW-RR 2006, 855, 856.
[2025] KG VersR 1973, 1146, 1147.
[2026] OLG Koblenz VersR 1980, 1148; OLG Düsseldorf VersR 1993, 1029.
[2027] OLG Düsseldorf VersR 1998, 1167, 1168 f.
[2028] OLG Düsseldorf VersR 1998, 1167, 1168; OLG Brandenburg VersR 1998, 912.
[2029] OLG Brandenburg VersR 1998, 912, 913; vgl. auch OLG Hamm VersR 2000, 643, 644.
[2030] OLG Köln NJW-RR 1990, 862.
[2031] BGH VersR 1960, 798, 799.
[2032] BGH VersR 1954, 364 f.

gemäß verhalten. Nachdem nunmehr auch bei Verletzung vertraglicher oder vorvertraglicher Schutzpflichten ein Schmerzensgeldanspruch besteht (§ 253 Abs. 2), dürfte das Deliktsrecht bei Unfällen in Geschäftsräumen nur noch eine **Nebenrolle** spielen, ohne dass sich an den Sorgfaltsmaßstäben irgendetwas ändert.[2033] Die Haftungsrisiken der Betreiber von Kaufhäusern und Supermärkten lassen sich auch mit Hilfe von **AGB** nicht wesentlich reduzieren, denn der formularmäßige Haftungsausschluss auch für leicht-fahrlässige Verletzungen der Rechtsgüter Leben, Körper und Gesundheit scheitert ohne weiteres an § 309 Nr. 7a. Im Übrigen ist darauf zu achten, dass Haftungsbeschränkungen bei grobem Verschulden nach § 309 Nr. 7b unwirksam sind. Schließlich hatte der BGH bereits nach früherem Recht der §§ 9, 11 Nr. 7 AGBG einem pauschalen Haftungsausschluss, ohne Vorbehalt für Vorsatz und grobe Fahrlässigkeit, unter Ablehnung einer geltungserhaltenden Reduktion die Wirksamkeit versagt.[2034]

b) Bauliche Sicherheit. Der Betreiber eines **Kaufhauses** oder **Supermarkts** ist sowohl nach § 823 Abs. 1 als auch gemäß § 241 Abs. 2 gehalten, seinen Kunden einen sicheren Zugang zum Geschäftslokal und einen gefahrlosen Aufenthalt in den Räumen zu ermöglichen.[2035] Absolute Sicherheit ist nicht zu gewährleisten (RdNr. 259),[2036] so dass die Aufstellung sog. **Diskretionsständer** aus Plexiglas in einer Bank nicht sorgfaltswidrig ist.[2037] Allerdings darf im Eingangsbereich kein sich nach oben verjüngendes Regal aufgestellt werden, weil dessen Breite schwer einzuschätzen ist und zumal im Gedränge die Gefahr besteht, dass Kunden gegen das untere Brett bzw. den Sockel laufen und sich dabei verletzen.[2038] Dass **Rolltreppen** – ebenso wie Eisenbahnen – heute nicht mehr per se als unzumutbares Sicherheitsrisiko anzusehen sind, versteht sich wohl von selbst, ebenso aber auch, dass sie in technisch einwandfreiem Zustand zu halten sind und mit einer Vorrichtung ausgestattet sein müssen, die bei Unfällen für das automatische Abschalten sorgt.[2039] Vor einem **nahe liegenden Fehlgebrauch** von Rolltreppen, etwa als Transportband für Kofferkulis auf Bahnhöfen und Flughäfen, ist durch deutliche Hinweise zu warnen. In Möbelhäusern sind Schränke so aufzustellen, dass sie von spielenden Kleinkindern nicht umgeworfen werden können.[2040] Umgekehrt ist es dem Betreiber eines Kaufhauses nicht anzulasten, wenn ein erwachsener Kunde versucht, über eine auf einem Hubkarren abgestellte Palette hinwegzusteigen und dabei zu Fall kommt.[2041] Schließlich bestehen auch Sicherungspflichten gegenüber missbräuchlichem Handeln Dritter (RdNr. 265 f.): Die bis zu 6 m tiefen Lichtschächte einer Einkaufspassage sind nicht nur abzudecken, sondern die dafür eingesetzten Metallroste auch gegen ihre Entfernung durch Unbefugte zu sichern.[2042]

c) Fußböden. Der Fußbodenbelag in Kaufhäusern und Supermärkten ist so auszuwählen und zu unterhalten, dass die **Stand- und Trittsicherheit** der Kunden selbst dann noch gewährleistet ist, wenn sie sich auf die in den Regalen ausgestellten Waren konzentrieren.[2043] Selbst kleine **Niveauunterschiede** zwischen den Platten des Fußbodenbelags sind deshalb zu vermeiden,[2044] in der Obst- und Gemüseabteilung dürfen keine **Blätter auf dem Boden** liegen, auf denen die Besucher ausrutschen können,[2045] und genauso sensibel ist der Bereich vor und hinter den Kassen, weil beim Auspacken des Wagens und beim Einpacken häufig

---

[2033] *Wagner* NJW 2002, 2049, 2056 mwN.
[2034] BGH NJW 1986, 2757, 2758.
[2035] OLG Koblenz OLGZ 1993, 334, 335.
[2036] BGH NJW 1994, 2617.
[2037] OLG Hamm NJW-RR 2002, 448.
[2038] OLG Köln OLGZ 1990, 443.
[2039] OLG Oldenburg MDR 1965, 134; *Staudinger/Hager* RdNr. E 250; eingehend *Kunz* MDR 1982, 186, 187 mwN.
[2040] OLG Naumburg NJW-RR 2002, 170 f.
[2041] OLG Frankfurt NJW-RR 2001, 1674 f.
[2042] BGH VersR 1976, 149, 150 f.
[2043] BGH NJW 1994, 2757; weitere Kasuistik bei *Staudinger/Hager* RdNr. E 249.
[2044] OLG Köln VersR 2001, 596 f.
[2045] OLG Köln NJW 1972, 1950 f.; VersR 1999, 861 f.

§ 823 485, 486　　　　　　　　　　　　　Abschnitt 8. Titel 27. Unerlaubte Handlungen

Gemüseteile auf den Boden fallen.[2046] Um dies zu gewährleisten, hat der Betreiber eines größeren Selbstbedienungsgeschäfts für die **Reinigung des Bodens** in kurzen Abständen zu sorgen, wobei die genaue Frequenz durch die Art des Warensortiments, die Anzahl der Kunden und die Witterung bestimmt wird.[2047] Unzumutbar wäre es allerdings, einen ständigen Bewacher aufzustellen, der jedes einzelne Blatt sofort entfernt; auch hier gilt, dass absolute Sicherheit nicht geschuldet wird (RdNr. 259).[2048] Je nach Größe des Geschäfts sind ggf. mehrere Personen konkret mit der Wahrnehmung der Reinigungspflichten zu betrauen.[2049] Allein bei kleineren Geschäften kann die allgemein gehaltene Anweisung an sämtliche Mitarbeiter, auf Sauberkeit zu achten, ausreichen.[2050] Ist der Betreiber des Supermarkts eine juristische Person, haftet sie für **Organisationsmängel** nach § 31, weil der Filialleiter im Rahmen dieser Vorschrift als verfassungsmäßiger Vertreter anzusehen ist (allgemein zur Unternehmenshaftung RdNr. 383).[2051]

485　d) **Parkplatz.** Die Sicherungspflichten enden nicht an der Türschwelle, sondern erstrecken sich auch auf den Parkplatz sowie das übrige Grundstück, soweit es der Benutzung durch die Kunden gewidmet ist. Der Parkplatz ist bei **Dunkelheit** zu beleuchten und bei **Schnee** oder **Eis** abzustreuen.[2052] Darüber hinaus ist im Rahmen des Zumutbaren dafür Sorge zu tragen, dass die parkenden Pkw. der Kunden nicht durch führerlose **Einkaufswagen** beschädigt werden.[2053] Dafür reicht die Unterhaltung eines der heute üblichen Pfandsysteme für Einkaufswagen aus; die zusätzliche Beschäftigung von Überwachungspersonal dürfte allenfalls bei Parkplätzen ganz erheblicher Größe angezeigt sein.[2054] Das Fehlen einer **Kundentoilette** ist für sich genommen nicht pflichtwidrig und begründet keine Haftung für die Verletzungen eines Kunden, der sich zur Verrichtung der Notdurft auf eine vereiste Böschung begibt und dort zu Fall kommt (vgl. zu Autobahnparkplätzen RdNr. 439 mit Fn. 1784).[2055]

486　5. **Hotels, Gaststätten, Diskotheken. a) Pflichtadressaten.** Gastwirte und Hoteliers unterliegen zunächst denselben Sicherungspflichten wie sonstige **Eigentümer bzw. Besitzer von Gebäuden:** Sie sind dafür verantwortlich, dass ihre Gäste die zur Verfügung gestellten Räume, Flure, Treppen und Anlagen innerhalb des Lokals ebenso ohne Gefahr für Leib, Leben und Eigentum nutzen können wie die Parkplätze, Zu- und Gehwege (zu den Anforderungen iE RdNr. 463 ff.). Befindet sich der Betrieb nicht im eigenen Gebäude, ist für den baulichen Zustand der **Grundstückseigentümer** bzw. **Verpächter** verantwortlich.[2056] Im Umfang der Pflichtenübertragung auf den Pächter verengen sich die Pflichten des Verpächters; er bleibt jedoch für die Überwachung des Gastwirts und darüber hinaus auch für das Abstellen von ihm erkannter Gefahrenquellen zuständig (vgl. RdNr. 290 ff.). Umgekehrt haftet der Pächter nicht wegen Verletzung von Aufsichts- und Überwachungs-

---

[2046] OLG München VersR 1974, 269; OLG Nürnberg VersR 1997, 1113.
[2047] OLG Hamm NJW-RR 2002, 171: halbstündige Kontrollen in Drogeriemarkt sind ausreichend; OLG Karlsruhe VersR 2005, 420: 15 Minuten OLG Koblenz NJW-RR 1995, 158; OLG Stuttgart VersR 1991, 441, 442; OLG Köln NJW 1972, 1950, 1951; das dort weiter genannte Kriterium der „Salatsaison" wird man angesichts der heute ganzjährlichen Versorgung mit Frischware vernachlässigen können.
[2048] OLG Stuttgart VersR 1991, 441, 442; OLG Koblenz NJW-RR 1995, 158; OLG Köln NJW-RR 1995, 861; OLG Nürnberg VersR 1997, 1113 f.
[2049] OLG Köln NJW 1972, 1950, 1951; VersR 1999, 861; OLG München VersR 1974, 269; OLG Stuttgart VersR 1991, 441, 442.
[2050] OLG Nürnberg VersR 1997, 1113 f.
[2051] OLG Köln NJW 1972, 1950 f.; OLG München VersR 1974, 269; OLG Nürnberg VersR 1997, 1113, 1114.
[2052] Zur Beleuchtungspflicht Nachweise in Fn. 2062; zur Streupflicht Nachweise in Fn. 1839.
[2053] OLG Düsseldorf VersR 1983, 925; LG Berlin VersR 1988, 720; LG Köln VersR 1989, 1280; AG Grevenbroich VersR 1989, 1267 f.
[2054] Besonders deutlich LG Köln VersR 1989, 1280; wohl auch LG Berlin VersR 1989, 1267, 1268; AG Grevenbroich VersR 1989, 1267, 1268.
[2055] OLG Koblenz OLGZ 1993, 334, 335 f.; anders liegt es, wenn mit diesem Ausweichen des Kunden zu rechnen ist.
[2056] OLG Düsseldorf NJW-RR 1993, 93, 94; OLG Köln VersR 1998, 605 f.

pflichten, wenn er keinen Anhaltspunkt dafür hat, dass der Verpächter die bei ihm verbliebenen Sicherungspflichten hinsichtlich der Wirtsräume oder der Außenflächen vernachlässigt: Ist beispielsweise in einem Pachtvertrag über einen Biergarten bestimmt, die Sorge um die Verkehrssicherheit des Grundstücks samt der vorhandenen Kastanienbäume und baulichen Anlagen obliege weiter dem Verpächter, und besteht für den Pächter kein Anlass, an der Wahrnehmung dieser Aufgaben zu zweifeln, haftet Letzterer nicht für den Gesundheitsschaden, den einer seiner Gäste durch das Herabstürzen eines äußerlich unversehrten Astes erlitten hat.[2057]

b) Sicherungspflichten in Hotels, Gastwirtschaften und Diskotheken. Für Restaurants, Schankräume und Hotels gelten **inhaltlich strengere Sorgfaltspflichten** als bei Privatwohnungen und sonstigen Geschäftsräumen, weil mit Menschen zu rechnen ist, die sich in Gesellschaft befinden, alkoholisiert oder sonst beschwingt sind, und deshalb nicht dieselbe Eigenvorsorge walten lassen wie die Besucher einer Privatwohnung.[2058] Darauf, ob sich im Unfallzeitpunkt **alkoholisierte Personen** in der Gaststätte aufgehalten haben, kommt es dabei nicht an.[2059] Auch auf **Behinderte** muss sich der Gastwirt grundsätzlich einstellen.[2060] Mit spielenden **Kindern** muss der Betreiber einer Imbiss-Gaststätte hingegen nicht in dem Sinne rechnen, dass die Verwendung leicht umstürzender Stehtische zu unterlassen wäre.[2061] Im Einzelnen ist der Weg zur **Toilette** ebenso zu beleuchten wie der **Parkplatz**,[2062] **Treppen** sind ggf. mit Handläufen und Geländern auszustatten,[2063] **Fenster** in Obergeschossen müssen eine ausreichend hohe Brüstung haben,[2064] Tauwasser auf den sonst glatten Steinplatten eines Flurs ist zu beseitigen,[2065] der zu den Toiletten führende, gefliste Flur ist trocken zu halten,[2066] **Stolperstellen** in den Gängen sind zu kennzeichnen[2067] und hervorstehende Betonplatten im Außenbereich sind des nachts zu beleuchten.[2068] Auch hinter solchen Türen, die für die Gäste geschlossen sind, dürfen keine schwerwiegenden Gefahren – wie etwa eine ungesicherte Treppe – lauern,[2069] Abdeckroste im Eingangsbereich dürfen nicht derart grobmaschig konstruiert sein, dass weibliche Gäste mit ihrem Absatz darin hängen bleiben können usw.[2070] Ebenso stellt es eine Pflichtverletzung des Wirts dar, wenn er Sitzgruppen so nah an einen Billardtisch heranrückt, dass dort sitzende Gäste bei Ausholbewegungen der Billardspieler mit dem Queue getroffen werden können.[2071] Zu den besonders intensiven Streupflichten von Gastwirten vgl. RdNr. 456. Zu den Sicherungspflichten des Betreibers einer Kegelbahn RdNr. 518; zu Schulfesten RdNr. 495.

Was das in einem Restaurant oder Hotel gereichte **Essen** anlangt, so ist selbstverständlich, dass es hygienisch einwandfrei sein muss, ebenso selbstverständlich aber auch, dass eine vor Hitze dampfende Suppe nur mit großer Vorsicht genossen werden darf, so dass der Wirt für Mundverbrennungen des eiligen Gastes – anders als nach Ansicht amerikanischer Gerichte – nicht aufzukommen hat.[2072] Fürsorgepflichten zugunsten seiner Gäste treffen den Wirt

---

[2057] OLG Nürnberg VersR 1996, 900, 901.
[2058] BGH VersR 1961, 798, 799; 1961, 1119, 1120; NJW 1985, 482, 483; 1988, 1588; 1991, 921; OLG Düsseldorf VersR 1983, 925; NJW-RR 1993, 93 f.; OLG Hamm VersR 1991, 1154; MDR 2000, 158, 159; OLG Köln NJW-RR 1993, 350; VersR 1999, 243 f.
[2059] Vgl. BGH VersR 1958, 308.
[2060] BGH NJW 1991, 921 f.; OLG Düsseldorf NJW-RR 1993, 93 f.
[2061] OLG Hamm NJW-RR 2002, 1104, 1105.
[2062] BGH VersR 1961, 1119, 1120; NJW 1985, 482, 483.
[2063] OLG Hamm MDR 2000, 158, 159.
[2064] KG VersR 2005, 1251, 1252.
[2065] BGH VersR 1958, 308.
[2066] OLG Köln NJW-RR 1993, 350; 2003, 882.
[2067] OLG Hamm VersR 1991, 1154.
[2068] OLG Köln VersR 2000, 765.
[2069] BGH VersR 1961, 798, 799; NJW 1988, 1588; das bedeutet keineswegs, dass Gastwirte immer haften, wenn Gäste auf steilen Treppen zu Fall kommen, vgl. OLG Düsseldorf NJW-RR 1993, 93 f.
[2070] OLG Köln VersR 1998, 605; 1999, 243 f.
[2071] RGZ 85, 185, 187.
[2072] AG Hagen NJW-RR 1997, 727.

indessen nicht, was vor allem für den **Alkoholausschank** bedeutsam ist. Erst wenn der Tatbestand des § 20 Nr. 2 Gaststättengesetz verwirklicht, also Alkohol an erkennbar Betrunkene ausgeschenkt wird, kommt eine Haftung des Wirts für Schäden in Betracht, die der Gast durch Alkoholvergiftung, Sturz oder Verkehrsunfall erleidet.[2073]

489   Auch die Sicherungspflichten von Gastwirten sind **nicht grenzenlos**,[2074] sondern darauf beschränkt, solche Gefahren abzustellen, die nicht offensichtlich sind, vor denen sich der Gast nicht selbst schützen kann und bezüglich derer er in seinen Sicherheitserwartungen enttäuscht wird (RdNr. 284, 316 ff.).[2075] Wer im Restaurant eine Podeststufe übersieht und deshalb zu Fall kommt, hat nicht schon deshalb einen Schadensersatzanspruch gegen den Wirt (eingehend RdNr. 275, 307 ff.);[2076] wer in einem stark frequentierten Lokal in der Düsseldorfer Altstadt Altbier trinkt, kann nicht erwarten, dass der Boden blitzblank ist, so dass die Gefahr eines Sturzes auszuschließen ist.[2077] Wer im Rahmen einer von einer **Diskothek** veranstalteten **Beachparty** einen Kopfsprung in ein offensichtlich lediglich 60 cm hohes Planschbecken macht, sollte die Folgen der dadurch erlittenen Wirbelsäulenfraktur nicht auf den Betreiber abschieben können.[2078] Die **bauordnungsrechtliche Genehmigung** und die behördliche Duldung eines gefährlichen Zustands entlasten den Betreiber einer Gaststätte oder eines Hotels nicht von seiner eigenen Verantwortung (RdNr. 463).[2079]

490   c) **Hotels.** Ein **Hotelier** ist jenseits der allgemeinen Pflichten der Betreiber öffentlicher Gebäude insbesondere dazu verpflichtet, für einen wirksamen Schutz seiner Gäste bei Ausbruch eines **Brandes** zu sorgen: Funktionsfähige Feuerlöscher müssen in ausreichender Menge zur Verfügung stehen; ein etwa vorhandener Nachtportier muss so instruiert werden, dass er die gebotenen Maßnahmen ergreift, etwa eine Brandschutztür geschlossen hält usw. (zu parallelen Pflichten von Reiseveranstaltern RdNr. 578 ff.).[2080] Für die üblichen Sicherheitsmaßregeln im gemieteten Zimmer ist der Gast im Rahmen des Erkennbaren selbst verantwortlich, so dass beispielsweise im Badezimmer nicht vor den üblichen Rutschgefahren gewarnt werden muss.[2081] Ein **Festsaal** ist mit Tafelgestühl auszustatten, das mit Gleitern aus abstumpfendem Material versehen ist und deshalb nicht schon infolge leichtesten Druck mit dem Messer beim Schneiden des Fleisches über den glatten Boden des Parkettfußbodens zu rutschen beginnt.[2082]

491   d) **Gäste.** Schließlich schulden sich auch die **Gäste untereinander** die verkehrserforderliche Sorgfalt, was aber selbstverständlich nicht bedeutet, dass man sich erst bewegen darf, nachdem man sich in alle Richtungen vergewissert hat, niemanden zu berühren oder zu behindern.[2083] Genauso wenig hat ein Gast Schadensersatz zu leisten, wenn er auf der Treppe eines überfüllten Lokals mit dem Fuß ein dort abgestelltes Glas umstößt und die herunterfallenden Scherben einen Dritten verletzen.[2084]

492   **6. Krankenhäuser und Arztpraxen.** Krankenhäuser unterliegen selbstverständlich den allgemeinen, an öffentlich zugängliche Gebäude zu stellenden Sicherungsanforderungen (vgl. RdNr. 459 ff., 482 ff.). Sie erfahren jedoch gegenüber denjenigen etwa eines Gastwirts

---

[2073] OLG Saarbrücken NJW-RR 1995, 986, 987; zum Strafrecht genauso BGHSt 19, 152, 154 = NJS 1964, 412; BGHSt 26, 35, 38 = NJW 1975, 1175.
[2074] OLG Düsseldorf NJW-RR 1993, 93 f.
[2075] BGH NJW 1991, 921; OLG Düsseldorf VersR 1988, 1182; OLG Köln NJW-RR 1995, 1178; OLG München VersR 1998, 326; OLG Hamm NJW-RR 2002, 1104; AG Hagen NJW-RR 1997, 727.
[2076] OLG Köln NJW-RR 1995, 1178, mit dem unrichtigen Argument, das Podest sei behördlich genehmigt worden. Zutr. hingegen OLG Düsseldorf NJW-RR 1993, 93, 94; OLG München VersR 1998, 326.
[2077] OLG Düsseldorf VersR 1988, 1182.
[2078] So aber LG Bonn NJW-RR 2008, 534, 535.
[2079] KG VersR 2005, 1251, 1252.
[2080] OLG München VersR 1998, 326, 327.
[2081] AG Berlin-Mitte VersR 1998, 510.
[2082] BGH NJW 1991, 921 f.
[2083] OLG Hamm NJW-RR 2002, 90, 91.
[2084] OLG Düsseldorf NJW-RR 2002, 24, 25.

oder Hoteliers eine weitere **Steigerung und Intensivierung,** weil sich in einem Krankenhaus Menschen aufhalten, die sich nicht in gleicher Weise wie Gesunde selbst vor Gefahren schützen können (RdNr. 261 ff.). Entsprechende Anforderungen gelten auch für **Arztpraxen.** Die **bauliche Gestaltung** eines Krankenhauses darf nicht nach außen öffnende Türen der Krankenzimmer mit schmal dimensionierten Fluren kombinieren, so dass ein Krankenpfleger, der schwungvoll die Tür aufstößt, einen auf dem Flur gehenden Patienten treffen und umstoßen kann.[2085] Nach dem **Wischen** der Flure muss eindringlich vor Nässe gewarnt werden.[2086] In einem Kneipp-Sanatorium darf das Rohr einer Dampfheizungsanlage nicht ungeschützt und in Reichweite der Patienten durch eine Toilette geführt werden, so dass eine Patientin stürzt, nachdem sie versucht hatte, sich an dem kochend heißen Rohr festzuhalten.[2087] Die Gewährleistung **absoluter Sicherheit** ist allerdings auch in Krankenhäusern unmöglich und kann folglich nicht verlangt werden (RdNr. 259), so dass etwa die Anbringung und Unterhaltung eines Steinfußbodens in einem Krankenhaus nicht schon deshalb sorgfaltswidrig ist, weil ein Ausrutscher eines Patienten nicht gänzlich ausgeschlossen werden kann[2088] und ein älterer Fahrstuhl nicht ausgemustert werden muss, wenn er nicht immer bodenbündig anhält.[2089]

Die Sicherungspflichten des Krankenhausträgers in Bezug auf Gestaltung und Unterhaltung der baulichen Anlagen sind nur ein Ausschnitt aus dem Kanon seiner patientenbezogenen Pflichten, die die medizinische Versorgung einschließen und folglich bis an den Kernbereich ärztlicher Tätigkeit heranreichen (zur Haftung von Ärzten und Krankenhäusern für Pflichtverletzungen im Rahmen dieses Kernbereichs eingehend RdNr. 706 ff., 698). So ist die **Funktionstüchtigkeit von medizinischen Geräten** ebenso zu gewährleisten wie die allgemeine **Hygiene,** also **Sterilität** von Desinfektionsmitteln, Infusionslösungen und Operationsbesteck sowie die **Infektionsfreiheit** des ärztlichen und nicht-ärztlichen Personals, das mit dem Patienten in Berührung kommt.[2090] Letzterer ist fachgerecht auf die anstehende **Operation** vorzubereiten (vgl. auch RdNr. 717).[2091] Im Rahmen der **Rehabilitation** dürfen nur berstsichere Gymnastikbälle eingesetzt werden.[2092] Eine ältere Patientin darf nach dem Bad auch nicht für kurze Zeit in einem **Duschstuhl** allein gelassen werden, weil dieser leicht umstürzen kann, wenn man sich nach vorne beugt, um nach einem Handtuch zu greifen.[2093] Soweit die Gefahrsteuerungskapazitäten der Patienten Normalmaß erreichen, bestehen auch keine erhöhten Sicherheitsanforderungen, so dass Patienten einer internistischen Abteilung, die in ihren Bewegungsfähigkeiten nicht eingeschränkt sind, eine normale Dusche zuzumuten ist.[2094] Weiter obliegen dem Krankenhausträger deliktische **Fürsorgepflichten zugunsten des Patienten** (vgl. allgemein RdNr. 249 f.),[2095] dessen Sicherheit bei stationärer Unterbringung „oberstes Gebot" sein muss.[2096] Fernzuhalten sind nicht nur solche Gefahren, die dem Patienten von Seiten Dritter – von Besuchern oder Eindringlingen – drohen,[2097] sondern auch Risiken, denen sich der Patient selbst aussetzt, weil er zum selbstverantwortlichen Handeln nicht in der Lage ist. Besonders intensive Fürsorgepflichten gelten folgerichtig bei Kindern, und psychisch Kranken (RdNr. 250). **Demenzkranke** mit „maximalem Sturzrisiko" dürfen beim Transport „keinen Moment" aus den Augen gelassen

---

[2085] OLG Schleswig VersR 1997, 69, 70: Verpflichtung zur Anbringung optischer oder akustischer Signale, die das Öffnen einer Tür signalisieren – zweifelhaft.
[2086] Vgl. die Nachweise in Fn. 2065 f., sowie OLG Düsseldorf NJW 1992, 2972; *Staudinger/Hager* RdNr. E 272.
[2087] BGH VersR 1963, 1028.
[2088] OLG Köln VersR 1977, 575, 576 (Solnhofener Platten).
[2089] OLG Frankfurt VersR 2002, 249, 250 f.
[2090] BGHZ 171, 359, 360 f. Tz. 8 ff.
[2091] BGH NJW 1991, 1540, 1541; *G. Müller* NJW 1997, 3049, 3050, jeweils mwN.
[2092] OLG Stuttgart NJW-RR 2006, 1318, 1319.
[2093] BGH NJW 1991, 2960 f.
[2094] OLG Hamm VersR 1993, 1930.
[2095] BGH NJW 1976, 1145 f.
[2096] OLG Köln VersR 1992, 577 (LS); 1993, 1156 f. (LS).
[2097] BGH NJW 1976, 1145 f.

§ 823   494, 495   Abschnitt 8. Titel 27. Unerlaubte Handlungen

werden,[2098] psychisch Kranke sind durch entsprechende Sicherheitsmaßnahmen am Verlassen des Krankenhauses zu hindern,[2099] und **Depressiven** darf keine Gelegenheit zum Selbstmord gegeben werden.[2100] Wie alle übrigen deliktischen Sorgfaltspflichten, besteht allerdings auch diese Verpflichtung des Krankenhausträgers zum Schutz des Patienten vor autoaggressiven Handlungen nur im Rahmen des Möglichen und Zumutbaren (RdNr. 259).[2101] Dabei ist zu berücksichtigen, dass ein Übermaß an Sicherheitsvorkehrungen geeignet ist, den Therapieerfolg in Frage zu stellen.[2102] So ist nach dem Maß der konkret bestehenden **Suizidgefahr** zu differenzieren: Während beispielsweise für Fenster und Türen auf der offenen Station einer psychiatrischen Klinik keine besonderen Anforderungen gelten, müssen sie in einem für „unruhige" Patienten bestimmten „Beruhigungsraum" gegen unbefugtes Öffnen gesichert werden.[2103]

494   Kommt der Patient durch einen verkehrswidrigen Zustand im Bereich des Krankenhauses zu Schaden, gelten die **aus der Produkthaftung geläufigen Beweislastregeln** (RdNr. 658 ff.),[2104] mit der Folge, dass sich der Krankenhausträger hinsichtlich der objektiven Pflichtwidrigkeit des Verhaltens seines Personals entlasten muss (RdNr. 820). Dabei haftet er für Pflichtverletzungen seiner Angestellten nach §§ 278 831, während er für Fehlverhalten seiner Organe, zu denen auch die Chefärzte zählen, nach §§ 31, 89 Abs. 1 unbedingt einzustehen hat.[2105] Wie auch sonst im Bereich der Unternehmenshaftung werden den Organen wiederum umfangreiche **Organisationspflichten** auferlegt (RdNr. 716 ff.), mit denen der Entlastungsbeweis nach § 831 Abs. 1 S. 2 für die Praxis bedeutungslos gemacht wird (RdNr. 388). Bei Delegation der Aufgaben auf ein externes Unternehmen, etwa ein Reinigungsunternehmen, muss der Krankenhausträger dem Auftragnehmer klare Anweisungen über die Art und den Umfang der zu treffenden Sicherungsmaßnahmen geben (allgemein zum Erfordernis einer „klaren Absprache" RdNr. 303).[2106]

495   **7. Schulen und Schulheime.** Dem Träger einer staatlichen Schule obliegt die Verpflichtung zur sicheren Gestaltung und Erhaltung des Schulgrundstücks und der dort befindlichen Anlagen im Rahmen einer **privatrechtlichen Verkehrspflicht** (§ 839 RdNr. 177).[2107] Die Schüler sind vor vermeidbaren Gefahren zu bewahren, insbesondere durch Gewährleistung eines sicheren Zustands der baulichen Anlagen.[2108] Dabei gelten **schärfere Anforderungen** als sonst, weil Schulgebäude und -gelände von Kindern benutzt werden, die – insbesondere in Gruppen – zu eigenverantwortlicher Gefahrsteuerung nicht in gleichem Maße in der Lage sind wie Erwachsene (zur Verschärfung der Sorgfaltspflichten gegenüber Kindern RdNr. 267 ff.).[2109] Schulgebäude und -grundstück sind deshalb „fehlerfreundlich" auszugestalten, also in einer Weise, die dem kindlichen Ungestüm und kindlicher Unerfahrenheit Rechnung trägt. Diesem Postulat ist nicht genügt, wenn häufig frequentierte Türen einer

---

[2098] OLG Zweibrücken NJW-RR 2006, 1254, 1255.
[2099] So für eine Kinderklinik OLG Köln NJW-RR 1994, 862.
[2100] BGHZ 96, 98, 100 = NJW 1986, 775; BGH NJW 1994, 794, 795; OLG Naumburg NJW-RR 2001, 1251; OLG Stuttgart NJW-RR 1995, 662, 663; 2001, 1250; OLG Oldenburg VersR 1997, 117, 118.
[2101] BGH NJW 1994, 794, 795; 2000, 3425, 3426; OLG Hamm VersR 1991, 302, 303 f.; OLG Stuttgart NJW-RR 1995, 662, 663; 2001, 1250; OLG Oldenburg VersR 1997, 117, 118.
[2102] BGH NJW 2000, 3425, 3426 mwN; OLG Hamm VersR 1983, 43; 1991, 302, 303 f.; OLG Stuttgart NJW-RR 1995, 662, 663.
[2103] BGH VersR 1987, 985 f.; NJW 2000, 3425, 3426; OLG Hamm VersR 1991, 302, 303 f.; OLG Stuttgart NJW-RR 1995, 662, 663.
[2104] Eine ausdrückliche Bezugnahme auf die Hühnerpest-Entscheidung BGHZ 51, 91, 103 ff. = NJW 1969, 269, 274 findet sich in BGH NJW 1991, 1540, 1541; vgl. auch OLG Zweibrücken NJW-RR 2006, 1254 f.; KG VersR 2006, 1366 f.
[2105] Zur Haftung für Chefärzte nach § 31 sowie allg. zur Unternehmenshaftung RdNr. 383; speziell zu den Organisationspflichten eines Krankenhausträgers OLG Düsseldorf NJW 1992, 2972; OLG Köln NJW-RR 1994, 862.
[2106] OLG Düsseldorf NJW 1992, 2972.
[2107] OLG Saarbrücken NJW-RR 2006, 1255, 1256.
[2108] BGHZ 44, 103, 105 f. = NJW 1965, 1760 f.
[2109] Allg. zu den erhöhten Sicherheitsanforderungen an öffentliche Gebäude RdNr. 464, 482 ff.

Schule ganz aus nicht **bruchsicherem Glas** gearbeitet oder mit großflächigen Glaseinsätzen versehen sind,[2110] die **Trittsicherheit** von Fluren und Treppen nicht gewährleistet ist[2111] oder verrostete Geländer abbrechen.[2112] Im Übrigen reichen bei Kindern bloße **Warnungen oder Verbote** häufig nicht aus, um sie von gefährlichem Tun abzuhalten: Wenn die Schüler eines Internats sich immer wieder um das in eindringlicher Weise verhängte Verbot hinwegsetzen, den Handlauf des Treppengeländers als Rutschbahn zu benutzen, muss die Internatsleitung zu technischen Maßnahmen greifen, um eine solche Nutzung des Geländers zu unterbinden bzw. die bei einem Sturz drohenden Verletzungsgefahren zu minimieren.[2113] Dabei darf die Schulleitung allerdings auf das natürliche Angstgefühl vertrauen, das Kinder bei konventionellen Gefahrenquellen besitzen.[2114] So müssen etwa die von Zehnjährigen erreichbaren Fenster nicht mit Kindersicherungen gegen unbefugtes Öffnen versehen werden.[2115] Zu weit ginge es auch, das Lehrpersonal zu verpflichten, die Schüler auf dem **Nachhauseweg** oder auf dem Weg zwischen zwei Unterrichtsstätten bei der Teilnahme am öffentlichen Straßenverkehr zu überwachen.[2116] Für Schulfeste gelten intensivierte Sicherungspflichten, weil die Umstände – Zusammenkommen einer Vielzahl von Menschen, festliche Stimmung, eventuell Alkoholkonsum – die Fähigkeiten der Gäste zur Eigenvorsorge herabsetzen.[2117] Wie Fälle aus der Praxis belegen, werden Kinder auch von solchen Schuleinrichtungen angezogen, die sie gar nicht (mehr) besuchen,[2118] und folgerichtig bestehen Sicherungspflichten auch gegenüber solchen **unbefugten Besuchern** der Schulhöfe und -gebäude (RdNr. 272).

8. Spiel- und Sportanlagen. a) Spielplätze. aa) Pflichtenträger. Demjenigen, der **496** einen Spielplatz verwaltet und zur Benutzung durch die Allgemeinheit freigibt, obliegen Sicherungspflichten zugunsten der Rechtsgüter der den Spielplatz benutzenden Kinder.[2119] Verpflichtet ist somit in aller Regel die jeweilige **kommunale Gebietskörperschaft,** die nach § 823 Abs. 1 für Schäden einzustehen hat, die Kinder bei der Nutzung des Platzes erleiden, denn eine **Sonderverbindung** öffentlich-rechtlicher oder privatrechtlicher Natur kommt nicht zustande (§ 839 RdNr. 155 ff.).[2120] Die Haftung richtet sich auch nicht nach § 839, denn an einer ausdrücklichen gesetzlichen Regelung, mit der die Verkehrssicherungspflicht als Hoheitspflicht ausgestaltet würde, fehlt es – anders als bei öffentlichen Straßen – durchweg.[2121] Für **private Spielplätze,** wie sie etwa im Rahmen von Wohnungseigentumsanlagen nicht selten sind, ist derjenige verantwortlich, der den Spielplatz tatsächlich zur Verfügung stellt und unterhält, beispielsweise also die Wohnungseigentümergemeinschaft (vgl. RdNr. 460).[2122] Zu Freizeitparks s. RdNr. 503.

[2110] BGH VersR 1963, 947, 948 f.; 1967, 714, 715.
[2111] BGH NJW-RR 1993, 213, 214 = LM (Dc) Nr. 183.
[2112] OLG Saarbrücken NJW-RR 2006, 1255, 1256 f.
[2113] BGH NJW 1980, 1745 f.
[2114] BGH VersR 1999, 1033, 1034; OLG Köln MDR 1996, 478; viel zu weitgehend OLG Karlsruhe VersR 1998, 1389, 1390, das die Schule dazu verpflichtet, vor dem Betreten einer nur über eine Luke erreichbaren, nicht tragfähigen Zwischendecke einer Aula zu warnen. Die eigentliche Pflichtverletzung der Schule lag darin, dass die dorthin führende Speichertür nicht verschlossen war.
[2115] OLG Köln MDR 1996, 478.
[2116] BGHZ 44, 103, 106 = NJW 1965, 1760, 1761; *Staudinger/Hager* RdNr. E 35.
[2117] Vgl. OLG Köln VersR 2000, 765; zu den besonderen Sicherungspflichten von Gastwirten RdNr. 487 ff.
[2118] BGH VersR 1999, 1033, 1034; OLG Karlsruhe VersR 1998, 1389, 1390.
[2119] BGHZ 103, 338, 340 = NJW 1988, 2667; OLG Celle VersR 1984, 167, 168; OLG Düsseldorf NJW-RR 1999, 1621; OLG Köln VersR 2002, 448, 449; RGRK/*Steffen* RdNr. 228; *Staudinger/Hager* RdNr. E 285 ff.
[2120] BGHZ 103, 338, 342 f. = NJW 1988, 2667, 2668; BGH VersR 1975, 133, 134; NJW 1977, 1392, 1394; LG Osnabrück NJW-RR 2002, 233; *Hußla* VersR 1971, 877 f.
[2121] BGH NJW 1977, 1965; 1978, 1626, 1627; OLG Düsseldorf VersR 1979, 650; RGRK/*Steffen* RdNr. 228; *Hußla* VersR 1971, 877; *Engler,* Der öffentlich-rechtliche Immissionsabwehranspruch, 1995, S. 46 ff. mwN. Zur Rechtslage bei öffentlichen Straßen vgl. RdNr. 431 f.
[2122] OLG Celle NJW-RR 1987, 283, 284.

497 **bb) Geltungsbereich.** In **räumlicher Hinsicht** beschränken sich die Sicherungspflichten bei Spielplätzen nicht auf den Platz und die Spielgeräte, sondern erstrecken sich auf die angrenzenden Flächen, sofern mit deren Betreten durch Kinder zu rechnen ist.[2123] Befinden sich jenseits der Grenzen des Spielplatzes besondere Gefahrenquellen, wie etwa eine gefährliche Böschung oder giftige Pflanzen, reichen Warnungen und Verbote nicht aus, sondern die Gemeinde muss die Kinder durch physische Maßnahmen wie Hecken oder Zäune vom Eindringen in den Gefahrenbereich abhalten.[2124] Insbesondere ist dafür zu sorgen, dass von einer **angrenzenden Straße** keine übermäßigen Gefahren ausgehen.[2125] Im Einzelnen hängt die Intensität der Maßnahmen zum Schutz vor Verkehrsgefahren davon ab, ob auf dem Platz lediglich ortsgebundene Aktivitäten stattfinden, oder ob er (auch) für Ball- und Laufspiele genutzt wird, bei denen mit dem unbedachten Betreten der Straße stets zu rechnen ist. In diesem Fall muss der Unfallgefahr durch Errichtung von Zäunen und Zugangsschleusen begegnet werden.[2126]

498 In **zeitlicher Hinsicht** beginnt die Verantwortlichkeit des Betreibers eines Spielplatzes bereits in der **Bauphase,** die besondere Sicherungsmaßnahmen zur Verhinderung einer voreiligen Benutzung der erst teilweise fertiggestellten Anlagen erfordert.[2127] Die Sicherungspflichten enden nicht im Zeitpunkt der Einrichtung und Eröffnung des Spielplatzes, sondern reichen darüber hinaus und wandeln sich in eine Pflicht zur **Wartung** der Anlage und zu sonstigen Maßnahmen im Interesse einer andauernden Gewährleistung des geforderten Standards.[2128] Schließlich überdauern sie die **Schließung** des Platzes und gelten fort bis zur Entfernung sämtlicher Spielgeräte.[2129]

499 Der **persönliche Schutzbereich** der Sicherungspflichten erstreckt sich auch auf die Anlieger des Spielplatzgrundstücks, sofern letzteres Jugendliche anzieht, die durch ihr Verhalten die Anlieger gefährden.[2130]

500 **cc) Inhalt und Umfang.** Die Intensität der für Spielplätze geltenden Sorgfaltspflichten richtet sich nach allgemeinen Grundsätzen über die Verteilung von Sorgfaltsaufwendungen zwischen den potentiellen Parteien eines Deliktsanspruchs (eingehend RdNr. 259, 261 ff.): Der Sicherungspflichtige hat vor allem solche Gefahrenquellen einzudämmen, die für die Nutzer des Spielplatzes **nicht erkenn- und beherrschbar** sind, insbesondere weil sie die üblichen und selbstverständlich in Rechnung zu stellenden Risiken von Spielplätzen übersteigen, und er hat sich insoweit **an dem Alter der jüngsten Kinder** zu orientieren, die für die Benutzung des Spielplatzes bzw. des betreffenden Spielgeräts in Betracht kommen (RdNr. 267).[2131] Dabei ist insbesondere zu berücksichtigen, dass Kinder noch weniger als Erwachsene dazu in der Lage sind, ihre Fähigkeiten richtig einzuschätzen und ihr Verhalten zu kontrollieren **(Fehlverhaltensrisiko)** und darüber hinaus mehr als Erwachsene zur bewussten Missachtung etwaiger Benutzungs- oder Vernunftregeln neigen **(Missbrauchsrisiko)** (RdNr. 263, 265 f.).[2132] Soweit allerdings eine Gefahrenquelle – wie etwa ein Sessellift – durch seine technische Gestaltung „vor sich selbst" warnt, sind weitergehende Schutzmaßnahmen nicht erforderlich.[2133] Weiter ist zu beachten, dass **völlig risikofreies**

[2123] OLG Hamm VersR 1996, 1515, 1516.
[2124] OLG Hamm VersR 1996, 1515, 1516; LG Braunschweig NJW-RR 1990, 471, 472.
[2125] BGH NJW 1977, 1965; JZ 1989, 249, 250 m. Anm. *v. Bar* = NJW-RR 1989, 219.
[2126] BGH NJW 1977, 1965.
[2127] BGH VersR 1978, 762 f.; OLG Düsseldorf VersR 1979, 650.
[2128] BGH NJW 1988, 48, 49; OLG Düsseldorf NJW-RR 1999, 1621 f.
[2129] OLG Düsseldorf VersR 1982, 979, 980.
[2130] OLG Düsseldorf VersR 1982, 979, 980; OLG Brandenburg VersR 2003, 604 f.; *Staudinger/Hager* RdNr. E 285.
[2131] Zusammenfassend BGHZ 103, 338, 340 f. = NJW 1988, 2667 f.; OLG Celle NJW-RR 1987, 283, 284; OLG Hamm VersR 1996, 1515, 1516; OLG Köln VersR 2002, 448, 449.
[2132] BGHZ 103, 338, 340 = NJW 1988, 2667; OLG Celle VersR 1984, 167, 168; NJW-RR 1987, 283, 284; OLG Düsseldorf VersR 1982, 979 f.; OLG Hamm VersR 1996, 1515, 1516; OLG Oldenburg VersR 2003, 474.
[2133] OLG Celle VersR 2006, 421, 422.

Schadensersatzpflicht **501 § 823**

Spiel wenig Spaß bereitet und auch pädagogisch von geringem Wert ist, weil der sachgerechte Umgang mit Gefahrenquellen so nicht gelernt werden kann. Absolute Gefahrlosigkeit der Anlage kann folgerichtig nicht verlangt, sondern begrenzte Risiken von erzieherischem Wert dürfen gelaufen werden, sofern sie von Kindern der jeweiligen Altersgruppe als solche erkennbar und im Übrigen auch beherrschbar sind.[2134] Da auf einem **Abenteuerspielplatz** selbstverständlich mit Gefahren gerechnet werden muss, kann der Betreiber von den Nutzern ein erhöhtes Maß an Aufmerksamkeit und Sorgfalt erwarten, wobei er allerdings dafür Sorge zu tragen hat, dass kleinere Kinder, die damit überfordert wären, ferngehalten werden.[2135] Missbrauchen Jugendliche einen aufgelassenen Spielplatz für sog. „Tarzan-Spiele", in deren Verlauf ein Teilnehmer vor ein Spielgerüst prallt und sich schwer verletzt, trifft die Gemeinde keine Verantwortlichkeit, weil sie mit einem solchen Missbrauch der Anlage nicht zu rechnen braucht.[2136] Bei der Konkretisierung dieser Grundsätze im Einzelfall spielen wiederum die einschlägigen **technischen Regeln,** insbesondere des DIN, eine große Rolle, ohne indessen Bindungswirkung zu entfalten (allgemein zur Bedeutung technischer Regeln RdNr. 280 ff.).[2137]

An die Sicherheit der aufgestellten **Spielgeräte** sind besonders strenge Anforderungen zu **501** stellen, die gerade auch den Schutz vor Miss- und Fehlgebräuchen betreffen (RdNr. 263, 268): Ungeschicklichkeit, Leichtsinn und Unfähigkeit im Umgang mit dem Spielgerät dürfen im Normalfall keine schwerwiegenden Konsequenzen haben.[2138] Was die sicherheitstechnischen Anforderungen an das Spielgerät selbst anlangt, so kann sich die Gemeinde oder der private Spielplatzbetreiber allerdings regelmäßig auf die Kompetenz des **Herstellers** verlassen, sofern es sich bei letzterem um einen ausgewiesenen Fachbetrieb handelt und keine Anhaltspunkte für Sicherheitsmängel vorliegen.[2139] Komplementär zu dieser Haftungsentlastung ergibt sich die Verantwortlichkeit des Herstellers des Spielgeräts aus den Grundsätzen der deliktischen Produkthaftung, wie auch aus § 823 Abs. 2 iVm. § 4 GPSG bzw. einschlägigen Rechtsverordnungen sowie aus § 1 ProdHaftG (RdNr. 622).[2140] Originär verantwortlich bleibt der Spielplatzbetreiber für die bauliche Einpassung des Spielgeräts sowie den **Untergrund:** Letzterer ist bei Klettergeräten so auszugestalten, dass bei allfälligen Stürzen keine schwerwiegenden Verletzungen drohen.[2141] Folgerichtig dürfen unter Klettergeräten nur nicht gebundene Böden (Natur- oder Sandböden, Rasenflächen) eingesetzt und scharfkantige Holzbalken dort nicht angebracht werden.[2142] Hingegen besteht keine Verpflichtung, das Klettergerät bei Bodenfrost zu sperren, um den dadurch erhöhten Verletzungsgefahren zu beggnen.[2143] Selbst die Aufstellung einer Trampolin-Anlage erfordert nicht die Einsetzung einer oder mehrerer **Aufsichtspersonen,** denn deren Kosten stünden außer Verhältnis zu dem damit zu erzielenden Sicherheitsgewinn (RdNr. 259), zumal das Vorhandensein eines Aufpassers die Spielfreude der Kinder und Jugendlichen erheblich mindert.[2144] Entsprechendes gilt auch für sog. „Hüpfkissen", bei denen allerdings eine seitliche Absicherung erforder-

---

[2134] BGH NJW 1978, 1626, 1627; OLG Celle OLGZ 1990, 343, 344; LG Osnabrück NJW-RR 2002, 233; RGRK/*Steffen* RdNr. 228.
[2135] BGH NJW 1978, 1626, 1627; *Staudinger/Hager* RdNr. E 294.
[2136] BGH VersR 1978, 762, 763.
[2137] Vgl. BGHZ 103, 338, 341 f. = NJW 1988, 2667 f.; OLG Hamm VersR 1996, 1517, 1518; OLG Karlsruhe NJW-RR 1998, 1323, 1324; OLG Düsseldorf NJW-RR 1999, 1621 f.; LG Frankfurt/M NJW-RR 1999, 904 f.; zu weitgehend OLG Köln VersR 2002, 448, 449.
[2138] BGHZ 103, 338, 340 f. = NJW 1988, 2667 f.; zu den Grenzen OLG Karlsruhe NJW-RR 1998, 1323, 1324; OLG Koblenz NJW-RR 2005, 1611, 1612.
[2139] OLG Hamm VersR 1996, 1517, 1518; OLG Düsseldorf NJW-RR 1999, 1621 f.; für die Dimensionierung des Auslaufbereichs einer Rutsche gilt dies indessen nicht, vgl. LG Frankfurt/M NJW-RR 1999, 604 f.; generell weitergehend *Staudinger/Hager* RdNr. E 288; vgl. auch BGH LM § 839 (Fd) Nr. 11.
[2140] Vgl. etwa LG Frankfurt/M NJW-RR 1999, 604, 605.
[2141] BGHZ 103, 338, 340 = NJW 1988, 2667; OLG Karlsruhe NJW-RR 1998, 1323, 1324; OLG Köln VersR 2002, 448, 449; RGRK/*Steffen* RdNr. 228; *Staudinger/Hager* RdNr. E 290.
[2142] OLG Celle NJW-RR 1987, 283, 284.
[2143] OLG Karlsruhe NJW-RR 1998, 1323, 1324.
[2144] OLG Celle OLGZ 1990, 343, 344.

lich sein kann, wie sie bei den sog. „Hüpfburgen" auch üblich ist.[2145] Der Untergrund des Spielplatzes muss nicht eigens so hergerichtet werden, dass Fahrradfahren ohne jede Gefährdung möglich ist und Stürze zuverlässig vermieden werden.[2146]

502 **dd) Mitverantwortlichkeit der Eltern.** Erleidet ein Kind **im Beisein eines Elternteils** beim Aufenthalt auf einem Spielplatz einen Schaden, steht dessen Mitverantwortung zur Debatte, wobei die Privilegierung des § 1664 Abs. 1 (diligentia quam in suis) zu beachten ist. Eine **Zurechnung des Mitverschuldens** des Erziehungsberechtigten über §§ 254 Abs. 1, Abs. 2 S. 2, 278 scheidet allerdings aus, weil es an einem vor der Rechtsgutsverletzung bereits bestehenden Schuldverhältnis zwischen dem Kind und der den Spielplatz verwaltenden Gemeinde fehlt (vgl. auch RdNr. 521).[2147] Schließlich lehnt es der BGH auch ab, den Ersatzanspruch des Kindes gegen die Gemeinde um den Mitverantwortungsanteil des Erziehungsberechtigten nach den Regeln über den **gestörten Gesamtschuldnerausgleich** zu kürzen (§ 840 RdNr. 39).[2148]

503 **b) Freizeitparks.** Freizeitparks sind Spielplätze, die sich auch an Erwachsene richten, deren Besucher also über die regelmäßig vorauszusetzenden Tugenden der Besonnenheit und Mäßigung verfügen.[2149] Daraus ergibt sich eine **Reduktion des vom Betreiber zu prästierenden Sicherheitsstandards** gegenüber den für Kinderspielplätze geltenden Anforderungen. Maßnahmen zum Schutz des Nutzers vor einem Fehlgebrauch der Anlage sind nur erforderlich, soweit die bestimmungswidrige Nutzung nicht ganz fernliegt (RdNr. 263).[2150] Wer also nach Absolvierung eines „Fjord-Rafting" seinen Abgang nicht über einen befestigten Weg oder eine Seilfähre, sondern über eine sog. „Wackelbrücke" wählt, muss erkennen, dass deren Benutzung ein „Abenteuer" darstellt und ein gewisses Maß an Körperbeherrschung und Geschick erfordert.[2151] Andererseits muss eine „Riesenrutsche" so betrieben werden, dass sich ihre Nutzer nicht im Auslaufbereich die Knochen brechen.[2152] Wird das jeweilige Spielgerät oder die Freizeitanlage jedoch auch von **Kindern** genutzt, sind die Sicherheitsmaßnahmen am Schutzbedürfnis der jüngsten Kinder zu orientieren.[2153] Haftungsausschlüsse in den **AGB** von Freizeitparks sind gemäß § 309 Nr. 7 a unwirksam, soweit sie sich auf Verletzungen von Leib und Leben beziehen.

504 **c) Schwimmbäder. aa) Grundlagen.** Dem Betreiber eines öffentlichen Schwimmbades obliegen **deliktische Sorgfaltspflichten** hinsichtlich des Schutzes der Rechtsgüter seiner Gäste (zum Parallelproblem bei Spielplätzen s. RdNr. 496).[2154] Dies gilt für **private Bäder** ebenso wie für **öffentliche Einrichtungen** der Kommunen,[2155] und selbstverständlich für Hallen- genauso wie für Freibäder, einschließlich solcher, die an **natürlichen Gewässern,** wie etwa dem offenen Meer[2156] oder Baggerseen eingerichtet oder geduldet werden.[2157] Soweit die Nutzung des Gewässers allerdings im Rahmen einer **Vertragsbezie-**

[2145] Zu weitgehend aber AG Nordhorn NJW-RR 2001, 1171.
[2146] OLG Celle VersR 1984, 167, 168; LG Osnabrück NJW-RR 2002, 233.
[2147] BGHZ 103, 338, 343 = NJW 1988, 2667, 2668; *Hußla* VersR 1971, 877, 878.
[2148] BGHZ 103, 338, 344 ff. = NJW 1988, 2667, 2668 f.
[2149] Vgl. *Staudinger/Hager* RdNr. E 294 f.
[2150] OLG Hamm VersR 1996, 1517.
[2151] OLG Karlsruhe NJW-RR 1997, 23 f.
[2152] OLG Stuttgart OLGZ 1992, 224, 225 f.; OLG Oldenburg VersR 2003, 474.
[2153] OLG Schleswig NJW-RR 2004, 384, 385.
[2154] RGZ 136, 228, 230; BGH VersR 1990, 989, 990; 2000, 984 = NJW 2000, 1946; OLG Karlsruhe VersR 2000, 1420, 1421; NJW-RR 2008, 184, 185; *Staudinger/Hager* RdNr. E 297 ff. Allg. zu den Entstehungsgründen deliktischer Fürsorgepflichten RdNr. 248 ff.
[2155] Soweit letztere hoheitlich betrieben werden, bestimmt sich die Haftung zwar nach § 839; vgl. OLG Hamm VersR 1996, 727, 728; LG Stuttgart VersR 1967, 193, dafür bedarf es einer ausdrücklichen (Satzungs-)Norm, mit der die Verkehrssicherungspflicht als Hoheitspflicht ausgestaltet wird; OLG Saarbrücken VersR 1994, 60; OLG Düsseldorf NJW-RR 1987, 862.
[2156] RGZ 136, 228: Badetod auf Nordseeinsel.
[2157] Zu den Sicherheitsanforderungen an Baggerseen BGH NJW 1982, 1144, 1145; OLG Hamm OLGZ 1993, 255, 256; OLG München VersR 1983, 91, 92; OLG Oldenburg VersR 1987, 1199; OLG Karlsruhe VersR 1999, 1040.

Schadensersatzpflicht

hung erfolgt, wird die praktische Bedeutung des Deliktsrechts nach der Erstreckung des Schmerzensgeldanspruchs auf die Vertragshaftung durch § 253 Abs. 2 wesentlich zurückgehen, ohne dass sich dadurch am Sicherheitsstandard irgendetwas ändern dürfte.[2158] Von zentraler Bedeutung bleibt das Deliktsrecht für den „wild" Badenden, den keine Vertragsbeziehung etwa mit dem Kiesabbauunternehmer verbindet (vgl. iE RdNr. 508).

bb) Pflichtinhalte. Inhaltlich beziehen sich die Pflichten des Schwimmbadbetreibers einmal auf die **Gewährleistung eines sicheren Zustands der Badeanstalt,** darüber hinaus aber auch auf die **Fürsorge zugunsten der Rechtsgüter der Badegäste,** die vor selbstgefährdenden bzw. -schädigenden Handlung zu bewahren sind, und zwar vor allem im Wege der fortlaufenden Beaufsichtigung durch einen **Bademeister** (RdNr. 249, eingehend RdNr. 510 f.). Was die Sicherungspflichten des Betreibers anlangt, so geht es wie stets nicht um die Gewährleistung absoluter Risikofreiheit, sondern lediglich um den Schutz vor solchen Gefahrenquellen, vor denen sich ein Badegast nicht selbst schützen kann, insbesondere weil sie ihm nicht erkennbar sind (RdNr. 259, 261 ff.).[2159] Der Schutzumfang ist begrenzt auf solche Sicherungsmaßnahmen, die ein vernünftiger Mensch erwartet und als ausreichend ansieht, wobei davon ausgegangen werden kann, dass auch die Badegäste das Ihrige zur Vermeidung von Rechtsgutsverletzungen tun werden.[2160] Der Schwimmbadbetreiber darf allerdings nicht davon ausgehen, dass stets alle Sorgfaltsanforderungen beachtet werden, sondern muss auch ein **nahe liegendes Fehlverhalten,** insbesondere von **Kindern und Jugendlichen,** berücksichtigen (RdNr. 263, 268).[2161] Maßnahmen gegen gänzlich unvernünftiges, grob leichtfertiges Verhalten sind nicht geboten, denn sonst würden diejenigen Badegäste gegängelt, die sich im Großen und Ganzen sorgfältig verhalten.[2162] Bei der Konkretisierung dieser Grundsätze orientieren sich die Gerichte regelmäßig an den einschlägigen DIN-Normen,[2163] den Unfallverhütungsvorschriften[2164] der Unfallversicherer und an Bestimmungen des Landesrechts,[2165] ohne an diese gebunden zu sein.[2166] Schließlich sind an **Altbauten** nicht dieselben Sicherheitsanforderungen zu stellen wie an Neubauten, weil der Betreiber des Schwimmbades sonst gezwungen wäre, die Bausubstanz ständig zu ändern, um den gesteigerten sicherheitsrechtlichen Anforderungen zu genügen.[2167]

Im Einzelnen muss ein öffentliches Schwimmbad über eine deutlich sichtbare **Abtrennung des Schwimmer- vom Nichtschwimmerbereich** verfügen, wofür insbesondere ein Begrenzungsseil in Betracht kommt.[2168] Bei Wellenbädern soll das Seil im Wellenbetrieb seinerseits eine Gefahrenquelle darstellen und deshalb zu entfernen und anschließend wieder anzubringen sein.[2169] Das Plateau eines **Sprungturms** muss mit Absturzsicherungen versehen werden.[2170] In dem Schwimmbecken eines Mineralthermalbades dürfen sich in der Nähe des Beckenrandes **keine Unter-Wasser-Mauern** befinden, auf die ein Badegast bei

---

[2158] Vgl. *Wagner* NJW 2002, 2049, 2056.
[2159] BGH NJW 1980, 1159, 1160; 1982, 1144, 1145; VersR 2000, 984, 985 = NJW 2000, 1946; OLG Karlsruhe VersR 1998, 1040; OLG Saarbrücken VersR 1997, 377, 378.
[2160] BGH NJW 1980, 392; VersR 2000, 984, 985 = NJW 2000, 1946; OLG Düsseldorf NJW-RR 1987, 862; OLG Köln VersR 1989, 159, 160; 2002, 859, 860; OLG Hamm NJW-RR 1989, 736, 737; KG VersR 1990, 168, 169; LG Koblenz VersR 1992, 1021.
[2161] BGH NJW 1978, 1629; 1980, 1159, 1160; 1982, 1144, 1145; OLG Düsseldorf NJW-RR 1987, 862; OLG Karlsruhe VersR 1998, 1040; VersR 2000, 1420, 1421 f.; OLG Köln VersR 2002, 859, 860.
[2162] BGH NJW 1980, 1159, 1160; OLG Oldenburg VersR 1987, 1199; OLG Karlsruhe VersR 1998, 1040.
[2163] OLG Saarbrücken VersR 1997, 377, 378.
[2164] BGH VersR 2000, 984 f.; OLG Karlsruhe VersR 1998, 1040; 2000, 1420, 1421 f.
[2165] Vgl. OLG Saarbrücken VersR 1994, 60 f.
[2166] Vgl. dazu RdNr. 280 ff.; bedenklich daher OLG Saarbrücken VersR 1997, 377, 379; noch bedenklicher OLG Dresden VersR 1995, 1501, 1502, das einen Verstoß gegen Verkehrssicherungspflichten allein wegen der Konformität eines Sprungturms mit einer TGL-Norm der früheren DDR verneint.
[2167] OLG Hamm NJW-RR 1989, 736, 737; insoweit zutr. auch OLG Dresden VersR 1995, 1501, 1502; *Staudinger/Hager* RdNr. E 301; zur Parallelproblematik bei Gebäuden RdNr. 463.
[2168] KG VersR 2000, 734.
[2169] KG VersR 2000, 734.
[2170] Vgl. OLG Dresden VersR 1995, 1501, 1502.

einem Kopfsprung ins Becken aufprallen kann.[2171] Lässt die Tiefe des Beckens von vornherein keine Kopfsprünge zu, wie es bei reinen Nichtschwimmerbecken sowie im Nichtschwimmerbereich von Mehrzweckbecken der Fall ist, so ist die Wassertiefe anzuzeigen und das **Springen vom Beckenrand** durch deutlich sichtbare Warntafeln oder entsprechend gestaltete Bodenfliesen zu verbieten.[2172] Hingegen ist es nicht erforderlich, die Möglichkeit solcher Sprünge durch bauliche Maßnahmen, Bepflanzungen oder Flatterseile auszuschließen.[2173] **Sprungbretter,** von denen nicht in eine separate Sprunggrube, sondern in das allgemeine Schwimmerbecken gesprungen wird, dürfen zwar nur freigegeben werden, wenn die Anzahl der Badegäste dies erlaubt, dann aber ist eine ständige Beobachtung durch den Bademeister nicht erforderlich.[2174] Da der Verkehr in Schwimmbädern und Saunas mit nassen Böden und entsprechenden **Rutschgefahren** rechnen muss, kann auf ständige Reinigungsmaßnahmen ebenso verzichtet werden wie auf Warntafeln.[2175] Die **Liegewiese** eines Freibades ist zwar in regelmäßigen Abständen von Verunreinigungen zu befreien, eine ständige und lückenlose Kontrolle auf dort herumliegende gefährliche Gegenstände ist jedoch nicht erforderlich; insoweit müssen die Badegäste selbst darauf achten, wo sie hintreten.[2176]

507 Bei einer **Wasserrutschbahn** genügt der Betreiber den ihm obliegenden Sicherungspflichten, wenn der notwendige Abstand zwischen den Starts mehrerer Nutzer durch eine **Ampelanlage** mit ausreichend lang bemessener Rotphase geregelt ist.[2177] Zwingend ist der Einbau einer Ampel aber nicht.[2178] Es genügen schriftliche Hinweistafeln und Piktogramme, die die Nutzer anweisen, einen angemessenen Abstand einzuhalten. Dies gilt jedenfalls bei einfachen Familien- und Kinderrutschen.[2179] Hingegen stellt es eine Pflichtverletzung des Betreibers dar, wenn die durch Piktogramme oder durch eine Ampel gegebene Zeitvorgabe für den Rutschabstand die Kollision von Badegästen in der Rutschbahn oder im Auslaufbecken nicht ausschließt.[2180] Kommt es infolgedessen zu einer Kollision, spricht ein Anscheinsbeweis dafür, dass sie bei richtiger Instruktion vermieden worden wäre.[2181] Eine darüber hinausgehende ständige Beobachtung durch einen Bademeister ist weder bei Rutschbahnen noch bei **Kinderrutschen** erforderlich.[2182] Der **Hersteller** einer konstruktiv oder sonst fehlerhaften Rutsche haftet nach den Regeln der deliktischen und sondergesetzlichen Produkthaftung, wenn es deshalb zu Verletzungen von Badegästen kommt.[2183]

508 **cc) Baden in Seen und im Meer.** Wird ein **Baggersee** ohne Erlaubnis für Badezwecke genutzt, geschieht dies **auf eigene Gefahr,** solange das Baden nicht eine verbreitete Übung wird. In diesem Fall wachsen dem Verantwortlichen doch wieder Sicherungspflichten zu, die sich indessen auf die Aufstellung von Verbots- und Warnschildern beschränken.[2184] Selbst unbefugt Badende müssen gewarnt werden, wenn der Seeboden jenseits eines 5 × 5 m großen Plateaus mit seichtem Wasser jäh in die Tiefe abfällt.[2185] Mit Untiefen und sonstigen im Wasser verborgenen Hindernissen ist bei Baggerseen aber immer zu rechnen, so dass

---

[2171] OLG Karlsruhe VersR 2000, 1420, 1422.
[2172] BGH NJW 1980, 1159, 1160.
[2173] BGH NJW 1980, 1159, 1160.
[2174] AA LG Stuttgart VersR 1967, 193, 194.
[2175] BGH VersR 1963, 814, 815; OLG Hamm NJW-RR 1989, 736, 737; OLG Düsseldorf NJW-RR 1987, 862; LG Koblenz VersR 1992, 1021; *Staudinger/Hager* RdNr. E 304.
[2176] OLG Düsseldorf NJW-RR 1987, 862 f.
[2177] BGH VersR 2004, 657, 658 f. = NJW 2004, 657; KG VersR 1990, 168, 169; OLG Köln VersR 2002, 859, 860; eingehend zu den Sicherungspflichten bei Wasserrutschen *Tücks* VersR 2000, 422.
[2178] BGH VersR 2005, 279, 281 = NJW-RR 2005, 251.
[2179] OLG Köln VersR 1989, 159, 160; OLG Stuttgart VersR 2004, 252 = NJW-RR 2003, 1531; OLG Celle NJW 2006, 3284 f.
[2180] OLG Köln VersR 2002, 859, 860; OLG Oldenburg VersR 2003, 474; *Tücks* VersR 2000, 422, 423 f.
[2181] OLG Köln VersR 2002, 859, 861.
[2182] OLG Karlsruhe NJW-RR 2008, 184, 185.
[2183] OLG Schleswig ZfS 1999, 369; vgl. auch OLG Hamm NJW-RR 2001, 1248.
[2184] BGH JZ 1989, 249, 250 f. m. Anm. *v. Bar* = NJW-RR 1989, 219 = LM (Dc) Nr. 166.
[2185] BGH JZ 1989, 249, 250 f. m. Anm. *v. Bar* = NJW-RR 1989, 219.

Warnungen vor unbedachten Kopfsprüngen durch den einen Badebetrieb duldenden Unternehmer unterbleiben können.[2186] Gestaltet eine Gemeinde das durch Ausbaggerung entstandene Gewässer als **Badeanstalt** aus, müssen sich die Nutzer zwar auf Untiefen, nicht aber auf unter Wasser aufragende Betonblöcke einstellen.[2187] Die in einem Baggersee verankerte Badeinsel muss nicht mit rutschfestem Belag versehen werden, da jeder Nutzer einer Holzkonstruktion weiß, dass das Betreten bei Nässe nicht ganz ungefährlich ist.[2188]

Unterhält eine Insel- oder Küstengemeinde eine **Badeanstalt am offenen Meer,** so sind die Badegäste insbesondere vor den Gefahren des Ab- oder Hinaustreibens durch Unterwasserströmungen zu schützen, weil sie Letztere nicht einschätzen können, während sie den Einheimischen oft wohl vertraut sind.[2189]

dd) Pflichten von Bademeistern. Der Betreiber des Schwimmbades muss für eine **angemessene Beaufsichtigung** der Badegäste sorgen, die allerdings nicht lückenlos zu sein hat. Bei einer normalen Schwimmhalle reicht eine einzige Aufsichtsperson aus, die ihren **Standort** allerdings so zu wählen hat, dass sie das gesamte bzw. sämtliche Schwimmbecken überblicken kann.[2190] Darüber hinaus sind Rundgänge einzustreuen und die Wasseroberfläche sowie der Beckenboden in regelmäßigen Abständen abzusuchen.[2191] Die zeitweise Durchführung anderweitiger Verrichtungen ist nicht per se pflichtwidrig, doch muss die Aufsichtsperson jederzeit erreichbar sein und auf **Hilferufe** binnen kürzester Frist reagieren können.[2192] Fehlt über einen Zeitraum von fünf Minuten jedwede Beaufsichtigung, ist eine Pflichtverletzung zu bejahen.[2193] Anspruchsgrundlage für deliktische Ersatzansprüche gegen den – privaten oder kommunalen – Schwimmbadbetreiber wegen Versäumnissen von Bademeistern ist nach hM allerdings § 831, so dass eine **Exkulpation** möglich wäre,[2194] soweit nicht der Betreiber (auch) unter dem Gesichtspunkt des **Organisationsverschuldens** seiner Leitungsorgane nach §§ 823 Abs. 1, 31 haftet, etwa weil das Bademeisterhäuschen so angeordnet ist, dass die Aufsichtsperson nicht die gesamte Wasseroberfläche überblicken kann,[2195] zu wenig Bademeister eingesetzt wurden oder deren Dienstanweisungen unzureichend waren.[2196] Kommt es zu einem Badeunfall, hat der Bademeister für eine umgehende und wirksame medizinische Versorgung des Verletzten zu sorgen. Unverzüglich muss eine Notfallmeldung an den richtigen Adressaten erfolgen, die alle für die Wahl des richtigen Einsatzmittels notwendigen Angaben enthalten muss.[2197]

Steht eine Pflichtverletzung der Aufsichtsperson fest und ertrinkt ein Badegast im zeitlichen Zusammenhang mit dieser Pflichtverletzung, spricht ein **Anscheinsbeweis** für die Kausalität.[2198] Enthalten die Badeordnung oder AGB einen **Haftungsausschluss** für leichtfahrlässiges Verhalten des Schwimmbadbetreibers und seiner Hilfspersonen oder findet sich

---

[2186] OLG Oldenburg VersR 1987, 1199; OLG Hamm OLGZ 1993, 255, 256.
[2187] OLG München VersR 1983, 91, 92.
[2188] OLG Karlsruhe VersR 1998, 1040.
[2189] RGZ 136, 228, 230 ff.
[2190] BGH NJW 1980, 392; VersR 1990, 989, 990; OLG Hamm VersR 1996, 727, 728; KG VersR 2000, 734, 735; *Staudinger/Hager* RdNr. E 314 ff.
[2191] BGH NJW 1980, 392, 393; VersR 2000, 984, 985 = NJW 2000, 1946; OLG Hamm VersR 1996, 727, 728; KG VersR 2000, 734, 735.
[2192] BGH NJW 1980, 392, 393; OLG Saarbrücken VersR 1995, 472, 473; KG VersR 2000, 734, 735.
[2193] KG VersR 2000, 734, 735; vgl. auch OLG Hamm VersR 1996, 727, 728 f.
[2194] BGH NJW 1980, 392 f.; OLG Hamm VersR 1996, 727, 728 f.; OLG Köln VersR 1996, 1290, 1291; wohl auch KG VersR 2000, 734 f., das ein Aufsichts- bzw. Organisationsverschulden des Schwimmbadbetreibers indessen allein damit begründet, die Aufsicht sei mangelhaft gewesen.
[2195] BGH VersR 1990, 989, 990; vgl. weiter BGH VersR 2000, 984 f. = NJW 2000, 1946; OLG Saarbrücken VersR 1994, 60, 62 f.; OLG Köln VersR 1996, 1290, 1291.
[2196] BGH VersR 1980, 392; OLG Saarbrücken VersR 1994, 60, 62 f.; allg. zur Unternehmenshaftung RdNr. 370 f.
[2197] OLG Saarbrücken VersR 1994, 60, 61.
[2198] KG VersR 2000, 734, 735; nur für grobe Pflichtverletzungen genauso OLG Köln VersR 1996, 1290, 1291; OLG Saarbrücken VersR 1994, 60, 62.

eine solche Regelung in AGB, so ist sie gemäß § 309 Nr. 7 a unbeachtlich.[2199] Zur Anrechnung der Mitverantwortung der Eltern bei Schädigung Minderjähriger RdNr. 502.

512 **d) Sportanlagen. aa) Anlagen- und Verhaltenshaftung.** Bei der Haftung für **Sportunfälle** sind zwei verschiedene Bereiche zu unterscheiden, nämlich einmal die Schädigung von **Zuschauern** oder teilnehmenden **Sportlern** durch unzureichende Sicherheitsvorkehrungen bei sportlichen (Groß-)Veranstaltungen und zum anderen Delikte im Binnenverhältnis der Sporttreibenden untereinander, also im Rahmen des sportlichen Wettkampfs. An dieser Stelle geht es nur um die erstgenannte Fallgruppe, also die Haftung für Sportanlagen und -veranstaltungen,[2200] während die Einstandspflichten der Sportler untereinander kein Sach- bzw. Anlagerisiko betreffen und folgerichtig erst im Zusammenhang mit verhaltensbezogenen Sicherungspflichten zu erörtern sind (vl. RdNr. 546 ff.). Kommen Zuschauer bei Sportveranstaltungen zu Schaden, sind neben deliktischen auch **vertragliche Schadensansprüche** gegen den Veranstalter in Betracht zu ziehen, die gemäß § 253 Abs. 2 das Schmerzensgeld einschließen.[2201]

513 **bb) Pflichtadressaten.** Für die Sicherheit von Sportveranstaltungen ist primär der ausrichtende **Verein oder Unternehmer** verantwortlich, der sowohl die Teilnehmer als auch etwaige Zuschauer, Anlieger und sonstige Dritte vor Verletzungen schützen muss.[2202] Der Verein haftet für Pflichtverletzungen seiner Organe gemäß § 31, die ihrerseits persönlich für die eingetretenen Schäden einzustehen haben (RdNr. 414 ff.).[2203] Die **persönliche Organhaftung** greift auch zu Lasten solcher Vereinsvorstände ein, die ihre Aufgabe lediglich in der Repräsentation des Vereins sehen und sich in das organisatorische Tagesgeschäft nicht einmischen.[2204] Ferner gilt sie, wie die Einstandspflicht des Vereins gemäß § 31, auch zugunsten der Vereinsmitglieder selbst, sofern diese infolge unzureichender Sicherungsmaßnahmen Verletzungen erleiden (vgl. § 31 RdNr. 40).[2205]

514 Aus der Verantwortlichkeit des Vereins und seiner Organe darf nicht auf die völlige Freistellung des **Eigentümers der jeweiligen Sportanlage** geschlossen werden, denn Letzterer bleibt insbesondere für die **bauliche Sicherheit** der zur Verfügung gestellten Einrichtungen verantwortlich.[2206] Darüber hinaus soll die Gemeinde selbst dann haften, wenn während eines von einem Sportverein in ihrer Sporthalle veranstalteten „Mutter-und-Kind-Turnens" ein Kind dadurch zu Schaden kommt, dass sich eine unzureichend an der Wand befestigte Turnmatte löst und umfällt (RdNr. 303).[2207] Schließlich treffen auch den **einzelnen Sportler Sicherungspflichten** zugunsten etwaiger Zuschauer, was insbesondere bei Wettkampfveranstaltungen im Bereich des Motorsports praktisch wird,[2208] bei denen Fahrer und Halter der Rennmaschine nicht nur gemäß § 823, sondern auch nach den §§ 7 ff. StVG für den Schaden einzustehen haben.[2209] Die Haftung des eine Wettkampfveranstaltung genehmigenden oder jedenfalls nicht untersagenden Verwaltungsträgers lässt sich

---

[2199] Zum früheren Recht im Ergebnis genauso BGH NJW 1982, 1144 f.; OLG Hamm VersR 1996, 727, 729.
[2200] Dazu auch *Scheffen* NJW 1990, 2658, 2661; *Staudinger/Hager* RdNr. E 320 ff.; *Fritzweiler* in: Praxishandbuch Sportrecht, Teil 5 RdNr. 58 ff.
[2201] Vgl. *Wagner* NJW 2002, 2049, 2056; zum früheren Recht RGZ 127, 313, 314 ff.; BGH VersR 1957, 228; OLG Karlsruhe VersR 1954, 463.
[2202] BGH NJW 1962, 1245, 1246; 1975, 533; 1984, 801 f.; NJW-RR 1991, 281, 282; OLG Hamm NJW-RR 2002, 1389, 1390.
[2203] BGH VersR 1961, 276, 278; NJW 1975, 533, 534; NJW-RR 1991, 281, 282; OLG Stuttgart VersR 1984, 1098; OLG Nürnberg SpuRt 1995, 274, 276.
[2204] BGH VersR 1960, 421, 423.
[2205] BGH VersR 1961, 276, 278; NJW-RR 1991, 281, 282.
[2206] BGH NJW 1984, 801 f.; OLG Hamm NJW-RR 2002, 1389, 1390.
[2207] OLG Nürnberg NJW-RR 2001, 1106, 1107. Die haftungsbefreiende Delegation der Sicherungspflichten des Halleneigentümers auf den Sportverein setzt wie stets eine „klare Absprache" voraus, dazu OLG Nürnberg aaO.
[2208] Dazu OLG Dresden NJW-RR 2007, 1619.
[2209] RGZ 150, 73, 75; BGHZ 5, 318, 320 f. = NJW 1952, 779; OLG Karlsruhe VersR 1954, 463, 464; vgl. auch RGZ 130, 162, 163 ff.

Schadensersatzpflicht 515, 516 § 823

auch bei Straßenrennen nicht unter dem Gesichtspunkt einer Verletzung der Straßenverkehrssicherungspflicht nach § 823 Abs. 1 begründen, sondern allenfalls auf § 839 stützen.[2210]

cc) Umfang und Intensität von Sicherungsmaßnahmen. Umfang und Intensität der 515 gebotenen Sicherheitsmaßnahmen hängen wie immer von dem Ausmaß der drohenden Schäden, der Wahrscheinlichkeit ihres Eintritts sowie den Kosten möglicher Sicherheitsmaßnahmen ab (allgemein RdNr. 259).[2211] **Segelflugvereine** und sonstige Veranstalter von Flugsportaktivitäten haben wegen der damit verbundenen erheblichen Gefahren für Leib und Leben der Teilnehmer einen hohen Sicherheitsstandard zu gewährleisten.[2212] Deshalb ist es „unverzeihlich", wenn ein Segelflugverein einen Windenmotor ohne Kraftstoffanzeige verwendet, so dass die Winde während des Hochziehens wegen Benzinmangels zum Stillstand kommt und das Flugzeug abstürzt.[2213] Soweit es auf die sachgerechte Allokation des Sorgfaltsaufwands unter mehreren Parteien ankommt, erstrecken sich die Sicherungspflichten vor allem auf solche Gefahrenquellen, die den Teilnehmern und Besuchern nicht konkret erkennbar sind und mit denen sie auch nach der Art der Veranstaltung nicht rechnen müssen (RdNr. 261 ff.).[2214] Die Gerichte orientieren sich bei der Beurteilung der getroffenen Sicherheitsmaßnahmen an den einschlägigen **Regeln der Technik;**[2215] sie sind an diese jedoch ebenso wenig gebunden wie sich der Veranstalter mit der Einhaltung technischer Regeln begnügen darf (RdNr. 260 ff.).[2216] Die Abnahme der Sportanlage oder -strecke durch die zuständigen Sicherheitsbehörden oder durch Selbstverwaltungsgremien der Sportverbände vermag den Veranstalter nicht von seiner Verantwortung für die Gewährleistung angemessener Sicherheitsstandards zu entlasten (RdNr. 284, 316 ff.).[2217] Hinsichtlich der Pflichtenbereiche im Einzelnen ist je nach dem Benefiziar der Sicherungsmaßnahmen zwischen Zuschauern, Sportlern, Schiedsrichtern und Anliegern zu differenzieren.

dd) Schutz der Zuschauer, Schiedsrichter und Anlieger. Bei **öffentlichen Wett-** 516 **kämpfen** steht der Schutz der Zuschauer vor unfallbedingten Verletzungen im Vordergrund, aber auch Schiedsrichter und Anlieger können sich auf die Ergreifung der gebotenen Sicherheitsmaßnahmen verlassen. Dies gilt auch für Gefahren, die erst durch – uU besonders waghalsige – Darbietungen in den Wettkampfpausen heraufbeschworen werden.[2218] Die Veranstaltung von **Motorrad-, Kart- und Autorennen** erfordert es, entlang der Rennstrecke Sicherheitszonen zu schaffen, damit die Zuschauer bei Unfällen vor Verletzungen geschützt werden.[2219] Etwaige Fahrfehler der teilnehmenden Sportler sind dabei selbstverständlich in Rechnung zu stellen,[2220] und auch auf Seiten der Zuschauer ist unbedachtes und leichtsinniges Verhalten einzukalkulieren (RdNr. 263), so dass es nicht ausreicht, den Zuschauerraum durch bloße Flatterseile von der Piste bzw. der Schutzzone abzugrenzen.[2221] Bei **Radrennen** ist es zwar nicht möglich bzw. zumutbar, die gesamte Strecke abzusperren,[2222] aber der Veranstalter darf den Schaulustigen zumindest keine falschen Signale geben,

---

[2210] BGH NJW 1962, 1245, 1246.
[2211] Besonders deutlich BGH NJW 1984, 801, 802; OLG Stuttgart VersR 1987, 1152, 1153.
[2212] BGH NJW-RR 1991, 281, 282; OLG Hamm VersR 1997, 328, 329.
[2213] OLG Hamm VersR 1997, 328, 329.
[2214] Vgl. nur BGHSt NJW 1971, 1093, 1094; 1973, 1379, 1380; BGH NJW 1986, 620; NJW-RR 1986, 1029 f.; OLG Köln VersR 1997, 125; OLG München VersR 1988, 739.
[2215] Vgl. etwa OLG Celle VersR 1984, 46, 47; OLG Hamm VersR 1982, 152, 153; OLG München VersR 1988, 739.
[2216] BGH NJW 1984, 801, 802; OLG Karlsruhe VersR 1954, 463, 464.
[2217] BGH NJW 1975, 533; 1982, 762, 763; 1984, 801, 802; OLG Karlsruhe VersR 1954, 463, 464; LG Stuttgart VersR 1987, 1152, 1153. Zur Amtshaftung der Genehmigungsbehörde s. Fn. 2210.
[2218] OLG Koblenz VersR 1981, 988, 989: Drachenflug als Umrahmung eines Autorennens auf dem Nürburgring.
[2219] OLG Hamm NJW-RR 2002, 1389, 1390; LG Offenburg NJW-RR 2005, 532, 533.
[2220] BGH VersR 1960, 22; zur Eigenhaftung der Fahrer und Halter des Unfallfahrzeugs vgl. die Nachweise in Fn. 2209.
[2221] OLG Karlsruhe VersR 1954, 463, 464.
[2222] LG und OLG Stuttgart VersR 1987, 1152, 1153.

§ 823   517   Abschnitt 8. Titel 27. Unerlaubte Handlungen

indem er mitten im Feld einen sog. Schlusswagen fahren lässt, was einzelnen Zuschauern Anlass geben könnte, nunmehr die Fahrbahn zu betreten.[2223] Der Betreiber eines **Moto-Cross**-Rundkurses ist nicht gehalten, Sicherheitsmaßnahmen gegen vorsätzliches Befahren des Kurses in falscher Richtung zu treffen, sofern die vorgeschriebene Fahrtrichtung für jeden redlichen Nutzer klar ersichtlich ist.[2224] Bei **Skispringen** muss die Auslaufpiste durch Absperrungen von dem Zuschauerraum getrennt werden.[2225] Dabei ist der Auslauf so zu dimensionieren, dass der Springer auch dann nicht mit den Zuschauern in Berührung kommt, wenn ihm bei der Landung ein Fehler unterläuft.[2226] Der Veranstalter eines offenen Reitertrainings muss dafür Sorge tragen, dass die Zuschauer nicht durch die Pferde in vermeidbarer Weise gefährdet werden.[2227] In **Eishockey-Stadien** sind die Zuschauer durch Fangzäune oder Plexiglaswände vor hinausgeschleuderten Pucks abzuschirmen,[2228] dasselbe gilt auch beim **Baseball**, dort allerdings nur für flach geschlagene Bälle und Querschläger, vor denen die Zuschauer durch entsprechende Netze und Zäune zu schützen sind.[2229] Die Abschirmung der Zuschauer auch vor dem seltenen Risiko eines „vertikalen" Querschlägers (sog. pop-up flyball), der von oben auf sie herabfällt, ist nicht erforderlich, weil die Kosten von Sicherungsmaßnahmen außer Verhältnis zum damit erzielten Sicherungsgewinn stünden.[2230] Ein **Fußballplatz** muss so umzäunt werden, dass nicht laufend Scheiben in der Nachbarschaft durch verschossene Bälle zerstört werden.[2231] Dabei muss sich der Verein auch die Handlungen eigenmächtiger Nutzer zurechnen lassen, wenn nicht ausreichende Vorsorge gegen die Nutzung durch Unbefugte getroffen worden ist (RdNr. 270 ff.).[2232]

517   **ee) Schutz der Sportler.** Die Sicherungspflichten des Sportveranstalters gelten nicht nur zugunsten der Zuschauer, sondern gleichermaßen zugunsten der **Sportler** selbst. So muss der Betreiber einer **Kart-Bahn** die Nutzer darauf hinweisen, dass lange Haare hochgebunden werden müssen,[2233] der Veranstalter von **Fahrzeug- und Ski-Rennen** hat auch im Interesse der Fahrer für Auslaufzonen und Aufpralldämpfer zu sorgen,[2234] und bei **Radrennen** muss ein Ordnungsdienst eingerichtet werden, der die Teilnehmer vor die Straße kreuzenden Fußgängern sichert.[2235] Der Betreiber einer **Pferderennbahn** darf nicht sog. Schleppen, das sind Drahtgitter, die zum Glätten von Sandwegen eingesetzt werden, in unmittelbarer Nähe der Tiere ablegen, weil diese Gegenstände für Pferde erhebliche Verletzungsgefahren bergen.[2236] Bei einem sportlichen Großereignis müssen die Sportler vor **Übergriffen aus dem Zuschauerraum** geschützt werden. Bis zu dem Attentat auf die Tennisspielerin Monica Seles in Hamburg im Jahr 1993 bestand für einen Sportveranstalter allerdings kein Anlass dazu, Schutzmaßnahmen gegen von Zuschauern verübte Mordanschläge zu treffen.[2237] Seither und insbesondere nach den Ereignissen des 11. September 2001 sind jedoch zahlreiche vormals undenkbare Szenarien denkbar geworden, ohne dass sich deshalb stets ein lückenloser Schutz berühmter Sportler vor Attentaten während eines Wettkampfs gewährleisten ließe (RdNr. 259). Eine Anhebung des Sicherheitsstandards, etwa

---

[2223] BGH VersR 1954, 596.
[2224] OLG Celle VersR 1991, 1418 f.
[2225] BGH VersR 1960, 22.
[2226] BGH VersR 1957, 228, 230.
[2227] BGH VersR 1975, 133, 134.
[2228] BGH NJW 1984, 801 f.
[2229] OLG Koblenz NJW-RR 2001, 526, 527.
[2230] OLG Koblenz NJW-RR 2001, 526, 527.
[2231] RGZ 138, 21, 22 f.
[2232] RGZ 138, 21, 23.
[2233] OLG Saarbrücken NJW-RR 2005, 973, 974.
[2234] BGH VersR 1954, 596; NJW-RR 1986, 1029; OLG Stuttgart VersR 1984, 1098.
[2235] OLG Stuttgart VersR 1984, 1098.
[2236] OLG Hamm NJW-RR 1998, 957 f.; dort sogar als grob fahrlässig qualifiziert; die Haftung des beklagten Trabrennvereins für einfache Fahrlässigkeit war in casu ausgeschlossen. Eine solche Regelung in AGB und Verbandssatzungen ist auch gemäß § 309 Nr. 7 weiterhin zulässig.
[2237] LG Hamburg NJW 1997, 2606, 2607 f.; dazu *Mohr* SpuRt 1997, 191.

durch Intensivierung von **Einlasskontrollen** und Vergrößerung der Abstände zwischen Spielfeld und Zuschauerraum, ist jedoch geboten.[2238] Der einen Wettkampf ausrichtende Verein ist auch deliktsrechtlich gehalten, dem Schiedsrichter Räume zum Umkleiden und Duschen zur Verfügung zu stellen, die sicher und Dieben nicht zugänglich sind.[2239]

Auch **Freizeitsportler** haben Anspruch auf die Gewährleistung eines angemessenen Sicherheitsstandards der von ihnen benutzten Sportanlage. Ein zum Training genutzter **Boxring** darf nicht lediglich durch ein locker gespanntes Seil gesichert werden,[2240] Teilnehmer von **Fallschirmspringerkursen** dürfen nicht über Wasserflächen abgesetzt werden, so dass sie bei Steuerungsausfällen- oder -fehlern verunglücken.[2241] Ein Gastwirt, der eine **Kegelbahn** betreibt, muss dafür sorgen, dass die von den Keglern zu benutzenden Anlaufflächen nicht glatt sind,[2242] während die Kegelbahn im Übrigen, soweit sie nicht betreten werden darf, eben diese Eigenschaft aufweisen kann und soll.[2243] Der Betreiber einer **Tennishalle** darf in unmittelbarer Nähe des Spielfeldes keine Eisenpfosten aufstellen, gegen die ein Spieler im Eifer des Gefechts prallen kann, wenn er einen schwierigen Ball zu erreichen versucht.[2244] Die auf dem Boden einer Sporthalle installierten oder auf Freiplätzen aufgestellten **Tore** müssen gegen Umstürzen gesichert werden, und zwar auch mit Blick auf bestimmungswidrige Nutzungen, etwa als Turn- und Schaukelgerät.[2245] Die an der Wand einer **Turnhalle** angebrachten Basketballkörbe müssen regelmäßig kontrolliert werden, damit sie nicht abbrechen,[2246] und Glasbausteine dürfen keine Risse aufweisen, so dass sie bei dem Anschlagen mit der flachen Hand im Rahmen von Laufübungen zerplatzen.[2247]

Eine reichhaltige Kasuistik gilt den Sicherungspflichten bei **Wintersportanlagen,** die wiederum denjenigen treffen, der den Zugang zu den Pisten herstellt, regelmäßig also die Betreiber von Liften und Bergbahnen.[2248] So hat der Betreiber eines **Skilifts** für das gefahrlose Heraufziehen der Schleppbügel zu sorgen[2249] und scharfkantige Liftstützen im Bereich eines Übungshangs durch Strohballen oder ähnliches zu sichern, um die Verletzungsgefahr für Skifahrer im Fall eines Aufpralls zu mindern.[2250] Eigens hergerichtete und ausgewiesene Abfahrten für Skiläufer müssen frei von Hindernissen und sonstigen Gefahrenquellen sein, die über das bei der Ausübung des Skisports übliche Maß hinausgehen und mit denen der Abfahrer folglich nicht rechnet.[2251] Bei völlig vereisten **Steilhängen,** die von durchschnittlichen Skifahrern nicht zu meistern sind, müssen die Abfahrer deutlich auf die drohenden Gefahren und die notwendigen fahrerischen Fähigkeiten hingewiesen werden, und zwar vor dem Einbiegen in den Hang, damit sie ggf. eine andere Route wählen können.[2252] Routen jenseits der gekennzeichneten Pisten, die nicht gesperrt sind und bekanntermaßen von Skifahrern für **Touren** oder freie Abfahrten genutzt werden, müssen zwar nicht dieselbe Sicherheit aufweisen, sie müssen aber frei von versteckten Gefahrenquellen sein.[2253] Folgerichtig haften die Eigentümer von Weidegrundstücken, die zur Ermöglichung des Ski-

---

[2238] Vgl. *Mohr* SpuRt 1997, 191, 192 f.
[2239] Vgl. die Schilderung und Analyse eines praktischen Falls bei *Mohr* SpuRt 1995, 115; daneben kommen Ansprüche des Schiedsrichters aus einem drittschützenden Vertragsverhältnis zwischen Verein und Verband in Betracht.
[2240] BGH VersR 1961, 276, 278 f.
[2241] OLG Nürnberg SpuRt 1995, 274, 275 f.
[2242] OLG Düsseldorf VersR 1973, 528; LG Stuttgart VersR 1997, 211.
[2243] LG Stuttgart VersR 1997, 211.
[2244] OLG München VersR 1988, 739.
[2245] OLG Celle VersR 1984, 46, 47; 1988, 1025 (LS).
[2246] OLG Hamm NJW-RR 2003, 1183, 1184.
[2247] OLG Hamm VersR 1982, 152 f.
[2248] BGH NJW 1985, 620; BGHSt NJW 1971, 1093, 1094; OLG München VersR 1979, 1014; OLG Frankfurt NJW-RR 1991, 1435, 1436; vgl. zum Ganzen auch *Staudinger/Hager* RdNr. E 346 ff.
[2249] OLG Hamm VersR 1997, 330.
[2250] BGH NJW 1986, 620.
[2251] BGH NJW 1982, 762, 763; BGHSt NJW 1971, 1093, 1094; 1973, 1379, 1380.
[2252] BGHSt NJW 1971, 1093, 1095; 1973, 1379, 1380.
[2253] BGH NJW 1982, 762, 763.

betriebs die **Weidezäune** „niederlegen", die Drähte jedoch nicht beseitigen, so dass letztere für Skifahrer gefährliche Schlingen bilden, in denen sie sich verfangen können.[2254] Den Veranstalter von **Bergtouren** treffen deliktische Sorgfaltspflichten zur Vermeidung von Lawinenunglücken.[2255]

520 Entsprechende Anforderungen gelten schließlich auch für **Rodelbahnen,** mit deren völliger Gefahrlosigkeit der Verkehr ebenfalls nicht rechnet, wohl aber damit, vor außergewöhnlichen und nicht ohne weiteres erkennbaren Hindernissen sowie gefährlichen Vereisungsstellen gewarnt zu werden.[2256] Im Übrigen sind Rodelbahnen von Skipisten getrennt zu halten, was zumindest deutlich sichtbare Markierungen erfordert, damit Kollisionen der schnelleren Skifahrer mit den langsameren und nur bedingt manövrierfähigen Rodlern so weit als möglich vermieden werden.[2257] Selbstverständlich dürfen diese Markierungen nicht ihrerseits zu einer Gefahrenquelle werden, so dass beispielsweise in die Erde eingelassene Eisenstangen genauso wie Liftstützen abzupolstern sind.[2258] Ein zum Schutz der Rodler aufgeschütteter Wall darf bei Eiswetter nicht zur gefährlichen Sprungschanze werden.[2259] Wer als hochgebirgserfahrener Rechtsanwalt im Rahmen eines **Skirechtsseminars** an einem Hüttenabend teilnimmt, die zur Verfügung gestellte Rückfahrt mit dem Sessellift ablehnt und statt dessen die „für Geübte" angebotene Abfahrt mit dem Schlitten wählt, kann sich nicht beschweren, wenn er in einer Kurve von der Fahrbahn abkommt und drei Meter tief in ein Bachbett stürzt.[2260]

521 ff) **Haftungsausschluss, Mitverschulden.** Die einmal begründete Einstandspflicht des Sportstätteninhabers bzw. des Wettkampfveranstalters und seiner Organe gegenüber den Zuschauern ist auch nicht unter dem Gesichtspunkt des **Handelns auf eigene Gefahr** auszuschließen oder zu mindern (RdNr. 319f.),[2261] und Entsprechendes gilt auch im Verhältnis zu den Sportlern selbst.[2262] Soweit der Veranstalter einen Haftungsausschluss durch einen entsprechenden Aufdruck auf der Eintrittskarte zu vereinbaren sucht, scheitert eine solche Klausel an § 309 Nr. 7 a.[2263] Werden Kinder verletzt, brauchen sie sich das Mitverschulden ihrer Eltern als gesetzlicher Vertreter nicht über §§ 254 Abs. 1, Abs. 2 S. 2, 278 anrechnen zu lassen, weil die Anwendung dieser Vorschriften im Rahmen der Haftungsbegründung nicht in Betracht kommt (RdNr. 502).[2264]

522 **9. Freizeitveranstaltungen. a) Musikkonzerte.** Die Sicherungspflichten bei Freizeitveranstaltungen, insbesondere solchen der Musikindustrie (Rock-Konzerte), folgen denselben Grundsätzen wie diejenigen bei sportlichen Großveranstaltungen (vgl. RdNr. 512ff.). **Pflichtenträger** ist primär der **Veranstalter** des jeweiligen Ereignisses,[2265] der ggf. für das Handeln seiner Organe nach § 31 einzustehen hat,[2266] daneben uU aber auch der **Eigentümer** der jeweiligen Festhalle oder der Freifläche, in bzw. auf der die Veranstaltung stattfindet (RdNr. 514). Dessen Verantwortlichkeit beschränkt sich allerdings auf seinen eigenen Zuständigkeitsbereich, insbesondere auf die bauliche Sicherheit der überlassenen Anlagen,

---

[2254] BGH NJW 1982, 762, 763.
[2255] Einzelheiten bei *Röckrath* VersR 2002, 1193, 1197 ff.
[2256] OLG München VersR 1979, 1014; OLG Köln MDR 1994, 455, 456; OLG Nürnberg NJW-RR 2002, 448; für eine Sommerrodelbahn genauso LG München II VersR 1989, 601, 602.
[2257] OLG Frankfurt NJW-RR 1991, 1435.
[2258] OLG Frankfurt NJW-RR 1991, 1435, 1436.
[2259] OLG Nürnberg NJW-RR 2002, 448 f.
[2260] OLG Köln MDR 1994, 455 f.
[2261] BGH VersR 1960, 22; NJW 1984, 801, 803; vgl. auch OLG Karlsruhe VersR 1954, 463: kein stillschweigender Haftungsausschluss.
[2262] BGH NJW 1986, 1029; NJW 1985, 620.
[2263] Zum früheren Recht genauso BGH NJW 1984, 801, 802; offen gelassen von OLG Hamm VersR 1997, 328, 329 f.
[2264] BGH VersR 1975, 133, 134.
[2265] BGH NJW 2001, 2019, 2020 = VersR 2001, 1040; OLG Zweibrücken NJW-RR 2001, 505, 506; OLG Karlsruhe JZ 2000, 799 m. Anm. *Stadler/Bensching*; OLG Koblenz NJW-RR 2001, 1604 f.; OLG Hamm VersR 2003, 335; LG Trier NJW 1993, 1474.
[2266] Vgl. nur AG Nordhorn NJW-RR 2001, 1171; BGH NJW 1980, 223.

während er nicht dafür zu sorgen hat, dass bei einem Rock-Konzert die im Interesse des Gesundheitsschutzes gebotenen Schallpegel nicht überschritten werden.[2267] Der Veranstalter hat für die Sicherheit der Zuschauer ebenso zu sorgen wie für diejenige der auftretenden Künstler und der Anlieger, wobei nur Letztere auf Deliktsansprüche beschränkt sind, während sich Zuschauer und Künstler daneben auf die Vertragshaftung stützen können, ohne dass sich dadurch am Inhalt und am Umfang der Sicherungspflichten etwas änderte.[2268]

Massenveranstaltungen erfordern die Einrichtung adäquater Ordnungs- und **Sanitätsdienste**. Bei Musikveranstaltungen des Rock- und Pop-Genres ist sicherzustellen, dass das Publikum keine **Körperschäden** durch sog. Stage-diving[2269] oder **Gehörschäden** infolge übermäßiger Lautstärke der dargebotenen Musik erleidet.[2270] Der BGH zieht dabei vor allem die einschlägige DIN-Norm 15 905 zu Rate, die nicht nur Grenzwerte enthält, sondern insbesondere auch eine fortlaufende Messung des Beurteilungspegels vorsieht (RdNr. 269 ff.).[2271] Kommt der Veranstalter der zuletzt genannten Verpflichtung nicht nach und lassen sich folglich die während des Konzerts erzeugten Schallpegel nicht feststellen, kann ein **Anscheinsbeweis** für die Verursachung eines Gehörschadens sprechen.[2272] Im Übrigen ist in der Rechtsprechung noch nicht endgültig geklärt, wie laut die Musik unmittelbar vor den Lautsprechern sein darf. Während auf der einen Seite betont wird, die Einhaltung der einschlägigen, aus VDI-Normen und Unfallverhütungsvorschriften entnommenen Grenzwerte sei auch in unmittelbarer Nähe vor den Lautsprechern zu gewährleisten,[2273] wird andererseits betont, die Besucher seien selbst dafür verantwortlich, in welchem Maße sie sich der Beschallung aussetzen.[2274] Allerdings ist nicht gewährleistet, dass ein Ortswechsel weg aus den vorderen Reihen nach Beginn des Konzerts noch möglich ist,[2275] und ein Mindeststandard an Gefahrlosigkeit ist auch denjenigen Zuhörern zu prästieren, die sich direkt vor den Lautsprecherboxen aufhalten. Bei besonders anfälligen Individuen indessen verlagert sich die Last zur Ergreifung schadensvermeidender Maßnahmen auf das potentielle Opfer, das in der Tat seinen Platz so wählen muss, dass es sich der Beschallung nur in gedämpften Maße aussetzt. Folgerichtig haftet der Veranstalter eines **Karnevalsumzugs** nicht für Gehörschäden, die Schaulustige infolge der bei solchen Gelegenheiten offenbar üblichen Böllerschüsse mit sog. „Weinbergskanonen" erleiden.[2276] Auch hier gilt der Vertrauensgrundsatz in dem Sinne, dass der Veranstalter bei der Wahl des eigenen Sorgfaltsstandards davon ausgehen darf, dass auch die Besucher die im Eigeninteresse erforderliche Sorgfalt walten lassen werden (vgl. dazu eingehend RdNr. 262).

Der auf Eintrittskarten übliche Aufdruck „**keine Haftung** für Körper- und Sachschäden" vermag die deliktische Verantwortlichkeit des Veranstalters für Personenschäden gemäß § 309 Nr. 7 a weder auszuschließen noch zu beschränken.[2277] Entsprechendes gilt auch für den Einwand des Handelns auf eigene Gefahr, während eine Haftungsminderung unter dem Gesichtspunkt des Mitverschuldens (§ 254) selbstverständlich im Einzelfall in Betracht kommen kann (RdNr. 521).[2278] Wer sich auf einer privaten **Party** an einem sog. **Rempeltanz** beteiligt, verzichtet damit nicht ohne weiteres schon auf die Haftung.[2279]

[2267] AA OLG Koblenz NJW-RR 2001, 1604, 1605, das auf die Entscheidung BGH NJW 1996, 2646, rekurriert, in der es allerdings um die Delegation von Verkehrspflichten ging, während es in casu an einer originären Verantwortlichkeit (auch) des Hallenverpächters fehlte.
[2268] Vgl. *Wagner* NJW 2002, 2049, 2056.
[2269] OLG Hamm VersR 2003, 335.
[2270] Grdlg. LG Trier NJW 1993, 1474; zuletzt OLG Koblenz VersR 2003, 336.
[2271] BGH NJW 2001, 2019, 2020.
[2272] BGH NJW 2001, 2019, 2020; aA noch die Vorinstanz: OLG Karlsruhe JZ 2000, 789 f. m. zust. Anm. *Stadler/Bensching*.
[2273] OLG Koblenz NJW-RR 2001, 1604, 1605.
[2274] OLG Zweibrücken NJW-RR 2001, 595, 596.
[2275] OLG Koblenz NJW-RR 2001, 1604, 1605.
[2276] LG Trier NJW-RR 2001, 1470 f.
[2277] Zum früheren Recht genauso LG Trier NJW 1993, 1474, 1475.
[2278] Vgl. LG Trier NJW 1993, 1474, 1475 f.
[2279] BGH VersR 2006, 663, 664 f.

525 **b) Volksfeste.** Erfordert die Errichtung eines **Festzelts** das Eintreiben von 80 cm langen Erdnägeln, hat der Verantwortliche dieselben Vorsichtsmaßnahmen zu treffen wie ein Tiefbauunternehmer (RdNr. 479), damit unterirdische Kabel nicht beschädigt werden.[2280] Obwohl es bei Volksfesten immer wieder zu Unfällen beim Betrieb der **Karussells**, Fahrgeschäfte und sonstigen Vergnügungseinrichtungen kommt, haben sie die Rechtsprechung nur selten beschäftigt.[2281] Der Betreiber hat für die Sicherheit seiner Fahrgäste zu sorgen, wobei sich die Gerichte an den Richtlinien über den Bau und Betrieb fliegender Bauten orientieren, die von den Landesregierungen erlassen worden sind und detaillierte Anforderungen an die **Technik von Karussells und Fahrgeschäften** stellen.[2282] Der Gefahr, dass Fahrgäste hinausgeschleudert werden, ist durch Sicherungsbügel oder sonstige Arretierungsvorrichtungen zu begegnen. Ältere Anlagen, bei denen solche Sicherungseinrichtungen nach dem Stand der Technik im Zeitpunkt ihres Baus nicht üblich und nicht vorgeschrieben waren, sind nachzurüsten, wenn sich der Sicherheitsstandard fortentwickelt (vgl. auch RdNr. 274 ff., 463).[2283] Darüber hinaus ist ein Karussell während des Betriebs zu beobachten, um ggf. einzuschreiten, wenn die vorgeschriebenen Sicherheitsmaßnahmen von einzelnen Gästen missachtet werden, sich also beispielsweise ein Fahrgast auf den Sitz kniet, auf den Sicherheitsbügel setzt oder sich bei einem Kettenkarussell an den Aufhängungen aus seinem Sitz zieht.[2284] Hier wie stets gilt der Satz, dass sich der Sicherungspflichtige auch auf ein **Fehlverhalten des potentiellen Opfers** einstellen muss, soweit letzteres voraussehbar ist (vgl. RdNr. 263). Ist der Besucher-Andrang so groß, dass Passanten Gefahr laufen, in die fahrenden Wagen hineingedrückt zu werden, muss der Betreiber reagieren und entweder die Ordnung wiederherstellen oder den Fahrbetrieb unterbrechen.[2285] Erkennbar **Betrunkenen** darf kein Zugang zu Kart-Bahnen, Autoscootern und sonstigen Anlagen, die eine aktive Gefahrsteuerung durch den Fahrgast erfordern, eingeräumt werden.[2286]

526 Der Grundsatz, dass absolute Sicherheit nicht verlangt werden kann (RdNr. 259),[2287] ist besonders bedeutsam, weil der Reiz vieler Vergnügungsanlagen gerade in einem gewissen Nervenkitzel besteht, der bei völliger Risikofreiheit zunichte gemacht würde.[2288] Der Betreiber einer Kart-Bahn muss folgerichtig nicht sicherstellen, dass es unter den Fahrern zu keinen gewagten Überholmanövern, Rempeleien etc. kommt,[2289] und der Inhaber eines **Autoscooters** darf ein über zehn Jahre altes Kind allein fahren lassen.[2290] Bei Regenwetter muss die Fahrfläche jedoch möglichst trocken gehalten, etwaige Nässe also mit Lappen beseitigt, bei stärkerem Regen und horizontalen Winden uU die gesamte Anlage mit seitlich angebrachten Kunststoffplanen abgedeckt werden.[2291] Der Veranstalter eines Feuerwerks muss die Teilnehmer nicht vor dem Risiko warnen, durch das Abbrennen von Knallkörpern einen Gehörschäden zu erleiden.[2292] Zur Produkthaftung der Hersteller von Karussells und anderen Vergnügungsgeräten vgl. RdNr. 622.

527 **c) Theater.** Der Betreiber eines Theaters schuldet den **Besuchern Schutz vor Gefahren,** die sich aus dem Betrieb ergeben.[2293] Die Verpflichtung richtet sich insbesondere auf die Gewährleistung der Sicherheit der baulichen Anlagen (Räume, Treppen etc.) und

---

[2280] OLG Saarbrücken NJW-RR 2007, 1322, 1323.
[2281] Vgl. zum Folgenden auch *Staudinger/Hager* RdNr. E 358 ff.
[2282] Vgl. etwa OLG Nürnberg NJW-RR 1986, 1224; OLG Karlsruhe VersR 1986, 479.
[2283] LG Bonn VersR 1988, 1268, 1269.
[2284] BGH VersR 1957, 247; OLG Düsseldorf NJW-RR 1994, 24.
[2285] BGH VersR 1962, 990, 991.
[2286] OLG Karlsruhe VersR 1986, 479.
[2287] BGH VersR 1957, 247; MDR 1977, 483 = VersR 1977, 334, 335 = LM (Dc) Nr. 109; OLG Nürnberg NJW-RR 1986, 1224.
[2288] Treffend OLG Karlsruhe VersR 1986, 479.
[2289] OLG Karlsruhe VersR 1986, 479; vgl. auch OLG Hamm NJW-RR 2002, 1389, 1390.
[2290] BGH VersR 1977, 334, 335.
[2291] Insoweit zweifelnd OLG Nürnberg NJW-RR 1986, 1224 f.
[2292] AG Erding VersR 2002, 1300 (LS).
[2293] BGH VersR 2006, 233, 234 Tz. 8 = NJW 2006, 610, 611; OLG Jena NJW 2006, 624.

Zuwege, nicht anders als bei Hotels und Gaststätten (RdNr. 487).[2294] Auch durch die Aufführung selbst dürfen Körper und Gesundheit der Zuschauer nicht vermeidbar gefährdet werden, doch absolute Sicherheit ist auch insoweit nicht zu gewährleisten (RdNr. 259 ff.). Der dramaturgisch motivierte Einsatz einer **Schreckschusspistole** begründet demnach keine Haftung für den von einem einzelnen Zuschauer erlittenen Gehörschaden, dessen Eintritt außerordentlich unwahrscheinlich war.[2295]

10. Infrastrukturanlagen. a) Starkstromleitungen. Besondere Anziehungskräfte und Gefahren für Kinder gehen nicht nur von Gewässern (RdNr. 268, 272), sondern auch von Türmen und anderen Hochbauten jedweder Art aus, sofern sich letztere erklettern lassen.[2296] Die Rechtsprechung hat folgerichtig seit jeher den Betreiber von **Überland-Stromleitungen** für verpflichtet gehalten, die Masten gegen das Besteigen durch Dritte abzusichern, sofern sie in der Nähe von Ortschaften stehen oder aus sonstigen Gründen für Kinder zugänglich sind.[2297] Auf die Frage, ob auch die einschlägigen technischen Regeln etwa des VDE entsprechende Sicherheitsmaßnahmen vorschreiben, kommt es dabei nicht an (allgemein zur mangelnden Bindungswirkung technischer Regeln RdNr. 280 ff.).[2298] Andererseits müssen die zu ergreifenden Maßnahmen nicht so weit gehen, dass das Besteigen des Masts auch dem hartnäckigsten jugendlichen Bergsteiger unmöglich gemacht würde.[2299] Vielmehr reicht es aus, wenn der Fuß durch einen Zaun oder durch Stacheldraht gesichert wird oder die unteren Sprossen der Leiter abmontiert werden.[2300]

Schließlich sind Überland-Starkstromleitungen nicht nur gegen Erklettern, sondern auch gegen das **Abreißen von Leitungen** zu sichern, wobei die Sicherheitsvorkehrungen umso aufwändiger sein müssen je größer die Gefahr ist, dass Menschen durch das Herabfallen der Leitung oder durch Berühren derselben zu Schaden kommen.[2301] Nehmen Handwerker Arbeiten an stromführenden Anlagen vor, sind strengste Maßnahmen zu ihrem Schutz geboten; ggf. ist ein Fachmann zur Aufsicht abzustellen.[2302]

Weiter sind Fälle gerichtsnotorisch geworden, in denen Jugendliche auf Abstellgleisen stehende **Eisenbahnwaggons** bestiegen haben und sodann mit der stromführenden Oberleitung in Kontakt gekommen bzw. dieser so nahe gekommen sind, dass die Spannung übersprang. Die Rechtsprechung hält die Bahn zwar nicht für verpflichtet, das Gelände einzuzäunen, wohl aber für gehalten, die Jugendlichen durch deutliche und drastische Warnungen von dem Besteigen der Waggons abzubringen (vgl. RdNr. 268).

b) Kühltürme. Die Betreiber von Kraftwerken mit Kühltürmen haben im Rahmen des Möglichen und Zumutbaren dafür Sorge zu tragen, dass die an den Werkanlagen vorbeiführenden öffentlichen **Straßen** nicht durch Kondensation von Wasserdampf **vereisen.**[2303] Bei Gefahr von Bodenfrost muss gestreut werden, und ggf. hat der Betreiber bei der zuständigen Straßenverkehrsbehörde auf eine entsprechende Beschilderung der Gefahrstelle hinzuwirken.

c) Wasserleitungen. Ein Wasserversorgungsunternehmen hat dafür Sorge zu tragen, dass die von ihm verlegten **Hausanschlussleitungen** sicher verlegt und abgedichtet sind, damit

---

[2294] BGH VersR 1985, 973; OLG Karlsruhe VersR 1985, 1196; OLG München VersR 1988, 740; OLG Jena NJW 2006, 624 f.
[2295] BGH VersR 2006, 233, 234 f. Tz. 14 ff. = NJW 2006, 610, 611 f.; OLG Frankfurt VersR 2005, 1406.
[2296] OLG Hamm VersR 1992, 208, 209 für einen Kühlturm; vgl. auch *Staudinger/Hager* RdNr. E 282 f.
[2297] RG JW 1935, 2628; OLG Zweibrücken NJW 1977, 111; anders aber OLG Karlsruhe VersR 1979, 382 f., mit der Überlegung, kleine Kinder seien zum Besteigen eines solchen Mastes nicht in der Lage und große wüssten um die Gefahr.
[2298] OLG Zweibrücken NJW 1977, 111, 112; RGZ 147, 353, 361 f.; RG JW 1935, 2628; wohl auch RG JW 1932, 745, 746.
[2299] BGH VersR 1963, 532.
[2300] OLG Zweibrücken NJW 1977, 111.
[2301] RGZ 147, 353, 356 ff.
[2302] RG JW 1936, 2861, 2862; vgl. aber auch RG JW 1932, 745, 746; zu den Sicherungspflichten auf Baustellen, die sich in unmittelbarer Nähe von Starkstromleitungen befinden RdNr. 447.
[2303] BGH VersR 1985, 640 f.; OLG Köln VersR 1995, 674, 675; RdNr. 436.

dem Hauseigentümer kein vermeidbarer Schaden entsteht. Vor Anschluss der Leitung an das Leitungsnetz des Gebäudes ist sie doppelt abzusperren.[2304]

533 **d) Kanalisation.** Für Schäden durch **unzureichend dimensionierte kommunale Kanalisationen** hat die Gemeinde nach § 839 einzustehen.[2305] Die Amtshaftung kommt nach den vom III. ZS entwickelten Grundsätzen allerdings nur in Betracht, soweit Wasser infolge der ungenügenden Kapazität des Kanalnetzes von außen in fremdes Eigentum, insbesondere in die anliegenden Häuser, eindringt.[2306] Für Rückstauschäden besteht keine Einstandspflicht, weil es insoweit Sache des Hauseigentümers ist, sich selbst durch Anbringung entsprechender Vorkehrungen zu schützen (RdNr. 261).[2307] Diese Allokation der Sorgfaltsmaßnahmen im Verhältnis zwischen Kanalisationsbetreiber und Anlieger gilt auch zugunsten eines Tiefbauunternehmers, der im Auftrag der Gemeinde Bauarbeiten an einem Abwasserkanal durchführt. Kommt es wegen mangelhafter Wasserführung während der Bauarbeiten zu einem Rückstau im Kanalnetz, haftet der Bauunternehmer den geschädigten Eigentümern nicht nach § 823 Abs. 1.[2308]

534 **e) Friedhöfe.** Die einen Friedhof unterhaltende Gemeinde ist zur **Sicherung des Verkehrs** verpflichtet, muss also die Wege in einem sicheren Zustand erhalten, gefährliche Bäume beseitigen, aber auch die **Standsicherheit der Grabsteine** gewährleisten.[2309] Dabei darf sie sich ebenso wie der Pächter einer Grabstelle darauf verlassen, dass ein Fachunternehmen einen Grabstein so aufstellt, dass von ihm keine Gefahr für Passanten, Besucher und spielende Kinder ausgeht.[2310] Nach Aufstellung des Grabsteins ist letzterer jedoch sowohl von dem Pächter wie auch von Seiten der Gemeinde regelmäßig auf seine Standsicherheit zu überprüfen.[2311] In den Schutzbereich dieser Verkehrspflicht der Gemeinde sind der Grabpächter und seine Angehörigen nicht einbezogen.[2312] Stürzt ein Grabstein um, wird die Verletzung von Sicherungspflichten durch den Eigenbesitzer nach § 836 Abs. 1 vermutet (§ 836 RdNr. 9, 19 ff.).[2313]

535 **11. Autowaschanlagen.** Der Inhaber einer Autowaschanlage hat auf Grund der mit den Kunden geschlossenen Werkverträge zu gewährleisten, dass die Fahrzeuge durch den Reinigungsvorgang nicht beschädigt werden.[2314] Parallel dazu treffen ihn auch **deliktische Sorgfaltspflichten,** insbesondere in Bezug auf das Kraftfahrzeug.[2315] Die Anlage muss so konstruiert sein, dass zum Straßenverkehr zugelassene Fahrzeuge passieren können, ohne Schaden zu nehmen. Der Abstand zwischen Antriebsblock und Karosserie darf nicht so gering bemessen sein, dass tiefer liegenden Fahrzeugen der Auspuff abgerissen wird.[2316] Ggf. hat der Betreiber vor entsprechenden Gefahren zu warnen und Kunden mit bestimmten Fahrzeugtypen von der Benutzung der Anlage auszuschließen. Hingegen trifft ihn keine Verantwortlichkeit, wenn sich einzelne Nutzer in eklatanter Weise falsch verhalten – etwa wiederholt die Bremsen betätigen – und so Schäden an den hinter ihnen durch die Anlage

---

[2304] BGH NJW-RR 2002, 525, 526.
[2305] BGHZ 115, 141, 147 = NJW 1992, 39, 40 f.; BGH NJW 1984, 615, 617; 1998, 1307; Einzelheiten zur Dimensionierungsfrage in BGHZ 109, 8, 10 ff. = NJW 1990, 1167; BGHZ 115, 141, 147 ff. = NJW 1992, 39, 40 f.
[2306] BGH VersR 1999, 230, 231; daneben tritt ggf. die Wirkungshaftung nach § 2 Abs. 1 S. 1 HPflG; dazu eingehend BGHZ 109, 8, 12 ff. = NJW 1990, 1167, 1168; BGHZ 115, 141, 142 ff. = NJW 1992, 39 f.
[2307] BGH VersR 1999, 230, 231. Darüber hinaus lässt sich die Haftung für Rückstauschäden auch nicht auf § 2 Abs. 1 S. 1 HPflG stützen; BGH NJW 1984, 615, 616.
[2308] OLG Karlsruhe VersR 2001, 385 f.
[2309] OLG Brandenburg VersR 2005, 87, 88; *Gaedke/Diefenbach,* HdB des Friedhofs- und Bestattungsrechts, 9. Aufl. 2004, S. 73 ff., 76.
[2310] BGHZ 34, 206, 208 f. = NJW 1961, 868.
[2311] BGHZ 34, 206, 214 f. = NJW 1961, 868, 869 f.; BGH NJW 1971, 2308, 2309; OLG Stuttgart VersR 1992, 1229 f.
[2312] OLG Brandenburg VersR 2005, 87, 88.
[2313] BGH NJW 1971, 2308 f.; LG Freiburg NJW-RR 1996, 436 f.
[2314] OLG München NJW 1974, 1143.
[2315] OLG Hamm NJW-RR 2002, 1459 f.
[2316] OLG Koblenz NJW-RR 1995, 1135.

geschleppten Fahrzeugen verursachen.[2317] Nach allgemeinen Regeln ist der Betreiber nur gehalten, Vorkehrungen mit Blick auf nahe liegendes Fehlverhalten zu treffen (allgemein RdNr. 263)[2318] und vor allem nicht verpflichtet, Schutzmaßnahmen zu ergreifen, deren Kosten außer Verhältnis zu dem erzielten Sicherheitsgewinn stehen (RdNr. 259).[2319]

12. Straßenverkehr. Die Sorgfaltspflichten des Kraftfahrzeugführers sind in weiten Bereichen **speziell geregelt**, nämlich im StVG sowie in seinen konkretisierenden Rechtsverordnungen. Von diesen normiert die StVO in detaillierter Weise das Verhalten im Straßenverkehr, die StVZO stellt Anforderungen an die Sicherheit des Kraftfahrzeugs und die Fahrerlaubnis-Verordnung iVm. dem StVG solche an die Qualifikation des Fahrers. Soweit der Fahrzeugführer gegen Verhaltenspflichten verstößt, die in diesen Regelwerken normiert sind, kommt eine Haftung aus § 823 neben derjenigen aus § 18 StVG und – unter der Voraussetzung gleichzeitiger Haltereigenschaft – aus § 7 StVG in Betracht. Dabei ist primär an § 823 Abs. 2 zu denken, denn die Verkehrsvorschriften der StVO sind regelmäßig als **Schutzgesetze** zugunsten der Rechtsgüter – nicht der Vermögensinteressen – der Verkehrsteilnehmer zu qualifizieren (RdNr. 354, 370). Dies gilt auch für die Generalklausel des § 1 Abs. 2 StVO, nach der jeder Verkehrsteilnehmer sich so zu verhalten hat, „dass kein Anderer geschädigt, gefährdet oder mehr, als nach den Umständen unvermeidbar, behindert oder belästigt wird".[2320] Allerdings stellt § 1 Abs. 2 StVO kein Verhaltensprogramm auf, sondern delegiert diese Aufgabe an die Gerichte, die über die Haftung für Verkehrsunfallschäden zu entscheiden haben. Insoweit gelten dieselben Gesichtspunkte, die allgemein für die Konturierung und Konkretisierung deliktischer Sorgfaltspflichten maßgeblich sind (RdNr. 259 ff.), denn die StVO ist nichts anderes als eine **Ausformung der bei der Teilnahme am Straßenverkehr zu beachtenden Verkehrspflichten.**[2321] Nähere Einzelheiten zu den bei der Teilnahme am Straßenverkehr zu beachtenden Sorgfaltspflichten müssen der Spezialliteratur überlassen bleiben.[2322] **Inlineskater** sollten nicht wie Fußgänger behandelt werden,[2323] sondern den Radfahrern gleichgestellt werden.[2324] **536**

Neben der Generalklausel des § 1 Abs. 2 StVO haben weitergehende, im Rahmen von § 823 Abs. 1 zu entwickelnde Verkehrspflichten nur in Randbereichen Bedeutung, insbesondere wenn der Schutzbereich einer Verhaltensnorm des Straßenverkehrsrechts in persönlicher oder sachlicher Hinsicht begrenzt ist.[2325] Insoweit hat vor allem eine Fallgruppe praktische Bedeutung, nämlich die Haftung des Fahrzeughalters für **Schäden,** die durch den **unbefugten Gebrauch des Kfz.** verursacht werden. § 14 Abs. 2 S. 2 StVO verpflichtet den Führer eines Kraftfahrzeugs dazu, dieses bei Verlassen gegen unbefugte Benutzung zu sichern, und gemäß § 21 Abs. 1 Nr. 2 StVG ist es dem Halter bei Strafdrohung untersagt, das Fahrzeug einer Person zu überlassen, die nicht über die dazu erforderliche Fahrerlaubnis verfügt. Beide Tatbestände sind zwar als Schutzgesetze iS von § 823 Abs. 2 anerkannt, doch dies nur im Hinblick auf solche Rechtsgutsverletzungen, die Dritte infolge des Betriebs des Fahrzeugs durch einen Dieb (§ 14 Abs. 2 S. 2 StVO) oder einen Fahrer ohne Fahrerlaubnis (§ 21 Abs. 1 Nr. 2 StVG) erleiden.[2326] Auf einen Verstoß gegen die genannten Vorschriften **537**

[2317] AG Nürtingen NJW-RR 1995, 1009; zur Schädigung durch eigenes Fehlverhalten OLG München OLGZ 1982, 381, 382.
[2318] LG Bonn MDR 1995, 264, 265.
[2319] OLG Hamm NJW-RR 2002, 1459, 1460.
[2320] BGH NJW 1972, 1804, 1806; vgl. auch BGHZ 23, 90, 97 f. = NJW 1957, 674, 675.
[2321] Treffend *Geigel/Zieres* Kap. 27 RdNr. 9 f.
[2322] Insbes. *Geigel/Zieres* Kap. 27 RdNr. 17 ff.; *Hentschel/König* Straßenverkehrsrecht; *Greger,* Zivilrechtliche Haftung im Straßenverkehr.
[2323] So – unter dem Gesichtspunkt des „ähnlichen Fortbewegungsmittels" iS des § 2 StVO und in Ermangelung einer gesetzlichen Regelung – BGH NJW 2002, 1955, 1956 = VersR 2002, 727; *Geigel/Zieres* Kap. 27 RdNr. 51.
[2324] Eingehend *Vogenauer* VersR 2002, 1345 ff., 1478 ff. mwN; *Schödel* SpuRt 2005, 151.
[2325] Vgl. außer den im Folgenden genannten Beispielen BGH VersR 1981, 161, 162.
[2326] So zu § 14 Abs. 2 S. 2 StVO (§ 35 StVO aF) BGH NJW 1970, 280; 1971, 459, 460; 1978, 421, 422; OLG Jena VersR 2004, 1381; zu § 21 Abs. 1 Nr. 2 StVG BGH VersR 1979, 766, 767; NJW 1991, 418, 419.

kann sich folgerichtig weder derjenige berufen, der ein fremdes Fahrzeug unbefugt in Benutzung genommen hat, noch derjenige, dem es von dem Halter trotz Mangels der Fahrerlaubnis überlassen worden ist.[2327] Eine Haftung des Kfz.-Halters gegenüber dem nicht-legitimierten Fahrer selbst lässt sich allein auf der Grundlage der allgemeinen deliktischen Sorgfaltspflicht gemäß § 823 Abs. 1 konstruieren, wobei der Sorgfaltspflichtverstoß nicht einfach darin gesehen werden kann, dass gegen die – sehr strengen[2328] – Anforderungen der §§ 14 Abs. 2 S. 2 StVO, 21 Abs. 1 Nr. 2 StVG verstoßen worden ist.[2329] Vielmehr ist als Ausgangspunkt und Grundsatz festzuhalten, „dass weder ein allgemeines Gebot bejaht werden kann, andere vor Selbstgefährdung zu bewahren, noch auch nur ein Verbot, sie zur Selbstgefährdung psychisch anzuhalten".[2330] Vielmehr ist entscheidend, ob der Fahrzeughalter den später verunglückten Dieb oder Fahrer ohne Fahrerlaubnis in vorwerfbarer Weise **zur Nutzung des Kfz. herausgefordert** hat.[2331]

538 Der **Verkauf eines Kfz.** an eine Person, die nicht im Besitz einer Fahrerlaubnis ist, stellt keinen Fall des § 21 Abs. 1 Nr. 2 StVG dar, weil die Haltereigenschaft des Verkäufers mit der Veräußerung endet. Wird das Fahrzeug jedoch einer erkennbar ungeeigneten Person zur Verfügung gestellt, hat der Voreigentümer für die von Letzterer angerichteten Schäden nach § 823 Abs. 1 einzustehen.[2332] Wer hingegen seinen Wagen einem äußerlich kompetent wirkenden Fahrer für eine Probefahrt überlässt, ohne sich die Personalien zu notieren, vernachlässigt zwar den Schutz seiner eigenen Vermögensinteressen, verstößt aber nicht gegen Sorgfaltspflichten zum Schutz Dritter und haftet deshalb nicht nach § 823 Abs. 1 für Schäden, die nach längerer Zeit mit dem unterschlagenen Fahrzeug verursacht werden.[2333]

539 **13. Schienenverkehr.** Die Bahn haftet für Schäden, die ihre Fahrgäste oder unbeteiligte Dritten „beim Betrieb" erleiden, verschuldensunabhängig nach § 1 **HPflG**, wobei seit dem 1. 8. 2002 gemäß § 8 S. 2 HPflG auch ein Schmerzensgeld verlangt werden kann. Die Deliktshaftung bleibt davon gemäß § 12 HPflG unberührt, setzt aber den Nachweis pflichtwidrigen Verhaltens voraus. So ist die Bahn beispielsweise gemäß § 823 Abs. 1 gehalten, den Schienenverkehr an einer Baustelle so zu regeln, dass Verletzungen der Bauarbeiter soweit als möglich und zumutbar vermieden werden.[2334]

540 **14. Umgang mit gefährlichen Gegenständen. a) Chemikalien und Gefahrstoffe.** Der Eigentümer bzw. Halter gefährlicher Gegenstände hat dafür Sorge zu tragen, dass sie nicht in die Hände von Personen gelangen, die ihre Gefährlichkeit nicht erkennen oder nicht zu beherrschen vermögen oder dies aus Leichtsinn oder Bosheit nicht wollen (vgl. auch RdNr. 688). Werden in einem Haushalt hoch **ätzende Flüssigkeiten in Bier- oder Limonadenflaschen** aufgewahrt, so sind diese entsprechend zu kennzeichnen und dafür Sorge zu tragen, dass sie von einer unkundigen Person – etwa einem in der Wohnung arbeitenden Handwerker – nicht mit Getränkeflaschen verwechselt werden.[2335] Wie stets verschärfen sich die Pflichten zur Kontrolle gefährlicher Stoffe und Gegenstände, wenn Letztere eine Anziehungskraft auf **Kinder und Jugendliche** ausüben. Ein Apotheker oder Drogist darf einzelne Chemikalien oder gar einen Mix aus verschiedenen Zutaten, aus denen auch ein Laie Sprengstoff herstellen kann, nicht an Jugendliche verkaufen,[2336] und für einen Physiklehrer gilt Entsprechendes.[2337] Zwei Jugendliche, die mit Hilfe von Chemikalien gemeinsam einen „Raketenantrieb" zu basteln versuchen, haben zwar externen Dritten unter der Voraussetzung

---

[2327] Zu einer weiteren Fallgruppe OLG Hamm NJW-RR 2004, 1097.
[2328] Vgl. BGH NJW 1971, 459, 460 f.; *Staudinger/Hager* RdNr. E 401; OLG Düsseldorf VersR 1989, 638; OLG Hamm NZV 1990, 470 (beide zu § 7 Abs. 3 StVG).
[2329] BGH NJW 1991, 418, 419.
[2330] BGH NJW 1978, 418, 419; ähnlich BGH NJW 1991, 418, 419.
[2331] BGH NJW 1978, 418, 419.
[2332] BGH VersR 1979, 766, 767.
[2333] BGH NJW 1997, 660, 661.
[2334] BGH NJW 2002, 1263, 1264.
[2335] BGH NJW 1968, 1182, 1183.
[2336] RGZ 152, 325, 328 f.; BGH VersR 1973, 32 f.
[2337] BGH VersR 1973, 30 f.

des § 828 Abs. 3 für verursachte Schäden einzustehen, haften aber nicht im Verhältnis untereinander, wenn die Bastelei schiefgeht und einer von beiden verletzt wird.[2338]

Wer Brennspiritus auf glimmende Grillkohle gießt, muss gewährleisten, dass er damit nur **541** sich selbst gefährdet, sich also niemand in der Nähe des Grills aufhält.[2339] Den Veranstalter einer **Grillparty** treffen gesteigerte Sorgfaltspflichten, weil er auch dafür zu sorgen hat, dass sich einzelne Gäste nicht in sorgloser Weise an dem Grill zu schaffen machen.[2340] Die kumulative Haftung auch des Gastes selbst ist dadurch nicht ausgeschlossen.[2341]

b) Arzneimittel. Der Apotheker muss bei der **Abgabe von Arzneimitteln** die Dosie- **542** rungsanleitung auf der Packung so abfassen und niederschreiben, dass Missverständnisse des Patienten im Rahmen des Möglichen und Zumutbaren ausgeschlossen werden.[2342] Die Sorgfaltsanforderungen sind dabei umso intensiver je gefährlicher eine Überdosis des Medikaments für die menschliche Gesundheit ist. Zur Produkthaftung für Arzneimittel vgl. RdNr. 597.

c) Feuerwerkskörper. Ein Schreibwarenhändler, der zum Jahreswechsel **Feuerwerks-** **543** **körper** verkauft, darf diese nur solchen Personen überlassen, von denen ein besonnener und angemessener Umgang mit den Produkten erwartet werden kann.[2343] Diese Pflicht besteht unabhängig von öffentlich-rechtlichen Abgabeverboten und -zulassungen, wie sie sich speziell für Feuerwerkskörper in § 22 Abs. 3 SprengstoffG und § 4 der Ersten Sprengstoffverordnung finden. Allerdings darf er sich auf die **Herstellerangaben,** die auf der Verpackung angebracht worden sind, verlassen (RdNr. 607);[2344] erweisen sich diese als falsch, ist der Hersteller – und nicht der Händler – verantwortlich (RdNr. 264, 607).[2345] Beim **Sylvesterfeuerwerk** sind die Raketen so abzuschießen, dass Nachbarn nicht mehr als unvermeidbar gefährdet werden.[2346]

d) Waffen. An die **Aufbewahrung von Waffen** sind strenge Anforderungen zu stellen, **544** deren Intensität im Einzelnen von der Gefährlichkeit der Waffe in den Händen Unbefugter abhängt. In keinem Fall geht es an, geladene Schusswaffen in einer Wohnung herumliegen zu lassen oder so aufzubewahren, dass Besucher ohne weiteres Zugriff nehmen können.[2347] **Gaspistolen** sind zwar nicht so gefährlich wie Schusswaffen, jedoch dürfen sie zumindest dann nicht in geladenem Zustand liegen gelassen werden, wenn sie für einen Minderjährigen zugänglich sind.[2348] Genauso wenig geht es an, Gaspistolen auf eine Party mit Jugendlichen mitzunehmen.[2349] Unternimmt der Halter eines Gewehrs Schießübungen mit einem Jugendlichen, muss er die Waffe besonders gut gegen unbefugte Ingebrauchnahme sichern, wenn er sie mit dem Jugendlichen in dem Haus alleine lässt; andernfalls haftet er für den Schaden, den Letzterer einem Dritten mit dem Gewehr zufügt.[2350] Zu den Sorgfaltspflichten bei der Jagdausübung s. RdNr. 557 ff.

III. Verhaltensgefahren

Ein Großteil der nach § 823 Abs. 1 zu beachtenden Sorgfaltspflichten ist an die Verant- **545** wortung für eine Sache geknüpft, die in gefahrlosem Zustand gehalten werden muss und mit

---

[2338] BGH NJW 1986, 1865 f.
[2339] OLG Düsseldorf VersR 1992, 113; OLG Hamm VersR 1998, 1296 (LS).
[2340] OLG Hamm VersR 1998, 1296 (LS); Veranstalter ist allerdings nicht etwa das Geburtstagskind, sondern derjenige, der die Veranstaltung tatsächlich ausrichtet; vgl. OLG Düsseldorf VersR 1992, 113.
[2341] OLG Düsseldorf VersR 1992, 113.
[2342] OLG München VersR 1984, 1095.
[2343] BGHZ 139, 43, 47 = NJW 1998, 2436 – Feuerwerkskörper.
[2344] BGHZ 139, 43, 49 ff. = NJW 1998, 2436, 2437; ähnlich BGH VersR 2007, 72, 73.
[2345] BGHZ 139, 79, 85 f. = NJW 1998, 2905, 2907.
[2346] OLG Brandenburg VersR 2006, 1701, 1702.
[2347] OLG Düsseldorf VersR 1990, 903.
[2348] BGH NJW-RR 1991, 24 f. = LM WaffenG Nr. 2.
[2349] LG Konstanz NJW-RR 2004, 459.
[2350] BGH VersR 1963, 1049, 1050.

der sachgerecht umzugehen ist. Darüber hinaus ist selbstverständlich, dass jeder Einzelne nach § 823 gehalten ist, sein Verhalten so einzurichten, dass die Rechtsgüter anderer nicht mehr als nach den Umständen vertretbar gefährdet werden.[2351]

1. Sport und Spiel

Schrifttum: *Deutsch,* Die Mitspielerverletzung im Sport, VersR 1974, 1045; *Fleischer,* Reichweite und Grenzen der Risikoübernahme im in- und ausländischen Sporthaftungsrecht, VersR 1999, 785; *Friedrich,* Die Haftung des Sportlers aus § 823 Abs. 1 BGB, NJW 1966, 755; *Fritzweiler,* Haftung bei Sportunfällen, DAR 1997, 137; *ders.,* Sport, Schäden und Beeinträchtigungen, in: *Fritzweiler/Pfister/Summerer,* Praxishandbuch Sportrecht, 2. Aufl. 2007, Teil 5; *Füllgraf,* Haftungsbegrenzung bei Sportverletzungen, VersR 1983, 705; *Grunsky,* Zur Haftung bei Sportunfällen, JZ 1975, 109; *Looschelders,* Die haftungsrechtliche Relevanz außergesetzlicher Verhaltensregeln im Sport, JR 2000, 265; *Nirk,* Die Haftung bei Skiunfällen, NJW 1965, 1829; *Storch,* Rechtliche Behandlung von Sportverletzungen beim Golfspiel, VersR 1989, 1131; *R. Zimmermann,* Verletzungserfolg, Spielregeln und allgemeines Sportrisiko, VersR 1980, 497; *Zuck,* Golf, MDR 1990, 971.

546 **a) Grundlagen.** Haftungsfragen im Zusammenhang mit der Sportausübung stellen sich in zwei grundverschiedenen Kontexten, nämlich einmal bei Sportveranstaltungen und zum anderen bei der **Sportausübung** selbst. In der einen Fallgruppe geht es um die Sicherungspflichten der Veranstalter insbesondere von Großereignissen, die sich nur geringfügig von denjenigen bei sonstigen Vergnügungsveranstaltungen, wie etwa Volksfesten und Musikkonzerten unterscheiden (RdNr. 512 ff.). Spezifische Probleme stellen sich hingegen, wenn es um die Definition der Sorgfaltspflichten im **Binnenverhältnis zwischen mehreren Sportlern** geht.

547 Sport hat sich aus den Kampfübungen und -spielen von Kriegergesellschaften entwickelt und ist deshalb seit jeher **keine ungefährliche Tätigkeit,** wenn die Sportausübung heute auch nicht mehr der Einübung von Kampftechniken dient, sondern die Sehnsucht nach kontrolliertem Ausbrechen aus dem weitgehend gefahrlosen Alltag befriedigt. Folgerichtig kommt es bei der Sportausübung immer wieder zu Unfällen und anschließenden Haftungsprozessen. Dabei stellt sich die zentrale Frage, ob der Umstand der freiwilligen Teilnahme an sportlichen Aktivitäten unter **Inkaufnahme der damit verbundenen Verletzungsrisiken die Haftung mindert** oder ausschließt. Für die Antwort ist zunächst zwischen Kampfsportarten, die gegeneinander ausgeübt werden, und Individualsportarten, denen mehrere Athleten parallel nachgehen, zu differenzieren. In beiden Fallgruppen ist darauf zu achten, die Sorgfaltsanforderungen nicht zu überspannen, sondern an der tatsächlichen Situation und an den berechtigten Sicherheitserwartungen der Teilnehmer auszurichten.[2352]

548 **b) Kampfsportarten.** Tennis und Squash weisen schon gewisse Elemente eines Kampfsports auf, wie sie für Sportarten wie **Fußball,** Handball und Boxen typisch sind. Die gerade auf diese Fallgruppe bezogene Diskussion um den Haftungsstandard bei Sportverletzungen konnte sich nur deshalb entfalten, weil man im Stil der Erfolgsunrechtslehre aus dem Faktum der Rechtsgutsverletzung auf deren Rechtswidrigkeit geschlossen und auch im Übrigen nicht genügend beachtet hat, dass die bloße Verursachung einer Verletzung noch nichts dafür besagt, dass dem Verursacher ein Sorgfaltspflichtverstoß zur Last zu legen ist (allgemein RdNr. 8 f., 19 ff.). Auf dieser Grundlage sah sich der BGH in einem Urteil, das an sich das Mitfahren im Auto eines Volltrunkenen betraf, zu dem obiter dictum veranlasst, die Teilnahme an gefährlichen Sportarten könne als **Einwilligung** in mögliche Rechtsgutsverletzungen im Sinne eines „**Handelns auf eigene Gefahr**" zu qualifizieren sein (RdNr. 319).[2353]

[2351] BGHZ 103, 298, 303 = NJW 1988, 1380, 1381; allg. RdNr. 246 f. Die Anerkennung eigener Sicherungspflichten des Reiseveranstalters erfolgte daher entgegen *Larenz/Canaris* II/2 § 76 III 7 b, S. 428 f., nicht contra legem, und auch von einer maßlosen Überspannung der Pflichtinhalte kann kaum die Rede sein; vgl. *Staudinger/Hager* RdNr. E 385 ff.; aA *Bociniak* VersR 1998, 1076, 1081, der zu Unrecht meint, die Instanzgerichte bestimmten den Umfang der Sicherungspflichten des Veranstalters „erkennbar anders" als der BGH.
[2352] Zutr. OLG Düsseldorf VersR 1996, 343.
[2353] BGHZ 34, 355, 363 = NJW 1961, 655, 657; *Friedrich* NJW 1966, 755, 760 f.

Davon hat sich der BGH später wieder distanziert, und dies mit Recht.[2354] Wer an einem **549** Kampfsport teilnimmt, **willigt keineswegs in die Verletzung seiner Rechtsgüter ein,** sondern erwartet im Gegenteil, dass sich seine Gegner entsprechend den Spielregeln verhalten und damit das Ihrige dazu beitragen, um Verletzungen zu vermeiden.[2355] Kommt es gleichwohl zu einer solchen, zieht sich also beispielsweise ein Fußballspieler bei einem regelgerechten Einsatz seines Gegenspielers eine uU schwere Verletzung zu, kommt die Haftung des Letzteren nicht in Betracht, weil er sich nicht sorgfaltswidrig verhalten hat.[2356] Der Haftungsprozess bei Sportunfällen dreht sich deshalb maßgeblich um die Frage der **Regelverletzung,** beim Fußballspiel also etwa um einen Verstoß gegen eine der Fußballregeln des DFB bzw. der FIFA,[2357] wobei die **generalklauselartige Regel 12** über „verbotenes Spiel und unsportliches Betragen" in der Praxis eine große Rolle spielt, wenn es etwa um die Beurteilung der Regelwidrigkeit des „Hineingrätschens" geht.[2358] Die **Beweislast für den Regelverstoß** wie für fahrlässiges Verhalten des Schädigers generell trägt nach allgemeinen Grundsätzen der Verletzte (RdNr. 325),[2359] wobei sich das Gericht an **Schiedsrichter-Entscheidungen** orientieren darf, solange der Schädiger deren Unrichtigkeit nicht nachgewiesen hat.[2360] Diese Grundsätze bedürfen keiner Abstützung in dem Institut des Handelns auf eigene Gefahr,[2361] in dem Gedanken des **venire contra factum proprium** (§ 242),[2362] in einer Heranziehung der Grundsätze über den innerbetrieblichen Schadensausgleich bei gefahrgeneigter Arbeit[2363] oder in einer analogen Anwendung der §§ 708, 1359.[2364] Sie folgen vielmehr aus dem Grundprinzip der Verschuldenshaftung, nach dem eben nicht einfach für die Verursachung einer schweren Rechtsgutsverletzung gehaftet wird, sondern die Einstandspflicht pflichtwidriges Verhalten voraussetzt, das ist ein Verstoß gegen die berechtigten und situationsbezogenen Sorgfaltserwartungen des Verkehrs.[2365] Ein Bedarf für Korrekturen mit Hilfe des § 242 besteht nur im Bereich der Gefährdungshaftung (§ 833 RdNr. 18 ff.).

Dieselben Grundsätze gelten für **Schäden, die durch leichte Regelverletzungen** ver- **550** ursacht wurden, also „im Eifer des Gefechts", aus übermäßigem Ehrgeiz, spieltechnischer Inkompetenz oder Erschöpfung.[2366] Der BGH zieht in diesen Fällen einen Haftungsaus-

---

[2354] Grdlg. BGHZ 63, 140, 142 ff. = NJW 1975, 109 f.
[2355] Treffend BGHZ 63, 140, 144 = NJW 1975, 109, 110; vgl. auch BGH NJW 1976, 2161; OLG Hamm VersR 1998, 68, 69; 1999, 1115, 1116; OLG Koblenz VersR 1991, 1067; OLG Stuttgart NJW-RR 2000, 1043; *Brüggemeier* Deliktsrecht RdNr. 208; *Fritzweiler* in: Praxishandbuch Sportrecht, Teil 5 RdNr. 37 ff. mwN.
[2356] BGHZ 63, 140, 146 = NJW 1975, 109, 110 f.; BGHZ 154, 316, 323 = NJW 2003, 2018; OLG Düsseldorf VersR 1992, 247, 248; OLG Hamm OLGZ 1989, 235, 236; OLG Koblenz VersR 1991, 1067; *Brüggemeier* Deliktsrecht RdNr. 209; *Staudinger/Hager* Vor § 823 RdNr. 50.
[2357] Die Fußballregeln des DFB sind erhältlich unter www.dfb.de, diejenigen der FIFA unter www.fifa.com. Zu den Basketball-Regeln vgl. etwa BGH NJW 1976, 2161 f.
[2358] Vgl. BGH NJW 1976, 957 f.; OLG Hamm VersR 1999, 1115, 1116; OLG Stuttgart NJW-RR 2000, 1043 f.; weiter LG Nürnberg-Fürth VersR 1990, 96, 97.
[2359] BGHZ 63, 140, 148 = NJW 1975, 109, 111; BGH NJW 1976, 957; OLG Düsseldorf VersR 1992, 841; OLG Hamm VersR 1998, 68, 69; OLG Saarbrücken VersR 1992, 248; *Deutsch* VersR 1974, 1045, 1050; *Grunsky* JZ 1975, 109, 111; *Füllgraf* VersR 1983, 705, 711 f.; *Erman/Schiemann* RdNr. 104; *Staudinger/Hager* Vor § 823 RdNr. 56.
[2360] AG Ettenheim VersR 1991, 1067 f.
[2361] So *Grunsky* JZ 1975, 109, 110.
[2362] So aber BGHZ 63, 140, 144 = NJW 1975, 109, 110; BGHZ 154, 316, 323 ff. = NJW 2003, 2018; BGH NJW-RR 2006, 813, 815 RdNr. 14 ff.; *Füllgraf* VersR 1983, 705, 710 ff.: venire contra factum proprium als „interessengerechte ‚Notbremse".
[2363] *Grunsky* JZ 1975, 109, 111.
[2364] So *Erman/Schiemann* RdNr. 104; doch gilt bei der Haftung für Sportunfälle durchaus ein externer Sorgfaltsmaßstab und gerade nicht ein idiosynkratischer, der auf das individuelle Verhalten des einzelnen Spielers Rücksicht nähme.
[2365] Treffend BGH NJW 1976, 2161: die Sportregeln bildeten „das entscheidende Erkenntnismittel für das Ausmaß der [von Spielern] zu fordernden Sorgfalt".
[2366] So wohl BGHZ 154, 316, 324 ff. = NJW 2003, 2018; BGH NJW-RR 2006, 813, 815 Tz. 15 = VersR 2006, 416; offen gelassen in BGHZ 63, 140, 147 = NJW 1975, 109, 111; BGH NJW 1976, 957; 1976, 2161; OLG Hamm NJW-RR 2005, 1477.

§ 823   551

schluss gemäß § 242 wegen Handelns auf eigene Gefahr in Erwägung,[2367] doch erneut scheint die allgemeine Fahrlässigkeitsdogmatik für die Lösung des Problems ausreichend. Die **Spielregeln der Sportverbände sind kein bindendes Recht,**[2368] und der Sorgfaltspflichtverstoß erschöpft sich nicht im Zuwiderhandeln gegen einen abstrakten und in Spielregeln positivierten Verhaltensstandard.[2369] Zusätzlich zu den äußeren Merkmalen der Handlungssituation kommt es auf die Erwartungen der betroffenen Akteure des jeweiligen Verkehrskreises an, also beispielsweise darauf, was vernünftige Fußballspieler berechtigterweise voneinander verlangen können, damit unnötige Verletzungen vermieden werden (allgemein RdNr. 261 ff.).[2370] Diese Erwartungen sind nicht auf ein Verhalten gerichtet, das Verletzungen mit Sicherheit ausschließt – was generell illusorisch wäre –, sondern lediglich auf die Vermeidung grober Regelverstöße und mutwillig zugefügter Verletzungen, wie etwa durch eine sog. Blutgrätsche[2371] oder durch Faustschläge und Fußtritte außerhalb des Kampfs um den Ball.[2372] Eine darüber noch hinausgehende, explizite **Privilegierung von Verletzungshandlungen,** die im Eifer der sportlichen Auseinandersetzung geschehen, wäre demgegenüber unangebracht.[2373] Soweit die Instanzgerichte die Haftung ablehnen, wenn die Verletzungshandlung im „Grenzbereich" zwischen erlaubter Härte und regelwidriger Unfairness liegt, beruht dies nicht auf Besonderheiten des Sports,[2374] sondern einfach darauf, dass der Geschädigte einen Sorgfaltspflichtverstoß des Beklagten zur Überzeugung des Gerichts nachweisen muss (RdNr. 323).

551   **Basketball** ist zwar ein „körperloses" Spiel, doch dies bedeutet nicht, dass jeder schadensträchtige Körperkontakt mit dem Gegner, der spieltechnisch als Foul zu werten ist, einer Fahrlässigkeit gleichkommt.[2375] Einem **Eishockeyspieler,** der einen Puck regelgemäß schlägt, ist auch dann kein Sorgfaltsverstoß vorzuwerfen, wenn das Geschoss einen Auswechselspieler im Gesicht trifft.[2376] Kommt es im Rahmen eines Wettkampfs auf einer **Go-Cart**-Bahn zu einem Unfall, hängt die Haftung davon ab, ob sich einem Beteiligten ein Regelverstoß nachweisen lässt.[2377] Beim **Judo** und beim Shaolin-Kempo wird nicht für jede Verletzung bei Übungskämpfen gehaftet,[2378] doch muss der ranghöhere Rücksicht auf den rangniederen Kämpfer nehmen und darf keine Wurftechniken anwenden, zu denen sich Letzterer noch nicht sachgemäß verhalten kann.[2379] Im Rahmen eines **Boxkampfes** ist die regelgemäße Zufügung von Verletzungen geradezu erwünscht und folgerichtig auch haftungsrechtlich erlaubt, sofern sie im Einklang mit den Spielregeln erfolgt.[2380] Das **Gotcha**-Spiel ist zwar keine anerkannte Sportart, sondern eine Abart der herkömmlichen Kampf-

---

[2367] Vgl. die Nachweise in Fn. 2366.
[2368] *Deutsch* VersR 1974, 1045, 1048; *Grunsky* JZ 1975, 109, 110; *Storch* VersR 1989, 1131, 1132; vgl. auch *Looschelders* JR 2000, 265, 270 f.; *Staudinger/Hager* Vor § 823 RdNr. 55; aA OLG Hamm NJW-RR 2001, 1537, 1538: FIS-Regeln als „Gewohnheitsrecht".
[2369] BGH VersR 1957, 290 f.; *Brüggemeier* Deliktsrecht RdNr. 210; *Scheffen* NJW 1990, 2658, 2659.
[2370] Im Ansatz richtig, in der Durchführung zu großzügig OLG Hamburg VersR 2002, 500.
[2371] OLG Hamm NJW-RR 2005, 1477, 1478.
[2372] OLG Hamburg VersR 2002, 500; *Looschelders* JR 2000, 265, 270 ff.; nur im Ergebnis ähnlich *Deutsch* VersR 1974, 1045, 1048 ff.; *Fleischer* VersR 1999, 785, 788 ff., die zwischen Rechtswidrigkeit (= Regelverstoß) und Verschulden differenzieren und die Problematik bei letzterem ansiedeln wollen. Vgl. auch *Zimmermann* VersR 1980, 497, 498: situationsadäquate Modifikation der allg. Verhaltensanforderungen; dann aber weitergehend S. 500 f.: Begrenzung der Zurechnung durch „allg. Sportrisiko".
[2373] Wie hier BGH NJW 1976, 2161 f.; wohl nur verbal abw. BayObLG NJW 1961, 2072, 2073; OLG Koblenz VersR 1991, 1067; OLG Köln NJW-RR 1994, 1372; OLG Stuttgart NJW-RR 2000, 1043; OLG Düsseldorf NJW-RR 2000, 1116.
[2374] So aber OLG Hamm OLGZ 1989, 235, 236; VersR 1999, 1115, 1116; OLG Stuttgart NJW-RR 2000, 1043.
[2375] BGH NJW 1976, 2161 f.; OLG Koblenz VersR 1991, 1067; AG Bremen NJW-RR 2004, 749, 750.
[2376] OLG Hamm OLGZ 1989, 235, 236 f.
[2377] OLG Saarbrücken VersR 1992, 248.
[2378] Zur Haftung des Übungsleiters OLG Hamm NJW-RR 2003, 307 f.
[2379] OLG Köln NJW-RR 1994, 1372 f.; OLG Hamm VersR 2003, 380.
[2380] BayObLG NJW 1961, 2072 unter dem Aspekt der Einwilligung; vgl. auch *Fritzweiler* in: Praxishandbuch Sportrecht, Teil 5 RdNr. 43.

sportarten, doch sollte diese ethisch motivierte Wertung nicht den Blick darauf verstellen, dass für allfällige Verletzungen nicht nur der Täter, sondern auch das Opfer die Verantwortung trägt. Der Geschädigte kann auch hier berechtigterweise nicht mehr erwarten als die Einhaltung der „Spielregeln", so dass für regelkonform zugefügte Verletzungen nicht gehaftet wird.[2381]

Die eben dargestellten Grundsätze gelten nicht nur für Sportwettkämpfe unter Profis, sondern gleichermaßen für Erwachsene, die in ihrer Freizeit Wettkämpfe austragen,[2382] und insbesondere auch für das **sportliche Treiben von Kindern,**[2383] angefangen beim Fußballspiel[2384] über das Schattenboxen[2385] bis hin zum Spiel mit Wurfpfeilen.[2386]

c) **Parallelsportarten.** Bei der Ausübung von **Individual-** bzw. **Parallelsportarten** ist körperlicher Kontakt zwischen den Athleten zu Wettbewerbszwecken weder erforderlich noch gewollt, so dass Haftungseinschränkungen unter dem Gesichtspunkt der Einwilligung, des Handelns auf eigene Gefahr oder des § 242 nicht in Betracht kommen.[2387] Anders liegt es, wenn **Wettkämpfe** ausgeübt werden, bei denen trotz Einhaltung der Wettkampfregeln oder geringfügigen Regelverletzungen mit Schäden gerechnet werden muss, wie etwa bei **Auto-, Rad- und Pferderennen.** In diesen Fällen gelten die eben dargestellten, für Kampfsportarten entwickelten **Haftungsbeschränkungen** entsprechend.[2388] Nach der Rechtsprechung ist es treuwidrig (venire contra factum proprium), wenn ein Teilnehmer, der wegen eines für den Wettbewerb typischen Unfalls, der trotz Einhaltung der einschlägigen Regeln oder infolge geringfügiger Regelverletzungen eingetreten ist, von seinem unversicherten Mitbewerber Ersatz verlangen wollte. Verfügt der Gegner hingegen über eine **Haftpflichtversicherung,** wovon bei Autorennen wegen § 4 Nr. 4 KfzPflVV, § 2 b III b AKB nicht ohne weiteres ausgegangen werden kann, ist seine Haftung nicht gemäß § 242 ausgeschlossen (Vor § 823 RdNr. 76).[2389] ME wäre auch in diesen Fällen nicht § 242 anzuwenden, sondern die allgemeine Sorgfaltspflicht situations- und erwartungsgerecht einzustellen (vgl. RdNr. 549). Auf „wilde" Autorennen unter Jugendlichen lassen sich diese Grundsätze ebenso wenig übertragen[2390] wie auf die Beteiligung an einem sog. **Rempeltanz.**[2391]

Für **sonstige Parallelsportarten,** wie etwa Segelregatten,[2392] gilt das allgemeine Sorgfaltsgebot ungeschmälert.[2393] Beispielsweise muss beim **Eislauf** der von hinten schnell herannahende Läufer Rücksicht auf seine Vorleute nehmen und seine Fahrweise dem eigenen Fahrkönnen, den Sichtverhältnissen und dem Betrieb auf der Eisbahn anpassen.[2394] Beim sog. Top-Rope-Klettern muss der Sichernde den Absturz des Kletternden jederzeit vermeiden können.[2395] Teilnehmer einer **Bergtour** sind gehalten, die einschlägigen Regeln der Alpinverbände und darüber hinaus das allgemeine Sorgfaltsgebot zu beachten und sich

---

[2381] LG Bremen VersR 1995, 1109 f.; nur im Ergebnis genauso OLG Hamm VersR 1998, 249 f. mit Lösung über § 254.
[2382] LG Nürnberg-Fürth VersR 1990, 96, 97.
[2383] Vgl. auch LG Lüneburg VersR 1991, 234.
[2384] OLG Düsseldorf NJW-RR 2000, 1116.
[2385] OLG Düsseldorf VersR 1993, 1295, 1296.
[2386] AA OLG Köln NJW-RR 1993, 1498, 1499.
[2387] BGH VersR 1982, 1004, 1005; OLG Köln NJW 1962, 1110; OLG Düsseldorf SpuRt 1994, 236 f.; VersR 1996, 343 f.; OLG Hamm NJW-RR 1990, 925, 926; VersR 1998, 67, 68; OLG Karlsruhe VersR 2006, 228, 230; *Zimmermann* VersR 1980, 497, 499; nur verbal abw. OLG Hamm VersR 1985, 296.
[2388] Zum Motorsport BGHZ 154, 316, 324 ff. = NJW 2003, 2018; BGH NJW-RR 2006, 813, 815 Tz. 15 = VersR 2006, 416; BGH VersR 2008, 540 Tz. 8; OLG Nürnberg VersR 2003, 1134; zum Radsport OLG Stuttgart NJW-RR 2007, 1251, 1252.
[2389] BGH VersR 2008, 540, 541 Tz. 10; noch offen gelassen in BGHZ 154, 316, 325 = NJW 2003, 2018; vgl. auch *Behrens/Rühle* NJW 2007, 2082.
[2390] AA LG Duisburg NJW-RR 2005, 105, 106.
[2391] BGH VersR 2006, 663, 664 f.
[2392] *Behrens/Rühle* NJW 2007, 2079; aA OLG Karlsruhe NJW-RR 2004, 1257.
[2393] S. Fn. 2387.
[2394] BGH VersR 1982, 1004, 1005; OLG Düsseldorf SpuRt 1994, 236, 237.
[2395] OLG Karlsruhe VersR 2006, 228, 229.

wechselseitig nicht in vermeidbarer Weise zu gefährden.[2396] Ein **Golfspieler** darf den Ball nur schlagen, nachdem er sich vergewissert hat, dass die anvisierte Flugbahn frei ist und niemand durch den Schlag gefährdet wird.[2397] Die Teilnehmer einer **Segelregatta** müssen die notwendige Aufmerksamkeit und Vorsicht walten lassen, um Kollisionen zu vermeiden.[2398] Tanzpaare unterliegen den üblichen Sorgfaltsanforderungen.[2399] Die Partner eines Tennis-Doppels müssen wechselseitig die gebotene Rücksicht nehmen und dürfen den anderen insbesondere nicht durch überflüssige Manöver gefährden,[2400] und dem Gegner darf der Ball nach einer Pause erst zugespielt werden, wenn er sich aufnahmebereit gezeigt hat.[2401] Dasselbe gilt für das Squash-Spiel, bei dem zwei Spieler auf engstem Raum agieren und dabei die Spielregeln beachten müssen, denen es maßgeblich auch um die Verhinderung von Verletzungen, insbesondere durch Aushol- oder Schlagbewegungen, geht.[2402] Wiederum spricht der bloße Umstand, dass es zu einer uU schwerwiegenden Verletzung durch einen solchen Schlag gekommen ist, nicht ohne weiteres für ihre Vermeidbarkeit.[2403]

555 Im Bereich der die Rechtsprechung häufig beschäftigenden **Skiunfälle** orientieren sich die Gerichte zunächst an den Verhaltensregeln des Internationalen Skiverbands, den sog. **FIS-Regeln,** die hinlänglich bekannt und verbreitet sind, so dass ihre Befolgung die gebotene Verhaltenskoordination zu gewährleisten vermag.[2404] Sie gelten gleichermaßen für **Ski- wie für Snowboardfahrer.**[2405] Die FIS-Regel Nr. 1 verpflichtet jeden Skifahrer dazu, sich so zu verhalten, dass andere nicht gefährdet oder geschädigt werden. Grundlegend dafür ist das **Gebot kontrollierter Fahrweise,** bei der die Geschwindigkeit dem Gelände, den Wetter- und Sichtverhältnissen sowie dem eigenen Fahrkönnen so angepasst wird, dass ein Ausweichen oder Abbremsen vor etwaigen Hindernissen sicher möglich ist (FIS-Regel Nr. 2).[2406] Im Übrigen gilt beim Skiverfahren wie im Straßenverkehr die Regel, dass der „von hinten" kommende, mit hoher Geschwindigkeit herannahende Fahrer auf langsamere Verkehrsteilnehmer Rücksicht nehmen muss – und nicht umgekehrt (FIS-Regel Nr. 3).[2407] Ein Skifahrer, der in eine Abfahrtsstrecke oder ein Skigelände hineinfährt oder nach einem Halt wieder anfährt, muss sich jedoch nach oben und unten der Gefahrlosigkeit seines Vorhabens versichern (FIS-Regel Nr. 5).[2408] Ist es zu einem Sturz gekommen, muss jeder Beteiligte die gebotene Rücksicht üben und darf nicht seine eigene Haut auf Kosten anderer zu retten suchen.[2409]

556 Aus diesen Maßregeln und insbesondere aus dem allgemeinen Verletzungsverbot darf aber nicht geschlossen werden, dass jeder Skiunfall auch einen Haftungsfall generieren müsste.

[2396] OLG Karlsruhe NJW 1978, 705, 706; eingehend *Fritzweiler* in: Praxishandbuch Sportrecht, Teil 5 RdNr. 29 ff.; *Röckrath* SpuRt 2003, 189, 191.
[2397] OLG Hamm VersR 1998, 67, 68; OLG Nürnberg NJW-RR 1990, 1593, 1594; *Storch* VersR 1989, 1131, 1132; *Zuck* MDR 1990, 971 f.
[2398] OLG Hamm NJW-RR 1990, 925, 926; *Behrens/Rühle* NJW 2007, 2079.
[2399] OLG Hamm VersR 1988, 1295.
[2400] OLG Braunschweig NJW-RR 1990, 987 f.; vgl. auch OLG Hamm NJW-RR 1991, 418; *Fritzweiler* in: Praxishandbuch Sportrecht, Teil 5 RdNr. 31.
[2401] OLG München NJW 1970, 2297.
[2402] OLG Hamm VersR 1985, 296; NJW-RR 1991, 149.
[2403] OLG Hamm VersR 1985, 296.
[2404] BGHZ 58, 40, 43 f. = NJW 1972, 627 f.; BGH NJW 1972, 627 f.; 1987, 1947, 1949; OLG Düsseldorf VersR 1990, 111; OLG München SpuRt 1994, 35, 36; NJW-RR 2002, 1542, 1543; verfehlt aber OLG Hamm NJW-RR 2001, 1537, 1538: FIS-Regeln als „Gewohnheitsrecht"; vgl. auch *Fritzweiler* in: Praxishandbuch Sportrecht, Teil 5 RdNr. 16 ff.
[2405] OLG Brandenburg NJW 2006, 1458, 1459.
[2406] BGHZ 58, 40, 43 f. = NJW 1972, 627 f.; OLG Karlsruhe NJW 1959, 1589; OLG Düsseldorf VersR 1990, 111 f.; OLG München SpuRt 1994, 35, 36; NJW 2002, 1542, 1543; OLG Hamm NJW-RR 2001, 1537, 1538.
[2407] OLG Karlsruhe NJW 1959, 1589; OLG Hamm NJW-RR 2001, 1537, 1538; OLG Stuttgart NJW 1964, 1859.
[2408] BGHZ 58, 40, 45 f. = NJW 1972, 627, 628 f.; OLG München SpuRt 1994, 35, 37; OLG Hamm NJW-RR 2001, 1537, 1538; *Fritzweiler* NJW 2004, 989, 992; eingehend zu FIS-Regel 5 *Pichler* NJW 2004, 643.
[2409] OLG Karlsruhe VersR 1977, 869, 870.

Schadensersatzpflicht 557, 558 § 823

Hier wie auch sonst gilt **kein generelles Schadensverursachungsverbot,** sondern der Einzelne ist lediglich verpflichtet, die ihm möglichen und zumutbaren Sorgfaltsvorkehrungen zu treffen (RdNr. 259 ff.).[2410] Dies gilt für Skifahrer genauso wie für die Fahrer und Halter von Motorschlitten.[2411] Wer das Gebot kontrollierten Fahrens beachtet, aber gleichwohl einen Fahrfehler begeht, etwa einen Ski verkantet, und dadurch vom Kurs abkommt, hat nicht schon deswegen gegen deliktische Sorgfaltspflichten verstoßen,[2412] wohl aber dann, wenn er sich nicht hinfallen lässt, um einen Zusammenstoß zu vermeiden, sondern in unvernünftiger Weise versucht weiterzufahren.[2413] Auf dieser Grundlage begegnet es Zweifeln, wenn der BGH einem neunjährigen Mädchen vorwirft, beim Zufahren auf eine Gruppe Erwachsener die Kontrolle über die Skier verloren und in diese hineingefahren zu sein.[2414] Eben weil das bloße Faktum einer Kollision nichts für die Sorgfaltswidrigkeit des Verhaltens der Beteiligten aussagt, stehen dem Verletzten insoweit auch keine Beweiserleichterungen zu, sondern es obliegt ihm, einen Sorgfaltspflichtverstoß des Gegners nachzuweisen.[2415] Das geschilderte Verhaltensprogramm gilt nicht nur für Skifahrer, sondern gleichermaßen für die Nutzer von **Snowboards,** die sogar zu verschärften Vorsichtsmaßnahmen verpflichtet sein können, weil diese Geräte schwerer zu steuern sind als Skier und auch schwerere Verletzungen verursachen können als diese.[2416]

2. Deliktische Sorgfaltspflichten bei der Jagdausübung. Die Ausübung der Jagd ist 557 nicht nur für Tiere gefährlich, sondern auch für die Jäger selbst, wie die zahlreichen Gerichtsurteile zu Personenschäden bei der Jagdausübung zeigen. Dies gilt weniger für das Jagen auf eigene Faust als vielmehr für **Jagdveranstaltungen** und insbesondere für **Treibjagden,** an denen eine Vielzahl von Schützen teilnehmen. Ähnlich wie bei Sportveranstaltungen treffen die Sicherungspflichten bei solchen Jagdveranstaltungen nicht nur die **Teilnehmer,** die sich wechselseitig die Beachtung der im Verkehr erforderlichen Sorgfalt (§ 276 Abs. S. 2) schulden, sondern auch den **Veranstalter,** der das seinerseits Mögliche und Zumutbare zu tun hat, um die Verletzung deliktisch geschützter Rechtsgüter zu verhindern (zu entsprechenden Sicherungspflichten etwa des Veranstalters von Sportfesten oder von Pauschalreisen vgl. RdNr. 513, 577).[2417] Bei der Konkretisierung dieser Anforderungen suchen und finden die Gerichte **Orientierung in den waidmännischen Gebräuchen**[2418] und in den detaillierten Regelungen der „**Unfallverhütungsvorschriften** Jagd" der landwirtschaftlichen Berufsgenossenschaften.[2419] Wie sonst ist das deliktsrechtliche Pflichtenprogramm jedoch auch für den Bereich der Jagdausübung autonom zu bestimmen, so dass weder die faktische Verbreitung und Befolgung waidmännischer Gebräuche noch die Einhaltung einer Unfallverhütungsvorschrift weitergehende deliktische Sorgfaltsanforderungen ausschließt (allgemein zur mangelnden Bindungswirkung von Unfallverhütungsvorschriften RdNr. 283).[2420] Zur Haftung wegen Verletzung von Sicherungspflichten bei der Aufbewahrung von Waffen RdNr. 544.

a) Veranstalterhaftung. Der Veranstalter einer **Treibjagd** hat für Verletzungen von Leib 558 und Leben, die einer seiner Gäste einem anderen zufügt, zwar weder nach § 278 noch nach § 831 einzustehen, doch ist er gemäß § 823 Abs. 1 gehalten, in den Grenzen des Zumut-

---

[2410] Vgl. etwa OLG Düsseldorf VersR 1996, 343, 344.
[2411] Dazu OLG München NJW-RR 2002, 1542, 1543.
[2412] BGH NJW 1987, 1947, 1949; OLG Düsseldorf VersR 1990, 111, 112: Skiunfall wegen Verkantens trotz kontrollierter Fahrweise.
[2413] OLG München VersR 1960, 164 f.; *Nirk* NJW 1964, 1829 f.; zur Verpflichtung zum Notsturz *Fritzweiler* in: Praxishandbuch Sportrecht, Teil 5 RdNr. 18.
[2414] So BGH NJW 1987, 1947, 1949.
[2415] BGH VersR 1982, 1004, 1005; OLG Düsseldorf SpuRt 1994, 236, 238.
[2416] OLG München SpuRt 1994, 35, 36 f.
[2417] BGH VersR 1959, 206, 207; OLG Oldenburg VersR 1979, 91 f.
[2418] RG JW 1904, 357; BGH VersR 1959, 206; OLG Zweibrücken VersR 1966, 989, 990.
[2419] BGH VersR 1998, 858, 859; OLG Koblenz VersR 1992, 893.
[2420] OLG Oldenburg VersR 1979, 91, 92; *Staudinger/Hager* RdNr. E 367.

§ 823   559   Abschnitt 8. Titel 27. Unerlaubte Handlungen

baren für einen **gefahrlosen Ablauf der Jagd** zu sorgen.[2421] Die Kleidung der Treiber muss sich farblich von der Umgebung abheben und aus der Ferne gut sichtbar sein, was etwa durch signalfarbene Brustumhänge gewährleistet werden kann.[2422] Die Teilnehmer sind so aufzustellen, dass die Gefahr wechselseitiger Gefährdung minimiert wird,[2423] und bei der **Auswahl der Jagdgäste** ist auf deren Unbescholtenheit, Kompetenz und Zuverlässigkeit zu achten.[2424] Der Jagdleiter muss prüfen, ob jeder Teilnehmer einen gültigen **Jagdschein** vorweisen kann und auf diese Weise gewährleisten, dass die nach § 17 Abs. 1 Nr. 4 BJagdG obligatorische Jagdhaftpflichtversicherung besteht.[2425] Wird dagegen verstoßen, hat der Veranstalter selbst für die Schäden aufzukommen, die ein unversicherter Jagdgast einem anderen zufügt. Umgekehrt ist es mit der Kontrolle des Jagdscheins nicht getan, sondern dem Veranstalter als unzuverlässig bekannte Schützen dürfen gar nicht erst eingeladen werden und solche, die ihren **Leichtsinn** und ihre **Rücksichtslosigkeit** erst während der Jagd unter Beweis stellen, sind umgehend von der weiteren Teilnahme auszuschließen, auch wenn dies unüblich und sozial problematisch sein mag.[2426] Zu erwähnen sind schließlich die Sicherungspflichten des Jagdveranstalters zugunsten des im Revier stattfindenden **Straßenverkehrs**. Das Jagen an Orten, an denen eine Gefahr für die öffentliche Ruhe, Ordnung und Sicherheit hervorgerufen würde, ist nach § 20 Abs. 1 JagdG ordnungsrechtlich untersagt. Verstöße gegen dieses Verbot sind über § 823 Abs. 2 durch Schadensersatzansprüche der Verkehrsteilnehmer zu sanktionieren.[2427] Die nach § 823 Abs. 1 bestehenden zivilrechtlichen Sicherungspflichten können über den Standard des § 20 Abs. 1 BJagdG noch hinausgehen.[2428] Allerdings ist wegen der Dichte des heutigen Straßennetzes die Jagd in der Nähe öffentlicher Straßen nicht generell unzulässig. Wer in der freien Feldmark in Parallelrichtung zur Straße dem Geflügel nachstellt, haftet folglich nicht, wenn ein aufgescheuchtes Reh zur Seite ausbricht, auf die 100 m entfernte Straße läuft und dort von einem Pkw. erfasst wird.[2429] Andererseits darf das Wild bei Treib- oder Drückjagden nicht geradewegs auf eine Straße zugetrieben werden, sondern möglichst von dieser weg, das Ausbrechen des Wildes in eine andere Richtung ist durch sog. Jagdlappen möglichst zu verhindern und die Verkehrsteilnehmer sind ggf. durch Warntafeln oder -posten auf die Gefahr hinzuweisen.[2430]

559   **b) Teilnehmerhaftung.** Die Teilnehmer von Jagdveranstaltungen dürfen ihrerseits nicht etwa die Hände in den Schoß legen und sich auf die Sorgfaltsmaßnahmen des Veranstalters verlassen, sondern müssen das Ihrige zur Vermeidung von Verletzungen beitragen (RdNr. 261, 264 ff.).[2431] Dabei sind an die **Sorgfaltspflichten hohe Anforderungen** zu stellen, wenn in der Nähe von Menschen geschossen werden soll, und diese sind dem Streben nach Erlegen eines aufgestöberten Tieres vorgeordnet.[2432] Ein zentrales Gebot für jeden Jagdteilnehmer geht dahin, einen Schuss erst abzugeben, wenn das **Wild gesichert und eine Gefährdung von Menschen ausgeschlossen** ist.[2433] Ist der Boden gefroren, muss mit dem Abprallen der Schrotkörner und daraus resultierenden Querschlägern gerechnet werden.[2434] Wer eine Waffe führt, bei der sich leicht ein unbeabsichtigter Schuss löst, muss sich darauf einstellen und darf sich nicht auf das Glück verlassen.[2435] Wer mit einem

---

[2421] Grdlg. RGZ 129, 39, 42 ff., dort auch zum Fehlen eines Vertragsverhältnisses.
[2422] OLG Koblenz VersR 1992, 893, 894.
[2423] BGH VersR 1959, 206, 207.
[2424] RGZ 129, 39, 43 f.
[2425] OLG Oldenburg VersR 1979, 91, 92.
[2426] RGZ 129, 39, 44.
[2427] OLG Celle VersR 1974, 1087, 1088.
[2428] BGH VersR 1976, 593; vgl. auch *Staudinger/Hager* RdNr. E 372.
[2429] OLG Celle VersR 1974, 1087.
[2430] BGH VersR 1976, 593, 594.
[2431] BGH VersR 1959, 206, 207.
[2432] RGZ 156, 140, 144 f.; BGH VersR 1959, 206; OLG Nürnberg VersR 1957, 682, 683; OLG Zweibrücken VersR 1966, 989, 990.
[2433] BGH VersR 1959, 206 f.; OLG Koblenz VersR 1992, 893.
[2434] RGZ 98, 58 f.
[2435] RGZ 156, 140, 144 f.

geladenen Gewehr durch schwieriges Gelände streift, muss die gebotene Sorgfalt aufwenden, um Stürze und das dadurch bedingte Selbstauslösen eines Schusses zu vermeiden.[2436] Nicht erst nach Beendigung der Jagdveranstaltung, sondern bereits mit Schluss der tatsächlichen Jagdausübung ist das **Gewehr** zu **entladen**, um die unbeabsichtigte Abgabe eines Schusses auszuschließen.[2437] Lässt sich nicht aufklären, wer von mehreren Schützen den Leib oder Leben verletzenden Schuss abgegeben hat, liegt ein Fall alternativer Kausalität vor und die Anwendung des § 830 Abs. 1 S. 2 nahe (vgl. § 830 RdNr. 45).[2438]

c) **Haftungsausschluss durch Unfallversicherung.** Die bereits angesprochenen Jagd- unfallverhütungsvorschriften der landwirtschaftlichen Berufsgenossenschaften (RdNr. 557) verdanken sich dem Umstand, dass Jagden gemäß § 123 Abs. 1 Nr. 5 SGB VII zu den **pflichtversicherten Unternehmen** der gesetzlichen Unfallversicherung zählen. Die Haftung des Unternehmers und seiner Angestellten für Schädigungen im Binnenbereich des Betriebs ist deshalb gemäß §§ 104 ff. SGB VII auf Vorsatz beschränkt. **Jagdgäste** wiederum zählen nicht zu den Betriebsangehörigen des Jagdpächters und haben einander folglich bereits für fahrlässig zugefügte Verletzungen einzustehen.[2439] Dies würde selbst dann gelten, wenn sie sich gemäß § 6 Abs. 1 Nr. 1 SGB VII freiwillig unfallversichert hätten (was in der Praxis kaum geschieht), weil das Haftungsprivileg des § 105 SGB VII auf Betriebsangehörige beschränkt ist.[2440] Jagdausübungsberechtigte sind gemäß § 17 Abs. 1 Nr. 4 BJagdG generell verpflichtet, eine **Haftpflichtversicherung** abzuschließen und zu unterhalten (RdNr. 558). Daran liegt es wohl, dass die Gerichte bei der Beurteilung des Verhaltens des Schädigers einen sehr strengen Maßstab anlegen, der die erheblichen Gefahren der Jagdausübung reflektiert, ein etwaiges **Mitverschulden des Geschädigten** jedoch selbst in krassen Fällen ablehnen[2441] und im Übrigen mit der Annahme eines stillschweigend geschlossenen Haftungsverzichts äußerst zurückhaltend sind, weil ein solcher „in der Regel nur dem Haftpflichtversicherer zugute kommt." (vgl. auch Vor § 823 RdNr. 68 ff.)[2442]

3. Internetdelikte

Schrifttum: *Engel-Flechsig/Maennel/Tettenborn,* Das neue Informations- und Kommunikationsdienste-Gesetz, NJW 1997, 2981; *Diesselhorst/Schreiber,* Die Rechtslage zum E-Mail-Spamming in Deutschland, CR 2004, 680; *v. Hinden,* Persönlichkeitsverletzungen im Internet. Das anwendbare Recht, 1999; *Heckmann,* Internetrecht, 2007; *Hoffmann,* Zivilrechtliche Haftung im Internet, MMR 2002, 284; *Köster/Jürgens,* Haftung professioneller Informationsvermittler im Internet, MMR 2002, 420; *Leible/Sosnitza,* Neues zur Störerhaftung von Internet-Auktionshäusern, NJW 2004, 3225; *Meyer,* Haftung der Internet-Auktionshäuser für Bewertungsportale, NJW 2004, 3151; *Pankoke,* Beweis- und Substanziierungslast im Haftungsrecht der Internetprovider, MMR 2004, 211; *Rötlich,* Die zivilrechtliche Haftung des Internet-Providers, insbesondere für die Weiterverbreitung rechtswidriger Äußerungen durch dritte Personen im Internet, Diss. Konstanz 2000; *Schmoll,* Die deliktische Haftung der Internet-Service-Provider, 2001; *Spindler,* Haftungsrechtliche Probleme der neuen Medien, NJW 1997, 3193; *ders.,* Verschuldensabhängige Produkthaftung im Internet, MMR 1998, 23; *ders.,* Dogmatische Strukturen der Verantwortlichkeit der Diensteanbieter nach TDG und MDStV, MMR 1998, 639; *ders.,* Verantwortlichkeit von Diensteanbietern nach dem Vorschlag einer E-Commerce-Richtlinie, MMR 1999, 199; *ders.,* Das Gesetz zum elektronischen Geschäftsverkehr – Verantwortlichkeit der Diensteanbieter und Herkunftslandprinzip, NJW 2002, 921; *ders.,* IT-Sicherheit und Produkthaftung – Sicherheitslücken, Pflichten der Hersteller und der Softwarenutzer, NJW 2004, 3145; *ders.,* Verantwortlichkeit und Haftung für Hyperlinks im neuen Recht, MMR 2002, 495; *ders.* in: *Hoeren/Sieber,* Handbuch Multimedia Recht, Stand 2008, Teil 29; *Spindler/Schuster* (Hrsg.), Recht der elektronischen Medien, 2008.

a) **Nationales Deliktsrecht und globales Kommunikationsmedium.** Das Internet ist ein ubiquitär verbreitetes und heterarchisch organisiertes Kommunikationsmedium, das sich umfassender Steuerung und Kontrolle entzieht. Obwohl praktisch jede Bereitstellung

---

[2436] BGH VersR 2000, 1419, 1420: Sorgfaltspflichtverstoß in casu abgelehnt!
[2437] BGH VersR 1958, 851; 1998, 858, 859; vgl. auch § 2 Abs. 1 Unfallverhütungsvorschrift Jagd.
[2438] RGZ 98, 58, 60 f.
[2439] BGH VersR 1968, 1141, 1142; OLG Zweibrücken VersR 1966, 989.
[2440] Vgl. OLG Zweibrücken VersR 1966, 989 f. zu § 899 RVO aF.
[2441] Beispiel: BGH VersR 1968, 1141, 1142 f.
[2442] BGH VersR 1958, 851, 852; 1959, 206, 207; unter anderen Rahmenbedingungen noch anders RGZ 129, 39, 45.

§ 823   562   Abschnitt 8. Titel 27. Unerlaubte Handlungen

von Informationen im Internet einen internationalen Bezug hat, können die komplizierten **kollisionsrechtlichen Probleme** der Anknüpfung von Internet-Delikten hier nur notiert werden.[2443] Für Diensteanbieter, die in anderen Mitgliedstaaten der EU niedergelassen sind, ist zudem die E-Commerce-Richtlinie und die dort geführte Diskussion um das **Herkunftslandprinzip** zu berücksichtigen.[2444] Das dazu ergangene Transformationsrecht im Teledienstegesetz (TDG)[2445] und im Mediendienstestaatsvertrag (MDStV)[2446] ist seit 1. 3. 2007 durch das **Telemediengesetz** (TMG) ersetzt worden.[2447] Eine sachliche Änderung war damit nicht beabsichtigt.[2448] Gemäß § 3 Abs. 1 TMG ist deutsches Deliktsrecht auf Anbieter von Telemedien, die in Deutschland domiziliert sind, unabhängig davon anzuwenden, ob sie ihre Dienstleistungen im Inland oder im Ausland erbringen. Umgekehrt darf der freie Dienstleistungsverkehr von Telemedien ausländischer Anbieter im Inland nicht eingeschränkt werden, § 3 Abs. 2 TMG (Art. 3 Abs. 2 RL). Ausweislich des § 3 Abs. 5 TMG gilt Letzteres allerdings nicht für Einschränkungen des innerstaatlichen Rechts, die dem Schutz **der öffentlichen Sicherheit, der öffentlichen Gesundheit und der Interessen der Verbraucher, insbesondere der Kapitalanleger,** dienen, und diesen Schutz mit verhältnismäßigen Mitteln zu gewährleisten suchen. Die **Anwendung inländischen Deliktsrechts auf ausländische Diensteanbieter** bleibt damit möglich. Mit diesem Vorbehalt ist den Grundfreiheiten des EG-Vertrags ebenso genüge getan wie den Anforderungen der E-Commerce-Richtlinie.[2449]

562   **b) Verantwortlichkeit nach Telemedienrecht.** Die §§ 7 ff. TMG enthalten Regelungen über die „**Verantwortlichkeit**" der verschiedenen an der Bereitstellung von Informationen im Internet beteiligten Akteure. Zu nennen ist zum Ersten der eigentliche Inhaltsanbieter (Content-Provider), der die Informationen „ins Netz stellt", an zweiter Stelle der Speicherplatzanbieter (Host/Service-Provider), der die Informationen auf einem mit dem Internet verbundenen Computer, einem Server, speichert und bereit hält, und schließlich der Zugangsanbieter (Access-Provider), der lediglich für die Durchleitung der Informationen im Netz verantwortlich ist. An diesen drei Typen von Akteuren orientieren sich die einschlägigen Regelungen des TMG: Gemäß § 7 Abs. 1 TMG sind **Inhaltsanbieter** für eigene Informationen, die sie zur Nutzung bereit halten, voll verantwortlich, wie es allgemeinen deliktsrechtlichen Prinzipien entspricht (RdNr. 232 ff.). Die **Speicherplatzanbieter,** die fremde Inhalte zur Nutzung bereithalten, sind für darin enthaltene rechtswidrige Handlungen und Informationen nur dann verantwortlich, wenn sie von den rechtswidrigen Inhalten Kenntnis hatten, ihnen Umstände bekannt waren, aus denen die rechtswidrige Handlung des Nutzers offensichtlich wurde (§ 10 S. 1 Nr. 1 TMG) oder sie nach Kenntniserlangung nicht unverzüglich für die Entfernung bzw. Sperrung der Information gesorgt haben (§ 10 S. 1 Nr. 2 TMG).[2450] Bloße **Zugangsanbieter** schließlich sind für fremde Informationen, für deren Durchleitung sie sorgen, nur verantwortlich, wenn sie die Übermittlung der rechtswidrigen Information veranlasst oder ihren Adressaten ausgewählt oder die übermittelten Informationen ausgewählt oder verändert haben (§ 8 Abs. 1 S. 1 Nr. 1–3

[2443] Eingehend zum Kollisionsrecht der Internet-Delikte *v. Hinden,* Persönlichkeitsverletzungen im Internet. Das anwendbare Recht, 1999; dazu *Wagner* RabelsZ 65 (2001), 307; für einen Überblick vgl. 4. Aufl. Art. 40 EGBGB RdNr. 172 ff.; zu Kennzeichenverletzungen BGH NJW 2005, 1435.
[2444] Richtlinie 2000/31/EG des Europäischen Parlaments und des Rates über bestimmte rechtliche Aspekte der Dienste der Informationsgesellschaft, insbes. des elektronischen Geschäftsverkehrs, im Binnenmarkt, vom 8. 6. 2000, ABl. EG Nr. L 178 S. 1; gegen das Herkunftslandprinzip im Kollisions-Deliktsrecht AnwK-BGB/ *Wagner* Art. 40 EGBGB RdNr. 87 f.
[2445] Gesetz über die Nutzung von Telediensten (TDG) vom 22. 7. 1997, BGBl. I S. 1870.
[2446] Staatsvertrag über Mediendienste vom 20. 1. bis 7. 2. 1997, idF vom 1. 4. 2003.
[2447] Vgl. Art. 1 des Gesetzes zur Vereinheitlichung von Vorschriften über bestimmte elektronische Informations- und Kommunikationsdienste (ElGVG) vom 26. 2. 2007, BGBl. I S. 179; dazu BT-Drucks. 16/3078 S. 5 ff.
[2448] BT-Drucks. 16/3078 S. 15.
[2449] AnwK-BGB/ *Wagner* Art. 40 EGBGB RdNr. 88 mwN.
[2450] Vgl. Art. 14 der E-Commerce-Richtlinie (Fn. 2444).

Schadensersatzpflicht **563, 564 § 823**

TMG).[2451] Darüber hinaus haftet der Access-Provider gemäß § 8 Abs. 1 S. 2 TMG auch dann, wenn er mit einem Nutzer zusammenarbeitet, um rechtswidrige Handlungen zu begehen. Für die Zwischenspeicherung von Informationen zum Zweck ihrer beschleunigten Übermittlung (sog. **Caching**) gilt ein Haftungsstandard, der zwischen demjenigen für (bloße) Zugangsanbieter und demjenigen für Speicherplatzanbieter angesiedelt ist; vgl. im Einzelnen § 9 TMG.[2452] Schließlich sind Diensteanbieter gemäß § 7 Abs. 2 S. 1 TMG nicht verpflichtet, die von ihnen übermittelten oder gespeicherten Informationen zu **überwachen** oder nach Umständen zu **forschen,** die auf eine rechtswidrige Tätigkeit hinweisen.[2453] Diese Klarstellung hat vor allem für die Haftung des Speicherplatzanbieters Bedeutung, weil nämlich insoweit klargestellt wird, dass die Kenntnis von Umständen, „aus denen die rechtswidrige Handlung oder Information offensichtlich wird" (§ 10 S. 1 Nr. 1 Alt. 2 TMG) nicht mit Rücksicht auf die Möglichkeit der Überwachung fremder Informationen oder die Einleitung von Nachforschungsmaßnahmen begründet werden kann.

c) **Präformierung deliktischer Sorgfaltsstandards.** Die eben geschilderten Beschränkungen der „Verantwortlichkeit" der Diensteanbieter nach Maßgabe der E-Commerce-Richtlinie und des TMG sind rechtsgebietsneutral formuliert. Sie privilegieren den Diensteanbieter daher in **allen Teilrechtsordnungen,** wo immer es um die Verhängung von Sanktionen wegen rechtswidriger Handlungen und Informationen geht. Neben der verwaltungsrechtlichen und der strafrechtlichen Verantwortlichkeit beschränken die §§ 8 ff. TDG, 6 ff. MDStV auch die deliktische Haftung der Diensteanbieter. Nach der Vorstellung des Gesetzgebers wirken die §§ 8 ff. TDG in der Art eines **„Filters",** der bestimmte Verhaltensweisen aussortiert, für die der Diensteanbieter deliktrechtlich jedenfalls nicht einzustehen hat.[2454]

Die Filter-Metapher suggeriert eine **Abkoppelung des Multimedia-Rechts vom Deliktsrecht,** die weder der Dogmatik des Deliktsrechts noch den Anforderungen an praktikable Rechtsanwendung gerecht wird. Dies gilt auch für die Vorstellung des Gesetzgebers von einer Art „Nach-Filter", dergemäß eine nach allgemeinen Vorschriften begründete Verantwortlichkeit durch die §§ 7 ff. TMG wieder ausgeschlossen wird.[2455] Ein solches Trennungskonzept kann nicht aufgehen, weil das im TMG normierte Verantwortungssystem auf **genuin deliktsrechtlichen Wertungen beruht,** indem es je nach den Möglichkeiten und Kosten der Gefahrsteuerung durch die einzelnen Akteure differenziert. Auch der Gesetzgeber des § 8 TDG aF (§ 7 TMG nF) war der Auffassung, die dort normierten Anforderungen ergäben sich bereits „aus allgemeinen übergeordneten Grundsätzen". Weiter heißt es: „Technisch Unmögliches darf das Recht ebenso wenig verlangen wie Unzumutbares. Dabei ist allerdings zu beachten, dass die Zumutbarkeitsgrenze in jedem Einzelfall zu bestimmen ist und auch von der Wertigkeit des gefährdeten Rechtsgutes abhängt. Je höherwertiger das geschützte Rechtsgut ist, umso mehr kann dem betroffenen Diensteanbieter zugemutet werden."[2456] Diese Überlegungen sind eine Zusammenfassung deliktsrechtlicher Grundprinzipien (vgl. RdNr. 258 ff.), so dass die **Einfügung der Haftungsbeschränkungen des TMG in das Deliktsrecht** bruchlos gelingen kann. Obwohl (oder gerade weil) sich das TMG von den jeweiligen dogmatischen Strukturen des Straf- und Deliktsrechts unabhängig machen musste, spricht nichts dagegen, die in den §§ 7 ff. TMG positivierten

---

[2451] Vgl. Art. 12 der E-commerce-Richtlinie (Fn. 2444).
[2452] § 10 TDG beruht seinerseits auf Art. 13 der E-Commerce-Richtlinie (Fn. 2444).
[2453] Vgl. Art. 15 Abs. 1 der E-commerce-Richtlinie (Fn. 2444).
[2454] Begr. RegE zum EEG, BT-Drucks. 14/6098 S. 23; ähnlich schon BT-Drucks. 13/7385 S. 19 f.; BGH NJW 2007, 2558 Tz. 6 = VersR 2007, 1004; CR 2004, 48, 49 m. Anm. *Spindler* = GRUR 2004, 74 = MMR 2004, 166; im Anschluss an *Engel-Flechsig/Maennl/Tettenborn* NJW 1997, 2981, 2984 f.; anders *Spindler* MMR 1998, 639, 643: „akzessorisches Tatbestandselement"; ausf. und mwN zum Meinungsstand *Hoffmann* in: *Spindler/Schuster* Vor §§ 7 ff. TMG RdNr. 26 ff.
[2455] BT-Drucks. 14/6098 S. 23; dagegen auch *Hoffmann* MMR 2002, 284, 285, der zwischen „Vorfilter" und „Nachfilter" unterscheidet und im Ergebnis beide Konstruktionen verwirft.
[2456] BT-Drucks. 14/6098 S. 23 re. Sp.; zur Haftung für die Vernichtung von Daten auf Datenträgern vgl. RdNr. 103.

Wertungen auf deliktsrechtlicher Ebene dogmatisch einzufangen, und zwar im Rahmen der Kategorie der **Pflichtwidrigkeit bzw. Verkehrspflichtverletzung**.[2457] Bei den §§ 7 ff. TMG handelt es sich nicht etwa um besondere **Rechtfertigungsgründe,** sondern die deliktischen Sorgfaltspflichten der Inhalts-, Speicher- und Zugangsanbieter werden durch das TMG ausgestaltet und begrenzt. Für den Rechtsanwender ergibt sich daraus folgende **Prüfungsreihenfolge:** Die Verantwortlichkeit nach den §§ 7 ff. TMG ist nicht vorab festzustellen, sondern zuerst ist der Tatbestand der in Betracht kommenden Deliktsrechtsnorm zu prüfen. Sofern der Schutzbereich des Deliktsrechts eröffnet, also etwa ein subjektives Recht (§ 823 Abs. 1) oder ein Schutzgesetz (§ 823 Abs. 2) verletzt ist, muss im Rahmen der Pflichtwidrigkeitsprüfung berücksichtigt werden, dass Zugangs- und Speicherplatzanbieter nur eingeschränkten Sorgfaltspflichten unterliegen.

565 Die **Darlegungs- und Beweislast** hinsichtlich der Voraussetzungen der §§ 7 ff. TMG ist unklar. Bei der Vorgängerregelung des § 10 TMG (§ 5 Abs. 2 TDG aF) hat der BGH die Beweislast für die medienrechtliche Verantwortlichkeit des Diensteanbieters dem Geschädigten auferlegt.[2458] Daran will die Literatur zu § 10 TMG festhalten, bei den §§ 8, 9 TMG jedoch umgekehrt entscheiden und dem Diensteanbieter die Beweislast auferlegen.[2459] Dabei bleibt unberücksichtigt, dass die §§ 8 bis 10 TMG insoweit einen identischen Wortlaut aufweisen („nicht verantwortlich, sofern"), während § 5 Abs. 2 TDG aF an relevanter Stelle umgekehrt formuliert war („nur dann verantwortlich, wenn"). Der aktuelle Gesetzeswortlaut spricht dafür, die §§ 8 bis 10 TMG als **Haftungsprivilegien** zu qualifizieren und dem **Diensteanbieter die Darlegungs- und Beweislast** aufzuerlegen.[2460]

566 d) **Negatorische Ansprüche.** Die Haftungsprivilegien der §§ 8 bis 10 TMG betreffen nur die straf- und verwaltungsrechtliche Verantwortlichkeit sowie **Schadensersatzansprüche.** Wie sich aus den Art. 12 Abs. 3, 13 Abs. 2, 14 Abs. 3 RL, § 7 Abs. 2 S. 2 TMG mit Deutlichkeit ergibt, sind die Verantwortlichkeitsbeschränkungen der E-Commerce-RL wie auch des TMG nicht dazu geeignet, den Diensteanbieter vor **Unterlassungs- und Beseitigungsansprüchen** zu schützen, mit denen die Abstellung der Rechtsverletzung für die Zukunft angestrebt wird.[2461] (eingehend RdNr. 569 ff.). Dabei ist der Diensteanbieter nicht nur verpflichtet, das jeweilige inkriminierte Angebot zu sperren, sondern er hat auch dafür Sorge zu tragen, dass es in der Zukunft möglichst nicht zu gleichartigen Rechtsverletzungen kommt.[2462] Die daran geübte Kritik ist nicht berechtigt,[2463] weil der BGH die **Störerhaftung für Drittinhalte** ihrerseits von einem **Verkehrspflichtverstoß abhängig macht** und die von dem Diensteanbieter zu treffenden Vorkehrungen damit auf das Maß des technisch Möglichen und wirtschaftlich Zumutbaren begrenzt (RdNr. 569 ff.).

567 e) **Leitbild des Internet-Deliktsrechts und Typen von Rechtsverletzungen.** Die Integration der Haftung des Anbieters elektronischer Dienste in das allgemeine Deliktsrecht setzt Klarheit über das Leitbild voraus, an dem die Konkretisierung der Sorgfaltsstandards zu orientieren ist. Das dafür mitunter herangezogene **Modell der Produkthaftung**[2464] er-

---

[2457] Übereinstimmend *Schmoll* S. 39; das von *Spindler* MMR 1998, 639, 640 hervorgehobene Problem der Mitarbeiter-Außenhaftung erscheint lösbar: Wenn das Unternehmen keine Verkehrspflicht trifft, dann erst recht nicht einen Arbeitnehmer oder ein Leitungsorgan innerhalb des Unternehmens.
[2458] So, zu § 5 Abs. 2 TDG aF, BGH VersR 2003, 1546 f. = CR 2004, 48 m. Anm. *Spindler* = GRUR 2004, 74 = MMR 2004, 166.
[2459] *Heckmann* § 8 TMG RdNr. 28, § 9 TMG RdNr. 37, § 10 TMG RdNr. 66 f.; *Hoffmann* in: *Spindler/Schuster* § 8 TMG RdNr. 42, § 9 TMG RdNr. 42, § 10 TMG RdNr. 53 f.
[2460] *Pankoke* MMR 2004, 211, 214 ff.
[2461] BGHZ 158, 236, 244 ff. = NJW 2004, 3102, 3103 f. = JZ 2005, 33 m. Anm. *Spindler*; BGH NJW 2007, 2558 Tz. 7 = VersR 2007, 1004; NJW 2007, 2636, 2637 Tz. 19 ff.; 2008, 758, 759 Tz. 20; *Spindler* NJW 2002, 921, 924 f.; *Leible/Sosnitza* NJW 2004, 3225.
[2462] BGHZ 158, 236, 252 = NJW 2004, 3102, 3103 f. = JZ 2005, 33 m. Anm. *Spindler*; BGH NJW 2008, 758, 762 Tz. 43.
[2463] *Sobola/Kohl* CR 2005, 443, 449 ff.
[2464] So insbes., wenn auch ohne Begr. *Spindler* MMR 1998, 23.

scheint in Wahrheit als unpassend, wenn auch nicht wegen der Beschränkung der Produkthaftung auf körperliche Gegenstände,[2465] sondern weil über das Netz x-beliebige Delikte begangen werden können, keinesfalls nur solche im Zusammenhang mit der Herstellung und dem Vertrieb von Waren. Soweit über das Internet Produkte vertrieben werden, was insbesondere für Software jeder Art von praktischer Bedeutung ist, greifen allerdings dieselben Regeln des Produkthaftungsrechts, die auch gelten, wenn die Software auf festen Datenträgern gespeichert und über den Handel in den Verkehr gebracht wird.[2466] Im Übrigen wird im Rahmen des Internet nach denselben Grundsätzen gehaftet wie bei Rechtsverletzungen, die auf „konventionellem" Weg zugefügt werden.

Immaterialgüterrechtsverletzungen über das Internet unterliegen denselben Regeln der einschlägigen Spezialgesetze wie sonstige Eingriffe.[2467] Entsprechendes gilt für **Persönlichkeitsrechtsverletzungen:**[2468] Die Sorgfaltspflichten der Diensteanbieter sind in diesem Bereich in **Analogie zum Presserecht** zu entfalten und mit Rücksicht auf die §§ 7 ff. TMG zu begrenzen. Wer über das Internet eine beleidigende Mitteilung per **E-Mail** verschickt, der haftet genauso als hätte er einen Brief mit der Hand geschrieben und zur herkömmlichen Post gegeben. Entsprechendes gilt für die Haftung des Speicherplatzanbieters für den Betrieb einer Homepage mit beleidigendem Material.[2469]

f) Sorgfaltspflichten der Diensteanbieter und Nutzer im Einzelnen. aa) Allgemeines. Die Verantwortlichkeitsstandards der §§ 8 ff. TDG sind in die allgemeine Dogmatik deliktischer Sorgfaltspflichten zu integrieren und **anhand deliktsrechtlicher Wertungen zu konkretisieren**.

bb) Speicherplatzanbieter. Die Haftung des Speicherplatzanbieters auf Schadensersatz wird durch § 11 S. 1 Nr. 1 TDG in Konformität mit Art. 14 Abs. 1 lit. a der Richtlinie gegenüber seiner strafrechtlichen Verantwortlichkeit verschärft, indem **Kenntnis** von der Rechtswidrigkeit der bereit gehaltenen Information **nicht verlangt** wird, sondern es für die Haftung ausreicht, dass dem Diensteanbieter „Tatsachen oder Umstände bekannt sind, aus denen die rechtswidrige Handlung oder die Information offensichtlich wird". Der vom Gesetzgeber gewollte Unterschied zwischen straf- und zivilrechtlicher Verantwortlichkeit[2470] kann nur darin bestehen, dass die deliktsrechtliche Haftung des Speicherplatzanbieters eben nicht positive Kenntnis voraussetzt, sondern **grobe Fahrlässigkeit** in Bezug auf die Erkennbarkeit der Rechtsverletzung genügt (vgl. § 276 RdNr. 94ff.). Die sprachlich gewöhnungsbedürftige Formulierung ist so zu verstehen, dass der Speicherplatzanbieter zwar **nicht zur aktiven Kontrolle** der von ihm verwalteten Inhalte verpflichtet ist (§ 8 Abs. 2 S. 1 TDG), die ihm vorliegenden oder zugänglichen Informationen aber auswerten und dabei sich aufdrängenden Schlüsse ziehen muss.[2471] In der Terminologie des Produkthaftungsrechts ausgedrückt, trifft den Speicherplatzanbieter keine aktive, wohl aber eine **passive Beobachtungspflicht** in Bezug auf die von ihm gespeicherten Inhalte (vgl. RdNr. 647 f.). Folgerichtig ist die Haftung des Speicherplatzanbieters zu bejahen, wenn er Rechtsverletzungen bewusst Vorschub leistet, indem er beispielsweise ein „Forum" für den Austausch **urheberrechtlich geschützter Dateien der Musikindustrie** einrichtet, das die angeschlossenen Nutzer zu deliktischem Verhalten geradezu einlädt.[2472] Da jedes Kind weiß, wie wenig Respekt die Nutzer solcher Foren den Urheberrechten Dritter entgegenbringen, wird auch

---

[2465] Dazu RdNr. 554; *Spindler* MMR 1998, 23, 24 f.
[2466] Eingehend zur Produkthaftung des Software-Herstellers für Sicherheitslücken *Spindler* NJW 2004, 3145.
[2467] BGHZ 158, 236, 244 ff. = NJW 2004, 3102, 3103 f. = JZ 2005, 33 m. Anm. *Spindler*; BGH NJW 2005, 1435; 2007, 2558; 2007, 2636.
[2468] Vgl. BGH VersR 2003, 1546 = CR 2004, 48, 49 m. Anm. *Spindler* = GRUR 2004, 74; NJW 2007, 2558, = VersR 2007, 1004; OLG Köln CR 2002, 678; *Jürgens/Köster* AfP 2003, 219.
[2469] Vgl. BGH VersR 2003, 1546 = CR 2004, 48, 49 m. Anm. *Spindler* = GRUR 2004, 74 .
[2470] BT-Drucks. 14/6098 S. 25.
[2471] *Spindler* NJW 2002, 921, 924; *Meyer* NJW 2004, 3151, 3152.
[2472] So mit Recht zu § 5 TDG aF OLG München NJW 2001, 3553, 3554 f.; *Waldenberger* MMR 1998, 124, 127 f.; aA *Spindler* NJW 1997, 3193, 3195.

§ 823   571, 572   Abschnitt 8. Titel 27. Unerlaubte Handlungen

ein Speicherplatzanbieter nicht davor die Augen verschließen dürfen. Anders liegt es, wenn ein sog. **Free-Mail-Dienst** von einigen Nutzern zur wettbewerbswidrigen Versendung von Werbung per Telefax missbraucht wird.[2473]

571 Eine generelle Einstandspflicht von **Internet-Auktionshäusern** für den Inhalt von Angeboten und Kundenbewertungen scheidet aus, weil es an einem (konkludenten) Zu-Eigen-Machen fehlt.[2474] Gleiches gilt für die Betreiber von **Marktplätzen** und **Foren**.[2475] Für **Markenrechtsverletzungen** und Eingriffe in **Persönlichkeitsrechte**, die ohne Kenntnis des Auktionshauses oder Meinungsforums durch die Anbieter oder Nutzer begangen werden, haftet das Unternehmen nicht.[2476] Wenn allerdings eine Anzeige schon von ihrem Inhalt her Verdacht erregen muss und zudem feststeht, dass die Anzeigen vor ihrer Einstellung einzeln durchgesehen wurden, kommt eine Haftung in Betracht,[2477] denn auch die Verleger von Printmedien haften für verdächtiges Material in ihrem Anzeigenteil (§ 824 RdNr. 56 mwN). Die **negatorische Haftung** von Online-Auktionshäusern und **Meinungsforen** für von Dritten eingestellte Angebote und Inhalte ist nicht nach Maßgabe der Art. 14 RL, § 10 TMG begrenzt, wie sich aus den ausdrücklichen Vorbehalten der Art. 14 Abs. 3 RL, § 7 Abs. 2 S. 2 TMG ergibt.[2478] Wird dem Anbieter (durch den Markeninhaber bzw. durch die verletzte Person) die Kenntnis von rechtsverletzenden Inhalten verschafft, hat das Unternehmen jedoch nicht nur die konkrete Beeinträchtigung abzustellen, sondern alles Erforderliche und Zumutbare zu tun, um zu gewährleisten, dass es auch in Zukunft nicht mehr zu solchen Verletzungen kommt.[2479] Im Ergebnis wird damit die **negatorische Haftung von einem Sorgfaltspflichtverstoß abhängig** gemacht,[2480] nämlich von einer Abwägung der Kosten und Nutzen von Schutzmaßnahmen (RdNr. 259), während es wegen der gegebenen Kenntnis von den drohenden Rechtsverletzungen auf die Voraussehbarkeit der Rechtsverletzung nicht ankommt (RdNr. 20). In den Kontext des § 1004 lässt sich diese Rechtsprechung nicht ohne weiteres integrieren.[2481] Sie beruht auf dem Umstand, dass das **Unterlassen im Kontext der Internet-Auktionen** eben **kein bloßes „Nichtstun" erfordert** – was regelmäßig kostenlos möglich ist –, sondern die Ergreifung aktiver Schutzmaßnahmen verlangt, die einen erheblichen Aufwand machen können. Soweit diese Bedingung erfüllt ist, bedarf es auch einer Kosten/Nutzen-Analyse, um die **Ausuferung der Störerhaftung zu vermeiden** und ihre ökonomische Effizienz zu gewährleisten. Den Weg zu diesem Instrument ebnet der BGH, indem er die negatorische Haftung von einem Verkehrspflichtverstoß abhängig macht (RdNr. 18).[2482]

572 cc) **Zugangsanbieter.** In Bezug auf die Haftung von Zugangsanbietern bietet **§ 8 Abs. 1 S. 2 TMG das Einfallstor** für die Berücksichtigung deliktsrechtlicher Wertungen. Die dort genannte Voraussetzung des absichtlichen Zusammenwirkens des Diensteanbieters mit Nutzern zur Begehung rechtswidriger Handlungen ist nicht auf strafrechtlich relevante Verschwörungen zu beschränken,[2483] sondern auf Fälle zu erstrecken, in denen der Zugangs-

---

[2473] OLG Karlsruhe MMR 2002, 613, 614.
[2474] BGHZ 158, 236, 249 ff. = NJW 2004, 3102, 3105 = JZ 2005, 33 m. Anm. *Spindler*; OLG Brandenburg CR 2004, 696, 698; *Meyer* NJW 2004, 3151.
[2475] OLG Brandenburg CR 2004, 696, 697; *Meyer* NJW 2004, 3151.
[2476] BGHZ 158, 236, 250 ff. = NJW 2004, 3102, 3105 = JZ 2005, 33 m. Anm. *Spindler*; BGH NJW 2007, 2636, 2638 Tz. 31 f.
[2477] LG Köln CR 2004, 304, 305.
[2478] BGHZ 158, 236, 244 ff. = NJW 2004, 3102, 3103 f. = JZ 2005, 33 m. Anm. *Spindler*; dazu *Leible/Sosnitza* NJW 2004, 3225; BGH NJW 2007, 2558 Tz. 7 = VersR 2007, 1004.
[2479] BGHZ 158, 236, 252 = NJW 2004, 3102, 3105 = JZ 2005, 33 m. Anm. *Spindler*; BGH NJW 2008, 758, 762 Tz. 43.
[2480] Deutlich BGHZ 158, 236, 252 = NJW 2004, 3102, 3105 = JZ 2005, 33 m. Anm. *Spindler*. unter (2) aE: „Für Markenverletzungen, die sie [das Auktionshaus] in dem vorgezogenen Filterverfahren nicht erkennen kann [...] träfe sie kein Verschulden." Vgl. auch BGHZ 148, 13, 17 f. = NJW 2001, 3265 – ambiente.de; BGH NJW 2007, 2636, 2639 Tz. 40.
[2481] Vgl. 4. Aufl. § 1004 RdNr. 58 (*Medicus*): „Verschulden ist unstreitig nicht nötig.":
[2482] BGH NJW 2008, 758, 761 f.
[2483] Vgl. *Spindler* NJW 2002, 921, 923.

anbieter vor dem rechtswidrigen Tun der Nutzer bewusst die Augen verschließt. Schließlich ist im Rahmen des § 826 anerkannt, dass vorsätzliches Handeln auch dann zu bejahen ist, wenn sich der Täter leichtfertig und rücksichtslos über die erkennbar bedrohten Interessen anderer hinwegsetzt (§ 826 RdNr. 29 f.).

dd) Inhaltsanbieter. Inhaltsanbieter haften gemäß § 7 Abs. 1 TMG uneingeschränkt für die von ihnen **bereitgehaltenen Informationen,** darüber hinaus aber auch für Fremdangebote, sofern sie sich der Inhaltsanbieter **zu Eigen gemacht** hat.[2484] Die Ausnahme des **Zueigenmachens fremder Inhalte** bedarf ihrerseits der Interpretation mit Rücksicht auf die ratio der Haftungsbeschränkungen, die dem Umstand Rechnung tragen wollen, dass Speicherplatz- und Zugangsanbieter eine Kontrolle der von ihnen gespeicherten bzw. durchgeleiteten Informationen nicht bzw. nur zu exorbitanten Kosten gewährleisten können. Folgerichtig haftet ein Online-Auktionshaus mangels Zueigenmachen nicht für Verkaufsangebote mit rechtswidrigem, persönlichkeitsverletzendem Inhalt oder für von Bietern abgegebene Bewertungen über die Anbieter.[2485] Ob auch **private Nutzer** des Internets, die eine Homepage unterhalten, zu den Inhaltsanbietern iS des § 7 Abs. 1 TMG zählen, ist umstritten (vgl. § 2 Nr. 1, 3 TMG).[2486] Der Streit ist praktisch ohne Konsequenz, da der private Nutzer jedenfalls nach **allgemeinem Deliktsrecht** für den Inhalt der von ihm bereitgehaltenen Informationen einzustehen hat und das Telekommunikationsrecht für Inhaltsanbieter **keine haftungsbeschränkenden Regelungen** vorsieht.

Die Anbringung eines **Hyperlinks** macht die in Bezug genommene Seite nicht ohne weiteres zum Eigeninhalt (auch) des Verweisenden.[2487] Schon gar nicht führt ein Link dazu, dass dem Linksetzer sämtliche Seiten zugerechnet werden, zu denen sich über eine Kette von Links eine Verbindung herstellen lässt. Auszugehen ist vielmehr vom **Vertrauensgrundsatz,** nach dem jeder nur für sein eigenes Verhalten verantwortlich ist und dabei davon ausgehen kann, dass sich auch alle übrigen Akteure pflichtgemäß verhalten (RdNr. 264 ff.). Danach treffen den Setzer des Links nur **eingeschränkte Sorgfaltspflichten** zur Gewährleistung der Rechtmäßigkeit der auf fremden Seiten angebotenen Inhalte. Eine Haftung lässt sich nur begründen, wenn die inkriminierten Inhalte als solche leicht erkannt werden konnten oder mit ihrem Vorhandensein gerechnet werden musste, weil das Fehlverhalten des Anbieters der Bezugsseite vorhersehbar war.[2488]

Die unaufgeforderte Zusendung einer unerwünschten E-Mail mit Werbematerial (sog. **Spamming**) unterliegt im Verhältnis unter Wettbewerbern dem **speziellen Verbot** des § 7 Abs. 2 Nr. 3 UWG.[2489] Fehlt es an einem Wettbewerbsverhältnis, lässt sich die Haftung auf § 823 Abs. 1 stützen. Eine **Eigentumsverletzung** am Computer liegt indessen nicht vor,[2490] und für einen Eingriff in den eingerichteten und ausgeübten **Gewerbebetrieb** fehlt es an der Betriebsbezogenheit (RdNr. 194), denn das Unternehmen wird durch Spam-Mails nicht anders getroffen wie eine Privatperson.[2491] Genauso wie bei der Aufdrängung unerwünschter Werbung in Papierform[2492] ist vielmehr das **Allgemeine Persönlichkeitsrecht** verletzt.[2493] Darauf können sich auch **juristische Personen** (Kapitalgesellschaften) sowie

---

[2484] BT-Drucks. 14/6098 S. 23; eingehend *Köster/Jürgens* MMR 2002, 420, 423; *Hoffmann* in: *Spindler/Schuster* § 7 TMG RdNr. 15 ff.
[2485] BGH NJW 2008, 1882, 1884 Tz. 21 - ueber18.de; OLG Brandenburg CR 2004, 696, 697; *Meyer* NJW 2004, 3151.
[2486] Dafür *Spindler* in: *Hoeren/Sieber,* HdB Multimedia Recht, Teil 29 RdNr. 73 ff.
[2487] BGHZ 158, 343, 352 ff. = NJW 2004, 2158, 2160; in der Begründung anders, in den Ergebnissen ähnlich wie hier *Spindler* MMR 2002, 495, 498 ff.
[2488] Ähnlich BGHZ 158, 343, 353 f. = NJW 2004, 2158, 2160.
[2489] Vgl. BT-Drucks. 15/1487 S. 12; genauso noch zu § 1 UWG BGH MMR 2004, 386, 388 m. zust. Anm. *Hoeren* = JZ 2005, 94 m. zust. Anm. *Mankowski* = NJW 2004, 1655; eingehend *Diesselhorst/Schreiber* CR 2004, 680, 681 f.
[2490] AG Dachau NJW 2001, 3488.
[2491] AA KG MMR 2002, 689; LG München I MMR 2003, 483; zweifelnd *Diesselhorst/Schreiber* CR 2004, 680, 683.
[2492] Vgl. BGHZ 106, 229, 233 f. = NJW 1989, 902, 903.
[2493] KG MMR 2002, 689; CR 2004, 291.

§ 823 576, 577 Abschnitt 8. Titel 27. Unerlaubte Handlungen

rechtsfähige Personengesellschaften berufen (Anh. § 12 RdNr. 21 mwN).[2494] Eine Rechtsverletzung liegt unabhängig davon vor, ob der Empfänger der Zusendung der E-Mail widersprochen hat, denn der Versender kann nicht ohne weiteres davon ausgehen, dass andere ein Interesse daran haben, Spam zu lesen.[2495] Auch **Werbung politischen Inhalts** genießt insoweit kein Privileg.[2496]

576 **ee) DENIC e.G.** Die DENIC e.G. treffen im Rahmen der **negatorischen Haftung** keinerlei Prüfungspflichten im Hinblick auf die kennzeichen- und kartellrechtliche Legalität der beantragten Domain.[2497]

4. Reiseveranstalter und Luftfrachtführer

Schrifttum: *Bocianiak,* Schadensersatz gegen den Reiseveranstalter wegen Personen- und Sachschäden, VersR 1998, 1076; *Kahlert/Hast,* Die haftungsrechtlichen Folgen des sogenannten „Economy-Class Syndroms", VersR 2001, 559; *Mühlbauer,* Nochmals: Die haftungsrechtlichen Folgen des sogenannten „Economy-Class Syndroms", VersR 2001, 1480; *v. Sachsen-Gessaphe,* Der Tod in der Wasserrutsche, FS Eisenhardt, 2007, S. 301.

577 **a) Grundlagen.** Kommt ein Reisender während des Urlaubs zu Schaden, haftet ihm der Reiseveranstalter vertragsrechtlich gemäß § 651 f auch dann auf Schadensersatz, wenn nicht er persönlich, sondern einer der Leistungserbringer, etwa der Hotelier oder ein Transportunternehmer, pflichtwidrig gehandelt hat, weil er sich deren Verhalten gemäß § 278 zurechnen lassen muss.[2498] Deliktsrechtlich hat der Reiseveranstalter für seine Leistungserbringer hingegen **nicht nach § 831** einzustehen, weil es an dem dafür vorausgesetzten Verhältnis der Abhängigkeit und Weisungsgebundenheit fehlt.[2499] Die Delikthaftung des Veranstalters kann folgerichtig nur an die **Verletzung eigener Sorgfaltspflichten** gemäß § 823 Abs. 1 anknüpfen, soweit sein Verhalten die Rechtsgüter anderer mehr als nach den Umständen vertretbar gefährdet.[2500] Im Einzelnen hat der Veranstalter zu gewährleisten, dass von den im Reiseland vorfindlichen **baulichen Anlagen,** einschließlich ihrer **technischen Ausrüstung** mit Treppen, Aufzügen, Kochherden und Wasserboilern, von Schwimmbädern, Wasserrutschen, Sportanlagen und schließlich auch von den eingesetzten **Transportmitteln** keine unvertretbaren Gefahren für die Gäste ausgehen.[2501] Diese Verpflichtung gilt unabhängig davon, ob die Anlage in dem **Reisekatalog** erwähnt war oder nicht.[2502] Ferner erstreckt sie sich auch auf solche Einrichtungen des Leistungserbringers, die erst **vor Ort gesondert gebucht** werden,[2503] sowie auf **Ausflüge und Touren,** die zum Leistungsprogramm des Reiseveranstalters gehören.[2504] Die praktische Bedeutung der deliktischen Veranstalterhaftung ist durch die Ausdehnung des Schmerzensgeldanspruchs auf die Vertragshaftung im Verhältnis des Veranstalters zum Reisenden stark zurückgegangen;[2505] des Rückgriffs auf § 823 Abs. 1 bedarf es nur noch, wenn Personen verletzt werden, die nicht in den Schutz-

---

[2494] Vgl. BGHZ 98, 94, 97 f. = NJW 1986, 2951 f. – BMW.
[2495] KG CR 2004, 291.
[2496] OLG München CR 2004, 695 f.; vgl. auch BVerfG NJW 2002, 2938 f.
[2497] BGHZ 148, 13, 17 ff. = NJW 2001, 3265 – ambiente.de.
[2498] Vgl. statt aller *Palandt/Sprau* § 651 a RdNr. 6.
[2499] BGHZ 103, 298, 303 = NJW 1988, 1380, 1381; BGH VersR 2006, 1653 Tz. 18 = NJW 2006, 3268; OLG Düsseldorf NJW-RR 1990, 825, 826; OLG Köln NJW-RR 2000, 61, 62; allg. BGHZ 45, 311, 313 = NJW 1966, 1807, 1808; anders bei Bergführern, OLG München NJW-RR 2002, 694, 697.
[2500] BGHZ 103, 298, 303 = NJW 1988, 1380, 1381; BGH NJW 2000, 1188, 1190; NJW-RR 2002, 1056, 1057; OLG München NJW-RR 2002, 694, 696; OLG Celle NJW-RR 2003, 197; *v. Sachsen-Gessaphe,* FS Eisenhardt, 2007, S. 301, 302 ff. Die Anerkennung eigener Sicherungspflichten des Reiseveranstalters erfolgte daher entgegen *Larenz/Canaris* II/2 § 76 III 7 b, S. 428 f., nicht contra legem, und auch von einer maßlosen Überspannung der Pflichtinhalte kann kaum die Rede sein; vgl. auch *Staudinger/Hager* RdNr. E 385 ff.; aA *Bocianiak* VersR 1998, 1076, 1081, der zu Unrecht meint, die Instanzgerichte bestimmten den Umfang der Sicherungspflichten des Veranstalters „erkennbar anders" als der BGH.
[2501] BGHZ 103, 298, 305 = NJW 1988, 1380, 1382; BGH VersR 2006, 1504, 1505 Tz. 5; OLG Frankfurt NJW-RR 1994, 560, 561 = MDR 1994, 455; vgl. auch OLG Frankfurt NJW-RR 1990, 188.
[2502] BGH VersR 2006, 1653, 1654 Tz. 23, 25 = NJW 2006, 3268.
[2503] BGH NJW 2000, 1188, 1190; VersR 2006, 1653, 1654 Tz. 25 = NJW 2006, 3268.
[2504] OLG München NJW-RR 2002, 694, 698 – Lawinenunglück im Jamtal.
[2505] BGH VersR 2006, 1653 Tz. 16 = NJW 2006, 3268; *Wagner* NJW 2002, 2049, 2056.

bereich der Vertragshaftung einbezogen sind, wenn der Vertragsanspruch verjährt ist oder Hinterbliebene Ersatzansprüche gemäß §§ 844 ff. geltend machen (vgl. aber auch § 844 RdNr. 12).[2506]

b) Sorgfaltsstandard. Die deliktischen Sicherungspflichten des Reiseveranstalters sind komplementär zu den **berechtigten Erwartungen des Verkehrs** und zielen folglich nicht auf die Vermeidung jedweden Risikos (RdNr. 259 ff.). Allerdings muss eine Unterkunft, die als „**mit kindgerechter Ausstattung**" versehen beworben wird, diesem Prädikat auch standhalten und darf keine ungesicherten Glasschiebetüren aufweisen.[2507] Auf der anderen Seite muss jemand, der bei windigem Wetter eine **Schiffsfahrt** von Norderney nach Helgoland antritt, um das Risiko wissen, seekrank zu werden, und vom Veranstalter nicht noch eigens darauf hingewiesen werden.[2508] Wer in Thailand an einem Ausflug mit Fischerbooten teilnimmt, hat selbst darauf aufzupassen, sich keinen Holzsplitter in das Bein zu rammen,[2509] wer in Tunesien einen an abgelegener Stelle angepflockten Esel streichelt, darf sich nicht wundern, wenn er gebissen wird,[2510] und in **Wintersportorten** muss jeder selbst dafür Sorge tragen, auf vereisten Flächen nicht zu Fall zu kommen.[2511] Wer schon zwölf Tage an einem Strand verbracht hat, der nur über eine bautechnisch mangelhafte Treppe erschlossen ist, kann wegen eines Sturzes am dreizehnten Tag keinen Schadensersatz verlangen, wenn der Unfall auf der eigenen Gedankenverlorenheit beruht.[2512] Den Veranstalter von **Ski- und Bergtouren** treffen deliktische Pflichten zum Schutz der Teilnehmer vor Lawinengefahren.[2513] Wer **Helicopter-Skiing** auf Gletschern veranstaltet, muss die Leitung einem zuverlässigen, orts- und sachkundigen Bergführer anvertrauen und hat dafür Sorge zu tragen, dass die Teilnehmer den Anforderungen entsprechend eingewiesen und ausgerüstet sind.[2514]

Uneinheitlich wird in der Rechtsprechung der Instanzgerichte die Frage beantwortet, ob der Veranstalter von **Auslandsreisen** seinen Gästen den **deutschen Sicherheitsstandard** zu prästieren hat oder ob die Einhaltung des ortsüblichen Standards ausreicht.[2515] So ist es dem Veranstalter beispielsweise nicht angelastet worden, dass ein Ferienhaus in der Toskana nicht über einen Blitzableiter verfügte, wie dies im Inland vorgeschrieben ist.[2516] Abgelehnt wurde die Haftung auch in einem Fall, in dem die Reisende über einen 1 m hohen, ungesicherten Sockel stürzte, der die zwei Ebenen eines Restaurants voneinander trennte: Wer in einem Entwicklungs- oder Schwellenland eine Unterkunft in einer „rustikalen Lodge" buche, könne nicht denselben hohen Sicherheitsstandard erwarten, wie er im Inland etwa durch das Bauordnungsrecht Nordrhein-Westfalens gewährleistet werde.[2517] Tatsächlich ist je nach Art der Reise und der Erkennbarkeit und Steuerbarkeit der Gefahr durch den Reisenden selbst zu differenzieren: Wird dem Touristen suggeriert, er werde im Ausland den gewohnten Standard antreffen, muss sich der Reiseveranstalter auch deliktsrechtlich daran festhalten lassen, während der Teilnehmer von Abenteuer-Reisen nicht erwarten kann, genauso risikolos zu leben wie zu Hause.

Die Feststellung eines Sicherheitsmangels allein reicht nicht aus, um eine **Sorgfaltspflichtverletzung** nicht nur des Leistungsbringers, sondern gerade **des Veranstalters** zu begründen. Letzterem ist es nämlich mit vertretbarem Aufwand gar nicht möglich, die Einhaltung des geforderten Sicherheitsstandards vor Ort jederzeit zu garantieren, und er ist

---

[2506] Beispiel: OLG München NJW-RR 2002, 695, 700 f.
[2507] BGH VersR 2006, 1504, 1505 Tz. 5.
[2508] AG Cuxhaven NJW-RR 1997, 860 f.
[2509] OLG Düsseldorf NJW-RR 1990, 825, 826.
[2510] OLG Celle NJW 2003, 197.
[2511] Im Ansatz genauso, eine Haftung jedoch unter dem Gesichtspunkt des Handelns auf eigene Gefahr – in diesem Fall mE zu Unrecht – abl. OLG Düsseldorf NJW-RR 1989, 735, 736.
[2512] LG Frankfurt/M NJW-RR 1999, 711.
[2513] OLG München NJW-RR 2002, 694, 696 ff.; *Röckrath* VersR 2002, 1193, 1197 ff.
[2514] BGH NJW-RR 2002, 1056, 1057.
[2515] Offen gelassen in OLG Celle NJW-RR 2000, 1438, 1439.
[2516] OLG Frankfurt NJW-RR 1991, 1272.
[2517] OLG Düsseldorf NJW-RR 1993, 315.

nach der Wertung des § 831 auch nicht dazu verpflichtet.[2518] Allerdings trifft ihn die Verpflichtung, die **Leistungserbringer im Hinblick auf ihre Eignung und Zuverlässigkeit sorgfältig auszuwählen** sowie sie vor Saisonbeginn und auch danach regelmäßig darauf zu **überprüfen,** ob der maßgebliche Sicherheitsstandard (noch) gewahrt ist.[2519] Bei **Inlandsreisen** sind diese Auswahl- und Überwachungspflichten wenig ausgebildet, weil sich der Veranstalter hier weitgehend darauf verlassen kann, dass bereits das öffentliche Recht und die zu seinem Vollzug berufenen Behörden für einen angemessenen Sicherheitsstandard etwa in Hotels, Gaststätten und Omnibussen sorgen werden.[2520] Im **Ausland** jedoch muss der **Veranstalter selbst die Initiative ergreifen** und die entsprechenden Kontrollen durch einen kompetenten Beauftragten, der freilich kein Techniker zu sein braucht, vornehmen.[2521] Von letzterem wird nicht die Aufdeckung **verborgener Sicherheitsdefizite** erwartet, wohl aber die Beanstandung von Mängeln, „die sich bei genauerem Hinsehen jedermann offenbaren".[2522] Folgerichtig ist der Reiseveranstalter nicht ersatzpflichtig, wenn der Gast mit dem Frontspoiler seines tiefer gelegten Pkw. am Arretierungsbolzen des Tores einer Ferienhausausfahrt hängen bleibt.[2523] Hingegen muss es dem Reiseveranstalter auffallen, wenn in einem Hotel – neben zahlreichen weiteren Sicherheitsmängeln – die Befestigung der Balkongeländer derart marode ist, dass ein Gast herunterstürzen kann,[2524] die Poolanlage eines auf einer Felszunge gelegenen Hotels nicht hinreichend gegen den Steilhang abgesichert ist,[2525] wenn eine Wasserrutsche nicht verkehrssicher konstruiert ist,[2526] wenn in den Zimmern 301 fassende und entsprechend schwere Warmwasserboiler lediglich mit Hilfe von zwei Plastikösen an der Wand befestigt sind,[2527] der Anschluss des Gasherdes undicht ist, so dass Gas austritt,[2528] das Hotel über keinerlei Notfallpläne für den Fall eines Brandes verfügt, mit der Folge, dass die Angestellten Notfallmaßnahmen ergreifen, die das Feuer noch anfachen, und es zu Toten und Verletzten kommt (vgl. auch die Nachweise in RdNr. 490 Fn. 2080).[2529] Darüber hinaus ist der Veranstalter auch dafür verantwortlich gemacht worden, dass er den Rücktransport eines verletzten Reisenden inkompetentem Personal anvertraut hat, wodurch der erlittene Knöchelbruch wesentlich verschlimmert wurde.[2530] Nicht überzeugend ist es, wenn er auch noch dafür verantwortlich gemacht wird, dass die Tiere in einem vom Vertragshotel nebenbei betriebenen Pferdestall nicht die „erforderliche Eignung und Zuverlässigkeit" besessen haben und es deshalb zu einem Reitunfall gekommen ist.[2531]

581 c) **Terroranschläge.** Ein auch unter dem Gesichtspunkt der deliktischen Sorgfaltspflichten des Reiseveranstalters schwieriges Problem werfen **terroristische Anschläge** oder sonstige Gewaltakte im Gastland auf. Selbstverständlich erscheint allerdings, dass den Veranstalter, der eine „Luxusvilla" in Jamaica für einen hohen Preis vermietet, mindestens eine Hinweispflicht trifft, wenn das jeweilige Viertel regelmäßig von bewaffneten Banden überfallen wird.[2532] Auf der anderen Seite können sich die Teilnehmer einer **Trekking-Tour**

[2518] Insoweit treffend *Larenz/Canaris* II/2 § 76 III 7 b, S. 428 f.
[2519] BGHZ 103, 298, 305 ff. = NJW 1988, 1380, 1382 f.; BGH NJW 2000, 1188, 1190; VersR 2006, 1653 Tz. 21 = NJW 2006, 3268; OLG Frankfurt NJW-RR 1994, 560, 561 = MDR 1994, 455.
[2520] BGHZ 103, 298, 305 = NJW 1988, 1380, 1382.
[2521] BGHZ 103, 298, 305 = NJW 1988, 1380, 1382; OLG Frankfurt NJW-RR 1994, 560, 561 = MDR 1994, 455.
[2522] BGHZ 103, 298, 307 = NJW 1988, 1380, 1382; OLG Celle NJW-RR 1996, 372, 373; OLG Frankfurt NJW-RR 1994, 560, 561.
[2523] AG Bad Homburg NJW-RR 1999, 488.
[2524] BGHZ 103, 298, 307 f. = NJW 1988, 1380, 1382.
[2525] OLG Celle NJW-RR 2000, 1438 f.
[2526] BGH VersR 2006, 1653 f. Tz. 19 ff. = NJW 2006, 3268.
[2527] OLG Frankfurt NJW-RR 1994, 560, 561 = MDR 1994, 455.
[2528] OLG Celle NJW-RR 1996, 372, 373.
[2529] OLG Köln NJW-RR 1992, 1185 f.
[2530] OLG Frankfurt NJW-RR 1998, 153 f.
[2531] So aber BGH NJW 2000, 1188, 1190.
[2532] BGH NJW 1982, 1521 f.

durch Kamerun nicht beim Veranstalter beklagen, wenn ihr unter freiem Himmel aufgeschlagenes Nachtlager von Einheimischen angegriffen wird, damit aber nicht gerechnet werden musste.[2533] Führt die Überseereise in ein Land, in dem Touristen bekanntermaßen immer wieder zum Ziel terroristischer Anschläge werden, erübrigen sich entsprechende Warnungen und Hinweise des Reiseveranstalters.[2534]

d) Economy-class-syndrom. Ob die auch bei Langstreckenflügen üblichen geringen Sitzabstände in der Touristenklasse unter dem Gesichtspunkt des Schutzes der Gesundheit der Passagiere vertretbar sind oder vielmehr für das sog. „economy-class-syndrom" verantwortlich zeichnen, ist eine umstrittene, jedoch zunächst empirisch-medizinische Frage, die sich allerdings primär mit Blick auf die **Luftfahrtgesellschaften** und nur in zweiter Linie unter dem Gesichtspunkt der Reiseveranstalterhaftung stellt.[2535] Wenn es zutrifft,[2536] dass eine großzügiger bemessene Beinfreiheit das Thromboserisiko bei Langstreckenflügen signifikant senken würde, lassen sich deliktische Sicherungspflichten des Luftfahrtunternehmens kaum von der Hand weisen, zumal Warnungen und Empfehlungen zur medikamentösen Thromboseprophylaxe nur einen geringen wirtschaftlichen Aufwand machen. Allerdings richtet sich die Haftung des Luftfrachtführers primär nach Art. 17 Montrealer Übereinkommen (BGBl. 2004 II S. 459), § 44 LuftVG, die einen „Unfall" voraussetzen – woran es bei Reisethrombosen fehlt.[2537] Die Anwendung von § 823 Abs. 1 ist problematisch, weil Art. 29 S. 1 Montrealer Übereinkommen, § 48 Abs. 1 LuftVG eine weitergehende Haftung des Luftfrachtführers „auf Grund sonstigen Rechts" nicht zulassen. Nach dem Willen des Gesetzgebers soll allerdings die Sperrwirkung des Art. 29 S. 1 Montrealer Übereinkommen bei nicht-unfallbedingten Personenschäden (Allmählichkeitsschäden) beiseite treten,[2538] so dass § 823 Abs. 1 ungeschmälert zur Anwendung kommen könnte, wenn das deutsche Deliktsrecht auf den Sachverhalt anwendbar ist (Art. 40 EGBGB, Art. 4 Rom II-VO). Jedenfalls unberührt bleiben gemäß § 48 Abs. 2 S. 1 LuftVG Produkthaftungsansprüche gegen den Hersteller, wobei keineswegs auf der Hand liegt, wer als Hersteller anzusehen ist, weil die Bestuhlung gerade nicht vom Produzenten der Flugmaschine (Boeing, Airbus) stammt.[2539]

e) Haftungsausschluss. In sämtlichen eben erörterten Fällen scheiterte eine formularmäßige Beschränkung des Deliktsschutzes des Reisenden in Bezug auf Personenschäden an § 309 Nr. 7 a und hinsichtlich grob-fahrlässig oder gar vorsätzlich verursachter Sach- und Vermögensschäden an § 309 Nr. 7 b. Entsprechendes galt nach der Rechtsprechung bereits für das frühere Recht.[2540] Anders liegt es selbstverständlich, wenn nicht die **Haftung** des Veranstalters oder seiner Leistungserbringer, sondern **eines Mitreisenden** zur Debatte steht: Wer sich bei einer Jeep-Safari auf Teneriffa bereit erklärt, ein fremdes Ehepaar mitzunehmen, hat für die Folgen eines leicht fahrlässig verursachten Verkehrsunfalls nicht aufzukommen, weil die Vereinbarung dieser Gefälligkeit eine konkludente Haftungsbeschränkung enthält.[2541]

5. Rechtsverfolgung

Schrifttum: *Fenn,* Schadenshaftung aus unberechtigter Klage oder Rechtfertigungsgrund der Inanspruchnahme eines gesetzlich eingerichteten und geregelten Verfahrens?, ZHR 132 (1969), 344; *Götz,* Zivilrechtliche Ersatzansprüche bei schädigender Rechtsverfolgung, 1989; *Häsemeyer,* Schadenshaftung im Zivilrechts-

---

[2533] OLG Karlsruhe NJW-RR 1993, 1076, 1077.
[2534] OLG Köln NJW-RR 2000, 61 f.
[2535] Kontrovers *Kahlert/Hast* VersR 2001, 559, und *Mühlbauer* VersR 2001, 1480, jeweils mwN.
[2536] Nicht überzeugt das OLG Frankfurt NJW 2003, 905, 906.
[2537] In re Deep Vein Thrombosis and Air Travel Group Litigation [2006] 1 A. C. 495 (H. L. 2005); dazu *Koch* ZEuP 2007, 622; vgl. auch OLG Frankfurt NJW 2003, 905 f., sämtlich zu Art. 17 WarschAbK aF.
[2538] BR-Drucks. 826/03 S. 47 f. mwN zum Streitstand; *Kadletz* VersR 2000, 927, 929; aA *Koch* ZEuP 2007, 622, 625.
[2539] Vgl. *Mühlbauer* VersR 2001, 1480, 1485.
[2540] Vgl. OLG Celle NJW-RR 2000, 1438, 1439.
[2541] OLG Hamm NJW-RR 2000, 62, 63.

streit, 1979; *Henckel*, Prozeßrecht und materielles Recht, 1970; *Hopt*, Schadensersatz aus unberechtigter Verfahrenseinleitung, 1968; *Konzen,* Rechtsverhältnisse zwischen Prozeßparteien, 1976. Zur Haftung von Zeugen und Sachverständigen vgl. die Nachweise zu § 839 a; zur Einschränkung der Klagemöglichkeit § 824 RdNr. 45 ff.

584 **a) Gesetzliche Haftungsbeschränkungen.** Die Haftungsfragen im Zusammenhang mit der Rechtsverfolgung vor staatlichen Gerichten **und Behörden sind komplex und umstritten. Die Diskussion konzentriert sich seit jeher auf den gerichtlichen Sachverständigen,**[2542] für den nunmehr **§ 839 a einen deliktsrechtlichen Spezialtatbestand** zur Verfügung stellt. Die Vorschrift ist auf **Zeugen** analog anzuwenden; vgl. § 839 a RdNr. 12. Mit Blick auf **Richter** enthält das Gesetz seit jeher eine Sonderregel in § 839 Abs. 2 S. 1, nachdem eine deliktische Verantwortlichkeit für Fehlentscheidungen nur in Betracht kommt, wenn die Pflichtverletzung in einer Straftat besteht, insbesondere in einer vorsätzlich-falschen Anwendung des Rechts (§ 339 StGB).

585 **b) Haftung der Prozessparteien. aa) Fallgruppen.** Die Haftung einer Partei, die ein gerichtliches oder staatsanwaltliches Verfahren anstrengt, das nicht zu dem von ihr gewünschten Ziel führt, unterliegt keinerlei gesetzlichen Sonderregelungen, sondern bleibt eine **Angelegenheit des allgemeinen Deliktsrechts.** Beispielhaft zu nennen sind Fälle, in denen ein unbegründeter Insolvenzantrag gestellt,[2543] die Zwangsvollstreckung aus einem Titel auch noch nach vollständiger Befriedigung fortgesetzt,[2544] in schuldnerfremde Gegenstände vollstreckt[2545] oder auf Grund einer unbegründeten Drittwiderspruchsklage die einstweilige Einstellung der Zwangsvollstreckung nach § 771 Abs. 3 ZPO erreicht wird,[2546] in denen ein Insolvenzverwalter im Ergebnis unbegründete Klagen erhebt, obwohl die Masse zur Befriedigung der Kostenerstattungsansprüche nicht ausreicht[2547] oder in denen gegen einen Mitbürger strafrechtliche Vorwürfe erhoben werden, die sich im Ermittlungs- oder Hauptverfahren nicht beweisen lassen.[2548] In diesen Fällen der unberechtigten Klageerhebung **fehlt es** häufig bereits **an einer Rechtsgutsverletzung,** so dass allein § 826 als Anspruchsgrundlage in Betracht kommt (RdNr. 589). In den Fällen der **unberechtigten Schutzrechtsverwarnung** allerdings wird ein unmittelbarer Eingriff in das Recht am eingerichteten und ausgeübten Gewerbebetrieb bejaht (RdNr. 187 ff.).[2549]

586 **bb) Recht auf Irrtum.** Sowohl der BGH als auch das BVerfG postulieren eine **Privilegierung des Klägers, Antragstellers oder Anzeigeerstatters:** Der redlich handelnden, von ihrer Sache subjektiv überzeugten Partei wird ein „Recht auf Irrtum" zugebilligt, so dass nicht schon die **fahrlässige Verkennung der Sach- und Rechtslage** die Deliktshaftung begründet.[2550] Die Grenze zur Haftung ist überschritten, wenn die **Partei vorsätzlich handelt,** also ein Verfahren anstrengt, obwohl sie weiß, dass der Antrag nicht zum Erfolg führen kann, beispielsweise weil ihr das im Zivilprozess behauptete Recht nicht zusteht, weil der Schuldner entgegen dem Vorbringen im Insolvenzantrag gar nicht bankrott ist oder weil der Gegner die ihm mit der Strafanzeige zur Last gelegte Straftat nicht begangen

---

[2542] BGHZ 62, 54, 57 ff. = NJW 1974, 312, 313 f.; BVerfGE 49, 304, 318 ff. = NJW 1979, 305.
[2543] BGHZ 36, 18 = NJW 1961, 2254 f.
[2544] BGHZ 74, 9 = NJW 1979, 1351.
[2545] BGHZ 118, 201 = NJW 1992, 2014.
[2546] BGHZ 95, 10 = NJW 1985, 1959.
[2547] BGH 148, 175, 178 ff. = NJW 2001, 3187; BGHZ 154, 269, 273 ff. = 2003, 1934 = VersR 2003, 653.
[2548] BVerfGE 74, 257.
[2549] Vgl. RdNr. 193; besonders streng BGHZ 2, 387, 394 = NJW 1951, 712, 713; BGHZ 38, 200, 206 ff. = NJW 1963, 531, 532 ff. (dort allerdings zur Rechtswidrigkeit); seit BGHZ 62, 29, 34 ff. = NJW 1974, 315, 316 f. verfährt die Rspr. zurückhaltender; vgl. auch BGH NJW 1996, 397, 399; NJW-RR 1998, 331, 332.
[2550] BGHZ 74, 9, 16 f. = NJW 1979, 1351, 1352 f.; BGHZ 95, 10, 19 ff. = NJW 1985, 1959, 1961 f.; BGH NJW 2001, 3187, 3189; BGHZ 154, 269, 271 f. = 2003, 1934 = VersR 2003, 653; BGHZ (GS) 164, 1, 6 = NJW 2005, 3141 m. Bespr. *Wagner/Thole* 3470 = JZ 2007, 362 m. Bespr. *Faust;* NJW 2004, 446, 447; OLG Köln NJW 1996, 1290, 1291 f.; zust. BVerfGE 74, 257, 262 f.; *Staudinger/Hager* RdNr. H 19.

hat.²⁵⁵¹ Weiter ist auch **leichtfertiges Handeln** von der Privilegierung ausgenommen, also die Verkennung der Rechts- oder Sachlage in besonders grobem Maße, etwa infolge der Außerachtlassung offensichtlicher Hinweise.²⁵⁵² Auf der anderen Seite ist gesichert, dass die Prozesspartei **keinerlei Sorgfaltspflichten zur Aufklärung und zur Prüfung** der Sach- und Rechtslage vor Klageerhebung treffen.²⁵⁵³

Neben dem Recht auf Irrtum bei unbegründeter Rechtsverfolgung tritt ein ähnliches Privileg für Prozesshandlungen innerhalb eines laufenden Verfahrens. So kann der **Vortrag von Tatsachen** im Rahmen der Prozessführung mit den Mitteln des Deliktsrechts nicht unterbunden werden (§ 824 RdNr. 53 ff.). Die deliktsrechtliche Verantwortlichkeit für unrichtige Tatsachenbehauptungen und **Ehrverletzungen** ist ausgeschlossen, soweit die Äußerung im Rahmen eines rechtsstaatlichen Verfahrens erfolgte.

In der **Literatur** wird eine haftungsrechtliche Privilegierung der Prozesspartei und der Initiatoren sonstiger Verfahren zum Teil abgelehnt.²⁵⁵⁴ Die in der Kritik verbreitete Vorstellung, die Rechtsprechung arbeite mit einem „**Rechtfertigungsgrund** der Inanspruchnahme eines staatlichen [...] Verfahrens",²⁵⁵⁵ beruht allerdings auf einem Missverständnis, denn tatsächlich verneint der BGH lediglich die Indizwirkung eines Eingriffs in absolute Rechte, bekennt sich also insoweit offen zum Konzept des Handlungsunrechts (RdNr. 5 ff.), wie das Gericht selbst klargestellt hat.²⁵⁵⁶ In diesem Rahmen kann die Einleitung eines Verfahrens, das nicht zu dem von dem Initiator gewünschten Ergebnis führt, **nicht schon per se als sorgfaltswidrig** gelten. Im Normalfall wird der Gegner vor den mit Straf- und Zivilprozessen verbundenen Nachteilen bereits durch die einschlägigen Verfahrensordnungen selbst geschützt, nach denen eine Verurteilung durchweg von der Aufklärung des Sachverhalts durch das Gericht abhängt und die Kosten einer erfolglosen Klage jedenfalls nicht derjenigen Partei zur Last gelegt werden können, deren „Unschuld" sich gerade ergeben hat (§§ 91 ff. ZPO). Ist die Aufklärung des Sachverhalts somit ein wesentlicher Inhalt von Gerichtsverfahren, und sind die Kosten solcher Maßnahmen von derjenigen Partei zu tragen, die das erfolglos gebliebene Verfahren angestrengt hat, ergibt sich von selbst, dass der private Kläger, Antragsteller oder Anzeigeerstatter nicht gehalten sein kann, den Sachverhalt auf eigene Kosten aufzuklären, bevor ein solches Verfahren überhaupt anhängig gemacht bzw. eine Anzeige erstattet wird. Vielmehr genügt der Kläger, Antragsteller oder Anzeigeerstatter seinen Sorgfaltspflichten in der Regel bereits dann, wenn er redlich und nicht leichtfertig handelt, also auf Grund der ihm zur Verfügung stehenden Informationen von der Berechtigung seiner Initiative überzeugt ist und diese Überzeugung nicht auf der Verkennung offensichtlicher Umstände und dem Ignorieren nahe liegender Aufklärungsmöglichkeiten beruht.

Das Recht auf Irrtum kommt bei vorsätzlicher und leichtfertiger Schadenszufügung nicht zum Zuge (RdNr. 286), so dass die **Haftung nach § 826** ungeschmälert fortbesteht (§ 826 RdNr. 155).²⁵⁵⁷ Dies ist nicht zuletzt deshalb von besonderer Bedeutung, weil die Haftung für unberechtigte Verfahrenseinleitung in den allermeisten Fällen ohnehin auf diesen Tat-

---

²⁵⁵¹ BGHZ 95, 10, 18 f. = NJW 1985, 1959, 1961; BGH NJW 2001, 3187, 3189; BGHZ 154, 269, 271 ff. = NJW 2003, 1934; BGH NJW 2004, 446, 447; OLG Köln NJW 1996, 1290, 1291; OLG Karlsruhe VersR 2004, 1616, 1617.
²⁵⁵² BVerfGE 74, 257, 262; BGHZ 74, 9, 17 = NJW 1979, 1351, 1353; BGHZ 154, 269, 273 = NJW 2003, 1934.
²⁵⁵³ BVerfGE 74, 257, 259 ff. = NJW 1987, 1929; BGHZ 36, 18, 21 f.; BGHZ 74, 9, 15, 17 = NJW 1979, 1351; BGHZ 118, 201, 206 = NJW 1992, 2014; BGH NJW 2003, 1934, 1935; 2004, 446, 447.
²⁵⁵⁴ *Hopt*, Schadensersatz aus unberechtigter Verfahrenseinleitung, S. 161, 196 ff., 251 ff.; *Konzen*, Rechtsverhältnisse zwischen Prozessparteien, S. 318 ff.; *Götz*, Zivilrechtliche Ersatzansprüche bei schädigender Rechtsverfolgung, S. 197 ff. und passim; *Fenn* ZHR 132 (1969), 344, 363 ff.
²⁵⁵⁵ *Fenn* ZHR 132 (1969), 344; *Häsemeyer*, Schadenshaftung im Zivilrechtsstreit, S. 142.
²⁵⁵⁶ Deutlich BGHZ 95, 10, 19 = NJW 1985, 1959, 1961; vgl. weiter BGHZ 79, 6, 14 = NJW 1981, 746, 747; BGHZ 118, 201, 206 = NJW 1992, 2014, 2015; BGHZ 154, 269, 271 f. = 2003, 1934 = VersR 2003, 653; vgl. auch *Götz*, Zivilrechtliche Ersatzansprüche bei schädigender Rechtsverfolgung, S. 144 f.
²⁵⁵⁷ BGHZ (GS) 164, 1, 6 = NJW 2005, 3141 m. Bespr. *Wagner/Thole* 3470 = JZ 2007, 362 m. Bespr. *Faust*; wN in Fn. 2551.

bestand beschränkt bleibt, soweit dem Gegner nämlich allein **reine Vermögensschäden** zugefügt werden.[2558] Der **Insolvenzverwalter,** der leicht fahrlässig einen im Ergebnis gescheiterten Prozess führt und anschließend den Kostenerstattungsanspruch des Gegners mangels Masse nicht befriedigen kann, haftet letzterem jedenfalls **nicht gemäß § 60 InsO** (§ 82 KO).[2559] Die vom IX. ZS im Kontext von § 826 befürwortete Verschärfung der vorprozessualen Prüfungspflichten des Insolvenzverwalters[2560] hat der VI. ZS zurückgewiesen.[2561] Demgegenüber erscheint es durchaus sachgerecht, wenn der IX. ZS die **leichtfertige Anstrengung von Prozessen durch einen Insolvenzverwalter** jedenfalls dann für sittenwidrig hält, wenn er genau weiß, dass im Fall des Unterliegens die Masse nicht ausreicht, um den Kostenerstattungsanspruch des Gegners zu decken.[2562] Auf diese Weise lässt sich vermeiden, dass der Insolvenzverwalter bereits dann Klage erhebt, wenn der Erwartungswert des Prozesses größer ist als seine eigenen Kosten, ohne die der Gegenseite entstehenden Lasten zu berücksichtigen.[2563] Überdies wird der potentielle Beklagte vor übermäßigem **Vergleichsdruck** geschützt.

590 In einer Entscheidung zur unberechtigten Schutzrechtsverwarnung hat der Große ZS es abgelehnt, das Haftungsprivileg bei Inanspruchnahme gerichtlicher Verfahren auf die Fälle der **außergerichtlichen Geltendmachung eines Anspruchs** zu übertragen.[2564] Diese Rechtsprechung überzeugt nicht, weil die außergerichtliche Abmahnung lediglich die Vorstufe zur gerichtlichen Geltendmachung darstellt und deshalb genauso behandelt werden muss wie Letztere (RdNr. 200 ff.).

591 Wenig gesichert sind darüber hinaus die **sachlichen und persönlichen Grenzen des Irrtumsprivilegs.** Auf der einen Seite findet sich die Formel, das Recht auf Irrtum gelte nur insoweit, als der **Schutz des Prozessgegners durch die Prozessordnung selbst gewährleistet** werde,[2565] auf der anderen Seite soll auch **die Haftung für Begleitschäden** ausgeschlossen sein, obwohl solche Einbußen von den Regeln der Kostenerstattung (§§ 91 ff. ZPO) nicht erfasst werden und somit unkompensiert bleiben.[2566] Im Gegensatz dazu sollen dem Vollstreckungsgläubiger keinerlei Haftungsprivilegien zustehen, wenn es um die Haftung für **Schäden Dritter** geht, die am Vollstreckungsverfahren nicht beteiligt waren, wohl aber eine Drittwiderspruchsklage gemäß § 771 ZPO hätten erheben können (eingehend RdNr. 109 f.).[2567] Die für den Vollstreckungsgläubiger tätige Rechtsanwältin hatte folglich dem von der Pfändung betroffenen Sicherungseigentümer für die leicht fahrlässige Verkennung der Sach- und Rechtslage einzustehen. In einer anderen Entscheidung hat der BGH indessen ein Haftungsprivileg **zu Lasten prozessunbeteiligter Dritter** gewährt (RdNr. 205, § 824 RdNr. 52 ff.).[2568] In diesem Bereich besteht noch erheblicher **Konsolidierungsbedarf.** Die beiden Fallgruppen der Begleit- und Drittschäden haben den Umstand gemeinsam, dass sich die Nachteile, für die ein Ausgleich begehrt wird, nicht schon im Rahmen des Verfahrens vermeiden oder durch prozessuale Kostenerstattungsregeln ausgleichen lassen, so dass **die Legitimation für eine haftungsrechtliche Privilegierung zweifelhaft** wird.[2569] Je größer der durch die Anschuldigung, Antragstellung oder Klage

---

[2558] Vgl. etwa OLG Köln NJW 1996, 1290, 1291: Geltendmachung eines Rechts am Eigentum eines Dritten keine Eigentumsverletzung; zur Vertragshaftung für unberechtigte Verfahrenseinleitung zuletzt BGH NJW 2008, 1147; *Kaiser,* FS Canaris, Bd. I, 2007, S. 531 ff.; *dies.* NJW 2008, 1709.
[2559] BGH 148, 175, 178 ff. = NJW 2001, 3187.
[2560] BGH 148, 175, 182 ff. = NJW 2001, 3187.
[2561] BGHZ 154, 269, 273 ff. = 2003, 1934 = VersR 2003, 653.
[2562] BGH 148, 175, 183 = NJW 2001, 3187.
[2563] Zur Erwartungswertberechnung *Eidenmüller* ZZP 113 (2000), 5, 8 ff.
[2564] BGHZ (GS) 164, 1, 7 ff. = NJW 2005, 3141 m. Bespr. *Wagner/Thole* 3470 = JZ 2007, 362 m. Bespr. *Faust.*
[2565] BGHZ (GS) 164, 1, 6 = NJW 2005, 3141 m. Bespr. *Wagner/Thole* 3470 = JZ 2007, 362 m. Bespr. *Faust.*
[2566] BGH NJW 2004, 446, 447.
[2567] BGHZ 118, 201, 206 f. = NJW 1992, 2014, 2015.
[2568] BGH NJW 2008, 996, 997 f.
[2569] BGH NJW 2003, 1934, 1935; *Baur* JZ 1962, 95 f.; *Henckel,* Prozessrecht und materielles Recht, S. 292 ff.

Schadensersatzpflicht   591 § 823

drohende Schaden ist, umso weniger darf sich der Initiator auf seinen guten Glauben verlassen, ohne nähere Nachforschungen und Überlegungen anzustellen.[2570]

H. Produkthaftung

Schrifttum: 1. Allgemeines: *Adams,* Produkthaftung – Wohltat oder Plage – Eine ökonomische Analyse, BB 1987, Beilage Nr. 20/87; *Belz,* Schadensersatz und Produkthaftung, 2. Aufl. 1992; *Böckstiegel* (Hrsg.), Produkthaftung in der Luft- und Raumfahrt, 1978; *Böhmeke-Tillmann,* Konstruktions- und Instruktionsfehler – Haftung für Entwicklungsrisiken?, Diss. Marburg 1992; *Bolliger,* Die Haftung des Importeurs für fehlerhafte Produkte in rechtsvergleichender Sicht, 1995; *Brüggemeier,* Produzentenhaftung nach § 823 Abs. 1 BGB – Bestandsaufnahmen und Perspektiven weiterer judizieller Rechtsentwicklung, WM 1982, 1294; *ders.,* Produzentenhaftung für Inhaber von Restaurants?, VersR 1983, 116; *ders.,* Produkthaftung und Produktsicherheit, ZHR 152 (1988), 511; *ders.,* Die Gefährdungshaftung der Produzenten nach der EG-Richtlinie – ein Fortschritt der Rechtsentwicklung, in: *Ott/Schäfer* (Hrsg.), Allokationseffizienz in der Rechtsordnung, 1989, S. 228; *ders.,* Reparatur und Folgeschaden, BB 1995, 2489; *v. Caemmerer,* „Products Liability", FS Rheinstein, Bd. II, 1969, S. 659; *Canaris,* Die Produzentenhaftung in dogmatischer und rechtspolitischer Sicht, JZ 1968, 494; *Christensen,* Verkehrspflichten in arbeitsteiligen Prozessen, 1995; *Deutsch,* Der Zurechnungsgrund der Produzentenhaftung, VersR 1988, 1197; *Diederichsen,* Die Haftung des Warenherstellers, 1967; *ders.,* Wohin treibt die Produzentenhaftung?, NJW 1978, 1281; *ders.,* Die Entwicklung der Produzentenhaftung, VersR 1984, 797; *ders.,* Produzentenhaftung bei Mängeln an Kraftfahrzeugen; *Dietrich,* Produktbeobachtungspflicht und Schadensverhütungspflicht der Produzenten, 1994; *Diller,* Produkthaftung: Aus der ökonomischen Perspektive betrachtet, BB 1980, 235; *Dunz/Kraus,* Die Haftung für schädliche Ware, 1969; *Droste,* Der Regreß des Herstellers gegen den Zulieferer, Diss. Bonn 1994; *Evans/v. Krbek,* Nichterfüllungsregeln auch bei weiteren Verhaltens- oder Sorgfaltspflichtverletzungen?, AcP 179 (1979), 85, 134; *Feger,* Darbietung und Produktfehler, 1990; *Flachsbarth,* Die Verwirklichung des Verursacherprinzips in der Produkt- und Umwelthaftung landwirtschaftlicher Betriebe, Diss. Göttingen 1997; *M. Fuchs,* Arbeitsteilung und Haftung, JZ 1994, 533; *Gernhuber,* Haftung des Warenherstellers nach deutschem Recht, Karlsruher Forum, 1963, 1; *Gmilkowsky,* Die Produkthaftung für Umweltschäden und ihre Deckung durch die Produkthaftpflichtversicherung, 1995; *G. Hager,* Umwelthaftung und Produkthaftung, JZ 1990, 397; *J. Hager,* Zum Schutzbereich der Produzentenhaftung, AcP 184 (1984), 413; *Heringhaus,* Produkthaftung im Agrarbereich, 1994; *Hinsch,* Die Anwendbarkeit des Produkthaftpflichtmodells auf mehrstufige Verarbeitungsprozesse, VersR 1991, 260; *v. Hoffmann,* Produkthaftung des Importeurs und Freihandel, Mélanges en l'honneur d'Alfred E. v. Overbeck, 1990, S. 769 (zitiert: FS v. Overbeck); *Hommelhoff,* Produkthaftung im Konzern, ZIP 1990, 761; *Kardasiadou,* Die Produkthaftung für fehlerhafte medizinische Expertensysteme, Diss. Hannover 1998; *Kreifels,* Qualitätssicherungsvereinbarungen – Einfluß und Auswirkungen auf die Gewährleistung und Produkthaftung von Hersteller und Zulieferer, ZIP 1990, 489; *Kullmann,* Die Entwicklung der höchstrichterlichen Rechtsprechung zur deliktischen Warenherstellerhaftung, WM 1978, 210; *ders.,* Die neuere höchstrichterliche Rechtsprechung zur deliktischen Warenherstellerhaftung, WM 1981, 1322; *ders.,* Das Risiko in der Produzentenhaftung, VersR 1988, 655; *ders.,* Die Rechtsprechung des BGH zu den Instruktionspflichten des Warenherstellers und die Fälle des „baby-bottle-syndroms", FS Brandner, 1996, S. 313; *Kullmann/Pfister,* Produzentenhaftung, Handbuch, 1980 ff.; *Laufs,* Deliktische Haftung ohne Verschulden? – eine Skizze, FS Gernhuber, 1993, S. 245; *Leßmann,* Produzentenhaftung im deutschen Recht, JuS 1978, 433; *ders.,* Mitarbeiter-Eigenhaftung bei der Produzentenhaftung, JuS 1979, 853; *Link,* Gesetzliche Regreßansprüche bei Produzentenhaftung gegenüber dem Zulieferer, BB 1985, 1424; *Littbarski,* Rechtsprobleme des Garantievertrages zwischen Hersteller und Endabnehmer, JuS 1983, 345; *ders.,* Herstellerhaftung ohne Ende – ein Segen für den Verbraucher?, NJW 1995, 217; *W. Lorenz,* Rechtsvergleichendes zur Haftung des Warenherstellers und Lieferanten gegenüber Dritten, FS Nottarp, 1961, S. 59; *ders.,* Einige rechtsvergleichende Bemerkungen zum gegenwärtigen Stand der Produktenhaftpflicht im deutschen Recht, Zur Entscheidung des Bundesgerichtshofs im „Hühnerpest-Fall", RabelsZ 1970, 14; *ders.,* Europäische Rechtsangleichung auf dem Gebiet der Produzentenhaftung, ZHR 151 (1987), 1; *Lüderitz,* Produzieren in und unter fremdem Namen – Zurechnungskriterien in der deutschen und US-amerikanischen Produkthaftpflicht, FS Pleyer, 1986, S. 539; *ders.,* Gefährdung und Schuld im Produkthaftpflichtrecht – Versuch einer Synthese, FS Rebmann, 1989, S. 755; *Lukes,* Reform der Produkthaftung, 1979; *Marburger/Endres,* Technische Normen im Europäischen Gemeinschaftsrecht, UTR 21 (1994), 333; *J. Meyer,* Instruktionshaftung, 1992; *ders.,* Von Saugern und Säften – ein Zwischenstandsbericht zum Kindertee-Komplex, ZIP 1995, 716; *Michalski/Riemenschneider,* Die zivilrechtliche Bedeutung des Mindesthaltbarkeitsdatums für den Verbraucher, BB 1993, 2097; *Micklitz,* Technische Normen, Produzentenhaftung und EWG-Vertrag, NJW 1983, 483; *Molitoris/Klindt,* Produkthaftung und Produktsicherheit, NJW 2008, 1203; *Möllers,* Rechtsgüterschutz im Umwelt- und Haftungsrecht, 1996; *ders.,* Verkehrspflichten des Händlers beim Vertrieb von gefährlichen Produkten, JZ

[2570] Treffend *Henckel,* Prozessrecht und materielles Recht, S. 292 f.: „Grenzt man das Problem [wie im Text] ein, so ist es offensichtlich, dass die Tatsache allein, dass sich jemand eines staatlichen, gesetzlich eingerichteten und geregelten Verfahrens bedient, keinen Rechtfertigungsgrund darstellen kann."

§ 823 592   Abschnitt 8. Titel 27. Unerlaubte Handlungen

1999, 24; *Nagel,* Die Produkt- und Umwelthaftung im Verhältnis von Herstellern und Zulieferern, DB 1993, 2469; *Oehler,* Produzentenhaftung im Konzern – Deliktsrecht und Haftungsbeschränkung, ZIP 1990, 1445; *Pester/v. Werder,* Produkthaftung in der Europäischen Gemeinschaft: Betriebswirtschaftliche Anmerkungen zur Risikoanalyse angesichts landesspezifischer Risikoparameter, DB 1991, 112; *Pfeifer,* Produktfehler oder Fehlverhalten des Produzenten, 1987; *Potinecke,* Produkthaftung bei just-in-time-Systemen, Diss. Tübingen 1999; *Reinicke/Tiedtke,* Stoffgleichheit zwischen Mangelunwert und Schäden im Rahmen der Produzentenhaftung, NJW 1986, 10; *Rolland,* Produkthaftungsrecht, 1990; *Sack,* Die wettbewerbsrechtliche Haftung für das Anbieten mangelhafter und gefährlicher Produkte, GRURInt. 1983, 565; *Schmidt-Salzer,* Produkthaftung, Bd. I–IV, 2. Aufl. 1985 ff.; *ders.,* Entscheidungssammlung Produkthaftung, 1976 ff.; *Schlechtriem,* Vertragsordnung und außervertragliche Haftung, 1972; *Schreiber,* Produkthaftung bei arbeitsteiliger Produktion: Prüfungs- und Hinweispflichten von Endherstellern und Zulieferern, 1990; *Schrupkowski,* Die Haftung für Entwicklungsrisiken in Wissenschaft und Technik, 1995; *Simitis,* Grundfragen der Produzentenhaftung, 1965; *ders.,* Soll die Haftung des Produzenten gegenüber dem Verbraucher durch Gesetz, kann sie durch richterliche Fortbildung des Rechts geordnet werden? In welchem Sinne?, Gutachten zum 47. DJT, 1968, Teil C; *ders.,* Produzentenhaftung: Von der strikten Haftung zur Schadensprävention, FS Duden, 1977, S. 605; *Soergel,* Bauvertragliche Gewährleistung und Produkthaftung, FS Lorcher, 1990, S. 235; *Tiedtke,* Zur Haftung des Herstellers eines fehlerhaften Produktes bei Schäden an der gelieferten Sache, ZIP 1992, 1446; *ders.,* Die Haftung des Produzenten für die Verletzung von Warnpflichten, FS Gernhuber, 1993, S. 471; *H. Ulmer,* Risikominderung in der Produkthaftung, PHI 1992, 188; *Graf v. Westphalen* (Hrsg.), Produkthaftungshandbuch, Bd. I 1997, Bd. II 1999; *Zoller,* Die Produkthaftung des Importeurs, 1992.

    2. Qualitätssicherung und Produkthaftung: *Ensthaler,* Haftungsrechtliche Bedeutung von Qualitätssicherungsvereinbarungen, NJW 1994, 817; *Franz,* Qualitätssicherungsvereinbarungen und Produkthaftung, 1995; *M. Fuchs,* Arbeitsteilung und Haftung, JZ 1994, 533; *Martinek,* Zulieferverträge und Qualitätssicherung, 1991; *Merz,* Qualitätssicherungsvereinbarungen, 1992; *Quittnat,* Qualitätssicherungsvereinbarungen und Produkthaftung, BB 1989, 571.

    3. Vertriebssysteme und gewerbliche Schutzrechte: *Ann,* Die Produkthaftung des Lizenzgebers, 1991; *Baranowski,* Die Haftung des Lizenzgebers gegenüber dem Nichtvertragspartner, Diss. Mainz 1988; *Bräutigam,* Deliktische Außenhaftung im Franchising, 1994; *ders.,* Außervertragliche Schadensersatzhaftung der Mitglieder von Franchise-Systemen, WM 1994, 1189; *Hölzlwimmer,* Produkthaftungsrechtliche Risiken des Technologietransfers durch Lizenzverträge, 1995; *Körner,* Die Produkthaftung des Lizenzgebers bei der Lizenz über gewerbliche Schutzrechte und Know-how, NJW 1985, 3047; *Teubner,* „Verbund", „Verband" oder „Verkehr"?, ZHR 154 (1990), 295; *Graf v. Westphalen,* Leasing und Produkthaftung, BB Suppl. Leasing-Berater 1991, 6.

    4. Produkthaftung im Konzern: *Hommelhoff,* Produkthaftung im Konzern, ZIP 1990, 761; *Oehler,* Produzentenhaftung im Konzern – Deliktsrecht und Haftungsbeschränkung, ZIP 1990, 1445; *I. Ossenbühl,* Umweltgefährdungshaftung im Konzern, 1999; *Rehbinder,* Minderheiten- und Gläubigerschutz im faktischen GmbH-Konzern, AG 1986, 85; *Spindler,* Unternehmensorganisationspflichten, 2001, S. 945; *Teubner,* Die „Politik des Gesetzes" im Recht der Konzernhaftung, FS Steindorff, 1990, S. 261; *v. Westphalen,* Betriebsaufspaltung und Produzentenhaftung, FS Felix, 1989, S. 559; *H. P. Westermann,* Umwelthaftung im Konzern, ZHR 155 (1991), 223; *Winkelmann,* Produkthaftung bei internationaler Unternehmenskooperation, 1991.

    5. Produkthaftung und Produktsicherheit: Vgl. Angaben vor RdNr. 592.

    6. Produkthaftung und Sondergesetze (AMG, GenTG): Vgl. Vor Einl. ProdHaftG.

    7. Beweisfragen: *Arens,* Zur Beweislastproblematik im heutigen deutschen Produkthaftungsprozeß, ZZP 104 (1991), 123; *Brüggemeier,* Zur Beweislast bei der Produzentenhaftung, VuR 1988, 345; *Dambeck,* Beweisfragen im Schadensersatzprozeß wegen Auslösemängeln von Sicherheitsbindungen, VersR 1992, 284; *W. Lorenz,* Beweisprobleme bei der Produzentenhaftung, AcP 170 (1970), 367; *Steffen,* Beweislasten für den Arzt und den Produzenten aus ihren Aufgaben zur Befundsicherung, FS Brandner, 1996, S. 327; *Tiedtke,* Die Beweislast bei Instruktionsfehlern, PHI 1992, 138; *Graf v. Westphalen,* Deliktische Produzentenhaftung und Beweislast, Jura 1983, 281; *Winkelmann,* Die Befundsicherungspflicht des Herstellers – Ein erster Schritt zur Beweislastumkehr beim Kausalitätsnachweis im Produzentenhaftungsrecht?, MDR 1989, 16.

    8. Rechtsvergleichung und Ausland: Vgl. Vor Einl. ProdHaftG.

I. Die Deliktshaftung des Warenherstellers

592   **1. Deliktsrechtliche Lösung.** Die Haftung eines Unternehmens für Schäden, die durch eines seiner Produkte an Rechtsgütern Dritter verursacht werden, zählt heute zum gesicherten Anwendungsbereich des Deliktsrechts. Dies versteht sich keineswegs von selbst, denn in Frankreich war die Produkthaftung bis zur Umsetzung der einschlägigen EG-Richtlinie vom 25. 7. 1985[2571] im Jahre 1998[2572] primär eine **Angelegenheit des Vertragsrechts**, und in den USA wird um die richtige – vertragliche oder deliktische – Qualifikation der Haftung des Warenherstellers bis heute gerungen.[2573] Tatsächlich steht jede Rechtsordnung vor der Frage, entweder den Kreis der Vertragsgläubiger bzw. den durch einen Vertrag geschützten Personenkreis drastisch auszuweiten, um ggf. sogar dem letzten Käufer am Ende der Vertriebskette einen Direktanspruch (action directe) gegen den Hersteller einzuräumen oder aber deliktische Sorgfaltspflichten des Warenherstellers gegenüber dem Publikum anzuerkennen. Obwohl sich bereits in der Rechtsprechung des **RG Entscheidungen zugunsten der deliktischen Lösung** nachweisen lassen,[2574] setzte in Deutschland erst in den sechziger Jahren eine intensive Diskussion über die rechtlichen Grundlagen der Produkthaftung ein.[2575] Auf unterschiedlichen dogmatischen Wegen wurde versucht, die Haftung des Warenherstellers mit Rechtsfiguren des Vertrags- bzw. Quasi-Vertragsrechts einzufangen, insbesondere mit denjenigen der Drittschadensliquidation[2576] und der Vertrauenshaftung.[2577] Diese und einige weitere Ansätze wurden in dem für das moderne Produkthaftungsrecht grundlegenden **Hühnerpest-Urteil** aus dem Jahr 1968 einer eingehenden Würdigung unterzogen, die im Ergebnis ablehnend ausfiel, so dass die Produkthaftung eine **Domäne der außervertraglichen Haftung** geblieben ist.[2578] Dies erscheint auch sachgerecht,[2579] weil nicht das Einstehenmüssen für die Enttäuschung von Vertragserwartungen in Rede steht, sondern der Schutz der Integrität von Rechtsgütern, den der Vertragspartner ganz unabhängig von einer Sonderverbindung beanspruchen kann. Im Übrigen sind einheitliche Grundsätze für die Beurteilung von Schäden sowohl des Vertragspartners und seiner Rechtsnachfolger als auch **unbeteiligter Dritter** (sog. innocent bystanders) nur auf der Basis der deliktsrechtlichen Lösung zu haben. Nicht zuletzt werden dadurch dem Vertragsrecht eine Fülle von Fiktionen und Hypertrophien erspart.[2580]

2. Abgrenzung zu § 831. Anspruchsgrundlage der deliktischen Produkthaftung ist heute **ausschließlich § 823 Abs. 1,** wobei die Schwierigkeiten mit der **Haftungsbegründung gegenüber arbeitsteilig organisierten Unternehmen** mit den von der Rechtsprechung entwickelten Beweiserleichterungen entschärft werden (allgemein zur Unternehmenshaftung RdNr. 378 ff., § 831 RdNr. 1 f.). Das RG hatte sich in seiner grundlegenden Entscheidung aus dem Jahr 1915 zu einem Fall, in dem mit Glassplittern verunreinigtes Brunnensalz zu Gesundheitsschäden der Konsumenten geführt hatte, noch auf § 831 gestützt und der Klägerin einen Schadensersatzanspruch zugesprochen, obwohl sie den für die Kontamination verantwortlichen Verrichtungsgehilfen des Herstellers nicht identifizieren konnte: Es sei verfehlt, von ihr nähere Angaben darüber zu verlangen, „wie in der Fabrik der Beklagten die Glassplitter zwischen das Salz gekommen seien" (RdNr. 385).[2581] Später hat das RG in einem allerdings krassen Fall § 823 Abs. 1 und zusätzlich § 826 als Grundlagen für Ansprüche gegen den Warenhersteller herangezogen.[2582] Der BGH hat diese

---

[2571] ABl. EG 1985 L 210; abgedruckt im Anh. ProdHaftG.
[2572] Gesetz No. 98–398 vom 19. 5. 1998, JO 21. 5. 1998; dazu *Leonhard* ZVglRWiss. 98 (1999), 101, 112 ff.; *Witz/Wolter* RIW 1998, 832.
[2573] *Prosser and Keeton* on Torts, 5. Aufl. hrsg. von *Dobbs/Keeton/Owen*, 1984, § 95A, S. 680 mwN.
[2574] Eingehend zur historischen Entwicklung *Brüggemeier* Deliktsrecht RdNr. 328 ff.
[2575] Der Anstoß dazu war *W. Lorenz,* FS Nottarp, 1961, S. 59 ff.
[2576] *Gernhuber* Karlsruher Forum 1963, 1, 3 ff.
[2577] Für eine Rekonstruktion der Produkthaftung als Vertrauenshaftung, wenn auch mit deutlichen Unterschieden iE *Diederichsen,* Die Haftung des Warenherstellers, 1967, S. 351 ff.: „Warenhaftung ist Vertrauenshaftung"; *Canaris* JZ 1968, 494, 501 ff.; *Rehbinder* ZHR 129 (1967), 171, 180 ff.
[2578] BGHZ 51, 91 = NJW 1969, 269 m. Anm. *Diederichsen* = JZ 1969, 387 m. Anm. *Deutsch*.
[2579] Für die deliktsrechtliche Lösung auch *v. Caemmerer,* FS 100 Jahre DJT, Bd. II, 1960, S. 49, 72 f.; *Simitis,* Gutachten zum 47. DJT, S. 49 ff. Die Frage ist seit dem Hühnerpest-Urteil für die Praxis erledigt.
[2580] *Simitis,* Gutachten zum 47. DJT, S. C 29 f.
[2581] RGZ 87, 1, 3 – Brunnensalz.
[2582] RGZ 163, 21, 25 f. – Bremsen I; vgl. weiter RG DR 1940, 1293 ff.

Rechtsprechung nach 1945 fortgeführt,[2583] dabei allerdings zwischenzeitlich deutlich restriktivere Töne angeschlagen. So hat es das Gericht 1956 in einer Entscheidung über einen Unfall mit einem defekten Fahrrad abgelehnt, dem Geschädigten mit Beweiserleichterungen zur Hilfe zu kommen, sondern darauf insistiert, er trage die volle Beweislast dafür, dass entweder der Hersteller fahrlässig gehandelt oder ein Verrichtungsgehilfe die Ursache des Unfalls gesetzt habe.[2584] Noch vor der Hühnerpest-Entscheidung wurden diese Grundsätze wieder aufgegeben und die im Rahmen des § 831 an sich bestehende Möglichkeit zum (dezentralisierten) Entlastungsbeweis mit Hilfe einer im Rahmen von § 823 Abs. 1 bestehenden „Pflicht zur allgemeinen Oberaufsicht" faktisch verdrängt (§ 831 RdNr. 42 ff.).[2585] Die soweit ersichtlich letzte Entscheidung des BGH zur Produkthaftung, in der § 831 behandelt wird, datiert aus dem Jahr 1973 und gestaltet die Anforderungen an den Entlastungsbeweis geradezu prohibitiv aus: Der Hersteller müsse jeden mit der Fertigung des inkriminierten Gegenstands befassten Arbeitnehmer benennen und sich bezüglich der Auswahl und der Überwachung jedes Einzelnen entlasten.[2586] Damit ist **§ 831 faktisch erledigt** und die **Produkthaftung als Unternehmenshaftung** etabliert: Die Verkehrspflichten des Warenherstellers sind an das Unternehmen adressiert, und letzteres muss sich das Verhalten seiner Organe und nachgeordneten Mitarbeiter ohne Entlastungsmöglichkeit zurechnen lassen.[2587]

II. Verhältnis zum Vertragsrecht und zum ProdHaftG

1. Vertragsrecht. Das Verhältnis der deliktischen Produkthaftung zum Leistungsstörungsrecht der lex contractus folgt dem in Deutschland für die Koordination von Delikts- und Vertragsrecht allgemein maßgeblichen **Kumulationsprinzip**. Die **Deliktshaftung** wird bei Bestehen eines Vertragsverhältnisses **weder ausgeschlossen** noch nach Maßgabe der Bestimmungen des Leistungsstörungsrechts **modifiziert** (vgl. allgemein Vor § 823 RdNr. 67). Ersatzansprüche aus deliktischer Produkthaftung unterliegen nicht den Voraussetzungen der §§ 437 ff., 280 ff., und sie werden weder von der Rügeobliegenheit des § 377 HGB[2588] noch von der Verjährungsfrist des § 438 (RdNr. 128)[2589] oder des § 634 a[2590] noch von einem vertraglichen Gewährleistungsausschluss gemäß § 444 erfasst.[2591] Mit Blick auf Personenschäden kann die Fahrlässigkeitshaftung durch **AGB** zudem gemäß § 309 Nr. 7 a nicht ausgeschlossen oder beschränkt werden. Zu den problematischen Fallgruppen der Weiterfresser- und Produktionsschäden vgl. RdNr. 126 ff.

Der Grundsatz der Anspruchskumulation gilt im Übrigen nicht nur für den Warenvertrieb über eine – uU längere – Kette von Lieferanten, sondern unverkürzt auch beim **Kauf unmittelbar vom Hersteller.** Insbesondere finden in diesem Fall die Regeln über die Beweislastverteilung zu Lasten des Herstellers Anwendung, selbst wenn nur und erst dadurch

---

[2583] Vgl. insbes. BGH VersR 1953, 242 – Speiseöl; VersR 1956, 625, 626 – Karussell; VersR 1958, 107 f. – Betondecken; VersR 1959, 523 – Fensterkran; VersR 1960, 342 – Klebemittel; VersR 1960, 855 – Kondenstopf.
[2584] BGH VersR 1956, 410, 411 – Fahrradgabel.
[2585] BGH NJW 1968, 247, 248 – Schubstrebe.
[2586] BGH NJW 1973, 1602, 1603 – Feuerwerkskörper.
[2587] BGHZ 80, 186, 197 = NJW 1981, 1603, 1604. Zur Verallgemeinerungsfähigkeit dieses Ansatzes s. RdNr. 390.
[2588] BGHZ 101, 337, 343 ff. = NJW 1988, 52, 53 f. mwN; *U. Huber* AcP 177 (1977), 281, 321 f.; *Soergel/Huber* Vor § 459 RdNr. 258; *Schlechtriem*, Vertragsordnung und außervertragliche Haftung, 1972, S. 292 ff.
[2589] So zu § 477 aF BGHZ 66, 315, 320 ff. = NJW 1976, 1505, 1506; BGHZ 67, 359, 366 = NJW 1977, 379, 381; BGH WM 1976, 839, 840 f.; NJW 1978, 2241, 2242; *U. Huber* AcP 177 (1977), 281, 322 f.; *Soergel/Huber* Vor § 459 RdNr. 258; *Schlechtriem*, Vertragsordnung und außervertragliche Haftung, 1972, S. 292 ff.; anders für bestimmte Fälle von Weiterfresserschäden, soweit nämlich (nur) das Äquivalenzinteresse betroffen ist BGH NJW-RR 1993, 1113, 1114.
[2590] So zu § 638 aF BGHZ 55, 392, 395 ff. = NJW 1971, 1131, 1132 f. – Doppelachsaggregat.
[2591] So zu § 476 aF BGHZ 67, 359, 366 ff. = NJW 1977, 379, 381; BGH NJW 1978, 2241, 2243; 1979, 2148, 2149; *Soergel/Huber* Vor § 459 RdNr. 258.

seine Einstandspflicht begründet werden kann.[2592] Auf der anderen Seite bleiben **weitergehende Ansprüche nach Vertragsrecht,** insbesondere nach den §§ 437 ff., 280 ff., von den Grundsätzen der deliktischen Produkthaftung unberührt.

2. Verhältnis zum ProdHaftG. Das Verhältnis der deliktischen Produkthaftung zu derjenigen nach dem ProdHaftG ist Regelungsgegenstand des § 15 Abs. 2 ProdHaftG, nach dem die Haftung auf Grund anderer Vorschriften „unberührt" bleibt.[2593] Dieser **Vorbehalt zugunsten der Grundsätze der Deliktshaftung** erfasst diese in ihrer jeweiligen Gestalt (§ 15 ProdHaftG RdNr. 2 ff.).

Sondergesetzlich geordnet ist schließlich die Haftung für die schädlichen Folgen von **Arzneimitteln,** die in den §§ 84 ff. AMG einem Haftungsregime unterworfen wird, das demjenigen des ProdHaftG nahe kommt, in den Details aber abweicht.[2594] Während die Anwendung des ProdHaftG auf Arzneimittel gemäß § 15 Abs. 1 ProdHaftG ausgeschlossen ist, gelten die Regeln der **deliktischen Produkthaftung** ausweislich des § 91 AMG **kumulativ** zur sondergesetzlichen Haftung auch für Arzneimittel.[2595] Da die Verantwortlichkeit des pharmazeutischen Unternehmers nach den §§ 84 ff. AMG allerdings über diejenige gemäß § 823 hinausgeht und insbesondere auch einen Teil der sog. **Entwicklungsrisiken** einschließt, dürfte die allgemeine Deliktshaftung kaum mehr praktische Bedeutung erlangen, seitdem der Umfang der Arzneimittelhaftung mit dem Zweiten Schadensersatzrechtsänderungsgesetz auf das Schmerzensgeld ausgedehnt worden ist (§ 87 AMG nF).[2596] Auf **Medizinprodukte** bleibt gemäß § 6 Abs. 4 MPG neben § 823 auch das ProdHaftG anwendbar.[2597]

III. Geltungsbereich der Produkthaftung

1. Unternehmenshaftung. Die Karriere des Produkthaftungsrechts ist verknüpft mit dem Aufstieg der **industriellen Massenproduktion,** die sich in den Judikaten des RG ebenso spiegelt (vgl. RdNr. 592) wie in den Leitentscheidungen der U.S.-amerikanischen Gerichte.[2598] Darauf aufbauend ist in der Literatur unmittelbar an den „soziologischen Typus" des Kaufs industriell gefertigter Ware angeknüpft worden, um den Hersteller fehlerhafter Produkte einer strikten Haftung zu unterwerfen,[2599] und im Hühnerpest-Urteil hat der BGH die Fortbildung der Beweislastgrundsätze ausdrücklich mit der vom Laien nicht mehr zu durchschauenden und zu kontrollierenden Struktur der modernen Warenproduktion begründet und ihre Anwendbarkeit auch gegenüber Familien- und Einmannunternehmen sowie landwirtschaftlichen Betrieben offen gelassen.[2600] Dementsprechend wurden die Grundsätze der deliktischen Produkthaftung zunächst als auf den industriellen Massenhersteller beschränkt angesehen.[2601] Daran musste schon verwundern, dass das Hühnerpest-Urteil des BGH eine Auseinandersetzung zwischen zwei Unternehmen betraf – Geflügelmäster gegen Pharmakonzern –, nicht dagegen den **Schutz des Verbrauchers** vor Unternehmen,

---

[2592] BGHZ 67, 359, 362 f. = NJW 1977, 379, 380; BGHZ 86, 256, 259 f. = NJW 1983, 810, 811; BGHZ 116, 104, 111 = NJW 1992, 1039, 1041.
[2593] Vgl. dazu *W. Lorenz* ZHR 151 (1987), 1, 36 f.; ausf. *Sack* VersR 1988, 439.
[2594] Zu den Details vgl. *Kullmann* in: *Kullmann/Pfister*, Produzentenhaftung, Stand 2008, RdNr. 3800; *Kloesel/Cyran* AMG, Stand 2004, zu §§ 84 ff.; *Deutsch/Lippert* AMG, 2. Aufl. 2007, zu §§ 84 ff.
[2595] Vgl. etwa BGHZ 106, 273, 283 ff. = NJW 1989, 1542, 1544 f. – Alupent; OLG Celle NJW-RR 1997, 1456, 1457; OLG Stuttgart VersR 2002, 577 – Hepatitis C; OLG Koblenz VersR 1999, 759 und OLG Hamm VersR 2002, 312 – Amalgam; wN in Fn. 263.
[2596] *Wagner* NJW 2002, 2049, 2053 ff.
[2597] *Visser* PHI 2008, 32, 34.
[2598] Bahnbrechend vor allem die Rede von *Cardozo* in MacPherson v. Buick Motor Co. 111 N.E. 1050 (N.Y.C.A. 1916); vgl. dazu etwa *W. Lorenz*, FS Nottarp, 1961, S. 59, 69.
[2599] *Diederichsen*, Die Haftung des Warenherstellers, 1967, S. V, 49 ff., 273 ff.; im Ergebnis anders, im Ausgangspunkt ähnlich auch RGRK/*Steffen* RdNr. 268.
[2600] BGHZ 51, 91, 107 = NJW 1969, 269, 275; genauso BGHZ 114, 284, 291 = NJW 1991, 1948, 1949 f. – AIDS.
[2601] *Brüggemeier* Deliktsrecht RdNr. 540 ff.

§ 823   599   Abschnitt 8. Titel 27. Unerlaubte Handlungen

die industriell gefertigte Massenerzeugnisse in den Verkehr bringen.[2602] Der normative Kern der Hühnerpest-Doktrin ist denn auch nicht die Etablierung der **Herstellerverantwortlichkeit** gegenüber vertragsexternen Dritten, sondern die **Modifizierung der Beweislast,** mit der den Nachweisproblemen bei arbeitsteiliger Produktion Rechnung getragen und der nach § 831 mögliche Entlastungsbeweis ausgeschaltet wird (RdNr. 593, 658 f.). Beide Gesichtspunkte haben mit der industriellen Massenproduktion nichts zu tun. Der BGH hat deshalb die den eigentlichen Kern des deliktischen Produkthaftungsrechts ausmachenden Beweisgrundsätze in der Hochzeitsessen-Entscheidung völlig zu Recht auch auf handwerklich arbeitende **Kleinbetriebe,** wie etwa Restaurants und Bäckereien, angewendet.[2603] Genauso wenig dürfen **landwirtschaftliche Betriebe** und andere Urproduzenten produkthaftungsrechtlich privilegiert werden, und zwar umso weniger, als selbst im Bereich der EG-Produkthaftung die früher bestehende Landwirtschafts-Schutzklausel des § 2 S. 2 ProdHaftG entfallen ist.[2604] Schließlich unterliegen auch öffentliche **Krankenhäuser** der Produkthaftung, sofern sie Blut transfundieren,[2605] Organe transplantieren[2606] oder Infusionslösungen applizieren (RdNr. 820).[2607]

599   **2. Produktbegriff; Haftung für fehlerhafte Dienstleistungen.** Damit stellt sich die wichtige Frage, inwiefern dem Begriff „Produkt" Determinationskraft für den Anwendungsbereich der richterrechtlichen Produkthaftungsregeln zukommt. Dieser ist für die europäische Produkthaftung in § 2 ProdHaftG definiert und in doppelter Weise beschränkt, nämlich einmal auf **Sachen,** also körperliche Gegenstände, einschließlich der Elektrizität, und zum anderen auf bewegliche Gegenstände, wobei der Einbau in eine Immobilie die Produkteigenschaft nicht aufzuheben vermag (vgl. iE Erl. zu § 2 ProdHaftG). Im Bereich des allgemeinen Deliktsrechts ist jedoch nicht ersichtlich, aus welchem normativen Grund der **Sachbegriff den Anwendungsbereich produkthaftungsrechtlicher Prinzipien** markieren sollte. Selbstverständlich haben die Grundsätze der Produkthaftung ihre Domäne im Bereich der Güterproduktion und ist der mehrfach gegliederte Fehlerbegriff auf die möglichen Defekte beweglicher Sachen zugeschnitten. Das bedeutet allerdings lediglich, dass die Verkehrspflichten von **Bau- und Dienstleistungsunternehmen** einen anderen *Inhalt* haben als diejenigen von Warenherstellern, während außer Frage steht, dass auch jenen deliktsrechtliche Sorgfaltspflichten ihren Kunden und dem Publikum gegenüber obliegen.[2608] Das eigentliche normative **Herzstück der deliktischen Produkthaftung ist die Beweislastverteilung,** also die partielle Umkehr der Beweislast zu Lasten des Schädigers, von der seit der Entscheidung Apfelschorf-I klargestellt ist, dass sie sich auch auf die Verletzung der „äußeren Sorgfalt" und damit auf die Pflichtwidrigkeit des Verhaltens insgesamt erstreckt, während der Geschädigte lediglich die objektive Fehlerhaftigkeit des Produkts, durch das er verletzt worden ist, nachweisen muss (RdNr. 658 ff.).[2609] Diese Grundsätze reagieren nicht auf spezifische Eigenarten beweglicher Sachen, sondern auf die Schwierigkeiten des Nachweises pflichtwidrigen Verhaltens bei arbeitsteiliger Produkti-

---

[2602] Ausdrücklich zur Einbeziehung industrieller Unternehmen in den Schutzbereich der Produkthaftung nochmals BGHZ 105, 346, 352 = NJW 1989, 707, 708 – Fischfutter.
[2603] BGHZ 116, 104, 113 f. = NJW 1992, 1039, 1041 f. = ZIP 1992, 410 m. Anm. *Brüggemeier;* zuvor bereits OLG Frankfurt VersR 1982, 151 m. krit. Bespr. *Brüggemeier* VersR 1983, 116 ff.; wohl auch BGH NJW 1982, 2447; VersR 1983, 375 – Hepatitis-Erkrankung nach Muschelverzehr in Restaurant; OLG Hamm VersR 1996, 72, 73 – Bienenstich; AG Staufen VersR 1994, 994, 995 – Vollkornbrot; OLG Stuttgart VersR 2001, 465, 466 – Dachbalken.
[2604] Gesetz vom 2. 11. 2000, BGBl. I S. 1478; vgl. iÜ Einl. ProdHaftG RdNr. 4 f.; § 2 ProdHaftG RdNr. 11.
[2605] OLG Hamburg NJW 1990, 2322 (Vorinstanz zu BGHZ 114, 284, 291 = NJW 1991, 1948, 1949 f., wo die Frage offen gelassen wurde).
[2606] *Staudinger/Hager* RdNr. F 6; zur EG-Produkthaftungs-Richtlinie EuGH NJW 2001, 2781, 2782.
[2607] BGH VersR 1982, 161, 162.
[2608] Vgl. nur BGH VersR 1978, 722, 723; OLG Köln VersR 1987, 511, 512.
[2609] BGHZ 80, 186, 197 = NJW 1981, 1603, 1604; besonders deutlich BGH VersR 1996, 1116, 1117 – Möbellack; treffende Abgrenzung in BGH NJW 1989, 2943, 2944 – Blutgruppenbestimmung; eingehend zu dieser – hoch komplexen – Differenzierung RdNr. 28 ff.

on.[2610] Daraus folgt: Soweit die deliktsrechtliche Beurteilung auf einen von dem Unternehmen abgelösten Gegenstand bezogen und die Frage nach dem Vorliegen eines „**objektiven Mangels**"[2611] aufgeworfen werden kann, kehrt sich die Beweislast um, mit der Folge, dass es dem Unternehmen obliegt, sich hinsichtlich des Verhaltens seiner Mitarbeiter und Organe zu entlasten.[2612] Folgerichtig haften die an der „Herstellung" geistiger Leistungen in verkörperter Form Beteiligten, bei **Druckwerken** also Autor, Verleger und Druckerei, für ihnen zur Last fallende Pflichtverletzungen nach § 823 Abs. 1.[2613] Die Herstellerverantwortlichkeit nach § 823 Abs. 1 erstreckt sich auch auf **Abfälle** (RdNr. 246, 696 f.),[2614] obwohl letztere mit Blick auf den verbraucherpolitischen Schutzzweck der Richtlinie nicht unter § 2 ProdHaftG zu subsumieren sind (vgl. § 2 ProdHaftG RdNr. 18 ff.), die Betreiber von Werkstätten haften für Fehler bei der Renovierung und **Reparatur fremder Sachen,** die sich bereits im Verkehr befunden haben (RdNr. 138),[2615] und dieselben Beweisgrundsätze wie in Produkthaftungsfällen gelten für die Schädigung eines Patienten durch einen verkehrswidrigen, „fehlerhaften" Zustand im Bereich des Krankenhauses (RdNr. 492 ff.) oder durch ein fehlerhaftes **Implantat,** etwa einen Herzschrittmacher.[2616]

3. Mitarbeiterhaftung. Auf der eben erarbeiteten, teleologischen Grundlage ergibt sich andererseits ohne weiteres die Beschränkung der Grundsätze deliktischer Produkthaftung auf **Unternehmen mit arbeitsteiligem Herstellungsprozess.** Folgerichtig hat der BGH in der Hochzeitsessen-Entscheidung die Beweislastumkehr zu Lasten von **Arbeitnehmern** des Herstellerunternehmens abgelehnt,[2617] und entsprechendes muss auch für die persönliche Einstandspflicht der **Organe** körperschaftlich verfasster Unternehmensträger gelten (RdNr. 426, 658).[2618] Bei Einmann-Unternehmen schließlich spielt die Beweislastumkehr ohnehin keine Rolle, weil mit dem Nachweis des Inverkehrbringens eines fehlerhaften Produkts der objektive Sorgfaltspflichtverstoß des für das Inverkehrbringen verantwortlichen Individuums regelmäßig feststeht (vgl. Einl. ProdHaftG RdNr. 15 ff.).

IV. Pflichtenträger

1. Endhersteller. An dem Prozess der Güterproduktion und -distribution ist in aller Regel nicht nur ein einziges Unternehmen beteiligt, sondern mehrere: Hersteller von Zulieferteilen, Hersteller des Endprodukts, Zwischenhändler, Einzelhändler, Importeure usw. Während das ProdHaftG mit einem einheitlichen Fehlerbegriff operiert und die Verantwortung der jeweiligen Akteure durch die § 1 Abs. 3, § 4 Abs. 1 bis 3 ProdHaftG in komplizierter Weise hintereinanderschaltet (vgl. iE Erl. zu §§ 1, 4 ProdHaftG), ist für die deliktische Produkthaftung der „**Fehler**" nur die eine, gleichsam **erfolgsbezogene Seite der Verhaltenspflichten des Warenherstellers,** die zwar eine Beweislastumkehr hinsichtlich der Pflichtwidrigkeit auslöst, aber doch integraler Bestandteil des Sorgfaltspflichtverstoßes bleibt (RdNr. 617, 658 f.). Folgerichtig erlaubt und erfordert der Fehlerbegriff der

---

[2610] Vgl. RdNr. 593; der Zusammenhang ist besonders deutlich ausgesprochen in BGH VersR 1982, 161, 162; 1996, 1116, 1117; OLG Düsseldorf NJW 1978, 1693 – Septummeißel; OLG Hamm VersR 1996, 72, 73 – Bienenstich.
[2611] BGH VersR 1996, 1116, 1117; vgl. auch BGH NJW 1989, 2943, 2944.
[2612] Zögernd hingegen *Staudinger/Hager* RdNr. F 6.
[2613] *Foerste* NJW 1991, 1433 f. (anders für § 2 ProdHaftG aaO S. 1438 f.); *Staudinger/Hager* RdNr. F 7; zu § 2 ProdHaftG vgl. dort RdNr. 14.
[2614] BGH NJW 1976, 46, 47; *Gesmann-Nuissl/Wenzel* NJW 2004, 117, 118.
[2615] So BGH NJW 1992, 1678 – Austauschmotor; VersR 1963, 951 f.; wohl auch BGH NJW 1993, 655, 656 f. – Handbremse; *Brüggemeier* Deliktsrecht RdNr. 614 ff.; *ders.* BB 1995, 2489 f.; übersehen von LG Ansbach BB 1995, 1767 m. Anm. *Blumenthal*; ohne Rekurs auf die Grundsätze der Produkthaftung, in der Sache aber weitgehend übereinstimmend BGH 1963, 951, 952; 1978, 722, 723; zur Selbstständigkeit deliktischer Ansprüche gegenüber dem Werkvertragsrecht bei Beschädigung der zu reparierenden Sache BGHZ 55, 392, 395 ff. = NJW 1971, 1131, 1132 f. – Doppelachsaggregat.
[2616] *Visser* PHI 2008, 32, 37.
[2617] BGHZ 116, 104, 113 f. = NJW 1992, 1039, 1041 f.
[2618] Eingehend *Wagner* VersR 2001, 1057, 1060 ff.

deliktischen Produkthaftung die Konkretisierung mit Blick auf den jeweiligen Akteur und dessen Sorgfaltspflichten.[2619] Da Letztere von den Möglichkeiten und den Kosten der Gefahrsteuerung abhängen (vgl. RdNr. 259 ff., 618), ergibt sich in einem ersten, notwendigerweise groben Zugriff: Die Verantwortung für die Sicherheit des Produkts obliegt in erster Linie dem **Endhersteller,** also demjenigen Unternehmen, das Konstruktion und Fabrikation desjenigen Gegenstands steuert, der schließlich in den Verkehr gebracht wird.[2620] Daraus ergibt sich zwar keine völlige Freistellung der Akteure „downstream", entlang der **Absatzkette,** und derjenigen „upstream", im Bereich der **Zulieferer,** doch letztere tragen jedenfalls keine umfassende Verantwortung für Konstruktion und Fabrikation des Produkts sowie die Instruktion des Abnehmers, sondern sind nur im Rahmen ihres jeweiligen Aufgabenbereichs zur Sorgfalt verpflichtet.

602   **2. Arbeitsteilige Produktion. a) Formen der Arbeitsteilung.** Die herausgehobene Stellung des Endherstellers – der verbreitet auch als **Assembler** bezeichnet wird – bedeutet nicht, dass die **vertikale Arbeitsteilung** entlang der Wertschöpfungskette, von der Urproduktion über Halbzeug zum Fertigprodukt, sowie die **horizontale Arbeitsteilung** durch Auftragskonstruktion oder -fertigung haftungsrechtlich irrelevant wären.[2621] Im Handlungsgeflecht einer Mehrzahl von Beteiligten gilt vielmehr im Ausgangspunkt der **Vertrauensgrundsatz,** nach dem ein jeder bei der Wahl des eigenen Sorgfaltsniveaus darauf vertrauen kann, die übrigen Glieder der Handlungskette würden ebenfalls die gebotenen, dh. möglichen und kosteneffektiven Sorgfaltsmaßnahmen ergreifen (RdNr. 261 ff., 264 ff). Arbeiten mehrere Bauhandwerker unabhängig voneinander auf einer Baustelle, scheidet eine wechselseitige Zurechnung von Pflichtverletzungen aus.[2622] Bei Interaktion mehrerer Unternehmen im Rahmen einer Wertschöpfungskette hängt der Umfang der beiderseitigen Sorgfaltspflichten an der Schnittstelle zwischen Endhersteller und Zulieferer entscheidend von der Art der Arbeitsteilung sowie den **relativen Informationsverhältnissen und Fachkompetenzen der beteiligten Unternehmen** ab.[2623] Dabei geht es um die exakte Identifikation und Definition der jeweiligen originären Handlungszuständigkeiten und deliktischen Verantwortlichkeiten, nicht um die Delegation einer umfassend gedachten und beim Endhersteller verankerten deliktischen Sorgfaltspflicht auf Dritte (allgemein zur Pflichtendelegation RdNr. 294 ff.).[2624]

603   Im typischen Fall **vertikaler Arbeitsteilung** hat der Endhersteller (Assembler) zwar die **sichere Konstruktion des Gesamtprodukts** und damit auch das gefahrlose Zusammenwirken und Funktionieren der Einzelteile zu gewährleisten,[2625] hinsichtlich der von Dritten bezogenen **Einzelteile** treffen ihn hingegen keine Konstruktionspflichten und nur reduzierte Sorgfaltspflichten hinsichtlich der Überprüfung fehlerfreier Fabrikation.[2626] Durch stich-

---

[2619] Treffend BGH NJW 1980, 1219 – Klapprad; 1994, 517, 519 – Gewindeschneidemittel I.
[2620] *Schmidt-Salzer* Produkthaftung III/1 RdNr. 4343; Produkthaftungshandbuch/*Foerste* § 25 RdNr. 41 ff.; *Schreiber,* Produkthaftung bei arbeitsteiliger Produktion, S. 126 f.
[2621] Zu den verschiedenen Formen zwischenbetrieblicher Arbeitsteilung *Schmidt-Salzer* Produkthaftung III/1 RdNr. 4173 ff.; RGRK/*Steffen* RdNr. 271; der Differenzierung zwischen horizontaler und vertikaler Arbeitsteilung kommt deliktsrechtlich keine entscheidende Bedeutung zu, zumal die Grenzen ohnehin fließend sind; ähnlich Produkthaftungshandbuch/*Foerste* § 25 RdNr. 111.
[2622] OLG Stuttgart VersR 2001, 465, 467 f.
[2623] *Schmidt-Salzer* Produkthaftung III/1 RdNr. 4332: Haftungsrecht folgt der tatsächlichen Aufgabenverteilung; beispielhaft OLG Karlsruhe NJW-RR 1995, 594, 597.
[2624] *Brüggemeier* Deliktsrecht RdNr. 590; *Franz,* Qualitätssicherungsvereinbarungen und Produkthaftung, 1995, S. 114; wohl auch Produkthaftungshandbuch/*Foerste* § 25 RdNr. 40; anders wohl *Schmidt-Salzer* Produkthaftung III/1 RdNr. 4291 ff.; *ders.* BB 1979, 1, 2 ff.
[2625] BGHZ 104, 323, 327 = NJW 1988, 2611, 2612 – Limonadenflasche I; BGH VersR 1959, 104, 105 – Seilschluss; VersR 1970, 469, 470 – Arbeitsbühne; BB 1990, 306 – Expander; NJW 1992, 1678 – Austauschmotor; NJW 1996, 2224, 2225 – Grim'sches Leitrad; OLG Celle VersR 1978, 258, 259 – Klapphocker; OLG Karlsruhe NJW-RR 1995, 594, 597 – Dunstabzugshauben; OLG Saarbrücken NJW-RR 1988, 611 – Venenkatheter.
[2626] RG DR 1940, 1293, 1294 f. – Bremsen II; BGH BB 1977, 1117, 1118 = VersR 1977, 839 – Autokran; *Brüggemeier* Deliktsrecht RdNr. 592; vgl. auch BGH VersR 1978, 550 – Coca Cola; wohl nur verbal abw. BGHZ 67, 359, 362 = NJW 1977, 379, 380 – Schwimmerschalter.

probenartige Prüfungen ist zu gewährleisten, dass die Zulieferteile dem maßgeblichen Sicherheitsstandard entsprechen.[2627] Die allgemeine **Materialprüfung** kann ggf. auch an den TÜV oder eine andere sachverständige Stelle delegiert werden. Ist die unsichere Konstruktion der Zuliefererteile für den Endhersteller erkennbar, etwa infolge der Häufung von Unfällen oder Kundenbeschwerden, ist er gehalten, auf den Zulieferer im Interesse der Verbesserung des Sicherheitsniveaus einzuwirken.[2628] Im Gegensatz dazu hat im typischen Fall **horizontaler Arbeitsteilung** der Endhersteller, der nach eigener Spezifikation Einzelteile von Dritten fertigen lässt, die **Zulieferer sorgfältig auszuwählen,** ihnen genaue und richtige Instruktionen über Konstruktion und Fabrikation des herzustellenden Halbfertigprodukts zu erteilen sowie die Qualität der gelieferten Zulieferteile durch entsprechende **Prüfverfahren** zu gewährleisten.[2629] Die Intensität der gebotenen Materialprüfung richtet sich nach den auch sonst für deliktische Sorgfaltsmaßnahmen geltenden Kriterien; sie ist also abhängig von den Kosten entsprechender Prüfverfahren sowie dem Ausmaß der bei Materialfehlern drohenden Schäden (RdNr. 259). Je nachdem, wie sich diese beiden Größen zueinander verhalten, sind die Sorgfaltspflichten des Endherstellers auf Stichproben zu begrenzen oder auf die Prüfung jedes einzelnen Werkstücks zu erstrecken. Dabei ist auch zu berücksichtigen, ob das Zulieferteil im Rahmen der Qualitätskontrolle des Endprodukts ohnehin geprüft werden muss.[2630] Die Wahl eines renommierten Zulieferunternehmens und seine eingehende Überprüfung ex ante rechtfertigen die Absenkung des eigenen Prüfaufwands,[2631] während umgekehrt eine culpa in eligendo auch in der Einschaltung eines Zulieferers bestehen kann, dessen **Finanzausstattung** dem übernommenen Haftungsrisiko nicht entspricht und der über keinen risikoadäquaten Haftpflichtversicherungsschutz verfügt (RdNr. 300).

b) **Qualitätssicherungsvereinbarungen.** Das Pflichtensystem bei Fremdfabrikation ist **604** an einem gleichsam hierarchischen Verhältnis zwischen Endhersteller und Zulieferer orientiert, das möglicherweise nicht mehr der **Realität moderner Fertigungsstrukturen** entspricht, die mit Hilfe von Qualitätssicherungsvereinbarungen geordnet werden.[2632] Deren Einfluss auf die deliktischen Sorgfaltspflichten der Beteiligten vertikaler und horizontaler Arbeitsteilung ist noch wenig geklärt, doch sollte außer Frage stehen, dass das Deliktsrecht die von den Parteien getroffenen vertraglichen Arrangements respektieren muss, weil sie eine Veränderung der relativen Möglichkeiten und Kosten der Schadensvermeidung bewirken und damit die für Art und Umfang deliktischer Sorgfaltspflichten entscheidenden Parameter verschieben (RdNr. 259).[2633] Insbesondere sollte es den Beteiligten der Wertschöpfungskette ermöglicht werden, die im Interesse der Produktsicherheit notwendigen **Qualitätskontrollen bei einem Unternehmen,** sei es der Zulieferer, sei es der Endhersteller, **zu konzentrieren,** um auf diese Weise Doppelarbeit und die damit verbundenen Kosten einzusparen.[2634] Soweit also der Zulieferer die Durchführung einer kostenintensiven Qualitätsprüfung – beispielsweise die Kontrolle von Stahlbauteilen mit Hilfe von Röntgengeräten – über-

---

[2627] OLG Oldenburg NJW-RR 2005, 1338 f. – Pedale.
[2628] BGH NJW 1994, 3349, 3350 – Atemüberwachungsgerät.
[2629] BGH VersR 1972, 559, 560 – Förderkorb; NJW 1975, 1827, 1828 – Schubstrebe; BB 1977, 1117, 1118 – Autokran; OLG Düsseldorf NJW 1978, 1693 – Septummeißel; OLG Saarbrücken NJW-RR 1988, 611 – Venenkatheter; *Schmidt-Salzer* BB 1979, 1, 3 f.; *Brüggemeier* Deliktsrecht RdNr. 591; *Franz*, Qualitätssicherungsvereinbarungen und Produkthaftung, 1995, S. 115 ff.
[2630] BGH VersR 1960, 855, 856 – Kondenstopf.
[2631] BGH VersR 1972, 559, 560 – Förderkorb; BB 1977, 1117, 1118 – Autokran.
[2632] Dazu allg. *Balsmeier* PHI 1999, 160 f.; *Ensthaler* NJW 1994, 817; *D. Schmidt* NJW 1991, 144; *v. Westphalen* CR 1993, 65.
[2633] OLG Düsseldorf NJW 1978, 1693 – Septummeißel; *M. Fuchs* JZ 1994, 533, 535 f., 538; im Ergebnis genauso Produkthaftungshandbuch/*Foerste* § 25 RdNr. 50; *Franz*, Qualitätssicherungsvereinbarungen und Produkthaftung, 1995, S. 99 f., 124 ff.; 134 f.; *Balsmeier* PHI 1999, 160, 168; unklar *Steckler* WiB 1997, 1065, 1071; sehr zurückhaltend *Merz* Qualitätssicherungsvereinbarungen S. 276 f.
[2634] BGH VersR 1978, 550 – Coca Cola: keine Verpflichtung eines Abfüllbetriebs, die sichere Konstruktion der zentral von der Getränkegesellschaft zur Verfügung gestellten Flaschen zu überprüfen; *Hollmann* PHI 1989, 146, 153. Im Ergebnis ähnlich Produkthaftungshandbuch/*Foerste* § 25 RdNr. 50; *Franz*, Qualitätssicherungs-

nommen hat, reduzieren sich die Untersuchungspflichten des Endherstellers auf offensichtliche, auch ohne eingehende Materialprüfung erkennbare Mängel; der Assembler ist nicht gehalten, das aufwändige Prüfverfahren ein zweites Mal durchzuführen.[2635] Letzteres gilt selbstverständlich nur unter der Voraussetzung, dass der Zulieferer ordnungsgemäß ausgewählt worden ist und sich während der Zusammenarbeit keinerlei Anhaltspunkte für die Nichterfüllung der versprochenen Qualitätskontrollen ergeben. Wie sonst kommt es auch nicht auf den Inhalt vertraglicher Absprachen, sondern auf die von den Parteien **faktisch praktizierte Arbeitsteilung** an (vgl. RdNr. 296).

605   **3. Zulieferer.** Die weitreichenden Verantwortlichkeiten des Endherstellers haben **keine Entlastung** des Zulieferers zur Folge, sondern dieser haftet grundsätzlich neben dem Assembler, allerdings nur für Fehler des eigenen Produkts, also des jeweiligen Zulieferteils.[2636] Soweit er das Zulieferteil nicht nur hergestellt, sondern auch dessen Konstruktion übernommen hat, treffen ihn die normalen Verantwortlichkeiten eines Warenherstellers; bei **Fertigung nach Spezifikation** des Endherstellers (RdNr. 603) hat er für die Konstruktionssicherheit des Bauteils im späteren Verwendungszusammenhang nur insoweit einzustehen, als er dessen Ungeeignetheit ohne weiteres oder auf Grund besonderer Umstände hätte erkennen können.[2637] Erkennt er den Sicherheitsmangel, hat er die Übernahme der Fertigung im Interesse der Produktsicherheit selbst dann abzulehnen, wenn der Endhersteller auf seinen Vorstellungen insistiert und die Bedenken des Zulieferers zurückweist.[2638] In solchen Fällen kommt auch eine weitergehende Verantwortung des Zulieferers für die Gefahrlosigkeit des Endprodukts in Betracht.[2639] Die **Instruktionspflichten** des Zulieferers schließlich sind am Endhersteller, nicht am Verbraucher auszurichten;[2640] der Endhersteller ist über die Verarbeitungseigenschaften und -erfordernisse ebenso zu informieren wie über Leistungsfähigkeit und Leistungsgrenzen des Produkts, damit er ggf. ein anderes, für den verfolgten Zweck geeigneteres Erzeugnis wählen kann.[2641] Die durch parallele Sorgfaltspflichten sowohl des Zulieferers als auch des Endherstellers zur Vermeidung von Fabrikationsfehlern eintretende **Kumulation von Haftungssubjekten,** Sicherheitsmaßnahmen und Sorgfaltskosten können die Beteiligten mit Hilfe von Qualitätssicherungsvereinbarungen vermeiden (RdNr. 604). Soweit solche Abreden die Verpflichtung zur Durchführung umfassender Prüf- und Kontrollpflichten auf den Zulieferer verlagern, wie dies in der Praxis nicht selten der Fall ist, sind auf § 307 gestützte Bedenken nicht begründet, solange nur der Zulieferer die ihm übertragenen Sorgfaltsmaßnahmen besser – dh. wirtschaftlich günstiger – durchführen kann als der Endhersteller. Unter dieser Voraussetzung sollten sich die verbleibenden versicherungsrechtlichen Probleme mit § 4 Abs. 1 Nr. 1 AHB meistern lassen.[2642]

606   **4. Händler.** Ein Handelsunternehmen ist grundsätzlich nicht gehalten, die von ihm vertriebenen Waren auf ihre **Sicherheitseigenschaften** zu überprüfen, sondern hat lediglich solche Fehler zu verantworten, die sich ohne Überprüfung erkennen las-

---

vereinbarungen und Produkthaftung, 1995, S. 99 f., 134 f.; *Balsmeier* PHI 1999, 160, 168; unklar *Steckler* WiB 1997, 1065, 1071; sehr zurückhaltend *Merz* Qualitätssicherungsvereinbarungen S. 276 f.

[2635] Übereinstimmend OLG Köln NJW-RR 1990, 414 f. – Kohlefaserbürsten: Keine Verpflichtung zur Durchführung einer Materialprüfung, die einen Aufwand von ca. 3000 verursacht, wenn der Wert der Zulieferteile nur ca. 2000 beträgt. Vgl. auch BGH NJW 1975, 1827, 1828 – Schubstrebe; RG DR 1940, 1293, 1294 – Bremsen II.

[2636] BGHZ 99, 167, 172 = NJW 1987, 1009, 1010 – Lenkerverkleidung; BGH VersR 1959, 104, 105 – Seilschloss; NJW 1968, 247, 248 – Schubstrebe; VersR 1970, 469, 470 – Arbeitsbühne; *M. Fuchs* JZ 1994, 533, 536 f.; Produkthaftungshandbuch/*Foerste* § 25 RdNr. 84 ff.

[2637] Beispiel: BGH VersR 1970, 469, 470 – Arbeitsbühne.

[2638] OLG Karlsruhe NJW-RR 1995, 594, 596 – Dunstabzugshaube.

[2639] BGH BB 1990, 306 – Expander.

[2640] RdNr. 254; Produkthaftungshandbuch/*Foerste* § 25 RdNr. 95.

[2641] BGH NJW 1996, 2224, 2225 – Grim'sches Leitrad; vgl. auch BGH VersR 1967, 498 f. – Hobbocks; *Schmidt-Salzer* Produkthaftung III/1 RdNr. 4357 ff.

[2642] Dazu im Ergebnis wie hier *M. Fuchs* JZ 1994, 533, 538; ausf. zur Inhaltskontrolle von Qualitätssicherungsvereinbarungen Produkthaftungshandbuch/*Merz* § 44 RdNr. 38 ff.

sen.²⁶⁴³ Ein Ferrari-Vertragshändler muss sich vor der Auslieferung eines Gebrauchtwagens im Wege einer Sichtkontrolle vergewissern, dass die Reifen nicht überaltert sind.²⁶⁴⁴ Weitergehende Untersuchungspflichten bestehen nur dann, wenn aus besonderen Gründen Anlass zu einer Überprüfung besteht.²⁶⁴⁵ Daran ändert sich nichts, wenn der Vertriebshändler mit dem Hersteller gesellschaftsrechtlich verbunden, etwa ein bloßes **Tochterunternehmen** ist.²⁶⁴⁶ Die Eingliederung der Vertriebsgesellschaft in die Unternehmensgruppe des Herstellers kann allerdings zur Folge haben, dass die Kenntnis von dem Mangel oder seine Erkennbarkeit auf Grund besonderer Umstände leichter zu bejahen ist als beim Vertrieb durch selbstständige Unternehmen.²⁶⁴⁷ Im Übrigen erwartet der Verkehr von dem Vertragshändler eines Automobilherstellers, dass er gebrauchte Fahrzeuge nur wieder in den Verkehr bringt, wenn er sich mindestens durch flüchtige Prüfung ihrer allgemeinen Betriebssicherheit iS der Zulassungsvorschriften vergewissert hat.²⁶⁴⁸

Den Händler selbst treffen deliktische Sorgfaltspflichten in Bezug auf die **Lagerung** der Ware und eine von ihm übernommene **Beratung** des Kunden.²⁶⁴⁹ Soweit allerdings das Gefahrenpotential für den Händler nicht erkennbar ist – beispielhaft zu nennen sind Haarrisse in einer Limonadenglasflasche – ist nicht dieser, sondern ggf. der Hersteller für den Schaden – Körperverletzung nach Explosion der Flasche – verantwortlich zu machen.²⁶⁵⁰ Führt er dem Kunden ein gefährliches technisches Gerät vor, muss er ihn auch über die beim Gebrauch zu beachtenden Sicherheitsvorkehrungen **informieren**, zumal wenn er mit schlechtem Beispiel vorangeht und diese selbst nicht beachtet.²⁶⁵¹ Originäre Händlerpflicht ist auch das Gebot, gefährliche Gegenstände nicht solchen Personen zu überlassen, die mit ihnen nicht sachgerecht umgehen können, insbesondere keine **Gefahrstoffe** an Kinder abzugeben (allgemein RdNr. 543, 264).²⁶⁵² Allerdings besteht die deliktische Pflicht zur Steuerung der Abgabe gefährlicher Gegenstände nur insoweit als der Händler den Gefährlichkeitsgrad des konkreten Produkts erkennen kann, wobei er sich auf die Angaben des Herstellers verlassen darf und nicht gehalten ist, die Ware eigenständig zu überprüfen.²⁶⁵³ Die sich daraus uU ergebenden Haftungslücken sind nicht durch Umfunktionierung der Händlerhaftung in eine von pflichtwidrigem Verhalten unabhängige Versicherung der Kunden zu schließen,²⁶⁵⁴ sondern durch Ausrichtung der Instruktionspflichten des Herstellers bzw. Importeurs auf den Händler, so dass Letzterem eine informierte Entscheidung über die Abgabe potentiell gefährlicher Gegenstände ermöglicht wird (RdNr. 264).²⁶⁵⁵ Zur Händlerhaftung nach § 823 Abs. 2 iVm. GPSG s. RdNr. 668 ff.

5. Quasi-Hersteller. Als Quasi-Hersteller wird bezeichnet, wer lediglich den Eindruck erweckt, Hersteller zu sein, während sich seine Tätigkeit in Wahrheit auf den **Vertrieb**

---

²⁶⁴³ BGH VersR 1960, 855, 856 – Kondenstopf; 1977, 839, 840 = BB 1977, 1117 f. – Autokran; OLG Celle NJW-RR 1997, 1456, 1457 – Hepatitis C; OLG München NJW-RR 1992, 287 f. – Tierarzneimittel; OLG Nürnberg NJW-RR 1993, 1300, 1304 f.; OLG Hamm VersR 2005, 1444, 1445; im Rahmen der Vertragshaftung genauso BGH NJW 1968, 2238, 2239 mwN; Produkthaftungshandbuch/*Foerste* § 26 RdNr. 2 f.; *Schmidt-Salzer* Produkthaftung III/1 RdNr. 4365 ff.
²⁶⁴⁴ BGH NJW 2004, 1032, 1033.
²⁶⁴⁵ OLG Hamburg VersR 1984, 793, 794 – Hüftgelenkprothese; OLG Saarbrücken NJW-RR 1988, 611 – Venenkatheter.
²⁶⁴⁶ BGH NJW 1981, 2250 f. – Asbestzement-Platten; OLG Frankfurt NJW-RR 2000, 1268, 1269 – Silikon-Brustimplantate; OLG München NJW-RR 1992, 287 f. – Tierarzneimittel; OLG Nürnberg NJW-RR 1993, 1300, 1304 f.; LG Köln NJW-RR 1987, 864, 865; *Brüggemeier* Deliktsrecht RdNr. 608.
²⁶⁴⁷ BGH NJW 1981, 2250, 2251; OLG München NJW-RR 1992, 287 f. – Tierarzneimittel.
²⁶⁴⁸ BGH NJW 1978, 2241, 2243 – Autoreifen.
²⁶⁴⁹ *Brüggemeier* JZ 1994, 578, 579: „Gefahrsetzungsverbot"; Produkthaftungshandbuch/*Foerste* § 26 RdNr. 7 ff., 16 f.
²⁶⁵⁰ BGH VersR 2007, 72, 73.
²⁶⁵¹ OLG Karlsruhe VersR 1986, 46 – Motorsense.
²⁶⁵² BGHZ 139, 43, 46 ff. = NJW 1998, 2436 – Feuerwerkskörper I; RGZ 152, 325, 328 f.; BGH VersR 1973, 32 f.
²⁶⁵³ BGHZ 139, 43, 48 ff. = NJW 1998, 2436 f.
²⁶⁵⁴ So aber *Möllers* JZ 1999, 24, 28 f.
²⁶⁵⁵ Genau so auch BGHZ 139, 79, 82, 86 ff. = NJW 1998, 2905, 2907 f. – Feuerwerkskörper II.

fremder Waren unter eigener Marken oder Unternehmenskennzeichen beschränkt (vgl. § 4 Abs. 1 S. 2 ProdHaftG). Der Begriff ist insoweit irreführend, als der Quasi-Hersteller dem Endhersteller keineswegs deliktsrechtlich gleichgestellt wird; wie der BGH treffend formuliert, entstehen Gefahrabwendungspflichten nicht schon durch Anbringung von Marken oder Unternehmenskennzeichen auf Produkten.[2656] Anders als im Kontext des ProdHaftG (§ 4 ProdHaftG RdNr. 21 ff.) entspricht die deliktsrechtliche Stellung des Quasi-Herstellers derjenigen eines Vertriebshändlers. Etwas anderes gilt nur dann, wenn die Identifikation des Zeicheninhabers mit der Ware bei dem Produktnutzer besonderes Vertrauen erweckt, das ihn legitimerweise zur Reduktion der eigenen Sorgfaltsvorkehrungen verleitet; in diesem Fall spricht die Wechselbezüglichkeit der Sorgfaltsanstrengungen von Schädiger und Geschädigtem für eine komplementäre Verschärfung der Sorgfaltsanforderungen an den Vertriebshändler (RdNr. 261 ff.). Dies hat Konsequenzen vor allem für die Instruktionshaftung, weil der Kunde eines Fachunternehmens darauf vertraut, über die Produkteigenschaften umfassend in Kenntnis gesetzt und vor Gefahren gewarnt zu werden.[2657]

609 6. **Importeure.** Importeure werden im Grundsatz behandelt **wie Vertriebshändler,** sind also für die Sicherheit der von ihnen vertriebenen Produkte grundsätzlich nicht verantwortlich.[2658] Eine Verpflichtung zur umfassenden **Qualitätskontrolle und -gewährleistung** besteht nicht.[2659] Eine Haftung für Produktfehler kommt nur insoweit in Betracht, als ihnen etwaige Mängel ohne eingehende Prüfung erkennbar sind oder besondere Umstände eine Überprüfung nahe liegen. Ob der bloße Umstand, dass die Ware in einem sog. Billiglohnland – etwa in China – hergestellt worden ist, bereits eine Untersuchungspflicht auslöst, ist zweifelhaft.[2660] Der BGH bejaht jedenfalls eine Pflicht zur stichprobenartigen Sicherheitskontrolle.[2661] Darüber hinaus ist die Verantwortung des Importeurs für die konstruktive Sicherheit des Produkts nur dann zu bejahen, wenn die Ware unter dem eigenen Firmen- oder Markennamen vertrieben und damit bei den inländischen Verbrauchern die berechtigte Erwartung erzeugt, die Produkte entsprächen dem **inländischen** – relativ hohen – **Sicherheitsstandard.**[2662] Eine in dieser Weise gesteigerte Verantwortlichkeit gilt wiederum nicht im Rahmen des **Europäischen Binnenmarkts,** da grundsätzlich davon auszugehen ist, dass innerhalb der EU hergestellte Ware dem geforderten Sicherheitsstandard entspricht.[2663] Der BGH erkennt dies bisher zwar nur mit Blick auf die ursprünglichen (sechs) Mitgliedstaaten der EU an, doch dürfte diese Diskriminierung der später hinzugekommenen EU-Mitglieder europarechtlich kaum zu rechtfertigen sein.[2664] Originär obliegt dem Importeur die Verpflichtung zur **Instruktion der deutschen Verbraucher,** und zwar vor allem dann, wenn er selbst die Bedienungsanleitung verfasst hat.[2665] Darüber hinaus müssen Importeure mit Alleinstellung ihrer Rolle als

---

[2656] BGH VersR 1977, 839 = BB 1977, 1117 – Autokran; NJW 1980, 1219 – Klapprad; NJW 1981, 1606, 1609; VersR 1987, 102, 103 f. – Verzinkungsspray; NJW 1994, 517, 519 – Gewindeschneidemittel I; NJW-RR 1995, 342, 343 – Gewindeschneidemittel II; OLG Frankfurt NJW-RR 2000, 1268, 1269 f. – Silikon-Brustimplantate; Produkthaftungshandbuch/*Foerste* § 26 RdNr. 47 ff.
[2657] OLG München VersR 1988, 635 – Minitrainer; OLG Karlsruhe NJW-RR 1994, 798, 799; vgl. auch BGH VersR 1987, 102, 103 f. – Verzinkungsspray.
[2658] BGHZ 99, 167, 170 f. = NJW 1987, 1009, 1010 – Lenkerverkleidung; BGH NJW 1994, 517, 519; OLG Celle VersR 2006, 1647, 1648 = NJW-RR 2006, 526 – Pendelrollenlager; OLG Dresden VersR 1998, 59, 60 f.
[2659] OLG Köln VersR 2003, 1587, 1588 – Schraubenmutter im Sandwich.
[2660] Vgl. OLG Celle VersR 2006, 1647, 1648 f. = NJW-RR 2006, 526 – Pendelrollenlager.
[2661] BGH VersR 2006, 710, 711 – Tapetenkleistermaschine; insoweit genauso OLG Celle VersR 2006, 1647, 1648 = NJW-RR 2006, 526 – Pendelrollenlager.
[2662] OLG Celle VersR 2006, 1647, 1649 = NJW-RR 2006, 526 – Pendelrollenlager.
[2663] BGH NJW 1980, 1219, 1220 – Klapprad; NJW 1994, 517, 519 – Gewindeschneidemittel I.
[2664] Übereinstimmend *Brüggemeier* Deliktsrecht RdNr. 610; *Körber,* Grundfreiheiten und Privatrecht, 2004, S. 620 f.
[2665] BGHZ 139, 79, 82, 86 ff. = NJW 1998, 2905, 2907 f. – Feuerwerkskörper II; OLG Frankfurt NJW-RR 2000, 1268, 1269 f. – Silikon-Brustimplantate; OLG Düsseldorf VersR 1990, 906 – Fertigkamin; OLG Celle VersR 2002, 505 – Pflanzenschutzmittel; VersR 2006, 1647, 1648 – Pendelrollenlager; vgl. auch Fn. 2657.

Schnittstelle und **Mittler zwischen dem ausländischen Hersteller und den inländischen Verbrauchern** gerecht werden, indem sie Kundenbeschwerden sammeln (passive Produktbeobachtung, RdNr. 647 f.), aktiv beobachten, wie sich das Produkt auf dem Inlandsmarkt bewährt, und auf die so gewonnenen Erkenntnisse ggf. durch **Vermarktungsstopp oder Rückruf** reagieren (RdNr. 649 ff.).[2666]

7. **Beteiligte von Lizenzverträgen.** Die Abhängigkeit sowohl der Existenz als auch der Intensität deliktischer Sorgfaltspflichten von den faktischen und rechtlichen Möglichkeiten zur Gefahrsteuerung (RdNr. 258) ist die Basis für eine differenzierte Beurteilung der Verantwortlichkeit von Beteiligten an Lizenzverträgen. Dabei ist zwischen **drei Vertragsgestaltungen** zu differenzieren, nämlich der bloß negativ wirkenden Herstellungslizenz, der Know-how-Lizenz sowie der Warenzeichenlizenz,[2667] weil diese Typen für verschiedene Arrangements der Arbeitsteilung zwischen Lizenzgeber und Lizenznehmer stehen. Bei der Beurteilung von Einzelfällen kommt es allerdings nicht auf Formulierung und Interpretation der vertraglichen Vereinbarung, sondern auf die tatsächlich von den Parteien befolgte Praxis der Arbeitsteilung an.[2668]

Bei der **Herstellungslizenz** erteilt der Inhaber eines Schutzrechts – eines Patents, Urheberrechts, Gebrauchs- oder Geschmacksmusters – dem Lizenznehmer die Erlaubnis zur Benutzung.[2669] Sofern sich diese Vereinbarung tatsächlich allein auf die juristische Sphäre beschränkt und lediglich ein rechtliches Hindernis für Produktionsaktivitäten des Lizenznehmers durch das Einverständnis des Schutzrechtsinhabers aus dem Weg räumt (sog. **negative Lizenz**), liegt die Verantwortung für die Produktsicherheit allein beim Lizenznehmer.[2670] So mag es sich verhalten, wenn die Lizenz das Resultat von Vergleichsverhandlungen zweier Konkurrenten ist, die unabhängig voneinander identische oder ähnliche Waren entwickelt, hergestellt und vertrieben haben. In aller Regel wird mit einer Herstellungslizenz jedoch nicht nur der Unterlassungsanspruch des Schutzrechtsinhabers ausgeschlossen, sondern darüber hinaus das für die Produktion notwendige **Wissen auf den Lizenznehmer transferiert.** Sofern dies geschieht, erfolgt der Herstellungsprozess tatsächlich arbeitsteilig, und folgerichtig trifft den Lizenzgeber die deliktsrechtliche Verantwortung für die sicherheitsrelevanten Eigenschaften des Produkts, soweit dessen Eigenschaften auf dem transferierten Know-how beruhen.[2671] Der Lizenznehmer bleibt hingegen für die fehlerfreie Fabrikation der Ware sowie die Instruktion der Nutzer verantwortlich.[2672]

Auch die isolierte **Know-how-Lizenz** bewirkt einen echten Transfer von Produkt- und Fertigungswissen vom Lizenzgeber auf den Lizenznehmer und realisiert damit ein **System der Arbeitsteilung.**[2673] Daraus ergibt sich die deliktsrechtliche Verantwortung beider Beteiligter für den je eigenen Bereich. Während der Lizenznehmer die Gesamtverantwortung für den Herstellungsprozess trägt, hat der Lizenzgeber für die Fehlerfreiheit des von ihm zur Verfügung gestellten Know-hows einzustehen.[2674] Im typischen Fall werden die

---

[2666] BGHZ 99, 167, 170 f. = NJW 1987, 1009, 1010 – Lenkerverkleidung, BGH NJW 1994, 517, 519 – Gewindeschneidemittel I; NJW-RR 1995, 342, 343 – Gewindeschneidemittel II; mit Recht krit. dazu *Brüggemeier* JZ 1994, 578, 579 f.
[2667] Zu diesen Typen *Körner* NJW 1985, 3047, 3048; *Ann*, Die Produkthaftung des Lizenzgebers, S. 118.
[2668] Vgl. RdNr. 296, 604 aE; verkannt von *Körner* NJW 1985, 3047, 3052.
[2669] Dies kann sich insbes. bei umsatzabhängiger Lizenzgebühr empfehlen.
[2670] *Körner* NJW 1985, 3047, 3049; *Baranowski*, Die Haftung des Lizenzgebers gegenüber dem Nichtvertragspartner, S. 97; *Winkelmann*, Produkthaftung bei internationaler Unternehmenskooperation, S. 82 f.
[2671] *Ann*, Die Produkthaftung des Lizenzgebers, S. 127 f.; *Baranowski*, Die Haftung des Lizenzgebers gegenüber dem Nichtvertragspartner, S. 81 f.; *Hölzlwimmer*, Produkthaftungsrechtliche Risiken des Technologietransfers durch Lizenzverträge, S. 71 ff.; aA *Brüggemeier* Deliktsrecht RdNr. 593; *Körner* NJW 1985, 3047, 3049; *Gross* CR 1990, 438, 440.
[2672] *Ann*, Die Produkthaftung des Lizenzgebers, S. 120 ff.; *Baranowski*, Die Haftung des Lizenzgebers gegenüber dem Nichtvertragspartner, S. 82 ff.; *Brüggemeier* Deliktsrecht RdNr. 593, 595.
[2673] Eingehend zum Inhalt von Know-how-Verträgen *Baranowski*, Die Haftung des Lizenzgebers gegenüber dem Nichtvertragspartner, S. 120 ff.; vgl. auch BGHZ 51, 263 = NJW 1969, 1247 – Silobehälter.
[2674] *Körner* NJW 1985, 3047, 3050; *Baranowski*, Die Haftung des Lizenzgebers gegenüber dem Nichtvertragspartner, S. 128 ff.; Produkthaftungshandbuch/*Foerste* § 25 RdNr. 139, 141; *Gross* CR 1990, 348, 441;

Sorgfaltspflichten des Lizenzgebers auf eine hinreichend sichere Konstruktion des herzustellenden Guts beschränkt sein, aber auch eine Haftung für Fabrikationsfehler kommt in Betracht, wenn nämlich gerade der Produktionsprozess Gegenstand des Wissenstransfers gewesen ist.[2675]

613 Der Fall der Warenzeichen-, oder besser: **Markenlizenz,** wirft keine anderen Probleme auf als diejenigen, die bereits mit Blick auf den **Quasi-Hersteller** erörtert wurden (RdNr. 608), denn der Markenlizenznehmer bringt ein fremdes Kennzeichen auf den von ihm hergestellten Produkten an. Allein dieser Umstand ist nicht dazu geeignet, die deliktsrechtlichen Koordinaten grundlegend zu verschieben, sondern es bleibt bei der Verantwortlichkeit des „faktischen" Herstellers – also des Lizenznehmers.[2676] Eine Haftung des Lizenzgebers und Markeninhabers kommt daneben nur in Betracht, wenn seine Identifikation mit dem Fremdprodukt bei dessen Nutzern besonderes Vertrauen erweckt und sie berechtigterweise zur Reduktion des eigenen Sorgfaltsaufwands verleitet.[2677] Daran sollte sich auch nichts ändern, wenn der Lizenznehmer – wie in der Praxis üblich – vertraglich zur Einhaltung bestimmter Qualitätsstandards verpflichtet wird und sich der Lizenzgeber das Recht zu entsprechenden Kontrollen vorbehält.[2678]

614 **8. Leasing und Franchising.** Franchising-Verträge **kombinieren Markenlizenz und Know-how-Lizenz** und ergänzen beides um Kontroll- und Eingriffsbefugnisse sowie Ausbildungs-, Unterstützungs- und Fortentwicklungspflichten des Franchisegebers. Soweit Letzterer die Fabrikation, vor allem aber die Konstruktion der herzustellenden Waren bestimmt, die einzuhaltenden Qualitätsstandards definiert und über das Maß der dem Produkt beizufügenden Verbraucherinformation entscheidet, wird er selbst Adressat deliktsrechtlicher Sorgfaltspflichten.[2679] Im Gegenzug kann sich der Franchisenehmer auf die Erfüllung dieser Pflichten verlassen und haftet nur, wenn er von Mängeln Kenntnis hat oder besondere Umstände eine Nachprüfung erfordern.[2680] Voll verantwortlich bleibt er selbstverständlich für den von ihm selbst kontrollierten Bereich, insbesondere für die fehlerfreie Fabrikation im Rahmen der Vorgaben des Franchisegebers.[2681] **Leasing-Verträge** werfen keine genuin produkthaftungsrechtlichen Probleme auf, sondern beschränken sich auf die Koordinierung etwaiger Schadensersatzansprüche des Leasinggebers mit der ihn treffenden Gewährleistungspflicht im Verhältnis zum Leasingnehmer.[2682]

615 **9. Haftung im Konzern und bei Betriebsaufspaltung.** Genauso wenig wie die kapitalmäßige Verflechtung zwischen Hersteller- und Handelsunternehmen den Vertriebshändler in die deliktsrechtliche Pflichtenstellung eines Herstellers einrücken lässt, sind die differenzierten deliktsrechtlichen Sorgfaltspflichten konzerngebundener Unternehmen zusammenzurechnen, um sie der Mutter mit haftungsbegründender Wirkung zuzurechnen. Der Schutz **von Gläubigern abhängiger Konzerngesellschaften** ist ein allgemeines Problem, das sich mit Rücksicht auf sämtliche Gläubigergruppen – Vertragsgläubiger wie Deliktsgläubiger – stellt und grundsätzlich auch einheitlich zu lösen

---

weitgehend übereinstimmend *Ann*, Produkthaftung des Lizenzgebers, S. 132 f.; diff. *Hölzlwimmer*, Produkthaftungsrechtliche Risiken des Technologietransfers durch Lizenzverträge, S. 94 ff.

[2675] *Baranowski*, Die Haftung des Lizenzgebers gegenüber dem Nichtvertragspartner, S. 129 f.

[2676] *Körner* NJW 1985, 3047, 3051; *Gross* CR 1990, 348, 442; *Ann*, Die Produkthaftung des Lizenzgebers, S. 130; *Baranowski*, Die Haftung des Lizenzgebers gegenüber dem Nichtvertragspartner, S. 142 ff.; Produkthaftungshandbuch/*Foerste* § 25 RdNr. 154.

[2677] Vgl. RdNr. 608; übereinstimmend *Ann*, Produkthaftung des Lizenzgebers, S. 129; Produkthaftungshandbuch/*Foerste* § 25 RdNr. 146.

[2678] AA *Körner* NJW 1985, 3047, 3051.

[2679] *Körner* NJW 1985, 3047, 3052; *Bräutigam*, Deliktische Außenhaftung im Franchising, S. 102 ff.; *ders.* WM 1994, 1189, 1191; im Ergebnis genauso, mE aber zu undifferenziert *Teubner* ZHR 154 (1990), 295, 312 f.; aA *Winkelmann*, Produkthaftung bei internationaler Unternehmenskooperation, S. 84; mit einer Haftung des Franchisegebers für Fehlleistungen des Franchisenehmers hat dies entgegen *Bräutigam* aaO S. 140; *ders.* WM 1994, 1189, 1194 nichts zu tun.

[2680] BGH VersR 1978, 550 – Coca Cola.

[2681] *Bräutigam* WM 1994, 1189, 1191: Konzeptvollzugspflichten.

[2682] Dazu eingehend *v. Westphalen*, Leasing und Produkthaftung, BB Supplement Leasing-Berater 1991, 6.

ist.[2683] Deshalb kann es nicht in Betracht kommen, den Herstellerbegriff bei Konzernierung so zu manipulieren, dass sich stets ein **Durchgriff auf das herrschende Unternehmen** begründen lässt. Vielmehr kommt es im Verhältnis des Herstellers zu konzerneigenen Zulieferern und Vertriebshändlern entscheidend auf die konkrete Organisation der Arbeitsteilung an, wobei jeder Akteur grundsätzlich nur für die eigene Handlungssphäre zuständig ist (RdNr. 602 ff.).[2684]

Bei der **Betriebsaufspaltung** wird der Kapitalstock eines Unternehmens – Grundstücke, Anlagevermögen und Schutzrechte – einer natürlichen Person oder einer Personengesellschaft übertragen (Besitzgesellschaft) und von dieser dann an eine sog. Betriebsgesellschaft, die regelmäßig als Kapitalgesellschaft inkorporiert ist, vermietet oder verpachtet. Ein solches Arrangement ist primär steuerrechtlich motiviert, aber auch das Bemühen um **Haftungsbegrenzung** kann eine Rolle spielen.[2685] Nach allgemeinen Grundsätzen wäre die Betriebsgesellschaft – und nur diese – als Herstellerin und produkthaftungsrechtlich Verantwortliche zu qualifizieren, nicht aber derjenige, dessen Rolle sich darauf beschränkt, dem Hersteller die erforderlichen Produktionsmittel zur Verfügung zu stellen. Dabei sollte es auch bleiben und die Besitzgesellschaft nicht im Wege eines produkthaftungsrechtlichen „Durchgriffs" zum „Hersteller" und Pflichtenträger gemacht werden, denn eine solche Lösung würde wiederum zu einer Privilegierung gerade der durch fehlerhafte Produkte geschädigten Deliktsgläubiger der Betriebsgesellschaft gegenüber sämtlichen anderen Gläubigergruppen – seien es Vertragsgläubiger, seien es die übrigen Deliktsgläubiger – führen, für die ein normativer Grund nicht ersichtlich ist.[2686] Anders liegt es natürlich, wenn sich die Besitzgesellschaft oder der sonstige Eigentümer der Produktionsmittel nicht darauf beschränkt, sie der Betriebsgesellschaft zur Verfügung zu stellen, sondern selbst Einfluss auf den Herstellungsprozess nimmt.[2687] Schließlich kommt eine persönliche Haftung der Gesellschafter der Besitzgesellschaft dann in Betracht, wenn sie gleichzeitig die Funktion eines Organs der Betriebsgesellschaft wahrnehmen (zur Organhaftung eingehend RdNr. 414 ff.).[2688]

V. Pflichtinhalte

1. Fehlerbegriff und Sorgfaltspflichten. a) Fehler als Kürzel für Sorgfaltspflichtverstoß. Die Sorgfaltspflichten des Warenherstellers werden nicht verhaltens-, sondern erfolgs- bzw. gegenstandsbezogen formuliert, nämlich als Produktfehler, wobei sich Konstruktions-, Fabrikations-, Instruktions- und Produktbeobachtungsfehler unterscheiden lassen. Diese Terminologie beruht auf der eigentümlichen Beweislastverteilung bei der deliktischen Produkthaftung (RdNr. 658 ff.), darf aber nicht den Blick darauf verstellen, dass die Einstandspflicht des Warenherstellers von einem Sorgfaltspflichtverstoß abhängt. Die verschiedenen Fehlertypen bedürfen der Reformulierung als **Pflichten zu sorgfältigem Verhalten** in den Bereichen Konstruktion, Fabrikation, Instruktion und Produktbeobachtung (vgl. auch § 3 ProdHaftG RdNr. 3). Damit erweist sich ein Teil der Diskussion um die Rechtsnatur der Produkthaftung als Verschuldens- oder Gefährdungshaftung als Scheingefecht:[2689] Die Haftung für Produktfehler ist Haftung für objektive Sorgfaltswidrigkeit, die auch sonst die Haftung nach § 823 Abs. 1 auslöst.

[2683] *Spindler* Unternehmensorganisationspflichten S. 951 f.; *Rehbinder* AG 1986, 85, 97; im Kontext der Haftung für Insolvenzverursachung und -verschleppung *Wagner*, FS Gerhardt, 2004, S. 1043 ff.
[2684] *Hommelhoff* ZIP 1990, 761, 765 ff.; offen *Oehler* ZIP 1990, 1445, 1450 f.; im Ansatz genauso in der Durchführung aber wesentlich weitergehend *Spindler* Unternehmensorganisationspflichten S. 956 f.
[2685] *v. Westphalen*, FS Felix, 1989, S. 559, 560 f.
[2686] Übereinstimmend *Brüggemeier* Deliktsrecht RdNr. 596; *Spindler* Unternehmensorganisationspflichten S. 951 f., 957.
[2687] *v. Westphalen*, FS Felix, 1989, S. 559, 578; aA *Spindler* Unternehmensorganisationspflichten S. 957.
[2688] *v. Westphalen*, FS Felix, 1989, S. 559, 578 f.
[2689] Vgl. insbes. *Simitis*, FS Duden, 1977, S. 605, 623 ff., unter der Überschrift „Der überflüssige ‚Fehler'"; wie hier *Brüggemeier* ZHR 152 (1988), 511, 517 f.; *Pfeifer*, Produktfehler oder Fehlverhalten des Produzenten, S. 74 ff., 199 ff.

618 **b) Haftung für Wirkungslosigkeit.** Die Rede von „Produktfehlern" hat möglicherweise auch das Missverständnis provoziert, das Produkt müsse im engeren Sinne „gefährlich" sein (vgl. RdNr. 241). In Wahrheit haftet der Hersteller auch für die **Wirkungslosigkeit** der von ihm vertriebenen Ware, sofern diese zum Schutz der Rechtsgüter des Produktnutzers bestimmt war und Letzterer folglich darauf verzichtet hat, anderweitige Maßnahmen zum Schutz seiner Rechtsgüter zu ergreifen.[2690] Rückblickend muss es erstaunen, dass dieser in den „Apfelschorf"-Fällen aufgestellte Grundsatz jemals in Frage gestellt werden konnte,[2691] setzt die Deliktshaftung doch auch sonst keinen aktiven Eingriff in die Rechtsgüter des anderen voraus: Wer einen anderen dazu verleitet, eine heiße Herdplatte anzufassen, indem er wahrheitswidrig erklärt, sie sei kalt, hat selbstverständlich für die Verbrennungen einzustehen, und nichts anderes gilt, wenn ein Chemieunternehmen ein wirkungsloses Pflanzenschutzmittel vertreibt und damit die Landwirte in der irrigen Gewissheit wiegt, die Ernte sei vor Schädlingen gefeit.[2692]

619 **c) Haftung für Entsorgungssicherheit.** Die Sicherheitsverantwortung des Herstellers ist nicht auf die Nutzung des Produkts während seiner voraussichtlichen Lebensdauer beschränkt, sondern erstreckt sich auf die **Entsorgungsphase.** Von dem Produkt dürfen auch dann keine mit zumutbarem Aufwand vermeidbaren Gefahren ausgehen, wenn es der Wiederverwertung oder Beseitigung zugeführt wird.[2693]

620 **2. Sorgfaltsmaßstab. a) Grundlagen.** Die allgemeinen Grundsätze über den Umfang deliktischer Sorgfaltspflichten gelten auch im Bereich der Warenherstellung und -distribution (vgl. RdNr. 258 ff.). Danach ist **absolute Sicherheit** nicht zu gewährleisten[2694] und nicht jede technisch mögliche Sorgfaltsvorkehrung praktisch umzusetzen, sondern der zu prästierende Sicherheitsstandard ist auf das Mögliche und Zumutbare begrenzt: Der Hersteller hat diejenigen ihm möglichen Sorgfaltsmaßnahmen zu ergreifen, deren Kosten geringer sind als die Summe der Schäden, die durch sie vermieden werden (RdNr. 259).[2695] Folgerichtig sind die Sorgfaltspflichten des Herstellers besonders intensiv, wenn schwerwiegende Schäden, insbesondere an Leben, Gesundheit und körperlicher Unversehrtheit mit nicht zu vernachlässigender Wahrscheinlichkeit drohen.[2696] Dabei kommt es selbstverständlich nicht auf einen Vergleich der tatsächlichen Schadenskosten mit den Kosten einer hypotetischen Sicherheitsmaßnahme an dem Einzelstück; sondern auf die Kosten, die entsprechende Sicherheitsmaßnahmen bei allen Stücken einer Produktionsserie verursachen (wohl anders OLG Schleswig NJW-RR 2008, 691).

621 **b) Sicherheitserwartungen.** Allerdings kommt es nicht nur auf die dem Hersteller zu Gebote stehenden Sorgfaltsmaßnahmen an, sondern Letztere bedürfen der Koordination mit den **Gefahrsteuerungspotentialen des Produktnutzers** (RdNr. 261 ff.). Im Idealzustand dehnen beide Seiten ihren Präventionsaufwand soweit aus, bis die Summe aus Sorgfalts- und Schadenskosten minimal ist (Vor § 823 RdNr. 50).[2697] Dies ist der Grund dafür, dass der Hersteller seine Sicherheitsaufwendungen an den **Erwartungen der Verbraucher** bzw. der hypothetischen Produktnutzer auszurichten hat.[2698] Entscheidend ist der **Verkehrskreis,** an

---

[2690] BGHZ 80, 186, 188 ff. = NJW 1981, 1603 – Apfelschorf; BGHZ 80, 199, 201 = NJW 1981, 1606 – Benomyl; BGH NJW 1985, 194 – Dachabdeckfolie.
[2691] Vgl. *Medicus* BR RdNr. 650 c.
[2692] Im Ergebnis übereinstimmend *Diederichsen* VersR 1984, 797, 798.
[2693] *Gesmann-Nuissl/Wenzel* NJW 2004, 117, 118.
[2694] OLG Celle VersR 2004, 1010.
[2695] BGH VersR 1972, 559, 560; 1977, 334, 335 – Autoscooter; NJW 1990, 906 – Pferdeboxen; AG Staufen VersR 1994, 994, 995.
[2696] BVerfG NJW 1997, 249 f. – Kindertee; BGHZ 116, 60, 65 f. = NJW 1992, 560 f. – Kindertee I; 106, 273, 283 = NJW 1989, 1542, 1544 f. – Asthma-Spray; BGH NJW 1994, 3349, 3350 – Atemüberwachungsgerät; OLG Frankfurt NJW-RR 1995, 406, 408 – Impfschaden.
[2697] *Kötz/Wagner* Deliktsrecht RdNr. 65 ff.
[2698] BGH VersR 1986, 653, 654 – Überrollbügel; NJW 1987, 372, 373 – Verzinkungsspray; NJW 1992, 2016, 2018 – Silokipper; NJW 1994, 517, 518 – Gewindeschneidemittel I; *Kullmann* in: *Kullmann/Pfister* Produzentenhaftung Kz. 1520 F I 2; Produkthaftungshandbuch/*Foerste* § 24 RdNr. 3 ff.

den sich der Hersteller mit seinem Produkt wendet, so dass unterschiedliche Sicherheitsstandards gelten, je nachdem, ob die Ware allein für **Fachleute** bestimmt ist oder auch an **Laien** abgegeben wird.[2699] Wendet sich der Hersteller an verschiedene Verkehrskreise, ist der Sorgfaltsaufwand am Schutz der sensibelsten Gruppe zu orientieren, deren Angehörige zur eigenverantwortlichen Gefahrsteuerung am wenigsten in der Lage sind.[2700] Dies gilt allerdings nur unter der Voraussetzung, dass die Vertriebswege des Produkts nicht je nach Nutzerkreis getrennt gehalten werden.

Innerhalb des für die Verbrauchererwartungen maßgeblichen Verkehrskreises kommt es nicht auf die faktisch vorhandenen Erwartungen an, sondern es gilt ein normativer Maßstab, der sich an dem Verhalten eines **ordentlichen Durchschnittsmenschen** orientiert (RdNr. 262).[2701] Der Hersteller von Karussell- und Vergnügungsgeräten für Freizeitparks kann sich bei der Wahl des Sicherheitsstandards an einem gesunden Menschen der jeweiligen Altersgruppe orientieren und braucht einen Autoscooter oder ein Sprungboot folglich nicht so zu konstruieren, dass das Gerät auch von Osteoporosekranken gefahrlos benutzt werden kann.[2702] Selbst eine explizite Warnung dieser Risikogruppe ist nicht erforderlich, weil die Betroffenen selbst wissen (müssen), was sie sich zumuten können und was nicht.[2703]

Der ordentliche Durchschnittsmensch erwartet von einem teuren Produkt allerdings einen höheren Sicherheitsstandard als von einem günstigen, so dass auch der **Preis des Produkts** bei der Bestimmung der im Verkehr erforderlichen Sorgfalt zu berücksichtigen ist.[2704] – Ein billiger Kleinwagen braucht nicht dieselbe Sicherheit aufzuweisen wie eine Limousine der Luxusklasse. Das bedeutet selbstverständlich nicht, dass gefährliche Ware ohne Haftungsrisiko in den Verkehr gebracht werden dürfte, sofern sie nur billig abgegeben wird. Vielmehr darf der Hersteller das **Sicherheitsniveau nur insoweit absenken** als der Verbraucher die – erhöhte – Gefährlichkeit der Ware erkennen und den eigenen Sorgfaltsaufwand darauf einstellen kann. Selbst dann dürfen dem Verbraucher keine Sorgfaltsaufwendungen zugemutet werden, deren Kosten außer Verhältnis zu der auf Herstellerseite erzielten Einsparung stehen, so dass hoch gefährliche Produkte auch zu niedrigen Preisen nicht vermarktet werden dürfen.[2705] Die darin liegende Gewährleistung einer bestimmten Basissicherheit ergibt sich zwanglos aus dem ökonomischen Kalkül – wenn man es nur richtig versteht – und erfordert gerade keine Durchbrechung desselben.[2706]

c) Fehlgebrauch und Missbrauch. Auch einem ordentlichen Durchschnittsmenschen unterläuft von Zeit zu Zeit der eine oder andere Fehler, deren Folgen der Hersteller zu minimieren hat, sofern ihm dies durch entsprechende Gestaltung seines Produkts möglich und zumutbar ist (RdNr. 263). Der Hersteller muss mit einem **vorhersehbaren Fehlgebrauch** seiner Ware rechnen und hat seine Sicherheitsvorkehrungen darauf einzustellen.[2707] Stehen ihm besonders kostengünstige Maßnahmen der Schadensprävention zur Verfügung, muss er selbst um die Vermeidung der Folgen eines **Produktmissbrauchs** bemüht sein, sofern dieser noch innerhalb des allgemeinen Verwendungszwecks der Ware und damit im Rahmen des Vorhersehbaren liegt.[2708] Dies erklärt die weitreichenden Warn-

---

[2699] BGH NJW 1981, 2514, 2515 – Kältemittel; NJW 1992, 2016, 2018 – Silokipper; NJW 1996, 2224, 2226 – Grim'sches Leitrad; OLG Hamm VersR 2001, 464, 465; OLG Hamm NZV 1993, 310 – Anhänger; VersR 2001, 464, 465.
[2700] BGH NJW 1994, 932, 933 – Kindertee II; Produkthaftungshandbuch/*Foerste* § 24 RdNr. 65.
[2701] BGH NJW 1990, 906, 907 – Pferdeboxen; *Kullmann* in: *Kullmann/Pfister* Produzentenhaftung Kz. 1520 F I 2 b.
[2702] OLG Hamm NJW-RR 2001, 1249, 1250 – Sprungboot.
[2703] OLG Hamm NJW-RR 2001, 1249, 1250 – Sprungboot.
[2704] BGH NJW 1990, 906, 907 – Pferdeboxen; NJW 1990, 908, 909 – Weinkorken; *Kullmann* in: *Kullmann/Pfister* Produzentenhaftung Kz. 1520 F I 2 b cc.
[2705] BGH NJW 1990, 908, 909 – Weinkorken.
[2706] Anders Produkthaftungshandbuch/*Foerste* § 24 RdNr. 53.
[2707] BGHZ 116, 60, 65 = NJW 1992, 560 – Kindertee I; BGH NJW 1972, 2217, 2221 – ESTIL; NJW 1992, 2016, 2018 – Silokipper; 1999, 2815 f. – Papierreißwolf = JZ 1999, 947 m. Anm. *Foerste*.
[2708] BGHZ 105, 346, 351 = NJW 1989, 707, 708 – Fischfutter; BGHZ 116, 60, 65 = NJW 1992, 560 – Kindertee I; BGH NJW 1981, 2514, 2515 – Kältemittel.

pflichten der Hersteller von Arzneimitteln und medizinischen Geräten vor Missbräuchen, denn solche Maßnahmen verursachen kaum Kosten, können aber schwerwiegende Gesundheitsschäden verhindern.[2709]

625 **d) Öffentliches Sicherheitsrecht und technische Regeln.** Bei der Konkretisierung dieser Grundsätze im Einzelfall kann und wird sich das Gericht an den zahlreichen Vorschriften des öffentlichen Sicherheitsrechts orientieren, die Anforderungen an die Gestaltung von Produkten stellen.[2710] Zu denken ist hier in erster Linie an das **GPSG,** sich allerdings weitgehend auf die Stipulation allgemeiner Standards beschränkt und im Übrigen auf Rechtsverordnungen und technische Regeln verweist (eingehend RdNr. 668 ff.). Wird ein Produkt in den Verkehr gebracht, das den in technischen Regeln, wie etwa **DIN- und VDE-Normen,** positivierten Sicherheitsanforderungen nicht gerecht wird, liegt darin regelmäßig auch ein Verstoß gegen deliktische Sorgfaltspflichten; in diesem Sinne handelt es sich bei den Vorschriften des öffentlichen Sicherheitsrechts und technischen Regeln um **Mindeststandards** (RdNr. 281).[2711] Zwingend ist dieser Schluss indessen nicht, denn technische Regeln haben keinen Normcharakter, so dass es dem Hersteller frei steht, das gebotene Sicherheitsniveau auf einem anderen technischen Weg zu erreichen, als er etwa in einer DIN-Norm vorgezeichnet ist,[2712] wofür er die Darlegungs- und Beweislast trägt. Umgekehrt ist im Produkthaftungs- wie im übrigen Deliktsrecht eine **Bindung** der Zivilgerichte an öffentliches Sicherheitsrecht[2713] und technische Regeln **abzulehnen** (RdNr. 278 ff.).[2714] Der Hersteller bleibt für die Sicherheit der von ihm vertriebenen Produkte voll verantwortlich und kann sich nicht darauf verlassen, dass öffentlich-rechtliche Anforderungen oder technische Normen generell das Maß der gebotenen Sorgfalt determinieren. An der Selbstständigkeit der zivilrechtlichen Sorgfaltspflichten ändert sich schließlich auch dann nichts, wenn eine **Behörde** das Produkt **zugelassen** oder bei einer Prüfung unbeanstandet gelassen hat.[2715] Der Hersteller muss mehr tun, als Behörden von ihm verlangen, und kann seine eigene Verantwortung nicht an den Staat delegieren (vgl. auch RdNr. 284, 316 ff.).[2716] Genauso wenig vermag die Abnahme eines technischen Geräts durch den TÜV und die Anbringung von Prüf- und Gütesiegeln den Hersteller und die übrigen bei der Warenproduktion und -distribution beteiligten Akteure aus ihrer Haftung zu entlassen.[2717] Dies gilt insbesondere auch für Produktbeobachtungs-, Prüfungs- und Warnpflichten bei Kombination des eigenen Erzeugnisses mit Zubehörteilen fremder Hersteller.[2718]

626 **e) Entwicklungsrisiken.** Für die vielfältigen Veränderungen, denen Produkte im Zeitablauf unterliegen, ist neben Geschmack und Mode vor allem der **technische Fortschritt** verantwortlich, der eine ständige Verbesserung des Sicherheitsniveaus ermöglicht. Der in § 3 Abs. 2 ProdHaftG transformierte Satz der einschlägigen EG-Richtlinie, ein Produkt sei nicht allein deshalb fehlerhaft, weil später ein verbessertes Produkt in den Verkehr gebracht wurde (§ 3 ProdHaftG RdNr. 25 ff.), gilt selbstverständlich auch und erst recht für die

---

[2709] BGHZ 106, 273, 281 = NJW 1989, 1542, 1544 (zu § 84 AMG) – Asthma-Spray; vgl. auch BGHZ 116, 60, 65 = NJW 1992, 560; OLG Karlsruhe NJW-RR 2001, 1174 – Gasfeuerzeug.
[2710] Vgl. etwa OLG Celle VersR 2004, 1010.
[2711] OLG Schleswig NJW-RR 2008, 691 f. – Geschirrspülmaschine; OLG Karlsruhe VersR 2003, 1584, 1585 – Buschholzhackmaschine; w. Nachw. s. Fn. 1190.
[2712] BVerwG NJW 1962, 506; *Brüggemeier* RdNr. 578; *Schmidt-Salzer* Produkthaftung III/1 RdNr. 4549.
[2713] BGHZ 139, 43, 46 f. = NJW 1998, 2436 – Feuerwerkskörper I; BGHZ 139, 79, 82 f. = NJW 1998, 2905, 2906 – Feuerwerkskörper II; OLG Düsseldorf VersR 2003, 912, 914.
[2714] BGH NJW 1987, 372, 373 = VersR 1987, 102, 103 – Verzinkungsspray; NJW 1994, 3349, 3350 – Atemüberwachungsgerät; OLG Celle VersR 2004, 1010, 1011; OLG Koblenz NJW-RR 2006, 169, 170; Produkthaftungshandbuch/*Foerste* § 24 RdNr. 37 ff.; wohl nur verbal anders OLG Düsseldorf NJW-RR 1999, 32, 33 f. – Holzschutzmittel.
[2715] OLG Karlsruhe VersR 2003, 1584, 1585 – Buschholzhackmaschine.
[2716] BGHZ 99, 167, 176 = NJW 1987, 1009, 1011 – Lenkerverkleidung; BGH NJW 1987, 372, 373 = VersR 1987, 102, 103 – Verzinkungsspray; NJW 1999, 2815, 2816 – Papierreißwolf = JZ 1999, 947 m. Anm. *Foerste*; *Kullmann* in: *Kullmann/Pfister* Produzentenhaftung Kz. 1520 F I 2 c.
[2717] BGH VersR 1990, 532, 533 – Expander.
[2718] BGHZ 99, 167, 176 f. = NJW 1987, 1009, 1011.

deliktische Produkthaftung, die trotz besonderer Beweislastverteilung keine objektive Haftung für Produktfehler, sondern Einstandspflicht für pflichtwidriges Verhalten ist (RdNr. 617). Die Sorgfaltspflichten des Warenherstellers sind jedoch auf die Handlungssituation und den Erkenntnisstand ex ante, bei Inverkehrbringen des Produkts, bezogen und dürfen nicht aus der Sicht ex post, nach Eintritt eines Schadens bzw. in der letzten mündlichen Verhandlung eines Produkthaftungsprozesses, beurteilt werden (RdNr. 274 ff.). Der Hersteller haftet demnach nicht für die Realisierung sog. **Entwicklungsfehler,** die sich im Zeitpunkt der Inverkehrgabe des Produkts nicht erkennen oder nicht vermeiden ließen.[2719] Konnte ein vernünftiger Warenhersteller zum Zeitpunkt des Inverkehrbringens des Produkts den Fehler nicht als solchen erkennen oder standen damals keinerlei Maßnahmen der Schadensvermeidung zur Verfügung, fehlt es an einem Verstoß gegen Sorgfaltspflichten. Dies gilt natürlich nur, soweit das Produkt nicht schon nach damaligem Kenntnisstand so gefährlich war, dass es nicht hätte vermarktet werden dürfen.

Entwickeln sich die Kenntnisse über Gefahren fort oder erweitern sich die Möglichkeiten der Technik, kann der Hersteller gehalten sein, die Nutzer der **bereits im Verkehr befindlichen Produkte** vor nunmehr erkannten oder vermeidbaren Gefahren zu warnen (eingehend RdNr. 651). Zu Rückrufpflichten s. RdNr. 651. Im Hinblick auf die **zukünftige Produktion** ist er verpflichtet, Schritt zu halten und den Sicherheitsstandard der von ihm vertriebenen Produkte anzuheben (vgl. RdNr. 650).[2720]

3. Die Verkehrspflichten des Warenherstellers im Einzelnen. a) Konstruktionspflichten. Der Hersteller ist dafür verantwortlich, dass ein von ihm in Verkehr gebrachtes Produkt von seiner Konstruktion her das geforderte Sicherheitsniveau bietet.[2721] Konstruktionsfehler betreffen den **Bauplan des Produkts,** und sie wirken sich bei Massenproduktion folgerichtig auf die gesamte **Serie** aus. Vermeiden lassen sie sich nicht in der Werkhalle, sondern in der dem Produktionsprozess vorgelagerten Planungs- und Entwicklungsphase. Konstruktionsfehler beruhen regelmäßig auf einer Fehleinschätzung der Sicherheitseigenschaften des jeweiligen Baumusters, entweder weil die Eignung der eingesetzten Werkstoffe und Zulieferteile falsch beurteilt wird oder weil der Bauplan selbst nicht tragfähig ist. Obwohl – oder gerade weil – Konstruktionsfehler wegen ihres Seriencharakters ein enormes Haftungsrisiko bergen, spielen sie in der Rechtsprechung keine allzu große Rolle;[2722] einschlägige Urteile beschäftigen sich mit Klapprädern,[2723] Steigklemmen,[2724] Kühlmaschinen,[2725] Kompressoren,[2726] elektronischen Bauteilen für Dunstabzugshauben[2727] und für ABS-Systeme,[2728] Meißeln,[2729] Pferdeboxen,[2730] Wasserrutschen,[2731] Sprungbooten,[2732] Dachabdeckfolien,[2733] Süßwaren und -getränken[2734] sowie Amalgam in Zahnfüllungen.[2735] Zu den Tabakklagen s. RdNr. 76, 643 f.; § 3 ProdHaftG RdNr. 16. In der Praxis sind

---

[2719] BGH VersR 1960, 1095, 1096 – Kühlmaschine; OLG Koblenz VersR 2007, 73, 74; *Kullmann* in: *Kullmann/Pfister* Produzentenhaftung Kz. 1520 Bl. 9 f.
[2720] LG Berlin MDR 1997, 246, 247.
[2721] Zum Folgenden vgl. auch *Kullmann* in: *Kullmann/Pfister* Produzentenhaftung Kz. 1520 Bl. 3 ff.; Produkthaftungshandbuch/*Foerste* § 24 RdNr. 59 ff.
[2722] Vgl. den Überblick über die Kasuistik bei *Kullmann* in: *Kullmann/Pfister* Produzentenhaftung Kz. 1520, Bl. 19 ff.
[2723] BGH NJW 1980, 1219; vgl. aber auch OLG Frankfurt VersR 1994, 1118, 1119 – Fahrradlenker.
[2724] OLG Köln VersR 1993, 110, 111.
[2725] BGH VersR 1960, 1095, 1096.
[2726] OLG Nürnberg NJW-RR 1987, 378.
[2727] OLG Karlsruhe NJW-RR 1995, 594, 596.
[2728] BGHZ 117, 183, 187 = NJW 1992, 1225, 1226 – Kondensatoren.
[2729] OLG Köln VersR 1984, 270.
[2730] BGH NJW 1990, 906, 907.
[2731] OLG Schleswig Zfs 1999, 369, 371.
[2732] OLG Hamm NJW-RR 2001, 1248, 1249.
[2733] BGH NJW 1985, 194.
[2734] LG Mönchengladbach NJW-RR 2002, 896, 898; OLG Düsseldorf VersR 2003, 912, 914 – Mars; vgl. auch RdNr. 596.
[2735] OLG Frankfurt NJW-RR 2003, 1177 = VersR 2004, 209.

gerade Massenhersteller darum bemüht, den Eintritt spektakulärer Fälle von Serienschäden infolge von Konstruktionsmängeln durch **Rückrufaktionen** zu verhindern.[2736]

629 Die Feststellung eines Konstruktionsfehlers setzt voraus, dass es im Zeitpunkt der Entwicklung und Herstellung des Produkts möglich gewesen wäre, einen anderen Bauplan, ein sicherheitstechnisch **überlegenes Alternativdesign** zu wählen.[2737] Dies ist nicht schon dann der Fall, wenn es einen Bauplan gegeben hätte, bei dessen Wahl das konkret aufgetretene Sicherheitsproblem vermieden oder vermindert worden wäre, sondern es kommt auf die **gesamten Sicherheitseigenschaften** der Alternativkonstruktion an. Ist für den Sicherheitsgewinn an der einen Stelle ein hoher Preis in Gestalt von Sicherheitseinbußen an anderer Stelle zu entrichten, kommt das Alternativdesign nicht als Referenzmaßstab in Betracht. Ergibt sich, dass eine sicherere Konstruktion des Produkts nicht möglich gewesen wäre, lässt sich seine Fehlerhaftigkeit nur noch mit Rücksicht auf einen **Instruktionsfehler** bejahen (RdNr. 636ff). Wäre auch die Warnung des Publikums wegen der Schwere der Gefahren nicht ausreichend gewesen, hätte die **Vermarktung des Produkts unterbleiben** müssen.

630 Da bei Planung und Entwicklung eines neuen Produkts immer wieder eine Entscheidung unter **mehreren möglichen Konstruktionsvarianten** zu treffen ist und die Wahl der einen oder anderen Lösung Folgen für die Herstellungskosten hat, ist bei der Prüfung eines Konstruktionsfehlers stets die Kosten/Nutzen-Relation im Auge zu behalten und zu berücksichtigen, dass nicht absolute Sicherheit, sondern lediglich Gefahrlosigkeit im Rahmen legitimer **Verbrauchererwartungen** verlangt werden kann (RdNr. 620ff.). Da sich auf die Produktsicherheit bezogene Verbrauchererwartungen in aller Regel nicht empirisch feststellen lassen, kommt es im Ergebnis auf eine **Kosten/Nutzen-Abwägung** an (sog. risk-utility-test).[2738] Danach ist ein Produkt fehlerhaft konstruiert, wenn es eine alternative Konstruktion gegeben hätte, deren Mehrkosten gegenüber der tatsächlich gewählten Konstruktion geringer gewesen wären als die Summe der dadurch vermiedenen Schäden. Stand eine sicherere Alternativkonstruktion nicht zur Verfügung, ist das Produkt fehlerhaft, wenn die im Vergleich zu einem möglichst ähnlichen Substitutionsprodukt zusätzlich verursachten Schäden den generierten Zusatznutzen überwiegen. Zum **Produktpreis** s. RdNr. 623.

631 Das für den Hersteller kostengünstigste Mittel der Gefahrsteuerung ist in aller Regel nicht die Wahl eines Bauplans, der einen Gewinn an Sicherheit verspricht, sondern die **Warnung** des Verbrauchers vor den mit dem Gebrauch des Produkts verbundenen Schadensrisiken. Eine die Warnung favorisierende Sichtweise würde jedoch außer Acht lassen, dass Warnungen nicht immer befolgt werden – und bei der Masse der Produkte, mit denen jedermann täglich umgeht, auch nicht samt und sonders befolgt werden können –, so dass ihr **Präventionsnutzen deutlich geringer** zu veranschlagen ist als derjenige einer von vornherein mehr Sicherheit bietenden Konstruktion. Daraus folgt: Soweit ein **Alternativdesign des Produkts möglich** und auch in dem Sinne zumutbar ist, dass die erhöhten Herstellungskosten durch entsprechend niedrigere Schadenskosten aufgewogen werden, ist der Hersteller zur Wahl des sichereren Bauplans verpflichtet und nicht berechtigt, die Gefahrsteuerungslast im Wege der Instruktion auf den Produktnutzer abzuwälzen.[2739] Zu Entwicklungsrisiken s. RdNr. 626 f.

632 **b) Fabrikationspflichten.** Ein Fabrikationsfehler liegt vor, wenn der Bauplan des Produkts zwar das gebotene Maß an Sicherheit bietet, es jedoch im **Fertigungsprozess** zu einer **planwidrigen Abweichung** von der vom Hersteller selbst angestrebten Sollbeschaf-

---

[2736] Rückrufaktionen sind unterblieben in den Fällen RGZ 163, 21, 25 ff. – Bremsen I; RG DR 1940, 1293 – Bremsen II; BGH VersR 1971, 80, 82 – Bremsen III.
[2737] Zum insoweit vergleichbaren US-amerikanischen Recht *Wagner/Witte* ZEuP 2005, 895, 903.
[2738] Vgl. The American Law Institute (Hrsg.), Restatemtent of the Law Third, Torts, Products Liability, 1998, S. 19; eingehend *Henderson/Twersky* 66 New York University Law Review 1263 (1991); kurz *Wagner/Witte* ZEuP 2005, 895, 903.
[2739] Im Ergebnis übereinstimmend *Schmidt-Salzer* Produkthaftung III/1 RdNr. 41016 ff.; Produkthaftungshandbuch/*Foerste* § 24 RdNr. 97 ff.

fenheit der Ware gekommen ist. Fabrikationsfehler passieren in der Werkhalle, nicht in den Forschungs- und Entwicklungsabteilungen, und typischerweise befallen sie nur einzelne Stücke einer Serie. Zwingend ist dies selbstverständlich nicht, denn es ist gut vorstellbar, dass etwa eine Maschine falsch eingestellt ist und deshalb die gesamte Produktion die geforderten Werte, Maße oder Toleranzen nicht einhält. Fabrikationsfehler lassen sich vermeiden, indem entweder der **Fertigungsprozess** mit dem Ziel optimiert wird, Abweichungen von dem anvisierten Sicherheitsstandard von vornherein zu vermeiden oder indem die fertigen Stücke auf ihre Konformität mit den sicherheitsrelevanten Vorgaben überprüft werden. Worauf im Einzelfall der Akzent gelegt wird, ob auf die Optimierung des Fabrikationsprozesses oder auf die **Qualitätskontrolle** und mit welchen Mitteln das eine und das andere gewährleistet wird, ist juristisch nicht vorgegeben, sondern Sache der betriebswirtschaftlichen Entscheidung des Herstellers.[2740] Angesichts der allenthalben bestehenden Fehlbarkeit von Mensch und Technik wird ein sorgfältiger Hersteller auf Qualitätskontrollen aber kaum gänzlich verzichten können. Die vertragliche Allokation von Prüfungspflichten im Rahmen von Qualitätssicherungsvereinbarungen in Zulieferer/Endhersteller-Beziehungen ist auch produkthaftungsrechtlich zu respektieren (eingehend RdNr. 604 f.; zu den Grenzen der Qualitätssicherung s. RdNr. 634 f.).

Um einen Fabrikationsfehler ging es in dem berühmten Hühnerpest-Fall, in dem die Tiere eines Geflügelmästers mit eben der Krankheit infiziert worden waren, gegen die sie immunisiert werden sollten, weil einige Chargen des eingesetzten Impfstoffs aktive Viren enthielten.[2741] Weitere **Beispiele aus der Rechtsprechung** betreffen einen nicht richtig gehärteten und deshalb während der Operation splitternden Septummeißel,[2742] zerberstende Spaten,[2743] bakterielle Verunreinigungen von Lebensmitteln,[2744] ein Sandwich mit eingebackener Schraubenmutter,[2745] mangelhafte Bruchfestigkeit eines Venenkatheters,[2746] Feuerwerkskörper, die einen zu hohen Feuchtigkeitsgehalt aufweisen und deren Teilstücke deshalb zu weit streuen,[2747] defekte Fahrradnaben, die zu Unfällen infolge Durchdrehen der Pedale führen,[2748] unzureichend gehärtete Spannkupplungen für Betonwerke,[2749] Druckbehälter, deren Wandstärke an einigen Stellen zu wünschen übrig lässt,[2750] den defekten Schwimmerschalter einer Reinigungs- und Entfettungsanlage[2751] sowie die unzureichend montierte Verdrahtung eines Baustromverteilers.[2752] Im Kraftfahrzeugbereich ging es um fehlerhafte Transistoren für Zentralverriegelungsanlagen,[2753] unsichere Bremsanlagen,[2754] bei zu niedriger Temperatur geschmiedete Schubstreben,[2755] mit einem Materialfehler behaftete Ventile,[2756] Airbags, die sich bei leichter Erschütterung öffnen[2757] und um das Fehlen einer Befestigungsschraube des Nockenwellensteuerrads.[2758]

[2740] Zu deterministisch deshalb Produkthaftungshandbuch/*Foerste* § 24 RdNr. 135 ff.
[2741] BGHZ 51, 91 f. = NJW 1969, 269 ff.
[2742] OLG Düsseldorf NJW 1978, 1693.
[2743] LG Dortmund NJW-RR 2005, 678.
[2744] BGHZ 116, 104, 113 f. = NJW 1992, 1039, 1041 f. – Hochzeitsessen = ZIP 1992, 410 m. Anm. *Brüggemeier*; zuvor bereits OLG Frankfurt VersR 1982, 151 m. krit. Bespr. *Brüggemeier* VersR 1983, 116 ff.; wohl auch BGH NJW 1982, 2447; VersR 1983, 375 – Hepatitis-Erkrankung nach Muschelverzehr in Restaurant; OLG Hamm VersR 1996, 72, 73 – Bienenstich; AG Staufen VersR 1994, 994, 995 – Vollkornbrot.
[2745] OLG Köln VersR 2003, 1587.
[2746] OLG Saarbrücken NJW-RR 1988, 611.
[2747] BGH NJW 1973, 1602, 1603 – Feuerwerkskörper.
[2748] OLG Dresden VersR 1998, 59.
[2749] BGH NJW 1975, 1827, 1828 – Spannkupplung.
[2750] BGH VersR 1960, 855 – Kondensomat.
[2751] BGHZ 67, 359, 362 = NJW 1977, 379, 380 – Schwimmerschalter.
[2752] BGH NJW 1992, 41, 42 – Baustromverteiler.
[2753] BGHZ 138, 230, 231 = NJW 1998, 1942 – Transistoren.
[2754] BGH VersR 1971, 80 – Bremsen III.
[2755] BGH NJW 1968, 247, 248 – Schubstrebe.
[2756] OLG Köln NJW-RR 1991, 740.
[2757] AG München NJW-RR 2001, 321.
[2758] BGH NJW 1992, 1678 – Austauschmotor.

634 Die deliktische Produkthaftung setzt eine Pflichtverletzung des Herstellers voraus, an der es fehlt, wenn sich einzelne **„Ausreißer"** nicht mit absoluter Präzision vermeiden oder aussortieren lassen. Die Haftung ist dabei nicht erst mit Blick auf technisch gänzlich unvermeidliche und zwingend unbemerkt bleibende Fehlstücke ausgeschlossen, denn der Hersteller muss nicht das technisch Mögliche ohne Rücksicht auf dessen Kosten bieten, sondern schuldet Sicherheit nur im Rahmen des Zumutbaren, soweit also der Nutzen von Sicherheitsmaßnahmen ihre Kosten überwiegt (vgl. RdNr. 620 ff., 259 f.).[2759] Wenn eine weitere Verbesserung der Qualitätssicherung im Unternehmen die Fehlerquote und damit die zu erwartenden Schadenskosten nur noch minimal senkt, jedoch hohe Kosten verursacht, ist der Hersteller nicht verpflichtet, solche Maßnahmen zu ergreifen; schon gar nicht ist er gehalten eine Fehlerquote von „Null" zu prästieren.[2760] Das gilt auch, wenn die **Fehlerquote ex ante exakt bestimmbar** ist, der Hersteller also „vorsätzlich" fehlerhafte Produkte in den Verkehr bringt, denn erlaubte Risiken können auch dann gelaufen werden, wenn sie von dem jeweiligen Akteur als solche erkannt werden (eingehend RdNr. 23 f.). Zur weiterreichenden Haftung nach dem ProdHaftG vgl. Einl. ProdHaftG RdNr. 17, § 1 ProdHaftG RdNr. 51.

635 Für die in den letzten Jahren viel diskutierten Fälle **zerberstender Mineralwasser- und Limonadenflaschen** bedeutet dies: Der Abfüller kohlensäurehaltiger Getränke ist verpflichtet, das Berstrisiko durch Überprüfung der in den Verkehr gebrachten Neu- und Mehrwegflaschen zu minimieren.[2761] Absolute Sicherheit kann trotz der bei Haarrissen drohenden schwerwiegenden Gesundheitsschäden allerdings nicht verlangt werden.[2762] Sofern der Getränkeabfüller also nachweisen kann, dem Stand der Technik entsprechende Prüf- und Kontrollmechanismen implementiert und angewandt zu haben, kommt eine Haftung für Ausreißer nicht in Betracht.[2763]

636 **c) Instruktionspflichten. aa) Grundlagen.** Die Schadensneigung eines Produkts hängt nicht nur von seinen Sicherheitseigenschaften ab, sondern auch von der Art und Weise, wie der Nutzer Gebrauch von ihm macht. Letzterer ist zu einem sachgerechten Umgang mit dem Produkt wiederum nur in der Lage, wenn er über dessen **sicherheitsrelevante Eigenschaften informiert** ist.[2764] Folgerichtig ist der Hersteller dazu verpflichtet, den Produktnutzer in den bestimmungsgemäßen Gebrauch einzuweisen und vor etwaigen Gefahren bei dessen Gebrauch zu warnen,[2765] und entsprechendes gilt uU auch für Importeure und Vertriebshändler (eingehend RdNr. 607, 609). Die Instruktionspflichten beziehen sich nicht nur auf die bestimmungsgemäße Anwendung, sondern erstrecken sich auf den vorhersehbaren **Fehlgebrauch** des Produkts, beispielsweise der Griff in eine Abschälmaschine,[2766] die Überdosierung eines Medikaments[2767] oder seine intraarterielle statt intravenöse Injekti-

---

[2759] Im Ergebnis wie hier *Kullmann* in: *Kullmann/Pfister* Produzentenhaftung Kz. 1520 Bl. 36; Produkthaftungshandbuch/*Foerste* § 24 RdNr. 132 ff.

[2760] So aber OLG Frankfurt VersR 1985, 890 – Limonadenflasche: Der Getränkeabfüller müsse gewährleisten, dass *alle* berstgefährdeten Mehrwegflaschen aussortiert werden.

[2761] BGHZ 104, 323, 326 ff. = NJW 1988, 2611 f.; BGHZ 129, 353, 361 ff. = NJW 1995, 2162, 2164; vgl. auch BGH NJW 1993, 528; NJW-RR 1993, 988; OLG Koblenz NJW-RR 1999, 1624. Zu den Beweisproblemen dieser Fallgruppe eingehend RdNr. 663.

[2762] Vgl. – zur Händlerhaftung – BGH VersR 2007, 72, 73.

[2763] OLG Koblenz NJW-RR 1999, 1624, 1626; *Kullmann* NJW 2000, 1912, 1916, beide allerdings im Rahmen der Befundsicherungspflicht; mE geht es nicht um Befundsicherung, sondern um Qualitätskontrolle.

[2764] Treffend BGHZ 64, 46, 49 f. = NJW 1975, 824, 825 – Haartonicum.

[2765] Grdlg. BGH NJW 1972, 2217, 2220 – ESTIL; zuvor schon BGH VersR 1966, 542, 543 – Kabelmerkringe; vgl. weiter BGHZ 116, 60, 65 f. = NJW 1992, 560 f. – Kindertee I; BGHZ 64, 46, 49 f. = NJW 1975, 824, 825 – Haartonicum; BGHZ 116, 653 – Überrollbügel; überholt restriktiv BGH NJW 1959, 523, 524 – Fensterkran; vgl. auch *Brüggemeier* Deliktsrecht RdNr. 556; *Kullmann* in: *Kullmann/Pfister* Produzentenhaftung Kz. 1520 Bl. 38 ff.; *Schmidt-Salzer* Produkthaftung III/1 RdNr. 41005 ff.; Produkthaftungshandbuch/*Foerste* § 24 RdNr. 171 ff.

[2766] LG Düsseldorf NJW-RR 2006, 1033 f. = VersR 2006, 1650.

[2767] BGHZ 106, 273, 283 = NJW 1989, 1542, 1544 f. – Asthma-Spray; BGH NJW 1999, 2815 f. – Papierreißwolf = JZ 1999, 947 m. Anm. *Foerste*.

on,²⁷⁶⁸ und auf den **Produktmissbrauch** durch Zweckentfremdung, etwa den Einsatz von Trinkflaschen als Dauernuckel für Kleinkinder.²⁷⁶⁹ Zur Kausalitätsproblematik s. RdNr. 666.

bb) Wechselwirkungen, Zubehör. Die Instruktionsverantwortung des Herstellers **637** macht nicht am eigenen Produkt halt, sondern erstreckt sich auf dessen **Kombination mit anderen Gegenständen.** Speziell für Arzneimittel ist die Verpflichtung des Herstellers zur Information über Wechselwirkungen mit anderen Medikamenten in den §§ 11 Abs. 1 Nr. 9, 11a Abs. 1 Nr. 7 AMG ausdrücklich normiert, und außerhalb des AMG, etwa mit Blick auf Chemikalien, ergibt sich eine entsprechende Pflicht aus dem allgemeinen Sorgfaltsgebot.²⁷⁷⁰ Folgerichtig haftet der Hersteller von Plastik-Saugflaschen, wenn er die Eltern nicht vor dem dauerhaften Verabreichen gesüßter Getränke anderer Hersteller mittels dieser Flasche warnt,²⁷⁷¹ und ein Motorrad-Hersteller hat einzustehen, wenn er seine Kunden im Unklaren darüber lässt, dass die Maschine mit **Zubehörteilen anderer Hersteller** nicht kompatibel ist.²⁷⁷² Diese Verpflichtung erstreckt sich nach der Rechtsprechung auf fremdes Zubehör, (1) das für die Inbetriebnahme des eigenen Produkts notwendig ist; oder (2) das der Hersteller selbst empfohlen hat; oder (3) dessen Verwendung er durch entsprechende Anbauvorrichtungen ermöglicht hat; oder (4) das auf Grund entsprechender Verbrauchergewohnheiten allgemein gebräuchlich ist, auch ohne dass der Hersteller irgendeinen konkreten Anlass zum Einsatz des Zubehörteils gegeben hätte.²⁷⁷³ In sämtlichen Fällen ist die Verantwortung des Herstellers des Hauptprodukts allerdings auf solche Gefahren begrenzt, die sich aus der Kombination des Zubehörteils mit der eigenen Ware ergeben, erstreckt sich aber nicht auf Mängel, die allein dem Zubehörteil anhaften.²⁷⁷⁴ Für **Substitutionsprodukte** weitgehend gleicher Qualität und Sicherheitsausstattung hat der einzelne Hersteller nicht einzustehen, sondern es bleibt insoweit bei den allgemeinen Regeln über die Haftung mehrerer (Hersteller), also bei den §§ 830, 840.²⁷⁷⁵

cc) Intensität der Instruktionspflicht. Die Instruktionspflichten des Herstellers sind **638** seinen **Konstruktions- und Fabrikationspflichten nachgeordnet,** denn sie sind auf die Minimierung von Restgefahren gerichtet, die verbleiben, obwohl das Produkt sicher konstruiert und fabriziert worden ist (RdNr. 631).²⁷⁷⁶ Soweit Sicherheitsmaßnahmen in den Bereichen Konstruktion und Fabrikation möglich und mit Rücksicht auf ihre Kosten zumutbar sind, scheiden Instruktionen als Mittel der Gefahrsteuerung aus; kostspielige Sorgfaltsmaßnahmen in den vorgelagerten Herstellungsstadien lassen sich nicht durch eine nahezu kostenlos zu bewerkstelligende Warnung ersetzen.²⁷⁷⁷

Im Übrigen hängt der Umfang der Instruktionspflichten im Einzelfall von der **Schwere 639 der drohenden Schäden und der Wahrscheinlichkeit ihres Eintritts** bei unterbleibender Warnung ab (RdNr. 259, 620). Ist die Gesundheit von Menschen bedroht, muss der Hersteller bereits bei einem ernst zu nehmenden, wenn auch nicht dringenden Verdacht

---

²⁷⁶⁸ BGH NJW 1972, 2217, 2220 – ESTIL; vgl. weiter OLG Hamm VersR 2001, 464, 465; OLG Frankfurt NJW-RR 1994, 346, 347 – Herbizid.
²⁷⁶⁹ BGHZ 106, 273, 283 = NJW 1989, 1542, 1544 f. – Asthma-Spray; BGHZ 116, 60, 65 = NJW 1992, 560 – Kindertee I; BGH NJW 1992, 2016, 2018 – Silokipper; vgl. auch Produkthaftungshandbuch/*Foerste* § 24 RdNr. 226 ff.
²⁷⁷⁰ Vgl. OLG Köln VersR 1983, 862, 863: Warnung des Chemikalienherstellers vor Wechselwirkungen mit anderen Stoffen; vgl. auch (zum Vertragsrecht) BGH VersR 1977, 918, 920 – Erdbeerplantage; ausf. Produkthaftungshandbuch/*Foerste* § 25 RdNr. 167 ff.
²⁷⁷¹ BGH NJW 1994, 932, 933 – Kindertee II; NJW 1995, 1286, 1289 – Kindertee III; OLG Frankfurt VersR 1996, 863; NJW-RR 1999, 25, 26; 1999, 27, 28 ff.
²⁷⁷² BGHZ 99, 167, 172 ff. = NJW 1987, 1009, 1010 f. – Lenkerverkleidung.
²⁷⁷³ BGHZ 99, 167, 174 = NJW 1987, 1009, 1011 – Lenkerverkleidung.
²⁷⁷⁴ Überzeugend *Ulmer* ZHR 152 (1988), 564, 576 ff.
²⁷⁷⁵ BGH NJW 1994, 932, 934 – Kindertee II; NJW 1995, 1286, 1289 – Kindertee III.
²⁷⁷⁶ *Kullmann* in: Kullmann/*Pfister* Produzentenhaftung Kz. 1520 Bl. 38; *Schmidt-Salzer* Produkthaftung III/1 RdNr. 41016 f.; Produkthaftungshandbuch/*Foerste* § 24 RdNr. 97.
²⁷⁷⁷ LG Düsseldorf NJW-RR 2006, 1033, 1034 = VersR 2006, 1650.

eine Warnung aussprechen.[2778] Die strenge Ausgestaltung der Instruktionspflicht ist sachgerecht, weil eine Warnung nur ganz geringe Kosten verursacht, so dass sie in viel weitergehendem Umfang zumutbar ist als Pflichten zu einer veränderten Konstruktion oder Fabrikation. Gleichwohl ist auch die **Warnpflicht keineswegs grenzenlos,** weil die **Wirkung von Warnungen mit zunehmender „Dosierung" exponentiell abnimmt:** Je länger die Belehrungen auf Verpackungen oder Packungsbeilagen ausfallen, desto geringer ist die Wahrscheinlichkeit, dass die dort abgelegten Instruktionen vom Verbraucher auch zur Kenntnis genommen und bei der Wahl des eigenen Verhaltens berücksichtigt werden.[2779] Nicht wegen steigender Kosten auf Herstellerseite, sondern wegen abnehmenden Nutzens auf Kundenseite infolge von **„information overload"** ist mit dem Instrument der Warnpflicht sparsam umzugehen. Selbst bei schwerwiegenden Gesundheitsgefahren löst folglich nicht schon der geringste Gefahrverdacht eine Pflicht zum Tätigwerden aus, weil dies der Proliferation von Warnungen Vorschub leisten und wirklich dringenden Warnhinweisen einen Großteil ihrer Wirkung nehmen würde.[2780] Anders liegt es, wenn sich die Warnhinweise sinnvoll gliedern und auf bestimmte Risikogruppen (Schwangere, Diabetiker) zuschneiden lassen. Weitere Restriktionen gelten für solche Gefahren, die dem Nutzer erst infolge eines **bewussten Missbrauchs des Produkts** für gänzlich fremde Zwecke drohen; auch hier hätten weitreichende Instruktionspflichten über allgemein bekannte Gefahren zur Folge, dass die Packungsbeilagen immer umfangreicher und immer seltener gelesen würden. Der Hersteller von Klebstoffen oder Kältemitteln muss folglich nicht vor den Folgen des sog. Sniffing warnen und darauf hinweisen, dass die Stoffdämpfe nicht zum Zwecke der Berauschung inhaliert werden dürfen.[2781] Entsprechende Warnhinweise können allerdings geboten sein, wenn ein im Bereich des Vorhersehbaren liegender Produktmissbrauch schwerwiegende Gefahren hervorruft, mit deren Eintritt nicht ohne weiteres gerechnet werden muss (RdNr. 624).

640 Neben Schwere und Wahrscheinlichkeit drohender Schäden hängt der Umfang der Instruktionspflicht vom Horizont und den **Vorkenntnissen** derjenigen **Abnehmerkreise** ab, an die sich der Hersteller wendet.[2782] Was auf dem Gebiet **allgemeinen Erfahrungswissens** eines ordentlichen Durchschnittsnutzers liegt oder im konkreten Fall ohnehin offensichtlich ist, muss nicht noch zum Inhalt einer Gebrauchsbelehrung gemacht werden,[2783] und die **Warnung vor bekannten Gefahren ist nicht erforderlich.**[2784] Der Hersteller von Sport-, Freizeit- und Vergnügungsgeräten ist folgerichtig nicht gehalten, kranke oder behinderte Personen vor solchen Gesundheitsgefahren zu warnen, die ihnen bei der Benutzung derartiger Geräte offensichtlich drohen,[2785] und dem Vizepräsidenten

---

[2778] BVerfG NJW 1997, 249 f. – Kindertee; BGHZ 116, 60, 65 f. = NJW 1992, 560 f. – Kindertee I; BGHZ 106, 273, 283 = NJW 1989, 1542, 1544 f. – Asthma-Spray; BGH NJW 1994, 3349, 3350 – Atemüberwachungsgerät; OLG Frankfurt NJW-RR 1995, 406, 408 – Impfschaden; OLG Hamm NZV 1993, 310 – Anhänger; OLG Hamm VersR 2001, 464, 465.
[2779] Vgl. *Eidenmüller* JZ 2005, 216, 218; *Rehberg,* Der staatliche Umgang mit Information, in: *Eger/Schäfer* (Hrsg.), Ökonomische Analyse der europäischen Zivilrechtsentwicklung, 2007, S. 284, 319 ff.
[2780] OLG Frankfurt NJW-RR 1995, 406, 408 f. – Impfschaden.
[2781] BGH NJW 1981, 2514, 2515 – Kältemittel; OLG Karlsruhe NJW-RR 2001, 1174 – Klebstoff.
[2782] Vgl. RdNr. 574 f.; *Brüggemeier* Deliktsrecht RdNr. 557; *Kullmann* in: *Kullmann/Pfister* Produzentenhaftung Kz. 1520 Bl. 46 f.; *Schmidt-Salzer* Produkthaftung III/1 RdNr. 41018 ff., 41032 ff.
[2783] BGH VersR 1972, 149, 150 f. – Förderband; NJW 1975, 1828, 1829; VersR 1986, 653, 654 – Überrollbügel; NJW 1999, 2815, 2816 – Papierreißwolf; OLG Hamburg VersR 1987, 1144, 1145 – Dickschichtlack; OLG Düsseldorf VersR 2003, 912, 914 f. – Mars; OLG Düsseldorf NJW-RR 2008, 411, 412 – Gartendünger.
[2784] BGH VersR 1959, 523, 524 – Fensterkran; NJW 1975, 1827, 1829 – Spannkupplung; NJW 1994, 932, 933 – Kindertee II; OLG Düsseldorf NJW-RR 1991, 288 – Strukturputz; 1996, 20 – Stahlnagel; OLG Hamm NZV 1993, 310 – Anhänger; OLG Koblenz VersR 1981, 740 – Grillgerät; OLG Köln VersR 1983, 862, 863; 1987, 573 f. – Schreckschusspistole; OLG Karlsruhe VersR 2003, 1584, 1586 – Buschholzhackmaschine.
[2785] OLG Hamm NJW-RR 2001, 1248, 1249 – Sprungboot: keine Verpflichtung zur Warnung von hochgradig osteoporotisch Erkrankten vor Benutzung von Auto-Scootern und Wasserrutschen.

eines Landgerichts braucht von dem Hersteller von Süßigkeiten nicht gesagt zu werden, dass übermäßiger Konsum zu Fettleibigkeit führt, denn das weiß jeder.[2786] Werden fachkundigem Personal in einer Bedienungsanleitung klare Anweisungen für die Handhabung einer Anlage gegeben, diese jedoch ignoriert, haftet der Hersteller nicht für den dadurch verursachten Unfall.[2787] Wird auf dem Lieferschein ausdrücklich vor der ätzenden Wirkung von Frischbeton gewarnt, kann sich derjenige nicht beschweren, der sich gleichwohl bei der Verarbeitung in die feuchte Masse kniet.[2788] Umgekehrt sind an die Instruktionsverantwortung des Herstellers gesteigerte Anforderungen zu stellen, wenn er **sicherheitsrelevante Änderungen an einem Produkt** vornimmt, mit dem er seine Abnehmer über längere Zeit beliefert hat,[2789] oder wenn aus Versehen und für den Abnehmer nicht ohne weiteres erkennbar ein ganz anderes Produkt geliefert wird, etwa Essigsäure statt Natronlauge; in solchen Fällen muss die Deklaration so verfasst und angebracht werden, dass sie sofort ins Auge springt.[2790] Versieht der Hersteller sein Produkt erst zu einem Zeitpunkt mit Warnhinweisen, als es im Verkehr bereits eingeführt ist und von Verbrauchern regelmäßig benutzt wird, gelten ebenfalls gesteigerte Anforderungen, weil eine Produktgewöhnung eingetreten und mit dem erneuten Studieren von Gebrauchshinweisen nicht mehr zu rechnen ist.[2791] Schließlich sind verschärfte Anforderungen an die Instruktionspflichten zu stellen, soweit der Hersteller den Kunden über die Eigenschaften und das Einsatzgebiet seines Produkts beraten oder die Ware entsprechend beworben hat.[2792]

Kann der Hersteller damit rechnen, dass sein Produkt ausschließlich von **Fachpersonal** bedient wird, ist der Umfang der Instruktionspflichten entsprechend zu reduzieren.[2793] Montageanleitungen können folgerichtig auf diejenigen Punkte konzentriert werden, die über das vorauszusetzende technische Fachwissen der Monteure hinausgehen,[2794] vor den in Fachkreisen bekannten Folgen von Fehlgebräuchen braucht nicht gewarnt zu werden[2795] und der Hersteller von Medizinprodukten, wie etwa Implantaten, die ausschließlich über qualifiziertes Fachpersonal (Ärzte) vertrieben werden, ist nicht gehalten, sich über die Massenmedien mit Warnungen direkt an den Verbraucher zu wenden.[2796] Der BGH formuliert mitunter noch weitergehend, im Unternehmensverkehr sei der Erwerb des für die Bedienung einer komplexen technischen Anlage notwendigen Wissens allein Aufgabe ihres Käufers.[2797] Wendet sich der Hersteller an **verschiedene Abnehmerkreise,** muss er seine Instruktionen an der am wenigsten informierten Benutzergruppe orientieren (vgl. RdNr. 621). Dies gilt allerdings nur unter der Berücksichtigung der Einflussmöglichkeiten und -pflichten Dritter, insbesondere von Eltern und Ausbildern. Der Hersteller von Industriechemikalien beispielsweise muss die Warnhinweise auf den Verpackungen seiner Pro-

---

[2786] LG Mönchengladbach NJW-RR 2002, 896, 898 f.; OLG Düsseldorf VersR 2003, 912, 914 f. – Mars.
[2787] OLG Koblenz NJW-RR 2006, 169, 170.
[2788] OLG Celle VersR 2004, 864, 865.
[2789] OLG Frankfurt NJW-RR 1994, 346, 347 – Herbizid.
[2790] Vgl. LG Hildesheim VersR 1992, 365.
[2791] BGHZ 116, 60, 70 = NJW 1992, 560, 562 – Kindertee I; OLG Frankfurt VersR 1996, 863; NJW-RR 1999, 30, 32.
[2792] BGH NJW 1996, 2224, 2225 – Grim'sches Leitrad; *Kullmann* in: *Kullmann/Pfister* Produzentenhaftung Kz. 1520 Bl. 41 ff.; *Schmidt-Salzer* Produkthaftung III/1 RdNr. 41077 ff.
[2793] BGH VersR 1972, 149, 150 f. – Förderband; NJW 1992, 2016, 2018 – Silokipper; NJW 1999, 2815, 2816 – Papierreißwolf; OLG Düsseldorf NJW-RR 1991, 288 f. – Strukturputz; OLG Hamm VersR 2001, 464, 465; OLG Celle VersR 2002, 505 – Pflanzenschutzmittel.
[2794] BGH VersR 1986, 653, 654 – Überrollbügel.
[2795] BGHZ 116, 60, 65 f. = NJW 1992, 560 f. – Kindertee I; BGH VersR 1957, 584, 585; NJW 1992, 2016, 2018 – Silokipper.
[2796] OLG Frankfurt NJW-RR 2000, 1268, 1270 f. – Silikon-Brustimplantate. Anders natürlich, wenn das Arzneimittel in bestimmten Situationen vom Patienten selbst angewendet wird, OLG Karlsruhe NJW-RR 2001, 1174.
[2797] So BGH VersR 1959, 523, 524 – Fensterkran; NJW-RR 1987, 664, 665 – Entstaubungsanlage; vgl. aber auch BGH NJW-RR 1993, 792 – Reinigungsmittel; OLG Hamm VersR 2001, 464, 465.

dukte nicht am Horizont von Lehrlingen orientieren, sondern kann darauf vertrauen, dass letztere von Ausbildungs- oder Fachpersonal in den Abnehmerbetrieben instruiert werden.[2798]

642 dd) **Inhaltliche Anforderungen.** Die **Anforderungen an die inhaltliche Fassung sowie optische Ausgestaltung** von Gebrauchsbelehrungen und Warnhinweisen sind wiederum abhängig von den sonst zu erwartenden Schadenskosten, also von der Intensität der Gefahr, dem Rang des bedrohten Rechtsguts und dem Ausmaß des drohenden Schadens einerseits sowie dem Verständnishorizont der maßgeblichen Verkehrskreise andererseits (RdNr. 620 ff.).[2799] Geht es um die Abwendung von schweren Gesundheitsgefahren für Verbraucher, müssen Warnhinweise **optisch hervorgehoben** und dürfen nicht in Gebrauchsinformationen und Werbetexten „versteckt" werden, und sie dürfen die **Gefahr nicht verharmlosen,** sondern müssen sie im Gegenteil klar herausstellen und ggf. auch erläutern, um die problemlose Verarbeitung der Information und entsprechende Verhaltensänderungen zu ermöglichen.[2800] Darüber hinaus muss der Hersteller gewährleisten, dass die Warnung den Verbraucher tatsächlich erreicht, was es erforderlich machen kann, den **Hinweis auf dem Produkt selbst** – und nicht bloß auf der Verpackung, auf einem Beipackzettel oder gar in Händlerhinweisen – an- bzw. unterzubringen.[2801] Schließlich ist das allgemeine **Produktimage** zu berücksichtigen, das vor allem auch durch **Werbung** herausgebildet wird: Je harmloser das Produkt dem Durchschnittsverbraucher erscheinen muss, desto deutlicher ist auf dennoch bestehende Gesundheitsgefahren hinzuweisen.[2802] In den Kindertee-Fällen reichte es folglich nicht aus, wenn der Hersteller die Eltern lediglich in den Zubereitungshinweisen darauf hinwies, sie sollten die Flasche dem Kind nicht als Dauer-Beruhigungssauger überlassen, denn dies könne Karies verursachen,[2803] sondern es bedurfte einer Isolierung und klaren drucktechnischen Hervorhebung der Warnung gegenüber der bloßen Gebrauchsinformation.[2804]

ee) **Tabakprodukte, Süßwaren, Genussmittel**

Schrifttum: *Adams/Bornhäuser/Pötschke-Langer/Grunewald,* Die Haftung der Zigarettenhersteller für durch Rauch verursachte Gesundheitsschäden, NJW 2004, 3657; *Bucher,* Produkthaftung der Tabakindustrie, VersR 2000, 28; *Bucher/Wiebel,* Die Fehlerhaftigkeit des Produkts Zigarette, VersR 2001, 29; *Bydlinski,* Produzentenhaftung für Raucherschäden nach österreichischem Recht?, ÖJZ 1997, 378; *F. James,* The Untoward Effects of Cigarettes and Drugs: Some Reflections on Enterprise Liability, California Law Review 54 (1966), 1550; *Kullmann,* Haftung für Raucherschäden, FS Deutsch, 1999, S. 217; *ders.,* Haftung von Tabakkonzernen für Raucherschäden, ZLR 2001, 231; *Rohlfing/Thiele,* Die Haftung des Tabakwarenproduzenten, VersR 2000, 289; *Steffen,* Produzentenhaftung für Raucherschäden in den USA, NJW 1996, 3062; *Thiele,* Die zivilrechtliche Haftung der Tabakindustrie, 2003; *Wagner/Witte,* Tabakklagen, ZEuP 2005, 895; *Zekoll,* Die Haftung der Zigarettenindustrie – amerikanische Erfahrungen und deutsche Perspektiven, NJW 1999, 2722.

643 Die **Ausrichtung der Instruktionspflicht am Erfahrungswissen des Produktnutzers** ist der neuralgische Punkt der Klagen gegen Tabakkonzerne wegen Gesundheitsschäden infolge langjährigen **Tabakkonsums,** die in den USA zum Teil Erfolg gehabt und zu den

---

[2798] BGH NJW 1981, 2451, 2452 – Kältemittel; ähnlich BGH VersR 1972, 149, 150 f. – Förderband; *Schmidt-Salzer* Produkthaftung III/1 RdNr. 41026 ff.
[2799] Dazu und zum Folgenden BGHZ 99, 167, 181 = NJW 1987, 1009, 1012 – Lenkerverkleidung; BGHZ 116, 60, 67 f. = NJW 1992, 560, 561 – Kindertee I; BGH VersR 1960, 342, 343 – Klebemittel; OLG Hamm VersR 1984, 243 f. – Flusssäure; OLG Frankfurt NJW-RR 1994, 346, 347 – Herbizid; *Schmidt-Salzer* Produkthaftung III/1 RdNr. 41034 ff.
[2800] BGH NJW 1994, 932, 933 – Kindertee II: Folgenwarnung statt allg. Verhaltenshinweise; NJW 1995, 1286, 1287 – Kindertee III; OLG Hamm VersR 1984, 243 f. – Flusssäure; NZV 1993, 310, 311 – Anhänger; Produkthaftungshandbuch/*Foerste* § 24 RdNr. 209 ff.
[2801] BGH VersR 1960, 342, 343 – Klebemittel; OLG Hamm NZV 1993, 310, 311 – Anhänger; *Schmidt-Salzer* Produkthaftung III/1 RdNr. 41038 ff.
[2802] BGHZ 116, 60, 68 = NJW 1992, 560, 561 – Kindertee I; *Kullmann* in: *Kullmann/Pfister* Produzentenhaftung Kz. 1520 Bl. 41.
[2803] BGHZ 116, 60, 68 ff. = NJW 1992, 560, 561 f. – Kindertee I.
[2804] BGH NJW 1995, 1286, 1287 – Kindertee III; sanktioniert von BVerfG NJW 1997, 249, 250.

dort üblichen exorbitanten Schadensersatzurteilen geführt haben.[2805] Soweit die deutschen Gerichte mit solchen Ansprüchen beschäftigt worden sind, sind sie ohne viel Aufhebens abgelehnt worden.[2806] Tatsächlich wird man davon ausgehen müssen, dass seit jeher, auch schon vor der Veröffentlichung einschlägiger wissenschaftlicher Studien, in der Bevölkerung **allgemein bekannt** war, dass Rauchen gesundheitsschädlich ist.[2807] Unabhängig von den erst seit relativ kurzer Zeit vorgeschriebenen **Warnhinweisen** auf Zigarettenpackungen dürfte eine Haftung wegen Instruktionspflichtverletzung deshalb ausscheiden.[2808] Gleiches gilt im Übrigen auch für den Gesichtspunkt der **Suchtgefahr,** vor der lange Zeit nicht gewarnt wurde,[2809] aber wohl auch nicht gewarnt werden musste, weil jeder weiß, dass viele Raucher gerne aufhören würden, es aber nicht können.[2810] Wesentlich problematischer ist die Frage, wie es unter dem Gesichtspunkt des Konstruktionsfehlers zu bewerten wäre, wenn einige Tabakhersteller den von ihnen vertriebenen Produkten tatsächlich **Additive** zugesetzt hätten, die zu einer verstärkten Resorption von Nikotin bei gleichzeitig erhöhter Schädigung der Lungengefäße führten.[2811] Sollte es sich so verhalten, wird man die Haftung entgegen dem LG Bielefeld nicht mit der Begründung ablehnen können, Additive seien nach der TabakVO erlaubt,[2812] denn die Einhaltung öffentlichen Sicherheitsrechts befreit nicht ohne weiteres von der Haftung, und schon gar nicht, wenn der Hersteller weiß, dass sein Verhalten zwar verwaltungsrechtskonform ist, aber die Gefahr des Eintritts schwerer Gesundheitsschäden erhöht (vgl. RdNr. 625, 279).[2813] Auf der anderen Seite bleibt auch in diesem Fall zu berücksichtigen, dass „starke" Zigaretten, bei denen kurzfristig relativ große Mengen Nikotin resorbiert werden können, dem Wunsch vieler Raucher entsprechen.[2814]

Es steht zu erwarten, dass sich die spezialisierten Anwaltskanzleien, die in den USA die Raucherklagen durchgefochten haben, weitere Zielobjekte aus dem Kreis der Hersteller **gesundheitsschädlicher Genussmittel** heraussuchen werden. Selbst in Deutschland ist schon die Produkthaftungsklage eines Alkoholkranken gegen eine Großbrauerei wegen unterlassener Warnung über die Folgen von Alkoholmissbrauch anhängig gemacht worden.[2815] Im Ergebnis wurde sie freilich zu Recht abgewiesen, denn die mit übermäßigem Alkoholkonsum verbundenen Gesundheits- und Suchtgefahren sind allgemein bekannt. Auch Süßwaren- und Getränkehersteller geraten als Zielgruppe ins Visier, zumal auf den handelsüblichen Zuckerwaren jede Warnung vor den Folgen exzessiven Konsums fehlt.[2816] Die Gesundheitsgefahren, die mit übermäßigem Konsum von Coca-Cola verbunden sind,

---

[2805] Vgl. *Zekoll* NJW 1999, 2722; ausf. *Thiele,* Die zivilrechtliche Haftung der Tabakindustrie, S. 10 ff. (dazu *Wagner* RabelsZ 72 (2008), 205 ff.); eine Dokumentation wichtiger Prozessmaterialien aus den USA in deutscher Sprache findet sich bei *Adams* (Hrsg.), Das Geschäft mit dem Tod, 2007.

[2806] LG Bielefeld NJW 2000, 2514 f.; LG Arnsberg NJW 2004, 232; LG Hamm NJW 2005, 295; OLG Frankfurt NJW-RR 2001, 1471; OLG Düsseldorf NJW-RR 2001, 893 f.; aus Sicht der Tabakindustrie resümierend *Molitoris* NJW 2004, 3662; eingehend und zur Rechtslage in Europa *Wagner/Witte* ZEuP 2005, 905 ff.

[2807] Für Deutschland *Steffen* NJW 1996, 3062; *Kullmann,* FS Deutsch, 1999, S. 217, 219; für die USA vgl. nur den ersten Satz von *Fleming James* California Law Review 54 (1966), 50: „The tendency of cigarettes to cause cancer in some people has become increasingly recognized."; anders aber *Adams/Bornhäuser/Pötschke-Langer/Grunewald* NJW 2004, 3657, 3660.

[2808] Übereinstimmend *Kullmann,* FS Deutsch, 1999, S. 217, 218 ff.; *Steffen* NJW 1996, 3062 f.; aA *Bucher* VersR 2000, 28 ff.; *Bucher/Wiebel* VersR 2001, 29 ff.; *v. Hippel* JZ 1999, 781.

[2809] Warnpflicht eingeführt mit Richtlinie 2001/37/EG vom 5. 6. 2001, ABl. EG Nr. L 194 S. 26, Art. 5 Abs. 1 lit. b iVm. Anh. I Nr. 7.

[2810] *Kullmann,* FS Deutsch, 1999, S. 217, 219: „seit Mark Twain ist es auch allg. bekannt, dass durch das Rauchen eine Abhängigkeit von der Cigarette entstehen kann ...".

[2811] Vgl. die Hinweise bei *Zekoll* NJW 1999, 2722; eingehend *Bates/Jarvis/Connolly,* Tobacco Additives, erhältlich unter www.ash.org.uk.

[2812] LG Bielefeld NJW 2000, 2514.

[2813] Vgl. auch *Buchner* VersR 2001, 29, 30; *Merten* VersR 2005, 465, 468 f.; *Adams/Bornhäuser/Pötschke-Langer/Grunewald* NJW 2004, 3657, 3660.

[2814] *Wagner/Witte* ZEuP 2005, 985, 910 f.

[2815] OLG Hamm NJW 2001, 1654 – Warsteiner.

[2816] Ein Brandenburger Richter hatte die Coca-Cola GmbH und den Hersteller von Mars-Zuckerriegeln vergeblich auf Schadensersatz in Anspruch genommen, LG Mönchengladbach NJW-RR 2002, 896; OLG Düsseldorf VersR 2003, 912; *Kullmann* NJW 2005, 1907, 1908 f.

liegen offen zutage und müssen auf der Flasche nicht eigens geschildert werden.[2817] Wer sie vermeiden will, hat die Wahl zwischen der Beschränkung des Verzehrs und dem Umstieg auf „Light"-Produkte, die nicht mit Zucker gesüßt werden. Der Hersteller von Lakritz haftet nicht für einen Kreislaufzusammenbruch, den eine Konsumentin erlitt, nachdem sie täglich 400 Gramm Lakritz verspeist hatte.[2818] Zwar schließt die Einhaltung der maßgeblichen Grenzwerte für Glycyrrhizinsäure die Schadensersatzpflicht nicht zwingend aus, doch spricht nach dem gegenwärtigen Stand der Wissenschaft nichts dafür, dass die Kennzeichnungspflichten der Richtlinie 2004/77/EG nicht ausreichen, um die menschliche Gesundheit zu schützen. Schließlich hat der Hersteller von Erdnüssen mit Schokoladenüberzug nicht für die Zerstörung einer Zahnprothese einzustehen, die nach einem Biss auf eine harte Nuss zu Bruch gegangen ist.[2819]

d) Produktbeobachtungspflichten

Schrifttum: *Burckhardt,* Das Ende kostenloser Nachrüstung beim Rückruf von Produkten?, VersR 2007, 1601; *v. Bar,* Vorbeugender Rechtsschutz vor Verkehrspflichtverletzungen, in: 25 Jahre Karlsruher Forum (Beilage zu VersR 1983), S. 80; *Bodewig,* Der Rückruf fehlerhafter Produkte, 1999; *Brüggemeier,* Rezension von Bodewig, Der Rückruf fehlerhafter Produkte, RabelsZ 66 (2002), 193; *Foerste,* Zur Rückrufpflicht nach § 823 BGB und § 9 ProdSG – Wunsch und Wirklichkeit, DB 1999, 2199; *Grote,* Der Herstellerregreß beim Produktrückruf, VersR 1994, 1269; *J. Hager,* Die Kostentragung bei Rückruf fehlerhafter Produkte, VersR 1984, 799; *Hoffmann,* Produktrückruf – ein Haftpflichtrisiko?, PHI 1999, 35, 75; *Kettler,* Renaissance der Rückrufkostendiskussion: Ist die Rückrufpflicht mit kostenloser Reparatur ein – teurer – Irrtum?, PHI 2008, 52; *Kullmann,* Die Produktbeobachtungspflicht des Kraftfahrzeugherstellers im Hinblick auf Zubehör, BB 1987, 957; *Sack,* Produzentenhaftung und Produktbeobachtungspflicht, BB 1985, 813; *Schmidt-Salzer,* Rechtliche und tatsächliche Aspekte der Produktbeobachtungshaftung, BB 1981, 1041; *Schulenberg,* Der Rückruf des Warenherstellers im deutsch-amerikanischen Rechtsvergleich, 1992; *Schwenzer,* Rückruf- und Warnpflichten des Warenherstellers, JZ 1987, 1059; *Stoll,* Haftungsrechtlicher Schutz gegen drohendes Unrecht, FS H. Lange, 1992, S. 729; *P. Ulmer,* Produktbeobachtungs-, Prüfungs- und Warnpflichten eines Warenherstellers in Bezug auf Fremdprodukte?, ZHR 152 (1988), 564; *v. Westphalen,* Warn- und Rückrufpflichten bei nicht sicheren Produkten: §§ 8, 9 ProdSG als Schutzgesetz iS von § 823 Abs. 2 BGB – Rechtliche und versicherungsrechtliche Konsequenzen, BB 1999, 1369.

645 **aa) Funktion.** Der Begriff der Produktbeobachtungspflicht steht quer zu den Konstruktions-, Fabrikations- und Instruktionspflichten des Herstellers, weil sich die Verletzung der Produktbeobachtungspflicht nicht ohne weiteres in einer negativ bewerteten Produkteigenschaft – einem „Fehler" – niederschlägt. Im Übrigen kann durch bloße Nichtbeobachtung niemandem ein Schaden entstehen, und umgekehrt bleibt offen, was zu geschehen hat, nachdem der Hersteller neue Informationen über sein Produkt gesammelt hat. Diese Ambivalenzen sind der Grund dafür, dass unter dem Stichwort der Produktbeobachtung ganz unterschiedliche Herstellerpflichten erörtert werden, deren Spektrum von der **Sammlung** von Kundenbeschwerden über die **Warnung** der Öffentlichkeit bis hin zu aufwändigen und kostspieligen **Rückrufaktionen** reicht.[2820] Im Folgenden wird klar zwischen Beobachtungs- und Reaktionspflichten unterschieden (zu Letzteren RdNr. 649 ff.; zur Beweislastverteilung RdNr. 661 f.).

646 Die Anerkennung von Produktbeobachtungspflichten verdankt sich dem Umstand, dass die **Sorgfaltspflichten** des Warenherstellers **zeitpunktbezogen** sind und damit auf historischen Risikoeinschätzungen und Gefahrsteuerungsmöglichkeiten beruhen (vgl. RdNr. 274 ff., 626 f.). Insbesondere liegt ein deliktisch zu verantwortender Konstruktionsfehler nur vor, wenn der Hersteller bei der Erstellung des Bauplans seines Produkts unsorgfältig vorging, also Kenntnisse, die im Stadium der Planung und Entwicklung bereits verfügbar waren, ignoriert oder vorhandene Mittel der (technischen) Gefahrsteuerung ungenutzt gelassen hat. Jenseits der so definierten Konstruktionsfehler beginnen die **Entwicklungsrisiken,** bei deren Realisierung die Haftung zunächst ausscheidet. Dies ist

---

[2817] LG Essen NJW 2005, 2713, 2714.
[2818] OLG Köln NJW 2005, 3292, 3293.
[2819] OLG Köln VersR 2007, 1003 f.
[2820] Symptomatisch für diesen Ansatz *Sack* BB 1985, 813; aber auch *Bodewig,* Der Rückruf fehlerhafter Produkte, S. 163 ff., der die begrifflichen Unschärfen gleichwohl konstatiert, aaO S. 9 ff.

allerdings nicht das Ende der Produktverantwortung des Herstellers, denn er verfügt weiterhin über Mittel der Gefahrsteuerung, die im Vergleich zu denjenigen der Vielzahl von Produktnutzern sowohl besser geeignet als auch kostengünstiger sind.[2821] Das Herstellerunternehmen ist wie kein anderer dazu in der Lage, Erfahrungen bei der Anwendung des Produkts zu sammeln, auszuwerten und die gebotenen Konsequenzen für den Konstruktions- und den Instruktionsbereich zu ziehen. Folgerichtig hat die Rechtsprechung den Hersteller in den „Apfelschorf"-Fällen mit Recht für verpflichtet gehalten, seine Produkte nach Inverkehrgabe auf noch unbekannte schädliche Eigenschaften hin zu beobachten und sich über sonstige, eine Gefahrenlage verursachende Folgen ihres Gebrauchs zu informieren.[2822] Die Produktbeobachtungspflicht hat also die Funktion, die **Verantwortung des Herstellers für sein Produkt über den Zeitpunkt der Inverkehrgabe** und den damaligen Stand der Kenntnisse und Möglichkeiten hinaus zu perpetuieren.[2823] Genauso wie die Instruktionspflicht ist Produktbeobachtungspflicht nicht auf die eigene Ware beschränkt, sondern erstreckt sich auf Kombinationsprodukte, insbesondere **Zulieferteile** (vgl. RdNr. 637). Produktbeobachtungspflichten von **Händlern** sind grundsätzlich nicht anzuerkennen.[2824] Etwas anderes mag dann gelten, wenn der Händler – etwa infolge besonderer Sachkunde – positive Kenntnis von den Produktgefahren hatte und problemlos dazu in der Lage gewesen wäre, den Abnehmer zu warnen.

bb) Informationssammlung. Die **Intensität der Produktbeobachtungspflicht** richtet sich nach den allgemeinen Regeln, dh. sie ist abhängig einerseits vom Umfang des drohenden Schadens und dem Grad der Gefahr, andererseits von der Möglichkeit und wirtschaftlichen Zumutbarkeit von Beobachtungsmaßnahmen (RdNr. 620). Sie ist generell schwächer ausgeprägt bei bewährten Produkten, die schon seit langer Zeit und in großer Stückzahl am Markt sind, und besonders **intensiv bei komplexen Neuentwicklungen** mit großem Schädigungspotential.[2825] Im Einzelnen ist zwischen aktiver und passiver Produktbeobachtung zu unterscheiden: Die **passive Produktbeobachtungspflicht** beschränkt sich darauf, **Beschwerden von Kunden** über Schadensfälle und Sicherheitsdefizite entgegen zu nehmen, zu sammeln und systematisch auszuwerten.[2826] Derartige Maßnahmen sind mit geringem wirtschaftlichen Aufwand möglich und generieren einen hohen Nutzen, weil sie auf reale Erfahrungen gestützt und deshalb besonders verlässlich sind, wirtschaftlich aufwändige Untersuchungs- und Testverfahren erübrigen und dem Hersteller kostenlos, ohne jeden Suchaufwand, zur Verfügung gestellt werden. Wird die Verbindung zwischen (inländischem) Verbraucher und (ausländischem) Hersteller durch einen **Importeur** oder bei reinen Inlandsfällen durch einen **Vertriebshändler mit Monopolstellung** vermittelt, obliegt Letzterem die Verpflichtung, Kundenbeschwerden zu sammeln und an den Hersteller weiterzuleiten (RdNr. 609).[2827] Im **Arzneimittelrecht** bestehen überdies auch verwaltungsrechtliche Produktbeobachtungspflichten, denn gemäß § 28 Abs. 3a AMG kann die Zulassungsbehörde im Wege der Auflage anordnen, dass Erkenntnisse bei der Anwendung des Arzneimittels systematisch gesammelt, dokumentiert und ausgewertet werden. Nach § 29 Abs. 1 AMG muss der pharmazeutische Unternehmer zudem von sich aus die Behörde über jeden bekannt gewordenen Verdachtsfall einer schwerwiegenden Neben- oder Wechselwirkung informieren. Unter der Voraussetzung eines entsprechenden Verwal-

---

[2821] Zu diesen Kriterien als Determinanten deliktischer Sorgfaltspflichten allg. RdNr. 252; Vor § 823 RdNr. 50; vgl. auch *Bodewig*, Der Rückruf fehlerhafter Produkte, S. 173 ff.
[2822] Grdlg. BGHZ 80, 199, 202 ff. = NJW 1981, 1606, 1607 f. – Benomyl; genauso BGHZ 80, 186, 191 = NJW 1981, 1603, 1604 – Apfelschorf.
[2823] *Brüggemeier* Deliktsrecht RdNr. 561, 564; RGRK/*Steffen* RdNr. 282.
[2824] Vgl. OLG Koblenz VersR 2007, 74, 75.
[2825] OLG Karlsruhe VersR 1978, 550 f. – Coca Cola; *Sack* BB 1985, 813, 815 f.
[2826] BGHZ 99, 167, 170 f. = NJW 1987, 1009, 1010 – Lenkerverkleidung, BGH NJW 1994, 517, 519 – Gewindeschneidemittel I; NJW-RR 1995, 342, 343 – Gewindeschneidemittel II.
[2827] BGH NJW 1981, 2250, 2251 – Asbestzementplatten; NJW 1994, 517, 519 – Gewindeschneidemittel I; NJW-RR 1995, 342, 343 – Gewindeschneidemittel II; vgl. auch RG DR 1940, 1293, 1294 f. – Bremsen II.

tungsakts sind diese Normen als Schutzgesetze iS von § 823 Abs. 2 anzusprechen (vgl. RdNr. 342 ff.).

648 Die Verpflichtung zur **aktiven Produktbeobachtung** betrifft die Generierung von Informationen über mögliche Schadensrisiken des eigenen Produkts. Als Quellen für solche Informationen kommen **Erfahrungen mit Konkurrenzprodukten** gleicher oder ähnlicher Beschaffenheit in Betracht, sofern derartige Daten dem Hersteller zugänglich sind.[2828] Im Übrigen ist das **wissenschaftlich-technische Fachschrifttum** auszuwerten, soweit es für das eigene Angebot relevant ist.[2829] Die Reichweite dieser Verpflichtung im Einzelnen hängt wiederum vom Schädigungspotential des Produkts, von seinem Preis und den darauf gestützten berechtigten Sicherheitserwartungen seiner Nutzer und schließlich von dem Aufwand ab, mit dem sich entsprechende Informationen beschaffen lassen (RdNr. 620 ff.). Von namhaften Herstellern von Pflanzenschutzmitteln und anderer komplexer Chemikalien wird man beispielsweise erwarten können, dass sie nicht nur die einheimischen Publikationen einschlägigen Inhalts zur Kenntnis nehmen, sondern auch die relevanten **internationalen Fachjournale** verfolgen und auswerten.[2830]

649 cc) **Reaktionspflichten (Produktionsumstellung, Warnung, Rückruf).** Die Verletzung der Produktbeobachtungspflicht allein verursacht keine Schäden, sondern diese entstehen erst dadurch, dass es der Hersteller unterlassen hat, aus den im Wege der Beobachtung gewonnenen Informationen die gebotenen Konsequenzen zu ziehen oder es versäumt hat, tatsächlich verfügbare Informationen zu erheben oder auszuwerten, und sich dadurch von vornherein jeder Reaktionsmöglichkeit begeben hat. Insofern ist die **Produktbeobachtungspflicht nur Mittel zum Zweck der Reaktion.** Die Frage, wie diese Reaktion im Einzelnen beschaffen sein muss, markiert einen der Brennpunkte des aktuellen Produkthaftungsrechts.

650 (1) **Umstellung der weiteren Produktion.** Da die Konstruktionspflichten des Herstellers auf den Zeitpunkt der Planung und Entwicklung, nicht aber auf denjenigen der Inverkehrgabe eines einzelnen Serienstücks bezogen sind, betrifft die Produktbeobachtungspflicht keineswegs nur solche Stücke, die sich bereits im Verkehr befinden, sondern hat maßgebliche Bedeutung auch für die an Neuware zu stellenden Sicherheitsanforderungen (RdNr. 627).[2831] Der Hersteller ist dazu verpflichtet, aus den neuen Erkenntnissen die notwendigen Konsequenzen für die weitere Produktion zu ziehen, insbesondere die **Konstruktion des Produkts zu verändern,** um die festgestellten Sicherheitsmängel abzustellen,[2832] den **Fertigungsprozess zu ändern,** um eine unerwartet hohe Zahl von Fehlfabrikaten zu reduzieren, oder die **Instruktion der Produktnutzer zu verbessern.** Erfordert die Behebung der Sicherheitsmängel eine **Änderung der Konstruktion von Zulieferteilen,** muss sie vom Endhersteller veranlasst werden.[2833] Lässt sich eine Änderung kurzfristig nicht bewerkstelligen, besteht aber auch kein Anlass, das Produkt umgehend vom Markt zu nehmen, etwa weil gleichwertige Alternativprodukte nicht zur Verfügung stehen, ist dem Hersteller eine **Karenzzeit** für die Umstellung der eigenen oder der Zuliefer-Produktion zuzugestehen.[2834] Werden schwerwiegende Gefahren für Personen- oder Sachgüter nicht durch einen entsprechend hohen Produktnutzen aufgewogen, ist der weitere **Vertrieb des Produkts einzustellen;** andernfalls sind die Produktnutzer wenigstens vor den Gefahren zu

---

[2828] Produkthaftungshandbuch/*Foerste* § 24 RdNr. 292.
[2829] BGHZ 80, 199, 202 f. = NJW 1981, 1606, 1607 f. – Benomyl; BGH NJW 1990, 906, 907 f. – Pferdeboxen.
[2830] BGHZ 80, 199, 203 = NJW 1981, 1606, 1608 – Benomyl.
[2831] Unrichtig daher *Staudinger/Hager* RdNr. F 20.
[2832] BGH NJW 1990, 906, 907 f. – Pferdeboxen; NJW 1994, 517, 519 f. – Gewindeschneidemittel I; NJW 1994, 3349, 3350 f. – Atemüberwachungsgerät; *Brüggemeier* Deliktsrecht RdNr. 563; *Kullmann* in: *Kullmann/Pfister* Produzentenhaftung Kz. 1520 Bl. 60 f.; *Bodewig,* Der Rückruf fehlerhafter Produkte, S. 195 f.
[2833] BGH NJW 1994, 3349, 3350 – Atemüberwachungsgerät; LG Frankfurt/M VersR 2007, 1575, 1576 – Röntgengerät.
[2834] BGH NJW 1994, 3349, 3350 f. – Atemüberwachungsgerät.

Schadensersatzpflicht

warnen.[2835] *Diese* Pflichten treffen auch einen Importeur oder Händler, der auf Grund einer Häufung von Kundenbeschwerden Kenntnis von der Fehlerhaftigkeit des Produkts hat (RdNr. 609).[2836] Bestehen lediglich Zweifel an der Sicherheit des Produkts, die sich noch nicht zur Gewissheit seiner Gefährlichkeit verdichtet haben, ist der Hersteller bei schwerwiegenden Gefahren für Leib und Leben verpflichtet, das Produkt bereits auf Grund eines **substantiierten Gefahrenverdachts** vom Markt zu nehmen, falls ungefährlichere Substitutionsprodukte zur Verfügung stehen.[2837]

(2) Rückruf bereits vermarkteter Produkte. Die Reaktionspflichten des Herstellers erstrecken sich auch auf **Produkte, die bereits vermarktet** wurden und sich jetzt noch im Verkehr befinden. Deren Nutzer sind jedenfalls durch **Warnungen** über die ihnen drohenden Gefahren in Kenntnis zu setzen, damit sie selbst die Gefahrsteuerung übernehmen können.[2838] Heiß **umstritten** ist hingegen, ob und ggf. unter welchen Voraussetzungen der Hersteller darüber hinaus gehalten sein kann, die bereits vermarkteten Produkte zurückzurufen, um sie auszutauschen oder zu reparieren, und wer die Kosten für derartige Maßnahmen zu tragen hat. Nach einer Ansicht sind **Rückrufpflichten des Herstellers** abzulehnen,[2839] weil der Hersteller seinen Gefahrsteuerungspflichten bereits mit der Herausgabe einer Warnung vor den Produktgefahren genüge[2840] und bei Anerkennung weitergehender Rückruf- und Reparaturpflichten die Wertungen des Gewährleistungsrechts beiseite geschoben würden.[2841] Die Gegenauffassung erkennt solche Pflichten grundsätzlich an, doch gehen die Ansichten über ihre Voraussetzungen und ihre Intensität auseinander.[2842] So wird etwa zwischen Persönlichkeits- und Vermögensinteressen differenziert und eine Verpflichtung zur aktiven Gefahrbeseitigung durch Rückruf nur bei der drohenden Beeinträchtigung von Leib und Leiben auf Grund ursprünglicher Konstruktions- oder Fabrikationsfehler anerkannt,[2843] während insbesondere *Bodewig* darüber weit hinaus geht, indem er Existenz und Intensität von Rückrufpflichten von einer langen Liste verschiedenster Gesichtspunkte abhängig macht, ob nämlich das Produkt nur seinen Benutzer oder darüber hinaus auch Dritte gefährdet; ob es für Warnungen wenig empfängliche Bevölkerungsgruppen, beispielsweise Kinder bedroht; ob die Gefahr von dem Produkt selbst oder nur von einem Zubehörteil ausgeht und ob die Rückrufmaßnahmen dem Hersteller bzw. der entschädigungslose Verzicht auf die weitere Produktnutzung dem Konsumenten unter Berücksichtigung der jeweiligen wirtschaftlichen Situation zumutbar ist.[2844] Die Rückrufpflichten des Herstellers mutieren in diesem Dickicht zu einem Instrument der situationsbezogenen Billigkeit unter

---

[2835] BGH NJW 1994, 3349, 3351 – Atemüberwachungsgerät; LG Berlin MDR 1997, 246, 247 – Trekkingrad.
[2836] BGH NJW 1994, 517, 519 f. – Gewindeschneidemittel I; krit. dazu *Brüggemeier* JZ 1994, 578, 579 f.; zust. *Foerste* NJW 1994, 909, 910. Die aktive Produktbeobachtungspflicht steht entgegen *Brüggemeier* hier nicht zur Debatte, sondern es geht darum, die richtigen Konsequenzen aus der Produktbeobachtung zu ziehen.
[2837] BGH NJW 1994, 517, 519 f. – Gewindeschneidemittel I.
[2838] BGHZ 80, 186, 191 ff. = NJW 1981, 1603, 1604 ff. – Apfelschorf; BGHZ 80, 199, 202 = NJW 1981, 1606, 1607 f. – Benomyl; BGH VersR 1992, 100, 101 – Möbellack I; NJW 1994, 3349, 3351 – Atemüberwachungsgerät; NJW-RR 1995, 342, 343 – Gewindeschneidemittel II; *Brüggemeier* Deliktsrecht RdNr. 563; *Kullmann* in: *Kullmann/Pfister* Produzentenhaftung Kz. 1520 Bl. 61; *RGRK/Steffen* RdNr. 282; Produkthaftungshandbuch/*Foerste* § 24 RdNr. 242 ff.; *Birkmann* DAR 1990, 124, 127 ff.; *Sack* BB 1985, 813, 816 f.
[2839] LG Frankfurt/M VersR 2007, 1575 f. – Röntgengerät; *Brüggemeier* ZHR 152 (1988), 511, 525 f.; *ders.* Deliktsrecht RdNr. 565 ff.; *ders.* RabelsZ 66 (2002), 193 ff.; Produkthaftungshandbuch/*Foerste* § 24 RdNr. 258 ff., § 39 RdNr. 2 ff. (wenn auch mit Differenzierungen).
[2840] *Brüggemeier* ZHR 152 (1988), 522, 525; Produkthaftungshandbuch/*Foerste* § 24 RdNr. 262 ff.
[2841] LG Frankfurt/M VersR 2007, 1575 – Röntgengerät; *Brüggemeier* ZHR 152 (1988), 511, 525 f.; Produkthaftungshandbuch/*Foerste* § 24 RdNr. 276, 284, § 39 RdNr. 5; *Foerste* DB 1999, 2199, 2200.
[2842] *Kullmann* in: *Kullmann/Pfister* Produzentenhaftung Kz. 1520 Bl. 62 f.; *RGRK/Steffen* RdNr. 282; *Sack* BB 1985, 813, 817; *Schwenzer* JZ 1987, 1059; *Michalski* BB 1998, 961, 965; *G. Hager* AcP 184 (1984), 413, 423 ff.; *J. Hager* VersR 1984, 799 ff.; *Staudinger/Hager* RdNr. F 25 f.; *Erman/Schiemann* RdNr. 119.
[2843] *Schwenzer* JZ 1987, 1059, 1061 ff.
[2844] *Bodewig*, Der Rückruf fehlerhafter Produkte, S. 181 ff., mit Zusammenfassung S. 280.

Berücksichtigung „aller Umstände des Einzelfalls", einschließlich desjenigen am Erhalt notleidender Betriebe und der Solvenz von Verbrauchern.

652 Die **höchstrichterliche Rechtsprechung,** die von den Anhängern weitreichender Rückrufpflichten gern für sich in Anspruch genommen wird,[2845] ist in Wahrheit wenig ergiebig, weil sie die entscheidende Frage nach dem Umfang von Reaktionspflichten bisher **offen gelassen** hat.[2846] Die Entscheidungen des VI. ZS in den beiden „Apfelschorf"-Fällen beschränken sich auf die Produktbeobachtungspflicht und schweigen zu möglichen Reaktionspflichten des Herstellers, soweit diese über die Warnung der Verbraucher hinausgingen.[2847] Allein der 2. Strafsenat des BGH hat in seiner berühmten „Lederspray"-Entscheidung eine **strafrechtliche Rückrufpflicht** in Bezug auf im Vertrieb befindliche, gesundheitsgefährdende Konsumgüter angenommen, ohne allerdings zu spezifizieren, welche Maßnahmen im Einzelnen einen „Rückruf" ausmachen, so dass letztlich offen blieb, ob danach die Einstellung weiterer Produktion, die Unterbrechung weiteren Vertriebs und die Warnung der Öffentlichkeit vor der Verwendung noch nicht aufgebrauchter Produkte ausgereicht hätte, um den strafrechtlichen Vorwurf zu beseitigen.[2848] Die bis zur Jahrtausendwende veröffentlichte Instanzrechtsprechung tendierte dazu, Rückrufpflichten unter bestimmten Voraussetzungen zu bejahen,[2849] und der BGH ist dagegen nicht eingeschritten. Die in den Jahren nach 2000 ergangene **aktuelle Rechtsprechung** läutet möglicherweise eine Trendwende ein, denn in einer Reihe von Urteilen sind über die Warnung der Produktnutzer hinausgehende deliktische Rückrufpflichten a limine mit dem Argument verneint worden, das **Gewährleistungsrecht** sei insoweit eine **abschließende Regelung.**[2850] Ob sich dieser Trend verbreitern und durchsetzen wird, bleibt abzuwarten.[2851] Immerhin ist darauf hinzuweisen, dass es die beklagten Hersteller in den zitierten Fällen stets mit professionellen Produktnutzern – Pflegekassen und Krankenhausträgern – zu tun hatten. Letztere hätten sich ihrerseits haft- und strafbar gemacht, wenn sie die Warnungen der Hersteller ignoriert und die Nutzung der fehlerhaften Produkte fortgesetzt hätten. Ganz anders ist die Situation, wenn sich die Produkte in den Händen einer Vielzahl von Verbrauchern befinden und schwerwiegende Gefahren für Rechtsgüter Dritter heraufbeschwören, falls sich der jeweilige Nutzer nicht entsprechend der Warnung verhält und den weiteren Gebrauch des fehlerhaften Produkts einstellt.[2852]

653 **Stellungnahme:** Für die Lösung der Problematik ist **anhand des Kriteriums sorgfaltswidrigen Verhaltens im Zeitpunkt der Inverkehrgabe zu differenzieren.** Hat der

---

[2845] *Bodewig,* Der Rückruf fehlerhafter Produkte, S. 12, 166 ff., der den Begriff „Rückruf" in einem allg. Sinn verwendet, der sämtliche Maßnahmen von der bloßen Warnung bis zum kostenlosen Umtausch des Produkts umfasst, um dann die Urteile des BGH zur Produktbeobachtungspflicht für die eigene Position in Anspruch zu nehmen, obwohl sich das Gericht zu über Warnungen hinausgehenden Reaktionspflichten noch nicht ein einziges Mal geäußert hat. Die ebenfalls herangezogene Entscheidung RG, DR 1940, 1293, 1295 f. – Bremsen II (*Bodewig,* S. 166 Fn. 13), beschäftigt sich ausschließlich mit der Verpflichtung des Herstellers, von ihm erkannte oder erkennbare Konstruktionsmängel bei *zukünftig* in den Verkehr gebrachten Produkten eines bestimmten Modells abzustellen, sagt aber kein Wort zum Rückruf bereits im Verkehr befindlicher Exemplare oder auch nur zur Warnung ihrer Benutzer.
[2846] BGH VersR 1986, 1127 f. – Milchkühlanlagen. Die einzige, allerdings auf § 826 gestützte Ausnahme ist RGZ 161, 21, 26 – Bremsen I.
[2847] BGHZ 80, 186, 191 ff. = NJW 1981, 1603, 1604 f.; BGHZ 80, 199, 203 ff. = NJW 1981, 1606, 1608 f.
[2848] BGH NJW 1990, 2560, 2564 – Lederspray.
[2849] OLG Karlsruhe NJW-RR 1995, 594, 595 ff. – Dunstabzugshauben; LG Hamburg VersR 1994, 299 – Rettungsinseln m. zust. Anm. *Harms;* vgl. auch OLG Karlsruhe VersR 1986, 1125, 1126 ff. – Milchkühlanlagen; OLG München VersR 1992, 1135 – Druckmesszellen; OLG Düsseldorf NJW-RR 1997, 1344 – Tempostat; OLG München NJW-RR 1999, 1657 – Brennerdeckel.
[2850] LG Frankfurt/M VersR 2007, 1575 – Federzüge; OLG Hamm BeckRS 2007, 14705 – Pflegebetten (Vorinstanz LG Bielefeld PHI 2006, 18; die Revision ist unter dem Az. VI ZR 170/07 beim BGH anhängig); LG Arnsberg BeckRS 2004, 11101 – Pflegebetten; zu diesen Entscheidungen *Burckhardt* VersR 2007, 1601; *Dietborn/Müller* BB 2007, 2358; *Kettler* PHI 2008, 52; *Molitoris/Klindt* NJW 2008, 1203, 1205 f.
[2851] Rückrufpflichten und korrespondiere Ansprüche werden ohne Umschweife bejaht von OLG Düsseldorf NJW-RR 2008, 411 – Gartendünger.
[2852] Darauf maßgeblich abstellend *Kettler* PHI 2008, 52, 58 ff.

Hersteller bereits **bei Inverkehrgabe des einzelnen Produkts die ihm obliegenden Sorgfaltspflichten verletzt,** reicht eine bloße Warnung des Verkehrs vor der Gefahr schon deshalb nicht aus, weil die Instruktion des Erwerbers auch ex ante, im Zeitpunkt des Inverkehrbringens, die fehlerhafte Konstruktion und Fabrikation der Ware nicht zu heilen vermag (eingehend RdNr. 631).[2853] Dann wäre es aber inkonsistent, einem Hersteller, der unter Verstoß gegen seine Pflichten zu sorgfältiger Konstruktion und Fabrikation ein gefährliches Produkt auf den Markt gebracht hat, zu erlauben, eine **Warnung nachzuschieben,** um auf diese Weise die Haftung abzuschütteln. Wäre dies möglich, bestünde für den Hersteller ein starker Anreiz, bei den Entwicklungs- und Herstellungskosten zu sparen, die Vermarktung fehlerhaft konstruierter oder fabrizierter Produkte in Kauf zu nehmen und sich der Einstandspflicht für etwaige Schäden durch Nachschieben einer Warnung zu entledigen.[2854] Hat der Hersteller die ihm obliegenden Pflichten zu gefahrloser Konstruktion und Fabrikation verletzt, ist er folglich zu Rückruf und Reparatur auf eigene Kosten verpflichtet. Das **Gewährleistungsrecht** steht der Anerkennung deliktischer Rückrufpflichten bei Verletzung von Sorgfaltspflichten im Rahmen von Entwicklung und Herstellung nicht entgegen,[2855] denn das deutsche Recht folgt gerade nicht dem französischen Prinzip des non cumul (eingehend RdNr. 594 f.; Vor § 823 RdNr. 68). Ohne eine sachliche Begründung dafür, warum dies hier anders sein sollte, bleibt die Beschwörung des Vorrangs des Gewährleistungsrechts eine bloße petitio principii. Der Hinweis, die Delikthaftung setze nicht nur eine Pflichtverletzung, sondern auch eine Rechtsgutsverletzung voraus,[2856] ist zwar richtig, doch ändert dies nichts daran, dass ein Hersteller, der die ihm obliegenden Sorgfaltspflichten verletzt hat, gehalten ist, den Eintritt von Rechtsgutsverletzungen bei den Produktnutzern und Dritten im Rahmen des Möglichen und Zumutbaren zu vermeiden.[2857] In *dieser* Hinsicht liegt es nicht anders als bei einer Zeitbombe, die rechtzeitig zu entschärfen ihr Konstrukteur ganz selbstverständlich gehalten ist.

Realisieren sich **Entwicklungsrisiken,** die ex ante, im Zeitpunkt der Konstruktion und Fabrikation des Produkts, *nicht* erkenn- und vermeidbar waren (RdNr. 626), ist der Hersteller nicht zum Rückruf verpflichtet. Die Behauptung, der Hersteller eines bei Inverkehrgabe *fehlerfreien* Produkts habe gleichwohl rechtswidrig gehandelt,[2858] trifft angesichts der Verankerung der Verkehrspflichtverletzung im Unrechtstatbestand des § 823 Abs. 1 offensichtlich nicht zu (vgl. RdNr. 61). Rückrufpflichten bei ursprünglich fehlerfreien Produkten lassen sich auch nicht mit dem Bedürfnis nach Anreizen zur Herstellung und zum Inverkehrbringen sicherer Produkte begründen, denn es steht gerade fest, dass sich der Hersteller in einer Weise verhalten hat, die ex ante gesehen sachgerecht war. Die rechtliche Verantwortung für den sicheren Umgang mit dem Produkt liegt nunmehr beim Produktnutzer. An ihm ist es, Beeinträchtigungen seiner eigenen Rechtsgüter sowie Schädigungen Dritter zu vermeiden, und zwar insbesondere dadurch, dass er die weitere Nutzung des als gefährlich erkannten Produkts unterlässt. Damit er sich so verhalten kann, ist er vom Hersteller allerdings durch **Warnung** über die nunmehr erkannten Produktrisiken zu informieren (RdNr. 651). Mit diesen Überlegungen stimmt überein, dass das **öffentliche Produktsicherheitsrecht** den Behörden Eingriffsbefugnisse verleiht, um den Hersteller gefährlicher Produkte zu Warnungen und Rückrufaktionen auch insoweit verpflichten zu können, als eine Verkehrspflichtverletzung iS des Deliktsrechts *nicht* vorliegt (vgl.

[2853] *J. Hager* VersR 1984, 799, 804; *Schwenzer* JZ 1987, 1059, 1061; *Bodewig,* Der Rückruf fehlerhafter Produkte, S. 259.
[2854] *Schwenzer* JZ 1987, 1059, 1061; *Bodewig,* Der Rückruf fehlerhafter Produkte, S. 260.
[2855] So aber *Brüggemeier* ZHR 152 (1988), 511, 525 f.; Produkthaftungshandbuch/*Foerste* § 24 RdNr. 276, 284, § 39 RdNr. 5; *ders.* DB 1999, 2199, 2200 mit der weiteren Bemerkung, es sei „purer Zufall", ob ein Produkt nur unbrauchbar oder auch noch gefährlich sei. Unter dem Gesichtspunkt des § 823 Abs. 1 – Schutz von Integritätsinteressen – kommt es eben darauf an.
[2856] So OLG Hamm BB 2007, 2367.
[2857] *Schwenzer* JZ 1987, 1059, 1061 f.; *Wagner* BB 1997, 2489, 2493; vgl. auch *Ulmer* ZHR 152 (1988), 564, 570 f.
[2858] So *Kullmann* in: *Kullmann/Pfister* Produzentenhaftung Kz. 1520 Fn. 384; *Staudinger/Hager* RdNr. F 26.

RdNr. 669 ff.).²⁸⁵⁹ Deshalb besteht umso weniger Anlass, die zivilrechtlichen Sorgfaltspflichten des Warenherstellers im Interesse des Verbraucherschutzes zu überdehnen.²⁸⁶⁰ Zur Frage der Rückrufpflicht kraft Schutzgesetzverletzung s. RdNr. 668 ff.

655 **Ansprüche der Produktnutzer** auf Rückruf können sich aus § 1004 ergeben (Vor § 823 RdNr. 37), wenn das fehlerhafte Produkt die eigenen Rechtsgüter gefährdet und die Gefahr durch Unterlassung weiteren Gebrauchs nicht unterbunden werden kann.²⁸⁶¹ Die zuletzt genannte Voraussetzung wird in der Praxis nur ausnahmsweise erfüllt sein. Auf Aufwendungsersatz gerichtete Ansprüche aus Geschäftsführung ohne Auftrag bei **Selbstvornahme der Reparatur** durch den Produktnutzer sind hingegen abzulehnen,²⁸⁶² weil sie die Entscheidungsfreiheit des Herstellers über die Art und Weise der Fehlerbeseitigung negieren, was auch mit § 679 nicht zu rechtfertigen ist.²⁸⁶³

656 Die praktische Bedeutung der Rückrufpflichten liegt weniger in der Rechtsbeziehung zwischen Hersteller und geschädigtem Produktnutzer als vielmehr im **Regressverhältnis Endhersteller/Zulieferer**. Den Parteien eines Zuliefervertrages ist dringend zu raten, die Voraussetzungen für Rückrufaktionen und die Allokation der dabei entstehenden Kosten vertraglich zu regeln. Soweit dies nicht geschieht, sind die **Rückrufpflichten der Schlüssel für den Regress des Endherstellers gegen den Hersteller eines mangelhaften Zulieferteils,** das den Anlass für die Rückrufaktion geliefert hat. Das gilt allerdings nur unter der Voraussetzung, dass im Verhältnis zu den Produktnutzern entsprechende Rückrufpflichten bestanden, was zu verneinen ist, wenn das fehlerhafte Produkt lediglich sich selbst bedrohte, die Verletzung der Produktnutzer also auf das vertragliche Äquivalenzinteresse beschränkt geblieben wäre (zur Unterscheidung zwischen Integritäts- und Äquivalenzinteresse s. RdNr. 132).²⁸⁶⁴ In einem solchen Fall braucht der Endhersteller nicht abzuwarten, bis Schäden eingetreten sind und er auf Ersatz in Anspruch genommen wird, sondern er ist berechtigt, Maßnahmen zur Vermeidung solcher Schäden zu ergreifen, um einen Teil dieser Aufwendungen über §§ 840 Abs. 1, 426 auf den Zulieferer zu überwälzen (zur Erstattungsfähigkeit von Vorsorgekosten § 249 RdNr. 195).²⁸⁶⁵ Als **Anspruchsgrundlagen für Erstattungsansprüche** kommen dabei die §§ 840 Abs. 1, 426 (§ 840 RdNr. 5),²⁸⁶⁶ aber auch die §§ 683, 670, 677 in Betracht.²⁸⁶⁷ Die Versäumung der dem Endhersteller gemäß § 377 Abs. 1 HGB obliegenden Mängelrüge schließt die genannten Ansprüche wegen des Kumulationsprinzips nicht aus (vgl. RdNr. 594).²⁸⁶⁸ Hat der Endhersteller allerdings von den Sicherheitsproblemen des jeweiligen Zulieferteils gewusst, bevor er das Endprodukt in den Verkehr gebracht hat, dann hat er das Rückrufrisiko sehenden Auges in Kauf genommen, so dass Regressansprüche gemäß §§ 426, 254 ausscheiden.²⁸⁶⁹ Ist das fehlerhafte Zulieferteil im Ausland

---

²⁸⁵⁹ Dazu eingehend *Wagner* BB 1997, 2489, 2493 ff.
²⁸⁶⁰ Übereinstimmend *Brüggemeier* RabelsZ 66 (2002), 193 ff.
²⁸⁶¹ *v. Bar* in: 25 Jahre Karlsruher Forum 1983, 80 ff.; Produkthaftungshandbuch/*Foerste* § 39 RdNr. 12 ff.; *J. Hager* VersR 1984, 799, 802 ff., der allerdings vorrangig auf einen deliktischen „Beseitigungsanspruch" abstellt; vgl. auch *Schwenzer* JZ 1987, 1059, 1060, 1063; *Stoll*, FS Hermann Lange, 1992, S. 729, 737 ff.
²⁸⁶² Dafür indessen *Bodewig*, Der Rückruf fehlerhafter Produkte, S. 315 ff.; *Schwenzer* JZ 1987, 1059, 1063.
²⁸⁶³ Darin liegt ein allg., hier nicht zu vertiefendes Problem der Anwendung der §§ 677 ff. bei Selbsterfüllung von Ansprüchen durch ihren Gläubiger.
²⁸⁶⁴ BGH VersR 1986, 1127 f. und OLG Karlsruhe VersR 1986, 1125, 1126 f. – Milchkühlanlagen.
²⁸⁶⁵ Vgl. BGHZ 32, 280, 285 f. = VersR 1060, 661, 663; BGHZ 70, 199, 201 = VersR 1978, 374, 375; *Wagner* Karlsruher Forum 2006, 35.
²⁸⁶⁶ OLG Karlsruhe VersR 1986, 1125, 1126 – Milchkühlanlagen; dazu BGH VersR 1986, 1127 f.; OLG Karlsruhe NJW-RR 1995, 594, 595 ff. – Dunstabzugshaube; OLG Frankfurt DB 1991, 1451, 1452 – Kondensatoren; OLG München VersR 1992, 1135 – Druckmesszellen; OLG Düsseldorf NJW-RR 2008, 411 – Gartendünger.
²⁸⁶⁷ So OLG München NJW-RR 1999, 1657, 1658 f.; wohl abl. OLG Düsseldorf NJW-RR 2008, 411 – Gartendünger.
²⁸⁶⁸ AA OLG Düsseldorf NJW-RR 1997, 1344, 1346.
²⁸⁶⁹ LG Frankfurt/M VersR 2007, 1575, 1576 f. – Federzüge; ähnlich OLG Düsseldorf NJW-RR 2008, 411, 412 – Gartendünger.

hergestellt worden, lässt sich für die Regressklage über Art. 5 Nr. 3 EuGVVO, § 32 ZPO gleichwohl ein Gerichtsstand im Inland begründen.[2870]

Die Versicherungswirtschaft hat die Deckung der Kosten von Rückrufaktionen aus der Produkthaftpflichtversicherung herausgenommen und einem besonderen Bedingungsmodell – der sog. **Rückrufkostenversicherung** – unterstellt.[2871] Letzteres setzt die Existenz deliktischer Rückrufpflichten voraus. Speziell im Bereich der Automobilindustrie deckt die Rückrufkostenversicherung allein den Regressanspruch des Teil- oder Endherstellers gegen Zulieferer einer vorgelagerten Wertschöpfungsstufe. 657

VI. Verschulden und Beweisfragen

1. Grundregeln. Die Beweislastverteilung bei der Produkthaftung nach § 823 Abs. 1 (zu § 823 Abs. 2 vgl. RdNr. 676) hat eine komplexe Struktur, weil sie **mitten durch die Feststellung einer Sorgfaltspflichtverletzung** des Herstellerunternehmens hindurch verläuft. Den Geschädigten trifft die Beweislast in Bezug auf den Produktfehler und dessen Kausalität für die eingetretene Rechtsgutsverletzung,[2872] während sich der Hersteller hinsichtlich der Sorgfaltspflichtverletzung entlasten muss, und zwar bezüglich von Verstößen gegen die Gebote sowohl der inneren wie auch der äußeren Sorgfalt (eingehend zu der Unterscheidung RdNr. 28 ff.).[2873] Diese Grundsätze sind im Hühnerpestfall mit Blick auf Fabrikationsfehler entwickelt worden,[2874] waren aber seit jeher auch bei Konstruktionsfehlern anerkannt.[2875] Unklar ist hingegen ihr genauer Inhalt und Bezugspunkt, wenn einerseits gesagt wird, die Beweislastumkehr beziehe sich auf das Verschulden,[2876] oder von anderer Seite die Beweislast des Geschädigten darauf beschränkt wird, durch ein nach Inverkehrgabe unverändertes Produkt in seinen Rechtsgütern verletzt worden zu sein, mit der Folge, dass sich der Hersteller sogar in Bezug auf die Fehlerhaftigkeit des Produkts entlasten müsste.[2877] Diese Schwierigkeiten lösen sich durch **Bezug der produkthaftungsrechtlichen Beweislastgrundsätze auf das Problem der Unternehmenshaftung:** Wie schon in der Brunnensalz-Entscheidung des RG deutlich wurde (vgl. RdNr. 385), geht es allein darum, dem Geschädigten die Darlegungs- und Beweislast hinsichtlich solcher Umstände abzunehmen, die **Interna des Herstellerunternehmens** sind und zu denen er folglich keinen Zugang hat. Deshalb gilt die produkthaftungsrechtliche Beweislastumkehr nicht zu Lasten individueller Akteure innerhalb des Herstellerunternehmens, seien sie Arbeitnehmer, seien sie Organwalter (RdNr. 426),[2878] und deshalb erfolgt die Prüfung einer Sorgfaltspflichtverletzung durch das Unternehmen zweistufig, einmal bezogen auf das Produkt als den „output", dessen „Verkehrswidrigkeit" festzustellen ist, wofür der Geschädigte die Darlegungs- und Beweislast trägt, und auf einer zweiten Stufe verhaltensbezogen, im Hinblick auf das „Verhalten" des Unternehmens, das als Summe der Handlungen und Unterlassungen sämtlicher Organe und Gehilfen beschrieben werden kann (vgl. auch § 3 ProdHaftG RdNr. 3).[2879] 658

[2870] OLG Stuttgart NJW 2006, 1362, 1363 f.
[2871] Dazu eingehend *Kettler/Visser* PHI 2004, 213; *dies.* PHI 2005, 2; *Hoffmann*, PHI 1999, 35, 75; die Bedingungen sind abgedruckt in PHI 2004, 223.
[2872] St. Rspr. seit BGHZ 51, 91, 102 = NJW 1969, 269, 274 – Hühnerpest; vgl. etwa BGHZ 104, 323, 332 = NJW 1988, 2611, 2613 – Limonadenflasche; OLG Frankfurt VersR 1994, 1118, 1119 – Fahrradlenker.
[2873] BGHZ 80, 186, 197 = NJW 1981, 1603, 1605 – Apfelschorf; BGH VersR 1996, 1116, 1117 – Möbellack II; NJW 1999, 1028, 1029 – Torfsubstrat.
[2874] BGHZ 51, 91, 102 ff. = NJW 1969, 269, 274; vgl. auch BGHZ 67, 359, 362 = NJW 1977, 379, 380 – Schwimmschalter; BGH NJW 1992, 41, 42 – Baustromverteiler.
[2875] BGHZ 67, 359, 362 = NJW 1977, 379, 380 – Schwimmschalter; OLG Schleswig Zfs 1999, 369, 372.
[2876] So OLG Nürnberg NJW-RR 1987, 378, 379.
[2877] So *Brüggemeier* WM 1982, 1294, 1304; *ders.* Deliktsrecht RdNr. 573; *ders.* VuR 1988, 345, 346; *ders.* ZHR 152 (1988), 511, 521.
[2878] BGHZ 116, 104, 113 f. = NJW 1992, 1039, 1041 f.; *Wagner* VersR 2001, 1057, 1061 f.
[2879] Besonders deutlich BGH VersR 1982, 161, 162; 1996, 1116, 1117; OLG Düsseldorf NJW 1978, 1693 – Septummeißel; OLG Köln VersR 2003, 1587, 1588 – Schraubenmutter im Sandwich.

659 Die zum Teil in § 823 Abs. 1, im Übrigen in § 831 angesiedelten deliktischen Pflichten des Unternehmens zur Auswahl, Überwachung und Instruktion nachgeordneter Mitarbeiter sowie zur Organisation der innerbetrieblichen Abläufe im Interesse der Schadensvermeidung bilden die **verhaltensbezogene Seite** dessen, was gemeinhin als Produktfehler bezeichnet wird (RdNr. 380 f.; zum Zusammenhang zwischen Unternehmens- und Produkthaftung RdNr. 598). Folgerichtig dürfen die **Organisationspflichten des Unternehmens** entgegen einer weit verbreiteten Ansicht nicht neben diejenigen zur sicheren Konstruktion und Fabrikation von Produkten sowie zur Instruktion des Verbrauchers gestellt werden,[2880] denn sie sind lediglich Mittel zum Zweck der Produktsicherheit. Das Unternehmen kann sich selbst organisieren wie es will, solange es keine fehlerhaften Produkte in den Verkehr bringt; wird hingegen ein Dritter durch ein fehlerhaftes Produkt geschädigt, dann kann sich das Unternehmen nicht durch den Nachweis richtiger Organisation entlasten, sondern es hat darüber hinaus den Entlastungsbeweis für jeden einzelnen Mitarbeiter zu führen (§ 831 Abs. 1 S. 2).[2881] Da Letzteres – soweit ersichtlich – noch niemandem gelungen ist, bedarf es nur eines kleinen Schritts zur Anerkennung des Satzes, dass ein Entlastungsbeweis mit Blick auf Unternehmensangehörige von vornherein nicht in Betracht kommt (ausführlich RdNr. 389 f.). Das Unternehmen kann sich folglich nur durch den Nachweis exkulpieren, sämtliche möglichen und unter Kosten/Nutzen-Gesichtspunkten zumutbaren Sicherheitsmaßnahmen ergriffen zu haben.

660 **2. Fehlernachweis.** Der Geschädigte kann sich für den ihm obliegenden Fehlernachweis nicht mit der Feststellung begnügen, durch die Beschaffenheit eines Produkts einen Schaden erlitten zu haben,[2882] sondern er muss zusätzlich darlegen und ggf. beweisen, „dass sein Schaden **im Organisationsbereich des Herstellers,** und zwar durch einen **objektiven Mangel** oder Zustand der Verkehrswidrigkeit ausgelöst worden ist".[2883] Der Fehlernachweis ist vom Geschädigten für den **Zeitpunkt des Inverkehrbringens** des Produkts durch den Hersteller oder sonst Haftpflichtigen zu führen.[2884] Die bloße Möglichkeit, dass der für den Unfall ursächliche Produktfehler aus dem Bereich des Herstellers herrührt, reicht nicht aus.[2885] Bleiben Zweifel, ob die Rechtsgutsverletzung auf einem von dem Hersteller zu verantwortenden Produktfehler oder auf unsachgemäßer Handhabung des Produkts durch den Geschädigten beruht, ist das Schadensersatzbegehren zurückzuweisen.[2886] Der **Begriff des Inverkehrbringens** ist im Rahmen der richterrechtlichen Produkthaftung nach § 823 Abs. 1 nicht definiert. Zur Konkretisierung kann auf die Materialien zu § 1 Abs. 2 Nr. 2 ProdHaftG zurückgegriffen werden, nach denen ein Inverkehrbringen zu bejahen ist, wenn das Produkt „in die Verteilungskette gegeben wurde, also wenn der Hersteller es aufgrund seines Willensentschlusses einer anderen Person außerhalb seiner Herstellersphäre übergeben hat" (§ 1 ProdHaftG RdNr. 24).[2887] Wie der EuGH klargestellt hat, kommt es allerdings nicht darauf an, ob das Produkt physisch den Bereich des Herstellers verlassen hat, als vielmehr darauf, dass der Herstellungsprozess beendet worden ist und die Vertriebs- und Nutzungsphase begonnen hat.[2888] Dabei ist auf das **konkrete (Teil-) Produkt** sowie auf

---

[2880] Vgl. *Kullmann* in: *Kullmann/Pfister* Produzentenhaftung Kz. 1520 unter F III 2; Produkthaftungshandbuch/*Foerste* § 24 RdNr. 299 ff.
[2881] Grdlg. BGH NJW 1968, 247, 248 f. – Schubstrebe; ähnlich NJW 1973, 1602, 1603 f. – Feuerwerkskörper.
[2882] So aber *Brüggemeier* WM 1982, 1294, 1304; vgl. auch Fn. 2877.
[2883] BGHZ 51, 91, 105 – Hühnerpest; genauso BGHZ 80, 186, 196 – Derosal; BGHZ 114, 284, 296 – AIDS; BGH NJW 1973, 1602, 1603 – Feuerwerkskörper; VersR 1996, 1116, 1117 – Möbellack II; OLG Bamberg VersR 1982, 1146, 1147; OLG Köln VersR 1988, 580, 581.
[2884] BGHZ 80, 186, 196 f. – Derosal; BGHZ 104, 323, 332 – Limonadenflasche I; BGHZ 114, 284, 296 – AIDS; BGH VersR 1996, 1116, 1117 – Möbellack II; *Soergel/Krause* § 823 Anh. III RdNr. 45 f.; Produkthaftungshandbuch/*Foerste* Bd. I § 30 RdNr. 21; *Baumgärtel* § 823 Anh. III RdNr. 15.
[2885] BGH NJW 1983, 1602, 1603 – Feuerwerkskörper.
[2886] OLG Bamberg VersR 1982, 1146, 1147; OLG Köln VersR 1988, 580, 581; *Baumgärtel* § 823 Anh. III RdNr. 15.
[2887] Begr. ProdHaftG, BT-Drucks. 11/2447 S. 14.
[2888] EuGH Rs. C-203/99, Slg. 2001, I-3569, 3596 = NJW 2001, 2781, 2872 Tz. 17. – Veedfald/Arhus Amtskommune.

diejenige Partei abzustellen, die auf Schadensersatz in Anspruch genommen wird, sodass der Zeitpunkt des Inverkehrbringens für **Zulieferer, Endhersteller, Importeure und Händler** nicht identisch sein muss.

Für die **Feststellung eines „objektiven Mangels"** sind sämtliche externen Umstände relevant, zu denen der Geschädigte gleich guten Zugang hat wie der Hersteller, also etwa Veröffentlichungen in wissenschaftlichen Fachzeitschriften, öffentlich zugängliche Testergebnisse usw.[2889] Der Nachweis, dass das Produkt den geforderten Sicherheitsstandard nicht einhält, fällt leichter, wenn der Geschädigte einen **Verstoß gegen technische Regeln** nachweisen kann, denn in diesem Fall kehrt sich die Beweislast auch für den Fehler zu Lasten des Herstellers um. Letzterem obliegt dann die Darlegung und der Nachweis, dass das Produkt trotz Abweichung von einer technischen Norm das erforderliche Sicherheitsniveau bietet.[2890] Hat das Produkt nicht nur Rechtsgüter des Geschädigten verletzt, sondern sich dabei auch selbst zerstört, lässt sich seine ursprüngliche Beschaffenheit und damit auch seine Fehlerhaftigkeit nicht auf direktem Weg feststellen. Spricht allerdings das Schadensbild bereits für die Fehlerhaftigkeit, stürzen beispielsweise die in einen Neubau eingebrachten Betondecken ohne weiteres zusammen, so kommt dem Geschädigten der **Anscheinsbeweis** zugute.[2891] Auch das gehäufte Auftreten gleichartiger Schäden bei Anwendung von Produkten einer bestimmten Serie oder Charge kann einen Beweis des ersten Anscheins für die konstruktive Fehlerhaftigkeit der Serie oder die fehlerhafte Fabrikation der Charge erbringen (zur Erleichterung (auch) des Kausalitätsnachweises in diesen Fällen vgl. RdNr. 664).[2892]

Die Beweislastumkehr gilt auch bei **Instruktionsfehlern,** bei denen der Geschädigte nachweisen muss, dass eine Belehrung oder Warnung des Verbrauchers auf Grund der mit dem Produktgebrauch verbundenen Gefahren objektiv geboten war, vom Hersteller aber nicht prästiert wurde.[2893] Steht dies zur Überzeugung des Gerichts fest, ist es Sache des Herstellers nachzuweisen, dass die Gefahr für einen sorgfältigen Hersteller in seiner Lage nicht erkennbar war.[2894] Prima facie anders soll es sich beim Verstoß gegen **Produktbeobachtungspflichten** verhalten, nämlich dem Geschädigten die Beweislast dafür obliegen, dass der Hersteller die Gefährlichkeit seines Produkts nach dessen Inverkehrgabe erkennen konnte und auf Grund dessen zur Warnung der Produktnutzer verpflichtet war.[2895] Diese Rechtslage ist jedoch dem Umstand geschuldet, dass sich die Produktbeobachtungspflicht nicht in einen Produktfehler übersetzen lässt, sondern immer verhaltensbezogen bleibt (RdNr. 647, 649). In der Sache ist die Beweislastverteilung nicht anders als bei anfänglichen Instruktionsfehlern, bei denen ebenfalls vom Geschädigten nachzuweisen ist, dass das Herstellerunternehmen objektiv hätte warnen müssen, was sich ohne Rücksicht auf den damaligen Stand von Wissenschaft und Technik nicht beurteilen lässt.[2896] Wie stets ist die Beweislastumkehr beschränkt auf Vorgänge im Binnenbereich des Herstellerunternehmens und erstreckt sich nicht auf externe Umstände, zu denen der Geschädigte gleich guten Zugang hat wie der Hersteller.

3. Fehlerbereichsnachweis. Darüber hinaus obliegt dem Geschädigten auch der sog. Fehlerbereichsnachweis, also der Nachweis, dass der **Produktfehler in der Sphäre des Herstellers entstanden** ist und dem Produkt bereits im Zeitpunkt des Inverkehr-

---

[2889] Vgl. etwa BGHZ 116, 60, 72f. = NJW 1992, 560, 562f. – Kindertee I; BGH NJW 1999, 2815, 2816 – Papierreißwolf.
[2890] Vgl. RdNr. 578; Produkthaftungshandbuch/*Foerste* § 24 RdNr. 39; eine einschlägige Entscheidung des BGH fehlt – soweit ersichtlich – bisher; die von *Foerste* in Bezug genommene Entscheidung BGH VersR 1984, 270 betrifft § 823 Abs. 2.
[2891] BGH VersR 1958, 107 – Betondecken.
[2892] BGH NJW 1969, 269, 274 – Hühnerpest (insoweit nicht in BGHZ 51, 91).
[2893] BGHZ 80, 186, 198 = NJW 1981, 1603; OLG Koblenz NJW-RR 2006, 169, 171.
[2894] BGHZ 116, 60, 72f. = NJW 1992, 560, 562f. – Kindertee I; BGH NJW 1999, 2815, 2816 – Papierreißwolf; OLG Celle VersR 1985, 148f.; OLG Hamm NZV 1993, 310, 311f. – Anhänger.
[2895] BGHZ 80, 186, 198 = NJW 1981, 1603, 1605f.
[2896] *Pfeifer*, Produktfehler oder Fehlverhalten des Produzenten, S. 203.

bringens anhaftete.[2897] Allein bei der Arzneimittelhaftung ist die Beweislast gemäß § 84 Abs. 3 AMG umgekehrt. Im allgemeinen Produkthaftungsrecht kann ein **Anscheinsbeweis** für das Entstehen des Produktfehlers im Unternehmensbereich sprechen, wenn nämlich eine Veränderung der Produkteigenschaften erst nach Inverkehrgabe nach der Lebenserfahrung unwahrscheinlich ist, was sich im Einzelfall anhand von **Verpackungssiegeln** oder etwa vorhandenen **Stichproben** oder **Restmengen** nachweisen lässt.[2898] Steht der Eintritt gleichartiger Schäden bei einer Vielzahl von Konsumenten des inkriminierten Produkts fest, leiden etwa nach einem Restaurantbesuch eine Vielzahl der Gäste an derselben Krankheit,[2899] kann mit hinreichender Sicherheit ausgeschlossen werden, dass der Produktmangel erst nach Inverkehrgabe, etwa durch unsachgemäße Lagerung, Fehlverhalten des Geschädigten oder Sabotageakte Dritter verursacht worden ist.[2900] Über diese Grundsätze ist der BGH in den Fabrikationsfehler betreffenden Mineralwasserflaschen-Fällen hinausgegangen, indem er dem Hersteller eine **Befundsicherungspflicht** auferlegt hat, bei deren Verletzung die Beweislast für das Entstehen des Fehlers im Bereich des Herstellerunternehmens vom Geschädigten auf den Hersteller verlagert wird.[2901] Diese Judikatur hat insofern berechtigte Kritik auf sich gezogen,[2902] als es entgegen dem gewählten Terminus gerade nicht um die Dokumentation von Ergebnissen der Qualitätskontrolle, sondern um die Durchführung der Qualitätskontrolle selbst geht:[2903] Sofern der Hersteller nicht nachweisen kann, dass er Prüfungsverfahren angewendet hat, die die Inverkehrgabe fehlerhaft fabrizierter Produkte zuverlässig ausschließen, wird davon ausgegangen, dass das schadensträchtige Produkt den Fehler bereits in dem Zeitpunkt aufwies, in dem es das Herstellerunternehmen verlassen hat.[2904] Ein solcher Schluss hat allerdings zur stillschweigenden Prämisse, dass Prüftechniken existieren, bei deren Anwendung sich die Inverkehrgabe fehlerhafter Produkte zu zumutbaren Kosten praktisch ausschließen lässt; nur unter dieser Voraussetzung erscheint es in der Tat als gerechtfertigt, dem Hersteller die Darlegungs- und Beweislast für die Implementierung dieser Maßnahmen aufzuerlegen.[2905] Soweit der BGH darüber hinausgehend ausreichen lässt, dass Maßnahmen der Qualitätskontrolle lediglich eine „signifikante Verringerung" der Frequenz von Produktfehlern bewirkt hätten,[2906] ist nicht an der Einsicht vorbeizukommen, dass de facto auf das Erfordernis eines Fehlerbereichsnachweises verzichtet und ohne weiteres von einem aktuell vorhandenen Produktfehler auf dessen Verursachung durch eine Sorgfaltspflichtverletzung des Herstellers geschlossen wird.[2907] Eine entsprechende Vermutungsregel kennt die harmonisierte Produkthaftung in § 1 Abs. 2 Nr. 3, Abs. 4 S. 2 ProdHaftG, nicht aber das Deliktsrecht.

664 4. Kausalitätsnachweis. Der Nachweis **haftungsbegründender Kausalität** zwischen dem Produktfehler bzw. der Pflichtverletzung des Herstellers und dem Eintritt einer Rechts-

---

[2897] BGHZ 51, 91, 105 = NJW 1969, 269, 274 f. – Hühnerpest; BGHZ 80, 186, 196 = NJW 1981, 1603, 1605 – Apfelschorf; BGH NJW 1973, 1602, 1603 – Feuerwerkskörper; OLG Dresden NJW-RR 1999, 34 f. – Hydraulikzylinder; sowie die Limonadenflaschenfälle: BGHZ 104, 323, 330 f. = NJW 1988, 2611, 2612 f.; BGH NJW 1993, 528; OLG Frankfurt VersR 1985, 890, 891; OLG München NZV 2005, 145 f.
[2898] BGHZ 104, 323, 331 = NJW 1988, 2611, 2612 f. – Limonadenflasche I; genauso BGH NJW 1993, 528 – Limonadenflasche III; OLG Düsseldorf NJW 1978, 1693 – Septummeißel; OLG Dresden NJW-RR 1999, 34 f. – Hydraulikzylinder.
[2899] BGH NJW 1982, 2447, 2448; VersR 1983, 375 f.
[2900] BGH VersR 1969, 155, 158 (insoweit nicht in BGHZ 51, 91); VersR 1987, 587, 588, jeweils im Rahmen eines Anscheinsbeweises.
[2901] BGHZ 104, 323, 333 ff. = NJW 1988, 2611, 2613 f.; BGHZ 129, 353, 363 = NJW 1995, 2162, 2164; BGH NJW 1993, 528, 529; für Einwegflaschen genauso LG Augsburg NJW-RR 2001, 594, 595.
[2902] *Brüggemeier* VuR 1988, 345; *Foerste* VersR 1988, 958; vgl. auch *Arens* ZZP 104 (1991), 123, 131 ff.; *Winkelmann* MDR 1989, 16; die Rspr. verteidigt *Steffen*, FS Brandner, 1996, S. 327, 336 ff.
[2903] So auch *Steffen*, FS Brandner, 1996, S. 327, 338.
[2904] So BGH NJW 1993, 528, 529.
[2905] In diese Richtung OLG Koblenz NJW-RR 1999, 1624, 1625 ff.; vgl. auch *Kullmann* NJW 2000, 1912, 1916.
[2906] Anders aber BGH NJW-RR 1993, 988.
[2907] Insoweit berechtigte Kritik bei *Foerste* VersR 1988, 958; Produkthaftungshandbuch/*Foerste* § 30 RdNr. 41; vgl. auch *Winkelmann* MDR 1989, 16, 19; LG Augsburg NJW-RR 2001, 594 f.

gutsverletzung obliegt auch im Rahmen der Produkthaftung dem Geschädigten.[2908] Letzterer muss also nachweisen, dass es nicht zu dem Schaden gekommen wäre, hätte das Produkt keinen Fehler aufgewiesen. Dieser Nachweis lässt sich häufig nur mit Rücksicht auf **Parallelfälle** führen, in denen Produkte aus derselben Serie (Konstruktionsfehler) oder derselben Charge (Fabrikationsfehler) zu denselben oder ähnlichen Schadensbildern geführt haben. Steht die Kontamination (Fehlerhaftigkeit) einer Charge von Impfstoff fest und führt dessen Applikation bei einer Reihe von Geflügelmästern zum Ausbruch der Hühnerpest, spricht ein **Anscheinsbeweis** dafür, dass die Krankheit auf dem Produktfehler beruht.[2909] Genauso liegt es, wenn verschiedene Gäste eines Restaurants an **derselben Infektionskrankheit** erkranken, und zumal dann, wenn zusätzlich feststeht, dass auch der dort beschäftigte Koch infiziert war.[2910] Brechen an einem Baustelleneimer die zu schwach ausgelegten Griffe und stürzen Arbeiter mit diesem Eimer eine Treppe hinunter, so spricht der Anscheinsbeweis dafür, dass der Unfall auf dem Produktfehler beruht – und nicht auf Trunkenheit, Ungeschicklichkeit oder Leichtsinn der Arbeiter.[2911] Wegen des starken Einzelfallbezugs der Beweiswürdigung in den geschilderten Konstellationen dürfte in Wahrheit durchweg ein Indizienbeweis anstatt eines prima-facie-Beweises vorliegen.[2912] Umgekehrt spricht es gegen die Kausalität im Einzelfall, wenn der Patient seine Krankheit auf die Kontamination des von ihm eingenommenen Medikaments zurückführt, bei unterstellter Fehlerhaftigkeit der jeweiligen Charge jedoch eine Vielzahl von Personen hätte erkranken müssen, aber nicht erkrankt ist.[2913]

Wird einem Patienten **Blut eines HIV-positiven Spenders** transfundiert und anschließend AIDS diagnostiziert, spricht ein Anscheinsbeweis dafür, dass die Infektion auf der Bluttransfusion beruht, wenn der Patient zu keiner Risikogruppe gehört und sich durch die Art seiner Lebensführung keiner erhöhten Infektionsgefahr ausgesetzt hat sowie andererseits weitere Patienten, denen Blut des infizierten Spenders transfundiert worden ist, ebenfalls an AIDS erkrankt sind.[2914] Zur Haftung von Ärzten und Krankenhäusern für Bluttransfusionen s. RdNr. 804 ff. **665**

Der Kausalitätsnachweis bereitet bei **Instruktionsfehlern** besondere Schwierigkeiten, weil die Haftung davon abhängt, ob der Schaden vermieden worden wäre, wenn der Produktnutzer besser instruiert, insbesondere vor einer bestimmten Gefahr gewarnt worden wäre. Der BGH verlangt insoweit in ständiger Rechtsprechung, die Vermeidung des Schadens bei pflichtgemäßem Handeln müsse „mit Sicherheit" feststehen; die bloße **Wahrscheinlichkeit, dass der Geschädigte die Warnung befolgt hätte,** genüge nicht.[2915] Das entspricht zwar den allgemein für den Kausalitätsnachweis geltenden Grundsätzen,[2916] bringt den Geschädigten jedoch häufig in eine aussichtslose Lage. Bei Verletzung vertraglicher Aufklärungspflichten hat der BGH deshalb eine Beweislastumkehr angenommen,[2917] bei deliktischen Ansprüchen aber abgelehnt.[2918] Die stattdessen adoptierte „tatsächliche" **666**

[2908] BGHZ 106, 273, 284 = NJW 1989, 1542, 1545 – Asthma-Spray; BGHZ 116, 60, 73 = NJW 1992, 560, 562 f. – Kindertee I; BGH VersR 1981, 1181, 1182 – Klimatisierungsgerät; OLG Köln NJW-RR 1994, 91, 92; OLG Karlsruhe VersR 2003, 1584, 1586 – Buschholzhackmaschine.
[2909] BGH NJW 1969, 269, 274 – Hühnerpest (insoweit nicht in BGHZ 51, 91).
[2910] So der Fall OLG Frankfurt NJW 1995, 2498 – Hepatitis A.
[2911] BGH VersR 1967, 498, 499 f. – Hobbocks; vgl. auch BGH VersR 1981, 1181, 1182 – Klimatisierungsgerät.
[2912] Übereinstimmend Produkthaftungshandbuch/*Foerste* § 30 RdNr. 99.
[2913] OLG Stuttgart VersR 2002, 577, 578 – Hepatitis C.
[2914] BGHZ 114, 284, 290 = NJW 1991, 1948, 1949 f. – Blutkonserve; BGH VersR 2005, 1238 f. = NJW 2005, 2614; dazu *Spickhoff* JZ 1991, 756, 758 f.; genauso OLG Koblenz NJW-RR 1998, 167, 168.
[2915] BGHZ 64, 46, 51 = NJW 1975, 824, 825 – Haartonicum; BGH NJW 1975, 1827, 1829 – Spannkupplung.
[2916] Vgl. BGHZ 34, 206, 215 = NJW 1961, 868, 870.
[2917] BGHZ 64, 46, 51 f. = NJW 1975, 824, 825 – Haartonicum.
[2918] BGHZ 99, 167, 181 = NJW 1987, 1009, 1012 – Lenkerverkleidung; BGHZ 106, 273, 284 = NJW 1989, 1542, 1545 – Asthma-Spray; BGHZ 116, 60, 73 = NJW 1992, 560, 562 f. – Kindertee I; BGH VersR 1980, 863, 864; 1987, 102, 104 f.

Vermutung aufklärungsrichtigen Verhaltens dahingehend, dass eine erfolgte Warnung ihre Wirkung nicht verfehlt hätte,[2919] kommt einer Beweislastumkehr zwar nahe, ist mit dieser jedoch nicht identisch. Tatsächlich wäre eine echte Umkehr der Beweislast unangemessen,[2920] weil der Beklagte genauso wenig Möglichkeiten zu ihrer Widerlegung hat wie der Geschädigte zum Nachweis der Kausalität, so dass mit der Beweisregel de facto auch über die Haftung entschieden würde. Indessen gibt es durchaus Fälle, in denen es ganz unwahrscheinlich erscheint, dass der Geschädigte der Warnung gefolgt wäre, wenn etwa die Anwendung eines Nebenwirkungen verursachenden Medikaments wegen überwiegenden therapeutischen Nutzens ohnehin geboten war,[2921] wenn der Geschädigte über die Produktgefahren auf Grund von Dritten bezogener Informationen im Bilde war[2922] oder wenn er sich derart unvernünftig verhalten hat, dass auch eine Warnung aller Voraussicht nach nichts ausgerichtet hätte.[2923] Das selektive Operieren mit einer tatsächlichen Vermutung gewährleistet hier die notwendige **Flexibilität** (vgl. auch RdNr. 825 ff.), dogmatisch überzeugender wäre jedoch die Anwendung der Grundsätze über den **Anscheinsbeweis.** obwohl es sich bei der – hypothetischen – Reaktion auf die Warnung um einen individuellen Willensentschluss handelt.[2924] Demnach ist grundsätzlich davon auszugehen, dass eine Warnung ihre Wirkung nicht verfehlt hätte, doch diese Schlussfolgerung zediert, wenn besondere Umstände eine andere Entwicklung als mindestens ebenso wahrscheinlich erscheinen lassen.

VII. Schutzgesetzverletzung

Schrifttum: *Broichmann,* Das Produktsicherheitsgesetz als Vorgabe für die Produkt- und Produzentenhaftung, 2001; *Brüggemeier,* Produkthaftung und Produktsicherheit, ZHR 152 (1988), 511; *Geiß/Doll,* Geräte- und Produktsicherheitsgesetz, 2005, *Joerges,* Die Verwirklichung des Binnenmarktes und die Europäisierung des Produktsicherheitsrechts, FS Steindorff, 1990, S. 1247; *ders.,* Rationalisierungsprozesse im Recht der Produktsicherheit: Öffentliches Recht und Haftungsrecht unter dem Einfluß der Europäischen Integration, in: Jahrbuch des Umwelt- und Technikrechts 1994, S. 141; *Joerges/Falke/Micklitz/Brüggemeier,* Die Sicherheit von Konsumgütern und die Entwicklung der Europäischen Gemeinschaft, 1988; *Klindt,* Geräte und Produktsicherheitsgesetz, 2007; *ders.,* Die neue EG-Produktsicherheitsrichtlinie 2001/95/EG, PHI 2002, 2; *ders.,* Das neue Geräte- und Produktsicherheitsgesetz, NJW 2004, 465; *Kollmer,* Zivilrechtliche und arbeitsrechtliche Wirkungen des Gerätesicherheitsgesetzes, NJW 1997, 2015; *Marburger,* Produktsicherheit und Produkthaftung, FS Deutsch, 1999, S. 271; *ders.,* Herstellung nach zwingenden Rechtsvorschriften als Haftungsausschlußgrund im neuen Produkthaftungsrecht, FS Lukes, 1989, S. 97; *Micklitz,* Technische Normen, Produzentenhaftung und EWG-Vertrag, NJW 1983, 483; *Rettenbeck,* Die Rückrufpflicht in der Produkthaftung: Zugleich ein Beitrag zur EG-Richtlinie über die allgemeine Produktsicherheit vom 29. Juni 1992, 1994; *Wagner,* Das neue Produktsicherheitsgesetz: Öffentlich-rechtliche Produktverantwortung und zivilrechtliche Folgen, BB 1997, 2489 und 2541; *Wilrich,* Geräte- und Produktsicherheitsgesetz, 2004.

667 Die **Produktsicherheit** ist nicht nur eine Angelegenheit des Privatrechts, sondern auch des **öffentlichen Rechts,** dessen Regelungsdichte ständig zunimmt und seinerseits in weiten Bereichen von europäischem Sekundärrecht beherrscht wird.[2925] Eine Vielzahl von Gesetzen und Rechtsverordnungen stellt Anforderungen an Konstruktion und Fabrikation

---

[2919] BGHZ 116, 60, 73 = NJW 1992, 560, 562 f. – Kindertee I; mit Bezugnahme auf BGH JZ 1989, 249, 261 m. Anm. *v. Bar,* wo von „tatsächlicher Vermutung" indessen nicht die Rede ist; genauso OLG Hamm NZV 1993, 310, 311; OLG Frankfurt NJW-RR 1999, 27, 29 f.
[2920] Dafür aber *Brüggemeier* Deliktsrecht RdNr. 559; Produkthaftungshandbuch/*Foerste* § 30 RdNr. 107 mwN.
[2921] Beispiel: OLG Köln NJW-RR 1994, 91, 92 – Insektenschutzmittel.
[2922] Beispiele: OLG Köln VersR 1983, 862, 863 – Polyesterharz; OLG Düsseldorf NJW-RR 1991, 288, 289 – Strukturputz; OLG Karlsruhe NJW-RR 1994, 798, 799 – Kabelstrümpfe.
[2923] Beispiele: OLG Koblenz VersR 1981, 740, 741 – Grillgerät; OLG Köln VersR 1987, 573, 574 – Schreckschusspistole; OLG Düsseldorf NJW-RR 1996, 20 – Stahlnagel; vgl. auch OLG Frankfurt NJW-RR 1999, 25, 26 – Kindertee.
[2924] Zum Anscheinsbeweis für aufklärungsrichtiges Verhalten BGHZ 123, 311, 315 = NJW 1993, 3259, 3260 (IX. ZS); *Stein/Jonas/Leipold* § 286 ZPO RdNr. 86 e, 117.
[2925] Vgl. *Joerges,* FS Steindorff, 1990, S. 1147 ff.; *ders.* in: Jahrbuch des Umwelt- und Technikrechts 1994, S. 141 ff.

von Produkten und die Information der Verbraucher, bei deren Nichteinhaltung eine Haftung aus § 823 Abs. 2 in Betracht kommt.[2926] Die **praktische Bedeutung** dieser Normen für die Deliktshaftung ist gleichwohl **begrenzt,** weil sie sich regelmäßig auf die Stipulation generalklauselartiger Standards beschränken und zu deren Konkretisierung auf die Regeln der Technik verweisen (RdNr. 278 ff.).

1. Das Geräte- und Produktsicherheitsgesetz (GPSG). Das heutige GPSG hat zwei **668** verschiedene Wurzeln, nämlich einerseits das **Gerätesicherheitsgesetz** (GSG), andererseits die europäische Gesetzgebung zur Produktsicherheit, die 1997 zum Erlass des **Produktsicherheitsgesetzes** (ProdSG) geführt hat. In Umsetzung der zweiten EG-Produktsicherheitsrichtlinie 2001/95/EG hat der Gesetzgeber beide Rechtsakte im GPSG zusammengeführt. Das GPSG dient darüber hinaus der Umsetzung einer Fülle vertikaler – dh. auf bestimmte Produkte oder Produktgattungen bezogener – Richtlinien der EU[2927] sowie als Grundlage für entsprechende Rechtsverordnungen des Bundesministeriums für Wirtschaft (§ 3 GPSG). Der Anwendungsbereich des GPSG erstreckt sich gemäß § 2 Abs. 1 GPSG auf technische Arbeitsmittel und auf Verbraucherprodukte. Zu den Einzelheiten vgl. § 2 Abs. 2 – 6 GPSG.

Die zentrale Norm mit Blick auf **Sicherheitspflichten und -standards** ist § 4 GPSG. **669** Danach darf ein Produkt nur in den Verkehr gebracht werden, wenn es **Sicherheit** und **Gesundheit** der **Verwender** oder Dritter bei **bestimmungsgemäßer Verwendung** oder vorhersehbarer **Fehlanwendung** nicht gefährdet. Soweit ein Produkt einer speziellen Rechtsverordnung iS des § 3 Abs. 1 GPSG unterliegt (sog. **harmonisierter Bereich**), sind gemäß § 4 Abs. 1 GPSG primär die dort geregelten Anforderungen maßgeblich. Nach dem klaren Wortlaut des § 4 Abs. 1 S. 1 GPSG kommt es jedoch *zusätzlich* darauf an, dass Gesundheitsschäden nicht zu besorgen sind. Die EG-Verordnungen bzw. die nationalen Produktsicherheitsverordnungen enthalten somit nur **Mindeststandards,** und der allgemeine Sicherheitsstandard setzt sich durch, wenn es sich erweist, dass die in der Verordnung normierten Anforderungen nicht ausreichen, um die Sicherheit des Publikums zu gewährleisten.[2928] Wie sich aus § 4 Abs. 1 S. 2, Abs. 2 S. 3, 4 GPSG ergibt, spricht die Konformität des Produkts mit technischen Normen dafür, dass es das geforderte Sicherheitsniveau einhält. Im sog. **nicht-harmonisierten** Bereich stellt § 4 Abs. 2 GPSG ausschließlich darauf ab, dass das Produkt bei bestimmungsgemäßer Verwendung oder vorhersehbarer Fehlanwendung keine Gesundheitsgefahren verursacht. Unter § 4 Abs. 2 GPSG fallen insbesondere alle gebrauchten Produkte, darüber hinaus auch Möbel, Textilien und die meisten Sportgeräte. Die öffentlich-rechtliche Anerkennung von **Instruktionspflichten** der Hersteller, und Importeure findet sich in § 5 Abs. 1 Nr. 1 lit. a GPSG, und § 5 Abs. 1 Nr. 1 lit. c GPSG enthält die Verpflichtung, Vorkehrungen für eventuell erforderlich werdende **Warnungen,** Rücknahme- und **Rückrufaktionen** zu treffen.

Bereits für die Vorgängernormen der §§ 3, 3a GSG war anerkannt, dass sie **Schutz- 670 gesetze** darstellen, deren Verletzung gemäß § 823 Abs. 2 zu sanktionieren ist,[2929] und entsprechend verhielt es sich bei §§ 4, 5 ProdSG.[2930] An dieser Rechtslage ist auch unter dem GPSG festzuhalten, so dass Verstöße gegen die öffentlich-rechtlichen Sicherheitspflichten des § 4 Abs. 1, 2 GPSG zivilrechtliche Schadensersatzansprüche aus-

---

[2926] Vgl. den umfangreichen Katalog in *Kullmann* in: *Kullmann/Pfister* Produzentenhaftung Kz. 1601 Bl. 9 ff.; Produkthaftungshandbuch/*Foerste* § 32 RdNr. 12 ff.
[2927] Vgl. die Aufzählung in der amtlichen Anmerkung 1 zum GPSG.
[2928] EuGH NJW 2006, 204, 206 Tz. 50 – Syuichi Yonemoto; *Wilrich* § 4 GPSG RdNr. 11; uU anders *Klindt* § 4 GPSG RdNr. 13.
[2929] BGH NJW 1980, 1219, 1220 – Klapprad; VersR 1983, 346, 347 – Hebebühne; VersR 1984, 270 – Meißel; OLG Düsseldorf VersR 1989, 1158 – Gurkenflieger; vgl. auch BGH VersR 1972, 149, 150 – Förderband; OLG Köln NJW-RR 1992, 414 – Trockenkotentmistungsanlage; *Diederichsen* NJW 1978, 1281, 1289; Kollmer NJW 1997, 2015, 2017
[2930] *Wagner* BB 1997, 2541, 2542 f.; *Kullmann* in: *Kullmann/Pfister* Produzentenhaftung Kz. 2705 Bl. 2; *Marburger,* FS Deutsch, 1999, S. 271, 288; aA Produkthaftungshandbuch/*Foerste* § 91 RdNr. 5, 18, 22; *Klindt,* 2001, § 4 ProdSG RdNr. 17.

lösen.²⁹³¹ Obwohl es in § 4 GPSG heißt, Sicherheit *und* Gesundheit der Verwender oder Dritter dürften nicht gefährdet werden, was die Schlussfolgerung nahe legt, „Sicherheit" sei etwas anderes als „Gesundheit", ist der sachliche Schutzbereich des GPSG weiterhin auf **Personenschäden** – Verletzungen der Rechtsgüter Leben, Körper und Gesundheit – beschränkt.²⁹³² Sein persönlicher Schutzbereich wird durch § 2 Abs. 3 GPSG ausschließlich auf **Verbraucher** bezogen, soweit es nicht um das Versagen eines Arbeitsmittels iS des § 2 Abs. 1 Nr. 1 GPSG geht.²⁹³³

671 Was die eigentlichen Sicherheitspflichten anlangt, so dürfte die praktische Bedeutung der Haftung gemäß § 823 Abs. 2, § 4 GPSG gering bleiben. Die Sicherheitsanforderungen des GPSG und diejenigen der in Bezug genommenen Richtlinien, Rechtsverordnungen und technischen Regeln sind derart allgemein gehalten, dass ein **Unterschied zu dem allgemeinen deliktsrechtlichen Standard,** den der Hersteller bereits gemäß § 823 Abs. 1 einzuhalten hat, nicht besteht.²⁹³⁴ Dies gilt selbst dort, wo technische Normen oder Rechtsverordnungen spezifische Anforderungen stellen, denn Vorschriften des öffentlichen Produktsicherheitsrechts und technische Normen sind im Rahmen von § 823 Abs. 1 ebenfalls zu beachten, wenn auch nur im Sinne eines **Mindeststandards** (RdNr. 625, 277 ff.). Bezeichnenderweise geht indessen auch das GPSG nicht darüber hinaus und sieht davon ab, in Rechtsverordnungen und technischen Normen normierten Sicherheitsstandards Bindungswirkung in dem Sinne zuzuerkennen, dass der allgemeinen Gefahrvermeidungspflicht im Fall ihrer Einhaltung ohne weiteres genügt wäre.²⁹³⁵ Im Ergebnis führt die Herstellerhaftung gemäß § 823 Abs. 2 iVm. § 4 GPSG also nicht über diejenige nach § 823 Abs. 1 hinaus.

672 Wenn schon nicht für Hersteller, so könnte das Pflichtenprogramm des GPSG erhebliche Bedeutung für die Glieder der Distributionskette erlangen. Das GPSG verpflichtet nicht nur Hersteller und **Quasi-Hersteller** (§ 2 Abs. 10 S. 2 GPSG), sondern auch **Importeure** (§ 2 Abs. 12 GPSG),²⁹³⁶ **Händler** (§ 2 Abs. 13 GPSG) und **Bevollmächtigte** (§ 2 Abs. 11 GPSG). Wie sich aus § 2 Abs. 8 GPSG ergibt, liegt bei jedem Überlassen des Produkts an einen anderen ein „Inverkehrbringen" vor, das die Sicherheitspflichten des § 4 GPSG auslöst. Damit ließe sich das im Rahmen von § 823 Abs. 1 hoch differenzierte und mehrfach gestufte Pflichtenprogramm der Produkthaftung überspielen (vgl. RdNr. 669 ff.). Im Ergebnis wäre damit über § 823 Abs. 2 ein **„Einheitsfehlerbegriff"** maßgeblich, wie er sonst nur im Bereich des ProdHaftG gilt (§ 3 ProdHaftG RdNr. 3). Mit Blick auf Händler, die Verbraucherprodukte vertreiben, wird diese Gefahr bereits durch § 5 Abs. 3 S. 1 GPSG gebannt, nach dem der Händler lediglich „dazu beizutragen" hat, dass nur sichere Produkte in den Verkehr gebracht werden. Diese Pflichten verletzt er ausweislich des § 5 Abs. 3 S. 2 GPSG „insbesondere"(?) dann, wenn er weiß oder wissen muss, dass das von ihm vertriebene Produkt nicht den Anforderungen des § 4 GPSG entspricht. Unverkennbar scheint hier die gestufte Pflichtenordnung der deliktischen Produkthaftung durch. Über den Vorbehalt des § 823 Abs. 2 S. 2 ist dieses System ganz allgemein für sämtliche Akteure der Distributionskette zur Geltung zu bringen, wenn schon nicht im Bereich der öffentlich-rechtlichen Verantwortlichkeit nach dem GPSG, so doch für die Zwecke der zivilrechtlichen Haftung. Einem Urteil des BGH zu § 3 GSG aF folgend, kann dem Beklagten immer nur „der Standard seines Berufskreises abverlangt werden."²⁹³⁷ Nach der **Rechtsprechung des EuGH** dürfen die Mitgliedstaaten den **Importeur** einer Maschine, die das CE-Kennzeichen

---

²⁹³¹ Übereinstimmend jetzt auch *Klindt* § 4 GPSG RdNr. 75.
²⁹³² *Klindt* § 4 GPSG RdNr. 8; zum ProdSG *Wagner* BB 1997, 2541, 2542.
²⁹³³ Vgl. zum ProdSG *Wagner* BB 1997, 2541, 2542; aA *Kullmann* in: *Kullmann/Pfister* Produzentenhaftung Kz. 2705 Bl. 3, der auch andere Personen als Verbraucher einbeziehen will.
²⁹³⁴ Vgl. etwa LG Düsseldorf NJW-RR 2006, 1033 f.
²⁹³⁵ Vgl. – noch zu GSG und ProdSG – OLG Celle VersR 2004, 1010 f.; OLG Bremen VersR 2004, 207, 208.
²⁹³⁶ Dazu BGH VersR 2006, 710.
²⁹³⁷ BGH VersR 2006, 710, 711.

trägt und der eine EG-Konformitätserklärung beigefügt ist, keine deliktsrechtlich bewehrte Pflicht zur selbständigen Überprüfung der Maschine im Hinblick auf ihre Sicherheit auferlegen.[2938] Vielmehr kann er sich auf die Erklärungen des Herstellers verlassen, der seinerseits verpflichtet bleibt, Personenschäden im Rahmen des Möglichen und Zumutbaren zu vermeiden.[2939]

Wie bereits das ProdSG enthält auch das GPSG in seinem § 8 Abs. 4 **Ermächtigungs-** 673 **grundlagen,** nach denen die zuständigen Behörden nicht nur berechtigt sind, das Inverkehrbringen gefährlicher Produkte zu untersagen, sondern dem Hersteller darüber hinaus aufgeben können, das Publikum vor den Gefahren bereits in den Verkehr gebrachter Produkte zu **warnen** (§ 8 Abs. 4 S. 2 Nr. 8 GPSG) bzw. das Produkt **zurückzurufen** (§ 8 Abs. 4 S. 2 Nr. 7 GPSG).[2940] Kontrovers wird die Frage beurteilt, ob die Bestimmungen über den **Produktrückruf** als Schutzgesetz zu qualifizieren sind, mit der Folge, dass der Hersteller, der ein iS von § 4 GPSG unsicheres Produkt in den Verkehr bringt oder im Markt belässt, nach § 823 Abs. 2 schadensersatzpflichtig würde und darüber hinaus uU den Rückrufansprüchen von Verbrauchern aus § 1004 ausgesetzt wäre.[2941] Tatsächlich scheitern diese Pflichten und Ansprüche regelmäßig daran, dass die Rückrufpflichten des § 8 Abs. 4 S. 2 Nr. 8 GPSG nicht ipso iure gelten, sondern einer **hoheitlichen Anordnung bedürfen,** deren Erlass im Ermessen der zuständigen Behörde steht (RdNr. 343 ff.). Solange es an einer entsprechenden Verfügung fehlt, kommt die Haftung aus Schutzgesetzverletzung nicht in Betracht.[2942] Wird der Hersteller indessen von der Behörde zum Rückruf herangezogen, sind Zuwiderhandlungen nach § 823 Abs. 2 iVm. § 4 Abs. 1, 2, § 8 Abs. 4 S. 2 Nr. 8 GPSG sanktioniert.[2943] Die praktische Bedeutung dieser Haftung ist allerdings begrenzt, weil auf der Grundlage der hier vertretenen Dogmatik des Produktrückrufs der Hersteller bereits auf der Grundlage des § 823 Abs. 1 zum Rückruf verpflichtet ist, wenn er ein Produkt vermarktet hat, das bereits im Zeitpunkt seines Inverkehrbringens fehlerhaft war (vgl. RdNr. 653). Auf § 823 Abs. 2 iVm. § 4 Abs. 1, 2, § 8 Abs. 4 S. 2 Nr. 8 GPSG kommt es also nur bei **Entwicklungsrisiken** an. Da § 4 Abs. 1, 2 GPSG den einzuhaltenden Sicherheitsstandard gegenwartsbezogen definiert, sind Rückrufverfügungen der Behörden auch in diesen Fällen möglich. Sofern eine solche Verfügung ergeht und der Adressat ihr nicht Folge leistet, lässt sich seine Haftung über § 823 Abs. 2 begründen.

2. Weitere Schutzgesetze. Zum 7. 9. 2005 hat das **Lebensmittel- und Futtermittel-** 674 **gesetzbuch** (LFGB) die Vorläufergesetze des LMBG und des FMG abgelöst.[2944] Der Tatbestand des früheren § 8 LMBG, nach dem die Herstellung und das Inverkehrbringen **gesundheitsschädlicher Lebensmittel** sowie von Stoffen, die mit Lebensmitteln verwechselt werden können, verboten war, findet sich jetzt in § 5 LFGB. Die Vorschrift des § 8 LMBG war als Schutzgesetz anerkannt,[2945] und für § 5 LFGB kann nichts anderes gelten. Allerdings dringt der Geschädigte mit seinem Ersatzbegehren nicht schon durch, wenn die Verwirklichung des in § 5 LFGB umschriebenen Erfolgs feststeht, sondern es ist darüber hinaus nachzuweisen, dass der **Hersteller die im Verkehr erforderliche Sorgfalt außer Acht gelassen** hat (§ 823 Abs. 2 S. 2, RdNr. 359). Entsprechendes gilt für die weiteren Verbotsnormen der §§ 6, 8 Abs. 1, 9 Abs. 1, 10 Abs. 1 LFGB,[2946] aber auch für die vermarktungsbezogenen Tatbestände der §§ 11, 12 LFGB. Die Ermächtigungsgrundlage für die zuständige Behörde, Rücknahme und Rückruf gesundheitsschädlicher Lebensmittel

---

[2938] EuGH NJW 2006, 204, 206 Tz. 44 ff., 53 – *Syuichi Yonemoto.*
[2939] EuGH NJW 2006, 204, 206 Tz. 50 – *Syuichi Yonemoto.*
[2940] Einzelheiten bei *Klindt* § 8 GPSG RdNr. 85 ff.; zur Rechtslage unter den Vorgängerregelungen der §§ 7, 9 ProdSG *Wagner* BB 1997, 2489, 2490 ff.
[2941] Unter dem ProdSG dafür *v. Westphalen* BB 1999, 1369, 1370 ff.; dagegen *Foerste* DB 1999, 2201, 2202 f.; zu § 8 Abs. 4 Nr. 7 GPSG abl. *Klindt* § 8 GPSG RdNr. 108, 155.
[2942] Zum ProdSG aA *v. Westphalen* BB 1999, 1369, 1372, 1374.
[2943] Zum ProdSG *Marburger,* FS Deutsch, 1999, S. 271, 288; anders offenbar *Foerste* BB 1999, 2199, 2200 f.
[2944] Scharfe Kritik am Gesetzgebungsverfahren und seinem Ergebnis bei *Meyer* NJW 2005, 3320.
[2945] BGHZ 116, 104, 114 ff. = NJW 1992, 1039, 1042.
[2946] Zu § 15 LMBG aF (§ 10 LFBG nF) OLG Düsseldorf NJW-RR 1990, 732, 734 – Hormonskandal.

§ 823   675, 676

anzuordnen, findet sich in § 39 Abs. 2 S. 2 Nr. 4 LFGB.[2947] Genauso wie § 8 Abs. 4 S. 2 Nr. 87 GPSG ist auch dieser Tatbestand iVm. einer Rückrufanordnung als Schutzgesetz zu qualifizieren. Schließlich sind die Instruktionspflichten nach § 3 LebensmittelkennzeichnungsVO (LMKV) als Anknüpfungspunkt für eine Haftung nach § 823 Abs. 2 geeignet.[2948]

675 Entsprechendes wie für Lebensmittel gilt auch für **Futtermittel**: § 17 Abs. 1 LFGB untersagt die Herstellung von Futtermitteln, die bei bestimmungsgemäßer und sachgerechter Verfütterung zur Folge haben, dass die von den Tieren gewonnenen Lebensmittel die menschliche Gesundheit beeinträchtigen können oder für den Verzehr durch den Menschen ungeeignet sind. Dieser Tatbestand ist ebenso als Schutzgesetz zu qualifizieren wie die Vorgängernorm des § 3 Nr. 2 FMG.[2949] Schutzgesetze sind auch §§ 3, 8 **TrinkwasserVO**, die Anforderungen an die Reinheit des Trinkwassers stellen und dem Betreiber einer Wasserversorgungsanlage diesbezügliche Untersuchungspflichten auferlegen,[2950] sowie § 15 Abs. 1 Nr. 3 lit. d, e, § 15b Abs. 1 Nr. 3 lit. b **PflanzenschutzG** iVm. Art. 4 der Richtlinie 91/414/EWG.[2951] Schließlich enthält das **Arzneimittelgesetz (AMG)** zahlreiche Schutznormen, wie etwa die §§ 28 Abs. 3a, 29 AMG, deren Verletzung eine Haftung nach § 823 Abs. 2 auslösen kann (vgl. RdNr. 647). Diese steht dann gemäß § 91 AMG neben der **Gefährdungshaftung** nach den §§ 84ff. AMG. Schutznorm ist auch § 4 **Medizinproduktegesetz**.[2952]

676 **3. Beweisgrundsätze.** Steht der Verstoß gegen ein Schutzgesetz fest, kehrt sich die **Beweislast** hinsichtlich des Verschuldens zu Lasten des Herstellers um, wenn das Schutzgesetz das verbotene Verhalten im Einzelnen umschreibt und sich nicht darauf beschränkt, einen Verletzungserfolg zu verbieten (RdNr. 359). Darüber hinaus kommen dem Geschädigten auch **Erleichterungen beim Kausalitätsnachweis** zugute: Ist das Schutzgesetz dazu bestimmt, einer typischen Gefährdungslage entgegenzuwirken und hat sich gerade diese Gefährdung realisiert, spricht ein Anscheinsbeweis für den ursächlichen Zusammenhang zwischen Schutzgesetzverstoß und Rechtsgutsverletzung bzw. Schaden (allgemein RdNr. 365).[2953]

J. Umwelthaftung

1. Schrifttum allgemein: *v. Bar*, Zur Dogmatik des zivilrechtlichen Ausgleichs von Umweltschäden, Karlsruher Forum 1987, S. 4; *ders.*, Empfehlen sich gesetzgeberische Maßnahmen zur rechtlichen Bewältigung der Haftung für Massenschäden?, Gutachten A zum 62. DJT 1998; *Birn*, Verkehrssicherungspflicht bei der Abfallbeseitigung, NJW 1976, 1880; *Breuer*, Öffentliches und privates Wasserrecht, 3. Aufl. 2004; *Bullinger*, Haftungsprobleme des Umweltschutzes aus der Sicht des Verwaltungsrechts, VersR 1972, 599; *Däubler*, Haftung für gefährliche Technologien, 1988, S. 7; *Diederichsen*, Schadensersatz und Entschädigung im Umweltschutz, in: Natur- und Umweltschutzrecht, 1989, S. 19; *ders.*, Zivilrechtliche Probleme des Umweltschutzes, FS R. Schmidt, 1976, S. 1; *ders.*, Ausbau des Individualschutzes gegen Umweltbelastungen als Aufgabe des bürgerlichen und öffentlichen Rechts, Referat zum 56. DJT, Bd. II, 1986, S. L 48; *Diederichsen/Scholz*, Kausalitäts- und Beweisprobleme im Umweltschutz, WiVerw 1984, 23; *Eknutt*, Verkehrssicherungspflicht bei der Abfallbeseitigung, NJW 1976, 885; *Enders*, Die zivilrechtliche Verantwortlichkeit für Altlasten und Abfälle, 1999; *Gassner*, Der Ersatz des ökologischen Schadens nach geltendem Recht, UPR 1987, 370; *Gmehling*, Die Beweislastverteilung bei Schäden aus Industrieimmissionen, 1989; *Godt*, Haftung für ökologische Schäden, 1997; *G. Hager*, Umweltschäden – Ein Prüfstein für die Wandlungs- und Leistungsfähigkeit des Deliktsrechts, NJW 1986, 1961; *ders.*, Das neue Umwelthaftungsgesetz, NJW 1991, 134; *Jarass*, Bundes-Immissionsschutzgesetz, 7. Aufl. 2007; *Hirsch/Schmidt-Disczuhn*, Gentechnikgesetz, 1991; *Kadner*, Der Ersatz ökologischer Schäden, 1995; *Köndgen*, Überlegungen zur Fortbildung des Umwelthaftpflichtrechts, UPR 1983, 345; *Krieger*, Sorgfaltspflichten des Abfallbesitzers bei der Entsorgung durch Dritte, DB 1996, 613;

[2947] Dazu eingehend *Visser* PHI 2006, 184.
[2948] OLG Frankfurt NJW-RR 1999, 30, 32.
[2949] BGHZ 105, 346, 355 f. = NJW 1989, 707, 709 – Fischfutter, dort auch eingehend zum sachlichen Schutzbereich; BGH VersR 1987, 587, 588 f. – Putenfutter.
[2950] BGH VersR 1983, 441, 442.
[2951] Zu § 12 Abs. 1 Nr. 5 PflSchG aF BGH NJW 1981, 1606, 1608.
[2952] *Deutsch* VersR 2006, 1145, 1146.
[2953] BGH VersR 1987, 587, 589 – Putenfutter.

Ladeur, Schadensersatzansprüche des Bundes für die durch den Sandoz-Unfall entstandenen „ökologischen Schäden"?, NJW 1987, 1236; *Leonhard*, Die Haftung des Abfallerzeugers, FS Leser, 1998, S. 370; *Marburger*, Ausbau des Individualschutzes gegen Umweltbelastungen als Aufgabe des bürgerlichen und des öffentlichen Rechts, Gutachten C zum 56. DJT, Bd. I, 1986; *ders.*, Zur zivilrechtlichen Haftung für Waldschäden, in: Waldschäden als Rechtsproblem, UTR 2 (1987), 109; *ders.*, Die zivilrechtliche Verantwortlichkeit für Abfälle, in: Kreislauf oder Kollaps im Abfallwirtschaftsrecht?, 1995, S. 129; *Marburger/Herrmann*, Zur Verteilung der Darlegungs- und Beweislast bei der Haftung für Umweltschäden – BGHZ 92, 149, JuS 1986, 354; *Medicus*, Umweltschutz als Aufgabe des Zivilrechts – aus zivilrechtlicher Sicht, NuR 1990, 145; *ders.*, Zivilrecht und Umweltschutz, JZ 1986, 778; *Möllers*, Rechtsgüterschutz im Umwelt- und Haftungsrecht, 1996; *ders.*, Qualitätsmanagement, Umweltmanagement und Haftung, DB 1996, 1455; *Oehmen*, Umwelthaftung – Die Verantwortlichkeit von Unternehmen und Managern für Umweltschäden, 1997; *Nawrath*, Die Haftung für Schäden durch Umweltchemikalien, 1982; *I. Ossenbühl*, Umweltgefährdungshaftung im Konzern, 1999; *Paschke/Köhlbrandt*, Beseitigung von Industrieabfällen durch Spezialunternehmen, NuR 1993, 256; *Pelzer*, Überlegungen zur Novellierung des atomrechtlichen Haftungs- und Deckungsrechts in den 90er Jahren, in: *Lukes* (Hrsg.), Reformüberlegungen zum Atomrecht, 1991, S. 455; *Rehbinder*, Ersatz ökologischer Schäden, NuR 1988, 105; *Gassner*, Der Ersatz des ökologischen Schadens nach geltendem Recht, UPR 1987, 370; *Rosenbach*, Eigentumsverletzung durch Umweltveränderung, 1997; *Salje*, Die Entscheidungspraxis zum UmweltHG, VersR 1998, 797; *Seibt*, Zivilrechtlicher Ausgleich ökologischer Schäden, 1994; *R. Schmidt*, Neuere höchstrichterliche Rechtsprechung zum Umweltrecht, JZ 1995, 545; *J. Schröder*, Die wasserrechtliche Gefährdungshaftung nach § 22 WHG in ihren bürgerlichrechtlichen Bezügen, BB 1976, 63; *ders.*, Wasserrechtliche Gefährdungshaftung für „independent contractors"?, FS F. A. Mann, 1977, S. 87; *Steffen*, Verschuldenshaftung und Gefährdungshaftung für Umweltschäden, NJW 1990, 1817; *Taupitz*, Das Bundes-Bodenschutzgesetz aus dem Blickwinkel des Zivilrechts, UTR 53 (2000), 203; *ders.*, Zivilrechtliche Verantwortlichkeit für Abfall im Zusammenwirken von Kreislaufwirtschaftsgesetz, Deliktsrecht und Sachenrecht, in: Jahrbuch des Umwelt- und Technikrechts 1997, S. 237; *Versen*, Zivilrechtliche Haftung für Umweltschäden, 1994; *G. Wagner*, Öffentlich-rechtliche Genehmigung und zivilrechtliche Rechtswidrigkeit, 1989; *ders.*, Kollektives Umwelthaftungsrecht auf genossenschaftlicher Grundlage, 1990; *ders.*, Umweltschutz mit zivilrechtlichen Mitteln, NuR 1992, 201; *ders.*, Haftung, in: *Kimminich/v. Lersner/Storm* (Hrsg.), Handwörterbuch des Umweltrechts, Bd. I, 1994, Sp. 954; *ders.*, Das Umwelthaftungsrecht im Allgemeinen Teil des Entwurfs eines Umweltgesetzbuchs, in: *A. Schmidt* (Hrsg.), Das Umweltrecht der Zukunft – Kritik und Anregungen für ein Umweltgesetzbuch, 1996, S. 209; *v. Wilmowsky*, Die Haftung des Abfallerzeugers, NuR 1991, 253; *Versteyl*, Zur Verantwortlichkeit des Abfallbesitzers, NJW 1995, 1070.

2. Rechtsvergleichend: *v. Bar* (Hrsg.), Internationales Umwelthaftungsrecht I, 1995; *G. Hager*, Europäisches Umwelthaftungsrecht, ZEuP 1997, 9; *Wolfrum/Langenfeld*, Umweltschutz durch internationales Haftungsrecht, 1999.

3. Schrifttum zum Elektrosmog: *di Fabio*, Rechtsfragen zu unerkannten Gesundheitsrisiken elektromagnetischer Felder, DÖV 1995, 1; *Hoffmann*, EMF – ein elektrisierendes Thema, PHI 1994, 122; *Keßler*, Elektromagnetische Verträglichkeit und allgemeine Zivilrechtsordnung, UPR 2000, 328; *Kirchberg*, Verwaltungsgerichtsbarkeit heute – illustriert anhand der Rechtsprechung zum Elektrosmog, NVwZ 1998, 441; *Klindt*, Das novellierte Gesetz über die elektromagnetische Verträglichkeit, NJW 1999, 175; *Klingmüller*, Zur Problematik der Haftung bei Schäden durch Elektrosmog, FS Deutsch, 1999, S. 169; *Kutscheidt*, Die Verordnung über elektromagnetische Felder, NJW 1997, 2481; *Schünemann*, Das Gesetz über die elektromagnetische Verträglichkeit von Geräten als Schutzgesetz iS von § 823 II BGB, NJW 1996, 81; *Wilke/Karus*, Elektrosmog – ein relevantes Risiko?, PHI 1994, 202; 1995, 20.

4. Schrifttum zum Umweltschadensgesetz: *Hendler/Marburger/Reinhardt/Schröder* (Hrsg.), Umwelthaftung nach neuem EG-Recht, UTR 81 (2005); *Scheidler*, Umweltschutz durch Umweltverantwortung, NVwZ 2007, 1113; *Spindler*, Die Umsetzung der Umwelthaftungsrichtlinie, in: *Marburger* (Hrsg.), Jahrbuch des Umwelt- und Technikrechts 2006, 2006, S. 147; *Wagner*, Das neue Umweltschadensgesetz, VersR 2008, 565.

I. Individualschäden und ökologische Schäden

1. Privates Umwelthaftungsrecht. Das Umwelthaftungsrecht ist **kein geschlossenes Rechtsgebiet,** sondern ein deskriptiver Begriff zur Kennzeichnung von Schadensersatzverpflichtungen wegen solcher **Rechtsgutsverletzungen,** die **über den Umweltpfad,** dh. über eines der drei Umweltmedien Luft, Wasser und Boden, verursacht werden.[2954] Auch dem Umwelthaftungsrecht geht es folglich um die Restitution von Schäden an den Rechtsgütern des Menschen; es bleibt **anthropozentrisch.** Seit Inkrafttreten des UmweltHG 1991 unterliegen die Betreiber von Anlagen, die nach §§ 4 ff. BImSchG genehmigungsbedürftig sind und zudem eine bestimmte Größe überschreiten, der **Gefährdungshaftung** (Vor

---

[2954] Einen kurzen Überblick über die verschiedenen Tatbestände der Umwelthaftung gibt *Wagner* in: Kimminich/v. Lersner/Storm (Hrsg.), Handwörterbuch des Umweltrechts, Bd. I, Sp. 954 ff.

§ 823 RdNr. 16 ff.).²⁹⁵⁵ Darüber hinaus sind speziell mit Blick auf das Umweltmedium Wasser die Tatbestände des § 22 WHG zu beachten, die an wassergefährdende Anlagen und Handlungen eine Gefährdungshaftung knüpfen.²⁹⁵⁶ Zu beachten sind weiter die Gefährdungshaftungen nach den §§ 25 ff. AtG, 32 ff. GenTG²⁹⁵⁷ sowie die nachbarrechtliche Aufopferungshaftung aus § 906 Abs. 2 S. 2 samt ihrer richterrechtlichen Erweiterungen.²⁹⁵⁸ Diese Sondertatbestände verstehen sich – mit Ausnahme der Gefährdungshaftung für Kernanlagen²⁹⁵⁹ – als komplementär zur allgemeinen Deliktshaftung, die ergänzend zur Anwendung kommt (§§ 18 Abs. 1 UmweltHG, 37 Abs. 3 GenTG). Mit der Öffnung des Immaterialschadensersatzes auch für die Gefährdungshaftung durch § 253 Abs. 2 nF ist allerdings ein schwerwiegendes Defizit der Umweltgefährdungshaftungen behoben worden, die dadurch an Bedeutung gewinnen werden.

678 **2. Privatrechtliche Haftung für ökologische Schäden.** Umweltgüter sind keine „sonstigen Rechte" iS des § 823 Abs. 1 (RdNr. 175). Der eigentliche Schaden an der Umwelt als kollektivem Rechtsgut, der sog. **ökologische Schaden,** wird vom privaten Umwelthaftungsrecht nur erfasst, sofern er sich zugleich als eine Verletzung individueller Rechtsgüter darstellt. Letzteres ist allerdings in ganz erheblichem Umfang der Fall, denn das Grundeigentum erstreckt sich auf die gesamte Flora, und auch die Fauna ist weitgehend privatrechtlich zugeordnet, soweit es sich nämlich um Haustiere oder um wilde Tiere handelt, die Jagd- oder Fischereirechten unterliegen.²⁹⁶⁰ Im Übrigen, was also wilde, nichtjagdbare Tiere an Land, in Binnengewässern oder auf hoher See, Ökosysteme wie Flüsse, Seen und Meere sowie Globalphänomene wie das Klima, die Meeresströme etc. anlangt, ist eine Restitution von Schäden mit Hilfe des Individualhaftungsrechts nicht möglich.²⁹⁶¹ Gleichsam die Schnittstelle zwischen beiden Fallgruppen markiert die Frage nach der Restitutionsfähigkeit der **„ökologischen Basisausstattung"** von kontaminierten oder sonst wie geschädigten Grundstücken. Um in solchen Fällen zu verhindern, dass der Schädiger die Wiederansiedlung nicht-jagdbarer Tiere sowie die Wiederherstellung ökologisch wertvoller Lebensbedingungen mit Rücksicht auf die hohen Kosten und den geringen wirtschaftlichen Nutzen für den Eigentümer ablehnt, modifizieren die §§ 16 UmweltHG, 32 Abs. 7 GenTG die Verhältnismäßigkeitsprüfung nach § 251 Abs. 2 dahingehend, dass auch der Nutzen für die Ökologie zu berücksichtigen ist.

679 **3. Das Umweltschadensgesetz.** Im November 2007 ist das Umweltschadensgesetz (USchG) in Kraft getreten, das ökologische Schäden einem öffentlich-rechtlichen Restitutionsregime unterwirft.²⁹⁶² Genauso wie die zugrunde liegende EG-Richtlinie 2004 über Umwelthaftung zur Vermeidung und Sanierung von Umweltschäden²⁹⁶³ **klammert das**

---

²⁹⁵⁵ Vgl. iE den Anhang 1 zum UmweltHG sowie die Kommentare zum UmweltHG von *Schmidt-Salzer,* 1992; *Landsberg/Lülling,* 1991; *Salje,* 1993; *Rehbinder/Hager* in: *Landmann/Rohmer* (Hrsg.), Umweltrecht, Bd. III/2; sowie *Salje* VersR 1998, 797.
²⁹⁵⁶ Vgl. dazu etwa *Larenz/Canaris* II/2 § 84 V 1, S. 631 ff.; sowie die Kommentierung bei *Czychowski/ Reinhardt* WHG, 9. Aufl. 2007.
²⁹⁵⁷ Zur Haftung nach dem AtG vgl. die Nachweise in Fn. 2959; zum GenTG den Kommentar von *Hirsch/Schmidt-Didczuhn.*
²⁹⁵⁸ Vgl. dazu 3. Aufl. § 906 RdNr. 134 ff.
²⁹⁵⁹ Zum im Atomhaftungsrecht verwirklichten Prinzip der Haftungskanalisierung unter weitgehendem Ausschluss allg.-deliktsrechtlicher Ansprüche § 15 ProdHaftG RdNr. 10 ff.; eingehend *Däubler,* Haftung für gefährliche Technologien, S. 7, 12 ff.; *Pelzer* in: *Lukes* (Hrsg.), Reformüberlegungen zum Atomrecht, S. 455, 466 ff. Vgl. aber auch § 26 Abs. 7 AtG.
²⁹⁶⁰ Eingehend dazu *Ladeur* NJW 1987, 1236; *Rehbinder* NuR 1988, 105, 107 f.; *Gassner* UPR 1987, 370; *Seibt,* Zivilrechtlicher Ausgleich ökologischer Schäden, S. 12 ff.
²⁹⁶¹ Eingehend *Wagner* NuR 1992, 201, 209 f.; *ders.* in: *Schmidt* (Hrsg.), Das Umweltrecht der Zukunft, S. 209 ff.; *Godt,* Haftung für ökologische Schäden; *Kadner,* Der Ersatz ökologischer Schäden; *Seibt,* Zivilrechtlicher Ausgleich ökologischer Schäden, S. 161 ff.
²⁹⁶² BGBl. 2007 I S. 666; BT-Drucks. 16/3806; dazu *Wagner* VersR 2008, 565; *Scheidler* NVwZ 2007, 1113; *Petersen,* Die Umsetzung der Umwelthaftungsrichtlinie im Umweltschadensgesetz, 2008.
²⁹⁶³ Art. 3 Abs. 3 der Richtlinie vom 21. 4. 2004, ABl. EG Nr. L 143 S. 56; dazu die Beiträge von *Ruffert, Wagner, Dolde* und G. *Hager* in: *Hendler/Marburger/Reinhardt/Schröder,* Umwelthaftung nach neuem EG-Recht;

USchG Vermögensschäden von Privatpersonen aus und konzentriert sich auf den Schaden an der Umwelt selbst, sofern Naturschutzgebiete, geschützte Arten oder Böden beeinträchtigt werden (§ 2 Nr. 2 USchG).[2964] Aktivlegitimiert sind ausschließlich **Behörden** (§§ 7 f. USchG), die ihrerseits von privaten Verbänden zum Einschreiten angehalten werden können (§§ 10 f. USchG).[2965] Die Verantwortlichkeit der Verursacher von Umweltschäden ist zwar grundsätzlich der **ordnungsrechtlichen Störerhaftung** nachgebildet, weist jedoch eine Reihe privatrechtlicher Ingredienzen auf, etwa die Beschränkung auf berufliche Tätigkeiten (§ 3 Abs. 1 USchG), ein partiell eingreifendes Verschuldenserfordernis (§ 3 Abs. 1 Nr. 2 USchG), die Entlastung bei höherer Gewalt und ggf. auch bei Entwicklungsrisiken (Art. 8 Abs. 4 RL)[2966] sowie eine gefährlich weit formulierte Klausel über die **Passivlegitimation**, nach der möglicherweise auch **Geschäftsleiter, Gesellschafter** und Konzernobergesellschaften für Umweltschäden verantwortlich gemacht werden können, die durch eine von ihnen kontrollierte Gesellschaft verursacht worden sind (§ 2 Nr. 3 USchG).[2967] Abweichend von der Rechtsprechung des BGH zum allgemeinen Ordnungsrecht (§ 840 RdNr. 12) haben **mehrere Verantwortliche** unabhängig von ihrer Heranziehung durch die Behörde untereinander einen **Ausgleichsanspruch** (§ 9 Abs. 2 USchG).[2968]

II. Luftverschmutzung

1. Rechtswidrigkeitsmaßstab. Der Betreiber einer emittierenden Anlage haftet für Schäden, die Dritten durch **rechtswidrige Immissionen** entstehen.[2969] Für die Beurteilung der Rechtswidrigkeit lehnt sich der BGH eng an die in § 906 positivierten **Wertungen des Nachbarrechts** an: Die nachbarrechtlichen Vorschriften seien in dem von ihnen erfassten Regelungsbereich maßgebend dafür, ob eine widerrechtliche Handlung iS des § 823 Abs. 1 vorliege (RdNr. 315).[2970] In der für die deliktische Immissionshaftung grundlegenden „Kupolofen"-Entscheidung hat der VI. ZS zudem die Wertungen des § 906 auf Beeinträchtigungen anderer Rechtsgüter als des Grundeigentums, insbesondere auf die **Beschädigung beweglicher Sachen,** erstreckt.[2971] Diese Orientierung des Delikts- am Nachbarrecht hat zur Folge, dass Schadensersatzansprüche Drittbetroffener aus § 823 Abs. 1 selbst dann abgeschnitten werden, wenn die Beeinträchtigung zwar wesentlich, aber ortsüblich und mit vertretbaren Schutzvorkehrungen nicht vermeidbar ist. Während den Grundstücksnachbarn in diesem Fall immerhin Aufopferungs-Entschädigungsansprüche gegen den Emittenten aus § 906 Abs. 2 S. 2 zustehen, werden diese den übrigen Geschädigten, also Fahrniseigentümern und an der Gesundheit Verletzten, vorenthalten (RdNr. 316).[2972] Entsprechendes soll gelten, wenn die Immissionen nach Maßgabe des § 906 zwar abgewehrt werden könnten, jedoch auf Grund einer Anlagengenehmigung gemäß § 14 S. 1 BImSchG hinzunehmen sind; auch in diesem Fall wird lediglich die Duldungspflicht, nicht aber der Aufopferungs-Entschädigungsanspruch aus § 14 S. 2 BImSchG auf sonstige Drittbetroffene erstreckt.[2973] Das Zerreißen des einfach-gesetzlich wie verfassungsrechtlich vorgegebenen **Zusammenhangs zwischen Duldungspflicht und Aufopfe-**

G. *Hager* NuR 2003, 581; *Spindler* Jahrbuch des Umwelt- und Technikrechts 2006, S. 147 ff.; *Wagner* VersR 2005, 177.

[2964] Speziell zum Bodenschutz *Brinktine* ZUR 2007, 337.
[2965] Dazu *Schrader/Hellenbroich* ZUR 2007, 289.
[2966] Die Entlastung bei Normalbetrieb und bei Entwicklungsrisiken ist vom Bundesgesetzgeber nicht aufgegriffen, sondern den Ländern überlassen worden; vgl. *Wagner* VersR 2008, 565, 573 f.
[2967] *Schmidt* NZG 2007, 650; *Wagner* VersR 2008, 565, 570 f. mwN.
[2968] Eingehend *Wagner* VersR 2008, 565, 575 f.
[2969] Zur Haftung eines Schwimmbadbetreibers für aus Leitungen austretendes Chlorgas OLG Hamm NJW-RR 1998, 1329, 1330.
[2970] BGHZ 44, 130, 134 = NJW 1965, 2099 f.; BGHZ 90, 255, 257 f. = NJW 1984, 2207; BGHZ 117, 110, 111 = NJW 1992, 1389; OLG Stuttgart VersR 2001, 70, 71 f.
[2971] BGHZ 92, 143, 148 = NJW 1985, 47, 48 m. Bespr. *Marburger/Herrmann* JuS 1986, 354.
[2972] BGHZ 92, 143, 148 f. = NJW 1985, 47, 48; BGH VersR 2008, 648, 649 Tz. 14.
[2973] BGHZ 92, 143, 145 f. = NJW 1985, 47 f.

rungs-Entschädigungsanspruch überzeugt nicht und hat seine eigentliche Bewährungsprobe, nämlich die Anwendung auch auf Gesundheitsverletzungen, noch vor sich.[2974]

681 Für den Geschädigten günstig wirkt sich allerdings die für § 906 maßgebliche **Verteilung der Beweislast** aus, die der BGH ebenfalls in das Deliktsrecht übernimmt.[2975] Er hat lediglich nachzuweisen, dass er in seinen Rechtsgütern durch die vom Gegner verursachten Immissionen beeinträchtigt worden ist, während es dem Anlagebetreiber obliegt, sich im Hinblick auf Wesentlichkeit, Ortsüblichkeit und Vermeidbarkeit der Emissionen zu entlasten.[2976] Der Anlagebetreiber muss das Gericht also davon überzeugen, dass seine Emissionen die vom Verkehr hinzunehmende Belastungsgrenze nicht überschreiten.[2977] In der Praxis steht dabei häufig die Frage im Vordergrund, ob die **Emissions-Grenzwerte** der TA Luft bzw. des Genehmigungsbescheids nach § 4 BImSchG **eingehalten** worden sind. Tatsächlich ist mit diesem Nachweis nicht notwendig auch sorgfaltsgemäßes Verhalten des Emittenten festgestellt, der die Grenzwerte nicht ausschöpfen darf, wenn für einen verständigen Beobachter seines Verkehrskreises erkennbar ist, dass Rechtsgüter Dritter beeinträchtigt werden und diese Beeinträchtigung durch wirtschaftlich zumutbare Maßnahmen verhindert werden kann (RdNr. 279 f.). Der Wertung der Immission als wesentlich stehen auch die Regelungen des § 906 Abs. 1 S. 2, 3 nicht entgegen.[2978] Ähnlich wie beim Anscheinsbeweis hat der Geschädigte lediglich Umstände darzulegen und nachzuweisen, die die nach § 906 Abs. 1 S. 2, 3 eintretende Indizwirkung erschüttern; nicht hingegen muss er die Wesentlichkeit der normkonformen Immissionen nachweisen. Umgekehrt ist bei **Überschreitung** der in Verwaltungsvorschriften und technischen Regeln enthaltenen **Emissions-Grenzwerte** die Sorgfaltswidrigkeit der **Immissionen** und damit auch das Handlungsunrecht im Rahmen von § 823 Abs. 1 indiziert,[2979] obwohl Emissionswerte nicht die drittschützende Schutzpflicht des § 5 Abs. 1 Nr. 1 BImSchG, sondern die Vorsorgepflicht des § 5 Abs. 1 Nr. 2 BImSchG konkretisieren.[2980] Dieses Indiz kann im Einzelfall widerlegt werden, wenn aus objektiver Sicht ex ante auch bei Überschreitung der Grenzwerte mit Schäden Dritter nicht zu rechnen war.[2981]

682 **2. Haftungsbegründende Kausalität.** Aus der Sicht des Geschädigten ist die eigentliche **Achillesverse der Umwelthaftung** indessen nicht die Voraussetzung der Pflichtwidrigkeit, sondern die Last, den Kausalzusammenhang zwischen dem emittierenden Verhalten und der erlittenen Rechtsgutsverletzung nachweisen zu müssen.[2982] Auch insoweit spielen die in Verwaltungsvorschriften oder Genehmigungsbescheiden festgesetzten **Grenzwerte** eine wichtige Rolle, weil bei ihrer Überschreitung **Beweiserleichterungen** bis hin zur Umkehr der Beweislast in Betracht kommen.[2983] Vorzugswürdig wäre eine qualifizierte Kausalitätsvermutung nach Art des § 6 UmweltHG, weil sie mehr Raum für die Berücksichtigung

---

[2974] Eingehend *Wagner*, Öffentlich-rechtliche Genehmigung und zivilrechtliche Rechtswidrigkeit, S. 100 ff., 140 ff., 263 ff.
[2975] BGHZ 92, 143, 150 f. = NJW 1985, 47, 49.
[2976] Vgl. 3. Aufl. § 906 RdNr. 140 sowie BGHZ 92, 143, 150 = NJW 1985, 47, 49; BGHZ 111, 63, 69, 73, 74 = NJW 1990, 2465, 2466 ff.; BGH WM 1971, 278, 280; OLG Stuttgart VersR 2001, 70, 72; *Erman/Hagen/Lorenz* § 906 RdNr. 5, 37.
[2977] BGHZ 92, 143, 151 = NJW 1985, 47, 49; genauso BGH ZIP 1997, 1706, 1708 f. = NJW 1997, 2748, 2749.
[2978] BGH NJW 2004, 1317, 1318 f. = JZ 2004, 1080; *Marburger*, FS Rittner, 1991, S. 901, 917.
[2979] BGHZ 111, 63, 67 = NJW 1990, 2465, 2466; ähnlich BGHZ 92, 143, 151 f. = NJW 1985, 47, 49.
[2980] Im Ergebnis behandelt der BGH die Emissionswerte wie ein Schutzgesetz, lässt allerdings die Be- und Entlastung des Betreibers bei besonderen Umständen zu. Dieser Ansatz erscheint gegenüber der starren Regelung des § 823 Abs. 2 vorzugswürdig. Vgl. zum Ganzen *Marburger*, Gutachten zum 56. DJT, S. C 121.
[2981] BGHZ 92, 143, 152 = NJW 1985, 47, 49; BGH ZIP 1997, 1706, 1708: regelmäßig Ausschluss des Verschuldens bei Einhaltung der Grenzwerte der TA Luft.
[2982] *Diederichsen/Scholz* WiVerw. 1984, 23, 24; *Diederichsen*, Referat zum 56. DJT, S. L 79; *Köndgen* UPR 1983, 345.
[2983] BGHZ 70, 102, 107 = NJW 1978, 419, 420 m. Anm. *Walter* 1158 f.; BGHZ 92, 143, 146 f. = NJW 1985, 47, 49; OLG Düsseldorf NJW-RR 2002, 26, 27; *Diederichsen/Scholz* WiVerw. 1984, 23, 36; *Diederichsen*, Referat zum 56. DJT, S. L 86; *Köndgen* UPR 1993, 345, 353; *Gmehling*, Die Beweislastverteilung bei Schäden aus Industrieimmissionen, S. 170 f.

sämtlicher Umstände des Einzelfalls lässt.[2984] Zur Kausalitätsproblematik bei Beteiligung mehrerer Emissionsquellen sowie bei Massenschäden vgl. § 830 RdNr. 55 ff.

3. Schutzgesetzverletzung. Soweit sich die **Grundpflichten der Betreiber genehmigungsbedürftiger wie auch sonstiger Anlagen** gemäß §§ 5 Abs. 1 Nr. 1, 22 Abs. 1 Nr. 1 und 2, 3 Abs. 1 BImSchG auf den Schutz der Nachbarschaft vor erheblichen Gefahren, Nachteilen und Belästigungen beziehen, sind sie als Schutzgesetze zu qualifizieren,[2985] deren Verletzung einen Schadensersatzanspruch gemäß § 823 Abs. 2 begründet. Der V. ZS knüpft die Haftung allerdings nicht an die genannten Vorschriften selbst, sondern an den Verstoß gegen Auflagen in dem Genehmigungsbescheid bzw. gegen sonstige Verfügungen der Behörden, mit denen die Betreiberpflichten im Einzelfall konkretisiert worden sind.[2986] Mit einer im Umweltprivatrecht verbreiteten und oben allgemein begründeten Auffassung (RdNr. 344 f.) ist eine solche **Bindung der Zivilgerichte an Behördenentscheidungen** hingegen abzulehnen;[2987] gerade in Zeiten der mit Recht angestrebten Deregulierung kommt dem Deliktsrecht eine unverzichtbare **Ergänzungs- und Korrekturfunktion** iS des Schutzes eines Kernbestands privater Rechte gegenüber notwendigerweise grobkörnigen und von mancherlei konfligierenden politischen Interessen beeinflussten Entscheidungen von Verwaltungsbehörden zu.[2988] Den berechtigten Vertrauensschutzinteressen des Anlagebetreibers wird hinlänglich durch § 14 S. 1 BImSchG Rechnung getragen, der Unterlassungsansprüche gegen genehmigte Anlagen abschneidet, dies indessen durch Gewährung von Aufopferungs-Entschädigungsansprüchen kompensiert. Bei nicht-genehmigungsbedürftigen Anlagen gemäß §§ 22 ff. BImSchG ist der Anlagebetreiber noch nicht einmal vor nachträglichen Eingriffen der Behörde sicher, und noch viel weniger besteht Anlass, ihn gegenüber privatrechtlichen Deliktsansprüchen abzuschirmen.

III. Elektrosmog

In Deutschland existieren zwei **öffentlich-rechtliche Regelwerke,** die Anforderungen an die elektromagnetische Verträglichkeit von elektrischen Produkten und Anlagen stellen,[2989] nämlich einmal das Gesetz über die elektromagnetische Verträglichkeit **(EMVG)**[2990] und zum anderen die **26. BImSchV** über elektromagnetische Felder.[2991] Beide sind ggf. kumulativ anwendbar, denn während das EMVG einen produktbezogenen Ansatz verfolgt und sich auf Geräte bezieht, die elektromagnetische Störungen verursachen oder erleiden können, dient die Verordnung dem Schutz des menschlichen Organismus vor schädlichen Umwelteinwirkungen durch elektromagnetische Felder, die von Hoch- oder Niederfrequenzanlagen erzeugt werden. Die dem EMVG unterliegenden **Elektrogeräte und -bauteile** müssen den Schutzanforderungen des § 3 Abs. 1 EMVG genügen, die allerdings lediglich auf nationale und europäische technische Normen verweisen (vgl. RdNr. 280 ff.). Die 26. BImSchV hingegen postuliert insbesondere für die **Infrastrukturanlagen der Stromversorgungs- und Mobilfunkunternehmen** das Schutzprinzip des § 5 Abs. 1 Nr. 1 BImSchG und konkretisiert dieses zu Grenzwerten, die in seinem Anhang 1 enthalten sind.

[2984] *Wagner* NuR 1992, 201, 206; *G. Hager* NJW 1986, 1961, 1968.
[2985] Die genannten Tatbestände sind auch im öffentlichen Recht als drittschützende Normen anerkannt, vgl. nur *Jarass* § 5 BImSchG RdNr. 120, § 22 BImSchG RdNr. 69, jeweils mwN.
[2986] Grdlg. BGHZ 122, 1, 3 f. = NJW 1993, 1580 f.; genauso *Bullinger* VersR 1972, 599, 605; wohl auch *Medicus* JZ 1986, 778, 783; *Jarass* § 5 BImSchG RdNr. 126.
[2987] *Diederichsen,* FS R. Schmidt, 1976, S. 1, 14; *Marburger,* Regeln der Technik im Recht, S. 483 ff.; *ders.,* Gutachten zum 56. DJT, S. C 122; übereinstimmend *Versen,* Zivilrechtliche Haftung für Umweltschäden, S. 81 ff.; *Wagner,* Öffentlich-rechtliche Genehmigung und zivilrechtliche Rechtswidrigkeit, S. 240 f.; vgl. auch *Köndgen* UPR 1983, 345, 351.
[2988] Übereinstimmend 3. Aufl. RdNr. 180.
[2989] Zum physikalischen und technischen Hintergrund eingehend *Wilke/Karus* PHI 1994, 202 ff.; 1995, 20 ff.; zum medizinischen Hintergrund *Kutscheidt* NJW 1997, 2481 f.
[2990] BGBl. 1998 I S. 2882; dazu *Schünemann* NJW 1996, 81 ff.; *Klindt* NJW 1999, 175.
[2991] BGBl. 1996 I S. 1966; eingehend *Kutscheidt* NJW 1997, 2481; krit. *Kirchberg* NVwZ 1998, 441; *di Fabio* DÖV 1995, 1.

685 Entsprechend den Regelungsanliegen und Anwendungsbereichen von EMVG und 26. BImSchV ist ihre **Relevanz für das Haftungsrecht differenziert** zu beurteilen.[2992] Das EMVG beschränkt sich auf das **Binnenverhältnis unter Betreibern von Elektrogeräten:** Geschützt ist der Halter eines hinreichend störungsresistenten Elektrogeräts gegenüber dem Halter eines übermäßig störenden Elektrogeräts, also etwa der Betreiber eines Computer-Netzwerks gegenüber Störungen durch Fernseher o. Ä. Insoweit ist den Anforderungen an die technische Gestaltung von Elektrogeräten **Schutzgesetzqualität** zuzubilligen,[2993] was allerdings nur bei reinen Vermögensschäden weiterführt, da lediglich auf außergesetzliche technische Normen verwiesen wird,[2994] an denen sich auch die vom Betreiber gemäß § 823 Abs. 1 zu beachtenden Verkehrspflichten orientieren (RdNr. 280 ff.). Folgerichtig besteht kein Anlass, solche untergesetzlichen Normen allein wegen ihrer Inbezugnahme durch § 3 EMVG selbst mit Schutzgesetzqualität auszustatten, also jedweden Verstoß gegen eine technische Norm mit Haftungsfolgen zu belegen. Wie auch im Rahmen des § 823 Abs. 1 muss es dem Gerätehalter vielmehr offen stehen, sich durch den Nachweis zu entlasten, normwidrige, aber gleichgeeignete Maßnahmen ergriffen zu haben. Von vornherein jenseits des Schutzbereichs des EMVG liegen Beeinträchtigungen von Persönlichkeitsinteressen sowie von anderen Sachen als Elektrogeräten.

686 Was **Personenschäden** anlangt, so ist die 26. BImSchV einschlägig, denn dieser geht es um den Schutz des menschlichen Organismus vor elektromagnetischen Anlagen. Insoweit sind ihre Verhaltensanforderungen einschließlich der Immissions- und Emissionsgrenzwerte als **Schutzgesetze** gemäß § 823 Abs. 2 zu qualifizieren, die mit Hilfe der im Anhang 1 genannten **Grenzwerte** zu konkretisieren sind.[2995] Werden die Grenzwerte überschritten und ist ein typischer Gesundheitsschaden eingetreten, kommen dem Geschädigten **Erleichterungen beim Kausalitätsnachweis** zugute (vgl. RdNr. 365), und dasselbe gilt nach den Grundsätzen der „Kupolofen"-Entscheidung auch für die Haftung nach § 823 Abs. 1 (vgl. RdNr. 682). Wie sich aus § 906 Abs. 1 S. 2 ergibt, sind die Grenzwerte der 26. BImSchV zwar nicht absolut verbindlich, sondern lediglich ein Indiz für die Unbedenklichkeit der Immissionen, doch da die Schädlichkeit athermischer Effekte elektromagnetischer Felder bisher nicht nachgewiesen werden konnte, scheidet eine Haftung gemäß § 823 Abs. 1 bei **Einhaltung der Grenzwerte** gleichwohl aus.[2996] Im Übrigen unterschreiten die in Deutschland üblichen elektrotechnischen Anlagen die Grenzwerte der 26. BImSchV regelmäßig um Größenordnungen.[2997]

IV. Gewässerverschmutzung

687 Werden **Oberflächengewässer** oder das **Grundwasser** durch Schadstoffe kontaminiert, richtet sich die Haftung zunächst nach § 22 WHG, der nicht nur den Betrieb von Anlagen, sondern auch wassergefährdende Handlungen mit einer **Gefährdungshaftung** belegt.[2998] Was die daneben bestehende Delikthaftung anlangt, so steht § 823 Abs. 2 im Vordergrund, weil das WHG und die Landeswassergesetze zahlreiche Bestimmungen enthalten, die als **Schutzgesetze** zugunsten von Individualinteressen qualifiziert werden können.[2999] Dies gilt etwa für die in § 8 Abs. 3, 4 WHG iVm. dem Landeswasserrecht normierten drittschützen-

---

[2992] Zur Rechtslage in Deutschland *Keßler* UPR 2000, 328, 331 ff.; zur Situation in den USA *Hoffmann* PHI 1994, 122.
[2993] *Schünemann* NJW 1996, 81, 84.
[2994] Zur vergleichbaren Regelungstechnik des ProdSG eingehend *Wagner* BB 1997, 2541 ff.
[2995] Übereinstimmend *Kutscheidt* NJW 1997, 2481, 2487; *Keßler* UPR 2000, 328, 334.
[2996] BGH NJW 2004, 1317, 1318 = JZ 2004, 1080.
[2997] OVG Lüneburg NVwZ 2001, 456 f.; VGH Kassel NVwZ 2000, 694 f.; *Kirchberg* NVwZ 1998, 441, 443.
[2998] Vgl. dazu iE die Kommentierung bei *Czychowski/Reinhardt* WHG, 9. Aufl. 2007; sowie *Breuer,* Öffentliches und privates Wasserrecht, RdNr. 1095 ff.
[2999] Vgl. die Diskussion bei *Breuer,* Öffentliches und privates Wasserrecht, RdNr. 1072 ff.; *Enders,* Die zivilrechtliche Verantwortlichkeit für Altlasten und Abfälle, S. 331 ff.

den Voraussetzungen für die Erteilung einer wasserrechtlichen **Bewilligung**,[3000] und zwar unabhängig davon, ob die Behörde gerade diese Gestattungsform gewählt oder stattdessen eine wasserrechtliche **Erlaubnis** gemäß §§ 7, 7a WHG erteilt hat.[3001] Darüber hinaus sind in der höchstrichterlichen Rechtsprechung **Vorschriften des Landeswasserrechts** als Schutzgesetze qualifiziert worden, etwa solche über den Genehmigungsvorbehalt für die Errichtung und die wesentliche Veränderung von Anlagen in Wasserläufen in der Tradition von § 22 PrWassG,[3002] über das Verbot der Einleitung von Sand in einen Wasserlauf[3003] sowie über die Veränderung des Ablaufs wild abfließenden Wassers, sofern letzteres zu einer Belästigung tiefer liegender Grundstücke führt.[3004] Abgelehnt wird die Schutzgesetzeigenschaft der Bestimmungen über die **Unterhaltungspflicht für Deiche und Wasserläufe**,[3005] sowie der §§ 19g bis 19l WHG über Anforderungen an Anlagen zum Umgang mit wassergefährdenden Stoffen.[3006] Letzteres erscheint übermäßig restriktiv und von der ratio der genannten Bestimmungen nicht gedeckt. Im Übrigen lässt sich die Haftung auch unter dem Gesichtspunkt der Verletzung deliktischer Sorgfaltspflichten gemäß § 823 Abs. 1 begründen, wenn es infolge der Gewässerverschmutzung zu Verletzungen individueller Rechtsgüter kommt. Ein Klempnerunternehmen, dessen Mitarbeiter Fettabfälle einer Gaststätte eimerweise in einem Bach entsorgt haben, haftet folglich für das dadurch verursachte **Fischsterben** in privaten Zuchtteichen.[3007] Verstößt der Eigentümer eines aus einem eigenen Brunnen mit Wasser versorgten Mietshauses gegen seine Untersuchungspflichten nach der **TrinkwasserVO**, so dass ein für Kleinkinder gesundheitsgefährlicher Nitratgehalt nicht auffällt, hat er für den daraus resultierenden Gesundheitsschaden nach § 823 Abs. 2 einzustehen.[3008]

V. Gefahrstoffe; Chemikalien; Nanomaterialien; Mineralöllieferungen

Ein traditioneller und seit jeher anerkannter Bereich der Umwelthaftung betrifft Sorgfaltspflichtverletzungen beim **Umgang mit gefährlichen Gütern**. Bei der Anwendung von **Pflanzenschutzmitteln** und **Sprengstoffen** sind die einschlägigen Verwaltungsgesetze und -verordnungen zu beachten, wobei Pflichtverstöße die Haftung nach § 823 Abs. 2 begründen können.[3009] Einen **Weinbauer** trifft keine deliktsrechtliche Sorgfaltspflicht, einen brachliegenden Weinberg gleichwohl mit Pflanzenschutzmitteln zu behandeln, um der Ausbreitung von Schädlingen auf einem Nachbar-Weinberg entgegen zu wirken.[3010] Unkrautvernichtungsmittel dürfen nicht in einer Art und Weise dosiert und angewandt werden, dass es auf den Anliegergrundstücken zu Schäden kommt, beispielsweise zum Eingehen von Alleebäumen.[3011]

Eine Reihe von Sorgfaltspflichten betreffend **Chemikalien** erwachsen auch aus den Pflichten und Obliegenheiten der neuen, weitreichenden EU-Chemikalienverordnung **REACH**,[3012] die mit den Eckpfeilern der Registrierung, Stoffbewertung, Zulassung und

---

3000 BGHZ 69, 1, 19 ff., 22 = NJW 1977, 1770, 1773 f.; BGH NJW 1977, 763.
3001 BGHZ 88, 34, 38. = NJW 1984, 975, 976.
3002 BGHZ 46, 17, 21 ff. = NJW 1966, 2014, 2016 f.
3003 BGHZ 49, 340, 349 = NJW 1968, 1281, 1284.
3004 BGH NJW 1980, 2580, 2581; WM 1983, 155, 156 f.; die Vorschriften verpflichten den Bauunternehmer aber nur im Rahmen von § 830 Abs. 2: OLG Düsseldorf NJW-RR 1992, 912.
3005 BGHZ 55, 153, 158 = NJW 1971, 886, 887; BGH VersR 1967, 405, 406.
3006 *Breuer*, Öffentliches und privates Wasserrecht, RdNr. 1077; *Enders*, Die zivilrechtliche Verantwortlichkeit für Altlasten und Abfälle, S. 332 mwN.
3007 BGH VersR 1965, 183, 184.
3008 BGH VersR 1983, 441, 442 f. = NJW 1983, 2935, 2936.
3009 Vgl. zum SprengstoffG BGH LM (Bf) Nr. 4; OLG Hamm NJW-RR 1995, 157; *Nawrath* S. 233 ff.
3010 BGH VersR 2001, 1251 f.
3011 OLG Karlsruhe VersR 1987, 1248, 1249 m. Anm. *Koch*; dort auch ausf. Überlegungen zur Schadensberechnung.
3012 VO 1907/2006 vom 18. 12. 2006, ABl. EG Nr. L 396 S. 1, sprachlich berichtigte Fassung ABl. EG 2007 Nr. L 136 S. 3, zuletzt geändert durch VO 987/2008 vom 8. 10. 2008, ABl. EG Nr. L 268 S. 14.

Beschränkung den Lebensweg chemischer Stoffe gestalten und damit dem Schutz privater Rechtsgüter und der Umwelt dienen will.[3013] Verstöße der Hersteller von Chemikalien gegen solche drittschützenden Pflichten lösen eine Haftung nach § 823 Abs. 2 iVm. § 27b ChemG iVm. Vorschriften der REACH-VO aus. Der Betreiber einer **chemischen Reinigung** muss verhindern, dass Schadstoffe in den Untergrund eindringen und Nachbargrundstücke oder das Grundwasser schädigen;[3014] der Hersteller eines **Verzinkungssprays** ist gehalten, seine Nutzer über die mit der Anwendung des Produkts verbundenen Gefahren, insbesondere das Brandrisiko, zu informieren (eingehend RdNr. 636 ff.);[3015] und Kindern und Jugendlichen dürfen keine gefährlichen Chemikalien überlassen werden (vgl. RdNr. 540).[3016]

690 Die mit **Nanomaterialien** verbundenen Risiken für die menschliche Gesundheit lassen sich noch nicht absehen.[3017] Sofern Schäden verursacht werden, kommen die normalen Anspruchsgrundlagen der § 823, § 1 ProdHaftG in Betracht, denn weder das allgemeine Deliktsrecht noch das Produkthaftungsrecht setzen eine bestimmte Mindestgröße des schadensträchtigen Stoffes voraus.

691 Den **Transporteur von Gefahrgut** treffen besondere Sorgfaltspflichten zur Abwendung von Gefahren für die Rechtsgüter Dritter, und zwar sowohl beim Be- und Entladen, sowie während des Transports als auch bei Unfällen.[3018] Die für ein **Tankschiff** Verantwortlichen müssen im Fall der Havarie sofort alle erforderlichen Maßnahmen zur Schadensvermeidung treffen, der Fahrer eines **Gefahrgut-Lkw**. muss gemäß § 2 Abs. 3a StVO bei Schnee- oder Eisglätte anhalten.[3019] Der Versender von Gefahrstoffen hat den Fahrer des Fremdfahrzeugs über die Eigenschaften des Transportguts zu informieren und auf die vorgeschriebenen Sicherheitsmaßnahmen hinzuweisen, während die eigentliche Verstauung regelmäßig Aufgabe des Transportunternehmens und seines Fahrers bleibt.[3020] Dem Absender geladener Großbatterien obliegt es, dem Transporteur die Sicherung der freiliegenden Pole aufzugeben, damit Kurzschlüsse und die damit verbundenen Brandgefahren vermieden werden.[3021] **Spediteure und Frachtführer** sind verpflichtet, ihren Betrieb so zu organisieren, dass Gefahrguttransporte unter den gebotenen Sicherheitsvorkehrungen durchgeführt werden, was bei größeren Betrieben die Einrichtung einer entsprechend spezialisierten Stelle – eines Gefahrgutbeauftragten – und dessen Ausstattung mit detaillierten Weisungen für Transportabwicklung, Informationsbeschaffung und Kontrolle erforderlich macht.[3022]

692 Die Rechtsprechung ist immer wieder mit Fällen beschäftigt worden, in denen es bei der **Anlieferung von Heizöl** zu Unfällen kam, die die Kontamination von Haus und Grund zur Folge hatten. Der BGH hat die vom Tankwagenfahrer zu beachtenden Sorgfaltsmaßregeln zu vier Punkten verdichtet: (1) Zunächst ist zu prüfen, ob der Tank des Beziehers die bestellte Ölmenge fassen kann,[3023] (2) vor Beginn des Abtankens ist die Funktionsfähigkeit der Pumpanlage und der Instrumente am eigenen Fahrzeug zu testen, (3) während des Abtankens ist nicht nur das Fahrzeug im Auge zu behalten, sondern darüber hinaus auch der Tankraum stichprobenartig zu überprüfen, und (4) Letzterer muss am Ende einer Abschluss-

---

[3013] *Wintterle* StoffR 2007, 118 ff.; *Hawxwell* PHI 2006, 224 ff.; *Rehbinder* in: *Fluck/Fischer/Hahn* (Hrsg.), REACH + Stoffrecht, 2008, Art. 1 RdNr. 26; allg. zur REACH-VO vgl. *Fluck/Fischer/Hahn* aaO; *Hendler/Marburger/Reiff/Schröder* (Hrsg.), Neues europäisches Chemikalienrecht (REACH), 2008; *Rehbinder* in: *Hansmann/Sellner* (Hrsg.), Grundzüge des Umweltrechts, 3. Aufl. 2007, Kap. 11; *Fischer* DVBl. 2007, 853 ff.
[3014] OLG Köln VersR 1993, 894, 895.
[3015] BGH VersR 1987, 102, 103 f.
[3016] BGH VersR 1973, 30 und 32, 33.
[3017] Eingehend *Meili/Klein* PHI 2008, 12.
[3018] BGH NJW-RR 1996, 867, 868 = VersR 1996, 469, 470; OLG Köln VersR 1967, 872; iE *Nawrath* S. 222 ff. mwN.
[3019] Dazu OLG Hamm NZV 1998, 213.
[3020] Vgl. BayObLGSt NZV 1997, 284, 285.
[3021] BGHZ 66, 208, 209 ff. = NJW 1976, 1353.
[3022] BGH NJW-RR 1996, 867, 868.
[3023] Die Durchführung einer manuellen Messung mit einem Peilstab ist entbehrlich, wenn die Tankanlage über einen elektronischen Grenzwertgeber verfügt: BGH VersR 1978, 840.

kontrolle unterzogen werden.[3024] Von diesen Pflichten kann sich der Lieferant mit Hilfe von **AGB** nicht wirksam freizeichnen, auch nicht hinsichtlich seiner Verpflichtung, die Tanks des Bestellers auf ihren ordnungsgemäßen Zustand und ihr Fassungsvermögen zu überprüfen.[3025] Der Betreiber eines Mineralölhandels muss seinen Fahrer eingehend über die Gefahren des Abtankens sowie die dabei zu beobachtenden Sorgfaltsregeln unterrichtet haben, wenn er sich mit Blick auf § 831 Abs. 1 S. 2 entlasten will.[3026] Ein Heizungsmonteur, dem bei der Wartung einer Ölheizung Sicherheitsmängel auffallen, ist deliktsrechtlich gehalten, diese dem Hauseigentümer oder -besitzer mitzuteilen und haftet im Unterlassensfall auf Schadensersatz.[3027]

VI. Bodenschutz und Abfallhaftung

1. Grundlagen. Die Haftung für Schäden, die durch **gefährliche Abfälle** verursacht werden, betrifft praktisch vor allem Gewerbe und Industrie, gilt an sich jedoch für jedermann. Folgerichtig darf ein Grundstückseigentümer, der **giftige Pflanzen** wie Eiben, Robinien oder Buchsbäume gerodet hat, den Verschnitt nicht an der Grenze zu einer Kuhweide ablagern, wo sie von den Tieren gefressen werden und diese an den giftigen Inhaltsstoffen verenden.[3028] Bei **Industrieabfällen** geht es indessen nicht um derart idyllische Fallgestaltungen, sondern insbesondere um Kontaminationen der Umweltmedien Boden und Wasser. Ist es zu einer Verunreinigung von Grund- oder Oberflächengewässern gekommen, ist § 22 WHG zu beachten (RdNr. 687), der im Übrigen schon bei drohender Gewässerverunreinigung einschlägig ist und einen Anspruch auf Ersatz der sog. **Rettungskosten** – das sind Aufwendungen zur Verhinderung einer Gewässerkontamination – gibt.[3029]

Die Abfallhaftung für Schäden, die durch die unerwünschten Koppelprodukte von Güterproduktion und -konsum verursacht werden, richtet sich in weiten Bereichen zunächst nach den §§ 1 ff. **UmweltHG** (RdNr. 677). Dessen Anhang 1 zählt in seinen Nr. 68 ff. verschiedene Anlagen zur Lagerung, Behandlung und Beseitigung von Abfällen auf, während im Übrigen die Umweltgefährdungshaftung selbstverständlich auch dann eingreift, wenn in einer sonstigen im Anhang 1 aufgezählten Anlage, etwa einem Fertigungsbetrieb, mit Abfällen hantiert wird und dadurch ein Dritter zu Schaden kommt. Jenseits des UmweltHG bzw. kumulativ dazu (vgl. § 18 Abs. 1 UmweltHG) unterliegen Abfallerzeuger und -besitzer deliktsrechtlichen Sorgfaltspflichten. Weiter ist der Tatbestand des § 10 Abs. 4 S. 2 Nr. 1 bis 4 **KrW-/AbfG** als **Schutzgesetz** iS des § 823 Abs. 2 anzusehen, soweit dort Verhaltenspflichten zum Schutz von Individualrechtsgütern normiert sind.[3030] Gleiches gilt für die Gefahrenabwehrpflichten des § 4 **BBodSchG** in dem Umfang, in dem sie Verhaltens- und Zustandsstörer zur Sanierung von Bodenverunreinigungen verpflichten.[3031] Der Vorschlag, den **früheren Eigentümer** des kontaminierten Grundstücks von der Schutzgesetzhaftung auszunehmen, obwohl ihn gemäß § 4 Abs. 6 BBodSchG ebenfalls Sanierungspflichten treffen,[3032] ist angesichts der rechtsstaatlichen Bedenken gegen diese Vorschrift zwar ver-

---

[3024] BGH NJW 1984, 233, 234; vgl. weiter BGH VersR 1982, 146 f.; 1978, 840 f.; 1971, 515 f.; 1970, 812 f.; 1964, 632.
[3025] BGH VersR 1971, 515 f.
[3026] BGH VersR 1972, 67, 69.
[3027] OLG Zweibrücken NJW-RR 2000, 1554.
[3028] OLG Köln NJW-RR 1990, 793 f.; OLG Hamm NJW-RR 1990, 794.
[3029] BGHZ 80, 1, 7 = NJW 1981, 1516, 1517; BGHZ 103, 129, 140 ff. = NJW 1988, 1593, 1596.
[3030] Offen gelassen in BGH NJW 2006, 3628, 3630 = VersR 2007, 78; bejahend *Taupitz* in: Jahrbuch des Umwelt- und Technikrechts 1997, S. 237, 268; *Enders*, Die zivilrechtliche Verantwortlichkeit für Altlasten und Abfälle, S. 327; zur Vorgängernorm des § 2 Abs. 1 AbfG auch OLG Hamm NJW-RR 1990, 794, 795; OLG Düsseldorf VersR 1995, 1363, 1364; dagegen *Kunig/Paetow/Versteyl*, Kreislaufwirtschafts- und Abfallgesetz, 2. Aufl. 2003, § 10 RdNr. 32; *Geigel/Freymann* Kap. 15 RdNr. 5. Die Genehmigungsvorbehalte der §§ 27 Abs. 1, 28 Abs. 4, 31, 33, 35, 49, 50 KrW-/AbfG dürften entgegen *Enders* aaO für sich genommen – unabhängig von den Gefahren des § 10 Abs. 4 S. 2 – hingegen nicht als Schutzgesetze anzusehen sein.
[3031] *Taupitz* in: Bodenschutz und Umweltrecht 1997, S. 203, 222 f.
[3032] *Taupitz* in: Bodenschutz und Umweltrecht 1997, S. 203, 225 f.

ständlich, angesichts des Gesetzeswortlauts und der von Bodenkontaminationen gleich welcher Herkunft ausgehenden Gefahren aber wohl kaum begründbar.

695 **2. Deponiebetreiber.** Der **Betreiber einer Mülldeponie** muss die notwendigen Sicherungsmaßnahmen zum Schutz der Rechtsgüter anderer treffen, also insbesondere den Boden der Deponie gegen das Versickern von Schadstoffen abdichten, von den Ablagerungen ausgehende Emissionen ganz unterbinden oder zumindest kontrollieren, das Eindringen Dritter verhindern, wobei gegenüber Kindern gesteigerte Sicherungspflichten gelten (RdNr. 272), sowie – auch nach Schließung der Kippe – Vorkehrungen gegen **wilde Müllablagerungen** treffen.[3033] Darüber hinaus ist selbstverständlich auch für die Sicherheit der Nutzer der Deponie zu sorgen, etwa das über einem Abgrund gelegene Ende einer Abladerampe so zu umwehren, dass die anliefernden Fahrzeuge auch bei vorhersehbarem Fehlverhalten des Fahrers nicht abstürzen können (RdNr. 263),[3034] und ein für schwere Fahrzeuge nicht tragfähiger Haldenrand für den Deponieverkehr zu sperren.[3035] Dieselben Pflichten treffen selbstverständlich auch den Abfallerzeuger, sofern er die **Entsorgung in Eigenregie** durchführt.

696 **3. Abfallerzeuger.** Die deliktischen Sorgfaltspflichten der Industrie sind nicht auf die „positiven Produkte" des Herstellungsprozesses beschränkt, sondern erstrecken sich gleichermaßen auf seine unerwünschten Koppelprodukte.[3036] Dieser Verantwortung kann sich der Abfallerzeuger nicht dadurch entziehen, dass er die **Entsorgungsaufgabe** einem entsprechenden Unternehmen überträgt. Vielmehr ist er zu **sorgfältiger Auswahl** des Entsorgungsbetriebs verpflichtet und darüber hinaus gehalten, Letzteren zu überwachen, um notfalls selbst eingreifen zu können.[3037] Darüber hinaus treffen den **Entsorgungsbetrieb** eigene deliktische Sorgfaltspflichten (RdNr. 296 f.). In Übereinstimmung mit den allgemeinen Prinzipien der Haftung bei Pflichtendelegation sind die Auswahl- und Überwachungspflichten umso intensiver je gefährlicher für die Rechtsgüter Dritter die übertragene Aufgabe ist (RdNr. 300, 302).[3038] Wer große Mengen toxischer Stoffe einem anderen zur Entsorgung überlässt, muss sich positiv vergewissern, dass Letzterer nach seinen fachlichen, technischen und finanziellen Voraussetzungen Gewähr für eine ordnungsgemäße Entsorgung bietet;[3039] insbesondere ist auf eine dem Haftungsrisiko angemessene Kapitalausstattung bzw. Haftpflichtversicherung des Entsorgungsunternehmens zu achten (RdNr. 301). Verfügt der Entsorgungsbetrieb nicht über die notwendigen **abfallrechtlichen Genehmigungen,** dürfte stets eine culpa in eligendo vorliegen, doch umgekehrt darf sich der Abfallproduzent nicht mit der Überprüfung des Vorliegens der notwendigen hoheitlichen Genehmigungen begnügen (RdNr. 284 f.).[3040] Der **Schutzbereich** der deliktischen Sorgfaltspflichten des Abfallerzeugers ist nach der Rechtsprechung des BGH beschränkt auf Rechtsgutsverletzungen, in denen sich gerade die von dem Abfall ausgehenden Umweltgefahren realisiert haben (RdNr. 290).[3041] Folgerichtig ist es nicht Sache des Abfallerzeugers, **fremde Grundstücke zu räumen,** auf denen der Abfall von einem inzwischen insolventen Entsorgungsunternehmen zwischengelagert worden ist. Darüber hinaus hat der BGH aus dem persönlichen Schutzbereich der den Abfallerzeuger treffenden Verkehrspflichten sämtliche Glieder der Entsorgungskette ausgeklammert, vom Abfalltrans-

---

[3033] OLG Karlsruhe VersR 1980, 362; eingehend zu den deliktischen Sicherungspflichten des Deponiebetreibers *Enders,* Die zivilrechtliche Verantwortlichkeit für Altlasten und Abfälle, S. 276 ff.
[3034] OLG Köln VersR 1997, 1355, 1356.
[3035] OLG Frankfurt VersR 1986, 791, 792; 1995, 1365, 1366.
[3036] BGH NJW 1976, 46; 2006, 3628, 3629 Tz. 10 = VersR 2007, 78; *J. Schröder,* FS F. A. Mann, 1977, S. 87 ff.; ebenso bereits RG Archiv für das Civil- und Criminalrecht der Königl. Preuß. Rheinprovinz 83 (1892), Abt. 2 S. 3, 4 f.
[3037] BGH NJW 2006, 3628, 3629 Tz. 11 = VersR 2007, 78.
[3038] BGH NJW 2006, 3628, 3629 Tz. 10 = VersR 2007, 78; NJW 1976, 46, 47 f.; RG (Fn. 3036) S. 4 f.
[3039] So BGH NJW 1994, 1745, 1748 – Falisan (2. StS); insoweit krit. *R. Schmidt* JZ 1995, 545, 550; *Heine* NJW 1998, 3665, 3671.
[3040] BGH NJW 2006, 3628, 3629 Tz. 11 = VersR 2007, 78.
[3041] BGH NJW 2006, 3628, 3629 Tz. 13 = VersR 2007, 78,

porteur bis hin zum Eigentümer eines für den Betrieb einer Recyclinganlage verpachteten Grundstücks.[3042] Damit erledigt sich die umstrittene Frage, ob die Zwischenlagerung von Abfall auf dem Grundstück eines Speditions- oder Lagerunternehmens bei Scheitern des Weitertransports eine vom Abfallproduzenten zu verantwortende Eigentumsverletzung darstellt (vgl. RdNr. 118 mit Fn. 487).

An dem eben dargestellten Geflecht deliktischer Sorgfaltspflichten hat auch die Einführung und stetige Erweiterung eines Regimes **öffentlich-rechtlicher Entsorgungsverantwortlichkeit** durch das Abfallbeseitigungsgesetz 1972, das Abfallgesetz 1986 und schließlich das Kreislaufwirtschafts- und Abfallgesetz 1996 nichts geändert. Insbesondere führt die Regelung des § 16 Abs. 1 S. 2 KrW-/AbfG, nach der die **Verantwortlichkeit der Abfallerzeuger und -besitzer** „unberührt" bleibt, wenn sie Dritte mit der Erfüllung ihrer Verwertungs- und Beseitigungspflichten (§§ 5 Abs. 2, 11 Abs. 1 KrW-/AbfG) beauftragen, nicht zu einer grenzenlosen Haftung. Die Vorschrift ist vielmehr in Übereinstimmung mit den herkömmlichen deliktsrechtlichen Grundsätzen dahin zu verstehen, dass die zivilrechtliche Verantwortung des Erzeugers oder Besitzers insoweit fortbesteht, als er zu sorgfältiger **Auswahl und Überwachung** des Entsorgungsunternehmens und ggf. auch zum Einschreiten verpflichtet ist.[3043] Umgekehrt wird die Auffassung vertreten, die deliktischen Auswahl- und Überwachungspflichten des Abfallproduzenten seien nach Inkrafttreten der §§ 40 ff. KrW-/AbfG mit ihren nahezu flächendeckenden Nachweis- und Genehmigungserfordernissen entsprechend zu reduzieren.[3044] Tatsächlich kann es nicht in Betracht kommen, dem Abfallproduzenten seine Auswahl- und Überwachungspflichten mehr oder weniger zu erlassen, wenn er seine Abfälle einem gemäß § 49 KrW-/AbfG lizenzierten Transporteur oder einem Entsorgungsfachbetrieb iS des § 52 KrW-/AbfG übergibt.[3045] Existenz und Umfang deliktischer Sorgfaltspflichten sind allgemein vom öffentlichen Sicherheitsrecht unabhängig (RdNr. 278 ff.),[3046] und es ist nicht zu sehen, aus welchem Grund es im Bereich der Abfallentsorgung anders sein sollte.[3047] Eine Ausnahme gilt nur, wenn das öffentliche Recht einen **Andienungs- und Überlassungszwang** zugunsten bestimmter Entsorger normiert; hier hat der Abfallproduzent keine Wahl und folglich auch keine Auswahl- und Überwachungspflichten.[3048] Im Übrigen gilt bei der Delegation von Verkehrspflichten ganz allgemein die Regel, dass das Maß, in dem der originäre Pflichtenträger sowohl ex ante als auch nach Übertragung der Aufgabe gehalten ist, das beauftragte Unternehmen zu überprüfen, entscheidend nicht nur von der Größe der Gefahr, sondern auch von der Zuverlässigkeit des Beauftragten abhängt (vgl. RdNr. 302).[3049] Einem in der Branche **anerkannten Fachbetrieb** darf erheblich mehr Vertrauen entgegen gebracht werden als einem branchenfremden Neukommer oder einer heruntergekommenen Klitsche. In diesem Rahmen spielen selbstverständlich auch hoheitliche Genehmigungen sowie durch private Stellen vorgenommene Zertifizierungen des Betriebs eine Rolle; blindes Vertrauen in die Zuverlässigkeit des Beauftragten rechtfertigen sie nicht (vgl. RdNr. 284 f.). Letzteres wird durch

---

[3042] BGH NJW 2006, 3628, 3629 f. Tz. 15 ff. = VersR 2007, 78; vgl. auch BGHZ 63, 119, 123 f. = NJW 1975, 106, 107 f.
[3043] *Enders*, Die zivilrechtliche Verantwortlichkeit für Altlasten und Abfälle, S. 297; *Taupitz* in: Jahrbuch des Umwelt- und Technikrechts 1997, S. 237, 259.
[3044] *Eckrutt* NJW 1976, 885, 886; *Leonhard*, FS Leser, 1998, S. 370, 385; tendenziell auch *Taupitz* in: Jahrbuch des Umwelt- und Technikrechts 1997, S. 237, 259 f.
[3045] Übereinstimmend (auch zum früheren Recht) *Birn* NJW 1976, 1880 f.; *J. Schröder*, FS F. A. Mann, 1977, S. 87, 103; *v. Wilmowsky* NuR 1991, 253, 257; *Paschke/Köhlbrandt* NuR 1993, 256, 259; *Marburger* in: Kreislauf oder Kollaps im Abfallwirtschaftsrecht?, S. 129, 152; *Enders*, Die zivilrechtliche Verantwortlichkeit für Altlasten und Abfälle, S. 293 f.
[3046] Vgl. *Gesmann-Nuissl/Wenzel* NJW 2004, 117, 119.
[3047] Treffend *Birn* NJW 1976, 1880: „wo findet sich in unserer Welt der Genehmigungsvorbehalte, Mindestanforderungen und technischen Richtlinien noch ein Bereich, der nicht [...] einer mehr oder minder strengen behördlichen Überwachung unterworfen ist?".
[3048] *Marburger* in: Kreislauf oder Kollaps im Abfallwirtschaftsrecht?, S. 129, 153; *Enders*, Die zivilrechtliche Verantwortlichkeit für Altlasten und Abfälle, S. 298.
[3049] Zur Konkretisierung des Standards speziell im Abfallrecht *Krieger* DB 1996, 613, 614 f.

die notorischen Fälle eklatanten Versagens staatlicher Regulierungsbehörden und privater Wirtschaftsprüfungsgesellschaften im Bereich der Abfallwirtschaft belegt.[3050]

K. Arzthaftung

Schrifttum: 1. Allgemeines und übergreifende Fragen; Arzthaftungsprozess: *Ankermann,* Haftung für fehlerhaften oder fehlenden ärztlichen Rat, FS Steffen, 1995, S. 1; *Baumgärtel,* Das Wechselspiel der Beweislastverteilung im Arzthaftungsprozeß, GD 1980, S. 93; *Baumgärtel/Wittmann,* Zur Beweislastverteilung im Rahmen von § 823 Abs. 1 BGB, FS K. Schäfer, 1980, S. 13; *Baur,* Die Facharztpräsenz bei der Anfängeroperation, MedR 1994, 490 und 1995, 192; *Belling,* Die Entscheidungskompetenz für ärztliche Eingriffe bei Minderjährigen, FuR 1990, 68; *Belling/Eberl,* Der Schwangerschaftsabbruch bei Minderjährigen, FuR 1995, 287; *Belling/Eberl/Micklik,* Das Selbstbestimmungsrecht Minderjähriger bei medizinischen Eingriffen, 1994; *Bergmann,* Die Organisation des Krankenhauses unter haftungsrechtlichen Gesichtspunkten, VersR 1996, 810; *Bodenburg,* Zur Reform des Arzthaftungsrechts – Kunstfehlerbegriff, Haftungsmodelle, ärztliche Gutachter- und Schlichtungsstellen, ZVersWiss. 1981, 155; *Bollweg/Brahms,* „Patientenrechte in Deutschland" – Neue Patientencharta, NJW 2003, 1505; *Conradi,* Verknappung medizinischer Ressourcen und Arzthaftung, 2000; *Damm,* Medizintechnik und Arzthaftungsrecht – Behandlungsfehler und Aufklärungspflicht bei medizintechnischen Behandlungsalternativen, NJW 1989, 737; *Deutsch,* Rechtswidrigkeitszusammenhang, Gefahrerhöhung und Sorgfaltsausgleichung bei der Arzthaftung, FS v. Caemmerer, 1978, S. 329; *ders.,* Das Recht der klinischen Forschung an Menschen, 1979; *ders.,* Schutzbereich und Tatbestand des unerlaubten Heileingriffs im Zivilrecht, NJW 1965, 1985; *ders.,* Der Doppelblindversuch, JZ 1980, 289; *ders.,* Tendenzen des modernen Arztrechts, VersR 1982, 305; *ders.,* Neuere Tendenzen und Probleme des Arztrechts, ArztR 1983, 293; *ders.,* Die Haftung des Zahnarztes bei zahnärztlichen Behandlungen, VersR 1983, 993; *ders.,* Haftungsfreistellung von Arzt oder Klinik und Verzicht auf Aufklärung durch Unterschrift des Patienten, NJW 1983, 1351; *ders.,* Die Infektion als Zurechnungsgrund, NJW 1986, 757; *ders.,* Krankenhaushygiene aus der Sicht des Juristen, VersR 1987, 534; *ders.,* Die Aufklärungspflicht bei neuroradiologischen Untersuchungsmethoden, MedR 1987, 73; *ders.,* Die rechtlichen Grundlagen und die Funktionen der Ethik-Kommissionen, VersR 1989, 429; *ders.,* Haftung für unerlaubte bzw. fehlerhafte Genomanalyse, VersR 1991, 1205; *ders.,* Die Wiederkehr der Fahrlässigkeit – Neuseeland definiert den „medizinischen Behandlungsunfall", VersR 1994, 381; *ders.,* Verkehrssicherungspflicht bei klinischer Forschung – Aufgabe der universitären Ethik-Kommissionen?, MedR 1995, 483; *ders.,* Kausalität und Schutzbereich der Norm im Arzthaftungsrecht, FS Geiß, 2000, S. 367; *Deutsch/Spickhoff,* Medizinrecht, 6. Aufl. 2008; *Deutsch/Matthies,* Arzthaftungsrecht. Grundlagen, Rechtsprechung, Gutachter- und Schlichtungsstellen, 1985; *Eberhardt,* Die zivilrechtliche Haftung des Heilpraktikers, VersR 1986, 110; *G. Fischer,* Die mutmaßliche Einwilligung bei ärztlichen Eingriffen, FS Deutsch, 1999, S. 545; *Francke/Hart,* Charta der Patientenrechte, 1999; *Franzki,* Die Beweisregeln im Arzthaftungsprozeß, 1982; *ders.,* Der Arzthaftungsprozeß, 1984; *ders.,* Arzthaftung in Ost und West, FS Remmers, 1995, S. 467; *D. Giesen,* Arzthaftungsrecht, 4. Aufl. 1995; *ders.,* Arzthaftungsrecht im Umbruch, JZ 1982, 345, 448; *ders.,* Recht und medizinischer Fortschritt, JR 1984, 221; *ders.,* Zwischen Patientenwohl und Patientenwille, JZ 1987, 282; *ders.,* Wandlungen im Arzthaftungsrecht – Die Entwicklung der höchstrichterlichen Rechtsprechung auf dem Gebiet des Arzthaftungsrechts in den achtziger Jahren, JZ 1990, 1053; *ders.,* Arzthaftungsrecht, 4. Aufl. 1995; *R. Giesen,* Internationale Maßstäbe für die Zulässigkeit medizinischer Heil- und Forschungseingriffe. Das Vorhaben einer europäischen Bioethik-Konvention, MedR 1995, 353; *Geiß/Greiner,* Arzthaftpflichtrecht, 4. Aufl. 2001; *Gehrlein,* Neuere Rechtsprechung zur Arzt-Berufshaftung, VersR 2005, 1488; *Grupp,* Rechtliche Probleme alternativer Behandlungsmethoden, MedR 1992, 256; *Hanau,* Arzt und Patient – Partner oder Gegner, FS Baumgärtel, 1990, S. 121; *Hart,* Arzthaftung und Arzneimitteltherapie, MedR 1991, 300; *ders.,* Heilversuch, Entwicklung therapeutischer Strategien, klinische Prüfung und Humanexperiment, MedR 1994, 94; *ders.,* Autonomiesicherung im Arzthaftungsrecht, FS Heinrichs, 1998, S. 292; *ders.,* Ärztliche Leitlinien – Definitionen, Funktionen, rechtliche Bewertungen, MedR 1998, 8; *Jorzig,* Arzthaftungsprozeß – Beweislast und Beweismittel, MDR 2001, 481; *Katzenmeier,* Arzthaftung, 2002; *Kern,* Fremdbestimmung bei der Einwilligung in ärztliche Eingriffe, NJW 1994, 753; *Kothe,* Die rechtfertigende Einwilligung, AcP 185 (1985), 105; *Krauskopf,* Die Haftung des Kassenarztes, FS Hermann Lange, 1992, S. 523; *Kullmann,* Übereinstimmungen und Unterschiede im medizinischen, haftungsrechtlichen und sozialversicherungsrechtlichen Begriff des medizinischen Standards, VersR 1997, 529; *Laufs/Uhlenbruck,* Handbuch des Arztrechts, 3. Aufl. 2002; *Lepa,* Der Anscheinsbeweis im Arzthaftungsprozeß, FS Deutsch, 1999, S. 635; *G. Müller,* Beweislast und Beweisführung im Arzthaftungsprozeß, NJW 1997, 3049; *dies.,* Spielregeln für den Arzthaftungsprozess, DRiZ 2000, 259; *Nixdorf,* Zur ärztlichen Haftung hinsichtlich entnommener Körpersubstanzen: Körper, Persönlichkeit, Totenfürsorge, VersR 1995, 740; *ders.,* Befunderhebungspflicht und vollbeherrschbare Risiken in der Arzthaftung: Beweislastverteilung im Fluß?, VersR 1996, 160; *Nüßgens,* Zwei Fragen zur zivilrechtlichen Haftung des Arztes, FS Hauß, 1978, S. 287; *Puhl/Dierks,* Der Einfluß der Zivil-

---

[3050] Vgl. zum Fall „Falisan" BGHSt NJW 1994, 1745, 1747; *Versteyl* NJW 1995, 1070, 1071; in casu hatte sich ein dem „Bund Deutscher Entsorger" angehörendes und von einem Sachverständigen empfohlenes Unternehmen schwerste Verstöße gegen die Pflichten zur ordnungsgemäßen Abfallbeseitigung zuschulden kommen lassen. Krit. hingegen *R. Schmidt* JZ 1995, 545, 550.

Schadensersatzpflicht 697 § 823

gerichtsbarkeit auf die Qualität ärztlicher Versorgung, FS Geiß, 2000, S. 477; *Rehborn,* Aktuelle Entwicklungen im Arzthaftungsrecht, MDR 2001, 1148; *Reiling,* Die Grundlagen der Krankenhaushaftung – Eine kritische Bestandsaufnahme, MedR 1995, 443; *Schmid,* Die Grenzen der Therapiefreiheit, NJW 1986, 2339; *ders.,* Verfahrensregeln für Arzthaftungsprozesse, NJW 1994, 767; *Seehafer,* Arzthaftungsprozeß in der Praxis, 1991; *Sethe/Krumpaszky,* Arzthaftung und Qualitätsmanagement in der Medizin, VersR 1988, 420; *Spickhoff,* Medizin und Recht zu Beginn des neuen Jahrhunderts, NJW 2001, 1757; *ders.,* Haftungsrechtliche Fragen der Biomedizin, VersR 2006, 1569; *Steffen,* Der verständige Patient aus der Sicht des Juristen, MedR 1983, 88; *ders.,* Grundlagen und Entwicklung der Rechtsprechung des Bundesgerichtshofs zur Arzthaftpflicht, ZVersWiss. 1990, 31; *ders.,* Einfluß verminderter Ressourcen und von Finanzierungsgrenzen aus dem Gesundheitsstrukturgesetz auf die Arzthaftung, MedR 1995, 190; *ders.,* Der sogenannte Facharztstatus aus der Sicht der Rechtsprechung des BGH, MedR 1995, 360; *ders.,* Beweislasten für den Arzt und den Produzenten aus ihren Aufgaben zur Befundsicherung, FS Brandner, 1996, S. 327; *ders.,* Die Arzthaftung im Spannungsfeld zu den Anspruchsbegrenzungen des Sozialrechts für den Kassenpatienten, FS Geiß, 2000, S. 487; *ders.,* Einige Überlegungen zur Haftung für Arztfehler in der Telemedizin, FS Stoll, 2001, S. 71; *Steffen/Pauge,* Arzthaftungsrecht, 10. Aufl. 2006; *Taupitz,* Rechtliche Bindungen des Arztes: Erscheinungsweisen, Funktionen, Sanktionen, NJW 1986, 2851; *ders.,* Die Standesordnungen der freien Berufe, 1991; *ders.,* Das Berufsrisiko des Arztes: Entwicklung, Steuerung und Risikominimierung, MedR 1995, 475; *ders.,* Die mutmaßliche Einwilligung bei ärztlicher Heilbehandlung – insbesondere vor dem Hintergrund der höchstrichterlichen Rechtsprechung des Bundesgerichtshofs, FG 50 Jahre BGH, Bd. I, 2000, S. 497; *Uhlenbruck,* Vorab-Einwilligung und Stellvertretung bei der Einwilligung in einen Heileingriff, MedR 1992, 134; *Ulsenheimer,* Zur zivil- und strafrechtlichen Verantwortlichkeit des Arztes unter besonderer Berücksichtigung der neueren Judikatur und ihrer Folgen für eine defensive Medizin, MedR 1992, 127; *ders.,* Qualitätssicherung und risk-management im Spannungsverhältnis zwischen Kostendruck und medizinischem Standard, MedR 1995, 438; Verhandlungen des 52. DJT, Abt. Arztrecht mit Referaten von *Steffen* und *Weissauer,* 1978.

2. Pflicht zur sorgfältigen Behandlung, grober Behandlungsfehler: *Baumgärtel/Wittmann,* Zur Beweislastverteilung im Rahmen von § 823 Abs. 1 BGB, FS K. Schäfer, 1980, S. 13; *Bischoff,* Die Haftung des Arztes aus Diagnosefehlern und unterlassenen Untersuchungen, FS Geiß, 2000, S. 345; *Bodenburg,* Der ärztliche Kunstfehler als Funktionsbegriff zivilrechtlicher Dogmatik, 1983; *Deutsch,* Der grobe Behandlungsfehler: Dogmatik und Rechtsfolgen, VersR 1988, 1; *ders.,* Fahrlässigkeitstheorie und Behandlungsfehler, NJW 1993, 1506; *ders.,* Beweis und Beweiserleichterungen des Kausalzusammenhangs im deutschen Recht, FS Hermann Lange, 1992, S. 433; *Dressler,* Ärztliche Leitlinien und Arzthaftung, FS Geiß, 2000, S. 379; *Hart,* Evidenz-basierte Medizin und Gesundheitsrecht, MedR 2000, 1; Diagnosefehler, FS Eike Schmidt, 2005, S. 131; *Hausch,* Die neuere Rechtsprechung des BGH zum groben Behandlungsfehler – eine Trendwende?, VersR 2002, 671; *ders.,* Die personelle Reichweite der Beweisregeln im Arzthaftungsprozess, VersR 2005, 600; *Huster/Strech/Mackmann* et al., Implizite Rationierung als Rechtsproblem, MedR 2007, 703; *Kresse,* Ärztliche Behandlungsfehler durch wirtschaftlich motiviertes Unterlassen, MedR 2007, 393; *Maassen,* Beweismaßprobleme im Schadensersatzprozeß, 1975; *Musielak,* Die Beweislast, JuS 1983, 609; *Schiemann,* Kausalzusammenhang bei der Arzthaftung, FS Canaris, Bd. I, 2007, S. 1161; *Taupitz,* Aufklärung über Behandlungsfehler: Rechtspflicht gegenüber dem Patienten oder ärztliche Ehrenpflicht?, NJW 1992, 713; *Terbille/Schmitz-Herscheidt,* Zur Offenbarungspflicht bei ärztlichen Behandlungsfehlern, NJW 2000, 1749.

3. Aufklärungspflicht: *Büttner,* Die deliktsrechtliche Einordnung der ärztlichen Eingriffsaufklärung – ein juristischer Behandlungsfehler, FS Geiß, 2000, S. 353; *Canaris,* Die Vermutung „aufklärungsrichtigen Verhaltens" und ihre Grundlagen, FS Hadding, 2004, S. 3; *Deutsch,* Das therapeutische Privileg des Arztes: Nichtaufklärung zugunsten des Patienten, NJW 1980, 1305; *ders.,* Theorie der Aufklärungspflicht des Arztes, VersR 1981, 293; *ders.,* Neue Aufklärungsprobleme im Arztrecht, NJW 1982, 2585; *ders.,* Schutzbereich und Beweislast der ärztlichen Aufklärungspflicht, NJW 1984, 1802; *ders.,* Aufklärungspflicht und Zurechnungszusammenhang, NJW 1989, 2313; *Francke/Hart,* Ärztliche Verantwortung und Patienteninformation, 1987; *Giebel/Wienke/Sauerborn/Edelmann/Mennigen/Dievenich,* Das Aufklärungsgespräch zwischen Wollen, Können und Müssen, NJW 2001, 863; *Greiner,* Aufklärung über „Behandlungsschritte" und „Behandlungstechniken"?, FS Geiß, 2000, S. 411; *Hausch,* Beweisprobleme bei der therapeutischen Aufklärung, VerSR 2007, 167; *Kullmann,* Schadensersatzpflicht bei Verletzung der ärztlichen Aufklärungspflicht bzw. des Selbstbestimmungsrechts des Patienten ohne Entstehung eines Eingriffsschadens, VersR 1999, 1190; *Lepa,* Beweisprobleme beim Schadensersatzanspruch aus Verletzung der Verpflichtung des Arztes zur Risikoaufklärung, FS Geiß, 2000, S. 449; *v. Mühlendahl,* Ärztliche Aufklärungspflicht bei extrem geringen Risiken, NJW 1995, 3042; *Müller,* Aufklärungsfehler als Grundlage ärztlicher Haftung, FS Geiß, 2000, S. 461; *Muschner,* Haftungsrechtliche Besonderheiten bei der Aufklärung ausländischer Patienten, VersR 2003, 826; *G. Nüßgens,* Zur hypothetischen Einwilligung des Patienten, FS Nirk, 1992, S. 745; *Roßner,* Verzicht des Patienten auf eine Aufklärung durch den Arzt, NJW 1990, 2291; *Rumler-Detzel,* Die Aufklärungspflichtverletzung als Klagegrundlage, FS Deutsch, 1999, S. 699; *Steffen,* Haftung des Arztes für Fehler bei der Risikoaufklärung – Zurechnungsbeschränkungen oder versari in re illicita?, FS Medicus, 1999, S. 637; *Strücker-Pütz,* Verschärfung der ärztlichen Aufklärungspflicht durch den BGH, VersR 2008, 752; *Tempel,* Inhalt, Grenzen und Durchführung der ärztlichen Aufklärungspflicht unter Zugrundelegung der höchstrichterlichen Rechtsprechung, NJW 1980, 609; *Wertenbruch,* Der Zeitpunkt der Patientenaufklärung, MedR 1995, 306; *Wiethölter,* Arzt und Patient als Rechtsgenossen, in: Die Aufklärungspflicht des Arztes, hrsg. von der Stiftung zur Förderung der wissenschaftlichen Forschung über Wesen und Bedeutung der freien Berufe, 1962, S. 71; *Wussow,* Umfang

§ 823   698   Abschnitt 8. Titel 27. Unerlaubte Handlungen

und Grenzen der ärztlichen Aufklärungspflicht, VersR 2002, 1337; *Ziegler,* Fragen Sie Ihren Arzt oder Apotheker, VersR 2002, 541.

4. Dokumentationspflicht: *Ahrens,* Ärztliche Aufzeichnungen und Patienteninformationen – Wegmarken des BGH, NJW 1983, 2609; *Groß,* Beweiserleichterungen für den Patienten bei Unterlassung medizinisch gebotener Befunderhebung, FS Geiß, 2000, S. 429; *Hohloch,* Ärztliche Dokumentation und Patientenvertrauen, NJW 1982, 2577; *Nüßgens,* Zur ärztlichen Dokumentationspflicht und zum Einsichtsrecht des Patienten in die Krankenunterlagen, insbesondere zur Begründung dieses Rechts, VersR 1983, 175; *Peter,* Die Beweissicherungspflicht des Arztes, NJW 1988, 751.

5. Patientenautonomie und Sterbehilfe: *Alberts,* Sterbehilfe, Vormundschaftsgericht und Verfassung, NJW 1999, 835; *Chr. Berger,* Privatrechtliche Gestaltungsmöglichkeiten zur Sicherung der Patientenautonomie am Ende des Lebens, JZ 1990, 797; *Burchardi,* Begrenzung oder Beendigung der Behandlung aus der Sicht eines Intensivmediziners, FS Deutsch, 1999, S. 477; *Landau,* „Heiligkeit des Lebens und Selbstbestimmung im Sterben", ZRP 2005, 50; *H.-L. Schreiber,* Ein neuer Entwurf für eine Richtlinie der Bundesärztekammer zur Sterbehilfe, FS Deutsch, 1999, S. 773; *A. Roth,* Die Verbindlichkeit der Patientenverfügung und der Schutz des Selbstbestimmungsrechts, JZ 2004, 494; *Spickhoff,* Autonomie und Heteronomie im Alter, AcP 208 (2008), 345; *Taupitz,* Empfehlen sich zivilrechtliche Regelungen zur Absicherung der Patientenautonomie am Ende des Lebens?, Gutachten A zum 63. DJT, Bd. I, 2000; *Uhlenbruck,* Die Stellvertretung in Gesundheitsangelegenheiten, FS Deutsch, 1999, S. 849; *Vossler,* Bindungswirkung von Patientenverfügungen?, ZRP 2002, 295.

6. Haftungsersetzung durch Versicherungsschutz, Proportionalhaftung: *Barta,* Kann das historische Modell der gesetzlichen Unfallversicherung einer modernen Arzthaftung als Vorbild dienen?, FS Gitter, 1995, S. 9; *Baumann,* Arzthaftung und Versicherung, JZ 1983, 167; *Dinslage,* Patientenversicherung, VersR 1981, 310; *Dute/Faure/Koziol,* No-Fault Compensation in the Health Care Sector, 2004; *Fleischer,* Schadensersatz für verlorene Chancen im Vertrags- und Deliktsrecht, JZ 1999, 766; *Katzenmeier,* „Heilbehandlungsversicherung" – Ersetzung der Arzthaftung durch Versicherungsschutz? –, VersR 2007, 137; *Koziol,* Verschuldensunabhängige Ersatzansprüche bei Behandlungsfehlern, RdM 1994, 3; *Radau,* Ersetzung der Arzthaftung durch Versicherungsschutz, 1993; *Schiemann,* Kausalitätsprobleme bei der Arzthaftung, FS Canaris, Bd. I, 2007, S. 1161; *E. Schmidt,* Der ärztliche Behandlungsfehler im Spannungsfeld zwischen medizinischem Versagen und juristischer Problembearbeitung, MedR 2007, 693 mit Kritik *Gödicke* und Replik *E. Schmidt* MedR 2008, 405; *Spickhoff,* Folgenzurechnung im Schadensersatzrecht, Gründe und Grenzen, Karlsruher Forum, 2005, S. 7, 73; *Taupitz,* Proportionalhaftung zur Lösung von Kausalitätsproblemen – insbesondere in der Arzthaftung?, FS Canaris, Bd. I, 2007, S. 1231; *Thumann,* Die Reform der Arzthaftung in den Vereinigten Staaten von Amerika, 2000; *G. Wagner,* Schadensersatz – Zwecke, Inhalte, Grenzen, Karlsruher Forum, 2006, S. 80; *ders.,* Proportionalhaftung für ärztliche Behandlungsfehler de lege lata, FS G. Hirsch, 2008, S. 453; *Weyers,* Empfiehlt es sich, im Interesse der Patienten und Ärzte ergänzende Regelungen für das ärztliche Vertrags-(Standes-) und Haftungsrecht einzuführen?, Gutachten A zum 52. DJT 1978, Bd. I, 1978.

7. Rechtsvergleichung: *v. Bar,* Gemeineuropäisches Deliktsrecht, Bd. II, 1999, RdNr. 296 ff.; *Brüggemeier* Haftungsrecht S. 457; *Faure,* Kompensationsmodelle für Heilwesenschäden in Europa mit Ausblick auf die EG-Rechtsharmonisierung, ZEuP 2000, 575; *Faure/Koziol* (Hrsg.), Cases on Medical Malpractice in a Comparative Perspective, 2001; *Fischer/Lilie,* Ärztliche Verantwortung im europäischen Rechtsvergleich, 1999; *Hirte,* Berufshaftung, 1996, S. 242; *Hondius,* Comparative medical liability in Europe, FS Hans Stoll, 2001, S. 185.

I. Die Arzthaftung zwischen Schuld- und Sozialversicherungsrecht

698   Das Arztrecht ist eine **Querschnittsmaterie,** die verschiedene Bereiche des öffentlichen Rechts, einschließlich des Strafrechts, sowie des Privatrechts unter dem Gesichtspunkt ihrer Relevanz für die ärztliche Berufsausübung zusammenfasst.[3051] Im Folgenden geht es nur um einen Ausschnitt des Arztrechts, nämlich die **Haftung des Arztes für Pflichtverletzungen im Rahmen der Heilbehandlung.** Selbstverständlich unterliegt der Arzt wie jeder andere Akteur der allgemeinen Deliktshaftung nach § 823 und der dieser vorgelagerten Pflicht zur Beachtung der im Verkehr erforderlichen Sorgfalt (§ 276 Abs. 2). Wenn das Arzthaftungsrecht gleichwohl als Sondermaterie des Deliktsrechts erscheint, dann wegen seiner engen Verknüpfung mit drei anderen Rechtsgebieten, nämlich dem Vertragsrecht, dem Sozialversicherungsrecht und dem ärztlichen Standesrecht. Zum ärztlichen **Berufsrecht** vgl. auch 4. Aufl. § 611 RdNr. 101 f.; zu den vielfältigen Streitfragen um wrongful life und **wrongful birth** RdNr. 86 ff.; zur **Organspende** RdNr. 84; zur **klinischen Sektion** RdNr. 85.

[3051] *Deutsch/Spickhoff* Medizinrecht RdNr. 2.

1. Arzthaftung aus Vertrag und Delikt. Seit jeher ist die **Arzthaftung vor allem** 699 **eine Angelegenheit des Vertragsrechts,** denn die ärztliche Heilbehandlung erfolgt regelmäßig – wenn auch nicht immer – im Rahmen einer vertraglichen Vereinbarung zwischen Arzt und Patient. Die deliktsrechtliche Tradition des Arzthaftungsrechts beruht vor allem auf dem traditionellen Grundsatz des deutschen Rechts, den Schmerzensgeldanspruch auf unerlaubte Handlungen zu begrenzen (§ 847 aF). Nachdem diese Beschränkung mit dem Zweiten Schadensersatzrechtsänderungsgesetz weggefallen ist, hat das Deliktsrecht für die Praxis des Arzthaftungsrechts einen Großteil seiner Bedeutung eingebüßt, denn es gewährt dem Geschädigten kaum etwas, was dieser nicht auch schon auf Grund des Vertragsrechts verlangen könnte.[3052] Der Arztvertrag ist regelmäßig als **Dienstvertrag** gemäß §§ 611 ff. zu qualifizieren; der Arzt schuldet nicht den Behandlungserfolg, dessen Eintritt er nicht vollständig kontrollieren kann, sondern lediglich das sorgfältige Bemühen um Hilfe und Heilung.[3053] Das danach maßgebliche Pflichtenprogramm unterscheidet sich in nichts von den Sorgfaltsgeboten des § 823 Abs. 1.[3054] Auch im Rahmen des Deliktsrechts ist der Arzt auf Grund seiner Garantenstellung zu einer den Regeln der ärztlichen Kunst entsprechenden Heilbehandlung mit dem Ziel einer Wiederherstellung der Gesundheit verpflichtet.[3055] Genauso entspricht der Umfang der vertraglich geschuldeten Aufklärung den nach Deliktsrecht bestehenden Aufklärungsobliegenheiten.[3056] Nach der Reform des Verjährungsrechts im Rahmen der Schuldrechtsreform ist auch insoweit der Unterschied zwischen Vertrags- und Deliktshaftung eingeebnet worden, denn sowohl für Schadensersatzansprüche aus § 280 als auch für solche aus § 823 gilt nunmehr die Regelverjährung nach §§ 195, 199. Schließlich hat der Arzt keine Möglichkeit, seine Haftung im Rahmen von **AGB** auszuschließen oder zu beschränken, denn gemäß § 309 Nr. 7a sind formularmäßige Haftungsfreizeichnungen für schuldhaft verursachte Personenschäden unwirksam.[3057] Die verbleibenden **Abweichungen zwischen Vertrags- und Deliktshaftung,** nämlich die Haftung von Gehilfenversagen gemäß § 278 oder § 831 sowie die Übernahme einer Garantie für den Leistungserfolg,[3058] wirken sich im Arzthaftungsrecht kaum aus, weil Garantiezusagen im Rahmen von Arztverträgen nicht vorkommen und der gemäß § 831 Abs. 1 S. 2 theoretisch bestehenden Möglichkeit des Entlastungsbeweises durch Statuierung umfangreicher Organisationspflichten insbesondere von Krankenhausträgern der Garaus gemacht worden ist (RdNr. 388).[3059] Gleichwohl bestehen Vertrags- und Deliktshaftung nach dem Kumulationsprinzip nebeneinander (Vor § 823 RdNr. 68), so dass der Arzt ggf. sowohl nach § 280 als auch gemäß § 823 für den Schaden aufzukommen hat.

Entscheidende Bedeutung hat § 823 Abs. 1 noch in denjenigen Fällen, in denen die 700 **Heilbehandlung außerhalb eines Vertragsverhältnisses** zu dem behandelnden Arzt erfolgt, es an einer sonstigen Sonderverbindung, etwa dem **Vertrag mit Schutzwirkung für Dritte bei der Entbindung**[3060] oder an einer (berechtigten) Geschäftsführung ohne Auftrag fehlt[3061] und der Arzt auch nicht als Beamter im haftungsrechtlichen Sinn tätig

---

[3052] *Wagner* NJW 2002, 2049, 2055 f.
[3053] BGHZ 63, 306, 309 = NJW 1975, 305, 306; BGHZ 76, 259, 261 = NJW 1980, 1452, 1453; BGHZ 97, 273, 276 = NJW 1986, 2364; BGH NJW 1991, 1540, 1541; *Soergel/Spickhoff* Anh. I RdNr. 8 f.; *Deutsch/Spickhoff* Medizinrecht RdNr. 76 ff.
[3054] Ausdrücklich zur Identität der Sorgfaltsmaßstäbe BGH NJW 1989, 767, 768; RGRK/*Nüßgens* Anh. II RdNr. 4; *Soergel/Spickhoff* Anh. I RdNr. 47; *Ermann/Schiemann* RdNr. 131.
[3055] BGH VersR 1985, 1068, 1069; NJW 1989, 767, 768.
[3056] BGH NJW 1990, 2929, 2930; genauso bereits BGH NJW 1980, 1905, 1906 f.
[3057] Zur Rechtslage unter altem Schuldrecht vgl. 3. Aufl. RdNr. 349.
[3058] Eingehend *Wagner* NJW 2002, 2049, 2055 f.
[3059] BGH NJW 1959, 2302, 2303; 1978, 584, 585; 1991, 2344, 2345; 1993, 2989, 2990 f.; *Steffen/Pauge* Arzthaftungsrecht RdNr. 90; RGRK/*Nüßgens* Anh. II RdNr. 4; *Staudinger/Hager* RdNr. I ; *Soergel/Spickhoff* Anh. I RdNr. 7, 51.
[3060] BGHZ 161, 255, 262 = NJW 2005, 888.
[3061] Beispiele: BGHZ 33, 251, 254 ff. = NJW 1961, 359, 360 f.; vgl. auch *Soergel/Spickhoff* Anh. I RdNr. 37; *Deutsch/Spickhoff* Medizinrecht RdNr. 165.

§ 823   701   Abschnitt 8. Titel 27. Unerlaubte Handlungen

wird.[3062] Ein **zufällig am Unfallort präsenter Arzt,** der die medizinische Versorgung des Opfers aus freien Stücken übernimmt und dabei Fehler macht, schließt dabei nicht konkludent einen Mandatsvertrag (§ 662) mit den Angehörigen ab.[3063] Folgerichtig gilt für ihn der **reduzierte Sorgfaltsmaßstab des § 680,** während professionelle Notärzte dem allgemeinen Sorgfaltsstandard zu genügen haben (RdNr. 754 ff.).[3064] Ein Vertragsverhältnis zum Patienten scheitert allerdings nicht schon daran, dass der Arzt von einem Kollegen in die Heilbehandlung eingeschaltet worden ist, ohne mit dem Patienten persönlich in Kontakt getreten zu sein, so dass auch **Laborärzte** auf Grund Vertrages für Pflichtverletzungen einzustehen haben.[3065] Schließen **Eltern einen Behandlungsvertrag zugunsten ihres Kindes** ab, so schuldet der Arzt gemäß § 328 seinem minderjährigen Patienten persönlich die Beachtung der im Verkehr erforderlichen Sorgfalt.[3066] Bei Schädigungen von Embryonen oder Neugeborenen durch mangelhafte medizinische Betreuung der Schwangerschaft oder des Geburtsvorgangs ist das Kind in den Schutzbereich des von der Mutter geschlossenen Behandlungsvertrags einbezogen, so dass es auch hier des Rückgriffs auf § 823 nicht bedarf.[3067] Betrifft das ärztliche Versagen die **Empfängnisverhütung** bei einer Frau, die deshalb ungewollt schwanger wird, oder die Beratung während der Schwangerschaft, kann uU der Vater des Kindes seinen Unterhaltsschaden ersetzt verlangen, wenn er in den Schutzbereich des Behandlungsvertrags einbezogen war (vgl. RdNr. 92). Fallentscheidende Bedeutung behält das Deliktsrecht demnach vor allem für die **persönliche Haftung angestellter Krankenhausärzte** im Außenverhältnis gegenüber dem Patienten, weil die im Krankenhaus auf Grund privater Anstellungsverträge tätigen Mediziner nicht selbst Partei des mit dem Krankenhaus geschlossenen „totalen Krankenhausaufnahmevertrags" (RdNr. 706) sind.[3068] **Prozesstaktisch** wird es weiterhin geraten sein, den behandelnden Arzt auf Grund von § 823 mitzuverklagen, um ihn als Zeuge zugunsten des Krankenhausträgers auszuschalten.

701 **2. Amtshaftung für ärztliche Leistungen.** Soweit die Heilbehandlung im Rahmen der Ausübung eines öffentlichen Amtes erfolgt, werden **Ärzte als Beamte im haftungsrechtlichen Sinn** (Art. 34 GG) tätig. Beispiele sind die bei den Gesundheitsämtern beschäftigten **Amts- und Impfärzte**,[3069] **Vertrauensärzte** der Sozialversicherungsträger,[3070] **Truppenärzte** der Bundeswehr,[3071] bayerische **Notärzte** im Rettungsdienst,[3072] der **Rettungsdienst** in Nordrhein-Westfalen,[3073] Mediziner, die in **Justizvollzugsanstalten** oder in **Landeskrankenhäusern** nach Zwangseinweisung psychisch Kranker tätig sind,[3074] und die **Durchgangsärzte** der Berufsgenossenschaften, soweit sie die Entscheidung über die weitere Heilbehandlung treffen und nicht selbst diese Heilbehandlungsmaßnahmen durchführen.[3075] Für Pflichtverletzungen dieser Berufsträger haftet die Anstellungskörperschaft nicht nach den privatrechtlichen Regeln der §§ 280, 823, sondern nach den öffentlich-rechtlichen Normen der § 839 BGB, Art. 34 GG. Die **persönliche Außenhaftung der Ärzte** scheidet im Hinblick auf die Überleitungsvorschrift des Art. 34 GG aus;[3076] der

---

[3062] Vgl. *Soergel/Spickhoff* Anh. I RdNr. 54; *Deutsch/Spickhoff* Medizinrecht RdNr. 130.
[3063] So aber OLG München NJW 2006, 1883, 1884 mit abl. Bespr. *H. Roth* NJW 2006, 2814 f.; wie hier auch *Spickhoff* NJW 2007, 1628, 1631.
[3064] OLG München NJW 2006, 1883, 1885; *H. Roth* NJW 2006, 2814, 2816.
[3065] BGHZ 142, 126, 133 f. = NJW 1999, 2731, 2733; RGRK/*Nüßgens* Anh. II RdNr. 10.
[3066] BGHZ 89, 263, 266 = NJW 1984, 1400; BGHZ 106, 153, 162 = NJW 1989, 1538, 1541; RGRK/*Nüßgens* Anh. II RdNr. 7.
[3067] BGH NJW 1971, 241, 242; OLG Celle NJW-RR 2002, 314.
[3068] BGH NJW 1980, 1905, 1906 f.
[3069] BGHZ 63, 265, 270 = NJW 1975, 589, 591; BGHZ 108, 230, 233 = NJW 1990, 760 f.
[3070] BGHZ 63, 265, 269 f. = NJW 1975, 589, 591; BGH NJW 1968, 2293, 2294.
[3071] BGHZ 108, 230, 234 ff. = NJW 1990, 760, 761.
[3072] BGH VersR 2003, 732 f.; eingehend dazu *Lippert* VersR 2004, 839.
[3073] Vgl. § 6 Abs. 3 RettG NRW vom 24. 11. 1992, GV NRW S. 458.
[3074] BGHZ 59, 310, 313 = NJW 1973, 554, 555.
[3075] BGHZ 63, 265, 272 f. = NJW 1975, 589, 591 f.
[3076] BGHZ 160, 216, 218 ff., 228 f. = NJW 2005, 429 = VersR 2005, 668; OLG Schleswig NJW-RR 2008, 41.

Regress der Körperschaft gegen den pflichtwidrig handelnden beamteten Arzt richtet sich nach den einschlägigen Vorschriften der Beamtengesetze (vgl. § 46 BRRG).

3. Arzthaftung und Sozialversicherung. Die eben dargestellten Grundsätze des Arztvertragsrechts gelten uneingeschränkt nur bei der Behandlung von Privatpatienten, die mit dem Arzt einen Behandlungsvertrag schließen, die ärztlichen Leistungen durch Zahlung der vereinbarten Honorare vergüten und die ihnen dadurch entstehenden Kosten von ihrer Krankenversicherung erstattet erhalten. Die **Krankenversorgung in Deutschland** ist jedoch in weiten Teilen **öffentlich-rechtlich organisiert,** denn rund 90% der Bevölkerung sind Mitglieder oder Mitversicherte der gesetzlichen Krankenkassen,[3077] die ihre Leistungen gemäß § 2 Abs. 2 SGB V nicht im Wege der Erstattung der Kosten ärztlicher Behandlungen, sondern nach dem **Sachleistungsprinzip** erbringen.[3078] Der deshalb nahe liegenden Vorstellung, zwischen Kassenpatient und Kassenarzt komme überhaupt keine Vertragsbeziehung zustande, hat der BGH eine Absage erteilt und auch bei der Heilbehandlung im Rahmen der kassenärztlichen Versorgung einen **Behandlungsvertrag** angenommen.[3079] Vertragsrechtlich ist diese Rechtsprechung durchaus zweifelhaft,[3080] haftungsrechtlich steht außer Frage, dass der Arzt dem Patienten gegenüber „**zur Sorgfalt nach den Vorschriften des bürgerlichen Vertragsrechts**" verpflichtet ist, wie § 76 Abs. 4 SGB V ausdrücklich klarstellt. Für Pflichtverletzungen bei der Behandlung von Kassenpatienten hat der Arzt demnach gemäß § 280 einzustehen, und die Deliktshaftung richtet sich nach § 823, nicht nach § 839. Folgerichtig scheidet eine Berufung des Arztes auf das Verweisungsprivileg des § 839 Abs. 1 S. 2 aus, und eine Anrechnung von Versicherungsleistungen auf den Schadensersatzanspruch kommt nicht in Betracht. Zu den Vertragsbeziehungen bei ambulanter Operation im Krankenhaus s. RdNr. 710.

4. Reform. a) Haftungsersetzung durch Versicherungsschutz. Angesichts der weitgehenden Verschränkung des Arztrechts mit der Sozialversicherung drängt sich die Frage nach einer stärkeren **Kollektivierung der Haftung** auf, entweder durch eine obligatorische **Patientenversicherung** nach schwedischem Vorbild oder durch einen **Haftungsfonds.** Sie wird im europäischen Ausland gegenwärtig diskutiert[3081] und ist in Deutschland bereits 1978 in einem Gutachten von *Weyers* zum 52. Deutschen Juristentag aufgeworfen worden, wenn zunächst auch ohne nennenswerte rechtspolitische Resonanz.[3082] Tatsächlich ist entsprechenden Reformvorschlägen mit erheblicher Skepsis zu begegnen, denn die Absicherung des Patienten gegenüber den Folgen ärztlichen Versagens ist in Deutschland durch die

---

[3077] Vgl. iE *Kötz/Wagner* RdNr. 35 ff.
[3078] Eingehend zur „Viererbeziehung" zwischen Krankenkasse – Kassenärztlicher Vereinigung – Kassenarzt – Patient *Steffen/Pauge* Arzthaftungsrecht RdNr. 48 ff.; *Krauskopf,* FS Hermann Lange, 1992, S. 523, 527 ff.
[3079] BGHZ 100, 363, 367 = NJW 1987, 2289 f.; BGHZ 108, 230, 233 = NJW 1990, 760 f.; BGHZ 165, 290, 292 = NJW 2006, 767 = VersR 2006, 409; *Uhlenbruck* in: *Laufs/Uhlenbruck* § 40 RdNr. 31; früher hatte der BGH offen gelassen, ob eine Vertragsbeziehung zwischen Arzt und Patient bestehe oder ob der Patient gemäß § 328 eigene Ansprüche aus dem zwischen Krankenkasse und Arzt geschlossenen Dienstvertrag herleiten könne; so noch BGHZ 76, 259, 261 = NJW 1980, 1452, 1453; BGHZ 89, 250, 254 ff. = NJW 1984, 1820, 1821; BGHZ 97, 273, 276 = NJW 1986, 2364.
[3080] Vgl. zur abw. Rspr. des BSG (vgl. etwa BSG NZS 1994, 507, 509; NJW 1999, 1805, 1807 f.) und zum Streit eingehend *Krauskopf,* FS Hermann Lange, 1992, S. 523, 536: gesetzliches Schuldverhältnis öffentlich-rechtlicher Natur; *Waltermann,* Sozialrecht, 7. Aufl. 2008, RdNr. 198, mit Annahme eines gesetzlichen Schuldverhältnisses privatrechtlicher Natur.
[3081] Eine umfassende europäisch-rechtsvergleichende Analyse bietet der Band von *Dute/Faure/Koziol,* No-Fault Compensation in the Health Care Sector; Überblick über die Diskussion in Holland und Belgien bei *Faure* ZEuP 2000, 575; *ders.* in: *Faure/Koziol* (Hrsg.), Cases on Medical Malpractice in a Comparative Perspective, S. 267, 301 ff.; *Katzenmeier* Arzthaftung S. 234 ff.; zu Österreich *Barta,* FS Gitter, 1995, S. 9 ff.; zur Patientenversicherung der nordischen Staaten *Fischer* in: *Fischer/Lilie,* Ärztliche Verantwortung im europäischen Rechtsvergleich, S. 68 ff.; *Hanau,* FS Baumgärtel, 1990, S. 121, 126 ff.; *Hondius,* FS Stoll, 2001, S. 185, 191 ff.
[3082] *Weyers,* Empfiehlt es sich, im Interesse der Patienten und Ärzte ergänzende Regelungen für das ärztliche Vertrags-(Standes-) und Haftungsrecht einzuführen?, Gutachten A zum 52. DJT, Bd. I, 1978; die Anregung von *Weyers* wurde aufgenommen von *Dinslage* VersR 1981, 310; *Baumann* JZ 1983, 167, 170 ff.; *Radau,* Ersetzung der Arzthaftung durch Versicherungsschutz, S. 233 ff.; *Thumann,* Die Reform der Arzthaftung in den Vereinigten Staaten von Amerika, S. 244 ff.; *Brüggemeier* Haftungsrecht S. 461 f.

Kombination der Arzthaftung und der ärztlichen Berufshaftpflichtversicherung mit den verschuldensunabhängig eingreifenden Leistungspflichten der Krankenversicherung und der übrigen Sozialversicherungssysteme weitgehend gewährleistet.[3083] Wie das skandinavische Vorbild zeigt, kann der **Leistungstatbestand** einer Patientenversicherung nicht wesentlich weiter gehen als derjenige des geltenden Individualhaftungsrechts, sondern muss ebenfalls an den Nachweis eines Behandlungsfehlers **(iatrogene Gesundheitsverletzung)** anknüpfen.[3084] Ähnlich bescheiden fällt der Fortschritt im Hinblick auf den **Entschädigungsumfang** aus, denn ein Versicherungssystem, dessen Leistungsniveau wesentlich über dasjenige der Sozialversicherung hinausginge, etwa großzügige Schmerzensgeldbeträge ausreichte, dürfte erhebliche **Finanzierungsprobleme** aufwerfen.[3085] Dabei ist zu berücksichtigen, dass die Kosten eines solchen Systems letztlich von den Patienten selbst getragen werden müssten, in deren Budgets sie sich in Form höherer Krankenversicherungsbeiträge und -prämien niederschlügen. Sind die Vorteile eines Versicherungssystems demnach nicht allzu groß bemessen, fallen die Nachteile einer weiteren Kollektivierung der Haftung im Bereich der **Schadensprävention** umso stärker ins Gewicht.[3086] Die verbreitete Vorstellung, die Individualhaftung setze keine Anreize zur Schadensvermeidung, weil der Arzt die Haftung bei einer Versicherung zur Deckung bringen könne,[3087] ist verfehlt, weil sie außer Acht lässt, dass der Haftpflichtversicherung ihrerseits Instrumente zur Steuerung des Verhaltens ihrer Versicherungsnehmer zur Verfügung stehen[3088] und die Aussicht auf privatrechtliche Haftung nach Feststellung individuellen Fehlverhaltens im Rahmen eines rechtsstaatlichen Verfahrens schon für sich genommen abschreckend wirkt. Deshalb sprechen die besseren Gründe dafür, das überkommene System der Individualhaftung des Arztes fortzuschreiben anstatt es durch eine kollektive Versicherungslösung zu ersetzen.[3089] Folgerichtig bedürfen auch die Regressrechte und -pflichten der Sozialversicherungsträger der Stärkung und nicht der Einschränkung.[3090]

704 b) Gefährdungshaftung. Genauso wenig kann es überzeugen, die Einstandspflicht für Schäden im Gesundheitswesen als Gefährdungshaftung zu konzipieren, wie dies vereinzelt vorgeschlagen wird.[3091] Weder passt der Zurechnungsgrund der Gefährdungshaftung – der **Arzt setzt keine besondere Gefahr** für den Patienten, sondern interveniert in eine bereits angelegte und sich entwickelnde Gefahrenlage – noch wäre eine über die herkömmliche Haftung für Pflichtwidrigkeit hinausgehende Gefährdungshaftung praktikabel. Löste bereits die Konsultation eines Arztes während eines gesundheitlichen Leidens einen Ersatzanspruch aus, mutierte die Haftung zu einer umfassenden Versicherung gegen gesundheitliche Nachteile jedweder Art, die weder begründbar noch finanzierbar ist.[3092] Folglich bleibt gar nichts anderes übrig, als erneut an ein Fehlverhalten des Arztes anzuknüpfen. Eine „verschuldensunabhängige" Haftung für Behandlungsfehler ist aber genauso wenig eine Gefährdungshaftung wie eine „strikte" Haftung für fehlerhafte Produkte, weil der Sorgfaltspflichtverstoß in beiden Fällen in den Fehlerbegriff eingebaut ist.[3093]

[3083] *Faure* ZEuP 2000, 575, 583; krit. auch *Weyers,* Gutachten A zum 52. DJT, S. A 98 ff.; *Katzenmeier* VersR 2007, 137, 139 ff.
[3084] *Dute* in: *Dute/Faure/Koziol,* No-Fault Compensation in the Health Care Sector, S. 463 f.
[3085] *Wagner* VersR 2001, 1334, 1346 f.; aA *Dute* in: *Dute/Faure/Koziol,* No-Fault Compensation in the Health Care Sector, S. 468 f.
[3086] *Koziol* RdM 1994, 3, 5 f.; *Wagner* VersR 2001, 1334, 1347 f.; *Katzenmeier* VersR 2007, 137, 140 f.; aA *Dute* in: *Dute/Faure/Koziol,* No-Fault Compensation in the Health Care Sector, S. 465 f., 471 ff.
[3087] Dazu *Katzenmeier* Arzthaftung S. 254 f. mwN; vgl. auch *Weyers,* Gutachten A zum 52. DJT, S. A 114 f.
[3088] *Kötz/Wagner* Deliktsrecht RdNr. 78 ff.; zur Praxis der Arzthaftpflichtversicherung *Katzenmeier* Arzthaftung S. 255 f.
[3089] Vgl. *Wagner* VersR 2001, 1334, 1348; übereinstimmend *Katzenmeier* Arzthaftung S. 249 ff.
[3090] Dafür aber *Weyers,* Gutachten zum 52. DJT, S. A 115.
[3091] Ausf. Diskussion bei *Weyers,* Gutachten A zum 52. DJT, Bd. I, S. A 91 f.; *Katzenmeier* Arzthaftung S. 174 ff.
[3092] Überzeugend bereits *Weyers,* Gutachten A zum 52. DJT, Bd. I, S. A 91 f.; genauso *Koziol* RdM 1994, 3, 4; ähnlich *Deutsch,* FS v. Caemmerer, 1978, S. 329, 330; *Deutsch/Spickhoff* Medizinrecht RdNr. 185.
[3093] Zum Streit um die Einordnung der Haftung nach dem ProdHaftG vgl. Einl. ProdHaftG RdNr. 14 ff.; zum objektiven Sorgfaltsmaßstab im Arzthaftungsrecht RdNr. 742.

c) **Vertragsrechtliche Lösung und Proportionalhaftung.** Zu dem Vorschlag, die Arzthaftung für Behandlungsfehler auf das Vertragsrecht zu beschränken und damit § 287 ZPO einen größeren Anwendungsbereich zu verschaffen sowie zur Proportionalhaftung in diesen Fällen s. RdNr. 814 f. 705

II. Haftungssubjekte und arbeitsteiliges Zusammenwirken

1. Niedergelassene Ärzte. Niedergelassene Ärzte, die in eigener Praxis ambulant behandeln, haften für Behandlungs- und Aufklärungsfehler vertraglich gemäß § 280 und deliktsrechtlich auf der Grundlage von § 823 Abs. 1 (RdNr. 699). Mehrere Ärzte, die im Rahmen einer sog. **Gemeinschaftspraxis** arbeiten, also ihre Leistungen in gemeinsamen Räumen mit gemeinschaftlichen Einrichtungen, einer gemeinsamen Büroorganisation und einem uniformen Abrechnungswesen erbringen, haften für Behandlungsfehler als Gesamtschuldner, auch wenn die Behandlung nur von einem der Sozien durchgeführt wird.[3094] Nach der Anerkennung der **Gesellschaft bürgerlichen Rechts als Rechtssubjekt** (§ 705 RdNr. 160, 296 ff.)[3095] ergibt sich diese Rechtsfolge allerdings nicht mehr aus einer gemeinsamen Verpflichtung aller Gesellschafter (§ 164),[3096] sondern aus der Zurechnung ärztlichen Handelns zur Gesellschaft gemäß § 31 sowie einer analogen Anwendung des § 128 HGB zur Begründung der persönlichen Haftung der übrigen Sozien.[3097] 706

2. Arzthaftung und Krankenhaushaftung. a) Totaler Krankenhausaufnahmevertrag. Wird die Behandlung in einem Krankenhaus durchgeführt, das von einem öffentlich-rechtlichen Träger, insbesondere einer Stadt oder einer Universität, betrieben wird, bleibt es zunächst bei der **privatrechtlichen Qualifikation** des Verhältnisses zwischen Patient und Krankenhaus, das im Normalfall durch einen sog. totalen Krankenhausvertrag ausgefüllt wird, nach dem das Hospital sowohl Unterbringung, Verköstigung und Pflege des Patienten als auch die ärztliche Heilbehandlung übernimmt.[3098] Folgerichtig hat der Träger des Krankenhauses für Pflichtverletzungen der dort tätigen Ärzte auf Grund Vertragsrechts nach den §§ 280, 278 und deliktsrechtlich nach den §§ 31, 89, 823, 831 einzustehen, und Entsprechendes gilt für das nicht-ärztliche Pflegepersonal.[3099] 707

Was die **persönliche Haftung des pflichtwidrig handelnden Arztes** anlangt, so ist zwischen angestellten und beamteten Ärzten zu differenzieren. Angestellte Ärzte, die auf Grund eines privatrechtlichen Dienstvertrags mit dem Krankenhaus tätig werden, haften selbstverständlich nach § 823 Abs. 1.[3100] Chefärzte sind darüber hinaus für Pflichtverletzungen – Behandlungs- und Aufklärungsfehler – ihrer Mitarbeiter verantwortlich, und zwar nach § 831.[3101] Im Rahmen des § 823 Abs. 1 trifft den Chefarzt die Pflicht zur Organisation des Krankenhausbetriebs in einer Weise, die die fehlerfreie Behandlung und ordnungsgemäße Aufklärung und sichere Unterbringung und Pflege der Patienten gewährleistet.[3102] 708

[3094] BGHZ 97, 273, 276 = NJW 1986, 2364; BGHZ 142, 126, 137 = NJW 1999, 2731; BGHZ 144, 296, 308 = NJW 2000, 2737; *Gehrlein* VersR 2004, 1488, 1490.
[3095] BGHZ 146, 341 = NJW 2001, 1056.
[3096] So noch BGHZ 165, 36, 40 = NJW 2006, 437 = VersR 2006, 361.
[3097] BGHZ 142, 315, 318 ff. = NJW 1999, 3483; BGHZ 146, 341, 358 = NJW 2001, 1056; BGHZ 154, 88, 94 = NJW 2003, 1445; *Spickhoff* NJW 2006, 1630, 1632.
[3098] Zum Folgenden vgl. auch G. *Müller* DRiZ 2000, 259, 260 f.; *Steffen/Pauge* Arzthaftungsrecht RdNr. 6 ff.; *Soergel/Spickhoff* Anh. I RdNr. 21 ff.
[3099] BGHZ 9, 145, 148 = NJW 1953, 778, 779; BGHZ 59, 310, 313 = NJW 1973, 554, 555; BGHZ 63, 265, 270 = NJW 1975, 589, 591; BGHZ 108, 230, 233 = NJW 1990, 760 f.; BGHZ 121, 107, 109 ff. = NJW 1993, 779 f.; BGH NJW 1981, 633, 634; OLG Brandenburg VersR 2000, 1283, 1284.
[3100] BGH NJW 2000, 2741, 2742.
[3101] BGHZ 169, 364, 366 Tz. 7 = NJW-RR 2007, 310 = VersR 2007, 209 = JZ 2007, 641 (zum Aufklärungsfehler).
[3102] BGHZ 169, 364, 368 Tz. 10 = NJW-RR 2007, 310 = VersR 2007, 209 = JZ 2007, 641.

§ 823 709–712 Abschnitt 8. Titel 27. Unerlaubte Handlungen

709 Wird die Behandlung von einem **beamteten Krankenhausarzt** durchgeführt, haftet dieser für Pflichtverletzungen nach § 839 (RdNr. 701). Der Krankenhausarzt ist kein Beamter im haftungsrechtlichen Sinn, weil er bei der Behandlung keine Hoheitsgewalt ausübt, so dass die Überleitungsvorschrift des Art. 34 GG nicht eingreift (vgl. aber § 839 RdNr. 30 f., 165 ff.). Diese Weichenstellungen haben insofern praktische Bedeutung, als sich der beamtete Krankenhausarzt auf das Verweisungsprivileg des § 839 Abs. 1 S. 2 berufen und den Geschädigten auf seine Ersatzansprüche gegen den Krankenhausträger gemäß §§ 31, 89, 823, 831, 611, 280 verweisen kann (vgl. aber RdNr. 710).[3103] Damit entgeht der Arzt der persönlichen Haftung und die Schadenskosten können nur mit Hilfe des beamtenrechtlichen Regresses (vgl. § 46 BRRG) auf den Arzt überwälzt werden, was freilich den Nachweis vorsätzlichen oder grob fahrlässigen Verhaltens voraussetzt.[3104]

710 **b) Ambulanz.** Wird ein Kassenpatient in der **Ambulanz eines Krankenhauses behandelt oder operiert,** entsteht eine Vertragsbeziehung nur zum behandelnden Arzt bzw. dem die die Ambulanz leitenden Chefarzt, nicht auch zum Krankenhaus.[3105] Der die Ambulanz betreibende Chefarzt wird insoweit nicht als Beamter im staatsrechtlichen Sinn tätig, so dass sich die Haftung nach §§ 280, 823 richtet und eine Berufung auf das Verweisungsprivileg des § 839 Abs. 1 S. 2 ausscheidet.[3106] Dies gilt auch dann, wenn ein **Kassenpatient** zur ambulanten Behandlung an ein Krankenhaus überwiesen wird.[3107] Für Behandlungsfehler von Assistenten und Gehilfen, aber auch von Hebammen und nachgeordneten Krankenhausärzten, die statt des Chefs tätig werden,[3108] hat Letzterer vertragsrechtlich nach § 278 und deliktsrechtlich im Rahmen von § 831 einzustehen. Der **Krankenhausträger** haftet jedoch gemäß § 823 Abs. 1 wegen Verletzung der betrieblichen **Organisationspflicht,** wenn der in der Ambulanz operierende Arzt entgegen dem für den Patienten erweckten Anschein zur vertragsärztlichen Versorgung nicht ermächtigt ist.[3109]

711 **c) Wahlleistungen; Arztzusatzvertrag.** Die vorstehenden Grundsätze gelten selbst dann, wenn der **Krankenhausarzt selbst liquidationsberechtigt** ist und den Patienten im Rahmen seines Eigenliquidationsrechts behandelt, sofern diese Behandlung nur im Rahmen des stationären Krankenhausaufenthalts erfolgt.[3110] Sofern der Krankenhausvertrag die Ausklammerung der Wahlleistungen aus dem Pflichtenkreis des Krankenhauses nicht klar und deutlich erkennbar, in einer den Anforderungen des § 305 c Abs. 1 entsprechenden Weise ausweist, liegt kein gespaltener Krankenhausvertrag, sondern ein bloßer **Arztzusatzvertrag** vor.[3111] Dieser verpflichtet selbstverständlich den kontrahierenden (Chef-)Arzt,[3112] darüber hinaus aber auch das Krankenhaus, das seinerseits für Pflichtverletzungen seines ärztlichen Personals nach §§ 280, 278 bzw. §§ 823, 31, 831 haftet.[3113] Damit steht bei beamteten (Chef-)Ärzten eine anderweitige Ersatzmöglichkeit iS des § 839 Abs. 1 S. 2 zur Verfügung, so dass die Haftung auf den Krankenhausträger kanalisiert wird.

712 **d) Belegärzte.** Anders liegt es im Fall des Belegarztes, dessen Patienten einen sog. **gespaltenen Krankenhausaufnahmevertrag** abschließen, der den Träger des Beleghospi-

---

[3103] BGHZ 85, 393, 395 f.; 121, 107, 109, 115 = NJW 1993, 779 f., 780 f.
[3104] BGHZ 121, 107, 115 f. = NJW 1993, 779, 780 f.
[3105] BGHZ 165, 290, 292 ff. = NJW 2006, 767 = VersR 2006, 409.
[3106] BGHZ 100, 363, 367 f. = NJW 1987, 2289 f.; BGHZ 105, 189, 194 = NJW 1989, 769, 770; BGHZ 120, 376, 381 ff. = NJW 1993, 784, 785; BGHZ 124, 128, 131 f. = NJW 1994, 788, 789; BGH VersR 2003, 1126, 1128.
[3107] BGHZ 105, 189, 194 = NJW 1989, 769, 770; BGHZ 124, 128, 132 = NJW 1994, 788, 789; BGH NJW-RR 2006, 811, 812 Tz. 8 = VersR 2006, 791.
[3108] BGH NJW-RR 2006, 811, 812 Tz. 9 = VersR 2006, 791.
[3109] BGHZ 165, 290, 296 = NJW 2006, 767 = VersR 2006, 409.
[3110] BGHZ 85, 393, 397 f.; BGHZ 89, 263, 274 = NJW 1984, 1400, 1402; BGHZ 95, 63, 67 ff. = NJW 1985, 2189, 2190.
[3111] BGHZ 95, 63, 67 = NJW 1985, 2189, 2190; BGHZ 121, 107, 111 ff. = NJW 1993, 779 f.
[3112] BGH NJW 1991, 2002, 2003.
[3113] BGHZ 95, 63, 70 = NJW 1985, 2189, 2190 f.

Schadensersatzpflicht

tals lediglich zur Erbringung pflegerischer Leistungen, den Belegarzt hingegen zur Heilbehandlung verpflichtet.[3114] In Bezug auf Letztere ist folglich allein der Belegarzt Vertragspartner des Patienten, und er allein hat Fehlverhalten seiner Mitarbeiter nach den §§ 278, 831 zu verantworten.[3115] Mehrere Belegärzte, die im Rahmen einer **Belegärztegemeinschaft** (§ 705) handeln, haften nach denselben Grundsätzen, wie sie auch für **Gemeinschaftspraxen** anerkannt sind (RdNr. 706).[3116] Der Träger des Krankenhauses hat weder aus Vertrag (§ 278) noch aus Delikt (§ 831) für Gesundheitsschäden des Patienten aufzukommen, die der Belegarzt und dessen Hilfspersonal verursacht haben.[3117] Andererseits haftet das Krankenhaus selbstverständlich für Pflichtverletzungen des eigenen Personals, und zwar sowohl beim Versagen von Pflegepersonen als auch für Behandlungsfehler von Fachärzten, wie etwa dem Krankenhaus-Radiologen, der vom Belegarzt hinzugezogen wird.[3118] Leitet der Belegarzt einer **gynäkologischen Klinik** den Geburtsvorgang ein, überlässt dann aber die weitere Betreuung einer **selbstständigen Hebamme,** sind ihm deren Pflichtverletzungen nach §§ 278, 831 zuzurechnen, während der Krankenhausträger von der Haftung freigestellt bleibt.[3119] Anders verhält es sich, wenn die Hebamme bei dem Krankenhaus angestellt ist und der Belegarzt die Geburt noch nicht eingeleitet hat; in diesem Fall ist das Fehlverhalten der Hebamme dem Krankenhausträger ebenso zuzurechnen wie Fehler des Pflegepersonals.[3120]

e) **Geburtshäuser.** Eine Hebamme, die ein Geburtshaus betreibt und dabei eine umfassende Unterstützung bei der Geburt samt medizinischer Betreuung anbietet, haftet nicht nur für eigene Fehlleistungen, sondern hat darüber hinaus auch für Fehler eines von ihr **hinzugezogenen Arztes** nach § 278 einzustehen, obwohl ihr der Arzt in seinem Aufgabenbereich „übergeordnet" ist.[3121]

f) **Psychiatrische Kliniken.** Die Behandlung eines Patienten in der geschlossenen Abteilung eines Landeskrankenhauses erfolgt im Rahmen des öffentlichen Rechts, so dass Ansprüche wegen Behandlungsfehlern auf § 839 zu stützen sind (RdNr. 701).[3122] Das gilt nicht nur bei hoheitlicher Unterbringung, sondern auch bei **Einweisung mit Zustimmung** des Patienten.

g) **Rettungsdienste; Durchgangsärzte.** Die Durchgangsärzte der **Berufsgenossenschaften** handeln in Ausübung eines öffentlichen Amtes (RdNr. 701),[3123] genauso wie der Rettungsdienst in manchen Bundesländern – wie etwa in Bayern und in Nordrhein-Westfalen – **öffentlich-rechtlich organisiert** ist (RdNr. 707). Dies hat zur Folge, dass die Haftung der Durchgangs- und Notärzte zugunsten der Einstandspflicht der Berufsgenossenschaft bzw. des Rettungszweckverbands gemäß Art. 34 Abs. 1 GG ausgeschlossen ist.[3124] Anders liegt es, wenn der Durchgangsarzt die ärztliche Versorgung des Patienten selbst in die Hand nimmt.[3125]

3. **Organisationspflichten von Krankenhausträgern.** Wird die ärztliche Versorgung in Krankenhäusern durchgeführt, stellen sich strukturell dieselben Probleme wie allgemein im Bereich der Unternehmenshaftung, und sie werden von der Rechtsprechung auch im gleichen Sinn gelöst, nämlich mit Hilfe von Organisationspflichten des Krankenhausträgers (vgl. eingehend RdNr. 378 ff.). Die Funktion der Organisationspflichten besteht im Rahmen der Arzthaftung darin, die **Haftung eines Unternehmens** – des Krankenhausträgers –

[3114] BGH NJW 1992, 2962; 1996, 2429, 2430.
[3115] BGHZ 129, 6, 11 f. = NJW 1995, 1611, 1612.
[3116] BGHZ 165, 36, 39 ff. = NJW 2006, 437 = VersR 2006, 361.
[3117] BGHZ 129, 6, 13 ff. = NJW 1995, 1611, 1613; OLG Zweibrücken VersR 2002, 317.
[3118] OLG Hamm VersR 2002, 315, 316.
[3119] OLG Stuttgart VersR 2002, 235, 237.
[3120] BGHZ 144, 296, 300 = NJW 2000, 2737, 2738; vgl. auch BGH NJW 1996, 2429 – Nachtschwester.
[3121] BGHZ 161, 255, 259 ff. = NJW 2005, 888.
[3122] BGH NJW 2008, 1444 f. Tz. 4; BGHZ 38, 49, 50 ff. = NJW 1963, 40.
[3123] OLG Schleswig NJW-RR 2008, 41.
[3124] BGHZ 160, 216, 218 ff., 228 f. = NJW 2005, 429 = VersR 2005, 668.
[3125] OLG Schleswig NJW-RR 2008, 41, 42.

§ 823   717   Abschnitt 8. Titel 27. Unerlaubte Handlungen

für sämtliche Pflichtverletzungen im Rahmen der betrieblichen Arbeitsteilung jenseits von § 831 zu etablieren (RdNr. 388).[3126] Steht fest, dass im Rahmen des Krankenhauses ein „Fehler" passiert ist, kehrt sich folgerichtig genauso wie bei der Produkthaftung die Beweislast zugunsten des Geschädigten um, so dass sich der Krankenhausträger entlasten muss (eingehend RdNr. 494, 658 f., 820 ff.).[3127] Dazu ist nachzuweisen, dass ihm weder ein Organisationsverschulden trifft noch seine Haftung für das Verhalten von Verrichtungsgehilfen nach § 831 eingreift.[3128] Damit wird der gemäß § 831 Abs. 1 S. 2 an sich mögliche Entlastungsbeweis de facto ausgeschlossen und dem Geschädigten die Last des Nachweises abgenommen, welches Individuum im Bereich des Krankenhauses für die Rechtsgutsverletzung verantwortlich ist. Da die Organisationspflichten dem Krankenhausträger obliegen und von dessen Organen wahrzunehmen sind, hat ersterer für Pflichtverletzungen gemäß § 31 ohne die Möglichkeit einer Entlastung einzustehen.[3129] Darüber hinaus hat das jeweilige Organ – insbesondere der **Chefarzt** – gemäß § 823 Abs. 1 **persönlich** für Schäden aufzukommen, die infolge **mangelhafter Organisation** des Krankenhausbetriebs eingetreten sind, unabhängig davon, ob sie auf einer fehlerhaften Behandlung, unzureichenden Aufklärung oder mangelhaften Unterbringung und Pflege beruhen.[3130] Diese Grundsätze gelten ungeschmälert auch für ein Geburtshaus, das von einer Hebamme betrieben wird (RdNr. 713).[3131]

717   Inhaltlich ist der Krankenhausträger gehalten, die **arbeitsteilige Erfüllung ärztlicher Behandlungspflichten durch organisatorische Maßnahmen zu gewährleisten** (RdNr. 494). So sind **Dienstpläne** zu erstellen, mit denen ärztliches Personal und Pflegekräfte zu den entsprechenden Zeiten in dem erforderlichen Umfang zur Verfügung gestellt werden,[3132] es ist ein **Nachtdienst** einzurichten, der zur Versorgung von Notfällen in der Lage ist,[3133] die **medizinischen Geräte** sind in einem ordnungsgemäßen und einsatzfähigen Zustand zu erhalten, **Operationen** sind leistungsfähigen und eingespielten Teams anzuvertrauen,[3134] während des Eingriffs ist die Keimfreiheit des Operationssaals zu gewährleisten,[3135] die bei Notfällen erforderlichen Medikamente wie etwa hitzesterilisierte Blutgerinnungspräparate sind vorrätig zu halten[3136] usw. Folgerichtig haftet der Träger einer Universitätsklinik, wenn die Anästhesieabteilung personell unterbesetzt ist, deshalb ein einziger Facharzt drei Narkosen gleichzeitig zu überwachen hat und es bei einer dieser Narkosen zu Komplikationen kommt, die mangels rechtzeitigen Eingriffs zu einer schweren Hirnschädigung des Patienten führen;[3137] wenn Operationen von Ärzten durchgeführt werden, die **wegen vorangegangener Notdienste übermüdet** sind;[3138] wenn die Aufklärung einem Stationsarzt übertragen wird, der mit der anstehenden Operation nicht vertraut ist;[3139] wenn die Geburtshilfeabteilung einer Klinik nachts nicht über einen ärztlichen Notdienst verfügt, der allerdings auch einer in Ausbildung fortgeschrittenen Assistenzärztin übertragen werden darf;[3140] wenn zur Desinfektion der Haut verwandter Alkohol nicht keimfrei ist,[3141] Infusionslösungen nicht in einer Art und Weise zubereitet werden,

---

[3126] Besonders deutlich BGH NJW 1982, 699; 1986, 776.
[3127] BGH VersR 1975, 952, 954; NJW 1978, 1683; 1978, 584 f.; 1982, 699; 1991, 1540, 1541; vgl. auch BGHZ 89, 263, 271 = NJW 1984, 1400, 1401 f.
[3128] BGH NJW 1982, 699; vgl. auch BGH NJW 1989, 2943, 2944.
[3129] BGHZ 95, 63, 67, 74 f. = NJW 1985, 2189, 2190 ff.
[3130] Für Aufklärungsfehler BGHZ 169, 364, 368 Tz. 10 = NJW-RR 2007, 310 = VersR 2007, 209.
[3131] BGHZ 161, 255, 263 f. = NJW 2005, 888.
[3132] BGH NJW 1986, 776.
[3133] BGH NJW 1998, 2736, 2737.
[3134] BGHZ 95, 63, 74 f. = NJW 1985, 2189, 2191 f.; BGH NJW 1986, 776.
[3135] BGH NJW 1991, 1541, 1542.
[3136] BGH NJW 1991, 1543, 1544.
[3137] BGHZ 95, 63, 67 ff. = NJW 1985, 2189, 2190.
[3138] BGH NJW 1986, 776 f.
[3139] BGHZ 169, 364, 368 f. Tz. 10 f. = NJW-RR 2007, 310 = VersR 2007, 209.
[3140] BGH NJW 1998, 2736, 2737.
[3141] BGH NJW 1978, 1683.

dass die Sterilität gewährleistet ist;[3142] wenn Blutkonserven verabreicht werden, bei denen nicht sichergestellt ist, dass mit HIV oder anderen Krankheitserregern infizierte Spender als solche erkannt und von einer Teilnahme am Blutspendedienst ausgeschlossen wurden usw.[3143] Ist in der postoperativen Phase mit einem Sturz aus dem Bett zu rechnen, muss Letzteres uU vergittert und der Patient fixiert werden.[3144]

Mit Blick auf diese Funktion der Organisationspflichten empfiehlt es sich nicht, das Organisationsverschulden als **Unterfall des Behandlungsfehlers** zu verstehen.[3145] Die in der Literatur verbreitete Gegenmeinung[3146] muss bereits vor den mannigfachen Pflichten zur Sicherung eines gefahrlosen und hygienischen Zustands der Räumlichkeiten und Geräte kapitulieren, die den Krankenhausträgern selbstverständlich obliegen, obwohl sie mit der Heilbehandlung direkt nichts zu tun haben, deren Erfüllung aber ebenfalls durch arbeitsteiliges Zusammenwirken der Bediensteten sämtlicher Hierarchiestufen zu gewährleisten ist.[3147] Zu den Sorgfaltspflichten von Krankenhäusern und anderen medizinischen Einrichtungen zum **Schutz suizidgefährdeter Patienten** vor sich selbst vgl. RdNr. 259, 493. Zu **Beweiserleichterungen** bei vom Krankenhausträger voll beherrschbaren Risiken s. RdNr. 494, 820.

4. Arzt und Pflegepersonal. Die Pflege des Patienten kann der Arzt mit haftungsbefreiender Wirkung dem Krankenhausträger und dem von diesem angestellten **Pflegepersonal** überlassen,[3148] soweit nicht medizinische Prärogativen zu berücksichtigen sind. Insbesondere ist es Sache des Arztes, das Pflegepersonal den medizinischen Anforderungen entsprechend auszuwählen, zu instruieren und zu überwachen.[3149] Weiter dürfen einer Pflegeperson keine medizinischen Aufgaben übertragen werden, mit deren Wahrnehmung sie überfordert ist. Dies gilt etwa für die medizinische Überwachung im Vorfeld der Geburt, die durch den Arzt oder die Hebamme erfolgen muss und nicht auf die Nachtschwester delegiert werden darf.[3150] Mehrfach ist die Rechtsprechung mit der Frage beschäftigt worden, unter welchen Umständen der Arzt die **Durchführung einer Injektion** einem Krankenpfleger übertragen darf. Für die Antwort kommt es einerseits darauf an, welche Gefahren von der konkreten Injektion für die Gesundheit des Patienten ausgehen, wobei das Augenmerk insbesondere auf Allergien und Vorschädigungen zu richten ist, andererseits ist entscheidend, über welche Fachausbildung diejenige Person verfügt, die im Einzelfall mit der Verabreichung der Spritze betraut worden ist. Demnach dürfen intramuskuläre Injektionen, bei denen generell ein relativ hohes Schadensrisiko besteht, nicht einer sog. Schwesternhelferin anvertraut werden, die lediglich über eine Kurzausbildung von einem Jahr verfügt.[3151] Muss die Spritze an einer Körperstelle gesetzt werden, die wegen dort verlaufender Nervenstränge besonders anfällig ist, darf die Injektion nicht einmal einer Fachkraft, übertragen werden, sondern ist vom Arzt selbst auszuführen.[3152]

5. Arbeitsteiliges Zusammenwirken mehrerer Ärzte. Der Arzt haftet grundsätzlich nur für diejenigen Pflichtverletzungen, die ihm selbst oder dem ihm gemäß §§ 278, 831 zugeordneten Hilfspersonal unterlaufen sind, nicht aber für Fehler anderer Fachärzte, die im Rahmen einer arbeitsteilig durchgeführten Heilbehandlung eingeschaltet worden sind.[3153] Damit korrespondiert die **Eigenverantwortlichkeit** derjenigen Fachärzte, an die ein Patient überwiesen worden ist, die diesem gegenüber für Pflichtverletzungen sowohl vertrag-

---

[3142] BGH NJW 1982, 699.
[3143] BGHZ 114, 284, 291 f. = NJW 1991, 1948, 1949 f.
[3144] OLG Düsseldorf VersR 2002, 984, 985.
[3145] *Brüggemeier* Deliktsrecht RdNr. 765.
[3146] *Laufs* in: *Laufs/Uhlenbruck* § 102 RdNr. 3.
[3147] Repräsentativ BGH NJW 1991, 2960 f.
[3148] BGHZ 89, 263, 271 = NJW 1984, 1400, 1401 f.
[3149] BGHZ 89, 263, 271 f. = NJW 1984, 1400, 1401 f.
[3150] BGH NJW 1996, 2429, 2430.
[3151] BGH NJW 1979, 1935, 1936.
[3152] BGH NJW 1959, 2302, 2303; OLG Köln VersR 1988, 44, 45.
[3153] BGHZ 142, 126, 131 f. = NJW 1999, 2731, 2732 f.

§ 823   721, 722   Abschnitt 8. Titel 27. Unerlaubte Handlungen

lich als auch deliktisch einzustehen haben.³¹⁵⁴ Dies gilt auch, wenn der Facharzt bloße Zwischenleistungen erbringt, etwa Röntgenaufnahmen oder Computertomographien anfertigt, und selbst dann, wenn er den Patienten nie zu Gesicht bekommt, wie es bei Pathologen, Histologen und Laborärzten typischerweise der Fall ist.³¹⁵⁵

721   Was den originären Pflichtenkreis des einzelnen Akteurs anlangt, so ist hier wie in anderen Bereichen des Deliktsrechts vom **Vertrauensgrundsatz** auszugehen (RdNr. 261 ff., 264 ff.).³¹⁵⁶ Folgerichtig darf der Arzt von der Richtigkeit der von dem zuständigen Fachkollegen erhobenen Befunde ausgehen, wenn er nicht konkrete Anhaltspunkte dafür hat, sie könnten falsch sein.³¹⁵⁷ Wird allerdings ein Patient von einem Allgemeinmediziner an einen Spezialisten oder von einem zum anderen Facharzt verschiedener Spezialisierung überwiesen, muss der **übernehmende Arzt** selbstständig und eigenverantwortlich überprüfen, ob der Auftrag von dem überweisenden Kollegen richtig gestellt ist und dem Krankheitsbild entspricht.³¹⁵⁸ Ein Humangenetiker, der eine Fruchtwasseruntersuchung durchführt und von dem einsendenden Gynäkologen auf besondere Risikofaktoren hingewiesen ist, muss deshalb die Eltern des Embryos darauf hinweisen, dass die von ihnen begehrte Standard-Untersuchung nur begrenzten Aussagewert hat und der Ergänzung durch weitere Aufklärungsmaßnahmen bedarf.³¹⁵⁹ Dabei ist allerdings auf den Spezialisierungsgrad des Facharztes Rücksicht zu nehmen, so dass ein Radiologe, dem ein Patient zur Durchführung einer Computertomographie überwiesen wird, nicht gehalten ist, selbstständig nachzuprüfen, ob die von dem Hausarzt gestellte Verdachtsdiagnose zutrifft.³¹⁶⁰ Nach Durchführung der medizinischen Maßnahme, für die der Patient überwiesen wurde, ist der die Behandlung insgesamt verantwortende Kollege mittels eines Arztbriefs über das Ergebnis zu unterrichten.³¹⁶¹ Wendet sich der Patient **sukzessive an mehrere Ärzte desselben Fachgebiets**, die jeweils eigenverantwortlich die Behandlung übernehmen, sollen und können sie sich gerade nicht auf die Vorarbeiten eines früheren Kollegen verlassen, sondern tragen jeweils die Gesamtverantwortung für Diagnose und Behandlung.³¹⁶² Die Sorgfaltspflichten eines Mediziners und die an deren Verletzung geknüpfte Haftung wird nicht vermindert, wenn ein **Konsiliararzt** hinzugezogen wird, der sich ebenfalls sorgfaltswidrig verhält; in diesem Fall haften vielmehr beide Ärzte dem Patienten gesamtschuldnerisch.³¹⁶³ Hat ein Arzt einen Patienten fehlerhaft behandelt, so haftet er regelmäßig auch für solche Schäden, die dem Patienten von **nachbehandelnden Ärzten** durch fehlerhaftes Handeln zugefügt werden.³¹⁶⁴

722   Die Sorgfaltspflichten arbeitsteilig zusammenwirkender Mediziner erstrecken sich auch auf die **Organisation ihrer Zusammenarbeit.** Jeder Einzelne ist dazu verpflichtet, das eigene Verhalten mit demjenigen der Kollegen in einer Weise abzustimmen, dass die fachgerechte medizinische Versorgung des Patienten gewährleistet ist.³¹⁶⁵ Diese **Koordina-**

---

³¹⁵⁴ BGHZ 100, 363, 367 = NJW 1987, 2289 f.; BGHZ 142, 126, 132 = NJW 1999, 2731, 2732 f.; BGH VersR 1989, 1051, 1052; NJW 1994, 797, 798.
³¹⁵⁵ BGHZ 142, 126, 133 f. = NJW 1999, 2731, 2733; RGRK/*Nüßgens* Anh. II RdNr. 10.
³¹⁵⁶ BGH 140, 309, 313 = NJW 1999, 1779, 1780; BGH NJW 1989, 1536, 1538; VersR 1991, 694, 695; BGHSt NJW 1980, 649, 650; 650, 651; *Deutsch* VersR 2007, 40, 41; *Staudinger/Hager* RdNr. I 31; *Soergel/Spickhoff* Anh. I RdNr. 73; *Bamberger/Roth/Spindler* RdNr. 599; im Ergebnis wohl auch *Steffen/Pauge* Arzthaftungsrecht RdNr. 221, 234 ff.
³¹⁵⁷ BGH 140, 309, 313 f. = NJW 1999, 1779, 1780; BGH NJW 1989, 1536, 1538; *Steffen/Pauge* Arzthaftungsrecht RdNr. 235.
³¹⁵⁸ BGH NJW 1994, 797, 798; OLG Düsseldorf VersR 1984, 643, 644; OLG Stuttgart NJW-RR 2001, 960, 961.
³¹⁵⁹ OLG Celle NJW-RR 2002, 314 f.
³¹⁶⁰ OLG Stuttgart NJW-RR 2001, 960, 961.
³¹⁶¹ BGH NJW 1994, 797, 798 f.
³¹⁶² OLG Naumburg VersR 1998, 983; *Spickhoff* NJW 2005, 1694, 1698.
³¹⁶³ BGH NJW 1988, 1513, 1514; OLG Köln VersR 1990, 1242, 1243; *Steffen/Pauge* Arzthaftungsrecht RdNr. 239.
³¹⁶⁴ BGH VersR 2003, 1128, 1130 = NJW 2003, 2311; *Deutsch* VersR 2007, 40, 42 f.
³¹⁶⁵ BGHZ 140, 309, 314 = NJW 1999, 1779, 1780.

tionspflicht erfordert jedenfalls die Information des Kollegen über den festgestellten Befund, über spezielle Gesundheitsrisiken des jeweiligen Patienten, über die einzuleitende Therapie und über die in diesem Zusammenhang zu veranlassenden Maßnahmen.[3166] Bei einer Operation muss der **Operateur** die eigene Tätigkeit mit derjenigen des **Anästhesisten** koordinieren, indem er ihm die Diagnose mitteilt, von der die Wahl der Narkoseart abhängt, und auch im Übrigen über die an die Betäubung zu stellenden Anforderungen informiert.[3167] Ist dies pflichtgemäß geschehen, ist es allerdings Aufgabe des Anästhesisten, diese Prärogativen mit der gebotenen Sorgfalt umzusetzen; der Operateur muss sich nicht hinter den Narkosearzt stellen, um diesen auf Schritt und Tritt zu kontrollieren.[3168] Zur Anfängeroperation RdNr. 743. Nach Abschluss der Operation wächst die Verantwortung für den Patienten wieder dem für die Nachsorge verantwortlichen Chirurgen zu, der beispielsweise dafür sorgen muss, dass Verweilkanülen aus der Zentralvene entfernt werden, wenn für sie kein Bedürfnis mehr besteht.[3169] Ähnliche Grundsätze gelten im Verhältnis zwischen **Arzt und Geburtshelfern,** wobei allerdings die überlegene fachliche Qualifikation des Arztes seine Verantwortung verstärkt.[3170] Immerhin ist die Hebamme vertrags- und deliktsrechtlich gehalten, den Arzt vor und während des Geburtsvorgangs unverzüglich über Komplikationen zu informieren, und sie hat ggf. darauf zu dringen, dass das Kind durch Kaiserschnitt geholt wird. Umgekehrt darf der Gynäkologe, der weiß, dass wegen der ungünstigen Lage des Kindes ein hohes Risiko besteht, die Kontrolle über den Geburtsvorgang nicht gänzlich in die Hände der Hebamme legen, um dann nach einer Geburtsdauer von 20 Stunden(!) einzugreifen und einen Kaiserschnitt vorzunehmen. Zur Haftung bei Entbindung im Geburtshaus s. RdNr. 713.

Die vorstehenden Grundsätze über die Verantwortungsverteilung bei arbeitsteiliger Behandlung gelten auch bei Nutzung der Möglichkeiten der **Telemedizin,** die es einem Spezialisten ermöglicht, Patienten aus der Ferne zu behandeln, indem er sich über ein Bildsignal mit dem Behandlungszimmer verbinden lässt.[3171] Die Nutzung dieser neuen technischen Möglichkeiten scheitert nicht etwa am **Grundsatz persönlicher Leistungserbringung,** erfordert allerdings die sorgfältige Abgrenzung und Koordinierung der Verantwortungsbereiche der vor Ort beteiligten Ärzte und des „zugeschalteten" Spezialisten.[3172] Ist dies gewährleistet, gilt wiederum der Vertrauensgrundsatz, nach dem jeder der Beteiligten nur im Rahmen der von ihm wahrgenommenen Behandlungsaufgabe für Sorgfaltspflichtverletzungen einzustehen hat (RdNr. 264 ff.).[3173] Allein beim Krankenhaus laufen sämtliche Verantwortlichkeiten zusammen, weil es gegenüber dem Patienten im Rahmen der §§ 280, 278 für Pflichtverletzungen sämtlicher, interner wie externer, Leistungserbringer einzustehen hat (vgl. RdNr. 711).[3174]

6. Exkurs: Heilpraktiker. Heilpraktiker sind zwar keine Ärzte, unterliegen aber selbstverständlich ebenso den Haftungsregeln des Deliktsrechts.[3175] Die Differenzierung der Berufsrolle wirkt sich zwar bei der Definition der Sorgfaltspflichten des Heilpraktikers aus, von dem der Patient keine streng den Methoden der Schulmedizin folgende Behandlung erwartet, doch überwiegen die Parallelen: Genauso wie ein Arzt ist ein Heilpraktiker zur **Aufklärung** über die mit einer Therapie verbundenen Risiken verpflichtet; er muss sich

---

[3166] BGHZ 140, 309, 315 = NJW 1999, 1779, 1780 f.
[3167] BGHZ 140, 309, 314 ff. = NJW 1999, 1779, 1780 f.; BGH VersR 1991, 694, 695; OLG Köln VersR 1990, 1242, 1243; BGHSt NJW 1980, 649, 650.
[3168] BGH VersR 1991, 694, 695.
[3169] BGHZ 89, 263, 267 f. = NJW 1984, 1400 f.; OLG Köln VersR 1990, 1242, 1243.
[3170] Vgl. zum Folgenden OLG Oldenburg VersR 1992, 453 f.
[3171] Dazu eingehend *Steffen,* FS Stoll, 2001, S. 71 ff.
[3172] *Steffen,* FS Stoll, 2001, S. 71 f.; *Soergel/Spickhoff* Anh. I RdNr. 76.
[3173] *Steffen,* FS Stoll, 2001, S. 71, 81.
[3174] *Steffen,* FS Stoll, 2001, S. 71, 82; unter Hinweis auf die Rspr. zum gespaltenen Krankenhausaufnahmevertrag; etwa BGHZ 95, 63, 67 ff. = NJW 1985, 2189, 2190.
[3175] Hierzu und zum Folgenden BGHZ 113, 297, 302 ff. = NJW 1991, 1535, 1537; genauso OLG Bamberg VersR 2002, 323; eingehend *Eberhardt* VersR 1986, 110.

genauso durch Fortbildung auf dem Laufenden halten; und bei Anwendung invasiver Behandlungsmethoden wachsen ihm vollständig die sonst an Ärzte adressierten Sorgfaltspflichten zu.

III. Grundvoraussetzungen ärztlicher Haftung

725 **1. Der ärztliche Heileingriff als Körperverletzung.** Ein seit langem virulenter Streitpunkt zwischen Medizinern und Juristen bzw. innerhalb der arztrechtlichen Disziplin betrifft die Frage, ob der ärztliche Heileingriff als Körperverletzung zu werten ist, die lediglich durch die Einwilligung des Patienten gerechtfertigt wird (RdNr. 741). Die Meinungsverschiedenheiten betreffen dabei nicht die contra legem artis durchgeführte Behandlung, die wohl einhellig als Körper- und Gesundheitsverletzung qualifiziert wird.[3176] Vielmehr geht es allein um den **kunstgerecht ausgeführten,** doch in Ermangelung einer wirksamen Einwilligung des Patienten vorgenommenen **Eingriff.** Die ständige Rechtsprechung sieht auch darin eine tatbestandsmäßige Körperverletzung, die durch eine wirksame Einwilligung lediglich gerechtfertigt werden kann.[3177] Praktisch hat dies vor allem zur Folge, dass der Arzt die Darlegungs- und Beweislast für die Wirksamkeit der Einwilligung trägt. Insbesondere ist es seine Sache, die Aufklärung des Patienten über die mit dem Eingriff verbundenen Risiken nachzuweisen.

726 Die in der Literatur verbreitete **Gegenauffassung** hält der Rechtsprechung vor, sie konstruiere eine Körperverletzung, um die Arzthaftung über die Schiene der Aufklärungspflichtverletzung dort ausweiten zu können, wo ein Kunstfehler nicht nachweisbar sei.[3178] Die Qualifikation des ärztlichen Heileingriffs als Körperverletzung sei mit dem Wortlaut des § 823 Abs. 1 kaum in Einklang zu bringen, weil er sowohl nach dem Willen des Arztes als auch nach seinem „objektiven Aktsinn" der Heilung zu dienen bestimmt sei.[3179] Das Rechtsgut, das durch einen lege artis, aber ohne Einwilligung des Patienten vorgenommenen Eingriff verletzt werde, sei nicht die körperliche Unversehrtheit, sondern das **Selbstbestimmungsrecht des Patienten,** das im Rahmen des Allgemeinen Persönlichkeitsrechts Schutz genieße.[3180] Auf dieser dogmatischen Grundlage trägt nicht der Arzt die Darlegungs- und Beweislast in Bezug auf die Erteilung einer wirksamen Einwilligung, sondern es ist umgekehrt Sache des Patienten, den Eingriff in sein Selbstbestimmungsrecht zur Überzeugung des Gerichts nachzuweisen.

727 Die **besseren Gründe sprechen für die Auffassung der Rechtsprechung.** Wenn der Wortlaut der Norm überhaupt etwas für die Problematik des ärztlichen Heileingriffs hergibt, dann spricht er *für* die Qualifikation als Körperverletzung, nicht dagegen: Es ist kaum an der Einsicht vorbeizukommen, dass eine Körperverletzung vorliegt, wenn der Arzt an einem minderjährigen Kind eine gewagte Operation durchführt, ohne die Zustimmung der Eltern einzuholen,[3181] wenn ein zwölfjähriger Junge ohne Zustimmung des sorgeberechtigten

---

[3176] *Laufs* in: *Laufs/Uhlenbruck* § 103 RdNr. 4; *Weyers,* Gutachten zum 52. DJT, S. A 20; *Katzenmeier* Arzthaftung S. 111.
[3177] Grdlg. RGSt 25, 375, 377 ff.; RGZ 68, 431, 434; vgl. weiter RGZ 88, 433, 436; BGHZ 29, 46, 49 = NJW 1959, 811, 812; BGHZ 29, 176, 179 f. = NJW 1959, 814; BGHZ 90, 96, 99 = NJW 1984, 1395 f.; BGHZ 106, 391, 397 f. = NJW 1989, 1533, 1535; BGHZ 166, 336, 339 Tz. 6 f. = NJW 2006, 2108 = VersR 2006, 838; *Steffen,* FS Medicus, 1999, S. 637, 644 f.; zust. *Giesen* Arzthaftungsrecht RdNr. 204; RGRK/*Nüßgens* Anh. II RdNr. 65; *Soergel/Spickhoff* Anh. I RdNr. 52; *Staudinger/Hager* RdNr. I 3.
[3178] *Wiethölter,* Arzt und Patient als Rechtsgenossen, S. 71, 79 ff.; *Esser/Weyers* BT/2 § 55 I 1 b, S. 154; *Larenz/Canaris* II/2 § 76 II 1 g, S. 383; *Büttner,* FS Geiß, 2000, S. 353, 355 ff.; *Brüggemeier* Deliktsrecht RdNr. 696 ff.; ders. Haftungsrecht S. 468 f., 489 ff.; vgl. auch *Laufs* NJW 1969, 529; ders. NJW 1974, 2025; ders. in: *Laufs/Uhlenbruck* § 103 RdNr. 5 ff.; *Katzenmeier* Arzthaftung S. 118 ff.; *Hart,* FS Heinrichs, 1998, S. 292, 308 ff.
[3179] *Wiethölter,* Arzt und Patient als Rechtsgenossen, S. 71, 102; *Esser/Weyers* BT/2 § 55 I 1 b, S. 154; *Weyers/Mirtsching* JuS 1980, 317, 320; *Larenz/Canaris* II/2 § 76 II 1 g, S. 383; *Büttner,* FS Geiß, 2000, S. 353, 355 f.; zur entsprechenden Rechtslage in der ehemaligen DDR *Franzki,* FS Remmers, 1995, S. 467, 475 mwN.
[3180] *Brüggemeier* Haftungsrecht S. 491: „körperbezogenes Persönlichkeitsrecht".
[3181] So der Fall RGZ 68, 431.

Elternteils beschnitten wird,[3182] oder der Arzt sich über den erklärten Willen der Eltern hinwegsetzt,[3183] wenn er einer Patientin gegen ihren Willen eine Spritze verabreicht, die zum Absterben des gesamten Unterarms führt,[3184] wenn er einer Patientin die gesamte Brust abnimmt, nachdem er vor der Operation erklärt hatte, er wolle lediglich eine harte Stelle entfernen,[3185] oder eine Frau, die sich zur Feststellung der Ursache ihrer Unfruchtbarkeit in eine Klinik begeben[3186] oder dort per Kaiserschnitt entbunden hat,[3187] kurzerhand sterilisiert. Der **bloße gute Wille** desjenigen, der in einen fremden Rechtskreis eingreift, schließt nirgends die Feststellung einer Rechtsgutsverletzung aus und sollte dies auch im Arztrecht nicht tun. So ist beispielsweise anerkannt, dass das Abschneiden von Körperhaaren gegen den Willen des Betroffenen nicht dessen Persönlichkeitsrecht missachtet, sondern das Recht an körperlicher Unversehrtheit verletzt (vgl. RdNr. 71). Wenn ein Restaurator ein antikes Sofa fachgerecht aufarbeitet, sich aber anschließend herausstellt, dass dessen Eigentümer diesem Eingriff gar nicht zugestimmt hat, würde wohl niemand daran zweifeln, dass es sich um eine tatbestandsmäßige Eigentumsverletzung handelt. An diesen Beispielen zeigt sich der bei § 823 Abs. 1 verallgemeinerungsfähige Grundsatz, dass der **Rechtsgüterschutz den Autonomieschutz einschließt** (vgl. allgemein RdNr. 89). Mit dem Recht auf körperliche Unversehrtheit ist zugleich das Selbstbestimmungsrecht gewährleistet, ohne dass es der Annahme zweier selbstständiger Rechtspositionen bedürfte.[3188] Der nicht von der Zustimmung des Betroffenen gedeckte Eingriff in absolute Rechte und Rechtsgüter verletzt diese Interessen, nicht aber ein davon separiertes Selbstbestimmungsrecht des Rechtsgutsträgers.[3189] Im Übrigen ist es verfehlt, die Feststellung, der Schutzbereich des Deliktsrechts sei verletzt, im Sinne eines **moralischen Urteils misszuverstehen,** wenn beispielsweise die Annahme einer Körperverletzung als „Diskreditierung ärztlichen Handelns" ausgegeben[3190] oder insinuiert wird, die Bejahung des Tatbestandsmerkmals der Körperverletzung stelle den Chirurgen auf eine Ebene mit einem „Messerstecher".[3191] Die Aufzählung bestimmter Rechtsgüter in § 823 Abs. 1 dient der Definition des sachlichen Schutzbereichs des Deliktsrechts durch Ausklammerung reiner Vermögens- und immaterieller Persönlichkeitsinteressen, die nur im Rahmen der besonderen, weil enger gefassten, Tatbestände der §§ 823 Abs. 2, 826 Schutz genießen (eingehend RdNr. 3).[3192] Mit der Feststellung, ein in § 823 Abs. 1 aufgezähltes Rechtsgut sei verletzt, ist keinerlei Unwert-Urteil über die *Handlung* gefällt, die diese Rechtsgutsverletzung verursacht hat (eingehend RdNr. 8 ff.). Neben der Sache liegt auch die Vorstellung, die Qualifizierung des Heileingriffs als Körperverletzung mache die „Arzt-Patient-Kommunikation zum ‚Anhängsel' einer paternalistisch konzipierten Arztrolle".[3193] Die Kommunikation zwischen Arzt und Patient hängt von vielen Faktoren ab, aber nicht von der Art und Weise, wie Juristen ihre Falllösungen aufbauen.

[3182] AA offenbar OLG Frankfurt NJW 2007, 3580 f., das den Fall unter dem Gesichtspunkt eines Eingriffs in das allg. Persönlichkeitsrecht löst.
[3183] So in RGSt 25, 375.
[3184] So RGZ 151, 349, 352 ff.
[3185] So der Fall RGZ 163, 129; die Kritik von *Wiethölter,* Arzt und Patient als Rechtsgenossen, S. 71, 83 f. führt demgegenüber in die Irre, weil sie das Selbstbestimmungsrecht der Patientin überhaupt nicht zur Kenntnis nimmt.
[3186] So OLG Düsseldorf VersR 1990, 852.
[3187] OLG Koblenz NJW 2006, 2928, 2929.
[3188] Anders möglicherweise BGHZ 166, 336, 339 Tz. 5 f. = NJW 2006, 2108 = VersR 2006, 838.
[3189] So im Grundsatz auch *Soergel/Spickhoff* Anh. I RdNr. 52; eingehend *Deutsch* NJW 1965, 1985, 1988 f.; *Nüßgens,* FS Hauß, 1978, S. 287, 291 ff.
[3190] So *Katzenmeier* Arzthaftung S. 120.
[3191] So die abwegige Bemerkung von *Ulsenheimer* in: *Laufs/Uhlenbruck* § 138 RdNr. 5; genauso *Weyers/Mirtsching* JuS 1980, 317, 320; treffend indessen *Steffen,* FS Medicus, 1999, S. 637, 645; und *Staudinger/Hager* RdNr. I 3: „hochgradig emotional gefärbt".
[3192] Wie hier RGRK/*Nüßgens* Anh. II RdNr. 65.
[3193] *Hart,* FS Heinrichs, 1998, S. 292, 310; wörtlich übernommen bei *Katzenmeier* Arzthaftung S. 356. Vgl. auch *Wiethölter,* Arzt und Patient als Rechtsgenossen, S. 71, 101, der sich dagegen wendet, isolierte menschliche Akte einer juristischen Würdigung zu unterziehen und die Interessengegensätze zukleistert, indem er Arzt und Patient in die Idylle von „Rechtsgenossen" verweist; aaO S. 103.

728 Schließlich sind die **praktischen Folgen der Körperverletzungsdoktrin** nicht nur vertretbar, sondern sachgerecht. Insbesondere trägt der Arzt die Darlegungs- und Beweislast für eine wirksame Einwilligung des Patienten in den Eingriff und damit für Zeitpunkt, Art und Umfang der Aufklärung (RdNr. 820). Schließlich ist es der Arzt, der die dafür maßgeblichen Umstände einschätzen und beurteilen sowie mit geringem Aufwand für eine Dokumentation der tatsächlich erfolgten Aufklärung und damit für die Verfügbarkeit von Beweismitteln sorgen kann. Im Übrigen folgt aus der Anknüpfung an die Körperverletzung ohne weiteres, dass die Gewährung von Immaterialschadensersatz nicht von den restriktiven Voraussetzungen abhängt, von denen die Rechtsprechung den Geldersatz bei Persönlichkeitsverletzungen abhängig macht.[3194]

2. Einwilligung des Patienten

Schrifttum: *Ohly*, „Volenti non fit iniuria" – Die Einwilligung im Zivilrecht, 2002; *ders.*, Einwilligung und „Einheit der Rechtsordnung", FS Günther Jakobs, 2007, S. 451.

729 **a) Grundsatz: „Recht auf Krankheit".** Die wirksame, im Augenblick des Eingriffs vorliegende Einwilligung des Betroffenen in die Rechtsgutsverletzung hebt die Rechtswidrigkeit des Eingriffs auf: volenti non fit iniuria.[3195] Spezialgesetzlich geregelt ist die Einwilligung für die klinische Prüfung von Arzneimitteln an Menschen in § 40 Abs. 1 Nr. 2 AMG. Stets bezieht sie sich nur auf die **fachgerechte ärztliche Behandlung** und die damit verbundenen Risiken,[3196] nicht dagegen auf die Folgen sorgfaltswidrigen Verhaltens (zu den Konsequenzen für die Aufklärungspflicht des Arztes RdNr. 784). Einer Einwilligung bedarf es auch dann, wenn der Wille des Patienten einem Dritten als **irrational** erscheint, etwa eine medizinisch indizierte und statistisch mit geringen Risiken behaftete Behandlung abgelehnt wird.[3197] Der einwilligungsfähige Patient hat ein „Recht auf Krankheit" bzw. die Freiheit, krank zu bleiben (zum einwilligungsunfähigen Patienten s. RdNr. 732 ff.).[3198] Dies gilt selbst dann, wenn der Patient mit der Ablehnung bestimmter medizinischer Maßnahmen de facto das **Todesurteil** über sich selbst spricht (§ 1904 RdNr. 41 ff.).[3199] Umgekehrt hängt die Wirksamkeit der Einwilligung zwar nicht davon ab, dass die Maßnahme medizinisch indiziert ist, jedoch sind dem Patienten, der einen überflüssigen, risikobehafteten oder gar schädlichen Eingriff wünscht, dessen Folgen mit aller Klarheit vor Augen zu führen.[3200] Im Übrigen steht es dem Patienten frei, sich dem fachmännischen **Urteil des Arztes anzuvertrauen** und diesem die Entscheidung über die Wahl der Therapie zu überlassen (vgl. auch RdNr. 790).[3201] **Eltern** haben allerdings **kein entsprechendes Verfügungsrecht über die Gesundheit** ihrer selbst nicht-einwilligungsfähigen **Kinder,** so dass medizinische Eingriffe in deren Interesse auch gegen den Willen der Eltern gemäß § 34 StGB gerechtfertigt sein können.[3202] Die erteilte Einwilligung erstreckt sich nur auf den in Aussicht genommenen Eingriff, nicht aber

---

[3194] Vgl. BGHZ 35, 363, 369 = NJW 1961, 2059, 2060 f.; eingehend Anh. § 12 RdNr. 208 ff.; *Kötz/Wagner* Deliktsrecht RdNr. 421 ff.; *Erman/Ehmann* Anh. § 12 RdNr. 805 ff. jew. mwN.
[3195] Vgl. etwa BGHZ 29, 46, 49 ff., = NJW 1959, 811 f.; BGHZ 106, 391, 397 f. = NJW 1989, 1533, 1535; BGHZ 166, 336, 339 Tz. 5 f. = NJW 2006, 2108 = VersR 2006, 838; ausf. *Ohly*, „Volenti non fit iniuria", S. 63 ff.
[3196] BVerfGE 52, 131, 166, 172 ff. = NJW 1979, 1925; BGHZ 90, 103, 105 f. = NJW 1984, 1397; *Taupitz*, FG 50 Jahre BGH, Bd. I, 2000, S. 497, 501.
[3197] Grdlg. RGZ 151, 349, 352 ff., und RGSt 25, 375, 378; anders noch RGZ 78, 432, 433 f.; vgl. weiter RGZ 163, 129, 137 f.; BGHZ 90, 103, 105 f. = NJW 1984, 1397; BGH NJW 1980, 1333, 1334; NJW 2751, 2752 f.; BGHZ 106, 391, 394 = NJW 1989, 1533; OLG Koblenz NJW 2006, 2928 f.; *Taupitz*, FG 50 Jahre BGH, Bd. I, 2000, S. 497, 501 f.; *Steffen/Pauge* Arzthaftungsrecht RdNr. 321; *Staudinger/Hager* RdNr. I 76.
[3198] BGHZ 166, 141, 146 Tz. 10 = NJW 2006, 1277 = JZ 2006, 685; BGHZ 145, 297, 305 f. = NJW 2001, 888; BVerfG NJW 1998, 1774, 1775.
[3199] BGHZ 154, 205, 210 = NJW 2003, 1588 = JZ 2003, 732 m. Bespr. *Spickhoff*; BGHZ 163, 195, 197 = NJW 2005, 2385 = VersR 2005, 1249 = JZ 2006, 144 m. Bespr. *Höfling*; OLG München NJW-RR 2002, 811 f. (die Patientin war Zeugin Jehovas); *Palandt/Diederichsen* Vor § 1896 RdNr. 10.
[3200] OLG Düsseldorf VersR 2002, 611, 612; 2002, 984, 985: Amputation eines Beins auf Grund autodestruktiver Tendenzen.
[3201] BGHZ 29, 46, 54 = NJW 1959, 811, 813.
[3202] AG Nordenham (St) VersR 2007, 1418, 1419.

auf etwaige Erweiterungen und Folgeeingriffe (RdNr. 794). Mit der Identifizierung derjenigen Person, die in den Eingriff einwilligen muss, steht zugleich auch der **Adressat der ärztlichen Aufklärungsbemühungen** fest (RdNr. 796).

b) Widerruf der Einwilligung. Außerhalb des Bereichs ärztlicher Heileingriffe ist 730 es selbstverständlich möglich, eine vertragliche Bindung einzugehen und eine bindende Zustimmung zum Handeln Dritter im eigenen Rechtskreis zu erteilen, sog. **Lizenz.**[3203] Abgesehen davon **bindet** eine einmal erteilte **Einwilligung den Patienten nicht,** sondern kann bis zur Vornahme des Eingriffs jederzeit widerrufen werden.[3204] Ob dem Arzt im Fall des Widerrufs Schadensersatzansprüche gegen den Patienten, etwa wegen kostspieliger Vorbereitungsmaßnahmen oder wegen der Blockade des Operationstermins zustehen, ist eine davon verschiedene, allein nach Vertragsrecht zu beantwortende Frage. Äußert ein Patient vor Beginn eines in Aussicht genommenen Eingriffs doch noch Bedenken, so ist auf diese Rücksicht zu nehmen anstatt sie als Wehleidigkeit abzutun. Allerdings ist es legitim, wenn der Arzt dem Patienten eine definitive Stellungnahme zu dem weiteren Vorgehen binnen angemessener Frist abverlangt. Ein Bedürfnis für die **Anfechtung** der Einwilligung wegen Willensmangels ist mit Blick auf diese Grundsätze nicht ersichtlich.[3205]

c) Einwilligungsfähigkeit Erwachsener. aa) Rechtsnatur. Die Disposition über den 731 Schutz des Deliktsrechts ist nach hM **keine rechtsgeschäftliche Verfügung** über die betroffenen Güter, so dass die Vorschriften über Willenserklärungen und insbesondere die §§ 104 ff., 182 ff. keine unmittelbare Anwendung finden,[3206] sondern auf die **Einwilligungsfähigkeit** des Betroffenen abzustellen ist als die Kompetenz, Nutzen und Risiken des Eingriffs zu begreifen und gegeneinander abwägen zu können.[3207] Nach einer früher verbreiteten, aber auch heute noch vertretenen **Gegenauffassung** ist die Einwilligung hingegen ein **Rechtsgeschäft** iS des Allgemeinen Teils, doch finden die §§ 104 ff. nicht auf sämtliche Typen der Einwilligung ungeschmälert Anwendung.[3208] In den praktischen Ergebnissen unterscheiden sich die beiden Auffassungen deshalb kaum, zumal Sachfragen ohnehin nicht mit Hilfe deduktiver Schlüsse aus der Rechtsnatur der Einwilligung entschieden werden dürfen.[3209] Unter diesem Vorbehalt sprechen die besseren Gründe dann doch für die hM, denn zentrale Vorschriften der Rechtsgeschäftslehre passen nicht auf den Grundtypus der Einwilligung. Dies gilt nicht nur für die §§ 104 ff., sondern auch für den Grundsatz freier Widerruflichkeit bis zur Vornahme des Eingriffs bei gleichzeitigem Ausschluss der Anfechtbarkeit wegen Willensmängeln für die Zeit danach.[3210] Außerhalb des Arztrechts ist es selbstverständlich möglich, die **Einwilligung zum Gegenstand einer vertraglichen Bindung** zu machen, doch dann ergibt sich die Bindung aus dem Vertrag – und nicht aus der bloßen Zustimmung zum Eingriff.[3211]

bb) Akte antizipierter Selbstbestimmung. Fehlt es an einer aktuellen Willensäuße- 732 rung des einwilligungsfähigen Patienten, kommt es in zweiter Linie auf die Verfügungen an, die der nunmehr einwilligungsunfähige Patient zu einem **früheren Zeitpunkt im Zustand**

[3203] Zur Terminologie *Ohly,* „Volenti non fit iniuria", S. 275 f.; ausf. *Pahlow,* Lizenz und Lizenzvertrag im Recht des Geistigen Eigentums, 2006, S. 250 ff.
[3204] BGH NJW 1980, 1903 f.; *Ohly,* „Volenti non fit iniuria", S. 346 ff.
[3205] Vgl. aber BGH NJW 1964, 1177, 1178; *Kothe* AcP 185 (1985), 105, 140; *Ohly,* „Volenti non fit iniuria", S. 356 ff.
[3206] BGHZ 29, 33, 36 = NJW 1959, 811; BGHZ 105, 45, 47 f. = NJW 1988, 2946 f.; BGH NJW 1964, 1177 f.; *Deutsch* Haftungsrecht I RdNr. 282; *Erman/Ehmann* Anh. § 12 RdNr. 488 ff.; *Erman/Schiemann* RdNr. 147; *Soergel/Spickhoff* Anh. I RdNr. 106; *Roßner* NJW 1990, 2291, 2292.
[3207] BGHSt NJW 1978, 1206; BayObLG FamRZ 1990, 1154, 1155; LG Kassel FamRZ 1996, 1501; *Francke/Hart,* Charta der Patientenrechte, S. 149; RGRK/*Nüßgens* Anh. II RdNr. 75 ff.; *Taupitz,* Gutachten zum 63. DJT, S. A 56, 67 ff.; eingehend 3. Aufl. § 1904 RdNr. 6 ff.
[3208] *Ohly,* „Volenti non fit iniuria", S. 207 ff., *ders.,* FS Jakobs, 2007, S. 451, 463 f.
[3209] *Ohly,* FS Jakobs, 2007, S. 451, 464.
[3210] *Soergel/Spickhoff* Anh. I RdNr. 123.
[3211] Zur „Stufenleiter" der Gestattungen eingehend *Ohly,* „Volenti non fit iniuria", S. 143 ff.; *Pahlow* (Fn. 3203) S. 247 ff.

§ 823   733, 734   Abschnitt 8. Titel 27. Unerlaubte Handlungen

der **Einwilligungsfähigkeit** getroffen hat (RdNr. 733).[3212] Fehlt es auch an einer wirksamen Patientenverfügung, ist drittens die Entscheidung eines von dem Patienten **Bevollmächtigten** maßgeblich (RdNr. 734) und in letzter Linie schließlich diejenige eines von Gesetzes wegen eingesetzten **Betreuers** (RdNr. 735). Ist die Berücksichtigung des Willens des Patienten oder seiner Repräsentanten nicht möglich, bleibt zur Rechtfertigung des ärztlichen Eingriffs nur die **mutmaßliche Einwilligung** (RdNr. 739 f.).

733   cc) **Patientenverfügungen.** Patientenverfügungen sind **antizipierte Einwilligungen** (und somit keine Willenserklärungen, RdNr. 731), mit denen der Patient Maßgaben betreffend seine medizinische Behandlung im Zustand der Einwilligungsunfähigkeit trifft.[3213] Trotz der Meinungsverschiedenheiten um die Bindungswirkungen von Patientenverfügungen lässt sich als gemeinsamer Nenner wohl feststellen, dass ein **wirksam gebildeter und geäußerter Wille des Patienten respektiert** werden muss.[3214] Der Streit betrifft allein die **Seriositätskriterien** der Patientenverfügung, also die Frage, unter welchen Voraussetzungen von einer wohlüberlegten, der Bedeutung der anstehenden Entscheidung angemessenen Willensäußerung des Patienten auszugehen ist. Ein schlagender Seriositätsindikator sollte dabei die **Kenntnis der konkreten, schwerwiegenden Erkrankung** sein; wenn ein Krebspatient, dem die Diagnose mitgeteilt wurde, nach reiflicher Überlegung eine Verfügung trifft, ist diese ärztlicherseits zu respektieren, und zwar unmittelbar, nicht erst im Rahmen der mutmaßlichen Einwilligung.[3215] Genauso liegt es, wenn die Patientenverfügung aufgesetzt wird, nachdem der Betroffene von einem Arzt über Risiken und Nutzen intensivmedizinischer oder sonst lebensverlängernder Maßnahmen aufgeklärt worden ist und ihm die Konsequenzen seiner Entscheidung, auch mit Blick auf seine Angehörigen, vor Augen geführt worden sind. Am anderen Ende des Spektrums sind solche Fälle angesiedelt, in denen ein Mensch in großer **Distanz zu einer existentiellen Entscheidungssituation** und bar jeder Auseinandersetzung mit den Abwägungskriterien leichthin eine bestimmte Festlegung trifft, von der niemand sagen kann, ob sie im Angesicht des drohenden Todes genauso ausfallen würde.[3216] Im Zweifel ist der objektiven medizinischen Nutzen/Risiko-Abwägung der Vorzug vor einer Patientenverfügung zu geben, die dem aktuellen Willen des Betroffenen wahrscheinlich nicht mehr entspricht. Dies gilt auch, wenn Mitglieder religiöser Sekten, etwa der **Zeugen Jehovas,** vorformulierte Erklärungen unterschreiben, nach denen sie die Durchführung lebenswichtiger Behandlungsmaßnahmen ablehnen.[3217]

734   dd) **Vorsorgevollmacht.** Will der Patient die Verlagerung der Entscheidungskompetenz auf einen Betreuer verhindern, steht es ihm frei, durch privatautonomen Vorsorgeakt einen Bevollmächtigten zur Erteilung oder Verweigerung der Einwilligung in Maßnahmen der Heilbehandlung zu bestellen, wie sich aus §§ 1896 Abs. 2 S. 2, 1900a S. 2 ergibt (§ 1896 RdNr. 48 ff.).[3218] Dessen Befugnisse werden gemäß §§ 168 S. 1, 672 S. 2 durch die Geschäftsunfähigkeit des Vollmachtgebers nicht berührt, so dass der **Vertreter in Gesundheitsangelegenheiten** ein wirksames Instrument der Eigenvorsorge für den Fall der Einwilligungsunfähigkeit darstellt. Genauso wie ein vom Gericht bestellter Betreuer unterliegt der privatautonom Bevollmächtigte gemäß § 1904 Abs. 2 S. 1 allerdings dem **Einwil-**

[3212] *Spickhoff* AcP 208 (2008), 345, 399; ähnlich *Brüggemeier* Haftungsrecht S. 215 f.
[3213] *Spickhoff* VersR 2006, 1569, 1579 f.; *ders.* AcP 208 (2008), 345, 404; *A. Roth* JZ 2004, 494, 496.
[3214] BGHZ 154, 205 210 ff. = NJW 2003, 1588, 1591 = JZ 2003, 732 m. Anm. *Spickhoff*; *Taupitz*, Gutachten zum 63. DJT, S. A 108 ff.; *Chr. Berger* JZ 2000, 797, 800 f.; eingehend *Spickhoff* AcP 208 (2008), 345, 404 ff.
[3215] BGHZ 154, 205 210 ff. = NJW 2003, 1588, 1591 = JZ 2003, 732 m. Anm. *Spickhoff*; *Spickhoff* VersR 2006, 1569, 1579; *Soergel/Spickhoff* Anh. I RdNr. 112; *Taupitz*, Gutachten zum 63. DJT, S. A 107; *Landau* ZRP 2005, 50, 52; ähnlich *A. Roth* JZ 2004, 494, 499 f.
[3216] *Spickhoff* AcP 208 (2008), 345, 406: die Anordnung „KLM" – keine lebensverlängernden Maßnahmen" reicht nicht aus.
[3217] Übereinstimmend OLG München NJW-RR 2002, 811, 812.
[3218] Ausf. *Spickhoff* AcP 208 (2008), 345, 400 ff.; *Taupitz*, Gutachten zum 63. DJT, S. A 96 ff.; rechtsvergleichende Hinweise bei *Uhlenbruck*, FS Deutsch, 1999, S. 849 ff.; Formulierungshilfen bei *Milzer* NJW 2003, 1836.

Schadensersatzpflicht 735 § 823

ligungsvorbehalt des Vormundschaftsgerichts, wenn es um die Zustimmung zu riskanten medizinischen Maßnahmen geht (§ 1904 RdNr. 85).[3219] Insoweit wird in § 1904 Abs. 2 S. 2 zusätzlich vorausgesetzt, dass die Vollmacht schriftlich erteilt ist und die Befugnis zur Einwilligung in Heilbehandlungsmaßnahmen, die schwerwiegende Gesundheitsgefahren heraufbeschwören, ausdrücklich umfasst (§ 1904 RdNr. 71 ff.). Inhaltlich wird sich der so Bevollmächtigte wiederum an dem objektiven Nutzen/Risiko-Kalkül orientieren, das in letzter Linie auch für die mutmaßliche Einwilligung maßgeblich ist (RdNr. 746). Allerdings – und darin liegt der entscheidende Vorteil der Vorsorgevollmacht – hat es der Vollmachtgeber in der Hand, den Spielraum seines Vertreters durch entsprechende **Weisungen und Willensäußerungen einzuschränken.** Deren Verbindlichkeit sollte sich nach denselben Grundsätzen richten, insbesondere von denselben Voraussetzungen abhängen, wie sie auch für Patientenverfügungen gelten (RdNr. 740). Hält sich der Bevollmächtigte nicht an die ihm erteilten Weisungen, ist die ggf. erteilte Einwilligung wegen **Missbrauchs der Vertretungsmacht** unwirksam.[3220] Darüber hinaus ist die Vorsorgevollmacht stets und frei widerruflich (§ 1896 RdNr. 51).

ee) **Zustimmung des Betreuers; Genehmigung des Vormundschaftsgerichts.** Ist 735 der Patient aktuell nicht einwilligungsfähig und fehlt es auch an antizipierten Dispositionen (Patientenverfügung, Vorsorgevollmacht), bedürfen ärztliche Heileingriffe der **Zustimmung des Betreuers,** der ggf. vorläufig und speziell für die in Aussicht genommene medizinische Maßnahme im Verfahren des § 69 f FGG (künftig: § 300 FamFG) zu bestellen ist. In dringenden Fällen kann gemäß §§ 1908 i Abs. 1, 1846 unmittelbar das Vormundschaftsgericht eingeschaltet werden.[3221] Der Betreuer wiederum hat gemäß § 1901 Abs. 3 den **Wünschen des Betreuten** zu entsprechen, soweit dies dessen Wohl nicht zuwiderläuft oder dem Betreuer nicht zuzumuten ist.[3222] In Ermangelung klarer Willensäußerungen des Patienten wird dem Betreuer nichts anderes übrig bleiben, als sich an dem **objektiven Nutzen/Risiko-Kalkül der medizinischen Wissenschaft** zu orientieren, wie es auch der Arzt zu tun gehalten ist (eingehend zu dieser Abwägung RdNr. 774 ff.).[3223] Ist der **Betreute einwilligungsunfähig,** ist der Betreuer gemäß § 1906 Abs. 1 Nr. 2 befugt, in eine Zwangsbehandlung auch **gegen den erklärten natürlichen Willen des Betreuten** einzuwilligen.[3224] Besteht die begründete Gefahr, dass der Betreute auf Grund der Maßnahme stirbt oder einen schweren und länger dauernden gesundheitlichen Schaden erleidet, muss der Betreuer zudem wegen § 1904 die Genehmigung des Vormundschaftsgerichts einholen, wenn er dem Eingriff zustimmen will. Das Vormundschaftsgericht wiederum ist auf Grund des § 69 d Abs. 1 S. 2, 3 FGG (künftig: § 298 FamFG) gehalten, den Betreuten – also den einwilligungsunfähigen Patienten – persönlich anzuhören, bevor es eine Entscheidung trifft, soweit Letzterer dazu in der Lage ist, seinen Willen kundzutun. Die Entscheidung des Betreuers, die **lebensverlängernde Weiterbehandlung** eines sterbenskranken oder komatösen Patienten in Übereinstimmung mit dessen wirklichen oder mutmaßlichen Willen nicht fortführen zu lassen, ist verbindlich, wenn er sich mit dem **behandelnden Arzt in Übereinstimmung** befindet.[3225] ME sollte auch in diesem Fall der Weg über § 1904 beschritten werden und die Beendigung der lebensverlängernden Maßnahme von der Genehmigung des Vormundschaftsgerichts abhängig gemacht werden.[3226] Nach der

---

[3219] Krit. dazu *Uhlenbruck*, FS Deutsch, 1999, S. 849, 858 ff.: „Entmündigung des Patienten durch den Gesetzgeber"; „tantenhafte Liebesbezeugung des Staates".
[3220] *Spickhoff* AcP 208 (2008), 345, 403.
[3221] AG Hamburg-Wandsbek NJW-RR 2001, 1159, allerdings ohne die mangelnde Einsichtsfähigkeit explizit festzustellen!
[3222] Eingehend zur Bedeutung des § 1901 Abs. 3 bei medizinischen Eingriffen *Taupitz*, Gutachten zum 63. DJT, S. A 69 ff.
[3223] Treffend *Schreiber*, FS Deutsch, 1999, S. 773, 780.
[3224] BGHZ 166, 141, 148 ff. Tz. 15 ff. = NJW 2006, 1277; BGHZ 145, 297, 307 ff. = NJW 2001, 888.
[3225] BGHZ 163, 195, 198 = NJW 2005, 2385 = VersR 2005, 1249.
[3226] Mit Recht krit. auch *Spickhoff* AcP 208 (2008), 345, 396 ff.; *Höfling* JZ 2006, 145, 146; weitergehend daher LG Essen NJW 2008, 1170, 1171 f.

§ 823   736   Abschnitt 8. Titel 27. Unerlaubte Handlungen

Rechtsprechung des BGH besteht dieses Erfordernis nur dann, wenn der behandelnde Arzt die Fortsetzung der Behandlung für medizinisch geboten oder vertretbar erachtet und die Behandlung weiter „anbietet", der Betreuer sie jedoch beenden will.[3227] Zudem stützt der XII. ZS das Genehmigungserfordernis nicht auf eine Analogie zu § 1904[3228] sondern auf ein „unabweisbares Bedürfnis des Betreuungsrechts" (§ 1904 RdNr. 41 ff.).[3229] Das **Pflegeheim**, in dem der Patient liegt, verfügt über keine eigene Rechtsposition, die es dem wirksam gebildeten Willen des Patienten oder Betreuers entgegen halten könnte, um die Behandlung gegen deren Willen fortzusetzen.[3230]

736   d) **Einwilligungsfähigkeit Minderjähriger. aa) Einsichtsfähigkeit.** Der Einwilligung Minderjähriger wird von einer in der Literatur vertretenen Auffassung die Anerkennung generell versagt, indem der ärztliche Heileingriff von der Zustimmung der gesetzlichen Vertreter, also der Eltern abhängig gemacht wird.[3231] Der BGH hält die Einwilligung der Eltern nicht stets für erforderlich, sondern begnügt sich mit der **Zustimmung des Minderjährigen** selbst, sofern er nur einsichtsfähig ist, also „nach seiner geistigen und sittlichen Reife die Bedeutung und Tragweite des Eingriffs und seiner Gestattung zu ermessen vermag" (eingehend § 1626 RdNr. 38 ff.).[3232] Obwohl ärztliche Heileingriffe viel schwerere Folgen haben können als Austauschverträge, deren Wirksamkeit § 107 grundsätzlich von der Zustimmung des gesetzlichen Vertreters abhängig macht, sprechen im Ergebnis die besseren Gründe für den Standpunkt der Rechtsprechung. Im Gesundheitsrecht geht es um den Eingriff in höchstpersönliche Rechtsgüter, der der Zustimmung des einsichtsfähigen Minderjährigen selbst mindestens genauso bedarf wie beispielsweise die Teilnahme am Religionsunterricht.[3233] Dies wird besonders deutlich, wenn die Eltern einem Eingriff zustimmen wollen, den der einsichtsfähige Minderjährige ablehnt: Soll es wirklich so sein, dass sich ein Siebzehnjähriger gegen seinen Willen mittels chirurgischen Eingriffs die Ohren anlegen lassen muss, wenn seine Eltern dies wünschen?[3234] Der Rechtsprechung ist allerdings auch darin zu folgen, dass sie **hohe Anforderungen an die Einsichtsfähigkeit** des Minderjährigen stellt, was sich insbesondere dann auswirkt, wenn der in Aussicht genommene Eingriff nicht dringend indiziert ist. Bei **kosmetischen Operationen** ist generell davon auszugehen, dass sie nicht der Entscheidung des Minderjährigen überlassen bleiben dürfen, sondern die Zustimmung der Eltern beigebracht werden muss. Soweit die Selbstbestimmung des Minderjährigen hingegen rechtlich anzuerkennen ist, besteht kein Anlass, die von dem Betroffenen erteilte Einwilligung durch das Erfordernis eines **„Co-Konsenses"** auch der Eltern wieder zu relativieren.[3235] Umgekehrt billigt der BGH dem urteilsfähigen Minderjährigen ein **Vetorecht** gegen schwere Eingriffe mit erheblichen Folgen für die

---

[3227] BGHZ 163, 195, 198 f. = NJW 2005, 2385.
[3228] So BGHSt 40, 257, 261 f. = NJW 1995, 204; OLG Karlsruhe NJW 2002, 685; OLG Frankfurt NJW 1998, 2747, 2748; 2002, 689, 690 f.; LG Duisburg NJW 1999, 2744 f.; OLG Düsseldorf NJW 2001, 2807 f. (nur bei entsprechendem aktuellen oder mutmaßlichen Willen des Patienten selbst); *Taupitz*, Gutachten zum 63. DJT, S. A 86 ff.; aA LG München I NJW 1999, 1788, 1789; LG Augsburg NJW 2000, 2363 f.; *Alberts* NJW 1999, 835 f.; *Palandt/Diederichsen* Einf. § 1896 RdNr. 10.
[3229] So BGHZ 154, 205, 210 ff., 221 = NJW 2003, 1588, 1592 ff. = JZ 2003, 732 m. krit. Anm. *Spickhoff*; mit Recht krit. auch LG Essen NJW 2008, 1170, 1171 f.
[3230] BGHZ 163, 195, 199 f. = NJW 2005, 2385 = JZ 2006, 144 m. zust. Bespr. *Höfling*; *Uhlenbruck* NJW 2003, 1710; aA OLG München NJW 2003, 1743, 1744 sowie LG Traunstein NJW-RR 2003, 221, 222 f.
[3231] 3. Aufl. Vor § 104 RdNr. 89 (*Gitter*); *Staudinger/Hager* RdNr. I 97; umfassende Nachweise zum Streitstand bei *Taupitz*, Gutachten zum 63. DJT, S. A 54 ff.
[3232] BGHZ 29, 33, 36 = NJW 1959, 811; BGH NJW 1972, 335, 337; zust. *Belling/Eberl/Micklik*, Das Selbstbestimmungsrecht Minderjähriger bei medizinischen Eingriffen, S. 125 ff.; *Francke/Hart*, Charta der Patientenrechte, S. 147 f.; *Kern* NJW 1994, 753, 755; RGRK/*Nüßgens* Anh. II RdNr. 70 ff.; *Soergel/Spickhoff* Anh. I RdNr. 107; *Bamberger/Roth/Spindler* RdNr. 638; *Staudinger/Hager* RdNr. I 97.
[3233] Vgl. OLG Frankfurt NJW 2007, 3580, 3581, sowie § 5 des Gesetzes über religiöse Kindererziehung, das eine Altersgrenze von 14 Jahren normiert. Zur Grundrechtsmündigkeit des Minderjährigen in diesem Bereich *v. Münch* in: *v. Münch/Kunig*, GG, Bd. I, 5. Aufl. 2000, Vor Art. 1–19 RdNr. 13.
[3234] Dies hält RGRK/*Nüßgens* Anh. II RdNr. 72 in der Tat für möglich.
[3235] Übereinstimmend *Taupitz*, Gutachten zum 63. DJT, S. A 63 ff.

Lebensgestaltung zu.³²³⁶ Dabei begnügt sich das Gericht möglicherweise mit einem geringeren Grad an Urteilsfähigkeit, denn der urteilsfähige Minderjährige benötigt kein Vetorecht, sondern kann schlicht die Einwilligung verweigern. Jedenfalls ist der Arzt gut beraten, wenn er in **Zweifelsfällen die Zustimmung sowohl des Minderjährigen als auch der Eltern** einholt. Wird letztere willkürlich verweigert, ist das Vormundschaftsgericht nach § 1666 Abs. 3 darum zu bitten, die Erklärung durch eine eigene zu ersetzen.

bb) Zustimmung der Sorgeberechtigten. Bei einem **nicht einwilligungsfähigen** 737 **Kind** bedarf es der Zustimmung **beider Elternteile,** sofern beiden die elterliche Sorge zusteht, wie es regelmäßig der Fall ist (§§ 1626 f., 1629).³²³⁷ Der nicht sorgeberechtigte Vater darf also nicht die Beschneidung seines Sohnes veranlassen.³²³⁸ Erscheint das Kind in Begleitung nur eines Elternteils bei einem Arzt, um einen Routineeingriff – etwa eine Impfung – durchführen zu lassen, ist davon auszugehen, dass dieser Elternteil von dem abwesenden dazu ermächtigt worden ist, die Einwilligung für beide zu erklären.³²³⁹ Der Einholung der Einwilligung auch des anderen Elternteils bedarf es nur, wenn besondere Umstände darauf hindeuten, die Eltern könnten verschiedener Meinung sein, während der Arzt im Regelfall auf die Mitteilung des präsenten Elternteils, der andere habe dem Eingriff zugestimmt oder ihn entsprechend ermächtigt, vertrauen darf.³²⁴⁰ Der Konsultation auch des anderen Elternteils bedarf es darüber hinaus bei **schwerwiegenden Eingriffen,** wie etwa einer Herzoperation, die ein Elternteil nicht alleine verantworten kann und darf.³²⁴¹ Wird die Einwilligung in einen dringend gebotenen medizinischen Heileingriff von den Eltern verweigert, kann die Maßnahme gleichwohl gemäß § 34 StGB gerechtfertigt sein.³²⁴²

cc) Schwangerschaftsabbruch Minderjähriger. Ein besonders schwieriger Sonderfall 738 des ärztlichen Heileingriffs und der diesbezüglichen Einwilligungsproblematik ist der Schwangerschaftsabbruch. Die Frage, ob für den Abbruch einer Schwangerschaft bei einer **minderjährigen Frau** deren **Einwilligung** ausreicht oder statt dessen die Zustimmung der personensorgeberechtigten Eltern einzuholen ist, wird in der Rechtsprechung kontrovers beantwortet.³²⁴³ Für die Einwilligungsfähigkeit der Schwangeren selbst spricht der Respekt vor ihrem **Selbstbestimmungsrecht,** für das Erfordernis der elterlichen Zustimmung das in Art. 6 Abs. 1 GG geschützte **Erziehungsrecht,** wie es in dem Recht zur Personensorge gemäß §§ 1626 ff. zum Ausdruck kommt. Grundlegende Orientierung in diesem Konflikt vermag erneut (RdNr. 736) das Szenario zu liefern, dass die Eltern einem Eingriff zustimmen wollen, den die Minderjährige ablehnt: Es sollte auf der Hand liegen, dass eine **Abtreibung niemals gegen den Willen der Schwangeren,** allein auf Betreiben der Erziehungsberechtigten vorgenommen werden darf. Aber auch in der umgekehrten Konstellation einer abtreibungswilligen Schwangeren, deren Eltern dem Eingriff nicht zustimmen können, gebührt dem **Selbstbestimmungsrecht der Betroffenen der Vorrang** (aA § 1626 RdNr. 47).³²⁴⁴ Das gesamte Abtreibungsrecht beruht auf dem Respekt vor der höchstpersönlichen Konfliktsituation der Schwangeren. Ginge es nicht um den Kern ihres Selbstbestimmungsrechts, ließe sich die Zurückstellung des Lebensinteresses des Embryos ohnehin nicht rechtfertigen. Auf

---

³²³⁶ BGH NJW 2007, 217, 218 Tz. 8 = VersR 2007, 66; *Steffen/Pauge* Arzthaftungsrecht RdNr. 432; mit Recht krit. *Strücker-Pitz* VersR 2008, 752, 754; vgl. auch *Spickhoff* NJW 2008, 1636, 1640 f.
³²³⁷ BGHZ 105, 45, 49 f. = NJW 1988, 2946, 2947; BGHZ 144, 1, 4 = NJW 2000, 1784, 1785; BGH NJW 1972, 335, 337.
³²³⁸ OLG Frankfurt NJW 2007, 3580, 3581.
³²³⁹ BGHZ 105, 45, 49 f. = NJW 1988, 2946, 2947; BGHZ 144, 1, 4 = NJW 2000, 1784, 1785.
³²⁴⁰ BGHZ 105, 45, 50 = NJW 1988, 2946, 2947; BGHZ 144, 1, 4 = NJW 2000, 1784, 1785; in der zuletzt genannten Entscheidung wird allerdings darauf abgestellt, ob dem Arzt besondere Umstände bekannt waren. ME muss auch hier Erkennbarkeit nach Maßgabe des § 276 Abs. 2 ausreichen.
³²⁴¹ BGHZ 105, 45, 50 = NJW 1988, 2946, 2947; BGHZ 144, 1, 4 = NJW 2000, 1784, 1785.
³²⁴² S. Fn. 3202.
³²⁴³ OLG Hamm NJW 1998, 3424; LG München I NJW 1980, 646; AG Schlüchtern NJW 1998, 832.
³²⁴⁴ Wie hier LG München I NJW 1980, 646; AG Schlüchtern NJW 1998, 832, 833; *Belling/Eberl* FuR 1995, 287, 292; *Belling/Eberl/Micklik,* Das Selbstbestimmungsrecht Minderjähriger bei medizinischen Eingriffen, S. 141 ff.; *Staudinger/Hager* RdNr. I 97; aA OLG Hamm NJW 1998, 3424 f.

dieser normativen Grundlage erscheint es als ausgeschlossen, den Konflikt zwischen Selbstbestimmungsrecht und Lebensinteresse nicht von der Betroffenen selbst, sondern von ihren Eltern lösen zu lassen. Soweit es der Schwangeren an der erforderlichen Einsichtsfähigkeit fehlt, ist die Entscheidung ihrer Eltern ggf. im Rahmen des Verfahrens nach § 1666 Abs. 3 durch das Vormundschaftsgericht zu überprüfen; dem erhöhten Gewicht des Selbstbestimmungsrechts der Schwangeren ist Rechnung zu tragen.[3245]

739 **e) Mutmaßliche Einwilligung.** Ist der zur Disposition über das Rechtsgut Berechtigte **nicht zur Willensbildung und -äußerung in der Lage,** insbesondere weil er abwesend oder bewusstlos ist – und nur dann –, kommt eine mutmaßliche Einwilligung als Rechtfertigungsgrund in Betracht, sofern davon ausgegangen werden kann, dass der Patient zustimmen würde, wenn er gefragt werden könnte.[3246] Allerdings hat der Arzt die gebotenen Maßnahmen zu ergreifen, um das Entstehen einer Situation, in der es nur noch auf die mutmaßliche Einwilligung anstatt auf die tatsächliche Zustimmung des Patienten ankommt, von vornherein zu verhindern: Die Aufklärung und Einholung der Einwilligung ist ggf. auf einen **Zeitpunkt** vorzuverlegen, in dem der Patient noch im Vollbesitz seiner geistigen Kräfte ist (RdNr. 794), wenn etwa nach einer Risikoschwangerschaft der Geburtsvorgang eingeleitet wird, wenn die ernsthafte Möglichkeit einer intraoperativen Erweiterung des Eingriffs besteht oder ohne weiteres bis zur Wiedererlangung des Bewusstseins abgewartet werden kann, ohne dass dies die Heilungschancen verschlechterte.[3247]

740 Lässt sich der Rückgriff auf die mutmaßliche Einwilligung nicht durch vorsorgliche Einholung einer echten Einwilligung vermeiden, ist gleichwohl den **Wünschen des Patienten** so weit als möglich Rechnung zu tragen. Hatte sich der Betroffene beispielsweise bereits in anderem Zusammenhang ernsthaft und eindeutig über seine Haltung zu bestimmten operativen Maßnahmen geäußert, darf sich der Arzt darüber nicht hinwegsetzen, sobald der Patient das Bewusstsein verloren hat.[3248] Dauert der Zustand der Bewusstlosigkeit über längere Zeit an und bedarf es weiterer medizinischer Maßnahmen jenseits der Notfallversorgung, ist im Wege der einstweiligen Anordnung gemäß § 69f FGG (künftig: § 300 FamFG) ein vorläufiger Betreuer zu bestellen.[3249] Diesem wird der Zugang zum Willen des Betroffenen allerdings genauso versperrt sein wie dem Arzt, so dass ihm kaum etwas anderes übrig bleiben wird, als dessen Nutzen/Risiko-Kalkulationen auf ihre *objektive* Vertretbarkeit hin zu überprüfen.

741 **f) Rechtsfolgen der Behandlung ohne Einwilligung.** Die **irrtümliche Annahme** des Arztes, der Patient sei hinreichend aufgeklärt worden, macht den Eingriff nicht rechtmäßig. Allerdings kann der Irrtum – wenn er bei Aufbietung der im Verkehr erforderlichen Sorgfalt (§ 276 Abs. 2) nicht vermeidbar war – das **Verschulden entfallen** lassen (RdNr. 314).[3250] Sofern die ohne Zustimmung des Patienten durchgeführte Heilbehandlung zu einem Gesundheitsschaden geführt hat, ist dieser unabhängig davon zu ersetzen, ob er auf einem Behandlungsfehler des Arztes oder auf der Realisierung des **natürlichen Misserfolgsrisikos** des Eingriffs beruht. Nachträglich gewonnene Befunde vermögen einen mangels wirksamer Einwilligung rechtswidrigen Eingriff nicht zu heilen.[3251] Zu der Frage, ob auch bei medizinisch zwingender Indikation ein Schmerzensgeld wegen Missachtung des Persönlichkeitsrechts zu zahlen ist, s. RdNr. 830.

[3245] Vgl. als Beispiel OLG Hamm NJW 1998, 3424 f.; im Ansatz genauso § 1626 RdNr. 47 *(P. Huber)*; OLG Celle NJW 1987, 2305, 2306; aA *Staudinger/Hager* RdNr. I 97.
[3246] *Deutsch* Haftungsrecht I RdNr. 283; *Soergel/Spickhoff* Anh. I RdNr. 115; zur dogmatischen Verankerung der mutmaßlichen Einwilligung in § 34 StGB oder in §§ 683, 670 BGB *G. Fischer*, FS Deutsch, 1999, S. 545 f.
[3247] *G. Fischer*, FS Deutsch, 1999, S. 545, 551.
[3248] Ähnlich *Taupitz*, Gutachten zum 63. DJT, S. A 42 f.; *ders.*, FG 50 Jahre BGH, Bd. I, 2000, S. 497, 507.
[3249] Vgl. *Taupitz*, Gutachten zum 63. DJT, S. A 40.
[3250] BGHZ 169, 364, 366 f. Tz. 7 f. = NJW-RR 2007, 310; OLG Karlsruhe VersR 1997, 241.
[3251] BGH NJW 2003, 1862, 1863.

3. Ärztliche Sorgfaltspflichten. a) Objektiver Standard.

Wie der BGH immer wieder und mit Recht betont, ist der vom Arzt einzuhaltende Sorgfaltsstandard derjenige der allgemeinen Deliktsrechts und dementsprechend objektiv, **unabhängig von den individuellen Fähigkeiten und Eigenheiten der konkreten Person** zu bestimmen.[3252] Das Maß der im Einzelfall erforderlichen Sorgfaltsmaßnahmen ist relativ zu den äußeren Umständen, nämlich dem Rang der betroffenen Rechtsgüter, der Intensität der Gefahr und den Möglichkeiten und Kosten von Sicherungsmaßnahmen (RdNr. 36 ff., 259 ff.). Da die faktischen Möglichkeiten und Fähigkeiten des Arztes bestimmt werden, ist auch im Rahmen des Arzthaftungsrechts **nach Verkehrskreisen zu differenzieren** (RdNr. 36). Von einem ausgewiesenen Spezialisten wird mehr verlangt als von einem Facharzt, von diesem mehr als von einem Allgemeinmediziner,[3253] und Letzterer muss im Bereich der allgemeinen und konventionellen medizinischen Methoden höheren Ansprüchen genügen als etwa ein Heilpraktiker.[3254] Diese Abstufungen finden ihre Grenze bei individuellen Eigenschaften des konkreten Mediziners, die jedoch der Steuerung durch sein eigenes Verhalten unterliegen (RdNr. 39). Folgerichtig kann sich ein Krankenhausarzt, der bei einem Geburtsvorgang Fehler macht, nicht darauf berufen, er habe lediglich Hilfe leisten wollen, sei aber der Geburtssituation nicht vollauf gewachsen gewesen.[3255] Im Arzthaftungsrecht ist kein Raum für eine Moderierung der objektiven Sorgfaltspflichten durch **subjektive Kriterien**, da der Arzt die Behandlung freiwillig übernimmt und kunstgerechte Behandlung verspricht.[3256] Greift ein Heilpraktiker zu invasiven Behandlungsmethoden, hat er dabei denselben Sorgfaltsstandards zu genügen wie ein dafür ausgebildeter Mediziner, und zwar auch, was die Fortbildungsobliegenheiten angeht (RdNr. 748).[3257] Genauso muss eine in der Notfallambulanz tätige Assistenzärztin von sich aus erfahrenere Kollegen zu Rate ziehen, wenn ihr das Wissen und die nötige Erfahrung fehlt, um autonom über die einzuleitenden Behandlungsmaßnahmen entscheiden zu können.[3258] Dies hat Konsequenzen vor allem auch für die Ausbildung von Fachärzten, die das für die selbständige Ausübung der Profession erforderliche Können erst noch erwerben müssen. Sie dürfen nicht sich selbst überlassen bleiben, sondern müssen von erfahrenen Kollegen überwacht werden. Ist das nicht gewährleistet, hat der Krankenhausträger für den Schaden des Patienten aufzukommen.

Bei der sog. **Anfängeroperation** muss folglich immer ein kompetenter Operateur zugegen sein, um bei Fehlern oder Notfällen eingreifen zu können.[3261] Selbst **Routineoperationen** wie eine Appendektomie dürfen nur unter der Aufsicht und Assistenz eines erfahrenen Chirurgen durchgeführt werden, der mindestens die Facharztausbildung abge-

---

[3252] BGHZ 113, 297, 303 f. = NJW 1991, 1535, 1537 f.; BGHZ 144, 296, 305 f. = NJW 2000, 2737, 2739 f.; BGH NJW 2001, 1786, 1787; VersR 2003, 1128, 1130 = NJW 2003, 2311.
[3253] BGHZ 113, 297, 304 = NJW 1991, 1535, 1537; BGH NJW 1994, 3008, 3009.
[3254] BGHZ 113, 297, 303 f. = NJW 1991, 1535, 1537; Laufs/Uhlenbruck § 99 RdNr. 11; Soergel/Spickhoff Anh. I RdNr. 63; Deutsch/Spickhoff Medizinrecht RdNr. 210; Bamberger/Roth/Spindler RdNr. 592.
[3255] BGH NJW 2001, 1786, 1787.
[3256] RGRK/Nüßgens Anh. II RdNr. 182; zum Übernahmeverschulden, das bei vollständiger Objektivierung des Sorgfaltsmaßstabs obsolet ist, BGH NJW 1985, 2193; 1994, 3008.
[3257] BGHZ 113, 297, 302 ff. = NJW 1991, 1535, 1537.
[3258] BGH NJW 1988, 2298, 2299 f.
[3259] OLG Düsseldorf VersR 2001, 460, 461.
[3260] BGH NJW 1985, 2193; OLG Düsseldorf VersR 2001, 460, 461.
[3261] BGHZ 88, 248, 252 = NJW 1984, 655, 656; BGH NJW 1978, 1681; 1992, 1560, 1561; 1993, 2989, 2990; Soergel/Spickhoff Anh. I RdNr. 77; Deutsch/Spickhoff Medizinrecht RdNr. 209; Steffen/Pauge Arzthaftungsrecht RdNr. 246; Bamberger/Roth/Spindler RdNr. 679.

744 schlossen hat,[3262] und Gleiches gilt im Bereich der Anästhesie,[3263] der Notfallambulanz[3264] und selbstverständlich auch im Bereich der Geburtshilfe, in dem Fehler besonders schwerwiegende Folgen haben können.[3265] Die Verpflichtung, in Ausbildung befindliche Ärzte unter die ständige Aufsicht eines Facharztes zu stellen, lässt sich übrigens nicht durch **Aufklärung des Patienten** über das Risiko einer Anfängeroperation abschütteln, sondern die Übertragung des Eingriffs an einen ungeübten Operateur stellt eine durch Aufklärung nicht zu legitimierende Pflichtverletzung dar.[3266] Wird gegen diese Prärogativen verstoßen, haftet dem Patienten jedenfalls das Krankenhaus aus Vertrag und Delikt (§§ 823 Abs. 1, 831) darüber hinaus aber ggf. auch der der chirurgischen Abteilung leitende Arzt, sofern es sich bei Letzterem nicht um einen Beamten handelt (zu § 839 Abs. 1 S. 2 vgl. RdNr. 701, 709 ff.).[3267] Dabei ist die **Beweislast für die Kausalität** zu Lasten von Klinikträger und Chefarzt umgekehrt: Letztere müssen darlegen und beweisen, dass die aufgetretenen Komplikationen ihre Ursache nicht in fehlender Erfahrung und Übung des nicht ausreichend qualifizierten Operateurs haben.[3268] Ob darüber hinaus der **Assistenzarzt dem Patienten persönlich haftet**, hängt davon ab, ob ein mit der erforderlichen Sorgfalt und Umsicht vorgehender Assistenzarzt hätte erkennen können, dass er mit der ihm übertragenen Operation überfordert wäre.[3269] Schließlich gelten für den Anfänger erhöhte **Dokumentationspflichten;** während ein erfahrener Operateur den Operationsbericht auf rudimentäre Angaben beschränken darf und lediglich auf Komplikationen eingehen muss, ist ein Berufsanfänger gehalten, den Gang der Operation unter Mitteilung der Operationstechnik aufzuzeichnen, um dem Patienten im Schadensfall den Nachvollzug der Maßnahme und den Beweis von Pflichtverletzungen zu ermöglichen (RdNr. 818).[3270]

Das Handeln von Ärzten, die als Privatpersonen **zufällig an einem Unfallort zugegen** sind und spontan Hilfe leisten, ist an dem reduzierten Sorgfaltsmaßstab des § 680 zu messen (RdNr. 700).[3271] Für professionelle Notärzte bleibt es hingegen bei § 276 bzw. bei der Amtshaftung nach § 839, Art. 34 GG. Im Übrigen haftet der Arzt nicht für den Misserfolg der Heilbehandlung, wenn Letzterer auf mangelnder Mitwirkung des Patienten – modern: **Non-Compliance** – beruht.[3272] Damit dieser Einwand durchgreift, hat der Arzt den Patienten allerdings über das seinerseits gebotene Verhalten aufzuklären (RdNr. 767).

745 **b) Autonomer Standard.** Für die Konkretisierung des Sorgfaltsstandards im Einzelfall ist primär die medizinische Wissenschaft zuständig, die im Rechtsstreit von einem Sachverständigen repräsentiert wird. Dieser wird sich wiederum – genauso wie der behandelnde Arzt – an den Standards orientieren, wie sie in Fachschrifttum sowie in den sog. **Ärztlichen Leitlinien** der Arbeitsgemeinschaft der Wissenschaftlichen Medizinischen Fachgesellschaften niedergelegt sind.[3273] Die Schwierigkeiten, das allgemeine Sorgfaltsgebot auf den Einzelfall anzuwenden, sind zwar unverkennbar, rechtfertigen es allerdings nicht, die **Definitionsmacht über den Umfang ärztlicher Sorgfaltspflichten** an die medizinische Profession abzutreten und sie hinsichtlich der Subjektivierung der Fahrlässigkeits-

---

[3262] BGH NJW 1992, 1560, 1561.
[3263] BGH NJW 1993, 2989, 2990.
[3264] BGH NJW 1988, 2298, 2230.
[3265] OLG Düsseldorf VersR 2001, 460, 461.
[3266] BGHZ 88, 248, 252 = NJW 1984, 655, 656; BGH NJW 1993, 2989, 2991; anders wohl noch BGH NJW 1980, 2751, 2753.
[3267] BGH NJW 1985, 2193; 1988, 2298, 2300.
[3268] BGHZ 88, 248, 256 f. = NJW 1984, 655, 656 f.; BGH VersR 1985, 782, 784; NJW 1992, 1560, 1561; OLG Karlsruhe VersR 1990, 53, 54.
[3269] BGHZ 88, 248, 258 = NJW 1984, 655, 657; hinsichtlich der Subjektivierung der Fahrlässigkeitsmaßstabs offen gelassen von BGH NJW 1988, 2298, 2299 f.
[3270] BGH NJW 1985, 2193, 2194.
[3271] OLG München NJW 2006, 1883, 1885; *Spickhoff* NJW 2007, 1628, 1631.
[3272] Eingehend *Schellenberg* VersR 2005, 1620.
[3273] Umfangreicher Katalog Ärztlicher Leitlinien: www.awmf-online.de; www.uni-duesseldorf.de/AWMF/ll/index.html.

Heilbehandlung zu überantworten.[3274] Auch außerhalb des Arztrechts haben Gerichte bei der Feststellung von Sorgfaltspflichtverletzungen mitunter schwierige technische oder fachwissenschaftliche Fragen zu beantworten, was bei entsprechender sachverständiger Beratung ohne weiteres möglich ist (vgl. RdNr. 811). Eine Bindung der Zivilgerichte an Standesregeln, ärztliche Leitlinien und faktische Übungen der Ärzteschaft kommt deshalb genauso wenig in Betracht wie in Bezug auf das Berufsrecht anderer Professionen oder die Regeln der Technik (allgemein zum Problem RdNr. 280 ff., 625).[3275] Auch bei Einhaltung Ärztlicher Leitlinien steht dem Patienten folglich der Nachweis eines Behandlungsfehlers offen, während umgekehrt eine Abweichung von dem Standard zwar eine Verletzung ärztlicher Pflichten indiziert, den Gegenbeweis des Arztes aber nicht ausschließt.[3276] Entsprechendes gilt für die Versuche, durch Betonung des zwischen Arzt und Patienten bestehenden Vertrauensverhältnisses die zwischen den Parteien existierenden Interessengegensätze zuzudecken, um eine von vornherein asymmetrisch gestaltete Beziehung zu etablieren, in der die Sorge um die Gesundheit des Patienten dem Arzt allein überantwortet ist.[3277] Das Arzthaftungsrecht jedenfalls bedarf keiner **„Charta der Patientenrechte"**, die im Schrifttum postuliert wird und ein „Recht auf gute und sichere Behandlung" einschließen soll.[3278] Berufsrechtlich mag eine solche Charta nützlich sein, haftungsrechtlich erweisen sich die in der Charta proklamierten Rechte als wenig mehr als bloße Reflexe entsprechender deliktsrechtlicher Pflichten zum Schutz der Rechtsgüter des § 823 Abs. 1.

c) **Evidence-Based Medicine.** In den Vereinigten Staaten macht die „Evidence-Based Medicine" Karriere, nach der die Diagnose und Therapiewahl mit Hilfe wissenschaftlich untermauerter und in **Entscheidungsbäumen** oder **Computerprogrammen fixierten Behandlungsleitlinien** erfolgt.[3279] Im Bereich der Diagnose geht es darum, aus einer Masse von Einzelfällen Prüfungsschemata zu destillieren, die zwar nicht jede Fehldiagnose vermeiden, aber über die Gesamtzahl der Patienten hinweg optimale Resultate erzielen. Ganz ähnlich dienen Behandlungsleitlinien im Bereich der Therapie dazu, die optimale Behandlung für eine Gruppe von Patienten zu finden.[3280] Solche Therapieleitlinien sind nicht fehlerfrei und dürfen deshalb nicht unbesehen als verbindlich angesehen werden,[3281] doch die entscheidende Frage im Rahmen des § 276 Abs. 2 geht dahin, ob die Leitlinie insgesamt fehlerärmer ist als konkurrierende Instrumente der Therapiewahl.[3282] Unter der Voraussetzung, dass die wissenschaftlich fundierte Behandlungsleitlinie die selbst gesteckten Ziele erreicht, sich also als besser erweist als intuitive Entscheidungen von Medizinern der einschlägigen Disziplin, sollte die Realisierung des unvermeidlichen Restrisikos dem Arzt nicht als Fehlverhalten angekreidet werden.

d) **Außenseitermeinungen.** Die **Erkenntnisse der medizinischen Wissenschaft sind nicht in Stein gemeißelt** und die ärztliche Profession ist kein Monolith, sondern es stehen sich verschiedene wissenschaftliche und therapeutische Ansätze gegenüber, deren Bewertung im Einzelnen auch von den Prämissen und Präferenzen des behandelnden Arztes

---

[3274] So aber *Hart* MedR 1998, 8, 12: Einhaltung ärztlicher Leitlinien bewirke „Haftungsimmunisierung".
[3275] OLG Hamm VersR 2002, 857, 858; *Dressler,* FS Geiß, 2000, S. 379, 382; *Puhl/Dierks,* FS Geiß, 2000, S. 477, 481; *Giesen* Arzthaftungsrecht RdNr. 104 ff. mwN; aA *Hart* MedR 1998, 8, 12 f.: „Haftungsimmunisierung".
[3276] *Dressler,* FS Geiß, 2000, S. 379, 382.
[3277] Vgl. *Katzenmeier* Arzthaftung S. 9 f.
[3278] So aber *Francke/Hart,* Charta der Patientenrechte, S. 249 ff., 251; *Bollweg/Brahms* NJW 2003, 1505 ff.
[3279] Vgl. *B. M. Reilly* et al., Impact of a Clinical Decision Rule on Hospital Triage of Patients With Suspected Acute Cardiac Ischemia in the Emergency Department, 288 JAMA (Journal of the American Medical Association), 342 ff. (2002); *L. Goldman et al.,* A computer-derived protocol to aid in the diagnosis of emergency room patients with acute chest pain, 307 New England Journal of Medicine, 588 ff. (1982); *Hart* MedR 2000, 1.
[3280] Vgl. die Zusammenstellung der Arbeitsgemeinschaft der Wissenschaftlichen Medizinischen Fachgesellschaften e. V. unter www.awmf-leitlinien.de.
[3281] *Spickhoff* NJW 2004, 1710, 1714; *Hart* MedR 2000, 1, 3.
[3282] Sehr zurückhaltend insoweit *Kifmann/Rosenau* in: *Möllers* (Hrsg.), Standardisierung durch Markt und Recht, 2008, S. 49, 56 f.

abhängt. Diese Ausgangslage besteht selbstverständlich auch bei anderen Professionen, insbesondere im Bereich der technischen Sicherheit, und sie wird hier wie dort vom Haftungsrecht berücksichtigt (zur – mangelnden – Bindungswirkung technischer Regeln RdNr. 281 f., 625). Genauso wie der Konstrukteur einer technischen Apparatur deliktsrechtlich nicht gezwungen ist, die in technischen Regelwerken bevorzugten Lösungen anzuwenden, genauso wenig ist ein Arzt auf die Diagnosen und Behandlungsstrategien der „herrschenden Meinung" oder auch nur der Schulmedizin beschränkt, sondern es herrscht **Methodenfreiheit**.[3283] Die Heilbehandlung ist also nicht schon deshalb fehlerhaft, weil sie der etablierten Mehrheitsmeinung widerspricht.[3284] Dies bedeutet allerdings nicht, dass dem Außenseiter **Narrenfreiheit** gewährt würde und jedwede in redlichem Erfolgsvertrauen gewählte Therapieform den deliktsrechtlichen Sorgfaltsstandards genügte. Soweit sich bestimmte Therapierichtungen als objektiv erfolglos oder kontraproduktiv erwiesen haben, dürfen sie nicht angewandt werden. Im Übrigen setzt die Autonomie des Patienten dem Experimentieren mit Außenseitermeinungen Grenzen: Ein Patient, der einen konventionellen Arzt aufsucht, erwartet mit Recht, nach den Regeln der Schulmedizin – und nicht nach exotischen Behandlungsgrundsätzen von Außenseitern – behandelt zu werden, während demjenigen, der einen Heilpraktiker aufsucht, zumindest eine gewisse Aufgeschlossenheit gegenüber konservierenden, wenig invasiven Behandlungsmethoden zu unterstellen ist.[3285] Jenseits dieser Grobeinteilung ist die notwendige Feinabstimmung durch Aufklärung im Einzelfall zu leisten: Je weiter sich ein Mediziner vom Mainstream seiner Profession entfernt, desto intensiver muss er den Patienten darauf hinweisen und über die Risiken aufklären, mit denen seine Therapiewahl aus Sicht der Schulmedizin behaftet ist (RdNr. 782).[3286]

748 **e) Beurteilungszeitpunkt.** Wie auch sonst sind die Sorgfaltsmaßnahmen eines Arztes nicht an den Erkenntnissen und medizinischen Möglichkeiten im Zeitpunkt der letzten mündlichen Verhandlung über den Schadensersatzanspruch, sondern an den Maßstäben zu messen, die **im Zeitpunkt der inkriminierten ärztlichen Handlung** gegolten haben.[3287] Einem Pionier kommt es allerdings zugute, wenn die Wissenschaft zu ihm aufschließt und sich seine im Behandlungszeitpunkt noch umstrittene Therapie als richtig erweitert.[3288] Umgekehrt entlastet es den Arzt nicht, wenn er sich Zeit seines Berufslebens an die in Studium und Klinik vermittelten Kenntnisse hält, ohne die Entwicklung der medizinischen Wissenschaft zur Kenntnis zu nehmen. Genauso wie die Angehörigen anderer Berufe sind Ärzte vielmehr gehalten, sich durch **Fortbildung** auf dem Laufenden zu halten, so dass an identische Handlungen von Medizinern unterschiedlicher Lebensalter derselbe Sorgfaltsmaßstab anzulegen ist.[3289] Jedoch dürfen an die Fortbildungsobliegenheiten der Ärzteschaft keine übertriebenen Anforderungen gestellt werden. Von einem Allgemeinmediziner ist nicht zu erwarten, dass er das neueste fachwissenschaftliche Schrifttum im internationalen Maßstab auswertet, sondern er kann sich auf Standard-Fachzeitschriften und im Übrigen auf das Lehrbuchwissen verlassen, wobei er allerdings die aktuelle Auflage heranziehen muss.[3290] Bei Fachärzten liegt der Standard zugleich höher und niedriger; auf dem Gebiet ihrer

---

[3283] BGHZ 113, 297, 301 = NJW 1991, 1535, 1536; *Soergel/Spickhoff* Anh. I RdNr. 57; *Deutsch/Spickhoff* Medizinrecht RdNr. 196; *Katzenmeier* Arzthaftung S. 306 f.; eingehend *Bamberger/Roth/Spindler* RdNr. 595 ff.
[3284] BGHZ 113, 297, 301 = NJW 1991, 1535, 1536; BGHZ 172, 254, 257; *Deutsch/Spickhoff* Medizinrecht RdNr. 196; *Laufs* in: *Laufs/Uhlenbruck* § 99 RdNr. 22 f.; *Katzenmeier* Arzthaftung S. 307.
[3285] Vgl. *Katzenmeier* Arzthaftung S. 309 ff.
[3286] *Laufs* in: *Laufs/Uhlenbruck* § 99 RdNr. 22.
[3287] BGHZ 102, 17, 24 = NJW 1988, 763, 764 f.; BGH NJW 1981, 2002, 2003 f.; VersR 1983, 729, 728; OLG Hamm VersR 2002, 857, 858; *Steffen/Pauge* Arzthaftungsrecht RdNr. 166; *Giesen* Arzthaftungsrecht RdNr. 73; *Soergel/Spickhoff* Anh. I RdNr. 65 f.; *Deutsch/Spickhoff* Medizinrecht RdNr. 213 f.; *Staudinger/Hager* RdNr. I 21; *Bamberger/Roth/Spindler* RdNr. 593 f.
[3288] BGH NJW 2003, 1862, 1863.
[3289] *Steffen/Pauge* Arzthaftungsrecht RdNr. 167; *Giesen* Arzthaftungsrecht RdNr. 77 ff.; *Laufs* in: *Laufs/Uhlenbruck* § 99 RdNr. 10.
[3290] BGHZ 113, 297, 304 = NJW 1991, 1535, 1537; BGH VersR 1962, 155; *Steffen/Pauge* Arzthaftungsrecht RdNr. 168 f.

Spezialisierung wird man von ihnen die Auswertung zumindest des in Deutschland gängigen, nationalen und internationalen Fachschrifttums erwarten dürfen, während sie sich auf den übrigen Fachgebieten nur beschränkt auf dem Laufenden halten müssen.[3291] Höchste Standards sind schließlich an ausgewiesene Spezialisten ihres Fachs zu stellen, von denen der Patient eine Behandlung auf internationalem Spitzenniveau erwartet.

f) Neuartige Behandlungsmethoden und Arzneimittel. Auf neuartige Behandlungsmethoden, deren Nutzen und Risiken im Zeitpunkt der Therapiewahl noch nicht verlässlich abgeschätzt werden können, muss sich der Arzt nicht einlassen.[3292] Umgekehrt stellt die Anwendung einer neuen Methode oder die Verabreichung eines neuen Arzneimittels für sich allein genommen **keinen Behandlungsfehler** dar,[3293] bei Arzneimitteln auch dann nicht, wenn sie noch nicht in Deutschland zugelassen sind.[3294] Allerdings gelten **erhöhte Sorgfaltspflichten,** dh. der Arzt muss den therapeutischen Nutzen der Behandlung besonders gewissenhaft gegen die Risiken abwägen und den Patienten entsprechend aufklären (RdNr. 782).[3295] Nach Beginn der Behandlung muss der Arzt den Patienten intensiv begleiten und sofort reagieren, wenn Komplikationen auftreten.[3296] Beim Einsatz **neuer Medikamente** ist der vom Hersteller oder von der Zulassungsbehörde empfohlene Rhythmus von Kontrolluntersuchungen strikt einzuhalten und bei neuen Informationen über Nebenwirkungen die **Behandlung sofort abzubrechen.**[3297] In einer älteren Entscheidung hatte der BGH einem Heilpraktiker noch zugebilligt, bei neuen Veröffentlichungen über Nebenwirkungen zunächst mit der Behandlung fortzufahren und abzuwarten, ob sich die neuen Erkenntnisse bestätigen.[3298] Ein solches Vorgehen sollte jedenfalls dann zulässig sein, wenn der Patient über die neuen Berichte und über risikoärmere Behandlungsalternativen aufgeklärt worden ist und die Fortsetzung der Therapie wegen des davon erhofften Nutzens wünscht, etwa weil er „austherapiert" ist.[3299] Sonst würde der Arzt durch die Haftungsandrohung daran gehindert, der eigenverantwortlichen Entscheidung des Patienten Rechnung zu tragen. „Aufklärung statt Behandlungsabbruch" scheint in solchen Fällen die bessere Leitlinie zu sein.

g) Relativierung durch das Wirtschaftlichkeitsgebot des Sozialversicherungsrechts. Der allgemein Geltung beanspruchende Grundsatz, nach dem die Intensität der geforderten Sorgfaltsmaßnahmen (auch) von deren Kosten abhängt (RdNr. 259), wird in Zeiten zunehmender Technisierung der Medizin zum Problem, das durch die demographische Entwicklung noch verstärkt wird. Das Resultat ist eine seit Jahren anhaltende und sich aller Voraussicht nach auf unabsehbare Zeit noch verstärkende **Finanzkrise der sozialen Krankenversicherung.** Die heutige Praxis des Gesundheitswesens ist geprägt von vielfältigen – expliziten oder impliziten – **Rationierungen,** Leistungsausschlüssen, Negativlisten usw., in denen sich die Knappheit der medizinischen Ressourcen widerspiegelt.[3300] Im Recht der sozialen Krankenversicherung kommt diese Umorientierung in § 12 SGB V zum Ausdruck, der die Leistungserbringung generell unter das Gebot der Wirtschaftlichkeit stellt und ausdrücklich hinzufügt, die Heilbehandlung dürfe das Maß des Notwendigen nicht überschreiten. Der einzelne Kassenpatient erhält also **nicht das Optimum des medizinisch Möglichen,** sondern ein Leistungspaket, das zwar auf die Schwere der Erkrankung abgestimmt ist, aber eben auch das Kostendämpfungsinteresse der Kasse berücksichtigt.

[3291] BGHZ 113, 297, 304 = NJW 1991, 1535, 1537.
[3292] BGHZ 102, 17, 24 = NJW 1988, 763, 764 f.
[3293] BGHZ 168, 103, 105 f. Tz. 6 = NJW 2006, 2477 m. Bespr. *Katzenmeier* 2738 = VersR 2006, 1073 – Robodoc; BGHZ 172, 254, 255 Tz. 13.
[3294] BGHZ 172, 1, 5 Tz. 11 = NJW 2007, 2767 = VersR 2007, 995 = MedR 2007, 653 m. Bespr. *Hart* 631 = JZ 2007, 1104 m. Bespr. *Katzenmeier.*
[3295] BGHZ 172, 1, 8 Tz. 18, S. 13 Tz. 31 = NJW 2007, 2767; BGHZ 172, 254, 258 f. Tz. 17.
[3296] BGHZ 172, 254, 259 Tz. 19.
[3297] BGHZ 172, 1, 8 ff. Tz. 18 ff., 29 = NJW 2007, 2767; BGHZ 172, 254, 259 Tz. 19.
[3298] BGHZ 113, 297, 308 = NJW 1991, 1535.
[3299] *Spickhoff* NJW 2008 1636, 1640.
[3300] Zur impliziten Rationierung *Huster/Strech/Marckmann* et al. MedR 2007, 703.

751 Damit stellen sich die Fragen, ob auch die **Sorgfaltspflichten des Arztes unter dem Vorbehalt der Wirtschaftlichkeit** stehen und ob dessen Konkretisierungen durch das Sozialversicherungsrecht auch auf das Arzthaftungsrecht durchschlagen. Das BVerfG hat dem Gesetzgeber bei der Ausgestaltung der gesetzlichen Krankenversicherung einen weiten Gestaltungsspielraum eingeräumt und das Wirtschaftlichkeitsgebot des § 12 SGB V unbeanstandet gelassen.[3301] Obwohl weite Teile der Literatur nicht ohne ein gewisses Pathos eine Relativierung ärztlicher Sorgfaltspflichten ablehnen,[3302] lässt sich nicht von der Hand weisen, dass sich der Umfang der gebotenen Heilbehandlungsmaßnahmen nicht ohne **Rücksicht auf die sozialen und wirtschaftlichen Rahmenbedingungen** beurteilen lässt.[3303] Verfügt ein Krankenhaus nicht über einen medizinischen Apparat, der modernsten Ansprüchen genügt, weil die Mittel für dessen Anschaffung nicht zur Verfügung stehen, lässt sich ein Verstoß gegen ärztliche Sorgfaltspflichten nicht begründen. Insoweit ist seit jeher anerkannt, dass der Patient das Krankenhaus mit seiner technischen und personellen Ausstattung so nehmen muss, wie es ist, und von einem kleinen Institut nicht den Standard einer hochspezialisierten Fachklinik erwarten kann.[3304] Bietet das den Patienten betreuende Krankenhaus eine Ausstattung, die zur Durchführung der konkreten medizinischen Maßnahme hinreicht, ist der Arzt nicht gehalten, den Patienten auf noch besser ausgestattete Kliniken hinzuweisen,[3305] denn dies würde lediglich dazu führen, dass knappe Ressourcen für Routinefälle in Anspruch genommen und insofern vergeudet würden. Anders liegt es, wenn anspruchsvolle Eingriffe in einem durchschnittlich oder bescheiden ausgestatteten Krankenhaus durchgeführt werden sollen, das mit dieser Aufgabe in Wahrheit überfordert ist (RdNr. 780). Verschließt sich der Arzt der Einsicht in die Begrenztheit der eigenen Ressourcen und führt die Behandlung trotzdem durch, anstatt den Patienten an einen kompetenteren Kollegen zu verweisen, hat er für den daraus resultierenden Schaden einzustehen.[3306] Bei Risikoschwangerschaften beispielsweise muss das in einem Provinzkrankenhaus geborene Kind ggf. umgehend in eine Kinderklinik verlegt werden.[3307]

752 Werden neueste technische Apparaturen nicht oder nur mit Verzögerung angeschafft, ist die Anwendung der bisherigen, nunmehr **veralteten Behandlungsmethoden** nicht sorgfaltswidrig.[3308] Ähnlich liegt es, wenn die aus medizinischer Sicht gebotenen Behandlungsmaßnahmen zwar tatsächlich verfügbar sind, die **vorhandenen Kapazitäten** jedoch nicht ausreichen, um jeden Patienten zeitnah zu versorgen. Die wichtigsten Beispiele betreffen die begrenzten Kapazitäten für Organtransplantationen, für Operationen erheblichen Schwierigkeitsgrads und für komplexe diagnostische Verfahren wie etwa die Amniozentese (Fruchtwasseruntersuchung).[3309] In diesen Fällen ist an einer Rationierungsentscheidung nicht vorbeizukommen, deren Kriterien im Rahmen der gesetzlichen Krankenversicherung allerdings von den Sozialversicherungsträgern selbst festzulegen und zu verantworten sind. Soweit der Arzt mit **Rationierungsentscheidungen** konfrontiert wird, sind diese an medizinischen Kriterien zu orientieren. Ist es danach erforderlich, eine medizinisch gebotene Maßnahme – etwa eine Herzoperation – aufzuschieben und erleidet der Patient in der Wartezeit einen Gesundheitsschaden, ist der Arzt dafür nicht verantwortlich.[3310] Umgekehrt

---

[3301] BVerfG NJW 1997, 3085, MedR 1997, 318, 319.
[3302] Vgl. etwa *Conradi*, Verknappung medizinischer Ressourcen und Arzthaftung, S. 131 ff.
[3303] *Steffen* MedR 1995, 190; *ders.*, FS Geiß, 2000, S. 487, 492 f.; *Dressler*, FS Geiß, 2000, S. 379, 387 f.; *Laufs* in: *Laufs/Uhlenbruck* § 99 RdNr. 24 ff.; *Kreße* MedR 2007, 393, 395 ff.; *Soergel/Spickhoff* Anh. I RdNr. 59; *Bamberger/Roth/Spindler* RdNr. 600 f.
[3304] BGHZ 102, 17, 24 f. = NJW 1988, 763, 764 f.; BGH NJW 1982, 2121, 2123; OLG Karlsruhe VersR 1990, 53, 54.
[3305] BGH VersR 1988, 914, 915; vgl. auch BGHZ 102, 17, 23 ff. = NJW 1988, 763, 764 f.; BGH NJW 1971, 241, 242; *Steffen*, FS Geiß, 2000, S. 487, 501 f.
[3306] BGH NJW 1989, 2321, 2322; *Kreße* MedR 2007, 393, 396.
[3307] OLG Koblenz VersR 2005, 1738, 1739.
[3308] BGHZ 102, 17, 21 = NJW 1988, 763, 764; BGH VersR 1988, 914, 915; vgl. auch BGH NJW 1988, 1516.
[3309] BGH NJW 1987, 2923, 2924.
[3310] OLG Köln VersR 1993, 52 f.

verhält es sich, wenn ein Arzt die medizinisch gebotene Behandlung eines Patienten zwar tatsächlich durchführen könnte, diese jedoch nicht vergütet erhielte, weil er das dafür von der Krankenkasse zur Verfügung gestellte **Budget bereits überschritten** hat. In einem solchen Fall kann sich der Kassenarzt seiner haftungsrechtlichen Verantwortung nicht mit Rücksicht auf die ihm drohende Kostenbelastung entziehen, sondern ist zur Erbringung der medizinisch gebotenen, tatsächlich möglichen und wirtschaftlich angemessenen Heilbehandlungsmaßnahmen verpflichtet.[3311] Die Frage der Kostenerstattung ist eine Angelegenheit der Verteilung knapper Mittel innerhalb der Ärzteschaft. Zudem ist die Vorstellung verfehlt, der sein Budget überziehende Arzt arbeite ab einem bestimmten Zeitpunkt im Quartal quasi „kostenlos", denn in Wahrheit wird die Gesamtvergütung für sämtliche in einem Quartal erbrachten Dienstleistungen gezahlt. Solange der Arzt die Deckelung der Gesamtvergütung akzeptiert, indem er weiter an der kassenärztlichen Versorgung teilnimmt, muss er allen seinen Patienten die medizinisch gebotenen Heilbehandlungsmaßnahmen auch insoweit anbieten, als ihre Kosten von der Krankenkasse nicht erstattet werden.[3312] Soweit indessen privat liquidierende Ärzte unter Aufbietung erheblicher wirtschaftlicher Mittel aufwändige Behandlungsverfahren gegen Entgelt zur Verfügung stellen, steht es ihnen frei, ihre Dienstleistung je nach Zahlungsbereitschaft, im Grenzfall also an die Meistbietenden, zu verkaufen. Andernfalls würde jeder Anreiz zerstört, außerhalb der sozialen Krankenversorgung kostenintensive medizinische Apparaturen und Verfahren vorzufinanzieren und bereitzustellen. Sollten zukünftig in der gesetzlichen Krankenversicherung weitere Einschnitte in das Leistungsprogramm vorgenommen werden, wofür angesichts des medizinischen Fortschritts und der demographischen Entwicklung alles spricht, wird auch das Haftungsrecht darauf reagieren müssen. Insoweit erscheint es nicht als ausgeschlossen, dass sich der Mediziner mit einer Behandlung begnügt, die unterhalb des medizinisch Möglichen und Gebotenen bleibt, solange er den Patienten nur entsprechend aufklärt, also darauf hinweist, dass er **weitergehende medizinische Dienstleistungen nur gegen gesonderte Vergütung** erhalten kann.[3313]

4. Behandlungs- und Aufklärungsfehler. Was die Inhalte ärztlicher Pflichten anlangt, ist die Arzthaftung zweispurig angelegt. Die Pflichtverletzung kann einmal darin bestehen, dass bei der Behandlung des Patienten sorgfaltswidrig gehandelt wird, so dass der pathologische Zustand sich nicht bessert bzw. verschlimmert oder unerwünschte Nebenfolgen eintreten. Selbst wenn sich ein solcher **Behandlungsfehler** nicht nachweisen lässt, ist der Arzt jedoch nicht ohne weiteres entlastet, sondern seine Haftung kann immer noch unter dem Gesichtspunkt des **Aufklärungsfehlers** begründet werden, wenn er es versäumt hat, Letzteren vor der Einleitung riskanter Behandlungsmaßnahmen in dem gebotenen Umfang über drohende Gefahren und Behandlungsalternativen aufzuklären. Darüber hinaus trifft den Arzt dem Patienten gegenüber eine **Verpflichtung zur Dokumentation,** an deren Verletzung allerdings keine Schadensersatzpflichten, sondern Beweiserleichterungen geknüpft sind (vgl. iE RdNr. 818 f.).

IV. Behandlungsfehler

Die folgende Darstellung der Pflichten zu sorgfältiger Behandlung orientiert sich an den verschiedenen Stadien der Heilbehandlung, von der Diagnose bis zur Nachsorge. Der Fokus der Rechtsprechung liegt allerdings beim **groben Behandlungsfehler,** von dessen Feststellung die Beweislastumkehr bei der Kausalität und damit in vielen Fällen der Ausgang des

---

[3311] *Soergel/Spickhoff* Anh. I RdNr. 59.
[3312] Im Ergebnis genauso *Heinze* MedR 1996, 252, 255; *Kullmann* VersR 1997, 529, 532; *Conradi,* Verknappung medizinischer Ressourcen und Arzthaftung, S. 149 f.; *Kreße* MedR 2007, 393, 400; ambivalent *Katzenmeier* Arzthaftung S. 292 ff.
[3313] *Steffen*, FS Geiß, 2000, S. 487, 502, der zutr. darauf hinweist, dass dieses Niveau derzeit „noch nicht" erreicht ist.

Rechtsstreits abhängt (vgl. RdNr. 807 ff.). Zu den ärztlichen Dokumentationspflichten eingehend RdNr. 818 f.

755   1. **Diagnose**. Eine fachgerechte medizinische Behandlung setzt die richtige Diagnose der im Einzelfall vorliegenden Gesundheitsbeeinträchtigung voraus. Der Arzt ist deshalb selbstverständlich gehalten, den Patienten mit der gebotenen Sorgfalt zu untersuchen, vorhandenen Krankheitssymptomen durch **Erhebung der üblichen Befunde** auf den Grund zu gehen[3314] und die erhobenen Befunde mit der nötigen Sorgfalt zu interpretieren.[3315] Ein **Beurteilungsspielraum des Arztes** bei der Interpretation erhobener Befunde ist entgegen verbreiteter Ansicht nicht anzuerkennen; insbesondere spielt die Frage, ob es sich um einen sog. **fundamentalen Diagnosefehler** handelt, für die Feststellung der ärztlichen Pflichtverletzung keinerlei Rolle,[3316] sondern gibt lediglich Anlass dazu, die **Beweislast** für die Kausalität zu Lasten des Arztes umzukehren (iE RdNr. 816).[3317] Im Kontext der Haftungsbegründung ist im Auge zu behalten, dass eine lückenlose Abklärung sämtlicher theoretisch denkbarer Krankheitsursachen in jedem Einzelfall weder wirtschaftlich vertretbar noch dem Patienten zumutbar wäre. Dem Arzt obliegen nur Sorgfalts- und keine Garantiepflichten (RdNr. 699); der bloße Umstand, dass sich die Diagnose ex post als falsch erweist, belegt für sich allein genommen nicht schon eine Pflichtverletzung.[3318] Verdachtsmomente und darauf beruhende **sachlich begründete Zweifel** dürfen allerdings nicht im Interesse einer zügig gestellten Diagnose verdrängt, sondern sie müssen zum Anlass für weitere diagnostische Maßnahmen genommen werden.[3319] Bieten die Symptome Anhaltspunkte für eine schwerwiegende Erkrankung, etwa eine Lungen-Tuberkulose, ist es angezeigt, auch aufwändige Diagnosemaßnahmen zu ergreifen, um den **Verdacht** aufzuklären bzw. auszuschließen.[3320]

756   Der **Umfang des im Einzelfall gebotenen diagnostischen Aufwands** hängt dabei vom Ausmaß der drohenden Gesundheitsschäden, von ihrer Revisibilität sowie von der Wahrscheinlichkeit ihres Eintritts ab.[3321] Sucht eine in der 22. Woche schwangere Frau ihren Gynäkologen wegen vaginaler Blutungen auf, muss dieser die Gefahr einer **Frühgeburt** in Rechnung stellen und die entsprechenden diagnostischen und präventiven Maßnahmen veranlassen.[3322] Lässt sich bei einer schwangeren Frau auch nach drei Tests eine Rötelninfektion nicht ausschließen, muss die vierte Probe mit besonderer Sorgfalt behandelt werden, damit eine Verwechslung möglichst ausgeschlossen ist.[3323] Bei einem Patienten, der sich mit Brustschmerzen vorstellt, ist ein EKG zu schreiben, und die Infarktblutwerte sind zu bestimmen.[3324] Wird ein beim Fußballspiel verletzter Jugendlicher mit dem von drei Ärzten diagnostizierten Verdacht auf Hodentorsion in ein Krankenhaus eingeliefert, ist der diensthabende Unfallchirurg dazu verpflichtet, den Hoden sofort operativ freizulegen, weil sonst der Verlust des Organs droht.[3325] Klagt eine Patientin nach einer Kaiserschnitt-Operation über Schmerzen, muss der behandelnde Arzt auch die Möglichkeit einer Entzündung in Betracht ziehen und durch entsprechende diagnostische Maßnahmen (Blutsenkung) abklären, anstatt das Krankheitsbild durch Verabreichung von Schmerzmitteln zu verschlei-

---

[3314] BGHZ 99, 391, 396 ff. = NJW 1987, 1482, 1483 f.; BGH NJW 1988, 1513, 1514; 2298, 2299; OLG Brandenburg VersR 2002, 313, 314; vgl. auch OLG Hamm VersR 2002, 98.
[3315] BGH NJW 1993, 2375, 2377; OLG Hamm VersR 2002, 315, 316.
[3316] So aber OLG Hamm VersR 2002, 315, 316; *Uhlenbruck* in: *Laufs/Uhlenbruck* § 50 RdNr. 3; *Soergel/Spickhoff* Anh. I RdNr. 82; wohl auch *Bamberger/Roth/Spindler* RdNr. 664.
[3317] Besonders deutlich BGHZ 132, 47, 51 = NJW 1996, 1589, 1590; vgl. auch BGH VersR 1981, 1033, 1034; *Steffen/Pauge* Arzthaftungsrecht RdNr. 155 a; im Ergebnis auch *Staudinger/Hager* RdNr. I 125.
[3318] BGH NJW 1978, 584 f.; *Bischoff,* FS Geiß, 2000, S. 345 f.; *Steffen/Pauge* Arzthaftungsrecht RdNr. 153 f.
[3319] OLG Brandenburg VersR 2002, 313, 314; OLG Hamm VersR 2002, 315, 316.
[3320] BGHZ 99, 391, 394 = NJW 1987, 1482.
[3321] Umfangreiche Rspr.-Nachweise bei *Steffen/Pauge* Arzthaftungsrecht RdNr. 154 f.
[3322] BGH VersR 1995, 46.
[3323] OLG Karlsruhe VersR 2002, 1426, 1427.
[3324] LG Berlin VersR 2002, 1029.
[3325] OLG Brandenburg VersR 2002, 313, 314.

ern.[3326] Stellt ein HNO-Arzt eine Entzündung im Bereich des Ohres fest, muss er den Heilungsverlauf beobachten, den Patienten zu diesem Zweck wieder einbestellen und bei ausbleibender Besserung weitere diagnostische Maßnahmen veranlassen, anstatt darauf zu vertrauen, der Patient werde sich schon von allein wieder melden, wenn die Schmerzen nicht nachlassen.[3327] Zur Überprüfung der vom Hausarzt gestellten Diagnose durch den per Überweisung eingeschalteten Facharzt vgl. RdNr. 720 f.; zur Dokumentationspflicht RdNr. 818 f.

2. Therapiewahl. Die Wahl der Therapie ist **primär Sache des Arztes,** nicht des Patienten.[3328] Dies ist keine Entmündigung, sondern kennzeichnet lediglich den Normalfall, in dem der Patient als medizinischer Laie die Therapiewahl dem Arzt überlässt, nicht weil er sein Schicksal dessen Willkür anzuvertrauen gedenkt, sondern weil er eine medizinisch informierte Entscheidung durch den kompetenten Fachmann wünscht. Soweit dem Arzt die Wahl der Therapie überlassen bleibt, schuldet er dem Patienten eine Entscheidung, die **im Rahmen der vorhandenen Möglichkeiten** (eingehend zur Bedeutung des sozialversicherungsrechtlichen Wirtschaftlichkeitsgebots im Arzthaftungsrecht RdNr. 750 ff.) einerseits der **Diagnose,** andererseits dem jeweiligen **Stand der Medizin** entspricht.[3329] Wer sich mit kolikartigen Leibschmerzen in ein Krankenhaus begibt, darf nicht einfach einer Blinddarmoperation unterzogen werden, wenn tatsächlich ein hochpathologischer Harnbefund vorliegt, der ganz andere therapeutische Konsequenzen erfordert hätte.[3330] Liegt der Embryo am Ende der Schwangerschaft in **Beckenendlage,** darf der Arzt nicht gleichwohl eine Geburt auf vaginalem Weg versuchen, sondern muss die Schwangere mindestens über die dabei drohenden Gefahren und die Möglichkeit einer Schnittentbindung aufklären.[3331] Genauso liegt es bei besonders **hohem Geburtsgewicht** des Embryos (RdNr. 779). Willigt die Mutter sodann in die eine oder andere Entbindungsmodalität ein, bindet diese Erklärung auch das Kind.[3332] Besteht bei einer Frau der Verdacht auf **Brustkrebs,** darf eine Amputation erst erfolgen, nachdem eine entsprechende Indikation mit Hilfe der gebotenen diagnostischen Maßnahmen festgestellt worden ist.[3333] Zu neuen Behandlungsmethoden s. RdNr. 749, 783.

Schlägt der Arzt dem Patienten die Einleitung der aus medizinischer Sicht gebotenen **Therapie** vor – etwa die Operation einer Fraktur – wird diese jedoch **vom Patienten** zugunsten einer anderen, nicht dem medizinischen Standard entsprechenden Behandlung **abgelehnt** – beispielsweise einer konservativen Behandlung der Fraktur – handelt Letzterer auf eigenes Risiko.[3334] Da der Patient im Rahmen seiner Autonomie selbst über die Art seiner Behandlung entscheiden kann, handelt der Arzt nicht pflichtwidrig, sondern pflichtgemäß, wenn er dem Willen des Patienten Folge leistet. Die **Beweislast** für die Weigerung des Patienten, die medizinisch gebotene Therapie zu wählen, trägt allerdings der Arzt.[3335] Steht für die Gesundheit und die Lebensführung des Patienten einiges auf dem Spiel, darf sich der Arzt mit der spontanen Ablehnung durch den Patienten nicht zufrieden geben, sondern muss ihm ggf. Bedenkzeit aufgeben.[3336] Diese Grundsätze gelten selbstverständlich nur bei einwilligungsfähigen Patienten (RdNr. 731 f.).

[3326] BGH NJW 1988, 1513, 1514.
[3327] OLG Düsseldorf VersR 2001, 647.
[3328] BGHZ 102, 17, 22 = NJW 1988, 763, 764; BGHZ 106, 153, 157 = NJW 1989, 1538, 1539; *Soergel/Spickhoff* Anh. I RdNr. 85.
[3329] Vgl. BGHZ 72, 132, 135 = NJW 1978, 2337, 2338; BGHZ 106, 153, 157 = NJW 1989, 1538, 1539.
[3330] BGHZ 72, 132, 134 = NJW 1978, 2337, 2338.
[3331] BGHZ 106, 153, 157 = NJW 1989, 1538, 1539.
[3332] BGHZ 106, 153, 158 = NJW 1989, 1538, 1539 f.
[3333] BGH NJW 1992, 2354, 2355.
[3334] OLG Hamm NJW-RR 2002, 814, 815.
[3335] OLG Hamm NJW-RR 2002, 814, 815.
[3336] OLG Hamm NJW 2001, 3417, 3418: Extraktion von zehn Zähnen bei einem 16-jährigen Jugendlichen.

759 Erhebliche Schwierigkeiten werfen die Fälle auf, in denen der Patient eine Operation wünscht, deren **medizinischer Nutzen zweifelhaft** oder überhaupt nicht erkennbar ist, wenn ein Patient beispielsweise einen in der Realität kaum erreichbaren Zustand gesundheitlicher Perfektion oder ästhetischer Vervollkommnung anstrebt, etwa ein schon mehrfach an den Ohren operierter Patient erneut eine Korrektur verlangt, deren Notwendigkeit für Außenstehende „nur schwer nachzuvollziehen ist".[3337] Hier stellt sich die Frage, ob die Durchführung einer vom Patienten in Kenntnis aller Risiken ausdrücklich gewünschten Operation oder eines sonstigen medizinischen Eingriffs als Behandlungsfehler zu qualifizieren sein kann. Jedenfalls soweit ein **psychopathologischer Zustand** vorliegt und es deshalb an der Einwilligungsfähigkeit fehlt (RdNr. 731 f.), muss der Eingriff unterbleiben. Im Übrigen darf der Patient keinen schwerwiegenden Gesundheitsrisiken ausgesetzt werden, denen ein greifbarer Nutzen nicht gegenübersteht.[3338]

760 **3. Durchführung der Heilbehandlung.** Dass der Arzt gehalten ist, die eigentliche Heilbehandlung mit der gebotenen Sorgfalt durchzuführen, ist eine Selbstverständlichkeit (RdNr. 246 f.), die im Bereich der Arzthaftung lediglich kasuistischer **Konkretisierung** bedarf. Das Maß der aufzuwendenden Sorgfalt richtet sich wie stets nach Art und Umfang der drohenden Schäden, dem Grad ihrer Revisibilität und der Wahrscheinlichkeit ihres Eintritts (RdNr. 259). Zunächst ist innerhalb der Praxis für **Hygiene** zu sorgen, und die Betriebsabläufe sind so zu organisieren, dass die Patienten vor Krankheitserregern geschützt werden.[3339] Ärzte und Zahnärzte sind verpflichtet, das Risiko der Übertragung von Krankheitserregern auf ihre Patienten durch entsprechende **Schutzkleidung,** aber auch durch entsprechende Instruktion des Hilfspersonals zu minimieren, und zwar unabhängig davon, ob sie Kenntnis davon haben, dass sie selbst oder Mitarbeiter Wirt entsprechender Erreger sind.[3340] Steht fest, dass sich ein Patient in der Praxis infiziert hat, ist es analog § 280 Abs. 1 S. 2 Sache des Arztes, sich zu entlasten.[3341] Bei komplizierten **Operationen** und dem Risiko irreversibler Schäden ist mit größter Vorsicht und unter Ausschöpfung sämtlicher Sicherheitsmaßnahmen vorzugehen.[3342]

761 Erfolgt die Heilbehandlung unter Einsatz von **Medizinprodukten,** so haftet der Arzt für Defekte und fehlerhafte Bedienung aus § 823 Abs. 1 und wegen Verletzung des Behandlungsvertrags. Eine Haftung aus **§ 1 ProdHaftG** kommt in aller Regel ebenso wenig in Betracht wie die Anwendung der Grundsätze der deliktischen **Produzentenhaftung,** weil der Arzt weder Hersteller noch Quasi-Hersteller oder Importeur der Produkte ist. Beruht der Schaden des Patienten auf einem Produktfehler, kann er selbstverständlich die gemäß § 823 Abs. 1, §§ 1, 4 ProdHaftG verantwortlichen Personen in Anspruch nehmen (§ 823 RdNr. 592 ff.).[3343] Hätte der Arzt den Fehler des Produkts erkennen müssen, hat er neben dem Hersteller für den Schaden des Patienten einzustehen (§ 840 Abs. 1).

762 **4. Nachsorge.** Die Sorgfaltspflichten des Arztes dem Patienten gegenüber enden selbstverständlich nicht mit der Erbringung der primären medizinischen Dienstleistung, etwa mit dem Abschluss der Operation, sondern richten sich auch auf die Phase der Nachsorge.[3344] Ein Patient, der einem schwerwiegenden diagnostischen Eingriff – zum Beispiel einer Herzkatheter-Untersuchung – unterzogen worden ist, darf nicht schon am nächsten Tag nach Hause entlassen werden.[3345] Ist nach **Abschluss eines operativen Eingriffs** mit inneren

---

[3337] So der Fall OLG Köln VersR 1999, 1371.
[3338] So wohl auch OLG Köln VersR 1999, 1371 f.; OLG Düsseldorf VersR 2002, 611, 612.
[3339] BGHZ 171, 359, 360 Tz. 8.
[3340] BGHZ 171, 359, 361 Tz. 10; OLG Köln NJW 1985, 1402; OLG Düsseldorf NJW-RR 2001, 389.
[3341] BGHZ 171, 359, 362 Tz. 11.
[3342] BGH VersR 1985, 969, 970: Hüftoperation mit Risiko eines Schenkelhalsbruchs, dessen Schicksal regelmäßig mit der Fraktur entschieden ist.
[3343] Dazu Erl. zu § 4 ProdHaftG; vgl. auch *Knoche* VersR 2005, 1614.
[3344] *Giesen* Arzthaftungsrecht RdNr. 123; *Uhlenbruck* in: *Laufs/Uhlenbruck* § 57.
[3345] BGH NJW 1981, 2513 f.

Blutungen zu rechnen, muss entsprechende Vorsorge getroffen werden.[3346] Nach einer gynäkologischen Operation müssen ggf. Vorkehrungen gegen eine Überdehnung der Blase ergriffen werden.[3347] **Verlässt ein Patient das Krankenhaus** auf eigenen Wunsch und gegen ärztlichen Rat, ist er gleichwohl eindringlich auf die ihm drohenden Risiken hinzuweisen und ggf. darüber zu belehren, binnen welcher Frist weitere therapeutische Maßnahmen (Operationen) durchgeführt werden müssen, damit sie Erfolg versprechen.[3348] Wird ein Patient drei Tage nach einer Bandscheibenoperation entlassen, ist er vor dem Antritt einer mehrstündigen Heimfahrt im Taxi eingehend über die Art der Körperlagerung und weitere Vorsichtsmaßnahmen zu belehren.[3349] Nach der Rechtsprechung des BGH reicht es nicht aus, wenn ein Patient vor der Durchführung einer Magenspiegelung unter Einsatz sedierender Mittel sowohl von seinem Hausarzt als auch von dem Facharzt darauf hingewiesen wird, er dürfe nach dem Eingriff **nicht am Straßenverkehr teilnehmen**.[3350] Vielmehr müssen **physische Hindernisse** errichtet werden, die das unbemerkte Entweichen des Patienten aus der Praxis zuverlässig verhindern. Indessen geht es zu weit, dem Arzt freiheitsbeschränkende Maßnahmen aufzugeben.[3351]

Bei **bekanntermaßen risikoreichen** und bei noch **nicht ausreichend erprobten** 763 **Therapieversuchen** unterliegt der Arzt gesteigerten Nachsorgepflichten. Gleiches gilt bei Erkrankungen, bei denen ein erhöhtes Risiko von **Rezidiven** besteht, wie dies insbesondere bei Krebsleiden der Fall ist.[3352] Andererseits darf eine Patientin nach beim Fädenziehen erlittener Kreislaufschwäche durchaus mit der Anweisung, nicht aufzustehen, allein gelassen werden.[3353] Zur Beobachtung des Patienten bei Einsatz neuartiger Therapieformen oder Medikamente s. RdNr. 749.

5. Fehler bei der therapeutischen Aufklärung (Sicherungsaufklärung). a) Ab- 764 **grenzung von der Selbstbestimmungsaufklärung.** Von der sogleich zu behandelnden Eingriffsaufklärung, die im Mittelpunkt der Diskussion um die Arzthaftung steht, ist die sog. therapeutische Aufklärung oder Sicherungsaufklärung zu unterscheiden.[3354] Letztere dient gerade nicht dazu, dem Patienten eine informierte Entscheidung über die Einwilligung in einen ärztlichen Heileingriff zu ermöglichen, sondern der **Sicherung des Behandlungserfolgs und der Vermeidung von Folgeerkrankungen** durch Information des Patienten über die seinerseits zu beachtenden Verhaltensmaßregeln.[3355] Der Verstoß gegen die Pflichten zur Sicherungsaufklärung stellt einen **Behandlungsfehler** dar und folgt den dafür geltenden Grundsätzen.[3356] Praktische Konsequenzen hat dies insbesondere für die **Beweislastumkehr** bei groben Behandlungsfehlern (eingehend RdNr. 822).

b) Umfang der Sicherungsaufklärung. Die Pflicht zur Sicherungsaufklärung **beglei-** 765 **tet die Behandlung des Patienten vom Anfang bis zum Ende;** sie bezieht sich auf das Stadium vor der Einleitung (weiterer) medizinischer Maßnahmen und dient hier dazu, den Patienten zur Mitwirkung an diesen aufzufordern, sie gilt für die Phase der akuten Behandlung, etwa mit Medikamenten, die bestimmte Neben- und Wechselwirkungen aufweisen, und sie erstreckt sich schließlich auf das Stadium der Nachsorge, sofern der Patient den Erfolg des Eingriffs durch unsachgemäßes Verhalten ex post in Gefahr bringen könnte.

[3346] BGH NJW 1968, 2291, 2292.
[3347] OLG Düsseldorf VersR 2002, 856, 857.
[3348] BGH NJW 1987, 705.
[3349] OLG Frankfurt VersR 1999, 1544, 1545.
[3350] BGH VersR 2003, 1126, 1127 f.
[3351] *Spickhoff* NJW 2004, 1710, 1715.
[3352] *Uhlenbruck* in: *Laufs/Uhlenbruck* § 57 RdNr. 4.
[3353] OLG Düsseldorf VersR 2002, 1284 f.
[3354] Zur Abgrenzung iE *Hausch* VersR 2007, 167.
[3355] BGH NJW 1981, 2002, 2003; VersR 1995, 1099, 1110 = NJW 1995, 2407; NJW 2005, 427, 428 = VersR 2005, 228; *Ankermann*, FS Steffen, 1995, S. 1, 4: „Beratung über therapierichtiges Verhalten"; Überblick bei *Wussow* VersR 2002, 1337 f.
[3356] BGHZ 107, 222, 224 ff. = NJW 1989, 2318, 2319; BGHZ 126, 386, 388 f. = NJW 1994, 3012; BGH NJW 1989, 2320; *Steffen/Pauge* Arzthaftungsrecht RdNr. 325; *Ankermann*, FS Steffen, 1995, S. 1, 4.

766 **c) Diagnoseaufklärung.** Die erste und vornehmste Verpflichtung des Arztes im Rahmen der Sicherungsaufklärung geht dahin, dem Patienten die **Diagnose zu eröffnen** (Diagnoseaufklärung) und ihn über die aus seiner Sicht erforderlichen weiteren Maßnahmen zu unterrichten.[3357] Selbst bei schweren Erkrankungen, wie etwa Krebsleiden, darf sich der Arzt keinesfalls an die Angehörigen halten und den Betroffenen selbst über die Diagnose im Unklaren lassen. Eine schwangere Frau fortgeschrittenen Alters ist darüber in Kenntnis zu setzen, dass ein erhöhtes Risiko besteht, ein behindertes Kind zur Welt zu bringen, und sie ist über die bestehenden Möglichkeiten der Pränataldiagnostik aufzuklären.[3358] Der nicht selten vorgebrachte Einwand, dem Patienten sei die Eröffnung der Diagnose mit Rücksicht auf seine **psychische Labilität** nicht zuzumuten gewesen,[3359] geht schon deshalb an der Sache vorbei, weil sich die Aufdeckung der Wahrheit mit einer solchen Strategie lediglich aufschieben lässt, so dass am Ende der Patient doch mit dem Befund konfrontiert wird, der dann allerdings häufig noch wesentlich schlimmer ausfällt als zum Zeitpunkt der ursprünglichen Diagnose. Nur wenn der Patient den eigenen Zustand kennt, ist er dazu in der Lage, aktiv an der eigenen Genesung mitzuwirken, insbesondere seinen Lebenswandel zu modifizieren, geringfügigen körperlichen Veränderungen und Symptomen die ihnen gebührende Aufmerksamkeit zu schenken usw.

767 **d) Aufklärung zur Förderung der Therapie und Sicherung des Heilerfolgs.** Selbstverständlich darf der Arzt bei der Eröffnung des Befundes nicht stehen bleiben, sondern er muss den Patienten darüber informieren, welchen **eigenen Beitrag er zu seiner Genesung** leisten kann und muss. Einem herzkranken Patienten müssen also die Risiken eines ungesunden Lebenswandels genauso deutlich vor Augen geführt werden wie die Gefahren sportlicher Aktivitäten.[3360] Soweit **körperliche Aktivität** medizinisch indiziert ist, etwa um den Blutfluss in einem operierten Bein anzuregen, ist dies dem Patienten ebenso anzuraten[3361] wie die Einhaltung bestimmter **Diätvorschriften**. Ggf. ist dem Patienten zu raten, den Konsum von **Genussmitteln** zu unterlassen, an **Kurmaßnahmen** teilzunehmen, weitere **Medikamente** einzunehmen oder gerade nicht einzunehmen sowie Vorsichtsmaßregeln jedweder Art einzuhalten. Ein Patient, der vor wenigen Tagen an der Bandscheibe operiert wurde, muss vor einer mehrstündigen **Autofahrt** detailliert darüber informiert werden, wie er sich zu lagern hat und in welcher Position Stützkissen zu verankern sind.[3362] Ist einem Gynäkologen ersichtlich, dass eine weitere Schwangerschaft massive Gefahren für Mutter und Kind hervorrufen könnte, muss er die Frau davor warnen.[3363] Im Rahmen der Sicherungsaufklärung über einen Sterilisationseingriff muss auch über eine etwa bestehende Versagerquote informiert werden, damit die Patientin ggf. an dem Einsatz von Kontrazeptiva festhalten kann.[3364] Verträgt sich die Anwendung eines bestimmten Medikaments nicht mit dem Einsatz anderer Arzneimittel, muss der Patient davon in Kenntnis gesetzt werden.[3365] Gleiches gilt selbstverständlich bei Bestrahlungen.[3366] Da es um die Sicherung des Behandlungserfolgs durch medizinisch sachgerechtes Verhalten geht, sind auch ganz **seltene Schadensrisiken** in die Sicherungsaufklärung einzubeziehen, die bei einer Risikoaufklärung außen vor bleiben könnten (RdNr. 775). Der Patient verliert nichts, wenn ihm geraten wird, durch einfache Verhaltensmaßregeln dafür Sorge zu tragen,

---

[3357] BGHZ 107, 222, 226 ff. = NJW 1989, 2318, 2319 f.; BGH NJW 2005, 427, 428 = VersR 2005, 228; *Staudinger/Hager* RdNr. I 28; im Rahmen der Eingriffsaufklärung auch BGHZ 29, 176, 184 ff. = NJW 1959, 814, 815.
[3358] OLG München VersR 1988, 523.
[3359] BGHZ 107, 222, 226 = NJW 1989, 2318, 2319.
[3360] OLG Köln VersR 1992, 1231.
[3361] OLG Bremen VersR 1999, 1151.
[3362] OLG Frankfurt VersR 1999, 1544, 1545.
[3363] BGH NJW 1989, 2320, 2321.
[3364] BGH NJW 1981, 2002, 2003; OLG Düsseldorf NJW-RR 2001, 959, 960; *Steffen/Pauge* Arzthaftungsrecht RdNr. 325, 327.
[3365] *Ankermann*, FS Steffen, 1995, S. 1, 5.
[3366] BGH NJW 1972, 335, 336.

dass sich statistisch extrem seltene, aber eben im Bereich des Möglichen liegende Risiken nicht realisieren.[3367] Da der Transfer von Informationen seinerseits nur geringe Kosten verursacht, kommt es insofern allein darauf an, ob die dem Patienten angesonnenen Sorgfaltsvorkehrungen in einem angemessenen Verhältnis zu den drohenden Schadensrisiken stehen.[3368] Lassen sich minimale Gefahren nur durch aufwändige Sicherheitsvorkehrungen ausschließen, ist der Arzt nicht gehalten, den Patienten entsprechend zu instruieren.

e) **Persönlicher Schutzbereich.** Der persönliche Schutzbereich der Pflichten zur Sicherungsaufklärung ist **nicht auf den Patienten beschränkt.** Werden durch die Behandlungsmaßnahme Gefahren für Dritte heraufbeschworen, die Vorsichtsmaßnahmen auf Seiten des Patienten erforderlich machen, ist der Arzt gehalten, Letzteren darauf hinzuweisen.[3369] Wird einem Kleinkind beispielsweise ein aktive Erreger enthaltender Impfstoff verabreicht, der für Dritte, insbesondere für dessen Eltern, ein Ansteckungsrisiko birgt, sind letztere entsprechend zu warnen und zu instruieren.[3370] Patienten, denen Blutspenden oder Blutprodukte verabreicht wurden, sind zum **Schutz ihrer Ehe- oder Lebenspartner** auf das **Risiko einer HIV–Infektion** hinzuweisen und die Durchführung eines AIDS-Tests anzuraten.[3371] Zur Bedeutung von Wahrscheinlichkeitskalkülen RdNr. 776.

6. Exkurs: Ärztliche Zeugnisse. Die verzögerte Erstellung eines ärztlichen Zeugnisses ist kein Behandlungsfehler, kann jedoch eine **Haftung aus Verzug** begründen, wenn der Patient inzwischen stirbt und deshalb der Abschluss eines Lebensversicherungsvertrages scheitert.[3372]

V. Aufklärungsfehler

1. Abgrenzung zur therapeutischen und zur wirtschaftlichen Aufklärung. Anders als die eben behandelte therapeutische Aufklärung dient die Risiko– oder **Selbstbestimmungsaufklärung** der Einholung einer wirksamen Einwilligung und damit der Wahrung der Autonomie des Patienten.[3373] Daneben lässt sich noch eine dritte Variante der Aufklärungspflicht unterscheiden, nämlich die **wirtschaftliche Aufklärung** des Kassenpatienten über von ihm zu tragende Selbstkostenanteile sowie die des Privatpatienten über solche **Kostenbestandteile,** die von Krankenversicherern und Beihilfestellen möglicherweise nicht erstattet werden.[3374] In dieser Hinsicht besteht eine Informationspflicht des Arztes zum Schutz der Vermögensinteressen des Patienten selbstverständlich nur auf Grund Vertrags, nicht hingegen gemäß § 823 Abs. 1, und sie ist nur insoweit anzuerkennen, als der Arzt über einen Informationsvorsprung verfügt, insbesondere die Finanzierungslücke kannte oder hätte erkennen können. Damit lässt sich nur schwer in Einklang bringen, dass der BGH eine Verpflichtung zur Aufklärung darüber, dass der behandelnde Arzt nicht über **Haftpflichtversicherungsschutz** verfügt, abgelehnt hat.[3375] Zumindest im Rahmen des Behandlungs- oder Geburtshilfevertrags ist eine solche Aufklärungspflicht zu bejahen, zumal die Nebenpflichten des § 241 Abs. 2 auch auf den Schutz des Vermögens als solchem gerichtet sind (§ 241 RdNr. 90 ff.). Darüber hinaus ist es im Rahmen der Delegation deliktischer Sorgfaltspflichten pflichtwidrig, wenn eine Person eingeschaltet wird, die potentielle Schadensersatzansprüche mangels Versicherungsschutz und hinreichenden Eigenvermögens nicht zu befriedigen vermag (RdNr. 301). Eine Pflicht des

---

[3367] BGHZ 126, 386, 390 = NJW 1994, 3012, 3013.
[3368] Deutlich BGHZ 126, 386, 393 = NJW 1994, 3012, 3013: Impfärztin ist jedenfalls verpflichtet, Warnhinweise des Herstellers des Impfstoffs weiterzuleiten.
[3369] BGHZ 126, 386, 388 ff. = NJW 1994, 3012 f.
[3370] BGHZ 126, 386, 388 ff. = NJW 1994, 3012 f.
[3371] BGH VersR 2005, 1238, 1239 f. = NJW 2005, 2614 m. Bespr. *Katzenmeier* 3391, 3393.
[3372] BGH VersR 2006, 363, 364 Tz. 10 ff. = NJW 2006, 687.
[3373] BGHZ 166, 336, 339 Tz. 5 f. = NJW 2006, 2108 = VersR 2006, 838.
[3374] BGH NJW 1983, 2630, 2631; OLG Köln VersR 1987, 514; LG Karlsruhe NJW-RR 2006, 1690; *Wussow* VersR 2002, 1337, 1340 f.
[3375] BGHZ 161, 255, 263 = NJW 2005, 888.

Arztes, den Patienten darüber aufzuklären, dass ihm ein **Behandlungsfehler unterlaufen** ist, besteht nicht (RdNr. 821).

771 2. **Dogmatische Grundlagen der Selbstbestimmungsaufklärung.** Der Eingriff des Arztes in die körperliche Unversehrtheit und die Gesundheit des Patienten ist nur zulässig, wenn er mit **Einwilligung** des Patienten erfolgt (RdNr. 720 ff., 741).[3376] Fehlt es an einer wirksamen Einwilligung, ist nicht das Persönlichkeitsrecht des Patienten, sondern seine körperliche Unversehrtheit verletzt (RdNr. 725 ff.).[3377] Der Schutz der in § 823 Abs. 1 genannten Rechtsgüter ist kein Selbstzweck, sondern dient der Gewährleistung und **Sicherung der Autonomie des Rechtsgutsträgers** und schließt dessen Dispositionsfreiheit folgerichtig ein (RdNr. 727). Der Arzt hat diese Autonomie zu respektieren und sich dem Willen des Patienten unterzuordnen (RdNr. 731).[3378] Mit diesen Grundsätzen könnte es sein Bewenden haben, bestünde zwischen Arzt und Patient eine paritätische Beziehung, die es Letzterem ermöglichte, den eigenen Willen frei zu bilden und zu artikulieren. Eben dies wird jedoch regelmäßig durch das **Informationsgefälle** verhindert, das dem Patienten eine selbstbestimmte Entscheidung über den Fortgang der Behandlung unmöglich macht. Rationale Entscheidungen bedürfen einer Grundlage, die im hier interessierenden Kontext aus sämtlichen Umständen gebildet wird, die für die konkrete **Nutzen/Risiko-Abwägung** erforderlich sind. In aller Regel ist insoweit keine Gewissheit zu erreichen, sondern es sind **Wahrscheinlichkeiten gegeneinander abzuwägen.** Der Patient muss wissen, wie hoch die Chance ist, durch die anvisierte Maßnahme einen Heilerfolg zu erzielen, welche Risiken mit dem Eingriff verbunden sind, welche alternativen Behandlungsmaßnahmen zur Verfügung stehen und wie bei diesen die Erfolgschancen und Schadensrisiken einzuschätzen sind. Da innerhalb der Behandlungsbeziehung typischerweise nur der Arzt Zugang zu den genannten Fakten hat, ist er gehalten, den Patienten entsprechend aufzuklären, um diesem eine informierte Entscheidung darüber zu ermöglichen, ob und ggf. inwieweit er Körper und Gesundheit aufs Spiel setzen will, um die Heilungschance wahrzunehmen. Kurz: Der Patient muss wissen, worin er einwilligt, und der Arzt muss ihn entsprechend aufklären.[3379] Kommt er seiner Verpflichtung zur Aufklärung nicht in dem gebotenen Umfang nach, ist die vom Patienten gegebene Einwilligung unwirksam und der Eingriff rechtswidrig (RdNr. 741).[3380]

772 Insgesamt erweist sich der Aufklärungsfehler somit als wohlbegründetes Fundament eines arzthaftungsrechtlichen Schadensersatzanspruchs. Gleichwohl ist nicht zu bestreiten, dass dieser Haftungsgrund in besonderem Maße für **opportunistisches Verhalten** anfällig ist, wie die zahlreichen Fälle zeigen, in denen die Aufklärungspflichtverletzung im Prozess erst dann geltend gemacht wird, wenn sich abzeichnet, dass dem Arzt ein Behandlungsfehler nicht nachzuweisen sein wird.[3381] Die Vorstellung, die Praxis des Arzthaftungsprozesses werde von – womöglich missbräuchlichen – Berufungen auf Aufklärungsfehler dominiert, wird durch die vorhandenen empirischen Untersuchungen allerdings nicht

---

[3376] Zur Einwilligung in die klinische Prüfung eines Arzneimittels am Menschen vgl. § 40 Abs. 1 Nr. 2 AMG.

[3377] RGZ 88, 433, 436; BGHZ 29, 46, 49 f. = NJW 1959, 811, 812; BGHZ 29, 176, 179 f. = NJW 1959, 814 f.; BGHZ 90, 103, 105 f. = NJW 1984, 1397 f.; BGHZ 106, 391, 394 = NJW 1989, 1533; BGHZ 166, 336, 339 Tz. 6 f. = NJW 2006, 2108 = VersR 2006, 838.

[3378] Grdlg. RGZ 151, 349, 352 ff., und RGSt 25, 375, 378; anders noch RGZ 78, 432, 433 f.; vgl. weiter RGZ 163, 129, 137 f.; BGHZ 90, 103, 105 f. = NJW 1984, 1397 f.; BGH NJW 1980, 1333, 1334; 1980, 2751, 2752 f.; NJW 2007, 2777, 2778 Tz. 8 = VersR 2007, 999; *Taupitz*, FG 50 Jahre BGH, Bd. I, 2000, S. 497, 501 f.; *Steffen/Pauge* Arzthaftungsrecht RdNr. 321; *Staudinger/Hager* RdNr. I 76.

[3379] RGZ 163, 129, 137 f.; BGHZ 29, 46, 50 ff. = NJW 1959, 811, 812 f.; BGHZ 29, 176, 180 = NJW 1959, 814; BGHZ 90, 103, 106 = NJW 1984, 1397 f.; BGHZ 106, 391, 394 = NJW 1989, 1533; BGH NJW 1992, 2354, 2355; speziell zur Einwilligung in die klinische Prüfung eines Arzneimittels am Menschen § 40 Abs. 1 Nr. 2 AMG; Überblick über die Rspr. zur Aufklärungspflicht bei *Wussow* VersR 2002, 1337 ff.

[3380] BGHZ 29, 46, 49 f. = NJW 1959, 811, 812; BGHZ 29, 176, 179 f. = NJW 1959, 814; BGH NJW 1972, 335, 336.

[3381] *G. Müller*, FS Geiß, 2000, S. 461; *Büttner*, FS Geiß, 2000, S. 353, 354; als Beispiel vgl. etwa BGH NJW 1984, 1807, 1808.

belegt.[3382] Zum Schutzzweckzusammenhang RdNr. 798 f.; zur Streitgegenstandsproblematik RdNr. 831.

Gleichwohl ist der insbesondere von ärztlicher Seite immer wieder vorgetragenen **Kritik** an der Rechtsprechung zum Aufklärungsfehler zuzugeben, dass Art und Maß der Aufklärung einer konsequenten **Ausrichtung am Selbstbestimmungsrecht des Patienten** und damit an dessen **Möglichkeiten zur Informationsverarbeitung und -bewertung** bedürfen. Folgt man den wenigen dazu vorhandenen empirischen Untersuchungen, steht es in diesem Punkt wohl nicht zum Besten.[3383] An vielen Patienten scheint die Aufklärung einfach vorbeizurauschen, ohne zu ihrer Entscheidungsfindung irgendetwas Nützliches beizutragen. Insbesondere das **Abspulen ganzer Kataloge** möglicher Nebenfolgen, Komplikationen und Misserfolge scheint die Informationsverarbeitungskapazität vieler Patienten überzustrapazieren und führt wohl eher zum „Abschalten" als zur besonnenen Abwägung von Nutzen und Risiken. Deshalb sollte der Akzent bei der Fortentwicklung der Rechtsprechung zum Aufklärungsfehler weniger darauf gesetzt werden, den Kreis der aufklärungspflichtigen Umstände immer weiter zu fassen und selbst extrem seltene Schadensrisiken einzubeziehen (RdNr. 775), sondern es ist stärker darauf zu achten, dass die relevanten Informationen dem Patienten in einer ihm **verständlichen Sprache** vermittelt werden und **Hilfestellung bei der Abwägung** von Nutzen und Risiken eines Eingriffs gewährt wird. Das würde allerdings zuerst voraussetzen, dass die Ärzte selbst dazu in der Lage sind, solche Abschätzungen unter Unsicherheit vorzunehmen. Auch damit steht es empirischen Untersuchungen nach nicht zum Besten.[3384] Wird die Aufklärungspflicht stärker als bisher an den Informationsverarbeitungskapazitäten des konkreten Patienten orientiert, dann ergibt sich eine Hinwendung zur sog. **Stufenaufklärung**. Der Arzt ist demnach nur gehalten, dem Patienten die vernünftigerweise bei der Entscheidung über den Eingriff zu berücksichtigenden Fakten in einer leicht verständlichen Sprache mitzuteilen (RdNr. 787 f.), was bei Routineeingriffen auch in Form von **Merkblättern** erfolgen kann (RdNr. 797). Zur Offenlegung weitergehender Informationen ist der Arzt nur verpflichtet, wenn der Patient nachfragt oder sonst ein Interesse daran artikuliert (RdNr. 789 f.).

3. Gegenstand und Umfang der Selbstbestimmungsaufklärung. a) Relevante Risiken; Statistiken. Zur therapeutischen und zur wirtschaftlichen Aufklärung s. RdNr. 770. Der Umfang der Risikoaufklärung ist an ihrem Zweck auszurichten, dem Patienten eine rationale und **selbstbestimmte Entscheidung** über die Durchführung des Eingriffs zu ermöglichen. Folgerichtig ist der Patient über sämtliche Gefahren aufzuklären, die mit dem Eingriff spezifisch verbunden sind, nicht jedoch über **allgemeine Schadensrisiken,** die sich zwar aus Anlass des Eingriffs materialisieren könnten, deren Eintrittswahrscheinlichkeit jedoch nicht oder nur ganz unwesentlich erhöht wird.[3385] In den Vordergrund der Aufklärung sind die **schwersten Risiken** zu stellen, deren Realisierung die Lebensführung des Patienten am stärksten und nachhaltigsten beeinträchtigen würde und die deshalb von größtem Einfluss für seine Entscheidung sind.

Die Einschätzung des Risikos erfordert Kenntnis nicht nur von der Schwere des möglichen Schadens, sondern auch von der **Eintrittswahrscheinlichkeit.** Dabei darf sich der Jurist von Wahrscheinlichkeitsangaben, die winzig klingen, nicht den Blick dafür verstellen lassen, dass sich dahinter ganz **erhebliche Risiken** verbergen können. Wenn die Wahrscheinlichkeit, infolge der Behandlung den Tod zu erleiden, beispielsweise „nur" 0,68%

[3382] Vgl. das statistische Material bei *Sethe/Krumpaszky* VersR 1998, 420, 423 f.; *Seehafer* MedR 1989, 123, 125; *Rumler/Detzel,* FS Deutsch, 1999, S. 699, 704 ff.
[3383] *Giebel/Wienke/Sauerborn/Edelmann/Mennigen/Dievenich* NJW 2001, 863, 865 ff.; zum Problem des information overload allg. *Eidenmüller* JZ 2005, 216, 218; *Rehberg, Der staatliche Umgang mit Information,* in: *Eger/Schäfer* (Hrsg.), Ökonomische Analyse der europäischen Zivilrechtsentwicklung, 2007, S. 284, 319 ff.
[3384] *Gigerenzer,* Das Einmaleins der Skepsis, 2002, S. 65 ff.; *ders.,* Adaptive Thinking, 2000, S. 65 ff.
[3385] BGHZ 29, 46, 57 f. = NJW 1959, 811, 814; BGHZ 90, 103, 107 = NJW 1984, 1397, 1398; BGHZ 106, 391, 396 = NJW 1989, 1533, 1534; BGH NJW 1991, 2346; 1996, 777, 779; speziell zur Aufklärung bei psychotherapeutischen Maßnahmen *Gründel* NJW 2002, 2987.

beträgt, dann bedeutet das im Klartext,[3386] dass bei 300 Behandlungen zwei Patienten sterben werden – ein Risiko, das mancher wohl gerne vermeiden würde. Die **Rechtsprechung** mahnt jedoch nicht zu einem verantwortungsvollen Umgang mit **Statistiken**, sondern erklärt sie schlicht für **irrelevant**.[3387] Statt dessen soll es darauf ankommen, „ob das betreffende Risiko dem Eingriff spezifisch anhaftet und es bei seiner Verwirklichung die Lebensführung des Patienten besonders belastet".[3388] Damit ist insbesondere bei schweren Schäden wie Lähmungen oder Erblindung, die jeden Menschen mehr oder weniger gleich treffen, wenig gewonnen. Hier bleibt mE gar nichts anderes übrig, als anhand der Wahrscheinlichkeit des Schadenseintritts zu differenzieren und die Aufklärungspflicht auf solche Schäden zu beschränken, bei denen das Risiko nicht völlig vernachlässigenswert war. Andernfalls droht **information overload** durch Aufklärung über eine Vielzahl minimaler Risiken, die eine Entscheidung in Selbstbestimmung nicht erleichtert, sondern erschwert (vgl. RdNr. 639 und 773 mit Fn. 3383).[3389] Ist die **Eintrittswahrscheinlichkeit extrem gering,** beträgt sie etwa 1 : 15,5 Millionen, hat eine Aufklärung keinen Sinn.[3390] Jeder vernünftige Mensch würde ein derart winziges Schadensrisiko bei einem nutzbringenden medizinischen Eingriff gerne in Kauf nehmen. Die Aufklärungspflicht ist auf solche Risiken zu begrenzen, deren **Produkt aus Schadenshöhe und Eintrittswahrscheinlichkeit** derart groß ist, dass ein vernünftiger Patient in eine Abwägung des Für und Wider eintreten würde.[3391] Dementsprechend erscheint es zweifelhaft, wenn ein Blutspendedienst dazu angehalten wird, die Spender über das äußerst seltene Risiko eines Dauerschmerzes infolge einer Verletzung von Nerven beim ordnungsgemäßen Setzen der Kanüle aufzuklären.[3392]

776 Soweit danach eine Aufklärungspflicht besteht, sollten dem Patienten vorhandene **Statistiken mitgeteilt und von dem Arzt erläutert** werden. Zwar ist nicht darauf zu insistieren, dass jedem Patienten ungefragt die genauen Zahlenwerte genannt werden, auf Nachfrage sind sie jedoch offen zu legen.[3393] Darüber hinaus sind die Daten spontan mitzuteilen, wenn der Patient an einer rationalen Abwägung des Für und Wider erkennbar interessiert ist. Ist die Misserfolgsquote der in Aussicht genommenen Operation signifikant hoch, liegt sie beispielsweise bei 20%, oder treten mit einer derart hohen Wahrscheinlichkeit schwerwiegende Nebenfolgen ein, dann sollte diese Zahl keinem Patienten vorenthalten werden.[3394] Dabei sind die **Risiken in natürlichen Häufigkeiten** (20 aus 100, 1 aus 1000) anstatt in Quoten (20 Prozent, 1 Promille) anzugeben, um die Größe des Risikos anschaulicher zu machen.[3395] Im Übrigen offenbart es ein Missverständnis, wenn der BGH meint, die statistische Komplikationsrate bei Rektoskopien von 1 : 10 000 bis 1 : 20 000 sei im konkreten Fall unmaßgeblich, weil der beklagte Arzt nach eigenen Angaben in den letzten Jahren ca. 8000 solcher Eingriffe durchgeführt habe, ohne dass es zu Komplikationen gekommen war.[3396] Der achttausendunderste Fall lag dem BGH vor, woran sich zeigt, dass der Arzt keineswegs dem statistischen Risiko enteilt war, sondern seine Komplikationsrate mindestens dem Durchschnitt entsprach und möglicherweise noch darüber lag (1 : 8001).

[3386] Zum Denken in natürlichen Häufigkeiten *Gigerenzer,* Das Einmaleins der Skepsis, 2002, S. 71 ff.
[3387] BGHZ 144, 1, 5 = NJW 2000, 1784, 1785: „Entscheidend für die ärztliche Hinweispflicht ist nicht ein bestimmter Grad der Risikodichte, insbes. nicht eine bestimmte Statistik." Genauso BGHZ 126, 386, 389 = NJW 1994, 3012 = JZ 2000, 898 m. Anm. *Deutsch;* BGH NJW 2007, 2777, 2778 Tz. 10 = VersR 2007, 999; ähnlich OLG Zweibrücken VersR 2000, 892, 893; *Steffen/Pauge* Arzthaftungsrecht RdNr. 332.
[3388] So die Formulierung in BGH NJW 2007, 2777, 2778 Tz. 10 = VersR 2007, 999; vgl. weiter BGHZ 126, 386, 389 = NJW 1994, 3012; BGHZ 144, 1, 5 f. = NJW 2000, 1784, 1785; BGHZ 166, 336, 342 Tz. 13 = NJW 2006, 2108 = VersR 2006, 838; BGH NJW 1972, 335, 337; 1980, 633, 634 f.; 1984, 1395, 1396; 1984, 1397, 1398; 1990, 1528; 1991, 2344, 2345; VersR 1996, 330, 331.
[3389] OLG Zweibrücken VersR 2000, 892, 893; *Deutsch* JZ 2000, 902; wN s. Fn. 3383.
[3390] So in dem Fall BGHZ 126, 386 = NJW 1994, 3012; krit. dazu *v. Mühlendahl* NJW 1995, 3042.
[3391] Vgl. BGH NJW 1996, 777, 779.
[3392] So aber BGHZ 166, 336, 342 Tz. 13 = NJW 2006, 2108; zust. *Strücker-Pitz* VersR 2008, 752, 754.
[3393] BGH NJW 1992, 2351, 2352.
[3394] So wohl auch BGH NJW 1991, 2342, 2343; OLG München VersR 1988, 525 f.
[3395] *Gigerenzer,* Das Einmaleins der Skepsis, 2002, S. 71 ff.
[3396] So BGH NJW 1984, 1395, 1396.

b) Erwarteter Nutzen. Die Information des Patienten darf sich nicht auf das Risikopotential des Eingriffs beschränken, weil dessen Kenntnis allein für eine Entscheidung in Selbstbestimmung nicht ausreicht. Nur wenn der Patient auch den **Nutzen des Eingriffs** und die **Wahrscheinlichkeit seiner Realisierung** in Rechnung stellen kann, ist er dazu in der Lage, Nutzen und Risiken gegeneinander abzuwägen.[3397] Je geringer das Produkt aus medizinischem Nutzen und seiner Eintrittswahrscheinlichkeit, desto intensiver sind die Risiken des Eingriffs mit dem Patienten zu diskutieren. Wenn beispielsweise ein diagnostischer Eingriff – etwa eine Durchleuchtung der Lendenwirbelsäule (Myelographie) – in 3% aller Fälle zu schwerwiegenden Nebenfolgen führt – etwa einer Blasenlähmung – dann ist der Patient in deutlicher Weise auf diese Gefahren hinzuweisen, wenn es auf Grund von Voruntersuchungen ohnehin sehr unwahrscheinlich ist, dass der diagnostische Eingriff einen medizinisch weiterführenden Befund erbringt.[3398] Dient der operative Eingriff lediglich dazu, einen zwar lästigen, aber nicht bedrohlichen Zustand zu beseitigen, ist aber seinerseits nicht nur mit einer hohen Misserfolgsquote belastet, sondern darüber hinaus sogar dazu geeignet, den Gesundheitszustand des Patienten erheblich zu verschlechtern, ist die Situation mit dem Patienten eingehend zu erörtern, um zu einer gemeinsamen Entscheidung über das weitere Vorgehen zu kommen.[3399] Gesteigerte Aufklärungspflichten gelten auch, wenn der Eingriff keine durchgreifende Heilung, sondern allenfalls **vorübergehende Besserung** bringen kann.[3400] Genauso ist der Patient darüber zu informieren, wenn der planmäßig durchgeführte Eingriff ganz erhebliche Schmerzen verursacht, wie es bei diagnostischen Maßnahmen im Bereich des Verdauungssystems häufig der Fall ist.[3401] Auch der Umstand, dass der Heilungsprozess nach einer Operation langwierig sein und unter erheblichen Schmerzen ablaufen wird, ist dem Patienten vor dem Eingriff mitzuteilen.

Bei **kosmetischen Operationen** ist besonders deutlich auch auf sehr seltene schädliche Nebenfolgen hinzuweisen, weil dem **Schadensrisiko überhaupt kein gesundheitlicher Nutzen** gegenübersteht.[3402] Vor einem Zungenpiercing müssen deshalb sämtliche möglichen Komplikationen des Eingriffs schonungslos offen gelegt werden,[3403] und dasselbe gilt im Fall einer operativen Penisverlängerung.[3404] Um dem Patienten eine bewusste und sorgfältige Abwägung von Nutzen und Risiken zu ermöglichen, darf die Aufklärung auch nicht erst unmittelbar vor dem Eingriff selbst erfolgen (RdNr. 793 f.).[3405] Gesteigerte Anforderungen an den Umfang der Aufklärung gelten auch bei **altruistisch motivierten Eingriffen,** die dem Patienten selbst nichts nützen, wie etwa **Organtransplantationen**[3406] oder **Blutspenden.**[3407] Die mit dem Setzen der Kanüle verbundenen Risiken müssen dem Patienten deutlich vor Augen geführt werden.[3408] Der für Standard-Impfungen anerkannte, reduzierte Aufklärungsstandard,[3409] ist auf Blutspenden nicht übertragbar.[3410]

[3397] BGHZ 106, 391, 394 = NJW 1989, 1533; BGH NJW 1995, 2410, 2411: „Güterabwägung zwischen Risiko und Nutzen des Eingriffs".
[3398] So im Ergebnis OLG Brandenburg VersR 2000, 1283, 1284; für den Fall der Rektoskopie genauso BGH NJW 1984, 1395, 1396.
[3399] BGH NJW 1981, 633.
[3400] OLG Hamm VersR 1990, 855; *Steffen/Pauge* Arzthaftungsrecht RdNr. 396.
[3401] BGH NJW 1984, 1395.
[3402] BGH NJW 1972, 335, 337; BGHZ 166, 336, 339 f. Tz. 8 f. = NJW 2006, 2108; OLG München VersR 1993, 1529; OLG Oldenburg VersR 1998, 854, 855; 2001, 1381, 1382; OLG Düsseldorf VersR 1999, 61; *Steffen/Pauge* Arzthaftungsrecht RdNr. 397; vgl. auch OLG Düsseldorf VersR 2001, 1380, 1381.
[3403] AG Neubrandenburg NJW 2001, 902, 903.
[3404] KG KGR Berlin 2001, 142.
[3405] LG Köln VersR 2001, 1382, 1383.
[3406] *Spickhoff* NJW 2006, 2075; allg. zu Haftungsfragen bei Transplantationen *Spickhoff* VersR 2006, 1569, 1575 f.
[3407] BGHZ 166, 336, 339 f. Tz. 8 f. = NJW 2006, 2108 m. Bespr. *Spickhoff* 2075 = VersR 2006, 838.
[3408] BGHZ 166, 336, 340 f. Tz. 8 ff. = NJW 2006, 2108 = VersR 2006, 838.
[3409] BGHZ 144, 1, 14 = NJW 2000, 1784, 1787 f.; abl. *Deutsch* JZ 2000, 898, 902 f.
[3410] BGHZ 166, 336, 341 Tz. 11 = NJW 2006, 2108 = VersR 2006, 838.

779 **c) Behandlungsalternativen.** Eine generelle Verpflichtung des Arztes, den Patienten über die in Betracht kommenden Behandlungsalternativen aufzuklären, besteht nicht.[3411] Der darin zum Ausdruck kommende Grundsatz der **Therapiewahlfreiheit des Arztes**[3412] beruht allerdings nicht darauf, dass Letzterem ein Verfügungsrecht über die Person des Patienten zustünde, sondern ist eine bloße Folge des **Informationsgefälles** zwischen den Parteien des Behandlungsvertrags und des damit einhergehenden rationalen Desinteresses des Patienten an den Details der medizinischen Beurteilung seines Falls. Daraus ergeben sich ohne weiteres auch die Grenzen der ärztlichen Entscheidungsmacht: Der Patient ist ins Bild zu setzen, wenn eine **echte Wahlmöglichkeit** zwischen verschiedenen Behandlungsalternativen besteht.[3413] Auf dieser Grundlage ist ein Aufklärungsinteresse vor allem dann anzuerkennen, wenn das Nutzen/Risiko-Verhältnis der verschiedenen zur Wahl stehenden Maßnahmen nicht gleich oder ähnlich ist, sondern wesentlich voneinander abweicht.[3414] Paradigmatisch für diese Fallgruppe ist die Entscheidung zwischen einer **konservativen Behandlung** der Erkrankung, die normalerweise weniger Risiken birgt, aber auch weniger Nutzen verspricht, und einem **invasiven Eingriff,** einer Operation, die häufig bessere Erfolge verspricht, aber eben auch mit höheren Risiken behaftet ist.[3415] Die Entscheidung zwischen diesen beiden Behandlungsstrategien darf der Arzt nicht für den Patienten treffen, sondern er muss sie diesem selbst überlassen, was eine entsprechende Aufklärung voraussetzt, und zwar auch dann, wenn der Arzt der konservativen Therapie folgen will, die zunächst keinen invasiven Eingriff erfordert.[3416] Bei der **Geburtshilfe** geht es um die Entscheidung zwischen vaginaler Geburt und Schnittentbindung. Ungefragt muss der Arzt diese Alternativen mit der Patientin nur bei konkreten Risiken erörterten, was bei Kindern mit einem voraussichtlichen Geburtsgewicht von deutlich über 4000 g angenommen wird.[3417] Selbstverständlich muss auch über die mit dem Einsatz von Medizinprodukten iS des MPG – wie etwa Herzschrittmachern – verbundenen Risiken aufgeklärt werden.[3418]

780 Eine Aufklärung über bloß **hypothetische Alternativen** kann nicht verlangt werden.[3419] Umgekehrt ist der Kreis der in Betracht kommenden Behandlungsmöglichkeiten nicht von vornherein auf das personelle und apparativ-technische Potential der **konkreten Arztpraxis** bzw. des jeweiligen Krankenhauses beschränkt. Ist eine Behandlung durch einen Spezialisten indiziert, muss der Patient auch darüber informiert und ggf. an diesen überwiesen werden (RdNr. 751).[3420] Auf der anderen Seite ist der Arzt nicht gehalten, den Patienten vor der Durchführung eines Routineeingriffs darüber aufzuklären, welche möglicherweise besseren (risikoärmeren) Behandlungsmethoden in zentralen Großkliniken oder in hochspezialisierten Krankenhäusern zur Verfügung stehen, die über die allerneueste medizinisch-apparative Ausrüstung verfügen (RdNr. 751).[3421] Allerdings sollte eine Klinik, die für Operationen erheblichen Schwierigkeitsgrads nicht ausgerüstet ist, verpflichtet sein, dies dem zu operierenden Patienten auch offen zu legen, um ihm die Wahl einer besser ausgestatteten Institution zu ermöglichen. In einem solchen Fall reicht es nicht aus, den Patienten lediglich über die mit dem Eingriff verbundenen medizinischen Risiken zu

---

[3411] BGHZ 102, 17, 20 ff. = NJW 1988, 763, 764 f.; *Katzenmeier* Arzthaftung S. 331.
[3412] BGH NJW 1988, 765, 766; 1989, 1533, 1534; 2000, 1788, 1789; VersR 2005, 836 = NJW 2005, 1718; *Greiner*, FS Geiß, 2000, S. 411; *Steffen/Pauge* Arzthaftungsrecht RdNr. 375.
[3413] BGHZ 102, 17, 20 = NJW 1988, 763, 764; BGHZ 116, 379, 385 = NJW 1992, 743, 744; BGH NJW 1988, 765, 766; VersR 2005, 227; VersR 2005, 836 = NJW 2005, 1718; OLG Stuttgart VersR 2002, 1286, 1287.
[3414] BGH NJW 1989, 1533, 1534; *Greiner*, FS Geiß, 2000, S. 411, 412 f.
[3415] BGH NJW 1986, 780; 1988, 765, 766; 1992, 2351, 2352; 1992, 2353, 2354; 2000, 1788, 1789.
[3416] BGH VersR 2005, 836 = NJW 2005, 1718; einschr. OLG Nürnberg VersR 2002, 580, 581.
[3417] BGH VersR 2005, 227; OLG Stuttgart VersR 2007, 1417 f.; OLG Frankfurt NJW-RR 2006, 1171, 1172; vgl. auch BGHZ 106, 153, 157 = NJW 1989, 1538, 1539.
[3418] *Deutsch* VersR 2006, 1145, 1147.
[3419] BGHZ 144, 1, 10 = NJW 2000, 1784, 1786 f.; OLG Dresden VersR 2002, 440, 441.
[3420] BGHZ 102, 17, 21 = NJW 1988, 763, 764.
[3421] BGHZ 102, 17, 22 f. = NJW 1988, 763, 764 f.; BGH NJW 1984, 1810, 1811.

informieren und ihm selbst den Schluss zu überlassen, sich besser an eine andere Klinik zu wenden.[3422]

Auch das bloße **Abwarten und Nichtstun** ist als Behandlungsalternative in Betracht zu ziehen.[3423] Insbesondere bei Krebsleiden bzw. einem entsprechenden Verdacht verhält es sich nicht selten so, dass ein bestimmter Eingriff aus medizinischer Sicht nicht streng indiziert ist, sondern lediglich zur Vorsorge erfolgen könnte – sog. **relative Indikation**.[3424] Beispielsweise mag es geboten sein, den befallenen Eierstock herauszunehmen, wenn die Entfernung auch des anderen Ovars zwar das Krebsrisiko reduzierte, jedoch nicht zwingend geboten ist. In einer solchen Konstellation darf der Patientin die Stärke bzw. Schwäche der Indikation nicht verschwiegen werden, sondern sie ist darüber aufzuklären, dass sich die Entfernung (auch) des zweiten Eierstocks lediglich aus Vorsorgegründen empfiehlt und die Durchführung dieser Maßnahme maßgeblich von ihrem Sicherheitsbedürfnis abhängt.[3425] Eine umfassende Aufklärung über Alternativen ist auch dann geboten, wenn der Arzt eine medizinische Maßnahme ergreifen will, die dem erkennbaren oder vermuteten Willen des Patienten möglicherweise zuwiderläuft, was insbesondere der Fall sein kann, wenn der Arzt den Patienten kennt und weiß, dass dieser bestimmte Maßnahmen aus **ethischen, weltanschaulichen oder sonstigen Gründen ablehnt**.

Die Aufklärung ist nicht auf den medizinischen Nutzen und die gesundheitlichen Risiken zu beschränken, sondern ist auf die wirtschaftliche Seite der Entscheidung zu erstrecken: Der Arzt muss den Patienten über begründete Zweifel an der **Erstattungsfähigkeit der Kosten** der einen oder anderen Behandlungsalternative informieren (RdNr. 770).[3426]

d) Medizinischer Fortschritt, neue Behandlungsmethoden. Gerät der herkömmliche und **anerkannte Behandlungsstandard durch neuere Erkenntnisse unter Druck**, muss der Patient darüber sowie über neuartige Verfahren informiert werden, und zwar unabhängig davon, ob sich die Kritik schon durchgesetzt und einen neuen Standard etabliert hat.[3427] Besonders wichtig ist die Aufklärung über Behandlungsalternativen, wenn der Arzt **vom medizinischen Standard abweichen** und eine alternative oder **neuartige Behandlungsmethode** – wie etwa ein computergesteuertes Instrument **(Robodoc)** – wählen oder ein neues, möglicherweise noch **nicht zugelassenes Medikament** einsetzen will.[3428] Die damit verbundenen Risiken darf er dem Patienten nicht über dessen Kopf hinweg zumuten, sondern muss sein Einverständnis einholen, was wiederum Informationen über die mit der neuen Methode oder dem neuen Medikament verbundenen Heilungschancen und Nebenwirkungsrisiken voraussetzt. Letztere sind zudem mit den Chancen und Risiken herkömmlicher Maßnahmen in Beziehung zu setzen, um dem Patienten die Wahl zwischen beiden Verfahren zu ermöglichen.[3429] Auch bei neuen Behandlungsmethoden hat die Aufklärungspflicht jedoch **Grenzen**; über bloße Vermutungen braucht nicht informiert zu werden.[3430] Realisiert sich im Zuge der Anwendung der neuen Behandlungsmethode ein Risiko, das auch mit der herkömmlichen Behandlungsmethode verbunden gewesen wäre und über das insoweit auch ordnungsgemäß aufgeklärt worden ist, ist nach dem **Schutzzweck der Aufklärungspflicht** die Haftung nicht begründet (RdNr. 798).[3431] Das gilt wiederum dann nicht,

---

[3422] So aber wohl BGH NJW 1984, 1807, 1809.
[3423] BGH NJW 1992, 2354, 2355 f.; VersR 1998, 716, 717; Steffen/Pauge Arzthaftungsrecht RdNr. 398.
[3424] BGH NJW 2000, 1788, 1789.
[3425] BGH NJW 1997, 1637, 1638; vgl. auch BGH VersR 1998, 716, 717 für den Fall einer Mastektomie.
[3426] BGH NJW 1983, 2630, 2361; LG Karlsruhe NJW-RR 2005, 1690.
[3427] BGHZ 144, 1, 10 = NJW 2000, 1784, 1786 f.; BGH VersR 1978, 41, 42; 1996, 233; zur Aufklärung über veraltete Behandlungsmethoden OLG Stuttgart VersR 2002, 1286, 1287.
[3428] BGHZ 172, 254, 260 Tz. 24 = NJW 2007, 2774; BGHZ 172, 1, 13 Tz. 31 = NJW 2007, 2767 = MedR 2007, 653 m. Bespr. *Hart* 631 = JZ 2007, 1104 m. Bespr. *Katzenmeier*; BGHZ 168, 103, 108 f. Tz. 14 = NJW 2006, 2477 m. Bespr. *Katzenmeier* 2738 = VersR 2006, 1073 – Robodoc; *Soergel/Spickhoff* Anh. I RdNr. 123; eingehend *Bamberger/Roth/Spindler* RdNr. 625 ff.
[3429] BGHZ 172, 254, 261 Tz. 28; BGHZ 168, 103, 108 f. Tz. 14 = NJW 2006, 2477.
[3430] BGHZ 168, 103, 110 Tz. 16 = NJW 2006, 2477.
[3431] BGHZ 168, 103, 111 f. Tz. 18 = NJW 2006, 2477.

wenn der Patient in die Anwendung des neuartigen Verfahrens nicht eingewilligt hätte, wenn er darüber aufgeklärt worden wäre, dass es sich um eine neue Methode mit bisher nicht vollumfänglich bekannten Risiken handelt.[3432] Der bloße Umstand, dass es sich um eine neue Therapie handelt, wird gleichsam als ein eigenständiges Behandlungsrisiko behandelt.

784 **e) Kunstfehler.** Die Aufklärungspflicht des Arztes erstreckt sich auf diejenigen **Risiken**, die dem Patienten **trotz Einhaltung der ärztlichen Kunstregeln** drohen. Der Arzt ist nicht gehalten, darüber aufzuklären, dass ihm Behandlungsfehler unterlaufen könnten, die wiederum bestimmte Konsequenzen haben würden.[3433] Genauso wenig bedarf es nach der Rechtsprechung der Aufklärung über den konkreten Ausbildungsstand des behandelnden Arztes, insbesondere sind Anfänger nicht dazu verpflichtet, ihre Unerfahrenheit offenzulegen (vgl. aber RdNr. 743 f.).[3434] Auch **ex post,** nach Vornahme der fehlerhaften Behandlung, ist der Arzt auf Grund seiner Verpflichtung zur Risikoaufklärung nicht gehalten, den Patienten von sich aus darauf hinzuweisen, er habe **einen Kunstfehler begangen** (RdNr. 821).

785 **f) Bekannte Risiken; Umstellung der Behandlung.** Eine **Aufklärung** des Patienten über diejenigen Risiken, die allgemein bekannt sind, ist **nicht erforderlich**.[3435] Allgemein mit Operationen verbundene Komplikationsgefahren, wie Wundinfektionen, Narbenbrüche usw. sind als bekannt vorauszusetzen.[3436] Wird eine **Operation** binnen kurzer Frist noch einmal **wiederholt**, muss der Patient nicht erneut aufgeklärt werden.[3437] Aus dem Umstand, dass ein Eingriff allgemein üblich oder sogar öffentlich empfohlen ist, folgt allerdings nicht, dass der Patient auch über das erforderliche Risikobewusstsein verfügt. Folglich bedarf es der Aufklärung auch bei **Impfkampagnen,** die von der Ständigen Impfkommission beim Bundesgesundheitsamt (STIKO) empfohlen werden.[3438] Vor **Blutspenden** soll der Spender auf die Gefahr irreversibler Schädigungen von Nerven hinzuweisen sein (kritisch RdNr. 775).[3439] Darüber hinaus ist nach der Rechtsprechung eine erneute Aufklärung erforderlich, wenn die Behandlung auf ein **anderes Medikament** umgestellt wird, und zwar auch dann, wenn letzteres die Schadensrisiken für den Patienten mindert und nicht erhöht.[3440] Das vermag nur zu überzeugen, wenn der Patient vor dem Einsatz des ersten, nunmehr abgelösten Medikaments nicht bereits über diejenigen Risiken aufgeklärt worden war, die (auch) dem neuen Medikament anhaften.[3441]

786 Der Umfang der Aufklärungspflichten des Arztes ist auch im Übrigen relativ zu den **Vorkenntnissen des Patienten** zu bestimmen, die erheblich sein können, wenn er bereits von dritter Seite, insbesondere von anderen Ärzten, die zuvor schon Eingriffe derselben oder ähnlicher Art ausgeführt haben, über Nutzen und Risiken aufgeklärt worden ist.[3442] Keiner umfassenden Aufklärung bedarf auch derjenige, der über erhebliche medizinische oder naturwissenschaftliche Kenntnisse verfügt.[3443] Unter den medizinischen Laien beschäftigen sich insbesondere **chronisch Kranke** nicht selten intensiv mit ihrem Leiden und erwerben dabei häufig ein erhebliches Maß an Expertise, das bei der Bemessung des Umfangs ärztlicher Aufklärungspflichten in Rechnung zu stellen ist. Werden entsprechende Kenntnisse bloß vorgetäuscht, ohne dass ein sorgfältiger Arzt dies zu erkennen vermochte, entfällt die

---

[3432] BGHZ 172, 254, 261 Tz. 29 f.
[3433] BGH NJW 1985, 2193; OLG Karlsruhe VersR 2002, 717, *Steffen/Pauge* Arzthaftungsrecht RdNr. 374.
[3434] BGHZ 88, 248, 251 f. = NJW 1984, 655 f.; BGH NJW 1984, 1810.
[3435] BGH NJW 1972, 335, 336; 1976, 363, 364; 1980, 633, 635; 1986, 780; 1989, 1533, 1534; 1994, 2414, 2415; *Steffen/Pauge* Arzthaftungsrecht RdNr. 404; *Staudinger/Hager* RdNr. I 101; *Katzenmeier* Arzthaftung S. 333.
[3436] *Steffen/Pauge* Arzthaftungsrecht RdNr. 404.
[3437] BGH NJW 2003, 2012, 2014 = VersR 2003, 1441.
[3438] BGHZ 144, 1, 5 = NJW 2000, 1784, 1785; wie hier *Soergel/Spickhoff* Anh. I RdNr. 124.
[3439] BGHZ 166, 336, 342 f. Tz. 15 f. = NJW 2006, 2108.
[3440] BGH NJW 2007, 2777, 2778 Tz. 11 ff. = VersR 2007, 999.
[3441] So BGH NJW 2003, 2012, 2014 = VersR 2003, 1441.
[3442] BGH NJW 1984, 1807, 1808; 1994, 2414, 2415; OLG Bamberg VersR 2002, 323.
[3443] BGH NJW 1976, 363, 364; 1992, 2354, 2355 f.

Haftung, und zwar nicht erst auf Grund des § 254,[3444] sondern schon deshalb, weil keine Aufklärungspflicht verletzt wurde. Nicht selten wird es so liegen, dass ein Patient zwar über weitreichende medizinische Kenntnisse verfügt, seine Einschätzung der konkreten Behandlungssituation jedoch gleichwohl unrichtig ist, wenn etwa Krebsrisiken falsch eingeschätzt werden. Da dem Menschen der Umgang mit Wahrscheinlichkeitskalkülen schwer fällt (RdNr. 775 f.), sind viele Patienten von sich aus nicht dazu in der Lage, die ihnen drohende Krebsgefahr rational gegen den Erwartungsnutzen eines medizinischen Eingriffs abzuwägen. Ist der Irrtum des Patienten für einen sorgfältigen Arzt erkennbar, muss er ihn korrigieren.[3445]

g) Empfängerhorizont für Risikobeschreibungen. Art und Umfang der Aufklärung sind am Empfängerhorizont des Patienten und nicht an demjenigen eines Mediziners auszurichten. Es kommt darauf an, dem Patienten einen **zutreffenden allgemeinen Eindruck von der Schwere des Eingriffs** und der Art der Belastungen zu vermitteln, die sich für seine Gesundheit und Lebensführung aus dem Eingriff ergeben können.[3446] Die **exakte medizinische Beschreibung** der drohenden Risiken ist für den normalen Patienten wertlos, weil er zu ihrer eigenverantwortlichen Prüfung ohnehin nicht in der Lage ist, und folgerichtig vom Arzt auch nicht zu leisten.[3447] Im Gegenteil, es stellt keine sachgerechte Aufklärung dar, wenn der Patient mit Fachbegriffen überschüttet wird, die ihm unverständlich bleiben müssen.[3448] Wenn mögliche Nebenfolgen des Eingriffs demnach mit umgangssprachlichen Begriffen beschrieben werden, etwa als Lähmungserscheinungen, dann deckt diese Beschreibung das gesamte Spektrum medizinischer Ursachen ab, auf die solche Symptome zurückgeführt werden können.[3449] Allerdings darf die gewählte Formulierung Umfang und Eintrittswahrscheinlichkeit des Schadens nicht verharmlosen, wie es der Fall ist, wenn das Risiko einer dauerhaften Querschnittslähmung mit dem Hinweis auf „Lähmungen" gekennzeichnet wird.[3450] Weitergehende Pflichten bestehen bei Nachfragen des Patienten, der es genauer wissen will; hier sind ggf. auch Risikostatistiken mitzuteilen, um eine rationale Abwägung der durch den Eingriff drohenden Gefahren gegen den erwarteten Nutzen zu ermöglichen (RdNr. 775).[3451]

Ist der Patient der **deutschen Sprache nicht mächtig,** muss eine mit beiden Idiomen vertraute Person hinzugezogen werden, die durch Übersetzung sicherstellt, dass der Patient die vom Arzt zur Verfügung gestellten Informationen verstanden hat und zur eigenverantwortlichen Abschätzung von Nutzen und Risiken des Eingriffs in der Lage ist.[3452] Das bedeutet allerdings nicht, dass bei Aufklärungsgesprächen professionelle Dolmetscher beigezogen werden müssen. Vielmehr reicht es vollkommen aus, wenn eine Krankenschwester,[3453] eine Reinigungskraft,[3454] ein Angehöriger[3455] oder auch ein Mitpatient sowohl die Sprache des Patienten als auch diejenige des Arztes spricht und das Aufklärungsgespräch übersetzen kann. Macht der Patient im Aufklärungsgespräch mit dem Arzt detaillierte Angaben zu seinem Gesundheitszustand, die in einem Krankenblatt dokumentiert sind, dann

---

[3444] So BGH NJW 1976, 363, 364.
[3445] BGH NJW 1992, 2354, 2356; 1998, 1784; *Steffen/Pauge* Arzthaftungsrecht RdNr. 399 f.
[3446] BGH NJW 1984, 1807, 1808; 1984, 2629, 2630; 1986, 780; 1991, 2346, 2347; 1992, 2351, 2352; 1996, 777, 779; OLG Brandenburg VersR 2000, 1283, 1284; *Steffen/Pauge* Arzthaftungsrecht RdNr. 393 ff.
[3447] BGHZ 90, 103, 106 = NJW 1984, 1397 f.; BGHZ 144, 1, 7 = NJW 2000, 1784, 1786; BGH NJW 1972, 335, 336; 1980, 633, 635; 1986, 780; OLG Brandenburg VersR 2000, 1283, 1284.
[3448] *Ziegler* VersR 2002, 541 ff.
[3449] BGHZ 144, 1, 7 = NJW 2000, 1784, 1786.
[3450] BGH NJW 1995, 2410, 2411.
[3451] BGH NJW 1984, 2630, 2631.
[3452] OLG Düsseldorf VersR 1990, 852, 853; OLG München VersR 1993, 1488, 1489; OLG Hamm VersR 2002, 192, 193; *Steffen/Pauge* Arzthaftungsrecht RdNr. 405 f.; sehr weitgehend *Muschner* VersR 2003, 826.
[3453] OLG München VersR 1993, 1488, 1489.
[3454] OLG Karlsruhe VersR 1997, 241.
[3455] OLG Karlsruhe VersR 1998, 718.

ist die im Prozess erhobene Behauptung, die Aufklärung nicht verstanden zu haben, unglaubhaft.[3456]

789 **h) Fragen des Patienten; Verzicht auf Aufklärung.** Der ratio der Aufklärung entsprechend steht ihr Umfang nicht unverrückbar fest, sondern ist relativ zum **Informationsbedürfnis des Patienten.** Ein Patient, der als autonomes Rechtssubjekt ernst genommen werden will, muss sich auch selbst dementsprechend verhalten. Folglich ist es an ihm, den Umfang der Aufklärung durch Fragen zu erweitern.[3457] Diese Fragen muss der Arzt selbstverständlich wahrheitsgemäß beantworten, und zwar auch dann, wenn er die betroffenen Informationen spontan nicht hätte offenlegen müssen.[3458]

790 Genau umgekehrt verhält es sich, wenn der Patient von dem Nutzen und den Risiken des Eingriffs gar nichts wissen will, sondern erklärt, er vertraue sich dem Arzt an. Darin liegt kein rechtsgeschäftlicher Verzicht, sondern eine **Einwilligung ohne Aufklärung,** die der Patient selbstverständlich im Rahmen seiner Autonomie erklären kann.[3459] Eben der Respekt vor der Selbstbestimmung des Betroffenen gebietet es allerdings auch, einen Verzicht auf Aufklärung nicht leichtfertig anzunehmen, sondern strenge Anforderungen an die Klarheit und Eindeutigkeit einer Einwilligung auf uninformierter Basis zu stellen.[3460] Das bedeutet selbstverständlich nicht, dass der Patient den Verzicht „ausdrücklich" erklären muss, denn auf die Benutzung bestimmter Worte kommt es hier, wie auch sonst, nicht an.[3461] Im Übrigen bleibt es dabei, dass der Arzt **Irrtümer des Patienten nicht ausnutzen** darf, sondern im Gegenteil korrigieren muss (vgl. RdNr. 771). Will der Patient also deshalb nichts Näheres wissen, weil er die Risiken völlig falsch einschätzt, beispielsweise das Letalitätsrisiko bei Krebs viel zu hoch veranschlagt, oder ist eine Frau nach Mitteilung des Umstands ihrer Schwangerschaft derart schockiert, dass sie dem weiteren Gespräch kaum folgen kann und zu den Vorschlägen des Arztes bloß nickt,[3462] dann liegt darin kein Verzicht auf Aufklärung. Vielmehr bedarf es ihrer umso dringender.

791 **4. Therapeutische Privilegien und das Gebot rücksichtsvoller Aufklärung.** Eine besonders in früheren Zeiten beliebte Verteidigung von Ärzten gegen Schadensersatzansprüche von Patienten, die auf Versäumnisse bei der Risikoaufklärung gestützt waren, bestand in der Behauptung, die Mitteilung der wahren Krankheitsursachen und Behandlungschancen sei aus therapeutischen Gründen unterblieben, um dem Patienten den damit verbundenen **Schock zu ersparen.** Das RG hatte sich beispielsweise mit dem Fall zu beschäftigen, dass sich eine Frau wegen Verdachts auf Brustkrebs einer Operation unterzog, die angeblich bloß der weiteren Diagnose dienen sollte, in Wahrheit aber für eine vollständige Amputation genutzt wurde. Stellte die Betroffene nach dem Aufwachen und dem Abnehmen der Verbände fest, was der Arzt getan hatte, war der Schock nur umso größer, und deshalb hat das RG diese Art der Verteidigung mit Recht nicht akzeptiert.[3463] Der BGH hat die zurückhaltende Linie des RG fortgesetzt, wenngleich die Möglichkeit anerkannt wird, dass die Aufklärung in bestimmten Fällen aus therapeutischen Gründen unterbleiben könne.[3464] Insoweit werden mit Recht **strenge Anforderungen** gestellt und eine ernstliche Gefährdung von Leben oder Gesundheit des Patienten verlangt.[3465] In der Literatur wird dem-

---

[3456] OLG Hamm VersR 2002, 192, 193.
[3457] Vgl. BGH NJW 1987, 2923.
[3458] BGHZ 102, 17, 27 = NJW 1988, 763, 765; BGH NJW 1982, 2121, 2122.
[3459] BGHZ 29, 46, 54 = NJW 1959, 811, 813; BGH NJW 1973, 556, 558; *Roßner* NJW 1990, 2291, 2292.
[3460] BGH NJW 1973, 556, 558; *Roßner* NJW 1990, 2291, 2294.
[3461] *Roßner* NJW 1990, 2291, 2294; anders OLG Frankfurt NJW 1973, 1415, 1416; *Staudinger/Hager* RdNr. I 100.
[3462] OLG München VersR 1988, 523, 524.
[3463] RGZ 163, 129, 137 ff.
[3464] BGHZ 29, 46, 56 f. = NJW 1959, 811, 814; BGHZ 29, 176, 185 = NJW 1959, 814, 815; BGHZ 85, 327, 333 = NJW 1983, 328, 329; BGHZ 90, 103, 109 f. = NJW 1984, 1397, 1398; *Giesen* Arzthaftungsrecht RdNr. 316; *Staudinger/Hager* RdNr. I 104; *Katzenmeier* Arzthaftung S. 335.
[3465] BGHZ 29, 46, 56 f. = NJW 1959, 811, 814; BGHZ 85, 327, 333 = NJW 1983, 328, 329; BGHZ 90, 103, 109 f. = NJW 1984, 1397, 1398; *Bamberger/Roth/Spindler* RdNr. 623.

gegenüber für eine weitergehende Einschränkung der Aufklärungspflicht plädiert, die allgemein unter dem Vorbehalt des „nil nocere" stehe[3466] und deshalb entfalle, wenn die Aufklärung „erhebliche" psychische Belastungen verursachen würde.[3467]

Tatsächlich ist danach zu differenzieren, ob dem Patienten lediglich eine **Diagnose mitzuteilen** ist **oder** ob die Aufklärung der **Vorbereitung therapeutischer Maßnahmen,** insbesondere von Operationen, dient. Wird beispielsweise bei einem Patienten ein unheilbares Krebsleiden festgestellt, und gibt es keinerlei Möglichkeiten, durch medizinische Maßnahmen Abhilfe oder Linderung zu schaffen, dient die Aufklärung allein der **Information des Patienten über sein weiteres Schicksal,** nicht aber der Entscheidungsvorbereitung. Insoweit mag eine Einschränkung der Aufklärungspflicht in Betracht kommen, wenn die Offenlegung der Diagnose das psychische Gleichgewicht des Patienten massiv beeinträchtigen würde, ohne irgendeinen Nutzen zu generieren.[3468] Ganz anders liegt es bei der **Risikoaufklärung,** die der Vorbereitung von Heileingriffen dient, denn in diesen Fällen ist die Information des Patienten über die Art des festgestellten Leidens ohnehin unvermeidlich; die einzige Frage ist, ob sie vor oder nach dem Eingriff erfolgt. Unter diesen Umständen kann nichts die Vorenthaltung der relevanten Informationen rechtfertigen, denn damit würde sich der Arzt eine Entscheidungsbefugnis über Leben und Gesundheit des Patienten anmaßen, die ihm nicht zusteht (RdNr. 729, 771).[3469] Die maßgebliche Grenze wird der ärztlichen Aufklärungspflicht nicht durch ein sog. therapeutisches Privileg gezogen, sondern durch die **Einwilligungsfähigkeit des Patienten:** Ein Kranker, dem die erforderliche Einsichtsfähigkeit abgeht, bedarf auch keiner Aufklärung (RdNr. 731 f.).[3470] Die Fähigkeit des Patienten zur privatautonomen Entscheidung bestimmt insbesondere auch den Umfang der Aufklärung **psychisch Kranker** über die Risiken psychotherapeutischer Behandlungsmaßnahmen.[3471] Im Übrigen ist selbstverständlich, dass die Offenlegung der Diagnose schwerwiegender, das Leben gefährdender Krankheiten **behutsam und rücksichtsvoll** zu geschehen hat. Insbesondere sollte dem Betroffenen klargemacht werden, dass auch in der negativen Richtung keine Sicherheit besteht, sondern nur mit Wahrscheinlichkeiten gerechnet werden darf: Selbst schwerste Krebserkrankungen führen in aller Regel nicht mit Sicherheit, sondern mit – leider sehr hoher – Wahrscheinlichkeit zum Tod. In diesem Sinne besteht häufig doch eine Heilungschance, die den entsprechend aufgeklärten Patienten motivieren mag. Bei der **Sicherungsaufklärung** ist ein therapeutisches Privileg erst recht nicht anzuerkennen, denn die Vorenthaltung der Diagnose würde den Patienten unter diesen Umständen zusätzlichen Risiken aussetzen (RdNr. 764 ff.).

5. Zeitpunkt der Aufklärung. Die Aufklärung hat so **rechtzeitig** zu erfolgen, dass der Patient die zur Verfügung gestellten Informationen verarbeiten kann und in die Lage versetzt wird, eine überlegte und selbstbestimmte Entscheidung über die Durchführung oder Unterlassung des Eingriffs zu treffen.[3472] Der dafür zu veranschlagende Zeitraum hängt entscheidend von der Schwere des Eingriffs ab, für den wiederum das Produkt aus dem Umfang des drohenden Schadens und der Wahrscheinlichkeit seiner Realisierung maßgeblich ist (RdNr. 774). Daraus folgt: Bei ambulant abgewickelten Routineeingriffen mit geringer Risikoneigung reicht die Aufklärung am Tag des Eingriffs, unmittelbar vor seiner Durch-

---

[3466] *Deutsch/Spickhoff* Medizinrecht RdNr. 321 f.; *Deutsch* NJW 1980, 1305 ff.; *Katzenmeier* Arzthaftung S. 360 ff.
[3467] *Deutsch/Spickhoff* Medizinrecht RdNr. 322; *Deutsch* NJW 1980, 1305, 1306 f.; zurückhaltender *Soergel/Spickhoff* Anh. I RdNr. 149 f.
[3468] Vgl. den bei *Deutsch* NJW 1980, 1305, 1306 geschilderten Fall des Theodor Storm.
[3469] Es ist deshalb mehr als bedenklich, wenn ein Chirurg damit prahlt, er habe 10 000 Krebsoperationen durchgeführt, jedoch nicht mehr als zehn Patienten die Diagnose mitgeteilt. Vgl. *Deutsch/Spickhoff* Medizinrecht RdNr. 321 Fn. 149.
[3470] So kann es bei „krankhafter Ängstlichkeit" (was immer das ist) liegen; vgl. *Deutsch* NJW 1980, 1305, 1307.
[3471] Dazu *Gründel* NJW 2002, 2987, 2991.
[3472] BGHZ 144, 1, 12 = NJW 2000, 1784, 1787; BGH NJW 1992, 2351, 2352; 1994, 3009, 3010; 1995, 2410, 2411; 1996, 777, 779; 1998, 2734; 2003, 2013, 2014.

führung, aus.³⁴⁷³ Dabei darf auf den Patienten **keinerlei Druck** ausgeübt werden, indem die Aufklärung erst erfolgt, nachdem die medizinische Prozedur bereits in Gang gesetzt worden ist,³⁴⁷⁴ wie etwa bei der Aufklärung am Operationstag,³⁴⁷⁵ gleichsam vor der Tür zum Operationssaal, nach Verabreichung einer Beruhigungsspritze, oder gar auf dem Operationstisch.³⁴⁷⁶ Steht die Zeit dafür nicht zur Verfügung, ist das Aufklärungsgespräch auf einen **separaten Termin vorzuziehen.**³⁴⁷⁷ Bei **schweren Eingriffen** hat die Aufklärung über deren Nutzen und Risiken stets vorab zu erfolgen, regelmäßig schon in dem Zeitpunkt, in dem der Arzt dem Patienten die Durchführung des Eingriffs vorschlägt oder anrät.³⁴⁷⁸ Viel zu spät ist es jedenfalls, wenn dem Patienten erst am Abend vor der Operation mitgeteilt wird, der Hirntumor werde nicht durch die Nase entfernt, sondern durch Aufstemmen der Schädeldecke, was zur umgehenden Erblindung eines Auges führen könnte.³⁴⁷⁹ Hat die Aufklärung nicht rechtzeitig stattgefunden, bleibt dem Arzt nur noch der Einwand der **hypothetischen Einwilligung,** um der Haftung zu entgehen, der in aller Regel jedoch nicht von Erfolg gekrönt ist (RdNr. 825).³⁴⁸⁰

794 Lässt sich absehen, dass der Patient zu einem späteren Zeitpunkt der Behandlung nicht mehr in der Lage sein wird, eine rationale Entscheidung zu treffen, ist die Aufklärung **vorsorglich,** für den **Fall der Notwendigkeit weiterer Eingriffe** durchzuführen.³⁴⁸¹ So etwa, wenn eine Schnittentbindung ernsthaft im Raum steht, zunächst jedoch eine Vaginalentbindung versucht werden soll; in diesem Fall ist die Mutter *vor* dem Beginn der Presswehen über Nutzen und Risiken sowohl des Kaiserschnitts als auch der Alternativstrategie einer Fortsetzung der Vaginalentbindung ins Bild zu setzen.³⁴⁸² Lässt sich vor einer Operation absehen, dass sich die Notwendigkeit zur **intraoperativen Erweiterung** des Eingriffs ergeben könnte, ist der Patient auch über die damit verbundene Nutzen/Risiko-Relation aufzuklären.³⁴⁸³ Ist dies versäumt worden, ist die Operation abzubrechen, der Patient nach dessen Aufwachen in dem gebotenen Umfang aufzuklären und sodann seine Einwilligung einzuholen.³⁴⁸⁴ Dies gilt selbstverständlich nur insoweit, als die Unterbrechung des Eingriffs nicht ihrerseits Risiken für den Patienten heraufbeschwört, die den Gewinn an Selbstbestimmung überwiegen.³⁴⁸⁵

795 **6. Subjekte und Adressaten der Aufklärung.** Die Risikoaufklärung hat grundsätzlich **durch einen Arzt** zu erfolgen, der über die für die Beurteilung der Eingriffsrisiken erforderliche Qualifikation verfügt.³⁴⁸⁶ Andernfalls ist der Patient gar nicht in der Lage, Fragen zu stellen, Einwände gegen die Durchführung des Eingriffs vorzubringen und diese mit dem Arzt zu diskutieren. Daraus folgt zugleich, dass die Aufklärung bei Bagatelleingriffen durchaus auch entsprechend geschultem nicht-ärztlichem Personal überlassen werden darf. Im Übrigen kann der den Eingriff unternehmende Arzt die Aufklärung an **ärztliche**

---

³⁴⁷³ BGHZ 144, 1, 12 = NJW 2000, 1784, 1787; BGH NJW 1994, 3009, 3010; 1995, 2410, 2411; 1996, 777, 779; OLG Bremen VersR 1999, 1370.
³⁴⁷⁴ BGH NJW 1992, 2351, 2352; OLG Bremen VersR 1999, 1370.
³⁴⁷⁵ BGH NJW 2003, 2012, 2013 = VersR 2003, 1441.
³⁴⁷⁶ BGHZ 144, 1, 12 = NJW 2000, 1784, 1787; BGH NJW 1992, 2351, 2352; 1992, 2354, 2356; 1995, 2410, 2411; 1996, 777, 779; VersR 1998, 716, 717.
³⁴⁷⁷ BGHZ 166, 336, 343 f. Tz. 16 = NJW 2006, 2108 = VersR 2006, 838.
³⁴⁷⁸ BGH NJW 1992, 2351, 2352; 1994, 3009, 3011; krit. *Katzenmeier* Arzthaftung S. 362 ff.
³⁴⁷⁹ BGH NJW 1998, 2734.
³⁴⁸⁰ BGH NJW 2003, 2012, 2014 = VersR 2003, 1441; OLG Stuttgart VersR 2002, 1428.
³⁴⁸¹ *Steffen/Pauge* Arzthaftungsrecht RdNr. 410 f.
³⁴⁸² BGHZ 106, 153, 157 = NJW 1989, 1538, 1539 f.; BGH NJW 1993, 2372; OLG München VersR 1994, 1345; OLG Koblenz NJW-RR 2002, 310, 311.
³⁴⁸³ BGH VersR 1985, 1187, 1188; NJW 1993, 2372, 2373 f.; OLG Hamm VersR 1999, 365.
³⁴⁸⁴ BGH NJW 1993, 2372, 2374.
³⁴⁸⁵ *G. Fischer,* FS Deutsch, 1999, S. 545, 552; Beispiele: OLG Celle VersR 1984, 444; OLG München VersR 1980, 172.
³⁴⁸⁶ BGH NJW 1974, 604 f.; OLG München NJW 1983, 2642; *Soergel/Spickhoff* Anh. I RdNr. 138; *Deutsch/Spickhoff* Medizinrecht RdNr. 306; *Bamberger/Roth/Spindler* RdNr. 635; *Staudinger/Hager* RdNr. I 80; *Wussow* VersR 2002, 1337, 1341.

Mitarbeiter delegieren, soweit diese über die erforderliche Sachkunde verfügen.[3487] In diesem Fall bleibt die Haftung des **Operateurs** aus §§ 278, 831 bestehen, der sich vor Beginn des Eingriffs persönlich vergewissern muss, dass die Aufklärung erfolgt ist.[3488] Daran dürfen keine übertriebenen Anforderungen gestellt werden, damit die Arbeitsteilung in der Klinik nicht aufgehoben und Spezialisten nicht mit administrativen Aufgaben überlastet werden.[3489] Der Chefarzt ist darüber hinaus im Rahmen von § 823 Abs. 1 zur **Organisation angemessener Aufklärung** durch kompetentes Personal verpflichtet.[3490] Sind an einem Eingriff – wie bei Operationen durchweg – **mehrere Ärzte** beteiligt, kommt es für die Allokation der Aufklärungslast auf den Entscheidungsprozess des Patienten an. Der Patient muss von demjenigen Arzt aufgeklärt werden, der ihn zur Durchführung eines Eingriffs in ein Krankenhaus einweist.[3491] Über den mit der einen oder anderen Anästhesievariante verbundenen Nutzen und die jeweiligen Risiken kann der Patient dann erst im Krankenhaus, von dem zuständigen Facharzt aufgeklärt werden. Übernimmt ein Spezialist die Behandlung des Patienten, insbesondere auch die Durchführung weiterer diagnostischer Maßnahmen und die Wahl der weiteren Therapie, dann liegt es selbstverständlich an ihm, den Patienten in den Stand zu setzen, insoweit eine selbstverantwortete Entscheidung zu treffen.[3492]

Adressat der Aufklärung hat der **Patient selbst** zu sein, nicht etwa seine Angehörigen.[3493] 796 Diese Prärogative ist zwar in aller Regel zutreffend, jedoch insofern ungenau, als es auf das Rechtssubjekt ankommt, von dessen **Einwilligung die Rechtmäßigkeit des Heileingriffs abhängt:** Die Einwilligungsfähigkeit entscheidet über den Adressaten der Aufklärungspflicht (zur Einwilligungsfähigkeit eingehend RdNr. 731 ff.) Sofern einem älteren oder behinderten Patienten die Einsichtsfähigkeit fehlt, ist also sein **Bevollmächtigter** oder **Betreuer** aufzuklären, der seinerseits die erhaltenen Informationen ggf. im Verfahren nach § 1904 dem Vormundschaftsgericht mitteilen muss, damit Letzteres über die Genehmigung der Einwilligung zu dem Heileingriff entscheiden kann (vgl. RdNr. 732). Soweit eine minderjährige Person selbst als einwilligungsfähig anerkannt wird, ist sie damit auch maßgeblicher Adressat der ärztlichen Aufklärungsbemühungen (RdNr. 736); im Übrigen sind die Eltern aufzuklären (zu den Einzelheiten RdNr. 737).

7. Form der Aufklärung. Für die Aufklärung gilt **kein Schriftformerfordernis;** sie 797 kann auch mündlich erfolgen. Viel wichtiger ist die umgekehrte Frage, ob die **mündliche Aufklärung durch Schriftstücke ersetzt** werden kann, so dass an die Stelle des Gesprächs die Übergabe uU umfangreicher Merkblätter tritt, in denen sämtliche „Risiken und Nebenwirkungen" des Eingriffs geschildert werden. Sie ist im Normalfall zu verneinen, denn es bedarf für die Zwecke der Aufklärung des „vertrauensvollen Gesprächs zwischen Arzt und Patient", wie der BGH formuliert.[3494] Anders kann der Arzt gar nicht gewährleisten, dass der Patient die mitgeteilten Informationen verstanden hat, und Letzterer hat keine Möglichkeit, Fragen zu stellen und den Dingen auf diese Weise auf den Grund zu gehen (RdNr. 789). Gleichwohl sind **Schriftstücke kein ungeeignetes Mittel** zum Transport von Informationen und insofern als Aufklärungsinstrument ohne weiteres zulässig. Die Größe des Risikos, also Schwere und Eintrittswahrscheinlichkeit drohender Schäden, sind auch maßgeblich für die Form der Aufklärung (RdNr. 774). Je leichter das Risiko wiegt, desto bescheidenere Anforderungen gelten. Bei Routineeingriffen mit geringer Risikoneigung kann die Aufklärung in schriftlicher Form durch Aushändigung von Merkblättern

---

[3487] BGHZ 169, 364, 366 Tz. 7 = NJW-RR 2007, 310; OLG Karlsruhe VersR 1997, 241.
[3488] BGHZ 169, 364, 368 Tz. 9.
[3489] *Deutsch* VersR 2007, 210, 211.
[3490] BGHZ 169, 364, 368 Tz. 10 = NJW-RR 2007, 310.
[3491] BGH NJW 1990, 2929, 2930; 1980, 633, 634; 1905, 1906 f.; abw. *Katzenmeier* Arzthaftung S. 338.
[3492] OLG Hamm VersR 1994, 815, 816.
[3493] OLG Karlsruhe VersR 1998, 718.
[3494] BGHZ 144, 1, 13 = NJW 2000, 1784, 1787; BGH NJW 1985, 1399; *Soergel/Spickhoff* Anh. I RdNr. 141.

erfolgen.³⁴⁹⁵ Selbstverständlich ist auch in diesen Fällen dem interessierten Patienten die Möglichkeit der Nachfrage einzuräumen, auf die hin die schriftlich dargelegten Risiken näher zu erläutern sind, doch der Arzt ist nicht gehalten, von sich aus eine mündliche Erörterung zu initiieren.³⁴⁹⁶ Bei Routineeingriffen nach Art einer von der Ständigen Impfkommission empfohlenen **Polio-Impfung** reicht insofern jedoch die unspezifische Nachfrage, ob der Patient das Merkblatt gelesen hat.³⁴⁹⁷ Bei schwierigen Eingriffen mit ambivalenter Nutzen/Risiko-Struktur wird man vernünftigerweise von vornherein auf mündliche Kommunikation setzen, weil die Übergabe längerer medizinischer Schriftsätze als Aufklärungsmittel ungeeignet ist. Im mündlichen Gespräch ist darauf zu achten, dass der medizinische Laie die für die Entscheidung über die Durchführung des Eingriffs relevanten Gesichtspunkte – Indikation, Nutzen und Heilungspotential des Eingriffs, Schwere des drohenden Schadens und Eintrittswahrscheinlichkeit – nachvollzogen und verstanden hat.

798   **8. Schutzzweckzusammenhang.** Aus dem dogmatischen Konzept der hM, wie es auch hier zugrunde gelegt worden ist, ergibt sich eigentlich ohne weiteres, dass der Arzt für **sämtliche nachteiligen Folgen** des von ihm durchgeführten Heileingriffs einzustehen hat, sofern es an einer wirksamen Einwilligung fehlt, die ihrerseits wiederum voraussetzt, dass der Patient in dem gebotenen Umfang über die Risiken des Eingriffs aufgeklärt worden ist.³⁴⁹⁸ Dies gilt auch dann, wenn ein ex ante nicht indizierter Eingriff ohne die erforderliche Aufklärung durchgeführt wird, sich aber ex post, nach Durchführung der Operation herausstellt, dass er indiziert war.³⁴⁹⁹ In dem Bestreben, der missbräuchlichen Ausnutzung von Aufklärungsmängeln für den Zweck der Überwälzung des Misserfolgsrisikos bei fehlerfreien Heileingriffen entgegenzusteuern (vgl. RdNr. 772 f.), versagt die Rechtsprechung dem Patienten Schadensersatz, wenn er zwar nicht in dem gebotenen Umfang über die Risiken des Heileingriffs informiert worden ist, sich jedoch ein Risiko verwirklicht hat, über das aufgeklärt wurde oder das von dem Arzt wegen seines geringen Gewichts mit Recht vernachlässigt worden ist.³⁵⁰⁰ Fehlt es beispielsweise an einer Aufklärung über den Umstand, dass eine Rektoskopie mit ganz erheblichen Schmerzen verbunden ist, dann begründet dies keinen Schadensersatzanspruch wegen einer bei Durchführung der Rektoskopie verursachten Darmperforation, sofern Letztere dem Arzt nicht schon unter dem Gesichtspunkt des Behandlungsfehlers anzulasten ist.³⁵⁰¹ Genauso liegt es, wenn die Patientin vor der Implantation einer Hüftprothese zwar über das Risiko einer Nervenschädigung informiert, ihr aber nicht gesagt wurde, dass die Operation unter Einsatz eines sog. **Robodoc** durchgeführt würde, falls sich dadurch das Risiko einer Nervenschädigung nicht erhöht hat.³⁵⁰² Insoweit begrenzt also der Schutzzweck des Selbstbestimmungsrechts den Tatbestand der Körperverletzung, wie in der Literatur kritisch bemerkt worden ist.³⁵⁰³ Dieser Widerspruch löst sich auf, wenn die Dispositionsfreiheit als integraler Bestandteil des Rechtsgüterschutzes anerkannt wird (RdNr. 727).³⁵⁰⁴

799   Die Begrenzung der Einstandspflicht des Arztes für Aufklärungsfehler nach Maßgabe des Schutzzwecks der verletzten Verhaltensnorm erfährt nach der Rechtsprechung wiederum

---

³⁴⁹⁵ BGHZ 144, 1, 13 f. = NJW 2000, 1784, 1787 f.; krit. *Soergel/Spickhoff* Anh. I RdNr. 142.
³⁴⁹⁶ BGHZ 144, 1, 13 f. = NJW 2000, 1784, 1787 f.
³⁴⁹⁷ BGHZ 144, 1, 14 = NJW 2000, 1784, 1787 f.; abl. *Deutsch* JZ 2000, 898, 902 f.
³⁴⁹⁸ BGHZ 106, 391, 398 = NJW 1989, 1533, 1535; BGH NJW 1991, 2346, 2347; *Steffen/Pauge* Arzthaftungsrecht RdNr. 450; eingehend *Steffen,* FS Medicus, 1999, S. 637, 640 ff.
³⁴⁹⁹ BGH NJW 2003, 1868, 1869.
³⁵⁰⁰ Grdlg. BGHZ 90, 96, 100 ff. = NJW 1984, 1395, 1396; vgl. weiter BGHZ 106, 391, 398 = NJW 1989, 1533, 1535; BGHZ 144, 1, 7 f. = NJW 2000, 1784, 1786; BGH NJW 2001, 2798; BGHZ 168, 103, 111 f. Tz. 18 = NJW 2006, 2477 m. Bespr. *Katzenmeier* 2738 = VersR 2006, 1073; *Spickhoff* NJW 2002, 1758, 1763; *Steffen/Pauge* Arzthaftungsrecht RdNr. 438 ff., 450; *Bamberger/Roth/Spindler* RdNr. 649; *Erman/Schiemann* RdNr. 140.
³⁵⁰¹ So der Fall BGHZ 90, 96 = NJW 1984, 1395; dazu *Deutsch* NJW 1984, 1802 f.
³⁵⁰² BGHZ 168, 103, 111 f. Tz. 18 = NJW 2006, 2477 = VersR 2006, 1073.
³⁵⁰³ *Brüggemeier* Deliktsrecht RdNr. 699.
³⁵⁰⁴ Wie hier *Steffen,* FS Medicus, 1999, S. 637, 644 f.

eine Ausnahme, wenn es an der „**Grundaufklärung**" des Patienten fehlt, wenn ihm also kein zutreffender Eindruck von den durch den Eingriff drohenden Risiken vermittelt wurde, weil die Information über die wichtigsten und schwerwiegendsten Gefahren unterblieben ist.[3505] Der Arzt ist gehalten, dem Patienten durch Aufklärung eine „**Bilanzentscheidung**" über den ärztlichen Eingriff im Sinne einer bewussten Abwägung des Für und Wider zu ermöglichen.[3506] Unter dieser Prämisse wurde ein Arzt, der einem Patienten eine medizinisch indizierte Kortisonspritze in das Schultergelenk verabreicht hatte, ohne ihn über das nicht ganz seltene Risiko einer Schultergelenksentzündung aufzuklären, für eine letal endende Blutvergiftung haftbar gemacht, obwohl dieses Risiko wegen seiner Seltenheit (RdNr. 775) keine Aufklärungspflicht auslöste.[3507] Diese Einschränkung beruht auf der Erwägung, der Patient hätte sich möglicherweise gegen den Eingriff entschieden, wenn er die Grundaufklärung in dem eben definierten Sinne erfahren hätte, so dass auch diejenigen Schäden ausgeblieben wären, über deren Eintrittsrisiko an sich nicht aufzuklären war.[3508] Liegt der Einzelfall so, dass auf Grund der Indikation ohnehin nur *eine* Entscheidung vernünftig war – nämlich die Einwilligung in den Eingriff unter Inkaufnahme der Risiken – dann scheidet die Einstandspflicht des Arztes zwar im Ergebnis aus, dies jedoch nicht mit Rücksicht auf einen beschränkten Schutzzweck der Aufklärung, sondern wegen **rechtmäßigen Alternativverhaltens in Gestalt einer hypothetischen Einwilligung** (eingehend RdNr. 825). Im Ergebnis kommt dem Gesichtspunkt des Schutzzwecks der verletzten Verhaltensnorm also nur noch dann haftungsbegrenzende Wirkung zu, wenn es der Arzt versäumt hat, über das Risiko des Eintritts leichter Schäden aufzuklären, es jedoch zu einem schwerwiegenden Schaden kommt, der wegen seiner Unwahrscheinlichkeit an sich keine Aufklärungspflicht ausgelöst hätte, nicht jedoch, wenn die Aufklärung über das Risiko des Eintritts schwerwiegender Nachteile unterblieben ist, dann aber ein solcher schwerwiegender Nachteil durch eine Ursachenkette eintritt, über die wegen ihrer Seltenheit nicht hätte aufgeklärt werden müssen. Kurzum: Der Anwendungsbereich der Rechtsprechung zur Haftung wegen fehlender Grundaufklärung ist denkbar klein.

VI. Arzthaftungsprozess und Beweisrecht

1. Das Gebot der Waffengleichheit. Die das Arzthaftungsrecht kennzeichnenden Unwägbarkeiten in Bezug auf die Möglichkeit, Krankheitsverläufe durch medizinische Intervention zu beeinflussen, wirken sich naturgemäß besonders stark im Zivilprozess um entsprechende Schadensersatzansprüche aus. Zum Beweisrecht des Arzthaftungsprozesses hat sich folglich eine **komplexe Dogmatik** entwickelt, deren praktische Bedeutung nicht zu unterschätzen ist.[3509] Sie dient dazu, die vom BVerfG mit Recht angemahnte „Waffengleichheit" der Parteien eines Arzthaftungsprozesses zu gewährleisten.[3510] Die Gleichheit der „Waffen" gebietet allerdings gerade keine völlig symmetrische Handhabung des Prozess- und Beweisrechts, sondern eine dem materiellen subjektiven Recht **freundliche Praxis,** die gewährleistet, dass die Rechte des Patienten nicht an unüberwindlichen prozessualen Hindernissen scheitern.[3511] Dogmatische Instrumente zu diesem Zweck sind der **Anscheinsbeweis,** die **Beweislastumkehr** bei groben Behandlungsfehlern sowie schließlich

---

[3505] Grdlg. BGHZ 106, 391, 399 = NJW 1989, 1533, 1535; zu dieser Entscheidung *Deutsch* NJW 1989, 2313; *Hauß* VersR 1989, 517 f.; weiter BGH NJW 1991, 2346, 2347; 1996, 777, 779; 2001, 2798; OLG Brandenburg VersR 2000, 1283, 1284; *Steffen,* FS Medicus, 1999, S. 637, 641 ff.; *Spickhoff* NJW 2002, 1758, 1763; zu den Ambivalenzen des Begriffs „Grundaufklärung" G. *Müller,* FS Geiß, 2000, S. 461, 469 ff.
[3506] *Steffen,* FS Medicus, 1999, S. 637, 641 ff.
[3507] BGHZ 106, 391 = NJW 1989, 1533.
[3508] BGHZ 106, 391, 399 = NJW 1989, 1533, 1535; BGH NJW 1991, 2346, 2347; 1996, 777, 779.
[3509] Eingehend zu den „Spielregeln für den Arzthaftungsprozess" G. *Müller* DRiZ 2000, 259; die – das Beweisrecht nicht betreffenden – Auswirkungen der ZPO-Reform 2002 beschreibt *Gehrlein* VersR 2002, 935.
[3510] BVerfGE 52, 131, 147 = NJW 1979, 1925, 1926, 1927 f.
[3511] Allg. zu einem solchen Verständnis der Waffengleichheit *Wagner,* Prozessverträge, 1998, S. 151 ff.

§ 823   801–803   Abschnitt 8. Titel 27. Unerlaubte Handlungen

die allgemeine **Mahnung,** § 286 ZPO begnüge sich mit dem „für wahr halten" und verlange keine absolute Sicherheit oder an Sicherheit grenzende Wahrscheinlichkeit im objektiven Sinn.[3512] Mit diesen Maßgaben lässt sich die **Verhandlungsmaxime** der für den Arzthaftungsprozess kennzeichnenden Informationsasymmetrie der Parteien anpassen, ohne dass es deswegen des Übergangs zu einem „richterlich instruierte[n] Prozess" bedürfte.[3513] Die von der Rechtsprechung entwickelten Beweiserleichterungen zugunsten des Patienten gelten auch zugunsten von **Versicherungsträgern,** die aufgrund von §§ 116 SGB X, 86 VVG beim Arzt **Regress** nehmen.[3514]

801   **2. Sachverhaltsfeststellung bei Behandlungsfehlern. a) Darlegungs- und Beweislast des Patienten.** Grundsätzlich obliegt es dem geschädigten Patienten, sowohl den **Sorgfaltspflichtverstoß** des Arztes als auch dessen **Ursächlichkeit** für die erlittene Gesundheitsverletzung zu beweisen.[3515] Dabei gilt das **Regelbeweismaß** der vollen richterlichen Überzeugung gemäß **§ 286 ZPO.**[3516] Anders liegt es, wenn der Patient dem Arzt vorwirft, den vereinbarten Eingriff überhaupt nicht vorgenommen zu haben, etwa eine Sterilisation, die anlässlich einer anderweitig motivierten Operation durchgeführt werden sollte, unterlassen zu haben. In diesem Fall streiten die Parteien um die **Nichterfüllung des Arztvertrags,** und nach allgemeinen Regeln obliegt es dem Schuldner, hier also dem Arzt, die Erfüllung der vertraglich übernommenen Pflichten nachzuweisen.[3517]

802   An die **Darlegungslast des Patienten sind nur maßvolle Anforderungen** zu stellen, die dem Umstand Rechnung tragen, dass weder der Patient noch sein Anwalt Experten auf dem Gebiet der Medizin sind. Das **Gebot der Waffengleichheit** verlangt nach einer asymmetrischen Handhabung des Prozessrechts zugunsten des Patienten und seines Anwalts. Letztere sind nicht dazu verpflichtet, sich zur Vorbereitung auf den Rechtsstreit medizinisches Fachwissen anzueignen oder gar ein **Privatgutachten** einzuholen.[3518] Dementsprechend ist die Bindung des Berufungsgerichts an den in erster Instanz festgestellten Sachverhalt gemäß § 529 Abs. 1 Nr. 1 ZPO locker und die Präklusionsvorschrift des § 531 ZPO restriktiv zu handhaben.[3519]

803   Auf Behandlungsfehler im engeren Sinne, also Fälle der Schlechterfüllung, finden Beweislastumkehrungen nach Art des heutigen **§ 280 Abs. 1 S. 2** nach ständiger Rechtsprechung **keine Anwendung,** und zwar ganz unabhängig davon, ob der Anspruch auf Vertrag oder Delikt gestützt wird.[3520] Der Arzt schuldet nämlich keinen Erfolg, dessen Ausbleiben einer Pflichtverletzung gleichkäme (RdNr. 699), sondern lediglich fachgerechtes Bemühen um diesen Erfolg, also die Heilung des Patienten. Das nicht fachgerechte Bemühen – der Behandlungsfehler – kennzeichnet deshalb die Pflichtwidrigkeit iS des § 280 Abs. 1 S. 1; nicht die Fahrlässigkeit gemäß § 280 Abs. 1 S. 2 (§ 280 RdNr. 30 a, 138 ff.).[3521]

[3512] BGH VersR 1994, 52, 53; mit Recht gegen übertriebene Anforderungen an die richterliche Überzeugungsbildung im Arzthaftungsprozess G. *Müller* NJW 1997, 3049, 3051; weitergehend, nämlich für eine Beweislastumkehr zu Lasten des Arztes *Giesen* JZ 1982, 448, 451.
[3513] So aber *Geiß/Greiner* Arzthaftpflichtrecht RdNr. E 1; *Krämer,* FS Geiß, 2000, S. 437, 445; in der Sache auch OLG Stuttgart VersR 1991, 229, 230; ähnlich BGH VersR 1980, 940.
[3514] AA *Hausch* VersR 2005, 600, 605 ff.
[3515] Vgl. etwa RGZ 78, 432, 435; BGHZ 89, 263, 269 = NJW 1984, 1400, 1401; BGHZ 99, 391, 398 = NJW 1987, 1482, 1483; BGHZ 129, 6, 9 f. = NJW 1995, 1611 f.; BGH NJW 1981, 2513, 2514; 1987, 2923, 2924; 1999, 860, 861; VersR 2001, 1030; OLG Hamburg VersR 2000, 190, 191; OLG Naumburg VersR 2002, 313, 315.
[3516] BGH NJW 2004, 777, 778 f. = VersR 2004, 118; NJW 2008, 1381, 1382 Tz. 9 = VersR 2008, 644.
[3517] BGH NJW 1981, 2002, 2004; allg. § 363 RdNr. 1.
[3518] BGHZ 159, 245, 253 f. = NJW 2004, 2825; BGH NJW 2006, 152, 154 Tz. 15; *Gehrlein* VersR 2004, 1488, 1497.
[3519] BGHZ 159, 245, 249, 252 ff. = NJW 2004, 2825; BGH NJW 2006, 152, 153 f. Tz. 9 ff.; dazu *Dieti* VersR 2005, 442.
[3520] So zu § 282 aF BGH NJW 1980, 1333; 1981, 2002, 2004; 1991, 1940; 1999, 860, 861; *G. Müller* NJW 1997, 3049; zum neuen Recht *Wagner* in: *Dauner-Lieb/Konzen/K. Schmidt,* Das neue Schuldrecht in der Praxis, 2003, S. 203, 219 ff.
[3521] Ausf. *Wagner* in: *Dauner-Lieb/Konzen/K. Schmidt,* Das neue Schuldrecht in der Praxis, 2003, S. 203, 220; *Spickhoff* NJW 2003, 1701, 1705.

b) Anscheinsbeweis. Mit Hilfe des Anscheinsbeweises ist es möglich, den **Nachweis** 804 **eines Behandlungsfehlers** zu führen, soweit Erfahrungssätze den Rückschluss von der Art der Schädigung auf einen Behandlungsfehler mit hinreichender Wahrscheinlichkeit zulassen.[3522] Eben diese Voraussetzungen sind in Arzthaftungsfällen allerdings nur selten erfüllt, weil eine fehlerfreie Behandlung nicht mit Gewissheit zur Heilung führt, so dass aus dem **Ausbleiben des Heilerfolgs** nicht zuverlässig auf einen Sorgfaltspflichtverstoß geschlossen werden kann.[3523] Der Mensch ist auch bei fehlerfreier medizinischer Behandlung dazu verdammt, zu erkranken und zu sterben, und ob sich ein solcher, bereits in Gang gesetzter Prozess durch fachgerechte Behandlung hätte aufhalten oder verzögern lassen, ist ex post häufig nicht mit Sicherheit zu sagen. Unproblematische Fälle bestätigen die Regel, wenn beispielsweise der Patient auf dem Operationstisch Verbrennungen erleidet, nach einer Operation Operationsbesteck in seinem Körper gefunden oder bei einer Operation andere Organe äußerlich verletzt werden.[3524] Hat eine Tubensterilisation eine Versagerquote von 1–4 Promille, dann lässt sich auf Grund der Tatsache, dass die Patientin mehrere Jahre später noch einmal schwanger wird, nicht im Wege des Anscheinsbeweises ein Fehler bei der Durchführung des Eingriffs feststellen.[3525] Anders mag es liegen, wenn es sofort nach vermeintlicher Sterilisation wieder zur Schwangerschaft kommt.

Der Anscheinsbeweis kann darüber hinaus auch beim **Nachweis der Kausalität** eines 805 seinerseits feststehenden Behandlungsfehlers für die Gesundheitsverletzung zum Zuge kommen, wenn das Krankheitsbild zwar die Folge verschiedener Ursachen sein kann, im konkreten Fall aber nur für eine dieser Ursachen Anhaltspunkte vorliegen.[3526] Unter diesen Voraussetzungen reicht es aus, wenn das Gericht von einem **einfachen Behandlungsfehler** überzeugt ist; des Nachweises eines groben Behandlungsfehlers bedarf es nur, wenn sich die Kausalität nicht mit Hilfe des Anscheinsbeweises feststellen lässt.[3527] Bei der Infektion des Empfängers einer **kontaminierten Blutspende** lässt sich zwar typischerweise nicht ausschließen, dass der Geschädigte schon zuvor infiziert war oder sich später anderweitig infiziert hat, doch fehlt es im Einzelfall an Anhaltspunkten für eine anderweitige Ansteckung, lässt sich die Kausalität mit Hilfe des Anscheinsbeweises feststellen.[3528] Wird ein Patient, der an einer hochgradig **ansteckenden** und schwerwiegenden **Krankheit** leidet, mit einem anderen auf ein Zimmer gelegt, bricht bei Letzterem die Krankheit nach Ablauf der normalen Inkubationszeit aus und fehlen Anhaltspunkte für eine Ansteckung durch Drittursachen, ist die Kausalität des Sorgfaltspflichtverstoßes für den Gesundheitsschaden im Wege eines Anscheinsbeweises etabliert.[3529] Gleiches gilt, wenn ein Patient an **Hepatitis** erkrankt, nachdem er sich von einem entsprechend infizierten Zahnarzt hat behandeln lassen.[3530] Für den Nachweis, dass eine Schwangerschaft auf einer fehlerhaft durchgeführten **Sterilisation** beruht, bedarf es erst gar nicht des Anscheinsbeweises, wenn an dem Eileiter keinerlei Eingriffsspuren festzustellen sind.[3531] Ein weiterer wichtiger Anwendungsbereich des Anscheinsbeweises liegt im Bereich der **Chirurgie,** soweit nämlich der eingetretene Gesundheitsschaden typische Folge eines bestimmten Behandlungsfehlers ist.[3532]

[3522] Eingehend *Lepa,* FS Deutsch, 1999, S. 635, 638 ff.
[3523] *G. Müller* NJW 1997, 3049, 3051 f.; *Lepa,* FS Deutsch, 1999, S. 635, 637; *Schiemann,* FS Canaris, Bd. I, 2007, S. 1161, 1164 f.; *Katzenmeier* Arzthaftung S. 436; Kasuistik zur Ablehnung des Anscheinsbeweises bei *Staudinger/Hager* RdNr. I 52.
[3524] *Lepa,* FS Deutsch, 1999, S. 635, 638 f. mwN.
[3525] OLG Düsseldorf NJW-RR 2001, 959 f.
[3526] BGHZ 11, 227, 229 = NJW 1954, 718 – Lues ; BGHZ 172, 1, 6 Tz. 14 = NJW 2007, 2767 = VersR 2007, 995 = JZ 2007, 1104 m. Bespr. *Katzenmeier.*
[3527] BGHZ 172, 1, 7 RdNr. 16 = NJW 2007, 2767 = VersR 2007, 995 = JZ 2007, 1104 m. Bespr. *Katzenmeier.*
[3528] Mit Blick auf ein Medikament OLG Celle NJW-RR 1997, 1456, 1457.
[3529] RGZ 165, 336, 338 f. – Scharlach.
[3530] OLG Köln NJW 1985, 1402.
[3531] So aber OLG Köln VersR 1988, 43.
[3532] Beispiele: OLG Düsseldorf VersR 1984, 1045; 1988, 970; 1991, 1136, 1137; OLG Hamm VersR 1988, 807; LG Aachen VersR 1988, 809.

806 Wurde einem Patienten ein mit **HIV belastetes Blutprodukt** verabreicht, liegt eine HIV–Infektion vor (zur Gesundheitsverletzung s. RdNr. 74) und spricht nichts für einen anderweitigen Infektionsweg, ist die Kausalität prima facie nachgewiesen.[3533] Lässt sich nicht feststellen, dass die Blutspende von einem infizierten oder zu einer Risikogruppe gehörenden Spender stammte, dies aber auch nicht ausschließen, ist der Anscheinsbeweis auf diejenigen Fälle zu beschränken, in denen ein Erwerb der Krankheit auf anderen Wegen als demjenigen der Bluttransfusion unwahrscheinlich ist, weil der Patient weder zu einer Risikogruppe gehörte (zB Drogenabhängige) noch durch die Art seiner Lebensführung (zB Promiskuität) einer gesteigerten Infektionsgefahr ausgesetzt war.[3534] Unter diesen Voraussetzungen kann sich der Patient mit dem Vortrag begnügen, das ihm verabreichte Blutprodukt sei kontaminiert gewesen; kraft sekundärer Darlegungslast ist es Sache des Arztes oder Krankenhauses, sich durch Bezeichnung der Charge zu entlasten, was eine entsprechende **Dokumentation** voraussetzt.[3535] Ob diese Grundsätze den Nachweis voraussetzen, dass das verabreichte Blutprodukt nicht hinreichend hitzeinaktiviert war, ist wohl noch offen.[3536] Hingegen ist bereits höchstrichterlich geklärt, dass sich auch der vom Patienten ebenfalls mit HIV infizierte **Ehepartner** auf die geschilderten Beweiserleichterungen berufen kann, und zwar unabhängig davon, ob die Beziehung im Zeitpunkt der Transfusion bereits existierte.[3537] Da es auf ein Eheband nicht ankommt, gilt Entsprechendes auch für **Lebenspartner** und Partner nichtehelicher Lebensgemeinschaften. Die Haftung des Arztes gegenüber dem Partner des Patienten lässt sich auch auf das Unterlassen der Sicherungsaufklärung stützen (RdNr. 765, 768).

807 **c) Grober Behandlungsfehler. aa) Beweislastumkehr.** Die Feststellung der Kausalität mit Hilfe des Anscheinsbeweises ist auf typische Geschehensabläufe beschränkt, die wegen der Individualität des Menschen und seiner Gesundheit ihrerseits für die medizinische Behandlung untypisch sind. In den verbleibenden Fällen kommt der BGH dem Patienten zur Hilfe, indem er bei groben Behandlungsfehlern des Arztes in Bezug auf die **Feststellung der Kausalität** der Pflichtverletzung für den eingetretenen Gesundheitsschaden Beweiserleichterungen „bis hin zu Beweislastumkehr" gewährt.[3538] Wie der BGH nunmehr klargestellt hat, ist die **Beweislastumkehr** kein Instrument aus einem Menü von Beweiserleichterungen, sondern das einzige und definitive Mittel, um der Beweisnot des Patienten abzuhelfen.[3539] Damit ist die Tür zu flexibleren Lösungen, etwa im Sinne einer **Beweismaßreduktion** oder gar einer Proportionalhaftung, zugeschlagen worden (RdNr. 814 f.). Im Bereich der **Kausalität** steht der Arzt vor denselben Beweisschwierigkeiten wie der Patient,[3540] so dass die Zuweisung der Darlegungs- und Beweislast regelmäßig dispositiv für die Haftung ist.

808 **bb) Geltungsbereich.** Die Beweiserleichterung gilt für die **haftungsbegründende Kausalität,** also die Feststellung des Ursachenzusammenhangs zwischen ärztlicher Pflicht-

---

[3533] BGHZ 114, 284, 290 = NJW 1991, 1948, 1949.
[3534] BGH VersR 2005, 1238 f. = NJW 2005, 2614; KG VersR 1992, 315, 316 – Hepatitis B; OLG Brandenburg NJW 2000, 1500, 1502 – Hepatitis C; OLG Stuttgart VersR 2002, 577 f. – Hepatitis C; sowie die zu AIDS ergangenen Entscheidungen OLG Düsseldorf VersR 1996, 377, 378; 1998, 103, 104; OLG Hamm NJW-RR 1997, 217, 218 f.
[3535] BGH VersR 2005, 1238, 1239 f. = NJW 2005, 2614 m. Bespr. *Katzenmeier* NJW 2005, 3391, 3392 f.
[3536] Vgl. BGH VersR 2005, 1238, 1239 = NJW 2005, 2614; zurückhaltender OLG Düsseldorf NJW 1995, 3060; 1996, 1599, 1600; VersR 1998, 103, 104; OLG Hamm NJW-RR 1997, 217, 218 f.; OLG Brandenburg NJW 2000, 1500, 1502.
[3537] BGH VersR 2005, 1238, 1240 = NJW 2005, 2614.
[3538] RGZ 171, 168, 171; BGH VersR 72, 132, 135 f. = NJW 1978, 2337, 2338; BGHZ 85, 212, 215 ff. = NJW 1983, 333; BGHZ 138, 1, 6 = NJW 1998, 1780, 1781; BGH NJW 1997, 796, 797; VersR 2001, 1116, 1117; *Nüßgens*, FS Hauß, 1978, S. 287, 294 ff.; *G. Müller* NJW 1997, 3049, 3052; umfassende Rspr.-Nachweise bei *Staudinger/Hager* RdNr. I 54.
[3539] BGHZ 159, 48, 53 f. = NJW 2004, 2011 m. Bespr. *Spickhoff* 2345 = JZ 2004, 1029 m. Bespr. *Katzenmeier; Gehrlein* VersR 2004, 1488, 1493.
[3540] RGZ 78, 432, 435.

verletzung und **Primärschaden**.³⁵⁴¹ Darunter versteht der BGH nicht die Rechtsgutsverletzung, sondern den von dem Patienten erlittene Gesundheitsschaden „in seiner konkreten Ausprägung"³⁵⁴² bzw. eine „Belastung der gesundheitlichen Befindlichkeit" des Patienten.³⁵⁴³ Mit der Annahme, dass bereits der ärztliche Eingriff als solcher eine Körperverletzung darstellt (RdNr. 725 ff.) und die haftungsbegründende Kausalität lediglich den Zusammenhang zwischen Verletzungshandlung und Rechtsgutsverletzung betrifft (RdNr. 308),³⁵⁴⁴ lässt sich dieser Grundsatz nur schwer vereinbaren. Die **haftungsausfüllende Kausalität** zwischen Primärschaden und Folgeschaden ist gemäß § 287 ZPO unter dem reduzierten Beweismaß der überwiegenden Wahrscheinlichkeit festzustellen (RdNr. 308).³⁵⁴⁵ Kumulativ soll die **Beweislastumkehr bei grobem Behandlungsfehler** anwendbar sein, wenn der Folgeschaden eine typische Folge der Primärverletzung ist.³⁵⁴⁶ Ist letzteres der Fall, ist jedoch bereits der Vollbeweis nach § 287 ZPO geführt, so dass es gar nicht erst zu einer Beweislastentscheidung kommen sollte.

cc) **Begriff des groben Behandlungsfehlers.** Ein grober Behandlungsfehler liegt nach einer stehenden Formulierung der Rechtsprechung vor, wenn der Arzt eindeutig gegen bewährte ärztliche Behandlungsregeln oder gesicherte medizinische Erkenntnisse verstoßen und einen **Fehler** begangen hat, der **aus objektiver Sicht nicht mehr verständlich erscheint,** weil er einem Arzt schlechterdings nicht unterlaufen darf.³⁵⁴⁷ Diese Voraussetzungen sind insbesondere dann erfüllt, wenn auf eindeutige Befunde nicht in der üblichen Weise reagiert wird oder Standardmethoden zur Minimierung von Behandlungsrisiken unbeachtet bleiben.³⁵⁴⁸ Die bloße Abweichung von ärztlichen Leitlinien reicht für sich allein genommen noch nicht aus, um einen groben Behandlungsfehler zu begründen, doch wenn der Arzt keine plausible Erklärung für sein Verhalten vorbringen kann und ein Schaden eingetreten ist, zu dessen Vermeidung der jeweilige Standard gerade formuliert wurde, verhält es sich anders und die Beweislast für die Kausalität kehrt sich um.³⁵⁴⁹ Anders als im Rahmen der **groben Fahrlässigkeit** kommt es auf die **subjektive Seite nicht an;** es wird nicht vorausgesetzt, dass dem Arzt auch in subjektiver Hinsicht ein schwerer Vorwurf zu machen ist (vgl. § 276 RdNr. 95).³⁵⁵⁰

dd) **Wahrscheinlichkeit der Schadensverursachung.** Anders als der Anscheinsbeweis ist die Beweislastumkehr bei grobem Behandlungsfehler gerade nicht auf typische Geschehensabläufe beschränkt, sondern es reicht aus, wenn die Pflichtverletzung im Einzelfall zur Herbeiführung des Schadens geeignet erscheint.³⁵⁵¹ Nach der neueren Rechtsprechung des BGH setzt die Beweislastumkehr allerdings **nicht voraus, dass der grobe Behandlungsfehler den Gesundheitsschaden nahe gelegt oder auch nur wahrscheinlich gemacht** hat, sondern es reicht die generelle Eignung des Fehlers, Schäden der jeweiligen Art zu verursachen.³⁵⁵² Nur dann, wenn „jeglicher haftungsbegründender

---

³⁵⁴¹ BGH VersR 1978, 764, 765; 1989, 145; 1994, 52, 54; BGH NJW 2005, 427, 429 = VersR 2005, 228; BGH VersR 2008, 490, 491 Tz. 14 f.; *Staudinger/Hager* RdNr. I 44.
³⁵⁴² BGH VersR 2008, 490, 491 Tz. 15; NJW-RR 2008, 263, 264 Tz. 14 = VersR 2008, 221; VersR 2005, 836, 837 = NJW 2005, 1718.
³⁵⁴³ BGH VersR 2008, 644, 645 Tz. 9 f. = NJW 2008, 1381.
³⁵⁴⁴ *Stein/Jonas/Leipold*, 22. Aufl. 2008, § 287 ZPO RdNr. 14.
³⁵⁴⁵ BGH VersR 2008, 644, 645 Tz. 9 f. = NJW 2008, 1381; NJW-RR 2008, 263, 264 Tz. 14 = VersR 2008, 221; *Gehrlein* VersR 2004, 1488, 1493.
³⁵⁴⁶ BGH NJW 2005, 427, 429 = VersR 2005, 228; BGH VersR 2008, 644, 645 Tz. 12 = NJW 2008, 1381.
³⁵⁴⁷ BGHZ 138, 1, 6 = NJW 1998, 1780, 1781; BGH NJW 1993, 2376, 2377; 1995, 778; 1996, 1589; 1996, 2428; 1997, 798; 1998, 814, 815; 1998, 1782, 1783; 1999, 862 f.; VersR 2001, 1030; 2001, 1115; 2001, 1116, 1117.
³⁵⁴⁸ OLG Celle VersR 2002, 854, 855.
³⁵⁴⁹ *Dressler*, FS Geiß, 2000, S. 379, 385 f.
³⁵⁵⁰ BGH NJW 1992, 754, 755; VersR 2003, 1128, 1130 = NJW 2003, 2311.
³⁵⁵¹ BGHZ 85, 212, 216 f. = NJW 1983, 333, 334; BGH NJW 1997, 796, 797; RGRK/*Nüßgens* Anh. II RdNr. 300.
³⁵⁵² BGHZ 159, 48, 54 f. = NJW 2004, 2011 m. Bespr. *Spickhoff* 2345; BGH NJW 2005, 427, 428 = VersR 2005, 228; VersR 2008, 490, 491 Tz. 11 f.

§ 823 811–813   Abschnitt 8. Titel 27. Unerlaubte Handlungen

Ursachenzusammenhang **äußerst unwahrscheinlich** ist", ist von der Umkehr der Beweislast abzusehen.[3553] Selbst dann, wenn im Falle pflichtgemäßen ärztlichen Handelns mit einer Wahrscheinlichkeit von 90% dieselbe Beeinträchtigung eingetreten wäre, soll der Arzt gleichwohl haften, und zwar auf 100% des Schadens.[3554] Allerdings greift die Beweiserleichterung nicht ein, wenn sich in dem Gesundheitsschaden nicht das **durch den Behandlungsfehler gesetzte Risiko,** sondern ein anderes verwirklicht hat.[3555] Gleiches gilt, wenn der **Patient durch sein Verhalten selbst eine Ursache** für den Gesundheitsschaden gesetzt hat, die zur Unaufklärbarkeit des Kausalzusammenhangs genauso beigetragen hat wie der ärztliche Behandlungsfehler.[3556] Die Beweislastumkehr setzt allerdings nicht voraus, dass der Behandlungsfehler die Alleinursache für den Schaden ist, sondern es reicht die wahrscheinliche kumulative Kausalität, dh. die Eignung zur **Mitverursachung,** selbst wenn noch weitere Ursachen hinzugetreten sind.[3557]

811   ee) **Feststellung des groben Behandlungsfehlers.** Die Feststellung des groben Behandlungsfehlers obliegt dem Tatrichter, nicht dem BGH,[3558] doch die Instanzgerichte haben dabei **kein Ermessen,** sondern müssen die Beweislast umkehren, wenn ein grober Behandlungsfehler vorliegt.[3559] Die Instanzgerichte dürfen die Prüfung dieser Frage nicht dem **medizinischen Sachverständigen** überlassen, sondern sind gehalten, dessen Feststellungen eigenständig zu würdigen, um zu einem Urteil über die Schwere des Behandlungsfehlers zu gelangen.[3560] Auf der anderen Seite ist es dem Tatrichter aber auch verwehrt, die Annahme eines groben Behandlungsfehlers allein mit Hilfe einer juristischen Wertung zu begründen. Diese Schlussfolgerung muss in den Feststellungen und Darlegungen des Sachverständigen verankert und aus diesen heraus motiviert werden.[3561]

812   ff) **Beweislast.** Die **Beweislast für den groben Behandlungsfehler** liegt beim Patienten. Für das alternativ kausale Fehlverhalten des Patienten trägt der Arzt die Beweislast.[3562]

813   gg) **Würdigung; Beweismaßreduktion als Alternative.** Eine **Begründung** für die Beweislastumkehr bei groben Behandlungsfehlern fällt nicht leicht. Die Erwägung, der pflichtwidrig handelnde Arzt habe das Aufklärungshindernis selbst zu verantworten,[3563] beweist zu viel, denn dieses Argument trifft auf sämtliche Fälle zu, in denen die Fahrlässigkeit nachgewiesen ist, während um die Kausalität gestritten wird. Die These, dem Arzt werde das **Unaufklärbarkeitsrisiko** bei objektiv schwerwiegenden Pflichtverletzungen zugewiesen,[3564] trifft zu, erklärt aber nicht, warum dies geschieht bzw. warum dies gerechtfertigt ist. Soweit in der Literatur auf die Gesichtspunkte der **Gefahrerhöhung** und der **Beherrsch-**

[3553] BGHZ 159, 48, 55 = NJW 2004, 2011; BGHZ 129, 6, 12f. = NJW 1995, 1611; BGHZ 138, 1, 8 = NJW 1998, 1780; BGHZ 85, 212, 217 = NJW 1983, 333, 334; BGHZ 72, 132, 136 = NJW 1978, 2337, 2338; BGH VersR 1994, 52, 53; NJW 1995, 778, 779; 1997, 796, 797; 1998, 1783, 1785; 2000, 2741, 2742; 2000, 3423, 3424; BGH VersR 2008, 490, 491 Tz. 11.
[3554] So der Fall BGHZ 159, 48, 51 = NJW 2004, 2011 m. krit. Bespr. *Spickhoff* NJW 2004, 2345, 2346 f.
[3555] BGH NJW 1981, 2513, 2514; BGHZ 159, 48, 55 = NJW 2004, 2011; *Groß*, FS Geiß, 2000, S. 429, 431; *Giesen* JZ 1982, 448, 454; *Deutsch* VersR 1988, 1, 3; *Staudinger/Hager* RdNr. I 56.
[3556] BGHZ 159, 48, 55 = NJW 2004, 2011; BGH NJW 2005, 427, 428 = VersR 2005, 228; BGH VersR 2008, 490, 491 Tz. 11.
[3557] BGH NJW 1997, 796, 797; 2000, 2741, 2742; OLG Koblenz VersR 2008, 646; *G. Müller* NJW 1997, 3049, 3052 f.
[3558] BGHZ 138, 1, 6 = NJW 1998, 1780, 1781; BGHZ 144, 296, 304 = NJW 2000, 2737, 2739; BGH NJW 1993, 2376, 2377; 1997, 798; 1998, 1782, 1783; 1999, 860, 861; VersR 2001, 1030; 2001, 1116, 1117.
[3559] BGHZ 159, 48, 55 f. = NJW 2004, 2011 = JZ 2004, 1029 m. Bespr. *Katzenmeier*.
[3560] BGHZ 72, 132, 135 = NJW 1978, 2337, 2338; BGH NJW 1989, 2321, 2322; 1992, 2354, 2355; 1994, 801, 802; 1996, 1589, 1590; 2004, 1871; *G. Müller* NJW 1997, 3049, 3053.
[3561] BGH VersR 2001, 859, 860; 2001, 1030; 2001, 1115 f.; 2001, 1116, 1117; 2002, 1026, 1027; eingehend zu dieser Kette von Entscheidungen *Hausch* VersR 2002, 671; vgl. auch BGH NJW 1996, 1589, 1590 f.; 1996, 2428; 1998, 814, 815; VersR 2008, 644, 645 Tz. 16 = NJW 2008, 1381.
[3562] S. Fn. 3556.
[3563] So BGHZ 85, 212, 216 = NJW 1983, 333, 334; BGH NJW 1995, 778, 779; 1997, 796, 797.
[3564] BGH NJW 1992, 754, 755; *Steffen*, FS Brandner, 1996, S. 327, 335; *Groß*, FS Geiß, 2000, S. 429, 431.

barkeit des Geschehensablaufs rekurriert wird,[3565] müsste die Beweislastumkehr eigentlich von einer signifikanten Risikoerhöhung abhängig gemacht werden. Eben dies lehnt der BGH jedoch in ständiger Rechtsprechung ab – es wird nicht vorausgesetzt, dass der grobe Behandlungsfehler den Eintritt des Gesundheitsschadens wahrscheinlich gemacht hat (RdNr. 810).[3566] Die Beweislastumkehr bei grobem Behandlungsfehler ist sicher **nicht verfassungswidrig**,[3567] doch befriedigen vermag sie nicht.[3568]

Für Arzthaftungsprozesse wegen Behandlungsfehlern ist es typisch, dass sich zwar die Pflichtverletzung des Arztes feststellen lässt, aber nicht ausgeschlossen werden kann, dass es auch bei sorgfaltsgemäßer Behandlung zu demselben Gesundheitsschaden – dem Misserfolg der Heilungsbemühungen – gekommen wäre.[3569] In diesem Fall sind Beweiserleichterungen sowohl unter dem **Ausgleichsaspekt** als auch zur Gewährleistung wirksamer **Prävention** geboten, denn ohne sie würde die Haftung leerlaufen.[3570] Zweifelhaft ist allerdings das vom BGH eingesetzte **Mittel** der Beweislastumkehr, das Alles-oder-Nichts-Entscheidungen erzwingt.[3571] Bei leichten Behandlungsfehlern scheitert der Kausalitätsbeweis regelmäßig und der Patient geht leer aus, obwohl sicher ist, dass auch solche Fehler häufig zu Schäden führen, während grobe Behandlungsfehler über die Beweislastumkehr die volle Haftung begründen, obwohl sicher ist, dass grobe Fehler nicht immer zu Gesundheitsschäden führen und in manchen Einzelfällen sogar feststeht, dass die Kausalität nachgerade unwahrscheinlich ist. Vorzugswürdig wäre demgegenüber eine allgemeine **Reduktion des Beweismaßes** auf überwiegende Wahrscheinlichkeit für die haftungsbegründende Kausalität bei Behandlungsfehlern jedweden Schweregrades.[3572] Dadurch würde sich zwar nichts am Alles-oder-Nichts-Prinzip ändern, doch angesichts der Beschränkungen des menschlichen Erkenntnisvermögens ließen sich die richtigen Ergebnisse wenigstens näherungsweise erzielen: Der Arzt hätte diejenigen Schäden auszugleichen, die er **mit überwiegender Wahrscheinlichkeit** durch einen Behandlungsfehler verursacht hat, unabhängig davon, ob ihm ein leichter oder schwerer Fehler unterlaufen ist. Im Gegenzug wäre die Haftung zu verneinen, wenn die Kausalität des Fehlers für den Schaden nicht überwiegend wahrscheinlich ist. Die rechtliche **Grundlage** dafür findet sich in **§ 287 ZPO**,[3573] der bei der Vertragshaftung nach herkömmlicher Ansicht auf die Feststellung des Kausalzusammenhangs zwischen Pflichtverletzung und Schaden und damit auf die Kausalitätsfrage insgesamt anwendbar ist.[3574] Die Rechtsprechung des VI. ZS, die einen Primärschaden als Element des haftungsbegründenden Kausalzusammenhangs postuliert und diesen dem Anwendungsbereich des § 286 ZPO unterstellt, ist damit im Grunde nicht vereinbar (RdNr. 807).[3575] Folgerichtig hat E. *Schmidt* vorgeschlagen, die Arzthaftung für Behandlungsfehler **ausschließlich im Bereich des Vertragsrechts** zu verankern.[3576] Indessen lässt sich die Beweismaßreduktion gemäß § 287

[3565] *Spickhoff* Karlsruher Forum 2007, 75; *Bamberger/Roth/Spindler* RdNr. 794; *Katzenmeier* JZ 2004, 1030, 1032; *ders.* Arzthaftung S. 464 ff.
[3566] S. Fn. 3552.
[3567] BVerfG NJW 2004, 2079.
[3568] E. *Schmidt* MedR 2007, 693; *ders.* MedR 2008, 408; *Schiemann*, FS Canaris, Bd. I, 2007, S. 1161, 1167 ff., mit dem Vorschlag einer vollumfänglichen Haftung für jedweden Behandlungsfehler.
[3569] *Schiemann*, FS Canaris, Bd. I, 2007, S. 1161, 1162.
[3570] *Wagner*, Verh. des 66. DJT, Bd. II/2, 2006, S. L 150, ähnlich *Röckrath*, Kausalität, Wahrscheinlichkeit und Haftung, 2004, S. 199.
[3571] Eingehend *Wagner*, Verh. des 66. DJT, Bd. I, 2006, S. A 58 ff.; *ders.*, Karlsruher Forum 2006, 80 ff.; dazu G. *Müller* VersR 2005, 1461.
[3572] Dafür *Musielak* JuS 1983, 609, 613 ff., 615; *Fleischer* JZ 1999, 766, 773 f.; im Ergebnis auch *Hanau*, Die Kausalität der Pflichtwidrigkeit, S. 134 f.; *ders.* NJW 1968, 2291, 2292; *Maassen*, Beweismaßprobleme im Schadensersatzprozess, 1975, S. 90 f.; abl. BGH NJW 1987, 705 f.; *Katzenmeier* Arzthaftung S. 529 ff.; *ders.* ZZP 117 (2004), 187, 211 ff.; *Soergel/Spickhoff* Anh. I RdNr. 235.
[3573] Eingehend *Wagner*, FS Hirsch, 2008, S. 453, 465; *Spickhoff* Karlsruher Forum 2007, 82 f.; *ders.* NJW 2008, 1636, 1641.
[3574] BGHZ 133, 110, 111 ff. = NJW 1996, 2501; BGH NJW 2000, 509 f.; 2000, 1572, 1573.
[3575] S. Fn. 3545.
[3576] E. *Schmidt* MedR 2007, 693; dazu die Kritik von *Gödicke* MedR 2008, 495, und Replik E. *Schmidt* MedR 2008, 408.

§ 823   815, 816   Abschnitt 8. Titel 27. Unerlaubte Handlungen

ZPO auch auf dem Boden des § 823 Abs. 1 für die Beurteilung des Kausalzusammenhangs zwischen Behandlungsfehler und Gesundheitsschaden fruchtbar machen, denn immerhin gilt nach herkömmlicher und richtiger Ansicht schon der ärztliche Heileingriff selbst als Rechtsgutsverletzung – und nicht erst das Ausbleiben des Heilerfolgs bzw. der Eintritt schädlicher Nebenfolgen (RdNr. 725 ff., 808).[3577]

815   **hh) Proportionalhaftung.** Noch besser als eine generelle Beweismaßreduktion wäre allerdings eine Proportionalhaftung, bei der der Arzt für jeden Behandlungsfehler einzustehen hätte, allerdings immer nur in Höhe einer Quote des eingetretenen Schadens, die derjenigen Wahrscheinlichkeit entspricht, mit der der Patient im Falle sorgfaltsgemäßer Behandlung gesund geworden wäre.[3578] Diese Variante der Proportionalhaftung, führt zwar zu einer maßvollen Privilegierung des Patienten, doch sie lässt sich denkbar einfach handhaben und wird im Ausland mit Erfolg praktiziert.[3579] Die auf ihrer Grundlage zu erzielenden Ergebnisse befriedigen mehr als die gegenwärtig praktizierte Haftung für Gesundheitsschäden, die der Arzt wahrscheinlich nicht verursacht hat, die ihm aber gleichwohl zugerechnet werden, weil er einen schweren Behandlungsfehler begangen hat.

816   **d) Der Diagnosefehler im Besonderen.** Bei Pflichtverletzungen im Rahmen der Diagnose ist danach zu differenzieren, ob die **Erhebung von Befunden versäumt** wurde oder ob die erhobenen **Befunde falsch interpretiert** wurden (RdNr. 755 f.).[3580] Die **Unterlassung diagnostischer Maßnahmen** stellt sich als grober Behandlungsfehler dar, wenn der Arzt es unterlässt, medizinisch zweifelsfrei gebotene Befunde zu erheben,[3581] etwa solche, die in medizinischen Standard-Lehrbüchern empfohlen und in Fettdruck hervorgehoben werden.[3582] Dabei sind Umfang und Intensität der Verpflichtung zu diagnostischen Maßnahmen davon abhängig, wie schwer die Erkrankung ist, auf die die Symptome hindeuten (RdNr. 756). Sind die bereits erhobenen Befunde unklar, liegt möglicherweise jedoch eine schwere Erkrankung (Tuberkulose) vor, so sind weitere Maßnahmen der **Differentialdiagnostik** geboten, um die bestehenden Zweifel auszuräumen.[3583] Darüber hinausgehend bejaht der BGH einen groben Behandlungsfehler selbst bei **einfachem Befunderhebungsfehler,** wenn nur davon auszugehen ist, dass sich bei rechtzeitiger Durchführung der Diagnosemaßnahme ein so gravierender Befund ergeben hätte, dass dessen Verkennung bzw. die mangelnde Reaktion des Arztes darauf als grober Behandlungsfehler zu qualifizieren gewesen wäre.[3584] Damit knüpft der BGH die Beweislastumkehr an eine einfache Pflichtverletzung des Arztes, was mit den Prämissen der Lehre vom groben Behandlungsfehler mE nicht in Einklang steht.[3585]

[3577] *Schiemann,* FS Canaris, Bd. I, 2007, S. 1161, 1165 f.
[3578] Eingehend *Stoll,* FS Steffen, 1995, S. 465 ff.; *Koziol,* FS Stoll, 2001, S. 233, 247 ff.; ähnlich *Mäsch,* Chance und Schaden, 2004; eingehend *Wagner,* Verh. 66. DJT, Bd. I, 2006, S. A 57 ff.; *ders.* Karlsruher Forum 2006, 80 ff.; *ders.,* FS Hirsch, 2008, S. 453 ff.; abl. *Fleischer* JZ 1999, 766, 773; *Katzenmeier* ZZP 117 (2004), 187, 203 ff.; *Taupitz,* FS Canaris, Bd. I, 2007, S. 1231, 1233 ff.
[3579] Vgl. die Länderberichte zum Thema in *Winiger/Koziol/Koch/Zimmermann* (Hrsg.), Digest of European Tort Law, Vol. I, 2007, S. 555 f. (Frankreich), S. 556 f. (Belgien), S. 566 f. (Italien), S. 567 f. (Spanien), S. 561 ff. (Niederlande), S. 577 (Irland).
[3580] Dazu BGH VersR 2008, 644 Tz. 7 = NJW 2008, 1381; vgl. auch die Fehlertypologie bei *Hart,* FS E. Schmidt, 2005, S. 131, 144 ff.
[3581] BGHZ 85, 212, 217 f. = NJW 1983, 333, 334; BGHZ 99, 391, 396 ff. = NJW 1987, 1482, 1483; BGHZ 138, 1, 5 = NJW 1998, 1780; BGH NJW 1987, 2293, 2294; 1988, 1513, 1514; 1996, 1589 f.; 1999, 862, 863; OLG Oldenburg VersR 1999, 1423 f.; OLG Brandenburg VersR 2002, 313, 314 f.; OLG Karlsruhe VersR 2002, 1426, 1427; eingehend *Groß,* FS Geiß, 2000, S. 429, 432 ff.; *Bischoff,* FS Geiß, 2000, S. 345, 347 ff.; vgl. auch RGZ 171, 168, 171 f.
[3582] OLG Brandenburg VersR 2002, 313, 314; allg. *Groß,* FS Geiß, 2000, S. 429, 432 f.
[3583] BGHZ 99, 391, 399 f. = NJW 1987, 1482, 1484.
[3584] BGHZ 159, 48, 56 f. = NJW 2004, 2011 = JZ 2004, 1029 m. Bespr. *Katzenmeier;* BGH NJW 2003, 2827, 2828 = VersR 2003, 1256; NJW 2004, 1871, 1872; obiter bereits BGHZ 138, 1, 5 = NJW 1998, 1780; vgl. auch *Gehrlein* VersR 2004, 1488, 1494.
[3585] Die Berufung auf BGHZ 132, 47, 52 = NJW 1996, 1589, 1590, stützt das Ergebnis in BGHZ 159, 48, mE nicht, denn dort ging es um die Fehlinterpretation erhobener Befunde, die wegen Verletzung der

Prima facie abweichend entscheidet die Rechtsprechung bei Diagnoseirrtümern, die auf **817** der **Fehlinterpretation erhobener Befunde** beruhen; sie sollen nur dann als grober Behandlungsfehler zu qualifizieren sein, wenn der Irrtum fundamental erscheint.[3586] Dabei dürfte es sich allerdings lediglich um eine verbal abweichende Umschreibung des allgemein geltenden Standards handeln.[3587] Ist sogar das Gericht dazu in der Lage, auf Röntgenbildern bestimmte Krankheitssymptome zu erkennen, zeigt etwa das phlebographische Ergebnis deutliche Anzeichen für ein thrombotisches Geschehen, ist der Umstand, dass der behandelnde Arzt sie übersehen hat, als grober Behandlungsfehler zu werten.[3588] Fällt der HIV-Test bei einer Blutprobe positiv aus, bei einer weiteren hingegen negativ, dann darf der Arzt den zweiten Befund nicht für bare Münze nehmen und dem Patienten gegenüber „Entwarnung geben", sondern muss der Diskrepanz auf den Grund gehen.[3589]

e) **Verstoß gegen Dokumentationspflichten.** Der Arzt ist aus mehreren Gründen zur **818** Dokumentation der von ihm getroffenen Diagnose- und Therapiemaßnahmen verpflichtet.[3590] Die Dokumentation dient zu aller erst **medizinischen Zwecken,** weil spätere Maßnahmen nicht gänzlich unabhängig von früher erhobenen Befunden, verabreichten Medikamenten und durchgeführten Eingriffen angeordnet werden können. Die Aufzeichnung des Behandlungsverlaufs dient damit dem eigentlichen Ziel der ärztlichen Bemühungen, nämlich der Genesung des Patienten. Darüber hinaus trägt sie dem im Rahmen des Persönlichkeitsrechts geschützten Interesse des Patienten Rechnung, von der eigenen Kranken- und Behandlungsgeschichte Kenntnis nehmen zu können. Schließlich erweist sich die Dokumentation in vielen Haftungsprozessen als unverzichtbar, weil sich nur so die Krankengeschichte und der Behandlungsverlauf nachvollziehen lassen. Erst auf Grund eines solchen Nachvollzugs kann jedoch von einem sachverständig beratenen Gericht beurteilt werden, ob dem Arzt eine Sorgfaltspflichtverletzung unterlaufen ist oder nicht. Nur um diese Funktion geht es hier. Der **Umfang der Dokumentationspflicht** hängt ab von der Bedeutung des zu dokumentierenden Faktums für die Heilung des Patienten. Nebensächlichkeiten wie die Desinfektion des Operationsgebiets verdienen es ebenso wenig, festgehalten zu werden wie Selbstverständlichkeiten, insbesondere diejenige, dass es keine besonderen Vorkommnisse gab. Komplikationen sind hingegen stets zu dokumentieren.[3591] Da der Heilerfolg nicht nur vom Zustand des Patienten und der Art der getroffenen Maßnahmen, sondern auch von der Sachkunde des Arztes, insbesondere von der Erfahrung und dem Geschick eines Operateurs abhängen, gelten für **Anfänger** erhöhte Dokumentationspflichten (vgl. auch RdNr. 743 f.).[3592]

Aus der Sicht des Arzthaftungsprozesses besteht ein enger Zusammenhang zwischen den **819** **Befunderhebungs- und den Dokumentationspflichten** des Arztes. So hängt in vielen Fällen die Annahme eines groben Behandlungsfehlers davon ab, ob der Zustand des Patienten zu einem bestimmten Zeitpunkt, in dem er den Beklagten konsultierte, Anlass zu bestimmten diagnostischen oder therapeutischen Maßnahmen geben musste (RdNr. 755 f.). Ist jedoch das Röntgenbild oder das EKG, das seinerzeit angefertigt wurde, verschwunden, steht der Patient beweismäßig genauso schlecht, als wenn es niemals angefertigt worden wäre. Ohne das Röntgenbild der Lunge kann das sachverständig beratene Gericht nicht feststellen, ob es deutliche Anzeichen für eine Tuberkulose gab, denen der

---

Dokumentationspflicht im Prozess nicht zur Verfügung standen. Krit. auch *Hart,* FS E. Schmidt, 2005, S. 131, 142 f.; *Spickhoff* NJW 2004, 2345 f.
[3586] BGH VersR 1981, 1033, 1034; NJW 1993, 2376, 2377; 1996, 1589, 1590; VersR 2008, 644, 645 Tz. 15 = NJW 2008, 1381.
[3587] So wohl auch BGHZ 132, 47, 51, 54 = NJW 1996, 1589, 1590; OLG Hamm VersR 2002, 315, 316; 2002, 578, 579; wie hier *Bischoff,* FS Geiß, 2000, S. 345, 351; *Jorzig* MDR 2001, 481, 482.
[3588] OLG Hamm VersR 2002, 315, 316.
[3589] OLG Nürnberg VersR 1999, 1545 f.
[3590] Vgl. BGHZ 99, 391, 397 = NJW 1987, 1482, 1483; weiter BGHZ 72, 132, 137 f. = NJW 1978, 2337, 2338 f.
[3591] BGH NJW 1985, 2193, 2194.
[3592] BGH NJW 1985, 2193, 2194.

§ 823   820   Abschnitt 8. Titel 27. Unerlaubte Handlungen

Arzt nicht nachgegangen ist,[3593] und ohne das EKG lässt sich ex post nicht aufklären, ob das Infarktrisiko eines mit Thoraxschmerzen in die Praxis gekommenen, wieder nach Hause geschickten und kurz darauf an Herzinfarkt verstorbenen Patienten erkennbar war oder nicht.[3594] Sind die Befunde erhoben, also das Röntgenbild oder das EKG angefertigt worden, die Ergebnisse jedoch aus **ungeklärter Ursache verschwunden,** so muss sich der Arzt so behandeln lassen, als hätte das Befundergebnis das entscheidende Symptom oder Krankheitsbild erkennen lassen.[3595] Wie der BGH ausdrücklich klargestellt hat, folgt aus dieser Fiktion allein noch nicht die Haftung des Arztes.[3596] Die Dokumentationspflicht ist eben keine Behandlungspflicht und ihre Verletzung ist **kein Behandlungsfehler,** weder ein einfacher noch gar ein grober.[3597] Die Prüfung konzentriert sich folglich darauf, ob dem Arzt ein grober Behandlungsfehler vorzuwerfen ist, wenn unterstellt wird, die verdächtigen Symptome seien aus dem verschwundenen Befundergebnis – dem Röntgenbild, dem EKG – ersichtlich gewesen. Auf dieser Grundlage ist ein grober Behandlungsfehler zu bejahen, wenn entweder das fingierte Befundergebnis Anlass zu weiteren diagnostischen Maßnahmen gegeben hätte, deren Unterlassung als grob fehlerhaft zu qualifizieren ist, oder wenn die Fehlinterpretation der unterstellten Befundergebnisse durch den Arzt einem fundamentalen Diagnoseirrtum gleichkommt (RdNr. 817).[3598] Ist beispielsweise nach dem Urteil des Sachverständigen davon auszugehen, dass der damals bevorstehende, später eingetretene Infarkt mit einer Wahrscheinlichkeit von 90% auf dem – verschwundenen – EKG erkennbar gewesen wäre, ist ein fundamentaler Diagnoseirrtum zu bejahen, die Beweislast für die Kausalität umzukehren und die Haftung des Arztes zu bejahen.[3599] Unterlässt der Arzt jedwede Dokumentation eines mit hohen Risiken behafteten operativen Eingriffs, verzichtet also gänzlich auf die Anfertigung eines Operationsberichts, und treten bei dem Patienten Symptome auf, die mit überwiegender Wahrscheinlichkeit auf einem Behandlungsfehler beruhen, ist die Beweislast gegen den Arzt zu kehren.[3600]

820 **f) Verstoß gegen Organisationspflichten.** Die eben dargestellten Grundsätze gelten nur für den Kernbereich ärztlichen Handelns, nicht aber für sonstige Rechtsgutsverletzungen, die der Patient in der ärztlichen Praxis oder im Krankenhaus erleidet, etwa infolge des Verhaltens oder von Infektionen des Pflegepersonals, durch den Zustand technischer Geräte oder durch Sicherheitsmängel des Gebäudes (RdNr. 492 ff.). Bei diesen, vom BGH sog. **„voll beherrschbaren Risiken"** gilt die Beweislastregel des § 280 Abs. 1 S. 2 entsprechend, und der Krankenhausträger muss sich vom Verschuldensvorwurf entlasten.[3601] Dies allein hilft dem Patienten allerdings noch nicht entscheidend weiter, weil in den Fällen der Verletzung von Schutzpflichten gemäß § 241 Abs. 2 erst die Sorgfaltswidrigkeit des Verhaltens die Pflichtwidrigkeit konstituiert, für die gemäß § 280 Abs. 1 S. 1 wiederum der Patient darlegungs- und beweispflichtig ist (§ 280 RdNr. 30 a, 138 ff.).[3602] Einen Großteil dieser Bürde nimmt ihm die Rechtsprechung ab, indem sie die **Beweislast für die objektive Pflichtwidrigkeit** des Verhaltens des Hilfs- und Pflegepersonals dem Praxisbetreiber oder Krankenhausträger auferlegt, sofern nur feststeht, dass der Patient durch einen gefährlichen Zustand im Organisationsbereich des Krankenhauses zu Schaden ge-

---

[3593] Beispiel nach BGHZ 99, 391 = NJW 1987, 1482 (dort zur Befunderhebungspflicht).
[3594] Beispiel nach BGHZ 132, 47 = NJW 1996, 1589 (hier zur Befunddokumentationspflicht).
[3595] BGHZ 138, 1, 4 f. = NJW 1998, 1780, 1781; BGH NJW 1996, 780 f.; vgl. auch *Groß,* FS Geiß, 2000, S. 429, 433 ff.
[3596] Zum Folgenden BGHZ 138, 1, 5 f. = NJW 1998, 1780, 1781; *G. Müller* NJW 1997, 3049, 3053 f.; *Steffen,* FS Brandner, 1996, S. 327, 334.
[3597] BGHZ 129, 6, 10 = NJW 1995, 1611, 1612; *G. Müller* NJW 1997, 3049, 3054; vgl. auch *Musielak* JuS 1983, 609, 612.
[3598] BGHZ 138, 1, 5 = NJW 1998, 1780, 1781; vgl. auch BGHZ 132, 47, 51 = NJW 1996, 1589, 1590.
[3599] BGHZ 132, 47, 53 f. = NJW 1996, 1589, 1590.
[3600] OLG Düsseldorf NJW 2001, 900; *Steffen,* FS Brandner, 1996, S. 327, 335 f.
[3601] BGHZ 171, 359, 362 Tz. 11, mit Zusammenstellung der relevanten Fälle.
[3602] Dazu eingehend *Wagner* in: *Dauner-Lieb/Konzen/K. Schmidt,* Das neue Schuldrecht in der Praxis, 2003, S. 203, 219 ff.

kommen ist,³⁶⁰³ etwa beim Transport gestürzt,³⁶⁰⁴ durch eine unsterile Infusionsflüssigkeit infiziert worden ist,³⁶⁰⁵ oder wegen einer defekten medizinischen Apparatur einen Gesundheitsschaden erlitten hat.³⁶⁰⁶ Zur Parallele im Produkthaftungsrecht RdNr. 658 f.

g) Verpflichtung zur Offenbarung von Behandlungsfehlern? In der Literatur wird 821 teilweise die Auffassung vertreten, Ärzte seien – ganz ähnlich wie Rechtsanwälte – dazu verpflichtet, den Patienten ungefragt darüber aufzuklären, dass ihnen ein Behandlungsfehler unterlaufen sei (zur Aufklärung ex ante RdNr. 784).³⁶⁰⁷ Große praktische Bedeutung käme einer solchen Verpflichtung nicht zu, weil für deliktische wie nunmehr auch für vertragliche Schadensersatzansprüche des Patienten die erst mit Entstehung des Anspruchs und Kenntnis bzw. Kennenmüssen des Gläubigers beginnende dreijährige Regelverjährung nach den §§ 195, 199 gilt. Für die Hauptfunktion entsprechender Aufklärungspflichten, nämlich die Umgehung der kurzen, kenntnisunabhängigen Verjährungsfristen nach Art des § 51 b BRAO, besteht im Arzthaftungsrecht folglich weder Bedürfnis noch Raum. Schon deshalb sollte davon abgesehen werden, die Verpflichtung des Rechtsanwalts zur Selbstbezichtigung mit Hilfe der schwammigen Kriterien des § 242 auf andere Haftungsbereiche zu übertragen.³⁶⁰⁸ Fragen des Patienten müssen allerdings wahrheitsgemäß beantwortet werden.³⁶⁰⁹ Zudem muss der Arzt den Patienten von sich aus ins Bild setzen, wenn ihm infolge des Kunstfehlers Beschwerden drohen, die einen weiteren Eingriff erforderlich machen, wenn etwa das von einem Bohrer abgebrochene Metallteil im Knochen belassen wurde.³⁶¹⁰

3. Beweisgrundsätze bei Aufklärungsfehlern. a) Sicherungs- und Selbstbestim- 822 **mungsaufklärung.** Da die Einwilligung des Patienten in den ärztlichen Eingriff dogmatisch als Rechtfertigungsgrund einzuordnen ist, trägt insoweit der **Arzt die Beweislast,** und zwar nicht nur für die Zustimmung selbst, sondern auch für die erforderliche **Aufklärung** des Patienten,³⁶¹¹ einschließlich ihrer Rechtzeitigkeit, ihres Umfangs und vom Patienten abgegebener Verzichtserklärungen (RdNr. 728, 790).³⁶¹² Diese Grundsätze überzeugen unabhängig von ihren dogmatischen Grundlagen, weil der Arzt am besten dazu in der Lage ist, die Aufklärung des Patienten zu dokumentieren und Beweismittel zu sichern.³⁶¹³ Folgerichtig gelten sie auch im Bereich der **vertraglichen Arzthaftung,** obwohl § 280 Abs. 1 S. 1 dem Gläubiger, hier also dem Patienten, die Darlegungs- und Beweislast für die objektive Pflichtverletzung auferlegt.³⁶¹⁴

Eine Parallele zu den **Erleichterungen beim Kausalitätsnachweis** im Fall eines 823 groben Behandlungsfehlers existiert im Bereich der Risikoaufklärung nicht; grobe Verstöße gegen Aufklärungspflichten lösen also keine Beweislastumkehr hinsichtlich der Kausalität aus.³⁶¹⁵ Dafür besteht kein Bedürfnis, denn bei sachgerechter Aufklärung, die vom Arzt

---

³⁶⁰³ So noch zum alten Recht BGH VersR 1975, 952, 954; NJW 1978, 1683; 1978, 584 f.; 1982, 699; 1991, 1540, 1541; *G. Müller* NJW 1997, 3049 f.
³⁶⁰⁴ BGH NJW 1991, 1540, 1541; vgl. auch BGH NJW 1991, 2960 f. – Duschstuhl.
³⁶⁰⁵ BGH NJW 1982, 699.
³⁶⁰⁶ BGHZ 89, 263, 269 ff. = NJW 1984, 1400, 1401 f.; BGH VersR 1975, 952, 954.
³⁶⁰⁷ OLG Stuttgart VersR 1989, 632; *Erman/Schiemann* RdNr. 137; *Brüggemeier* Haftungsrecht S. 482; diff. *Bamberger/Roth/Spindler* RdNr. 633; *Terbille/Schmitz-Herscheidt* NJW 2000, 1749, 1755 f.
³⁶⁰⁸ Im Ergebnis genauso *Soergel/Spickhoff* Anh. I RdNr. 132; *Deutsch/Spickhoff* Medizinrecht RdNr. 207; *Uhlenbruck* in: *Laufs/Uhlenbruck* § 22 RdNr. 9; *Laufs* aaO § 65 RdNr. 15, § 100 RdNr. 33; *Taupitz* NJW 1992, 713, 715 ff.; diff. *Hanau,* FS Baumgärtel, 1990, S. 121, 131 ff.
³⁶⁰⁹ *Terbille/Schmitz-Herscheidt* NJW 2000, 1749, 1752.
³⁶¹⁰ OLG München VersR 2002, 985, 986.
³⁶¹¹ BGH NJW 1980, 633; 1981, 2002, 2003; 1984, 1807, 1808; 1985, 1399; 1992, 741, 742; VersR 2005, 227, 228; *G. Müller* NJW 1997, 3049, 3051; *Musielak* JuS 1983, 609, 615.
³⁶¹² Eingehend *Lepa,* FS Geiß, 2000, S. 449, 451 ff.
³⁶¹³ *Larenz/Canaris* II/2 § 76 II 1 g, S. 384; *Staudinger/Hager* RdNr. I 126; *Hart,* FS Heinrichs, 1998, S. 292, 317; wohl auch *Brüggemeier* Deliktsrecht RdNr. 702; vgl. auch *Lepa,* FS Geiß, 2000, S. 449, 450, der die Parallele zur Beweislastverteilung bei § 362 zieht.
³⁶¹⁴ *Wagner* in: *Dauner-Lieb/Konzen/K. Schmidt,* Das neue Schuldrecht in der Praxis, 2003, S. 203, 220 m. Fn. 82; *Spickhoff* NJW 2002, 1758, 1762.
³⁶¹⁵ OLG Hamburg VersR 2000, 190, 191; KG VersR 2002, 438, 450; *G. Müller,* FS Geiß, 2000, S. 461, 465 f.

nachzuweisen ist, und Versagen des Einwands hypothetischer Einwilligung (RdNr. 825), liegt auf der Hand, dass der Eingriff unterblieben und der Gesundheitsschaden ausgeblieben wäre. Die Aufgabe, solche Schäden zu identifizieren, die auf dem Fehler des Arztes beruhen, und sie von anderen abzugrenzen, die auch bei ordnungsgemäßer Behandlung schicksalhaft eintreten, stellt sich bei Aufklärungsfehlern nicht. Anders liegt es nur bei der **Sicherungsaufklärung,** die den ärztlichen Eingriff nicht vorbereitet und legitimiert, sondern begleitet und absichert (RdNr. 764 ff.). Diese schuldet der Arzt als vertragliche Nebenpflicht, so dass die Pflichtverletzung gemäß § 280 Abs. 1 S. 1 von derjenigen Partei darzulegen und zu beweisen ist, die daraus Rechte herleitet, also von dem Patienten.[3616] Gleiches gilt insoweit für deliktische Ansprüche, denn auch im Rahmen des § 823 Abs. 1 ist die Pflichtverletzung des Schädigers von dem Gläubiger des Schadensersatzanspruchs darzulegen und zu beweisen (RdNr. 323 ff.). Allerdings kommen dem Patienten beim Unterlassen gebotener **Sicherungsaufklärung** die Erleichterungen beim Kausalitätsbeweis zugute, wie sie für grobe Behandlungsfehler anerkannt sind (vgl. RdNr. 807 ff.).

824   **b) Beweismaß.** Es ist für den Arzt häufig nicht einfach, zur Überzeugung des Gerichts (§ 286 ZPO) nachzuweisen, dass er den Patienten in dem gebotenen Umfang aufgeklärt hat. Deshalb dürfen an den Nachweis der Aufklärung **keine übertriebenen Anforderungen** gestellt werden, sondern das Beweismaß ist in sachgerechter Weise abzusenken.[3617] Die bloße Behauptung des Beklagten, die umfassende Aufklärung eines Patienten entspreche seiner „ständigen Praxis", kann jedoch für sich allein genommen nicht ausreichen, denn wie der Volksmund weiß: das kann jeder sagen.[3618] Auch die Vorlage schriftlicher und vom Patienten unterzeichneter Einverständniserklärungen vermag für sich allein noch keinen Beweis dafür zu erbringen, dass eine Aufklärung über Nutzen und Risiken des Eingriffs stattgefunden hat, die hinsichtlich Art, Umfang, Zeitpunkt und Adressat den rechtlichen Anforderungen genügt.[3619] In der forensischen Praxis kommt den weithin gebräuchlichen Aufklärungs- und Einwilligungsformularen deshalb eine kaum zu unterschätzende Beweiswirkung zu, und zwar in beide Richtungen: Sind in dem vom Patienten unterzeichneten Formular bestimmte Risiken aufgeführt und erläutert, dann geht das Gericht davon aus, dass eine entsprechende Aufklärung auch stattgefunden hat,[3620] sind jedoch einzelne Risiken auf dem Formular nicht genannt, über die hätte aufgeklärt werden müssen, spricht dies gegen die Behauptung des Arztes, den Patienten gleichwohl informiert zu haben.[3621] Räumt der Patient ein, aufgeklärt worden zu sein, ist davon auszugehen, dass dies in dem vom Arzt behaupteten Umfang geschehen ist. Für die **Haftungsausfüllung** gelten auch bei Aufklärungsfehlern die in § 287 ZPO vorgesehenen Beweiserleichterungen.[3622]

825   **c) Rechtmäßiges Alternativverhalten. aa) Hypothetische Einwilligung.** Ein Standardeinwand in Arzthaftungsprozessen über Fehler im Bereich der Risikoaufklärung ist die Behauptung, der Patient hätte dem Eingriff auch dann zugestimmt, wenn er sachgemäß aufgeklärt worden wäre.[3623] Müsste der Patient zur Überzeugung des Gerichts nachweisen, dass er den Eingriff bei pflichtgemäßer Aufklärung abgelehnt hätte, bliebe der Aufklärungsfehler in aller Regel sanktionslos. Darunter litte die Präventionsfunktion der Haftung, denn der Anreiz zur Erfüllung einer Pflicht, deren Verletzung keinen Unterschied macht, bleibt

---

[3616] So zum alten Recht BGH NJW 1981, 630, 632; 1981, 2002, 2003; OLG München VersR 1988, 523, 524; OLG Köln VersR 2001, 66 f. (mit Einschränkungen); *G. Müller,* FS Geiß, 2000, S. 461, 466.
[3617] So im Ergebnis BGH NJW 1985, 1399; 1990, 2929, 2931; 1992, 741, 742; OLG Brandenburg VersR 2000, 1283, 1285; OLG Karlsruhe NJW 1998, 1800; *G. Müller* NJW 1997, 3049, 3051.
[3618] OLG Brandenburg VersR 2000, 1283, 1285; *Staudinger/Hager* RdNr. I 128; möglicherweise aA OLG Karlsruhe VersR 1998, 1800.
[3619] BGH NJW 1985, 1399; OLG Düsseldorf VersR 1990, 852, 853.
[3620] BGH NJW 1985, 1399; OLG Bremen VersR 2000, 1414 f.
[3621] *Lepa,* FS Geiß, 2000, S. 449, 455.
[3622] BGH NJW 1976, 363.
[3623] Vgl. BGH NJW 1991, 2342, 2343; 1994, 2414; 1998, 2734; BGH VersR 2005, 834, 835 f.; BGHZ 166, 336, 344 Tz. 17 ff. = NJW 2006, 2108; BGHZ 172, 1, 14 Tz. 34 = NJW 2007, 2767 = JZ 2007, 1104 m. Bespr. *Katzenmeier*; OLG Brandenburg VersR 2000, 1283, 1285; OLG Koblenz NJW-RR 2002, 310, 311.

schwach.³⁶²⁴ Im Strafrecht hat es gleichwohl mit dem Grundsatz des in dubio pro reo sein Bewenden,³⁶²⁵ doch im Zivilrecht trägt der **Arzt die Darlegungs- und Beweislast für die sog. hypothetische Einwilligung,** an deren Erfüllung strenge Anforderungen zu stellen sind, damit das Selbstbestimmungsrecht des Patienten nicht unterlaufen wird.³⁶²⁶ Eine an den Tatbestand der Aufklärungspflichtverletzung geknüpfte Beweislastumkehr, wie sie der VII. ZS in anderem Zusammenhang angenommen hat,³⁶²⁷ führte allerdings zu einer Übermaßhaftung, weil der Arzt den Gegenbeweis in aller Regel nicht führen kann, also in allen Fällen haftete, obwohl sich nicht alle Patienten bei richtiger Aufklärung gegen den Eingriff entschieden hätten. Deshalb sind mehrere Senate des BGH mit Blick auf den **Nachweis aufklärungsrichtigen Verhaltens** von der Lösung über die Beweislastumkehr abgegangen und haben zu milderen Mitteln Zuflucht genommen, denen gemeinsam ist, dass sie auf den Grad der Wahrscheinlichkeit Rücksicht nehmen, der für ein aufklärungsrichtiges Verhalten spricht.³⁶²⁸ Instrumente wie der Anscheinsbeweis kommen einer Beweismaßreduktion bereits sehr nahe. Speziell zum Arzthaftungsrecht hat der VI. ZS einen Set von Regeln entwickelt, die der differenzierten Verteilung der Beweislast anhand von Plausibilitätskriterien dienen und sich damit insgesamt als ein komplexes Instrument der **Beweismaßreduktion** zu qualifizieren sind.

Auf der ersten Stufe ist es Sache des **Arztes zu behaupten und ggf. nachzuweisen,** dass die medizinische Indikation vernünftigerweise kaum eine andere Entscheidung zuließ als sich dem Eingriff zu unterziehen.³⁶²⁹ Erhebt der Arzt seinerseits gar nicht den Einwand, der Patient hätte auch bei sachgerechter Aufklärung eingewilligt, ist Letzterer nicht gehalten, zu seinem hypothetischen Entscheidungskonflikt irgendetwas vorzutragen.³⁶³⁰ Die hypothetische Einwilligung darf gemäß § 531 Abs. 2 ZPO **nicht erstmals in der Berufungsinstanz** geltend gemacht werden.³⁶³¹ Diesem Vorbringen kann der Patient – bzw. bei Minderjährigen der gesetzliche Vertreter³⁶³² – begegnen, indem er plausibel macht, er hätte sich bei Erteilung der gebotenen Auskünfte in einem **echten Entscheidungskonflikt** befunden.³⁶³³ Dabei hat das Gericht zunächst die Intensität der medizinischen Indikation sowie bestehende Behandlungsalternativen in Betracht zu ziehen, etwa die Möglichkeit, einen Hirntumor nicht nach Öffnung der Schädeldecke, sondern durch die Nase zu entfernen³⁶³⁴ oder für den in Aussicht genommenen Eingriff einen Spezialisten bzw. eine entsprechende Klinik aufzusuchen.³⁶³⁵ Besonders geringe Anforderungen an die Glaubhaftmachung des Entscheidungskonflikts sind zu stellen, wenn eine **neuartige Behandlungsmethode** oder ein noch nicht zugelassenes Medikament ohne die gebotene intensive Aufklärung über Chancen und Risiken (RdNr. 749, 783) eingesetzt worden ist.³⁶³⁶ Mit derartigen, an objektiven Umständen orientierten Überlegungen, die letztlich auf die Frage zulaufen, wie sich ein vernünftiger

---

³⁶²⁴ BGH NJW 1994, 2414; 1998, 2734; allg. BGHZ 61, 118, 122 ff. = NJW 1973, 1688, 1689; vgl. auch BGH NJW 2003, 1862, 1863; *Canaris,* FS Hadding, 2004, S. 3, 23.
³⁶²⁵ BGHSt JZ 2004, 799 m. Bespr. *Rönnau;* eingehend zur – inzwischen weitverzweigten – strafrechtlichen Diskussion *Kuhlen* JZ 2005, 713 mwN; *Puppe* GA 2003, 764; *dies.* JR 2004, 470.
³⁶²⁶ BGH VersR 2005, 834, 835 f.; NJW 2007, 2771, 2772 Tz. 16 ff. = VersR 2007, 999; BGHZ 172, 1, 14 Tz. 34 = NJW 2007, 2767 = VersR 2007, 995 = JZ 2007, 1104 m. Bespr. *Katzenmeier.*
³⁶²⁷ BGHZ 61, 118, 122 = NJW 1973, 1688, 1689.
³⁶²⁸ Eingehend *Canaris,* FS Hadding, 2004, S. 3, 6 ff. mwN.
³⁶²⁹ BGHZ 172, 254, 262 Tz. 30.
³⁶³⁰ BGH NJW 1992, 2351, 2353; 1994, 2414, 2415; VersR 2005, 836, 837 = NJW 2005, 1718.
³⁶³¹ OLG Oldenburg VersR 2008, 124, 125.
³⁶³² BGH NJW 1991, 2344, 2345; vgl. RdNr. 670.
³⁶³³ BGHZ 90, 103, 111 = NJW 1984, 1397, 1399; BGHZ 106, 391, 395 = NJW 1989, 1533, 1534; BGHZ 172, 1, 14 Tz. 34 = NJW 2007, 2767 = JZ 2007, 1104 m. Bespr. *Katzenmeier;* BGH NJW 1984, 1808, 1809; 1991, 1543, 1544; 1991, 2342, 2343; 1991, 2344, 2345; 1992, 2351, 2353; 1994, 2414, 2415; 1998, 2734; VersR 2005, 834, 835 f.; VersR 2005, 836, 837 = NJW 2005, 1718; *Steffen/Pauge* Arzthaftungsrecht RdNr. 441 ff.
³⁶³⁴ BGH NJW 1998, 2734.
³⁶³⁵ BGH NJW 1984, 1807, 1809; 1992, 2342, 2344.
³⁶³⁶ BGHZ 172, 1, 14 f. Tz. 36 = NJW 2007, 2767 = JZ 2007, 1104 m. Bespr. *Katzenmeier;* BGHZ 172, 254, 262 Tz. 31; treffend *Spickhoff* NJW 2008, 1636, 1640: „kein ‚Versuchskaninchen' sein zu wollen", macht Entscheidungskonflikt plausibel.

§ 823 827, 828 Abschnitt 8. Titel 27. Unerlaubte Handlungen

Patient in der Lage des Betroffenen verhalten hätte, darf sich das Gericht nur zufrieden geben, wenn bereits auf dieser Grundlage glaubhaft gemacht ist, der Patient hätte sich aufgrund der gebotenen Aufklärung möglicherweise anders entschieden.[3637] In den übrigen Fällen ist das Gericht gehalten, sich ein Bild von der Person des Patienten und seiner konkreten Vorstellungswelt zu machen, was nur auf Grund einer **persönlichen Anhörung** gelingen kann.[3638] Nur ausnahmsweise, wenn die medizinischen Fakten eine eindeutige Sprache sprechen, der sich kein Patient hätte entziehen können, kann darauf verzichtet werden. Ist der Patient so schwer geschädigt, dass er nicht mehr zu seinem Entscheidungskonflikt Stellung zu nehmen vermag, darf dies nicht zu seinen Lasten gehen.[3639] In diesem Fall reicht es aus, wenn ein echter Entscheidungskonflikt ernsthaft in Betracht kommt.

827 Gelingt dem Patienten die Glaubhaftmachung eines echten Entscheidungskonflikts, kehrt sich die **Beweislast gegen den Arzt,** der dann seinerseits nachweisen muss, der Patient hätte sich auch bei pflichtgemäßer Aufklärung dem Eingriff unterzogen.[3640] Diese Hürde hat in der forensischen Praxis kaum ein Beklagter zu nehmen vermocht.[3641] Selbst der Umstand, dass der Patient denselben Eingriff später noch einmal hat durchführen lassen, reicht für den Nachweis einer hypothetischen Einwilligung nicht aus, wenn nicht zuvor eine Aufklärung in dem rechtlich gebotenen Umfang erfolgt war.[3642]

828 **bb) Vermutung aufklärungsrichtigen Verhaltens.** Das Pendant zur Rechtsfigur der hypothetischen Einwilligung bei der Risikoaufklärung ist für den Bereich der **Sicherungsaufklärung** die Vermutung aufklärungsrichtigen Verhaltens, wie sie auch aus anderen Bereichen, insbesondere der Produkthaftung bei Instruktionsfehlern geläufig ist (RdNr. 666).[3643] Wird eine mit 39 Jahren schwangere Frau von ihrem Gynäkologen nicht auf die Möglichkeit einer Fruchtwasseruntersuchung hingewiesen und bringt sie ein am Down-Syndrom leidendes Kind zur Welt, müsste sie nach allgemeinen Regeln beweisen, dass sie sich bei erfolgtem Hinweis dem diagnostischen Eingriff unterzogen hätte.[3644] Damit die Verpflichtung zur Sicherungsaufklärung nicht nur auf dem Papier steht, operiert die Rechtsprechung mit der Vermutung, der aufgeklärte Patient hätte sich entsprechend verhalten und folgerichtig keinen Schaden erlitten.[3645] Wie auch im Bereich der Produkthaftung gilt das allerdings nur, wenn ohnehin eine überwiegende Wahrscheinlichkeit für aufklärungsrichtiges Verhalten des Patienten spricht (RdNr. 666). Daran fehlt es, wenn der Betroffene schon durch objektive Umstände daran gehindert worden wäre, auf die Informationen zu reagieren, etwa kurzfristig einen Termin für eine Fruchtwasseruntersuchung zu bekommen, um über die dann noch zulässige Abtreibung zu entscheiden.[3646] Auch wenn es der Arzt beispielsweise nicht versäumt hätte, die Patientin auf die bei Sterilisationen unvermeidliche „Versagerquote" hinzuweisen, ist keinesfalls gesagt, dass die Eheleute gleichwohl weiterhin chemische oder physische Verhütungsmittel angewendet hätten. Die Vermutung gilt auch dann nicht, wenn die unterbliebene Sicherungsaufklärung ein ganzes Spektrum von Handlungsmöglichkeiten eröffnet hätte; in einem

---

[3637] BGHZ 90, 103, 112 = NJW 1984, 1397, 1399; BGH NJW 1991, 2342, 2343 f.; 1991, 2344, 2345; Beispiel: BGH NJW 1984, 1807, 1809; noch weitergehend BGHZ 172, 1, 16 Tz. 37 = NJW 2007, 2767 = JZ 2007, 1104 m. Bespr. *Katzenmeier*.
[3638] BGH NJW 1991, 1543, 1544; 1992, 2351, 2353; 1994, 2414, 2415; 1994, 3009, 3011; 1995, 2410, 2411; 1998, 2734; VersR 2005, 836, 837 = NJW 2005, 1718; VersR 2005, 694 = NJW 2005, 1364.
[3639] BGH NJW 2007, 2771, 2773 Tz. 19 f. = VersR 2007, 999.
[3640] BGHZ 29, 176, 187; BGHZ 172, 1, 15 f. Tz. 37 = NJW 2007, 2767 = VersR 2007, 995 = JZ 2007, 1104 m. Bespr. *Katzenmeier*; BGH NJW 1976, 363; 1991, 1543, 1544; 1992, 2351, 2353.
[3641] *Lepa,* FS Geiß, 2000, S. 449, 455.
[3642] BGHZ 166, 336, 344 Tz. 18 = NJW 2006, 2108 = VersR 2008, 838.
[3643] *Hausch* VersR 2007, 167, 171 f.
[3644] So in der Tat BGH NJW 1981, 630, 632; 1981, 2002, 2004; RGRK/*Nüßgens* Anh. II RdNr. 48.
[3645] BGHZ 89, 95, 103 = NJW 1984, 659; BGH NJW 1989, 2320, 2321; *Staudinger/Hager* RdNr. I 53.
[3646] BGH NJW 1987, 2923, 2924.

solchen Fall gibt es gar kein „aufklärungsrichtiges" Verhalten, das Gegenstand einer Vermutung sein könnte.[3647]

cc) Hypothetische Kausalverläufe. Ist dem Arzt ein Behandlungsfehler unterlaufen, doch steht fest, dass **derselbe Gesundheitsschaden auch bei pflichtgemäßer Behandlung eingetreten** wäre, scheidet eine Haftung aus. Dafür, dass der hypothetische Kausalverlauf bei pflichtgemäßer Behandlung zu demselben Resultat geführt hätte, trägt der Arzt die **Beweislast**.[3648] 829

d) Schmerzensgeld bei zwingender Indikation? Gelingt dem Arzt ausnahmsweise der Nachweis einer hypothetischen Einwilligung, kann der Patient keinen Schadensersatz und insbesondere kein Schmerzensgeld verlangen.[3649] Eine deliktsrechtliche Haftung des Arztes auf Schmerzensgeld wegen **Eingriffs in das Selbstbestimmungsrecht des Patienten** durch Unterlassen fachgerechter Aufklärung über die Risiken eines unausweichlichen Eingriffs wird von Teilen der Literatur unter dem Aspekt der Persönlichkeitsverletzung begründet.[3650] Da das Recht auf körperliche Unversehrtheit nichts anderes als eine Ausprägung des Allgemeinen Persönlichkeitsrechts ist (RdNr. 68),[3651] kommt eine solche Lösung auch auf dem Boden der hier vertretenen Auffassung in Betracht, die den fachgerechten, aber nicht konsentierten ärztlichen Heileingriff als Körperverletzung qualifiziert (RdNr. 727).[3652] Allerdings ist zu berücksichtigen, dass das Selbstbestimmungsrecht des Patienten in Fällen *zwingender* medizinischer Indikation nur wenig tangiert wird, und umgekehrt der Arzt häufig unter erheblichem Zeitdruck agieren muss, um den Patienten vor weiteren Schäden zu bewahren. Weder die Ausgleichs- noch die Präventionsfunktion des Schmerzensgeldes sprechen somit für die Gewährung entsprechender Ansprüche.[3653] 830

4. Streitgegenstand und Rechtskraft. Eine für die Praxis wichtige, höchstrichterlich aber noch nicht geklärte Frage geht dahin, wie der Streitgegenstand eines Arzthaftungsprozesses zu definieren ist. Erfasst eine Schadensersatzklage den **gesamten medizinischen Vorgang**, einschließlich sämtlicher in Betracht kommender Behandlungs- und Aufklärungsfehler? Von der Antwort darauf hängt es ab, in welchem Umfang die **Verjährung** der Ersatzansprüche gemäß § 204 Abs. 1 Nr. 1 gehemmt wird und wie weit die **Rechtskraft** klageabweisender Urteile reicht. Soweit ersichtlich, hat in der Rechtsprechung bisher nur das OLG Saarbrücken zu dieser Problematik Stellung genommen und die Ansicht vertreten, im Arzthaftungsprozess werde der gesamte Behandlungsvorgang Gegenstand des Rechtsstreits, mit der Folge, dass sämtliche „in einem gewissen zeitlichen und räumlichen Zusammenhang stehende Behandlungsfehler" den Streitgegenstand bildeten.[3654] Auf dieser Grundlage wurde es dem Patienten untersagt, nach rechtskräftiger Abweisung seines Schadensersatzbegehrens eine weitere Klage zu erheben und diese auf vermeintliche Behandlungsfehler zu stützen, die in dem Erstprozess noch nicht erkennbar waren. Im Allgemeinen werden Schadensersatzbegehren wegen verschiedener Mängel, etwa eines Bauwerks, allerdings als unterschiedliche Streitgegenstände angesehen,[3655] und auch im Bereich der Arzthaftung wird man differenzieren müssen: Soweit für einen Gesundheitsschaden **verschiedene Behandlungsfehler** als 831

[3647] BGH NJW 1989, 2320, 2321.
[3648] BGH VersR 2005, 836, 837 = NJW 2005, 1718; NJW-RR 2008, 263, 264 Tz. 14 = VersR 2008, 263.
[3649] Diese Konsequenz wird ausdrücklich gezogen und begründet bei *Kullmann* VersR 1999, 1190 ff.
[3650] Ähnlich OLG Jena VersR 1998, 586, 588; deutlich RGRK/*Nüßgens* Anh. II RdNr. 154; *Hart*, FS Heinrichs, 1998, S. 292, 316.
[3651] BGHZ 124, 52, 54 = NJW 1994, 127, in Anlehnung an RGRK/*Steffen* RdNr. 9; vgl. auch BGH NJW 1980, 1452, 1453; 1995, 2407, 2408: „Recht am eigenen Körper als gesetzlich ausgeformter Teil des allg. Persönlichkeitsrechts".
[3652] So die 3. Aufl. RdNr. 457.
[3653] Übereinstimmend *Kullmann* VersR 1999, 1190 f.; *Terbille* VersR 1999, 235, 237; *Spickhoff* NJW 2005, 1694, 1698.
[3654] OLG Saarbrücken VersR 2002, 193, 195.
[3655] BGH NJW 1998, 1140.

§ 824   Abschnitt 8. Titel 27. Unerlaubte Handlungen

Ursache in Betracht kommen, die sämtlich in einem einheitlichen Geschehen wurzeln – etwa einer Operation –, liegt ein einheitlicher Streitgegenstand vor; im Übrigen jedoch eine Mehrzahl von Streitgegenständen. Letzteres gilt auch im Verhältnis zwischen **Behandlungs- und Aufklärungsfehlern**.[3656] Der **BGH** scheint nunmehr in diese Richtung zu tendieren.[3657]

VII. Mitverschulden des Patienten

832   § 254 spielt im Arzthaftungsrecht nur eine Nebenrolle, weil der Patient wegen der zwischen den Parteien bestehenden **Informationsasymmetrie** in aller Regel nicht dazu in der Lage ist, Behandlungsfehler des Arztes zu erkennen und sein Verhalten darauf einzustellen.[3658] Ein Chirurg kann deshalb einer von ihm grob fehlerhaft behandelten Tierärztin nicht vorhalten, sie hätte sich wegen der andauernden Beschwerden sofort wieder an ihn wenden müssen.[3659]

§ 824 Kreditgefährdung

(1) Wer der Wahrheit zuwider eine Tatsache behauptet oder verbreitet, die geeignet ist, den Kredit eines anderen zu gefährden oder sonstige Nachteile für dessen Erwerb oder Fortkommen herbeizuführen, hat dem anderen den daraus entstehenden Schaden auch dann zu ersetzen, wenn er die Unwahrheit zwar nicht kennt, aber kennen muss.

(2) Durch eine Mitteilung, deren Unwahrheit dem Mitteilenden unbekannt ist, wird dieser nicht zum Schadensersatz verpflichtet, wenn er oder der Empfänger der Mitteilung an ihr ein berechtigtes Interesse hat.

Schrifttum: *Bund*, Das Äußerungsrisiko des Wissenschaftlers, FS v. Caemmerer, 1978, S. 297; *Damm/Rehbock*, Widerruf, Unterlassung und Schadensersatz in den Medien, 2008; *Deutsch*, Abwertende Medienkritik, FS Klingmüller, 1974, S. 49; *Erdsiek*, Wahrnehmung berechtigter Interessen ein Rechtfertigungsgrund?, JZ 1969, 311; *v. Gamm*, Persönlichkeits- und Ehrverletzungen durch Massenmedien, 1969; *Grimm*, Die Meinungsfreiheit in der Rechtsprechung des Bundesverfassungsgerichts, NJW 1995, 1697; *Helle*, Der Schutz der Persönlichkeit, der Ehre und des wirtschaftlichen Rufes im Privatrecht, vornehmlich auf Grund der Rechtsprechung, 2. Aufl. 1969; *Kübler*, Öffentliche Kritik an gewerblichen Erzeugnissen und beruflichen Leistungen, AcP 172 (1972), 177; *Löffler/Ricker*, Handbuch des Presserechts, 5. Aufl. 2005; *Messer*, Der Anspruch auf Geldersatz bei Kreditgefährdung, § 824 und Anschwärzung, § 14 UWG, FS Steffen, 1995, S. 347; *Peters*, Die publizistische Sorgfalt, NJW 1997, 1334; *Prinz/Peters*, Medienrecht, 1999; *Ricker*, Unternehmensschutz und Pressefreiheit, 1989; *E. Schmidt*, Wahrnehmung berechtigter Interessen: ein Rechtfertigungsgrund?, JZ 1970, 8; *Schönke/Schröder*, Strafgesetzbuch, 26. Aufl. 2001; *Schotthöfer*, Geschäftsschädigende Äußerungen, GewA 1980, 185; *Schricker*, Öffentliche Kritik an gewerblichen Erzeugnissen und beruflichen Leistungen, AcP 172 (1972), 203; *Soehring*, Presserecht, 3. Aufl. 2000; *Soehring/Seelmann-Eggebert*, Die Entwicklung des Presse- und Äußerungsrechts 1997 bis 1999, NJW 2000, 2469; *dies.*, Die Entwicklung des Presse- und Äußerungsrechts 2000–2004, NJW 2005, 571; *Steffen*, Wahrheit und Wertung in der Pressekritik, AfP 1979, 284; *Steinmeyer*, Bürgerinitiativen und Unternehmensschutz, JZ 1989, 781; *Stürner*, Die Wahrheitspflicht von Umweltschutzinitiativen beim Kampf gegen umweltbedrohende Technik, FS Lukes, 1989, S. 237; *Tilmann*, Haftungsbegrenzung im Äußerungsdeliktsrecht, NJW 1975, 758; *Vortmann*, Rechtsfolgen der falschen Datenübermittlung an die Schufa, ZIP 1989, 80; *Walter*, Ehrenschutz gegenüber Parteivorbringen im Zivilprozeß, JZ 1986, 614; *Weitnauer*, Schadensersatz aus unberechtigter Verfahrenseinleitung, AcP 170 (1970), 437; *Wenzel*, Wahrheit und Wertung in der Pressekritik, AfP 1979, 276; *ders./Burkhardt*, Recht der Wort- und Bildberichterstattung, 5. Aufl. 2003.

[3656] Wie hier 3. Aufl. RdNr. 422; *Tempel* NJW 1980, 609, 617; aA *Staudinger/Hager* RdNr. I 79; *Soergel/Spickhoff* Anh. I RdNr. 102; *Bamberger/Roth/Spindler* RdNr. 606, 822.
[3657] BGH NJW-RR 2007 414, 415 Tz. 11 = MedR 2007, 722 mit krit. Anm. *Prütting*; aA *Spickhoff* NJW 2007, 1628, 1634; *ders.* NJW 2008, 1636, 1641.
[3658] BGH VersR 1997, 449, 450; OLG Düsseldorf VersR 2002, 611, 612; *Spickhoff* NJW 2003, 1701, 1706 f.; vgl. auch BGHZ 96, 98, 100 = NJW 1986, 775.
[3659] OLG Stuttgart NJW-RR 2002, 1544.

Übersicht

	RdNr.		RdNr.
I. Normzweck und Stellung im Deliktsrecht	1–3	6. Unmittelbarer Kausalzusammenhang zwischen Behauptung und Betroffenheit	38–40
II. Anwendungsbereich und Konkurrenzen	4–8	IV. Rechtswidrigkeit	41–56
1. Deliktsrecht	5, 6	1. Wahrnehmung berechtigter Interessen	41–43
2. Wettbewerbsrecht	7, 8	2. Rechtsnatur des Abs. 2	44
III. Haftungstatbestand	9–40	3. Maßstab	45–47
1. Ermittlung des Aussageinhalts	10–13	4. Fallgruppen	48–56
2. Tatsachenbehauptungen und Werturteile	14–25	a) Wissenschaftliche Äußerungen	48
a) Grundlegung	14–19	b) Tatsachenmitteilungen in gerichtlichen und behördlichen Verfahren	49–52
b) Konkretisierung	20–23	c) Berichterstattung in Presse, Rundfunk und Fernsehen	53–56
c) Kasuistik	24, 25	V. Verschulden	57
3. Unwahrheit der Tatsache	26–29	VI. Negatorische Ansprüche	58–61
4. Tathandlung: Behaupten oder Verbreiten	30–34	VII. Schadensersatz	62, 63
5. Kreditgefährdung	35–37	VIII. Aktiv- und Passivlegitimation	64, 65
		IX. Darlegungs- und Beweislast	66

I. Normzweck und Stellung im Deliktsrecht

§ 824 ist eine Schöpfung der Zweiten Kommission, die den Tatbestand als **Ergänzung** **zur Haftung wegen Schutzgesetzverletzung** nach Maßgabe des heutigen § 823 Abs. 2 und dem von diesem in Bezug genommen strafrechtlichen Vermögensdelikten konzipiert hat.[1] Im Vordergrund stand die Verleumdung, die ebenfalls die Verbreitung unwahrer Tatsachen in Beziehung auf einen anderen sanktioniert, wobei gemäß § 187 StGB ausdrücklich auch solche Tatsachen erwähnt, die den Kredit zu gefährden geeignet sind. Für die Straftat erforderlich ist jedoch Handeln „wider besseres Wissen", so dass der Nachweis zu führen ist, der Täter habe die Tatsachen trotz positiver Kenntnis ihrer Unrichtigkeit verbreitet.[2] Schutzgesetz ist zwar auch § 186 StGB, in dessen Rahmen die Unwahrheit der behaupteten Tatsache lediglich objektive Strafbarkeitsbedingung und insoweit nicht einmal Fahrlässigkeit vorausgesetzt ist, die üble Nachrede erfasst jedoch lediglich Angriffe auf die persönliche Ehre des Betroffenen, nicht aber die Kreditgefährdung, die nicht zwangsläufig zugleich ehrverletzend zu sein braucht.[3] In die damit aufgerissene Sanktionslücke bei fahrlässiger Verbreitung falscher kreditschädigender Tatsachen sollte § 824 stoßen und damit „das verletzte Interesse des Beleidigten auch in den Fällen [...] schützen, in welchen für die Strafgesetzgebung kein Anlass bestehe, gegen die unerlaubte Handlung des Beleidigenden eine strafrechtliche Reaktion eintreten zu lassen".[4]

Die **Erste Kommission** glaubte noch, **ohne einen solchen Sondertatbestand** auskommen zu können,[5] allerdings nicht, weil sie den Schutzbereich des Deliktsrechts enger ziehen wollte, sondern weil er nach dem Ersten Entwurf ohnehin wesentlich weiter reichte als nach der später in Kraft getretenen Gesetzesfassung (Vor § 823 RdNr. 10 ff.). Einerseits war der Schutzbereich des späteren § 823 Abs. 1 nicht auf das Eigentum und physische Persönlichkeitsinteressen beschränkt, sondern schloss die Ehre ein, und andererseits wurde er ergänzt durch eine allgemeine Fahrlässigkeitshaftung für sittenwidrige Vermögensschädigun-

---
[1] Prot. II S. 637 f.
[2] Statt aller *Schönke/Schröder/Lenckner* § 187 StGB RdNr. 5.
[3] RGSt 44, 158, 159 f.; RGZ 51, 369, 375; 56, 271, 282; BGH NJW 1965, 36, 37.
[4] Prot. II S. 638; vgl. auch RGZ 115, 74, 79.
[5] *Jakobs/Schubert*, Die Beratung des Bürgerlichen Gesetzbuchs, Recht der Schuldverhältnisse III, 1983, S. 908: „Entbehrlichkeit der Bestimmung" mit Rücksicht auf Abs. 2 des „oftgedachten § 145" RedVorl. aaO S. 889.

§ 824　3–5　　　　　　　　　　　　　　Abschnitt 8. Titel 27. Unerlaubte Handlungen

gen, weil der Vorläufer des heutigen § 826 vorsätzliches Handeln nicht erforderte. In diesem System einer zwar dreigeteilten, aber gleichwohl lückenlosen Generalklausel bestand für Sondertatbestände des Vermögensschutzes nach Art des § 824 in der Tat keinerlei Bedürfnis. Dieses entstand erst, als die Zweite Kommission mit der Beschränkung des heutigen § 826 auf vorsätzliche Schädigungshandlungen und durch Konzentration des § 823 Abs. 1 auf Eigentums- und physische Persönlichkeitsinteressen den Schutzbereich des Deliktsrechts zu Lasten reiner Vermögensschäden zurück schnitt.

3　In der ursprünglichen Konzeption des Gesetzes galt Entsprechendes für immaterielle Persönlichkeitsinteressen, und deshalb wird auch heute noch das Allgemeine Persönlichkeitsrecht als Schutzgut des § 824 genannt.[6] Dabei handelt es sich jedoch um ein Missverständnis, denn tatsächlich dient § 824 nicht dem Schutz der persönlichen Ehre oder sonstiger Immaterialgüter,[7] sondern ist auf den **Schutz reiner Vermögensinteressen** ausgerichtet.[8] Die „Ehre" des Geschäftsmanns wird in diesem Tatbestand nur insoweit und en passant mitgeschützt, als sie für Kredit, Erwerb und Fortkommen relevant ist, also als **Kredit- und Geschäftswürdigkeit**.[9] Folgerichtig löst die Verwirklichung des § 824 keine Ansprüche auf Schmerzensgeld gemäß § 253 Abs. 2 aus, sondern der Haftungsumfang ist auf den Ersatz von Vermögensschäden beschränkt (vgl. RdNr. 62). Schließlich bleibt darauf hinzuweisen, dass auch im Strafrecht weithin Einigkeit herrscht, dass § 187 StGB in Bezug auf die Tatbestandsalternative der Kreditgefährdung als Vermögens- und nicht als Ehrschutzdelikt anzusprechen ist.[10] Die Haftung nach § 824 hat dementsprechend nichts von ihrer Bedeutung verloren, nachdem die Nachkriegsrechtsprechung der deliktsrechtlichen Diskriminierung des Allgemeinen Persönlichkeitsrechts ein Ende bereitet hat.

II. Anwendungsbereich und Konkurrenzen

4　Aus Entstehungsgeschichte und Funktion des § 824 ergeben sich die maßgebenden Leitlinien für die Bestimmung seines Verhältnisses zu den übrigen Tatbeständen des Deliktsrechts sowie zum Wettbewerbs- und Presserecht.

5　**1. Deliktsrecht. Konkurrenzen mit § 823 Abs. 1** können sich sowohl unter dem Gesichtspunkt des Allgemeinen Persönlichkeitsrechts als auch unter demjenigen des Rechts am eingerichteten und ausgeübten Gewerbebetrieb ergeben. Da das **Allgemeine Persönlichkeitsrecht** den Schutz immaterieller Interessen gewährleistet, während § 824 dem Schutz reiner Vermögensinteressen zu dienen bestimmt ist, sind beide Tatbestände nebeneinander anwendbar.[11] Wegen der Identität des Schutzobjekts hätte die Haftung für Eingriffe in das **Recht am eingerichteten und ausgeübten Gewerbebetrieb** allerdings das Zeug dazu, die Schutzbereichsgrenzen des § 824 zu überspielen, weshalb die Vorschrift in ihrem Anwendungsbereich – dh. bei Verbreitung unwahrer Tatsachen, durch die die wirtschaftliche Wertschätzung von Personen oder Unternehmen unmittelbar beeinträchtigt wird (vgl. eingehend RdNr. 9 ff.) – den Rückgriff auf das Recht am Unternehmen ausschließt.[12] Jenseits dieser Voraussetzungen, also bei Verbreitung unwahrer Tatsachen, die sich zwar auf die Geschäfte eines Unternehmens schädlich auswirken, ohne jedoch gegen dieses gerichtet zu sein, oder wenn wahre Tatsachen verbreitet werden, die auf unrechtmäßige Weise erlangt wurden, ist der § 823 Abs. 1 zugeordnete Haftungstatbestand eines Eingriffs in das Recht am eingerichteten und ausgeübten Gewerbebetrieb nicht ausgeschlossen (vgl. eingehend § 823 RdNr. 207 ff.).[13]

---

[6] *Staudinger/Hager* RdNr. 1; *RGRK/Steffen* RdNr. 1 f.; *Bamberger/Roth/Spindler* RdNr. 1, 3.
[7] RGZ 95, 339, 341; 140, 392, 395 f.
[8] Übereinstimmend BGH NJW 1965, 36, 37; 1994, 2614, 2615; *Larenz/Canaris* II/2 § 79 I 1 a, S. 463; *Steinmeyer* JZ 1989, 781, 783 f.; ähnlich *Wenzel/Burkhardt* Kap. 5 RdNr. 239.
[9] Ähnlich BGHZ 70, 39, 43 = NJW 1978, 210, 211: „Geschäftsehre".
[10] RGSt 44, 158, 160; *Schönke/Schröder/Lenckner* § 187 StGB RdNr. 1.
[11] *Erman/Schiemann* RdNr. 1; *Wenzel/Burkhardt* Kap. 5 RdNr. 241; *Prinz/Peters* RdNr. 153.
[12] BGHZ 90, 113, 121 f.; 138, 311, 315; BGH NJW 1983, 2195, 2196; VersR 1992, 363, 364 = NJW 1992, 1312; *Wenzel/Burkhardt* Kap. 5 RdNr. 238.
[13] BGHZ 90, 113, 121 f. = NJW 1984, 1607, 1609; BGHZ 138, 311, 315 = NJW 1998, 2141, 2142.

Die Anwendbarkeit des § 824 neben der **Schutzgesetzhaftung aus § 823 Abs. 2 iVm.** 6
§§ 185 ff. StGB versteht sich von selbst, soweit die Straftatbestände allein die persönliche
Ehre schützen, wie es bei den §§ 185, 186 StGB der Fall ist. Doch auch in dem durch § 187
StGB markierten Überschneidungsbereich des Schutzes der Geschäftsehre wird § 824 nicht
verdrängt.[14] § 824 seinerseits erlaubt den Rückgriff auf die allgemeine **Vermögensschadenshaftung nach § 826,** sofern sich Vorsatz nachweisen lässt.[15] Die §§ 823 Abs. 2, 826
behalten eine gewisse praktische Bedeutung vor allem bei Verbreitung geschäftsschädigender,
aber wahrer Tatsachen, sofern diese als Formalbeleidigung (§ 192 StGB) oder als vorsätzlichsittenwidrige Schädigung zu qualifizieren sind.

2. Wettbewerbsrecht. § 4 Nr. 8 UWG sanktioniert die **Anschwärzung,** also das 7
Behaupten oder Verbreiten von nicht erweislich wahren, geschäftsschädigenden oder kreditgefährdenden Tatsachen über Waren, Dienstleistungen oder das Unternehmen eines Mitbewerbers, in schärferer Weise als § 824. Der Anwendungsbereich des Tatbestands ist
allerdings beschränkt auf Handeln zu Zwecken des Wettbewerbs. Gemäß § 2 Abs. 1 Nr. 1
UWG müssen die Äußerungen darauf abzielen, zugunsten des eigenen oder eines fremden
Unternehmens den Absatz oder den Bezug von Waren oder Dienstleistungen einer Person
zu fördern.[16] Unter diesen Voraussetzungen wird die Durchsetzung von Unterlassungs- und
Schadensersatzansprüchen durch § 4 Nr. 8 UWG in zweifacher Hinsicht erleichtert: (1)
Während § 824 die Darlegungs- und Beweislast für die Unwahrheit der Tatsache dem
Geschädigten auferlegt, obliegt der Wahrheitsbeweis im Rahmen des § 4 Nr. 8 UWG dem
Äußernden. Dies gilt ausweislich des § 4 Nr. 8 Halbs. 2 nicht für vertrauliche Mitteilungen,
an denen der Mitteilende oder der Empfänger ein besonderes Interesse hat; in diesem Fall
liegt die Beweislast für die Unwahrheit beim Verletzten. (2) Es spielt keine Rolle, ob der
Äußernde die Unwahrheit der Tatsache hätte erkennen können. Letzteres war in § 14
Abs. 2 UWG aF ausdrücklich klargestellt, soll aber auch für die Haftung nach § 4 Nr. 8, § 9
UWG nF gelten.[17] § 4 Nr. 8 UWG schließt den Rückgriff auf den allgemein geltenden und
anspruchsvollere Voraussetzungen statuierenden Haftungstatbestand des § 824 nicht aus.[18]
Praktische Bedeutung kann § 824 noch erlangen, wenn die für wettbewerbsrechtliche
Ansprüche geltende Sechsmonatsfrist des § 11 Abs. 1 UWG abgelaufen ist, die Dreijahresfrist des § 195 jedoch noch nicht.[19] Nachdem die subjektiven Voraussetzungen des § 11
Abs. 2 Nr. 2 UWG denjenigen des § 199 Abs. 1 Nr. 2 angeglichen worden sind, wird dies
freilich nur noch selten vorkommen.

Der **presserechtliche Gegendarstellungsanspruch** steht **kumulativ zu § 824** zur 8
Verfügung, weil die Landespressegesetze und das Deliktsrecht jeweils ihren eigenen Gesetzmäßigkeiten folgen und unabhängig voneinander anzuwenden sind. Mit Blick auf das Recht
zur Naturalrestitution (§ 249 Abs. 1) kommt ein Anspruch auf Gegendarstellung auch als
Rechtsfolge des § 824 in Betracht (RdNr. 63).

III. Haftungstatbestand

§ 824 knüpft die Haftung an das Behaupten oder Verbreiten einer unwahren Tatsache, die 9
zur Schädigung eines anderen geeignet ist. Sowohl die Einordnung einer Mitteilung als

---

[14] RGZ 51, 369, 375; BGH NJW 1983, 1183; 1997, 1148; *Prinz/Peters* RdNr. 157; *Staudinger/Hager* RdNr. 2; anders wohl RGZ 115, 74, 79.
[15] *Prinz/Peters* RdNr. 157; *Palandt/Sprau* RdNr. 1.
[16] So zu § 14 UWG aF BGHZ 3, 270, 277 = NJW 1952, 660, 661 – „Constanze I"; BGHZ 19, 299, 303 = NJW 1956, 339, 340 – „Kurverwaltung"; BGH NJW 1981, 2304 – „Preisvergleich"; NJW 1992, 2231, 2232 – „Beitragsrechnung"; zum Begriff der Wettbewerbshandlung eingehend *Köhler* in: *Hefermehl/Köhler/Bornkamm* § 2 UWG RdNr. 3 ff., § 4 UWG RdNr. 8.11.
[17] *Hefermehl/Köhler/Bornkamm* § 4 UWG RdNr. 8.26 mwN, auch zur Gegenauffassung.
[18] RGZ 74, 434, 435 f.; BGHZ 36, 252, 256 = NJW 1962, 1103, 1104 – „Gründerbildnis"; *Hefermehl/Köhler/Bornkamm* § 4 UWG RdNr. 8.9.
[19] Vgl. zu § 21 UWG aF RGZ 74, 434, 436; BGHZ 36, 252, 256 = NJW 1962, 1103, 1104; mit Blick auf § 823 Abs. 1 auch BGH WRP 1968, 50, 51.

§ 824 10–12   Abschnitt 8. Titel 27. Unerlaubte Handlungen

Tatsachenbehauptung als auch die Wahrheitsprüfung setzen die Feststellung des Inhalts der Aussage voraus.[20] Der Ausgang von Rechtsstreitigkeiten entscheidet sich deshalb nicht selten bei der Auslegung der jeweiligen Äußerung.

10 **1. Ermittlung des Aussageinhalts.** Der Inhalt der Äußerung ist aus der **Perspektive eines objektiven verständigen Empfängers** zu beurteilen. Weder kommt es darauf an, wie der Erklärende die Aussage gemeint hat, noch, wie ein bestimmter Empfänger sie aufgefasst hat, sondern entscheidend ist das tatsächliche Wahrnehmungsverhalten einer **Durchschnittsperson** aus dem jeweiligen Adressatenkreis.[21] Wird die Mitteilung typischerweise nur sehr schnell oder flüchtig wahrgenommen, so ist dies zu berücksichtigen,[22] richtet sie sich an ein Fachpublikum, sind die Spezialkenntnisse eines durchschnittlichen Fachmanns zugrunde zu legen.[23] Der Erklärungswert einer Aussage kann auch versteckt und nur durch ein verständiges Lesen **„zwischen den Zeilen"** zu ermitteln sein.[24] Obliegen dem Empfänger bestimmte Prüfungspflichten zum Inhalt der ihn erreichenden Information, so ist diese nicht mit dem augenscheinlichen Inhalt in Ansatz zu bringen, sondern mit demjenigen, der sich nach Abschluss der Prüfung ergibt.[25]

11 Einzelne Passagen dürfen nicht isoliert betrachtet werden, sondern die Äußerung ist in demjenigen **Zusammenhang** zu interpretieren, in dem sie gefallen ist.[26] So kann etwa in einer hitzigen politischen Debatte unter Berücksichtigung des gesamten Gesprächsverlaufs eine Aussage als (womöglich unüberlegte) Wertung oder als rhetorisches Stilmittel interpretiert werden, obwohl sie sich in anderen Zusammenhängen als Äußerung einer Tatsache darstellte.[27] Besondere Bedeutung erhält der Zusammenhang der Aussage auch bei der Auslegung von Titeln, Überschriften und von Zeitungsartikeln oder Flugblättern. Der Sinngehalt einer Überschrift bzw. einer (Bild-)Unterschrift, die beide in aller Regel vor allem Aufmerksamkeit heischende, schlagwortartige Informationen enthalten, ist grundsätzlich unter Einbeziehung des Artikelinhalts zu ermitteln.[28]

12 Unter **mehreren in Betracht kommenden Auslegungsvarianten** ist im Licht des Art. 5 GG diejenige zu wählen, die dem in Anspruch Genommenen günstiger ist, also diejenige, die den Betroffenen – den Anspruchsteller – weniger beeinträchtigt.[29] Die Zivilgerichte sind gehalten, bei der Entscheidung zwischen mehreren möglichen Deutungen die für die Äußerungsfreiheit schonendere Interpretation als bloße Meinungsäußerung unter Anführung nachvollziehbarer Gründe auszuschließen.[30] Allerdings ist nicht schon dann von

---

[20] BGHZ 166, 84, 100 f. RdNr. 64 = NJW 2006, 830, 836 = JZ 2006, 732 m. Bespr. *Spindler*; *Soehring/Seelmann-Eggebert* NJW 2005, 571, 572: Auslegung gehört „zu den schwierigsten Problemen des Presse- und Äußerungsrechts".

[21] BVerfGE 82, 272, 282 f. = NJW 1991, 95, 96 – „Zwangsdemokrat"; BVerfG NJW 1994, 2943, 2944 – „Soldaten sind Mörder"; NJW 1995, 3303, 3305 – „Soldaten sind Mörder II"; BGHZ 166, 84, 101 = NJW 2006, 830, 836 RdNr. 64 – „Kirch"; BGH NJW 1992, 1312, 1313 – „Bezirksleiter Straßenbauamt"; VersR 2004, 343, 344; OLG Naumburg NJW-RR 2006, 1029, 1031; *Prinz/Peters* RdNr. 6; vgl. auch BVerfG NJW 1977, 799, 800 für politisch motiviertes Flugblatt; krit. *Löffler/Ricker* Kap. 42 RdNr. 25.

[22] Vgl. BGH GRUR 1975, 89, 91; *Baumbach/Hefermehl* § 14 UWG RdNr. 3.

[23] BGH NJW 1992, 1312, 1313 = LM § 823 (Ai) Nr. 70.

[24] BGH NJW 1979, 1041 = LM § 823 (Ah) Nr. 65; NJW 1980, 2801, 2803; NJW-RR 1994, 1242; NJW 1997, 2513 f. – „Erfahrungen mit dem Rechtswesen"; NJW 2000, 656, 657 – „Korruption am Bau"; VersR 2004, 343, 344; 2006, 382, 383 RdNr. 16; *Weitnauer* AcP 170 (1970), 437, 449; *Prinz/Peters* RdNr. 9.

[25] BGH NJW 1978, 2151, 2152 m. abl. Anm. *Simon* NJW 1979, 265 = LM § 823 (Ah) Nr. 62 = JZ 1979, 102 m. Anm. *Deutsch* = BB 1978, 1278 m. Anm. *Schaffland*. Mißverständliche Personenidentität in der Kreditwürdigkeitsauskunft einer Informationssammelstelle an eine angeschlossene Bank.

[26] BVerfG NJW 1993, 930, 931; 1995, 3303, 3305; BGHZ 132, 13, 20 = NJW 1996, 1131, 1133 – „Lohnkiller" = LM § 823 Nr. 123 m. Anm. *Marly*; BGHZ 139, 95, 102 = NJW 1998, 3047, 3048 – „Stolpe"; BGHZ 166, 84, 100 f. RdNr. 64 = NJW 2006, 830, 836 = JZ 2006, 732 m. Bespr. *Spindler*; BGH NJW 1987, 2225, 2226; 1994, 2614, 2615; NJW 1997, 2513, 2514 – „Erfahrungen mit dem Rechtswesen"; NJW 2000, 656, 657 – „Korruption am Bau"; VersR 2004, 343, 344; NJW 2005, 279, 282 – „Foris"; *Prinz/Peters* RdNr. 7.

[27] Vgl. aber BGHZ 139, 95, 102 = NJW 1998, 3047, 3048 – „Stolpe": „unerheblich".

[28] KG NJW-RR 1999, 1547, 1548 mit Hinweis auf eine Ausnahme.

[29] BGHZ 139, 95, 104 = NJW 1998, 3047, 3048 – „Stolpe"; BGH VersR 2004, 343, 344.

[30] BVerfGE 43, 130, 136 f. = NJW 1977, 799, 800 – „Flugblatt"; BVerfGE 61, 1, 9 = NJW 1983, 1415, 1416 – „NPD von Europa"; BVerfGE 82, 43, 52 f. = NJW 1990, 1980, 1981 – „Strauß-Transparent";

Kreditgefährdung 13, 14 § 824

einem Werturteil auszugehen, wenn eine solche Deutung überhaupt nur in Betracht kommt.[31]

Wie auch die Abgrenzung zwischen Meinungsäußerung und Tatsachenbehauptung unterliegt die Auslegung der Mitteilung sowohl der **Überprüfung durch das Revisionsgericht**[32] als auch der Kontrolle durch das BVerfG.[33] 13

2. Tatsachenbehauptungen und Werturteile. a) Grundlegung. § 824 setzt voraus, 14 dass Tatsachen kommuniziert werden – und nicht bloß Werturteile. Speziell auf § 824 bezogene Judikatur gibt es zwar wenig, doch die Abgrenzung von Tatsachen und Werturteilen ist ein Zentralproblem des „Kommunikationsrechts", das in vielerlei Zusammenhängen relevant wird, so etwa in den bereits erwähnten §§ 4 Nr. 8 UWG, 186, 187 StGB.[34] Die verfassungsrechtliche Gewährleistung des Art. 5 GG erfasst zwar sowohl Meinungsäußerungen als auch Tatsachenbehauptungen,[35] jedoch variiert der Schutzumfang je nach dem, ob es sich um die Kommunikation einer wahren Tatsache, einer unwahren Tatsache oder um ein Werturteil handelt.[36] Gleiches gilt schließlich für Art. 10 EMRK, denn auch der EGMR differenziert zwischen Tatsachen und Werturteilen.[37] In der **Rechtsprechung** der Zivil-, Straf- und Verfassungsgerichte werden **Tatsachen** seit jeher **definiert** als Vorgänge oder Zustände der Vergangenheit oder Gegenwart, die sinnlich wahrnehmbar in die Wirklichkeit getreten und einer Überprüfung auf ihre Richtigkeit mit den Mitteln des Beweises zugänglich sind.[38] **Werturteile** sind demgegenüber durch eine subjektive Beziehung des sich Äußernden zum Inhalt seiner Aussage geprägt sowie durch Elemente der Stellungnahme und des Dafürhaltens gekennzeichnet und lassen sich deshalb nicht als wahr oder unwahr erweisen.[39] Auf das inhaltliche Niveau und die Qualität der Aussage kommt es nicht an.[40]

BVerfGE 82, 272, 280 f. = NJW 1991, 95 – „Zwangsdemokrat"; BVerfGE 85, 1, 15 = NJW 1992, 1439, 1440 – „Krit. Bayer-Aktionäre"; BVerfG NJW 1994, 2943; BayObLG NJW 1995, 2501; KG NJW-RR 1999, 1547, 1548.

[31] In diese Richtung aber OLG Karlsruhe NJW-RR 2001, 766, 767; *Löffler/Steffen* § 6 RdNr. 91, wonach die Deutung als Meinung ausgeschlossen sein muss.

[32] BGHZ 139, 95, 103 = NJW 1998, 3047, 3048 – „Stolpe"; BGH NJW 1978, 1797, 1798; 1985, 1621, 1622; 1992, 1312, 1313; VersR 2004, 343, 344; VersR 2006, 382 f. RdNr. 14.

[33] BVerfGE 43, 130, 137 = NJW 1977, 799; *Grimm* NJW 1995, 1697, 1700.

[34] Die nachfolgend zitierte Rspr. bezieht sich überwiegend nicht auf § 824, sondern auf den Schutz des allg. Persönlichkeitsrechts.

[35] BVerfGE 61, 1, 7 f. = NJW 1983, 1415 – „CSU als NPD von Europa"; BVerfGE 94, 1, 7; *Maunz/Dürig/Herzog* Art. 5 Abs. I, II GG RdNr. 51 ff.

[36] BVerfGE 94, 1, 8 = NJW 1996, 1529 f. – „DGHS"; vgl. weiter BVerfGE 61, 1, 8 = NJW 1983, 1415 – „CSU als NPD von Europa"; BVerfGE 90, 241, 249 = NJW 1994, 1779 – „Auschwitz-Lüge"; BVerfGE 99, 185, 196 f. = NJW 1999, 1322, 1324 – „Helnwein"; BVerfG NJW 1993, 916 f.; 2000, 199, 200 – „Rivalität unter Staatsanwälten"; NJW 2008, 358, 359 – „Foris"; BGH NJW 1997, 2513 = LM § 823 Nr. 125 – „Erfahrungen mit dem Rechtswesen"; NJW 1987, 1398; *Pieroth/Schlink*, Grundrechte, 14. Aufl. 1998, RdNr. 555.

[37] EGMR NJW 2000, 1015, 1017 f. Tz. 66 – „Bladet Tromsø/Norwegen"; NJW 2006, 1255, 1258 Tz. 87 – „Steel und Morris/Vereinigtes Königreich"; eingehend zur Rspr. des EGMR *Grabenwarter*, Europäische Menschenrechtskonvention, 3. Aufl. 2008, § 23, S. 252 ff.

[38] BVerfGE 94, 1, 8 – „DGHS" = NJW 1996, 1529 f.; BVerfG NJW 2008, 358, 359; für die Zivilgerichte RGZ 101, 335, 338; BGHZ 3, 270, 273 = NJW 1952, 660; BGHZ 132, 13, 21 = NJW 1996, 1131, 1133 = LM § 823 Nr. 123 m. Anm. *Marly*; BGHZ 139, 95, 102 = NJW 1998, 3047, 3048 – „Stolpe"; BGHZ 166, 84, 100 = NJW 2006, 830, 836 RdNr. 63 – „Kirch"; BGH NJW 1994, 2614, 2615 – „ADN"; NJW-RR 1994, 1242, 1243; NJW 1997, 1148, 1149; 1997, 2513 = LM § 823 Nr. 125 – „Erfahrungen mit dem Rechtswesen"; NJW 2005, 279, 281 – „Foris"; VersR 2004, 343, 344; aus der Rspr. der Strafgerichte vgl. nur RGSt 41, 193 f.; 55, 129, 131; BGHSt 6, 357; 12, 287, 291; BGH JR 1977, 28, 29; *Löffler/Ricker* Kap. 42 RdNr. 23; über aktuelle Entscheidungen berichten *Soehring/Seelmann-Eggebert* NJW 2000, 2466, 2468 ff.

[39] BVerfGE 85, 1, 15 = NJW 1992, 1439, 1440; BVerfGE 61, 1, 8 = NJW 1983, 1415 – „CSU als NPD Europas"; BVerfGE 90, 241, 247 = NJW 1994, 1779; BGHZ 45, 296, 304 = NJW 1966, 1617, 1618; BGHZ 132, 13, 21 = NJW 1996, 1131, 1133 = LM § 823 Nr. 123 m. Anm. *Marly*; BGHZ 139, 95, 102 = NJW 1998, 3047, 3048 – „Stolpe"; BGHZ 166, 84, 100 RdNr. 63 = NJW 2006, 830, 836 = JZ 2006, 732 m. Bespr. *Spindler*; BGH NJW 1994, 2614, 2615; 1997, 2513, 2514 = LM § 823 Nr. 125 – „Erfahrungen mit dem Rechtswesen".

[40] BVerfGE 33, 1, 15; 61, 1, 7 = NJW 1983, 1514 – „CSU als NPD Europas".

15 Häufig enthalten Äußerungen ein **Gemisch von Tatsachenäußerungen und Werturteilen,** dessen Einordnung große Schwierigkeiten bereitet.[41] Wiederum sind sich die Zivil- und Strafgerichte mit dem BVerfG im Ausgangspunkt einig, in dem sie auf den **Schwerpunkt** der Äußerung abstellen.[42] Gegenstand der Würdigung ist der objektive Erklärungswert, wie er sich nach Auslegung darstellt (RdNr. 10 ff.).[43] Enthält ein Werturteil einen **Tatsachenkern,** oder ruft ein Werturteil bei seinen Empfängern die Vorstellung konkreter Vorgänge hervor, deren Richtigkeit mit Hilfe von Beweismitteln verifiziert werden kann, handelt es sich um eine Tatsachenbehauptung.[44] Ist die Stellungnahme „in entscheidender Weise durch die Elemente der Stellungnahme, des Dafürhaltens oder Meinens geprägt", denen gegenüber die tatsächliche Behauptung als substanzarm in den Hintergrund tritt, so ist sie **insgesamt als Werturteil** zu qualifizieren; nicht etwa darf die Erklärung in eine Meinungsäußerung und eine Behauptung falscher Tatsachen aufgespalten werden, um allein letztere am Maßstab des § 824 zu messen.[45] Als Prüfungsmaßstäbe sind dann die §§ 823 Abs. 1, 823 Abs. 2 iVm. § 185 StGB heranzuziehen, und im Rahmen der gemäß § 193 StGB gebotenen Interessenabwägung kann „die Richtigkeit oder Haltlosigkeit der in der Meinungsäußerung enthaltenen tatsächlichen Elemente eine Rolle spielen".[46]

16 In der **Literatur** wird in kritischer Absicht darauf hingewiesen, die erkenntnistheoretischen Grundlagen der Rechtsprechung seien brüchig, denn der Mensch könne objektive Vorgänge ohnehin nur subjektiv wahrnehmen und seine Wahrnehmung nur in subjektiver Färbung weitergeben.[47] Darüber hinaus wird der Abgrenzungsformel Zirkularität vorgeworfen, soweit der Tatsachencharakter von der Beweisbarkeit abhängig gemacht wird, setzt doch die Beweisaufnahme ihrerseits eine Tatsache voraus.[48] Tatsächlich ist Hermeneutik in gewissem Maße immer zirkulär, was für sich genommen kein Grund ist, notwendigen Abgrenzungsaufgaben auszuweichen. Die Erkenntnistheorie mag sich zudem voll und ganz dem Subjektivismus verschreiben, für den *common sense* liegt die Unterscheidung zwischen Tatsachenbehauptungen und Werturteilen auf der Hand, auch wenn im Bereich der Übergangszone Zweifelsfälle auftreten mögen: Die Aussage „Gestern hat es geregnet" ist doch von anderer Qualität als das Urteil „Die Farbe Rot ist die schönste".

17 Allerdings ist der Kritik zuzugestehen, dass die Differenzierung zwischen Tatsachenbehauptung und Werturteil weder ontologisch vorgegeben noch begrifflich determiniert ist, sondern einer **funktionalen Fundierung** bedarf. Die Kommunikationsfreiheiten des Verfassungs- und Privatrechts beruhen sämtlich auf der Prämisse des normativen Relativismus in dem Sinne, dass Wertungen notwendig subjektiv gefärbt sind und folglich verschiedene Menschen zu differierenden Schlussfolgerungen kommen. Der Einzelne wird deshalb von anderen geäußerte Werturteile im Prozess der eigenen Meinungsbildung zwar berücksichtigen, ihnen aber kein entscheidendes Gewicht einräumen, sondern sich sein eigenes Urteil

---

[41] Vgl. auch *Post* 130 Harvard L. R. 601 (649 ff.) (1990) zu Abgrenzungsschwierigkeiten in der amerikanischen Rechtspraxis.
[42] Vgl. BVerfGE 61, 1, 9.
[43] BGHZ 166, 84, 100 f. = NJW 2006, 830, 836 RdNr. 64 – „Kirch".
[44] BGHZ 132, 13, 21 = NJW 1996, 1131, 1133 = LM § 823 Nr. 123 m. Anm. *Marly*; BGHZ 166, 84, 100 = NJW 2006, 830, 836 RdNr. 63 – „Kirch"; BGH NJW 1994, 2614, 2615 – „ADN"; 2003, 1308, 1310 – „Psychosekte"; 2005, 279, 282 – „Foris"; 2006, 830.
[45] BVerfGE 61, 1, 9 = NJW 1983, 1415; BVerfGE 85, 1, 15 = NJW 1992, 1439, 1440 f.; BVerfG NJW 2008, 358, 359; BGHZ 132, 13, 21 = NJW 1996, 1131, 1133; BGHZ 139, 95, 102 f. = NJW 1998, 3047, 3048; BGHZ 166, 84, 102 = NJW 2006, 830, 837 RdNr. 70 – „Kirch"; BGH NJW 1994, 124, 125 f.; 1994, 2614, 2615; 1997, 2513 f.; 2002, 1192, 1193 = JZ 2002, 663 m. Anm. *Kübler*; NJW 2003, 1308, 1311 – „Psychosekte"; 2005, 279, 282 – „Foris"; *Palandt/Sprau* RdNr. 4; *Soehring* RdNr. 14.13.
[46] BVerfGE 85, 1, 20, 17 = NJW 1992, 1439, 1440.
[47] *Baumbach/Hefermehl* § 14 UWG RdNr. 3; *Tilmann* NJW 1975, 758, 760 f.; vgl. auch *Wenzel* NJW 1968, 2353; *ders.* GRUR 1970, 278, 280; *E. Schneider* MDR 1978, 613, 615; *Pärn* NJW 1979, 2544 f.; *Steffen* AfP 1979, 284 f.
[48] *Kübler* AcP 172 (1972), 177, 199: „tautologisch"; *ders.* JZ 2002, 665, 666; *Larenz/Canaris* II/2 § 79 I 2, S. 464 f.; *Erman/Schiemann* RdNr. 3: „Beweisbarkeit" als Abgrenzungskriterium wissenschaftstheoretisch überholt.

bilden. Dieser Vorgang des „Diskontierens" der Stellungnahmen anderer gilt jedoch nicht für solche Behauptungen, über die sich eine intersubjektiv verbindliche Verständigung herstellen lässt, bei denen nicht bloß der Einzelne, sondern eine Vielzahl von Subjekten zwischen wahr und falsch differenzieren kann. Da **Tatsachenbehauptungen** mit entsprechenden **Wahrheitsansprüchen verbunden** sind, sind sie ein besonders überzeugungskräftiges Kommunikationsmittel – der Adressat räumt solchen Äußerungen typischerweise erheblichen Einfluss auf die eigene Meinungsbildung ein. Deshalb sind öffentlich kommunizierte Tatsachenbehauptungen in Bezug auf einen Dritten, etwa über dessen Verhalten, seine Kreditwürdigkeit oder über die Eigenschaften der von ihm angebotenen Güter und Dienstleistungen, bei entsprechend negativem Inhalt für die Interessen dieses Dritten höchst gefährlich. Dies ist der Grund dafür, dass § 824 Abs. 2 reine Vermögensinteressen vor Beeinträchtigung durch falsche Tatsachenbehauptungen in Schutz nimmt, dass § 4 Nr. 8 UWG bei Handeln zu Wettbewerbszwecken eine nicht erweislich wahre Tatsache ausreichen lässt und dass das BVerfG im Rahmen von Art. 5 GG ein berechtigtes Interesse an der Verbreitung falscher Tatsachen nicht zu erkennen vermag (wNachw. in § 823 RdNr. 209).[49] Falsche Tatsachenbehauptungen sind wegen ihres faktisch gegebenen Einflusses auf die Meinungsbildung Dritter besonders dazu geeignet, schutzwürdige Interessen des Betroffenen zu verletzen. Soweit dies nicht der Fall ist – etwa weil der übliche Klatsch über Celebritäten ohnehin von niemandem ernst genommen wird – bedarf es auch keines herausgehobenen Schutzes.[50]

Aus diesen Überlegungen folgt für die Abgrenzung zwischen Tatsachenbehauptung und Werturteil: Das Kriterium der Beweis- bzw. Falsifizierbarkeit darf nicht naturalistisch verstanden werden, sondern es kommt darauf an, ob sich über die jeweilige **Behauptung ein intersubjektiver Konsens** herstellen ließe. Da bis heute von manchen in Frage gestellt wird, dass die Erde rund ist und sich um die Sonne dreht, kommt es insoweit nicht auf Einstimmigkeit, sondern auf den Konsens einer kritischen Masse verständiger Durchschnittsmenschen an. Für die Beurteilung von **Mischfällen** auf der Grenzlinie zwischen Tatsachenbehauptung und Werturteil ist das von der Rechtsprechung favorisierte Schwerpunktkriterium (RdNr. 15) nicht im Sinne eines quantitativen Überwiegens von Tatsachenbehauptung oder Wertung zu verstehen, sondern an der Funktion des § 824 zu orientieren, solche Behauptungen zu diskriminieren, die den Anschein intersubjektiver Konsensfähigkeit erwecken und deshalb im Kommunikationsprozess ebenso wirksam wie für die Interessen des Betroffenen besonders gefährlich sind. Entscheidend ist also, ob der Äußerung mit Rücksicht auf ihre intersubjektiv nachprüfbaren Bestandteile besonderes Gewicht im Rahmen der Meinungsbildung potentieller Adressaten zukommt oder ob sie lediglich als eine unter mehreren möglichen „Meinungen" Dritter zur Kenntnis genommen wird. Zur Verwendung von Rechtsbegriffen und weiteren Fallgruppen s. RdNr. 22.

Da die Beurteilung, ob eine Aussage Tatsache oder Wertung ist, selbst eine rechtliche Würdigung erfordert, handelt es sich um eine Rechtsfrage, die **revisionsgerichtlicher Nachprüfung** unterliegt.[51] Insofern die Qualifikationsentscheidung die Intensität des Grundrechtsschutzes nach Art. 5 GG determiniert, müssen sich die Fachgerichte die Kontrolle durch das BVerfG gefallen lassen.[52]

---

[49] BVerfGE 61, 1, 8 = NJW 1983, 1415; BVerfGE 85, 1, 15 = NJW 1992, 1439, 1440; BVerfGE 90, 1, 15 = NJW 1994, 1781; BVerfGE 90, 241, 254 = NJW 1994, 1779; BVerfGE 97, 125, 149 = NJW 1998, 1381; BVerfGE 99, 185, 197 = NJW 1999, 1322, 1324; BVerfG NJW 1991, 1475, 1476; 1991, 2074, 2075; 1992, 1442, 1443; 2000, 199, 200.
[50] *Ladeur* NJW 2004, 393, 396 f.
[51] BGH NJW 1993, 930, 931; 1994, 2614, 2615; BGHZ 132, 13, 21 = NJW 1996, 1131, 1133 = LM § 823 Nr. 123 m. Anm. *Marly*; BGH NJW 1997, 2513 = LM § 823 Nr. 125 – „Erfahrungen mit dem Rechtswesen"; NJW-RR 1999, 1251, 1252; NJW 2000, 656, 657 – „Korruption am Bau"; NJW 2005, 279, 281 – „Foris".
[52] BVerfGE 82, 43, 51 = NJW 1990, 1980; BVerfGE 85, 1, 15 ff. = NJW 1992, 1439, 1440; BVerfG NJW 1993, 1845; 2008, 358, 359 – „Foris"; *Grimm* NJW 1995, 1697, 1700.

20 **b) Konkretisierung.** Ein intersubjektiver Konsens lässt sich jedenfalls erzielen über **äußere Umstände,** die in der realen Welt hervorgetreten sind, aber auch über sog. **innere Tatsachen,** also Absichten, Motive, Handlungszwecke, Vorstellungen usw.[53] So ist der Umstand, dass eine Person eine bestimmte Meinung hat oder hatte, seinerseits eine Tatsache. Prognosen und sonstige Aussagen über **künftige Geschehnisse** sind indessen keine Tatsachenäußerungen, weil die Zukunft naturgemäß unbekannt ist und die Einschätzungen der Akteure deshalb differieren. Allerdings können zukunftsbezogene Mitteilungen eine Aussage über vergangene[54] oder gegenwärtige Umstände implizieren, wenn etwa für die Zukunft ein bestimmtes eigenes Verhalten angekündigt und damit zugleich eine gegenwärtige Absicht behauptet wird.[55] Zu **Fragen** s. RdNr. 32.

21 **Spekulationen** über vergangene oder gegenwärtige Umstände sind keine Tatsachenbehauptungen; dies allerdings nicht, weil die Umstände nicht dem Beweis zugänglich wären, sondern deshalb, weil der Spekulant einen Wahrheitsanspruch gar nicht erhebt. So verhält es sich etwa, wenn eine Partei mit dem Slogan wirbt „Auch *Konrad Adenauer* und *Kurt Schumacher* würden deshalb heute die Republikaner wählen".[56] Davon macht der BGH eine Ausnahme, wenn bei dem Adressaten der Eindruck erweckt wird, es handele sich „in Wirklichkeit um eine, wenn auch versteckte Tatsachenbehauptung".[57]

22 Werden **Rechtsbegriffe** zur Bezeichnung von Personen oder Sachen verwendet, ist dies in der Regel nicht als Tatsachenbehauptung, sondern als Meinungsäußerung zu verstehen.[58] Zwar sind Behauptungen über die faktische Geltung einer Rechtsnorm oder die Existenz einer einhellig, herrschenden oder nur vereinzelt vertretenen Meinung in Rechtsprechung oder Literatur als Tatsachenbehauptungen zu qualifizieren, doch ein Subsumtionsschluss, etwa die Feststellung, ein realer Vorgang erfülle einen Straftatbestand, ist jedoch ebenso eine Wertung[59] wie die Aussage, jemand schulde einem anderen Geld. Pauschalaussagen in Form von Rechtsbegriffen, wie zB die Behauptung, jemand, sei ein **„Betrüger"**, ein **„Dieb"** oder ein Produkt sei **„billiger Schmarren"**, enthalten für sich allein genommen keine konkrete Aussage, über die ein intersubjektiver Konsens herstellbar wäre.[60] In Zweifelsfällen sind die oben für Gemengelagen dargestellten Grundsätze maßgeblich (RdNr. 10). Danach liegt eine Tatsachenbehauptung vor, wenn die Äußerung bei den Empfängern „die Vorstellung von konkreten, **in die Wertung eingekleideten Vorgängen** hervorruft, die als solche einer Überprüfung mit den Mitteln des Beweises zugänglich sind".[61] Wer substantiiert darlegt, ein Dritter „betrüge Landesbeamte",[62] sei „über zwanzig Jahre im Dienst der Staatssicherheit tätig" gewesen[63] oder führe unter Verstoß gegen Artenschutzbestimmungen Tierfelle ein, und dies als „illegale Geschäfte" bezeichnet, wertet nicht nur, sondern behauptet Tatsachen.[64] Eine Tatsachenbehauptung kann sogar dann vorliegen, wenn die Schilderung eines konkreten Sachverhalts fehlt, wenn die Verwendung eines Rechtsbegriffs („Beste-

---

[53] RGZ 101, 335, 337 f.; *Prinz/Peters* RdNr. 12; *Löffler/Ricker* Kap. 42 RdNr. 25.
[54] BGH NJW 1998, 1223, 1224 = LM § 824 Nr. 34 – „Versicherungs-Rundschreiben".
[55] BGH NJW 1998, 1223, 1224.
[56] OLG Köln NJW 1999, 1969 – „Wahlwerbung"; *Soehring/Seelmann-Eggebert* NJW 2000, 2466, 2468.
[57] BGH NJW 1951, 352; 1978, 2151, 2152; 1980, 2801, 2803, 2806 – „Medizin-Syndikat III"; auch das BVerfG behandelt Aussagen, die mit „muss davon ausgegangen werden" oder „liegt der Verdacht nahe" beginnen, als Tatsachenbehauptungen, NJW 2000, 199 f. – „Rivalität unter Staatsanwälten"; *Bamberger/Roth/Spindler* RdNr. 8.
[58] BGH NJW 1982, 2248, 2249 – „Betrug"; 2005, 279, 282 – „Foris"; BVerfG NJW 2008, 358, 359 – „Foris"; *Soehring/Seelmann-Eggebert* NJW 2005, 571, 573 f.
[59] BGH NJW 1965, 294, 295 = LM Art. 5 GG Nr. 15; NJW 1974, 1371 = LM GG Art. 5 Nr. 35; NJW 1982, 2246, 2247 = LM § 823 (Ah) Nr. 78.
[60] BGH VersR 1964, 1270 f.; BVerfG NJW-RR 2001, 411.
[61] BGH NJW 1982, 2248, 2249 – „Betrug"; NJW-RR 1999, 1251, 1252 f. – „Bestechung"; NJW 2005, 279, 282 – „Foris"; BVerfG NJW 2008, 358, 359 – „Foris".
[62] BGH NJW 1982, 2248, 2249 – „Betrug".
[63] BGHZ 139, 95, 103 = NJW 1998, 3047, 3048 – „Stolpe".
[64] BGH NJW 1993, 930, 931; ebenso BGH NJW 1982, 2246, 2247 – „Illegale Kassenarztpraxen"; vgl. auch BGH GRUR 1989, 781, 782 – „Wassersuche".

Kreditgefährdung 23, 24 § 824

chung!") für den verständigen Durchschnittsadressaten den Vorwurf eines tatsächlichen Geschehens impliziert.[65]

Wissenschaftliche Thesen sind keine Tatsachenbehauptungen, sondern Werturteile, die 23 auch dann keine Ansprüche aus § 824 auslösen, wenn ein anderer Wissenschaftler zu anderen Schlussfolgerungen kommt.[66] Wie schon das RG bemerkt hat, müsste die Gegenauffassung „dazu führen, jede wissenschaftliche Kritik zu unterbinden und damit jeden wissenschaftlichen Fortschritt lahm zu legen".[67] Zum sog. Wissenschaftsprivileg s. RdNr. 48. Dieselben Grundsätze gelten nach der Rechtsprechung auch für **Sachverständigengutachten,** insbesondere solche, die im Rahmen von Rechtsstreitigkeiten einem Gericht erstattet werden. In beiden Fällen hat der BGH jedoch Ausnahmen anerkannt und diese speziell bei Sachverständigen als erfüllt angesehen, wenn der Experte seine Kenntnisse und Fähigkeiten bloß vortäuscht oder die Begutachtung grob leichtfertig durchführt.[68] Damit wird de facto die jetzt in § 839a kodifizierte Haftungsprivilegierung zugunsten Gerichtssachverständiger in die Differenzierung zwischen Tatsache und Werturteil projiziert. Dies mag auf den ersten Blick widersinnig scheinen,[69] vermag bei näherer Überlegung aber doch zu überzeugen, weil sie der hier vertretenen teleologischen Abgrenzung entspricht (vgl. RdNr. 11): Soweit die Begutachtung eindeutig außerhalb des rational begründbaren Spielraums liegt, handelt es sich um einen dem intersubjektiven Konsens zugänglichen Umstand und damit um eine Tatsache iS des § 824. Entsprechende Grundsätze gelten für **Rechtsgutachten** und auch für **ärztliche Diagnosen,** soweit sie eine zusammenfassende Bewertung bestimmter Krankheitssymptome enthalten.[70] Etwas anderes muss auch hier gelten, wenn sich jeder vernünftige Zweifel an der richtigen Diagnose beseitigen lässt, etwa bei der Behauptung, jemand sei HIV-infiziert.[71] Zu Warentests und zur Gastronomiekritik vgl. § 823 RdNr. 211 f.

c) Kasuistik.[72] Als **Tatsachenbehauptung** wurde angesehen die Meldung in einer 24 Tageszeitung, ein Freiberufler oder Unternehmer sei „in Zahlungsschwierigkeiten", „zahlungsunfähig", „finanziell ruiniert", „bankrott", „pleite" bzw. „insolvent", „in Konkurs gefallen";[73] die in einem Fernsehinterview getroffene Feststellung des Vorstandsvorsitzenden einer Großbank, der „Finanzsektor" sei „nicht bereit", einem vor der Insolvenz stehenden Unternehmen „auf unveränderter Basis weitere Fremd- oder gar Eigenmittel zur Verfügung zu stellen";[74] die Aufführung eines Unternehmens angeblich „zweifelhafter Bonität" in einer Schwarzen Liste („Konkursliste");[75] die Mitteilung der Schufa, gegen einen Schuldner seien Haftbefehle zwecks Abgabe der eidesstattlichen Versicherung ergangen;[76] die Behauptung, ein Verlag sei vom Börsenverein des Deutschen Buchhandels ausgeschlossen worden;[77] der Vorwurf an einen Reiseveranstalter, er habe „Flugtickets ohne Gegenleistung" verkauft, die Gäste auf dem Flughafen alleine gelassen und sie „in eine erbärmliche Lage gebracht";[78] der Ausschank minderwertigen Brandweins unter dem Namen einer geschätzten Marke

---

[65] BGH NJW-RR 1999, 1251, 1252 f. – „Bestechung".
[66] RGZ 84, 294, 296 f. – „Rapidkessel".
[67] RGZ 84, 294, 297.
[68] BGH NJW 1978, 751, 752 – „Schriftsachverständiger"; NJW 1999, 2736 f. – „Alkoholintoxikation".
[69] So in der Tat *Larenz/Canaris* II/2 § 88 I 3 b, S. 710; krit. auch *Staudinger/Hager* § 823 RdNr. C 82 f.; *Erman/Schiemann* RdNr. 3.
[70] BGH NJW 1989, 774, 775 = LM § 1004 Nr. 181 – „paranoid-halluzinatorische Erkrankung"; NJW 1989, 2941, 2942 – „nervenärztliches Attest".
[71] *Brehm*, FS Herrmann Lange, 1992, S. 397, 400 ff.
[72] Nachgewiesen werden nur Fälle, die im Zusammenhang mit § 824 relevant werden können; vgl. weiter *Wenzel/Burkhardt* Kap. 5 RdNr. 247 f. Vgl. auch die umfassende, nicht nur auf § 824 bezogene Kasuistik bei *Prinz/Peters* RdNr. 29.
[73] RGZ 148, 154, 159; BGH NJW 1994, 2614, 2615.
[74] So der Fall „Kirch/Deutsche Bank", LG München NJW 2003, 1046 m. Bespr. *Wagner* ZInsO 2003, 485.
[75] BGH NJW 1995, 1965 – „Schwarze Liste".
[76] BGH NJW 1978, 2151 f.
[77] LG Hamburg MMR 2005, 479.
[78] BGH NJW 1985, 1621, 1622; 1987, 1403 (beide Urteile zum selben Fall).

("Bergalter");[79] die Zusammenfassung unabhängiger Geschäfte zu einer einzigen Kette im Rahmen eines „Preisvergleichs";[80] die Behauptungen, ein Katalog sei „nachgemacht"[81] oder eine Teppichkehrmaschine „zerpflücke jeden Teppich";[82] eine Schwenksäule sei ein „Plagiat";[83] die Warnung einer Landesbehörde vor angeblich falsch etikettierten Wurstwaren;[84] die Bezeichnung als eines „der zweifelhaftesten Wäscheversandgeschäfte", das von den „Betrügereien" und „unreellen Machenschaften" seiner Handlungsreisenden wisse;[85] die Erhebung des Vorwurfs, Schwarzhandel und Steuerhinterziehung zu betreiben,[86] oder „illegale Geschäfte" zu tätigen;[87] die Bekanntgabe der unstreitigen Umstände einer Bauauftragsvergabe unter Weglassen weiterer wichtiger Tatsachen, so dass der Empfänger zwangsläufig ein falsches Bild gewinnt;[88] die Veröffentlichung einer Liste mit Namen von Personen, die als inoffizielle Mitarbeiter der Staatssicherheit registriert gewesen seien und als solche gearbeitet hätten;[89] die durch Einzelheiten belegte Aussage, der Werbe- und Verwaltungsaufwand eines gemeinnützigen Vereins sei „unvertretbar hoch";[90] die Behauptung, eine Dissertation sei tatsächlich von einer Arbeitsgruppe geschrieben worden;[91] die Vermittlung des Eindrucks, Presseartikel seien zu dem Zweck veröffentlicht worden, selbst Vorteile als Berater oder Investor zu erzielen;[92] die Information, „auch gegen diese Notare ermitteln diverse Notarkammern";[93] der Bericht, ein Unternehmen habe „Gift weggekippt";[94] die Kritik, ein Restaurantbetreiber veranlasse seine Gäste durch falsche Angaben auf der Speisekarte zur Bestellung;[95] die Behauptung, auf einem Flohmarkt sei die Kleinkriminalität und der Drogenhandel gewachsen und die Hälfte der dort angebotenen Waren seien Diebesgut.[96]

25 Dagegen ist in folgenden Fällen ein **Werturteil** angenommen worden: Vergleich der Geschäftspraktiken eines Verlags mit denjenigen eines Käsehändlers, der seinen Kunden zu wenig Ware auswiegt;[97] Vorwurf fehlerhafter anwaltlicher Beratung, wenn darauf hingewiesen wird, nach Meinung der Gerichte fehle für einen Schadensersatzanspruch der Kausalitätsnachweis;[98] Bezeichnung von Waren als „billiger Schmarren",[99] eines Geschäftsmodells als „Bauernfängerei"[100] oder von Werbung als „täuschende Versprechungen";[101] Bezeichnung einer Religionsgemeinschaft als „Nazisekte";[102] Bezeichnung der Geschäftsführung

---

[79] RGZ 60, 189, 190 f.
[80] BGH NJW 1986, 981.
[81] OLG Stuttgart NJWE-WettbR 1997, 271; anders für einen Plagiatsvorwurf OLG Köln NJW-RR 2002, 1341, 1342.
[82] BGH NJW 1966, 2010, 2011.
[83] OLG Frankfurt NJW-RR 1991, 1517.
[84] LG Wiesbaden NJW 2001, 2977, 2978 – „BSE-Krise".
[85] RGZ 95, 339, 341.
[86] BGH NJW 1951, 352.
[87] BGH NJW 1993, 930, 931 – „illegaler Pelzhandel"; anders aber in dem Fall BGH NJW 1982, 2246 f. – „Illegale Kassenarztpraxen".
[88] BGH NJW 2000, 656, 657 – „Korruption am Bau"; s. auch noch BVerfGE 12, 113, 130 = NJW 1961, 819, 822; RGZ 75, 61, 63; BGH NJW 1961, 1913, 1914; GRUR 1966, 452, 454 – „Luxemburger Wort"; NJW 1979, 1041 = LM § 823 (Ah) Nr. 65.
[89] BVerfG NJW 2000, 2413, 2414 – „MfS-Liste"; ebenso schon BGHZ 139, 95, 103 = NJW 1998, 3047, 3048 – „Stolpe".
[90] OLG Koblenz NJW 1996, 325 – „Weißer Ring e. V."
[91] LG Bonn NJW 2002, 3260, 3261.
[92] OLG Hamburg NJW-RR 2001, 186, 187.
[93] OLG Köln NJW-RR 2000, 829, 830.
[94] BGH NJW 1987, 2225, 2226 – „Pressemäßige Sorgfalt".
[95] OLG Frankfurt 1999, 279.
[96] Vgl. BVerfG NJW 1991, 1475, 1478.
[97] BGH NJW 2002, 1192, 1193 = JZ 1992, 663 m. Anm. *Kübler*.
[98] BGH NJW 1997, 2513 = LM § 823 Nr. 125 – „Erfahrungen mit dem Rechtswesen".
[99] BGH NJW 1965, 35, 36.
[100] BGH NJW 2005, 279, 282 f. – „Foris".
[101] BGH NJW 1970, 187, 189 – „Hormocenta".
[102] OLG Hamburg NJW 1992, 2035; s. auch OLG Hamburg NJW-RR 2000, 1292: Multifunktionär mit einschlägiger brauner Sektenerfahrung.

eines GmbH-Geschäftsführers als „unregelmäßig" ohne weitere Tatsachenangaben zu machen;[103] Kennzeichnung eines Mediziners als „Pfuscher" und „Scharlatan";[104] der Vorwurf, eine Gebäudereinigungsfirma verstoße gegen „Tarif und Gesetz" und habe die Betriebsratswahl „sabotiert";[105] der Vorwurf „eine Schwindelfirma" zu betreiben;[106] die Behauptung, mit überwiegender Wahrscheinlichkeit habe „Kollusion der damaligen Geschäftsführung" zu einem Fusionsvertrag geführt;[107] die Äußerung, „um den für Grundstücksgeschäfte wichtigen Formerfordernissen zu genügen und um dem Ganzen den Anschein der Seriosität zu geben, mussten Notare mitwirken" oder der zugrundeliegende Vorgang sei ein „Abzock-Modell".[108]

3. Unwahrheit der Tatsache. Im Rahmen der Wahrheitsprüfung kommt es darauf an, 26 ob der durch **Auslegung ermittelte Aussageinhalt** (RdNr. 10 ff.) der Realität widerspricht oder ob die Äußerung in derjenigen Form, in der sie der Empfänger vernünftigerweise verstehen durfte **im Kern** zutrifft.[109] Unwesentliche Unklarheiten, Interpretationsspielräume oder echte Abweichungen im Detail verleihen der Aussage ebenso wenig den Charakter der Unwahrheit wie unzutreffende Zusätze oder Übertreibungen.[110] Ist der Adressatenkreis der Schufa darüber im Bilde, dass die von der Schutzgemeinschaft zusammengetragenen Informationen nur nach Namen und Wohnsitz zugeordnet werden, eine Identitätsprüfung aber nicht stattfindet, und kommt es deshalb zu einer Verwechslung, macht diese die Tatsachenmitteilung nicht unrichtig – sie ist von ihren Adressaten lediglich falsch zugeordnet worden.[111]

Die Unwahrheit muss nicht explizit behauptet werden, sondern eine Irreführung liegt 27 auch dann vor, wenn je für sich genommen zutreffende Informationen so aneinander gereiht werden, dass sich ein **falsches Gesamtbild** ergibt, oder der Gesamteindruck durch Unterdrückung wesentlicher Umstände verfälscht wird.[112] Unter dieser Voraussetzung ist eine **unvollständige Berichterstattung** einer unrichtigen gleichzusetzen.[113]

Der **Beurteilungszeitpunkt** ist je nach der begehrten Rechtsfolge zu differenzieren: Da 28 der Schadensersatzanspruch pflichtwidriges Verhalten voraussetzt, bedarf es der Prüfung, ob die behauptete Tatsache im Zeitpunkt der Äußerung zutraf oder nicht. Nachträgliche Veränderungen haben demnach keinen Einfluss auf die Wahrheit der Aussage; ein entsprechend der Ankündigung gedrucktes Theaterprogramm wird nicht zu einer falschen Tatsachenbehauptung, wenn später die Besetzung geändert wird.[114] Wird eine Tatsache später wahr, lässt dies den einmal entstandenen Schadensersatzanspruch unberührt, entzieht aber einem Unterlassungsanspruch den Boden.

Die Wahrheitsprüfung erfordert eine **Wertung** und ist deshalb eine **revisible Rechts-** 29 **frage.**[115]

4. Tathandlung: Behaupten oder Verbreiten. Wie bei §§ 186, 187 StGB ist auch im 30 Rahmen von § 824 unter Behaupten die Kundgabe der **eigenen Überzeugung,** eine Tatsache sei richtig, zu verstehen, unter Verbreiten hingegen die Mitteilung einer Tatsache

---

[103] OLG Köln NJW-RR 1995, 97.
[104] OLG Karlsruhe NJW-RR 2002, 1695, 1696.
[105] OLG Karlsruhe NJW-RR 2001, 766, 767.
[106] RGZ 101, 335, 338; krit. und zu Recht diff. *Larenz/Canaris* II/2 § 79 I b, S. 467.
[107] BVerfG NJW-RR 2001, 411 – „Kollusion".
[108] OLG Köln NJW-RR 2000, 829, 830 f.
[109] RGZ 75, 61, 63; BGHZ 45, 296, 303 f. = NJW 1966, 1617 f.; BGH NJW 1985, 1621, 1623; 1987, 1403 = LM § 823 (C) Nr. 58; OLG Frankfurt NJW 1980, 597; vgl. weiter *Wenzel/Burkhardt* Kap. 5 RdNr. 249; *Prinz/Peters* RdNr. 160.
[110] BGH NJW 1970, 187, 189 – „Hormocenta".
[111] BGH NJW 1978, 2151, 2152.
[112] BGHZ 31, 308, 318 = NJW 1960, 476, 478; BGH NJW 1961, 1913, 1914; 2000, 656, 657; vgl. auch BVerfGE 12, 113, 130 = NJW 1961, 819, 822.
[113] BGH VersR 2006, 382, 383 RdNr. 18.
[114] RGZ 66, 227, 231; vgl. auch *Grimm* NJW 1995, 1697, 1699.
[115] Vgl. etwa BGH NJW 1978, 2151 f.; 1985, 1621, 1622; 1987, 1403 = LM § 823 (C) Nr. 58.

§ 824 31, 32　　　　　　　　　　　　　　　　Abschnitt 8. Titel 27. Unerlaubte Handlungen

als Gegenstand **fremder Überzeugung,** ohne dass sich der Mitteilende die Richtigkeitsüberzeugung des anderen zu Eigen macht.[116] Behaupten und Verbreiten sind tätigkeitsbezogen definiert und setzen nicht den Eintritt entsprechender Erfolge voraus, so dass es auf die tatsächliche Kenntnisnahme Dritter vom Inhalt der Information nicht ankommt. Da § 824 gerade auch die fahrlässige Kreditgefährdung sanktioniert, genügt jedes Verhalten des Äußernden, das die Information dem Verkehr zugänglich macht, so dass ein Dritter nach allgemeiner Erfahrung die Möglichkeit der Kenntnisnahme erlangt.[117] Diese Voraussetzungen werden durch falsche Tatsachenbehauptungen, die auf **Internet-Homepages** erscheinen[118] oder als **eBay-Bewertungen** abgegeben werden,[119] stets erfüllt. Rein physisch-technische Verbreitungshandlungen, wie sie etwa von Transporteuren, Zeitungsboten und Telefongesellschaften ausgeführt werden, sind selbstverständlich nicht gemeint.[120] Für die „Informations-Transporteure" der virtuellen Welt sind die Haftungsbeschränkungen des § 11 TDG zu beachten, nach denen Service-Provider nur bei grober Fahrlässigkeit haften (vgl. auch § 823 RdNr. 570).[121]

31　　Den Tatbestand des Behauptens erfüllen auch **Verdachtsäußerungen,** in denen der Äußernde sich den Inhalt der Mitteilung nicht vollständig zu Eigen macht, sondern Zweifel einräumt.[122] Solche Fälle markieren nur die Übergangszone zum Verbreiten, bei dem ein Zueigenmachen der Tatsachenbehauptung nicht erforderlich ist. Nicht die subjektive Richtigkeitsüberzeugung, sondern die objektive Verifizierbarkeit der Aussage und ihre darauf beruhende Gefährlichkeit ist Grundlage der Haftung aus § 824.[123] Folgerichtig steht die Zufügung von einschränkenden Zusätzen wie „wahrscheinlich", „vermutlich", „ich glaube", „ich kann das nicht beweisen", nach dem, was „man darüber lesen und hören kann"[124] einer Haftung aus § 824 nicht von vornherein entgegen.[125] Auch die **Weitergabe eines „unbestätigten" Gerüchts** kann ein Verbreiten iS des § 824 sein.[126] Entscheidend ist die Auslegung der konkreten Äußerung in ihrem Gesamtzusammenhang, wobei wie stets auch „zwischen den Zeilen" zu lesen ist (vgl. RdNr. 10).

32　　Mit **Fragen** soll keine Aussage gemacht, sondern eine solche provoziert werden, und folgerichtig können sie nicht wahr oder unwahr sein, sondern nur richtig oder falsch beantwortet werden.[127] Aus dem Anwendungsbereich des § 824 fallen Fragen deshalb von vornherein heraus. Allerdings ist nicht jeder Fragesatz auch eine Frage in diesem Sinne; ein Aussagesatz kann uU problemlos in die Form eines Fragesatzes gebracht werden.[128] Die rhetorische Frage: „Wollen Sie etwa im Ernst bestreiten, Steuern hinterzogen zu haben?", bedarf keiner Antwort, weil sie letztere vorwegnimmt und die Tatsachenbehauptung der Steuerhinterziehung bereits impliziert.[129] Die Schlagzeile: „Udo im Bett mit Caroline", dient nicht wirklich der Informationsbeschaffung, sondern soll insinuieren, dass sich Entsprechen-

---

[116] BGH NJW 1958, 1043; NJW 1970, 187, 189 = LM § 823 (Ai) Nr. 37 – „Hormocenta"; NJW 1995, 1965, 1966 = LM § 14 UWG Nr. 19 m. Anm. *Ulrich* – „Schwarze Liste"; *Prinz/Peters* RdNr. 34 f.; *Soehring* RdNr. 16.3; *Staudinger/Hager* RdNr. C 85; s. zu den §§ 186, 187 etwa *Schönke/Schröder/Lenckner* § 186 StGB RdNr. 7 f.
[117] BGH NJW 1995, 1965, 1966 – „Schwarze Liste".
[118] LG Hamburg MMR 2005, 479.
[119] Eingehend *Dörre/Kochmann* ZUM 2007, 30, 35.
[120] *Soehring/Seelmann-Eggebert* NJW 2000, 2466, 2469.
[121] *Bamberger/Roth/Spindler* RdNr. 39.
[122] BGH NJW 1951, 352; 1978, 2151 f.; MDR 1974, 921 = LM § 824 Nr. 18 – „Brüning-Memoiren".
[123] Anders *Pärn* NJW 1979, 2544, 2545 ff., der in der Wahrheitsbürgschaft des Äußernden das entscheidende Element der Behauptung erblickt. Vgl. *Soehring* RdNr. 16.5; *Löffler/Steffen* § 6 LPG RdNr. 111 c.
[124] BGHZ 166, 84, 100 ff. – „Kirch"; LG München NJW 2003, 1046 m. Bespr. *Wagner* ZInsO 2003, 485.
[125] BGH (Fn. 122); *Prinz/Peters* RdNr. 34; genauso zu den §§ 186, 187 StGB auch *Schönke/Schröder/Lenckner* § 186 StGB m wN von Rspr. und Lit. zum Strafrecht.
[126] RGSt 22, 221, 223; 38, 368; BGHSt 18, 182; OLG Hamm NJW 1953, 596, 597; *Bamberger/Roth/Spindler* RdNr. 9; *Schönke/Schröder/Lenckner* § 186 StGB RdNr. 8.
[127] BVerfG NJW 1992, 1442, 1443; OLG Köln NJW 1962, 1121, 1122; OLG Hamburg NJW-RR 1995, 541; *Grimm* NJW 1995, 1697, 1699 f.
[128] *Prinz/Peters* RdNr. 15: „Frage ist nicht gleich Frage"; *Löffler/Ricker* Kap. 42 RdNr. 23.
[129] BGH NJW 2004, 1034, 1035; BVerfG NJW 1992, 1442, 1444.

des abgespielt hat, zumal wenn hinzugesetzt wird, „Udo" habe sich „eindeutig/zweideutig" geäußert.[130] Für die Abgrenzung zwischen „echter" Frage im Sinn der Aussagenlogik und „rhetorischer" Frage kommt es allerdings nicht darauf an, wie hoch der Tatsachenanteil des Fragesatzes ist, ob er also viele oder wenige konkrete Tatsachen enthält, sondern es ist allein entscheidend, ob der Sprecher wissen will, was richtig oder falsch ist, oder ob er mitteilen will, was er selbst oder ein Dritter ohnehin schon weiß.[131] Ob das eine oder andere der Fall ist, bedarf wie stets der Klärung durch Auslegung der Erklärung im Verständnishorizont eines vernünftigen Adressaten (RdNr. 10); verbleibende Zweifel sind zu Gunsten der Meinungsfreiheit (Art. 5 Abs. 1 GG) und zu Lasten des § 824 zu entscheiden (RdNr. 12).[132]

Presse und Rundfunk sowie die Betreiber von **Meinungsforen** und **Auktionshäusern im Internet,**[133] übernehmen nicht die Gesamtverantwortung für die Wahrheit der Aussagen Dritter, über die berichtet wird und für die Rechtmäßigkeit von Meinungsäußerungen und Verkaufsangeboten. Dem Abdruck eines Interviews oder der Ausstrahlung von Äußerungen Dritter in Fernsehsendungen ist bei verständiger Würdigung nicht eine konkludente Wahrheitsbehauptung des jeweiligen Medienunternehmens oder der Rundfunkanstalt zu entnehmen. Anders liegt es, wenn sich das jeweilige Organ die von ihm verbreitete Meldung **zu Eigen macht,** sich also mit ihrem Inhalt identifiziert, anstatt sich ernsthaft und deutlich davon zu distanzieren.[134] Im Abdrucken von Zitaten und Leserbriefen oder der Wiedergabe von Interviews kann allerdings ein Verbreiten von Tatsachen liegen, für die ein Dritter Wahrheitsansprüche erhebt.[135] Dafür soll es allerdings nicht ausreichen, wenn lediglich ein „Markt der Meinungen" eingerichtet, also der Meinungsstand durch Gegenüberstellung der verschiedenen Ansichten dokumentiert wird.[136] Nach der Rechtsprechung soll ein Verbreiten ferner dann ausgeschlossen sein, wenn Live-Interviews ausgestrahlt werden, auf deren Inhalt die Redaktion keinen Einfluss hat[137] oder sich das Presse- oder Rundfunkorgan von der Stellungnahme des Dritten ausdrücklich distanziert.[138] Tatsächlich fehlt es in allen diesen Fällen nicht am Verbreiten fremder Tatsachenbehauptungen, wohl aber an der Rechtswidrigkeit des Verhaltens, denn Presse und Rundfunk müssen ihren Informationsauftrag aus Art. 5 Abs. 1 S. 2 GG wahrnehmen und sind deshalb grundsätzlich berechtigt, fremde Tatsachenbehauptungen zu verbreiten, sofern letztere als selbstverantwortete Beiträge Dritter zu einer öffentlichen Debatte gekennzeichnet sind.[139]

Die Behauptung oder Verbreitung muss sich an **Dritte** richten, das sind alle Personen, die weder Äußernder noch Geschädigter sind. Der Adressatenkreis braucht nicht aus mehreren Personen zu bestehen, denn schon die Mitteilung an einen einzigen Dritten genügt,[140] nicht aber die Äußerung allein gegenüber dem Betroffenen selbst.[141] Im Rahmen von Korporationen sind die organschaftlichen Vertreter oder Aufsichtsorgane (Geschäftsführer, Vorstand,

---

[130] BGH NJW 2004, 1034, 1035.
[131] BVerfG NJW 1992, 1442, 1444; OLG Köln NJW 1962, 1121, 1122.
[132] BVerfG NJW 1992, 1442, 1444; allg. RdNr. 17.
[133] BGHZ 66, 182, 188 = NJW 1976, 1198, 1200 – „Panorama"; BGHZ 158, 236, 246 = NJW 2004, 3102 – ebay, mit Bespr *Leible/Sosnitza*, NJW 2004, 3225 f.
[134] BGHZ 66, 182, 189 = NJW 1976, 1198, 1200; BGHZ 128, 1, 11 = NJW 1995, 861, 864; BGHZ 132, 13, 18 = NJW 1996, 1131, 1132; BGH NJW 2003, 1308, 1311 – „Psychosekte"; NJW 2008, 1882, 1884 Tz. 21 – ueber18.de.
[135] BGHZ 132, 13, 18 f. = NJW 1996, 1131, 1132; BGH NJW 1976, 799, 800; 1977, 1289 f.; *Soehring* RdNr. 16.11 f.
[136] BGHZ 66, 182, 188 = NJW 1976, 1198, 1199; BGHZ 132, 13, 18 f. = NJW 1996, 1131, 1132; BGH NJW 1970, 187, 189; NJW 2007, 2558, 2559 Tz. 8.
[137] OLG Frankfurt NJW-RR 1986, 606, 607 f.
[138] BGHZ 132, 13, 18 f.; BGH NJW 1970, 187, 189 = LM § 823 (Ai) Nr. 37 – „Hormocenta"; LG Stuttgart NJW-RR 2001, 834, 835; *Soehring* RdNr. 16.15; *Weitnauer* DB 1976, 1413, 1414; krit. *Löffler/Steffen* § 6 LPG RdNr. 112; *Schönke/Schröder/Lenckner* § 186 StGB RdNr. 8.
[139] Übereinstimmend BGH NJW 1977, 1288, 1289; vgl. auch RdNr. 51.
[140] OLG Hamburg OLGE 20, 255.
[141] RGZ 101, 335, 338 f.; *Erman/Schiemann* RdNr. 5.

§ 824 35, 36   Abschnitt 8. Titel 27. Unerlaubte Handlungen

Aufsichtsrat etc.) im Verhältnis zueinander keine Dritten, so dass die gesellschaftsbezogene Äußerung eines Vertreters gegenüber einem anderen Repräsentanten derselben Korporation kein Behaupten oder Verbreiten ist.[142] Gleiches gilt für geschützte Vertrauensverhältnisse, insbesondere im Rahmen enger familiärer Beziehungen, dh. zwischen Ehegatten, Lebenspartnern, einzelfallabhängig auch zwischen Eltern und Kindern oder unter Geschwistern.[143] Schließlich sind auch professionelle Vertrauensverhältnisse, etwa zwischen Anwalt und Mandant, Arzt und Patient usw. privilegiert,[144] allerdings immer nur, soweit die Information gegenständlich in den Bereich des Vertrauensverhältnisses fällt. Außerhalb solcher Nähebeziehungen vermag die bloße Deklaration einer Erklärung als „vertraulich"[145] an dem Behaupten oder Verbreiten gegenüber dem Empfänger ebenso wenig etwas zu ändern wie der ausdrückliche Hinweis, die Information dürfe nicht weiter getragen werden.

35 **5. Kreditgefährdung.** Die unwahre Tatsache muss geeignet sein, den Kredit eines anderen zu gefährden oder sonstige Nachteile für dessen Erwerb oder Fortkommen herbeizuführen; der **tatsächliche Eintritt der Beeinträchtigung ist nicht erforderlich.**[146] § 824 findet keine Anwendung, wenn eine bei abstrakter Betrachtung als nicht schädigungsgeeignet bewertete Tatsache im Einzelfall doch zu Schäden führt. Ob eine Schädigungseignung vorliegt, ist aus der Sicht eines verständigen Mitglieds des Adressatenkreises der Äußerung zu beurteilen (RdNr. 10). Fehlt ein Bezug der Tatsache zur wirtschaftlichen Wertschätzung des Betroffenen, scheidet § 824 aus; allerdings kommen Ansprüche aus § 823 Abs. 2 iVm. §§ 185 ff. StGB sowie aus § 823 Abs. 1 wegen Verletzung des Allgemeinen Persönlichkeitsrechts in Betracht (RdNr. 5 f.).

36 Bei der **Kreditgefährdung** wird das Vertrauen Dritter auf die Zahlungsfähigkeit des Betroffenen unterminiert, also seine Fähigkeit, gegenwärtigen und zukünftigen Verbindlichkeiten nachzukommen.[147] Der **Erwerb** ist beeinträchtigt, wenn die aktuelle Fähigkeit zur Einkommenserzielung geschmälert wird, das **Fortkommen** steht auf dem Spiel, soweit die zukünftigen Erwerbsaussichten gemindert werden (vgl. auch §§ 842, 843 RdNr. 14).[148] Eine Kreditgefährdung ist etwa bejaht worden bei Verbreitung von Meldungen, mit denen suggeriert wird, ein bestehender Gewerbebetrieb werde aufgegeben oder veräußert,[149] in der Verwaltung einer AG seien „starke Differenzen zutage getreten, die zu Beschuldigungen strafrechtlicher Natur [...] geführt hätten;"[150] ein Händler gewähre unzulässige Rabatte[151] oder sei „nicht lieferfähig".[152] Große praktische Bedeutung haben diejenigen Fälle, in denen das Unternehmen nicht direkt angegriffen wird, sondern sich die – unberechtigte – Kritik gegen die von ihm **hergestellten bzw. vertriebenen Güter oder Dienstleistungen** richtet, wenn etwa ein Produkt in einer Fernsehsendung herabgesetzt[153] oder die Behauptung verbreitet wird, es handele sich um ein Plagiat,[154] oder die zuständige Landesbehörde eine Warnung vor den mit dem Verzehr eines Lebensmittels verbundenen Gesundheitsgefahren herausgibt.[155]

---

[142] Köhler in: *Hefermehl/Köhler/Bornkamm* § 4 UWG RdNr. 8.18; offen gelassen von OLG Düsseldorf NJW-RR 1997, 490, das aber jedenfalls Beiratsmitglieder als „Dritte" ansieht.
[143] Vgl. OLG Celle NdsRpfl. 1964, 174; zu den §§ 186 f. StGB *Schönke/Schröder/Lenckner* Vor §§ 185 ff. StGB RdNr. 9.
[144] LG Aachen VersR 1990, 59.
[145] *Erman/Schiemann* RdNr. 5; vgl. auch BGH NJW 1973, 1460 f.
[146] BGH LM § 824 Nr. 18; *Wenzel/Burkhardt* Kap. 5 RdNr. 257; *Staudinger/Hager* RdNr. 5.
[147] RG JW 1933, 1254; für Falschauskunft der Schutzgemeinschaft für allg. Kreditsicherung (Schufa) OLG Frankfurt DB 1989, 749, 750 = ZIP 1989, 89, 92 m. Anm. *Vortmann* 80; *Staudinger/Hager* RdNr. 5.
[148] RG JW 1933, 1254; SeuffA 93 Nr. 90; 87 Nr. 25; *Staudinger/Hager* RdNr. 5.
[149] BGHZ 59, 76, 79 = NJW 1972, 1658, 1659.
[150] RGZ 83, 362, 363.
[151] RG WarnR 1914 Nr. 17.
[152] BGH NJW-RR 1993, 746, 747 – „fehlende Lieferfähigkeit".
[153] BGH NJW 1966, 2010, 2011; *Prinz/Peters* RdNr. 164.
[154] OLG Frankfurt NJW-RR 1991, 1517; *Dörre/Kochmann* ZUM 2007, 30, 35.
[155] LG Wiesbaden NJW 2001, 2977, 2978 – „BSE-Krise".

Weitergehend beschränkt der BGH den Schutzbereich des § 824 auf die wirtschaftlichen 37
Beziehungen zu dem Personenkreis, „der dem Betroffenen als Kreditgeber, als Abnehmer
und Lieferant, als Auftrag- und Arbeitgeber, dh. im weiten Sinn als ‚**Geschäftspartner**',
gegenübertritt".[156] Fehlt es an einer Beeinflussung des Verhaltens (potentieller) Geschäftspartner, scheidet § 824 aus. So etwa wenn falsche Tatsachenbehauptungen im Zusammenhang mit „Informationsmaßnahmen" einer Bürgerinitiative gegen den Bau einer Bahnstrecke,[157] oder mit der Aufforderung zu Betriebsblockaden, Streiks oder sonstigen Reaktionen „Außenstehender" aufgestellt werden. Wirken sich solche Maßnahmen negativ auf das
Vermögen des betroffenen Unternehmens aus, bleibt nur die Verantwortlichkeit wegen
Eingriffs in das Recht am eingerichteten und ausgeübten Gewerbebetrieb (§ 823
RdNr. 207 ff., 213 ff., 221 ff.).[158] – Diese **Restriktionen sind aus der Luft gegriffen** und
in der Literatur deshalb mit Recht ganz überwiegend auf Ablehnung gestoßen.[159] Zwar geht
es dem BGH weniger um den Schadensersatzanspruch als um den daran angelehnten
Abwehranspruch, nämlich um die Sorge, die öffentliche Diskussion um die Berechtigung
von Großvorhaben könne durch eine scharf eingestellte Haftung allzu sehr eingeengt
werden.[160] Indessen steht mit dem Kriterium der Unmittelbarkeit ohnehin ein wirksames
Instrument zur Vermeidung ausufernder Haftung zur Verfügung (vgl. RdNr. 38 ff.), wirkt
sich die vom BGH herausgestellte Anknüpfung des § 824 an die bloße Gefährdung der
Kreditwürdigkeit – im Gegensatz zum Eingriff in dieselbe – bei Abwehransprüchen gar
nicht aus[161] und lässt sich das Bemühen des BGH, falsche, aber redlich aufgestellte Tatsachenbehauptungen zu privilegieren, ohne Mühe mit Hilfe des § 824 Abs. 2 erreichen.[162]
Jenseits dieser selbstverständlichen Schranken des Unternehmensschutzes ist es weder geboten noch gerechtfertigt, „Umweltinitiativen und ihre Promotoren [...] vor einer Pflicht zur
Wahrheit zu schützen".[163]

6. Unmittelbarer Kausalzusammenhang zwischen Behauptung und Betroffen- 38
heit. Ganz ähnlichen Zwecken wie die eben genannte Beschränkung des § 824 auf
Gefährdungen der Außenbeziehungen des Unternehmens gerade zu seinen Geschäftspartnern dient ein weiteres Erfordernis: Der Kreis der Schadensersatzberechtigten ist auf
diejenigen Personen beschränkt, die von der unwahren Tatsachenmitteilung unmittelbar
betroffen sind.[164] Das Unmittelbarkeitserfordernis **entspricht dem Merkmal des betriebsbezogenen Eingriffs** bei der Haftung für Verletzungen des Rechts am eingerichteten und ausgeübten Gewerbebetrieb gemäß § 823 Abs. 1.[165] Im Rahmen des § 824
bewirkt es eine Beschränkung des persönlichen Schutzbereichs auf denjenigen, „der von
der Stoßrichtung einer (unrichtigen) Aussage, so wie sie im Verkehr verstanden wird,
betroffen ist, weil sich die Aussage mit seiner Person, seinem Unternehmen oder der von
ihm ausgeübten Tätigkeit befasst".[166] Unmittelbarkeit setzt folgerichtig voraus, dass der
Betroffene ex ante, im Zeitpunkt der Äußerung, individualisierbar ist, während eine
namentliche Nennung und Identifizierung nicht verlangt wird.[167] Im Übrigen können von

---

[156] BGHZ 90, 113, 119 ff. = NJW 1984, 1607, 1608 f. = JZ 1984, 1099, 1100 m. abl. Anm. *Schwerdtner*;
zurückhaltender BGH NJW 1992, 1312: § 824 schütze auch das Interesse an durch Falschmeldungen unbelasteten Beziehungen zu Geschäftspartnern.
[157] So der Fall BGHZ 90, 113 = NJW 1984, 1607; für die weiteren Beispiele vgl. aaO S. 121.
[158] BGHZ 90, 113, 122 ff. = NJW 1984, 1607, 1609; RdNr. 5.
[159] *Wenzel/Burkhart* Kap. 5 RdNr. 259; *Erman/Schiemann* RdNr. 6; *Staudinger/Hager* RdNr. 6; *Schwerdtner*
JZ 1984, 1103, 1104; *Stürner*, FS Lukes, 1989, S. 237, 238 ff.; *Steinmeyer* JZ 1989, 781, 785 f.
[160] BGHZ 90, 113, 119 ff. = NJW 1984, 1607, 1608 f.; vgl. auch *Stürner*, FS Lukes, 1989, S. 237, 239.
[161] Anders offenbar BGHZ 90, 113, 120 = NJW 1984, 1607, 1609.
[162] Vgl. BGHZ 90, 113, 126 ff. = NJW 1984, 1607, 1610 f. und RdNr. 41 ff.
[163] *Stürner*, FS Lukes, 1989, S. 237, 239.
[164] BGH NJW 1963, 1871 f.; 1965, 36, 37; 1978, 2151, 2152; 1992, 1312 f.; NJW-RR 1989, 924; OLG
Karlsruhe NJW-RR 2001, 766, 768; *Larenz/Canaris* II/2 § 79 I 3 b, S. 470; *Prinz/Peters* RdNr. 169.
[165] Ausdrücklich BGH NJW-RR 1989, 924; NJW 1992, 1312 f.; *Larenz/Canaris* II/2 § 79 I 3 b,
S. 470.
[166] BGH NJW 1992, 1312 f.; OLG Karlsruhe NJW-RR 2001, 766, 768.
[167] BGH NJW 1966, 2010, 2011 = LM § 824 Nr. 9; NJW 1992, 1312, 1313.

Äußerungen, die gegen ein bestimmtes Unternehmen gerichtet sind, uU weitere Betriebe unmittelbar betroffen werden, sofern sie nämlich mit dem inkriminierten Unternehmen ständig zusammenarbeiten.[168]

39 **Einzelfälle:** Beschimpft eine Gewerkschaft nicht ein einzelnes Unternehmen,[169] sondern eine ganze Branche[170] oder prangert ein Verbraucherverband eine ganze Produktgattung an,[171] scheiden Ansprüche aus § 824 aus. Gleiches gilt für einen „Systemvergleich" zwischen funktional äquivalenten Produktgattungen.[172] Umgekehrt ist das Unmittelbarkeitserfordernis auch dann erfüllt, wenn die falsche Erklärung nicht das Unternehmen als solches, sondern lediglich dessen Mitarbeiter oder einzelne seiner Produkte oder die von ihm angebotenen Dienstleistungen betrifft.[173] Bei unberechtigter Produktschelte sind neben dem Hersteller die Inhaber der betroffenen Marke sowie exklusiver Lizenz- und Vertriebsrechte aktivlegitimiert,[174] nicht aber die Unternehmen der nachfolgenden Handelsstufen und Transportbetriebe.[175] Ein Gebrauchtwagenhändler, der wegen unrichtiger Preisangaben bezüglich der von ihm angebotenen Modelle in einem „Marktbericht" Umsatzeinbußen erlitt, konnte sich deshalb nicht auf § 824 berufen,[176] und genauso erging es einem Filmverleiher, der sich die Äußerung gefallen lassen musste, die freiwillige Filmkontrolle habe einen bestimmten Film gekürzt, ohne dass der Verleih genannt worden wäre.[177]

40 Entgegen einem Vorschlag der Literatur kann auf das **Unmittelbarkeitskriterium nicht zugunsten der Rechtswidrigkeitsprüfung verzichtet** werden.[178] Die Funktion dieser Voraussetzung ist nicht die Vermittlung der Meinungsäußerungsfreiheit des einen mit den Vermögensinteressen des anderen, sondern die Begrenzung der Haftung für reine Vermögensschäden auf einen ex ante überschaubaren Personenkreis und damit dasselbe Anliegen, dem § 823 Abs. 1 seine Fixierung auf absolute Rechte verdankt (vgl. Vor § 823 RdNr. 13; § 826 RdNr. 12, 17).[179] Damit soll verhindert werden, was *v. Jhering* so umschrieben hat: „Eine unvorsichtige Äußerung, die Mitteilung eines Gerüchts, einer falschen Nachricht, ein schlechter Rat, ein unbesonnenes Urteil, [...] kurz, alles und jedes würde bei vorhandener culpa lata trotz aller bona fides zum Ersatz des dadurch veranlassten Schadens verpflichten, [...] alle Unbefangenheit der Konversation wäre dahin, das harmloseste Wort würde zum Strick!"[180]

IV. Rechtswidrigkeit

41 **1. Wahrnehmung berechtigter Interessen.** Der historische Gesetzgeber wollte mit § 824 Abs. 2 den strafrechtlichen Rechtfertigungsgrund der Wahrnehmung berechtigter Interessen gemäß § 193 StGB in das Deliktsrecht übernehmen, damit der Verkehr nicht übermäßig beengt, insbesondere die Tätigkeit der unentbehrlichen Auskunftsbüros nicht unterbunden werde.[181] Heute wird die Norm häufig als Einfallstor für eine umfassende **Abwägung der involvierten Interessen** und verfassungsrechtlich geschützten Güter gesehen.[182] In der Tat erfolgt die Anwendung § 824 Abs. 2 im Spannungsfeld der Art. 12, 14, 2 GG einerseits und des Art. 5 GG andererseits, doch eine freihändige Interessenabwägung ist

---

[168] OLG Karlsruhe NJW-RR 2001, 766, 768.
[169] So der Fall OLG Karlsruhe NJW-RR 2001, 766, 768.
[170] OLG Köln NJW 1985, 1643.
[171] OLG Hamburg NJW 1988, 3211: „Schadstoff Zucker".
[172] BGH NJW 1963, 1871, 1872.
[173] Zusammenfassend BGH NJW-RR 1989, 924.
[174] BGH NJW 1970, 187, 188 – „Hormocenta"; NJW-RR 1989, 924 f. – „1000 Meilen bis zur Hölle".
[175] Anders BGH NJW 1992, 1312, 1313, wenn der Händler auf Grund einer vertraglichen Absprache mit dem Hersteller (zB Lizenz oder Vertriebsrecht) als einziger für das fragliche Produkt am Markt auftrat.
[176] BGH NJW 1965, 36, 37 = LM § 824 Nr. 7.
[177] BGH DB 1967, 1037.
[178] So aber *Staudinger/Hager* RdNr. 8.
[179] Deutlich BGH NJW 1963, 1871, 1872; DB 1967, 1037.
[180] *Rudolf v. Jhering* JherJb. 4 (1861), 1, 12 f.
[181] Prot. II S. 638.
[182] *Damm/Rehbock* RdNr. 647; *Prinz/Peters* RdNr. 167; *Palandt/Sprau* RdNr. 9.

Kreditgefährdung　　　　　　　　　　　　　　　　　　　　　　　　42–44 § 824

gleichwohl nicht angezeigt. Vielmehr lassen sich Differenzierungen und konkrete **Entscheidungsleitlinien** angeben, die die Zuordnung der verfassungsrechtlich geschützten Interessen strukturiert und determiniert.

Grundlegend ist zunächst die Unterscheidung zwischen bewusst unwahren und allein 42 übrigen Tatsachenbehauptungen. Anders als § 193 StGB gilt § 824 Abs. 2 **nicht für das Vorsatzdelikt,** denn bei **falschen Tatsachenbehauptungen,** deren Unwahrheit der Verbreitende im Zeitpunkt der Mitteilung kennt, kommt eine Entlastung mit Rücksicht auf Abs. 2 von vornherein nicht in Betracht.[183] Die **bewusste Irreführung** ist kein Beitrag zur öffentlichen Meinungsbildung und genießt folgerichtig auch nicht den Schutz des Art. 5 Abs. 1 S. 1 GG (vgl. RdNr. 21; § 823 RdNr. 209). Diese Wertung hat große Bedeutung für **Ansprüche auf Unterlassung und Widerruf:** § 824 Abs. 2 greift zugunsten des Äußernden nur solange ein, wie die Wahrheit der behaupteten oder verbreiteten Tatsache in Zweifel steht, ihre Unwahrheit also nicht erwiesen ist. Sobald letzteres der Fall ist, darf der Erklärende die Äußerung pro futuro nicht mehr aufrecht erhalten, mögen die Interessen daran, die Information trotz bestehender Wahrheitszweifel in den Verkehr zu bringen, auch noch so berechtigt gewesen sein (§ 823 RdNr. 209).[184] Lässt sich die Unrichtigkeit vor Gericht nicht feststellen, ist davon auszugehen, dass die Äußerung wahr ist.[185]

Wesentlich komplizierter als bei Vorsatztaten liegen die Dinge bei den **fahrlässigen** 43 **Äußerungsdelikten,** denn hier lässt sich nicht sagen, das Behaupten oder Verbreiten von Tatsachen sei bereits dann rechtswidrig, wenn sich später deren Unrichtigkeit herausstellt.[186] Der Mensch hat keinen direkten Zugang zur Wahrheit und muss deshalb vernünftigerweise stets damit rechnen, dass sich eine im guten Glauben aufgestellte Behauptung später als unrichtig erweist. In dieser Situation würde eine scharf eingestellte Schadensersatzhaftung für falsche Tatsachenbehauptungen die öffentliche Rede unter ein Damoklesschwert stellen und folglich eine erhebliche Abschreckungswirkung gegenüber kritischen Äußerungen wirtschaftlicher Relevanz entfalten. Um diesen Effekt zu vermeiden, werden in § 824 Abs. 2 Tatsachenbehauptungen privilegiert, die geeignet sind, dem Betroffenen erhebliche Vermögensschäden zuzufügen, sofern sie nur in gutem Glauben aufgestellt worden sind. Erweisen sie sich ex post als falsch, kommt eine Verpflichtung zum Schadensersatz dennoch nicht in Betracht, wenn die ex ante vorhandenen Äußerungsinteressen das Integritätsinteresse des Betroffenen überwiegen.

2. Rechtsnatur des Abs. 2. Über die dogmatische Bedeutung des Abs. 2 besteht keine 44 Einigkeit, was angesichts der Unklarheiten und Streitigkeiten um die zivilrechtliche Rechtswidrigkeit auch nicht Wunder nimmt (ausführlich § 823 RdNr. 4 ff.). Rechtsprechung und hL qualifizieren die Wahrnehmung berechtigter Interessen als **Rechtfertigungsgrund,**[187] doch finden sich auch Urteile, in denen der BGH bei Überwiegen berechtigter Informationsinteressen bereits den Tatbestand verneint.[188] Teile der Literatur plädieren schließlich für die Annahme eines Entschuldigungsgrundes.[189] – Tatsächlich ist die Wahrnehmung berechtigter Interessen integraler Bestandteil des Handlungsunrechts und insofern kein Rechtfertigungsgrund im eigentlichen Sinn, weil sie anders als die Einwilligung oder die Notwehr nicht den Eingriff in den Schutzbereich legitimiert, sondern **lediglich das Fahrlässigkeitskalkül für den Bereich der Äußerungsdelikte**

---

[183] BVerfG NJW 2003, 1856, 1857; 2004, 589 – „Haarfärbung durch Bundeskanzler"; VersR 2006, 382, 383 Tz. 22; vgl. auch RG JW 1932, 3060, 3061; BGH DB 1958, 276.
[184] BVerfGE 97, 125, 149 = NJW 1998, 1381; BVerfG NJW-RR 2000, 1209, 1210 – „Junge Freiheit"; BGH JZ 1960, 701, 702; *Wenzel/Burkhardt* Kap. 5 RdNr. 270.
[185] So zu § 193 StGB BGH NJW 1985, 1621, 1622.
[186] BVerfGE 99, 185, 198 = NJW 1999, 1322, 1324; BVerfG NJW 2003, 1856, 1857.
[187] BGHZ 3, 270, 280 f. = NJW 1952, 660, 661; *Löffler/Steffen* § 6 LPG RdNr. 115; *Staudinger/Hager* § 823 RdNr. C 95; genauso die im Strafrecht hM zu § 193 StGB; BGHSt 18, 182, 184 f.; *Schönke/Schröder/Lenckner* § 193 StGB RdNr. 1; diff. zwischen § 193 StGB (Rechtfertigungsgrund) und § 824 Abs. 2 (Entschuldigungsgrund) *Larenz/Canaris* II/2 § 79 I 4 c, S. 473; § 88 III 2 a, S. 715.
[188] BGHZ 45, 296, 307 = NJW 1966, 1617, 1618; BGHZ 50, 133, 143.
[189] *Erdsiek* JZ 1969, 311, 315; *E. Schmidt* JZ 1970, 8, 10 f.; wohl auch *Wenzel/Burkhardt* Kap. 5 RdNr. 269.

modifiziert.[190] Da der Eingriff in den Schutzbereich, also die Beeinträchtigung reiner Vermögensinteressen durch eine objektiv falsche und die Kreditwürdigkeit des Betroffenen untergrabende Tatsachenbehauptung, durch bloßes Schweigen stets vermieden werden kann, würde eine Konzentration der für die Fahrlässigkeit konstitutiven Abwägung der Kosten und des Nutzens von Sorgfaltsmaßnahmen (§ 823 RdNr. 259) dazu tendieren, die Meinungsfreiheit übermäßig einzuschränken. Aus § 824 Abs. 2 ergibt sich nun, dass bei der Fahrlässigkeitsprüfung auch der durch die Bereitstellung von Informationen bei Dritten bzw. der Allgemeinheit entstehende Nutzen Berücksichtigung finden soll, wie dies dem Charakter der Information als öffentlichem Gut entspricht. Treffend formuliert der BGH zu § 193 StGB, die Vorschrift nehme „dem Mitteilenden das Risiko ab, dass sich eine von ihm aufgestellte Behauptung trotz Beachtung der von ihm zu verlangenden Sorgfaltspflichten nachträglich als falsch erweist".[191] Aus dieser teleologischen Orientierung ergibt sich zwanglos, dass die Wahrnehmung berechtigter Interessen bei Vorsatzdelikten, also der Verbreitung von Tatsachen, deren Unwahrheit der Äußernde kennt, von vornherein nicht in Betracht kommt (RdNr. 38).[192] Die herkömmliche Einordnung des § 824 Abs. 2 nicht als Sonderregelung der Fahrlässigkeit, sondern als Rechtfertigungsgrund verdankt sich allein der **Beweislastverteilung:** Der Kläger hat lediglich nachzuweisen, dass die Unrichtigkeit der Tatsache und die Beschädigung der Kreditwürdigkeit für den Beklagten ex ante erkennbar und vermeidbar war, während der Beklagte diejenigen Umstände nachweisen muss, die für die Reduktion des Pflichtenstandards mit Rücksicht auf überwiegende Informationsinteressen bestimmend sind (vgl. RdNr. 66).

45 **3. Maßstab.** Die Rechtfertigung nach § 824 Abs. 2 ist danach **untrennbar verwoben mit der Fahrlässigkeitsprüfung:** Zunächst bedarf es wie stets der Einschätzung der dem Betroffenen drohenden Schäden nach Umfang und Eintrittswahrscheinlichkeit sowie der Identifikation der dem Erklärenden zur Verfügung stehenden Sorgfaltsmaßnahmen samt der mit ihrer Durchführung verbundenen Kosten. Maßgebend ist wiederum der Standpunkt eines verständigen Durchschnittsmenschen in der Situation des Erklärenden zum Zeitpunkt ex ante,[193] von dem aus die Frage zu stellen ist, wie wahrscheinlich es war, dass sich die Information als falsch erweisen würde, und in welchem Umfang mit Schäden des Betroffenen zu rechnen war, wenn die Information in den Verkehr gebracht würde. Weiter bedarf es der Feststellung, welche Maßnahmen zur Aufklärung der bestehenden Wahrheitszweifel zur Verfügung standen, und wie hoch der Aufwand gewesen wäre, den die Durchführung dieser Maßnahmen verursacht hätte. Schließlich ist der Nutzen zu taxieren, den die jeweilige Information – ihre Wahrheit unterstellt – für den Erklärenden, für interessierte Dritte und für die Allgemeinheit gebracht hätte. Ließen sich die Ergebnisse zu all' diesen Fragen zu Zahlenwerten verdichten, dann wären die Voraussetzungen des § 824 Abs. 2 so zu formulieren: Eine Wahrnehmung berechtigter Interessen liegt vor, wenn der durch die Verbreitung der Information generierte Nutzen die Summe aus Sorgfalts- und Schadenskosten übersteigt (vgl. auch Vor § 823 RdNr. 48; § 823 RdNr. 259).[194] Ein Verstoß gegen § 33 BDSG führt nicht ohne weiteres dazu, dass die Weitergabe von Informationen im Rahmen von § 824 als sorgfaltswidrig zu werten ist.[195]

46 Unter diesen Prämissen treffen den Mitteilenden umso intensivere Sorgfalts- bzw. Aufklärungspflichten, je schwerwiegender die Vermögensnachteile sind, die dem Geschädigten im Fall der Unwahrheit der Behauptung drohen, und je unsicherer die Grundlage ist, auf der

---

[190] Übereinstimmend *Bamberger/Roth/Spindler* RdNr. 24; vgl. auch *Wenzel/Burkhardt* Kap. 5 RdNr. 269.
[191] BGH NJW 1985, 1621, 1622.
[192] Entgegen *Larenz/Canaris* II/2 § 79 I 4c, S. 473 f., ist § 824 Abs. 2 also keineswegs auf die Situation gemünzt, dass die Unwahrheit der Tatsache bereits ex ante – im Zeitpunkt der schädigenden Handlung – feststeht. Verhält es sich so, kommt eine Rechtfertigung ohnehin nicht in Betracht. Damit stimmt überein, dass der Anwendungsbereich des § 193 StGB nicht auf § 186 StGB beschränkt ist.
[193] So schon RG JW 1930, 1732; Gruchot 61, 799, 801.
[194] Ähnlich BGH NJW 1986, 981, 982 = LM § 824 Nr. 25.
[195] LG Köln VersR 2005, 269.

die Information beruht.[196] Daraus ergibt sich die Konsequenz, dass die Entlastung mit Rücksicht auf Abs. 2 von der **Verpflichtung zu möglichen und zumutbaren Aufklärungsmaßnahmen nicht dispensiert,** sondern ihre Durchführung im Gegenteil voraussetzt.[197] Auch bei überragenden Informationsinteressen dürfen Informationen nicht völlig ungeprüft in den Verkehr gebracht werden, sondern auf der Hand liegende Aufklärungsmaßnahmen sind zu ergreifen.[198] Allerdings kann der Nutzen einer Information mit dem Ablauf der Zeit geringer werden, was im Rahmen der eben beschriebenen Abwägung zu berücksichtigen ist und insofern zu einer Reduktion des geforderten Aufklärungsaufwands führen kann. Da besonders wichtige und dringliche Informationen aber häufig sehr große Schäden verursachen, wenn sie sich als falsch erweisen, kommt ein pauschaler Dispens von jedweder Sorgfalt nicht in Betracht. Schließlich scheidet die Entlastung nach Abs. 2 bei **leichtfertigem Handeln** aus, wobei allerdings darauf Bedacht zu nehmen ist, diese gesteigerte Form von Fahrlässigkeit in Übereinstimmung mit den eben erarbeiteten Kriterien zu definieren: Keine Wahrnehmung berechtigter Interessen ist es, wenn sich der Mitteilende über schwerwiegende Wahrheitszweifel hinwegsetzt, obwohl diese sich mit einfachsten Aufklärungsmaßnahmen beheben ließen.[199]

Mit einer **Verhältnismäßigkeitsprüfung** im technischen Sinn hat das nach § 824 Abs. 2 47 modifizierte Fahrlässigkeitskalkül nichts zu tun.[200] Diese Einsicht ist nicht nur von dogmatischer Relevanz, sondern hat handfeste praktische Konsequenzen: Wie der BGH in Abkehr von der „Constanze"-Entscheidung mit Recht klargestellt hat, bedarf geschäftsschädigende Kritik keiner Rechtfertigung nach Maßgabe der Verhältnismäßigkeit, und insbesondere ist im öffentlichen Meinungskampf nicht das „mildeste" Mittel zur Erreichung des verfolgten Zwecks zu wählen (eingehend § 823 RdNr. 208).[201]

4. Fallgruppen. a) Wissenschaftliche Äußerungen. Wissenschaftliche Ausarbeitun- 48 gen sind grundsätzlich als **Werturteile** zu qualifizieren und bereits dadurch hinreichend geschützt (vgl. RdNr. 23). Eines darüber hinausgehenden **Wissenschaftsprivilegs** im Sinne eines Rechts auf Irrtum bedarf es im Rahmen von § 824 nicht;[202] insbesondere besteht kein Anlass, einem Wissenschaftler leichte Fahrlässigkeit bei der Behauptung und Verbreitung unrichtiger Tatsachen durchgehen zu lassen, wenn sie einem Unternehmen zum Schaden gereichen.[203] Soweit über die Wahrheit der jeweiligen Aussage ein intersubjektiver Konsens möglich ist – und nur dann liegt eine Tatsachenbehauptung vor (vgl. RdNr. 23) – ergibt sich auch aus Art. 5 Abs. 3 GG nicht das Gebot zur Privilegierung wissenschaftlicher Äußerungen. Es besteht kein sachlicher Anlass, Wissenschaftler von der Pflichten zur Vermeidung von handwerklichen Mängeln zu dispensieren, etwa bei Fehlzitaten und Druckfehlern.[204] Fehlt es an einem ernsthaften Bemühen um Wahrheitssuche und werden unrichtige Tatsachenbehauptungen nur in die äußere Form (pseudo-) wissenschaftlicher Abhandlungen gebracht, unterliegen sie uneingeschränkt der Haftung aus § 824.[205]

---

[196] Vgl. BGH NJW 1957, 1149, 1150.
[197] BGH NJW 1985, 1621, 1622; 1986, 981, 982; *Larenz/Canaris* II/2 § 79 4 b, S. 471 f.; anders aber wohl *Erman/Schiemann* RdNr. 9: keine Fahrlässigkeitshaftung bei Vorliegen eines berechtigten Interesses.
[198] LG Wiesbaden NJW 2002, 2977, 2978: anerkannte Testverfahren für Wurstwaren bei Warnung vor BSE.
[199] Übereinstimmend BVerfG NJW 2000, 199, 200 – „Rivalität unter Staatsanwälten".
[200] Übereinstimmend *Staudinger/Hager* RdNr. C 106; anders die strafrechtliche Lit. zu § 193 StGB; vgl. *Schönke/Schröder/Lenckner* § 193 StGB RdNr. 9 f.; beiläufig auch BVerfG NJW 1991, 2074, 2075.
[201] BGHZ 45, 296, 307 f. = NJW 1966, 1617, 1618; BGH NJW 1974, 1762; 1994, 124, 126 = LM Art. 1 GG Nr. 44 m. Anm. *Kohl*; *Larenz/Canaris* II/2 § 81 III 2 a, S. 548; *Soehring* RdNr. 15.16; *Staudinger/Hager* § 823 RdNr. C 104 f.; anders aber das überwiegende strafrechtliche Schrifttum, s. nur *Schönke/Schröder/Lenckner* § 193 StGB RdNr. 10 mwN.
[202] So aber *Bund*, FS v. Caemmerer, 1978, S. 313, 326 f.; *Larenz/Canaris* II/2 § 79 I 3, S. 469, § 88 I 3, S. 710; *Bamberger/Roth/Spindler* RdNr. 42.
[203] Übereinstimmend *Staudinger/Hager* § 823 RdNr. C 144; vgl. etwa den Fall RG JW 1930, 1732 f.
[204] AA 3. Aufl. RdNr. 57.
[205] Vgl. BVerfGE 90, 1, 13.

49 **b) Tatsachenmitteilungen in gerichtlichen und behördlichen Verfahren.** Im Rahmen der nach § 824 Abs. 2 durchzuführenden Kosten/Nutzen-Abwägung ist zu berücksichtigen, wenn die inkriminierte Tatsachenäußerung nicht in die Öffentlichkeit gebracht worden, sondern im Rahmen eines rechtsstaatlichen Verfahrens gefallen ist, das gerade dazu bestimmt war, die wirkliche Sachlage zu ermitteln. In diesen Fällen fordert das **BVerfG** eine **Privilegierung der Verfahrenspartei** mit Rücksicht auf das Rechtsstaatsprinzip: Letzteres gebiete einen wirkungsvollen Rechtsschutz in bürgerlichrechtlichen Streitigkeiten, was wiederum voraussetze, „dass der Rechtsuchende gegenüber den Organen der Rechtspflege, ohne Rechtsnachteile befürchten zu müssen, jene Handlungen vornehmen kann, die nach seiner von gutem Glauben bestimmten Sicht geeignet sind, sich im Prozess zu behaupten".[206] Mit dieser Begründung ist das BVerfG den Strafverfolgungsbehörden in den Arm gefallen, soweit diese der im Zivilprozess unterlegenen Partei eine Straftat nach § 186 StGB zur Last legen wollten. Zum Haftungsprivileg bei Einleitung eines rechtsstaatlichen Verfahrens § 823 RdNr. 587.

50 Mit Blick auf zivilrechtliche Abwehr- und Schadensersatzansprüche haben das RG und der **BGH** seit jeher eine ähnliche Linie verfolgt, dies jedoch mit genuin privatrechtlichen Erwägungen begründet.[207] Die Besonderheit der hier interessierenden Fallgruppe besteht darin, dass die Tatsachenäußerung im Rahmen eines Verfahrens erfolgt, in dem ihr **Wahrheitsgehalt prompt und zuverlässig geklärt** werden kann. Deswegen ist der dem Betroffenen drohende Schaden typischerweise gering, wenn denn überhaupt materielle Nachteile drohen (vgl. Anh. § 12 RdNr. 179 ff.),[208] und die Kosten der Aufklärung von Wahrheitszweifeln ex ante, vor der Äußerung der Tatsache, wiegen besonders schwer, weil die Prüfung im Verfahren vor dem Gericht ohnehin noch einmal in der gebotenen prozessualen Form wiederholt werden müsste. Aus diesen Gründen ist eine **Reduktion des Sorgfaltsmaßstabs bei Tatsachenäußerungen** in Gerichts- und Verwaltungsverfahren geboten, ohne dass es des Rückgriffs auf das Rechtsstaatsprinzip oder auch nur auf den Rechtfertigungsgrund der Wahrnehmung berechtigter Interessen bedürfte. Wie die Zivilgerichte zutreffend betont haben, ergibt sich die Pflichtenreduktion bereits aus dem allgemeinen Fahrlässigkeitskalkül.[209] Auf Widerruf und Unterlassung gerichteten Klagen fehlt hingegen das Rechtsschutzbedürfnis, weil bereits ein Gericht mit der Klärung der Wahrheitsfrage beschäftigt ist, so dass kein legitimes Interesse daran besteht, parallel dazu ein zweites Gericht mit der nämlichen Aufgabe zu beschäftigen.[210] Diese Rechtsprechung ist mit dem GG vereinbar.[211]

51 Auf der so bereiteten Grundlage verstehen sich auch die Grenzen rechtmäßigen Prozessverhaltens von selbst: Die Aufstellung kreditschädigender Tatsachenbehauptungen ist nur dann hinzunehmen, wenn sie **in gutem Glauben** erfolgt, so dass die bewusst falsche Erklärung unter keinen Umständen zu legitimieren ist.[212] Darüber hinaus ist die Prozesspartei nicht davon dispensiert, **einfachste und auf der Hand liegende Maßnahmen** zur Aufklärung von Wahrheitszweifeln zu ergreifen.[213] Schließlich gelten die allgemeinen, strengeren Maßstäbe, wenn die Äußerung der inkriminierten Tatsache nicht

---

[206] BVerfG NJW 1991, 2074, 2075; genauso BVerfG NJW 1991, 29.
[207] RGZ 140, 393, 397 ff.; BGH NJW 1962, 243, 244; NJW 2008, 996, 997, RdNr. 13.
[208] Der Schwerpunkt der Fallgruppe liegt denn auch nicht bei § 824, sondern bei dem Schutz der persönlichen Ehre im Rahmen der §§ 823 Abs. 2, 185 ff. StGB und des Allgemeinen Persönlichkeitsrechts; sowie zuletzt BVerfG NJW 2000, 199, 200.
[209] RGZ 140, 392, 397 f.; BGH NJW 1962, 243, 244.
[210] BGH NJW 1965, 1803; 1969, 463; 1971, 284; 1977, 1681, 1682 (insoweit nicht in BGHZ 69, 181); 1981, 2117, 2118; JZ 1986, 1057, 1058 m. Anm. *Walter*; NJW 1987, 3138, 3139 m. Anm. *Walter*; VersR 1988, 379, 380; NJW 1992, 1314, 1315; NJW-RR 2004, 1717; NJW 2005, 279, 281; NJW 2008, 996, 997, RdNr. 12 f.; ähnlich *Walter* JZ 1986, 614, 618.
[211] BVerfG NJW-RR 2007, 840, 841.
[212] BVerfG NJW 1991, 1475, 1476; 1991, 2074, 2075; 2000, 199, 200.
[213] BVerfG NJW 1991, 29; 1991, 2074, 2075.

auf das Verfahren beschränkt geblieben, sondern der Öffentlichkeit zugänglich gemacht,[214] etwa in Form eines Rundschreibens verbreitet worden ist.[215]

In **personaler Hinsicht** gilt die Absenkung des Sorgfaltsmaßstabs nicht nur zugunsten 52 der Parteien und deren Rechtsanwälte, sondern auch für Zeugen und für Sachverständige, aber immer nur soweit die ratio dieses Privilegs reicht, insbesondere also die Äußerung auf die Verfahrensöffentlichkeit beschränkt geblieben und dort zum Gegenstand der Wahrheitsfindung gemacht worden ist.[216] Folgerichtig kann sich ein Sachverständiger, der vor einem parlamentarischen Untersuchungsausschuss gehört wird,[217] genauso wenig auf das Privileg berufen wie ein Insolvenzverwalter, der in der Gläubigerversammlung despektierliche Aussagen über einen Mitarbeiter des Gemeinschuldners macht.[218] Auf der **Betroffenenseite** müssen nicht allein die Parteien des anhängigen Rechtsstreits vermeintlich unrichtige Tatsachenbehauptungen hinnehmen, sondern auch **unbeteiligte Dritte**.[219] Dies gilt nur dann nicht, wenn es sich um offensichtlich unwahre Behauptungen, um Behauptungen ohne Bezug zu dem konkreten Rechtsstreit oder um Schmähkritik handelt.[220]

c) Berichterstattung in Presse, Rundfunk und Fernsehen. Der durch Abs. 2 be- 53 wirkten Erweiterung der zur Bestimmung des Sorgfaltsniveaus notwendigen Kosten/Nutzen-Abwägung um öffentliche Informationsinteressen kommt im Bereich der Massenmedien naturgemäß besondere Bedeutung zu. Der in Art. 5 Abs. 1 S. 2 GG anerkannte **Informationsauftrag der Presse** richtet sich auf eine ebenso zutreffende wie zeitnahe Berichterstattung, wobei sich regelmäßig nicht beide Prärogativen zugleich in vollem Umfang erfüllen lassen. Bestünde eine Verpflichtung der Medien, die Richtigkeit jeder Information vor ihrer Verbreitung durch entsprechende Aufklärungs- und Prüfungsmaßnahmen zu garantieren, wäre aktuelle Berichterstattung praktisch ausgeschlossen. Auf der anderen Seite ist zu berücksichtigen, dass die Schädigungseignung unwahrer Tatsachen, die von Massenmedien verbreitet werden, mit Blick auf den breiten Adressatenkreis und die sachliche Autorität, die Teile der Medien beim Publikum genießen, besonders hoch ist. Eine Absenkung der Sorgfaltsanforderungen kommt deshalb nicht in Betracht, sondern es bedarf einer abgewogenen Lösung, wie sie der Standard der sog. pressemäßigen oder publizistischen Sorgfalt verkörpert.[221] Dieser liegt höher als die Sorgfaltsanforderungen, die unter vergleichbaren Umständen an Privatpersonen zu stellen sind.[222]

Zentrale **Determinanten der publizistischen Sorgfalt** sind das Gewicht der berech- 54 tigten Informationsinteressen der Allgemeinheit einerseits, die Wahrscheinlichkeit, dass sich die Tatsache als unwahr erweist sowie Art und Umfang der dem Betroffenen in diesem Fall drohenden Nachteile, andererseits.[223] Das Gewicht der Informationsinteressen ist abhängig von der Bedeutung der jeweiligen Information für die Öffentlichkeit und besonders groß bei politischen Themen wie Krieg und Frieden,[224] Wirtschaft[225] und

---

[214] BGH NJW 1992, 1314, 1315.
[215] BGH NJW 2005, 279, 281.
[216] Für Sachverständige BGH NJW 1981, 2117, 2118; für Zeugen BGH JZ 1986, 1057, 1058; NJW-RR 2004, 1717; vgl. auch *Staudinger/Hager* § 823 RdNr. C 140.
[217] BGH NJW 1981, 2117, 2118.
[218] BGH NJW 1995, 397.
[219] BGH NJW 2008, 996, 997 f., RdNr. 14 ff.
[220] BGH NJW 2008, 996, 997 f., RdNr. 14 ff.
[221] BGHZ 132, 13, 24 = NJW 1996, 1131, 1133 – „Lohnkiller"; BGH NJW 1966, 2010, 2011; 1987, 2225, 2226; 2000, 1036, 1037; *Peters* NJW 1997, 1334, 1336; *Soehring/Seelmann-Eggebert* NJW 2005, 571, 575; *Löffler/Steffen* § 6 LPG RdNr. 35 ff.; *Soehring* RdNr. 2.8 ff.; *Wenzel* RdNr. 6106 ff.; vgl. auch EGMR NJW 2000, 1015, 1017; RdNr. 65.
[222] BVerfG NJW-RR 2000, 1209, 1210 – „Junge Freiheit"; NJW 2004, 589 – „Haarfärbung durch Bundeskanzler".
[223] BVerfG NJW-RR 2000, 1209, 1210 – „Junge Freiheit"; NJW 2004, 589 – „Haarfärbung durch Bundeskanzler"; BGH NJW 1977, 1288, 1289 (insoweit nicht in BGHZ 68, 331); VersR 1988, 405; NJW 2000, 1036 f.; OLG München NJW-RR 1996, 1487, 1488; 1493, 1494; vgl. auch *Peters* NJW 1997, 1334, 1335 f.
[224] BGH NJW 1962, 32, 33.
[225] BGH NJW 1962, 32, 33 – „Waffenhandel"; NJW 1987, 2225, 2226 – „Pressemäßige Sorgfalt".

§ 824   55

Umweltschutz,[226] Gesundheitsfragen,[227] konfessionellen und kulturellen Problemen[228] usw. Für die Intensität der Recherchepflicht ist weiter die Wahrscheinlichkeit maßgebend, dass sich die Information als unrichtig erweist, was wiederum von der Zuverlässigkeit der jeweiligen Informationsquelle abhängt. Autorisierte Meldungen anerkannter Nachrichtenagenturen, der Staatsanwaltschaft, der Gerichte, der Polizei oder eines parlamentarischen Untersuchungsausschusses verbürgen grundsätzlich hohe Seriosität, die weitere eigene Recherchen erübrigen können.[229] Stammen Informationen über umweltschädliches Verhalten aus chemischen Analysen, die von der zuständigen Stadt in Auftrag gegeben und zur Grundlage einer Ordnungsverfügung gemacht worden sind, muss das Presseorgan vor der Publikation nicht noch ein Sachverständigengutachten einholen.[230] Anders liegt es, wenn eine Reportage über nachteilige Eigenschaften eines Produkts auf von der Redaktion selbst durchgeführten Tests beruht; hier ist von vornherein ein Sachverständiger beizuziehen; zumindest sind die erzielten Ergebnisse einem Fachmann zur Prüfung vorzulegen, bevor sie veröffentlicht werden.[231] Dass eine Meldung bereits an anderer Stelle publiziert wurde, befreit zwar nicht von der Pflicht zur eigenen Überprüfung,[232] senkt jedoch den Standard, wenn die Kosten eigener Aufklärungsmaßnahmen hoch sind und die Quelle zuverlässig ist.[233] Der Gegenpol zur Berichterstattung über Themen von politischer Relevanz sind Reportagen über das **Privatleben** prominenter und weniger prominenter Personen, die allerdings regelmäßig keine Kreditgefährdung bewirken, sondern unter dem Gesichtspunkt eines Eingriffs in das Allgemeine Persönlichkeitsrecht zu würdigen sind (ausführlich Anh. § 12 RdNr. 149 ff.).[234]

55 Stehen sich ein erhebliches Informationsinteresse der Öffentlichkeit und die Gefahr schwerwiegender Nachteile für den Betroffenen gegenüber und ist eine Aufklärung des Sachverhalts mit zuverlässigen Mitteln kurzfristig nicht möglich, muss der Betroffene vor der Publikation angehört und ihm **Gelegenheit zur Stellungnahme** gegeben werden (Anh. § 12 RdNr. 150).[235] Ein berechtigtes Informationsinteresse vermag prinzipiell auch die Berichterstattung über einen **Verdacht** unter Mitteilung der Informationsquelle zu rechtfertigen (s. auch Anh. § 12 RdNr. 156).[236] Im Hinblick auf die Gefahr öffentlicher „Vorverurteilung" sind an die Verdachtsberichterstattung allerdings strenge Voraussetzungen geknüpft.[237] Neben einem erheblichen öffentlichen Informationsinteresse müssen konkrete Verdachtsmomente vorliegen. Allein ein anonymer Anruf genügt dafür selbstverständlich nicht.[238] Stellungnahmen oder Indizien, die von dem aufgestellten Verdacht entlasten, dürfen nicht verschwiegen werden.[239] Bei hartnäckigen

---
[226] BGH NJW 1987, 2225, 2226 – „Pressemäßige Sorgfalt".
[227] BGH NJW 1978, 210, 211 – „Alkohol-Zahncreme" (insoweit nicht in BGHZ 70, 39); allg. *Soehring* RdNr. 15.10, s. dort auch zur Unterhaltungspresse.
[228] BGH NJW 1966, 1617, 1619 – „Höllenfeuer".
[229] BGHZ 139, 95, 106 – „Stolpe"; OLG Karlsruhe NJW-RR 1993, 732, 733; offen gelassen von BVerfG NJW 2004, 589, 590 – „Haarfärbung durch Bundeskanzler"; *Peters* NJW 1997, 1334, 1336 f.; *Soehring* RdNr. 2.21.
[230] BGH NJW 1987, 2225, 2226.
[231] BGH NJW 1978, 210 (insoweit nicht in BGHZ 70, 39) – „Alkohol-Zahncreme".
[232] BVerfGE 85, 1, 22 = NJW 1992, 1439, 1440 – „Krit. Bayer-Aktionäre".
[233] Nicht dagegen bei Unzuverlässigkeit, BGH NJW 1966, 1213, 1215.
[234] Vgl. BGH NJW 1963, 665, 667.
[235] BGHZ 132, 13, 25 f.; BGH VersR 1988, 405; OLG München NJW-RR 1996, 1487, 1489; OLG Hamburg NJW-RR 1996, 597; OLG Stuttgart NJW 1972, 2320, 2321; vgl. auch BGHZ 59, 76, 81 f.
[236] BGH NJW 1977, 1288, 1289 (insoweit nicht in BGHZ 68, 331); 2000, 1036 f.; OLG München NJW-RR 1996, 1487, 1488; OLG Hamburg NJW-RR 1994, 1178, 1179 – „Bad Kleinen"; *Soehring* RdNr. 16.23 ff.; *Wenzel* RdNr. 10 135 ff.
[237] Ausf. *C.-H. Soehring*, Vorverurteilung durch die Presse – Der publizistische Verstoß gegen die Unschuldsvermutung, 1999.
[238] BGH NJW 1977, 1288 – „Abgeordnetenbestechung"; vgl. auch BGH NJW 1966, 1213, 1215 = LM § 847 Nr. 31.
[239] BGH NJW 1966, 1213, 1215; 1965, 2395, 2396 = LM GG Art. 5 Nr. 20; NJW 1997, 1148, 1149 = LM GG Art. 5 Nr. 90; NJW 2000, 656, 657 – „Korruption am Bau".

Wahrheitszweifeln kann es geboten sein, die Information nur in anonymisierter Form zu veröffentlichen.[240]

Die Verpflichtung zur Überprüfung zugespielter Informationen im Wege der Recherche und der Nachfrage bei dem Betroffenen gilt nicht nur für den redaktionellen Teil von Presseerzeugnissen, Rundfunk- und Fernsehsendungen, sondern auch für die Werbung und den **Anzeigenteil**. Allerdings ist hier nicht derselbe (hohe) Standard anzulegen wie an den redaktionellen Teil, sondern die Sorgfaltspflicht beschränkt sich auf die Zurückweisung solcher Beiträge, in denen erkennbar falsche Tatsachenbehauptungen aufgestellt werden.[241] Eine Verpflichtung zu weiteren Nachforschungen besteht nicht. Immerhin darf eine Tageszeitung eine Anzeige, mit der die Einstellung eines Geschäftsbetriebs angezeigt wird, nicht unbesehen abdrucken, wenn sie am Telefon entgegen genommen wurde und nicht sichergestellt ist, dass sie wirklich von dem Betroffenen stammt.[242]

V. Verschulden

Die vorsätzliche Verbreitung unwahrer Tatsachen ist stets rechtswidrig und einer Rechtfertigung nach Maßgabe des Abs. 2 nicht zugänglich. Fahrlässigkeit konstituiert wie stets das Handlungsunrecht und ist als solches ggf. Gegenstand der Rechtfertigung bei Wahrnehmung berechtigter Interessen (§ 823 RdNr. 4 ff., 26 f.).

VI. Negatorische Ansprüche

Früher gewährte das RG unter dem Gesichtspunkt des Schadensersatzes im Wege der Naturalrestitution gemäß § 249 Abs. 1 auch Ansprüche zur Abwehr weiterer Beeinträchtigungen.[243] Dieser Konstruktion bedarf es nicht mehr, nachdem der negatorische Schutz der §§ 12, 1004 für sämtliche deliktisch geschützte Interessen verallgemeinert worden ist (vgl. Vor § 823 RdNr. 35). Insbesondere ist auch die Kredit- und Geschäftswürdigkeit des § 824 als analog § 1004 durch Abwehransprüche geschütztes Rechtsgut anerkannt.[244] Die Abwehransprüche setzen **kein Verschulden** voraus, sondern begnügen sich mit der Rechtswidrigkeit, wobei unklar und umstritten ist, ob auf die Widerrechtlichkeit der Handlung oder auf diejenige des Erfolgs, also des geschaffenen Zustands, abzustellen ist und ob die Rechtswidrigkeit ihrerseits pflichtwidriges Handeln voraussetzt, was die Differenzierung zwischen Unrecht und Schuld wieder weitgehend aufheben würde. Zu den Einzelheiten der Unterlassungs- und Widerrufsansprüche vgl. auch Anh. § 12 RdNr. 201 ff., 204 ff. Zur Erstattung von Anzeigenkosten s. RdNr. 63.

Für den **Unterlassungsanspruch** ist die Rechtslage eindeutig, denn er ist auf die Zukunft gerichtet, erfordert nicht die Bewertung einer in der Vergangenheit ausgeführten Handlung und ist somit begründet, wenn die inkriminierte Handlung – im Fall ihrer Ausführung – pflichtwidrig wäre (Vor § 823 RdNr. 36; § 823 RdNr. 16). Für den Anspruch auf Unterlassung von Tatsachenbehauptungen hat dies die wichtige Konsequenz, dass es auf die Wahrnehmung berechtigter Interessen gemäß §§ 824 Abs. 2, 193 StGB überhaupt nicht ankommt, weil dieser Rechtfertigungsgrund auf den Konflikt zwischen öffentlichen Informations- und privaten Schutzinteressen bei Unsicherheit über die Wahrheit der jeweiligen Tatsache gemünzt ist, an dem es fehlt, wenn erwiesenermaßen unwahre Tatsachen verbreitet werden. Letzteres ist unter keinen Umständen gerechtfertigt (vgl. auch § 823 RdNr. 209).[245] Der Unterlassungsanspruch ist folgerichtig bereits

---

[240] BGHZ 132, 13, 26 = NJW 1996, 1131, 1134; BGH VersR 1965, 879, 880.
[241] So (zum Lauterkeitsrecht) BGH NJW 1992, 3093, 3094; NJW-RR 1994, 874; allg. *Löffler/Ricker* Kap. 41 RdNr. 14.
[242] BGHZ 59, 76, 80 ff.
[243] Vgl. RGZ 97, 343, 345; eingehend zu den negatorischen Ansprüchen *Damm/Rehbock* S. 299 ff.
[244] Vgl. RGZ 60, 6, 7 f.; BGH NJW 1993, 930, 931.
[245] BVerfGE 97, 125, 149 = NJW 1998, 1381; BVerfGE 99, 185, 197 = NJW 1999, 1322, 1324.

dann begründet, wenn die Unwahrheit der inkriminierten Tatsache feststeht. Die Frage, ob der Beklagte im Zeitpunkt der ursprünglichen Äußerung rechtswidrig gehandelt, also die ihm auch unter Berücksichtigung berechtigter Informationsinteressen obliegenden Prüfungspflichten verletzt hat, spielt lediglich für die Wiederholungsgefahr eine Rolle: War die ursprüngliche Äußerung rechtmäßig, begründet der Nachweis der Unrichtigkeit der Tatsache noch keine Erstbegehungsgefahr.[246] Im Rahmen der Haftung aus § 823 Abs. 2 iVm. § 186 StGB wird die strafrechtliche Beweislastverteilung in das bürgerliche Deliktsrecht transformiert,[247] so dass der beklagte Schädiger die Beweislast für die Wahrheit der streitigen Tatsache trägt, wenn er sich nicht auf die Wahrnehmung berechtigter Interessen gemäß § 193 StGB beruft, was wiederum die Erfüllung der Prüfungs- und Recherchepflicht voraussetzt.[248] Bei § 824 bedarf es dieser komplexen Grundsätze nicht,[249] denn hier trifft die Beweislast für die Unwahrheit von vornherein den Geschädigten, den Kläger, unabhängig davon, ob sich der beklagte Schädiger auf Abs. 2 beruft oder nicht (vgl. RdNr. 66).

60   Der Anspruch auf **Widerruf** kommt von vornherein **nur bei Tatsachenäußerungen** in Betracht, wie § 824 sie voraussetzt, nicht jedoch bei Werturteilen (s. auch Anh. § 12 RdNr. 207).[250] Im Fall der Behauptung falscher Tatsachen richtet er sich auf deren Zurücknahme, bei Verbreitung fremder Tatsachenäußerungen auf Distanzierung. Zentrale Voraussetzung auch für den Widerrufsanspruch ist die Unwahrheit der inkriminierten Tatsache, und insoweit trägt der Geschädigte die Beweislast.[251] Fehlt es an dem Nachweis der Unrichtigkeit, misslingt jedoch auch der Wahrheitsbeweis, verpflichtet die Rechtsprechung den Beklagten zu einem sog. eingeschränkten Widerruf des Inhalts, die Äußerung werde nicht mehr aufrecht erhalten.[252] Zum Schutz der Meinungsäußerungsfreiheit, die auch die Äußerung solcher Tatsachen deckt, deren Unwahrheit nicht erwiesen ist,[253] angesichts der von § 186 StGB abweichenden Beweislastverteilung bei § 824 und im Interesse der Einfachheit und Klarheit der Rechtsanwendung ist es jedoch möglich, auf diese Zwitterkategorie zu verzichten.[254] Da auch der Widerruf lediglich pro futuro wirkt, anders als der Schadensersatz also nicht eine in der Vergangenheit abgeschlossene Handlung sanktioniert, ist ein entsprechender Anspruch ohne weiteres gegeben, wenn die Unwahrheit der Tatsache feststeht, ohne dass es darauf ankommt, ob

---

[246] Vgl. BGH GRUR 1972, 435, 437 = LM § 1004 Nr. 115; NJW 1980, 2801, 2804 f. = LM GG Art. 5 Nr. 52; NJW 1986, 2503, 2505; 1987, 2225, 2227 = LM § 823 (Bd) Nr. 13; NJW 1991, 1532, 1533; 1997, 2593, 2595; BVerfGE 99, 185, 198 = NJW 1999, 1322, 1324.

[247] Vgl. BGHZ 139, 95, 105 = NJW 1998, 3047 – „Stolpe"; BGHZ 132, 13, 23 = NJW 1996, 1131 – „Lohnkiller"; BGH NJW 1981, 2117, 2120; 1985, 1621, 1622; 1993, 930, 931; 1998, 1391, 1392 f.; *Staudinger/Hager* § 823 RdNr. C 265; *Löffler/Steffen* § 6 LPG RdNr. 273; *Soehring* RdNr. 30.22 ff.; *Wenzel* RdNr. 12 119.

[248] BGHZ 132, 13, 23 = NJW 1996, 1131, 1133 = LM § 823 Nr. 123 m. Anm. *Marly* – „Lohnkiller"; BGH NJW 1985, 1621, 1622; 1987, 2225, 2226; *Löffler/Steffen* § 6 LPG RdNr. 273; *Soehring* RdNr. 30.22 ff.; *Wenzel* RdNr. 12 119.

[249] Deutlich BGH NJW 1985, 1621, 1622 f.; RGRK/*Steffen* RdNr. 59; unrichtig *Staudinger/Hager* § 823 RdNr. C 265, § 824 RdNr. 13.

[250] Grdlg. BGHZ 10, 104, 105 f.; vgl. weiter BGHZ 37, 187, 189 f. = NJW 1962, 1438 f. = LM § 1004 Nr. 62; BGHZ 65, 325, 337; 128, 1, 6 = NJW 1995, 861, 862; BGH VersR 1964, 1270 f.; 1965, 182, 183; 1966, 85, 87; 1974, 1080, 1081; NJW 1982, 2246; BVerfGE 97, 125, 150 f. = NJW 1998, 1381, 1383; *Staudinger/Hager* § 823 RdNr. C 273 mwN; rich. hierzu *Erman/Ehmann* Anh. § 12 RdNr. 451; *Larenz/Canaris* II/2 § 79 I b, c, S. 466 f., § 88 I 3 b, S. 710.

[251] BGHZ 37, 187, 189 f. = NJW 1962, 1438 f.; BGHZ 69, 181, 183 f. = NJW 1977, 1681, 1683; OLG Düsseldorf NJW-RR 2002, 1427; vgl. auch RdNr. 66.

[252] BGHZ 37, 187, 190 = NJW 1962, 1438; BGHZ 65, 325, 337; 69, 181, 182 f. = NJW 1977, 1681, 1682 f.; *Staudinger/Hager* § 823 RdNr. C 275 f.

[253] BVerfGE 61, 1, 8 = NJW 1983, 1415; BVerfGE 85, 1, 15 = NJW 1992, 1439, 1440; BVerfGE 90, 1, 15 = NJW 1994, 1781, 1782; BVerfGE 90, 241, 254 = NJW 1994, 1779; BVerfGE 97, 125, 149 = NJW 1998, 1381, 1383; BVerfGE 99, 185, 197 = NJW 1999, 1322, 1324.

[254] Die Diskussion konzentriert sich bisher ganz auf die §§ 1004, 823 Abs. 2, 186 StGB; vgl. *H. Säcker* MDR 1970, 893 f.; *Rötelmann* NJW 1971, 1638; krit. auch *Larenz/Canaris* II/2 § 88 II 2 a, S. 712 f.

der Erklärende sorgfaltsgemäß oder in Wahrnehmung berechtigter Interessen (Abs. 2) gehandelt hat, als die Äußerung gemacht wurde.[255] War Letzteres der Fall, fehlte es also am Handlungsunrecht oder war die Handlung gerechtfertigt, ist die Form des Widerrufs dahingehend abzumildern, dass der Beklagte verpflichtet wird zu erklären, **die Äußerung werde „nicht aufrechterhalten".**[256] Erweist sich nur ein Teil der behaupteten Tatsachen als falsch, erfolgt der Widerruf in der Form der „Richtigstellung".[257] Für die Art und Weise des Widerrufs kommt es auf Form, Platzierung und Adressatenkreis der inkriminierten Erstäußerung an. Erfolgte diese auf der Titelseite einer Illustrierten, hat auch der Widerruf an dieser Stelle und in ähnlicher Aufmachung zu erfolgen.[258] Entsprechende Anordnungen der Zivilgerichte sind mit Art. 5 Abs. 1 S. 2 GG vereinbar.[259]

Neben den zivilrechtlichen Abwehransprüchen kommt bei Tatsachenbehauptungen, die in periodischen Druckwerken erschienen sind, auch ein **Gegendarstellungsanspruch** nach Maßgabe der Landespressegesetze in Betracht.[260] Dafür ist der Zivilrechtsweg eröffnet, wobei das Verfahren auf Erlass einer einstweiligen Verfügung die (einzig) statthafte Klageart ist.[261] Auf ein Verfahren in der Hauptsache wird in den meisten Bundesländern verzichtet.[262] Der Anspruch ist **wahrheitsunabhängig** und entfällt nur dann, wenn die verbreitete Tatsache offenkundig wahr ist, die Behauptung oder Verbreitung also ohne Beweisaufnahme als richtig erkannt werden kann.[263] Soll gegen eine im Gemeinschaftsprogramm der ARD ausgestrahlte Äußerung vorgegangen werden, ist die Klage gemäß § 8 ARD-Staatsvertrag gegen diejenige Sendeanstalt zu richten, die die Sendung in das Gemeinschaftsprogramm eingebracht hat.[264] 61

VII. Schadensersatz

§ 824 verpflichtet den Schädiger zum Ersatz sämtlicher **Vermögensschäden,** die auf der Kreditschädigung beruhen, sich also als Folge einer Beeinträchtigung der Geschäftsbeziehungen des angeschwärzten Unternehmens darstellen.[265] Ein **Schmerzensgeld** kann wegen der Kreditschädigung nicht verlangt werden, uU aber mit Blick auf eine gleichzeitig verübte Gesundheitsverletzung gemäß §§ 823 Abs. 1, 253 Abs. 2 oder eine Verletzung des Allgemeinen Persönlichkeitsrechts.[266] 62

Schließlich kann der durch eine falsche Tatsachenbehauptung Betroffene auch zur **Selbsthilfe** schreiten, der Anschuldigung auf eigene Faust durch **Schaltung von Anzeigen** entgegentreten und die Kosten auf den Erklärenden abzuwälzen suchen. Der BGH gewährt einen entsprechenden Aufwendungsersatzanspruch, soweit die Kosten bei der Erfüllung der Schadensminderungspflicht des § 254 Abs. 2 S. 1 angefallen sind, die sich ihrerseits auf solche Maßnahmen beschränkt, die ein vernünftiger, wirtschaftlich denkender Mensch ex ante für erforderlich halten durfte (§ 249 RdNr. 172 f.; § 254 63

---

[255] BVerfG NJW 2004, 354, 355.
[256] BVerfG NJW 2004, 354, 355; BGH NJW 1958, 1043 f.; 1959, 2011, 2012; JZ 1960, 701, 703; *Larenz/Canaris* II/2 § 88 III 2 a, S. 715; *Staudinger/Hager* § 823 RdNr. C 281; unter dem Gesichtspunkt eines „Richtigstellungsanspruchs" auch *Soehring/Seelmann-Eggebert* NJW 2005, 571, 581.
[257] BVerfGE 97, 125, 150 = NJW 1998, 1381, 1383; BGH NJW 1982, 2246, 2248.
[258] BGHZ 128, 1, 9 = NJW 1995, 861, 863 – „Caroline von Monaco".
[259] BVerfGE 97, 125, 151 = NJW 1998, 1381, 1384.
[260] Dazu iE, mit Abdruck der einschlägigen landesrechtlichen Regelungen *Wenzel/Burkhardt* Kap. 11; vgl. weiter *Löffler/Ricker* Kap 23 ff.
[261] *Löffler/Ricker* Kap. 28 RdNr. 2.
[262] Einzelheiten bei *Löffler/Ricker* Kap. 28 RdNr. 4 ff.; zu Ausnahmen vom Ausschluss des Hauptsacheverfahrens *Wenzel/Burkhardt* Kap. 11 RdNr. 222.
[263] BVerfGE 97, 125, 147 f. = NJW 1998, 1381, 1383; BVerfG NJW 2002, 356, 357 – „Gysi"; BGH NJW 1967, 562; *Löffler/Ricker* Kap. 26 RdNr. 4.
[264] *Soehring/Seelmann-Eggebert* NJW 2005, 571, 580; zu den früher bestehenden Schwierigkeiten *Soehring/Seelmann-Eggebert* NJW 2000, 2466, 2478.
[265] RGZ 140, 393, 396; 148, 154, 162 ff.; BGH NJW 1985, 1621, 1623; 1994, 2614, 2615.
[266] Beispiel: RGZ 148, 154, 164 ff.: Tod infolge von Erregung über die Verleumdung.

RdNr. 69).²⁶⁷ Gegen Publikationen in den Medien darf sich der Geschädigte deshalb zunächst nur mit Hilfe des presserechtlichen **Gegendarstellungsanspruchs** und – so wird man hinzusetzen müssen: mit Hilfe der negatorischen Ansprüche des Privatrechts – wehren, die im Verfahren des einstweiligen Rechtsschutzes zeitnah durchgesetzt werden können.²⁶⁸ Aufwendungen für Werbeanzeigen, Internet-, Mailing- oder Plakataktionen sind nur ausnahmsweise zur Schadensabwendung erforderlich, wenn **besondere Umstände** dafür sprechen, dass die presserechtliche Gegendarstellung zur wirkungsvollen Beseitigung der Beeinträchtigung nicht genügt, etwa weil sie nicht schnell genug eine unbekannte Vielzahl von Presseorganen, von denen die Falschmeldung verbreitet worden ist, erreichen würde²⁶⁹ oder weil das beklagte Presseorgan nur monatlich erscheint.²⁷⁰ Unverzichtbare Voraussetzung ist dabei, dass dem Betroffenen ein besonders schwerer Schaden droht, dessen Umfang Maßstab auch für die Höhe der getätigten Aufwendungen ist, die sich im Rahmen wirtschaftlicher Vernunft halten müssen.²⁷¹ Dabei ist der Publikation in demjenigen Medium und an derjenigen Stelle, an der auch die inkriminierte Äußerung erschien, regelmäßig der Vorrang einzuräumen.²⁷²

VIII. Aktiv- und Passivlegitimation

64 Die nach § 824 zu beachtenden publizistischen Sorgfaltspflichten treffen jedenfalls denjenigen, der die jeweilige Äußerung gemacht hat, bei Mediendelikten also den Autor oder **Journalisten** des inkriminierten Berichts oder der inkriminierten Sendung (vgl. auch Anh. § 12 RdNr. 179 ff.).²⁷³ Sofern der **Redakteur** die inhaltliche Verantwortung für die in seinem Verantwortungsbereich erschienenen Veröffentlichungen übernommen hat, hat er auch ihre inhaltliche Richtigkeit im Rahmen des Möglichen und Zumutbaren zu gewährleisten.²⁷⁴ Im Übrigen muss er einschreiten, wenn besondere Umstände die Information als haltlos erscheinen lassen, wobei die Intensität der dafür vorausgesetzten Wahrheitszweifel wiederum von den allgemeinen Parametern deliktischer Sorgfaltspflichten bestimmt wird (Anh. § 12 RdNr. 182).²⁷⁵ **Verleger, Rundfunk- und Fernsehveranstalter** trifft die negatorische Haftung in vollem Umfang, weil sie es in der Hand haben, die (weitere) Verbreitung der inkriminierten Äußerung zu unterbinden (ausführlich Anh. § 12 RdNr. 184 ff.).²⁷⁶ Schadensersatzrechtlich verantwortlich sind sie allerdings nur, soweit ihnen das Verhalten der zuständigen Autoren, Redakteure und Schriftleiter nach allgemeinen Grundsätzen, also nach den §§ 31, 831 zuzurechnen ist²⁷⁷ oder sie selbst die allgemeine betriebsbezogene **Organisationspflicht** nach § 823 Abs. 1 verletzt haben (§ 823 RdNr. 378 ff.).²⁷⁸ Eine Haftungsbegründung über § 31 kommt insbesondere bei Verletzung der dem Unternehmensträger obliegenden Organisationspflichten in Be-

---

²⁶⁷ Grdlg. BGHZ 66, 182, 191 ff. = NJW 1976, 1198, 1200 – „Panorama" (dort auch zur Erstattung solcher Aufwendungen auf Grund Bereicherungsrechts); BGHZ 70, 39, 42 f. = NJW 1978, 210, 211 – „Alkohol-Zahncreme"; BGH NJW 1979, 2197 f. – „Der berühmte Magenfreundliche"; 1986, 981, 982 f. – „Warentest"; NJW-RR 1990, 1184, 1186. Allg. zum Ersatz von Aufwendungen im Interesse der Schadensminderung BGHZ 122, 172, 179 = NJW 1993, 2685, 2687.
²⁶⁸ BGHZ 66, 182, 193 f. = NJW 1976, 1198, 1201 – „Panorama"; BGHZ 70, 39, 42 = NJW 1978, 210, 211 – „Alkohol-Zahncreme"; BGH NJW 1979, 2197 – „Der berühmte Magenfreundliche"; NJW 1986, 981, 982 – „Warentest". Zu negatorischen Ansprüchen s. RdNr. 54 ff.
²⁶⁹ Vgl. etwa BGH NJW 1979, 2197, 2198 – „Der berühmte Magenfreundliche"; sowie BGH NJW 1986, 981, 982 – „Warentest"; NJW-RR 1990, 1184, 1186; *Soehring* RdNr. 32.13.
²⁷⁰ BGH NJW 1986, 981, 982 f. – „Warentest".
²⁷¹ BGH NJW 1979, 2197 f. – „Der berühmte Magenfreundliche"; NJW 1983, 981, 982 – „Warentest".
²⁷² BGHZ 70, 39, 44 = NJW 1978, 210, 211.
²⁷³ BGHZ 66, 182, 188 = NJW 1976, 1198, 1199 – „Panorama"; *Soehring* RdNr. 28.10.
²⁷⁴ BGHZ 66, 182, 188 = NJW 1976, 1198, 1199; *Löffler/Ricker* Kap. 41 RdNr. 22.
²⁷⁵ Insoweit auch KG NJW 1991, 1490, 1491; vgl. auch OLG Bremen NJW-RR 1993, 726, 727.
²⁷⁶ BGHZ 3, 270, 275 ff. = NJW 1952, 660 – „Constanze I"; BGHZ 14, 163, 174 = NJW 1954, 1682, 1683 – „Constanze II"; BGHZ 66, 182, 188 = NJW 1976, 1198, 1199 – „Panorama".
²⁷⁷ RGZ 148, 154, 160 f.; *Löffler/Ricker* Kap. 41 RdNr. 27 f.
²⁷⁸ *Löffler/Ricker* Kap. 41 RdNr. 25, 29.

tracht.[279] Der Medienunternehmer muss seinen Betrieb so organisieren, dass Rechte Dritter geschont, hier also unrichtige Tatsachenbehauptungen gar nicht erst verbreitet werden. Überlässt der Verleger die Auswahl und Prüfung dem Chefredakteur oder anderen Mitarbeitern, ohne diesen Organstellung iS des § 31 zu verleihen, kommt eine Haftung wegen **körperschaftlichen Organisationsmangels** gemäß § 823 Abs. 1 in Betracht (§ 823 RdNr. 382 ff.). Folgerichtig befreit es nicht von der haftungsrechtlichen Verantwortlichkeit, wenn die Wahrheitsprüfung einem unternehmensexternen Dritten – etwa einem Rechtsanwalt – anvertraut wird (vgl. § 823 RdNr. 382 ff.).[280] Für die **persönliche Haftung** von Leitungsorganen gelten keinerlei Besonderheiten (§ 823 RdNr. 414 ff.).

Als **Schadensersatzgläubiger** kommen neben natürlichen und juristischen Personen[281] auch Personenvereinigungen in Betracht, soweit sie materiell-rechtlich Inhaber von Ansprüchen sein können, wie die Personengesellschaften des Handelsrechts,[282] BGB-Außengesellschaften und nicht rechtsfähige Vereine (zB Gewerkschaften).[283] Gleiches gilt für juristische Personen des öffentlichen Rechts, wenn sie wie Privatleute am Wirtschaftsleben teilnehmen.[284] Soweit juristische Personen des öffentlichen Rechts hoheitliche Aufgaben erfüllen, können sie sich nicht auf § 824 berufen, weil eine Kreditgefährdung insoweit nicht denkbar ist.[285] Wird neben einem als GmbH inkorporierten Unternehmen auch dessen Geschäftsführer angegriffen, ist dieser persönlich aktivlegitimiert.[286]

IX. Darlegungs- und Beweislast

In der Praxis ist die **Unwahrheit der inkriminierten Tatsache** häufig der Dreh- und Angelpunkt der Haftungsbegründung, wobei der Geschädigte – anders als im Rahmen sowohl der §§ 823 Abs. 2, 186 StGB als auch des § 4 Nr. 8 UWG[287] – die Darlegungs- und Beweislast trägt.[288] Dabei kommen ihm die für den Nachweis negativer Tatsachen entwickelten **Erleichterungen** zugute.[289] Hat der Schädiger eine Tatsache abstrakt behauptet, ohne einen hinreichend konkreten Sachverhalt anzugeben, etwa geäußert, der Geschädigte sei ein Dieb, so ist er im Rechtsstreit gehalten, einen oder mehrere reale Vorgänge darzulegen, die zur Untermauerung dieser Behauptung geeignet sind.[290] Die Obliegenheit des Klägers konzentriert sich sodann auf den Nachweis der Unwahrheit allein dieser Behauptungen. Was die **Rechtswidrigkeit** anlangt, so hat der Geschädigte die Verletzung der Sorgfaltspflicht durch den Schädiger darzulegen und ggf. zu beweisen,[291] allerdings ohne die erst im Rahmen des Abs. 2 gebotene Berücksichtigung berechtigter Informationsinteressen der Allgemeinheit. Beruft sich der Schädiger demgegenüber auf eine Reduzierung des Umfangs

---

[279] RGZ 148, 154, 162; BGHZ 24, 200, 212 f. (insoweit nicht in NJW 1957, 1315) – „Spätheimkehrer"; BGHZ 39, 124, 130 = NJW 1963, 902 – „Fernsehansagerin"; BGHZ 59, 76, 82 – „Anzeige"; BGH NJW 1978, 210 (insoweit nicht in BGHZ 70, 39) – „Alkohol-Zahncreme"; BGH NJW 1965, 685, 686 – „Soraya".
[280] So unter dem Gesichtspunkt der sog. Fiktionshaftung BGH NJW 1980, 2810, 2811 = LM § 823 (Ah) Nr. 70 – „Medizin-Syndikat II".
[281] BGH NJW 1975, 1882, 1883; 1982, 2246; 1983, 1183; *Hubmann* JZ 1975, 639, 640; *Prinz/Peters* RdNr. 168; *Bamberger/Roth/Spindler* RdNr. 19, der allerdings auf den Ehrenschutz abstellt.
[282] Beispiel: OLG Karlsruhe NJW-RR 2001, 766.
[283] RGZ 95, 339, 341; BGHZ 42, 210, 217 = NJW 1965, 29; BGHZ 78, 24, 25; BGH NJW 1981, 2117, 2118 f.
[284] BGH NJW 1982, 2246 – „illegale Kassenarztpraxen" (kassenärztliche Vereinigung); NJW 1983, 1183 (Bundesanstalt für Arbeit); BGHZ 90, 113, 117 f. = NJW 1984, 1607, 1608 (Deutsche Bundesbahn vor ihrer Privatisierung).
[285] BGHZ 90, 113, 117 = NJW 1984, 1607, 1609; *Prinz/Peters* RdNr. 168.
[286] BGH NJW 1993, 930, 931.
[287] Vgl. zu § 14 UWG aF BGH NJW-RR 1993, 746, 747.
[288] RGZ 56, 271, 285; 115, 74; RG JW 1932, 3060, 3061; OLG Düsseldorf NJW-RR 2002, 1427; *Larenz/Canaris* II/2 § 79 I 3 a, S. 459 f.; *RGRK/Steffen* RdNr. 59; *Prinz/Peters* RdNr. 175; *Bamberger/Roth/Spindler* RdNr. 48.
[289] ZB BGH NJW-RR 1996, 1211 (ohne rechtlichen Grund bei § 812); näher *Stein/Jonas/Leipold*, 21. Aufl. 1997, § 286 ZPO RdNr. 60; ähnlich *Larenz/Canaris* II/2 § 79 I 2, S. 468.
[290] *Wenzel/Burkhardt* Kap. 5 RdNr. 255.
[291] RGZ 56, 271, 285.

seiner Prüfungspflicht mit Rücksicht auf solche Informationsinteressen, so ist es seine Sache, die für ihr Gewicht maßgeblichen Umstände nachzuweisen.[292] Zur Beweislastverteilung bei negatorischen Ansprüchen vgl. RdNr. 59 f.

§ 825 Bestimmung zu sexuellen Handlungen

Wer einen anderen durch Hinterlist, Drohung oder Missbrauch eines Abhängigkeitsverhältnisses zur Vornahme oder Duldung sexueller Handlungen bestimmt, ist ihm zum Ersatz des daraus entstehenden Schadens verpflichtet.

Schrifttum: *Bollweg/Hellmann,* Das neue Schadensersatzrecht 2002; *Baer,* Würde oder Gleichheit?, Diss. Frankfurt/M 1995; *Gaul/Otto,* Novelle stärkt Arbeitnehmerrechte, AuA 2002, 539; *Henne,* Schmerzensgeldansprüche nach Sexualtaten, ZRP 2001, 493; *Herzog,* Sexuelle Belästigung am Arbeitsplatz im US-amerikanischen und deutschen Recht, Diss. Freiburg 1997; *Hohmann/Moors,* Schutz vor sexueller Belästigung am Arbeitsplatz im Recht der USA (und Deutschlands), KJ 1995, 151; *Jakobs/Schubert,* Die Beratung des Bürgerlichen Gesetzbuches, Recht der Schuldverhältnisse III, §§ 652 bis 853; *Karakatsanes,* Zum Schmerzensgeldanspruch einer Frau, die durch wahrheitswidrige Vorspiegelung der Scheidungs- und Heiratsabsicht seitens eines verheirateten Mannes zur Aufnahme bzw. zur Fortsetzung intimer Beziehungen zu ihm bewogen wird, MDR 1989, 1041; *Liu,* Arbeitsrechtliche Diskriminierung durch Arbeitnehmer, Diss. Trier 2001; *Lorenz,* Sexuelle Belästigung am Arbeitsplatz, ZMV 2002, 224; *Pawlowski,* Schmerzensgeld für fehlgeschlagene Ehestörung?, NJW 1983, 2809; *Strätz,* Wundersame Entwicklung: § 825 BGB neuer Fassung, JZ 2003, 448; *Wagner,* Das zweite Schadensersatzänderungsgesetz, NJW 2002, 2049; *ders.,* Das neue Schadensersatzrecht, 2002; *ders.,* Zivilrechtliche Haftung für sexuelle Belästigung am Arbeitsplatz, GS Heinze, 2005, S. 969.

Übersicht

	RdNr.		RdNr.
I. Normzweck und Entstehungsgeschichte	1–4	IV. Verhältnis zu sonstigen Ansprüchen	15–21
II. Voraussetzungen	5–12	1. Allgemeines Persönlichkeitsrecht	15
1. Geschützter Personenkreis	5	2. Schutzgesetzhaftung nach § 823 Abs. 2	16, 17
2. Vornahme oder Duldung sexueller Handlungen	6, 7	3. Arbeitsrechtliche Vertragshaftung; Mobbing	18
3. Bestimmungsmittel	8–11	4. Gesetzliche Unfallversicherung	19–21
4. Vorsatz	12		
III. Rechtsfolgen	13, 14		

I. Normzweck und Entstehungsgeschichte

1 § 825 verdankt seine Aufnahme in das BGB der **Zweiten Kommission**[1] und hatte in seiner damaligen Fassung folgenden Wortlaut: „Wer eine Frauensperson durch Hinterlist, durch Drohung oder unter Mißbrauch eines Abhängigkeitsverhältnisses zur Gestattung der außerehelichen Beiwohnung bestimmt, ist ihr zum Ersatze des daraus entstehenden Schadens verpflichtet."

2 Für diesen Haftungstatbestand ließ sich im Rahmen der großzügig dimensionierten allgemeinen Deliktstatbestände des Ersten Entwurfs **kein Bedürfnis** nachweisen, und folgerichtig hatte die Erste Kommission ganz bewusst auf eine solche Bestimmung verzichten wollen.[2] Anders verhält es sich unter dem schließlich Gesetz gewordenen Konzept der Zweiten Kommission (vgl. allg. Vor § 823 RdNr. 13). Einerseits fiel die Ehre aus dem nunmehr auf physische Persönlichkeitsinteressen konzentrierten Schutzbereich des § 823 Abs. 1 heraus, so dass sexuelle Handlungen unterhalb der Schwelle der Gesundheitsverletzung danach keine Haftung auslösen konnten und andererseits wurde der Tatbestand des Gesetzesverstoßes auf Schutzgesetze beschränkt und damit wesentlich verengt. So spiegelt

---

[292] RGZ 56, 271, 285.
[1] Prot. II S. 694 ff.; *Jakobs/Schubert,* Die Beratung des Bürgerlichen Gesetzbuchs, Recht der Schuldverhältnisse III, 1983, S. 912.
[2] Mot. II S. 752 f.; zum Deliktsrechtskonzept der Ersten Kommission Vor § 823 RdNr. 10 ff.

§ 823 Abs. 2 zwar die Sexualdelikte des damaligen StGB in das private Deliktsrecht, blieb eben dadurch aber auf deren Schutzbereichsdefinitionen beschränkt und somit weit von einem allgemeinen Tatbestand zum Schutz der Sexuallehre und der sexuellen Selbstbestimmung entfernt. Vor diesem Hintergrund bewirkte § 825 aF eine gewisse Ausdehnung des Deliktsschutzes, und zwar vor allem in Bezug auf sexuelle Verhaltensweisen unterhalb der Schwelle der sexuellen Nötigung und der Vergewaltigung, die damals noch in getrennten Tatbeständen geregelt waren, aber beide die Nötigung durch Gewaltanwendung oder Drohung voraussetzten.[3]

Mit der **Anerkennung des Allgemeinen Persönlichkeitsrechts** als von § 823 Abs. 1 3 geschütztes Rechtsgut (vgl. § 823 RdNr. 179) verloren das Erfordernis der Beiwohnung und die in § 825 aF genannten Handlungsmodalitäten ihre haftungsbegrenzende Funktion ebenso wie die Beschränkung des personalen Schutzbereichs auf „Frauenspersonen". Deshalb war es nur folgerichtig, wenn der Entwurf 1967 das Allgemeine Persönlichkeitsrecht ausdrücklich in den Text des § 823 Abs. 1 aufnehmen, im Gegenzug aber den Tatbestand des § 825 streichen wollte. Vgl. zu diesem Reformvorhaben Vor § 823 RdNr. 80.

Das **Zweite Schadensersatzrechtsänderungsgesetz** vom 19. 7. 2002 (BGBl. I 4 S. 2674) wiederum hat unter dem Eindruck des Schicksals des Entwurfs 1967 das heiße Eisen des Allgemeinen Persönlichkeitsrechts nicht angefasst und konsequenterweise auch darauf verzichtet, den § 825 aus dem Text des BGB zu tilgen.[4] In vollem Bewusstsein, dass es auf diesen Tatbestand wegen des mittlerweile weit entwickelten deliktsrechtlichen Persönlichkeitsschutzes eigentlich gar nicht ankommt, haben die Gesetzesverfasser den Text der Vorschrift neu formuliert, bloß um den Eindruck zu vermeiden, die sexuelle Selbstbestimmung der Frau werde nicht ernst genommen.[5] Fehlt es an einer oder mehreren Voraussetzungen des § 825, bleibt die Haftungsbegründung nach § 823 Abs. 1 immer noch möglich.[6]

II. Voraussetzungen

1. Geschützter Personenkreis. Als Objekte der sexuellen Aktivität und potentielle 5 Anspruchssteller kommen sowohl Frauen als auch Männer in Betracht. Die Verbindung der Beteiligten in einer Ehe oder Lebenspartnerschaft und die daraus resultierende Pflicht zur Lebensgemeinschaft (§ 1353 Abs. 1 S. 2, § 2 S. 1 LPartG) schließen die Anwendung des § 825 nicht aus.

2. Vornahme oder Duldung sexueller Handlungen. Eine Definition des Begriffs der 6 sexuellen Handlungen findet sich in den Materialien zu § 825 nicht. Eine Orientierung an § 3 Abs. 4 AGG (§ 2 Abs. 2 BeschSchG aF) führt nicht weiter, denn die Vorschrift definiert die sexuelle Belästigung und verweist dazu auf den Begriff des sexuell bestimmten Verhaltens (§ 3 AGG RdNr. 64 ff.), geht also weit über den Anwendungsbereich des § 825 hinaus. Wertvolle Leitlinien bietet dagegen das **Sexualstrafrecht,** dessen Tatbestände nahezu durchweg die sexuelle Handlung als Tatbestandsmerkmal nennen. Wohl deshalb bringt § 184f Nr. 1 StGB eine „Begriffsbestimmung", die allerdings denkbar enttäuschend ausfällt, weil lediglich klargestellt wird, das Verhalten müsse „im Hinblick auf das jeweils geschützte Rechtsgut von einiger Erheblichkeit [sein]". Nun muss die Erheblichkeitsschwelle im Deliktsrecht sicher nicht auf derselben Linie liegen wie im Strafrecht,[7] doch dürfte es in der Praxis kaum jemals darauf ankommen, weil § 825 neben der sexuellen Handlung auch noch ein Nötigungsverhalten bzw. die Überlistung oder Ausnutzung eines Abhängigkeitsverhält-

---

[3] Zur Umgestaltung dieses Teils des Sexualstrafrechts durch die Reformen der Jahre 1997 (33. StÄG) und 1998 (6. StRG); *Schönke/Schröder/Perron/Eisele* Vor § 174 StGB RdNr. 4 ff.

[4] Das SMG hatte § 825 mit einer amtlichen Überschrift versehen; völlig überzogene Kritik daran bei *Strätz* JZ 2003, 448 ff.

[5] BT-Drucks. 14/7752 S. 26.

[6] BT-Drucks. 14/7752 S. 26.

[7] Eingehend dazu *Schönke/Schröder/Lenckner/Perron* § 184 f StGB RdNr. 14 ff.; vgl. auch *Bamberger/Roth/Spindler* RdNr. 1.

nisses erfordert. Setzt jemand diese Mittel ein, um ein sexuell gefärbtes Ziel zu erreichen, wird die dem Opfer abgenötigte Handlung kaum einmal unerheblich sein.

7 Wegen der umfangreichen **Dogmatik und Kasuistik zum Begriff der sexuellen Handlung** kann auf Rechtsprechung und Literatur zu § 184 f StGB Bezug genommen werden. Grundlegend ist allerdings die Differenzierung zwischen solchen Verhaltensweisen, die schon ihrem objektiven Erscheinungsbild nach sexuell geprägt sind und anderen, bei denen sich der Sexualbezug erst aus der Motivation des Täters ergibt.[8]

8 **3. Bestimmungsmittel.** Das Opfer muss durch ein Bestimmungsmittel – Hinterlist, Drohung oder Missbrauch eines Abhängigkeitsverhältnisses – zur Vornahme oder Duldung sexueller Handlungen gebracht worden sein. Die **Anwendung von Gewalt** zur Erzwingung oder Abnötigung sexueller Handlungen wird von § 825 nicht erfasst, doch ergibt sich die Haftung in solchen Fällen aus § 823 Abs. 2 iVm. §§ 174 ff. StGB, insbesondere § 177 StGB (vgl. RdNr. 16).

9 Der Begriff der **Drohung** ist wie in § 123 zu verstehen, also als Inaussichtstellen eines Übels, durch das der Adressat in eine Zwangslage versetzt wird (vgl. § 123 RdNr. 40).[9]

10 **Hinterlist** ist ein vorbedachtes, die wahre Absicht verdeckendes Handeln zu dem Zweck, den unvorbereiteten Zustand der anderen Person für die Verwirklichung der eigenen Ziele auszunutzen. Einschlägige Beispiele sind die Verabreichung berauschender Getränke[10] oder die Vorspiegelung, Entstellung oder Unterdrückung von Tatsachen, um das Opfer gefügig zu machen. Keine Hinterlist in diesem Sinne liegt vor, wenn der Täter lediglich vorgibt, in das Opfer verliebt zu sein, sein Verliebtsein übertreibt[11] oder verspricht, sich scheiden zu lassen und das Opfer zu heiraten.[12]

11 **Abhängigkeitsverhältnisse,** deren Missbrauch die Haftung auslösen kann, sind durch die Überlegenheit des einen Teils über den anderen gekennzeichnet, die ihrerseits auf wirtschaftlichen, rechtlichen oder sonstigen Gründen beruhen mag.[13] Einschlägige Beispiele sind Erziehungs-, Ausbildungs- sowie Betreuungsverhältnisse, Dienst- und Arbeitsverhältnisse (vgl. zu diesen Abhängigkeitsverhältnissen § 174 StGB).

12 **4. Vorsatz.** Der Vorsatz muss sich nur auf die **Tathandlung,** nicht auch auf den Schaden beziehen.[14] Im Fall des Missbrauchs eines Abhängigkeitsverhältnisses muss der Täter seine Überlegenheit bewusst einsetzen, um den Willen des Opfers in seinem Sinne zu beeinflussen und das Opfer aus diesem Grund auf das Ansinnen eingehen.[15]

III. Rechtsfolgen

13 Der Schädiger schuldet Schadensersatz nach §§ 249 ff. Als **Vermögensschäden** kommen beispielsweise die Kosten einer Schwangerschaft und Entbindung oder der Verlust des Arbeitsplatzes in Betracht. Daneben kann die geschädigte Person Geldersatz für die erlittenen **immateriellen Beeinträchtigungen** verlangen. § 253 Abs. 2 nennt nunmehr neben den Rechtsgütern Körper, Gesundheit und Freiheit gleichberechtigt auch die sexuelle Selbstbestimmung. Auch dies gilt für Frauen und Männer gleichermaßen. Die früher in § 847 Abs. 2 enthaltene weitere Alternative zur Begründung von Ansprüchen auf Immaterialschadensersatz, nämlich dass gegen die Frauensperson ein „Verbrechen oder Vergehen wider die Sittlichkeit" begangen wurde,[16] ist entfallen. Die in der Literatur geäußerte Befürchtung, daraus könnte sich für den Fall der sog. Sexualbeleidigung gemäß § 185 StGB

---

[8] Vgl. *Schönke/Schröder/Lenckner/Perron* § 184 f StGB RdNr. 6 ff.
[9] Übertrieben kompliziert *Henne* ZRP 2001, 493, 494.
[10] RGSt 22, 311, 312.
[11] AA *Strätz* JZ 2003, 448, 455.
[12] LG Saarbrücken NJW 1987, 2241, 2242; *Pawlowski* NJW 1983, 2809; *ders.* JuS 1988, 441; aA RGZ 149, 143, 148; OLG Hamm NJW 1983, 1436; *Karakatsanes* MDR 1989, 1041, 1047.
[13] *Staudinger/Schäfer*, 12. Aufl. 1986, RdNr. 13.
[14] *Soergel/Zeuner* RdNr. 2.
[15] *Soergel/Zeuner* RdNr. 5.
[16] Dazu 3. Aufl. § 847 RdNr. 17.

eine Lücke beim Schmerzensgeldanspruch ergeben,[17] ist nicht berechtigt, denn § 253 Abs. 2 wiederholt nicht den Tatbestand des § 825, sondern lässt jedweden Eingriff in das Recht auf sexuelle Selbstbestimmung genügen. Darüber ist jenseits der gesetzlichen Regelung des § 253 Abs. 2 Geldersatz für Beeinträchtigungen des Allgemeinen Persönlichkeitsrechts zu gewähren.[18] Zwar scheint insofern eine Diskrepanz zu bestehen, als der Anspruch aus § 253 Abs. 2 wegen Eingriffs in das Recht auf sexuelle Selbstbestimmung einfachhin gegeben ist, während der Geldersatzanspruch bei Verletzung des Allgemeinen Persönlichkeitsrechts von weiteren Voraussetzungen abhängt; es muss sich um einen schwerwiegenden Eingriff handeln, zu dessen Sanktionierung die Naturalrestitution nicht ausreicht (§ 823 RdNr. 181).[19] Diese Restriktionen sind indessen ganz auf Mediendelikte gemünzt und entfalten bei Verletzung der sexuellen Selbstbestimmung durch die in § 825 umschriebenen Handlungen keine einschränkende Wirkung. Schließlich bleibt darauf hinzuweisen, dass die strafgerichtliche Verurteilung des Täters im Rahmen der Bemessung des Immaterialschadensersatzes unberücksichtigt bleibt, die Höhe des zuzuerkennenden Betrags also nicht mindert.[20]

Für die **Verjährung** des Schadensersatzanspruchs aus § 825 ist § 208 zu beachten, nach 14 dem der Lauf der Verjährungsfrist für Ansprüche wegen Verletzung des Rechts auf sexuelle Selbstbestimmung so lange gehemmt ist, bis das Opfer das einundzwanzigste Lebensjahr vollendet *und* die häusliche Gemeinschaft mit dem Peiniger beendet hat.

IV. Verhältnis zu sonstigen Ansprüchen

1. Allgemeines Persönlichkeitsrecht. § 825 ist **keine abschließende Regelung** der 15 zivilrechtlichen Sexualdelikte, sondern eine punktuelle Konkretisierung, die den Rückgriff auf § 823 Abs. 1 und die Haftungsbegründung wegen Verletzung des Allgemeinen Persönlichkeitsrechts nicht ausschließt (vgl. RdNr. 4).

2. Schutzgesetzhaftung nach § 823 Abs. 2. Daneben bleibt § 823 Abs. 2 anwendbar, 16 der die **Sexualdelikte der §§ 174 ff. StGB** in das private Deliktsrecht transformiert und mit Schadensersatzpflichten bewehrt. Soweit die Tat strafgerichtlich verfolgt wird, besteht für das Opfer die Möglichkeit, den Schadensersatzanspruch im strafprozessualen Adhäsionsverfahren gemäß §§ 403 ff. StPO geltend zu machen und sich damit die psychischen Belastungen eines zweiten Prozesses zu ersparen.

Wegen der im Vergleich zu § 825 deutlich weiter gehenden Definition der sexuellen 17 Belästigung am Arbeitsplatz in **§ 3 Abs. 4 AGG** (§ 2 Abs. 2 BeschSchG aF) kommt der Entscheidung über die Schutzgesetzeigenschaft dieser Norm praktische Bedeutung zu. Während die Anwendbarkeit des § 823 Abs. 2 in der Literatur zum alten § 2 BeschSchG überwiegend bejaht wurde,[21] hatte das OLG Frankfurt mit Recht klargestellt, § 2 BeschSchG aF sei jedenfalls im Verhältnis zum Belästiger selbst kein Schutzgesetz.[22] Das Gesetz verpflichtete nämlich nur den **Arbeitgeber** zu Schutzmaßnahmen, nicht aber auch die Arbeitskollegen zur Unterlassung von Belästigungen. Ein eventueller Individualschutzzweck der Norm wurde demnach auf das Verhältnis des sexuell belästigten Arbeitnehmers zum Arbeitgeber beschränkt.[23] Der Schadensersatzanspruch des § 15 AGG richtet sich

---

[17] *Henne* ZRP 2001, 493, 494.
[18] Vgl. die Begründung zum Entwurf des Zweiten Schadensersatzrechtsänderungsgesetzes; BT-Drucks. 14/7752 S. 25; dazu *Wagner* NJW 2002, 2049, 2056 f.; *ders.,* Das neue Schadensersatzrecht, RdNr. 40 f.
[19] Vgl. BGHZ 35, 363, 369 = NJW 1961, 2059, 2060; BGH NJW 1965, 685, 686; 1979, 1041; BGHZ 128, 1, 13 = NJW 1995, 861, 864; Anh. § 12 RdNr. 218.
[20] BGHZ 128, 117, 120 f. = NJW 1995, 781, 782; BGH NJW 1996, 1591; LG Flensburg NJW 1999, 1640, 1641; OLG Bamberg NJW-RR 2001, 1316; LG Hamburg NJW 2001, 525, 526.
[21] *Herzog,* Sexuelle Belästigung am Arbeitsplatz, S. 240; *Gaul/Otto* AuA 2002, 539, 540; MünchArbR/*Blomeyer* Bd. I § 97 RdNr. 35; *Baer,* Würde oder Gleichheit?, 1995, S. 104; *Hohmann* ZRP 1995, 167, 168; *Hohmann/Moors* KJ 1995, S. 151, 162; *Lorenz* ZMV 2002, 224, 226.
[22] OLG Frankfurt NJW-RR 2000, 976, 977; vgl. auch *Mästle* NJW 2001, 3317, 3318; so im Ergebnis auch *Liu,* Arbeitsrechtliche Diskriminierung durch Arbeitnehmer, S. 171 f.
[23] OLG Frankfurt NJW-RR 2000, 976, 977.

§ 825   18–20   Abschnitt 8. Titel 27. Unerlaubte Handlungen

ebenfalls nur gegen den Arbeitgeber, der für eigene Pflichtverletzungen zusätzlich gemäß § 823 Abs. 2, § 12 AGG haftet (§ 12 AGG RdNr. 12). Schutznormen, die eine Haftung des Belästigers selbst begründen können, enthält das AGG demnach nicht (§ 15 AGG RdNr. 50); insoweit bleibt es also bei §§ 823 Abs. 1, 825. Zum Ausschluss der Arbeitgeberhaftung durch § 104 SGB VII s. RdNr. 19 ff.

18   **3. Arbeitsrechtliche Vertragshaftung; Mobbing.** Aus §§ 1, 3 Abs. 4, 12 AGG folgt, dass der Arbeitgeber bereits auf Grund des Arbeitsvertrags mit dem einzelnen Arbeitnehmer gehalten ist, diesen **vor sexuell motivierten Eingriffen in seine physischen und immateriellen Persönlichkeitsrechte zu schützen.** Der Arbeitgeber verletzt die ihm obliegende Schutzpflicht, wenn er gegen ihm bekannte Belästigungen nicht einschreitet. In diesem Fall haftet er für das von einem Arbeitskollegen verübte Sexualdelikt gemäß §§ 15, 21 AGG. Ebenso hat der Arbeitgeber vor **sog. Mobbing,** dh. Gesundheits- oder Persönlichkeitsverletzungen ohne sexuellen Bezug, zu schützen.[24] Tut er dies nicht, haftet er aus §§ 280, 241 Abs. 2.[25] Gleiches gilt über § 278 für Vorgesetzte, die der Arbeitgeber mit der Wahrnehmung der Fürsorgepflicht betraut hat, nicht aber für alle übrigen Arbeitskollegen, die in Bezug auf die innerbetrieblichen Schutz- und Organisationspflichten des Arbeitgebers nicht als dessen Erfüllungsgehilfen anzusehen sind.[26] Soweit die Haftung begründet ist, erstreckt sie sich nach der Ausdehnung des Immaterialschadensersatzes auf die Vertragshaftung gemäß § 253 Abs. 2 auch auf das Schmerzensgeld.

19   **4. Gesetzliche Unfallversicherung.** Bei sexuellen Handlungen am Arbeitsplatz können Schadensersatzansprüche gegen Arbeitgeber und Arbeitskollegen aus § 823 Abs. 1, § 825 durch die **§§ 104, 105, 106 SGB VII ausgeschlossen** sein. Voraussetzung für das Eingreifen dieser Haftungsprivilegien wie auch für Leistungen der gesetzlichen Unfallversicherung ist gemäß § 7 SGB VII ein **Arbeitsunfall** iS des § 8 Abs. 1 SGB VII, also ein Gesundheitsschaden, der während der Ausübung der versicherten Tätigkeit durch ein zeitlich begrenztes, von außen auf den Körper einwirkendes Ereignis verursacht worden ist. Zur versicherten Tätigkeit gehört gemäß § 8 Abs. 2 SGB VII auch der Weg von und zur Arbeit. Obwohl der Immaterialschadensersatz im Leistungsprogramm der Unfallversicherung fehlt, werden auch Ansprüche aus § 253 Abs. 2 durch die §§ 104 ff. SGB VII ausgeschlossen.[27] Allerdings kann sich auf die Haftungsfreistellung nicht berufen, wer den Arbeitsunfall vorsätzlich herbeigeführt hat,[28] wobei sich der Vorsatz nicht nur auf die Verletzungshandlung, sondern auch auf den in § 8 Abs. 1 S. 2 SGB VII vorausgesetzten Erfolg – die Gesundheitsverletzung – beziehen muss.[29]

20   Für die Fälle der **sexuellen Belästigung am Arbeitsplatz** ergibt sich aus der geschilderten Rechtslage, dass die Haftung des Arbeitgebers ausgeschlossen ist, soweit ein Mitarbeiter einem Arbeitskollegen oder einer -kollegin während der Arbeitszeit oder auf dem Arbeitsweg eine Gesundheitsverletzung zufügt.[30] In einer aktuellen Entscheidung hat das BSG die Qualifikation einer Vergewaltigung als Arbeitsunfall für möglich gehalten, wenn das Delikt während der Arbeitszeit begangen wird bzw. ein „innerer Zusammenhang" mit der versicherten Tätigkeit besteht, der es rechtfertigte, das betreffende Verhalten der versicherten Tätigkeit zuzurechnen.[31] Wer diese Anforderungen für zu eng hält und ausreichen lassen will, dass die Verhältnisse am Arbeitsplatz die Gewalttat „irgendwie" mitbestimm-

---

[24] Dazu eingehend BAG NZA 2007, 1155; *Bieszk/Stadtler* NJW 2007, 3382.
[25] *Bieszk/Stadtler* NJW 2007, 3382, 3383; vgl. *Marzodko/Rinne* ZTR 2000, 305, 309.
[26] BAG NZA 2007, 1155, 1161 f.; *Bieszk/Stadtler* NJW 2007, 3382, 3383; *Wagner*, GS Heinze, 2005, S. 969, 975; *Gaul/Otto* AuA 2002, 539, 540.
[27] BVerfGE 34, 118, 128, 132 ff. = NJW 1973, 502; BVerfG NJW 1995, 1607; *Waltermann* NJW 2002, 1225, 1227; krit. *Kötz/Wagner* Deliktsrecht RdNr. 604.
[28] Vgl. OLG Celle VersR 1999, 1550, 1551; Kasseler Kommentar/*Ricke* § 104 SGB VII RdNr. 12; *Waltermann* NJW 2002, 1225, 1226.
[29] OLG Celle VersR 1999, 1550, 1551; Kasseler Kommentar/*Ricke* § 104 SGB VII RdNr. 12; *Waltermann* NJW 2002, 1225, 1226.
[30] Eingehend *Wagner*, GS Heinze, 2005, S. 969, 981 ff.
[31] BSG NJW 2002, 388 f.; vgl. auch BSG BG (Die Berufsgenossenschaft) 1963, 254, 255.

ten,[32] muss sich klarmachen, dass das Opfer eben dadurch um Schmerzensgeldansprüche gegen den Arbeitgeber aus §§ 823 Abs. 1, 825, 253 Abs. 2, aus Vertragshaftung gemäß §§ 280, 278, 253 Abs. 2 und aus §§ 15 Abs. 2, 3 Abs. 4 AGG gebracht wird.

Unberührt bleibt die privatrechtliche Haftung jedenfalls insoweit, als es an einer **Gesundheitsverletzung iS des § 8 Abs. 1 S. 2 SGB VII fehlt** und damit im Anwendungsbereich des § 825 sowie bei Eingriffen in das nach § 823 Abs. 1 geschützte Allgemeine Persönlichkeitsrecht. Damit steuert der Begriff der Gesundheitsverletzung die Entscheidung zwischen dem Entschädigungsregime der sozialen Unfallversicherung einerseits und der privatrechtlichen Haftung aus Vertrag und Delikt andererseits. Das überzeugt nicht, ist aber geltendes Recht. 21

§ 826 Sittenwidrige vorsätzliche Schädigung

Wer in einer gegen die guten Sitten verstoßenden Weise einem anderen vorsätzlich Schaden zufügt, ist dem anderen zum Ersatz des Schadens verpflichtet.

Schrifttum (vgl. auch die Nachweise zu § 823; zur ökonomischen Analyse die Nachweise vor § 823): *v. Bar*, Verkehrspflichten – Richterliche Gefahrsteuerungsgebote im deutschen Deliktsrecht, 1980, § 8; *Baudenbacher*, Zur funktionalen Anwendung von § 1 des deutschen und Art. 1 des schweizerischen UWG, ZHR 144 (1980), 145; *Deutsch*, Entwicklung und Entwicklungsfunktion der Deliktstatbestände, JZ 1963, 385; *Hönn*, Zur Bedeutung spezieller Normen für die Konkretisierung von Generalklauseln, am Beispiel des Wettbewerbsrechts, FS Mühl, 1981, S. 309; *Junker*, Schadensersatzpflicht bei einem Verstoß gegen ein ausländisches Embargo, JZ 1991, 699; *K. Huber*, Verkehrspflichten zum Schutz fremden Vermögens, FS v. Caemmerer, 1978, S. 359; *Kraft*, Die Berücksichtigung wirtschaftspolitischer und gesellschaftspolitischer Belange im Rahmen des § 1 UWG, FS Bartholomeyczik, 1973, S. 223; *Mayer-Maly*, Das Bewußtsein der Sittenwidrigkeit, 1971; *ders.*, Zum deliktischen Schutz relativer Rechte, JZ 1996, 419; *Mertens*, Deliktsrecht und Sonderprivatrecht – Zur Rechtsfortbildung des deliktischen Schutzes von Vermögensinteressen, AcP 178 (1978), 227; *Mestmäcker*, Wettbewerbsrecht und Privatrecht, AcP 168 (1968), 235; *C. Ott*, Systemwandel im Wettbewerbsrecht, FS L. Raiser, 1974, S. 403; *Raiser*, Marktbezogene Unlauterkeit, GRUR Int. 1973, 443; *Reuter*, Wirtschaftsethische Einflüsse auf die Auslegung wirtschaftsrechtlicher Generalklauseln?, ZGR 1987, 489; *Rümelin*, Die Verwendung der Causalbegriffe in Straf- und Civilrecht, AcP 99 (1900), 171; *E. Schmidt*, Schockschäden Dritter und adäquate Kausalität, MDR 1971, 538; *K. Simitis*, Gute Sitten und Ordre public, 1960; *Stoll*, Kausalzusammenhang und Normzweck im Deliktsrecht, 1968; *Teubner*, Standards und Direktiven in Generalklauseln, Möglichkeiten und Grenzen der empirischen Sozialforschung bei der Präzisierung der Gute-Sitten-Klauseln im Privatrecht, 1971; *P. Ulmer*, Der Begriff „Leistungswettbewerb" und seine Bedeutung für die Anwendung von GWB und UWG-Tatbeständen, GRUR 1977, 565; *M. Wolf*, Der Ersatzberechtigte bei Tatbeständen sittenwidriger Schädigung, NJW 1967, 709.

Rechtsgeschichte: *Benöhr*, Die Redaktion der Paragraphen 823 und 826 BGB, in: Zimmermann (Hrsg.), Rechtsgeschichte und Privatrechtsdogmatik, 2000, S. 499; *Bilstein*, Das deliktische Schadensersatzrecht der Lex Aquilia in der Rechtsprechung des Reichsgerichts, 1994; *Jakobs/Schubert*, Die Beratung des Bürgerlichen Gesetzbuchs, Recht der Schuldverhältnisse, Bd. III, 1983; *Kaser*, Das Römische Privatrecht, Bd. I, 2. Aufl. 1971; *Kaufmann*, Rezeption und Usus modernus der actio legis aquiliae, 1958; *H. Koziol*, Generalnorm und Einzeltatbestände als Systeme der Verschuldenshaftung – Unterschiede und Angleichungsmöglichkeiten, ZEuP 1995, 359; *Jan Schröder*, Die zivilrechtliche Haftung für schuldhafte Schadenszufügung im deutschen usus modernus, in: Vacca (Hrsg.), La responsabilità civile da atto illecito nella prospettiva storicocomaparatistica, 1995, S. 144; *Seiler*, Römisches deliktisches Schadensersatzrecht in der obergerichtlichen Rechtsprechung des 19. Jahrhunderts, FS Hermann Lange, 1992, S. 245; *Windscheid/Kipp*, Lehrbuch des Pandektenrechts, Bd. I, II, 9. Aufl. 1906; *Wagner*, Gesetzliche Schuldverhältnisse, in: Willoweit (Hrsg.), Rechtswissenschaft und Rechtsliteratur im 20. Jahrhundert, 2007, S. 181, 198; *Zimmermann*, The Law of Obligations, 1990.

Rechtsvergleichung, Europäisches Deliktsrecht: *Bishop*, Economic Loss in Tort, 2 Oxford J. Legal Stud. 1 (1982); *Bussani/Palmer* (Hrsg.), Pure Economic Loss in Europe, 2003; *Gómez/Ruiz*, Economic Loss in Tort, ZEuP 2004, 908; *Spier* (Hrsg.), The Limits of Liability: Keeping the Floodgates Shut, 1996; *van Boom/Koziol/Witting* (Hrsg.), Pure Economic Loss, 2004; *Wagner*, Grundstrukturen des Europäischen Deliktsrechts, in: Zimmermann (Hrsg.), Grundstrukturen des Europäisches Deliktsrechts, 2003, S. 189; *Weir*, Complex Liabilities, in: International Encyclopedia of Comparative Law, Vol. XI, ch. 12, 1976; *ders.*, Economic Torts, 1997.

---

[32] So *Udke* AuA 2002, 237, 238; vgl. auch Kasseler Kommentar/*Ricke* SGB VII § 8 RdNr. 119.

§ 826 Abschnitt 8. Titel 27. Unerlaubte Handlungen

Zum Vertragsrecht: *v. Caemmerer*, „Mortuus redhibetur", FS Larenz, 1973, S. 621; *Dubischar*, Doppelverkauf und „ius ad rem", JuS 1970, 6; *Gibbert*, Rechtsschutz gegen sittenwidrige Abwerbungen, 1998; *Köhler*, Die „Beteiligung an fremdem Vertragsbruch" – eine unerlaubte Handlung?, FS Canaris, Bd. I, 2007, S. 591; *Koziol*, Die Beeinträchtigung fremder Forderungsrechte, 1967.

Zur Haftung für sachverständige Äußerungen (Gutachten, Testat, Auskunft, Rat und Empfehlung): *Assmann*, Grundfälle zum Vertrag mit Schutzwirkung für Dritte, JuS 1986, 885; *Bachmann*, Möglichkeiten und Grenzen einer bürgerlich-rechtlichen Informationshaftung, in: *Bachmann/Casper/Schäfer/Veil* (Hrsg.), Steuerungsfunktion des Haftungsrechts im Gesellschafts- und Kapitalmarktrecht, 2007, S. 93; *Canaris*, Schutzwirkungen zugunsten Dritter bei „Gegenläufigkeit der Interessen", JZ 1995, 441; *ders.*, Die Haftung des Sachverständigen zwischen Schutzwirkungen für Dritte und Dritthaftung aus culpa in contrahendo, JZ 1998, 603; *ders.*, Die Reichweite der Expertenhaftung gegenüber Dritten, ZHR 163 (1999), 206; *Ebke*, Abschlußprüfer, Bestätigungsvermerk und Drittschutz, JZ 1998, 991; *Grunewald*, Die Haftung des Experten für seine Expertise gegenüber Dritten, AcP 187 (1987), 285; *Hirte*, Berufshaftung, 1996; *Honsell*, Probleme der Haftung für Auskunft und Gutachten, JuS 1976, 621; *ders.*, Die Haftung für Gutachten und Auskunft unter besonderer Berücksichtigung von Drittinteressen, FS Medicus, 1999, S. 211; *Hopt*, Nichtvertragliche Haftung außerhalb von Schadens- und Bereicherungsrecht, AcP 183 (1983), 608; *ders.*, Dritthaftung für Testate, NJW 1987, 1745; *Köndgen*, Selbstbindung ohne Vertrag, 1981; *ders.*, Die Einbeziehung Dritter in den Vertrag, in: *E. Lorenz* (Hrsg.), Einbeziehung Dritter in den Vertrag, Karlsruher Forum 1998, 1999, S. 3; *Kötz*, Vertragliche Aufklärungspflichten – Eine rechtsökonomische Studie, FS Drobnig, 1998, S. 563; *Koziol*, Delikt, Verletzung von Schuldverhältnissen und Zwischenbereich, JBl. 1994, 209; *Koziol/Doralt*, Abschlussprüfer, 2004; *W. Lorenz*, Das Problem der Haftung für primäre Vermögensschäden bei der Erteilung einer unrichtigen Auskunft, FS Larenz, 1973, S. 575; *Masch*, Die Dritthaftung von Banken bei fehlerhaften Eigenauskünften, 2005; *Musielak*, Die „gefestigte Rechtsprechung" des Bundesgerichtshofs zum Zustandekommen eines Auskunftsvertrages mit einer Bank, WM 1999, 1593; *Picker*, Positive Forderungsverletzung und culpa in contrahendo – Zur Problematik der Haftungen „zwischen" Vertrag und Delikt, AcP 183 (1983), 369; *ders.*, Gutachterhaftung, FS Medicus, 1999, S. 397; *Schäfer*, Haftung für fehlerhafte Wertgutachten aus wirtschaftswissenschaftlicher Perspektive, AcP 202 (2002), 808; *Schlechtriem*, Schutzpflichten und geschützte Personen, FS Medicus, 1999, S. 529; *Teubner*, Expertise als soziale Institution: Die Internalisierung Dritter in den Vertrag, FS E. Schmidt, 2005, S. 303; *Zieglrum*, Der Vertrag mit Schutzwirkung für Dritte, 1992.

Zum Kapitalmarktrecht: *Assmann*, Entwicklungslinien und Entwicklungsperspektiven der Prospekthaftung, FS Kübler, 1997, S. 317; *Assmann/Schneider*, WpHG, 4. Aufl. 2006; *Assmann/Schütze* (Hrsg.), Handbuch des Kapitalanlagerechts, 3. Aufl. 2007; *v. Bar*, Vertrauenshaftung ohne Vertrauen, ZGR 1983, 476; *Bachmann*, Möglichkeiten und Grenzen einer bürgerlich-rechtlichen Informationshaftung, in: *Bachmann/Casper/Schäfer/Veil*, Steuerungsfunktionen des Haftungsrechts im Gesellschafts- und Kapitalmarktrecht, 2007, S. 93; *Barnert*, Deliktischer Schadensersatz bei Kursmanipulation de lege lata und de lege ferenda, WM 2002, 1473, 1477; *ders.*, Deliktischer Schadensersatz bei Kursmanipulation de lege lata und de lege ferenda, WM 2002, 1473; *Baums*, Haftung wegen Falschinformation des Sekundärmarktes, ZHR 167 (2003), 239; *Blaurock*, Verantwortlichkeit von Ratingagenturen, ZGR 2007, 603, 627; *Ellenberger*, Die neuere Rechtsprechung des Bundesgerichtshofes zu Aufklärungs- und Beratungspflichten bei der Anlageberatung, WM 2001, Beilage 1; *Engelhardt*, Vertragsabschlussschaden oder Differenzschaden bei Haftung des Emittenten für fehlerhafte Kapitalmarktinformationen, BKR 2006, 443; *Fleischer*, Empfiehlt es sich, im Interesse des Anlegerschutzes und zur Förderung des Finanzplatzes Deutschland das Kapitalmarkt- und Börsenrecht neu zu regeln?, in: Verhandlungen des 64. DJT, Bd. I, 2002; *ders.*, Der Inhalt des Schadensersatzanspruchs wegen unwahrer oder unterlassener unverzüglicher Ad-hoc-Mitteilungen, BB 2002, 1869; *ders.*, Zur deliktsrechtlichen Haftung der Vorstandsmitglieder für falsche Ad-hoc-Mitteilungen, DB 2004, 2031; *ders.*, Prospektpflicht und Prospekthaftung für Vermögensanlagen des Grauen Kapitalmarkts nach dem Anlegerschutzverbesserungsgesetz, BKR 2004, 339; *Fuchs/Dühn*, Deliktische Schadensersatzhaftung für falsche Ad-hoc-Mitteilungen, BKR 2002, 1063; *Groß*, Haftung für fehlerhafte oder fehlende Regel- oder ad-hoc-Publizität, WM 2002, 477; *Hirte/Möllers*, Kölner Kommentar zum WpHG, 2007; *Hopt*, Funktion, Dogmatik und Reichweite der Aufklärungs-, Warn- und Beratungspflichten der Kreditinstitute, FS Gernhuber, 1993, S. 169; *Hopt/Voigt* (Hrsg.), Prospekt- und Kapitalmarktinformationshaftung, 2005; *Maier-Reimer/Webering*, Ad hoc – Publizität und Schadensersatzhaftung – Die neuen Haftungsvorschriften des Wertpapierhandelsgesetzes, WM 2002, 1857; *Möllers*, Das Verhältnis der Haftung wegen sittenwidriger Schädigung zum gesellschaftsrechtlichen Kapitalerhaltungsgrundsatz – EM.TV und Comroad, BB 2005, 1637; *ders.*, Der Weg zu einer Haftung für Kapitalmarktinformation, JZ 2005, 75; *Möllers/Leisch*, Haftung von Vorständen gegenüber Anlegern wegen fehlerhafter Ad-hoc-Meldungen nach § 826 BGB, WM 2001, 1648; *dies.*, Schaden und Kausalität im Rahmen der neu geschaffenen §§ 37 b und 37 c WpHG, BKR 2002, 1071; *Peters*, Die Haftung und Regulierung von Ratingagenturen, 2001; *Rößner/Bolkart*, Schadensersatz bei Verstoß gegen Ad-hoc-Publizitätspflichten nach dem 4. Finanzmarktförderungsgesetz, ZIP 2002, 1471; *Schäfer/Weber/Wolf*, Berechnung und Pauschalierung des Kursdifferenzschadens bei fehlerhafter Kapitalmarktinformation, ZIP 2008, 197; *Schwark* (Hrsg.), Kapitalmarktrechts-Komentar, 3. Aufl. 2004; *Spindler*, Persönliche Haftung der Organmitglieder für Falschinformation des Kapitalmarktes – de lege lata und de lege ferenda, WM 2004, 2090; *Thümmel*, Haftung für geschönte Ad-hoc-Meldungen: Neues Risikofeld für Vorstände oder ergebnisorientierte Einzelfallrechtsprechung?, DB 2001, 2331, 2332 f.; *Wagner*, Schadensberechnung im Kapitalmarkt, ZGR 2008, 495; *Zimmer*, Verschärfung der Haftung für fehlerhafte Kapitalmarktinformation – Ein Alternativkonzept, WM 2004, 9.

Sittenwidrige vorsätzliche Schädigung § 826

Zur Kreditgeberhaftung, Gläubigergefährdung und Insolvenzverschleppung: *Beck,* Die Pflicht des Geschäftsführers zur Erstattung von Insolvenzgeld bei verspäteter Antragstellung, ZInsO 2008, 713; *Eidenmüller,* Unternehmenssanierung zwischen Markt und Gesetz, 1999; *Engert,* die Haftung für drittschädigende Kreditgewährung, 2005; *Gawaz,* Bankenhaftung für Sanierungskredite, 1997; *Koller,* Sittenwidrigkeit der Gläubigergefährdung und Gläubigerbenachteiligung, JZ 1985, 1013; *Kuntz,* Haftung von Banken gegenüber anderen Gläubigern nach § 826 BGB wegen Finanzierung von Leveraged Buyouts?, ZIP 2008, 814; *Mertens,* Zur Bankenhaftung wegen Gläubigerbenachteiligung, ZHR 143 (1979), 174; *Neuhof,* Sanierungsrisiken der Banken: Die Vor-Sanierungsphase, NJW 1998, 3225; *Schmülling,* Haftet der GmbH-Geschäftsführer der Bundesagentur für Arbeit bei Insolvenzverschleppung?, ZIP 2007, 1095; *Seibt,* Gläubigerschutz bei Änderung der Kapitalstruktur durch Erhöhung des Fremdkapitalanteils, ZHR 171 (2007), 282; *Vuia,* Die Verantwortlichkeit von Banken in der Unternehmenskrise, 2007; *Wagner,* Grundfragen der Insolvenzverschleppungshaftung nach der GmbH-Reform, FS K. Schmidt, 2009 (im Erscheinen). Vgl. auch die Nachweise bei § 823 RdNr. 378.

Zum Zahlungsverkehr und Wertpapierrecht: *Bauer,* Der Widerspruch des Zahlungspflichtigen im Lastschriftverfahren, WM 1981, 1186; *Canaris,* Kreditkündigung und Kreditverweigerung gegenüber sanierungsbedürftigen Bankkunden, ZHR 143 (1979), 113; *Denck,* Der Mißbrauch des Widerspruchsrechts im Lastschriftverfahren, ZHR 144 (1980), 171; *Sandberger,* Grundlagen und Grenzen des Widerspruchsrechts beim Lastschriftverfahren, JZ 1977, 285; *Ulmer/Heinrich,* Das Wechsel-Scheck-Verfahren, DB 1972, 1101, 1149.

Zum Gesellschaftsrecht: *Altmeppen,* Grundlegend Neues zum „qualifiziert faktischen" Konzern und zum Gläubigerschutz in der Einmann-GmbH, ZIP 2001, 1837; *ders.,* Zur Entwicklung eines neuen Gläubigerschutzkonzeptes in der GmbH, ZIP 2002, 1553; *ders.,* Abschied vom „Durchgriff" im Kapitalgesellschaftsrecht, NJW 2007, 2657; *ders.,* Zur vorsätzlichen Gläubigerschädigung, Existenzvernichtung und materiellen Unterkapitalisierung in der GmbH, ZIP 2008, 1201; *Banerjea,* Haftungsfragen in Fällen materieller Unterkapitalisierung und im qualifizierten faktischen Konzern, ZIP 1999, 1153; *Brosius-Gersdorf,* Zum Schadensersatzanspruch der Aktionäre einer Bank gegen ein Presseunternehmen wegen unwahrer Presseberichte, NZG 1998, 664; *Brüggemeier,* Die Einflußnahme auf die Verwaltung einer Aktiengesellschaft, AG 1988, 93; *Dreher,* Treuepflichten zwischen Aktionären und Verhaltenspflichten bei der Stimmrechtsbündelung, ZHR 157 (1993), 150; *Dauner-Lieb,* Die Existenzvernichtungshaftung – Schluss der Debatte?, DStR 2006, 2034; *dies.,* Die Existenzvernichtungshaftung als deliktische Innenhaftung gemäß § 826 BGB, ZGR 2008, 34; *Ehricke,* Zur Begründbarkeit der Durchgriffshaftung in der GmbH, insbesondere aus methodischer Sicht, AcP 199 (1999), 257; *Flume,* Das Video-Urteil und das GmbH-Recht, DB 1992, 25; *ders.,* Die Rechtsprechung des II. ZSs des BGH zur Treuepflicht des GmbH-Gesellschafters, ZIP 1996, 161; *Grigoleit,* Gesellschafterhaftung für interne Einflußnahme im Recht der GmbH, 2006; *Habersack,* Trihotel – Das Ende der Debatte?, ZGR 2008, 533; *Häsemeyer,* Obstruktion gegen Sanierungen und gesellschaftsrechtliche Treuepflichten, ZHR 160 (1996), 109; *Henssler,* Verhaltenspflichten bei der Ausübung von Aktienstimmrechten durch Bevollmächtigte, ZHR 157 (1993), 91; *Lutter,* Das Girmes-Urteil, JZ 1995, 1053; *Lutter/Banerjea,* Die Haftung wegen Existenzvernichtung, ZGR 2003, 402; *Mertens,* Schadensfragen im Kapitalgesellschaftsrecht, FS Hermann Lange, 1992, S. 561; *Osterloh-Konrad,* Abkehr vom Durchgriff: Die Existenzvernichtungshaftung des GmbH-Gesellschafters nach „Trihotel", ZHR 172 (2008), 274; *Röhricht,* Die GmbH im Spannungsfeld zwischen wirtschaftlicher Dispositionsfreiheit ihrer Gesellschafter und Gläubigerschutz, FG 50 Jahre BGH, Bd. I, 2000, S. 83; *Rubner,* Die Haftung wegen sittenwidriger vorsätzlicher Existenzvernichtung, Der Konzern 2007, 635; *Schanze,* Gesellschafterhaftung für unlautere Einflussnahme nach § 826 BGB: Die Trihotel-Doktrin des BGH, NZG 2007, 667; *K. Schmidt,* Gesellschafterhaftung und „Konzernhaftung" bei der GmbH, NJW 2001, 3577; *Schulze-Osterloh,* Gläubiger- und Minderheitenschutz bei der steuerlichen Betriebsaufspaltung, ZGR 1983, 123; *Schwab,* Die Neuauflage der Existenzvernichtungshaftung: kein Ende der Debatte!, ZIP 2008, 341; *Staudinger,* Existenzvernichtender Eingriff und Haftung des Gesellschafters, AnwBl 2008, 316; *Timm/Geuting,* Abschied von der Strukturhaftung im qualifizierten faktischen Konzern?, ZIP 1992, 821; *Ulmer,* Von „TBB" zu „Bremer Vulkan" – Revolution oder Evolution?, ZIP 2001, 2021; *Wagner,* Existenzvernichtung als Deliktstatbestand, FS Canaris, Bd. II, 2007, S. 473; *Weller,* Die Existenzvernichtungshaftung im modernisierten GmbH-Recht – eine Außenhaftung für Forderungsvereitelung (§ 826 BGB), DStR 2007, 1166; *ders.,* Die Neuausrichtung der Existenzvernichtungshaftung durch den BGH und ihre Implikationen für die Praxis, ZIP 2007, 1681; *Wilhelm,* Zurück zur Durchgriffshaftung – das „KBV"-Urteil des II. ZSs des BGH, NJW 2003, 175.

Zu Wettbewerb, Antidiskriminierung und Kontrahierungszwang: *Eidenmüller,* Der unliebsame Kritiker: Theaterkritik und Schmähkritik, NJW 1991, 1439; *Gounalakis,* Rechte und Pflichten privater Konzertveranstalter gegenüber den Massenmedien, AfP 1992, 343; *Grunewald,* Vereinsaufnahme und Kontrahierungszwang, AcP 182 (1982), 181; *Kübler,* Pflicht der Presse zur Veröffentlichung politischer Anzeigen?, 1976; *ders.,* Massenmedien und öffentliche Veranstaltungen, 1978; *Nipperdey,* Kontrahierungszwang und diktierter Vertrag, 1920; *Wagner,* Zeichenkollisionen im Internet, ZHR 162 (1998), 701; *Wagner/Potsch,* Haftung für Diskriminierungsschäden nach dem Allgemeinen Gleichbehandlungsgesetz, JZ 2006, 1085.

Zum Arbeitsrecht: *v. Bar,* „Nachwirkende" Vertragspflichten, AcP 179 (1979), 452; *Gibbert,* Rechtsschutz gegen sittenwidrige Abwerbungen, 1998; *A. Hueck,* Die Pflicht des Arbeitgebers zur Wiedereinstellung entlassener Arbeitnehmer, FS Hedemann, 1958, S. 131; *Konzen,* Streikrecht und Boykott, FS Molitor, 1988, S. 181; *Schmidt-Preuß,* Lohnstopp durch Zivilurteil?, NJW 1978, 2031; *v. Stein,* Wiedereinstellungsanspruch des Arbeitnehmers bei Fehlprognose des Arbeitgebers?, RdA 1991, 85.

§ 826

Zum Familien- und Erbrecht: *Fehn,* Die Menschenwürde des nichtehelichen Kindes im Spannungsfeld zwischen Unterhalts- und Deliktsrecht, JuS 1988, 602; *Kohler,* Erblasserfreiheit oder Vertragserbenschutz und § 826 BGB, FamRZ 1990, 464; *Küppers,* Der Regreß des Ehemannes nach der außerehelichen Zeugung eines zeitweilig ehelichen Kindes, 1993; *Nehlsen-v. Stryk,* Probleme des Scheinvaterregresses, FamRZ 1988, 225; *Schubert,* Zum Umfang der Spezialitätswirkung von BGB § 2287, JR 1990, 159; *Steffen,* Neues vom Bundesgerichtshof zum Geliebtentestament, DRiZ 1970, 347; *Wagner,* Unterhaltsrechtliche Folgen des scheidungsakzessorischen Statuswechsels nach dem Kindschaftsrechtsreformgesetz, FamRZ 1999, 7; *Wanke,* Schadensersatz für Kindesunterhalt, 1998.

Zum Prozessrecht: *Bamberg,* Die missbräuchliche Titulierung von Ratenkreditschulden mit Hilfe des Mahnverfahrens, 1987; *Braun,* Rechtskraft und Rechtskraftdurchbrechung von Titeln über sittenwidrige Ratenkreditverträge, 1986; *ders.,* Rechtskraftdurchbrechung bei fehlerhaften Vollstreckungsbescheiden, ZIP 1987, 687; *Foerste,* Wiederaufnahme des Zivilprozesses bei naturwissenschaftlichem Erkenntnisfortschritt, NJW 1996, 345; *Gaul,* Möglichkeiten und Grenzen der Rechtskraftdurchbrechung, 1986; *ders.,* Rechtskraft und Verwirkung, FS Henckel, 1995, S. 235; *Grün,* Die Zwangsvollstreckung aus Vollstreckungsbescheiden über sittenwidrige Ratenkreditforderungen, 1990; *Henckel,* Prozeßrecht und materielles Recht, 1970; *Hönn,* Dogmatische Kontrolle oder Verweigerung, FS Gerhard Lüke, 1997, S. 265; *Hopt,* Schadensersatz aus unberechtigter Verfahrenseinleitung, 1968; *Jauernig,* Der Bundesgerichtshof und das Zivilprozeßrecht – Ein Rückblick auf 40 Jahre – in: *Jauernig/Roxin,* 40 Jahre Bundesgerichtshof, 1990, S. 28; *Klados,* § 826 – Ein legitimes Mittel zur Durchbrechung der Rechtskraft?, JuS 1997, 705; *Prütting-Weth,* Rechtskraftdurchbrechung bei unrichtigen Titeln, 2. Aufl. 1994; *Wagner,* Prozeßverträge, 1998; *Walker,* Beseitigung und Durchbrechung der Rechtskraft, FG 50 Jahre BGH, Bd. III, 2000, S. 367.

Übersicht

	RdNr.
I. Entstehungsgeschichte und Funktion	1–6
1. Entstehungsgeschichte	1
2. Korrektur bei Persönlichkeitsverletzungen	2
3. Korrekturen des Vermögensschutzes	3
4. Die Funktion des § 826 im System des Deliktsrechts	4–6
II. Die Haftungsvoraussetzungen	7–34
1. Überblick	7
2. Sittenwidrigkeit	8–22
a) Grundlagen	8–11
aa) Sittenwidrigkeit in der Rechtsprechung	8, 9
bb) Sittenwidrigkeitskonzepte der Literatur	10
cc) Funktionale Interpretation	11
b) Gründe für die Diskriminierung reiner Vermögensschäden	12–17
aa) Kanalisierung der Schadensabwicklung	12
bb) Privater, kein sozialer Schaden	13, 14
cc) Schutz des Vertragsrechts und anderer Rechtsbereiche	15, 16
dd) Ausschluss der Haftung für diffuse Schadensbilder	17
c) Positive Bestimmung der Sittenwidrigkeit	18–20
d) Sittenwidrigkeit in Fällen mit Auslandsbezug	21
e) Revisibilität	22
3. Vorsatz	23–30
a) Moderierung des Vorsatzerfordernisses	23
b) Der Haftungstatbestand als Bezugspunkt des Vorsatzes	24, 25
c) Vorsatz und Sittenwidrigkeit	26–28
d) Leichtfertigkeit	29, 30

	RdNr.
4. Schaden	31
5. Schutzzweckzusammenhang	32–34
III. Aktiv- und Passivlegitimation; Haftung für Dritte	35, 36
IV. Rechtsfolgen	37–43
1. Schadensersatz	37–40
a) Art und Umfang des Schadensersatzes	37
b) Mitverschulden	38, 39
c) Sonstige Einwendungen	40
2. Einreden	41
3. Abwehransprüche	42
4. Ansprüche auf Auskunft und Rechnungslegung	43
V. Konkurrenzen	44–46
VI. Beweislast. Prozessuales	47
VII. Anwendungsgebiete und Fallgruppen	48–170
1. Vertragsrecht	50–59
a) Vertragsanbahnung (durch arglistige Täuschung)	50, 51
b) Leistungsstörungen	52
c) Verleitung zum Vertragsbruch	53–58
d) Verjährung	59
2. Haftung für sachverständige Äußerungen (Gutachten, Testat, Auskunft, Rat und Empfehlung)	60–67
a) Grundlagen	60
b) Auskunftshaftung	61, 62
c) Haftung von Wirtschaftsprüfern	63–65
d) Haftung von Wertgutachtern und Sachverständigen	66, 67
3. Haftung für Fehlinformation des Kapitalmarkts	68–84
a) Emittentenhaftung und Organhaftung	68

Sittenwidrige vorsätzliche Schädigung   1 § 826

	RdNr.		RdNr.
b) Primärmarkt: Verkaufsprospekthaftung	69–71	e) Gesellschafterhaftung für Unterkapitalisierung?	122–124
c) Sekundärmarkt: Informationsdeliktshaftung	72–75	7. Missbrauch gesellschaftsrechtlicher Kompetenzen	125–131
d) Komplexe Finanzprodukte, Churning, Scalping	76–78	a) Grundlagen und Schutzbereich des § 826	125
e) Termingeschäfte	79–83	b) Schädigung durch Gesellschafter: Stimmrechtsausübung	126, 127
f) Ratingagenturen	84	c) Schädigung durch Gesellschafter: Räuberische Anfechtungsklagen	128
4. Kreditgeberhaftung, Gläubigergefährdung und Insolvenzverschleppung	85–104	d) Gesellschafterdarlehen	129
a) Grundlagen der Kreditgeberhaftung	85	e) Sonstige Fälle der Gesellschaftsschädigung durch Gesellschafter oder Organe	130
b) Gläubigergefährdung	86–88	f) Schädigung der Gesellschaft durch externe Dritte	131
c) Insolvenzverschleppung	89–97	8. Wettbewerb	132–143
aa) Haftung wegen Schutzgesetzverletzung	89	a) Boykott	133
bb) Haftung wegen sittenwidriger Schädigung	90	b) Missbrauch wirtschaftlicher Machtstellung (Monopolkontrolle; Kontrahierungszwang; Diskriminierung)	134–137
cc) Insolvenzverschleppungshaftung der Kreditgeber	91–93	c) Geistiges Eigentum	138–141
dd) Insolvenzverschleppungshaftung sonstiger Gläubiger	94	aa) Ergänzungsfunktion	138
ee) Schutzbereich der Haftung: Anleger und Gesellschafter	95, 96	bb) Missbräuchlicher Markenerwerb	139
ff) Haftung gegenüber der Bundesagentur für Arbeit?	97	cc) Patenterschleichung	140
d) Sanierungsvereitelung	98, 99	dd) Domain-Grabbing	141
e) Vollstreckungsvereitelung	100–102	d) Schmiergeldzahlungen	142, 143
f) GmbH-Stafette	103, 104	9. Arbeitsrecht	144–148
5. Gläubigergefährdung im Zahlungsverkehr	105–115	10. Familienrecht	149–152
a) Lastschriftverfahren im Vorfeld der Insolvenz	105–108	a) Grundlagen	149
b) Missachtung von Treuhandbindungen	109	b) Unterhaltsregress des Scheinvaters	150, 151
c) Wechsel und Schecks	110–115	c) Nichteheliche Lebensgemeinschaften	152
aa) Wechsel- oder Scheckreiterei	110	11. Erbrecht	153, 154
bb) Wechsel-Scheck-Verfahren	111	12. Prozessrecht	155–170
cc) Missbräuchliche Einlösung von Wechseln oder Schecks	112, 113	a) Rechtskraftdurchbrechung bei Urteilen	156–162
dd) Schweigen auf Ankaufsanzeige	114	aa) Grundlagen	156–158
ee) Scheckwiderruf	115	bb) Die Voraussetzungen im Einzelnen	159–161
6. Missbrauch der korporativen Haftungsbeschränkung	116–124	cc) Rechtsfolgen	162
a) Haftung wegen existenzvernichtenden Eingriffs	116, 117	b) Sittenwidrige Erwirkung oder Verwendung von Vollstreckungsbescheiden	163–165
b) Die Trihotel-Doktrin	118	c) Rechtskraftdurchbrechung bei sonstigen Titeln	166
c) Stellungnahme	119, 120	d) Sittenwidriges Prozessverhalten	167–170
d) Geschäftsführerhaftung für Zahlungen an Gesellschafter	121		

I. Entstehungsgeschichte und Funktion

1. Entstehungsgeschichte. Sinn und Zweck des § 826 ergeben sich nicht aus der Vorschrift selbst, sondern erschließen sich erst vor dem Hintergrund der beiden Tatbestände des § 823, die die Haftung an eine Verletzung subjektiven (§ 823 Abs. 1) oder objektiven Rechts (§ 823 Abs. 2) knüpfen. § 826 verlangt weder das eine noch das andere und begründet damit eine Haftung für reine Vermögensschäden und für die Verletzung immaterieller Persönlichkeitsinteressen jenseits entsprechender gesetzlicher Schutzvorschriften (§ 823 Abs. 2). Die auf die **Erweiterung des sachlichen Schutzbereichs des Delikts-**

rechts bezogene Funktion des § 826 wird besonders deutlich an seinem Vorläufer, § 705 des Ersten Entwurfs. Dieser war nicht auf vorsätzliche Schadenszufügungen beschränkt, sondern knüpfte die Ersatzpflicht an eine „kraft der allgemeinen Freiheit an sich erlaubte Handlung, wenn sie einem anderen zum Schaden gereicht und die gegen die guten Sitten verstößt".[1] In dieser Formulierung kam die dreiteilige deliktische Generalklausel zum Ausdruck, wie sie die Verfasser des Ersten Entwurfs im Anschluss an das französische Recht schaffen wollten; rechtswidrig war nach ihrer Meinung der Verstoß gegen objektives Recht (§ 823 Abs. 2), die Verletzung subjektiver Rechte (§ 823 Abs. 1) und der Verstoß gegen das allgemeine Loyalitätsgebot, eben gegen die guten Sitten (§ 826).[2] Wäre dieser Entwurf Gesetz geworden, hätte das deutsche Recht ein zugleich differenziertes wie auch flexibles Deliktsrecht erhalten, das eine Fülle von Rechtsfortbildungen im Bereich des allgemeinen Vermögens- und Persönlichkeitsschutzes erübrigt hätte. Demgegenüber erschöpfen sich die Gründe, die die Vorkommission des Reichsjustizamts zur Einfügung des Vorsatzerfordernisses bewogen haben, in dem Hinweis, dies entspreche der „in Theorie und Praxis herrschenden Ansicht".[3] Tatsächlich war auch die actio doli des Römischen Rechts auf die vorsätzliche Schadenszufügung begrenzt,[4] doch dass sie bei § 826 Pate gestanden hätte, lässt sich den Materialien nicht entnehmen.[5] Immerhin hatte bereits der usus modernus die aquilische Haftung für culpa (Fahrlässigkeit) auf reine Vermögensschäden ausgedehnt,[6] wenn auch in der deutschen Pandektenwissenschaft und der höchstrichterlichen Rechtsprechung am Ende des 19. Jahrhunderts eine restriktive Tendenz dominierte.[7] Und obwohl *Windscheid* in seinem Lehrbuch die lex Aquilia auf Rechtsgutsverletzungen beschränkte,[8] betrieb er in der Ersten Kommission ganz bewusst die Einführung einer durch den Filter der Sittenwidrigkeit moderierten Fahrlässigkeitshaftung für reine Vermögensschäden.[9] In der Zweiten Kommission fand der Antrag *Plancks,* zu dieser Konzeption zurückzukehren und das Vorsatzerfordernis zu streichen, trotzdem keine Mehrheit.[10] Dafür war die Erwägung maßgebend, fahrlässige Verletzungen einer fremden Interessensphäre würden „selten vorkommen"![11]

2. Korrektur bei Persönlichkeitsverletzungen. Die spätere Rechtsentwicklung hat die Verengung des § 826 auf vorsätzliche Schadenszufügungen für den Bereich der Persönlichkeitsverletzungen wieder rückgängig gemacht, indem diese Interessen zum **Allgemeinen Persönlichkeitsrecht** und in den Rang eines absolut geschützten Guts iS des § 823 Abs. 1 gehoben wurden.[12] Damit sind die Urteile des RG, in denen die Verletzung immaterieller Persönlichkeitsinteressen – teilweise mit erheblichen Anstrengungen – unter

---

[1] Zur Entstehungsgeschichte des § 826 *Benöhr*, Die Redaktion der Paragraphen § 823 und § 826 BGB, S. 515 ff.
[2] Mot. II S. 726 f.
[3] *Jakobs/Schubert,* Die Beratung des Bürgerlichen Gesetzbuchs, Recht der Schuldverhältnisse III, S. 893.
[4] *Kaser,* Das Römische Privatrecht I, § 146 IV, S. 627 f.; *Windscheid/Kipp,* Lehrbuch des Pandektenrechts II, § 451, S. 959 f.
[5] *Benöhr,* Die Redaktion der Paragraphen § 823 und § 826 BGB, S. 515; anders *Staudinger/Oechsler* RdNr. 9.
[6] *Benöhr,* Die Redaktion der Paragraphen § 823 und § 826 BGB, S. 510; *Kaufmann,* Rezeption und usus modernus der actio legis aquiliae, S. 46 ff.; *Zimmermann,* The Law of Obligations, S. 1022 ff.; *Jan Schröder,* Die zivilrechtliche Haftung für schuldhafte Schadenszufügung im deutschen usus modernus, S. 147 f.
[7] RGZ 9, 158, 163 = SeuffA 39, Nr. 7, S. 10 ff. (1883) mwN zum Streitstand; RGZ 22, 133, 138 f.; OLG Braunschweig SeuffA 42 (1886) Nr. 299, S. 426 ff.; eingehend *Bilstein,* Das deliktische Schadensersatzrecht der Lex Aquilia in der Rspr. des Reichsgerichts, S. 19 ff., 28 ff.; *Seiler,* FS Hermann Lange, 1992, S. 245, 256 ff.
[8] *Windscheid/Kipp,* Lehrbuch des Pandektenrechts II, § 451, S. 959 f.; § 455, S. 973 f. mN
[9] *Jakobs/Schubert,* Die Beratung des Bürgerlichen Gesetzbuchs, Recht der Schuldverhältnisse III, S. 873 ff., 875.
[10] *Jakobs/Schubert,* Die Beratung des Bürgerlichen Gesetzbuchs, Recht der Schuldverhältnisse III, S. 896 f.; Prot. II S. 576.
[11] Prot. II S. 576.
[12] Eingehend zur Entwicklung *Wagner,* Rechtswissenschaft und Rechtsliteratur im 20. Jahrhundert, S. 192 ff.

§ 826 gebracht wurden,[13] für die heutige Zeit obsolet. Trotzdem bleibt es dabei, dass immaterielle Persönlichkeitsinteressen – anders als die physischen Persönlichkeitsgüter Leben, Körper, Gesundheit und Freiheit – nicht umfassend vor Beeinträchtigungen abgeschirmt sind, sondern Schutz nur vor bestimmten Verletzungsmodalitäten genießen. Die Güter- und Interessenabwägung, die früher bei Prüfung der Sittenwidrigkeit gemäß § 826 durchzuführen war, findet nunmehr im Rahmen der Rechtswidrigkeitsprüfung nach § 823 Abs. 1 statt, und sie dient dem Zweck, den Schutzbereich des Allgemeinen Persönlichkeitsrechts mit Blick auf den jeweiligen Einzelfall zu definieren.

3. Korrekturen des Vermögensschutzes. Im Bereich des Vermögensschutzes hat sich der Gesetzgeber in einem wichtigen Teilbereich selbst korrigiert, indem er mit der wettbewerbsrechtlichen Generalklausel des heutigen § 3 UWG die **sittenwidrige Schädigung im Wettbewerb** unabhängig davon mit einer Haftung belegt hat, ob die Schädigung vorsätzlich oder bloß fahrlässig erfolgt ist.[14] Die Verallgemeinerung dieses Ansatzes über das Wettbewerbsrecht hinaus zeichnete sich mit der **Anerkennung des Rechts am eingerichteten und ausgeübten Gewerbebetrieb** ab, wobei hier das Erfordernis der Betriebsbezogenheit des Eingriffs die Funktion erfüllt, den Schutzbereich mit Blick auf Fallgruppen zu konturieren (§ 823 RdNr. 193 ff.).[15] Indessen liegt auf der Hand, dass das Recht am eingerichteten und ausgeübten Gewerbebetrieb die Problematik des Vermögensschutzes nicht annähernd ausschöpft, denn es bleibt von vornherein auf solche Vermögensinteressen beschränkt, die in Unternehmen gebunden sind. Soweit es daran fehlt, oder das Erfordernis eines „betriebsbezogenen Eingriffs" nicht erfüllt ist, spielt § 826 nach wie vor eine wichtige Rolle als **Grundtatbestand des allgemeinen deliktsrechtlichen Vermögensschutzes.**[16] Wie noch zu zeigen sein wird, hat sich die Rechtsprechung auch in diesem Rahmen dem Entwurf der Ersten Kommission angenähert, indem sie das Vorsatzerfordernis großzügig interpretiert hat, so dass § 826 auch solche Verhaltensweisen sanktionieren kann, die jedenfalls prima facie bloß fahrlässig erscheinen (iE RdNr. 29). Aus rechtsstaatlicher Sicht mag man diese Verwässerung eines gesetzlichen Tatbestandsmerkmals bedauern,[17] in der Sache ist sie richtig:[18] Die Zweite Kommission hat einfach nicht ausreichend zur Kenntnis genommen, dass § 826 bzw. § 705 des Ersten Entwurfs bereits über einen Filter verfügen, der eine generelle Fahrlässigkeitshaftung für reine Vermögensschäden ausschließt – das Erfordernis der Sittenwidrigkeit –, so dass es für die Zwecke der Vermeidung einer uferlosen Haftung gar nicht erforderlich war, eine zusätzliche Restriktion – das Erfordernis vorsätzlicher Schadenszufügung – einzubauen. **Dreh- und Angelpunkt des deliktsrechtlichen Vermögensschutzes ist damit das Tatbestandsmerkmal der Sittenwidrigkeit,** mit dem die erwünschten, durch faires Verhalten zugefügten Vermögensschäden von den rechtswidrigen Schädigungen zu trennen sind. Um dies deutlich zu machen, hätte der Gesetzgeber besser an der von der Ersten Kommission im Anschluss an die französische Dogmatik formulierten Voraussetzung der „illoyalen Handlung" festgehalten, anstatt das moralisch gefärbte und heute eher mit Verstößen gegen die Sexualmoral assoziierte Kriterium der Sittenwidrigkeit einzufüh-

---

[13] Vgl. RGZ 72, 175: grob fehlerhaftes Gutachten eines Arztes über den Geisteszustand des Klägers, verbunden mit dem Vorschlag der Entmündigung; RGZ 115, 416: Publikation einer 20 Jahre zurückliegenden strafgerichtlichen Verurteilung als Gefährdung reiner Vermögensinteressen; RGZ 162, 7: Unterlassen des sofortigen Widerrufs eines ehrverletzenden Zeitungsartikels als vorsätzliche Schädigung, obwohl dem Verleger in Bezug auf die Publikation selbst nicht einmal Fahrlässigkeit vorzuwerfen war.
[14] Die Absicht zur Korrektur des § 826 ergibt sich klar aus dem Bericht der Kommission zur Vorberatung des Entwurfs eines UWG, Verhandlungen des Reichstags, XII, 1. Session, 1909, Bd. 255, S. 8433, 8434 f.
[15] Zur Entwicklung *Wagner*, Rechtswissenschaft und Rechtsliteratur im 20. Jahrhundert, S. 198 ff.
[16] Übereinstimmend *Soergel/Hönn* RdNr. 2.
[17] Dies tun insbes. *Assmann* JuS 1986, 885, 890: „Aufweichung"; *Hopt* AcP 183 (1983), 608, 633: „Denaturierung".
[18] Übereinstimmend ähnlich *Bachmann* in: Steuerungsfunktion des Haftungsrechts im Gesellschafts- und Kapitalmarktrecht, S. 93, 128 ff.

ren,[19] das das Lauterkeitsrecht richtigerweise in die Rechtsgeschichte verabschiedet hat (§ 3 UWG).[20]

4. Funktion des § 826 im System des Deliktsrechts. Nachdem der Persönlichkeitsschutz nach § 823 Abs. 1 abgewandert ist, besteht die Funktion des § 826 darin, die Diskriminierung reiner Vermögensinteressen, die keinen allgemeinen Deliktsschutz genießen, jenseits ihrer Anerkennung im Rahmen von Schutzgesetzen rückgängig zu machen, also einen **selektiven deliktsrechtlichen Vermögensschutz zu gewährleisten**.[21] In diesem Sinn ist es gerechtfertigt, § 826 als eine „Generalklausel" zu charakterisieren:[22] In generalklauselartiger Weise unbeschränkt ist der sachliche Schutzbereich der Vorschrift, nicht etwa ihr Tatbestand. Entgegen einer in der Literatur verbreiteten Ansicht besteht der Zweck des § 826 also nicht darin, die **Rechtsordnung hin zu gesellschaftlichen Wertungen zu öffnen** oder rechtliche Standards in diese Richtung fortzubilden,[23] denn die Vorschrift erweitert nicht den nach § 823 Abs. 1 bestehenden Rechtsgüterschutz, sondern betrifft allein den Schutz von Vermögensinteressen, wobei sich der Schutzumfang genauso wenig aus „gesellschaftlichen" Wertungen ablesen lässt, wie dies bei den Rechtsgütern des § 823 Abs. 1 der Fall ist.

In § 826 geht es auch nicht um die **Diskriminierung von Vorsatztätern**,[24] denn der Umstand, dass der Täter nicht bloß fahrlässig, sondern vorsätzlich gehandelt hat, bleibt folgenlos, solange ein nach § 823 Abs. 1 geschütztes Rechtsgut oder ein Schutzgesetz verletzt worden ist; § 826 macht die Haftung lediglich von schärferen Voraussetzungen abhängig, ohne deshalb auch den Ersatzumfang zu erweitern. Die in der Rechtsprechung früher verbreitete Übung, den Tatbestand auch dann als Anspruchsgrundlage heranzuziehen, wenn es um die Restitution von Vermögensfolgeschäden geht, die auf der Verletzung eines in § 823 Abs. 1 geschützten Rechtsguts eintreten (dazu § 823 RdNr. 593),[25] ist zwar praktisch unschädlich, systematisch jedoch ohne Halt und verdankt sich wohl dem Bedürfnis, dem Beklagten die moralische Verwerflichkeit seines Verhaltens ins Stammbuch zu schreiben. Eine ältere Entscheidung des BGH, in der die Haftung für die Verletzung von Freiheit und Eigentum auf § 826 gestützt worden ist, nachdem eben dieses Verhalten im Rahmen von § 823 Abs. 1 als „rechtmäßig" qualifiziert worden war, ist vereinzelt geblieben und lässt sich nicht verallgemeinern.[26] In dem zugrunde liegenden Fall hatte jemand in der Endphase des Dritten Reiches einen Mitbürger denunziert, so dass dieser inhaftiert wurde und deshalb außer Stande war, seine Habe vor einem Bombenangriff in Sicherheit zu bringen. Dieses Urteil beruht wohl auf der Scheu des BGH, eine Denunziation wegen Abhörens „feindlicher" Sender im Jahr 1944 sieben Jahre später für „rechtswidrig" iS des § 823 Abs. 1 zu erklären.[27] Richtigerweise kann ein Verhalten, das nach § 823 Abs. 1 geschützte Rechtsgüter verletzt, jedoch nach den Maßstäben dieser Vorschrift rechtmäßig ist – etwa weil ein Rechtfertigungs-

---

[19] *Jakobs/Schubert,* Die Beratung des Bürgerlichen Gesetzbuchs, Recht der Schuldverhältnisse III, 1983, S. 876; Mot. II S. 727; zum französischen Deliktsrecht *Wagner,* Grundstrukturen des Europäischen Deliktsrechts, S. 225 ff.

[20] Zu den Gründen für diese Umstellung *Köhler* in: *Hefermehl/Köhler/Bornkamm* § 3 UWG RdNr. 3; vgl. auch *Mestmäcker* AcP 168 (1968), 235, 254; *Raiser* GRUR Int. 1973, 443, 445; *P. Ulmer* GRUR 1977, 565; *Mertens* ZHR 143 (1979), 174, 180; *Reuter* ZGR 1987, 489, 497 f.; gegen eine Orientierung des § 826 an wettbewerbsrechtlichen Maßstäben *Kraft,* FS Bartholomeyczik, 1973, S. 223; *Hönn,* FS Mühl, 1981, S. 309, 316 ff.; *Soergel/Hönn* RdNr. 17 ff.

[21] Ähnlich *Larenz/Canaris* II/2 § 78 I 1, S. 447; § 78 II 2, S. 452.

[22] *v. Caemmerer,* FS 100 Jahre DJT, Bd. II, 1960, S. 49, 67 f.; *Deutsch* Haftungsrecht I RdNr. 67; *Staudinger/Oechsler* RdNr. 20.

[23] So die 3. Aufl. RdNr. 3; *Bamberger/Roth/Spindler* RdNr. 1; *Soergel/Hönn* RdNr. 2 f.; *Brüggemeier* Deliktsrecht RdNr. 829; *Deutsch* Haftungsrecht I RdNr. 65 ff.

[24] So aber *Deutsch* Haftungsrecht I RdNr. 67; *Staudinger/Oechsler* RdNr. 1, 12 ff.; wie hier *Soergel/Hönn* RdNr. 5 f.

[25] Vgl. etwa RGZ 163, 21, 25 f. – Bremsen I; vgl. weiter RG DR 1940, 1293 ff.

[26] BGH NJW 1951, 596 m. Anm. *Coing.*

[27] Übereinstimmend *Coing* NJW 1951, 596, 597.

grund eingreift oder weil der Täter nicht sorgfaltswidrig gehandelt hat – nicht im Rahmen des § 826 als vorsätzlich-sittenwidrige Schädigung qualifiziert und mit Schadensersatzansprüchen sanktioniert werden.

Demgegenüber weist die in der Literatur vorgeschlagene Interpretation des § 826 im Sinne einer sog. **Evidenzhaftung** zwar in die **richtige Richtung,** bleibt aber zu vage und diffus, um normativ überzeugende Orientierung zu verschaffen. Nicht überzeugen kann jedenfalls die Formulierung, § 826 sanktioniere grobe Verstöße „gegen einen Fairnessstandard, der sich auf Vermögensdispositionen Dritter bezieht, zu denen die Handelnden in einer Sonderbeziehung stehen [...], sofern ein unmittelbarer und offensichtlicher Kausalzusammenhang zwischen Fairnessverstoß und Schaden vorliegt".[28] Der Rekurs auf die Fairness wechselt lediglich die eine Leerformel (Sittenwidrigkeit) gegen eine andere aus, das Erfordernis eines unmittelbaren Kausalzusammenhangs steht mit der Rechtsprechung zum Vermögensschadensersatz nicht in Einklang (RdNr. 5),[29] die Evidenz (allein) des Kausalzusammenhangs ist ebenfalls kein Haftungskriterium und das Erfordernis einer Sonderbeziehung verfehlt die deliktische Natur des § 826 und wird auch zahlreichen relevanten Fallgruppen – wie etwa der Schädigung potentieller Anleger durch fehlerhafte Ad-hoc-Mitteilungen – nicht gerecht (RdNr. 73 ff.). Richtig ist allerdings, dass sich der Vorsatz häufig mit Hilfe „evidenter" Indizien nachweisen lässt (RdNr. 47). 6

II. Haftungsvoraussetzungen

1. Überblick. Der Tatbestand des § 826 ist aus vier Elementen zusammengesetzt, nämlich (1) Eintritt eines Schadens; (2) Verursachung dieses Schadens durch ein Verhalten des Täters; (3) Sittenwidrigkeit des ursächlichen Verhaltens und (4) Vorsatz des Schädigers. Zentrale Bedeutung haben die beiden zuletzt genannten Voraussetzungen der Sittenwidrigkeit und des Vorsatzes, während sich im Hinblick auf das **Kausalitätserfordernis** keine spezifischen Probleme stellen. Es ist lediglich darauf hinzuweisen, dass ein besonders enger Zusammenhang zwischen dem inkriminierten Verhalten und dem Schaden nicht vorausgesetzt wird, sondern auch ein mittelbar, über verschiedene Zwischenglieder verursachter Nachteil ausreicht.[30] 7

2. Sittenwidrigkeit. a) Grundlagen. aa) Sittenwidrigkeit in der Rechtsprechung. Nach einer auf das RG zurückgehenden Formel verweist die Sittenwidrigkeit auf das „**Anstandsgefühl aller billig und gerecht Denkenden".**[31] Dabei kommt es nicht auf die Anschauungen der Gesamtbevölkerung, sondern auf diejenigen der konkret betroffenen Verkehrskreise an.[32] Ein Unterlassen verletzt nur dann die guten Sitten, wenn das geforderte Tun einem sittlichen Gebot entspricht. Letzteres soll über vertragliche oder allgemeine Rechtspflichten noch hinausgehen und besondere Umstände voraussetzen, „die das schädigende Verhalten wegen seines Zwecks oder wegen des angewandten Mittels oder mit Rücksicht auf die dabei gezeigte Gesinnung nach den Maßstäben der allgemeinen Geschäftsmoral und des als ‚anständig' Geltenden verwerflich machen".[33] Entscheidend kommt es auf den **Zeitpunkt ex ante** bei Vornahme des potentiell sittenwidrigen Verhaltens an (vgl. auch § 138 RdNr. 133).[34] 8

Die Sittenwidrigkeitsformel der Praxis ist **zur Falllösung ungeeignet,** da das „Anstandsgefühl der billig und gerecht Denkenden" die Rechtsanwendung gerade nicht zu binden 9

---

[28] So *Sester* ZGR 2005, 1, 2, im Anschluss an einen Travemünder Vortrag von *Erich Schanze*.
[29] Vgl. Fn. 30.
[30] RGZ 157, 213, 220.
[31] RGZ 48, 114, 124; vgl. weiter 56, 271, 279; 72, 175, 176; 73, 107, 113; 155, 257, 277; BGHZ 10, 228, 232 = NJW 1953, 1665 m. Anm. *Barkhausen*; BGH VersR 1956, 641; für die heutige Zeit *Staudinger/Oechsler* RdNr. 24.
[32] BGHZ 10, 228, 232 = NJW 1953, 1665 m. Anm. *Barkhausen*; BGH WM 1964, 671, 674.
[33] BGH VersR 2001, 1431, 1432.
[34] BGH VersR 2008, 265, 266 Tz. 13; OLG Hamm VersR 2006, 376, 378; zu § 138 auch BGHZ 7, 111, 114 = NJW 1952, 1169; BGHZ 100, 353, 359 = NJW 1978, 1878; BGH VersR 2008, 265, 266 Tz. 13.

vermag und in der Rechtsprechung zu § 826 nirgends greifbar ist.[35] Tatsächlich werden sich Vorstellungen „der Bürger" über das angemessene Verhalten in einer pluralistischen Gesellschaft und mit Blick auf komplizierte wirtschaftsrechtliche Kontexte in aller Regel nicht feststellen lassen.[36] Und selbst wenn diese Feststellung gelänge, wären die Vorstellungen irrelevant, weil die Üblichkeit eines bestimmten Verhaltens in den betroffenen Verkehrskreisen das Sittenwidrigkeitsurteil gerade nicht auszuschließen vermag,[37] genauso wenig wie die Einbürgerung eines „Schlendrians" dessen Wertung als Fahrlässigkeit verhindern kann. Insgesamt handelt es sich beim „Anstandsgefühl der billig und gerecht Denkenden" um eine klassische Leerformel, die dem Rechtsanwender keinerlei Hilfestellung bietet und die maßgeblichen Wertungen verdeckt anstatt sie offen zu legen.

10 **bb) Sittenwidrigkeitskonzepte der Literatur.** Der überwiegende Teil der Literatur setzt an die Stelle der Verweisung auf außerrechtliche Moralvorstellungen der Gesellschaft die Binnenverweisung auf **allgemeine Rechtsprinzipien und Rechtsinstitute,** insbesondere auch des Verfassungsrechts, die mitunter zum Begriff des **„ordre public"** verdichtet werden.[38] Bei *Deutsch* wird die Fortentwicklung dieser Wertungen zur sog. **Entwicklungsfunktion** verselbstständigt und dieser die von ihm sog. Überwindungsfunktion gegenüber gestellt, die „eine Art gesteigerter Rechtswidrigkeit" darstellen soll.[39] Diese Ansätze weisen insofern in die richtige Richtung, als sie die Kriterien zur Konkretisierung der Sittenwidrigkeit nicht in gesellschaftlichen, empirisch vorhandenen Moralvorstellungen, sondern im Rechtssystem selbst verorten. Jedoch bleiben sie auf halbem Wege stehen, wenn die entscheidenden Kriterien nicht im Deliktsrecht, sondern im Verfassungsrecht oder in allgemeinen Rechtsprinzipien gesucht werden.[40] Beide sind für die eigentliche Aufgabe, den Schutzbereich des Deliktsrechts mit Blick auf reine Vermögensschäden zu bestimmen, weitgehend unergiebig. Die gestellte Aufgabe lässt sich auch nicht durch Rückgriff auf die zu § 138 entwickelten Grundsätze lösen, denn zwischen dem Sittenverstoß nach § 138 und demjenigen nach § 826 besteht ein grundlegender Unterschied.[41] Die Sittenwidrigkeit des Deliktsrechts erfordert eine klare Vorstellung von den Gründen für die Diskriminierung reiner Vermögensschäden, denn nur dann lassen sich die Kriterien für solche Vermögensschäden, deren Restitution – ausnahmsweise – geboten ist, gleichsam im Wege eines Positivabdrucks bestimmen.

11 **cc) Funktionale Interpretation.** Die Konkretisierung des Merkmals der Sittenwidrigkeit hat offen mit Blick auf die Funktion des § 826 zu erfolgen, **reine Vermögensschäden selektiv in den Schutzbereich des Deliktsrechts einzubeziehen,** also diejenigen Vermögensschäden, die legalerweise und ohne die Auslösung haftungsrechtlicher Folgen zugefügt werden dürfen, von denjenigen zu trennen, deren Vermeidung geboten ist und für deren Verursachung der Schädiger aufzukommen hat. Bisher wird die Frage nach den Gründen für die Diskriminierung reiner Vermögensschäden weithin ignoriert bzw. auf einer abstrakten Ebene angesiedelt, auf der normative Leitlinien nicht zu erhalten sind. Insbesondere das Argument, die Ausklammerung des Vermögens aus dem Rechtsgüterkatalog des § 823 Abs. 1 diene dem **Schutz der Handlungsfreiheit,**[42] ist ebenso zutreffend wie nichtssagend: Die Handlungsfreiheit würde es auch vergrößern, wenn das Eigentum oder die körperliche Integrität keinen Schutz genössen, was aber kein Grund dafür sein kann,

---

[35] Ähnlich *Soergel/Hönn* RdNr. 10; *Ott,* FS Raiser, 1974, S. 403, 406.
[36] *Teubner,* Standards und Direktiven in Generalklauseln, S. 14; *Staudinger/Oechsler* RdNr. 26, 29.
[37] RGZ 48, 114, 125; vorsichtig anders *Soergel/Hönn* RdNr. 22 ff.
[38] So insb. *K. Simitis,* Gute Sitten und Ordre Public, S. 172 ff.; 3. Aufl. RdNr. 12 ff.
[39] *Deutsch* Haftungsrecht I RdNr. 318; ähnlich *ders.* JZ 1963, 385, 389 f.
[40] Vgl. *Simitis,* Gute Sitten und Ordre Public, S. 176 ff.
[41] RGZ 143, 48, 50 f.; BGHZ 10, 228, 232; BGH BB 1970, 189 f.; ambivalent *RGRK/Steffen* RdNr. 11; andersherum *Mayer-Maly* JZ 1996, 419; *Kothe* NJW 1985, 2217, 2220, dessen Belegstellen die These nicht bestätigen; anders auch *Simitis,* Gute Sitten und Ordre Public, S. 169, 192 f.; *Teubner,* Standards und Direktiven in Generalklauseln, S. 1 und passim.
[42] Konkretisierungen dieses Arguments finden sich vor allem bei *Larenz/Canaris* II/2 § 75 I 3b, S. 356 f.; *Picker* AcP 183 (1983), 369, 470 ff.

Letzteren preiszugeben. Weiterführend erblickt *Picker* den Grund für die Diskriminierung reiner Vermögensschäden in dem Bemühen des BGB, die Zahl der potentiellen Gläubiger zu beschränken.[43] Dieser Gesichtspunkt trifft zwar zu, erfasst jedoch nur einen (kleinen) Teil der Gründe für die Diskriminierung reiner Vermögensschäden.[44]

b) Gründe für die Diskriminierung reiner Vermögensschäden. aa) Kanalisierung 12 **der Schadensabwicklung.** Dem historischen Gesetzgeber ging es bei der weitgehenden Ausklammerung reiner Vermögensschäden aus dem Schutzbereich des Deliktsrechts vor allem um die **Begrenzung des Kreises der potentiellen Anspruchsberechtigten** und um die Kanalisierung der Schadensabwicklung auf das in eigenen Rechten verletzte Subjekt.[45] Die Konzentration der Schadensabwicklung auf ein einziges Rechtsverhältnis zwischen Schädiger und primär Verletztem gewährleistet niedrige Abwicklungskosten, indem eine Vervielfältigung der Prozesse und eine Aufsplitterung eines Gesamtschadens auf mehrere Anspruchsberechtigte vermieden wird (vgl. § 844 RdNr. 1 f.). Folgerichtig beschränkt die Rechtsprechung den persönlichen Schutzbereich des § 826 auf die „unmittelbar" Betroffenen und klammert mittelbar Geschädigte aus (dazu iE RdNr. 32 ff.). Für die Praxis spielt der Gesichtspunkt der Beschränkung der Gläubigerzahl nur deshalb keine große Rolle, weil die mit Abstand wichtigste und bei den Gesetzesberatungen behandelte[46] Fallgruppe mittelbarer Vermögensschäden anderweitig gelöst worden ist: Die Aktivlegitimation von Arbeitgebern und Versicherungsträgern, die den Lohn fortzuzahlen oder zu ersetzen und für die Kosten der Heilbehandlung aufzukommen haben, wird im deutschen Recht nicht durch Gewährung eines eigenen Schadensersatzanspruchs gelöst, sondern im Wege der Legalzession des Schadensersatzanspruchs des primär Verletzten an den mittelbar geschädigten Arbeitgeber oder Sozialversicherungsträger gemäß §§ 86 VVG, 116 SGB X, 6 EFZG gewährleistet.

bb) Privater, kein sozialer Schaden. Einbußen an absoluten Rechten hinterlassen 13 negative Spuren nicht nur im Privatvermögen des Geschädigten, sondern stellen zugleich auch volkswirtschaftliche Verluste und in diesem Sinne **Ressourcenschäden** dar. Reine Vermögensschäden sind hingegen häufig – nicht immer – **Umverteilungsschäden,** bei denen dem **privaten Nachteil kein ebensolcher gesellschaftlicher Verlust entspricht.** Dies wird anhand simpelster wettbewerbsrechtlicher Fälle sofort klar: Büßt ein Unternehmen durch faires Wettbewerbsverhalten eines Mitbewerbers Kunden und Gewinne ein, so werden ihm zwar vorsätzlich Vermögensschäden zugefügt, diese sind jedoch gesamtgesellschaftlich kein Nachteil, sondern sogar erwünscht. Im Rahmen einer Marktwirtschaft ist davon auszugehen, dass die Gesellschaft insgesamt profitiert, wenn sich ein Unternehmen gegen seine Mitbewerber durchsetzt, indem es die Qualität seiner Güter verbessert oder die Kosten für ihre Herstellung senkt. Zu einem gesellschaftlichen Verlust kommt es nur dann, wenn ein Konkurrent unlautere Mittel einsetzt, um sich auf Kosten seiner Mitbewerber zu profilieren, also etwa Kunden über die Qualität der eigenen Produkte täuscht, und in diesen Fällen greift die Haftung nach den §§ 3 ff. UWG ein. Die gesamte Dogmatik des Wettbewerbsrechts beruht auf der Prämisse, dass die bloße Zufügung eines Vermögensschadens als solche gerade keine Ersatzansprüche generiert, und zwar auch dann nicht, wenn der Schaden fahrlässig oder gar vorsätzlich zugefügt wird. In ökonomischer Terminologie gesprochen, liegt in den Fällen erfolgreichen Leistungswettbewerbs zwar ein privater Schaden vor, dem jedoch kein sozialer (volkswirtschaftlicher) Schaden gegenübersteht. Soweit es um die Schädigung im Wettbewerb geht, dürfen die Wertungen des UWG nicht mit Hilfe

---

[43] *Picker* AcP 183 (1983), 369, 477.
[44] Zum Folgenden ausf. *Wagner* in: *Zimmermann*, Grundstrukturen des Europäischen Deliktsrechts, S. 189, 230 ff.
[45] Prot. II S. 571 f.; *Börgers*, Von den „Wandlungen" zur „Restrukturierung" des Deliktsrechts?, S. 88 ff., 95; zum in den Materialien diskutierten Beispielsfall der Lebensversicherung vgl. Vor § 823 RdNr. 13.
[46] Vgl. für den Fall der Lebensversicherung Mot. II S. 728, und dazu die Vorkommission des Reichsjustizamts, bei *Jakobs/Schubert*, Die Beratung des Bürgerlichen Gesetzbuchs, Recht der Schuldverhältnisse III, S. 892 f.

des § 826 überspielt werden, so dass der Satz gilt: Was nach dem UWG erlaubt ist, kann nicht im Rahmen des § 826 sittenwidrig sein.[47]

14   Auch außerhalb des Wettbewerbsrechts **korrespondiert der Verletzung** eines reinen Vermögensinteresses bei dem einen Rechtssubjekt häufig **ein entsprechender Vermögenszuwachs** bei einem anderen Rechtssubjekt.[48] So verhält es sich, wenn eine Bank falsche Auskünfte über die Bonität eines ihrer Kunden erteilt oder die Insolvenz ihres Kunden verschleppt, um die eigenen faulen Kredite zu retten (RdNr. 91), wenn ein Sachverständiger den Wert eines Grundstücks grob überschätzt und sich in der Folge die Taschen des Verkäufers füllen und diejenigen des Käufers leeren (RdNr. 66), wenn Terminoptionen oder sonstige Produkte des grauen Kapitalmarkts mit extrem hoher Risikoneigung an naive Privatpersonen vertrieben werden (RdNr. 79) oder wenn von einer Fehlinformation des Kapitalmarktes der Verkäufer von Aktien profitiert und ihr Erwerber einen Verlust erleidet (RdNr. 72 ff.). In allen diesen Fällen ist der gesellschaftliche Schaden nicht identisch mit dem privaten Nachteil, sondern bleibt dahinter zurück. Auf der anderen Seite führen die beschriebenen Verhaltensweisen zu volkswirtschaftlichen **Fehlallokationen,** und sie untergraben das **Vertrauen in die Funktionsfähigkeit der (Kapital-)Märkte.** Eine Haftung ist daher durchaus angebracht, die allerdings keine scharf eingestellte Fahrlässigkeitshaftung sein darf. Diesen Prärogativen trägt § 826 insofern Rechnung, als vorsätzliches Verhalten, also das Bewusstsein des Täters von der Möglichkeit der Schädigung, gefordert wird, was vom BGH mit Recht in Richtung auf Leichtfertigkeit iS von bewusster und grober Fahrlässigkeit weiterentwickelt worden ist, um schließlich die Sittenwidrigkeit mit Rücksicht auf die Leichtfertigkeit des Verhaltens zu bejahen (vgl. RdNr. 29). Auf diese Weise wird der Ersatz reiner Vermögensschäden davon abhängig gemacht, dass sich der eingetretene Schaden bereits mit geringsten Sorgfaltsaufwendungen hätte vermeiden lassen.

15   cc) **Schutz des Vertragsrechts und anderer Rechtsbereiche.** Eine unbeschränkte Delikthaftung für reine Vermögensschäden kommt auch deshalb nicht in Betracht, weil sie das Zeug dazu hätte, die **Risikozuweisungen des Vertragsrechts aus den Angeln zu heben.** Anders als der Schutz wohl erworbener Rechte sind Vermögensschäden bzw. erwartete Vermögenszuwächse Gegenstand der vertraglichen Risikoallokation, die durch das Deliktsrecht nicht überspielt werden darf: „Vermögen wird durch Verträge erworben, und Vermögensverluste werden in erster Linie durch Vertragshaftung ausgeglichen."[49] Das Leistungsstörungs- und Gewährleistungsrecht würde in weiten Bereichen, soweit es nämlich die Einstandspflicht des Schuldners an sorgfaltswidriges Verhalten knüpft, schlicht überflüssig, wenn Letzterer bereits auf Grund Deliktsrechts für die fahrlässige Verursachung von Vermögensschäden aufzukommen hätte. Wegen dieses Zusammenhangs kann das französische Recht, das im Bereich des Deliktsrechts mit einer Generalklausel operiert, gar nicht anders, als den **Vorrang des Vertragsrechts** durch das Prinzip des non-cumul zu sichern: Im Rahmen von Vertragsverhältnissen richtet sich die Haftung ausschließlich nach dem einschlägigen Leistungsstörungs- und Gewährleistungsrecht, und eine kumulative Anwendung des Deliktsrechts kommt nicht in Betracht. Umgekehrt kann das deutsche Recht auf das Kumulationsverbot nur verzichten, weil es den Schutzbereich der Delikthaftung zunächst auf den Eingriff in subjektive Rechte (§ 823 Abs. 1) und den Verstoß gegen objektives Gesetzesrecht (§ 823 Abs. 2) beschränkt (vgl. Vor § 823 RdNr. 68). Im Rahmen des § 826 dient das Merkmal der Sittenwidrigkeit dazu, die Wertungen des Vertragsrechts vor ihrer Nivellierung durch eine umfassende Delikthaftung für reine Vermögensschäden zu bewahren. Daraus erklärt sich, dass die Rechtsprechung bei der Anwendung des § 826 im vertragsrechtlichen Kontext Zurückhaltung übt und von der Prämisse ausgeht, dass die Verletzung

---

[47] Vgl. RGZ 77, 217, 220; 79, 224, 229; 92, 132, 138 f.
[48] Vgl. dazu trotz aller Mängel grdlg. *Bishop* 2 Oxford J. Legal Stud. 1 (1982), 4 ff.; vgl. weiter *Schäfer* AcP 202 (2002), 808, 812 f., 832 ff.; *Schäfer/Ott,* Lehrbuch der ökonomischen Analyse des Zivilrechts, S. 282.
[49] *Köndgen,* Die Einbeziehung Dritter in den Vertrag, S. 3, 10; *Weir* in: International Encyclopedia of Comparative Law, Vol. XI, ch. 12, no. 5: "Contract is productive, tort law protective. In other words, tortfeasors are typically liable for making things worse, contractors for not making them better.".

Sittenwidrige vorsätzliche Schädigung   16–18 § 826

vertraglicher Leistungspflichten per se keine sittenwidrige Schädigung darstellt, und zwar auch dann nicht, wenn sie vorsätzlich erfolgt (vgl. RdNr. 52).

Auch in anderen Bereichen hätte eine ungezügelte Haftung für reine Vermögensschäden 16 zur Folge, dass die einschlägigen Wertungen über den Haufen geworfen würden, so etwa im **Kreditsicherungsrecht,** denn die Inanspruchnahme von Sicherheiten für die eigenen Kredite beschwört zwingend die Gefahr der Schädigung anderer Gläubiger herauf. Folgerichtig muss der Ersatz von Vermögensschäden in diesem Bereich mit den Wertungen des Sachen- bzw. Kreditsicherungsrechts abgestimmt werden (RdNr. 85 ff.). Im **Familienrecht** würde ein schrankenloser Unterhaltsregress des Scheinvaters gegen den wahren Erzeuger die Zuordnung des Kindes gemäß § 1592 negieren; Letztere ist folgerichtig erst zu beseitigen, bevor der Regress stattfinden kann (RdNr. 151). Die Beispiele ließen sich vermehren. Sie zeigen, dass die Anwendung des § 826 nur in sorgfältiger Abstimmung mit den Wertungen der den jeweiligen Sachbereich beherrschenden Normen und Prinzipien stattfinden darf.

dd) Ausschluss der Haftung für diffuse Schadensbilder. Schließlich spielt im Rah- 17 men der Sittenwidrigkeit ein Gesichtspunkt eine Rolle, der eine Mischung aus den eben erörterten darstellt und sich zu dem international sog. floodgates-Argument verdichten lässt, nach dem eine **Haftung für reine Vermögensschäden** Gefahr läuft, **uferlos** zu werden.[50] Es gilt, die Geltendmachung solcher Schäden zu verhindern, die in diffuser Weise auf eine Vielzahl von Personen verteilt sind, bei diesen regelmäßig nur ein relativ geringes und schwer zu verifizierendes Ausmaß erreichen und schließlich von den Betroffenen selbst abgewehrt oder gemindert werden können.[51] Typische Fälle betreffen die **Störung der öffentlichen Infrastruktur,** beispielsweise die Unterbrechung der Stromversorgung durch Beschädigung einer entsprechenden Leitung oder das Aufhalten des Straßenverkehrs infolge eines Unfalls (zu diesen Fällen eingehend § 823 RdNr. 224 und 124). Zwar verursachen Stromunterbrechungen und Verkehrsstaus nicht nur private, sondern auch volkswirtschaftliche Verluste, echte **Ressourcenschäden,** die dem Schädiger zur Generierung entsprechender Sorgfaltsanreize angelastet werden sollten,[52] doch ist die Sorge vor einer überwältigenden Flut von Schadensersatzbegehren, zumindest bei schuldhafter Verursachung eines Autobahnstaus, durchaus gerechtfertigt. Die Rechtsordnung versagt hier Schadensersatz, denn die Kosten der Abwicklung einer Masse von Kleinforderungen wären unverhältnismäßig hoch (zu diesem Gesichtspunkt eingehend Vor § 823 RdNr. 57), der Gesamtumfang des Schadensersatzes kaum vorherzusehen und der Steuerungseffekt der Haftung folgerichtig sehr begrenzt.[53] Schließlich stehen besonders intensiv Betroffenen wirksame und kostengünstige Selbstschutzmaßnahmen zu Gebote, etwa das Einkalkulieren staubedingter Verzögerungen bei der Wahl des Abfahrttermins. Wie auch immer aber diese Erwägungen zu gewichten sein mögen, handelt es sich bei dem Gesichtspunkt der Abwehr diffuser Schadensersatzbegehren sicher um den mit Abstand **schwächsten Legitimationsgrund** für die Diskriminierung reiner Vermögensschäden.

c) Positive Bestimmung der Sittenwidrigkeit. Die Sittenwidrigkeit ist der Negativ- 18 abdruck, die Kehrseite, der eben genannten Gründe gegen eine allgemeine Fahrlässigkeitshaftung für reine Vermögensschäden. Soweit eine solche Haftung weder die Risikozuweisungen des Vertragsrechts unterläuft noch den fairen Leistungswettbewerb einschränkt noch zu einer unübersehbaren Multiplikation der Schadensersatzansprüche durch Aktivlegitimation mittelbar Betroffener führt und schließlich auf echte Ressourcenschäden beschränkt bleibt, kann Sittenwidrigkeit unbedenklich bejaht werden.[54] Damit ist lediglich eine **grobe Leitlinie** gewonnen und noch kein Ensemble konkreter Haftungsvoraussetzungen oder gar

---

[50] Vgl. etwa *Jaap Spier* (Hrsg.), The Limits of Liability: Keeping the Floodgates Shut.
[51] Ausf. *Wagner,* Grundstrukturen des Europäischen Deliktsrechts, S. 238 f.; ähnlich *Koziol* ZEuP 1995, 359, 363.
[52] *Schäfer/Ott,* Lehrbuch der ökonomischen Analyse des Zivilrechts, S. 287.
[53] *Köndgen,* Selbstbindung ohne Vertrag, S. 367.
[54] Ähnl. *Bachmann* in: Steuerungsfunktion des Haftungsrechts im Gesellschafts- und Kapitalmarktrecht, S. 93, 130 ff.

eine Globalformel, die die Sittenwidrigkeit auf einen funktional stimmigen Begriff bringen würde. Wie die rechtsvergleichende Forschung zeigt, ist eine solche **Globalformel nicht in Sicht**.[55]

19 Im Rahmen des § 826 ist die Problematik insofern entschärft, als die Haftung auf **vorsätzliches Verhalten beschränkt** ist, so dass der zusätzliche Filter der **Sittenwidrigkeit großzügiger** gehandhabt werden kann als dies unter einem Regime der Fahrlässigkeitshaftung der Fall wäre. Zwar legt die Rechtsprechung ein moderates Vorsatzverständnis zugrunde, doch sie hat die Grenze zu unbewussten Schadenszufügungen bisher nicht überschritten (RdNr. 23 ff.). Damit entfällt insbesondere das Problem, innerhalb des § 826 zwischen Ressourcen- und Umverteilungsschäden differenzieren zu müssen, denn eine Haftung für bewusste Schadenszufügung lässt sich mit relativer Sicherheit vermeiden.[56]

20 Bei der Konkretisierung der Sittenwidrigkeit kommt es entscheidend auf die Beurteilung des für den Vermögensschaden **ursächlichen Verhaltens** an, und zwar unabhängig von dem eingetretenen Schädigungserfolg. Entscheidend ist mit anderen Worten die **Rechtswidrigkeit des Mittels im Gegensatz zum Zweck**.[57] Dieses Verhalten seinerseits muss **nicht mit der Absicht** unternommen werden, einem anderen Schaden zuzufügen. Wie das RG mehrfach ausgesprochen hat, kann „auch die Außerachtlassung der im Verkehr erforderlichen Sorgfalt [...] in besonders gelagerten Fällen einen Verstoß gegen die guten Sitten enthalten".[58] Die Sittenwidrigkeit des Verhaltens ist mit Rücksicht darauf zu begründen, dass der Schädiger **gegen Verhaltensstandards verstoßen** hat, die entweder eine **gesetzliche Grundlage** haben oder in einem **Vertrag** mit einer anderen Partei wurzeln oder aber einer ungeschriebenen **professionellen Pflichtenordnung** entspringen. Beispielsweise ist die Haftung für Fehlinformationen des Kapitalmarkts an einen Verstoß gegen § 15 WpHG geknüpft (RdNr. 72 f.), Wertgutachter haben nach § 826 für Schäden aufzukommen, die Dritten durch die Verletzung von Pflichten entstehen, die aus einem Vertrag mit einem anderen entspringen (RdNr. 66 ff.), und Banken haften außenstehenden Gläubigern, wenn sie einem insolvenzreifen Schuldner weiteren Kredit gewähren, nur um sich einen Sondervorteil in Gestalt der Rückführung von Altkrediten zu verschaffen (RdNr. 91 ff.). Soweit § 826 Haftungsfolgen an die Verletzung gesetzlicher Verhaltensstandards knüpft, ergeben sich fließende Übergänge zum Tatbestand der Schutzgesetzverletzung gemäß § 823 Abs. 2.[59]

21 **d) Sittenwidrigkeit in Fällen mit Auslandsbezug.** Für das Sittenwidrigkeitsurteil sind die **Vorstellungen und Wertungen des Inlands** maßgeblich, so dass es den Schädiger nicht entlastet, wenn seine Verhaltensweise im Ausland toleriert wird.[60] Ist ein bestimmtes Verhalten im Inland akzeptiert, im Ausland jedoch verboten oder sittenwidrig, dann kommt es nicht entscheidend darauf an, ob die Wertungen des Auslands – etwa die Regelungen über ein **Embargo** – im Inland zu respektieren sind. Wird etwa die Beanspruchung bestimmter Mobiliarsicherheiten durch einen Kreditgeber in Frankreich als sittenwidrig angesehen, spielt dies für einen Inlandsfall keine Rolle. Anders liegt es, wenn der Geschädigte dem Risiko ausgesetzt wird, im Ausland in der einen oder anderen Weise sanktioniert zu werden, der Eigner eines Schiffs also beispielsweise Gefahr läuft, Letzteres einzubüßen, weil es als Mittel für illegale Transporte missbraucht wird.[61] In diesem Fall ist die ausländische Embargobestimmung ein „Datum", an dem sich die Anwendung des § 826 zu orientieren hat.[62]

---

[55] *Bussani/Palmer,* Pure Economic Loss in Europe, S. 532 ff.; *Gómez/Ruiz* ZEuP 2004, 908, 930 f.
[56] *Schäfer/Ott,* Lehrbuch der ökonomischen Analyse des Zivilrechts, S. 302 ff.
[57] Vgl. *Toni Weir,* Economic Torts, S. 3; *Bamberger/Roth/Spindler* RdNr. 8.
[58] RGZ 72, 175; RG JW 1932, 937.
[59] *Bachmann* in: Steuerungsfunktion des Haftungsrechts im Gesellschafts- und Kapitalmarktrecht, S. 93, 133 f.
[60] OLG Düsseldorf NJW-RR 1990, 732, 734: Verfütterung im Ausland erlaubter, im Inland verbotener Masthilfen (Hormone).
[61] So der Fall BGH NJW 1991, 634 = JZ 1991, 719 m. Anm. *Junker.*
[62] *Junker* JZ 1991, 699, 702.

e) **Revisibilität.** Die Qualifizierung eines Verhaltens als sittenwidrig ist eine Rechtsfrage, 22
die der **uneingeschränkten Kontrolle** durch das Revisionsgericht unterliegt.[63] Allerdings
hat der BGH in einem Fall der Verleitung zum Vertragsbruch einmal abweichend formuliert,
die Beurteilung der Sittenwidrigkeit sei primär Aufgabe des Tatrichters, deren Erfüllung
lediglich darauf zu überprüfen sei, ob die Umstände von einem richtigen Ansatz aus und
vollständig gewürdigt worden seien.[64]

3. Vorsatz. a) Moderierung des Vorsatzerfordernisses. Die Rechtsprechung inter- 23
pretiert das **Vorsatzerfordernis einschränkend,** wie es auch im Strafrecht üblich ist, stellt
an die Annahme vorsätzlichen Verhaltens also keine besonders hohen Anforderungen.
Zunächst setzt § 826 **kein absichtliches oder arglistiges** Verhalten in dem Sinne voraus,
dass es dem Täter gerade auf die Schädigung des Dritten ankommen müsste.[65] Darüber
hinaus ist es nicht erforderlich, dass der Täter den Erfolgseintritt für sicher gehalten hat,
sondern es reicht das Bewusstsein, dass die Schädigung im Bereich des Möglichen liegt
(dolus eventualis).[66] Über diese Selbstverständlichkeiten hinaus manifestiert sich die Abschwächung des Vorsatzerfordernisses in folgenden drei Punkten: (1) Der Vorsatz muss sich
zwar auf die Interessenverletzungen, nicht aber auch auf alle Folgeschäden beziehen; (2)
Vorsatz erfordert kein Bewusstsein der Sittenwidrigkeit; (3) leichtfertiges Verhalten wird
unter bestimmten Voraussetzungen vorsätzlichem Handeln gleichgestellt.

b) Der Haftungstatbestand als Bezugspunkt des Vorsatzes. Nach im Zivil- wie 24
Strafrecht allgemeiner Ansicht muss sich der **Vorsatz auf die Tatsachen beziehen,** die den
konkreten Tatbestand ausmachen, vgl. § 16 StGB. Bei § 826 ist somit zu fordern, dass der
Täter Kenntnis von dem Eintritt eines **Schadens,** der **Kausalität** des eigenen Verhaltens
und der **die Sittenwidrigkeit des Verhaltens begründenden Umstände** hat. Eine
genaue Vorstellung von dem zu erwartenden Kausalverlauf ist nicht erforderlich.[67] Darüber
hinaus verzichtet die Rechtsprechung richtigerweise auch auf die Kenntnis von der **Person
des Geschädigten.**[68] Es reicht aus, wenn „der Schädiger die Richtung, in der sich sein
Verhalten zum Schaden anderer auswirken konnte, und die Art des möglicherweise eintretenden Schadens vorausgesehen und billigend in Kauf genommen hat".[69] Diese Voraussetzungen sind erfüllt, wenn ein Bausachverständiger ein grob falsches Wertgutachten unter
der Annahme erstattet, es gäbe einen Kaufinteressenten, das Gutachten vom Eigentümer
dann aber für eine Kreditaufnahme eingesetzt wird und der Grundschuldgläubiger in der
Zwangsvollstreckung ausfällt.[70] Genauso liegt es, wenn der Vorstand einer börsennotierten
AG fehlerhafte Ad-hoc-Mitteilungen veröffentlicht und so eine Vielzahl von institutionellen
und Privatanlegern hinters Licht führt (RdNr. 72 ff.).

Was den Schaden anbelangt, so muss sich der Vorsatz nach einer stehenden Formulierung 25
der Rechtsprechung auf die **„gesamten Schadensfolgen"** beziehen.[71] Obwohl § 826 den
Eingriff in ein absolutes Recht oder Rechtsgut nicht voraussetzt, lässt sich auch hier

---

[63] RGZ 51, 369, 383; BGH NJW 1994, 128, 129; zu § 138 auch BGHZ 107, 92, 96 = NJW 1989, 1276, 1277.

[64] BGH NJW 1981, 2184, 2185.

[65] RGZ 62, 137, 139; 72, 175, 176; BGHZ 81, 387, 393; BGH ZIP 2004, 2095, 2100 = NJW 2004, 3706; *Soergel/Hönn* RdNr. 61.

[66] RGZ 143, 48, 51; 157, 213, 219 f.; BGH NJW 1951, 596, 597 f.; VersR 1956, 641; 1966, 1032, 1034; WM 1975, 754; 1984, 744, 745; NJW 1987, 3205, 3206; 1991, 634, 636; 2004, 446, 448; OLG Düsseldorf NJW-RR 1990, 732, 734; *Staudinger/Oechsler* RdNr. 75; *Soergel/Hönn* RdNr. 64.

[67] BGHZ 108, 134, 143 = NJW 1989, 3277, 3279; BGH NJW 1987, 3205, 3206; 2004, 446, 448; 2004, 3706, 3710 = ZIP 2004, 2095.

[68] RGZ 157, 213, 220; BGHZ 108, 134, 143 = NJW 1989, 3277, 3279; BGHZ 160, 149, 156 = NJW 2004, 2971, 2973; BGH VersR 1956, 641; NJW 1963, 578, 580; VersR 1966, 1032, 1034; *Larenz/Canaris* II/2 § 78 III 1 b, S. 454; *Soergel/Hönn* RdNr. 63.

[69] BGHZ 108, 134, 143 = NJW 1989, 3277, 3279; BGH NJW 1963, 579, 580; 1991, 634, 636 = JZ 1991, 719 m. Anm. *Junker*.

[70] BGH VersR 1966, 1032, 1034.

[71] BGH NJW 1951, 596, 597 m. Anm. *Coing*; NJW 1963, 148, 150; 1991, 634, 636; VersR 2008, 495, 496 Tz. 16.

zwischen Interesseverletzung und Folgeschäden unterscheiden. Die vom Geschädigten erlittene **primäre Interessenverletzung** muss also vom Vorsatz des Täters umfasst sein, nicht dagegen die Schadensfolgen, die sich aus dieser Primärverletzung ergeben, sowie die Einzelheiten des Kausalverlaufs.[72] Wenn beispielsweise ein Schiffcharterer in dem Konnossement einen anderen als den tatsächlichen Verladehafen angibt, um die am Zielhafen geltenden Embargobestimmungen zu umgehen, dann hat er für den Schaden, der dem Schiffseigentümer durch die Arrestpfändung des Schiffs seitens der geschädigten Abkäufer der Ladung entstanden ist, nur einzustehen, wenn er damit gerechnet hat, dass „der Eigentümer des Schiffes in eine solche Situation geraten würde".[73] Der Geschäftsführer einer insolvenzreifen GmbH, der den Todeskampf des Unternehmens hinauszögert und dabei die Schädigung der Gläubiger in Kauf nimmt, handelt vorsätzlich, auch wenn er weder jeden einzelnen Gläubiger kennt noch die Höhe der Forderungen noch die Quote, zu dem ein einzelner Gläubiger im Insolvenzverfahren ausfällt.[74] Der BGH ist sogar noch einen Schritt weiter gegangen und hat bereits die **bloße Vermögensgefährdung als Schaden** anerkannt, so dass es für den Vorsatz ausreichte, wenn der Täter wusste, dass der Kunde sein Geld in ein hoch riskantes Kapitalanlageprojekt investieren würde.[75]

26   c) **Vorsatz und Sittenwidrigkeit.** Nach ständiger Rechtsprechung muss sich der Vorsatz zwar auf die dem Sittenwidrigkeitsurteil zugrunde liegenden Tatsachen erstrecken, dh. Letztere müssen dem Schädiger bekannt gewesen sein, hingegen ist es nicht erforderlich, dass er das **Sittenwidrigkeitsurteil selbst nachvollzogen** hat.[76] Obwohl dieser Grundsatz im Ergebnis weithin gebilligt wird, hat er doch dogmatisch viel Verwirrung gestiftet, weil er der im Zivilrecht traditionell herrschenden Vorsatztheorie widerspricht.[77] Die Rechtsprechung hat diesen Widerspruch wohl stets gesehen und ihn zum Teil mit dem Argument auszuräumen gesucht, nach dem Wortlaut des § 826 müsse sich der Vorsatz nur auf den Schaden, nicht aber auf die Sittenwidrigkeit beziehen.[78] Letzteres trifft zwar zu, ändert aber nichts an dem Umstand, dass die Rechtswidrigkeit des Verhaltens auf dessen Sittenwidrigkeit beruht und sich somit aus allgemeinen haftungsrechtlichen Grundsätzen die Schlussfolgerung ergeben würde, der Täter müsse im Bewusstsein der Rechts- bzw. Sittenwidrigkeit gehandelt haben. Dieser Schlussfolgerung lässt sich auch nicht mit dem Hinweis ausweichen, § 826 verlange lediglich einen Verstoß gegen die guten Sitten, nicht aber gegen das Recht,[79] denn eine Bezugnahme auf außerrechtliche Maßstäbe findet in Wahrheit nicht statt.[80]

27   Die geschilderten Widersprüche lösen sich auf, wenn die Rechtsprechung auf den dogmatischen Boden der **Schuldtheorie** gestellt wird, nach welcher der Vorsatz das Bewusstsein der Rechtswidrigkeit nicht erfordert, bei unvermeidbaren Irrtümern über die Rechtswidrigkeit jedoch das Verschulden entfällt. Dann ergibt sich ohne weiteres, dass der Schädiger Kenntnis von den die Sittenwidrigkeit – und damit die Rechtswidrigkeit – konstituierenden Umständen gehabt haben, das Urteil der Sittenwidrigkeit selbst aber nicht nachvollzogen haben muss. Genauso mühelos lässt sich erklären, dass die Rechtsprechung

---

[72] BGH VersR 2008, 495, 496 Tz. 16; *Stoll*, Kausalzusammenhang und Normzweck im Deliktsrecht, S. 13 Fn. 38; im Anschluss an *Rümelin* AcP 90 (1900), 171, 239 f.; anders BGH NJW 1951, 596, 597 m. Anm. *Coing*; *Soergel/Hönn* RdNr. 62.
[73] BGH NJW 1991, 634, 636.
[74] BGH VersR 2008, 495, 496 Tz. 15 f.
[75] BGH ZIP 2004, 2095, 2100 = NJW 2004, 3706.
[76] RGZ 72, 4, 7; 72, 175, 176; 79, 17, 23; 123, 271, 277 f.; BGHZ 8, 83, 87 f. = NJW 1953, 297, 299; BGHZ 74, 281, 284 f. = NJW 1979, 1882; BGHZ 101, 380, 388 = NJW 1987, 3256, 3258 f.; BGH JZ 1996, 416, 419; ZIP 2004, 2095, 2100 = NJW 2004, 3706; *Larenz/Canaris* II/2 § 78 III 2, S. 455; *Soergel/Hönn* RdNr. 51, 54.
[77] Eingehende Erörterung dieses „Bruchs mit der im Zivilrecht geltenden Vorsatztheorie" bei *Staudinger/Oechsler* RdNr. 62–74.
[78] RGZ 72, 4, 7; 123, 271, 278; BGHZ 101, 280, 288 = NJW 1987, 3256, 3258; dem folgend *Larenz/Canaris* II/2 § 78 III 2, S. 455; eingehend *Sack*, Das Recht am Gewerbebetrieb, 2007, S. 203 ff.
[79] So RGZ 72, 4, 7; BGH NJW 1951, 596, 597.
[80] Vgl. RdNr. 9; krit. auch *v. Bar* Verkehrspflichten S. 214 f.; *Mayer-Maly*, Das Bewusstsein der Sittenwidrigkeit, S. 41 ff.

die eigene Prämisse, auf das Bewusstsein der Sittenwidrigkeit komme es nicht an, niemals strikt befolgt, sondern stets Ausnahmen anerkannt hat, „wenn der Täter der redlichen Überzeugung ist, dass er in Verfolgung eines erlaubten Interesses so handeln dürfe, wie er handelt",[81] genauer: wenn er der Überzeugung war und redlicherweise sein durfte, sein Verhalten sei rechtlich und sittlich nicht zu beanstanden.[82] Damit wird nur der auf dem Boden der Schuldtheorie unproblematische Satz formuliert, dass ein **unvermeidbarer Verbotsirrtum das Verschulden ausschließt.** Umgekehrt kann es den Schädiger nicht entlasten, wenn er zwar von der Redlichkeit seines Verhaltens überzeugt ist, er die Sittenwidrigkeit des eigenen Tuns jedoch bei Aufbietung der im Verkehr erforderlichen Sorgfalt hätte erkennen können. Die Erkennbarkeit des Sittenverstoßes für den Schädiger ist nicht allein deshalb zu verneinen, weil anwaltlicher Rat eingeholt wurde und der Rechtsanwalt die Unbedenklichkeit des Vorgehens versichert hat.[83]

Die Rekonstruktion der Rechtsprechung auf dem Boden der Schuldtheorie liefert für sich genommen noch keine Begründung für die gewonnenen Ergebnisse. Letztere besteht im Kern in dem Bemühen, eine **Privilegierung des gewissenlosen gegenüber dem skrupulösen Täter zu verhindern.** Käme es wirklich darauf an, dass der Schädiger das Urteil der Rechtsordnung subjektiv nachvollzogen hat, würde gerade derjenige vor Sanktionen bewahrt, der sich souverän über jedwede Zweifel an der Rechtmäßigkeit des eigenen Verhaltens hinwegsetzt.[84] Diese Überlegung trifft selbstverständlich nicht nur dann zu, wenn die Rechtswidrigkeit durch die Sittenwidrigkeit konstituiert wird, sondern gilt genauso im Rahmen von § 823 und für die strafrechtlichen Vorsatzdelikte.[85] In allen diesen Zusammenhängen wird dem Täter, der das Bewusstsein der Rechtswidrigkeit hatte, derjenige gleichgestellt, der aus Egoismus oder Gleichgültigkeit nicht dazu imstande war. Zu dieser normativen Begründung tritt die pragmatische Erwägung hinzu, dass eine strikt durchgeführte Vorsatztheorie auf ganz erhebliche praktische Probleme stößt, wenn es um den prozessualen Nachweis des Bewusstseinszustands des Täters – hier des Bewusstseins der Sittenwidrigkeit – geht.[86]

d) Leichtfertigkeit. Insbesondere für diejenigen Fallgruppen, in denen Dritte Vermögensschäden erleiden, weil sie auf unrichtige Auskünfte, Angaben oder Gutachten vertrauen, erweist sich nicht mehr der Vorsatz, sondern die Leichtfertigkeit als die entscheidende Hürde auf dem Weg zum Schadensersatz nach § 826. Nach ständiger Rechtsprechung ist das **leichtfertige und gewissenlose Verhalten** einer Auskunftsperson oder von **Sachverständigen, Steuerberatern und Wirtschaftsprüfern** dazu geeignet, das Sittenwidrigkeitserfordernis auszufüllen.[87] Dabei geht es regelmäßig darum, dass ein Experte einem auf die Richtigkeit seiner Angaben vertrauenden Dritten Vermögensschäden zufügt, indem er objektiv falsche Behauptungen aufstellt, an deren Richtigkeit sich Zweifel aufdrängen mussten, weil sie ohne ausreichende Sachprüfung und insofern **„ins Blaue hinein"** aufgestellt worden sind. Was den Vorsatz anbelangt, so hatte das RG mit Nachdruck formuliert, die grobe Fahrlässigkeit in der Form der Gewissenlosigkeit könne zwar die Sittenwidrigkeit

---

[81] RGZ 123, 271, 279; diese Einschränkung wird von der Kritik häufig übersehen; vgl. etwa *Geilen*, Strafrechtliches Verschulden im Zivilrecht, JZ 1964, 6, 9, *Deutsch*, Fahrlässigkeit und erforderliche Sorgfalt, 1963, S. 149.
[82] BGHZ 101, 380, 388 = NJW 1987, 3256, 3258 f.; BGH NJW 1986, 1751, 1754.
[83] BGHZ 74, 281, 284 f. = NJW 1979, 1882, 1883; BGH NJW 1986, 1751, 1754; JZ 1996, 416, 419.
[84] Treffend RGZ 79, 17, 23; zust. *v. Bar* Verkehrspflichten S. 213; ähnlich *Deutsch* Haftungsrecht I RdNr. 359; *Staudinger/Oechsler* RdNr. 64 f.
[85] *Jakobs*, Strafrecht Allgemeiner Teil, 2. Aufl. 1993, Kap. 19 RdNr. 14; vgl. auch *Welzel*, Das deutsche Strafrecht, 11. Aufl. 1969, § 22 II, S. 160 f., mit Schilderung des Bemühens der Anhänger der Vorsatztheorie, dem Einwand dadurch auszuweichen, dass „rechtsblindes" Verhalten des Täters für unbeachtlich (den Vorsatz nicht tangierend) erklärt wird.
[86] Für eine prozessuale Lösung mit Hilfe einer Beweislastumkehr *Mayer-Maly*, Das Bewusstsein der Sittenwidrigkeit, S. 43.
[87] BGH VersR 1956, 641; WM 1975, 559, 560; VersR 1979, 283, 284; NJW 1987, 1758; 1992, 2080, 2083; VersR 2002, 72, 76; OLG München WM 1997, 613, 620.

begründen, „niemals" aber den Vorsatz „ersetzen", und der BGH hat daran festgehalten.[88] Gleichwohl ist nicht zu verkennen, dass das Gericht mitunter genau andersherum verfahren ist, denn nach der Rechtsprechung lässt sich unter der Voraussetzung leichtfertigen Verhaltens auf bedingten Vorsatz schließen, wenn der Sachverständige oder die Auskunftsperson die Leichtfertigkeit der eigenen Vorgehensweise nur selbst erkannt hat.[89] So heißt es in einer Entscheidung zu Lasten eines Arztes, der den Kläger gegenüber seinen Verwandten grob fahrlässig für geisteskrank befunden und erklärt hatte, er müsse entmündigt werden, bei bloßer Außerachtlassung der im Verkehr erforderlichen Sorgfalt könne sich der Handelnde der Möglichkeit des Eintritts eines Vermögensschadens genauso bewusst sein wie bei vorsätzlichem Handeln.[90] Im Grunde wird der Vorsatz hier allein auf die Verursachung eines Vermögensschadens bezogen.[91]

30   In der Literatur ist diese Rechtsprechung teilweise auf **heftige Kritik** gestoßen, die das im Wortlaut des § 826 enthaltene Vorsatzerfordernis gegen **Aufweichungstendenzen** in Schutz nimmt.[92] Diese Kritik beruht allerdings auf dem Vorverständnis, dass der vorsätzlich handelnde Täter den Erfolgseintritt für sicher halten und ihn um seiner selbst willen anstreben muss. Speziell bei unrichtigen Auskünften, falschen Angaben oder unhaltbaren Gutachten scheint die Vorstellung zu bestehen, der Vorsatz erfordere positive Kenntnis des Experten von der Unrichtigkeit der eigenen Äußerung. Ein derart enges Verständnis hätte in der Strafrechtswissenschaft keine Chance, denn die heutigen Lehren zum Eventualvorsatz legen den Akzent darauf, dass der Täter gehandelt hat, obwohl er den Eintritt der schädigenden Folge als möglich und nicht gänzlich unwahrscheinlich erkannt hat.[93] Auf dieser Grundlage lassen sich die Gutachterfälle ohne große Schwierigkeiten lösen: Wenn ein Sachverständiger eine Stellungnahme „ins Blaue hinein" abgibt, ohne den Sachverhalt eingehend geprüft zu haben, und dabei selbstverständlich damit rechnet, dass andere auf die Richtigkeit der Expertise vertrauen und entsprechend disponieren werden, liegt **dolus eventualis** unproblematisch vor. In moderner Terminologie lässt sich die Entscheidung des RG in dem Fall des zu Unrecht für geisteskrank erklärten zukünftigen Erblassers so reformulieren, dass **Vorsatz die bewusste Überschreitung des erlaubten Risikos,** dh. die bewusste Außerachtlassung der im Verkehr erforderlichen Sorgfalt, darstellt.[94]

31   **4. Schaden.** Der Funktion des § 826 entsprechend, setzt die Haftung nach dieser Vorschrift keine Rechtsgutsverletzung voraus, sondern sie begnügt sich mit einem reinen Vermögensschaden (RdNr. 1). Dieser kann auch in der Vereitelung tatsächlicher **Erwerbsaussichten** und Anwartschaften[95] oder in der **Eingehung einer „ungewollten" Verbindlichkeit** bestehen, selbst wenn dieser eine objektiv gleichwertige Gegenleistung gegenübersteht.[96] Ähnlich wie bei § 263 StGB hat auch der Schadensbegriff des § 826 einen **subjektiven Einschlag.**[97] Wiederum in Parallele zur Betrugsdogmatik stellt der BGH die bloße **Vermögensgefährdung** durch Eingehung eines nachteiligen Geschäfts, etwa im Wege der Investition in ein riskantes Kapitalanlagemodell, dem Schadenseintritt gleich.[98] Dadurch wird der Bezugspunkt des Vorsatzes vorverlagert und die Haftungsbegründung erleichtert

---

[88] RGZ 143, 48, 51; genauso BGH VersR 1957, 641; 1966, 1034, 1036; NJW 1974, 312, 313.
[89] BGH VersR 1979, 283, 284; NJW 1991, 3282, 3283; vgl. auch BGH VersR 1966, 1032, 1034.
[90] RGZ 72, 175, 176.
[91] So in der Tat *Sack,* Das Recht am Gewerbebetrieb, 2007, S. 203 ff.
[92] *Mayer-Maly,* Das Bewusstsein der Sittenwidrigkeit, S. 40 f.; *Honsell* JuS 1976, 621, 628; *ders.,* FS Medicus, 1999, S. 211, 215 f.; *Canaris* ZHR 163 (1999), 206, 214 f.; *Larenz/Canaris* II/2 § 78 III 1 c, S. 454 f.; *Hopt* AcP 183 (1983), 608, 633: „Denaturierung"; *Bamberger/Roth/Spindler* RdNr. 11, 33; *Erman/Schiemann* RdNr. 12.
[93] So trotz aller Unterschiede iE *Jakobs* (Fn. 85) Kap. 8 RdNr. 21 ff., 23; *Jescheck/Weigend,* Lehrbuch des Strafrechts, Allgemeiner Teil, 5. Aufl. 1996, § 29 III 3, S. 299 ff.
[94] IdS *Jakobs* (Fn. 85) Kap. 8 RdNr. 32; anders vor allem *Honsell,* FS Medicus, 1999, S. 211, 216.
[95] RGZ 111, 151, 156; OLG Saarbrücken NJW-RR 1987, 500.
[96] BGH VersR 2005, 418, 419; OLG Koblenz WM 1989, 622.
[97] BGH VersR 2005, 418, 419; *Schönke/Schröder/Cramer/Perron* § 263 StGB RdNr. 121 ff.
[98] BGH NJW 2004, 3706, 3710 = ZIP 2004, 2095; vgl. auch *Schönke/Schröder/Cramer/Perron* § 263 StGB RdNr. 143 ff.

Sittenwidrige vorsätzliche Schädigung 32–34 § 826

(RdNr. 25). Schließlich wird in § 826 das Vermögen nicht nur als ökonomischer Wert geschützt, sondern zugleich auch die auf das Vermögen bezogene **Dispositionsfreiheit** des jeweiligen Rechtssubjekts (§ 823 RdNr. 89).

5. Schutzzweckzusammenhang. Die Rechtsprechung beschränkt auch bei § 826 den 32 Haftungsumfang nach Maßgabe des Schutzzwecks der Norm.[99] Dabei kommt es allerdings nicht auf die ratio des § 826 in abstracto an, sondern auf den **Schutzzweck der konkret verletzten Verhaltensnorm,** etwa des Verbots, den Gegner durch arglistige Täuschung zum Vertragsschluss zu bewegen[100] oder des Verbots der Insolvenzverschleppung.[101] **Drittbetroffene** sind in den Schutzbereich des § 826 nicht schon dann einbezogen, wenn sich die Handlung zwar gegen einen anderen richtet, der Täter indessen mit der Möglichkeit der Schädigung (auch) des Dritten gerechnet hat. Vielmehr kommt es darauf an, dass das Vermögen des Dritten nicht nur reflexartig, als Folge der sittenwidrigen Schädigung eines anderen betroffen wird.[102] Entgegen älteren Entscheidungen des RG und manchen Stimmen in der heutigen Literatur[103] geht es dabei nicht um die Bestimmung des Haftungsumfangs mit Rücksicht auf die Reichweite des Vorsatzes, dem häufig keine allzu große Filterwirkung zukommt, weil dolus eventualis wie stets ausreicht.[104] Selbst bzw. gerade wenn dem Täter die Möglichkeit der Schädigung Dritter bewusst ist, muss zusätzlich der Schutzzweckzusammenhang geprüft und bejaht werden, damit die Haftung aus § 826 ausgelöst wird.

Erst recht kommt es nicht in Betracht, auf das Merkmal des Schutzzweckzusammenhangs 33 gänzlich zu verzichten.[105] In diesem Fall ergäbe sich eine **Haftung nach dem Prinzip des versari in re illicita,** gegen die im Rahmen des § 826 noch stärkere Gründe sprechen als im Rahmen des § 823 Abs. 1, weil dort schon das Erfordernis einer Rechtsgutsverletzung den Kreis der potentiell Ersatzberechtigten begrenzt. Da für § 826 die Zufügung reiner Vermögensschäden ausreicht, ergibt sich die Gefahr einer exorbitanten Kumulation von Schadensersatzansprüchen, wenn vorsätzlich-sittenwidriges Verhalten erst einmal festgestellt ist. So liegt es etwa, wenn die Insolvenz eines kriselnden Unternehmens von einer Bank zum Nachteil der Gläubiger, der Anteilseigner, der Erwerber von Unternehmensanteilen usw. hinausgezögert wird,[106] wenn eine Aktiengesellschaft geschädigt wird und in der Folge die Aktien der Gesellschafter an Wert verlieren,[107] wenn ein Unternehmen rechtswidrig bestreikt wird und eine Vielzahl von Kunden und Gläubigern dieses Unternehmens Vermögensschäden erleiden (RdNr. 144), wenn ein Mäster seinen Mastkälbern verbotene Hormone verabreicht, mit der Folge, dass der Markt für Kalbfleisch zusammenbricht[108] usw. In den meisten Fallgruppen des § 826 ist es von vornherein ausgeschlossen, allen reflexhaft Betroffenen Schadensersatzansprüche gegen denjenigen einzuräumen, der im Hinblick auf die Interessen eines Rechtssubjekts sittenwidrig gehandelt hat.

Für die Konkretisierung des Schutzzweckzusammenhangs kommt es auf dieselben Ge- 34 sichtspunkte an, die im Rahmen der Sittenwidrigkeit für die Eröffnung des Schutzbereichs maßgeblich sind, die also die zu vermeidenden von den ersatzlos hinzunehmenden Vermögensschäden trennen.[109] Entgegen einer verbreiteten Ansicht in der Literatur ist die

---

[99] BGHZ 57, 137, 142 = NJW 1972, 36, 37; BGHZ 96, 231, 236 = NJW 1986, 837, 838 f.; zust. *v. Caemmerer,* FS Larenz, 1973, S. 621, 639 ff.; *M. Wolf* NJW 1967, 709; *E. Schmidt* MDR 1971, 538 f.; *Stoll,* Kausalzusammenhang und Normzweck im Deliktsrecht, S. 15 Fn. 41; *Erman/Schiemann* RdNr. 16; *RGRK/Steffen* RdNr. 40; *Soergel/Hönn* RdNr. 69 ff.
[100] BGHZ 57, 137, 142 = NJW 1972, 36, 37.
[101] BGHZ 96, 231, 237 = NJW 1986, 837, 838 f.
[102] BGH NJW 1979, 1599, 1600; terminologisch anders *Soergel/Hönn* RdNr. 70.
[103] So etwa RGZ 79, 55, 59; 157, 213, 220; *Staudinger/Oechsler* RdNr. 107; aus der Praxis beispielhaft OLG Düsseldorf NJW-RR 1990, 732, 734.
[104] Ausdrücklich BGHZ 96, 231, 236 = NJW 1986, 837, 841; ambivalent *Soergel/Hönn* RdNr. 70.
[105] So aber *Deutsch* Haftungsrecht I RdNr. 318, für die von ihm sog. „Überwindungsfunktion".
[106] BGHZ 96, 231 = NJW 1986, 837, 838 f.; RdNr. 95.
[107] BGHZ 129, 136, 165 f. = NJW 1995, 1739, 1746 f. – Girmes, m. Anm. *Altmeppen*; RdNr. 94.
[108] OLG Düsseldorf NJW-RR 1990, 732, 734.
[109] Vgl. RdNr. 12; übereinstimmend *M. Wolf* NJW 1967, 709, 710 f.

Differenzierung zwischen unmittelbar und mittelbar Geschädigten im Sinne einer heuristischen Leitlinie durchaus akzeptabel.[110] Auch im Rahmen des § 826 lässt sich in vielen Fällen problemlos zwischen einem Primärgeschädigten und weiteren Personen unterscheiden, die lediglich infolge der Primärverletzung und damit reflexartig Einbußen erleiden.[111] So ist bei einem rechtswidrigen Streik das bestreikte Unternehmen unmittelbar, seine Arbeitnehmer, Abnehmer und Lieferanten hingegen mittelbar betroffen, und bei der Schädigung einer Gesellschaft ist diese unmittelbar, die Aktionäre hingegen mittelbar betroffen (RdNr. 125). Die Beschränkung des Schutzbereichs auf die in diesem Sinne unmittelbar Betroffenen verhindert eine Ausuferung der Aktivlegitimation zugunsten einer Vielzahl von Geschädigten und gewährleistet die Ausklammerung von Schadensrisiken, die typischerweise Gegenstand der von den Parteien geschlossenen Verträge bzw. des dispositiven Vertragsrechts sind. In Zweifelsfällen kommt es nicht auf die empirische Beschaffenheit des Kausalverlaufs (unmittelbar/mittelbar), sondern auf diese funktionalen Kriterien an.

III. Aktiv- und Passivlegitimation; Haftung für Dritte

35 Nach § 826 ersatzberechtigt ist jedermann, dem gegenüber das Verhalten des Schädigers unter Beachtung der eben dargestellten Schutzzweckerwägungen als vorsätzlich-sittenwidrige Schädigung zu qualifizieren ist (vgl. RdNr. 32 ff.). Zurzeit der Vornahme der sittenwidrigen Handlung braucht der **Geschädigte nicht schon existient** zu haben, so dass die Gesellschaft aus § 826 gegen ihre eigenen Gründer vorgehen kann, etwa wegen arglistiger Überbewertung von Sacheinlagen.[112] Bei sittenwidriger Schädigung von Kapitalgesellschaften sind zwar auch die Gesellschafter wegen der Entwertung ihrer Anteile aktivlegitimiert, können jedoch regelmäßig lediglich Zahlung in das Gesellschaftsvermögen verlangen (RdNr. 125).

36 Die **Passivlegitimation** folgt auch im Rahmen des § 826 allgemeinen deliktsrechtlichen Grundsätzen. Für vorsätzlich-sittenwidrige Handlungen von **Verrichtungsgehilfen** hat der Geschäftsherr gemäß § 831 einzustehen, so dass die Möglichkeit der Entlastung durch Nachweis gehöriger Auswahl, Überwachung und Anleitung gegeben ist. Zur Berücksichtigung des Mitverschuldens in diesen Fällen RdNr. 39. Das Verhalten von **Leitungsorganen** und anderen verfassungsmäßigen Vertretern juristischer Personen ist nach § 31 ohne die Möglichkeit einer Entlastung zuzurechnen. Neben dem Geschäftsherrn haften dem Geschädigten Verrichtungsgehilfen und Organwalter auch persönlich. Dies ist bei Gehilfen von geringer praktischer Bedeutung, bei Organwaltern allerdings umso wichtiger. So ist es möglich, in Fällen der Insolvenz des als GmbH oder AG verfassten Vertrags- oder Geschäftspartners auf das Privatvermögen des Geschäftsführers oder Vorstandsmitglieds zuzugreifen. Diese Möglichkeit ist insbesondere bei Verfolgung von Schadensersatzansprüchen wegen sittenwidriger Schädigung im Bereich des offiziellen wie des grauen Kapitalmarkts von großer praktischer Bedeutung (RdNr. 69 ff.).

IV. Rechtsfolgen

37 **1. Schadensersatz. a) Art und Umfang des Schadensersatzes.** Die im Normtext des § 826 angeordnete Rechtsfolge ist auf **Schadensersatz nach Maßgabe der §§ 249 ff.** gerichtet. Im Rahmen der gemäß § 249 Abs. 1 primär geschuldeten **Naturalrestitution** ist im Fall der **Verleitung des Verkäufers zum Vertragsbruch** die sittenwidrig erworbene Kaufsache an den Geschädigten herauszugeben, nicht lediglich nach § 251 Wertersatz für diese zu leisten, was insbesondere im Grundstücksverkehr erhebliche praktische Bedeutung

---

[110] Abl. *Erman/Schiemann* RdNr. 16; *Staudinger/Oechsler* RdNr. 105; *Soergel/Hönn* RdNr. 70.
[111] Ausdrücklich BGHZ 129, 136, 165 f., 177 = NJW 1995, 1739, 1746 f. – Girmes; BGH NJW 1979, 1599, 1600.
[112] RGZ 100, 175, 177 f.; vgl. auch RGZ 84, 332, 335 f.; für die heutige Zeit BGHZ 64, 52, 57, 60 ff. = NJW 1975, 974, 976 f.: Gründerhaftung auf die Differenz zwischen Bewertungsansatz und wahrem Wert aus Kapitaldeckungszusage.

Sittenwidrige vorsätzliche Schädigung 38, 39 § 826

hat.[113] Der Anspruch auf Ersatz des Vermögensschadens umfasst gemäß § 252 auch den entgangenen Gewinn, und Nichtvermögensschäden sind nach Maßgabe des § 253 Abs. 2 zu restituieren. Zu den Einzelheiten der Schadensberechnung bei arglistiger Täuschung RdNr. 51, bei der Verleitung zum Vertragsbruch RdNr. 57, bei der Zahlung von Schmiergeldern RdNr. 142 f., in Fällen der Gläubigerbenachteiligung RdNr. 100, bei der Verfolgung von Unterhaltsansprüchen gegen Dritte RdNr. 102, beim Unterhaltsregress RdNr. 151. In den Fällen des Kontrahierungszwangs richtet sich der Anspruch auf den Abschluss eines entsprechenden Vertrags (RdNr. 135 ff.); zum Anspruch des Arbeitnehmers auf Wiedereinstellung RdNr. 147. Erfordert der Ausgleich des Schadens die Veröffentlichung des auf der Grundlage von § 826 ergangenen Urteils, so besteht ein entsprechender Anspruch, der von dem Gericht sogleich ausgeurteilt werden kann.[114]

b) Mitverschulden. Allgemeine Grundsätze über das Mitverschulden des Geschädigten **38** lassen sich im Rahmen des § 826 kaum aufstellen, weil die Vorschrift eine Vielzahl heterogener Fallgruppen umfasst. Dies spiegelt sich in der Rechtsprechung, deren auf bestimmte Fälle gemünzte Aussagen nicht verallgemeinert werden dürfen. In den Kernbereichen des § 826, wie etwa in den **Fällen arglistiger Täuschung,** ist dem Geschädigten selbst grobe Fahrlässigkeit nicht haftungsmindernd anzurechnen.[115] Wer einen anderen in dieser Weise hinters Licht führt, kann sich anschließend nicht zu seiner Entlastung darauf berufen, der Getäuschte habe ihm zu sehr vertraut.[116] In der Tat bedarf es keiner Sorgfaltsanreize für den Geschädigten, weil der Täter den Schadenseintritt auf einfachste und denkbar kostengünstige Weise vermeiden kann, nämlich durch bloße Unterlassung der arglistigen Täuschung anderer. Soweit für § 826 bedingter Schädigungsvorsatz ausreicht, der seinerseits bereits aus **leichtfertigem Verhalten** erschlossen werden kann, liegt jedoch nicht auf der Hand, dass es allein Sache des Schädigers war, den Schaden zu vermeiden. Vielmehr bedarf es auch haftungsrechtlicher Anreize für den Geschädigten, damit dieser das Seine dazu beiträgt, um den Eintritt von Nachteilen auszuschließen bzw. zu minimieren. Folgerichtig ist in der Rechtsprechung anerkannt, dass unter den genannten Voraussetzungen **mitwirkendes Verschulden des Geschädigten anzurechnen** ist.[117] Letzteres ist insbesondere für die Auskunftshaftung von Banken und andere Fallgruppen der Haftung für Fehlinformationen von Bedeutung, bei denen eine besondere Nähe zum Vertragsrecht gegeben ist.[118]

Diese Grundsätze gelten uneingeschränkt im Verhältnis zum eigentlichen Schädiger, dem **39** der Vorwurf vorsätzlich-sittenwidrigen Verhaltens zu machen ist, darüber hinaus aber auch im Verhältnis zu **juristischen Personen,** soweit sie sich solches Verhalten ihrer Organe gemäß § 31 zurechnen lassen müssen.[119] Davon ausgerechnet für die in § 30 genannten besonderen verfassungsmäßigen Vertreter wieder abzugehen, ist im Hinblick auf den Zusammenhang der Vorschriften der §§ 30, 31 verfehlt.[120] Nach der Rechtsprechung soll sich der Geschäftsherr das vorsätzlich-sittenwidrige Verhalten seines Verrichtungsgehilfen iS des § 831 im Rahmen der Mitverschuldensabwägung nicht zurechnen lassen müssen.[121] Dagegen ist einzuwenden, dass sich der Geschäftsherr grundsätzlich das Verhalten seines Gehilfen gemäß § 831 zurechnen lassen muss, soweit er sich nicht exkulpieren kann. Ein Grund dafür, trotz Misslingens des Entlastungsbeweises ausgerechnet das Risiko vorsätzlich-sittenwidrigen Verhaltens des Gehilfen auf den Geschädigten zu verlagern, ist nicht ersichtlich.

---

[113] Vgl. RGZ 108, 58, 59; RG JW 1926, 986, 987; anders noch RGZ 103, 419, 420.
[114] RG MuW 1931, 398, 400 f.; 1933, 124, 126 f.; zu §§ 1, 3 UWG auch BGH GRUR 1966, 92, 95; vgl. aber § 12 Abs. 3 UWG.
[115] BGH NJW 1992, 310, 311; ähnlich der Fall RGZ 162, 202, 208; anders aber BGHZ 57, 137, 145 f. = NJW 1972, 36, 37 f.
[116] BGHZ 76, 216, 218 = NJW 1980, 1518, 1519.
[117] BGHZ 47, 110, 117 = NJW 1967, 1039, 1041; BGH NJW 1984, 921, 922.
[118] Wohl nur auf Grund der Umstände des konkreten Falls anders BGH NJW 1984, 921, 922.
[119] RGZ 162, 202, 208; BGH NJW 1984, 921, 922.
[120] So aber BGH BB 1966, 600 (insoweit nicht in NJW 1966, 1611); offen gelassen von BGH NJW 1984, 921, 922.
[121] RGZ 157, 228, 233; BGH NJW 1984, 921, 922.

40 **c) Sonstige Einwendungen. § 817 S. 2** findet auf den Schadensersatzanspruch aus § 826 **keine Anwendung,** dh. der Schadensersatzanspruch ist nicht ausgeschlossen, wenn dem Geschädigten ebenfalls ein Sittenverstoß zur Last fällt.[122] Der nach § 826 Verpflichtete kann sich dem Geschädigten gegenüber auch nicht auf § 818 Abs. 3 berufen, was insbesondere für die Fallgruppe der Ausnutzung materiell-rechtlich unrichtiger Vollstreckungstitel praktische Bedeutung hat.[123]

41 **2. Einreden.** Soweit die Geltendmachung von Ansprüchen einer vorsätzlich-sittenwidrigen Schädigung gleichkäme, kann sich der Schuldner mit der **exceptio doli** dagegen zur Wehr setzen (vgl. § 242 RdNr. 184 f., 211 ff.).[124] Gleiches gilt in der umgekehrten Konstellation, wenn der Schuldner eine sittenwidrig erworbene Einrede erhebt.[125] Macht der Gläubiger einen Anspruch aus einem Rechtsgeschäft geltend, dessen Abschluss durch eine vorsätzlich-sittenwidrige Schädigung, insbesondere eine arglistige Täuschung oder eine rechtswidrige Drohung, erwirkt wurde, kann sich der Schuldner mit der **Einrede des § 853** verteidigen.[126] Letzteres gilt unabhängig davon, ob die Anfechtungsfrist des § 124 abgelaufen ist.[127]

42 **3. Abwehransprüche.** Der durch eine sittenwidrige Schädigung Bedrohte, der das Unheil kommen sieht, ist nicht zur Untätigkeit verdammt, sondern kann sich durch Abwehransprüche zur Wehr setzen, insbesondere **Unterlassung** verlangen (allgemein Vor § 823 RdNr. 75 ff.).[128] Auf Schädigungsvorsatz kommt es dabei selbstverständlich nicht an,[129] denn durch die Geltendmachung des Unterlassungsbegehrens wird der Gegner notwendigerweise über das Schadensrisiko in Kenntnis gesetzt – handelte er trotzdem, läge Vorsatz unproblematisch vor.

43 **4. Ansprüche auf Auskunft und Rechnungslegung.** Soweit der Betroffene für die Substantiierung seiner Schadensersatzklage Informationen bedarf, zu denen er keinen Zugang hat, während sie von dem Gegner unschwer beschafft und entsprechende Auskünfte erteilt werden können, gewährt die Rechtsprechung Ansprüche auf Auskunft und ggf. auch auf Rechnungslegung auf der Grundlage von § 242 (eingehend § 259 RdNr. 6 ff.). Diese Grundsätze gelten selbstverständlich auch im Rahmen des § 826.[130] Vereitelt ein Gesellschafter ein für die Gesellschaft profitables Geschäft, indem er es in eigenem Namen oder für Rechnung einer von ihm dominierten anderen Gesellschaft abschließt, stehen den Mitgesellschaftern im Rahmen ihres Schadensersatzanspruchs aus § 826 auch Ansprüche auf Auskunft und Rechnungslegung zu, wie sie diese gehabt hätten, wenn das Geschäft für die Gesellschaft abgeschlossen worden wäre.[131]

V. Konkurrenzen

44 Spezielle Konkurrenzregeln, die den Anwendungsbereich des § 826 einschränken, existieren nicht, denn ein Grund, die vorsätzlich-sittenwidrige Schädigung durch Anerkennung des Vorrangs anderer Rechtsinstitute zu privilegieren, ist nicht ersichtlich. Diese Prämisse vermag selbstverständlich ihrerseits den Anwendungsbereich der Vorschrift nicht auszudehnen, so dass **Beamte im haftungsrechtlichen Sinn** gemäß

---

[122] BGH NJW 1992, 310, 311; vgl. auch BGHZ 41, 341, 349 = NJW 1964, 1791, 1793; BGHZ 44, 1, 6 f. = NJW 1965, 1585, 1587.
[123] BGH NJW 1986, 1751, 1752 Tz. 133.
[124] *Staudinger/Oechsler* RdNr. 125.
[125] RGZ 64, 220, 223; BGH WM 1977, 410 f.
[126] RGZ 79, 194, 197; BGH NJW 1962, 1196, 1197; WM 1972, 586, 587.
[127] RGZ 79, 194, 197; 84, 131, 133 ff.; BGHZ 42, 37, 42 = NJW 1964, 1797, 1798; BGH NJW 1962, 1196, 1198; 1969, 604, 605; WM 1972, 586, 587.
[128] RGZ 123, 271, 274 f.; 134, 342, 356; OLG Saarbrücken NJW-RR 1987, 500, 501; *Staudinger/Oechsler* RdNr. 122 (mit Fehlzitaten).
[129] Offen gelassen von OLG Saarbrücken NJW-RR 1987, 500, 501.
[130] BGH NJW-RR 1989, 1255, 1259.
[131] RGZ 89, 99, 104.

Art. 34 GG, § 839 eine persönliche Einstandspflicht für die sittenwidrige Zufügung von Vermögensschäden nicht zu fürchten haben, sondern die Anstellungskörperschaft dafür aufkommt.[132]

§ 826 ist **parallel zu sonstigen Vorschriften anwendbar,** die sittenwidriges bzw. gegen 45 Treu und Glauben verstoßendes Verhalten sanktionieren, wie dies insbesondere bei den §§ 123, 138, 242 der Fall ist. Daran besteht schon deshalb kein Zweifel, weil die genannten Vorschriften keine Schadensersatzansprüche gewähren. Das Sittenwidrigkeitserfordernis des § 826 ist dabei weder mit demjenigen des § 138 noch mit Treu und Glauben iS des § 242 identisch, sondern bedarf einer eigenständigen Konkretisierung auf der Grundlage deliktsrechtlicher Wertungen (RdNr. 8 f.). Die Möglichkeit der Berufung auf § 826 in Fällen arglistig erschlichenen oder durch Drohung erzwungenen Vertragsschlusses in Kumulation zum Anfechtungsrecht des § 123 ermöglicht es der getäuschten oder bedrohten Partei, sich de facto auch noch **nach Ablauf der Anfechtungsfrist** des § 124 von den Folgen des Vertrags zu befreien (vgl. RdNr. 50). Die Anwendbarkeit des § 826 neben dem **Wettbewerbsrecht** ist insbesondere deshalb von praktischer Bedeutung, weil für Ansprüche aus vorsätzlich-sittenwidriger Schädigung die kurze Verjährungsfrist des § 11 UWG nicht gilt, sondern es bei der Regelverjährung nach §§ 195, 199 bleibt.[133]

Ein **Vorrang des Anfechtungsrechts** nach den §§ 1 ff. AnfG, 129 ff. InsO gegenüber 46 § 826 ist nicht anzuerkennen (RdNr. 44).[134] Im Erbrecht schließt der Schutz des Vertragserben nach § 2287 die Anwendung des § 826 ebenfalls nicht aus (vgl. RdNr. 126).

VI. Beweislast. Prozessuales

Nach allgemeinen Grundsätzen trägt der **Geschädigte die Beweislast** für die Haftungs- 47 voraussetzungen des § 826.[135] Als **innere Tatsache** ist der Vorsatz dem direkten Beweis nicht zugänglich, sondern er muss aus äußeren Umständen erschlossen werden. Zu den wichtigsten **Indizien** zählt die einfache Erkennbarkeit derjenigen Tatsachen, aus denen sich die schädliche Wirkung des jeweiligen Verhaltens ergibt. Nur in diesem Sinne hat die Rede von der Evidenzhaftung einen vernünftigen Sinn (RdNr. 6). Darüber hinaus schließt der BGH aus der Leichtfertigkeit des Verhaltens, also aus besonders groben Verstößen gegen Sorgfaltspflichten, auf die beim Täter vorhandene Kenntnis von der Möglichkeit des Schadenseintritts.[136] Teile der Literatur plädieren statt dessen für eine Anwendung des Anscheinsbeweises: Der Geschädigte müsse lediglich Umstände darlegen, die den Vorsatz des Täters wahrscheinlich machen, um die Beweislast gegen den Schädiger zu kehren.[137] Der Vorsatz lässt sich jedoch in aller Regel ohnehin nicht anders feststellen als durch Nachweis von Umständen, bei deren Vorliegen ein vernünftiger Mensch das für den Vorsatz erforderliche Bewusstsein gehabt hätte. Ist der Nachweis solcher Indizien geglückt, wird er sich vom Schädiger kaum einmal widerlegen lassen. Zur **Revisibilität des Sittenwidrigkeitsurteils** s. RdNr. 22.

VII. Anwendungsgebiete und Fallgruppen

Die folgende Darstellung repräsentativer Fallgruppen des § 826 orientiert sich primär 48 an den verschiedenen **sachlichen Kontexten,** in denen die vorsätzlich-sittenwidrige Schädigung eine Rolle spielt. Sie konzentriert sich zudem auf die heute relevanten Anwendungsfälle der Vorschrift und klammert solche Fallgruppen weitgehend aus, die lediglich von historischem Interesse sind, wie etwa die kapitalgesellschaftsrechtliche Grün-

---

[132] BGH NJW 2001, 3115, 3117.
[133] RGZ 74, 434, 436; BGHZ 36, 252, 256 = NJW 1962, 1103, 1104; BGH NJW 1964, 493, 494.
[134] *Soergel/Hönn* RdNr. 105; aA *Staudinger/Oechsler* RdNr. 134, 336.
[135] BGHZ 160, 134, 144 ff., 147 = NJW 2004, 2664, 2667; *Soergel/Hönn* RdNr. 107.
[136] Besonders deutlich BGH WM 1975, 559, 560.
[137] So *Honsell* JuS 1976, 621, 628 f.; *ders.*, FS Medicus, 1999, S. 211, 216; doch der Anscheinsbeweis findet im Strafrecht keine Anwendung, und dort verfahren die Gerichte genauso; vgl. *Jakobs* (Fn. 85) Kap. 8 Fn. 64 b.

derhaftung bei überbewerteten Sacheinlagen, die heute auf vertraglicher Grundlage bewältigt wird.[138] Derartige Fälle gibt es viele, denn nicht selten nimmt der Gesetzgeber eine unter § 826 begonnene Rechtsentwicklung zum Anlass für die **Kodifizierung des Vermögensschadensersatzes in Sondergesetzen** für bestimmte Sachbereiche. So war es etwa bei der Schädigung im Wettbewerb, deren Rechtsgrundlagen 1909 im UWG und 1957 im GWB geregelt worden sind, so dass der viel diskutierte Benrather Tankstellenfall heute nicht mehr mit dem RG auf der Grundlage des § 826 zu lösen wäre,[139] sondern im Rahmen der Missbrauchstatbestände des GWB. Genauso haben die Fälle sittenwidrigen Vertriebs von Kapitalanlagen im WpHG eine spezialgesetzliche Teilregelung erfahren, die allerdings den Rückgriff auf das allgemeine Deliktsrecht weder ausschließt noch erübrigt (RdNr. 68). Ein anderes Beispiel betrifft das Problem der Rechtskraftdurchbrechung bei Vollstreckungsbescheiden über sittenwidrige Ratenkredite, das durch die ZPO-Novelle von 1990 praktisch erledigt worden ist.[140]

49   Insgesamt herrscht bei den Fallgruppen des § 826 ein ständiges **Kommen und Gehen.** Dies wird auch in Zukunft so bleiben, denn die Haftung für reine Vermögensschäden ist derjenige Bereich des Deliktsrechts, der an praktischer **Bedeutung ständig zunimmt,** der theoretisch vergleichsweise wenig entwickelt ist und der wegen seiner Verzahnung mit den jeweiligen Sachbereichen in ständigem Wandel begriffen ist.

50   **1. Vertragsrecht. a) Vertragsanbahnung (durch arglistige Täuschung).** Wird eine Partei durch arglistige Täuschung oder durch Drohung zum Abschluss eines Vertrags bewogen, den sie so sonst nicht abgeschlossen hätte, kann sie sich mit Hilfe der Anfechtung nach § 123 wieder von dem Vertrag lösen. Erfolgt die Täuschung – wie regelmäßig – mit zumindest bedingtem Schädigungsvorsatz, steht dem Geschädigten darüber hinaus ein Schadensersatzanspruch aus § 826 zur Verfügung.[141] Dieser richtet sich auf **Befreiung von der eingegangenen Verbindlichkeit** bzw. Freistellung von ihrer Erfüllung zuzüglich Aufwendungsersatz (§ 249 Abs. 1).[142] Darüber hinaus kann dem Leistung fordernden Vertragspartner der Einwand sittenwidriger Schädigung gem. § 853 auch im Wege der **Einrede** entgegen gehalten werden.[143] Dies ist vor allem dann relevant, wenn die **Anfechtungsfrist** des § 124 abgelaufen ist, weil damit weder die Geltendmachung des Schadensersatzanspruchs noch die Erhebung der Einrede ausgeschlossen wird.[144] Praktische Bedeutung erlangt der Anspruch aus § 826 ferner, soweit er sich gegen **andere Personen** richtet als den Vertragspartner,[145] der seinerseits im Ausland[146] oder insolvent sein mag.[147] Presst ein Gläubiger, der sich zunächst im Rahmen eines allgemeinen Moratoriums auf eine bestimmte Quote verglichen hatte, seinem Schuldner anschließend durch Drohung ein Schuldversprechen über die Restforderung ab, kann Letzterer gemäß § 249 Abs. 1 Befreiung von der Verbindlichkeit verlangen und nach § 853 die Zahlung verweigern.[148] Täuscht ein Insolvenzverwalter den Rechtsverkehr über den Umfang der Masse und schädigt dadurch Dritte, die dem Schuldner Kredit gewähren, indem sie beispielsweise Waren liefern oder Zahlungen erbringen, haftet er persönlich aus § 826 bzw. § 823 Abs. 2

---

[138] Vgl. RGZ 84, 332, 335 f.; 100, 175, 177 f. einerseits, BGHZ 64, 52, 62 = NJW 1975, 974 ff., 977 andererseits.
[139] RGZ 134, 342; dazu *Mestmäcker* AcP 168 (1968), 235, 257 f.; *Ott,* FS Raiser, 1974, S. 403, 426.
[140] Vgl. Fn. 657.
[141] BGH NJW 1960, 237; 1962, 1196, 1198; WM 1969, 496, 498; ZIP 1984, 439, 441; NJW 1992, 1323, 1325; VersR 2005, 418; RGRK/*Steffen* RdNr. 54; vgl. auch BGHZ 145, 376, 382 = NJW 2001, 373, 374: täuschungsbedingter Schiedsspruch mit vereinbartem Wortlaut.
[142] BGH VersR 2005, 418, 419.
[143] RGZ 79, 194, 197; BGH NJW 1962, 1196, 1197, 1198; WM 1972, 586, 587.
[144] RGZ 79, 194, 197; 84, 131, 133 ff.; BGHZ 42, 37, 42 = NJW 1964, 1797, 1798; BGH NJW 1962, 1196, 1198; 1969, 604, 605; WM 1972, 586, 587.
[145] BGH NJW-RR 1992, 253, 254; NJW 1993, 1323, 1325.
[146] Beispiel: BGH JZ 1998, 855.
[147] Beispiel: BGH ZIP 1984, 439.
[148] RGZ 79, 194, 197.

iVm. § 263 StGB, darüber hinaus aber schon aus vermuteter Fahrlässigkeit nach § 61 InsO.[149] Ähnliche Konstellationen können sich auch im Vorfeld der Insolvenz einstellen, und auch insoweit ist anerkannt, dass die arglistige Täuschung über die Kreditwürdigkeit des Schuldners die Haftung auslöst.[150] Täuscht ein nach § 828 deliktsfähiger, aber gemäß §§ 106 ff. nur beschränkt geschäftsfähiger Minderjähriger seinen Vertragspartner über sein Alter, kann Letzterem ein Schadensersatzanspruch wegen sittenwidriger Schädigung zustehen.[151] Eine Täuschung über die Eigentumsverhältnisse an einer Kaufsache erfüllt stets den Tatbestand des § 826.[152] Zur arglistigen Täuschung über die Formbedürftigkeit vgl. § 125 RdNr. 59 ff.

Jenseits des Rechts auf Befreiung von den vertraglichen Verbindlichkeiten ist fraglich, worauf der Ersatzanspruch gerichtet ist, ob **auf das positive oder auf das negative Interesse.** Das RG hatte es in seiner früheren Rechtsprechung einer durch arglistige Täuschung zum Abschluss eines Vertrags bewogenen Partei gestattet, von der Anfechtung gemäß § 123 abzusehen, bei dem Vertrag stehen zu bleiben und auf der Grundlage des § 826 das positive Interesse zu liquidieren, also zu verlangen, so gestellt zu werden, als „wenn die Erklärungen der Vertragsteile auf Wahrheit beruht hätten."[153] Davon hat das RG selbst wieder Abstand genommen und den nach § 826 geschuldeten Schadensersatz auf das negative Interesse beschränkt, so dass der Geschädigte lediglich verlangen kann, so gestellt zu werden, **als hätte er den Vertrag niemals abgeschlossen:** Der durch arglistige Täuschung zustande gekommene Vertrag müsse bei der Schadensberechnung wegen unerlaubter Handlung nach § 826 oder § 823 Abs. 2 iVm. § 263 StGB außer Betracht bleiben.[154] Dieser Rechtsprechung hat sich der BGH angeschlossen, der den deliktischen Schadensersatzanspruch wegen arglistiger Täuschung bei der Vertragsanbahnung oder -abwicklung ebenfalls am negativen Interesse orientiert.[155] Nur so lässt sich vermeiden, dass das Deliktsrecht dazu instrumentalisiert wird, vertraglich begründete Erwerbserwartungen an den Wertungen des Leistungsstörungs- und Gewährleistungsrechts vorbei durchzusetzen. Gerade deshalb hätte der BGH dem getäuschten Gebrauchtwagenkäufer, der den Wagen durch einen selbstverschuldeten, nicht mit dem Mangel in Zusammenhang stehenden Unfall zerstört hatte, keinen Schadensersatzanspruch auf den vollen Wert des Pkw gewähren dürfen,[156] sondern den Ausgleich auf den mangelbedingten Minderwert beschränken müssen. Auch Personenschäden liegen in einem solchen Fall jenseits des Schutzbereichs des § 826.[157]

b) Leistungsstörungen. Erfüllt der Schuldner die ihm vertraglich obliegenden Leistungspflichten nicht, kann der Gläubiger unter den Voraussetzungen der §§ 280 ff. seinen Schaden liquidieren. Eine Ergänzung dieser vertragsrechtlichen Rechtsbehelfe durch einen deliktischen Schadensersatzanspruch aus § 826 ist weder möglich noch erforderlich.[158] Die bloße **Nichterfüllung von Vertragspflichten ist auch dann kein Sittenverstoß,** wenn – wie regelmäßig – der Schuldner weiß oder damit rechnet, dass dem Gläubiger durch die Nichterfüllung ein Schaden entsteht. Die mit dem Begriff der guten Sitten argumentierende

---

[149] Insoweit ist die Entscheidung BGHZ 100, 346, 350 ff. = NJW 1997, 3133, 3134 f. obsolet; vgl. auch BGHZ 148, 175, 177 ff. = NJW 2001, 3187, 3189 = VersR 2002, 201, 202.
[150] BGH WM 1985, 866, 868.
[151] OLG Hamm NJW 1966, 2357, 2359; LG Mannheim NJW 1969, 239, 240.
[152] BGH NJW 1992, 310, 311; vgl. weiter BGH NJW 1974, 1505; 1984, 2284 = ZIP 1984, 439.
[153] RGZ 59, 155, 157.
[154] RGZ 66, 336, 337; 103, 154, 159 f.
[155] BGHZ 57, 137, 139; BGH NJW 1960, 237 f.; WM 1969, 496, 498; JZ 1998, 855, 856 m. krit. Anm. *Scherner.* Nur für den Schadensersatzanspruch aus § 463 wegen arglistigen Vorspiegelns nicht vorhandener Eigenschaften wurde eine Ausnahme gemacht; vgl. RGZ 66, 335, 338; 103, 154, 161; BGH NJW 1960, 237, 238.
[156] So BGHZ 57, 137, 142 = NJW 1972, 36, 37; dagegen mit Recht *v. Caemmerer,* FS Larenz, 1973, S. 621, 640 f.; *Soergel/Hönn* RdNr. 83.
[157] Übereinstimmend BGHZ 57, 137, 143 = NJW 1972, 36, 37; *v. Caemmerer,* FS Larenz, 1973, S. 621, 641.
[158] BGHZ 12, 308, 317 f. = NJW 1954, 1159 f. (Gründe insoweit nicht abgedruckt).

Gegenansicht[159] verkennt die Funktion des § 826, die nicht darin besteht, das Leistungsstörungsrecht in das Deliktsrecht zu spiegeln. Mit einer solchen Lösung wäre auch kollisionsrechtlich nichts zu gewinnen, weil für einen etwa bestehenden Schadensersatzanspruch aus § 826 gemäß Art. 4 Abs. 3 S. 2 Rom II–VO, Art. 41 Abs. 2 Nr. 1 EGBGB das Vertragsstatut – und nicht das Deliktsstatut – maßgeblich wäre.[160]

53 **c) Verleitung zum Vertragsbruch.** Verträge wirken nur inter partes und können Dritte nicht verpflichten, auch nicht zur Unterlassung von Beeinträchtigungen der Fähigkeit zur Vertragserfüllung. Folgerichtig stellt die bloße **Beteiligung an fremdem Vertragsbruch noch kein Delikt** dar.[161] Aus dem Trennungsprinzip des deutschen Vermögensrechts im Verein mit dem Prioritätsprinzip des Zwangsvollstreckungsrechts ergibt sich, dass es für die Zuordnung eines Vermögensgegenstands nicht auf den Zeitpunkt des Abschlusses des Kaufvertrags ankommt, sondern auf ein dingliches Rechtsgeschäft bzw. eine Verfügung im Wege der Zwangsvollstreckung – das gemeinrechtliche „ius ad rem", etwa nach dem Vorbild von §§ 4 bis 6 I 19 ALR, hat das BGB nicht übernommen.[162] Würde bereits der Abschluss des obligatorischen Geschäfts einen im Verhältnis zu Dritten geschützten Anspruch verschaffen, wären die differenzierten Sicherungsinstrumente des Sachenrechts, wie etwa die Vormerkung, ihrer Funktion weitgehend beraubt. Solange es an einem wirksamen Übertragungsakt fehlt, ist die erfolgreiche Konkurrenz um den Vollzug des dinglichen Geschäfts folglich kein Sittenverstoß. Diese Wertungen werden durch das Deliktsrecht bestätigt, das in § 823 Abs. 1 nur absolute Rechte mit umfassendem Schutz ausstattet, diesen relativen Rechten indessen vorenthält.[163] Entsprechende Grundsätze gelten im Übrigen für sonstige schuldrechtliche Bindungen, soweit diese nicht auf Verträgen beruhen, also etwa für Leistungspflichten aus Vermächtnissen nach § 2174.[164]

54 Die Rechtsprechung verlangt **besondere Umstände**, um die Vereitelung vertraglicher Leistungsansprüche durch Dritte nach § 826 zu sanktionieren,[165] zusätzlich zur stets erforderlichen **positiven Kenntnis** des Dritten von der Existenz der vertraglichen Bindung.[166] Als derartige Umstände sind in der Rechtsprechung anerkannt:[167] (1) die **Verleitung des Schuldners zum Vertragsbruch,** insbesondere durch dessen Freistellung vor Ersatzansprüchen des Vertragsgläubigers;[168] (2) das **kollusive Zusammenwirken** von Schuldner und Drittem zum Nachteil des Vertragsgläubigers;[169] (3) der **Bruch besonderer Treuepflichten** des Vertragsschuldners gegenüber dem Vertragsgläubiger, von deren Existenz der Dritte Kenntnis hat.[170] Besonderes Gewicht misst die Rechtsprechung dem Umstand zu, dass der Dritte sich seinerseits verpflichtete, den Vertragsschuldner von sämtlichen **Schadensersatzansprüchen** des Vertragsgläubigers **freizustellen:** Da vor der Übereignung der Sache die Drohung mit Ersatzansprüchen aus §§ 285, 281 die einzige Sicherung des Vertragsgläubigers ist, trifft eine solche Abrede die Präventionsanreize der Vertragshaftung ins Mark.[171] Unab-

---

[159] Staudinger/Oechsler RdNr. 181.
[160] Vgl. Staudinger/Oechsler RdNr. 182.
[161] RGZ 78, 14, 17 f.; 83, 237, 239 f.; 103, 419, 420; BGHZ 12, 308, 317 ff. = NJW 1954, 1159 f. (insoweit nicht abgedruckt); BGH NJW 1960, 1853, 1854; WM 1964, 114, 116 f.; NJW 1981, 2184, 2185; 1994, 128, 129; JZ 1996, 416, 418 m. Anm. Mayer-Maly.
[162] Dazu eingehend Dubischar JuS 1970, 6, 9 ff.
[163] Im Ergebnis weitergehend Koziol, Die Beeinträchtigung fremder Forderungsrechte, S. 74 ff., 198 ff., der eine Haftung schon dann bejaht, wenn dem Dritten der Leistungsanspruch bloß bekannt ist.
[164] BGH NJW 1992, 2152, 2153.
[165] RGZ 62, 137, 138 f.; 103, 419, 421; BGHZ 12, 308, 317 f. = NJW 1954, 1159 f. (insoweit nicht abgedruckt); BGH NJW 1981, 2184, 2185; 1992, 2152, 2153; FamRZ 1992, 1401, 1402.
[166] BGH NJW 1994, 128, 129.
[167] Mit unterschiedlichen Akzentuierungen resümierend BGH NJW 1981, 2184, 2185; FamRZ 1992, 1401, 1402.
[168] Dazu insbes. BGH NJW 1981, 2184, 2185 f.; weiter BGH NJW 1992, 2152, 2153.
[169] BGHZ 14, 313, 317 = NJW 1954, 1925, 1926.
[170] Beispiele in BGHZ 12, 308, 320 = NJW 1954, 1159 f. (insoweit nicht abgedruckt); BGH FamRZ 1992, 1401, 1402.
[171] Larenz/Canaris II/2 § 78 IV 1 b, S. 456.

hängig davon, ob die Initiative zur Aufnahme einer solchen Klausel in den Vertragstext von dem Vertragsschuldner oder dem Dritten ausgeht, führt ihre bloße Vereinbarung regelmäßig zur Sittenwidrigkeit des Vertrags.[172] Auf der anderen Seite ist es nicht sittenwidrig, durch den Vertragsschluss sehenden Auges einem anderen Schaden zuzufügen, wenn es dieser selbst versäumt hat, Vorsorge gegen die ihm drohenden wirtschaftlichen Nachteile zu treffen. Ein Gastwirt, der sich langfristig an eine Brauerei bindet und für den Fall des Ausschanks fremder Biere durch ihn selbst oder einen Rechtsnachfolger hohe Vertragsstrafen verspricht, kann sich nicht bei einer Konkurrenzbrauerei beschweren, die einen solchen Rechtsnachfolger beliefert.[173]

Das **Verhalten der öffentlichen Hand** unterliegt gesteigerten Redlichkeitsanforderungen;[174] die öffentliche Hand darf die eigenen Interessen nur mit maßvolleren Mitteln durchzusetzen suchen als ein Privater. Allerdings ist auch ein Träger öffentlicher Verwaltung nicht gehalten, fremde Vertragsansprüche schlechthin zu respektieren, so dass die bloße Kenntnis von der Existenz der vertraglichen Bindung nicht ausreicht, um das Urteil der Sittenwidrigkeit zu begründen. Auch müssen sich verschiedene Verwaltungsträger, also etwa Bund, Länder und Gemeinden, im Privatrechtsverkehr nicht als Einheit behandeln lassen, und selbst eine pauschale Zurechnung des Wissens und des Verhaltens anderer Behörden desselben Verwaltungsträgers kommt nicht in Betracht.

Liegen die so beschriebenen besonderen Voraussetzungen für einen Sittenverstoß vor, haftet der Dritte aus § 826 nicht bloß auf Schadensersatz in Geld, sondern auf **Naturalrestitution** gemäß § 249 Abs. 1: Der Zweitkäufer muss den Gegenstand, den er vom Vertragsschuldner erhalten hat, an den geschädigten Erstkäufer übereignen, und zwar Zug um Zug gegen Zahlung des Kaufpreises, den Letzterer mit dem Verkäufer vereinbart hatte.[175] Ist zugunsten des Schädigers bisher lediglich eine Vormerkung eingetragen, ist deren Löschung zu bewilligen.[176] Das in § 241 betonte Prinzip der Naturalerfüllung wird somit in das Deliktsrecht hinein verlängert, soweit der vertragliche Erfüllungsanspruch den Schutz des § 826 genießt.

Stellungnahme: Aus schadensersatzrechtlicher Sicht stellt sich die Frage nach der Schutzbedürftigkeit des enttäuschten Erstkäufers, der gemäß § 281 seinen Nichterfüllungsschaden in vollem Umfang ersetzt verlangen und über § 285 auch noch den vom Verkäufer erzielten Mehrerlös abschöpfen kann.[177] Dabei ist zu berücksichtigen, dass die **Verhinderung jedweden Vertragsbruchs nicht das Ziel der Privatrechtsordnung** sein kann, genauso wenig wie das Deliktsrecht absolute Sicherheit anstreben darf. Wenn die Verleitung zum Vertragsbruch gleichwohl in vielen Rechtsordnungen als Delikt sanktioniert wird, dann wegen der Rechtsfolge, die dem Erstkäufer **Zugriff auf den zunächst vom Zweitkäufer vereinnahmten Vermögensgegenstand** gewährt. Es ist kein Zufall, dass die Verleitung zum Vertragsbruch vor allem bei Grundstücken und anderen unvertretbaren Sachen eine Rolle spielt, bei denen der bloße Ausgleich des Verkehrswerts (§§ 281, 249) oder auch die Auskehrung des vom Zweitkäufer gezahlten Kaufpreises (§ 285) uU nicht ausreichen, um den Nutzenentgang des Erstkäufers zu kompensieren. Insofern sind für das Delikt der Verleitung zum Vertragsbruch dieselben Erwägungen maßgeblich, die im angelsächsischen Vertragsrecht die ausnahmsweise Gewährung von Ansprüchen auf Naturalerfüllung legitimieren: Der Anspruch auf Schadensersatz in Geld reicht in manchen Fallgruppen nicht aus, um das Erfüllungsinteresse des Vertragsgläubigers abzudecken.[178] Sofern der Zweitkäufer dies erkennt

---

[172] BGH NJW 1981, 2184, 2186.
[173] RGZ 78, 14, 18 f.
[174] Zum Folgenden BGH NJW 1981, 2184, 2186.
[175] RGZ 108, 58, 59; anders noch RGZ 103, 419, 420.
[176] BGH NJW 1981, 2184, 2185.
[177] Berechtigte Kritik bei *Köhler*, FS Canaris, Bd. I, 2007, S. 591, 595 ff.; aus dem internationalen Schrifttum *Tony Weir*, Economic Torts, 1997, S. 4 f.; Versuch einer Rechtfertigung bei *Posner*, Economic Analysis of Law, 7. Aufl. 2007, S. 254 f.
[178] Statt aller *Zweigert/Kötz*, Einführung in die Rechtsvergleichung, 3. Aufl. 1996, § 35 IV, S. 477 ff.

und davon zu profitieren sucht, bietet § 826 eine Handhabe, den Anspruch des Erstkäufers auf Naturalerfüllung durchzusetzen.

58 Nach den eben dargestellten Grundsätzen sind auch diejenigen Fälle zu lösen, in denen es nicht um einen Doppelverkauf geht, sondern um Arbeitsverträge. Insbesondere ist die weitverbreitete Praxis der **Abwerbung von Arbeitnehmern** zu verbesserten Konditionen für sich genommen nicht sittenwidrig und löst daher keine Schadensersatzpflichten des abwerbenden Unternehmens gemäß § 826 aus, soweit nicht ohnehin § 3 UWG vorrangig ist.[179] Daran ändert sich auch nichts, wenn die Kontaktaufnahme durch **Telefonanruf** einer Personalberatungsagentur **am Arbeitsplatz** erfolgt.[180] Obwohl es sich bei Arbeitnehmern um Verbraucher handelt (§ 13 RdNr. 46),[181] scheidet ein Verstoß gegen § 7 Abs. 2 Nr. 2 UWG wohl aus, weil es sich um keine Maßnahme der Absatzförderung und damit nicht um „Werbung" handelt.[182] Anders mag es liegen, wenn das bisherige Unternehmen und der abwerbende Arbeitgeber einander durch – vorvertragliche, gesellschaftsrechtliche oder sonstige – Treuepflichten verbunden sind,[183] wenn planmäßig gerade solche Mitarbeiter abgeworben werden, die über besonderes Know-how verfügen, das dem neuen Unternehmen dienstbar gemacht werden soll, oder wenn der neue Arbeitgeber die Zahlung von Vertragsstrafen etwa nach § 75 c HGB übernimmt.[184] In derartigen Fällen kann sich der bisherige Arbeitgeber mit einer auf ein Beschäftigungsverbot gerichteten, auf § 826 gestützten Unterlassungsklage gegen den neuen Arbeitgeber zur Wehr setzen.[185] Ein sittenwidriges Verhalten liegt selbstverständlich auch darin, wenn eine **Prozesspartei** den Angestellten des Prozessgegners Geld anbietet, damit diese ihr vertrauliche Schriftstücke zugänglich machen, mit denen sie ihr eigenes Vorbringen untermauern kann.[186]

59 **d) Verjährung.** Wird der Gläubiger von seinem Vertragspartner **über die Entstehung des Anspruchs arglistig getäuscht,** so dass Verjährung eintritt, bevor er von seiner Existenz Kenntnis erlangt, steht der Erhebung der Verjährungseinrede die Gegeneinrede der Arglist aus § 826 entgegen.[187]

60 **2. Haftung für sachverständige Äußerungen (Gutachten, Testat, Auskunft, Rat und Empfehlung). a) Grundlagen.** Vermögensschäden treten vielfach infolge von Dispositionen auf, die der Berechtigte im Vertrauen auf die Richtigkeit von Informationen trifft, die ihm von berufener Seite zur Verfügung gestellt wurden. Erweisen sich die Informationen des vermeintlichen Experten als falsch, stellt sich die Frage nach der Haftung desjenigen, der die Daten generiert bzw. in Umlauf gebracht hat. Die Rechtsprechung bewältigt diese Fallgruppen sowohl mit Hilfe vertraglicher Figuren, insbesondere **konkludent geschlossener Auskunftsverträge,** mit quasi-vertraglichen Konstruktionen nach Art des **Vertrags mit Schutzwirkung für Dritte** und schließlich auch mit Hilfe des § 826, wobei sich der Topos der **Sittenwidrigkeit kraft Leichtfertigkeit** als besonders wirkmächtig erweist. Dieser differenzierte Ansatz verdient jenseits möglicher Detailkritik Zustimmung. Eine schrankenlose Einstandspflicht gegenüber jedermann für die Richtigkeit in Umlauf gebrachter Informationen würde die Anreize zur Generierung und Offenlegung solcher Daten wesentlich abschwächen, zu übermäßigen Sorgfaltsanstrengungen bei der Publikation von Informationen führen und schließlich dem Geschädigten faktisch zu einem Versicherungsschutz gegenüber Vermögenseinbußen verhelfen, für den er dem Informati-

---

[179] BGH NJW 1961, 1308, 1309; DB 1968, 39; weitergehend *Gibbert,* Rechtsschutz gegen sittenwidrige Abwerbungen, S. 12 ff., 21: Haftung wegen Verleitung zum Vertragsbruch.
[180] BGH NJW 2004, 2080 zum UWG.
[181] BVerfG NJW 2007, 286, 287; BAGE 115, 19 = NJW 2005, 3305, 3308.
[182] *Köhler* in: *Hefermehl/Köhler/Bornkamm* § 6 UWG RdNr. 27, § 7 UWG RdNr. 42.
[183] BGH NJW 1961, 1308, 1309; DB 1968, 39.
[184] So zu § 1 UWG RGZ 81, 86, 91 f.
[185] RGZ 81, 86, 92; BGH NJW 1961, 1308, 1309.
[186] OLG Hamburg BB 1964, 193.
[187] RGZ 64, 220, 223; BGH WM 1977, 410, 411.

onserzeuger keinerlei Gegenleistung erbracht hat.[188] In einer klassischen New Yorker Entscheidung zur Wirtschaftsprüferhaftung heißt es daher treffend "If liability for negligence exists, a thoughtless slip or blunder, the failure to detect a theft or forgery beneath the cover of deceptive entries, may expose accountants to a liability in an indeterminate amount for an indeterminate time to an indeterminate class".[189] Auf der anderen Seite würde die Beschränkung der Haftung für Fehlinformationen auf einen eng verstandenen § 826 die Anreize zur Sorgfalt bei der Diffusion von Informationen übermäßig abschwächen und bestimmte Dienstleistungen, wie etwa Wertgutachten, de facto jeder Haftungsdrohung entziehen. Dem zuletzt genannten Gesichtspunkt tragen die von der Rechtsprechung entwickelten vertrags- und quasi-vertragsrechtlichen Kategorien Rechnung, mit denen einerseits wesentliche Sorgfaltsanreize gesetzt, das Haftungsrisiko von Banken, Wirtschaftsprüfern und Wertgutachtern andererseits aber auch auf einen vorhersehbaren Personenkreis begrenzt wird.[190]

b) Auskunftshaftung. Wird einem Dritten eine Auskunft erteilt, von der der Erklärende weiß, dass sie unrichtig ist, liegt ein sittenwidriges Verhalten iS des § 826 vor.[191] Gleiches gilt, wenn die objektiv unrichtige Auskunft grob fahrlässig bzw. leichtfertig, „ins Blaue hinein" erteilt wird, ihr Inhalt für den Gegner erkennbar von Bedeutung ist und der Erklärende mit der möglichen Schädigung des Empfängers rechnet.[192] Diese Grundsätze haben Konsequenzen vor allem für den Bankverkehr, und zwar bei der **Auskunftserteilung von Banken über die Bonität und Kreditwürdigkeit von Kunden.** Wird eine objektiv falsche Auskunft im Bewusstsein von deren Unrichtigkeit oder leichtfertig und gewissenlos abgegeben, hat die Bank dem Auskunftsempfänger, der im Vertrauen auf die Informationen Kredit gewährt und mit seiner Rückzahlungsforderung in der Insolvenz ausfällt, nach § 826 einzustehen.[193] Diese Grundsätze gelten allerdings nur zugunsten des unmittelbar Geschädigten, also des Empfängers der Auskunft selbst, während Personen, die dem später insolventen Schuldner Kredit ohne Kenntnis der (falschen) Bankauskunft gewähren, die Bank nicht in Regress nehmen können.[194]

Die Bedeutung des § 826 für die juristische Bewältigung der Auskunftshaftung ist heute gleichwohl nur noch marginal, weil die Rechtsprechung immer mehr auf vertragliche und quasi-vertragliche Anspruchsgrundlagen ausgewichen ist und insbesondere das Institut des **stillschweigend geschlossenen Auskunftsvertrags** trotz § 675 Abs. 2 (§ 676 aF) weit ausgedehnt hat (vgl. iE § 675 RdNr. 122 f.);[195] Ein solches Rechtsgeschäft setzt lediglich voraus, dass die Auskunft einerseits für den Empfänger erkennbar von erheblicher wirtschaftlicher Bedeutung ist und er sie zur Grundlage wesentlicher Entschlüsse machen will, andererseits der Auskunftsgeber über besondere Sachkunde verfügt oder ein eigenes wirt-

---

[188] *Schäfer* AcP 202 (2002), 808, 820; allg. *Kötz*, FS Drobnig, 1998, S. 563 ff.
[189] 255 N. Y. 174 = 174 N. E. 441, 444 (1931 Cardozo, C. J.) – Ultramares Corp. vs. Touche. Ähnlich auch *Rudolf v. Jhering*, Culpa in contrahendo, 4 Jahrbücher für Dogmatik 1 (1861), 12 f.: „Wohin würde es führen, wenn Jemand in außercontractlichen Verhältnissen schlechthin, wie wegen dolus, auch wegen culpa lata in Anspruch genommen werden könnte! Eine unvorsichtige Äußerung, die Mittheilung eines Gerüchts, einer falschen Nachricht, ein schlechter Rath, ein unbesonnenes Urtheil, die Empfehlung eines derselben nicht würdigen Dienstmädchens von Seiten der früheren Dienstherrschaft, die von einem Vorübergehenden gebetene Auskunft über den Weg, die Zeit usw., kurz, alles und jedes würde bei vorhandener culpa lata trotz aller bona fides zum Ersatz des dadurch veranlassten Schadens verpflichten, und die actio de dolo würde in einer solchen Ausdehnung zu einer wahren Geißel des Umgangs und Verkehrs werden, alle Unbefangenheit der Conversation wäre dahin, das harmloseste Wort würde zum Strick!".
[190] Zu diesem Topos (Begrenzung der Zahl der Anspruchsberechtigten) besonders deutlich BGHZ 133, 168, 174 = NJW 1996, 2927, 2928 f.
[191] RGZ 91, 80, 81; 157, 228, 229; BGH NJW 1992, 3167, 3174.
[192] RG JW 1911, 584, 585; BGH NJW 1992, 3167, 3174.
[193] RG JW 1911, 584, 585; BGH NJW 1979, 1599; 1984, 921; abl. *Masch*, Die Dritthaftung von Banken bei fehlerhaften Eigenauskünften, S. 76 ff.
[194] BGH NJW 1979, 1599, 1600; vgl. RdNr. 29.
[195] Mit Blick auf § 676 aF noch skrupulös BGH NJW 1973, 321, 323 m. Anm. *Lammel* 700; strikt abl. *Honsell*, FS Medicus, 1999, S. 211, 219 ff.

§ 826 63, 64   Abschnitt 8. Titel 27. Unerlaubte Handlungen

schaftliches Interesse an der Auskunftserteilung hat.[196] Erteilt ein Kreditinstitut einem Kunden eine unrichtige Bescheinigung über seine Vermögensverhältnisse und wird diese bestimmungsgemäß einem Dritten vorgelegt, der im Vertrauen auf ihre Richtigkeit Vermögensdispositionen trifft, hat die Bank nach gefestigter Rechtsprechung für den daraus resultierenden Schaden unter dem Gesichtspunkt eines stillschweigend geschlossenen Auskunftsvertrags einzustehen.[197] Nur wenn es an einer der genannten Voraussetzungen fehlt, bedarf es nach wie vor des Rückgriffs auf § 826, um einen Schadensersatzanspruch des Adressaten bewusst oder leichtfertig falscher Auskünfte zu begründen.[198]

63 c) **Haftung von Wirtschaftsprüfern.** In Bezug auf die Haftung von Wirtschaftsprüfern, die **unrichtige Bilanzen testieren** und den darauf vertrauenden Dritten Vermögensschäden zufügen, ist zwischen der Beteiligung am Börsengang und der turnusmäßigen Prüfung von Quartals- und Jahresabschlüssen zu differenzieren. Was den Primärmarkt anlangt, so sind Wirtschaftsprüfer nach hL. nicht nach Maßgabe der **spezialgesetzlichen Prospekthaftung** gemäß §§ 44 ff. BörsG verantwortlich (RdNr. 69).[199] Die ältere Rechtsprechung griff zur Begründung von Schadensersatzansprüchen auf § 826 zurück,[200] während die jüngere Entwicklung vertrags- oder quasi-vertragliche Institute mobilisiert, insbesondere den **Vertrag mit Schutzwirkung zugunsten Dritter.**[201] So soll etwa eine Wirtschaftsprüfungsgesellschaft, die ein positives **Prospektprüfungsgutachten** für einen Investmentfonds erstellt, dem geprellten Anleger nach den Grundsätzen über den Vertrag mit Schutzwirkung zugunsten Dritter haften, wenn ihm das Gutachten vor der Anlageentscheidung ausgehändigt worden ist.[202]

64 **Wie weit auch immer das Vertragsrecht ausgedehnt wird, die Haftung aus § 826 bleibt daneben bestehen.**[203] Danach reicht zur Begründung der Haftung des Wirtschaftsprüfers nicht schon der Nachweis eines unrichtigen Testats:[204] Ist die Bilanz objektiv falsch, ist die Erteilung des Testats nicht erst dann sittenwidrig, wenn der Prüfer von ihrer Unrichtigkeit überzeugt ist, sondern bereits dann, wenn er sich seiner Aufgabe **leichtfertig** entledigt, sein Testat gleichsam „ins Blaue hinein" erteilt und dadurch seine Rücksichtslosigkeit gegenüber möglichen Adressaten des Gutachtens offenbart hat.[205] Leichtfertigkeit des Wirtschaftsprüfers ist anzunehmen, wenn die Buchhaltung des Mandanten wesentliche Lücken aufwies oder relevante Informationen fehlten, so dass die Ordnungsmäßigkeit der Bilanz redlicherweise nicht hätte festgestellt werden dürfen.[206] Für den Schädigungsvorsatz ist nicht erforderlich, dass der Wirtschaftsprüfer eine konkrete Person als Geschädigten vor Augen hat, sondern es reicht aus, wenn er sich vorstellte, der Abschluss könne Dritte zu nachteiligen Vermögens-

---

[196] Zusammenfassend BGH NJW 1991, 3167, 3168; vgl. weiter BGHZ 7, 371, 374 = NJW 1953, 60; BGHZ 74, 103, 106 = NJW 1979, 1449 f.; BGH NJW 1990, 513; 1991, 352; WM 1998, 1771 f.; RGZ 52, 365, 366 f.; 82, 337, 339.
[197] BGH WM 1998, 1771 f.; krit. dazu *Musielak* WM 1999, 1593, 1595 f.
[198] Gegen sämtliche Konstruktionen und für eine haftungsrechtliche Freistellung der Bank *Masch*, Die Dritthaftung von Banken bei fehlerhaften Kreditauskünfte, passim und S. 266.
[199] Kapitalmarktrechts-Kommentar/*Schwark* §§ 44, 45 BörsG RdNr. 12; *Assmann* in: *Assmann/Schütze*, HdB des Kapitalanlagerechts, § 7 RdNr. 224; aA *Fleischer* BKR 2004, 339, 344, vgl. auch BGH NJW 2004, 3420, 3421 f.
[200] BGH VersR 1956, 641; 1979, 283; NJW 1973, 321; 1987, 1758.
[201] BGHZ 138, 257, 260 ff. = NJW 1998, 1948, 1949 f.; BGH JZ 1998, 1013 m. Bespr. *Ebke* 991 = JR 1999, 67 m. Anm. *Zimmer/Vosberg*; BGHZ 167, 155, 161 ff. Tz. 12 ff. = NJW 2006, 1975; BGH NJW 1987, 1758, 1759 f.; VersR 2002, 72, 75; NJW 2004, 3420; grds. zust. *Hirte* Berufshaftung S. 417 ff.; krit. *Hopt* NJW 1987, 1745, 1746; *Canaris* ZHR 163 (1999), 206 ff.; zur Haftung aus culpa in contrahendo BGHZ 145, 187, 197 ff. = NJW 2001, 360.
[202] BGH NJW-RR 2007, 1329, 1332; 2007, 1332, 1335 Tz. 28; VersR 2008, 228, 229 Tz. 4.
[203] Vgl. BGHZ 138, 257, 266 = NJW 1998, 1948, 1951; BGH VersR 2002, 72, 76; *Baus* ZVglRWiss. 103 (2004), 219, 236.
[204] Die Steuerberaterhaftung nach § 826 folgt denselben Grundsätzen, vgl. BGH NJW 1992, 2080, 2083 f.; OLG München WM 1997, 613, 620 f.
[205] BGHZ 145, 187, 202 = NJW 2001, 360; BGH VersR 1956, 641; 1979, 283, 284; NJW 1987, 1758 m. Bespr. *Hopt* 1745; VersR 2002, 72, 76; wN zur Lit. bei *Hirte* Berufshaftung S. 64 f.
[206] BGH NJW 1987, 1758 f.

Sittenwidrige vorsätzliche Schädigung   65, 66   § 826

dispositionen veranlassen, etwa einen Geldgeber zur Vergabe eines Kredits.[207] Anders liegt es nur, wenn die Bilanz allein zur Information des Auftrag gebenden Unternehmens selbst bestimmt ist und nicht in die Hände von Dritten gelangen soll.

Besondere Grundsätze gelten bei **Pflichtprüfungen gemäß §§ 316 ff. HGB,** denn die 65 Verantwortlichkeit des Abschlussprüfers wird durch § 323 Abs. 1 HGB auf die Haftung gegenüber der zu prüfenden Kapitalgesellschaft oder einem mit dieser verbundenen Konzernunternehmen beschränkt. Auf den Haftungstatbestand des § 323 Abs. 1 S. 2 HGB können sich Dritte – also etwa Gläubiger des geprüften Unternehmens oder Anleger, die ihre Investitionsentscheidung auf Grund eines unrichtigen Jahresabschlusses getroffen haben – nach wohl einhelliger Auffassung nicht berufen. Genauso selbstverständlich ist allerdings, dass Dritte einen Abschlussprüfer, der einer als unrichtig erkannten Bilanz das Testat erteilt oder der leichtfertig eine Bilanz bestätigt hat, ohne ihre Richtigkeit eingehend geprüft zu haben, nach § 826 auf Schadensersatz in Anspruch nehmen können.[208] Die im Anschluss an eine Entscheidung des BGH heiß umstrittene Frage, ob eine Dritthaftung des Wirtschaftsprüfers jenseits von § 323 HGB auch nach den Grundsätzen des Vertrags mit Schutzwirkung zugunsten Dritter begründet werden kann, bedarf hier keiner Vertiefung.[209] Da zwar die Dritthaftung auf Grund Vertrags, nicht aber diejenige aus Delikt, nach Ansicht des BGH nur im Umfang der in § 323 Abs. 2 HGB normierten Höchstgrenzen besteht,[210] kommt § 826 weiterhin erhebliche praktische Bedeutung für die Haftung der Wirtschaftsprüfer zu.

d) **Haftung von Wertgutachtern und Sachverständigen.** Die Haftung von Wertgut- 66 achtern und Sachverständigen ist heute vor allem eine **Domäne des Vertragsrechts,** nämlich des **Vertrags mit Schutzwirkung zugunsten Dritter.**[211] In der Rechtsprechung des RG hatte noch die **Anspruchsgrundlage des § 826** dominiert,[212] und diese steht selbstverständlich nach wie vor **neben der Vertragshaftung** zur Verfügung.[213] Die Haftung nach den Grundsätzen des Vertrags mit Schutzwirkung zugunsten Dritter ist nach einer stehenden Formulierung des BGH gegeben, wenn ein durch **staatliche Anerkennung** oder vergleichbaren öffentlichen Akt als sachkundig und vertrauenswürdig ausgewiesener Sachverständiger mit der Erstellung eines Gutachtens beauftragt wird, das erkennbar zum Gebrauch gegenüber Dritten bestimmt ist und nach dem Willen des Bestellers mit einer entsprechenden Beweiskraft ausgestattet sein soll.[214] Nach neuerer Rechtsprechung kommt es auf die staatliche Anerkennung des Gutachters allerdings nicht mehr an, denn fehlt es daran, gelten die gleichen Grundsätze, „wenn der Auftrag zur Erstattung des Gutachtens nach dem zugrundezulegenden Vertragswillen der Parteien den Schutz Dritter umfasst".[215] Dieser Formulierung zum Trotz steht es allerdings nicht in der Macht der

---

[207] BGH VersR 1956, 641; NJW 1987, 1758, 1759; krit. dazu Hopt NJW 1987, 1745 f.; grdlg. RGZ 157, 213, 220; wN Fn. 68.
[208] BGHZ 138, 257, 266 = NJW 1998, 1948, 1949 = JZ 1998, 1013 m. Bespr. Ebke 991 = JR 1999, 67 m. Anm. Zimmer/Vosberg; Baumbach/Hopt/Merkt § 323 HGB RdNr. 8; Staub/Zimmer § 323 HGB RdNr. 59.
[209] Mit Recht bejahend BGHZ 138, 257, 260 ff. = NJW 1998, 1348, 1349 f.; abl. Ebke JZ 1998, 991, 992 ff.; zust. Staub/Zimmer § 323 HGB RdNr. 55.
[210] BGHZ 138, 257, 266 = NJW 1998, 1348, 1351; gegen eine Anwendung des § 323 Abs. 2 HGB auf die vertragliche Dritthaftung Staub/Zimmer § 323 HGB RdNr. 56.
[211] BGH NJW 1982, 2431; 1984, 355; JZ 1985, 951 m. Anm. Honsell; BGHZ 127, 378 = NJW 1995, 392 = m. Bespr. Canaris JZ 1995, 441; BGH NJW 1998, 1059, 1060 = JZ 1998, 624 m. Bespr. Canaris JZ 1998, 603; BGHZ 133, 168, 172 ff. = NJW 1996, 2927, 2928 f.; BGH NJW 2001, 512; 2001, 514, 516; 2002, 3625, 3626 f.; BGHZ 159, 1, 4 ff. = NJW 2004, 3035; BGH NJW-RR 2004, 1464, 1465 f.
[212] RG JW 1932, 937 m. Anm. Plum.
[213] Vgl. etwa BGH NJW 1991, 3282, 3283; VersR 2003, 104; BGHZ 159, 1, 11 ff. = NJW 2004, 3035; BGH NJW-RR 2004, 1464, 1467.
[214] BGHZ 159, 1, 4 = NJW 2004, 3035; BGH NJW-RR 2004, 1464, 1465; BGHZ 127, 378, 381 = NJW 1995, 392; BGH NJW 2001, 514, 516.
[215] Vgl. auch BGHZ 159, 1, 5 = NJW 2004, 3035; BGH NJW 2001, 514, 516; NJW-RR 2004, 1464, 1465.

Vertragsparteien, die **Einbeziehung des Dritten durch eine entsprechende Vereinbarung zu verhindern,** denn der BGH hält einen solchen Vertragswillen für treuwidrig und daher unbeachtlich.[216] Ein Quasi-Vertrag zugunsten Dritter wird selbst dann angenommen, wenn die **Interessen** des Vertragspartners, der den Sachverständigen beauftragt hat, und diejenigen des geschädigten Dritten nicht gleichgerichtet, sondern **gegenläufig** sind, wie es bei Verkehrswertgutachten über Grundstücke regelmäßig der Fall ist.[217] Doch damit nicht genug: Der Sachverständige kann dem geschädigten Dritten nicht einmal den Einwand entgegenhalten, er sei vom Auftraggeber – seinem Vertragspartner – über wertrelevante Eigenschaften des Objekts getäuscht oder sonst im Unklaren gelassen worden; der BGH hält die eben diesen Einwand zulassende Vorschrift des **§ 334 für konkludent abbedungen.**[218] Allerdings soll der Sachverständige selbst seine Haftung gegenüber Käufern, Kreditgebern oder sonstigen Dritten ausschließen bzw. beschränken können, indem er auf dem Gutachten entsprechende Vermerke anbringt oder darauf hinweist, bestimmte Schlussfolgerungen beruhten auf ungeprüften Angaben des Auftraggebers.[219] Genauso wie im Rahmen des § 826 steht der Umstand, dass der **Kreis der geschützten Dritten** im Zeitpunkt des Vertragsabschlusses bzw. der Pflichtverletzung noch nicht individualisiert ist, der Haftung nicht entgegen.[220] Zwar ist der BGH darauf bedacht, die Haftung nicht uferlos auszuweiten, doch dies bedeutet weder, dass der Vertragspartner an „Wohl und Wehe" des Dritten interessiert sein muss, noch, dass nur eine kleine Zahl von Personen als Dritte in Betracht kommt.[221] Entscheidend ist vielmehr, dass das **Haftungsrisiko im Umfang begrenzt bleibt** und dieser Umfang von dem Gutachter vorhergesehen werden kann.[222] Unter diesen Voraussetzungen ist es Letzterem nämlich möglich, den eigenen Sorgfaltsaufwand an der Höhe der drohenden Schadensersatzpflichten auszurichten, das verbleibende Restrisiko bei einer Berufshaftpflichtversicherung zur Deckung zu bringen und die dabei anfallenden Kosten auf sein Honorar aufzuschlagen.[223]

67 Die Expertenhaftung ist in der Grauzone „zwischen" Vertrag und Delikt angesiedelt,[224] in der vollauf befriedigende Lösungen nicht zu haben sind. Insbesondere die These einer konkludenten Abbedingung des § 334 hat den **Widerspruch der Literatur** provoziert, die der Rechtsprechung entgegen hält, den Boden der Vertragsauslegung längst verlassen zu haben und mit Fiktionen zu arbeiten.[225] Da die Dritthaftung des Experten mit Selbstbestimmung nichts zu tun hat, bleibt die Verankerung der Haftung in einer Sonderverbindung problematisch, und es drängt sich die Frage auf, ob sie nicht besser **ausschließlich auf eine deliktische Grundlage** gestellt wird, wozu das Deliktsrecht ggf. in Richtung auf einen erweiterten Vermögensschutz fortgebildet werden müsste (§ 823 RdNr. 229 ff.).[226] Das englische Recht ist Beleg dafür, dass sich eine maßvoll eingestellte Haftung auch auf nichtvertraglicher Grundlage realisieren lässt.[227] Dies vorausgeschickt, spricht zugunsten des quasi-vertraglichen Ansatzes, dass in den Gutachterfällen die **Haftung wegen Schlechterfüllung** in Rede steht, nicht hingegen die jedermann treffende Pflicht zur Achtung der

---

[216] BGHZ 159, 1, 5 = NJW 2004, 3035; BGH NJW-RR 2004, 1464, 1465.
[217] BGHZ 127, 378, 380 f. = NJW 1992, 392; BGH JZ 1985, 951, 952.
[218] BGHZ 127, 378, 385 = NJW 1992, 392; BGH NJW 1998, 1059, 1061.
[219] BGH NJW 1998, 1059, 1061. Beispiel dazu: OLG Köln VersR 2001, 1392, 1393.
[220] BGHZ 159, 1, 4 = NJW 2004, 3035; BGH NJW-RR 2004, 1464, 1465; BGHZ 127, 378, 381 = NJW 1992, 392; BGH NJW 1984, 355; 2001, 514, 516.
[221] BGHZ 159, 1, 8 ff. = NJW 2004, 3035; BGH NJW-RR 2004, 1464, 1465 f.
[222] BGHZ 159, 1, 10 = NJW 2004, 3035; BGH NJW-RR 2004, 1464, 1466; grdlg. *Schäfer* AcP 202 (2002), 808, 820 ff.
[223] Zur Versicherungsmöglichkeit explizit BGHZ 159, 1, 9 = NJW 2004, 3035; BGH NJW-RR 2004, 1464, 1466.
[224] *Koziol* JBl. 1994, 209; vgl. auch *W. Lorenz*, FS Larenz, 1973, S. 575, 615 ff.
[225] Ausf. *Picker*, FS Medicus, 1999, S. 397, 400 ff.
[226] *v. Bar* Verkehrspflichten S. 233 ff.; *K. Huber*, FS v. Caemmerer, 1978, S. 359, 377 ff.; *Mertens* AcP 178 (1978), 227, 248 ff.
[227] Eingehend *Wagner*, Grundstrukturen des Europäischen Deliktsrechts, S. 233 ff.

Rechte und Interessen anderer.[228] Folgerichtig ist es der Gutachtervertrag – und nicht das Deliktsrecht –, der den Maßstab für das Pflichtenprogramm des Sachverständigen liefert und der zugleich den Kreis möglicher Gläubiger begrenzt, indem er den Ausgangspunkt für die Definition des geschützten Personenkreises zur Verfügung stellt.[229] Die Rechtsprechung zum Vertrag mit Schutzwirkung zugunsten Dritter erarbeitet de facto das ungeschriebene zwingende (!) Recht des Gutachtervertrags, dessen besonderes Kennzeichen darin besteht, dass Dritte in bestimmten Umfang in seinen Schutzbereich einbezogen sind.[230] Vorzugswürdig wäre es allerdings, die quasi-vertragliche Sonderverbindung direkt im Verhältnis Gutachter/Dritter zu verankern und die Haftung auf culpa in contrahendo zu stützen, wofür § 311 Abs. 3 eine großzügig formulierte Grundlage bietet.[231] So lässt sich zwanglos erklären, dass der Experte die ihn treffende Haftung durch entsprechende Erklärung gegenüber dem Dritten näher ausgestalten und einschränken kann.[232] – **§ 826 wird dadurch nicht entbehrlich,** sondern er bleibt ein unverzichtbares Instrument, wenn etwa das Gutachten von einem inkorporierten Unternehmensträger, beispielsweise einer GmbH erstattet worden ist, und derjenige Gesellschafter persönlich in Anspruch genommen werden soll, der als Sachverständiger das Gutachten erstattet hat.[233]

3. Haftung für Fehlinformation des Kapitalmarkts. a) Emittentenhaftung und Organhaftung. Die Haftung für Angebot und Vertrieb von Kapitalanlagen, die nicht den erwarteten Ertrag bringen, wirft komplexe Rechtsfragen auf und ist im Übrigen mehr und mehr Gegenstand spezialgesetzlicher Regelung, insbesondere durch das **BörsG** und das **WpHG**.[234] Die neuen gesetzlichen Haftungstatbestände bleiben jedoch fragmentarisch und fokussieren zudem das „falsche" Haftungssubjekt, nämlich den Emittenten. In den praktisch relevanten Fällen ist das Unternehmen, das dereinst die Wertpapiere emittiert hat, häufig zahlungsunfähig, weshalb sich die geprellten Anleger an die Leitungsorgane halten und diese persönlich haftbar machen.[235] Dafür bieten die Spezialgesetze keinerlei Grundlage, und es schlägt die Stunde des § 826.

b) Primärmarkt: Verkaufsprospekthaftung. Die Prospekthaftung, also die **Haftung der Erstemittenten von Wertpapieren** gegenüber den Anlegern für unrichtige oder unvollständige Angaben in einem Verkaufsprospekt, richtet sich nach § 44 BörsG sowie §§ 13, 13a VerkProspG und § 127 Abs. 1 InvG (§§ 20 KAGG aF, 12 AuslInvestmentG aF).[236] Die Prospektverantwortlichen haften für **grobe Fahrlässigkeit,** wobei die Beweislast umgekehrt ist, so dass sie sich ggf. entlasten müssen (§ 45 Abs. 1 BörsG). Unter dieser Voraussetzung kann der getäuschte **Ersterwerber** von den Prospektverantwortlichen als Gesamtschuldnern die **Übernahme der Wertpapiere gegen Erstattung des Erwerbspreises** verlangen.[237] Zweit- und Folgeerwerber sind nicht aktivlegitimiert, aber uU

---

[228] *Köndgen,* Selbstbindung ohne Vertrag, S. 358: „transaktionales Gepräge"; zur Verknüpfung mit dem Verbot der Risikokumulation (Fn. 222) *Schäfer* AcP 202 (2002), 808, 826 f.; *Teubner,* FS E. Schmidt, 2005, S. 303, 327; ähnlich *Steffen* ZVersWiss. 1993, 13, 16; *W. Lorenz,* FS Larenz, 1973, S. 575, 615 ff.; *Grunewald* AcP 187 (1987), 285, 299 ff.; *Picker* AcP 183 (1983), 369, 489 ff.; *Zieglirum,* Der Vertrag mit Schutzwirkung für Dritte, S. 180 ff.
[229] Treffend *Schlechtriem,* FS Medicus, 1999, S. 529, 539 f.
[230] AA *Teubner,* FS E. Schmidt, 2005, S. 303, 334: keine abgeleitete, sondern originäre Haftung aus trilateraler Experte-Mandant-Beziehung.
[231] *Canaris* ZHR 163 (1999), 206, 220 ff.; *ders.* JZ 1995, 441; *ders.* JZ 1998, 603; *Wagner,* Grundstrukturen des Europäischen Deliktsrechts, S. 237; ähnlich *Hopt* AcP 183 (1983), 608, 658 ff., 710 ff.; *Schäfer* AcP 202 (2002), 808, 827 f.
[232] *Wagner,* Grundstrukturen des Europäischen Deliktsrechts, S. 237; übereinstimmend, wenn auch mit Unterschieden iE *Grunewald* AcP 187 (1987), 285, 299 ff.; *W. Lorenz,* FS Larenz, 1973, S. 575, 618 f.; *Picker* AcP 183 (1983), 369, 489 ff.; *Zieglirum,* Der Vertrag mit Schutzwirkung für Dritte, S. 180 ff.
[233] So der Fall OLG Köln NJW-RR 2003, 100.
[234] Überblick bei *Wagner* ZGR 2008, 495, 497 ff.
[235] *Baums* ZHR 167 (2003), 139, 146.
[236] Vgl. den Überblick bei *Holzborn/Foelsch* NJW 2003, 932, 933 ff.; eingehend *Assmann* in: *Assmann/Schütze,* HdB des Kapitalanlagerechts, § 6 RdNr. 8, 218–302.
[237] Ausf. *Wagner* ZGR 2008, 495, 497 f., 507 ff.

§ 826 70, 71　　　　　　　　　　　　　　　Abschnitt 8. Titel 27. Unerlaubte Handlungen

gemäß §§ 37 b, 37 c WpHG sowie §§ 823 Abs. 2, 826 geschützt (RdNr. 72 ff.).[238] § 44 BörsG gilt zwar nur für Wertpapiere, die zum **Börsenhandel zugelassen** sind, doch für den **grauen Kapitalmarkt** gilt kraft der Verweisung in § 13 Abs. 1 Nr. 3 VerkProspG seit 2004 eine vergleichbare Regelung, mit der die allgemeine **zivilrechtliche Prospekthaftung,** die von der Rechtsprechung auf quasi-vertraglicher Grundlage entwickelt wurde,[239] kodifiziert worden ist.[240] Die **Pflichtverletzung** besteht darin, dass in einem Prospekt unrichtige oder unvollständige Angaben über Umstände gemacht werden, die für die Beurteilung der Wertpapiere und damit für die Kapitalanlageentscheidung von Bedeutung sind. Ändern sich die für die Anlageentscheidung relevanten Umstände, muss der Prospekt berichtigt oder ergänzt werden.[241] Bei nicht wertpapiermäßig verbrieften Kapitalanlagen wird gemäß § 13 a Abs. S. 1 VerkProspG die Haftung auch dann ausgelöst, wenn die Verantwortlichen gegen die Prospektpflicht verstoßen und gar **keinen Verkaufsprospekt veröffentlicht** haben.[242] Die **Kausalität** der Pflichtverletzung für die Anlageentscheidung braucht der Anleger nicht nachzuweisen, sondern sie wird vermutet (§ 46 Abs. 2 Nr. 1 BörsG).[243]

70　　Die **Prospektverantwortlichen** sind bei der spezialgesetzlichen Prospekthaftung in § 44 Abs. 1 Nr. 1, 2 BörsG abschließend umschrieben.[244] Dazu zählen neben den Gründern, Initiatoren und Gestaltern der Gesellschaft auch sog. **Hintermänner,** die auf das Geschäftsgebaren der Gesellschaft und die Gestaltung des in dem Prospekt beschriebenen Anlagemodells Einfluss ausgeübt haben.[245] Unter diesem Aspekt lässt sich insbesondere die **persönliche Haftung** von Geschäftsleitern sowie Gesellschaftern[246] und darüber hinaus die Verantwortlichkeit von Investmentbanken begründen, die den Emissionsprozess begleitet haben.[247] **Wirtschaftsprüfungsunternehmen,** die mit der Prüfung des Prospekts betraut waren, sind hingegen allenfalls aus culpa in contrahendo oder nach den Grundsätzen über den Vertrag zugunsten Dritter verantwortlich und dies nur dann, wenn der Anleger den Prüfbericht auch angefordert hat (RdNr. 63 ff.).[248] Für die Haftung der Prospektverantwortlichen gilt diese Einschränkung nicht, so dass sie für einen fehlerhaften Prospekt selbst dann einstehen müssen, wenn dieser bei dem konkreten Vertragsschluss gar keine Verwendung gefunden hat, sondern lediglich den Vermittlern als Arbeitsgrundlage diente.[249] Stets ist auch an eine Mithaftung Dritter wegen Beihilfe zum fremden Delikt gemäß § 830 Abs. 2 zu denken.[250]

71　　Ergänzend zu den Haftungsregimen der Prospekthaftung kommt die Anwendung der **§§ 263, 264 a StGB, 823 Abs. 2,**[251] aber auch des **§ 826** in Betracht, wie für die börsengesetzliche Prospekthaftung in § 47 Abs. 2 BörsG ausdrücklich klargestellt wird, aber

---

[238] LG Frankfurt/M NJW-RR 2003, 336, 340.
[239] Grdlg. BGHZ 72, 382, 384 ff. = NJW 1979, 718 f.; BGHZ 74, 103, 106 ff. = NJW 1979, 1449 ff.; BGHZ 77, 172, 175 ff. = NJW 1980, 1840, 1841; BGHZ 123, 106, 114 – Hornblower-Fischer; BGH NJW-RR 2005, 23, 25 f.; BB 2008, 575, 576 Tz. 5 = ZIP 2008, 412 – Göttinger Gruppe; Überblick bei Kouba VersR 2004, 570; eingehend Assmann in: Assmann/Schütze, HdB des Kapitalanlagerechts, § 6 RdNr. 129 ff.; ders., FS Kübler, 1997, S. 317, 319 ff.
[240] Eingehend zum Anlegerschutzverbesserungsgesetz Fleischer BKR 2004, 339; Mülbert/Steup WM 2005, 1633, 1648 ff.
[241] BGH BB 2008, 575, 576 Tz. 5 = ZIP 2008, 412 – Göttinger Gruppe.
[242] Dazu Fleischer BKR 2004, 339, 345 ff.
[243] BGHZ 79, 337, 346 = NJW 1981, 1449; BGH BB 2008, 575, 577 Tz. 16 – Göttinger Gruppe.
[244] Assmann in: Assmann/Schütze, HdB des Kapitalanlagerechts, § 6 RdNr. 222.
[245] So – zur bürgerlich-rechtlichen Prospekthaftung – BGHZ 145, 187, 196 = NJW 2001, 360; BGH NJW-RR 2007, 1332, 1333 Tz. 19 mwN; zur spezialgesetzlichen Prospekthaftung genauso Fleischer BKR 2004, 339, 344.
[246] Exemplarisch BGH BB 2008, 575, 576 Tz. 9 – Göttinger Gruppe; zu deren Abwicklung eingehend Rohlfing/Wegener/Oettler ZIP 2008, 865.
[247] BGH NJW-RR 2007, 1332, 1333 f.
[248] BGHZ 145, 187, 196 ff. = NJW 2001, 360.
[249] BGH BB 2008, 575, 577 Tz. 16 ff.
[250] Vgl. BGH ZIP 2004, 2095, 2100 = NJW 2004, 3706.
[251] BGH NJW-RR 2005, 751.

Sittenwidrige vorsätzliche Schädigung 72, 73 § 826

auch im Bereich der bürgerlich-rechtlichen Prospekthaftung nach Maßgabe des Richterrechts anerkannt war.[252] Erst recht gilt dies bei Schädigungen von Anlegern im Vorfeld der Prospektveröffentlichung oder durch ein Verhalten, das bloß im Zusammenhang mit der Prospektveröffentlichung steht.[253] Allerdings erfordert die Annahme einer sittenwidrigen Schädigung, dass der Anleger durch den Prospekt arglistig über die Risiken des Investments getäuscht worden ist.[254]

c) Sekundärmarkt: Informationsdeliktshaftung. Nach der Vorschrift des § 15 72 WpHG über **Ad-hoc-Mitteilungen** ist der Emittent von Wertpapieren, die zum Handel an einer inländischen Börse zugelassen sind, verpflichtet, Insiderinformationen unverzüglich zu veröffentlichen. **Insiderinformationen** sind ausweislich des § 13 WpHG nicht öffentlich bekannte Umstände betreffend einen Emittenten, die im Fall ihres Bekanntwerdens dazu geeignet sind, den Börsen- oder Marktpreis der jeweiligen Wertpapiere erheblich zu beeinflussen. Gemäß § 15 Abs. 6 S. 1 WpHG haftet der Emittent für Verstöße nur nach Maßgabe der §§ 37 b, 37 c WpHG, womit klargestellt werden soll, dass § **15 WpHG kein Schutzgesetz** iS des § 823 Abs. 2 ist.[255] Zu § **20 a WpHG** s. RdNr. 78. Bei § **400 Abs. 1 Nr. 1 AktG** handelt es sich um ein Schutzgesetz, doch sind seine Voraussetzungen zwar bei Vorlage unrichtiger **Quartals- und Halbjahreszahlen**,[256] nicht aber in den typischen Fällen unrichtiger oder unterbliebener Ad-hoc-Mitteilungen erfüllt.[257] Entsprechendes gilt für die Tatbestände der §§ 263, 264 a StGB.[258] Allerdings ist der Tatbestand des § 400 Abs. 1 Nr. 1 AktG verletzt, wenn **Halbjahreszahlen in Form einer Ad-hoc-Mitteilung** publiziert werden.[259] Für den praktisch wichtigen **Jahresabschluss** gilt § 331 Nr. 1 HGB, der ebenfalls als Schutzgesetz anzuerkennen ist.[260] Die speziell für die Sanktionierung von Verstößen gegen Vorschriften über die Ad-hoc-Publizität geschaffenen **Haftungstatbestände des § 37 b WpHG** (Schadensersatz nach unterlassener Veröffentlichung kursbeeinflussender Tatsachen) und § **37 c WpHG** (Schadensersatz wegen Veröffentlichung unwahrer kursbeeinflussender Tatsachen) beschränken die Haftung auf Vorsatz und grobe Fahrlässigkeit (§§ 37 b Abs. 2, 37 c Abs. 2 WpHG), wobei die Beweislast für das Verschulden zu Lasten des Emittenten umgekehrt ist.[261] Sowohl in den §§ 37 b Abs. 5, 37 c Abs. 5 WpHG als auch in § 15 Abs. 6 S. 2 WpHG ist schließlich ausdrücklich klargestellt, dass weitergehende Ansprüche aus Vertrag oder vorsätzlich begangener unerlaubter Handlung unberührt bleiben, womit die Haftung aus § 826 gemeint ist.

§ **826 findet somit kumulativ zu den genannten Spezialtatbeständen Anwendung.** 73 Praktische Bedeutung hat dies für die **persönliche Haftung der Unternehmensleitung**, denn die §§ 37 b, 37 c WpHG verpflichten „den Emittenten", also das Unternehmen, während mit Hilfe des § 826 ein Durchgriff auf Vorstandsmitglieder und

---

[252] BGH NJW-RR 2007, 1332, 1334 Tz. 23 mwN; BB 2008, 575, 579 Tz. 34 – Göttinger Gruppe; *Bamberger/Roth/Spindler* RdNr. 67; für eine ausschließlich deliktsrechtliche Lösung *v. Bar* ZGR 1983, 476, 504 ff.
[253] Beispiel: BGHZ 96, 231, 243 f. = NJW 1986, 837, 841: Konkursverschleppung durch Ausgabe junger Aktien.
[254] BGH NJW-RR 2005, 751.
[255] BT-Drucks. 12/7918 S. 96, 102; BVerfG NJW 2003, 501, 502; BGHZ 160, 134, 138 f. = NJW 2004, 2664 = WM 2004, 1731; OLG München NJW 2003, 144, 145 = BB 2002, 2409; LG Augsburg WM 2002, 592, 593; *Groß* WM 2002, 477, 484; *Thümmel* DB 2001, 2331, 2332 f.; ausf. *Barnert* WM 2002, 1473, 1477 ff.; aA LG Augsburg NJW-RR 2001, 1705, 1706.
[256] OLG München ZIP 2006, 1247.
[257] BGHZ 160, 134, 140 ff. = NJW 2004, 2664 = WM 2004, 1731; BGH NJW 2005, 2450, 2452; ZIP 2007, 1560, 1562 Tz. 18; *Spindler* WM 2004, 2089, 2091.
[258] BGHZ 160, 134, 141 f. = NJW 2004, 2664 = WM 2004, 1731; vgl. aber zum Anlagebetrug BGHSt ZIP 2006, 947.
[259] BVerfG ZIP 2006, 1096 f.; BGHSt NJW 2005, 445, 448; OLG Stuttgart ZIP 2006, 511, 512.
[260] AG Bonn AG 2001, 486; *Baumbach/Hopt/Merkt* § 331 HGB RdNr. 1.
[261] Vgl. *Rößner/Bolkart* ZIP 2002, 1471 f.; BVerfG NJW 2003, 501, 502 f.; BGHZ 160, 134, 138 f. = NJW 2004, 2664 = WM 2004, 1731; *Fleischer* DB 2004, 2031, 2032 f.

§ 826   74   Abschnitt 8. Titel 27. Unerlaubte Handlungen

Geschäftsführer möglich ist. Mit Hilfe des § 31 lässt sich daneben auch eine **gesamtschuldnerische Haftung des Unternehmens** – in der Sprache des WpHG: des Emittenten – begründen.[262] Die §§ 57, 71 f. AktG stehen der Haftung des Emittenten nicht entgegen.[263] Allerdings machten die Instanzgerichte zunächst nur zögerlich von § 826 Gebrauch, wenn gesagt wurde, nicht jede Täuschung sei sittenwidrig,[264] oder der Nachweis verlangt wurde, dass sich der Unternehmensvorstand die Art und Weise der Schädigung von individuellen Anlegern im Detail vorgestellt habe.[265] Damit hat der BGH mit seinen Urteilen in Sachen „Infomatec", „EM.TV" und „ComROAD" aufgeräumt.[266] Der II. ZS hat es abgelehnt, den Haftungstatbestand des § 826 noch weiter zu verengen, als es das Gesetz ohnehin verlangt, sondern ist dem Geschädigten so gut es ging entgegen gekommen.[267] Danach genügt für die Feststellung der **Sittenwidrigkeit** die Verwerflichkeit des Verhaltens, die sich wiederum bereits aus der Verbreitung grob unrichtiger Informationen in Gestalt von Ad-hoc-Mitteilungen zum Zwecke der Irreführung des Sekundärmarktpublikums ergibt.[268] In den „Infomatec"-Fällen kam hinzu, dass die Leitungsorgane kurz nach Verbreitung der falschen Mitteilungen in erheblichem Umfang Aktien des eigenen Unternehmens veräußerten.[269] Auch der Nachweis vorsätzlichen Verhaltens kann in solchen Fällen gelingen, denn hier wie sonst reicht **Eventualvorsatz** aus, wobei sich Wissen und Wollen des Schädigers nicht auf bestimmte Individuen als Opfer beziehen müssen, solange bloß die Art eines möglicherweise eintretenden Schadens vorausgesehen und dieser billigend in Kauf genommen wird (RdNr. 24 f.).[270]

74   Der BGH orientiert die **Haftungsausfüllung** am Prinzip der **Naturalrestitution** und stellt den Anleger so, „wie er stehen würde, wenn die für die Veröffentlichung Verantwortlichen ihrer Pflicht zur wahrheitsgemäßen Mitteilung nachgekommen wären",[271] gewährt also einen Anspruch auf Erstattung des tatsächlich gezahlten Kaufpreises Zug um Zug gegen Rückübertragung der Wertpapiere.[272] Sind die Wertpapiere zwischenzeitlich veräußert worden, tritt der Veräußerungserlös an ihre Stelle und wird mit dem Anspruch auf Erstattung des Kaufpreises saldiert.[273] Die schadensersatzrechtliche Rückabwicklung des Kaufvertrags über die Wertpapiere setzt indessen den Nachweis der sog. **Transaktionskausalität** voraus:

---

[262] BGH NJW 2005, 2450 – EM.TV; ZIP 2007, 1560, 1561 Tz. 11; 2007, 1564 Tz. 11; 2008, 407, 408 Tz. 11; 2008, 410, 411 Tz. 11; 2008, 829, 830 Tz. 11.
[263] BGH NJW 2005, 2450, 2452 f.; wN aus der Rspr. in der vorherigen Fn.; eingehend *Möllers* BB 2005, 1637, 1639 ff.
[264] So LG München I NJW-RR 2001, 1701, 1705.
[265] So aber LG Augsburg WM 2002, 592, 594.
[266] BGHZ 160, 134 = NJW 2004, 2664 – Infomatec I; BGHZ 160, 149 = NJW 2004, 2971 – Infomatec II; NJW 2004, 2668 – Infomatec III; BGH NJW 2005, 2450 – EM.TV; sowie die ComROAD-Saga BGH ZIP 2007, 681 = WM 2007, 683; ZIP 2007, 679 = WM 2007, 684; ZIP 2007, 326 = WM 2007, 486; ZIP 2007, 1560 = WM 2007, 1557; ZIP 2007, 1564 = WM 2007, 1560; ZIP 2008, 407 = WM 2008, 395; ZIP 2008, 410 = WM 2008, 398; ZIP 2008, 829 = NJW-RR 2008, 1004; genauso *Fuchs/Dühn* BKR 2002, 1063, 1067 f.
[267] BGHZ 160, 149, 153 ff. = NJW 2004, 2971, 2973 f.; *Möllers/Leisch* in Kölner Komm. zum WpHG §§ 37 b, 37 c RdNr. 404 ff.; vgl. auch *Bachmann* in: *Bachmann/Casper/Schäfer/Veil*, Steuerungsfunktionen des Haftungsrechts im Gesellschafts- und Kapitalmarktrecht, 2007, S. 93, 128 ff.
[268] BGHZ 160, 149, 157 = NJW 2004, 2971; zust. *Edelmann* BB 2004, 2031, 2032 f.; *Möllers* JZ 2005, 75, 76; *Spindler* WM 2004, 2089, 2091 f.
[269] BGHZ 160, 149, 158 = NJW 2004, 2971; generell für eine Sittenwidrigkeit auch ohne eigennütziges Verhalten *Krause* ZGR 2002, 799, 823; *Möllers* JZ 2005, 75, 76; *Möllerse/Leisch* WM 2001, 1648, 1655; zweifelnd *Spindler* WM 2004, 2089, 2092.
[270] BGHZ 160, 149, 156 = NJW 2004, 2971, 2973.
[271] BGHZ 160, 149, 153 = NJW 2004, 2971, 2972 – Infomatec I; gleichlautend in BGH NJW 2005, 2450, 2451 – EM.TV.
[272] BGHZ 160, 149, 153 = NJW 2004, 2971, 2972 – Infomatec I; bestätigt in BGH NJW 2005, 2450, 2451 – EM.TV; ZIP 2007, 1564 Tz. 10; 2008, 407, 408 Tz. 10; 2008, 410 Tz. 10; 2008, 829 Tz. 10; zust. *Leisch* ZIP 2004, 1573, 1575; *Möllers/Leisch* WM 2001, 1648, 1656. Die Zug um Zug-Leistung setzt den Grundsatz der Vorteilsausgleichung um, vgl. allg. *Staudinger/Schiemann* § 249 RdNr. 142 f.
[273] BGH NJW 2005, 2450, 2451 – EM.TV.

Der Anleger muss nachweisen, dass er die Wertpapiere nur wegen der Irreführung erworben hat und bei richtiger Information vom Erwerb Abstand genommen hätte.[274] Dies gilt nicht nur für den Anspruch auf Naturalrestitution durch Rückzahlung des Kaufpreises, sondern nach der Rechtsprechung genauso auch für den **Anspruch auf Wertersatz** in Höhe der **Differenz** zwischen dem tatsächlich gezahlten Kaufpreis und dem Preis, der sich bei pflichtgemäßem Informationsverhalten gebildet hätte.[275] Der Nachweis der Kausalität zwischen Falschinformation und Anlageentscheidung ist äußerst schwer zu führen[276] und bisher nur wenigen Klägern gelungen.[277] Eine Übertragung der für die Prospekthaftung nach dem BörsG entwickelten **Beweiserleichterungen** auf die Fälle der Sekundärmarkthaftung hat der BGH abgelehnt,[278] weil nicht generell vermutet werden könne, Ad-hoc-Mitteilungen erzeugten eine Anlagestimmung, der sich auch der konkret geschädigte Anleger hingegeben habe.[279] Aus diesem Grund scheide auch die Anwendung der Regeln über den Anscheinsbeweis aus,[280] zumal es sich bei der Kaufentscheidung um einen individuellen Willensentschluss handele, der der Typisierung nicht zugänglich sei. Dabei hat der BGH die im US-amerikanischen Recht entwickelte **fraud-on-the-market-theory** ausdrücklich abgelehnt, weil sie zu „einer uferlosen Ausdehnung des ohnehin offenen Haftungstatbestandes der vorsätzlichen sittenwidrigen Schädigung [...] führen würde".[281] Nach dieser Doktrin ist ohne weiteres davon auszugehen, dass der Anleger bei seiner Kaufentscheidung auf die Integrität der Preisbildung am Kapitalmarkt vertraut hat.[282]

Entgegen kritischen Stimmen in der **Literatur**[283] ist dem BGH im **Kontext der Naturalrestitution** in seinem **Insistieren auf dem Kausalitätsnachweis** unter Ablehnung von Beweiserleichterungen zu folgen.[284] Der II. ZS sollte sogar noch einen Schritt weiter gehen und den im Wege der **Naturalrestitution** gewährten Anspruch auf Rückzahlung des Kaufpreises **ausschließen,** sofern die Wertpapiere ganz unabhängig von der inkriminierten Ad-hoc-Mitteilung und deren Richtigstellung drastisch an Wert gewonnen und sodann wieder eingebüßt haben, wie es nach dem Platzen der Blase am Neuen Markt im Jahr 2000 der Fall war. Als Rechtsgrundlage für den Ausschluss der Naturalrestitution kommt entweder

---

[274] BGHZ 160, 134, 143 ff. = NJW 2004, 2664; BGH ZIP 2008, 407, 408 Tz. 1; 2008, 410, 411 Tz. 13; 2008, 829, 830 Tz. 13.

[275] BGH ZIP 2007, 679, 680 Tz. 9 = WM 2007, 684; ZIP 2007, 1560, 1561 Tz. 14 = WM 2007, 1557; ZIP 2007, 1564 = WM 2007, 1560; ZIP 2008, 407 = WM 2008, 395; ZIP 2008, 410 = WM 2008, 398; ZIP 2008, 829 = NJW-RR 2008. 1004.

[276] Treffend *Zimmer* WM 2004, 9, 17: „Dass die Kenntnisnahme einer einzelnen Kapitalmarktinformation einen Anleger zu Erwerb oder Veräußerung von Wertpapieren veranlasst, mag zwar vorkommen, ist aber kein typischer Sachverhalt [...]"; zust. *Gerber* DStR 2004, 1793, 1797; *Kort* AG 2005, 21, 26; vgl. auch 485 U.S. 224, 108 S.Ct. 978, 980 – Basic vs. Levinson: Nachweiserfordernis bezüglich Kausalität sei „unrealistic evidentiary burden".

[277] So im Fall BGHZ 160, 149 = NJW 2004, 2971; vgl. auch BGH NJW 2005, 2450; ZIP 2007, 326 f. Tz. 6; WM 2007, 1560, 1561 Tz. 20.

[278] BGHZ 160, 134, 145 f. = NJW 2004, 2664, 2667; BGH NJW 2004, 2668, 2671; ZIP 2007, 1560, 1562; 2007, 1564, 1565; 2008, 407, 409; 2008, 410 f.; zust. *Kort* AG 2005, 21, 26; *Möllers* JZ 2005, 75, 77; im Ergebnis auch *Spindler* WM 2004, 2089, 2092; krit. *Fleischer* NJW 2002, 2977, 2980 unter Hinweis auf die US-amerikanische „fraud-on-the-market"-Theorie.

[279] BGHZ 160, 134, 146 = NJW 2004, 2664, 2667; BGH NJW 2004, 2668, 2671; ZIP 2007, 1560, 1561 Tz. 14; aA *Baums* ZHR 167 (2003), 139, 180 ff.; *Fleischer* DB 2004, 2031, 2034.

[280] BGH ZIP 2007, 681, 682 Tz. 9 = WM 2007, 683; ZIP 2007, 679, 680 Tz. 4 = WM 2007, 684; ZIP 2007, 326 Tz. 4 = WM 2007, 486; ZIP 2007, 1560, 1561 Tz. 13 = WM 2007, 1557; ZIP 2007, 1564 f. Tz. 13 = WM 2007, 1560; ZIP 2008, 407 = WM 2008, 395; ZIP 2008, 410 = WM 2008, 398; ZIP 2008, 829 = NJW-RR 2008, 1004.

[281] BGH ZIP 2007, 681, 682 Tz. 11 = WM 2007, 683; ZIP 2007, 679, 680 Tz. 8 = WM 2007, 684; ZIP 2007, 326 Tz. 5 = WM 2007, 486; ZIP 2007, 1560, 1562 Tz. 16 = WM 2007, 1557; ZIP 2007, 1564, 1565 Tz. 16 = WM 2007, 1560; ZIP 2008, 407, 409 Tz. 16 = WM 2008, 395; ZIP 2008, 410, 411 Tz. 16 f. = WM 2008, 398; ZIP 2008, 829, 830 Tz. 16 f. = NJW-RR 2008, 1004.

[282] Grundlegend 485 U.S. 224, 108 S.Ct. 978 (1988) – Basic vs. Levinson; 806 F. 2d 1154, 1160–1161 (1986) – Peil vs. Speiser.

[283] *Baums* ZHR 167 (2003), 139, 181 ff., 185; *Fleischer* DB 2004, 2031, 2034; vgl. auch OLG München BB 2005, 1651 f.

[284] *Wagner* ZGR 2008, 495, 531; *Leuschner* ZIP 2008, 1050, 1052 ff.

§ 251 Abs. 2 oder das in § 249 Abs. 2 S. 1 genannte Erforderlichkeitskriterium in Betracht (§ 249 RdNr. 362).[285] Nicht überzeugend ist es jedoch, wenn der BGH auch dann auf dem Nachweis der Transaktionskausalität besteht, wenn der geprellte Anleger lediglich den **Differenzschaden** geltend macht, der ihm dadurch entstanden ist, dass er die Wertpapiere infolge der Irreführung zu teuer erworben hat.[286] Dieser **Anspruch auf Ausgleich der Wertdifferenz setzt gerade *nicht* voraus, dass der Anleger bei richtiger Information vom Erwerb der Papiere Abstand genommen hätte,** sondern lediglich, dass die **unrichtige Information den Marktpreis beeinflusst** hat. Davon ist jedoch zumindest im Sinne eines Anscheinsbeweises auszugehen, und dieser lässt sich im Einzelfall dadurch erhärten, dass ein Kursausschlag nach Publikation der irreführenden Mitteilung festgestellt wird. Damit erweist sich die fraud-on-the-market-theory zwar nicht als tragfähig, um einen Anspruch auf Naturalrestitution zu begründen – wofür sie im amerikanischen Recht auch nicht entwickelt worden ist –,[287] wohl aber als tragfähige Hypothese bei der Berechnung des Differenzschadensersatzes.[288] Im letzteren Fall behauptet der Anleger schließlich nicht, bei pflichtgemäßer Information nicht gekauft zu haben, sondern die Papiere billiger erworben zu haben. Deshalb ist es einfach nicht richtig, ihn mit dem Nachweis der Transaktionskausalität zu belasten. Schließlich ist es auch nicht unmöglich, den Differenzschaden zu berechnen,[289] auch wenn sich die hypothetische Entwicklung des Börsenkurses bei pflichtgemäßer Information des Marktes nicht mit Sicherheit vorhersehen lässt. Die Bildung eines prozentualen **Mittelwerts zwischen dem *Kurssprung*** nach Veröffentlichung einer dem Unternehmen günstigen, aber unrichtigen Mitteilung und dem ***Kursrutsch*** nach Aufdeckung der Wahrheit dürfte dem wahrscheinlichen Kurseffekt der Fehlinformation sehr nahe kommen.[290] § 287 ZPO erlaubt es, sich mit einer solchen Wahrscheinlichkeit zu begnügen.

76 **d) Komplexe Finanzprodukte, Churning, Scalping.** Auch jenseits der Prospekthaftung nach den Grundsätzen der culpa in contrahendo und der Rechtsprechung zu den Termingeschäften kommt § 826 eine wichtige Funktion bei der Steuerung und Kontrolle des Kapitalmarkts jenseits des § 823 Abs. 2 und der Straftatbestände der §§ 263, 264a StGB zu. Die Haftung hängt dabei entscheidend davon ab, in welchem Umfang Banken, Brokern und Beratern **Aufklärungs- und ggf. auch Beratungspflichten** obliegen, wobei es vor allem auf die Intensität des Risikos und die Komplexität des jeweiligen Produkts ankommt.[291] Beispielsweise darf beim Vertrieb von **Time-Sharing**-Rechten die Zahl der beteiligten Gesellschaften und die Art und Weise der Leistungserbringung nicht im Dunkeln bleiben.[292] Zentrale Bedeutung haben Aufklärung und Beratung bei Engagements in **modernen Finanzprodukten,** soweit es sie über das Krisenjahr 2008 hinaus noch geben wird, etwa bei Anlagen in sog. **Promissory Notes,**[293] und beim Vertrieb von **Derivaten** und **Zertifikaten.** Anders als einige Instanzgerichte[294] und die hL.[295] lehnt der BGH es ab, die **Aufklärungs-, Organisations- und Transparenzpflichten** der §§ 31 ff., 32 ff. WpHG

---

[285] Ausf. *Wagner* ZGR 2008, 495, 514 ff.; im Ergebnis genauso *Fuchs/Dühn* BKR 2002, 1063, 1069; *Fleischer* BB 2002, 1869, 1871; *Hopt/Voigt,* Prospekt- und Kapitalmarktinformationshaftung, S. 131 f.
[286] *Wagner* ZGR 2008, 495, 528 f.; übereinstimmend *Baums* ZHR 167 (2003), 139, 181; *Zimmer* WM 2004, 9, 17; *Leisch* ZIP 2004, 1573, 1578; *Maier-Reimer/Webering* WM 2002, 1857, 1860; *Möllers* ZBB 2003, 390, 401, 403; *Duve/Basak* BB 2005, 2645, 2650; *Engelhardt* BKR 2006, 443, 447 f.
[287] Eingehend zur Schadensberechnung im Rahmen der fraud-on-the-market-theory unter Rule 10b-5 *Cornell/Morgan* 37 UCLA L. Rev. 883 (1990).
[288] *Wagner* ZGR 2008, 495, 529; *Leuschner* ZIP 2008, 1050, 1054 ff.
[289] In diese Richtung aber OLG München NJW-RR 2002, 1702 = NZG 2002, 1110; wie hier BGH NJW 2005, 2450, 2453; *Baums* ZHR 167 (2003), 139, 189 f.; *Schäfer/Weber/Wolf* ZIP 2008, 197, 198; *Wagner* ZGR 2008, 495, 532.
[290] *Wagner* ZGR 2008, 495, 524 ff.; ähnlich und doch anders *Schäfer/Weber/Wolf* ZIP 2008, 197.
[291] Vgl. *Schoch* BB 2000, 163, 164 f.
[292] Vgl. LG Hanau NJW-RR 2001, 1500 f.
[293] OLG Düsseldorf NJW-RR 1996, 1006, 1007: Haftung aus § 826 in concreto abgelehnt.
[294] KG NJW 2004, 2755; LG Hamburg NJW 2004, 2757, 2758.
[295] Vgl. nur *Assmann/Schneider/Koller* Vor § 31 WpHG RdNr. 17, § 32 WpHG RdNr. 22.

Sittenwidrige vorsätzliche Schädigung   77–79 § 826

als Schutzgesetze zu qualifizieren.[296] Es handele sich primär um Regulierungsrecht, das zwar dazu geeignet sei, vorvertraglichen Pflichten von Wertpapierdienstleistungsunternehmen zu prägen, nicht jedoch über § 823 Abs. 2 eine privatrechtliche Haftung zu begründen. Trotz der anlegerschützenden Funktion der §§ 31 ff. WpHG passe die Sanktionierung von Verstößen nicht in das haftungsrechtliche Gesamtsystem, weil damit der Sache nach eine allgemeine Fahrlässigkeitshaftung für reine Vermögensschäden zu Lasten von Wertpapierdienstleistungsunternehmen und ihren Mitarbeitern eingeführt werde. Damit bleibt es insoweit bei der Haftung nach § 826, die bereits dann eingreift, wenn der Berater dem Anleger **leichtfertig bzw. grob fahrlässig eine Empfehlung** gibt, die den Kaufentschluss des Anlegers beeinflusst hat und bei der der Berater damit rechnet, dass es zu einer Schädigung kommen könnte.[297]

Auch das sog. **Churning** ist ein Fall des § 826, wenn Broker, Vermittler oder beide 77 zusammen das Konto eines Kapitalanlegers plündern, indem sie die Anlagen häufig umschlagen, um sich auf diese Weise Provisionseinnahmen zu verschaffen.[298] Dabei kommt es nicht darauf an, ob die Gebührenforderungen bestimmte **Grenzwerte** überschreiten, also eine bestimmte Quote des Anlagevermögens ausmachen (commission-to-equity-ratio).[299] Entscheidend sind vielmehr Indizien, insbesondere die Häufung wirtschaftlich sinnloser Transaktionen bei Fehlen einer Anlagestrategie.[300] Sofern die Voraussetzungen des § 826 vorliegen, richtet sich der Schadensersatzanspruch nicht nur gegen das Kapitalanlagevermittlungsunternehmen, sondern auch gegen dessen **Geschäftsführungsmitglieder** oder gegen individuelle Anlageberater persönlich (RdNr. 80).[301] Ein im **Ausland domiziliertes Brokerunternehmen** haftet gemäß § 830 Abs. 1 S. 1, Abs. 2 als **Mittäter oder Gehilfe** für das Gebaren einer im Inland tätigen Wirtschaftsberatungsgesellschaft, die die Kontoeröffnung vermittelt, die Order platziert und an den Gebühreneinnahmen wegen einer Kick-Back-Vereinbarung partizipiert hat.[302]

Beim sog. **Scalping** erwirbt der Täter in einem ersten Schritt Wertpapiere zum Markt- 78 preis, empfiehlt diese sodann Dritten oder der Öffentlichkeit zum Kauf und veräußert sie in einem dritten Schritt zu einem erwartungsgemäß erhöhten Preis. Nach der strafrechtlichen Judikatur erfüllt ein solches Verhalten nicht den Tatbestand eines verbotenen Insidergeschäfts iS der §§ 13 Abs. 1 Nr. 3, 14 Abs. 1 Nr. 4 WpHG, sondern stellt eine Kurs- und Marktpreismanipulation gemäß § 20 a Abs. 1 Nr. 2 WpHG dar.[303] Genauso wie die Vorgängerbestimmung des § 88 BörsG aF ist **§ 20 a WpHG kein Schutzgesetz** iS des § 823 Abs. 2.[304] Damit bleibt zur Haftungsbegründung gegenüber demjenigen, der die Papiere zu einem überhöhten Preis erworben hat, nur § 826.

e) **Termingeschäfte.** Eine praktisch wichtige Rolle spielt § 826 in einem besonderen 79 Segment des grauen Kapitalmarkts, nämlich im Bereich der **Vermittlung von Terminoptionsgeschäften** mit Waren, Aktien, Aktienindizes, Renten, Währungen usw.[305] Wer eine in solchen Geschäften unerfahrene Person zu Finanz- oder Warenterminoptionsgeschäf-

---

[296] BGH NJW 2008, 1734, 1735 ff. Tz. 14 ff.; ähnlich bereits BGHZ 170, 226, 232 Tz. 17 ff. = NJW 2007, 1876; genauso *Möllers* in Kölner Komm. zum WpHG § 31 RdNr. 10; offen noch BGHZ 142, 345, 356 = NJW 2000, 359; BGHZ 147, 343, 353 = NJW 2002, 62.
[297] BGH NJW 2008, 1734, 1737 Tz. 29.
[298] BGH NJW 1995, 1225, 1226; NJW-RR 2000, 51, 52; NJW 2004, 3423, 3424 = ZIP 2004, 1699; *Ellenberger* WM 2001, Beilage 1 S. 12.
[299] BGH NJW 2004, 3423, 3424.
[300] BGH NJW 2004, 3423, 3424 f.
[301] Vgl. BGH NJW-RR 2000, 51, 52; NJW 2004, 3423, 3425.
[302] BGH NJW 2004, 3423, 3425.
[303] BGHSt NJW 2004, 302, 303 ff.
[304] So zu § 88 BörsG aF BT-Drucks. 10/318 S. 45; BVerfG NJW 2003, 501, 502 f.; BGHZ 160, 134, 139 f. = NJW 2004, 2664 = WM 2004, 1731; *Barnert* WM 2002, 1473, 1475 ff.; *Spindler* WM 2004, 2089, 2090 f.; aA *Fuchs/Dühn* BKR 2002, 1063, 1064 f.; ambivalent *Möllers/Leisch* in Kölner Komm. zum WpHG §§ 37 b, 37 c RdNr. 455 ff.
[305] Überblick in BGH NJW 1993, 257, 258; WM 2001, 2313, 2314; zuletzt BGH VersR 2006, 365, 366 f. Tz. 26 ff. = NJW-RR 2006, 627.

ten an inländischen oder ausländischen Börsen – etwa an der Londoner Warenterminbörse[306] – veranlasst, muss den Anleger über das besondere Risiko solcher Transaktionen aufklären. Letzteres ergibt sich nicht nur aus der spekulativen Natur von Termingeschäften, sondern es wird durch die Praxis der Kapitalanlagevermittler, sehr hohe **Zuschläge auf die Börsenprämien** zu erheben, wesentlich verschärft.[307] Deshalb muss das Vermittlungsunternehmen die Börsenoptionsprämie und die eigenen Prämien, Gebühren und Auslagenpauschalen jeweils **getrennt ausweisen.**[308] Ferner muss der Kunde unmissverständlich, schriftlich und in auffälliger Form darauf hingewiesen werden, dass durch diese Aufschläge das Chancen/Risiko-Verhältnis derart aus dem Gleichgewicht gebracht wird, dass die **Erzielung** eines Gewinns sehr unwahrscheinlich wird und die deshalb ohnehin bescheidenen Gewinnchancen noch mit jedem zusätzlichen Optionsgeschäft weiter abnehmen.[309] Diesen Anforderungen ist mit einer mündlichen Belehrung, etwa am Telefon, nicht Genüge zu tun, sondern sie erfordern **Aufklärung in schriftlicher Form.**[310] Insoweit reicht es selbstverständlich nicht aus, wenn die gebotenen Hinweise im Kleingedruckten versteckt oder wenn einschlägige Urteile des BGH in den Verkaufsbroschüren im Wortlaut wiedergegeben werden. Die Rechtsprechung verlangt vielmehr, dass dem Kunden die **wirtschaftliche Aussichtslosigkeit und Unsinnigkeit des Geschäfts in unmissverständlicher Weise vor Augen** geführt werden.[311] Wurde gegen die Aufklärungspflicht verstoßen, ist ohne weiteres zu **vermuten, der Kunde hätte vom Abschluss der Geschäfte Abstand genommen,** wenn er über das Missverhältnis zwischen überaus geringen Gewinnchancen und enormen Verlustrisiken informiert worden wäre.[312] Wendet sich der Vermittler hingegen an einen in Termingeschäften erfahrenen Kunden oder wendet sich der Anleger an einen Discount-Vermittler, der keine aggressive Kundenwerbung betreibt, ausschließlich erfahrene Anleger zur Zielgruppe hat und jedwede Beratung ablehnt, handelt der Kunde auf eigenes Risiko und kann aus einer unterbliebenen oder mangelhaften Aufklärung keine Rechte herleiten.[313]

80   Die geschilderte, weit reichende Aufklärungspflicht findet im Verhältnis zu dem die Terminoptionsgeschäfte vermittelnden **Unternehmen** ihre Grundlage sowohl im Vertragsrecht bzw. im Verschulden bei Vertragsverhandlungen[314] als auch in § 826 (iVm. § 31).[315] Allein auf die Deliktshaftung kommt es an, wenn nicht das Vermittlungsunternehmen, sondern dessen **Leitungsorgane persönlich** auf Schadensersatz in Anspruch genommen werden sollen. Nach der Rechtsprechung handelt der Geschäftsführer einer GmbH sittenwidrig, wenn er Terminoptionsgeschäfte des beschriebenen Inhalts, aber ohne die erforderliche Aufklärung, selbst vermittelt oder vermitteln lässt oder die Vermittlung bewusst nicht verhindert.[316] Darauf, ob der Geschäftsführer persönlichen Kontakt zu den Kunden der

---

[306] Dazu etwa BGHZ 80, 80 = NJW 1981, 1266 f.; BGHZ 105, 108 = NJW 1988, 2882.
[307] Zu diesen Zusammenhängen iE BGHZ 80, 80, 83 ff. = NJW 1981, 1266 f.; BGH WM 1983, 1235; NJW-RR 2005, 556, 557.
[308] BGHZ 80, 80, 85 = NJW 1981, 1266; BGH NJW 1982, 2815, 2816; WM 2001, 2313, 2314; OLG Karlsruhe ZIP 1989, 842, 844.
[309] BGHZ 105, 108, 110 = NJW 1988, 2882; BGHZ 124, 151, 155 f. = NJW 1994, 512 f.; BGH NJW-RR 1999, 843; NJW 1993, 257, 258; 1994, 997; 2002, 2777; WM 2001, 2313, 2314; NJW-RR 2005, 556, 557; VersR 2006, 365 Tz. 14 = NJW-RR 2006, 627.
[310] BGHZ 105, 108, 110 f. = NJW 1988, 2882, 2883; BGH NJW 1992, 1879, 1880; 2002, 2777; NJW-RR 2005, 556, 557; VersR 2006, 365, 366 Tz. 22 ff. = NJW-RR 2006, 627.
[311] BGHZ 124, 151, 156 = NJW 1994, 512 f.; BGH NJW-RR 1999, 843; NJW 1994, 997; 2002, 2777, 2778.
[312] BGHZ 124, 151, 159 f., 163 = NJW 1994, 512, 513 f.; BGH NJW 2002, 2777, 2778.
[313] BGH NJW-RR 1996, 947, 948; vgl. auch BGH NJW 2000, 359, 360 f.; *Hopt*, FS Gernhuber, 1993, S. 169, 185 ff.; allg. zur Abhängigkeit der Aufklärungspflichten von der Größe des Risikos und dem Wissensstand des Kunden BGHZ 123, 126, 128 f. = NJW 1993, 2433 f. = VersR 1993, 1236 f.; BGH VersR 2002, 1248, 1249.
[314] BGHZ 80, 80, 81 ff. = NJW 1981, 1266 f.; BGHZ 105, 108, 110 = NJW 1988, 2882; 124, 151, 153 ff. = NJW 1994, 512, 514; BGH NJW 1992, 1879, 1880.
[315] BGH NJW-RR 1999, 843; 2005, 556, 557; VersR 2006, 365, 366 Tz. 26 = NJW-RR 2006, 627.
[316] Grdlg. BGH NJW 1982, 2815, 2816; BGHZ 105, 108, 109 f. = NJW 1988, 2882; BGHZ 124, 151, 162 = NJW 1994, 512, 514; BGH NJW 1993, 257, 258; 1994, 997; 2002, 2777 f.; WM 2001, 2313, 2314;

Gesellschaft hatte, kommt es nicht an.[317] Gleiches gilt für dritte Unternehmen im In- oder Ausland, die an den sittenwidrigen Praktiken der eigentlichen Vermittler teilnehmen bzw. diese unterstützen, und schließlich auch für deren Leitungsorgane, sofern sie die Teilnahme des eigenen Unternehmens an den Schädigungshandlungen bewusst nicht verhindern.[318] In sämtlichen Fällen trägt der Beklagte die Beweislast für die Durchführung der Aufklärung in dem erforderlichen Umfang[319], und schließt ein Irrtum des Geschäftsführers über die Reichweite der von den Gerichten angenommenen Aufklärungspflicht vorsätzliches Handeln ebenso wenig aus (RdNr. 27 f.)[320] wie die **Konsultation eines Rechtsanwalts**.[321] **Ehemalige Geschäftsführer** des als GmbH inkorporierten Unternehmens, die nach dem Ausscheiden noch Beratungsleistungen für den Broker erbringen, können als Gehilfen gemäß § 830 Abs. 2 haftbar gemacht werden,[322] ebenso ein Notar, der den Verkaufsprospekt mitgestaltet hat.[323]

Nach denselben Grundsätzen wie für die Vermittlung von Termindirektgeschäften richtet sich auch die Aufklärung beim Vertrieb von **Beteiligungen an Pools und Fonds,** die sich ihrerseits in Börsentermingeschäften engagieren, und zwar auch dann, wenn die Rückzahlung des eingesetzten Kapitals garantiert wird.[324] Selbst unter dieser Voraussetzung bleibt es dabei, dass dem Kunden die wirtschaftliche Unvernunft seiner Beteiligung mit Blick auf die winzigen Gewinnchancen deutlich vor Augen geführt werden muss. Insbesondere ist die Höhe der Gebühren und der Gewinnbeteiligungsquote der Poolverwaltung an exponierter Stelle offen zu legen und auf die Folgen für die Gewinnchancen des Anlegers hinzuweisen.[325]

Mit der Mobilisierung von § 826 **ersparen sich die Gerichte den Rückgriff auf § 823 Abs. 2** und die Prüfung sowie den Nachweis der anspruchsvollen Voraussetzungen einer Straftat, insbesondere nach den §§ 263, 264 a StGB.[326] Für § 826 bedarf es weder der Feststellung einer arglistigen Täuschung noch der übrigen technischen Voraussetzungen des Betrugs, sondern es genügt die Nichterfüllung grundlegender Aufklärungspflichten bzw. die Verschleierung der relevanten rechtlichen und wirtschaftlichen Zusammenhänge.

Wenn der BGH von den Vermittlern verlangt, dass sie ihre Kunden auf den wirtschaftlichen Unsinn des Geschäfts deutlich und unmissverständlich hinweisen,[327] kommt dies einem **Bannstrahl** gleich, mit dem solchen Geschäften die Existenzberechtigung abgesprochen wird. Die Rechtsprechung zur Aufklärungspflichtverletzung bei Termingeschäften mitsamt ihrer Stoßrichtung gegen Leitungsorgane der Vermittlungsunternehmen ist als Basis-**Regulativ für den (grauen) Kapitalmarkt** zu sehen und unter diesem Gesichtspunkt auch gerechtfertigt.[328] Das Ausmaß der in diesem Segment Jahr für Jahr stattfindenden Kapitalvernichtung ist eindrucksvoller Beleg für die Unfähigkeit der Anleger, sich selbst vor Übervorteilung zu schützen und für die Notwendigkeit rechtlicher Schutzmechanismen. An dieser Regulierungsfunktion des § 826 hat sich auch durch die §§ 31 ff. WpHG nichts geändert.

VersR 2006, 365, 367 Tz. 27 f. = NJW-RR 2006, 627. Nach OLG Düsseldorf NJW-RR 2001, 1207 haftet uU sogar ein ehemaliger Geschäftsführer, der faktisch allerdings noch eine beherrschende Stellung im Vermittlungsunternehmen einnimmt.

[317] BGH NJW 1993, 257, 258.
[318] BGH NJW-RR 1999, 843, 844 unter Hinweis auf § 830 Abs. 1.
[319] BGH NJW 1993, 257, 259; zurückhaltender BGHZ 105, 108, 115.
[320] BGH VersR 2006, 365, 367 Tz. 29 = NJW-RR 2006, 627.
[321] BGHZ 124, 151, 163 = NJW 1994, 512, 515; BGH WM 1983, 1235; NJW 1994, 997, 999.
[322] BGH NJW-RR 2005, 556, 557.
[323] OLG Karlsruhe ZIP 1989, 842, 845 f.
[324] BGH NJW-RR 1998, 1271, 1272. – Schadensersatzansprüche kommen selbstverständlich nur in Betracht, wenn die Kapitalgarantie nicht eingelöst wird.
[325] BGH NJW-RR 1998, 1271, 1272; vgl. auch BGH NJW-RR 1996, 947, 948.
[326] Besonders deutlich BGH NJW 1982, 2815, 2816; WM 1983, 1235; vgl. auch BGH NJW 1993, 257.
[327] Vgl. BGH WM 2001, 2313, 2314.
[328] *Wagner* AcP 206 (2006), 352, 371 ff.; vgl. auch *Hopt*, FS Gernhuber, 1993, S. 169, 174.

§ 826 84, 85   Abschnitt 8. Titel 27. Unerlaubte Handlungen

84   **f) Ratingagenturen.** Bei der Haftung von Ratingagenturen für fehlerhafte Bewertungen ist zwischen der Vertrags- und Deliktshaftung zu unterscheiden.[329] Beim sog. **solicited rating** steht die Vertragshaftung der Agentur gegenüber dem Emittenten im Vordergrund, der den Auftrag erteilt hat, doch sie scheitert in aller Regel am vertraglichen Haftungsausschluss.[330] In den Fällen des sog. **unsolicited rating** wäre eine Haftung gegenüber dem bewerteten Unternehmen gemäß § 823 Abs. 1 wegen Eingriffs in das Recht am eingerichteten und ausgeübten Gewerbebetrieb denkbar, wobei die Haftung entsprechend der für Warentests etablierten Grundsätze auf die **Gebote der Neutralität, Sachkunde und Redlichkeit** zu beschränken wäre (§ 823 RdNr. 211).[331] In letzter Linie steht § 826 als Anspruchsgrundlage zur Verfügung, die allerdings voraussetzt, dass der Ratingagentur leichtfertiges Vorgehen unter Inkaufnahme der Schädigung Dritter nachgewiesen werden kann (RdNr. 29 f.).

85   **4. Kreditgeberhaftung, Gläubigergefährdung und Insolvenzverschleppung. a) Grundlagen der Kreditgeberhaftung.** Die **Konkurrenz von Gläubigern** im Allgemeinen sowie Geld- und Warenkreditgebern im Besonderen um die stets knappen Aktiva eines kriselnden oder bereits zahlungsunfähigen Unternehmens oder sonstigen Schuldners ist ein Strukturproblem jeder Zivilrechtsordnung, dem eine Fülle von Rechtsinstituten zugeordnet ist. In allen diesen Regelungszusammenhängen geht es um die beiden miteinander zusammenhängenden Ziele, (1) dem Rechtsverkehr, und damit **potentiellen Neugläubigern**, ein **realistisches Bild von der Vermögenslage ihres potentiellen Schuldners** zu vermitteln und (2) ein **Schuldnerunternehmen,** das definitiv überschuldet ist (§ 19 InsO), **aus dem Verkehr zu ziehen** und so die Vernichtung weiteren Kapitals zu verhindern. **Kreditgeber,** die dem Unternehmen **frisches Kapital** zuführen, sind **nicht zur Rücksichtnahme auf Altgläubiger** verpflichtet, weil deren Befriedigungsaussichten in der Insolvenz des Schuldners wegen der um den Neukredit erhöhten Schuldenlast absinken.[332] Diesen Regelungszielen dienen insbesondere die **Publizitätserfordernisse** des Sachenrechts, die von der Rechtsprechung im Rahmen von § 138 entwickelten Schranken für besitzlose Mobiliarsicherheiten als funktionale Äquivalente des Publizitätsprinzips, die Möglichkeit zur Rückgängigmachung von Rechtsgeschäften im Vorfeld der Krise nach Maßgabe des Einzelgläubigeranfechtungsrechts oder nach den **Anfechtungstatbeständen** der InsO (§§ 129 ff. InsO), die **Insolvenzantragspflicht** des Korporationsrechts (§ 15 a Abs. 1 InsO), die verschiedenen Tatbestände des **Insolvenzstrafrechts** (§§ 283 ff. StGB) sowie der Vollstreckungsvereitelung (§ 288 StGB). Hingegen entfalten die **Informationsobliegenheiten der Kreditinstitute** gemäß **§ 18 KWG** keine Schutzwirkung zugunsten dritter Gläubiger, so dass eine Haftungsbegründung über § 823 Abs. 2 ausscheidet.[333] Vor diesem Hintergrund beschränkt sich die legitime Rolle des § 826 auf eine **praktisch wichtige Ergänzungsfunktion,** die mit Rücksicht auf die Wertungen der genannten Spezialmaterien wahrzunehmen ist.[334] Das Konzept der „Berufspflichten", insbesondere von Banken, hilft dabei nicht weiter (§ 823 RdNr. 255 ff.).[335]

---

[329] Eingehend *Blaurock* ZGR 2007, 603, 627 ff.; *Peters,* Die Haftung und Regulierung von Ratingagenturen.
[330] Eingehend *Hennrichs,* FS Hadding, 2004, S. 875, 878 ff.
[331] In diese Richtung KG WM 2006, 1432, 1433; *Fleischer,* Verh. 64. DJT I, S. F 133, 141; *Habersack* ZHR 169 (2005), 185, 200 ff.
[332] RGZ 136, 247, 254; *Kuntz* ZIP 2008, 814, 816 ff.
[333] BGH VersR 1973, 247; WM 1984, 128, 131; *Engert,* Haftung für drittschädigende Kreditgewährung, S. 25 ff.
[334] Grds. abl. *Vuia,* Die Verantwortlichkeit von Banken in der Unternehmenskrise, S. 279 ff., die die Anwendung des § 826 wegen methodischer Bedenken ablehnt, dann jedoch im Wege der „gesetzesübersteigenden Rechtsfortbildung" freihändig einen Haftungstatbestand zu Lasten von Kreditgebern entwickelt (S. 316 ff.), dessen Rechtsfolge als „Durchgriff" bezeichnet wird, obwohl es gar nicht um die Einstandspflicht der Gesellschafter für Gesellschaftsschulden geht (S. 318 f.). Ob darin ein methodischer Fortschritt läge, muss bezweifelt werden.
[335] So aber *Gawaz,* Bankenhaftung für Sanierungskredite, S. 135 ff.

b) Gläubigergefährdung. Unter dem Stichwort der Gläubigergefährdung werden Fälle 86 versammelt, in denen ein Kreditgeber sich **Sicherheiten ausbedingt,** die wegen ihres **Umfangs** oder wegen ihrer **Intransparenz** dazu geeignet sind, andere **Gläubiger in die Irre zu führen.**[336] Allerdings entspricht es guter (bank-)kaufmännischer Praxis, einen Kredit oder eine sonstige Zahlungsforderung durch Inanspruchnahme des Schuldnervermögens abzusichern. Die mit der **Begründung von Sicherungsrechten** unweigerlich gegebene Gefahr einer Täuschung des Rechtsverkehrs über die tatsächlich (noch) vorhandene Haftungsmasse sollte das sachenrechtliche Publizitätsprinzip im Zaum halten, das für die Entstehung von Sicherungsrechten an Immobilien wie an Fahrnis stets einen Publizitätsakt (Eintragung, Übergabe) verlangt (§§ 1113, 1205). In der Realität hat sich dieses Konzept nur für die Immobiliarsicherheiten durchhalten lassen, während im Bereich der Sicherungsrechte an Fahrnis seit langem die **heimlichen Sicherungsrechte,** nämlich Sicherungsübereignung, Sicherungszession und Eigentumsvorbehalt, dominieren. Nachdem deren Legalität heute nicht mehr ernsthaft in Frage gestellt werden kann, ist für § 826 die Konsequenz zu ziehen, dass die Irreführung des Rechtsverkehrs über die Kreditwürdigkeit des Schuldners nicht sittenwidrig ist, soweit sie lediglich auf der Inanspruchnahme besitzloser Mobiliarsicherheiten beruht.[337] Dies gilt selbst dann, wenn nahezu das gesamte Umlaufvermögen des Kreditnehmers in Anspruch genommen wird.[338] Die in der ersten Dekade des 21. Jahrhunderts beliebten **Private Equity-Transaktionen** mit hohem Fremdkapitalanteil (high leverage) unter gleichzeitiger Verpfändung des gesamten freien Vermögens der Zielgesellschaft sind deshalb nicht schon als solche sittenwidrig und lösen keine Haftung der finanzierenden Bank gemäß § 826 hinaus, wenn nicht weitere Umstände hinzutreten.[339] Anders liegt es, wenn die übernommene Gesellschaft bei realistischer Betrachtung kaum eine Chance hat, den Kredit zurückzuzahlen, und dieser zudem in einer Weise strukturiert ist, dass der Kreditgeber ungehinderten Zugriff auf das Eigenkapital der Gesellschaft hat.[340]

Nach der Rechtsprechung zu § 138 ist die Grenze zur Sittenwidrigkeit allerdings dann 87 überschritten, wenn eine Bank oder ein sonstiger Geldkreditgeber Kundenforderungen des Kreditnehmers als Sicherungsmittel für sich in Anspruch nimmt, obwohl die Bank Kenntnis davon hat, dass sie einem verlängerten Eigentumsvorbehalt unterliegen bzw. in Zukunft unterliegen werden (sog. **Vertragsbruchtheorie**).[341] Auf die weiteren Einzelheiten kann hier nicht eingegangen werden (vgl. § 138 RdNr. 96 ff.), doch ist der Hinweis angebracht, dass die Bank den Warenkreditgebern gemäß § 826 ersatzpflichtig werden kann, soweit Letztere einen Schaden erleiden, der nicht schon durch die Nichtigkeit der Globalzession verhindert bzw. kompensiert wird. Dafür ist allerdings mehr vorausgesetzt als eine iS des § 138 sittenwidrige Gestaltung des Sicherungsvertrags, etwa wegen Fehlens einer dinglichen Teilverzichtsklausel.[342] Im Rahmen des § 826 kommt es nicht auf das Verhältnis zwischen Schuldner und Sicherungsnehmer, sondern auf dasjenige zwischen der **Bank als Sicherungsnehmerin und Drittgläubigern** an, denen die jeweiligen Sicherheiten als Haftungsmasse entzogen werden.[343] Besonders anstößig ist es, wenn das gesamte pfändbare Vermögen für die **Besicherung eines Altkredits** in Anspruch genommen wird.[344]

---

[336] BGH WM 1962, 962, 965; NJW 1970, 657, 659; vgl. auch RGZ 136, 247, 254; sehr schwammig noch BGHZ 10, 228, 233 = NJW 1953, 1665.
[337] RGZ 136, 247, 258: keine Pflicht zur Aufklärung späterer Kreditgeber über den Umfang der beanspruchten Sicherheiten. Vgl. auch RGZ 143, 48, 51; BGH WM 1962, 1220, 1222.
[338] BGHZ 138, 291, 300 = NJW 1998, 2592.
[339] Vgl. *Kuntz* ZIP 2008, 814, 815 ff.; *Seibt* ZHR 171 (2007), 282, 310 f.
[340] *Seibt* ZHR 171 (2007), 282, 310 f.
[341] BGHZ 30, 149, 152 ff. = NJW 1959, 1533, 1536 m. Anm. *Dempewolf*; BGHZ 56, 173, 179 = NJW 1971, 1311, 1313; eingehend *Baur/Stürner* § 59 RdNr. 50 ff.
[342] Zu undifferenziert daher die Bezugnahmen in BGH NJW 2001, 2632, 2633, etwa auf BGHZ 19, 12, 18 = NJW 1956, 337 f.; zur dinglichen Teilverzichtsklausel vgl. nur BGHZ 72, 308, 310 = NJW 1979, 365 f.; *Baur/Stürner* § 59 RdNr. 52 ff.
[343] BGHZ 10, 228, 232 = NJW 1953, 1665 m. Anm. *Barkhausen*; BGH NJW 1970, 657, 658.
[344] So in BGH NJW 1995, 1668.

88 Darüber hinaus haben Fälle der **Kollusion** die Rechtsprechung beschäftigt, in denen der Kreditschuldner/Sicherungsgeber mit dem Kreditgeber/Sicherungsnehmer[345] oder mit dessen Konzern-Muttergesellschaft als Gesellschafter[346] arglistig zum Schaden dritter Gläubiger zusammengewirkt hat, etwa indem Letztere gezielt über die wahre Vermögenslage des Schuldners getäuscht wurden, sodass sie davon absahen, Selbstschutzmaßnahmen zu ergreifen, wie etwa die Kündigung des Kredits, die Einforderung von Sicherheiten oder den Versuch der Zwangsvollstreckung. Beispielhaft ist ein Fall zu nennen, in dem eine Sparkasse im Zusammenwirken mit einem schon zu Beginn des Vorhabens klammen Bauherrn öffentliche Zuschüsse erschlich, mit der Folge, dass ein Bauunternehmen Leistungen auf Kredit erbrachte, weil es auf die Seriosität des Vorhabens vertraut hatte.[347] Genauso sind Fälle zu beurteilen, in denen der Kreditschuldner durch Ausübung von **Druck** seitens des Kreditgebers erst gefügig gemacht wird.[348] So liegt es etwa, wenn eine Bank einen von ihr gänzlich abhängigen, weil konkursreifen, Sicherungsgeber dazu bringt, ihr sein **Restvermögen weit unter Wert** zu überlassen.[349] Damit werden zwar die Verbindlichkeiten gegenüber der Bank zurückgeführt, doch dies geschieht zu Lasten aller anderen Gläubiger. Keine Haftung nach § 826 löst es aus, wenn eine Konzerngesellschaft Sicherungsrechte an ihren sämtlichen Vermögensgegenständen bestellt, um damit eine von der Kreditgeberin bereitgestellte **Konzernfinanzierung** abzusichern.[350] Eine Haftung von Banken kommt ferner dann in Betracht, wenn sie die **Insolvenz des Unternehmens aus eigensüchtigen Motiven hinauszögern,** insbesondere zu dem Zweck, Altkredite zurückzuführen (RdNr. 92).

89 c) **Insolvenzverschleppung. aa) Haftung wegen Schutzgesetzverletzung.** Der Gefahr der Insolvenzverschleppung, also des Weiterbetreibens eines bankrotten Unternehmens zum Schaden seiner Gläubiger, begegnet die Rechtsordnung zunächst mit § 15 a Abs. 1 InsO (§§ 42 Abs. 2 BGB, 92 Abs. 2 AktG, 64 Abs. 1 GmbHG, 30 a, 177 a HGB aF, wonach die Mitglieder des Vertretungsorgans oder die die Abwickler von Korporationen bei Eintritt der Zahlungsunfähigkeit oder Überschuldung binnen drei Wochen die Eröffnung des Insolvenzverfahrens zu beantragen haben. Verstößt beispielsweise der **Geschäftsführer einer GmbH** gegen diese **Insolvenzantragspflicht,** hat er der Gesellschaft gemäß § 64 GmbHG (§ 64 Abs. 2 GmbHG aF) sämtliche Zahlungen an Dritte und an Gesellschafter, die nach Eintritt der Zahlungsunfähigkeit oder der Überschuldung erfolgen, zu ersetzen. Darüber hinaus macht er sich nach § 84 Abs. 1 Nr. 2, Abs. 2 GmbHG strafbar. Schließlich haftet er **Alt- wie Neugläubigern** wegen **Schutzgesetzverletzung** gemäß §§ 15 a Abs. 1 InsO, 823 Abs. 2 auf Schadensersatz, wobei die Neugläubiger individuelle Ersatzansprüche außerhalb des Insolvenzverfahrens selbstständig gegen den Geschäftsführer geltend machen können, während der Schaden der Altgläubiger gemäß § 92 InsO vom Insolvenzverwalter zu liquidieren ist (§ 823 RdNr. 397 ff.).[351]

90 bb) **Haftung wegen sittenwidriger Schädigung.** § 826 findet zwar **kumulativ zu den §§ 15 a Abs. 1 InsO, 823 Abs. 2** Anwendung, doch geht er über den dort normierten Verhaltensstandard nicht hinaus: Ein Verhalten, das dem Maßstab des § 15 a Abs. 1 InsO standhält, kann im Rahmen des § 826 nicht als sittenwidrig qualifiziert werden.[352] Die **Voraussetzungen einer Haftung aus § 826** wegen Insolvenzverschleppung sind indessen erfüllt, wenn der Geschäftsführer einer von ihm als insolvent erkannten GmbH den Todeskampf des Unternehmens verlängert und dabei die Schädigung seiner Gläubiger

---

[345] BGH WM 1996, 1245, 1246.
[346] BGHZ 138, 291, 298 ff. = NJW 1998, 2592.
[347] RGZ 162, 202, 205 ff.
[348] BGH NJW 2001, 2632, 2633.
[349] BGH WM 1985, 866, 868 f.
[350] BGHZ 138, 291, 298 ff. = NJW 1998, 2592.
[351] BGHZ 138, 211, 214 ff. = NJW 1998, 1266, 1268; BGH VersR 2008, 495, 496 Tz. 10.
[352] BGHZ 75, 96, 114 = NJW 1979, 1823, 1828.

Sittenwidrige vorsätzliche Schädigung 91, 92 § 826

billigend in Kauf nimmt.[353] Dabei braucht der Geschäftsführer weder die Person des geschädigten Gläubigers noch die genaue Höhe des Schadens in seinen Vorsatz aufgenommen zu haben (RdNr. 25).[354] Beruft sich der Geschäftsführer zu seiner Entlastung darauf, er habe die Krise für überwindbar gehalten, trägt er insoweit die (sekundäre) **Darlegungs- und Beweislast**.[355] Die praktische Bedeutung des § 826 für die Insolvenzverschleppungshaftung kann sich entfalten, wenn es um die **Schädigung anderer Personen als Gesellschaftsgläubiger** (RdNr. 97 ff.) und um die **Haftung anderer Subjekte als Geschäftsführer** (RdNr. 91 ff.) geht. Seine Funktion besteht insbesondere darin, **gesellschaftsexterne Entscheidungsträger zu veranlassen, rechtzeitig einen Insolvenzantrag zu stellen**.

cc) **Insolvenzverschleppungshaftung der Kreditgeber.** Unter § 826 gerichtsnotorisch sind Fälle, in denen einer Bank, insbesondere der Hausbank des später in Konkurs gefallenen Unternehmens, der Vorwurf gemacht wird, sie habe die Stellung **des Insolvenzantrags gezielt hinausgezögert**, um in der so **gewonnenen Zeit die von ihr ausgereichten Kredite zurückzuführen** oder neue Sicherheiten für alte und faule Kredite zu erlangen.[356] Banken genießen im Hinblick auf die Bonität des Schuldners häufig einen **erheblichen Informationsvorsprung vor konkurrierenden Gläubigern** und haben zudem einen starken Anreiz, den Schuldner lediglich solange am Leben zu halten, bis ihr Scherflein ins Trockene gebracht ist, ohne eine nachhaltige Sanierung auch nur versucht zu haben. Dieser Zweck kann mit verschiedenen Mitteln erreicht werden, deren Spektrum vom **aktiven Management des Schuldnerkontos**, etwa mit Hilfe des Wechsel-Scheck-Verfahrens (RdNr. 111), über die **Bereitstellung von Überbrückungskrediten**, die Begleitung einer **Kapitalerhöhung**, mit der dem in Wahrheit bankrotten Unternehmen von dritter Seite frisches Eigenkapital zugeführt wird,[357] bis hin zur **faktischen Leitung des schuldnerischen Unternehmens** durch einen Repräsentanten der Bank in dessen Geschäftsführung reicht.[358] Verhält es sich so, ist die Kreditpolitik der Bank auf die Schädigung dritter Gläubiger angelegt, denen sie folglich nach § 826 für den Ausfall im Insolvenzverfahren aufzukommen hat.[359] Die **Haftung neuer Kreditgeber**, die im Zeitpunkt der Kreditgewährung an das kriselnde Unternehmen nicht um offene Altkredite besorgt sein müssen, lässt sich nicht unter dem Gesichtspunkt der Insolvenzverschleppung, sondern allenfalls unter demjenigen der **Kollusion** begründen (RdNr. 88).[360]

Die **Judikatur zur Kreditgeberhaftung bewegt sich auf einem schmalen Grat**, weil 92 sich der optimale Zeitpunkt für den Gang zum Insolvenzgericht ex ante oft nur schwer bestimmen lässt.[361] Es ist einer Bank weder per se als sittenwidrig anzurechnen, wenn sie ein marodes Unternehmen „fallen lässt", indem sie den Kredit fällig stellt oder die weitere Kreditgewährung ablehnt,[362] noch kann es ihr generell zum Vorwurf gereichen, wenn sie ein in Zahlungsschwierigkeiten steckendes Unternehmen gerade nicht sofort

---

[353] BGH 108, 134, 142 = NJW 1989, 3277; BGHZ 175, 58 = VersR 2008, 495, 496 Tz. 15 f. = ZIP 2008, 361; *Scholz/K. Schmidt* § 64 GmbHG RdNr. 63.
[354] OLG Stuttgart ZInsO 2004, 1150, 1152; OLG Frankfurt NZG 1999, 947, 948.
[355] BGH VersR 2008, 495, 496 f. Tz. 17 f.
[356] Eingehend zur Anreizstruktur der Bank in solchen Situationen *Engert*, Haftung für drittschädigende Kreditgewährung, S. 99 ff.
[357] Dazu BGHZ 90, 381, 399 = NJW 1984, 1893, 1900; BGHZ 96, 231, 235 ff. = NJW 1986, 837, 838 f., 841; BGH NJW 1992, 3167, 3174 f.
[358] Beispiel: BGH WM 1956, 527, 529.
[359] Vgl. außer den Nachweisen Fn. 361 BGHZ 10, 228, 233 f. = NJW 1953, 1665 f. m. Anm. *Barkhausen*; OLG Hamm NJW-RR 1995, 617, 618; eingehend zu den Fallgruppen *Engert*, Haftung für drittschädigende Kreditgewährung, S. 49 ff.
[360] *Kuntz* ZIP 2008, 814, 822 f.
[361] BGH NJW 1970, 657, 658; vgl. auch BGH WM 1965, 475, 476; NJW 1992, 3167, 3174; BGHZ 90, 381, 399 = NJW 1984, 1893, 1900; BGHZ 96, 231, 235 = NJW 1986, 837, 841.
[362] BGHZ 90, 381, 399 = NJW 1984, 1893, 1900; BGH NJW 2001, 2632, 2633; *Canaris* ZHR 143 (1979), 113, 122 f.

fallen lässt, sondern mit Hilfe weiterer Kredite am Leben erhält, und dabei selbstverständlich auch um die Einbringlichkeit ihrer eigenen Forderungen besorgt ist, also deren Zurückführung oder Besicherung anstrebt und regelmäßig auch erreicht.[363] Ob die Bank einen illegitimen Sondervorteil gesucht oder lediglich ihre legitimen Gläubigerinteressen verfolgt hat, entscheidet die Rechtsprechung anhand einer **Abwägung sämtlicher Umstände des Einzelfalls;** die Formulierung subsumtionsfähiger Tatbestandsmerkmale wird mit der lakonischen Begründung abgelehnt, dass: „die Grenze fließt".[364] Tatsächlich besteht zu einem solchen Quietismus kein Anlass, denn verlässliche **Kriterien der Sittenwidrigkeit** stehen zur Verfügung,[365] insbesondere die Frage, ob die von der Bank in der Krise ausgereichten **Kredite** nach ihrem Umfang und ihren Konditionen trotz aller Risiken wenigstens **dazu geeignet** waren, den **Schuldner zu sanieren,** oder ob sie lediglich dazu dienen konnten, **die Agonie zu verlängern.**[366] Im zuletzt genannten Fall lässt sich sagen, die Bank erstrebe mit der Kreditgewährung lediglich einen „risikolosen Vorteil", nämlich allein die Rückführung von Altkrediten zum Nachteil der übrigen Gläubiger, „auf deren Gefahr und Kosten".[367] Sittenwidrig ist es zudem, wenn die Bank auf einen eigenen Sanierungsbeitrag gänzlich verzichtet und stattdessen eine **Person ihres Vertrauens in der Geschäftsführung des Schuldnerunternehmens installiert,** damit diese die bereits aufgelaufenen Kreditforderungen zurückführt oder besichert.[368]

93   In allen Fällen wird stets vorausgesetzt, dass der **Schuldner im Zeitpunkt der weiteren Kreditgewährung tatsächlich insolvenzreif,** also objektiv zahlungsunfähig oder überschuldet war,[369] woran das Ergänzungsverhältnis dieser Haftung zu derjenigen aus §§ 15 a Abs. 1 InsO, 823 Abs. 2 deutlich wird. Aus § 826 ergibt sich das Erfordernis, dass die **Bank um den Insolvenzgrund gewusst** oder sich **leichtfertig entsprechender Erkenntnis verschlossen** hat.[370] Unterlässt sie die sachkundige und gewissenhafte Prüfung der wirtschaftlichen Lage des Kreditnehmers und vergibt den Kredit insofern leichtfertig, kann sie sich anschließend nicht auf die Unkenntnis vom wirklichen Finanzbedarf des Schuldners berufen.[371] Die Verletzung von Prüfungsobliegenheiten bei der Ausreichung eines Kredits für die Zwecke einer Betriebserweiterung löst die Haftung gemäß § 826 mangels Konkursreife des Kreditnehmers nicht aus.[372]

94   **dd) Insolvenzverschleppungshaftung sonstiger Gläubiger?** Gläubiger des insolventen Unternehmens sind **grundsätzlich nicht verpflichtet,** ihren konkursreifen Schuldner durch Anbringung eines Insolvenzantrags vom Markt zu nehmen.[373] Eine haftungsbewehrte Insolvenzantragspflicht von Gläubigern würde die durch kostspielige Anstrengungen gewonnenen Informationen über die Bonität eines Schuldners zugunsten der ignorant gebliebenen Mitgläubiger sozialisieren und damit den Anreiz zur Generierung solcher

---

[363] *Obermüller,* Insolvenzrecht in der Bankpraxis, RdNr. 5106; *Soergel/Hönn* RdNr. 151.
[364] BGH NJW 1970, 657, 658; genauso bereits RGZ 85, 343, 345; in der Sache ambivalent auch die Entscheidung BGHZ 10, 228, 232 ff. = NJW 1953, 1665 f. m. Anm. *Barkhausen.*
[365] Übereinstimmen *Koller* JZ 1985, 1013; vgl. auch *Mertens* ZHR 143 (1979), 174, 180.
[366] BGH WM 1962, 962, 965; NJW 1970, 657, 658; *Neuhof* NJW 1998, 3225, 3229; *Obermüller,* Insolvenzrecht in der Bankpraxis, RdNr. 5108.
[367] RGZ 85, 343, 345; *Engert,* Haftung für drittschädigende Kreditgewährung, S. 168 ff.; *Obermüller,* Insolvenzrecht in der Bankpraxis, RdNr. 5115.
[368] BGH WM 1965, 475, 476; sowie die Parallelsache BGH WM 1964, 671, 673; *Obermüller,* Insolvenzrecht in der Bankpraxis, RdNr. 5120; unnötig restriktiv BGH WM 1956, 527, 529; treffend *Engert,* Haftung für drittschädigende Kreditgewährung, S. 77 ff.: „stille Inhaberschaft".
[369] BGH NJW 1970, 657, 659; 1965, 475, 476; *Engert,* Haftung für drittschädigende Kreditgewährung, S. 179 f.
[370] BGH WM 1962, 962, 965; OLG Frankfurt WM 1990, 2010, 2012.
[371] So, im Rahmen von § 138, BGHZ 10, 228, 234 = NJW 1953, 1665, 1666 m. Anm. *Barkhausen;* von einer Pflicht, den Kreditnehmer durch einen unabhängigen Wirtschaftsfachmann begutachten zu lassen, ist in der Entscheidung entgegen *Neuhof* NJW 1998, 3225, 3228, nicht die Rede.
[372] BGH WM 1961, 1126, 1127.
[373] BGH WM 1964, 671, 673.

Sittenwidrige vorsätzliche Schädigung   95, 96 § 826

Informationen zerstören.³⁷⁴ Ausnahmen von diesem Grundsatz sind indessen dann zu machen, wenn ein Dritter, der über die Zahlungsunfähigkeit des Unternehmens im Bilde ist, nicht nur untätig bleibt, sondern den **Gang zum Insolvenzgericht aktiv verhindert bzw. hinauszögert,** weil er auf diese Weise seine eigene Haftung oder sein eigenes Ausfallrisiko zurückzuführen sucht. So liegt es etwa, wenn ein Gesellschafter, dem zwar keine Organstellung zukommt, der aber faktisch „der allein maßgebliche Mann in der GmbH [ist]", den Betrieb am Laufen hält, um seine eigene Exposition als Bürge für Unternehmenskredite zu vermindern.³⁷⁵

ee) Schutzbereich der Haftung: Anleger und Gesellschafter. Der Schutzbereich der 95 Haftung aus §§ 15 a Abs. 1 InsO, 823 Abs. 2 ist auf die **Gläubiger der Gesellschaft beschränkt,** genauer: auf diejenigen Personen, die bei Eintritt der Insolvenzreife der Gesellschaft Gläubiger waren (Altgläubiger) oder es nach diesem Zeitpunkt, aber vor der Erfüllung der Insolvenzantragspflicht geworden sind (Neugläubiger). Anleger und Gesellschafter, die ihre Beteiligung an dem bankrotten Unternehmen nach Eintritt der Insolvenzreife erworben haben, fallen damit aus dem Schutzbereich der §§ 15 a Abs. 1 InsO, 823 Abs. 2 heraus (§ 823 RdNr. 401).³⁷⁶ Damit stellt sich die Frage nach ihrer Aktivlegitimation gemäß § 826. Sie ist insbesondere bei **börsennotierten Gesellschaften** von großer praktischer Bedeutung, weil bei diesen eine Vielzahl von Anlegern als Gesellschafter betroffen sind, so dass eine Fülle von Schadensersatzforderungen droht. Dieses Haftungsrisiko hat der BGH wesentlich begrenzt, indem er den **Schutzbereich** des § 826 grundsätzlich auf die **Gläubiger der Gesellschaft** sowie den deren Interessen wahrnehmenden Insolvenzverwalter beschränkt,³⁷⁷ die **Anteilseigner** hingegen **ausgeklammert** hat.³⁷⁸ Die Bank haftet also beispielsweise nicht den – uU sehr zahlreichen – Aktionären, die ihre Beteiligung während der Dauer der Insolvenzverschleppung erworben haben. Auf einem anderen Blatt steht die persönliche Haftung des Geschäftsführers gegenüber den Erwerbern junger Aktien bzw. neu hinzutretenden GmbH-Gesellschaftern aus § 823 Abs. 2 iVm. § 263 StGB sowie aus § 826, wenn er die Neugesellschafter arglistig über die Bonität der Gesellschaft täuscht.³⁷⁹ Gleiches gilt für eine von der Bank begleitete Kapitalerhöhung, die allein dem Zweck der Insolvenzverschleppung dient.³⁸⁰

Mit dieser Rechtsprechung ist klargestellt, dass geschädigte **Gesellschafter weder ge-** 96 **mäß §§ 15 a Abs. 1 InsO, 823 Abs. 2 geschützt noch unter § 826 aktivlegitimiert sind.** Dies gilt nicht nur für die Haftung von Banken und anderen Kreditgebern, sondern erst recht für die Haftung des **Geschäftsführers.** Letzterer haftet zwar auf der Grundlage der §§ 43 Abs. 2, 64 GmbHG bereits für leichte Fahrlässigkeit, allerdings gegenüber der Gesellschaft, nicht gegenüber dem einzelnen Gesellschafter. In der Insolvenz ist dieser Anspruch gemäß § 92 InsO von dem Insolvenzverwalter geltend zu machen, so dass die dadurch hereinkommenden Mittel primär der Deckung von Ansprüchen der Gläubiger gewidmet sind; die Gesellschafter haben lediglich einen Residualanspruch auf einen etwa verbleibenden Überschuss.³⁸¹ Die darin liegende Zurücksetzung der Gesellschafterinteressen gegenüber den Gläubigerinteressen ist notwendiges Korrelat der durch Inkorporation bewirkten Haftungsbeschränkung auf das Gesellschaftsvermögen. Deshalb wäre es unge-

---

³⁷⁴ *Koller* JZ 1985, 1013, 1021.
³⁷⁵ So in dem Fall BGH WM 1973, 1354, 1355, in dem der Gesellschafter auch nicht zum „faktischen Geschäftsführer" avancierte, den die Pflichten des § 64 Abs. 1 GmbHG treffen.
³⁷⁶ RGZ 73, 30, 35; BGHZ 29, 100, 103 = NJW 1959, 623 f.; BGHZ 75, 96, 107 = NJW 1979, 1823, 1826 f.; BGHZ 96, 231, 237 = NJW 1986, 837, 839; *Scholz/K. Schmidt* § 64 GmbHG RdNr. 57; *Altmeppen/Roth/Altmeppen* § 64 GmbHG RdNr. 61; aA *Ekkenga*, FS Hadding, 2004, S. 343 ff.
³⁷⁷ Speziell zur Aktivlegitimation des Insolvenzverwalters BGHZ 90, 381, 399 = NJW 1984, 1893, 1900 (insoweit nur hier abgedruckt).
³⁷⁸ Grdlg. auch zum Folgenden BGHZ 96, 231, 235 ff. = NJW 1986, 837, 838 f. – BuM; BGH LM (Gd) Nr. 22.
³⁷⁹ So auch BGHZ 96, 231, 238 = NJW 1986, 837, 838 f. – BuM.
³⁸⁰ BGHZ 96, 231, 243 f. = NJW 1986, 837, 839, 841; BGH NJW 1992, 3167, 3174 f.
³⁸¹ Ausf. *Wagner*, FS K. Schmidt, 2009, unter V. 4. (im Erscheinen).

reimt, wenn ein einzelner Gesellschafter an § 43 Abs. 2 GmbHG vorbei mit Hilfe des § 826 einen individuellen Schadensersatzanspruch gegen den Geschäftsführer erheben könnte, dessen Vermögen in aller Regel nicht ausreichen dürfte, um sämtliche gegen ihn erhobenen Ansprüche zu befriedigen. Noch ungereimter wäre es, über § 31 auch noch die Gesellschaft für das Delikt des Geschäftsführers verantwortlich zu machen und damit Gesellschafter und Gläubiger in der Gesellschaftsinsolvenz auf eine Ebene zu stellen. Sofern dies sämtlichen Gesellschaftern gelänge – was bei Ein-Mann-Gesellschaften definitionsgemäß der Fall ist – würde die insolvenzrechtliche Rangordnung, wie sie sich aus § 199 S. 2 InsO ergibt und durch §§ 92 InsO, 43 Abs. 2 GmbHG verwirklicht wird, auf den Kopf gestellt und die Widmung des Gesellschaftsvermögens für die Befriedigung der Gläubiger beeinträchtigt.

97 **ff) Haftung gegenüber der Bundesagentur für Arbeit?** § 826 kommt als Anspruchsgrundlage für den **Regress wegen der Zahlung von Insolvenzgeld** in Betracht, das die **Bundesagentur für Arbeit** an Arbeitnehmer des bankrotten Unternehmens auf der Grundlage von § 183 SGB III gezahlt hat. Zwar gehen gemäß § 187 SGB III die kongruenten Arbeitsentgeltansprüche der Arbeitnehmer kraft Legalzession auf die Bundesagentur über, so dass sie Gläubigerin der Gesellschaft wird, doch dies bringt wegen der Insolvenz der Gesellschaft in aller Regel wenig ein. Wesentlich interessanter wäre ein Vorgehen gegen den Geschäftsführer persönlich. Zu diesem Zweck kann sich die Bundesagentur nicht auf § 823 Abs. 2 iVm. § 15 a Abs. 1 InsO (§ 64 Abs. 1 GmbHG aF) berufen, weil sie vor Eröffnung des Insolvenzverfahrens nicht Gläubigerin der GmbH war.[382] Etwaige Schadensersatzansprüche der Gesellschaft gegen ihren Geschäftsführer werden von § 187 SGB III indessen nicht erfasst.[383] In diese Lücke stößt § 826, wenn die oben genannten Voraussetzungen für eine vorsätzlich-sittenwidrige Insolvenzverschleppung vorliegen (RdNr. 89). Die §§ 15 a Abs. 1 InsO, 823 Abs. 2 sind zwar hinsichtlich der Verhaltensanforderungen bei drohender Insolvenz abschließend (RdNr. 90), nicht aber hinsichtlich des persönlichen Schutzbereichs der Insolvenzverschleppungshaftung.[384] Da die Bundesagentur indessen ohne Rücksicht auf den Zeitpunkt der Antragstellung zur Zahlung von Insolvenzgeld verpflichtet ist, kann sie mit ihrem Regressanspruch nur durchdringen, wenn sie zur Überzeugung des Gerichts nachweisen kann, dass ihr gerade durch das Hinauszögern des Insolvenzantrags ein Schaden entstanden ist, dass sie also kein (oder weniger) Insolvenzgeld hätte zahlen müssen, wenn der Antrag früher gestellt worden wäre.[385] Dabei geht es um den **Nachweis der Kausalität des Unterlassens für den Primärschaden,** nicht hingegen um den Einwand rechtmäßigen Alternativverhaltens.[386] Folgerichtig trägt die Anspruchstellerin die **Darlegungs- und Beweislast,** und es sind ihr auch keine besonderen Beweiserleichterungen zuzubilligen.[387] Angesichts der weithin üblichen Praxis der Insolvenzgerichte, einen vorläufigen Insolvenzverwalter einzusetzen und die vorläufige Fortführung des Unternehmens zu ermöglichen, anstatt die sofortige Stilllegung anzuordnen (§ 22 Abs. 1 S. 2 Nr. 2 InsO), wird der Nachweis, dass bei rechtzeitiger Antragstellung kein Insolvenzgeld hätte gezahlt werden müssen, kaum einmal zu führen sein.[388] Der Vorschlag, den Einwand mangelnden Schadens bzw. rechtmäßigen Alternativverhaltens mit Rücksicht auf die Sanktionsfunktion des § 826 abzuschneiden,[389]

---

[382] BGHZ 108, 134, 136 = NJW 1989, 3277 ff.; BGH ZIP 2008, 361, 362 Tz. 14 f. = VersR 2008, 495; OLG Frankfurt NZG 1999, 947; OLG Saarbrücken ZIP 2007, 328; *Haas* DStR 2003, 423, 427; *Beck* ZInsO 2008, 713, 717 f.

[383] Vgl. BAG ZIP 2002, 992.

[384] OLG Stuttgart ZInsO 2004, 1150, 1151; OLG Saarbrücken ZIP 2007, 328; aA LG Stuttgart ZIP 2008, 1428, 1429 f.; *Schmülling* ZIP 2007, 1095, 1099 ff.; *Beck* ZInsO 2008, 713, 715 ff.

[385] BGH ZIP 2008, 361, 363 Tz. 22 ff. = VersR 2008, 495; OLG Saarbrücken ZIP 2007, 328, 330.

[386] *Schmülling* ZIP 2007, 1095, 1096 ff.; im Ergebnis genauso BGH ZIP 2008, 361, 363 Tz. 22 ff. = VersR 2008, 495.

[387] BGH ZIP 2008, 361, 363 Tz. 25; OLG Saarbrücken ZIP 2007, 328, 330.

[388] BGH ZIP 2008, 361, 363 f. Tz. 26; anders OLG Frankfurt NZG 1999, 947, 948.

[389] OLG Koblenz ZIP 2007, 120, 122.

überzeugt nicht, denn Zweck des Insolvenzgeldes ist es gerade, die Entgeltansprüche der Arbeitnehmer insolventer Unternehmen zu decken.[390] Dabei kommt es nicht darauf an, warum und wann Insolvenzantrag gestellt wurde.

d) Sanierungsvereitelung. Das **Gegenstück zur Insolvenzverschleppung** ist die Sanierungsvereitelung. Haftbar machen können sich sowohl **Unternehmensgläubiger,** insbesondere indem sie Kredite fällig stellen oder ein Schuldenmoratorium bzw. einen Forderungsverzicht ablehnen, als auch die **Gesellschafter des Unternehmensträgers,** etwa durch Zurückweisung eines von der Geschäftsleitung vorgeschlagenen Kapitalschnitts. Allerdings ist die Kündigung und Einforderung von Krediten auch dann nicht sittenwidrig, wenn der Gläubiger weiß oder damit rechnet, der Schuldner werde nicht zahlen können und deshalb den Gang zum Insolvenzgericht antreten müssen.[391] Genauso wenig ist ein Kreditgeber dazu verpflichtet, einem von der Mehrheit der Gläubiger ausgearbeiteten Plan zur außergerichtlichen Sanierung des Schuldnerunternehmens unter teilweisem Verzicht auf seine Rechte zuzustimmen.[392] Eine Möglichkeit, dem widerstrebenden Gläubiger einen Sanierungsplan aufzuzwingen, existiert lediglich im Insolvenzverfahren, weil die Annahme eines Insolvenzplans gemäß §§ 244 f. InsO nicht von der Zustimmung sämtlicher Gläubiger abhängig ist.

Strengere Maßstäbe hat der BGH allein im Fall der Sanierungsvereitelung durch Gesellschafter bzw. einen diese vertretenden **Stimmrechtsbündeler** angelegt, sich dabei allerdings nicht nur auf § 826, sondern auch auf den Tatbestand einer Verletzung der gesellschaftsrechtlichen Treuepflicht gestützt.[393] Demgemäß ist das eine Sanierung vereitelnde Abstimmungsverhalten des Gesellschafters sittenwidrig, wenn der dadurch angerichtete Schaden (Insolvenz der Gesellschaft) außer Verhältnis zu dem von dem widerspenstigen Gesellschafter angestrebten Zweck (Erhöhung des Anteils der Altgesellschafter am Stammkapital) steht.[394] Tatsächlich greift dieses Kriterium viel zu weit[395] und findet sich auch nirgends in den Bestimmungen der InsO über den Insolvenzplan. Das Interesse eines einzelnen Gesellschafters steht bei einer Publikumsgesellschaft geradezu per definitionem außer Verhältnis zum Sanierungsinteresse, doch das kann nicht bedeuten, dass der Gesellschafter jedwedem Sanierungsvorschlag der Geschäftsleitung zustimmen muss, der ihm präsentiert wird.[396] Dieser Mangel lässt sich mE auch nicht durch gesteigerte Anforderungen an die subjektive Tatseite kurieren,[397] sondern nur durch Auswechslung des Sittenwidrigkeitskriteriums: Entscheidend ist nicht das Verhältnis des Umfangs des drohenden Liquidationsschadens zur Höhe des erstrebten Vorteils, sondern die ganz andere Frage, ob der Gesellschafter für sich Sondervorteile verlangt, die ihn gegenüber den übrigen – gegenwärtigen und zukünftigen – Gesellschaftern privilegieren würden oder ob er lediglich seinen fairen Anteil am Gesellschaftsvermögen reklamiert. Im „Girmes"-Fall wäre es dementsprechend auf die – schwierige – Prüfung angekommen, ob die von der Verwaltung erstrebte Kapitalherabsetzung im Verhältnis 5:2 angesichts der Verschuldung des Unternehmens und des Entgegenkommens der Gläubiger angemessen war oder nicht. Ergibt die Prüfung kein eindeutiges Ergebnis, sollte die Haftung ausscheiden.

e) Vollstreckungsvereitelung. Die Vermeidung einer Gläubigerbenachteiligung durch Verschiebung von Vermögensgegenständen auf dritte Personen, die dem Schuldner nahe stehen, ist in erster Linie die Aufgabe des **Anfechtungsrechts** (§§ 129 ff., 138, §§ 3 ff. AnfG). Zu den in § 129 InsO genannten „Rechtshandlungen des Schuldners" zählt selbstverständlich auch die Einräumung von Sicherungsrechten. Eine Bank, die einem Unterneh-

---

[390] BGH ZIP 2008, 361, 363 Tz. 22 = VersR 2008, 495.
[391] Vgl. Fn. 362.
[392] Dazu BGHZ 116, 319, 328 f. = NJW 1992, 967, 968 ff.
[393] BGHZ 129, 136, 172 ff., 142 ff. = NJW 1995, 1739, 1741 ff. – Girmes, m. Anm. *Altmeppen*; zu den gesellschaftsrechtlichen Fragen dieses Urteils s. RdNr. 126.
[394] BGHZ 129, 136, 172 = NJW 1995, 1739, 1748 – Girmes, m. Anm. *Altmeppen*.
[395] Übereinstimmend *Eidenmüller*, Unternehmenssanierung zwischen Markt und Gesetz, S. 848 f.
[396] *Flume* ZIP 1996, 161, 167: „Friss oder stirb!".
[397] So *Eidenmüller*, Unternehmenssanierung zwischen Markt und Gesetz, S. 849 f.

men in der Krise mit weiteren Krediten zur Hilfe kommt und sich im Gegenzug dafür Sicherheiten ausbedingt, muss also ohnehin damit rechnen, dass der Insolvenzverwalter deren Durchsetzung durch Erhebung der Anfechtungseinrede vereiteln wird. Soweit dies geschieht, hat es mit der Rechtsfolge des § 143 InsO sein Bewenden.[398] Verfügt der geschädigte Gläubiger bereits über einen Vollstreckungstitel, kann sich die Haftung zusätzlich aus § 823 Abs. 2 iVm. § 288 StGB ergeben.

101 Das **Anfechtungsrecht ist keine abschließende Regelung** in dem Sinne, dass die Anwendung des § 826 auf Vermögensverschiebungen am Vorabend der Insolvenz ausgeschlossen wäre.[399] Allerdings erfüllt die Verwirklichung eines **Anfechtungstatbestands nicht eo ipso** auch die Voraussetzungen des § 826; es müssen **weitere Umstände** hinzukommen, um die Haftung wegen sittenwidriger Vermögensschädigung auszulösen.[400] Auf Seiten des Gläubigers liegen solche besonderen Umstände vor, wenn er sich das gesamte pfändbare Vermögen des Schuldners zur Sicherung eines Altkredits überschreiben lässt (vgl. § 131 InsO).[401] Auf Seiten des Schuldners reicht das Bestreben, durch Verschiebung von Vermögensgegenständen die Durchsetzung familienrechtlicher Ansprüche auf Unterhalt und Zugewinnausgleich zu vereiteln, für sich genommen noch nicht aus (vgl. § 133 InsO). Die Schwelle ist allerdings überschritten, wenn sich der **Schuldner planmäßig einkommens- und vermögenslos** stellt, also seine Erwerbstätigkeit aufgibt und seine Vermögensgegenstände auf einen Dritten überträgt, um den Vollstreckungszugriff seiner Gläubiger, insbesondere seines geschiedenen Ehegatten, zu vereiteln.[402] Genauso liegt es, wenn Senioren im Angesicht drohender Pflegebedürftigkeit **Vermögensgegenstände** auf ihre **Erben übertragen,** um sie nicht für die **Bezahlung der Pflegekosten** einsetzen zu müssen.[403] Zur Lohnschiebung RdNr. 146.

102 Was die **Rechtsfolge** des § 826 anlangt, so ist die **Haftung des Schuldners selbst uninteressant,** eben weil in aller Regel keine dem Vollstreckungszugriff unterliegenden Vermögensgegenstände mehr vorhanden sind. Vielmehr geht es um den Zugriff auf den von der Vermögensverschiebung Begünstigten; der **zweite Ehegatte oder Lebenspartner** ist verpflichtet, dem geschiedenen Ehegatten für seinen Schaden aufzukommen, diesem also ggf. den geschuldeten Unterhalt zu zahlen.[404] Dies gilt auch dann, wenn der Insolvenzverwalter über das Vermögen des Schuldners die für Anfechtungsansprüche geltende Verjährungsfrist des § 146 InsO versäumt hat.[405] Die Rechtsfolge des § 826 geht auch insofern über diejenige des § 143 InsO hinaus, als die Haftung des sittenwidrig handelnden Sicherungsnehmers nicht auf die erworbenen Vermögensgegenstände beschränkt, sondern auf Schadensersatz gerichtet ist.[406] Letzterer besteht in der Differenz zwischen dem Nennwert der Forderung gegen den insolventen Sicherungsgeber und der darauf entfallenden Insolvenzquote.

103 **f) GmbH-Stafette.** Die sittenwidrige Schädigung von Gläubigern einer Kapitalgesellschaft kann auch in der Form erfolgen, dass der Geschäftsführer einer bankrotten GmbH (bad company) die Anteile an einer zweiten Gesellschaft (new company) erwirbt oder eine

---

[398] BGH WM 1996, 1245, 1246; *Jaeger/Henckel* § 129 InsO RdNr. 274.
[399] BGH NJW 1996, 1668; *Vuia,* Die Verantwortlichkeit von Banken in der Unternehmenskrise, S. 254 ff.; wN in Fn. 400.
[400] RGZ 74, 224, 225 f.; BGHZ 56, 339, 350 = NJW 1971, 1938 (insoweit nicht abgedruckt); BGH WM 1958, 1278 f.; 1970, 404; 1974, 99, 100; NJW 1972, 719, 721; 1973, 513; 1996, 1283; WM 1996, 1245, 1246; OLG Hamm VersR 2006, 378, 379; *Staudinger/Oechsler* RdNr. 336; *Soergel/Hönn* RdNr. 141; *Jaeger/Henckel* § 129 InsO RdNr. 275; *Kreft* in Heidelberger Komm. zur InsO, 4. Aufl. 2006, § 129 RdNr. 74.
[401] BGH NJW 1996, 1668.
[402] So in den Fällen RGZ 74, 224, 229 ff.; BGH WM 1964, 613 f.; 1970, 404 f.; NJW 1973, 513; OLG Hamm VersR 2006, 378, 379; vgl. weiter BGH NJW 1972, 719, 721; WM 1974, 100, 101.
[403] Zu eng mE OLG Hamm VersR 2006, 376, 377.
[404] RGZ 85, 343, 345 ff.; BGH WM 1964, 613 f., OLG Hamm VersR 2006, 378, 379.
[405] BGH NJW-RR 1986, 579.
[406] RGZ 143, 48, 53 f.; anders noch RGZ 136, 247, 253 f.; eingehend *Mertens* ZHR 143 (1979), 174, 186.

solche gründet, um dann sukzessive die **Aktiva der insolventen Gesellschaft auf Letztere zu übertragen.**[407] Dies gilt unabhängig davon, ob die Alt-GmbH im Zeitpunkt des Eingriffs insolvenzreif ist oder nicht.[408] Rechtsfolge ist eine gesamtschuldnerische Außenhaftung der Neu-GmbH und des Gesellschafters gegenüber den Gläubigern der Alt-GmbH aus § 826. Es spricht viel dafür, dass diese Rechtsprechung die Umstellung der Haftung wegen existenzvernichtenden Eingriffs auf eine Innenhaftung gegenüber der Gesellschaft (RdNr. 116 ff.) – hier also der Alt-GmbH bzw. deren Insolvenzverwalter – nicht überlebt hat, die Rechtsfolge nunmehr also ebenfalls in der beschriebenen Innenhaftung besteht.

Genauso kommt eine Haftung nach § 826 in Betracht, wenn der Geschäftsbetrieb einer GmbH eingestellt und ein Insolvenzverfahren über den Unternehmensträger eingeleitet wird, nur um den Betrieb sofort unter der Regie einer neu gegründeten GmbH fortzuführen. Dies allein reicht für das Sittenwidrigkeitsverdikt sicher nicht aus, denn eine Verpflichtung der Gesellschafter, den Unternehmensträger „bis zur bitteren Neige" fortzuführen, besteht nicht.[409] **Besondere Umstände** liegen hingegen vor, wenn das Manöver der Auflösung und Neugründung allein dem Zweck dient, die Bindung an einen Langzeitvertrag abzuschütteln.[410] Geht es den Gesellschaftern um die Befreiung von einer die Alt-GmbH drückenden Schuldenlast, legt der BGH die Latte der Sittenwidrigkeit zu hoch, wenn er für § 826 noch nicht einmal die Voraussetzungen der Absichtsanfechtung gemäß §§ 3 AnfG, 133 InsO, genügen lässt, sondern darüber hinaus noch weitere Umstände erfordert, die die Vermögensübertragung sittenwidrig erscheinen lassen.[411] Nachdem die §§ 3 AnfG, 133 InsO sowohl Benachteiligungsvorsatz des Schuldners erfordern als auch Kenntnis des Begünstigten von dieser Intention voraussetzen, ist nicht recht ersichtlich, warum der Empfänger der Vermögenswerte – also etwa eine Nachfolgegesellschaft – nicht auch weitergehenden Ansprüchen aus § 826 ausgesetzt sein sollte. Dies gilt umso mehr, als die funktional weitgehend äquivalente Haftung aus § 419 aF mit dem Inkrafttreten der InsO weggefallen ist. Ähnlich wie bei der GmbH-Stafette liegt es, wenn die Gesellschafter-Geschäftsführer der GmbH angesichts der Titulierung einer hohen Forderung Gesellschaftsanteile und die Geschäftsführerstellung zum Schein auf eine dritte, nicht auffindbare Partei übertragen, um die Vollstreckung aus dem Titel zu vereiteln.[412]

5. Gläubigergefährdung im Zahlungsverkehr. a) Lastschriftverfahren im Vorfeld der Insolvenz. Nach den Regeln des Lastschriftverfahrens steht dem Schuldner das Recht zu, der **Belastung seines Kontos zu widersprechen** und damit die Wiedergutschrift des Betrags durch seine Bank, die sog. Zahlstelle, zu erlangen.[413] Diese Befugnis ist nicht befristet und erlischt erst mit einer wirksamen Genehmigung der Lastschrift gemäß § 684 S. 2, für die das bloße Schweigen auf die zugesandten Kontoauszüge nicht ausreicht.[414] Die Schuldnerbank kann dann ihrerseits von der Inkassostelle bzw. Gläubigerbank die Rückzahlung der zunächst geleisteten Beträge verlangen. Im ordentlichen Geschäftsverkehr wird der Schuldner der Belastung seines Kontos nur widersprechen, wenn er keine Lastschrift erteilt, den Gläubiger also nicht zur Einziehung von seinem Konto ermächtigt hat, wenn er den Betrag, den der Gläubiger eingezogen hat, gar nicht schuldet, oder wenn er die Forderung anders als durch prompte Zahlung ausgleichen, insbesondere Aufrechnungsrechte

---

[407] BGH NJW-RR 1986, 579 f.; ZIP 2004, 2138, 2139 f. = NJW 2005, 145 – ITZ.
[408] BGH ZIP 2004, 2138, 2140.
[409] BGH NJW 1996, 1283; ZIP 2004, 2138, 2139; *Staudinger/Oechsler* RdNr. 323.
[410] RGZ 114, 68, 71 f.
[411] BGH NJW 1996, 1283; vgl. auch BGH WM 1970, 404; NJW 1972, 719, 721.
[412] So OLG Dresden NJW-RR 2001, 1690 ff., allerdings mit sehr schwammiger und weitreichender Begründung.
[413] Zu den Einzelheiten des Lastschriftverfahrens BGHZ 74, 309, 312 = NJW 1979, 2145 f.; eingehend *Staub/Canaris* Bankvertragsrecht RdNr. 531 ff., 538 f.; zu den hier interessierenden Haftungsfragen *Canaris* aaO RdNr. 604 ff.; *Denck* ZHR 144 (1980), 171; *Sandberger* JZ 1977, 285; *Bauer* WM 1981, 1186.
[414] BGH NJW 2000, 2667, 2668.

§ 826   106–108   Abschnitt 8. Titel 27. Unerlaubte Handlungen

geltend machen will.[415] Im Vorfeld der Insolvenz kommt es jedoch immer wieder zur Erhebung von Widersprüchen, obwohl ein anerkennenswerter **sachlicher Grund dafür nicht vorliegt,** wenn etwa pauschal sämtlichen Lastschriften der gerade vergangenen sechs Wochen die Grundlage entzogen wird. In solchen Fällen dient der Widerspruch dazu, die Belastung des eigenen Kontos zurückzuführen, um Liquidität für die Befriedigung anderer Gläubiger zu gewinnen oder um die Haftung gegenüber der eigenen Bank zu verringern. Kommt es unter diesen Umständen zur Rückabwicklung der Lastschrift, fällt der Gläubiger, dem die Gutschrift von seiner Bank wieder entzogen wird, in der Insolvenz des Schuldners regelmäßig aus bzw. ist auf eine geringe Quote verwiesen. In dieser Situation funktioniert § 826 **als Korrektiv** des in diesem Punkt lückenhaften Bankvertragsrechts.

106   Unproblematisch ist das Verhältnis des geprellten Gläubigers zum Schuldner: Der **Widerruf einer in der Sache berechtigten Lastschrift ist ohne weiteres sittenwidrig** und löst eine Schadensersatzpflicht dem Gläubiger gegenüber aus.[416] Diese Ersatzansprüche sind allerdings in der Regel wertlos, weil der Schuldner insolvent ist. Ihre praktische Bedeutung erhalten sie als Anknüpfungspunkte für die persönliche Haftung von Geschäftsleitungsmitgliedern des Schuldners (§ 823 RdNr. 414 ff.) einerseits und für die Haftung der Schuldnerbank (Zahlstelle) im Rahmen von Teilnahmehandlungen (Anstiftung, § 830 Abs. 2) andererseits.[417] Insbesondere lässt sich mit Hilfe des § 826 die Haftung des Geschäftsführers einer GmbH begründen, der eine Lastschrift zu dem Zweck widerruft, die Forderung der Bank gegen die Gesellschaft aus dem Kontokorrent zurückzuführen, weil er für diese eine Personalsicherheit gestellt, sich beispielsweise verbürgt hat.[418] Erfolgt der Widerruf hingegen mit Rücksicht auf diejenigen Zwecke, für die er vorgesehen ist, also mangels wirksamer Einziehungsermächtigung oder wegen Fehlens einer entsprechenden Forderung, löst er eine Haftung des Schuldners aus § 826 selbst dann nicht aus, wenn die Inkassostelle mit ihrem Regressanspruch gegen den Gläubiger ausfällt.[419] Eine Verpflichtung, den Widerruf unverzüglich nach Kenntniserlangung vom Mangel der Forderung oder der Einziehungsermächtigung auszuüben, besteht dabei nicht.[420]

107   Was die **Haftung der Schuldnerbank** (Zahlstelle) gegenüber dem Gläubiger oder dessen Bank anlangt, so ist zunächst davon auszugehen, dass es nicht die Aufgabe der Zahlstelle ist, die Motive des Widerspruchs zu eruieren und zu überprüfen, ob der Schuldner im Verhältnis zum Gläubiger zum Widerspruch berechtigt ist. Selbst wenn die Bank positive Kenntnis von der Fälligkeit der eingezogenen Forderung hat, ist sie an den Widerruf gebunden und folgerichtig gehalten, den Betrag wieder gutzuschreiben, andererseits aber auch berechtigt, sich bei der ersten Inkassobank zu erholen.[421] Eine Schadensersatzpflicht der Zahlstelle dem Gläubiger oder der Inkassostelle gegenüber kommt erst in Betracht, wenn sie den Schuldner zum Widerspruch aufgefordert hat, um sich selbst Vorteile zu verschaffen, insbesondere weil sie mit der Wiedergutschrift des Betrags ihre eigene Forderung aus dem Kontokorrentkredit gegen einen zahlungsunfähigen Kontoinhaber reduzieren will.[422]

108   Anders ist die Interessenlage, wenn nicht der Schuldner von der Zahlungsunfähigkeit bedroht ist, sondern der **Gläubiger in Konkurs fällt** und der Schuldner den Lastschriften aus dem Motiv heraus widerspricht, das Rechtsverhältnis zum Gläubiger durch Geltendma-

---

[415] BGHZ 74, 300, 305 = NJW 1979, 1652, 1653.
[416] BGHZ 101, 153, 156 f. = NJW 1987, 2370, 2371; OLG Hamm WM 1984, 300, 301 m. Anm. *Hadding/Häuser*; OLG Düsseldorf NJW-RR 2001, 557; OLG Schleswig NJW-RR 2001, 1206, 1207.
[417] So insbes. BGHZ 101, 153, 158 = NJW 1987, 2370, 2371 f.; OLG Frankfurt ZIP 1996, 1824.
[418] Beispiel: OLG Schleswig NJW-RR 2001, 1206, 1207.
[419] OLG Hamm WM 1984, 300, 301 m. Anm. *Hadding/Häuser*.
[420] OLG Hamm WM 1984, 300, 302 m. Anm. *Hadding/Häuser*.
[421] Vgl. BGHZ 74, 300, 304 = NJW 1979, 1652, 1653; BGHZ 95, 103, 106 f. = NJW 1985, 2326, 2327; BGHZ 101, 153, 156 = NJW 1987, 2370, 2371; OLG Düsseldorf NJW-RR 2001, 557; *Bauer* WM 1981, 1186, 1189.
[422] BGHZ 95, 103, 107 = NJW 1985, 2326, 2327; BGHZ 101, 153, 158 f. = NJW 1987, 2370, 2371 f.; BGH NJW 2001, 2632, 2633; OLG Frankfurt ZIP 1996, 1824, 1825; OLG Düsseldorf NJW-RR 2001, 557; *Bauer* WM 1981, 1186, 1194 f.

chung von Gegenforderungen insgesamt – und unbeeinträchtigt vom Insolvenzrecht (§ 96 InsO) – zu bereinigen. Dabei wird in Kauf genommen, dass die Inkassostelle bzw. die Gläubigerbank, die den im Lastschriftverfahren eingezogenen Betrag ihrem Kunden bereits gutgeschrieben hatte, mit ihrem Regressanspruch in dessen Insolvenz mehr oder weniger ausfällt. Während die Gläubigerbank dieses Risiko grundsätzlich tragen muss, kommt ihr der BGH unter dem Gesichtspunkt des § 826 zur Hilfe, wenn der Schuldner den Widerruf nicht alsbald nach Mitteilung der Lastschriftabbuchung erklärt, sondern erst nach Kenntniserlangung von der Insolvenz des Gläubigers und damit zu einem Zeitpunkt, in dem er eine Überweisung nicht mehr hätte rückgängig machen können.[423] Eine Haftung der Schuldnerbank gegenüber der Inkassostelle kommt in Betracht, wenn Schuldner und Gläubiger Lastschriftreiterei betreiben und die Zahlstelle den Schuldner zum Widerruf veranlasst, um das Ausfallrisiko auf die Gläubigerbank zu verlagern.[424]

b) Missachtung von Treuhandbindungen. Veranlasst eine Bank den formalen Inhaber eines treuhänderisch gebundenen Kontos für die Mieteinnahmen einer Wohnungseigentümergemeinschaft dazu, das dort aufgelaufene Guthaben zur Deckung eines Debets auf einem anderen Konto des Treuhänders bei dieser Bank zu verwenden, kann dies ihre Haftung aus § 826 begründen.[425] Zwar steht der Bank gemäß Nr. 14 AGB-Banken ein **Pfandrecht** an dem Guthaben zu, das nur dann als vertraglich ausgeschlossen gelten kann, wenn die Bank bereits bei Errichtung des Kontos über dessen treuhänderische Bindung informiert worden ist oder einem Ausschluss des Pfandrechts später – bei Offenlegung des Treuhandcharakters – zugestimmt hat. Trotz einer danach bestehenden formalen Berechtigung verstößt die Inanspruchnahme des Treuhandkontos gegen die guten Sitten, soweit die Bank die ihr bekannte Treuhandbindung bewusst missachtet, um ihre eigenen Interessen durchzusetzen.

c) Wechsel und Schecks. aa) Wechsel- oder Scheckreiterei. Die Begebung von Wertpapieren aus Gefälligkeit[426] oder zu Finanzierungszwecken (sog. Finanzwechsel) rechtfertigt das Verdikt der Sittenwidrigkeit nicht bzw. nicht ohne weiteres.[427] Sittenwidrig ist allerdings die sog. Wechsel- oder Scheckreiterei, dh. ein **planmäßiger Austausch von Wechseln und Schecks zwischen kreditunwürdigen Personen,** denen keinerlei Waren- oder Dienstleistungsgeschäfte zugrunde liegen, sondern die allein der Kreditbeschaffung für beide Beteiligten dienen.[428] Die an einem solchen Verfahren teilnehmende Bank macht sich den im Regressweg in Anspruch genommenen Scheckbeteiligten ggf. nach § 826 schadensersatzpflichtig.[429]

bb) Wechsel-Scheck-Verfahren. Nicht schon an sich sittenwidrig ist das sog. **Wechsel-Scheck-Verfahren,** bei dem der Wechsel ebenfalls nicht primär als Zahlungsmittel, sondern ausschließlich als Kreditinstrument eingesetzt wird.[430] Dabei werden Warenlieferungen des Gläubigers vom Schuldner des Kaufpreises mit einem Bankscheck „bezahlt", so dass ein eventuell vereinbarter Eigentumsvorbehalt erlischt, während im Gegenzug der Gläubiger einen Wechsel auf den Schuldner zieht und entweder an dessen Order oder zwar an eigene Order ausstellt, aber dem Schuldner indossiert. Jedenfalls wird der Wechsel vom Schuldner – also vom Akzeptanten – bei der Bank, auf die bereits der Scheck gezogen war, zum Diskont gegeben (sog. Akzeptantenwechsel oder umgedrehter Wechsel). Der wirtschaftliche Zweck dieses Manövers besteht darin, den Eigentumsvorbehalt des Lieferanten durch dessen kurz-

---

[423] BGHZ 74, 300, 306 f. = NJW 1979, 1652, 1653; OLG Hamm ZIP 1995, 206, 207; abl. *Staub/Canaris* RdNr. 605; *Denck* ZHR 144 (1980), 171, 182 f.; dagegen wiederum BankR-HdB/*van Gelder* Bd. I § 58 RdNr. 92.
[424] BGHZ 74, 309, 315 f. = NJW 1979, 2145 f.; *Bauer* WM 1981, 1186, 1194.
[425] BGH NJW 1991, 101, 102.
[426] Dazu BGHZ 54, 1 = NJW 1970, 1366 f.
[427] BGH NJW 1980, 931, 932.
[428] BGHZ 27, 172, 175 ff. = NJW 1958, 989, 991 f. m. Anm. *Menne*; BGH WM 1969, 334 f.; NJW 1980, 931.
[429] BGH WM 1969, 334, 335.
[430] Eingehend dazu *Ulmer/Heinrich* DB 1972, 1101 ff., 1149 ff.

fristige Befriedigung auszuschalten und vor allem dem Käufer/Schuldner zu einem Wechselkredit zu verhelfen, den er als Kontokorrentkredit nicht oder nur zu schlechteren Konditionen erhielte. Der Bank entsteht aus diesem Arrangement normalerweise kein Schaden, soweit ihr nämlich das Umlaufvermögen des Schuldners/Käufers zur Sicherheit übereignet ist und sie zusätzlich bei Nichteinlösung des Wechsels auf dessen Aussteller – also den Verkäufer – zurückgreifen kann. Den Preis dafür zahlt der Verkäufer/Gläubiger, der zwar einen sofort einlösbaren Scheck erhält, dafür aber einerseits sein Vorbehaltseigentum verliert, andererseits mit dem Risiko der Insolvenz des Schuldners/Käufers belastet bleibt. Ist er so leichtsinnig, den Wechsel zu unterschreiben und an den Käufer zu senden, bevor er den Scheck eingelöst hat, läuft er sogar Gefahr beides zu verlieren: den Wert seiner Kaufpreisforderung und zusätzlich die Wechselsumme.[431] Unter diesen Prämissen ist das Wechsel-Scheck-Verfahren allenfalls dann unbedenklich, wenn alle Beteiligten wissen, was auf dem Spiel steht, insbesondere der Verkäufer/Gläubiger um das von ihm übernommene Ausfallrisiko weiß, wovon im Handelsverkehr aber wohl ausgegangen werden muss.[432] Eine Haftung der Bank unter dem Gesichtspunkt des § 826 kommt folglich nicht schon dann in Betracht, wenn sie einen Akzeptantenwechsel zum Diskont hereinnimmt,[433] wohl aber, wenn sie das Wechsel-Scheck-Verfahren initiiert, obgleich sie mit der Ignoranz des Ausstellers von dem übernommenen Insolvenzrisiko und mit dessen kurzfristiger Realisierung rechnet.[434] Gleiches muss nach allgemeinen Grundsätzen gelten, wenn sie sich im Hinblick auf die genannten Umstände leichtfertig verhält (RdNr. 29 f.).

112 cc) **Missbräuchliche Einlösung von Wechseln oder Schecks.** Im Übrigen verhält sich die Hausbank eines am Rande der Zahlungsunfähigkeit operierenden Unternehmens sittenwidrig, wenn sie die **Prolongation von Wechseln initiiert** oder weiß bzw. für möglich hält, dass unter ihr eingereichten Schecks sich auch solche befinden, die vom Aussteller ausschließlich zur Einlösung der Erstwechsel bestimmt worden sind, und diese gleichwohl nolens volens dem bei ihr geführten Kundenkonto gutschreibt, um dessen Debet zu verringern.[435] Geht das Unternehmen anschließend bankrott und muss deshalb der Aussteller die Wechselsumme aufbringen, hat ihm die Bank diesen Schaden zu ersetzen. Genauso liegt es, wenn die Bank ein solches Ansinnen ihres Kunden durchschaut und es für möglich hält, dass der Wechsel ohne Inanspruchnahme der Schecksumme nicht eingelöst werden wird.[436] Die Haftung ist auch dann begründet, wenn ein Kunde seiner Bank einen Scheck mit der Weisung einreicht, den Betrag zur Deckung eines anderen, von ihm selbst ausgestellten Schecks zu benutzen, die Bank jedoch mit dem einen Scheck das Debet vermindert und die Einlösung des anderen ablehnt.[437] Schließlich kann sich jedermann haftbar machen, der einen Scheck mit der Maßgabe erhält, die Summe in bestimmter Weise zu verwenden, dieser Abrede jedoch zuwiderhandelt und den Betrag eigenmächtigen Zwecken zuführt.[438]

113 Nimmt eine Bank im Wege des Diskontgeschäfts Kundenwechsel ihres Kreditnehmers herein, obwohl sie weiß, dass die Kaufpreisforderungen aus den zugrunde liegenden Kaufverträgen auf Grund wirksamen **verlängerten Eigentumsvorbehalts** nicht ihrem Kreditnehmer, sondern dessen Lieferanten zustehen, verhält sie sich nicht ohne weiteres sittenwidrig.[439] Wie auch sonst begründet die bloße Teilnahme am Vertragsbruch eines anderen keine Haftung aus § 826 (RdNr. 53 ff.); die Grenze ist erst überschritten, wenn die Bank den

---

[431] So in dem Fall OLG Frankfurt WM 1995, 1497.
[432] OLG Frankfurt WM 1993, 1710, 1712; 1995, 1497, 1498 f.; OLG Hamm NJW-RR 1995, 617, 619; OLG Karlsruhe WM 1996, 1294; BankR-HdB/*Peters* Bd. I § 65 RdNr. 13; *Ulmer/Heinrichs* DB 1972, 1101, 1105.
[433] BGHZ 56, 264, 265 f.; BGH NJW 1984, 728 f.; OLG Hamm NJW-RR 1995, 617, 618.
[434] BGH WM 1979, 272, 273; BankR-HdB/*Peters* Bd. I § 65 RdNr. 13.
[435] BGH NJW 1961, 2302, 2303.
[436] BGH NJW 1973, 1366.
[437] BGH DB 1956, 986.
[438] BGH NJW-RR 1988, 671.
[439] BGH WM 1970, 245, 246; NJW 1979, 1704, 1705.

Kreditnehmer zur Vereitelung des verlängerten Eigentumsvorbehalts im Wege der Wechseldiskontierung drängt oder verleitet.

dd) Schweigen auf Ankaufsanzeige. Wendet sich der Indossatar eines Wechsels mit 114 einer Ankaufsnachricht an den Akzeptanten und bittet um sofortige Nachricht, falls mit dem Wechsel etwas nicht in Ordnung sei, darf der Empfänger nicht untätig bleiben und schweigen, wenn seine **Unterschrift gefälscht** worden ist.[440] Tut er es dennoch, macht er sich dem Indossatar gegenüber nach § 826 ersatzpflichtig. Dies sollte auch dann gelten, wenn der Schein-Akzeptant dem Fälscher persönlich verbunden ist.[441] Nicht sittenwidrig ist hingegen das Schweigen auf eine Ankaufsanzeige, wenn der Akzeptant die Fälschung gar nicht als solche erkennt und folglich auch nicht damit rechnet, die Bank könne einen Schaden erleiden.[442]

ee) Scheckwiderruf. Der Aussteller eines Schecks, der nachträglich erfährt, dass die 115 Zahlungsforderung, wegen der er den Scheck ausgestellt hat, gar nicht dem Schecknehmer zusteht, sondern wegen **verlängerten Eigentumsvorbehalts** und zwischenzeitlich widerrufener Einziehungsermächtigung dessen Lieferanten, kann frei entscheiden, ob er den Dingen ihren Lauf lassen will, um sich gegenüber dem Vorbehaltsverkäufer auf § 407 zu berufen, oder ob er den Scheck widerrufen will, um den wahren Gläubiger zu befriedigen.[443] Zwar entsteht mit dem Widerruf der mit dem Scheckinkasso betrauten Bank nahezu zwangsläufig ein Schaden, doch dies allein rechtfertigt es nicht, den Scheckwiderruf als sittenwidrig zu qualifizieren und den Aussteller zum Schadensersatz zu verpflichten.

6. Missbrauch der korporativen Haftungsbeschränkung. a) Haftung wegen exis- 116 **tenzvernichtenden Eingriffs.** Die persönliche Haftung von Gesellschaftern für Gesellschaftsschulden unter Hintanstellung des für die juristische Person fundamentalen Trennungsprinzips kann an dieser Stelle nur in ihren deliktsrechtlichen Aspekten behandelt werden. Der Begriff der Durchgriffshaftung wird dabei im untechnischen Sinn einer **Außenhaftung von Gesellschaftern gegenüber Gesellschaftsgläubigern** verwendet, auch wenn die Rechtsfolge des § 826 Schadensersatz ist und nicht akzessorische Haftung nach dem Muster des § 128 HGB.[444] Sie geht keinesfalls nur natürliche Personen an, die Gesellschaftsanteile halten, sondern betrifft auch die Gesellschafterstellung von Korporationen und damit die **Haftung im Konzern,** also die Einstandspflicht des herrschenden Unternehmens für die Schulden des abhängigen. Trotz der Meinungsverschiedenheiten über die Voraussetzungen einer solchen Haftung ist an ihrer grundsätzlichen Existenz nicht zu zweifeln. Auch die mitunter erhobene Befürchtung einer Verwässerung der strengen Voraussetzungen des § 826 ist zwar ernst zu nehmen,[445] als solche jedoch nicht geeignet, die Anwendbarkeit der Vorschrift in Zweifel zu ziehen. Im Übrigen sind die Anforderungen, die § 826 im subjektiven Bereich stellt, weniger strikt, als dies weithin angenommen wird (vgl. RdNr. 23 ff.).

Die Durchgriffshaftung entwickelte sich zunächst im Rahmen der Konzernhaftung, 117 nämlich der Grundsätze zur **Haftung im qualifiziert-faktischen GmbH-Konzern** analog §§ 302, 303 AktG,[446] wobei die letzten Schritte in diese Richtung in der Literatur auf massive Kritik gestoßen sind.[447] Im Jahre 2001 wandte sich der II. ZS mit dem Urteil in

---

[440] BGHZ 47, 110, 114 f. = NJW 1967, 1039, 1040.
[441] Vgl. aber BGH LM WG Art. 7 Nr. 1; für die Anwendung des § 826 trotz persönlicher Beziehungen bei Eingang einer Vielzahl von Ankaufsnachrichten BGHZ 47, 110, 114 = NJW 1967, 1039, 1040.
[442] BGH WM 1963, 637.
[443] BGHZ 102, 68, 71 ff. = NJW 1988, 700, 701.
[444] Zu den Unterschieden eingehend *Wagner,* FS Canaris, Bd. II, 2007, S. 473.
[445] Vgl. insbes. *Roth* ZGR 1993, 170, 173; *Wüst* JZ 1995, 990, 994; sowie die Analyse bei *Hachenburg/ Ulmer,* 8. Aufl. 1992, Anh. § 30 GmbHG RdNr. 32, 41 f., 49.
[446] Grdlg. BGHZ 95, 330, 334 ff. = NJW 1986, 188, 189 ff. – Autokran; weiter BGHZ 107, 7, 15 ff. = NJW 1989, 1800, 1801 ff.; BGHZ 115, 187, 189 ff. = NJW 1991, 3142, 3143 ff.
[447] *Flume* DB 1992, 25.

Sachen „Bremer Vulkan" von dieser Judikatur und von ihrem konzernrechtlichen Anknüpfungspunkt ab und hob die **Haftung wegen existenzvernichtenden Eingriffs** aus der Taufe.[448] Anders als die Haftung im qualifiziert-faktischen GmbH-Konzern ist die Rechtsfigur des existenzvernichtenden Eingriffs **nicht an den Tatbestand der Konzernierung geknüpft**, sondern sie gilt ganz allgemein für den Missbrauch der Rechtsform der GmbH durch ihre Gesellschafter zu Lasten der Gesellschaftsgläubiger.[449] Rechtsfolge war **bis 2007** eine **Außenhaftung** des den Eingriff vornehmenden Gesellschafters gegenüber den Gesellschaftsgläubigern **auf Schadensersatz** im Umfang der Differenz zwischen dem Nominalwert der Forderung gegen die Gesellschaft und der in deren Insolvenz zu erzielenden Quote.[450] Obwohl es sich bei Licht besehen um nichts anderes als eine bereichsspezifische Konkretisierung des § 826 handelte,[451] verortete der II. ZS den Rechtsbehelf ganz bewusst nicht im Delikts-, sondern im Gesellschaftsrecht,[452] wenn auch § 826 nach wie vor kumulativ anwendbar bleiben sollte.[453]

118 b) **Die Trihotel-Doktrin.** Mit seinem „Trihotel"-Urteil vom Juli 2007 hat der II. ZS seiner Judikatur erneut eine Wende gegeben.[454] Zwar hält der BGH an der Figur des existenzvernichtenden Eingriffs ebenso fest wie an der **Umschreibung des Haftungstatbestands:** Der Gesellschafter hat für die Gesellschaftsschulden unter Verlust des Haftungsprivilegs des § 13 Abs. 2 GmbHG persönlich einzustehen, „wenn er auf die Zweckbindung des Gesellschaftsvermögens keine Rücksicht nimmt und der Gesellschaft ohne angemessenen Ausgleich – offen oder verdeckt – Vermögenswerte entzieht, die sie zur Erfüllung ihrer Verbindlichkeiten benötigt."[455] Die Einstandspflicht des Gesellschafters setzt voraus, dass die GmbH infolge des Eingriffs nicht mehr oder nur noch in eingeschränktem Umfang dazu in der Lage ist, ihre Verbindlichkeiten zu erfüllen; es handelt sich also um eine **Haftung des Gesellschafters für qualifizierte Insolvenzverursachung.** Zur Haftung wegen **Unterkapitalisierung** s. RdNr. 122. Eine Haftung für bloße **Managementfehler** kommt wegen der Voraussetzung der Rücksichtslosigkeit auch dann nicht in Betracht, wenn diese die Insolvenz der Gesellschaft zur Folge haben.[456] Anders als nach „Bremer Vulkan" trägt nicht der Gesellschafter die Beweislast dafür trägt, dass die Schuldtilgung noch in gewissem Umfang möglich ist,[457] sondern der Insolvenzverwalter muss nachweisen, dass der Eingriff die Insolvenz verursacht oder vertieft hat.[458] Völlig umgestaltet hat der II. ZS indessen die **Rechtsfolgen** dieser Insolvenzverursachungshaftung. Seit „Trihotel" ist sie als **Innenhaftung gegenüber der Gesellschaft** ausgestaltet, die die Kapitalerhaltungsvorschriften des §§ 30, 31 GmbHG im Sinne einer erweiterten Kapitalentnahmesperre ergänzt.[459] Praktisch geltend zu machen ist der Anspruch vom Insolvenzverwalter der Gesellschaft, und zwar auf der Grundlage von § 80 InsO, nicht erst gemäß § 92 InsO oder § 93 InsO.[460] Die **Gläubi-**

---

[448] BGHZ 149, 10, 16 f. = NJW 2001, 3622, 3623 = ZIP 2001, 1874, 1876 ff. – Bremer Vulkan; Andeutungen zuvor schon in BGHZ 122, 123, 130 = NJW 1993, 1200, 1203 – TBB, m. Anm. *Kübler*; vgl. weiter BGH NJW 2002, 3024, 3025 = ZIP 2002, 1578, 1579 – KBV, m. Bespr. *Altmeppen*; ZIP 2002, 1553 = JZ 2002, 1047 m. Anm. *Ulmer*; BGH NJW-RR 2005, 335, 336 = ZIP 2005, 117; ZIP 2005, 250, 251 f.
[449] BGHZ 149, 10, 16 f. = NJW 2001, 3622, 3623 – Bremer Vulkan; BGH NJW 2002, 3024, 3025 – KBV; eingehend *Röhricht*, FG 50 Jahre BGH, Bd. I, 2000, S. 83, 118 ff.
[450] BGH ZIP 2005, 117, 118; 2005, 250, 252.
[451] 4. Aufl. RdNr. 101; *Wagner*, FS Canaris, Bd. II, 2007, S. 473, 489 ff.
[452] Eingehend *Röhricht*, FG 50 Jahre BGH, Bd. I, 2000, S. 83, 97, 115 f.
[453] BGH NJW 2002, 1803, 1805; 2002, 3024, 3025 – KBV.
[454] BGHZ 173, 246 = NJW 2007, 2689 = ZIP 2007, 1552 = VersR 2008, 83; bestätigt in BGH NJW 2008, 2437, 2438 Tz. 10 = ZIP 2008, 1232 – Gamma.
[455] BGHZ 173, 246, 252 Tz. 18 = NJW 2007, 2689.
[456] BGH ZIP 2005, 250, 252; *Röhricht*, FG 50 Jahre BGH, Bd. I, 2000, S. 83, 105; *Dauner-Lieb* DStR 2006, 2034, 2038; *dies.* ZGR 2008, 34, 45 ff.; *Weller* ZIP 2007, 1681, 1685.
[457] Vgl. BGH ZIP 2005, 117, 118; BGHZ 173, 246, 252 Tz. 18 = NJW 2007, 2689; *Wagner*, FS Canaris, Bd. II, 2007, S. 473, 477 f.
[458] BGHZ 173, 246, 263, 268 Tz. 41, 54 = NJW 2007, 2689; *Weller* ZIP 2007, 1681, 1685.
[459] BGHZ 173, 246, 255 ff. Tz. 23 ff. = NJW 2007, 2689; bestätigt in BGH ZIP 2008, 1232 – Gamma, m. Bespr. *Altmeppen*.
[460] BGHZ 173, 246, 261 Tz. 34 = NJW 2007, 2689.

Sittenwidrige vorsätzliche Schädigung 119 § 826

ger sind nicht aktivlegitimiert, auch nicht bei **Nichteröffnung des Insolvenzverfahrens** mangels Masse (§ 26 InsO).[461] Anders als früher ist die Existenzvernichtungshaftung gegenüber den §§ 30 f. GmbHG nicht mehr subsidiär, sondern es besteht Anspruchsgrundlagenkonkurrenz.[462] Für den Insolvenzverwalter der GmbH entfällt damit die Notwendigkeit, bei der Inanspruchnahme des Gesellschafters zwischen §§ 30 f. GmbHG und der Existenzvernichtungshaftung differenzieren und den beiden Anspruchsgrundlagen je eigene Schadensposten zuordnen zu müssen. Dadurch wird die Rechtsverfolgung erheblich erleichtert.[463] Schließlich hat der BGH mit dem „Trihotel"-Urteil die Rechtsgrundlage der Existenzvernichtungshaftung ausgewechselt, ihre gesellschaftsrechtliche Locierung aufgegeben und sie nunmehr in **§ 826 verankert**.[464] Damit wird es möglich, die Existenzvernichtungshaftung vom GmbH-Recht zu lösen und auch auf **Scheinauslandsgesellschaften** mit Satzungssitz im Ausland und Verwaltungssitz im Inland anzuwenden.[465] Im Ergebnis ergibt sich insoweit ein Gleichlauf der Insolvenzverursachungshaftung des Gesellschafters aus § 826 mit der Insolvenzverschleppungshaftung des Geschäftsleiters aus § 823 Abs. 2 iVm. § 15 a Abs. 1 InsO (RdNr. 89 f.).

c) Stellungnahme. Es ist bedauerlich, dass der II. ZS die eigene **Rechtsprechung** zur 119
Insolvenzverursachungshaftung des GmbH-Gesellschafters **derart oft grundlegend modifiziert**. Bei aller Anerkennung des Rechtsfortbildungsauftrags des BGH darf der Gesichtspunkt der Rechtssicherheit nicht gering geschätzt werden, und dies schon gar nicht, wenn es um die persönliche Haftung von Geschäftsführern in erheblichem Umfang geht und nachdem die Strafsenate des BGH ihre Interpretation des § 266 StGB bereits an der Dogmatik des existenzgefährdenden Eingriffs ausgerichtet haben.[466] GmbH-Gesellschafter müssen ex ante wissen können, welche Haftungsrisiken mit alternativen Handlungsoptionen verbunden sind, und Anwälte müssen in der Lage sein, die Prozessrisiken rational abzuschätzen. Beides ist ohne **Konsolidierung der Rechtsprechung** nicht möglich. Beim gegenwärtigen Stand der Judikatur droht dem Gesellschafter nicht nur die Innenhaftung gemäß § 826, sondern darüber hinaus eine Außenhaftung über §§ 266 StGB, 823 Abs. 2. In der Sache ist es zu begrüßen, dass der BGH die **Existenzvernichtungshaftung in § 826** ansiedelt,[467] und zwar nicht nur aus dem pragmatischen Grund der erleichterten Anwendbarkeit auf Scheinauslandsgesellschaften. § 826 ist die Zentralnorm der Haftung für reine Vermögensschäden außerhalb des Vertragsrechts und damit die von der Legalordnung vorgesehene Rechtsgrundlage für die Verursachung reiner Vermögensschäden durch Missbrauch der korporativen Haftungsbeschränkung. Da § 826 in ganz unterschiedlichen Kontexten zur Anwendung kommt, ist es selbstverständlich, dass die Wertungen des jeweiligen Rechtsgebiets aufgenommen und verarbeitet werden müssen, hier also diejenigen des Gesellschaftsrechts.[468] Weiter ist dem II. ZS darin zu folgen, dass er den **Tatbestand der Insolvenzverursachungshaftung als Verschuldenshaftung** konzipiert, also an ein bewusstes, qualifiziertes Fehlverhalten des Gesellschafters knüpft, damit auf den Missbrauch der GmbH als Rechtsform begrenzt und somit eine Unterminierung des § 13 Abs. 2 GmbHG verhindert.[469] Zutreffend richtet der BGH die **Rechtsfolge nicht auf**

---

[461] BGHZ 173, 246, 261 f. Tz. 36 = NJW 2007, 2689.
[462] BGHZ 173, 246, 263 = NJW 2007, 2689.
[463] BGHZ 173, 246, 263 Tz. 40 = NJW 2007, 2689.
[464] BGHZ 173, 246, 263 Tz. 40 = NJW 2007, 2689.
[465] *Staudinger* AnwBl. 2008, 316, 320 ff.; *Weller* ZIP 2007, 1681, 1688; *Wagner*, FS Canaris, Bd. II, 2007, S. 473, 497 ff.
[466] BGHSt NJW 2004, 2248, 2252 f. – Bremer Vulkan.
[467] Genauso schon 4. Aufl. RdNr. 101; ausf. *Wagner*, FS Canaris, Bd. II, 2007, S. 473, 489 ff.; *Haas*, Verh. des 66. DJT, Bd. I, 2006, S. E 90 ff.
[468] Ausf. *Wagner*, FS Canaris, Bd. II, 2007, S. 473, 492 ff.; *Dauner-Lieb* ZGR 2008, 34, 41; *Rubner* Der Konzern 2007, 635, 639; aA *Altmeppen* ZIP 2001, 1837, 1842; *Röhricht*, FG 50 JAHRE BGH, Bd. I, 2000, S. 83, 103 ff.; *Grigoleit*, Gesellschafterhaftung für interne Einflußnahme im Recht der GmbH, S. 202 ff.
[469] 4. Aufl. RdNr. 101; *Dauner-Lieb* ZGR 2008, 34, 39; *Rubner* Der Konzern 2007, 635, 642; eindringlich *Flume* DB 1992, 25, 26 ff.

einen **Haftungsdurchgriff, sondern auf Schadensersatz,** wobei dies in Zukunft noch deutlicher gesagt werden sollte.

120 **Kritikwürdig** ist allerdings die Umstellung der Rechtsfolge auf eine **Innenhaftung gegenüber der Gesellschaft.**[470] Zwar trifft es zu, dass die frühere Rechtsprechung nicht deutlich genug zwischen Durchgriff und Schadensersatz differenziert hatte,[471] doch dies hätte sich mit ein paar Handgriffen klarstellen lassen.[472] Die Verzahnung der Außenhaftung mit den Ansprüchen der Gesellschaft aus §§ 30 f. GmbHG wäre mit Hilfe der im Rahmen der Insolvenzverschleppungshaftung analog § 255 entwickelten Abtretungslösung zu gewährleisten gewesen (§ 823 RdNr. 399). Wie der BGH bereits vor der Umstellung seiner Rechtsprechung klargestellt hatte, bietet die Innenhaftung bei eröffnetem Insolvenzverfahren keinerlei Vorteile, denn auch bei Annahme einer Außenhaftung lässt sich über § 93 InsO – richtig: § 92 InsO[473] – eine **Bündelung der Schadensersatzansprüche der Gläubiger in der Hand des Insolvenzverwalters** erreichen.[474] Demgegenüber hat die **Innenhaftung schwerwiegende praktische Nachteile,** die im Ergebnis darauf hinauslaufen, dass derjenige Gesellschafter, der die Gesellschaft vollends ruiniert, so dass die Eröffnung des Insolvenzverfahrens mangels Masse abgelehnt wird, in den Genuss eines Haftungsprivilegs kommt.[475] Zwar können die Gläubiger in solchen Fällen versuchen, den Anspruch der bankrotten GmbH zu pfänden,[476] doch dieser Weg ist umständlich und zeitraubend. In dem notorischen Szenario, dass ein skrupelloser Gesellschafter die GmbH ausplündert, kann ein erheblicher Zeitverlust für die Rechtsdurchsetzung tödlich sein, zumal das Instrumentarium des einstweiligen Rechtsschutzes vor wirksamer Pfändung des Anspruchs der Gesellschaft nicht zur Verfügung steht. Damit besteht für den Gesellschafter ein starker Anreiz „ganze Arbeit" zu leisten und den existenzvernichtenden Eingriff möglichst so anzulegen, dass er eine masselose Insolvenz zur Folge hat, weil dann das eigene Haftungsrisiko minimal ist.[477] Derart **kontraproduktive Anreize** sollte der II. ZS des BGH der gesellschaftsrechtlichen Praxis nicht vermitteln, zumal er im Kontext der Insolvenzverschleppungshaftung der Geschäftsleiter eine deliktische Außenhaftung gegenüber den Gesellschaftsgläubigern zulässt (RdNr. 95). Die Außenhaftung gegenüber den Gläubigern ist auch dogmatisch die richtige Lösung, denn die **Gläubiger** sind es, die in **eigenen Interessen** geschädigt worden sind, während die Gesellschaft im Konsens der Gesellschafter durchaus liquidiert werden darf – sofern nur zuvor sämtliche Schulden bezahlt sind (§ 73 Abs. 1 GmbHG).[478] Das Argument, die Insolvenzverursachungshaftung schließe sich bruchlos an das Konzept der §§ 30, 31 GmbHG an,[479] ist zwar richtig, vermag den Bruch in der Haftungsbegründung jedoch nicht zu erklären, der darin liegt, dass der BGH eine deliktsrechtliche Grundlage für die Haftung des Gesellschafters gegenüber „seiner" GmbH wählt. Diese wäre zu allererst aus dem Gesellschaftsvertrag herzuleiten und lediglich ergänzend aus dem kumulativ anwendbaren § 826.[480]

---

[470] Für „selbstverständlich" gehalten von *Altmeppen* ZIP 2008, 1201, 1204 f.
[471] BGHZ 173, 246, 254 f. Tz. 20 ff. = NJW 2007, 2689; ausf. *Wagner*, FS Canaris, Bd. II, 2007, S. 473, 477 ff.
[472] *Dauner-Lieb* DStR 2006, 2034, 2041; *dies.* ZGR 2008, 34, 40; *Wagner*, FS Canaris, Bd. II, 2007, S. 473, 483 f.; *Rubner* Der Konzern 2007, 635, 638.
[473] *Bayer/Lieder* WM 2006, 999, 1000; *Wagner*, FS Canaris, Bd. II, 2007, S. 473, 484.
[474] BGHZ 164, 50, 62 f. = NJW 2005, 3137; BGH NJW 2006, 1344, 1345 Tz. 10; BAG NJW 2005, 2172, 2174; *Weller* DStR 2007, 1166, 1167; *Habersack* ZGR 2008, 533, 548; skeptisch BGH NJW 2005, 3137, 3141 = ZIP 2005, 1734, 1735; aus BGHZ 151, 181, 187 ergibt sich für die Frage nichts.
[475] *Altmeppen* NJW 2007, 2657, 2660; *Habersack* ZGR 2008, 533, 548, beide mit mE nicht tragfähigen Lösungsvorschlägen.
[476] BGHZ 173, 246, 261 f. Tz. 36 = NJW 2007, 2689; genauso zum Anspruch aus § 64 GmbHG (§ 64 Abs. 2 GmbHG aF) BGH NJW 2001, 304, 305.
[477] *Wagner*, FS Canaris, Bd. II, 2007, S. 473, 487.
[478] *Bitter* WM 2001, 2133, 2136; *Lutter/Banerjea* ZIP 2003, 2177, 2179; *dies.* ZGR 2003, 402, 412; *Dauner-Lieb* DStR 2006, 2034, 2037; *Wagner*, FS Canaris, Bd. II, 2007, S. 473, 488 f.; *Weller* DStR 2007, 1166, 1168; *Rubner* Der Konzern 2007, 635, 643 f.; aA *Osterloh-Konrad* ZHR 172 (2008), 274, 289 f.
[479] BGHZ 173, 246, 255 ff. Tz. 23 ff. = NJW 2007, 2689.
[480] *Dauner-Lieb* ZGR 2008, 34, 43 ff.; zu entsprechenden Ansätzen *Ulmer* ZIP 2001, 1021, 1026 f.; *K. Schmidt* NJW 2001, 3577, 3579 f.; *Grigoleit* Gesellschafterhaftung S. 283 ff., 321 ff.

Die Innenhaftung aus dem Gesellschaftsvertrag wäre zudem gemäß §§ 280, 276 Abs. 1 bereits bei fahrlässiger Insolvenzverursachung gegeben,[481] nicht erst bei Vorsatz.

d) Geschäftsführerhaftung für Zahlungen an Gesellschafter. Mit der **GmbH-Reform 2008** wird § 64 GmbHG um einen Tatbestand ergänzt, der den Geschäftsführer einer GmbH zur Erstattung solcher Zahlungen an Gesellschafter verpflichtet, die er nach Eintritt der Zahlungsunfähigkeit der Gesellschaft geleistet hat, wenn diese nicht mit der Sorgfalt eines ordentlichen Kaufmanns vereinbar waren (§ 64 S. 3 GmbHG nF). Wie der Gesetzgeber klar gesehen hat, wird damit ein **Teilbereich der Haftung wegen existenzvernichtenden Eingriffs einer gesetzlichen Sonderregelung** unterworfen.[482] Seitdem die Aktivlegitimation für die Existenzvernichtungshaftung bei der Gesellschaft konzentriert worden ist, ergibt sich insoweit ein Gleichlauf mit § 64 S. 3 GmbHG. Das **Haftungssubjekt** ist jedoch grundverschieden, denn während bei der Existenzvernichtungshaftung der **Gesellschafter** passiv legitimiert ist, hat bei § 64 S. 3 GmbHG der **Geschäftsführer** die Zahlung zu erstatten. Schon deshalb schließt § 64 S. 3 GmbHG den Rückgriff auf die Existenzvernichtungshaftung nicht aus.[483] Sofern beide Ansprüche begründet sind, haften der Geschäftsführer und der Gesellschafter entsprechend § 840 Abs. 1 als Gesamtschuldner. Im Innenverhältnis hat gemäß §§ 426 Abs. 1 S. 1, 254 Abs. 1 in aller Regel der Gesellschafter den Schaden zu tragen.

e) Gesellschafterhaftung für Unterkapitalisierung? In der gesellschaftsrechtlichen Literatur wurde lange Zeit eine **Durchgriffshaftung für Unterkapitalisierung** in Fällen erwogen, in denen die **Eigenkapitalausstattung der Gesellschaft für Insider klar erkennbar unzureichend** war, so dass mit einem Misserfolg zu Lasten der Gläubiger bei normalem Geschäftsverlauf mit hoher, das gewöhnliche Geschäftsrisiko deutlich übersteigender Wahrscheinlichkeit gerechnet werden musste.[484] Ein solcher **objektiver Haftungstatbestand** stünde ggf. neben der Verschuldenshaftung nach § 826. Die Alternative dazu besteht darin, auf der **Basis des § 826 die Haftung der Gesellschafter einer unterkapitalisierten Gesellschaft** zu entwickeln.[485] Darin läge keine unzulässige Instrumentalisierung des § 826, sondern eine Haftung für Unterkapitalisierung entspräche durchaus seiner Funktion als Zentralnorm des deliktsrechtlichen Vermögensschutzes, die allerdings der Einpassung in den jeweiligen Regelungszusammenhang bedarf, bevor sie überzeugend angewendet werden kann. Folgerichtig wäre das Sittenwidrigkeitserfordernis mit Rücksicht auf Funktion und Grenzen der korporativen Haftungsbegrenzung etwa des § 13 Abs. 2 GmbHG zu interpretieren, Verschulden des Gesellschafters in der Mindestform der bewusst-leichtfertigen Schädigung der Gesellschaftsgläubiger zu verlangen und die Rechtsfolge auf Schadensersatz – und nicht auf eine akzessorische Gesellschafterhaftung nach dem Muster des § 128 HGB – zu richten.[486]

In seiner Entscheidung in Sachen „Gamma" hat der BGH beiden Ansätzen eine Absage erteilt und eine **persönliche Haftung der Gesellschafter einer unterkapitalisierten GmbH grundsätzlich ausgeschlossen**.[487] Darüber hinaus hat es der II. ZS abgelehnt, die „Trihotel"-Doktrin auf Fälle der Unterkapitalisierung zu übertragen, um so wenigstens zu

---

[481] *Schwab* ZIP 2008, 341, 343 f.; wenig tragfähig die ergebnisorientierte ad hoc-Konstruktion von *Osterloh-Konrad* ZHR 172 (2008), 274, 295.
[482] BT-Drucks. 16/6140 S. 112.
[483] Ausdrücklich BT-Drucks. 16/6140 S. 112.
[484] *Hachenburg/Ulmer*, 8. Aufl. 1992, Anh. § 30 GmbHG RdNr. 41 ff., 55; genauso BSG NJW 1984, 2117, 2118 ff.; *Lutter/Hommelhof* § 13 GmbHG RdNr. 7 ff.; BAG NJW 1999, 2299 f.; *Flume* AT I/2 § 3 III, S. 81 ff.; *Ehricke* AcP 199 (1999), 257, 275 f., 287 f.; *Schulze-Osterloh* ZGR 1983, 123, 144 f.; vorsichtig dagegen *Ulmer/Raiser* § 13 GmbHG RdNr. 157 ff.
[485] Ausschließlich für eine Verschuldenshaftung der Gesellschaft gegenüber *Karsten Schmidt* GesR § 9 IV, S. 243 f.
[486] Zu dem Unterschied zwischen Durchgriff und Schadensersatz *Wagner*, FS Canaris, Bd. II, 2007, S. 473, 483 ff.
[487] BGH NJW 2008, 2437, 2438 ff. Tz. 11 ff., 24.

einer Innenhaftung der Gesellschafter gegenüber dem Insolvenzverwalter der infolge von Unterkapitalisierung gescheiterten Gesellschaft (§§ 92, 93 InsO) zu kommen.[488] Dieses Konzept bleibt vielmehr auf existenzvernichtende Eingriffe in das Gesellschaftsvermögen beschränkt und erfasst nicht auch die **Existenzvernichtung ab initio**, als die Gründung und Betrieb einer unterkapitalisierten GmbH charakterisiert werden könnte. Für den BGH war demgegenüber maßgebend, dass der Gesetzgeber den Gründern einer GmbH lediglich die Bereitstellung eines gesetzlich normierten Mindestkapitals abverlangt, nicht aber eine materiell angemessene Kapitalausstattung, und dass es mit dem Gebot der Rechtssicherheit unvereinbar wäre, wollten die Gerichte bestimmen, was eine angemessene Kapitalausstattung ist, um davon dann die persönliche Gesellschafterhaftung abhängig zu machen.[489] Immerhin hat der II. ZS die Tür zu § 826 nicht völlig zugeschlagen, sondern die **Herausbildung eines Tatbestands der materiellen Unterkapitalisierung im Rahmen dieser Haftungsnorm** für **möglich** gehalten. Dessen Begründung schwankt ein wenig zwischen dem Vorwurf der arglistigen Täuschung der Gesellschaftsgläubiger und demjenigen des „Inverkehrbringens" einer unterkapitalisierten GmbH, mit der Folge, „dass Nachteile aus der Geschäftstätigkeit notwendig die Gläubiger der Gesellschaft treffen mussten".[490] Tatsächlich hatte die Rechtsprechung schon vor „Gamma" auf § 826 zurückgegriffen, wenn ein Bauträger die GmbH ausschließlich zu dem Zweck gegründet hatte, Architekten und Bauhandwerker zu benachteiligen, indem Letztere vertragliche Vergütungsansprüche ausschließlich gegen die (stets vermögenslos gehaltene) GmbH erwarben, während der Zugriff auf die geschaffenen Bauwerke bzw. die an deren Stelle getretenen Veräußerungserlöse vereitelt wurde.[491]

124 Rechtsfolge eines solchen Anspruchs soll keine Innenhaftung wie beim existenzvernichtenden Eingriff, sondern eine **Außenhaftung der Gesellschafter gegenüber den durch die Insolvenz der unterkapitalisierten GmbH** geschädigten Gesellschaftsgläubigern sein![492] Nicht von ungefähr erinnert dies an die Insolvenzverschleppungshaftung gegenüber Neugläubigern, zumal auch im Fall der Unterkapitalisierung das negative Interesse ersetzt werden soll.[493] Die Entscheidung in Sachen „Gamma" zeigt mE, dass von einer **Konsolidierung des korporativen Haftungsrechts noch keine Rede sein kann**. Es fragt sich, aus welchem Grund die **Außenhaftung in Fällen der Unterkapitalisierung ex ante richtig ist, wenn sie bei existenzvernichtenden Eingriffen – die gewissermaßen zu einer Unterkapitalisierung ex post führen – falsch ist**.[494] Darüber hinaus wird bisher nicht recht deutlich, warum das Gebot der Rechtssicherheit eine als Innenhaftung ausgestaltete Haftung für Unterkapitalisierung ausschließt, nicht aber eine Außenhaftung.

125 **7. Missbrauch gesellschaftsrechtlicher Kompetenzen. a) Grundlagen und Schutzbereich des § 826.** Einer Gesellschaft bzw. ihrem Vermögen kann aus unterschiedlichen Richtungen Schaden zugefügt werden, nämlich durch das Verhalten **von Gesellschaftern,** die Sondervorteile für sich anstreben, durch das Verhalten **von Gesellschafts-**

---

[488] BGH NJW 2008, 2437, 2438 Tz. 12.
[489] BGH NJW 2008, 2437, 2439 Tz. 19.
[490] BGH NJW 2008, 2437, 2440 Tz. 27 unter Hinweis auf BAG NJW 1999, 2299; vgl. weiter BGH NJW 1979, 2104, 2105; OLG Karlsruhe WM 1978, 962, 966; *Flume* AT I/2 § 3 III, S. 82 f.; *Soergel/Hönn* RdNr. 147.
[491] BGH NJW-RR 1988, 1181, 1182; ganz ähnlich die Fälle BGH NJW 1979, 2104 f.; OLG Karlsruhe WM 1978, 962, sowie BGH NJW-RR 1992, 1061, 1062; vgl. auch *Banerjea* ZIP 1999, 1153, 1162; die Voraussetzungen des § 826 wurden abgelehnt in BGHZ 31, 258, 270 f. = NJW 1960, 285, 287 ff.; BGHZ 68, 312, 322 = NJW 1977, 1449, 1450 f.; BAG NJW 1999, 2299, 2300.
[492] BGH NJW 2008, 2437, 2440 Tz. 25 ff.
[493] BGH NJW 2008, 2437, 2440 Tz. 29.
[494] Wenig überzeugend *Altmeppen* ZIP 2008, 1201, 1204 ff., der einerseits eine Innenhaftung bei existenzvernichtenden Eingriffen für „selbstverständlich" hält und andererseits in den Fällen der Unterkapitalisierung der Außenhaftung das Wort redet, weil die Gläubiger hier keinen „Reflexschaden" erlitten hätten. Quod erat demonstrandum.

Sittenwidrige vorsätzliche Schädigung 126, 127 § 826

organen, die statt der korporativen ihre eigenen Interessen verfolgen, durch das Verhalten **externer Gläubiger,** insbesondere Banken, die ihre Kredite auf Kosten des Schuldners zu sanieren trachten, und schließlich durch sonstige Personen, die in keinerlei Beziehung zu der Gesellschaft stehen, wie etwa eine Zeitung oder ein Wirtschaftsmagazin. Die sittenwidrige Schädigung durch externe Gläubiger, insbesondere Banken, weist keine gesellschaftsrechtsspezifischen Probleme auf und wird deshalb im Kontext mit der Haftung wegen Insolvenzverschleppung behandelt (RdNr. 90 ff.). Die Haftung der Gesellschafter wegen Missbrauchs der korporativen Haftungsbeschränkung zu Lasten der Gesellschaftsgläubiger ist ein Komplex für sich, der gesondert dargestellt ist (RdNr. 116 ff.). Für sämtliche verbleibenden Fälle der Schädigung der Gesellschaft durch Gesellschafter, Organe oder externe Dritte gilt im Sinne einer Grundregel die Wertung des § 117 Abs. 1 AktG, nach der sich der Schutzbereich einschlägiger Haftungsregeln auf die Gesellschaft beschränkt und den sog. Reflexschaden der Gesellschafter ausklammert.[495] Dies gilt auch dann, wenn der Schaden – wie regelmäßig[496] – zu einer Wertminderung der Anteile an der geschädigten Gesellschaft führt. Eine Erweiterung des Schutzbereichs des § 826 durch Einbeziehung auch des Aktionärsschadens widerspräche dem Grundsatz der Kapitalerhaltung und der Zweckbindung des Gesellschaftsvermögens,[497] das vorrangig dem Zugriff der Gesellschaftsgläubiger zur Verfügung steht (vgl. auch § 117 Abs. 5 AktG). Diese Schutzbereichsdefinition ist auch für § 826 verbindlich.[498]

b) Schädigung durch Gesellschafter: Stimmrechtsausübung. Ein Gesellschafter 126 kann seiner Gesellschaft und seinen Mitgesellschaftern erhebliche Nachteile zufügen, indem er die Ausübung seiner Mitwirkungsrechte nicht an den Interessen der Gesellschaft, sondern an seinen eigenen Zwecksetzungen orientiert. Beispielhaft zu nennen ist die **Ausplünderung** von Unternehmensträgern durch einen Mehrheitsgesellschafter, aber auch die **Blockade** im Gesamtinteresse liegender Entscheidungen durch eine Minderheit in dem Bestreben, Sondervorteile auszuhandeln. Speziell für das Aktienrecht enthält § 117 Abs. 1 AktG eine deliktsrechtlich zu qualifizierende Anspruchsgrundlage,[499] die die vorsätzliche Beeinflussung von Gesellschaftsorganen zum Schaden der Gesellschaft mit Ersatzpflichten bewehrt. Ausgenommen sind gemäß § 117 Abs. 7 AktG solche Schädigungshandlungen, die ein Organmitglied auf der Grundlage eines Hauptversammlungsbeschlusses oder eines konzernrechtlichen Beherrschungsverhältnisses vornimmt. Die **Haftung des Aktionärs aus § 826** sollte damit nach dem Willen des Gesetzgebers nicht ausgeschlossen werden.[500] Der BGH ist noch einen Schritt weiter gegangen und hat § 117 Abs. 7 Nr. 1 AktG allgemein auf Ansprüche wegen solcher Schäden beschränkt, deren Eintritt sich durch Erhebung einer Anfechtungsklage hätte verhindern lassen.[501]

Wenn § 826 für Schadensersatzansprüche im Binnenverhältnis von Unternehmensträgern 127 heute gleichwohl nur noch die zweite Geige spielt, dann deshalb, weil der BGH in der **„Girmes"-Entscheidung** die Schadensersatzpflicht der Kleinaktionäre, die einen von der Geschäftsleitung vorgelegten Plan zur außergerichtlichen Sanierung des Unternehmens

---

[495] Dazu BGHZ 94, 55, 58 = NJW 1985, 1777, 1778; vgl. auch BGH ZIP 1987, 29, 32.
[496] Für Beispiele zu den Ausnahmen des § 117 Abs. 1 S. 2 vgl. BGHZ 94, 55, 59 = NJW 1985, 1777, 1778: Gewährung eines Überbrückungsdarlehens durch Aktionär.
[497] BGHZ 129, 136, 166 = NJW 1995, 1739, 1747 – Girmes, m. Anm. *Altmeppen*.
[498] Ausdrücklich BGHZ 129, 136, 177, 165 f. = NJW 1995, 1739, 1749 – Girmes, m. Anm. *Altmeppen*; *Mertens*, FS Lange, 1992, S. 561, 570; anders noch RGZ 115, 289, 296; 142, 223, 228 f.; 157, 213, 220.
[499] So BGHZ 129, 136, 162 = JZ 1995 – Girmes, m. Bespr. *Lutter* 1053 = NJW 1995, 1739, 1746 m. Anm. *Altmeppen*; BGH NJW 1992, 3167, 3172; *Hüffer* § 117 AktG RdNr. 2; eingehend *Brüggemeier* AG 1988, 93, 94 ff.
[500] Vgl. die Begr. RegE zu § 117 AktG bei *Kropff*, AktG 1965, S. 164; weiter *Hüffer* § 117 AktG RdNr. 14.
[501] BGHZ 129, 136, 160 = NJW 1995, 1739, 1745 – Girmes, m. Anm. *Altmeppen*; treffend *Lutter* JZ 1995, 1053, 1055: „Anfechtung als Mittel der Schadensvermeidung hat an sich Vorrang".

§ 826   128   Abschnitt 8. Titel 27. Unerlaubte Handlungen

durch Abstimmung vereitelt hatten, nicht nur auf § 826,[502] sondern darüber hinaus und sogar primär auf eine **Verletzung der gesellschaftsrechtlichen Treuepflicht** gestützt hat.[503] Die Diskussion um Berechtigung, Inhalt und Reichweite dieses Instituts kann an dieser Stelle nicht aufgearbeitet werden.[504] Aus deliktsrechtlicher Perspektive ist es allerdings bezeichnend, dass der BGH die Haftung des Aktionärs jedenfalls im Fall der Treuepflichtverletzung durch Stimmrechtsausübung **auf Vorsatz** beschränkt hat,[505] sodass die Wahl einer gesellschaftsrechtlichen Anspruchsgrundlage die haftungsrechtliche Lage praktisch unverändert lässt.[506] Eine weitergehende Haftung, etwa bereits für grobe Fahrlässigkeit, würde das Stimmverhalten des Aktionärs einem derart schwerwiegenden Risiko aussetzen, dass er von der Teilnahme an Abstimmungen abgeschreckt, jedenfalls aber entmutigt, würde, den von der Verwaltung vorgelegten Plänen zu widersprechen und damit ggf. die Verantwortung für ihr Scheitern zu übernehmen.[507] In Übereinstimmung mit den sonst bei § 826 geltenden Grundsätzen (RdNr. 29 f.) hat der II. ZS des BGH dem Schädigungsvorsatz **leichtfertiges Verhalten** mit Blick auf die Möglichkeit der Schädigung Dritter gleichgestellt.[508] Die darin steckende Haftungserweiterung erscheint auch in diesem Zusammenhang grundsätzlich sachgerecht, denn die Zufügung reiner Vermögensschäden rechtfertigt die Haftung bereits dann, wenn der Täter die Möglichkeit ihres Eintritts erkannt hat und sie mit geringsten Sorgfaltsaufwendungen hätte verhindern können. Auf der anderen Seite ist speziell beim Verhandlungspoker in der heißen Phase außergerichtlicher Sanierungsbemühungen äußerste Vorsicht dabei geboten, zugunsten der einen Seite Partei zu ergreifen und der anderen leichtfertig-schädigendes Verhalten vorzuwerfen.[509] Schließlich ist in der Literatur mit Recht die Forderung erhoben worden, zwischen der Haftung eines Stimmrechtsbündelers und der Verantwortlichkeit des **einzelnen Kleinaktionärs** zu differenzieren.[510] Den Weg dorthin hat sich der BGH mit der Anknüpfung an die Verletzung gesellschaftsrechtlicher Treuepflichten allerdings verbaut, während § 826 die Möglichkeit eröffnet, im Rahmen des Sittenwidrigkeitskriteriums zwischen beiden Fällen zu unterscheiden. Daran zeigt sich, dass es im Bereich der Haftung für Abstimmungsverhalten vorzugswürdig **gewesen wäre, auf den Ansatz bei der Treuepflicht zu verzichten und weiter auf § 826 zu setzen.**[511] Möglicherweise wird die „Trihotel"-Entscheidung dazu führen, dass § 826 auch im Gesellschaftsrecht wieder in seine angestammte Funktion eingesetzt wird (RdNr. 118).

128   c) **Schädigung durch Gesellschafter: Räuberische Anfechtungsklagen.** Auf das Korrektiv des § 826 – und nicht auf gesellschaftsrechtliche Treuepflichten – greift die Rechtsprechung zurück, um die Erhebung räuberischer Anfechtungsklagen zu sanktionieren

---

[502] BGHZ 129, 136, 172 ff. = NJW 1995, 1739, 1748 ff. – Girmes, m. Anm. *Altmeppen*; zu den sanierungsrechtlichen Problemen der Entscheidung RdNr. 99.
[503] BGHZ 129, 136, 142 ff. = NJW 1995, 1739, 1740 ff. – Girmes, m. Anm. *Altmeppen*. Dieser Fall wies die Besonderheit auf, dass die Kleinaktionäre nicht je für sich abgestimmt hatten, sondern sich bei der Hauptversammlung durch einen Stimmrechtsbündeler vertreten ließen, dessen Haftung sich über § 179 begründen ließe. Grdlg. zur Treupflicht des Aktionärs BGHZ 103, 184 = NJW 1988, 1579, 1581 – Linotype, m. Anm. *Timm*; m. Bespr. *Lutter* ZHR 153 (1989), 446. Zur Problematik vgl. auch *Dreher* ZHR 157 (1993), 150; *Henssler* ZHR 157 (1993), 91; *Häsemeyer* ZHR 160 (1996), 109; *Staudinger/Oechsler* RdNr. 282 ff.
[504] Krit. insbes. *Flume* ZIP 1996, 161.
[505] BGHZ 129, 136, 162 = NJW 1995, 1739, 1746 – Girmes, m. Anm. *Altmeppen*.
[506] Krit. gegenüber dem Institut der Treuepflichtverletzung und für die Beschränkung auf § 826 deshalb *Altmeppen* in seiner Anm. zur Girmes-Entscheidung, NJW 1995, 1749, 1750; im Ergebnis ähnlich *Flume* ZIP 1996, 161, 165 ff.
[507] BGHZ 129, 136, 163 = NJW 1995, 1739, 1746 – Girmes, m. Anm. *Altmeppen*; *Lutter* JZ 1995, 1053, 1055.
[508] BGHZ 129, 136, 176 = NJW 1995, 1739, 1749 – Girmes, m. Anm. *Altmeppen*.
[509] So mit Recht das OLG Düsseldorf in seinem Schlussurteil im Girmes-Fall, ZIP 1996, 1211, 1213 ff.
[510] Überzeugend *Lutter* JZ 1995, 1053, 1056.
[511] Zur Beurteilung des Abstimmungsverhaltens am Maßstab der Sittenwidrigkeit vgl. etwa RGZ 122, 159, 165 f.; 166, 129, 131 ff.

bzw. davor abzuschrecken.[512] In diesen Fällen wird von der **Anfechtungsbefugnis gemäß §§ 243 ff.** AktG nicht deshalb Gebrauch gemacht, weil der Aktionär die Gesetz- und Satzungsmäßigkeit des Hauptversammlungsbeschlusses gefährdet sieht, sondern zu dem Zweck, der Gesellschaft Schaden zuzufügen. Da ein angefochtener Beschluss vor rechtskräftiger Erledigung der Anfechtungsklage nicht in das Handelsregister eingetragen werden darf,[513] verliert die Gesellschaft durch die bloße Anbringung der Klage einen oft nicht unerheblichen Geldbetrag, der mit jedem Tag weiter anwächst, mit dem der Beschluss nicht umgesetzt werden, beispielsweise der dafür aufgenommene Kredit nicht produktiv eingesetzt werden kann. Die betroffenen Gesellschaften sehen sich folgerichtig dazu gezwungen, den Aktionär durch Zahlung einer (hohen) Geldsumme zur Rücknahme seiner Klage und zum Verzicht auf das Anfechtungsrecht zu bewegen. Lässt sich im Einzelfall nachweisen, dass eine Anfechtungsklage **allein zum Zweck der Erpressung einer hohen Ablasssumme** erhoben wurde, liegt sittenwidriges Verhalten ohne weiteres vor, sodass der Aktionär den Betrag gemäß § 826 zurückzugewähren und ggf. weiteren Schaden zu ersetzen hat. Wichtige Indizien für die Feststellung unlauterer Zwecksetzung sind die absolute Höhe der gezahlten Abfindung, deren mangelnde Orientierung an den entstandenen Prozesskosten oder sonstigen Nachteilen (Kursverlust) des Klägers sowie dessen Verzicht darauf, die Gesellschaft auf die Heilung des angeblichen Makels durch nachsorgenden Satzungsbeschluss zu verpflichten. Liegen die genannten Voraussetzungen vor, tritt neben die Haftung des Aktionärs aus Delikt die Rückgewährpflicht aus § 62 Abs. 1 S. 1 AktG.[514] Ein **Rechtsanwalt**, der den Urheber einer räuberischen Anfechtungsklage in Kenntnis aller Umstände vertritt, haftet gemäß §§ 826, 830 Abs. 2 auch persönlich auf Schadensersatz.[515] Dasselbe gilt, wenn sich der Anwalt grob fahrlässig bzw. leichtfertig über Indizien hinwegsetzt, die für eine unlautere Motivierung der Anfechtungsklage sprechen.[516]

d) **Gesellschafterdarlehen.** Erledigt hat sich die frühere Rechtsprechung zum **Rangrücktritt eigenkapitalersetzender Gesellschafterdarlehen** nach Maßgabe des § 826,[517] weil diese Fälle nunmehr in den §§ 39 Abs. 1 Nr. 5, 44a, 135 InsO (vgl. auch §§ 32a, 32b GmbHG aF) geregelt sind, nach denen Gesellschafterdarlehen im Insolvenzfall wie Eigenkapital zu behandeln, also erst nach den Forderungen externer Gesellschaftsgläubiger zu befriedigen sind. Auf die **Qualität der Darlehen als Eigenkapitalersatz** kommt es nach der **GmbH-Reform 2008** nicht mehr an.[518] Mit diesem Regelungskonzept ist es nicht vereinbar, den Betrieb einer unterkapitalisierten Gesellschaft bei gleichzeitiger Gewährung zusätzlicher Gesellschafterdarlehen mit einer persönlichen Haftung des Gesellschafters aus § 826 gegenüber externen Gläubigern der Gesellschaft zu sanktionieren, denn dann könnten die Gesellschaftsgläubiger bei dem Gesellschafter nach Maßgabe des Prioritätsprinzips Befriedigung suchen, während die gesetzliche Regelung der Gesellschafterdarlehen gerade die par conditio creditorum verwirklichen will.

e) **Sonstige Fälle der Gesellschaftsschädigung durch Gesellschafter oder Organe.** Schließt ein Gesellschafter ein der Gesellschaft angetragenes, **profitables Geschäft statt im Namen der Gesellschaft im eigenen Namen** ab, so steht den Mitgesellschaftern gegen ihn ein Schadensersatzanspruch aus § 826 zu, der Ansprüche auf Auskunft und Rechnungslegung einschließt.[519] Genauso liegt es, wenn ein Organ, also der Geschäftsführer einer

---

[512] BGH NJW 1992, 2821 = WM 1992, 1184; OLG Köln NJW-RR 1988, 1497, 1498; zur Behandlung missbräuchlicher Anfechtungsklagen iÜ vgl. den Überblick *Hüffer* § 245 AktG RdNr. 22 ff.; grdlg. insoweit BGHZ 107, 296 = NJW 1989, 2689, 2691 ff. – Kochs-Adler.
[513] Vgl. BGHZ 112, 9, 12 ff. = NJW 1990, 2747 ff., sowie § 127 FGG.
[514] BGH NJW 1992, 2821.
[515] BGH NJW 1992, 2821 ff.
[516] BGH NJW 1992, 2821, 2822.
[517] RG JW 1938, 862, 863 f.; RGZ 166, 51, 57; vgl. auch BGHZ 31, 258, 268 f. = NJW 1960, 285, 287 f.
[518] BT-Drucks. 16/6140 S. 101; vorbereitend *U. Huber/Habersack* BB 2006, 1; zur Neuregelung *Wedemann* WM 2008, 1381, 1384 f.
[519] RGZ 89, 99, 103 f.

GmbH oder das Vorstandsmitglied einer AG, lukrative Geschäftschancen verstreichen lässt, um sie von einem ihm persönlich verbundenen Unternehmen wahrnehmen zu lassen,[520] wenn die vertretungsberechtigten Gesellschafter einer vermögenslosen KG in kollusivem Zusammenwirken mit einem Gläubiger rechtskräftige Vollstreckungsbescheide produzieren, um dem persönlich haftenden Komplementär mit Hilfe des § 129 Abs. 1 HGB Einwendungen abzuschneiden[521] usw.[522] Auch ein Liquidator kann sich gegenüber den Gesellschaftern nach § 826 haftbar machen.[523]

131 **f) Schädigung der Gesellschaft durch externe Dritte.** Aufgrund des Trennungsprinzips steht der **Ersatzanspruch bei Schädigung der Gesellschaft durch externe Dritte nur der Korporation,** nicht aber deren Mitgliedern, also Gesellschaftern und Aktionären zu. Diesen Grundsatz hat das LG Hamburg mit Hilfe des § 826 in einem Fall durchbrochen, in dem ein Nachrichtenmagazin über den bevorstehenden Zusammenbruch einer in Wahrheit gesunden Privatbank berichtet hatte, die durch die daraufhin einsetzenden Absetzbewegungen der Anleger in ein Vergleichsverfahren getrieben wurde.[524] Danach können die Aktionäre wegen des Wertverlusts ihrer Anteile Zahlung von Schadensersatz an die Gesellschaft verlangen, wenn Letztere auf die Geltendmachung eigener Ansprüche verzichtet hat.

132 **8. Wettbewerb.** Für das RG war **§ 826 über längere Zeit das zentrale privatrechtliche Instrument** zur Steuerung des Wettbewerbsverhaltens der Marktteilnehmer.[525] Die damit gegebene Funktionalisierung der Vorschrift im Hinblick auf die Gewährleistung fairen Leistungswettbewerbs stellte keine Usurpation dar, sondern entsprach durchaus ihrer ursprünglichen Zweckbestimmung. Daran hat sich im Grundsatz bis heute nichts geändert, wenn auch die **Bedeutung des § 826 im Wettbewerbsrecht drastisch zurückgegangen** ist, nachdem im Jahr 1909 das **UWG** und 1923 die KartellVO erlassen worden sind, die die Grundsteine für das moderne UWG und das nach dem Zweiten Weltkrieg geschaffene **GWB** geworden sind. Hinzu treten die Gesetze über den **Schutz geistigen Eigentums** (RdNr. 138), die regelmäßig selbst Anspruchsgrundlagen für Schadensersatzansprüche enthalten und im Übrigen subjektive Rechte statuieren, bei deren fahrlässiger Verletzung Schadensersatz auf der Grundlage von § 823 Abs. 1 verlangt werden kann (§ 823 RdNr. 163 ff.). Vor diesem Hintergrund spielt § 826 bei der privatrechtlichen Regulierung des Wettbewerbsverhaltens nur noch eine Nebenrolle, auf die allerdings gleichwohl nicht völlig verzichtet werden kann. Insbesondere kommt § 826 als Anspruchsgrundlage für die **persönliche Haftung von Geschäftsleitern** und Mitarbeitern in Betracht.

133 **a) Boykott.** Die Haftung für den Aufruf zum Boykott eines Unternehmens, die vom RG noch auf § 826 gestützt wurde (§ 823 RdNr. 188, 214),[526] ist heute primär eine Angelegenheit des Wettbewerbsrechts, nämlich der §§ 21 GWB, 3, 4 Nr. 10 UWG,[527] und außerhalb von Wettbewerbsverhältnissen eine solche des § 823 Abs. 1, in dessen Rahmen der **eingerichtete und ausgeübte Gewerbebetrieb** vor unmittelbaren Eingriffen geschützt ist (ausführlich § 823 RdNr. 213 ff.). Für § 826 bleiben sonach nur noch entlegene Fallkonstellationen, in denen Verrufer und Boykottierter nicht Unternehmen bzw. Unternehmensvereinigungen sind (dann § 21 GWB) und § 823 Abs. 1 versagt, weil es an einem unmittelbaren Eingriff in den Gewerbebetrieb fehlt. Diese Voraussetzungen sind wohl nur bei Drittbetroffenen erfüllt, gegen die sich der Boykott gar nicht richtet, die aber in seiner Folge Einbußen erleiden, etwa weil Lieferungen von Zulieferteilen ausbleiben oder aber

---

[520] BGH NJW-RR 1989, 1255, 1257.
[521] Zur Rechtskraftdurchbrechung in diesen Fällen BGH NJW 1996, 658 f.
[522] Vgl. nur OLG Koblenz NJW-RR 1995, 556, 557.
[523] BGH NJW 1969, 1712.
[524] LG Hamburg ZIP 1997, 1409 = WM 1998, 497; dazu *Brosius-Gersdorf* NZG 1998, 664.
[525] Vgl. etwa RGZ 134, 342; 143, 24; 148, 364.
[526] Überblick über die RG-Rspr. bei *Konzen*, FS Molitor, 1988, S. 181, 192 ff.
[527] *Köhler* in: *Hefermehl/Köhler/Bornkamm* § 4 UWG RdNr. 10 119 ff.

der boykottierte Kunde keine Waren mehr abnimmt.[528] Wenn sich der Vorsatz des Verrufers auf diese Schädigungen erstreckt, kommt eine Haftung aus § 826 in Betracht. Durch den damit eintretenden Wechsel der Anspruchsgrundlage ändert sich indessen nichts an den Wertungsmaßstäben, von denen die Zulässigkeit bzw. deliktsrechtliche Sanktionierung des Boykotts abhängt, und bei deren Anwendung vor allem die verfassungsrechtlich gewährleistete Meinungsfreiheit (Art. 5 Abs. 1 GG) berücksichtigt werden muss (ausführlich § 823 RdNr. 214 ff.).[529]

b) Missbrauch wirtschaftlicher Machtstellung (Monopolkontrolle; Kontrahierungszwang, Diskriminierung). Die Kontrolle des wirtschaftlichen Verhaltens von Monopolisten ist heute primär eine **Angelegenheit des Kartellrechts,** insbesondere der §§ 19 ff., 32 ff. GWB, die ein differenziertes Regelungsinstrumentarium bereit halten, innerhalb dessen der Schadensersatzanspruch des § 33 GWB *eine* mögliche Sanktion unter mehreren ist. Die Anwendung des § 826 wird durch das GWB zwar nicht ausgeschlossen,[530] wohl aber ihrer praktischen Bedeutung beraubt. Während der **Kontrahierungszwang vermeintlicher oder wirklicher Monopolisten** in der Rechtsprechung des RG noch eine erhebliche Rolle spielte,[531] hat sich diese Fallgruppe unter den heutigen rechtlichen Rahmenbedingungen, in denen das GWB und das **AGG** (RdNr. 135) der Vertragsabschlussfreiheit ohnehin enge Grenzen setzen, praktisch erledigt. Für die wichtigen Fallgruppen des **Zugangs zu Netzen und Infrastruktureinrichtungen** („essential facilities") enthält jetzt § 19 Abs. 4 Nr. 4 GWB eine Spezialregelung,[532] die um die allgemeinen Bestimmungen der §§ 33, 20 Abs. 1, 2 GWB[533] sowie um weitere Sondertatbestände des Telekommunikations-, Transport- und Energierechts ergänzt wird (vgl. dazu ausführlich Vor § 145 RdNr. 10).[534]

Neben die Tatbestände des wettbewerbsrechtlichen Kontrahierungszwangs tritt das **AGG,** mit dem nicht nur die **Arbeitsbeziehungen,** sondern auch der **Zivilrechtsverkehr** mit öffentlich angebotenen Gütern einem allgemeinen Gleichbehandlungsgebot unterworfen wird (§ 2 AGG). Verstößt der Arbeitgeber dagegen, kann er zwar aufgrund der §§ 15 Abs. 1 AGG, 249 Abs. 1 zur Weiterbeschäftigung des zu Unrecht gekündigten Arbeitnehmers verpflichtet sein, ein rechtswidrig abgewiesener Stellenbewerber hat gemäß § 15 Abs. 6 AGG jedoch **keinen Anspruch auf Einstellung.** Ob Verstöße gegen das **zivilrechtliche Benachteiligungsverbot** (§ 19 AGG) durch einen **Kontrahierungszwang** zu sanktionieren sind, ist in § 21 AGG nicht geregelt und dementsprechend umstritten (§ 21 AGG RdNr. 17 ff.). So zweifelhaft es ist, Parteien zur Kooperation zu zwingen, die nicht miteinander kooperieren wollen, dürfte sich ein Anspruch auf Vertragsschluss aus § 21 Abs. 1 S. 1 AGG herleiten lassen, und dieses Ergebnis wird durch einen Umkehrschluss aus § 15 Abs. 6 AGG bestätigt.[535] Eine spezielle Fallgruppe des Kontrahierungszwangs betrifft den **Anspruch auf Aufnahme in einen Verband,** den die Rechtsprechung ebenfalls auf § 826 stützt (Einzelheiten Vor § 21 RdNr. 108 ff.).[536]

---

[528] *Staudinger/Oechsler* RdNr. 407 mit unauffindbaren Rspr.-Nachweisen. § 1 UWG ist hingegen auch einschlägig, wenn der Schaden erst auf Grund der Reaktion einer vierten Personengruppe (Kunden) erfolgt, die selbst nicht Adressaten des Boykottaufrufs sind; vgl. BGH AfP 1984, 99, 100 – Tchibo-Uhren.
[529] In der Sache übereinstimmend *Staudinger/Oechsler* RdNr. 413.
[530] BGHZ 29, 344; 348 = NJW 1959, 880 f.; BGHZ 41, 271, 278 = NJW 1964, 1617, 1619; *Immenga/Mestmäcker/Emmerich* § 33 GWB RdNr. 113.
[531] RGZ 48, 114, 127 – Brisbane; weiter RGZ 115, 253, 258 f.; 132, 273, 276; 133, 388, 391; 143, 24, 28; aus der Lit. grdlg. *Nipperdey,* Kontrahierungszwang und diktierter Vertrag.
[532] Dazu iE *Immenga/Mestmäcker/Möschel* § 19 GWB RdNr. 179 ff.
[533] Vgl. zu den Vorgängerregelungen etwa BGH NJW 1976, 801 – Rossignol.
[534] Vgl. die – in Teilen überholte – Darstellung bei *Grunewald* AcP 182 (1982), 181, 187 f.
[535] *Wagner/Potsch* JZ 2006, 1085, 1098.
[536] BGHZ 37, 160, 163 = NJW 1962, 1508, 1509; BGHZ 63, 282, 285 = NJW 1975, 771 f.; BGHZ 93, 151, 153 f. = NJW 1985, 1216; BGHZ 140, 74, 77 = NJW 1999, 1326, dort mit zusätzlicher Abstützung in Art. 9 Abs. 1 GG.

136 Vor diesem rechtlichen Hintergrund spielt § 826 **nur scheinbar eine Nebenrolle**. Gemäß §§ 15 Abs. 5, 21 Abs. 3 AGG bleiben Ansprüche aus unerlaubter Handlung unberührt.[537] Der Rückgriff auf § 826 liegt insbesondere dann nahe, wenn die für Ansprüche aus dem AGG geltende zweimonatige Ausschlussfrist der §§ 15 Abs. 4 S. 1, 21 Abs. 5 AGG abgelaufen ist (§ 15 AGG RdNr. 43 ff., § 21 AGG RdNr. 65 ff.).[538] Dabei wird man wohl davon ausgehen müssen, dass eine nach dem **AGG verbotene Diskriminierung auch sittenwidrig** iS des § 826 ist.[539] Außerhalb der Diskriminierungsverbote des AGG muss allerdings die **Vertragsabschlussfreiheit den Ausgangspunkt** für die Sittenwidrigkeitsprüfung bleiben. Die „**willkürliche" Verweigerung des Vertragsabschlusses** in dem Sinne, dass keine nachprüfbaren Gründe dafür genannt werden, ist für sich allein genommen nicht sittenwidrig. Deshalb ist eine Spielbank nicht daran gehindert, eine Berufsspielerin auszuschließen.[540] Außerhalb des AGG sind Lebensmittelhändler und Bäcker nicht gehalten, mit jedermann abzuschließen, der ihre Ladengeschäfte betritt.[541] Ein noch weitergehender Abschlusszwang kann sich aus dem allgemeinen **Gleichheitssatz** des Art. 3 Abs. 1 GG ergeben, an den der **Staat** bzw. juristische Personen des öffentlichen Rechts gebunden sind, und zwar auch dann, wenn sie in den Formen des Privatrechts handeln.[542] Eine Bindung von Privatrechtssubjekten an den allgemeinen Gleichheitssatz ist abzulehnen, weil sie von dem Prinzip der Privatautonomie, das die Vertragsabschlussfreiheit einschließt, nichts übrig lassen würde. Die Funktion des § 826 besteht heute im Wesentlichen darin, **öffentliche Informationsinteressen** durchzusetzen und die **Kommunikationsfreiheiten** zu gewährleisten.[543] Folgerichtig ist einem Fußballverein entgegen zu treten, der einen Sportjournalisten diskriminiert, weil dieser kritisch über die Praktiken des Präsidiums berichtet hatte.[544] Ein Theater ist verpflichtet, Kritikern die Teilnahme an den eigenen Aufführungen zu ermöglichen, auch wenn es nicht die einzige Bühne am Ort ist und auch wenn der Betreiber befürchtet, dass die eigene Inszenierung nicht das Wohlwollen des jeweiligen Kritikers erregen wird.[545]

137 Liegen hingegen **sachliche Gründe für die Ablehnung des Vertragsschlusses** vor, hat sich der Kritiker etwa in der Vergangenheit in Schmähkritik ergangen,[546] darf der Vertragsschluss abgelehnt werden.[547] Unbedenklich ist es auch, wenn es sich eine Tageszeitung zur Politik gemacht hat, Geburtsanzeigen in Reimform oder Leserzuschriften einer bestimmten politischen Richtung nicht zu veröffentlichen,[548] und zwar selbst dann, wenn die Zeitung eine regionale Monopolstellung hat.[549] Ob ein Supermarkt den Zutritt davon abhängig machen darf, dass Kunden in die Kontrolle ihrer mitgebrachten Taschen auf Diebesgut einwilligen, hat der BGH dahinstehen lassen.[550] Im Übrigen beschränkt sich der Abschlusszwang auf die **vorhandenen Kapazitäten**. Wer bei Sturmwarnung im Bodensee einen Hafen anlaufen will, der voll belegt ist, kann keinen Schadensersatz verlangen, wenn er vom Hafenmeister abgewiesen wird.[551] Ein Presseverband ist nicht daran gehindert, die

---

[537] Mit Recht krit. dazu *Bamberger/Roth/Spindler* RdNr. 79.
[538] Zu den europarechtlichen Bedenken gegen die Ausschlussfrist *Wagner/Potsch* JZ 2006, 1085, 1091 f.
[539] *Bamberger/Roth/Spindler* RdNr. 79; zur Berechnung des Diskriminierungsschadens eingehend *Wagner/Potsch* JZ 2006, 1085, 1093 ff.
[540] BGH LM Vor § 145 Nr. 26 = MDR 1995, 105.
[541] OLG Celle OLGZ 1972, 281, 282 f.; OLG Hamm BB 1964, 939, 940.
[542] *Soergel/Wolf* Vor § 145 RdNr. 52 f.; im Ergebnis auch *Larenz* I § 4 I, S. 48; Vor § 145 RdNr. 14 f.
[543] Damit erledigen sich die Bedenken gegen die Anwendung des § 826 bei *Flume* AT II § 33 6; zur Anti-Diskriminierungs-RL 2000/43/EG vom 29. 6. 2000, ABl. EG Nr. L 180 vom 19. 7. 2000, und zur deutschen Umsetzungsdiskussion vgl. *Picker* JZ 2003, 540 mwN.
[544] OLG Köln NJW-RR 2001, 1051, 1052.
[545] Wie hier *Gounalakis* AfP 1992, 343, 345; aA *Eidenmüller* NJW 1991, 1439, 1441.
[546] Beispiel aus dem Bereich der Gastronomiekritik: OLG Frankfurt NJW 1990, 2002.
[547] Übereinstimmend *Eidenmüller* NJW 1991, 1439, 1441.
[548] OLG Karlsruhe NJW 1988, 341; OLG Köln VersR 1992, 585.
[549] BVerfGE 42, 53, 62 f. = NJW 1976, 1627.
[550] BGHZ 124, 39, 46 = NJW 1994, 188, 189.
[551] OLG Karlsruhe VersR 1997, 404, 405.

knappen Plätze für akkreditierte Journalisten bei einer Fußballweltmeisterschaft so zu vergeben, dass ein ehemaliger Fußballprofi, der sich jetzt auch als Journalist betätigt, leer ausgeht.[552]

c) Geistiges Eigentum. aa) Ergänzungsfunktion. Der Schutz geistigen Eigentums vor widerrechtlichen Eingriffen ist in den Normen des Immaterialgüterrechts, insbesondere im UrhG, MarkenG, GebrMG, GeschmMG und PatG geregelt. Die in diesen Gesetzen durchweg enthaltenen Anspruchsgrundlagen für Schadensersatzansprüche dominieren die Praxis, ohne die **kumulative Anwendung des § 826** auszuschließen.[553] Auf das Deliktsrecht kann somit zurückgegriffen werden, um **Lücken des Leistungsschutzes** zu schließen, nicht aber, um den Umfang des Leistungsschutzes zu erweitern, im Urheberrecht also etwa die **Schranken** der §§ 45 ff. UrhG zu **überspielen.** Das RG hat dies mit der einprägsamen Formel umschrieben, die Grenze liege dort, „wo das Eigeninteresse mit dem Gesamtinteresse zusammenstößt".[554] Wenn also beispielsweise das Urheberrecht die Nachahmung einer gemeinfreien Skulptur erlaubt, dann geht es nicht an, ein solches Verhalten gleichwohl als sittenwidrig zu qualifizieren.[555] Schäden infolge unberechtigter Schutzrechtsverwarnung können bei Vorliegen der Voraussetzungen auch nach § 826 liquidiert werden,[556] worauf es in der Praxis allerdings regelmäßig nicht ankommt, weil bereits nach § 823 Abs. 1 wegen Verletzung des Rechts am eingerichteten und ausgeübten Gewerbebetrieb Schadensersatz verlangt werden kann (vgl. § 823 RdNr. 187 ff.). 138

bb) Missbräuchlicher Markenerwerb. Die **Ergänzungsfunktion des § 826** kommt im Bereich des MarkenG insoweit zum Zuge, als es die missbräuchliche Anmeldung bzw. den missbräuchlichen Erwerb einer Marke nicht regelt.[557] Der vermeintliche Schutzrechtsverletzer kann sich mit einer auf die § 826, §§ 3, 4 Nr. 10 UWG gestützten **exceptio doli** gegen die Ansprüche des angeblichen Schutzrechtsinhabers verteidigen und ggf. von diesem sogar die **Löschung des Kennzeichens** verlangen.[558] Allerdings ist es für sich allein genommen noch nicht sittenwidrig, wenn der Anmelder eines Kennzeichens von der Vorbenutzung Kenntnis hatte.[559] Vielmehr ist die Anmeldung bzw. der Erwerb einer Marke erst dann als sittenwidrig zu qualifizieren, wenn der Inhaber den Schutz des Markenrechts in Kenntnis aller Umstände zu dem Zweck erstrebte, einen durch Benutzung des Zeichens **redlich erworbenen inländischen Besitzstand eines Dritten zu stören** oder den Gebrauch des Zeichens zu sperren.[560] Genauso liegt es, wenn durch die Anmeldung ein Dritter daran gehindert werden soll, mit seiner im **Ausland bekannten und benutzten Marke auf dem Inlandsmarkt** aufzutreten.[561] Gelänge es dem inländischen Konkurrenten, die Produktpalette des ausländischen Unternehmens zur Gänze durch Anmeldung entsprechender Marken „abzudecken", ließe sich der Inlandsmarkt gegen Konkurrenz aus dem Ausland abschotten.[562] Sittenwidrig ist es schließlich auch, wenn der Zeichenerwerb aus sonstigen Gründen allein dem Zweck dient, einen Dritten in seinem Wirtschaftsverhalten zu behindern, um von ihm Zugeständnisse zu erzwingen, wenn etwa im Stile eines **„Marken-Grabbing"** eine Vielzahl von Marken für unterschiedliche Güter ohne konkrete Benut- 139

---

[552] OLG Frankfurt NJW 1982, 2259 f.
[553] RGZ 120, 94, 97 – Huthaken; BGHZ 26, 52, 59 = NJW 1958, 459, 460 f. – Sherlock Holmes; BGHZ 44, 288, 297 f. = NJW 1966, 542, 545 – Apfelmadonna.
[554] RGZ 120, 94, 97 – Huthaken.
[555] BGHZ 44, 288, 297 f. = NJW 1966, 542, 545 – Apfelmadonna.
[556] So implizit BGHZ 62, 29, 33 = NJW 1974, 315, 316.
[557] Vgl. zum Folgenden *Köhler* in: *Hefermehl/Köhler/Bornkamm* § 11 UWG RdNr. 2.43; *Ingerl/Rohnke* Vor §§ 14–19 MarkenG RdNr. 166 ff. mwN.
[558] BGH NJW 1967, 493, 494 f. = GRUR 1967, 304, 305 – Siroset; GRUR 1984, 210, 211 – Arostar; NJW-RR 1986, 118, 120 = GRUR 1986, 74, 76 f. – Shamrock III; GRUR 1998, 412, 414 – Analgin.
[559] BGH GRUR 1998, 412, 414 – Analgin.
[560] BGH GRUR 1986, 74, 77 – Shamrock III; GRUR 1998, 412, 414 – Analgin.
[561] BGH GRUR 1987, 292, 294 – KLINGT; vgl. auch BGH NJW 1969, 1534, 1544 – Recrin.
[562] So in dem Fall OLG Karlsruhe GRUR 1997, 373, 374.

zungsabsicht zu dem Zweck gehortet werden, Dritte mit Unterlassungs- und Schadensersatzansprüchen zu überziehen.[563]

140 **cc) Patenterschleichung.** Unter dem Gesichtspunkt des § 826 würdigt die Rechtsprechung den Fall der sog. Patenterschleichung, also die **Anmeldung eines Patents unter Irreführung des Patentamts** über Eintragungshindernisse, etwa in voller Kenntnis mangelnder Patentfähigkeit oder mangelnder Neuheit.[564] Die Vorschrift dient hier allerdings weniger zur Begründung von Schadensersatzansprüchen als zur Abwehr unberechtigter Patentverletzungsklagen, und zwar im Rahmen der „Einrede sittenwidriger Patenterwirkung".[565] Dass dafür nach Abschaffung der Befristung der Patentnichtigkeitsklage und trotz abschließender Aufzählung der Nichtigkeitsgründe in § 21 Abs. 1 PatG[566] noch ein Bedürfnis besteht, muss bezweifelt werden.[567]

141 **dd) Domain-Grabbing.** Unter dem sog. Domain-Grabbing versteht man die Registrierung von berühmten Marken, Unternehmenskennzeichen oder Herkunftsangaben als **Internet-Adresse** zu dem alleinigen Zweck, sie an den Zeicheninhaber oder sonst Berechtigten gegen Zahlung erheblicher Summen zu veräußern.[568] Dagegen hilft in weiten Bereichen bereits das Kennzeichenrecht, wobei insbesondere die Ansprüche aus den §§ 14 Nr. 3, 15 Abs. 3 MarkenG, § 12 BGB sowie – was geographische Herkunftsangaben anlangt – § 127 Abs. 3 MarkenG praktische Bedeutung erlangt haben.[569] Da das Domain-Grabbing für sich genommen als Handeln im geschäftlichen Verkehr iS der Verletzungstatbestände des Kennzeichenrechts zu werten ist, kommt § 826 hier bloß ergänzende Funktion zu. Darüber hinaus kommen wettbewerbsrechtliche Ansprüche wegen Behinderungswettbewerbs iS von § 4 Nr. 10 UWG in Betracht.[570] Insoweit liegt allerdings auf der Hand, dass die Blockade von Domain-Namen zum Zwecke der Abpressung von Abstandszahlungen als sittenwidrig zu qualifizieren ist, und auch der Schädigungsvorsatz wird sich normalerweise ohne Schwierigkeiten bejahen lassen.[571] Die **Verwendung generischer Begriffe als Domain Namen** ist hingegen nicht ohne weiteres sittenwidrig, sondern nur dann, wenn darin eine irreführende Alleinstellungsbehauptung liegt.[572] Eine generelle Einstandspflicht des Betreibers einer Internet-Suchmaschine für damit aufzufindende Webseiten Dritter, die ihrerseits rechts- bzw. sittenwidrige Inhalte enthalten, scheidet aus.[573] Eigenständige Bedeutung könnte § 826 in Fällen erlangen, in denen das sittenwidrig angeeignete Kennzeichen keinen Bekanntheitsstatuts für sich in Anspruch nehmen kann, es aber auch an den Voraussetzungen der § 14 Abs. 2 Nr. 1, 2, § 15 Abs. 1, 2 MarkenG – Identität oder Ähnlichkeit sowohl der Zeichen als auch der Waren oder Dienstleistungen – fehlt. Soweit nicht die Erfordernisse der Waren- oder Dienstleistungsähnlichkeit speziell für das Internet interpretatorisch abgeschwächt oder ganz aufgegeben werden,[574] kann der illegitimen Registrierung fremder Kennzeichen als Domainnamen zum Zweck der Abpressung von Abstandszahlungen immerhin mit Hilfe des § 826 begegnet werden.[575]

---

[563] BGH GRUR 2001, 242, 244 – Classe E.
[564] RGZ 140, 184, 187 ff.; BGH GRUR 1956, 265, 269.
[565] RGZ 140, 184, 192; dort auch zur Einrede des Erschleichens der Patentruhe.
[566] *Mes*, 2. Aufl. 2005, § 22 PatG RdNr. 7.
[567] Ebenso *Staudinger/Oechsler* RdNr. 389 f.
[568] Vgl. *Wagner* ZHR 162 (1998), 701, 703.
[569] Grdlg. zum Schutz berühmter Kennzeichen im Internet BGH NJW 2002, 2031 – shell.de.
[570] *Köhler* in: *Hefermehl/Köhler/Bornkamm* § 4 UWG RdNr. 10.94 mwN.
[571] LG München I CR 2001, 191, 192 – champagner.de.
[572] BGH NJW 2005, 2315, 2316 = VersR 2005, 1151, 1152 – weltonline.de; genauso im Rahmen von § 1 UWG aF BGHZ 148, 1, 5 ff. = NJW 2001, 3262, 3264 f. – mitwohnzentrale.de; OLG München NJW 2002, 2113 – rechtsanwaelte-dachau.de; vgl. auch LG Duisburg NJW 2002, 2114 – anwalt-muelheim.de.
[573] LG Frankfurt/M NJW-RR 2002, 545, 546; vgl. auch BGHZ 158, 236, 249 ff. = NJW 2004, 3102, 3103 f. = JZ 2005, 33 m. Anm. *Spindler*.
[574] Dafür *Wagner* ZHR 162 (1998), 701, 713 f.
[575] OLG Frankfurt MMR 2000, 424 – weideglueck.de; CR 2001, 620, 621 – praline-tv.de; OLG Karlsruhe CR 2002, 60; LG Düsseldorf CR 2002, 138, 139.

d) Schmiergeldzahlungen. Auf die zahlreichen, im Rahmen der §§ 3, 4 UWG ent- 142 wickelten Fallgruppen und Differenzierungen sittenwidrigen Verhaltens im Wettbewerb kann hier nicht eingegangen werden.[576] Da die Sittenwidrigkeit nach § 826 im Bereich des Wettbewerbsrechts genauso zu definieren ist wie die Unlauterkeit im Rahmen des § 3 UWG, kann bei Vorliegen der entsprechenden subjektiven Voraussetzungen auch der zuerst genannte Tatbestand verwirklicht sein, was wegen der im Vergleich zu § 11 Abs. 1 UWG langen Verjährungsfrist von drei Jahren für den Anspruch aus § 826 von erheblicher praktischer Bedeutung ist (§§ 195, 199).[577]

Allein § 826 ist einschlägig, wenn zwar ein sittenwidriges Verhalten im Wettbewerb 143 vorliegt, es aber an einem Wettbewerbsverhältnis bzw. am Handeln zu Zwecken des Wettbewerbs fehlt. So liegt es etwa, wenn der Vorstand einer Versicherung von einer Bank **Schmiergelder** dafür erhält, dass er die Vermögenswerte der Versicherung bei ihr anlegt,[578] oder wenn ein Mitarbeiter einem anderen Unternehmen gegen Gewinnbeteiligung Aufträge zuschanzt.[579] Neben § 826 kann das Schmieren der Mitarbeiter potentieller Geschäftspartner und deren Bestechlichkeit auch den Tatbestand des § 299 StGB verwirklichen, der als Schutzgesetz iS des § 823 Abs. 2 zu qualifizieren ist.[580] In solchen Fällen kann der geschädigte Arbeitgeber der bestochenen Angestellten bei diesen die Schmiergelder im Wege des Schadensersatzes abschöpfen, weil ein Anscheinsbeweis dafür spricht, dass die Gegenleistung des der Bestechung schuldigen Vertragspartners bei redlichem Verhalten um den Betrag der Schmiergelder höher ausgefallen wäre.[581] Dieser Anspruch geht gemäß § 73 Abs. 1 S. 2 StGB der **strafrechtlichen Verfallserklärung** vor.

9. Arbeitsrecht. Die Haftung für rechtswidrige Streiks ist primär eine Angelegenheit 144 der Haftung nach § 823 Abs. 1 wegen Eingriffs in das Recht am eingerichteten und ausgeübten Gewerbebetrieb (§ 823 RdNr. 219 f.). Darüber hinaus kommt eine Haftung nach § 826 in Betracht, denn eine vorsätzliche Schädigung des Vermögens des Arbeitgebers ist zweifellos gegeben. Entscheidend kommt es somit darauf an, ob der Streik auch das Prädikat der Sittenwidrigkeit verdient (RdNr. 11). Letzteres hängt ganz offensichtlich von spezifisch **arbeitsrechtlichen Wertungen** bzw. von der Frage ab, ob der Streik ein legitimes Instrument zur Lösung von Meinungsverschiedenheiten bzw. Verhandlungskrisen der Tarifparteien ist. Diese Frage hatte bereits das RG bejaht und die Sittenwidrigkeit eines **nach arbeitsrechtlichen Maßstäben rechtmäßigen** Streiks verneint,[582] noch bevor Art. 9 Abs. 3 GG die Frage jedem Zweifel entzog.[583] Für die Aussperrung kann im Rahmen des § 826 nichts anderes gelten.[584] Ist der Streik oder die Aussperrung hingegen nach den Kriterien des (ungeschriebenen) Arbeitskampfrechts rechtswidrig, kommen Ansprüche aus § 826 in Betracht und sind vom BGH im Fall eines **illegalen Bummelstreiks** beamteter Fluglotsen gegenüber dem diese Aktion unterstützenden Verband über § 830 Abs. 2 auch zugesprochen worden.[585] Eine solche Haftung ist mit Art. 9 Abs. 3 GG vereinbar.[586] Die hM in der Arbeitsrechtswissenschaft bejaht unter den genannten Voraussetzungen bereits einen Eingriff in das Recht am eingerichteten und ausgeübten Gewerbebetrieb und kommt so zu einer Fahrlässigkeitshaftung für illegale Streiks gemäß § 823 Abs. 1.[587] Die Erkenntnis,

---

[576] Vgl. dazu die Darstellung bei *Köhler* in: *Hefermehl/Köhler/Bornkamm*, 26. Aufl. 2008, § 4 UWG RdNr. 1.35 ff.
[577] Vgl. BGH NJW 1977, 1062 – Prozessrechner.
[578] RGZ 161, 229, 230 ff.; BGH NJW 1962, 1099.
[579] RGZ 95, 54, 56 ff.
[580] *Schönke/Schröder/Heine* § 299 StGB RdNr. 2.
[581] RGZ 161, 229, 232; BGH NJW 1962, 1099, 1100.
[582] RGZ 54, 255, 259; 104, 327, 330; 119, 219, 293 f.
[583] Vgl. statt aller ErfK/*Dieterich* Art. 9 GG RdNr. 168 ff.
[584] RGZ 54, 255, 259 f.
[585] BGHZ 70, 277, 280 ff. = NJW 1978, 816, 819; ähnlich bereits RGZ 111, 105, 111 f.
[586] BVerfG NJW 1980, 169; eingehend, auch zu den Hintergründen des Fluglotsenstreiks *Zeuner* JZ 1979, 6, 10.
[587] ErfK/*Dieterich* Art. 9 GG RdNr. 232 f.

dass ein Dritter gegen die Tarifparteien keinen Schadensersatzanspruch aus § 826 wegen inflationsbedingten **Wertverlusts** seiner Geldanlagen **infolge überhöhter Lohnabschlüsse** geltend machen kann, hätte wohl keiner Entscheidung des BGH bedurft.[588]

145 Angesichts der herrschenden Praxis lobend-nichtssagender Arbeitszeugnisse bedarf der Betonung, dass der BGH eine Haftung aus § 826 für **unrichtige Arbeitszeugnisse** anerkannt hat.[589] Ein Arbeitgeber, der einem von ihm wegen Unterschlagung entlassenen Arbeitnehmer ein Zeugnis ausstellt, das diesen Punkt einfach verschweigt, handelt sittenwidrig und haftet dem nachfolgenden Arbeitgeber, der den Bewerber im Vertrauen auf das Arbeitszeugnis einstellt, auf Schadensersatz. Wird die Unterschlagung vom Alt-Arbeitgeber erst nach Ausscheiden des Mitarbeiters und Ausstellung eines uneingeschränkt positiven Zeugnisses bemerkt, ist er gehalten, unverzüglich den ihm bekannten neuen Arbeitgeber zu benachrichtigen und für eine Korrektur des Zeugnisses zu sorgen.[590] Die zuletzt genannte Pflicht leitet die Rechtsprechung aus einer angeblichen Sonderverbindung zwischen Alt- und Neu-Arbeitgeber her;[591] besser wäre es, auch insoweit auf § 826 abzustellen. Auf der anderen Seite darf der Arbeitgeber den ausscheidenden Mitarbeiter in dem Zeugnis auch nicht zu Unrecht anschwärzen; tut er es doch, haftet er diesem wegen Verletzung (nach-)vertraglicher Fürsorgepflichten auf Schadensersatz.[592]

146 **Lohnschiebung** ist die Reaktion eines überschuldeten Arbeitnehmers auf die Pfändung seines gesamten Arbeitseinkommens, soweit es dem Zugriff der Gläubiger unterliegt. Um eben dies zu verhindern, wird mit dem Arbeitgeber ein niedrigerer Lohn in der Nähe der Pfändungsfreigrenze vereinbart. Werden darüber hinaus unter dem Tisch weitere Lohnbestandteile an dritte Personen gezahlt, unterliegen diese dem Zugriff eines Titelgläubigers gemäß § 850h Abs. 1 ZPO. Gemäß § 850h Abs. 2 ZPO haftet der Arbeitgeber dem Gläubiger schließlich auch dann, wenn er selbst der Nutznießer des strategischen Verhaltens des Arbeitnehmers ist; er muss dann die Zwangsvollstreckung in eine fiktive Lohnforderung hinnehmen. Daneben kann eine **Direkthaftung des Arbeitgebers** gegenüber dem geschädigten Titelgläubiger aus § 826 in Betracht kommen.[593] Zur Verschiebung von Vermögensbestandteilen s. RdNr. 104.

147 Fallen die Gründe für eine rechtmäßige Kündigung später wieder weg, wird also bei einer **Verdachtskündigung** der Verdacht ausgeräumt, wird der scheinbar chronisch kranke Arbeitnehmer überraschend wieder gesund oder kommt es nach betriebsbedingter Kündigung zu einer unvermuteten wirtschaftlichen Gesundung auf Unternehmensseite, soll der Arbeitgeber aus § 826 zur **Wiedereinstellung des Arbeitnehmers** verpflichtet sein.[594] Wäre dies richtig, ließe sich der Anspruch allerdings kaum auf das Arbeitsrecht begrenzen, sondern es könnte ganz allgemein auf der Grundlage von § 826 die Korrektur privatrechtlicher Verträge gefordert werden, wenn sich Prognoseentscheidungen im Nachhinein als unrichtig erweisen. Folgerichtig ist auch im Arbeitsrecht die Rechtmäßigkeit der Kündigung zu respektieren und nicht nachträglich über § 826 zu überspielen.[595]

148 Zur Haftung aus § 826 wegen sittenwidriger **Abwerbung von Arbeitnehmern** s. RdNr. 58.

149 **10. Familienrecht. a) Grundlagen.** Bei bloßer Orientierung am Wortlaut des § 826 mag der Gedanke nahe liegen, die Domäne der Vorschrift liege im Bereich der Sexualmoral, und ihr komme deshalb eine große Bedeutung im Bereich von Ehe und Familie zu. Das Gegenteil ist der Fall, denn nicht nur ist § 826 die zentrale Anspruchsgrundlage

---

[588] Es gibt sie aber: BGH NJW 1978, 2031, 2032 mit Besprechung *Schmidt-Preuß* JuS 1979, 551.
[589] BGH VersR 1964, 314, 315 f.; NJW 1970, 2291, 2292 f.
[590] BGHZ 74, 281, 286 f. = NJW 1979, 1882 f.
[591] BGHZ 74, 281, 287 ff. = NJW 1979, 1882 f.
[592] OLG Hamburg BB 1985, 804.
[593] BGH WM 1964, 613, 614.
[594] Vgl. *A. Hueck*, FS Hedemann, 1958, S. 131, 138 f.; *v. Bar* AcP 179 (1979), 452, 474; *Soergel/Hönn* RdNr. 88.
[595] Im Ergebnis genauso *v. Stein* RdA 1991, 85, 93; *Staudinger/Oechsler* RdNr. 121.

Sittenwidrige vorsätzliche Schädigung 150 § 826

für den Ersatz reiner Vermögensschäden in sämtlichen Bereichen des Wirtschaftslebens, sondern ihre Bedeutung im Bereich des Familienrechts ist ausgesprochen gering. Dies beruht zum einen darauf, dass die Rechtsprechung dem **Familienrecht** mit seinen Wertungen grundsätzlich den **Vorrang vor dem Deliktsrecht** einräumt und es insbesondere ablehnt, ehewidriges Verhalten an der Elle der §§ 823 ff. zu messen. Nach ständiger Rechtsprechung des BGH berühren Störungen der Ehe im Allgemeinen und der Ehebruch im Besonderen „unmittelbar die innere Lebens- und Geschlechtsgemeinschaft der Ehegatten und stellen einen innerehelichen Vorgang dar, der nicht in den Schutzwzeck der deliktischen Haftungstatbestände einbezogen ist".[596] Diese Rechtsprechung hat Konsequenzen auch für § 826: Ehewidriges Verhalten, also etwa ein Ehebruch, reicht für sich allein nicht, um die Haftung wegen sittenwidriger Schädigung auszulösen – die Sittenwidrigkeit muss aus anderen Wertungen als der Diskriminierung des Ehebruchs begründet werden.[597]

b) **Unterhaltsregress des Scheinvaters.** Dieser Ausgangspunkt hat handfeste Konsequenzen für den Unterhaltsregress des Scheinvaters gegen die Kindesmutter,[598] also den Anspruch auf Ersatz der Unterhaltsleistungen, die für das **in Wahrheit von einem anderen Mann abstammende Kind** gezahlt, und der Kosten, die für die Vaterschaftsanfechtung aufgewandt worden sind.[599] Die Rechtsprechung übt hier ein **Übermaß an Zurückhaltung,** indem sie es nicht ohne weiteres als sittenwidrig qualifiziert, wenn eine Frau ihrem Ehemann verheimlicht, außerehelichen Geschlechtsverkehr gehabt zu haben, und es weiter unterlässt, ihn darauf hinzuweisen, das vermeintlich eheliche Kind stamme in Wahrheit gar nicht von ihm.[600] Eine Haftung der Kindesmutter soll selbst dann ausscheiden, wenn sie nach Scheidung den Unterhaltsanspruch des nur scheinbar ehelichen Kindes im Wege der Prozessstandschaft gemäß § 1629 Abs. 2 S. 2 geltend macht und bei Zahlungsverweigerung des geschiedenen Ehemanns die Zwangsvollstreckung in dessen Vermögen betreibt.[601] Die Schwelle zur Sittenwidrigkeit ist nach Ansicht des BGH erst überschritten, wenn der Ehemann durch Täuschung, Drohung oder sonstige Manipulationen davon abgehalten wird, die Abstammung des Kindes aufzuklären bzw. eine Vaterschaftsanfechtungsklage zu erheben.[602] Dafür sollte die Verneinung der Frage nach einem Ehebruch bzw. anderweitigen sexuellen Kontakten ausreichen.[603] Jedenfalls ist die Schwelle zur Sittenwidrigkeit überschritten, wenn eine unverheiratete Frau in der Empfängniszeit intime Beziehungen zu mehreren Männern unterhalten hat, dann aber einem von diesen erklärt, nur mit ihm verkehrt zu haben, und diese Aussage vor dem Jugendamt bekräftigt, so dass der Scheinvater mit der Mutter die Ehe schließt.[604]

---

[596] BGHZ 23, 215, 217 f. = NJW 1957, 670 f.; BGHZ 57, 229, 231 ff. = NJW 1972, 199 f.; BGHZ 80, 235, 237 f. = NJW 1981, 1445; BGH NJW 1990, 706, 707 = JZ 1990, 438 m. Anm. *Schwenzer*; eingehend dazu § 823 RdNr. 167 ff.

[597] Eingehend, auch zum Folgenden BGH NJW 1990, 706, 708 = JZ 1990, 438 m. Anm. *Schwenzer*; genauso OLG Köln NJW-RR 1999, 1673 f.; vgl. auch BGHZ 80, 235, 238 ff. = NJW 1981, 1445 f.; noch weitergehend für den völligen Ausschluss des § 826 durch das Familienrecht BGHZ 23, 215, 221 f. = NJW 1957, 670 f.; für eine weitergehende Anwendung des § 826 *Staudinger/Oechsler* RdNr. 443.

[598] Der Regress gegen den Scheinvater richtet sich heute nach §§ 1607 Abs. 3, 1613 Abs. 2; dazu *Wagner* FamRZ 1999, 7, 11 f. Ansprüche aus § 823 Abs. 1 gegen den Scheinvater scheiden aus; BGHZ 57, 229, 232 f. = NJW 1972, 199 zur Rechtslage nach § 1615 b aF *Nehlsen-v. Stryk* FamRZ 1988, 225.

[599] Zu den Kosten der Vaterschaftsanfechtung BGHZ 23, 215, 217 ff. = NJW 1957, 670 f.

[600] RGZ 152, 397, 401; BGH NJW 1990, 706, 708 = JZ 1990, 438 m. Anm. *Schwenzer*; ausf. *Wanke,* Schadensersatz für Kindesunterhalt, S. 241 ff.

[601] BGH NJW 1990, 706, 708 = JZ 1990, 438 m. Anm. *Schwenzer.*

[602] BGH NJW 1990, 706, 708 = JZ 1990, 438 m. Anm. *Schwenzer*; grds. abl. *Küppers*, Der Regress des Ehemannes nach der außerehelichen Zeugung eines zeitweilig ehelichen Kindes, S. 204 ff.

[603] OLG Köln NJW-RR 1999, 1673 f. – im konkreten Fall abgelehnt; aA *Schwenzer* JZ 1990, 441, 442.

[604] BGHZ 80, 235, 238 ff. = NJW 1981, 1445, 1446; OLG Karlsruhe NJW-RR 1992, 515; streng genommen handelt es sich hier um die Anwendung des Deliktsrechts im Vorfeld der Ehe und damit außerhalb des Familienrechts; vgl. BGHZ 80, 235, 238 f. = NJW 1981, 1445 f. und iE sogleich im Text.

§ 826 151–153

151 In jedem Fall setzt die Geltendmachung eines Schadensersatzanspruchs die **erfolgreiche Anfechtung der Vaterschaft** voraus, denn solange der Unterhaltsleistende gemäß § 1592 als Vater des Kindes gilt, kann er bei einem Dritten keinen Regress nehmen.[605] Allerdings besteht trotz §§ 1594 Abs. 1, 1600 d Abs. 4 kein sachlicher Grund, den Rückgriff gegen den wahren Vater auch noch davon abhängig zu machen, dass dieser die Vaterschaft anerkannt hat oder rechtskräftig als Erzeuger festgestellt worden ist, denn der getäuschte Scheinvater hat wegen der Beschränkung der Aktivlegitimation durch § 1600 e Abs. 1 gar keine Möglichkeit, die gerichtliche Feststellung der Vaterschaft eines Dritten zu erwirken, sondern ist auf die Initiative von Mutter oder Kind angewiesen.[606] Schadensersatzansprüche von Scheinvätern, die jahrelang für ein nicht von ihnen abstammendes Kind Unterhalt gezahlt haben, unterliegen nicht den restriktiven Voraussetzungen, von denen § 1613 die Forderung von **Unterhalt für die Vergangenheit** abhängig macht.[607] Zur Verschiebung des Vermögens und zur Lohnschiebung zu dem Zweck, die Durchsetzung von Unterhaltsansprüchen, insbesondere der geschiedenen Ehefrau, zu vereiteln, vgl. RdNr. 100, 146.

152 **c) Nichteheliche Lebensgemeinschaften.** Außerhalb familienrechtlicher Sonderbeziehungen kann zwar von einem Vorrang des Familienrechts nicht die Rede sein, doch ist dem Recht des einzelnen auf sexuelle Selbstbestimmung sowie dem Schutz der Intimsphäre und der persönlichen Handlungsfreiheit gleichwohl Rechnung zu tragen. Der **Abbruch außerehelicher Intimbeziehungen** ist deshalb auch dann nicht sittenwidrig, wenn der andere Teil dadurch Schaden nimmt. Anders liegt es, wenn ein verheirateter Mann seine Geliebte durch einen Strauß bizarrer Lügen dazu bringt, ihre Arbeitsstelle und ihre Wohnung aufzugeben, um sich für einen Umzug zu ihm vorzubereiten, der dann nicht stattfinden kann, weil der Mann noch mit seiner angeblich verstorbenen Ehefrau in Eintracht zusammenlebt.[608] Wer von seinem nichtehelichen Lebenspartner einen **größeren Geldbetrag** für die Anschaffung eines Pkw in Empfang nimmt, obwohl er bereits den Entschluss zur Trennung gefasst hat, macht sich ebenfalls nach § 826 haftbar.[609] Nach Ansicht des BGH kann ein Mann seine nichteheliche Lebenspartnerin weder aus § 826 noch aus einem anderen Rechtsgrund auf Ersatz des Kindesunterhalts in Anspruch nehmen, wenn sie der Abrede, keine Kinder zu zeugen, durch Absetzen der Pille zuwider handelt, ohne ihn davon zu informieren.[610] Die etwas pathetische Formulierung des BGH, die Partner des Geschlechtsverkehrs hätten das Entstehen von Leben zu verantworten, verdeckt allerdings, dass einer dieser Partner diese Verantwortung gerade von sich gewiesen hatte und ihm wegen der Täuschung durch seine Partnerin die Option, weiteren Verkehr zu unterlassen, aus der Hand geschlagen wurde. Den vom BGH ergänzend ins Feld geführten Kindesinteressen ließe sich durch analoge Anwendung des § 1607 Abs. 4 Rechnung tragen, nach dem Regressansprüche wegen Unterhalts nicht zum Nachteil des Kindes geltend gemacht werden dürfen.

153 **11. Erbrecht.** Der Erblasser bleibt bis zu seinem Tod in der Verfügung über sein Vermögen grundsätzlich frei, wenn er nicht zuvor seiner Geschäftsfähigkeit verlustig geht. Insbesondere steht den gesetzlichen Erben jenseits des Pflichtteilsrechts keinerlei rechtliche

---

[605] BGHZ 80, 235, 241 = NJW 1981, 1445, 1446; anders noch RGZ 152, 397, 399 f.; unter Berufung auf die „gesunde Volksauffassung" auch OLG Düsseldorf JW 1939, 417, 419; für eine Ausnahme bei arglistigem Verhalten der Kindesmutter oder des Erzeugers BGH NJW 1962, 1057 f.; dagegen mit Recht *Staudinger/Oechsler* RdNr. 453.
[606] *Gernhuber/Coester-Waltjen* § 52 I 5, S. 798 f.; offen gelassen in BGHZ 121, 299, 301 f. = NJW 1993, 1195, 1196.
[607] RGZ 164, 65, 68 f.; in Regressfällen steht § 1613 dem Anspruch freilich regelmäßig ohnehin nicht entgegen; vgl. *Wagner* FamRZ 1999, 7, 11 f.; *Soergel/Hönn* RdNr. 85.
[608] BGH FamRZ 1960, 192.
[609] OLG Celle NJW 1983, 1065, 1066, im konkreten Fall verneint.
[610] BGHZ 97, 372, 379 f. = NJW 1986, 2043, 2044 f. = JZ 1986, 1008 m. abl. Anm. *Ramm* = JuS 1988, 602 m. abl. Bespr. *Fehn*; abl. auch *Staudinger/Oechsler* RdNr. 458; dem BGH zust. *Wanke*, Schadensersatz für Kindesunterhalt, S. 174 ff.

oder sittliche Anwartschaft an dem Nachlass zu, so dass die Enterbung von Verwandten und Ehegatten nicht per se sittenwidrig oder auch nur rechtfertigungsbedürftig wäre – die **Testierfreiheit darf nicht mit Hilfe des § 826 ausgehebelt werden.** Soweit eine letztwillige Verfügung sittenwidrig ist, bleibt ihr nach § 138 die Wirksamkeit versagt, so dass die gesetzliche Erbfolge eintritt und den Legalerben ein Schaden gar nicht entsteht. Auch die Erbeinsetzung eines Liebespartners durch einen verheirateten Erblasser **(Geliebtentestament)** ist für sich allein genommen nicht sittenwidrig und erst recht keine sittenwidrige Schädigung des Ehepartners oder gar seiner Verwandten.[611] Die früher von der Rechtsprechung gemachte Ausnahme in dem Fall, dass die Erbeinsetzung ausschließlich als Entlohnung für die geschlechtliche Hingabe gedacht ist,[612] dürfte schon deshalb obsolet sein, weil sich solche Voraussetzungen kaum nachweisen lassen. Wird einer nicht zum Kreis der gesetzlichen Erben zählenden oder testamentarisch bisher nicht bedachten Person die Zusage einer erbrechtlichen Bedenkung gemacht, diese aber nicht eingehalten, kommen Schadensersatzansprüche nicht in Betracht – der Dritte hätte ggf. auf einem Erbvertrag bestehen müssen.[613] Der Widerruf von Verfügungen von Todes wegen, die nicht auf Grund der besonderen Vorschriften der §§ 2271, 2290 ff. bindend geworden sind, ist deshalb keine sittenwidrige Schädigung und § 826 im Kampf der Erbprätendenten ein stumpfes Schwert. Allenfalls wenn der Erblasser eingeschüchtert oder eine bestehende Zwangslage in verwerflicher Weise ausgebeutet wird, mag sittenwidriges Verhalten vorliegen.[614]

Der **Vertragserbe** wird durch § 2287 vor Schenkungen geschützt, die der Erblasser in Benachteiligungsabsicht vorgenommen hat; ihm steht gegen den Beschenkten ein Bereicherungsanspruch zu, der binnen drei Jahren nach dem Anfall der Erbschaft verjährt. Diese Regelung schließt nach Ansicht des BGH eine ergänzende Anwendung des § 826 aus, und zwar nicht nur bei benachteiligenden Schenkungen, sondern auch bei entgeltlichen Geschäften über Nachlassgegenstände, die zu einer Wertminderung des Nachlasses führen.[615] Dem Vertragserben sollen lediglich in der Person des Erblassers bereits begründete und gemäß § 1922 Abs. 1 auf ihn übergegangene Ansprüche aus § 826 zustehen können.[616] Die Voraussetzungen der Sittenwidrigkeit sieht die Rechtsprechung als erfüllt an, wenn der Erblasser von dem Dritten übervorteilt worden ist und ihm deshalb den Nachlassgegenstand in Verkennung der wirtschaftlichen Zusammenhänge zu einem Schleuderpreis überlassen hat.[617] Im Übrigen soll § 826 in Betracht kommen, wenn sich der Erblasser in Abweichung von § 2286 zu Lebzeiten gegenüber dem Vertragserben dazu verpflichtet hatte, über bestimmte Gegenstände seines Vermögens nicht zu verfügen, der Dritte ihn aber zum Bruch dieses Versprechens verleitet (vgl. RdNr. 53 ff.).[618] Im Hinblick auf diese weitreichenden Ausnahmen steht der Grundsatz des Vorrangs des § 2287 eigentlich nur auf dem Papier und verdankt sich letztlich wohl primär konstruktiven Erwägungen, die im Ergebnis nicht zu überzeugen vermögen.[619] In der Sache wäre es angemessener, Ansprüche aus § 826 neben solchen aus § 2287 zu gewähren, um das Sittenwidrigkeitsurteil im Verhältnis zwischen Vertragserben und Dritten zu begründen, anstatt die Prüfung in das Verhältnis zwischen Erblasser

---

[611] BGHZ 53, 369, 374 ff. = NJW 1970, 1273, 1274 ff.; anders noch RGZ 111, 151, 156; umfassende Nachweise zur abw. Rspr. des RG bei *Steffen* DRiZ 1970, 347 in Fn. 5.
[612] BGHZ 53, 369, 376 = NJW 1970, 1273, 1275.
[613] BGH NJW 1967, 1126 (LS).
[614] BGH FamRZ 1965, 495.
[615] BGHZ 108, 73, 77 ff. = NJW 1989, 2389, 2390; zust. *Lange/Kuchinke*, Erbrecht, 5. Aufl. 2001, § 25 V 4, S. 480 f.; *Soergel/Hönn* RdNr. 133.
[616] BGHZ 108, 73, 78 = NJW 1989, 2389, 2390; BGH NJW 1991, 1952.
[617] BGH NJW 1991, 1952.
[618] BGH NJW 1991, 1952.
[619] Nämlich der Überlegung, ein Anspruch des Vertragserben gegen den Dritten müsse ausscheiden, wenn das vom Erblasser geschlossene Kausalgeschäft wirksam bleibe, dazu BGHZ 108, 73, 79 = NJW 1989, 2389, 2390; mit Recht krit. *Kohler* FamRZ 1990, 464 f.

und Dritten zu verlagern.[620] Diese Lösung entspricht sowohl dem Willen des historischen Gesetzgebers[621] als auch dem allgemeinen Grundsatz, dass ein Bereicherungsanspruch wie derjenige des § 2287 Ansprüche aus § 826 nicht auszuschließen vermag.

155 **12. Prozessrecht.** Im Bereich der prozessualen Rechtsdurchsetzung spielt § 826 eine nicht unerhebliche Rolle, weil hier typischerweise keine Rechtsgutsverletzungen, sondern Vermögensschäden drohen, so dass der **Schutzbereich des § 823 Abs. 1 regelmäßig nicht eröffnet** ist. Wiederum kommt dem Sittenwidrigkeitskriterium die Aufgabe zu, den Kreis derjenigen Vermögensschäden zu definieren, deren Vermeidung rechtlich geboten ist. Dabei ist auf die Vorgaben und Wertungen des Zivilprozessrechts Rücksicht zu nehmen. In der Praxis stehen die Fallgruppen der Rechtskraftdurchbrechung bei Urteilen, Vollstreckungsbescheiden und sonstigen Titeln im Vordergrund. Anschließend sind Fälle sittenwidrigen Prozessverhaltens darzustellen.

156 **a) Rechtskraftdurchbrechung bei Urteilen. aa) Grundlagen.** Mit dem rechtskräftigen Abschluss eines Rechtsstreits wird das Urteil formell rechtskräftig und die Entscheidung für die Parteien in dem Sinne materiell verbindlich, dass die ausgeurteilte Rechtsfolge vor staatlichen Gerichten nicht mehr in Frage gestellt werden kann.[622] Ausnahmsweise lassen die §§ 578 ff. ZPO den Angriff auf ein rechtskräftiges Urteil durch **Nichtigkeits- oder Restitutionsklage** zu, wobei die praktisch bedeutsamere, weil auf inhaltliche Mängel des Urteils bezogene Restitutionsklage allein in den Fällen des § 580 ZPO möglich ist. Diese Vorschrift zählt zwar eine Anzahl von Fallgruppen auf, in denen eine Partei ein Urteil durch falschen Tatsachenvortrag und falsche Beweismittel erschlichen hat, doch nützt dies der betrogenen Partei regelmäßig wenig, weil die Restitutionsklage gemäß § 581 ZPO in den relevanten Fällen die rechtskräftige strafgerichtliche Verurteilung des Gegners bzw. der Beweisperson voraussetzt und diese gemäß § 586 Abs. 2 S. 2 ZPO binnen fünf Jahren nach Rechtskraft des Urteils beigebracht werden muss.

157 Neben den Rechtsbehelfen des Wiederaufnahmerechts gewährt die ständige Rechtsprechung gestützt auf § 826 einen **Anspruch auf Unterlassung der Zwangsvollstreckung aus einem rechtskräftigen Urteil** sowie auf Herausgabe des Titels, wenn das Urteil materiell unrichtig ist und das Urteil vom Titelgläubiger erschlichen wurde oder von ihm arglistig ausgenützt wird, soweit im zuletzt genannten Fall besondere Umstände die Ausnutzung des Urteils als sittenwidrig erscheinen lassen.[623] Diese Judikatur hat ihre Wurzeln im gemeinen Recht,[624] ist nach Inkrafttreten des BGB unter § 826 fortgeführt worden, hat den Zweiten Weltkrieg sowie sämtliche Wandlungen des Prozessrechts und der sog. Rechtskrafttheorien überdauert und die Zustimmung auch der Arbeits- und der Sozialgerichtsbarkeit gefunden.[625] Gleichwohl hat sie sich zu keinem Zeitpunkt allgemeiner Anerkennung erfreut, sondern ist von Seiten der prozessrechtlichen Literatur stets angegriffen worden.[626] Das Grundmotiv der **Kritik** lautet, die Anwendung des § 826 zur Verhinderung der Zwangsvollstreckung aus einem rechtskräftigen Urteil unterminiere die

---

[620] Übereinstimmend *Schubert* JR 1990, 159, 160; *Kipp/Coing* § 38 IV 3 a, S. 247 f.; *Staudinger/Oechsler* RdNr. 468; sehr zurückhaltend auch *Kohler* FamRZ 1990, 464, 466.
[621] Prot. V S. 392; Mot. V S. 330 wollten die Frage der Anwendbarkeit von § 705 des Ersten Entwurfs (= § 826) der Rspr. überlassen.
[622] Sog. prozessuale Rechtskrafttheorie; vgl. *Stein/Jonas/Leipold* § 322 ZPO RdNr. 19.
[623] Vgl. RGZ 36, 249, 251; 46, 75, 79 f.; 61, 359, 364 f.; 69, 277, 280 f.; 155, 55, 59 ff.; 156, 265, 269 f.; 163, 287, 289; 168, 1, 12; BGHZ 13, 71, 72 = NJW 1954, 880; BGHZ 26, 391, 394 ff. = NJW 1958, 826, 827; BGHZ 40, 130, 133 f. = NJW 1964, 349; BGHZ 50, 115, 117 ff. = NJW 1968, 1275 ff.; BGHZ 101, 380, 383 ff. = NJW 1987, 3256, 3257 f.; BGHZ 112, 54, 57 ff. = NJW 1991, 30 f. m. Anm. *Vollkommer*. Die Ansicht des OLG Düsseldorf JW 1939, 417, 418 f., die „gesunde Volksauffassung" erfordere eine noch weitergehende Anwendung des § 826 jenseits der genannten Fallgruppen, hat sich spätestens 1945 erledigt.
[624] RGZ 36, 249, 251.
[625] BAGE 10, 88, 98 = NJW 1961, 573; BSG NJW 1987, 2038, 2039.
[626] Vgl. die Diskussionen in RG JW 1934, 613; BGHZ 50, 115, 117 ff. = NJW 1968, 1275, 1276 f.

Sittenwidrige vorsätzliche Schädigung   158 § 826

Rechtskraft und damit die Rechtssicherheit und komme im Ergebnis einer Umgehung des Wiederaufnahmerechts der §§ 578 ff. ZPO gleich, das vom Gesetzgeber bewusst restriktiv ausgestaltet worden sei.[627] Etwaiger Rechtsfortbildungsbedarf müsse innerhalb der §§ 578 ff. ZPO, etwa durch analoge Anwendung der Bestimmungen zu den einzelnen Restitutionsgründen befriedigt werden, nicht aber durch Rückgriff auf das Deliktsrecht.[628]

Mit dem zuletzt genannten Vorschlag wird im Grunde anerkannt, dass die §§ 578 ff. **158** ZPO nicht dazu in der Lage sind, die Problematik der Durchsetzung eines unrichtigen Urteils abschließend zu regeln. Der Katalog der Restitutionsgründe erwies sich schon in dem ersten Fall als defizitär, in dem das RG die Deliktsklage zugelassen hatte, weil der Titelgläubiger aus einem Urteil vorging, das nach der Abrede der Parteien nur zum Schein herbeigeführt werden sollte.[629] Ganz allgemein versagt § 580 ZPO in den meisten Fällen der arglistigen Ausnutzung eines unrichtigen Titels, der nicht auf manipulierten Beweismitteln beruht, sondern in sonstiger Weise erschlichen wurde oder dessen Unrichtigkeit dem Titelgläubiger aktuell bekannt ist.[630] Der einzige Weg zu einer Bereinigung des Wiederaufnahmerechts bestünde darin, § 580 Nr. 7 b ZPO zu einer Art Generalklausel weiterzuentwickeln und jede dem Urteilsinhalt widersprechende Urkunde ohne Rücksicht auf den Zeitpunkt ihrer Errichtung genügen zu lassen.[631] Eine solche Radikalkur würde indessen genau diejenigen Gefahren heraufbeschwören, um die Teile der Literatur besorgt sind, nämlich die Rechtskraft weithin zur Disposition stellen und damit die Rechtssicherheit in empfindlicher Weise beeinträchtigen; sie kann in allgemeiner Form nicht ernsthaft in Betracht gezogen werden.[632] Die Lösung der Rechtsprechung bewirkt demgegenüber eine hoch selektive und deshalb **maßvolle Durchbrechung der Urteilsrechtskraft,** die zu keiner Zeit die von der Literatur befürchteten Bedenken bestätigt hat: Auf § 826 gestützte Klagen gegen rechtskräftige Urteile sind und waren die seltene Ausnahme und haben das Institut der Rechtskraft niemals in Zweifel gezogen. Ein sachlicher Grund dafür, diesen Rechtsbehelf zur Korrektur eklatanter Fehlentscheidungen im Interesse der Systemreinheit aufzugeben, ist nach allem nicht ersichtlich.[633] Auch die prozessuale Qualifikation der Rechtskraft, die anstatt der materiell-rechtlichen Rechtskrafttheorie heute dominiert, vermag an der sachlichen Notwendigkeit eines Korrektivs gegenüber materiell unrichtigen Entscheidungen nichts zu ändern.[634] Die Vorstellung, die Judikatur zur Rechtskraftdurchbrechung nach § 826 sei eine Frucht der materiellen Rechtskrafttheorie,[635] führt schon deshalb in die Irre, weil das RG die Durchbrechung der materiellen Rechtskraft stets eingeräumt hat: Die Wirkungen der Rechtskraft „müssen aufhören, wo diese Rechtskraft bewusst rechtswidrig zu dem Zwecke herbeigeführt ist, einem Unrecht den Schein des

---

[627] *Gaul,* Möglichkeiten und Grenzen der Rechtskraftdurchbrechung, S. 42; *ders.,* FS Henckel, 1995, S. 235, 264 f.; *Henckel,* Prozessrecht und materielles Recht, S. 104 f.; *Jauernig* Zivilprozessrecht § 64 II S. 263 f.; *ders.* in: 40 Jahre BGH, S. 28, 61 f.; *Prütting/Weth,* Rechtskraftdurchbrechung bei unrichtigen Titeln, S. 88; *Staudinger/Oechsler* RdNr. 481 ff.

[628] *Gaul,* Möglichkeiten und Grenzen der Rechtskraftdurchbrechung, S. 42 f.

[629] RGZ 36, 249, 251; eingehend dazu *Wagner* Prozessverträge S. 262 f.

[630] Vgl. auch RGZ 61, 359, 365; *Walker,* FG 50 JAHRE BGH, Bd. III, 2000, S. 367, 376 f.

[631] Nach st. Rspr. sind im Rahmen des § 580 Nr. 7 b ZPO nur solche Urkunden zu berücksichtigen, die im Zeitpunkt der letzten mündlichen Verhandlung im Erstprozess bereits errichtet waren; BGHZ 2, 245, 246 = NJW 1951, 964, 965; *Stein/Jonas/Grunsky* § 580 ZPO RdNr. 29 mwN.

[632] Übereinstimmend *Foerste* NJW 1996, 345, 348 f.; vgl. auch *Stein/Jonas/Grunsky* § 580 ZPO RdNr. 29 f., 38.

[633] Treffend RGZ 155, 55, 58: „Gewiss ist die Rechtskraft eine wertvolle Einrichtung des Rechts und ihre Erhaltung verdient ernsteste Beachtung. Aber sie ist schließlich nicht um ihrer selbst willen da, und man darf ihren Wert nicht übertreiben". Vgl. weiter RG JW 1934, 613; MünchKommZPO/*Gottwald* § 322 RdNr. 208; *Rosenberg/Schwab/Gottwald* Zivilprozessrecht § 162 III, S. 981; *Stein/Jonas/Leipold* § 322 ZPO RdNr. 270; *Zöller/Vollkommer* Vor § 322 ZPO RdNr. 76; *Grunsky* ZIP 1986, 1361, 1362; *Hönn,* FS Lüke, 1997, S. 265, 269 ff.: *Soergel/Hönn* RdNr. 219.

[634] AA *Gaul,* Möglichkeiten und Grenzen der Rechtskraftdurchbrechung, S. 41; *Jauernig* Zivilprozessrecht § 64 II, S. 262; *Staudinger/Oechsler* RdNr. 475.

[635] So insbes. *Jauernig* Zivilprozessrecht § 64 II, S. 262; wie hier *Klados* JuS 1997, 705, 709.

Rechts zu verleihen".⁶³⁶ Aus deliktsrechtlicher Sicht bleibt anzumerken, dass dem Filter der Sittenwidrigkeit hier wie sonst die Funktion zukommt, die maßgeblichen Wertungen des betroffenen Rechtsbereichs aufzunehmen, hier also dafür Sorge zu tragen, dass § 826 dem Prinzip der Urteilsrechtskraft keinen Schaden zufügt.⁶³⁷

159 **bb) Voraussetzungen im Einzelnen.** Die Voraussetzungen des Anspruchs aus § 826 müssen so gehandhabt werden, dass die Urteilsrechtskraft nur in Ausnahmefällen zur Disposition gestellt wird.⁶³⁸ Diesen Prärogativen werden die von der Judikatur erarbeiteten Grundsätze gerecht. Erste Voraussetzung des Anspruchs aus § 826 ist die **materielle Unrichtigkeit des Urteils,** wobei der Zeitpunkt der letzten mündlichen Verhandlung im Zweitprozess zugrunde zu legen ist, weil andernfalls der Fall der sittenwidrigen Ausnutzung eines Titels nicht erfasst werden könnte. Zur Begründung der Unrichtigkeit sind allerdings allein tatsächliche Umstände – Tatsachen und Erfahrungssätze – geeignet, nicht aber eine angeblich unrichtige Rechtsanwendung, denn § 826 ist kein Instrument zur **Korrektur fehlerhafter Rechtsansichten** von Instanzgerichten.⁶³⁹ Im Übrigen sind hohe Anforderungen an die Darlegung der materiellen Unrichtigkeit des Urteils zu stellen, und es reicht nicht aus, wenn der Kläger des Sekundärprozesses das **Vorbringen im Primärprozess einfach wiederholt** oder variiert, ohne neue Tatsachen und Beweismittel geltend zu machen, zu deren Vorbringen im Erstprozess keine Möglichkeit bestand.⁶⁴⁰ Diese Grundsätze gelten nur dann nicht, wenn die Unrichtigkeit des Urteils evident ist, denn dann bedarf es keiner Sicherungen, um fadenscheinige Angriffe auf Titel zu verhindern. Folgerichtig kann die Unrichtigkeit in diesen (Extrem-)Fällen auch mit Rücksicht auf Rechtsfehler und unter Wiederholung des Vortrags im Primärprozess dargelegt und substantiiert werden.⁶⁴¹

160 Die bloße Unrichtigkeit des Urteils kann selbstverständlich nicht ausreichen, um das Sittenwidrigkeitsverdikt zu rechtfertigen, denn sonst stünde die Rechtskraft tatsächlich allgemein zur Disposition.⁶⁴² In den Fällen der **Urteilserschleichung,** also der Täuschung des Gerichts über den wahren Sachverhalt durch den späteren Titelgläubiger, etwa durch Vortrag nicht existierender Tatsachen oder durch Manipulation von Beweismitteln,⁶⁴³ bedarf es im Grunde keiner weiteren Umstände als der substantiierten Behauptung und des Nachweises der Erschleichung selbst.⁶⁴⁴ Ganz anders liegen die Dinge, wenn dem Titelgläubiger zum Vorwurf gemacht wird, er **nutze ein Urteil aus,** dessen Unrichtigkeit er kennt, ohne dafür die Verantwortung zu tragen.⁶⁴⁵ Hier bedarf es „besonderer Umstände", um das Sittenwidrigkeitsurteil zu rechtfertigen, wenn Klagen gegen die Zwangsvollstreckung aus – angeblich – rechtswidrigen Urteilen nicht Tür und Tor geöffnet werden soll.⁶⁴⁶ Beispiele aus der Rechtsprechung betreffen das tatenlose Durchgehenlassen einer als unrichtig erkannten Zeugenaussage, auf die sich das spätere Urteil stützt,⁶⁴⁷ die Beein-

---

⁶³⁶ RGZ 78, 389, 393; ähnlich bereits RGZ 61, 359, 365; bestätigt in BGHZ 40, 130, 133 = NJW 1964, 349; BGHZ 50, 115, 118 = NJW 1968, 1275, 1276; BGHZ 101, 380, 383 = NJW 1987, 3256, 3257 f.; BGH NJW 1983, 2317, 2318.
⁶³⁷ AA *Staudinger/Oechsler* RdNr. 477, der die Berücksichtigung prozessualer Wertungen im Rahmen von § 826 für illegitim hält; wie hier RGZ 155, 55, 58 f.
⁶³⁸ RGZ 156, 265, 269 f.; 163, 285, 290 ff.; BGHZ 26, 391, 396 = NJW 1958, 826, 827; BGHZ 101, 380, 383 f. = NJW 1987, 3256, 3257; BGHZ 103, 44, 46 = NJW 1988, 971, 972; BGH NJW 1987, 3259, 3260; 1998, 2818; 1999, 1257, 1258.
⁶³⁹ BGHZ 40, 130, 134 = NJW 1964, 349; BGH LM (Fa) Nr. 12.
⁶⁴⁰ BGHZ 40, 130, 133 f. = NJW 1964, 349; BGH NJW 1964, 1672, 1673; 1974, 557; MünchKomm-ZPO/*Gottwald* § 322 RdNr. 215.
⁶⁴¹ In diese Richtung BGH NJW 1963, 1606, 1608; offen gelassen in BGHZ 40, 130, 134 = NJW 1964, 349.
⁶⁴² RGZ 163, 287, 290; BGHZ 101, 380, 385 = NJW 1987, 3256, 3257.
⁶⁴³ Vgl. dazu BGH LM (Fa) Nr. 20 = MDR 1970, 134.
⁶⁴⁴ Die davon abw. Entscheidung BGH NJW 1964, 1672, 1673 ist in BGHZ 50, 115, 124 = NJW 1968, 1275, 1277 aufgegeben.
⁶⁴⁵ Grdlg. RGZ 155, 55, 59 f.; weiter RGZ 163, 287, 289; 168, 1, 12; BGHZ 40, 130, 132 f. = NJW 1964, 349; BGH NJW 1962, 1606, 1607 f.
⁶⁴⁶ Treffend RGZ 155, 55, 59; 156, 265, 269; 163, 287, 289 f.; BGHZ 13, 71, 72 = NJW 1954, 880; BGH NJW 1979, 1046, 1047; 1986, 1751, 1752; LM (Fa) Nr. 12.
⁶⁴⁷ RGZ 155, 55, 60 f.; 156, 265, 268 f.

Sittenwidrige vorsätzliche Schädigung   161–163   § 826

flussung des Gegners, um diesen davon abzuhalten, seine prozessualen Möglichkeiten in vollem Umfang auszuspielen[648] usw. Das bloße Unterlassen des Vortrags von Tatsachen, die dem Gegner Anlass zur Geltendmachung von Gegenrechten oder zur Erhebung einer Widerklage geben könnten, ist für sich allein genommen hingegen nicht sittenwidrig.[649] Erst recht fehlt es an der Sittenwidrigkeit, wenn es der Schuldner im Erstprozess unterlassen hat, das Zustandekommen eines – angeblich – falschen Urteils durch Gebrauchmachen von seinen prozessualen Verteidigungsmöglichkeiten abzuwenden; § 826 steht für die Korrektur nachlässigen Prozessverhaltens nicht zur Verfügung.[650]

Die Rechtsprechung verlangt bereits für die Sittenwidrigkeitsprüfung die **Kenntnis des** 161 **Gläubigers von der Unrichtigkeit des Urteils,** wobei es allerdings genügen soll, wenn ihm die Kenntnis erst durch das über den Anspruch aus § 826 entscheidende Gericht verschafft wird![651] Wenn für die Kenntniserlangung allerdings die Lektüre des (Revisions-)Urteils im Zweitprozess ausreichen soll, liegt auf der Hand, dass auf Kenntnis in Wahrheit verzichtet wird. Letzteres ist auch sachgerecht, denn hier wie sonst sollte es für § 826 ausreichen, wenn der Täter die Tatsachen kennt, aus denen sich die Sittenwidrigkeit ergibt und das Verbotene seines Tuns hätte erkennen können (sog. Schuldtheorie; vgl. RdNr. 27).

cc) **Rechtsfolgen.** Mit dem Schadensersatzanspruch aus § 826 wird zwar die **materielle** 162 **Rechtskraft** des Urteils durchbrochen, doch bleibt es **formell intakt.** Der Geschädigte kann weder seine Kassation noch die Unzulässigerklärung der Zwangsvollstreckung (§ 775 Nr. 1, § 767 ZPO) verlangen.[652] Der Anspruch ist vielmehr auf die Unterlassung der Zwangsvollstreckung und die Herausgabe des Titels gerichtet[653] sowie – wenn die Zwangsvollstreckung bereits abgeschlossen ist – auf Schadensersatz in Geld.[654] Auf den Geldersatzanspruch findet § 818 Abs. 3 keine Anwendung, so dass sich der Titelgläubiger nicht mit dem Einwand verteidigen kann, er habe die beigetriebenen Beträge verbraucht.[655] Beruft er sich in einem Folgeprozess auf die Präjudizialwirkung des Urteils, kann dem der Geschädigte mit der Einrede des Rechtsmissbrauchs gemäß § 242 begegnen.[656]

b) **Sittenwidrige Erwirkung oder Verwendung von Vollstreckungsbescheiden.** 163 Für neue Dynamik im Bereich der Rechtskraftdurchbrechung mit Hilfe des § 826 haben in der jüngeren Vergangenheit rechtskräftige Vollstreckungsbescheide gesorgt, in denen nicht bestehende Forderungen tituliert waren. Dem zugrunde lagen **Forderungen aus Ratenkreditverträgen,** die als wucherähnliches Geschäft gemäß § 138 Abs. 1 der Nichtigkeit verfielen. Diese Fallgruppe hat sich durch eine Änderung des Prozessrechts erledigt, denn gemäß § 688 Abs. 2 Nr. 1 ZPO steht das Mahnverfahren für Ansprüche eines Unternehmers aus einem Verbraucherkreditvertrag nicht zur Verfügung, sofern der effektive oder anfängliche effektive Jahreszins den bei Vertragsschluss geltenden Basiszinssatz iS des § 247 um mehr als zwölf Prozentpunkte übersteigt.[657] Das juristische Problem ist damit nicht völlig entschärft, weil es auch in anderen Sachverhaltskonstellationen auftauchen kann, wie die jüngste Rechtsprechung gezeigt hat.[658] Die Schwierigkeiten beruhen letztlich darauf, dass

---

[648] RGZ 156, 265, 270.
[649] RGZ 156, 265, 269.
[650] RGZ 163, 285, 290 ff.; BGH NJW 1974, 557; NJW 1979, 1046, 1048; 1987, 3259, 3260; NJW-RR 1988, 957, 959; vgl. auch BGH NJW 1983, 2317, 2318: Hinderung an Erhebung einer Abänderungsklage wegen Inhaftierung in der ehemaligen DDR.
[651] BGHZ 101, 380, 385 = NJW 1987, 3256, 3257; BGHZ 103, 44, 47 = NJW 1988, 971, 972; mit Recht krit. *Staudinger/Oechsler* RdNr. 493 f.; vgl. aber *Walker*, FG 50 JAHRE BGH, Bd. III, 2000, S. 367, 384.
[652] BGHZ 26, 391, 394 = NJW 1958, 826; BGHZ 50, 115, 119 = NJW 1968, 1275, 1276; RG JW 1934, 613; MünchKommZPO/*Gottwald* § 322 RdNr. 214.
[653] RGZ 61, 359, 364 f.; BGHZ 26, 391, 394 = NJW 1958, 826.
[654] BGH NJW 1986, 1751, 1752; vgl. auch BGH NJW 1956, 505 f.
[655] BGH NJW 1986, 1751, 1752.
[656] BGH NJW 1993, 3204, 3205; 1995, 967, 968; NJW-RR 1996, 826, 827.
[657] Eingeführt durch Rechtspflege-Vereinfachungsgesetz vom 17. 12. 1990, BGBl. I S. 2840; dazu *Holch* NJW 1991, 3177, 3180.
[658] BGH NJW 1998, 2818; 1999, 1257.

§ 826 164, 165   Abschnitt 8. Titel 27. Unerlaubte Handlungen

im Mahnverfahren seit der Vereinfachungsnovelle 1976 eine Schlüssigkeitsprüfung nicht mehr stattfindet, der Vollstreckungsbescheid nach § 700 Abs. 1 ZPO aber gleichwohl einem (Versäumnis-) Urteil gleichsteht und damit gemäß § 322 Abs. 1 ZPO in Rechtskraft erwächst, wenn er nicht rechtzeitig angefochten wird.[659] In Rechtsprechung und Literatur unternommenen Versuchen,[660] diesen Zusammenhang zu zerreißen und dem Vollstreckungsbescheid die Rechtskraftwirkung vorzuenthalten, um damit Klagen aus § 826 überflüssig zu machen, hat der BGH mit Recht eine Absage erteilt.[661] Gleiches gilt für den Vorschlag,[662] speziell für Vollstreckungsbescheide ein besonderes Verfahren der „Ergebnisfehlerrestitution" im Anschluss an § 580 Nr. 7 b ZPO zu kreieren.[663]

164   Stattdessen hat der BGH auf § 826 zurückgegriffen, um der Problematik rechtswidriger Vollstreckungsbescheide Herr zu werden.[664] Auf eine grundlegende Revision der Voraussetzungen, unter denen der Anspruch gegenüber einem rechtskräftigen Titel durchgreift, hat das Gericht verzichtet, sondern den **Besonderheiten von Vollstreckungsbescheiden im Rahmen der Sittenwidrigkeitsprüfung** Rechnung getragen.[665] Im Ausgangspunkt bleibt es also dabei, dass der Vollstreckungsbescheid objektiv unrichtig sein muss, was allerdings ohne Rücksicht auf die bei Urteilen erhöhten Anforderungen an die Darlegungslast zu beurteilen ist, weil Vollstreckungsbescheide allein auf Grund des Vortrags des Gläubigers ergehen.[666] Folgerichtig kann die Unrichtigkeit hier ohne weiteres auch mit Rechtsfehlern begründet werden bzw. mit hypothetischen Fehlern bei der Rechtsanwendung, die tatsächlich gar nicht stattgefunden hat.[667] Sodann besteht der BGH erneut auf der Kenntnis des Titelgläubigers von der Unrichtigkeit, was hier allerdings genauso sinnlos ist wie bei Urteilen, weil es ausreichen soll, dass die Kenntnis erst durch das Gericht des Zweitprozesses vermittelt wird (RdNr. 161).[668] Die für den Rechtsbehelf gegen Vollstreckungsbescheide charakteristische Modifikation betrifft nur die für die Sittenwidrigkeit entscheidenden „besonderen Umstände" (RdNr. 160). Konnte der Titelgläubiger erkennen, dass er mit einer Klage selbst bei Säumnis des Gegners scheitern müsste, weil das Gericht die Unschlüssigkeit des Anspruchs erkennen und den Erlass eines Versäumnisurteils ablehnen würde, und wird gleichwohl bzw. gerade deshalb ein Mahnverfahren initiiert und bei Ausbleiben eines Widerspruchs der Vollstreckungsbescheid erwirkt, reicht dies aus, um die Sittenwidrigkeit der Zwangsvollstreckung aus einem objektiv unrichtigen Titel zu begründen.[669] Konnte der Titelgläubiger im Zeitpunkt der Antragstellung ein solches Szenario hingegen nicht vorhersehen, etwa weil die Rechtsprechung zur Sittenwidrigkeit von Ratenkreditverträgen noch nicht konsolidiert war, scheidet die Anwendung des § 826 aus.[670]

165   Wie der BGH alsbald klargestellt hat, gelten die eben referierten Grundsätze nur in denjenigen Fällen, in denen ein **geschäftsunerfahrener Verbraucher durch das Mahnverfahren überrumpelt** und de facto einer effektiven Wahrnehmung seiner Rechte

---

[659] Vgl. zu den Wandlungen des Mahnverfahrens *Vollkommer,* FS Karl Heinz Schwab, 1990, S. 229, 234 ff.
[660] OLG Köln NJW 1986, 1350; *Bamberg,* Die missbräuchliche Titulierung von Ratenkreditschulden mit Hilfe des Mahnverfahrens, S. 152 ff.; *Grün,* Die Zwangsvollstreckung aus Vollstreckungsbescheiden über sittenwidrige Ratenkreditforderungen, S. 162 ff.
[661] BGHZ 101, 380, 381 ff. = NJW 1987, 3256, 3257; BGHZ 103, 44, 45 f. = NJW 1988, 971, 972; BGH NJW 1987, 3259, 3260; *Stein/Jonas/Leipold* § 322 ZPO RdNr. 277, 70 ff.
[662] *Braun,* Rechtskraft und Rechtskraftdurchbrechung von Titeln über sittenwidrige Ratenkreditverträge, S. 45 ff., 100 ff.; *ders.* ZIP 1987, 687 ff.
[663] BGHZ 101, 381, 383 = NJW 1987, 3256, 3257; BGH NJW 1987, 3259, 3260.
[664] Grdlg. BGHZ 101, 381 = NJW 1987, 3256, 3257; weiter BGHZ 103, 44 = NJW 1988, 971, 972; BGHZ 112, 54 = NJW 1991, 30 f.; sowie *Kohte* NJW 1985, 2217; *Stein/Jonas/Leipold* § 322 ZPO RdNr. 278; MünchKommZPO/*Gottwald* § 322 RdNr. 220 ff.; abl. *Jauernig* Zivilprozessrecht § 64 II S. 264; *Gaul,* Möglichkeiten und Grenzen der Rechtskraftdurchbrechung, S. 45 ff.; *Prütting/Weth,* Rechtskraftdurchbrechung bei unrichtigen Titeln, RdNr. 247 ff.; *Staudinger/Oechsler* RdNr. 520.
[665] BGHZ 101, 380, 385 ff. = NJW 1987, 3256, 3257 f.
[666] BGHZ 101, 380, 384 = NJW 1987, 3256, 3257.
[667] Vgl. *Kohte* NJW 1985, 2217, 2218 f.
[668] BGHZ 101, 380, 385 = NJW 1987, 3256, 3258; BGHZ 103, 44, 47 = NJW 1988, 971, 972.
[669] BGHZ 101, 380, 387 = NJW 1987, 3256, 3258.
[670] BGHZ 112, 54, 57 ff. = NJW 1991, 30.

beraubt wird. Sie schützen nicht auch Selbstständige und Gewerbetreibende, die es aus Nachlässigkeit unterlassen, sich im Rahmen des Mahnverfahrens zur Wehr zu setzen und § 826 benützen wollen, um diese Versäumnisse zu heilen.[671] Ist Schuldner des Ratenkredits ein Immobilienmakler, der im Rahmen der Kreditabwicklung anwaltlichen Rat eingeholt hat, haben seine Anwälte jedoch die Rechtsbehelfe gegen den Mahnbescheid und den Vollstreckungsbescheid ungenutzt gelassen, dann können sie nach Ablauf aller Rechtsbehelfsfristen einen Anspruch aus § 826 nicht allein mit dem Hinweis begründen, der Titel sei objektiv unrichtig, was dem Gericht bei einer hypothetischen Schlüssigkeitsprüfung aufgefallen wäre.[672] Andernfalls mutierte § 826 zum voll entwickelten Surrogat für den Einspruch gegen einen Vollstreckungsbescheid, was das Mahnverfahren ad absurdum führte. Ausnahmen davon kommen nur dann in Betracht, wenn der Vollstreckungsbescheid an derart schwerwiegenden und offensichtlichen Mängeln leidet, dass seine Vollstreckung das Rechtsgefühl in unerträglicher Weise verletzen würde.[673]

c) **Rechtskraftdurchbrechung bei sonstigen Titeln.** Soweit ein Vollstreckungstitel **166** nicht in materielle Rechtskraft erwächst, wie dies vor allem bei **Prozessvergleichen und exekutorischen Urkunden** gemäß § 794 Abs. 1 Nr. 1, 5 ZPO der Fall ist, bedarf es auch keiner Klage nach § 826, sondern die materiell-rechtliche Unrichtigkeit des Titels kann ohne die Beschränkungen des § 767 Abs. 2 ZPO geltend gemacht werden.[674] Ist der Vergleich seinerseits auf arglistige Weise erschlichen worden oder wird er in sittenwidriger Weise ausgenutzt, kann eine Vollstreckungsgegenklage auf die exceptio doli gestützt werden.[675] Bei sonstigen der Rechtskraft fähigen Vollstreckungstiteln gelten die eben dargestellten Grundsätze, so bei Schiedssprüchen,[676] insbesondere bei Schiedssprüchen mit vereinbartem Wortlaut gemäß § 1053 Abs. 1 S. 2 ZPO,[677] bei einstweiligen Verfügungen,[678] bei Einwendungen gegen den Zuschlagsbeschluss in der Zwangsversteigerung,[679] sowie bei Kostenfestsetzungsbeschlüssen.[680] Darüber hinaus kann die Geltendmachung der Rechte aus einem erschlichenen Pfändungspfandrecht rechtsmissbräuchlich sein.[681]

d) **Sittenwidriges Prozessverhalten.** Eine Prozesspartei kann sich auch in anderer **167** Weise als durch Erschleichung oder Ausnutzung unrichtiger Titel sittenwidrig verhalten und dem Gegner nach § 826 haftbar werden, etwa durch **Anbringung unberechtigter Insolvenzanträge**, durch **Erstattung von Strafanzeigen** wegen fiktiver Delikte oder durch **Erhebung unbegründeter Zivilklagen**. Die Haftungsfrage darf dabei allerdings nicht ohne Rücksicht auf das Verfahren selbst und die mit seiner Durchführung gewährleisteten Garantien gewürdigt werden. Nach ständiger Rechtsprechung ist der Schutz vor unberechtigten Anträgen und den dadurch initiierten Verfahren grundsätzlich dem jeweils einschlägigen Prozessrecht anheim gegeben. Nach der Rechtsprechung des BVerfG und des BGH ist die Anstrengung eines Verfahrens durch einen **subjektiv redlichen Kläger** oder Antragsteller ist als solche nicht rechts- oder sittenwidrig, und zwar auch dann nicht, wenn dem Antrag oder der Klage letztlich der Erfolg versagt bleibt.[682]

---

[671] BGH NJW 1987, 3259, 3260 – Immobilienmakler; BGHZ 103, 44, 48 f. – Kommanditist; BGH NJW 1998, 2818, 2819 – Architekt; NJW 1999, 1257, 1258 – Gesellschafter.
[672] BGH NJW 1987, 3259, 3260 mN in der vorigen Fn.
[673] BGH NJW 1998, 2818, 2819.
[674] *Staudinger/Oechsler* RdNr. 543; offen gelassen von OLG Bremen NJW-RR 2001, 1037, 1038.
[675] Vgl. auch RGZ 84, 131, 134; unter Berufung auf § 826 genauso BGH MDR 1969, 739 f.; LM (Fa) Nr. 3 (insoweit nicht in NJW 1953, 345); OLG Celle FamRZ 1992, 582 f.
[676] BGHZ 34, 274, 280 f. = NJW 1961, 1067, 1069.
[677] BGHZ 145, 376, 381 ff. = NJW 2001, 373, 374.
[678] BGH WM 1969, 474, 475.
[679] RGZ 69, 277, 280; BGHZ 53, 47, 50 f. = NJW 1970, 565 f.
[680] OLG Nürnberg NJW 1973, 370.
[681] BGHZ 57, 108, 111 = NJW 1971, 2226.
[682] BVerfGE 74, 257, 260 f.; BGHZ 74, 9, 14 ff. = NJW 1979, 1351, 1352; BGHZ 95, 10, 19 ff. = NJW 1985, 1959, 1961; ähnlich bereits BGHZ 36, 18, 20 ff. = NJW 1961, 2254, 2255.

§ 827   Abschnitt 8. Titel 27. Unerlaubte Handlungen

168   Daraus ergibt sich im Umkehrschluss der vom BGH auch ausdrücklich betonte Grundsatz, dass der **unredliche Initiator eines Verfahrens,** der genau weiß, dass das angebrachte Gesuch unbegründet ist, keinerlei Privilegien genießt, sondern dem Gegner aus § **826 auf Schadensersatz** haftet, soweit der Schaden nicht schon durch Kostenerstattungsregelungen der Verfahrensgesetze nach Art der §§ 91 ff. ZPO ausgeglichen wird.[683] Das die Fahrlässigkeitshaftung ausschließende **Recht auf Irrtum** findet in § 826 seine Grenze (§ 823 RdNr. 586 ff.).[684]

169   Praktische Bedeutung kann § 826 zudem erlangen, wenn eine juristische Person Prozesspartei war, bei der mangels Masse nichts zu holen ist; in diesem Fall ermöglicht das Deliktsrecht ggf. den **Zugriff auf das Vermögen der für die Korporation handelnden Organe,** also etwa auf das Privatvermögen des Geschäftsführers der insolventen GmbH (§ 823 RdNr. 391 ff.). Gleiches gilt in Fällen, in denen ein **Insolvenzverwalter** einen Masseprozess führt, unterliegt und die Masse für die Deckung des Kostenerstattungsanspruchs nicht ausreicht (§ 823 RdNr. 588).

170   In allen Fällen ist nicht erst das arglistige Betreiben eines von seinem Initiator als unbegründet erkannten Verfahrens als sittenwidrig zu qualifizieren, sondern bereits die **leichtfertige Einleitung des Verfahrens** selbst: Da ein Insolvenzantrag dem Schuldner auch dann schwere Nachteile zufügen kann, wenn er sich nach längerer Prüfungszeit als unbegründet erweist, darf ein solcher nicht einfach ins Blaue hinein, ohne konkrete Anhaltspunkte für die Zahlungsunfähigkeit oder Überschuldung des Betroffenen gestellt werden. Der BGH hat die Voraussetzungen des § 826 darüber hinaus auch in einem Fall angenommen, in dem ein **begründeter Konkursantrag** zu dem Zweck gestellt worden war, dem Schuldner einen für ihn günstigen Pachtvertrag zu entziehen.[685] Indessen ist nicht ersichtlich, warum diese Zwecksetzung einem sachlich gerechtfertigten Antrag den Stempel der Sittenwidrigkeit aufdrücken soll.

§ 827 Ausschluss und Minderung der Verantwortlichkeit

[1] **Wer im Zustand der Bewusstlosigkeit oder in einem die freie Willensbestimmung ausschließenden Zustand krankhafter Störung der Geistestätigkeit einem anderen Schaden zufügt, ist für den Schaden nicht verantwortlich.** [2] **Hat er sich durch geistige Getränke oder ähnliche Mittel in einen vorübergehenden Zustand dieser Art versetzt, so ist er für einen Schaden, den er in diesem Zustand widerrechtlich verursacht, in gleicher Weise verantwortlich, wie wenn ihm Fahrlässigkeit zur Last fiele; die Verantwortlichkeit tritt nicht ein, wenn er ohne Verschulden in den Zustand geraten ist.**

Schrifttum: *Knappmann,* Anwendbarkeit des § 61 VVG bei Beeinträchtigung der Schuldfähigkeit durch Alkohol oder Drogen, NVersZ 1998, 13; *ders.,* Alkoholbeeinträchtigung und Versicherungsschutz, VersR 2000, 11; *Lang,* Zur entsprechenden Anwendung des § 827 S. 2 BGB im Rahmen des § 61 VVG, NZV 1990, 336. Vgl. auch die Nachweise bei Vor § 823 und § 823.

Übersicht

	RdNr.		RdNr.
I. Normzweck und Anwendungsbereich der §§ 827 bis 829	1–5	3. Zeitpunkt	10
II. Ausschluss der freien Willensbetätigung (Satz 1)	6–9	III. Verschuldete Deliktsunfähigkeit (Satz 2)	11, 12
1. Bewusstlosigkeit	6–8	IV. Actio libera in causa	13
2. Krankhafte Störung der Geistestätigkeit	9	V. Beweislast	14, 15

---

[683] BVerfGE 74, 257, 260 f.; BGHZ 36, 18, 21 = NJW 1961, 2254, 2255; BGHZ 74, 9, 14 f. = NJW 1979, 1351, 1352; BGHZ 95, 10, 19 = NJW 1985, 1959, 1961; BGH 148, 175, 181 ff. = NJW 2001, 3187; BGHZ 154, 269, 273 = 2003, 1934 = VersR 2003, 653; BGH NJW 2004, 446, 447; OLG Karlsruhe VersR 2004, 1616, 1617.
[684] Offenbar weitergehend BGHZ 154, 269, 271 ff. = 2003, 1934 = VersR 2003, 653.
[685] BGH WM 1962, 929, 930 f.

I. Normzweck und Anwendungsbereich der §§ 827 bis 829

Die §§ 827, 828 stellen Bewusstlose, Geisteskranke und unter bestimmten Voraussetzungen auch Minderjährige von der Verantwortlichkeit für unerlaubte Handlungen frei, indem sie ihnen die **Delikts-, Verschuldens- oder Zurechnungsfähigkeit** genannte Eigenschaft absprechen, für eine unerlaubte Handlung verantwortlich zu sein.[1] Diese Rechtsfolge wird in den Materialien mit der Erwägung begründet, die Annahme eines Verschuldens sei ausgeschlossen, wenn dem Täter die Fähigkeit zu freier Willensbestimmung fehle, um das begriffslogische Argument anzuschließen, unwillkürliche Handlungen kämen „als juristische Handlungen überhaupt nicht in Betracht".[2] Aus heutiger Sicht lässt sich die haftungsrechtliche Privilegierung des genannten Personenkreises in doppelter Hinsicht rechtfertigen, nämlich sowohl unter dem Gesichtspunkt der **Steuerungsfunktion** des Deliktsrechts (Vor § 823 RdNr. 40 f., 45 ff.) als auch demjenigen des **Schutzes Behinderter und Minderjähriger**.[3] Die Präventionsfunktion läuft ins Leere, wenn sich die Haftungsandrohung an Personen richtet, die zur Erkenntnis der Gefahr, zur rationalen Wahl zwischen Verhaltensalternativen und zur Kontrolle des eigenen Verhaltens konstitutionell gar nicht in der Lage sind. Deshalb kommt die Entlastung selbstverständlich nicht in Betracht, wenn sich eine eigentlich zur Selbststeuerung fähige Person schuldhaft in einen Zustand der Unfähigkeit versetzt hat, § 827 S. 2.

Die Verantwortlichkeit eines Unzurechnungsfähigen entfällt bei Vorliegen der in §§ 827 f. genannten Voraussetzungen vollständig. Eine partielle Haftung oder eine verminderte Zurechnungsfähigkeit kennt das BGB nicht, sondern es gilt das **„Alles- oder Nichts-Prinzip"**.[4] Das Privileg zugunsten Behinderter und Minderjähriger geht damit voll zu Lasten des Geschädigten, der den Schaden „wie ein Unglück hinnehmen muss".[5] Dessen Ersatzinteressen setzen sich gegenüber dem Behinderten oder Minderjährigen allerdings durch, soweit dies der Billigkeit entspricht – § 829 – und im Übrigen können Ersatzansprüche uU gegen die Eltern und andere Aufsichtspersonen gerichtet werden, § 832. Der im Rahmen der Vorarbeiten zur Schuldrechtsreform gemachte Vorschlag, die §§ 827 bis 829 durch eine einheitliche Regel zu ersetzen, nach der Zurechnungsunfähige grundsätzlich für pflichtwidrig verursachte Schäden aufzukommen haben, die Haftung jedoch nach Billigkeit gemindert oder ausgeschlossen werden kann,[6] ist vom Gesetzgeber nicht aufgenommen worden (Vor § 823 RdNr. 81). Werden die §§ 827 bis 829 im Zusammenhang gesehen, erweist sich der Unterschied zwischen diesem Reformvorschlag und dem geltenden Recht allerdings als gering; er betrifft eigentlich nur die Anordnung von Regel und Ausnahme.

Nach klassischem Deliktsverständnis betreffen die §§ 827 f. das **Verschulden**, indem die Zurechnungsfähigkeit als Voraussetzung des Schuldurteils aufgefasst wird, das dann seinerseits durch Vorsatz oder Fahrlässigkeit konstituiert wird.[7] Das Gesetz ist jedoch auch mit dem modernen Konzept eines handlungsunrechtlich geprägten Deliktsaufbaus kompatibel, bei dem die Fahrlässigkeit nicht erst die Schuld, sondern in Gestalt der Sorgfalts-(Verkehrs-)pflichtverletzung bereits die Rechtswidrigkeit begründet (§ 823 RdNr. 4 ff.). Da in den §§ 827 f. nicht von „Verschulden", sondern von „Verantwortlichkeit" die Rede ist, wäre es ohne weiteres vorstellbar, auch noch die Zurechnungsfähigkeit in das Handlungsunrecht zu integrieren und speziell bei der Fahrlässigkeit als Grobfilter einzusetzen, der konstitutionell

---

[1] Zu diesen Begriffen, zur Gesetzgebungsgeschichte des § 827 und zu seiner rechtsvergleichenden und -politischen Einordnung vgl. *Deutsch* Haftungsrecht RdNr. 449 ff.
[2] *v. Kübel* in: *Schubert*, (Hrsg.) Die Vorlagen der Redaktoren für die erste Kommission zur Ausarbeitung eines Bürgerlichen Gesetzbuchs, Recht der Schuldverhältnisse, Teil 1, 1980, S. 688; Mot. II S. 731 f.
[3] Zum Schutzprinzip *Deutsch* JZ 1964, 86, 87; *Mertens/Reeb* JuS 1972, 35, 38; s. auch schon Mot. II S. 733; *Soergel/Spickhoff* Vor § 827 RdNr. 2.
[4] Hierzu *Deutsch* Haftungsrecht RdNr. 473; *Soergel/Spickhoff* Vor § 827 RdNr. 2.
[5] BGH NJW 1958, 1630, 1631.
[6] *v. Bar* in: BMJ (Hrsg.), Gutachten und Vorschläge zur Überarbeitung des Schuldrechts, Bd. II, 1981, S. 1681, 1762, 1774 ff.
[7] *Fikentscher* § 53 I, RdNr. 502; wie hier *Esser/Schmidt* AT/2 § 25 V 3, S. 76 f.

§ 827 4, 5

steuerungsunfähige Akteure durch völligen Dispens von den allgemeinen Sorgfaltspflichten privilegiert (vgl. § 823 RdNr. 39 ff., 59). Demgegenüber wird in der Literatur die Befürchtung geäußert, ein solcher Schritt hätte zur Folge, dass Notwehr gegen Geisteskranke und Kinder nicht geübt werden dürfte.[8] Demgegenüber ist darauf hinzuweisen, dass die Befugnis zur Notwehr gegenüber Zurechnungsunfähigen heute weit weniger selbstverständlich ist als gemeinhin angenommen wird (vgl. § 823 RdNr. 14). Andererseits schadet es nichts, an der herkömmlichen Dreistufigkeit des Deliktsaufbaus festzuhalten und die §§ 827 f. auf die Verschuldensebene zu beziehen (vgl. § 823 RdNr. 42).

4   Der **Anwendungsbereich** der §§ 827, 828 umfasst die gesamte Deliktshaftung sowie sonstige auf **Verschulden gründende Haftungstatbestände** wie § 228 S. 2.[9] Für die Vertragshaftung sind sie auf Grund der Verweisung in § 276 Abs. 1 S. 2 ebenfalls maßgeblich,[10] wobei sich der Vertragsschuldner trotz § 278 für einen deliktsunfähigen Erfüllungsgehilfen entlasten können soll.[11] Darüber hinaus greifen die §§ 827, 828 bei der Feststellung der Erbunwürdigkeit nach § 2339 Nr. 1 ein, da der ihnen zugrunde liegende allgemeine Rechtsgedanke auf alle Fälle zutrifft, in denen Rechtsfolgen aus der schuldhaften Verletzung rechtlich begründeter Pflichten oder Obliegenheiten abgeleitet werden.[12] Von größerer praktischer Bedeutung ist freilich die **spiegelbildliche Anwendung im Rahmen der Mitverschuldensprüfung** gemäß § 254.[13] Abgesehen von dem Fall selbstverschuldeter Trunkenheit (§ 827 S. 2)[14] ist die Mitverantwortung Zurechnungsunfähiger entsprechend § 829 nur nach Maßgabe der Billigkeit zu berücksichtigen (vgl. § 829 RdNr. 5). Für die Gefährdungshaftung gelten die §§ 827, 828 nicht, da die Gefährdungshaftung an die Schaffung oder Beherrschung einer Gefahrenquelle und nicht an ein fehlerhaftes Verhalten anknüpft.[15] Zum Streit um die Haltereigenschaft Minderjähriger vgl. § 833 RdNr. 31 ff.

5   § 827 gilt auch im Rahmen des **Versicherungsvertragsrechts,** und zwar für die **subjektiven Risikoausschlüsse** des **§ 81 VVG** (= § 61 VVG aF)[16] und des **§ 103 VVG** (= § 152 VVG aF).[17] Im Kontext des Vorsatz erfordernden § 103 VVG spielt lediglich § 827 S. 1 eine Rolle, wobei es insbesondere um die Beweislastverteilung geht (RdNr. 14). Die Einschränkung der Deckungspflicht des Versicherers bei grober Fahrlässigkeit des Versicherungsnehmers nach dem heutigen § 81 Abs. 2 VVG (§ 61 VVG aF) wirft die Frage auf, ob entsprechend § 827 S. 2 die grob fahrlässige Herbeiführung eines Vollrausches ausreicht[18] oder ob zusätzlich zu verlangen ist, dass dem Versicherungsnehmer im Zeitpunkt des Alkoholkonsums gerade im Hinblick auf den Versicherungsfall grobe Fahrlässigkeit zur Last fällt, er also voraussehen musste, einen Unfall herbeizuführen.[19] Der zuletzt genannte, von Teilen der Literatur vertretene Standpunkt läuft darauf hinaus, den Deckungsschutz lediglich unter den Voraussetzungen der actio libera in causa (RdNr. 13) zu beschränken. Tatsächlich geht § 827 S. 2 zu weit, wenn er davon absieht, ob der Schädiger im Zeitpunkt des deliktischen Verhaltens (grob) fahrlässig gehandelt hat, doch dies gilt allgemein und ist durch teleologische Reduktion der Vorschrift zu lösen (RdNr. 13). Mit dieser Maßgabe ist § 827

---

[8] *Deutsch* Haftungsrecht RdNr. 448: das Problem werde „hinwegdefiniert".
[9] RGRK/*Steffen* RdNr. 2.
[10] BGH LM Nr. 1; NJW 1968, 1132 = LM Nr. 2.
[11] BGH VersR 1956, 307, 308; dies gilt auch im Rahmen des § 14 WEG, OLG Düsseldorf NJW-RR 1995, 1165.
[12] BGHZ 102, 227, 230 = NJW 1988, 822, 823 m. Anm. *Hohloch* JuS 1988, 819.
[13] RGZ 108, 86, 89; BGHZ 9, 316, 317 = NJW 1953, 977; BGHZ 24, 325, 327 = NJW 1957, 1187, 1188; BGHZ 34, 355, 366 = NJW 1961, 655, 658; ausf. *Borgelt,* Das Kind im Deliktsrecht, S. 99 ff.
[14] RG WarnR 1913 Nr. 132; BGH VersR 1964, 870; 1967, 288, 289 (Anwendung des Rechtsgedankens des 827 Satz 2).
[15] BGH NJW-RR 1990, 789, 790; *Soergel/Spickhoff* Vor § 827 RdNr. 6.
[16] BGH VersR 1967, 944 (zu § 7 Abs. 5 S. 2 AKB); NJW 1985, 2648 = LM § 827 Nr. 4; NJW 1989, 1612 = LM § 827 Nr. 7; VersR 1991, 289, 290; OLG Köln VersR 1995, 205; *Prölss/Martin/Prölss* § 61 VVG RdNr. 16.
[17] BGHZ 111, 372, 374 f. = NJW 1990, 2387, 2388.
[18] So RG DR 1941, 1786, 1787; BGH VersR 1967, 944, sowie die übrigen in Fn. 340 Genannten.
[19] *Staudinger/Oechsler* RdNr. 27; *Knappmann* VersR 2000, 11, 13; *Lang* NZV 1990, 336.

S. 2 auch im Kontext des § 81 Abs. 2 VVG anzuwenden. Etwaige Härten lassen sich nach der VVG-Reform zuverlässig vermeiden, weil nunmehr die Deckungspflicht des Versicherers nicht mehr zwingend ausgeschlossen, sondern entsprechend dem Verschuldensgrad zu mindern ist.[20]

II. Ausschluss der freien Willensbetätigung (Satz 1)

1. Bewusstlosigkeit. Bewusstlosigkeit ist ein Zustand, in dem die **Wahrnehmungs-** 6 **und Steuerungsmöglichkeiten des Individuums ausgeschlossen oder schwer beeinträchtigt** sind. Bei der Schädigung durch einen Bewusstlosen, zB einen schlafenden oder ohnmächtig gewordenen Autofahrer, fehlt es an sich bereits an einer deliktsrechtlich relevanten Handlung iS eines beherrschbaren, der Bewusstseinskontrolle und Willenslenkung unterliegenden Verhaltens (vgl. § 823 RdNr. 305 ff.).[21] Nach allgemeinen Regeln trägt der Geschädigte die Beweislast für die allgemeinen Deliktsvoraussetzungen und damit auch für das Vorliegen einer Handlung, während es im Rahmen des § 827 S. 1 Sache des Schädigers ist, den Nachweis seiner Zurechnungsunfähigkeit zu führen. Diesen Widerspruch hat die Rechtsprechung mit Recht zugunsten des § 827 aufgelöst und dem Schädiger die Beweislast dafür auferlegt, dass er im Unfallzeitpunkt bewusstlos war, soweit dieser Zustand auf inneren Störungen beruht bzw. beruhen soll.[22] Die Bewusstseinslage wird gleichsam „aus dem Begriff der Handlung ausgeklammert".[23] Anders liegt es allerdings mit Blick auf externe Umstände, die der Annahme einer Handlung entgegenstehen können, wie die Anwendung äußerlich-physischen Zwangs; insoweit bleibt der Geschädigte beweisbelastet. In jedem Fall kommt die Billigkeitshaftung nach § 829 in Betracht (ausführlich § 829 RdNr. 11).[24]

Der Bewusstlosigkeit ieS werden **Bewusstseinsstörungen gleichgestellt,** sofern sie die 7 freie Willensbildung nicht bloß einschränken, sondern aufheben,[25] wie etwa im Fall extremer Übermüdung[26] oder schwerer traumatischer Belastungsstörung,[27] bei äußerster Erregung oder Zornesaufwallung,[28] panischem Schrecken[29] oder einem „durch eine kurzfristige Kreislaufschwäche ausgelösten Blackout", sofern der Zustand eine erhebliche Schwere erreicht.[30] In Zusammenhang mit Verkehrsdelikten wie Unfallflucht ist von Bedeutung, dass in engsten Grenzen auch ein Unfallschock einer Bewusstseinsstörung gleichkommen kann, wenn nämlich der Betroffene infolge jugendlichen Alters, vegetativer Fehlfunktionen, Alkohol- oder Drogenkonsums besonders leicht und intensiv erregbar war.[31]

Wie sich aus Satz 2 rückschließen lässt, fallen auch hochgradige **Trunkenheit oder** 8 **sonstige Berauschungszustände** unter den Begriff der Bewusstlosigkeit bzw. der Bewusstseinsstörung. Gleiches gilt für Delirien, Halluzinationen sowie hypnotische Dämmerzustände. Für den praktisch wichtigsten Fall des Alkoholrausches stellt die Blutalkoholkonzentration ein wichtiges Indiz der Deliktsunfähigkeit dar. Einen Grenzwert für die Unzurechnungsfähigkeit,[32] die auch nicht mit der Fahruntüchtigkeit gleichgesetzt werden

---

[20] Dazu eingehend *Looschelders* VersR 2008, 1, 5 f.
[21] *Deutsch* Haftungsrecht RdNr. 471.
[22] BGHZ 98, 135, 138 = NJW 1987, 121. In BGHZ 23, 90, 98 wurde noch angenommen, dass ein infolge Hirnblutung ohnmächtiger Autofahrer nicht im Rechtssinne gehandelt habe.
[23] BGHZ 98, 135, 138 = NJW 1987, 121; nur in der Begründung anders *Baumgärtel* JZ 1987, 42; *Dunz* JR 1987, 239 f.; *Staudinger/Oechsler* RdNr. 7.
[24] RGZ 146, 213, 215; BGHZ 23, 90, 98 = NJW 1957, 674, 675; *Staudinger/Oechsler* RdNr. 7.
[25] RGRK/*Steffen* RdNr. 5.
[26] *Staudinger/Oechsler* RdNr. 9.
[27] OLG München ZfS 2002, 170, 171.
[28] BGH NJW 1958, 266 (Bewusstseinsstörung iS des § 51 StGB aF); VersR 1977, 430, 431.
[29] OLG Nürnberg NJW 1965, 694, 696.
[30] OLG Köln ZfS 1997, 339.
[31] BGH VersR 1966, 177, 178 (20-jähriger labiler Fahrer mit 1,4‰); VersR 1966, 458 (zerberstende Windschutzscheibe mit 1,1‰ genügt nicht; Anforderungen an ein Sachverständigengutachten); VersR 1977, 430, 431 (leichte Gehirnerschütterung genügt nicht).
[32] BGH VersR 1965, 656; 1967, 125, 126.

darf,³³ gibt es allerdings nicht. Entscheidend sind die Umstände des Einzelfalls,³⁴ insbesondere individuelle Alkoholtoleranz und -gewöhnung, körperliche und seelische Verfassung, Zeit, Menge und Art der vorangegangenen Nahrungsaufnahme, aber auch das Verhalten des Schädigers vor und nach der Tat. So wurde selbst bei einem BAK-Wert von 2,66‰,³⁵ 2,96‰³⁶ und 3,00‰³⁷ die Zurechnungsfähigkeit noch bejaht, in anderen Fällen hingegen bereits bei BAK-Werten von 2,26‰ bzw. 2,5‰ verneint.³⁸

9 **2. Krankhafte Störung der Geistestätigkeit.** Die krankhafte Störung der Geistestätigkeit begegnet bereits in § 104 Nr. 2 (vgl. § 104 RdNr. 9 ff.). Erfasst sind sämtliche Geisteskrankheiten, die die **Freiheit der Willensbildung und Selbstbestimmung ausschließen** oder wesentlich beeinträchtigen.³⁹ Entscheidend kommt es darauf an, dass der Täter nicht mehr in der Lage ist, sein Verhalten an vernünftigen Erwägungen auszurichten.⁴⁰ So verhält es sich bei Personen, die schizophren oder manisch-depressiv sind, sich im Wahnzustand⁴¹ oder in einem protrahierten Dämmerzustand befinden.⁴² Die bloße Minderung der Verstandes- und Willenskraft hingegen schließt die Zurechnungsfähigkeit ebenso wenig aus wie die Gleichgültigkeit gegenüber den Folgen des eigenen Handelns oder die Unfähigkeit zu ruhiger Überlegung.⁴³ Die Anordnung einer Betreuung mit Einwilligungsvorbehalt (§ 1903) ist im Rahmen des § 827 als wichtiges Indiz zu würdigen, führt aber nicht geradewegs zur Feststellung der Zurechnungsunfähigkeit.⁴⁴ Anders als die Entmündigung früheren Rechts kann sich die Betreuung nämlich auf bestimmte Lebensbereiche beschränken (§ 1896 Abs. 2 S. 1), und sie dient zuallererst dem Schutz des Betreuten vor sich selbst. Wer etwa zur Verwaltung eines großen Vermögens unfähig ist, muss deshalb noch nicht außer Stande sein, sich im Straßenverkehr sachgerecht zu bewegen (vgl. auch § 105 a und dort RdNr. 1). Generell gilt § 827 nicht bei solchen Handlungen, die außerhalb des Spektrums partieller Unzurechnungsfähigkeit liegen,⁴⁵ und im Übrigen haften auch Zurechnungsunfähige für Taten, die sie in sog. **lucida intervalla** begangen haben.⁴⁶

10 **3. Zeitpunkt.** Der die Deliktsfähigkeit ausschließende Zustand muss im Zeitpunkt der deliktischen Handlung bzw. des die Haftung „an sich" auslösenden Unterlassens gegeben sein.⁴⁷ Nicht entscheidend ist hingegen, ob der Zustand der Bewusstlosigkeit oder Geistesstörung auch im Zeitpunkt des Eintritts der Rechtsgutsverletzung noch vorlag. Auch die Frage, ob den Schädiger an der eigentlichen Tathandlung ein Verschulden trifft ist, anders als bei der Rechtsfigur der actio libera in causa irrelevant (RdNr. 13).

III. Verschuldete Deliktsunfähigkeit (Satz 2)

11 Hat sich der Schädiger durch geistige Getränke oder ähnliche Mittel vorübergehend **selbst in den Zustand der Unzurechnungsfähigkeit** versetzt, so haftet er wie ein fahrlässig

---

³³ *Soergel/Spickhoff* RdNr. 1. Allerdings handelt, wer sich im absolut fahruntüchtigen Zustand an das Steuer eines Kfz. setzt, idR grob fahrlässig. BGH NJW 1985, 2648; 1989, 1613; OLG Hamm VersR 1992, 818, 819; *Staudinger/Oechsler* RdNr. 13.
³⁴ BGH VersR 1965, 656; 1967, 125, 126; 1989, 469, 470.
³⁵ BGH VersR 1967, 125 ff.
³⁶ OLG Hamm NVersZ 2000, 524, 525.
³⁷ OLG Hamm VersR 1992, 818 f.; OLG Frankfurt VersR 2000, 883.
³⁸ BGH VersR 1967, 82, 83; 1967, 125, 126.
³⁹ *Deutsch* Haftungsrecht RdNr. 469; *Staudinger/Oechsler* RdNr. 16.
⁴⁰ RGZ 130, 69, 71; BGH NJW 1970, 1680, 1681; FamRZ 1984, 1003.
⁴¹ *Deutsch* Haftungsrecht RdNr. 469.
⁴² OLG Hamm vom 5. 11. 1986, 20 U 107/86.
⁴³ RGZ 108, 86, 90; BGH VersR 1965, 949, 950; 1977, 430 f.
⁴⁴ Weitergehend AG Nördlingen ZfS 1991, 330; *Staudinger/Oechsler* RdNr. 21; zum alten Recht RGZ 108, 86, 90.
⁴⁵ OLG Nürnberg NJW 1965, 694, 696 (panischer Schrecken einer 72-Jährigen vor einem Dackel); *Deutsch* Haftungsrecht RdNr. 470; *Staudinger/Oechsler* RdNr. 17.
⁴⁶ RGZ 108, 86, 89 f.; *Deutsch* Haftungsrecht RdNr. 469; *Soergel/Spickhoff* RdNr. 2; krit. RGRK/*Steffen* RdNr. 6.
⁴⁷ *Soergel/Spickhoff* RdNr. 4.

Handelnder, wenn er nicht ohne Verschulden in diesen Zustand geraten ist. Die Vorschrift fingiert fahrlässiges Handeln im Tatzeitpunkt und setzt dabei voraus, dass die übrigen Voraussetzungen der Deliktshaftung vorliegen.[48] § 827 S. 2 bedarf der teleologischen Reduktion, um zu vermeiden, dass ein Betrunkener auch dann haftet, wenn ein Nüchterner – mangels Fahrlässigkeit im Tatzeitpunkt – unbehelligt bliebe. Wie bei § 831 macht auch hier das Konzept des Erfolgsunrechts Schwierigkeiten, die genauso wie bei der Geschäftsherrenhaftung (§ 831 RdNr. 28 ff.) zu beheben sind: Die Vorschrift führt nur dann zur Haftung, wenn das Verhalten, als dasjenige einer voll kompetenten Person gedacht, fahrlässig gewesen wäre.[49]

Ähnliche Mittel wie „geistige Getränke" (Alkoholika) sind solche, die die freie Willensbestimmung ausschließen,[50] wie zB Morphium, Kokain oder Cannabis.[51] Für die Anwendbarkeit des § 827 S. 2 genügt es, wenn die Berauschung mitursächlich für die Unzurechnungsfähigkeit geworden ist, wie zB im Fall eines Unfallschocks, der auch durch die Jugend des Schädigers und seine vegetative Labilität bedingt ist.[52] Im Unterschied zur Zurechnung nach Maßgabe der actio libera in causa (RdNr. 13) setzt § 827 S. 2 allerdings eine Pflichtverletzung nur hinsichtlich des Herbeiführens des Zustands der Unzurechnungsfähigkeit, nicht aber auch bezüglich der späteren Schädigung voraus – auf die Vorhersehbarkeit späteren deliktischen Verhaltens im Zeitpunkt des Sich-Berauschens kommt es nicht an. Insofern kann von einer deliktischen Sorgfaltspflicht (Verkehrspflicht; vgl. § 823 RdNr. 62 ff., 232 ff.) die Rede sein, sich nicht in einen derartigen Zustand zu versetzen.[53] Der Täter kann sich zu seiner Entlastung allenfalls darauf berufen, er habe die berauschende Eigenschaft des Getränks oder Stoffs weder erkannt noch erkennen müssen[54] oder der Rausch habe erst im Zusammenwirken mit einer anderen, nicht voraussehbaren Einwirkung eine Bewusstseinsstörung verursacht.[55] Dieser Einwand greift nur in seltensten Fällen durch, denn niemand darf auf seine gesteigerte Alkoholverträglichkeit vertrauen, die Wechselwirkung von Alkohol und anderen Rauschmitteln mit Medikamenten ist allgemein bekannt, und mit dem Risiko, auf dem Schwarzmarkt verschnittene oder verunreinigte Drogen zu erhalten, muss jeder rechnen.

IV. Actio libera in causa

§ 827 S. 2 weist enge Bezüge zur Rechtsfigur der actio libera in causa auf, die **auch im Zivilrecht anerkannt** ist und **neben § 827 S. 2 anwendbar** bleibt.[56] In beiden Fällen muss die Pflichtverletzung nicht für den Tatzeitpunkt begründet werden, sondern sie wird auf den Zeitpunkt des Sich-Berauschens zurückbezogen.[57] Der **zentrale Unterschied** zur actio libera in causa besteht darin, dass sich § 827 S. 2 mit Verschulden bezüglich des Sich-Berauschens begnügt, während die Haftung wegen actio libera in causa darüber hinaus voraussetzt, dass dem Schädiger auch mit Blick auf das im Zustand der Deliktsunfähigkeit begangene Tun bzw. sein Unterlassen Vorsatz oder Fahrlässigkeit zur Last gelegt werden kann. In anderer Hinsicht bleibt § 827 S. 2 hinter der actio libera in causa zurück, weil nämlich allein fahr-

---

[48] BGH NJW 1968, 1132, 1133 = LM Nr. 2.
[49] Anders *Soergel/Spickhoff* RdNr. 9: „man betrinkt sich eben ‚auf eigene Gefahr'."
[50] *Staudinger/Oechsler* RdNr. 39.
[51] Prot. II S. 590.
[52] BGH VersR 1967, 944.
[53] BGH NJW 1968, 1132, 1133 = LM Nr. 2; *Erman/Schiemann* RdNr. 3; vgl. schon Prot. II S. 590: Das Gesetz müsse die Pflicht aussprechen, „im Genusse der geistigen Getränke Maß (zu) halten".
[54] BGH NJW 1968, 1132, 1133; *v. Liszt* Deliktsobligationen S. 51.
[55] BGH VersR 1967, 944, 945.
[56] BGH NJW 1985, 2648, 2649; 1989, 1612, 1613; OLG Oldenburg VersR 1996, 1270; OLG Hamm NVersZ 2000, 524, 525; *Soergel/Spickhoff* RdNr. 5. Ein Strafsenat des BGH hat zwar die Anwendung der Grundsätze der actio libera in causa im Strafrecht insbes. bei den handlungsbezogenen Verkehrsdelikten verneint und auf Erfolgsdelikte beschränkt (BGHSt 42, 235 = NJW 1997, 138). Dies ist für die zivilrechtliche Beurteilung jedoch nicht maßgeblich, zumal im Anwendungsbereich des § 827 immer auf das schädigende Ereignis, also einen „Erfolg" abzustellen ist, vgl. OLG Frankfurt VersR 2000, 883 f.; *Knappmann* NVersZ 1998, 13, 16.
[57] Anders als bei der actio libera in causa müssen sich Vorsatz oder Fahrlässigkeit jedoch nicht auf die Rauschtat, sondern nur auf den Rauschzustand beziehen. Zudem muss der Deliktsunfähige sein fehlendes Verschulden hieran darzutun; vgl. *Deutsch* Haftungsrecht RdNr. 474 ff.; *Lang* NZV 1990, 336, 337.

§ 827   14   Abschnitt 8. Titel 27. Unerlaubte Handlungen

lässiges Verhalten des Schädigers fingiert wird. Die Vorschrift versagt, wenn der konkrete Deliktstatbestand Vorsatz verlangt, wie dies insbesondere bei § 826, aber auch bei zahlreichen Schutzgesetzen des StGB der Fall ist, für deren Verletzung gemäß § 823 Abs. 2 gehaftet wird.[58] In diesen Fällen kann auf die actio libera in causa zurückgegriffen und die Haftung für Vorsatzdelikte unter der Voraussetzung bejaht werden, dass ex ante ein sog. Doppelvorsatz vorlag, der Schädiger sich also bewusst in einen Rauschzustand versetzte, um anschließend ein Delikt zu begehen.[59] Schließlich bleibt darauf hinzuweisen, dass die Haftungsbegründung mit Hilfe der actio libera in causa auch in allen übrigen, von § 827 S. 2 nicht erfassten Konstellationen der Unzurechnungsfähigkeit möglich bleibt, wenn also die Bewusstlosigkeit oder Geisteskrankheit nicht auf Alkoholeinfluss, sondern auf Gesundheitsstörungen o. Ä. beruht. Wer sich beispielsweise völlig übermüdet ans Steuer setzt und dann prompt einschläft, der haftet nach Maßgabe des § 823, wenn er damit rechnen musste, infolge der Übermüdung einen Unfall zu verursachen (vgl. ausführlich § 823 RdNr. 36 ff., 304).[60]

V. Beweislast

14   Wie sich aus der negativen Formulierung des § 827 S. 1 ergibt, trägt die **Beweislast für die eigene Unzurechnungsfähigkeit der beklagte Schädiger**, da sie für ihn haftungsbefreiend wirkt und weil er besseren Zugang zu den relevanten Tatsachen hat.[61] Daran ändert sich auch dann nichts, wenn die Bewusstseinsstörung sogar daran zweifeln lässt, ob überhaupt eine vom Willen beherrschbare Handlung vorliegt,[62] und wenn § 827 S. 1 im Rahmen der Mitverschuldensprüfung gemäß § 254[63] und der Erbunwürdigkeit gemäß § 2339 Nr. 1 relevant wird.[64] Schließlich ist die Beweislastverteilung im Rahmen der **haftpflichtversicherungsrechtlichen Deckungsausschlüsse und -beschränkungen** gemäß § 81, 103 VVG (= §§ 61, 152 VVG aF) maßgeblich.[65] Soweit sich der Versicherungsnehmer also zur Abwehr des Einwands aus § 81 Abs. 2 VVG darauf beruft,[66] das im Tatzeitpunkt grob sorgfaltswidrige Verhalten beruhe auf einer Bewusstseinsstörung – etwa einem Sekundenschlaf – trägt er entsprechend § 827 S. 1 die Darlegungs- und Beweislast.[67] Im Rahmen einer Direktklage gemäß § 3 Nr. 1 PflVersG ist der geschädigte Dritte beweisbelastet.[68] Dies gilt auch dann, wenn wegen der Bewusstlosigkeit des Schädigers bereits fraglich ist, ob überhaupt eine Handlung im Rechtssinne vorliegt (RdNr. 6). Der Entlastungsbeweis ist nach allgemeinen Regeln erst erbracht, wenn die Unzurechnungsfähigkeit im maßgeblichen Zeitpunkt nicht nur möglich erscheint, sondern zur Überzeugung des Gerichts feststeht (§ 286 ZPO).[69] Der Eintritt in die Beweisaufnahme durch Beauftragung eines Sachverständigen gemäß §§ 144, 402 ff. ZPO ist erst erforderlich, wenn der Schädiger konkrete Tatsachen vorträgt, die auf eine Unzurechnungsfähigkeit im Schadenszeitpunkt schließen lassen.[70]

---

[58] BGH VersR 1966, 458; NJW 1968, 1132, 1133 = LM Nr. 2.
[59] Vgl. dazu *Schönke/Schröder/Lenckner/Perron* § 20 StGB RdNr. 36.
[60] So im Ergebnis auch BGHZ 23, 76, 83 ff. = NJW 1957, 381 (zu der Frage, ob Übermüdung eine Bewusstseinsstörung iS der Bedingungen des Versicherungsvertrags ist); BGH NJW 1974, 948, 949; ähnlich wie hier *Staudinger/Oechsler* RdNr. 9.
[61] BGHZ 39, 103, 108 = NJW 1963, 953; BGHZ 98, 135, 139 = NJW 1987, 121, 122 m. Anm. *Baumgärtel* JZ 1987, 42 m. Anm. *Dunz* JR 1987, 239; BGHZ 102, 227, 230 = NJW 1988, 822, 823; *Lang* NZV 1990, 336, 337; *Soergel/Spickhoff* RdNr. 8.
[62] BGHZ 98, 135, 139 = NJW 1987, 121, 122.
[63] Vgl. § 254 RdNr. 34.
[64] BGHZ 102, 227, 230 f. = NJW 1988, 822.
[65] BGHZ 111, 372, 374 f. = NJW 1990, 2387, 2388; BGH NJW-RR 2004, 173, 174.
[66] Für die Voraussetzungen des § 81 Abs. 2 VVG trägt der Versicherer die Beweislast, BGH NJW 1985, 2648 (zu § 61 VVG aF).
[67] BGH NJW-RR 2004, 173, 174.
[68] BGHZ 111, 372, 374 f. = NJW 1990, 2387, 2388.
[69] BGH VersR 1965, 656.
[70] BGH VersR 1965, 656 f.; OLG Frankfurt VersR 2000, 883.

Im Rahmen des § 827 S. 2 hat der **Geschädigte zu beweisen,** dass der Schädiger sich 15
selbst in den fraglichen Zustand versetzt hat; sofern ihm das gelingt, ist der Schädiger
wiederum dafür beweispflichtig, dass er schuldlos in einen Rauschzustand geraten ist.[71] Das
bedeutet: Steht fest, dass der Schädiger Alkohol oder andere Narkotika zu sich genommen
hatte, wird vermutet, dass dies schuldhaft geschah, und darüber hinaus fingiert, dass der
Unfall ohne den Rausch nicht eingetreten wäre. Die Verschuldensvermutung kann widerlegt werden; die Fiktion des Pflichtwidrigkeitszusammenhangs nach hM nicht. Nach hier
vertretener Auffassung ist § 827 S. 2 bei sorgfaltsgemäßem Verhalten im Tatzeitpunkt
teleologisch zu reduzieren (RdNr. 5).

§ 828 Minderjährige

(1) **Wer nicht das siebente Lebensjahr vollendet hat, ist für einen Schaden, den er einem anderen zufügt, nicht verantwortlich.**

(2) ¹ **Wer das siebente, aber nicht das zehnte Lebensjahr vollendet hat, ist für den Schaden, den er bei einem Unfall mit einem Kraftfahrzeug, einer Schienenbahn oder einer Schwebebahn einem anderen zufügt, nicht verantwortlich.** ² **Dies gilt nicht, wenn er die Verletzung vorsätzlich herbeigeführt hat.**

(3) **Wer das 18. Lebensjahr noch nicht vollendet hat, ist, sofern seine Verantwortlichkeit nicht nach Absatz 1 oder 2 ausgeschlossen ist, für den Schaden, den er einem anderen zufügt, nicht verantwortlich, wenn er bei der Begehung der schädigenden Handlung nicht die zur Erkenntnis der Verantwortlichkeit erforderliche Einsicht hat.**

Schrifttum: *Ahrens,* Existenzvernichtung Jugendlicher durch Deliktshaftung?, VersR 1997, 1064; *Borgelt,* Das Kind im Deliktsrecht – Zur Bedeutung der individuellen Reife für persönliche Haftung und Mitverschulden, 1995; *Canaris,* Geschäfts- und Verschuldensfähigkeit bei Haftung aus culpa in contrahendo, Gefährdung und Aufopferung, NJW 1964, 1987; *ders.,* Die Verfassungswidrigkeit von § 828 II BGB als Ausschnitt aus einem größeren Problemfeld, JZ 1990, 679; *Drewitz,* Der Grundsatz: Die Versicherung folgt der Haftung, 1977; *Deutsch,* Zurechnungsfähigkeit und Verschulden, JZ 1964, 86; *Geilen,* Beschränkte Deliktsfähigkeit, Verschulden und Billigkeitshaftung (§ 829), FamRZ 1965, 401; *Goecke,* Die unbegrenzte Haftung Minderjähriger im Deliktsrecht, 1997; *ders.,* Unbegrenzte Haftung Minderjähriger?, NJW 1999, 2305; *von Hippel,* Nochmals – Existenzvernichtung Jugendlicher durch Deliktshaftung?, VersR 1998, 26; *ders.,* Ruinöse Haftung von Eltern und Minderjährigen?, FamRZ 2001, 748; *Hoeren,* Gehörlose im Zivilrecht, JZ 1999, 653; *Kuhlen,* Strafrechtliche Grenzen der zivilrechtlichen Deliktshaftung Minderjähriger?, JZ 1990, 273; *Looschelders,* Verfassungsrechtliche Grenzen der deliktischen Haftung Minderjähriger – Grundsatz der Totalreparation und Übermaßverbot, VersR 1999, 141; *F. Peters,* Schutz Minderjähriger vor deliktischen Verbindlichkeiten, FamRZ 1997, 595; *Rolfs,* Neues zur Deliktshaftung Minderjähriger, JZ 1999, 233; *Scheffen,* Schadensersatzansprüche bei Beteiligung von Kindern und Jugendlichen an Verkehrsunfällen, VersR 1987, 116; *dies.,* Zur Reform der (zivilrechtlichen) Deliktsfähigkeit von Kindern ab dem 7. Lebensjahr (§ 828 I, II BGB), ZRP 1991, 458; *dies.,* Der Kinderunfall – Eine Herausforderung für Gesetzgebung und Rechtsprechung, DAR 1991, 121; *dies.,* Reformvorschlag zur Haftung von Kindern und Jugendlichen, FS Steffen, 1995, S. 387; *dies.,* Änderungen schadensersatzrechtlicher Vorschriften im Hinblick auf betroffene Kinder und Jugendliche, ZRP 2001, 380; *Scheffen/Pardey,* Schadensersatz bei Unfällen mit Kindern und Jugendlichen, 1995; *Schubart,* Schadensersatzklagen gegen Minderjährige, MDR 1957, 531; *Steffen,* Zur Haftung von Kindern im Straßenverkehr, VersR 1998, 1449; *Waibel,* Die Verschuldensfähigkeit des Minderjährigen im Zivilrecht, 1970; *Wille-Bettge,* Empirische Untersuchungen zur Deliktsfähigkeit nach § 828 BGB, VersR 1971, 878; vgl. auch die Angaben Vor § 823 sowie zu § 823.

Rechtsvergleichend: *v. Bar,* Gemeineuropäisches Deliktsrecht, Bd. I, 1996, RdNr. 62 ff.; *Martín-Casals* (Hrsg.), Children in Tort Law, Part I, Children as Tortfeasors, 2006; *ders.,* Part II, Children as Victims, 2007; *Niboyet,* Die Haftung Minderjähriger und ihrer Eltern nach deutschem und französischem Deliktsrecht zwischen Dogmatik und Rechtspolitik, 2001; *Rambach,* Die deliktische Haftung Minderjähriger und ihrer Eltern im französischen, belgischen und deutschen Deliktsrecht, 1994; *Stürner,* Zivilrechtliche Haftung junger Menschen – fortbestehender Reformbedarf im deutschen Recht?, Gedenkschrift für Alexander Lüderitz, 2000, S. 789; zum schweizerischen Recht *Bucher,* Verschuldensfähigkeit und Verschulden, FS Pedrazzini, 1990, S. 287.

---

[71] BGH NJW 1968, 1132, 1133 = LM Nr. 2; LG Freiburg NJW-RR 2001, 1108: Möglichkeit eines sog. Flashbacks nach Drogenkonsum; *Soergel/Spickhoff* RdNr. 9.

Übersicht

	RdNr.		RdNr.
I. Grundlagen und Anwendungsbereich	1–3	III. Bedingte Deliktsfähigkeit (Abs. 3)	8–11
		IV. Beweisfragen	12
II. Generelle Zurechnungsunfähigkeit	4–7	V. Die unbegrenzte Haftung einsichtsfähiger Jugendlicher	13–19
1. Kinder unter sieben Jahren (Abs. 1)	4	1. Verfassungsrechtliche Würdigung	13–16
2. Kinder unter zehn Jahren bei Unfällen im Straßen- und Bahnverkehr (Abs. 2)	5–7	2. Reformbestrebungen	17–19

I. Grundlagen und Anwendungsbereich

1   Die seit 1900 unveränderte Vorschrift des § 828 ist mit dem **Zweiten Schadensersatzrechtsänderungsgesetz** zum 1. 8. 2002 reformiert worden.[1] Neu geschaffen wurde der Tatbestand des § 828 Abs. 2, der die Grenze der Zurechnungsfähigkeit für Unfälle im Straßen- und Schienenverkehr auf zehn Jahre heraufgesetzt hat. Der bisherige Abs. 2 wurde damit Abs. 3 und im Übrigen um seinen früheren S. 2 verkürzt, der **Taubstumme** den Minderjährigen gleichstellte, so dass sie nur unter der Voraussetzung ihrer Einsichtsfähigkeit für Schäden verantwortlich gemacht werden konnten.[2] Damit ist der Gesetzgeber einer Forderung von Behinderten- und Gehörlosenverbänden nachgekommen, die diese Regelung als diskriminierend einstuften, obwohl sie eine haftungsrechtliche Privilegierung bewirkte.[3] Gehörlose sind nunmehr auch im Deliktsrecht voll zurechnungsfähig, was es nicht ausschließt, die Behinderung im Rahmen der Fahrlässigkeitsprüfung bei der Bestimmung des Sorgfaltsstandards zu berücksichtigen.

2   Die **Privilegierung Minderjähriger** im Recht der außervertraglichen Haftung lässt sich auf verschiedenen Wegen erreichen,[4] nämlich entweder konkret, durch Prüfung der Zurechnungsfähigkeit des Schädigers in jedem Einzelfall, oder durch Festsetzung einer starren Altersgrenze, mit der die zurechnungsfähigen von den unzurechnungsfähigen Tätern geschieden werden. In den europäischen Rechtsordnungen finden sich beide Ansätze und insbesondere Kombinationen beider Prinzipien, wofür § 828 ein Beispiel ist.[5] Diese Lösung ist ein Kompromiss zwischen dem Bemühen um Einzelfallgerechtigkeit und den Interessen an einer einfachen und ex ante vorhersehbaren Rechtsanwendung. Gleichwohl darf nicht vergessen werden, dass die Übergänge in Wahrheit fließend sind, so dass ein gerade sieben Jahre altes Kind einem sechsjährigen haftungsrechtlich näher steht als einem achtzehnjährigen Volljährigen.[6]

3   Die Vorschriften des § 828 gelten nicht nur im Rahmen der Haftungsbegründung gemäß §§ 823 ff., sondern spiegelbildlich auch im Rahmen der Prüfung des **Mitverschuldens** gemäß § 254.[7] Genauso verhält es sich, wenn das Mitverschulden gegen eine Verantwortlichkeit aus Gefährdungshaftung abzuwägen ist und § 254 erst über Normen nach Art des § 9 StVG zur Anwendung berufen ist.[8] Mit der **Beschränkung der Minderjährigenhaftung gemäß § 1629 a** hat § 828 nichts zu tun, denn dort geht es um den Schutz des volljährig

---

[1] Dazu und zum Übergangsrecht eingehend BGH NJW-RR 2005, 1263 = VersR 2005, 1154; *Wagner* NJW 2002, 2049, 2059 ff.; *ders.*, Das neue Schadensersatzrecht, 2002, RdNr. 63 ff., 83 ff.

[2] Die beschränkte Zurechnungsfähigkeit Taubstummer ist erst von der Zweiten Kommission nach dem Vorbild der strafrechtlichen Regelung aufgenommen worden, Prot. II S. 584 f.

[3] Begr. RegE, BT-Drucks. 14/7752 S. 27; ausf. *Hoeren* JZ 1999, 653.

[4] Zu den Gründen für die Privilegierung vgl. § 827 RdNr. 1.

[5] *v. Bar*, Gemeineuropäisches Deliktsrecht, I RdNr. 63; *Wagner* in: *Martín-Casals* (Hrsg.), Children in Tort Law, Part II, S. 285 ff., sowie die Länderberichte in *Martín-Casals* (Hrsg.), Children in Tort Law, Part I.

[6] OLG Köln NJW-RR 2002, 1677, 1678.

[7] BGHZ 34, 355, 366 = NJW 1961, 655; BGH NJW-RR 2005, 327, 328 = VersR 2005, 378 f.; *Palandt/Sprau* RdNr. 1; *Soergel/Spickhoff* RdNr. 1.

[8] OLG Celle NZV 2004, 360, 361; *Greger*, Haftungsrecht des Straßenverkehrs, 4. Aufl. 2007, § 22 RdNr. 24 ff.

werdenden Kindes vor Schulden, die seine Eltern durch Ausübung der Vermögenssorge aufgetürmt haben.[9]

II. Generelle Zurechnungsunfähigkeit

1. Kinder unter sieben Jahren (Abs. 1). § 828 Abs. 1 befreit von der **Verschuldens-** 4 **haftung** ebenso wie von dem Einwand des **Mitverschuldens** nach § 254. Die auch für die Geschäftsunfähigkeit (§ 104 Nr. 1) geltende Altersgrenze von sieben Jahren stammt aus dem römischen Recht und soll ihren Ursprung in der griechischen Mythologie haben;[10] im heutigen Griechenland liegt sie jedoch bei zehn[11] und in Österreich und in den Niederlanden sogar bei vierzehn Jahren (vgl. auch § 19 StGB).[12] Der Zweck des § 828 Abs. 1 besteht allerdings lediglich darin, diejenigen Personen zu kennzeichnen, die als Deliktstäter von vornherein nicht in Betracht kommen, um die Zurechnungsfähigkeit im Übrigen der Einzelfallprüfung zu überlassen. Vor diesem Hintergrund ist die Wahl einer niedrigen Altersgrenze auch heute noch überzeugend.

2. Kinder unter zehn Jahren bei Unfällen im Straßen- und Bahnverkehr (Abs. 2). 5 Trotz der seit 1970 rückläufigen Verkehrsunfallzahlen wurde in Deutschland noch im Jahr 2006 durchschnittlich alle neun Minuten ein Kind unter achtzehn Jahren im Straßenverkehr verletzt.[13] Mit der **Heraufsetzung der Zurechenbarkeitsgrenze auf zehn Jahre** bei Schädigungen im Straßen- und Schienenverkehr hat der Gesetzgeber die haftungsrechtlichen Konsequenzen aus der inzwischen als gesichert geltenden **entwicklungspsychologischen Erkenntnis** gezogen, dass Kinder regelmäßig erst nach der Vollendung des zehnten Lebensjahres dazu imstande sind, Entfernungen und Geschwindigkeiten beweglicher Objekte richtig einzuschätzen.[14] Konsequenterweise gilt das Privileg nicht bei **vorsätzlichem Verhalten,** wenn etwa neunjährige Kinder auf einer Brücke stehend Steine auf die Autobahn werfen, denn in diesen Fällen wirken sich keine entwicklungspsychologischen Defizite aus, so dass es für die Zurechnungsfähigkeit darauf ankommt, ob die konkreten Schädiger imstande waren, die Verantwortung für ihr Tun einzusehen (§ 828 Abs. 3).[15] Für Abs. 2 S. 2 ist entscheidend, ob die Rechtsgutsverletzung vorsätzlich herbeigeführt wurde, während ein vorsätzlicher Verstoß gegen Verhaltensnormen, etwa die Missachtung einer roten Fußgängerampel, für sich allein genommen nicht ausreicht, um das Privileg des S. 1 entfallen zu lassen.[16] Im Übrigen darf § 828 Abs. 2 S. 1 nicht durch eine großzügige Bejahung der Billigkeitshaftung gemäß § 829 zu Lasten des Kindes unterlaufen werden.[17]

Während die Gefährdungshaftung des Kraftfahrzeughalters und des Bahnbetriebsunter- 6 nehmers nach §§ 7 StVG, 1 HPflG an die Schädigung **„beim Betrieb"** des Kraft- oder Bahnfahrzeugs geknüpft ist, gilt § 828 Abs. 2 für **„Unfälle"** mit einem solchen. Diese Diskrepanz in der Formulierung ermöglicht es, den Anwendungsbereich des Haftungsprivilegs anders zu bestimmen als denjenigen der Gefährdungshaftungstatbestände. In der Sache geht es um den ruhenden Verkehr, der zwar in den Schutzbereich des § 7 StVG fällt, in aller Regel aber nicht das Haftungsprivileg des § 828 Abs. 2 auslöst. Während ein Teil der

---

[9] Eingehend *K. Schmidt* JuS 2004, 361.
[10] *v. Savigny,* System des heutigen Römischen Rechts, Bd. III, § 107 (S. 32, insbes. Fn. h); *Knothe,* Die Geschäftsfähigkeit Minderjähriger in der geschichtlichen Entwicklung, 1983, S. 16 mwN; ausf. zur Geschichte der Minderjährigenhaftung *Borgelt,* Das Kind im Deliktsrecht, S. 10 ff.
[11] *v. Bar,* Gemeineuropäisches Deliktsrecht, I RdNr. 63.
[12] *Hirsch* in: *Martín-Casals* (Fn. 5) Part I S. 8; *van Boom* in: *Martín-Casals* (Fn. 5) Part I S. 296.
[13] Statistisches Bundesamt, www.destatis.de/jetspeed/portal/cms/Sites/destatis/Internet/DE/Navigation/ Publikationen/STATmagazin/2008/Gesundheit2008__3,templateId=renderPrint.psml__nnn=true; *Vorndrann* Wirtschaft und Statistik 2007, S. 679.
[14] Begr. RegE, BT-Drucks. 14/7752 S. 16, 26; Beschlüsse des Verkehrsgerichtstages in den Jahren 1983, 1991, 1998, 2000; ausf. *Scheffen* ZRP 1991, 458; *dies.* ZRP 2001, 380; aus verkehrspädagogischer und -psychologischer Sicht *Limbourg* 36. VGT 1998, S. 211 ff.; *dies.* 39. VGT 2001, S. 39 ff.
[15] *Wagner,* Das neue Schadensersatzrecht, 2002, RdNr. 63.
[16] *Freise* VersR 2001, 539, 545 f.
[17] AG Ahaus NJW-RR 2003, 1184, 1185; LG Heilbronn NJW 2004, 2391.

Literatur für eine weite Auslegung des § 828 Abs. 2 eingetreten war,[18] hat der BGH den Anwendungsbereich der Vorschrift eng an dem Motiv des Gesetzgebers orientiert, den altersbedingten Defiziten von Kindern im Umgang mit sich schnell bewegenden Objekten Rechnung zu tragen.[19] Der Tatbestand wird im Wege der **teleologischen Reduktion auf Fälle begrenzt,** in denen „sich das Kind durch die Schnelligkeit, die Komplexität und die Unübersichtlichkeit der Abläufe in einer besonderen **Überforderungssituation** (befunden hat)".[20] Damit fallen insbesondere solche Schäden aus dem Anwendungsbereich des § 828 Abs. 2 heraus, die spielende, Fahrrad oder Skateboard fahrende Kinder an parkenden Pkw. verursachen, die verkehrsordnungsgemäß am Straßenrand oder auf Parkplätzen abgestellt wurden. Die Haftung des Kindes für Kratzer und Beulen an dem abgestellten Pkw. lässt sich unter den Voraussetzungen des § 828 Abs. 3 begründen.[21] So plausibel es ist, wenn der BGH kindlichem Leichtsinn gegenüber fremdem Eigentum entgegentritt, so hat er sich und den Instanzgerichten mit dieser Rechtsprechung das Problem eingehandelt, im jeweiligen Einzelfall über das Vorliegen einer kindlichen Überforderung entscheiden zu müssen.[22] Diese Aufgabe bereitet erhebliche Schwierigkeiten, wenn etwa ein Kind vom Bürgersteig aus ein führerloses Fahrrad auf die Straße rollen lässt; das LG Duisburg hat hier eine kindliche Überforderung verneint, der BGH hat sie bejaht.[23] Nach dieser Entscheidung wird man davon ausgehen müssen, dass § 828 Abs. 2 stets anwendbar ist, wenn sich das beschädigende Fahrzeug in Bewegung befindet. Bei stehenden Kfz. kommt es darauf an, ob sie ordnungsgemäß geparkt sind oder ob sie beispielsweise im Stau oder vor einer Ampel oder mit geöffneten Türen am Straßenrand stehen.[24] Stößt das Kind mit einem Fahrradfahrer, einem Inlineskater oder anderen nicht-motorisierten Verkehrsteilnehmern zusammen, ist § 828 Abs. 2 selbst dann nicht anwendbar, wenn sich die kindliche Überforderung im Einzelfall ausgewirkt hat.[25] In der Sache überzeugt dies nicht, doch es ist Gesetz.

7 § 828 Abs. 2 gilt auch im Rahmen von § 254 (RdNr. 3); das **Mitverschulden** stand sogar im Vordergrund der Regelungsabsichten des Gesetzgebers.[26] Bei Straßenverkehrsunfällen mit Kindern unter zehn Jahren schließt die Vorschrift den auf die §§ 9 StVG, 254 BGB gestützten Mitverschuldenseinwand des Kraftfahrzeughalters aus. Eine Modifizierung der Zurechnungsfähigkeit allein für das Mitverschulden nach französischem Vorbild[27] hätte eine unterschiedliche Behandlung von Kindern in ihren Rollen als Täter und Opfer zur Folge gehabt: Das Kind hätte bei einem Unfall vom Halter des Kraftfahrzeugs vollen Schadensersatz verlangen können, wäre seinerseits aber verpflichtet gewesen, ihm einen Teil der eigenen Personen- und Sachschäden – also die Kosten für die Reparatur der Beule am Kotflügel! – zu ersetzen. Nach der Gesetz gewordenen Regelung hat das Kind sowohl im Rahmen der Haftungsbegründung als auch im Rahmen des Mitverschuldens nur unter den Voraussetzungen des § 829 für sein Verhalten einzustehen. Allerdings werden die Voraussetzungen einer Zurechnung kindlichen Mitverschuldens nach Billigkeitsgrundsätzen gemäß

---

[18] So die 4. Aufl. RdNr. 6; wN zum Streitstand bei BGHZ 161, 181, 183 = NJW 2005, 354 = VersR 2005, 376.
[19] BGHZ 161, 181, 184 = NJW 2005, 354 = VersR 2005, 376; BGH NJW 2005, 356 f.; NJW-RR 2005, 327, 328 = VersR 2005, 378 f.; *Bamberger/Roth/Spindler* RdNr. 9.
[20] BGH NJW 2008, 147, 148 RdNr. 9 = VersR 2007, 1669; VersR 2008, 701, 702 RdNr. 4.
[21] BGHZ 161, 181, 187 f. = NJW 2005, 354 = VersR 2005, 376.
[22] Vgl. die Warnung in der 4. Aufl. RdNr. 6, die sich durch einen konstanten Strom von BGH-Urteilen zu § 828 Abs. 2 zu bestätigen scheint; *Soergel/Spickhoff* RdNr. 11.
[23] BGH NJW 2008, 147, 148 RdNr. 10 f.
[24] BGH VersR 2008, 701 f. RdNr. 6; *Soergel/Spickhoff* RdNr. 11.
[25] *Soergel/Spickhoff* RdNr. 11.
[26] Begr. RegE, BT-Drucks. 14/7752 S. 26; eingehend *Wagner* NJW 2002, 2049, 2060; *ders.* (Fn. 15) RdNr. 64.
[27] So noch der Entwurf eines Zweiten Schadensrechtsänderungsgesetzes aus der 13. Legislaturperiode, BT-Drucks. 13/10435 S. 5, mit dem Vorschlag, die Privilegierung von Kindern bei Straßenverkehrsunfällen im Rahmen des § 9 StVG sicherzustellen. § 9 StVG-E ist abgedruckt bei *Wagner* (Fn. 15) S. 142 f.; zum französischen Recht eingehend *Francoz-Terminal/Lafay/Moréteau/Pellerin-Rugliano* in: *Martín-Casals* (Fn. 5) Part. II S. 105 ff.

§§ 254, 829 von der Rechtsprechung generell verneint, wenn für den Schaden eine gesetzliche Haftpflichtversicherung aufzukommen hat, wie es im Bereich des Kraftfahrzeugverkehrs gemäß § 1 PflVersG der Fall ist.[28] Schließlich wurde für den motorisierten Verkehr der Entlastungsbeweis des unabwendbaren Ereignisses in § 7 Abs. 2 StVG, § 1 Abs. 2 HPflG durch den Einwand der höheren Gewalt ersetzt.[29] Demnach entgeht der Halter eines Kraftfahrzeuges der Haftung auch dann nicht, wenn er sich keinerlei Sorgfaltspflichtverstoß vorzuwerfen hat, weil sich das Kind selbst in eine unabwendbare Gefährdungslage gebracht hat. Insbesondere hat der Kraftfahrzeughalter in den Grenzen des § 12 StVG für den vollen Schaden aufzukommen, wenn ein Kind hinter einem parkenden Pkw. oder Lkw. auf die Straße läuft, ohne sich umzusehen, und keinerlei Chance besteht, den Zusammenstoß zu vermeiden.[30]

III. Bedingte Deliktsfähigkeit (Abs. 3)

Ab dem siebenten bzw. bei Verkehrsunfällen iS des Abs. 2 erst ab dem zehnten Lebensjahr, sind Kinder und Jugendliche haftbar, wenn sie bei der Begehung der schädigenden Handlung die zur **Erkenntnis ihrer Verantwortlichkeit erforderliche Einsicht** haben. Diese Regelung knüpft die Zurechnungsfähigkeit ausschließlich an die Einsichtsfähigkeit, ohne zu berücksichtigen, ob der Jugendliche auch in der Lage ist, seiner Einsicht entsprechend zu handeln. Die strafrechtliche Verantwortlichkeit hingegen setzt heute das Vorliegen von Einsichts- *und* **Steuerungsfähigkeit** voraus (§§ 20 f. StGB, § 3 JGG). Obwohl der jetzige § 828 Abs. 3 von dem historischen Gesetzgeber bewusst an die damalige strafrechtliche Regelung angelehnt wurde,[31] ist bis heute keine Anpassung dieser Norm erfolgt, weder durch Gesetz noch im Wege des Analogieschlusses durch die Rechtsprechung.[32] Die schon auf dem 34. Deutschen Juristentag 1926 erhobenen Forderungen nach Aufnahme eines voluntativen Elements in die Regelungen der privatrechtlichen Unzurechnungsfähigkeit,[33] denen sich der Entwurf 1967 angeschlossen hatte (vgl. auch Vor § 823 RdNr. 83 f.),[34] sind vom Gesetzgeber des Zweiten Schadensersatzrechtsänderungsgesetzes ignoriert worden, und dies mit Recht.[35] Die Feststellung der individuellen Direktionsfähigkeit ist den Gerichten ohnehin kaum möglich, wie sich bei der Anwendung von § 3 JGG und in der Rechtspraxis anderer Länder gezeigt hat.[36] Die generelle Minderung der Steuerungsfähigkeit Jugendlicher

---

[28] BGHZ 73, 190, 192 f. = NJW 1979, 973; BGH NJW 1973, 1795 f.; OLG Karlsruhe NZV 1989, 188, 189; KG VersR 1996, 235, 236.
[29] Dazu eingehend *Wagner*, Das neue Schadensersatzrecht, 2002, RdNr. 66 ff.
[30] *Wagner* (Fn. 15) RdNr. 67; *ders.* NJW 2002, 2049, 2061; zum früheren Recht vgl. BGH NJW 1985, 1950, 1951 f.; OLG Frankfurt VersR 1982, 152; BGH NJW 1990, 535, 536 – im konkreten Fall abgelehnt; wN bei *Hentschel*, Straßenverkehrsrecht, 39. Aufl. 2007, § 7 StVG RdNr. 32.
[31] Prot. II S. 582 f., 584; vgl. auch RGZ 53, 157, 158; BGH JZ 1970, 616; zur Entstehungsgeschichte *Deutsch* Haftungsrecht RdNr. 449; *Waibel*, Die Verschuldensfähigkeit des Minderjährigen im Zivilrecht, S. 55 ff.
[32] Der BGH sieht dies in JZ 1970, 616 f.; VersR 1984, 641, 642; 1987, 762, 763, als Aufgabe des Gesetzgebers an; vgl. aber *Teichmann* JZ 1970, 617, 618; *v. Bar* in: BMJ (Hrsg.), Gutachten und Vorschläge zur Überarbeitung des Schuldrechts, Bd. II, 1981, S. 1709; ausf. *Borgelt*, Das Kind im Deliktsrecht, S. 48 ff.
[33] *Dölle* und *Reichel*, Empfiehlt es sich, im Zusammenhang mit der kommenden Strafrechtsreform die Vorschriften des bürgerlichen Rechtes über Schuldfähigkeit, Schuld und Ausschluss der Rechtswidrigkeit zu ändern?, Verhandlungen des 34. DJT, Bd. I, 1926, S. 98, 118 f.; S. 136, 168; genauso auch das Referat von *James Goldschmidt* in: Verh. 34. DJT, Bd. II, 1927, S. 420, 454; *Nipperdey*, Grundfragen der Reform des Schadensersatzrechts, 1940, S. 34 f.; *Mezger* MDR 1954, 597, 598; *Koebel* NJW 1956, 969 Fn. 8; *Kuhlen* JZ 1990, 273, 276 f.; *Scheffen*, FS Steffen, 1995, S. 387, 391 ff.; s. auch *Geilen* FamRZ 1965, 401 f.; ausf. *Waibel*, Die Verschuldensfähigkeit des Minderjährigen im Zivilrecht, S. 172 ff., 182; *Borgelt*, Das Kind im Deliktsrecht, S. 130 f.
[34] BMJ, Referentenentwurf eines Gesetzes zur Änderung und Ergänzung schadensersatzrechtlicher Vorschriften, 1967, Bd. I, S. 4 (Wortlaut); Bd. II, S. 70 ff. (Begründung).
[35] Aus der aktuellen Rspr. BGHZ 161, 181, 187 = NJW 2005, 354 = VersR 2005, 376; BGH NJW-RR 2005, 327, 328 = VersR 2005, 378 f.; OLG Nürnberg NJW-RR 2006, 1170; *Soergel/Spickhoff* RdNr. 13.
[36] *Wille/Bettge* VersR 1971, 881 f.; *Goecke*, Die unbegrenzte Haftung Minderjähriger im Deliktsrecht, S. 223 ff.

wird zudem bei der Bemessung des Sorgfaltsstandards berücksichtigt: Fahrlässiges Handeln setzt nicht nur die Kenntnis oder das Kennenmüssen der Gefährlichkeit einer Handlung voraus, sondern auch die Fähigkeit, sich entsprechend zu verhalten.[37] Der hierbei verwendete Maßstab ist zwar objektiv, erlaubt aber die Berücksichtigung alterstypischer Verschiedenheiten (ausführlich § 823 RdNr. 37).[38] Maßstab sind demnach die Fähigkeiten eines normal entwickelten Kindes der entsprechenden Altersgruppe, wobei der Spieltrieb, der Forschungs- und Erprobungsdrang, der Mangel an Disziplin, Rauflust, Impulsivität und die Neigung zu Affektreaktionen zu berücksichtigen sind.[39] Diese typisierende Würdigung wird den zivilrechtlichen Anforderungen des Verkehrs- und Opferschutzes besser gerecht als dies ein – im Strafrecht angemessener – individueller Maßstab könnte.[40] Genauso wie ein Erwachsener muss sich auch ein Jugendlicher an dem für Personen seiner Altersgruppe geltenden Maßstab messen lassen.[41]

9   Nach ständiger Rechtsprechung setzt die **Einsichtsfähigkeit** einen Stand der geistigen Entwicklung voraus, der es dem Jugendlichen ermöglicht, das Unrecht seiner Handlung und damit die Verpflichtung zu erkennen, für die Folgen seines Tuns einstehen zu müssen.[42] Es genügt die Fähigkeit zur Erkenntnis der Gefahr einer Interessenverletzung: Sofern der jugendliche Täter versteht, dass seine Handlung generell gefährlich ist, wird er auch wissen, dass er für ihre Konsequenzen zur Verantwortung gezogen werden kann, so dass es auf die Voraussicht der konkret eingetretenen **Schadensfolgen** nicht ankommt.[43] Der Umfang des drohenden Schadens bestimmt allerdings das Maß der gebotenen Sorgfalt und ist insofern bei der Definition des Sorgfaltsstandards zu berücksichtigen (vgl. § 823 RdNr. 259). Die Haftung Minderjähriger entscheidet sich demnach nicht allein durch Anwendung des § 828 Abs. 3, sondern erst im Rahmen der Fahrlässigkeitsprüfung.[44]

10 Diese von der Rechtsprechung entwickelten Grundsätze werden von Teilen der **Literatur** so verstanden, als verzichte der BGH auf die **Erkennbarkeit der konkreten Gefährlichkeit der Handlung** und bewirke damit eine dem Willen des historischen Gesetzgebers widersprechende Haftung an sich zurechnungsunfähiger **Täter**.[45] In den Protokollen der Ersten Kommission beruht die Rede von der Erkennbarkeit *des Schadens*[46] allerdings lediglich auf dem Umstand, dass die Deliktshaftung im Ersten Entwurf noch nicht auf Verletzungen absoluter Rechte (§ 823 Abs. 1) beschränkt war (vgl. Vor § 823 RdNr. 10 ff.). Die Zweite Kommission verstand den heutigen § 828 Abs. 3 hingegen so, dass es nicht auf die Vorsehbarkeit des Schadens, sondern auf die Erkennbarkeit der widerrechtlichen Interessenverletzung ankomme,[47] wie dies für die Fahrlässigkeitsprüfung im Rahmen von § 823 Abs. 1 allgemein anerkannt ist.[48] Unzutreffend ist auch der in der Literatur erweckte Eindruck, in

---

[37] BGHZ 161, 181, 188 = NJW 2005, 354 = VersR 2005, 376; BGH LM § 828 Nr. 1; VersR 1954, 118, 119 = LM § 828 Nr. 2.
[38] RGZ 68, 422, 423; BGH LM § 828 Nr. 1; BGHZ 39, 281, 283 = NJW 1963, 1609, 1610; BGHZ 161, 181, 188 = NJW 2005, 354 = VersR 2005, 376; RGRK/*Steffen* § 823 RdNr. 409; *Soergel/Spickhoff* § 823 RdNr. 142; *Deutsch* Haftungsrecht RdNr. 407; krit. zB *Haberstroh* VersR 2000, 806, 809.
[39] BGH VersR 1953, 28 = LM § 828 Nr. 3; VersR 1984, 641, 642; *Steffen* VersR 1998, 1449.
[40] *Deutsch* JZ 1964, 86, 89; *ders.* Haftungsrecht RdNr. 456; *v. Bar* (Fn. 5); *Steffen* VersR 1998, 1449; *Goecke*, Die unbegrenzte Haftung Minderjähriger im Deliktsrecht, S. 222 ff.; BGH JZ 1970, 616, 617.
[41] BGH JZ 1970, 616, 617.
[42] BGHZ 161, 181, 187 = NJW 2005, 354 = VersR 2005, 376; BGH NJW-RR 2005, 327, 328 = VersR 2005, 378 f.
[43] BGH VersR 1954, 118, 119 = LM § 828 Nr. 2; LM § 828 Nr. 3; FamRZ 1965, 132, 133; NJW 1984, 1958; OLG Zweibrücken VersR 1981, 660; RGRK/*Steffen* RdNr. 4; dagegen mit beachtlichen Argumenten *Geilen* FamRZ 1965, 401, 406; *Staudinger/Oechsler* RdNr. 11 ff.; *Waibel*, Die Verschuldensfähigkeit des Minderjährigen im Zivilrecht, S. 102 ff., 120 ff.; eingehend *Soergel/Spickhoff* RdNr. 15.
[44] BGHZ 39, 281, 286 = NJW 1963, 1609, 1610.
[45] Eingehend *Staudinger/Oechsler* RdNr. 9 ff., zur Entstehungsgeschichte RdNr. 14.
[46] *Jakobs/Schubert*, Die Beratung des Bürgerlichen Gesetzbuchs, Recht der Schuldverhältnisse III, 1983, S. 915 f.
[47] Prot. II S. 583; unrichtig *v. Liszt*, Die Deliktsobligationen im System des Bürgerlichen Gesetzbuchs, 1898, S. 52, der Voraussehbarkeit des Schadens verlangt.
[48] Vgl. nur RGZ 148, 154, 165.

diesem Punkt bestehe ein Gegensatz zwischen der Rechtsprechung des RG und derjenigen des BGH,[49] denn tatsächlich verlangt auch der BGH die Fähigkeit zur Einsicht in die Gefährlichkeit der konkreten Handlung und verzichtet lediglich auf die Erkennbarkeit der tatsächlich eingetreten Schadensfolgen.[50] So kommt es für die Einstandspflicht für einen Skiunfall beispielsweise darauf an, ob das Kind „seine Verantwortlichkeit für die Folgen einer zu schnellen oder unaufmerksamen Fahrweise beim Abfahrtslauf und die dadurch bedingte Verletzung eines anderen zu erkennen [vermochte]".[51] Prallt ein Neunjähriger mit seinem Fahrrad an ein am Straßenrand geparktes Kfz, liegt die notwendige Einsicht in der Erkenntnis, „dass ein zu nahes Heranfahren an parkende Fahrzeuge zu Schäden führen kann".[52]

Kritikwürdig ist es allerdings, wenn in der Rechtsprechung die Einsichtsfähigkeit mit pauschalen und abstrakten Erwägungen zu dem von einem Kind der jeweiligen Altersgruppe allgemein zu erwartenden Gefahrenbewusstsein bejaht wird.[53] Soweit § 828 Abs. 3 reicht, ist ein **subjektiver Maßstab** anzuwenden, also die Frage zu stellen, ob *dieses* Kind bei Begehung der Handlung die zur Erkenntnis seiner Verantwortlichkeit erforderliche Einsicht hatte.[54] Wird diese Prämisse ernst genommen, lässt sich an der Vorschrift nichts aussetzen; insbesondere ist bei Kindern unter zehn Jahren auch bei Schädigungen außerhalb des Straßenverkehrs Zurückhaltung bei der Bejahung der Einsichtsfähigkeit angebracht.[55]

IV. Beweisfragen

Das Gesetz legt die Zurechnungsfähigkeit als Normalfall zugrunde, dessen Voraussetzungen von dem Geschädigten nicht nachgewiesen werden müssen; die **Beweislast** für die **Zurechnungsunfähigkeit** trifft vielmehr den kindlichen oder **minderjährigen Schädiger**.[56] In diesem Sinne wird die Einsichtsfähigkeit widerleglich vermutet.[57] Auch bei Inanspruchnahme von Kindern sind die Altersgrenzen des § 828 Abs. 1, 2 nicht etwa von Amts wegen zu prüfen, sondern das Kind hat sein geringes Alter geltend zu machen und ggf. nachzuweisen.[58] Die Beweislast für die Gegenausnahme der Verantwortlichkeit für im Straßen- oder Schienenverkehr vorsätzlich zugefügte Verletzungen gemäß Abs. 2 S. 2 trifft wiederum den Geschädigten. Die Einholung eines **Sachverständigengutachtens** zur Beurteilung der Einsichtsfähigkeit gemäß Abs. 3 ist allenfalls dann erforderlich, wenn begründete Zweifel an der Zurechnungsfähigkeit bestehen.[59] Soweit sich die eingeschränkte Einsichts- und Steuerungsfähigkeit Minderjähriger in reduzierten Sorgfaltsanforderungen niederschlägt, gehen Zweifel zu Lasten des Geschädigten.[60] Bei der spiegelbildlichen Anwendung des § 828 im Rahmen der Mitverschuldensprüfung nach § 254 gelten entsprechende Grundsätze: Der Geschädigte

---

[49] So *Staudinger/Oechsler* RdNr. 9.
[50] Deutlich etwa BGH VersR 1987, 762, 763; vgl. auch RGZ 51, 30, 32; 53, 157, 158 f. Ins Leere geht deshalb der Einwand von *Staudinger/Oechsler* RdNr. 12 aE: „Wer als Heranwachsender einen Knopf betätigt, kann allg. Einsicht in die Verbotenheit seines Tuns nur gewinnen, wenn er konkret erkennen kann, ob er damit eine Kaffeemaschine oder einen Fleischwolf einschaltet!" Das versteht sich von selbst und wird vom BGH nicht in Frage gestellt.
[51] BGH VersR 1987, 762, 763.
[52] BGH NJW-RR 2005, 327, 329.
[53] Abzulehnen daher BGH VersR 1987, 762, 763; OLG Koblenz NJW-RR 2004, 528, 529; wie hier *Soergel/Spickhoff* RdNr. 15; *Deutsch* Haftungsrecht RdNr. 458; *Goecke*, Die unbegrenzte Haftung Minderjähriger im Deliktsrecht, S. 30; die Zurechnungsfähigkeit Jugendlicher wird verneint von BGH VersR 1959, 732 (13-Jährige hängt sich an das Seil eines ungesicherten Skilifts); RGZ 156, 193; RG HRR 1933 Nr. 1081; OLG Hamm VersR 1954, 418; OLG Neustadt VersR 1955, 178; OLG Koblenz VersR 1989, 485.
[54] Vgl. etwa LG Heilbronn NJW-RR 2004, 1255, 1256.
[55] Treffend *Kuhlen* JZ 1990, 273, 276; beifallswürdig OLG Köln NJW-RR 2002, 1677, 1678.
[56] RGZ 51, 30, 32; BGH LM § 828 Nr. 3; JZ 1970, 616; VersR 1987, 762, 763; BGHZ 161, 181, 187 = NJW 2005, 354 = VersR 2005, 376; BGH NJW-RR 2005, 327, 328 = VersR 2005, 378 f.
[57] BGHZ 161, 181, 187 = NJW 2005, 354 = VersR 2005, 376; BGH NJW-RR 2005, 327, 328 = VersR 2005, 378 f.; OLG Celle, NZV 2004, 360, 361.
[58] BGH NJW 1953, 184 = LM § 828 Nr. 1; VersR 1967, 158; vgl. auch BGH NJW 1970, 1038 = LM § 828 Nr. 4; *Deutsch* Haftungsrecht RdNr. 465; *Soergel/Spickhoff* RdNr. 18; *Staudinger/Oechsler* RdNr. 44.
[59] BGH VersR 1961, 812; 1967, 158.
[60] RGRK/*Steffen* RdNr. 11.

hat seine fehlende Zurechnungsfähigkeit zu beweisen, der Schädiger dessen Sorgfaltspflichtverstoß und bei Verkehrsunfällen ggf. auch den Tatbestand vorsätzlicher Selbstverletzung.[61]

V. Die unbegrenzte Haftung einsichtsfähiger Jugendlicher

1. Verfassungsrechtliche Würdigung. Unter der Voraussetzung der Einsichtsfähigkeit und vorbehaltlich des Nachweises entweder vorsätzlichen Handelns oder einer Verletzung des altersgemäßen Sorgfaltsstandards hat der Minderjährige gemäß § 828 Abs. 3 für den vollen von ihm verursachten Schaden einzustehen, der uU **exorbitante Ausmaße** annehmen kann. Damit besteht die Möglichkeit, dass der Heranwachsende bereits beim Eintritt in das Erwerbsleben vor einem Schuldenberg steht, den mit Erträgen aus ehrlicher Arbeit abzutragen er keine realistische Chance hat. Der Kreis solcher Fälle ist durch das Privileg des § 828 Abs. 2 zwar etwas eingeschränkt, das Problem dadurch aber nur verkleinert und nicht wirklich beseitigt worden. Im Zusammenhang mit der Fortführung eines Gewerbebetriebs durch eine ungeteilte Erbengemeinschaft von Eltern und minderjährigen Kindern hat das **BVerfG** bereits 1986 eine Verletzung des Allgemeinen Persönlichkeitsrechts des Kindes angenommen, wenn es mit erheblichen Schulden in die Volljährigkeit „entlassen" wird und ihm kein Raum bleibt, um sein weiteres Leben autonom zu gestalten.[62] Mit ähnlicher Argumentation ist die unbeschränkte Deliktshaftung einsichtsfähiger Minderjähriger nach Maßgabe des jetzigen § 828 Abs. 3 sowohl vom OLG Celle als auch vom LG Dessau insoweit für verfassungswidrig gehalten worden,[63] als „ein fahrlässiges Verhalten eines Kindes oder Jugendlichen, das eine typische Jugendverfehlung darstellt, zu einer existenzvernichtenden Haftung führen würde und die Befriedigung des Opfers von dritter Seite gewährleistet ist." Während der Celler Fall verglichen worden ist, hat das BVerfG auf die Vorlage des LG Dessau nach Art. 100 GG eine Auseinandersetzung mit § 828 wegen dessen vorkonstitutionellen Charakters abgelehnt.[64] Mit der Reform des § 828 durch das Zweite Schadensersatzrechtsänderungsgesetz hat der verfassungsmäßige Gesetzgeber aber wohl auch die Regelung des § 828 Abs. 3 „in seinen Willen aufgenommen", so dass eine erneute Richtervorlage nach Art. 100 Abs. 1 GG zulässig wäre. Im Übrigen würde der neue § 828 Abs. 2 in einem Fall wie demjenigen des OLG Celle versagen, in dem zwei fünfzehn und sechzehn Jahre alte Jugendliche leicht fahrlässig den Brand einer Halle und damit einen Schaden von 300 000,– DM verursacht hatten.

In der Sache hat das BVerfG seinerzeit auf die **einfachrechtliche Möglichkeit einer Einschränkung der Minderjährigenhaftung** mit Hilfe des § 242 verwiesen, weiter auf die im Fall des Anspruchsübergangs auf Sozialversicherungsträger gemäß §§ 116 Abs. 1 SGB X, 76 Abs. 2 Nr. 3 SGB IV bestehende Möglichkeit des Forderungserlasses, „wenn die Einziehung nach der Lage des einzelnen Falles unbillig ist", sowie auf die Restschuldbefreiung nach §§ 286 ff. InsO.[65] Diese Sicherungen werden von Teilen der **Literatur** nicht für ausreichend gehalten, um die verfassungsrechtlichen Bedenken zu beheben.[66] So steht der Regressverzicht nach § 76 Abs. 2 Nr. 3 SGB IV zwar im gebundenen Ermessen des Sozialversicherungsträgers,[67] und die Ablehnung seiner Erteilung kann vor den Sozialgerichten angefochten werden,[68] nach Ansicht des BGH soll es dem Zivilgericht jedoch verwehrt sein, den Erlass im Rahmen seiner Entscheidung über die Haftung auszusprechen bzw. den Sozialversicherungsträger entsprechend zu verpflichten, so dass ggf. eine Verurteilung zum

---

[61] BGH VersR 1954, 118; 1957, 415.
[62] BVerfGE 72, 155, 170 ff., 173 = NJW 1986, 1859 ff.; vgl. jetzt §§ 1629 a, 723 Abs. 1 Nr. 2.
[63] OLG Celle JZ 1990, 294 = VersR 1989, 709 m. Anm. *E. Lorenz,* und Besprechung *Canaris* JZ 1990, 679; *Kuhlen* JZ 1990, 273; vgl. weiter *Canaris* JZ 1987, 993, 1001 ff.; *Steffen* VersR 1998, 1449.
[64] BVerfG NJW 1998, 3557 f.
[65] BVerfG NJW 1998, 3557, 3558.
[66] *Rolfs* JZ 1999, 233, 236 ff.; wesentlich zurückhaltender *Looschelders* VersR 1999, 141, 148 ff.
[67] BSG VersR 1990, 175, 177 (Anspruch des Bürgers auf ermessensfehlerfreie Entscheidung); BGHZ 88, 296, 300 = NJW 1984, 240, 241 (Ermessensreduktion auf Null im Fall der Unbilligkeit der Forderungseinziehung); ausf. *Ahrens* AcP 189 (1989), 526; *Looschelders* VersR 1999, 141, 146 f., 149.
[68] BSG VersR 1990, 175, 176 f.

Schadensersatz erfolgen muss, ohne dass Gewissheit über den Forderungserlass besteht.[69] Im Bereich der Privathaftpflichtversicherungen fehlt eine entsprechende Verzichtsnorm ebenso wie eine freiwillige Erklärung der Versicherungswirtschaft, wie sie zB für die Fälle von Obliegenheitsverletzungen durch Versicherungsnehmer gegeben wurde.[70] Die damit verbleibenden Schutzlücken lassen sich auch nicht durch Interpolation des Erfordernisses der Steuerungsfähigkeit in den Text des § 828 Abs. 3 schließen (RdNr. 8),[71] denn exorbitante Haftungslasten drohen auch solchen Jugendlichen, die zur Steuerung des eigenen Verhaltens durchaus in der Lage sind.

Gleichwohl greifen die **Bedenken gegen die Verfassungsmäßigkeit** der Minderjährigenhaftung im Ergebnis nicht durch. Die Gegenauffassung übersieht, dass die Überforderung von Minderjährigen durch hohe Ersatzforderungen keineswegs ein Spezialproblem des Deliktsrechts, sondern ein **Querschnittsproblem der Rechtsordnung** insgesamt ist. Strukturell geht es um dasselbe Problem wie bei Fortführung ererbter Handelsgeschäfte durch die Eltern (§ 1629a) und bei Bürgschaften vermögensloser Familienangehöriger (§ 138 RdNr. 92, § 765 RdNr. 23 ff.). Stets soll der Einzelne vor Schulden geschützt werden, die abzutragen er keine realistische Chance hat und die deshalb jede wirtschaftliche Perspektive und zudem jeden Anreiz, sich in Wirtschaft und Gesellschaft produktiv zu engagieren, zunichte machen. In eine solchermaßen aussichtslose Lage kann man infolge von Fehlentscheidungen und unglücklichen Entwicklungen verschiedenster Art geraten, keineswegs allein durch deliktisches Verhalten im Stadium der Minderjährigkeit. Die allermeisten Personen, die wegen hoffnungsloser Überschuldung keine Perspektive und keinen Leistungsanreiz mehr haben, sind nicht durch unerlaubte Handlungen im Kindesalter in diese Situation gekommen, sondern durch leichtsinnige Kreditaufnahme als Erwachsene. Die Lösung kann folglich nicht darin bestehen, eine Vielzahl schuldrechtlicher Normenkomplexe unter der Ägide des Verfassungsrechts so zu modifizieren, dass keine den Einzelnen überfordernde Überschuldung mehr droht, denn sonst benötigte nicht nur das Deliktsrecht, sondern an erster Stelle das Darlehensrecht eine entsprechende Vorbehalts- oder Reduktionsklausel.

Ein Instrument, das ganz allgemein die Befreiung von übermäßigen Schulden ermöglicht, steht mit der **insolvenzrechtlichen Restschuldbefreiung** gemäß §§ 286 ff. InsO zur Verfügung.[72] Der früher gern erhobene Einwand, das der Restschuldbefreiung vorgeschaltete Verbraucherinsolvenzverfahren versage gerade bei den Ärmsten der Armen, weil es bei diesen mangels die Verfahrenskosten deckender Masse gar nicht erst eröffnet werden könne,[73] hat sich mit der Einführung einer quasi-Prozesskostenhilfe durch die §§ 4a ff. InsO erledigt (§ 26 Abs. 1 S. 2 InsO). Zwar gilt die Restschuldbefreiung gemäß § 302 Nr. 1 InsO nicht für Forderungen aus vorsätzlich begangener unerlaubter Handlung, doch dies ist entgegen manchen Stellungnahmen in der Literatur[74] kein Nachteil. Die Diskussion um die Minderjährigenhaftung ist viel zu sehr auf das Interesse des Schädigers an einem wirtschaftlich unbeschwerten Leben fixiert und übersieht, dass die Ersatzinteressen des Opfers häufig ebenso berechtigt sind. Besonders deutlich zeigt sich dies, wenn der Geschädigte ebenfalls jugendlichen Alters ist und von dem Schädiger schwer verletzt

---

[69] BGHZ 88, 296, 301; *Hüffer* VersR 1984, 197, 200; *Ritze* NJW 1983, 18, 19; *Stürner* JZ 1984, 412, 413; mit Recht aA LSG Niedersachsen NJW 1989, 1759 f.; *Ahrens* NJW 1989, 1704; *ders.* VersR 1990, 177 f.; *ders.* VersR 1997, 1064. Tatsächlich entspricht es sowohl dem Grundsatz des § 242 (dolo agit) als auch der Wertung des § 17 Abs. 2 S. 1 GVG, wenn das Zivilgericht in dem Rechtsstreit zwischen dem Sozialversicherungsträger und dem Schädiger auch die Erlassmöglichkeit nach § 76 Abs. 2 Nr. 3 SGB IV berücksichtigt.

[70] Geschäftsplanmäßige Erklärung der Versicherer gegenüber dem Bundesaufsichtsamt für das Versicherungswesen über den Verzicht auf Rückgriffsansprüche gemäß § 3 Nr. 9 S. 2 PflVersG aF (jetzt § 116 Abs. 1 S. 2 VVG) gegen den Versicherungsnehmer und mitversicherte Personen, abgedruckt bei *Himmelreich/Halm*, KfZ-Schadensregulierung, Rn. 679i; dazu BGHZ 88, 296, 298 = NJW 1984, 240, 241; für eine solche Erklärung auch hinsichtlich des Regresses gegenüber Minderjährigen *Scheffen*, FS Steffen, 1995, S. 387, 394 f.

[71] So der Vorschlag von *Rolfs* JZ 1999, 233, 238 f.

[72] Ähnlich *Soergel/Spickhoff* RdNr. 5; *Staudinger/Oechsler* RdNr. 43; *Bamberger/Roth/Spindler* RdNr. 2.

[73] So *Rolfs* JZ 1999, 233, 237.

[74] *Canaris* JZ 1990, 679, 681; *Goecke* NJW 1999, 2305, 2308.

§ 828   17, 18   Abschnitt 8. Titel 27. Unerlaubte Handlungen

wurde.[75] Gleichwohl verbleibende Härtefälle lassen sich zuverlässig vermeiden, indem § 302 Nr. 1 InsO genauso wie § 103 VVG interpretiert und der Vorsatz folglich auch auf die Schadensverursachung bezogen wird.[76]

17   **2. Reformbestrebungen.** Auch die Reformdiskussion zu § 828 kreist um das eben erörterte Problem der unbeschränkten Deliktshaftung Minderjähriger (RdNr. 13 ff.).[77] Die rechtspolitischen Forderungen beschränken sich zum Teil auf die Korrektur der Haftungsvoraussetzungen und -folgen, gehen aber auch darüber hinaus und zielen auf die Änderung des gesamten Haftungssystems. So wird gefordert, die Entlastung bei Zurechnungsunfähigkeit genauso wie die Billigkeitshaftung nach § 829 abzuschaffen und beides durch eine **allgemeine Reduktionsklausel** zu ersetzen, die den Richter im Fall der Schadensverursachung durch Kinder und Jugendliche zur Herabsetzung des Ersatzbetrags im Einzelfall nach Maßgabe der Billigkeit ermächtigt.[78] Diesen Weg gehen die europäischen Rechtsvereinheitlichungsprojekte (Vor § 823 RdNr. 86),[79] aber auch der aktuell vorliegende österreichische Reformentwurf (Vor § 823 RdNr. 85),[80] in Deutschland auch der nie verwirklichte Entwurf 1967 (Vor § 823 RdNr. 83 f.).[81] Daneben findet sich das Modell einer vollständigen Freistellung der Minderjährigen von der Deliktshaftung bei gleichzeitiger Einführung einer **strikten, verschuldensunabhängigen Elternhaftung,** meistens kombiniert mit einem **gesetzlichen Zwang zum Abschluss einer Privathaftpflichtversicherung.**[82] Letzteres entspricht mehr oder weniger der Rechtslage in Frankreich.[83]

18   Tatsächlich bietet **keiner der rechtspolitischen Vorschläge lediglich Vorteile,** sondern jeder hat seinen Preis. Eine Reduktionsklausel würde Rechtssicherheit und -gleichheit beeinträchtigen und die strikte Elternhaftung die Sorgfaltsanreize Jugendlicher verwässern sowie das gesamte Familienvermögen dem Zugriff des Geschädigten ausliefern.[84] Die Einführung einer obligatorischen Haftpflichtversicherung schränkte die Autonomie der Rechtssubjekte ein und würde ebenfalls die Anreize von Kindern und Eltern zu sorgfältigem Verhalten beeinträchtigen. Zwar könnte die Versicherung versuchen, das Verhalten der Versicherten durch risikogerechte Prämienbemessung, Risikoausschlüsse, Selbstbehalte und Bonus/Malus-Systeme im Interesse der Schadensvermeidung zu steuern, doch solche Maßnahmen verursachen ihrerseits Kosten und schränken zudem den Deckungsschutz ein, so dass sie das angestrebte Ziel nur teilweise erreichen.[85]

---

[75] So der Fall OLG Celle VersR 2002, 241 = NJW-RR 2002, 674; das Gericht hat eine Haftungsbeschränkung zugunsten des minderjährigen Täters abgelehnt.

[76] *Prölss/Martin/Voit* § 152 VVG RdNr. 5.

[77] Ausf. Darstellung bei *Goecke,* Die unbegrenzte Haftung Minderjähriger im Deliktsrecht, S. 194 ff.; zu möglichen Alternativen auch OLG Celle VersR 1989, 709, 710; *Kötz/Wagner* Deliktsrecht RdNr. 360 ff.

[78] *v. Bar* (Fn. 427) S. 1681, 1739 f., 1762, 1774 ff.; zust. *Deutsch* Haftungsrecht RdNr. 633; *Ahrens* VersR 1997, 1064, 1066; *Steffen* VersR 1998, 1449, 1452; *Scheffen* DAR 1991, 121, 125 f.; *Soergel/Spickhoff* RdNr. 6.

[79] Vgl. Art. VI.-6:202 des Gemeinsamen Referenzrahmens, in: *v. Bar/Clive/Schulte-Nölke* (Hrsg.), Principles, Definitions and Model Rules of European Private Law: Draft Common Frame of Reference (DCFR), 2008, S. 317; sowie Art. 10:401 der konkurrierenden PETL; vgl. *Group on European Tort Law,* Principles of European Tort Law, 2005, S. 179 ff.

[80] § 1317 des österreichischen Reformentwurfs; vgl. *Griss/Kathrein/Koziol* (Hrsg.), Entwurf eines neuen österreichischen Schadensersatzrechts, 2006, S. 9, 89 ff.; krit. *Wagner* JBl. 2008, 2, 19 f.; *Kuhlen* JZ 1990, 272, 277.

[81] §§ 828 Abs. 2, 255a idF des Entwurfs 1967 (Fn. 34) Bd. I, S. 2, 4; Bd. II, S. 13 f., 29 ff., 70 ff.; vgl. auch *Deutsch* Haftungsrecht RdNr. 629 ff.

[82] *v. Hippel* FamRZ 1968, 574, 575; *ders.* VersR 1998, 26 f.; *ders.* FamRZ 2001, 748; *Schwintowski* ZRP 2003, 391, 393 ff.; *E. Lorenz* VersR 1989, 711, 713; *Scheffen* ZRP 1991, 458, 463; *dies.,* FS Steffen, 1995, S. 387, 397; *Looschelders* VersR 1999, 141, 151; *Niboyet,* Die Haftung Minderjähriger und ihrer Eltern nach deutschem und französischem Deliktsrecht zwischen Dogmatik und Rechtspolitik, S. 179 ff., 192 f.; für eine staatliche Versicherung *Staudinger/Belling* § 832 RdNr. 176; insgesamt krit. *Schoof,* Die Aufsichtspflicht der Eltern über ihre Kinder im Sinne des § 832 Abs. 1 BGB, S. 136 ff.

[83] *Wagner* in: *Martín-Casals* (Fn. 5) Part I S. 291 ff.

[84] *Wagner* in: *Martín-Casals* (Fn. 5) Part I S. 294 ff.; *Niboyet,* Die Haftung Minderjähriger und ihrer Eltern nach deutschem und französischem Deliktsrecht zwischen Dogmatik und Rechtspolitik, S. 192.

[85] Vgl. dazu am Beispiel der Umwelthaftpflichtversicherung *Wagner* VersR 1992, 261, 263 ff.; ausf. *ders.* VersR 1999, 1441, 1444 ff.

Eine **allseits befriedigende Lösung ist demnach nicht in Sicht,** und der de lege 19
ferenda bzw. im Kontext eines Europäischen Privatrechts vergleichsweise beste Weg
dürfte durch das niederländische Recht vorgezeichnet sein, nach dem die Haftung von
Kindern unter vierzehn Jahren zugunsten einer strikten Elternhaftung ausgeschlossen ist,
im Alter zwischen vierzehn und sechzehn die Minderjährigenhaftung mit einer Elternhaftung aus vermuteter Aufsichtspflichtverletzung kombiniert wird und schließlich im
Alter zwischen sechzehn und achtzehn Jahren die allgemeine Fahrlässigkeitshaftung sowohl gegenüber Minderjährigen als auch zu Lasten der Eltern eingreift.[86] Die Differenzierung je nach Altersgruppe entspricht der Steuerungsfunktion der Haftung, indem sie
die Ersatzpflichten an diejenige Partei adressiert, die am besten zur Schadensvermeidung
in der Lage ist. Die weitgehende Inanspruchnahme der Eltern vermittelt einen Anreiz,
das haftungsrechtliche Risiko bei einer Versicherung zur Deckung zu bringen und auf
diese Weise nicht nur das Familienvermögen, sondern auch das Kind vor übermäßigen
Schadensersatzpflichten zu schützen – eine rechtliche Verpflichtung dazu besteht allerdings nicht.[87]

§ 829 Ersatzpflicht aus Billigkeitsgründen

**Wer in einem der in den §§ 823 bis 826 bezeichneten Fälle für einen von ihm
verursachten Schaden auf Grund der §§ 827, 828 nicht verantwortlich ist, hat
gleichwohl, sofern der Ersatz des Schadens nicht von einem aufsichtspflichtigen
Dritten erlangt werden kann, den Schaden insoweit zu ersetzen, als die Billigkeit
nach den Umständen, insbesondere nach den Verhältnissen der Beteiligten, eine
Schadloshaltung erfordert und ihm nicht die Mittel entzogen werden, deren er
zum angemessenen Unterhalt sowie zur Erfüllung seiner gesetzlichen Unterhaltspflichten bedarf.**

Schrifttum (vgl. auch die Angaben zu § 828): *v. Bar,* Das „Trennungsprinzip" und die Geschichte des
Wandels der Haftpflichtversicherung, AcP 181 (1981), 289; *Bernstein,* Fortwirkende Ausstrahlungen der Haftpflichtversicherung, JZ 1982, 100; *Marschall v. Bieberstein,* Zum Einfluß von Versicherungsschutz auf die
Haftpflicht, BB 1983, 467; *Böhmer,* Anwendungen von § 829 BGB bei außerdeliktischen Schadensersatzfällen,
NJW 1967, 865; *ders.,* Zur Frage der Billigkeitshaftung des geschädigten Unzurechnungsfähigen nach §§ 254,
829 BGB, JR 1970, 339; *Deutsch,* Zurechnungsfähigkeit und Verschulden. Ein Beitrag zum Anwendungs-
bereich des § 829 BGB, JZ 1964, 86; *ders.,* Haftung und Versicherung, JBl. 1980, 298; *Drewitz,* Die
Versicherung folgt der Haftung, 1977; *Fuchs,* Versicherungsschutz und Versicherbarkeit als Argumente bei der
Schadensverteilung, AcP 191 (1991), 318; *Geilen,* Beschränkte Deliktsfähigkeit, Verschulden und Billigkeitshaftung (§ 829 BGB), FamRZ 1965, 401; *Hanau,* Rückwirkungen der Haftpflichtversicherung auf die
Haftung, VersR 1969, 291; *Heinsheimer,* Die Haftung Unzurechnungsfähiger nach AcP 95 (1904),
234; *Höchster,* Die Grenzen der Haftung Unzurechnungsfähiger, AcP 104 (1909), 427; *Lehnertz,* Die Bedeutung des Bestehens einer Haftpflichtversicherung für den Billigkeitsanspruch gemäß § 829 BGB, VersR 1974,
940; *E. Lorenz,* Billigkeitshaftung und Haftpflichtversicherung – Ein Harmonisierungsvorschlag, VersR 1980,
697; *ders.,* Einfluß der Haftpflichtversicherungen auf die Billigkeitshaftung nach § 829 BGB, FS Medicus,
1999, S. 353; *Reinhardt,* Die Billigkeitshaftung im künftigen Schadensersatzrecht, in: Schubert (Hrsg.), Akademie für Deutsches Recht 1933 bis 1945, Protokolle der Ausschüsse, Bd. III/5, 1993, S. 662; *Rodopoulos,*
Kritische Studie der Reflexwirkungen der Haftpflichtversicherung auf die Haftung, 1981; *Weimar,* Die
Billigkeitshaftung gemäß § 829 BGB, Versicherungspraxis 1981, 234; *Wolf,* Billigkeitshaftung statt überzoge-
ner elterlicher Aufsichtspflichten – ein erneutes Plädoyer für die Anwendung des § 829 BGB auf Grund einer
Haftpflichtversicherung, VersR 1998, 812.

Rechtsvergleichend (vgl. auch die Angaben zu § 828): *v. Bar,* Die Billigkeitshaftung in den kontinentalen
Rechten der EU, FS E. Lorenz, 1994, S. 73; *ders.,* Gemeineuropäisches Deliktsrecht, Bd. I, 1996,
RdNr. 75 ff., 324 ff.; *Fasterling,* Versicherungsverhältnisse in der Haftpflichtprüfung – Ein Blick nach Schwe-
den zum außervertraglichen Haftungsrecht, ZEuP 2000, 229; *Martín-Casals* (Hrsg.), Children in Tort Law,
Part I, Children as Tortfeasors, 2006.

---

[86] Übereinstimmend *Stürner,* GS Lüderitz, 2000, S. 789, 807; vgl. die Darstellung bei *van Boom* in: *Martín-Casals* (Hrsg.), Children in Tort Law, Part I, S. 293 ff.
[87] Dafür *F. Peters* FamRZ 1997, 595, 598 ff.

Übersicht

	RdNr.		RdNr.
I. Normzweck und Entstehungsgeschichte	1–3	3. Abwägung im Rahmen des Mitverschuldens	17
II. Anwendungsbereich	4–6	4. Berücksichtigung von Versicherungen	18–22
III. Verwirklichung eines Tatbestands deliktischer Haftung	7–11	VI. Unterhalt des Schädigers	23
		VII. Umfang der Schadloshaltung	24
IV. Subsidiarität der Billigkeitshaftung gegenüber der Aufsichtshaftung	12	VIII. Prozessuales	25, 26
		1. Beweislast	25
V. Schadloshaltung als Gebot der Billigkeit	13–22	2. Entscheidungserheblicher Zeitpunkt; Berücksichtigung zukünftiger Entwicklungen	26
1. Abwägungsfaktoren	14, 15		
2. Abwägung zur Haftungsbegründung	16	IX. Rechtsvergleichende Hinweise und Reformbestrebungen	27, 28

I. Normzweck und Entstehungsgeschichte

1 Die **dogmatische Einordnung** der Billigkeitshaftung in die zivilrechtlichen Haftungsprinzipien ist umstritten. Das Meinungsspektrum reicht von der Qualifikation als abgeschwächte Culpahaftung,[1] über die Charakterisierung als Gefährdungshaftung für den Zustand der eigenen Person[2] oder als „aufopferungsähnlichen Billigkeitsanspruch"[3] bis hin zur Kombination aller dieser Ansätze.[4] Die Vorschrift qualifiziert den Zurechnungsunfähigen jedoch nicht als „Quelle besonderer Gefahr" (Vor § 823 RdNr. 17)[5] und beruht auch nicht auf dem Aufopferungsprinzip, verstanden als Verpflichtung zum Ausgleich der Folgen von Eingriffen, die im überwiegenden Interesse Dritter oder der Allgemeinheit zu dulden waren (Vor § 823 RdNr. 25).

2 Tatsächlich dürfte die Suche nach einem eigenständigen **Zurechnungsgrund der Billigkeitshaftung** wenig über die Erkenntnis hinausführen, dass § 829 eine Ausnahme von den üblichen Zurechnungsprinzipien – Verschulden, Gefährdung, Aufopferung – normiert und stattdessen die **effiziente Risikoverteilung** durch Zuweisung der Schadenskosten an dasjenige Subjekt, das sie leichter tragen kann, zum Maßstab nimmt.[6] Soweit die Schadenszurechnung keinerlei Sorgfaltsanreize generieren kann, weil der Adressat der Haftungsandrohung für solche Anreize konstitutionell nicht empfänglich ist, soll wenigstens eine effiziente Schadensverteilung gewährleistet werden. Im Zusammenspiel mit den §§ 827, 828 dient § 829 der **Kompensation der – partiellen – Subjektivierung** der Deliktsfähigkeit und des Fahrlässigkeitsstandards im Interesse des Geschädigten. Die auch als „Millionärsparagraph"[7] („**richesse oblige**"[8]) bezeichnete Norm orientiert die Haftung insbesondere an den wirtschaftlichen Verhältnissen der Beteiligten (RdNr. 14) und erkennt damit ihre Versicherungsfunktion ebenso an wie das rechtspolitische **Ziel der Schadensstreuung** (Vor § 823 RdNr. 51 ff.). Da die Vermögensverhältnisse nicht mit der Parteirolle als Schädiger oder Geschädigter korreliert sind, delegiert § 829 die Aufgabe der Schadenszurechnung an die Gerichte, die im konkreten Einzelfall prüfen müssen, ob die Billigkeit nach den Umständen eine Überwälzung der Nachteile erfordert oder ob es bei dem Grundsatz des „casum sentit dominus" bleiben kann.

---

[1] *Heinsheimer* AcP 95 (1904), 234, 254 f.
[2] *Larenz/Canaris* II/2 § 84 VII 2, S. 653; *Esser/Weyers* BT/2 § 55 III 2, S. 177.
[3] *Deutsch* Haftungsrecht RdNr. 480.
[4] *Staudinger/Oechsler* RdNr. 17.
[5] So aber ausdrücklich *Larenz/Canaris* II/2 § 84 VII 2, S. 653; ähnlich *Esser/Weyers* BT/2 § 55 III 2, S. 177; aA *Soergel/Spickhoff* RdNr. 2; *Oftinger/Starck*, Schweizerisches Haftpflichtrecht, Bd. II/1, 4. Aufl. 1987, § 18 RdNr. 4 m. Fn. 5 mwN.
[6] *Bamberger/Roth/Spindler* RdNr. 1; *Soergel/Spickhoff* RdNr. 1: „Verteilungsgerechtigkeit"; ähnlich RGRK/*Steffen* RdNr. 2 f.
[7] BGHZ 76, 279, 284 = NJW 1980, 1623, 1624; BGH VersR 1958, 485, 487.
[8] Vgl. *Deutsch* Haftungsrecht RdNr. 477 mN.

Der damit einhergehende Verlust an Rechtssicherheit sowie die mit § 829 verbundene 3
Kompetenzdelegation von der Legislative auf die Judikative erklärt die wechselvolle **Entstehungsgeschichte** der Vorschrift. Während die Erste Kommission auf eine Billigkeitshaftung gänzlich verzichten wollte,[9] hielt die Vorkommission des Reichsjustizamts die eben genannten Bedenken für gewichtig, im Ergebnis aber nicht für durchgreifend,[10] und entschloss sich zur Einführung einer Billigkeitshaftung nach dem Vorbild des Preußischen ALR,[11] des österreichischen (Art. 1310 ABGB) und des schweizerischen Rechts (Art. 58, heute Art. 54 OR).[12] Der Bundesrat schließlich begrenzte den Anwendungsbereich des § 829 auf die Fälle fehlender Zurechnungsfähigkeit und entschied sich damit gegen eine umfassende Billigkeitshaftung für schuldloses Verhalten,[13] wie sie die Zweite Kommission noch vorgeschlagen hatte.[14]

II. Anwendungsbereich

Seinem Wortlaut nach gilt § 829 nur für die Deliktshaftung, und auch hier nur insoweit, 4
als einer der Haftungstatbestände der §§ 823 bis 826 verwirklicht wäre, wenn Zurechnungsfähigkeit unterstellt wird. Ihr Grundgedanke, die haftungsbefreiend wirkende Berücksichtigung subjektiver Elemente bei der Konkretisierung des Sorgfaltsmaßstabs durch eine Billigkeitshaftung wieder auszugleichen, ist jedoch verallgemeinerungsfähig.[15] Folgerichtig ist § 829 auch im Rahmen der **Gebäude-**[16] **und Geschäftsherrnhaftung**[17] anwendbar, und selbst Kombinationen mit der Gefährdungshaftung können sich ergeben, soweit nämlich die Haltereigenschaft mit Rücksicht auf die §§ 827, 828 verneint wird (§ 833 RdNr. 31 ff.).[18] Im Übrigen können Billigkeitshaftung und **Gefährdungshaftung** auch nebeneinander eingreifen.[19]

Ebenso wie die §§ 827, 828 ist auch § 829 im Rahmen der **Mitverschuldensprüfung** 5
„spiegelbildlich" anzuwenden, denn es wäre inkonsequent, den Unzurechnungsfähigen zwar für Schäden anderer im Rahmen der Billigkeit haften zu lassen, ihm aber unter den gleichen Umständen einen ungekürzten eigenen Ersatzanspruch zuzugestehen.[20]

Auf die **Vertragshaftung** findet § 829 keine Anwendung, wie sich e contrario aus § 276 6
Abs. 1 S. 2 folgern lässt.[21] Die Gegenauffassung, nach der die Billigkeitshaftung von § 276 Abs. 1 S. 2 stillschweigend mit in Bezug genommen wird, weil § 829 an die §§ 827, 828 „angeseilt" sei, verdient keine Gefolgschaft.[22] Zwar geht der Hinweis, der Geschädigte habe sich freiwillig auf die Vertragsbeziehungen mit einem Unzurechnungsfähigen eingelassen,[23] insofern an der Realität vorbei, als niemand ein Vertragsverhältnis mit einer Person eingehen wird, die er als unzurechnungsfähig erkannt hat.[24] Immerhin lässt sich aus § 276 Abs. 1 S. 2

---

[9] Mot. II. S. 734; *Jakobs/Schubert*, Die Beratung des Bürgerlichen Gesetzbuchs, Recht der Schuldverhältnisse III, 1983, S. 916 f.
[10] *Jakobs/Schubert* (Fn. 9) S. 919.
[11] Die einschlägigen Bestimmungen sind abgedruckt bei *Staudinger/Oechsler* RdNr. 1.
[12] Vgl. dazu *Koziol*, Österreichisches Haftpflichtrecht, Bd. II, 2. Aufl. 1984, S. 308 ff.; *Oftinger/Stark* (Fn. 5) § 18, S. 131 ff.
[13] *Jakobs/Schubert* (Fn. 9) S. 926.
[14] Gedacht war dabei insbes. an den entschuldbaren Verbotsirrtum und den unverschuldeten Jagdunfall, Prot. II S. 589.
[15] BGHZ 37, 102, 106 = NJW 1962, 1199, 1200; *Staudinger/Oechsler* RdNr. 19; anders noch RGZ 74, 143, 145; 94, 220, 221.
[16] RGZ 94, 220, 221 f.; RG JW 1915, 580; OLG Hamm VersR 1977, 531, 532.
[17] AA RGZ 74, 143, 145; dazu aber RG JW 1915, 580 f.
[18] *Soergel/Spickhoff* RdNr. 5.
[19] BGHZ 23, 90, 98 f. = NJW 1957, 674, 675 für § 7 StVG; RGRK/*Steffen* RdNr. 4.
[20] BGHZ 37, 102, 106 = NJW 1962, 1199, 1200; NJW 1969, 1762 = LM § 829 Nr. 6; *Bamberger/Roth/Spindler* RdNr. 11.
[21] *Deutsch* JZ 1964, 86, 89; *Bamberger/Roth/Spindler* RdNr. 10; *Erman/Schiemann* RdNr. 1; *Staudinger/Oechsler* RdNr. 18, 23; aA *Weimar* MDR 1965, 263; *Donath* BB 1991, 1881, 1883.
[22] So *Weimar* MDR 1965, 263.
[23] *Staudinger/Oechsler* RdNr. 18.
[24] Vgl. *Donath* BB 1991, 1881, 1883.

die Zuweisung von Informationslasten an den Vertragspartner herleiten: Es ist die Aufgabe jeder Vertragspartei, sich der Zurechnungsfähigkeit potentieller Vertragspartner zu vergewissern. Die Haftungsbegründung mit Hilfe der Billigkeitshaftung würde die Anreize zum Selbstschutz durch Information unterminieren. Im Fall der **Konkurrenz vertraglicher und deliktischer Haftung** folgt jeder Anspruch seinen eigenen Regeln, so dass sich die Billigkeitshaftung gemäß § 829 für den Deliktsanspruch begründen lässt.[25] Es besteht kein Anlass, den durch die §§ 823 ff. gewährleisteten Rechtsgüterschutz ausgerechnet dann zurückzunehmen, wenn Schädiger und Geschädigter miteinander in einer Vertragsbeziehung stehen (Vor § 823 RdNr. 61).[26]

III. Verwirklichung eines Tatbestands deliktischer Haftung

7   Ein Teil der Literatur verlangt für die Billigkeitshaftung die Verwirklichung des vollen Deliktstatbestands und setzt voraus, dass der unzurechnungsfähige Schädiger jedenfalls **im natürlichen Sinn vorsätzlich bzw. fahrlässig** gehandelt hat.[27] Die durch das RG begründete hM verzichtet hingegen mit Recht auf den Nachweis der Pflichtwidrigkeit, der im Fall der in § 827 geregelten Bewusstlosigkeit ohnehin nicht zu führen ist, um in den Anwendungsbereich des § 829 sämtliche Konstellationen einzubeziehen, in denen „gerade die Unzurechnungsfähigkeit den Schaden verursacht hat".[28] Da andererseits der Zurechnungsunfähige nicht gegenüber dem Zurechnungsfähigen diskriminiert werden darf, ist eine **hypothetische Prüfung der Pflichtwidrigkeit** vorzunehmen: Die Billigkeitshaftung setzt ein Verhalten voraus, das – als dasjenige eines Zurechnungsfähigen gedacht – die Voraussetzungen von Vorsatz oder Fahrlässigkeit erfüllen würde.[29] Bei Vorsatzdelikten ist folgerichtig nicht zu prüfen, ob der Bewusstlose, der Geisteskranke oder das Kind einen „natürlichen Vorsatz" gefasst hatten,[30] sondern es kommt darauf an, ob qua Parallelwertung einem vernünftigen Durchschnittsmenschen in der konkreten Handlungssituation Vorsatz anzulasten gewesen wäre.[31] Da der Vorsatz als innere Tatsache ohnehin immer nur anhand von Indizien festgestellt werden kann, dürften die beiden Formulierungen im Ergebnis auf dasselbe hinauslaufen.

8   Unter dieser Prämisse ist es nur konsequent, wenn die Rechtsprechung auf § 829 auch dann zurückgreift, wenn der **Fahrlässigkeitsmaßstab jenseits der §§ 827 f. subjektiviert,** also von dem Standard eines verständigen Durchschnittsmenschen abgegangen wird.[32] **Kinder und Senioren** genießen im Deliktsrecht eine Privilegierung, weil ihnen nur dasjenige Maß an Sorgfalt abverlangt wird, was von einem **Durchschnittsmenschen ihrer Altersgruppe** zu erwarten ist (vgl. § 823 RdNr. 37; § 276 RdNr. 68 f.). Soweit die Deliktshaftung in diesen Fällen mangels Verletzung des altersgemäß reduzierten Sorgfaltsstandards ausscheidet, gegenüber einem erwachsenen Durchschnittsmenschen jedoch eingreifen würde, bleibt die Billigkeitshaftung analog § 829 vorbehalten. Dies gilt nicht nur für

---

[25] *Böhmer* JR 1967, 256; *ders.* NJW 1967, 865; *Soergel/Spickhoff* RdNr. 6; aA *Erman/Schiemann* RdNr. 1; *Staudinger/Oechsler* RdNr. 18, 23.

[26] Allgemein zum Kumulationsprinzip RGZ 88, 433, 435 f.; *Wagner* in: *Dauner-Lieb/Konzen/K. Schmidt* (Hrsg.), Das neue Schuldrecht in der Praxis, 2003, S. 203, 205 ff.

[27] *Heinsheimer* AcP 95 (1904), 234, 239 ff.; *Esser,* Schuldrecht, 2. Aufl. 1960, § 203 7, S. 864; *Bruns* JZ 1964, 473, 477 ff. (unter Ausnahme der Nichthandlungen).

[28] RGZ 146, 213, 215; dem folgend BGHZ 39, 281, 284 = NJW 1963, 1609, 1610 = VersR 1963, 953; BGH NJW 1958, 1630; *Larenz/Canaris* II/2 § 84 VII 1 a, S. 651; *Bamberger/Roth/Spindler* RdNr. 2; *Soergel/Spickhoff* RdNr. 9; *Staudinger/Oechsler* RdNr. 24 ff.; genauso *Hoechster* AcP 104 (1909), 427, 434 f.; ambivalent *Deutsch* Haftungsrecht RdNr. 481.

[29] Vgl. die vorherige Fn. 28.

[30] So aber *Deutsch* Haftungsrecht RdNr. 481; *Soergel/Spickhoff* RdNr. 9; *Heinsheimer* AcP 95 (1904), 234, 246 ff.

[31] Treffend RGZ 146, 213, 216: „Bei Unzurechnungsfähigen aber Vorsatz oder Fahrlässigkeit feststellen zu wollen [...], ist rechtlich verfehlt".

[32] BGHZ 39, 281, 284 = NJW 1963, 1609, 1610 = VersR 1963, 953 m. Bespr. *Wilts* 1098 ff. = JZ 1964, 99 m. Bespr. *Deutsch* 86 ff.; BGH VersR 1965, 385, 386; OLG Braunschweig VersR 1954, 460; RGRK/*Steffen* RdNr. 9; *Soergel/Spickhoff* RdNr. 11; *Deutsch* Haftungsrecht RdNr. 482; im Ergebnis auch *Bamberger/Roth/Spindler* RdNr. 4.

Mängel der Steuerungsfähigkeit,[33] sondern ganz allgemein für sämtliche persönlichen Defizite, die den Akteur daran hindern, den objektiven Standard einzuhalten.

Allerdings ist in der Literatur mit einer gewissen Berechtigung die Frage aufgeworfen worden, ob unter diesen Prämissen die Analogie **nicht auf sämtliche Fälle gruppenspezifischer Ausrichtung des Fahrlässigkeitsbegriffs** erstreckt werden müsste, so dass beispielsweise ein Landarzt, der zu der Unfallstelle gerufen wird, für die Zwecke des § 829 an den Fähigkeiten und Kenntnissen eines erfahrenen Chirurgen zu messen wäre.[34] – In Wahrheit trifft in diesen Fällen die ratio des § 829 nicht zu. Zwar lässt sich die Staffelung der Sorgfaltsanforderungen je nach betroffenem Verkehrskreis als ein Schritt in Richtung Subjektivierung des Fahrlässigkeitsmaßstabs verstehen, doch entspricht dem eine komplementäre Steigerung der Sorgfaltsanforderungen des potentiell Geschädigten (§ 823 RdNr. 261 ff.). Wer einen Landarzt aufsucht, kann von diesem nicht den gleichen Behandlungsstandard erwarten wie von einem Unfallarzt, und wer einen billigen Kleinwagen ersteht, kann von dem Hersteller nicht dasselbe Sicherheitsniveau verlangen wie bei einer Luxuslimousine, sondern in beiden Fällen ist der Betroffene darauf verwiesen, sich selbst verstärkt um den Schutz der eigenen Rechtsgüter zu bemühen. Der Mobilisierung der Billigkeitshaftung bedarf es demnach nur, soweit die Absenkung der Sorgfaltsanforderungen an den Täter nicht durch eine entsprechende Steigerung der Sorgfaltsanforderungen an das Opfer kompensiert wird, wie dies in den Fällen der auf Verkehrskreise zugeschnittenen Standards typischerweise der Fall ist.

Umgekehrt bedarf die Erweiterung des Anwendungsbereichs des § 829 auf Fälle alterstypisch herabgesetzter Sorgfalt ihrerseits der **Beschränkung** auf diejenigen Konstellationen, in denen die Privilegierung von Kindern und Senioren nicht durch eine entsprechende Verschärfung des für die übrigen Verkehrsteilnehmer geltenden Sorgfaltsstandards aufgewogen wird. Soweit beispielsweise von einem Kind der sachgerechte Umgang mit Gartenteichen oder Zündmitteln nicht erwartet werden kann, sind Erwachsene, die in der Umgebung des Kindes derartige Gefahrenquellen unterhalten, zu erhöhter Sorgfalt verpflichtet (§ 823 RdNr. 264). Wird dieser anspruchsvollere Standard verletzt und kommt das Kind infolgedessen zu Schaden, dann lässt sich die Haftung des Eigentümers eines ungesicherten Gartenteichs nicht durch analoge Anwendung des § 829 im Rahmen von § 254 mit dem Argument ausschließen oder herabsetzen, ein verständiger Durchschnittsmensch wäre gar nicht in den Gartenteich gefallen und folgerichtig auch nicht ertrunken. Die Entscheidung des BGH, in dem die analoge Anwendung des § 829 auf Fälle alterstypisch herabgesetzter Sorgfaltsanforderungen bejaht wurde, betraf denn auch einen Unfall beim Ritterspiel unter Kindern, bei dem also beide Parteien, Täter und Opfer, in den Genuss der Privilegierung kamen.[35]

Eine weitere Fallgruppe des § 829 ist schließlich dadurch gekennzeichnet, dass es auf Grund einer Bewusstseinsstörung nicht erst an der Einsichtsfähigkeit (§ 827), sondern bereits an einer **deliktisch relevanten Handlung** mangelt, weil dem Akteur die willensmäßige Steuerung des eigenen Verhaltens unmöglich ist.[36] So liegt es etwa, wenn ein Autofahrer infolge eines Herzinfarkts oder einer Gehirnblutung am Steuer das Bewusstsein verliert oder stirbt und ihm erst danach die Kontrolle über sein Fahrzeug entgleitet (eingehend § 827 RdNr. 6; § 823 RdNr. 305 ff.).[37]

IV. Subsidiarität der Billigkeitshaftung gegenüber der Aufsichtshaftung

Der Unzurechnungsfähige haftet nur, soweit Schadensersatz nicht gemäß § 832 von einem aufsichtpflichtigen Dritten erlangt werden kann. Dies gilt ohne Rücksicht darauf, ob bereits die **Anspruchsbegründung nach § 832 scheitert** oder ob der bestehende An-

---

[33] So *Staudinger/Oechsler* RdNr. 33.
[34] *Wilts* VersR 1963, 1098, 1100 f.; wie hier *Soergel/Spickhoff* RdNr. 11.
[35] BGHZ 39, 281, 285 f. = VersR 1963, 953.
[36] BGHZ 23, 90, 98 = NJW 1957, 674, 675; BGHZ 98, 135, 137 ff.; *Bamberger/Roth/Spindler* RdNr. 3; *Staudinger/Oechsler* RdNr. 28 ff.; aA *Esser/Weyers* BT/2 § 55 III 2.
[37] So lag es in den Fällen BGHZ 23, 90 und BGHZ 98, 135.

spruch aus wirtschaftlichen Gründen **nicht durchsetzbar** ist.[38] Vorrangig ist die Haftung des Aufsichtspflichtigen im Übrigen auch dann, wenn die Beaufsichtigung auf öffentlich-rechtlicher Grundlage erfolgt, wie es in staatlichen Schulen durchweg der Fall ist (§ 839 RdNr. 168).[39] Insofern geht die Subsidiaritätsklausel des § 829 derjenigen des § 839 Abs. 1 S. 2 vor. Einer Vorausklage gegen den Aufsichtspflichtigen bedarf es allerdings nicht; ggf. haften dieser und der Unzurechnungsfähige als Gesamtschuldner (§ 840 Abs. 1); im Innenverhältnis ist der Aufsichtspflichtige allein verpflichtet (§ 840 Abs. 2). Im Fall der **spiegelbildlichen Anwendung** des § 829 im Rahmen des § 254 kann sich der Unzurechnungsfähige nicht darauf berufen, dass ihm selbst (auch) ein Schadensersatzanspruch gegen den Aufsichtspflichtigen zusteht, um damit die Kürzung seines Ersatzanspruchs gegenüber dem Schädiger abzuwenden.[40]

V. Schadloshaltung als Gebot der Billigkeit

13 Nach § 829 ist nur insoweit Schadensersatz zu leisten, wie es die Billigkeit nach den Umständen erfordert. Damit wird der Ersatzanspruch nach Grund, Umfang und Art der Leistung (Kapitalabfindung oder Rente) von dem unbestimmten Rechtsbegriff der Billigkeit abhängig gemacht, den zu präzisieren Aufgabe des Richters ist.

14 **1. Abwägungsfaktoren.** Die Abwägung muss primär die **wirtschaftlichen Verhältnisse der Beteiligten** berücksichtigen, die für beide Parteien gesondert zu ermitteln und dann miteinander zu vergleichen sind. Sie werden bestimmt durch das laufende Einkommen aus Beschäftigungsverhältnissen oder selbstständiger Tätigkeit, durch etwa vorhandenes Vermögen samt seiner Erträge, aber auch durch bestehende finanzielle Belastungen. Soweit die Ersatzpflicht von Kindern oder Minderjährigen auf dem Spiel steht, greift die Rechtsprechung mitunter auf die Eltern durch und berücksichtigt allein deren wirtschaftliche Verhältnisse.[41] Diese Praxis führt de facto zu einer **Billigkeitshaftung der Eltern** in Fällen, in denen es an einer Aufsichtspflichtverletzung fehlt bzw. der Entlastungsbeweis nach § 832 Abs. 1 S. 2 gelingt. Richtigerweise darf die wirtschaftliche Situation der Eltern nur insoweit eine Rolle spielen, als davon die Existenz und der Umfang von Unterhaltsansprüchen des Kindes abhängt (§§ 1603, 1610).[42] Zum Beurteilungszeitpunkt sowie zur Veränderung der aktuellen wirtschaftlichen Verhältnisse s. RdNr. 26.

15 Da der Verweis auf die wirtschaftlichen Verhältnisse nicht abschließend gemeint ist („insbesondere"), behält sich die Rechtsprechung die Prüfung der gesamten Umstände des Einzelfalls vor.[43] Dabei spielen vor allem die **konkreten Umstände des Schadensereignisses** eine Rolle,[44] nämlich der Anlass der Tat, die beiderseitigen Verursachungsanteile und die Schwere der Verletzung, wie zB ein eventueller Dauerschaden oder eine Minderung der Erwerbsfähigkeit. Weiter wird der Grad der „natürlichen Schuld" des Unzurechnungsfähigen in Rechnung gestellt,[45] was eine hypothetische Prüfung erfordert, ob das schädigende Verhalten, als dasjenige eines Zurechnungsfähigen gedacht, als leicht oder grob fahrlässig oder gar vorsätzlich hätte gelten müssen (RdNr. 7).

---

[38] *Soergel/Spickhoff* RdNr. 13; *Staudinger/Oechsler* RdNr. 39.
[39] RGZ 125, 85, 86; BGHZ 13, 25, 28 = NJW 1954, 874, 875 = LM § 832 Nr. 4 m. Anm. *Pagendarm*; BGHZ 28, 297, 299 = NJW 1959, 334, 335; BGH VersR 1972, 979; OLG Düsseldorf NJW-RR 1996, 671.
[40] OLG Celle NJW 1969, 1632, 1633; *Soergel/Spickhoff* RdNr. 14; aA *Staudinger/Oechsler* RdNr. 41.
[41] So BGH NJW 1958, 1630, 1631; 1979, 2096; ausdrücklich *Koebel* NJW 1956, 969, 971; RGRK/*Steffen* RdNr. 13; *Staudinger/Oechsler* RdNr. 54.
[42] OLG Köln VersR 1981, 266, 267; AG Ahaus NJW-RR 2003, 1184, 1185; *Soergel/Spickhoff* RdNr. 16; *Borgelt*, Das Kind im Deliktsrecht, S. 73.
[43] Nach der Rspr. BGHZ 23, 90, 99 = NJW 1957, 674, 675; BGHZ 127, 186, 192 = NJW 1995, 452, 454.
[44] BGHZ 23, 90, 99 = NJW 1957, 674, 675; BGH NJW 1962, 2201; 1969, 1762 = LM § 829 Nr. 6; NJW 1979, 2096 f.; *Soergel/Spickhoff* RdNr. 15.
[45] BGH NJW 1969, 1762, 1763 = VersR 1969, 860, 861; LG Mainz VersR 1976, 548; LG Mosbach NJW-RR 1986, 24; nach Prot. II S. 589, ist auch zu berücksichtigen, ob der geistige Zustand des Täters der Grenze der Verantwortlichkeit sehr nahe liegt.

2. **Abwägung zur Haftungsbegründung.** Die Billigkeit muss die Schadloshaltung 16
erfordern und nicht bloß erlauben.[46] Daher genügt nicht jede wirtschaftliche Besserstellung des Schädigers, sondern es ist ein „**wirtschaftliches Gefälle**" zwischen den Beteiligten erforderlich, das es als unbillig erscheinen ließe, dem Geschädigten die Schadenslasten aufzubürden, während der Schädiger im ungestörten Genuss erheblicher Mittel bliebe.[47] Fehlt das Vermögensgefälle, kann ausnahmsweise auch ein **Verschuldens- oder Verursachungsgefälle** die Billigkeitshaftung erfordern.[48] Umgekehrt ist trotz eines Vermögensgefälles keine Entschädigung zu leisten, wenn der Tatbeitrag und die Pflichtverletzung des Schädigers − seine Zurechnungsfähigkeit unterstellt − im Vergleich zu demjenigen des Geschädigten nur von geringem Gewicht wären.[49] Wiegt das Mitverschulden des bedürftigen Verletzten in etwa gleich schwer wie der Beitrag des unzurechnungsfähigen Schädigers, kommt alles auf das Vermögensgefälle an: So hat der BGH bei Unfällen im Rahmen von Spielen, bei denen sich die Teilnehmer wechselseitig gefährdeten, die Haftung auch für schwere Verletzungen − etwa den Verlust eines Auges − abgelehnt, wenn keine weiteren Umstände hinzutraten, insbesondere kein ausgeprägtes wirtschaftliches Gefälle vorlag.[50]

3. **Abwägung im Rahmen des Mitverschuldens.** Bei der **spiegelbildlichen Anwen-** 17
dung des § 829 im Rahmen des § 254 kommt es darauf an, ob die Billigkeit eine Befreiung des Schädigers erfordert; der Umstand, dass die Billigkeit eine Belastung des Geschädigten mit den Folgen seines eigenen Verursachungsbeitrags erlaubt, reicht wiederum nicht aus.[51] Folgerichtig sind die Schadensersatzansprüche eines im **Straßenverkehr** verletzten Kindes auch dann nicht gemäß §§ 254, 829 zu kürzen, wenn ihm ein erhebliches Mitverschulden zur Last zu legen ist und der Schädiger lediglich für die Betriebsgefahr seines Fahrzeugs einzustehen hat.[52] Die durch das Zweite Schadensersatzrechtsänderungsgesetz bewirkte Besserstellung von Kindern als Opfer von Verkehrunfällen (§§ 828 Abs. 2 nF, 7 Abs. 2 StVG)[53] darf nicht durch großzügige Anwendung des § 829 im Rahmen der Mitschuldensprüfung wieder rückgängig gemacht werden.[54] Im Verhältnis zum Schädiger ist die Nichtanrechnung des „Mitverschuldens" des Kindes mit Blick auf den obligatorischen Versicherungsschutz gerechtfertigt (RdNr. 22). Soweit danach die Anrechnung des Mitverschuldens über § 829 geboten ist, wird sie durch eine daneben bestehende Haftung des aufsichtspflichtigen Elternteils aus § 832 nicht ausgeschlossen (RdNr. 12).

4. **Berücksichtigung von Versicherungen.** Der Einfluss von Versicherungen auf die 18 Billigkeitshaftung ist das **Zentralproblem des § 829**. Im Vordergrund steht dabei die Frage, ob und ggf. wie eine zugunsten des unzurechnungsfähigen Schädigers abgeschlossene Haftpflichtversicherung in die Billigkeitserwägungen einzustellen ist. Umgekehrt bedarf der Klärung, welchen Einfluss eine auf Seiten des Geschädigten bestehende Schadensversicherung, also Kasko-, Unfall- und Krankenversicherung oder funktionale Äquivalente dazu, wie insbesondere Lohnersatzleistungen von Arbeitgebern und Dienstherrn, auf die Billigkeitshaftung privater Dritter haben.

Der Einfluss von **Haftpflichtversicherungen zugunsten des unzurechnungsfähigen** 19 **Schädigers** auf die Billigkeitshaftung ist von kaum zu unterschätzender Bedeutung, weil Kinder (§ 828), aber auch geistig Behinderte (§ 827), in der Regel weder Einkommen noch Vermögen, häufig aber eine Versicherungspolice haben bzw. in den Deckungsschutz etwa

---

[46] BGHZ 127, 187, 192 = NJW 1995, 452, 454 = LM § 829 Nr. 10 m. Anm. *Schiemann*; BGH NJW 1969, 1762 = LM § 829 Nr. 6; NJW 1973, 1795 = LM § 829 Nr. 7.
[47] BGH NJW 1958, 1630, 1631; 1979, 2096.
[48] BGH NJW 1969, 1762 = LM § 829 Nr. 6; VersR 1973, 925, 926; NJW 1979, 2096 f.; *Lorenz* VersR 1980, 697.
[49] BGH NJW 1969, 1762 = LM § 829 Nr. 6.
[50] BGH NJW 1979, 2096 f.; anders OLG Köln VersR 1981, 266: Schadensteilung.
[51] BGH NJW 1969, 1762; 1973, 1795.
[52] BGH NJW 1973, 1795; anders OLG Celle NJW 1969, 1632 m. abl. Anm. *Knippel* 2016 f.
[53] Begr. RegE, BT-Drucks. 14/7752 S. 26; *Wagner* NJW 2002, 2049, 2059 ff.; *ders.*, Das neue Schadensersatzrecht, 2002, RdNr. 62 ff.
[54] AG Ahaus NJW-RR 2003, 1184, 1185.

einer Familienhaftpflichtversicherung einbezogen sind.[55] Die **Rechtsprechung** unterscheidet zwischen freiwilliger und obligatorischer Haftpflichtversicherung sowie zwischen Haftungsbegründung und Haftungsausfüllung. Eine ältere Entscheidung wollte eine bestehende Haftpflichtversicherung bei der Prüfung der Vermögensverhältnisse des Schädigers beachtet wissen,[56] doch später wurde dieser Grundsatz dahingehend eingeschränkt, dass die versicherungsmäßige Deckung allein bei der Bemessung der Höhe des Anspruchs, dem „Wieviel", nicht aber beim Anspruchsgrund, dem „Ob" der Haftung, berücksichtigt werden darf, weil „sonst [...] das Bestehen einer Haftpflichtversicherung zur klagebegründenden Tatsache [würde]."[57] Unter dieser Prämisse hängt alles davon ab, ob die Vermögensverhältnisse der Parteien im Übrigen das von § 829 vorausgesetzte „wirtschaftliche Gefälle" aufweisen, dass also der Schädiger auch abgesehen von der versicherungsmäßigen Deckung der bessere Risikoträger ist.[58] Weiter darf die Höhe des ggf. billigerweise zu leistenden Schadensersatzes nicht an der Deckungssumme des Haftpflichtversicherungsvertrags orientiert werden, sondern der zugesprochene Betrag muss sich noch im Rahmen der persönlichen finanziellen Möglichkeiten des Schädigers halten.[59] Diese Grundsätze gelten bis heute für die **freiwillige Haftpflichtversicherung**, nicht aber für Fälle der **Pflichtversicherung:** War der Schädiger zur versicherungsmäßigen Deckung des Haftungsrisikos verpflichtet, wie dies insbesondere im Bereich des Straßenverkehrs nach Maßgabe des PflVersG der Fall ist, ist der Deckungsschutz bereits bei der Prüfung des „Ob" der Billigkeitshaftung in der Weise zu berücksichtigen, dass die Ersatzpflicht allein mit Rücksicht auf die Existenz der Versicherung bejaht wird, obwohl es im Übrigen an einem wirtschaftlichen Gefälle fehlt.[60]

20 In der **Literatur** wird zum Teil jedwede Berücksichtigung des Haftpflichtversicherungsschutzes abgelehnt,[61] überwiegend aber dafür gehalten, sowohl obligatorische als auch freiwillige Haftpflichtversicherungen bei der Prüfung der wirtschaftlichen Verhältnisse der Beteiligten in Rechnung zu stellen, uU also die Billigkeitshaftung allein mit Rücksicht auf den bestehenden Versicherungsschutz eingreifen zu lassen.[62] Entscheidend dafür spricht der Zweck des § 829, die Schadenskosten bei Ausfall der Präventionsanreize derjenigen Partei anzulasten, die sie leichter tragen kann. Unter dem Gesichtspunkt der Fähigkeit zur Risikoabsorption sind Selbstversicherung durch Bildung eines Haftungsvermögens und Marktversicherung durch Einkauf von Versicherungsschutz gleichwertig, und folglich sollten sie auch im Rahmen des § 829 gleich behandelt werden. Andernfalls wäre die Billigkeitshaftung zu verneinen, wenn ein im Übrigen vermögensloser Durchschnittsverdiener eine Haftpflichtversicherung abschließen und nach zwanzig Jahren schadenfreien Verlaufs im Zustand der Zurechnungsunfähigkeit ein Delikt begehen würde, hingegen zu bejahen, wenn derselbe Akteur über zwanzig Jahre lang Beträge in Höhe der Versicherungsprämien auf ein Sparkonto einzahlen würde. – Dies kann nicht richtig sein, und deshalb sind freiwillige wie obligatorische Haftpflichtversicherungen sowohl im Rahmen der Haftungsbegründung als auch im Rahmen des Haftungsumfangs zu berücksichtigen.

---

[55] Treffend *Deutsch* JBl. 1980, 298, 299; aus der Praxis AG Ahaus NJW-RR 2003, 1184, 1185.
[56] BGHZ 23, 90, 100 = NJW 1957, 674, 675. Genauso im Rahmen der Schmerzensgeldbemessung BGHZ (GS) 18, 149, 165 ff. = NJW 1955, 1675, 1677.
[57] BGH NJW 1958, 1630, 1632; 1962, 2201; 1979, 2096 f.; LG Heilbronn NJW 2004, 2391; AG Ahaus NJW-RR 2003, 1184, 1185.
[58] BGH NJW 1958, 1630, 1631.
[59] BGHZ 76, 279, 286 f. = NJW 1980, 1623, 1625.
[60] BGHZ 127, 187, 191 f. = NJW 1995, 452, 454 = LM § 829 Nr. 10 m. Anm. *Schiemann*.
[61] *E. Lorenz* VersR 1980, 697, 700 ff.; *Hanau* VersR 1969, 291, 293 f., 296; *Bamberger/Roth/Spindler* RdNr. 8; *Staudinger/Oechsler* RdNr. 52; *Drewitz*, Die Versicherung folgt der Haftung, S. 98 ff., insbes. 113 f.
[62] AG Dortmund ZfS 1993, 150 f.; *Kötz/Wagner* Deliktsrecht RdNr. 357; *Knütel* JR 1980, 20; *Marschall v. Bieberstein* BB 1983, 467, 471; *Lehnertz* VersR 1974, 940, 941 f.; *E. Lorenz*, FS Medicus, 1999, S. 353, 364 f.; *Fuchs* AcP 191 (1991), 318, 338 f.; *Wolf* VersR 1998, 812, 816 ff; *Erman/Schiemann* RdNr. 5; *Soergel/Spickhoff* RdNr. 20; *Borgelt*, Das Kind im Deliktsrecht, S. 77 ff.

Dagegen spricht auch nicht das in § 100 VVG zum Ausdruck gebrachte **Trennungs-** 21
prinzip, nach dem die Versicherung der Haftung folgt, so dass in Ermangelung der Haftpflicht auch keine Deckungsansprüche bestehen.[63] Das Trennungsprinzip dient eigentlich allein der Koordination von Haftpflicht- und Deckungsprozess, und zwar in der Weise, dass über die Haftpflicht in einem Rechtsstreit zwischen Schädiger und Geschädigtem, über die Deckung hingegen in einem weiteren Rechtsstreit zwischen Schädiger und Versicherer zu entscheiden ist.[64] Doch selbst wenn das Trennungsprinzip um materiell-rechtliche Gehalte angereichert und postuliert wird, die Haftungsfrage sei ohne Rücksicht auf das Bestehen von Deckungsschutz zu beurteilen,[65] schließt es die Berücksichtigung der Haftpflichtversicherung im Rahmen von § 829 nicht aus. Anders als die Haftungstatbestände der §§ 823 ff. weist § 829 den Richter ausdrücklich an, die wirtschaftlichen Verhältnisse zu berücksichtigen, und dies deshalb, weil es in § 829 nicht um die Setzung von Sorgfaltsanreizen geht, sondern um die Kostenzurechnung zum besseren Risikoträger (RdNr. 2).[66] Insofern durchbricht § 829 das allgemeine Prinzip, dass die Haftungsfrage unabhängig von den wirtschaftlichen Verhältnissen der Beteiligten zu beurteilen ist. Die Berücksichtigung freiwillig abgeschlossener Haftpflichtversicherungsverträge würde auch nicht den **Anreiz zum Einkauf von Versicherungsschutz** abschwächen, denn die Verursachung von Schäden im Zustand der Unzurechnungsfähigkeit ist viel zu selten und das Volumen der gemäß § 829 umgesetzten Ersatzbeträge zu gering, um eine rationale Person davon abhalten zu können, eine Haftpflichtversicherung abzuschließen. Auch bei Kindern und Jugendlichen werden die Eltern den Abschluss einer Familienversicherung nicht deshalb unterlassen, weil diese möglicherweise im Rahmen der Billigkeitshaftung berücksichtigt werden könnte. Schließlich ist auch nicht zu befürchten, dass die Leistungen der Haftpflichtversicherer und damit auch die von den Versicherungsnehmern zu erbringenden **Prämien explodierten,** wenn der Deckungsanspruch gegen die Haftpflichtversicherung im Rahmen des § 829 als präsentes Vermögen des Schädigers behandelt würde. In Skandinavien beispielsweise haften Kinder und Jugendliche zwar wie Erwachsene für die Prästierung der im Verkehr erforderlichen Sorgfalt, doch im Umfang nur soweit, wie sie den Schutz einer Haftpflichtversicherung genießen.[67] Die darin zum Ausdruck kommende enge Verzahnung von Haftung und Versicherung hat weder die Versicherungsmärkte erschüttert noch die Minderjährigenhaftung aus den Angeln gehoben. Deswegen erstaunt es nicht, wenn inzwischen einige Versicherer auf dem deutschen Markt bereits die Mitversicherung von Schäden anbieten, die durch nicht deliktsfähige Kinder verursacht worden sind.[68]

Ist der Schädiger haftpflichtversichert, spielt die Deckung des Schadens durch eine **pri-** 22
vate Schadensversicherung oder durch die **Sozialversicherungsträger** für die Billigkeitshaftung keine Rolle: Die Billigkeit erfordert keine Kürzung der Schadensersatzansprüche des sozialversicherten Unzurechnungsfähigen gemäß §§ 254, 829 analog, wenn auch für den Schädiger ein professioneller Risikoträger, nämlich eine Haftpflichtversicherung, eintritt und er schon deshalb finanziell nicht unbillig belastet oder gar in eine bedrängte Vermögenslage gebracht wird.[69] Das sollte entgegen der Rechtsprechung auch dann gelten, wenn die Haftpflichtversicherung keine „gesetzliche" (obligatorische) ist, sondern auf freiwilliger Basis abgeschlossen wurde. Ist der Schädiger unzurechnungsfähig, aber nicht haftpflichtversichert, führt der Eintritt einer Schadensversicherung des Opfers (first party insurance) allerdings in

---

[63] So aber *E. Lorenz* VersR 1980, 697 ff.; *Hanau* VersR 1969, 291, 293 f., 296; *Lieb* MDR 1995, 992, 993; *Staudinger/Oechsler* RdNr. 52.
[64] BGH NJW 1980, 2021; *Prölss/Martin/Voit/Knappmann,* 27. Aufl. 2004, § 149 VVG RdNr. 24; *v. Bar* AcP 181 (1981), 289, 295 m. Fn. 33.
[65] Vgl. die Nachweise in Fn. 63.
[66] Ähnlich *Knütel* JR 1980, 20; *E. Lorenz,* FS Medicus, 1999, S. 353, 364; *Fuchs* AcP 191 (1991), 318, 338; *Deutsch* Haftungsrecht RdNr. 490.
[67] Dazu und zum Folgenden *Fasterling* ZEuP 2000, 229, 237 f.
[68] *Schimikowski* NVersZ 1999, 545, 547.
[69] BGHZ 73, 190, 192 f. = NJW 1979, 973; BGH NJW 1969, 1762 f.; 1973, 1795 f.; OLG Karlsruhe NZV 1989, 188, 189; KG VersR 1996, 235, 236.

der Regel zum Ausschluss der Billigkeitshaftung.[70] Dies gilt für die Entgeltfortzahlung im Krankheitsfall durch Arbeitgeber und Dienstherrn nach Maßgabe des EFZG bzw. des Beamtenrechts, für Sach- und Geldleistungen der sozialen Krankenversicherung (SGB V) und der Unfallversicherung (SGB VII) ebenso wie für entsprechende Zahlungen privater Versicherungsträger. Regressansprüche auf Grund von §§ 6 EFZG, 86 VVG, 116 SGB X sind damit ausgeschlossen, die Schadenskosten werden sozialisiert und der Unzurechnungsfähige zu Lasten der Gesellschaft bzw. der Beitrags- und Prämienzahler sowie der Unternehmen geschützt.[71] Dieses Ergebnis entspricht der ratio des § 829, eine effiziente Risikostreuung zu bewirken (RdNr. 2), denn ein professioneller Versicherer ist ein noch besserer Risikoträger als eine relativ wohlhabende Privatperson.

VI. Unterhalt des Schädigers

23   Dem Schädiger dürfen durch die Billigkeitshaftung nicht die Mittel entzogen werden, derer er zu seinem eigenen angemessenen Unterhalt und zur Erfüllung seiner gesetzlichen Unterhaltspflichten bedarf. Wie Unterhaltsansprüche sind auch Ansprüche auf Zahlung von **Versorgungsausgleichsleistungen** zu behandeln (§§ 1587 b Abs. 3, 1587 f ff.).[72] Verstirbt jedoch der Schädiger im Zusammenhang mit dem Schadensereignis oder auch später, entfallen seine Unterhaltsbedürfnisse und das nachgelassene Vermögen kann in vollem Umfang für die Bemessung der Billigkeitsansprüche herangezogen werden.[73] Die **Interessen der Erben** an einem möglichst ungeschmälerten Nachlass sind gegenüber den Kompensationsinteressen des Geschädigten nachrangig. Anders verhält es sich nach Satz 2 aE, wenn ein Angehöriger gesetzliche Unterhaltsansprüche gegen den Erblasser hatte, für die der Nachlass weiter haftet.

VII. Umfang der Schadloshaltung

24   Die Höhe des Schadensersatzes ist in das richterliche Ermessen gestellt; die Billigkeit kann eine teilweise, aber auch die vollständige Schadloshaltung erfordern. Über den Ersatz des materiellen Schadens hinaus kann ein **Schmerzensgeld** gemäß § 253 Abs. 2 gewährt werden, nach bisheriger Rechtsprechung allerdings nur in Ausnahmefällen, wenn nämlich seine Versagung „im Einzelfall dem Billigkeitsempfinden krass widerspricht".[74] Zu dieser Einschränkung sah sich der BGH veranlasst, weil nach früherer Rechtslage die Gefährdungshaftung nur die materiellen Schäden abdeckte, der Schmerzensgeldanspruch folglich als begründungsbedürftige Ausnahme erschien.[75] Letzteres hat sich mit dem Zweiten Schadensersatzrechtsänderungsgesetz erledigt und damit ist der Grund dafür entfallen, Schmerzensgeldbegehren im Rahmen des § 829 anders zu behandeln als das Verlangen nach Vermögensschadensersatz.[76] Schließlich finden auch die §§ 840, 844 und 845 Anwendung.[77]

VIII. Prozessuales

25   **1. Beweislast.** Die Beweislastverteilung folgt den allgemeinen Grundsätzen, so dass **der Geschädigte** das Vorliegen einer unerlaubten Handlung, den Schaden, das Fehlen eines

---

[70] *Deutsch* Haftungsrecht RdNr. 488; *Larenz/Canaris* II/2 § 84 VII 1, S. 652; RGRK/*Steffen* RdNr. 15; *Staudinger/Oechsler* RdNr. 55; *Fuchs* AcP 191 (1991), 318, 324; vgl. auch OLG Hamm VersR 1977, 531, 532.
[71] Missverständlich daher *Staudinger/Oechsler* RdNr. 55, der meint, es gehe nur ein „gekürzter Anspruch" auf den Arbeitgeber bzw. den Sozialversicherungsträger über. Tatsächlich findet ein Anspruchsübergang überhaupt nicht statt, denn soweit der Schaden durch Drittleistungen ausgeglichen wurde, entfällt die Billigkeitshaftung, und soweit es daran fehlt, steht der Ersatzanspruch dem Geschädigten persönlich zu.
[72] *Erman/Schiemann* RdNr. 3; *Soergel/Spickhoff* RdNr. 21.
[73] BGHZ 76, 279, 287 f. = NJW 1980, 1623, 1625.
[74] BGHZ 127, 186, 193 = NJW 1995, 452, 454 = LM § 829 Nr. 10 m. Anm. *Schiemann*; vgl. auch BGHZ 76, 279, 282.
[75] Vgl. BGHZ 127, 186, 193 = NJW 1995, 452, 453.
[76] *Erman/Schiemann* RdNr. 3.
[77] RGZ 94, 220, 222; *Staudinger/Oechsler* RdNr. 22.

durchsetzbaren Anspruchs gegen den Aufsichtspflichtigen sowie die Billigkeit der erstrebten Schadloshaltung darzulegen und ggf. zu beweisen hat. Damit obliegt es dem Schadensersatzkläger an sich auch, die für die Prüfung eines „wirtschaftlichen Gefälles" notwendigen Tatsachen vorzutragen, was jedoch in Bezug auf die **Einkommens- und Vermögensverhältnisse des Schädigers** (einschließlich des Bestehens einer Haftpflichtversicherung) durch Annahme einer sekundären Behauptungslast zu korrigieren ist.[78] Darüber hinaus muss der Schädiger darlegen und ggf. nachweisen, dass ihm im Fall der Ersatzgewährung die für den eigenen Unterhalt oder die Erfüllung seiner gesetzlichen Unterhaltsverpflichtungen erforderlichen Mittel entzogen würden. Stellt sich seine Unzurechnungsfähigkeit erst im Laufe des Prozesses heraus, ist das Gericht trotz § 139 ZPO nicht gehalten, den Kläger darauf hinzuweisen, dass der Ersatzanspruch auch auf § 829 gestützt werden könnte.[79] Ein entsprechender Hinweis ist aber auch nicht nötig, weil es sich bei der Verschuldens- und der Billigkeitshaftung nicht um verschiedene Streitgegenstände handelt (iura novit curia).[80] Bei der **spiegelbildlichen Anwendung** des § 829 im Rahmen von § 254 gilt Entsprechendes, dh dem Beklagten als Schädiger obliegt der Nachweis der Voraussetzungen des § 829 auf Seiten des im Zeitpunkt der Handlung unzurechnungsfähigen Klägers (des Geschädigten); Letzterer muss zu seinen wirtschaftlichen Verhältnissen und Unterhaltslasten vortragen und ggf. Beweis antreten.

2. Entscheidungserheblicher Zeitpunkt; Berücksichtigung zukünftiger Entwicklungen. Für die Beurteilung der Situation sind die Verhältnisse im Zeitpunkt der letzten mündlichen Verhandlung maßgeblich.[81] Wirtschaftliche Verhältnisse sind jedoch **im Zeitablauf variabel,** und so kann es sein, dass ein ursprünglich mittelloser Schädiger in der Zukunft zu Einkommen und Vermögen kommt, aus dem er Schadensersatzleistungen erbringen könnte. Dem Geschädigten steht es dann frei, den Schädiger erneut in Anspruch zu nehmen, ohne daran durch ein früheres klageabweisendes Urteil gehindert zu sein. Um die zwischenzeitliche Verjährung des Anspruchs aus § 829 zu verhindern, kann noch im Zustand der Mittellosigkeit eine Feststellungsklage erhoben werden.[82] Entsprechendes gilt im Rahmen der spiegelbildlichen Anwendung des § 829 im Rahmen des § 254, wenn die Möglichkeit besteht, dass der Geschädigte zu Geld kommt und damit die Anrechnung seines eigenen Verursachungsbeitrags auf den Ersatzanspruch in Betracht kommt.[83] Die zeitlichen Grenzen der Urteilsrechtskraft sind bei der Tenorierung zu berücksichtigen.[84] Ist auf Grund des § 829 Schadensersatz in Form von Rentenzahlungen gewährt worden, sind etwaige Änderungen der wirtschaftlichen Verhältnisse der Parteien im Wege der **Abänderungsklage** gemäß § 323 ZPO geltend zu machen.

IX. Rechtsvergleichende Hinweise und Reformbestrebungen

Die deliktsrechtliche Verantwortlichkeit Minderjähriger und Geisteskranker ist in Europa sehr unterschiedlich geregelt.[85] **Drei Regelungsmodelle** lassen sich ausmachen: (1) Die strengste Lösung besteht darin, Unzurechnungsfähige genauso zu behandeln wie verständige Durchschnittsmenschen und vollständig dem objektiven Fahrlässigkeitsmaßstab zu unterwer-

---

[78] Dazu allg. BGHZ 100, 190, 195f. = NJW 1987, 2008, 2009; BGHZ 120, 320, 327f. = NJW 1993, 1010, 1012; BGH NJW 1996, 315, 317; 1987, 1201; Überblick bei *Thomas/Putzo/Reichold* Vor § 284 ZPO RdNr. 18, 37.
[79] BGH VersR 1965, 385, 386; *Staudinger/Oechsler* RdNr. 71.
[80] *Soergel/Spickhoff* RdNr. 26.
[81] BGHZ 37, 102, 104 = NJW 1980, 1199, 1200; BGH NJW 1979, 2096 = VersR 1979, 645; *Soergel/Spickhoff* RdNr. 23.
[82] RGZ 169, 394, 395; BGH NJW 1958, 1630; 1962, 2201, 2202; 1979, 2096, 2097; *Erman/Schiemann* RdNr. 4; *Soergel/Spickhoff* RdNr. 24; ausf. *E. Lorenz* VersR 1980, 697, 698; *Knütel* JR 1980, 20, 21.
[83] BGHZ 37, 102, 107 = NJW 1980, 1199, 1200.
[84] BGHZ 37, 102, 107 = NJW 1980, 1199, 1200.
[85] Vgl. die Länderberichte in *Martín-Casals* (Hrsg.), Children in Tort Law, Part I, Children as Tortfeasors, sowie den rechtsvergleichenden Bericht aaO S. 430ff.; weiter *v. Bar,* Gemeineuropäisches Deliktsrecht I, RdNr. 75ff., 324ff.; *ders.,* FS E. Lorenz, 1994, S. 73ff.

fen. Beispielhaft ist insoweit das französische Recht, das diesem Modell seit 1968 jedenfalls für Geisteskranke und mit Einschränkungen auch bei Kindern folgt, Letzteres aber im Bereich der Straßenverkehrsunfallhaftung wieder korrigiert.[86] (2) Dem entgegensetzt sind Rechtsordnungen, die unzurechnungsfähige Personen vor der Deliktshaftung schützen und die dadurch aufgerissenen Haftungslücken durch eine strikte Elternhaftung wieder auffüllen. Dies ist das Modell des niederländischen Rechts mit Blick auf Kinder unter 14 Jahren.[87] (3) Insbesondere die Länder des deutschen Rechtskreises operieren mit dem Tandem aus grundsätzlicher Privilegierung Unzurechnungsfähiger einerseits (§§ 827, 828) und ausnahmsweise Billigkeitshaftung andererseits (§ 829). Diese Lösung ist zwar kompliziert, kann jedoch für sich in Anspruch nehmen, normativ gut begründet zu sein und zudem versteckte Korrekturen im Interesse der Billigkeit zu erübrigen: Ein deutsches Gericht muss nicht den objektiven Sorgfaltsmaßstab verbiegen, um ein Kind oder einen Geisteskranken vor einer erdrückenden Haftungslast zu schützen, und es besteht genauso wenig das Bedürfnis, die Anforderungen an die Unzurechnungsfähigkeit hochzuschrauben, um den Folgen des casum sentit dominus auszuweichen. Dieselbe Aufgabe könnte zwar auch eine allgemeine Reduktionsklausel wahrnehmen, doch erscheint das geltende Recht mit seinem Doppelschritt aus Enthaftung (§§ 827, 828) und Billigkeitshaftung (§ 829) vorzugswürdig, weil es die mit einer allgemeinen Reduktionsklausel unweigerlich verbundene Rechtsunsicherheit vermeidet bzw. auf den relativ kleinen Ausschnitt der §§ 827 ff. begrenzt.

28 Seit dem Inkrafttreten des § 829 ist darüber diskutiert worden, ob das Prinzip der **Billigkeitshaftung auf sämtliche Fälle schuldlos begangener Delikte erstreckt** werden sollte.[88] Ein solcher Tatbestand wäre gleichsam das Spiegelbild zur Reduktionsklausel; während diese eine an sich begründete Haftung aus Billigkeitsgründen reduziert, würde eine allgemeine Billigkeitshaftung die Einstandspflicht dort begründen, wo sonst keine existiert. Eine solche Einstandspflicht für bloße Verursachung, ohne Rücksicht auf Vorsatz oder Fahrlässigkeit,[89] widerspräche allerdings diametral dem normativen Fundament, auf dem die Unterscheidung zwischen Verschuldens- und Gefährdungshaftung beruht und das erklärt, warum letztere auf Quellen besonderer Gefahr beschränkt bleiben muss (vgl. Vor § 823 RdNr. 22).[90] Folgerichtig hält der BGH trotz Erweiterung des Anwendungsbereichs des § 829 daran fest, die Handlung müsse – als diejenige eines verständigen Durchschnittsmenschen gedacht – gegen die Gebote der im Verkehr erforderlichen Sorgfalt verstoßen.[91] – Dabei sollte es bleiben.[92]

§ 830 Mittäter und Beteiligte

(1) [1]Haben mehrere durch eine gemeinschaftlich begangene unerlaubte Handlung einen Schaden verursacht, so ist jeder für den Schaden verantwortlich. [2]Das Gleiche gilt, wenn sich nicht ermitteln lässt, wer von mehreren Beteiligten den Schaden durch seine Handlung verursacht hat.

(2) Anstifter und Gehilfen stehen Mittätern gleich.

---

[86] Vgl. Art. 489 Abs. 2 Code civil; eingehend *Francoz-Terminal/Lafay/Moréteau/Pellerin-Rugliano* in: *Martín-Casals* (Fn. 85) S. 171 ff.; *Wagner* in: *Zimmermann* Grundstrukturen des europäischen Deliktsrechts, S. 261 f.
[87] Vgl. *van Boom* in: *Martín-Casals* (Fn. 85) S. 296.
[88] Ein entsprechender Antrag ist bereits von der Zweiten Kommission abgelehnt worden; vgl. bereits Prot. II S. 591 f.; wieder aufgenommen in Beschluss des 34. DJT, Verh. 34. DJT, Bd. II, 1927, S. 515; genauso die vorbereitenden Gutachten von *Dölle* Verh. 34. DJT, Bd. I, 1926, S. 98, 121 ff.; *Reichel* aaO S. 136, 177; sowie das Referat von *James Goldschmidt* Bd. II, 1927, S. 420, 431); zu entsprechenden Reformbemühungen der Akademie für Deutsches Recht *Reinhardt* in: *Schubert* (Hrsg.), Akademie für Deutsches Recht 1933 bis 1945, Protokolle der Ausschüsse, Bd. III/5, 1993, S. 662, 679 ff.
[89] Deutlich idS *Dölle*, Gutachten zum 34. DJT, S. 98, 122; *Reinhardt* (Fn. 570) S. 666, 680.
[90] *Wagner* in: *Zimmermann*, Grundstrukturen des Europäischen Deliktsrechts, S. 273, 289 f.
[91] Anders wiederum *Dölle*, Gutachten zum 34. DJT, S. 98, 122.
[92] BGH NJW 1973, 1795.

§ 830

Schrifttum: *Adam*, § 830 Abs. 1 S. 2 und die Gefährdungshaftung, VersR 1995, 1291; *Adams*, Zur Aufgabe des Haftungsrechts im Umweltschutz, ZZP 99 (1986), 129; *Assmann*, Multikausale Schäden im deutschen Haftungsrecht, in: *Fenyves-Weyers* (Hrsg.), Multikausale Schäden in modernen Haftungsrechten, 1988, S. 99; *Backhaus*, Einige Überlegungen zum Verhältnis von kumulativer und hypothetischer Kausalität, VersR 1982, 210; *Bauer*, Die Problematik gesamtschuldnerischer Haftung trotz ungeklärter Verursachung, JZ 1971, 4; *Bodewig*, Probleme alternativer Kausalität bei Massenschäden, AcP 185 (1985), 505; *Brambring*, Mittäter, Nebentäter, Beteiligte und die Verteilung des Schadens bei Mitverschulden des Geschädigten, 1973; *Braun*, Haftung für Massenschäden, NJW 1998, 2318; *Brehm*, Zur Haftung bei alternativer Kausalität, JZ 1980, 585; *Brüggemeier*, Die Haftung mehrerer im Umweltrecht – Multikausalität – Nebentäterschaft – „Teilkausalität", JbUTR 1990, S. 261; *Bydlinski*, Mittäterschaft im Schadensrecht, AcP 158 (1959/60), 410; *ders.*, Probleme der Schadensverursachung nach deutschem und österreichischem Recht, 1964; *ders.*, Aktuelle Streitfragen um die alternative Kausalität, FS Beitzke, 1979, S. 3; *Deutsch*, Das Verhältnis von Mittäterschaft und Alternativtäterschaft im Zivilrecht, JZ 1972, 105; *ders.*, Die dem Geschädigten nachteilige Adäquanz – Zur einschränkenden Auslegung des § 830 I 2 BGB durch den BGH, NJW 1981, 2731; *Eberl-Borges*, § 830 und die Gefährdungshaftung, AcP 196 (1996), 491; *dies.*, Vertragliche Haftungstatbestände im Rahmen des § 830 I 2 BGB, NJW 2002, 949; *Ehricke*, Zur Teilnehmerhaftung von Gesellschaftern bei Verletzungen von Organpflichten mit Außenwirkung durch den Geschäftsführer einer GmbH, ZGR 2000, 351; *Gernhuber*, Haftung bei alternativer Kausalität, JZ 1961, 148; *Gmehling*, Die Beweislastverteilung bei Schäden aus Industrieimmissionen, 1989; *Gottwald*, Schadenszurechnung und Schadensschätzung, 1979; *ders.*, Kausalität und Zurechnung, Karlsruher Forum 1986, S. 3; *J. Hager*, Die Kausalität bei Massenschäden, FS Canaris, Bd. I, 2007, S. 403; *Heinze*, Zur dogmatischen Struktur des § 830 I S. 2 BGB, VersR 1973, 1081; *Jung*, Die sogenannte Gesamtursache, AcP 170 (1970), 426; *Keuk*, Die Solidarhaftung der Nebentäter, AcP 168 (1968), 175; *Köndgen*, Kausalitätsvermutung und Gefährdungshaftung, NJW 1970, 2281; *ders.*, Haftung aus § 830 Abs. 1 Satz 2 BGB trotz feststehender Ersatzpflicht?, NJW 1971, 871; *ders.*, Überlegungen zur Fortbildung des Umwelthaftpflichtrechts, UPR 1983, 345; *Kornblum*, Die folgenreiche Großdemonstration – BGH, NJW 1984, 1226, JuS 1986, 600; *Kreutziger*, Die Haftung von Mittätern, Anstiftern und Gehilfen im Zivilrecht, 1985; *Lauenstein*, Ist § 830 Abs. 1 Satz 2 BGB auf Verkehrsunfälle anwendbar?, NJW 1961, 1661; *Mehring*, Beteiligung und Rechtswidrigkeit bei § 830 I 2 BGB, 2003; *Otte*, Marktanteilshaftung, 1988; *Schantl*, Zum Anwendungsbereich des § 830 Abs. 1 S. 2 BGB, VersR 1981, 105; *v. Hein*, Neutrale Beihilfe im Zivilrecht, AcP 204 (2004), 761; *Wagner*, Proportionalhaftung für ärztliche Behandlungsfehler de lege lata, FS Hirsch, 2008, S. 453; *ders.*, Proportionalhaftung bei mehreren möglichen Schadensursachen, FS Schäfer, 2008, S. 193; *Weckerle*, Die deliktische Verantwortlichkeit Mehrerer, 1974; *Wiese*, Umweltwahrscheinlichkeitshaftung, 1997. Zu älterem Schrifttum s. 3. Aufl.

Rechtsvergleichend: *Spier* (Hrsg.), Unification of Tort Law: Causation, 2000.

Übersicht

	RdNr.
I. Normzweck und Entstehungsgeschichte	1–3
II. Haftung für gemeinschaftliches Handeln: § 830 Abs. 1 S. 1, Abs. 2	4–26
1. Zurechnungs-, nicht Beweisregel	4, 5
2. Normative Rechtfertigung	6
3. Strafrechtsakzessorietät	7
4. Anwendungsbereich	8–10
5. Beteiligungsformen	11
a) Mittäterschaft (§ 830 Abs. 1 S. 1)	11, 12
b) Teilnahme (§ 830 Abs. 2)	13–15
aa) Anstiftung	14
bb) Beihilfe	15
cc) „Neutrale" Beihilfe	16
6. Kausalität der Beteiligung	17–19
7. Exzess eines Beteiligten	20
8. Vorsatz- und Fahrlässigkeitsdelikte	21–26
a) Doppelvorsatz	21
b) Fahrlässige Mittäterschaft	22, 23
c) Anstiftung und Beihilfe bei Fahrlässigkeitsdelikten	24–26
9. Einzelfälle	27

	RdNr.
III. Haftung von Alternativtätern: § 830 Abs. 1 S. 2	28–53
1. Normzweck	28–31
2. Anwendungsbereich	32–35
3. Voraussetzungen	36–52
a) Überblick	36
b) Verwirklichung eines Haftungstatbestandes	37, 38
c) Feststehende Ersatzberechtigung des Geschädigten	39–43
aa) Grundsatz: Feststehende Kausalität der haftungsbegründenden Verursachungsbeiträge	39
bb) Mitverursachung	40
cc) Alternative Mitverantwortung des Geschädigten	41, 42
dd) Alternative Kausalität eines Dritten	43
d) Unaufklärbarkeit der Kausalität	44–47
aa) Vorrang der Anteilshaftung	44
bb) Urheber- oder Anteilszweifel	45
cc) Sukzessive Verursachung	46, 47
e) Kausalitätseignung	48–51
aa) Beweismaßreduktion	48

	RdNr.		RdNr.
bb) Nachweis haftungsbegründenden Verhaltens	49, 50	IV. Multikausalität jenseits des § 830: Anteilshaftung statt Gesamtschuld....	55–58
cc) Gesamtkausalitätseignung	51	V. Europäische Rechtsvereinheitlichung	59
f) Beziehung zwischen den „Beteiligten"	52		
4. Kasuistik	53		
5. Gremienentscheidungen	54		

I. Normzweck und Entstehungsgeschichte

1 Die Vorschriften des § 830 sind im Zusammenhang mit § 840 Abs. 1 zu lesen, aus dem sich erst ergibt, was es bedeutet, zu mehreren „für den Schaden verantwortlich" zu sein, nämlich **gesamtschuldnerische Haftung** nach Maßgabe der §§ 421 ff. Diese Rechtsfolgeanordnung ist wiederum erst auf der Folie einer **„allgemeinen Regel" der Anteilshaftung** zu verstehen, die im Gesetz nirgends klar ausgesprochen wird, dem zuständigen Redaktor dieses Teils des BGB, *v. Kübel,* jedoch klar vor Augen stand, nämlich „dass jeder nur für denjenigen Schaden haftet, den er in schuldvoller Weise verursacht hat".[1] Die pro-rata-Haftung, nach der sich die Verantwortlichkeit des Einzelnen auf den eigenen Tatbeitrag und den dadurch verursachten Schadensteil beschränkt, ist also der Normalfall und die Gesamtschuld die mit Hilfe der §§ 830, 840 Abs. 1 zu begründende Ausnahme (eingehend RdNr. 44).[2]

2 Die heute in § 830 zu findenden Regeln über die Verantwortlichkeit mehrerer haben eine **lange Tradition,** die in ihren Grundzügen bis auf das römische Recht zurückführt, so dass sie die Redaktoren des BGB – abgesehen von der Unterscheidung zwischen Anteils- und Urheberzweifeln in Abs. 1 S. 2 (RdNr. 45). – kaum beschäftigt haben.[3] Dem historischen Gesetzgeber ging es vor allem um die Fälle des Raufhandels, bei denen das Opfer die erlittenen Verletzungen häufig nicht einzelnen Schlägern zuordnen kann.[4] § 830 eröffnet zwei verschiedene Wege zur gesamtschuldnerischen Haftung mehrerer Deliktstäter, die bis auf diese Rechtsfolge kaum etwas miteinander zu tun haben. Der **strafrechtliche Teil des § 830** umfasst Abs. 1 S. 1 sowie Abs. 2 und knüpft die Solidarhaftung an die gemeinschaftliche Tatbegehung durch Täter und Teilnehmer. Die Vorschriften sind das zivilrechtliche Pendant zu den §§ 25 ff. StGB, nach denen Täter, Anstifter und Gehilfen strafrechtlich in vollem Umfang und gleichermaßen für die Gesamttat verantwortlich sind, wenn auch bei Gehilfen gemäß § 27 Abs. 2 S. 2 StGB die Möglichkeit einer Strafmilderung besteht. Aus dieser Wertung zieht § 830 Abs. 1 S. 1, Abs. 2 die deliktsrechtlichen Konsequenzen, indem Täter und Teilnehmer auch privatrechtlich für die Folgen ihres Tuns gemeinsam verantwortlich gemacht werden.

3 Wesentlich schwieriger verhält es sich bei dem in § 830 Abs. 1 S. 2 zu findenden **zivilrechtlichen Teil** der Vorschrift, der nicht an Kategorien des StGB anknüpft, um deliktsrechtliche Konsequenzen aus strafrechtlichen Zurechnungsregeln zu ziehen, sondern autonom die Solidarhaftung (§ 840 Abs. 1) mehrerer „Beteiligter" anordnet. Trotz dieser Wortwahl ist die Haftung – anders als in Abs. 1 S. 1 und Abs. 2 – nicht an eine bestimmte Form qualifiziert-gemeinschaftlichen Handelns (RdNr. 52), sondern stattdessen an eine bestimmte Beweislage geknüpft. Vorausgesetzt ist nämlich, dass sich nicht ermitteln lässt, wer

---

[1] *v. Kübel* in: *Schubert* (Hrsg.), Die Vorlagen der Redaktoren für die erste Kommission zur Ausarbeitung des Entwurfs eines Bürgerlichen Gesetzbuchs, Recht der Schuldverhältnisse, Teil 1 Allgemeiner Teil, 1980, S. 706.
[2] RGRK/*Steffen* RdNr. 1.
[3] Vgl. § 714 des Ersten Entwurfs und die Begründung Mot. II S. 738; *Jakobs/Schubert,* Die Beratung des Bürgerlichen Gesetzbuchs, Recht der Schuldverhältnisse III, 1983, S. 929 ff.; vgl. weiter *Windscheid/Kipp,* Lehrbuch des Pandektenrechts, Bd. II, 9. Aufl. 1906, § 455 6, S. 979. Unrichtig *Keuk* AcP 168 (1968), 175, 186, die meint, § 714 S. 2 des Ersten Entwurfs finde sich im BGB nicht mehr – er ist als § 830 Abs. 1 S. 2 kodifiziert worden.
[4] Mot. II S. 738; Prot. II S. 606.

von mehreren potentiellen Tätern den Schaden durch seine Handlung verursacht hat (RdNr. 44 ff.). Eine Hierarchie zwischen dem strafrechtlichen und dem zivilrechtlichen Teil des § 830 in dem Sinne, dass die Beteiligtenhaftung gemäß Abs. 1 S. 2 „jedenfalls" eingreift, falls die Verantwortlichkeit als Gehilfe gemäß Abs. 2 scheitert, besteht nicht.[5]

II. Haftung für gemeinschaftliches Handeln: § 830 Abs. 1 S. 1, Abs. 2

1. Zurechnungs-, nicht Beweisregel. Die normativen Grundlagen des strafrechtlichen Teils des § 830 sind unklar und umstritten. Ein großer Teil der deliktsrechtlichen Literatur versteht Abs. 1 S. 1, Abs. 2 nicht als Zurechnungs-, sondern als Beweisregeln: Diese Vorschriften begründeten eine **Haftung für nur mögliche Kausalität**, um dem Geschädigten die bei gemeinschaftlicher Deliktsbegehung notorischen Beweisprobleme abzunehmen.[6] Folgerichtig stehe einem jeden Tatbeteiligten die Möglichkeit offen, sich durch Nachweis der Nicht-Ursächlichkeit seines Tatbeitrags für den eingetretenen Schaden von der Haftung zu befreien.[7] Nach anderer Ansicht verhält es sich genau umgekehrt: Die Anwendung von Abs. 1 S. 1, Abs. 2 setze wie stets den Nachweis der Kausalität des *eigenen* Tatbeitrags voraus, doch sei es dem Beteiligten verwehrt, seine Verantwortlichkeit auf den durch seinen Beitrag verursachten Schadensteil zu begrenzen.[8]

Die **Rechtsprechung** hingegen knüpft die Haftung an die Tatbeteiligung im strafrechtlichen Sinn und behandelt die Vorschriften des § 830 Abs. 1 S. 1, Abs. 2 damit implizit als **Zurechnungsregeln,** ohne dies offen auszusprechen.[9] Über die in Einzelfällen auf dieser Grundlage erzielten Ergebnisse kann sicher gestritten werden, doch im Ansatz ist der Auffassung des BGH mit der folgenden Begründung zuzustimmen:[10] Täter oder Teilnehmer eines Delikts iS des §§ 25 ff. StGB haben für die Schadensfolgen nicht deshalb gesamtschuldnerisch einzustehen, weil der Geschädigte andernfalls Mühe hätte, die Kausalität des Tatbeitrags eines einzelnen Beteiligten nachzuweisen, sondern deshalb, weil jedem von ihnen die Folgen des gemeinsam begangenen Delikts zugerechnet werden. Selbstverständlich ist der Geschädigte wegen der in § 830 Abs. 1 S. 1, Abs. 2 statuierten Gesamtverantwortung sämtlicher Beteiligter der Aufgabe enthoben, die Kausalität der verschiedenen Tatbeiträge im Einzelnen minutiös darzulegen, doch die Vermeidung eines non liquet ist ein – willkommener – Nebeneffekt der gemeinsamen Verantwortlichkeit, nicht hingegen ihr funktionaler Bezugs- oder gar ihr Legitimationsgrund.

2. Normative Rechtfertigung. Der Legitimationsgrund der solidarischen Haftung von Mittätern und Teilnehmern besteht darin, dass bei arbeitsteiligem Vorgehen jeder einzelne Beteiligte einen Beitrag zum Gelingen des Gesamtplans leistet, dessen Kausalität für den Erfolg der Tat vom Zufall abhängt, der aber jedenfalls den Tatentschluss der Übrigen gefördert und ihnen die Tatausführung erleichtert hat. Die **erhöhte Gefährlichkeit der arbeitsteiligen Tatausführung** liegt nicht nur der erweiterten Zurechnung bei Mittäterschaft und Teilnahme, sondern auch der Strafbarkeit der versuchten Beteiligung (§ 30 StGB) sowie den zahlreichen Qualifikationstatbeständen des StGB für Fälle bandenmäßiger Deliktsbegehung zugrunde (vgl. etwa §§ 244 Abs. 1 Nr. 2, 250 Abs. 1 Nr. 2 StGB).

---

[5] OLG Oldenburg NJW-RR 2004, 1671, 1672.
[6] Grdlg. *Bydlinski* AcP 158 (1959/60), 410, 414 ff.; genauso *Larenz/Canaris* II/2 § 82 I 1, S. 564 f.; *Staudinger/Eberl-Borges* RdNr. 2, 4, 7 f.; 21 ff.; 3. Aufl. RdNr. 3.
[7] *Bydlinski* AcP 158 (1959/60), 410, 417 ff.; *Larenz/Canaris* II/2 § 82 I 1, S. 564 f.; *Staudinger/Eberl-Borges* RdNr. 25.
[8] *Brambring*, Mittäter, Nebentäter, Beteiligte, S. 46 ff.
[9] BGHZ 8, 288, 292 ff. = NJW 1953, 499, 500; BGHZ 63, 124, 126 = NJW 1975, 49, 50; BGHZ 89, 383, 389 = NJW 1984, 1226, 1228; BGHZ 137, 89, 102 = NJW 1998, 377, 381 f.; BGH VersR 1967, 471, 473; NJW 1972, 40, 41 = VersR 1971, 820, 821 = LM Nr. 15; OLG Hamm OLGR 2001, 231.
[10] Wie hier *Soergel/Krause* RdNr. 7; ähnlich RGRK/*Steffen* RdNr. 1; *Assmann* in: *Fenyves/Weyers*, Mulitkausale Schäden in modernen Haftungsrechten, S. 99, 113; *Fraenkel*, Tatbestand und Zurechnung bei § 823 Abs. 1 BGB, 1978, S. 270.

7 3. Strafrechtsakzessorietät. Die Rechtsprechung interpretiert die in § 830 Abs. 1 S. 1, Abs. 2 verwendeten Begriffe der Täterschaft und Teilnahme in **Übereinstimmung mit der Strafrechtsdogmatik**.[11] In der Tat scheidet es aus Gründen der Rechtssicherheit und Rechtsklarheit aus, eine eigene zivilrechtliche Teilnahmelehre in Parallele zu ihrem strafrechtlichen Pendant zu entwickeln, die noch dazu gegenüber § 830 Abs. 1 S. 2 abzugrenzen wäre. Soweit in der deliktsrechtlichen Literatur für eine Erstreckung der Teilnehmerhaftung gemäß § 830 Abs. 2 auf die vorsätzliche Teilnahme an fahrlässiger Haupttat plädiert wird, ist dem aus sachlichen Gründen nicht zu folgen (RdNr. 22 ff.). Auf der anderen Seite wäre jedoch auch eine **sklavische Anbindung des § 830 Abs. 1 S. 1, Abs. 2 an strafrechtliche Institute** verfehlt. Mit Recht lehnt der BGH eine Bindung der Zivilgerichte an strafgerichtliche Feststellungen und Wertungen zu Täterschaft und Teilnahme ab,[12] und auch den Präjudizien der Strafsenate des BGH kommt keine Verbindlichkeit für die Auslegung des § 830 zu.

8 4. Anwendungsbereich. Auch **Zurechnungsunfähige** können Mittäter iS des § 830 Abs. 1 S. 1 sein.[13] Sie haften allerdings lediglich nach § 829.[14] Die Zurechnungsunfähigkeit des Haupttäters lässt die Haftung des Anstifters und Gehilfen unberührt.[15] Oftmals wird dann jedoch mittelbare Täterschaft vorliegen.[16]

9 Auf die **Gefährdungshaftung** ist der strafrechtliche Teil des § 830 nicht anwendbar, weil es an der Verknüpfung der wechselseitigen Tatbeiträge über das Vorsatzerfordernis fehlt.[17] Folgerichtig lässt sich die Haftung mehrerer Hundehalter nicht unter dem Gesichtspunkt begründen, die Tiere hätten „gemeinschaftlich" einen anderen Hund gebissen.[18]

10 Die Zurechnung bei **Vertragsverletzungen** folgt eigenen Grundsätzen, insbesondere dem Prinzip der Relativität von Schuldverhältnissen, die durch Anwendung von § 830 überspielt werden dürfen. Dies gilt trotz der generalpräventiven Funktion des § 661a auch für Gewinnzusagen.[19]

11 5. Beteiligungsformen. a) Mittäterschaft (§ 830 Abs. 1 S. 1). Die Zivilgerichte haben auf die Herausarbeitung eines genuin-privatrechtlichen Mittäterbegriffs mit Recht verzichtet und stattdessen auf die **Strafrechtsdogmatik** rekurriert.[20] Da eine Bindung an letztere oder an Strafurteile in derselben Sache nicht besteht (RdNr. 7), bedeutet dies lediglich, dass § 830 Abs. 1 S. 1 im Anschluss an die strafrechtliche Gesetzes- und Diskussionslage zu konkretisieren ist. Gemäß § 25 Abs. 2 StGB erfordert Mittäterschaft die gemeinschaftliche Begehung der Tat, worunter das Zusammenwirken bei der Tatausführung auf Grund eines gemeinsamen Tatplans zu verstehen ist. In diesem Rahmen wird bekanntlich darum gestritten, ob subjektive oder objektive Kriterien das größere Gewicht zuzumessen ist. In der strafgerichtlichen Rechtsprechung ist lange die sog. subjektive Theorie favorisiert worden, die den Willen des Handelnden in den Vordergrund rückt, die Eigenschaft als Täter also von der Handlung in „animus auctoris" abhängig macht, während sich in der neueren Judikatur der Strafsenate des BGH deutliche Anzeichen einer Annäherung an die – stärker

---

[11] BGHZ 63, 124, 126 = NJW 1975, 49, 50; BGHZ 89, 383, 389 = NJW 1984, 1226, 1228; BGHZ 137, 89, 102 = NJW 1998, 377; BGHZ 164, 50, 57 = NJW 2005, 3137; BGH NJW 2004, 3423, 3425; *Erman/Schiemann* RdNr. 3; *Soergel/Krause* RdNr. 4.
[12] BGHZ 8, 288, 293 = NJW 1953, 499, 500.
[13] RGZ 94, 220, 221 f.
[14] BGH NJW 1972, 40, 41 = LM Nr. 15.
[15] *Staudinger/Eberl-Borges* RdNr. 36; aA *Jauernig/Teichmann* RdNr. 6.
[16] BGHZ 42, 118, 122 = NJW 1964, 2157, 2158.
[17] *Eberl-Borges* AcP 196 (1996), 491, 499 f.
[18] Anklänge in dieser Richtung aber in AG Hannover NJW RR 1986, 704.
[19] OLG Düsseldorf VuR 2004, 67, 70; zu den Normzwecken des § 661a eingehend *Wagner* AcP 206 (2006), 352, 370 f.
[20] BGHZ 8, 288, 292 = NJW 1953, 499, 500; BGHZ 63, 124, 126 = NJW 1975, 49, 50; BGHZ 89, 383, 389 = NJW 1984, 1226, 1228; BGHZ 137, 89, 102 = NJW 1998, 377, 381 f.; BGH VersR 1967, 471, 473; NJW 1972, 40, 41 = VersR 1971, 820, 821 = LM Nr. 15; OLG Hamm OLGR 2001, 231; dem folgend *Esser/Weyers* BT/2 § 60 I 1a, S. 228; *Erman/Schiemann* RdNr. 3; *Soergel/Krause* RdNr. 4; *Staudinger/Eberl-Borges* RdNr. 21.

Mittäter und Beteiligte 12–14 § 830

objektiv orientierte – Tatherrschaftslehre finden.[21] Die Zivilsenate des BGH haben diese Entwicklung in den relativ wenigen Entscheidungen, die zum strafrechtlichen Teil des § 830 ergangen sind, nachvollzogen, so dass die in der Literatur immer noch verbreitete Kritik an der zu stark subjektiv gefärbten Rechtsprechung des BGH ins Leere geht.[22] Zwar ließ das Gericht in einem älteren Urteil die bloß geistige Mitwirkung ausreichen und betonte die „Gemeinschaftlichkeit des Wollens",[23] doch in einer neueren Entscheidung heißt es, die Haftung als Täter oder Teilnehmer verlange „neben der Kenntnis der Tatumstände wenigstens in groben Zügen den jeweiligen Willen der einzelnen Beteiligten, die Tat gemeinschaftlich mit anderen auszuführen oder sie als fremde Tat zu fördern", darüber hinaus müsse aber „objektiv [...] eine Beteiligung an der Ausführung der Tat hinzukommen, die in irgendeiner Form deren Begehung fördert und für diese relevant ist".[24] Von einer einseitigen Betonung subjektiver Kriterien kann also nicht die Rede sein.

Einer weiteren Vertiefung der Voraussetzungen der Mittäterschaft und ihrer **Profilierung** 12 **gegenüber der Teilnahme** mit Hilfe der verschiedenen strafrechtlichen Theorien bedarf es nicht, weil es für § 830 nicht darauf ankommt; ist der Beteiligte nicht als Mittäter, sondern als Teilnehmer zu qualifizieren, ändert dies gemäß Abs. 2 nichts an seiner Einstandspflicht für den Gesamtschaden. Haftungsrechtlich relevant ist also nicht die Abgrenzung zwischen Täterschaft und Teilnahme, sondern diejenige zwischen Teilnahme und gänzlich fehlender Deliktsbeteiligung.[25] Zur Kausalitätsproblematik und zur Anwendung auf Fahrlässigkeitsdelikte s. RdNr. 16 ff., 20 ff.

b) Teilnahme (§ 830 Abs. 2). Auch für die Konkretisierung der Teilnahmeformen des 13 Abs. 2 ist zunächst von den strafrechtlichen Definitionen der §§ 26 f. StGB auszugehen.[26] Eine Teilnahme im Sinne des § 830 Abs. 2 kommt entsprechend den im Strafrecht geltenden Grundsätzen auch bei Delikten in Betracht, bei denen der Anstifter selbst nicht Täter sein könnte **(eigenhändige Delikte, Sonderdelikte)**.[27] So kann zB der persönlich haftende Gesellschafter einer Emissionsbank Beihilfe zum Kapitalerhöhungsschwindel nach § 399 Abs. 1 Nr. 4 AktG leisten,[28] und an den Delikten gesellschaftsrechtlicher Organe können Nichtorgane teilnehmen, wenn beispielsweise der beherrschende Gesellschafter den GmbH-Geschäftsführer zur Verletzung der Insolvenzantragspflicht nach § 64 Abs. 1 GmbHG (vgl. § 92 Abs. 2 AktG) anstiftet.[29] Zur Erstreckung des § 830 Abs. 2 auf **Fahrlässigkeitsdelikte** s. RdNr. 23 ff.

aa) Anstiftung. Anstifter ist, wer vorsätzlich einen anderen bestimmt, eine vorsätzli- 14 che unerlaubte Handlung zu begehen.[30] Der Anstifter muss beim Täter einen **Tatentschluss wecken,** nicht einen irgendwie gearteten Handlungsentschluss.[31] In der Straf-

---

[21] Zur Entwicklung der Rspr. in Strafsachen *Schönke/Schröder/Cramer/Heine* Vor §§ 25 ff. StGB RdNr. 57 f., 87 ff.
[22] Vgl. *Staudinger//Eberl-Borges* RdNr. 21.
[23] BGHZ 8, 288, 294 = NJW 1953, 499, 500; vgl. auch BGHZ 17, 327, 333 = NJW 1955, 1274, 1275.
[24] BGHZ 137, 89, 102 = NJW 1998, 377, 382; Tendenzen in Richtung einer stärkeren Objektivierung auch schon in BGHZ 63, 124, 126 = NJW 1975, 49, 50.
[25] BGHZ 70, 277, 284 = NJW 1978, 816, 819; BGHZ 137, 89, 102 = NJW 1998, 377, 382; BGH NJW 2004, 3423, 3425; *Erman/Schiemann* RdNr. 3.
[26] BGHZ 8, 288, 292 = NJW 1953, 499, 500; BGHZ 63, 124, 126 = NJW 1975, 49, 50; BGHZ 70, 277, 285 = NJW 1978, 816, 819; BGHZ 89, 383, 389 = NJW 1984, 1226, 1228; BGHZ 137, 89, 102 = NJW 1998, 377, 382; BGHZ 164, 50, 57 = NJW 2005, 3137; BAG NJW 1964, 887; *Erman/Schiemann* RdNr. 3; RGRK/*Steffen* RdNr. 7; *Staudinger/Eberl-Borges* RdNr. 28, 38.
[27] BGH NJW-RR 2005, 556, 557; vgl. auch *Schönke/Schröder/Cramer/Heine* § 26 StGB RdNr. 26, § 27 StGB RdNr. 26 f.
[28] BGHZ 105, 121, 133 f. = NJW 1988, 2794, 2797.
[29] BGHZ 164, 50, 57 = NJW 2005, 3137; *Hachenburg/Ulmer,* 8. Aufl. 1997, § 64 GmbHG RdNr. 75; *Lutter/Hommelhoff,* GmbHG, 15. Aufl. 2000, § 64 RdNr. 49; *Baumbach/Hueck/Schulze-Osterloh,* 17. Aufl. 2000, § 64 GmbHG RdNr. 91; *Scholz/Karsten Schmidt* § 64 GmbHG RdNr. 54; *U. Stein,* Das faktische Organ, 1984, S. 156 ff.
[30] Vgl. BGHZ 75, 96, 107 = NJW 1979, 1823, 1826.
[31] BGHSt 9, 370, 379.

§ 830 15, 16   Abschnitt 8. Titel 27. Unerlaubte Handlungen

rechtsdogmatik ist umstritten, ob § 26 StGB die Beeinflussung durch einen Kommunikationsakt voraussetzt oder ob für die Anstiftung auch „das bloße Arrangieren tatanreizender Situationen" ausreicht.[32] Wäre Letzteres der Fall, würde die auch für das private Deliktsrecht grundlegende Beschränkung der Haftung auf die Folgen eigenen Fehlverhaltens zugunsten einer potentiell weitreichenden Zurechnung fremden deliktischen Verhaltens aufgebrochen. Dafür besteht kein sachlicher Anlass. Zum Kausalitätserfordernis s. RdNr. 17 ff.

15   **bb) Beihilfe.** Ausgangspunkt für die Definition des deliktsrechtlichen Begriffs der Beihilfe ist wiederum die Strafrechtsdogmatik, die als Gehilfen qualifiziert, wer vorsätzlich einem anderen zu dessen vorsätzlich begangener unerlaubter Handlung Hilfe leistet (§ 27 Abs. 1 StGB).[33] **Jede Form der Hilfeleistung** kommt in Betracht, einschließlich der bloß psychischen Unterstützung. Einer Mitwirkung bei der Tatausführung bedarf es nicht,[34] sondern das Hilfeleisten im Vorbereitungsstadium reicht für die Haftungsbegründung aus,[35] nicht aber die bloße Anwesenheit am Tatort.[36] Die kommunikative Verständigung von Haupttäter und Gehilfe auf einen gemeinsamen Tatplan ist nicht erforderlich, sondern es reicht die **bewusste faktische Förderung fremder Tat.**[37]

16   **cc) „Neutrale" Beihilfe.** Diese Weite des Gehilfenbegriffs kann bei **alltäglichen oder berufstypischen Verhaltensweisen,** wie etwa dem Verkauf eines als Tatwaffe geeigneten Werkzeugs oder der Kreditgewährung an Unternehmen, die kreditwürdig sind, jedoch gegen wettbewerbs-, kapitalmarkt- oder verwaltungsrechtliche Normen verstoßen, zu weitreichenden und unangemessenen Haftungsrisiken führen. Die Diskussion um eine Einschränkung der **Strafbarkeit** derartiger **neutraler Beihilfehandlungen** wird im strafrechtlichen Schrifttum lebhaft geführt.[38] Zur Differenzierung zwischen strafwürdigem und erlaubtem Alltagshandeln werden sowohl subjektive[39] als auch objektive[40] Kriterien vorgeschlagen.[41] Die Rechtsprechung und ein Teil der Lehre unterscheiden anhand der Kenntnis des Gehilfen: Hat der mutmaßliche Gehilfe positive Kenntnis davon, dass der Haupttäter sich sein (des Gehilfen) Verhalten zur Begehung einer Straftat nutzbar machen wird, liegt strafbare Beihilfe vor, auch wenn es um äußerlich neutrales Verhalten, wie eine Taxifahrt zum Tatort, geht.[42] Hält der Gehilfe einen solchen Verlauf dagegen lediglich für möglich, haftet er nur, wenn das erkannte Risiko der Begehung einer Straftat derart hoch ist, dass er sich „die Förderung eines erkennbar tatgeneigten Täters angelegen sein" lässt. Für die zivilrechtliche Gehilfenhaftung verbietet sich eine Anknüpfung an den Grad des Vorsatzes schon wegen der damit einhergehenden prozessualen Konsequenzen: Da innere Tatsachen dem direkten Beweis nicht zugänglich sind, würden subjektive Haftungskriterien entweder zu systematischer Beweisnot führen oder durch ausuferndem Gebrauch von Beweiserleichterungen verwässert werden. Zu Recht werden von der zivilrechtlichen Literatur für die

---

[32] *Schönke/Schröder/Cramer/Heine* § 26 StGB RdNr. 4; *Jakobs,* Strafrecht Allgemeiner Teil, 22. Abschnitt, RdNr. 21 ff.
[33] BGHZ 63, 124, 126 = NJW 1975, 49, 50; BGHZ 70, 277, 285 = NJW 1978, 816, 819; BGHZ 105, 121, 133 f. = NJW 1988, 2794, 2797; BGHZ 137, 89, 102 = NJW 1998, 377, 381 f.; BGHZ 164, 50, 57 = NJW 2005, 3137; BAG NJW 1964, 887; *Erman/Schiemann* RdNr. 3; RGRK/*Steffen* RdNr. 7.
[34] BGHZ 63, 124, 130 = NJW 1975, 49, 51; BGHZ 70, 277, 285 = NJW 1978, 816, 819; BGHZ 137, 89, 103 = NJW 1998, 377, 382.
[35] BGHZ 63, 124, 131 = NJW 1975, 49, 51 f.
[36] OLG Oldenburg NJW-RR 2004, 1671, 1672.
[37] RGZ 101, 135, 140; BGHZ 77, 277, 285 f.; BGH NJW-RR 2005, 556, 557.
[38] Gegen jede Einschränkung der Beihilfe bei Alltagshandlungen und berufstypischen Verhaltensweisen *Niedermair* ZStW 107 (1995), 507 ff.
[39] ZB *Arzt* NStZ 1990, 1, 3 f.: Haftung nur bei Absicht.
[40] *Frisch,* Tatbestandsmäßiges Verhalten und Zurechnung des Erfolgs, 1988, S. 284 und *Jakobs,* Strafrecht Allgemeiner Teil, 24. Abschnitt, RdNr. 15 ff.; *ders.* GA 1996, 253, 261 ff. verlangen zB einen deliktischen Sinnbezug.
[41] Übersicht zum Meinungsstand bei *Schönke/Schröder/Cramer/Heine* § 27 StGB RdNr. 10 a f.
[42] BGH NStZ 2000, 34; NJW 2000, 3010, 3011; ähnlich *Roxin* AT/2 S. 207 ff.

Begründung der Gehilfenhaftung bei neutralen Handlungen daher objektive Kriterien gefordert. Dabei wird teilweise eine Unrechtsvereinbarung zwischen Täter und Gehilfen zur Voraussetzung der Beihilfe gemacht,[43] teils im Rahmen eines eigenständigen Rechtswidrigkeitsurteils darauf abgestellt, ob der Beitrag des Gehilfen zu einer Risikoerhöhung geführt hat.[44] Schließlich will eine Ansicht die Sanktionswürdigkeit einer neutralen Beihilfehandlung aus einer Zusammenschau von Schädigungsrisiko, berufsspezifischer Pflichtenstellung und Voraussehbarkeit der Deliktsbegehung bestimmen.[45] Zutreffend erscheint es, auf das Kriterium der Risikoerhöhung abzustellen, wobei es allerdings entscheidend darauf ankommt, dass der Tatbeitrag des **Gehilfen das erlaubte Risiko überschreitet.** Die Grenzen des erlaubten Risikos sind überschritten, wenn die entsprechende Tätigkeit ihren alltäglichen Charakter verliert und in einen deliktischen Kontext gestellt wird.[46] Die Leihe eines Schraubenziehers begründet keine Haftung, wohl aber dann, wenn der Entleiher sich gerade an einer Schlägerei beteiligt. Der Verkauf der Tatwaffe im Rahmen objektiv ordnungsgemäßer Geschäftsführung begründet auch dann keine Haftung nach § 830 Abs. 2, wenn der vermeintliche Gehilfe damit rechnet, der Käufer werde ein Delikt begehen, denn er befördert die Tat lediglich durch ein Verhalten, das ihm trotz des inhärenten Risikos erlaubt ist. Die bloße Teilnahme an einer gewalttätigen Demonstration hält sich im Rahmen des erlaubten Risikos, nicht aber die erkennbare Solidarisierung mit den Tätern (RdNr. 18). Darüber hinaus verlässt der mutmaßliche Gehilfe den Boden des Erlaubten auch dann, wenn ihn eine **besondere Garantenpflicht** zum Schutz der konkret gefährdeten Rechtsgüter trifft.[47] Eine solche Garantenpflicht kann sich auch aus der strukturellen Nähe einer beruflichen Rolle und Aufgabenstellung zu bestimmten Schädigungen ergeben, wie beispielsweise bei einer Wirtschaftsprüfungsgesellschaft mit Blick auf Bilanzfälschungen und andere Delikte zu Lasten der Unternehmensgläubiger. Jenseits dieser Fallgruppe spielt die Berufshaftung als solche (§ 823 RdNr. 255 ff.) für die neutrale Beihilfe keine Rolle.[48]

6. Kausalität der Beteiligung. Einer der wesentlichen Streitpunkte zum strafrechtlichen Teil des § 830 betrifft die Frage, ob die Haftung des Beteiligten voraussetzt, dass sich sein **Tatbeitrag in dem Verletzungserfolg ausgewirkt** hat, dass er für dessen Eintritt kausal geworden ist (RdNr. 4). Die Diskussion konzentriert sich dabei mit Recht auf die Beihilfe, während für die Anstiftung einhellig die **Kausalität der Anstiftungshandlung** für die Haupttat verlangt wird: Ein omnimodo facturus kann nicht angestiftet werden.[49] Da in diesem Fall jedoch Beihilfe in Betracht kommt, bleibt dieses Zugeständnis deliktsrechtlich irrelevant. Bei der **Beihilfe** wiederum ist die **Kausalitätsfrage** im Straf- wie im Deliktsrecht gleichermaßen **umstritten.** Nach der Rechtsprechung ist es nicht erforderlich, dass der Gehilfe den Erfolg der Tat mitverursacht hat, sondern es genügt jede Förderung der Haupttat durch die Hilfeleistung.[50] Nach der Gegenansicht setzt hingegen auch die Beihilfe Kausalität des Tatbeitrags für den Verletzungserfolg voraus,[51] während eine dritte Auffassung

---

[43] *Fraenkel* (Fn. 10) S. 283 f.
[44] *Larenz / Canaris* II/2 § 82 I 2 d, S. 568.
[45] *v. Hein* AcP 204 (2004), 796 ff.; im Ergebnis ähnlich *Fleischer* AG 2008, 265, 270.
[46] *Jakobs*, Strafrecht Allgemeiner Teil, 24. Abschnitt RdNr. 15 ff.; *ders.* GA 96, 253, 263 f.; anders lag es in dem US.-amerikanischen Fall Stoneridge Investment Partners LLC v. Scientific Atlanta, Inc., 128 S. Ct. 761 (2008); dazu *Fleischer* AG 2008, 265; *Adler/Naumann/Wilske* RIW 2008, 97.
[47] *Jakobs*, Strafrecht Allgemeiner Teil, 24. Abschnitt RdNr. 15; *ders.* GA 96, 253, 263 f.
[48] Anders *v. Hein* AcP 204 (2004), 761, 797 ff.
[49] Vgl. nur *Schönke/Schröder/Cramer/Heine* § 26 StGB RdNr. 7 mwN.
[50] BGHZ 63, 124, 130 = NJW 1975, 49, 51; BGHZ 137, 89, 103 = NJW 1998, 377, 382; BGHZ 164, 50, 57 = NJW 2005, 3137; wohl auch BGHZ 137, 89, 103 = NJW 1998, 377, 382; BGH NJW 2004, 3423, 3425; NJW-RR 2005, 556, 557; wohl auch BGHZ 137, 89, 103 = NJW 1998, 377, 382; für das Strafrecht: RGSt 6, 169, 170; 58, 113, 114 f.; 67, 191, 193; 71, 176, 178; 73, 52, 54; BGH StrafV 1981, 72 f.; dem folgend *Erman/Schiemann* RdNr. 3; *Jauernig/Teichmann* RdNr. 6; einschränkend RGRK/*Steffen* RdNr. 7; *Soergel/Krause* RdNr. 7, 10.
[51] *Kreutziger*, Die Haftung von Mittätern, Anstiftern und Gehilfen im Zivilrecht, S. 229, 255; *Bamberger/Roth/Spindler* RdNr. 11; für das strafrechtliche Schrifttum *Schönke/Schröder/Cramer/Heine* § 27 StGB RdNr. 10; *Jakobs*, Strafrecht Allgemeiner Teil, 22. Abschnitt, RdNr. 34.

§ 830 Abs. 2 im Sinne einer Beweiserleichterung versteht und folgerichtig die Beweislast für die Kausalität zu Lasten des Gehilfen umkehrt.[52]

18 Die zuletzt genannte Lösung scheidet auf der Grundlage der hier vertretenen Konzeption aus, weil es sich bei § 830 Abs. 1 S. 1, Abs. 2 nicht um Beweislast-, sondern um Zurechnungsregeln handelt, die das Verhalten sämtlicher an einem Delikt Beteiligter zusammen- und jedem Einzelnen zurechnen – für einen Entlastungsbeweis ist deshalb von vornherein kein Raum (vgl. RdNr. 4 f.). Im Anschluss an den Legitimationsgrund der Solidarhaftung von Mittätern und Teilnehmern (RdNr. 6) sollte es für die Haftung aus § 830 Abs. 1 S. 1, Abs. 2 **ausreichen,** wenn der **Tatbeitrag des Einzelnen die Begehung der Tat gefördert** hat, ohne dass es auf die Kausalität im Sinne einer conditio sine qua non ankommt. Wenn zwei Täter ein Opfer überfallen und dabei ganz sicher gehen wollen, zu diesem Zweck nicht bloß einen, sondern zwei Stolperdrähte über einen Weg spannen, dann aber das Opfer doch schon über den Ersten fällt, dann ist derjenige Täter, der den zweiten Draht gespannt hat, nicht für den Erfolg kausal geworden, und doch ist vernünftigerweise nicht daran zu zweifeln, dass er als Mittäter für die Verletzungsfolgen einzustehen hat. Genauso liegt es, wenn bei einem Bandeneinbruchsdiebstahl einer der Beteiligten draußen Schmiere steht, sich das Risiko der Entdeckung jedoch nicht aktualisiert. In sämtlichen Fällen leistet der Teilnehmer einen Beitrag zu einem arbeitsteilig geplanten und ausgeführten Delikt, und deshalb ist es gerechtfertigt, sowohl die straf- als auch die deliktsrechtliche Haftung zu bejahen. Wenn nicht alles täuscht, dann operieren auch die Anhänger eines Kausalitätserfordernisses im Rahmen von § 27 StGB mit einem „ausgedünnten" Verursachungsbegriff, wenn beispielsweise die Kausalität des als überflüssig erwiesenen Schmierestehens mit der Erwägung bejaht wird, es könne „nicht hinreichend ausgeschlossen werden", dass dadurch das Entdeckungsrisiko vermindert worden ist.[53] Zum einen kommt es im Rahmen der StPO wie auch der ZPO nicht darauf an, ob die Kausalität ausgeschlossen, sondern ob sie festgestellt werden kann, und zweitens kann das Schmierestehen das Entdeckungsrisiko nicht vermindert haben, wenn ohnehin kein Dritter am Tatort vorbei gekommen ist.

19 Die **Haftung für Gewalttaten im Rahmen von Demonstrationen** unterliegt folgenden Grundsätzen: Soweit einzelne Demonstranten selbst Gewalttaten begehen oder sich an einer auf Rechtsgutsverletzungen zielenden Abrede beteiligt haben, ist die Zurechnung nach § 830 Abs. 1 S. 1, Abs. 2 unproblematisch.[54] Danach ist bei gewalttätigen Versammlungen kleineren Zuschnitts die Verantwortlichkeit sämtlicher Demonstranten regelmäßig zu bejahen,[55] während bei Großdemonstrationen sicher die sog. Rädelsführer für die verursachten Schäden solidarisch einzustehen haben, darüber hinaus aber auch solche Teilnehmer, die Gewalttäter durch Äußerung von Sympathie zu ihren Taten anfeuern oder sich sonst ostentativ mit ihnen solidarisieren und damit psychische Beihilfe leisten.[56] Diese Voraussetzungen werden sich allerdings immer nur mit Blick auf ein räumlich und zeitlich überschaubares Aktionsfeld feststellen lassen, so dass die Einstandspflicht entsprechend zu beschränken ist.[57] Im Übrigen sind passive Teilnehmer einer Kundgebung, aus der heraus Gewaltakte verübt werden, nicht verpflichtet, sich zu entfernen oder für einen friedlichen Verlauf zu sorgen, um einer deliktsrechtlichen Haftung zu entgehen, auch wenn sie wissen müssen, dass sie mit ihrer

---

[52] *Staudinger/Eberl-Borges* RdNr. 25, 42 ff., 45; *Larenz/Canaris* II/2 § 82 I 2, S. 566 f., der allerdings selbst einräumt, es handele sich um eine probatio diabolica. – Auf eine solche sollte nach Möglichkeit verzichtet werden.
[53] So *Schönke/Schröder/Cramer/Heine* § 27 StGB RdNr. 10; zu § 830 ähnlich AnwK-BGB/*Katzenmeier* RdNr. 9.
[54] BGHZ 63, 124, 128 f. = NJW 1975, 49, 51; BGHZ 89, 383, 390 ff. = NJW 1984, 1226, 1228; BGHZ 137, 89, 104 = NJW 1998, 377, 382.
[55] OLG Celle NJW-RR 1999, 102: 14 Eindringlinge eines Betriebsgeländes.
[56] BGHZ 89, 383, 390, 395 = NJW 1984, 1226, 1228, 1229; OLG Celle NJW-RR 1999, 102; AG Aachen NJW-RR 2007, 89, 90.
[57] BGHZ 63, 124, 127 f. = NJW 1975, 49, 50 f.; BGHZ 89, 383, 392 = NJW 1984, 1226, 1228; krit. *Kornblum* JuS 1986, 600, 602; *Stürner* JZ 1984, 525, 527 ff.; aA die Vorinstanz (zu BGHZ 89, 383) OLG Celle VersR 1982, 598, 599.

Anwesenheit den Gewalttätern Anonymität und Schutz gewähren.[58] Wird die wechselseitige Zurechnung der Tatbeiträge in dieser Weise begründet und zugleich beschränkt, ist den verfassungsrechtlichen Prärogativen der Art. 5 Abs. 1, 8 Abs. 1 GG genüge getan.[59]

7. Exzess eines Beteiligten. Da sämtliche Beteiligungsformen über das Vorsatzerfordernis miteinander verknüpft sind und in diesem Sinne ein bewusst gemeinschaftliches Handeln voraussetzen, reicht die **wechselseitige Zurechnung der einzelnen Tatbeiträge nicht weiter als der gemeinsame Vorsatz**. Dabei reicht die Verabredung (Abs. 1 S. 1) bzw. Kenntnis von der Tat (Abs. 2) in ihren groben Zügen aus.[60] Die Grenzen der Zurechnung sind allerdings überschritten, wenn einer der Beteiligten, sei es einer der Mittäter, sei es der Angestiftete oder der Haupttäter bei der Beihilfe, über den gemeinsamen Tatplan bzw. die anvisierte Tat hinausgeht und im Exzess Rechtsgutsverletzungen verübt, die vom Vorsatz der Übrigen nicht gedeckt sind.[61] Das gilt selbst dann, wenn sämtliche Mittäter über die Stränge schlagen, etwa zwei Warenhausdetektive einen festgehaltenen Dieb verprügeln.[62]

8. Vorsatz- und Fahrlässigkeitsdelikte. a) Doppelvorsatz. Anstiftung und Beihilfe sind in den §§ 26, 27 Abs. 1 StGB ausdrücklich als **vorsätzliche Beteiligungen an fremden Vorsatztaten** definiert und die Mittäterschaft gemäß § 25 Abs. 2 StGB ist jedenfalls traditionell auf Vorsatztaten beschränkt, wenn auch im strafrechtlichen Schrifttum die Erstreckung auf Fahrlässigkeitsdelikte erwogen wird.[63] Die zivilrechtliche Rechtsprechung handhabt das Vorsatzerfordernis großzügig. Nach einer stehenden Formulierung des BGH erfordert die Teilnahme „neben der Kenntnis der Tatumstände wenigstens in groben Zügen den jeweiligen Willen der einzelnen Beteiligten, die Tat gemeinschaftlich mit anderen auszuführen oder sie als fremde Tat zu fördern".[64] Der Vorsatzbezug – lediglich die Verursachung der Rechtsgutsverletzung, wie bei § 823 Abs. 1 (§ 823 RdNr. 2), oder auch die Verursachung von Schäden, wie bei § 826 (§ 826 RdNr. 23 ff.) – hängt von der Art des Haftungstatbestands ab, der der Anwendung des § 830 Abs. 1 S. 1, Abs. 2 zugrunde liegt. Nicht richtig ist es, selbst bei § 823 Abs. 1 ausschließlich auf die gemeinschaftliche Verletzung einer Verhaltenspflicht abzustellen und für Folgeschäden Fahrlässigkeit ausreichen zu lassen, obwohl der Folgeschaden überhaupt nicht vom Verschulden umfasst zu sein braucht (§ 823 RdNr. 310).[65]

b) Fahrlässige Mittäterschaft? Ein Teil der Literatur bejaht im Anschluss an die Rechtsprechung des RG die Möglichkeit der Mittäterschaft auch beim Fahrlässigkeitsdelikt, soweit die Beteiligten Sorgfaltspflichten verletzen, die ihnen gemeinschaftlich oder in Beziehung aufeinander obliegen.[66] Der **BGH** hat eine solche Erweiterung des § 830 Abs. 1 S. 1 bisher **abgelehnt**,[67] und dies mit Recht.[68] Sämtliche der insoweit genannten Fälle lassen sich lösen,

---

[58] BVerfGE 69, 315, 361 f. = BVerfG NJW 1985, 2395, 2400 (Brokdorf) m. Anm. *Frowein*; BGHZ 63, 124, 127 f. = NJW 1975, 49, 50 f.; BGHZ 89, 383, 392 = NJW 1984, 1226, 1228; BGHSt 32, 165, 179 = NJW 1984, 931, 934; *Kühl* NJW 1985, 2379, 2383; *Soergel/Krause* RdNr. 13 aA LG Berlin NJW 1969, 1119 f.
[59] BGHZ 89, 383, 394 f. = NJW 1984, 1226, 1229; BGHZ 137, 89, 104 = NJW 1998, 377, 382.
[60] BGHZ 137, 89, 102 = NJW 1998, 377, 381 f.
[61] BGHZ 59, 30, 42 = NJW 1972, 1366, 1369; BGHZ 63, 124, 128 = NJW 1975, 49, 51; BGHZ 89, 383, 396 = NJW 1984, 1226, 1229; BGHZ 164, 50, 59 f. = NJW 2005, 3137; *Staudinger/Eberl-Borges* RdNr. 58; vgl. auch RGZ 166, 61, 64.
[62] OLG Frankfurt NJW-RR 1989, 794.
[63] Vgl. zum Streitstand *Schönke/Schröder/Cramer/Heine* Vor § 25 StGB RdNr. 115.
[64] BGHZ 137, 89, 102 = NJW 1998, 377, 381 f.; BGH NJW 2004, 3423, 3425; der Sache nach auch BGHZ 164, 50, 57 = NJW 2005, 3137; BGH NJW-RR 2005, 556, 557.
[65] So OLG Kobenz NJW-RR 2004, 528, 529.
[66] RGZ 58, 357, 359 = JW 1904, 486; *Deutsch* JZ 1972, 105, 106; *ders.* Haftungsrecht RdNr. 507; *Deutsch/Ahrens* Deliktsrecht RdNr. 147; *K. Schmidt* JZ 1978, 661, 666; *Weckerle*, Die deliktische Verantwortlichkeit Mehrerer, S. 69 ff., 72.
[67] BGHZ 8, 288, 292 = NJW 1953, 499, 500; BGHZ 30, 203, 206 = NJW 1959, 1772, 1773; BGHZ 61, 351, 354 = NJW 1974, 360, 361; BGH NJW 1974, 1086, 1087; 1964, 243, 244; 1967, 471, 473; 1988, 1719, 1720; OLG Düsseldorf NJW-RR 1995, 281, 282; OLG Schleswig MDR 1983, 1023, 1024; *Brambring*, Mittäter, Nebentäter, Beteiligte, S. 50; *Soergel/Krause* RdNr. 6; *Bamberger/Roth/Spindler* RdNr. 8; zum Strafrecht BGHSt 37, 106 = NJW 1990, 2560, 2566; eingehend *Puppe* GA 2004, 129 ff.
[68] Genauso auch *v. Kübel* (Fn. 1) S. 706: Handeln „in beabsichtigter Vereinigung".

§ 830   23–25   Abschnitt 8. Titel 27. Unerlaubte Handlungen

ohne die Beschränkung der Mittäterschaft auf bewusstes Zusammenwirken aufzugeben, nämlich entweder mit Hilfe des § 830 Abs. 1 S. 2 oder unter dem Gesichtspunkt der fahrlässigen Nebentäterschaft, die ebenfalls zur gesamtschuldnerischen Haftung gemäß § 840 Abs. 1 führt. Ein glatter Fall alternativer Kausalität gemäß § 830 Abs. 1 S. 2 liegt beispielsweise vor, wenn zwei Bauarbeiter jeweils identische Balken von einem Dach werfen, von denen einer einen Passanten erschlägt, während Nebentäterschaft zu bejahen ist, wenn zwei Anfänger auf einem Tandem einen Fußgänger anfahren oder zwei Bauarbeiter eine Grube ausheben, in die ein Dritter hineinfällt.[69]

23   Würde mit der Anerkennung fahrlässiger Mittäterschaft eine **Haftungserweiterung in Fällen unsicherer Kausalität** angestrebt,[70] wäre dem zu widersprechen. Die wechselseitige Zurechnung fremder Tatbeiträge ist nur so weit gerechtfertigt und geboten wie das einverständliche Zusammenwirken der Beteiligten reicht; jenseits dieser Grenze ist jeder für sein Tun selbst verantwortlich, muss sich aber auch nicht das Verhalten Dritter zurechnen lassen. Wäre dies anders, müsste auch der wohl allgemein anerkannte Grundsatz aufgegeben werden, dass die Beteiligten für den vom gemeinsamen Tatplan nicht gedeckten Exzess eines Einzelnen nicht haften, wenn nur den übrigen Teilnehmern insoweit ein Fahrlässigkeitsvorwurf zu machen wäre (vgl. RdNr. 20).[71] Macht der Kausalitätsnachweis im Einzelfall Schwierigkeiten, ist dem mit rechtlichen Instrumentarien zu begegnen, die speziell auf dieses Problem zugeschnitten sind, wie etwa die Beweislastumkehr, der Anscheinsbeweis, Beweismaßreduktionen nach Art der §§ 6 UmweltHG, 84 Abs. 2 AMG und in letzter Linie durch eine großzügige Schätzung der Verursachungsanteile gemäß § 287 ZPO (RdNr. 58), nicht aber durch eine gesamtschuldnerische Haftung sämtlicher Fahrlässigkeitstäter.

24   **c) Anstiftung und Beihilfe bei Fahrlässigkeitsdelikten.** Während die Rechtsprechung auch den § 830 Abs. 2 konsequent am Bild der §§ 26 f. StGB orientiert und auf die **vorsätzliche Beteiligung am fremden Vorsatzdelikt** beschränkt,[72] halten Teile der Literatur auch die vorsätzliche Anstiftung oder Beihilfe zum Fahrlässigkeitsdelikt für möglich[73] oder verzichten völlig auf Einschränkungen zugunsten der Anerkennung sämtlicher Kombinationen von Vorsatz und Fahrlässigkeit.[74]

25   Der Verzicht auf das **Erfordernis einer Vorsatztat auf Seiten des Haupttäters** ist zur Bewältigung der Teilnahme an **Pflichtverletzungen von Gesellschaftsorganen,** insbesondere von GmbH-Geschäftsführern entwickelt worden, wobei die Insolvenzantragspflicht des § 15a Abs. 1 InsO (= § 64 Abs. 1 GmbHG aF) im Vordergrund steht.[75] Insoweit ist nicht recht zu sehen, welche Haftungslücke hier geschlossen werden soll, denn der Gesellschafter, Angestellte oder Berater, der einen GmbH-Geschäftsführer vorsätzlich zur Vernachlässigung seiner Pflichten aus § 15a Abs. 1 InsO bestimmt, haftet den Gläubigern schon nach § 826 für die erlittenen Vermögensschäden (§ 826 RdNr. 90).[76] Dieses Resultat ist verallgemeinerungsfähig: § 830 Abs. 2 muss nicht auf die vorsätzliche Anstiftung zur

---

[69] Sämtliche Beispiele bei *Deutsch* Haftungsrecht RdNr. 507.
[70] Insofern ambivalent *Deutsch* Haftungsrecht RdNr. 507: In den eben genannten Beispielsfällen seien die Kausalbeiträge „zweifelhaft und unabgegrenzt" und die Haftung folglich eine „Unterstellung".
[71] Anders *Weckerle,* Die deliktische Verantwortlichkeit Mehrerer, S. 74.
[72] BGHZ 30, 203, 206 = NJW 1959, 1772, 1773; BGHZ 42, 118, 122 = NJW 1964, 2157, 2158; BGHZ 70, 277, 285 f. = NJW 1978, 816, 819; BGHZ 164, 50, 57 = NJW 2005, 3137; BGH NJW 2004, 3423, 3425; NJW 2007, 2636, 2638, RdNr. 31; RGZ 129, 330, 332; 133, 326, 329; BAG NJW 1964, 887, 888; *Erman/Schiemann* RdNr. 3; *RGRK/Steffen* RdNr. 6; *Staudinger/Eberl-Borges* RdNr. 31 ff., 46; *Bamberger/Roth/Spindler* RdNr. 10; *Bayer/Lieder* WM 2006, 1, 9; grds. auch *Larenz/Canaris* II/2 § 82 I 2 c, S. 567, vgl. aber auch § 82 I 2 g, S. 570.
[73] *Soergel/Krause* RdNr. 9; *Ehricke* ZGR 2000, 351, 356 ff.; *K. Schmidt* JZ 1978, 661, 666; ders. ZIP 1980, 328, 329; ders. ZIP 1988, 1497, 1501; *Deutsch* Haftungsrecht RdNr. 515 f.; mit Blick auf Verkehrspflichtverletzungen auch *U. Stein* (Fn. 29) S. 162.
[74] *Weckerle,* Die deliktische Verantwortlichkeit Mehrerer, S. 76 ff.; *Fraenkel* (Fn. 10) S. 272, 279 ff.; für die Beihilfe wohl auch *Deutsch/Ahrens* Deliktsrecht RdNr. 149.
[75] Dafür *Scholz/Karsten Schmidt* § 64 GmbHG RdNr. 54; *Soergel/Krause* RdNr. 9; *Larenz/Canaris* II/2 § 82 I 2 g, S. 569; *Kübler* ZGR 1995, 481, 503; *Ehricke* ZGR 2000, 351, 358 ff.
[76] *Bayer/Lieder* WM 2006, 1, 9; *Hachenburg/Ulmer,* 8. Aufl. 1997, § 64 GmbHG RdNr. 75 f.

Fahrlässigkeitstat erstreckt werden, weil sich die Haftung des Hintermanns ohnehin schon aus den §§ 823, 826 ergibt. Soweit der Angestiftete in einem schuldausschließenden Irrtum handelt, lässt sich die Haftung des Anstifters auf der Grundlage der hier vertretenen Schuldtheorie problemlos begründen (§ 823 RdNr. 44 ff.; § 826 RdNr. 27).[77]

Der **Verzicht auf das Vorsatzerfordernis auch beim Anstifter** bzw. Gehilfen geht 26 noch einen Schritt weiter[78] und führt de facto zur Auflösung des Abs. 2, weil die Kategorie der fahrlässigen Teilnahme an fahrlässiger Tat völlig konturlos ist.[79] Für eine solche Preisgabe halbwegs verlässlicher Anknüpfungspunkte besteht umso weniger ein praktisches Bedürfnis, als der Einheitstäterbegriff der Fahrlässigkeitsdelikte die Konstruktion umständlicher Fahrlässigkeits-/Fahrlässigkeitskombinationen erübrigt: Da das zivilrechtliche Fahrlässigkeitsdelikt eigenhändige Begehung nicht erfordert, ist ohnehin auch derjenige nach § 823 Abs. 1 verantwortlich, der sorgfaltswidriges Verhalten eines anderen fahrlässig ermöglicht.[80]

9. Einzelfälle. Die gemeinschaftliche Begehung eines Delikts ist in der Rechtsprechung 27 angenommen worden bei Unterstützung eines **wilden Streiks** durch Zahlungen der Gewerkschaft an die Streikenden[81] und bei Unterstützung eines rechtswidrigen **Bummelstreiks** beamteter Fluglotsen durch den Verband Deutscher Fluglotsen, der sich in seiner Öffentlichkeitsarbeit nicht ausreichend von den illegalen Aktionen distanziert hatte.[82] § 830 Abs. 2 hat eine Rolle gespielt bei der Anstiftung des Schuldners zum sittenwidrigen **gläubigerschädigenden Widerspruch** gegen eine Einzugsermächtigungslastschrift durch einen Direktor der kontoführenden Bank (vgl. zu dieser Fallgruppe des § 826 dort RdNr. 106 ff.);[83] bei der **Insolvenzverschleppung** durch einen aktuellen[84] oder ehemaligen Gesellschafter,[85] beim sog. **Churning** durch ein im Ausland domiziliertes Brokerhaus (§ 826 RdNr. 77);[86] bei der Beihilfe eines ehemaligen Gesellschafters zur Schädigung von **Kapitalanlagern**[87] bzw. eines Notars, der an der Gestaltung des die wahren Risiken verschleiernden Vertriebsprospekts mitgewirkt hatte (vgl. eingehend § 826 RdNr. 69 ff.);[88] beim Verstoß gegen § 6 PflVersG durch Verkauf eines nicht **zugelassenen und unversicherten Kfz.** in Kenntnis des Umstands, dass es der Erwerber ohne weiteres im öffentlichen Verkehr benutzen will.[89] Zur Haftung der Teilnehmer von **Demonstrationen** und Blockaden s. RdNr. 19.

III. Haftung von Alternativtätern: § 830 Abs. 1 S. 2

1. Normzweck. Ebenso wie bei Abs. 1 S. 1, Abs. 2 hat auch bei Abs. 1 S. 2 die 28 Frage nach **Legitimation und Grund der Haftung mehrerer** zu erheblicher Verwirrung geführt. Nachdem in der Rechtsprechung lange Zeit von einer „Beweisregel"[90] bzw. einer „Vermutung der Ursächlichkeit"[91] die Rede war, hat der BGH später ausgesprochen, § 830 schaffe im Interesse des Geschädigten „neue abgewandelte Haftungs-

---

[77] Vgl. *Deutsch* Haftungsrecht RdNr. 515.
[78] So *Karrolus* ZIP 1995, 269, 273; *Hommelhoff/Schwab*, FS Kraft, 1998, S. 263, 269.
[79] Übereinstimmend *Ehricke* ZGR 2000, 351, 356 ff.; *Reiner*, FS Boujong, 1996, S. 415, 451; *Soergel/Krause* RdNr. 9.
[80] *Kreutziger*, Die Haftung von Mittätern, Anstiftern und Gehilfen im Zivilrecht, S. 265 f.; im Einzelfall abw. etwa RGZ 166, 61, 62 f., wo die Anstiftung zur vorsätzlichen Schutzgesetzverletzung bejaht, Fahrlässigkeit des Untermannes in Bezug auf den Verletzungserfolg indessen verneint wird.
[81] BAG NJW 1964, 887.
[82] BGHZ 70, 277, 283 ff. = NJW 1978, 816; 818 f.; die Haftung aus §§ 826, 830 Abs. 2 ist mit Art. 9 Abs. 3 GG vereinbar; vgl. BVerfG NJW 1980, 169; *Zeuner* JZ 1979, 6, 11.
[83] BGHZ 101, 153, 158 = NJW 1987, 2370, 2371.
[84] BGH ZIP 1995, 124, 126; .
[85] BGHZ 164, 50, 57 ff. = NJW 2005, 3137.
[86] BGH NJW 2004, 3423, 3425.
[87] BGH NJW-RR 2005, 556, 557.
[88] OLG Karlsruhe ZIP 1989, 842, 845.
[89] OLG München VersR 1979, 656.
[90] So BGHZ 55, 86, 92 = NJW 1971, 506, 508; vgl. auch BGHZ 25, 271, 273 = NJW 1957, 1834, 1835; *Larenz/Canaris* II/2 § 82 II 1 d, S. 572.
[91] BGHZ 33, 286, 290 = NJW 1961, 263, 264.

§ 830 29–31   Abschnitt 8. Titel 27. Unerlaubte Handlungen

tatbestände".[92] Anlass für diese Umorientierung der Rechtsprechung waren keine Sachgründe, sondern vermeidbare und überflüssige dogmatische Verwerfungen. Der BGH hat die Vorschrift wohl nur deshalb als Anspruchsgrundlage qualifiziert, um ein spezielles Problem zu lösen, nämlich um die Haftungsbefreiung des nur potentiellen Zweitschädigers bei Existenz eines aus festgestellter Verursachung in vollem Umfang haftpflichtigen Erstschädigers zu gewährleisten (RdNr. 46 f.).[93] Letzteres lässt sich nur erreichen, wenn § 830 Abs. 1 S. 2 nicht als eine gewissermaßen optionale Beweiserleichterung zugunsten des Geschädigten verstanden, sondern die Solidarhaftung davon abhängig gemacht wird, dass sich die Kausalfrage nicht klären lässt.

29 Der eigentliche Grund für die Unanwendbarkeit des § 830 Abs. 1 S. 2 bei feststehenden Kausalverhältnissen ist jedoch nicht die vergleichsweise seltene Konstellation sukzessiver Schädigung, sondern das **Prinzip der Anteilshaftung,** von dem § 830 eine Ausnahme macht (vgl. RdNr. 1). Diese Ausnahme darf nicht so extensiv gehandhabt werden, dass das eigentliche Prinzip ausgehöhlt oder aus den Angeln gehoben wird. Auch im Übrigen wird der Vorrang der Anteilshaftung vor der solidarischen Verantwortlichkeit nach § 830 Abs. 1 S. 2 ausdrücklich anerkannt.[94] Soweit sich den Verursachungsbeiträgen der Beteiligten einzelne Teilschäden unter Ausnutzung der Beweismaßreduktion nach § 287 ZPO zuordnen lassen, scheidet die gesamtschuldnerische Haftung aus.

30 Setzt die Anwendung des § 830 Abs. 1 S. 2 somit positiv voraus, dass sich die Kausalitätsproblematik nicht klären lässt, trifft es gleichwohl nicht die Sache, wenn als **Haftungsgrund die mögliche Kausalität** des eigenen Verursachungsbeitrags genannt und folglich maßgeblich auf die konkrete Schadenseignung abgestellt wird.[95] Die potentielle Kausalität allein verpflichtet zu gar nichts, sondern haftungsbegründend wirkt sie nur im Verein mit dem Nachweis sämtlicher Voraussetzungen eines Haftungstatbestands. § 830 Abs. 1 S. 2 enthält folglich **keinen eigenständigen Zurechnungsgrund,** sondern weist lediglich das **Unaufklärbarkeitsrisiko** einer Gruppe möglicher Schädiger zu, sofern feststeht, dass ein oder mehrere Mitglieder dieser Gruppe für den Schaden aufzukommen haben, jedoch offen bleibt, wer in welchem Umfang individuell verantwortlich ist.[96] Damit handelt es sich bei § 830 Abs. 1 S. 2 um eine **Beweiserleichterung,** die von eng definierten Voraussetzungen abhängt, nicht aber um einen eigenständigen Haftungstatbestand.[97]

31 Unklarheiten bestimmen auch die Vorstellungen über das technische Instrumentarium, mit dessen Hilfe die angestrebte **Verlagerung des Unaufklärbarkeitsrisikos zugunsten des Geschädigten** erreicht wird. So wird § 830 Abs. 1 S. 2 stillschweigend als Kausalitätsvermutung eingeordnet[98] und dem Schädiger folgerichtig die Möglichkeit eines Entlastungsbeweises zugebilligt,[99] während nach anderer Ansicht eben dies wegen des Fiktionscharakters der angeordneten Rechtsfolge ausgeschlossen wird.[100] Dieser Standpunkt beruht auf einem

---

[92] BGHZ 72, 355, 358 = NJW 1979, 544; vgl. weiter BGHZ 67, 14, 17 f. = NJW 1976, 1934, 1935; BGH NJW 1994, 932, 934; *Brehm* JZ 1980, 585, 588; *Bydlinski*, FS Beitzke, 1979, S. 3, 8; *Heinze* VersR 1973, 1081, 1082 ff.; *Köndgen* UPR 1983, 345, 346; *Kornblum* JuS 1986, 600, 607; *Deutsch* Haftungsrecht RdNr. 528.

[93] Grdlg. BGHZ 72, 355, 360 ff. = NJW 1979, 544, 545.

[94] BGHZ 66, 70, 76 f. = NJW 1976, 797, 799; BGHZ 85, 375, 383 = NJW 1983, 872, 874; BGHZ 101, 106, 116 = NJW 1987, 2810, 2812; OLG Celle VersR 2002, 1300, 1302; *Larenz/Canaris* II/2 § 82 II 2 d, S. 575; abl. *Mehring*, Beteiligung und Rechtswidrigkeit bei § 830 I 2 BGB, S. 62 m. Fn. 12.

[95] So *Gottwald*, Karlsruher Forum 1986, S. 19; *Larenz/Canaris* II/2 § 82 II 1 a, S. 571, § 82 II 3 b, S. 578.

[96] Treffend BGHZ 101, 106, 111 = NJW 1987, 2810, 2812; BGH NJW 1994, 932, 934; ähnlich wie hier *Mehring*, Beteiligung und Rechtswidrigkeit bei § 830 I 2 BGB, S. 44 ff.; *Soergel/Krause* RdNr. 14; *Brehm* JZ 1980, 585, 590; *Deutsch* NJW 1981, 2731, 2732; *Weckerle*, Die deliktische Verantwortlichkeit Mehrerer, S. 105 ff., 121 ff.; *Staudinger/Eberl-Borges* RdNr. 66.

[97] Offen gelassen in OLG Brandenburg VersR 2006, 1701, 1702.

[98] Ausdrücklich *Mehring*, Beteiligung und Rechtswidrigkeit bei § 830 I 2 BGB, S. 43 ff.

[99] Grdlg. RGZ 121, 400, 402; vgl. weiter BGHZ 33, 286, 292 = NJW 1961, 263, 264; BGH VersR 1956, 627, 629; 1962, 430, 431; *Palandt/Sprau* RdNr. 11; *RGRK/Steffen* RdNr. 26; *Staudinger/Eberl-Borges* RdNr. 115; aber auch *Larenz/Canaris* II/2 § 82 II 1 d, S. 572.

[100] *Deutsch* Haftungsrecht RdNr. 528.

Missverständnis, an dem die hM allerdings nicht ganz unschuldig ist. Wird die mangelnde Aufklärbarkeit der Kausalbeziehungen zur Voraussetzung für die Solidarhaftung nach §§ 830 Abs. 1 S. 2, 840 Abs. 1 gemacht, dann scheint es in der Tat ausgeschlossen zu sein, dem potentiellen Schädiger den Entlastungsbeweis zu gestatten. Es müsste dann nämlich die Unaufklärbarkeit der Kausalität zunächst vom Geschädigten zur Überzeugung des Gerichts nachgewiesen werden, um anschließend dem Schädiger zu erlauben, die Kausalität mit Blick auf seine eigene Beteiligung doch noch aufzuklären. In Bezug auf ein und dieselbe Tatsache – Kausalität – kann aber nicht zugleich ihre Nichterweislichkeit Haftungsvoraussetzung und ihre Verneinung (fehlende Ursächlichkeit) Gegenstand des Entlastungsbeweises sein.[101] So verfahren die Gerichte auch nicht, sondern lösen den Widerspruch auf, indem sie das Beweismaß variieren, ohne dies offen auszusprechen: Der Geschädigte kommt bei der Begründung der Solidarhaftung mit Blick auf die Kausalität in den Genuss eines **reduzierten Beweismaßes;** er muss gegenüber dem einzelnen Beteiligten lediglich nachweisen, dass der von diesem zu verantwortende Ursachenbeitrag zur Herbeiführung des Schadens *geeignet* erscheint.[102] Sofern diese Anforderung erfüllt ist, verlagert sich die Beweislast auf den Schädiger; ihm steht es nunmehr frei, das Gericht von der mangelnden Ursächlichkeit des eigenen Verhaltens zu überzeugen, wobei das Regelbeweißmaß des § 286 ZPO einschlägig ist.

2. Anwendungsbereich. Der Anwendungsbereich des § 830 Abs. 1 S. 2 erstreckt sich ohne Zweifel auf **sämtliche Anspruchsgrundlagen** der §§ 823 ff., einschließlich der Haftungen aus vermuteter Pflichtverletzung gemäß §§ 831, 832, 836 ff.,[103] der Billigkeitshaftung nach § 829[104] sowie der als **Gefährdungshaftung** ausgestalteten Einstandspflicht des Halters eines Luxustieres gemäß § 833 S. 1.[105] Gleiches gilt für die **Aufopferungshaftung,** etwa gemäß § 906 Abs. 2 S. 2 (vgl. auch § 840 RdNr. 11)[106] und für die Ersatzpflicht aus enteignendem bzw. enteignungsgleichem Eingriff,[107] für Schadensersatzansprüche des Dienstherren nach öffentlich-rechtlichem Dienstrecht[108], sowie für die **Kombinationsfälle,** in denen mehrere potentielle Schädiger aus verschiedenen Haftungsgründen als Urheber ein und desselben Schadens in Betracht kommen.[109] Unter Umständen mag § 830 Abs. 1 S. 2 sogar zur Haftungsbegründung gegenüber mehreren potentiellen Störern iS des § 1004 herangezogen werden.[110] Allerdings ist stets darauf zu achten, dass die Vorschrift nur zum Zuge kommt, wenn sich die Verursachungsanteile der Nebentäter nicht mit Hilfe des § 287 ZPO bestimmen lassen.[111]

Darüber hinaus findet § 830 Abs. 1 S. 2 auch auf die zahlreichen **Gefährdungshaftungstatbestände außerhalb des BGB** und insbesondere auf die Straßenverkehrsunfallhaftung gemäß § 7 StVG analoge Anwendung.[112] Die Behauptung, der Gesetz-

---

[101] So mit Recht *Deutsch* Haftungsrecht RdNr. 528.
[102] Besonders deutlich BGH JZ 1966, 29, 30; weiter BGHZ 67, 14, 19 = NJW 1976, 1934, 1935; BGHZ 89, 383, 400 = NJW 1984, 1226, 1230; BGH VersR 1957, 304, 305; NJW 1989, 2943, 2944; RGRK/*Steffen* RdNr. 16, 26; treffend *Larenz/Canaris* II/2 § 82 II 2 c m. Fn. 35: Das Merkmal der Eignung tauche in der Rspr. auf, bleibe aber „weitgehend unkonturiert".
[103] Zu § 836 BGH VersR 1956, 627, 629 (insoweit nicht in BGHZ 21, 285 = NJW 1956, 1598, 1598); BGHZ 55, 96, 98 = NJW 1971, 509, 510; zu § 831 OLG Düsseldorf VersR 1980, 1171.
[104] RGZ 74, 143, 145; 94, 220, 221 f.
[105] BGHZ 55, 96, 98 = NJW 1971, 509, 510; BGHZ 101, 106, 111 = NJW 1987, 2810, 2812; OLG Köln VersR 1991, 115; *Staudinger/Eberl-Borges* RdNr. 72.
[106] BGHZ 101, 106, 111 f. = NJW 1987, 2810, 2812; anders noch RGZ 167, 14, 38 f.; BGHZ 85, 375, 387 = NJW 1983, 872, 875; ambivalent BGHZ 72, 289, 297 f. = NJW 1979, 164, 165 f.
[107] BGHZ 101, 106, 111 f. = NJW 1987, 2810, 2812.
[108] BVerwG NJW 1999, 3727, 3729 = NVwZ 2000, 81.
[109] BGHZ 101, 106, 111 = NJW 1987, 2810, 2812; RGRK/*Steffen* RdNr. 15.
[110] LG Köln NJW-RR 1990, 865, 866.
[111] BGHZ 66, 70, 75 ff. = NJW 1976, 797, 798 f.
[112] Zu § 7 StVG: BGH NJW 1969, 2136, 2137 f. = LM Nr. 12; BGHZ 55, 96, 98 = NJW 1971, 509, 510; OLG Stuttgart VersR 1973, 325, 327; allg.: BGH NJW 1999, 3633, 3635; *Bodewig* AcP 185 (1985), 505, 516 f.; *Eberl-Borges* AcP 196 (1996), 491, 512 ff.; *Staudinger/Eberl-Borges* RdNr. 72 ff.; *Palandt/Sprau* RdNr. 13; *Schantl* VersR 1981, 105, 106; *Soergel/Krause* RdNr. 17.

geber habe § 830 Abs. 1 S. 2 auf die Verschuldenshaftung beschränken wollen,[113] findet weder im Text der Norm noch in den Materialien irgendeine Stütze. Im Übrigen ist die Analogie sachlich gerechtfertigt, weil die Sondergesetze ohnehin fragmentarischen Charakter tragen und die Interessenlage dort mit der deliktsrechtlichen identisch ist. Der Kausalitätsnachweis ist bei der Gefährdungshaftung nicht leichter als bei der Verschuldenshaftung, und wenn die Ersatzberechtigung des Geschädigten genauso feststeht wie die haftungsrechtliche Verantwortung mehrerer Schädiger, dann macht es keinen Unterschied, ob diese Verantwortung auf dem Zurechnungsgrund pflichtwidrigen Verhaltens oder auf demjenigen der Unterhaltung einer Quelle besonderer Gefahr beruht (vgl. Vor § 823 RdNr. 17f.).[114] Zu den besonderen Voraussetzungen des Abs. 1 S. 2 bei Haftung aus Gefährdung s. RdNr. 50.

34   Der Anwendung des § 830 Abs. 1 S. 2 im Rahmen von Sondergesetzen der Gefährdungshaftung bedarf es allerdings nicht, soweit letztere **eigenständige Regeln über die Haftung mehrerer** enthalten. So verhält es sich bei den Kausalitätsvermutungen der §§ 6f. **UmweltHG,** 84 Abs. 2 **AMG,** die ausweislich der §§ 7 Abs. 1 UmweltHG, 84 Abs. 2 S. 4 AMG auch dann Anwendung finden, wenn mehrere Anlagen bzw. Arzneimittel zur Schadensverursachung geeignet erscheinen. Unter diesen Voraussetzungen wird die Kausalität der verschiedenen Verursachungsbeiträge mit Hilfe einer Beweismaßreduktion festgestellt,[115] die den Rückgriff auf § 830 Abs. 1 S. 2 zwar nicht ausschließt, wohl aber überflüssig macht:[116] Was bereits als feststehend gilt, muss nicht erst noch als bewiesen fingiert werden. Die gesamtschuldnerische Haftung mehrerer Anlagebetreiber bzw. pharmazeutischer Unternehmer ergibt sich dann aus §§ 93 S. 1 AMG, 840 Abs. 1. Soweit die Kausalitätsvermutung der §§ 6f. UmweltHG hingegen mangels verwaltungsrechtswidrigen Anlagenbetriebs versagt, lässt sich die Haftung der Betreiber mehrerer im Normalbetrieb gefahrener Anlagen gemäß § 1 UmweltHG durchaus mit Hilfe des § 830 Abs. 1 S. 2 begründen.[117] Letzteres hat im Arzneimittelrecht keine Parallele, weil eine Haftung für vertretbare – fehlerfreie – Arzneimittel nach § 84 AMG nicht besteht.[118] Ähnlich verhält es sich bei der wasserrechtlichen Gefährdungshaftung, für die § 22 Abs. 1 S. 2 WHG ebenfalls eine Sonderregelung für Fälle der Multikausalität trifft, nach der mehrere für Einwirkungen auf ein Gewässer Verantwortliche solidarisch für den Schaden einzustehen haben. Für die Praxis ist von Bedeutung, dass der BGH § 22 Abs. 1 S. 2 WHG eine extensive Interpretation gegeben hat, die über den Standard des § 830 Abs. 1 S. 2 hinausgeht, weil es für die gesamtschuldnerische Haftung ausreicht, dass die einzelne Einwirkung nach den konkreten Umständen geeignet war, den entstandenen Schaden *mit* zu verursachen (vgl. RdNr. 40, 51).[119] Allerdings ist in sämtlichen Fällen bisher nicht abschließend entschieden, ob die Annahme einer pro-rata-Haftung auch dann auf Grund der §§ 6f. UmweltHG, 84 Abs. 2, 93 S. 1 AMG, 22 Abs. 1 S. 2 WHG zwingend ausgeschlossen ist, wenn die Einschätzung der Verursachungsanteile im Einzelfall mit Hilfe des § 287 ZPO möglich ist. ME besteht dann für die Gesamtschuld weder Bedürfnis noch Rechtfertigung, und sollte der Anteilshaftung folglich der Vorrang eingeräumt werden (vgl. auch RdNr. 44, 55 ff.).[120]

---

[113] *Adam* VersR 1995, 1291 ff.; ähnlich mit Blick auf die Aufopferungshaftung RGZ 102, 316, 319 f.
[114] *Schantl* VersR 1981, 105, 106.
[115] Für das UmweltHG *Wagner* VersR 1991, 249, 251; zum AMG *Wagner* VersR 2001, 1334, 1339; *ders.* NJW 2002, 2049, 2051.
[116] *G. Hager* in: Landmann/Rohmer, GewO/Umweltrecht, Bd. II, § 7 UmweltHG RdNr. 14.
[117] Vgl. auch die Begr. zum RegE des später gestrichenen § 8 UmweltHG, BT-Drucks. 11/7104 S. 19; zu dessen Schicksal *Wagner* VersR 1991, 249, 251.
[118] Eingehend zu diesem Unterschied zwischen Arzneimittel- und Umwelthaftung *Wagner* VersR 2001, 1334, 1340 f.
[119] BGHZ 57, 257, 262 f. = NJW 1972, 205, 207 f. – Hühnergülle; genauso zu § 22 Abs. 2 WHG BGH NJW 1999, 3633, 3635.
[120] So auch BGH NJW 1999, 3633, 3635 = ZIP 1999, 1560, 1563.

Schließlich ist § 830 Abs. 1 S. 2 auch auf **vertragliche Schadensersatzansprüche** 35
wegen Schutzpflichtverletzung gemäß §§ 280, 241 Abs. 2 anzuwenden,[121] deren Nähe zum
Deliktsrecht auf der Hand liegt.[122] Die Vertragsrechtssenate des BGH dürfen allerdings nicht
vergessen, dass Abs. 1 S. 2 kein Freibrief für die Überwindung von Kausalitätszweifeln nach
Maßgabe der Billigkeit ist, sondern klar definierte Voraussetzungen hat. Insbesondere muss
die Ersatzberechtigung des Geschädigten feststehen und neben dem Vertragsschuldner mindestens ein weiterer Schädiger einen Haftungstatbestand verwirklicht haben, wenn es auch
gleichgültig ist, ob die Verantwortlichkeit auf Vertrag, Delikt oder Gefährdung beruht.[123]

3. Voraussetzungen. a) Überblick. Die Voraussetzungen des Abs. 1 S. 2 lassen sich 36
nach einer stehenden **Formulierung des BGH** zu drei Punkten zusammenfassen,[124] dass
nämlich
(1) bei jedem Beteiligten ein **anspruchsbegründendes Verhalten** gegeben ist, wenn man
   vom Nachweis der Kausalität absieht (RdNr. 37 ff.),
(2) einer der unter dem Begriff der „Beteiligten" zusammengefassten Personen den **Schaden verursacht** haben muss (RdNr. 39 ff.), und
(3) **nicht feststellbar** ist, welcher von ihnen den Schaden tatsächlich (ganz oder teilweise)
   verursacht hat (RdNr. 44 ff.).
Eine weitere Voraussetzung ist
(4) die **Eignung des Verursachungsbeitrags** eines jeden Beteiligten, den Schaden herbeizuführen (RdNr. 48 ff.).
Auf das Erfordernis einer spezifischen Verbindung unter den mehreren „**Beteiligten**"
kann hingegen verzichtet werden (RdNr. 52).

b) Verwirklichung eines Haftungstatbestandes. § 830 Abs. 1 S. 2 begünstigt den 37
Geschädigten lediglich insoweit, als er den Kausalitätsnachweis nicht zu erbringen braucht;
die übrigen Haftungsvoraussetzungen müssen gegeben sein.[125] Bei der Verschuldenshaftung
muss also die **Pflichtwidrigkeit des Verhaltens** feststehen, bei der Gefährdungshaftung
muss das Gericht davon überzeugt sein, dass der Beklagte Halter der inkriminierten Gefahrenquelle ist und sich in dem Schaden – Kausalität unterstellt – das spezifische Risiko dieser
Gefahrenquelle realisiert hat und bei der Aufopferungshaftung gemäß § 906 Abs. 2 S. 2 ist
vorausgesetzt, dass die Beeinträchtigung wesentlich ist, durch eine ortsübliche Benutzung
des Nachbargrundstücks verursacht wird, sich mit wirtschaftlichen Maßnahmen nicht vermeiden lässt und die ortsübliche Nutzung des Grundstücks des Geschädigten mehr als
zumutbar beeinträchtigt wird usw. Die Haftungsvoraussetzungen sind für jeden Beteiligten
gesondert zu prüfen, wobei es unschädlich ist, wenn der eine aus Verschulden, der andere
aus Gefährdung haftet oder sonst verschiedene Haftungsgründe nebeneinander vorliegen
(vgl. RdNr. 32).

Fehlt es gegenüber einem der potentiellen Schädiger an einer Haftungsvoraussetzung 38
außer derjenigen der Kausalität, scheidet nicht nur diese Person aus dem Kreis der Beteiligten aus, sondern die **Haftungsbegründung nach Abs. 1 S. 2 bricht insgesamt
zusammen**,[126] soweit sich der Verursachungsanteil des privilegierten Beteiligten nicht unter
Zuhilfenahme des § 287 ZPO schätzen und herausrechnen lässt.[127] So liegt es beispielsweise,

---

[121] BGH NJW 2001, 2538, 2539; *Schantl* VersR 1981, 105, 107 f.; *Eberl-Borges* NJW 2002, 949 f.; *Palandt/Sprau* RdNr. 13; *Staudinger/Eberl-Borges* RdNr. 77; offen gelassen in BGH VersR 1968, 493, 494.
[122] Vgl. dazu *Wagner* JZ 2002, 475, 478 f.; *ders.* JZ 2002, 1092, 1094.
[123] Darauf insistiert zu Recht *Eberl-Borges* NJW 2002, 949, 950 f.; krit. zu BGH NJW 2001, 2538 auch *Müller* JuS 2002, 432, 433; *Frommhold* Jura 2003, 403, 409 f.
[124] BGHZ 72, 355, 358 = NJW 1979, 544; BGHZ 101, 106, 108 = NJW 1987, 2810, 2811; BGH NJW 1996, 3205, 3207; der Sache nach genauso RGZ 58, 357, 361; BGHZ 33, 286, 292 = NJW 1961, 263, 264; BGHZ 67, 4, 19 = NJW 1976, 1934, 1935.
[125] BGH VersR 1968, 493, 494; OLG Oldenburg NJW-RR 2004, 1671, 1672.
[126] BGHZ 89, 383, 399 f. = NJW 1984, 1226, 1230 f.; BGH VersR 1953, 146, 147; 1968, 493, 494; 1972, 40, 41; 1979, 822; NJW 1989, 2943, 2944; 1999, 3633, 3635.
[127] *Weckerle*, Die deliktische Verantwortlichkeit Mehrerer, S. 139 ff.; *Larenz/Canaris* II/2 § 82 II 3 a, c; RGRK/*Steffen* RdNr. 17.

wenn es bei einem der potentiell nach § 823 Verantwortlichen an sorgfaltswidrigem Verhalten und damit am Handlungsunrecht fehlt,[128] wenn er sich erfolgreich auf einen Rechtfertigungsgrund – zB Einwilligung des Verletzten – beruft[129] oder gemäß §§ 827 f. deliktsunfähig ist und auch die Billigkeitshaftung nach § 829 versagt.[130] § 830 Abs. 1 S. 2 eignet sich auch nicht dazu, verbliebene Zweifel an der Sorgfaltswidrigkeit des Verhaltens eines potentiellen Schädigers,[131] an dem Betrieb der schadensursächlichen Anlage im Zeitpunkt der Emission oder Kontamination[132] oder gar daran zu überwinden, ob jemand als Mittäter oder Gehilfe einer gemeinschaftlichen Tat nach § 830 Abs. 1 S. 1, Abs. 2 in Betracht kommt.[133] Zu der umstrittenen Frage, ob in diesen Fällen auch die Haftung aller übrigen Schädiger ausscheidet, denen gegenüber der Haftungsgrund – abgesehen von der Kausalität – nachgewiesen ist, s. RdNr. 41 ff.

39 **c) Feststehende Ersatzberechtigung des Geschädigten. aa) Grundsatz: Feststehende Kausalität der haftungsbegründenden Verursachungsbeiträge.** § 830 Abs. 1 S. 2 setzt weiter voraus, dass die Ersatzberechtigung des Geschädigten zur Überzeugung des Gerichts feststeht, also lediglich offen bleibt, wer von mehreren haftpflichtigen Schädigern kausal geworden ist, nicht aber, dass einer oder mehrere von ihnen den Schaden verursacht haben. An diesem Erfordernis fehlt es, wenn sich die Haftungsvoraussetzungen gegenüber einem Beteiligten nicht feststellen lassen, aber auch dann, wenn der Schaden möglicherweise auf einer Drittursache[134] oder auf dem Verhalten des Geschädigten beruht.[135] Als Prüfstein kann dabei das Gedankenexperiment dienen, sich die Aktivitäten sämtlicher potentiell Haftpflichtiger als diejenigen einer einzigen Person vorzustellen; steht unter dieser Hypothese die Kausalität fest und liegen auch die übrigen Haftungsvoraussetzungen vor, greift § 830 Abs. 1 S. 2 ein; bleiben hingegen auch dann noch Kausalitätszweifel, weil eine sonstige Ursache in Betracht kommt, scheidet seine Anwendung aus.

40 **bb) Mitverursachung.** Nach diesen Grundsätzen lässt sich die Haftung in denjenigen Fällen ohne weiteres auf § 830 Abs. 1 S. 2 stützen, in denen es nach den Umständen als sicher zu gelten hat, dass der Schaden nicht allein auf dem Verhalten des Verletzten beruht, sondern nur dessen Mitverursachung in Rede steht. Dann ist die Vorschrift mit der Maßgabe anzuwenden, dass die Einstandspflicht der Beteiligten um die vom Geschädigten zu verantwortende Mitbeteiligungsquote zu kürzen ist.[136] Fällt diese im Verhältnis zu den Beteiligten unterschiedlich aus, ist der höchste Mitverschuldensanteil anzusetzen.[137] Genauso liegt es bei Drittursachen, die nicht den gesamten Schaden, sondern nur einen Teil desselben verursacht haben können.[138] Deren Anteil ist mit Hilfe des § 287 ZPO zu schätzen und die so ermittelte Quote von dem Schadensersatzanspruch abzusetzen. Für den danach verbleiben-

---

[128] BGH NJW 1989, 2943, 2944; ausf. *Mehring*, Beteiligung und Rechtswidrigkeit bei § 830 I 2 BGB, S. 73 ff., der allerdings missverständlich von einem „reduzierten Rechtswidrigkeitsmaßstab" spricht.
[129] BGH VersR 1979, 822; genauso bereits BGH VersR 1953, 146, 147 (Waffengebrauchsrecht); BGH LM Nr. 2; *Bauer* JZ 1971, 4, 7; *Staudinger/Eberl-Borges* RdNr. 79 ff.; aA *Larenz/Canaris* II/2 § 82 II 3 a, c; für eine entsprechende Anwendung in diesem Fall *Weckerle*, Die deliktische Verantwortlichkeit Mehrerer, S. 139 ff.
[130] OLG Schleswig MDR 1983, 1023, 1024; *Bauer* JZ 1971, 4, 7; *Bydlinski*, FS Beitzke, 1979, S. 3, 19 ff.; *Staudinger/Eberl-Borges* RdNr. 81; offen gelassen von BGH NJW 1972, 40, 41.
[131] BGH NJW 1989, 2943, 2944.
[132] So mit Blick auf die Haftung aus § 22 Abs. 2 WHG BGH NJW 1999, 3633, 3635 f.
[133] BGHZ 89, 383, 399 f. = NJW 1984, 1226, 1230; BGH NJW 1989, 2943, 2944; OLG Stuttgart NJW 1968, 2202; OLG Hamm VersR 2000, 55, 57; LG Gießen NJW-RR 1995, 281; *Staudinger/Eberl-Borges* RdNr. 82.
[134] *Erman/Schiemann* RdNr. 7; *RGRK/Steffen* RdNr. 18; *Staudinger/Eberl-Borges* RdNr. 83.
[135] BGHZ 60, 177, 181 = NJW 1973, 993, 994; BGHZ 67, 14, 20 = NJW 1976, 1934; BGH NJW 1973, 1283; *Erman/Schiemann* RdNr. 7; *RGRK/Steffen* RdNr. 19; *Staudinger/Eberl-Borges* RdNr. 84.
[136] BGHZ 72, 355, 363 = NJW 1979, 544, 545; BGH VersR 1976, 992, 995 (insoweit nicht in BGHZ 67, 14, = NJW 1976, 1934); BGH NJW 1982, 2307 = JR 1983, 62 m. Anm. *U. H. Schneider*; *Erman/Schiemann* RdNr. 7; *Soergel/Krause* RdNr. 22; *Staudinger/Eberl-Borges* RdNr. 84.
[137] BGHZ 72, 355, 363 = NJW 1979, 544, 545; BGH NJW 1982, 2307 = JR 1983, 62 m. Anm. *U. H. Schneider*.
[138] Vgl. *Mehring*, Beteiligung und Rechtswidrigkeit bei § 830 I 2 BGB, S. 60 ff.

den Restschaden haben die mehreren potentiell kausalen Schädiger gesamtschuldnerisch aufzukommen.

cc) Alternative Mitverantwortung des Geschädigten. Beruht der Schaden möglicherweise *zur Gänze* auf dem Verhalten des Geschädigten, ist § 830 Abs. 1 S. 2 nach einer in der **Literatur** vertretenen Ansicht gleichwohl anzuwenden, allerdings der **Ersatzanspruch anteilig zu kürzen:** Es sei ein schwer erträglicher Wertungswiderspruch, den Geschädigten im Fall der Unaufklärbarkeit der Kausalität leer ausgehen zu lassen.[139] Der Einwand mag in der Sache berechtigt sein, doch vermag das zur Abhilfe vorgeschlagene Instrument – Anwendung des § 830 Abs. 1 S. 2 – nicht zu überzeugen, wie ein vom BGH entschiedener Fall belegt, in dem das Opfer eines selbstverschuldeten Verkehrsunfalls auf die Autobahn geschleudert, dort möglicherweise von einem anderen Fahrzeug überrollt wurde und sich anschließend nicht feststellen ließ, ob der Tod schon durch die Erstverletzungen oder erst durch das Überfahren verursacht worden war.[140] Hier steht nicht die Einstandspflicht mehrerer Alternativtäter zur Debatte, sondern die Ersatzberechtigung des Geschädigten bzw. seiner Hinterbliebenen gegenüber einem möglichen Einzeltäter, dessen Kausalität für den eingetretenen Schaden nicht zur Überzeugung des Gerichts nachgewiesen werden konnte. Dem Geschädigten ist folglich nicht mit einer gesamtschuldnerischen Haftung, sondern nur mit einer Beweismaßreduktion zu helfen, wie sie § 287 ZPO zur Verfügung stellt, mit dessen Hilfe der BGH den geschilderten Fall auch gelöst hat.[141]

Allerdings bezieht sich § 287 ZPO nur auf die **Haftungsausfüllung,**[142] doch diese Beschränkung erscheint in den hier interessierenden Fällen durchaus sachgerecht (vgl. aber RdNr. 58). Wenn in dem zitierten Beispiel noch nicht einmal erwiesen wäre, dass der nachfolgende Autofahrer das Opfer touchiert hat, sollte die Haftung in der Tat ausscheiden, und zwar nicht nur teilweise, sondern zur Gänze. Andernfalls käme der Geschädigte allein deshalb in den Genuss einer Beweiserleichterung, weil er seinen Schaden möglicherweise selbst verursacht hat.[143]

dd) Alternative Kausalität eines Dritten. Dem Ausschluss des Ersatzanspruchs bei möglicher Alleinverursachung des Schadens durch eine Drittursache wird in der **Literatur** entgegen gehalten, die Haftungsbefreiung sei für die Beteiligten, die immerhin eine konkrete Rechtsgutsgefährdung zu verantworten hätten, ein „unverdienter Glücksfall".[144] Die Interessenlage tritt wiederum besonders deutlich hervor, wenn die Drittursache mit einem einzigen zurechenbaren Verursachungsbeitrag konkurriert, der Schaden also entweder auf diesem oder auf jener beruht. Die Anwendung des § 830 Abs. 1 S. 2 würde hier zu dem Resultat führen, dass der potentielle Schädiger auf den vollen Ersatzbetrag haftet. Da dies wohl allgemein für unrichtig gehalten wird, soll der Ersatzbetrag um den „Anteil" der Drittursache gekürzt werden, bei gänzlich unaufklärbarer Alternativtäterschaft nach Maßgabe der Kopfteile (§§ 840 Abs. 1, 254, 426 Abs. 1), im Beispiel also um fünfzig Prozent, im Übrigen nach Maßgabe des wahrscheinlichen Mitverursachungsanteils. – Wiederum erscheint das Anliegen der Kritik durchaus berechtigt, doch andererseits die Verabschiedung der für § 830

---

[139] *Larenz/Canaris* II/2 § 82 II 3, S. 577 f.; im Ergebnis genauso OLG Celle NJW 1950, 951 f.; *Bydlinski,* Probleme der Schadensverursachung, S. 78 ff., 85 ff.; ambivalent aber *ders.,* FS Beitzke, 1979, S. 3, 22, 30 ff.; *Heinze* VersR 1973, 1081, 1086; *Deutsch* Haftungsrecht RdNr. 526 f.
[140] BGHZ 60, 177, 179 f. = NJW 1973, 993.
[141] BGHZ 60, 177, 183 f. = NJW 1973, 993, 994 f.
[142] BGHZ 4, 192, 196 f. = NJW 1952, 301, 302; BGHZ 29, 393, 398 = NJW 1959, 1079; BGHZ 58, 48, 55 f. = NJW 1972, 1126, 1127 f.; BGH NJW 1968, 2291, 2293 m. Anm. *Hanau;* NJW 1992, 3298 f., 1998, 3417, 3418.
[143] Treffend *Assmann* in *Fenyves/Weyers,* Multikausale Schäden in modernen Haftungsrechten, S. 99, 131; im Ergebnis *Erman/Schiemann* RdNr. 7; *Bamberger/Roth/Spindler* RdNr. 18; zu scharf *Bydlinski,* FS Beitzke, 1979, S. 3, 22: gegenteiliges Ergebnis bedeute „monströse Verfehlung selbstverständlicher rechtlicher Grundwertungen".
[144] *Larenz/Canaris* II/2 § 82 II 3, S. 578 ff.; ähnlich *Bydlinski,* Probleme der Schadensverursachung, S. 78 ff., 86 ff.; *ders.,* FS Beitzke, 1979, S. 3, 30 ff.; *Assmann* in *Fenyves/Weyers,* Multikausale Schäden in modernen Haftungsrechten, S. 99, 131; ablehnend *Soergel/Krause* RdNr. 15.

Abs. 1 S. 2 zentralen Voraussetzung feststehender Ersatzberechtigung des Geschädigten weder angemessen noch erforderlich. Es ist nicht sachgerecht, zwischen der Drittursache und den potentiell kausalen Verantwortungsbeiträgen ein quasi-Gesamtschuldverhältnis zu konstruieren und den Geschädigten, der bei voller Aufklärung der Kausalität seinen Schaden möglicherweise selbst zu tragen hätte, wie einen regressierenden Gesamtschuldner zu behandeln. Die Lösung solcher und ähnlicher Fallgruppen unaufklärbarer Multikausalität ist vielmehr in den Bahnen der Anteilshaftung zu suchen (RdNr. 55 ff.).[145]

44   **d) Unaufklärbarkeit der Kausalität. aa) Vorrang der Anteilshaftung.** § 830 Abs. 1 S. 2 ist nur anwendbar, wenn **unaufklärbar** ist, wer von mehreren Beteiligten den Schaden tatsächlich verursacht hat oder zu welchem Anteil jeder Einzelne daran mitgewirkt hat.[146] Daran fehlt es im Fall der Nebentäterschaft (§ 840 RdNr. 2 f.), vor allem aber in den Fällen der Anteilshaftung, wenn also den Beteiligten unter Ausschöpfung des nach § 287 ZPO reduzierten Beweismaßes diskrete Teilschäden zugeordnet werden können (RdNr. 29).

45   **bb) Urheber- oder Anteilszweifel.** Im Sinne eines Negativabdrucks zur festgestellten Kausalität mehrerer Nebentäter sowie zur Schätzung diskreter Schadensanteile zum Zwecke der Anteilshaftung lassen sich zwei Fallgruppen des § 830 Abs. 1 S. 2 unterscheiden, nämlich Urheberzweifel und Anteilszweifel. Während die Erste Kommission noch allein die Fälle sog. Anteilszweifel vor Augen hatte, bei denen beispielsweise der im Rahmen einer Schlägerei Geschädigte nicht nachweisen kann, zu welchem Teil seine Verletzungen durch die Hiebe des einen oder eines anderen Beteiligten verursacht worden sind,[147] sah sich die Zweite Kommission zu der Klarstellung veranlasst, dass auch Urheberzweifel einbezogen sind.[148] In diesen Fällen sog. **alternativer Kausalität** steht fest, dass der Schaden entweder auf dem Verhalten des A oder auf demjenigen des B beruht, doch lässt sich nicht aufklären, welcher der Alternativtäter konkret ursächlich geworden ist; so etwa, wenn mehrere Gäste einer Wirtschaft Knallerbsen in die dort versammelte Gesellschaft werfen, von denen eine den Geschädigten im Auge trifft[149] oder mehrere Jäger einen Schuss abgeben und ein Dritter von einer Kugel getroffen danieder sinkt.[150]

46   **cc) Sukzessive Verursachung.** Problematisch ist die Anwendbarkeit von § 830 Abs. 1 S. 2 bei sog. **Folgeschäden.** Dabei handelt es sich regelmäßig um Verkehrsunfälle, bei denen einem nachweislich schadensursächlichen und auch im Übrigen haftungsbegründenden Verhalten des Erstschädigers ein zweites Schadensereignis nachfolgt, das einem Zweitschädiger zuzurechnen wäre, wenn dessen Kausalität feststünde. Da dem Erstschädiger sämtliche Konsequenzen der von ihm zu verantwortenden Rechtsgutsverletzung in den Grenzen der Adäquanz zuzurechnen sind, hat er regelmäßig auch die Folgen des zweiten Schadensereignisses zu tragen, und es stellt sich die Frage, ob zusätzlich dazu der potentielle Zweitschädiger mit Hilfe des § 830 Abs. 1 S. 2 für den Gesamtschaden verantwortlich gemacht werden kann. Der BGH hat dies in seiner früheren Rechtsprechung mit einem Teil der Literatur bejaht und dem Geschädigten damit zu einem zweiten Ersatzschuldner verholfen, auf den er vor allem dann zurückkommen konnte, wenn der Erstschädiger unauf-

---

[145] Ähnlich wie hier *Bamberger/Roth/Spindler* RdNr. 20;; *J. Hager*, FS Canaris, Bd. I, 2007, S. 403, 417.
[146] BGHZ 67, 14, 19 = NJW 1976, 1934, 1935; BGHZ 72, 355, 358 = NJW 1979, 544, 544 m. Anm. *Dunz* LM Nr. 22; BGHZ 101, 106, 113 = NJW 1987, 2810, 2812 mwN; BGH VersR 1985, 268, 269; NJW 1992, 1381, 1382; 1994, 1880, 1881; OLG Düsseldorf VersR 1987, 568 f.; OLG Saarbrücken MedR 2000, 326; *Backhaus* VersR 1982, 210, 211; *Brüggemeier* JbUTR 1990, 261, 275; *Heinze* VersR 1973, 1081, 1084, 1086; *Köndgen* NJW 1970, 2281, 2282 und NJW 1971, 871, 872; *U. H. Schneider* JR 1977, 330, 331; *Staudinger/Eberl-Borges* RdNr. 90.
[147] Mot. II S. 738; als aktuelles Beispiel vgl. OLG Celle VersR 2002, 1300, 1302, entgegen BGH NJW 1996, 3205, 3207 ist § 830 Abs. 1 S. 2 auf Anteilszweifel also nicht bloß „analog" anwendbar.
[148] Prot. II S. 606. Zu den historischen Wurzeln und zur Entstehungsgeschichte des § 830 Abs. 1 S. 2 *Mehring*, Beteiligung und Rechtswidrigkeit bei § 830 I 2 BGB, S. 17 ff.; treffend und knapp RGZ 58, 357, 360.
[149] So der Fall RGZ 58, 357.
[150] So in den Entscheidungen RGZ 98, 58; BGH VersR 1953, 147; 1962, 430; ähnlich RGZ 121, 400: Wirtshausschießerei.

findbar oder zahlungsunfähig war.[151] Hiergegen wurde eingewandt, es fehle an einer Beweisnot des Geschädigten, während die Abnahme der Rechtsdurchsetzungs- und Insolvenzrisiken außerhalb des Schutzzwecks der Norm liege.[152] Diese Einwände haben den BGH überzeugt, der § 830 Abs. 1 S. 2 bei nachgewiesener Ursächlichkeit des Erstschädigers nicht mehr anwendet.[153] Praktisch hat das zur Folge, „dass das nachgewiesene Überfahren eines Hilflosen sanktionslos bleibt".[154]

Anders liegt es allerdings, wenn neben den möglicherweise ursächlichen Alternativtätern 47 ein Dritter eine **andere selbstständige Schadensbedingung** gesetzt hat,[155] wie in dem notorischen „Kanalschachtbeispiel": Fällt der Verletzte, von zwei Personen angestoßen, infolge eines der beiden Stöße in einen Kanalschacht, so steht es einer Solidarhaftung der beiden Schädiger nicht im Wege, dass ein Dritter die Abdeckung des Schachts versäumt hat und aus nachgewiesener Verursachung für die Unfallfolge verantwortlich ist.[156] Da feststeht, dass die beiden Alternativtäter für einen haftungsbegründenden Verursachungsbeitrag verantwortlich sind, ist die Anwendung des § 830 Abs. 1 S. 2 gerechtfertigt.[157] Der Dritte haftet daneben als Nebentäter (vgl. § 840 RdNr. 2f.). Selbstverständlich ist die Haftung auch dann nicht ausgeschlossen, wenn ein Dritter nicht als Verursacher, sondern aus sonstigen Gründen, etwa auf Grund eines Versicherungsvertrags, für den Schaden aufzukommen hat.[158]

e) **Kausalitätseignung. aa) Beweismaßreduktion.** § 830 Abs. 1 S. 2 verzichtet nicht 48 völlig auf den Nachweis der Kausalität des einzelnen Ursachenbeitrags, sondern **reduziert lediglich das Beweismaß** (vgl. RdNr. 31). Die bloße Kausalitätseignung ist ausreichend, aber auch erforderlich, um die Solidarhaftung auszulösen. Andernfalls würde die Haftung jedermann treffen, der in der Nähe war, als ein Delikt begangen wurde, dessen Urheber sich nicht feststellen lässt; beispielsweise hätten sämtliche Autofahrer, die eine Straße passiert haben, für den Schaden aufzukommen, den ein Unbekannter an einem der dort parkenden Wagen angerichtet hat. Genauso wie auch im Rahmen der §§ 6f. UmweltHG, 84 Abs. 2 AMG setzt die Eignung keinen typischen Kausalverlauf voraus, sondern ist mit Blick auf den konkreten Einzelfall zu beurteilen und geht insoweit über den Anscheinsbeweis deutlich hinaus.[159] Ist die Eignung zur Schadensverursachung nachgewiesen, bleibt dem Beklagten immer noch die Möglichkeit, sich durch den Vollbeweis seiner Nichtursächlichkeit zu entlasten (vgl. die Nachweise in RdNr. 31, Fn. 99).

bb) **Nachweis haftungsbegründenden Verhaltens.** In vielen Fällen ist die Kausalitäts- 49 frage untrennbar mit der **Haftungsvoraussetzung der Sorgfaltswidrigkeit** verbunden, wenn beispielsweise aus einer Gruppe von Personen heraus zu Silvester Raketen abgeschossen werden, von denen eine den Geschädigten trifft.[160] Lässt sich nicht aufklären,

---

[151] BGHZ 33, 286, 291, 293 = NJW 1961, 263, 264; BGHZ 55, 86, 90 = NJW 1971, 506, 507; BGH NJW 1969, 2136, 2137 = LM Nr. 12; dem folgend *Bauer* JZ 1971, 4, 8f.; *Deubner* JuS 1962, 383, 384f.; *Weckerle*, Die deliktische Verantwortlichkeit Mehrerer, S. 125f.; *Larenz/Canaris* II/2 § 82 II 2f, S. 576; *Soergel/Krause* RdNr. 2.
[152] *Gernhuber* JZ 1961, 148; *Heinze* VersR 1973, 1081, 1086; *Köndgen* NJW 1970, 2281, 2282; *ders.* NJW 1971, 871, 872; *Brambring*, Mittäter, Nebentäter, Beteiligte, S. 113; RGRK/*Steffen* RdNr. 20; *Staudinger/Eberl-Borges* RdNr. 94.
[153] BGHZ 67, 14, 19ff. = NJW 1976, 1934, 1935 = JR 1977, 327 m. Anm. *U. H. Schneider*; BGHZ 72, 355, 358f. = NJW 1979, 544f. = LM Nr. 12 m. Anm. *Dunz*; BGH VersR 1985, 268, 269; NJW 1992, 1381, 1382; 1996, 3205, 3207; zust. *Staudinger/Eberl-Borges* RdNr. 94.
[154] *Gottwald*, Karlsruher Forum 1986, S. 20; abl. auch *Assmann* in *Fenyves/Weyers*, Multikausale Schäden in modernen Haftungsrechten, S. 99, 133ff.; *Brehm* JZ 1980, 585; *Deutsch* NJW 1981, 2731; *ders.* Haftungsrecht RdNr. 525; *Fraenkel* NJW 1979, 1202f.; *Bydlinski*, FS Beitzke, 1979, S. 3, 16ff.; *Esser/Weyers* BT/2, § 60 I 1d, S. 234f.
[155] BGHZ 67, 14, 20 = NJW 1976, 1934, 1935f.; BGHZ 72, 355, 359 = NJW 1979, 544f.; *Soergel/Krause* RdNr. 26; *Staudinger/Eberl-Borges* RdNr. 97f.
[156] BGHZ 67, 14, 20 = NJW 1976, 1934, 1935f.; BGHZ 72, 355, 359 = NJW 1979, 544f.
[157] *Soergel/Krause* RdNr. 26; *Staudinger/Eberl-Borges* RdNr. 98.
[158] BGHZ 55, 86, 90 = NJW 1971, 506, 507; *Soergel/Krause* RdNr. 26; *Staudinger/Eberl-Borges* RdNr. 99.
[159] Vgl. *Wagner* VersR 2001, 1334, 1338f.; *ders.* NJW 2002, 2049, 2051.
[160] So der Fall OLG Köln MDR 1982, 408, 409.

§ 830 50–52 Abschnitt 8. Titel 27. Unerlaubte Handlungen

welcher der Teilnehmer das fatale Geschoss abgefeuert hat, bleibt nicht nur die Kausalität offen, sondern auch die Pflichtverletzung – wer seine Rakete ordnungsgemäß in Richtung auf eine menschenleere Wiese abgefeuert hat, der hat sich nicht fahrlässig verhalten. In solchen Fällen ist das Beweismaß nicht nur für die Kausalität, sondern auch für den Nachweis der Sorgfaltswidrigkeit zu reduzieren, im Beispiel also auf den Nachweis zu erstrecken, dass es gerade der Beklagte war, der seine Rakete pflichtwidrig in Richtung auf den Kläger abgefeuert hat.[161]

50 Weiter erübrigt die Beweismaßreduktion die Erarbeitung besonderer Kriterien, von denen die Anwendung des § 830 Abs. 1 S. 2 im Zusammenhang mit **Gefährdungshaftungstatbeständen** abhängig gemacht werden soll.[162] Zur Vermeidung „exorbitanter Ergebnisse"[163] ist es nicht erforderlich, mit ad-hoc Kategorien wie dem Erfordernis eines „Kontrollverlusts" des Halters zu arbeiten,[164] sondern es ist sowohl ausreichend als auch erforderlich, vom Geschädigten den Nachweis konkreter Kausalitätseignung und damit einer im Einzelfall gegebenen konkreten Rechtsgutgefährdung zu verlangen.[165]

51 **cc) Gesamtkausalitätseignung.** Die Rechtsprechung begnügt sich nicht mit der Eignung zur Schadensverursachung schlechthin, sondern verlangt – gerade auch in den Fällen von Anteilszweifeln – Gesamtkausalitätseignung, also die Fähigkeit des einzelnen Ursachenbeitrags, den **Gesamtschaden allein zu verursachen**.[166] Auf dieser Grundlage ist beispielsweise in den Plünderungsfällen der Nachkriegszeit die Einstandspflicht ertappter Diebe für den Gesamtverlust verneint[167] und die Haftung des Herstellers in einem der Kinderteefälle abgelehnt worden, weil nach der Beweisaufnahme in der Berufungsinstanz offen geblieben war, ob die Schäden am Gebiss der Klägerin auf dem Zusammenwirken zweier verschiedener Produkte beruhten, ob das einzelne Produkt nur einen Teilschaden verursacht hatte bzw. verursachen konnte oder aber geeignet war, den gesamten Schaden allein herbeizuführen.[168] Das Erfordernis der Gesamtkausalitätseignung ist unverzichtbar, bedarf aber der präzisierenden Einschränkung dahingehend, dass eine Solidarhaftung mehrerer gemäß §§ 830 Abs. 1 S. 2, 840 Abs. 1 auch hinsichtlich eines Teilschadens in Betracht kommt, hinsichtlich dessen die Kausalitätseignung der verschiedenen Verursachungsbeiträge bejaht werden kann (RdNr. 40).[169] Der Umfang dieses Teilschadens ist ggf. mit Hilfe des § 287 ZPO zu schätzen.[170]

52 **f) Beziehung zwischen den „Beteiligten".** Eine subjektive Beziehung unter den Beteiligten, etwa in Form der Kenntnis des jeweils anderen Verursachungsbeitrags, ist anders als bei Abs. 1 S. 1, Abs. 2 nicht vorausgesetzt.[171] Indessen fordert die Rechtsprechung einen

---

[161] Im Ergebnis ähnlich *Mehring*, Beteiligung und Rechtswidrigkeit bei § 830 I 2 BGB, S. 73 ff., 80, der allerdings die Pflichtwidrigkeit einfach unterstellen will. Für den Fall einer Schlägerei verkannt von LG Gießen NJW-RR 1995, 281. Im Ergebnis wohl zutr. OLG Hamm VersR 2000, 55, 57, das den Vollbeweis verlangt, wo schon die Kausalitätseignung nicht erwiesen war.
[162] Beispiel: OLG Stuttgart VersR 1969, 430: Schäden durch Tiefflüge verschiedener Militärmaschinen.
[163] *Bydlinski*, FS Beitzke, 1979, S. 3, 24.
[164] So aber *Weckerle*, Die deliktische Verantwortlichkeit mehrerer, S. 153; *Mehring*, Beteiligung und Rechtswidrigkeit bei § 830 I 2 BGB, S. 83 ff.; mit Recht abl. *Eberl-Borges* AcP 196 (1996), 491, 521 f.
[165] Im Ergebnis wie hier und mit lehrreichen Beispielen *Bodewig* AcP 185 (1985), 505, 520 ff.; vgl. auch *Assmann* in *Fenyves/Weyers*, Multikausale Schäden in modernen Haftungsrechten, S. 99, 125 ff.; *Eberl-Borges* AcP 196 (1996), 491, 522; wohl anders *Gottwald*, Karlsruher Forum 1986, S. 20 f.
[166] BGHZ 67, 14, 18 f. = NJW 1976, 1934, 1935; BGH NJW 1994, 932, 934; 1996, 3205, 3207; *Köndgen* NJW 1971, 871; *Bodewig* AcP 185 (1985), 505, 532 ff.; *Assmann* in: *Fenyves/Weyers*, Multikausale Schäden in modernen Haftungsrechten, S. 99, 128; *J. Hager*, FS Canaris, Bd. I, 2007, S. 403, 407; aA *Gmehling*, Die Beweislastverteilung bei Schäden aus Industrieimmissionen, S. 215 ff.
[167] OLG Bamberg NJW 1949, 225, 226 m. abl. Anm. *Kuth*; OLG Koblenz AcP 150 (1949), 453, 454; OLG Braunschweig JR 1951, 658 f.
[168] BGH NJW 1994, 932, 934.
[169] OLG Celle VersR 2002, 1300, 1302; mit komplizierter Begründung im Ergebnis genauso *Mehring*, Beteiligung und Rechtswidrigkeit bei § 830 I 2 BGB, S. 69 ff.
[170] OLG Celle VersR 2002, 1300, 1302.
[171] BGHZ 33, 286, 292 = NJW 1961, 263, 264; BGH NJW 1960, 862, 763; VersR 1967, 999; OLG Köln MDR 1982, 408 f.; *Bauer* JZ 1971, 4, 7; *Deubner* NJW 1961, 1013; *Brambring*, Mittäter, Nebentäter, Beteiligte,

örtlich und zeitlich einheitlichen Vorgang, der insbesondere durch die Gleichartigkeit der Gefährdungshandlungen gekennzeichnet sein soll.[172] Diese Einschränkung erweist sich als überflüssig,[173] wenn das Erfordernis der konkreten Kausalitätseignung ernst genommen wird, zumal bereits das RG die Formel vom zeitlich und räumlich einheitlichen Vorgang lediglich im Sinne eines Desiderates der übrigen Voraussetzungen des Abs. 1 S. 2 verstanden hatte.[174] An der Interessenlage und den Beweisschwierigkeiten des Geschädigten ändert sich nichts, wenn die inkriminierten Handlungen keine zeitliche und örtliche Nähe verbindet, sie aber gleichwohl zur Verursachung des konkreten Schadens geeignet sind und auch die übrigen Voraussetzungen vorliegen.[175] In diesem Sinne werden mehrere potentielle Schädiger durch § 830 Abs. 1 S. 2 erst zu „Beteiligten"; sie müssen es nicht schon vorher im naturalistischen Sinne gewesen sein.[176]

4. Kasuistik. § 830 Abs. 1 S. 2 ist in der Rechtsprechung angewendet worden bei 53 Verletzung des Besuchers einer **Gaststätte,** in der mehrere Gäste Knallerbsen geworfen hatten;[177] wenn beim **Silvesterfeuerwerk** aus einer Gruppe heraus Raketen abgeschossen wurden, von denen eine das Opfer traf;[178] wenn zwei Personen unabhängig voneinander einem Dritten Schläge versetzten;[179] sich auf einem verkehrsunsicheren **Weg ein Unfall** ereignete und sich nicht klären ließ, auf welchem Grundstück das Unglück geschah;[180] von zwei unzureichend gesicherten **Hanggrundstücken** Steine herabfielen und Kraftfahrzeuge beschädigten;[181] wenn der **Feuchtigkeitsschaden** an einem Telefonkabel entweder durch das vorzeitige Verfüllen der Lötgrube oder durch das Zurücklassen der Muffe in instabiler Lage entstanden war;[182] wenn **Pferdegespanne** durchgingen und die Tiere eine Reihe parkender Kraftfahrzeuge demolierten;[183] ein **Hauseinsturz** entweder durch fehlerhaftes Baumaterial oder durch den mangelhaften Einbau dieses Materials verursacht wurde;[184] durch die Vertiefung mehrerer Nachbargrundstücke **Senkungsschäden** an einem Gebäude entstanden;[185] wenn zwei Viehzüchter mit Maul- und Klauenseuche **infizierte Tiere** lieferten und demzufolge der Bestand des Empfängers erkrankte[186] und wenn Häuser durch **Baustellenfahrzeuge** verschiedener Bauunternehmer verschmutzt wurden.[187]

5. Gremienentscheidungen. Das „Verhalten" von Unternehmen und anderen Organi- 54 sationen beruht häufig auf entsprechenden Beschlüssen von Gremien, wie etwa **Vorständen oder Aufsichtsräten,** die aus mehreren Personen zusammengesetzt sind und in denen mit

---

S. 88 ff.; aA und für das Erfordernis der „Zurechenbarkeit interferierenden Tuns" *Deutsch* Haftungsrecht RdNr. 523; *ders.* JZ 1972, 105, 106 f.; *Jung* AcP 170 (1970), 426, 427; *Lauenstein* NJW 1961, 1661, 1662.

[172] RGZ 58, 357, 361; 96, 224, 226; BGHZ 25, 271, 274 = NJW 1957, 1834, 1835; BGHZ 33, 286, 292 = NJW 1961, 263, 264; BGHZ 55, 86, 93 = NJW 1971, 506, 508; BGH VersR 1957, 304; OLG Köln MDR 1982, 408 f.; OLG Düsseldorf Schaden-Praxis 2001, 382 ff.; offen gelassen in BGHZ 101, 106, 112 = NJW 1987, 2810, 2812.

[173] Im Ergebnis abl. auch *Bydlinski*, FS Beitzke, 1979, S. 3, 11 ff.; *Gernhuber* JZ 1961, 148, 152; *Köndgen* NJW 1971, 871, 872; *J. Hager*, FS Canaris, Bd. I, 2007, S. 403, 409; *Mehring*, Beteiligung und Rechtswidrigkeit bei § 830 I 2 BGB, S. 48 ff.; *Larenz/Canaris* II/2 § 82 II 2 b, S. 573 f.; *Esser/Weyers* BT/2 § 60 I 1 b, S. 230; *Erman/Schiemann* RdNr. 8; *RGRK/Steffen* RdNr. 25; *Soergel/Krause* RdNr. 27; *Bamberger/Roth/ Spindler* RdNr. 17.

[174] RGZ 58, 357, 361: „Das Zusammentreffen dieser Voraussetzungen führt notwendig auf einen Vorgang, der zeitlich und räumlich die mehreren in eine [...] Gemeinsamkeit des Tuns zusammenfasst."

[175] *Bauer* JZ 1971, 4, 6; *Deubner* JuS 1962, 383, 385 f.

[176] Treffend *Mehring*, Beteiligung und Rechtswidrigkeit bei § 830 I 2 BGB, S. 52.

[177] RGZ 58, 357.

[178] OLG Köln MDR 1982, 408 f., OLG Brandenburg VersR 2006, 1701, 1702 (in concreto abgelehnt).

[179] NJW 1982, 2307 = LM Nr. 23.

[180] BGHZ 25, 271 = NJW 1957, 1834; OLG Bamberg VersR 1968, 1069.

[181] OLG Düsseldorf NJW-RR 1988, 1057.

[182] OLG Düsseldorf VersR 1980, 1171.

[183] BGHZ 55, 96 = NJW 1971, 509; OLG Köln VersR 1991, 115.

[184] VersR 1957, 304 = LM Nr. 4.

[185] BGHZ 101, 106, 110 = NJW 1987, 2810, 2811.

[186] BGH JZ 1966, 29.

[187] OLG Düsseldorf MDR 1984, 400.

Mehrheit entschieden wird. Beispielhaft zu nennen ist der im Strafrecht notorische Lederspray-Fall,[188] in dem die mehrköpfige Geschäftsführung einer GmbH pflichtwidrig beschlossen hatte, ein die Gesundheit der Nutzer gefährdendes Produkt nicht zurückzurufen. Wird der Beschluss nur mit der mindestens erforderlichen Stimmenzahl gefasst, ist die Feststellung der Kausalität unproblematisch, nicht aber, wenn er mit „überschießender" Mehrheit oder gar einstimmig gefasst wurde. In einem solchen Fall kann sich jeder Beteiligte darauf berufen, dass sich an den Mehrheitsverhältnissen nichts Entscheidendes geändert hätte, wenn die eigene Stimme hinweggedacht würde. Da dieser Einwand sämtlichen Beteiligten offen steht, wäre für den Mehrheitsbeschluss niemand verantwortlich. Dieses Resultat kann nicht richtig sein und wird deshalb sowohl im Strafrecht als auch im Deliktsrecht vermieden.[189] Die Lösung kann nicht darin bestehen, die Mittäterschaft mit wechselseitiger Zurechnung der Tatbeiträge auf Fahrlässigkeitsdelikte zu erstrecken (RdNr. 23 f.), und auch § 830 Abs. 1 S. 2 ist nicht direkt anwendbar, weil es nicht um die alternative Kausalität mehrerer Verursachungsbeiträge geht. Vielmehr liegt eine **Mischung aus kumulativer Kausalität** – die für die Mehrheit erforderlichen Stimmen sind sämtlich kausal für den Erfolg – **und alternativer Kausalität** – es lassen sich verschiedene Gruppen von Stimmen bilden, die jeweils für die Mehrheit ausgereicht hätten – vor.[190] Wenn aber die alternative „Alleinkausalität" gemäß § 830 Abs. 1 S. 2 die Haftung sämtlicher Alternativtäter auslöst, dann erst recht die alternative Gesamtkausalität jeder Einzelstimme im notwendigen Zusammenwirken mit anderen Einzelstimmen.[191] Der in der US-amerikanischen Lehre entwickelte sog. **NESS-Test** (Necessary Element of a Sufficient Set) fasst diese Überlegungen in der Formel zusammen, dass sämtliche Elemente kausal sind, die zusammen mit anderen Elementen eine hinreichende Mindestbedingung für den Erfolg bilden.[192]

IV. Multikausalität jenseits des § 830: Anteilshaftung statt Gesamtschuld

55 Für die moderne, hoch-technisierte und zudem weithin standardisierte Welt ist nicht mehr das zu einem Unfall führende individuelle menschliche Augenblicksversagen kennzeichnend, sondern die Schädigung durch multifaktoriell getriebene, langfristige Prozesse, an deren Ende sich der Kausalverlauf regelmäßig nicht mehr mit hinreichender Sicherheit rekonstruieren lässt. § 830 Abs. 1 S. 2 käme zwar zur Lösung der Zurechnungsprobleme in Fällen **diffuser Multikausalität** in Betracht, doch sein Anwendungsbereich ist durch die Erfordernisse der feststehenden Ersatzberechtigung des Geschädigten (RdNr. 39 ff.) und der Gesamtkausalitätseignung (RdNr. 51) jedes einzelnen Verursachungsbeitrags eng begrenzt.[193] Verständlicherweise treten Teile der Literatur für eine großzügigere Handhabung des § 830 Abs. 1 S. 2 ein, der auch dann angewendet werden soll, wenn der Schaden möglicherweise vom Geschädigten selbst verursacht wurde, auf einem Drittereignis oder auf dem Verhalten eines gerechtfertigt oder entschuldigt Handelnden beruht (RdNr. 41 ff.).[194] Indessen widerspricht eine Haftungsbegründung in Fällen, in denen nicht feststeht, dass dem Geschädigten überhaupt ein Ersatzanspruch zusteht, der ratio des § 830 Abs. 1 S. 2. In der Zwei-Parteien-Konstellation von einem Geschädigten und einem möglichen Schädiger lässt

---

[188] BGHSt 37, 106 = NJW 1990, 2560; vgl. auch BGHSt 48, 77 = NJW 2003, 522 – Politbüro.
[189] Zum Strafrecht BGHSt 37, 106 = NJW 1990, 2560, 2566 f.; BGHSt 48, 77 = NJW 2003, 522, 526; eingehend *Puppe* ZStW 92 (1980), 863, 876 ff.; *dies.* ZStW 99 (1987), 595, 599; *dies.* GA 2004, 129.
[190] *Röckrath* NStZ 2003, 641, 644.
[191] *Röckrath* NStZ 2003, 641, 644 f.; *Fleischer* BB 2004, 2645, 2647.
[192] Grundlegend *Wright* 73 Iowa Law Review 1001 (1988); dem folgend *Stapleton* 54 Vand. L. Rev. 941, 959 f. (2001); krit. dazu *Fumerton/Kress* 64 Law & Contemp. Prob. 83 (2001).
[193] Das hat das House of Lords in der Entscheidung Fairchild v. Glenhaven Funeral Services Ltd., [2003] 1 A. C. 32, 40 (H. L. 2002) = ZEuP 2004, 165 m. Anm. *Scherpe*, übersehen, als es sich auf § 830 Abs. 1 S. 2 berufen hat, um die solidarische Einstandspflicht mehrerer Arbeitgeber, bei denen der klagende Arbeitnehmer sukzessive beschäftigt war, für die Folgen einer Asbesterkrankung zu begründen.
[194] *Larenz/Canaris* II/2 § 82 II 3, S. 576 ff.; *Bydlinski*, FS Beitzke, 1979, S. 3, 30 ff.

sich allenfalls mit Hilfe des § 287 ZPO eine Haftung begründen, allerdings begrenzt auf denjenigen Anteil, der der Wahrscheinlichkeit der Verursachung entspricht.[195]

Nahe an § 830 Abs. 1 S. 2 stehen diejenigen Fälle, in denen ein Geschädigter einer Mehrzahl möglicher Schädiger gegenüber steht und sich nicht aufklären lässt, wer von diesen Schädigern die Schadensursache gesetzt hat. Beispielhaft für diese Fallgruppe sind komplexe Produkthaftungsfälle nach Art der **DES-Schäden,** in denen die Unaufklärbarkeit die Zuordnung von Täter und Opfer insgesamt betrifft, alternativen Tätern also „alternative Opfer" gegenüber stehen.[196] Im konkreten Beispiel war eine Vielzahl von Frauen an Unterleibskrebs erkrankt, weil ihre Mütter während der Schwangerschaft ein Medikament eingenommen hatten, das nach Maßgabe seiner chemischen Bezeichnung (DES – in englisch: Diethylstilbesterol) von den Ärzten verschrieben worden war, so dass die Apotheken Präparate unterschiedlicher Hersteller abgegeben hatten. Unter dem deutschen Recht würde die Haftungsbegründung über § 830 Abs. 1 S. 2 daran scheitern, dass sich nicht feststellen ließ, in welcher Menge die Mütter der geschädigten Frauen die Präparate des einen oder anderen Herstellers konsumiert hatten (vgl. RdNr. 51).[197] Ein Teil der amerikanischen Gerichte hat diese Konstellation mit Hilfe der sog. **Marktanteilshaftung** (market share liability) bewältigt, nach der ein jeder Produzent des inkriminierten Produkts jedem einzelnen Opfer dessen Schaden in einem Umfang zu ersetzen hat, der seinem Marktanteil im Zeitpunkt des Inverkehrbringens entspricht.[198] Die Marktanteilshaftung begründet allerdings gerade *keine* solidarische Einstandspflicht, sondern ist nichts anderes als eine besondere Methode zur Schätzung des **Verursachungsanteils,** den der einzelne Produzent zu verantworten hat.[199] Ihre Besonderheit liegt dabei darin, dass gar nicht erst der – hoffnungslose – Versuch gemacht wird, den Verursachungsanteil im Einzelfall zu bestimmen, sondern stattdessen ein Ergebnis angestrebt wird, das aggregiert, über alle Fälle hinweg gesehen, zu der „richtigen" Haftungsquote führt. Es war dem niederländischen Hoge Raad vorbehalten, die Produzenten von DES mit einer gesamtschuldnerischen Haftung auf den vollen Schaden eines jeden Opfers zu überziehen.[200] Das **Für und Wider der Marktanteilshaftung,** etwa die Notwendigkeit ihrer Anwendung auch dann, wenn sich die Kausalität in Einzelfällen durchaus feststellen ließe, und die Schwierigkeiten bei der Definition des relevanten Marktes und bei der Einschätzung historischer Marktanteile können hier nicht umfassend erörtert werden.[201]

Es sprechen gute Gründe dafür, Fälle komplexer Multikausalität, in denen es am Nachweis der Gesamtkausalitätseignung jedes einzelnen Verursachungsbeitrags oder an der strikten Alternativität deliktischer Handlungen fehlt, auf der Grundlage der **Anteilshaftung** zu lösen und damit die Alternative aus Haftungsleerlauf und Solidarhaftung zu vermeiden.[202] Die Solidarhaftung läuft auf eine Übermaßhaftung nach Art der „deep pocket liabitiy" hinaus, weil sie jeden einzelnen Schädiger zum Ersatz des gesamten Schadens verpflichtet, obwohl

---

[195] Dazu am Beispiel des Arzthaftungsrechts *Wagner* in: E. *Lorenz* (Hrsg.), Karlsruher Forum 2006: Schadensersatz – Zwecke, Inhalte, Grenzen, 2006, S. 80 ff.; *ders.,* FS Hirsch, 2008, S. 453 ff.

[196] Dazu aus der deutschen Lit. vor allem *Bodewig* AcP 185 (1985), 505 ff.; *Wiese* Umweltwahrscheinlichkeitshaftung S. 112 ff.; *Otte* Marktanteilshaftung S. 18 ff.

[197] So jedenfalls BGH NJW 1994, 932, 934.

[198] Vgl. die Entscheidung des California Supreme Court: Sindell vs. Abbott Laboratories, 26 Cal. 3 d 588, 607 P.2 d 924 (Cal. 1980).

[199] Treffend *Brüggemeier,* Prinzipien des Haftungsrechts, S. 161; *ders.* Haftungsrecht S. 191; sachlich übereinstimmend auch *Bodewig* AcP 185 (1985), 505, 525 ff., der gleichwohl eine Lösung im Rahmen des § 830 Abs. 1 S. 2 sucht; aaO S. 529 ff., 550.

[200] HR 9. 10. 1992 NJ 1994 Nr. 535 (unter Anwendung von Art. 6:99 NBW); englische Übersetzung in *van Gerven,* Tort Law, 2000, S. 447 ff.; dazu *Klinge-van Rooij/Snijder* EuZW 1993, 569 mwN; damit sympathisierend *v. Bar,* Gutachten zum 62. DJT, Bd. I, 1998, S. A 70 f.

[201] Zur Kritik, gerade auch an der Solidarhaftung, aus deutscher Sicht *Otte* Marktanteilshaftung S. 39 ff., 108 ff.; *Bamberger/Roth/Spindler* RdNr. 37; abl. auch *Soergel/Krause* RdNr. 29; aus amerikanischer Sicht *Epstein,* Torts, 1999, § 9.4, S. 228 ff.

[202] *Wagner* ZEuP 2007, 1122, 1132 ff.; *ders.* JBl. 2008, 2, 9; *ders.,* FS Schäfer, 2008, S. 193, 197; *Larenz/ Canaris* II/2 § 82 II 3 d, S. 579 f.; *J. Hager,* FS Canaris, Bd. I, 2007, S. 403, 410 ff.; aus ökonomischer Sicht *Adams* ZZP 99 (1986), 129, 147 ff.; weiter *Brüggemeier* JbUTR 1990, S. 261, 278, der allerdings auch für eine subsidiäre Solidarhaftung plädiert – falls alle Stricke reißen.

feststeht, dass er den Gesamtschaden nicht verursacht hat. Dies wäre allenfalls dann vertretbar, wenn der Regress im Innenverhältnis der mehreren Schädiger gesichert ist, doch daran fehlt es bei Langzeitschäden typischerweise. Deshalb ist es zu begrüßen, dass das House of Lords in den Fällen **asbestgeschädigter Arbeitnehmer** von seinem ursprünglichen Ansatz bei der Gesamtschuld abgelassen und statt dessen mit der Entscheidung in Sachen „Barker v. Corus" eine Anteilshaftung postuliert hat, nach der jeder Arbeitgeber auf diejenige Quote haftet, die dem Anteil der risikogeneigten Beschäftigungszeit bei diesem Arbeitgeber zur Gesamtzeit der Beschäftigung unter Asbestexposition entspricht.[203] Leider ist das englische Parlament dem Gericht in den Arm gefallen und hat durch legislatorisches *fiat* die gesamtschuldnerische Haftung wiederhergestellt.[204]

58   Auch im **deutschen Recht** ist der **Fortentwicklung der Anteilshaftung** in Richtung auf eine Proportionalhaftung unter Ausnutzung der Potentiale des § 287 ZPO[205] einer weiteren Ausdehnung des § 830 Abs. 1 S. 2 vorzuziehen.[206] So richtig es ist, dass der Geschädigte nicht mit dem Unaufklärbarkeitsrisiko alleine gelassen werden darf, so verfehlt ist es, dieses Risiko auf jeden einzelnen Schädiger zu verlagern, indem jeder einzelne für den gesamten Schaden haftbar gemacht wird.

V. Europäische Rechtsvereinheitlichung

59   Die europäischen Rechtsvereinheitlichungsprojekte sind in der Frage des Haftungsregimes für Fälle komplexer Multikausalität **gespalten** (vgl. Vor § 823 RdNr. 85).[207] Die **Principles of European Tort Law** bekennen sich aus den eben angedeuteten Gründen zur Anteilshaftung,[208] und diesem Vorbild folgt auch der österreichische Reformentwurf (Vor § 823 RdNr. 84).[209] Der Entwurf eines gemeinsamen Referenzrahmens hingegen folgt dem Modell des Art. 6:99 des niederländischen NBW und verpflichtet die potentiellen Schädiger bereits bei möglicher Kausalität zum vollen Schadensersatz.[210]

§ 831 Haftung für den Verrichtungsgehilfen

(1) ¹ Wer einen anderen zu einer Verrichtung bestellt, ist zum Ersatz des Schadens verpflichtet, den der andere in Ausführung der Verrichtung einem Dritten widerrechtlich zufügt. ² Die Ersatzpflicht tritt nicht ein, wenn der Geschäftsherr bei der Auswahl der bestellten Person und, sofern er Vorrichtungen oder Gerätschaften zu beschaffen oder die Ausführung der Verrichtung zu leiten hat, bei der Beschaffung oder der Leitung die im Verkehr erforderliche Sorgfalt beobachtet oder wenn der Schaden auch bei Anwendung dieser Sorgfalt entstanden sein würde.

(2) Die gleiche Verantwortlichkeit trifft denjenigen, welcher für den Geschäftsherrn die Besorgung eines der im Absatz 1 Satz 2 bezeichneten Geschäfte durch Vertrag übernimmt.

---

[203] Barker v Corus UK Ltd., [2006] 2 A. C. 572, 587 (H.L. 2006) = ZEuP 2007, 1122 m. Bespr. *Wagner*.
[204] Compensation Act 2006, Section 3: Mesothelioma: Damages, eingehend dazu *Wagner* ZEuP 2007, 1122, 1123.
[205] Vgl. Nachweise Fn. 195; vgl. auch *Wiese* Umweltwahrscheinlichkeitshaftung S. 157 ff., *Schäfer/Ott*, Lehrbuch der ökonomischen Analyse des Zivilrechts, 4. Aufl. 2005, S. 270 ff.; skeptisch *Adams* ZZP 99 (1986), 129, 158 ff.
[206] So aber *Bodewig* AcP 185 (1985), 505 ff.; *Braun* NJW 1998, 2318, 2320 f.
[207] Rechtsvergleichender Überblick bei *Spier/Haazen* in: *Spier* (Hrsg.), Unification of Tort Law: Causation, S. 127 ff.
[208] *European Group on Tort Law*, Principles of European Tort Law, Art. 3:103, S. 47 ff.; deutsche Übersetzung in ZEuP 2004, 427 ff.
[209] *F. Bydlinski* in: *Griss/Kathrein/Koziol* (Hrsg.), Entwurf eines neuen österreichischen Schadensersatzrechts, 2006, § 1294, S. 42 ff.; eingehend dazu *Wagner* JBl. 2008, 2, 7 ff.
[210] *v. Bar/Clive/Schulte-Nölke*, Draft Common Frame of Reference, Art. VI.–4:103, S. 312; dazu *Wagner* in: *v. Bar/Schulte-Nölke/Schulze* (Hrsg.), Der akademische Entwurf für einen Gemeinsamen Referenzrahmen, 2008, S. 161, 195 ff.

Haftung für den Verrichtungsgehilfen § 831

Schrifttum: *v. Bar,* Deliktsrecht, in: Bundesminister der Justiz (Hrsg.), Gutachten und Vorschläge zur Überarbeitung des Schuldrechts, Bd. II, 1981, S. 1681; *ders.,* Verkehrspflichten, 1980; *Baums,* Haftung für den Verrichtungsgehilfen nach deutschem und schweizerischem Recht, FS Lukes, 1989, S. 623; *F. Baur,* Zur dogmatischen Einordnung der Haftung für „Verrichtungsgehilfen", Karlsruher Forum 1962, 14; *Brüggemeier,* Organisationshaftung – Deliktsrechtliche Aspekte innerorganisatorischer Funktionsdifferenzierung, AcP 191 (1991), 33; *ders.,* Prinzipien des Haftungsrechts, 1999; *v. Caemmerer,* Wandlungen des Deliktsrechts, FS 100 Jahre DJT, Bd. II, 1960, S. 49; *ders.,* Reformprobleme der Haftung für Hilfspersonen, ZfRV 1973, 241; *ders.,* Haftung des Mandanten für seinen Anwalt, FS Weitnauer, 1980, S. 261; *Christensen,* Verkehrpflichten in arbeitsteiligen Prozessen, 1995; *Diederichsen,* Zum Entlastungsbeweis für Verrichtungsgehilfen, ZRP 1968, 60; *Erdsiek,* Die Problematik des § 831 BGB und seine Einwirkung auf unsere Vertrags- und Amtshaftung, Juristen-Jahrbuch 8 (1967/68), 36; *Fundel,* Die Haftung für Gehilfenfehlverhalten im Bürgerlichen Recht, 1999; *Heinze,* Zur Verteilung des Schadensrisikos bei unselbstständiger Arbeit, NZA 1986, 545; *Helm,* Rechtsfortbildung und Reform bei der Haftung für Verrichtungsgehilfen, AcP 166 (1966), 389; *Keßler,* Die deliktische Eigenhaftung des GmbH-Geschäftsführers, GmbHR 1994, 429; *Kupisch,* Die Haftung für Verrichtungsgehilfen (§ 831 BGB), JuS 1984, 250; *H. H. Jakobs,* Über die Notwendigkeit einer Reform der Geschäftsherrnhaftung, VersR 1969, 1061; *Krebs/Dylla-Krebs,* Deliktische Eigenhaftung von Organen für Organisationsverschulden, DB 1990, 1271; *Kleindiek,* Deliktshaftung und juristische Person, 1997; *Kupisch,* Die Haftung für Verrichtungsgehilfen, JuS 1984, 250; *Landwehr,* Die Haftung der juristischen Person für körperschaftliche Organisationsmängel, AcP 164 (1964), 482; *Medicus,* Zum Anwendungsbereich der Übernehmerhaftung nach § 831 Abs. 2 BGB, FS Deutsch, 1999, S. 291; *Otto/Schwarze,* Die Haftung des Arbeitnehmers, 3. Aufl. 1998; *Reuber,* Die haftungsrechtliche Gleichbehandlung von Unternehmensträgern, 1990; *E. Schmidt,* Zur Dogmatik des § 278 BGB, AcP 170 (1970), 503; *Schlechtriem,* Organisationsverschulden als zentrale Zurechnungskategorie, FS Heiermann, 1995, S. 281; *Karsten Schmidt,* Haftung und Zurechnung im Unternehmensbereich – Grundlagen im Zivil- und Versicherungsrecht –, Karlsruher Forum 1993, S. 4; *Spindler* Unternehmensorganisationspflichten, 2001; *Steindorff,* Repräsentanten- und Gehilfenversagen und Qualitätsregelungen in der Industrie, AcP 170 (1970), 93; *Stoll,* Zum Rechtfertigungsgrund des verkehrsrichtigen Verhaltens, JZ 1958, 137; *Teubner,* „Verbund", „Verband" oder „Verkehr" – Zur Außenhaftung von Franchising-Systemen, ZHR 154 (1990), 295; *Ulmer,* Die deliktische Haftung aus der Übernahme von Handlungspflichten, JZ 1969, 163; *H. Westermann,* Haftung für fremdes Handeln, JuS 1961, 333; *Wagner,* Persönliche Haftung der Unternehmensleitung – die zweite Spur der Produkthaftung?, VersR 2001, 1057; *ders.,* Zivilrechtliche Haftung für sexuelle Belästigung am Arbeitsplatz, GS Heinze, 2005, S. 968; *J. G. Wolf,* Der Normzweck im Deliktsrecht, 1962.

Rechtshistorisch: *v. Bodenhausen,* Haftung des Geschäftsherrn für Verrichtungsgehilfen im Straßen- und Schienenverkehr, 2000; *Dreyer,* Gutachten über die Frage „Wieweit hat der Arbeitgeber für das Verschulden seiner Arbeiter zu haften?", Verhandlungen des 17. Deutschen Juristentags, Bd. I, 1884, S. 46; *Jakobs/Schubert,* Die Beratung des Bürgerlichen Gesetzbuchs, Recht der Schuldverhältnisse III, 1983; *Otto Mayer,* Gutachten über die Frage „Wieweit hat der Arbeitgeber für das Verschulden seiner Arbeiter zu haften? (Code civil Art. 1384)", in: Verhandlungen des 17. Deutschen Juristentags, Bd. I, 1884, S. 125; *Schubert,* Die Vorlagen der Redaktoren für die erste Kommission zur Ausarbeitung des Entwurfs eines Bürgerlichen Gesetzbuchs, Recht der Schuldverhältnisse, Teil I, 1980; *Seiler,* Die deliktische Gehilfenhaftung in historischer Sicht, JZ 1967, 525; *Petersen,* Gutachten über die Frage „Wieweit soll der Arbeitgeber für außerkontraktliches Verschulden seiner Arbeitnehmer haften?", in: Verhandlungen des 18. Deutschen Juristentages, Bd. I, 1886, S. 275; *Wicke,* Respondeat Superior, 2000; *Zimmermann/Verse,* Die Reaktion des Reichsgerichts auf die Kodifikation des deutschen Deliktsrechts (1900–1904), in: *Falk/Mohnhaupt,* Das Bürgerliche Gesetzbuch und seine Richter, 2000, S. 319.

Rechtsvergleichend: *v. Bar,* Gemeineuropäisches Deliktsrecht I, 1996, RdNr. 179 ff.; *Spier* (Hrsg.), Unification of Tort Law: Liability for Damage Caused by Others, 2003; *Wagner,* Grundstrukturen des Europäischen Deliktsrechts, in: *Zimmermann* (Hrsg.), Grundstrukturen des Europäischen Deliktsrechts, 2003, S. 189, 294 ff.; *Wicke,* Respondeat Superior, 2000; *Zweigert/Kötz,* Einführung in die Rechtsvergleichung, 3. Aufl. 1996, § 41, S. 632 ff.

Übersicht

	RdNr.		RdNr.
I. Entstehungsgeschichte und Reformbedarf	1–6	**IV. Geschäftsherrnhaftung und Eigenhaftung des Gehilfen**	12, 13
1. Der Streit um die Gehilfenhaftung	1	**V. Haftungsvoraussetzungen**	14–31
2. Strategien zur Umgehung des § 831	2	1. Verrichtungsgehilfe	14–20
3. Reformüberlegungen	3–5	a) Gehilfen und selbstständige Unternehmen	14–17
4. Europäische Rechtsvereinheitlichung	6	b) Verrichtungsgehilfen und Organe	18, 19
II. Anwendungsbereich	7–10	c) Gesetzliche und gewillkürte Vertreter	20
III. Die Gehilfenhaftung im System der Unternehmenshaftung	11	2. Geschäftsherr	21–23

	RdNr.		RdNr.
3. Handeln in Ausführung der Verrichtung	24–27	c) Die Sorgfaltsanforderungen im Einzelnen	38–41
4. Delikt des Gehilfen	28–31	d) Dezentralisierter Entlastungsbeweis	42–44
		e) Arbeitsteilung in Krankenhäusern	45
VI. Entlastungsbeweis	32–49	3. Mangelnde Kausalität	46, 47
1. Dogmatische Grundlagen	32	a) Entlastungsbeweis	46
2. Entlastung wegen Beachtung der im Verkehr erforderlichen Sorgfalt	33–45	b) Rechtswidrigkeitszusammenhang	47
		4. Beweislast im Einzelnen	48, 49
a) Inhalt der Sorgfaltspflichten: Auswahl, Überwachung und Anleitung	33–36	VII. Übernehmerhaftung gemäß § 831 Abs. 2	50, 51
b) Intensität der Sorgfaltspflichten	37		

I. Entstehungsgeschichte und Reformbedarf

1. Der Streit um die Gehilfenhaftung. Die Entstehungsgeschichte des § 831 ist wechselvoll verlaufen. Sowohl der 17. als auch der 18. Deutsche Juristentag haben sich in den Jahren 1884 und 1886 intensiv mit der Frage beschäftigt, inwieweit „der Arbeitgeber für außerkontraktliches Verschulden seiner Arbeiter haften [solle]". Darauf hatten sämtliche Gutachter die Antwort gegeben: strikt, dh. dem Arbeitgeber sei deliktisches Verhalten seiner Gehilfen **ohne die Möglichkeit einer Entlastung** zuzurechnen, wie dies damals schon in England und in Frankreich die Regel war.[1] Gleichwohl wurde die Diskussion von *Ludwig Enneccerus* und anderen hervorragenden Vertretern der Pandektenwissenschaft beherrscht, die den Gutachtern entgegenhielten, die unbedingte Einstandspflicht des Prinzipals für Delikte, die sein Gehilfe in Ausführung der ihm übertragenen Verrichtung verübe, sei eine sachlich nicht zu rechtfertigende Haftung für bloßen casus.[2] Trotz der Präsentation umfangreicher rechtsvergleichender Forschungsergebnisse in den genannten Juristentags-Gutachten[3] ging *Franz Philipp v. Kübel* in seinem Vorentwurf zum BGB-Obligationenrecht fälschlich davon aus, Art. 1384 Code civil erlaube dem Geschäftsherrn die Entlastung durch den Nachweis, die schadenstiftende Handlung hätte auch durch pflichtgemäße Aufsicht nicht verhindert werden können.[4] Darüber hinaus behandelte er die Gehilfenhaftung als eine von mehreren Fallgruppen der Haftung wegen Verletzung der Aufsichtspflicht, die an dem Modell der Eltern/Kind-Beziehung diskutiert wurde. Bezüge zwischen dem Regime der Gehilfenhaftung und der Haftung von juristischen Personen sowie Unternehmen kamen deshalb gar nicht erst ins Blickfeld. Während die Erste Kommission über die Frage einer unbedingten Einstandspflicht des Prinzipals für Gehilfendelikte gar nicht mehr diskutierte,[5] wurde die Zweite Kommission mit mehreren Änderungsanträgen befasst und die Einführung einer Vorschrift nach Art des Art. 1384 Abs. 5 Code civil gefordert, doch vergeblich: „Dem deutschen Rechtsbewusstsein [...] liege der Rechtssatz, welchen der Code civil aufgestellt habe, ganz fern"; eine strikte Zurechnung des Gehilfendelikts sei den Schonung bedürfenden industriellen Zweigen und kleinen Landwirtschaftsbetrieben nicht

---

[1] *Dreyer*, Gutachten über die Frage: „Wieweit soll der Arbeitgeber für außerkontraktliches Verschulden seiner Arbeitnehmer haften?", Verh. 17. DJT Bd. I, S. 46, 106 ff.; zur selben Frage auch die Gutachten von *Otto Mayer* aaO S. 125, 134 ff.; sowie *Petersen* Verh. 18. DJZ, Bd. I, 1886, S. 275, 296 ff.; *ders.* Bd. II, 1887, S. 82; genauso auch der Referent *Heinsheimer* aaO S. 85. Vgl. dazu auch *Seiler* JZ 1967, 525, 527 f.; *v. Bodenhausen*, Haftung des Geschäftsherrn für Verrichtungsgehilfen, S. 40 f.; vgl. zum Folgenden eingehend *Wagner* in: Zimmermann (Hrsg.), Grundstrukturen des Europäischen Deliktsrechts, S. 300 ff.
[2] *Enneccerus*, Diskussionsbeitrag, Verh. 18. DJT, Bd. II, 1887, S. 89; knapp 100 Jahre später genauso *E. Schmidt* AcP 170 (1970), 502, 521 ff.
[3] *Mayer* (Fn. 1) S. 132; genauso auch das Gutachten *Dreyer* (Fn. 1) S. 78 f.
[4] Vorentwurf und Begründung sind abgedruckt bei *Werner Schubert*, Die Vorlagen der Redaktoren für die erste Kommission zur Ausarbeitung des Entwurfs eines Bürgerlichen Gesetzbuchs, Recht der Schuldverhältnisse 1, S. 699 f., 702 f. Möglicherweise ist der Irrtum v. Kübels dadurch begünstigt worden, dass die 1810 in Kraft getretene badische Version des Art. 1384 Code civil um einen Zusatz ergänzt wurde, der den Entlastungsbeweis erlaubte; vgl. *Fundel*, Die Haftung für Gehilfenfehlverhalten im Bürgerlichen Recht, S. 37 f.
[5] *Jakobs/Schubert*, Die Beratung des Bürgerlichen Gesetzbuchs, Recht der Schuldverhältnisse III, S. 932 ff.; Mot. II S. 736 f.; zur Entstehungsgeschichte auch *von Bodenhausen*, Haftung des Geschäftsherrn für Verrichtungsgehilfen, S. 41 ff.

zumutbar.[6] Auf diesem Standpunkt steht auch noch ein Teil der heutigen Literatur, der eine Korrektur des § 831 allein bei Groß-, nicht aber Kleinunternehmen für vertretbar hält.[7]

2. Strategien zur Umgehung des § 831. Der Juristentags-Gutachter *Petersen* hatte 2 bereits 1886 die Warnung ausgesprochen, „dass sich die von so vielen für notwendig erklärte Haftbarkeit der juristischen Personen [...] juristisch nicht begründen lasse, solange im Allgemeinen der Grundsatz gelte, dass eine Verpflichtung zum Schadensersatz nur im Falle eigenen Verschuldens eintreten könne, für das Verschulden seiner Angestellten und Bediensteten aber Niemand haftbar gemacht werden könne".[8] Tatsächlich hat der rechtspolitische Quietismus des BGB die **dogmatische Konzeption der Haftung juristischer Personen** vor immense Schwierigkeiten gestellt (vgl. § 823 RdNr. 380 ff.). Sie ließen sich nur mildern, indem die Rechtsprechung Strategien entwickelt hat, mit denen die unbedingte Einstandspflicht des Unternehmens für das Versagen seiner Mitarbeiter auf rechtsdogmatischen Umwegen erreicht worden ist.[9] So ist die Vertragshaftung erheblich ausgedehnt worden, indem deliktische Sorgfalts- als vertragliche Schutzpflichten (§ 241 Abs. 2) verdoppelt wurden, für deren Verletzung durch Gehilfen der Prinzipal nach § 278 unbedingt einzustehen hat (§ 241 RdNr. 90 ff.),[10] indem diese Schutzpflichten unter dem Gesichtspunkt der culpa in contrahendo auf den Zeitraum vor und nach Abschluss bzw. Abwicklung des Vertrags sowie auf die bloße Geschäftsanbahnung bzw. Fälle gesteigerten sozialen Kontakts ausgedehnt (§ 241 RdNr. 104 ff.)[11] und zudem in personaler Hinsicht auf vertragsexterne Personen nach den Grundsätzen des Vertrags mit Schutzwirkung zugunsten Dritter erstreckt worden sind (§ 328 RdNr. 106 ff.).[12] Ähnliche Funktionen wie § 278 erfüllt die Rechtsprechung zu den betrieblichen **Organisationspflichten** sowie zu einer genuin haftungsrechtlichen Definition des Kreises der verfassungsmäßigen Vertreter, für die die Korporation nach § 31 unbedingt einzustehen hat (§ 823 RdNr. 382 ff.). Mit Hilfe dieser drei Instrumente sind § 831 die rechtspolitischen Zähne weitgehend gezogen worden, so dass sich die Praxis in Deutschland im Ergebnis nur noch minimal von derjenigen des französischen und des englischen Rechts unterscheidet. Der Preis dafür ist allerdings eine Inflation der Vertragshaftung, die völlige Abkoppelung des § 31 von der satzungsmäßigen Kompetenzordnung und schließlich eine hoch komplexe, im Rahmen von § 823 Abs. 1 angesiedelte Dogmatik unternehmerischer Organisationspflichten, die § 831 in nahezu undurchdringlicher Dichte umrahmen. Diese Entwicklungen zusammen haben den Entlastungsbeweis weit zurückgedrängt und § 831 den Großteil seiner praktischen Bedeutung genommen.[13] Die Vorschrift führt heute ein Schattendasein, und wird in den Entscheidungen der Obergerichte etwa zur Produkt- oder zur Umwelthaftung nicht einmal mehr zitiert.[14] Speziell das Wechselspiel zwischen § 31 und den betrieblichen Organisationspflichten hat zudem das Zeug dazu, in eine umfassende persönliche Außenhaftung der Organe juristischer Personen umzuschlagen, für die eine sachliche Legitimation fehlt (§ 823 RdNr. 378 ff.).[15]

---

[6] Prot. II S. 603.
[7] Vgl. Fn. 20.
[8] *Petersen* (Fn. 1) S. 293.
[9] *Zweigert/Kötz*, Einführung in die Rechtsvergleichung, § 41 II, S. 637 f.; *Zimmermann/Verse*, Die Reaktion des Reichsgerichts auf die Kodifikation des deutschen Deliktsrechts (1900–1904), S. 319, 335 ff.; *Schlechtriem*, FS Heiermann, 1995, S. 281 ff.
[10] RGZ 55, 335, 336 f., mit Ersetzung des § 831 durch § 278; weiter RGZ 108, 221, 223 f.; BGHZ 66, 208, 211 = NJW 1976, 1353; zur Kritik vgl. nur *v. Bar*, Gemeineuropäisches Deliktsrecht I, RdNr. 189 f.; *Esser/Weyers* BT/2 § 58 I 3, S. 215; *Larenz/Canaris* II/2 § 79 III 5, S. 482 f.
[11] RGZ 78, 239 – Linoleumrolle; mit der Vertragshaftung sehr zurückhaltend hingegen RG JW 1914, 759 f.
[12] RGZ 91, 21, 24 – Tuberkulose; RGZ 127, 218 – Gasbadeofen; BGHZ 66, 51 = NJW 1976, 712, 713 – Gemüseblatt.
[13] Treffend *Karsten Schmidt*, Karlsruher Forum 1993, S. 4, 5: „Die Unternehmenshaftung findet außerhalb dieser einstigen Zentralnorm statt."
[14] *K. Schmidt*, Karlsruher Forum 1993, 4, 5 f.
[15] Dazu eingehend *Wagner* VersR 2001, 1057.

3. 3. Reformüberlegungen. Der beschriebene Zustand ließe sich nur durch eine Reform bereinigen, die dem Unternehmensträger deliktisches Verhalten sämtlicher Mitarbeiter, gleich welcher Hierarchiestufe, zurechnet, ohne die Möglichkeit eines Entlastungsbeweises zu eröffnen. An den praktischen Ergebnissen würde ein solcher Schritt kaum etwas ändern, doch der Begründungsaufwand für Gerichtsentscheidungen würde in drastischer Weise reduziert und die Rechtssicherheit gefördert. Folgerichtig sollte § 831 nach dem **Referentenentwurf** eines Gesetzes zur Änderung und Ergänzung schadensersatzrechtlicher Vorschriften aus dem Jahr **1967** folgenden Wortlaut erhalten:

„Wer einen anderen zu einer Verrichtung bestellt, ist, wenn der andere in Ausführung der Verrichtung durch eine vorsätzlich oder fahrlässig begangene unerlaubte Handlung einem Dritten einen Schaden zufügt, neben dem anderen zum Ersatz des Schadens verpflichtet."[16]

4   In der Sache spricht für eine Zurechnung des Gehilfenverhaltens zum Geschäftsherrn nach dem **Prinzip des respondeat superior** das Bemühen, die Verlagerung von Haftungsrisiken auf Gehilfen zu verhindern, deren spärliches Vermögen nicht ausreicht, bei Realisierung des Risikos entstehende Schadensersatzansprüche zu decken.[17] Als Folge einer solchen Risikoexternalisierung läuft der Geschädigte Gefahr, seinen Ersatzanspruch nicht durchsetzen zu können; vor allem aber hat der Gehilfe keinen bzw. keinen ausreichend starken Anreiz, sich sorgfältig zu verhalten. Dies lässt sich an einem alltäglichen Beispiel demonstrieren: Würde ein Frachtunternehmer nicht für die von seinen Lkw-Fahrern verursachten Unfälle einzustehen haben, bliebe nicht nur das Opfer auf seinen Ansprüchen sitzen, sondern der Fahrer hätte keinen Anreiz zu optimaler Sorgfalt, weil er ohnehin nicht über pfändbares Einkommen verfügt, das zur Deckung von Schadensersatzansprüchen herangezogen werden könnte, und er würde sich auch nicht in dem gebotenen Umfang versichern, weil er im Schadensfall ohnehin nichts zu verlieren hätte. In einer solchen Situation generiert die strikte Zurechnung des Gehilfenversagens Anreize für den Geschäftsherrn, sich durch sorgfältige Auswahl, Überwachung und Instruktion des Fahrers, aber auch durch Installation eines Systems innerbetrieblicher Präventionsanreize sowie durch Wahl einer entsprechenden Unternehmensorganisation um die Vermeidung von Schäden zu bemühen. Mit Gefährdungshaftung hat die strikte Haftung des Geschäftsherrn für Gehilfenversagen genauso wenig zu tun wie § 31; Zurechnungsgrund ist nicht die Unterhaltung einer Quelle erhöhter Gefahr, sondern das deliktische Verhalten einer Person, die der Prinzipal zum eigenen Nutzen eingesetzt hat und kontrollieren kann.[18]

5   Gleichwohl ist der Entwurf 1967 in der Literatur auf **Kritik** gestoßen, die in der Frage gipfelte, „ob ausgerechnet das Land mit dem am feinsten durchgebildeten Haftungssystem [Deutschland] den Anfang machen und sich in einem Teilbereich ausländischen Rechtsvorstellungen angleichen sollte, die auf einem ganz anderen Postament [?] geboren worden sind."[19] Verbreitet wurde auch der Einwand erhoben, die unbedingte Zurechnung des Gehilfenversagens sei nur bei Großunternehmen angemessen, nicht aber bei Kleinbetrieben und Privathaushalten.[20] Dieser Kritik ist zuzugeben, dass die durch § 831 verursachten dogmatischen Verwerfungen vor allem die Verantwortlichkeit inkorporierter Unternehmensträger betreffen, während die Regelung bei privaten Hausangestellten und kleinformatigen Geschäftsherr/Gehilfe-Beziehungen keine allzu großen Schwierigkeiten aufwirft. Gleichwohl ist eine Differenzierung der Gehilfenhaftung je nach Art des Geschäftsherrn in der Sache überflüssig, denn die von einem Unternehmen ausgehenden Gefahren sind keineswegs mit dessen Größe korreliert, und die Haftpflichtversicherungsmärkte stehen

---

[16] Vgl. Vor § 823 RdNr. 83 f.; BMJ, Referentenentwurf eines Gesetzes zur Änderung und Ergänzung schadensersatzrechtlicher Vorschriften, 1967, Bd. I, S. 4, mit Begründung, Bd. II, S. 77 ff.
[17] Vgl. *Kötz/Wagner* Deliktsrecht RdNr. 329 ff. mwN.
[18] Ausf. *Wagner* in: Zimmermann (Hrsg.), Grundstrukturen des Europäischen Deliktsrechts, S. 289, 274.
[19] *E. Schmidt* AcP 170 (1970), 502, 526.
[20] So oder ähnlich *Diederichsen* ZRP 1968, 60 f.; *Esser/Weyers* BT/2 § 58 I 3, S. 215 f.; *Larenz/Canaris* II/2 § 79 III 6, S. 484; *v. Bar* Verkehrspflichten S. 272.

Groß- und Kleinunternehmen ebenso wie privaten Haushalten offen.[21] Ein Blick in die Praxis der großen europäischen Nachbarrechtsordnungen, die wie Frankreich und England dem Prinzip des respondeat superior folgen, belegt, dass die Zurechnung des deliktischen Verhaltens von Gehilfen zu privaten oder kleingewerblichen Geschäftsherrn zu keinerlei bedenklichen Konsequenzen führt.[22] Schließlich ist die Frage zu stellen, wie die Differenzierung zwischen Groß- und Kleinbetrieben in rechtstechnisch praktikabler Weise umgesetzt werden sollte – etwa durch Anknüpfung an Umsatzziffern oder an die Zahl der Mitarbeiter?[23] Mit Recht hat deshalb *v. Bar* in seinem zur **Vorbereitung der Schuldrechtsreform** erstellten Gutachten an dem Reformanliegen des Entwurfs 1967 festgehalten und ist nur hinsichtlich der Beweislast für das Gehilfenverschulden von ihm abgewichen.[24] Indessen hat das Schuldrechtsmodernisierungsgesetz das Deliktsrecht völlig ausgeklammert, und auch das ebenfalls 2002 in Kraft getretene Zweite Schadensersatzrechtsänderungsgesetz hat sich nicht an die Gehilfenhaftung herangewagt.

4. Europäische Rechtsvereinheitlichung. Eine durchgreifende Reform ist derzeit allenfalls von der europäischen Rechtsvereinheitlichung zu erwarten (Vor § 823 RdNr. 85). Sowohl Art. VI.-3:201 Principles of European Tort Law (PETL)[25] als auch Art. VI.-3:201 des Entwurfs eines Gemeinsamen Referenzrahmens (DCFR)[26] folgen dem Prinzip des **respondeat superior** und rechnen das Gehilfenversagen dem Geschäftsherrn zu, ohne ihm die Möglichkeit des Entlastungsbeweises zu eröffnen.[27]

II. Anwendungsbereich

§ 831 gilt für die außervertragliche Haftung wegen Verschuldens und damit insbesondere für die §§ 823 ff. BGB. Im Bereich hoheitlichen Handelns gilt ausschließlich § 839. Ansprüche gegen den eigenen Arbeitgeber wegen eines **Unfalls am Arbeitsplatz** lassen sich nicht auf § 831 stützen, weil dem das Haftungsprivileg des § 104 SGB VII entgegen steht. Ist für den Unfall auf einer gemeinsamen Betriebsstätte ein Verrichtungsgehilfe eines anderen Unternehmens verantwortlich und ist dessen persönliche Haftung aus § 823 Abs. 1 gemäß § 106 Abs. 3 Alt. 3 SGB VII ausgeschlossen, entfällt nach den Regeln über den **gestörten Gesamtschuldnerausgleich** (§ 840 RdNr. 31 ff.) auch die Haftung des Geschäftsherrn aus § 831.[28] Der arbeitsrechtliche Freistellungsanspruch ändert daran nichts. Die Verantwortlichkeit des Geschäftsherrn für die Verletzung der Verpflichtung zur sicheren Unternehmensorganisation (RdNr. 2) oder sonstiger Verkehrspflichten bleibt unberührt.[29]

Im Bereich der **Vertragshaftung** gemäß §§ 280, 281 gilt § 278, der tatbestandlich weiter gefasst ist, weil er selbstständige Unternehmer einschließt (§ 278 RdNr. 44), und der dem Schuldner die Pflichtverletzung seines Erfüllungsgehilfen ohne Entlastungsmöglichkeit zurechnet (§ 278 RdNr. 1). Soweit vertragliche und deliktische Schadensersatzansprüche miteinander konkurrieren, gelten die §§ 278, 831 nebeneinander, ohne dass die eine durch die andere Regelung verdrängt würde. Zur Zurechnung von Organhandeln gemäß § 31 s. RdNr. 18 f. Das **Transportrecht** enthält besondere Bestimmungen über die „Leutehaftung"

---

[21] Eingehend *Reuber*, Die haftungsrechtliche Gleichbehandlung von Unternehmensträgern, S. 358 ff.
[22] *v. Caemmerer* ZfRV 1973, 241, 251; *Zweigert/Kötz*, Einführung in die Rechtsvergleichung, § 41 V, S. 648.
[23] *v. Caemmerer* ZfRV 1973, 241, 252; treffend *H. H. Jakobs* VersR 1969, 1061, 1063 Fn. 14: „Wieviel Baustellen darf ein Bauunternehmer haben, damit sein Betrieb noch ein Kleinbetrieb ist?".
[24] *v. Bar* in: Gutachten und Vorschläge zur Überarbeitung des Schuldrechts II, S. 1681, 1758 f., 1762, 1776 f.
[25] *European Group on Tort Law*, Principles of European Tort Law, S. 115 ff. *(Moréteau)*.
[26] *v. Bar/Clive/Schulte-Nölke*, Draft Common Frame of Reference, S. 307; dazu eingehend *Wagner*, in: v. Bar/Schulte-Nölke/Schulze (Hrsg.), Der akademische Entwurf für einen Gemeinsamen Referenzrahmen, 2008, S. 161, 184 f.
[27] Anders allerdings der österreichische Reformentwurf (Vor § 823 RdNr. 81); dazu eingehend *Wagner* JBl. 2008, 5, 11 ff.
[28] BGHZ 157, 9, 14 ff. = VersR 2004, 202.
[29] BGHZ 157, 9, 19 f. = VersR 2004, 202.

§ 831 9–12   Abschnitt 8. Titel 27. Unerlaubte Handlungen

(vgl. §§ 428, 462 HGB). Die Haftung aus § 831 wird dadurch nicht ausgeschlossen, doch wird sie gemäß §§ 434, 435 HGB durch das Transportrecht ausgestaltet und begrenzt.[30]

9   Auch im Bereich des **AGG** ist die Haftung des Unternehmens über die Zurechnungsnormen der §§ 278, 831 zu begründen.[31] Die deliktische Haftung des Arbeitgebers für die **sexuelle Belästigung** eines Verrichtungsgehilfen durch einen anderen richtet sich nach § 831.[32] Die daneben herlaufende Vertragshaftung führt zwar zu § 278, doch ist nicht jeder Mitarbeiter eines Unternehmens als Erfüllungsgehilfe bei der Gewährleistung einer gewaltfreien Arbeitsatmosphäre anzusehen.[33]

10   Für die **Gefährdungshaftung** gilt § 831 nicht, doch mitunter enthalten die einschlägigen Sondergesetze ähnliche Bestimmungen (vgl. § 7 Abs. 3 S. 2 StVG). Die eigenständig nach § 831 zu begründende Haftung tritt ggf. daneben.

III. Die Gehilfenhaftung im System der Unternehmenshaftung

11   § 831 statuiert explizit keine **deliktischen Sorgfaltspflichten zu Lasten des Geschäftsherrn,** doch diese Abstinenz beruht allein auf dem Anliegen, die Beweislast umzukehren. In der Sache setzt die Vorschrift voraus, dass der Geschäftsherr zur sorgfältigen Auswahl des Gehilfen verpflichtet ist und bei dessen Anleitung sowie bei der Beschaffung von Vorrichtungen und Gerätschaften die im Verkehr erforderliche Sorgfalt beachten muss (§ 831 Abs. 1 S. 2).[34] Diese Pflichten fügen sich nahtlos in das Pflichtprogramm des Deliktsrechts ein, denn die Rechtsprechung ist bei den in § 831 ausdrücklich vorausgesetzten Pflichten zu Auswahl und Anleitung nicht stehen geblieben, sondern hat auf der Grundlage des § 823 Abs. 1 das Unternehmen umfassend zu organisatorischen Maßnahmen im Interesse der Schadensverhütung verpflichtet (vgl. RdNr. 2; § 823 RdNr. 378 ff.). Vor diesem Hintergrund umfassender Organisationspflichten bei arbeitsteiliger Erfüllung deliktischer Sorgfaltsstandards erscheint das Konzept des § 831 Abs. 1 S. 2 als „pointillistisch".[35] Die Auswahl- und Überwachungspflichten des § 831 sind nur mehr Konkretisierungen der allgemeinen deliktischen Pflicht zur gefahrvermeidenden Unternehmensorganisation,[36] und es würde sich insoweit gar nichts ändern, wenn die Vorschrift gestrichen würde – die Haftung ergäbe sich dann ohne weiteres aus § 823 Abs. 1. Die praktische Bedeutung des § 831 liegt allein darin, dass er die Beweislast für die Verletzung der in Abs. 1 S. 2 genannten Auswahl- und Anleitungspflichten umkehrt und den Geschädigten insoweit privilegiert.[37] Es handelt sich um eine Haftung für vermutete Verkehrspflichtverletzung, bzw. für die vermutete Verletzung deliktischer Sorgfaltspflichten.[38]

IV. Geschäftsherrnhaftung und Eigenhaftung des Gehilfen

12   § 831 begründet die Haftung des Geschäftsherrn gegenüber dem Geschädigten, ohne die Verantwortlichkeit des Gehilfen einzuschränken oder auszuschließen. Sofern der Gehilfe einen der Haftungstatbestände der §§ 823 ff. verwirklicht, haftet er neben dem Prinzipal. Wie

---

[30] Krit. *Canaris* Handelsrecht § 31 RdNr. 25 f.
[31] *Wagner/Potsch* JZ 2006, 1085, 1090; *Adomeit/Mohr* NJW 2007, 2523, 2524; *Palandt/Sprau* RdNr. 4.
[32] Eingehend *Wagner*, GS Heinze, 2005, S. 974 f.
[33] *Wagner*, GS Heinze, 2005, S. 976 ff.
[34] Vgl. *Baur*, Karlsruher Forum 1962, 14; *Soergel/Krause* RdNr. 3.
[35] *Kleindiek*, Deliktshaftung und juristische Person, S. 290.
[36] OLG Nürnberg NJW-RR 2004, 1254, 1255; *H. H. Jakobs* VersR 1969, 1061, 1063 ff.; *Larenz/Canaris* II/2 § 79 III 1, S. 475; *Brüggemeier* Deliktsrecht RdNr. 120 ff.; *RGRK/Steffen* RdNr. 4 ff.; *Kleindiek*, Deliktshaftung und juristische Person, S. 292 ff.; *Spindler* Unternehmensorganisationspflichten S. 694; *v. Bar* Verkehrspflichten S. 241: § 831 als „geronnene Verkehrspflicht".
[37] *H. H. Jakobs* VersR 1969, 1061, 1063 f., der daraus allerdings den Schluss zieht, die Vorschrift regele gar nicht die Haftung für Gehilfen. Das mag so formuliert werden, doch dann ergibt sich, dass das deutsche Deliktsrecht eine Regelung dieser Materie überhaupt nicht enthält! Die Gesetzesverfasser konzipierten § 831 jedoch als bewusste Abkehr von der Regel des Art. 1384 Abs. 5 Code civil; Prot. II S. 603.
[38] *H. H. Jakobs* VersR 1969, 1061, 1065; *v. Bar* Verkehrspflichten S. 241 ff.; *Larenz/Canaris* II/2 § 79 III 1, S. 475; *Staudinger/Belling* RdNr. 2 ff.

sich aus § 840 Abs. 1 ergibt, haften Prinzipal und Gehilfe **im Außenverhältnis als Gesamtschuldner** gemäß §§ 421 ff. Der Geschädigte kann folglich nach seiner Wahl entweder den Gehilfen oder den Geschäftsherrn in vollem Umfang auf Schadensersatz in Anspruch nehmen, wobei die beiden Ansprüche jeweils **gesonderter Verjährung** nach Maßgabe der §§ 195, 199 unterliegen.[39] Die Aufteilung des Schadens nach Maßgabe des § 426 erfolgt erst im Innenverhältnis, wobei die Sonderregel des § 840 Abs. 2 zu beachten ist (§ 840 RdNr. 17 f.).

Die gesamtschuldnerische Haftung des Prinzipals und des Gehilfen tritt auch dann ein, wenn es sich bei diesen um die **Parteien eines Arbeitsverhältnisses** handelt. Der mitunter geäußerte Vorschlag, die Außenhaftung des Arbeitnehmers aus sozialen Gründen auszuschließen, hat sich bis jetzt nicht durchgesetzt, weil auch insoweit nicht auf Sorgfaltsanreize verzichtet werden kann und ein tragfähiger Grund für die Zurücksetzung der Belange des Geschädigten nicht ersichtlich ist.[40] Allerdings steht die für das Innenverhältnis zwischen Arbeitgeber und Arbeitnehmer geltende Regel des § 840 Abs. 2 im Bereich des Arbeitsrechts weithin bloß auf dem Papier, weil die richterrechtlichen **Grundsätze über den innerbetrieblichen Schadensausgleich** Vorrang haben und zu Ergebnissen führen, die dem in § 840 Abs. 2 vorgezeichneten diametral zuwider laufen (§ 840 RdNr. 18).[41] Soweit nämlich der Arbeitnehmer den Schaden nicht vorsätzlich verursacht hat, fällt er dem Arbeitgeber als dem Träger des Betriebsrisikos ganz oder anteilig zur Last. Im Einzelnen richtet sich die Verantwortlichkeitsquote des Arbeitgebers nach dem Fahrlässigkeitsgrad, wobei das BAG mit einer Trichotomie von grober, mittlerer (normaler) und leichtester Fahrlässigkeit operiert (4. Aufl. § 611 RdNr. 907 mwN).[42] Nimmt der Geschädigte gleichwohl den Arbeitnehmer in Anspruch, stehen diesem gegen seinen Arbeitgeber die Freistellungs- und Regressansprüche des § 426 in dem Umfang zu, in dem dieser im Innenverhältnis zur Schadenstragung verpflichtet ist (4. Aufl. § 611 RdNr. 907 ff.). Ist die persönliche Haftung des Verrichtungsgehilfen gemäß § 116 Abs. 3 Alt. 3 SGB VII beschränkt, entfällt nach den Regeln über den gestörten Gesamtschuldnerausgleich in diesem Umfang auch die Haftung des Geschäftsherrn aus § 831.[43]

V. Haftungsvoraussetzungen

1. Verrichtungsgehilfe. a) Gehilfen und selbstständige Unternehmen. Der Personenkreis, der iS von § 831 „zu einer Verrichtung bestellt" ist, unterscheidet sich von dem Kreis der Erfüllungsgehilfen iS von § 278 durch den Mangel an Selbstständigkeit und Eigenverantwortlichkeit. Während selbstständige Unternehmen ohne weiteres Erfüllungsgehilfen sein können, setzt die Qualifikation als Verrichtungsgehilfe **Abhängigkeit und Weisungsgebundenheit** voraus; der Geschäftsherr muss dazu in der Lage sein, die Tätigkeit dem Handelnden jederzeit zu entziehen, sie zu beschränken oder nach Zeit und Umfang zu regeln.[44] Entscheidend ist dabei das faktische Direktionsrecht des Prinzipals, während es nicht darauf ankommt, ob es auf einem Rechtsverhältnis beruht und ob dieses wirksam ist.[45] Im Kernbereich des § 831 liegen folgerichtig die Fälle der Haftung des Unternehmensträgers für Pflichtverletzungen von **Arbeitnehmern,** deren Verrichtungsgehilfeneigenschaft in der Rechtsprechung als selbstverständlich nur mehr stillschweigend bejaht wird.[46]

---

[39] BGH NJW 2001, 964 = VersR 2001, 381; VersR 2003, 75, 76; krit. *Wagner* VersR 2001, 1057, 1058 f.
[40] BGHZ 157, 9, 16 f. = VersR 2004, 202; BGH NJW 1994, 852, 854 f.; NJW-RR 1995, 659; NJW 2005, 2309, 2310; *Otto/Schwarze,* Die Haftung des Arbeitnehmers, RdNr. 473 mwN; *Kötz/Wagner* RdNr. 333.
[41] BGHZ 157, 9, 15 f. = VersR 2004, 202.
[42] Zu den Einzelheiten vgl. ErfK/*Preis* § 619 a RdNr. 13 ff.; *Otto/Schwarze,* Die Haftung des Arbeitnehmers, RdNr. 171 ff.
[43] BGHZ 157, 9, 14 ff. = VersR 2004, 202.
[44] RGZ 92, 345, 346 f.; BGHZ 45, 311, 313 = NJW 1966, 1807, 1808; BGHZ 103, 298, 303 = NJW 1988, 1380, 1381; BGH NJW-RR 1998, 250, 251 f.; *Palandt/Sprau* RdNr. 5; *Soergel/Krause* RdNr. 19; *Bamberger/Roth/Spindler* RdNr. 12.
[45] *RGRK/Steffen* RdNr. 17.
[46] BGH NJW-RR 1992, 533; 1996, 867, 868; vgl. auch RGZ 79, 312, 315; 135, 149, 154.

15 Das Bestehen eines **Dienstverhältnisses ist allerdings keine notwendige Voraussetzung** für die Stellung als Verrichtungsgehilfe, sondern diese kann auch durch Annahme einzelner „Aufträge" erlangt werden, mit der sich der Gehilfe für eine bestimmte Aufgabe den Weisungen des Prinzipals unterwirft.[47] Der Anwendungsbereich des § 831 ist nicht auf die Unternehmenshaftung beschränkt, sondern bezieht die kleinformatigen Verhältnisse familiärer und häuslicher Gehilfenbeziehungen mit ein.[48] Insofern reicht die Existenz eines Weisungsrechts indes nicht aus, denn Weisungsrechte können in vielerlei losen Zusammenhängen bestehen, die eine Zurechnung des Gehilfenverhaltens zum Organisationskreis des Geschäftsherrn nicht rechtfertigen.[49] Auch der Fahrgast eines Taxis ist dem Fahrer gegenüber weisungsberechtigt, doch wird er damit nicht zu dessen Geschäftsherrn; dies bleibt der Taxiunternehmer.[50] Über die Existenz eines Weisungsrechts hinaus erfordert § 831 die Abhängigkeit des Gehilfen vom Geschäftsherrn. Dies ist nicht im Sinne eines Verhältnisses sozialer Über-/Unterordnung, sondern als **Eingliederung in den Organisationskreis,** also in Unternehmen oder Haushalt des Geschäftsherrn zu verstehen.[51] Deshalb ist es zweifelhaft, einen Stiefsohn, dem der Familienvater auf einer Urlaubsreise das Steuer des Familienwagens überlässt, als dessen Verrichtungsgehilfen zu qualifizieren.[52] Genauso wenig wird eine Reederei allein dadurch zum Geschäftsherrn der auf ihrem Schiff tätigen Mitarbeiter einer Stauereifirma, dass sie letzteren gegenüber weisungsbefugt ist.[53] Vielmehr ist auch im Rahmen des § 831 die Arbeitsteilung zwischen mehreren deliktisch Verantwortlichen zu beachten und folgerichtig vom Vertrauensgrundsatz auszugehen, nach dem sich das eine Unternehmen zunächst auf sorgfältiges Verhalten der Mitarbeiter anderer Unternehmen verlassen und einstellen kann (§ 823 RdNr. 602). Zu den Schwierigkeiten, in solchen Fällen den zuständigen Geschäftsherrn zu identifizieren vgl. RdNr. 21 ff.

16 **Selbstständige Unternehmen** (independent contractors) fallen aus dem Anwendungsbereich des § 831 heraus, denn sie sind für ihr Verhalten selbst verantwortlich, und ihr Vertragspartner – der vermeintliche Geschäftsherr – darf sich in den Grenzen des Vertrauensgrundsatzes darauf verlassen, dass sie ihren deliktischen Sorgfaltspflichten nachkommen werden (vgl. aber RdNr. 17).[54] So hat beispielsweise der Bauherr nicht für den von ihm beauftragten Generalunternehmer und ein **Bauunternehmer** nicht für die Fehler eines von ihm hinzugezogenen **Subunternehmers** einzustehen,[55] ein **Abfallerzeuger** nicht für die Schlampereien eines Entsorgungsunternehmens,[56] ein **Landwirt** nicht für das Verhalten des von ihm hinzugezogenen Schlachters,[57] und einem **Reiseveranstalter** sind Sorgfaltspflichtverletzungen seiner Leistungsträger nicht nach § 831 zuzurechnen.[58] Richtiger Ansicht nach lässt sich auch die Haftung des Mandanten für Delikte seines **Rechtsanwalts** nicht mit Hilfe des § 831 begründen.[59] Für die Abgrenzung zwischen Gehilfe und Unternehmer kommt es

---

[47] BGH FamRZ 1964, 84.
[48] Vgl. etwa BGH FamRZ 1964, 83; VersR 1992, 844, 845.
[49] Sellert AcP 175 (1975), 77, 86 ff.
[50] v. Caemmerer, FS Weitnauer, 1980, S. 261, 270.
[51] v. Caemmerer, FS Weitnauer, 1980, S. 261, 270; Larenz/Canaris II/2 § 79 III 2, S. 478; Soergel/Krause RdNr. 19; Bamberger/Roth/Spindler RdNr. 11; vgl. auch BGH VersR 1992, 844, 845: Tochter in den Pferdezuchtbetrieb der beklagten Mutter „eingebunden".
[52] BGH FamRZ 1964, 84; das praktische Bedürfnis dafür ist mit der Bereitstellung des Schmerzensgeldes auch im Rahmen der Gefährdungshaftung nach § 7 StVG entfallen.
[53] BGHZ 26, 152, 159 = NJW 1958, 220, 221.
[54] RGZ 79, 312, 315; 170, 1, 8; BGHZ 26, 152, 159 = NJW 1958, 220, 221; BGHZ 80, 1, 3 f. = NJW 1981, 1516; BGH NJW 1956, 1715; 1980, 941; 1994, 2756, 2757; 2006, 3628, 3629 RdNr. 8 = VersR 2007, 78; OLG Nürnberg NJW-RR 2004, 1254, 1255; Larenz/Canaris II/2 § 79 III 2, S. 478; Soergel/Krause RdNr. 21.
[55] BGH NJW 1956, 1480; 1994, 2756, 2757; OLG Stuttgart VersR 2002, 587; OLG Brandenburg VersR 2003, 215, 216.
[56] BGH NJW 2006, 3628, 3629 Tz. 8 = VersR 2007, 78.
[57] BGHZ 24, 247, 248 = NJW 1957, 1319.
[58] BGHZ 103, 298, 303 = NJW 1988, 1380, 1381.
[59] v. Caemmerer, FS Weitnauer, 1980, S. 261, 272; RGRK/Steffen RdNr. 22; Soergel/Krause RdNr. 24; aA RGZ 96, 177, 180 f.; BGH VersR 1957, 301.

wiederum nicht auf die juristische Ausgestaltung der Beziehung und auch nicht auf den Status des Handelnden im Gesellschafts-, Gewerbe-, Arbeits- oder Handelsrecht an.[60] Entscheidend sind allein die faktischen Verhältnisse, dass also die Person in den Organisationsbereich des Prinzipals eingegliedert und seinen Weisungen unterworfen ist. Folgerichtig kann ein Handelsvertreter trotz § 84 HGB Verrichtungsgehilfe eines anderen sein.[61]

Selbst wenn die Anwendung des § 831 mangels Gehilfenstellung scheitert, bedeutet dies nicht notwendig, dass die Deliktshaftung des vermeintlichen Prinzipals ausscheidet. Eine allgemeine deliktische Pflicht zur Überwachung und Kontrolle anderer gibt es zwar nicht, so dass die **Delegation von Verkehrspflichten** auf selbständige Dritte (**Out-Sourcing**) den Pflichtenkreis des Prinzipals reduziert. Immerhin bliebt er im Rahmen von § 823 Abs. 1 dazu verpflichtet, den Übernehmer sorgfältig auszuwählen, die ordnungsgemäße Erfüllung der übertragenen Aufgabe durch Stichproben zu überwachen und eventuellen Anzeichen und Hinweisen für nachlässiges Verhalten nachzugehen (eingehend § 823 RdNr. 300 ff.).[62]

b) Verrichtungsgehilfen und Organe. Wie sich aus §§ 31, 30 ergibt, sind die Organwalter und die besonderen verfassungsmäßigen Vertreter juristischer Personen nicht als deren Verrichtungsgehilfen anzusehen, sondern als **Repräsentanten** des korporativ verfassten und dadurch erst handlungsunfähigen Geschäftsherrn. Folgerichtig hat die juristische Person für das Verhalten ihrer Organe und verfassungsmäßigen Vertreter unbedingt, ohne die Möglichkeit einer Entlastung, einzustehen. Diese Regelung gilt nicht nur für den **rechtsfähigen Verein**, sondern entsprechend für **Kapitalgesellschaften** (AG, GmbH), für die **Personengesellschaften** des Handelsrechts und nach neuerer Rechtsprechung selbst für die **BGB-Gesellschaft** (§ 31 RdNr. 16; § 705 RdNr. 262 ff.).[63] Wegen der Verweisung des § 54 S. 1 auf die §§ 705 ff. entfällt damit auch die Grundlage für die Rechtsprechung des RG, dem **nicht-rechtsfähigen Verein** die Delikte seiner Organe nur nach Maßgabe des § 831 – und nicht über § 31 – zuzurechnen (§ 31 RdNr. 12 f.; § 54 RdNr. 48 f.).[64] Eine persönliche Haftung des einen Geschäftsführer-Gesellschafters für Delikte des anderen lässt sich mit Hilfe des § 831 nicht begründen,[65] doch der BGH wendet § 128 HGB auch insoweit analog auf die Gesellschaft bürgerlichen Rechts an (§ 714 RdNr. 35 ff., 38).[66]

Die **Abgrenzung zwischen Organen und Verrichtungsgehilfen** im Einzelfall wäre unproblematisch, hätte die Rechtsprechung an dem ursprünglichen Konzept der §§ 31, 30 festgehalten, nach dem die Satzung der Korporation über den Kreis ihrer Repräsentanten entscheidet. Tatsächlich interpretiert die Rechtsprechung den persönlichen Anwendungsbereich der §§ 31, 30 deliktsrechtlich-funktional, nicht gesellschaftsrechtlich-formal, und spricht sämtliche Mitarbeiter eines körperschaftlich verfassten Unternehmens als **Repräsentanten** an, die einen bestimmten Aufgaben- oder Funktionsbereich innerhalb der Organisation selbständig und eigenverantwortlich wahrnehmen (eingehend § 31 RdNr. 3 ff., 20 ff.; § 823 RdNr. 382 ff.) (speziell zur Deliktshaftung von Krankenhausträgern § 823 RdNr. 716 ff.).[67] Damit erweisen sich die Voraussetzungen der Unselbständigkeit und Weisungsgebundenheit als entscheidend nicht nur im Verhältnis des Geschäftsherrn zu externen Dritten, insbesondere zu anderen Unternehmen, sondern als maßgeblich auch im

---

[60] BGH NJW 1956, 1715; 1980, 941; WM 1989, 1047, 1050.
[61] BGH NJW 1956, 1715; 1980, 941; WM 1989, 1047, 1050.
[62] NJW 2006, 3628, 3629 Tz. 8 = VersR 2007, 78.
[63] BGHZ 154, 88, 93 ff. = NJW 2003, 1445, 1446 f.; BGHZ 155, 205, 210 = ZIP 2003, 1604, 1605; BGH NJW 2007, 2490, 2491; *K. Schmidt* NJW 2003, 1897; *Ulmer* ZIP 2001, 585, 597; anders noch BGHZ 45, 311, 312 f. = NJW 1966, 1807, 1808; vgl. auch BGHZ 146, 341, 343 ff. = NJW 2001, 1056.
[64] RGZ 91, 72, 74 f.; 135, 242, 244.
[65] RGZ 91, 72, 74 f.
[66] BGHZ 154, 88, 93 ff. = NJW 2003, 1445, 1446 f.; BGHZ 155, 205, 212 = ZIP 2003, 1604, 1606; BGH NJW 2007, 2490, 2492; scharf abl. *Canaris* ZGR 2004, 69, 109 ff.; *Flume* DB 2003, 1775.
[67] RGZ 163, 21, 30; RG JW 1936, 915; BGHZ 49, 19, 21 = NJW 1968, 391 f.; BGHZ 77, 74, 78 f. = NJW 1980, 1901, 1902; BGHZ 101, 215, 218 = NJW 1987, 2925; BGH VersR 1962, 66; NJW 1972, 334; 1977, 2259, 2260.

§ 831 20, 21   Abschnitt 8. Titel 27. Unerlaubte Handlungen

internen Bereich. Die Rechtsfolgen sind in den beiden Fallgruppen allerdings grundverschieden: Für seine selbstständigen Mitarbeiter haftet der Unternehmensträger unbedingt gemäß §§ 31, 30, während eine Zurechnung der Delikte externer Dritter ausscheidet und eine Haftung für deren Verhalten nur unter dem Gesichtspunkt des § 823 Abs. 1 wegen Verletzung der bei Pflichtendelegation verbleibenden Residualpflichten in Betracht kommt (§ 823 RdNr. 298 ff.).

20   c) **Gesetzliche und gewillkürte Vertreter.** Natürliche Personen haften nicht ohne weiteres für die Delikte ihrer gesetzlichen Vertreter. Letztere sind **keine Verrichtungsgehilfen,** und anders als in § 278 werden Gehilfen und Vertreter des Geschäftsherrn in § 831 nicht auf dieselbe Stufe gestellt.[68] Diese Diskrepanz verdankt sich nicht etwa einem Redaktionsversehen, sondern einer bewussten Entscheidung des Gesetzgebers, der kein Bedürfnis dafür gesehen hat, das Mündel für Delikte seines Vormunds oder gar Kinder für Delikte ihrer Eltern haften zu lassen.[69] Genauso wenig sind die Erben für unerlaubte Handlungen des Testamentsvollstreckers verantwortlich.[70] Entsprechendes gilt für gewillkürte Vertreter, die indessen gleichzeitig als Verrichtungsgehilfen zu qualifizieren sein können, sofern die dafür erforderlichen Voraussetzungen vorliegen.[71] Entscheidend ist also nicht die Bevollmächtigung des Gehilfen und schon gar nicht die Wirksamkeit einer erteilten Vollmacht, sondern allein die Wahrnehmung einer Aufgabe unter dem Direktionsrecht des Prinzipals.[72] Bei Schädigungen Dritter durch einen Stellvertreter im rechtsgeschäftlichen Verkehr berücksichtigt die Rechtsprechung allerdings auch Gesichtspunkte des Verkehrsschutzes, wie sie aus dem Stellvertretungsrecht geläufig sind. So hat es das RG für § 831 ausreichen lassen, dass der Gehilfe mit Zustimmung des Prinzipals unter dessen Firma Geschäfte machte und dabei nach außen als sein Angestellter auftrat.[73]

21   2. **Geschäftsherr.** Für die Identifikation des Geschäftsherrn sind dieselben Kriterien maßgeblich wie für die Qualifizierung einer Person als Verrichtungsgehilfe; beide Begriffe verhalten sich zueinander komplementär: Geschäftsherr ist diejenige Person, der das Direktionsrecht in Bezug auf das Verhalten des Gehilfen zukommt.[74] Dies kann nach der Anerkennung ihrer Rechts- und Parteifähigkeit auch eine Gesellschaft bürgerlichen Rechts sein.[75] Schwierigkeiten entstehen, wenn **mehrere Geschäftsherren** als Prinzipale des Gehilfen in Betracht kommen, zum Beispiel ein Landwirt oder Unternehmer den Angestellten eines anderen Unternehmens Weisungen erteilt, bei deren Ausführung ein Dritter zu Schaden kommt. Entscheidend für die haftungsrechtliche Zuordnung sind objektive Kriterien, nach denen zwar einer von den Parteien geübten Vertragspraxis, nicht aber einer rechtsgeschäftlichen Abrede über die Zuordnung eines Gehilfen als solcher Bedeutung zukommt.[76] Zweifelsfälle sind mit Rücksicht auf die Regelungszwecke des § 831 zu lösen. Es ist also danach zu fragen, wer von mehreren potentiellen Geschäftsherren **Auswahl, Überwachung und Anleitung des Gehilfen** am besten im Interesse der Schadensvermeidung steuern konnte.[77] Erhalten die Arbeitnehmer ihre Weisungen weiterhin von ihrem eigentlichen Arbeitgeber, bleibt dieser als Prinzipal in der Haftung, werden sie dagegen in die Hierarchie des aufnehmenden Betriebs eingegliedert, wird dieser nach § 831 haftpflich-

---

[68] RGZ 67, 151, 153 f.; 121, 114, 118; 132, 76, 80; RGRK/*Steffen* RdNr. 18; *Soergel/Krause* RdNr. 25.
[69] Mot. II S. 737.
[70] RGRK/*Steffen* RdNr. 18; anders für die Vertragshaftung RGZ 144, 399, 401 ff.
[71] RGZ 73, 434, 437; 92, 345, 346 f.; 96, 177, 179; BGH NJW 1980, 941; RGRK/*Steffen* RdNr. 21; krit. wohl *Soergel/Krause* RdNr. 23.
[72] RGRK/*Steffen* RdNr. 21.
[73] RGZ 92, 345, 347; vgl. auch BGH NJW 1956, 1715 f.
[74] RGZ 170, 1, 8; BGHZ 80, 1, 3 = NJW 1981, 1516; BGH JZ 1983, 764, 766 m. Anm. *Papier*; vgl. auch RG JW 1938, 456.
[75] *K. Schmidt* NJW 2003, 1897, 1898; vgl. auch BGH NJW 2003, 1445, 1446 f.; s. Fn. 63.
[76] Anders RGZ 120, 154, 160 f.: Absprache, der von den Mieterin eines Kraftwagens gestellte Chauffeur solle als Gehilfe der Vermieterin anzusehen sein, auch im Rahmen des § 831 beachtlich.
[77] RGZ 170, 321, 322 f.; andeutungsweise auch BGHZ 80, 1, 3 = NJW 1981, 1516.

tig.[78] Geschäftsherr eines Zivildienstleistenden ist folgerichtig nicht der Bund, sondern der Träger seiner Beschäftigungsstelle.[79] Zur Haftung und Verantwortungszuweisung in Krankenhäusern vgl. § 823 RdNr. 706 ff.

Bei den für die moderne Praxis kennzeichnenden **Leiharbeitsverhältnissen** bleibt der verleihende Arbeitgeber zunächst Inhaber des Direktionsrechts und damit im Obligo, doch geht die Haftung auf das entleihende Unternehmen über, soweit die Arbeiter in dessen Hierarchie eingegliedert und dessen Weisungen unterstellt werden.[80] Dafür reicht es allerdings entgegen einer Entscheidung des RG nicht aus, dass dem Mitarbeiter eines Unternehmens von dritter Seite eigenmächtig ein einzelner Auftrag erteilt wird, denn dies ändert nichts an der Zuordnung zum Arbeitgeber.[81] Bei unvollständiger Ausgliederung aus dem entleihenden Unternehmen kommt eine kumulative Verantwortlichkeit sowohl des Verleih- als auch des Entleih-Unternehmens als Geschäftsherrn in Betracht.[82] Die Haftung des Auftraggebers lässt sich ggf. aber im Rahmen des § 823 Abs. 1 begründen. Im Übrigen hat der Entleiher stets für die generelle Eignung der überlassenen Arbeitskräfte für die vereinbarte Dienstleistung einzustehen.[83]

Die **Organwalter des Unternehmensträgers** haften für Fehler von Betriebsangehörigen nicht nach § 831 (RdNr. 50). Die **Beweislast** für die Geschäftsherrneigenschaft des Beklagten trägt der Geschädigte (RdNr. 48).[84]

3. Handeln in Ausführung der Verrichtung. Eine Haftung des Geschäftsherrn für das Verhalten des Gehilfen kommt nur in Betracht, wenn die Schädigung „in Ausführung der Verrichtung" erfolgte. Eine ähnliche Formulierung findet sich in § 31, und auch in § 278 wird eine solche Voraussetzung aufgestellt. Die Rechtsprechung ist darum bemüht, die Zurechnungskriterien bei allen drei Vorschriften gleich zu bestimmen,[85] und grenzt das Handeln „in Ausführung der Verrichtung" stets zum **Handeln bloß bei Gelegenheit** der Verrichtung ab. Erforderlich ist nicht bloß Kausalität, sondern ein qualifizierter, **innerer Zusammenhang** zwischen dem übertragenen Aufgabenkreis und der Schadenszufügung.[86] Unproblematisch sind diejenigen Fälle, in denen einem Gehilfen, der pflichtschuldig seinen Auftrag ausführt oder den ihm übertragenen Arbeiten nachgeht, eine Unachtsamkeit unterläuft; letztere geschieht zweifellos „in Ausführung der Verrichtung".

Handelt der Gehilfe ausdrücklichen **Weisungen des Geschäftsherrn** zuwider oder überschreitet er die Grenzen seines Auftrags, wird der erforderliche Zusammenhang zwischen der übertragenen Verrichtung und dem deliktischen Verhalten nicht unterbrochen,[87] denn sonst könnte der Geschäftsherr seine Verantwortlichkeit nach § 831 durch entsprechende Weisungen mühelos abschütteln.[88] Wird also etwa der Fahrer einer Planierraupe angewiesen, das Eintreffen frischen Hydrauliköls abzuwarten, hält sich dieser nicht daran und verursacht dadurch einen Unfall, lässt sich die Haftung des Prinzipals nicht mit der Erwägung verneinen, er habe dem Fahrer doch gesagt, er solle untätig

---

[78] RGZ 170, 1, 8; BGH VersR 1974, 243 f.; OLG München VersR 2003, 216, 217.
[79] BGH JZ 1983, 764, 766 m. Anm. *Papier*.
[80] BAG DB 1989, 131 f.; NJW-RR 1995, 659, 660; OLG Düsseldorf NJW-RR 1995, 1430, 1431; *Bamberger/Roth/Spindler* RdNr. 13; *Soergel/Krause* RdNr. 26.
[81] Vgl. BGH NJW-RR 1995, 659, 660; anders RGZ 51, 199, 200 f.: Lehrling eines Dritten als Verrichtungsgehilfe des Beklagten.
[82] BGH NJW-RR 1995, 659, 660.
[83] OLG München VersR 2003, 216, 217.
[84] BGH NJW 1994, 2756, 2757.
[85] Vgl. BGH NJW-RR 1989, 723, 725 = VersR 1989, 522, 524; NJW 1977, 2259, 2260 f.; RGRK/*Steffen* RdNr. 23 aE.
[86] RGZ 104, 141, 144; BGHZ 11, 151, 152 f. = NJW 1954, 505; BGH VersR 1967, 353, 354; NJW 1965, 391, 392; 1971, 31, 32; DB 1970, 2314, 2315; NJW-RR 1989, 723, 725; *Palandt/Sprau* RdNr. 9; RGRK/ *Steffen* RdNr. 22 f.; *Soergel/Krause* RdNr. 31.
[87] BGHZ 49, 19, 23 = NJW 1968, 391, 392; BGHZ 98, 148, 152 = NJW 1986, 2941 f.; BGH VersR 1955, 205; 1960, 134, 137; 1963, 1076, 1077; 1966, 1074, 1075; NJW 1970, 31, 32; NJW-RR 1989, 723, 725 = VersR 1989, 522, 524; RGRK/*Steffen* RdNr. 22.
[88] BGHZ 31, 358, 366 = NJW 1960, 669, 671; BGH NJW-RR 1989, 723, 725.

bleiben.⁸⁹ Selbst für die Folgen **vorsätzlich begangener Delikte** hat der Geschäftsherr aufzukommen, sofern sie nur in Ausführung der Verrichtung und nicht nur bei deren Gelegenheit ausgeführt werden.⁹⁰ Insbesondere kommt die Einstandspflicht des Geschäftsherrn auch bei vorsätzlich-sittenwidriger Schädigung gemäß § 826 in Betracht.⁹¹

26 Auf der anderen Seite hat die Rechtsprechung der Anwendung des § 831 Grenzen gezogen, wenn das deliktische Verhalten aus dem **Kreis der übertragenen Aufgaben herausfällt,** der Gehilfe also „rein zufällig mit den Rechtsgütern des Geschädigten in Berührung" kommt.⁹² So wurde beispielsweise die Haftung eines Geschäftsherrn verneint, der einen Piloten damit beauftragt hatte, ein Flugzeug zu überführen, während der Pilot am Zielflughafen Rundflüge veranstaltete und dabei mit Fluggästen abstürzte.⁹³ Bereits das RG hatte es in ständiger Rechtsprechung abgelehnt, den Halter eines Kraftfahrzeugs, der den Wagen einem Gehilfen anvertraut hatte, dafür haftbar zu machen, wenn Letzterer eine Schwarzfahrt unternahm und dabei einen Unfall verursachte, und der BGH ist dem gefolgt.⁹⁴ Genauso wenig haftet ein Arbeitgeber Dritten für Unfälle, die sein Arbeitnehmer auf dem Weg von und zur Arbeit mit seinem Fahrzeug verursacht, und schon gar nicht besteht eine Einstandspflicht nach § 831, wenn Dritte bei Reparaturarbeiten an dem privaten Fahrzeug des Arbeitnehmers geschädigt werden.⁹⁵ Darüber hinaus ist die Einstandspflicht eines Bauunternehmers verneint worden, wenn seine Arbeiter auf der Baustelle des Auftraggebers Diebstähle begingen.⁹⁶ Anders wurde wiederum entschieden, wenn der Fahrer eines Transportunternehmens das Ladungsgut entwendete, weil der Transporteur vertraglich gehalten sei, solche Diebstähle zu unterlassen bzw. zu verhindern.⁹⁷

27 Tatsächlich überzeugt es nicht, den Anwendungsbereich des § 831 unter dem Gesichtspunkt zu definieren, ob das Delikt aus dem Kreis der übertragenen Aufgaben herausfällt oder nicht.⁹⁸ Gerade unter der von der Rechtsprechung gewählten Prämisse, die Geschäftsherrnhaftung erfordere einen „inneren" Zusammenhang zwischen Verrichtung und Schädigung, muss die **Zurechnung des Gehilfenverhaltens mit Rücksicht auf teleologische Kriterien** erfolgen. Die Auswahl, Überwachung und Anleitung der Gehilfen ist Sache des Geschäftsherrn, weil er dem Gehilfen erst die Mittel und die Gelegenheit verschafft, Rechtsgüter Dritter zu beeinträchtigen, und anders als der Geschädigte auch dazu in der Lage ist, durch sorgfältige Auswahl, Überwachung, Anleitung sowie sonstige Maßnahmen der Betriebsorganisation im Interesse der Schadensvermeidung tätig zu werden (RdNr. 4). Folgerichtig ist dem Geschäftsherrn nicht nur das allgemeine Betriebsrisiko zuzuweisen, sondern er hat auch das **Personalrisiko** zu tragen, also die Gefahr, dass sich der Gehilfe als nachlässig oder böswillig erweist.⁹⁹ Er hat für die Folgen aller Handlungen des Verrichtungsgehilfen einzustehen, die letzterem durch die Übertragung der jeweiligen Aufgaben ermöglicht oder erleichtert wurden.¹⁰⁰ Die notorischen Diebstahlsfälle begründen demnach genauso die Haftung des Geschäftsherrn wie Schwarzfahrten mit einem Dienstwagen. Das in den Schwarzfahrtfällen vorgebrachte Argument, die Haftung sei in § 7 Abs. 3 StVG abschließend

---

⁸⁹ Beispiel nach BGH VersR 1963, 1076, 1077.
⁹⁰ RGZ 87, 1, 3; 157, 228, 232; BGHZ 49, 19, 23 = NJW 1968, 391, 392; BGH NJW-RR 1998, 250, 252; im Ergebnis auch *Bamberger/Roth/Spindler* RdNr. 22.
⁹¹ RGZ 157, 228, 232.
⁹² BGH NJW-RR 1989, 723, 725.
⁹³ BGH NJW-RR 1989, 723, 725.
⁹⁴ Grdlg. RGZ 119, 58, 60 f.; weiter RGZ 135, 149, 154, 157; 136, 4, 14; 136, 15, 16 f.; BGHZ 1, 388, 390; BGH VersR 1966, 1074, 1075; DB 1970, 2314, 2315; zur Gefährdungshaftung des Halters vgl. § 7 Abs. 3 StVG.
⁹⁵ RG DR 1942, 1280, 1281.
⁹⁶ BGHZ 11, 151, 152 f. = NJW 1954, 505 (zu § 278).
⁹⁷ BGH VersR 1981, 732, 733.
⁹⁸ In der Tendenz entgegengesetzt, in den Ergebnissen jedoch ähnlich wie hier *Bamberger/Roth/Spindler* RdNr. 22; *Soergel/Krause* RdNr. 31 ff.
⁹⁹ BGH NJW-RR 1989, 723, 725; RGRK/*Steffen* RdNr. 22; im Ergebnis auch BGH NJW 1977, 2259, 2261; VersR 1981, 732, 733.
¹⁰⁰ So auch *Larenz/Canaris* II/2 § 79 III 2 d, S. 480; *Medicus* SchR II § 144 II 1 c, RdNr. 853.

geregelt,[101] läuft sowohl dem allgemein für das Verhältnis von Delikts- und Gefährdungshaftung geltenden Kumulationsprinzip als auch der Regelung des § 16 StVG zuwider.[102] Aus dem Anwendungsbereich von § 831 heraus fallen allerdings Delikte, die der **Eigensphäre des Gehilfen** zuzurechnen sind, auf die der Geschäftsherr keinen Einfluss hat und die er mit Maßnahmen der innerbetrieblichen Prävention nicht zu steuern vermag. Nach diesen Kriterien ist die Mitnahme eines Passanten im Führerhaus eines Lkw unter Verstoß gegen Weisungen des Geschäftsherrn dessen Risikosphäre zuzurechnen, wenn nicht Fahrer und Fahrgast kollusiv zu dessen Lasten zusammenwirken, denn in einem solchen Fall weiß der Geschädigte, worauf er sich einlässt und bedarf keines Schutzes durch Begründung von Ersatzansprüchen (auch) gegen den Prinzipal.[103] Auch eine Haftung für Wegeunfälle mit einem privaten Fahrzeug besteht nicht.[104]

4. Delikt des Gehilfen. Obwohl § 831 an eine Sorgfaltspflichtverletzung des Geschäftsherrn selbst anknüpft und insofern die Beweislast umkehrt, bedarf es zusätzlich eines Delikts, um die Haftung auszulösen, damit die Schutzbereichsdifferenzierungen der §§ 823 ff. nicht überspielt und etwa eine Haftung des Geschäftsherrn für durch culpa in eligendo vel custodiendo verursachte reine Vermögensschäden eingeführt wird, die nach §§ 823 Abs. 1, 826 gerade nicht besteht.[105] § 831 ist damit ein **zusammengesetzter Haftungstatbestand,** der Elemente eines Gehilfendelikts mit solchen einer unerlaubten Handlung des Geschäftsherrn mischt. Dieses Amalgam aus Geschäftsherrn- und Gehilfendelikt hat die Praxis und die Theorie vor große Schwierigkeiten gestellt. Der Wortlaut des § 831 knüpft die Haftung des Geschäftsherrn daran, dass der Gehilfe einem Dritten widerrechtlich einen Schaden zufügt. Diese Formulierung ist nach dem Inkrafttreten des BGB mit Blick auf § 823 Abs. 1 so verstanden worden, auf Seiten des Gehilfen genüge die „objektive Widerrechtlichkeit" der Rechtsgutsverletzung; nicht hingegen sei vorausgesetzt, dass der Gehilfe auch subjektiv widerrechtlich, also schuldhaft – vorsätzlich oder fahrlässig – gehandelt habe.[106] Auf die Entstehungsgeschichte konnte sich diese Interpretation nicht stützen, denn § 711 des Ersten Entwurfs erforderte eine „unerlaubte Handlung" des Gehilfen,[107] in den Motiven ist vom „Delikt" des Gehilfen die Rede,[108] und in den Protokollen wird nirgends ersichtlich, dass die Zweite Kommission daran etwas ändern wollte.[109] Maßgebend war vielmehr die Überlegung, der Begriff der Widerrechtlichkeit sei in § 831 genauso zu verstehen wie in § 823 Abs. 1, und zwar im Sinne der Erfolgsunrechtslehre (§ 823 RdNr. 4 ff.).[110] Dieses Verständnis dominiert die Rechtsprechung bis heute, und auch nach der hL reicht es für § 831 aus, wenn der Gehilfe widerrechtlich gehandelt hat, während dessen Verschulden nicht vorausgesetzt wird.[111] Nur soweit die Rechtswidrigkeit ihrerseits subjektiv „gefärbt" ist, wie bei § 826, müssen diese Voraussetzungen auch in der Person des Gehilfen erfüllt sein.[112]

---

[101] BGHZ 1, 388, 390; *Staudinger/Belling* RdNr. 89.
[102] Insoweit im Ergebnis wie hier RGZ 136, 4, 14; 136, 15, 17.
[103] So wohl BGH NJW 1965, 391, 392: Der Fahrer hatte einen privaten Bekannten mitgenommen, der sich „ausschließlich" dem Fahrer anvertraute. Zust. *Larenz/Canaris* II/2 § 79 III 2 d, S. 480 f.
[104] Vgl. Fn. 95.
[105] RG JW 1911, 584; 1913, 35, 36; BGH LM (Fc) Nr. 1; *Soergel/Krause* RdNr. 35.
[106] RGZ 50, 60, 66; 91, 60, 66; 135, 149, 155; 142, 356, 362 f.; RG JW 1934, 2973; *Planck/Greiff* Anm. 1 b.
[107] Die Formel von der widerrechtlichen Schadenszufügung fand sich allerdings in § 710 des Ersten Entwurfs.
[108] Mot. II S. 736.
[109] Prot. II S. 598 f., 603 f.
[110] RGZ 50, 60, 66.
[111] BGH NJW 1956, 1715; 1971, 31, 32; NZV 1991, 114, 115; OLG Köln NZV 1992, 279, 280; OLG Düsseldorf NJW-RR 2002, 1678, 1679; KG NJW-RR 2003, 24, 25; *Deutsch/Ahrens*, Deliktsrecht, 4. Aufl. 2002, RdNr. 320; *Medicus* SchR II RdNr. 852; RGRK/*Steffen* RdNr. 26 f.; *Staudinger/Belling* RdNr. 78.
[112] BGH NJW 1956, 1715; WM 1989, 1047, 1050; *Larenz/Canaris* II/2 § 79 III 2 c, S. 479; RGRK/*Steffen* RdNr. 26; *Bamberger/Roth/Spindler* RdNr. 23.

29 Wird dieser Ansatz konsequent durchgehalten, wäre die Haftung des Geschäftsherrn selbst dann zu bejahen, wenn der **Gehilfe unter Beachtung aller erforderlichen Sorgfaltsmaßnahmen eine Rechtsgutsverletzung** verursacht hat, sofern es dem Prinzipal nur misslingt, den Entlastungsbeweis hinsichtlich Auswahl und Anleitung des Gehilfen zu führen! Um diese Konsequenz zu vermeiden, hat der Große ZS des BGH in der viel diskutierten Straßenbahn-Entscheidung den **Rechtfertigungsgrund verkehrsrichtigen Verhaltens** erfunden, also die durch die Rechtsgutsverletzung indizierte Rechtswidrigkeit durch den Nachweis sorgfältigen Verhaltens für widerlegt gehalten.[113] Damit ist zwar im Rahmen des § 831 ein Problem gelöst worden, doch nur unter Inkaufnahme einer dogmatisch unhaltbaren Figur: Mit dem Rechtfertigungsgrund verkehrsrichtigen Verhaltens wird de facto aus dem Fehlen des Verschuldens die Widerlegung der Rechtswidrigkeitsindikation hergeleitet (§ 823 RdNr. 25).[114] Zu diesem ungewöhnlichen Schritt sah sich der Große ZS des BGH wohl aus Respekt vor der Beweislastregel des § 831 Abs. 1 S. 2 veranlasst, nach der der Geschädigte lediglich die objektive Widerrechtlichkeit des Gehilfenhandelns zur Überzeugung des Gerichts nachweisen muss, nicht aber auch die Pflichtwidrigkeit.[115] Obwohl sich der BGH unter dem Eindruck der Kritik von dem Rechtfertigungsgrund verkehrsrichtigen Verhaltens später wieder distanziert hat,[116] blieb es bis heute im Rahmen des § 831 bei der eben geschilderten Beweislastverteilung: Der Geschädigte genügt seiner Darlegungs- und Beweislast bereits dann, wenn er die Ursächlichkeit des Gehilfenverhaltens für die Rechtsgutsverletzung nachweist, während es Sache des Geschäftsherrn ist, die Beachtung der im Verkehr erforderlichen Sorgfalt durch den Gehilfen nachzuweisen.[117] Nach der Rechtsprechung stehen dem Geschäftsherrn also *zwei* Wege offen, seiner Haftung zu entgehen, nämlich einmal der Nachweis pflichtgemäßen Verhaltens des Gehilfen und zweitens die Überzeugung des Gerichts von der Ordnungsmäßigkeit des eigenen Verhaltens bei Auswahl, Überwachung und Anleitung des Verrichtungsgehilfen gemäß § 831 Abs. 1 S. 2. Im Einzelnen sind drei Fallgruppen zu unterscheiden: (1) Steht fest, dass sich der Gehilfe sorgfaltsgemäß verhalten hat, scheidet die Geschäftsherrnhaftung aus, ohne dass es auf den Entlastungsbeweis gemäß § 831 Abs. 1 S. 2 noch ankäme.[118] (2) Ist der Entlastungsbeweis in Bezug auf das Eigenverschulden des Geschäftsherrn geführt, kann dahinstehen, ob der Gehilfe pflichtgemäß oder sorgfaltswidrig gehandelt hat, weil die Haftung des Prinzipals mit Blick auf Abs. 1 S. 2 ohnehin ausscheidet.[119] (3) Vermag der Geschäftsherr weder nachzuweisen, dass er selbst bei Auswahl, Überwachung und Anleitung des Gehilfen die im Verkehr erforderliche Sorgfalt beachtet hat, noch das Gericht von der Sorgfaltsmäßigkeit des Gehilfenverhaltens zu überzeugen, besteht also für beide Voraussetzungen ein non liquet, ist der Fall zu Lasten des Geschäftsherrn zu entscheiden.[120]

30 Diesen von der Rechtsprechung erarbeiteten Grundsätzen mangelt es zwar nicht an Differenziertheit, doch werden sie der normativen Funktion des § 831 nur bedingt gerecht (RdNr. 4). Einerseits führen sie zu einer **ungerechtfertigten Privilegierung des Geschäftsherrn**, indem sie diesem die Entlastung auch dann erlauben, wenn der Gehilfe nach §§ 827, 828 für sein Tun und Lassen nicht verantwortlich oder ihm kein Verschuldens-

---

[113] BGHZ 24, 21, 24 ff. = NJW 1957, 785.
[114] BGHZ 24, 21, 28 f. = NJW 1957, 785, 786.
[115] Deutlich BGHZ 24, 21, 29 f. = NJW 1957, 785, 786 f.
[116] BGH NJW 1971, 31 f.; NJW-RR 1987, 1048, 1049; NJW 1981, 570, 571 formuliert distanzierend, die Entscheidung BGHZ 24, 21 = NJW 1957, 785 sei „bisher ausdrücklich noch nie aufgegeben worden".
[117] BGHZ 24, 21, 29 f. = NJW 1957, 785, 786 f.; BGH NJW 1971, 31, 32; NJW-RR 1992, 533; NJW 1996, 3205, 3207; OLG Hamm VersR 2003, 77, 78; genauso *H. H. Jakobs* VersR 1969, 1061, 1066; 4. Aufl. RdNr. 57 mwN.
[118] BGHZ 12, 94, 96 = NJW 1954, 913; BGH NJW 1954, 913, 914; VersR 1957, 247, 248; 1969, 542; 1975, 447, 449; 1992, 844, 845 f.; NJW 1978, 1681, 1682; 1996, 3205, 3207; OLG Oldenburg NJW-RR 1988, 38; VersR 2003, 647, 648; OLG Köln NZV 1992, 279, 280; OLG Düsseldorf NJW-RR 2002, 1678, 1679; RGRK/*Steffen* RdNr. 30.
[119] Vgl. Fn. 120.
[120] BGH NZV 1991, 114, 115; NJW-RR 1992, 533; NJW 1996, 3205, 3207; OLG Oldenburg NJW-RR 1988, 38; OLG Köln NZV 1992, 279, 280.

vorwurf zu machen ist, weil er die für seinen Verkehrskreis maßgeblichen Sorgfaltsanforderungen eingehalten hat, dieser jedoch dem Prinzipal gegenüber begründet gewesen wäre, wenn er an Stelle des Gehilfen gehandelt hätte. Auf der anderen, für die Praxis wichtigeren Seite bewirkt die Rechtsprechung eine **Diskriminierung des arbeitsteilig agierenden Unternehmens,** indem sie dem Geschädigten den Nachweis pflichtwidrigen Handelns in Widerspruch zu den bei § 823 Abs. 1 geltenden Grundsätzen abnimmt und auf den Prinzipal verlagert. Im Fall eines non liquet hat der arbeitsteilig organisierte Schädiger folglich nach § 831 für den Schaden aufzukommen, während er als Einzelperson gemäß § 823 Abs. 1 nicht haften würde. Eine normative Rechtfertigung für die unterschiedliche Behandlung sonst gleich liegender Fälle ist nicht ersichtlich, denn der Einsatz von Gehilfen führt für sich allein genommen nicht zu einer haftungsrechtlich relevanten Risikoerhöhung (RdNr. 6 aE). Auch der Hinweis, bei Fehlschlag des Entlastungsbeweises nach § 831 Abs. 1 S. 2 sei die Vermutung begründet, der – immerhin fehlerhaft ausgewählte oder angeleitete – Gehilfe habe fahrlässig gehandelt,[121] trägt nicht, weil auch insoweit ein non liquet genügt, um die Haftung auszulösen.

Im Anschluss an die ältere Rechtsprechung des RG bedarf § 831 also der **teleologischen** 31 **Reduktion** dahin, dass der **Unrechtstatbestand des § 831 Abs. 1 S. 1 die Pflichtwidrigkeit des Verhaltens einschließt,** wobei allerdings an Stelle des Geschädigten der Geschäftsherr als Akteur zu denken ist.[122] Fahrlässigkeit kann also auch dann anzunehmen sein, wenn der Gehilfe nach den §§ 827, 828 nicht verantwortlich ist oder nach dem für seinen Verkehrskreis geltenden Sorgfaltsstandard nicht pflichtwidrig gehandelt hat. Das RG hat diese Grundsätze anlässlich einer Klage gegen die Betreiberin einer Gaststätte so zusammengefasst: „Denn ein Handeln, das, von ihr selbst vorgenommen, ihre Haftung zu begründen nicht geeignet wäre, vermag sie nicht ersatzpflichtig zu machen, wenn es an ihrer Stelle von ihrem Verrichtungsgehilfen ausgegangen ist".[123] Dieser Satz gilt auch für die Verteilung der Beweislast, und er macht die Konstruktion eines „Rechtfertigungsgrunds verkehrsrichtigen Verhaltens" auch im Rahmen des § 831 überflüssig: In Übereinstimmung mit der hier vertretenen Konzeption setzt auch die Geschäftsherrnhaftung den Nachweis von Handlungsunrecht auf Seiten des Gehilfen voraus (§ 823 RdNr. 4 ff., 25). In der Praxis der Obergerichte wird denn auch im Rahmen der Voraussetzungen des § 831 mit Selbstverständlichkeit die Frage eines Sorgfaltspflichtverstoßes des Gehilfen erörtert, ohne davon viel Aufhebens zu machen,[124] und im Arzthaftungsrecht wird deutlich ausgesprochen, der Geschädigte trage die Beweislast für einen Behandlungsfehler des medizinischen Personals auch dann, wenn er die Haftung des Chef- oder Belegarztes bzw. des Krankenhausträgers auf § 831 stützt.[125]

VI. Entlastungsbeweis

1. Dogmatische Grundlagen. Die deliktischen **Sorgfaltspflichten des Prinzipals** 32 **beim Einsatz von Gehilfen** sind in § 831 Abs. 1 S. 2 Alt. 1 als Voraussetzungen nicht für die Haftung, sondern für den vom Geschäftsherrn zu führenden Entlastungsbeweis formuliert. Kann sich der Prinzipal nicht durch Nachweis sorgfältiger Auswahl, Überwachung und

---

[121] So *H. H. Jakobs* VersR 1969, 1061, 1066.
[122] RG JW 1911, 584; 1913, 35, 36; 1936, 2394, 2396; *Stoll* JZ 1958, 137, 138; *v. Caemmerer,* FS 100 Jahre DJT, Bd. II, 1960, S. 120 ff.; *J. G. Wolf,* Der Normzweck im Deliktsrecht, S. 25 ff.; *Kupisch* JuS 1984, 250, 253; *Larenz/Canaris* II/2 § 79 III 2 c, S. 479 f.; *RGRK/Steffen* RdNr. 32 ff.; *Erman/Schiemann* RdNr. 13; *Palandt/Sprau* RdNr. 8, 16; *Bamberger/Roth/Spindler* RdNr. 24; *Soergel/Krause* RdNr. 36; aus rechtsvergleichender Sicht *v. Bar,* Gemeineuropäisches Deliktsrecht I, RdNr. 197; wieder anders *Brüggemeier* Haftungsrecht S. 122 Fn. 593: Verschulden des Gehilfen erforderlich, hypothetisches Verschulden des Prinzipals irrelevant.
[123] RG JW 1936, 2394, 2396 – Huhn auf Reis.
[124] OLG Saarbrücken VersR 1994, 60, 61; OLG Hamm VersR 1996, 727, 728; trotz Hinweis auf Entbehrlichkeit KG NJW-RR 2003, 24, 25.
[125] OLG Köln VersR 1988, 44, 45; OLG Zweibrücken VersR 2002, 317, 318; anders OLG Oldenburg NJW-RR 1988, 38.

Anleitung entlasten, scheidet die Haftung gemäß § 831 Abs. 1 S. 2 Alt. 2 gleichwohl aus, wenn die Pflichtverletzung für den Schaden nicht kausal geworden ist, wofür allerdings wiederum der Geschäftsherr die Beweislast trägt. Zu der von der Rechtsprechung zusätzlich eröffneten Möglichkeit, sich durch Nachweis sorgfältigen Verhaltens des Gehilfen zu entlasten, vgl. RdNr. 24 ff. Ein Rechtswidrigkeitszusammenhang zwischen der Pflichtverletzung des Geschäftsherrn und dem vom Gehilfen angerichteten Schaden braucht nicht zu bestehen (RdNr. 38).

33 **2. Entlastung wegen Beachtung der im Verkehr erforderlichen Sorgfalt. a) Inhalt der Sorgfaltspflichten: Auswahl, Überwachung und Anleitung.** Gemäß § 831 Abs. 1 S. 2 Alt. 1 tritt die Ersatzpflicht nicht ein, wenn der Geschäftsherr bei der Auswahl der bestellten Person und, sofern er Vorrichtungen oder Gerätschaften zu beschaffen oder die Ausführung der Verrichtung zu leiten hat, bei der Beschaffung oder der Leitung die im Verkehr erforderliche Sorgfalt beobachtet hat. Dabei schwebte den Gesetzesverfassern ursprünglich ein **Exklusivverhältnis zwischen Auswahl- und Anleitungspflichten** vor; soweit der Gehilfe selbstständig agieren konnte, sollte der Prinzipal zur sorgfältigen Auswahl, soweit er auf Weisung handelte, zur sorgfältigen Anleitung verpflichtet sein.[126] In Übereinstimmung mit dem Wortlaut („und") ist heute jedoch anerkannt, dass der Prinzipal zu beidem, sorgfältiger Auswahl und sorgfältiger Anleitung, verpflichtet ist.

34 Allerdings ist in § 831 Abs. 1 S. 2 nirgends von einer **Verpflichtung des Geschäftsherrn zur Überwachung des Gehilfen** die Rede, wie sie heute neben den Pflichten zur Auswahl und zur Anleitung als dritte Dimension der Sorgfaltspflichten des Prinzipals anerkannt ist. Insoweit hatte bereits das RG den Weg geebnet, indem es die Auswahlpflicht des Geschäftsherrn nicht auf den **Zeitpunkt** der Einstellung, sondern auf denjenigen **der deliktischen Handlung** bezogen hat: Entscheidend ist, ob der Gehilfe in diesem Zeitpunkt noch sorgfältig ausgewählt war.[127] Andernfalls ergäbe sich die Konsequenz, dass der Entlastungsbeweis mit Blick auf einen unter Umständen Jahrzehnte zurückliegenden Zeitpunkt geführt werden müsste, und es wäre das Bedürfnis unabweisbar, die dadurch entstehende Lücke unter Rückgriff auf das Pflichtenprogramm des § 823 Abs. 1 aufzufüllen. Damit ergibt sich eine Verpflichtung des Geschäftsherrn zur fortwährenden Überwachung des Gehilfen, wie sie in der heutigen Rechtsprechung umstandslos angenommen wird.[128] Die Überwachungspflicht schließlich bedingt ihrerseits eine **Reaktionspflicht,** wenn sich Anhaltspunkte für die Ungeeignetheit oder Unzuverlässigkeit des Gehilfen ergeben.[129] Der Prinzipal haftet nach § 831, wenn er den Gehilfen zwar sorgfältig ausgewählt, nicht aber überwacht und deshalb keinen Anlass gesehen hat, begründeten Zweifeln an seiner Eignung nachzugehen und ihm die übertragene Aufgabe zu entziehen.[130] Umgekehrt kann der Bezug der Eignungsbeurteilung auf den Zeitpunkt der konkreten Verrichtung den Geschäftsherrn im Einzelfall auch entlasten, wenn nämlich die Auswahl des Gehilfen sorgfaltswidrig war, sich letzterer jedoch unter der Aufsicht des Geschäftsherrn bewährt hatte und im Zeitpunkt seiner Bestellung zu der konkreten Verrichtung als zuverlässig gelten konnte.[131]

35 Die **Verpflichtung zur sorgfältigen Leitung der Verrichtung** betrifft nicht die allgemeine Unternehmensorganisation, die der Geschäftsherr bzw. dessen Organe im Rahmen von § 823 stets zu gewährleisten haben (§ 823 RdNr. 380 f.). Gemeint ist vielmehr die **Instruktion des Gehilfen** in Bezug auf die konkret übertragene Verrichtung. Wie der

---

[126] Prot. II S. 598 f., 603.
[127] RGZ 53, 53, 57; weiter RGZ 78, 107, 108 f.; 87, 1, 4; 128, 149, 153; 159, 283, 291; RG JW 1928, 1726; 1935, 3546; BGHZ 8, 239, 243 = NJW 1953, 584, 585; eingehend *Kleindiek,* Deliktshaftung und juristische Person, S. 288 f.; *Soergel/Krause* RdNr. 45; für eine analoge Anwendung des § 831 in diesen Fällen *Larenz/Canaris* II/2 § 79 III 3 a, S. 481.
[128] BGH VersR 1960, 473, 474 f.; 1961, 330, 332 f.; 1983, 668, 669; 2003, 75, 76; NJW-RR 1996, 867, 868.
[129] RGZ 128, 149, 153.
[130] BGHZ 8, 239, 243 = NJW 1953, 584, 585; BGH VersR 1957, 247.
[131] BGH VersR 1963, 1076, 1078; *Erman/Schiemann* RdNr. 18; *Staudinger/Belling* RdNr. 98: „Heilung" vorausgegangener Sorgfaltsmängel.

Wortlaut des § 831 Abs. 1 S. 2 deutlich macht, geht der Gesetzgeber dabei davon aus, dass ein sorgfältig ausgewählter Gehilfe schon von sich aus weiß, was zu tun ist, also gar nicht mehr belehrt werden muss – die Leitungspflicht ist die Ausnahme, nicht die Regel.[132] Folgerichtig trägt der Geschädigte die Beweislast für die Existenz der Leitungspflicht, während der Geschäftsherr sich hinsichtlich ihrer Erfüllung entlasten muss.[133] Überträgt der Prinzipal einem zu recht für kompetent erachteten Gehilfen eine bestimmte Aufgabe zur Erledigung, besteht schon gar keine Leitungspflicht und folgerichtig bedarf es keiner Entlastung; vielmehr hat der Geschädigte nachzuweisen, dass der Prinzipal seinen Betrieb nicht in einer den Sorgfaltsanforderungen gemäßen Weise organisiert hat.[134]

Schließlich ist der Geschäftsherr gemäß § 831 Abs. 1 S. 2 gehalten, bei der **Beschaffung** 36 **von Vorrichtungen und Gerätschaften** die im Verkehr erforderliche Sorgfalt zu beachten. Genauso wie die Leitungspflicht besteht auch diese Pflicht nur ausnahmsweise, und der Geschädigte trägt die Beweislast dafür, dass die Ausnahmevoraussetzungen vorliegen.[135] Dies dürfte allerdings generell der Fall sein, wenn der Geschäftsherr dem Gehilfen Betriebsmittel zur Verfügung gestellt hat.

b) Intensität der Sorgfaltspflichten. Für das Maß der vom Geschäftsherrn aufzuwen- 37 denden Sorgfalt gelten § 276 Abs. 2 und die allgemeinen Grundsätze der Deliktshaftung. Die Intensität der Sorgfaltspflichten ist demnach **relativ zur Größe der Gefahr,** verstanden als Produkt aus Umfang des drohenden Schadens und Eintrittswahrscheinlichkeit. Je höherrangig die in ihrer Integrität bedrohten Rechtsgüter, je intensiver der drohende Eingriff in diese Rechtsgüter und je höher die Wahrscheinlichkeit, dass es zu solchen Schäden kommt, desto aufwändigere Sorgfaltsmaßnahmen hat der Prinzipal zu treffen.[136] An die Auswahl und Überwachung eines Kranführers oder gar eines **Arztes** der chirurgischen Abteilung einer Klinik sind demnach wesentlich höhere Anforderungen zu stellen als an Auswahl und Kontrolle von Verkäufern in einem Bekleidungsgeschäft oder Kassierern in einem Supermarkt.[137] Das frühere Paradebeispiel für besonders intensive Selektions- und Kontrollpflichten, nämlich die Bestellung von **Fahrern für Kraftfahrzeuge,** hat in der heutigen Zeit massenhaften Straßenverkehrs unter der Bedingung obligatorischer Haftpflichtversicherung erheblich an Überzeugungskraft verloren,[138] wenngleich nach wie vor auf der Hand liegt, dass nur zuverlässigen, gewissenhaften und vor allem auch zur Alkoholabstinenz fähigen Menschen ein Kraftfahrzeug, ein schwerer Lkw oder gar ein Omnibus anvertraut werden darf.[139]

c) Die Sorgfaltsanforderungen im Einzelnen. Als **Sorgfaltsmaßnahmen bei der** 38 **Auswahl,** insbesondere im Rahmen der Einstellung kommen sowohl Rückfragen bei früheren Arbeitgebern als auch eigene Aufklärungsmaßnahmen, wie etwa Tests und Untersuchungen, in Betracht.[140] Selbstverständlich hat sich der Geschäftsherr die Zeugnisse über berufsqualifizierende Abschlüsse vorlegen zu lassen, bei der Einstellung eines Kraftfahrers auch dessen Führerschein.[141] Je nach Gefährdungspotential der übertragenen Aufgabe darf sich die Eignungsprüfung nicht auf die fachliche Qualifikation des Bewerbers beschränken, sondern muss die **charakterliche Eignung** mit einbezie-

---

[132] RGZ 53, 53, 56; 53, 123, 125; 82, 206, 218; RG JW 1911, 403; 1935, 3540; *Bamberger/Roth/Spindler* RdNr. 30; vgl. auch Fn. 128.
[133] RG JW 1928, 1726.
[134] RGZ 82, 206, 219.
[135] Vgl. RGZ 53, 123, 124.
[136] BGH VersR 2003, 75, 76; *Palandt/Sprau* RdNr. 12; *Bamberger/Roth/Spindler* RdNr. 27.
[137] Vgl. OLG Köln VersR 1988, 44, 45 f.
[138] Vgl. aber RGZ 128, 149, 153; 136, 4, 11 (Letzteres im Rahmen von § 7 Abs. 3 KFG/StVG); RG JW 1931, 3340, 3341; OLG Düsseldorf NJW-RR 2002, 1678, 1679.
[139] RG JW 1931, 3340, 3342: Einstellung eines Kraftfahrers, der sich zuvor „vollkommen dem Trunke ergeben" hatte. Zu den Anforderungen an einen Straßenbahnfahrer RG JW 1920, 492: „Kaltblütigkeit, Besonnenheit, Umsicht und Achtung vor der Ordnung".
[140] RG JW 1920, 492.
[141] RG JW 1935, 2043.

hen.¹⁴² Wichtige Informationsquellen sind dabei frühere Arbeitgeber des Bewerbers, deren **Zeugnisse** sich der Geschäftsherr jedenfalls vorlegen lassen muss.¹⁴³ Die Aussagekraft von Arbeitszeugnissen ist freilich wegen der in Deutschland üblichen Schönfärberei regelmäßig gering zu veranschlagen. Auch Fragen an den Bewerber tragen nicht immer zur Aufklärung bei, weil nicht gewährleistet ist, dass sie wahrheitsgemäß beantwortet werden und sie nach deutschem Arbeitsrecht in bestimmten Umfang noch nicht einmal wahrheitsgemäß beantwortet werden müssen (vgl. § 123 RdNr. 19 ff,).¹⁴⁴ So ist beispielsweise schon die Frage nach **Vorstrafen** unzulässig, soweit das Vergehen oder Verbrechen nicht den Schluss auf das Fehlen von Eigenschaften zulässt, die für den konkret zu vergebenden Arbeitsplatz erforderlich sind.¹⁴⁵ Über die Grenzen des arbeitsrechtlich Möglichen können die deliktischen Prüfungspflichten des Arbeitgebers selbstverständlich nicht hinausgehen. Sollen dem Arbeitnehmer **Kraftfahrzeuge** oder andere gefährliche Gerätschaften anvertraut bzw. sonstige gefährliche Tätigkeiten übertragen werden, ist der Arbeitgeber allerdings gehalten, die Vorlage eines polizeilichen Führungszeugnisses zu verlangen.¹⁴⁶

39 Gerade wegen der beschränkten Möglichkeiten der Auswahlprüfung ist die Verpflichtung des Arbeitgebers zur **Überwachung des Gehilfen** von großer praktischer Bedeutung. Überwachungsmaßnahmen sind bei Beschäftigten, die ihre Arbeit in der Betriebsstätte des Prinzipals verrichten, häufig auch kostengünstig durchzuführen. Insbesondere lässt sich schon durch Maßnahmen der Qualitätskontrolle verhindern, dass ein Gehilfenversagen zu Schäden an den Rechtsgütern externer Dritter führt. Soweit dies geschieht, werden die im Rahmen des § 831 Abs. 1 S. 2 vorausgesetzten Sorgfaltspflichten gleichsam en passant mit erfüllt. Die Gerichte haben sich mit der Frage möglicher und ausreichender Überwachungsmaßnahmen deshalb vor allem mit Blick auf solche Gehilfen zu befassen, die außerhalb des Betriebsgeländes arbeiten,¹⁴⁷ wobei wiederum die **Kraftfahrer** die mit Abstand bedeutsamste Fallgruppe ausmachen. Insoweit stellt die Rechtsprechung übertrieben strenge Anforderungen, wenn sie von dem Geschäftsherrn fordert, einen angestellten Kraftfahrer unerwartet und unvermutet zu kontrollieren, was die Durchführung von Kontrollfahrten mit einem anderen Fahrzeug erforderlich macht.¹⁴⁸ Letzteres mag allenfalls bei Arbeitnehmern geboten sein, denen Leben und Gesundheit einer Vielzahl von Menschen anvertraut sind, wie etwa Fahrern von Straßenbahnen und Omnibussen oder Fahrlehrern.¹⁴⁹ Das in der Rechtsprechung mitunter als ausreichend akzeptierte Mitfahren des Arbeitgebers oder eines leitenden Angestellten bei ausgewählten Touren dürfte hingegen zur Kontrolle ungeeignet und damit überflüssig sein,¹⁵⁰ denn charakterliche Mängel lassen sich so gewiss nicht aufdecken, und über die fachlichen Fähigkeiten zum Steuern eines Kraftfahrzeugs herrscht in aller Regel ohnehin kein Zweifel, wenn Unfälle (zunächst) ausbleiben. Selbstverständlich muss der Geschäftsherr aktiv werden, wenn Berichte von Mitfahrern, die Auswertung des Fahrtenschreibers oder sonstige Indizien Zweifel an der Zuverlässigkeit und Gewissenhaftigkeit des Fahrers aufkommen lassen.¹⁵¹

40 Die Verpflichtung zur **sorgfältigen Leitung der Verrichtung** spielt in der Praxis nur selten eine Rolle (vgl. RdNr. 35). Immerhin ist es dem Mineralölhändler zur Pflicht gemacht worden, die Fahrer seiner Tanklastwagen eingehend über die beim Betanken von Ölheizungsanlagen zu beobachtenden Sicherheitsvorkehrungen und Verhaltensmaßregeln zu

---

¹⁴² BGH VersR 1966, 929, 930; *Bamberger/Roth/Spindler* RdNr. 27.
¹⁴³ Vgl. RGZ 159, 312, 314.
¹⁴⁴ *Staudinger/Richardi* (2005) § 611 RdNr. 139 ff.
¹⁴⁵ *Staudinger/Richardi* § 611 RdNr. 157 ff.
¹⁴⁶ BGH VersR 1966, 929, 930; vgl. auch BGH VersR 1963, 1076, 1078.
¹⁴⁷ Vgl. BGH VersR 2003, 75, 76.
¹⁴⁸ BGH NJW 1997, 2756, 2757; vgl. weiter BGH VersR 1961, 330, 332; 1984, 67; OLG Düsseldorf VersR 2002, 585, 586; 2003, 216 (LS).
¹⁴⁹ OLG Braunschweig VRS 65 (1983), 328, 329; OLG Karlsruhe VersR 2000, 863 f.; KG VersR 1966, 1036, 1037; NJW-RR 2003, 24, 25 f.
¹⁵⁰ Anders BGH VersR 1984, 67.
¹⁵¹ BGH VersR 1961, 330, 332.

belehren.¹⁵² Soweit die Anleitung des Gehilfen im konkreten Fall erforderlich ist, liegt auf der Hand, dass die gegebenen Anweisungen richtig, vollständig und unmissverständlich zu sein haben. Sind sie dies nicht, scheidet eine Exkulpation auch dann aus, wenn die übrigen Sorgfaltsanforderungen eingehalten, der Gehilfe also sorgfältig ausgewählt und überwacht worden ist.

Die Verpflichtung zur **Sorgfalt bei der Beschaffung von Geräten** wirkt sich insbeson- 41 dere bei Kraftfahrzeugen aus. Beruht ein Verkehrsunfall nicht oder nicht nur auf einem Verschulden des Gehilfen, sondern auch auf einem Mangel des vom Geschäftsherrn zur Verfügung gestellten Kraftfahrzeugs, scheidet eine Entlastung mit Rücksicht auf § 831 Abs. 1 S. 2 aus.¹⁵³ Ein Busunternehmen haftet einem Fahrgast (auch) nach § 831, wenn dieser bei einem Fahrmanöver Verletzungen erleidet, die bei Einbau der erforderlichen Sicherheitsvorrichtungen vermieden worden wären.¹⁵⁴ Ein Krankenhaus kann sich selbstverständlich nicht nach § 831 entlasten, wenn die dem eigenen Personal zur Verfügung gestellten medizinischen Geräte defekt sind. Der Krankenhausträger darf es auch nicht darauf ankommen lassen, sondern muss die Geräte vor Beginn einer Operation testen und kontrollieren, um ein intraoperatives Versagen möglichst auszuschließen.¹⁵⁵ Soweit der Geschäftsherr von Dritten bezogene Serienware zum Einsatz bringt, wie dies heute weithin üblich ist, wird er regelmäßig davon ausgehen können, dass die gelieferten Stücke einwandfrei funktionieren und nicht inspiziert werden müssen.¹⁵⁶ Anders liegt es, wenn besondere Umstände eine Untersuchung nahe legen oder ein vorheriger Test mit Blick auf die Schwere der sonst drohenden Schäden und die Wahrscheinlichkeit ihres Eintritts geboten erscheint.

d) Dezentralisierter Entlastungsbeweis. Unter einem dezentralisierten Entlastungs- 42 beweis wird seit einer grundlegenden Entscheidung des RG die Entlastung des Geschäftsherrn mit Rücksicht auf die sorgfältige Auswahl, Überwachung und Anleitung seines leitenden Angestellten bzw. des an der **Spitze einer Hierarchie leitender Angestellter** stehenden Mitarbeiters verstanden. Der Entlastungsbeweis sei allein für die Angestellten der Leitungsebene unterhalb der Geschäftsführung zu führen, wenn „der Umfang eines großen industriellen Betriebs oder einer sonstigen großen Verwaltung [...] dem Geschäftsherrn selbst die Auswahltätigkeit hinsichtlich der niederen Angestellten unmöglich mach[t]."¹⁵⁷ Diese Rechtsprechung hat der BGH in der Gutsverwalter-Entscheidung zunächst fortgeführt,¹⁵⁸ später im Rahmen zweier Urteile zur Produkthaftung aber Zweifel daran geäußert.¹⁵⁹ Eine definitive Stellungnahme steht bis heute aus.

Wie eine genauere Analyse der Rechtsprechung des RG zeigt, repräsentierte der dezen- 43 tralisierte Entlastungsbeweis immer nur die halbe Wahrheit. Bereits in der ersten Entscheidung wurde er eingehegt von den **Organisationspflichten des Geschäftsherrn,** ohne dass insofern die Möglichkeit irgendeines Entlastungsbeweises eröffnet wurde, weil die in § 823 Abs. 1 verankerten Pflichten unternehmensintern nicht mit haftungsbefreiender oder pflichtenreduzierender Wirkung delegierbar sind (vgl. § 823 RdNr. 380 f.).¹⁶⁰ Die Ausdehnung des Kreises der verfassungsmäßigen Vertreter, für den die juristische Person gemäß §§ 31, 30 unbedingt einzustehen hat, bewirkt zudem den Ausschluss des Entlastungsbeweises für diejenigen Personen, denen unternehmensintern die Auswahl, Überwachung und Anleitung von Verrichtungsgehilfen obliegt (§ 823 RdNr. 382 ff.). Damit bleibt vom dezen-

---

¹⁵² BGH NJW 1972, 42.
¹⁵³ BGH VersR 1953, 117; zu Pferdefuhrwerken genauso BGH VersR 1954, 531 f.
¹⁵⁴ OLG Köln NZV 1992, 279, 281.
¹⁵⁵ OLG Düsseldorf VersR 1985, 744, 745 f.
¹⁵⁶ RG JW 1935, 3540.
¹⁵⁷ RGZ 78, 107, 108; 89, 136, 137; RG JW 1914, 759, 760; zu früheren, teils unveröffentlichten Entscheidungen des RG vgl. *v. Bodenhausen,* Haftung des Geschäftsherrn für Verrichtungsgehilfen, S. 118 ff.
¹⁵⁸ BGHZ 4, 1, 2 f. = NJW 1952, 418; eingehend *Kleindiek,* Deliktshaftung und juristische Person, S. 311 ff. vgl. auch *Spindler* Unternehmensorganisationspflichten. S. 690 f.
¹⁵⁹ BGH NJW 1968, 247, 248 – Schubstrebe; NJW 1973, 1602, 1603 – Feuerwerkskörper, wo eine Entlastung mit Blick auf sämtliche potentiell schadensursächliche Arbeitnehmer gefordert wird.
¹⁶⁰ RGZ 78, 107, 109; 89, 136, 137 f.; *Bamberger/Roth/Spindler* RdNr. 33.

tralisierten Entlastungsbeweis bei Licht besehen kaum etwas übrig, und der verbreitet vorgebrachte Einwand, er privilegiere Großunternehmen, erledigt sich.[161] In der aktuellen Praxis der Produkt- und Umwelthaftung, in der über die deliktsrechtliche Verantwortlichkeit von Großunternehmen zu befinden ist, spielt der dezentralisierte Entlastungsbeweis dementsprechend keine Rolle mehr. Auf einem anderen Blatt steht, dass dieses sachgerechte Resultat nur mit einem sehr hohen dogmatisch-konstruktiven Aufwand erreichbar ist, auf dessen Darstellung in den einschlägigen Gerichtsentscheidungen nunmehr schon seit geraumer Zeit verzichtet wird (§ 823 RdNr. 386 ff.).

44 Die Einrahmung des dezentralisierten Entlastungsbeweises durch Organisationspflichten und Ausdehnung der Organhaftung versagt naturgemäß, wenn als Geschäftsherr kein (Groß-)Unternehmen, sondern eine **natürliche Person** in Anspruch genommen wird, wie im Fall der klassischen Gutsverwalter-Entscheidung.[162] Da sich eine analoge Anwendung der §§ 31, 30 auf natürliche Personen von vornherein verbietet, hatte der BGH in diesem Fall keine Möglichkeit, den dezentralen Entlastungsbeweis dadurch aufzufangen, dass er den Verwalter kurzerhand zum Organ des Unternehmensträgers promovierte. Die in der Literatur verfochtene These, die Übertragung der Geschäftsherrnfunktionen auf einen selbstständigen Angestellten sei generell nicht mit privativer Wirkung möglich,[163] kommt denn auch de facto einer Erstreckung des §§ 31, 30 auf natürliche Personen gleich: Jeder, der einen anderen mit der selbstständigen Erledigung von Leitungsfunktionen betraut, haftet danach für dessen Verhalten nach § 823 Abs. 1, so dass der Anwendungsbereich des Entlastungsbeweises nach § 831 Abs. 1 S. 2 erst gar nicht eröffnet wird. Diese Auffassung überzeugt in der Sache, ist mit den differenzierten Regelungen der §§ 31, 30, 823, 831 jedoch kaum in Einklang zu bringen und unterschlägt erneut die Tatsache, dass § 831 nicht bloß eine Beweislastregel ist, sondern sich auch als Zurechnungsnorm versteht.[164]

45 **e) Arbeitsteilung in Krankenhäusern.** Für das Verhalten von **Chefärzten** hat der jeweilige Krankenhausträger nicht nach Maßgabe des § 831 einzustehen, sondern sie sind als Repräsentanten bzw. verfassungsmäßige Vertreter anzusehen, deren Verhalten dem Prinzipal gemäß §§ 30, 31 ohne die Möglichkeit einer Entlastung zuzurechnen ist (§ 31 RdNr. 20; § 823 RdNr. 383, 494).[165] Eine **persönliche Außenhaftung** von Chefärzten gegenüber geschädigten Patienten lässt sich nicht über § 831 Abs. 2, sondern nur auf der Grundlage von § 823 begründen (§ 823 RdNr. 391 ff.). Allerdings bezieht der BGH die betrieblichen **Organisationspflichten** von Krankenhausträgern auch auf den Chefarzt persönlich, so dass er dem Patienten für Organisationsmängel haftbar wird.[166] Dass Assistenzärzte sorgfältig auszuwählen und zu überwachen sind, ist selbstverständlich. Die Überwachungs- und Kontrollpflichten sind bei Berufsanfängern besonders intensiv[167] und lassen im Zeitablauf, mit wachsender Berufserfahrung nach, sofern nicht Fehlleistungen Anlass für eine intensive Kontrolle geben. Auch der Einsatz von **Krankenschwestern** und anderen Pflegekräften muss hohen Sorgfaltsstandards genügen, weil schließlich die Gesundheit und ggf. auch das Leben der Patienten auf dem Spiel stehen.[168] Selbst dann, wenn sich Pflegekräfte über längere Zeit bewährt haben, darf die Überwachung nicht völlig eingestellt werden. Durchgangsärzte handeln in Ausübung eines öffentlichen Amtes, so dass weder sie selbst noch ihr Personal als Verrichtungsgehilfen des Unfallversicherungsträgers anzusehen sind.[169]

---

[161] Vgl. *v. Caemmerer*, Wandlungen des Deliktsrechts, in: Hundert Jahre Deutsches Rechtsleben, FS 100 Jahre DJT, Bd. II, 1960, S. 49, 119; *Larenz/Canaris* II/2 § 79 III 3 b, S. 482; *Erman/Schiemann* RdNr. 21; *Bamberger/Roth/Spindler* RdNr. 33.
[162] BGHZ 4, 1 = NJW 1952, 418.
[163] So *H. H. Jakobs* VersR 1969, 1961, 1068 f.
[164] Vgl. auch *v. Caemmerer* (Fn. 161) S. 49, 119: „nicht zu vermeiden"; genauso *Larenz/Canaris* II/2 § 79 III 3 b, S. 482; *Soergel/Krause* RdNr. 47.
[165] Grundlegend BGHZ 77, 74, 76 ff. = NJW 1980, 1901; *Bamberger/Roth/Spindler* RdNr. 40.
[166] BGHZ 116, 379, 386 = NJW 1992, 743; BGH VersR 2007, 209, 210 m. krit. Anm. *Deutsch*.
[167] BGH NJW 1988, 2298, 2300.
[168] BGH VersR 1960, 19, 21; *Soergel/Krause* RdNr. 53.
[169] OLG Schleswig NJW-RR 2008, 41.

3. Mangelnde Kausalität. a) Entlastungsbeweis. Selbst wenn es der Geschäftsherr an 46
der erforderlichen Sorgfalt hat fehlen lassen bzw. der auf den Nachweis sorgfaltsgemäßen
Verhaltens gerichtete Entlastungsbeweis scheitert, scheidet seine Haftung nach der Alt. 2 des
§ 831 Abs. 1 S. 2 dennoch aus, wenn feststeht, dass der **Schaden auch bei sorgfältigem
Verhalten eingetreten** wäre. Dabei ist an Fälle zu denken, in denen der Geschäftsherr bei
der Auswahl und Überwachung seiner Gehilfen zwar nachlässig gewesen ist, die Unfähigkeit
oder Unzuverlässigkeit des Gehilfen jedoch auch bei Aufbietung der gebotenen Sorgfalt
nicht hätte erkannt werden können.[170] So liegt es etwa, wenn es der Arbeitgeber versäumt
hat, sich Zeugnisse berufsqualifizierender Abschlüsse vorlegen zu lassen, diese jedoch ohnehin gefälscht waren und die Fälschung nicht hätte erkannt werden können. Zur „Entlastung"
des Geschäftsherrn, wenn der Gehilfe sorgfältig gehandelt hat, RdNr. 24 ff.

b) Rechtswidrigkeitszusammenhang. Die **Rechtsprechung verzichtet** im Rahmen 47
des § 831 auf das Erfordernis eines Rechtswidrigkeitszusammenhangs zwischen der – gemäß
§ 831 Abs. 1 S. 2 vermuteten – Verletzung von Auswahl-, Aufsichts- und Anleitungspflichten und dem vom Gehilfen begangenen Delikt.[171] Der Geschäftsherr hat also auch dann für
das Verhalten des Gehilfen einzustehen, wenn die Sorgfaltswidrigkeit nicht auf dem Auswahlmangel beruht. Wird eine Putzfrau bei der Deutschen Bundesbahn als „bahnamtliche
Wägerin" eingesetzt, obwohl sie des Rechnens kaum mächtig ist und nach mehrmonatigem
Training immer noch in 10% der ihr gestellten Subtraktionsaufgaben versagt, haftet die Bahn
nach § 831 auch für Schäden Dritter, die nicht auf ihrer Unfähigkeit, sondern auf ihrem
betrügerischen Zusammenwirken mit Wiegeinteressenten beruhen.[172] Ein Krankenhaus
haftet nach § 831 für die nachlässige Versorgung einer Wunde durch einen angestellten
Klinikarzt bereits dann, wenn dessen Tendenz zur Vernachlässigung grundlegender Gebote
der Hygiene und Vorsorge feststeht; es kommt nicht darauf an, dass sich diese Mängel gerade
bei der Versorgung der Wunde ausgewirkt haben.[173] Diese Judikatur erscheint als Anomalie,
wenn § 831 strikt im Sinne eines Eigendelikts des Geschäftsherrn verstanden wird,[174] nicht
jedoch, wenn der hybride Charakter der Vorschrift als **Mischung aus Geschäftsherrn-
und Gehilfendelikt** anerkannt wird, die vom Gesetzgeber als funktionales Äquivalent zu
Zurechnungsnormen nach Art des Art. 1384 Abs. 4 Code civil konzipiert worden ist. Auf
einer solchen Grundlage ist es nur folgerichtig, wenn der Prinzipal für Delikte seiner
mangelhaft ausgewählten Gehilfen auch dann haftet, wenn sich letztere zusätzlich noch in
anderer Hinsicht als ungeeignet erwiesen haben, wenn sie also beispielsweise nicht nur
unfähig zum Rechnen sind, sondern auch noch zu kriminellen Handlungen neigen. Zur
Entlastung bleibt dem Geschäftsherrn nur der Nachweis, dass der Schaden auch bei pflichtgemäßer Auswahl, Überwachung und Anleitung des Gehilfen eingetreten wäre (§ 831
Abs. 1 S. 2 Alt. 2).[175]

4. Beweislast im Einzelnen. Die Verteilung der Darlegungs- und Beweislast bei der 48
Geltendmachung von Ansprüchen aus § 831 ergibt sich weithin aus dem **Zusammenspiel
von Abs. 1 S. 1 und Abs. 1 S. 2.** Der **Geschädigte** trägt die Beweislast für die Eigenschaft des Urhebers des schädlichen Verhaltens als Verrichtungsgehilfe (RdNr. 12) und für
dessen Zuordnung zum Betrieb des Prinzipals.[176] Nicht nötig ist es, dass er den konkret
verantwortlichen Verrichtungsgehilfen im Unternehmen des Geschäftsherrn individualisiert,
sondern es reicht aus, dass er eine Sorgfaltspflichtverletzung des Unternehmens darlegt und
nachweist (§ 823 RdNr. 385).[177] Letzterem obliegt sodann, entweder den Entlastungsbeweis
für sämtliche potentiell verantwortlichen Gehilfen zu führen oder aber den tatsächlich

---

[170] *Soergel/Krause* RdNr. 58.
[171] RG JW 1934, 2973; BGH VersR 1961, 848, 849; NJW 1978, 1681, 1682; 1986, 776, 777.
[172] BGH VersR 1961, 848, 849.
[173] BGH NJW 1978, 1681, 1682.
[174] So offenbar *Larenz/Canaris* II/2 § 79 III 4 b, S. 482; vgl. auch *Soergel/Krause* RdNr. 9.
[175] BGH NJW 1986, 776, 777.
[176] RGZ 159, 283, 290; BGH NJW 1994, 2756, 2757.
[177] RG JW 1908, 543, 544; RGZ 87, 1, 4; *Bamberger/Roth/Spindler* RdNr. 50.

Verantwortlichen zu individualisieren, um mit Rücksicht auf diese konkrete Person die gehörige Auswahl und Anleitung nachzuweisen.[178] Entgegen der Rechtsprechung erstreckt sich die Beweislast des Geschädigten auch auf das Delikt des Gehilfen einschließlich des Verschuldens bzw. darauf, dass das vom Gehilfen an den Tag gelegte Verhalten als sorgfaltswidrig zu werten wäre, wenn statt seiner der Prinzipal gehandelt hätte (RdNr. 31). Wie aus dem Wortlaut des § 831 Abs. 1 S. 2 hervorgeht, trägt der Geschädigte die Darlegungs- und Beweislast für die Existenz besonderer Pflichten zur Leitung der Verrichtung und zur Beschaffung von Geräten (RdNr. 35, 36). Beruft er sich auf § 831 Abs. 2, hat er eine wirksame Pflichtenübernahme durch den Beklagten zu beweisen (RdNr. 50 f.).[179]

49 Der Geschäftsherr kann sich durch **Nachweis eigenen pflichtgemäßen Verhaltens** bzw. der **mangelnden Kausalität** von Pflichtverstößen **entlasten**. Nach allgemeinen Grundsätzen ist es auch seine Aufgabe, das Gericht vom Ausschluss der Widerrechtlichkeit durch einen Rechtfertigungsgrund[180] und vom Fehlen einer freien Handlung des Gehilfen wegen krankhafter innerer Vorgänge (Schlaganfall, Herzinfarkt) zu überzeugen.[181] Da § 831 Schuldfähigkeit des Gehilfen nicht voraussetzt, stellt sich insoweit die Frage der Beweislastverteilung nicht; Schuldunfähigkeit des Prinzipals ist nach den im Rahmen der §§ 827, 828 anerkannten Grundsätze von diesem zu beweisen.

VII. Übernehmerhaftung gemäß § 831 Abs. 2

50 Seinem Wortlaut nach könnte § 831 Abs. 2 in der Praxis eine wichtige Rolle spielen, nämlich die **Außenhaftung leitender Mitarbeiter** begründen, denen innerhalb der Unternehmensorganisation des Geschäftsherrn die Auswahl und Führung des nachgeordneten Personals obliegt.[182] In diesem Sinne ist die Vorschrift früher auch verstanden worden, doch heute ist sie „weitgehend obsolet",[183] weil sie die unternehmensinterne „Delegation" von Sorgfaltspflichten an Leitungsorgane und Verrichtungsgehilfen nicht regelt.[184] Wird das korporativ verfasste Unternehmen als haftungsrechtliche Einheit gedacht, das allein durch Organe und diesen gleich gestellten Repräsentanten handeln kann und sich folgerichtig deren Verhalten gemäß §§ 31, 30 als Eigenverhalten zurechnen lassen muss, dann liegt auf der Hand, dass die „Delegation" deliktischer Pflichten auf diese Organe selbst keine „Übernahme" fremder deliktischer Sorgfaltspflichten ist: Der **Anstellungsvertrag ist kein Übernahmevertrag** iS des § 831 Abs. 2. Das Organ nimmt dem Unternehmensträger nicht die Zuständigkeit für sämtliche nachgeordneten Mitarbeiter ab, sondern es handelt auf Grund seines Geschäftsführungsvertrags unmittelbar für den Unternehmensträger, dem Versäumnisse des Organs bei der Auswahl, Überwachung und Anleitung von Verrichtungsgehilfen nach § 31 zuzurechnen sind.[185] Geschäftsherr iS des § 831 ist und bleibt die juristische Person bzw. der Unternehmensträger selbst.[186] Die persönliche deliktische Haftung der Leitungsorgane lässt sich nur auf dem Boden von § 823 Abs. 1 begründen (§ 823 RdNr. 391 ff.).

---

[178] RGZ 159, 283, 291; BGH NJW 1968, 247, 248 f.; 1973, 1602, 1603; *Kupisch* JuS 1984, 250, 255.
[179] *Erman/Schiemann* RdNr. 29.
[180] *Erman/Schiemann* RdNr. 29.
[181] So, im Rahmen von § 823, BGHZ 98, 135, 137 ff. = NJW 1987, 121, 122 = JZ 1987, 40 m. krit. Anm. *Baumgärtel*. Die Entscheidung BGH VersR 1978, 1163 ist insoweit überholt; aA (beiläufig) *Erman/Schiemann* RdNr. 29.
[182] So noch BGH VersR 1960, 371, 372; OLG Köln VersR 1982, 677, 678; OLG Frankfurt BauR 1991, 377, 379; RGRK/*Steffen* RdNr. 65; *Soergel/Zeuner* 12. Aufl. RdNr. 55; *Frank* BB 1975, 588.
[183] *Brüggemeier*, Prinzipien des Haftungsrechts, S. 115.
[184] BGHZ 109, 297, 304 = NJW 1990, 976, 978; BGHZ 125, 366, 375 = NJW 1994, 1801, 1803; BGH NJW 1974, 1371 f.; *Larenz/Canaris* II/2 § 79 III 7, S. 484; *Kleindiek*, Deliktshaftung und juristische Person, S. 438; *Erman/Schiemann* RdNr. 27; *Bamberger/Roth/Spindler* RdNr. 46; *Palandt/Sprau* RdNr. 17; *Soergel/Krause* RdNr. 61.
[185] BGH NJW 1974, 1371, 1372; anders noch BGH VersR 1960, 371, 372; *Bamberger/Roth/Spindler* RdNr. 45; *Soergel/Krause* RdNr. 61.
[186] Vgl. Fn. 184.

Positiv gewendet, beschränkt sich der Anwendungsbereich des § 831 Abs. 2 auf die **51 Übernahme fremder Sorgfaltspflichten durch selbstständige Unternehmen** zur eigenverantwortlichen Wahrnehmung. Damit fügt sich § 831 Abs. 2 ohne weiteres in die allgemeinen, im Rahmen von § 823 Abs. 1 anerkannten Grundsätze zur Delegation deliktischer Sorgfaltspflichten auf selbstständige Unternehmen ein (§ 823 RdNr. 294 ff.). Folgerichtig genügt die faktische Übernahme der fremden Pflicht, hier also der Verpflichtung zur Auswahl, Überwachung und Anleitung von Verrichtungsgehilfen, während die **Wirksamkeit des Übernahmevertrags irrelevant** ist.[187] Die Gegenauffassung, die auf einem wirksamen Vertrag insistiert, kann sich zwar auf den Wortlaut des § 831 Abs. 2, nicht jedoch auf die Materialien berufen.[188] Die – allerdings den späteren § 832 Abs. 2 betreffenden – Protokolle insistieren zwar tatsächlich auf einem Vertragsverhältnis,[189] doch dies dient lediglich der Abgrenzung zu Fällen, in denen jemand die Beaufsichtigung eines Minderjährigen oder Geisteskranken spontan und ohne Eingehung einer Verpflichtung übernimmt. Allerdings ist auch die Übernehmerhaftung nach § 823 Abs. 1 nicht an die beiläufige und unverbindliche Wahrnehmung fremder Verkehrspflichten geknüpft, sondern setzt eine zwar unter Umständen bloß faktische, jedoch verbindliche und entsprechendes Vertrauen erzeugende Übernahme voraus (§ 823 RdNr. 296 f.).[190] Deshalb fehlt ein sachlicher Grund, die Übernehmerhaftung im Rahmen von § 831 Abs. 2 anders auszugestalten als bei § 823 Abs. 1. Die konsequente Eingliederung des § 831 Abs. 2 in die allgemeinen Grundsätze für die Übernahme fremder deliktischer Sorgfaltspflichten ergibt schließlich, dass sich der Prinzipal durch Delegation nicht gänzlich seiner eigenen Verpflichtungen zum Schutz der Rechtsgüter anderer entschlagen kann. Vielmehr bleibt er selbst für die richtige Auswahl des Übernehmers verantwortlich, und er ist zum Einschreiten verpflichtet, wenn ein vernünftiger Geschäftsherr Anlass hätte, an der Zuverlässigkeit des Übernehmers zu zweifeln.[191]

§ 832 Haftung des Aufsichtspflichtigen

(1) ¹Wer kraft Gesetzes zur Führung der Aufsicht über eine Person verpflichtet ist, die wegen Minderjährigkeit oder wegen ihres geistigen oder körperlichen Zustands der Beaufsichtigung bedarf, ist zum Ersatz des Schadens verpflichtet, den diese Person einem Dritten widerrechtlich zufügt. ²Die Ersatzpflicht tritt nicht ein, wenn er seiner Aufsichtspflicht genügt oder wenn der Schaden auch bei gehöriger Aufsichtsführung entstanden sein würde.

(2) Die gleiche Verantwortlichkeit trifft denjenigen, welcher die Führung der Aufsicht durch Vertrag übernimmt.

Schrifttum: *Albilt,* Haften Eltern für ihre Kinder?, 1987; *Berning-Vortmann,* Haftungsfragen bei von Kindern verursachten Schäden unter besonderer Berücksichtigung der Brandstiftung, JA 1986, 12; *Dahlgrün,* Die Aufsichtspflicht der Eltern nach § 832 BGB, Diss. München 1979; *Fuchs,* Studien zur elterlichen Aufsichtspflicht, 1995; *Großfeld/Mund,* Die Haftung der Eltern nach § 832 I BGB, FamRZ 1994, 1504; *Hartmann,* Unmittelbare und mittelbare Aufsichtspflicht in § 832 BGB – pflichtenbeschränkende Übertragung der Verkehrssicherung auf Dritte?, VersR 1998, 22; *M.J. Schmid,* Die Aufsichtspflicht nach § 832 BGB, VersR 1982, 822; *Scheffen/Pardey,* Schadensersatz bei Unfällen mit Kindern und Jugendlichen, 1995; *Schoof,* Die Aufsichtspflicht der Eltern über die Kinder im Sinne des § 832 Abs. 1 BGB, 1999.

---

[187] *Staudinger/Belling* RdNr. 126; *Soergel/Krause* RdNr. 62.
[188] Vgl. *Palandt/Sprau* RdNr. 17; *Bamberger/Roth/Spindler* RdNr. 47; *Larenz/Canaris* II/2 § 79 III 7, S. 484; *Medicus,* FS Deutsch, 1999, S. 291, 296; *Christensen,* Verkehrspflichten in arbeitsteiligen Prozessen, S. 98 ff; speziell mit Hinweis auf die Gesetzesmaterialien *Kleindiek,* Deliktshaftung und juristische Person, S. 438; im Anschluss an *Ulmer* JZ 1969, 163, 164 f.
[189] Prot. II S. 596 = Mugdan II S. 1090.
[190] Vgl. nur BGH NJW-RR 1989, 394, 395; *Ulmer* JZ 1969, 163, 172.
[191] *Erman/Schiemann* RdNr. 27; *Medicus,* FS Deutsch, 1999, S. 291, 301 f.; vgl. auch § 823 RdNr. 300 ff.; dort auch zu der von *Medicus* aaO angemahnten Verantwortung für die Auswahl eines finanziell leistungsfähigen Delegatars.

§ 832 1, 2   Abschnitt 8. Titel 27. Unerlaubte Handlungen

Rechtsvergleichend (vgl. auch die Hinweise zu § 828): *v. Bar,* Gemeineuropäisches Deliktsrecht, Bd. I, 1996, RdNr. 130 ff.; *Martín-Casals* (Hrsg.), Children in Tort Law, Part I, Children as Tortfeasors, 2006; *ders.,* Part II, Children as Victims, 2007.

Übersicht

	RdNr.		RdNr.
I. Normzweck, Entstehungsgeschichte, Reformvorschläge	1–5	**IV. Widerrechtliche Schadenszufügung durch den Aufsichtsbedürftigen**	22
1. Entstehungsgeschichte	1	**V. Verletzung der Aufsichtspflicht**	23–36
2. Normzweck	2	1. Allgemeines	23
3. Kritik	3, 4	2. Aufsicht über Minderjährige	24–35
4. Europäische Rechtvereinheitlichung	5	a) Kosten und Nutzen von Aufsichtsmaßnahmen	24, 25
II. Anwendungsbereich	6–9	b) Kindererziehung als Daueraufgabe	26, 27
III. Aufsichtsbedürftige und Aufsichtspflichtige	10–21	c) Kasuistik	28–35
1. Gesetzliche Aufsichtsverhältnisse (Abs. 1)	10–15	aa) Unfälle im Straßenverkehr	29–31
a) Minderjährige	10–13	bb) Umgang mit gefährlichen Gegenständen	32–35
b) Volljährige	14, 15	3. Beaufsichtigung Volljähriger	36
2. Vertragliche Aufsichtspflichten und Pflichtendelegation (Abs. 2)	16–21	**VI. Verschulden**	37
a) Übernahmevertrag	16, 17	**VII. Mitverschulden des Geschädigten**	38
b) Faktische Übernahme	18–20	**VIII. Haftung mehrerer**	39
c) Arbeitsteilung unter Ehegatten	21	**IX. Beweisfragen**	40–42

I. Normzweck, Entstehungsgeschichte, Reformvorschläge

1 **1. Entstehungsgeschichte.** Das BGB schließt sich nicht der in der römischen Noxalhaftung[1] wurzelnden und bis heute ebenso populären wie de lege lata unzutreffenden Maxime „Eltern haften für ihre Kinder" an, sondern folgt auch hier dem **Verschuldensprinzip.** Werden Dritte durch einen Aufsichtsbefohlenen widerrechtlich geschädigt, macht § 832 die Haftung des Schutzpatrons von vermutetem Aufsichtsverschulden abhängig und begründet so eine deliktsrechtliche Sorgfaltspflicht (Verkehrspflicht) insbesondere der Eltern, andere vor unerlaubten Handlungen ihrer Kinder zu bewahren.[2] Die Eigenständigkeit des § 832 gegenüber der allgemeinen Haftungsnorm des § 823 Abs. 1 besteht einerseits darin, dass die Vorschrift hinsichtlich des Delikts des Aufsichtsbedürftigen die Gesamtheit der Tatbestände der §§ 823 ff. in Bezug nimmt, andererseits in der **Beweislastumkehr** in Bezug auf die Verletzung der Aufsichtspflicht und deren Kausalität für den eingetretenen Schaden. In diesem wichtigen Punkt verlief die Entstehungsgeschichte des § 832 allerdings durchaus wechselvoll,[3] denn die Erste Kommission hatte die Haftung des Aufsichtspflichtigen noch als ordinäre Verschuldenshaftung ohne Beweislastumkehr ausgestaltet, was dann von der Vorkommission des Reichsjustizamts korrigiert wurde.[4] Dem wusste die Zweite Kommission nichts hinzuzufügen.[5]

2 **2. Normzweck.** § 832 ist Ausdruck des das gesamte Deliktsrecht beherrschenden Bemühens, die Haftung und die damit verbundenen **Sorgfaltsanreize** an diejenige Partei **zu adressieren,** die die Entstehung von Schäden auf wirksame und kostengünstige Weise verhindern kann (ausführlich § 823 RdNr. 241 ff.). Soweit der Schutzbefohlene zur Beur-

---

[1] Eingehend dazu *Zimmermann,* The Law of Obligations, 1990, S. 1118 ff.; *Fuchs,* Studien zur elterlichen Aufsichtspflicht, S. 6 ff., zur daneben entwickelten scientia-Haftung des pater familias als Vorläufer der Einstandspflicht für Aufsichtspflichtverletzungen aaO S. 17 ff.
[2] Vgl. Mot. II S. 734; Protokolle der Ersten Kommission bei *Jakobs/Schubert,* Die Beratung des Bürgerlichen Gesetzbuchs, Recht der Schuldverhältnisse III, 1983, S. 935.
[3] Zur Entstehungsgeschichte *Fuchs,* Studien zur elterlichen Aufsichtspflicht, S. 91 ff.
[4] *Jakobs/Schubert* (Fn. 2) S. 940.
[5] Prot. II S. 595.

teilung der Handlungssituation und zur rationalen Steuerung des eigenen Verhaltens nicht in der Lage ist, hat derjenige für etwaige Schäden aufzukommen, dem die Beaufsichtigung der unzurechnungsfähigen Person kraft Gesetzes (Abs. 1) oder Vereinbarung (Abs. 2) obliegt. Immerhin hat es die Betreuungsperson in der Hand, zu welchen Handlungssituationen und Gefahrenquellen der Aufsichtsbedürftige Zugang erhält. Im Fall der Elternhaftung ist weiter zu berücksichtigen, dass Erziehung eine Langzeitaufgabe ist und § 832 auch insoweit **Anreize im Interesse der Erziehung zu sorgfaltsgemäßem Verhalten** setzt.[6] Schließlich sind es die Eltern, von deren Bemühungen um Aufklärung, Anleitung und Übung es ganz wesentlich abhängt, wie Kinder und Jugendliche mit allfälligen Gefahren umgehen.[7] In diesem Sinne lässt sich sagen, Normen nach Art des § 832 kehrten die im Familienrecht wurzelnden Erziehungs- und Aufsichtspflichten (§§ 1626, 1631 Abs. 1) gleichsam nach außen und statteten sie mit drittschützendem Charakter aus.[8] Ein genereller Ausschluss oder eine weitgehende Zurückdrängung der Elternhaftung würde deren Anreize zur Sicherheitserziehung schwächen und kommt schon deshalb als rechtspolitische Option nicht ernsthaft in Betracht. Unter modernen Bedingungen tritt der Gesichtspunkt hinzu, dass es der Aufsichtspflichtige in der Hand hat, das eigene Haftungsrisiko bei einer **Versicherung** zur Deckung zu bringen,[9] bei dieser Gelegenheit auch den Aufsichtsbedürftigen von der im Rahmen der §§ 827 ff. fortbestehenden Haftungsdrohung zu befreien und schließlich die Entschädigung des Verletzten sicherzustellen. Würden die Eltern nicht für die Delikte ihrer Kinder haften, hätten sie hingegen keinen eigenen Anreiz zum Abschluss einer Haftpflichtversicherung (auch) zu deren Gunsten.

3. Kritik. Teile der Literatur platzieren § 832 auf der **Schwelle zwischen Verschuldens- und Gefährdungshaftung.**[10] Die Assimilierung des § 832 an die Gefährdungshaftung hat dem Tatbestand erhebliche rechtspolitische Kritik eingebracht[11] und Forderungen genährt, zumindest die Beweislastumkehr zu streichen, da das **Großziehen von Kindern** vor allem dem **Allgemeininteresse** diene.[12] Weitergehend ist vorgeschlagen worden, die Eltern entsprechend den Grundsätzen zum innerbetrieblichen Schadensausgleich nur bei Vorsatz und grober Fahrlässigkeit verantwortlich zu machen, um sie vor existenzbedrohender Haftung zu schützen.[13] Noch weiter geht eine verteilungspolitisch ansetzende Auffassung, die den Zweck des § 832 darin sieht, den „Zugriff auf das Familienvermögen" zu ermöglichen – um dann sogleich die Forderung nach Abschaffung der Vorschrift anzuschließen.[14]

Tatsächlich passt der **Zurechnungsgrund der Gefährdungshaftung** – die Unterhaltung einer Quelle besonderer Gefahr zum eigenen Nutzen – nicht auf Kinder und Betreuungsbedürftige, auch wenn von diesen Personen im Verkehr weniger Sorgfalt zu erwarten ist als von einem verständigen Durchschnittserwachsenen (§ 823 RdNr. 37).[15] Dementsprechend dient die Beweislastumkehr zu Lasten der Betreuungsperson nicht der Haftungsausweitung, sondern verdankt sich der genuin **beweisrechtlichen Erwägung,** dass der Aufsichtspflichtige „besser als der Beschädiger imstande sei, die Gründe seines Verhaltens darzulegen".[16] Entgegen einem Vorurteil der Literatur[17] ist in der Praxis von einer Aus-

---

[6] Grds. abl. zur Verknüpfung von Erziehung und Aufsicht *Fuchs,* Studien zur elterlichen Aufsichtspflicht, S. 164 ff.; vgl. auch RdNr. 26.
[7] Vgl. BGH NJW 1993, 1003 = LM Nr. 19; NJW 1995, 3385 = LM Nr. 20; NJW 1996, 1404 = LM Nr. 21; NJW 1997, 2047, 2048 = LM § 832 Nr. 22.
[8] So mit Blick auf Aufsichtspflichten *v. Bar,* Gemeineuropäisches Deliktsrecht I, RdNr. 100, 140.
[9] Vgl. mit Blick auf eine Brandstiftung BGH NJW 1996, 1404, 1405.
[10] *Larenz/Canaris* II/2 § 79 IV 1, S. 485; *v. Bar,* Gemeineuropäisches Deliktsrecht I, RdNr. 99; *Haberstroh* VersR 2000, 806, 812.
[11] Die Verfassung beschwörend *Haberstroh* VersR 2000, 806, 812.
[12] *Dahlgrün* S. 76 ff.; *Großfeld/Mund* FamRZ 1994, 1504, 1508 f.
[13] *Großfeld/Mund* FamRZ 1994, 1504, 1508; ähnlich *Staudinger/Belling* RdNr. 177.
[14] So *Deutsch/Ahrens* Deliktsrecht RdNr. 335.
[15] *Großfeld/Mund* FamRZ 1994, 1504, 1508; *Deutsch* JZ 1969, 233 f.
[16] *Jakobs/Schubert* (Fn. 2) S. 940, gemeint ist: besser als der Geschädigte.
[17] *Großfeld/Mund* FamRZ 1994, 1504, 1508; *Deutsch* JZ 1969, 233, 234.

schaltung des Entlastungsbeweises durch Überspannung der Aufsichtspflichten nichts zu spüren,[18] und zwar schon deshalb nicht, weil die für die Entscheidung häufig zentrale Frage nach Art, Umfang und Intensität der im Einzelfall gebotenen Aufsichtsmaßnahmen gerade nicht in der Beweislast der beklagten Eltern steht, weil es sich um eine gerichtlich zu entscheidende Rechtsfrage handelt (iura novit curia); vgl. RdNr. 40 ff. So berechtigt die Sorge um die wirtschaftliche Substanz der Familie und die Kritik an den starken ökonomischen Anreizen für junge Paare, keine Kinder mehr zu haben und zu erziehen, auch ist,[19] die Einschränkung der elterlichen Deliktshaftung auf Kosten von Privatpersonen, die auf Grund vermeidbaren kindlichen Verhaltens einen Schaden erlitten haben, ist **nicht das richtige Mittel,** um die finanzielle Ausstattung von Familien mit Kindern zu verbessern und die degressive demographische Entwicklung zu stoppen.

5   **4. Europäische Rechtsvereinheitlichung.** Die positive Einschätzung des § 832 wird durch die europäischen Rechtsvereinheitlichungsprojekte bestätigt (Vor § 823 RdNr. 85 f.). Sowohl Art. 6:101 Principles of European Tort Law (PETL)[20] als auch Art. VI.-3:104 des Entwurfs eines Gemeinsamen Referenzrahmens legen das **Regelungsmodell einer Haftung der Eltern aus vermutetem Verschulden** zugrunde.[21] Der aktuelle österreichische Reformenwurf hingegen verzichtet in seinem § 1308 auf die Umkehr der Beweislast (Vor § 823 RdNr. 84).[22]

II. Anwendungsbereich

6   § 832 ermöglicht die Haftungsbegründung in sämtlichen Fällen deliktischen Handelns des Aufsichtsbefohlenen und gilt damit für sämtliche Deliktstatbestände. Allerdings wird sein Anwendungsbereich durch das **öffentliche Recht** stark beschnitten. Sofern die Aufsicht im Rahmen eines öffentlichen Amtes geführt wird, wie es zB an öffentlichen Schulen,[23] bei Amtsärzten[24] und bei geschlossenen psychiatrischen Anstalten der Fall ist,[25] richtet sich die Haftung nach § 839 iVm. Art. 34 GG (vgl. auch RdNr. 12). Eine ergänzende Anwendung des § 832 Abs. 2 neben den Bestimmungen des Staatshaftungsrechts ist nicht möglich.[26] Am Inhalt der Aufsichtspflicht ändert sich durch die Veränderung der Anspruchsgrundlage indessen nichts.[27] Allerdings ist zu beachten, dass die Ersatzpflicht gemäß Art. 34 GG den Staat, nicht den Aufsichtspflichtigen persönlich trifft, und dass die Staatshaftung wegen § 839 Abs. 1 S. 2 regelmäßig zurücktritt, wenn der Geschädigte Ersatzansprüche gegen einen Dritten richten kann. Zur Konkurrenz mit § 829 vgl. dort RdNr. 12.

7   Im Rahmen des § 254 ist § 832 in zwei Konstellationen **zu Lasten des Aufsichtspflichtigen spiegelbildlich anzuwenden** bzw. die Verletzung allgemeiner deliktischer Aufsichtspflichten dem Aufsichtspflichtigen als Mitverschulden anzurechnen: (1) Sofern der Aufsichtsbedürftige dem Aufsichtsführenden für Rechtsgutverletzungen oder sonstige Delikte gemäß §§ 823 ff., 828 einzustehen hat, muss sich der Aufsichtspflichtige eine etwaige Verletzung seiner Aufsichtspflicht als mitwirkendes Verschulden anrechnen las-

---

[18] *Soergel/Krause* RdNr. 3.
[19] *Steffen* VersR 1998, 1449, 1451; *Großfeld/Mund* FamRZ 1994, 1504, 1508; *Dahlgrün* S. 76 ff.
[20] *European Group on Tort Law*, Principles of European Tort Law, S. 113 ff. *(Moréteau).*
[21] *v. Bar/Clive/Schulte-Nölke,* Draft Common Frame of Reference, S. 306 f.; dazu *Wagner* in: *v. Bar/Schulte-Nölke/Schulze*(Hrsg.), Der akademische Entwurf für einen Gemeinsamen Referenzrahmen, 2008, S. 161, 185 ff.
[22] *Griss/Kathrein/Koziol* (Hrsg.), Entwurf eines neuen österreichischen Schadensersatzrechts, 2006, S. 6, 70 f. *(Hofmann).*
[23] BGHZ 13, 25, 28 = NJW 1954, 874, 875 = LM Nr. 4 m. Anm. *Pagendarm*; BGHZ 28, 297, 299 = NJW 1959, 334, 335; OLG Düsseldorf NJW-RR 1996, 671; LG Aachen NJW 1992, 1051.
[24] BGH NJW 1985, 677, 678 = LM Nr. 14 mwN.
[25] BGHZ 59, 310, 313; BGH NJW 1985, 677, 678 = LM Nr. 14; LG Bremen NJW-RR 1999, 696; bei offenen Anstalten, die von dem Patienten freiwillig aufgesucht werden, richtet sich die Haftung nach § 832 Abs. 2; vgl. RdNr. 16 f.
[26] BGHZ 13, 25, 27 f. = NJW 1954, 874, 875; OLG Dresden NJW-RR 1997, 857, 858; OLG Düsseldorf NJW-RR 1996, 671.
[27] BGH NJW 1985, 677, 678 = LM Nr. 14; OLG Düsseldorf NJW-RR 1996, 671.

sen.[28] Familiäre Beziehungen unter den Unfallbeteiligten rechtfertigen dabei für sich allein genommen nicht die Annahme eines stillschweigenden Haftungsausschlusses, und dies umso weniger, wenn er allein einem Haftpflichtversicherer zugute käme.[29] (2) Eine Anrechnung der Aufsichtspflichtverletzung auf den Ersatzanspruch des Verpflichteten gegen externe Dritte ist in den Fällen der sog. Schockschäden vorzunehmen: Erleidet der den Unfall seines Schützlings beobachtende Aufsichtspflichtige seinerseits einen Gesundheitsschaden, kann der Unfallverursacher den Mitverschuldenseinwand auf § 832 stützen.[30]

Der **von einem Dritten geschädigte Aufsichtsbedürftige** hingegen muss sich die Pflichtverletzung seines Schutzpatrons regelmäßig nicht haftungsmindernd anrechnen lassen, es gilt nicht etwa der Satz: „Kinder haften für ihre Eltern".[31] Eine Berücksichtigung der Aufsichtspflichtverletzung nach §§ 254 Abs. 2 S. 2, 278 wird regelmäßig schon am Erfordernis der Sonderverbindung scheitern, an dem die hM festhält, indem sie § 254 Abs. 2 S. 2 als Rechtsgrundverweisung auf § 278 qualifiziert (§ 254 RdNr. 127 ff.).[32] Die Zurechnung der elterlichen Pflichtverletzung kommt danach nur über die Grundsätze der Haftungseinheit in Betracht, die allerdings voraussetzt, dass der Aufsichtsbedürftige seinerseits zurechnungsfähig und neben dem Aufsichtspflichtigen für den Schaden verantwortlich ist.[33] Die Kürzung des Anspruchs des geschädigten Aufsichtsbedürftigen nach Maßgabe der Grundsätze über den gestörten Innenausgleich unter Gesamtschuldnern wird von der Rechtsprechung nur dann zugelassen, wenn der Sorgfaltsmaßstab des § 1664 Abs. 1 verletzt ist (§ 840 RdNr. 30 ff.).[34]

Genauso wenig wie sich der geschädigte Aufsichtsbedürftige die Pflichtverletzung der Sorgeperson zurechnen lassen muss, kann er seinerseits einen **Ersatzanspruch gegen den Aufsichtspflichtigen** auf § 832 stützen.[35] Die Haftung der Eltern gegenüber ihren Kindern lässt sich jedoch mit Rücksicht auf die Verletzung allgemeiner deliktischer Sorgfaltspflichten gemäß § 823 Abs. 1 begründen[36] und darüber hinaus auf Grund des familienrechtlichen Tatbestands des § 1664 Abs. 1, der entgegen seinem Wortlaut von der hM als Anspruchsgrundlage qualifiziert wird (4. Aufl. § 1664 RdNr. 1). Zu der umstrittenen Frage, ob die gegenläufige Funktion des § 1664 Abs. 1 als Haftungserleichterung auch im Rahmen deliktischer Ansprüche zu beachten ist vgl. 4. Aufl. § 1664 RdNr. 7 ff. Die vertraglich verpflichtete Aufsichtsperson hat dem Bedürftigen nach den Grundsätzen der Vertragshaftung gemäß § 280 für Schäden einzustehen.

III. Aufsichtsbedürftige und Aufsichtspflichtige

1. Gesetzliche Aufsichtsverhältnisse (Abs. 1). a) Minderjährige. Schon bei den Beratungen des § 832 war man sich darüber einig, dass die Aufstellung eines Kanons gesetzlicher Aufsichtspflichten keine Aufgabe des Deliktsrechts, sondern von den einschlägigen Fachgebieten, insbesondere dem Familienrecht, wahrzunehmen sei.[37] Kraft Gesetzes sind zur **Aufsicht über Minderjährige** diejenigen verpflichtet, denen nach

---

[28] OLG Zweibrücken NJW-RR 2000, 1191, 1192; *Staudinger/Belling* RdNr. 154; *Geigel* § 16 RdNr. 45.
[29] Vgl. BGHZ 41, 79, 81 = NJW 1964, 680; BGHZ 43, 72, 77 = NJW 1965, 907, 908; BGH NJW 1993, 3067.
[30] OLG Karlsruhe VersR 1978, 575; zur Deliktshaftung für Schockschäden vgl. § 823 RdNr. 76 ff.
[31] RGZ 121, 114, 117; 159, 283, 292; BGHZ 1, 248, 251 = NJW 1951, 477; OLG München VersR 2003, 871, 872.
[32] BGHZ 73, 190, 192 = NJW 1979, 973; BGHZ 103, 338, 342 = NJW 1988, 2667, 2668.
[33] BGHZ 103, 338, 344 = NJW 1988, 2667, 2669; ausf. § 840 RdNr. 26 f.; *Staudinger/Belling* RdNr. 173 mwN.
[34] BGHZ 73, 190, 193 = NJW 1979, 973; BGHZ 103, 338, 346 ff. = NJW 1988, 2667, 2669; OLG Schleswig NJW-RR 1999, 606, 608.
[35] BGHZ 73, 190, 194 = NJW 1979, 973; BGH NJW 1996, 53; OLG Karlsruhe OLGZ 1977, 326, 328 = VersR 1977, 232; OLG Celle VersR 1968, 972; OLG Düsseldorf VersR 2000, 1254, 1255.
[36] RGZ 75, 251, 253 f.; RG Gruchot 65, 477, 478.
[37] Mot. II S. 735.

den familienrechtlichen Vorschriften die Personensorge obliegt. Bei bestehender Ehe sind dies **beide Elternteile** (§§ 1626 Abs. 1, 1631 Abs. 1), einschließlich der Adoptiveltern (§ 1754). Das Sorgerecht und die damit verbundene Aufsichtspflicht konzentriert sich auf **nur einen Elternteil,** wenn der andere Teil verstirbt, ihm die elterliche Sorge gemäß § 1666 entzogen oder ihr Ruhen gemäß §§ 1673 ff. angeordnet wird.[38] Bei einem nichtehelichen Kind ist allein die Mutter sorgeberechtigt (§ 1626 a Abs. 2), wenn nicht von beiden Elternteilen eine Sorgeerklärung abgegeben wird oder sie einander heiraten (§ 1626 a Abs. 1). Die gemeinsame Sorge besteht auch bei dauerndem Getrenntleben oder Scheidung fort, jedoch kann ein jeder Elternteil die Übertragung der Alleinsorge beim Familiengericht erwirken (§ 1671). In diesem Fall behält der andere Elternteil mit dem Umgangsrecht (§ 1684) immer noch einen Restbestand elterlicher Sorge,[39] so dass im Rahmen der Wahrnehmung des Umgangsrechts die gesetzliche Aufsichtspflicht fortlebt.[40]

11 Zweifelhaft ist die deliktsrechtliche Stellung eines **Stiefelternteils,** insbesondere des neuen Ehepartners eines nach Scheidung oder Tod verbliebenen leiblichen und allein sorgeberechtigten Elternteils. Die ältere Rechtsprechung tendierte dazu, dessen Haftung nach § 832 zu verneinen, den Stiefelternteil aber für die Verletzung des allgemeinen deliktischen Sorgfaltsgebots nach § 823 Abs. 1 haftbar zu machen, wenn er die Schädigung Dritter durch in seinem Haushalt lebende Kinder nicht im Umfang des Möglichen und Zumutbaren verhindert hatte.[41] In neuerer Zeit wird indessen eine stillschweigende vertragliche Übernahme der Aufsichtspflicht gemäß § 832 Abs. 2 in Bezug auf die in den Haushalt aufgenommenen Kinder angenommen.[42] Damit bricht sich der im Familienrecht schon seit langem wirksame Trend weg vom rechtlichen Status und hin zur sozialen Beziehung auch im Deliktsrecht Bahn.

12 Ist für Minderjährige ein **Vormund** (§§ 1793, 1800, 1631 Abs. 1) oder ein personensorgeberechtigter Pfleger (§§ 1909, 1915, 1800, 1631 Abs. 1) bestellt, ist dieser zur Aufsicht verpflichtet. Beistand (§§ 1712, 1716), Gegenvormund (§§ 1792, 1799), Erziehungsbeistand und Betreuungshelfer (§§ 27, 30 SGB VIII, §§ 9, 12 JGG) sind mangels Personensorge hingegen nicht aufsichtspflichtig. Wird ein Kind auf gerichtliche Anordnung in einem **Heim** oder in einer anderen Familie betreut (§§ 33 ff. SGB VIII, 1666 f. BGB, 9, 12 JGG), sind die zuständigen Personen nur insoweit aufsichtspflichtig, als sich der Minderjährige tatsächlich in ihrem Einflussbereich aufhält.[43] Im Übrigen kommt eine Haftung der **Pflegefamilie** nach § 832 Abs. 2 in Betracht (RdNr. 16 f.). Die Haftung für Heimkinder hängt davon ab, in welcher Rechtsform die Anstalt betrieben wird. Private Betreiber von Heimeinrichtungen oder sog. „Wohngruppen" haben auf der Grundlage von § 832 für Aufsichtspflichtverletzungen einzustehen,[44] während Verwaltungsträger, die entsprechende Anstalten in den Formen des öffentlichen Rechts betreiben, nach den Grundsätzen der § 839, Art. 34 GG haften (RdNr. 6).[45]

13 Dem Gesetzgeber schwebte als ein klassischer Fall einer „gesetzlichen" Aufsichtspflicht diejenige des **Lehrherrn in Bezug auf seine Lehrlinge** vor, die seiner „väterlichen Zucht" bzw. „Obhut" unterlagen, wie die §§ 127, 127 a GewO aF, § 76 HGB aF formulierten.[46] An die Stelle der zitierten Vorschriften ist 1969 § 6 BBiG

---

[38] OLG Düsseldorf NJW 1959, 2120.
[39] BGH NJW 1969, 422; OLG Frankfurt FamRZ 1999, 1008.
[40] *Staudinger/Belling* RdNr. 14.
[41] BGH LM Nr. 3; OLG Düsseldorf VersR 1976, 1133, 1134.
[42] OLG Düsseldorf NJW-RR 1992, 857.
[43] RGZ 98, 246, 247; *Staudinger/Belling* RdNr. 19.
[44] AG Königswinter NJW-RR 2002, 748.
[45] OLG Dresden NJW-RR 1997, 857 f.; *Staudinger/Belling* RdNr. 19; für Haftung nach § 832 OLG Hamm NJW-RR 1988, 798; offen gelassen von OLG Hamburg NJW-RR 1988, 799.
[46] Schon der Vorentwurf, der Grundlage der Beratungen der ersten Kommission war, nannte als Beispiel für die Aufsichtspflichtigen u. a. „die Handwerksmeister für die bei ihnen wohnenden Lehrlinge", vgl. *Jakobs/Schubert* (Fn. 2) S. 933; vgl. auch Mot. II S. 735.

getreten, wo statt von „Zucht" von „charakterlicher Förderung" sowie sittlichem Schutz die Rede ist. Von einer gesetzlichen Aufsichtspflicht kann somit nicht mehr die Rede sein, und die Haftung des Lehrherrn richtet sich nicht nach § 832, sondern nach § 831 sowie den unter § 823 Abs. 1 entwickelten Grundsätzen des Organisationsverschuldens.[47]

b) Volljährige. Mit Blick auf Volljährige wird § 832 Abs. 1 missverstanden, wenn darauf abgestellt wird, ob die Person „wegen ihres geistigen oder körperlichen Zustandes der Beaufsichtigung [bedarf]".[48] Tatsächlich kommt es auch bei Volljährigen zunächst darauf an, dass ein **Dritter kraft Gesetzes zur Aufsicht über den Behinderten verpflichtet** ist. Insoweit hat die Rechtsprechung immer am Autonomieprinzip festgehalten, nach dem erwachsene Menschen für sich selbst verantwortlich sind und auch dann keiner „gesetzlichen Aufsicht" unterliegen, wenn sie wegen ihres geistigen oder körperlichen Zustandes an sich der Beaufsichtigung bedürften und diese Aufgabe von Verwandten, Ehegatten oder Lebensgefährten auch faktisch übernommen worden ist. Weder das Eheband[49] noch das Eltern/Kind-Verhältnis[50] kommen als Rechtsgrundlage für gesetzliche Aufsichtspflichten gegenüber Erwachsenen in Betracht, wie sie von § 832 vorausgesetzt werden. Die Pflegeperson hat jedoch unter Umständen gemäß § 832 Abs. 2 (vgl. RdNr. 18 f.), jedenfalls aber nach § 823 Abs. 1 für die Schäden einzustehen, die Dritten von ihrem unzurechnungsfähigen Schützling zugefügt werden.[51]

Nachdem die Vormundschaft über Volljährige durch das Institut der **Betreuung** (§§ 1896 ff.) ersetzt worden ist, unterliegt ein erwachsener Mensch einer gesetzlichen Aufsichtspflicht, wenn einem Betreuer entweder die gesamte Personensorge oder speziell die Beaufsichtigung des Betreuten durch Gerichtsbeschluss übertragen worden ist.[52] Soweit Volljährige unter Betreuung gestellt sind, richtet sich die Aufsichtsbedürftigkeit im Einzelfall nach ihrem geistigen und körperlichen Zustand sowie den Anforderungen der konkreten Situation.[53] Die Aufnahme in eine psychiatrische Klinik oder andere geschlossene Anstalt begründet je nach privatrechtlicher oder öffentlich-rechtlicher Organisationsform Aufsichtspflichten nach § 832 Abs. 2 oder § 839 iVm. Art. 34 GG (RdNr. 6).[54]

2. Vertragliche Aufsichtspflichten und Pflichtendelegation (Abs. 2). a) Übernahmevertrag. Die Verantwortlichkeit desjenigen, der durch Vertrag die Beaufsichtigung einer Person übernommen hat, ist entgegen dem vom Wortlaut erweckten Anschein **nicht notwendig derivativer Natur** – die in den Entwürfen zu Abs. 2 stets enthaltene Wendung, die Aufsichtspflicht müsse „für den kraft Gesetzes Verpflichteten" übernommen worden sein, ist gleichsam in letzter Minute von der Reichstagskommission gestrichen worden.[55] Damit sollte die Begründung von Aufsichtspflichten auch in Bezug auf solche Personen ermöglicht werden, die einer gesetzlichen Aufsicht iS des Abs. 1 bzw. der dort in Bezug genommenen Normen nicht unterliegen. Diese Erweiterung hat Bedeutung für Volljährige, die zwar betreuungsbedürftig, aber noch nicht gemäß §§ 1896 ff. unter Betreuung gestellt sind;[56] hier ebnet Abs. 2 den Weg zur Beweislastumkehr zu Lasten privater Pfleger oder Betreuungseinrichtungen (RdNr. 14).[57]

---

[47] So auch *Palandt/Sprau* RdNr. 5; *Staudinger/Belling* RdNr. 21; *Schoof* S. 29 f.; *Scheffen/Pardey* RdNr. 116; *Esser/Weyers* BT/2 § 58 II; aA *Barfuss* BB 1976, 935, 937; *Berning/Vortmann* JA 1986, 12, 14.
[48] *Staudinger/Belling* RdNr. 10; *Erman/Schiemann* RdNr. 2.
[49] RGZ 70, 48, 50.
[50] RGZ 92, 125, 126; BGH NJW 1958, 1775 = LM Nr. 6 (volljähriger Sohn lebt noch beim Vater).
[51] RGZ 70, 48, 50 f.; 92, 125, 126 f.; BGH NJW 1958, 1775 f.
[52] LG Bielefeld NJW 1998, 2682; *Staudinger/Belling* RdNr. 25.
[53] BGH NJW 1958, 1175.
[54] Vgl. Fn. 1000, 1038.
[55] *Jakobs/Schubert* (Fn. 2) S. 948 f.
[56] Früher war die entscheidende Zäsur die Entmündigung.
[57] Vgl. *Jakobs/Schubert* (Fn. 2) S. 948: „Vorsteher von Irrenanstalten".

§ 832 17, 18 Abschnitt 8. Titel 27. Unerlaubte Handlungen

17 Der Vertrag kann nicht allein mit dem gesetzlich Aufsichtpflichtigen, sondern auch **mit dem Aufsichtsbedürftigen selbst** oder einem Dritten geschlossen werden.[58] Wie stets genügt eine konkludente Vereinbarung,[59] wenn zB ausdrücklich bloß die Obhut für den Aufsichtsbedürftigen übernommen, die Aufsichtspflicht jedoch stillschweigend als Nebenpflicht mitverabredet wird, wie im Fall der Aufnahme in ein Krankenhaus zur ärztlichen Behandlung und Pflege.[60] Auch im Übrigen ist die Annahme eines Rechtsgeschäfts unproblematisch, wenn für die Übernahme von Obhut und Pflege ein **Entgelt vereinbart** wurde, wie es im Zusammenhang mit der Aufnahme bei Pflegeeltern,[61] in privatrechtlich betriebene Kindergärten, Pflege- und Betreuungsheime,[62] offene psychiatrische Anstalten,[63] Krankenhäuser,[64] Schulen usw. durchweg der Fall ist.[65] Nach § 832 Abs. 2 haftbar wird dabei allerdings der Anstaltsträger als solcher, der dann im Rahmen der von ihm geschlossenen Dienst- und Arbeitsverträge die Aufsichtspflicht jeweils teilweise auf seine Mitarbeiter überwälzt.[66] Wer die Gegenleistung erbringt, ob der kraft Gesetzes Aufsichtspflichtige oder ein Dritter, etwa eine Versicherung oder ein staatlicher Anstaltsträger, ist irrelevant. Sie kann auch einfach darin bestehen, dass einem im Übrigen unentgeltlich tätigen Praktikanten ermöglicht wird, im Kontakt mit Kindern Erfahrungen zu sammeln.[67]

18 b) **Faktische Übernahme.** Wohl um jugendliche Babysitter zu schützen[68] und die unentgeltliche Betreuung fremder Kinder in Verwandtschafts-, Freundschafts- und Nachbarschaftsverhältnissen zu unterstützen, macht ein Teil der Literatur die Haftung nach Abs. 2 von einem Übernahmevertrag im technischen Sinn abhängig.[69] Unter dieser Prämisse wird die Abgrenzung unentgeltlich übernommener rechtsgeschäftlicher Verpflichtungen von **Gefälligkeiten des täglichen Lebens** zum Problem. Die Anwendung des § 832 Abs. 2 hängt von der Feststellung eines Rechtsbindungswillens der Beteiligten ab, der wiederum aus einer Vielzahl von Indizien – Zweck, Dauer und Regelmäßigkeit der Beaufsichtigung, Interesse der Beteiligten, Größe des übernommenen Risikos – erschlossen wird,[70] die ihrerseits vor dem objektiven Empfängerhorizont zu würdigen sind.[71] Die dabei erzielten Resultate lassen sich kaum vorhersehen: Abgelehnt wurde die Haftung nach § 832 Abs. 2 in Fällen, in denen eine Mutter ihr Kind während der Erledigung ihrer Besorgungen bei der Großmutter oder bei Freunden abgegeben hatte,[72] zwei Elternpaare abwechselnd (auch) die jeweils fremden Kinder betreuten,[73] oder ein neunjähriger Junge zwei- bis dreimal wöchentlich zu seinem elfjährigen Freund zum Spielen gekommen war.[74] Umgekehrt wurden

---

[58] OLG Köln OLGE 34, 121; *Schefffen/Pardey* RdNr. 118; *Albilt* S. 29; *Rogge*, Selbstständige Verkehrspflichten, S. 1997.
[59] BGH NJW 1968, 1874 f. = LM Nr. 9; NJW 1985, 677, 678 = LM Nr. 14; OLG Celle NJW-RR 1987, 1384; BGH VersR 1968, 972; OLG Schleswig VersR 1980, 242.
[60] BGH NJW 1976, 1145, 1146 = LM Nr. 10; OLG Koblenz NJW-RR 1997, 345; LG Bremen NJW-RR 1999, 969; *Buschmann* RdJ 1967, 13; *Staudinger/Belling* RdNr. 33.
[61] BGH LM Nr. 3; OLG Düsseldorf VersR 1992, 310.
[62] Vgl. BGH VersR 1956, 520 f.; 1957, 370 f.; dies gilt allerdings nicht unbedingt auch für Seniorenheime, OLG Celle NJW 1961, 223; bei beschützenden Werkstätten hingegen zu bejahen, OLG Hamm NJW-RR 1994, 863, 864.
[63] BGH NJW 1985, 677 = LM Nr. 14; LG Bremen NJW-RR 1999, 969; vgl. aber auch LG Kassel VersR 1993, 582: keine Aufsichtspflicht über volljährigen Patienten wegen fehlender Möglichkeit einer Beschränkung seiner Bewegungsfreiheit mangels Unterbringungsbeschlusses. Bei geschlossenen Anstalten richtet sich die Haftung nach § 839 iVm. Art. 34 GG; RdNr. 5.
[64] BGH NJW 1976, 1145, 1146 = LM Nr. 10.
[65] Resümierend BGH NJW 1968, 1874 f. = LM Nr. 9; RGRK/*Kreft* RdNr. 24.
[66] RGRK/*Kreft* RdNr. 24; vgl. auch § 823 RdNr. 397 ff.
[67] OLG Celle NJW-RR 1987, 1384.
[68] Vgl. *Staudinger/Belling* RdNr. 40.
[69] RGRK/*Kreft* RdNr. 22; *Bamberger/Roth/Spindler* RdNr. 13; *Erman/Schiemann* RdNr. 5; *Schefffen/Pardey* RdNr. 118; *Albilt* S. 30 ff.
[70] RGZ 122, 138, 140; 157, 128, 233; BGH NJW 1968, 1874 f. = LM Nr. 9; *Medicus* RdNr. 365 ff.
[71] Vgl. in anderem Kontext BGHZ 21, 102, 106 f.
[72] BGH NJW 1968, 1874; OLG Nürnberg VersR 1961, 571.
[73] BGH NJW 1968, 1874 f. = LM Nr. 9.
[74] BGH VersR 1964, 1085, 1086.

Einladungen zu Kindergeburtstagen als vertragliche Vereinbarungen qualifiziert[75] und Verwandte und Freunde der Haftung aus Abs. 2 unterworfen, wenn sich die Kinder dort längere Zeit aufhielten[76] oder mit ihnen eine Reise unternommen hatten.[77]

Der Rekurs auf den Rechtsbindungswillen ist angesichts des Wortlauts von § 832 Abs. 2 verständlich, lässt sich jedoch weder mit der ratio der Vorschrift noch mit ihrer Funktion als Konkretisierung deliktischer Sorgfaltspflichten vereinbaren. Mit der faktischen Pflichtendelegation reduziert sich nämlich die gesetzliche Aufsichtspflicht der primär verantwortlichen Eltern auf eine **Pflicht zur ordnungsgemäßen Auswahl, Instruktion, Kontrolle und Information** des Dritten.[78] Damit droht eine **Haftungslücke:** Die Eltern haften nicht, weil sie die Aufsichtspflicht delegiert haben, und der Übernehmer haftet nicht bzw. nur nach Maßgabe des § 823 Abs. 1, weil es an einem wirksamen Übernahmevertrag fehlt.

Die zur Abhilfe angebotene Remedur, den **Rechtsgedanken des § 278** „ausnahmsweise" auf die arbeitsteilige Erfüllung deliktischer Sorgfaltspflichten anzuwenden, aber für die Arbeitsteilung unter Ehegatten gleich wieder eine Gegenausnahme zu statuieren,[79] kann indessen nicht überzeugen (§ 823 RdNr. 299). Statt dessen ist die Eingliederung des § 832 in ein allgemeines Konzept deliktischer Sorgfaltspflichten zu Ende zu denken und eine gemäß Abs. 2 haftungsbegründende Übernahme fremder Aufsichtspflichten auch dann zu bejahen, wenn sie unentgeltlich, ohne Rechtsbindungswillen und insofern bloß faktisch, aber im Einverständnis mit dem primär Verpflichteten erfolgt, wie dies für die **Delegation von Verkehrspflichten** im Rahmen des § 823 Abs. 1 allgemein anerkannt ist (§ 823 RdNr. 296). Auf die Entgeltlichkeit oder Unentgeltlichkeit der Vereinbarung oder auf den Rechtsbindungswillen kann es folgerichtig auch im Rahmen des § 832 Abs. 2 nicht ankommen.[80] Eine solche Auslegung steht mit den Absichten des historischen Gesetzgebers in Einklang,[81] denn das Vertragserfordernis im Text der Vorschrift sollte lediglich verhindern, dass ein Helfer, der einen Hilfsbedürftigen spontan in Obhut nimmt, allein dadurch zum Haftungssubjekt wird.[82] Dieser Regelungsabsicht ist aber genügt, wenn § 832 Abs. 2 auf Fälle beschränkt wird, in denen die Übernahme der Aufsichtspflicht auf Grund einer faktischen Absprache entweder mit dem gesetzlichen Pflichtenträger oder mit dem Schutzbedürftigen erfolgt.[83] Damit stehen **alle tatsächlich Aufsichtspflichtigen beweisrechtlich gleich,** und der Pflichtenreduktion auf Seiten der gesetzlichen Aufsichtsperson entspricht exakt ein entsprechender Pflichtenzuwachs auf Seiten des Übernehmers. Dies ist sachgerecht, denn die ratio der Beweislastumkehr gemäß § 832, dass der Aufsichtspflichtige „besser wie der Beschädiger imstande sei, die Gründe seines Verhaltens darzulegen" (vgl. RdNr. 2), trifft jedoch auf die Eltern einer dreijährigen Tochter genauso zu wie auf eine in demselben Gehöft wohnende Tante, die die Betreuung des Kindes seit jeher, aber „ohne Rechtsbindungswillen" übernommen hat.[84]

---

[75] OLG Celle NJW-RR 1987, 1384; skeptisch OLG Düsseldorf VersR 2000, 1254, 1255.
[76] RG HRR 1934 Nr. 1449 (Minderjähriger lebt seit dem Tod seines Vaters mit dem Einverständnis seines Vormunds bei der älteren Schwester).
[77] OLG Celle OLGR 1994, 221 (Ferienaufenthalt bei der Großmutter).
[78] BGH NJW 1968, 1672, 1673 = LM Nr. 8 c; OLG Köln FamRZ 1962, 124; OLG Celle VersR 1969, 333, 334; OLG Hamm NJW-RR 1997, 344; VersR 2001, 386; *Palandt/Sprau* RdNr. 8; *Deutsch* JZ 1969, 233, 234; *Dahlgrün* S. 195; *Albilt* S. 185 f.; *Eckert* S. 40 f.; *Schoof* S. 70.
[79] So aber *Hartmann* VersR 1998, 22, 24 ff.; *Staudinger/Belling* RdNr. 124, mit Gegenausnahme für Ehegatten in RdNr. 125; vgl. auch *Bamberger/Roth/Spindler* RdNr. 18.
[80] Übereinstimmend *Soergel/Krause* RdNr. 14.
[81] Ursprünglich sollte die Verantwortlichkeit jeden treffen, „welcher die Führung der Aufsicht für den kraft Gesetzes Verpflichteten übernommen hat"; vgl. *Jakobs/Schubert* (Fn. 2) S. 946; vgl. auch *Fuchs,* Studien zur elterlichen Aufsichtspflicht, S. 101.
[82] Prot. II S. 596: Es dürfe nicht „jeder, der sich eines solchen Schutzbedürftigen freiwillig annehme, hiermit die Verpflichtung zur Beaufsichtigung desselben übernehme[n]".
[83] Zum Erfordernis einer „klaren Absprache" bei Delegation deliktischer Sorgfaltspflichten vgl. § 823 RdNr. 295.
[84] So der Fall BGH NJW 1968, 1672, 1673 = LM Nr. 8 c; auch OLG Köln FamRZ 1962, 124; OLG Celle VersR 1969, 333 f.; OLG Hamm NJW-RR 1997, 344; VersR 2001, 386.

21 **c) Arbeitsteilung unter Ehegatten.** Unter Ehegatten findet eine **wechselseitige Zurechnung der Aufsichtspflichtverletzung** des jeweils anderen Teils nicht statt.[85] Eine interne Aufgabenverteilung ist jedoch nach den für deliktische Sorgfaltspflichten allgemein geltenden Grundsätzen möglich und bei der Beurteilung der Haftungsfrage zu beachten (§ 823 RdNr. 264 ff.).[86] So darf sich der berufstätige Elternteil im Regelfall darauf verlassen, dass die Aufsicht in seiner Abwesenheit zuverlässig geführt wird,[87] wenn keine Anhaltspunkte für das Gegenteil vorliegen,[88] etwa der andere Teil wegen mangelnder Einsichts- oder Durchsetzungsfähigkeit keine Gewähr für eine ordnungsgemäße Erfüllung bietet.[89] Bei einer nach dem Muster der „Hausfrauenehe" vorgenommenen Arbeitsteilung zwischen den Ehegatten ergibt sich damit unter Umständen eine Haftungsfreistellung des berufstätigen und in der Regel solventeren Ehegatten, den im Güterstand der Zugewinngemeinschaft auch keine Mithaftung für die Verbindlichkeiten seines Ehepartners trifft.[90] Wegen der damit heraufbeschworenen Insolvenzrisiken bedarf es keiner wechselseitigen Zurechnung von Pflichtverletzungen speziell im Rahmen des § 832 und im Widerspruch zu den Grundsätzen über die arbeitsteilige Erfüllung deliktischer Sorgfaltspflichten,[91] sondern die Abhilfe besteht darin, die residualen Auswahl- und Überwachungspflichten des übertragenden Teils auch auf die Gewährleistung der finanziellen Leistungsfähigkeit des Übernehmers zu beziehen (§ 823 RdNr. 301).[92]

IV. Widerrechtliche Schadenszufügung durch den Aufsichtsbedürftigen

22 § 832 knüpft die Haftung an widerrechtliches Verhalten und damit an ein **Delikt des Aufsichtsbedürftigen,** ohne dass es auf sein Verschulden ankäme.[93] In diesem Sinn kompensiert die Haftung des Aufsichtspflichtigen die Privilegierung von Kindern und Behinderten im Deliktsrecht.[94] Genauso wie § 831 bedarf indessen auch § 832 der **teleologischen Reduktion** auf diejenigen Fälle, in denen eine Pflichtverletzung vorläge, wenn man sich den Prinzipal, also einen erwachsenen und gesunden Durchschnittsmenschen, in der Situation des Handelnden denkt (§ 831 RdNr. 30 f.).[95] Auch im Rahmen des § 832 ist nicht vorausgesetzt, dass der Aufsichtsbefohlene die zeitlich letzte oder „unmittelbar" zur Rechtsgutsverletzung führende Ursache gesetzt[96] oder gar das Delikt eigenhändig begangen hat; auch die bloße psychische Unterstützung des unerlaubten Tuns anderer reicht aus.[97]

V. Verletzung der Aufsichtspflicht

23 **1. Allgemeines.** Die Verletzung der Aufsichtspflicht über den Schutzbefohlenen ist die **zentrale Haftungsvoraussetzung,** denn in der Praxis entscheiden sich die meisten Fälle

---

[85] *Koebel* NJW 1960, 2227; *Immenga* FamRZ 1969, 313, 314; *Bamberger/Roth/Spindler* RdNr. 17; vgl. auch *Großfeld/Mund* FamRZ 1994, 1504, 1507 und *Dahlgrün* S. 180 ff., die kritisieren, dass die Gerichte tatsächlich ein dem Gesetz fremdes „Prinzip der elterlichen Gesamtverantwortung" anwenden.

[86] *Staudinger/Belling* RdNr. 125; *Schoof* S. 31; aA *Hartmann* VersR 1998, 22, 26: die Übertragung sei nur im Innenverhältnis der Ehegatten zueinander relevant.

[87] RG LZ 19, 695; OLG Koblenz ZfS 1987, 162; OLG Düsseldorf VersR 1992, 321, 322 (stillschweigende Übereinkunft der Übertragung); MDR 2001, 333 (keine Haftung des abwesenden Ehemannes); *Koebel* NJW 1960, 2227.

[88] OLG Düsseldorf MDR 2001, 333.

[89] RG LZ 1919, 695 Nr. 8; *Albilt* S. 188.

[90] *Palandt/Brudermüller* § 1363 RdNr. 3.

[91] Vgl. aber *Hartmann* VersR 1998, 22, 24 ff.; *Staudinger/Belling* RdNr. 122 ff.

[92] *Immenga* FamRZ 1969, 313, 317 ff., plädiert de lege ferenda für eine Übertragung des Rechtsgedankens des § 1357 auf Aufsichtspflichtverletzungen des die Kinder betreuenden Ehegatten.

[93] RGZ 50, 65; BGHZ 111, 282, 284 = NJW 1990, 2553 f.; BGH VersR 1954, 558; LM Nr. 8 a; NJW 1985, 677, 678 = LM Nr. 14.

[94] BGHZ 111, 282, 284 = NJW 1990, 2553 f.; BGH NJW-RR 1987, 1430, 1431.

[95] *Larenz/Canaris* II/2 § 79 IV 2 b, S. 486; *Esser/Weyers* BT/2 § 58 II, S. 216.

[96] BGH LM Nr. 8 a (Weitergabe eines Pfeils durch einen 12-Jährigen an einen 6-Jährigen, der damit ein anderes Kind verletzt hat).

[97] BGHZ 111, 282, 284 f. = NJW 1990, 2553.

an der Frage des Umfangs bzw. der Intensität der in concreto erforderlichen Aufsichtsmaßnahmen. Die Aufsichtspflicht ist eine **Konkretisierung des allgemeinen deliktischen Sorgfaltsgebots** (RdNr. 1).[98] Folgerichtig bestimmt sich das **Maß der im Einzelfall gebotenen Aufsicht** nach denselben Grundsätzen, die für Umfang und Intensität deliktischer Sorgfaltspflichten (Verkehrspflichten) generell maßgebend sind (§ 823 RdNr. 258 ff.). Danach bedarf es einer Abwägung zwischen dem Umfang des drohenden Schadens sowie der Wahrscheinlichkeit seines Eintritts einerseits und den Möglichkeiten und Kosten von Sorgfaltsmaßnahmen andererseits. Je schwerwiegender der drohende Schaden und je höher die Wahrscheinlichkeit seines Eintritts, desto mehr Mühen sind Eltern und sonstigen Aufsichtspflichtigen zumutbar.[99]

2. Aufsicht über Minderjährige. a) Kosten und Nutzen von Aufsichtsmaßnahmen. In der **Rechtsprechung des BGH** findet sich die stehende Formulierung, das Maß der gebotenen Aufsicht über Minderjährige bestimme sich nach Alter, Eigenart und Charakter des Kindes, wobei sich die Grenze der erforderlichen und zumutbaren Maßnahmen danach richtet, was verständige Eltern nach vernünftigen Anforderungen in der konkreten Situation tun müssen, um Schädigungen Dritter durch ihr Kind zu verhindern.[100] Maßgebend sind also zunächst die **persönlichen Eigenschaften des Kindes,** soweit von ihnen die Wahrscheinlichkeit drittschädigenden Verhaltens im Einzelfall abhängt.[101] Neigt der Minderjährige zu aggressivem Verhalten, Gewaltanwendungen, üblen Streichen oder Straftaten, besteht eine gesteigerte Aufsichtspflicht.[102] Bei schwer verhaltensgestörten Kindern mit pathologisch ausgeprägter Zündelneigung[103] oder starker, nicht steuerbarer Aggressivität,[104] kann sogar eine mehr oder weniger ständige Kontrolle „auf Schritt und Tritt" geboten sein.[105] Der Träger eines **Heimes für straffällig gewordene Jugendliche** unterliegt besonders strengen Anforderungen und darf die Aufsichtsführung keinesfalls einer in der Betreuung schwer erziehbarer Kinder völlig unerfahrenen Hilfskraft überlassen.[106] Auf der anderen Seite kann ein „gefängnisartiger" Verschluss nicht verlangt werden.[107] Die bloß pauschale Feststellung einer nicht näher umschriebenen „Milieuschädigung" genügt indessen nicht, um verschärfte Anforderungen zu stellen.[108] Darüber hinaus kommt es auf die **Größe des drohenden Schadens** an: Auch ohne konkreten Anlass sind umso höhere Anforderungen an die Aufsichtspflicht zu stellen, je schwerwiegender die drohenden Nachteile und das Schutzbedürfnis der Betroffenen sind.[109] Folgerichtig ist die Rechtsprechung besonders streng, wenn es um die Abwehr von Brandstiftungen durch sog. Zündeln Minderjähriger geht (RdNr. 34 ff.).[110]

Auf der anderen Seite der Waagschale ist zu berücksichtigen, in welchem Maße den Eltern die **Beaufsichtigung** ihres Kindes **möglich und zumutbar** war. Erziehungsmaßnahmen, deren Erfolglosigkeit vorauszusehen ist, dürfen selbstverständlich unterblei-

---

[98] *Soergel/Krause* RdNr. 3.
[99] Besonders deutlich etwa BGH NJW 1976, 1145, 1146: „umso höhere Anforderungen [...], je größer die drohenden Gefahren sind"; genauso OLG Hamm NJW-RR 2002, 236, 237.
[100] BGHZ 111, 282, 285 f. = NJW 1990, 2553; BGH VersR 1960, 355, 356; 1965, 48 f.; NJW 1976, 1684 = LM § 832 Nr. 11; 1980, 1044, 1045 = VersR 1980, 278, 279; NJW 1984, 2574, 2575 = LM Nr. 15; NJW 1985, 677, 678; NJW-RR 1987, 1430, 1431.
[101] OLG Düsseldorf NJW-RR 2002, 235; OLG Frankfurt NJW-RR 2002, 236; OLG Hamm VersR 2001, 386; NJW-RR 2002, 236, 237; zur Altersrelativität der Aufsicht vgl. auch RdNr. 27.
[102] BGH VersR 1960, 355, 356; NJW 1980, 1044, 1045 = LM Nr. 12; NJW 1985, 677, 679; 1995, 3385, 3386; 1996, 1404; LG Zweibrücken NJW-RR 2005, 1546, 1547.
[103] BGH NJW 1996, 1404, 1405.
[104] BGH NJW 1995, 3385, 3386.
[105] BGH NJW 1995, 3385, 3386; 1996, 1404, 1405; 1997, 2047, 2048.
[106] BGH VersR 1965, 48 f.; LG Zweibrücken NJW-RR 2005, 1546, 1547; vgl. auch OLG Hamm NJW-RR 1988, 798 f.; AG Königswinter NJW-RR 2002, 748.
[107] OLG Hamburg NJW-RR 1988, 799; LG Bad Kreuznach VersR 2003, 908.
[108] BGH NJW 1997, 2047, 2048 = LM Nr. 22; *Soergel/Krause* RdNr. 18.
[109] BGH LM Nr. 10; NJW 1996, 1404, 1405.
[110] BGH NJW 1995, 3385 f.; 1996, 1404, 1405.

ben.[111] Dies gilt etwa für das an einen fast achtzehnjährigen Jugendlichen gerichtete generelle Verbot des Besuchs von Gaststätten und Parties[112] oder die Belehrung eines sechsjährigen Kindes darüber, einem anderen beim gefährlichen Spiel mit Streichhölzern keine psychische Beihilfe zu leisten.[113] Absolute Sicherheit ist auch im Rahmen des § 832 nicht gefordert (vgl. § 823 RdNr. 258) und eine lückenlose Überwachung des Kindes „rund um die Uhr" normalerweise nicht geboten.[114] Allerdings ist der Kreis möglicher Sorgfaltsmaßnahmen nicht von vornherein auf Aufsichtsmaßnahmen zu begrenzen, sondern auch die Alternative einer Sicherung gefährlicher Gegenstände vor dem Zugriff des Kindes mit einzubeziehen, was in vielen Fällen ein probates und kostengünstiges Präventionsinstrument darstellt.[115] Im Rahmen der Zumutbarkeit kommt es nach allgemeinen Grundsätzen auf die Kosten möglicher Sorgfaltsmaßnahmen, nicht dagegen auf die individuellen Schwierigkeiten bei ihrer Umsetzung an.[116] Unabhängig davon, wie die Arbeitsteilung zwischen den Eltern ausgestaltet ist (Doppelverdienerehe oder Arbeitsteilung), muss die Kinderbetreuung so organisiert werden, dass sich die im Verkehr erforderliche Sorgfalt auch prästieren lässt.[117] Folgerichtig sind auch allein erziehende Elternteile an demselben objektiven Maßstab zu messen.[118]

26 **b) Kindererziehung als Daueraufgabe.** Während der Wortlaut des § 832 ein **eindimensionales und „pointillistisches" Pflichtenkonzept** der Beaufsichtigung bei einem konkreten Verhalten nahe legt, bedarf es in Wahrheit eines jahrelangen Erziehungsprozesses, innerhalb dessen eine **Kombination unterschiedlicher Ansätze und Maßnahmen** zur Anwendung gebracht werden muss, wenn er Erfolg haben soll. Kinder erlernen den Umgang mit Gefahrenquellen und die Sorgfalt im Verkehr nicht durch permanente oder bloß punktuelle „Aufsicht", sondern durch wiederholte Belehrung über Risiken und über den sachgerechten Umgang mit ihnen, durch physisches Unmöglichmachen gefährlicher Verhaltensweisen, insbesondere durch Wegsperren gefährlicher Gegenstände, durch Einübung verkehrsgerechten Verhaltens sowohl in speziellen Schutzräumen als auch im realen Geschehen und schließlich durch schrittweises Heranführen an eine eigenverantwortliche Lebensführung.[119] Selbst die Inanspruchnahme öffentlicher Erziehungs- und Aufsichtshilfe, etwa in Gestalt psychologischer Beratung, kann bei entsprechender Indikation geboten sein. Innerhalb dieses Bündels von Maßnahmen ist die Beaufsichtigung von Kindern ein unverzichtbares Instrument, aber eben nur eines unter mehreren, und sicher nicht das wichtigste. Diese empirisch abgesicherten Einsichten sind in der Rechtsprechung weitgehend akzeptiert, indem eine **Wechselwirkung zwischen Erziehung und Aufsicht** anerkannt wird.[120] De facto können sich die Eltern auch durch Nachweis anderer Erziehungsmaßregeln als ausgerechnet permanenter Beaufsichtigung entlasten, denn gut erzogene Kinder bedürfen weniger der Aufsicht als solche, die mit der Einhaltung elterlicher Gebote Schwierigkeiten haben.[121]

---

[111] BGHZ 111, 282, 285 f. = NJW 1990, 2553, 2554; BGH NJW 1980, 1044, 1045 = LM Nr. 12.
[112] BGH NJW 1980, 1044, 1045 = LM Nr. 12.
[113] BGHZ 111, 282, 285 f. = NJW 1990, 2553, 2554 = LM Nr. 18.
[114] Vgl. etwa LG Potsdam NJW-RR 2002, 1543: Kleinkinder werfen am Sonntag um 6 Uhr in der Früh Spielsachen aus dem Fenster. Zu Ausnahmen Fn.105.
[115] BGH LM Nr. 10; OLG Düsseldorf NJW-RR 2002, 235.
[116] BGH NJW 1996, 1404, 1405; vgl. auch § 823 RdNr. 33 ff.
[117] *Schmid* VersR 1982, 822 f.; aA hingegen *Schoof*, Die Aufsichtspflicht der Eltern, S. 143, die eine weitgehende subjektiv-individuelle Bestimmung der situationsbedingten Fähigkeit zu schadensvermeidendem Handeln fordert. In diese Richtung auch die Entscheidung BGH VersR 1965, 385, 386.
[118] BGH NJW 1996, 1404, 1405.
[119] Vgl. BGH NJW 1980, 1044, 1045 = LM Nr. 12; NJW 1984, 2574, 2575 = LM Nr. 15; NJW-RR 1987, 13, 14 = LM Nr. 16; *Palandt/Sprau* RdNr. 10.
[120] BGH NJW 1980, 1044, 1045 = LM Nr. 12; NJW 1984, 2574, 2575 = LM Nr. 15; NJW 1985, 677, 679 = LM Nr. 14; OLG Frankfurt VersR 2006, 1075, 1076; *Palandt/Sprau* RdNr. 10; *Dahlgrün* S. 56; abl. *Fuchs*, Studien zur elterlichen Aufsichtspflicht, S. 167 ff.
[121] Vgl. Fn. 102; iÜ greift die Beweislastumkehr insoweit nicht zu ihren Lasten ein, weil die Konturierung des Maßes an rechtlich gebotener Aufsicht zur Debatte steht.

Im Rahmen ihrer Bemühungen um die Erziehung ihrer Kinder zu verständigen Bürgern 27
steht den Eltern ein **pädagogischer Ermessensspielraum** zu,[122] innerhalb dessen Art und
Intensität der gebotenen Erziehungsmaßnahmen dem **Alter und dem Entwicklungsstand
des Kindes anzupassen** sind. Je älter das Kind wird und in seiner Entwicklung fortschreitet, umso weniger bedarf es ständiger Begleitung, denn sie wäre weder zumutbar noch zielführend.[123] Bei normal entwickelten Kleinkindern kann bereits eine regelmäßige Kontrolle in kurzen, etwa halbstündigen Zeitabschnitten ausreichend sein,[124] sofern damit Gefahrensituationen binnen kurzer Frist erkannt und Präventionsmaßnahmen eingeleitet werden können.[125] Bei Kindern im Alter von acht bis neun Jahren genügt es im Allgemeinen, wenn sich die Eltern über ihr Tun und Treiben in groben Zügen einen Überblick verschaffen, sofern nicht ein konkreter Anlass zu besonderer Vorsorge besteht.[126] Im Alter von elf bzw. 13 Jahren darf ein normal entwickelter Junge nachmittags auch mehrere Stunden sich selbst überlassen werden.[127] Allerdings entlastet es die Aufsichtspflichtigen nicht, wenn sie wegen mangelnder Aufmerksamkeit und Desinteresse keine Kenntnis von den Aktivitäten ihrer Kinder hatten[128] und deshalb auch einen objektiv gegebenen Anlass zu weiteren Kontrollmaßnahmen nicht wahrgenommen haben.[129] Die Eltern können sich im Übrigen auch dann nicht auf ihre Unkenntnis von einem bestimmten Tun berufen, wenn sie es dem Aufsichtsbefohlenen generell gestattet haben.[130]

c) Kasuistik. Wie die dokumentierte Rechtsprechung belegt, wird die Praxis von relativ 28
wenigen, **immer wieder kehrenden Schadenszenarien** beherrscht, zu denen im Laufe
der Zeit ein Fallrecht entstanden ist, aus dem sich detaillierte Anforderungen an die Aufsichtspflichtigen entnehmen lassen.[131]

aa) Unfälle im Straßenverkehr. Um ihrer Aufsichtspflicht Genüge zu tun, müssen 29
Eltern ihre Kinder nicht nur allgemein über verkehrsgerechtes Verhalten, **Verkehrsregeln
und Verkehrszeichen** unterrichten und belehren, sondern ihre Beachtung auch **einüben**
und eine ausreichende Beaufsichtigung im konkreten Fall gewährleisten.[132] Das Spielen auf
der Fahrbahn ist mit aller Strenge zu verbieten und die Einhaltung des Verbotes zu überwachen.[133] Kleinkinder dürfen nicht ohne unmittelbare Beaufsichtigung auf dem Gehweg
allein[134] oder in einem Kraftfahrzeug zurückgelassen werden, wenn die Gefahr besteht, dass
sie die Tür öffnen und auf die Straße gelangen.[135] Keine Aufsichtspflichtverletzung stellt es
dar, wenn sich das Kind von der Hand eines Elternteils losreißt.[136] Es geht auch nicht an,
Erstklässler allein auf den **Schulweg** zu schicken, sondern sie müssen von einem Erwachsenen begleitet werden.[137] In besonders gefahrträchtigen Situationen sind sie sorgfältig zu

---

[122] BGH NJW 1984, 2574, 2576 = LM Nr. 15; NJW 1990, 2553, 2554 = LM Nr. 18 – insoweit nicht in BGHZ 111, 282; NJW 1980, 1044, 1045 = LM Nr. 12.
[123] BGH NJW 1984, 2574, 2575 = LM Nr. 15; NJW 1985, 677, 679 = LM Nr. 14; NJW 1993, 1003 = LM Nr. 19; OLG Frankfurt NJW-RR 2002, 236.
[124] BGH VersR 1964, 313, 314; NJW 1984, 2574, 2575 = LM Nr. 15; 1997, 2047, 2048.
[125] OLG Oldenburg MDR 1995, 699; OLG Düsseldorf NJW-RR 2002, 235.
[126] BGH NJW 1984, 2574, 2575 = LM Nr. 15; NJW 1997, 2047, 2048 = LM Nr. 22 (Spielen im Freien ohne Aufsicht auch in einem Bereich, der dem Aufsichtspflichtigen ein sofortiges Eingreifen nicht ermöglicht); OLG Frankfurt NJW-RR 2002, 236.
[127] OLG Frankfurt VersR 2006, 1075, 1076; OLG Zweibrücken NJW-RR 2007, 173 f.
[128] BGH LM Nr. 8a.
[129] BGH NJW-RR 1987, 13, 14 = LM Nr. 16.
[130] BGH NJW 1976, 1684 = LM Nr. 11 (einem 12-Jährigen ohne die erforderliche Anleitung und Belehrung erteilte Erlaubnis, selbstständig mit Hilfe von Brennspiritus zu grillen).
[131] Vgl. auch die Zusammenstellungen bei *Geigel/Schlegelmilch/Haag* Haftpflichtprozess Kap. 16 RdNr. 42 f.; *Schoof* S. 41 ff.; *Scheffen/Pardey* RdNr. 229 ff.
[132] BGH VersR 1965, 137.
[133] BGH VersR 1961, 998, 999.
[134] OLG Oldenburg VersR 1976, 199.
[135] OLG München VersR 1977, 729, 730.
[136] AG Bremen NJW-RR 2004, 1256.
[137] LG Osnabrück VersR 1975, 1135, 1136; zur Pflicht der Eltern, Kinder an die Gefahren des Straßenverkehrs zu gewöhnen, vgl. auch § 1631 RdNr. 13.

überwachen oder sogar an die Hand zu nehmen.[138] Schulpflichtige Kinder, die über das Verhalten im Straßenverkehr hinreichend unterrichtet sind, dürfen allein zur Schule gehen, selbst wenn dabei eine Bundesstraße überquert werden muss.[139]

30 Ein **Fahrrad** oder ein **Roller** darf einem Kind zur Benutzung im Straßenverkehr nur überlassen werden, wenn die Verkehrssicherheit des Fahrzeugs gewährleistet ist und sich die Eltern vergewissert haben, dass das Kind sachgerecht damit umzugehen weiß, die einschlägigen Verkehrsregeln kennt und sich verkehrsgerecht verhalten kann.[140] Verkehrsverstöße, zu denen Minderjährige erfahrungsgemäß neigen, sind ihnen eigens zu untersagen, und die zugrunde liegenden Regeln sind ihnen besonders einzuschärfen, etwa das Gebot des Fahrens auf dem Gehweg (§ 2 Abs. 5 S. 1 StVO)[141] oder das Verbot des Austragens von Fahrradrennen auf öffentlichen Straßen.[142] Vor der Einschulung bedürfen entsprechende Aktivitäten von Kindern grundsätzlich der Beaufsichtigung,[143] wenn es sich nicht um besondere Verkehrsräume wie zB eine „Spielstraße"[144] oder einen kreuzungsfrei durch Wiesengelände führenden Fuß- und Radweg[145] oder auch um eine Dorfstraße handelt.[146] Bei Gruppenfahrten ist besondere Vorsicht geboten und darauf zu achten, das Kind nicht durch eigenes Verhalten zu leichtsinnigen Manövern anzureizen.[147] **Inline-Skates** sind als „ähnliches Fortbewegungsmittel" iS von § 24 Abs. 1 StVO anzusehen; daher sind Inline-Skater grundsätzlich den Regeln für Fußgänger unterworfen,[148] haben also zB vorhandene Gehwege zu benutzen.[149] Der Begleiter eines Minderjährigen, der an einem Projekt **„Begleitetes Fahren ab 17"** teilnimmt, haftet normalerweise nicht nach § 832.[150]

31 Die in **§ 828 Abs. 2** zum Ausdruck gebrachte gesetzgeberische Wertung, die mit der Teilnahme von Kindern unter zehn Jahren am Straßenverkehr verbundenen Schadensrisiken dem haftpflicht- und häufig auch kaskoversicherten Kraftfahrer zuzuweisen (§ 828 RdNr. 5), darf nicht durch eine Ausweitung der Elternhaftung gemäß § 832 wieder rückgängig gemacht werden.[151]

32 **bb) Umgang mit gefährlichen Gegenständen.** Der prima facie vielleicht einleuchtende Satz, Kinder seien von gefährlichen Gegenständen generell fernzuhalten, ist nicht anzuerkennen, weil sich auf diese Weise der **verantwortungsbewusste Umgang** mit Gefahrenquellen nicht erlernen lässt, eben dies aber Voraussetzung dafür ist, dass Schädigungen Dritter langfristig und nachhaltig vermieden werden.[152] Ein entsprechender Lernerfolg setzt natürlich voraus, dass das Kind eingehend und nachdrücklich über die konkreten Gefahren belehrt und zu entsprechenden Vorsichtsmaßnahmen angehalten wird. Auf Zuwi-

---

[138] BGH VersR 1957, 340, 341; zur Pflicht, ein Kind an die Hand zu nehmen: OLG Hamm VersR 1976, 392; AG Charlottenburg VersR 1977, 779; zum Spielen auf dem Gehweg: AG Rendsburg VersR 1966, 839, 840; AG Aalen r+s 1987, 226, 227; zum Spielen und Fahrrad fahren auf einem Parkplatz: AG Bersenbrück VersR 1994, 108.
[139] BGH VersR 1962, 360 f.; NJW-RR 1987, 1430, 1431; OLG Celle VersR 1979, 476; vgl. auch OLG Hamm VersR 1976, 392 f.; OLG Oldenburg VersR 1972, 54, 55.
[140] OLG Oldenburg VersR 2005, 807; OLG Karlsruhe VersR 1954, 87; OLG Stuttgart VersR 1954, 599; BGH VersR 1965, 606.
[141] Vgl. OLG Düsseldorf VersR 1975, 863, 864.
[142] BGH VersR 1961, 838, 839.
[143] OLG Köln VersR 1969, 44; OLG München VerkMitt 1977, Nr. 48; AG Meldorf DAR 1987, 388.
[144] OLG Hamm NJW-RR 2002, 236, 237 f. (keine Aufsichtspflichtverletzung der Eltern eines in einer Spielstraße unbeaufsichtigten sechsjährigen Radfahrers, der im Fahrrad fahren geübt und mit den Verkehrsvorschriften vertraut ist und Fahrten im Wohnbereich bereits selbstständig gemeistert hat).
[145] OLG Celle NJW-RR 1988, 216 mwN; zu den Aufsichtspflichten der Eltern, deren Kinder auf Gehwegen fahren, s. auch LG Düsseldorf VersR 1994, 484; AG Meldorf DAR 1987, 388.
[146] So AG Prüm NJW-RR 2007, 91, 92 (zweifelhaft).
[147] BGH NJW-RR 1987, 1430, 1431 f. = LM Nr. 17.
[148] BGH NJW 2002, 1955; OLG Celle NJW-RR 1999, 1187; aA OLG Oldenburg NJW 2000, 3793.
[149] Zur entsprechenden Situation bei Rollschuhen BGH FamRZ 1965, 132, 134.
[150] *Sapp* NJW 2006, 408, 409.
[151] OLG Oldenburg VersR 2005, 807; vgl. auch *Steffen* VersR 1998, 1449, 1451; anders *Karczewski* VersR 2001, 1070, 1074.
[152] BGH NJW 1976, 1684 = LM Nr. 11; NJW 1983, 2821 = LM Nr. 13.

derhandlungen ist angemessen zu reagieren; hat ein Vierjähriger bereits einmal versucht, den Elektroherd einzuschalten, ist er beim zweiten Mal nicht nur erneut zu ermahnen, sondern seine weitere Beschäftigung mit dem Herd muss unterbunden und der Herd beim Verlassen der Wohnung überprüft werden.[153]

Bei Minderjährigen, die keinen für die Eltern erkennbaren Zugang zu **Waffen** haben, 33 genügt es vollauf, wenn sie allgemein über deren Gefährlichkeit in Kenntnis gesetzt werden.[154] Muss wegen der weiten Verbreitung **gefährlicher Spielzeuge** damit gerechnet werden, dass sie einst in die Hände des eigenen Kindes geraten, ist Letzteres gleichsam vorsorglich über ihre Gefährlichkeit aufzuklären.[155] Lassen die Eltern eines vierzehnjährigen, große Mengen gewaltverherrlichender Videofilme konsumierenden Jungen es zu, dass er in seinem Zimmer eine Axt und ein Buschmesser aufbewahrt, verletzen sie ihre Erziehungspflicht (vgl. § 14 JuSchG).[156]

Im Umgang mit **Zündmitteln** wird Eltern ein hohes Maß an Sorgfalt und Umsicht 34 abverlangt, da Feuer erfahrungsgemäß einen besonderen Reiz auf Kinder ausübt und das Zündeln schwerwiegende Schäden verursachen kann.[157] Minderjährige sind daher eindringlich über die Gefährlichkeit des Spiels mit dem Feuer aufzuklären, und es ist darauf zu achten, dass sie nicht unerlaubt in den Besitz von Streichhölzern oder Feuerzeugen gelangen.[158] Im häuslichen Bereich sind Zündmittel so aufzubewahren, dass die Kinder nicht ohne weiteres in ihren Besitz gelangen können;[159] bei ihrem Verschwinden ist nachzufragen.[160] Zu Leibesvisitationen besteht nur unter besonderen Umständen Anlass, etwa wenn sich die Neigung zum Zündeln bereits manifestiert hat.[161] Zeigt das Kind aggressive Tendenzen und ist auf Grund seiner besonderen psychischen Situation nicht dazu in der Lage, die Gefährlichkeit des Zündelns zu erkennen und den erteilten Belehrungen entsprechend zu handeln, dürfen es die Eltern nicht über mehrere Stunden im Freien unbeaufsichtigt spielen lassen;[162] bei schwer verhaltensgestörten Kindern kann eine Überwachung „auf Schritt und Tritt" geboten sein.[163] Mit steigendem Alter und zunehmender Einsichtsfähigkeit des Minderjährigen verlagern sich die gebotenen Sorgfaltsmaßnahmen weg von physischen Hindernissen und Kontrollen hin zu einer erläuternden Aufklärung über die mit Zündmitteln verbundenen Brandgefahren.[164] So stellt es keine Aufsichtspflichtverletzung dar, wenn es einem Zwölfjährigen möglich ist, unbeobachtet ein Feuerzeug aus einer Schmuckschatulle zu entwenden.[165] Umgekehrt müssen Heranwachsende, die bisher nicht durch besonderen Leichtsinn oder Destruktionsneigung aufgefallen sind, nicht auf Schritt und Tritt überwacht werden.[166]

Beim **Sylvesterfeuerwerk** dürfen die Eltern einem Siebenjährigen das selbstständige 35 Abbrennen von Feuerwerkskörpern nicht erlauben und ihn zudem nicht aus den Augen lassen, da sie damit rechnen müssen, dass Blindgänger gesucht und erneut gezündet wer-

---

[153] OLG Düsseldorf NJW-RR 2002, 235.
[154] BGH VersR 1966, 368 f. (in casu mussten die Eltern jedoch damit rechnen, dass das Kind sich an dem gefährlichen Wurfspiel seiner Freunde vor der eigenen Haustür beteiligt); OLG Celle FamRZ 1988, 233.
[155] Entgegen OLG Düsseldorf VersR 1998, 721; eingehend zur Kritik *Wolf* VersR 1998, 812 ff. und *Haberstroh* VersR 2000, 806, 813.
[156] OLG München ZfS 2002, 170, 171.
[157] BGHZ 111, 282 = NJW 1990, 2553 f. = LM Nr. 18; BGH NJW 1983, 2821 = LM Nr. 13; NJW-RR 1987, 13, 14 = LM Nr. 16; NJW 1993, 1003 = LM Nr. 19; NJW 1995, 3385 f. = LM Nr. 20; NJW 1996, 1404 = LM Nr. 21; NJW 1997, 2047, 2048 = LM § 932 Nr. 22.
[158] BGH MDR 1969, 564 = LM Nr. 9a; NJW 1983, 2821; NJW-RR 1987, 13, 14 = LM Nr. 16; BGHZ 111, 282 = NJW 1990, 2553 f. = LM Nr. 18; NJW 1993, 1003 = LM Nr. 19.
[159] Zumal, wenn sie erst zweieinhalb Jahre alt sind, OLG Koblenz VersR 2005, 1536, 1537.
[160] BGH NJW 1983, 2821; NJW-RR 1987, 13, 14 = LM Nr. 16; OLG Düsseldorf VersR 1992, 321 f.
[161] BGH NJW-RR 1987, 13, 14 = LM Nr. 16; vgl. auch BGH MDR 1969, 564: keine Verpflichtung zur Kontrolle des Tascheninhalts vor einem Verwandtenbesuch.
[162] BGH NJW 1996, 1404, 1405.
[163] Vgl. *Schmid* VersR 1982, 822 f.
[164] BGH NJW 1993, 1003 = LM Nr. 19.
[165] BGH NJW 1993, 1003 f. = LM Nr. 19.
[166] OLG Frankfurt VersR 2006, 1075, 1076; OLG Zweibrücken NJW-RR 2007, 173 f.

den.¹⁶⁷ Allerdings ist ohne besondere Anhaltspunkte nicht davon auszugehen, ein Jugendlicher werde sich heimlich einen Sprengkörper basteln und ihn an Sylvester zur Explosion bringen.¹⁶⁸

36 **3. Beaufsichtigung Volljähriger.** Auch bei Volljährigen richtet sich der Umfang der Aufsichtspflicht primär nach der **Größe des drohenden Schadens und der Wahrscheinlichkeit,** dass der Betreute ihn herbeiführen wird. Vorhandene Schadensneigungen, wiederkehrende Aggressionsausbrüche und sonstige greifbare Anhaltspunkte für eine Drittgefährdung führen folgerichtig zu einer Verschärfung der gebotenen Sicherungsmaßnahmen.¹⁶⁹ Wenn ein geistig Behinderter über ein erhebliches Aggressionspotential verfügt, das sich immer wieder unkontrolliert Bahn bricht, ist dafür zu sorgen, dass der Betroffene nicht allein, sondern nur in Begleitung geschulten Personals das Heim verlässt.¹⁷⁰ Auf der anderen Seite ist es nicht pflichtwidrig, eine geistig Behinderte, die sich längere Zeit unauffällig verhalten hat, in einer betreuenden Werkstatt unter Aufsicht mit einem Küchenmesser arbeiten zu lassen.¹⁷¹

VI. Verschulden

37 Die hM verlangt zusätzlich zu der Aufsichtspflichtverletzung noch ein **Verschulden des Aufsichtspflichtigen,** womit wohl die Kenntnis oder das Kennenmüssen der Aufsichtspflicht unter den konkreten Umständen gemeint ist.¹⁷² Allerdings wird die Verschuldensfrage von den Gerichten regelmäßig ignoriert¹⁷³ und auch in der Literatur wird die vermeintlich dem Verschulden zugeordnete Frage nach der Kenntnis oder fahrlässigen Unkenntnis vom Tun und Treiben des Aufsichtsbedürftigen unter dem Stichpunkt der Aufsichtspflichtverletzung behandelt.¹⁷⁴ Auf der Grundlage der hier vertretenen Auffassung lässt sich diese Vorgehensweise leicht erklären, handelt es sich bei der Aufsichtspflicht doch um nichts anderes als eine Ausprägung der allgemeinen deliktischen Sorgfaltspflicht (Verkehrspflicht), die sich wiederum nach § 276 Abs. 2 bestimmt (§ 823 RdNr. 28 ff., 232 ff.). Die Aufsichtspflichtverletzung begründet damit zugleich den Fahrlässigkeitsvorwurf, der keiner gesonderten Erörterung mehr bedarf.

VII. Mitverschulden des Geschädigten

38 Ein Mitverschulden des Geschädigten bei der Entstehung des Schadens ist selbstverständlich gemäß § 254 zu berücksichtigen. Allerdings ist zu beachten, dass den Geschädigten **keine gesteigerten Obliegenheiten zum Selbstschutz** vor Kindern, Jugendlichen und Geisteskranken treffen, sondern § 832 diese Aufgabe gerade dem Aufsichtspflichtigen zuweist. Sofern nicht konkrete Anhaltspunkte für deliktisches Verhalten Aufsichtsbefohlener vorliegen, ist das Unterlassen besonderer Vorsichtsmaßnahmen nicht als Mitverschulden zu würdigen.¹⁷⁵ Anders liegt es bei der aktiven Mitverursachung des Schadens, insbesondere von Unfällen im Straßenverkehr sowie dann, wenn der Geschädigte weiß, dass von seinen Sachen eine besondere Anziehungskraft für Kinder ausgeht (§ 823 RdNr. 262 f., 268 f.).¹⁷⁶ Soweit nach diesen Grundsätzen den Betroffenen eine Mitverantwortung trifft, ist nach der Rechtsprechung der Anteil des Geschädigten mit dem **Verursachungs- und Verschuldensbeitrag des Aufsichtspflichtigen** in Beziehung zu setzen – und nicht mit demjenigen

---

¹⁶⁷ OLG Schleswig NJW-RR 1999, 606.
¹⁶⁸ OLG Celle VersR 2000, 1157.
¹⁶⁹ BGH NJW 1985, 677, 678 = LM Nr. 14; OLG Hamm NJW-RR 1994, 863, 864; OLG Koblenz NJW-RR 1997, 345.
¹⁷⁰ OLG Koblenz NJW-RR 1997, 345.
¹⁷¹ OLG Hamm NJW-RR 1994, 863, 864.
¹⁷² *Staudinger/Belling* RdNr. 136 mwN.
¹⁷³ Vgl. *Jauernig/Teichmann* RdNr. 7.
¹⁷⁴ So mit Recht *Staudinger/Belling* RdNr. 107.
¹⁷⁵ BGH NJW 1983, 2821; *Bamberger/Roth/Spindler* RdNr. 35.
¹⁷⁶ OLG Hamm NJW-RR 1997, 344.

Haftung des Aufsichtspflichtigen 39–41 § 832

des Aufsichtsbefohlenen.[177] Dabei ist allerdings der Verursachungsbeitrag des Aufsichtspflichtigen auch danach zu bemessen, wie groß die von dem Kind ausgehende Gefahr gewesen ist.[178] Zur spiegelbildlichen Anwendung des § 832 bei Schadensersatzansprüchen des Aufsichtsbedürftigen s. RdNr. 7.

VIII. Haftung mehrerer

Sind **mehrere zur Aufsicht verpflichtet,** wie dies bei gemeinsam sorgeberechtigten Eltern der Fall ist, so haften sie für die jeweils eigene Verletzung der Aufsichtspflicht als Gesamtschuldner (§ 840 Abs. 1). Eine **Haftung des Aufsichtsbedürftigen** neben dem Aufsichtspflichtigen gemäß § 829 ist wegen der Subsidiarität dieses Anspruchs ausgeschlossen (§ 829 RdNr. 12); in Betracht kommt aber die Verantwortlichkeit des Aufsichtsbefohlenen nach den §§ 823 ff., sofern Deliktsfähigkeit vorliegt. In diesem Fall haben beide Parteien gemäß § 840 Abs. 1 gesamtschuldnerisch für den Schaden aufzukommen.[179] Im Innenverhältnis kann der Aufsichtspflichtige gemäß § 840 Abs. 2 vollen Regress nehmen (s. im Einzelnen § 840 RdNr. 17 f.). Sofern ein Delikt des Aufsichtsbefohlenen erstmals droht oder Wiederholungsgefahr besteht, ist die Aufsichtsperson dem Dritten gegenüber gemäß § 1004 dazu verpflichtet, von ihrem Schützling ausgehende Störungen zu unterbinden.[180] 39

IX. Beweisfragen

Dem **Geschädigten obliegt die Beweislast** für die Voraussetzungen des Haftungstatbestands, also die widerrechtliche Schadenszufügung durch einen Aufsichtsbedürftigen, aber auch Existenz, Umfang und Intensität der Aufsichtspflicht und damit die für die Praxis häufig zentrale Frage, welche Aufsichtsmaßnahmen im konkreten Fall geboten waren. Diese **Rechtsfrage** ist auf der Basis des von den Parteien vorgetragenen Tatsachenstoffs zu beantworten, und eine Beweislastentscheidung kommt von vornherein nicht in Betracht (RdNr. 2). 40

Die nach § 832 eintretende **Beweislastumkehr** bezieht sich allein auf die **Verletzung der Aufsichtspflicht** und deren **Kausalität** für den Schaden. Zur Führung des **Entlastungsbeweises** ist umfassend und konkret vorzutragen, was zur Erfüllung der Aufsichtspflicht im Einzelnen unternommen worden ist.[181] Da sich Erziehungsmaßnahmen in der Familie oft nicht zeitlich fixieren lassen und Zeugen regelmäßig fehlen, ist diese Anforderung nicht leicht zu erfüllen. Die Gerichte begnügen sich deshalb mit dem Nachweis, dass der Aufsichtspflicht *im Allgemeinen* in dem geforderten Umfang nachgekommen worden ist, bzw. behandeln dies als Indiz für die Wahrnehmung konkreter Aufsichtsmaßnahmen.[182] Bei mangelnder Substantiierung des Parteivortrags besteht eine Hinweispflicht nach § 139 ZPO;[183] zudem darf ein Gericht zweiter Instanz die Darlegungen nicht abweichend von der ersten Instanz als unzureichend bewerten, ohne zuvor die Beklagten persönlich – und nicht bloß ihre Prozessbevollmächtigten – angehört zu haben.[184] Die **Parteivernehmung** der Eltern ist großzügig zuzulassen;[185] gemäß § 448 ZPO hat sie jedenfalls zu erfolgen, wenn es den Anschein hat, als wären sie ihrer Aufsichtspflicht im Allgemeinen nachgekommen. 41

---

[177] BGH NJW-RR 1987, 1430, 1432 = LM Nr. 17; OLG Karlsruhe NJW-RR 2008, 184, 185.
[178] BGH NJW-RR 1987, 1430, 1432 = KM Nr. 17.
[179] *Staudinger/Belling* RdNr. 168.
[180] BGH LM Nr. 8 (Beschimpfungen der geisteskranken Ehefrau den Nachbarn gegenüber); OLG Düsseldorf NJW 1986, 2512 (Steinwürfe und Beleidigungen der Nachbarin durch Minderjährige).
[181] BGH NJW-RR 1987, 13 = LM Nr. 16; OLG Celle VersR 1979, 476; *Scheffen/Pardey* RdNr. 138; *Palandt/Sprau* RdNr. 15.
[182] BGH NJW 1985, 2574, 2576; 1990, 2553, 2554; *Scheffen/Pardey* RdNr. 138.
[183] BGH NJW 1985, 2574, 2576 = LM Nr. 15; NJW-RR 1987, 13, 14 = LM Nr. 16.
[184] BGH NJW 1990, 2553, 2554 = LM Nr. 18 – insoweit nicht in BGHZ 111, 282.
[185] BGH NJW 1984, 2574, 2576 = LM Nr. 15; NJW 1990, 2553, 2554 – insoweit nicht in BGHZ 111, 282.

42 Der Beweis der **fehlenden Ursächlichkeit** der Aufsichtspflichtverletzung für den Schaden ist nicht schon dann erbracht, wenn die bloße Möglichkeit einer Verletzung des Dritten auch bei sachgemäßer Beaufsichtigung besteht, sondern es gilt auch hier das Regel-Beweismaß des § 286 ZPO.[186] Der Mangel an Kausalität muss zur Überzeugung des Gerichts feststehen, etwa weil erwiesen ist, dass die Eltern ein Verbot ausgesprochen hatten, sich das Kind darüber hinweggesetzt hat und es die Eltern bei diesem Verbot belassen durften, weil mit Zuwiderhandlungen nicht zu rechnen war.[187]

§ 833 Haftung des Tierhalters

¹ Wird durch ein Tier ein Mensch getötet oder der Körper oder die Gesundheit eines Menschen verletzt oder eine Sache beschädigt, so ist derjenige, welcher das Tier hält, verpflichtet, dem Verletzten den daraus entstehenden Schaden zu ersetzen. ² Die Ersatzpflicht tritt nicht ein, wenn der Schaden durch ein Haustier verursacht wird, das dem Beruf, der Erwerbstätigkeit oder dem Unterhalt des Tierhalters zu dienen bestimmt ist, und entweder der Tierhalter bei der Beaufsichtigung des Tieres die im Verkehr erforderliche Sorgfalt beobachtet oder der Schaden auch bei Anwendung dieser Sorgfalt entstanden sein würde.

Schrifttum: *Baumgärtel,* Neue Tendenzen der Beweislastverteilung bei der Tierhalterhaftung, in: 25 Jahre Karlsruher Forum, Sonderbeilage VersR 1983, S. 85; *Börner,* Sportstätten-Haftungsrecht, 1985, S. 368 ff.; *v. Caemmerer,* Objektive Haftung, Zurechnungsfähigkeit und „Organhaftung", FS Flume I, 1978, S. 359; *Deutsch,* Gefährdungshaftung für laborgezüchtete Mikroorganismen, NJW 1976, 1137; *ders.,* Der Reiter auf dem Pferd und der Fußgänger unter dem Pferd, NJW 1978, 1998; *ders.,* Die Haftung des Tierhalters, JuS 1987, 673; *Dunz,* Reiter wider Pferd oder Ehrenrettung des Handelns auf eigene Gefahr, JZ 1987, 63; *Eberl-Borges,* Die Tierhalterhaftung des Diebes, des Erben und des Minderjährigen, VersR 1996, 1070; *Gercke,* Die rechtliche Bewertung der Bienen, NuR 1991, 59; *Haase,* Zur Schadenszufügung „durch ein Tier" (§ 833), JR 1973, 10; *Hasselblatt,* Reiten auf fremde eigene Gefahr, aber fremde Rechnung?, NJW 1993, 2577; *Herrmann,* Die Einschränkung der Tierhalterhaftung nach § 833 S. 1 BGB in der modernen Judikatur und Literatur, JR 1980, 489; *Hoff,* Die Feststellung des Tierhalters, AcP 154 (1955), 344; *Hoffmann,* Tierhalter und Tierhüterhaftung, ZfS 2000, 181; *Honsell,* Beweislastprobleme der Tierhalterhaftung, MDR 1982, 798; *Israel,* Schädigung durch Thiere (§ 833 BGB), JW 1902, 238; *Kipp,* Haftung des Tierhalters gemäß § 833 S. 1 trotz Selbstgefährdung des Geschädigten, VersR 2000, 1348; *Knütel,* Tierhalterhaftung gegenüber dem Vertragspartner?, NJW 1978, 297; *Kreft,* Die Haftungsvoraussetzung „durch ein Tier" bei der Tierhalterhaftung (§ 833 BGB), in: 25 Jahre Karlsruher Forum, Sonderbeilage VersR 1983, S. 153; *W. Lorenz,* Die Gefährdungshaftung des Tierhalters nach § 833 S. 1 BGB, 1992; *Lorz,* Haustiere – Heimtiere – Nutztiere, NuR 1989, 337; *Marwitz,* Empfiehlt sich eine Änderung der Vorschrift des § 833 BGB über die Haftung des Tierhalters?, Gutachten zum 28. DJT, Bd. II, 1906, S. 86; *Schmid,* Zur sachgerechten Eingrenzung der Tierhalterhaftung, JR 1976, 274; *Siegfried,* Tier und Tiergefahr als tatbestandliche Voraussetzungen der Gefährdungshaftung des Tierhalters, 1986; *Staudinger/Schmidt,* „Gutes Reiten, schlechtes Reiten" – Eine weitere Episode der Tierhalterhaftung, Jura 2000, 347; *Stötter,* Die Beschränkung der Tierhalter-Haftung nach § 833 Satz 1 BGB durch das von der Rechtsprechung entwickelte Tatbestandsmerkmal Tiergefahr, MDR 1970, 100; *Terbille,* Der Schutzbereich der Tierhalterhaftung nach § 833 S. 1 BGB, VersR 1994, 1151; *ders.,* Die Beweislastverteilung bei der Tierhalterhaftung nach § 833 S. 1 BGB, VersR 1995, 129; *Traeger,* Empfiehlt sich eine Änderung der Vorschrift des § 833 BGB über die Haftung des Tierhalters?, Gutachten zum 28. DJT, Bd. II, 1906, S. 115; *Weimar,* Rechtsfragen zum Blindenführhund, JR 1982, 401. Zur Gefährdungshaftung im Allgemeinen vgl. die Nachweise Vor § 823.

Rechtshistorisch: *Schmalhorst,* Die Tierhalterhaftung im BGB von 1896, 2002; *Seiler,* Tierhalterhaftung, Tiergefahr und Rechtswidrigkeit, FS Zeuner, 1994, S. 279, 281 ff.; *Zimmermann,* The Law of Obligations, 1990, S. 1095 ff.

Rechtsvergleichend: *v. Bar,* Gemeineuropäisches Deliktsrecht, Bd. I, 1996, RdNr. 208 ff., 354 ff.; *Koch/Koziol* (Hrsg.), Unification of Tort Law: Strict Liability, 2002.

---

[186] RG WarnR 1912, Nr. 28; OLG Düsseldorf VersR 1992, 321, 322; *Immenga* FamRZ 1969, 313, 316; *Bamberger/Roth/Spindler* RdNr. 38.
[187] OLG Frankfurt MDR 2001, 752, 753.

Übersicht

	RdNr.		RdNr.
I. Normzweck, Entstehungsgeschichte, Europäische Rechtsvereinheitlichung	1–4	**III. Besonderheiten der Verschuldenshaftung nach S. 2**	36–56
		1. Verhältnis zur Gefährdungshaftung	36
II. Gefährdungshaftung nach § 833 S. 1	5–35	2. Normzweck	37
		3. Haus- und Nutztiere	38–45
1. Rechtsgutsverletzung	5	a) Das Haustier	39
2. Tier	6	b) Nutzcharakter	40–45
3. Kausalität	7, 8	4. Die Sorgfaltspflichten des Nutztierhalters	46–56
4. Sachlicher Schutzbereich: Tiergefahr	9–17	a) Grundlagen	46–48
a) Tiergefahr als ungeschriebenes Tatbestandsmerkmal zur Haftungseinschränkung	9, 10	b) Kasuistik	49–56
b) Fallgruppen	11–17	aa) Halten von vierfüßigen Herdentieren auf Weiden und in Stallungen	49–51
aa) Menschliche Leitung	12, 13	bb) Tiere im Straßenverkehr	52–55
bb) Physiologischer Zwang	14	cc) Bissige Hunde	56
cc) Das ruhende Tier	15, 16	**IV. Rechtsfolgen**	57–62
dd) Natürliches Tierverhalten	17	1. Haftungsausfüllung	57
5. Persönlicher Schutzbereich und Handeln auf eigene Gefahr	18–21	2. Unterlassung	58
6. Rechtswidrigkeit	22	3. Mitverschulden, Handeln auf eigene Gefahr, Wie-Beschäftigte	59–61
7. Der Tierhalter als Haftpflichtiger	23–35	4. Haftung mehrerer	62
a) Funktionale Interpretation	23	**V. Beweislastverteilung**	63, 64
b) Die Kriterien im Einzelnen	24–29	1. Gefährdungshaftung	63
c) Mehrere Halter	30	2. Verschuldenshaftung nach § 833 S. 2	64
d) Persönliche Anforderungen an den Halter	31–34		
e) Haftung der Nicht-Halter	35		

I. Normzweck, Entstehungsgeschichte, Europäische Rechtsvereinheitlichung

Die Vorschriften des § 833 über die Tierhalterhaftung versuchen einen Spagat zwischen Gefährdungs- und Verschuldenshaftung. Die Entscheidung zwischen diesen beiden Zurechnungsprinzipien hat die **wechselvolle Entstehungsgeschichte** der Norm geprägt.[1] Die Erste Kommission hatte auch für die Tierhalterhaftung am Verschuldensprinzip festhalten wollen, weil sonst der „Boden des Delikts verlassen [und eine] in das Rechtssystem sich schwer einfügende obligatio legalis geschaffen [werde]".[2] Diese Entscheidung stand in klarem Widerspruch zur römischen Tradition, die den Tierhalter mit der **actio de pauperie** einer verschuldensunabhängigen Haftung für Schäden unterwarf, die das Tier „wider seine Natur" (contra naturam sui generis) verursacht hatte.[3] Eine noch weitergehende Einstandspflicht der Halter wilder Tiere ergab sich aus dem edictum de feris.[4] Mit Recht spottete *v. Gierke* über die Tierhalterhaftung im Ersten Entwurf, sie bringe „Nichts als Haftung durch eigenes Verschulden!" und stehe in Widerspruch zu „uraltem indogermanischen Recht".[5] Die weitere Gesetzgebungsgeschichte war geprägt von dem Bemühen, die Festlegung des Ersten Entwurfs auf die Verschuldenshaftung zu revidieren, was schließlich in der Reichstagskommission auch gelang, die die Tierhalterhaftung als Gefährdungshaftung ausgestaltete.[6] In

1

---

[1] Eingehend zur Entstehungsgeschichte *Schmalhorst* S. 39 ff., 141 ff.; vgl. auch *Seiler*, FS Zeuner, 1994, S. 279, 282 ff.

[2] *Jakobs/Schubert*, Die Beratung des Bürgerlichen Gesetzbuchs, Recht der Schuldverhältnisse III, 1983, S. 957; Mot. II S. 811.

[3] *Zimmermann*, The Law of Obligations, S. 1096 ff.; *Kaser*, Das römische Privatrecht, § 147 II, S. 633.

[4] *Zimmermann*, The Law of Obligations, S. 1105 ff.; zur speziell auf Weidetiere gemünzten action de pastu aaO S. 1107 f.

[5] *v. Gierke*, Der Entwurf eines bürgerlichen Gesetzbuchs und das deutsche Recht, 1889, S. 270; ähnlich *Seiler*, FS Zeuner, 1994, S. 279, 282: „fast völlige Abkehr vom römischen Haftungssystem".

[6] *Jakobs/Schubert* (Fn. 2) S. 968; zum durchaus kuriosen Schicksal der Tierhalterhaftung im Reichstag *Israel* JW 1902, 238, 239. Die Vorkommission des Reichsjustizamts und die Zweite Kommission hatten sich bereits

§ 833 2, 3　　　　　　　　　　　　Abschnitt 8. Titel 27. Unerlaubte Handlungen

dieser Form, dh. ohne die Differenzierung zwischen Nutz- und Luxustieren und verkürzt um den heutigen S. 2, ist § 833 am 1. 1. 1900 in Kraft getreten.

2　Der **Normzweck des § 833** besteht darin, demjenigen, der die tatsächliche Gewalt über das Tier ausübt und Letzteres folglich kontrollieren kann, **haftungsrechtliche Anreize zur Beherrschung der Kreatur im Interesse der Schadensvermeidung** zu geben. Während sich dieses Ziel auch mittels einer Verschuldenshaftung erreichen lässt, hat die Gefährdungshaftung den zusätzlichen Vorteil einer Steuerung des Aktivitätsniveaus (Vor § 823 RdNr. 51 f.). Indem die Gefährdungshaftung dem Halter unabhängig von der Einhaltung des Sorgfaltsstandards sämtliche Schadenskosten zurechnet, gewährleistet sie, dass nur solche Gefahrenquellen betrieben werden, deren Nutzen die Gesamtkosten, also die Summe aus Unterhaltungsaufwand, Sorgfalts- und Schadenskosten, übersteigt.[7] Eine Steuerung des Aktivitätsniveaus durch Gefährdungshaftung ist nötig, wenn sich Schäden auch bei Einhaltung der Anforderungen der im Verkehr erforderlichen Sorgfalt nicht vermeiden lassen, oder wenn eine Gefahrenquelle in erheblichem Umfang Schäden verursacht, zu deren Vermeidung die Verschuldenshaftung keinen Anreiz gibt, weil sie sich durch Beachtung der erforderlichen Sorgfalt nicht vermeiden lassen, wie dies typischerweise bei wilden Tieren der Fall ist, die folgerichtig schon in Rom einem Sonderregime unterlagen (edictum de feris).[8] Aber auch bei Haustieren, die letztlich alle von wilden Tieren abstammen, zeigt die Erfahrung, dass sich ihr Verhalten nicht vollständig kontrollieren lässt. Unter dem Gesichtspunkt der Verteilungsgerechtigkeit lässt sich anführen, dass der Tierhalter eine Quelle besonderer Gefahr zum eigenen Nutzen unterhält und sämtliche mit dieser Aktivität verbundenen (Schadens-)Kosten tragen sollte,[9] zumal die Tierhaltung in der Gesellschaft ungleich verteilt ist, so dass sich die wechselseitige Gefährdung der Bürger nicht kompensiert (vgl. zu diesen Kriterien Vor § 823 RdNr. 17, 45 f.). Der Tierhalter wird durch die Haftung nicht übermäßig belastet, weil er das Schadensrisiko ohne weiteres auf eine Haftpflichtversicherung überwälzen kann.[10]

3　Gleichwohl hat das Bekenntnis des BGB zur Gefährdungshaftung nur acht Jahre lang gehalten, bis die Exkulpationsmöglichkeit mit der **Novelle vom 30. 5. 1908** (RGBl. S. 313) wieder eingeführt wurde. Dies geschah auf massiven Druck der Agrarlobby, die sich gegen den Widerstand der auf dem 28. DJT versammelten Fachöffentlichkeit durchsetzen konnte,[11] und die Reform betraf folgerichtig auch nicht sämtliche Haustiere, sondern allein Nutztiere, wie es den Interessen der Landwirte entsprach.[12] Damit waren insbesondere die damals häufigen Verkehrsunfälle mit Pferdegespannen der Gefährdungshaftung entzogen;[13] *Enneccerus* befürchtete damals, sie werde allenfalls noch für Schädigungen durch Hunde

---

zu einer Beweislastumkehr für das Verschulden durchgerungen; vgl. Prot. II S. 646 ff.; *Jakobs/Schubert* (Fn. 2) S. 963 ff.

[7] Diese Funktion der Gefährdungshaftung hat *Posner* mit folgendem Beispiel erläutert: „Keeping a tiger in one's backyard would be an example of an abnormally hazardous activity. The hazard is such, relative to the value of the activity, that we desire not just that the owner take all due care that the tiger not escape, but that he consider seriously the possibility of getting rid of the tiger altogether; and we give him an incentive to consider this course of action by declining to make the exercise of due care a defence to a suit based on an injury caused by the tiger – in other words, by making him strictly liable for any such injury." – „G. J. Leasing Co. v. Union Elec. Co." (1995) 54 F. 3 d 379, 386 (7th Cir. 1995).

[8] Vgl. Fn. 4.

[9] Vgl. BGHZ 67, 129, 130; BGH NJW-RR 1988, 655, 656: Es handele sich bei „der Tierhalterhaftung sozusagen um Betriebskosten einer gefahrträchtigen Veranstaltung"; ähnlich bereits RGZ 62, 79, 83; auf anderer Grundlage (Verschuldenshaftung mit Beweislastumkehr) auch die Zweite Kommission Prot. II S. 647.

[10] *Marwitz*, Verh. 28. DJT, Bd. II, 1906, S. 105 ff.; *Traeger* S. 127 ff.

[11] Vgl. die Gutachten von *Marwitz* und *Traeger* sowie das Referat von *Enneccerus*, Verh. 28. DJT, Bd. II, 1906, S. 86 ff., 114 *(Marwitz)*; S. 115 ff., 144 f., 158 f. *(Traeger)*; Bd. III, 1907, S. 71 ff. *(Enneccerus)*, mit Beschlussfassung S. 130 f.

[12] Eingehend zur Entstehungsgeschichte des S. 2 *Schmalhorst* S. 145 ff.

[13] Repräsentativ etwa RGZ 54, 73 – Unfall durch Trunkenheitsfahrt mit Pferdegespann; vgl. weiter RGZ 50, 217; 52, 117; 55, 163; 58, 410; 60, 65; 61, 317; 62, 79; 67, 120; 67, 431; 71, 7; statistisches Material dazu bei *Marwitz*, Verh. 28. DJT, Bd. II, 1907, S. 103; *Traeger* S. 126.

praktische Bedeutung behalten.[14] Die Rückkehr zu einer unitarischen Regelung auf der Grundlage der strikten Haftung ist bei der Vorbereitung der Schuldrechtsreform und auch sonst in Rechtsprechung und Literatur gefordert,[15] vom Gesetzgeber des SMG jedoch genauso wenig aufgegriffen worden wie von demjenigen des Zweiten Schadensersatzrechtsänderungsgesetzes (vgl. zur Reform des Deliktsrechts Vor § 823 RdNr. 80 ff.). So wird es auf absehbare Zeit beim jetzigen Rechtszustand bleiben, der ausgerechnet die **kommerzielle Tierhaltung privilegiert** und ideelle Zwecksetzungen diskriminiert, obwohl allein die (land-)wirtschaftlich Tätigen die Kosten der Haftung über den Preis der hergestellten Güter auf die Allgemeinheit überwälzen können und der Preis für Tierprodukte wiederum die Zahl der gehaltenen Tiere bestimmt (zu den Folgen vgl. RdNr. 33 aE; Vor § 823 RdNr. 51 f.).

Aus den eben genannten Gründen (RdNr. 2) verwundert es nicht, dass die strikte Haftung für Tierschäden gemeineuropäischem Standard entspricht.[16] An diesem orientieren sich auch die **europäischen Rechtsvereinheitlichungsprojekte** (Vor § 823 RdNr. 85). Die Principles of European Tort Law (PETL) kommen zwar ohne einen Sondertatbestand der Tierhalterhaftung aus, enthalten dafür aber in Art. 5:101 eine Generalklausel der Gefährdungshaftung für außergewöhnlich gefährliche Aktivitäten.[17] Der Entwurf eines gemeinsamen Referenzrahmens (DCFR) hingegen folgt im Bereich der Gefährdungshaftung dem Enumerationsprinzip und enthält folgerichtig in Art. VI.-3:203 DCFR einen Sondertatbestand, der den Tierhalter einer strikten Haftung unterwirft.[18] Ein Privileg für Nutztierhalter kennen die genannten Bestimmungen selbstverständlich nicht.

II. Gefährdungshaftung nach § 833 S. 1

1. Rechtsgutsverletzung. § 833 S. 1 setzt die Verletzung eines der Rechtsgüter Leben, Körper, Gesundheit oder Sacheigentum voraus. Insoweit ist der **Schutzbereich genauso zu definieren wie bei § 823 Abs. 1**. Danach erfüllt auch die bloße Beeinträchtigung der Nutzungsmöglichkeiten einer Sache, wie zB das ungewollte **Decken** eines weiblichen Tiers, den Tatbestand der Eigentumsverletzung und somit auch der Sachbeschädigung.[19]

2. Tier. Für § 833 kommt es auf die Größe des Lebewesens nicht an, so dass auch Insekten und Ungeziefer erfasst sind. Zum Problem, ob Schäden durch ein Tier als Ungezieferherd noch von § 833 erfasst sind, vgl. RdNr. 16. Umstritten ist allerdings, ob auch **Mikroorganismen** (Bakterien und Viren) unter die Tierhalterhaftung fallen. In der Literatur wird dies unter der Voraussetzung bejaht, dass sie im Labor gezüchtet wurden und somit zum Objekt der „Haltung" durch den Laborbetreiber geworden sind.[20] So wird vermieden, dass kranke Menschen verschuldensunabhängig für die Ansteckung Dritter einzustehen haben.[21] Die

---

[14] *Enneccerus*, Verh. 28. DJT, Bd. III, 1907, S. 73.
[15] *Kötz* in: BMJ (Hrsg.), Gutachten und Vorschläge zur Reform des Schuldrechts, Bd. II, 1981, S. 1779, 1803; genauso BGH NJW 1986, 2501, 2502; *v. Caemmerer*, Reform der Gefährdungshaftung, S. 20 f.; RGRK/*Kreft* RdNr. 6; *v. Bar*, Gemeineuropäisches Deliktsrecht I, RdNr. 211.
[16] Vgl. *v. Bar* RdNr. 210 ff., 354 ff.; sowie die Länderberichte in *Koch/Koziol*, Unification of Tort Law: zu England *Rogers* S. 111 f. (Nr. 28); zu Frankreich *Galand-Carval* S. 133 (Nr. 14); zu Italien *Busnelli/Comandé* S. 211 (Nr. 38) und zu den Niederlanden *Perron/van Boom* S. 238 (Nr. 66 ff.).
[17] *European Group on Tort Law*, Principles of European Tort Law, S. 5 f.; deutsche Übersetzung aaO S. 212 f. Nach den Erläuterungen (*Koch* aaO S. 105 ff., 109 f.) sollen aber offenbar Schädigungen durch Tiere nicht unter die Gefährdungshaftung fallen. Der Wortlaut des Art. 5:101 erzwingt eine derart restriktive Auslegung nicht, und sie ist auch sachlich nicht geboten (RdNr. 2).
[18] *v. Bar/Clive/Schulte-Nölke*, Draft Common Frame of Reference, S. 308; dazu *Wagner* in: *v. Bar/Schulte-Nölke/Schulze* (Hrsg.), Der akademische Entwurf für einen Gemeinsamen Referenzrahmen, 2008, S. 161, 187 ff.
[19] BGHZ 67, 129, 134 = NJW 1976, 2130, 2131; OLG Karlsruhe VersR 1969, 808, 809; OLG Köln VersR 1972, 177, 178 = JZ 1972, 408, 409 m. zust. Anm. *Stötter*; OLG Nürnberg VersR 1970, 1059, 1060; RGRK/*Kreft* RdNr. 35; *Staudinger/Eberl-Borges* RdNr. 22.
[20] *Deutsch* NJW 1976, 1137, 1138; *ders*. NJW 1990, 751 f.; *Deutsch/Ahrens* Deliktsrecht RdNr. 368; *Erman/Schiemann* RdNr. 2; *Bamberger/Roth/Spindler* RdNr. 4; *Medicus* SchR II RdNr. 871; *Siegfried* S. 31 ff., 50; beschränkt auf Bakterien auch *Abeltshauser* JuS 1991, 366, 367.
[21] Ausdrücklich *Deutsch* NJW 1976, 1137, 1138.

§ 833 7, 8   Abschnitt 8. Titel 27. Unerlaubte Handlungen

gegen eine Erstreckung des § 833 auf Mikroorganismen erhobenen semantischen Bedenken, Bakterien und insbesondere Viren seien keine Tiere, sondern eine von Pflanzen und Tieren zu unterscheidende dritte Kategorie von Lebewesen, mögen fachwissenschaftlich berechtigt sein,[22] können als solche die Auslegung aber nicht determinieren. Auch der Hinweis, der historische Gesetzgeber habe vor allem große Tiere – an erster Stelle Pferde – vor Augen gehabt, ist ebenso zutreffend wie belanglos,[23] zumal die Diskussion um die Einbeziehung von Mikroorganismen alsbald nach Inkrafttreten des BGB eingesetzt hat.[24] Entscheidend ist vielmehr die Frage, ob der Zweck der Tierhalterhaftung auch auf Mikroorganismen zutrifft, und insoweit muss die Antwort negativ ausfallen. Die Kultivierung von Bakterien und Mikroorganismen im Labor ist in grundsätzlich anderer Weise gefährlich als die Haltung von Pferden, Hunden oder Raubtieren.[25] Während letztere die physische Integrität des Menschen und seiner Sachen bedrohen, dringen Bakterien und Viren in den Körper ein, um ihn „von innen" zu beeinträchtigen. Ihr Gefährdungspotential entspricht folglich demjenigen von chemischen Stoffen und ist als solches im Zusammenhang mit der Umweltgefährdungshaftung zu regeln. Beschränkt auf gentechnisch geänderte Organismen hat der Gesetzgeber diesen Weg in § 32 GenTG tatsächlich beschritten, und er sollte für andere als gentechnisch veränderte Mikroorganismen weiter gegangen werden,[26] anstatt § 833 unter der Hand in einen Gefährdungshaftungstatbestand für biotechnologische Aktivitäten und Stoffe zu verwandeln.[27]

7   **3. Kausalität.** Entsprechend allgemeinen haftungsrechtlichen Grundsätzen muss das tierische Verhalten nicht die einzige Ursache für die Verletzung sein, sondern die **Mitverursachung oder bloß mittelbare Verursachung** reicht aus.[28] Deshalb ist es nicht erforderlich, dass die Verletzung durch Beißen, Treten oder Stechen entstanden ist, sondern § 833 S. 1 findet auch dann Anwendung, wenn Kühe eine Straße blockieren, ein Motorradfahrer zu einer Vollbremsung genötigt wird, dabei stürzt und von einem nachfolgenden Lkw. überrollt wird,[29] wenn ein Hund ein Reh aufstöbert, es auf die Straße hetzt und dadurch einen Verkehrsunfall verursacht[30] oder in eine Schafherde einbricht und diese auf eine Eisenbahnstrecke treibt, wo die Tiere mit einem Zug kollidieren[31] oder wenn das Entweichen von Weidetieren durch unbefugte Dritte ermöglicht worden ist.[32]

8   Gleiches gilt in Fällen, in denen sich der **Geschädigte die Verletzung durch sein eigenes Verhalten** zugefügt hat, dazu jedoch von dem Tier veranlasst und herausgefordert wurde, wenn etwa freilaufende Dobermänner einen Dritten angreifen, der sich auf ein Autodach rettet und dieses dabei beschädigt,[33] heranstürmende Hunde einen Menschen zur Flucht veranlassen,[34] ein Pferd jemanden zum Ausweichen zwingt[35] oder zum Versuch seiner

---

[22] Lexikon der Biologie in fünfzehn Bänden, 9. Band, 2002, Stichwort: Mikroorganismen; *Siegfried* S. 31; *Staudinger/Eberl-Borges* RdNr. 17.
[23] Großes Gewicht auf das Wortlautargument legen hingegen *Brüggemeier* RdNr. 934; *Staudinger/Eberl-Borges* RdNr. 18 f.
[24] Vgl. nur *Planck/Greiff* Anm. 2 a; *Israel* JW 1902, 238; wN bei *Staudinger/Engelmann* (9. Aufl. 1929) § 833 Anm. 4 a.
[25] Ähnlich *Planck/Greiff* Anm. 2 a; *v. Bar* RdNr. 209, mit rechtsvergleichenden Hinweisen; vgl. auch *Lorenz* S. 171 f.
[26] Vgl. *Hirsch/Schmidt-Didczuhn*, GenTG, 1991, § 37 RdNr. 19; vgl. auch § 15 ProdHaftG RdNr. 12 f.
[27] Im Ergebnis genauso *Larenz/Canaris* II/2 § 84 II 1, S. 613 f.; *Lorenz* S. 172; *Palandt/Sprau* RdNr. 4; *Soergel/Krause* RdNr. 3; *Staudinger/Eberl-Borges* RdNr. 19; beiläufig wohl auch BGH NJW 1989, 2947, 2948.
[28] RGZ 50, 219, 221; BGH NJW 1959, 853 f.; 1971, 509 = VersR 1971, 320; NJW 1977, 867, 868; NJW-RR 2006, 813, 814 RdNr. 7 = VersR 2006, 416; OLG Oldenburg VersR 2002, 1166; OLG Schleswig NJW-RR 2006, 893, 894.
[29] BGH VersR 1957, 167; in einem ähnlichen Fall genauso OLG Schleswig NJW-RR 2006, 893, 894.
[30] OLG Nürnberg VersR 1959, 573 f.
[31] OLG München VersR 1984, 1095, 1096.
[32] OLG Nürnberg NJW-RR 2004, 1168 f.
[33] AG Frankfurt/M NJW-RR 2000, 759, 760.
[34] OLG Oldenburg VersR 2002, 1166; RG JW 1906, 349, 350; OLG Schleswig VersR 1988, 700; OLG Koblenz VersR 1999, 508; OLG Köln VersR 1999, 1293, 1294; vgl. auch RGZ 50, 119; OLG Hamm VersR 1982, 860; OLG Celle VersR 1981, 1057, 1058.
[35] OLG Düsseldorf NJW-RR 1992, 475.

Bändigung veranlasst.[36] Nach den für **Herausforderungsfälle** generell geltenden Grundsätzen ist die Zurechnung indessen zu verneinen, wenn die selbstschädigende Reaktion vernünftigerweise nicht veranlasst war oder die in Kauf genommenen Risiken außer Verhältnis zu der Tiergefahr standen (§ 823 RdNr. 288 f.). Schreckreaktionen sind zurechenbar, sofern sie sich im Rahmen des Vorhersehbaren halten.[37] An einen Zurechnungszusammenhang zwischen der Einwirkung des Tieres und dem Schaden fehlt es dann, wenn die Vorerkrankung der geschädigten Kreatur die dominante Ursache der Verletzung war.[38]

4. Sachlicher Schutzbereich: Tiergefahr. a) Tiergefahr als ungeschriebenes Tatbestandsmerkmal zur Haftungseinschränkung. Der Wortlaut von S. 1 verlangt die Verursachung einer Rechtsgutsverletzung „durch ein Tier" und damit mehr als bloße Kausalität, nämlich die **Realisierung der spezifischen Tiergefahr.**[39] Insoweit legte das RG auch bei § 833 S. 1 den römisch-rechtlichen contra naturam sui generis-Test zugrunde (RdNr. 1) und verlangte, die Rechtsgutsverletzung müsse auf willkürlichem, von „keinem vernünftigen Wollen geleiteten" Verhalten beruhen, das sich als „Ausbruch der tierischen Natur" im Sinne einer „Entfaltung der tierischen organischen Kraft, in der selbstständigen Entwickelung einer nach Wirkung und Richtung unberechenbaren tierischen Energie" darstellt.[40] § 833 S. 1 ist folgerichtig stets für anwendbar gehalten worden, wenn **Pferde** scheuen,[41] durchgehen,[42] ausschlagen[43] oder aus ihrer Umzäunung ausbrechen und auf die Straße gelangen,[44] wenn **Hunde** jemanden anspringen oder beißen[45] oder lediglich im Rudel umherlaufen.[46] Der BGH hat die Formel des RG aufgenommen, ihre Interpretation jedoch neu ausgerichtet und als entscheidendes Haftungskriterium die **„Unberechenbarkeit tierischen Verhaltens"** postuliert.[47] Praktische Folgen hat diese Umstellung insofern, als nunmehr auch solche Verhaltensweisen eindeutig in den Schutzbereich der Tierhalterhaftung fallen, die der tierischen Natur voll und ganz entsprechen, wie etwa das Decken einer Rassehündin durch einen Bastard-Rüden.[48] Allerdings hatte bereits das RG unmissverständlich klargestellt, dass in solchen Fällen „normalen" tierischen Verhaltens die Tierhalterhaftung „noch zwingender" eingreift als sonst, und § 833 S. 1 einen Fehler (vitium) des Tieres – etwa die Abweichung von dem Verhalten eines „Durchschnittspferdes"[49] – nicht voraussetzt.[50] Bis heute wird diese Erkenntnis von den Gerichten nicht immer hinreichend beachtet, wenn sie die Formel von der Unberechenbarkeit tierischen Verhaltens so verste-

---

[36] Vgl. RGZ 50, 119, 223.
[37] OLG Koblenz VersR 1999, 508; OLG Köln VersR 1999, 1293, 1294; *Staudinger/Eberl-Borges* RdNr. 26; so wurde ein Sturz einer außergewöhnlich nervenschwachen Person aus Furcht vor einem offensichtlich ungefährlichen Hund als ungewöhnliche Reaktion angesehen und eine Haftung nach § 833 mangels Zurechnungszusammenhang verneint, vgl. RG JW 1908, 41, 42; vgl. ferner OLG Karlsruhe VersR 1993, 614, 615: Herzinfarkt wegen Rauferei zweier Hunde.
[38] OLG Hamm NZV 2002, 462, 463.
[39] RGZ 60, 65, 69; 141, 406, 407; BGHZ 67, 129, 130 = NJW 1976, 2130; BGH VersR 1965, 1102, 1103; 1975, 522; *Geigel/Haag* Kap. 18 RdNr. 7; *Lorenz* S. 170 ff.; *Siegfried* S. 51 ff.; *Deutsch* JuS 1987, 673, 675 f.; *Hoffmann* ZfS 2000, 181, 182; *Staudinger/Schmidt* Jura 2000, 347, 349; *Erman/Schiemann* RdNr. 4; RGRK/*Kreft* RdNr. 2; *Staudinger/Eberl-Borges* RdNr. 28; dagegen lehnt *Haase* JR 1973, 10, 13 das Merkmal Tiergefahr als contra legem ab und spricht sich für eine bloße Verursachungshaftung aus.
[40] RGZ 80, 237, 238 f.; vgl. weiter RGZ 50, 219, 221; 60, 65, 68; 61, 316, 317 f.; 141, 406, 407; BGH VersR 1959, 853, 854; NJW 1971, 509 = VersR 1971, 320; VersR 1975, 522; OLG Nürnberg VersR 1959, 573; OLG Düsseldorf VersR 1975, 1122, 1123.
[41] RGZ 60, 65, 68 f.
[42] RGZ 50, 219, 221; 54, 73, 74 f.
[43] RGZ 61, 316, 317; BGH VersR 1955, 38.
[44] BGH LM Nr. 3 = VersR 1956, 127, 128.
[45] BGH NJW 1965, 2397; 1983, 1311; OLG Stuttgart VersR 1978, 1123, 1124.
[46] OLG Saarbrücken NJW-RR 2006, 969.
[47] BGHZ 67, 129, 133 = NJW 1976, 2130, 2131; vgl. weiter BGH VersR 1978, 515; NJW 1982, 763, 764; 1983, 1311; VersR 1990, 796, 797; NJW 1992, 997; 1992, 2474; 1999, 3119.
[48] BGHZ 67, 129, 133 f.
[49] Dies verlangte das KG als Vorinstanz zu RGZ 61, 316, 317.
[50] RGZ 60, 65, 70; 61, 316, 317 f.; genauso BGH VersR 1976, 1175, 1176.

hen, als müsse dem Tier selbst unsorgfältiges Verhalten vorzuwerfen sein[51] oder die Haftung mit der Begründung verneinen, das Tier hätte sich gar nicht anders als geschehen verhalten können.[52]

10 In der **Literatur** wird die Vagheit des Kriteriums der tierischen Unberechenbarkeit allenthalben beklagt und für eine großzügige Handhabung des § 833 S. 1 plädiert,[53] doch die Entwicklung von Alternativkonzepten mit größerer Determinationskraft fällt offenbar schwer, wie sich an dem Vorschlag zeigt, auf die Wirkung des Tieres als „lebende, eigenbewegliche Kraftquelle"[54] abzustellen oder gar unmittelbar auf eine nicht näher definierte „Tiergefahr".[55] Die Schwierigkeiten, die die Eingrenzung der Tierhalterhaftung seit den Zeiten der römischen actio de pauperie umgeben, beruhen letztlich darauf, dass § 833 S. 1 nur Tiere, nicht aber sonstige „Gegenstände" einer strikten Haftung unterwirft, während zB das französische Recht einen solchen Unterschied nicht macht, den Halter jedweder Sache gemäß Art. 1384 Abs. 1 strikt haften lässt – und folgerichtig das Erfordernis der „spezifischen Tiergefahr" im Rahmen des Art. 1385 Code civil nicht benötigt.[56] Im deutschen Recht müssen Einschränkungen folglich an dem Punkt ansetzen, in dem sich ein Tier von den übrigen Gegenständen dieser Welt unterscheidet, und dies ist entgegen der römischen Tradition nicht seine Aggressivität,[57] sondern seine Lebendigkeit. Die spezifische Tiergefahr besteht darin, dass der Halter seine Umwelt mit einem lebenden Organismus konfrontiert, dessen Eigenschaften und Verhalten er wegen der **„tierischen Eigenwilligkeit"** nicht in vollem Umfang kontrollieren kann.[58] – Nichts anderes ist mit der Formel von der „Unberechenbarkeit" tierischen Verhaltens gemeint.

11 b) **Fallgruppen.** Die allgemein für die Sachhalterhaftung anerkannte Grenze der **höheren Gewalt** gilt selbstverständlich auch im Rahmen der Tierhalterhaftung.[59] Weitere Einschränkungen des § 833 S. 1 lassen sich zu folgenden Fallgruppen verdichten.

12 aa) **Menschliche Leitung.** Fügt ein unter menschlicher Leitung stehendes Tier einem anderen einen Schaden zu, **versagt die Rechtsprechung einen Ersatzanspruch** mit der Begründung, dass in diesen Fällen der das Tier leitende Dritte und nicht das folgsame Werkzeug Urheber des Schadens sei.[60] Folgerichtig wurde die Haftung verneint, wenn ein Reiter sein Pferd dicht an dasjenige seines Nebenmanns herangeführt hatte und Letzteres auskeilte[61] oder ein Kutscher neben dem fahrenden Fuhrwerk ging und aus dieser Position Einfluss auf das Pferd nahm.[62] Der Pferdehalter soll auch nicht dafür

---

[51] Vgl. etwa OLG Braunschweig VersR 1983, 347, 348: Sturz eines Pferdes aus Erschöpfung; LG Hagen ZfS 2002, 276: Pferd stürzt „versehentlich"(!).
[52] BGH VersR 1978, 515.
[53] *Deutsch* NJW 1978, 1998, 1999 ff.; *ders.* JuS 1987, 673, 675 ff.; *Brüggemeier* Deliktsrecht RdNr. 939; *Larenz/Canaris* II/2 § 84 II 1 c, S. 615 f.; *Erman/Schiemann* RdNr. 4; *RGRK/Kreft* RdNr. 19 f.; *Staudinger/Eberl-Borges* RdNr. 39.
[54] *Siegfried* S. 79 ff.; *Staudinger/Eberl-Borges* RdNr. 41; wohl auch *Erman/Schiemann* RdNr. 4; *Lorenz* S. 172, 178.
[55] So *Deutsch* NJW 1978, 1998, 2000 f.; *ders.* JuS 1987, 673, 676; *RGRK/Kreft* RdNr. 20; mit Recht krit. *Seiler*, FS Zeuner, 1994, S. 279, 287 ff.
[56] Zur Angleichung des Art. 1385 Code civil an die allg. gardien-Haftung nach Art. 1384 Abs. 1 Code civil vgl. nur *le Tourneau/Cadiet*, Droit de la resonsabilité et des Contrats, 2001, RdNr. 6954.
[57] Für eine Rückkehr zu diesem Kriterium *Seiler*, FS Zeuner, 1994, S. 279, 289; wie hier *Israel* JW 1902, 238, 239.
[58] Treffend BGH NJW-RR 2006, 813, 814 RdNr. 6 = VersR 2006, 416.
[59] RGZ 54, 407, 408; 60, 65, 69; *Deutsch* NJW 1978, 1998, 1999; *RGRK/Kreft* RdNr. 33.
[60] Grdlg. RGZ 50, 180, 181; weiter RGZ 50, 219, 221; 54, 73, 74; BGH VersR 1952, 403; 1966, 1073, 1074; NJW-RR 2006, 813, 814 RdNr. 7 = VersR 2006, 416; OLG München OLGRspr. 28, 295, 296; OLG Düsseldorf VersR 1970, 333, 334; 1981, 82, 83; OLG Schleswig VersR 1983, 470; 1990, 1024; OLG Stuttgart NJW-RR 1994, 93, 94; LG Gießen NJW-RR 1995, 600, 601; einschr. *Schmid* JR 1976, 274, 276 mwN; grds. gegen jede Gefährdungshaftung bei menschlicher Einwirkung auf das Tier *Seiler*, FS Zeuner, 1994, S. 279, 289.
[61] BGH VersR 1952, 403.
[62] RGZ 65, 103, 105 f.

verantwortlich sein, wenn Einbrecher das Tier aus dem Stall und auf die Autobahn treiben.[63] Dagegen greift trotz menschlicher Leitung die Haftung nach § 833 ein, wenn willkürliche Bewegungen des Tieres wie Scheuen, Durchgehen, Beißen, Schlagen, Ausrutschen, Ausbrechen, Losgaloppieren und abruptes Anhalten eines Reitpferdes den Schaden verursacht haben.[64]

Demgegenüber sollte in allen Fällen der Leitung eines Tiers entscheidend sein, ob dieselbe **Verletzung auch mit einem leblosen Gegenstand** hätte zugefügt werden können, wenn zB das Tier wie eine Sache als Wurfgeschoss missbraucht wird,[65] nicht aber dann, wenn sich der Täter gerade die Gefährlichkeit des Tieres zunutze macht, also etwa einen Hund auf einen Menschen hetzt oder ein Pferd gegen einen Menschen führt oder auf eine Straße treibt.[66] Ein Haftungsausschluss ließe sich hier nur rechtfertigen, wenn dem Halter nicht auch das Risiko zugerechnet würde, dass ein Dritter die Kreatur eigenen Zwecksetzungen unterwirft. Dementsprechend greift die Straßenverkehrsgefährdungshaftung nach § 7 StVG zu Lasten des Halters selbst dann ein, wenn ein Fahrzeug von einem Vorsatztäter als Waffe eingesetzt wird, um einen Menschen zu töten.[67]

bb) Physiologischer Zwang. Nach der Rechtsprechung ist die Haftung des Tierhalters ausgeschlossen, wenn ein Tier unter „physiologischem Zwang" Schaden anrichtet, wenn also ein äußeres Ereignis auf den Körper oder die Sinne des Tieres **mit unwiderstehlicher Gewalt** eingewirkt hat.[68] Auf dieser Grundlage wurde einem **Tierarzt** Schadensersatz nach § 833 S. 1 versagt, der von einem Hund gebissen wurde, den er mit Hilfe eines misslungenen Bolzenschusses töten wollte (vgl. auch RdNr. 59);[69] ebenso einem Transportarbeiter, der von einem sich sträubenden Schwein verletzt,[70] und einem Gehilfen, der von den Hufen eines zum Kastrieren gewaltsam niedergeworfenen Hengstes getroffen wurde.[71] Dagegen wurde ein Ausschluss der Halterhaftung wegen physiologischen Zwangs in Fällen verneint, in denen ein Pferd beim Kupieren des Schwanzes vor Schmerzen ausgeschlagen,[72] oder ein Rind bei seiner Impfung dem Tierarzt oder Gehilfen durch einen Hörnerstoß Verletzungen zugefügt hatte.[73] Soweit alltägliche Reize schadensstiftendes Tierverhalten auslösen, wie zB das Scheuen eines Pferdes angesichts flatternder Wäsche,[74] vor einem herankommenden Kraftwagen[75] oder vor einem niederfallenden Papierdrachen,[76] wird physiologischer Zwang ebenfalls verneint.[77] – Dieser Rechtsprechung ist von Seiten der Literatur mit Recht widersprochen worden.[78] Für die Haftung aus § 833 S. 1 kann es weder darauf ankommen, dass „jedes andere Pferd in gleicher Lage hätte in gleicher Art sich der Gewalt erwehren [...] müssen" (RdNr. 9)[79] noch darauf, dass der Geschädigte seine Verlet-

---

[63] BGH VersR 1990, 796, 797 f.
[64] BGH VersR 1966, 1073, 1974; NJW 1982, 763, 764; 1986, 2501; 1986, 2883, 2884; 1992, 907; 1992, 2474; 1999, 3119; BGH NJW-RR 2006, 813, 814 RdNr. 7 = VersR 2006, 416; OLG Koblenz VersR 1999, 239.
[65] RGZ 80, 237, 239; BGH VersR 1978, 515; *Soergel/Krause* RdNr. 7; *Lorenz* S. 178; *Siegfried* S. 82; *Terbille* VersR 1994, 1151, 1153.
[66] *Israel* JW 1902, 238, 240; *Deutsch* NJW 1978, 1998, 2000; *Larenz/Canaris* II/2 § 84 II 1 c; *Lorenz* S. 144 f.; *Soergel/Krause* RdNr. 8; *Staudinger/Eberl-Borges* RdNr. 57; *Bamberger/Roth/Spindler* RdNr. 10.
[67] BGHZ 37, 311, 315 ff. = NJW 1962, 1676; vgl. weiter BGH NJW 1971, 459, 460; LG Bayreuth NJW 1988, 1252 f.; *Deutsch* JuS 1981, 317, 322; *Larenz/Canaris* II/2 § 84 III 1 d, S. 621.
[68] RGZ 54, 73, 74 f.; 69, 399, 400 f.; RG JW 1905, 392; BGH VersR 1959, 853, 854.
[69] LG Hechingen VersR 1958, 738; anders OLG Hamm NJW-RR 2003, 239, 240.
[70] OLG Frankfurt Recht 1909, Nr. 2804.
[71] RGZ, 69, 399, 400 f.
[72] RG Recht 1909 Nr. 470.
[73] RG JW 1933, 693 f.
[74] RGZ 60, 65, 68.
[75] RGZ 82, 112, 113.
[76] RG Recht 1913 Nr. 3134.
[77] RG JW 1905, 392.
[78] *Erman/Schiemann* RdNr. 4; *RGRK/Kreft* RdNr. 22; *Soergel/Krause* RdNr. 9; *Staudinger/Eberl-Borges* RdNr. 53 f.; *Bamberger/Roth/Spindler* RdNr. 8; *Terbille* VersR 1994, 1151, 1153; anders noch die 4. Aufl.
[79] So aber RGZ 69, 399, 400 f.

zung durch Einwirkung auf das Tier mitverursacht hat. § 254 bietet einen flexiblen Maßstab zur Berücksichtigung der Mitverursachung durch den Geschädigten, der auch die Reduktion des Ersatzanspruchs auf Null erlaubt.[80] Letzteres ist die richtige Lösung, wenn nicht das Tier den Menschen, sondern der Geschädigte das Tier angegriffen hat.[81]

15 **cc) Das ruhende Tier.** Lässt sich ein Tier auf der Fahrbahn nieder oder bildet sonst ein **Verkehrshindernis,** verneinte die ältere Rechtsprechung eine spezifische Tiergefahr mangels „Tätigkeit des Tieres", so dass ein Radfahrer leer ausging, der über einen auf der Straße liegenden Hund stürzte[82] und die Bahn sich nicht auf § 833 berufen konnte, wenn ein Zug wegen ruhig auf den Gleisen stehender Kühe entgleiste.[83] Nach neuerer Rechtsprechung und Literatur soll sich jedoch auch dann eine tierspezifische Gefahr verwirklicht haben, wenn ein Lkw-,[84] Pkw.-[85] oder Motorradfahrer[86] dadurch zu Schaden kommt, dass ein Hund,[87] eine Katze,[88] ein Rind,[89] Pferde,[90] Kühe[91] oder eine Schafsherde[92] ein Verkehrshindernis bilden, unabhängig davon, ob das Tier nun gerade auf die Fahrbahn gelaufen ist oder bereits dort ruhig stand oder lag als der Unfall passierte.[93] Tatsächlich ist nicht entscheidend, dass das Tier einfach auf der Straße steht oder liegt, wie dies auch eine leblose Sache könnte, sondern der Umstand, dass es ihm als Lebewesen möglich war, sich eigenmächtig auf die Straße zu begeben.[94] Anders verhält es sich allerdings, wenn jemand einen Tierkadaver auf die Straße legt, denn dann ist die Gefahr genau dieselbe wie etwa bei einem Baumstamm oder einem anderen leblosen Gegenstand.

16 Wird die Verletzung, durch die **bloße Körpermasse** des Tieres verursacht, wenn etwa ein Pferd stürzt und die bereits auf dem Boden liegende Reiterin unter sich begräbt, soll es darauf ankommen, ob es durch „willkürliches tierisches Verhalten" oder auf Grund Verletzung oder Überlastung des Tiers zu dem Sturz gekommen ist.[95] – Diese Differenzierung überzeugt nicht, denn § 833 S. 1 ist keine Sanktion für unsorgfältiges Verhalten des Tieres (RdNr. 9), sondern rechnet dem Halter die durch das Tier geschaffene Gefahr zu, die sich zweifellos realisiert, wenn ein zentnerschwerer Wallach einen „Kopfstand" ausführt und anschließend auf einen Menschen niederschlägt[96] oder ein Pferd beim Transport im Anhänger stürzt und dadurch ein anderes verletzt.[97] Zur spezifischen Tiergefahr eines Vogels gehört es, von der **Turbine eines Flugzeugs** angesaugt zu werden.[98]

---

[80] Beispiel: OLG Saarbrücken NJW-RR 2006, 969, 970.
[81] Im Ergebnis genauso BGH NJW 1982, 763, 764; ähnlich BGH VersR 1968, 797, 798 f.; unter dem Gesichtspunkt physiologischen Zwangs verfehlt daher BGH VersR 1990, 796, 797 f., wo es um Zwangseinwirkungen Dritter ging.
[82] RG Recht 1909, Nr. 1779.
[83] OLG Königsberg Recht 1908, Nr. 69 (noch vor Einfügung des S. 2!).
[84] BGH VersR 1956, 127.
[85] OLG Karlsruhe VersR 1955, 510; OLG Nürnberg VersR 1963, 759; OLG Frankfurt VersR 1982, 908.
[86] BGH VersR 1957, 167; OLG München VersR 1960, 572; OLG Schleswig NJW-RR 2006, 893, 894.
[87] OLG München VersR 1960, 572; OLG Nürnberg VersR 1963, 759.
[88] LG Bielefeld ZfS 1983, 3.
[89] OLG Köln MDR 1973, 582 f.
[90] BGH LM Nr. 3; VersR 1990, 796, 797; OLG Koblenz NJW-RR 2002, 1542; OLG Schleswig NJW-RR 2006, 893, 894.
[91] BGH VersR 1957, 167; OLG Frankfurt VersR 1982, 908.
[92] OLG Karlsruhe VersR 1955, 510; OLG Bamberg ZfS 1982, 353.
[93] BGH VersR 1956, 127 f.; 1990, 796, 797; OLG Hamm VersR 1982, 1009, 1010; OLG Frankfurt VersR 1982, 908 *Kreft* VersR 1983, KF 153, 156; *Larenz/Canaris* II 2 § 84 II 1 c.
[94] BGH VersR 1956, 127, 128 = LM Nr. 3; *Kreft* VersR 1983, Karlsruher Forum 153, 156; *Staudinger/Eberl-Borges* RdNr. 49; *Bamberger/Roth/Spindler* RdNr. 8; anders *Brüggemeier* Deliktsrecht RdNr. 942; instruktiv ist der Fall OLG Koblenz NJW-RR 2002, 1542; OLG Saarbrücken NJW-RR 2006, 893 f.
[95] BGH VersR 1978, 515; OLG Braunschweig VersR 1983, 347, 348; ähnlich OLG Dresden SächsOLG 24, 538 f.
[96] Vgl. den Sachverhalt in OLG Braunschweig VersR 1983, 347; wie hier *Deutsch* NJW 1978, 1998, 2000 f.; *Siegfried* S. 95; *Staudinger/Eberl-Borges* RdNr. 48; vgl. auch Fn. 51.
[97] Anders BGH VersR 1978, 515.
[98] OLG Hamm NJW 2004, 2246.

dd) **Natürliches Tierverhalten.** Unter diesem Oberbegriff werden in der Rechtsprechung Fälle zusammengefasst, in denen es am **unberechenbaren Verhalten** fehlen soll, weil sich das Tier „unwillkürlich" verhalten hat, wenn etwa ein krankes Tier seine Artgenossen infiziert oder tierische Stoffwechselprodukte Schäden verursachen.[99] Dieser Ausnahme liegt die eigentlich längst überwundene (vgl. RdNr. 9) Vorstellung zugrunde, die Halterhaftung setze „unsorgfältiges Verhalten" auf Seiten des Tieres voraus, und ist daher abzulehnen.[100] Folgerichtig greift die Tierhalterhaftung ein, wenn ein Hund auf einen Teppich uriniert,[101] ein Hunderudel umherläuft[102] oder Kühe die Straße durch Kot verunreinigen.[103] Zum Bereich der Tiergefahr gehören auch sog. Hengstmanieren als Reaktion auf die Stute.[104] Zum Deckakt vgl. RdNr. 9. Es besteht auch kein Grund, die Verseuchung einer Wohnung mit Ungeziefer – zB das Einschleppen der braunen Hundezecke – aus dem Schutzbereich der Halterhaftung (in Bezug auf den Hund!) auszunehmen, weil das Tier gar nicht „aktiv geworden" sei.[105]

5. Persönlicher Schutzbereich und Handeln auf eigene Gefahr. Vor allem bei Reitunfällen, die die Gerichte nicht selten beschäftigen, stellt sich die Frage, ob sich der persönliche Schutzbereich des § 833 S. 1 auch auf denjenigen erstreckt, der im Zeitpunkt des Schadensereignisses die **Kontrolle über das Tier** ausgeübt hat, also etwa auf den Reiter, der von dem Pferd abgeworfen und dabei schwer verletzt wird. Nach ständiger **Rechtsprechung** ist grundsätzlich auch der **Reiter in den Schutzbereich der Tierhaltergefährdungshaftung einbezogen** und kann folglich die durch den Reitunfall verursachten Schäden beim Halter des Pferdes liquidieren.[106] Ein stillschweigend abgeschlossener vertraglicher Haftungsverzicht, wie ihn das RG bei Gefälligkeitsfahrten mit Pferdefuhrwerken noch großzügig bejaht hatte,[107] wird vom BGH in Übereinstimmung mit seiner übrigen Rechtsprechung jedenfalls dann verneint, wenn der Halter das Haftungsrisiko bei einer Versicherung zur Deckung gebracht hat, wie dies bei Pferdehaltern in aller Regel der Fall ist (Vor § 823 RdNr. 75 ff.).[108] Darüber hinaus hat sich das Gericht geweigert, die Privilegierung des § 599, der den Entleiher von der Fahrlässigkeitshaftung und darüber hinaus auch von der Gefährdungshaftung freistellen soll (§ 599 RdNr. 4),[109] auf die sog. Gefälligkeitsleihe, also die unentgeltliche Überlassung eines Pferdes ohne vertraglichen Bindungswillen, zu übertragen.[110] Allerdings muss sich der Reiter ggf. eine **Minderung seines Ersatzanspruchs gemäß § 254** gefallen lassen (RdNr. 57),[111] wenn auch die Beweislast insofern zu Lasten des Geschädigten umgekehrt wird (RdNr. 61 aE).[112] Anerkannte Ausnahmen, in denen die Rechtsprechung den Halter von der strikten Haftung verschont, betreffen einen Trainer, der sich vertraglich zum Zureiten eines Pferdes verpflichtet hatte,[113] einen Verletzten, der die Herrschaft über das Tier vorwiegend im eigenen Interesse und in Kenntnis der Tiergefahr

---

[99] RGZ 80, 237, 239; RGZ 141, 406, 407; OLG Karlsruhe VersR 1969, 808; OLG Oldenburg VersR 1976, 644; LG Köln VersR 1961, 95 MDR 1960, 924; LG Stade VersR 1958, 812; *Wussow/Terbille* Kap. 11 RdNr. 16; *Weimar* JR 1963, 415; *Stötter* MDR 1970, 100, 101.
[100] *Brüggemeier* Deliktsrecht RdNr. 939, 941; RGRK/*Kreft* RdNr. 21; *Soergel/Krause* RdNr. 10; *Staudinger/Eberl-Borges* RdNr. 63.
[101] Übereinstimmend OLG Karlsruhe VersR 1995, 927 = MDR 1994, 453; genauso AG Böblingen WoM 1998, 33.
[102] OLG Saarbrücken NJW-RR 2006, 969.
[103] *Geigel/Haag* Kap. 18 RdNr. 11; anders LG Köln VersR 1961, 95 = MDR 1960, 924.
[104] OLG Düsseldorf NJW-RR 1994, 92, 93.
[105] So aber LG Freiburg WoM 2002, 314, 316; 3. Aufl. RdNr. 9.
[106] BGH NJW 1977, 2158; 1982, 763, 764; 1986, 2883, 2884; 1992, 2474; VersR 1982, 348 f.; 1984, 286, 287; NJW-RR 1988, 655, 657; OLG Düsseldorf VersR 2003, 870, 871.
[107] RGZ 65, 313, 314 ff.; 67, 431, 433 f.
[108] BGH NJW 1992, 2474, 2475; zuvor schon BGH NJW 1974, 234, 235; wohl anders aber BGH NJW 1978, 2158.
[109] BGH NJW 1974, 234, 235; 1992, 2474, 2475.
[110] BGH NJW 1974, 234, 235; 1992, 2474, 2475.
[111] BGH NJW-RR 2006, 813, 814 f. Tz. 14 = VersR 2006, 416.
[112] BGH NJW 1992, 2475 f.; 1993, 2611, 2612; 1999, 3119, 3120.
[113] RGZ 58, 410, 412 f.; RG JW 1905, 143.

§ 833 19, 20   Abschnitt 8. Titel 27. Unerlaubte Handlungen

übernommen hatte[114] oder schließlich einen Reiter, der bewusst eine besondere, über das stets einzukalkulierende Normalmaß hinausgehende Gefahr übernommen hatte, wie zB beim Spring- oder Dressurreiten oder beim Reiten eines erkennbar widerspenstigen Pferdes.[115]

19 In der **Literatur** hat die geschilderte Rechtsprechung Zustimmung,[116] aber auch dezidierte Ablehnung erfahren, ohne dass über Umfang und Begründung etwa vorzunehmender Restriktionen Einigkeit bestünde. Am weitesten geht der Vorschlag, den Reiter generell aus dem Schutzbereich der Tierhalterhaftung auszuklammern, was mangels Andeutung im Wortlaut des § 833 wohl mittels teleologischer Reduktion zu geschehen hätte.[117] Zur Begründung wird neben dem Hinweis auf die Wertung des § 8 a StVG[118] angeführt, die Gefährdungshaftung bezwecke allein den Schutz vor sozialem Zwang, also vor solchen Risiken, denen der Geschädigte nicht ausweichen könne, nicht aber für solche, die dem Geschädigten erkennbar gewesen seien und die er bewusst in Kauf genommen habe.[119] Die Alternative zu dieser Lösung besteht darin, zwischen der entgeltlichen Überlassung des Pferdes und der Leihe zu differenzieren und allein im zuletzt genannten Fall die Gefährdungshaftung des Halters und Verleihers durch Übertragung der Wertung des § 599 auszuschließen.[120]

20 **Stellungnahme:** Der BGH hat den entscheidenden Gesichtspunkt für die Definition des persönlichen Schutzbereichs der Tierhalterhaftung in einer älteren Entscheidung selbst benannt, nämlich die Übernahme der Gefahr durch den Reiter, will daraus jedoch nur dann auf einen Haftungsausschluss schließen, wenn mit dem Pferd oder der Art der Aktivität eine **besondere Gefahr** verbunden ist.[121] Demgegenüber ist nicht einzusehen, warum derjenige, der ein erkennbar störrisches Pferd besteigt, den Schutz der Gefährdungshaftung verlieren soll, während derjenige, der ein normales Pferd benutzt und durch ein völlig im Rahmen liegendes Tierverhalten geschädigt wird, sich weiter auf § 833 S. 1 berufen können soll. Entscheidend ist nicht, ob die Tiergefahr eine Ordinäre oder eine Besondere war, sondern ob sie von dem Reiter ex ante erkannt werden konnte und folglich von ihm übernommen wurde. Die **ratio der Gefährdungshaftung trifft** unter dieser Voraussetzung **nicht zu,** denn der Reiter selbst ist, es der sich die Unterhaltung einer Quelle besonderer Gefahr durch den Halter zunutze macht und die Kontrolle über sie übernimmt (RdNr. 2).[122] Folgerichtig ist auch im französischen Recht anerkannt, dass sich die Gardien-Haftung nach Art. 1385 Code civil nicht auf den Gardien selbst erstreckt, sondern nur Dritte schützt.[123] Im deutschen Recht kommt diese Wertung zugegebenermaßen nicht in § 8 a StVG zum Ausdruck, der die frühere Ausnahme bei unentgeltlicher Personenbeförderung seit dem 1. 8. 2002 ohnehin nicht mehr kennt (vgl. Vor § 823 RdNr. 82),[124] wohl aber in § 8 Nr. 2 StVG, der die bei dem Betrieb des Fahrzeugs tätigen Personen und insbesondere den Fahrer aus

---

[114] BGH NJW 1974, 234, 235 f.; mit dieser Begründung hat OLG Nürnberg VersR 1999, 240, 241 einen Anspruch einer Tierklinik gegen den Halter eines Pferdes abgelehnt, das in der Klinik behandelt worden ist.

[115] BGH NJW 1977, 2158.

[116] *Erman/Schiemann* RdNr. 6; *RGRK/Kreft* RdNr. 64 f.; *Staudinger/Eberl-Borges* RdNr. 190; *Bamberger/Roth/Spindler* RdNr. 21; *Medicus* SchR II RdNr. 874.

[117] *Deutsch* NJW 1978, 1998, 2001 f.; *ders.* JuS 1981, 317, 323; *Deutsch/Ahrens* Deliktsrecht RdNr. 371; *Larenz/Canaris* II/2 § 84 II 1 e, S. 617; *Esser/Weyers* BT/2 § 58 III 1 d, S. 218; *Kipp* VersR 2000, 1348, 1349 f.

[118] *Deutsch* NJW 1978, 1998, 2002; *Deutsch/Ahrens* Deliktsrecht RdNr. 371.

[119] OLG Zweibrücken NJW 1971, 2078; OLG Frankfurt VersR 1976, 1138; LG Duisburg VersR 1972, 475; grdlg. *Esser*, Grundlagen und Entwicklung der Gefährdungshaftung, 2. Aufl. 1969, S. 109 f.; ähnlich auch die in Fn. 117 Genannten.

[120] *Brüggemeier* Deliktsrecht RdNr. 945; *Knütel* NJW 1972, 163, 164; OLG Düsseldorf VersR 1992, 251.

[121] BGH NJW 1974, 234, 235 f.; 1977, 2158; 1992, 2474; bekräftigend BGH NJW-RR 2006, 813, 814 = VersR 2006, 416.

[122] Treffend schon *Traeger*, Gutachten zum 28. DJT, Bd. II, S. 115, 137, 141.

[123] *Le Tourneau/Cadiet* (Fn. 56) no. 6958 mwN; vgl. auch *v. Bar* RdNr. 222.

[124] Die §§ 8, 8 a StVG sind umgestaltet worden durch das Zweite Schadensersatzrechtsänderungsgesetz vom 19. 7. 2002, BGBl. I S. 2674.

dem Schutzbereich der Straßenverkehrsunfallhaftung ausnimmt[125] und damit einen **allgemeinen Rechtsgedanken** artikuliert.[126] Das berechtigte Schutzbedürfnis des Reiters bei Überlassung eines unerkennbar störrischen oder sonst problematischen Tiers lässt sich ohne weiteres im Rahmen des § 823 Abs. 1 befriedigen. Im Übrigen sollte es bei entgeltlicher Überlassung von Pferden den Parteien überlassen bleiben, die Haftungsfrage vertraglich zu klären, vor allem aber einen angemessenen Versicherungsschutz zu vereinbaren, wie dies bei der Kraftfahrzeugmiete seit jeher üblich ist und reibungslos funktioniert.[127] Der Schutz von Arbeitnehmern des Halters, insbesondere der früher so zahlreichen Kutscher und Knechte, um den sich das RG und der BGH mit Recht besorgt gezeigt haben,[128] ist heute im Rahmen des Unfallversicherungsrechts (SGB VII) gewährleistet und kann deshalb kein Grund sein, die Halterhaftung auf Reiter zu erstrecken.

Anhand der eben dargestellten Grundsätze sind auch die Schadensersatzansprüche sonstiger Dritter, die keinen Reitunfall erlitten haben zu behandeln. So liegt ein **Handeln auf eigene Gefahr** vor, wenn der Geschädigte die eingezäunte Pferdekoppel betritt, um Pferde zu füttern,[129] der Hengst bei einem von seinem Halter organisierten Deckakt von der Stute getötet wird,[130] nicht dagegen beim „Rückwärtsrichten" des Pferdes im Rahmen des Dressurreitens.[131] Werden **Tiere im Rahmen von sportlichen Wettkämpfen eingesetzt** (Polo, Pferdekutschenrennen) und kommt es trotz Einhaltung der Spielregeln zu Schäden, kann die Geltendmachung eines Ersatzanspruchs nach denselben Grundsätzen wie bei Kampfspielen (§ 823 RdNr. 319 f., 548) gemäß § 242 wegen Handelns auf eigene Gefahr ausgeschlossen sein.[132] Dies gilt allerdings nur für solche Schadensrisiken, die über die normale Tiergefahr hinausgehen und die von dem Geschädigten als solche erkannt und deshalb bewusst übernommen worden sind.[133] Auch die altruistische Motivation des Geschädigten, etwa eines Schiedsrichters, spricht gegen einen Haftungsausschluss wegen Handelns auf eigene Gefahr.[134]

6. Rechtswidrigkeit. Der V. ZS des BGH hat viel Verwirrung gestiftet, indem er auch für § 833 S. 1 die Rechtswidrigkeit der Verletzung verlangt und sie im konkreten Fall mit Blick auf die Duldungspflicht gemäß § 906 Abs. 2 S. 2 verneint hat.[135] Die Unklarheiten lösen sich sofort, wenn klar zwischen **Schutzbereichsunrecht und Verhaltensunrecht** unterschieden wird (vgl. Vor § 823 RdNr. 19 ff.; § 823 RdNr. 3 f.). Dann liegt auf der Hand, dass die Gefährdungshaftung des Tierhalters Handlungsunrecht, also ein unter dem Gesichtspunkt von Vorsatz oder Fahrlässigkeit pflichtwidriges Verhalten, nicht voraussetzt – sonst wäre § 833 S. 1 eine sinnlose Wiederholung von § 823 Abs. 1.[136] Wenn gleichwohl von Rechtswidrigkeit die Rede ist, dann ist dies nur in dem Sinne zu verstehen, dass auch § 833 S. 1 den **Eingriff in ein geschütztes Rechtsguts** voraussetzt (RdNr. 5). Folgerichtig scheidet die Gefährdungshaftung aus, wenn der Eingriff erlaubt ist, wie im Fall von § 906 Abs. 2 S. 1, und der Geschädigte im Tausch einen Aufopferungs-Entschädigungsanspruch erhält, wie ihn § 906 Abs. 2 S. 2 bereitstellt (Vor § 823 RdNr. 27; § 823 RdNr. 315).[137]

---

[125] *Greger*, Haftungsrecht des Straßenverkehrs, 4. Aufl. 2007, § 19 RdNr. 11.
[126] AA BGH NJW 1992, 2474: Ausnahmevorschrift und als solche eng auszulegen.
[127] Genau andersherum BGH NJW 1982, 763, 764: Parteien sollen Gefährdungshaftung ausschließen.
[128] BGH NJW 1977, 2158; mit Hinweis auf RGZ 50, 244, 247 ff.; 58, 410, 412 f.
[129] LG Itzehoe VersR 1997, 634 f.
[130] OLG Saarbrücken NJWE-VHR 1998, 22, 23.
[131] OLG Hamm NJW-RR 2001, 390.
[132] BGH NJW-RR 2006, 813, 815 RdNr. 15 = VersR 2006, 416.
[133] BGH NJW-RR 2006, 813, 815 RdNr. 16 = VersR 2006, 416.
[134] BGH NJW-RR 2006, 813, 815 RdNr. 20 = VersR 2006, 416.
[135] BGHZ 117, 110, 111 f. = NJW 1992, 1389; dem folgend *Geigel/Haag* Kap. 18 RdNr. 1; *Wussow/Terbille* Kap. 11 RdNr. 11; *Palandt/Sprau* RdNr. 9; *Staudinger/Eberl-Borges* RdNr. 27; *Bamberger/Roth/Spindler* RdNr. 2.
[136] *Larenz/Canaris* II/2 § 84 II 1 d, S. 616.
[137] *Larenz/Canaris* II/2 § 84 II 1 d, S. 616; allg. zu diesem Zusammenhang *Wagner*, Öffentlich-rechtliche Genehmigung und zivilrechtliche Rechtswidrigkeit, 1989, S. 104 ff., 140 ff.; vgl. auch BGHZ 117, 110, 113 f. = NJW 1992, 1389 f.

23 **7. Der Tierhalter als Haftpflichtiger. a) Funktionale Interpretation.** Im Rahmen des § 833 ist derjenige passiv legitimiert, der im Zeitpunkt des Eintritts des Verletzungserfolges Halter des Tieres gewesen ist. Der Halter wird in der Regel mit dem Eigentümer identisch sein, doch notwendig ist dies nicht.[138] Das RG und früher auch der BGH haben als Tierhalter denjenigen angesehen, der im eigenen Interesse durch **Gewährung von Obdach und Unterhalt** dauerhaft und nicht nur vorübergehend die Sorge für ein Tier übernommen hatte, insbesondere indem er es in seinen Wirtschafts- oder Haushaltsbetrieb einstellte.[139] Bei diesen Umständen handelt es sich zwar um wertvolle Indizien,[140] doch entscheidend ist nicht, wer Obdach und Unterhalt physisch gewährt, sondern wer über die Existenz des Tiers und den Kreis seiner Aktivitäten entscheiden kann. Nur wenn derjenige als Halter identifiziert wird, der „als Unternehmer des mit der Tierhaltung verbundenen Gefahrenbereiches anzusehen ist",[141] lässt sich gewährleisten, dass der Nutzen der Tierhaltung mit ihren Kosten – einschließlich der bei Dritten anfallenden Schadenskosten – in Beziehung gesetzt und keine Tiere gehalten werden, die mehr Kosten verursachen als sie Nutzen schaffen (RdNr. 2). Diese Überlegungen hat der BGH in einer neueren Entscheidung zu einer Formel verdichtet, nach der für die Haltereigenschaft maßgeblich ist, „wem die **Bestimmungsmacht** über das Tier zusteht und wer aus **eigenem Interesse** für die Kosten des Tieres aufkommt und das wirtschaftliche Risiko seines Verlustes trägt".[142] Folgerichtig kann selbst der **Dieb** Halter sein, sofern er in seiner Person die genannten Kriterien erfüllt.[143] **Besitzdiener** und **Verrichtungsgehilfen** hingegen sind nicht Halter, und sie werden es auch nicht dadurch, dass sie das Tier unbefugt für eigene Zwecke verwenden.[144]

24 **b) Die Kriterien im Einzelnen.** Das **Aufkommen für den Unterhalt des Tieres** ist ein Indiz von erheblichem Gewicht,[145] ebenso der Umstand, dass jemand die Kosten der für das Tier bestehenden Haftpflichtversicherung übernommen hat.[146] Eine Stadt ist demnach nicht Halterin der Schwäne, die sich in ihren Parks und Gewässern aufhalten, wenn sie ihnen weder Obdach noch Unterhalt gewährt,[147] und der Jagdberechtigte haftet nicht aus § 833 S. 1 für Verkehrsschäden durch Wildwechsel, weil er nicht der Halter wilder Tiere ist. Da auch § 29 BJagdG mangels Grundstücksschaden nicht eingreift, richtet sich die Haftung hier nach § 823 Abs. 1 (§ 835 RdNr. 5, 15; § 823 RdNr. 558 f.).[148]

25 Ein **vorübergehender Besitzverlust,** etwa während des Transports des Tieres durch einen Dritten, führt selbstverständlich nicht zum Verlust der Haltereigenschaft[149] und begründet auch nicht die Verantwortlichkeit der Transportperson.[150] Darüber hinaus besteht sie auch an **entlaufenen Tieren** fort.[151] Die Verantwortlichkeit des ursprünglichen Tierhalters erlischt allerdings, wenn sich eine andere Person in diese Position aufschwingt.[152] Dies

---

[138] RGZ 55, 163, 164; BGH NJW-RR 1990, 789, 790; KG VersR 1981, 1035; RGRK/*Kreft* RdNr. 39; *Soergel/Krause* RdNr. 12.

[139] RGZ 52, 117, 118; 55, 163; 62, 79, 81; 66, 1, 3; BGH VersR 1956, 574; NJW 1977, 2158.

[140] So wohl auch RGZ 66, 1, 3 f.

[141] BGH NJW-RR 1990, 789, 790; ähnlich bereits RGZ 62, 79, 83.

[142] BGH NJW-RR 1988, 655, 656; genauso OLG Schleswig NJW-RR 2006, 893; *Larenz/Canaris* II/2 § 84 II 1 b, S. 614; RGRK/*Kreft* RdNr. 39; *Staudinger/Eberl-Borges* RdNr. 71; *Lorenz* S. 182 f.

[143] *Larenz/Canaris* II/2 § 84 II 1 b, S. 615; ausf. *Eberl-Borges* VersR 1996, 1070 ff.

[144] RGZ 52, 117, 118; RGRK/*Kreft* RdNr. 49; *Brüggemeier* Deliktsrecht RdNr. 959; vgl. auch OLG München VersR 1984, 1095, 1096: Lagerverwalter kein Halter.

[145] Vgl. Fn. 139.

[146] OLG Celle VersR 1979, 161; LG Osnabrück NJW-RR 1998, 959; vgl. OLG Saarbrücken NJW-RR 1988, 1492.

[147] LG Aachen VersR 1991, 356.

[148] OLG Hamm VersR 1957, 723.

[149] BGH VersR 1978, 515; RGRK/*Kreft* RdNr. 40.

[150] RGZ 66, 1, 3.

[151] BGH NJW 1965, 2397; *Deutsch* JuS 1987, 673, 678; *Larenz/Canaris* II/2 § 84 II 1 b, S. 615; im Ergebnis auch *Wilts* VersR 1965, 1019, 1020.

[152] *Wilts* VersR 1965, 1019, 1020; offen gelassen in BGH LM Nr. 4 = NJW 1965, 2397.

tut gerade nicht, wer ein entlaufenes Tier nur vorübergehend in Verwahrung und Pflege nimmt, um es dem Eigentümer zurückzugeben.[153] Anders liegt es, wenn ein Dritter das Tier unterschlägt, wofür der Ablauf einer längeren Zeitspanne bei gleichzeitiger Unterlassung jedweder Anstrengung zum Auffinden des Eigentümers ein schlagendes Indiz sein kann.[154] Ein **Tierheim** wird Halter der von ihm aufgenommenen Hunde, selbst wenn sie an neue Eigentümer weitervermittelt werden sollen.[155]

Beim **Kauf** und anderen Erwerbsvorgängen ist der Zeitpunkt zu bestimmen, in dem die 26
Zuständigkeit für das Tier vom Veräußerer zum Erwerber wechselt. In aller Regel wird dies der Zeitpunkt der Übergabe sein.[156] Beim Versendungskauf trifft dagegen den Käufer die Halterhaftung bereits für solche Schäden, die das Tier während des Transports verursacht.[157] Ein Rücktritt des Käufers nach Übergabe beseitigt die Haltereigenschaft zunächst nicht, sondern sie wechselt erst mit Rückgabe des Tieres.[158] Der Kaufinteressent, dem ein Pferd zum Probereiten überlassen worden ist, wird nicht zum Tierhalter.

Die **Nutzung** des Tieres liegt im Normalfall in derselben Hand wie seine Unterhaltung. 27
Wird einer anderen Person lediglich die Nutzung des Tieres erlaubt, wird sie dadurch nicht zum Halter. So liegt es insbesondere in den häufigen Fällen, in denen Pferde auf Gütern oder Höfen untergestellt werden, um sie dort versorgen und durch Dritte bewegen oder ausbilden zu lassen.[159] Hier haftet der Eigentümer als Halter selbst dann, wenn der Landwirt das Pferd eigenmächtig für den Reitunterricht einsetzt.[160] Dagegen geht die Haltereigenschaft auf einen Reitverein über, der das Pferd jahrelang als Schulpferd nutzt, sämtliche Kosten für Unterhalt und Pflege trägt und die Erträge aus der Nutzung des Pferdes vereinnahmt.[161]

Bei **Gebrauchsüberlassungsverträgen** stellt die Rechtsprechung für die Haltereigen- 28
schaft maßgeblich auf die Dauer der Überlassung ab. Insbesondere geht ein Pferd, das für Reitunterricht oder Ausritte vermietet wird, nicht in die Verantwortung des Mieters über, sondern der Vermieter/Eigentümer bleibt dessen Halter.[162] Deshalb geht es nicht an, eine Narrenzunft, die gegen Zahlung einer erheblichen Summe ein Pferd für einen Rosenmontagszug gemietet hat, als Halter desselben anzusehen.[163] Nach Ansicht des RG sollte es anders sein, wenn das Pferd aus dem Wirtschaftsbetrieb des Eigentümers ausgeschieden ist,[164] doch bleibt wenig greifbar, was darunter zu verstehen sein soll. Die **Pfändung** von Pferden im Wege der Zwangsvollstreckung macht weder den Gerichtsvollzieher, noch den Verwahrer, bei dem die Tiere untergestellt werden, zu deren Halter.[165]

Derjenige, der nur **Verrichtungen an dem Tier** vornimmt, übt keine Kontrolle aus und 29
ist folglich nicht Halter. So hat der Tiertrainer keinen unmittelbaren Nutzen an dem ihm überlassenen Pferd;[166] der Tierarzt am zu Behandlungszwecken überlassenen Hund;[167] der Transporteur nicht an dem Vieh, das er auf Grund eines Beförderungsvertrags zum Schlacht-

---

[153] OLG Nürnberg MDR 1978, 757; LG Düsseldorf VersR 1968, 99.
[154] Vgl. OLG Nürnberg MDR 1978, 757: sechs Monate; *Larenz/Canaris* II/2 § 84 II 1 b, S. 615; zur Haltereigenschaft dessen, dem ein Tier zugelaufen ist, s. auch LG Paderborn NJW-RR 1996, 154.
[155] AG Duisburg NJW-RR 1999, 1628; LG Hanau VersR 2003, 873.
[156] RG JW 1930, 2421; OLG Hamburg OLG 14, 44; *Lorenz* S. 215; RGRK/*Kreft* RdNr. 47; *Soergel/Krause* RdNr. 18.
[157] OLG Hamburg HRR 1936 Nr. 872.
[158] OLG Kassel SeuffA 59 Nr. 257; OLG Naumburg SeuffA 58 Nr. 210.
[159] BGH NJW 1977, 2158 = VersR 1977, 864, 865; NJW-RR 1988, 655 f. = VersR 1988, 609; ähnlich für einen Jagdhund OLG Hamm VersR 1973, 1054; andersherum OLG Hamm VersR 1970, 729, 730.
[160] BGH NJW-RR 1988, 655, 656.
[161] OLG Celle VersR 1979, 161.
[162] BGH NJW 1971, 509 = VersR 1971, 320 (insoweit nicht in BGHZ 55, 96); NJW 1977, 2158 = VersR 1977, 864, 865; NJW 1986, 2883, 2884; 1987, 949, 950 = VersR 1987, 198, 200.
[163] So aber OLG Frankfurt VersR 1956, 454; richtig dagegen LG Münster VersR 1992, 251 f.
[164] RGZ 62, 79, 85.
[165] OLG Hamm NJW-RR 1995, 409, 410.
[166] RG WarnR 1908, Nr. 317; vgl. auch RGZ 58, 410, 412 f.; RG JW 1905, 143.
[167] AG Berlin-Lichterfelde JW 1937, 3107 Nr. 36.

§ 833 30–33   Abschnitt 8. Titel 27. Unerlaubte Handlungen

hof schafft.[168] Anders ist es bei Metzgern und Schlachthöfen, weil ihnen die ultimative Entscheidung über die Existenz des Tieres zusteht, so dass sie als Halter des angelieferten Schlachtviehs anzusehen sind.[169] Eine Landwirtschaftskammer, die den Verkauf von Schlachtvieh an den örtlichen Schlachthof bloß vermittelt, wird dadurch selbst nicht zum Halter der todgeweihten Tiere.[170]

30   **c) Mehrere Halter.** Halter muss nicht notwendig eine einzige Person sein, sondern ein Tier kann auch mehrere Halter haben, etwa ein Hund die beiden **Eheleute,** deren Haus er bewachen soll.[171] Für Tierschäden haben alle Halter gemäß § 840 Abs. 1 als Gesamtschuldner einzustehen.

31   **d) Persönliche Anforderungen an den Halter.** Tierhalter können nicht nur natürliche, sondern auch **juristische Personen** sowohl des öffentlichen wie des Privatrechts sein, etwa die Polizeibehörde für Dienstpferde und -hunde oder ein Reitverein.[172] Bei hoheitlichem Einsatz der Tiere ist allerdings der Vorrang der Staatshaftung gemäß § 839, Art. 34 GG zu beachten, was insbesondere für Nutztiere von Bedeutung ist (RdNr. 45).

32   Der **Erbe** haftet aus dem Gesichtspunkt der Tierhalterhaftung nicht schon mit dem Anfall der Erbschaft (§ 1942 Abs. 1) und dem damit eintretenden Besitzerwerb (§ 857), sondern erst dann, wenn er tatsächlich Halter geworden ist, die dafür maßgeblichen Voraussetzungen also in eigener Person erfüllt.[173] Tritt der Schadensfall vorher ein, so richtet sich der Ersatzanspruch allein gegen den Nachlass, während der Erbe seine persönliche Haftung mit den dafür allgemein zur Verfügung stehenden Instrumenten ausschließen kann (Ausschlagung, §§ 1943 ff.; Nachlassverwaltung und -insolvenz, §§ 1975 ff.; Dürftigkeitseinrede, §§ 1999 f.).

33   Auch im Rahmen der Gefährdungshaftung des Tierhalters ist der **Minderjährigenschutz** zu berücksichtigen, denn die effektive Kontrolle einer Gefahrenquelle setzt die Fähigkeit voraus, das Gefährdungspotential des Tieres zu erfassen und zu steuern. Streitig ist allerdings, welcher Schutzstandard bei der Tierhalterhaftung gelten soll, ob die für Rechtsgeschäfte geltenden Vorschriften der §§ 104 ff.[174] oder diejenigen der §§ 828 f.[175] Eine vermittelnde Auffassung unterwirft den Minderjährigen der Haftung stets dann, wenn die Haltereigenschaft mit Zustimmung des gesetzlichen Vertreters begründet wurde; hält der Minderjährige das Tier auf eigene Faust, soll sich seine Verantwortlichkeit nach § 828 richten.[176] Diese Differenzierung überzeugt nicht, denn wenn einem Minderjährigen mit Zustimmung der Eltern ein Tier überlassen wird, dann werden sie in aller Regel die Kontrolle über das Tier behalten und insofern selbst als Halter anzusehen sein.[177] Im Übrigen ist nicht zu verstehen, warum ausgerechnet bei der strikten Haftung für Quellen erhöhter Gefahr der Minderjährigenschutz gegenüber dem allgemein im Deliktsrecht geltenden Standard der §§ 828 f. ausgebaut werden sollte. Außerdem passen die Voraussetzun-

---

[168] RGZ 168, 331, 332.
[169] RGZ 79, 246, 247; 168, 331, 332 f.; OLG Düsseldorf VersR 1983, 543.
[170] RGZ 66, 1, 3 f.; für einen Kommissionär genauso OLG Celle VersR 1976, 763; wN bei *Geigel/Haag* 18. Kap. RdNr. 1 ff.; *Staudinger/Eberl-Borges* RdNr. 67 ff.
[171] BGH VersR 1956, 574; OLG Hamm VersR 1973, 1054; OLG Nürnberg VersR 1964, 1178 f.; OLG Saarbrücken NJW-RR 1988, 1492, 1493; RGRK/*Kreft* RdNr. 50; *Erman/Schiemann* RdNr. 7; vgl. auch LG Osnabrück NJW-RR 1998, 959 für den Fall, dass der Hund der Ehefrau seit Jahren im gemeinsamen Haushalt der Eheleute lebt und der Ehemann für ihn eine Haftpflichtversicherung abgeschlossen hat.
[172] Für staatliche Einrichtungen RGZ 76, 225, 227; BGH VersR 1972, 1047, 1048; OLG Frankfurt VersR 1985, 646; für juristische Person des Privatrechts BGH NJW 1971, 509; NJW-RR 1986, 571, 572; OLG Celle VersR 1979, 161; allg. RGRK/*Kreft* RdNr. 42; *Staudinger/Eberl-Borges* RdNr. 116.
[173] Im Ergebnis wohl auch *Staudinger/Eberl-Borges* RdNr. 112; *Eberl-Borges* VersR 1996, 1070, 1072 f.
[174] *Canaris* NJW 1964, 1987, 1991; *Larenz/Canaris* II/2 § 84 I 2 g, S. 609; *Bamberger/Roth/Spindler* RdNr. 14; *Staudinger/Schmidt* Jura 2000, 347, 349.
[175] *v. Caemmerer*, FS Flume I, 1978, S. 359, 363; *Deutsch* JuS 1981, 317, 324; *Lorenz* S. 221; *Soergel/Krause* RdNr. 12.
[176] *Hofmann* NJW 1964, 228, 232 f.; *Deutsch* JuS 1987, 673, 678; *Palandt/Sprau* RdNr. 10; ähnlich *Staudinger/Eberl-Borges* RdNr. 115; *Eberl-Borges* VersR 1996, 1070, 1074 ff., die danach differenzieren will, ob die Eltern „Kenntnis vom Tier" hatten.
[177] BGH NJW-RR 1990, 789, 790; *Larenz/Canaris* II/2 § 84 II 1 b, S. 615.

gen der §§ 104 ff. nicht auf die Begründung der Haltereigenschaft, denn es bleibt unklar, welche Rechtsfolge eintreten soll, wenn die Eltern ihre Zustimmung (§§ 107, 108) verweigern, jedoch gleichwohl nicht gegen die Tierhaltung einschreiten. Anzuwenden sind folglich die §§ 828 f. Die Einsichtsfähigkeit ist auf die von dem Tier ausgehende Gefahr und nicht auf die Begründung der Haltereigenschaft zu beziehen.[178]

Entsprechend richtet sich die Tierhalterhaftung von geistig Behinderten, ggf. unter **Betreuung** stehenden Personen nach den §§ 827, 829, nicht dagegen nach den §§ 1896 ff. 34

e) Haftung der Nicht-Halter. Eine Person, die nicht Halter ist, aber dennoch mit Hilfe 35 eines Tieres einem anderen Schaden zufügt, haftet zwar nicht nach § 833, ist deshalb aber auch nicht immun. Vielmehr unterliegen diese Fälle der allgemeinen Deliktshaftung nach § 823 Abs. 1. Bedeutung hat dies insbesondere für Reitlehrer und Reitschulen, denen das Verhalten ihrer Mitarbeiter gemäß § 831 zuzurechnen ist.[179]

III. Besonderheiten der Verschuldenshaftung nach S. 2

1. Verhältnis zur Gefährdungshaftung. Gemäß § 833 S. 2 haftet der Halter für Schä- 36 den, die von einem zu beruflichen oder zu Erwerbs- bzw. Unterhaltszwecken gehaltenen Haustier verursacht worden sind, nur unter der **Voraussetzung einer Pflichtverletzung**, wobei die Beweislast – insoweit genauso wie bei den §§ 831, 832 – zu Lasten des Halters umgekehrt ist. Der Tier- und der Halterbegriff bestimmen sich hier nach denselben Grundsätzen wie bei der Gefährdungshaftung (RdNr. 6, 23 ff.), doch kommt es **nicht auf die Realisierung einer spezifischen Tiergefahr an** (RdNr. 9 ff.), weil es sich bei § 833 S. 2 um einen Fall der Verschuldenshaftung handelt, die nicht auf spezielle Risikolagen begrenzt ist. Die Begrenzung der Haftung auf solche Verletzungen, die im Schutzbereich der verletzten Sorgfaltspflicht liegen (§ 823 RdNr. 286 ff.), führt allerdings zu weitgehend äquivalenten Ergebnissen.

2. Normzweck. Die **Privilegierung des Nutztierhalters** gegenüber dem ideelle Inte- 37 ressen verfolgenden Tierhalter ist **teleologisch nicht zu rechtfertigen** (RdNr. 2 f.) und verhindert eine normativ überzeugende Interpretation und Anwendung von S. 2 (vgl. RdNr. 3 aE). So ist etwa in der Rechtsprechung versucht worden, den Entlastungsbeweis bei kommerzieller Pferdevermietung generell auszuschließen, weil der Gesetzgeber von 1908 allein haus-, land- und ernährungswirtschaftliche Zwecke verfolgt habe.[180] Das darin zum Ausdruck kommende Unbehagen ist nachvollziehbar, doch der BGH hat ihm mit Recht nicht nachgegeben,[181] denn es lässt sich nicht mittels einer Sonderdogmatik der Pferdevermietung beheben, sondern es erforderte die generelle Beschränkung des Entlastungsbeweises auf die Landwirtschaft. Für einen solchen Schritt bietet der Wortlaut des S. 2 allerdings keinerlei Anhaltspunkte, und er widerspräche sowohl dem aus den Materialien ersichtlichen Willen des Gesetzgebers des Jahres 1908 als auch der ständigen Rechtsprechung des RG, das bereits in einer seiner ersten Entscheidungen zu S. 2 keine Bedenken hatte, sogar dem Staat mit Blick auf seine Armeepferde den Entlastungsbeweis zu eröffnen (vgl. RdNr. 31, 45).[182] Hier kann nur der Gesetzgeber Abhilfe schaffen.[183] Bis dahin generiert § 833 S. 2 für den Beklagten des Schadensersatzprozesses den Anreiz, sich auf die kom-

---

[178] Vgl. aber *Larenz/Canaris* II/2 § 84 I 2 g, S. 609.
[179] Beispiel: OLG Hamm VersR 2003, 77, 78.
[180] OLG Düsseldorf NJW-RR 1986, 325 f.; AG Köln NJW 1986, 1266: Brauereipferde, die ausschließlich Werbezwecken dienen; *Dunz* JZ 1987, 63, 64; 3. Aufl. RdNr. 32.
[181] BGH NJW 1986, 2501, 2502 (Revisionsentscheidung zu OLG Düsseldorf NJW-RR 1986, 325); NJW 1986, 2883, 2884; OLG Düsseldorf VersR 1993, 115; OLG Karlsruhe r+s 1997, 111; OLG Brandenburg VersR 1998, 375, 376; *Herrmann* JR 1980, 489, 497; *Honsell* MDR 1982, 798, 799 f. mwN.
[182] RGZ 76, 225, 226 f. mit eingehender Auswertung der Gesetzesmaterialien; vgl. RT-Drucks. 1907/1908 Nr. 538 S. 7 sowie Verhandlungen 1905/1906 Nr. 255 Bl. 3, auszugsweise mitgeteilt in BGH NJW 1986, 2501, 2502.
[183] BGH NJW 1986, 2501, 2502; zu entsprechenden Forderungen Fn. 15.

merzielle Widmung des schadensträchtigen Tiers zu berufen, um sich so den Zugang zum Entlastungsbeweis zu eröffnen.[184]

38   **3. Haus- und Nutztiere.** Das Privileg des Tierhalters, sich durch Nachweis pflichtgemäßen Verhaltens von der Haftung zu befreien, hängt davon ab, dass es sich bei dem schadensträchtigen Tier **zugleich um ein Haustier und um ein Nutztier** handelt. Schäden durch Nutztiere, die keine Haustiere sind, wie insbesondere in Stöcken gehaltene Bienen, lösen daher die Gefährdungshaftung nach S. 1 aus,[185] und Gleiches gilt für Haustiere, denen die Nutztiereigenschaft fehlt, wie die in Privatwohnungen gehaltenen Katzen oder aus Liebhaberei gehaltene Reitpferde.[186]

39   **a) Das Haustier.** Nach einer Formulierung des RG sind Haustiere „diejenigen **Gattungen von zahmen Tieren, die in der Hauswirtschaft zu dauernder Nutzung** oder Dienstleistung gezüchtet und gehalten zu werden pflegen und dabei auf Grund von Erziehung und Gewöhnung der Beaufsichtigung und dem beherrschenden Einfluss des Halters unterstehen".[187] Der Gegensatz zum Haustier ist das wilde Tier (§ 960 Abs. 1), und zwar unabhängig davon, ob es diesen Charakter noch aufweist, wie im Zoo gehaltene Raubtiere, oder ob es gezähmt wurde (§ 960 Abs. 3). Für S. 2 muss das Tier also von Natur aus zahm sein, wie dies bei Pferd, Maultier, Esel, Rind, Ziege, Schaf, Schwein, Hund, Katze, Geflügel (einschließlich seltener Arten), Tauben sowie Kaninchen der Fall ist. Keine Haustiere sind neben den bereits erwähnten Bienen[188] auch Singvögel, Affen, Reptilien, Pelztiere, Reh- und Damwild,[189] Strauße, Lamas, Meerschweinchen und Aquarienfische. Für die Abgrenzung maßgebend ist stets die inländische Verkehrsauffassung, so dass Kamele in Deutschland nicht als Haustiere anzusehen sind, obwohl sie andernorts als solche zu qualifizieren sein mögen. Entgegen verbreiteter Meinung besteht kein Anlass, zu wissenschaftlichen Untersuchungen oder als Schaustück in zoologischen Gärten gehaltene Haustiere allein aus diesen Gründen aus dem Anwendungsbereich des S. 2 auszuklammern.[190]

40   **b) Nutzcharakter.** Die Gefährdungshaftung greift nur bei solchen Haustieren nicht ein, die dem Beruf, der Erwerbstätigkeit oder dem Unterhalt des Tierhalters, kurz: einem **kommerziellen Zweck zu dienen bestimmt** sind. Der Gegensatz zum Nutztier ist das Luxustier, das aus Liebhaberei bzw. zu sonstigen ideellen Zwecken gehalten wird, etwa aus altruistischen Motiven von einem Tierheim.[191] Nachdem auf den Bauernhöfen die vormals tierischen Hilfskräfte (Pferde) durch Maschinen ersetzt worden sind, fallen vor allem die zur Milch- und Fleischproduktion gehaltenen Tiere unter S. 2, darüber hinaus aber auch Zuchttiere[192] sowie Schlachtvieh.[193] Dabei ist es gleichgültig, ob die vom Tier gelieferten Güter am Markt getauscht oder vom Halter für seinen eigenen Bedarf verbraucht werden. Wenn allerdings behauptet wird, ein Blindenhund diene dem Unterhalt seines Halters,[194] dann

---

[184] Beispiele: OLG Düsseldorf NJW-RR 1992, 475, 476: Vorbringen, das Pferd sei gelegentlich vermietet worden; OLG Köln VersR 2001, 1396: Absicht, mit einem einzigen Pferd eine Zucht aufzubauen; LG Flensburg VersR 1987, 942; LG Osnabrück NJW-RR 1998, 959, jeweils mit dem Vorbringen, der Hund sei als Deckrüde eingesetzt worden.
[185] RGZ 141, 406, 407; 158, 388, 391 f.; RGRK/*Kreft* RdNr. 75; *Staudinger/Eberl-Borges* RdNr. 120; aA *Rohde* VersR 1968, 227, 229 f.
[186] BGH LM Nr. 11 = NJW 1982, 763 = JR 1982, 330 m. Anm. *Schlund*; LM Nr. 12 = NJW 1982, 1589; LM § 249 (A) Nr. 77 = NJW-RR 1986, 572, 573 m. zust. Anm. *Haase* JR 1986, 240; OLG Hamm VersR 2001, 1519.
[187] RGZ 158, 388, 391; ähnlich RGZ 79, 246, 248; *Soergel/Krause* RdNr. 30; *Staudinger/Eberl-Borges* RdNr. 118.
[188] Vgl. Fn. 185.
[189] OLG Nürnberg NJW-RR 1991, 1500, 1501; *Lorz* NuR 1989, 337, 338.
[190] So aber *Palandt/Sprau* RdNr. 16; RGRK/*Kreft* RdNr. 75; *Staudinger/Eberl-Borges* RdNr. 121, im Anschluss an ein vages obiter dictum in RGZ 79, 246, 248.
[191] LG Hanau VersR 2003, 873.
[192] BGH NJW-RR 1992, 981.
[193] RGZ 79, 246, 247; OLG Düsseldorf VersR 1983, 543.
[194] *Larenz/Canaris* II/2 § 79 V 2 a, S. 487; RGRK/*Kreft* RdNr. 81; *Staudinger/Eberl-Borges* RdNr. 140; *Weimar* JR 1982, 401, 402.

erklärt sich das wohl nur durch das Bestreben, dem Blinden den Zugang zum Entlastungsbeweis nach S. 2 zu eröffnen.

Die **Widmung als Nutztier** kann sich bereits aus der Natur des Tieres ergeben, wie etwa 41 bei Kühen oder Hühnern, doch insbesondere Pferde und Hunde kommen sowohl als Luxus- als auch als Nutztiere in Betracht. In diesen Fällen potentiell doppelfunktionaler Tiere kommt es darauf an, welchem Zweck das Tier objektiv dienstbar gemacht und damit konkludent gewidmet worden ist.[195] Der Jagdhund eines Försters ist als Nutztier zu qualifizieren, während derselbe Hund bei einem Hobbyjäger ideellen Zwecken dient und damit unter S. 1 fällt;[196] ein aus Liebhaberei gehaltenes Rennpferd ist Luxustier, wird es kommerziell eingesetzt, ist es Nutztier;[197] der von einem Betrieb gehaltene Wachhund ist Nutztier, der Wachhund eines Privathauses Luxustier;[198] Katzen sind normalerweise Luxustiere par excellence, werden jedoch zum Nutztier, wenn sie in Unternehmen zum Schutz von Vorräten gegen Mäuse und Ratten gehalten werden.[199]

Handelt es sich um ein **„doppelfunktionales" Tier** mit verschiedenen Aufgaben, das 42 sowohl dem Erwerbsstreben, aber auch der Freizeitgestaltung zuzurechnen ist, ist für die Beurteilung nicht auf den Charakter derjenigen Aktivität abzustellen, bei der der Schaden konkret verursacht worden ist, sondern auf die allgemeine Widmung des Tiers, seine hauptsächliche Zweckbestimmung.[200] Wird ein Hund gelegentlich als Deckrüde eingesetzt, wird er dadurch noch nicht zum Nutztier,[201] und gleiches gilt, wenn Tiere auf Ausstellungen präsentiert und dort prämiert wurden[202] oder ein Pferd gelegentlich Dritten gegen Entgelt zum Ausreiten überlassen wurde.[203] Fristet ein Pferd sein **„Gnadenbrot"**, weil es aus Alters- oder Gesundheitsgründen keine Arbeit mehr in der Landwirtschaft ausführen kann, behält es dabei seine Eigenschaft als Nutztier.[204]

Problematisch ist die Zurechnung von Unfällen in den zahlreichen **Reitsportvereinen.** 43 Auch wenn die Mitglieder für die Aufwendungen des Idealvereins aufkommen und womöglich für die einzelne Reitstunde ein Entgelt entrichten müssen, macht dies die Pferde nicht zu Nutztieren im Interesse der Gewinnerzielung, sondern sie bleiben Luxustiere, für die der Verein als Halter gemäß § 833 S. 1 einzustehen hat.[205] Daran ändert sich selbst dann nichts, wenn der Verein seine Pferde auch einmal an Nicht-Mitglieder vermietet, sei es für einzelne Reitstunden, sei es für Karnevalsumzüge, sofern nur die ideelle Zwecksetzung weiter dominiert.[206] Kommt bei einem kommerziellen Einsatz der Pferde jemand zu Schaden, scheidet eine Entlastung des Vereins nach S. 2 aus.

Werden Tiere von **Korporationen des Privatrechts** gehalten (RdNr. 31), kommt es auf 44 die von ihnen im Rahmen ihrer Satzung verfolgten Zwecke an.[207] Sind letztere ideeller Natur, fehlt es an der Verfolgung eines kommerziellen Interesses, so dass eine Entlastung

---

[195] BGH VersR 1955, 116; 1962, 807, 808.
[196] OLG Bamberg NJW-RR 1990, 735.
[197] OLG Düsseldorf NJW-RR 2001, 890, 891.
[198] BGH LM Nr. 3a; OLG München VersR 1984, 1095, 1096; OLG Hamm NJW-RR 1995, 599; OLG Stuttgart HRR 1930 Nr. 110; LG Flensburg VersR 1987, 942.
[199] OLG Oldenburg VersR 1960, 840; LG Ravensburg VersR 1986, 823; LG Kiel NJW 1984, 2297; LG Bielefeld VersR 1982, 1083.
[200] BGH VersR 2005, 1254 f. = NJW-RR 2005, 1183; RGZ 76, 225, 229; BGH NJW 1971, 509 (insoweit nicht in BGHZ 55, 96); NJW 1982, 1589; NJW-RR 1986, 572, 573 m. zust. Anm. *Haase* JR 1986, 240; OLG Hamm VersR 2001, 1519.
[201] LG Flensburg VersR 1987, 942.
[202] LG Osnabrück NJW-RR 1998, 959.
[203] OLG Düsseldorf NJW-RR 1992, 475, 476.
[204] OLG Hamm NJW-RR 1994, 1436, 1437; aA *Staudinger/Eberl-Borges* RdNr. 143, die streng auf die konkrete Zweckbestimmung im Zeitpunkt der Schadensverursachung abstellen und nicht auf die allg. Zweckbestimmung.
[205] BGH NJW 1971, 509 (insoweit nicht in BGHZ 55, 96); NJW 1982, 763, 764; 1982, 1589; NJW-RR 1986, 572, 573 m. zust. Anm. *Haase* JR 1986, 240; OLG Hamm VersR 2001, 1519; anders bei einer kommerziellen Reitschule: OLG Düsseldorf VersR 2003, 870, 871.
[206] BGH NJW 1971, 509 (insoweit nicht in BGHZ 55, 96); 1982, 1589; NJW-RR 1986, 572, 573.
[207] OLG Celle VersR 1972, 469; OLG Frankfurt VersR 1995, 1362.

§ 833 45–47　　　　　　　　　　　　　　　　Abschnitt 8. Titel 27. Unerlaubte Handlungen

nach S. 2 nicht in Betracht kommt.[208] Die damit gegebene Diskriminierung ideeller (gemeinnütziger) Zwecke ist zwar rechtspolitisch abwegig (RdNr. 3 aE), mit Blick auf S. 2 aber leider unvermeidlich.[209]

45　Bei **Behörden und juristischen Personen des öffentlichen Rechts** tritt an die Stelle des kommerziellen Zwecks die Widmung des Tiers im Rahmen des jeweiligen Zuständigkeits- und Aufgabenbereichs.[210] Wird der Schaden von dem Tier bei Durchführung einer hoheitlichen Maßnahme verursacht, etwa beim Einsatz von Polizeipferden oder -hunden, richtet sich die Haftung allerdings nicht nach § 833, sondern nach § 839, Art. 34 GG, ohne dass sich dadurch an der Beweislastverteilung nach S. 2 etwas änderte.[211] Zur Haltereigenschaft RdNr. 31.

46　**4. Die Sorgfaltspflichten des Nutztierhalters. a) Grundlagen.** Die Sorgfaltspflichtverletzung des Nutztierhalters ist keine Haftungsvoraussetzung, sondern im Rahmen des **Entlastungsbeweises** zu berücksichtigen, denn wie bei §§ 831, 832 schließt pflichtgemäßes Verhalten die Haftung ebenso aus wie die mangelnde Kausalität eines etwaigen Sorgfaltspflichtverstoßes für die Rechtsgutsverletzung. Vgl. § 831 RdNr. 32 ff., § 832 RdNr. 40.

47　Inhaltlich sind die Sorgfaltspflichten des Tierhalters vor allem darauf gerichtet zu verhindern, dass das Tier außer Kontrolle gerät.[212] Ist er zur fachgerechten Unterbringung und Beaufsichtigung nicht in der Lage, muss er das Tier ganz abschaffen. Für **Umfang und Intensität der Sorgfaltspflichten** sind die allgemein gültigen Kriterien maßgeblich, also Art und Größe des drohenden Schadens sowie der Wahrscheinlichkeit seines Eintritts, wobei die Eintrittswahrscheinlichkeit vor allem von der Gefährlichkeit des konkreten Tieres abhängt (vgl. § 823 RdNr. 259 ff.; § 832 RdNr. 24 ff.). Ist ein Tier bereits in der Vergangenheit durch Aggressivität in Erscheinung getreten, sind verschärfte Sicherheitsstandards zu beachten, einem Hund ist zB ein Maulkorb anzulegen.[213] Wie stets gelten erhöhte Sicherheitsstandards, wenn **Kinder** in der Nähe sind, und zwar gerade auch dann, wenn ihre Gefährdung darauf beruht, dass Tiere eine besondere Anziehungskraft auf sie ausüben (§ 823 RdNr. 268).[214] **Absolute Sicherheit** kann aber auch im Rahmen des § 833 nicht verlangt werden, sondern die Sorgfaltspflichten des Tierhalters sind auf zumutbare Anstrengungen begrenzt (eingehend § 823 RdNr. 259 ff.; Vor § 823 RdNr. 48).[215] Der durch eine konkrete Maßnahme zu erzielende Zuwachs an Sicherheit, dh. die Reduktion der zu erwartenden Schäden, darf nicht außer Verhältnis zu den Kosten einer solchen Maßnahme stehen. Die Zumutbarkeitsgrenze ist zB überschritten, wenn von einem Pferdezüchter verlangt wird, die gegen ein Ausbrechen der Tiere ausreichend schützende Umzäunung seines Krals zusätzlich auch dagegen zu sichern, dass kleine Kinder unter dem Zaun hindurchkriechen und sich so der Gefahr von Verletzungen aussetzen.[216] Die von Tieren ausgehenden Gefahren für den Straßenverkehr sind wegen der hohen Schadensrisiken auf ein Mindestmaß herabzusetzen (vgl. auch RdNr. 52 ff.).[217] Dafür bedarf es keiner Ausnahme von den allgemeinen Grundsätzen,[218] sondern ihrer konsequenten Anwendung: Weil auf Straßen oder gar Autobahnen gelangte Tiere schwerste Schäden verursachen können, sind die Sicherheitsanforderungen besonders hoch anzusetzen.

---

[208] Zu den Reitsportvereinen bereits Fn. 205.
[209] Anders OLG Frankfurt VersR 1995, 1362; wohl auch OLG Celle VersR 1972, 469 f.
[210] RGZ 76, 225, 227 f.; BGH VersR 1972, 1047, 1048; OLG Frankfurt VersR 1985, 646.
[211] BGH VersR 1972, 1047, 1048; OLG Frankfurt VersR 1985, 646; OLG Düsseldorf VersR 1995, 173; OLG Hamm VersR 1998, 495, 496.
[212] BGH NJW-RR 1990, 789, 790; 1992, 981 = LM Nr. 22; OLG Düsseldorf VersR 1983, 543.
[213] BGH VersR 2005, 1254, 1255 = NJW-RR 2005, 1183; OLG Karlsruhe VersR 2001, 724.
[214] BGH NJW-RR 1992, 981 = LM Nr. 22.
[215] BGH VersR 1976, 1086, 1087; NJW-RR 1992, 981 = LM Nr. 22.
[216] BGH NJW-RR 1992, 981 = LM Nr. 22.
[217] BGH VersR 1976, 1086, 1087; NJW-RR 1992, 981 = LM Nr. 22.
[218] So aber BGH VersR 1976, 1086, 1087.

Delegiert der Tierhalter die **Beaufsichtigung des Tieres auf einen Dritten,** indem er 48 einen Tierhüter iS des § 834 bestellt oder sonst eine Person mit der Beaufsichtigung des Tieres betraut, so trifft ihn die selbstverständliche Verpflichtung, den Aufsichtführenden sorgfältig auszuwählen und zu überwachen.[219] Der Halter ist aber nicht allein zur sorgfältigen Auswahl und Überwachung von Gehilfen verpflichtet, sondern er bleibt darüber hinaus gehalten, schädigendes Verhalten seines Tieres durch sonstige Sicherungsmaßnahmen zu verhüten.[220] Beispielhaft zu nennen sind die eingehende Instruktion des Gehilfen über die Eigenschaften des Tieres,[221] die Errichtung und Unterhaltung geeigneter Pferche und Stallungen usw.[222] Diese überschießenden Sorgfaltspflichten des Tierhalters sind nichts anderes als das Pendant zu den aus § 823 Abs. 1 geläufigen betrieblichen Organisationspflichten, die den bescheidenen Pflichtenkanon des § 831 Abs. 1 S. 2 – Auswahl und Überwachung – an praktischer Bedeutung weit überragen (§ 823 RdNr. 380 f.). Folgerichtig hat das RG die weitergehenden Pflichten des Tierhalters ursprünglich in § 823 Abs. 1 verorten und dem Geschädigten die Beweislast für ihre Verletzung aufbürden wollen,[223] doch dieser Ansatz ist zu Recht nicht aufrechterhalten worden.[224] Heute ist vielmehr anerkannt, dass der Tierhalter schlechthin die Beweislast für sein sorgfaltsgemäßes Verhalten trägt. Misslingt dem Tierhalter der nach diesen Grundsätzen zu führende Entlastungsbeweis, haftet er neben dem Aufsichtführenden gemäß § 840 Abs. 1 als Gesamtschuldner.[225]

b) Kasuistik. aa) Halten von vierfüßigen Herdentieren auf Weiden und in Stal- 49 **lungen.** Bei der **Freilufthaltung** von Weidetieren reicht grundsätzlich ein Elektrozaun als Sicherungsmaßnahme gegen das Entweichen aus.[226] Die **Umzäunung** einer Pferdeweide muss eine Mindesthöhe von 120 cm erreichen.[227] Ist mit Fußgängerverkehr zu rechnen, sind die Passanten durch geeignete Schilder vor den Tieren zu warnen.[228] Das Koppel-Weidetor muss so beschaffen sein, dass es auch gegenüber Fremdeinwirkungen und **Manipulationen Unbefugter** gesichert ist.[229] Weiter muss bedacht werden, dass das Tor von einem anderen Tier geöffnet werden könnte,[230] dass ein Bulle in die Weide einbrechen und die Rinder freilassen könnte[231] und dass Hunde in den Pferch einer Schafherde eindringen und diese in Panik versetzen könnten.[232] Die Umzäunung samt Toren und Schlössern muss in angemessenen Abständen auf ihre ordnungsmäßige Beschaffenheit untersucht werden.[233]

Liegt der **Weideplatz in unmittelbarer Nähe von Straßen** oder Gleisen mit hohem 50 Verkehrsaufkommen, insbesondere Autobahnen, gelten besonders hohe Sicherheitsanforde-

---

[219] RGZ 76, 225, 230; BGH VersR 1956, 516, 517; 1963, 1141, 1142; OLG Hamm NJW-RR 1995, 599; OLG Düsseldorf VersR 2003, 870, 871.
[220] RGZ 76, 225, 230; *Erman/Schiemann* RdNr. 14; *RGRK/Kreft* RdNr. 83; *Weimar* MDR 1964, 651; im Ergebnis auch *Staudinger/Eberl-Borges* RdNr. 154.
[221] RG JW 1928, 2318, 2319; OLG Düsseldorf VersR 1967, 1100, 1101; OLG München VersR 1991, 561 = NZV 1991, 189, 190.
[222] OLG Düsseldorf VersR 1967, 1100, 1101.
[223] RGZ 76, 225, 231; anders *Staudinger/Eberl-Borges* RdNr. 154, mit der Ansicht, weitergehende Pflichten des Geschäftsherrn ergäben sich aus § 831.
[224] Anders bereits RG JW 1928, 2318, 2319; weiter OLG Nürnberg VersR 1964, 1178, 1179; OLG Düsseldorf VersR 1967, 1100, 1101.
[225] RGZ 60, 313, 315; OLG Hamm NJW-RR 1995, 599; OLG München VersR 1991, 561 = NZV 1991, 189, 190; *RGRK/Kreft* RdNr. 50, 83.
[226] BGH VersR 1976, 1086, 1087; OLG Hamm MDR 1989, 639 f.; anders LG Darmstadt NJW-RR 1999, 1630 für Schafe, die nicht nur kurzfristig, sondern den ganzen Tag über oder nachts unbeaufsichtigt sind.
[227] OLG Köln VersR 2001, 1396, 1397.
[228] OLG Düsseldorf NJW-RR 2001, 890, 891.
[229] BGH VersR 1964, 595, 596; 1966, 186, 187; 1976, 1086, 1087; MDR 1967, 829, 830; OLG Nürnberg NJW-RR 1991, 1500, 1501; 2004, 1168, 1169; vgl. auch BGH NJW-RR 1990, 789, 790; OLG Bamberg ZfS 1982, 253.
[230] BGH VersR 1966, 758 f.
[231] OLG Düsseldorf VersR 1956, 226.
[232] OLG München VersR 1991, 561 = NZV 1991, 189, 190.
[233] OLG Celle RdL 1962, 105; vgl. auch OLG Hamm VersR 1982, 1009, 1010; MDR 1989, 639 f.; OLG München VersR 1991, 561 = NZV 1991, 189, 190; OLG Nürnberg NJW-RR 1991, 1500, 1501.

rungen.²³⁴ Jedenfalls dann, wenn das Gelände zwischen Weide und Straße keine natürlichen Hindernisse bietet, reicht ein bloßer Elektrozaun nicht mehr aus, sondern es bedarf einer zusätzlichen mechanischen Einfriedung.²³⁵ Ist eine Rinderweide, die in unmittelbarer Nähe einer verkehrsreichen Landstraße liegt, mit einem Zaun von weniger als 1 m Höhe umgeben, so hat der Halter damit seinen Sicherungspflichten nicht genügt, weil ein solches Hindernis von einer Kuh übersprungen (!) werden kann.²³⁶ Ein ca. 130 cm hoher Elektrozaun in Verbindung mit einer Gummibewehrung stellt dagegen eine ausreichende Barriere dar, um selbst Pferde abzuhalten.²³⁷

51 Hohe Sicherheitsstandards sind schließlich auch bei **Stallungen** zu beachten, die sich in der Nähe viel befahrener Straßen oder Autobahnen befinden. Nicht nur ist ein Ausbrechen der Tiere durch entsprechende bauliche Gestaltung zu verhindern, sondern der Stall ist auch gegen das Eindringen Unbefugter zu sichern.²³⁸ Es kann einen Viehhändler nicht entlasten, wenn er vorträgt, ein Rind sei ihm wegen der Öffnung der Stalltür durch einen Dritten entwischt und er habe es trotz intensiver Suche nicht wiederfinden können.²³⁹

52 **bb) Tiere im Straßenverkehr.** Eine uneingeschränkte Pflicht des **Hundehalters**, sein Tier außerhalb seines eingefriedeten Grundstücks an die Leine zu legen, ergibt sich weder aus § 28 StVO noch aus § 1 StVO.²⁴⁰ Außerhalb verkehrsreicher Straßen genügt es, dass Hunde durch Befehle oder Zeichen geführt werden können.²⁴¹ Entfernt sich ein Hund aus der Einwirkungssphäre des Halters, muss dieser ihn unverzüglich zurückholen.²⁴² Besteht die Gefahr, dass ein Jagdhund in den öffentlichen Straßenverkehr gelangt, darf die Nachsuche nicht unangeleint erfolgen.²⁴³

53 Die Anforderungen an die Sicherungspflichten für **Pferde**, die im Straßenverkehr fortbewegt werden, hängen vom Charakter des Pferdes und den Verkehrsverhältnissen ab. Bei einer Straße mit lebhaftem Verkehr kann es geboten sein, dass der Reiter vom Bock steigt, um das Pferd am Zügel zu führen, insbesondere wenn es Zeichen von Nervosität zeigt.²⁴⁴

54 Aus § 28 Abs. 2 StVO ist zu schließen, dass das **Treiben von Vieh im Straßenverkehr** grundsätzlich erlaubt ist. Auf verkehrsreichen Straßen muss die Herde allerdings von einer angemessenen Zahl von Treibern begleitet werden, die geistig und körperlich dazu in der Lage sind, auf Gefahrensituationen im Straßenverkehr angemessen zu reagieren.²⁴⁵ Bei einer Herde von sechs Rindern reicht eine einzige Person in der Regel nicht aus,²⁴⁶ ebenso wenig bei dem Unterfangen, eine große Schafherde über einen Bahnübergang zu treiben.²⁴⁷

55 Beim **Transport von Schlachtvieh** sind die Tiere anzubinden und die Stricke oder Ketten auf ihre Festigkeit zu überprüfen.²⁴⁸ Für weitere Einzelheiten ist auf die Erläuterungen zu § 28 StVO zu verweisen; etwa bei *Hentschel* Straßenverkehrsrecht, 39. Aufl. 2007, § 28 RdNr. 5 ff.

56 **cc) Bissige Hunde.** Die Anbringung eines Schildes mit der Aufschrift „**Vorsicht bissiger Hund**" vermag die Haftung für Schäden, die ein auf dem Grundstück frei herum-

---

²³⁴ BGH VersR 1959, 759, 760; 1964, 595, 596; 1966, 186, 187; OLG München VersR 1991, 561 = NZV 1991, 189; OLG Nürnberg NJW-RR 1991, 1500, 1501; *Soergel/Krause* RdNr. 39.
²³⁵ BGH VersR 1976, 1086, 1087; OLG Jena NZV 2002, 464.
²³⁶ OLG Düsseldorf NZV 1988, 21 (Revision vom BGH nicht angenommen); VersR 2001, 1038, 1039; OLG Hamm VersR 1997, 1542.
²³⁷ OLG Celle r+s 2000, 105.
²³⁸ BGH NJW-RR 1990, 789, 790.
²³⁹ OLG Oldenburg NJW-RR 1999, 1627 f.
²⁴⁰ OLG Koblenz VersR 1999, 508; BayObLG NJW 1987, 1094; *Hentschel* Straßenverkehrsrecht § 28 StVO RdNr. 7.
²⁴¹ OLG Koblenz VersR 1999, 508; BayObLG NJW 1987, 1094; OLG Bamberg NJW-RR 1990, 735.
²⁴² OLG Hamm VersR 2001, 914.
²⁴³ OLG Bamberg NJW-RR 1990, 735.
²⁴⁴ Vgl. OLG Karlsruhe NJW 1962, 1064, 1065; anders OLG Karlsruhe NJW 1963, 498.
²⁴⁵ LG Paderborn VersR 1955, 176.
²⁴⁶ OLG Koblenz VersR 1955, 424; vgl. auch OLG Nürnberg VersR 1968, 285.
²⁴⁷ LG Düsseldorf VersR 1965, 390, 391.
²⁴⁸ OLG Düsseldorf VersR 1983, 543, 544.

laufender Hund einem Besucher zufügt, nicht auszuschließen.[249] Gleiches gilt, wenn die Tiere in der Wohnung verwahrt werden, sofern diese für Dritte zugänglich ist.[250] Allerdings ist dem Verletzten ein **Mitverschulden** anzurechnen, wenn er das Schild nicht beachtet.[251] Zum Mitverschulden beim Betreten von Wohnungen, in denen sich bissige Hunde aufhalten, s. RdNr. 59. Ein gefährlicher Hund muss grundsätzlich an der Kette liegen,[252] diese muss dagegen gesichert sein, dass er durch Unbefugte freigelassen wird,[253] und sie muss so angelegt sein, dass der angekettete Hund Zugangswege nicht erreichen kann.[254] Wird ein Wachhund innerhalb eines umzäunten Gebietes eingesetzt, so muss durch regelmäßige Kontrolle der Umzäunung ein Entweichen verhindert werden.[255] Einem in der Vergangenheit durch Aggressivität in Erscheinung getretenen Hund ist ggf. ein Maulkorb anzulegen.[256] Dagegen braucht der Halter eines gutartigen Hofhundes nicht zu verhindern, dass dieser in Kontakt mit den dort lebenden Bewohnern kommt.[257] Auch ein an sich harmloser und gutmütiger Bernhardiner ist anzuketten, weil ein ausgewachsener Hund dieser Rasse schon wegen seiner Größe und seines Gewichts gefährlich ist.[258] Läuft ein zu einer Gaststätte gehörender Wachhund unbeaufsichtigt in einem zur Toilette führenden Vorraum herum und beißt einen Gast, so kann sich der Halter nicht mit dem Vorbringen entlasten, der Hund sei äußerst ruhig und zuverlässig.[259] Weiteres Fallmaterial findet sich bei RGRK/*Kreft* RdNr. 87 ff.

IV. Rechtsfolgen

1. Haftungsausfüllung. Für den Umfang des Schadensersatzes gelten die §§ 249 ff., die im Unterschied zu den Sondergesetzen über die Gefährdungshaftung Haftungshöchstbeträge nicht kennen. Der Schadensersatz umfasst selbst im Fall der Gefährdungshaftung nach S. 1 auch den Nichtvermögensschaden (Schmerzensgeld), wie sich aus § 253 Abs. 2 ergibt.[260]

2. Unterlassung. Hat ein Tier – etwa ein Hund – einem Menschen bereits Rechtsgutsverletzungen zugefügt und ist mit weiteren zu rechnen, kann der Betroffene den Halter gemäß § 1004 auf Unterlassung in Anspruch nehmen, auch wenn das bedrohte Rechtsgut ebenfalls ein Tier bzw. Hund ist.[261]

3. Mitverschulden, Handeln auf eigene Gefahr, Wie-Beschäftigte. Dem Geschädigten ist es als Mitverschulden angerechnet worden, wenn er trotz Kenntnis der Anwesenheit von Hunden unaufgefordert eine fremde Wohnung betreten hat.[262] Bei Pferden ist ein hinreichender Sicherheitsabstand zu wahren, und zwar gerade vor dem Hinterteil, um nicht durch Auskeilen oder sonstige Angriffs- oder Verteidigungsbewegungen des Pferdes verletzt zu werden.[263] Zum Haftungsausschluss beim Handeln auf eigene Gefahr vgl. RdNr. 18. Soweit die Rechtsprechung den **Reiter** in den Schutzbereich der Tierhalter-Gefährdungshaftung einbezieht (RdNr. 18), wird dies im Rahmen des § 254 insofern aufgefangen, als

---

[249] OLG Düsseldorf VersR 1981, 1035, 1036; OLG Köln VersR 1998, 377.
[250] BGH VersR 2005, 1254, 1255 = NJW-RR 2005, 1183.
[251] LG Memmingen NJW-RR 1994, 1435.
[252] OLG Köln VersR 1998, 377; LG Essen VersR 1956, 459.
[253] OLG Karlsruhe VersR 1955, 552.
[254] OLG Stuttgart VersR 1955, 686; LG Traunstein VersR 1955, 255.
[255] BGH VersR 1964, 779, 780; vgl. auch OLG Köln VersR 1977, 937.
[256] OLG Karlsruhe VersR 2001, 724; vgl. auch OLG Düsseldorf NJW-RR 1995, 661 = VersR 1995, 173 bei Einsatz eines Diensthundes in größeren Menschenmengen.
[257] BGH LM Nr. 13 = NJW 1983, 1311 = JR 1983, 327 m. Anm. *Schlund*.
[258] BGH VersR 1965, 719, 720.
[259] LG Wiesbaden NJW-RR 1991, 148.
[260] So zu § 847 aF ausdrücklich BGH NJW 1977, 2158, 2159; VersR 1982, 348, 349.
[261] LG Coburg NJW-RR 2003, 20.
[262] OLG München VersR 2002, 1165 f., das allerdings den Anspruch aus Gefährdungshaftung gleich in vollem Umfang entfallen lässt.
[263] RG JW 1906, 739; BGH JZ 1955, 87; OLG Koblenz NJW-RR 2002, 1106; OLG Schleswig NJW-RR 2004, 382 f.; anders OLG München VersR 2003, 871, 872; OLG Koblenz NJW-RR 2006, 529, 530.

§ 833 60, 61 Abschnitt 8. Titel 27. Unerlaubte Handlungen

ihm nicht nur Reitfehler[264] zum Mitverschulden angerechnet werden, sondern auch ein Übernahmeverschulden. Wer sich auf ein Pferd setzt oder einen Parcours wählt, dem er nicht gewachsen ist, muss sich diese Fahrlässigkeit anspruchsmindernd anrechnen lassen.[265] Zur Beweislastverteilung s. RdNr. 63 aE. Ein Tierhalter, der dem Tierarzt bei der Behandlung der Kreatur zur Hand geht, wird dadurch nicht zum sog. **„Wie-Beschäftigten"** iS des § 2 Abs. 2 Nr. 1 SGB VII.[266] Andernfalls käme der Tierarzt in den Genuss des Haftungsprivilegs des § 104 SGB und hätte dem an Körper und Gesundheit geschädigten Tierhalter nicht für pflichtwidriges Verhalten bei der Versorgung des Tieres einzustehen.[267] Umgekehrt wäre der Halter seiner Haftung aus § 833 ledig, wenn sich das Tier bei der Behandlung losrisse und auf den Tierarzt stürzte.[268]

60 Macht der **Tierhalter** Schadensersatzansprüche **gegen** einen anderen **Tierhalter** gemäß § 833 S. 1 geltend, muss er sich die Mitverursachung des Schadens durch „sein" Tier gemäß § 254 haftungsmindernd anrechnen lassen.[269] Das gilt nicht nur bei wechselseitigen Verletzungen der Tiere untereinander, sondern auch dann, wenn einer der Tierhalter zu Schaden kommt.[270] Bei der Bestimmung der Haftungsquoten kommt es auf die Gefahrenpotentiale der beteiligten Tiere sowie darauf an, in welchem Umfang sie sich jeweils in dem Schadensereignis ausgewirkt haben;[271] unter Umständen tritt der Anteil eines Tieres, das von einem anderen angegriffen worden ist, völlig zurück.[272]

61 Trifft die Tierhalterhaftung mit der Gefährdungshaftung des **Luftfahrzeughalters** gemäß § 33 LuftVG zusammen, ohne dass einer Partei ein Verschulden vorzuwerfen ist, ist die hälftige Teilung des Schadens angemessen.[273] Bei **Straßenverkehrsunfällen** unter Beteiligung von ausgebrochenem Vieh ist anerkannt, dass die Tiergefahr die Betriebsgefahr des Kfz. in der Regel deutlich überwiegt.[274] Bei nächtlichen Zusammenstößen kann die mitwirkende Betriebsgefahr sogar völlig zurücktreten, so dass der Tierhalter für den vollen Schaden aufzukommen hat.[275] Im Wesentlichen gelten dieselben Grundsätze auch für Unfälle, die durch Kollision ausgebrochener Weidetiere mit Schienenbahnen verursacht werden.[276] Umgekehrt liegt es, wenn ein ansonsten ordnungsgemäß untergebrachtes Pferd durch Hubschrauberlärm oder durch das Zischen eines Heißluftballons scheu gemacht wird und sich verletzt; in diesem Fall überwiegt die von dem Luftfahrzeughalter gemäß §§ 33 ff. LuftVG zu verantwortende Gefahr bei weitem, so dass der Anspruch des Halters lediglich um 20% bzw. 1/3 zu kürzen ist.[277]

---

[264] Beispiel: BGH NJW 1992, 2474, 2475: Einsatz der Reitgerte gegen ein fremdes, lustloses Tier.
[265] BGH VersR 1982, 348, 349; NJW 1993, 2611, 2612; viel zu großzügig OLG Düsseldorf VersR 2003, 870, 871.
[266] OLG Hamm NJW-RR 2003, 239, 240; aA OLG Düsseldorf NJW-RR 1991, 605; OLG Oldenburg NJW-RR 2002, 819.
[267] So OLG Oldenburg NJW-RR 2002, 819.
[268] So in dem Fall OLG Hamm NJW-RR 2003, 239.
[269] RGZ 67, 120, 121 f.; BGH VersR 1976, 1090, 1091 f. (insoweit nicht in BGHZ 67, 129); OLG Saarbrücken NJW-RR 2006, 969, 970.
[270] OLG Saarbrücken NJW-RR 2006, 969, 970.
[271] BGH NJW 1976, 2130, 2131= VersR 1976, 1090, 1091 f. (insoweit nicht in BGHZ 67, 129); BGH LM § 254 (Ba) Nr. 17 = NJW 1985, 2416, 2417; OLG Düsseldorf VersR 1993, 1496 m. Anm. *Schmalzl* VersR 1994, 234; OLG Düsseldorf NJW-RR 1994, 92, 93; OLG Hamm NJW-RR 1995, 598 und 599; OLG Koblenz VersR 1984, 394 f.; OLG Celle VersR 1981, 1057, 1058 m. Anm. *Chr. Schulze*; LG Hanau VersR 1987, 166; OLG Düsseldorf NJW-RR 1999, 1256; vgl. auch OLG Frankfurt NJW-RR 1999, 1255 das wegen Überwiegen der eigenen Tiergefahr des Verletzten einen Anspruch aus § 833 verneinte.
[272] OLG Stuttgart NJW-RR 2003, 242; genau umgekehrt bei Schreckreaktion eines Pferdes im Angesicht eines Hunderudels OLG Saarbrücken NJW-RR 2006, 969, 970.
[273] OLG Hamm NJW 2004, 2246, 2247.
[274] OLG Frankfurt VersR 1982, 908; OLG Hamm NZV 1989, 234; OLG Koblenz NZV 1991 471; OLG Düsseldorf NZV 1988, 21; OLG Nürnberg NJW-RR 1991, 1500, 1501; OLG Hamm VersR 1997, 1542, 1543; OLG Köln VersR 2001, 1396, 1397.
[275] So BGH VersR 1964, 595, 596; 1966, 186, 187; 1976, 1086, 1087 f.; NJW-RR 1990, 789, 791.
[276] OLG Hamm VersR 1982, 1009, 1010; OLG München VersR 1991, 561, 562 = NZV 1991, 189, 190.
[277] OLG Koblenz NJW-RR 2002, 1542; OLG Düsseldorf NZV 1998, 329, 330.

4. Haftung mehrerer. Mehrere Halter haften für schädigendes Verhalten ihrer Tiere 62
nach Maßgabe der §§ 830, 840.[278] Bei **Nebentäterschaft,** wenn also feststeht, dass beide
Tierhalter für die Verletzung verantwortlich sind, ergibt sich die Solidarhaftung aus § 840
Abs. 1; **Kausalitätszweifel** lassen sich unter den Voraussetzungen des § 830 Abs. 1 S. 2
überwinden.[279] Nach allgemeinen Regeln ist § 830 Abs. 1 S. 2 allerdings unanwendbar,
wenn nicht ausgeschlossen werden kann, dass der Geschädigte von seinem eigenen Tier
verletzt worden ist.[280] Ist neben dem Tierhalter ein Dritter für den Schaden verantwortlich,
so haften beide dem Verletzten gegenüber als Gesamtschuldner, § 840 Abs. 1. Nach § 840
Abs. 3 ist im Innenverhältnis der Dritte allein verpflichtet, sofern Letzteren ein Verschulden
an der Verletzung trifft (vgl. im Einzelnen § 840 RdNr. 19).

V. Beweislastverteilung

1. Gefährdungshaftung. Zur Begründung eines Anspruchs aus § 833 S. 1 muss der 63
Geschädigte darlegen und ggf. beweisen, dass ihm durch ein vom Beklagten gehaltenes
Tier Schaden zugefügt wurde.[281] Das gilt auch für die tatsächlichen Umstände, welche die
Tierhaltereigenschaft begründen, während die Qualifikation als Halter unter den nachgewiesenen Umständen eine Rechtsfrage darstellt. Im Übrigen genügt der Geschädigte seiner
Darlegungs- und Beweislast, wenn er geltend macht, die Rechtsgutsverletzung sei von dem
Tier verursacht worden.[282] Die Wertung, dass sich der Schaden als Realisierung der spezifischen Tiergefahr darstellt, ist vom Gericht zu treffen. Macht der Tierhalter zu seiner
Verteidigung geltend, an der Realisierung der Tiergefahr fehle es deshalb, weil die Kreatur
den Schaden unter dem Einfluss menschlicher Leitung oder unter (physiologischem) Zwang
verursacht habe (RdNr. 12 ff.), ist es an ihm, die tatsächlichen Umstände vorzutragen.[283]
Auch die Behauptung, den Geschädigten treffe ein **Mitverschulden** an der Entstehung des
Schadens iS des § 254, hat nach allgemeinen Grundsätzen der Tierhalter zu beweisen (§ 254
RdNr. 145).[284] Hatte der Verletzte allerdings die Aufsicht als Tierhüter iS von § 834 übernommen, so muss er die Vermutung gegen sich gelten lassen, dass ihn ein Mitverschulden an
dem Schaden trifft.[285] Wird der **Reiter** in den Schutzbereich der Tierhalter-Gefährdungshaftung nach S. 1 mit der Rechtsprechung einbezogen (RdNr. 18), dann trifft ihn die
Beweislast dafür, dass der Unfall mit dem Pferd nicht auf eigenen Fehlern bei der Bewegung
des Tieres beruht (RdNr. 59).[286]

2. Verschuldenshaftung nach § 833 S. 2. Zur Haftungsbegründung nach S. 2 hat der 64
Geschädigte dieselben Umstände nachzuweisen wie im Rahmen des S. 1, während der
Beklagte die Beweislast für die Eigenschaft des Tieres als Haus- und Nutztier trägt[287] und
er sich in Bezug auf die sorgfältige Beaufsichtigung und Haltung des Tieres entlasten muss
oder nachzuweisen hat, dass etwaige Pflichtverstöße für die eingetretene Verletzung nicht
kausal geworden sind. Ist der Schaden durch ein entlaufenes Weidetier verursacht worden,
muss der Halter erklären, auf welche Weise das Tier die vorhandenen Barrieren überwunden
haben kann, ohne dass ihm Fahrlässigkeit vorzuwerfen wäre.[288] Die häufig entscheidungserhebliche Frage nach dem Maß der Sorgfalt und den im Einzelfall zu stellenden Sorgfaltsan-

---

[278] RGZ 60, 313, 315; BGH VersR 1956, 127, 128; RGRK/*Kreft* RdNr. 50.
[279] BGHZ 55, 96, 97 ff.; vgl. § 830 RdNr. 31; unrichtig BGH VersR 1956, 127, 128, wo § 840 Abs. 1 zur Überwindung von Kausalitätszweifeln herangezogen wird.
[280] Unrichtig daher OLG Oldenburg VersR 2002, 1166: Anteilshaftung auf 50%. Vgl. § 830 RdNr. 40 f.
[281] *Terbille* VersR 1995, 129; RGRK/*Kreft* RdNr. 73; Soergel/*Krause* RdNr. 50.
[282] BGH VersR 1956, 127, 128; NJW-RR 1990, 790, 791.
[283] BGHZ 39, 103, 109 = NJW 1963, 953, 954 = VersR 1963, 485, 486; BGH NJW-RR 1990, 789, 791.
[284] BGH NJW 1982, 763, 765 = VersR 1982, 366; *Terbille* VersR 1995, 129, 131.
[285] RGZ 58, 410, 413; RG JW 1905, 393; BGH VersR 1972, 1047, 1048; *Terbille* VersR 1995, 129, 132.
[286] BGH NJW 1992, 2474, 2475 f.; 1993, 2611, 2612; abl. dagegen *Terbille* VersR 1995, 129, 133; anders noch BGH NJW 1982, 763, 765.
[287] BGH VersR 2005, 1254, 1255 = NJW-RR 2005, 1183.
[288] OLG Hamm NJW-RR 2006, 36; *Palandt/Sprau* RdNr. 21.

forderungen im konkreten Einzelfall ist eine Rechtsfrage, für die der Grundsatz des iura novit curia gilt (§ 832 RdNr. 40). Behauptet der Geschädigte, im konkreten Fall sei wegen der besonderen Gefährlichkeit des Tieres eine verschärfte Beaufsichtigung erforderlich gewesen, hat der Halter dessen Ungefährlichkeit bzw. mangelnde Wildheit nachzuweisen.[289] Beruft sich der Tierhalter auf einen vertraglichen Haftungsausschluss, trifft ihn insoweit die Beweislast.[290]

§ 834 Haftung des Tieraufsehers

[1] Wer für denjenigen, welcher ein Tier hält, die Führung der Aufsicht über das Tier durch Vertrag übernimmt, ist für den Schaden verantwortlich, den das Tier einem Dritten in der im § 833 bezeichneten Weise zufügt. [2] Die Verantwortlichkeit tritt nicht ein, wenn er bei der Führung der Aufsicht die im Verkehr erforderliche Sorgfalt beobachtet oder wenn der Schaden auch bei Anwendung dieser Sorgfalt entstanden sein würde.

I. Normzweck

1 § 834 ist genauso konstruiert wie die Parallelbestimmungen der §§ 831 Abs. 2, 832 Abs. 2 betreffend die Delegation der Aufsichtspflicht über Verrichtungsgehilfen sowie Minderjährige und Behinderte (§ 831 RdNr. 50; § 832 RdNr. 18 ff.). In allen drei Fällen haftet der Übernehmer geschädigten Dritten aus vermutetem Aufsichtsverschulden. Dieser Grundsatz führt im Bereich der Tierschadenshaftung allerdings zu einer **Asymmetrie zwischen § 833 S. 1 und § 834.** Während der Halter von Luxustieren nämlich verschuldensunabhängig für die Folgen von Rechtsgutsverletzungen aufzukommen hat, ihm also eine Entlastung durch Nachweis gehöriger Beaufsichtigung verwehrt ist, steht dem Hüter einer solchen Kreatur der Entlastungsbeweis gemäß § 834 offen. Dem Geschädigten entsteht dadurch kein Nachteil, weil die Haftung des Tierhüters nicht exklusiv ist, sondern die Verantwortlichkeit des Tierhalters aus § 833 daneben fortbesteht.

II. Tierhüter

2 Der Begriff des Tierhüters bedarf der **Abgrenzung in zweierlei Richtung,** nämlich einmal gegenüber demjenigen des Tierhalters, zum anderen gegenüber Personen, die zwar mit dem Tier in Berührung kommen, deren Beziehung zu ihm jedoch nicht intensiv genug ist, um sie als Tierhüter zu qualifizieren. Was den ersten Gesichtspunkt anlangt, so scheidet § 834 aus, wenn die Haltereigenschaft von einer Person auf eine andere übergeht, wie es insbesondere bei der Veräußerung von Tieren der Fall ist.[1] Darüber hinaus findet die Vorschrift keine Anwendung auf **Leitungsorgane und Gehilfen** des – ggf. korporativ verfassten – Halters,[2] die in dessen Unternehmen tätig sind und dessen Sorgfaltspflichten in Bezug auf das Tier wahrnehmen.[3] Folgerichtig ist der bei einem Reitverein angestellte Reitlehrer während des Unterrichts kein Tieraufseher in Bezug auf die eingesetzten Pferde.[4] Bei der Kanalisierung der Haftung auf den Unternehmer-Halter[5] sollte es auch dann bleiben, wenn der abhängig Beschäftigte ein gewisses Maß an Selbstständigkeit im Umgang

---

[289] RG JW 1928, 2318, 2319; WarnR 1929 Nr. 99 und 145; OLG Düsseldorf NJW-RR 2001, 890, 891; *Palandt/Sprau* RdNr. 21.
[290] BGH NJW 1977, 2158, 2159; OLG Nürnberg VersR 1999, 240, 241; RGRK/*Kreft* RdNr. 73.
[1] RGZ 168, 331, 332; OLG Saarbrücken NJW-RR 1988, 1492, 1493; zum Übergang der Haltereigenschaft bei Veräußerung vgl. § 833 RdNr. 25.
[2] Zur Fähigkeit juristischer Personen, Halter zu sein, s. § 833 RdNr. 31.
[3] OLG Düsseldorf VersR 1981, 82; OLG München VersR 1984, 1095, 1096; *Erman/Schiemann* RdNr. 2; *Soergel/Krause* RdNr. 2; ähnlich auch RGZ 50, 244, 248.
[4] OLG Hamm VersR 2002, 1519; OLG Düsseldorf VersR 2003, 870, 871.
[5] Vgl. zu dieser Kennzeichnung BGH NJW-RR 1990, 789, 790.

mit dem Tier genießt, wie etwa ein Kutscher.[6] Der den Bauernhof mitleitende Schwiegersohn kommt demnach als Co-Halter in Betracht, nicht aber als Tierhüter.[7]

Tierhüter iS des § 834 können somit sämtliche Personen sein, die außerhalb des Unternehmens des Halters stehen, insofern **selbständig sind, und die Sorge über das Tier übernehmen,** ohne dadurch selbst Halter zu werden, weil sie es **nicht im eigenen Interesse und nicht auf eigene Rechnung** versorgen.[8] Klassische Beispiele sind Schäfer, Hirten, auf Kommissionsbasis arbeitende Viehhändler,[9] derjenige, der Tiere „in Pension"[10] oder während der Abwesenheit des Halters in Pflege nimmt,[11] um sie zu versorgen und ggf. auch auszubilden, zu trainieren oder zu dressieren.[12] Hat ein Reitverein die Führung der Aufsicht über das Pferd eines Mitglieds durch Vertrag übernommen, ist der Verein als Tierhüter anzusehen.[13]

Nach seinem Wortlaut setzt § 834 weiter voraus, dass die Führung der Aufsicht gerade **durch Vertrag** übernommen ist. Selbstverständlich kann eine solche Abrede auch konkludent getroffen werden,[14] und sie braucht sich nicht auf die Übernahme der Aufsichtspflicht zu richten, sondern kann dies als Nebenregelung beinhalten, wie dies bei Transport-, Verwahrungs- und Behandlungsverträgen angenommen wird (vgl. § 832 RdNr. 17).[15] Ein Mietvertrag über ein Pferd macht für die Dauer des selbständigen Ausritts den Mieter zum Tierhüter mit den haftungsrechtlichen Folgen des § 834.[16] Vertragspartner muss nicht der Halter sein, solange nur die Aufsichtsführung für diesen übernommen wird.[17] Hat zB ein **Gerichtsvollzieher** ein Pferd gepfändet und bei einem Dritten auf Grund eines mit ihm geschlossenen Vertrags untergestellt, so wird der Dritte Tierhüter iS von § 834.[18]

Daraus folgert die hM, eine **gesetzliche Pflicht** zur Führung der Aufsicht – falls es so etwas bei Tieren überhaupt geben sollte[19] – reiche für § 834 nicht aus.[20] Vor allem aber soll die bloß **tatsächliche Übernahme** der Aufsicht den Übernehmer nicht zum Tierhüter machen, so dass insbesondere **Gefälligkeitsverhältnisse** aus dem Anwendungsbereich des § 834 herausfallen.[21] Dementsprechend sind nach der Rechtsprechung Familienangehörige, die die Aufsicht über ein Tier übernommen haben, nicht als Hüter anzusehen, weil es ihnen an einem Rechtsbindungswillen mangele.[22] Zu einer derart wortgetreuen Anwendung des § 834 besteht allerdings genauso wenig Anlass wie bei § 832 Abs. 2, denn nach den für die Delegation deliktischer (Verkehrs- bzw.) Sorgfaltspflichten im Rahmen von § 823 Abs. 1 anerkannten Grundsätzen reicht für die Haftung des Übernehmers im Außenverhältnis

---

[6] RGRK/*Kreft* RdNr. 3; anders wohl *Staudinger/Eberl-Borges* RdNr. 21.
[7] Ohne Begründung anders BGH VersR 1963, 1141, 1142.
[8] Zum Selbständigkeitserfordernis BGH VersR 1993, 1540, 1541; OLG München VersR 1957, 31; 1958, 461; *Soergel/Krause* RdNr. 2; zu den Kriterien des Halterbegriffs vgl. § 833 RdNr. 20 ff.
[9] BGH VersR 1959, 802; OLG München VersR 1957, 31; 1958, 461; ähnlich RGZ 66, 1, 4; 168, 331, 332 f.
[10] OLG Hamm VersR 1975, 865; OLG Frankfurt MDR 1996, 590.
[11] BGH VersR 1993, 1540, 1541; OLG Saarbrücken NJW-RR 1988, 1492: Übernahme eines Dackels wegen längerem Krankenhausaufenthalt.
[12] RGZ 58, 410, 413.
[13] BGH VersR 1982, 348, 350.
[14] OLG Hamm NJW-RR 1995, 599; vgl. auch BGH NJW 1987, 949, 950 = LM § 833 Nr. 18.
[15] RGZ 168, 331, 333; OLG Frankfurt MDR 1996, 590; OLG Saarbrücken NJW-RR 1988, 1492, 1494; LG Lübeck r+s 1988, 11.
[16] BGH NJW 1987, 949, 950; andernfalls ergäbe sich die haftungsrechtliche Verantwortung allerdings aus § 823 Abs. 1; vgl. RdNr. 5.
[17] RGZ 168, 331, 333; OLG Hamm NJW-RR 1995, 409, 410; OLG Saarbrücken NJW-RR 1988, 1492, 1494; RGRK/*Kreft* RdNr. 4.
[18] OLG Hamm NJW-RR 1995, 409, 410.
[19] *Staudinger/Eberl-Borges* RdNr. 15 nennt als Beispiel die elterliche Sorge gemäß §§ 1626, 1631, doch Letztere ist keine gesetzliche Aufsichtspflicht über ein Tier!
[20] OLG Hamm NJW-RR 1995, 409, 410; *Weimar* MDR 1968, 640 f.; RGRK/*Kreft* RdNr. 3. Die vom OLG Hamm NJW-RR 1995, 409, 410 erörterte Aufsichtspflicht des Gerichtsvollziehers ist öffentlich-rechtlicher Natur und führt allenfalls zu § 839, Art. 34 GG.
[21] RGZ 50, 244, 247; RG JW 1905, 202, 203; RGRK/*Kreft* RdNr. 3.
[22] OLG Nürnberg NJW-RR 2001, 1500, 1501; implizit auch BGH NJW-RR 1990, 789, 790.

bereits die **faktische Übernahme der Aufgabe** aus (§ 823 RdNr. 296 f.; § 832 RdNr. 18 f.). Es besteht kein Grund, bei § 834 anders zu entscheiden.²³ Eine übermäßige Belastung des Übernehmers bewirkt dies nicht, denn die Qualifikation als Tierhüter hat lediglich zur Folge, dass die Beweislast hinsichtlich der Pflichtverletzung umgekehrt wird – was sachgerecht ist, weil der Geschädigte zu den dafür relevanten Informationen regelmäßig keinen Zugang hat. Bliebe § 834 unanwendbar, haftete die faktische Aufsichtsperson für Schäden Dritter aus § 823 Abs. 1.²⁴

III. Haftungsvoraussetzungen

6   § 834 S. 1 setzt ebenso wenig wie § 833 S. 2 einen spezifischen Tierschaden voraus, denn es handelt sich um einen Fall der Verschuldenshaftung, die nicht auf spezifische Tiergefahren begrenzt ist (vgl. § 833 RdNr. 36). Auch auf die Unterscheidung zwischen Luxus- und Nutztier kommt nichts an, weil der Tierhüter sich in jedem Fall durch den Nachweis hinreichender Sorgfalt bei der Beaufsichtigung des Tiers entlasten kann. Zu den insoweit geltenden Maßstäben ausführlich § 833 RdNr. 46 ff.

IV. Verhältnis zur Tierhalterhaftung

7   Sind sowohl Tierhüter als auch Tierhalter verantwortlich, so haften sie dem Verletzten nach § 840 Abs. 1 als **Gesamtschuldner**.²⁵ Die Aufteilung des Schadens im Innenverhältnis richtet sich nach dem Vertragsverhältnis, hilfsweise nach § 254. § 840 Abs. 3 ist auf den Innenausgleich nicht anwendbar.²⁶

V. Tierhüter als Verletzter

8   Wird der Tierhüter selbst durch das Tier verletzt, so kann er den Tierhalter nicht auf der Grundlage von § 833 S. 1 auf Schadensersatz in Anspruch nehmen, weil die **ratio der Gefährdungshaftung nicht zutrifft,** wenn die Schäden demjenigen entstehen, der die Schadensquelle selbst kontrolliert (vgl. § 833 RdNr. 20). Die Rechtsprechung teilt diese Prämisse nicht und hält deshalb Schadensersatzansprüche des Tierhüters gegen den Tierhalter grundsätzlich für möglich, gelangt jedoch regelmäßig zur Minderung der Haftung, indem sie den Tierhüter entgegen der bei § 254 üblichen Beweislastverteilung mit dem Nachweis belastet, dass er die ihm obliegende Aufsichtspflicht erfüllt hat und dennoch durch das Tier verletzt worden ist (§ 833 RdNr. 59, 63).²⁷ Mit Recht wird es abgelehnt, die Vereinbarung über die Übernahme der Tieraufsicht um einen stillschweigend verabredeten Haftungsverzicht anzureichern.²⁸

VI. Beweislast

9   Der Geschädigte hat die Zufügung einer Rechtsgutsverletzung durch das Tier sowie die Eigenschaft des Beklagten als Tierhüter zu beweisen. Dem Tierhüter obliegt es sodann, sich durch Nachweis sorgfältiger Beaufsichtigung oder mangelnder Kausalität von Aufsichtsmängeln für den Schadenseintritt zu entlasten. Zu den Details vgl. § 833 RdNr. 64.

---

²³ Übereinstimmend *Soergel/Krause* RdNr. 3; *Bamberger/Roth/Spindler* RdNr. 2; jetzt auch *Staudinger/Eberl-Borges* RdNr. 12; ambivalent *Erman/Schiemann* RdNr. 2.
²⁴ BGH NJW-RR 1990, 789, 790; OLG Nürnberg NJW-RR 2001, 1500, 1501.
²⁵ RGZ 60, 313, 315; OLG Hamm NJW-RR 1995, 599; OLG Saarbrücken VersR 1988, 1080.
²⁶ *Wussow/Terbille* Kap. 11 RdNr. 74 f.; *Palandt/Thomas* RdNr. 3.
²⁷ BGH VersR 1972, 1047, 1048; OLG Saarbrücken NJW-RR 1988, 1492, 1493; OLG Frankfurt MDR 1996, 590; LG Lübeck r+s 1988, 11; *Terbille* VersR 1995, 129, 133; *Wussow/Terbille* Kap. 11 RdNr. 71; *Staudinger/Eberl-Borges* RdNr. 28; im Ergebnis auch OLG Hamm VersR 1975, 865; bei der Schädigung des Reiters genauso BGH NJW 1992, 2475 f.; 1993, 2611, 2612; 1999, 3119, 3120.
²⁸ RGZ 58, 410, 413.

§ 835 *(weggefallen)*

Wird durch Schwarz-, Roth-, Elch-, Dam- oder Rehwild oder durch Fasanen ein Grundstück beschädigt, an welchem dem Eigenthümer das Jagdrecht nicht zusteht, so ist der Jagdberechtigte verpflichtet, dem Verletzten den Schaden zu ersetzen. Die Ersatzpflicht erstreckt sich auf den Schaden, den die Thiere an den getrennten, aber noch nicht eingeernteten Erzeugnissen des Grundstücks anrichten.

Ist dem Eigenthümer die Ausübung des ihm zustehenden Jagdrechts durch das Gesetz entzogen, so hat derjenige den Schaden zu ersetzen, welcher zur Ausübung des Jagdrechts nach dem Gesetze berechtigt ist. Hat der Eigenthümer eines Grundstücks, auf dem das Jagdrecht wegen der Lage des Grundstücks nur gemeinschaftlich mit dem Jagdrecht auf einem anderen Grundstück ausgeübt werden darf, das Jagdrecht dem Eigenthümer dieses Grundstücks verpachtet, so ist der letztere für den Schaden verantwortlich.

Sind die Eigenthümer der Grundstücke eines Bezirkes zum Zwecke der gemeinschaftlichen Ausübung des Jagdrechts durch das Gesetz zu einem Verbande vereinigt, der nicht als solcher haftet, so sind sie nach dem Verhältnis der Größe ihrer Grundstücke ersatzpflichtig.

I. Ersatz des § 835 durch das BJagdG

Das BGB hatte die Regelung des Jagdrechts den Ländern überlassen wollen (Art. 70 bis 72 EGBGB) und sich selbst auf die Bestimmung des § 835 über die Wildschadenshaftung konzentriert.[1] Dem Landesjagdrecht ist dann jedoch das RJagdG vom 3. 7. 1934 (RGBl. I S. 549) übergestülpt worden, das in seinen §§ 41 ff. eine umfassende Regelung der Jagdschadenshaftung brachte und konsequenterweise § 835 aufhob. Nach dem Zweiten Weltkrieg lief die Rechtsentwicklung in den einzelnen Besatzungszonen auseinander und § 835 lebte in einigen Ländern wieder auf, bis für die Bundesrepublik das am 1. 4. 1953 in Kraft getretene BJagdG eine einheitliche Regelung der Wildschadenshaftung in den §§ 29 ff. BJagdG brachte und § 835 wohl endgültig der Rechtsgeschichte überantwortete.[2] Das Haftungsregime des Bundesrechts ist allerdings nicht abschließend, sondern lässt Raum für regionale Ergänzungen durch die Landesjagdgesetze. Insbesondere sind die Länder gemäß § 29 Abs. 4 BJagdG ermächtigt, die Schadensersatzpflicht auf andere als die in § 29 Abs. 1 BJagdG genannten Wildarten zu erstrecken.[3]

II. Die Vorschriften des BJagdG über Wild- und Jagdschadensersatz

2. Wildschadensersatz

§ 29 Schadensersatzpflicht. (1) ¹Wird ein Grundstück, das zu einem gemeinschaftlichen Jagdbezirk gehört oder einem gemeinschaftlichen Jagdbezirk angegliedert ist (§ 5 Abs. 1), durch Schalenwild, Wildkaninchen oder Fasanen beschädigt, so hat die Jagdgenossenschaft dem Geschädigten den Wildschaden zu ersetzen. ²Der aus der Genossenschaftskasse geleistete Ersatz ist von den einzelnen Jagdgenossen nach dem Verhältnis des Flächeninhalts ihrer beteiligten Grundstücke zu tragen. ³Hat der Jagdpächter den Ersatz des Wildschadens ganz oder teilweise übernommen, so trifft die Ersatzpflicht den Jagdpächter. ⁴Die Ersatzpflicht der Jagdgenossenschaft bleibt bestehen, soweit der Geschädigte Ersatz von dem Pächter nicht erlangen kann.

(2) ¹Wildschaden an Grundstücken, die einem Eigenjagdbezirk angegliedert sind (§ 5 Abs. 1), hat der Eigentümer oder der Nutznießer des Eigenjagdbezirks zu ersetzen. ²Im Falle der Verpachtung haftet der Jagdpächter, wenn er sich im

---

[1] Zur Geschichte der Wildschadenshaftung vgl. den Überblick bei RGRK/*Kreft* RdNr. 1 ff.
[2] Gesetz vom 29. 11. 1952, BGBl. I S. 780, idF der Bekanntmachung vom 29. 9. 1976, BGBl. I S. 2849.
[3] Übersicht über die einschlägigen landesrechtlichen Vorschriften bei Soergel/*Krause* RdNr. 1; Lorz/Metzger/Stöckel, Jagdrecht Fischereirecht, 1998, JagdZVO Anh. 1 S. 188 f.

Pachtvertrag zum Ersatz des Wildschadens verpflichtet hat. ³ In diesem Falle haftet der Eigentümer oder der Nutznießer nur, soweit der Geschädigte Ersatz von dem Pächter nicht erlangen kann.

(3) ¹ Bei Grundstücken, die zu einem Eigenjagdbezirk gehören, richtet sich, abgesehen von den Fällen des Absatzes 2, die Verpflichtung zum Ersatz von Wildschaden (Absatz 1) nach dem zwischen dem Geschädigten und dem Jagdausübungsberechtigten bestehenden Rechtsverhältnis. ² Sofern nichts anderes bestimmt ist, ist der Jagdausübungsberechtigte ersatzpflichtig, wenn er durch unzulänglichen Abschuß den Schaden verschuldet hat.

(4) Die Länder können bestimmen, daß die Wildschadensersatzpflicht auch auf anderes Wild ausgedehnt wird und daß der Wildschadensbetrag für bestimmtes Wild durch Schaffung eines Wildschadensausgleichs auf eine Mehrheit von Beteiligten zu verteilen ist (Wildschadensausgleichskasse).

§ 30 Wildschaden durch Wild aus Gehege. Wird durch ein aus einem Gehege ausgetretenes und dort gehegtes Stück Schalenwild Wildschaden angerichtet, so ist ausschließlich derjenige zum Ersatz verpflichtet, dem als Jagdausübungsberechtigten, Eigentümer oder Nutznießer die Aufsicht über das Gehege obliegt.

§ 31 Umfang der Ersatzpflicht. (1) Nach den §§ 29 und 30 ist auch der Wildschaden zu ersetzen, der an den getrennten, aber noch nicht eingeernteten Erzeugnissen eines Grundstücks eintritt.

(2) ¹ Werden Bodenerzeugnisse, deren voller Wert sich erst zur Zeit der Ernte bemessen läßt, vor diesem Zeitpunkt durch Wild beschädigt, so ist der Wildschaden in dem Umfange zu ersetzen, wie er sich zur Zeit der Ernte darstellt. ² Bei der Feststellung der Schadenshöhe ist jedoch zu berücksichtigen, ob der Schaden nach den Grundsätzen einer ordentlichen Wirtschaft durch Wiederanbau im gleichen Wirtschaftsjahr ausgeglichen werden kann.

§ 32 Schutzvorrichtungen. (1) Ein Anspruch auf Ersatz von Wildschaden ist nicht gegeben, wenn der Geschädigte die von dem Jagdausübungsberechtigten zur Abwehr von Wildschaden getroffenen Maßnahmen unwirksam macht.

(2) ¹ Der Wildschaden, der an Weinbergen, Gärten, Obstgärten, Baumschulen, Alleen, einzelstehenden Bäumen, Forstkulturen, die durch Einbringen anderer als der im Jagdbezirk vorkommenden Hauptholzarten einer erhöhten Gefährdung ausgesetzt sind, oder Freilandpflanzungen von Garten- oder hochwertigen Handelsgewächsen entsteht, wird, soweit die Länder nicht anders bestimmen, nicht ersetzt, wenn die Herstellung von üblichen Schutzvorrichtungen unterblieben ist, die unter gewöhnlichen Umständen zur Abwendung des Schadens ausreichen. ² Die Länder können bestimmen, welche Schutzvorrichtungen als üblich anzusehen sind.

3. Jagdschaden

§ 33 Schadensersatzpflicht. (1) ¹ Wer die Jagd ausübt, hat dabei die berechtigten Interessen der Grundstückseigentümer oder Nutzungsberechtigten zu beachten, insbesondere besäte Felder und nicht abgemähte Wiesen tunlichst zu schonen. ² Die Ausübung der Treibjagd auf Feldern, die mit reifender Halm- oder Samenfrucht oder mit Tabak bestanden sind, ist verboten; die Suchjagd ist nur insoweit zulässig, als sie ohne Schaden für die reifenden Früchte durchgeführt werden kann.

(2) Der Jagdausübungsberechtigte haftet dem Grundstückseigentümer oder Nutzungsberechtigten für jeden aus mißbräuchlicher Jagdausübung entstehenden Schaden; er haftet auch für den Jagdschaden, der durch einen von ihm bestellten Jagdaufseher oder durch einen Jagdgast angerichtet wird.

4. Gemeinsame Vorschriften

§ 34 Geltendmachung des Schadens. ¹Der Anspruch auf Ersatz von Wild- oder Jagdschaden erlischt, wenn der Berechtigte den Schadensfall nicht binnen einer Woche, nachdem er von dem Schaden Kenntnis erhalten hat oder bei Beobachtung gehöriger Sorgfalt erhalten hätte, bei der für das beschädigte Grundstück zuständigen Behörde anmeldet. ²Bei Schaden an forstwirtschaftlich genutzten Grundstücken genügt es, wenn er zweimal im Jahre, jeweils bis zum 1. Mai oder 1. Oktober, bei der zuständigen Behörde angemeldet wird. ³Die Anmeldung soll die als ersatzpflichtig in Anspruch genommene Person bezeichnen.

§ 35 Verfahren in Wild- und Jagdschadenssachen. ¹Die Länder können in Wild- und Jagdschadenssachen das Beschreiten des ordentlichen Rechtsweges davon abhängig machen, daß zuvor ein Feststellungsverfahren vor einer Verwaltungsbehörde (Vorverfahren) stattfindet, in dem über den Anspruch eine vollstreckbare Verpflichtungserklärung (Anerkenntnis, Vergleich) aufzunehmen oder eine nach Eintritt der Rechtskraft vollstreckbare Entscheidung (Vorbescheid) zu erlassen ist. ²Die Länder treffen die näheren Bestimmungen hierüber.

III. Die Haftung nach dem BJagdG

1. Überblick. Das BJagdG kennt zwei verschiedene Haftungstatbestände, nämlich die **Wildschadenshaftung** (§ 29 BJagdG) und die **Jagdschadenshaftung** (§ 33 BJagdG), deren Einzelheiten hier nicht im Detail dargestellt werden können. Die folgenden Hinweise beschränken sich auf einen Überblick über die jagdrechtlichen Sonderbestimmungen sowie auf die Frage, inwieweit sie den Rückgriff auf die allgemeinen deliktsrechtlichen Haftungstatbestände des BGB erlauben.

Für weitergehende Informationen vgl. die jagdrechtliche Spezialliteratur: *Drees/Thies*, Wild- und Jagdrecht, 8. Aufl. 2006; *Lauven*, Zur Ersatzpflicht für Wildschadensverhütungsmaßnahmen, AgrarR 1991, 233; *Lorz/Metzger/Stöckel*, Bundesjagdgesetz mit Landesrecht und Fischereigesetz, 3. Aufl. 1998; *Lorz/Müller/Stöckel*, Naturschutzrecht, 2. Aufl. 2003; *Mitzschke/Schäfer*, Kommentar zum Bundesjagdgesetz, 4. Aufl. 1982. Kommentierungen der Jagdgesetze der Länder finden sich etwa bei *Fitzner/Oeser*, Jagdrecht Brandenburg, 2. Aufl. 2006; *Goetjes/Tausch*, Jagdrecht in Hessen, 2008; *Müller-Schallenberg/Knemeyer*, Jagdrecht in Nordrhein-Westfalen, 5. Aufl. 2008; *Rose*, Jagdrecht in Niedersachsen, 30. Aufl. 2008.

2. Wildschadenshaftung. Die Wildschadenshaftung des § 29 BJagdG ist ein **Sonderfall der Tierschadenshaftung,** denn die Einstandspflicht ist nicht an das (Fehl-)Verhalten eines Menschen, sondern an die Schädigung durch ein Tier geknüpft. Anders als bei § 833 handelt es sich hier jedoch weder um Haus- und Nutztiere (§ 833 S. 2) noch um sog. Luxustiere iS des § 833 S. 1, sondern um **wilde Tiere.** Die dem Jagdrecht unterliegenden Tiere haben keinen Halter und sind herrenlos (§ 960 Abs. 1; s. § 833 RdNr. 24, 38.).

Nach § 29 Abs. 1 BJagdG muss die Jagdgenossenschaft ohne Rücksicht auf pflichtwidriges Handeln (Verschulden) für Schäden einstehen, die **durch Wild an einem Grundstück** angerichtet werden, das zu dem **gemeinschaftlichen Jagdbezirk** iS des § 8 BJagdG gehört oder ihm angegliedert ist (RdNr. 15 f.). In der Praxis trifft die Haftung in der Regel den **Jagdpächter,** der sie normalerweise durch Vertrag mit der Jagdgenossenschaft übernimmt (§ 29 Abs. 1 S. 2 BJagdG). Gemäß § 29 Abs. 1 S. 3 BJagdG bleibt die Verantwortlichkeit der Genossenschaft subsidiär bestehen.

Wird ein Grundstück beschädigt, das einem **Eigenjagdbezirk angegliedert** ist (§ 5 Abs. 1 BJagdG),[4] haftet gemäß § 29 Abs. 2 BJagdG der Eigentümer oder Nutznießer dieses Bezirks. Gehört das betroffene **Grundstück selbst zum Eigenjagdbezirk,** richtet sich die Haftung gemäß § 29 Abs. 3 BJagdG ausschließlich nach dem zwischen dem Geschädigten und dem Jagdausübungsberechtigten bestehenden **Rechtsverhältnis.** Ist dort nichts be-

---

[4] § 5 Abs. 1 BJagdG lautet: „Jagdbezirke können durch Abtrennung, Angliederung oder Austausch von Grundflächen abgerundet werden, wenn dies aus Erfordernissen der Jagdpflege und Jagdausübung notwendig ist."

stimmt, hat der Jagdausübungsberechtigte nur für solche Schäden einzustehen, die er durch unzulänglichen Abschuss verursacht hat. Stammt das inkriminierte Tier aus einem **Gehege,** hat gemäß § 30 BJagdG derjenige für den Schaden aufzukommen, dem die Aufsicht über das Gehege obliegt.

7 Wie sich aus § 31 Abs. 1 BJagdG ergibt, sind auch die getrennten, aber noch nicht eingeernteten **Erzeugnisse eines Grundstücks** taugliches Verletzungsobjekt, wenn etwa auf dem Feld liegende Rüben von Wildschweinen aufgefressen werden. Bewegliche Sachen und Persönlichkeitsgüter wie insbesondere Körper und Gesundheit fallen indessen nicht in den Schutzbereich der jagdrechtlichen Wildschadenshaftung, können aber eine Haftung nach § 823 auslösen.

8 Als Ursache für den Grundstücksschaden kommt **nicht jedes Stück Wild** in Betracht, sondern der Schaden muss durch Wildkaninchen, Fasane oder durch sog. Schalenwild iS des § 2 Abs. 3 BJagdG – u. a. Rot-, Reh- und Schwarzwild – verursacht worden sein.[5]

9 Die **Haftung** ist gemäß § 32 BJagdG **ausgeschlossen,** wenn der Geschädigte Schadensabwehrmaßnahmen des Jagdberechtigten unwirksam gemacht hat (Abs. 1) oder wenn die Herstellung der üblichen Vorrichtungen zum Schutz von Nutzpflanzen unterblieben ist (Abs. 2). Diese Bestimmungen sind Sonderregelungen zu § 254.

10 In der Literatur wird darüber gestritten, welches **Zurechnungsprinzip** dem § 29 BJagdG zugrunde liegt. Entgegen einer verbreiteten Auffassung haftet der Jagdberechtigte nicht aus Gefährdung,[6] denn ein Stück Wald mit einem Besatz wilder Tiere ist keine Quelle besonderer Gefahr. Weiter ist zu berücksichtigen, dass es dem benachbarten Grundeigentümer wegen des BJagdG verwehrt ist, gegen die Unterhaltung von Wildtieren im Interesse der Jagd mit Hilfe des § 1004 vorzugehen und er ferner gehindert ist, das für den Schaden ursächliche Wild durch eigene Jagdausübung zu bekämpfen. Es handelt sich bei § 29 BJagdG somit um eine Haftung nach dem **Aufopferungsprinzip** des „dulde und liquidiere" im Anschluss an die immissionsschutzrechtlichen Tatbestände der § 906 Abs. 2 S. 2, § 14 S. 2 BImSchG (Vor § 823 RdNr. 27).[7]

11 **3. Jagdschadenshaftung.** Die Jagdschadenshaftung gemäß § 33 BJagdG begründet keine Einstandspflicht für Tierschäden und ist insoweit weder mit § 29 BJagdG noch mit den §§ 833 f. vergleichbar. Vielmehr handelt es sich um einen Fall der **Verhaltenshaftung** für pflichtwidriges Tun oder Unterlassen (§ 823 RdNr. 246 f.). § 33 Abs. 1 BJagdG ist nichts anderes als eine konkretisierende Erläuterung der von einem Jäger bei der Ausübung der Jagd zu beachtenden **Sorgfaltspflichten.** Die Verletzung dieser Sorgfaltspflichten, etwa das Zertrampeln der Früchte auf dem Feld durch eine Jagdgesellschaft, bezeichnet § 33 Abs. 2 BJagdG als missbräuchliche Jagdausübung und knüpft daran die Verpflichtung zum Ersatz der einem Grundstückseigentümer oder Nutzungsberechtigten entstandenen Schäden.

12 Über sein eigenes Fehlverhalten hinaus muss sich der Jagdausübungsberechtigte **Fehlverhalten seiner Verrichtungsgehilfen** – etwa von Jagdaufsehern – abweichend von der allgemeinen Regel des § 831 ohne die Möglichkeit einer Entlastung zurechnen lassen, und gleiches gilt für **Fehlverhalten von Jagdgästen.** Der Geschädigte braucht lediglich den Tatbestand missbräuchlicher Jagdausübung – einen äußeren Zustand der Verkehrswidrigkeit, wie etwa zertrampelte Felder – darzulegen und ggf. nachzuweisen, nicht aber auch aufzuklären, wem von den mehreren Teilnehmern und Veranstaltern einer Jagd die dafür ursächliche Pflichtverletzung zur Last zu legen ist. Zu Parallelen in der deliktischen Produkthaftung vgl. § 823 RdNr. 658. Damit ist § 33 Abs. 2 BJagdG eine moderne und sachgerechte Lösung der Problematik des Gehilfenversagens durch Zurechnung fremden

---

[5] Zum Schalenwild gehören Elch-, Rot-, Dam-, Sika-, Reh-, Gams-, Stein-, Muffel- und Schwarzwild sowie Wisente.
[6] So aber *Larenz/Canaris* II/2 § 84 III 2 a, S. 618; *Soergel/Zeuner* RdNr. 3 f.; vgl. auch *Esser/Weyers* BT/2 § 64, 1, S. 282.
[7] *Erman/Schiemann* RdNr. 2; *Soergel/Krause* RdNr. 4; *Staudinger/Belling* RdNr. 3.

Fehlverhaltens. Mit einer Gefährdungshaftung des Jagdausübungsberechtigten[8] hat dies so wenig zu tun wie die Zurechnungsnorm des § 31 oder eine strikte Zurechnung von Gehilfenversagen nach dem Prinzip des respondeat superior.[9]

4. Geltendmachung von Ersatzansprüchen. Bei der Durchsetzung von Ersatzansprüchen aus §§ 29, 33 BJagdG sind die besonderen Voraussetzungen der §§ 34, 35 BJagdG zu beachten, insbesondere die sehr kurz, nämlich auf eine Woche ab Kenntnis bzw. fahrlässiger Unkenntnis bemessene **Ausschlussfrist** des § 34 Abs. 1 BJagdG, binnen derer der Schadensfall bei der für das beschädigte Grundstück zuständigen Behörde anzumelden ist. Bei Schäden an forstwirtschaftlich genutzten Grundstücken sind die Stichtage des § 34 S. 2 BJagdG zu beachten.

Gemäß § 35 BJagdG können die Länder dem Zivilprozess um den Schadensersatzanspruch, für den gemäß § 23 Nr. 2 d GVG das AG ausschließlich zuständig ist, ein **Vorverfahren vor einer Verwaltungsbehörde** vorschalten, um eine gütliche Einigung zu erzielen. Gelingt dies nicht, kann die Behörde eine eigene Entscheidung (Vorbescheid) erlassen. Von dieser Ermächtigung haben die Bundesländer durchweg Gebrauch gemacht.[10]

IV. Verhältnis zur Deliktshaftung

Der sachliche Schutzbereich sowohl der Wildschadens- als auch der Jagdschadenshaftung ist auf Grundstücke beschränkt; **Schäden an beweglichen Sachen** liegen somit ebenso außerhalb der §§ 29, 33 BJagdG wie sämtliche Personenschäden, insbesondere Verletzungen der Rechtsgüter **Leben, Gesundheit und körperliche Unversehrtheit**. Es versteht sich von selbst, dass zum Schutz dieser Rechtsgüter die allgemeine Deliktshaftung nach § 823 eingreift, wie dies für **Jagdschäden** ständiger Praxis entspricht (ausführlich § 823 RdNr. 558 ff.).[11] So ist der Veranstalter einer Treibjagd gehalten, für die Sicherheit der Teilnehmer ebenso zu sorgen wie für die Vermeidung von Gefahren für den Straßenverkehr. Deliktisch verantwortlich ist zudem jeder Jäger persönlich für sein eigenes Verhalten während der Jagd (§ 823 RdNr. 559; zum Umfang des Unfallversicherungsschutzes § 823 RdNr. 560).

Bei **Wildschäden** scheidet eine ergänzende Anwendung des § 833 mangels Tierhaltung (§ 833 RdNr. 1) aus, doch in Betracht kommt eine Haftung sowohl aus § 823 Abs. 1 wegen Verletzung allgemeiner Sorgfaltspflichten wie auch aus § 823 Abs. 2 wegen Verletzung einer Schutznorm des Jagdrechts. In einem Fall, in dem § 29 BJagdG als Anspruchsgrundlage versagte, weil der Schaden an einem Grundstück nicht durch Schalenwild, Wildkaninchen oder Fasane, sondern durch **Wildtauben** verursacht worden war, hat der BGH allerdings den Bestimmungen der §§ 1 Abs. 2, 21 Abs. 1 S. 1 BJagdG die Schutzgesetzeigenschaft abgesprochen, die in casu ergangene jagdbehördliche Anordnung zur Verringerung des Wildtaubenbestands als für die Annahme einer „Schutzverfügung" iS des § 823 Abs. 2 zu unkonkret qualifiziert und schließlich den **Rückgriff auf die allgemeinen deliktischen Sorgfaltspflichten (Verkehrspflichten) nach § 823 Abs. 1 ausgeschlossen,** weil das BJagdG eine abschließende Regelung der Frage darstelle, wie der Grundstückseigentümer durch jägerische Maßnahmen vor Wildschäden jeglicher Art zu schützen ist.[12] Während die Aussagen des III. ZS zu § 823 Abs. 2 zu überzeugen vermögen (§ 823 RdNr. 343), gilt dies

---

[8] So aber *Larenz/Canaris* II/2 § 84 III 2 b, S. 618; *Esser/Weyers* BT/2 § 64, 1, S. 282.
[9] *Wagner* in: Zimmermann (Hrsg.), Grundstrukturen des Europäischen Deliktsrechts, 2003, S. 289, 274; § 831 RdNr. 1 ff.
[10] Baden-Württemberg: § 32 LJagdG-BW; Bayern: Art. 47 Nr. 3 BayJG iVm. § 25 Abs. 2 AVBayJG; Brandenburg: § 32. LJagdG Bbg; Bremen: Art. 33 LJagdG; Hamburg: § 24 Abs. 2, 3 HambJagdG; Hessen: § 36 HJagdG; Mecklenburg-Vorpommern: § 28 LJagdG-MV; Niedersachsen: § 35 NJagdG; Nordrhein-Westfalen: § 35 LJG-NW; Rheinland-Pfalz: § 31 LJagdG-RP; Saarland: § 42 SJG; Sachsen: § 49 Abs. 1 Nr. 3 SächsLJagdG; Sachsen-Anhalt: § 36 LJagdG; Schleswig-Holstein: § 30 JagdG SH; Thüringen: § 48 ThJG.
[11] *Erman/Schiemann* RdNr. 5; *Soergel/Krause* RdNr. 16; *Staudinger/Belling* RdNr. 33.
[12] BGHZ 62, 265, 266 ff. = NJW 1974, 1240 f.; zust. *Staudinger/Belling* RdNr. 23.

nicht für den Ausschluss des § 823 Abs. 1.[13] Warum sollte ausgerechnet das BJagdG eine abschließende Regelung der allgemeinen deliktsrechtlichen Sorgfaltspflichten des Jagdberechtigten darstellen, wo doch der Vielzahl öffentlich-rechtlicher Vorschriften des Umwelt-, Technik- und Gewerberechts eben diese Wirkung vom BGH in ständiger – zutreffender – Rechtsprechung vorenthalten wird, obwohl sie das Verhalten der Rechtssubjekte zum Teil minutiös regeln (§ 823 RdNr. 277 ff.)? Mit Blick auf Personenschäden sowie Schäden an beweglichen Sachen liegt die Notwendigkeit des Rückgriffs auf § 823 Abs. 1 auf der Hand, und mit Bedacht hat der BGH in der Wildtauben-Entscheidung den Vorrang des BJagdG auf Beeinträchtigungen des Grundeigentums beschränkt.[14] Was diese anlangt, so hat der Gesetzgeber selbst den Ausschluss privatrechtlicher Ansprüche allerdings immer nur im Tausch gegen Verfahrensbeteiligungsrechte und Aufopferungsentschädigungsansprüche angeordnet (vgl. § 14 BImSchG; vgl. RdNr. 10; Vor § 823 RdNr. 27, 63 f.), an denen es im BJagdG fehlt, wenn der Schaden durch andere Tiere als Schalenwild o. Ä. angerichtet wird. Es ist widersprüchlich, die Rechte des Grundeigentümers auch insoweit auf das BJagdG zu beschränken, als ihm die §§ 29 ff. BJagdG keinen Ersatzanspruch einräumen.

§ 836 Haftung des Grundstücksbesitzers

(1) ¹Wird durch den Einsturz eines Gebäudes oder eines anderen mit einem Grundstück verbundenen Werkes oder durch die Ablösung von Teilen des Gebäudes oder des Werkes ein Mensch getötet, der Körper oder die Gesundheit eines Menschen verletzt oder eine Sache beschädigt, so ist der Besitzer des Grundstücks, sofern der Einsturz oder die Ablösung die Folge fehlerhafter Errichtung oder mangelhafter Unterhaltung ist, verpflichtet, dem Verletzten den daraus entstehenden Schaden zu ersetzen. ²Die Ersatzpflicht tritt nicht ein, wenn der Besitzer zum Zwecke der Abwendung der Gefahr die im Verkehr erforderliche Sorgfalt beobachtet hat.

(2) Ein früherer Besitzer des Grundstücks ist für den Schaden verantwortlich, wenn der Einsturz oder die Ablösung innerhalb eines Jahres nach der Beendigung seines Besitzes eintritt, es sei denn, dass er während seines Besitzes die im Verkehr erforderliche Sorgfalt beobachtet hat oder ein späterer Besitzer durch Beobachtung dieser Sorgfalt die Gefahr hätte abwenden können.

(3) Besitzer im Sinne dieser Vorschriften ist der Eigenbesitzer.

Schrifttum: *Börner,* Sportstätten-Haftungsrecht, 1985; *Petershagen,* Die Gebäudehaftung, § 836 BGB im System der Verkehrssicherungspflichten, 2000 (dort auch zur Rechtsgeschichte und zur Rechtsvergleichung).

Übersicht

	RdNr.		RdNr.
I. Entstehungsgeschichte, Normzweck und Stellung im Deliktsrecht ..	1, 2	3. Fehlerhafte Errichtung oder Mangel in der Unterhaltung...................	13–15
II. Anwendungsbereich	3–5	4. Rechtsgutsverletzung	16
		5. Kausalität und Zurechnung...........	17, 18
III. Haftungsvoraussetzungen.........	6–18	IV. Entlastung nach Abs. 1 S. 2	19–24
1. Haftungsobjekt.......................	6–11	1. Einwand sorgfaltsgemäßen Verhaltens	19–23
a) Gebäude............................	7	2. Einwand mangelnder Kausalität.......	24
b) Werke..............................	8, 9	V. Aktiv- und Passivlegitimation; Ersatzumfang...............................	25–30
c) Gebäudeteile	10, 11		
2. Einsturz oder Ablösung................	12		

---
[13] Übereinstimmend *Canaris,* FS Larenz, 1983, S. 27, 55 f.; *Larenz/Canaris* II/2 § 76 III 4 f., S. 416; *Soergel/Krause* RdNr. 16; vgl. auch *Wagner,* Öffentlich-rechtliche Genehmigung und zivilrechtliche Rechtswidrigkeit, 1989, S. 100 ff., 124 ff.
[14] BGHZ 62, 265, 270 = NJW 1974, 1240, 1241.

	RdNr.		RdNr.
1. Anspruchsberechtigung und Mitverschulden	25, 26	b) Gegenwärtiger Eigenbesitzer (Abs. 1)	28
2. Ersatzpflichtige	27–30	c) Früherer Eigenbesitzer	29
a) Allgemeine Zurechnungsvoraussetzungen	27	d) Mehrere Schädiger	30
		VI. Beweislast	31

I. Entstehungsgeschichte, Normzweck und Stellung im Deliktsrecht

Der Erste Entwurf hatte die Gebäudehaftung als gewöhnliche **Verschuldenshaftung** 1
mit Beweislast des Geschädigten konzipiert.[1] Dieser restriktive, noch hinter das römische Recht der cautio damni infecti zurückgehende Standpunkt[2] wurde im weiteren Gesetzgebungsverfahren bereits durch die Vorkommission des Reichsjustizamts korrigiert, die die Beweislast in Bezug auf die Sorgfaltspflichtverletzung zu Lasten des Gebäudebesitzers umkehrte.[3]

Obwohl in der heutigen Rechtsprechung und Literatur Einigkeit darüber besteht, dass 2
§ 836 eine **Konkretisierung der allgemeinen deliktischen Sorgfaltspflicht** (Verkehrspflicht) speziell für Gebäudegefahren darstellt,[4] ist die Vorschrift weder redundant noch überflüssig.[5] Auch nach dem Aufblühen der Verkehrspflichthaftung unter § 823 Abs. 1 liegt ihre praktische Bedeutung in der **besonderen Beweislastverteilung:**[6] Der Geschädigte kann sich auf den Nachweis eines Gebäudemangels beschränken und braucht das Gericht nicht davon zu überzeugen, dass der beklagte Besitzer persönlich gegen Sorgfaltspflichten verstoßen hat. Über den Grund für diese Regelung schweigen sich die Materialien zwar aus,[7] doch bei näherer Betrachtung der spezifischen Interessenlage bei Haftungsprozessen gegen Gebäudebesitzer liegt er auf der Hand: Der Geschädigte hat regelmäßig keinen Zugang zu Informationen über die Errichtung und die Unterhaltung des Gebäudes, während der Besitzer für die Unterhaltung verantwortlich ist und ihm deshalb die relevanten Informationen zur Verfügung stehen.[8] Folgerichtig ist es an ihm, sich durch Darlegung und Nachweis seiner Bemühungen um die Gebäudesicherheit zu entlasten. Diese Beweislastumkehr in Bezug auf die Sorgfaltspflichtverletzung erweist sich als besonders wertvoll, wenn das Gebäude vor langer Zeit errichtet wurde und seither durch viele Hände gegangen ist, denn in diesen Fällen bewirkt § 836 – zunächst – eine Zusammenrechnung der Sorgfaltspflichtverstöße sämtlicher Vorbesitzer, soweit sie sich nur in einem objektiven Gebäudemangel manifestiert haben. Da § 836 innerhalb der Voraussetzungen einer Sorgfaltspflichtverletzung eine differenzierte Verteilung der Beweislast vornimmt, ist es missverständlich, wenn die Rechtsprechung mitunter formuliert, bei Vorliegen eines objektiven Gebäudemangels werde das Verschulden vermutet.[9] Tatsächlich wird im Sinne einer Präsumption von einem fehler-

---

[1] Vgl. § 735 des Ersten Entwurfs und Mot. II S. 814 ff.; zur cautio damni infecti *Windscheid/Kipp,* Lehrbuch des Pandektenrechts, Bd. II, 9. Aufl. 1906, §§ 458 ff., S. 991 ff.; vgl. auch § 823 RdNr. 54.

[2] Beißende Kritik bei *v. Gierke,* Der Entwurf eines Bürgerlichen Gesetzbuchs und das deutsche Recht, 1889, S. 271: „So entfernt sich auch hier der Entwurf zwar weit von den meisten neueren Gesetzbüchern und Gesetzesvorschlägen, aber sowenig wie irgend möglich von seinen ‚Prinzipien'."

[3] *Jakobs/Schubert,* Die Beratung des Bürgerlichen Gesetzbuchs, Recht der Schuldverhältnisse III, 1983, S. 990 f.

[4] BGHZ 55, 229, 235 = NJW 1971, 607, 609; BGHZ 58, 149, 156 = NJW 1972, 724, 726; BGH VersR 1976, 1084, 1085; 1978, 1160, 1161; NJW 1985, 1076; NJW-RR 1988, 853, 854; 1990, 1500, 1501; OLG München NJW-RR 1995, 540, 541; OLG Koblenz VersR 2005, 982; OLG Celle BauR 2006, 388; *Erman/Schiemann* RdNr. 1; *Palandt/Sprau* RdNr. 1; *Staudinger/Belling* RdNr. 3; *Kötz/Wagner* RdNr. 245; *Larenz/Canaris* II/2 § 79 VI 1 a, S. 488; *Petershagen* S. 106; wohl auch schon RGZ 52, 373, 379.

[5] So aber *v. Bar* Verkehrspflichten S. 20, 25. Eingehend zur Rolle des § 836 in der Diskussion um die Verkehrspflichten § 823 RdNr. 54.

[6] BGH VersR 1976, 1084, 1085; *Larenz/Canaris* II/2 § 79 VI 1 a, S. 488; *RGRK/Kreft* RdNr. 3; *Staudinger/Belling* RdNr. 3.

[7] Vgl. *Jakobs/Schubert* (Fn. 3) S. 990 f.

[8] BGHZ 51, 91, 106 = NJW 1969, 269, 275; *Larenz/Canaris* II/2 § 79 VI 1 a, S. 488; *Staudinger/Belling* RdNr. 2 aE.

[9] So etwa BGH NJW-RR 1988, 853, 854; NJW 1999, 2593, 2594.

haften Resultat auf ein fehlerhaftes Verhalten zurückgeschlossen.[10] Zur analogen Anwendung der Beweisregel des § 836 auf sonstige Gefahrenquellen s. RdNr. 4f.

II. Anwendungsbereich

3   Die Haftung nach § 836 steht ggf. **neben der Gefährdungshaftung** nach dem HPflG, Aufopferungsansprüchen des Nachbarrechts[11] und Ansprüchen wegen Vertragsverletzung.[12] Die Einsicht, dass § 836 der Sache nach weniger einen Haftungstatbestand als eine Beweislastregel statuiert, ermöglicht und erzwingt seine Anwendung auch dann, wenn der Gebäudebesitzer für Sicherheitsmängel nicht nach Privatrecht, sondern auf Grund der **Amtshaftung** gemäß § 839, Art. 34 GG einzustehen hat.[13]

4   Nach hM ist § 836 **nicht analog auf andere Sachen als Grundstücke** und Bauwerke anwendbar und darüber hinaus auf Fälle des Einsturzes und der Ablösung von Teilen beschränkt.[14] Teile der Literatur plädieren immerhin für eine Verallgemeinerung der Vorschrift für sämtliche Gefahren, die von Gebäuden und Grundstücken ausgehen – auch wenn sie nicht auf dem Einsturz oder der Ablösung von Teilen beruhen.[15] Allerdings soll die analoge Anwendung auf Fälle beschränkt bleiben, in denen „in einem kurzen Zeitraum mit erheblicher Wirkintensität schwere Schäden" verursacht werden.[16] Die ratio legis des § 836 ist jedoch nicht an den Zeitraum der Schadensverursachung geknüpft, sondern an den Umstand, dass sich bei Gebäuden zwischen einem sachbezogenen „Zustand der Verkehrswidrigkeit"[17] und verhaltensbezogenen Sorgfaltspflichten differenzieren lässt. Eben diese Bedingung ist jedoch auch bei anderen Sachen als Gebäuden erfüllt. Folgerichtig hat der BGH Rechtsfortbildungen im Bereich des Beweisrechts gerade auch unter Berufung auf § 836 legitimiert, etwa die spezifische **Beweislastverteilung bei der Produkthaftung**: Ebenso wie sich der durch herab fallende Bauwerksteile Verletzte gemäß § 836 darauf beschränken könne, einen objektiven Sicherheitsmangel des Bauwerks nachzuweisen, reiche es im Rahmen des § 823 Abs. 1 aus, wenn der durch eine Ware Geschädigte den Nachweis führe, dass das inkriminierte Produkt im Zeitpunkt des Verlassens der Sphäre des Herstellers „einen objektiven Mangel oder Zustand der Verkehrswidrigkeit" aufwies (§ 823 RdNr. 685, 660).[18] Genauso hat der BGH bei Gefahren entschieden, die Nutzern oder Besuchern von **Krankenhäusern** nicht durch herab fallende Teile, sondern durch einen gefährlichen Zustand im internen Organisationsbereich drohen, etwa durch einen nassen Boden, durch Infusion einer kontaminierten Flüssigkeit oder infolge des Defekts einer medizinischen Apparatur (§ 823 RdNr. 716, 820).[19] Wie das RG mit Recht ausgeführt hat, ist § 836 der allgemeine Grundsatz zu entnehmen, „dass [...] ein jeder für Beschädigung durch seine Sachen insoweit aufkommen solle, als er dieselbe bei billiger Rücksichtnahme auf die Interessen des anderen hätte verhüten müssen".[20] Werden aus dieser Einsicht die gebotenen beweisrechtlichen Konsequenzen gezogen, dann muss es für die Schlüssigkeit einer Schadensersatzklage ausreichen, wenn der Anspruchsteller die Fehlerhaftigkeit der für den Schaden ursächlichen Sache darlegt und ggf. nachweist, dass sie sich in einem **objektiv ver-**

---

[10] Übereinstimmend BGH NJW-RR 2006, 1098, 1099 Tz. 14 ff.; genauer RdNr. 19 ff.
[11] BGHZ 58, 149, 158 = NJW 1972, 724, 726; BGH WM 1985, 1041.
[12] BGH VersR 1989, 948, 949; RGRK/*Kreft* RdNr. 29; vgl. aber RdNr. 25 (Mitverschulden).
[13] BGH NJW-RR 1990, 1500, 1501 = VersR 1991, 72, 73; vgl. auch BGHZ 55, 229, 235 = NJW 1971, 607, 609.
[14] BGH VersR 1961, 806, 808; für die Explosion einer Yacht offen gelassen in BGH NJW-RR 2006, 1098, 1099 RdNr. 10. In casu kam es auf eine Stellungnahme nicht an, weil ein verkehrswidriger Zustand der Yacht nicht nachgewiesen worden war. Die analoge Anwendung abl. Palandt/*Sprau* RdNr. 1; Soergel/*Krause* RdNr. 16.
[15] *Bamberger/Roth/Spindler* RdNr. 2; *Staudinger/Belling* RdNr. 12.
[16] *Staudinger/Belling* RdNr. 12.
[17] So die Formulierung in BGHZ 51, 91, 105 = NJW 1969, 269, 274.
[18] BGHZ 51, 91, 105.
[19] BGHZ 89, 263, 269 ff. = NJW 1984, 1400, 1401 f.; BGH VersR 1975, 952, 954; NJW 1978, 1683; 1978, 584 f.; 1982, 699; 1991, 1540, 1541.
[20] RGZ 54, 53, 58; genauso BGHZ 9, 373, 376; 58, 149, 156 = NJW 1972, 724, 726; BGH NJW 1958, 627, 629; 1979, 309.

kehrswidrigen Zustand befunden hat. Steht dies fest, obliegt es dem beklagten Sachhalter darzulegen und im Streitfall zu beweisen, dass er die erforderlichen Sorgfaltsmaßnahmen bei der Herstellung und Unterhaltung der Sache beachtet hat.

Im Ergebnis ist somit die in § 836 angeordnete Beweislastverteilung für **sämtliche Sachgefahren zu verallgemeinern,** unabhängig davon, ob sie von Immobilien, von Mobilien oder von Schiffen hervorgerufen werden. Dies muss allerdings nicht unbedingt mit Hilfe einer analogen Anwendung des § 836 geschehen, sondern lässt sich genauso gut durch Modifikation der Beweislastverteilung im Rahmen des § 823 Abs. 1 verwirklichen,[21] wie es der eingeschliffenen Rechtsprechung etwa zur Produkthaftung entspricht. Sofern der verkehrswidrige Zustand einer Sache feststeht, ist es Aufgabe des Verkehrssicherungspflichten, sich zu entlasten.

III. Haftungsvoraussetzungen

1. Haftungsobjekt. Der Identifikation des Haftungsobjekts bedarf es nach der hier vertretenen Auffassung nicht zur Bestimmung des Anwendungsbereichs der Beweislastumkehr, sondern lediglich zur Unterscheidung zwischen direkter und entsprechender Anwendung des § 836 Abs. 1 bzw. modifizierter Beweislastverteilung im Rahmen von § 823 Abs. 1 (RdNr. 5 aE). Auf eine exakte **begriffliche Abgrenzung** zwischen „Gebäude" und einem „anderen mit einem Grundstück verbundenen Werk" kommt es nicht an, solange das Objekt nur unter die Auffangklausel des Werkbegriffs fällt. Die Sorgfaltspflichten des § 836 sind allerdings stets auf von Menschenhand geschaffene Objekte beschränkt, während in Bezug auf Gegenstände der Natur, wie Pflanzen, Bäume, gewachsene Fels- und Geröllformationen[22] sowie Schneebrocken und Eiszapfen[23] Sicherungspflichten auf der Grundlage des § 823 Abs. 1 zu entwickeln sind.

a) Gebäude. Gebäude sind „Bauwerke, die durch räumliche Umfriedung gegen äußere Einflüsse Schutz gewähren und dem Eintritt von Menschen [zugänglich sind]".[24] Einmal entsprechend **gewidmete Bauwerke** behalten diese Eigenschaft über den Zeitpunkt ihrer Beschädigung oder Zerstörung hinaus, so dass auch Bauruinen, Abbruchbauten[25] und verfallene oder zertrümmerte Bauwerke[26] weiter als Gebäude anzusprechen sind. Gebäude ist das Bauwerk einschließlich sämtlicher Anbauten oder Erweiterungen wie zB Sendeantennen, Balkone und Loggien.[27]

b) Werke. Unter den Werkbegriff fallen sämtliche „einem bestimmten Zweck dienende, ihrer Intention nach gemäß den Regeln der Baukunst oder Erfahrung hergestellte Gegenstände, Anlagen oder Einrichtungen".[28] Ein „Bauwerk" iS des allgemeinen Sprachgebrauchs muss es nicht sein;[29] über- und unterirdische Konstruktionen werden gleichermaßen erfasst.[30] An der erforderlichen **planvollen Errichtung** fehlt es bei bloßen Ansammlungen, und zwar ohne Rücksicht darauf, ob sie sich auf natürlichem Weg gebildet haben oder von Menschen geschaffen worden sind, wie etwa aufgeschüttete Sand- oder Erdhaufen,[31] zusam-

---

[21] Dafür *Soergel/Krause* RdNr. 16.
[22] RGZ 149, 205, 210.
[23] Vgl. BGH NJW 1955, 300; OLG Düsseldorf VersR 1978, 545; OLG Stuttgart MDR 1983, 316; OLG Hamm NJW-RR 1987, 412; OLG Köln VersR 1988, 1244; zur Haftung für Dachlawinenschäden aus § 823 Abs. 1 wegen Verletzung von Verkehrssicherungspflichten vgl. *Birk* NJW 1982, 2911 sowie § 823 RdNr. 472.
[24] BGH MDR 1973, 39 (zu § 912); RGRK/*Kreft* RdNr. 10; *Erman/Schiemann* RdNr. 2; *Palandt/Sprau* RdNr. 4; *Soergel/Krause* RdNr. 7; *Petershagen* S. 110 f.
[25] RG WarnR 1912 Nr. 78.
[26] BGHZ 1, 103, 105 = NJW 1951, 229; BGH JZ 1951, 173 = LM Nr. 1; VersR 1952, 207, 208 = LM Nr. 2; VersR 1952, 291 = LM Nr. 4.
[27] BGH NJW 1985, 1076.
[28] RGZ 60, 138, 139; 76, 260, 261; BGH NJW 1961, 1670, 1672 = LM Nr. 12.
[29] RG WarnR 1913 Nr. 365; RGRK/*Kreft* RdNr. 11.
[30] Nachweise Fn. 43 ff.
[31] RGZ 60, 138, 139; *Larenz/Canaris* II/2 § 79 VI 2, S. 488.

§ 836 9

mengekehrte Abfallhaufen[32] und die im Flussbett liegenden Trümmer einer kriegszerstörten Brücke.[33] Die Errichtung zu einem nur vorübergehenden Zweck reicht aus,[34] führt allerdings ggf. zur Auswechslung des Verantwortlichen nach § 837, was insbesondere für Baugerüste und Zirkuszelte wichtig ist.[35] Die erforderliche Verbindung mit dem Grundstück muss nicht den Anforderungen des § 94 genügen, weil diese Vorschrift einen ganz anderen Zweck verfolgt als § 836, nämlich die Zerschlagung volkswirtschaftlicher Werte verhindern will. Eine „feste" Verbindung zum Grundstück ist deshalb nicht erforderlich, sondern diese kann allein auf der Schwerkraft des Werks beruhen. Von einer Verbindung mit dem Grundstück kann allerdings keine Rede sein, wenn der Gegenstand ohne weiteres fortbewegt werden kann, wie dies etwa bei Leitern, Kraftfahrzeugen[36] oder Baumaterial[37] der Fall ist. Bei selbsttragenden Konstruktionen von Werbe- oder Firmenschildern, die nicht an einem Gebäude befestigt sind, kommt es auf ihre Größe und Verankerung im Boden an.[38]

9 **Beispiele** für Werke: Anlagen für die Erzeugung, Leitung und Nutzung von elektrischer Energie;[39] Brücken;[40] Dämme und Böschungen[41] sowie darin eingebaute Schleusen und Tore;[42] Anlagen des Tiefbaus wie Baugruben,[43] Kanäle, Gräben und Schächte;[44] unterirdische (Rohr-)Leitungen,[45] Stollen[46] und in den Erdboden eingelassene Öltanks;[47] immobilisierte Bauhilfseinrichtungen und Baumaschinen, wie etwa ein auf Holzschwellen gegründeter Turmdrehkran;[48] Signal- und Telegraphenmasten;[49] Straßenlaternen;[50] Grabsteine;[51] Steinkreuze;[52] Jagdhochsitze;[53] Carports;[54] Scheunen;[55] Mauern, Zäune und Baugerüste;[56] im Boden fixierte Hinweisschilder[57] und Spielgeräte;[58]

---

[32] Vgl. OLG Frankfurt VersR 1978, 157.
[33] BGH NJW 1961, 1670, 1672 = LM Nr. 12; *Petershagen* S. 112.
[34] RG WarnR 1909 Nr. 23; JW 1910, 288; BGH NJW 1977, 1392, 1393 = LM § 837 Nr. 2; LG Aachen VersR 1990, 63, 64.
[35] Vgl. Fn. 56, 59.
[36] RGRK/*Kreft* RdNr. 13; *Petershagen* S. 114.
[37] RG Recht 1915 Nr. 1542; WarnR 1920 Nr. 12; SeuffA 76 Nr. 116 für zum Zwecke späteren Einbaus gelagerte Gegenstände.
[38] RG JW 1916, 1019; RGRK/*Kreft* RdNr. 13; *Petershagen* S. 114, 121.
[39] RGZ 147, 353, 356 f.; RG HRR 1932 Nr. 444; LG Kiel VersR 1978, 1076 (Lichtmast); AG Aachen NZV 1989, 29 (Straßenlaternen).
[40] BGH NJW-RR 1990, 1500 = LM HPflG 1978 Nr. 14; NJW-RR 1988, 853, 854 = LM Nr. 22; VersR 1959, 948.
[41] RG JW 1908, 196 (Bahndamm nebst Gleis); RGZ 60, 138 (Böschung); 97, 112, 114 (Staudamm); BGHZ 58, 149 = NJW 1972, 724 (Hafendamm); BGH MDR 1979, 206 f. = LM Nr. 17 (Staustufe); OLG Oldenburg VersR 1988, 358 (Deich).
[42] RG HRR 1930 Nr. 1104; OLG München VersR 1978, 553.
[43] RG WarnR 1909 Nr. 302.
[44] So für eine Kanalisationsanlage OLG Celle VersR 1991, 1382, 1383 mwN; für einen mit Platten bedeckten Kellerschacht OLG Hamburg OLGE 45, 175; für Lichtschacht OLG Stuttgart VersR 1977, 263.
[45] BGHZ 55, 229, 235 = NJW 1971, 607, 609; BGH VersR 1983, 588; OLG Köln VersR 1977, 1035 (LS); OLG Hamm VersR 1978, 1146.
[46] BGH LM Nr. 9 (Luftschutzstollen).
[47] BGH VersR 1976, 1084, 1085.
[48] OLG Hamm VersR 1997, 194; OLG Düsseldorf VersR 1976, 94; vgl. weiter RG HRR 1935 Nr. 730 (Rutschbahn im Rohbau zur Beförderung von Bauschutt).
[49] OLG Karlsruhe NJW-RR 1988, 152; OLG Koblenz VersR 1989, 153, 159 (Telefonmast).
[50] LG Aachen NZV 1989, 29 f. mwN.
[51] BGH NJW 1971, 2308 = LM § 837 Nr. 1; NJW 1977, 1392 = VersR 1977, 668, 669. Die Haftung richtet sich dann indessen nach § 837.
[52] Vgl. BGHZ 37, 165, 172 = NJW 1962, 1565, 1567; OLG Karlsruhe VersR 1978, 470, 471.
[53] OLG Stuttgart VersR 1977, 384.
[54] OLG Karlsruhe NJW-RR 1993, 665.
[55] BGH NJW-RR 1990, 1423, 1424.
[56] BGH NJW 1997, 1853 = VersR 1997, 835, 836 = LM Nr. 25; NJW 1999, 2593, 2594 = VersR 1999, 1424, 1425 = LM Nr. 26; VersR 1959, 694, 695; RG JW 1910, 288; LZ 1921, 268; SeuffA 76 Nr. 116.
[57] OLG Koblenz VersR 2005, 982, 983.
[58] OLG Celle VersR 1985, 345 (Kinderschaukel). Zur Werkeigenschaft von Sportanlagen s. *Börner*, Sportstätten-Haftungsrecht, 1985, S. 379 ff.

Zirkuszelte;⁵⁹ Messezelte;⁶⁰ Buden, Verkaufsstände und Bierpavillons⁶¹ und Vorbauten zu Wohnwagen.⁶²

c) Gebäudeteile. Gebäudeteile, deren Herabfallen die Haftung auslösen kann, sind **10** solche Sachen, die mit dem Gebäude oder Werk **baulich verbunden,** also zu dessen Herstellung eingefügt oder an ihm angebracht worden sind.⁶³ Schon mit dem Vorgang der Verbindung wird die Sache zum Gebäudeteil, nicht erst mit deren Fertigstellung,⁶⁴ und auch eine vorübergehende Verbindung reicht aus.⁶⁵ Die Anforderungen des auf einer anderen teleologischen Basis stehenden Bestandteilsbegriffs (§§ 93 f.) müssen auch hier nicht erfüllt sein.⁶⁶ Auf das Mittel der Verbindung kommt es nicht an, so dass auch nur durch ihre eigene Schwerkraft ruhende Sachen Gebäudeteile sein können.⁶⁷ Entscheidend ist die Zweckbestimmung des Teils für die Nutzung des Gebäudes oder Werks. Ein Holzbrett, das als Trittbrett in ein Baugerüst eingefügt wurde und nur auf Grund seiner Schwerkraft hält, ist deshalb Teil des Baugerüsts,⁶⁸ nicht aber das gleiche Brett, wenn es auf dem Gerüst zur weiteren Verwendung abgelegt wurde. An der erforderlichen Verbindung fehlt es bei Blumentöpfen, nicht aber bei Reklametafeln und Firmenschildern.⁶⁹

Beispiele: Als Gebäudeteile sind angesehen worden: Erker, Balkone, Gesimse;⁷⁰ Fußböden;⁷¹ De- **11** cken;⁷² Schornsteine;⁷³ Dachziegel;⁷⁴ Regenfallrohre;⁷⁵ Fenster;⁷⁶ Fensterläden, auch wenn sie nur in Angeln eingehängt sind;⁷⁷ Tore und Torflügel;⁷⁸ Geländer und Brüstungen von Balkonen und Loggien;⁷⁹ Treppengeländer;⁸⁰ Garagen;⁸¹ Markisen;⁸² lose Bretter eines Baugerüsts;⁸³ Duschkabinen;⁸⁴ eine mit Bandeisen in die Wand eingelassene Schultafel;⁸⁵ zum Aufhängen von Tieren dienende Haken in einem Schlachthaus;⁸⁶ ein zur Befestigung dienender Nagel;⁸⁷ die Stell- und Arretiervorrichtung eines

---

⁵⁹ OLG Hamm NJW-RR 2002, 92.
⁶⁰ OLG Rostock NJW-RR 2004, 825, 826; *Palandt/Sprau* RdNr. 3.
⁶¹ RG DJZ 1908, 1341; JW 1916, 1019 f.; OLG Düsseldorf OLGR 1998, 322 = VersR 1999, 854; LG Aachen VersR 1990, 63.
⁶² LG Karlsruhe NJW-RR 2002, 1541.
⁶³ RGZ 107, 337, 339; BGH VersR 1959, 694, 695; NJW 1961, 1670, 1672; OLG Celle BauR 1992, 251, 253; RGRK/*Kreft* RdNr. 16; *Soergel/Krause* RdNr. 12.
⁶⁴ Vgl. BGH VersR 1958, 488, 489 = LM Nr. 11 (entschalte Betondecke); nicht aber ein freier Träger, der während des Einbaus abstürzt, vgl. RG WarnR 1912 Nr. 78; BGH VersR 1958, 488, 489 = LM Nr. 11.
⁶⁵ Vgl. BGH LM Nr. 20 (Geländer an Loggia); OLG Celle BauR 1992, 251, 253.
⁶⁶ RGZ 107, 337, 339; s. auch schon RGZ 60, 421, 422; für eine starke Anlehnung an § 94 Abs. 2 *Petershagen* S. 121 mit Korrekturen in Einzelfällen.
⁶⁷ BGH NJW 1997, 1853, 1854 = LM Nr. 25; ebenso schon BGH VersR 1959, 694, 695.
⁶⁸ Wie Fn. 67.
⁶⁹ Dazu *Petershagen* S. 121 ff. mN; vgl. auch RG JW 1916, 1019; OLG Celle OLGE 34, 127 f.; *Weimar* ZMR 1960, 328; *Staudinger/Belling* RdNr. 19 (für Einordnung als Werk).
⁷⁰ BGH NJW 1985, 1076; RG JW 1903 Beil. Nr. 254.
⁷¹ RGZ 52, 236, 238; RG JW 1912, 242 (Bodenbrett).
⁷² RG JW 1904, 486; BGH VersR 1958, 488 f. = LM Nr. 11.
⁷³ OLG Köln NJW-RR 1992, 858 mwN.
⁷⁴ RG Recht 1915 Nr. 2492 (Dachschiefer); HRR 1928 Nr. 1978; BGH VersR 1960, 426, 427 (Platten eines Wellblechdachs); NJW 1993, 1782 = LM Nr. 24 (Dachpappe); LG Tübingen NJW-RR 1990, 610 f. (Dachbalken); BGH VersR 1976, 66 (Dachgrenzmauer); für Dachziegel OLG Düsseldorf NJW-RR 1992, 1440, 1441; OLG Frankfurt NJW-RR 1992, 164; LG Ansbach NJW-RR 1996, 278.
⁷⁵ BGH NJW-RR 1990, 1500, 1501 = LM HPflG 1978 Nr. 14.
⁷⁶ RGZ 113, 286, 292; OLG Düsseldorf VersR 1982, 1201.
⁷⁷ RGZ 60, 421, 422; RG WarnR 1909 Nr. 101 (Rollladen); OLG Stuttgart VersR 1958, 865.
⁷⁸ RG JW 1931, 3446 (Hoftor); BGH NJW-RR 1990, 1423, 1424 = LM § 838 Nr. 5 (Scheunentor); OLG München NJW-RR 1995, 540, 541 (Garagentor); OLG Köln VersR 1990, 915, 916 (Glastür).
⁷⁹ BGH NJW 1985, 1076.
⁸⁰ OLG Schleswig SchlHA 1954, 183.
⁸¹ OLG Saarbrücken NJW-RR 2006, 1255, 1257.
⁸² RG JW 1931, 194.
⁸³ Wie Fn. 67.
⁸⁴ BGH NJW 1985, 2588.
⁸⁵ RG SeuffA 76 Nr. 16.
⁸⁶ OLG Marienwerder OLGE 28, 310.
⁸⁷ RG JW 1913, 868 f.; RGRK/*Kreft* RdNr. 15.

Fahrstuhls;[88] ein Messezelt.[89] Nicht als Gebäudeteile sind angesehen worden: Ein mit Eisenklammern an der Wand befestigter Spiegel;[90] der Teil eines Zauns, der aus diesem herausgenommen und nur angelehnt oder zur Verhinderung des Umfallens mit einem Nagel befestigt ist;[91] eine bewegliche, mit einer Kette am Gebäude verbundene Treppe.[92]

12 **2. Einsturz oder Ablösung. Einsturz** ist der plötzliche und ungewollte – unwillkürliche[93] – Zusammenbruch oder das Umstürzen[94] des Gebäudes oder Werks in seiner Gesamtheit;[95] **Ablösung** ist die Aufhebung der Verbindung des Teils vom Ganzen,[96] wenn etwa Zeltteile wegfliegen.[97] Bewusste menschliche Einwirkungen, wie Abbau- oder Abrissarbeiten, Vandalismus Dritter, etwa das Herausheben von Gullydeckeln,[98] fallen damit aus dem Abwendungsbereich von § 836 heraus; unter Umständen lässt sich jedoch die Haftung des Gebäudebesitzers auf der Grundlage des § 823 Abs. 1 begründen, wenn das Werk nicht die geforderte Sicherheit gegen unbefugte Eingriffe Dritter bot.[99] Für die Ablösung reicht es aus, wenn sich ein Bauteil bloß aus dem Gesamtgefüge lockert oder nur in seinem inneren Zusammenhalt beeinträchtigt wird, wenn etwa ein Brett oder Blech beim Betreten durchbricht,[100] eine Wasser- oder Gasleitung zerbirst,[101] ein Heizöltank leckt[102] oder sich ein Schachtdeckel aus dem Straßenboden löst.[103] Die bloße Fehlfunktion von Bauteilen ohne jede physikalische Veränderung ihrer Verbindung mit dem Gebäude, zB das Verstopfen einer Kanalisation, ist kein Ablösen und im Rahmen von § 823 Abs. 1 zu würdigen.[104] Gleiches gilt für Schäden infolge unsachgemäßer Bedienung technischer Anlagen[105] oder infolge des Übergreifens von Feuer von einem Haus auf das andere.[106]

13 **3. Fehlerhafte Errichtung oder Mangel in der Unterhaltung.** Gemäß Abs. 1 S. 1 hängt die Auslösung der Vermutung und damit auch die Haftung davon ab, dass der Einsturz oder die Teilablösung „die Folge fehlerhafter Errichtung oder mangelhafter Unterhaltung" war. Unter **Errichtung** ist dabei die erstmalige Herstellung oder Erweiterung eines Bauwerks zu verstehen, während die ordnungsgemäße **Unterhaltung** die Beseitigung sicherheitsrelevanter Mängel am fertigen Bauwerk erfordert. Die Krux dieser Voraussetzungen besteht in ihrer verhaltensbezogenen Formulierung, denn da der Entlastungsbeweis nach Abs. 1 S. 2 zweifellos mit Rücksicht auf sorgfaltsgemäßes Verhalten zu führen ist, scheint es so, als müsse der Sorgfaltspflichtverstoß – die fehlerhafte Errichtung oder nachlässige Unterhaltung – gleich zweimal und noch dazu mit entgegengesetzter Beweislastverteilung geprüft werden. Dieser Widerspruch wird in den Materialien aufgelöst, wenn es dort heißt, der Gebäudebesitzer dürfe zwar nicht für jeden „objektiven Mangel" haftbar gemacht werden, doch sei die Beweislast so zu regeln, dass er die Einhaltung der im Verkehr erforderlichen

---

[88] RG WarnR 1914 Nr. 334; abl. *Staudinger/Belling* RdNr. 49; restriktiv auch *Petershagen* S. 119, 127 f.
[89] OLG Rostock NJW-RR 2004, 825 f.
[90] RGZ 107, 337, 339.
[91] Vgl. RG Recht 1915 Nr. 1542; WarnR 1920 Nr. 12; SeuffA 76 Nr. 116.
[92] RG Recht 1907, S. 1404, Nr. 3513.
[93] BGH NJW 1997, 1853.
[94] OLG Hamm VersR 1997, 194 f.; OLG Karlsruhe NJW-RR 1988, 152.
[95] RGZ 97, 112, 114; RG WarnR 1909 Nr. 302; BGH VersR 1952, 291 = LM Nr. 4; OLG Hamm NJW-RR 1995, 1230.
[96] BGH NJW 1997, 1853 = LM Nr. 25; OLG Rostock NJW-RR 2004, 825, 826.
[97] OLG Rostock NJW-RR 2004, 825, 826, *Palandt/Sprau* RdNr. 7.
[98] OLG Celle VersR 1991, 1382, 1383.
[99] Vgl. § 823 RdNr. 265, 465; sowie – im Rahmen von § 836 – OLG Celle VersR 1991, 1382, 1383.
[100] BGH VersR 1960, 426, 427; NJW-RR 1989, 279, 280; NJW 1997, 1853 = LM Nr. 25; RG JW 1912, 242; HRR 1935 Nr. 1515.
[101] RGZ 133, 1, 6; 172, 156, 161; BGHZ 55, 229, 235 = NJW 1971, 607.
[102] BGH VersR 1976, 1084 = WM 1976, 1056, 1057.
[103] OLG Karlsruhe OLGZ 28, 310; vgl. weiter OLG München NJW-RR 1995, 540; RGRK/*Kreft* RdNr. 19.
[104] BGH VersR 1961, 806, 808; *Petershagen* S. 131 f.
[105] OLG München VersR 1978, 553, 554 (Absenken einer Schleusenvorrichtung, sog. „Schützentafel").
[106] OLG Hamm NJW-RR 1987, 1315, 1316.

Sorgfalt nachweisen müsse.[107] Für Abs. 1 S. 1 und den Einstieg in die Vermutung reicht es deshalb nach ständiger Rechtsprechung aus, wenn der Geschädigte nachweist, dass das Gebäude in einem **objektiv mangelhaften Zustand** war,[108] und es kommt nicht darauf an, „ob der Gefahrenzustand als solcher auf das Verschulden irgendwelcher Personen zurückzuführen ist".[109] Die Prüfung, ob sich der Einsturz des Gebäudes bzw. das Ablösen von Teilen durch Sorgfaltsmaßnahmen hätte vermeiden lassen, deren Kosten angesichts der durch sie zu vermeidenden Schäden hätten in Kauf genommen werden müssen, ist erst im Rahmen des Entlastungsbeweises nach Abs. 1 S. 2 vorzunehmen. Damit entspricht die Konstruktion der Gebäudehaftung weitgehend derjenigen der Produkthaftung, und eben deshalb konnte der BGH in seiner grundlegenden Hühnerpest-Entscheidung auf § 836 Bezug nehmen.[110] Wie der in Abs. 1 S. 1 enthaltene Hinweis auf die Unterhaltungspflichten des Gebäudebesitzers klarstellt, ist bei der Gebäudehaftung – anders als bei der Produkthaftung – allerdings nicht darauf abzustellen, ob die Sache im Zeitpunkt ihrer erstmaligen Errichtung den damals geltenden Sicherheitsstandards entsprach (vgl. § 823 RdNr. 626; §§ 1 Abs. 2 Nr. 5, 3 Abs. 1, 2 ProdHaftG), sondern maßgebend ist die Verkehrswidrigkeit des Gebäudes im Zeitpunkt des Einsturzes oder der Teilablösung, wobei die aktuellen Sicherheitsstandards anzulegen sind.[111] Damit ist der Fehlerbegriff der Gebäudehaftung noch stärker objektiviert als derjenige der Produkthaftung, was den Nachweis eines objektiven Mangels erheblich erleichtert.

Da ordnungsgemäß errichtete und unterhaltene Bauwerke normalerweise weder einstürzen noch Teile verlieren, spricht bereits der bloße Umstand, dass es zu solchen Ereignissen gekommen ist, für den fehlerhaften Zustand des Werks.[112] Folgerichtig begründet der BGH in ständiger Rechtsprechung die Fehlerhaftigkeit des Bauwerks mit Hilfe des **Anscheinsbeweises,** sofern bloß feststeht, dass es Möglichkeiten gegeben hätte, den Einsturz oder die Teilablösung durch einen anderen Konstruktionsplan oder durch irgend eine Unterhaltungsmaßnahme zu vermeiden, was in aller Regel der Fall ist.[113] Der prima-facie-Beweis erstreckt sich nicht bloß auf die Fehlerhaftigkeit des Werks, sondern darüber hinaus auch auf deren Kausalität für das schädigende Ereignis – Einsturz oder Teilablösung.[114] Darauf, ob ein Fehler bei der Errichtung oder Schlamperei bei der Unterhaltung des Gebäudes den Mangel ausgelöst hat, kommt es nicht an, und folgerichtig können Feststellungen in diese Richtung ebenso unterbleiben wie entsprechender Vortrag.[115] Genauso irrelevant ist die Frage, ob das Bauwerk öffentlich-rechtlichen Sicherheitsvorschriften, DIN-Normen oder den von der Baugenehmigungsbehörde gestellten Anforderungen entspricht – der Bau ist dann „zwar vorschriftsmäßig, aber fehlerhaft" (vgl. § 823 RdNr. 277 ff.).[116]

Allerdings ist der **Anscheinsbeweis erschüttert** und der Einstieg in die Vermutung wird verhindert, wenn der Einsturz des Gebäudes oder die Ablösung von Einzelteilen wahr-

---

[107] Prot. II S. 655.
[108] RGZ 76, 260, 262; RG JW 1908, 196 f.; BGH VersR 1952, 291 = LM Nr. 4; VersR 1956, 627, 629 (insoweit nicht in BGHZ 21, 285); 1962, 1105, 1106; NJW 1997, 1853 = LM Nr. 25; NJW 1999, 2593, 2594 = LM Nr. 26; OLG Koblenz VersR 2005, 982, 983; RGRK/*Kreft* RdNr. 23.
[109] BGH VersR 1956, 627, 629 (insoweit nicht in BGHZ 21, 285).
[110] BGHZ 51, 91, 105 f. = NJW 1969, 269, 274 f.; vgl. auch § 823 RdNr. 658 ff.; § 3 ProdHaftG RdNr. 25 ff.
[111] BGH NJW 1993, 1782, 1783: „entweder fehlerhaft errichtet oder mangelhaft unterhalten".
[112] RG JW 1908, 196, 197; BGHZ 58, 149, 154 = NJW 1972, 724, 726; BGH VersR 1956, 627, 629 (insoweit nicht in BGHZ 21, 285); 1976, 66; NJW 1993, 1782 f.; 1997, 1853; 1999, 2593, 2594; OLG Frankfurt NJW-RR 1992, 164; OLG Düsseldorf NJW-RR 1992, 1440, 1441; OLG Koblenz NJW-RR 1998, 673, 674.
[113] BGH NJW 1999, 2593, 2594 = LM Nr. 26; VersR 1952, 291 = LM Nr. 4; NJW 1993, 1782, 1783 = LM Nr. 24; NJW 1997, 1853 f. = LM Nr. 25; NJW-RR 2006, 1098, 1099 RdNr. 17; OLG Köln NJW-RR 1992, 858; VersR 2005, 512; OLG Düsseldorf NJW-RR 1992, 1244, 1245; 1992, 1440, 1441; 2003, 885; OLG München VersR 2002, 69; OLG Koblenz VersR 2005, 982, 983; OLG Rostock NJW-RR 2004, 825, 826.
[114] BGH VersR 1976, 66; NJW-RR 2006, 1098, 1099 Tz. 17.
[115] BGH VersR 1962, 1105, 1106.
[116] BGH VersR 1962, 1105, 1106; genauso BGH NJW 1997, 1853 f.

scheinlich auf einer anderen Ursache als der fehlerhaften Errichtung oder der mangelhaften Unterhaltung beruht.[117] Als haftungsausschließende Alternativursachen kommen insbesondere Naturereignisse in Betracht, wie zB orkanartige Stürme nach Art von „Jahrhundertorkan Lothar"[118] oder extreme Hitze, die in Tanks gelagertes Benzin verdampfen lässt.[119] Gleiches gilt für Sabotageakte und andere Eingriffe Dritter, wie etwa das absichtliche Zum-Absturz-Bringen voll betankter Verkehrsflugzeuge. In der Praxis gelingt dem Gebäudebesitzer die Abwendung des Verdikts der Fehlerhaftigkeit nach Abs. 1 S. 1 nur selten, weil die deliktsrechtlichen Sicherheitsanforderungen den Schutz vor Naturereignissen, Fehlverhalten des Opfers und Eingriffen Dritter einschließen (§ 823 RdNr. 263, 265, 565). Mit Recht formuliert der BGH im Anschluss an das RG, der **Gebäudemangel** müsse **nicht die einzige Ursache** für das Schadensereignis sein, sondern Naturereignisse könnten hinzutreten, sofern sie sich nur im Spektrum vorhersehbarer Witterungslagen hielten.[120] So muss ein Baugerüst auch bei starken Sturmböen stehen bleiben,[121] und an der Küste müssen Gebäude und Zelte Böen bis zu Windstärke 11 standhalten können.[122] Für Eingriffe Dritter gelten dieselben Grundsätze: **Vorhersehbares Fehlverhalten,** insbesondere der Nutzer öffentlicher Gebäude, ist einzukalkulieren und dieser Gefahr durch eine entsprechend aufwändige, sicherheitstechnisch redundante Konstruktion und intensive Wartung zu begegnen,[123] doch ist ein Gebäude nicht so zu gestalten, dass es selbst grausamsten Terrorakten standhält.

16 4. **Rechtsgutsverletzung.** Der **Schutzbereich des § 836** ist dem Wortlaut nach beschränkt auf die Rechtsgüter Leben, Gesundheit, körperliche Unversehrtheit und Sachsubstanz. Genauso wie bei § 823 Abs. 1 sind reine Vermögensschäden folglich nicht geeignet, die Gebäudehaftung auszulösen.[124] Der Streit um die Ausdehnung des Schutzbereichs des § 836 auf sonstige Rechte ist müßig,[125] soweit diese Rechte den Schutz des § 823 Abs. 1 genießen,[126] denn in diesen Fällen sollte die in § 836 angeordnete Beweislastregel im Rahmen der allgemeinen deliktischen Anspruchsgrundlage analog angewendet werden (ausführlich RdNr. 4 f.). Dies widerspricht auch nicht dem „Ausnahmecharakter" der Vorschrift,[127] denn dieser kommt ihr als bloße Konkretisierung der allgemeinen deliktischen Sorgfaltspflicht samt der dazugehörigen Beweislastregel in Wahrheit nicht zu.

17 5. **Kausalität und Zurechnung.** Die ältere Rechtsprechung schränkte den Anwendungsbereich des § 836 ein, indem sie das Erfordernis des Ursachenzusammenhangs zwischen dem schädigenden Ereignis (Einsturz oder Teilablösung) und der Rechtsgutsverletzung normativ verengte und auf Fälle beschränkte, in denen die Rechtsgutsverletzung auf der „**bewegend wirkenden Kraft**" von Massen beruhte.[128] Selbst danach werden auch mittelbare Verletzungen erfasst, wenn nicht der Einsturz oder die abgelösten Teile selbst den Schaden verursachen, sondern erst weitere Massen, die durch das schädigende Ereignis in

---

[117] BGH NJW 1997, 1853, 1854; NJW-RR 2006, 1098, 1100 Tz. 18.
[118] Dessen Zerstörungswut ist dokumentiert in: OLG Zweibrücken NJW-RR 2002, 749; OLG Koblenz VersR 2005, 982, 983 f.; LG Offenburg NJW-RR 2002, 596; LG Karlsruhe NJW-RR 2002, 1541.
[119] BGH NJW-RR 2006, 1098, 1100 RdNr. 19.
[120] RGZ 76, 260, 262; RG JW 1908, 196 f.; BGHZ 58, 149, 153 = NJW 1972, 724, 725; BGH VersR 1952, 291; 1956, 627, 629 (insoweit nicht in BGHZ 21, 285); 1960, 426, 427; 1976, 66; NJW 1993, 1782, 1783; 1999, 2593, 2594; OLG Düsseldorf VersR 1976, 94; NJW-RR 1992, 1440, 1441; 2003, 885; OLG Köln NJW-RR 1992, 858; OLG Koblenz DB 1978, 1492; OLG Celle VersR 1985, 345, 346; OLG München VersR 2002, 69; OLG Köln VersR 2005, 512 f.
[121] BGH NJW 1999, 2593, 2594.
[122] OLG Rostock NJW-RR 2004, 825, 826.
[123] BGH NJW 1985, 2588 f. (im Rahmen des Abs. 1 S. 2).
[124] BGH VersR 1976, 1084, 1085 = WM 1976, 1056, 1058; § 823 RdNr. 176 ff.
[125] Bejahend 3. Aufl. RdNr. 24 *(Stein);* abl. RGRK/*Kreft* RdNr. 25; *Staudinger/Belling* RdNr. 53.
[126] Im Ergebnis ähnlich *Petershagen* S. 168.
[127] So aber RGRK/*Kreft* RdNr. 25; *Staudinger/Belling* RdNr. 53; *Petershagen* S. 168.
[128] Grdlg. RG Recht 1910 Nr. 3921; WarnR 1913 Nr. 417; vgl. weiter RGZ 172, 156, 161; BGH NJW 1961, 1670, 1671 = LM Nr. 12; VersR 1976, 1084; NJW-RR 1990, 1500, 1501 = VersR 1991, 72, 73 = LM Nr. 23; OLG Celle VersR 1991, 1382, 1383; OLG München NJW-RR 1995, 540, 541; OLG Stuttgart VersR 1997, 340; ebenso *Petershagen* S. 139, 141; RGRK/*Kreft* RdNr. 27.

Bewegung geraten sind,[129] wenn sich zB jemand durch die Berührung eines herabgefallenen Stromkabels verletzt;[130] eine Person infolge des Einbruchs von Bodenbrettern oder -blechen hinabstürzt;[131] ein zur Befestigung angebrachter Nagel entfernt wird und (viel später) der vorher gesicherte Signalmast umkippt.[132] An der Schadensverursachung durch eine „bewegend wirkende Kraft" soll es hingegen fehlen, wenn sich ein Teil von einer Trottoirrinne löst, auf der Fahrbahn liegen bleibt und dort den Verkehr stört;[133] Telegraphendrähte herabfallen und sich ein Kfz. darin verfängt;[134] Dritte einen Gullydeckel aus der Öffnung heben und auf die Straße legen.[135]

Die **Beschränkung der Gebäudehaftung** auf die Verwirklichung kinetisch wirkender Kräfte ist **abzulehnen,**[136] und sie findet sich auch nicht mehr in einem neueren Urteil des BGH zu § 836.[137] Auch dann, wenn das herab fallende Bauteil einer Autobahnbrücke nicht direkt auf einen Pkw. trifft,[138] sondern der Wagen in das auf der Straße liegende Teil hineinrast,[139] ist der Geschädigte in derjenigen Beweissituation, vor der ihn § 836 gerade bewahren wollte, nämlich dass er einen Sorgfaltspflichtverstoß bei der Unterhaltung des Bauwerks darlegen und nachweisen soll, obwohl er keinerlei Zugang zu den dafür notwendigen Informationen hat. Genauso wenig überzeugt es, die Beweisregel des § 836 Abs. 1 anzuwenden, falls Dämme oder Leitungen brechen und die ausströmenden Wassermassen Schäden verursachen,[140] nicht dagegen, wenn dasselbe Wasser deshalb ausströmt, weil das Regenrohr nicht gebrochen, sondern verstopft ist[141] und Gasleitungen wieder anders zu behandeln, bloß weil sich ausströmendes Gas nicht „bewegt".[142]

IV. Entlastung nach Abs. 1 S. 2

1. Einwand sorgfaltsgemäßen Verhaltens. Unter der Voraussetzung objektiver Fehlerhaftigkeit des Gebäudes im Unfallzeitpunkt wird gemäß Abs. 1 S. 1 vermutet, dass es auf Grund einer Sorgfalts- bzw. Verkehrspflichtverletzung des Besitzers zu dem Schadensereignis gekommen ist. Wie sich aus § 836 Abs. 1 unmissverständlich ergibt, enden die Sorgfaltspflichten des Besitzers nicht mit der **Errichtung** des Gebäudes, sondern sie erfordern die **fachgerechte Unterhaltung** und damit auch die – im Gesetzeswortlaut nicht angesprochene – **fortlaufende Überwachung und Untersuchung** des baulichen Zustands.[143] Der Grundstücksbesitzer hat sich in regelmäßigen Abständen über die Fortentwicklung des bautechnischen Standards zu informieren, das Bauwerk daraufhin zu überprüfen, ob es noch dem Stand der Technik entspricht und festgestellte Fehler zu beseitigen. Für die Beseitigung ist dem Besitzer eine angemessene Bedenk-, Entscheidungs-, Planungs- und Ausführungsfrist einzuräumen, während der die Gefahr durch Warnungen, Absperrungen, Verbote oder Provisorien zu minimieren ist.[144] Scheidet eine Sanierung nach den Umständen aus oder

---

[129] RG WarnR 1913 Nr. 417; RGZ 97, 112, 114; RG HRR 1930 Nr. 1104; BGH LM Nr. 12; NJW 1961, 1670, 1671; WM 1976, 1056, 1057.
[130] RGZ 147, 535.
[131] RGZ 52, 236, 239; BGH NJW 1997, 1853 = LM Nr. 25.
[132] RG JW 1913, 868, 869.
[133] RG Recht 1910 Nr. 3921; *Staudinger/Belling* RdNr. 48.
[134] OLG Jena JW 1933, 1667.
[135] OLG Celle VersR 1991, 1382, 1383.
[136] Abl. auch *Erman/Schiemann* RdNr. 7; *Soergel/Krause* RdNr. 21; *Staudinger/Belling* RdNr. 42; wohl auch *Fikentscher* RdNr. 1282.
[137] BGH NJW-RR 2006, 1098, 1099 RdNr. 17.
[138] So (angeblich) in dem Fall BGH NJW-RR 1990, 1500.
[139] Vgl. RG Recht 1910 Nr. 3921; BGH NJW 1961, 1670, 1671.
[140] RGZ 97, 112, 114; 133, 1, 6; RG HRR 1930 Nr. 1104; BGHZ 55, 229, 235 = NJW 1971, 607; BGH MDR 1979, 206 = LM Nr. 17.
[141] BGH VersR 1983, 588 = LM Nr. 19.
[142] So RGZ 172, 156, 161.
[143] RG JW 1916, 190, 191; BGH VersR 1976, 66, 67; NJW-RR 1988, 853, 854; NJW 1993, 1782, 1783; OLG Hamm VersR 1997, 194, 195.
[144] Vgl. BGH NJW 1985, 1076, 1077; 1999, 2593, 2594.

wären die Kosten einer solchen Maßnahme prohibitiv, ist das Werk ggf. ganz oder teilweise abzureißen bzw. neu herzustellen.[145]

20 Für **Umfang und Intensität der Sorgfaltspflichten** sind im Rahmen des § 836 Abs. 1 S. 2 dieselben Gesichtspunkte maßgebend wie bei § 823 Abs. 1 (dort RdNr. 258 ff.).[146] Die Rechtsprechung betont, es seien **hohe Anforderungen** zu stellen,[147] doch absolute Sicherheit im Sinne eines Ausschlusses jedweden Risikos kann auch im Rahmen der Gebäudehaftung nicht verlangt werden.[148] Entscheidend sind zunächst der Umfang der drohenden Schäden sowie die Wahrscheinlichkeit ihres Eintritts einerseits und die wirtschaftliche Zumutbarkeit möglicher Sicherheitsmaßnahmen andererseits.[149] Beides ist miteinander in Beziehung zu setzen und zu fragen, ob die Kosten möglicher Sicherheitsmaßnahmen im Hinblick auf den Umfang der damit zu vermeidenden Schäden in Kauf zu nehmen sind. Bei Altbauten ist die Überwachungspflicht folgerichtig wesentlich intensiver als bei Neubauten, bei denen davon ausgegangen werden kann, dass sie den aktuellen technischen Standards entsprechen.[150] Ein ca. 50 Jahre altes Dach eines Gebäudes, um das herum reger Publikumsverkehr herrscht, ist einmal im Jahr zu kontrollieren.[151]

21 Allerdings lässt sich die Intensität der zu fordernden Sorgfalt nicht isoliert für den Grundstücksbesitzer feststellen, sondern ist abhängig von den Möglichkeiten und Kosten von **Selbstschutzmaßnahmen auf Seiten des Opfers**, die ihrerseits maßgebend von der Erkennbarkeit der Gefahrenquelle und darüber hinaus auch von der Befugnis zum Aufenthalt im Gefahrenbereich abhängen (§ 823 RdNr. 261 ff.).[152] Eine Ruine darf gar nicht oder nur mit aller Vorsicht betreten werden,[153] wer auf eine offensichtlich im Bau befindliche Loggia tritt, muss sich vom Rand fern- und darf sich nicht an der Brüstung festhalten,[154] und wer sich beim Urinieren an einen Zaun anlehnt, ist selber schuld, wenn dieser umfällt.[155] Erhöhte Anforderungen gelten, wenn das Bauwerk Menschen bedroht, die erkennbar zur Gefahrsteuerung nur eingeschränkt in der Lage sind, wie dies insbesondere auf Kinder zutrifft (§ 823 RdNr. 268)[156] und generell bei Gebäuden, die dem Publikumsverkehr offen stehen, wie etwa Hotels, weil dann mit einem infolge der intensiven Nutzung erhöhten Verschleiß und darauf beruhender erhöhter Unfallgefahr zu rechnen ist (§ 823 RdNr. 482, 487).[157]

22 Wichtige Orientierungshilfen bei der Konkretisierung der deliktischen Sorgfaltspflichten des Grundstücksbesitzers bieten das **öffentliche Sicherheitsrecht** sowie **technische Regeln** und **DIN-Normen**.[158] In Übereinstimmung mit allgemeinen Grundsätzen kommt eine strikte Anbindung der privatrechtlichen Sorgfaltspflichten an das verwaltungsrechtliche Pflichtenprogramm oder gar an von privaten Verbänden gesetzte Normen nicht in Betracht (ausf. § 823 RdNr. 277 ff.).[159] Genauso wenig kann sich der Besitzer mit dem Hinweis auf das Versagen von Behörden seiner Verantwortung für die Gebäudesicherheit entschlagen; es

---

[145] Vgl. OLG Düsseldorf NJW-RR 1992, 1440, 1441; LG Ansbach NJW-RR 1996, 278; AG Schweinfurt NZV 1992, 412, 413.
[146] BGHZ 58, 149, 156 = NJW 1972, 724, 726; BGH NJW 1971, 2308, 2309; 1977, 1392, 1393; 1985, 2588, 2589; NJW-RR 1990, 1423, 1424.
[147] BGH VersR 1952, 291, 292; 1976, 66, 67; NJW 1985, 2588; NJW-RR 1988, 853, 854; NJW 1993, 1782, 1783; OLG Hamm VersR 1997, 194, 195; OLG Köln VersR 2005, 512, 513.
[148] BGHZ 58, 149, 156 = NJW 1972, 724, 726; BGH NJW-RR 1990, 1423, 1424; OLG Köln VersR 2005, 512, 513.
[149] BGHZ 58, 149, 156 = NJW 1972, 724, 726; BGH NJW 1993, 1782, 1783.
[150] BGH NJW 1993, 1782, 1783; OLG Köln VersR 2005, 512, 513.
[151] OLG Köln VersR 2005, 512, 513.
[152] BGH NJW 1971, 2308, 2309; 1985, 1076 f.; NJW-RR 1990, 1423, 1424 f.; vgl. auch BGHZ 1, 103, 105 = NJW 1951, 229.
[153] BGHZ 1, 103, 105 = NJW 1951, 229.
[154] BGH NJW 1985, 1076 f.
[155] LG Gera NJW-RR 2002, 961.
[156] BGH NJW 1971, 2308, 2309.
[157] RG JW 1916, 190, 191; BGH NJW 1985, 2588.
[158] Vgl. BGH NJW 1997, 1853, 1854.
[159] RG JW 1938, 1254.

entlastet ihn nicht, wenn sich die Bauaufsichtsbehörde mit einem sicherheitstechnisch bedenklichen Zustand abgefunden und keinen Anlass zum Einschreiten gesehen hatte.[160] Werden einem Bauherrn detaillierte Vorschriften über die Ausführung eines Bauvorhabens gemacht, die sich als völlig unzureichend herausstellen, kommt allerdings eine Entlastung in Betracht, soweit die Mängel der Vorschriften für ihren Adressaten nicht erkennbar waren.[161] Wegen der in der Errichtungsphase gebotenen Einschaltung eines Architekten wird dies allerdings regelmäßig nicht der Fall sein.

Wird die Durchführung der geforderten Sorgfaltsmaßnahmen einem Dritten überlassen, so richtet sich die Haftung bei eigenen Leuten nach § 831 samt des diesen umhegenden Geflechts an **Organisationspflichten** aus § 823 Abs. 1 (vgl. § 823 RdNr. 380 f.).[162] Bei Einschaltung selbstständiger Unternehmer oder Freiberufler gelten die herkömmlichen Grundsätze über die **Delegation deliktischer Sorgfaltspflichten** (vgl. § 823 RdNr. 294 ff.).[163] Bautechnische Laien sind nicht nur dazu berechtigt, anerkannte Fachleute mit der Errichtung und Sanierung von Gebäuden zu beauftragen, sondern im Interesse der Verkehrssicherheit dazu verpflichtet.[164] Ist dies geschehen und eine „klare Absprache" über die Aufgabenteilung getroffen worden,[165] kann sich der Bauherr grundsätzlich darauf verlassen, der Fachmann werde sich ordnungsgemäß verhalten, braucht ihn also nicht weiter zu kontrollieren.[166] Eine Verpflichtung zum Einschreiten besteht gleichwohl, wenn der Auftraggeber weiß oder erkennen kann, dass der Beauftragte nicht über die erforderliche Sachkunde verfügt oder den übernommenen Pflichten nicht in der gebotenen Weise nachkommt.[167] Auch die sicherheitstechnische Überprüfung eines älteren Gebäudes darf ein Laie nicht allein durchführen, sondern sie ist einem entsprechend qualifizierten Fachmann anzuvertrauen.[168] Selbstverständlich kann auch die Unterhaltungspflicht auf Dritte, insbesondere auf professionelle **Hausverwalter** delegiert werden, doch bleibt der Gebäudebesitzer zu deren sorgfältiger Auswahl, Instruktion und zur regelmäßigen Aufsicht verpflichtet.[169] Wird dem Verwalter das Gebäude bereits in beklagenswertem Zustand übergeben, dauert die Verantwortung des Besitzers fort, bis die Mängel abgestellt sind.[170] Es entlastet den Besitzer auch nicht, wenn er einem Sachverständigen einen Prüfauftrag erteilt, diesen jedoch so einschränkt, dass wesentliche Mängel nicht entdeckt werden können.[171] Schon gar nicht darf man sich darauf verlassen, der Schornsteinfeger werde sich schon melden, sollte das Dach Mängel aufweisen.[172]

2. Einwand mangelnder Kausalität. Die Vermutung des § 836 Abs. 1 erstreckt sich auch auf die **Kausalität der Pflichtwidrigkeit** für den Einsturz des Gebäudes oder die Ablösung von Teilen.[173] Folgerichtig kann sich der Grundstücksbesitzer von der Haftung befreien, indem er nachweist, dass das schädigende Ereignis auch bei Beobachtung der gebotenen Sorgfalt eingetreten wäre.[174]

---

[160] BGHZ 1, 103, 106 = NJW 1951, 229; BGH VersR 1976, 66, 67; § 823 RdNr. 275 f.
[161] BGH VersR 1962, 1105, 1106.
[162] BGH VersR 1959, 694, 695.
[163] BGH NJW 1985, 2588; NJW-RR 1990, 1423, 1424; vgl. auch BGH MDR 1968, 916 = LM Nr. 12 a; Soergel/*Krause* RdNr. 27.
[164] BGHZ 1, 103, 106 = NJW 1951, 229; BGH NJW 1985, 2588; 1993, 1782, 1783.
[165] BGH NJW-RR 1990, 1423, 1425; vgl. auch § 823 RdNr. 295.
[166] RGZ 76, 260, 263; BGH NJW 1971, 2308; vgl. auch BGHZ 34, 206, 212 = NJW 1961, 868, 869; OLG Köln VersR 2005, 512, 513.
[167] BGHZ 1, 103, 106 = NJW 1951, 229; BGH NJW 1985, 2588; 1993, 1782, 1783.
[168] BGH VersR 1976, 66, 67; OLG Düsseldorf NJW-RR 2003, 885.
[169] BGH VersR 1976, 66, 67; OLG Frankfurt OLGZ 1985, 144, 145; OLG Hamm VersR 1997, 194, 195.
[170] BGH VersR 1976, 66, 67.
[171] BGH NJW-RR 1988, 853, 854.
[172] OLG Köln NJW-RR 1992, 858, 859; AG Grevenbroich VersR 2001, 1122, 1123; ähnlich LG Offenburg NJW-RR 2002, 596 f.
[173] BGH VersR 1952, 291 = LM Nr. 4; NJW-RR 1988, 853, 855 = LM Nr. 22.
[174] RG LZ 1922, 231; BGH VersR 1952, 291 = LM Nr. 4; RGRK/*Kreft* RdNr. 52; Soergel/*Krause* RdNr. 25; Staudinger/*Belling* RdNr. 100.

§ 836 25–28   Abschnitt 8. Titel 27. Unerlaubte Handlungen

V. Aktiv- und Passivlegitimation; Ersatzumfang

25   **1. Anspruchsberechtigung und Mitverschulden.** Wie bei § 823 Abs. 1 ist vorbehaltlich der §§ 844 f. nur der Träger des verletzten Rechtsguts aktivlegitimiert. Ein etwaiges **Mitverschulden** muss sich der Geschädigte selbstverständlich nach § 254 anrechnen lassen,[175] nicht jedoch der Gast des Mieters entsprechend §§ 278, 328 ein Mitverschulden seines Gastgebers.[176] Insbesondere kommt eine Kürzung der Schadensersatzansprüche von Bauhandwerkern und von Reinigungskräften in Betracht, wenn diese zB bei der Ausbesserung von Bauwerksmängeln zu Schaden kommen.[177] Die **spiegelbildliche Anwendung** des § 836 im Rahmen des Mitverschuldens gemäß § 254 in dem Sinne, dass sich der geschädigte Gebäudeeigentümer in Bezug auf die technische Sicherheit seines Werks entlasten müsste, findet nicht statt.[178]

26   Die Verantwortlichkeit des **Abbruchunternehmers** für von diesem selbst erlittene Rechtsgutsverletzungen spielt nicht erst im Rahmen des § 254 eine Rolle, sondern dem Unternehmer und seinen Leuten ist die Aktivlegitimation im Rahmen von § 836 von vornherein abzusprechen.[179] Anders ist es nur, wenn Gebäudeteile einstürzen oder Teile verlieren, die von den Abbrucharbeiten nicht betroffen sind.[180] Der maßgebende Grund für die Diskriminierung des Abbruchunternehmers liegt nicht darin, dass ein zum Abbruch freigegebenes Gebäude nicht objektiv fehlerhaft iS des Abs. 1 S. 1 sein könnte, sondern in der Verantwortungsverteilung im Verhältnis Gebäudebesitzer/Abbruchunternehmer: Letzterer – und nicht der Eigentümer – hat als Fachmann eigenverantwortlich zu prüfen, auf welche Weise das Gebäude unter Vermeidung von Schäden abgetragen werden kann, und sich entsprechend zu verhalten. Einschränkungen bedarf die Aktivlegitimation auch mit Rücksicht auf Personen, die sich **unbefugt in den Gefahrenbereich** begeben haben: Wird ein nächtlicher Einbrecher in ein Kaufhaus oder Juweliergeschäft von einem herunterfallenden Kronleuchter verletzt, kann er den Besitzer nicht nach § 836 auf Schadensersatz in Anspruch nehmen und folglich die Beweislast dafür zuschieben, die einschlägigen Sicherheitsvorschriften eingehalten zu haben (vgl. § 823 RdNr. 270 ff.).[181] Anders verhält es sich bei Personen, die zur eigenverantwortlichen Steuerung des eigenen Verhaltens nicht in der Lage sind, insbesondere bei Kindern (§ 823 RdNr. 267 f.).

27   **2. Ersatzpflichtige. a) Allgemeine Zurechnungsvoraussetzungen. Kinder unter sieben Jahren und Deliktsunfähige** (§§ 827 f.) haften unter den Voraussetzungen des § 829.[182] Im **Erbfall** ist § 857 anwendbar, so dass den Erben die Haftung treffen kann, bevor er von seinem „Glück" Kenntnis erlangt hat.[183] War dies der Fall, wird er sich allerdings regelmäßig gemäß § 836 Abs. 1 S. 2 entlasten können.

28   **b) Gegenwärtiger Eigenbesitzer (Abs. 1).** In Übereinstimmung mit allgemeinen Grundsätzen (§ 823 RdNr. 292 f.) adressiert § 836 Abs. 1 die Haftung an denjenigen, der zum **Zeitpunkt des schädigenden Ereignisses Besitzer** des Grundstücks ist, weil diese Person – und nicht notwendig der Eigentümer – am besten dazu in der Lage zu sein scheint, die bautechnische Sicherheit des Gebäudes zu gewährleisten.[184] Gemäß Abs. 3 ist nur der Eigenbesitzer iS des § 872 passivlegitimiert, weil dieser regelmäßig den Nutzen aus der Haltung der Sache zieht und er deshalb auch die Kosten entsprechender Sicherheitsmaß-

---

[175] Vgl. etwa BGH VersR 1960, 426, 427; 1965, 801, 802; 1973, 836, 838 (insoweit nicht in BGHZ 61, 51); NJW 1985, 1076, 1077; NJW-RR 1990, 1423, 1425; RGRK/*Kreft* RdNr. 30; Soergel/*Krause* RdNr. 6.
[176] BGH NJW 1985, 1076, 1077.
[177] Vgl. BGH VersR 1960, 426, 427; 1965, 801, 802.
[178] BGHZ 79, 259, 264 = NJW 1981, 983, 984.
[179] BGH NJW 1979, 309 f.; OLG Karlsruhe NJW-RR 1988, 152, 153.
[180] BGH NJW 1979, 309.
[181] Andeutungsweise zu § 836 BGH VersR 1973, 836, 837 (insoweit nicht in BGHZ 61, 51).
[182] RGZ 94, 220, 221 f.
[183] BGH LM Nr. 6.
[184] Mot. II S. 818 f.; Prot. II S. 655: wegen des „Prinzips der Verschuldung".

nahmen tragen soll. Da mittelbarer Besitz genügt, haften auch Vermieter und Verpächter nach § 836,[185] nicht hingegen Mieter und Pächter sowie sonstige Fremdbesitzer, deren Haftung sich aber aus §§ 837, 838, 823 Abs. 1 ergeben kann.[186] Wegen des zwischen § 836 und § 837 bestehenden Exklusivitätsverhältnisses greift § 836 zu Lasten des Eigenbesitzers des Grundstücks allerdings nur ein, soweit er auch Eigenbesitzer des auf dem Grundstück befindlichen Werks ist.[187] Der **Käufer** eines Grundstücks wird zum Eigenbesitzer mit tatsächlicher Übergabe des Grundstücks, während es auf den im notariellen Kaufvertrag genannten Zeitpunkt des Übergangs von Nutzen und Lasten (§ 446) nicht ankommt (§ 823 RdNr. 453).[188]

c) Früherer Eigenbesitzer. Gemäß Abs. 2 haftet auch der frühere Besitzer, sofern der Unfall binnen eines Jahres (Berechnung gemäß §§ 187 f.) nach der Beendigung des Besitzes (§ 856) eintritt. Damit soll u. a. verhindert werden, dass sich der Besitzer eines Gebäudes durch Besitzaufgabe der ihm drohenden Verantwortlichkeit entzieht.[189] Die Beweislastumkehr nach Abs. 1 gilt in vollem Umfang auch zu dessen Lasten, doch stehen ihm erweiterte Möglichkeiten der Entlastung zur Verfügung: Der frühere Besitzer kann nicht nur die Erfüllung der ihn selbst während seiner Besitzzeit treffenden Sorgfaltspflichten nachweisen,[190] sondern darüber hinaus mit haftungsbefreiender Wirkung geltend machen, sein Besitznachfolger hätte durch Beobachtung der verkehrserforderlichen Sorgfalt den Unfall vermeiden können (Abs. 2 aE).

d) Mehrere Schädiger. Mehrere (Neben-)Besitzer haften ebenso nach § 840 als Gesamtschuldner wie mehrere frühere bzw. der frühere und der gegenwärtige Besitzer[191] sowie der Gebäudebesitzer aus § 837 und der Grundstücksbesitzer aus § 823 Abs. 1.[192] Stürzen die Trümmer mehrerer Häuser herab und verletzen zusammen die Rechtsgüter des Geschädigten, haften die Besitzer der verschiedenen Gebäude solidarisch gemäß §§ 836, 830 Abs. 1 S. 2 für den gesamten Schaden.[193] Für den Binnenausgleich ist primär auf etwaige vertragliche Vereinbarungen, sonst gemäß §§ 426, 254 auf die relativen Verursachungs- und Verschuldensanteile abzustellen. § 840 Abs. 3 gilt im Innenverhältnis mehrerer Besitzer nicht, wohl aber im Verhältnis zwischen dem Gebäudehaftpflichtigen, der nur auf Grund der Vermutung haftet, und einem Dritten, der für den Schaden wegen nachgewiesener Pflichtverletzung einzustehen hat (vgl. § 840 RdNr. 19 f.).

VI. Beweislast

Es ist die Aufgabe des **Geschädigten**, den gegenwärtigen oder früheren Eigenbesitz des Anspruchsgegners, die objektive Fehlerhaftigkeit des Bauwerks zum Zeitpunkt des Einsturzes oder der Ablösung von Teilen, das schädigende Ereignis selbst, die Kausalität der Fehlerhaftigkeit für den Einsturz oder die Teilablösung sowie die dadurch verursachte Rechtsgutsverletzung darzulegen und im Bestreitensfall zu beweisen.[194] Stehen die Voraussetzungen des Abs. 1 S. 1 fest, trägt der **Schädiger** nach S. 2 die Beweislast dafür, dass er bei Errichtung und Unterhaltung des Bauwerks die erforderliche Sorgfalt beobachtet hat oder das schädigende Ereignis ohnedies eingetreten wäre.

---

[185] BGH NJW 1985, 1076, 1077; OLG Köln NJW-RR 1990, 224.
[186] Zur Haftung des Mieters oder Pächters s. § 838 RdNr. 6.
[187] RGZ 59, 8, 9 f.; BGH NJW 1977, 1392; § 837 RdNr. 1.
[188] Ambivalent LG Tübingen NJW-RR 1990, 610, 611; die Streupflicht geht erst mit Eigentumserwerb auf den Käufer über, vgl. BGH NJW 1990, 111 f.
[189] Prot. II S. 656.
[190] *Soergel/Krause* RdNr. 24.
[191] OLG Frankfurt VersR 1988, 191; AG Mönchengladbach-Rheydt NJW-RR 2002, 596.
[192] BGH NJW 1971, 2308; 1977, 1392, 1393.
[193] BGHZ 55, 96, 98 = NJW 1971, 509, 510; BGH VersR 1956, 627, 629 (insoweit nicht in BGHZ 21, 285).
[194] BGH NJW 1997, 1853; 1999, 2593, 2594; OLG Rostock NJW-RR 2004, 825, 826; *Erman/Schiemann* RdNr. 14.

§ 837 Haftung des Gebäudebesitzers

Besitzt jemand auf einem fremden Grundstück in Ausübung eines Rechts ein Gebäude oder ein anderes Werk, so trifft ihn anstelle des Besitzers des Grundstücks die im § 836 bestimmte Verantwortlichkeit.

I. Zweck und Bedeutung

1 § 837 ist eine Konkretisierung des allgemeinen Prinzips, die deliktsrechtlichen Sorgfaltspflichten an diejenige Partei zu adressieren, die zur Steuerung der Gefahr am besten in der Lage ist, der also die relativ effektivsten und kostengünstigsten Sicherheitsmaßnahmen zu Gebote stehen (§ 823 RdNr. 235).[1] Nach dem insoweit klaren Wortlaut („an Stelle") **entlässt § 837 den Grundstücksbesitzer aus seiner Haftung** nach Maßgabe des § 836; die beiden Tatbestände schließen sich wechselseitig aus.[2] Dies gilt selbst dann, wenn der Grundstücksbesitzer im Einzelfall durchaus zur Steuerung der Gefahr durch entsprechende Sorgfaltsmaßnahmen in der Lage gewesen wäre,[3] doch lässt sich die Haftung dann unter Umständen über § 823 Abs. 1 begründen.[4] In diesem Fall haften der Gebäudebesitzer (§ 837) und der Grundstücksbesitzer (§ 823 Abs. 1) solidarisch gemäß § 840 Abs. 1.[5]

II. Voraussetzungen

2 § 837 regelt den Fall, dass jemand auf einem Grundstück ein **Gebäude oder Werk besitzt**, *ohne* **gleichzeitig Besitzer des Grundstücks** zu sein.[6] Jemand besitzt in Ausübung eines Rechts, wenn er vermöge einer privatrechtlichen oder öffentlich-rechtlichen, schuldrechtlichen oder dinglichen Rechtsposition die tatsächliche Herrschaft über das Gebäude oder Werk ausüben kann[7] und im Verhältnis zum Eigenbesitzer des Grundstücks auch ausüben soll. Es genügt, wenn der Besitzer die Sachherrschaft mit dem Willen in Anspruch nimmt, ein ihm zustehendes Besitzrecht auszuüben, während es auf die Wirksamkeit des in Anspruch genommenen Rechts nicht ankommt.[8]

3 Im Anschluss an die Rechtslage bei § 836 (vgl. Abs. 3) wird auch § 837 auf den **Eigenbesitzer** beschränkt.[9] Deshalb haften insbesondere **Mieter** und **Pächter** von Bauwerken nicht nach § 837, sondern allenfalls nach § 823 Abs. 1 (§ 823 RdNr. 461) und darüber hinaus unter den Voraussetzungen des § 838 und damit neben dem Eigenbesitzer des Grundstücks.[10] Ausnahmsweise anders liegt es nur dann, wenn der Mieter oder Pächter auf dem betreffenden Grundstück ein Werk iS des § 836 Abs. 1 (dort RdNr. 8 f.) gemäß § 95 errichtet oder zu einem vorübergehenden Zweck in ein Gebäude eingefügt hat.[11] Für die praktisch häufigen Unfälle im Zusammenhang mit **Baugerüsten** hat also nicht der Bauherr als Grundstücksbesitzer gemäß § 836 einzustehen, sondern der Gerüstbauunternehmer nach

---

[1] Mot. II S. 819.
[2] RGZ 59, 8, 9 f.; BGH VersR 1961, 353, 355 (insoweit nicht in BGHZ 34, 206); NJW 1977, 1392 = LM Nr. 2.
[3] BGH NJW 1977, 1392 f. = LM Nr. 2.
[4] BGH VersR 1956, 348, 349; NJW 1977, 1392, 1393.
[5] BGH NJW 1971, 2308; 1977, 1392, 1393.
[6] *Palandt/Sprau* RdNr. 1; *Soergel/Krause* RdNr. 2.
[7] RG Recht 1913 Nr. 1887; SeuffA 79 Nr. 168; HRR 1935 Nr. 730; BGH VersR 1961, 353, 355 (insoweit nicht in BGHZ 34, 206); *Erman/Schiemann* RdNr. 2; *Soergel/Krause* RdNr. 2; *Staudinger/Belling* RdNr. 5.
[8] RG JW 1916, 39, 40.
[9] RGZ 59, 8, 10; RG JW 1916, 39, 40; BGH VersR 1956, 348, 349; NJW-RR 1990, 1423, 1424; LG Bad Kreuznach VersR 1986, 199; *Petershagen* S. 180; *Soergel/Krause* RdNr. 2; *Staudinger/Belling* RdNr. 1.
[10] RGZ 59, 8, 10; RG JW 1916, 39, 40, 1019; § 838 RdNr. 6.
[11] RG JW 1916, 1019; LZ 1916, 1241, 1242; RGZ 59, 8, 10; BGH VersR 1961, 353, 355 (insoweit nicht in BGHZ 34, 206); LG Aachen 1990, 63, 64; vgl. auch RG LZ 1916, 1241 f.; OLG Celle OLGE 34, 127, 128.

§ 837.¹² Entgegen der hM sollte dies auch dann gelten, wenn der Gerüstbauunternehmer Fremdbesitzer des Baugerüsts ist, etwa weil er es einer Bank **zur Sicherheit übereignet hat**. Für § 837 ist allein entscheidend, dass der Gebäudebesitzer nicht für den Grundstückseigentümer besitzt; sein „Recht muss so geartet sein, dass die Verantwortung für die fehlerhafte Errichtung oder mangelhafte Unterhaltung anstatt dem Eigenbesitzer des Grundstücks dem Besitzer des Werks zufällt";¹³ ob er im Übrigen Eigenbesitzwillen oder aber Fremdbesitzwillen zugunsten eines Dritten hat, ist gleichgültig.

Der Gebäudebesitzer haftet unter denselben Voraussetzungen wie der Grundstücksbesitzer, so dass die Tatbestandsmerkmale des § 836 in den § 837 hineinzulesen sind. Die **Fremdheit** des Grundstücks ist dabei kein echtes Tatbestandsmerkmal, sondern hat nur eine Abgrenzungsfunktion zu § 836: Ist der Besitzer zugleich Eigentümer des Grundstücks, haftet er originär nach § 836. Übt er den Besitz hingegen in Ausübung eines (vermeintlichen) Rechts auf seinem unerkannt eigenen Grundstück aus, hindert dies nicht die Anwendbarkeit des § 837.

III. Einzelfälle

Aus praktischer Sicht ist der wichtigste Anwendungsfall des § 837 das **Baugerüst**,¹⁴ gefolgt von Schuttrutschen,¹⁵ Bauzäunen¹⁶ und ortsfixierten Baumaschinen wie etwa Turmdrehkränen,¹⁷ Zirkuszelten¹⁸ sowie Grabsteinen.¹⁹ Weitere Beispiele: Elektrische Überlandleitungen;²⁰ Restaurationszelt eines Gastwirts auf gemietetem Grundstück,²¹ nicht aber das vom Mieter angebrachte Firmenschild (§ 836 RdNr. 10 aE).²² Entgegen einer weit verbreiteten Ansicht²³ fällt der Nießbraucher trotz § 1036 nicht unter § 837, sondern er haftet neben dem Eigentümer nach § 838.²⁴ Gemäß § 1041 trifft ihn nämlich gerade nicht die alleinige Verantwortung für die Unterhaltung des Gebäudes, so dass die durch § 837 bewirkte Haftungskanalisierung auf den Nutzungsberechtigten unter Ausschluss des Eigentümers unangemessen ist. Gleiches sollte für Grunddienstbarkeiten gelten, soweit sie mit der Haltung einer Anlage auf dem belasteten Grundstück verbunden sind (§§ 1020 S. 2, 1021).²⁵

§ 838 Haftung des Gebäudeunterhaltungspflichtigen

Wer die Unterhaltung eines Gebäudes oder eines mit einem Grundstück verbundenen Werkes für den Besitzer übernimmt oder das Gebäude oder das Werk vermöge eines ihm zustehenden Nutzungsrechts zu unterhalten hat, ist für den durch den Einsturz oder die Ablösung von Teilen verursachten Schaden in gleicher Weise verantwortlich wie der Besitzer.

Schrifttum: *Weimar,* Haftet der Hausverwalter gemäß § 838?, MDR 1959, 724 (vgl. auch die Hinweise zu § 836).

---

[12] RG JW 1910, 288; LZ 1921, 267, 268; SeuffA 76 Nr. 116; 1959, 694, 695; BGH VersR 1973, 836, 837 (insoweit nicht in BGHZ 61, 51); NJW 1999, 2593, 2594 = VersR 1999, 1424, 1425 = LM § 836 Nr. 26; vgl. auch § 836 RdNr. 9.
[13] RG HRR 1935 Nr. 730; ähnlich BGH VersR 1961, 353, 355 (insoweit nicht in BGHZ 34, 206).
[14] Vgl. die Nachweise Fn. 12.
[15] RG HRR 1935 Nr. 730.
[16] RG LZ 1921, 267, 268.
[17] OLG Düsseldorf VersR 1976, 94.
[18] OLG Hamm NJW-RR 2002, 92.
[19] BGH NJW 1977, 1392; KG NJW 1971, 661, vgl. *Müller/Hannemann* MDR 1975, 796.
[20] RG JW 1916, 39; 1938, 1254; SeuffA 79 Nr. 168.
[21] RG Recht 1908 Nr. 3265.
[22] AA RG LZ 1916, 1240, 1241.
[23] RGRK/*Kreft* RdNr. 5; *Erman/Schiemann* RdNr. 3; *Palandt/Sprau* RdNr. 2; vgl. auch *Petershagen* S. 196 m. Fn. 609, der § 837 für vorrangig gegenüber § 838 hält.
[24] BGH NJW-RR 1990, 1423, 1424.
[25] Anders RG Recht 1914 Nr. 1938: Fall des § 837; wie hier *Soergel/Krause* RdNr. 4.

I. Normzweck

1 Anders als die §§ 836 und 837 knüpft § 838 die Verantwortlichkeit nicht an eine bestimmte besitzrechtliche Lage, sondern an eine **bestehende Unterhaltungsverpflichtung**. Damit regelt die Vorschrift einen Fall der Delegation deliktischer Sorgfaltspflichten und steht insofern in einer Reihe mit den §§ 831 Abs. 2, 832 Abs. 2, 834.[1] Der Unterhaltspflichtige wird dem Haftungsregime des § 836 unterworfen, was wegen des subsidiär ohnehin geltenden § 823 Abs. 1 praktische Bedeutung allein für die Beweislastverteilung hat (vgl. aber § 836 RdNr. 2, 5). Die Haftung des Unterhaltspflichtigen tritt neben die Haftung des nach §§ 836, 837 verantwortlichen Grundstücks- oder Gebäudebesitzers (§ 840 Abs. 1).[2] § 838 hat die Funktion, Haftungslücken zu vermeiden, die sich ergäben, wenn sich der primär Sicherungspflichtige zu seiner Entlastung gemäß § 836 Abs. 1 S. 2 darauf berufen könnte, die Gebäudeunterhaltspflicht auf ein anerkanntes Fachunternehmen übertragen und Letzteres auch ordnungsgemäß instruiert und überwacht zu haben, der Übernehmer aber seinerseits für eigene Pflichtverletzungen dem verletzten Dritten gegenüber nicht haften würde.

II. Übernahme der Unterhaltung

2 **1. Unterhaltung.** Aus dem Umstand, dass § 838 lediglich die Unterhaltung des Gebäudes oder Werks nennt, lässt sich im Umkehrschluss entnehmen, dass die Übernahme der Errichtung eines Bauwerks nicht die Haftung nach § 838 auslöst.[3] Bauunternehmer, Architekten und Materiallieferanten haften daher nur nach den allgemeinen Vorschriften, insbesondere nach § 823 Abs. 1 (dort RdNr. 473); ihnen muss eine Sorgfaltspflichtverletzung folglich nachgewiesen werden.

3 **2. Übernahme.** Ein Dritter wird nach § 838 haftbar, wenn er die Zuständigkeit dafür übernommen hat, das Bauwerk so zu unterhalten, dass keine Schäden durch Einsturz des Gebäudes oder Ablösung von Gebäudeteilen entstehen.[4] Die Übernahme muss nicht in toto, mit Blick auf sämtliche Unterhaltungsmaßnahmen erfolgen, sondern kann auf **Teilbereiche** begrenzt bleiben.[5] Beschränkt sich die Aufgabe allerdings auf gegenständlich abgrenzbare Teile des Bauwerks, etwa nur auf das Dach, auf eine einzelne Eigentumswohnung oder umgekehrt allein auf das Gemeinschaftseigentum, reicht auch die Haftung nicht darüber hinaus.

4 Nach einem in der Rechtsprechung hin und wieder betonten Grundsatz soll zwar die **Übernahme lediglich einzelner das Bauwerk betreffender Verpflichtungen** für § 838 nicht genügen,[6] doch de facto hat sich der BGH darüber längst hinweggesetzt. So hat er den **Verwalter** eines beschädigten Gebäudes als unterhaltungspflichtig angesehen, obwohl sich seine Aufgabe darauf beschränkte, bei Gefahr die Baupolizei zu verständigen und ggf. den Abbruch des Gebäudes zu veranlassen.[7] Ferner hat er § 838 auch dann angewandt, wenn der Verwalter vor Durchführung größerer Sanierungsarbeiten die Zustimmung des Eigentümers einholen musste[8] oder lediglich gehalten war, das Gebäude für den eigenen Gebrauch herzurichten.[9] Ganz allgemein ist auf Einschränkungen des § 838 unter dem Gesichtspunkt des Umfangs der übernommenen Aufgabe zu verzichten[10] und die Vorschrift stets auch dann

---

[1] Mot. II S. 819; allg. zur Haftung bei der Pflichtdelegation § 823 RdNr. 294 ff.
[2] RGRK/*Kreft* RdNr. 1; Soergel/*Krause* RdNr. 1.
[3] *Petershagen* S. 187.
[4] BGH NJW-RR 1990, 1423, 1424 = LM § 837 Nr. 5.
[5] BGHZ 6, 315, 317 = NJW 1952, 1011; BGH LM Nr. 3; NJW-RR 1990, 1423, 1424 = LM § 837 Nr. 5.
[6] RG JW 1916, 1019; BGH VersR 1952, 207, 208 = LM § 836 Nr. 2; NJW-RR 1990, 1423, 1424 = LM Nr. 5; RGRK/*Kreft* RdNr. 4.
[7] BGH LM Nr. 3.
[8] BGHZ 6, 315, 317 = NJW 1952, 1011.
[9] BGH NJW-RR 1990, 1423, 1424.
[10] Übereinstimmend *Weimar* MDR 1959, 724 f.

anzuwenden, wenn sich die Verpflichtung des Verwalters darauf beschränkt, den Bauwerkszustand zu überwachen und ggf. Mängelanzeige an den Besitzer zu erstatten, es ihm aber verwehrt ist, ohne Rücksprache mit diesem Reparaturen zu veranlassen.[11] Die Interessenlage ist hier dieselbe wie bei § 832 Abs. 2, und sie ist in gleicher Weise zu regeln (§ 832 RdNr. 16 ff.): Tatsächlich geht es nicht um die Alternative aus Verantwortlichkeit oder Freistellung des Verwalters, weil Letzterer ohnehin nach § 823 Abs. 1 haften würde, sollte die Anwendung des § 838 an dem bescheidenen Umfang der übernommenen Pflichten scheitern.[12] Entscheidend ist allein die Frage, ob den Verwalter auch in diesen Fällen die Beweislastumkehr nach § 836 Abs. 1 treffen sollte, mit der Folge, dass er sich entlasten müsste, indem er nachweist, den übernommenen Pflichten – und nur diesen – in dem gebotenen Umfang nachgekommen zu sein. Dies ist zu bejahen, denn der Geschädigte hat normalerweise weder Einblick in das Innenverhältnis zwischen Verwalter und Besitzer noch kann er den Sorgfaltsaufwand des Verwalters beurteilen. Schließlich lässt sich nur durch Anwendung des § 838 auf sämtliche Fälle der Pflichtendelegation die Situation vermeiden, dass der Grundstücksbesitzer sich nach § 836 Abs. 1 S. 2 entlasten kann, weil er die ihm obliegenden Pflichten delegiert hat, der Übernehmer aber für die Erfüllung der ihm delegierten Pflichten nicht nach § 836 einzustehen hat (vgl. auch § 832 RdNr. 20).

Einer **vertraglichen Vereinbarung** oder gar deren Wirksamkeit bedarf es nach allgemeinen Grundsätzen nicht, sondern es genügt die faktische Übernahme der Aufgabe im Einverständnis mit dem primär Sicherungspflichtigen.[13] Selbstverständlich muss die faktische Vereinbarung nicht ausdrücklich getroffen werden, sondern kann auch konkludent erfolgen.[14] Das einseitige Ansichreißen der Aufgabe ohne Einverständnis des originär Sicherungspflichtigen löst die Haftpflicht nach §§ 836, 838 dagegen nicht aus, weil Letzterer in diesem Fall nach §§ 836 f. verpflichtet bleibt (vgl. § 823 RdNr. 296).[15] Haftungsbegründend ist auch die Übernahme auf gesetzlicher Grundlage, insbesondere durch den **Insolvenzverwalter,** der für Pflichtverletzungen bei der Unterhaltung der zur Masse zählenden Bauwerke persönlich nach den §§ 838, 836 einzustehen hat.[16] Gleiches gilt für die Pflichtendelegation auf öffentlich-rechtlicher Grundlage, etwa die Übertragung der Verwaltung einer Straße vom Bund auf die Länder durch § 20 FStrG.[17]

Weitere **Beispiele** für § 838 sind Verwalter von Grundstücken und Wohnungseigentum (vgl. § 27 Abs. 1 Nr. 2 WEG),[18] aber auch Mieter und Pächter, die abweichend von den §§ 535 Abs. 1 S. 2, 581 Unterhaltungspflichten in Bezug auf die Mietsache übernommen haben.[19]

III. Unterhaltungspflicht kraft Nutzungsrecht

Der zweite Fall der Unterhaltungspflicht des § 838 erfasst solche Fälle, in denen der Dritte ein rechtsgeschäftliches oder gesetzliches Nutzungsrecht an dem Bauwerk hat. Dazu zählen insbesondere das Recht des **Nießbrauchers** (§§ 1030 ff., 1041) und das Recht des Inhabers einer **Grunddienstbarkeit,** dem die Unterhaltungspflicht gemäß § 1021 obliegt.[20] Keine Unterhaltungspflicht kraft Nutzungsrecht begründet das in § 1649 Abs. 2 statuierte Recht der Eltern, Einkünfte aus dem Vermögen des Kindes für ihren eigenen Unterhalt zu

---

[11] Vgl. BGHZ 6, 315, 317 = NJW 1952, 1011; BGH VersR 1952, 207, 208 = LM Nr. 2; nochmals bestätigt in BGH NJW-RR 1990, 1423, 1424; zust. *Petershagen* S. 195; RGRK/*Kreft* RdNr. 4.
[12] So auch BGH VersR 1952, 207, 208; RG JW 1916, 1019 f.; 1931, 194, 195.
[13] Zu § 838 vgl. *Petershagen* S. 189 ff., 191.
[14] S. auch Nachweise in Fn. 13.
[15] So aber RGRK/*Kreft* RdNr. 3.
[16] BGHZ 21, 285, 292 f. = NJW 1956, 1598, 1600.
[17] OLG Koblenz VersR 2005, 982 f.
[18] BGHZ 6, 315, 317 f. = NJW 1952, 1011 = LM Nr. 2; BGH LM Nr. 3; NJW 1993, 1782; AG Schweinfurt NZV 1992, 412; *Weimar* MDR 1959, 724 f.
[19] RGZ 59, 8, 10; RG JW 1916, 1019; 1931, 194, 195; BGH NJW-RR 1990, 1423, 1424 = LM Nr. 5; RGRK/*Kreft* RdNr. 4.
[20] Vgl. auch BGH NJW-RR 1990, 1423, 1424 = LM Nr. 5.

§ 839

verwenden.[21] Vielmehr haften die Eltern gemäß § 838 unabhängig davon, ob sie Einkünfte aus einer zum Kindesvermögen gehörenden Immobilie für sich beanspruchen, weil sie schon kraft der Vermögenssorge nach § 1626 zur Unterhaltung des Grundstücks gesetzlich verpflichtet sind.

IV. Beweislast

8   Die Verteilung der Beweislast entspricht derjenigen bei § 836 (dort RdNr. 31).[22] Zusätzlich obliegt dem Geschädigten die Beweislast hinsichtlich der tatsächlichen Umstände, aus denen sich die Unterhaltspflicht des Anspruchsgegners ergibt. Insoweit ist die Gefahr einer Beweisnot nicht von der Hand zu weisen, da der Geschädigte regelmäßig keinen Einblick in die internen Beziehungen zwischen dem originär sicherungspflichtigen Besitzer und dem nach § 838 verantwortlichen Dritten hat. Abhilfe kann hier nur das Institut der **sekundären Behauptungslast** bringen, nach dem sich der klagende Anspruchsteller zunächst auf die pauschale Behauptung der Aufgabenübernahme beschränken kann und der Beklagte sodann gehalten ist, sich substantiiert durch Darlegung der Absprache mit dem primär Sicherungspflichtigen zu verteidigen.[23] Im Übrigen wäre an eine Streitverkündung gegenüber dem Eigenbesitzer (§ 836) zu denken.

§ 839 Haftung bei Amtspflichtverletzung

(1) ¹ Verletzt ein Beamter vorsätzlich oder fahrlässig die ihm einem Dritten gegenüber obliegende Amtspflicht, so hat er dem Dritten den daraus entstehenden Schaden zu ersetzen. ² Fällt dem Beamten nur Fahrlässigkeit zur Last, so kann er nur dann in Anspruch genommen werden, wenn der Verletzte nicht auf andere Weise Ersatz zu erlangen vermag.

(2) ¹ Verletzt ein Beamter bei dem Urteil in einer Rechtssache seine Amtspflicht, so ist er für den daraus entstehenden Schaden nur dann verantwortlich, wenn die Pflichtverletzung in einer Straftat besteht. ² Auf eine pflichtwidrige Verweigerung oder Verzögerung der Ausübung des Amts findet diese Vorschrift keine Anwendung.

(3) Die Ersatzpflicht tritt nicht ein, wenn der Verletzte vorsätzlich oder fahrlässig unterlassen hat, den Schaden durch Gebrauch eines Rechtsmittels abzuwenden.

Schrifttum: *Beljin,* Staatshaftung in Europa, 2000; *Bender,* Staatshaftungsrecht, 2. Aufl. 1974 (die 3. Aufl. 1981 behandelt das für verfassungswidrig erklärte Staatshaftungsgesetz); *Bettermann,* Vom Sinn der Amtshaftung, JZ 1961, 482; *ders.,* Rechtsgrund und Rechtsnatur der Staatshaftung, DÖV 1954, 299; *ders.,* Die Amtshaftung: Art. 34 GG, in: Die Grundrechte Band III/2, 2. Aufl. 1972; *Bettermann/Papier,* Die staatshaftungsrechtlichen Folgen des Fluglotsenstreiks, Die Verwaltung 1975, 23, 159; *Boujong,* Staatshaftung für legislatives und normatives Unrecht in der neueren Rechtsprechung des Bundesgerichtshofes, FS Willi Geiger, 1989, S. 430; *Cornils,* Der gemeinschaftsrechtliche Staatshaftungsanspruch, Diss. Bonn 1995; *Detterbeck,* Haftung der Europäischen Gemeinschaft und gemeinschaftlicher Staatshaftungsanspruch, AöR 125 (2000), 204; *ders./Windthorst/Sproll,* Staatshaftungsrecht, 2000; *Dolzer/Vogel/Graßhof,* Bonner Kommentar zum Grundgesetz, 131. Aktualisierung Sept. 2007; *Dohnold,* Die Haftung des Staates für legislatives und normatives Unrecht in der neueren Rechtsprechung des Bundesgerichtshofs, DÖV 1991, 152; *v. Einem,* Amtshaftungsansprüche zwischen Hoheitsträgern, BayVBl. 1994, 486; *Fetzer,* Die Haftung des Staates für legislatives Unrecht, 1994; *Frowein,* Staatshaftung gegenüber Ausländern, JZ 1964, 358, 409; *Futter,* Die Subsidiarität der Amtshaftung – Instrument der Haftungslenkung, 1974; *ders.,* Zur Anwendbarkeit der Subsidiaritätsklausel im Staatshaftungsrecht, NJW 1977, 1225; *Gromitsaris,* Rechtsgrund und Haftungsauslösung im Staatshaftungsrecht, 2006; *Grzeszick,* Rechte und Ansprüche, 2002; *Habscheid,* Staatshaftung für

---

[21] *Petershagen* S. 199 ff.; aA RGRK/*Kreft* RdNr. 6.
[22] RGRK/*Kreft* RdNr. 2.
[23] Vgl. BGHZ 100, 190, 195 f. = NJW 1987, 2008, 2009; BGHZ 120, 320, 327 f. = NJW 1993, 1010, 1012 f.; BGH NJW 1996, 315, 317.

fehlsame Bankenaufsicht?, 1988; *Haverkate,* Amtshaftung bei legislativem Unrecht und die Grundrechtsbindung des Gesetzgebers, NJW 1973, 441; *Heidenhain,* Amtshaftung und Entschädigung aus enteignungsgleichem Eingriff, 1965; *Henrichs,* Haftung der EG-Mitgliedstaaten für Verletzung von Gemeinschaftsrecht, Diss. Bonn 1995; *J. Ipsen,* Enteignung, enteignungsgleicher Eingriff und Staatshaftung, DVBl. 1983, 1029; *Jacobs,* Staatshaftungsrecht, 1982; *Jarass/Pieroth,* Grundgesetz, 9. Aufl. 2007; *Kischel,* Entschädigungsansprüche für Eigentumsbeeinträchtigungen, VerwArch. 2006, 450; *Kopp/Schenke,* Verwaltungsgerichtsordnung, 15. Aufl. 2007; *Kreft,* Öffentlich-rechtliche Ersatzleistungen, 1980 = RGRK Bd. II 6. Teil, 1989, § 839; *Krohn,* Enteignung, Entschädigung, Staatshaftung, 1993; *ders.,* Amtshaftung und Bauleitplanung – zur Rechtsprechung des Bundesgerichtshofs, FS Konrad Gelzer, 1991, S. 281; *Krohn/Löwisch,* Eigentumsgarantie, Enteignung, Entschädigung, 3. Aufl. 1984; *Krohn/Papier,* Aktuelle Fragen der Staatshaftung und der öffentlich-rechtlichen Entschädigung, 1986; *v. Mangoldt/Klein/Starck,* Grundgesetz, 5. Aufl. 2005; *v. Münch/Kunig,* Grundgesetz, 5. Aufl. 2001; *Ladeur,* Zur Bestimmung des drittschützenden Charakters von Amtspflichten im Sinne von § 839 BGB und Art. 34 GG – insbesondere bei Aufsichtspflichten, DÖV 1994, 665; *Leipold,* Das Haftungsprivileg des Spruchrichters, JZ 1967, 737; *Loh,* Die Haftung im Postbetrieb, 1972; *Merten,* Zum Spruchrichterprivileg des § 839 Abs. 2 BGB, FG Wilhelm Wengler, Bd. II, 1973, S. 519; *Neufelder,* Amtspflichtverletzung gegenüber Ausländern, NJW 1974, 979; *Nüßgens/Boujong,* Eigentum, Sozialbindung, Enteignung, 1987; *Ossenbühl,* Staatshaftungsrecht, 5. Aufl. 1998; *ders.,* Neuere Entwicklungen im Staatshaftungsrecht, 1984; *ders.,* Abschied vom enteignungsgleichen Eingriff?, NJW 1983, 1; *ders.,* Staatshaftung für Altlasten, DÖV 1992, 761; *Papier,* Zur Reform des Staatshaftungsrechts, DVBl. 1974, 573; *ders.,* Die Entschädigung für Amtshandlungen der Polizei, DVBl. 1975, 567; *ders.,* Der Regierungsentwurf eines Staatshaftungsgesetzes, ZRP 1979, 67; *ders.,* Die Forderungsverletzung im öffentlichen Recht, 1970; *ders.,* Eigentumsgarantie des Grundgesetzes im Wandel, 1984; *ders.,* Art. 34 GG, in: *Maunz/Dürig,* GG-Kommentar, Stand 1987; *ders.,* Die Staatshaftung, in: *Isensee/Kirchhof* (Hrsg.), Handbuch des Staatsrechts der Bundesrepublik Deutschland, Bd. VI, 1989, § 157; *ders.,* Eigentum – Enteignung – enteignender Eingriff, JuS 1989, 630; *ders.* in: *Erichsen,* Allgemeines Verwaltungsrecht, 13. Aufl. 2006, S. 782; *ders.,* Recht der öffentlichen Sachen, 3. Aufl. 1998; *Pfab,* Staatshaftung in Deutschland, Diss. München 1997; *Pietzcker,* Rechtsprechungsbericht zur Staatshaftung, AöR 132 (2007), 393; Reform des Staatshaftungsrechts, Hrsg.: Der Bundesminister der Justiz, Der Bundesminister des Innern, Kommissionsbericht, 1973; Referentenentwürfe, 1976; *K. Richter,* Der Ausschluß der Staatshaftung nach Art. 34 GG, Diss. München 1968; *Schenke,* Die Haftung des Staates bei normativem Unrecht, DVBl. 1975, 121; *Schenke/Guttenberg,* Rechtsprobleme einer Haftung des bei normativem Unrecht, DÖV 1991, 945; *Scheuing,* Haftung für Gesetze, FS Otto Bachof, 1984, S. 343; *Schoch,* Europäisierung des Staatshaftungsrechts, FS Hartmut Maurer, 2001, S. 759; *Schlick,* Die neuere Rechtsprechung des Bundesgerichtshofs zur Amtshaftung im Zusammenhang mit dem Baurecht, DVBl. 2007, 457; *Schwerdtfeger,* Eigentumsgarantie, Inhaltsbestimmung und Enteignung – BVerfGE 58, 300 („Naßauskiesung"), JuS 1983, 104; *B. Schmidt,* Der Irrtum des Kollegialgerichts als Entschuldigungsgrund?, NJW 1993, 1630; *Steinberg/Lubberger,* Aufopferung, Enteignung und Staatshaftung, 1991; *H.-J. Vogel,* Die Verwirklichung der Rechtsstaatsidee im Staatshaftungsrecht, DVBl. 1978, 657; *Wolff/Bachof/Stober,* Verwaltungsrecht I, 12. Aufl. 2007; *dies.,* Verwaltungsrecht II, 6. Aufl. 2000; *dies.,* Verwaltungsrecht III, 5. Aufl. 2004; *Wurm,* Drittgerichtetheit und Schutzzweck der Amtspflicht als Voraussetzungen für die Amtshaftung, JA 1992, 1; *Weyreuther,* Empfiehlt es sich, die Folgen rechtswidrigen hoheitlichen Verwaltungshandelns gesetzlich zu regeln (Folgenbeseitigung, Folgenentschädigung)?, Gutachten B zum 47. DJT, 1968; *Zeuner,* Die Haftung der EG-Mitgliedstaaten für die Anwendung europarechtswidriger Rechtsnormen, Diss. Konstanz 1995; Zur Reform des Staatshaftungsrechts, Rechtstatsächliche Erkenntnisse in Staatshaftungssachen, Verwaltungserhebung und Gerichtsaktenauswertung, hrsg. vom Bundesminister der Justiz, 1976; Zur Reform des Staatshaftungsrechts, Bericht – Modelle – Materialien, hrsg. vom Bundesministerium der Justiz, 1987.

Übersicht

	RdNr.		RdNr.
A. Beamtenhaftung – Amtshaftung – Staatshaftung	1–24	6. Einschränkung der Naturalrestitution	19
		7. Grundstrukturen einer Staatshaftung	20, 21
I. Normzweck	1–4	8. Staatshaftung und Verschuldensprinzip	22–24
II. Historische Grundlagen der Beamtenhaftung	5–7	**B. System der öffentlich-rechtlichen Schadensersatz- und Entschädigungsleistungen**	25–97
III. Amtshaftung und Staatshaftung	8–24		
1. Rechtmäßiges und amtspflichtwidriges Verhalten	9	**I. Überblick**	25
2. Rechtswidriges und amtspflichtgemäßes Verhalten	10–12	**II. Enteignungsgleicher Eingriff**	26–55
		1. Verzicht auf die Rechtmäßigkeit des hoheitlichen Eingriffs	27–29
3. Möglichkeiten des einfachen Gesetzgebers	13–15	2. Verzicht auf eigenständige Sonderopferlage	30
4. Subsidiarität der Amtshaftung	16		
5. Haftungsrechtlicher Beamtenbegriff	17, 18	3. Verzicht auf Finalität des Eingriffs	31

§ 839

Abschnitt 8. Titel 27. Unerlaubte Handlungen

	RdNr.
4. Fortbestand des Instituts des enteignungsgleichen Eingriffs	32–41
a) Rechtswidrige Enteignungen	33
b) Gewohnheitsrechtliche Geltung	34
c) Keine unmittelbare Ableitung aus Art. 14 GG	35
d) Rechtmäßige Eigentumsbeeinträchtigungen	36, 37
e) Rechtswidrige Realakte	38
f) Rechtswidriger Gesetzesvollzug	39
g) Enteignungsgesetze ohne Junctim	40
h) Ausgleichspflichtige Inhalts- und Schrankenbestimmung	40 a
i) Zusammenfassung	41
5. Grenzen der Haftung aus enteignungsgleichem Eingriff	42–53 a
a) Begrenzter Schutzgüterumfang	43
b) Positives Handeln	44–46
c) Eingriffe im Interesse der Allgemeinheit	47
d) Unmittelbare Beeinträchtigung	48, 49
e) Passivlegitimation des „Begünstigten"	50
f) Kein Schadensersatz	51
g) Verhältnis zum Primärrechtsschutz und zur Folgenbeseitigung	52, 53
h) Verjährung	53 a
6. Verhältnis zur Amtshaftung	53 b
7. Rechtswegfrage	54, 55
III. Aufopferungsgleicher Eingriff	56–60
1. Anspruchsvoraussetzungen	57
2. Begrenzungen und Mängel des aufopferungsgleichen Eingriffs	58
3. Subsidiarität	59, 60
IV. Sonderregelungen der Opferentschädigung	61–70
1. Notstandseingriff	62
2. Widerruf begünstigender Verwaltungsakte	63–66
3. Rücknahme begünstigender rechtswidriger Verwaltungsakte	67
4. Rechtswidrige Maßnahmen der Polizei- und Ordnungsbehörden	68–70
V. Öffentlich-rechtliche Forderungsverletzung	71–79
1. Öffentlich-rechtliche Verträge	72
2. Verschulden vor Abschluss eines öffentlich-rechtlichen Vertrages	73–75
3. Verwaltungsrechtliche Schuldverhältnisse	76
4. Abgrenzung zur Amtshaftung	77, 78
5. Rechtsweg	79
VI. Folgenbeseitigungsanspruch	80–87
1. Entstehungsgrund	81
2. Anwendungsbereich	82
3. Dogmatische Grundlagen des Folgenbeseitigungsanspruchs	83
4. Beeinträchtigung absoluter Rechte	84

	RdNr.
5. Umfang der Beseitigungspflicht	85
6. Wegfall der Beseitigungspflicht	86
7. Rechtsweg	87
VII. Sozialrechtlicher Herstellungsanspruch	88–90
VIII. Unmittelbare Staatshaftung in den neuen Ländern	91–97
1. Regelungsstruktur und Anspruchsvoraussetzungen	92–96
2. Verhältnis zu anderen Haftungsinstituten	97
C. Staatshaftung und Gemeinschaftsrecht	98–103
I. Gemeinschaftsrechtliche Grundlagen und Funktion der Staatshaftung	98–99 b
1. Rechtsverstoß durch Gemeinschaftsorgane	98
2. Rechtsverstoß durch Organe der Mitgliedstaaten	99–99 b
II. Voraussetzungen der Haftung	100–102
1. Tatbestandsvoraussetzungen im Einzelnen	100 a–101
a) Gemeinschaftsrechtsverstoß	100 a
b) Hinreichend qualifizierte Rechtsverletzung	100 b, 100 c
c) Kausalität	101
2. Rechtsfolgen des Haftungsanspruchs	102
III. Konsequenzen für das nationale Recht	103
D. Reform des Staatshaftungsrechts	104–116
I. Vorarbeiten	104–106
II. Reformziele	107–116
1. Wesentliche Neuerungen	107–111
2. Behandlung der Verschuldensfrage	112–116
E. Rechtstatsächliche Grundlagen des Staatshaftungsrechts	117, 118
I. Umfang der Geldersatzleistungen	117
II. Bedeutung des Verschuldenserfordernisses und der Subsidiaritätsklausel	118
F. Das Verhältnis von § 839 zu Art. 34 S. 1 GG	119–128
I. Art. 34 GG als die Amtshaftung begründende Zurechnungsnorm	119–121
II. Grenzen der Amtshaftung – Fortbestand der Beamten(eigen)haftung	122–126
1. Teilnahme am Privatrechtsverkehr	123
2. Sondergesetzlicher (Amts-)Haftungsausschluss	124–126
III. Erweiterter Anwendungsbereich des Art. 34 S. 1 GG	127, 128
G. Die Amtshaftung nach Art. 34 S. 1 GG, § 839	129–368

§ 839 Haftung bei Amtspflichtverletzung

	RdNr.		RdNr.
I. Die Haftungsvoraussetzungen	129–294	cc) Amtsmissbrauch	216
1. Beamtenbegriff	129–142	dd) Beschleunigungspflicht	217
a) Staatsrechtlicher und haftungsrechtlicher Beamtenbegriff	130, 131	ee) Auskunfts- und Aufklärungspflicht	218, 219
b) Zivilpersonen als Beamte im haftungsrechtlichen Sinn	132–138	ff) Konsequentes Verhalten – Plangewährleistung	220, 221
aa) Beliehene	133, 134	gg) Selbstbindung der Verwaltung	222
bb) Verwaltungshelfer	135, 136	e) Handlungs- oder Erfolgsunrecht	223–226
cc) Selbstständige Werk- und Dienstunternehmer	137, 138	4. Drittbezogenheit der Amtspflicht	227–275
c) Technische Einrichtungen	139–141	a) Allgemeine Anforderungen an die Drittbezogenheit	228–230
d) Kirchliche Amtsträger	142	b) Erfüllung öffentlich-rechtlicher Ansprüche	231
2. Ausübung eines öffentlichen Amts	143–190	c) Deliktische Eingriffe	232, 233
a) Grundsätzliches	143	d) Schutzzweck der Amtspflicht	234–240
b) Rechtsform des Verwaltungshandelns als Abgrenzungskriterium	144, 145	e) Aufsichts- und Überwachungspflichten	241–259
c) Abgrenzung zwischen öffentlichem Recht und Privatrecht	146, 147	aa) Aufsicht über technische Betriebe und Anlagen	242, 243
aa) (Modifizierte) Subjekts- oder Sonderrechtstheorie	146	bb) Baugenehmigungsverfahren	244–250
bb) Subordinationstheorie	147	cc) Wirtschaftsaufsicht	251–256
d) Realakte der öffentlichen Verwaltung	148	dd) Stiftungsaufsicht	257
e) Eingriffsverwaltung, Leistungsverwaltung	149	ee) Aufsicht über Berufe; Kommunalaufsicht	258
f) Schlicht-hoheitliche und privatrechtliche Verwaltungstätigkeit	150, 151	ff) Aufsichtspflichten der Lehrer	259
g) Fallgruppen	152–187a	f) Gesetzgebung	260, 261
aa) Subventionen und reale Förderungen	153, 154	g) Bauleitplanung	262–269
bb) Benutzung öffentlicher Einrichtungen	155–157	h) Verkehrssicherungspflicht	270
cc) Bundesagentur für Arbeit	158	i) Amtsmissbrauch	271
dd) Bahnwesen	159	j) Juristische Personen des öffentlichen Rechts als „Dritte"	272–275
ee) Postbetrieb	160–163b	5. Verursachung des Schadens	276–281
ff) Feuerschutz, Rettungsdienst	164	6. Verschulden des Amtsträgers	282–294
gg) Gesundheitswesen	165–167	a) Verschuldensprinzip für Beamten- und Amtshaftung	282, 283
hh) Schul- und Hochschulwesen	168	b) Schuldformen	284–291
ii) Schädigungen Dritter beim Betrieb öffentlicher Einrichtungen	169–173	aa) Vorsatz	285–287
jj) Teilnahme am Straßenverkehr	174–176	bb) Fahrlässigkeit	288–291
kk) Verkehrssicherungspflicht	177–184	c) Entindividualisierung und Objektivierung des Verschuldensmerkmals	292, 293
ll) Verkehrsregelungspflicht	185–187	d) Amtshaftung trotz fehlender Verantwortlichkeit des Beamten	294
mm) Auslandseinsätze der Bundeswehr	187a	II. Inhalt des Amtshaftungsanspruchs	295–299
h) Handeln „in Ausübung" eines öffentlichen Amtes	188–190	III. Haftungsausschlüsse und -beschränkungen	300–359
3. Verletzung von Amtspflichten	191–226	1. Subsidiaritätsklausel	300–320
a) Grundsätzliches	191, 192	a) Schutzzweck	300–303
b) Amtspflicht zu gesetzmäßigem Verhalten	193–207	b) Anderweitige Ersatzmöglichkeit	304–316
aa) Vertragspflichten	197	aa) Entgeltfortzahlungsanspruch	307
bb) Ermessensentscheidungen	198	bb) Lebensversicherung	308
cc) Unerlaubte Handlungen	199–203	cc) Sonstige privatversicherungsrechtliche Ansprüche	309
dd) Einhaltung der Form, der Zuständigkeit und des Verfahrens	204–206	dd) Ansprüche gegen Körperschaften des öffentlichen Rechts	310
ee) Vollzug von Gemeinschaftsrecht	207	ee) Sozialversicherungsrechtliche Ansprüche	311
c) Amtspflichten aus spezifischem Amtswalterrecht	208–211	ff) Versorgungsleistungen nach dem BVG	312
d) Ungeschriebene Amtspflichten	212–222	gg) Teilnahme am allgemeinen Straßenverkehr	313, 313a
aa) Verhältnismäßigkeit	213, 214	hh) Straßenverkehrssicherungspflicht	314, 315
bb) Schonung Dritter	215	ii) Schäden im Straßenverkehr	316

Papier

§ 839 1, 2   Abschnitt 8. Titel 27. Unerlaubte Handlungen

	RdNr.		RdNr.
c) Durchsetzbarkeit des anderweitigen Ersatzanspruchs	317–320	2. Haftung der anvertrauenden Körperschaft	366–367
2. Spruchrichterprivileg	321–328	a) Amtsträger ohne Dienstherr	366 a
a) Sinn und Zweck des Haftungsausschlusses	322, 323	b) Beamte mit Doppelstellung	367
b) Richterprivileg und „Urteil in einer Rechtssache"	324–326	3. Angehörige der NATO-Streitkräfte	368
c) Die relevanten Amtspflichtverstöße	327, 328	**H. Der Rückgriff gegen den Amtsträger und Rechtsschutzfragen**	369–388
3. Rechtsmittelversäumung	329–335	**I. Rückgriff gegen den Amtsträger**	369–373
a) Funktion	330	1. Innenhaftung bei privatrechtlicher Tätigkeit	370
b) Begriff des „Rechtsmittels"	331, 332	2. Regress und Innenhaftung bei hoheitsrechtlicher Tätigkeit	371
c) Kausalität und Verschulden	333–335	3. Rechtsweg	372, 373
4. Sondergesetzliche Haftungsausschlüsse und -beschränkungen	336–355	**II. Rechtsschutzfragen**	374–388
a) Verfassungsrechtliche Zulässigkeit	336–340	1. Allgemeines	374–376
b) Gebührenbeamte	341	2. Aufspaltung des gerichtlichen Rechtsschutzes	377–380
c) Auswärtige Gewalt	342, 343	3. Sachliche Zuständigkeit	381
d) Stellung der Ausländer	344–351	4. Verwaltungsrechtliche Vorfragen	382–386
e) Dienst- und Arbeitsunfälle	352–355	5. Konzentration des Rechtsschutzes als Reformziel	387, 388
5. Verjährung	356–359		
IV. Die haftende Körperschaft	360–368		
1. Haftung der Anstellungskörperschaft	360–365		

A. Beamtenhaftung – Amtshaftung – Staatshaftung

I. Normzweck

1   § 839 begründet – isoliert betrachtet – die **Eigenverantwortlichkeit** des Beamten als einen Sondertatbestand des privatrechtlichen Deliktsrechts, und zwar unabhängig davon, ob der Beamte seine Pflichten im Rahmen des öffentlich-rechtlichen oder des privatrechtlichen Tätigkeitsbereichs des Staates verletzt hat.[1] Der wirkliche Regelungs- und Bedeutungsgehalt der Vorschrift wird mit dieser – für sich genommen zutreffenden – Inhaltsbestimmung heute in keiner Weise mehr erfasst. Er erschließt sich nur, wenn man die Vorschrift des § 839 als einen – das Gesamtsystem sicher strukturell und inhaltlich prägenden – Bestandteil des Rechts der öffentlich-rechtlichen Ersatzleistungen betrachtet und interpretiert. Für dieses Rechtsgebiet ist die Unterscheidung zwischen den Ausgleichs- oder Kompensationsleistungen für rechtmäßige Ausübung der Staatsgewalt (Enteignung, enteignender Eingriff, Aufopferung) einerseits und der Haftung für hoheitliches Unrecht, also für rechtswidrige Ausübung öffentlicher Gewalt andererseits wesentlich.[2]

2   Diese Rechtswidrigkeitshaftung des Staates oder sonstiger Träger öffentlicher Gewalt – im Folgenden auch als Staatshaftung bezeichnet – wird nur teilweise durch geschriebene Rechtsnormen geregelt. Das Recht der Staatshaftung als Inbegriff normativer Restitutions- und Kompensationspflichten der öffentlichen Hand bei rechtswidriger Ausübung öffentlicher Gewalt umfasst das Institut der **Amtshaftung,** das entscheidend durch ein Zusammenwirken des § 839 und des Art. 34 GG geprägt ist. Art. 34 GG lautet:

„[1] *Verletzt jemand in Ausübung eines ihm anvertrauten öffentlichen Amtes die ihm einem Dritten gegenüber obliegende Amtspflicht, so trifft die Verantwortlichkeit grundsätzlich den Staat oder die Körperschaft, in deren Dienst er steht.* [2] *Bei Vorsatz oder grober Fahrlässigkeit bleibt der Rückgriff vorbehalten.* [3] *Für den Anspruch auf Schadensersatz und für den Rückgriff darf der ordentliche Rechtsweg nicht ausgeschlossen werden.*"

---

[1] S. statt aller Bender RdNr. 410.
[2] *Heidenhain,* Amtshaftung und Entschädigung aus enteignungsgleichem Eingriff, 1965, S. 13; Bender RdNr. 1.

Zum Recht der Staatshaftung gehören ferner die richterrechtlich ausgebildeten Rechts- 3 institute des **enteignungsgleichen** und **aufopferungsgleichen** Eingriffs sowie die **Folgenbeseitigung** und der **sozialrechtliche Herstellungsanspruch**. In einigen der neuen Bundesländer gilt zudem das Staatshaftungsgesetz der DDR als Landesrecht fort (vgl. RdNr. 91 ff.). Diese verschiedenen Elemente des zurzeit geltenden und praktizierten Staatshaftungsrechts bilden kein in sich geschlossenes und konsistentes System. Die maßgeblichen Normen und Rechtsinstitute entstammen unterschiedlichen historischen Epochen,[3] wurzeln in unterschiedlichen Grundanschauungen und weisen zum Teil auch disparate rechtspolitische Zielsetzungen auf, so dass die nicht selten widersprüchlichen Regelungsgehalte und inkongruenten Anspruchsvoraussetzungen erklärlich sind. Frühere, letztlich aber gescheiterte Reformbestrebungen haben daher vor allem darauf abgezielt, die unterschiedlichen Grundlagen der Staatshaftung, wie die auf die privatrechtliche Beamtenhaftung aufbauende Amtshaftung[4] und die richterrechtlich entwickelten Institute des enteignungs- und aufopferungsgleichen Eingriffs sowie der Folgenbeseitigung, zu einer umfassenden öffentlich-rechtlichen Rechtswidrigkeitshaftung des Staates zu vereinigen (vgl. RdNr. 107 ff.).

Der Staat und die sonstigen öffentlich-rechtlichen Körperschaften handeln durch ihre 4 Organwalter bzw. Amtsträger nicht nur in den Formen des öffentlichen Rechts. Die **privatrechtliche Tätigkeit** der öffentlichen Hand erstreckt sich nicht allein auf den eigentlichen „Fiskalbereich", in dem etwa durch Vornahme sog. Hilfsgeschäfte oder durch Betreuung des Finanzvermögens nur mittelbar Allgemeinbelange wahrgenommen werden. In den Formen des Privatrechts handelt die öffentliche Hand u. a. auch dann, wenn es unmittelbar um die Wahrnehmung öffentlicher Verwaltungsfunktionen, etwa im Bereich sog. Daseinsvorsorge, geht („Verwaltungsprivatrecht"). Nach dem geltenden Recht bestimmt sich die Haftung des Staates und des Beamten in diesem Bereich allein nach Privatrecht.[5] Während der Beamte der Verantwortlichkeit nach der Sonderdeliktsnorm des § 839 unterliegt, trifft den Staat entweder die privatrechtliche Organhaftung nach §§ 31, 89 oder die allgemeine Geschäftsherrnhaftung des Delikts- bzw. Vertragsrechts (vgl. §§ 831, 278). Im privatrechtlichen Tätigkeitsbereich der öffentlichen Hand kommt dem § 839 also nach wie vor die traditionelle Funktion der Begründung einer privatrechtlichen Eigenverantwortung des handelnden Amtsträgers zu.[6]

II. Historische Grundlagen der Beamtenhaftung

Die im BGB durch § 839 geregelte Beamtenhaftung hat ihre historischen Grundlagen im 5 Recht der Staatsdiener des 18. und des beginnenden 19. Jahrhunderts.[7] Damals war die durch römisch-rechtliche Einflüsse geprägte Vorstellung vom Beamtenverhältnis als einem privatrechtlichen „Mandatskontrakt" vorherrschend: Das Handeln des Amtsträgers wurde nur dann als dem Staat zurechenbar angesehen, wenn es rechtmäßig war.[8] Handelte der Amtsträger rechtswidrig und daher „contra mandatum", so galt sein Handeln nur ihm selbst als Privatperson zurechenbar, nur er wurde gemäß dem für jedermann geltenden (privatrechtlichen) Deliktsrecht als haftbar angesehen („si excessit, privatus est").[9] Es galt nach

---

[3] Reform des Staatshaftungsrechts, Kommissionsbericht, S. 35.
[4] So die hM, BGHZ 34, 99, 104 ff. = NJW 1961, 658, 659; BVerwGE 13, 17, 23 = NJW 1961, 2364, 2366; BVerwGE 25, 138, 145 f.; *Bender* RdNr. 389; aA *Bettermann* DÖV 1954, 299, 300; *ders.* JZ 1961, 482; *ders.* in: Die Grundrechte Bd. III/2, S. 779 ff.; *Papier,* Die Forderungsverletzung im öffentlichen Recht, 1970, S. 108 ff., hier auch wN der Auffassung, dass Art. 34 GG eine unmittelbare Staatshaftung begründe.
[5] Vgl. *Ossenbühl* Staatshaftungsrecht S. 27 f.; *Bender* RdNr. 404.
[6] *Bender* RdNr. 410 m. Fn. 467.
[7] Nachweise bei *Heidenhain* JZ 1968, 487.
[8] *Zoepfl,* Grundsätze des allg. und des constitutionell-monarchischen Staatsrechts, 3. Aufl. 1846, S. 370 f. m. Anm. 6; *von der Becke,* Von Staatsmännern und Staatsdienern, 1797, S. 177 f.; Darstellung der historischen Entwicklung bei *Heidenhain* (Fn. 2) S. 15 ff. und Bonner Komm/*Dagtoglou* 2. Bearb. Art. 34 GG RdNr. 12 ff.; Einzelheiten auch bei *v. Münch/Kunig/Bryde* Art. 34 GG RdNr. 2 f.; RGRK/*Kreft* RdNr. 2; *Papier* JZ 1975, 585, 586.
[9] Vgl. Bonner Komm/*Dagtoglou* 2. Bearb. Art. 34 GG RdNr. 14; RGRK/*Kreft* RdNr. 2.

dieser Lehre vom Mandatskontrakt als unvorstellbar, eine Handlung, die rechtswidrig ist und sich daher im Widerspruch „mit dem höchsten Willen des Staates" befinde, zugleich als Handlung des Staates selbst anzusehen. Beispielhaft bestimmten die §§ 88, 89 II. Teil, 10. Titel ALR: *„Wer ein Amt übernimmt, muß auf die pflichtgemäße Führung desselben die genaueste Aufmerksamkeit wenden"* (§ 88). *„Jedes dabei begangene Versehen, welches bei gehöriger Aufmerksamkeit und nach den Kenntnissen, die bei der Verwaltung des Amtes erforderlich werden, hätte vermieden werden können und sollen, muß er vertreten"* (§ 89).[10]

6   Die Theorie des Mandatskontrakts wurde schon im Laufe des 19. Jahrhunderts als eine „wahrhaft skandalöse" *(Zoepfl)*[11] Theorie überwunden. Vor allem die Germanisten[12] und in Sonderheit *Otto v. Gierke*[13] hielten ihr die Rechtsgrundsätze über die Deliktsfähigkeit juristischer Personen des Privatrechts entgegen. Das BGB hat dann jedoch ausschließlich für den privatrechtlichen Funktionsbereich der öffentlichen Hand die Organhaftung des Staates, also die **unmittelbare Staatsunrechtshaftung,** durch die Vorschriften der §§ 31, 89 eingeführt. Für den hoheitsrechtlichen Tätigkeitskreis blieb es im BGB bei der überkommenen deliktischen Eigenverantwortlichkeit des Beamten und der Nichthaftung des Staates. Für diese letztere Entscheidung des BGB-Gesetzgebers waren aber weniger materiell-rechts-theoretische Erwägungen iS der alten Mandatskontraktslehre und ihrer Folgetheorien denn kompetenzrechtliche Überlegungen maßgeblich.[14] Man erkannte die engen Zusammenhänge zwischen der Haftung des hoheitlich handelnden Staates und dem der Regelungszuständigkeit der Einzelstaaten unterfallenden öffentlichen Recht. Eine Reichszuständigkeit wurde insoweit für zweifelhaft erachtet, so dass die Einführung einer Staatshaftung wegen rechtswidriger Ausübung öffentlicher Gewalt durch Art. 3, 77 EGBGB[15] ausdrücklich den Ländern vorbehalten wurde. Statt vieler Stellungnahmen sei hier die Erklärung des Staatssekretärs im Reichsjustizamt vor dem Reichstag hervorgehoben: „Die Frage, ob der Staat haften soll für die Versehen seiner Beamten dem Publikum gegenüber, ist ganz zweifellos eine Frage des öffentlichen Rechts, die nicht zu den Gegenständen gehört, auf welche sich die Tätigkeit des Reichsgesetzgebers bezieht".[16]

7   In Preußen gab es im Zeitpunkt des Inkrafttretens des BGB eine Haftung des Staates im hoheitsrechtlichen Tätigkeitsbereich nicht, abgesehen von den Rheinprovinzen, in denen der Code civil und in Sonderheit dessen Art. 1384 galt.[17] Erst das preußische Beamtenhaftungsgesetz vom 1. 8. 1909 (GS 691) führte die Haftung des Staates für das von seinen Amtsträgern in Ausübung öffentlicher Gewalt schuldhaft begangene Unrecht ein. Da diese Haftung des Staates zugleich zu einer Haftungsbefreiung zugunsten des handelnden Amtsträgers führen sollte, wählte das Gesetz den konstruktiven Ansatz einer normativen **schuldbefreienden Haftungsübernahme.** Diese strukturelle oder konstruktive Besonderheit übernahm das Reichsbeamtenhaftungsgesetz vom 22. 5. 1910 (RGBl. S. 798) für die Haftung des Reiches anstelle seiner Beamten. Das heute allgemein mit dem Begriff Amtshaftung gekennzeichnete Prinzip einer an die Beamtenhaftung „angeseilten", nur durch den Schuldnerwechsel charakterisierten und daher mittelbaren oder abgeleiteten Staatshaftung wurde dann durch Art. 131 WRV und später Art. 34 GG durchgehend für alle Beamten des Bundes, der Länder und sonstiger öffentlich-rechtlicher Körperschaften übernommen.[18]

---

[10] Bonner Komm/*Dagtoglou* 2. Bearb. Art. 34 GG RdNr. 12 ff.
[11] *Zoepfl* (Fn. 8) S. 370 f.
[12] Nachweise bei *Heidenhain* (Fn. 2) S. 30 ff.
[13] Die Genossenschaftstheorie und die deutsche Rspr., 1887, S. 743 ff.
[14] Vgl. den Entwurf eines Einführungsgesetzes zum Bürgerlichen Gesetzbuch für das Deutsche Reich, 1. Lesung, nebst Motiven, 1888, S. 185.
[15] IdF vom 18. 8. 1896 (RGBl. S. 604); Art. 3 wurde Art. 1 Abs. 2 durch Gesetz zur Neuregelung des Internationalen Privatrechts vom 25. 7. 1986 (BGBl. I S. 1142).
[16] Vgl. auch BVerfGE 61, 149, 176 ff. = NJW 1983, 25.
[17] Bonner Komm/*Dagtoglou* 2. Bearb. Art. 34 GG RdNr. 14.
[18] Wegen der Einzelheiten s. statt vieler Bonner Komm/*Dagtoglou* 2. Bearb. Art. 34 GG RdNr. 12 bis 23.

III. Amtshaftung und Staatshaftung

Der strukturelle und konstruktive Unterschied zwischen der **Amtshaftung** geltenden 8
Rechts – so wie sie die Rechtsprechung und hL verstehen – und einer **unmittelbaren Staatshaftung** als Organhaftung, wie sie etwa im BGB für den Staat in seinem privatrechtlichen Tätigkeitsbereich durch die §§ 31, 89 geregelt ist, liegt danach in Folgendem: Weil die Amtshaftung des Staates nach vorherrschendem Verständnis eine übernommene, aus der persönlichen Haftung des Amtswalters nach § 839 abgeleitete Haftung ist, ist für die haftungsbegründende Pflichtverletzung der an sich nur auf das (Innen-)Verhältnis zwischen Staat und Amtswalter bezogene Pflichtenstatus des Beamten maßgeblich.[19] Eine unmittelbare oder originäre Staatshaftung knüpft demgegenüber nicht an jenen persönlichen Pflichtenstatus des Amtsträgers, sondern an die öffentlich-rechtlichen Pflichten des Staates im Außenverhältnis zum Bürger an. Diese Haftung ist also keine vom Staat übernommene Haftung für Beamtenunrecht, sondern Verantwortlichkeit unmittelbar für eigenes (Staats-)Unrecht.[20] Den Rechtswidrigkeitsmaßstab bilden in diesem Fall allein die durch (Verwaltungs-)Rechtssatz oder öffentlich-rechtlichen Vertrag begründeten Rechte und Pflichten in der Relation zwischen Staat und Bürger.[21]

1. Rechtmäßiges und amtspflichtwidriges Verhalten. Abgesehen von diesen kon- 9
struktiven, nur aus den historischen Grundlagen und entstehungsgeschichtlichen Vorgängen erklärbaren Besonderheiten in der vorherrschenden Amtshaftungskonzeption offenbart diese „Schuldübernahmekonstruktion" ganz eindeutig auch strukturelle Unzulänglichkeiten, die teilweise zu ungerechten und rechtspolitisch unvertretbaren, von der Judikatur nur zum Teil abwendbaren Ergebnissen führen: Die Amtspflichten der Organwalter sind mit den durch Rechtssatz begründeten Rechtspflichten der juristischen Person des öffentlichen Rechts im Außenverhältnis weder identisch noch notwendigerweise inhaltsgleich.[22] Eine Amtshandlung oder ein Unterlassen des Amtsträgers können danach zum einen amtspflichtwidrig sein, ohne dass zugleich eine Verletzung einer im Außenverhältnis bestehenden Rechtspflicht des Staates bzw. eines korrespondierenden subjektiven Rechts des Bürgers vorliegt.[23] Zu denken ist hier einmal an die Missachtung von **Verwaltungsvorschriften,**[24] die – abgesehen von dem Sonderfall der mittelbaren Außenwirkung über den Gleichheitsgrundsatz des Art. 3 Abs. 1 GG[25] – keine mit Außenwirkung ausgestatteten Rechtssätze sind.[26] Ihre Verletzung stellt nicht automatisch Staatsunrecht dar, und zwar selbst dann nicht, wenn sie – wie es auch § 839/Art. 34 GG verlangen – drittschützende Funktion haben. Entsprechendes gilt in den Fällen der Missachtung interner **(Einzel-)Weisungen** durch den Amtsträger.[27] Unter diesen Voraussetzungen kann amtspflichtwidriges Beamtenverhalten zu bejahen sein, obgleich eine rechtswidrige Staatstätigkeit iS des allgemeinen Verwaltungsrechts nicht vorliegt.

2. Rechtswidriges und amtspflichtgemäßes Verhalten. Rechtspolitisch besonders 10
fragwürdig wird die Diskrepanz von Amtspflichten des Beamten und staatlichen Rechtspflichten vor allem in dem umgekehrten, theoretisch wie praktisch möglichen Fall einer rechtswidrigen Staatstätigkeit, die nicht zugleich einen Amtspflichtverstoß des handelnden Amtsträgers darstellt.[28] Wird eine dem Bürger gegenüber objektiv rechtswidrige Amtshandlung vorgenommen, zum Beispiel ein rechtswidriger belastender Verwaltungsakt erlassen

---

[19] *Papier* (Fn. 4) S. 103 ff.; *ders.* DVBl. 1974, 573; *Bender* RdNr. 488.
[20] *Jacobs* Staatshaftungsrecht RdNr. 14, sieht nur in der unmittelbaren Staatshaftung das Rechtsstaatsprinzip verwirklicht.
[21] *Papier* (Fn. 4) S. 103 ff.; *ders.* DVBl. 1974, 573.
[22] *Papier* (Fn. 19); *ders.* HdbStR VI 1989 § 157 RdNr. 30; s. dazu insbes. RdNr. 191.
[23] *Bender* RdNr. 488 ff.
[24] *Bender* RdNr. 501 ff.
[25] BVerwGE 19, 48 = NJW 1965, 414; BVerwGE 34, 278 = NJW 1970, 675.
[26] *Wolff/Bachof/Stober* Verwaltungsrecht I § 24 RdNr. 20.
[27] *Bender* RdNr. 501.
[28] *Bender* RdNr. 492; *Papier* (Fn. 4) S. 104 f.

bzw. ein begünstigender Verwaltungsakt in rechtswidriger Weise unterlassen, geschieht dies jedoch auf Weisung vorgesetzter Organwalter, so bedeutet das Verhalten der angewiesenen Amtsträger nach dem Grundverständnis der hL schon objektiv keinen *Amtspflicht*verstoß.[29] Denn der Beamte war auf Grund seiner **Weisungsgebundenheit** verpflichtet, der Weisung nachzukommen, der Amtsträger hat in diesem Fall nur das getan, was ihm die Beamtengesetze zu tun gebieten. Gehörte der anweisende Organwalter einer anderen Körperschaft, etwa dem aufsichtsführenden Land an, so kann ein in der rechtswidrigen Anweisung möglicherweise liegender Amtspflichtverstoß nur zur Haftung der aufsichtsführenden Körperschaft führen.[30] Die Konsequenz ist dann zumindest, dass die Passivlegitimation beim verwaltungsgerichtlichen Primärrechtsschutz und bei der amtshaftungsrechtlichen Leistungsklage variiert.[31] Entsprechendes gilt, wenn der Amtsträger gegenüber dem antragstellenden Bürger den Erlass eines begünstigenden Verwaltungsaktes ablehnt, weil die nach dem Gesetz erforderliche **Zustimmung** einer anderen Behörde rechtswidrig verweigert wird. Auch in diesem Fall verhält sich jener die Ablehnung des Verwaltungsakts aussprechende Amtsträger amtspflichtgemäß, weil er ohne die Zustimmung der anderen Behörde den Verwaltungsakt nicht erlassen darf.[32]

11   Trotz Wahrung der Grundstrukturen der geltenden Amtshaftung lassen sich die gröbsten Mängel der lex lata durch teleologisch-systematische Norminterpretation vermeiden. Die von der hL vertretene Maßgeblichkeit des innenrechtlichen Pflichtenstatus ist ebenso untragbar wie gesetzwidrig: Sowohl § 839 als auch Art. 34 GG verlangen ausdrücklich die Verletzung einer dem Amtsträger „einem Dritten gegenüber" obliegenden Amtspflicht, also eine Pflichtwidrigkeit nicht dem Hoheitsträger, sondern Dritten gegenüber. Es wird eben gerade nicht auf die Dienstpflichten der Beamten dem Dienstherrn, sondern auf die Amtspflichten Dritten gegenüber abgestellt. Abgesehen vom Wortlaut der Amtshaftungsvorschriften kann Haftungsgrund einer Schadensersatzverpflichtung gegenüber Dritten sinnvollerweise nur die Verletzung solcher Pflichten sein, die diesen Dritten gegenüber bestehen. Wie alle anderen Tatbestände der unerlaubten Handlung auch, setzt die **Amtspflichtverletzung** einen Verstoß gegen **objektives Recht,** dh. eine Verletzung des Außenrechts voraus. Eine Außenhaftung des Staates bzw. des Amtsträgers wegen Innenpflichtverletzung stünde in klarem Widerspruch zum sonstigen Haftungsrecht, insbesondere des Privatrechts: Sowenig eine bloße Vertragswidrigkeit im Verhältnis zum Dienstherrn für § 831 genügt, sowenig ist die bloße Dienstpflichtwidrigkeit für § 839 ausreichend. Im privatrechtlichen Vertragsverhältnis haftet der Schuldner bei Einschaltung eines Erfüllungsgehilfen dem Gläubiger nur, wenn durch den Erfüllungsgehilfen Außenpflichten gegenüber dem Gläubiger verletzt werden und nicht schon dann, wenn der Gehilfe internen Weisungen seines Geschäftsherrn zuwider handelt. Genauso kann es auch für die öffentlich-rechtliche Außenhaftung gegenüber dem Bürger nicht auf das Innenverhältnis zwischen Amts- und Hoheitsträger ankommen.

12   Die Amtspflichten der Organwalter, an die das Amtshaftungsrecht nach seinem Wortlaut anknüpft, sind also – entgegen der Auffassung der Judikatur – identisch mit den Rechtspflichten der Träger öffentlicher Gewalt.[33] Sie werden jedenfalls inhaltlich ausschließlich bestimmt durch die Rechtspflichten des Staates, so dass sich **Staatsunrecht** und **Amtspflichtverstoß** in jeder Hinsicht **decken.** Das Amtshaftungsrecht sanktioniert also jedes (schuldhaft begangene) Staatsunrecht. Andererseits kommt eine Amtshaftung ohne Rechtswidrigkeit, also bei bloßer Dienstpflichtwidrigkeit des Organhandelns, nicht in Betracht. Die Besonderheit der Schuldübernahme reduziert sich insoweit auf ein rein konstruktiv-formales Kriterium ohne sachlich-realen Aussagegehalt.

---

[29] BGH NJW 1959, 1629 = VersR 1959, 717; BGH JZ 1977, 398, 399; VersR 1985, 588; 1986, 372.
[30] BGH NJW 1959, 1629 = VersR 1959, 717; zust. *Papier* (Fn. 4) S. 104 f.; abl. *Menger* VerwA 51 (1960), 72; *Arndt* DVBl. 1959, 624; *Ossenbühl* Staatshaftungsrecht S. 56 f.
[31] BGH NJW 1977, 713 f.
[32] BGH VersR 1986, 372; vgl. dazu RdNr. 248 f.
[33] Zust. *Coester-Waltjen* Jura 1995, 368, 370; *Jarass/Pieroth* Art. 34 GG RdNr. 11.

3. Möglichkeiten des einfachen Gesetzgebers. Aufgrund des gegenwärtigen Normengeflechtes zwischen § 839 und Art. 34 GG kommt dem Art. 34 GG keine haftungsbegründende, sondern nur eine haftungsverlagernde Funktion zu. Das bedeutet allerdings nicht, dass Art. 34 GG der **einfach-gesetzlichen** Einführung einer unmittelbaren Staatshaftung entgegenstünde.[34] Er schließt eine **Erweiterung** der staatlichen Unrechtshaftung über den gegenwärtigen, durch die Eigenheiten der Amtshaftung geprägten Zustand hinaus nicht aus.

Art. 34 S. 1 GG hat eine zweifache Bedeutung. Neben seiner unmittelbaren haftungsrechtlichen Funktion als eine an § 839 anknüpfende Haftungsverlagerungsnorm beinhaltet er eine **institutionelle Garantie** der Staatshaftung.[35] Er gewährleistet mit anderen Worten von Verfassungs wegen die prinzipielle Haftung des Staates für das von seinen Amtsträgern bei Ausübung öffentlicher Gewalt begangene Unrecht. Ausschlüsse oder Beschränkungen der Haftung des Staates oder einer sonstigen öffentlich-rechtlichen Körperschaft sind nur in Ausnahmefällen und nur durch formell-gesetzliche Regelung zulässig.[36] Art. 34 GG begründet allerdings kein Grundrecht oder ein sonstiges, mit der Verfassungsbeschwerde durchsetzbares grundrechtsgleiches Recht des Bürgers (vgl. Art. 93 Abs. 1 Nr. 4a GG).[37] Die institutionelle Garantie der Staatshaftung durch Art. 34 GG hindert den einfachen Gesetzgeber nicht, die überkommene, letztlich nur historisch erklärbare, mit vielen konstruktiven und inhaltlichen Mängeln behaftete „Schuldübernahmekonstruktion" des geltenden Rechts zugunsten einer unmittelbaren, der privatrechtlichen Organhaftung nachgebildeten Staatsunrechtshaftung aufzugeben.[38]

Der einfache Gesetzgeber muss dabei allerdings die allgemeine **Kompetenzordnung des GG** wahren; Art. 34 GG selbst enthält keine Kompetenzzuweisung.[39] Da eine unmittelbare Staatshaftung weder aus heutiger Sicht noch nach Traditionsgesichtspunkten zum „bürgerlichen Recht" iS des Art. 74 Abs. 1 Nr. 1 GG gehört, sondern öffentliches Recht darstellt, besaß der Bund ursprünglich keine Gesetzgebungsbefugnisse, eine solche Staatshaftung generell, dh. über den Bereich der eigentlichen Bundesverwaltung hinaus, einzuführen.[40] Das hat sich mit der 42. Novelle des Grundgesetzes vom 27. Oktober 1994 (BGBl. I S. 3146) und der Einfügung einer Nr. 25 in den Art. 74 Abs. 1 GG geändert. Nunmehr erstreckt sich die konkurrierende Gesetzgebung des Bundes (Art. 72 GG) auf die Staatshaftung insgesamt.[41] Solche Gesetze bedürfen der Zustimmung des Bundesrates (Art. 74 Abs. 2 GG). Bisher hat der Bundesgesetzgeber auf eine einheitliche Regelung der Materie jedoch verzichtet.

4. Subsidiarität der Amtshaftung. Die geltende Amtshaftung ist wegen der „Schuldübernahmekonstruktion" nach hL aber nicht nur keine unmittelbare, sondern regelmäßig auch **keine primäre Staatshaftung.** Denn es liegt in der Konsequenz einer bloßen Haftungsüberleitung oder „Schuldneraustauschung", die im § 839 Abs. 1 S. 2 für die Beamtenhaftung bestimmte und ursprünglich den Schutz des Amtsträgers bezweckende **Subsidiaritätsklausel** bei fahrlässigem Pflichtverstoß auch für die Haftung des Staates gelten zu lassen.[42] Nur bei einem gegen den Beamten gemäß § 839 begründeten Schadens-

---

[34] BVerfGE 61, 149, 198 f. = NJW 1983, 25.
[35] *Maunz / Dürig / Papier* Art. 34 GG RdNr. 13 mwN.
[36] S. auch BGHZ 61, 7, 14; *Maunz / Dürig / Papier* Art. 34 GG RdNr. 13; näher dazu RdNr. 336 ff.
[37] BVerfGE 2, 336, 338; *Bettermann* in: Die Grundrechte, Bd. III/2, S. 853.
[38] BVerfGE 61, 149, 198 f. = NJW 1983, 25.
[39] Vgl. zur Kompetenzfrage im Mehrebenensystem *Stelkens* DÖV 2005, 770, 774.
[40] BVerfGE 61, 149 = NJW 1983, 25; aA *Jacobs* (Fn. 20) RdNr. 44 f.
[41] Das Staatshaftungsrecht gehört dabei auch nach den Änderungen des GG im Bereich der Kompetenzen durch die sog. Föderalismusreform (52. Gesetz zur Änderung des GG vom 28. 8. 2006, BGBl. I S. 2043) zu den Materien, auf die die Erforderlichkeitsklausel nach Art. 72 Abs. 2 GG Anwendung findet. Somit hat sich im Vergleich zur Rechtslage seit der Einführung dieses konkurrierenden Kompetenztitels nichts geändert.
[42] *Ossenbühl* Staatshaftungsrecht S. 12, 79; krit. Bonner Komm/*Dagtoglou* 2. Bearb. Art. 34 GG RdNr. 260 und insbes. *Bettermann* DÖV 1954, 299, 304; *ders.* (Fn. 37) S. 837; *ders.* in: Verh. des 41. DJT, Bd. II S.C 93 sowie in JZ 1961, 482, 483, der die Anwendbarkeit dieser Klausel für den Staat mit der Begründung ablehnt, ihre ratio legis, Schutz des Beamten, treffe für den Staat nicht zu; s. dazu RdNr. 300 f.

ersatzanspruch kann die Passivlegitimation auf den Staat übergehen. Diese sinnwidrige, nur bei formaler Betrachtung konsequente Übertragung des Subsidiaritätsprinzips auf die staatliche Haftung hat die Rechtsprechung zwar in wichtigen Einzelbereichen umgangen (RdNr. 300 ff., insbes. 303 bis 306, 308, 309). Zu einer grundlegenden Aufgabe hat sie sich aber wegen des die geltende Amtshaftung beherrschenden Schuldübernahmeprinzips und damit wegen ihrer Gesetzesbindung – irrigerweise (s. RdNr. 303) – nicht in der Lage gesehen.[43]

17 **5. Haftungsrechtlicher Beamtenbegriff.** Weil die geltende Amtshaftung eine aus der Haftung des Amtswalters nach § 839 abgeleitete Haftung ist, reicht es für die Verantwortlichkeit des Staates nach hL nicht, dass im Ergebnis Dritten gegenüber Pflichtverstöße vorliegen. Entscheidend soll ferner sein, durch wessen Verhalten diese erfolgt sind. Denn § 839 setzt voraus, dass ein **Beamter** den Pflichtverstoß begangen hat. Zwar hat die Rechtsprechung schon frühzeitig für die im hoheitsrechtlichen Bereich an die Stelle der Eigenhaftung des Beamten tretende Amtshaftung des Staates den engen staatsrechtlichen Beamtenbegriff aufgegeben und schließlich im haftungsrechtlichen Sinne jeden als Beamten angesehen, dem ein **öffentliches Amt** im funktionellen Sinne **anvertraut** worden ist.[44] Dennoch blieben Fälle, in denen der Staat sich zur Erfüllung seiner öffentlich-rechtlichen Pflichten und Funktionen Privater bedient, ohne dass jenen zugleich ein „öffentliches Amt" anvertraut ist. Deren in Ausübung der Erfüllungstätigkeit für den Staat begangene Verletzungshandlungen gegenüber Dritten konnten dann nach tradiertem Verständnis dem Staat über § 839/Art. 34 GG nicht zugerechnet werden, weil zwar seine Pflichten wahrgenommen und verletzt wurden, aber kein Beamter im haftungsrechtlichen Sinne dies verursacht hat.[45] Zwar wurden diese Fallgestaltungen von der Rechtsprechung[46] und vor allem von der Literatur[47] durch Anerkennung der Rechtsfigur des **„Verwaltungsgehilfen"** schon immer eingegrenzt („Werkzeugtheorie"). Nach der tradierten Judikatur hatte unter diesem Gesichtspunkt eine Amtshaftung jedoch immer noch auszuscheiden, wenn sich der Staat zur Erfüllung öffentlich-rechtlicher Funktionen, zB der Erfüllung der Straßenbaulast, **selbstständiger** privater **(Bau-)Unternehmer** bedient, die auf Grund eines Werkvertrages mit dem Staat und ohne dessen ständige, den Privaten zu einem bloßen Werkzeug abstufende Einflussnahme tätig werden.[48]

18 Auch diese letztlich sinnwidrige Haftungslücke des Amtshaftungsrechts kann schon auf der Basis des geltenden Rechts geschlossen werden. Der (haftungsrechtliche) Beamtenbegriff wird entscheidend durch Art. 34 S. 1 GG geprägt. Ob jemandem im Sinne dieser verfassungsrechtlichen Bestimmung ein öffentliches Amt anvertraut worden ist, ist nicht abhängig von der Rechtsstellung, die jene in **öffentlicher Erfüllungsfunktion** handelnde Person im Verhältnis zum Hoheitsträger einnimmt. Diese Frage ist vielmehr unter Heranziehung des Rechtsgedankens aus § 278 zu entscheiden: Amtsträger iS des Art. 34 S. 1 GG ist danach jeder, der in Erfüllung öffentlich-rechtlicher Pflichten gegenüber Dritten für den Hoheitsträger tätig wird. So muss zB ein öffentlicher Straßenbaulastträger auch für das (schuldhafte) Fehlverhalten eines selbstständigen Werkunternehmers bzw. seiner Bediensteten über Art. 34 GG einstehen, das jene gegenüber Dritten bei der Vornahme der ihnen übertragenen Bauarbeiten begangen haben. Dieser Auffassung hat sich nunmehr auch der BGH weitgehend angeschlossen. Er sieht in dem privaten Unternehmer – jedenfalls für den Bereich der Eingriffsverwaltung – dann einen Amtsträger iS des Art. 34 GG, wenn der Private mit der von dem Hoheitsträger zu erfüllenden Aufgabe in einer so engen Verbindung

---

[43] BGHZ 13, 88, 100 = NJW 1954, 993, 995; s. insbes. auch RdNr. 300.
[44] S. *Bender* RdNr. 423; Bonner Komm/*Dagtoglou* 2. Bearb. Art. 34 GG RdNr. 78 ff.; zum haftungsrechtlichen Beamtenbegriff s. insbes. RdNr. 129 ff.
[45] Vgl. dazu *Bender* RdNr. 428.
[46] BGHZ 49, 108, 111 f. = NJW 1968, 443; RGZ 158, 95; 169, 312; OLG Köln NJW 1968, 655; s. hierzu RdNr. 135.
[47] Nachweise bei *Ossenbühl* Staatshaftungsrecht S. 14.
[48] BGH LM StVO § 45 Nr. 1 = NJW 1974, 453. S. hierzu RdNr. 137.

steht und bei der Ausführung seiner Tätigkeit einen derart begrenzten Entscheidungsspielraum hat, dass diese Einordnung gerechtfertigt ist.[49]

6. Einschränkung der Naturalrestitution. Die Anknüpfung an die Beamtenhaftung 19 hat schließlich Auswirkungen auf den **Inhalt** des **Schadensersatzanspruchs** aus Amtshaftung. Aufgrund dieser seiner Struktur kann er nach hL nur das beinhalten, was zu leisten der einzelne Beamte kraft seiner deliktischen Eigenverantwortlichkeit (§ 839) und damit als Zivilperson und losgelöst von seiner Amtsstellung vermag.[50] Das ist im Wesentlichen **Geldersatz;** Naturalrestitution kommt nur in Betracht, soweit diese nicht die Vornahme einer Amtshandlung voraussetzt bzw. eine solche zum Inhalt hat (s. RdNr. 295 ff.). Diese Restriktion des Inhalts des Amtshaftungsanspruchs, die allein mit dem konstruktiv-formellen Schuldübernahmeargument, allenfalls noch mit der verfassungsrechtlich verbürgten Zuständigkeit der ordentlichen Gerichte (Art. 34 S. 3 GG), nicht aber mit sachlichen und interessengerechten Erwägungen gerechtfertigt werden kann, hat letztlich zur richterrechtlichen Ausbildung eines eigenständigen Wiederherstellungsanspruchs bei rechtswidriger Ausübung öffentlicher Gewalt, nämlich des Folgenbeseitigungsanspruchs, geführt.[51]

7. Grundstrukturen einer Staatshaftung. Eine Staatshaftung, verstanden als Konträr- 20 begriff zur geltenden Amtshaftung, zeichnet sich im Wesentlichen durch folgende Merkmale aus:[52] Sie sanktioniert **unmittelbar** Staatsunrecht. Für die haftungsbegründende Rechtspflichtverletzung sind allein die (Außen-)Rechtspflichten des Staates, nicht (auch) die internen Amtswalterpflichten maßgeblich. Die Staatshaftung ist ferner eine **primäre** und keine bloß subsidiäre oder Ausfallhaftung des Staates. Sie begründet überdies eine **ausschließliche** Haftung des Staates, so dass es im hoheitsrechtlichen Bereich keine persönlich-deliktische Haftung des Amtsträgers dem Geschädigten gegenüber geben kann. Maßgeblich ist auch allein die Verletzung von Pflichten des öffentlichen Rechts, die dem Staat gegenüber dem geschädigten Dritten obliegen. Es ist also unerheblich, in welcher Rechtsstellung die in Erfüllungsfunktion handelnde Person zu dem hoheitlichen Pflichtsubjekt steht. Der Schadensersatzanspruch aus unmittelbarer Staatshaftung müsste schließlich auch die **Naturalrestitution,** also vor allem die Wiederherstellung des status quo ante und damit den Folgenbeseitigungsanspruch heutiger Prägung mitumfassen.[53]

Andererseits kann schon die geltende **Amtshaftung** – ohne Infragestellung ihrer prinzi- 21 piellen Strukturen – durch teleologisch-systematische Interpretation ihrer gröbsten **Mängel** (Amtspflicht versus Rechtspflicht, Subsidiarität, Amtsträger-Begriff) weitgehend **entkleidet** werden.

8. Staatshaftung und Verschuldensprinzip. Das im geltenden Amtshaftungsrecht ver- 22 ankerte Verschuldensprinzip hat demgegenüber mit der Ausrichtung des Haftungstatbestandes an der Amtspflichtverletzung eines Amtsträgers anstatt an der Rechts- oder Pflichtverletzung des Staates selbst unmittelbar nichts zu tun. Ein Übergang von der Verschuldens- zur objektiven Unrechtshaftung ist demgemäß weder eine rechtslogisch noch eine rechtssystematisch oder rechtspolitisch zwingende Folge der Einführung einer öffentlich-rechtlichen Organ- oder Verbandshaftung.[54] So ist dann auch die nach bürgerlichem Recht geltende Haftung juristischer Personen des öffentlichen Rechts nicht nur als Geschäftsherrnhaftung (§§ 278, 831), sondern auch als Organhaftung (§§ 31, 89) eine Verschuldenshaftung.

---

[49] BGHZ 121, 161, 165 (Abschleppunternehmer) = NJW 1993, 1258 = LM Art. 34 GG Nr. 179 m. Anm. *Schmidt* = JZ 1993, 1001 m. Anm. *Würtenberger* = JuS 1994, 175 (LS) m. Anm. *Osterloh;* vgl. dazu auch *Kreissl* NVwZ 1994, 349; *Papier/Dengler* Jura 1995, 38, 41 f.; *Windthorst* JuS 1995, 791, 794; BGHZ 125, 19, 24 f. = NJW 1994, 1468, 1469 = JZ 1994, 784 m. Anm. *Ossenbühl.*
[50] BGHZ 34, 99, 105 = NJW 1961, 658; *Ossenbühl* Staatshaftungsrecht S. 11 f.
[51] Zum Folgenbeseitigungsanspruch s. *Papier* HdbStR VI 1989 § 157 RdNr. 72 ff.; *Bender* RdNr. 307 ff.; *Ossenbühl* Staatshaftungsrecht S. 285 ff.; *Blanke/Peilert* Verw 1998, 29; s. auch RdNr. 80 ff.
[52] Zum Folgenden *Papier* DVBl. 1974, 573.
[53] Diesen Forderungen entsprach im Wesentlichen das für verfassungswidrig erklärte Staatshaftungsrecht; s. auch *Jacobs* (Fn. 20) RdNr. 35 ff.; s. dazu RdNr. 107 ff.; zum StHG-DDR vgl. RdNr. 92 ff.
[54] *Papier* DVBl. 1974, 573, 574; vgl. demgegenüber *Bartlsperger* NJW 1968, 1697.

23 Das **Verschuldensprinzip** steht also nicht in einem untrennbaren Zusammenhang gerade mit der „**Schuldübernahmekonstruktion**" des geltenden Rechts. Andererseits muss anerkannt werden, dass eine aus der Eigenverantwortlichkeit des Beamten abgeleitete Haftung des Staates, die zudem nach geltendem Recht jedenfalls in besonderen Fällen mit der Folge ausgeschlossen werden kann, dass jene Eigenhaftung wieder auflebt (RdNr. 340), aus Gerechtigkeitsgründen und Billigkeitserwägungen eher einer Haftungsbegrenzung über das Verschuldensprinzip fähig und bedürftig ist als eine originäre und primäre Staatsunrechtshaftung. Es kommt hinzu, dass schon im geltenden Recht Sanktionen für Staatsunrecht vorgesehen sind, die durchweg verschuldensunabhängig sind. Das gilt für den der verwaltungsgerichtlichen Anfechtungsklage letztlich zugrunde liegenden öffentlich-rechtlichen Aufhebungsanspruch ebenso wie für den Folgenbeseitigungsanspruch und für die Ansprüche aus enteignungs- und aufopferungsgleichen Eingriffen. Eine umfassende und generelle Staatshaftungsnorm würde zwangsläufig diese Haftungsinstitute mitumfassen, so dass die Lösung vom Verschuldensprinzip bei einem Übergang von der Amtshaftung zur unmittelbaren Staatshaftung äußerst nahe zu liegen scheint.[55]

24 Überzeugende **Alternativen** zum Verschuldensprinzip sind für die Staatshaftung in der gesetzgebungspolitischen Diskussion bisher allerdings nicht entwickelt worden. Das **StHG** hatte es mit der Aufspaltung von Regelhaftung und Grundrechtseingriffshaftung versucht. Im ersten Fall sollte die Vorwerfbarkeit staatlichen Fehlverhaltens Voraussetzung einer Staatshaftung bleiben, im zweiten Fall einer Pflichtverletzung, die in einem rechtswidrigen Grundrechtseingriff besteht, sollte das Prinzip der objektiven Unrechtshaftung verwirklicht werden. Aber diese **Grundrechtseingriffshaftung** war aus vielerlei Gründen dogmatischer und praktischer Art ein tot geborenes Kind. Die **Regelhaftung** war – im Verhältnis zum geltenden Amtshaftungsrecht – nur durch eine Umkehr der Beweislast qualifiziert. Angesichts der Möglichkeiten des prima-facie-Beweises im Amtshaftungsrecht und des Verzichts auf eine Individualisierung und Nominierung des konkreten Amtsträgers durch den Kläger dürften die praktischen Auswirkungen dieser Abweichungen indes gering sein. Auch die im **Kommissionsentwurf-StHG** statt des Verschuldenserfordernisses vorgeschlagene **Reduktions-** oder **Angemessenheitsklausel** ist zu Recht auf Kritik gestoßen.[56] Danach sollte sich die Ersatzpflicht mindern, „soweit dies wegen der Geringfügigkeit der Rechtsverletzung oder eines etwaigen Verschuldens, wegen mangelnder Voraussehbarkeit des Schadens, wegen seiner unverhältnismäßigen Höhe oder aus ähnlichen Gründen angemessen ist". Dieser Klausel ist insbesondere die Weite des richterlichen Gestaltungsspielraums sowie der Umstand entgegengehalten worden, dass sogar ein Rückschritt im Verhältnis zum geltenden Recht drohe, weil bei leichter Fahrlässigkeit möglicherweise dem Geschädigten der volle Schadenersatz generell versagt werden könnte.

B. System der öffentlich-rechtlichen Schadensersatz- und Entschädigungsleistungen

I. Überblick

25 In der Judikatur und Rechtslehre ist der aufgezeigte Unterschied zwischen einer aus der Eigenhaftung des Amtswalters abgeleiteten Amtshaftung und einer unmittelbaren Haftung des Staates für eigenes Unrecht stets gesehen worden. Die Rechtsprechung sah sich jedoch nicht dazu berufen, ohne gesetzgeberische Korrektur des geschriebenen Rechts eine Ersetzung der amtshaftungsrechtlichen Schuldübernahmekonstruktion durch eine originäre Staatsunrechtshaftung selbst vorzunehmen.[57] Nicht einmal zu den dringenden Einzelkorrek-

---

[55] Reform des Staatshaftungsrechts, Kommissionsbericht, S. 72 und die §§ 1, 2 StHG. Vgl. auch die Entwicklung im europarechtlich determinierten Staatshaftungsrecht (RdNr. 100 b).
[56] *Haverkate* ZRP 1977, 33, 34 f.; *Bender* VersR 1975, 582, 590; *Papier* DVBl. 1974, 573, 575; *Ossenbühl* JuS 1974, 811, 813.
[57] BGHZ 34, 99, 104 ff. = NJW 1961, 658, 659.

turen – wie sie etwa hier vorgeschlagen werden – sah sich die Judikatur vielfach in der Lage. Auf der anderen Seite haben sich die Gerichte, insbesondere der BGH, nicht gescheut, zur Überwindung jener strukturellen und rechtspolitischen Unzulänglichkeiten der Amtshaftung im Wege richterrechtlicher Rechtsfortbildung partiell eigenständige Institute **unmittelbarer Staatsunrechtshaftung** zu entwickeln. Es handelt sich hier um die ursprünglich aus Art. 14 GG, später aus dem gewohnheitsrechtlich geltenden Aufopferungsgrundsatz abgeleitete Haftung der öffentlichen Gewalt wegen enteignungsgleichen Eingriffs, die Haftung aus aufopferungsgleichem Eingriff sowie um den Folgenbeseitigungsanspruch. Eine unmittelbare Staatsunrechtshaftung ist auch die richterrechtlich entwickelte, auf einer sinngemäßen Anwendung bürgerlich-rechtlicher Vorschriften über die Schuldnerhaftung basierende Ersatzleistungspflicht wegen öffentlich-rechtlicher Forderungsverletzung. Allerdings ist diese Staatshaftung entsprechend ihrem privatrechtlichen Vorbild und im Gegensatz zu den zuvor erwähnten Instituten eine strikt verschuldensabhängige Haftung.

II. Enteignungsgleicher Eingriff

Voraussetzung eines Entschädigungsanspruches aus enteignungsgleichem Eingriff ist, dass 26 von hoher Hand rechtswidrig in eine durch Art. 14 GG geschützte Rechtsposition unmittelbar eingegriffen wird, die hoheitliche Maßnahme also unmittelbar eine Beeinträchtigung des Eigentums herbeiführt, und dem Eigentümer dadurch ein besonderes, anderen nicht zugemutetes Opfer für die Allgemeinheit auferlegt wird.[58] Der Weg von der grundrechtlichen Eigentumsgarantie einschließlich der verfassungsrechtlichen Enteignungsnorm (Art. 14 Abs. 1 und 3 GG) bis hin zur Haftung aus enteignungsgleichem Eingriff als partiellem Anwendungsfall unmittelbarer und verschuldensunabhängiger Staatsunrechtshaftung weist mehrere **Entwicklungsstufen** auf.[59]

1. Verzicht auf die Rechtmäßigkeit des hoheitlichen Eingriffs. Der erste Schritt 27 bestand in dem Verzicht auf das enteignungsrechtliche Tatbestandsmerkmal der Rechtmäßigkeit des hoheitlichen Eingriffs. Die Haftung aus enteignungsgleichem Eingriff sollte nach dem Plenarbeschluss des BGH vom 10. 6. 1952[60] nur bei solchen rechtswidrigen Eingriffen eintreten, die sich „für den Fall ihrer gesetzlichen Zulässigkeit sowohl nach ihrem Inhalt wie nach ihrer Wirkung als eine Enteignung darstellen würden". In dieser ersten Entwicklungsphase musste der Eingriff, um als „enteignungsgleich" zu gelten, also ungeachtet seiner Rechtswidrigkeit einzelnen oder einer Gruppe ein anderen nicht zugemutetes und deshalb ungleich wirkendes Sonderopfer auferlegen.

Schon damit war unter zwei Gesichtspunkten eine wesentliche Veränderung des Enteig- 28 nungsinstituts eingeleitet worden: Mit seiner Ausdehnung auf **rechtswidrige** und wenig später auf **rechtswidrig-schuldhafte**[61] Eingriffe wurde die Trennung zwischen Opferentschädigung und Restitution nach begangenem Unrecht teilweise aufgegeben. Die staatliche Opferentschädigung gründete ursprünglich in dem Gedanken, dem einzelnen einen Ausgleich zu gewähren, wenn er im Allgemeinwohlinteresse besondere Eingriffe von hoher Hand hat hinnehmen müssen. Die für die Opferentschädigung ursprünglich essentielle Pflicht des einzelnen zur Eingriffsduldung besteht in der geltenden Rechtsordnung aber nur bei rechtmäßigen Maßnahmen. Bei rechtswidrigen Eingriffen der öffentlichen Gewalt hat der Betroffene den auf Eingriffsabwehr und -aufhebung zielenden verwaltungsgerichtlichen Primärrechtsschutz (vgl. Art. 19 Abs. 4 GG, §§ 40 Abs. 1, 42 Abs. 1 VwGO). Der Verzicht

---

[58] S. etwa BGHZ 117, 240, 252 = NJW 1992, 3229, 3232; BGH NJW 1994, 1647, 1648; *Krohn*, Enteignung, Entschädigung, Staatshaftung, 1993, RdNr. 25; *Nüßgens/Boujong* RdNr. 411 ff.; das Erfordernis eines *staatlichen* hoheitlichen Eingriffs schließt die Anwendung dieses Instituts im kirchlichen Bereich aus, vgl. BGHZ 154, 54, 58.
[59] *Heidenhain* (Fn. 2) S. 65 ff.; *Weyreuther* S. 152 ff.; Bonner Komm/*Dagtoglou* 2. Bearb. Art. 34 GG RdNr. 53 ff.; *Ossenbühl* Staatshaftungsrecht S. 213 ff.; *Bender* RdNr. 746 ff.; *Krohn* (Fn. 58) RdNr. 24 ff.; *Maunz/Dürig/Papier* Art. 14 GG RdNr. 681 ff.; ders. HdbStR VI, 1989, § 157 RdNr. 57 ff.
[60] BGHZ 6, 270, 290 = NJW 1952, 972, 974; dazu *Krohn/Löwisch* RdNr. 25.
[61] BGHZ 7, 296, 297 f. = NJW 1953, 101, 102; BGHZ 13, 88, 92 = NJW 1954, 993; st. Rspr.

auf das Rechtmäßigkeitserfordernis eröffnete dem Einzelnen somit die dem Prinzip der Opferentschädigung ursprünglich wesensfremde Wahlmöglichkeit zwischen Eingriffsabwehr einerseits und Folgenentschädigung bei freiwilliger Eingriffsduldung andererseits: Der Betroffene konnte nach diesem Entwicklungsschritt Entschädigung verlangen nicht nur, wenn er zur Duldung des Eingriffs wegen der Rechtmäßigkeit der Maßnahme verpflichtet war, sondern auch dann, wenn er ohne solche Duldungspflicht zur Hinnahme des Eingriffs bereit war.[62]

29 Die Verfassungsnorm des Art. 14 GG hatte – zweitens – eine strukturelle Veränderung erfahren. Als Grund- und Freiheitsrecht gewährt Art. 14 GG dem Einzelnen einen Anspruch gegen die öffentliche Gewalt auf Unterlassung von Eigentumseingriffen, die entweder die Grenzen zulässiger Inhalts- und Schrankenbestimmung (Art. 14 Abs. 1 S. 2 GG) überschreiten oder die Merkmale einer Enteignung aufweisen, andererseits aber nicht den Zulässigkeitsvoraussetzungen des Art. 14 Abs. 3 GG entsprechen, also insbesondere nicht durch Gesetz oder auf Grund eines Gesetzes erfolgen, das selbst Art und Ausmaß der Entschädigung regelt („Junctim-Klausel"). Zusätzlich zum Abwehrrechtscharakter,[63] durch den sich auch die anderen Grundrechte auszeichnen,[64] wurde so dem Art. 14 GG ein positiver Anspruchsgehalt im Sinne eines unmittelbar **verfassungsrangigen Entschädigungsanspruchs** beigelegt.[65] Der Entschädigungsanspruch aus (rechtmäßiger) Enteignung ist demgegenüber stets ein einfachgesetzlich geregelter, weil dieser Eingriff wegen Art. 14 Abs. 3 GG nur durch Gesetz oder auf Grund Gesetzes und bei gleichzeitiger gesetzlicher Regelung des Entschädigungsanspruchs erfolgen darf.

30 **2. Verzicht auf eigenständige Sonderopferlage.** Im Hinblick auf die Entwicklung des Art. 14 GG zu einer Staatshaftungsnorm wegen rechtswidriger Ausübung öffentlicher Gewalt ist aber vor allem der zweite, vom BGH mit dem Urteil vom 25. 4. 1960[66] eingeleitete Schritt bedeutsam: Die Rechtsprechung verzichtet bei rechtswidrigen Eingriffen auf eine eigenständige Sonderopferlage. Vielmehr wird gerade und allein aus der **Unrechtmäßigkeit** des Eingriffs die Auferlegung des **Sonderopfers** gefolgert. Eingriffe, die im Falle ihrer Rechtmäßigkeit durchaus als entschädigungsfreie Konkretisierung der Sozialpflichtigkeit des Eigentums (Art. 14 Abs. 1 S. 2, Abs. 2 GG) anzusehen wären, legen danach dem Betroffenen wegen ihrer Rechtswidrigkeit ein Sonderopfer auf. Die Rechtswidrigkeit des hoheitlichen Eingriffs wird – neben anderen Voraussetzungen – zum anspruchsbegründenden Merkmal.[67] Ist aber allein deshalb zu entschädigen, weil ein rechtswidriger Eigentumseingriff erfolgt ist[68] ohne Rücksicht darauf, ob dieser Eingriff im Falle seiner Rechtmäßigkeit überhaupt eine Sonderopferlage schaffen würde, so führt das Haftungsinstitut des enteignungsgleichen Eingriffs insoweit zu einer partiellen unmittelbaren, primären und verschuldensunabhängigen Staatsunrechtshaftung.

31 **3. Verzicht auf Finalität des Eingriffs.** Auf einer dritten Entwicklungsstufe hat die Rechtsprechung des BGH beim enteignungsgleichen Eingriff das Erfordernis eines gewollten und gezielten Eingriffs der öffentlichen Gewalt („Finalitätserfordernis") aufgege-

---

[62] *Weyreuther* S. 173 f.; *Maunz/Dürig/Papier* Art. 14 GG RdNr. 686; zur Anwendung des § 254 in diesem Zusammenhang vgl. RdNr. 52 f.
[63] BVerfGE 24, 367, 397 f. = NJW 1969, 309, 311.
[64] Vgl. statt aller *Hesse,* Grundzüge des Verfassungsrechts der Bundesrepublik Deutschland, 20. Aufl. 1995, RdNr. 287.
[65] BGHZ 45, 150, 153 ff. = NJW 1966, 1120; BGHZ 48, 65, 67 = NJW 1967, 1749, 1750; BGHZ 54, 384, 388 ff. = NJW 1971, 94, 95; dann zunächst st. Rspr.
[66] BGHZ 32, 208, 211 f. = NJW 1960, 1149; aus der späteren Rspr. s. zB BGHZ 73, 161, 166, 181 = NJW 1979, 653, 654, 657 (enteignungsgleicher Eingriff durch rechtswidrige Veränderungssperre nach § 14 BauGB).
[67] *Ossenbühl* Staatshaftungsrecht S. 215; *Bender* RdNr. 94, hier auch Nachweise (Fn. 143) der krit. Lit.; Bonner Komm/*Dagtoglou* 2. Bearb. Art. 34 GG RdNr. 62; *Krohn/Löwisch* RdNr. 226; *Maunz/Dürig/Papier* Art. 14 GG RdNr. 687. Erforderlich ist aber eine materielle Rechtswidrigkeit, eine nur formelle genügt nicht, BGHZ 58, 124, 127 f.; vgl. auch RGRK/*Kreft* Vor § 839 RdNr. 34.
[68] *Bettermann,* Verh. des 41. DJT, Bd. II S. C 82 f.; *Maunz/Dürig/Papier* Art. 14 GG RdNr. 687.

ben.⁶⁹ Es ist ausreichend, dass Eigentumsrechte durch hoheitliche Maßnahmen **unmittelbar** beeinträchtigt worden sind,⁷⁰ so dass auch nicht beabsichtigte Nebenfolgen⁷¹ hoheitlicher Betätigung der öffentlichen Hand den Entschädigungstatbestand erfüllen können. Alle rechtswidrigen Rechts- oder Realakte der öffentlichen Gewalt, durch die unmittelbar von Art. 14 Abs. 1 GG geschützte Vermögensrechte beeinträchtigt werden, erfüllen also den Tatbestand des enteignungsgleichen Eingriffs unabhängig davon, ob sie gezielt gegen diese Rechte ergriffen worden sind und ob die Verletzung schuldhaft oder unverschuldet eingetreten ist.⁷²

4. Fortbestand des Instituts des enteignungsgleichen Eingriffs. Die Fortgeltung des enteignungsgleichen Eingriffs (ebenso des enteignenden Eingriffs) war angesichts folgender Aussagen im Nassauskiesungs-Beschluss des BVerfG vom 15. 7. 1981⁷³ fragwürdig geworden: „Sieht der Bürger in der gegen ihn gerichteten Maßnahme eine Enteignung, so kann er eine Entschädigung nur einklagen, wenn hierfür eine gesetzliche Anspruchsgrundlage vorhanden ist. Fehlt sie, so muss er sich bei den Verwaltungsgerichten um die Aufhebung des Eingriffsakts bemühen. Er kann aber nicht unter Verzicht auf die Anfechtung eine ihm vom Gesetz nicht zugebilligte Entschädigung beanspruchen; mangels gesetzlicher Grundlage können die Gerichte auch keine Entschädigung zusprechen". Aufgrund des im Art. 14 Abs. 3 GG normierten Vorbehalts gesetzlicher Entschädigungsregelung geht das BVerfG also davon aus, dass es eine Enteignungsentschädigung nur auf gesetzlicher Grundlage geben kann.⁷⁴ Ein unmittelbarer Rückgriff auf Art. 14 GG und seine Heranziehung als eigenständige Anspruchsgrundlage werden ausgeschlossen. Dies schien die Haftungsinstitute des enteignungsgleichen und enteignenden Eingriffs im Kern und in geradezu tödlicher Konsequenz zu treffen.⁷⁵ Die zivilgerichtlich entwickelten Haftungsinstitute schienen gerade dem Art. 14 GG einen positiven Anspruchsgehalt iS eines unmittelbar verfassungsrangigen Entschädigungsanspruchs beizulegen.

a) Rechtswidrige Enteignungen. Für einen Anwendungsbereich des enteignungsgleichen Eingriffs traf indes diese Annahme auf keinen Fall zu. Das sind die Eingriffe, die auf Grund eines mit einer Entschädigungsregelung versehenen Enteignungsgesetzes ergehen.⁷⁶ Stellen sie sich als rechtswidrig heraus, dann sind das enteignungsgleiche Eingriffe, ohne dass die Einwände des BVerfG gegen das Institut selbst zum Tragen kommen können.⁷⁷ Eine auf die §§ 85 ff. BauGB gestützte Enteignung erweist sich zB als rechtswidrig, weil die gesetzlichen Voraussetzungen des Enteignungseingriffs nicht erfüllt sind. Diese Eingriffe sind als enteignungsgleich zu werten, obwohl, nicht aber weil sie rechtswidrig sind. Die Eingriffe erfüllen alle Voraussetzungen der Enteignung, nur das Kriterium der Recht-

---

⁶⁹ Unausgesprochen schon in BGHZ 23, 157, 162 ff. = NJW 1957, 630, 631; BGHZ 28, 310, 312 = NJW 1958, 384; ausdrücklich seit BGHZ 37, 44, 47 = NJW 1962, 1539.
⁷⁰ So zB BGHZ 37, 44, 47 = NJW 1962, 1439; BGHZ 54, 384, 387 ff. = NJW 1971, 94, 95; BGH NJW 1980, 770 = VersR 1980, 266. Zur Gesamtproblematik s. *Gronefeld*, Preisgabe und Ersatz des enteignungsrechtlichen Finalitätsmerkmals, 1972. Zum Verlegenheitscharakter des Unmittelbarkeitsprinzips *Nipperdey* NJW 1967, 1990; *Bender* RdNr. 100.
⁷¹ BGHZ 48, 98, 101 = NJW 1967, 1857, 1858; BGHZ 54, 384, 387 ff. = NJW 1971, 94, 95.
⁷² *Maunz/Dürig/Papier* Art. 14 GG RdNr. 691; *Krohn/Löwisch* RdNr. 228; zur Gesamtproblematik vgl. auch *Papier* NJW 1974, 1797 ff.; *Weyreuther* S. 152 ff.
⁷³ BVerfGE 58, 300, 324 = NJW 1982, 745; dazu *Rittstieg* NJW 1983, 721; *Leisner* DVBl. 1983, 61.
⁷⁴ *Maunz/Dürig/Papier* Art. 14 GG RdNr. 714.
⁷⁵ Für eine (eingeschränkte) Fortgeltung der Institute insbes. *Ossenbühl* NJW 1983, 1 ff.; *ders.*, Neuere Entwicklungen im Staatshaftungsrecht, 1984, S. 16 ff.; *Schwerdtfeger* JuS 1983, 105, 110; *ders.*, Die dogmatische Struktur der Eigentumsgarantie, 1983, S. 25 ff.; *Papier* NVwZ 1983, 558 ff.; *Maunz/Dürig/Papier* Art. 14 GG RdNr. 714 ff.; *J. Ipsen* DVBl. 1983, 1029, 1032 ff.; aA *Scholz* NVwZ 1982, 337, 347; *Bull*, Allgemeines Verwaltungsrecht, 6. Aufl. 2000, RdNr. 1118; *Dolde* NJW 1982, 1797 m. Fn. 202; *Schroeder* DVBl. 1982, 323, 328; *Berkemann* JR 1982, 1731, 1733; vgl. auch *Kreft* NJW 1982, 1578; *Baur* NJW 1982, 1734, 1735 f.; *Bäumler* DÖV 1980, 341; *H. Weber* JuS 1982, 855; s. zu der ganzen Debatte auch vertiefend *Jaschinski*, Der Fortbestand des Anspruchs aus enteignendem Eingriff, 1997, mwN; krit. *Külpmann*, Enteignende Eingriffe?, 2000.
⁷⁶ *Maunz/Dürig/Papier* Art. 14 GG RdNr. 715.
⁷⁷ *Papier*, Eigentumsgarantie des Grundgesetzes im Wandel, 1984, S. 36.

mäßigkeit des Eingriffs fehlt.[78] Sie sind von der Rechtsprechung[79] auf der Grundlage eines „Erst-recht-Schlusses" mit der Enteignung gleichgesetzt worden, mit der Folge, dass es zur Anwendung gesetzlicher Entschädigungsregelungen kommt. Im Falle eines solchen enteignungsgleichen Eingriffs ist der Entschädigungsanspruch ein gesetzlich geregelter, nicht aber ein unmittelbarer, unter Umgehung des Art. 14 Abs. 3 S. 2 und 3 GG aus der Verfassung abgeleiteter Anspruch.[80] Der Grundsatz der Gesetzmäßigkeit der Enteignungsentschädigung ist in derartigen Fällen von vornherein nicht tangiert.

34 **b) Gewohnheitsrechtliche Geltung.** Die Haftungsinstitute des enteignungsgleichen Eingriffs sind überdies richterrechtlich entwickelte und heute **gewohnheitsrechtlich** geltende Institute des **einfachen Rechts**.[81] Das Verfassungsrecht (Art. 14, 3 Abs. 1 GG) bietet zwar die entstehungsgeschichtliche Quelle und die grundsätzliche Gewährleistung, die Ausgestaltung nach Tatbestandsvoraussetzungen und Rechtsfolgen hat sich indes in der Zwischenzeit immer stärker von den verfassungsrechtlichen Wurzeln abgekoppelt.[82] Es geht um Haftungsinstitute des einfachen Rechts ebenso wie bei der Folgenbeseitigungspflicht, die ihre Grundlage oder Wurzeln gleichfalls im Verfassungsrecht findet, aber als in concreto anwendbares Rechtsinstitut ein solches des allgemeinen Verwaltungsrechts geworden ist. In beiden Fällen geht es um richterrechtliche Korrekturen oder Ergänzungen der positiv-rechtlich normierten Amtshaftung, die als unzulänglich und lückenhaft angesehen worden ist. Es geht mit anderen Worten um eine Rechtsfortbildung, die eher auf das Staatsunrecht und auf seine angemessene Sanktionierung ausgerichtet ist,[83] so dass die Verknüpfung mit der grundgesetzlichen Eigentumsgewährleistung keinesfalls als so essentiell und als so zeitlos angesehen werden darf, dass die eigentliche Anspruchsgrundlage nur im Art. 14 GG unmittelbar gesehen werden könnte.[84]

35 **c) Keine unmittelbare Ableitung aus Art. 14 GG.** Auch der BGH war seit längerem nach dieser Maxime verfahren. So hat er den Anspruch aus enteignungsgleichem Eingriff auch **ausländischen juristischen Personen** zugestanden, was bei einer unmittelbaren Ableitung aus Art. 14 GG angesichts des Art. 19 Abs. 3 GG nicht möglich gewesen wäre.[85] Seit seinen grundlegenden Entscheidungen vom 26. 1. 1984[86] und 29. 3. 1984[87] folgt er ausdrücklich der Auffassung von der Fortgeltung des enteignungsgleichen und enteignenden Eingriffs. Als Grundlage wird explizit der allgemeine Aufopferungsgrundsatz der §§ 74, 75 Einl. ALR in seiner richterrechtlichen Ausprägung angeführt.[88]

---

[78] *Papier* (Fn. 77).
[79] BGHZ 6, 270, 290 = NJW 1952, 972; s. auch schon RGZ 140, 276, 283, 285; vgl. ferner BGHZ 7, 296, 298 = NJW 1953, 101, 102; BGHZ 13, 88, 92 = NJW 1954, 993; *Ossenbühl* Staatshaftungsrecht S. 144 ff.
[80] *Papier* (Fn. 77) S. 37.
[81] *Ossenbühl* NJW 1983, 1, 5; *ders.* (Fn. 75/2. Titel) S. 18; *Papier* NJW 1981, 2321, 2323; *ders.* NVwZ 1983, 258; *Maunz/Dürig/Papier* Art. 14 GG RdNr. 716; s. auch BGHZ 76, 375, 384 = NJW 1980, 1567, 1569; aA *Schwerdtfeger* JuS 1983, 110; *ders.* (Fn. 75) S. 26 ff., *Maurer* DVBl. 1991, 781, 784; *Jaschinski* (Fn. 75) S. 132, die diese Institute dem Art. 14 Abs. 1 S. 2 GG zuordnen; s. auch *Schulte*, Zur Dogmatik des Art. 14 GG, 1979, S. 33. Vgl. auch BVerfG NJW 1992, 36, 37, wo der enteignungsgleiche Eingriff als einfachrechtliches Rechtsinstitut anerkannt wird.
[82] Vgl. BGHZ 76, 375, 384 = VersR 1980, 628: Ansprüche aus enteignungsgleichem Eingriff stehen – trotz Art. 19 Abs. 3 GG – auch ausländischen juristischen Personen zu; BGHZ 72, 273, 276 f. = NJW 1979, 36, wo der (Landes-)Gesetzgeber ausdrücklich für befugt angesehen wird, die Grundsätze über den enteignungsgleichen Eingriff spezialgesetzlich zu konkretisieren. S. auch *J. Ipsen* DVBl. 1983, 1029, 1035 f.; aA auf Grund rechtsdogmatischer Bedenken *Bender* BauR 1983, 1, 10.
[83] *Papier* (Fn. 77) S. 38; *Ipsen* DVBl. 1983, 1029, 1037 spricht von einem „gewohnheitsrechtlichen Tatbestand unmittelbarer Staatshaftung", den er von den Elementen des Enteignungsrechts befreit sehen will.
[84] *Maunz/Dürig/Papier* Art. 14 GG RdNr. 716; *Papier* (Fn. 77) S. 38.
[85] BGHZ 76, 375, 381 = NJW 1980, 1567, 1569 f.
[86] BGHZ 90, 17, 31 = NJW 1984, 1169, st. Rspr., vgl. auch BGHZ 99, 24, 29 = NJW 1987, 2068; BGHZ 117, 240, 252 = NJW 1992, 3229.
[87] BGHZ 91, 20, 27 f. = NJW 1984, 1876.
[88] Abl. *J. Ipsen* DVBl. 1983, 1029, 1034.

d) Rechtmäßige Eigentumsbeeinträchtigungen. Geht es um die sog. „enteignen- 36 den Eingriffe",[89] so handelt es sich um Sonderopferlagen, die als Nebenfolge rechtmäßigen hoheitlichen Verhaltens, nicht aber durch Enteignungseingriffe durch Gesetz oder auf Grund Gesetzes entstanden sind. Für diese Einwirkungen der öffentlichen Gewalt kann und braucht es keine gesetzlichen Grundlagen zu geben, die zugleich Art und Ausmaß der Entschädigung regeln müssen. Es geht um keine Legal- oder Administrativenteignungen iS des Verfassungsrechts, für die der Vorbehalt des Gesetzes nach Art. 14 Abs. 3 S. 2 GG für die Vornahme des Eingriffs selbst sowie für die Entschädigungsregelung Geltung beanspruchen könnte.[90] „Enteignungen" iS des Art. 14 Abs. 3 GG können nur die Rechtsakte sein, die gezielt gegen das Eigentum gerichtet sind und seinen Entzug bzw. Teilentzug bewirken (sollen).[91] Eigentumseinwirkungen durch Nebenfolgen rechtmäßigen Verhaltens der öffentlichen Gewalt stellen keine Enteignungen iS des Art. 14 Abs. 3 GG dar, unabhängig davon, ob sie gezielt gegen das Eigentum gerichtet sind oder nicht.

Soweit es um Entschädigungen für Sonderopferlagen geht, die auf Nebenfolgen recht- 37 mäßigen hoheitlichen Verhaltens gründen, sind Möglichkeiten eines verwaltungsgerichtlichen Primärrechtsschutzes nicht eröffnet.[92] Der öffentlich-rechtliche **Primärrechtsschutz** kann hier also gar nichts zur Verdrängung des Entschädigungsrechts beitragen. Die Bemerkung des BVerfG, fehle eine gesetzliche Anspruchsgrundlage, so müsse sich der vom hoheitlichen Eingriff Betroffene bei den Verwaltungsgerichten um die Aufhebung des Eingriffsakts bemühen, lasse er den Eingriffsakt unanfechtbar werden, so verfalle seine Entschädigungsklage der Abweisung,[93] muss in diesen Fällen ganz eindeutig ins Leere gehen.

e) Rechtswidrige Realakte. Rechtswidrige, eigentumsverletzenden Realakte der öf- 38 fentlichen Gewalt sind nach geschehener Rechtsverletzung verwaltungsgerichtlich nicht mehr abwehrbar. In diesen Fällen existiert also überhaupt kein Primärrechtsschutz. Somit fehlt es auch hier an der vom BVerfG vorausgesetzten Konkurrenz zum öffentlich-rechtlichen Primärrechtsschutz, von dem eine „Verdrängungswirkung" ausgehen könnte.[94]

f) Rechtswidriger Gesetzesvollzug. Das Haftungsinstitut des enteignungsgleichen 39 Eingriffs ist mit der Verfassung unvereinbar, soweit es den speziellen Gewährleistungen des Art. 14 Abs. 3 GG, insbesondere der sog. **Junctim-Klausel**, widerstreitet. Dies aber ist nicht stets und nicht einmal vorwiegend der Fall. Ein Verstoß gegen Art. 14 Abs. 3 GG scheidet zum einen bei denjenigen rechtswidrigen Enteignungseingriffen aus, die auf der Grundlage einer bestehenden Enteignungsnorm und bei gleichzeitiger gesetzlicher Entschädigungsregelung ergehen. Darauf ist bereits oben hingewiesen worden. Eine Umgehung der Junctim-Klausel liegt zum anderen aber auch bei denjenigen rechtswidrigen Eingriffen der öffentlichen Gewalt nicht vor, die nach der Rechtsprechung[95] allein **wegen** ihrer **Rechtswidrigkeit** eine enteignungsspezifische Sonderopferlage bewirken. Hier ist die Rechtswidrigkeit des Eingriffs anspruchsbegründend, soweit gegen die rechtswidrige hoheitliche Maßnahme kein zumutbarer Primärrechtsschutz gegeben ist (vgl. RdNr. 52 f.). Der Sache nach

---

[89] S. dazu insbes. BGHZ 57, 359, 366; 91, 20, 26 f. = NJW 1984, 1876; *Ossenbühl* Staatshaftungsrecht S. 269 ff.
[90] Vgl. auch *Battis* NJW 1971, 1593; *Papier* NJW 1971, 2157; *Ossenbühl* NJW 1983, 1, 3; wN bei *Weyreuther*, Über die Verfassungswidrigkeit salvatorischer Entschädigungsregelungen im Enteignungsrecht, 1980, S. 18 ff., s. aber S. 22 f.
[91] Vgl. jetzt auch das BVerfG zur Baulandumlegung: Enteignung als hoheitlicher Güterbeschaffungsvorgang, BVerfGE 104, 1, 9 f. = NVwZ 2001, 1023.
[92] *Maunz/Dürig/Papier* Art. 14 GG RdNr. 719; *Ossenbühl* (Fn. 75/2. Titel) S. 27; aA *Jaschinski* (Fn. 75) S. 130 ff., der im Hinblick auf Art. 19 Abs. 4 GG einen effektiven Rechtsschutz bejaht. Die Möglichkeit eines Primärrechtsschutzes besteht vor allem dann nicht, wenn es sich um atypische und unvorhergesehene Nachteile aus einem rechtmäßigen hoheitlichen Verhalten handelt, vgl. BGHZ 158, 263, 267 = NVwZ 2004, 1018.
[93] BVerfGE 58, 300, 324 = NJW 1982, 745.
[94] Vgl. dazu *Detterbeck/Windthorst/Sproll* S. 358.
[95] BGHZ 32, 208, 211 f. = NJW 1960, 1149; BGHZ 58, 124, 137; 73, 161, 166, 181 = NJW 1979, 653, 654, 657; vgl. auch *Ossenbühl* Staatshaftungsrecht S. 214 ff.; *Bender* RdNr. 94; Bonner Komm/*Dagtoglou* 2. Bearb. Art. 34 GG RdNr. 62.

geht es daher um eine Staatsunrechtshaftung, die nur in den „terminologischen Mantel" des Enteignungsrechts gekleidet worden war. Es geht gar nicht um Enteignungen iS des Verfassungsrechts, die nach Art. 14 Abs. 3 GG durch Gesetz oder auf Grund Gesetzes erfolgen und bei denen das Gesetz Art und Ausmaß der Entschädigung regeln könnte und müsste. Denn bei seiner rechtmäßigen Handhabung sieht das fragliche Gesetz überhaupt keine Enteignungen vor. Es kann dementsprechend auch gar keine Entschädigungsregelungen enthalten. Die enteignungsgleiche Wirkung folgt hier erst aus der Missachtung oder Überschreitung des Gesetzes durch die vollziehende Gewalt.[96]

40 **g) Enteignungsgesetze ohne Junctim.** Die richterrechtliche Zubilligung einer Entschädigung wegen enteignungsgleichen Eingriffs stellt nur im folgenden Fall eine Missachtung der Junctim-Klausel des Art. 14 Abs. 3 S. 2 GG dar: Erweist sich der Eigentumseingriff durch Gesetz oder auf Grund Gesetzes durch Administrativakt als Enteignung, und zwar **ungeachtet** seiner **Rechtswidrigkeit,** enthält aber das enteignende bzw. die Enteignung zulassende Gesetz keine Entschädigungsregelung, dann fehlt dem Enteignungseingriff die gültige normative Grundlage.[97] Er ist deswegen rechtswidrig und insoweit auch enteignungsgleich. In diesem Fall eine Entschädigung zuzubilligen, würde eindeutig dem Gewährleistungszweck der Junctim-Klausel zuwiderlaufen. Ein in seiner **rechtmäßigen Handhabung** Enteignungen bewirkendes oder zulassendes Gesetz muss nach Art. 14 Abs. 3 S. 2 GG selbst die Entschädigungsregelung vorsehen, sonst ist es verfassungswidrig und nichtig. Enteignungen sind grundrechtswidrig und verboten, sofern sie auf nichtige Enteignungsgesetze gestützt sind. Der betroffene Bürger hat sie im Rahmen seiner primären Rechtsschutzmöglichkeiten und mittels seiner grundrechtlichen Eigentumsposition abzuwehren. Könnte der Betroffene trotz Fehlens einer Entschädigungsregelung im Enteignungsgesetz verlangen, über den enteignungsgleichen Eingriff so gestellt zu werden, als wäre der Verfassungsverstoß des Gesetzgebers nicht erfolgt und die gebotene Entschädigungsregelung durch ihn getroffen worden, so würden Sinn und Zweck des verfassungsrechtlichen Entschädigungsregelungsgebots geradezu vereitelt.[98]

40a **h) Ausgleichspflichtige Inhalts- und Schrankenbestimmung.** Nachdem die Rechtsprechung des BVerfG dem Primärrechtsschutz im Rahmen von Art. 14 GG ein größeres Gewicht beimisst,[99] hat das Institut der ausgleichspflichtigen Inhalts- und Schrankenbestimmung an Bedeutung zugenommen. In erster Linie ist der Gesetzgeber dazu berufen, die Reichweite von Inhalt und Schranken des Eigentums im Spannungsverhältnis von Sozialbindung aus Art 14 Abs. 2 GG mit der Privatnützigkeitsgarantie aus Art. 14 Abs. 1 S. 1 GG festzulegen. Wird dabei durch die gesetzgeberische Regelung die Schwelle der entschädigungslos hinzunehmenden Sozialbindung übertreten, so kann die Verhältnismäßigkeit in gewissem Umfang durch die Normierung eines Ausgleichsanspruchs gewahrt werden.[100] Dies ändert aber nichts daran, dass für die oben dargestellten staatlichen Maßnahmen, etwa in Form der Nebenfolge eines rechtmäßigen staatlichen Handelns oder eines rechtswidrigen Realakts, weiterhin Bedarf für die Institute des enteignenden bzw. enteignungsgleichen Eingriffs besteht.

41 **i) Zusammenfassung.** Nach alledem kann daher nicht gesagt werden, dass das richterrechtliche Haftungsrecht des enteignungsgleichen und enteignenden Eingriffs generell oder auch nur zu einem überwiegenden Teil gegen Art. 14 GG verstößt und daher zu verwerfen ist. Nur in einem engen Teilausschnitt kann der enteignungsgleiche Eingriff zu einer Miss-

---

[96] *Papier* (Fn. 77) S. 41.
[97] *Ossenbühl* (Fn. 75/2. Titel) S. 23; *Maunz/Dürig/Papier* Art. 14 GG RdNr. 721; *Papier* (Fn. 77) S. 42.
[98] *Papier* (Fn. 77) S. 42.
[99] BVerfGE 58, 300, 324.
[100] Vgl. zu den Einzelheiten der ausgleichspflichtigen Inhalts- und Schrankenbestimmungen *Maunz/Dürig/Papier* Art. 14 GG RdNr. 343ff.; *Papier* DVBl. 2000, 1398, 1401 ff.; *Kischel* VerwA 2006, 450ff. (zum Verhältnis zu dem enteignenden bzw. enteignungsgleichen Eingriff v. a. 468ff.); insbes. zur Zulässigkeit und Ausgestaltung der Entschädigungsklauseln vgl. die Entscheidung des BVerfG zum rh.-pf. Denkmalschutz- und -pflegegesetz, BVerfGE 100, 226, 244ff. = NJW 1999, 2877.

achtung der Junctim-Klausel des Art. 14 Abs. 3 S. 2 GG führen. Er ist insoweit **verfassungskonform** zu **begrenzen**. Nur mit dieser Restriktion kann der Nassauskiesungs-Beschluss des BVerfG gemäß § 31 Abs. 1 BVerfGG Bindungswirkung entfalten, denn nur insoweit geht es um die Anwendung und Durchsetzung spezifischen Verfassungsrechts (Art. 14 Abs. 3 S. 2 GG).

5. Grenzen der Haftung aus enteignungsgleichem Eingriff. Über das Haftungsinstitut des enteignungsgleichen Eingriffs ist aber für den Vermögensbereich des Bürgers keine umfassende staatliche Haftung für eigenes Unrecht des Staates begründet worden. Denn dieser Haftungstatbestand weist seinerseits Grenzen und erhebliche Mängel auf:[101] 42

a) Begrenzter Schutzgüterumfang. Solche ergeben sich zum einen aus der historischen Ableitung aus Art. 14 GG, die zu einer fortdauernden **Begrenzung** der **Schutzgüter** in der Judikatur geführt hat. Nur bei einer Beeinträchtigung von „Eigentum" iS des Art. 14 GG kann eine durch die öffentliche Gewalt rechtswidrig verursachte Vermögensschädigung des Bürgers einen Entschädigungsanspruch auslösen.[102] Wird zB ein Bürger durch rechtswidrige Versagung einer gesetzlich erforderlichen Erlaubnis oder Genehmigung daran gehindert, einen bestimmten Beruf zu ergreifen oder einen Gewerbebetrieb zu eröffnen, so fehlt es an der Beeinträchtigung vorhandener Eigentumspositionen.[103] Etwas anderes gilt beim Verbot der weiteren Verwendung vorhandener Vermögensgüter in ihrer unternehmensrechtlichen Zusammenfassung.[104] Nach der Rechtsprechung kann aber zB die rechtswidrige Weigerung einer Kassenärztlichen Vereinigung, der Erbringung zusätzlicher vertragsärztlicher Leistungen mit einem Computertomographen zuzustimmen, keinen Anspruch aus enteignungsgleichem Eingriff begründen, da zur geschützten Rechtsposition des Inhabers eines eingerichteten und ausgeübten Gewerbebetriebs nicht beabsichtigte Betriebserweiterungen gehören; diese sind ausschließlich der Berufsfreiheit zuzuordnen.[105] Vermögensschäden durch Verletzung anderer Grundrechte als das des Art. 14 GG, also etwa des Art. 12 Abs. 1 GG, reichen somit trotz der zwischenzeitlichen Abkoppelung von Art. 14 GG nicht.[106] 43

b) Positives Handeln. In engem Zusammenhang damit steht eine weitere, von der Judikatur praktizierte Einschränkung des Haftungstatbestandes: Weil es eine Enteignung durch **Unterlassen**[107] nicht gebe, setze auch der enteignungsgleiche Eingriff ein **positives Handeln** der öffentlichen Gewalt voraus. Die Verletzung einer Dritten gegenüber bestehenden vermögensrechtlichen Handlungspflicht des öffentlichen Rechts durch schlichte Untätigkeit ebenso wie durch den Erlass eines Ablehnungsbescheides löst danach keine Haftung aus enteignungsgleichem Eingriff aus. Der Grund wird darin gesehen, dass Art. 14 Abs. 1 GG nur vorhandene Vermögenswerte schützt.[108] Als Eingriffsobjekt kommt nur eine bestehende, nicht aber eine begehrte Rechtsposition in Betracht. Die pflicht- bzw. rechtswidrige Versagung oder schlichte Nichterteilung beispielsweise einer beantragten Gewerbeerlaubnis erfüllen danach nicht schon deshalb den Tatbestand eines enteignungsgleichen Eingriffs, weil 44

---

[101] *Maunz/Dürig/Papier* Art. 14 GG RdNr. 692 ff.
[102] *Ossenbühl* (Fn. 75/2. Titel) S. 21; vgl. BGHZ 78, 41, 44 = NJW 1980, 2700; BGHZ 83, 190, 195 = NJW 1982, 2813; BGH NJW 1994, 1468; BGHZ 161, 305, 312 f. = NJW 2005, 748.
[103] Vgl. zB BGH LM Nr. 37 (Ca) = NJW 1979, 2041, 2043.
[104] BGHZ 78, 41, 44 = NJW 1980, 2700, 2701 – Verbot von Werbefahrten.
[105] BGHZ 132, 181, 186 f. = NJW 1996, 2422.
[106] BGH NJW 1994, 1468; NJW 1994, 2229; krit. *Maunz/Dürig/Papier* Art. 14 GG RdNr. 693 mwN zur Kritik; vgl. auch Begr. des RefE-StHG in: Reform des Staatshaftungsrechts, RefE S. 55.
[107] BGHZ 12, 52, 56 = NJW 1954, 554; BGHZ 32, 208, 211 = NJW 1960, 1149, 1150; BGHZ 56, 40, 42 = NJW 1971, 1172, 1173; BGH NJW 1985, 1287, 1289; LG Bonn NJW 1985, 71, 72; zust. zB *Leisner* VVDStRL 20, 185 ff., 193 m. Fn. 35; RGRK/*Kreft* Vor § 839 RdNr. 32; krit. *Heidenhain* JZ 1968, 493; *Ossenbühl* Staatshaftungsrecht S. 255 ff.; *Maunz/Dürig/Papier* Art. 14 GG RdNr. 537.
[108] BGH DVBl. 1972, 827; LM GG Art. 14 Nr. 57 (Cf) = NJW 1980, 387. Zur Kritik an der restriktiven Rspr. des BGBH *Maunz/Dürig/Papier* Art. 1466 RdNr. 697 aE. Sofern aber ein Verstoß gegen Gemeinschaftsrecht vorliegt, ist jedoch auch eine Verletzung der nicht vom Schutzbereich des Art. 14 GG erfassten Chance zur Vermarktung von Erzeugnissen und Produkten geeignet, staatshaftungsrechtliche Ansprüche auszulösen, vgl. EuGH NJW 1996, 1267, 1271 f. Tz. 86 bis 90 – Brasserie du Pêcheur u. a. m. Anm. *Streinz* EuZW 1996, 201; vgl. RdNr. 98 ff.

§ 839   45, 46   Abschnitt 8. Titel 27. Unerlaubte Handlungen

ein öffentlich-rechtlicher Anspruch auf Erlaubniserteilung sowie das Grundrecht aus Art. 12 Abs. 1 GG verletzt sind.[109]

45   Ein enteignungsgleicher Eingriff kann nach der Rechtsprechung in diesen Fällen des Unterlassens nur dann (ausnahmsweise) gegeben sein, wenn die rechtswidrige Erlaubnisversagung zugleich bestehende Eigentumspositionen tangiert.[110] Diese Voraussetzung kann zum einen vorliegen, wenn dem Inhaber eines bereits bestehenden, eingerichteten und ausgeübten Gewerbebetriebes die für bestandssichernde Ersatz- oder Anpassungsinvestitionen erforderlichen Genehmigungen zu Unrecht versagt werden.[111] Diese Fälle sog. „**qualifizierten Unterlassens**"[112] sind aber vor allem in Bezug auf die Bauerlaubnis festzustellen.[113] Die Baufreiheit als Ausfluss der Eigentumsgarantie am Grund und Boden wird durch ein gesetzliches präventives Verbot mit Erlaubnisvorbehalt begrenzt. Wird dem Bauwilligen die beantragte Bauerlaubnis zu Unrecht verweigert, wird diese grundrechtlich geschützte Baufreiheit beeinträchtigt. Es liegt also ein Eingriff in eine bestehende Eigentumsposition vor, weil eine präventive Erlaubnis wie die Bauerlaubnis den eigentumsrechtlichen Rechtskreis des Antragstellers materiell nicht erweitert, sondern umgekehrt der Rechtskreis des Bürgers durch eine widerrechtliche Versagung konstitutiv und damit „eingriffsgleich" verkürzt wird.[114] Bei allen „schlichten" oder präventiven Erlaubnissen zur Nutzung von Eigentum iS des Verfassungsrechts liegt der Grundrechtseingriff in der Ablehnung der Erlaubniserteilung. Denn die begehrte Erlaubnis ist nur formelle Voraussetzung für eine materiell grundsätzlich nicht rechtswidrige, sondern durch das Eigentumsgrundrecht geschützte Betätigung. Auch die rechtswidrige Ablehnung einer Bauvoranfrage kann einen enteignungsgleichen Eingriff zu Lasten des Grundeigentums darstellen;[115] entsprechendes gilt für eine Verzögerung der Erteilung der Baugenehmigung („faktische Bausperre").[116] Analog behandelt die Rechtsprechung den Fall der verzögerten Bearbeitung von Anträgen durch das Grundbuchamt. Hierbei wird der Kernbereich des Eigentums berührt, da die Übertragung von Immobiliareigentum eine Eintragung im Grundbuch erfordert und durch die nicht ordnungsgemäße Antragsbearbeitung somit die Verfügung über das Eigentum vorübergehend gravierend eingeschränkt wird.[117] Ein qualifiziertes Unterlassen, das eine Haftung wegen enteignungsgleichen Eingriffs auslösen kann, kommt weiter im Falle einer rechtswidrig aufrechterhaltenen Beschlagnahme gemäß §§ 111 b, 111 c StPO in Betracht. Die Beschlagnahme eines Gegenstandes ist materiell daran gebunden, dass Gründe für die Annahme vorhanden sind, dass die Voraussetzungen für seinen Verfall oder seine Einziehung vorliegen (§ 111 b Abs. 1 S. 1 StPO). Da dies vom jeweiligen Stand der Ermittlungen abhängig ist, muss die Ermittlungsbehörde von sich aus während des Ermittlungsverfahrens prüfen, ob weiterhin die Beschlagnahmevoraussetzungen vorliegen.[118]

46   In einem **förmlichen Gesetz** kann nach der st. Rspr. des BGH ein entschädigungspflichtiger enteignungsgleicher Eingriff nicht erblickt werden.[119] Dies gilt auch für die Fälle,

---

[109] BGHZ 56, 40, 42 = NJW 1971, 1172 f.; krit. zu dieser Rspr. *Battis*, Erwerbsschutz durch Aufopferungsentschädigung, 1969.
[110] S. zB BGHZ 32, 208, 211 = NJW 1960, 1149, 1150; BGH BauR-Sammlung 19, 225, 227; vgl. auch *Papier* (Fn. 4) S. 87 f.; *Ossenbühl* (Fn. 75/2. Titel) S. 22 bejaht eine Enteignung durch Unterlassen, wenn eine Rechtspflicht zum Handeln bestand; *ders*. Staatshaftungsrecht S. 158; *Löwer*, Staatshaftung für unterlassenes Verwaltungshandeln, 1979.
[111] BGHZ 19, 1, 3 ff. = NJW 1956, 263; BGH LM GG Art. 14 Nr. 57 (Cf) = NJW 1980, 387, 388.
[112] BGHZ 102, 350, 346 = NJW 1988, 478; BGHZ 120, 124, 132 = NJW 1993, 1647; *Bender* RdNr. 107; *Maunz/Dürig/Papier* Art. 14 GG RdNr. 538.
[113] BGH DVBl. 1972, 827.
[114] Vgl. auch *Papier* (Fn. 4) S. 89 ff.; *Maunz/Dürig/Papier* Art. 14 GG RdNr. 539, 697; BGH NJW 1972, 1713.
[115] BGHZ 125, 258, 264 = NJW 1994, 1647, 1648.
[116] BGHZ 65, 182, 188, 189 = NJW 1976, 184; BGH NVwZ 1992, 1119, 1121.
[117] BGHZ 170, 260 = NJW 2007, 830, 833 f.
[118] BGH WM 1997, 1755, 1758.
[119] BGHZ 100, 136, 145 ff. = NJW 1987, 1875 = JZ 1987, 1024 m. Anm. *Ossenbühl*; s. ferner BGHZ 102, 350, 359, 362 f. = NJW 1988, 478; BGH VersR 1988, 186, 188 ff.; DVBl. 1993, 718, 719 = NVwZ-RR 1993, 450, 451; DVBl. 1993, 717; NJW 2005, 1363 f.; s. auch *Ossenbühl* Staatshaftungsrecht S. 232 ff.; *ders*., FS W. Geiger, 1989, S. 475, 483 f.; *Boujong*, FS W. Geiger, 1989, S. 431 ff.; *Detterbeck* JA 1991, 7 ff.; *Maurer*,

Haftung bei Amtspflichtverletzung 47 § 839

in denen der Eingriff nicht durch das verfassungswidrige formelle Gesetz selbst, sondern durch einen darauf gestützten Verwaltungsakt oder durch eine auf Grund des Gesetzes erlassene Rechtsnorm erfolgt.[120] Das Haftungsinstitut des enteignungsgleichen Eingriffs ist eine richterrechtliche Ausprägung der allgemeinen gewohnheitsrechtlich geltenden Aufopferung. Die richterrechtliche Rechtsfortbildung hat die Prärogative des Parlamentsgesetzgebers zu wahren. Daher können Entschädigungsansprüche für Schäden, die durch den Erlass eines verfassungswidrigen Parlamentsgesetzes entstanden sind, nur begründet sein, wenn der Parlamentsgesetzgeber dies bestimmt bzw. vorsieht. Für die Begrenzung des richterrechtlichen Gestaltungs- und Rechtsfortbildungsspielraums spricht auch die Haushaltsprärogative des Parlaments. Daher wird legislatives Unrecht (auch) nicht über das Rechtsinstitut des enteignungsgleichen Eingriffs sanktioniert. Es muss dem Parlamentsgesetzgeber vorbehalten bleiben, darüber zu entscheiden, ob und wie er auf die Nichtigerklärung eines seiner Gesetze kompensationsrechtlich reagiert. Entsprechende kompetenzrechtliche Restriktionen werden vom BGH zu Recht nicht gesehen, wenn es um untergesetzliche Normgebung durch die Exekutive bzw. durch Selbstverwaltungsträger geht. Denn hier handelt es sich – genau wie beim Erlass eines Verwaltungsakts oder bei schlichtem Verwaltungshandeln – um rechtswidrige Ausübung exekutivischer Gewalt, für die der enteignungsgleiche Eingriff gerade entwickelt worden ist. Der Erlass einer rechtswidrigen **Rechtsverordnung** oder **Satzung** kann danach einen entschädigungspflichtigen enteignungsgleichen Eingriff darstellen.[121] Dies gilt aber nicht in den Fällen, in denen sich der nationale Verordnungsgeber darauf beschränkt hat, eine Maßnahme der EG zu vollziehen, die in jedem Mitgliedstaat nach Art. 249 Abs. 2 EG-Vertrag unmittelbare Geltung erlangt hat. In diesen Fällen sind Schäden, die sich aus der Durchführung der gemeinschaftlichen Regeln ergeben, allein dem Gemeinschaftsgesetzgeber zuzurechnen.[122]

c) **Eingriffe im Interesse der Allgemeinheit.** Wegen der historischen Ableitung aus Art. 14 GG hängt die Haftung wegen enteignungsgleichen Eingriffs von weiteren, spezifisch eigentumsrechtlichen Voraussetzungen ab: Die Auferlegung **öffentlich-rechtlicher Geldleistungspflichten** stellt nach der Rechtsprechung des BVerfG – abgesehen von einigen Extremfällen der „Erdrosselung" – größtenteils keinen Eigentumseingriff dar.[123] Daher können auch rechtswidrige Abgabenbescheide grundsätzlich keinen enteignungsgleichen Eingriff bedeuten. Eine Enteignung liegt ferner nur vor, wenn einem einzelnen im **Interesse der Allgemeinheit** ein Sonderopfer auferlegt wird (Art. 14 Abs. 3 S. 1 GG). Das ist bei rechtswidrigen Eingriffen zwar im Ergebnis nie der Fall.[124] Aber entscheidend ist hier nicht der Zweck der Eingriffshandlung an sich, sondern der des Aufgabenbereichs, bei dessen Wahrnehmung die Verletzungshandlung vorgenommen worden ist. Dienen die Aufgaben,

---

Allgemeines Verwaltungsrecht, 16. Aufl. 2006, § 27 RdNr. 91; zur Amtshaftung wegen legislativen Unrechts vgl. RdNr. 256 f.; bei der Verletzung von Gemeinschaftsrecht gilt der gemeinschaftsrechtliche Grundsatz der Haftung der Mitgliedstaaten für Schäden, die dem Einzelnen dadurch entstehen, unabhängig davon, welches mitgliedstaatliche Organ durch sein Handeln oder Unterlassen den Verstoß begangen hat, EuGH NJW 1996, 1267, 1268 Tz. 30 bis 36 – Brasserie du Pêcheur u. a. m. Anm. *Streinz* EuZW 1996, 201; vgl. RdNr. 99 f.

[120] BGHZ 100, 136, 145 = NJW 1987, 1875 = JZ 1987, 1024 m. Anm. *Ossenbühl*; BGHZ 102, 350, 353 = NJW 1988, 478.

[121] BGHZ 111, 349, 353 = NJW 1990, 3260 = JZ 1991, 36 m. Anm. *Maurer*; BGH NVwZ-RR 1993, 450, 451 = LM (C 6) Nr. 83 m. Anm. *W. Schmidt*; krit. *Ossenbühl* Staatshaftungsrecht S. 235; aus der Lit. s. ferner: *Schenke/Guttenberg* DÖV 1991, 945 ff.; *Dohnold* DÖV 1991, 152, 157 f.; *Rinne* DVBl. 1993, 869 ff.; *Maurer* JZ 1991, 38 f. (Urteilsanm.); krit. zur unterschiedlichen Behandlung legislativen und normativen Unrechts *Schenke* NJW 1988, 857.

[122] BGHZ 125, 27, 28 = NJW 1994, 858.

[123] BVerfGE 19, 119, 128 = NJW 1965, 2247, 2248; BGHZ 23, 288, 315; 30, 250, 272 = NJW 1971, 1603, 1605; s. auch BGHZ 83, 190, 193 = NJW 1982, 2813, 2814; krit. *Papier* Staat 11 (1972), 483, 485; ders. HdbStR VI 1989 § 157 RdNr. 60; Literaturnachweise bei *Ossenbühl* Staatshaftungsrecht S. 201 Fn. 190. Nach der neuesten Rspr. des Zweiten Senats des BVerfG ist jedoch zumindest die Einkommen- und Gewerbesteuer in den Schutzbereich des Art. 14 GG einzubeziehen, weil tatbestandlicher Anknüpfungspunkt dieser Steuerpflichten der Hinzuerwerb von Eigentum iS von Art. 14 GG sei (vgl. BVerfGE 115, 97, 110 ff. = NJW 2006, 1191).

[124] Vgl. zB BGHZ 6, 270, 294 = NJW 1952, 972; BGHZ 13, 88, 92 f. = NJW 1954, 993; BGHZ 13, 395, 398 = NJW 1954, 1362.

bei deren Erfüllung der Eigentumseingriff erfolgte, nur privatnützigen Zwecken, wie zB die staatliche Zwangsvollstreckung zugunsten privater Gläubiger, so kann der konkrete Eingriff auch im Falle seiner Rechtswidrigkeit kein enteignungsgleicher Eingriff sein.[125]

48 **d) Unmittelbare Beeinträchtigung.** Der Staat haftet wegen enteignungsgleichen Eingriffs ferner nicht für jede in Ausübung öffentlicher Gewalt verursachte rechtswidrige Beeinträchtigung des Eigentums Dritter. Vielmehr muss, damit (wegen der historischen Anknüpfung an Art. 1466) ein Eingriff iS des Enteignungsrechts vorliegen kann, die durch Art. 14 Abs. 1 GG geschützte Rechtsposition durch eine hoheitliche Maßnahme **unmittelbar** beeinträchtigt worden sein.[126] Eine präzise, konsistente und in allen Fällen praktikable Bestimmung des Unmittelbarkeitserfordernisses ist noch nicht gelungen. Nach einer älteren Judikatur des BGH sollten Eigentumsverletzungen, die durch ein Versagen **technischer,** im Bereich hoheitsrechtlicher Verwaltung vom Staat eingesetzter **Verwaltungseinrichtungen** eintreten, wie zB von Verkehrssignalanlagen[127] oder von Versorgungssystemen kommunaler Einrichtungen der Daseinsvorsorge,[128] nicht als unmittelbar zu gelten haben. Hoheitliche Maßnahmen hätten in diesen Fällen unmittelbar nur die Schaffung einer allgemeinen und abstrakten Gefahrenlage zur Folge. Der konkrete Schaden (zB der Verkehrsunfall) stehe damit nach dieser Judikatur nur in einem mittelbaren, vom Hinzutreten weiterer Umstände abhängigen Zusammenhang.

49 Diese vom BGH ursprünglich vertretenen Restriktionen beim Unmittelbarkeitserfordernis können nicht akzeptiert werden. Die Unmittelbarkeit wird man dann bejahen müssen, wenn sich eine für die konkrete hoheitliche Betätigung **typische Gefahrenlage** konkretisiert hat.[129] So hat der BGH selbst in dem hoheitlichen Betrieb einer Mülldeponie eine unmittelbare Einwirkung erblickt, wenn die von dieser Einrichtung angelockten Möwen und Krähen Schäden an der Saat auf benachbarten Äckern verursachen.[130] Ein unmittelbarer Eingriff in das Eigentum an einem Haus ist ferner angenommen worden, wenn eine gemeindliche Kanalisationsanlage eine Senkung des Grundwassers bewirkt, die wiederum die Standfestigkeit des Hauses beeinträchtigt.[131] Entsprechendes soll gelten, wenn die Beeinträchtigung der Standfestigkeit auf Ausschachtungen an einer öffentlichen Straße zurückzuführen ist.[132] In diesem Sinne ist das Tatbestandsmerkmal der Unmittelbarkeit ein Kriterium für die wertende Zurechnung der Schadensfolgen nach Verantwortungsbereichen und Risikosphären.[133] Auf der Grundlage dieses Verständnisses der Unmittelbarkeit wird man auch bei den „Ampelfällen" und bei dem hier zum Tragen kommenden Ausstrahlen eines „feindlichen Grüns" eine unmittelbare Eigentumseinwirkung der öffentlichen Gewalt annehmen müssen.[134] Dagegen überträgt der BGH aus Wertungsgesichtspunkten das Prinzip der Haftungsbegrenzung aufgrund höherer Gewalt – wie es etwa in § 2 Abs. 3 Nr. 3 HPflG zum Ausdruck kommt – auf enteignende Eingriffe, die auf gefährdende Anlagen zurückgehen. So kann sich eine Gemeinde von der Haftung für den durch das Überlaufen eines Regenrückhaltebeckens verursachten Überschwemmungsschaden befreien, wenn sie einen ganz ungewöhnlichen und seltenen Katastrophenregen nachweist.[135]

---

[125] *Maunz/Dürig/Papier* Art. 14 GG RdNr. 699; s. auch *Bender* RdNr. 63, 104.
[126] Nachweise der Rspr. und Lit. s. Fn. 69.
[127] BGHZ 54, 332, 337 = NJW 1971, 32, 33; krit. *Bull* DÖV 1971, 305; *Ossenbühl* JuS 1971, 575; *Umbach* DVBl. 1971, 177; vgl. auch RdNr. 140.
[128] BGHZ 55, 229, 231 = NJW 1971, 607 (Rohrbruch einer gemeindlichen Wasserleitung); OLG Köln VersR 1980, 145; s. aber auch BGH NJW 1980, 770 = VersR 1980, 266; DVBl. 1983, 1055, 1057.
[129] *Maunz/Dürig/Papier* Art. 14 GG RdNr. 702.
[130] S. auch zur Verursachung einer Grundstücksüberschwemmung BGHZ 117, 240, 254 = NJW 1992, 3229, 3233.
[131] BGHZ 57, 371, 372 = NJW 1972, 527; vgl. auch BGH NJW 1978, 1051.
[132] Vgl. BGHZ 72, 289, 296 = NJW 1979, 164.
[133] BGHZ 125, 19, 21; *Ossenbühl* Staatshaftungsrecht S. 248 ff.
[134] S. auch OLG Hamm NVwZ 1986, 509; BGHZ 99, 249, 255 = NJW 1987, 1945, speziell zu § 39 OBG NW.
[135] BGHZ 166, 37, 40 f. = NVwZ 2006, 1086.

e) **Passivlegitimation des „Begünstigten"**. Die Grenzen einer an Art. 14 GG orientierten Staatsunrechtshaftung zeigen sich schließlich bei der **Passivlegitimation**. Eine unmittelbare Staatsunrechtshaftung muss grundsätzlich diejenige öffentlich-rechtliche Körperschaft treffen, deren öffentlich-rechtliche Pflichten gegenüber Dritten verletzt worden sind.[136] Nur dann deckt sich die Passivlegitimation im verwaltungsgerichtlichen Primärrechtsschutz (zB bei der Anfechtungs- und Verpflichtungsklage) mit der beim sekundären Ersatzleistungsbegehren. Die Enteignungsentschädigung dagegen hat grundsätzlich der durch den Eingriff Begünstigte zu tragen (vgl. § 44 Abs. 1 S. 1, § 94 Abs. 2 BauGB). Fehlt es an einer „Begünstigung", ist auf den Aufgabenbereich abzustellen, dem die rechtswidrige hoheitliche Handlung zuzuordnen ist.[137] Nach der Judikatur[138] kann bei rechtswidrigen Eingriffen zwar grundsätzlich nur eine öffentlich-rechtliche Gebietskörperschaft Haftungssubjekt sein, dennoch sind Diskrepanzen zwischen Eingriffskörperschaft oder Pflichtsubjekt einerseits und begünstigter Körperschaft andererseits denkbar.[139] Bei der rechtswidrigen Versagung einer Genehmigung im Rahmen eines mehrstufigen Genehmigungsverfahrens können die beteiligten Hoheitsträger nebeneinander entschädigungspflichtig sein.[140]

f) **Kein Schadensersatz**. Unstimmigkeiten ergeben sich auch bei der Ermittlung des Umfangs der Ersatzleistungspflicht. Wegen der historischen Ableitung aus Art. 14 GG kann der Geschädigte selbst im Falle des rechtswidrigen, also enteignungsgleichen Eingriffs nicht Ersatz für den gesamten ihm entstandenen Schaden, sondern nur eine angemessene Entschädigung iS des Art. 14 Abs. 3 GG verlangen.[141] Diese ist zwar nicht notwendigerweise auf Geldleistung beschränkt, aber auf Restitution ist sie nicht gerichtet.[142] Die Kompensationsverpflichtung wegen enteignungsgleichen Eingriffs ist nach dem Verkehrswert der entzogenen Substanz, **nicht** aber nach einer hypothetischen Vermögensentwicklung und dem **entgangenen Gewinn** zu bemessen.[143] Bei den Verzögerungen der Erteilung der Baugenehmigung ist für die Bestimmung des Substanzverlustes regelmäßig auf die „Bodenrente" abzustellen, also auf den Betrag, den ein Bauwilliger für die Erlaubnis zeitlicher baulicher Nutzung gezahlt haben würde (zB Miet-, Pacht- oder Erbbauzins).[144] Eine Ausnahme von diesem Grundsatz der begrenzten Ersatzpflicht gilt bei vorübergehenden Eingriffen in den Gewerbebetrieb. In diesen Fällen ist nach der Rechtsprechung des BGH derjenige Betrag als angemessene Entschädigung anzusehen, „den der Gewerbebetrieb infolge des Eingriffs weniger als ohne den Eingriff abgeworfen hat".[145] Damit ist dem geschädigten Gewerbetreibenden auch ein Ertragsverlust zu ersetzen. Bei der Errechnung des entgangenen Ertrages dürfen allerdings wegen des fehlenden Restitutionscharakters der Enteignungsent-

---

[136] *Maunz/Dürig/Papier* Art. 14 GG RdNr. 710; s. auch § 1 Abs. 1 StHG.
[137] BGHZ 76, 387, 396 f. = NJW 1980, 2457, 2459.
[138] BGHZ 11, 248, 249 = NJW 1954, 753; BGHZ 13, 371 = NJW 1954, 1361; BGHZ 23, 157, 169 = NJW 1957, 630, 632; BGHZ 40, 49, 52 f. = NJW 1963, 1915, 1916; s. auch *Bender* RdNr. 132.
[139] *Papier* (Fn. 4) S. 104; *Maunz/Dürig/Papier* Art. 14 GG RdNr. 710; s. zB BGH LM GG Art. 14 Nr. 14 (Fb) = NJW 1980, 582 (für den Fall eines enteignenden Eingriffs); *Steinberg/Lubberger* S. 373, die das Kriterium „Aufgabenbereich" als nicht eindeutig ablehnen.
[140] Vgl. BGH DVBl. 1997, 566 m. Anm. *Papier/Dengler* EWiR Art. 14 GG 1/97, 411, zur Versagung einer Teilungsgenehmigung nach § 19 BauGB.
[141] BGHZ 6, 270, 295; 11, 156, 162 ff. = NJW 1954, 345; BGHZ 29, 217, 221 = NJW 1959, 771; BGHZ 41, 354, 358 = NJW 1964, 1227, 1228; BGHZ 76, 387, 393 = NJW 1980, 2457, 2460; BGH NVwZ 1992, 1119, 1121; NJW 1994, 3158, 3160.
[142] Zur Unterscheidung s. auch *Weyreuther* S. 58 ff.
[143] BGH NJW 1994, 3158, 3160; *Ossenbühl* (Fn. 75/2. Titel) S. 20; *Bender* RdNr. 749 mwN. Bei einem Verstoß gegen Gemeinschaftsrecht dürfte in Zukunft auch der entgangene Gewinn ersatzfähig sein, vgl. EuGH NJW 1996, 1267, 1271 f. Tz. 86 bis 90 – Brasserie du Pêcheur u. a. m. Anm. *Streinz* EuZW 1996, 201 ff.; zur gemeinschaftsrechtlichen Haftung vgl. RdNr. 98 ff.; s. ferner Fn. 106.
[144] BGHZ 65, 182, 188 = NJW 1976, 184; BGH NVwZ 1992, 1119, 1121. Das gleiche gilt bei verzögerter Bearbeitung von Eintragungsanträgen durch das Grundbuchamt, BGH NJW 2006, 830, 834.
[145] Aus der umfangreichen Rspr. s. BGH LM Finanzvertrag Nr. 31 = NJW 1964, 104; LM ZPO § 1041 Nr. 17 = NJW 1966, 493; BGHZ 57, 359, 369 = NJW 1972, 243, 246; BGH NJW 1983, 1663; 1994, 3158, 3160.

schädigung Zuwachsraten für die Zukunft nicht eingesetzt werden.[146] Bei Lärmimmissionen der öffentlichen Hand, die die Grenze dessen überschreiten, was ein Nachbar nach § 906 entschädigungslos hinzunehmen hat, besteht der Entschädigungsanspruch in einem Geldausgleich für Schallschutzeinrichtungen; dieser setzt voraus, dass die zugelassene Nutzung des lärmemittierenden Grundstücks die vorgegebene Grundstückssituation nachhaltig verändert und dadurch das benachbarte Wohneigentum schwer und unerträglich trifft. Eine Entschädigung für einen Minderwert des Grundstücks kommt erst in Betracht, wenn Schutzeinrichtungen keine wirksame Abhilfe versprechen oder unverhältnismäßige Aufwendungen erfordern.[147]

52 **g) Verhältnis zum Primärrechtsschutz und zur Folgenbeseitigung.** Die Entschädigung wegen enteignungsgleichen Eingriffs als Institut der Staatsunrechtshaftung muss mit dem **verwaltungsgerichtlichen Primärrechtsschutz** sowie mit dem **Folgenbeseitigungsanspruch** in eine sinnvolle Abstimmung gebracht werden.[148] Insoweit war der Zivilrechtsjudikatur zunächst ein gewisses Versäumnis anzulasten. Ein Entschädigungsanspruch war nämlich selbst dann grundsätzlich zugebilligt worden, wenn die verwaltungsprozessualen Möglichkeiten des Primärrechtsschutzes, wie beispielsweise die Erhebung einer Anfechtungs- oder Verpflichtungsklage, noch nicht ergriffen waren bzw. wegen Fristablaufs nicht mehr wahrgenommen werden konnten. Konnte die Aufhebung eines Eingriffsverwaltungsaktes selbst nicht mehr verlangt werden oder konnten die Vollzugsfolgen über einen Folgenbeseitigungsanspruch nicht mehr revidiert werden, so sollte es dem Geschädigten dennoch unbenommen bleiben, im Entschädigungsprozess vor den ordentlichen Gerichten nach wie vor die Rechtswidrigkeit des Verwaltungsakts geltend zu machen und seinen Kompensationsanspruch gerade auf diese Rechtswidrigkeit zu stützen. Die Rechtsprechung sieht das jetzt anders. Eine analoge Anwendung des § 839 Abs. 3 wird für den Entschädigungsanspruch wegen enteignungsgleichen Eingriffs zwar abgelehnt.[149] In diesen Fällen kann jedoch durch § 254, dessen Heranziehung im öffentlichen Schadensersatz- und Entschädigungsrecht unstreitig ist, die Maxime des „dulde und liquidiere" in sinnvoller Weise eingeschränkt werden.[150] Über diese allgemeine Regelung einer Anrechnung mitwirkenden Verschuldens kann auch die (schuldhafte) Nichterhebung eines verwaltungsprozessualen Rechtsbehelfs und damit die unbekümmerte Ausübung eines Wahlrechts zwischen dem Primärrechtsschutz und dem sekundären Rechtsschutz der Entschädigung sanktioniert werden.

53 Der Geschädigte ist – worauf auch der BGH in seiner späteren Judikatur dezidiert hinweist – auf Grund des § 254 gehalten, zu prüfen, ob der durch Verwaltungsakt erfolgte Eingriff in sein Eigentum rechtmäßig ist oder nicht. Bestehen begründete Zweifel an der Rechtmäßigkeit oder hätte eine Prüfung solche Zweifel ergeben, so muss der Betroffene in der Regel die zulässigen **verwaltungsgerichtlichen Rechtsbehelfe** ergreifen, um den Schaden abzuwenden. Ein Entschädigungsanspruch ist regelmäßig für diejenigen Nachteile ausgeschlossen, die durch die verwaltungsprozessuale Anfechtung hätten vermieden werden können, wenn eine zumutbare Anfechtung unterlassen worden ist.[151] Die in § 254 als Regelfall vorgesehene Schadensteilung wird nach der Rechtsprechung im Allgemeinen nicht in Betracht kommen. Durch das Unterlassen einer ihm zumutbaren Anfechtung trägt der Betroffene in der Regel in so hohem Maße zur Schadensentstehung bei, dass er die vermeidbaren Nachteile nicht ersetzt verlangen kann. Auch in einem solchen Fall ist aber

---

[146] BGHZ 57, 359, 369 = NJW 1972, 243, 246; *Bender* RdNr. 781.
[147] BGHZ 129, 124, 126; *Ossenbühl* Staatshaftungsrecht S. 284; *Maunz/Dürig/Papier* Art. 14 GG RdNr. 711.
[148] *Maunz/Dürig/Papier* Art. 14 GG RdNr. 712.
[149] *Maunz/Dürig/Papier* Art. 14 GG RdNr. 712; vgl. auch BGHZ 90, 17, 31 ff. = NJW 1984, 1169; krit. hierzu *Engelhardt* NVwZ 1985, 628.
[150] *Maunz/Dürig/Papier* Art. 14 GG RdNr. 712.
[151] BGHZ 90, 4, 9 = NJW 1984, 1172; BGHZ 110, 12, 14 f. = NJW 1990, 898; BGH NJW 1994, 3158, 3160; vgl. *Krohn/Löwisch* (Fn. 60) RdNr. 235 a; *v. Arnauld* VerwA 2002, 394, 407 ff.

Haftung bei Amtspflichtverletzung 53 a–55 § 839

wegen derjenigen Nachteile zu entschädigen, die auch bei einer Anfechtung entstanden wären, etwa wegen des Verzögerungsschadens bei rechtswidriger Versagung einer Bauerlaubnis.[152]

h) Verjährung. Die Verjährung des Anspruchs aus enteignungsgleichem Eingriff bemisst sich nach der Rechtsprechung nunmehr analog zu § 195 nF. Demnach gilt eine Regelverjährungszeit von drei Jahren.[153] Die Abkehr von der früher geltenden dreißigjährigen Verjährungsfrist ist zu begrüßen, da somit ein Gleichlauf mit dem Verjährungsregime des Amtshaftungsanspruchs nach § 839 erreicht wird. 53 a

6. Verhältnis zur Amtshaftung. Der Anspruch aus enteignungsgleichem Eingriff steht – ebenso wie der aus aufopferungsgleichem Eingriff – mit dem Amtshaftungsanspruch aus § 839 in Anspruchskonkurrenz, die Ansprüche verdrängen sich also gegenseitig nicht.[154] Dies beruht auf den völlig unterschiedlichen Ansatzpunkten dieser Haftungsinstitute, hier die Herleitung aus dem Aufopferungsgedanken, dort die verschuldensabhängige Haftung für Amtspflichtverletzungen. 53 b

7. Rechtswegfrage. Mit der Abkoppelung der Haftungsinstitute des enteignungsgleichen und enteignenden Eingriffs von Art. 14 Abs. 3 GG steht die Rechtswegfrage zur Diskussion.[155] Denn die besondere Zuweisung an die Zivilgerichte durch Art. 14 Abs. 3 S. 4 GG kann dann unmittelbar für diese Ansprüche nicht mehr gelten. Die Eröffnung des Rechtswegs zu den Zivilgerichten ergibt sich jedoch aus § 40 Abs. 2 VwGO, der das Grundanliegen des Gesetzgebers, Wandlungen in der rechtsdogmatisch-theoretischen Erklärung und Zuordnung von Rechtsinstituten nicht in einer Veränderung der Gerichtszuständigkeiten praktisch durchschlagen zu lassen, zum Ausdruck bringt. Ansprüche aus **enteignungsgleichem Eingriff** sind demgemäß als Ansprüche wegen Verletzung öffentlich-rechtlicher Pflichten iS des § 40 Abs. 2 VwGO zu werten.[156] Es gilt das Grunderkenntnis, dass jede Rechtswidrigkeit eines Hoheitsaktes immer auch eine Pflichtwidrigkeit der öffentlichen Gewalt darstellt. Die Haftung wegen enteignungsgleichen Eingriffs ist überdies ein spezifischer Anwendungsfall des Aufopferungsinstituts, das gleichfalls in § 40 Abs. 2 VwGO ausdrücklich genannt ist.[157] Letzteres gilt auch für die Ansprüche aus **enteignendem Eingriff**.[158] Nach dem Normzweck des § 40 Abs. 2 VwGO sollen alle diejenigen (geschriebenen und ungeschriebenen) Opferentschädigungen erfasst sein, die sich nicht als Enteignungen im Sinne der speziellen Vorschrift des Art. 14 Abs. 3 GG erweisen. Daher sind die Institute des enteignungsgleichen und des enteignenden Eingriffs auch als Ansprüche des einfachen Rechts nach wie vor dem **Zivilrechtsweg** zugeordnet, weil sie auf jeden Fall dem gesetzlich übernommenen Katalog der sog. Traditionszuständigkeiten des § 40 Abs. 2 VwGO unterfallen. 54

Für die Regelung des § 40 Abs. 2 VwGO ist schließlich der Gesichtspunkt des **Sachzusammenhangs** mitbestimmend gewesen. Solange die grundgesetzlichen Rechtsweg- 55

---

[152] Vgl. BVerfG (Kammer) NJW 2000, 1402.
[153] BGHZ 170, 260 = NJW 2007, 830, 834.
[154] St. Rspr. des BGH, zuletzt BGHZ 170, 260 = NJW 2007, 830, 833. Dabei weist das Gericht darauf hin, dass es zur Prüfung der Ansprüche aus enteignungsgleichem Eingriff auch befugt ist, ohne dass der Geschädigte sein Klagebegehren ausdrücklich darauf stützt. Beim Vortrag eines schadensbegründenden Sachverhalts handelt es sich um nur einen Streitgegenstand, auch wenn dieser zu Ansprüchen aus den verschiedenen Anspruchsgrundlagen des § 839 BGB und des enteignungsgleichen Eingriffs führt.
[155] Vgl. *Maunz/Dürig/Papier* Art. 14 GG RdNr. 723.
[156] *Papier* JZ 1975, 585, 590; *Maunz/Dürig/Papier* Art. 14 GG RdNr. 723; *Schoch* Jura 1990, 140, 150; *Maurer* (Fn. 119) § 27 RdNr. 116.
[157] Vgl. BGHZ 90, 17, 29 ff. = NJW 1984, 1169; BGHZ 128, 204, 208 = NJW 1995, 964; BVerwGE 94, 1, 16 = NJW 1993, 2949; aA *Kempen*, Der Eingriff des Staates in das Eigentum, 1991, RdNr. 301 und *Lege* NJW 1995, 2745, 2748, die für den Fall des rechtswidrigen Vollzugs inhalts- und schrankenbestimmender Gesetze iS von Art. 14 Abs. 1 S. 2 GG nach § 40 Abs. 1 S. 1 VwGO den Verwaltungsrechtsweg für eröffnet erachten.
[158] AA *Schwerdtfeger* JuS 1983, 104, 110, der für den Anspruch aus enteignendem Eingriff gemäß § 40 Abs. 1 VwGO den Verwaltungsrechtsweg für gegeben hält; wie hier *Detterbeck/Windthorst/Sproll* S. 369.

regelungen des Art. 14 Abs. 3 S. 4 und des Art. 34 S. 3 GG existieren, ist eine Zuständigkeitsveränderung speziell für die Ansprüche aus enteignungsgleichem und enteignendem Eingriff, die gerade mit den Amtshaftungsansprüchen in einem engen Sachzusammenhang stehen, in keinem Fall angebracht.

III. Aufopferungsgleicher Eingriff

56 Das Institut des enteignungsgleichen Eingriffs wird durch die gleichfalls von der Rechtsprechung entwickelte Staatshaftung aus aufopferungsgleichem Eingriff ergänzt.[159]

57 1. **Anspruchsvoraussetzungen.** Auch insoweit handelt es sich um eine partielle, aber unmittelbare und verschuldensunabhängige Haftung für eigenes Unrecht des Staates. Gemeinsame Entwicklungsgrundlage stellt der allgemeine Aufopferungsgrundsatz dar, der seine prägnante Formulierung in den §§ 74, 75 Einl. ALR gefunden hatte und der heute im gesamten Gebiet der Bundesrepublik Deutschland geltender Gewohnheitsrechtssatz ist.[160] Danach ist es ein allgemein geltender Rechtsgrundsatz, dass der Einzelne, dem durch hoheitlichen Zwang unter Verletzung des Gleichheitssatzes und zum Wohle der Allgemeinheit ein Sonderopfer abverlangt worden ist, von der Gemeinschaft eine billige Entschädigung zu erhalten hat.[161] Die Enteignungsnorm – heute in Art. 14 Abs. 3 GG enthalten – ist danach nichts anderes als ein durch verfassungsrechtliche Spezialvorschrift geregelter Sonderfall der Aufopferung. Das bedeutet zugleich, dass für eine Anwendung der Aufopferung und des aufopferungsgleichen Eingriffs nur bei solchen Sonderopferlagen Raum ist, die den (Sonder-)Tatbeständen der Enteignung und des enteignungsgleichen Eingriffs nicht unterfallen. Enteignung und Aufopferung einerseits, enteignungsgleicher und aufopferungsgleicher Eingriff andererseits unterscheiden sich bei im Übrigen identischer oder doch ähnlicher Tatbestandsstruktur hinsichtlich des Eingriffsobjekts:[162] Sonderopferlagen, die durch hoheitsrechtlichen Eingriff in vermögenswerte Rechte des einzelnen bewirkt werden, sind allein nach dem Enteignungsrecht zu beurteilen. Als Schutzgüter einer (eigenständigen) Aufopferungshaftung bleiben somit nur gewisse nichtvermögenswerte, **immaterielle Rechtsgüter.** Diese werden von der Judikatur auf der Basis des Schutzbereichs des Art. 2 Abs. 2 GG bestimmt und begrenzt.[163] Staatshaftung aus aufopferungsgleichem Eingriff bedeutet danach die Pflicht eines Trägers öffentlicher Gewalt, bei einem rechtswidrigen hoheitsrechtlichen Eingriff in die individuellen Rechtsgüter des Lebens, der Gesundheit, der körperlichen Integrität und der persönlichen (Bewegungs-)Freiheit eine angemessene Entschädigung zu leisten.

58 2. **Begrenzungen und Mängel des aufopferungsgleichen Eingriffs.** Als ein Institut der unmittelbaren Staatsunrechtshaftung weist auch der aufopferungsgleiche Eingriff erhebliche Mängel auf, die zum Teil mit denen beim enteignungsgleichen Eingriff übereinstimmen: Die in das Aufopferungsinstitut einbezogenen Schutzgüter des Art. 2 Abs. 2 GG umfassen nicht alle immateriellen Rechtsgüter des einzelnen, insbesondere nicht den Persönlichkeitsschutz[164] sowie die individuellen, keinesfalls nur vermögenswertigen Belange der Bildung, Ausbildung und des beruflichen Fortkommens. Rechtswidrige Versagungen einer

---

[159] BGHZ 24, 45 = NJW 1957, 948; BGHZ 25, 238, 240 = NJW 1957, 1924; st. Rspr. Der BGH verwendet allerdings nicht den Terminus „aufopferungsgleicher Eingriff", sondern spricht von einem Anspruch aus Aufopferung unabhängig davon, ob der Eingriff rechtmäßig oder rechtswidrig war. Terminologisch wie hier *Bender* RdNr. 116.
[160] Zur Entwicklungsgeschichte ausf. *Ossenbühl* Staatshaftungsrecht S. 124 ff. mwN.
[161] BGHZ 25, 238, 242 = NJW 1957, 1924; RGRK/*Kreft* Vor § 839 RdNr. 148 spricht dem Grundsatz Verfassungsrang zu. Diese Herleitung der Ansprüche zeigt, dass sie für „alltägliches" Verwaltungshandeln entwickelt worden sind. Eine Anwendung der Institute auf Kriegsschäden würde deshalb nicht gehen und wäre auch nicht gewohnheitsrechtlich begründbar, vgl. BVerfG (Kammer) NJW 2006, 2542, 2544.
[162] BGHZ 9, 83, 86 = NJW 1953, 857; *Bender* RdNr. 113; s. auch Krohn/Löwisch RdNr. 232.
[163] *Bender* RdNr. 113 Fn. 170; *Maunz/Dürig/Papier* Art. 14 GG RdNr. 672; RGRK/*Kreft* Vor § 839 RdNr. 148.
[164] Vgl. *Battis* (Fn. 109) S. 104 ff. Für eine Ausdehnung der Haftung auf alle Grundrechtsverletzungen *Grzeszick*, Rechte und Ansprüche, 2002, S. 340 ff.; S. 358, basierend auf der Konzeption Staatshaftungsrecht müsse primär als „grundrechtliche Verletzungsreaktionshaftung" verstanden werden.

Berufsaufnahmeerlaubnis, des Hochschulzugangs oder der Versetzung in die höhere Schulklasse können zB niemals einen aufopferungsgleichen Eingriff darstellen.[165] Selbst wenn ein Eingriff in die tatsächlich geschützten immateriellen Rechtsgüter vorliegt, beinhaltet die Haftung aus aufopferungsgleichem Eingriff nur die Kompensationsverpflichtung der öffentlichen Hand: Dem Betroffenen ist allein der durch den rechtswidrigen Eingriff in seine immateriellen Rechtsgüter bewirkte Vermögensschaden in angemessenem Umfange auszugleichen. Wegen eines immateriellen Schadens ist ebenso wie bei der Kompensation nach enteignungsgleichem Eingriff auch hier nicht zu entschädigen.[166] Auch bei der Aufopferung ist der unmittelbare Eingriff von hoher Hand in die Rechtssphäre des einzelnen Anspruchsvoraussetzung,[167] dem schlichtes Unterlassen nach der Rspr nicht gleichsteht. Allerdings verfährt die Rechtsprechung hier – bei der Aufopferung – teilweise großzügiger als beim enteignungsgleichen Eingriff. So hat der BGH im Urteil vom 8. 7. 1971[168] auch die mittelbare adäquate Verursachung ausreichen lassen. Vor allem aber wird schon im psychologischen Abfordern, etwa durch amtliche Empfehlungen oder Aufrufe zur Impfung, ein hoheitlicher Eingriff erblickt.[169]

3. Subsidiarität. Die Staatshaftung aus aufopferungsgleichem Eingriff verliert zunehmend an eigenständiger Bedeutung: Zum einen gilt der Grundsatz, dass gesetzlich geregelte Aufopferungsansprüche dem allgemeinen, gewohnheitsrechtlichen Aufopferungsanspruch vorgehen.[170] Eine solche gesetzliche Regelung gibt es beispielsweise bei Impfungen (§§ 56 ff. IfSG), bei Schädigungen eines auf Grund ordnungs- oder polizeirechtlichen Notstands (vgl. etwa § 19 nordrhein-westfälisches OrdnungsbehördenG [OBG NW], Art. 10 bay. PolizeiaufgabenG [BayPAG]) in Anspruch Genommenen (vgl. etwa § 39 Abs. 1 lit. a OBG NW, Art. 70 Abs. 1 BayPAG), nach dem BPolG (§ 51 Abs. 2 Nr. 1) sowie zB nach dem nordrhein-westfälischen Polizei- und Ordnungsrecht (§ 39 Abs. 1 lit. b OBG NW) sogar bei **rechtswidrigen Maßnahmen** schlechthin sowie bei Schäden, die infolge einer strafgerichtlichen, später aber fortgefallenen Verurteilung erlitten worden sind (StrEG). 59

Schließlich bewirkt die allgemeine Aufopferungsentschädigung nur eine subsidiäre Haftung der öffentlichen Gewalt.[171] Trotz Schadensverursachung fehlt es an der Sonderopferlage, wenn und soweit der durch Hoheitseingriff bewirkte Schaden durch öffentlich-rechtliche, soziale Entschädigungs-, Versicherungs- oder Versorgungsregelungen abgedeckt wird.[172] So tritt der allgemeine Aufopferungsanspruch hinter den Ansprüchen aus der **Sozialversicherung** zurück, die den Schaden bestimmungsgemäß auffangen und ausgleichen.[173] Entsprechendes muss für die Ansprüche nach dem OEG[174] gelten. Nach diesem Gesetz besteht ein Anspruch auf soziale Entschädigung nach Maßgabe der Regeln des BVG, wenn jemand infolge eines vorsätzlichen rechtswidrigen Angriffs eine gesundheitliche Schädigung erlitten hat. Damit sind auch vorsätzliche und rechtswidrige Eingriffe von Amtsträgern in Ausübung öffentlicher Gewalt erfasst. Das hat zur Folge, dass im Anwendungsbereich des OEG ein Anspruch aus aufopferungsgleichem Eingriff ausscheidet. Ein Aufopferungsanspruch entfällt aus diesem Grunde auch, wenn zugunsten des Geschädigten 60

---

[165] Zur Unzulänglichkeit des aufopferungsgleichen Eingriffs s. auch Begr. zum RefE-StHG in: Reform des Staatshaftungsrechts, RefE, S. 56.
[166] Dagegen *Ossenbühl* Staatshaftungsrecht S. 139 ff., teils anders jedoch auf S. 265; *Maunz/Dürig/Papier* Art. 14 GG RdNr. 677.
[167] BGHZ 16, 366, 374 = NJW 1955, 747.
[168] BGH NJW 1971, 1881, 1883.
[169] BGHZ 24, 45, 46 = NJW 1957, 948; BGHZ 31, 187, 190 = NJW 1960, 379; RGRK/*Kreft* Vor § 839 RdNr. 151 ff., 155. S. auch § 60 Abs. 1 S. 1 Nr. 1 IfSG.
[170] S. statt aller *Ossenbühl* Staatshaftungsrecht S. 141 f. Zu den folgenden Fallgruppen s. RdNr. 62 (Notstandseingriff) und RdNr. 68, 69 (§ 39 Abs. 1 lit. b OBG NW).
[171] BGHZ 20, 81, 83 = NJW 1956, 825; BGHZ 28, 297, 301 = NJW 1959, 334; BGHZ 45, 58, 80 = NJW 1966, 1021, 1027.
[172] BGH NJW-RR 1994, 213 = LM § 74 PreußALR Einl. Nr. 7 m. Anm. *W. Schmidt*.
[173] BGHZ 20, 81, 83 f. = NJW 1956, 825; BGHZ 45, 48, 81 = NJW 1966, 1021, 1027.
[174] Gesetz über die Entschädigung für Opfer von Gewalttaten idF vom 7. 1. 1985 (BGBl. I S. 1).

Versicherungen der öffentlichen Hand bestehen (zB beim Unfall eines Mitgliedes der freiwilligen Feuerwehr).[175] Die Subsidiarität des aufopferungsgleichen Eingriffs gilt jedoch nicht im Verhältnis zur deliktischen Amtshaftung. Beide Ansprüche können vielmehr nebeneinander bestehen.[176]

IV. Sonderregelungen der Opferentschädigung

61 Die öffentlich-rechtliche Opferentschädigung hat traditionellerweise im Bereich des Polizei- und Ordnungsrechts, später auch in den allgemeinen Verwaltungsverfahrensgesetzen des Bundes und der Länder besondere gesetzliche Regelungen erfahren.

62 1. **Notstandseingriff.** In Anlehnung an die Vorschrift des § 70 Abs. 1 Preußisches Polizeiverwaltungsgesetz (PrPVG) gewähren das BPolG und die Polizei- und Ordnungsgesetze der Länder übereinstimmend dem durch einen Notstandseingriff in Anspruch genommenen Nichtstörer (vgl. § 19 OBG NW, Art. 10 BayPAG) einen Entschädigungsanspruch.[177] Hier handelt es sich um einen Anwendungsfall der Enteignungs- und Aufopferungsentschädigung: Eine an sich nicht ordnungs- oder polizeipflichtige Person wird im Interesse des gemeinen Wohls in zulässiger Weise zu einer Maßnahme der Gefahrenabwehr oder der Störungsbeseitigung (mit-)herangezogen, weil anders eine gegenwärtige Gefahr für die öffentliche Sicherheit oder Ordnung nicht abgewendet werden kann. Diese Entschädigungspflicht greift – entsprechend dem allgemeinen Recht der Opferentschädigung – auch dann ein, wenn der Notstandseingriff rechtswidrig gewesen ist.[178] Diese landesgesetzlichen Entschädigungsregelungen gelten ferner sinngemäß, wenn jemand auf Grund einer Anscheinsgefahr (Gefahrenverdacht) in Anspruch genommen worden ist, sich aber nachträglich herausstellt, dass eine Gefahr tatsächlich nicht bestand, sofern der Betroffene diese Anscheinsgefahr nicht zu verantworten hat.[179] Als gesetzlich geregelter Spezialfall der allgemeinen enteignungs- und aufopferungsrechtlichen Opferentschädigung schließen die genannten Normen des Polizei- und Ordnungsrechts eine (zusätzliche) Heranziehung jener allgemeinen Haftungsinstitute aus.[180]

63 2. **Widerruf begünstigender Verwaltungsakte.** Ein zweiter Normenkomplex befasst sich mit der Entschädigung bei Rücknahme und Widerruf begünstigender Verwaltungsakte. Die allgemeinen Verwaltungsverfahrensgesetze des Bundes und der Länder sehen besondere Entschädigungspflichten der öffentlichen Gewalt beim Widerruf begünstigender Verwaltungsakte vor: Wird ein begünstigender Verwaltungsakt in den Fällen des § 49 Abs. 2 S. 1 Nr. 3 bis 5 VwVfG widerrufen, so ist gemäß § 49 Abs. 6 VwVfG der Betroffene auf Antrag zu entschädigen. Es geht um die Aufhebung **rechtmäßiger begünstigender Verwaltungsakte,** deren Widerruf vom Gesetz ausnahmsweise zugelassen ist, weil auf Grund nachträglicher Änderung der Sachlage die Behörde nunmehr berechtigt wäre, den Verwaltungsakt nicht zu erlassen und weil ohne den Widerruf das öffentliche Interesse gefährdet würde (§ 49 Abs. 2 S. 1 Nr. 3 VwVfG), oder weil sich die Rechtslage nachträglich geändert hat und die Behörde auf Grund dessen berechtigt wäre, den noch nicht ins Werk gesetzten Verwaltungsakt zu verweigern (§ 49 Abs. 2 S. 1 Nr. 4 VwVfG), oder weil es allgemein gilt, schwere Nachteile für das Gemeinwohl zu verhüten oder zu beseitigen (§ 49 Abs. 2 S. 1 Nr. 5 VwVfG). Der Betroffene ist wegen seines Vermögensnachteils zu entschädigen, den er dadurch erlitten hat, dass er auf den Bestand des Verwaltungsaktes vertraut hat. Sein Vertrauen muss jedoch schutzwürdig sein. Keine Entschädigungspflicht besteht, wenn der begünstigende Verwaltungsakt auf Grund eines gesetzlichen oder im Verwaltungsakt vor-

---

[175] BGH NJW-RR 1994, 213.
[176] BGHZ 13, 88, 92 f. = NJW 1954, 993; *Ossenbühl* Staatshaftungsrecht S. 142 f.; s. auch RdNr. 311.
[177] Vgl. dazu *Papier* DVBl. 1975, 567; *Maunz/Dürig/Papier* Art. 14 GG RdNr. 663.
[178] *Papier* DVBl. 1975, 567, 569; *Maunz/Dürig/Papier* Art. 14 GG RdNr. 663.
[179] BGHZ 117, 303, 308 = NJW 1992, 2639; BGHZ 126, 279, 285 = NJW 1994, 2355; BGH NJW 1996, 3151, 3152.
[180] S. auch *Ossenbühl* Staatshaftungsrecht S. 141 f.; vgl. RdNr. 57.

gesehenen Widerrufsvorbehalts (§ 49 Abs. 2 S. 1 Nr. 1 VwVfG) oder wegen Nichterfüllung einer Auflage (§ 49 Abs. 2 S. 1 Nr. 2 VwVfG) widerrufen worden ist, da in diesen Fällen kein Vertrauen auf den Bestand des Verwaltungsaktes entstehen kann.

Diese Entschädigungsnormen zielen im Hinblick auf die Haftungsvoraussetzungen über das allgemeine Recht der Enteignungs- und Aufopferungsentschädigung hinaus: Öffentlich-rechtliche Erlaubnisse, um deren Aufhebung es hier geht, begründen nicht ohne weiteres von Art. 14 Abs. 1 GG geschützte und deshalb enteignungsfähige Rechtspositionen. Es handelt sich im Allgemeinen um einseitige öffentlich-rechtliche Gewährungen, die sich nicht als Äquivalent eigener Arbeitsleistung oder eigenen Kapitalaufwandes des Begünstigten darstellen und deshalb nach der Rechtsprechung kein **Eigentum** iS des Art. 14 Abs. 1 GG begründen.[181] Soweit also der Widerruf eine noch nicht ins Werk gesetzte Erlaubnis betrifft und auch sonst keine vorhandene vermögenswerte Rechtsposition (zB die Baufreiheit des Grundeigentümers) tangiert, wird ein Eigentumsrecht iS des Art. 14 GG nicht beeinträchtigt. Die im § 49 Abs. 6 VwVfG auch für diese Fälle vorgesehene Entschädigungsregelung geht daher über das in Art. 14 Abs. 3 GG Geforderte hinaus. Entsprechendes gilt in Bezug auf die Aufopferungsentschädigung. Auch besteht keine Begrenzung auf die im allgemeinen Recht der Opferentschädigung geschützten Rechtsgüter. 64

Hinsichtlich der **Rechtsfolgen** gehen die Ansprüche aus § 49 Abs. 6 VwVfG über die allgemeine Opferentschädigung nicht hinaus. Ebenso wie dort gibt es keinen Ausgleich wegen entgangenen Gewinns und kein Schmerzensgeld.[182] Als Spezialregelungen der Opferentschädigung gehen sie dem allgemeinen Entschädigungsrecht vor.[183] Genauso wie jene Ansprüche (vgl. Art. 14 Abs. 3 S. 4 GG, § 40 Abs. 2 VwGO) sind die Entschädigungsansprüche nach Widerruf begünstigender Verwaltungsakte vor den ordentlichen Gerichten geltend zu machen (§ 49 Abs. 6 S. 3 VwVfG). 65

Wird ein **verwaltungsrechtlicher Vertrag** von der Behörde nach Maßgabe des § 60 Abs. 1 S. 2 VwVfG **gekündigt,** um schwere Nachteile für das Gemeinwohl zu verhüten oder zu beseitigen, so besteht auf Grund analoger Anwendung des § 49 Abs. 6 iVm. Abs. 2 S. 1 Nr. 5 VwVfG gleichfalls eine Entschädigungspflicht.[184] Es ist kein Grund ersichtlich, eine vertraglich begründete Rechtsposition schlechter zu behandeln als die auf einem begünstigenden Verwaltungsakt basierende. 66

3. Rücknahme begünstigender rechtswidriger Verwaltungsakte. Einen besonderen, aus dem allgemeinen Recht der Opferentschädigung nicht mehr ableitbaren Ausgleichsanspruch gewährt das allgemeine Verwaltungsverfahrensrecht bei der Rücknahme begünstigender rechtswidriger Verwaltungsakte. Wird ein rechtswidriger begünstigender Verwaltungsakt, der nicht eine Geld- oder teilbare Sachleistung iS des § 48 Abs. 2 VwVfG betrifft, zurückgenommen, so hat der Betroffene, sofern sein Vertrauen auf den Bestand des Verwaltungsaktes schutzwürdig ist, einen Anspruch auf Ausgleich der durch die Rücknahme entstehenden Vermögensnachteile (§ 48 Abs. 3 S. 1 VwVfG).[185] In diesen Fällen der Rücknahme rechtswidriger Verwaltungsakte liegt ein enteignungs- oder aufopferungsgleicher Eingriff in der Regel nicht vor, weil der Verwaltungsakt von Anfang an rechtswidrig war und contra legem aufgebaute oder erzielte materielle oder immaterielle Werte weder den Schutz des Art. 14 GG noch den des allgemeinen Aufopferungsinstituts genießen. Da es sich mithin um einen **Ausgleichsanspruch** neuer und **eigener Art** handelt, ist trotz Art. 14 Abs. 3 S. 4 GG für seine Durchsetzung nach der Generalklausel des § 40 Abs. 1 VwGO der 67

---

[181] BVerfGE 14, 288, 293, 294 = NJW 1963, 29; BVerfGE 16, 94, 111 ff. = NJW 1963, 1395; s. auch BVerfGE 30, 292, 334 = NJW 1971, 1255, 1260; vgl. auch *Papier* Vierteljahrsschrift für Sozialrecht 1973, 33; *Maunz/Dürig/Papier* Art. 14 GG RdNr. 665.
[182] *Stelkens/Bonk/Sachs,* VwVfG, 6. Aufl. 2001, § 49 RdNr. 131; *Knack,* VwVfG, 8. Aufl. 2004, § 49 RdNr. 91.
[183] AA *Kopp/Ramsauer,* VwVfG, 9. Aufl. 2005, § 49 RdNr. 79: Anspruchskonkurrenz; vgl. auch RdNr. 59.
[184] *Kopp/Ramsauer* (Fn. 183) § 60 RdNr. 23.
[185] Vgl. auch *Kopp/Ramsauer* (Fn. 183) § 48 RdNr. 119 ff.

Verwaltungsrechtsweg eröffnet.[186] Dieser Ausgleichsanspruch verdrängt auch nicht allgemeine Entschädigungsansprüche, sofern diese ausnahmsweise begründet sein sollten. Er kann außerdem mit dem – in den Rechtsfolgen uU weitergehenden – Amtshaftungsanspruch zusammentreffen.[187]

68 **4. Rechtswidrige Maßnahmen der Polizei- und Ordnungsbehörden.** Die Polizei- und Ordnungsgesetze des Bundes (§ 51 Abs. 2 Nr. 1 BPolG) und einiger Länder (s. zB § 39 Abs. 1 lit. b OBG NW, § 67 nordrhein-westfälisches PolizeiG [PolG NW], § 80 Abs. 1 S. 2 nds. Sicherheits- und OrdnungsG [nds. SOG], § 68 Abs. 1 S. 2 rh.-pf. Polizei- und OrdnungsbehördenG [rh.-pf. POG], § 56 Abs. 1 S. 2 brem. PolG; § 64 Abs. 1 S. 2 hess. SOG) gewähren jedem durch rechtswidrige Maßnahmen der Polizei- und Ordnungsbehörden Geschädigten einen Entschädigungsanspruch.[188] Durch diese Haftungsnormen sind die richterrechtlich entwickelten, allgemeinen Entschädigungsinstitute wegen enteignungsgleichen und aufopferungsgleichen Eingriffs für den speziellen Bereich des Polizei- und Ordnungsrechts legalisiert worden.[189] Die durch die Rechtsprechung des BGH vorgenommene Ausdehnung der allgemeinen Haftungstatbestände der Opferentschädigung über einen Verzicht auf die Eingriffsfinalität und vor allem über die Erhebung der Rechtswidrigkeit zur sonderopferbegründenden Haftungsvoraussetzung hat hier ihren positiv-rechtlichen Niederschlag gefunden. Im Hinblick auf die Haftungsvoraussetzungen kann daher auch eine weitgehende Übereinstimmung festgestellt werden: Die polizeirechtliche und ordnungsbehördliche Sonderhaftung setzt allein die **objektive Rechtswidrigkeit** der behördlichen Maßnahme voraus. Ein einfaches (pflichtwidriges) Unterlassen reicht nicht.[190] Ein gegen den Geschädigten gezielter Eingriff braucht nicht vorzuliegen. Es reicht, wenn die Schädigung eine unmittelbare Folge hoheitlichen Tuns gewesen ist. In diesen Grenzen ist auch wegen unbeabsichtigter Einwirkungsschäden zu entschädigen.[191] Speziell für das Bauordnungsrecht hat die Judikatur unter den „Maßnahme"-Begriff etwa folgende Akte subsumiert: Ablehnung und positive Bescheidung einer Bauvoranfrage,[192] Erteilung einer Baugenehmigung und Teilungsgenehmigung,[193] Befreiung von den Festsetzungen eines Bebauungsplans,[194] Zurückstellung und Ablehnung eines Baugesuchs.[195]

69 In Bezug auf die **Rechtsfolgen** besteht nur teilweise Übereinstimmung mit dem allgemeinen Recht der Opferentschädigung. Zwar ist nach den Spezialnormen grundsätzlich ebenfalls nur der Vermögensschaden auszugleichen (vgl. § 40 OBG NW; Ausnahme: § 52 Abs. 2 BPolG: auch der immaterielle Schaden), aber unter bestimmten Voraussetzungen kann nach jenen Normen auch wegen des entgangenen Gewinns entschädigt werden (vgl. § 40 Abs. 1 S. 2 OBG NW). Als Spezialregelungen der Opferentschädigung verdrängen jene Vorschriften des Polizei- und Ordnungsrechts die Institute des enteig-

---

[186] *Obermayer*, Kommentar zum VwVfG, 3. Aufl. 1999, § 48 RdNr. 85.
[187] *Kopp/Ramsauer* (Fn. 183) § 48 RdNr. 125. Im Verhältnis des Amtshaftungsanspruchs zur sozialrechtlichen Rückmahme nach § 44 Abs. 1 SGB X und der Beschränkung des Ausgleichs zu Unrecht nicht erbrachter Sozialleistungen durch § 44 Abs. 4 SGB X auf die letzten vier Jahre ist nach BGH VersR 1989, 747 = BB 1990, 637 m. abl. Anm. *v. Einem*, die Beschränkung des § 44 Abs. 4 SGB X weder direkt noch analog für den Amtshaftungsanspruch wegen der Erteilung des zurückgenommenen Rentenbescheids anwendbar.
[188] *Papier* DVBl. 1975, 567, 569 ff. In Bayern sind dagegen nur die Ansprüche des Nichtstörers und des Unbeteiligten spezialgesetzlich geregelt, vgl. Art. 70 Abs. 1 und 2 BayPAG, Art. 11 Abs. 1 S. 1 bay. Landesstraf- und Verordnungsgesetz (BayLStVG).
[189] Vgl. *Rietdorf/Heise/Böckenförde/Strehlau*, Ordnungs- und Polizeirecht in NRW, 2. Aufl. 1972, § 41 OBG RdNr. 6ff.; *Krohn* (Fn. 58) RdNr. 92f. Zum enteignungsgleichen Eingriff s. RdNr. 25 ff., zum aufopferungsgleichen Eingriff RdNr. 56 ff.
[190] Es bedarf zumindest eines qualifizierten Unterlassens, BGH vom 21. 9. 1989, Az. III ZR 13/88.
[191] *Rietdorf/Heise/Böckenförde/Strehlau* (Fn. 189) RdNr. 11 ff., 13, 15; *Papier* DVBl. 1975, 567, 571; *Maunz/Dürig/Papier* Art. 14 GG RdNr. 669.
[192] S. aber auch BGH NJW 1994, 1647 zu § 68 Abs. 1 S. 2 RhPfPVG idF vom 1. 8. 1981.
[193] BGH WM 1985, 210; BGH NJW 2001, 432, 433.
[194] BGHZ 72, 273, 275 = NJW 1979, 36; BGH WM 1978, 1328.
[195] BGHZ 82, 361, 362 = NJW 1982, 1281; vgl. auch allg. BGHZ 84, 292, 294 = NJW 1983, 215.

Haftung bei Amtspflichtverletzung 70–75 § 839

nungs- und aufopferungsgleichen Eingriffs.[196] Ebenso wie jene allgemeinen Ansprüche sind sie vor den ordentlichen Gerichten geltend zu machen (vgl. § 56 BPolG, § 43 Abs. 1 OBG NW).

Art. 5 Abs. 5 EMRK gewährt bei rechtswidriger Inhaftierung einen eigenständigen 70 Schadensersatzanspruch, der auch den Ersatz des immateriellen Schadens (Schmerzensgeld) umfasst. Ein Verschulden des pflichtwidrig handelnden Amtsträgers ist nicht vorausgesetzt.[197]

V. Öffentlich-rechtliche Forderungsverletzung

Auch im öffentlichen Recht gibt es eine Haftung aus öffentlich-rechtlichen Verträgen 71 und sonstigen verwaltungsrechtlichen Schuldverhältnissen.[198] Soweit diese den Staat oder eine sonstige öffentlich-rechtliche Körperschaft und nicht eine am Rechtsverhältnis beteiligte Zivilperson betrifft, handelt es sich um einen Anwendungsfall einer unmittelbaren Staatsunrechtshaftung.

1. Öffentlich-rechtliche Verträge. Für die Verletzung öffentlich-rechtlicher Verträge 72 ist die entsprechende Anwendung der bürgerlich-rechtlichen Vorschriften der Leistungsstörungen, also insbesondere der §§ 275 bis 288 und 323 bis 326,[199] heute ausdrücklich gesetzlich vorgeschrieben (§ 62 S. 2 VwVfG). Bei gegenseitigen Verträgen, zu denen insbesondere die subordinationsrechtlichen Austauschverträge nach § 56 VwVfG gehören, besteht neben dem Schadensersatzanspruch nach §§ 280 ff. auch gemäß §§ 323, 324 das Recht, vom Vertrag zurückzutreten (vgl. § 325).

2. Verschulden vor Abschluss eines öffentlich-rechtlichen Vertrages. Die für das 73 BGB in der bis zum 31. 12. 2001 geltenden Fassung entwickelten Grundsätze über eine ungeschriebene Haftung wegen Verschuldens beim Vertragsschluss sind auch auf Verhandlungen anwendbar, die zum Abschluss eines öffentlich-rechtlichen Vertrages, etwa eines Folgekostenvertrages, führen sollen. Dieser Anspruch beruht auf den Prinzipien des rechtsstaatlich geforderten Vertrauensschutzes. Er schützt das besondere Vertrauen desjenigen, der sich zum Zwecke der Vertragsverhandlungen in den Einflussbereich eines anderen begibt und gründet auf den besonderen Verhaltenspflichten, die dem anderen Teil daraus sowie aus dem Gebot von Treu und Glauben erwachsen.[200] Seit Inkrafttreten des SMG am 1. 1. 2002 ergibt sich die Haftung wegen Verschuldens vor Abschluss eines öffentlich-rechtlichen Vertrages aus §§ 311 Abs. 2, 280 iVm. § 62 S. 2 VwVfG.

Mit der Aufnahme von Vertragsverhandlungen entsteht ein **vertragsähnliches Vertrau-** 74 **ensverhältnis,** auf Grund dessen jeder Partner dem anderen zumutbare Rücksichtnahme auf dessen berechtigte Belange schuldet. Er darf etwa die Vertragsverhandlungen nicht grundlos abbrechen, wenn er zuvor beim Verhandlungspartner das Vertrauen auf ein Zustandekommen des Vertrages besonders geweckt hat. Unter der weiteren Voraussetzung einer schuldhaften Pflichtverletzung muss er dem Vertragspartner den dadurch verursachten Vertrauensschaden ersetzen.

Wird während der Verhandlungen über einen öffentlich-rechtlichen **Folgekostenvertrag** 75 von der Gemeinde das bisherige Planaufstellungsverfahren aufgegeben und scheitert deswe-

---

[196] BGHZ 72, 273, 276 = LM GG Art. 14 Nr. 29 (Cc) = NJW 1979, 36, 37; BGH NJW 1979, 34, 36; s. auch *Papier* DVBl. 1975, 568; *Maunz/Dürig/Papier* Art. 14 GG RdNr. 670; RdNr. 59.

[197] BGHZ 122, 268, 278 f. = NJW 1993, 2927 = LM Konvention zum Schutze der Menschenrechte und Grundfreiheiten Nr. 9 m. Anm. *U. Weber.*

[198] *Papier* (Fn. 4) S. 40 ff.; *Simons,* Leistungsstörungen verwaltungsrechtlicher Schuldverhältnisse, 1967, passim; *v. Münch/Kunig/Bryde* Art. 34 GG RdNr. 9; RGRK/*Kreft* Vor § 839 RdNr. 171; *Bullinger* DÖV 1977, 812; *Hans Meyer* NJW 1977, 1705; *Eckert* DVBl. 1962, 11; *Schwär,* Leistungsstörungen bei der Erfüllung öffentlich-rechtlicher Pflichten, Diss. Köln 1968; *Geis* NVwZ 2002, 385, 387 f.; *Meysen,* Die Haftung aus Verwaltungsrechtsverhältnis, 2000.

[199] Vgl. dazu BGHZ 71, 386, 392 ff. = NJW 1978, 1802, 1803 ff. = LM § 276 Nr. 65 a m. Anm. *Krohn*; BGHZ 76, 343, 348 f. = NJW 1980, 1683, 1684.

[200] BGHZ 71, 386, 393 = NJW 1978, 1802, 1804; BGH NJW 1986, 1109.

§ 839   76

gen der Vertragsschluss, so ist darin ein Pflichtverstoß der Gemeinde nicht zu erblicken. Die planerische Gestaltungsfreiheit und das Gebot gerechter Abwägung müssen unangetastet bleiben. Ein Pflichtverstoß der Gemeinde kann in einem solchen Fall nur in einem Verhalten gesehen werden, das mit dem eigentlichen Verfahren der Bauleitplanung unmittelbar nichts zu tun hat. So kann eine Haftung aus culpa in contrahendo in Betracht kommen, wenn die Gemeinde gegenüber dem Vertragspartner unrichtige Angaben über den Stand der Planung macht oder ihm Tatsachen verschweigt, deren Kenntnis ihn veranlasst hätten, von den Vertragsverhandlungen früher Abstand zu nehmen.[201]

76   **3. Verwaltungsrechtliche Schuldverhältnisse.** Das Recht der Forderungsverletzung des BGB soll nach der Rechtsprechung und hL als Ausdruck eines allgemein geltenden Rechtsgedankens nicht nur bei öffentlich-rechtlichen Verträgen, sondern auch bei bestimmten anderen, nur vertragsähnlichen Schuldverhältnissen des Verwaltungsrechts gelten.[202] Wann ein solches nicht-vertragliches Schuldverhältnis des öffentlichen Rechts vorliegt, ist nicht endgültig geklärt. Eine überzeugende und brauchbare Begriffsbestimmung ist bislang nicht gelungen.[203] Es kann aber als in der Rechtsprechung gefestigte Auffassung angesehen werden, dass darunter das **Beamtenverhältnis**,[204] die **öffentlich-rechtliche Verwahrung**,[205] die Mehrzahl der öffentlich-rechtlichen **(Anstalts-)Benutzungsverhältnisse**[206] sowie öffentlich-rechtliche **Mitgliedschaftsverhältnisse**[207] fallen. Voraussetzungen einer „sinngemäßen Anwendung des vertraglichen Schuldrechts als Ausdruck allgemeiner Rechtsgedanken auf öffentlich-rechtliche Verhältnisse" sind nach der allgemeinen Formulierung des BGH[208] das Bestehen eines „besonders engen Verhältnisses des einzelnen zum Staat oder zur Staatsverwaltung", in dem das staatliche Handeln „Ausfluss seiner fürsorgerischen Tätigkeiten in Bezug auf den einzelnen" ist. Öffentlich-rechtliche Anstaltsverhältnisse erfüllen diese Voraussetzungen, soweit sie sich als Handlungsformen der Leistungsverwaltung darstellen. Mangels Leistung und Fürsorge als Gegenstand der staatlichen Hauptpflicht ist die Anwendung des bürgerlich-rechtlichen Schuldrechts vor allem für das **Strafgefangenen-**[209] und **Schulverhältnis**[210] von der Judikatur abgelehnt worden.

---

[201] BGHZ 71, 386, 397 = NJW 1978, 1802. Der gleiche eingeschränkte Haftungsmaßstab gilt für die cic-Haftung im Rahmen des Abschlusses eines Durchführungsvertrags bei der Aufstellung eines vorhabenbezogenen Bebauungsplan nach § 12 BauGB, BGH NVwZ 2006, 1207, 1208 (dazu *Schlick* BauR 2008, 290, 291 f.).
[202] Nachweise bei *Papier* (Fn. 4) S. 40 f.
[203] Vgl. *Papier* (Fn. 4) S. 46 ff.
[204] BGHZ 7, 69, 72 = NJW 1952, 1373; BGHZ 14, 122 ff. = NJW 1954, 1445; BGHZ 43, 178, 186 = NJW 1965, 1177; vgl. auch schon RGZ 92, 178, 179 f.; 158, 235, 236 f.; BVerwGE 13, 17; 25, 138, 141; BVerwG NJW 1989, 538; abw. nur BGHZ 29, 310, 313 = NJW 1959, 1124; wN der Lit. bei *Papier* (Fn. 4) S. 43, 44; *Ossenbühl* Staatshaftungsrecht S. 347 ff. Ausf. zum beamtenrechtlichen Schadensersatzanspruch *Laubinger* VerwArch 2008, 278 ff.
[205] BGHZ 1, 369 = NJW 1951, 800; BGHZ 3, 162, 164 = NJW 1952, 23; BGHZ 4, 192, 193 = NJW 1952, 301; BGH LM § 688 Nr. 6; NJW 1990, 1230 f.; vgl. schon RG SeuffA 80, 142; RGZ 115, 419, 421; wN bei *Papier* (Fn. 4) S. 40 ff.; *Ossenbühl* Staatshaftungsrecht S. 339 ff.; *Papier/Dengler* Jura 1995, 38, 39. Nicht dagegen entsteht eine derartige Sonderverbindung zwischen Vermieter und Behörde bezüglich einer Mietsache durch die Anordnung der Einweisung eines Obdachlosen, BGH NVwZ 2006, 963, 964.
[206] BGHZ 17, 191, 192 f. = NJW 1965, 1105; BGHZ 54, 299, 302 f. = NJW 1970, 2208; BGHZ 59, 303, 305 = NJW 1972, 2300; BGHZ 61, 7, 11 = NJW 1973, 1741 f.; BGH NJW 1974, 1816; 1977, 197; BGHZ 109, 8, 9 = NJW 1990, 1167; BGH NJW 2007, 1061, 1062; vgl. auch u. a. RGZ 65, 113, 116 f.; 161, 174, 180 f.; wN bei *Papier* (Fn. 4) S. 44 ff.; *Ossenbühl* Staatshaftungsrecht S. 344 ff. Zur Rechtsform der Nutzungsverhältnisse s. RdNr. 155, 156.
[207] BGH VersR 1987, 768 f.: Mitgliedschaft in einem landwirtschaftlichen Wasser- und Bodenverband; ferner BGH NVwZ 2007, 1221.
[208] BGHZ 21, 214, 218 ff. = NJW 1956, 1399.
[209] BGHZ 21, 214, 218 = NJW 1956, 1399; BGHZ 25, 231, 238 = NJW 1957, 1925; BGH LM Nr. 3 = NJW 1962, 1053, 1054; RGZ 78, 325.
[210] BGH NJW 1963, 1828 f.; RGZ 135, 12 f.; RGRK/*Kreft* Vor § 839 RdNr. 174; ebenso für das Verhältnis zwischen Jugendamt und Kind BGHZ 166, 268, 276 f.

4. Abgrenzung zur Amtshaftung. Die Haftung der öffentlichen Gewalt wegen 77
öffentlich-rechtlicher Vertrags- und sonstiger Forderungsverletzung ist zwar wie die (deliktische) Amtshaftung eine Verschuldenshaftung, unterscheidet sich aber von jener im Übrigen nicht unwesentlich, weshalb die Ansprüche gleichwertig nebeneinander stehen.[211] Sie ist nicht wie die Amtshaftung eine vom Staat übernommene Haftung für (fremdes) Amtswalterunrecht, sondern eine originäre oder unmittelbare Staatsunrechtshaftung. Es gelten nicht die gesetzlichen Einschränkungen der Amtshaftung wie zB die Subsidiaritätsklausel des § 839 Abs. 1 S. 2 sowie § 839 Abs. 3.[212] Hinsichtlich des Verschuldens des Amtsträgers findet entsprechend dem Bürgerlichen Recht der Leistungsstörungen (vgl. § 280 Abs. 1 S. 2) eine Umkehr der Beweislast zu Ungunsten des Schuldners statt.[213] Da auch die Zurechnungsnorm des § 278 entsprechend gilt,[214] gibt es keine Begrenzung des Täterbegriffs wie bei der Amtshaftung. Entscheidend ist allein die (schuldhafte) Verletzung einer der öffentlichen Gewalt obliegenden (relativen) Rechtspflicht durch einen zur Pflichterfüllung eingesetzten Dritten. Dass dieser Dritte auch „Beamter" im haftungsrechtlichen Sinne ist, ist nicht erforderlich. Gehaftet wird auch für das Fehlverhalten von Zivilpersonen, die als Erfüllungsgehilfen für den Träger der öffentlichen Gewalt tätig geworden sind, ohne dass ihnen ein öffentliches Amt anvertraut worden ist (zB der selbstständige Werkunternehmer). Auch die der Amtshaftung eigene Begrenzung des Anspruchsinhalts auf den Geldersatz und die Naturalrestitution, soweit sie nicht in der Vornahme von Amtshandlungen besteht, gilt im Recht der Forderungsverletzung nicht.[215]

Andererseits umfasste diese Haftung für Schadensereignisse, die vor dem 31. 7. 2002 78
eingetreten sind, nicht die Leistung von **Schmerzensgeld,** dieses war nur bei der deliktischen Amtshaftung vorgesehen (§ 847 aF). Am 1. 8. 2002 ist das Zweite Gesetz zur Änderung schadensersatzrechtlicher Vorschriften in Kraft getreten.[216] Durch dieses Gesetz wurde der bisherige § 847 aufgehoben und fast wortgleich in die allgemeine Vorschrift des neuen § 253 Abs. 2 überführt (vgl. § 253 RdNr. 10 ff.). Für Schadensereignisse nach dem 31. 7. 2002 ist deshalb auch eine billige Entschädigung in Geld für den Schaden, der nicht Vermögensschaden ist, zu leisten, wenn wegen einer Verletzung des Körpers, der Gesundheit, der Freiheit oder der sexuellen Selbstbestimmung Schadensersatz zu leisten ist. **Haftungsausschlüsse** und **-beschränkungen** können bei der Amtshaftung nur durch förmliches Gesetz eingeführt werden (vgl. RdNr. 126 und 339). Ein entsprechender Gesetzesvorbehalt gilt für die Staatshaftung wegen Forderungsverletzung nicht. Im Rahmen öffentlich-rechtlicher Verträge sind vertragliche, bei der öffentlich-rechtlichen (Anstalts-)Benutzung kommunaler Einrichtungen sind satzungsmäßige Haftungsbeschränkungen zulässig, jedenfalls soweit sie die Haftung des Anstaltsträgers für Vorsatz und grobe Fahrlässigkeit unberührt lassen.[217]

5. Rechtsweg. Aufgrund der Fassung des § 40 Abs. 2 S. 1 Halbs. 1 Var. 3 VwGO[218] ist 79
geklärt, dass die Schadensersatzansprüche wegen öffentlich-rechtlicher Vertragsverletzung vor den Verwaltungsgerichten geltend zu machen sind. Für die sonstigen öffentlich-recht-

---

[211] BVerwGE 13, 17, 23 f. = NJW 1961, 2364; BGHZ 63, 167, 173 ff. = NJW 1975, 207; BGH NJW 2007, 1061, 1062; NVwZ 2008, 238, 239. *Ossenbühl* Staatshaftungsrecht S. 338 f.; RGRK/*Kreft* Vor § 839 RdNr. 172.

[212] AA bzgl. § 839 Abs. 3 für die aus dem Beamtenrecht abgeleiteten Schadensersatzansprüche BVerwGE 107, 29 = DÖV 1998, 884; BVerwG DÖV 2000, 602; NVwZ 1986, 481 f.

[213] BGHZ 54, 299, 303 = NJW 1970, 2208; BGHZ 61, 7, 10 ff. = NJW 1973, 1741 f.; BGH DVBl. 1978, 108, 109; VersR 1987, 768, 769.

[214] BGHZ 54, 299, 303 = NJW 1970, 2208; BGHZ 152, 380, 383 ff.

[215] S. auch *Papier* (Fn. 4) S. 116.

[216] Vgl. Art. 2 Gesetz vom 19. 7. 2002 (BGBl. I S. 2674); vgl. *Wagner* NJW 2002, 2049, 2055 f.; *Dötsch* NVwZ 2003, 185 f.

[217] Vgl. BGHZ 61, 7, 10 ff. = NJW 1973, 1741 f.; BGH NVwZ 2008, 238, 239. RGRK/*Kreft* Vor § 839 RdNr. 175.

[218] Durch § 97 Nr. 1 des VwVfG vom 25. 5. 1976 (BGBl. I S. 1253).

lichen Forderungsverletzungen ergibt sich dagegen aus § 40 Abs. 2 S. 1 Halbs. 1 Var. 3 VwGO der Rechtsweg zu den ordentlichen Gerichten.[219]

VI. Folgenbeseitigungsanspruch

80 Die öffentlich-rechtliche Folgenbeseitigung ist ein durch Rechtsprechung[220] und Rechtslehre[221] entwickeltes Institut der unmittelbaren und verschuldensunabhängigen Staatsunrechtshaftung, das jedoch im Hinblick sowohl auf die Anspruchsvoraussetzungen als auch auf die Rechtsfolgen wesentliche Einschränkungen aufweist. Trotz nach wie vor bestehender Unschärfen in der Bestimmung von Anspruchsvoraussetzungen und -inhalt und trotz Meinungsverschiedenheiten über die Rechtsgrundlagen des Folgenbeseitigungsanspruchs kann folgende Charakterisierung dieses Haftungsinstituts als inzwischen durch Rechtsprechung und Lehre anerkannt gelten: Wird jemand durch die öffentliche Gewalt in seinen Rechten verletzt, so ist der Träger öffentlicher Gewalt ihm gegenüber zur Wiederherstellung des früheren, vor der Rechtsbeeinträchtigung gegebenen oder eines diesem gleichwertigen Zustands verpflichtet.[222]

81 **1. Entstehungsgrund.** Die Entwicklung eines eigenständigen Staatshaftungsinstituts der öffentlich-rechtlichen Folgenbeseitigung hatte ihren Grund im Wesentlichen in der Unzulänglichkeit der geschriebenen Haftungsnormen, also vornehmlich der Amtshaftung. In diesem Zusammenhang sind insbesondere die Beschränkungen auf Grund des Verschuldenserfordernisses, der Subsidiaritätsklausel sowie vor allem des Ausschlusses einer Naturalrestitution, soweit diese in der Vornahme von Amtshandlungen besteht, zu nennen. Diese zuletzt erwähnte Haftungslücke vermochte auch die richterrechtlich entwickelte, unmittelbare und verschuldensunabhängige, aber ebenfalls auf Geldentschädigung begrenzte Staatsunrechtshaftung wegen enteignungs- und aufopferungsgleichen Eingriffs nicht zu schließen. Demgegenüber soll mit der Folgenbeseitigungspflicht **Staatsunrecht** gerade im Wege einer **Naturalrestitution** sanktioniert werden – einer freilich gegenüber § 249 verkürzten, nicht auf einen hypothetischen Zustand bezogenen, sondern auf Wiederherstellung des status quo ante beschränkten Naturalrestitution.[223]

82 **2. Anwendungsbereich.** Der Folgenbeseitigungsanspruch war ursprünglich im Hinblick auf die Vollziehung rechtswidriger Verwaltungsakte vor Eintritt ihrer Bestandskraft konzipiert worden.[224] Das dem Bürger durch Erlass eines rechtswidrigen belastenden Verwaltungsaktes zugefügte Unrecht wird allein durch (gerichtliche) Aufhebung dieses Verwaltungsaktes nicht immer vollständig beseitigt. Ist der Verwaltungsakt vorzeitig, dh. vor Eintritt seiner Unanfechtbarkeit, vollständig oder teilweise vollzogen worden (vgl. § 80 Abs. 2 VwGO), so ist eine umfassende Unrechtsbeseitigung nur durch gleichzeitige Rückgängigmachung jener Vollzugsfolgen möglich. Eine entsprechende Verpflichtung der öffentlichen Gewalt leitete *Bachof* aus einer analogen Anwendung der zivilprozessualen Vorschriften der §§ 302 Abs. 4 S. 3, 717 Abs. 2, 945 ZPO her. In dieser Ausgestaltung als **Vollzugsfolgenbeseitigungsanspruch** ist der Folgenbeseitigungsanspruch vom Gesetz heute vorausgesetzt und damit vom Gesetzgeber ausdrücklich anerkannt (§ 113 Abs. 1 S. 2 VwGO).[225] Sein Anwendungsbereich ist damit jedoch nicht mehr erschöpfend umschrieben. Ein Folgenbeseitigungsanspruch besteht nicht nur bei Rechtsverletzungen, die auf der Vollziehung

---

[219] Vgl. nur BVerwG NVwZ 2003, 1383.
[220] BVerwGE 28, 155, 163 ff.; 35, 268, 272; 38, 336, 346; BVerwG NJW 1972, 269; 1973, 261; BVerwGE 69, 366 = 1985, 817.
[221] *Bettermann* DÖV 1955, 528; *ders.* MDR 1957, 130; *Rösslein,* Der Folgenbeseitigungsanspruch, 1968; *Weyreuther* S. 152 ff.; *Papier* (Fn. 59/2. Titel) RdNr. 72 ff.; wN bei *Ossenbühl* Staatshaftungsrecht S. 285 ff.; *Bender* VBlBW 1985, 201; *Fiedler* NVwZ 1986, 969; *Redeker* DÖV 1987, 194; *Köckerbauer/Büllesbach* JuS 1991, 373; *Schoch* Jura 1993, 478; *Blanke/Peilert* Verw. 1998, 29 ff.
[222] BVerwGE 28, 155, 165.
[223] *Bender* RdNr. 221; vgl. auch *Weyreuther* S. 63 ff.
[224] *Bachof,* Die verwaltungsgerichtliche Klage auf Vornahme einer Amtshandlung, 2. Aufl. 1968.
[225] Vgl. nur BVerwG NVwZ 2003, 1385, 1387; BVerwGE 125, 110, 116.

Haftung bei Amtspflichtverletzung   83, 84 § 839

rechtswidriger Verwaltungsakte beruhen, sondern auch bei Hoheitseingriffen auf Grund von **Realakten**[226] der öffentlichen Gewalt, wie zB Immissionen, verursacht bei verwaltungsrechtlicher Nutzung öffentlicher Sachen, sonstigen faktischen Eigentumsstörungen oder -verletzungen (Überbauung von Privatgrundstücken, Beschädigung privater Grundstücksböschungen beim öffentlichen Straßenbau), Ehrverletzung bei Ausübung öffentlicher Gewalt.[227]

3. Dogmatische Grundlagen des Folgenbeseitigungsanspruchs. Über die Grundlagen des Folgenbeseitigungsanspruchs gehen die Meinungen in Schrifttum und Rechtsprechung nach wie vor auseinander.[228] Abgesehen von dem allein auf die Vollzugsfolgenbeseitigung bezogenen und deshalb für den heute praktizierten und anerkannten umfassenderen Beseitigungsanspruch nicht mehr passenden Begründungsansatz aus §§ 302 Abs. 4 S. 3, 717 Abs. 2, 945 ZPO[229] sind im Wesentlichen folgende Rechtsgrundlagen in der Diskussion: *Bettermann*[230] stützt den öffentlich-rechtlichen Folgenbeseitigungsanspruch auf einen Analogieschluss aus §§ 12, 862, 1004 und auf das richterrechtlich entwickelte Institut des quasinegatorischen Unterlassungs- und Beseitigungsanspruchs des Privatrechts. Nach heute wohl vorherrschender, vom BVerwG im Urteil vom 25. 8. 1971[231] letztlich geteilter Auffassung findet der Folgenbeseitigungsanspruch seine Grundlage im Bundesverfassungsrecht, und zwar in den **Freiheitsrechten** selbst[232] oder dem **Vorbehalt des Gesetzes** als Ausfluss des rechtsstaatlichen Gesetzmäßigkeitsprinzips (Art. 20 Abs. 3 GG).[233] Als Abwehrrechte gewähren die Freiheitsrechte der Verfassung dem Bürger einen öffentlich-rechtlichen Anspruch auf Unterlassung rechtswidriger Eingriffe der öffentlichen Gewalt in Freiheit und Eigentum. Wird dieser Unterlassungsanspruch verletzt, tritt an seine Stelle der Beseitigungsanspruch als Reaktionsanspruch. *Weyreuther*[234] bezeichnet in seinem Gutachten zum 47. Deutschen Juristentag den Folgenbeseitigungsanspruch in diesem Sinne als einen „umgewandelten, der geschehenen Rechtsverletzung angepassten Unterlassungsanspruch". Die Judikatur vermeidet zwar ins einzelne gehende Festlegungen zur Ableitung des Folgenbeseitigungsanspruchs.[235] Sie setzt den Folgenbeseitigungsanspruch als ein richterrechtlich entwickeltes Haftungsinstitut und damit als allgemeinen Grundsatz des Verwaltungsrechts voraus.[236] Auf der anderen Seite geht die Rechtsprechung davon aus, dass der Folgenbeseitigungsanspruch als allgemeiner Grundsatz des Verwaltungsrechts seine Grundlage jedenfalls im Bundesverfassungsrecht hat und deshalb hinsichtlich seiner Interpretation und Anwendung revisibel ist.[237]

4. Beeinträchtigung absoluter Rechte. Der Folgenbeseitigungsanspruch ist zwar ein Institut der verschuldensunabhängigen Staatsunrechtshaftung. Er entsteht jedoch nicht in allen Fällen rechtswidriger Schädigung durch die öffentliche Gewalt. Sowohl im Falle der Ableitung aus § 1004 mit seiner Erweiterung durch das Institut des quasi-negatorischen Unterlassungs- und Beseitigungsanspruchs als auch beim Rückgriff auf die Freiheitsrechte und den Vorbehalt des Gesetzes verlangt der Folgenbeseitigungsanspruch einen Eingriff in Freiheit und Eigentum des Bürgers. Es müssen Freiheitsrechte als absolute Rechte des

---

[226] BVerwG DÖV 1971, 857, 858 m. zust. Anm. *Bachof*.
[227] *Ossenbühl* Staatshaftungsrecht S. 287 ff. mwN; zu den ehrverletzenden Äußerungen *Faber* NVwZ 2003, 159 ff.
[228] Vgl. dazu *Schoch* VerwA 1988, 1, 32 ff.; *Steinberg/Lubberger* S. 376 f.
[229] *Bachof* (Fn. 224) S. 98 ff.
[230] DÖV 1955, 528.
[231] BVerwG DÖV 1971, 857, 858 = NJW 1972, 269, 270; s. auch BVerwGE 69, 366 = NJW 1985, 817: Art. 20 Abs. 3 GG als Grundlage.
[232] Dazu tendierend BVerwG (4. Senat) NJW 1972, 269.
[233] So BVerwG (3. Senat) BVerwGE 69, 366, 370 = NJW 1985, 817, 818; zu Bedenken insoweit *M. Redeker* DÖV 1987, 194, 195.
[234] *Weyreuther* S. 78 ff., 85; vgl. auch *Papier* (Fn. 59) RdNr. 72 ff.
[235] S. etwa BVerwG DÖV 1971, 857, 858 = NJW 1972, 269, 270; BVerwGE 82, 76, 95 = NJW 1989, 2272; BVerwGE 94, 100, 103 f. = NVwZ 1994, 275.
[236] BVerwGE 94, 100, 103 = NVwZ 1994, 275: „durch Richterrecht geprägte, gewohnheitsrechtliche Gesichtspunkte".
[237] BVerwG DÖV 1971, 857, 858 = NJW 1972, 269, 270.

öffentlichen Rechts verletzt sein. Die Beeinträchtigung bloß relativer Rechte gegen die öffentliche Gewalt, also insbesondere die öffentlich-rechtliche **Vertrags-** oder **sonstige Forderungsverletzung,** vermögen einen Folgenbeseitigungsanspruch nicht zu begründen.[238] Ein Bürger, dem zu Unrecht eine Erlaubnis oder eine sonstige Gewährung oder Leistung der öffentlichen Gewalt verweigert worden ist, kann aus dieser Anspruchs- oder Rechtsverletzung keine Folgenbeseitigungspflicht der öffentlichen Gewalt herleiten. Eine Unrechtsbeseitigung durch Wiederherstellung des status quo ante als essentielle Funktion der öffentlich-rechtlichen Folgenbeseitigung ist in diesen Fällen öffentlich-rechtlicher „Forderungsverletzung" gar nicht möglich.

85 **5. Umfang der Beseitigungspflicht.** Der Folgenbeseitigungsanspruch vermag aber auch in anderer Hinsicht keine umfassende Staatsunrechtshaftung oder Wiedergutmachungspflicht der öffentlichen Gewalt zu begründen. Zum einen bezieht sich die Beseitigungspflicht nicht auf alle mit dem rechtswidrigen Eingriff in einem sozialadäquaten Kausalzusammenhang stehenden Folgen. Erfasst sind nach hL nur die unmittelbaren Folgen des rechtswidrigen Hoheitseingriffs.[239] Vor allem aber ist die Restitutionspflicht in mehrfacher Hinsicht begrenzt: Im Gegensatz zu dem privatrechtlichen Beseitigungsanspruch aus § 1004 zielt der Folgenbeseitigungsanspruch zwar nicht allein auf Beseitigung der fortwirkenden Störungsquelle und auf Beendigung der andauernden Einwirkung pro futuro. Von der vollen Naturalrestitution des § 249 unterscheidet sich der Folgenbeseitigungsanspruch aber dadurch, dass nicht ein hypothetischer Zustand („der bestehen würde, wenn der zum Ersatz verpflichtende Umstand nicht eingetreten wäre"), sondern der ursprüngliche oder allenfalls ein diesem gleichwertiger Zustand (wieder-)herzustellen[240] ist.

86 **6. Wegfall der Beseitigungspflicht.** Aber auch diese (begrenzte) Naturalrestitutionspflicht entfällt, wenn die Wiederherstellung des status quo ante unmöglich, unzulässig oder für den Träger öffentlicher Gewalt unzumutbar ist,[241] ohne dass an ihre Stelle ein ebenso verschuldensunabhängiger Anspruch auf Geldrestitution träte.[242] Der Geschädigte ist in diesen Fällen auf die verschuldensabhängige Amtshaftung angewiesen,[243] sofern nicht ausnahmsweise (auch) die Voraussetzungen des enteignungs- und aufopferungsgleichen Eingriffs vorliegen. Die Beseitigungspflicht entfiel nach der früheren Rechtsprechung des BVerwG ferner dann, wenn eine ins Gewicht fallende **Mitverantwortung** des Verletzten festzustellen ist.[244] Dieser Totalausschluss des Haftungsanspruchs bei mitwirkendem Verschulden geht über die für das allgemeine Schadensersatzrecht geltende und eine Folgenverteilung gestattende Regelung des § 254 eindeutig hinaus.[245] Mit der Entscheidung vom 14. 4. 1989[246] wird auch vom BVerwG das „Alles-oder-Nichts-Prinzip" nicht mehr aufrechterhalten. Ist der Folgenbeseitigungsanspruch auf die Herstellung eines – unteilbaren – Zustandes gerichtet, so kommt bei einer Mitverantwortung des Geschädigten in entsprechender Anwendung des § 251 Abs. 1 die Zahlung eines Ausgleichsbetrages in Betracht. Ein weiterer anspruchsausschließender Grund folgt aus den normierten Anfechtungsfristen der Verwaltungsprozessgesetze und der darin angelegten **Bestandskraft** von Verwaltungsakten: Der Folgenbeseitigungsanspruch entfällt, wenn der bestehende Zustand, dessen Beseitigung begehrt wird, einem für den Verletzten unanfechtbaren Verwaltungsakt ent-

---

[238] *Papier* DÖV 1972, 845; *Weyreuther* S. 76 ff.
[239] *Ossenbühl* Staatshaftungsrecht S. 301 ff.; *Bender* RdNr. 273; s. auch BVerwGE 69, 366 = NJW 1985, 817; dazu *Bender* VBlBW 1985, 201.
[240] *Ossenbühl* Staatshaftungsrecht S. 301; *Hain* VerwA 2004, 498, 506.
[241] *Ossenbühl* Staatshaftungsrecht S. 317, 318 ff. mwN.
[242] So jedoch *Weyreuther* S. 135 ff.
[243] Verhältnis Folgenbeseitigung zur Amtshaftung: nach hM Anspruchskonkurrenz, s. Bonner Komm/*Dagtoglou* 2. Bearb. Art. 34 GG RdNr. 66 mwN.
[244] BVerwG DÖV 1971, 857, 858, 859.
[245] Schon das StHG sah von dem rigorosen Standpunkt ab. Nach § 3 Abs. 3 konnte bei einer Mitverursachung durch den Geschädigten die Folgenbeseitigung nur verlangt werden, wenn der Geschädigte sich an den Kosten angemessen beteiligte.
[246] BVerwGE 82, 24 = NJW 1989, 2484.

spricht.247 Der darin zum Ausdruck kommende und sachlich notwendige Vorrang des verwaltungsprozessualen Primärrechtsschutzes, insbesondere der Anfechtungsklage, kann bei der Amtshaftung allenfalls über die im § 839 Abs. 3 enthaltene Sonderregelung eines mitwirkenden Verschuldens erreicht werden. Bei der Staatsunrechtshaftung wegen enteignungs- und aufopferungsgleichen Eingriffs ist dieser Vorrang nur nach Maßgabe der sinngemäß geltenden Vorschrift des § 254 durchsetzbar: Unterlässt es der Betroffene schuldhaft, den Eingriff mit zulässigen Rechtsbehelfen abzuwehren, so kann er wegen § 254 regelmäßig eine Entschädigung für solche Nachteile nicht verlangen, die er durch den Gebrauch der Rechtsbehelfe hätte vermeiden können. Der Vorrang des primären verwaltungsprozessualen Rechtsschutzes ist also in Bezug auf den Folgenbeseitigungsanspruch strikt, in Bezug auf das Schadensersatz- und Entschädigungsrecht nur nach Maßgabe eines „Verschuldens in eigenen Angelegenheiten" durchgesetzt.

7. Rechtsweg. Der Folgenbeseitigungsanspruch ist – im Gegensatz zu den öffentlich- 87 rechtlichen Schadensersatz- und Entschädigungsansprüchen aus Amtshaftung und aus enteignungs- oder aufopferungsgleichem Eingriff – vor den Verwaltungsgerichten geltend zu machen (vgl. § 40 Abs. 1 VwGO). Für den Vollzugsfolgenbeseitigungsanspruch sieht § 113 Abs. 1 S. 2 VwGO überdies eine erleichterte Geltendmachung in der Weise vor, dass dieser Antrag mit dem Anfechtungsantrag verbunden werden kann und das Gericht über beide Anträge zugleich zu entscheiden hat.

VII. Sozialrechtlicher Herstellungsanspruch

Der sozialrechtliche Herstellungsanspruch248 ist eine der Rechtsprechung entwickel- 88 te249 und inzwischen von der hM anerkannte, wenn auch in ihren Grundlagen nach wie vor umstrittene Rechtsfigur.250 Er ist einerseits aus dem Bedürfnis heraus entwickelt worden, dass der Bürger, der angesichts der Kompliziertheit des Sozialrechts in vielen Bereichen zur Rechtsverwirklichung auf behördliche Auskünfte angewiesen ist, auf die Richtigkeit dieser Auskünfte vertrauen können und in seinem Vertrauen geschützt werden muss. Damit dient er auch der weitestgehenden Verwirklichung der sozialen Rechte, wie sie § 2 Abs. 1 SGB I fordert. Von seinem Anspruchsinhalt vermittelt er dem Bürger, der durch fehlerhafte Betreuung benachteiligt wird, eine günstigere Position als einerseits der Amtshaftungsanspruch und andererseits der Folgenbeseitigungsanspruch: Im Unterschied zum Amtshaftungsanspruch ist Verschulden des zuständigen Amtsträgers nicht erforderlich.251 Anders als der Folgenbeseitigungsanspruch beschränkt sich der Herstellungsanspruch nicht auf Fälle, in denen durch die rechtswidrige Hoheitsmaßnahme in subjektive Rechte des Einzelnen eingegriffen wird.252 Vor allem aber ist der Herstellungsanspruch auf die Gestaltung des primären Rechtsverhältnisses und damit auf die **Durchsetzung** des **ursprünglichen Anspruchs** gerichtet, was für den von Dauerrechtsverhältnissen geprägten Sozialversicherungsbereich von nicht zu unterschätzender Bedeutung ist.

Nach dem gegenwärtigen Stand kann der sozialrechtliche Herstellungsanspruch deshalb 89 wie folgt umrissen werden:253 Wird ein Versicherter oder ein in einem sonstigen Sozial-

---

247 BVerwGE 28, 155, 165.
248 Umfassende Darstellungen bei *Adolf*, Der sozialrechtliche Herstellungsanspruch, 1990; *Krasney*, Zum sozialrechtlichen Herstellungsanspruch in der Rspr. des Bundessozialgerichtes, FS Walter Schwarz, Wien 1991, S. 383 ff.; *Kreßel*, Öffentliches Haftungsrecht und sozialrechtlicher Herstellungsanspruch, 1990; *Ladage*, Der sozialrechtliche Herstellungsanspruch, 1990; *Ossenbühl* Staatshaftungsrecht S. 326 ff.; *Schmidt/de Caluwe*, Der sozialrechtliche Herstellungsanspruch, 1992.
249 BSG SozR RVO § 1233 Nr. 3 = MDR 1962, 1022; im Weiteren BSGE 64, 89, 94; 71, 17, 22; 73, 56, 59; 73, 204, 210; 74, 165, 175; vgl. auch BVerwG NJW 1997, 2966, 2967.
250 S. auch *Ossenbühl* Staatshaftungsrecht S. 326 ff. mwN.
251 BSGE 49, 76, 77; zuletzt BSGE 73, 56, 59.
252 BSG SozR 1200 § 14 Nr. 28, S. 78; vgl. hierzu ausf. *Rüfner* in: *Zacher* (Hrsg.), Wahlfach Sozialrecht, 2. Aufl. 1981, S. 153 ff.
253 *Ossenbühl* Staatshaftungsrecht S. 326 ff.

rechtsverhältnis Stehender auf Grund **pflichtwidrig unterlassener oder mangelhafter Beratung** oder **Auskunft** durch einen Sozialleistungsträger zu Dispositionen in Bezug auf das Sozialrechtsverhältnis veranlasst, die seine Ansprüche verkürzen oder seine Lasten erhöhen, so hat er gegen den zuständigen Leistungsträger einen Anspruch auf Herstellung des Zustandes, der bestehen würde, wenn der Beratungs- oder Aufklärungsfehler unterblieben wäre.

90 Der Herstellungsanspruch setzt auf seiner **Tatbestandsseite** voraus, dass der Versicherungsträger eine ihm entweder auf Grund Gesetzes oder auf Grund eines bestehenden Sozialrechtsverhältnisses dem Versicherten gegenüber obliegende Pflicht insbesondere zur Auskunft und Beratung sowie zu einer dem konkreten Anlass entsprechenden „verständnisvollen Förderung" verletzt und dadurch dem Versicherten einen rechtlichen Nachteil zugefügt hat. Auf seiner **Rechtsfolgenseite** ist der Herstellungsanspruch auf Vornahme einer Amtshandlung zur Herbeiführung derjenigen Rechtsfolge gerichtet, die eingetreten wäre, wenn der Versicherungsträger die ihm gegenüber dem Versicherten obliegenden Pflichten rechtmäßig erfüllt hätte.[254]

VIII. Unmittelbare Staatshaftung in den neuen Ländern[255]

91 Seit dem 3. 10. 1990 gilt in den neuen Bundesländern uneingeschränkt das Amtshaftungsrecht nach § 839/Art. 34 GG.[256] Daneben besteht dort auch eine unmittelbare **verschuldensunabhängige Staatshaftung** für schädigende Folgen rechtswidrigen hoheitlichen Handelns. Diese war in der ehemaligen DDR 1969[257] mit dem Staatshaftungsgesetz (StHG-DDR 1969)[258] eingeführt worden, das nach Art. 9 Abs. 1, Abs. 2 iVm. Anlage II Kapitel III Sachgebiet B Abschnitt III Nr. 1 des Einigungsvertrages[259] mit erheblichen Änderungen als Landesrecht in den neuen Bundesländern fortgilt.[260] In den früheren Ost-Bezirken Berlins wurde das StHG-DDR idF des Einigungsvertrages zunächst mit § 2 S. 1 des Gesetzes über die Vereinheitlichung des Berliner Landesrechts (Gesetz vom 28. 9. 1990, Berl. GVBl. S. 2119) in Berliner Landesrecht übergeleitet; durch Gesetz vom 29. 9. 1995 (Berl. GVBl. S. 607) wurde es wieder aufgehoben, so dass nunmehr im Land Berlin ein einheitliches Staatshaftungsrecht gilt. Das Land Sachsen-Anhalt hat bereits durch das Gesetz zur Änderung des Staatshaftungsgesetzes vom 24. 8. 1992 (GVBl. LSA S. 655) das StHG-DDR weitgehend geändert und im Wesentlichen auf eine dem enteignungsgleichen Eingriff entsprechende Haftung für unmittelbare hoheitliche Eingriffe in das Eigentum reduziert.[261] Im Freistaat Sachsen wurde das StHG-DDR durch Gesetz vom 17. 4. 1998 mittlerweile aufgehoben.

92 **1. Regelungsstruktur und Anspruchsvoraussetzungen.** Der Grundhaftungstatbestand des § 1 Abs. 1 StHG-DDR in der durch den Einigungsvertrag modifizierten

---

[254] BSGE 71, 17, 22; 55, 40, 43 mwN; BVerwG NJW 1997, 2966, 2967.
[255] Vgl. dazu *Boujong*, FS Gelzer, 1991, S. 273; *Christoph* NVwZ 1991, 540; *Krohn* VersR 1991, 1085, 1091; *ders.* S. 72 ff.; *Maurer* (Fn. 119) § 29 RdNr. 39 ff.; *Ossenbühl* Staatshaftungsrecht S. 471 ff.; *ders.* NJW 1991, 1201; *Schullan* VersR 1993, 283 ff.; *Steinberg/Lubberger* S. 394 ff. Zum StHG-DDR in seiner ursprünglichen Fassung vgl. BGHZ 127, 57, 64 ff. = NJW 1994, 2684, 2685 f.; *Lörler* NVwZ 1990, 830; Akademie für Staats- und Rechtswissenschaft der DDR (Hrsg.), Verwaltungsrecht Lehrbuch, 2. Aufl. 1988, S. 210 ff.; *Lübchen* NJ 1969, 394 ff. Zur Frage der Rechtsnachfolge in „Altansprüche" vgl. *Rädler* DtZ 1993, 296 ff.
[256] Vgl. Anlage I Kapitel III Sachgebiet B Abschnitt II Nr. 1 EVertr. zu Art. 232 § 10 EGBGB.
[257] Zur Rechtsentwicklung von 1945 bis 1969 vgl. *Ossenbühl* Staatshaftungsrecht S. 459 ff.
[258] Gesetz vom 12. 5. 1969 (GBl. DDR I S. 34) mit Änderungsgesetz vom 14. 12. 1988 (GBl. DDR I S. 329).
[259] Zu den Motiven der Überleitung vgl. Erl. der BReg. zum EVertr., BT-Drucks. 11/7817 S. 63.
[260] *Ossenbühl* NJW 1991, 1201, 1202 und Staatshaftungsrecht S. 392 hält die wesentlichen Änderungen durch den EVertr. für kompetenzwidrig; dagegen aber zutr. *Strä ßler* NJW 1991, 2467 f. und *Rüfner* (Fn. 252) § 50 RdNr. 42 in Fn. 116. Vgl. auch *Schullan* VersR 1991, 283, 287, der die Überleitung wegen eines Verstoßes gegen das Gebot des EVertr. zur Herstellung der Rechts- und Verfassungseinheit für nichtig hält.
[261] Vgl. zur Staatshaftung in Sachsen-Anhalt *Krohn* (Fn. 58) RdNr. 83 ff.; *Schlotter* LKV 1993, 248 ff.

Fassung lautet: „*Für Schäden, die einer natürlichen oder juristischen Person hinsichtlich ihres Vermögens oder ihrer Rechte durch Mitarbeiter oder Beauftragte staatlicher oder kommunaler Organe in Ausübung staatlicher Tätigkeit rechtswidrig zugefügt werden, haftet das jeweilige staatliche oder kommunale Organ.*"[262] Die wesentlichen Unterschiede zur Amtshaftung sind die **Verschuldensunabhängigkeit** und die **Unmittelbarkeit** der Haftung, wie sie auch 1981 im gescheiterten Staatshaftungsgesetz der Bundesrepublik vorgesehen waren. Problematisch erweist sich die zum Teil beibehaltene Begrifflichkeit, die es in die nunmehr geltende Rechtsordnung einzuordnen gilt. Insoweit kann und darf nicht allein auf die Interpretation und das Rechtsverständnis unter der DDR-Rechtsordnung zurückgegriffen werden.[263] Alleiniger Haftungsgrund ist die objektive Rechtswidrigkeit (des Erfolgs) der staatlichen Tätigkeit.[264] Damit kommt diese Regelung den landesrechtlichen Staatshaftungsnormen wie etwa § 39 OBG NW oder § 59 Abs. 2 Allgemeines Sicherheits- und OrdnungsG Berlin nahe, die ebenfalls eine unmittelbare verschuldensunabhängige Haftung des Staates für rechtswidrige Hoheitsakte vorsehen. Darüber hinausgehend gilt das StHG-DDR nicht nur für Hoheitsakte der Sicherheits- und Ordnungsbehörden, sondern erfasst jedwede hoheitliche Tätigkeit des Staates oder von Kommunen, soweit es sich nicht um die Teilnahme am Zivilrechtsverkehr (§ 1 Abs. 3) oder gerichtliche Entscheidungen (§ 1 Abs. 4) handelt. Auch Rechtssetzungsakte der Exekutive werden als Ausübung staatlicher Tätigkeit erfasst.[265] Ob dies auch für das Parlament bei dem Erlass formeller Gesetze gilt, ist fraglich. Hält man die Tätigkeit des Parlamentsgesetzgebers nicht schon von vornherein für tatbestandlich ausgeklammert,[266] so wird ein Anspruch wegen legislativen Unrechts entsprechend der restriktiven Rechtsprechung des BGH zur diesbezüglichen Amtshaftung[267] regelmäßig am fehlenden Schutzzweck scheitern.[268]

Die Schädigung muss auf einem Verhalten von Mitarbeitern oder Beauftragten staatlicher Organe in Ausübung hoheitlicher Tätigkeit beruhen. Damit dürfte im Wesentlichen derselbe Personenkreis erfasst sein, der als **Beamter** im **haftungsrechtlichen Sinn** im bundesdeutschen Amtshaftungsrecht anerkannt ist.[269] Fraglich ist auf Grund der Formulierung „Mitarbeiter oder Beauftragte", ob nur das Verhalten von Einzelpersonen erfasst wird,[270] oder ob auch Kollektiventscheidungen wie Ratsbeschlüsse und Beschlüsse von Volksvertretungen erfasst werden.[271] Der BGH tendiert dazu, diese Frage im letzteren Sinne zu beantworten.[272] Über den enteignungsgleichen Eingriff und die landesrechtlichen Staatshaftungstatbestände hinausgehend, wird auch einfaches schadensverursachendes **Unterlassen** einer Amtshandlung erfasst,[273] was der Auslegung der Norm bereits durch die DDR-Rechtswissenschaft entspricht.[274] Im Hinblick auf die gewandelte Rechtsprechung des BGH zur Haftung beim **Versagen technischer Ein-**

---

[262] Zu den einzelnen Haftungsvoraussetzungen vgl. *Krohn* (Fn. 58) RdNr. 56 ff.; *Ossenbühl* Staatshaftungsrecht S. 475 ff.; *Steinberg/Lubberger* S. 394 ff.
[263] *Ossenbühl* Staatshaftungsrecht S. 474 f.; *Maurer* (Fn. 119) § 29 RdNr. 43.
[264] Vgl. *Boujong* (Fn. 255) S. 273, 275; *Krohn* (Fn. 58) RdNr. 64; BGHZ 166, 22, 26 m. Anm. *Grzeszick* JZ 2006, 795.
[265] *Boujong* (Fn. 255) S. 273, 278 f.; *Krohn* (Fn. 58) RdNr. 60; *Ossenbühl* Staatshaftungsrecht S. 483.
[266] *Krohn* (Fn. 58) RdNr. 61.
[267] Vgl. RdNr. 260 ff.
[268] Zur Anwendbarkeit des Schutzzweckgedankens auch bei § 1 StHG-DDR vgl. sogleich.
[269] *Krohn* (Fn. 58) RdNr. 62.
[270] So das frühere DDR-Schrifttum, vgl. *Lübchen* NJ 1969, 394, 396. Vgl. dazu *Ossenbühl* Staatshaftungsrecht S. 480, der den anschließenden Vollzugsakt dem StHG unterstellen will und generell den Entscheidungen von Kollegialorganen der Verwaltung nicht vom Anwendungsbereich des StHG ausnimmt.
[271] So *Krohn* (Fn. 58) RdNr. 59 f.; *Boujong* (Fn. 255) S. 273, 278 f.; *Rüfner* (Fn. 252) § 50 RdNr. 46.
[272] BGHZ 127, 57, 66 = NJW 1994, 2684, 2686 zur ursprünglichen Fassung des StHG-DDR.
[273] *Boujong* (Fn. 255) S. 273, 276 f.; *Krohn* VersR 1991, 1085, 1092; *ders.* (Fn. 58) RdNr. 58; *Ossenbühl* Staatshaftungsrecht S. 477; *Steinberg/Lubberger* S. 394.
[274] Vgl. Akademie für Staats- und Rechtswissenschaft der DDR (Fn. 255) S. 214 f.

§ 839 94–96 Abschnitt 8. Titel 27. Unerlaubte Handlungen

richtungen[275] dürfte in entsprechender Auslegung das StHG-DDR auch für diese Fälle anwendbar sein.[276]

94 Erforderlich ist die adäquatkausale Zufügung eines rechtswidrigen Schadens, weshalb es sich um eine reine Erfolgsunrechtshaftung handelt, bei der es dem Wortlaut nach nicht auf die Verletzung einer drittschützenden Amtspflicht ankommt.[277] Die **Rechtswidrigkeit** wird entsprechend durch die Verletzung eines geschützten Rechtsguts indiziert und ist vom Hoheitsträger durch die Darlegung eines Rechtfertigungsgrundes zu widerlegen.[278] Fraglich ist, ob dem Wortlaut entsprechend jedwede objektive Rechtswidrigkeit zur Auslösung der Haftung genügt, oder ob nicht im Einzelfall eine Beschränkung im Hinblick auf den Schutzzweck der verletzten Amtspflicht vorgenommen werden sollte.[279] Wenn man auch nicht gegen den klaren Wortlaut die Rechtswidrigkeit im Sinne der Verletzung einer drittschützenden Amtspflicht auslegen kann, so ist gleichwohl die Anwendung des im bundesdeutschen Amts- und Staatshaftungsrecht anerkannten Schutzzweckgedankens zur Begrenzung der Haftung zulässig und angezeigt.[280] Ursprünglich war neben der persönlichen Integrität des „Bürgers" (Leben, Gesundheit, Freiheit, Persönlichkeitsrecht) auf Grund der sozialistischen Eigentumsdoktrin nur das „persönliche Eigentum" an Gebrauchsgütern iS des § 23 ZGB DDR,[281] nicht aber das „Privateigentum" an Produktionsmitteln geschützt.[282] Seit der Änderung und Überleitung durch den Einigungsvertrag sind geschützte Rechtsgüter alle Rechte natürlicher und juristischer Personen unter Einschluss des gesamten Vermögens. Ebenso wurde der persönliche Anwendungsbereich generell auf **Ausländer** erstreckt, die nach der alten Fassung von § 10 Abs. 2 und 3 StHG-DDR nur dann einen Anspruch hatten, wenn sie entweder ihren ständigen Wohnsitz in der DDR hatten oder mit deren Herkunftsland die Gegenseitigkeit verbürgt war.

95 Gemäß § 2 StHG-DDR besteht eine **Schadensabwendungs- und -minderungspflicht**, die entsprechend dem § 254 und dem Gedanken des Vorrangs des Primärrechtsschutzes bei vorwerfbarer Verletzung den Anspruch mindert oder gar ausschließt. Gemäß § 3 Abs. 3 StHG-DDR besteht eine dem § 839 Abs. 1 S. 2 ähnliche **Verweisungsklausel**, die jedoch unabhängig vom Grad des Verschuldens eingreift.[283] **Passivlegitimiert** ist „das jeweilige staatliche oder kommunale Organ", was aber dessen Rechtsfähigkeit voraussetzt. Ist dies nicht der Fall, so ist der Verwaltungsträger passivlegitimiert, dessen Bediensteter den Schaden verursacht hat bzw. der dem Beauftragten die Ausübung der staatlichen Tätigkeit anvertraut hat.[284]

96 Als **Rechtsfolge** hat der Geschädigte einen Schadensersatzanspruch nach den zivilrechtlichen Bestimmungen (§ 3 Abs. 1 S. 1, Abs. 2 StHG-DDR iVm. §§ 249 ff.), der grundsätzlich nur auf Geldersatz gerichtet ist. Gemäß § 3 Abs. 1 S. 2 StHG-DDR kann der Anspruchsverpflichtete den Schaden auch durch Wiederherstellung des Zustandes, der vor dem Schadensfall bestanden hat, ausgleichen. Der Anspruch **verjährt** innerhalb eines Jahres

---

[275] BGHZ 99, 249, 252 f. = NJW 1987, 1945 zu § 39 OBG NW; vgl. dazu RdNr. 139.
[276] *Boujong* (Fn. 255) S. 273, 277 f.; *Krohn* (Fn. 58) RdNr. 63; *Rüfner* (Fn. 252) § 50 RdNr. 45.
[277] *Krohn* VersR 1991, 1085, 1092; *Ossenbühl* Staatshaftungsrecht S. 478.
[278] *Krohn* (Fn. 58) RdNr. 64; *Ossenbühl* Staatshaftungsrecht S. 478.
[279] Vgl. Akademie für Staats- und Rechtswissenschaft der DDR (Fn. 255) S. 214: „Unter Rechtswidrigkeit ist jede Beeinträchtigung eines durch Gesetz oder andere Rechtsvorschriften geschützten subjektiven Rechts eines Bürgers zu verstehen."
[280] *Krohn* (Fn. 58) RdNr. 64, anders noch in VersR 1991, 1085, 1092; *Wurm* JA 1992, 1, 10. Vgl. auch BGHZ 127, 57, 73 = NJW 1994, 2684, 2688, wonach auch bei der Anwendung des StHG-DDR aF für die inhaltliche Bestimmung und sachliche Begrenzung der Haftung auf den Schutzzweck der verletzten Amtspflicht oder der getroffenen Maßnahme abzustellen ist; jetzt bestätigend BGHZ 166, 22, 26 m. Anm. *Grzeszick* JZ 2006, 795.
[281] Vom 19. 6. 1975 (GBl. DDR I S. 465).
[282] Vgl. dazu *Krohn* (Fn. 58) RdNr. 66 f.; *Lörler* NVwZ 1990, 830; Akademie für Staats- und Rechtswissenschaft der DDR (Fn. 255) S. 213.
[283] Krit. dazu *Krohn* (Fn. 58) RdNr. 73.
[284] *Krohn* (Fn. 58) RdNr. 78; *Ossenbühl* Staatshaftungsrecht S. 484 f.

Haftung bei Amtspflichtverletzung 97 § 839

seit Kenntnis vom Schaden und dem Verursacher (§ 4 Abs. 1 StHG-DDR). Diese vergleichsweise kurze Frist wird weitgehend dadurch kompensiert, dass diese gemäß § 4 Abs. 3 StHG-DDR bereits durch die Stellung des Antrags auf Schadensersatz nach § 5 Abs. 1 StHG-DDR unterbrochen wird, wobei wegen der „Weiterleitungspflicht" in § 5 Abs. 2 StHG-DDR auch die Antragstellung bei einer unzuständigen Behörde genügt.[285] Wird der Antrag abgelehnt, ist binnen eines Monats Beschwerde bei der Ausgangsbehörde einzulegen (§ 6 Abs. 1, 2 S. 1 StHG-DDR). Wird von dieser der Beschwerde nicht abgeholfen, hat sie diese innerhalb einer Woche der übergeordneten Instanz vorzulegen (§ 6 Abs. 2 S. 2 StHG-DDR).[286] Gegen die ablehnende Beschwerdeentscheidung steht nach § 6a StHG-DDR der **Rechtsweg** zu den **ordentlichen Gerichten** offen, wobei das Kreisgericht (jetzt Landgericht gemäß § 16 RechtspflegeanpassungsG vom 26. 6. 1992, BGBl. I S. 1147) am Sitz des Organs örtlich und unabhängig vom Streitwert sachlich zuständig ist.

2. Verhältnis zu anderen Haftungsinstituten. Wegen der unterschiedlichen Regelungsgegenstände, Strukturen und Haftungsvoraussetzungen bleibt der Anwendungsbereich des **Amtshaftungsanspruchs** nach § 839/Art. 34 GG von § 1 StHG-DDR unberührt.[287] Entsprechend können beide Ansprüche bei schuldhaftem Verhalten **konkurrieren,** was vor allem im Hinblick auf die unterschiedliche Verjährungsdauer von Bedeutung ist.[288] Demgegenüber ist jedoch davon auszugehen, dass der enteignungsgleiche und der aufopferungsgleiche Eingriff im Bereich des Staatshaftungsanspruches nach § 1 StHG-DDR verdrängt sind.[289] Dies entspricht auch der allgemeinen Auffassung des BGH, nach der landesrechtliche Ersatzansprüche wegen rechtswidrigen Verhaltens eines Hoheitsträgers als spezialgesetzliche Konkretisierung des Aufopferungsgedankens den zur Schließung von Haftungslücken richterrechtlich entwickelten Instituten des enteignungsgleichen und aufopferungsgleichen Eingriffs vorgehen.[290] Da § 1 StHG-DDR eine besondere Ausformung der objektiven Staatsunrechtshaftung darstellt, lässt sein Anwendungsbereich die rechtmäßige Eingriffe betreffenden Institute der Aufopferung und des enteignenden Eingriffs dagegen unberührt.[291] Ebenso bleibt der **Folgenbeseitigungsanspruch** auf Grund der unterschiedlichen Tatbestandsvoraussetzungen und Rechtsfolgen vom StHG-DDR unberührt. Zwar hat nach § 3 Abs. 1 S. 2 StHG-DDR der ersatzpflichtige Hoheitsträger die Möglichkeit, statt Schadensersatz in Geld zu leisten, den Zustand wiederherzustellen, der vor dem Schadensfall bestanden hat. Da jedoch gemäß § 3 Abs. 1 S. 1 StHG-DDR primär nur ein Anspruch auf Geldersatz besteht und die Entscheidung nach § 3 Abs. 1 S. 2 StHG-DDR im Ermessen des Hoheitsträgers steht, wird der Folgenbeseitigungsanspruch grundsätzlich nicht berührt.[292] Zu denken wäre lediglich daran, dass für den Fall, dass gleichzeitig ein Folgenbeseitigungsanspruch besteht und der Geschädigte die Wiederherstellung des status quo ante verlangt, das Ermessen der Behörde bei der Entscheidung über die Gewährung der Naturalrestitution, soweit sie sich mit dem Anspruch auf Wiederherstellung des status quo ante deckt, auf Null reduziert ist.

---

[285] *Krohn* (Fn. 58) RdNr. 75; *Ossenbühl* Staatshaftungsrecht S. 486.
[286] Die Regelung über das spezielle Vorverfahren nach § 6 StHG-DDR wurde mittlerweile auch von den Ländern Brandenburg und Thüringen durch Gesetz aufgehoben.
[287] Vgl. Erl. der BReg. zum EVertr., BT-Drucks. 11/7817 S. 63; *Ossenbühl* Staatshaftungsrecht S. 487; aA *Steinberg/Lubberger* S. 398, die Art. 9 Abs. 2 EVertr. als lex specialis ansehen. Krit. auch *Maurer* (Fn. 119) § 29 RdNr. 46.
[288] *Boujong* (Fn. 255) S. 273, 276.
[289] *Ossenbühl* Staatshaftungsrecht S. 487; *Steinberg/Lubberger* S. 398 f.
[290] BGHZ 72, 273, 276 ff. = NJW 1979, 36 zu § 39 OBG NW; vgl. auch *Maunz/Dürig/Papier* Art. 14 GG RdNr. 678 f.
[291] *Ossenbühl* Staatshaftungsrecht S. 488.
[292] Ebenso *Rüfner* (Fn. 252) § 50 RdNr. 44; aA *Steinberg/Lubberger* S. 399, die den Folgenbeseitigungsanspruch insoweit für verdrängt halten, als er sich mit § 3 Abs. 1 S. 2 StHG-DDR deckt.

C. Staatshaftung und Gemeinschaftsrecht[293]

I. Gemeinschaftsrechtliche Grundlagen und Funktion der Staatshaftung

98 **1. Rechtsverstoß durch Gemeinschaftsorgane.** Die Normen des deutschen Staatshaftungsrechts kommen nur zur Anwendung, wenn der Rechtsverstoß einem Träger der deutschen öffentlichen Gewalt zurechenbar ist. Das von **Gemeinschaftsorganen** begangene Unrecht kann Ansprüche Dritter weder nach Amtshaftungsrecht noch wegen enteignungsgleichen oder aufopferungsgleichen Eingriffs begründen.[294] Die Haftung der Gemeinschaft richtet sich nach Art. 288 EG-Vertrag, der in Abs. 2 bestimmt, dass sich im Bereich der außervertraglichen Haftung die Ersatzpflicht der Gemeinschaft für die durch ihre Organe oder Bediensteten verursachten Schäden „nach den allgemeinen Rechtsgrundsätzen" bemisst, „die den Rechtsordnungen der Mitgliedstaaten gemeinsam sind". Da diese sehr unterschiedlich sind, kommt dem EuGH letztlich ein breiter rechtsschöpferischer Gestaltungsspielraum bei der Bestimmung der gemeinschaftsrechtlichen Haftungsvoraussetzungen zu.

99 **2. Rechtsverstoß durch Organe der Mitgliedstaaten.** Gleichwohl spielt das Gemeinschaftsrecht auch im Rahmen des nationalen Staatshaftungsrechts keine unbedeutende Rolle.[295] Amtspflichten der Träger deutscher öffentlicher Gewalt können sich nämlich auch aus dem primären und sekundären Gemeinschaftsrecht ergeben. Nach der ständigen Rechtsprechung des BGH bestehen im Bereich des legislativen Unrechts jedoch keine drittbezogenen Amtspflichten.[296] Insbesondere im Hinblick auf die Nichtumsetzung von Richtlinien bestanden damit aus gemeinschaftsrechtlicher Sicht problematische Haftungsdefizite.[297] Auch in anderen mitgliedstaatlichen Rechtsordnungen, etwa in dem der ersten diesbezüglichen Leitentscheidung des EuGH zu Grunde liegenden italienischen Recht, bestanden in Bezug auf Gemeinschaftsrechtsverletzungen Haftungslücken unterschiedlicher Art. Der Gerichtshof hat daher im Wege richterlicher Rechtsfortbildung mit der Francovich-Entscheidung[298] 1991 beginnend entsprechende Haftungsgrundsätze entwickelt, welche schadensverursachende Verletzungen des Gemeinschaftsrechts durch die Mitgliedstaaten umfassend ausgleichen sollen. Ihre Wurzeln finden diese im Gebot effektiven Rechtsschutzes der Gemeinschaftsbürger, der Pflicht der Mitgliedstaaten zu Gemeinschaftstreue gemäß Art. 10 EG-Vertrag und insbesondere im Prinzip der vollen Wirksamkeit des Gemeinschaftsrechts (effet utile): Die Mitgliedstaaten sollen durch die drohende Sanktionierung zu einem vertragstreuen Verhalten veranlasst werden.[299] Die Mitgliedstaaten haben danach alle Maßnahmen allgemeiner oder besonderer Art zu treffen, um ihre Verpflichtungen aus dem Gemeinschaftsrecht zu erfüllen. Dazu gehört auch diejenige, die rechtwidrigen Folgen eines Verstoßes gegen das Gemeinschaftsrecht zu beheben.

99 a Von besonderem Interesse sind dabei die Amtspflichten, welche sich aus Richtlinien iS des Art. 249 Abs. 3 EG-Vertrag ergeben. Insoweit sind drei grundsätzliche Konstellationen zu unterscheiden. Zum einen kann der Verstoß nationaler Träger öffentlicher Gewalt gegen

---

[293] Darstellungen auch bei: *Detterbeck/Windthorst/Sproll* S. 46 ff., *Detterbeck* AöR 125 (2000), 202; *Jarass*, Grundfragen der innerstaatlichen Bedeutung des EG-Rechts, 1994, S. 111 ff.; *ders.* NJW 1994, 881; *Ossenbühl* Staatshaftungsrecht S. 492 ff.; *ders.* DVBl. 1992, 993; *v. Danwitz* DVBl. 1997, 1; *Hidien*, Die gemeinschaftsrechtliche Staatshaftung der EU-Mitgliedstaaten, 1999; *Beljin*, Staatshaftung im Europarecht, 2000; *Detterbeck* VerwA 1994, 159; *Fischer* EuZW 1992, 41; *Führich* EuZW 1993, 725; *Hailbronner* JZ 1992, 284; *Scherzberg* Jura 1993, 225; *Streinz* EuZW 1993, 599; *Beermann*, Handels- und Steuerbilanzen 1997, FS Heinrich Beisse, S. 45 ff.; *Böhm* JZ 1997, 53; *Fischer* JA 2000, 348.
[294] EuGH Slg. 1986, 763, 767; EuGH Slg. 1987, 3005, 3026; ausf. *Ossenbühl* Staatshaftungsrecht S. 569 ff.
[295] Ausf. *Papier* in: Hans-Werner Rengeling, Handbuch des europäischen und deutschen Umweltrechts, Bd. I, 2. Aufl. 2003, § 43.
[296] BGHZ 56, 40, 46; 100, 136; 125, 27, 38.
[297] So auch *Detterbeck* (Fn. 293) S. 202, 229; *Ossenbühl* Staatshaftungsrecht S. 107.
[298] EuGH NJW 1992, 165.
[299] Vgl. *Ossenbühl* Staatshaftungsrecht S. 494 f.; *Danwitz* DVBl. 1997, 1, 3; *Schoch* S. 759, 761.

eine Richtlinie einen Haftungsanspruch des Einzelnen begründen. Entsprechende Amtspflichten vermitteln insbesondere auch nichtumgesetzte Richtlinien, sofern sie unmittelbar anwendbar sind.[300] Voraussetzung dafür ist, dass der Mitgliedstaat seiner Umsetzungspflicht nicht fristgerecht oder nicht vollständig nachgekommen ist, die Richtlinie inhaltlich unbedingt und hinreichend bestimmt ist und keines weiteren Ausführungsakts zu ihrer Anwendung bedarf. Die Richtlinie kann aber in jedem Fall nur zugunsten des Gemeinschaftsbürgers und nur zu Lasten des (säumigen) Staates unmittelbare Wirkung entfalten.[301] Zum anderen kann die Richtlinie fehlerhaft umgesetzt worden sein.[302] Von größerer rechtspolitischer Bedeutung ist jedoch der bereits beschriebene Fall,[303] dass die Transformation der Richtlinie in nationales Recht versäumt wurde, die Richtlinie selbst jedoch keine unmittelbare Wirkung entfalten kann. Ein Haftungsanspruch kann sich dann aus der Verletzung der Pflicht zur fristgerechten Richtlinienumsetzung (Art. 10 EG-Vertrag) ergeben. Weiterer Anknüpfungspunkt für das Bestehen von Amtspflichten sind auf der Ebene des sekundären Gemeinschaftsrechts in uneingeschränktem Maße **Verordnungen** iS des Art. 249 Abs. 2 EG-Vertrag.

Da es an einer weitergehenden Regelung im EG-Vertrag fehlt, ist es Sache der nationalen Rechtsordnung, die zuständigen Gerichte zu bestimmen und das Verfahren für diese Klagen auszugestalten.[304] Dabei sind jedoch die allgemeinen europarechtlichen Vorgaben des Diskriminierungsverbots und des Effektivitätsgebots zu beachten. Die im Schadensersatzrecht der einzelnen Mitgliedstaaten determinierten materiellen und formellen Voraussetzungen dürfen deshalb zum einen nicht ungünstiger sein als bei ähnlichen Klagen, die nur nationales Recht betreffen.[305] Zum anderen dürfen die Voraussetzungen des nationalen Rechts nicht so ausgestaltet sein, dass die Erlangung der Entschädigung praktisch unmöglich oder übermäßig erschwert wird.[306] Letzteres bedeutet insbesondere, dass ein Verweis auf die Haftung eines anderen Schuldners als des Mitgliedstaats nur dann möglich ist, wenn dies neben der nur formalen Änderung des Schuldners keine nachteiligen Wirkungen für den Geschädigten hat.[307]

II. Voraussetzungen der Haftung

Unter welchen Voraussetzungen der Verstoß den gemeinschaftsrechtlich vorgeschriebenen Ersatzanspruch auslöst, hängt von der Art des Verstoßes ab.[308] In Anlehnung an seine Rechtsprechung zur außervertraglichen Haftung der Gemeinschaft nach Art. 288 EG-Vertrag hat der EuGH die Haftungsvoraussetzungen bei einem Gemeinschaftsrechtsverstoß – zunächst

---

[300] Vgl. dazu etwa *Classen* EuZW 1993, 83; *Fischer* NVwZ 1992, 635; *Götz* NJW 1992, 1849; *Jarass* NJW 1991, 2420; *Mögele* BayVBl. 1993, 129; *Papier* DVBl. 1993, 809; *Winter* DVBl. 1991, 657.
[301] Grdlg. EuGH Slg. 1986, 723 = NJW 1986, 2178, 2180 – Marshall; zu anerkannten Ausnahmen, insbes. für Fälle der horizontalen unmittelbaren Wirkung, vgl. *Gundel* EuZW 2001, 143; auch nach der Entscheidung des EuGH in der Rechtssache Mangold ergibt sich kein neues Bild dergestalt, dass Richtlinien eine unmittelbare Wirkung zwischen Privaten entfalten würden. Der Gerichtshof zieht die Richtlinie vielmehr lediglich zur Konkretisierung einer (vermeintlichen) Verfassungstradition der Mitgliedstaaten heran, welche Altersdiskriminierung verbiete. Das nationale Gericht habe die volle Wirksamkeit des allg. Verbots der Altersdiskriminierung zu gewährleisten, indem es die in Frage stehenden Bestimmungen des deutschen TzBfG unangewendet lasse, auch wenn die Umsetzungsfrist noch nicht abgelaufen sei. Denn der Staat habe auch vor Ablauf der Umsetzungsfrist alle Maßnahmen zu unterlassen, die das Ziel der Richtlinie vereiteln könnten, vgl. EuGH NJW 2005, 3695. Die Entscheidung ist auf massive Kritik gestoßen, vgl. dazu insbes. *Streinz/Hermann* RdA 2007, 165.
[302] EuGH NJW 1997, 119 – Denkavit.
[303] EuGH NJW 1992, 165 – Frankovich.
[304] Vgl. *Detterbeck* (Fn. 293) S. 202, 228; *Papier* (Fn. 295) § 43 RdNr. 2.
[305] EuGH Slg. 1991, I-5357, 5416 – Francovich, unter Berufung auf die vergleichbare Rspr. zur Erstattung von Abgaben, die unter Verstoß gegen das Gemeinschaftsrecht erhoben wurden, etwa EuGH Slg. 1983, 3595.
[306] EuGH NJW 1996, 1267, 1271 Tz. 74 – Brasserie du Pêcheur u. a. m. Anm. *Streinz* EuZW 1996, 201; Slg. 2000, I-577, 623 f.
[307] EuGH vom 1. 6. 1999, Slg. 1999, I-3099, 3140 Tz. 62; EuZW 2000, 733, 734 Tz. 27 ff.; vgl. auch *Weber* NVwZ 2001, 287, 288.
[308] Zuerst EuGH NJW 1992, 156.

des nationalen Gesetzgebers – präzisiert und weiterentwickelt. Kommt diesem ein weiter Ermessensspielraum zu, insbesondere weil er auf einem Gebiet tätig wird, das gemeinschaftsrechtlich nicht näher geregelt ist, setzt der gemeinschaftsrechtliche Ersatzanspruch voraus, dass die Gemeinschaftsrechtsnorm, gegen die verstoßen wird, bezweckt, dem einzelnen Rechte zu verleihen, dass dieser Verstoß hinreichend qualifiziert ist und dass zwischen dem Verstoß und dem entstandenen Schaden ein unmittelbarer Kausalzusammenhang besteht.[309] In Fallgestaltungen, in denen das Gemeinschaftsrecht das Ermessen des nationalen Gesetzgebers durch die Auferlegung von Ergebnispflichten oder Verhaltens- oder Unterlassungspflichten einschränkt, wie dies namentlich bei der Francovich-Entscheidung[310] der Fall war, sind die Anforderungen an die hinreichende Qualifiziertheit deutlich niedriger. In der Folge hat der EuGH die gemeinschaftsrechtlichen Vorgaben für die Staatshaftung weiter konkretisiert. Die in der Rechtssache „Brasserie de Pêcheur" entwickelten drei Voraussetzungen wurden generell zu den Elementen des gemeinschaftsrechtlichen Staatshaftungsanspruchs erklärt[311] und überdies sowohl auf administratives[312] als auch judikatives[313] Unrecht bezogen.

100 a 1. Tatbestandsvoraussetzungen im Einzelnen. a) Gemeinschaftsrechtsverstoß. Erforderlich ist zunächst der Verstoß gegen eine gemeinschaftsrechtliche Norm des Primär- oder Sekundärrechts, welche nicht allein dem Interesse der Allgemeinheit gewidmet ist, sondern zumindest auch die Verleihung individueller Rechte bezweckt. Insoweit sind die Anforderungen deutlich niedriger als bei der Frage einer Verletzung subjektiver öffentlicher Rechte, ausreichend ist eine reflexartige Wirkung.[314] Haftungsrelevant kann sowohl ein Tun als auch ein Unterlassen sein.[315] Ob das haftungsauslösende Verhalten nach dem nationalen Recht öffentlich-rechtlicher oder privatrechtlicher Natur ist, spielt für einen gemeinschaftsrechtlichen Staatshaftungsanspruch keine Rolle.[316] Welches mitgliedstaatliche Organ den Verstoß begangen hat, ist ebenfalls irrelevant.[317] So finden die vom EuGH entwickelten Haftungsgrundsätze auch Anwendung, wenn der nationale Gesetzgeber es pflichtwidrig unterlassen hat, ein formelles Gesetz an eine bindende Norm des Gemeinschaftsrechts anzupassen.[318]

100 b b) **Hinreichend qualifizierte Rechtsverletzung.** Nicht jeder Rechtsverstoß begründet nach der Rechtsprechung des Gerichtshofes einen Schadensersatzanspruch. Erforderlich ist vielmehr eine hinreichend qualifizierte Verletzung des Gemeinschaftsrechts.[319] Zur Beurteilung, wann ein solcher **qualifizierter Verstoß** vorliegt, haben die nationalen Gerichte das Maß an Klarheit und Genauigkeit der verletzten Vorschrift, den Umfang des Ermessensspielraums, die Frage, ob der Schaden vorsätzlich oder nicht vorsätzlich zugefügt wurde, die Entschuldbarkeit oder Unentschuldbarkeit eines etwaigen Rechtsirrtums und den Umstand, dass möglicherweise ein Verhalten eines Gemeinschaftsorgans zu dem gemeinschaftswidrigen Verhalten des Mitgliedstaates beigetragen hat, heranzuziehen.[320] Die erforderliche Qualifika-

---

[309] EuGH NJW 1996, 1267, 1269 – Brasserie de Pêcheur u. a. m. Anm. *Streinz* EuZW 1996, 201.
[310] EuGH Slg. 1991, I-5357.
[311] EuGH NJW 1996, 3141, 3142 Tz. 21, 23 – Dillenkofer u. a.; zwar wiederholt der Gerichtshof die frühere Feststellung, wonach die Voraussetzungen von der Art des Verstoßes abhängen, stellt dann jedoch fest, dass diese „im Wesentlichen die gleichen" sind; zu diesem Wandel in der Rspr. *Beljin* S. 16 ff.
[312] EuGH EuZW 1996, 435 Tz. 26 – Hedley Lomas.
[313] EuGH NJW 2003, 3559 – Köbler; NJW 2006, 3337 – Traghetti del Mediterraneo.
[314] So auch *Schoch* S. 759, 766; *Jarass* (Fn. 293) S. 119.
[315] Vgl. EuGH NJW 1996, 1267, 1268 Tz. 32; *Beljin* S. 44 f. mwN.
[316] Vgl. *Detterbeck/Windhorst/Sproll* § 6 RdNr. 59 f.
[317] Zur Zurechnung von den freien Warenverkehr beeinträchtigenden Äußerungen einzelner Beamten vgl. EuGH EuZW 2007, 480, 483 – A. G. M.-COS.MET: Die Äußerungen sind dem Staat zuzurechnen, wenn die Empfänger dieser Äußerungen den Umständen nach annehmen dürfen, dass der Beamte diese Äußerungen mit Amtsautorität macht.
[318] Vgl. EuGH NJW 1996, 1267, 1268 – Brasserie du Pêcheur u. a. m. Anm. *Streinz* EuZW 1996, 201; sowie im Anschluss die Entscheidung BGH NJW 1997, 123, 125 ff.
[319] EuGH NJW 1996, 1267, 1270; EuZW 1996, 274 Tz. 42 ff. – British Telecommunications; NJW 1996, 3141 Tz. 25 ff. – Dillenkofer.
[320] EuGH NJW 1996, 1267, 1270.

tion liegt ohne weiteres vor, wenn die Pflichtwidrigkeit des Verhaltens in einem Vertragsverletzungsverfahren oder einem Vorabentscheidungsverfahren festgestellt worden war oder sich aus einer gefestigten Rechtsprechung des EuGH ergab, und es gleichwohl aufrechterhalten wurde.[321] Im Übrigen wird die hinreichende Qualifiziertheit bei einer offenkundigen und erheblichen Überschreitung der rechtlichen Grenzen der mitgliedstaatlichen Befugnisse angenommen.[322] Im Bereich judikativen Unrechts stellt der EuGH jedoch wegen der Besonderheiten der richterlichen Funktion höhere Anforderungen an die Qualifiziertheit des Rechtsverstoßes.[323] Ein Indiz gegen die hinreichende Qualifikation kann darin gesehen werden, dass die Kommission trotz entsprechender Beschwerden kein Vertragsverletzungsverfahren gegen den Mitgliedstaat einleitet.[324] Im Hinblick auf die fehlerhafte Umsetzung von Richtlinien fehlt es an einem hinreichen qualifizierten Verstoß, wenn die fehlerhaft umgesetzte Richtlinienbestimmung ungenau ist, die vom Mitgliedstaat in gutem Glauben gewählte Auslegung auf nicht völlig von der Hand zu weisenden Erwägungen beruht bzw. nicht in einem offenkundigen Widerspruch zu Wortlaut und Zielsetzung der Richtlinie steht und der Rechtsprechung des EuGH nichts zur Auslegung entnommen werden konnte.[325] Der nach deutschem Amtshaftungsrecht erforderliche und bei Erlass von Gesetzen und Verordnungen regelmäßig verneinte Drittbezug der verletzten Amtspflicht muss im Falle eines dem nationalen Gesetzgeber zuzurechnenden Verstoßes gegen das Gemeinschaftsrecht außer Betracht bleiben, da dieses Erfordernis den Ersatzanspruch praktisch unmöglich machen oder übermäßig erschweren würde und damit der Verpflichtung der nationalen Gerichte, die volle Wirksamkeit des Gemeinschaftsrechts zu sichern und einen effektiven Schutz der Rechte des einzelnen zu gewährleisten, entgegenstünde.[326] Zusammen mit dem vom EuGH anerkannten Grundsatz vom Vorrang des Primärrechtsschutzes[327] bietet das Erfordernis der hinreichenden Qualifikation des Gemeinschaftsrechtsverstoßes einen angemessenen Filter zur Wahrung der notwendigen Gestaltungsfreiheit der Mitgliedstaaten, so dass auch in Zukunft keine exorbitanten Haftungsverpflichtungen zu erwarten sind.[328] Das Verschulden als solches bildet keine separate Tatbestandsvoraussetzung.[329] Im Hinblick auf ein objektiviertes Verschuldensverständnis kommt dem Kriterium der hinreichenden Qualifiziertheit jedoch eine weitgehende funktionale Äquivalenz zu.

Im Bereich der Haftung für gemeinschaftsrechtswidrige höchstrichterliche Entscheidungen bestanden in den Mitgliedstaaten vielfach Bedenken im Hinblick auf die Wahrung der richterlichen Unabhängigkeit und den Schutz der Rechtskraft. Der EuGH hat in seiner Anfangsrechtsprechung zum judikativen Unrecht einen „offenkundigen" Verstoß des letztinstanzlichen Gerichts gegen Gemeinschaftsrecht als Vorraussetzung determiniert. Zur Bestimmung eines solchen Verstoßes kommt es insbesondere an auf das Maß an Klarheit und Präzision der verletzten Vorschrift, die Vorsätzlichkeit des Verstoßes, die Entschuldbarkeit eines Rechtsirrtums oder die Verletzung der Vorlagepflicht nach Art. 234 Abs. 2 EG-Vertrag durch das in Rede stehende Gericht.[330] Durch diese strengeren Haftungsanforderungen sollte der Besonderheit richterlicher Funktion Rechnung getragen werden. In seiner neueren Rechtsprechung hat der EuGH die Vorraussetzungen für eine Haftung wegen judikativen Unrechts weiter konkreti-

---

[321] EuGH NJW 1996, 1267, 1270.
[322] *Schoch* S. 759, 767 mwN.
[323] Vgl. EuGH DVBl. 2003, 1516 Tz. 53; BayVBl. 2006, 695 f.; *Kluth* DVBl. 2004, 393, 398 f.
[324] LG Hamburg NVwZ 2000, 477, 478.
[325] EuGH EuZW 1996, 274 Tz. 43 f. – British Telecommunications.
[326] EuGH NJW 1996, 1267, 1270 Tz. 69 bis 74 – Brasserie du Pêcheur u. a. m. Anm. *Streinz* EuZW 1996, 201.
[327] EuGH NJW 1996, 1267, 1271 Tz. 84.
[328] Vgl. *Papier* (Fn. 295) § 43, 1584.
[329] EuGH NJW 1996, 1267, 1271 Tz. 75 bis 80 – Brasserie du Pêcheur u. a. m. Anm. *Streinz* EuZW 1996, 201.
[330] EuGH NJW 2003, 3559 – Köbler.

siert.³³¹ Es zeichnet sich insoweit eine gewisse Absenkung der Haftungskriterien ab, als der Gerichtshof deutlich gemacht hat, dass ein offenkundiger Verstoß auch in der fehlerhaften Auslegung von Rechtsvorschriften oder Sachverhalts- bzw. Beweiswürdigung liegen könne. Zum anderen dürfe die Haftung für richterliche Gemeinschaftsrechtsverletzungen nicht durch nationale Vorschriften auf die Fälle von Vorsatz und grober Fahrlässigkeit beschränkt werden.

101   **c) Kausalität.** Zwischen dem entstandenen Schaden und dem Gemeinschaftsrechtsverstoß muss ein unmittelbarer, ursächlicher und adäquater Zusammenhang bestehen. Aus der Sicht eines optimalen, mit allen Umständen vertrauten Betrachters darf der Schadenseintritt nicht außerhalb der allgemeinen Lebenserfahrung liegen.

102   **2. Rechtsfolgen des Haftungsanspruchs.** Über die Art und Höhe des Schadenersatzanspruchs entscheiden die nationalen Gerichte.³³² Sie sind allerdings an gewisse europarechtliche Vorgaben gebunden. So muss der gewährte Anspruch in einem angemessenen Verhältnis zum Schaden stehen³³³ und darf die Entschädigungspflicht nicht grundsätzlich einen entgangenen Gewinn ausschließen.³³⁴ Anspruchsbegrenzend kann nach der Rechtsprechung des EuGH auch ein etwaiges Mitverschulden einschließlich der Verpflichtung zur Ausschöpfung des Primärrechtsschutzes herangezogen werden.³³⁵

III. Konsequenzen für das nationale Recht

103   Das Verhältnis zwischen gemeinschaftsrechtlichem Staatshaftungsanspruch und den nationalen Haftungsgrundlagen ist nach wie vor nicht abschließend geklärt.³³⁶ Offen geblieben in der Rechtsprechung des EuGH ist insbesondere die Frage, ob es sich um einen gemeinschaftsrechtlichen Anspruch sui generis handelt, der neben die Haftungstatbestände des nationalen Rechts tritt und diesem nur für den Bereich der Haftungsausfüllung und verfahrensrechtlichen Durchsetzung Raum lässt. Es könnte sich aber auch um gemeinschaftsrechtliche Mindestvorgaben handeln, so dass der Anspruch auf der Grundlage und im Rahmen des jeweiligen nationalen Staatshaftungsrechts geltend zu machen ist, das diesen Vorgaben im Wege der gemeinschaftsrechtskonformen Auslegung oder ggf. des Anwendungsvorrangs anzupassen ist. Die Äußerungen des EuGH lassen beide Integrationslösungen zu.³³⁷ Dagegen verfolgt der BGH ohne weitere Begründung erstere Lösung,³³⁸ und ihm folgen die unteren Instanzen der ordentlichen Gerichtsbarkeit, wobei Zuständigkeit und Verfahren nach den für das Amtshaftungsrecht geltenden Bestimmungen behandelt werden.³³⁹ Vorzugswürdig erscheint allerdings das Verständnis der vom EuGH gemachten Vorgaben als Mindestvoraussetzungen.³⁴⁰ Hierfür lässt sich anführen, dass auch der EuGH trotz der Mehrdeutigkeit seiner Äußerungen von dieser Integrationsmethode auszugehen scheint, wenn er sich im Rahmen der Vorabentscheidungen dezidiert mit haftungsbegründenden Tatbestandsmerkmalen des nationalen Rechts auseinandersetzt und diese daran misst, dass sie nicht ungünstiger sein dürfen als bei entsprechenden innerstaatlichen Ansprüchen sowie dass sie die Erlangung der Entschädigung nicht praktisch unmöglich machen oder

---

³³¹ Vgl. EuGH NJW 2006, 3337 – Traghetti del Mediterraneo; dazu *Lindner* BayVBl. 2006, 696 sowie *Seegers* EuZW 2006, 564.
³³² Vgl. *Ossenbühl* Staatshaftungsrecht S. 521; *Schoch* S. 759, 771.
³³³ EuGH NJW 1996, 1267, 1271 Tz. 82; EuZW 1997, 534, 537 Tz. 48.
³³⁴ EuGH NJW 1996, 1267, 1271 Tz. 87; EuZW 2007, 480, 485 – A. G. M.-COS.MET.
³³⁵ EuGH NJW 1996, 1267, 1271 Tz. 84; vgl. auch *Streinz* EuZW 1993, 599, 603; zu der Frage, inwieweit § 839 Abs. 3 herangezogen werden kann *Beljin* S. 66 f. mwN.
³³⁶ Zum Streitstand *Ossenbühl* Staatshaftungsrecht S. 522 ff.; *Cornils* S. 89 ff.
³³⁷ So sieht der EuGH den Schadensersatzanspruch teilweise „unmittelbar im Gemeinschaftsrecht" verankert, rekurriert andererseits aber auf die europarechtskonform auszulegenden nationalen Haftungsvoraussetzungen.
³³⁸ BGH NVwZ 2001, 465, 468.
³³⁹ LG Bonn NJW 2000, 815, 816; ZIP 1999, 2051, 2052; LG Hamburg NVwZ 2000, 477 f.
³⁴⁰ Vgl. *Jarass* (Fn. 293) S. 114; *Schoch* S. 759, 772; *Weber* NVwZ 2001, 287, 388 f.

Haftung bei Amtspflichtverletzung   104 § 839

übermäßig erschweren dürfen.³⁴¹ Andernfalls könnte der EuGH einfach auf den abschließenden Charakter der von ihm entwickelten Vorgaben abstellen.³⁴² Auch verbleibt den mitgliedstaatlichen Rechtsordnungen bei dieser Integrationsmethode ein dem Subsidiaritätsprinzip angemessener Spielraum, wird dem disparaten deutschen Staatshaftungssystem nicht noch ein weiterer Bruch hinzugefügt und kann unter Beachtung des Diskriminierungsverbots auf bekannte Problemlösungsmodelle zurückgegriffen werden. Demgegenüber erscheint das Verständnis der vom EuGH entwickelten Vorgaben als abschließende Haftungsvoraussetzungen zwar als die technisch einfachere Methode,³⁴³ jedoch würde dies um den Preis der vollständigen Aufgabe mitgliedstaatlicher Kompetenz im Bereich der Haftungsbegründung erfolgen. Es stellt sich überdies die Frage, ob die Entwicklung einer eigenständigen gemeinschaftsrechtlichen Anspruchsgrundlage noch von der dem EuGH zustehenden Kompetenz zur Fortbildung des Gemeinschaftsrechts gedeckt wäre.³⁴⁴ Im Ergebnis ist daher davon auszugehen, dass sich die Staatshaftungsansprüche wegen Verletzung von Gemeinschaftsrecht durch Organe der deutschen öffentlichen Gewalt nach dem nationalen Staatshaftungsrecht richten, das allerdings im Wege der gemeinschaftsrechtskonformen Auslegung und wegen des Anwendungsvorrangs des Gemeinschaftsrechts den europarechtlichen Staatshaftungsgrundsätzen anzupassen ist.³⁴⁵

D. Reform des Staatshaftungsrechts

I. Vorarbeiten

Über die strukturellen Schwächen und die rechtspolitischen Mängel des geltenden Staats-   104
haftungsrechts besteht Einigkeit.³⁴⁶ Einig war und ist man sich auch in der Erkenntnis, dass dieser Zustand im Wesentlichen darauf zurückzuführen ist, dass die maßgeblichen Normen und Rechtsinstitute unterschiedlichen historischen Epochen und überholten staatstheoretischen Grundanschauungen entstammen, dass sie von teilweise disparaten rechtspolitischen Zielsetzungen getragen sind und teilweise lückenhafte, nicht aufeinander abgestimmte und widersprüchliche Regelungsgehalte aufweisen. Daraus folgte die Erkenntnis, dass nicht mehr durch richterliche Rechtsfortbildung und gesetzgeberische Einzelkorrekturen, sondern allein durch eine grundlegende und umfassende legislatorische Neugestaltung der Haftung des Staates für rechtswidrige Ausübung der öffentlichen Gewalt Abhilfe geschaffen werden kann. Einen maßgeblichen Anstoß zur Einleitung einer Staatshaftungsreform gaben die Beratungen und Empfehlungen des **47. Deutschen Juristentages** in Nürnberg.³⁴⁷ Dort wurde einmütig die Forderung an den Gesetzgeber erhoben, die verschiedenen Bereiche der Staatshaftung untereinander und mit dem verwaltungsgerichtlichen Rechtsschutz zu harmonisieren sowie umfassend bundesgesetzlich zu regeln. Die Bundesregierung setzte daraufhin 1970 eine unabhängige Kommission ein, die im Oktober 1973 ihren Bericht und ihre Vorschläge vorlegte.³⁴⁸ Empfohlen wurde eine Grundgesetzänderung, durch die vor allem Art. 34 GG eine Änderung in Bezug auf die als überholt erachtete Rechtswegzuweisung erfahren sollte,

---

³⁴¹ EuGH NJW 1996, 1267, 1270 Tz. 67.
³⁴² *Pfab* S. 119.
³⁴³ *Ossenbühl* Staatshaftungsrecht S. 525 f.; *Cornils* S. 110 ff.
³⁴⁴ So auch *Schoch* S. 759, 772; *Pfab* S. 119.
³⁴⁵ Es spricht daher auch nichts dagegen, die Haftungszuweisung an die entsprechende juristische Person des öffentlichen Rechts nach Art. 34 S. 1 GG vorzunehmen; es ist nicht erforderlich, dass bei allen europarechtlichen Verstößen durch die öffentliche Hand der Bund als Haftungssubjekt zur Verfügung steht, BGHZ 161, 224, 234 ff. = NVwZ 2006, 28.
³⁴⁶ Vgl. zu den Schwächen des Staatshaftungsrechts *Schoch* Verw. 34, 261, der ein Konzept zur Überwindung des Entwicklungsrückstands des deutschen Staatshaftungsrechts entwickelt.
³⁴⁷ Verh. des 47. DJT, Bd. 11 (Sitzungsberichte), Teil L, 1968.
³⁴⁸ Reform des Staatshaftungsrechts, Kommissionsbericht (Fn. 55) S. 637; vgl. hierzu ferner die Stellungnahmen von *Papier* DVBl. 1974, 573; *Dagtoglou* VerwA 65 (1974), 345; *Hesse* BB 1975, 13; s. auch *Ossenbühl* Staatshaftungsrecht S. 441 ff. mwN.

sowie der Erlass eines „Staatshaftungsgesetzes" (**Kommissions-Entwurf – KE-StHG**). Auf der Grundlage dieses Kommissionsentwurfs und der nachfolgenden wissenschaftlichen Diskussion wurde im Jahre 1976 ein **Referentenentwurf** des Bundesministers der Justiz und des Bundesministers des Innern für ein „Staatshaftungsgesetz" (**RefE-StHG**) vorgelegt,[349] der nach gewissen Modifikationen als **Gesetzentwurf der Bundesregierung (RegE-StHG)** im Mai 1978 den Gesetzgebungsorganen zugeleitet wurde.[350] Außerdem wurde – in Übereinstimmung mit dem bisherigen Diskussionsstand – der Entwurf eines Gesetzes zur Änderung des Grundgesetzes vorgelegt. Das Grundgesetz sollte nach diesem Änderungsentwurf die Staatshaftung im Sinne einer institutionellen Garantie gewährleisten. Im Übrigen sollte die Regelung der Staatshaftung ausdrücklich einem Bundesgesetz überantwortet werden, das der Zustimmung des Bundesrates bedürfte. Ferner sollte die Garantie des ordentlichen Rechtsweges entfallen.

105 Als sich während der Gesetzesberatungen herausstellte, dass die für eine Verfassungsänderung erforderliche Mehrheit nicht zu erzielen war, beschloss der Bundestag 1980 mit den Stimmen der Regierungskoalition und auf Grund einer von ihr getragenen Beschlussempfehlung des Rechtsausschusses ein **Staatshaftungsgesetz** in einer im Verhältnis zu den ursprünglichen Entwürfen „abgespeckten" Fassung. Der Bundesrat verweigerte diesem Gesetz die Zustimmung, weil er den Bund nicht für regelungskompetent hielt. Nachdem sich mit Ablauf der 8. Wahlperiode Vorlage und Gesetzesbeschluss erledigt hatten, legten die Fraktionen der SPD und FDP unmittelbar nach Beginn der 9. Wahlperiode im November 1980 den Entwurf eines Staatshaftungsgesetzes vor, der sich inhaltlich nur unwesentlich von dem ursprünglich beschlossenen unterschied. Am 12. 2. 1981 wurde das StHG unverändert und gegen die Stimmen der Opposition vom Bundestag angenommen. Der Bundesrat verweigerte am 13. 3. 1981 seine Zustimmung, weil nach Auffassung der Mehrheit seiner Mitglieder dem Bund für die wesentlichen Punkte der Regelung die Gesetzgebungskompetenz fehle. Der Bundesrat hielt das Gesetz wegen Art. 104a Abs. 5 GG auf jeden Fall für zustimmungsbedürftig. Der Bundespräsident unterzeichnete am 26. 6. 1981 dieses Gesetz und ließ es im Bundesgesetzblatt verkünden. In einem Schreiben an den Bundesratspräsidenten äußerte er jedoch „erhebliche" und „schwerwiegende" Zweifel an der Gesetzgebungskompetenz des Bundes.

106 Die Regierungen mehrerer Bundesländer leiteten daraufhin ein Normenkontrollverfahren vor dem BVerfG ein, das mit Urteil vom 19. 10. 1982 das Staatshaftungsgesetz für nichtig erklärte.[351] Das BVerfG verneinte eine **Gesetzgebungskompetenz des Bundes** zur umfassenden Regelung der öffentlich-rechtlichen Staatshaftung. Es betonte insbesondere, die im Staatshaftungsgesetz geregelte Haftung des Staates oder anderer Körperschaften des öffentlichen Rechts für durch hoheitliches Unrecht verursachte Schäden könne weder in heutiger Sicht noch kraft Tradition kompetenzrechtlich als „bürgerliches Recht" iS des Art. 74 Nr. 1 GG begriffen werden. Auch aus Art. 34 GG sowie aus sonstigen verfassungsrechtlichen Kompetenzvorschriften folgt nach Auffassung des BVerfG keine Regelungsbefugnis des Bundes. Mit der Grundgesetznovelle vom 27. 10. 1994 (BGBl. I S. 3146)[352] ist dieser „Mangel" behoben worden. Nach Art. 74 Abs. 1 Nr. 25 GG besitzt der Bund nunmehr die konkurrierende Gesetzgebung für die „Staatshaftung". Derartige Gesetze bedürfen nach Art. 74 Abs. 2 GG der Zustimmung des Bundesrates. Ein neuer konkreter Vorschlag für ein Staatshaftungsgesetz wurde nach der Grundgesetzänderung bisher noch nicht gemacht.[353] Immerhin hatte das BMJ eine Prognose zur Abschätzung des finanziellen Mehrbedarfs im Falle einer Reform des Staatshaftungsrechts in Auftrag gegeben

---

[349] Reform des Staatshaftungsrechts, RefE.
[350] BR-Drucks. 215/78 vom 26. 5. 1978. Zur Kritik *Ossenbühl* JuS 1978, 720; *Papier* ZRP 1979, 67; *Futter* BB 1980, 180.
[351] BVerfGE 61, 149 = NJW 1983, 25.
[352] Durch die sog. Föderalismusreform haben sich keine Veränderungen hinsichtlich der Gesetzgebungskompetenz ergeben, s. Fn. 41.
[353] *Umbach/Clemens/Masing* GG, Bd. I 2002, Art. 34 RdNr. 48 f.

(vgl. RdNr. 117 ff.). Nach Vorlage des Abschlussberichts im Jahr 1999 wurden die Bestrebungen zur Änderung des Staatshaftungsrechts zunächst zurückgestellt.[354]

II. Reformziele

1. Wesentliche Neuerungen. In den Grundlinien sah das StHG im Wesentlichen folgende Neuerungen vor: An die Stelle der bisher geltenden mittelbaren Staatshaftung sollte eine unmittelbare Staatsunrechtshaftung treten.[355] Der Staat sollte also nicht mehr für fremdes (Amtswalter-)Unrecht, sondern für eigenes Unrecht haften. Nicht mehr die dem Amtsträger obliegende Amtspflicht, sondern die den Träger öffentlicher Gewalt treffende Rechtspflicht des öffentlichen Rechts sollte künftig der Ansatzpunkt im Haftungstatbestand sein. § 1 Abs. 1 S. 1 des StHG lautete demgemäß:

„*Verletzt die öffentliche Gewalt eine Pflicht des öffentlichen Rechts, die ihr einem anderen gegenüber obliegt, so haftet ihr Träger dem anderen für den daraus entstehenden Schaden nach diesem Gesetz.*"

Die Staatshaftung neuen Rechts sollte ihre privatrechtlichen Wurzeln in § 839 verlieren, nicht mehr als befreiende Haftungsübernahme, sondern als **originär öffentlich-rechtliche Haftung** des Staates bzw. eines sonstigen Hoheitsträgers konstruiert sein.

Die Staatshaftung nach dem StHG sollte ferner eine **ausschließliche** sein.[356] Im hoheitsrechtlichen Tätigkeitsbereich sollte es eine persönliche, deliktische Haftung des Amtsträgers dem Geschädigten gegenüber in keinem Fall mehr geben. Die Staatshaftung sollte auch als eine **primäre** Haftung ausgestaltet werden, dh. die Subsidiaritätsklausel (§ 839 Abs. 1 S. 2) sollte ersatzlos entfallen.[357]

Die Staatshaftung neuen Rechts sollte auf **umfassende Wiedergutmachung** zielen. Der Staatshaftungsanspruch sollte also nicht allein Geldersatz zum Inhalt haben, sondern auch die Möglichkeit der **Folgenbeseitigung** einbeziehen.[358] Das bisher selbstständige verwaltungsrechtliche Haftungsinstitut des Folgenbeseitigungsanspruchs sollte also im Staatshaftungsrecht aufgehen. Auch die richterrechtlich entwickelten Institute des **enteignungs-** und **aufopferungsgleichen Eingriffs** wurden, soweit sie der Sache nach nichts anderes als Reaktionen auf objektives Staatsunrecht darstellen, in die allgemeine Staatshaftungsnorm einbezogen.

In den Vorentwürfen war übereinstimmend eine **Konzentration** des **Rechtsschutzes** angestrebt worden. Für Streitigkeiten über Geldersatz sowie über die Folgenbeseitigung war danach grundsätzlich der Rechtsweg zu dem Gerichtszweig gegeben, in dem über die Rechtmäßigkeit der die Staatshaftung begründenden Ausübung vollziehender Gewalt zu entscheiden ist (§ 33 Abs. 1 RegE-StHG, RefE-StHG).[359] Das StHG musste auf die Konzentration des Rechtsschutzes verzichten. Dies war die notwendige Konsequenz der Aufgabe des – politisch nicht mehr durchsetzbaren – Bestrebens, gleichzeitig mit dem StHG eine Grundgesetzänderung vorzunehmen. Wegen des unverändert geltenden Art. 34 S. 3 GG und des Art. 14 Abs. 3 S. 4 GG musste daher das StHG für die Geltendmachung der Geldersatzansprüche (nach wie vor) den Rechtsweg zu den ordentlichen Gerichten vorsehen.

2. Behandlung der Verschuldensfrage. Auch die Ablösung der Verschuldenshaftung durch eine Haftung für objektives Staatsunrecht, für die 1970 eingesetzte und 1973 mit einem eigenen Gesetzesentwurf hervorgetretene Staatshaftungskommission noch ein Essential der Neuordnung der Staatshaftung, erfolgte im StHG nur partiell. Die Staatshaftung war danach zunächst bei der Folgenbeseitigung eine rein objektive Unrechtshaftung. Dies ent-

---

[354] S. auch die Antwort der BReg. auf eine kleine Anfrage der FDP-Fraktion vom 20. 10. 2004, BT-Drucks. 15/3952. Zu den Anforderungen an eine mögliche zukünftige Reform *Stelkens* DÖV 2005, 770.
[355] BR-Drucks. 215/78 § 1 RegE-StHG; s. auch Begr. Anm. 3.1. S. 25; *Jacobs* RdNr. 12.
[356] Vgl. BR-Drucks. 215/78 Anm. 3.2., S. 25, 4.1.1., S. 30.
[357] Vgl. BR-Drucks. 215/78 Anm. 3.3., S. 25; ferner *Vogel* DVBl. 1978, 657, 661 f.
[358] Vgl. BR-Drucks. 215/78 Anm. 3.5., S. 26.
[359] Vgl. BR-Drucks. 215/78 Anm. 3.7., S. 27; ferner *Vogel* DVBl. 1978, 657, 663 f.; *Ossenbühl* Staatshaftungsrecht S. 445 f. S. auch RdNr. 386.

sprach aber schon dem bisherigen Recht. Für den Geldersatz sollte gleiches nur gelten, wenn die Pflichtverletzung in einem **rechtswidrigen Grundrechtseingriff** bestand oder wenn es um Schädigungen durch **Versagen technischer Einrichtungen** ging. In beiden Fällen war die Aufgabe des Verschuldensprinzips mit einer Restriktion des Geldersatzanspruchs verknüpft. Er umfasste hier weder den entgangenen Gewinn noch den Nichtvermögensschaden.

113   Abgesehen von den Haftungstatbeständen des rechtswidrigen Grundrechtseingriffs und des Versagens technischer Einrichtungen konnte es einen Geldersatzanspruch als „vollen" Schadensersatzanspruch nur geben, wenn die Pflichtverletzung „bei Beachtung der bei der Ausübung öffentlicher Gewalt den Umständen nach gebotenen Sorgfalt" hätte vermieden werden können. Die Voraussetzung der „Sorgfaltswidrigkeit" dürfte sachlich mit dem Fahrlässigkeitsbegriff des überkommenen Amtshaftungsrechts übereinstimmen.[360] Der einzige Unterschied zum überkommenen Amtshaftungsrecht bestand in der **Umkehr der Beweislast** und Überbürdung auf den Träger öffentlicher Gewalt. Die praktischen Unterschiede zur bisherigen Judikatur, die den prima-facie-Beweis im Amtshaftungsrecht berücksichtigte und auch auf eine Individualisierung und Nominierung des konkreten Amtsträgers, dessen Fehlverhalten die Staatshaftung begründen sollte, seitens des Klägers verzichtete, wären wohl gering gewesen. In diesem Zusammenhang ist ferner zu berücksichtigen, dass bei der Regelhaftung nur die Umkehr der objektiven Beweislast vorgesehen war, denn nach dem StHG galt für den Staatshaftungsprozess vor den ordentlichen Gerichten der Untersuchungsgrundsatz, so dass eine (subjektive) Beweislast des Geschädigten ohnehin nicht mehr in Betracht kam. Die neben der Regelhaftung bestehende Grundrechtseingriffshaftung musste als ein schon im Ansatz, aber auch in der praktischen Handhabung untaugliches Institut angesehen werden.

114   Für die Staatshaftungskommission war der Übergang von der Verschuldenshaftung zu einer Haftung für objektive Pflichtverletzung eines der Grundanliegen der Reform. Bei dem gegenwärtigen Stand der Rechtsentwicklung in der Bundesrepublik, insbesondere wegen der teilweisen Auflockerung oder gar Aufgabe des Verschuldensprinzips durch die Judikatur, sah die Staatshaftungskommission im Festhalten am Verschuldensprinzip einen rechtspolitisch nicht mehr realisierbaren und im Hinblick auf das zwischen dem Bürger und der öffentlichen Gewalt bestehende Subjektionsverhältnis unangemessenen Rückschritt.[361] Allerdings sollte der Übergang zur objektiven Unrechtshaftung auch nach den Vorstellungen der Staatshaftungskommission nicht uneingeschränkt erfolgen. Er sollte durch eine die Bemessung des Geldersatzes betreffende **Adäquanzklausel** (§ 2 Abs. 2 KE-StHG) kompensiert werden. Die Geldersatzpflicht sollte sich mindern, „soweit dies wegen der Geringfügigkeit der Rechtsverletzung oder eines etwaigen Verschuldens, wegen der mangelnden Vorhersehbarkeit des Schadens, wegen seiner unverhältnismäßigen Höhe oder aus ähnlichen Gründen angemessen ist".

115   Gegenüber dieser Adäquanz- oder Reduktionsklausel ist zu Recht erhebliche Kritik geäußert worden. Man hat insbesondere auf die Weite des richterlichen Gestaltungsspielraums sowie auf den Umstand verwiesen, dass im Verhältnis zum geltenden Recht insoweit ein Rückschritt gemacht würde, als bei leichter Fahrlässigkeit möglicherweise generell dem Geschädigten der volle Schadensersatz versagt werden könnte.[362] Die nachfolgenden Entwürfe sowie das StHG selbst haben diesen Einwänden Rechnung getragen und das Prinzip der individuellen Bemessung des Geldersatzes nicht aufgegriffen. Dies sollte nun aber – wie die vorausgegangenen Ausführungen zeigen – nicht zu einer uneingeschränkten Schadensersatzhaftung wegen objektiver Pflichtverletzung der öffentlichen Gewalt führen. Das Verschuldensprinzip wurde nur teilweise aufgegeben. In allen Fällen der sog. **Regelhaftung**

---

[360] *Jacobs* RdNr. 239.
[361] Vgl. nun die Entwicklung im europäischen Staatshaftungsrecht zu einer alle Bereiche erfassenden verschuldensunabhängigen Haftung (s. RdNr. 98 ff.).
[362] Vgl. *Bender* VersR 1975, 582, 590 ff.; *Futter* JR 1974, 357, 360; *Hesse* BB 1975, 13, 15; *Ossenbühl* Staatshaftungsrecht S. 449 f.; *Jacobs* RdNr. 231, 318; vgl. ferner die Kritik bei *Papier* DVBl. 1974, 573, 575.

sollte es der Sache nach bei dem Verschuldenserfordernis bleiben, nur die objektive Beweislast wurde zugunsten des Geschädigten dem beklagten Hoheitsträger aufgebürdet.[363]

Zwei zentrale Grundanliegen der über zehnjährigen Reformdiskussion verwirklichte das Staatshaftungsgesetz mithin nicht: Zum einen erfolgte keine generelle Ablösung der **Verschuldenshaftung** durch eine Haftung für objektives Staatsunrecht, zum anderen wurde auf eine **Konzentration** des primären und sekundären **Rechtsschutzes** verzichtet.

E. Rechtstatsächliche Grundlagen des Staatshaftungsrechts

I. Umfang der Geldersatzleistungen

Über die **Größenordnung** der gegen die öffentliche Hand **geltend gemachten Ansprüche** wegen rechtswidriger Ausübung öffentlicher Gewalt (im folgenden Staatshaftung) wurden im Auftrag des Bundesministeriums der Justiz rechtstatsächliche Untersuchungen zum Geschäftsanfall in Staatshaftungssachen[364] und eine Prognose zur Abschätzung des finanziellen Mehrbedarfs im Fall einer Reform des Staatshaftungsrechts[365] gemacht. Untersucht wurde der Geschäftsanfall im Zeitraum 1993 bis 1995. Für die in den drei Jahren ermittelten Werte wurden Durchschnittswerte errechnet. So wurden insgesamt pro Jahr durchschnittlich ca. 66 074 Ansprüche geltend gemacht, von denen ca. 28 637 vollständig abgelehnt worden sind. Auf den Bund entfielen hierbei durchschnittlich ca. 7441 Fälle (ca. 2136 davon wurden abgelehnt), auf die Länder ca. 9314 Fälle (ca. 3551 wurden abgelehnt) und auf die Kommunen ca. 49 319 Fälle (ca. 22 950 wurden abgelehnt).[366] In den Durchschnittswerten enthalten ist ein besonders hoher Anfall an Verfahrenseingängen im Jahr 1993, der vorwiegend auf die nicht rechtzeitige Umsetzung der EG-Pauschalreiserechts-Richtlinie zurückzuführen ist.[367] Insgesamt ist deshalb für den Erhebungszeitraum ein Rückgang des Geschäftsanfalls zu beobachten. Dies gilt nicht für die Schadensvolumina. Diese betrugen im untersuchten Zeitraum jährlich insgesamt durchschnittlich ungefähr 691 Millionen DM, wobei Leistungen von insgesamt ca. 543,2 Millionen DM abgelehnt wurden. Der Bund wurde in Höhe von durchschnittlich ca. 74,9 Millionen DM pro Jahr in Anspruch genommen (gut 50,5 Millionen davon wurden nicht gezahlt), die Länder in Höhe von durchschnittlich ca. 218,5 Millionen (etwa 200,5 Millionen wurden nicht gezahlt) und die Kommunen in Höhe von ca. 397,6 Millionen (ca. 292,2 Millionen wurden nicht gezahlt). Insgesamt gesehen steigen die Schadensvolumina stetig an.[368]

II. Bedeutung des Verschuldenserfordernisses und der Subsidiaritätsklausel

Für das Jahr 1995 wurde ermittelt, in welcher Höhe Ansprüche wegen **fehlenden Verschuldens** bzw. fehlender Beweisbarkeit des Verschuldens und wegen der Subsidiarität der Amtshaftung abgelehnt wurden. In Bund, Ländern und Kommunen wurden in diesem Jahr insgesamt Schadensvolumina in Höhe von ca. 830 Millionen DM geltend gemacht, von denen die Leistung von rund 631 Millionen DM abgelehnt wurden. Knapp 300 Millionen davon wurden wegen mangelnden Verschuldens oder fehlender Beweisbarkeit des Verschuldens abgelehnt. Auf den Bund entfallen hiervon ca. 500 000 DM, auf die Länder ca. 186

---

[363] *Bonk* DVBl. 1981, 801, 809; *Schäfer* DB 1981, 1499, 1505; aA *Jacobs* RdNr. 235.
[364] *Pflüger*, Zur Reform des Staatshaftungsrechts, Rechtstatsächliche Untersuchungen zum Geschäftsanfall in Staatshaftungssachen bei Bund, Ländern und Kommunen, Bd. 1 „Bericht", Bd. 2 „Tabellarische Ergebnisse", Bd. 3 „Anlagen-Konvolut", NFO Infratest (Burke), München 1999.
[365] *Pflüger*, Zur Reform des Staatshaftungsrechts, Finanzieller Mehrbedarf bei Bund, Ländern und Kommunen im Falle einer Gesetzesänderung – „Prognose", NFO Infratest (Burke), München 2000.
[366] *Pflüger*, Zur geplanten Reform des Staatshaftungsrechts, Rechtstatsächliche Untersuchungen und Prognose zur Abschätzung des finanziellen Mehrbedarfs im Falle einer Gesetzesänderung, BADK Information, Ausgabe 3/2001, S. 87, 90 ff.
[367] *Pflüger* (Fn. 366) S. 91.
[368] *Pflüger* (Fn. 366) S. 90 ff.

Millionen DM und auf die Kommunen ca. 112 Millionen DM. Mit der Begründung, der Verletzte könne **auf andere Weise Ersatz** seines Schadens erlangen (Subsidiaritätsklausel), wurden 1995 fast ausschließlich bei den Kommunen Forderungen in Höhe von ca. 61 Millionen DM abgelehnt.[369] In der Studie wurde auch eine Prognose über den finanziellen Mehrbedarf der öffentlichen Hand für das Jahr 1995 angestellt, wenn im Rahmen einer Reform des Staatshaftungsrechts eine verschuldensunabhängige Haftung bzw. eine Beweislastumkehr für die Frage des Verschuldens eingeführt und die Subsidiarität wegfallen würde. Der finanzielle Mehrbedarf hätte in diesem Fall danach bereits 1995 bei Bund, Ländern und Kommunen insgesamt ca. 460 bis 500 Millionen DM betragen. Hochgerechnet auf das Jahr 2000 hätte sich ein Mehrbedarf in Höhe von über 1 Mrd. DM ergeben, sofern sich seit 1995 der Schadensvolumenanstieg im gleichen Tempo fortgesetzt hätte wie im Erhebungszeitraum gemessen.[370]

F. Das Verhältnis von § 839 zu Art. 34 S. 1 GG

I. Art. 34 GG als die Amtshaftung begründende Zurechnungsnorm

119   Die geltende Amtshaftung ist gekennzeichnet durch das Zusammenspiel der deliktischen **Anspruchsnorm** des § 839 und der verfassungsrechtlichen **Zurechnungsnorm** des Art. 34 S. 1 GG. Der nach § 839 entstehende Schadensersatzanspruch Dritter gegen den Beamten, der vorsätzlich oder fahrlässig die ihm Dritten gegenüber obliegenden Amtspflichten verletzt hat, wird unter den Voraussetzungen des Art. 34 S. 1 GG auf den Dienstherrn übergeleitet.[371] Art. 34 S. 1 GG bestimmt:

120   *„Verletzt jemand in Ausübung eines ihm anvertrauten öffentlichen Amtes die ihm einem Dritten gegenüber obliegende Amtspflicht, so trifft die Verantwortlichkeit grundsätzlich den Staat oder die Körperschaft, in deren Dienst er steht."*

121   Die „Verantwortlichkeit", um deren Zurechnung es in Art. 34 S. 1 GG geht, ist die aus § 839 oder einer anderen Norm, welche die Eigenhaftung für Amtswalterverschulden regelt (zB § 18 StVG),[372] folgende Schadensersatzverpflichtung. Art. 34 GG ist daher nur anwendbar, wenn die Voraussetzungen der Schadensersatznorm des § 839 (bzw. des § 18 StVG) erfüllt sind. Er ist nicht selbst Anspruchsnorm, sondern verlagert als bloße Zurechnungsnorm die Passivlegitimation des Schadensersatzanspruchs vom fehlsam handelnden Beamten auf den öffentlich-rechtlichen Dienstherrn.[373] Mit dieser **befreienden Schuldübernahme**[374] bezweckt Art. 34 GG einerseits den Schutz des Geschädigten, dem ein auf jeden Fall leistungsfähiger Schuldner erhalten bleiben soll,[375] andererseits aber auch den Schutz des Amtswalters vor unangemessenen und seine Entscheidungsbereitschaft möglicherweise lähmenden Haftungsrisiken.[376] Diese personale Konstruktion der Amtshaftung hat zur Folge, dass der Staat grundsätzlich nur in dem gleichen Umfang haftet, wie der Amtsträger selbst es müsste, wenn es die Schuldübernahme nicht gäbe. Dies bedeutet, dass sämtliche auf die

---

[369] *Pflüger* (Fn. 366) S. 94 ff.
[370] *Pflüger* (Fn. 366) S. 94 ff.
[371] HM, BGHZ 1, 388, 391; 4, 10, 45 = NJW 1952, 738; BGHZ 13, 88, 104 = NJW 1954, 993, 995, 996; BGHZ 34, 99, 101, 110 = NJW 1961, 658, 661; BVerwGE 13, 17, 23 = NJW 1961, 2364, 2366; BGHZ 25, 138, 145 f.; *Ossenbühl* Staatshaftungsrecht S. 10 f.; *Wolff/Bachof/Stober* Verwaltungsrecht II § 67 RdNr. 132; *Erman/Küchenhoff/Hecker* RdNr. 20; *Maunz/Dürig/Papier* Art. 34 GG RdNr. 8; Bonner Komm/*Dagtoglou* 2. Bearb. Art. 34 GG RdNr. 43; aA *Bettermann* DÖV 1954, 299; *ders.* JZ 1961, 482 f. (Art. 34 GG als Ausdruck originärer Staatsverbandshaftung; ebenso *Wertenbruch* JuS 1963, 180; *Papier* (Fn. 4) S. 111 ff.
[372] BGH NVwZ 1983, 763; LM GG Art. 34 Nr. 42 = NJW 1958, 868, 869; nach BGHZ 118, 304, 311 = NJW 1992, 2882; BGHZ 121, 161, 167 = NJW 1993, 1258 wird § 18 StVG durch § 839 „verdrängt".
[373] Vgl. Fn. 366.
[374] *Bender* RdNr. 389; RGRK/*Kreft* RdNr. 22.
[375] Bonner Komm/*Dagtoglou* 2. Bearb. Art. 34 GG RdNr. 31; *Maunz/Dürig/Papier* Art. 34 GG RdNr. 2.
[376] *Ossenbühl* Staatshaftungsrecht S. 9.

persönliche Verantwortlichkeit des Amtsträgers zugeschnittenen gesetzlichen Haftungsbeschränkungen, Haftungsmilderungen oder -privilegien mittelbar auch dem Staat zugute kommen.[377]

II. Grenzen der Amtshaftung – Fortbestand der Beamten(eigen)haftung

Die Tatsache, dass Art. 34 GG im Wesentlichen an § 839 „angeseilt"[378] ist, bedeutet nicht, dass sich die Voraussetzungen und damit die Anwendungsbereiche beider Normen in vollem Umfange decken. Sie vermag auch nicht auszuschließen, dass von der verfassungsrechtlichen Gewährleistung einer staatlichen Unrechtshaftung Einwirkungen auf die Haftungsvoraussetzungen des einfachen Rechts ausgehen. Dies zeigt sich etwa beim **Beamtenbegriff**. Die Staatshaftung nach Art. 34 GG greift ferner nicht in allen Fällen ein, in denen die Haftungsvoraussetzungen des § 839 bzw. des § 18 StVG[379] erfüllt sind. Art. 34 S. 1 GG enthält über § 839 hinausgehende Voraussetzungen, so dass die befreiende Schuldübernahme ausbleiben und die Eigenhaftung des Beamten (fort-)bestehen kann: Während § 839 nur verlangt, dass ein Beamter seine Dritten gegenüber obliegenden Amtspflichten schuldhaft verletzt hat, fordert Art. 34 GG zusätzlich, dass dies **„in Ausübung eines öffentlichen Amtes"** geschehen ist. Damit ist jede Tätigkeit des Amtswalters von der befreienden Haftungsübernahme des Art. 34 GG ausgenommen, die sich als Wahrnehmung privatrechtlicher Belange des öffentlichen Dienstherrn darstellt.[380] „Ausübung eines öffentlichen Amtes" wird von der Judikatur und der Rechtslehre zutreffend iS jeder hoheitsrechtlichen Tätigkeit interpretiert.[381] Die Abweichung vom Wortlaut des Art. 131 WRV, der von Ausübung „öffentlicher Gewalt" sprach, sollte im Anschluss an die bisherige, reichsgerichtliche Judikatur[382] nur klarstellen, dass von der Amtshaftung nicht allein die obrigkeitliche Eingriffsverwaltung, sondern auch die schlichthoheitliche (Leistungs-)Verwaltung erfasst sein soll.[383]

1. Teilnahme am Privatrechtsverkehr. Beteiligen sich der Staat und sonstige öffentlich-rechtliche Körperschaften am Privatrechtsverkehr, dann haften sie wie jedes Privatrechtssubjekt nach dem allgemeinen (privatrechtlichen) Schadensersatzrecht, an dessen Geltung für juristische Personen des öffentlichen Rechts Art. 34 GG erkennbar nicht rütteln wollte.[384] Die Eigenhaftung des Beamten nach § 839 weist eine vergleichbare Restriktion hingegen nicht auf. Bei Amtspflichtverletzungen, die in Wahrnehmung privatrechtlicher Belange des Dienstherrn begangen werden, bleibt es bei der **Eigenverantwortlichkeit** des **Beamten** gemäß § 839, der als lex specialis eine Anwendung des allgemeinen Deliktsrechts (§§ 823 ff.) ausschließt.[385] Eine möglicherweise zur Anwendung gelangende privatrechtliche Staatshaftung nach §§ 31, 89 iVm. §§ 823 ff. oder nach § 831 bzw. § 278[386] besitzt die dem Art. 34 GG eigentümliche befreiende Schuldübernahmefunktion nicht. Daher ist eine gesamtschuldnerische Haftung von Staat und Beamten möglich, wenngleich in diesen Fällen

---

[377] BGHZ 146, 385, 388 = NVwZ 2001, 835.
[378] *Jellinek* JZ 1955, 147.
[379] S. Fn. 367.
[380] Bonner Komm/*Dagtoglou* 2. Bearb. Art. 34 GG RdNr. 86; *Maunz/Dürig/Papier* Art. 34 GG RdNr. 2.
[381] BGHZ 4, 138, 150 = NJW 1952, 382, 383; BGHZ 16, 111, 113 = NJW 1955, 458; BGHZ 20, 102, 104 = NJW 1956, 745; BGHZ 42, 176, 177 f. = NJW 1964, 1895; BGH DB 1977, 1090; *Soergel/Vinke*, 12. Aufl. 1998, RdNr. 73; *Palandt/Thomas* RdNr. 10; Bonner Komm/*Dagtoglou* 2. Bearb. Art. 34 GG RdNr. 86; *Maunz/Dürig/Papier* Art. 34 GG RdNr. 106.
[382] RGZ 121, 254; 156, 220, 229; 164, 273, 276; 165, 91, 97 f.; RGRK/*Kreft* RdNr. 21.
[383] BGH LM BeamtenhaftungsG § 7 Nr. 2 = NJW 1956, 1836; Bonner Komm/*Dagtoglou* 2. Bearb. Art. 34 GG RdNr. 84 ff.; *Staudinger/Wurm* Kommentar zum Bürgerlichen Gesetzbuch, 14. Aufl. 2007, § 839 RdNr. 81; RGRK/*Kreft* RdNr. 21.
[384] *Bender* RdNr. 400 ff.; Bonner Komm/*Dagtoglou* 2. Bearb. Art. 34 GG RdNr. 86; RGRK/*Kreft* RdNr. 16; vgl. aber *Ossenbühl* Staatshaftungsrecht S. 27 f.
[385] BGH LM StVG § 18 Nr. 5 = NJW 1959, 985; BGHZ 43, 178, 183 = NJW 1965, 1177; BGH NJW 2001, 2626, 2629; RGRK/*Kreft* RdNr. 15; *Erman/Küchenhoff/Hecker* RdNr. 6 ff.; Bonner Komm/*Dagtoglou* 2. Bearb. Art. 34 GG RdNr. 45; *Kern* VersR 1981, 316.
[386] RGZ 148, 286, 292; *Bender* RdNr. 401 ff.

einer (privatrechtlichen) Staatshaftung die Subsidiaritätsklausel des § 839 Abs. 1 S. 2 zugunsten des Beamten regelmäßig eingreifen dürfte.[387]

124 2. **Sondergesetzlicher (Amts-)Haftungsausschluss.** Eine Eigenhaftung des Beamten gemäß § 839 ist aber nicht nur im privatrechtlichen Funktionskreis der öffentlichen Hand, sondern auch bei **hoheitsrechtlicher Tätigkeit** möglich, soweit die Haftung des Staates durch sondergesetzliche Vorschriften ausgeschlossen oder beschränkt ist.[388] Diese Staatshaftungseinschränkungen verhindern oder begrenzen grundsätzlich nur den Eintritt einer befreienden Schuldübernahme, berühren aber die Schadensersatzverpflichtung aus § 839 regelmäßig nicht.[389] Etwas anderes gilt nur, wenn auch diese Eigenverantwortlichkeit des Beamten nach § 839 ausdrücklich (mit-)beschränkt ist, was etwa für das Postwesen bis zu seiner Neustrukturierung durch Gesetz vom 8. 6. 1989[390] durch § 11 Abs. 3 PostG aF[391] geschehen ist.

125 Die **Zulässigkeit** sondergesetzlicher **Haftungsausschlüsse** und **-beschränkungen** wird von der Judikatur und hL unter Hinweis darauf bejaht, dass nach Art. 34 GG die Verantwortlichkeit nur „grundsätzlich" den Staat oder die sonstige öffentlich-rechtliche Körperschaft treffen soll.[392] Dadurch kommt nach hL ein Gesetzesvorbehalt in Bezug auf die Schuldübernahme zum Ausdruck, obgleich Art. 34 GG im Unterschied zu seinem Vorläufer, dem Art. 131 WRV, einen ausdrücklichen Regelungsvorbehalt zugunsten der einfachen Gesetzgebung nicht mehr enthält.

126 Die Einführung von Staatshaftungsausschlüssen und -beschränkungen ist innerhalb gewisser sachlicher Grenzen nur der **Bundes-** und **Landesgesetzgebung** vorbehalten. Eine Haftungsbeschränkung durch untergesetzliche Rechtsetzung, etwa durch Satzungen, ist nach der Judikatur nicht zulässig.[393]

III. Erweiterter Anwendungsbereich des Art. 34 S. 1 GG

127 Auf der anderen Seite bewirkt Art. 34 GG im Verhältnis zu § 839 in gewisser Hinsicht auch Erweiterungen der Haftung: Während § 839 Amtspflichtverletzungen eines Beamten voraussetzt, verzichtet Art. 34 GG auf eine entsprechende Eingrenzung des Täterkreises. Er stellt allein auf die Ausübung hoheitsrechtlicher Funktionen ab. Dies hat zur Entwicklung **unterschiedlicher Amtsträgerbegriffe** bei der hoheitsrechtlichen Amtshaftung einerseits und der privatrechtlichen Beamteneigenhaftung des § 839 andererseits geführt (vgl. RdNr. 129 ff.). Eine Erweiterung liegt schließlich darin, dass eine Staatshaftung nach Art. 34 GG die für eine Eigenverantwortlichkeit des Beamten nötige **Individualisierung** und

---

[387] *Bender* RdNr. 411 ff.
[388] RGRK/*Kreft* RdNr. 24; dazu näher RdNr. 336.
[389] RGRK/*Kreft* RdNr. 26.
[390] Gesetz über das Postwesen idF der Bek. vom 3. 7. 1989 (BGBl. I S. 1026), nunmehr in der Bek. vom 14. 9. 1994 (BGBl. I S. 2325).
[391] Gesetz über das Postwesen vom 28. 7. 1969 (BGBl. I S. 1006). Zur beschränkten Haftung der Post s. RdNr. 160.
[392] BGHZ 9, 289, 290 = NJW 1953, 941; BGHZ 12, 89, 91 = NJW 1954, 914, 915; BGHZ 12, 96, 98 = NJW 1954, 915; BGHZ 13, 241, 242 = NJW 1954, 1283; BGHZ 25, 231, 237 = NJW 1957, 1925, 1926; BGHZ 61, 7, 14 = NJW 1973, 1741; OVG Münster OVGE 18, 153, 161; BayVGH DÖV 1970, 488; *Richter,* Der Ausschluss der Staatshaftung nach Art. 34 GG, 1968; *Ossenbühl* Staatshaftungsrecht S. 96 ff.; *Bender* RdNr. 682 ff.; Bonner Komm/*Dagtoglou* 2. Bearb. Art. 34 GG RdNr. 34; *Maunz/Dürig/Papier* Art. 34 GG RdNr. 214; RGRK/*Kreft* RdNr. 24; aA (Verfassungswidrigkeit von Haftungsbeschränkungen) zB *Benke* BB 1951, 519, 529; *Glutzkow* DÖV 1953, 289, 290; *Bettermann* in: Die Grundrechte Bd. III/2, S. 846 f. S. hierzu auch RdNr. 336 ff.
[393] BGHZ 61, 7, 14 = NJW 1963, 1041, 1043; BGH NJW 1984, 615, 617; s. auch *Ossenbühl* Staatshaftungsrecht S. 96; *Bender* RdNr. 683; *v. Münch/Kunig/Bryde* Art. 34 GG RdNr. 33; Bonner Komm/*Dagtoglou* 2. Bearb. Art. 34 GG RdNr. 35; RGRK/*Kreft* RdNr. 35; *Jarass/Pieroth* Art. 34 GG RdNr. 22; *Seibert* DÖV 1986, 957 ff.; *Maunz/Dürig/Papier* Art. 34 GG RdNr. 219; *ders.* HdbStR VI § 157 RdNr. 45; aA BayVGH DÖV 1970, 488; DVBl. 1985, 903, 904 = BayVBl. 1985, 407, 408 f.; diff. *Reiter* BayVBl. 1990, 711 und *Windthorst* JuS 1995, 992, 993; s. RdNr. 335.

Haftung bei Amtspflichtverletzung 128–130 § 839

Nominierung des Amtsträgers, dessen Fehlverhalten die Staatshaftung begründen soll, nicht voraussetzt.[394]

Schon das RG betonte, dass im Falle der Unmöglichkeit, die verantwortlichen Einzelpersonen festzustellen, den hierdurch begründeten Nachteil nicht der außerhalb der staatlichen Organisation stehende Dritte, sondern der Staat zu tragen habe.[395] Für eine Haftung des Staates oder einer sonstigen öffentlich-rechtlichen Körperschaft reicht es mithin aus, wenn überhaupt und irgendwelche Amtsträger der beklagten Körperschaften dem Kläger gegenüber obliegende Amtspflichten verletzt haben, also letztlich das Gesamtverhalten der betreffenden konkreten Verwaltung amtspflichtwidrig gewesen ist. Das durch **Kollegialorgane**[396] begangene Unrecht, bei dem der Geschädigte möglicherweise nicht imstande ist, wegen des Abstimmungsgeheimnisses die amtspflichtswidrig handelnden Mitglieder zu benennen, ist daher unter amtshaftungsrechtlichen Gesichtspunkten ebenso unproblematisch wie eine Schädigung Dritter durch **Organisationsfehler** der öffentlichen Verwaltung.[397]

128

G. Die Amtshaftung nach Art. 34 S. 1 GG, § 839

I. Die Haftungsvoraussetzungen[398]

1. Beamtenbegriff. Die Diskrepanz zwischen § 839, der den Amtspflichtverstoß eines Beamten voraussetzt, und Art. 34 GG, der sich mit Schädigungen durch Personen begnügt, denen ein öffentliches Amt im funktionellen Sinne anvertraut worden ist, führt nach hL zu unterschiedlichen Beamtenbegriffen im Haftungsrecht.[399] Im Anwendungsbereich des Art. 34 GG, also im öffentlich-rechtlichen Funktionskreis, wird der Beamtenbegriff des § 839 in Anlehnung an die insoweit weniger strengen Voraussetzungen des Art. 34 GG über seinen eigentlichen, staatsrechtlichen Bedeutungsgehalt hinaus interpretiert.

129

a) Staatsrechtlicher und haftungsrechtlicher Beamtenbegriff. Im staatsrechtlichen Sinne ist nur derjenige Beamter, der in einem öffentlich-rechtlichen Dienst- und Treueverhältnis zum Staat oder zu einer anderen juristischen Person des öffentlichen Rechts steht, in das er unter Aushändigung der gesetzlich vorgeschriebenen Ernennungsurkunde berufen worden ist (vgl. §§ 2 Abs. 1, 6 BBG; §§ 2 Abs. 1, 5 BRRG). Der erweiterte, haftungsrechtliche Beamtenbegriff setzt hingegen nur voraus, dass der sich fehlsam verhaltenden Person von der zuständigen Stelle die Ausübung eines **öffentlichen Amtes anvertraut** worden ist.[400] Dabei ist unter öffentlichem Amt jede dienstliche Betätigung zu verstehen, die öffentlich-rechtliche Belange wahrnimmt.[401] Soweit es um die Eigenhaftung des Amtsträgers in Ausübung privatrechtlicher Funktionen des Dienstherrn geht, liegt dem § 839 also der staatsrechtliche Beamtenbegriff zugrunde. Bei Ausübung öffentlicher Gewalt im Sinne jeder hoheitsrechtlichen Betätigung ist indes der haftungsrechtliche Beamtenbegriff maßgeblich. Dieser gilt also nicht nur in dem Regelfall der Haftungsüberleitung durch Art. 34 GG,

130

---

[394] BGH VersR 1960, 1082, 1082 f.; RGZ 100, 102; 159, 283, 290; *Palandt/Thomas* RdNr. 27; Bonner Komm/*Dagtoglou* 2. Bearb. Art. 34 GG RdNr. 193; näher RdNr. 292.
[395] RGZ 100, 102; 159, 283, 290; vgl. auch *Bettermann/Papier* Verw. 1975, 23 ff., 25.
[396] RGZ 89, 13, 15 ff.; RGRK/*Kreft* RdNr. 144; Bonner Komm/*Dagtoglou* 2. Bearb. Art. 34 GG RdNr. 381 ff.
[397] Vgl. BGH LM BEG § 210 Nr. 35 = NJW 1964, 41, 44; LM Nr. 24 (Ca) = NJW 1972, 101; Bonner Komm/*Dagtoglou* 2. Bearb. Art. 34 GG RdNr. 190, 192. S. auch RdNr. 293.
[398] Vgl. auch *Schlick/Rinne* NVwZ 1997, 1065 ff., 1171 ff.
[399] BGHZ 42, 176, 178 = NJW 1964, 1895, 1897; OLG Hamm NJW 1972, 2088; *Ossenbühl* Staatshaftungsrecht S. 13 f.; *Bender* RdNr. 423; *Palandt/Thomas* RdNr. 27; *Staudinger/Wurm* RdNr. 37; RGRK/*Kreft* RdNr. 139 ff.; krit. zu dieser Differenzierung Bonner Komm/*Dagtoglou* 2. Bearb. Art. 34 GG RdNr. 81 mwN; für einen einheitlichen Beamtenbegriff *Bettermann* in: Die Grundrechte Bd. III/2, S. 835.
[400] St. Rspr., vgl. BGHZ 2, 350, 353 = NJW 1951, 919; BGH VersR 1961, 262; *Staudinger/Wurm* RdNr. 37.
[401] *Wolff/Bachof/Stober* Verwaltungsrecht II § 67 RdNr. 13 ff.; Bonner Komm/*Dagtoglou* 2. Bearb. Art. 34 GG RdNr. 86.

sondern auch dann, wenn es wegen eines sondergesetzlichen Ausschlusses oder einer Begrenzung der Staatshaftung auch im hoheitsrechtlichen Funktionsbereich bei der Eigenhaftung aus § 839 bleibt.[402]

131 Für den haftungsrechtlichen Beamtenbegriff ist die nach außen wahrgenommene Funktion, nicht das persönliche Rechtsverhältnis des schädigenden Amtsträgers zur öffentlich-rechtlichen Körperschaft maßgeblich.[403] Das bedeutet im Einzelnen: Da ein beamtenrechtliches Dienst- und Treueverhältnis nicht zu bestehen braucht, können auch Personen, die in einem **sonstigen öffentlich-rechtlichen Dienstverhältnis** (Soldatenverhältnis, Zivildienstverhältnis, Richterverhältnis)[404] oder in einem **privatrechtlichen Dienstverhältnis** (Angestellte und Arbeiter des öffentlichen Dienstes)[405] zu einer öffentlich-rechtlichen Körperschaft stehen, im haftungsrechtlichen Sinne Beamte sein. Entsprechendes gilt für öffentlich-rechtliche **Amtsverhältnisse,** die keine Dienstverhältnisse sind, etwa die Rechtsverhältnisse der Mitglieder der Bundes- und Landesregierungen,[406] von Bürgermeistern[407] sowie die Rechtsstellungen der Mitglieder von Gemeinderäten,[408] Kreistagen[409] und rechtsetzender Organe sonstiger Selbstverwaltungskörperschaften (zB Kassenärztliche Vereinigung).[410] In einem öffentlich-rechtlichen Amtsverhältnis zum Staat steht auch der Parlamentsabgeordnete (vgl. Art. 48 Abs. 2 S. 1 GG), so dass auch er ein Beamter im haftungsrechtlichen[411] Sinne ist.

132 **b) Zivilpersonen als Beamte im haftungsrechtlichen Sinn.** Da für die Amtshaftung allein die Tatsache entscheidend ist, dass öffentliche Gewalt ausgeübt worden ist, kann Beamter im haftungsrechtlichen Sinne auch eine Zivilperson sein, die entweder freiberuflich bzw. als selbstständiger Unternehmer tätig wird oder in einem privatrechtlichen Anstellungsverhältnis zu einem Privatrechtssubjekt steht. Voraussetzung ist nur, dass dieser außerhalb der organisierten Staatlichkeit und der öffentlichen Verwaltungshierarchie verbleibenden Privatperson im Zusammenhang mit ihrer im Übrigen privatrechtlichen Tätigkeit die Wahrnehmung **hoheitsrechtlicher Funktionen anvertraut** worden ist.[412]

133 **aa) Beliehene.** Zu dieser Gruppe zählen vor allem die Beliehenen.[413] Das sind diejenigen natürlichen oder juristischen Personen des Privatrechts, denen durch Gesetz oder auf Grund Gesetzes durch Verwaltungsakt oder verwaltungsrechtlichen Vertrag bestimmte einzelne hoheitliche Kompetenzen zur Wahrnehmung im eigenen Namen übertragen worden sind.[414] Beliehen sind etwa die mit polizeilichen Befugnissen ausgestatteten Schiffskapitäne (§ 106 SeemG) und Luftfahrzeugführer (§ 12 LuftsicherheitsG), die Jagdaufseher (§ 25 Abs. 2 BJagdG), die Fischereiaufseher (§ 54 FischG NW),[415] die nach § 2 Abs. 2 S. 2 TierSG zugezogenen Tierärzte, die nach § 4 ZDG anerkannten Beschäftigungsstellen für

---

[402] Vgl. *Bender* RdNr. 687; s. auch BGHZ 3, 94, 101 ff. = NJW 1951, 917 f.
[403] Vgl. etwa BGHZ 49, 108, 111, 112 = NJW 1968, 443, 444.
[404] BGH DRiZ 1963, 234; RG JW 1924, 192; OLG Hamm NJW 1969, 1388; BGHZ 87, 253, 256 = NJW 1984, 118.
[405] Vgl. etwa BGHZ 2, 350, 353 = NJW 1951, 919; OLG München HRR 42, 648; s. auch *Staudinger/Wurm* RdNr. 42.
[406] BGHZ 14, 319, 321 = NJW 1955, 97, 98; BGH NJW 1977, 713; BGHZ 78, 41, 44 = NJW 1980, 2700, 2701.
[407] BGHZ 76, 387, 393 = NJW 1980, 2573, 2574.
[408] BGH WM 1970, 1252, 1255; 1975, 630, 633; BGHZ 84, 292, 298 f. = NJW 1983, 215; BGHZ 92, 34, 51 = NJW 1984, 2516; BGH NVwZ 1986, 504, 505; BGHZ 106, 323, 330 = NJW 1989, 976 = DVBl. 1989, 504 m. Anm. *Papier*; BGHZ 109, 380, 388 = NJW 1990, 1038; BGHZ 110, 1, 8 = NJW 1990, 1042.
[409] BGHZ 11, 192, 197 f. = NJW 1954, 757, 758.
[410] BGHZ 81, 21, 25 = NJW 1981, 2000.
[411] Vgl. dazu *Scheuing* S. 356 f.; aA *Bettermann* in: Die Grundrechte Bd. III/2, S. 836.
[412] Vgl. *Erman/Küchenhoff/Hecker* RdNr. 39; OLG Hamm MDR 1983, 130.
[413] Dazu allg. *Steiner,* Öffentliche Verwaltung durch Private, 1975; *Frenz,* Die Staatshaftung in den Beleihungstatbeständen, 1991, S. 21 ff. je mwN.
[414] Vgl. *Wolff/Bachof/Stober* Verwaltungsrecht II § 67 RdNr. 20 f.; *Bender* RdNr. 424.
[415] FischereiG für das Land Nordrhein-Westfalen idF der Bek. vom 22. 6. 1994 (GV NW S. 516/SGV NW 793).

Haftung bei Amtspflichtverletzung   134, 135 § 839

den Zivildienst.[416] Im Bereich schlicht-hoheitlicher Tätigkeit sind vor allem die nichtbeamteten Notare[417] zu nennen, für die jedoch die spezielle Haftungsvorschrift des § 19 BNotO[418] gilt, die Schiedsmänner,[419] die öffentlich bestellten Vermessungsingenieure (vgl. § 1 VermKatG NW),[420] die Prüfingenieure für Baustatik,[421] die amtlich anerkannten Sachverständigen für den Kraftfahrzeugverkehr[422] bei der Prüfung von Kraftfahrzeugen sowie bei der Abnahme von Kraftfahrprüfungen, die eine Nachprüfung von Luftfahrtgeräten auf ihre Lufttüchtigkeit durchführenden luftfahrttechnischen Betriebe und ihre Prüfer[423] sowie die TÜV-Sachverständigen bei der Vorprüfung einer überwachungsbedürftigen Anlage nach der DruckbehälterVO,[424] die in einem Anstellungsverhältnis zu einem bürgerlich-rechtlichen Verein (TÜV) stehen, die Bezirksschornsteinfegermeister[425] bei der Bauabnahme, der Feuerstättenschau und bei gewissen Funktionen im Bereich des Immissionsschutzes, die Mitglieder der freiwilligen Feuerwehr[426] sowie von freiwilligen Hilfsorganisationen, die von staatlichen Organen zur Katastrophenabwehr herangezogen worden sind,[427] die anerkannten Privatschulen[428] bei Versetzungs- und Prüfungsentscheidungen sowie der Erteilung von Abschlusszeugnissen.

Keine Beliehene und auch keine Beamte im haftungsrechtlichen Sinne sind die Träger **134** eines **privaten Amtes** wie der Vormund – anders der Amtsvormund[429] –, Pfleger, Testamentsvollstrecker, Nachlass- und Insolvenzverwalter.[430] Entsprechendes gilt für die vom Gericht beauftragten **Sachverständigen**.[431] Im Unterschied etwa zur Gutachter- und Prüfertätigkeit des Kfz.-Sachverständigen, die integraler Bestandteil der behördlichen Verwaltungsverfahren ist, besteht zwischen der hoheitsrechtlichen Spruchrichtertätigkeit und der Tätigkeit des vom Gericht beauftragten Sachverständigen ein vergleichbarer enger Sachzusammenhang nicht. Dieser nimmt vielmehr den Aufgaben eines Zeugen vergleichbare Funktionen im Rahmen des gerichtlichen Verfahrens, also eine Bürgerpflicht gegenüber dem Staat, nicht aber ein Amt des Staates wahr. Die gerichtlichen Sachverständigen hafteten nach bisheriger Rechtslage aus unerlaubter Handlung nur nach den allgemeinen Vorschriften (§ 823 Abs. 1; § 823 Abs. 2 iVm. §§ 154, 155, 163 StGB; § 826). Durch das Zweite Gesetz zur Änderung schadensersatzrechtlicher Vorschriften vom 19. 7. 2002 (BGBl. I S. 2674) wurde § 839a in das BGB eingefügt, der die Haftung der gerichtlichen Sachverständigen nun regelt.[432]

bb) Verwaltungshelfer. Der Staat oder sonstige öffentlich-rechtliche Körperschaften **135** bedienen sich zur Wahrnehmung öffentlich-rechtlicher Funktionen aber nicht nur mit hoheitsrechtlichen Kompetenzen beliehener Personen, sondern auch privater Hilfspersonen, bei denen ganz unstreitig schon mangels gesetzlicher Grundlage ein Beleihungsakt

---

[416] BGHZ 87, 253, 256 = NJW 1984, 118, 119 = JZ 1983, 764, 765 m. Anm. *Papier*; s. auch *Niemann* DVBl. 1984, 320; BGH NVwZ 1990, 1103, 1104; BGHZ 118, 304, 307 = NJW 1992, 2882.
[417] Vgl. BVerfGE 17, 371, 376 = NJW 1964, 1516, 1517.
[418] Zu den Amtspflichten eines Notars s. zB BGH LM BNotO § 19 Nr. 18 = NJW 1983, 1801.
[419] BGHZ 36, 193, 194 = NJW 1962, 485.
[420] Gesetz über die Landesvermessung und das Liegenschaftskataster idF der Bek. vom 30. 5. 1990 (GV NW S. 360/SGV NW 7134).
[421] BGHZ 39, 358, 361 f. = NJW 1963, 1821, 1822; BVerwG DÖV 1972, 500; offen gelassen für die Tätigkeit anderer als der amtlich anerkannten Prüfingenieure (sog. „Zivilingenieure") von BVerwGE 57, 55 = NJW 1979, 731.
[422] BGHZ 49, 108, 111 = NJW 1968, 443; BGH NJW 1973, 458; vgl. auch *Ossenbühl* Staatshaftungsrecht S. 16f. mwN.
[423] BGH MDR 2001, 868, 869.
[424] BGHZ 122, 85, 90 = NJW 1993, 1784, 1786; OLG Karlsruhe OLGR 2006, 850.
[425] BGH NJW 1974, 1507, 1508; OLG Hamm NJW 1972, 2088.
[426] BGHZ 20, 290, 292 = NJW 1956, 1633.
[427] OLG Düsseldorf VersR 1971, 185; OLG Schleswig OLGR 2007, 17.
[428] Vgl. BVerfGE 27, 195, 203 f. = NJW 1970, 275, 276.
[429] BGHZ 100, 313, 315 = NJW 1987, 2664.
[430] LG Kassel JW 1936, 2356; RGRK/*Kreft* RdNr. 153.
[431] BGHZ 59, 310, 312 ff. = NJW 1973, 554, 555; BGH MDR 2003, 1180, 1181.
[432] Vgl. bei § 839a; *Staudinger/Wurm* § 839a RdNr. 1 ff.; *Wagner* NJW 2002, 2049; *Jacobs* ZRP 2001, 489.

nicht festgestellt werden kann. Nach hL können unter bestimmten Voraussetzungen auch diese privaten Erfüllungspersonen oder Verwaltungshelfer Amtsträger iS des Art. 34 GG/§ 839 sein.[433] Welche Voraussetzungen dafür im Einzelnen vorliegen müssen, ist in Rechtsprechung und Lehre nicht abschließend geklärt.[434] Nach der in sich ebenfalls nicht immer einheitlichen und folgerichtigen früheren Rechtsprechung konnte eine nicht mit hoheitlichen Kompetenzen beliehene Zivilperson nur dann im haftungsrechtlichen Sinne Amtsträger, ihr Verhalten dem Staat über Art. 34 GG also zurechenbar sein, wenn sie als bloßes Werkzeug der öffentlichen Verwaltung tätig geworden ist.[435] Der Träger öffentlicher Verwaltung musste also den Handlungsspielraum des für ihn tätigen Privaten durch Weisungsbefugnisse und sonstige Einflussnahmen in einem solchen Ausmaß eingeengt haben, dass der private Verwaltungshelfer nur als „verlängerter Arm" der öffentlichen Verwaltung erscheint.

136 Diese Unselbstständigkeit und „Werkzeug"-Eigenschaft wird man etwa bei den **Schülerlotsen** bejahen können.[436] Sie sind zwar keine mit hoheitsrechtlichen Kompetenzen Beliehene, sie können keine verkehrsrechtlichen Verwaltungsakte erlassen, sondern nur Hinweise auf die Verkehrslage geben. Ihre Tätigkeit kann jedoch als unselbstständige, weisungsabhängige Hilfsfunktion bei der Wahrnehmung der schulischen Fürsorgepflicht angesehen werden. Entsprechendes gilt für die mit anderen Hilfsaufgaben betrauten Schüler etwa bei der Pausenaufsicht,[437] der Hilfestellung im Sportunterricht[438] oder der den Lehrer unterstützenden Tätigkeit bei Versuchen im Physik- oder Chemieunterricht.[439] Mangels konkreter Weisungsgebundenheit handelt es sich dagegen bei der Bereitschaftspflegemutter, welche ein fremdes Kind vorübergehend in Obhut nimmt, nicht um einen Verwaltungshelfer.[440] Ein amtshaftungsrechtliches Einstehen des Trägers des Jugendamtes für einen gesundheitlichen Schaden, den das Kind während der Betreuungszeit durch das Verschulden der Pflegeeltern erleidet, kommt daher nicht in Betracht.

137 **cc) Selbstständige Werk- und Dienstunternehmer.** Problematisch ist jedoch die Stellung selbstständiger Werk- oder Dienstunternehmer, die vom Träger öffentlicher Verwaltung zur Wahrnehmung seiner öffentlich-rechtlichen Funktionen eingesetzt werden. Zu denken ist hier etwa an den von der Behörde im Rahmen einer Ersatzvornahme beauftragten Unternehmer, zB den von der Polizei eingeschalteten **privaten Abschleppunternehmer,**[441] an den beim öffentlichen Straßenbau vom Träger der Straßenbaulast beauftragten Bauunternehmer,[442] an die mit der Errichtung oder Reparatur von Verkehrssignalanlagen beauftragte Elektrofirma,[443] an den mit der Wartung öffentlicher Verkehrszeichen beauftragten Unternehmer,[444] an die mit der Instandhaltung bzw. Reinigung im Anstalts- oder Verwaltungsgebrauch stehender öffentlicher Sachen betraute Privatfirma sowie an die mit der Durchführung medizinischer Tests beauftragten privaten Labors.[445] In diesen Fällen wird man regelmäßig eine „**Werkzeugeigenschaft**" des Privatunternehmens oder des einzelnen

---

[433] Vgl. *Bender* RdNr. 427 f.; *Stelkens* JZ 2004, 656.
[434] Vgl. dazu die Darstellung bei *Ossenbühl* JuS 1973, 421.
[435] Vgl. etwa BGHZ 48, 98, 103 = NJW 1967, 1857, 1858; s. auch BGH NJW 1971, 2220, 2221.
[436] OLG Köln NJW 1968, 655; *Stelkens* JZ 2004, 656; *Martens* NJW 1970, 1029; *Zuleeg* DÖV 1970, 627.
[437] LG Rottweil NJW 1970, 474.
[438] BGH VersR 1958, 705 f.
[439] Vgl. auch *Bender* RdNr. 428.
[440] Vgl. BGHZ 166, 268, 275 f. = NJW 2006, 1121.
[441] OLG Nürnberg OLGZ 66, 405 = JZ 1967, 61 m. krit. Anm. *Medicus*; LG München I NJW 1978, 48; *Schimikowski* VersR 1984, 315; s. auch BGH NJW 1977, 628; vgl. nunmehr aber BGHZ 121, 161, 164 f. = NJW 1993, 1258 = LM H. 6/1993 Art. 34 GG Nr. 179 m. Anm. *Schmidt* = JZ 1993, 1001 m. Anm. *Würtenberger* = JuS 1994, 175 (LS) m. Anm. *Osterloh*; *Kreissl* NVwZ 1994, 349; *Papier/Dengler* Jura 1995, 38, 41 f.; *Windthorst* JuS 1995, 791, 794; vgl. dazu RdNr. 138; BGH NJW 2005, 286.
[442] BGHZ 48, 98, 103 = NJW 1967, 1857, 1858; BGH LM GG Art. 14 Nr. 64 (Ce) = NJW 1980, 1679; OLG Düsseldorf VersR 1972, 158 f.; s. auch BGH VersR 1984, 443 = NVwZ 1984, 677.
[443] BGH NJW 1971, 2220 f.
[444] BGH DVBl. 1974, 285.
[445] BGH NVwZ 2006, 966.

Bediensteten dieses Unternehmens verneinen müssen. Jene sind im Allgemeinen bei der Einzelausführung nicht in dem Maße dem Einfluss und der Direktion der Träger öffentlicher Verwaltung ausgesetzt, dass sie nur als „verlängerter Arm" der Behörde erscheinen. Für ein Fehlverhalten jener Unternehmen bzw. ihrer Bediensteten würde auf der Grundlage der überkommenen „Werkzeugtheorie" der Staat dann nur nach bürgerlichem Recht (§ 831) haften, es sei denn, die Schädigung erfolgt im Rahmen eines verwaltungsrechtlichen Schuldverhältnisses, bei dem die gegenüber Art. 34 GG erweiterte Zurechnungsnorm des § 278 sinngemäß gilt. Der Private Unternehmer selbst haftete dem Geschädigten gegenüber nach privatem Deliktsrecht.[446]

Der Ausschluss der öffentlich-rechtlichen Amtshaftung bei Einschaltung selbstständiger **138** „Erfüllungsgehilfen" ist rechtspolitisch unvertretbar, rechtsdogmatisch keinesfalls zwingend und führt zu dem rechtssystematisch untragbaren Ergebnis, dass der Staat in seinem öffentlich-rechtlichen Funktionskreis nicht nach öffentlichem Recht, sondern (allenfalls) nach privatem Deliktsrecht haftet. Es ist vielmehr von der Grundüberlegung auszugehen, dass sich die Frage, ob jemandem ein öffentliches Amt iS des Art. 34 S. 1 GG anvertraut worden ist, nicht nach seiner internen Beziehung zum Hoheitsträger beantwortet. Maßgeblich ist allein das nach außen manifestierte Handeln als **„Erfüllungsgehilfe"** des **Trägers öffentlicher Gewalt**. Unter Heranziehung des Rechtsgedankens aus § 278 ist danach jeder als Amtsträger iS des Amtshaftungsrechts anzusehen, der in Erfüllung öffentlich-rechtlicher Pflichten für den Hoheitsträger Dritten gegenüber tätig wird. Daher kann auch das Fehlverhalten selbstständiger Werk- oder Dienstunternehmer dem Staat über Art. 34 S. 1 GG zugerechnet werden. Dieser Auffassung hat sich nunmehr auch der BGH weitgehend angeschlossen. Ein privater Unternehmer wird von ihm – jedenfalls für den Bereich der Eingriffsverwaltung – dann als Amtsträger angesehen, wenn er mit der vom Hoheitsträger wahrzunehmenden Aufgabe in einer so engen Verbindung steht und bei der Ausführung seiner Tätigkeit einen derart begrenzten Entscheidungsspielraum hat, dass diese Einordnung gerechtfertigt ist.[447] Die vom BGH hinzugefügten Restriktionen sind indes nicht sachgerecht und erweisen sich als Relikte der alten „Werkzeugtheorie".[448]

c) Technische Einrichtungen. Beim Versagen technischer Einrichtungen, deren sich **139** die öffentliche Verwaltung in zunehmendem Maße bei der Ausübung öffentlicher Gewalt anstelle von Personen bedient, kann das traditionelle Amtshaftungsrecht indes nicht lückenfüllend zur Anwendung gelangen. Hier bestehen unüberwindbare Grenzen der Norminterpretation. Die Haftung der Träger öffentlicher Gewalt für das Versagen technischer Einrichtungen stellt der Sache nach eine **öffentlich-rechtliche Gefährdungshaftung** dar.[449] Das hat mit der traditionellen Amtshaftung nichts mehr zu tun. Insoweit geht es um eine unmittelbare, öffentlich-rechtliche Staatshaftung, für die der Bund bisher[450] keine umfassende Regelungskompetenz besaß. Es war dem Bund verwehrt – in den Worten des Bundesverfassungsgerichts[451] – „an der Leine des § 839 über Art. 34 GG in Wahrheit umfassend die Staatshaftung zu regeln". Dieses Ziel kann dann aber auch nicht über Interpretationen der lex lata erreicht werden.

---

[446] Vgl. auch LG München I NJW 1978, 48.
[447] BGHZ 121, 161, 164 f. (Abschleppunternehmer) = NJW 1993, 1258, 1259 = LM GG Art. 34 Nr. 179 m. Anm. *Schmidt* = JZ 1993, 1001 m. Anm. *Würtenberger* = JuS 1994, 175 (LS) m. Anm. *Osterloh*; vgl. dazu auch *Kreissl* NVwZ 1994, 349; *Papier/Dengler* Jura 1995, 38, 41 f.; *Windthorst* JuS 1995, 791, 794; BGHZ 125, 19, 25 = NJW 1994, 1468, 1469 m. Anm. *Ossenbühl* JZ 1994, 786; vgl. ferner schon BGH NJW 1990, 2311: vom Gesundheitsamt hinzugezogene Vertragsärztin.
[448] Vgl. BGHZ 161, 6 = DVBl. 2005, 247, 248 f., der Gerichtshof wendet insoweit die Rückgriffsbeschränkung in Art. 34 S. 2 GG auf Vorsatz und grobe Fahrlässigkeit nicht auf als Verwaltungshelfer herangezogene selbständige private Unternehmer an, sondern geht von einer umfassenden Rückgriffsmöglichkeit aus.
[449] S. auch *Maunz/Dürig/Papier* Art. 34 GG RdNr. 114.
[450] Vgl. nunmehr Art. 74 Abs. 1 Nr. 25 GG, eingefügt durch die Grundgesetznovelle vom 27. 10. 1994 (BGBl. I S. 3146).
[451] BVerfGE 61, 149, 205 = NJW 1983, 25, 32.

140 Andere öffentlich-rechtliche Haftungsinstitute bieten hier nur selten Abhilfe. Eine allgemeine öffentlich-rechtliche Gefährdungshaftung[452] ist dem geltenden Recht unbekannt. Eine Haftung wegen enteignungsgleichen Eingriffs kam nach der älteren Judikatur im Allgemeinen mangels eines unmittelbaren hoheitlichen Eingriffs nicht in Betracht. Versagt beispielsweise eine Verkehrssignalanlage, ohne dass dies durch ein Fehlverhalten eines Amtsträgers erklärt werden kann, haben nach der früheren Rechtsprechung des BGH die in Betracht zu ziehenden hoheitlichen Maßnahmen, nämlich Planung, Errichtung und Ingangsetzung der Anlage, den Schaden nicht unmittelbar herbeigeführt.[453] Ob die vom BGH vertretenen Restriktionen in Bezug auf das **Unmittelbarkeitserfordernis** – außer dem Ampelfall[454] s. noch den Rohrbruchfall[455] – das letzte Wort sein können, erscheint höchst zweifelhaft. Die Unmittelbarkeit im Verhältnis zwischen hoheitlichem Verhalten und Eigentumsschädigung wird man jedenfalls dann bejahen können, wenn sich im Schadenseintritt eine für die konkrete hoheitliche Betätigung typische Gefahrenlage konkretisiert hat. Der BGH selbst hat zB in einer späteren Entscheidung im hoheitlichen Betrieb einer Mülldeponie eine unmittelbare Einwirkung erblickt, wenn die von dieser Einrichtung angelockten Möwen und Krähen Schäden an der Saat auf benachbarten Äckern verursachen.[456] Ebenso hat er in seinem Urteil vom 18. 12. 1986 unter ausdrücklicher Aufgabe seiner früheren Rechtsprechung zum „feindlichen Grün"[457] entschieden, dass die Abgabe einander widersprechender Lichtzeichen einer Ampelanlage eine rechtswidrige Maßnahme iS des § 39 Abs. 1 lit. b OBG NW darstellen kann und daraus resultierende Unfallschäden, da „es nahezu zwangsläufig zu einem Zusammenstoß der Fahrzeuge" kommen muss, eine unmittelbare Auswirkung auf das Sacheigentum sind.[458] Indes ist eine generelle Lösung der Haftungsfrage beim Versagen technischer Einrichtungen über das richterrechtliche Institut des enteignungsgleichen Eingriffs nicht zu erwarten. Insoweit bleibt das Erfordernis einer gesetzgeberischen Regelung, wie sie im § 1 Abs. 2 StHG angestrebt war, erhalten.[459]

141 Das an der mangelnden Bundeskompetenz **gescheiterte StHG** wollte die Lücke des geltenden Haftungsrechts durch die Regelung des § 1 Abs. 2 schließen, nach der das Versagen einer technischen Einrichtung als Pflichtverletzung gelten sollte, wenn der Träger öffentlicher Gewalt anstatt durch Personen durch diese Einrichtung öffentliche Gewalt selbstständig ausüben lässt und das Versagen einer Pflichtverletzung dieser Personen entsprechen würde.[460]

142 d) **Kirchliche Amtsträger.** Beamte im haftungsrechtlichen Sinne sind auch die Amtsträger der Kirchen. Denn die Kirchen sind als Körperschaften des öffentlichen Rechts (Art. 140 GG iVm. Art. 137 Abs. 5 WRV) Träger öffentlicher Gewalt, ihre Amtsträger üben ein öffentliches Amt iS des Art. 34 GG/§ 839 aus.[461] Die den Kirchen durch Art. 140 GG iVm. Art. 137 Abs. 3 WRV eingeräumte Autonomie findet ihre Schranken an den für alle geltenden (Staats-)Gesetzen. Dazu gehören an sich auch die Vorschriften über die Amtshaftung und über die Eröffnung des Rechtsweges zu den ordentlichen Gerichten (Art. 34 S. 3 GG). Die verfassungsrechtlich verbürgte **Autonomie der Kirchen**

---

[452] *Forsthoff*, Lehrbuch des Verwaltungsrechts, 1. Bd., 10. Aufl. 1973, S. 359 ff.
[453] Vgl. BGHZ 54, 332, 338 = NJW 1971, 32, 33; dazu krit. *Bull* DÖV 1971, 305; *Berger* VersR 1972, 715; s. auch BGH VersR 1967, 602; NJW 1971, 2220. Zur Unmittelbarkeit des enteignungsgleichen Eingriffs s. RdNr. 48 f.
[454] BGHZ 54, 332, 338 = NJW 1971, 32.
[455] BGHZ 55, 229, 232 = NJW 1971, 607.
[456] BGH NJW 1980, 770.
[457] BGHZ 54, 332, 338 = NJW 1971, 32.
[458] BGHZ 99, 249, 254 f., 256 = NJW 1987, 1945 = JZ 1987, 822 m. Anm. *Peine*; OLG Hamm NZV 1993, 481; vgl. dazu auch *Schäfer* VersR 1988, 470; *Ossenbühl* JuS 1988, 193; *Jox* NZV 1989, 133.
[459] *Papier* HdbStR Bd. VI 1989 § 157 RdNr. 22; zur Anwendbarkeit des StHG-DDR vgl. RdNr. 91.
[460] S. dazu *Jacobs* RdNr. 184 ff.
[461] BVerfGE 18, 385, 387 = NJW 1965, 961; BGHZ 22, 383, 388 = NJW 1957, 542; BGH VersR 1961, 437; BVerfG 2003, 1308; s. auch *Bettermann* in: Die Grundrechte Bd. III/2, S. 840; *Obermayer* DVBl. 1979, 441, 443 ff.

verbietet es jedoch, dass die staatlichen Gerichte im Rahmen eines Amtshaftungsprozesses sämtliche Maßnahmen kirchlicher Stellen in vollem Umfange auf ihre Rechtmäßigkeit hin überprüfen.[462] Kirchliche Maßnahmen, deren Inhalt, Notwendigkeit, Eigenart oder Form durch den geistlichen Auftrag der Kirchen bestimmt werden, können von den staatlichen Gerichten nicht auf ihre Vereinbarkeit mit dem kirchlichen Recht geprüft werden. Nur diejenigen kirchlichen Maßnahmen, die etwa als technisch-verwaltungsmäßige Akte jenseits dieses Internums liegen,[463] können zur Grundlage einer Amtshaftungsklage gemacht werden. Die Besetzung kirchlicher Ämter, insbesondere die Besetzung der Pfarrstellen, sowie Entscheidungen über die Beendigung der Amtstätigkeit von Geistlichen[464] fallen beispielsweise in den Bereich ausschließlich kircheneigener Angelegenheiten. Entgegen der früher überwiegend vertretenen Ansicht[465] wird auch das gesamte Besoldungs- und Versorgungswesen der kirchlichen Bediensteten als Bestandteil des sog. kirchlichen Internums angesehen, das der staatlich-öffentlichen Aufgabenwahrnehmung entzogen ist.[466] Eine Sonderstellung nehmen die Tätigkeiten kirchlicher Amtsträger ein, die in der Ausübung staatlicher oder vom Staat verliehener Gewalt bestehen: Erteilen Geistliche Religionsunterricht als ordentliches Lehrfach an öffentlichen Schulen, so haftet für Amtspflichtverletzungen (zB unzulässige körperliche Züchtigung) nicht die Religionsgesellschaft, sondern der Staat, der dem Geistlichen die Erteilung von Unterricht als staatliche Aufgabe anvertraut hat.[467]

2. Ausübung eines öffentlichen Amts. a) Grundsätzliches. Durch dieses allein für die Zurechnungsnorm des Art. 34 S. 1 GG geltende Tatbestandsmerkmal wird der Anwendungsbereich der Staatshaftung kraft Amtshaftung auf die Ausübung **öffentlicher Gewalt** begrenzt. Soweit die Wahrnehmung öffentlich-rechtlich geordneter Funktionen konstitutiv ist für die Beamteneigenschaft (im haftungsrechtlichen Sinne), wie zB bei den beliehenen Zivilpersonen, fällt dieses Tatbestandsmerkmal des Art. 34 S. 1 GG zusammen mit dem staatshaftungsrechtlichen Beamtenerfordernis. Eigenständige Bedeutung besitzt es hingegen bei all den in den „öffentlichen Dienst" inkorporierten Amtswaltern, die ungeachtet ihrer im Einzelfall wahrgenommenen Funktion im haftungsrechtlichen Sinne auf jeden Fall „Beamte" sind. Diese in einem Dienst- oder Amtsverhältnis zu einer Körperschaft des öffentlichen Rechts stehenden Amtswalter müssen – soll Art. 34 S. 1 GG zur Anwendung gelangen – zusätzlich gerade im öffentlich-rechtlich geordneten Funktionskreis ihrer Körperschaft den schadensbegründenden Pflichtverstoß begangen haben. Wesentlich ist also, ob der Amtsträger sein Amt nach Maßgabe des öffentlichen oder des privaten Rechts ausübt,[468] wobei öffentlich-rechtliche Tätigkeit synonym ist mit „hoheitsrechtlicher Tätigkeit" oder „Ausübung öffentlicher Gewalt".

b) Rechtsform des Verwaltungshandelns als Abgrenzungskriterium. Die Amtshaftung knüpft damit an die Dichotomie vom Zivilrecht und öffentlichen Recht an. Die Zuordnung im Einzelfall, die außer für das Haftungsrecht etwa auch für die Rechtswegfrage von Bedeutung ist (vgl. § 40 Abs. 1 VwGO; § 13 GVG), bereitet deshalb erhebliche Schwierigkeiten, weil sich die Tätigkeit der öffentlichen Verwaltung keineswegs im Vollzug oder in der Anwendung des öffentlichen Rechts erschöpft und weil es für die Abgrenzung nicht auf die verfolgten Ziele und den Inhalt der wahrgenommenen Aufgaben, sondern auf

---

[462] Vgl. BVerfGE 18, 385, 387 f. = NJW 1965, 961; BGHZ 22, 383, 389, 390 = NJW 1957, 542.
[463] Vgl. BGHZ 154, 54 = NJW 2003, 1308; OVG Münster NJW 1978, 2111; zur Abgrenzung vgl. auch *Maurer* DÖV 1960, 749.
[464] OVG Münster NJW 1978, 2111; BVerfG NJW 1983, 2569; BVerwG NJW 1983, 2580 und 2582; s. dazu *Steiner* NJW 1983, 2560; s. auch *Hesse*, Der Rechtsschutz durch staatliche Gerichte im kirchlichen Bereich, 1956, S. 69.
[465] S. zB OVG Münster NJW 1978, 2111, 2113.
[466] OVG Rheinland-Pfalz DÖV 1986, 115.
[467] BGHZ 34, 20, 21, 23 = NJW 1961, 556 = JZ 1961, 257 m. zust. Anm. *Thieme* = LM GG Art. 7 Nr. 1 m. zust. Anm. *Kreft*; OLG Celle DVBl. 1974, 44.
[468] *Bender* RdNr. 435; *Wolff/Bachof/Stober* Verwaltungsrecht II § 67 RdNr. 13 ff.

die Rechtsformen des Verwaltungshandelns ankommt.[469] Die Träger öffentlicher Verwaltung können also auch in Anwendung und in den Formen des Privatrechts tätig geworden und ein öffentliches Amt kann selbst dann nach Maßgabe des Privatrechts ausgeübt worden sein, wenn öffentliche Aufgaben und damit im materiellen Sinne öffentliche Verwaltungstätigkeit wahrgenommen worden sind.[470]

145 Der Rückgriff auf die Rechtsformen und Handlungsinstrumente der Verwaltung und nicht auf die verfolgten Ziele hat seinen Grund nicht in erster Linie in einer besseren Kategorisierung. Allein beim Einsatz des **öffentlich-rechtlichen Handlungsinstrumentariums** nimmt die öffentliche Verwaltung im Verhältnis zu den Privatsubjekten eine die Anwendung eines besonderen Haftungsrechts rechtfertigende Sonderstellung ein. Nur bei einer Amtsausübung auf der Grundlage und nach Maßgabe des öffentlichen Rechts tritt die Verwaltung in einer rechtlichen Überlegenheit auf, die eine **besondere Schutzbedürftigkeit** des Bürgers begründet und die den Grund für die verfassungsrechtliche Garantie der Haftungsübernahme durch den Staat darstellt.

146 **c) Abgrenzung zwischen öffentlichem Recht und Privatrecht. aa) (Modifizierte) Subjekts– oder Sonderrechtstheorie.** Die wesentliche Frage, ob auf Grund öffentlich-rechtlicher Normen gehandelt worden ist, beantwortet sich nach der heute wohl vorherrschenden Subjekts- oder Sonderrechtstheorie danach, ob die Träger öffentlicher Verwaltung nach Maßgabe ihres spezifischen „Amtsrechts" tätig geworden sind.[471] Denn „öffentliches Recht" ist nach dieser Auffassung der Inbegriff desjenigen Sonderrechts, dessen berechtigtes oder verpflichtetes Zuordnungssubjekt ausschließlich ein Träger hoheitlicher Gewalt ist.[472] Das Privatrecht ist demgegenüber „beliebigen Personen", also letztlich „jedermann" zugerechnet. Sobald ein Träger hoheitlicher Gewalt sich derselben Rechtssätze bedient, die für alle Rechtspersonen gelten bzw. Tatbestände verwirklicht, die von jedermann ebenso verwirklicht werden können, handelt er privatrechtlich und außerhalb des Anwendungsbereichs der Amtshaftung.

147 **bb) Subordinationstheorie.** Demgegenüber wird vor allem von der zivilgerichtlichen Rechtsprechung, vornehmlich des BGH, die Abgrenzung von öffentlichem und privatem Recht nach den Kriterien der Über- oder Gleichordnung der am Rechtsverhältnis Beteiligten vorgenommen. Öffentlich-rechtlich sei eine Rechtsbeziehung dann, wenn sie durch **Über- und Unterordnung** geprägt sei.[473] Diese Subordinationstheorie (Subjektionstheorie) ist aus mehreren Gründen zu Recht als ungeeignet kritisiert worden.[474] Zum einen gibt es unzweifelhaft öffentlich-rechtliche Beziehungen, bei denen die Beteiligten, etwa als Körperschaften des öffentlichen Rechts, im Verhältnis der Koordination zueinander stehen. Auch der öffentlich-rechtliche Vertrag (§§ 54 ff. VwVfG) begründet ein gleichgeordnetes Kooperationsverhältnis. Zum anderen kennt auch das Privatrecht Subjektionsverhältnisse, als Beispiel sei das Kindschaftsverhältnis erwähnt. Der grundlegende Mangel der Subjektionstheorie liegt jedoch darin, dass die Kriterien der Gleich- oder Überordnung sich auf das Rechtsverhältnis beziehen, das durch die Normen des objektiven Rechts erst konstituiert

---

[469] BGHZ 38, 49, 50 = NJW 1963, 40; BGHZ 60, 54, 56, 59 = NJW 1973, 460, 461; BGH NJW 1973, 1650, 1651; 2000, 2810, 2811; *Wolff/Bachof/Stober* Verwaltungsrecht II § 67 RdNr. 13 ff.; *Bender* RdNr. 435; *Maunz/Dürig/Papier* Art. 34 GG RdNr. 110 f.; aA (Abgrenzung nach dem Inhalt der zu erfüllenden Aufgaben) *Ossenbühl* Staatshaftungsrecht S. 27 f.
[470] BGH NJW 1973, 1650, 1651; *Erman/Küchenhoff/Hecker* RdNr. 21 ff.
[471] *Wolff/Bachof/Stober* Verwaltungsrecht I § 22 RdNr. 28 f.; vgl. auch BGHZ 41, 264, 266, 267 = NJW 1964, 1472, 1473; BGH LM § 906 Nr. 25 = DVBl. 1968, 148.
[472] Die neuere Subjektstheorie ist von *Wolff* AöR 76 (1950/51), 205 entwickelt worden; s. auch *Wolff/Bachof/Stober* Verwaltungsrecht I § 22 RdNr. 28 f.
[473] BGHZ 14, 222, 227 = NJW 1954, 1486; BGH LM GVG § 13 Nr. 55 = NJW 1957, 1597; BGHZ 53, 184, 186 = NJW 1970, 811, 812; BGH NJW 2001, 434, wonach die Tätigkeit des Gerichtsvollziehers als Sequester (§ 938 Abs. 2 ZPO) dem Privatrecht zuzuordnen ist, weil er kraft seines Amtes als Sequester keine hoheitlichen Befugnisse hat; s. auch RGZ 167, 281 f., 284, 285; Gerichtshof für Kompetenzkonflikte beim BayObLG NJW 1959, 1195, 1196.
[474] Vgl. *Ehlers* in: *Erichsen/ders.* (Hrsg.), Allgemeines Verwaltungsrecht, 13. Aufl. 2006, § 3 RdNr. 20 ff.

bzw. geprägt wird. Allein um die vorrangige Qualifizierung jener Normen des objektiven Rechts geht es jedoch. Ein Rechtsverhältnis ist allenfalls deshalb subordinationsrechtlicher Art, weil die maßgeblichen Rechtsnormen solche des öffentlichen Rechts sind und deshalb den Träger öffentlicher Verwaltung zur Ausübung hoheitlicher Gewalt befähigen. Die Subordinationstheorie vermischt daher letztliche Voraussetzungen und Folgen der Qualifizierung des Rechtssatzes als öffentliches Recht.[475]

d) Realakte der öffentlichen Verwaltung. Aber auch die Abgrenzung nach der Sonderrechtstheorie lässt Fragen offen. Sie führt im Allgemeinen dort zu klaren Ergebnissen, wo der Träger öffentlicher Verwaltung auf der Grundlage eines vorhandenen Normenkomplexes Rechtsakte erlässt. Schwieriger ist die Zuordnung bei den Realakten der öffentlichen Verwaltung,[476] wie zB bei der Teilnahme am Straßenverkehr, bei den Einwirkungen durch Immissionen infolge der Herstellung oder Nutzung öffentlicher Sachen, bei Tatsachenbehauptungen oder bei Begutachtungen. Von staatshaftungsrechtlicher Relevanz sind zunehmend auch hoheitliche Warnungen und Empfehlungen.[477] Solche Realakte sind – für sich betrachtet – rechtlich indifferent oder ambivalent. Man muss deshalb für die nach der geltenden Rechtsordnung unerlässliche Zuordnung zum öffentlichen oder privaten Recht auf den mit dem Realakt verfolgten **Zweck** und den **Funktionszusammenhang** abstellen.[478] Wo auch diese Kriterien eine eindeutige Zuordnung nicht gestatten, ist nach heute in der Verwaltungsrechtslehre vorherrschender Auffassung[479] von folgender **Vermutungsregelung** auszugehen: Ist der Staat oder eine sonstige öffentlich-rechtlich organisierte Rechtsperson zur Wahrnehmung öffentlich-rechtlich zugewiesener Aufgaben tätig geworden, so ist das Verhalten auch Dritten gegenüber so lange an den Normen des öffentlichen Rechts zu messen, wie der entgegenstehende Wille, nach Maßgabe des Privatrechts zu handeln, etwa durch Abschluss eines privatrechtlichen Vertrages, nicht deutlich in Erscheinung tritt.

e) Eingriffsverwaltung, Leistungsverwaltung. Ausübung öffentlicher Gewalt im Sinne des Amtshaftungsrechts liegt unzweifelhaft bei der herkömmlich als obrigkeitlich-hoheitlich bezeichneten Eingriffsverwaltung vor. Dieser Bereich ist durch das Handlungsinstrumentarium einseitiger Ge- und Verbote, belastender Rechtsgestaltungen und Verwaltungsvollstreckungsakte gekennzeichnet. Hierzu zählen insbesondere die Wahrnehmung der Polizeifunktion, die Anwendung des allgemeinen und des Sonder-Ordnungsrechts sowie des öffentlichen Abgabenrechts. Daher ist zB auch die Stellung eines Insolvenzantrages durch eine Finanzbehörde zur Durchsetzung eines Steueranspruchs eine hoheitliche Maßnahme.[480] Nach Maßgabe des öffentlichen Rechts kann die Verwaltung aber auch dann handeln, wenn sie dem Bürger gegenüber als Träger von Leistungen und Fürsorge

---

[475] So auch *Wolff/Bachof/Stober* Verwaltungsrecht I § 22 RdNr. 25.
[476] S. auch *Menger/Erichsen* VerwA 59 (1968), 366, 379; *Erichsen* VerwA 62 (1971), 181, 183; vgl. auch *Menger/Erichsen* VerwA 60 (1969), 396 ff.; *Remmert* in: *Erichsen/Ehlers* (Hrsg.), Allgemeines Verwaltungsrecht, 13. Aufl. 2006, § 35 RdNr. 1 ff.; *Wolff/Bachof/Stober* Verwaltungsrecht I § 22 RdNr. 49.
[477] Vgl. dazu *Ossenbühl*, Umweltpflege durch behördliche Warnungen und Empfehlungen, 1986, S. 82 ff.; *ders*. ZHR 155 (1991), 329 ff.; *Maurer* (Fn. 119) § 15 RdNr. 8 ff.; *Schade* ZLR 1991, 601, 612 f.; LG Göttingen NVwZ 1992, 98; LG Stuttgart NJW 1989, 2257 = JuS 1990, 842 (LS) m. Anm. *Dörr*; OLG Stuttgart NJW 1990, 2690 = WUR 1990, 43 m. Anm. *Schoch*. Zu den staatshaftungs- und verwaltungsrechtlichen Fragen im Zusammenhang mit behördlichen Warnungen und Empfehlungen vgl. BVerwGE 71, 183 = NJW 1986, 1536 – Transparenzliste; BVerwGE 82, 76 = NJW 1989, 2272 – Jugendsekten; BVerfG NJW 1989, 3269 – Jugendsekten; BVerwGE 87, 37 = NJW 1991, 1766 – Glykol; BVerwG NJW 1996, 3161; zu den Sorgfaltspflichten eines kirchlichen Sektenbeauftragten bei seiner Öffentlichkeitsarbeit vgl. BGH NJW 2003, 1308.
[478] BGHZ 42, 176, 179 = NJW 1964, 1895, 1897; BGH NVwZ 1983, 763; vgl. auch *Ossenbühl* Staatshaftungsrecht S. 34 ff. mwN.
[479] *Wolff/Bachof/Stober* Verwaltungsrecht I § 22 RdNr. 42 ff.; *Erichsen* VerwA 62 (1971), 181, 183 f.; *ders.* in: *Erichsen/ders.* (Fn. 474) § 24 RdNr. 7 und § 35 RdNr. 8; *Kopp/Schenke* § 40 VwGO RdNr. 12 ff.; *Ossenbühl* Staatshaftungsrecht S. 38 ff. (für Anstaltsnutzung).
[480] BGHZ 110, 253, 254 f. = NJW 1990, 2675 = WuB VI B. § 105 KO 1.90 m. Anm. *Uhlenbruck*; s. dazu auch *Loritz* JZ 1990, 866 ff.; *Dörr* JuS 1991, 509 f.

§ 839   150–153   Abschnitt 8. Titel 27. Unerlaubte Handlungen

auftritt.[481] Zu diesem als **schlicht-hoheitlich** bezeichneten Verwaltungsbereich gehört nicht nur das sozialrechtliche Leistungssystem, sondern uU auch die Bereitstellung öffentlicher Einrichtungen zur kulturellen, sozialen, ökonomischen, medizinischen oder hygienischen Versorgung der Bevölkerung,[482] eines öffentlichen Verkehrssystems, eines Straßennetzes[483] und eines Systems von Information und Kommunikation.[484]

150 **f) Schlicht-hoheitliche und privatrechtliche Verwaltungstätigkeit.** In diesem Bereich schlicht-hoheitlicher Verwaltung sind die Übergänge zu privatrechtlichen Handlungsformen besonders schwer auszumachen. Denn nach der deutschen Rechtsordnung darf ein Träger öffentlicher Leistungen und Fürsorge, sofern ihm spezifische Handlungsformen nicht rechtssatzmäßig vorgeschrieben sind, zur Wahrnehmung seiner materiellen Verwaltungsziele zwischen öffentlich-rechtlichen und privatrechtlichen Handlungsformen wählen.[485] Wird „Leistungsverwaltung" danach in den Rechtsformen des Privatrechts wahrgenommen, so wird der Staat **verwaltungsprivatrechtlich** tätig. Damit soll zum Ausdruck gelangen, dass trotz privatrechtlicher Handlungsformen gewisse öffentlich-rechtliche Bindungen, etwa an die Grundrechte, bestehen.[486] Für das hier interessierende Haftungsrecht ist jedoch allein die privatrechtliche Handlungsform entscheidend. Im Bereich des Verwaltungsprivatrechts gibt es daher keine Amtshaftung, sondern neben der Eigenhaftung des Beamten nach § 839 nur die staatliche Fiskalhaftung.[487]

151 Unzweifelhaft privatrechtlich tätig werden der Staat oder eine sonstige Körperschaft des öffentlichen Rechts bei der Vornahme der **fiskalischen Hilfsgeschäfte,** wie zB beim Einkauf des Bürobedarfs der öffentlichen Verwaltung sowie bei der Nutzung des öffentlichen Finanzvermögens durch Beteiligung am privaten Wettbewerb (Beispiel: Betrieb des städtischen Ratskellers, Wahrnehmung staatlicher Mitgliedschaftsrechte an privatrechtlichen Kapitalgesellschaften).[488] Auch im Bereich des Vergaberechts tritt der Staat als Nachfrager wie jeder andere Marktteilnehmer auf und wird daher privatrechtlich tätig. Geht es darum, den staatlichen Bedarf an bestimmten Gütern und Dienstleistungen zu decken, besteht zwischen dem nachfragenden Staat und dem privatrechtlichen Anbieter kein Abhängigkeits- bzw. Unterordnungsverhältnis. Es greift folglich lediglich die privatrechtliche Beamtenhaftung ein.[489]

152 **g) Fallgruppen.** Im Bereich der materiellen „Leistungsverwaltung", bei dem die rechtsformenmäßige Zuordnung besondere Schwierigkeiten bereitet, sind insbesondere die Gewährung öffentlicher Subventionen sowie die Nutzung öffentlicher Einrichtungen problematisch.

153 **aa) Subventionen und reale Förderungen.** Die öffentliche Subventionierung Privater kann in verschiedenen Rechtsformen erfolgen:[490] Neben den rein öffentlich-rechtlichen

---

[481] Vgl. BGHZ 16, 111, 112, 113 = NJW 1955, 458; BGHZ 20, 102, 104 = NJW 1955, 745; BGH LM GG Art. 34 Nr. 62 = NJW 1962, 796; NVwZ 1983, 763; DVBl. 1983, 1055, 1056; NJW 1984, 615, 617.
[482] Zu den Benutzungsverhältnissen s. *Papier,* Recht der öffentlichen Sachen, S. 27 ff.
[483] Dazu besonders BGH LM GG Art. 34 Nr. 62 = NJW 1962, 796.
[484] Zu den Rundfunk- und Fernsehsendungen s. *Ossenbühl* Staatshaftungsrecht S. 40 f. mwN; *Jacobs* (Fn. 20) RdNr. 137 f.
[485] BGHZ 9, 145, 147 = NJW 1953, 778, 779; BGHZ 38, 49, 50 = NJW 1963, 40; BGHZ 60, 54, 59 = NJW 1973, 460, 462; *Papier,* Recht der öffentlichen Sachen, S. 41 f.
[486] BGHZ 29, 76, 80 = NJW 1959, 431, 432; BGHZ 36, 91, 95 ff. = NJW 1962, 196, 197 f. (zur Abgrenzung gegen BGHZ 29, 76); 52, 325, 328 = NJW 1969, 2195 f.; OVG Münster DVBl. 1959, 103; *Wolff/Bachof/Stober* Verwaltungsrecht I § 23 RdNr. 32 ff.
[487] S. BGHZ 60, 54, 56 = NJW 1973, 460, 461; *Wolff/Bachof/Stober* Verwaltungsrecht II § 67 RdNr. 18.; *Bender* RdNr. 408 aE; RGRK/*Kreft* RdNr. 16.
[488] Vgl. zB BGH DVBl. 1964, 475, 476; LM UWG § 1 Nr. 149 = DVBl. 1965, 362, 363; s. auch BGH NJW 2000, 2810, 2811; *Soergel/Vinke* RdNr. 68; zum Finanzvermögen s. auch *Papier,* Recht der öffentlichen Sachen, S. 3 f.
[489] Vgl. BVerfG NJW 2006, 3701, 3702; ähnliche Argumente auch BVerwG NJW 2007, 2275, 2276 f. zu den unterschwellenwertigen Vergabeaufträgen.
[490] Vgl. *Zuleeg,* Die Rechtsform der Subventionen, 1965, S. 7 ff.; *Ipsen,* Öffentliche Subventionierung Privater, 1956, S. 64 ff.; *Stern* JZ 1960, 557, 560 ff.; *Janknecht,* Rechtsform von Subventionierungen, Diss.

Gestaltungsformen des verwaltungsrechtlichen Vertrages oder des mitwirkungsbedürftigen (= antragsbedingten) Verwaltungsaktes sind die zweistufige Gewährung mittels bewilligenden Verwaltungsaktes und privatrechtlichen (Vollziehungs-)Vertrages sowie die rein privatrechtliche Vergabeform möglich.

Die **rein privatrechtliche Gestaltungsform** liegt im Allgemeinen nur bei den realen Förderungen der öffentlichen Hand durch bevorzugte Vergabe öffentlicher Aufträge vor.[491] **Zweistufige Subventionsverhältnisse** sind dadurch gekennzeichnet, dass auf der ersten Stufe in der Form eines zustimmungsbedürftigen Verwaltungsaktes, also öffentlich-rechtlich, darüber entschieden wird, ob und unter welchen Bedingungen der Antragsteller subventioniert wird. Auf einer zweiten Stufe wird das Subventionsverhältnis durch einen privatrechtlichen Vertrag zwischen dem zuwendenden Hoheitsträger oder einem von ihm beauftragten Dritten (zB einem Kreditinstitut) und dem Subventionsempfänger abgewickelt.[492] Solche zweistufigen Subventionsverhältnisse sind – entgegen früher verbreiteter Auffassung – nur ausnahmsweise anzunehmen. Bei Subventionierungen durch **verlorene Zuschüsse,** also Zuwendungen, die bei planmäßigem Verlauf der Rechtsbeziehungen nicht zurückgezahlt werden sollen, liegt eine rein öffentlich-rechtliche Gestaltung vor.[493] Aber auch bei der Subventionierung durch **zurückzuzahlende Zuschüsse** kann neben der öffentlich-rechtlichen Bewilligung nur ausnahmsweise und nur bei Vorliegen besonderer Anhaltspunkte der Abschluss eines privatrechtlichen (Darlehns-)Vertrages angenommen werden. Ein solcher darf nicht einfach fingiert werden. Wird durch den öffentlich-rechtlichen Bescheid der Inhalt des Subventionsverhältnisses abschließend bestimmt, dann bestehen regelmäßig für eine (zusätzliche) Abgabe privatrechtlicher Willenserklärungen weder Anhaltspunkte noch irgendein Bedürfnis.[494] Es liegt dann also eine ausschließlich öffentlich-rechtliche Tätigkeit der öffentlichen Verwaltung vor.[495]

bb) Benutzung öffentlicher Einrichtungen. Auch bei der Benutzung öffentlicher Einrichtungen sind öffentlich-rechtliche und privatrechtliche Benutzungsverhältnisse denkbar. Soweit jene öffentlichen Einrichtungen nicht von der allgemeinen Staats- oder Kommunaladministration, sondern von selbstständigen Organisationseinheiten verwaltet werden, sind mehrere (Organisations-)Rechtsformen denkbar: Das Muttergemeinwesen kann eine juristische Person des Privatrechts, insbesondere eine Kapitalgesellschaft (AG, GmbH), als Unternehmensträgerin gründen. Es besteht ferner die Möglichkeit der Schaffung selbstständiger Rechtspersonen des öffentlichen Rechts, etwa einer rechtsfähigen Anstalt. Anstelle eines Verwaltungsträgers mit eigener Rechtssubjektivität kann das Muttergemeinwesen aber auch einen Regie- oder Eigenbetrieb institutionalisieren, der zwar organisatorisch verselbstständigt, aber nicht rechtsfähig ist.[496]

Zwar ist die Organisationsform von der **Rechtsform des Nutzungsverhältnisses** zu unterscheiden,[497] es bestehen jedoch gewisse Zusammenhänge. Ist nämlich eine privatrechtliche Unternehmensrechtsform gewählt, so kann das Benutzungsverhältnis grundsätzlich

---

Münster 1964, S. 15 ff.; *Götz,* Recht der Wirtschaftssubventionen, 1966, S. 41 f.; *Wolff/Bachof/Stober* Verwaltungsrecht III § 154 VI.

[491] BGH NJW 1967, 1911; BVerwGE 14, 65, 67 ff. = NJW 1962, 1535; BVerwGE 38, 281, 283 f.; *Wolff/Bachof* Verwaltungsrecht III § 154 VI d.

[492] Grdlg. *Ipsen* (Fn. 490) S. 63 ff.; BVerwGE 1, 308, 309 f. = NJW 1955, 437; BGHZ 13, 47, 50 ff. = NJW 1962, 170; BGHZ 40, 206, 210 = NJW 1964, 196, 197; BGHZ 52, 155, 160 = NJW 1969, 1434, 1435; BGHZ 57, 130, 131 = NJW 1972, 210; Bonner Komm/*Dagtoglou* 2. Bearb. Art. 34 GG RdNr. 87; *Wolff/Bachof* Verwaltungsrecht III § 154 VI b.

[493] BGHZ 57, 130, 136 = NJW 1972, 210, 212; BGH JR 1975, 388; BVerwG NJW 1969, 809; vgl. auch BVerwG NJW 1969, 809; ferner BVerwG DÖV 1972, 388 f.; OVG Hamburg DVBl. 1961, 92; OLG Naumburg NVwZ 2001, 354.

[494] *Wolff/Bachof* Verwaltungsrecht III § 154 VI b 3; idS auch *Zuleeg* (Fn. 490) S. 50 ff.; *Janknecht* (Fn. 490) S. 67 f.

[495] S. bes. BGHZ 57, 130, 133 ff. = NJW 1972, 210, 211; *Soergel/Vinke* RdNr. 130.

[496] *Papier,* Recht der öffentlichen Sachen, S. 28; s. auch BGH NVwZ 1983, 763, 764.

[497] Vgl. *Forsthoff* (Fn. 452) § 22 II, S. 412; *Papier* in: Erichsen (Hrsg.), Allgemeines Verwaltungsrecht, § 41 RdNr. 32; Erman/*Küchenhoff/Hecker* RdNr. 30.

ebenfalls nur privatrechtlicher Natur sein.⁴⁹⁸ Öffentlich-rechtliche Benutzungsverhältnisse können Trägergesellschaften des Privatrechts nur bei (rechtssatzmäßiger) Beleihung mit öffentlicher Gewalt begründen. Bei öffentlich-rechtlichen Organisationsformen besteht für den Träger der Einrichtung nach hL ein Wahlrecht zwischen privatrechtlichen und öffentlich-rechtlichen Gestaltungen der Nutzungsverhältnisse.⁴⁹⁹ Welche Rechtsform gewählt ist, entscheidet sich mangels einer ausdrücklichen Bestimmung des Trägers der Einrichtung oder mangels ausdrücklicher Bindung durch einen Rechtssatz nach den für die Nutzung der konkreten Einrichtung aufgestellten Regeln über das Zustandekommen und den Inhalt des Benutzungsverhältnisses. Anhaltspunkte für eine öffentlich-rechtliche Nutzungsordnung sind etwa der Umstand, dass die Benutzung im Satzungswege geregelt ist,⁵⁰⁰ dass ein Anschluss- und Benutzungszwang besteht,⁵⁰¹ dass „Benutzungsgebühren" und nicht „Entgelte" erhoben werden, dass der Träger der Einrichtung ausdrücklich zum Erlass von Verwaltungsakten ermächtigt ist und dass in der „Benutzungsordnung" auf Vorschriften bzw. Formen des Verwaltungsvollstreckungsrechts verwiesen ist.⁵⁰²

157 Bei öffentlichen Einrichtungen der Gemeinden, die diese zur wirtschaftlichen, sozialen und kulturellen Betreuung ihrer Einwohner geschaffen haben und den Gemeindeeinwohnern zur Verfügung stellen, gewähren die Gemeindeordnungen der Länder (vgl. Art. 21 Abs. 1 BayGO)⁵⁰³ den Gemeindeeinwohnern einen öffentlich-rechtlichen **Anspruch auf Zulassung** zur Benutzung. Auch hier bleibt jedoch die Möglichkeit privatrechtlicher Nutzungsbeziehungen. Die Rechtsverhältnisse in Ansehung der Benutzung der gemeindlichen Einrichtungen stellen sich dann zweistufig dar.⁵⁰⁴ Die Verletzung des Zulassungsanspruchs etwa durch ungerechtfertigte Zurückweisung unterfällt der öffentlich-rechtlichen Amtshaftung. Der öffentlich-rechtliche Zulassungsanspruch richtet sich stets gegen die Gemeinde. Wird daher die öffentliche Einrichtung von einem rechtsfähigen Unternehmensträger des Privatrechts (AG, GmbH) betrieben, hat der kommunalrechtliche Zulassungsanspruch nur eine Einwirkungspflicht der Gemeinde zum Inhalt.⁵⁰⁵ Die Gemeinde ist also kraft öffentlichen Rechts gehalten, auf die von ihr gegründete, zur Erfüllung ihrer Aufgaben zwischengeschaltete Trägergesellschaft mit den ihr kraft Gesellschaftsrechts zur Verfügung stehenden Mitteln einzuwirken, damit diese der öffentlich-rechtlichen Zulassungsberechtigung aller Einwohner Rechnung trägt. Verletzungen dieser Einwirkungspflicht können die Amtshaftung auslösen.⁵⁰⁶

158 cc) **Bundesagentur für Arbeit.** Die Arbeitsvermittlung der Arbeitsämter stellt eine (schlicht-)hoheitliche Betätigung dar. Entsprechendes gilt für die sonstigen Aufgabenwahrnehmungen der Bundesagentur für Arbeit, insbesondere für die Tätigkeiten im Rahmen der Arbeitslosenversicherung.

159 dd) **Bahnwesen.** Auch schon vor der Neugründung der Deutschen Bahn AG und der damit verbundenen Neuorganisation des Bahnwesens⁵⁰⁷ waren die Rechtsbeziehungen zwischen der Bundesbahn und ihren Benutzern – mit Ausnahme der bahnpolizeilichen Funktionen,⁵⁰⁸ die durch Gesetz vom 23. 1. 1992 auf die Bundespolizei übertragen wur-

---

⁴⁹⁸ *Papier*, Recht der öffentlichen Sachen, S. 28 f.; *Soergel/Vinke* RdNr. 86.
⁴⁹⁹ *Forsthoff* (Fn. 452) § 22 II S. 412; *Papier* in: *Erichsen* (Hrsg.), Allgemeines Verwaltungsrecht, § 41 RdNr. 33. Allg. zur Abgrenzung öffentlichem und privatem Recht s. RdNr. 146 ff.
⁵⁰⁰ S. auch BGH BayVBl. 1978, 219 = DVBl. 1978, 108.
⁵⁰¹ BGH BayVBl. 1978, 219 = DVBl. 1978, 108.
⁵⁰² Vgl. BGHZ 4, 138, 148 ff. = NJW 1952, 382, 383; BGHZ 9, 145, 148 f. = NJW 1953, 778, 779; BGHZ 25, 200, 205 ff. = NJW 1958, 59, 60; vgl. auch VGH Mannheim NJW 1979, 1900 f.; *Forsthoff* (Fn. 452) § 22 II, S. 412, 413; *Ossenbühl* (Fn. 5) S. 37.
⁵⁰³ Gemeindeordnung für den Freistaat Bayern idF der Bek. vom 22. 8. 1998 (GVBl. S. 796).
⁵⁰⁴ *Papier*, Recht der öffentlichen Sachen, S. 30 mwN.
⁵⁰⁵ *Püttner* DVBl. 1975, 353; *Papier*, Recht der öffentlichen Sachen, S. 30 f.
⁵⁰⁶ Vgl. zum Problemkreis *Papier*, Recht der öffentlichen Sachen, S. 31.
⁵⁰⁷ Durch das Eisenbahnneuordnungsgesetz (ENeuOG) vom 27. 12. 1993 (BGBl. I S. 2378).
⁵⁰⁸ BGHZ 6, 304, 311 = NJW 1952, 1211, 1213; RGZ 162, 364, 366; RGRK/*Kreft* RdNr. 130 (auch bei Öffentlichkeitsarbeit).

Haftung bei Amtspflichtverletzung   160, 161 § 839

den[509] – privatrechtlicher Natur,[510] denn sie bestimmten sich nach den Vorschriften des Privatrechts, nämlich den §§ 453 ff. HGB[511] und der auf Grund des § 458 Abs. 1 HGB erlassenen Eisenbahn-Verkehrsordnung (EVO),[512] einer Privatrechtsnormen enthaltenden Rechtsverordnung. Für diese auch von der ständigen Rechtsprechung vertretene Auffassung[513] sprach auch der Umstand, dass die Bundesbahn schon nach § 28 Abs. 1 BBahnG idF vom 13. 12. 1951 „wie ein Wirtschaftsunternehmen" „nach kaufmännischen Grundsätzen" zu führen war.[514] Amtshaftungsansprüche gegen die Bundesbahn scheiden daher aus, und zwar sowohl der Benutzer als auch durch den Betrieb geschädigter Dritter. Die Haftung der Bundesbahn bestimmte sich auch vor der Bahnstrukturreform nach privatrechtlichem Vertrags- und Deliktsrecht (§§ 278, 823 Abs. 1/2, 31, 89, 831) sowie den eine Gefährdungshaftung normierenden Vorschriften des Haftpflichtgesetzes.[515] Hatte für die Bundesbahn ein Beamter im staatsrechtlichen Sinne gehandelt, kam eine Eigenhaftung dieses Beamten nach Maßgabe des § 839 Abs. 1 in Betracht.[516]

ee) Postbetrieb. In der früheren Organisationsform der Deutschen Bundespost (inzwischen Deutsche Post AG, Deutsche Postbank AG und Deutsche Telekom AG) wurde diese in ihrem gesamten Aufgabenbereich hoheitlich tätig und hatte daher für alle durch ihre Mitarbeiter verursachten Schädigungen Dritter nach Amtshaftungsgrundsätzen einzustehen. Aus Gründen des besonderen Risikopotentials, das einem Massendienstleistungsbetrieb immanent sei, wurde diese Haftung eingeschränkt.[517] Für die **Dienstleistungen** der Post bestanden in weitem Umfang gesetzliche Sonderhaftungsvorschriften, die zum Teil auch die Eigenhaftung der Postbediensteten im selben Rahmen beschränkten.[518] Diese stellten eine abschließende Regelung der Posthaftung sowohl für die Anspruchshöhe als auch den Haftungsgrund dar. Die Anwendung anderer Haftungsnormen neben den Regelungen des PostG aF oder über sie hinaus war daher im Rahmen der Postbenutzungsverhältnisse grundsätzlich ausgeschlossen.[519] 160

Nach dem Inkrafttreten des **Poststrukturreformgesetzes** vom 8. 6. 1989 (BGBl. I S. 1026) wurden die Deutsche Bundespost bzw. ihre damals gebildeten Teiluntergliederungen (vgl. § 1 Abs. 2 PostVerfG)[520] indes im Rahmen der Benutzungsverhältnisse überwiegend privatrechtlich tätig (s. § 7 S. 1 PostG,[521] § 9 Abs. 1 FAG),[522] so dass es schon damals nicht mehr um die Thematik der (öffentlich-rechtlichen) Staatshaftung und ihrer Begren- 161

---

[509] Gesetz zur Übertragung der Aufgaben der Bahnpolizei und der Luftsicherheit auf den Bundesgrenzschutz (BGBl. I S. 178); vgl. auch das Gesetz zur Neuregelung der Vorschriften über den Bundesgrenzschutz vom 19. 10. 1994 (BGBl. I S. 2978). Zu den diesbezüglichen verfassungsrechtlichen Bedenken vgl. *Papier* DVBl. 1992, 1.
[510] *Ossenbühl* Staatshaftungsrecht S. 36; Bonner Komm/*Dagtoglou* 2. Bearb. Art. 34 GG RdNr. 392.
[511] §§ 453, 458 bis 460 HGB wurden durch Art. 6 Abs. 42 ENeuOG vom 27. 12. 1993 (BGBl. I S. 2378, 2410) aufgehoben.
[512] EVO vom 8. 9. 1938 (RGBl. II S. 663), letzte Bek. vom 20. 4. 1999 (BGBl. I S. 782), die mit einzelnen Änderungen trotz der Aufhebung von § 458 Abs. 1 HGB in Kraft blieb, vgl. Art. 6 Abs. 133 ENeuOG vom 27. 12. 1993 (BGBl. I S. 2378, 2423).
[513] BGHZ 2, 37, 41; 6, 304, 309 f. = NJW 1952, 1211, 1213; BGHZ 20, 101, 105 = NJW 1956, 745, 746; RGZ 161, 341; 162, 364.
[514] Vgl. nunmehr Art. 87 e Abs. 3 S. 1 GG: „Eisenbahnen des Bundes werden als Wirtschaftsunternehmen in privat-rechtlicher Form geführt".
[515] S. die Bek. der Neufassung des HPflG vom 4. 1. 1978 (BGBl. I S. 145); vgl. zu den Verkehrssicherungspflichten beim Bahnbetrieb § 823 RdNr. 232 ff., 510.
[516] Vgl. auch *Bamberger/Roth/Reinert* RdNr. 17.
[517] BGHZ 12, 89, 91; BGH DÖV 1965, 822; *Ernesto Loh*, Die Haftung im Postbetrieb, 1972; das PostG aF stellte eine abschließende Sonderregelung dar, vgl. dazu auch BGH NJW 2001, 3128, 3129.
[518] Vgl. zB § 11 Abs. 3 PostG in der bis 1. 7. 1989 geltenden Fassung bzw. § 11 Abs. 2 PostG in der ab 1. 7. 1989 geltenden Fassung, aufgehoben durch Gesetz vom 14. 9. 1994 (BGBl. I S. 2325).
[519] Vgl. BGH NJW 1993, 2235.
[520] Gesetz über die Unternehmensverfassung der Deutschen Bundespost vom 8. 6. 1989 (BGBl. I S. 1026).
[521] IdF der Bek. vom 3. 6. 1989 (BGBl. I S. 1449), aufgehoben durch Gesetz vom 14. 9. 1994 (BGBl. I S. 2325).
[522] Gesetz über Fernmeldeanlagen (BGBl. I 1989, S. 1455) idF vom 1. 7. 1989 bis 25. 7. 1996, vgl. § 99 TKG vom 25. 7. 1996 (BGBl. I S. 1120).

zung ging. Lediglich im Bereich des Postauftragsdienstes bei ordnungsgemäßer förmlicher Zustellung und der Erhebung des Wechselprotestes betätigte sich die Post hoheitlich und war dementsprechend in §§ 7 S. 2, 16 Abs. 1 und 2 PostG[523] eine Amtshaftung vorgesehen.

162 Ob sich diese Umorganisation auch auf die Haftung gegenüber **Dritten** außerhalb der Benutzungsverhältnisse auswirkte, war umstritten.[524] Von den Befürwortern einer Amtshaftung gegenüber Dritten wurde darauf abgestellt, wie die konkrete Verwaltungsaufgabe, deren Erfüllung durch die Deutsche Bundespost bzw. ihren Mitarbeitern bei der schädigenden Handlung verfolgt wurde, rechtlich ausgestaltet ist. Da die Aufgaben auf dem Gebiet des Post- und Fernmeldewesens iS von § 1 Abs. 1 PostVerfG Aufgaben der Daseinsvorsorge im allgemeinen Interesse darstellten, wurde jedenfalls für solche Bereiche, in denen der Staat Monopolleistungen erbrachte (vgl. § 1 Abs. 2 FAG[525] „Netzmonopol"; § 1 Abs. 4 FAG[526] „Telefondienstmonopol"; § 2 PostG[527] „Briefmonopol"), weiterhin die Aufgabenerfüllung als hoheitliche Tätigkeit im Sinne der Amtshaftung angesehen.[528] Für eine Übergangszeit bis zum 1. 7. 1991 ging der BGH davon aus, dass auf Grund der durch Übergangsregelungen bis dahin fortgeltenden öffentlich-rechtlichen Rechtsbeziehungen auch gegenüber Dritten die Regeln über die Amtshaftung galten.[529]

163 Aufgrund der Einfügung der Art. 87 f, 143 b in das GG durch Gesetz vom 30. 8. 1994 (BGBl. I S. 2245) und des am 1. 1. 1995 in Kraft getretenen Postneuordnungsgesetzes (PTNeuOG) vom 14. 9. 1994 (BGBl. I S. 2325) sind jedoch die bisherigen Teilbereiche der Deutschen Bundespost in **Unternehmen privater Rechtsform,** die ihre Dienstleistungen als privatwirtschaftliche Tätigkeiten erbringen, Art. 87 f Abs. 2 S. 1 GG, umgewandelt worden. §§ 33 Abs. 1 S. 2 PostG vom 22. 12. 1997 (BGBl. I S. 3294) nimmt daher für den Teilbereich der förmlichen Zustellung nach öffentlich-rechtlichen Vorschriften eine Beleihung des jeweiligen Lizenznehmers vor. Dem entspricht es, dass § 35 PostG[530] eine der Amtshaftung entsprechende Haftung des Lizenznehmers vorsieht. Die Besonderheit hierbei ist, dass die Haftung nicht die Körperschaft trifft, die die Beleihung vorgenommen hat, sondern den privaten Lizenznehmer.[531] Jedenfalls außerhalb dieses Teilbereiches dürfte nun auch gegenüber Dritten keine Amtshaftung mehr zur Anwendung kommen.[532] Ob aber auch die Rechtsprechung die wegen dieser umfassenden Neustrukturierung gebotenen Konsequenzen ziehen wird, bleibt weiter abzuwarten, da dort bislang die Ansicht vertreten wurde, die Frage der Anspruchsgrundlage hänge nicht davon ab, in welcher Rechtsform eine Einrichtung betrieben werde.[533] Freilich ist dieser, unter anderem mit der Monopolisierung von Daseinsvorsorgeaufgaben beim Staat begründeten,[534] Ansicht durch die nahezu vollendete Postreform inzwischen der Boden entzogen. Die Deutsche Post AG besitzt zwar weiterhin eine befristete gesetzliche Exklusivlizenz für bestimmte Postdienstleistungen (§ 51 Abs. 1 PostG). Diese Dienstleistungen sind allerdings keine Monopolleistungen des Staates mehr, da sie grundsätzlich von jedermann mit einer Lizenz angeboten werden können (Art. 87 f Abs. 2 S. 1 GG). Der Staat hat sich aus der Daseins-

---

[523] S. Fn. 518.
[524] Bejahend OLG Karlsruhe NJW 1994, 1291 für Verkehrssicherungspflichten der Telekom; AG Schleiden VersR 1992, 1279; *Kunschert* VersR 1990, 285; *Haarmann* VersR 1991, 159.
[525] IdF vom 1. 7. 1989 (BGBl. I S. 1455) bis zur Aufhebung des Netzmonopols durch das TKG vom 25. 7. 1996 (BGBl. I S. 1120).
[526] IdF vom 1. 7. 1989 (BGBl. I S. 1455) geändert durch § 99 Abs. 1 Nr. 1 lit. b TKG vom 25. 7. 1996 (BGBl. I S. 1120), der das Monopol bis zum 31. 12. 1997 verlängerte.
[527] IdF der Bek. vom 3. 6. 1989 (BGBl. I S. 1449), geändert durch Gesetz vom 14. 9. 1994 (BGBl. I S. 2325), geändert durch Gesetz vom 22. 12. 1997 (BGBl. I S. 3294).
[528] Vgl. OLG Nürnberg NJW 1994, 2032; OLG Karlsruhe NJW 1994, 2033.
[529] BGH NJW 1997, 1985.
[530] S. Fn. 524.
[531] Vgl. hierzu *Badura* in: *ders./v. Danwitz/Herdegen* e. a., PostG, 2000, § 35 RdNr. 6.
[532] Zur vergleichbaren Problematik bei sonstigen öffentlichen Einrichtungen vgl. RdNr. 169 f.
[533] Vgl. BGH NVwZ 1983, 763; vgl. auch *Haarmann* VersR 1991, 159, 160 f., der dementsprechend den Fernmeldebaudienst als Daseinsvorsorge dem öffentlichen Recht zuordnet.
[534] S. OLG Nürnberg NJW 1994, 2032; OLG Karlsruhe NJW 1994, 2033.

vorsorge zurückgezogen und beschränkt sich auf die Infrastruktursicherung (Art. 87 f Abs. 1 GG).

Im Bereich der **Telekommunikation** wurde das Monopol der Deutschen Telekom AG für das Betreiben von Übertragungswegen durch das Telekommunikationsgesetz vom 25. 7. 1996 (BGBl. I S. 1120) beseitigt (§ 100 Abs. 1 S. 3 TKG). Das Sprachtelefondienstmonopol wurde noch bis 1. 1. 1998 aufrechterhalten (§ 100 Abs. 1 S. 4 TKG). Seit Anfang 1998 ist der gesamte Telekommunikationsbereich vollständig liberalisiert.[535] Spätestens seit diesem Zeitpunkt kommt eine Anwendung der Regeln über die Amtshaftung auch gegenüber Dritten außerhalb des Benutzungsverhältnisses nicht mehr in Betracht. 163 a

Da für die Dienstleistungen der **Postbank** zu keiner Zeit ein Monopol bestanden hat, können Dritte wegen Fehlverhaltens der Mitarbeiter der Postbank aus den eben genannten Gesichtspunkten keinen Amtshaftungsanspruch haben. 163 b

ff) Feuerschutz, Rettungsdienst. Die Aufgaben des Feuerschutzes (Bekämpfung von Schadensfeuer, Hilfeleistung bei Unglücksfällen und bei sonstigen Notständen) sind hoheitsrechtlicher Natur.[536] Sie sind Ausfluss der allgemeinen Gefahrabwehrfunktion der öffentlichen Gewalt. Das gilt nicht nur für die Tätigkeit der Berufsfeuerwehren, sondern auch für die der freiwilligen Feuerwehr. Soweit der Rettungsdienst nach der betreffenden landesgesetzlichen Organisation privatrechtlich wahrgenommen wird (so teilweise in Baden-Württemberg), werden die dort eingesetzten **Zivildienstleistenden** nach Auffassung des BGH dennoch als Amtsträger hoheitlich tätig, weil sie im Rahmen eines öffentlich-rechtlichen Dienstverhältnisses handeln.[537] Dies ist eine sehr angreifbare Begründung, weil sich die Frage einer hoheitlichen Betätigung im Außenverhältnis nicht nach der Rechtsnatur des Anstellungsverhältnisses bestimmt.[538] Folgte man dieser Begründung des BGH, könnte kein Beamter im staatsrechtlichen Sinne im Außenverhältnis als privatrechtlich handelnd eingestuft werden. 164

gg) Gesundheitswesen.[539] Die ärztliche Heilbehandlung stellt idR eine privatrechtliche Betätigung dar. Dies gilt bei einer Behandlung im Krankenhaus selbst dann, wenn der Träger des Krankenhauses öffentlich-rechtlich organisiert ist. Auch die Tätigkeit der Vertragsärzte ist gegenüber dem Kassenpatienten privatrechtlicher Natur. Hoheitlich tätig werden indes die Amtsärzte sowie andere Bedienstete der Gesundheitsämter in Ausübung ihrer Aufgaben des öffentlichen Gesundheitsdienstes. Auch die gutachterliche ärztliche Stellungnahme nach § 275 SGB V erfolgt in Ausübung eines öffentlichen Amtes.[540] Insoweit spielt es keine Rolle, ob eine Krankenversicherung, bei deren medizinischen Dienst der stellungnehmende Arzt beschäftigt ist, öffentlich-rechtlich oder privatrechtlich organisiert ist.[541] Dasselbe gilt für die Tätigkeit der Vertrauensärzte der Sozialversicherungsträger. Maßnahmen der ärztlichen und zahnärztlichen Zwangsbehandlung sind ebenfalls stets hoheitsrechtlicher Natur (vgl. auch § 17 Abs. 2 Nr. 4 StHG).[542] 165

Der **beamtete Krankenhausarzt** haftet bei **stationärer Behandlung** für Behandlungsfehler deliktisch nur nach § 839, und zwar auch dann, wenn er selbst liquidationsberechtigt ist. Er kann sich daher auch auf das Verweisungsprivileg des § 839 Abs. 1 S. 2 166

---

[535] Vgl. dazu *Gersdorf* in: *v. Mangoldt/Klein/Starck* Art. 87 f GG RdNr. 1 f.; der Autor weist insoweit auf den noch andauernden, europarechtlich veranlassten Liberalisierungsprozess im Postsektor hin.
[536] RGRK/*Kreft* RdNr. 81; zum Rettungsdienst s. BGHZ 120, 184, 187 = NJW 1993, 1526; BGH NJW 1991, 2954; dazu *Bloch* NJW 1993, 1513; vgl. auch *Hausner* MedR 1994, 435; BGHZ 118, 304, 308 = NJW 1992, 2882 m. Anm. *Lüdemann/Windthorst* DVBl. 1993, 1084 f.; für Baden-Württemberg: privatrechtliche Organisation.
[537] BGHZ 118, 304, 306 f. = NJW 1992, 2882 m. Anm. *Lüdemann/Windthorst* DVBl. 1993, 1084 f.; vgl. auch OLG Stuttgart NJW 2004, 2987; BGHZ 152, 380 = NJW 2003, 348.
[538] Ebenso *Lüdemann/Windthorst* DVBl. 1993, 1084, 1085.
[539] BGHZ 63, 265, 270 = NJW 1975, 589; RGRK/*Kreft* RdNr. 87; zur Arzthaftung s. auch § 823 RdNr. 698 ff.
[540] BGH VersR 2006, 1684.
[541] NVwZ 2007, 487.
[542] BGHZ 38, 49, 52 = NJW 1963, 40; *Jacobs* (Fn. 20) RdNr. 120 ff.

berufen.[543] Denn insoweit wird der beamtete Arzt aus seiner beamtenrechtlichen Dienststellung heraus tätig; die stationäre Behandlung ist eng mit der Institution des Krankenhauses verbunden, so dass ärztliches Handeln insgesamt als ein „amtliches" Handeln, also ein „Handeln für den Krankenhausträger" angesehen werden kann.

167 Bei **ambulanter Behandlung** durch den beamteten Krankenhausarzt ist das anders. Die hier erbrachten ärztlichen Leistungen gehören nicht mehr zu den Dienstpflichten, die dem Arzt als Beamten obliegen. Das gilt sowohl für die Behandlung von Vertragspatienten wie für die von Privatpatienten. Der Patient tritt nur in rechtliche Beziehungen zum behandelnden Arzt, der insoweit nicht „für den Krankenhausträger" tätig wird. Daher scheidet eine „Beamtenhaftung" nach § 839 aus, die deliktsrechtliche Haftung richtet sich nach § 823, so dass dem beamteten Arzt das Verweisungsprivileg des § 839 Abs. 1 S. 2 nicht zugute kommt. Das gilt auch für seinen (beamteten) Vertreter, nicht aber für nachgeordnete Ärzte, die zur Mitwirkung bei der Behandlung herangezogen werden.[544]

168 hh) **Schul- und Hochschulwesen.**[545] Das „Schulverhältnis" zwischen Schülern und Eltern einerseits und dem Staat andererseits ist öffentlich-rechtlicher Natur. Eine hoheitliche Betätigung stellen also nicht nur das Unterrichten und Prüfen, sondern auch die Wahrnehmung der Aufsicht über die Schüler dar. Soweit es dagegen um die Verkehrssicherheit der Schulgebäude geht, gilt nach der hL die Verkehrssicherungspflicht des Privatrechts. Dem öffentlichen Recht ist auch der Lehr- und Forschungsbereich der Universitäten und sonstigen staatlichen Hochschulen zuzuordnen. Entsprechendes gilt für die Hochschulprüfungen einschließlich der Betreuung von Doktoranden und Habilitanden. Dem öffentlichen Recht sind schließlich die Tätigkeiten der Hochschulorgane in der inner-universitären Selbstverwaltung (zB Vertretung der Studentenschaft) zuzurechnen.

169 ii) **Schädigungen Dritter beim Betrieb öffentlicher Einrichtungen.** Beim Betrieb öffentlicher Anstalten oder Einrichtungen können nicht nur die „Benutzer" Schäden erleiden. Durch Errichtung und Betrieb jener öffentlichen Sachen im Anstaltsgebrauch können auch Dritte außerhalb eines Benutzungsverhältnisses geschädigt werden. Dabei geht es zB um die **Nachbarn,** die von **Immissionen** oder anderen realen Einwirkungen der Anstalt betroffen werden.[546] Zu denken ist aber auch an die Verletzung des Persönlichkeitsrechts Privater durch eine **Rundfunk-** oder **Fernsehsendung.**[547] In diesen Zusammenhang gehören ferner unzulässige wettbewerbliche Betätigungen eines Trägers öffentlicher Gewalt,[548] etwa eines Trägers der gesetzlichen Krankenversicherung im **Wettbewerbsverhältnis** zu Privatversicherern. Alle diese Fallgestaltungen weisen eine gemeinsame Problematik auf: Die Schädigungen erfolgen nicht im Benutzungsverhältnis, sondern außerhalb eines bestehenden Rechtsverhältnisses Dritter gegenüber durch faktische Einwirkungen. Es stellt sich die Frage, ob jene faktischen Einwirkungen die rechtliche Kategorisierung des Benutzungsverhältnisses teilen. Diese Problemstellung bezieht sich nicht nur auf die öffentlichen Sachen im Anstaltsgebrauch, sie erstreckt sich auch auf die öffentlichen Sachen im Gemeingebrauch (öffentliche Straßen, öffentliche Wasserstraßen) und im Verwaltungsgebrauch (zB Bundeswehrkaserne).

---

[543] BGHZ 85, 393, 395; 89, 263, 274 = NJW 1984, 1400; BGHZ 95, 63, 67 = NJW 1985, 2189; BGHZ 120, 376, 380 f. = NJW 1993, 784, dort auch wN.
[544] BGHZ 120, 376, 381, 385 f. = NJW 1993, 784.
[545] RGRK/*Kreft* RdNr. 96, 101.
[546] Vgl. *Martens,* FS Schack, 1966, S. 85 ff.; *Papier* NJW 1974, 1797.
[547] Vgl. OLG Frankfurt NJW 1971, 47, 48; ferner BGHZ 66, 182, 187 = NJW 1976, 1198 und *Bettermann* NJW 1977, 513 ff.; BayVGH DVBl. 1994, 642 = BayVBl. 1994, 345; BVerwG NJW 1994, 2500 = BayVBl. 1995, 216 m. Anm. *Schwabe* = JZ 1995, 401 m. Anm. *Hoffmann-Riem.*
[548] BGHZ 66, 229, 233 ff. = NJW 1976, 1794; BGHZ 67, 81, 86 ff. = NJW 1976, 1941; BGHZ 68, 132, 136 = NJW 1977, 951; BGH LM GVG § 13 Nr. 153 = NJW 1981, 2811, 2812; GRUR 1982, 425, 427; 433, 434 f.; OLG Köln NJW 1974, 802; *Mestmäcker* NJW 1969, 1 ff.; *Emmerich,* Der unlautere Wettbewerb der öffentlichen Hand, 1969, S. 13, 16 ff.; *Stober,* Handbuch des Wirtschaftsverwaltungs- und Umweltrechts, 1989, § 45; wN bei *Papier,* Fälle zum Wahlfach Wirtschaftsverwaltungsrecht, 2. Aufl. 1984, S. 196 ff.

(1) Nachbarrechtliche Einwirkungen. Betrachtet man zunächst die realen Einwirkungen nachbarrechtlicher Art, insbesondere durch Immissionen, so ist folgendes festzustellen:[549] Die nachbarrechtlichen Beziehungen zwischen Privaten und Trägern öffentlicher Einrichtungen können nur solche des Privatrechts sein, wenn es um eine privatrechtlich organisierte Trägerperson, also etwa um eine AG oder GmbH geht. Ist der Träger öffentlich-rechtlich organisiert, entweder als unselbstständiger Teil der Staats- oder Kommunaladministration oder als Eigen- bzw. Regiebetrieb oder gar als selbstständige juristische Person des öffentlichen Rechts, so können die faktischen Beeinträchtigungen Dritter Ausübung öffentlicher Gewalt sein.[550] Ist der Betrieb nicht dem obrigkeitlich-hoheitlichen Bereich, sondern dem Grenzgebiet der leistenden oder fürsorgerischen Verwaltung zuzurechnen, so kann aber auch eine materielle Verwaltungsfunktion nach Maßgabe des Privatrechts wahrgenommen werden.[551] Es spricht jedoch – wie oben ausgeführt (vgl. RdNr. 148) – eine Vermutung dafür, dass bei öffentlich-rechtlicher Organisationsform eine öffentlich-rechtlich gesetzte Aufgabe oder Befugnis auch Dritten gegenüber nach Maßgabe des Verwaltungsrechts wahrgenommen wird.[552] Errichtet und betreibt eine Gemeinde als öffentlich-rechtliche Körperschaft in Erfüllung ihrer verwaltungsrechtlichen Verpflichtung zur Daseinsvorsorge eine Einrichtung, so kann mangels entgegenstehender Willensbekundung von einer öffentlich-rechtlichen Tätigkeit ausgegangen werden.[553] In dem Fall jedoch, dass die Benutzung in den Formen des Privatrechts erfolgt oder erfolgen soll, muss auf den entgegenstehenden Willen des Trägers geschlossen werden, in Bezug auf Errichtung und Betrieb der Anstalt oder der sonstigen öffentlichen Sachen insgesamt nach Maßgabe des Privatrechts tätig zu werden. Die Qualifikation der nachbarrechtlichen Relation stimmt daher mit der Rechtsnatur der Nutzungs- oder Leistungsbeziehungen in Ansehung der öffentlichen Sache überein. Erfolgt die Benutzung in privatrechtlichen Formen, dann sind auch die Neben- oder Folgewirkungen dieser Sach- oder Anstaltsnutzung in Bezug auf Dritte dem privaten Recht zuzurechnen. Im anderen Fall sind hingegen die nachbarrechtlichen Rechtsverhältnisse solche des öffentlichen Rechts.[554] Wird ein Dritter durch ein Müllfahrzeug geschädigt, so soll darin aber nach der Rechtsprechung des BGH selbst dann eine (schlicht-)hoheitliche Maßnahme liegen, wenn das Benutzungsverhältnis privatrechtlicher Natur ist.[555]

Die Interdependenzen zwischen Nutzungsregime und nachbarrechtlichem Rechtsverhältnis werden auch bei den öffentlichen Sachen im Gemeingebrauch wie den **öffentlichen Straßen**, Wegen, Plätzen und **Wasserstraßen** deutlich. Hier wird das öffentlich-rechtliche Nutzungsregime durch einen formalen, ausdrücklichen, administrativen oder legislatorischen Widmungsakt begründet.[556] Die Widmung konstituiert auf Grund ihrer dinglichen Wirkung zugleich ein öffentlich-rechtliches Nachbarrechtsverhältnis.[557] Rechtsbeeinträchtigungen Dritter durch Nutzungen im Rahmen der öffentlich-rechtlichen Zweckbestimmung sind daher nach öffentlichem Recht zu beurteilen und unterliegen dem Amtshaftungsregime. Entsprechendes gilt für Einwirkungen auf Grund von Bau- und Unterhaltungsmaßnahmen der Baulastträger.[558]

---

[549] S. auch *Martens,* FS Schack, 1966, S. 85 ff.; *Papier,* Recht der öffentlichen Sachen, S. 136 ff.; *ders.* NJW 1974, 1797 ff.; *Bender/Dohle,* Nachbarschutz im Zivil- und Verwaltungsrecht, 1972.
[550] Vgl. dazu *Papier,* Recht der öffentlichen Sachen, S. 134.
[551] Vgl. BGHZ 9, 145, 147 = NJW 1953, 778, 779; BGHZ 38, 49, 50 = NJW 1963, 40; BGHZ 60, 54, 59 = NJW 1973, 460, 462.
[552] Vgl. die Nachweise in Fn. 473.
[553] Vgl. *Kopp/Schenke* § 40 VwGO RdNr. 29.
[554] Vgl. auch BGHZ 48, 98, 102 f. = NJW 1967, 1857, 1858; BGHZ 54, 384, 387 f. = NJW 1971, 94; BGH LM GG Art. 14 Nr. 21 (Ca) = DVBl. 1976, 774; LM GVG § 13 Nr. 140 = DVBl. 1976, 210; LM GVG § 13 Nr. 95 = DVBl. 1965, 157, 158; BVerwG NJW 1974, 817 f.; DVBl. 1973, 635; 1974, 777.
[555] BGH NVwZ 1983, 763.
[556] *Papier,* Recht der öffentlichen Sachen, S. 4, 39 ff.
[557] *Papier,* Recht der öffentlichen Sachen, S. 154.
[558] Vgl. BGHZ 48, 98, 102, 103 = NJW 1967, 1857, 1858.

172 **(2) Rundfunk und Fernsehen.** Nach vergleichbaren Kriterien entscheidet sich die Frage, ob die Schädigungen Dritter durch Rundfunk- und Fernsehsendungen in Ausübung öffentlicher Gewalt erfolgen. Geht es um Rundfunk- und Fernsehanstalten des öffentlichen Rechts, so nehmen diese bei der Ausstrahlung von Sendungen eine durch Normen des öffentlichen Rechts zugewiesene Aufgabe wahr.[559] Dann muss man jedoch nach der oben angeführten Vermutungsregelung (vgl. RdNr. 170, 148 m. Fn. 480) auch davon ausgehen, dass ihre Tätigkeit Dritten gegenüber nach Maßgabe des **öffentlichen Rechts** zu beurteilen ist,[560] zumal auch die Benutzungsverhältnisse unzweifelhaft dem öffentlichen Recht angehören. Eine privatrechtliche Tätigkeit der Anstalten kann nur angenommen werden, wenn der entgegenstehende Wille, privatrechtlich zu handeln, deutlich in Erscheinung tritt. Dies ist etwa der Fall, wenn die Anstalt Sendungen aufkauft oder Mitarbeiter im Rahmen eines Dienstvertrages beschäftigt. Nicht ganz unproblematisch ist aber die Auffassung des BGH[561] und des BVerwG,[562] die in der Ausstrahlung von Rundfunk- und Fernsehsendungen generell oder doch ganz überwiegend eine **privatrechtliche Tätigkeit** sehen. Die Begründung des BGH, die Anstalt und der betroffene Bürger stünden sich gleichgeordnet gegenüber, weil auch die Anstalt nicht in Wahrnehmung von Staatsfunktionen, sondern selbst als Grundrechtsträgerin (Art. 5 Abs. 1 S. 2 GG) und damit in einer der Presse vergleichbaren Stellung auftrete,[563] überzeugt nicht. Denn eine Grundrechtsträgerschaft schließt öffentlich-rechtliches Handeln der partiell grundrechtsberechtigten Rechtsperson nicht aus, wie schon das Beispiel der Universitäten und Fakultäten als Träger der Grundrechte aus Art. 5 Abs. 3 GG[564] beweist.[565] Demgegenüber hat das BVerfG[566] eindeutig festgestellt: „Die Tätigkeit der Rundfunkanstalten vollzieht sich im öffentlich-rechtlichen(!) Bereich". Zwar spricht auch das BVerwG im selben Sinne von „schlichter Hoheitsverwaltung",[567] gleichwohl hat es sich bezüglich der Rechtswegfrage der Ansicht des BGH angeschlossen,[568] da es für den Gesetzgeber keine Veranlassung gab, „die öffentlich-rechtlich organisierten Anstalten vom Anwendungsbereich der (...) Normen der Privatrechtsordnung auszunehmen". Dies weckt den Anschein, als komme der Verwaltungsrechtsweg erst dann in Betracht, wenn der Gesetzgeber dies ausdrücklich für den jeweiligen Sachbereich bestimmt habe. Damit wird aber die Struktur der Generalklauseln § 13 GVG und § 40 Abs. 1 S. 1 VwGO verkannt, wonach es, sofern eine ausdrückliche gesetzliche Rechtswegzuweisung fehlt, auf die Rechtsnatur des dem Rechtsstreit zugrundeliegenden Rechtsverhältnisses ankommt. Erfolgt aber eine Rechtsverletzung bei einer öffentlich-rechtlich zu beurteilenden Handlung, so korrespondiert damit nach dem Gedanken der Einheitlichkeit der Lebensverhältnisse[569] auf der Rechtsschutzebene ein öffentlich-rechtlicher Abwehr- und Unterlassungsanspruch bzw. Schadensersatzanspruch. Der Umstand, dass die meisten Landesrundfunkgesetze den Gegendarstellungsanspruch auf den Zivilrechtsweg verweisen, spricht ebenfalls nicht zwingend für, sondern eher gegen den Zivilrechtsweg für die sonstigen Abwehr- und Unterlassungsansprüche.

---

[559] BVerfGE 12, 205, 243 f. = NJW 1961, 547, 548 f.; BVerfGE 31, 314, 329 = NJW 1971, 1739, 1740; BayVGH DVBl. 1994, 642 = BayVBl. 1994, 345.
[560] So auch *Bettermann* NJW 1977, 513, 514, 516 gegen BGHZ 66, 182, 185 f. = NJW 1976, 1198; ebenso BayVGH DVBl. 1994, 642 = BayVBl. 1994, 345.
[561] BGHZ 66, 182, 185 f. = NJW 1976, 1198; OLG Frankfurt NJW 1971, 47, 48; OLG Köln NJW 1973, 858; anders (bei Sendungen in Zusammenarbeit mit Ermittlungsbehörden) OLG München NJW 1970, 1745.
[562] BVerwG NJW 1994, 2500 = BayVBl. 1995, 216 m. abl. Anm. *Schwabe* = JZ 1995, 401 m. zust. Anm. *Hoffmann-Riem*.
[563] BGHZ 66, 182, 186, 187 = NJW 1976, 1198, 1199.
[564] BVerfGE 15, 256, 262, 264 = NJW 1963, 899; *Maunz/Dürig/Scholz* Art. 5 Abs. 3 GG RdNr. 124.
[565] S. auch *Bettermann* NJW 1977, 513, 514 f.; BayVGH DVBl. 1994, 642, 643 = BayVBl. 1994, 345.
[566] BVerfGE 31, 314 = NJW 1971, 1739.
[567] BVerwGE 22, 299, 306 = NJW 1966, 1282.
[568] BVerwG NJW 1994, 2500 = BayVBl. 1995, 216 m. abl. Anm. *Schwabe* = JZ 1995, 401 m. zust. Anm. *Hoffmann-Riem,* unter ausdrücklichem Anschluss an BGHZ 66, 182, 187 = NJW 1976, 1198.
[569] BayVGH DVBl. 1994, 642 = BayVBl. 1994, 345.

(3) Wettbewerb der öffentlichen Hand. Auch das Auftreten von Körperschaften des 173 öffentlichen Rechts im Wettbewerb mit Zivilpersonen kann Ausübung öffentlicher Gewalt sein. Wettbewerbliches Verhalten muss nicht a priori privatrechtliches Handeln sein.[570] Das Auftreten im Wettbewerb ist dann dem öffentlichen Recht zuzurechnen, wenn die öffentlich-rechtliche Körperschaft nicht durch erwerbswirtschaftlich-privatrechtliche Geschäfte, sondern durch Begründung öffentlich-rechtlicher Rechtsverhältnisse in einen Wettbewerb mit Privatunternehmen tritt. Das ist denkbar zB bei den Trägern der gesetzlichen Krankenversicherung, die als Körperschaften des öffentlichen Rechts öffentlich-rechtliche Versicherungsverhältnisse begründen, damit aber zugleich in ein Wettbewerbsverhältnis zu den Privatversicherern treten können. Auch diesen Dritten gegenüber liegt dann „Ausübung eines öffentlichen Amtes" iS des Art. 34 S. 1 GG vor,[571] selbst wenn zur Beurteilung der Rechtmäßigkeit des wettbewerblichen Verhaltens Normen des privatrechtlichen UWG sinngemäß gelten sollten.[572] Für Streitigkeiten von Ersatzkassen und Allgemeinen Ortskrankenkassen über die Zulässigkeit von Maßnahmen der Mitgliederwerbung wurde auch vom Gemeinsamen Senat der obersten Gerichtshöfe des Bundes der Sozialrechtsweg für einschlägig erklärt. Da die insoweit bestehenden Rechtsbeziehungen der Träger der gesetzlichen Krankenversicherung untereinander maßgeblich von der in § 86 SGB X geregelten Pflicht zur Zusammenarbeit geprägt und überlagert sind, also einer Norm des öffentlichen Rechts der Sozialversicherung, ist ein darauf gestützter Unterlassungsanspruch im Sozialrechtsweg nach § 51 Abs. 1 SGG zu verfolgen.[573] Im Übrigen – insbesondere bei Klagen Privater gegen konkurrierende Hoheitsträger – hält die Rechtsprechung demgegenüber regelmäßig den Zivilrechtsweg für gegeben, da das maßgebliche Wettbewerbsverhältnis bürgerlich-rechtlicher Natur sei, woran auch der Umstand, dass sich das Verhalten des Hoheitsträgers im Verhältnis zu Dritten als schlicht-hoheitliches Verhalten zur Erfüllung einer ihm obliegenden öffentlich-rechtlichen Aufgabe darstellt, nichts ändere.[574]

jj) Teilnahme am Straßenverkehr. Der Gesichtspunkt des Funktionszusammenhangs 174 spielt auch in den Fällen der Schädigung durch Teilnahme am allgemeinen Straßenverkehr eine maßgebliche Rolle. Die Teilnahme am Verkehr ist nach der Judikatur dann Ausübung öffentlicher Gewalt, wenn das **Ziel** der **Dienstfahrt** dem hoheitsrechtlichen Bereich der öffentlichen Verwaltung zuzurechnen ist.[575] Entscheidend ist also der mit der Fahrt verfolgte Zweck. Dient die Dienstfahrt einer öffentlich-rechtlich geregelten Aufgabenstellung und

---

[570] So *Mestmäcker* NJW 1969, 1 ff.; *Emmerich* (Fn. 548) S. 13, 16 ff.; *ders.,* Das Wirtschaftsrecht der öffentlichen Unternehmen, 1969, S. 280 f.; BGHZ 66, 229, 233 ff. = NJW 1976, 1700 – Studenten-Versicherung; BGHZ 67, 81, 86 ff. = NJW 1976, 1941 – Auto-Analyzer; BGHZ 68, 132, 136 = NJW 1977, 951; BGH LM GVG § 13 Nr. 153 = NJW 1981, 2811, 2812 – Ecclesia-Versicherungsdienst; BGHZ 82, 375, 381 ff. – Brillen-Selbstabgabestellen; GmS-OGB BGHZ 97, 312, 313 ff. = NJW 1986, 2359 – Orthopädische Hilfsmittel; GmS-OGB BGHZ 102, 280, 283 ff. = NJW 1988, 2295 – Rollstühle; BGHZ 121, 126, 128 ff. = NJW 1993, 1659 – Vermessungsamt.
[571] BGH NVwZ-RR 2004, 804; *Papier* (Fn. 482) S. 198 f.
[572] Dazu *Scholz* ZHR 132 (1969), 121 ff.; *ders.* NJW 1974, 781 f.; *ders.* NJW 1978, 16, 17; *Bettermann* DVBl. 1977, 180, 181 f.; *Schricker,* Wirtschaftliche Tätigkeit der öffentlichen Hand und unlauterer Wettbewerb, 2. Aufl. 1987, S. 116 ff.; *Schliesky* DÖV 1994, 114, 117; OLG Köln NJW 1974, 802; OLG Düsseldorf BB 1973, 1229.
[573] GmS-OGB BGHZ 108, 284, 288 f. = NJW 1990, 1527.
[574] BGHZ 66, 229, 232 = NJW 1976, 1794 – Studenten-Versicherung; BGHZ 67, 81, 85 = NJW 1976, 1941 – Auto-Analyzer; BGH LM GVG § 13 Nr. 153 = NJW 1981, 2811, 2812 – Ecclesia-Versicherungsdienst; BGHZ 82, 375, 383 – Brillen-Selbstabgabestellen; GmS OGB BGHZ 97, 312, 313 = NJW 1986, 2359 – Orthopädische Hilfsmittel; GmS OGB BGHZ 102, 280, 287 f. = NJW 1988, 2295 – Rollstühle; BGHZ 121, 126, 130 = NJW 1993, 1659 – Vermessungsamt; krit. zur Rspr. *Scherer* NJW 1989, 2724 ff. und *Schliesky* DÖV 1994, 114 ff.
[575] BGHZ 21, 48, 61 = NJW 1956, 1353, 1354; BGHZ 29, 38, 41, 42 = NJW 1959, 481, 482; BGHZ 42, 176, 179 = NJW 1964, 1895, 1897; BGHZ 49, 267, 272 = NJW 1968, 696, 697; BGH LM Nr. 23 (Ca) = DÖV 1971, 787; LM GG Art. 34 Nr. 62 = NJW 1962, 796, 797; DÖV 1979, 865 = VersR 1979, 225; LM Nr. 33 (E) = NJW 1979, 1602; VersR 1981, 753, 754; NVwZ 1983, 763; NJW 1992, 1227, 1228. Zum Ausmaß der Amtshaftung in diesem Bereich s. RdNr. 117; zur Anwendbarkeit des § 839 Abs. 1 S. 2 RdNr. 313.

§ 839 175, 176   Abschnitt 8. Titel 27. Unerlaubte Handlungen

besteht ein enger äußerer und innerer Zusammenhang zwischen der öffentlich-rechtlichen Funktion und der schadensverursachenden Fahrt, so können die Voraussetzungen des Art. 34 S. 1 GG gegeben sein. Unter diesen Voraussetzungen kann auch die Dienstfahrt unter Verwendung eines privaten Kraftfahrzeuges Ausübung eines öffentlichen Amtes sein. Die Wahl dieses Verkehrsmittels muss zur sinnvollen Verwirklichung des hoheitlichen Ziels geboten gewesen sein.[576]

175   In der Literatur ist diese Abgrenzung zwischen öffentlich-rechtlicher und privatrechtlicher Haftung bei der Teilnahme am Straßenverkehr nicht unwidersprochen geblieben.[577] Die Anwendung einer öffentlich-rechtlichen Sonderhaftung hat in der Tat nur dann einen Sinn, wenn der Staat als Träger öffentlicher Gewalt und damit unter **Einsatz** seiner **rechtlichen Überlegenheit** tätig wird. Geht man von diesem Grundgedanken einer öffentlich-rechtlichen Sonderhaftung aus, dann müsste die Geltung der Amtshaftung im Wesentlichen auf solche Dienstfahrten begrenzt sein, die unter Einsatz der Sonderrechte aus § 35 StVO durchgeführt werden.[578] Die Rechtsprechung lässt dagegen den Staat auch dann nach Amtshaftungsrecht haften, wenn er sich mit der Teilnahme am allgemeinen Verkehr wie jedermann geriert.[579] Es hatte daher einiges für sich, wenn das StHG im § 17 Abs. 2 Nr. 2 für die Teilnahme am allgemeinen Land-, Wasser- und Luftverkehr ausdrücklich die Anwendung des privatrechtlichen Haftungsrechts bestimmte. Die Gefährdungshaftung nach dem StVG besteht ohnehin unabhängig davon, ob die Dienstfahrt dem öffentlich-rechtlichen oder privatrechtlichen Funktionskreis zugeordnet wird.[580]

176   Die **Rechtsprechung** ist aber nicht nur im Grundsätzlichen **angreifbar.** Auch im Hinblick auf die Einzelergebnisse bleiben viele Ungereimtheiten. Dienstfahrten sind etwa unzweifelhaft dem öffentlich-rechtlichen Bereich zuzuordnen:[581] Streifenfahrten der Polizei,[582] der Bundespolizei, die Transporte und Übungsfahrten der Bundeswehr[583] und der ausländischen, in der Bundesrepublik stationierten Streitkräfte,[584] Dienstfahrten eines Bediensteten des Baulastträgers,[585] des Amtsarztes, auch bei Benutzung eines eigenen Pkw,[586] Kurierfahrten einer Behörde[587] sowie die Einsatzfahrten von Polizei und Feuerwehr.[588] Dasselbe gilt für die Rückfahrten der Feuerwehr vom Einsatz zur Wache.[589] Problematisch ist aber die Zuordnung von Fahrten mit Behördenwagen zum TÜV oder zu den Reparaturwerkstätten. Während die Fahrt zum TÜV mit einem Feuerwehrfahrzeug als hoheitsrechtliche Tätigkeit angesehen wurde,[590] hat man in der Überführung eines Polizeifahrzeuges zur Reparaturwerkstatt ein privatrechtlich-fiskalisches Hilfsgeschäft gesehen.[591] Diese Differenzierung entbehrt der sachlichen Grundlage. Man wird in diesen Fällen einheitlich einen nur mittelbaren Zusammenhang mit der hoheitsrechtlichen Funktionswahrnehmung und damit einen Fall des fiskalischen Hilfsgeschäfts annehmen können. Entgegen der Auffassung der Judikatur stellt jedoch die Fahrt eines Richters zum Ortstermin[592] oder eines Finanzbeamten

---

[576] BGH DÖV 1979, 865, 866 = VersR 1979, 225, 226; VersR 1981, 753, 754; vgl. NJW 1992, 1227.
[577] Vgl. *Münzel* NJW 1966, 1639 ff., insbes. S. 1641; *Bender* RdNr. 460; *Ossenbühl* Staatshaftungsrecht S. 34 ff.
[578] *Bender* RdNr. 460.
[579] Vgl. Fn. 572.
[580] BGHZ 29, 38, 44 = NJW 1959, 481, 482; BGHZ 50, 271, 273 = NJW 1968, 1962, 1963; *Erman/Küchenhoff/Hecker* RdNr. 5.
[581] S. auch BGHZ 16, 111, 113 = NJW 1955, 458 für die Dienstfahrten der Post nach früherem Recht.
[582] RGZ 140, 415, 417; OLG Oldenburg VersR 1963, 1087.
[583] BGH LM ZPO § 286 Nr. 54 (C) = NJW 1966, 1263, 1264; BGHZ 49, 267, 270 f. = NJW 1968, 696, 697; BGH VersR 1981, 753 (Benutzung eines Privatkraftfahrzeuges).
[584] BGHZ 42, 176, 180 = NJW 1964, 1895, 1897.
[585] BGHZ 21, 48, 51 = NJW 1956, 1553; BGH LM GG Art. 34 Nr. 62 = NJW 1962, 796, 797.
[586] BGHZ 29, 38, 41 = NJW 1959, 481, 482; BGH VersR 1979, 225, 226.
[587] BGH LM GG Art. 34 Nr. 25.
[588] Zum Letzteren BGHZ 20, 290, 292 = NJW 1956, 1633; BGH LM Nr. 34 (A) = DÖV 1971, 789.
[589] BGH VersR 1958, 688, 689.
[590] OLG Oldenburg NJW 1973, 1199, 1200.
[591] OVG Saarland DVBl. 1968, 434.
[592] BGH VersR 1965, 1101, 1102.

zur Dienstbesprechung bei der vorgesetzten Behörde[593] Ausübung eines öffentlichen Amtes dar. Diese Fahrten dienen unmittelbar der öffentlich-rechtlich wahrzunehmenden Aufgabenstellung und sind deshalb unter dem Gesichtspunkt des Funktionszusammenhangs selbst als hoheitsrechtlich zu qualifizieren.

kk) Verkehrssicherungspflicht. Ob die Wahrnehmung der Verkehrssicherungspflicht **177** in Ansehung öffentlicher Sachen dem öffentlich-rechtlichen oder dem privatrechtlichen Tätigkeitsbereich des öffentlichen Sachherrn zuzurechnen ist, ist eine seit langem bestehende Streitfrage. Die Judikatur geht im Grundsatz davon aus, dass auch in Bezug auf die öffentlichen Sachen und insbesondere auch in Bezug auf die öffentlichen Straßen, Wege, Plätze sowie die Wasserstraßen eine privatrechtliche Verkehrssicherungspflicht besteht, deren Verletzung durch das bürgerlich-rechtliche Deliktsrecht (§ 823 Abs. 1 iVm. § 831 oder §§ 31, 89) sanktioniert wird.[594]

Ausgangspunkt ist der konstruktive **Doppelstatus öffentlicher Sachen,** die zwar auf **178** Grund der Widmung einer öffentlich-rechtlichen Sachherrschaft unterliegen, bei denen aber das Privateigentum nicht vollständig verdrängt ist.[595] Diese fortbestehende, wenn auch begrenzte Einbettung in die Privatrechtsordnung sowie die Überlegung, dass bei den öffentlichen Sachen gleiche Gefährdungen Dritter möglich sind wie bei den ausschließlich der Privatrechtsordnung unterstehenden Sachen, haben die Rechtsprechung veranlasst,[596] eine unterschiedslose Haftungsregelung anzunehmen und neben der unzweifelhaft öffentlich-rechtlichen (aber nicht drittbezogenen) Bau- und Unterhaltungspflicht[597] eine (privatrechtliche) Verkehrssicherungspflicht zu konstruieren.

Trotz der Anknüpfung an den Doppelstatus öffentlicher Sachen wird jedoch – nicht **179** konsequent – diese Pflicht nicht aus dem privatrechtlichen (Rest-)Eigentum gefolgert und auch nicht dem Eigentümer zugeordnet, sondern aus einer entsprechenden Anwendung des § 836 abgeleitet.[598] Haftungsgrund soll die Tatsache der von einer **Sache ausgehenden Gefährdung** Dritter sein, die überdies demjenigen zuzurechnen sei, der die tatsächliche Sachherrschaft innehabe.[599] Dieser Haftungsgrund bestehe unabhängig davon, ob der Träger der Sachherrschaft eine Zivilperson oder ein Hoheitsträger sei.[600] Gleichwohl soll die privatrechtliche Haftung wegen Verletzung der Verkehrssicherungspflicht keine objektive Gefährdungs-, sondern eine den Träger der (faktischen) Unterhaltungs- oder Baulast treffende Verschuldenshaftung nach § 823 Abs. 1 sein.

Die Verkehrssicherungspflicht in Ansehung öffentlicher Sachen deckt sich dem Inhalte **180** nach mit den öffentlich-rechtlichen Unterhaltungspflichten, die im öffentlichen Wegerecht als **Straßenbaulasten** bezeichnet werden.[601] Nach § 3 Abs. 1 BFStrG und den inhaltlich übereinstimmenden Vorschriften der Landesstraßengesetze umfasst die Straßenbaulast die Verpflichtung, im Rahmen der Leistungsfähigkeit die öffentlichen Straßen in einem den regelmäßigen Verkehrsbedürfnissen genügenden Zustand zu bauen, zu unterhalten, zu

---

[593] BGH VersR 1965, 138, 139.
[594] BGHZ 9, 373, 380 ff. = NJW 1953, 1297; BGHZ 14, 83 = NJW 1954, 1403; BGHZ 16, 95 f. = NJW 1955, 298; BGHZ 21, 48, 50 = NJW 1956, 1353, 1354; BGHZ 24, 124, 130 = NJW 1957, 1065, 1066; BGHZ 60, 54, 55 = NJW 1973, 460, 461; BGH LM § 823 Nr. 61 (Ea) = NJW 1977, 1965; LM § 823 Nr. 119 (Dc) = NJW 1978, 1626, 1627; BGHZ 86, 152, 153 f. = NJW 1983, 2313; BGHZ 121, 367, 374 = NJW 1993, 1799, 1800; BGH NJW 1994, 3090 f. (Verletzung der Gewässerunterhaltungspflicht); s. auch BVerwGE 14, 304, 306 = NJW 1962, 1977; zu Einzelfällen vgl. Riedmaier VersR 1990, 1315, 1321 ff.; Rinne NVwZ 2003, 9 ff.
[595] Vgl. Papier, Recht der öffentlichen Sachen S. 9 ff., dort auch Hinweise auf abw. Regelungen des Landesrechts in Richtung auf ein „öffentliches Eigentum".
[596] BGHZ 9, 373, 387 = NJW 1953, 1297, 1298; BGHZ 16, 95, 96 = NJW 1955, 298, 299; s. auch BGHZ 121, 367, 375 = NJW 1993, 1799, 1801.
[597] Vgl. BGH LM Nr. 8 (Cb) = NJW 1967, 1325, 1326; BGHZ 86, 152, 158 = NJW 1983, 2313; Bender RdNr. 494; Papier, Recht der öffentlichen Sachen, S. 56 f.
[598] BGHZ 9, 373, 387 = NJW 1953, 1297, 1298.
[599] BGHZ 60, 54, 55 = NJW 1973, 460, 461; BGH VersR 1983, 639, 640.
[600] BGHZ 9, 373, 387 = NJW 1953, 1297, 1298.
[601] Zum Inhalt der Verkehrssicherungspflicht im Straßenverkehr vgl. Rinne NVwZ 2003, 9.

erweitern oder sonst zu verbessern. Soweit ein Straßenbaulastträger zur Erfüllung seiner Verpflichtungen unter Berücksichtigung seiner Leistungsfähigkeit nicht imstande ist, hat er auf den nicht verkehrssicheren Zustand durch Verkehrszeichen hinzuweisen (vgl. § 3 Abs. 2 BFStrG, § 9 Abs. 1 S. 3 StrWG NW).[602] Gleichen Inhalts ist die Verkehrssicherungspflicht in Ansehung öffentlicher Straßen. Aber im Gegensatz zu dieser Verkehrssicherungspflicht bestehen die aus der Straßenbaulast folgenden Rechtspflichten nach hM grundsätzlich nur gegenüber dem Träger der Straßenaufsicht, sind also nicht externer Natur oder „bürgergerichtet".[603] Der Träger der Straßenbaulast wird nach hM – auch soweit es sich, wie regelmäßig, um eine Körperschaft des öffentlichen Rechts handelt – nicht als Träger öffentlicher Gewalt, sondern als selbst Gewaltunterworfener in Erfüllung ordnungsrechtlicher Pflichten tätig, die ihm gegenüber dem Träger der Straßenaufsicht obliegen.[604]

181 Dieses klassische Verständnis der Straßenbaulast hat zur Konsequenz, dass die öffentlich-rechtlichen Bau- und Unterhaltungspflichten **keine dritt- oder bürgergerichteten Amtspflichten** sein können. Die Haftungslücke wird durch Annahme zusätzlicher, „externer" Verkehrssicherungspflichten geschlossen. Die **Verkehrssicherungspflicht** erstreckt sich nicht nur auf die Straße im engeren Sinne; der Begriff der „Straße" wird vielmehr durch die Definition in den Landesstraßengesetzen ausgefüllt, so dass auch Trenn-, Seiten-, Rand- und Sicherheitsstreifen[605] sowie Straßengräben[606] und Straßenbäume[607] dazu gehören können.

182 Die Rechtsprechung lässt **Ausnahmen vom privatrechtlichen Haftungsregime** zu. Zum einen kann der Gesetzgeber bestimmen, dass für bestimmte Sachbereiche die Verkehrssicherung den zuständigen Verwaltungsträgern „als Amtspflicht in Ausübung öffentlicher Gewalt" obliegen soll.[608] Diesen Weg sind die Landesstraßengesetze ganz überwiegend gegangen, indem sie ausdrücklich bestimmen, dass die straßenrechtlichen Bau- und Unterhaltungspflichten den betreffenden Körperschaften als Amtspflichten in Ausübung öffentlicher Gewalt obliegen (vgl. § 9a Abs. 1 StrWG NW,[609] § 10 Abs. 1 NStrG, § 48 Abs. 2 LStrG Rh.-Pf., § 59 StrGBW, Art. 72 BayStrWG, § 5 HambWG, § 9 BremLStrG, § 9 Abs. 3a Saarl StrG, § 10 Abs. 4 StrWG SH).[610] Auch die neuen Bundesländer (Brandenburg: § 10 Abs. 1 BbgStrG, Mecklenburg-Vorpommern: § 10 Abs. 1 StrWG-MV, Sachsen-Anhalt: § 10 Abs. 1 StrG LSA, Sachsen: § 10 Abs. 1 SächsStrG, Thüringen: § 10 Abs. 1 ThürStrG) haben die Verkehrssicherungspflicht dem hoheitlichen Aufgabenbereich zugeordnet. Zum Bundesrecht (BFStrG) fehlt eine diesbezügliche Regelung in Ansehung der Verkehrssicherungspflicht für die Bundesfernstraßen. Da der Bund insoweit seine Gesetzgebungskompetenz nicht ausgeschöpft hat, werden die Länder für befugt erachtet, ihre o. a. Regelungen auch auf die Bundesfernstraßen zu erstrecken, was auch geschehen ist, so dass

---

[602] Straßen- und Wegegesetz des Landes Nordrhein-Westfalen idF der Bek. vom 1. 8. 1983 (GV NW S. 306/SGV NW 91).
[603] BGH LM Nr. 8 (Cb) = NJW 1967, 1325, 1326; *Ossenbühl* Staatshaftungsrecht S. 30 f.; *Salzwedel* DÖV 1963, 241, 248; *Staudinger/Wurm* RdNr. 700; vgl. auch BGHZ 87, 9, 18 = NJW 1983, 2311, 2312 (Neu- und Ausbau von Bundeswasserstraßen), insoweit zust. *Müller-Graff* JZ 1983, 860, 861.
[604] BGH LM Nr. 8 (Cb) = NJW 1967, 1326; *Salzwedel* DÖV 1963, 241, 248; vgl. auch *Papier*, Recht der öffentlichen Sachen, S. 58.
[605] BGH LM § 823 Nr. 64 (Ea) = NJW 1980, 2194, 2195.
[606] BGH VersR 1983, 639, 640.
[607] BGHZ 123, 102, 103 = NJW 1993, 2612, 2613; OLG Hamm NVwZ-RR 2004, 219.
[608] BGHZ 9, 373, 387 = NJW 1953, 1297, 1298; BGH LM Nr. 8 (Cb) = NJW 1967, 1325, 1326; BGHZ 60, 54, 59 = NJW 1973, 460, 462; BGH NJW 1979, 2043 (insoweit in BGHZ 75, 134 nicht abgedruckt); LM § 823 Nr. 64 (Ea) = NJW 1980, 2194, 2195; VersR 1983, 639, 640; NJW 1983, 2021. Zur Drittbezogenheit der Amtspflicht in diesem Fall s. RdNr. 270.
[609] Dies gilt nicht für Kinderspielplätze, BGH LM § 823 Nr. 119 (Dc) = NJW 1978, 1626, 1627.
[610] NStrG idF vom 24. 9. 1980 (GVBl. S. 359); LStrG Rh.-Pf. vom 15. 2. 1963 idF vom 1. 8. 1977 (GVBl. S. 273); StrGBW idF vom 11. 5. 1992 (GBl. S. 330, ber. S. 683); BayStrWG vom 11. 7. 1958 idF vom 5. 10. 1981 (GVBl. S. 448; ber. 1982 S. 955); HambWG vom 4. 4. 1961 idF vom 22. 1. 1974 (GVBl. S. 41); SaarlStrG vom 17. 12. 1964 idF der Bek. vom 15. 10. 1977 (ABl. S. 969); StrWG-SH idF vom 2. 4. 1996 (GVOBl. S. 413).

hier kraft des jeweiligen Landesrechts das Gleiche gilt.[611] Insoweit ist die tradierte Vorstellung einer subordinationsrechtlichen, ausschließlich dem Staat als öffentlichem Wegeherrn gegenüber bestehenden, quasi-polizeirechtlichen Unterhaltungspflicht aufgegeben. Die Verletzung der Bau- und Unterhaltungspflicht kann im Anwendungsbereich jener Normen nicht nur zu Sanktionen des Trägers der Straßenaufsicht, sondern auch zu Schadensersatzansprüchen verletzter Dritter gemäß Art. 34 GG, § 839 führen. Es haftet in diesem Fall der Träger der faktischen Straßenbaulast, bei Bundesfernstraßen also wegen Art. 90 Abs. 2 GG das Land[612] bzw. die von ihm betraute Selbstverwaltungskörperschaft (NW: Landschaftsverbände).

Die §§ 7, 8 WaStrG begründen keine öffentlich-rechtliche Verkehrssicherungspflicht.[613] Sie regeln nur die **Unterhaltung der Bundeswasserstraßen,** mangels eindeutiger Bestimmung kann darin nach BGH keine Begründung einer öffentlich-rechtlichen Verkehrssicherungspflicht gesehen werden. Ähnliches galt für die ursprüngliche Fassung des § 4 Abs. 1 Berl. Straßenreinigungsgesetz.[614] Die Regelung, die **Straßenreinigung** obliege dem Land Berlin „als öffentliche Aufgabe", reichte für eine öffentlich-rechtliche Ausgestaltung der Verkehrssicherungspflicht nicht aus. Denn damit war nicht gesagt, ob die Durchführung der Aufgaben hoheitlich erfolgen sollte.[615]

Abgesehen von der Möglichkeit gesetzlicher Sonderregelungen ist nach der Judikatur auch dann eine öffentlich-rechtliche Haftung möglich, wenn der zuständige Sachherr durch einen **verlautbarten Organisationsakt** seinen Willen, die ihm obliegende Verkehrssicherung in den Formen und nach Maßgabe des öffentlichen Rechts zu erfüllen, zum Ausdruck gebracht hat.[616] So kann etwa eine Gemeinde als Trägerin einer öffentlichen Einrichtung im Wege eines Satzungsbeschlusses oder in der Anstaltsordnung die Wahrnehmung der Verkehrssicherung in Ansehung jener Anstaltsgegenstände zur öffentlich-rechtlichen Amtspflicht der zuständigen Verwaltungsstellen erklären.

ll) Verkehrsregelungspflicht. Von der Verkehrssicherungspflicht und der Straßenbaulast ist die Verkehrsregelungspflicht zu unterscheiden, die der Straßenverkehrsbehörde obliegt und die eindeutig dem öffentlichen Recht angehört.[617] Die Straßenverkehrsbehörde hat also die Amtspflicht, für die Sicherheit und Leichtigkeit des Verkehrs und zu diesem Zweck für eine ordnungsgemäße Anbringung von Verkehrseinrichtungen und Verkehrszeichen zu sorgen.[618] Da andererseits Anschaffung, Anbringung nach näherer Bestimmung der Straßenverkehrsbehörde, Unterhaltung und Betrieb von Regelungseinrichtungen und -zeichen zugleich Inhalt der Straßenbaulast und damit der Verkehrssicherungspflicht sind, bereitet die Abgrenzung von Verkehrsregelungspflicht- und Verkehrssicherungspflichtverletzung teilweise Schwierigkeiten.[619]

Es ist eindeutig die Verkehrsregelungspflicht betroffen, wenn es um die **Aufstellung** bzw. **Nichtaufstellung von Verkehrszeichen** entgegen den Erfordernissen der Verkehrssituation geht[620] oder wenn beispielsweise eine Vorfahrtsregelung ohne genügende Hinweise und

---

[611] S. auch *Kodal/Krämer,* Straßenrecht, 6. Aufl. 1999, Kap. 40 RdNr. 11 mwN.
[612] BGH VersR 1983, 639 mwN.
[613] BGHZ 86, 152, 183 = NJW 1983, 2313.
[614] Vom 19. 12. 1978 (GVBl. S. 2501); durch Gesetz vom 30. 6. 1988 (GVBl. S. 977) wurde in § 4 Abs. 1 S. 4 BerlStrReinG ausdrücklich bestimmt, dass die Aufgabe der Straßenreinigung „hoheitlich" durchgeführt wird.
[615] KG NVwZ 1982, 212.
[616] BGHZ 9, 373, 388 = NJW 1953, 1297, 1298; BGHZ 20, 57, 59 = NJW 1956, 946; BGHZ 35, 111, 113 = NJW 1961, 1525; BGH LM Nr. 8 (Cb) = NJW 1967, 1325, 1326.
[617] BGH LM Nr. 12 (Cb) = NJW 1970, 1126; LM Nr. 33 (A) = NJW 1971, 2220, 2221; *Bender* RdNr. 466; *Staudinger/Wurm* RdNr. 707.
[618] BGH LM Nr. 33 (A) = NJW 1971, 2220, 2221; LM Nr. 25 (Ca) = NJW 1972, 1268, 1269; LM Nr. 32 (Fg) = NJW 1972, 1806, 1807; LM Nr. 37 (Fg) = VersR 1981, 336, 337.
[619] Zur Abgrenzung vgl. *Rinne* NVwZ 2003, 9 ff.
[620] Vgl. BGH LM Nr. 7 (Cb) = NJW 1966, 1456; LM Nr. 32 (Fg) = NJW 1972, 1806, 1807; LM Nr. 37 (Fg) = VersR 1981, 336, 337 (hier auch zu den Voraussetzungen, unter denen eine Anbringung von Verkehrszeichen oder Einrichtungen geboten ist. Die Maßnahmen müssen u. a. „objektiv erforderlich und nach objektiven Maßstäben zumutbar" sein).

Bekanntmachung geändert wird.[621] Die Verkehrssicherungspflicht kann den Träger der Straßenbaulast aber auch verpflichten, bei der für die Verkehrsregelung zuständigen Verkehrsbehörde auf eine **Änderung der Verkehrsregelung** hinzuwirken, wenn die mit der Wahrung der Verkehrssicherungspflicht betrauten Amtsträger eine Gefahrenquelle im Straßenbereich erkennen oder zumindest die Verkehrsgefährdung so offensichtlich ist, dass sich ihnen die Notwendigkeit alsbaldiger Abwehrmaßnahmen geradezu aufdrängen muss.[622]

187 Problematisch sind die Fälle einer **Funktionsstörung** von **Verkehrseinrichtungen** und **Verkehrszeichen,** etwa des Versagens einer Verkehrssignalanlage, der Unkenntlichkeit eines „Zebrastreifens" oder eines Verkehrszeichens. Die Amtspflicht der Straßenverkehrsbehörde, für die Sicherheit und Leichtigkeit des Verkehrs zu sorgen, umfasst auch die Pflicht, nur ordnungsgemäß programmierte Verkehrsregelungseinrichtungen bzw. sachgemäß platzierte, hinreichend bestimmte und den Sicherheitsbedürfnissen genügende Verkehrszeichen aufzustellen.[623] Dagegen gehört es zur Straßenbaulast und zur Verkehrssicherungspflicht, eine Verkehrsregelungs- oder Verkehrssicherungsanlage vor faktischen Funktionsstörungen zu bewahren sowie die Verkehrseinrichtungen und Verkehrszeichen in einem ordnungsgemäßen Zustand zu erhalten, damit diese in der Lage sind, die von der Straßenverkehrsbehörde angeordneten Ge- und Verbote ordnungsgemäß auszustrahlen.[624] Das Versagen einer Ampelanlage wegen fehlsamer Programmierung der Schaltvorgänge fällt danach unter die Verkehrsregelungspflicht.[625] Beruht das Versagen hingegen auf Wartungsfehlern oder sonstigen faktischen Mängeln, verursacht bei der Aufstellung oder Betreuung, so handelt es sich um eine Verletzung der Verkehrssicherungspflicht. Entsprechendes gilt, wenn sich sonstige Verkehrsregelungseinrichtungen (zB „Zebrastreifen")[626] oder Verkehrszeichen[627] in einem funktionswidrigen faktischen Zustand befinden, etwa unkenntlich geworden sind.

187 a mm) **Auslandseinsätze der Bundeswehr.** Mit Zunahme von Auslandseinsätzen und unterstützenden Maßnahmen im Rahmen solcher Einsätze durch die deutsche Bundeswehr ist auch die Frage nach einer diesbezüglichen Haftung virulent geworden. In Betracht kommen Ansprüche einzelner für Schäden, die in völkerrechtswidriger Weise im Rahmen von Kampfhandlungen verursacht werden. In Ausnahme zu Art. 40 EGBGB sind die Regeln über die Amtshaftung grundsätzlich räumlich anwendbar.[628] Es stellt sich jedoch die Frage, ob insoweit eine Suspendierung der Staatshaftung durch ein allein völkerrechtliches ius in bello angenommen werden muss.[629] Für eine parallele Anwendbarkeit spricht, dass beide Haftungsinstitute unterschiedliche Voraussetzungen haben und unabhängig nebeneinander stehen. Auch könnte die Einhaltung des humanitären Kriegsvölkerrechts der Sicherung durch nationale Sanktionsmöglichkeiten bedürfen und zwar umso mehr, als das völkerrechtliche Haftungsregime regelmäßig keine Individualansprüche kennt.[630] Zu bedenken ist jedoch auch das Risiko einer ausufernden Schadensersatzpflicht. Die Schädigung muss dem Staat zurechenbar sein. Bei außen- und verteidigungspolitischen Fragen besteht ein weiter Ermessensspielraum, dessen justiziable Grenze erst bei offensichtlich völkerrechtswidrigen Entscheidungen erreicht ist. Der Beweisaufwand für den einzelnen Bürger dürfte in diesem Zusammenhang verhältnismäßig hoch sein. Auch unterscheidet sich die spezifische Situationslage im Rahmen von Auslandseinsätzen deutlich von den rein nationalen Konstellationen, für die das Institut der Amtshaftung ursprünglich geschaffen wurde. Das völkerrechtliche Haftungsregime dürfte insofern lex specialis sein. Die Höchstgerichte haben

---

[621] BGH LM Nr. 12 (Cb) = NJW 1970, 1126, 1127.
[622] BGH NVwZ 2000, 1209 f.
[623] BGH LM Nr. 33 (A) = NJW 1971, 2220, 2221; RGRK/*Kreft* RdNr. 476.
[624] BGH LM Nr. 25 (Ca) = NJW 1972, 1268; *Staudinger/Wurm* RdNr. 707; RGRK/*Kreft* RdNr. 476.
[625] S. RdNr. 185; vgl. auch *Ossenbühl* JuS 1973, 421 bis 425.
[626] BGH LM § 823 Nr. 52 (Ea) = JZ 1971, 430.
[627] OLG Koblenz OLGR 2006, 759; OLG Celle DAR 2006, 267.
[628] Vgl. *Palandt/Heldrich* Art. 40 EGBGB RdNr. 15 mwN.
[629] Für eine parallele Anwendbarkeit auch OLG Köln NJW 2005, 2860; aA LG Bonn NJW 2004, 525.
[630] BVerfGE 112, 1, 32; BVerfG NJW 2004, 3257; 2006, 2542; BGHZ 169, 348; *Schröder* in: *Vitzthum* (Hrsg.), Völkerrecht, 4. Aufl., VII RdNr. 33.

bisher offen gelassen, ob § 839 iVm. Art. 34 GG auf militärische Handlungen von Bundeswehrsoldaten im Ausland anwendbar sind.[631]

h) Handeln „in Ausübung" eines öffentlichen Amtes. Das Fehlverhalten des Amtsträgers wird dem Staat nur dann gemäß Art. 34 S. 1 GG zugerechnet, wenn es „in Ausübung" des öffentlichen Amtes und nicht bloß „bei Gelegenheit" der Amtstätigkeit begangen wurde. Das Ziel der Tätigkeit muss dem hoheitsrechtlichen Funktionskreis zurechenbar sein, und es muss zwischen dieser **Zielsetzung** und der schädigenden Handlung in concreto ein **innerer Zusammenhang** bestehen.[632] Das Vorliegen dieser Voraussetzungen ist insbesondere dann problematisch, wenn die Schädigung Dritter durch eine Tätigkeit des Amtsträgers begangen worden ist, die jener unter Überschreitung seiner dienstrechtlichen Befugnisse begangen hat. Als Beispiele seien hier die „Schwarzfahrten" mit Behördenfahrzeugen oder der dem Gesetz bzw. Dienstvorschriften widersprechende Gebrauch von Schusswaffen genannt.

Grundsätzlich ist festzustellen, dass ein Amtswalter nicht schon deshalb außerhalb seiner dienstlichen Tätigkeit agiert, weil er gesetzlichen oder dienstinternen Vorschriften bzw. Einzelweisungen zuwider handelt.[633] Wird zB das Behördenfahrzeug von dem zur Benutzung befugten Amtswalter zu dienstlichen Zwecken, aber entgegen den Dienstvorschriften, die einen Einsatz des Fahrzeugs für das konkrete Amtsgeschäft verbieten, benutzt, so liegt dennoch eine Tätigkeit in **Ausübung eines öffentlichen Amtes** vor. Dasselbe gilt für den gesetzeswidrigen oder dienstvorschriftswidrigen Einsatz einer Schusswaffe zu dienstlichen Zwecken.[634] Etwas anderes ist anzunehmen, wenn die Verletzung von Dienstvorschriften gerade darin besteht, dass zB das Behördenfahrzeug zu privaten Zwecken benutzt wird. Gebraucht ein Amtswalter, dem ein Behördenfahrzeug anvertraut ist, dieses Fahrzeug zu privaten Schwarzfahrten, so geschieht das nicht mehr in Ausübung eines öffentlichen Amtes, und zwar auch dann nicht, wenn dieser Gebrauch zugleich Dienstvorschriften verstößt.[635] Eine Ausnahme besteht nach der Judikatur nur dann, wenn die Benutzung zu privaten Zwecken gerade durch einen Beamten erfolgt, dem die hoheitsrechtliche Aufgabe übertragen war, die missbräuchliche Benutzung der Behördenfahrzeuge zu verhindern.[636] Auch ein Missbrauch des Amtes zu eigennützigen, schikanösen oder gar strafbaren Zwecken, eine Pflichtwidrigkeit aus eigensüchtigen oder rein persönlichen Gründen schließt den für das Handeln in Ausübung des Amtes maßgeblichen inneren Zusammenhang zwischen Amtsausübung und schädigendem Verhalten nicht von vornherein aus.[637]

Auf der anderen Seite ist zu beachten, dass der Beamte auch während seines Dienstes eine dienstfremde Handlung begehen kann, die nur rein äußerlich mit seinen Dienstaufgaben zusammenhängt. An einer inneren Beziehung zur Amtsausübung fehlt es beispielsweise dann, wenn ein Polizeibeamter zwar während des Dienstes, aber aus rein **persönlichen Beweggründen,** etwa aus Rache, aus Eifersucht oder nach einem vorangegangenen privaten Streit, seine Dienstwaffe gebraucht.[638] Dagegen kann auch dann eine Tätigkeit in Ausübung öffentlicher Gewalt vorliegen, wenn der Amtsträger damit zugleich gegen Zuständigkeitsnormen verstößt.[639] In Ausübung eines öffentlichen Amtes erfolgen auch Streiks

---

[631] BVerfG NJW 2006, 2542 f. sowie BGHZ 155, 279, insoweit griff bereits der Haftungsausschluss nach § 7 RBHG aF ein; BGHZ 169, 348; vgl. auch *Bamberger/Roth/Reinert* RdNr. 75.
[632] BGHZ 11, 181, 185 = NJW 1954, 716, 717; BGHZ 42, 176, 179 = NJW 1964, 1895, 1897; *Ossenbühl* Staatshaftungsrecht S. 25; *Bender* RdNr. 430; *Erman/Küchenhoff/Hecker* RdNr. 36; *Palandt/Thomas* RdNr. 10, 12; *Bamberger/Roth/Reinert* RdNr. 32.
[633] BGHZ 1, 388, 394; *Bender* RdNr. 430.
[634] Vgl. BGHZ 11, 181, 186, 187 = NJW 1954, 716, 717.
[635] BGH LM Nr. 19 (Ca) = NJW 1969, 421, 422; BGHZ 124, 15, 18.
[636] BGHZ 1, 388, 393.
[637] BGH NJW 2002, 3172, 3173.
[638] BGHZ 11, 181, 186, 187 = NJW 1954, 716, 717; vgl. als weiteres Beispiel OLG Köln NJW 1970, 1322.
[639] RG HRR 1930, 901.

bzw. streikähnliche Handlungen oder Unterlassungen von Beamten (zB „Dienst nach Vorschrift", „Bummelstreik"), wenn diese hoheitsrechtliche Funktionen betreffen oder tangieren (zB die Luftaufsicht durch die „Fluglotsen").[640]

191 **3. Verletzung von Amtspflichten. a) Grundsätzliches.** Die konstruktive Besonderheit der Amtshaftung als einer auf den Staat übergeleiteten Beamtenhaftung findet ihren augenfälligen Ausdruck in der Anknüpfung an den Amtspflichtverstoß. Amtspflichten sind die persönlichen Verhaltenspflichten des Beamten in Bezug auf seine Amtsführung. Er selbst ist Zurechnungssubjekt dieser Pflichten.[641] Den Staat oder die sonstige juristische Person des öffentlichen Rechts, in deren Namen und in deren Rechtskreis der Amtswalter handelt, treffen keine Amtspflichten. Die dem Staat im Außenverhältnis gegenüber dem Bürger obliegenden öffentlich-rechtlichen **Rechtspflichten** sind mit den persönlichen **Amtswalterpflichten** nach hL weder identisch noch notwendigerweise inhaltsgleich. Die Amtspflichten des Beamten sollen sich nach der Rechtsprechung und hL nicht allein aus den für das Verhältnis von Staat und Bürger maßgeblichen (Außen-)Rechtssätzen ergeben. Es korrespondieren einem subjektiven öffentlichen Recht des Bürgers danach niemals Amtspflichten des Organwalters, sondern immer nur Rechtspflichten der zuständigen öffentlichen Körperschaft. Amtspflichten können sich nach hM auch aus dem für das Organwalterverhältnis maßgeblichen spezifischen Innenrecht ergeben.[642] Für den Amtsträger hat eine **Verwaltungsverordnung**, die in der Relation Staat-Bürger keine Rechtssatzqualität besitzt, Normwirkung. Sie ist für ihn ebenso verbindlich wie ein Rechtssatz im historisch-konventionellen Sinne.[643] Auch eine **Einzelweisung** von Trägern leitender Organe oder Ämter begründet eine Gehorsams- und auf diesem Wege nach hL eine Amtspflicht des Angewiesenen.[644]

192 Dieser Auffassung der hL – der auch die Erstauflage dieser Kommentierung gefolgt war – kann nicht zugestimmt werden. Sowohl § 839 Abs. 1 als auch Art. 34 GG setzen explizit eine Verletzung von **Amtspflichten** voraus, die dem Amtsträger „einem Dritten gegenüber" obliegen. Es wird damit nicht auf die (interne) Dienstpflicht des Beamten gegenüber seinem Dienstherrn, sondern auf die externe Amtspflicht abgestellt. Eine „Außenhaftung" kann auch sinnvollerweise nur bei Verletzung extern gewendeter Pflichten in Betracht kommen. Als Fazit gilt: Die Amtspflichten der Organwalter, die wegen ihrer Drittbezogenheit Grundlage einer Außenhaftung nach § 839 Abs. 1 iVm. Art. 34 S. 1 GG sein können, stimmen inhaltlich mit den Rechtspflichten der Träger öffentlicher Gewalt überein; Amtspflichtverstoß und Staatsunrecht decken sich, es bestehen entgegen der hL keine inhaltlichen Diskrepanzen.

193 **b) Amtspflicht zu gesetzmäßigem Verhalten.** Es ist eine Amtspflicht des Beamten, die Aufgaben und Befugnisse der juristischen Person des öffentlichen Rechts, in deren Namen und Rechtskreis er tätig wird, im Einklang mit dem objektiven Recht wahrzunehmen.[645] Insoweit sind die dem Staat dem Bürger gegenüber obliegenden öffentlich-rechtlichen Rechtspflichten auch nach hL zugleich inhaltsbestimmend für die persönlichen Amtspflichten des Organwalters. Amtspflichten können sich also ergeben aus der Verfassung, dem förmlichen Gesetz, dem Gemeinschaftsrecht, der Rechtsverordnung, der Satzung, dem

---

[640] BGHZ 69, 128, 132 = NJW 1977, 1875, 1876; OLG Köln 1976, 295, 296 („Fluglotsenstreik") – vor der „Privatisierung" der Flugsicherung durch Art. 87d Abs. 1 S. 2 GG (BGBl. 1992 I S. 1254) und die §§ 31a ff. LuftVG (BGBl. 1992 I S. 1370, 1373), die nunmehr eine Beleihung Privater ermöglichen.
[641] S. auch *Rupp*, Grundfragen der heutigen Verwaltungsrechtslehre, 1965, S. 34 ff.; *Papier* (Fn. 4) S. 100 ff.; Reform des Staatshaftungsrechts, Kommissionsbericht, S. 36 ff.; *Papier* DVBl. 1974, 573; *Bender* RdNr. 487; *Ossenbühl* Staatshaftungsrecht S. 41 f.
[642] *Ossenbühl* Staatshaftungsrecht S. 42.
[643] So etwa RGZ 145, 204, 215; BGH WM 63, 788; VersR 1961, 512; RGZ 105, 99, 100; *Palandt/Thomas* RdNr. 32; aA *Bettermann* in: Die Grundrechte Bd. III/2, S. 841.
[644] Vgl. Fn. 632; ferner *Bender* RdNr. 501; *Erman/Küchenhoff/Hecker* RdNr. 42.
[645] S. statt vieler *Bender* RdNr. 497; *Ossenbühl* Staatshaftungsrecht S. 43 f.; ferner BGH NJW 1979, 642, 643; BGHZ 76, 16, 29, 30 = VersR 1980, 259, 262; BGH LM Nr. 60 (Fe) = DB 1981, 524; LM Nr. 11 (Fl) = NJW 1982, 1648; BGHZ 84, 285, 287 = NJW 1983, 222; BGH DVBl. 1984, 427.

Gewohnheitsrechtssatz sowie aus allgemeinen Rechtsgrundsätzen bzw. aus den allgemeinen Grundsätzen des Verwaltungsrechts.[646] Auch die Verletzung der beamtenrechtlichen Fürsorgepflicht stellt damit einen Amtspflichtverstoß dar. Der Beamte hat ferner die Amtspflicht, die Rechtsprechung, zumal die höchstrichterliche, zu beachten.[647] Die Entscheidung der Staatsanwaltschaft über die Einleitung eines strafrechtlichen Ermittlungsverfahrens (§ 152 Abs. 2 StPO), Anordnungen, worauf die Nachforschungen im Einzelnen zu erstrecken sind (vgl. § 160 Abs. 1 StPO), und die Entscheidung über die Erhebung der öffentlichen Klage (§ 170 Abs. 1 StPO) sind im Amtshaftungsprozess nicht auf ihre „Richtigkeit", sondern auf ihre „Vertretbarkeit" zu überprüfen.[648] Dies gilt auch in Bezug auf die Beantragung und Vollziehung von Durchsuchungsmaßnahmen[649] sowie die Beantragung eines Haftbefehls.[650] Diese Grundsätze finden auch Anwendung bei Maßnahmen der Verfolgungsbehörde im Bußgeldverfahren.[651]

Es gehört zu den Amtspflichten eines jeden Amtsträgers, vor einer hoheitlichen Maßnahme, die geeignet ist, einen anderen in seinen Rechten zu beeinträchtigen, den **Sachverhalt** im Rahmen des Zumutbaren so umfassend zu **erforschen,** dass die Beurteilungs- und Entscheidungsgrundlage nicht in wesentlichen Punkten zum Nachteil des Betroffenen unvollständig bleibt.[652] **194**

Hält der Amtsträger eine für die Entscheidung eines konkreten Sachverhalts anzuwendende Norm für nichtig, darf er die Norm nicht vollziehen, ohne amtspflichtwidrig zu handeln. Andererseits darf er die Norm wohl auch nicht einfach unangewendet lassen. Vielmehr hat er die Entscheidung, für die die nichtige Norm maßgeblich ist, vorläufig nicht zu treffen und auf die Einleitung eines Normenkontrollverfahrens hinzuwirken.[653] Die Amtsträger der Baugenehmigungsbehörde handeln deshalb amtspflichtwidrig, wenn sie einen **unwirksamen Bebauungsplan** anwenden. Sie haben den Antragsteller auf die Bedenken, die gegen die Wirksamkeit eines Bebauungsplanes bestehen, hinzuweisen, die Gemeinde sowie die Kommunalaufsichtsbehörde zu unterrichten und dürfen erst nach deren Anhörung entscheiden.[654] **195**

Dem Ersteller von **Aufgaben für medizinische Prüfungen** obliegt nach § 14 Abs. 2 ÄApprO[655] die Amtspflicht, die Prüfungsfragen im Antwort-Wahl-Verfahren verständlich, widerspruchsfrei und eindeutig zu erstellen. Die Aufgaben müssen dem vorgegebenen Prüfungsschema entsprechen, wonach der Prüfling in jeder Aufgabe eine richtige und vier falsche Antwort-Alternativen erwarten kann.[656] **196**

Einen Korrektor im juristischen Staatsexamen trifft die Amtspflicht, die Essentialia des Prüfungswesens, mithin die Grundzüge dessen, wie Noten zustande kommen und zu begründen sind, zu beherrschen.[657] Wird die Prüfungsentscheidung aufgrund Fehlerhaftigkeit in der Folge vom Verwaltungsgericht aufgehoben, so gereicht dies dem Korrektor im Rahmen der Amtshaftung zum Vorwurf. **196 a**

aa) Vertragspflichten. Auch die Erfüllung der öffentlich-rechtlichen Vertragspflichten der Körperschaft gehört zu den Amtspflichten des mit diesen Aufgaben betrauten Beamten. Rechtswidriges und vertragswidriges Verhalten des Staates bzw. der sonstigen öffentlich- **197**

---

[646] Vgl. Bonner Komm/*Dagtoglou* 2. Bearb. Art. 34 GG RdNr. 111, 116; *Erman/Küchenhoff/Hecker* RdNr. 41 f.; *Ossenbühl* Staatshaftungsrecht S. 42; *Bender* RdNr. 596 ff.
[647] Wegen der Einzelheiten s. RdNr. 285 und BGHZ 84, 285, 287 = NJW 1983, 222, 223.
[648] BGH NJW 1989, 96, 97; 1994, 3162; 2000, 2672, 2673 = WM 2000, 1588 m. Anm. *Fluck* NJW 2001, 202.
[649] BGH NJW 1989, 1924, 1925; 1994, 3162.
[650] BGH BGHR § 839 Abs. 1 S. 1 – Staatsanwalt 3.
[651] BGH NJW 1994, 3162.
[652] Vgl. BGH NJW 1989, 99; 1994, 3162, 3164.
[653] *Baumeister/Ruthing* JZ 1999, 117.
[654] BGH NVwZ 1987, 168, 169 mwN; ZfBR 1991, 77.
[655] Approbationsordnung für Ärzte idF der Bek. vom 27. 6. 2002 (BGBl. I S. 2405).
[656] BGHZ 139, 200, 204 = NJW 1998, 2738; OLG Koblenz NVwZ 2002, 764.
[657] Vgl. OLG München BayVBl. 2007, 669.

rechtlichen Körperschaft ist also im Regelfall sub specie Art. 34 GG, § 839 zugleich ein amtspflichtwidriges Verhalten der für die Körperschaft handelnden Organwalter.[658] Die gegenteilige Auffassung des BGH,[659] nach der bei der Bestimmung der Amtspflichten der öffentlich-rechtliche Vertrag unberücksichtigt bleibe, ist auf der Grundlage einer sachlichen Übereinstimmung von Rechtspflicht des Staates und Amtspflicht des Amtsträgers nicht haltbar.

198 **bb) Ermessensentscheidungen.** Diese Übereinstimmung gilt auch bei den Ermessensentscheidungen. Die Auffassung der früheren Rechtsprechung,[660] bei Ermessensentscheidungen läge eine Amtspflichtverletzung nur vor, wenn das Verhalten des Beamten in so hohem Maße fehlsam sei, dass es mit den an eine ordnungsgemäße Verwaltung zu stellenden Anforderungen schlechterdings nicht mehr vereinbart werden könne, ist als zu eng abzulehnen und von der späteren Judikatur zu Recht aufgegeben worden.[661] Eine Ermessensentscheidung ist nach allgemeinem Verwaltungsrecht rechtswidrig, wenn entweder die gesetzlichen Grenzen des Ermessens überschritten worden sind oder wenn von dem Ermessen in einer dem Zweck des Gesetzes nicht entsprechenden Weise Gebrauch gemacht worden ist (§ 40 VwVfG; vgl. auch § 114 VwGO). Überdies stellt auch der Ermessensnichtgebrauch („Ermessensunterschreitung") einen Ermessensfehler dar. Ermessensüberschreitungen, Ermessensmissbrauch und Ermessensnichtgebrauch als die drei Formen rechtswidriger Ermessensbetätigung sind auch den mit der Ermessensverwaltung in concreto betrauten Beamten untersagt. Die Beachtung der rechtlichen Schranken des Ermessens gehört also zu deren Amtspflichten. Die Verpflichtung zur Gesetzmäßigkeit erstreckt sich (selbstverständlich!) auch auf die Ermessensverwaltung. Die Zivilrechtsprechung hat ihre am willkürlichen und evident fehlerhaften Verhalten orientierte Grenzziehung inzwischen korrigiert und der Verwaltungsrechtslage angepasst.

199 **cc) Unerlaubte Handlungen.** Die Amtspflichten zum gesetzmäßigen Verhalten beziehen sich nicht allein auf die spezifisch öffentlich-rechtlichen Ge- und Verbote. Die nach dem allgemeinen Deliktsrecht (§§ 823 ff.) bestehenden Eingriffsverbote gelten auch bei Ausübung öffentlicher Gewalt. Es gehört daher zu den Amtspflichten des Beamten, nach §§ 823 ff. tatbestandliche und rechtswidrige Eingriffe in die Rechte, Rechtsgüter oder rechtlich geschützten Interessen des Bürgers zu unterlassen,[662] es sei denn, spezifisch verwaltungsrechtliche Rechtfertigungsnormen wie etwa die Vorschriften über die Verwaltungsvollstreckung und über den unmittelbaren Zwang stehen ihm zur Seite. Ist das nicht der Fall, dann ist ein nach allgemeinem Deliktsrecht tatbestandsmäßiger und rechtswidriger Eingriff zugleich eine Amtspflichtverletzung.[663] § 839 umschließt also den allgemeinen deliktischen Eingriff, verdrängt daher aber auch als abschließende Regelung zum Amtswalterdelikt die Schadensersatznormen des allgemeinen Deliktsrechts.[664] Zu den dem Schutz des § 823 Abs. 1 unterfallenden sonstigen Rechten gehört auch das allgemeine Persönlichkeitsrecht, so

---

[658] Vgl. auch BGHZ 61, 7, 11 = NJW 1973, 1741 („vertragsähnliche" Schuldverhältnisse des öffentlichen Rechts).
[659] BGHZ 87, 9, 18 = NJW 1983, 2311, 2312; s. auch BGHZ 120, 184, 188 = NJW 1993, 1526.
[660] BGHZ 4, 302, 313 = NJW 1952, 583, 584; BGH WM 1963, 787, 791; VerwRspr. 14, 832; s. auch BVerwG DVBl. 1963, 519, 520; BGHZ 45, 143, 146 = NJW 1966, 1162 = LM Nr. 29 (Fg); OVG Münster NJW 1979, 2061, 2062.
[661] BGHZ 74, 144, 156 = NJW 1979, 1354, 1356; BGHZ 75, 120, 124 = NJW 1979, 1879 f.; s. dazu *Papier* JuS 1980, 265, 268; inzident bestätigt zB in BGH MDR 1983, 202; ebenso Bonner Komm/*Dagtoglou* 2. Bearb. Art. 34 GG RdNr. 120; *Bender* RdNr. 553 ff.; *Bettermann* in: Die Grundrechte Bd. III/2, S. 843; RGRK/*Kreft* RdNr. 187.
[662] BGHZ 69, 128, 138 = NJW 1977, 1875, 1877 („Fluglotsenstreik"); BGH LM GG Art. 14 Nr. 64 (Ce) = NJW 1980, 1679; BGHZ 78, 274, 279 = NJW 1981, 675 f. = VersR 1981, 231, 232 (allg. Persönlichkeitsrecht); BGH NJW 1992, 1310 (Verletzung von Urheberrechten).
[663] S. auch BGHZ 16, 111, 113 = NJW 1955, 458; BGHZ 23, 36, 47 = NJW 1957, 539, 541; BGH WM 1962, 527, 529; BGHZ 34, 99, 104 = LM Nr. 13 = NJW 1961, 658, 659. Zum Kreis der geschützten „Dritten" s. RdNr. 232, 271.
[664] BGHZ 3, 94, 101 = NJW 1951, 917; BGHZ 13, 25 = NJW 1954, 874 (zu dem Verhältnis der §§ 823/839); vgl. aber auch BGHZ 60, 371, 374 = NJW 1973, 1461, 1462.

dass zB die Staatsanwaltschaft, wenn sie der Presse von einem Ermittlungsverfahren gegen eine bestimmte Person unter Nennung ihres Namens und Berufs Mitteilungen macht, eine Amtspflichtverletzung begehen kann.[665]

Für den Umfang der **Verkehrssicherungspflichten** der öffentlichen Hand, insbesondere in Ansehung der öffentlichen Straßen, gilt folgendes: Maßgebliche Kriterien für die Bestimmung des Inhalts und des Umfangs der Verkehrssicherungspflichten sind die Grundsätze der Zumutbarkeit der Pflichterfüllung sowie der Einsichtsfähigkeit der Verkehrsteilnehmer. Die zuständigen Behörden brauchen mit anderen Worten nur diejenigen Maßnahmen zu ergreifen, die objektiv erforderlich und nach objektiven Maßstäben zumutbar sind. Wenn die Verkehrsteilnehmer bei zweckgerechter Benutzung der Straße und bei Anwendung der gebotenen Aufmerksamkeit etwaige Schäden selbst erkennen können, entfallen regelmäßig weitergehende Pflichten der Verkehrssicherungspflichtigen.[666] Dabei wird von den Verkehrsteilnehmern in schwierigen Verkehrslagen sogar eine gesteigerte Aufmerksamkeit zu verlangen sein. Der Umfang der Sicherungspflicht und das Maß der Sorgfalt hängen entscheidend von der Art der Straße, der Verkehrshäufigkeit, der Bedeutung der Straße sowie der besonderen örtlichen Verhältnisse ab.[667] Im Rahmen von Straßenbaumaßnahmen hat die Behörde die anerkannten Regeln der Straßenbautechnik zu beachten.[668]

Zur Verkehrssicherungspflicht in Ansehung öffentlicher Straßen gehört auch die den Gemeinden obliegende **Streupflicht.** Die aus der „polizeimäßigen Reinigung" fließende Räum- und Streupflicht entspricht – soweit sie der Verkehrssicherung dient – der allgemeinen Verkehrssicherungspflicht.[669] Der Verkehrssicherungspflichtige hat durch Bestreuen mit abstumpfenden Mitteln die Gefahren zu beseitigen, die infolge winterlicher Glätte für die Verkehrsteilnehmer bei zweckgerechter Straßenbenutzung und trotz Anwendung der im Verkehr erforderlichen Sorgfalt bestehen. Für die **Fußgänger** müssen innerhalb der geschlossenen Ortschaften die belebten, über die Fahrbahn führenden unentbehrlichen Fußgängerüberwege bestreut werden.[670] Dort, wo regelmäßig oder zu bestimmten Zeiten starker Fußgängerverkehr herrscht (zB vor Bahnhöfen und an Haltestellen) bestehen gesteigerte Sicherungspflichten.[671] Dem Pflichtigen ist eine gewisse Wartezeit für den Einsatz des Streudienstes zuzubilligen, so dass das Streuen erst eine angemessene Zeit nach Eintritt der Glätte zu beginnen braucht. In den Morgenstunden müssen die Streuarbeiten aber so rechtzeitig einsetzen, dass bereits der Hauptberufsverkehr geschützt wird. Tritt die Glätte während des Tages auf, so ist dem Pflichtigen wiederum eine gewisse Zeit zur Durchführung zuzubilligen. Das Streuen muss in angemessener Zeit wiederholt werden, wenn das Streugut seine Wirkung verloren hat.[672] Allerdings darf bei einem Dauerschneefall oder bei einem andauernden eisbildenden Regen das Streuen unterbleiben, sofern es wirkungslos ist, denn der Pflichtige braucht keine zwecklosen Maßnahmen zu ergreifen.[673] Andererseits besagt das nicht, dass bei außergewöhnlichen Glätteverhältnissen regelmäßig die Streupflicht entfällt. Solche Witterungsverhältnisse er-

---

[665] BGH NJW 1994, 1950.
[666] Vgl. dazu OLG Saarbrücken OLGR 2006, 679.
[667] *Arndt,* Straßenverkehrssicherungspflicht, 2. Aufl. 1973, S. 36f.; *Kodal/Krämer* (Fn. 611) Kap. 40 RdNr. 41 ff.; *Bamberger/Roth/Reinert* RdNr. 44 ff.; aus der Rspr. s. etwa BGHZ 108, 273, 275 = NJW 1989, 2808: keine Verpflichtung, Wildschutzzäune anzubringen, Aufstellung von Warnschildern ist ausreichend; ferner BGH NJW 1993, 2802; 1991, 2824 – Verlegung von Bodenschwellen zur Verkehrsberuhigung.
[668] BGH NVwZ-RR 2006, 758 sowie NVwZ 2006, 1084 wonach eine Straße bei Aushebung und Wiederverfüllung eines Rohrgrabens erst nach einer sachgerechten Standfestigkeitsprüfung wieder zum Verkehr freigegeben werden darf.
[669] BGHZ 112, 74, 79 = VersR 1990, 1148 mwN; zur Räum- und Streupflicht vgl. auch *Rinne* NJW 1996, 3303.
[670] BGH NVwZ 1991, 1212; NJW 1993, 2802, 2803; OLG Thüringen OLG 2006, 663.
[671] BGHZ 40, 379, 383 = NJW 1964, 814; BGH NJW 1967, 2199; 1993, 2802, 2803; OLG Oldenburg VersR 1988, 935.
[672] BGH VersR 1969, 667; NJW 1993, 2802, 2803: Verkehrswichtige, ampelgeschützte Überwege in einer Großstadt seien im Laufe des Tages nach etwa drei Stunden erneut zu bestreuen.
[673] BGH VersR 1987, 989; NJW 1993, 2802, 2803.

fordern vielmehr besonders intensive Streumaßnahmen. Das gilt auch für die zeitliche Folge der Bestreuung.[674]

202 Was die Bestreuung der **Fahrbahnen** anlangt, so ist zwischen den Anforderungen innerhalb geschlossener Ortschaften einerseits und denen auf Straßen außerhalb geschlossener Ortschaften zu unterscheiden. Fahrbahnen der öffentlichen Straßen innerhalb geschlossener Ortschaften sind an den verkehrswichtigen und gefährlichen Stellen bei Eis- oder Schneeglätte zu bestreuen.[675] Eine solche gefährliche Stelle kann eine mit einer Ampelanlage versehene Straßenkreuzung sein. Zu den wichtigen Verkehrsflächen gehören insbesondere die verkehrsreichen Durchgangsstraßen und die viel befahrenen innerörtlichen Hauptverkehrsstraßen. Bei katastrophalen Witterungsverhältnissen, die den Dauereinsatz des Streudienstes erforderlich machen, handelt der Pflichtige nicht amtspflichtwidrig, wenn er zunächst die gefährlichen Stellen der Hauptverkehrsstraßen anstreut, um wenigstens dort einen einigermaßen reibungslosen Verkehrsablauf zu ermöglichen.[676] Die öffentlichen Straßen außerhalb der geschlossenen Ortslage sind nur an besonders gefährlichen Stellen zu bestreuen. Von einer besonders gefährlichen Stelle kann erst dann gesprochen werden, wenn der Verkehrsteilnehmer bei der für Fahrten auf winterlichen Straßen zu fordernden schärferen Beobachtung des Straßenzustands und der damit zu fordernden erhöhten Sorgfalt den die Gefahr begründenden Zustand der Straße nicht oder nicht rechtzeitig erkennen und daher die Gefahr nicht selbst meistern kann. Eine besondere Gefahrenstelle besteht beispielsweise an Straßenstellen, die wegen des in der Umgebung ungewöhnlichen Gewässerzustands schon bei geringem Bodenfrost auch bei sonst trockener Witterung zur Glatteisbildung neigen, was ein normaler Straßenbenutzer nicht ahnen kann.[677] Ausnahmsweise kann der Pflichtige gehalten sein, an Stellen von besonderer Verkehrsbedeutung und Gefährlichkeit das Streuen zu wiederholen, wenn das Streugut seine Wirkung verloren hat.

203 Die von der Verkehrssicherungspflicht zu unterscheidende **Verkehrsregelungspflicht,** die in jedem Fall dem hoheitsrechtlichen Bereich zuzuordnen und daher als Amtspflicht iS des § 839 wahrzunehmen ist,[678] verpflichtet die zuständigen Straßenverkehrsbehörden dazu, für die Sicherheit und Leichtigkeit des Verkehrs zu sorgen und die Einrichtungen für die Regelungen des Verkehrs so zu gestalten, dass sie ihrem Zweck gerecht werden, den Verkehr zu erleichtern und Verkehrsgefahren zu verhüten. Es sind allerdings nur insoweit Maßnahmen der Straßenverkehrsbehörden geboten, als dies objektiv erforderlich und nach objektiven Maßstäben zumutbar ist. Den Straßenverkehrsbehörden obliegen regelmäßig dann keine weiteren Pflichten, wenn die Verkehrsteilnehmer bei zweckgerechter Nutzung der Straße und bei Anwendung der gebotenen Sorgfalt etwaige Schäden selbst erkennen und abwenden können. In schwierigen Verkehrslagen wird dabei von den Verkehrsteilnehmern sogar eine gesteigerte Aufmerksamkeit erwartet.[679] Änderungen der Verkehrsregelung (zB Vorfahrtsänderungen) können als gefahrerhöhende Maßnahmen für eine Übergangszeit Warnpflichten der zuständigen Behörde auslösen.[680] Die Verkehrsregelungspflichten als Amtspflichten obliegen den Straßenverkehrsbehörden zum Schutze aller Verkehrsteilnehmer, die die Straße nach Art ihrer Verkehrseröffnung benutzen dürfen. Sie sind daher auch geschützte Dritte iS des § 839.

204 dd) Einhaltung der Form, der Zuständigkeit und des Verfahrens. Die auf gesetzmäßiges Verhalten bezogenen Amtspflichten betreffen nicht allein die materiell-rechtlichen

---

[674] BGH NJW 1993, 2802, 2803 mwN.
[675] BGHZ 112, 74, 84, 85 = VersR 1990, 1148 unter Hinweis auf BGHZ 40, 379, 380 = NJW 1964, 814; vgl. auch BGH NVwZ-RR 1998, 334, wonach ein Zufahrtsweg zu wenigen Grundstücken wegen seiner Art und Wichtigkeit sowie wegen der Stärke des zu erwartenden Verkehrs nicht zu streuen ist; OLG Saarbrücken MDR 2006, 1345.
[676] BGHZ 112, 74, 85 f. = VersR 1990, 1148; BGH NJW 1993, 2802, 2803.
[677] BGH VersR 1960, 930; s. ferner BGH VersR 1964, 630; 1987, 934 f.
[678] BGH BGHR § 839 Abs. 1 S. 1 – Verkehrsregelung 1 = VersR 1988, 697 mwN; NVwZ 1990, 898; *Itzel* MDR 2007, 691.
[679] Vgl. BGH VersR 1988, 697; DAR 1988, 269; VRS 75, 496; NZV 1988, 58.
[680] BGH NVwZ 1990, 898, 899.

Verhaltensnormen. Erfasst sind grundsätzlich auch die Vorschriften über die Form des Verwaltungshandelns, die Zuständigkeit und das Verfahren.[681] Unmittelbar aus Art. 33 Abs. 2 iVm. Art. 19 Abs. 4 GG folgt die verfahrensrechtliche Pflicht des Dienstherrn, dem unterlegenen Bewerber um einen Dienstposten im Beamtenverhältnis den Ausgang der Auswahlentscheidung so rechtzeitig mitzuteilen, dass diesem die Geltendmachung effektiven Rechtsschutzes ermöglicht wird.[682] Die Verletzung dieser Mitteilungspflicht stellt eine Amtspflichtverletzung dar, wobei dem Kläger im Amtshaftungsprozess in Bezug auf den Kausalitätsnachweis, bei ordnungsgemäßer Mitteilung hätte er verwaltungsgerichtlichen Rechtsschutz in Anspruch nehmen können, was zu einer Neudurchführung des Stellenbesetzungsverfahrens und als deren Ergebnis zu seiner Auswahl für den Dienstposten geführt hätte, wegen des dem Dienstherrn bei der Auswahl unter mehreren Bewerbern zustehenden weiten Ermessens- und Beurteilungsspielraums bis zur Umkehr der Beweislast gehende Beweiserleichterungen zugebilligt werden können.[683] Die Organe von Selbstverwaltungskörperschaften haben die Amtspflicht, sich bei der Satzungsgebung im Rahmen der Selbstverwaltungszuständigkeit zu halten.[684] Im Zusammenhang mit formell fehlerhaften Verwaltungsakten sind einige aus dem allgemeinen Verwaltungsrecht resultierende Einschränkungen zu beachten: Verletzungen von Verfahrens- und Formvorschriften sind unter gewissen Voraussetzungen und sofern nicht der Ausnahmefall der Nichtigkeit des Verwaltungsaktes eingreift (vgl. § 44 VwVfG) gemäß § 45 VwVfG heilbar.[685] Diese **Heilung** führt zur Unbeachtlichkeit des (früheren) Rechtsverstoßes, was auch Konsequenzen für die Amtspflicht zum gesetzlichen Verhalten haben muss: So wie verwaltungsrechtlich, kann auch haftungsrechtlich der Rechtsverstoß kraft Heilung unbeachtlich geworden sein.

Entsprechendes gilt nicht für diejenigen Verfahrens- und Formverstöße sowie Verletzungen der örtlichen Zuständigkeit, die unter den Voraussetzungen des **§ 46 VwVfG unbeachtlich** sind. Die genannten formellen Gesetzesverstöße führen gemäß § 46 VwVfG, sofern nicht ausnahmsweise die Nichtigkeitsfolge des § 44 VwVfG eingreift, nicht zur Aufhebung des Verwaltungsaktes, „wenn offensichtlich ist, dass die Verletzung die Entscheidung in der Sache nicht beeinflusst hat". Damit ist das Prinzip des Kausalitätserfordernisses formeller Gesetzesverstöße nur für die Rechtsbeständigkeit des Verwaltungsakts[686] gesetzlich verankert worden: Verfahrensfehler, Formverstöße und Verletzungen der Vorschriften über die örtliche Zuständigkeit sind für die Frage des Bestandes des Verwaltungsaktes unbeachtlich, wenn sie nicht ursächlich für den Inhalt der Entscheidung geworden sind. Diese Kausalität fehlt, wenn die Entscheidung im Ergebnis nicht anders hätte ausfallen dürfen, weil der Erlass des Verwaltungsaktes als gesetzlich gebundener Entscheidung so, wie geschehen, normativ vorgegeben war.

Bei **Ermessensakten** hat der formelle Gesetzesverstoß offensichtlich die Entscheidung in der Sache nicht beeinflusst, wenn zwar keine Ermessensreduzierung auf Null vorliegt, die Behörde aber bei Vermeidung des Verfahrens- und Formfehlers dieselbe Entscheidung getroffen hätte. Fernliegende, nur abstrakt vorstellbare Entscheidungsmöglichkeiten sind nicht zu berücksichtigen.[687] In den anderen Fällen, in denen nicht sicher ist, dass die Behörde dieselbe Entscheidung getroffen hätte, wird man davon auszugehen haben, dass bei Ermessensakten regelmäßig die Möglichkeit nicht auszuschließen sein wird, dass bei Wahrung der formellen Gesetzmäßigkeit im Ergebnis anders entschieden worden wäre. Diese

---

[681] Vgl. hierzu RGZ 148, 251, 256; BGH LM GesundheitsG vom 3. 7. 1934 Nr. 1 = DÖV 1957, 216; BGHZ 81, 21, 27 = NJW 1981, 2000; *Bender* RdNr. 499; zur Pflicht, das gerichtliche Verfahrensrecht zu beachten, s. zB BGHZ 21, 359, 362 = NJW 1957, 97.
[682] Zur grundrechtssichernden Verfahrensgestaltung im Vorfeld beamtenrechtlicher Personalentscheidungen vgl. BVerfG NJW 1990, 501.
[683] BGH NJW 1995, 2344 = JZ 1996, 147 m. Anm. *Huber*; vgl. auch *Wittkowski* NJW 1993, 817, 823, auch zu Ansprüchen wegen Verletzung der beamtenrechtlichen Fürsorgepflicht.
[684] BGHZ 81, 21, 27 = NJW 1981, 2000; vgl. auch BGHZ 150, 172 = NJW 2002, 1793.
[685] Vgl. dazu *Pünder* in: *Erichsen* (Hrsg.), Allgemeines Verwaltungsrecht, 13. Aufl. 2006, § 13 RdNr. 58 ff.
[686] *Pünder* (Fn. 685) § 13 RdNr. 63 f.
[687] *Pünder* (Fn. 685) § 13 RdNr. 64.

Möglichkeit reicht aus, um eine zur Aufhebbarkeit führende Kausalität des formellen Fehlers anzunehmen.[688] Die aus § 46 VwVfG folgende Unbeachtlichkeit formeller Gesetzesverstöße hindert die Aufhebung des Verwaltungsaktes im Rechtsbehelfsverfahren, nimmt dem Akt im Ergebnis aber nicht den **Unrechtsgehalt,** so dass sein Erlass und sein (Fort-)Bestand einen Amtspflichtverstoß darstellen kann. Liegen die Voraussetzungen einer Rechtsbeständigkeit iS des § 46 VwVfG vor, wird allerdings nicht selten ein durch den Amtspflichtverstoß verursachter Schaden fehlen.

207 **ee) Vollzug von Gemeinschaftsrecht.** Amtspflichten können sich auch aus dem primären und sekundären Gemeinschaftsrecht ergeben. Fehlerhafte Anwendung des Gemeinschaftsrechts durch deutsche Behörden kann also den Tatbestand des § 839 iVm. Art. 34 GG erfüllen. Das gilt allerdings nach der Rechtsprechung des BGH nicht, wenn die Rechtswidrigkeit des deutschen Vollzugsakts darauf beruht, dass die gemeinschaftsrechtliche Vorschrift gegen höherrangiges Gemeinschaftsrecht verstößt. In diesem Fall ist die Rechtsfehlerhaftigkeit allein dem Gemeinschaftsorgan zuzurechnen, für dessen Fehlverhalten § 839 iVm. Art. 34 GG nicht zur Anwendung gelangt.[689]

208 **c) Amtspflichten aus spezifischem Amtswalterrecht.** Amtspflichten ergeben sich nur aus dem objektiven Recht als Summe der Rechtssätze im historisch-konventionellen Sinne. Die Amtspflichten werden inhaltlich ausschließlich bestimmt durch die Rechtspflichten des Staates bzw. der sonstigen öffentlich-rechtlichen Körperschaften. Im Gegensatz dazu sollen nach hL auch die spezifischen Innenrechtsnormen der Verwaltung in den Verwaltungsverordnungen sowie die für den Einzelfall ergangenen Weisungen in der Lage sein, Amtspflichten des Beamten zu begründen. Das führt zu dem widersinnigen Ergebnis, dass ein verwaltungsrechtlich an sich **rechtmäßiges** Staatsverhalten **amtspflichtwidriges** und als solches dem Staat zuzurechnendes Organwalterhandeln sein kann.[690] Eine wesentliche Einschränkung ergibt sich allerdings auch für die hL daraus, dass die Verwaltungsvorschrift bzw. die Einzelweisung gerade (auch) den Schutz des Dritten bezwecken bzw. zur Wahrung auch seiner Interessen bestimmt sein muss (RdNr. 228 ff.). Dies ist etwa der Fall, wenn eine Verwaltungsvorschrift oder Einzelweisung zur Konkretisierung eines Ermessens- oder Beurteilungsspielraums ergangen ist, der der handelnden Behörde durch eine drittschützende Norm eingeräumt ist.

209 Aus den **Beamtengesetzen** folgt die Amtspflicht zur **Verschwiegenheit** (vgl. § 61 BBG), sie besteht gegenüber jedem, dem durch einen Verstoß gegen diese Pflicht Schaden entstehen kann.[691]

210 Denkbar ist nach der Grundkonzeption der hL auch die umgekehrte Konstellation der **Amtspflichtmäßigkeit** trotz **Rechtswidrigkeit.** Das geltende Dienstrecht bindet den Amtsträger an Verwaltungsvorschriften und konkrete Weisungen leitender Organe oder Ämter auch dann, wenn die Ausführung dieser innenrechtlichen „Befehle" (Außen-) Rechtssätze des Staates oder der sonstigen öffentlich-rechtlichen Körperschaften verletzen würde. Befolgt der angewiesene Amtswalter die innenrechtliche Norm oder die konkrete Anweisung, dann verletzt er – so die hL – seine Amtspflicht nicht.[692] Er habe in diesem Fall nur das getan, wozu er nach dem Gesetz verpflichtet sei. Dabei ist jedoch zu berücksichtigen, dass die Beamten der weisungsberechtigten Organe und Ämter ihrerseits die

---

[688] S. auch BVerwGE 19, 216, 221; 24, 23, 33; 26, 145, 148; 29, 282, 283 f.; OVG Münster DVBl. 1959, 72, 73 f.; *Groschüpf* DVBl. 1962, 627; *Haueisen* DÖV 1973, 653; *Papier,* Der verfahrensfehlerhafte Staatsakt, 1973, S. 7 ff.; *Badura* (Fn. 531) § 38 RdNr. 34 f.

[689] BGH NJW 1994, 858 = JZ 1994, 726 m. Anm. *Herdegen.*

[690] S. auch *Bender* RdNr. 492 ff.; *Ossenbühl* Staatshaftungsrecht S. 55 ff., *Wolff/Bachof/Stober* Verwaltungsrecht II § 67 RdNr. 63 ff.; Reform des Staatshaftungsrechts, Kommissionsbericht S. 37; *Papier* (Fn. 4) S. 103 ff.

[691] BGHZ 78, 274, 279 = NJW 1981, 675, 677; OLG Karlsruhe MDR 1981, 757.

[692] BGH LM Nr. 16 (B) = NJW 1959, 1629, 1630; LM GG Art. 34 Nr. 103 = NJW 1977, 713; LM § 823 Nr. 31 (Dc) = MDR 1958, 750; Reform des Staatshaftungsrechts, Kommissionsbericht S. 37; *Papier* (Fn. 4) S. 104 f.; *Ossenbühl* Staatshaftungsrecht S. 55 ff.; *Bender* RdNr. 492 f.; *Rupp* (Fn. 641) S. 49 f.

Amtspflicht haben, keine dem Gesetz widersprechenden Verwaltungsvorschriften oder Einzelweisungen zu erlassen, so dass sich der Tatbestand des Amtspflichtverstoßes nur auf diese Organ- oder Amtswalter verlagern würde. Gehören sie einer anderen Anstellungskörperschaft an als die angewiesenen Beamten, so hat das allerdings die praktische Konsequenz, dass nicht die Anstellungskörperschaft des nach außen gesetzeswidrig handelnden Amtsträgers, sondern die der übergeordneten Behörde dem geschädigten Bürger gegenüber haftet.[693]

Im Übrigen kann schon der Grundkonzeption der hL nicht gefolgt werden, die die drittbezogenen Amtspflichten mit den persönlichen Dienstpflichten des Beamten seinem Dienstherrn gegenüber gleichsetzt. Die haftungsrechtlich relevanten **Amtspflichten** werden ausschließlich und uneingeschränkt durch die **Rechtspflichten** des Staates oder der sonstigen öffentlich-rechtlichen Körperschaften bestimmt.

d) **Ungeschriebene Amtspflichten.** Abgesehen von den aus einer speziellen außenrechtlichen oder innenrechtlichen Verhaltenspflicht folgenden Amtspflichten gibt es allgemeine Amtspflichten, die geschriebenen und vor allem ungeschriebenen Grundsätzen des Verfassungs- und Gesetzesrechts entnommen werden.

aa) **Verhältnismäßigkeit.** Den Beamten obliegt die Amtspflicht zur Wahrung des Prinzips der Verhältnismäßigkeit.[694] Sie dürfen in die Rechte des Bürgers nur mit geeigneten, zur Erreichung des Eingriffsziels erforderlichen (notwendigen) und zum erstrebten Ziel nicht außer Verhältnis stehenden Mitteln eingreifen.[695] Da das Verhältnismäßigkeitsprinzip ein ungeschriebener Verfassungsrechtssatz ist und aus dem Rechtsstaatsgrundsatz folgt,[696] ist diese Pflicht letztlich ein Unterfall der Amtspflicht zum rechtmäßigen Verhalten.[697]

Die **Staatsanwaltschaft** verstößt gegen den Grundsatz der Verhältnismäßigkeit, wenn sie, obschon sich der Anfangsverdacht nicht bestätigt hat und mit der Fortführung des Verfahrens dem Beschuldigten schwerwiegende Nachteile drohen, das Verfahren nicht unverzüglich einstellt.[698]

bb) **Schonung Dritter.** Ein Unterfall der Amtspflicht zu rechtmäßigem Verhalten ist auch die Amtspflicht, Schädigungen Dritter durch unerlaubte Handlungen iS der §§ 823 Abs. 1/2, 824 und 826 zu unterlassen (s. RdNr. 199). Darüber hinaus hat die Judikatur[699] stets ganz allgemein die Amtspflicht zur Schonung unbeteiligter Dritter und zu **rücksichtsvollem Verhalten** gegenüber jedem Dritten anerkannt. Der Amtsträger muss bei seiner Amtsausübung dafür Sorge tragen, dass Dritte, die von der Amtstätigkeit nicht berührt werden sollen, auch tatsächlich nicht von ihr beeinträchtigt werden. Diese Pflicht besteht auch, wenn der Amtsträger ausschließlich im Allgemeininteresse tätig wird (zB Unterrichtung der Presse über eine die Öffentlichkeit interessierende Frage).[700] Sind bereits nachteilige Folgen eingetreten, trifft den Amtsträger insoweit die Pflicht, sie soweit wie möglich zu beheben. Leitet eine Gemeinde die Abwässer ihrer Kanalisation in das Meer, so hat sie darauf Bedacht zu nehmen, dass nicht durch schädliche Bestandteile der Abwässer die sich auf benachbarten Muschelbänken befindlichen, von Fischern genutzten Muscheln verseucht werden.[701] Bewirken die mit der hoheitsrechtlichen Luftaufsicht betrauten „Flug-

---

[693] Vgl. zB OVG Münster VerwRspr. 7, 119 mwN; BGH LM Nr. 16 (B) = NJW 1959, 1629, 1630; LM GG Art. 34 Nr. 103 = NJW 1977, 713, 714; OLG Celle NJW 1958, 345, 346; Bonner Komm/*Dagtoglou* 2. Bearb. Art. 34 GG RdNr. 145.
[694] Bonner Komm/*Dagtoglou* 2. Bearb. Art. 34 GG RdNr. 121; *Ossenbühl* Staatshaftungsrecht S. 46 f.; RGRK/*Kreft* RdNr. 158.
[695] Vgl. BGHZ 18, 366, 368 = NJW 1956, 57; BGH LM Nr. 28 (Ca) = NJW 1973, 894 = VersR 1973, 622; BGHZ 12, 206 = NJW 1954, 715.
[696] S. etwa BVerfGE 19, 342, 348 f. = NJW 1966, 243, 244.
[697] S. auch *Ossenbühl* Staatshaftungsrecht S. 43 f.; *Bender* RdNr. 499.
[698] BGH NJW 1989, 96, 98.
[699] Vgl. BGHZ 14, 319, 323 = NJW 1955, 97; BGHZ 16, 111, 113 = NJW 1955, 458; BGHZ 28, 297, 299 = NJW 1959, 334; BGH WM 1963, 788; RGZ 91, 381, 383; s. auch BGHZ 69, 128, 138 = NJW 1977, 1875, 1877.
[700] OLG Düsseldorf VersR 1982, 149.
[701] BGH LM Nr. 24 (Ca) = NJW 1972, 101, 107.

§ 839 216, 217 Abschnitt 8. Titel 27. Unerlaubte Handlungen

lotsen"[702] durch **streikähnliche Maßnahmen** einen Zusammenbruch oder eine wesentliche Behinderung des Flugverkehrs und beeinträchtigen sie dadurch Dritte etwa in ihrer gewerblichen Tätigkeit als Flugreiseveranstalter, so verletzen sie u. a. die Amtspflicht zur Unterlassung deliktischer Eingriffe und zur Schonung unbeteiligter Dritter.[703]

216 cc) **Amtsmissbrauch.** In engem Zusammenhang mit der vorerwähnten Amtspflicht steht die Pflicht des Amtsträgers, sich jedes Missbrauchs seines Amtes zu enthalten.[704] Dies folgt aus der Verpflichtung des Beamten, sein Amt uneigennützig zu verwalten (vgl. § 54 S. 2 BBG) und bei der Amtsführung auf das Wohl der Allgemeinheit Bedacht zu nehmen (§ 52 Abs. 1 S. 2 BBG). Ein Amtsmissbrauch liegt insbesondere vor, wenn eine Amtstätigkeit aus sachfremden, rein persönlichen Gründen erfolgt, unterbleibt, verzögert oder mangelhaft ausgeführt wird. Das ist etwa der Fall, wenn zu Lasten des Publikums ein streikähnlicher Dienstkampf zur Durchsetzung individueller Forderungen der Beamten geführt wird.[705] Die Haftung wegen Amtsmissbrauchs setzt nicht die Schädigung bestimmter Rechtsgüter voraus. Erfasst ist jede nachteilige sitten- oder treuwidrige Einwirkung auf die Vermögenslage Dritter.[706]

217 dd) **Beschleunigungspflicht.** Jedem Amtsträger obliegt die Amtspflicht, Anträge mit der gebotenen Beschleunigung zu bearbeiten und, sobald die Prüfung abgeschlossen ist, unverzüglich zu entscheiden.[707] So hat der Staat seine Gerichte so auszustatten, dass sie anstehende Verfahren ohne vermeidbare Verzögerung abschließen können. In teilweiser Abweichung von seiner bisherigen Rechtsprechung hat der BGH nunmehr festgestellt, dass die Erfüllung dieser Verpflichtung den Justizbehörden als drittgerichtete Amtspflicht obliegt.[708] Insoweit hatte das Gericht über eine Ersatzpflicht wegen der übermäßigen Dauer der Bearbeitung von Anträgen durch das Grundbuchamt, bedingt durch Überlastung, zu entscheiden. Die Beschleunigungspflicht erfasst auch die Amtspflicht, die Erfüllung öffentlich-rechtlicher Schadensersatzpflichtungen nicht schuldhaft zu verzögern. Die insoweit erforderliche Prüfung schwieriger Rechtsfragen kann es ausschließen, die Verzögerung als amtspflichtwidrig anzusehen.[709] Die zuständigen Stellen haben ferner die Amtspflicht, die zur Sachentscheidung berufene Behörde in den Stand zu setzen, ihre Sachentscheidung in angemessener Frist zu treffen.[710] Arbeitsüberlastung, Urlaub oder Krankheit einzelner Sachbearbeiter sind also kein rechtfertigender Grund für eine Verzögerung. Ein solcher kann aber darin bestehen, dass die Sachaufklärung besonders umfangreich und schwierig ist, dass eine vorübergehende Überlastung der Behörde infolge einer Gesetzesänderung eingetreten ist, dass Stellungnahmen anderer Behörden oder Gutachten eingeholt werden müssen oder dass ein Musterprozess schwebt, mit dessen baldiger Entscheidung zu rechnen ist.[711] Auf der

---

[702] Vgl. nunmehr die „Privatisierung" der Flugsicherung durch Art. 87d Abs. 1 S. 2 GG (BGBl. 1992 I S. 1254) und die §§ 31a ff. LuftVG (BGBl. 1992 I S. 1370, 1373), wodurch eine Beleihung Privater ermöglicht wird, was am hoheitlichen Charakter der Maßnahmen der Flugsicherung nichts ändert.
[703] BGHZ 69, 128, 138 ff. = NJW 1977, 1875, 1877; vgl. auch *Bettermann/Papier* Verw. 1975, 23, 31 ff.
[704] Vgl. RGZ 154, 201, 208; 156, 220, 237; BGH LM Nr. 13 (Cb) = DVBl. 1970, 863, 865; LM Nr. 17 (Ca) = DVBl. 1967, 657, 658; LM Nr. 5 (Fg); BGHZ 91, 243, 252 = NJW 1984, 2216; BGH WM 1985, 336, 338; *Weiß* ZBR 1973, 225; *Isensee,* Beamtenstreik, 1971, S. 46 ff.; *Bettermann/Papier* Verw. 1975, 33. Zum Kreis der geschützten Dritten s. RdNr. 271.
[705] BGHZ 69, 128, 141 = NJW 1977, 1875, 1878; BGH LM Nr. 38 (Cb) = BB 1979, 1377; VersR 1982, 444; BVerwG DVBl. 1981, 500.
[706] BGH WM 1985, 336, 338.
[707] Vgl. BGHZ 30, 19, 26 = NJW 1959, 1219; BGH LM Nr. 15 (Ch) = NJW 1971, 187, 188; LM BBauG § 35 Nr. 1 = DVBl. 1971, 464, 465; LM Nr. 37 (Ca) = NJW 1979, 2041, 2042; WM 1981, 204, 205; NVwZ 1984, 332, 333.
[708] BGHZ 170, 260 = NJW 2007, 830 = JZ 2007, 686, 687; bisher wurde die Drittgerichtetheit der Amtspflicht nicht bei den Zentralbehörden, sondern lediglich bei den unteren Behörden anerkannt; *Brüning* NJW 2007, 1094; vgl. auch die Rspr. des EGMR zur Verfahrensverzögerung in NJW 2006, 2389; 2007, 1259.
[709] BGH VersR 1982, 497 mwN.
[710] BGHZ 15, 305, 309 = NJW 1955, 297; BGHZ 30, 19, 25 ff. = NJW 1959, 1219.
[711] Vgl. zur ähnlichen Problematik bei § 75 VwGO *Kopp/Schenke* § 75 VwGO RdNr. 13.

anderen Seite können besondere Umstände insbesondere in der Person des Antragstellers gerade eine besondere Beschleunigung gebieten,[712] wie insbesondere die Hilfsbedürftigkeit des Antragstellers, die Dringlichkeit bei einer Prüfungsentscheidung, weil der Verlust eines ganzen Schuljahres droht, die Genehmigung einer termingebundenen Veranstaltung. Einstellungsbehörden haben gegenüber Beamtenbewerbern die Amtspflicht, die Bewerbung in einer den Umständen nach angemessenen Frist zu bescheiden. Diese Pflicht obliegt auch den mit der Vorbereitung der Sachentscheidung befassten Stellen, zB den zur Überprüfung der Verfassungstreue eingesetzten Anhörkommissionen.[713] Eine bevorstehende Gesetzesänderung zu Lasten des Antragstellers kann gleichfalls eine besondere Eilbedürftigkeit begründen.[714]

ee) Auskunfts- und Aufklärungspflicht. Der Beamte hat die Amtspflicht, die Auskunft, die er dem Bürger gibt, richtig, klar, unmissverständlich und vollständig zu erteilen, damit der Empfänger entsprechend disponieren kann.[715] In der Praxis spielen die Auskünfte über die Bebaubarkeit eines Grundstücks eine wichtige Rolle. Wenn ein Amtsträger mitteilt, der Bebauungsplan sei in Ordnung und die Bebaubarkeit sei gegeben, so ist diese Auskunft falsch, wenn der Bebauungsplan nichtig ist oder der Behörde die Bedenken gegen den Bebauungsplan bekannt sind.[716] Für die Frage, ob eine Auskunft richtig und präzise ist, ist entscheidend, wie sie vom Empfänger aufgefasst wird und aufgefasst werden kann und welche Vorstellungen sie zu erwecken geeignet ist.[717] Die Auskunft muss umso klarer sein, je weniger Fachkenntnisse auf dem betreffenden Gebiet bei dem Empfänger vorausgesetzt werden können.[718] Diese Amtspflicht besteht grundsätzlich nur demgegenüber, dem die Auskunft erteilt worden ist.[719]

Während eine behördliche Auskunft sich auf gegenwärtige Gegebenheiten tatsächlicher oder rechtlicher Art, also auf Umstände bezieht, die nicht von der Willensentschließung des Äußernden abhängen, betrifft eine **Zusage** ein künftiges Verhalten.[720] Auch solche Erklärungen über künftiges Verhalten müssen richtig, unmissverständlich und vollständig sein. Dem Beamten obliegt die Amtspflicht, den Bürger nicht durch unrichtige, unvollständige oder missverständliche Zusagen zu nachteiligen Dispositionen zu veranlassen.[721] In der Zusage eines (begünstigenden) Verwaltungsaktes, der gegen das Gesetz verstößt, oder die aus sonstigen Gründen gesetzesfehlerhaft ist, liegt also (objektiv) ein Amtspflichtverstoß, auch wenn die Behörde nach allgemeinem Verwaltungsrecht an diese Zusage nicht gebunden sein sollte (vgl. § 38 VwVfG). Ein Schadensersatzanspruch kann in diesem Fall nur den Schaden erfassen, der dem Empfänger der Zusage dadurch entstanden ist, dass er auf die Verbindlichkeit der Zusage vertraut hat; ein Ersatz des Erfüllungsschadens kommt nicht in Betracht.[722] Kennt der Bürger die Unwirksamkeit der Zusage oder hätte

---

[712] Vgl. BGHZ 30, 19, 26 = NJW 1959, 1219; BGH LM ZPO § 118a Nr. 1 = NJW 1960, 98; *Blomeyer* NJW 1977, 557.
[713] BGH LM Nr. 37 (Ca) = NJW 1979, 2041, 2042.
[714] BGH NVwZ 1991, 298; vgl. dazu auch BGH NVwZ 2002, 124.
[715] Vgl. hierzu BGHZ 30, 19, 25 ff. = NJW 1959, 1219; BGHZ 14, 319, 321 = NJW 1955, 97; BGH VersR 1968, 371; 1964, 433; LM Nr. 32 (Ca) = NJW 1978, 371, 372; LM OBG NRW Nr. 4 = NJW 1978, 1522, 1523; LM Nr. 32 (Ca) = NJW 1978, 371; LM Nr. 59 (Fe) = NJW 1980, 2573, 2574 = BauR 1981, 61, 63; LM Nr. 41 (Ca) = NJW 1978, 370; WM 1985, 210, 211; VersR 1987, 50, 51; BGHZ 117, 363, 368 = NJW 1992, 1230; BGH NJW-RR 1994, 213, 217; NJW 1991, 3027; BayVBl. 2002, 124 f.; NVwZ 2006, 245; s. ferner BGH BGHR § 839 Abs. 1 S. 1 – Auskunft 2; *Bender* RdNr. 500, 532; RGRK/*Kreft* RdNr. 198; vgl. auch *Bamberger/Roth/Reinert* RdNr. 38 ff.
[716] BGH BayVBl. 1992, 221.
[717] Vgl. BGH LM Nr. 19 (Fc); LM Nr. 30 (Ca) = DVBl. 1977, 576, 577.
[718] BGH VersR 1964, 919; LM OBG NRW Nr. 4 = NJW 1978, 1522, 1523.
[719] BGH BGHR § 839 Abs. 1 S. 1 Dritter 34.
[720] *Zeidler*, Verh. des 44. DJT 1962, Gutachten Bd. I/2, S. 41; BGH LM Nr. 30 (Ca) = DVBl. 1977, 576, 578; BGHZ 71, 386, 394 = NJW 1978, 1802, 1804.
[721] Vgl. hierzu BGH LM Nr. 20 (Ca) = NJW 1970, 1414; LM Nr. 30 (Ca) = DVBl. 1977, 576; BGHZ 76, 16, 29 f. = NJW 1980, 826, 828; BVerwG DVBl. 1967, 663.
[722] BGH NVwZ 1994, 91.

§ 839 220, 221   Abschnitt 8. Titel 27. Unerlaubte Handlungen

er sie erkennen können, wird § 254 angewendet und sein Schadensersatzanspruch entsprechend gemindert.[723] Zu den Amtspflichten eines Beamten gehört die **Belehrungspflicht**. Der Beamte darf nicht „sehenden Auges" zulassen, dass der bei ihm vorsprechende Bürger einen Schaden erleidet, den zu vermeiden der Beamte durch einen kurzen Hinweis oder eine entsprechende Aufklärung in der Lage ist. Eine Aufklärungs- oder Belehrungspflicht kommt also in Betracht, wenn ein Beamter bei Wahrnehmung dienstlicher Aufgaben erkennt oder erkennen muss, dass ein „Gesuchsteller" Maßnahmen beabsichtigt, die für ihn nachteilige Folgen hätten oder doch zumindest mit dem Risiko solcher Folgen behaftet sind.[724] Gemäß diesen Grundsätzen kann eine Amtspflicht der Gemeinden bzw. ihrer Amtswalter bestehen, Dritte, die auf die Wirksamkeit eines Bebauungsplanes vertrauen, auf die gegen die Gültigkeit des Planes gerichteten Bedenken hinzuweisen.[725] Auch von einem Nachbarwiderspruch ist der Bauherr unverzüglich zu unterrichten.[726] Verhandelt der Amtsvormund eines wegen Geisteskrankheit Entmündigten über einen Arbeitsvertrag für sein Mündel, so kann ihm die Amtspflicht gegenüber dem Vertragspartner obliegen, diesen auf die krankhafte Neigung des Mündels zum Feuerlegen hinzuweisen.[727]

220   ff) **Konsequentes Verhalten – Plangewährleistung.** Es besteht ferner eine Amtspflicht zu konsequentem Verhalten,[728] die ihre Grundlage in dem verfassungsrangigen Vertrauensschutzprinzip hat und eine der besonderen Ausprägungen jenes Grundsatzes ist. Danach ist die Behörde verpflichtet, eine in bestimmter Weise geplante und begonnene Maßnahme auch entsprechend durchzuführen. Sie darf sich nicht zu dem eigenen früheren Verhalten in Widerspruch setzen, wenn die gebotene Rücksichtnahme auf die Interessen der Betroffenen es gebietet, das von diesen in den Bestand der Maßnahme gesetzte Vertrauen zu schützen. Dazu gehört die Pflicht einer Gemeinde, bei der Planung von Ver- und Entsorgungsleitungen auf ihre eigene, bereits abgeschlossene oder sich konkret abzeichnende Bauleitplanung Rücksicht zu nehmen.[729] Die Pflicht zu konsequentem Verhalten greift ferner ein, wenn eine Behörde durch öffentliche Bekanntmachung bestimmter Ausschreibungsbedingungen einen Tatbestand geschaffen hat, auf dessen Grundlage Interessenten geschäftliche Maßnahmen eingeleitet haben und vernünftigerweise auch einleiten durften, und auf dessen Fortbestand sie daher vertrauten. Die Verwaltung darf sich nicht widersprüchlich verhalten und in diesem Fall die Bedingungen der Ausschreibung nach ihrem Beginn ohne weiteres wieder ändern.[730]

221   Mit den Amtspflichten zu konsequentem und rücksichtsvollem Verhalten wird das im Übrigen nicht unbestrittene Institut der **Plangewährleistung**[731] amtshaftungsrechtlich abgedeckt. Haben Dritte auf der Grundlage hoheitlicher Planung agiert, also planorientierte Dispositionen getroffen und sind diese Dispositionen vom Planungsträger auch intendiert, also nicht etwa nur spekulativ gewesen, so trifft den Planungsträger eine Amtspflicht zur Plangewährleistung. Diese bedeutet zwar keine Pflicht zur strikten Planbefolgung und zur Plankontinuität, wohl aber zur Vornahme möglicher und zumutbarer Anpassungshilfen sowie zur Gewährung von Übergangshilfen sachlicher und zeitlicher Art im Falle einer

---

[723] BGHZ 76, 16, 29 f. = NJW 1980, 826, 828.
[724] BGHZ 45, 23, 29 = NJW 1966, 649; BGH DVBl. 1978, 147.
[725] BGH DVBl. 1978, 146 f.
[726] BGH NVwZ 2004, 638.
[727] BGHZ 100, 313 = NJW 1987, 889.
[728] BGH LM Nr. 59 (C) = NJW 1960, 2334; LM Nr. 26 (B) = WM 1963, 311, 314; WM 1963, 787, 788; 1966, 799, 801; BGHZ 76, 343, 348 = NJW 1980, 1683, 1684; BGHZ 81, 21, 27 = NJW 1981, 2000, 2001; BGHZ 87, 9, 18 = NJW 1983, 2311, 2312; BGH NJW 1998, 1944.
[729] BGH VersR 1980, 650, 652.
[730] Vgl. BGH LM Nr. 59 (C) = NJW 1960, 2334; LM Nr. 26 (B) = NJW 1963, 644; s. auch RGRK/*Kreft* § 839 RdNr. 197.
[731] *Egerer*, Der Plangewährleistungsanspruch, 1971; *Oldiges*, Grundlagen eines Plangewährleistungsrechts, 1970; *Ossenbühl*, Gutachten B zum 50. DJT, 1974, S. 196 ff.; *ders.* Staatshaftungsrecht S. 378 ff.; *Schenke* AöR 101 (1976), 337 ff.

Planaufgabe oder -änderung.[732] Die schuldhafte Verletzung jener letztlich aus dem verfassungsrechtlichen Rechtsstaats-, dh. Vertrauensschutzprinzip folgenden Rechtspflichten kann Amtshaftungsansprüche auslösen. Werden durch die hoheitsrechtliche Planaufgabe bzw. -änderung vermögenswerte Rechte des Bürgers unmittelbar beeinträchtigt, so kann auch ein Entschädigungsanspruch aus enteignungsgleichem bzw. enteignendem Eingriff gegeben sein.[733] Ein Schadensersatz- oder Entschädigungsanspruch „aus Plangewährleistung" sui generis, also außerhalb des überkommenen Anspruchssystems der öffentlich-rechtlichen Ersatzleistungen, ist nicht anerkannt.[734] Eine spezielle Regelung zur Plangewährleistung trifft § 39 BauGB, der allerdings nur das Vertrauen auf den Bestand eines **wirksamen** Bebauungsplans schützt. Das Vertrauen in die Wirksamkeit eines nichtigen Bebauungsplans wird auch durch diese Vorschrift nicht geschützt.[735]

gg) Selbstbindung der Verwaltung. In engem sachlichen Zusammenhang mit der 222 Amtspflicht zu konsequentem und rücksichtsvollem Verhalten stehen die aus dem verwaltungsrechtlichen Grundsatz der Selbstbindung[736] resultierenden Verpflichtungen der öffentlichen Verwaltung. Die Vergabe öffentlicher Leistungen oder die Erteilung begünstigender Verwaltungsakte können, auch wenn durch das Gesetz ein Verwaltungsermessen eingeräumt ist oder diese Maßnahmen in einem gesetzlich nicht geregelten Bereich ergehen, zur öffentlich-rechtlichen Pflicht der Behörde werden, wenn diese sich durch eine vorausgegangene Verwaltungspraxis selbst gebunden hat. In solchen Fällen einer feststellbaren, gleich bleibenden Verwaltungsübung kann Einzelnen nicht ohne zwingenden Grund die Begünstigung versagt werden, das Verwaltungsermessen hat sich auf Null reduziert.[737] Diese Selbstbindung folgt ebenfalls aus dem Vertrauensschutzprinzip, vor allem aber auch aus dem verfassungsrechtlichen **Gleichbehandlungsgebot** des Art. 3 Abs. 1 GG. Die diesbezüglichen Amtspflichten sind damit ein Unterfall der Verpflichtungen zu gesetzmäßigem (einschließlich verfassungsmäßigem) Verhalten.

e) Handlungs- oder Erfolgsunrecht. Die Amtshaftung knüpft an den **Pflicht**verstoß 223 des Trägers öffentlicher Gewalt an. Die Vorschriften des primären Rechtsschutzes, also etwa Art. 19 Abs. 4 GG oder die §§ 42 Abs. 2, 113 Abs. 1 S. 1 VwGO, setzen demgegenüber bei der *Rechts*verletzung an. Aber auch für diese Normen ist anerkannt, dass der „Rechts"-Begriff nicht in dem engen Sinne eines echten subjektiven Rechts der allgemeinen Rechtslehre zu verstehen ist, sondern dass unter „Rechtsverletzung" iS der genannten Rechtsschutznormen auch die Rechtsgüter- und vor allem auch die Schutznormverletzungen zu verstehen sind.[738] Es besteht daher insoweit kein sachlicher Unterschied zwischen dem primären Rechtsschutz und dem sekundären Rechtsschutz der Amtshaftung.

Damit ist die – auch in der Zivilrechtslehre umstrittene – Frage noch offen, inwieweit 224 das Unrechts- oder Pflichtwidrigkeitsurteil zusätzlich auf eine Wertung des Amtsträgerverhaltens gestützt werden muss. Es muss also auch für das Amtshaftungsrecht geklärt werden, ob ein Rechtspflichtverstoß iS der Amtshaftung in jedem Fall ungeachtet der **Wahrung gebotener Sorgfalt**, mithin allein wegen des Verletzungserfolgs anzunehmen ist. Der Inhalt der Rechtspflichten der öffentlichen Gewalt und damit auch der Amtspflichten der Organwalter wird nicht im Haftungsrecht, sondern in den öffentlich-rechtlichen Fachgesetzen, in der Verfassung oder in ungeschriebenen allgemeinen Rechtsgrund-

---

[732] Vgl. auch *Ossenbühl*, Gutachten B zum 50. DJT, 1974, S. 197 ff.; *ders.* Staatshaftungsrecht S. 383 ff.
[733] Erwogen, aber im Ergebnis verneint in BGHZ 45, 83 = NJW 1966, 877 (Knäckebrot-Fall). Vgl. auch *Burmeister* Verw. 1969, 21, 42 ff.
[734] Zum Meinungsstand s. *Ossenbühl* Staatshaftungsrecht S. 386 f.
[735] BGHZ 84, 292, 297 f. = NJW 1983, 215.
[736] Vgl. BVerwGE 34, 278, 280 = NJW 1970, 675; wN bei *Ehlers* in: *Erichsen* (Hrsg.), Allgemeines Verwaltungsrecht, 13. Aufl. 2006, § 2 RdNr. 64.
[737] Vgl. auch Bonner Komm/*Dagtoglou* 2. Bearb. Art. 34 GG RdNr. 119, 162.
[738] BVerwGE 3, 362, 363 = NJW 1956, 1491; BVerwGE 10, 122, 123 = NJW 1960, 1315; BVerwGE 15, 59, 61; 39, 235, 237 = NJW 1973, 724; BVerwGE 55, 280, 285; 58, 244, 246; 75, 147, 152 f. = NJW 1987, 1837; BVerwGE 95, 133, 135 ff. = NJW 1994, 3243 (LS); vgl. auch *Kopp/Schenke* § 42 VwGO RdNr. 78.

sätzen fixiert. Der gesetzesausführenden Verwaltung und Judikative ist es zB kraft Verfassungsrechts (Art. 20 Abs. 3 GG) verboten, contra legem zu entscheiden.[739] Der Erlass eines objektiv rechtswidrigen Verwaltungsaktes oder Richterspruches sowie die rechtswidrige Ablehnung eines beantragten Verwaltungsaktes verletzen jene Rechtspflicht der öffentlichen Gewalt zu gesetzmäßiger Entscheidung, auch wenn ein Sorgfaltsverstoß, etwa wegen der Beachtung der und Judikatur bei vertretbarer Norminterpretation, nicht feststellbar ist (vgl. RdNr. 285).

225 Für **andere Rechtspflichten des öffentlichen Rechts** lässt sich hingegen eine vergleichbare Aussage zur Trennung von Rechtspflichtverstoß und sorgfaltsgemäßem Verhalten nicht treffen. Eine Reihe öffentlich-rechtlicher Rechtspflichten ist inhaltlich geprägt durch die Wahrnehmung gewisser Sorgfaltsstandards oder zumutbarer Rücksichtnahme. Die notwendige Differenzierung ist im Grundsatz auch für das Privatrecht anerkannt. Für die sog. „offenen Verletzungstatbestände", zu denen insbesondere der Eingriff in den eingerichteten und ausgeübten Gewerbebetrieb und die Verletzung des Persönlichkeitsrechts gehören, setzt auch nach der gefestigten Judikatur das Rechtswidrigkeitsurteil ein schadensursächliches Verhalten voraus, das gegen Gebote der gesellschaftlichen Rücksichtnahme verstößt.[740]

226 Die auch den Trägern öffentlicher Gewalt obliegende Rechtspflicht, keine deliktischen Schädigungen des Bürgers zu begehen, muss in vergleichbar differenzierter Weise gesehen und mindestens bei jenen sog. „offenen Verletzungstatbeständen" durch die genannten wertenden Komponenten angereichert werden. Dies gilt erst recht für die in gefestigter Rechtsprechung anerkannten Rechtspflichten zur Schonung unbeteiligter Dritter und zu rücksichtsvollem Verhalten gegenüber Dritten, für das Verbot des Amtsmissbrauchs und für die Beschleunigungspflicht. Letztere gebietet dem Träger öffentlicher Gewalt, Anträge des Bürgers mit der gebotenen (!) Beschleunigung zu bearbeiten und, sobald die Prüfung abgeschlossen ist, unverzüglich zu entscheiden.[741] Die **verhaltensbezogene**, mit Sorgfaltskriterien verbundene Rechtspflichtbegründung ist gerade hier evident. Entsprechendes gilt aber zB auch für die Rechtspflicht der öffentlichen Gewalt, aus der besonderen Lage des Einzelfalls heraus einen Antragsteller über die zur Erreichung seiner Ziele notwendigen Maßnahmen aufzuklären sowie für die Rechtspflicht zu konsequentem Verhalten.

227 **4. Drittbezogenheit der Amtspflicht.** Für den Haftungstatbestand des § 839 genügt nicht jeder Amtspflichtverstoß, vielmehr muss eine Amtspflicht verletzt worden sein, die dem Amtswalter einem Dritten gegenüber obliegt. Es reicht also nicht, dass jemand infolge eines Amtspflichtverstoßes in seinen Belangen nachteilig betroffen worden ist. Der Geschädigte kann nur dann einen Amtshaftungsanspruch haben, wenn die verletzte Amtspflicht gerade (auch) ihm gegenüber besteht;[742] es muss also eine besondere Beziehung zwischen der verletzten Schutzpflicht und dem geschädigten Dritten bestehen.[743]

228 **a) Allgemeine Anforderungen an die Drittbezogenheit.** Diese Drittbezogenheit ist auf jeden Fall dann gegeben, wenn der Amtspflichtverstoß zugleich eine Verletzung **subjektiver öffentlicher Rechte** des Geschädigten darstellt. Besteht der Amtspflichtverstoß des Beamten in der Nicht-, Spät- oder Schlechterfüllung eines öffentlich-rechtlichen,

---

[739] S. zB für die Bauleitplanung *Kröner* BauR 1984, 20, 21.
[740] S. auch *Larenz/Canaris*, Schuldrecht II/2 BT, 13. Aufl. 1994, § 75 I 4 a und b; *Palandt/Thomas* § 823 RdNr. 34; zum Unternehmensschutz s. § 823 RdNr. 179 ff.
[741] RGRK/*Kreft* RdNr. 207.
[742] S. auch BGHZ 1, 388, 394; 31, 388, 390 = NJW 1960, 671; BGHZ 35, 44, 46 = NJW 1961, 1347; BGHZ 39, 358, 363 = NJW 1963, 1821; BGHZ 54, 165, 169 = NJW 1970, 1877; BGHZ 56, 40, 45 = NJW 1971, 1172; BGHZ 56, 251, 254 = NJW 1971, 460; BGHZ 63, 319, 324 f. = NJW 1975, 491; BGHZ 69, 128, 136 = NJW 1977, 1875, 1877; BGH LM Nr. 27 (Ca) = NJW 1973, 463; LM Nr. 28 (Cb) = NJW 1974, 1764, 1765; BGHZ 85, 230, 233 = DÖV 1983, 295; BGH LM § 839 (Cb) Nr. 85; BayObLG VersR 1980, 872; RGZ 241, 243.
[743] St. Rspr., s. etwa BGHZ 56, 40, 45 f. = NJW 1971, 1172; BGHZ 106, 323, 331 = NJW 1989, 976; BGHZ 109, 162, 167 f.; BGHZ 110, 1, 8 f. = NJW 1990, 1042; BGHZ 117, 240, 244 f. = NJW 1992, 3229; BGHZ 122, 317, 321 = NJW 1993, 2303; BGH NJW 1995, 1828 und 1830 = LM § 839 (Cb) Nr. 93 und Nr. 94 m. krit. Anm. *Papier*.

Haftung bei Amtspflichtverletzung 229–231 § 839

gesetzlichen oder vertraglichen Leistungsanspruchs einer Zivilperson,[744] wird ein öffentlich-rechtlicher Anspruch auf Erteilung einer Erlaubnis oder eines sonstigen begünstigenden Verwaltungsaktes verletzt[745] oder wird ein gegenüber der öffentlichen Gewalt bestehender Unterlassungsanspruch, beispielsweise auf Grund der Freiheitsrechte der Verfassung, beeinträchtigt, dann ist der in seinen subjektiven öffentlichen Rechten Verletzte unzweifelhaft auch „Dritter" iS des § 839/Art. 34 GG.[746]

Ähnlich der Interpretation der „Rechtsverletzung" in der anfechtungsrechtlichen Legitimationsvorschrift des § 42 Abs. 2 VwGO[747] werden aber mit dem Erfordernis der Drittbezogenheit der Amtspflicht über die Verletzung subjektiver (absoluter oder relativer) Rechte hinaus auch die Verletzung von **Rechtsgütern** iS des § 823 Abs. 1 sowie vor allem die **Schutznormverletzung** entsprechend der zivilrechtlichen Vorschrift des § 823 Abs. 2 erfasst.[748] Die Amtspflicht besteht also dann einem Dritten gegenüber, wenn sie dem Amtsträger wenigstens auch im Interesse des Einzelnen und nicht (allein) im Interesse der Allgemeinheit und des Staates auferlegt ist. Maßgeblich ist der **Zweck, dem die Amtspflicht dient.**[749] Dieser muss sich aus den Bestimmungen, die die Amtspflicht begründen und inhaltlich gestalten,[750] sowie aus der besonderen Natur des Amtsgeschäfts[751] ergeben. Es genügt, dass die Amtspflicht neben der Erfüllung allgemeiner Interessen und der Verfolgung öffentlicher Belange auch den Zweck hat, die Interessen des Einzelnen wahrzunehmen.[752] Besteht hingegen der Zweck der Amtspflicht ausschließlich in der Wahrung der Allgemeininteressen, etwa an korrekter Amtsführung der Bediensteten, der Beachtung „vermögensrechtlicher Interessen des Gemeinwesens" oder der „innerdienstlichen Belange", dann handelt es sich um keine einem Dritten gegenüber obliegende Amtspflicht.[753]

Die allgemeinen Anforderungen an die Drittbezogenheit sind seit langem geklärt, was sich in den gleich bleibenden und gleich lautenden Formulierungen der Judikatur manifestiert. Das ändert aber nichts an der Tatsache, dass die Bestimmung der Drittbezogenheit im Einzelfall nach wie vor durch **Unsicherheiten** geprägt ist und vor dem Hintergrund einer nahezu unüberschaubaren, in sich nicht immer konsistenten, kasuistischen Judikatur erfolgen muss.[754]

b) Erfüllung öffentlich-rechtlicher Ansprüche. Eine relativ sichere Beurteilung ist möglich bei Amtstätigkeiten zur Erfüllung öffentlich-rechtlicher Ansprüche des Bürgers (s.

---

[744] Vgl. *Soergel/Vinke* RdNr. 149; *Bender* RdNr. 206 ff.; Bonner Komm/*Dagtoglou* 2. Bearb. Art. 34 GG RdNr. 152, 156, jeweils mwN.

[745] BGH LM Nr. 45 (C) = NJW 1959, 767 (Pflicht zur Erteilung einer Auflage gemäß § 11 aF GastG als Amtspflicht gegenüber Dritten); LM Nr. 5 (Fg) (Amtspflicht eines Polizeivollzugsbeamten gegenüber dem Bestohlenen); LM Nr. 26 (C) (Amtspflicht der Gemeinde als Träger des Feuerschutzes gegenüber dem Bürger); RGZ 147, 144, 147 (bei Sachbeschädigung Amtspflicht der Polizei zum Einschreiten gegenüber dem Eigentümer).

[746] *Bettermann/Papier* Verw. 1975, 34; *Ossenbühl*, Neuere Entwicklungen im Staatshaftungsrecht, S. 14.

[747] *Bettermann*, Über die Legitimation zur Anfechtung von Verwaltungsakten, in: Der Staat als Aufgabe, Gedenkschrift für Max Imboden, 1972, S. 37 ff., 48.

[748] BGHZ 16, 111, 113 = NJW 1955, 458; BGHZ 34, 99, 104 = NJW 1961, 658; BGHZ 69, 128, 138 = NJW 1977, 1875. Vgl. auch im Hinblick auf § 826 BGHZ 14, 319, 324 = NJW 1955, 97.

[749] Grdlg. RGZ 78, 241, 243; vgl. iÜ die in Fn. 739, 740 zitierte Rspr.

[750] Vgl. *Bender* RdNr. 515 ff.

[751] BGHZ 56, 40, 45 = NJW 1971, 1172; BGHZ 56, 251, 254 = NJW 1971, 460; s. auch BGHZ 84, 292, 299 = NJW 1982, 215 sowie BGH LM Nr. 47 (Cb) = VersR 1982, 242; LM Nr. 48 (Cb) = VersR 1982, 438, 439; vgl. auch BGH DVBl. 1984, 427, 428; BGHZ 87, 9, 18 = NJW 1983, 2311, 2312.

[752] BGH LM Nr. 18 (Cb) = NJW 1971, 1699; LM Nr. 28 (Cb) = NJW 1974, 1764, 1765.

[753] BGHZ 26, 232, 234 f. = NJW 1958, 629; BGHZ 32, 145, 147 = NJW 1960, 1005; BGHZ 35, 44, 49 = NJW 1961, 1347; RGZ 134, 311, 321; 139, 149, 153; 140, 423, 427.

[754] Vgl. auch *Blankenagel* DVBl. 1981, 15; *v. Münch/Kunig/Bryde* Art. 34 GG RdNr. 24; *Ossenbühl* Staatshaftungsrecht S. 57 ff.; *Engelhardt* NVwZ 1985, 621, 624 f.; *Ladeur* DÖV 1994, 665 ff.; *Wurm* JA 1992, 1 ff. Vgl. zum einen BGHZ 69, 128, 138 = NJW 1977, 1875 – „Fluglotsenstreik", wo die Aufgabe der Flugsicherung als Gefahrenabwehr im polizeilichen Sinne als grds. drittschützend anerkannt wurde. Zum andern wurde eine drittschützende Wirkung der Aufgabe der meteorologischen Sicherung der Luftfahrt durch den Deutschen Wetterdienst abgelehnt, BGH NJW 1995, 1828 und 1830 – „Hagelwarnung" = LM § 839 (Cb) Nr. 93 und 94 m. krit. Anm. *Papier*.

auch RdNr. 228), sei es solcher kraft Gesetzes, kraft Vertrages oder vertragsähnlicher Sonderverbindungen des öffentlichen Rechts. Wird jemand durch Versagung einer beantragten Erlaubnis oder durch ihre Verzögerung oder durch die Koppelung von Erlaubniserteilung und unzulässiger Gegenleistung des Antragstellers[755] in seinem Anspruch auf Erteilung der Erlaubnis beeinträchtigt oder wird ein vertragliches Leistungsrecht des Bürgers durch Nicht-, Spät- oder Schlechterfüllung seitens der öffentlichen Gewalt verletzt, so ergibt sich die Drittbezogenheit der diesbezüglichen Amtspflichten aus dem korrespondierenden verletzten Leistungsanspruch des Geschädigten. Entsprechendes gilt für den Fall, dass der Amtspflichtverstoß zugleich eine Verletzung von **Schutz- und Sorgfaltspflichten** der öffentlichen Gewalt darstellt, die im Rahmen eines öffentlich-rechtlichen Vertragsverhältnisses oder einer vertragsähnlichen Sonderverbindung, etwa eines (Anstalts-)Benutzungsverhältnisses bestehen. „Dritter" ist hier auf jeden Fall der Vertragspartner der öffentlichen Gewalt bzw. der „Partner" der verwaltungsrechtlichen Sonderverbindung, also etwa der Anstaltsbenutzer. Aber im Recht der verwaltungsrechtlichen Schuldverhältnisse sind auch die im Privatrecht[756] geregelten Institute des **Vertrages zugunsten Dritter** oder des **Vertrages mit Schutzwirkung für Dritte** denkbar.[757] Daher können Personen, die nicht selbst Partei des öffentlich-rechtlichen Vertrages oder der vertragsähnlichen Sonderverbindung sind, eigene Amtshaftungsansprüche haben, wenn sie selbst ein vertragliches Leistungsrecht erworben haben oder wenn sie in den Schutzzweck der Sonderverbindung einbezogen sind. Sorgfalts- und Schutzpflichten beim (öffentlich-rechtlichen) Betrieb eines Schlachthofes obliegen dem Anstaltsträger zB nicht nur gegenüber dem Unternehmer als Partei des öffentlich-rechtlichen Benutzungsverhältnisses, sondern auch gegenüber den den Schlachthof aufsuchenden Arbeitnehmern des Anstaltsbenutzers.[758]

232   **c) Deliktische Eingriffe.** Die Drittbezogenheit lässt sich ferner relativ präzise bei den Amtspflichten zur Unterlassung deliktischer Eingriffe iS des § 823 Abs. 1 bestimmen. Das, was jedermann durch die Deliktsnorm des § 823 Abs. 1 verboten ist, ist auch den Amtsträgern bei hoheitlicher wie fiskalischer Tätigkeit untersagt. Der Tatbestand des § 839 schließt unerlaubte Handlungen iS der §§ 823 ff. ein.[759] Werden durch eine Amtstätigkeit die in § 823 Abs. 1 geschützten Rechte oder Rechtsgüter Dritter verletzt, so sind entsprechend der Schadensersatznorm des § 823 Abs. 1 nur die unmittelbar Verletzten, also die Inhaber jener Rechte oder Rechtsgüter, „Dritte" iS des § 839 und daher anspruchsberechtigt.[760] Durch den Eingriff nur mittelbar, dh. ausschließlich in ihrem Vermögen Geschädigte gehören nicht zum Kreis der nach § 823 Abs. 1 Anspruchsberechtigten und daher auch – abgesehen von den Sondertatbeständen der §§ 844, 845 – nicht zum Kreis der „Dritten" iS des § 839.

233   Schwierigkeiten auch für den Amtshaftungstatbestand entstehen dann, wenn es um einen Eingriff in einen **eingerichteten und ausgeübten Gewerbebetrieb** geht.[761] Der eingerichtete und ausgeübte Gewerbebetrieb ist zwar von der Rechtsprechung als ein „sonstiges Recht" iS des § 823 Abs. 1 anerkannt.[762] Jedoch wird dadurch kein umfassender Ver-

---

[755] BGH NJW 1979, 642.
[756] Vgl. BGHZ 49, 278, 279 = NJW 1968, 694; BGHZ 49, 350, 353 = NJW 1968, 885; BGHZ 33, 247 = NJW 1961, 211.
[757] BGH LM VerwR – Allgemeines (öffentlich-rechtliche Verpflichtung) Nr. 1 = NJW 1974, 1816, 1817.
[758] Vgl. BGH LM VerwR – Allgemeines (öffentlich-rechtliche Verpflichtung) Nr. 1 = NJW 1974, 1816, 1817.
[759] BGHZ 14, 319, 324 = NJW 1965, 97; BGHZ 16, 111, 113 = NJW 1955, 458; BGHZ 23, 36, 47 = NJW 1957, 539; BGHZ 60, 371, 374 f. = NJW 1973, 1461 f.; BGH LM Nr. 13 (Cb) = DVBl. 1970, 863, 865; BGHZ 69, 128, 138 = NJW 1977, 1875, 1877; BGHZ 78, 274, 279 = NJW 1981, 675, 676; RGZ 155, 257, 259; vgl. auch *Bender* RdNr. 536 f. sowie RdNr. 199.
[760] BGH LM Nr. 18 (Cb) = NJW 1971, 1699; BGHZ 78, 274, 279 = NJW 1981, 675, 676; s. auch BGH DVBl. 1993, 718, 719 = NVwZ-RR 1993, 450, 451; s. auch *Bettermann/Papier* Verw. 1975, 41 ff.
[761] Vgl. dazu BGHZ 69, 128, 138 ff. = NJW 1977, 1875, 1877 sowie *Bettermann/Papier* Die Verwaltung 1975, 42 f.
[762] S. etwa BGHZ 3, 270, 279 = NJW 1952, 660, 661; BGHZ 8, 142, 199 = NJW 1953, 297; BGHZ 23, 157, 161 = NJW 1957, 650, 631; BGHZ 29, 65, 67 ff. = NJW 1959, 479 f.; BGHZ 66, 388, 393 = NJW

Haftung bei Amtspflichtverletzung

mögensschutz des Gewerbetreibenden gewährt. Dies wäre mit dem gesetzlichen System spezieller und eingeschränkter Haftungstatbestände in den §§ 823 Abs. 2, 824, 826 auch unvereinbar. Die Judikatur fordert daher als gewichtige Einschränkung für die Haftung aus § 823 Abs. 1, dass der Eingriff unmittelbar gegen den Gewerbebetrieb gerichtet ist.[763] Das Unmittelbarkeitserfordernis hat in diesem Zusammenhang eine ganz spezifische, im Einzelfall freilich zu erheblichen Abgrenzungsschwierigkeiten führende Bedeutung:[764] Unmittelbar ist der Eingriff nach der Rechtsprechung dann, wenn er „betriebsbezogen", „irgendwie gegen den Betrieb als solchen gerichtet" ist und nicht vom Gewerbebetrieb ohne weiteres ablösbare Rechte oder Rechtsgüter betrifft.[765] Die Beeinträchtigung der Gewerbetätigkeit darf nicht Folge der Verletzung anderweitiger Rechte oder Rechtsgüter sein, die einem Gewerbebetrieb nur mehr oder weniger zufällig zugeordnet und von diesem losgelöst denkbar sind. Die Verletzung eines Angestellten,[766] die Beschädigung eines Betriebskraftwagens,[767] die Unterbrechung der Stromzufuhr zum Gewerbebetrieb durch Beschädigung eines Kabels[768] sind nach der Judikatur nicht betriebsbezogen. Der Inhaber des beeinträchtigten Gewerbebetriebes ist in diesen Fällen nicht betriebsbezogener Eingriffe durch Ausübung eines öffentlichen Amtes auch nicht „Dritter" iS des § 839. Die Gewerbebetriebe müssen auf der Grundlage der Rechtsprechung zu § 823 Abs. 1 vielmehr in ihrer „wesenseigenen Eigenheit" als funktionsfähige Organisationseinheiten und nicht nur in zufällig und nicht offenkundig betriebszugehörigen „Annexpositionen" tangiert sein.

d) Schutzzweck der Amtspflicht. Soweit die Amtspflichtverletzung nicht in der Verletzung subjektiver öffentlicher Rechte des Einzelnen besteht und auch keinen Eingriff in die im § 823 Abs. 1 aufgezählten absoluten Rechte und Rechtsgüter darstellt, ist der Kreis der anspruchsberechtigten Dritten nach dem Zweck der Amtspflicht zu bestimmen. Nur wenn sich aus den die Amtspflicht begründenden und inhaltlich bestimmenden Normen sowie „aus der besonderen Natur des Amtsgeschäftes" ergibt, dass der Geschädigte zu dem Personenkreis gehört, dessen Belange nach dem Zweck und der rechtlichen Bestimmung des Amtsgeschäftes geschützt und gefördert werden sollen, kann ihm ein Amtshaftungsanspruch zustehen.[769] Gegenüber allen anderen Personen kann eine Ersatzpflicht nicht bestehen, selbst wenn sich die Amtspflichtverletzung für sie nachteilig auswirkt. Vielfach wird als Indiz für eine Drittbezogenheit der Amtspflicht der Umstand herangezogen, dass dem Betroffenen ein **verwaltungsprozessualer Rechtsbehelf** gegenüber der Amtshandlung eröffnet ist.[770] Das ist insofern richtig, als die Legitimation zur verwaltungsgerichtlichen Anfechtung außerhalb der eigentlichen subjektiven Rechtsverletzung gleichfalls von der Verletzung einer Schutznorm abhängt (vgl. § 42 Abs. 2 VwGO). Aber gerade in Zweifelsfällen wird die Ermittlung des Schutznormcharakters einer Vorschrift im Verwaltungsprozessrecht auf dieselben Schwierigkeiten stoßen wie im Amtshaftungsrecht.

1976, 1740, 1741; BGHZ 69, 128, 138 = NJW 1977, 1875, 1877; BGH LM § 823 Nr. 20 (Ai) = NJW 1963, 484; LM § 328 Nr. 56 = NJW 1977, 2208; RGZ 135, 242, 247; 163, 21, 32; vgl. § 823 RdNr. 180.
[763] BGHZ 3, 270, 279 f. = NJW 1952, 660, 661; BGHZ 29, 65, 70 ff. = NJW 1959, 479, 480 f.; RGZ 58, 24; 163, 21, 32 sowie *Badura* AöR 98 (1973), 153 ff.; vgl. § 823 RdNr. 184 f.
[764] Eingehend zur Abgrenzung zwischen unmittelbaren und nur mittelbaren Eingriffen BGHZ 29, 65, 70 ff. = NJW 1959, 479, 480.
[765] BGHZ 29, 65, 74 = NJW 1959, 479, 481; s. auch BGHZ 41, 123, 127 = NJW 1964, 720 sowie *Bettermann/Papier* Verw. 1975, 42 f.
[766] BGHZ 7, 30, 36 = NJW 1952, 1249.
[767] RGZ 163, 21, 32 f.
[768] BGHZ 29, 65, 74 = NJW 1959, 479; s. auch BGH LM § 823 Nr. 48 (Bf) = NJW 1968, 1279; LM § 328 Nr. 56 = NJW 1977, 2208. Vgl. jedoch auch BGHZ 41, 123, 126 = NJW 1964, 720 für den Fall, dass auf ununterbrochene Stromzufuhr angewiesene Sachen durch deren Unterbrechung verderben.
[769] Vgl. BGHZ 20, 53, 56 = NJW 1956, 867, 868; BGHZ 21, 359, 361, 362 = NJW 1957, 97; BGHZ 31, 5, 10 = NJW 1960, 33, 34; BGHZ 56, 40, 45 = NJW 1971, 1172; BGHZ 56, 251, 254 = NJW 1971, 460; BGHZ 69, 128, 136 = NJW 1977, 1875, 1877; BGHZ 74, 144, 146, 147 = NJW 1979, 1354; BGHZ 110, 1, 8 f. = NJW 1990, 1042; BGH NJW 1994, 1042; 1994, 2415, 2416; DVBl. 2001, 811, 812.
[770] *Bender* RdNr. 509; *Ossenbühl* Staatshaftungsrecht S. 59; Bonner Komm/*Dagtoglou* 2. Bearb. Art. 34 GG RdNr. 156; s. auch BGH NJW 1994, 1647, 1649.

Papier

235 **Relativität der Drittbezogenheit; „gespaltene Drittbezogenheit".** Eine Person, die zum Kreis der durch eine Amtspflicht geschützten Dritten gehört, ist nicht in allen ihren Belangen als „Dritter" anzusehen. Sie ist nur insoweit geschützt, wie die Schutzwirkung der verletzten Amtspflicht reicht. Der Schutzzweck der Amtspflicht entscheidet also nicht nur darüber, *ob* eine Person zum Kreis der „Dritten" gehört, sondern auch darüber, *wieweit* der Schutz reicht, dh. mit welchen Interessen bzw. Belangen diese Person geschützt werden soll. Die Amtspflichten können demnach je nach dem zu schützenden Interesse ein und derselben Person gegenüber „aufgespalten" sein. Gewisse Belange können vom Schutzzweck erfasst sein, andere hingegen nicht.[771]

236 Der Schutznormcharakter der **polizei- und ordnungsbehördlichen Eingriffsermächtigungen** ist heute prinzipiell anerkannt.[772] Soweit durch ein polizeiliches bzw. ordnungsbehördliches Tätigwerden Private objektiv begünstigt würden, dient diese Ermächtigung nicht nur dem Allgemeininteresse, sondern auch dem Schutze und dem Interesse des Einzelnen. Stehen gewichtige und eines polizeilichen (ordnungsbehördlichen) Schutzes bedürftige Individualinteressen auf dem Spiel, ist die Ermächtigung der Polizei bzw. der Ordnungsbehörde zum Tätigwerden auch dem Schutz dieser Interessen zu dienen bestimmt. Der Einzelne ist in diesem Fall nicht nur „reflexartig" über die Allgemeinheit geschützt. Ein rechtsfehlerhaftes Untätigbleiben der Polizei- und Ordnungsbehörden kann somit Amtshaftungsansprüche des in seinen polizeilich geschützten Rechten und Rechtsgütern Beeinträchtigten auslösen. So ist auch die Aufgabe der Flugsicherung als Gefahrenabwehr im polizeilichen Sinne als grundsätzlich drittschützend anerkannt worden.[773] Dagegen wurde eine drittschützende Wirkung der Aufgabe der meteorologischen Sicherung der Luftfahrt durch den Deutschen Wetterdienst abgelehnt.[774]

237 Den normativen **Zuständigkeitsregelungen** kommt grundsätzlich eine drittschützende Funktion zu. Sie sind nämlich auch gerade deswegen geschaffen worden, damit der jeweilige Entscheidungsträger die notwendige Fachkompetenz aufweist, also eine Gewähr für sachlich richtige Entscheidungen besteht. Dadurch soll vor allem auch der von der Entscheidung Betroffene geschützt werden.[775]

238 **Einzelfälle.** Zieht eine Behörde zur Entscheidungsfindung eine andere Behörde heran, ohne dass diese dem Bürger gegenüber als handelnde Behörde in Erscheinung tritt, stellt sich die Frage, ob die Beamten dieser Behörde gegenüber dem Bürger drittgerichtete Amtspflichten haben. Ist die dem Bürger gegenüber tätige Behörde an die Beurteilung durch die andere Behörde gebunden, kann auch ein bloßes Verwaltungsinternum haftungsrechtliche Konsequenzen zu Lasten der mitwirkenden Stelle haben. So kann die rechtswidrige Versagung des Einvernehmens nach § 36 BauGB Amtshaftungsansprüche gegen die Gemeinde begründen, weil die Versagung die Baugenehmigungsbehörde daran hindert, die Baugenehmigung zu erteilen.[776] Ebenso können Amtshaftungsansprüche gegen eine Gemeinde ent-

---

[771] S. etwa BGHZ 90, 310, 312 = NJW 1984, 2691; BGHZ 113, 367 = NJW 1991, 2701; BGHZ 110, 1, 8 f. = NJW 1990, 1042; BGHZ 117, 83, 90 = NJW 1992, 1230; BGH NJW 1994, 2415, 2416; 1994, 1647, 1649.

[772] So die ganz überwM in der verwaltungsgerichtlichen Rspr. und im Schrifttum: BVerwGE 11, 95, 97 = NJW 1961, 793, bestätigt durch BVerwGE 37, 112, 113. Ebenso OVG Lüneburg DVBl. 1962, 418; OVG Münster DVBl. 1967, 546; OVG Lüneburg DVBl. 1967, 779; Hess. VGH DVBl. 1970, 66; *Martens* JuS 1962, 245 ff.; *Henke* DVBl. 1964, 649 ff.; *Buschlinger* DÖV 1965, 374 ff.; *König* BayVBl. 1969. 45 ff.; *Erichsen* VVDStRL 35 (1977), 171, 211 ff.; *Götz,* Allgemeines Polizei- und Ordnungsrecht, 13. Aufl. 2001, RdNr. 357 ff.; *Bachof* DVBl. 1961, 128, 130 f.; s. auch BGHZ 74, 144, 152, 153 = NJW 1979, 1354, 1355; BGHZ 75, 120, 122 f. = NJW 1979, 1879. Aus der abl. älteren Rspr. s. zB OVG Münster OVGE 6, 43, 51. Die Zivilgerichte haben Amtshaftungsansprüche wegen Untätigkeit der Polizei schon seit langem anerkannt: RGZ 121, 225, 232 f.; 147, 144, 146; 162, 273, 275; BGHZ 45, 143, 145 f. = NJW 1966, 1162, 1163; BGH VerwRspr. 5 (1953), 319, 320; 832, 833 f.; VerwRspr. 11 (1959), 462, 463; VRS 7 (1954), 87, 88.

[773] Vgl. BGHZ 69, 128, 138 = NJW 1977, 1875 – „Fluglotsenstreik".

[774] BGH NJW 1995, 1828 und 1830 – „Hagelwarnung" = LM § 839 (Cb) Nr. 93 und 94 m. krit. Anm. *Papier.*

[775] BGHZ 117, 240, 244 f. = NJW 1992, 3229, 3230.

[776] BGHZ 118, 263, 265 = NJW 1993, 3065; BGH NVwZ 2006, 117.

stehen, wenn der gemeindliche Schulausschuss das ihm zustehende Vorschlagsrecht im Rahmen einer staatlichen Personalentscheidung rechtswidrig ausübt.[777] Auch obliegt dem vom Landesprüfungsamt beauftragten Institut für medizinische und pharmazeutische Prüfungsfragen eine Amtspflicht gegenüber den Prüflingen, verständliche, widerspruchsfreie und eindeutige Fragen zu stellen, weil die Länder an die Fragen und Lösungen des Instituts gebunden sind.[778] Hat dagegen die Entscheidung der beigezogenen Behörde für die handelnde Behörde keine derartige Bindungswirkung, so kommt es darauf an, ob die von der zuständigen Behörde eingeschaltete Fachbehörde ihr überlegenes Fachwissen in die zu treffende Entscheidung einbringt, so dass die Fachbehörde die tatsächliche Beurteilungsgrundlage für die abschließende Entscheidung schafft und schaffen soll. Nur in einem solchen Fall, in dem die Zusammenarbeit der Behörden tatsächlich arbeitsteilig erfolgt, obliegen auch der beigezogenen Fachbehörde drittgerichtete Amtspflichten.[779]

Da es allein auf den Schutzzweck der Amtspflicht ankommt, ist es nicht erforderlich, dass der „Dritte" am Amtsgeschäft beteiligt ist. Das mittelbare Betroffensein reicht aus, wenn die Interessen des Dritten „nach der besonderen Natur des Amtsgeschäfts" durch dieses berührt werden.[780] Dieser Grundsatz hat insbesondere auf dem Gebiet des **Beurkundungs-** und **Grundbuchwesens** zu einer Ausdehnung des Kreises der Dritten geführt. Er umfasst dort nicht nur die am Beurkundungsgeschäft Beteiligten, sondern alle Personen, die im Vertrauen auf die Rechtsgültigkeit der Beurkundung im Rechtsverkehr tätig geworden sind.[781] Dagegen werden die Amtspflichten der **Vollstreckungsorgane** enger interpretiert. Die Amtspflichten des Gerichtsvollziehers beschränken sich nach der Judikatur regelmäßig auf den Vollstreckungsgläubiger und den Vollstreckungsschuldner.[782] Nur ausnahmsweise wird eine Drittbezogenheit über den Kreis jener beiden Hauptbeteiligten hinaus bejaht, so etwa für den Vermieter des Vollstreckungsschuldners im Hinblick auf die Beachtung seines gesetzlichen Vermieterpfandrechts nach §§ 562 ff. BGB, § 805 ZPO.[783] Hat ein Dritter nach einer Erstpfändung gegenüber dem Gerichtsvollzieher ein die Veräußerung hinderndes Recht an einem Pfändungsgegenstand geltend gemacht, so muss ihn der Gerichtsvollzieher über eine Anschlusspfändung nach § 826 ZPO desselben Gegenstandes unterrichten.[784]

Aus dem **Justizbereich** sind folgende Einzelfälle hervorzuheben: Die Pflicht des **Urkundsbeamten der Geschäftsstelle,** einen Vollstreckungsbescheid ordnungsgemäß auszufertigen, dient grds. auch den Interessen des Gläubigers. Vom Schutzzweck dieser Amtspflicht ist jedoch nicht die Möglichkeit umfasst, einen Titel ohne sachliche Nachprüfung der Forderung zu erlangen.[785] Die Amtspflicht des **Rechtspflegers beim Registergericht,** unzulässige Eintragungen zu beanstanden, besteht nicht im Interesse des die Eintragung Anmeldenden, sondern im öffentlichen Interesse an der Richtigkeit und Vollständigkeit des

---

[777] BGH NVwZ 1994, 825, 826.
[778] BGHZ 139, 200, 207 = NJW 1998, 2738.
[779] BGHZ 146, 365, 368 f.: mit dieser Entscheidung hat der BGH ausdrücklich die bisherige Senatsrechtsprechung (vgl. BGH NVwZ 1991, 707, 708 f. = WM 1990, 2013) aufgegeben.
[780] BGHZ 20, 53, 56 = NJW 1956, 867, 868; BGHZ 31, 5, 10 = NJW 1960, 33, 34; BGHZ 35, 44, 50 = NJW 1961, 1347, 1348; BGHZ 39, 358, 363 = JZ 1963, 707, 708 m. krit. Anm. *Rupp*; BGHZ 69, 128, 140 = NJW 1977, 1875, 1878; BGH LM RNotO § 21 Nr. 17 = NJW 1966, 157; BGH LM Nr. 7 (Cb) = NJW 1966, 1456; RGZ 170, 129, 135; BayObLGZ 1966, 285, 293.
[781] BGHZ 19, 5, 9 = NJW 1956, 259; BGH LM Nr. 43 (C); VersR 1963, 1130; 1963, 1135; DRiZ 1963, 234; LM § 839 (Fi) Nr. 54; RGZ 78, 241, 244 f.; 151, 395, 398; 154, 276, 288; 155, 153, 155 f.; OLG Nürnberg DNotZ 1966, 188; vgl. ferner BGH VersR 1963, 852; RGZ 129, 37, 43 f. Der Schutzzweck der Amtspflicht zur Beachtung der §§ 13, 19 GBO soll aber nicht die Möglichkeit eines gutgläubigen Erwerbs schützen, BGHZ 97, 184, 186 f. = NJW 1986, 1687 m. krit. Anm. *Foerste* JuS 1988, 261; zur Drittbezogenheit der Amtspflicht des Nachlassrichters bei Erteilung eines Erbscheins s. BGH NJW 1992, 2758 f. = LM Nr. 80 (Cb) m. Anm. *Wax*.
[782] BGHZ 7, 287, 291 = NJW 1953, 261; BGH LM ZPO § 808 Nr. 5 = NJW 1959, 1775; RGZ 145, 204, 215; 151, 109, 113.
[783] Vgl. RGZ 87, 294, 297.
[784] BGH BGHR 2007, 962.
[785] BGH NJW 1981, 2345, 2346 = MDR 1982, 122 f.

Handelsregisters.[786] Die Pflicht des Registerführers, dem Pächter einer Gastwirtschaft auf Antrag ein richtiges Führungszeugnis zur Vorlage beim Ordnungsamt zu erteilen, besteht nicht gegenüber dem Verpächter.[787] Die Pflicht der Gutachterausschüsse (§§ 192f. BauGB) zur gewissenhaften Begutachtung besteht auch gegenüber den Eigentümern der zu bewertenden Grundstücke bzw. gegenüber allen nach § 193 Abs. 1 BauGB antragsberechtigten Einzelpersonen.[788] Die Amtspflicht, eine Partei im Falle des § 121 Abs. 2 ZPO auf ihren Antrag einen zur Vertretung bereiten Anwalt ihrer Wahl beizuordnen, dient nicht dem Gebühreninteresse des Rechtsanwalts, er ist insoweit nicht „Dritter".[789] Die Amtspflicht der Staatsanwaltschaft, keine unzulässige Anklage gegen die Geschäftsführer und einzigen Gesellschafter einer GmbH zu erheben, besteht auch gegenüber dieser, wenn es um den Vorwurf der Brandstiftung geht und der Feuerversicherer die Zahlung der Entschädigung für den Brandschaden der versicherten GmbH wegen der Anklage zurückhält. Der Schutzzweck dieser Amtspflicht umfasst auch die durch eine Verweigerung der Auszahlung entstandenen Vermögensschäden.[790]

241   **e) Aufsichts- und Überwachungspflichten.** Ein recht uneinheitliches Bild bietet die Judikatur bei den staatlichen Aufsichts- und Überwachungspflichten bzw. -befugnissen.[791] Hier besteht häufig nicht allein die Frage, ob jene Pflichten überhaupt drittbezogen sein können und nicht vielmehr generell allein im Allgemeininteresse existieren. Zweifelhaft kann auch sein, ob bei prinzipieller Drittbezogenheit gerade der Geschädigte und dieser gerade mit seinen konkret beeinträchtigten Belangen geschützter „Dritter" ist.

242   **aa) Aufsicht über technische Betriebe und Anlagen.** Die staatliche Aufsicht über technische Betriebe und Anlagen (Beispiel: Überwachung einer der Personenbeförderung dienenden Seilbahn)[792] hat den Zweck, die Allgemeinheit vor den bei einem nicht ordnungsgemäß geführten Betrieb entstehenden Gefahren zu bewahren. Damit sollen alle diejenigen Personen geschützt sein, denen Gefahren für Leben, Gesundheit und Eigentum bei einem nicht ordnungsgemäßen Betrieb der Anlage drohen. Die Überwachungspflichten sind damit zwar grundsätzlich (auch) drittbezogene Amtspflichten, aber der Schutzzweck geht nicht so weit, den Unternehmer der Anlage vor Vermögensrisiken zu bewahren, die mit dem nicht ordnungsgemäßen Betrieb verbunden sind.[793] Entsprechendes gilt für die Verpflichtung der Baugenehmigungsbehörden, die statischen (Festigkeits-)Berechnungen für ein Bauvorhaben ordnungsgemäß zu prüfen. Auch hier erstreckt sich die Schutznormwirkung nur auf das sicherheitspolizeiliche Interesse der durch die Errichtung eines standunsicheren Bauwerks Gefährdeten. Mit diesen Sicherheitsbelangen ist auch der Bauherr selbst geschützt, nicht jedoch im Hinblick auf seine rein vermögensmäßigen Belange und sein Interesse, vor den finanziellen Belastungen durch Errichtung eines standunsicheren Gebäudes bewahrt zu werden.[794]

243   Im Verfahren über die **Zulassung** von **Kraftfahrzeugen** nach § 21 StVZO obliegt dem hoheitlich tätig werdenden, amtlich anerkannten Sachverständigen die Pflicht zu sachgemäßer Untersuchung nicht gegenüber dem Käufer des Wagens, der einen Vermögensschaden dadurch erleidet, dass der Sachverständige Mängel am Wagen fahrlässigerweise übersieht.[795] Die Pflicht der Beamten einer **Zulassungsstelle,** das Erstzulassungsdatum eines Kfz. sorg-

---

[786] BGHZ 84, 285, 287 = NJW 1983, 222, 223.
[787] BGH LM Nr. 65 (Cb) = NJW 1981, 2347f.
[788] BGH LM BBauG § 136 Nr. 2 = VersR 1982, 550, 551.
[789] BGHZ 109, 163, 166ff. = VersR 1990, 89.
[790] BGH NJW 2000, 2672 = ZIP 2000, 1159 = WM 2000, 1588 = MDR 2000, 952.
[791] Vgl. dazu *Ladeur* DÖV 1994, 665, der zur Ermittlung der Drittbezogenheit von Amtspflichten bei komplexen Risikoentscheidungen maßgeblich auch das Kriterium der Risikobeherrschbarkeit heranziehen will.
[792] BGH LM Nr. 3 (Cb) = NJW 1965, 200.
[793] BGH VersR 1962, 952; LM Nr. 3 (Cb) = NJW 1965, 200, 201; krit. dazu und zu vergleichbaren Fällen der Bauüberwachung *Böhmer* JZ 1965, 487.
[794] BGHZ 39, 358, 365 = NJW 1963, 1821.
[795] BGH LM Nr. 24 (Cb) = DÖV 1973, 243; vgl. auch BGHZ 18, 110, 115f. = NJW 1955, 1316, 1317.

fältig zu ermitteln und in den Fahrzeugbrief einzutragen, besteht nicht im Interesse eines späteren Erwerbers des Kfz. Neben seiner eigentumsschützenden Funktion hat der Kfz.-Brief nur statistische und polizeiliche Aufgaben im Allgemeininteresse. Es ist rechtlich unerheblich, dass Kfz.-Käufer sich in der Praxis meistens an den Eintragungen im Kfz.-Brief orientieren.[796] Die Pflicht der Zulassungsstelle, ein Fahrzeug, für das keine dem Pflichtversicherungsgesetz entsprechende Kraftfahrzeughaftpflichtversicherung besteht, außer Betrieb zu setzen (§ 29 d Abs. 2 StVZO), besteht indes gegenüber allen potentiellen Opfern, denen durch das nichtversicherte Kfz. Schäden drohen bzw. zugeführt werden, auch gegenüber Mitfahrern in dem Kfz. (also nicht nur gegenüber aktiven Verkehrsteilnehmern).[797] Diese Amtspflicht soll die Verkehrsteilnehmer allerdings nicht vor Unfallschäden überhaupt, sondern nur vor den Nachteilen schützen, die ihnen dadurch entstehen können, dass für ein Kfz., mit dem sie in einen Unfall verwickelt sind, die vorgeschriebene Pflichtversicherung nicht besteht. Es besteht eine Haftung der betreffenden Körperschaft aber nur bis zu der Höhe der gesetzlich vorgeschriebenen Mindestversicherungssumme.[798]

bb) Baugenehmigungsverfahren.[799] Eine weitergehende Zweckrichtung hat nach der Rechtsprechung des BGH das Baugenehmigungsverfahren. Da die Baugenehmigung (potentiell) verbindlich die Unbedenklichkeit des Bauvorhabens unter allen öffentlich-rechtlichen Gesichtspunkten feststellt, dient sie nach Auffassung des BGH auch dem Zweck, für den Bauherrn eine Vertrauensgrundlage zu schaffen. Er soll darauf vertrauen dürfen, dass er mit dem Vorhaben entsprechend dem Genehmigungsbescheid beginnen kann, ohne sein Vorhaben später wegen eines Widerspruchs zu zwingenden Vorschriften des öffentlichen Rechts wieder einstellen bzw. abbrechen zu müssen. Insoweit ist der Bauherr auch mit seinen reinen Vermögensbelangen geschützter Dritter.[800] Entsprechendes gilt für den Bauvorbescheid.[801]

Damit hat sich die Rechtsprechung deutlich von dem Kriterium der verwaltungsprozessualen Klagebefugnis gelöst. Denn der antragstellende Bauherr ist durch den begünstigenden, wenn auch rechtswidrigen Verwaltungsakt nicht beschwert und deshalb nicht iS des § 42 Abs. 2 VwGO klagebefugt. Dennoch ist der Judikatur im Grundsatz zuzustimmen. Die Behörde hat die dem Genehmigungsempfänger gegenüber bestehende **Amtspflicht, keine ungesicherten Vertrauenstatbestände in die Welt zu setzen.**[802] Diese Pflicht besteht dann konsequenterweise nicht nur im Baugenehmigungsverfahren, sondern sie muss für alle präventiven Erlaubnisse gelten, also etwa auch für eine Anlagengenehmigung nach den §§ 4 ff. BImSchG, für eine atomrechtliche Genehmigung gemäß § 7 AtG[803] oder für eine Gaststättenerlaubnis auf Grund des § 2 GastG. Auch mit diesen Erlaubnissen wird (potentiell) verbindlich entschieden, dass dem Vorhaben oder der Betätigung des Antragstellers Vorschriften des öffentlichen Rechts nicht entgegenstehen. Weicht das verwirklichte Vorhaben in wesentlichen Punkten von der Genehmigung ab, so bietet der rechtswidrige

---

[796] BGH VersR 1982, 242, 243.
[797] BGH VersR 1953, 283; LM StVZO § 29 d Nr. 6 = NJW 1982, 988; s. auch LG Essen VersR 1982, 177; vgl. ferner *Lang* VersR 1988, 324.
[798] BGHZ 111, 272, 277 = NJW 1990, 2615.
[799] Vgl. dazu auch *de Witt/Burmeister* NVwZ 1992, 1039; *Lausnicker/Schwirtzek* NVwZ 1996, 745; *J. Müller* NVwZ 1990, 1028; *Prior* BauR 1987, 157.
[800] BGHZ 60, 112, 115 ff. = NJW 1973, 616, 618 f.; BGH LM Nr. 41 (Cb) = NJW 1980, 2578, 2579; NJW 1994, 2087, 2088; NVwZ 1995, 620, 622. Vgl. auch BGH LM § 839 Nr. 10 (Cb) = NJW 1969, 234, 235 m. Anm. *Hendrix* 1065 und *Berg* JR 1969, 181. Ebenso *Bender* RdNr. 520 f. Zum Anspruch des Bauherrn bei Verletzung einer behördlichen Aufklärungspflicht im Baugenehmigungsverfahren vgl. OLG Hamm BB 1974, 391.
[801] BGHZ 122, 317, 320 ff. = NJW 1993, 2303.
[802] BGH NVwZ 2004, 638; damit vergleichbar die Amtspflicht zu konsequentem Verhalten, vgl. BGH LM Nr. 59 (C) = NJW 1960, 2334; LM Nr. 26 (B) = NJW 1963, 644, 645.
[803] BGHZ 134, 268, 275 ff. = DVBl. 1997, 551 m. Anm. *Papier* DZWiR 1997, 221; *Scherer/Leydecker* EWiR § 839 1/97, 401 f.; OLG Koblenz ZUR 1995, 326 m. Anm. *Ladeur*, zur rechtswidrigen Teilgenehmigung des Kernkraftwerks Mülheim-Kärlich; zur Rechtswidrigkeit vgl. auch BVerwGE 80, 207.

Bescheid von vornherein keine tragfähige Grundlage für ein schutzwürdiges Vertrauen des Bauherrn.[804]

246 Dagegen ist der **Bauunternehmer,** der am Genehmigungsverfahren nicht beteiligt ist, nicht „Dritter". Seine Rechtsstellung wird durch Erteilung oder Verweigerung der Baugenehmigung nicht betroffen.[805] Die Amtspflicht, keine rechtswidrige Baugenehmigung zu erteilen, besteht nicht gegenüber den **Nachbarn,** wenn die Rechtswidrigkeit auf der Verletzung nicht-nachbarschützender Normen beruht.[806] Die Amtspflicht, einem nicht antragsberechtigten Bauwilligen keinen sachlich unrichtigen Bauvorbescheid zu erteilen (sondern ihn bereits wegen der fehlenden Antragsbefugnis abzulehnen), besteht nicht gegenüber dem Grundstückseigentümer. Die Auswirkungen des Bescheids auf Vertragsbeziehungen zwischen Eigentümer und Bauwilligen liegen außerhalb des mit dem Baugenehmigungs- und Vorbescheidsverfahren verfolgten Schutzzwecks.[807]

247 Da die Baugenehmigung (ebenso der Vorbescheid) nicht an die Person des Antragstellers gebunden, sondern auf das Grundstück und das Bauvorhaben bezogen ist, ist bei der Erteilung der Baugenehmigung (ebenso des positiven Vorbescheides) nicht nur auf die Interessen des Antragstellers selbst, sondern auch auf diejenigen Personen Rücksicht zu nehmen, die im berechtigten schutzwürdigen Vertrauen auf den Bescheid das konkrete Bauvorhaben verwirklichen wollen und zu diesem Zweck konkrete Aufwendungen tätigen. Es muss allerdings ein überschaubarer zeitlicher und sachlicher Zusammenhang bestehen.[808] Diese **Erweiterung des Kreises der geschützten Dritten** über den Antragsteller hinaus gilt aber nur für die positive Bescheidung, nicht für die Versagung. Denn diese entfaltet keine Wirkung gegenüber Dritten, sondern ausschließlich gegenüber dem Antragsteller.[809] Daher ist auch der Grundstückseigentümer nicht „Dritter", sofern ein anderer (zB Mieter) einen Antrag auf einen Bauvorbescheid oder eine Baugenehmigung gestellt hat und hiermit nicht durchgedrungen ist.[810]

248 Die Amtspflicht zu gesetzmäßiger Entscheidung im Rahmen eines (Bau-)Genehmigungsverfahrens obliegt dem Antragsteller gegenüber nicht nur der (Bau-)Genehmigungsbehörde, sondern auch der **Gemeinde,** die nach § 36 BauGB ihr **Einvernehmen** zu erklären hat.[811] Dies gilt selbst dann, wenn sich bei späterer Klärung der Rechtslage herausstellt, dass eine Beteiligung der Gemeinde gar nicht erforderlich war. Es reicht aus, dass die Genehmigungsbehörde die Gemeinde beteiligt, weil sie deren Einvernehmen unter Zugrundelegung einer in der höchstrichterlichen Verwaltungsrechtsprechung vertretenen Auffassung für erforderlich hält.[812] Nach § 36 BauGB darf ein Bauvorhaben gemäß den §§ 31, 33 bis 35 BauGB nur genehmigt werden, wenn die Gemeinde ihr Einvernehmen erteilt hat. Die Einvernehmenserteilung steht nicht im Ermessen der Gemeinde. Es handelt sich vielmehr um eine gesetzesgebundene Entscheidung: Die Gemeinde hat auf Grund der verfassungsrechtlich garantierten Baufreiheit (Art. 14 Abs. 1, Art. 2 Abs. 1 GG) das Einvernehmen zu erteilen, wenn das Vorhaben gemäß den §§ 31, 33 bis 35 BauGB zu genehmigen ist.[813] Nach der Rechtsprechung der Verwaltungsgerichte[814] stellt die Erteilung des Einvernehmens bzw. die

---

[804] BGH NVwZ 1994, 821 = LM § 839 (D) Nr. 47 m. Anm. *Burmeister.*
[805] BGH LM Nr. 41 (Cb) = NJW 1980, 2578, 2579.
[806] BGHZ 86, 356, 362 = NJW 1983, 1795; BGH NVwZ 1986, 789, 790.
[807] BGH DÖV 1983, 295, 296.
[808] BGHZ 122, 317, 321 f. = NJW 1993, 2303, 2304; BGH NJW 1994, 2087, 2088 = LM § 839 (Cb) Nr. 91 m. Anm. *Burmeister;* LM § 839 (Cb) Nr. 85 m. Anm. *W. Schmidt;* s. auch *de Witt/Burmeister* NVwZ 1992, 1039.
[809] BGH NJW 1991, 2696, 2697; 1994, 2087, 2088 mwN; LM § 839 (Cb) Nr. 85 m. Anm. *W. Schmidt;* zur Frage eines Amtshaftungsanspruchs wegen Versagung einer Baugenehmigung aufgrund rechtswidriger Veränderungssperre vgl. BGH NVwZ 2007, 485.
[810] BGH NJW 1994, 2091 = LM § 839 (Cb) Nr. 88 m. Anm. *Lange;* BGHR 1991 § 839 Abs. 1 S. 1 – Dritter 35; NVwZ 1987, 356.
[811] BGHZ 65, 182, 186 = NJW 1976, 184; BGH LM Nr. 37 = NJW 1982, 36.
[812] BGH LM GG Art. 14 Nr. 57 (Cf) = NJW 1980, 387, 388 f.; BRS 53 Nr. 40.
[813] BGH BauR 1984, 498.
[814] BVerwGE 22, 342 = NJW 1966, 315; BVerwGE 28, 145 = NJW 1967, 905.

Versagung keinen selbstständigen, anfechtbaren oder mit der Verpflichtungsklage durchsetzbaren Verwaltungsakt dar. Es handelt sich vielmehr um eine interne, die mit Außenwirkung ausgestattete Genehmigungsverfügung der Bauaufsicht vorbereitende Entscheidung. Diese verfahrens- und prozessrechtlich relevante Qualifizierung findet ihre Rechtfertigung vornehmlich in verfahrensökonomischen Gründen, indem sie dem Bauwilligen ein mehrstufiges (gerichtliches) Durchsetzungsverfahren erspart. In der Sache ändert das aber nichts daran, dass die Gemeinde mit der Entscheidung über das Einvernehmen genauso über den grundrechtlich verankerten Bauanspruch des Bürgers entscheidet wie die Baugenehmigungsbehörde. Verweigert die Gemeinde zu Unrecht ihr Einvernehmen, so verletzt sie die öffentlich-rechtliche Baufreiheit des Antragstellers und damit eine ihm gegenüber obliegende Amtspflicht.[815] Die rechtswidrige Versagung des Einvernehmens kann weiter einen enteignungsgleichen Eingriff darstellen.[816] Erteilt die Gemeinde in rechtswidriger Weise ihr Einvernehmen, stehen dem Bauherrn keine Amtshaftungsansprüche gegen diese zu, wenn die Baugenehmigungsbehörde die rechtswidrige Baugenehmigung erteilt.[817] Schutzwürdige Belange werden insoweit nicht berührt, da dem Bauherrn die Baugenehmigungsbehörde als Haftungssubjekt verbleibt.

Entsprechendes gilt für die anderen Arten **mehrstufiger Genehmigungsverfahren,** also insbesondere für die Beteiligungsform der gesetzlich vorgeschriebenen Zustimmung anderer Behörden, wie sie zB nach § 9 Abs. 2 BFStrG und § 12 Abs. 2 LuftVG vorgesehen ist.[818] 249

Ein amtshaftungsrechtlicher Vertrauensschutz findet jedoch dort seine **Grenzen,** wo schon nach allgemeinem Verwaltungsrecht ein Vertrauensschutz ausscheidet. Gemäß § 48 Abs. 2 VwVfG ist bei rechtswidrigen begünstigenden Verwaltungsakten ein Vertrauen in den Bestand des Verwaltungsaktes dann nicht schutzwürdig, wenn der Verwaltungsakt durch arglistige Täuschung, Drohung, Bestechung oder durch unrichtige bzw. unvollständige Angaben erwirkt worden ist oder wenn der Empfänger die Rechtswidrigkeit kannte bzw. nur aus grober Fahrlässigkeit nicht kannte.[819] Unter diesen Voraussetzungen stellt der Erlass der rechtswidrigen Erlaubnis keinen Amtspflichtverstoß gegenüber dem Empfänger dar. Liegen die im § 48 Abs. 2 S. 3 VwVfG niedergelegten allgemeinen Ausschlussgründe für Vertrauensschutz vor, dann scheidet der amtshaftungsrechtliche Drittbezug unabhängig davon aus, ob für die betreffende rechtswidrige Genehmigung gemäß § 80 Abs. 2 Nr. 4, § 80a VwGO die sofortige Vollziehung angeordnet worden ist oder nicht.[820] Auf der anderen Seite entfällt der amtshaftungsrechtlich sanktionierte Vertrauensschutz nicht schon deswegen, weil im Baugenehmigungsverfahren der Genehmigungsempfänger über die größere Sachnähe und Sachkompetenz verfügt hat, um die immissions- und nachbarschutzrechtlichen Probleme des Bauvorhabens zu bewältigen,[821] oder weil Dritte durch Widerspruch bzw. Anfechtungsklage den Verwaltungsakt angefochten haben.[822] Hier kommt die Heranziehung des § 254 in Betracht, der die Würdigung und Beachtung der Einzelumstände ermöglicht, so vor allem die Frage, inwieweit sich dem Genehmigungsempfänger und Vorhabenträger Zweifel an der Rechtmäßigkeit des Genehmigungsbescheides aufdrängen mussten oder die Rechtsbehelfe des Dritten sich für ihn als offensichtlich unzulässig oder unbegründet darstellen durften.[823] Den Bauherrn trifft jedoch kein Mitverschulden, wenn er 250

---

[815] BGH NVwZ 2006, 117; BGHZ 118, 263, 265 f. = DVBl. 1992, 1430, 1431.
[816] BGH BayVBl. 1998, 30; 1998, 764.
[817] BGHZ 99, 262, 273.
[818] Vgl. BVerwGE 16, 116 = NJW 1963, 2088; BVerwGE 21, 354 = NJW 1965, 2266.
[819] BGH DVBl. 2003, 524.
[820] Vgl. BGHZ 134, 268, 275 ff. = DVBl. 1997, 551, 556, zu einer rechtswidrigen atomrechtlichen Teilgenehmigung. Vgl. dazu *Papier* DZWiR 1997, 221 ff.; krit. zur Heranziehung des § 48 Abs. 2 S. 3 VwVfG im Hinblick auf §§ 17, 18 AtG *Scherer/Leydecker* EWiR § 839 1/97, 401, 402. Nach aA ist die Schutzwürdigkeit des Vertrauens grds. erst auf der Rechtsfolgenseite im Rahmen der Prüfung des Mitverschuldens zu berücksichtigen, vgl. *Ossenbühl* JZ 1992, 1074, 1075; *Bömer* NVwZ 1996, 749, 753 f.
[821] BGH NJW 2002, 432, 433.
[822] BGHZ 134, 268, 275 ff. = DVBl. 1997, 551, 556 m. Anm. *Papier* DZWiR 1997, 221.
[823] *Papier* DZWiR 1997, 221, 224.

es unterlässt, die Bauaufsichtsbehörde nach Rücknahme einer bestandskräftigen Baugenehmigung auf eine für ihn günstige Stellungnahme der übergeordneten Behörde hinzuweisen.[824] Im Falle eines nach dem Gesetz schutzwürdigen Vertrauens können dagegen Amtshaftungsansprüche mit dem speziellen öffentlich-rechtlichen Ausgleichsanspruch aus § 48 Abs. 3 VwVfG konkurrieren.[825] Beide Ansprüche sind weder hinsichtlich der Voraussetzungen noch dem Umfang nach gleich.

251   cc) **Wirtschaftsaufsicht.** Die Wirtschaftsaufsicht des Staates (zB Bankenaufsicht, Versicherungsaufsicht) sollte nach früherer Judikatur generell nur dem öffentlichen oder Allgemeininteresse, nicht aber dem Schutz der einzelnen Kunden jener zu beaufsichtigenden Wirtschaftssubjekte, der Konkurrenten oder sonstiger Dritter dienen.[826] Für den Bereich der **Versicherungsaufsicht** entspricht das im Grundsatz auch noch dem gegenwärtigen Stand der Rechtsprechung. Die zB in § 8 VAG erwähnten „Belange der Versicherten" sind die Belange der Gesamtheit der Versicherten.[827] Nach § 81 Abs. 1 S. 3 VAG nehmen die Aufsichtsbehörden ihre Aufgaben nur im öffentlichen Interesse wahr.[828] Auch im Bereich der Kraftfahrzeug-Haftpflichtversicherung verfolgt die Versicherungsaufsicht nicht den Zweck, den einzelnen Verkehrsteilnehmer davor zu schützen, im Schadensfalle keinen leistungsfähigen Schuldner zu haben.[829] Die moderne Versicherung, vor allem die Kfz-Haftpflichtversicherung, hat den Charakter eines Massengeschäfts angenommen; dies verbiete es nach der Auffassung der Judikatur, den einzelnen Betroffenen, der zum Versicherer in keinen Vertragsbeziehungen stehe und der erst durch die schädigende Handlung aus der unbestimmten Zahl zB der Verkehrsteilnehmer heraustrete, als durch die Versicherungsaufsicht Geschützten anzusehen. Andererseits wird eine individualisierbare Schutzrichtung in Bezug auf Dritte anerkannt, soweit es um die staatliche Aufsicht darüber geht, dass Kfz-Halter im Einzelfall ihrer gesetzlichen Haftpflichtversicherungspflicht[830] nachkommen. Bei Verletzung dieser Überwachungspflichten können die durch mangelnden Versicherungsschutz des Schädigers beeinträchtigten Verkehrsopfer Amtshaftungsansprüche erlangen.[831]

252   Die dem Bundesaufsichtsamt für das Kreditwesen (jetzt: der Bundesanstalt für Finanzdienstleistungsaufsicht) durch das KWG übertragenen Aufgaben der **Bankenaufsicht** bezweckten nach der Rechtsprechung hingegen auch den Schutz der Einlagegläubiger eines Kreditinstituts.[832] Die allgemeine Bankenaufsicht nach § 6 Abs. 1 KWG bezweckte nicht nur die Aufrechterhaltung der Funktionsfähigkeit des Kreditgewerbes im Interesse der Gesamtwirtschaft, sondern auch den Schutz der Gläubiger des einzelnen Kreditinstituts vor Verlusten. Dies bezieht sich nicht nur auf die Eingangsstufe und auf die Verhinderung ungenehmigter Bankgeschäfte,[833] die Vermögensinteressen der Einzelgläubiger sind auch bei der Führung der laufenden Bankgeschäfte („Abwicklungsstufe") als in die drittschützende Funktion der Bankenaufsicht (mit)einbezogen angesehen wor-

---

[824] BGH UPR 2007, 220.
[825] BGH VersR 1984, 142; BGHZ 105, 52, 56 = NJW 1988, 2884. Ebenso *Stelkens/Bonk/Sachs* (Fn. 182) § 48 RdNr. 192. Vgl. ferner *Johlen* NJW 1976, 2155.
[826] BGHZ 58, 96, 98 = NJW 1972, 577, 578 (Versicherungsaufsicht); BGH 1971, 1038; VersR 1960, 979; OLG Bremen NJW 1953, 585 m. Anm. *Flume* (Bankenaufsicht); zusammenfassend *Papier* JuS 1980, 265, 266; krit. *Scholz* NJW 1972, 1217. Zur Banken- und Versicherungsaufsicht allg. *Körner* ZHR 131, 127, 143.
[827] BGHZ 58, 96, 99 = NJW 1972, 577, 578; BGH VersR 1971, 1038; BVerwGE 30, 135, 137 = NJW 1968, 2258.
[828] Vgl. auch BVerwGE 61, 59; s. auch *Rittner* VersR 1982, 205, 208 f.
[829] BGHZ 58, 96, 101 = NJW 1972, 577, 579.
[830] BGH VersR 1953, 283; BayObLGZ 1954, 16; OLG Bamberg DAR 1954, 158.
[831] BGH LM Nr. 19 (Cb) = NJW 1971, 2220, 2222; BGHZ 58, 96, 101 = NJW 1972, 577, 579; BGH VersR 1953, 283.
[832] BGHZ 74, 144, 147 ff. = NJW 1979, 1354 – Wetterstein- oder Hubmann-Fall; BGHZ 75, 120, 122 = NJW 1979, 1879 – Herstatt-Fall; BGH NJW 1983, 563; s. dazu – auch zu möglichen Einwänden – *Papier* JuS 1980, 265; krit. *Püttner* JZ 1982, 47 und *Kaulbach* VersR 1981, 702, 703 ff.; *Kopf/Bäumler* NJW 1979, 1871; *Bender* NJW 1978, 622; *Nüßgens*, FS Gelzer, 1991, S. 293, 296 ff.; aA noch OLG Köln 1977, 2213 mwN; OLG Hamburg BB 1957, 950.
[833] Vgl. dazu BGHZ 74, 144, 148 ff. = NJW 1979, 1354 – Hubmann-Fall.

Haftung bei Amtspflichtverletzung   253–255 § 839

den.[834] „Stille Gesellschafter" zählten nach der Rspr. nicht zu den geschützten Gläubigern.[835]

Die **einlegerschützende Zielrichtung** der Bankenaufsicht ist vom BGH auf die 253 Entstehungsgeschichte und den Schutzzweck einzelner Normen des KWG sowie darauf gestützt worden, dass die Bankenaufsicht eine spezialpolizeiliche Funktion darstelle, das KWG also ein gewerbepolizeiliches Spezialgesetz sei: Ebenso wie die Aufgaben des allgemeinen Polizei- und Ordnungsrechts (auch) dem Schutz des Einzelnen zu dienen bestimmt seien (vgl. RdNr. 236), seien die spezialpolizeilichen Funktionen der Bankenaufsicht (auch) einlegerschützender Natur. Diese historische und funktionelle Verknüpfung mit den gewerbepolizeilichen und ordnungsrechtlichen Funktionen des Staates besteht allerdings nicht nur bei der Bankenaufsicht, sondern bei der Wirtschaftsaufsicht des Staates schlechthin. Dieses Argument könnte somit ein Ansatzpunkt für eine prinzipielle und durchgehende Neubestimmung der Schutzzwecke der staatlichen Wirtschaftsaufsicht allgemein sein.[836]

Später hat der Bundesgesetzgeber aber die Rechtsprechung durch Gesetzgebungsakt 254 korrigiert. Das **Dritte Gesetz zur Änderung des Gesetzes über das Kreditwesen** vom 20. 12. 1984 (BGBl. I S. 1693) fügte in § 6 KWG folgenden Abs. 3 (seit der 6. KWG-Novelle 1997: Abs. 4) ein: „Das Bundesaufsichtsamt nimmt die ihm nach diesem Gesetz und nach anderen Gesetzen zugewiesenen Aufgaben nur im öffentlichen Interesse wahr". Mit dieser Ergänzung soll ein Drittbezug der dem Bundesaufsichtsamt obliegenden Amtspflichten iS des § 839/Art. 34 GG ausgeschlossen werden. Entsprechendes gilt durch Ergänzung des § 81 Abs. 1 S. 3 VAG[837] für die Versicherungsaufsicht. Durch das Gesetz über die Bundesanstalt für Finanzdienstleistungsaufsicht (FinDAG – Art. 1 des Gesetzes über die integrierte Finanzdienstleistungsaufsicht vom 22. 4. 2002, BGBl. I S. 1310) sind das Bundesaufsichtsamt für Kreditwesen, das Bundesaufsichtsamt für Versicherungswesen und das Bundesaufsichtsamt für den Wertpapierhandel zusammengelegt worden. Die zum 1. 5. 2002 errichtete bundesunmittelbare, rechtsfähige Anstalt des öffentlichen Rechts führt die Bezeichnung „Bundesanstalt für Finanzdienstleistungsaufsicht" (§ 1 Abs. 1 FinDAG) und nimmt ihre Aufgaben und Befugnisse nach § 4 Abs. 4 FinDAG ebenfalls nur im öffentlichen Interesse wahr.

Es ist **zweifelhaft**, ob eine solche pauschale Regelung **verfassungsrechtlich haltbar** 255 **ist**.[838] Der jeweilige Fachgesetzgeber ist sicher in der Lage, Inhalt, Umfang und Zweckrichtung der Amtspflichten zu regeln bzw. neu zu regeln und damit indirekt auch den Umfang der staatlichen Haftung zu bestimmen. Mit der erwähnten Gesetzesregelung sollen indes nicht die gesetzlichen Amtspflichten inhaltlich umgestaltet werden. Der Gesetzgeber will vielmehr eine – von der höchstrichterlichen Judikatur abweichende – Beurteilung der unverändert fortbestehenden Amtspflichten vornehmen. Damit greift er mE in unzulässiger Weise in die Kompetenzen der dritten Gewalt ein.[839] Man muss in der Gesetzesnovellierung auch einen formenmissbräuchlich verfügten Haftungsausschluss sehen. Zwar kann die staat-

---

[834] Vgl. auch BGHZ 75, 120, 122 f. = NJW 1979, 1879 – Herstatt-Fall, sowie *Kopf/Bäumler* NJW 1979, 1871, 1873.

[835] BGHZ 90, 310, 313 ff. = NJW 1984, 2691.

[836] Zurückhaltend noch BGHZ 74, 144, 152 = NJW 1979, 1354; s. auch BGH VersR 1982, 242, 243; *Ossenbühl*, Neuere Entwicklungen im Staatshaftungsrecht, S. 13.

[837] Ursprünglich § 81 Abs. 1 S. 2, geändert in S. 3 durch Art. 4 des Gesetzes vom 20. 12. 1994 mit Wirkung vom 1. 1. 1995 (BGBl. I S. 1693).

[838] Vgl. dazu auch *E. Habscheid*, Staatshaftung für fehlsame Bankenaufsicht?, 1988, S. 119 ff.; *Nicolaysen*, GS W. Martens, 1987, S. 664 ff.; *Nüßgens*, FS Gelzer, 1991, S. 293, 296 f.; *Maunz/Dürig/Papier* Art. 34 GG RdNr. 175; *Schenke/Ruthig* NJW 1994, 2324; so jetzt aber BGH NJW 2005, 742, 745 f.

[839] AA *Schenke/Ruthig* NJW 1994, 2324, 2325 f., die jedoch § 6 Abs. 3 KWG teilweise für mit den grundrechtlichen Schutzpflichten des GG und der Richtlinie 92/30 EWG des Rates vom 6. 4. 1992 über die Beaufsichtigung von Kreditinstituten auf konsolidierter Basis (ABl. EG Nr. L 110 S. 52) unvereinbar halten; vgl. auch *E. Habscheid* (Fn. 838) S. 119 ff., 122 f., der ebenfalls einen unzulässigen Eingriff in den Kompetenzbereich der Rspr. ablehnt, § 6 Abs. 3 KWG aber wegen Verletzung der grundrechtlich fundierten staatlichen Schutzpflichten für verfassungswidrig erachtet.

liche Haftung nach Art. 34 GG gesetzlich beschränkt bzw. sogar ausgeschlossen werden. Dies aber darf nur in Ausnahmefällen erfolgen und muss durch überwiegende Gründe des öffentlichen Wohls unter Beachtung des Verhältnismäßigkeitsgrundsatzes legitimiert sein. Es ist sehr zweifelhaft, ob solche rechtfertigenden Sachgründe für einen totalen und undifferenzierten Haftungsausschluss bei der Ausübung der Bankenaufsicht gegeben sind.[840] Die Europarechtskonformität der Regelung wurde dagegen mittlerweile durch den EuGH bestätigt.[841]

256 Staatliche Aufsicht und staatliche Genehmigungsvorbehalte über Wirtschaftssubjekte begründen keine Amtspflichten gegenüber den **Konkurrenten**. Ein bestehendes Versicherungsunternehmen ist durch eine Entscheidung, mit der andere Unternehmen zum Gewerbebetrieb zugelassen werden, nicht drittbetroffen iS des Amtshaftungsrechts.[842] Dasselbe gilt etwa für Kraftdroschkenunternehmen und für die Bewerber um die Erteilung einer entsprechenden Genehmigung im Falle der Genehmigungserteilung an andere Bewerber.[843] Die der Zulassungsstelle bei der Anerkennung von Saatgut obliegenden Prüfungs- und Überwachungspflichten schützen nicht die Vermögensinteressen einzelner Saatgut erzeugender oder verarbeitender Landwirtschafts- oder Gärtnereibetriebe.[844] Der Zweck von **Betriebsprüfungen** durch die Allgemeinen Ortskrankenkassen besteht nicht darin, den Arbeitgeber als Beitragsschuldner vor Überzahlungen oder Nachforderungen zu schützen.[845]

257 dd) **Stiftungsaufsicht**. Die staatliche Stiftungsaufsicht (Vor § 80 RdNr. 68 ff.) besteht als Amtspflicht auch gegenüber der Stiftung selbst.[846] Dies folgt aus der Besonderheit, dass die Stiftung eine juristische Person ohne Mitglieder ist und daher regelmäßig niemand vorhanden ist, der die Stiftungsorgane zu überwachen vermag. In diese Lücke tritt gerade die staatliche Stiftungsaufsicht ein, die deshalb auch bezweckt, die Stiftung vor ihren eigenen Organen zu schützen.[847]

258 ee) **Aufsicht über Berufe; Kommunalaufsicht.** Auch die staatliche bzw. von Trägern mittelbarer Staatsverwaltung wahrgenommene Aufsicht über bestimmte Berufe, etwa über die freien Berufe, besteht grundsätzlich im allgemeinen öffentlichen Interesse. Die aufsichtsführende Körperschaft ist grundsätzlich nicht all denjenigen zum Schadensersatz verpflichtet, die durch den zu Beaufsichtigenden geschädigt worden sind und die bei eingehenderer Beaufsichtigung vor Schaden bewahrt worden wären.[848] Dies gilt auch für die allgemeine Dienstaufsicht des Staates über die Notare im Verhältnis zu den Rechtssuchenden[849] sowie für die staatliche Kommunalaufsicht im Verhältnis zum Bürger.[850] Die im allgemeinen öffentlichen Interesse bestehenden Aufsichtspflichten können jedoch ausnahmsweise zu drittbezogenen Amtspflichten werden. Wendet sich zB ein Bürger mit einer (Aufsichts-)Beschwerde an die Aufsichtsbehörde, dann obliegt dieser dem Beschwerdeführer gegenüber die Amtspflicht, diese sachgemäß zu prüfen und zu bescheiden.[851] Es kommt also nach der Rechtsprechung entscheidend darauf an, ob die Wahrnehmung der Aufsicht eine so große

---

[840] Ebenso *Nüßgens,* FS Gelzer, 1991, S. 293, 300; aA BGH NJW 2005, 742, 745 f.
[841] EuGH NJW 2004, 3479 auf den Vorlagebeschluss des BGH vom 16. 5. 2002 (WM 2002, 1266) hin. Vgl. auch die Folgeentscheidung des BGH NJW 2005, 742.
[842] BVerwG DVBl. 1965, 364, 365.
[843] Vgl. hierzu BVerwGE 16, 187.
[844] BGH UPR 1994, 386.
[845] BGH WM 1985, 336.
[846] BGHZ 68, 142, 145 f. = NJW 1977, 1148.
[847] Allerdings ist das Verschulden der eigenen Organe nach § 254 zu berücksichtigen, BGHZ 68, 142, 151 = NJW 1977, 1148, 1149.
[848] BGH VersR 1967, 471, 473 mwN.
[849] BGHZ 35, 44, 46, 49 = NJW 1961, 1347, 1348; anders jedoch, wenn die Aufsichtsbehörde ein Verfahren zur Amtsenthebung des Notars hätte einleiten müssen, BGHZ 135, 354, 358 ff. = NJW 1998, 142.
[850] RGZ 118, 94, 99. Vgl. ferner zur Aufsicht des Bundes bei Ausführung von Bundesgesetzen durch die Länder BGH LM GG Art. 34 Nr. 27 = MDR 1956, 603 m. Anm. *Bettermann.*
[851] BGHZ 15, 305, 309 f. = NJW 1955, 297.

und unbestimmte Zahl von Personen betrifft, dass diese der Allgemeinheit gleichzusetzen sind, oder ob die Verknüpfung der Amtshandlung mit den Interessen Einzelner bereits so stark ist, dass sie die Natur des Amtsgeschäfts entscheidend mitprägt.[852] Die Kommunalaufsicht begründet gegenüber der Gemeinde Amtspflichten zu sachgemäßer Ausübung, denn durch die Kommunalaufsicht sollen gerade auch die Belange der Gemeinde geschützt und gefördert werden.[853]

ff) Aufsichtspflichten der Lehrer. Im Bereich der Aufsichtspflichten der Lehrer über die Schüler an öffentlichen Schulen ist folgendes festzustellen: Den Lehrern obliegt die Amtspflicht gegenüber den ihnen anvertrauten Schülern, jene vor Schäden zu bewahren.[854] Das gilt etwa auch für die Schulausflüge.[855] Diese Aufsichtspflichten bestehen unter bestimmten Voraussetzungen aber auch gegenüber Dritten: Geschützt sind alle diejenigen Personen, auf die sich das zu beaufsichtigende Verhalten der Schüler auswirken kann, also etwa Verkehrsteilnehmer, die durch Spiele, sportliche Betätigungen oder ähnliches Verhalten der Schüler gefährdet werden.[856]

f) Gesetzgebung. Die für die Gesetzgebung verantwortlichen Amtsträger haben nach der Auffassung des BGH in der Regel Amtspflichten lediglich gegenüber der Allgemeinheit, aber nicht gegenüber bestimmten Einzelpersonen oder Personengruppen zu erfüllen. Der BGH begründet das damit, dass Gesetze und Verordnungen generell-abstrakte Regeln enthalten und der Gesetzgeber deshalb – bei Tätigwerden oder Untätigbleiben – ausschließlich Aufgaben gegenüber der Allgemeinheit wahrnehme.[857] Ausnahmen können nach dem BGH nur bei sog. Maßnahme- oder Einzelfallgesetzen (sog. „normatives" Unrecht) anerkannt werden.[858]

Dieser Auffassung kann so allgemein nicht gefolgt werden.[859] Erlässt der Gesetz-, Verordnungs- oder Satzungsgeber einen Rechtssatz, der Freiheitsrechte einzelner in unzulässiger Weise beeinträchtigt, dann werden nicht nur Normen des objektiven Verfassungsrechts, sondern zugleich aus den **Freiheitsrechten** folgende öffentlich-rechtliche Unterlassungsansprüche des einzelnen verletzt. Dass aber den subjektiven öffentlichen Rechten des Bürgers stets drittbezogene Amtspflichten der zuständigen Organwalter entsprechen, ist bereits oben ausgeführt worden (RdNr. 228). Wesentlich ist also die Betroffenheit subjekti-

---

[852] BGHZ 35, 44, 50, 51 = NJW 1961, 1347, 1348; BGH LM § 839 Nr. 46 (C) = NJW 1959, 574, 575.
[853] BGH LM Nr. 2 (Fm); BGHZ 35, 44, 50 = NJW 1961, 1347, 1348; RGZ 118, 94, 99. Vgl. ferner *Bender* RdNr. 539 ff.; *Ossenbühl* Staatshaftungsrecht S. 70 sowie RdNr. 274 aE.
[854] BGHZ 13, 25, 26 = NJW 1954, 874; BGHZ 44, 103, 105 = NJW 1965, 1760; BGH LM Nr. 11 (Cb) = NJW 1969, 554, 555; LM Nr. 6 (Fd); Nr. 12 (Fd) Nr. 4 (C); LM Nr. 46 (C) = VersR 1957, 612; RGZ 121, 254, 256; RG JW 1938, 233; 1923, 2445; HRR 1932, 315. Durch § 2 Abs. 1 Nr. 8 SGB VII, eingefügt durch das am 1. 4. 1971 in Kraft getretene Gesetz über die Unfallversicherung für Studenten, Schüler und Kinder in Kindergärten (BGBl. I S. 237), sind Amtshaftungsansprüche, die aus Schulunfällen abgeleitet werden könnten, grds. ausgeschlossen, vgl. OLG Celle VersR 1974, 747; vgl. auch RdNr. 354.
[855] Vgl. BGHZ 28, 297, 299 = NJW 1959, 334.
[856] BGHZ 13, 25, 26 = NJW 1954, 874; RGZ 125, 85, 86; zur Amtspflicht gegenüber den unterhaltspflichtigen Eltern s. RG JW 1936, 860.
[857] BGHZ 56, 40, 46 = NJW 1971, 1172, 1174; BGHZ 45, 83 = NJW 1966, 877; BGHZ 24, 302, 306 = NJW 1957, 1235; BGH VersR 1988, 1046; BGHZ 102, 350, 367 = NJW 1988, 478; BGH VersR 1988, 186, 190 („Waldschäden"; s. dazu *Bender* VerwA 1986, 335; *Engelhardt* NuR 1989, 77; *Langer* NVwZ 1987, 195; *Medicus* JZ 1988, 458; *Murswiek* NVwZ 1987, 611; *Rüfner* Jura 1989, 134; *R. Schmidt* ZRP 1987, 345; *Braun* AgrarR 2001, 45); BGH NJW 1989, 101; NVwZ-RR 1993, 450; BGHZ 91, 243, 249 f. = NJW 1984, 2216 für Verwaltungsvorschriften. Vgl. auch OLG Hamburg DÖV 1971, 238, 239; BayObLG NJW 1997, 1514, 1515; ferner *Schack* DÖV 1971, 446, 447; *Schenke* DVBl. 1975, 121; *Haverkate* NJW 1973, 441, 442, jeweils mwN; abl. *Ossenbühl* Staatshaftungsrecht S. 104 ff.; *Bender* RdNr. 658 ff., der die Amtshaftung des Verordnungs- und Satzungsgebers bejaht. Zu dem gesamten Komplex s. insbes. *Scheuing* S. 343 ff.; *Boujong*, FS Geiger, 1989, S. 430 ff.; *Detterbeck* JA 1991, 7 ff.; *Dohnold* DÖV 1991, 152 ff.
[858] BGHZ 56, 40, 46 = NJW 1971, 1172, 1174; BGH NJW 1989, 101 = VersR 1988, 1991; NVwZ-RR 1993, 450; vgl. auch BGH LM Nr. 68 (A) = NJW 2002, 1793. Dagegen kann der enteignungsgleiche Eingriff eine geeignete Grundlage für eine Staatshaftung für rechtswidrige untergesetzliche Normen, die an eigenen, nicht auf ein Parlamentsgesetz zurückgehenden Nichtigkeitsgründen leiden, bilden, BGHZ 111, 349, 353 = NJW 1990, 3260 = JZ 1991, 36 m. Anm. *Maurer*; vgl. dazu RdNr. 46.
[859] Zur Haftung im Rahmen plebiszitärer Gesetzgebung vgl. *Hartmann* VerwA 98 (2007), 500.

ver Rechte des Einzelnen, nicht aber die Rechtsnatur des eingreifenden Hoheitsakts.[860] Fraglich kann in diesen Fällen nur sein, ob dem Einzelnen bereits mit dem Erlass des grundrechtsverletzenden Gesetzes ein Vermögensschaden entstanden ist oder ob dieser nicht vielmehr erst aus dem – gleichfalls amtspflichtwidrigen – Gesetzesvollzug erwachsen kann. Soweit es um ein **Untätigbleiben des Gesetzgebers** geht, ist zusätzlich zu beachten, dass ein Amtspflichtverstoß nur vorliegen kann, wenn eine Rechtspflicht zum Erlass eines bestimmten Rechtsetzungsakts besteht. Handlungspflichten jedenfalls des förmlichen Gesetzgebers scheiden aber im Allgemeinen aus, so dass deswegen ein Amtshaftungsanspruch nicht in Betracht kommt.[861] Anders verhält sich dies im Hinblick auf die Judikatur des EuGH zur Haftung der Mitgliedstaaten für die Nichtumsetzung von Richtlinien soweit Fallgestaltungen mit Berührung zum Europarecht betroffen sind; insoweit sind auch in Deutschland staatshaftungsrechtliche Ansprüche zu gewähren (vgl. zu den Einzelheiten RdNr. 99 f., 100 b).

262 g) **Bauleitplanung.** Nach § 1 Abs. 3 S. 2 BauGB besteht **kein Rechtsanspruch** auf Aufstellung, Änderung, Ergänzung oder Aufhebung von Bauleitplänen. Es gibt danach im Grundsatz auch keine drittbezogenen Amtspflichten entsprechenden Inhalts. Eine Amtspflicht der Gemeinden einem bestimmten Dritten gegenüber, einen Bebauungsplan überhaupt bzw. mit einem bestimmten Inhalt zu beschließen, besteht danach nicht.[862] Das gilt selbst dann, wenn die Aufstellung eines solchen Bebauungsplans einem Dritten vertraglich oder durch einseitige „Zusage" zugesichert worden ist. Wegen der Nichtigkeit entsprechender verwaltungsvertraglicher bzw. einseitiger Zusagen gibt es keine öffentlich-rechtlichen „Erfüllungsansprüche" gegen die Gemeinde. Aber auch drittbezogene Amtspflichten auf Inkraftsetzung „zugesagter" Bebauungspläne scheiden wegen der rechtlichen Strukturen einer rechtsstaatlich einwandfreien Planung aus.[863] Auch eine drittbezogene Amtspflicht der Gemeinde zum Normerlass ohne korrespondierenden Erfüllungsanspruch Dritter würde der Anforderung gerechter Abwägung (vgl. § 1 Abs. 7 BauGB) widerstreiten, weil dies zu einer Fehlgewichtung der durch jene Amtspflicht geschützten Privatbelange führen müsste. Eine Änderung der Planungsabsichten stellt mithin keine Amtspflichtverletzung dar.[864]

263 Der Gemeinde, die einen Bebauungsplan „in die Welt setzt" und damit Vertrauenstatbestände schafft, obliegt allerdings die drittbezogene Amtspflicht, eine Enttäuschung der auf die Normgültigkeit vertrauenden Dritten durch Schaffung rechtsfehlerhaften und daher ungültigen Ortsrechts zu vermeiden. Die Amtspflicht, eine **Bekanntmachung** der Genehmigung oder des Satzungsbeschlusses gemäß dem für Ortssatzungen allgemein geltenden Verkündungsrecht vorzunehmen (§ 10 Abs. 3 BauGB), besteht daher – entgegen der Ansicht des BGH[865] – nicht nur im allgemeinen Interesse an der Gesetzmäßigkeit der Ausübung öffentlicher Gewalt. Mit einer (gesetzeswidrigen) Bekanntmachung wird ein Vertrauenstatbestand geschaffen. Eine solche Bekanntmachung erzeugt im Allgemeinen bei Dritten den Rechtsschein der Entstehung neuen gültigen Rechts, was zu entsprechenden Dispositionen führt oder führen kann. Mit einer (öffentlichen) Bekanntmachung eines Hoheitsaktes soll gerade Rechtsgewissheit geschaffen werden, so dass jenes Amtsgeschäft wegen seiner beson-

---

[860] Ebenso *Fetzer*, Die Haftung des Staates für legislatives Unrecht, 1994, S. 88 ff.; *Windthorst* JuS 1995, 892, 895; *Wunderlich*, Die Rspr. des BVerfG zur Eigentumsgarantie und ihre Auswirkungen auf die Staatshaftung für legislatives Unrecht, 1994, S. 154 f.; aA BGH NJW 1989, 101 = VersR 1988, 1991, wonach nicht in jedem Grundrechtsverstoß die Verletzung einer drittgerichteten Amtspflicht liegt; vgl. auch BayObLG NJW 1997, 1514, 1515.
[861] S. auch *Bender* RdNr. 659 ff.; *Maunz/Dürig/Papier* Art. 34 GG RdNr. 181.
[862] BGHZ 71, 386, 389 f. = NJW 1978, 1802; s. auch BGHZ 76, 16, 22 = NJW 1980, 826; BGH MDR 1983, 827 = WM 1983, 622; BGHR § 839 Nr. 1 S. 1 – Dritter 25; BVerwG BauR 1981, 241 mwN; *Kröner* BauR 1984, 20, 23; vgl. auch *Fronhöfer* BayVBl. 1991, 193.
[863] BGHZ 71, 386, 390 f. = NJW 1978, 1802; BGH NVwZ 2006, 1207 zum Vorhaben- und Erschließungsplan iS von § 12 BauGB.
[864] BGH BRS 53 Nr. 31; zu möglichen Ansprüchen beim Scheitern von Kooperationsverträgen aus §§ 311 Abs. 2, 280 iVm. § 62 S. 2 VwVfG (c. i. c.) vgl. RdNr. 73.
[865] BGH NJW 1990, 245, 246 m. Anm. *Dörr* JuS 1990, 408; vgl. RdNr. 265.

deren Natur gerade auch im Interesse der von ihm aktuell oder potentiell Betroffenen gemäß den gesetzlichen Bestimmungen wahrzunehmen ist.

Dem kann nicht die Judikatur zum fehlenden Drittbezug der Amtspflichten des Gesetz- **264** und Verordnungsgebers entgegengehalten werden. Die Gemeinde beschließt den Bebauungsplan *als* Satzung (§ 10 BauGB). Ohne den Streit um die wirkliche Rechtsnatur des Bebauungsplans hier aufzugreifen, lässt sich feststellen, dass der Bebauungsplan der generellabstrakten Regel eines materiellen Gesetzes nicht unbedingt vergleichbar ist. Er ähnelt wegen seiner räumlichen Grenzen und wegen der Begrenztheit des Adressatenkreises eher der Kategorie sog. **Maßnahme-** oder **Einzelfallgesetze,** für die auch der BGH ausdrücklich den Drittbezug von Amtspflichten für denkbar hält.[866]

Zu den drittbezogenen Amtspflichten bei der Aufstellung von Bebauungsplänen gehört **265** auch die Wahrung des **Abwägungsgebotes** (§ 1 Abs. 7 BauGB), soweit es die Beachtung und Gewichtung spezifischer Individualbelange betrifft.[867] Nach § 1 Abs. 7 BauGB sind bei der Aufstellung der Bauleitpläne die öffentlichen und **privaten Belange** gegeneinander und untereinander gerecht abzuwägen. Die Wahrung des Abwägungsgebotes stellt also ausweislich des Gesetzestextes eine drittbezogene Amtspflicht dar, soweit es um die Berücksichtigung und Gewichtung hinreichend konkretisierter und individualisierbarer sowie nach Lage der Dinge berücksichtigungspflichtiger Privatbelange geht. Der BGH sieht die Drittbezogenheit des Abwägungsgebotes restriktiver. Die Drittbezogenheit besteht seiner Auffassung nach nur dann, wenn das **Gebot der Rücksichtnahme,** das auch bei der planerischen Abwägung zu beachten sei, zugunsten des Drittbetroffenen drittschützende Wirkung entfalte.[868] Der BGH rekurriert in diesem Zusammenhang auf die einschlägige Rechtsprechung des Bundesverwaltungsgerichts zum Rücksichtnahmegebot bei der Zulassung von Einzelvorhaben. Nach dieser Judikatur des Bundesverwaltungsgerichts entfaltet das Rücksichtnahmegebot dann einen Nachbarschutz, wenn „in qualifizierter und zugleich individualisierter Weise auf schutzwürdige Interessen eines erkennbar abgegrenzten Kreises Dritter Rücksicht zu nehmen ist".[869] Diese „Anleihe" des BGH an der Rechtsprechung der Verwaltungsgerichte zum Rücksichtnahmegebot ist angesichts des klaren Wortlauts des § 1 Abs. 7 BauGB mE ebenso unnötig wie ungerechtfertigt. Sie könnte der Ausgangspunkt einer nicht gerechtfertigten Restriktion des Drittbezuges des planungsrechtlichen Abwägungsgebotes sein.

Bei der Überplanung von **Altlasten**[870] stellt der BGH auf die Amtspflicht der planenden **266** Gemeinde ab, bei der Aufstellung von Bebauungsplänen Gesundheitsgefährdungen zu verhindern, die den zukünftigen Bewohnern des Plangebietes aus dessen Bodenbeschaffenheit drohen. Dieser Amtspflicht wird eine Drittbezogenheit zugebilligt. Die in § 1 Abs. 6 Nr. 1 bis 12 BauGB enthaltenen Planungsleitlinien dienen dem Ziel, eine geordnete städtebauliche Entwicklung zu gewährleisten. Die Amtspflicht, diese Planungsgrundsätze zu berücksichtigen, obliegt der planenden Gemeinde daher grundsätzlich gegenüber der Allgemeinheit. Eine aus diesem allgemeinen Schutzzweck herausgehobene Amtspflicht, auch die Individualinteressen der Planbetroffenen zu wahren, besteht aber in Bezug auf das Gebot, bei der

---

[866] BGHZ 56, 40, 46 = NJW 1971, 1172, 1174f.; vgl. ferner BGHZ 84, 292, 300 = NJW 1983, 215; s. auch *Kröner* BauR 1984, 20, 22 mwN.
[867] Vgl. auch BGHZ 84, 292, 302 = NJW 1983, 215; BGH NJW 1984, 2516, 2519 = JZ 1984, 987, 992m. Anm. *Papier*; RGRK/*Kreft* RdNr. 236; BGH BRS 53 Nr. 41; vgl. ferner BGH NVwZ 1992, 204.
[868] BGHZ 92, 34, 51 f. = NJW 1984, 2516.
[869] BVerwGE 52, 122 (LS 4) = NJW 1978, 62.
[870] Vgl. dazu BGHZ 106, 323, 325 ff. = NJW 1989, 976; BGHZ 108, 224 = NJW 1990, 381; BGHZ 109, 380 = NJW 1990, 1038; BGHZ 110, 1 = NJW 1990, 1042; BGHZ 113, 367 = NJW 1991, 2701; BGHZ 117, 363 = NJW 1992, 1953; BGH NJW 1993, 384; BGHZ 121, 65 = NJW 1993, 933; BGH NVwZ 1994, 91; BGHZ 123, 363 = NJW 1994, 253; BGHZ 142, 259, 263 ff. Aus der Lit. vgl. *Bielfeldt* DÖV 1989, 67; *Boujong* WiVerw. 1991, 59; *Dörr/Schönfelder* NVwZ 1989, 933; *Ipsen/Tettinger*, Altlasten und kommunale Bauleitplanung, 1988, S. 21 ff.; *Krohn*, FS Gelzer, 1991, S. 281 ff.; *Ossenbühl* JZ 1989, 1125; *ders.* DÖV 1992, 761; *Papier* DVBl. 1989, 508; *Raeschke/Kessler* DVBl. 1992, 683; *ders.* NJW 1993, 2275; *Rehbinder* JuS 1989, 885; *Reuter* BB 1989, 874; *Schink* DÖV 1988, 529; *ders.* NJW 1990, 351; *ders.* VR 1992, 1; *Wurm* UPR 1990, 201; *Bamberger/Roth/Reinert* RdNr. 73.

Bauleitplanung die Anforderungen an gesunde Wohn- und Arbeitsverhältnisse zu beachten. Dieses Gebot schützt nicht nur die Allgemeinheit, sondern bezweckt gerade auch den Schutz der Personen, die in dem konkreten von der jeweiligen Bauleitplanung betroffenen Plangebiet wohnen werden. Diese Personen müssen sich darauf verlassen dürfen, dass ihnen aus der Beschaffenheit von Grund und Boden keine **Gefahren** für **Leib** und **Leben** drohen, so dass diese Personen zum Kreis der geschützten Dritten gehören.[871] Geht die Gefahr für Leben und Gesundheit nicht von dem überplanten Grundstück selbst aus, sondern ergibt sie sich aus der Beschaffenheit oder Nutzung von umgebenden Grundstücken, ist die Amtspflicht dann drittgerichtet, wenn der in Rede stehende Konflikt weder mit planerischen Mitteln gelöst werden kann noch wenn es um Gefahren geht, die für den Betroffenen vorhersehbar und beherrschbar sind.[872] Die Ausnahme von dem Grundsatz, dass die Planung vorrangig den Belangen der Allgemeinheit dient, wird mit der herausragenden Bedeutung der Rechtsgüter von Leben und Gesundheit gerechtfertigt.[873] Der BGH greift also in der Altlasten-Rechtsprechung nicht auf das planungsrechtliche Abwägungsgebot (§ 1 Abs. 7 BauGB) zurück, sondern stellt allein auf die aus § 1 Abs. 6 Nr. 1 BauGB folgende Planungsleitlinie ab, wonach bei der Aufstellung der Bauleitpläne insbesondere die allgemeinen Anforderungen an gesunde Wohn- und Arbeitsverhältnisse zu berücksichtigen sind. Daraus wird die oben angeführte drittbezogene Amtspflicht der planenden Gemeinde hergeleitet. Der BGH umgeht damit die Prüfung des planungsrechtlichen Abwägungsgebotes und seiner Drittbezogenheit. In den Fällen der Überplanung von Altlasten mag diese Verengung auf die Amtspflicht, Gesundheitsgefährdungen zu verhindern, zu sachgerechten Ergebnissen führen, die Frage der drittschützenden Amtspflichten bei der Aufstellung von Bebauungsplänen, insbesondere die nach der individualschützenden Funktion des Abwägungsgebotes, wird aber auf Grund dieser Verengung nicht ausgeschöpft.

267 Die Ausrichtung der Amtspflichten der planenden Gemeinde auf die Verhinderung von Gesundheitsgefährdungen ergibt eine spezifische Begrenzung des **personellen Schutzbereichs** jener Amtspflicht: Sie besteht nur dann gegenüber einzelnen Planbetroffenen, wenn diesen bei der Ausübung der im Bebauungsplan vorgesehenen Nutzung nicht zu beseitigende Gefahren für Leben oder Gesundheit drohen, die das Wohnen auf den betroffenen Grundstücken ausschließen.[874] Daher gehören Personen nicht zum Kreis der geschützten Dritten, bei denen eine Gefährdung von Leben und Gesundheit nicht besteht und die auch nicht die Verantwortung dafür tragen, dass die von ihnen errichteten Bauten von Gesundheitsgefahren frei sind. Ein Amtshaftungsanspruch kann demgemäß nicht darauf gestützt werden, dass lediglich die Wohnqualität eines Hauses beeinträchtigt werde, weil es in der Nachbarschaft eines schadstoffbelasteten Grundstücks liegt, während das Hausgrundstück selbst von gesundheitsgefährdenden Schadstoffen frei ist.[875] Allerdings kann auch ein **Bauträger** zum Kreis der geschützten Dritten gehören, wenn von der Beschaffenheit des Grundstücks schwere Gefahren für Leben und Gesundheit der „Ersterwerber" ausgehen. Denn der Bauträger ist in diesem Fall gegenüber dem Ersterwerber dafür verantwortlich, dass die Gebäude von Gesundheitsgefahren frei sind.[876] Eine Einbeziehung in den Kreis der geschützten Dritten scheitert nicht daran, dass die Betroffenen das Eigentum erst nach Aufstellung des Bebauungsplanes erworben haben. Für die planende Gemeinde ist bereits bei Aufstellung des Bebauungsplans erkennbar, dass die Ausweisung eines Wohngebietes, das den allgemeinen Anforderungen an gesunde

---

[871] BGHZ 106, 323, 332 = NJW 1989, 976; BGHZ 108, 224, 227 = NJW 1990, 381; BGHZ 109, 380, 385 f. = NJW 1990, 1038; BGHZ 110, 1, 10 = NJW 1990, 1042; BGHZ 113, 367, 369 = NJW 1991, 2701; BGHZ 116, 215, 218 = NJW 1992, 108; BGHZ 117, 363, 365 f. = NJW 1992, 1953; BGH NJW 1993, 384 f.; BGHZ 121, 65, 66 f. = NJW 1993, 933; BGHZ 123, 363, 365 = NJW 1994, 253.
[872] BGHZ 140, 381, 384 = NVwZ 1999, 689; BGHZ 110, 1, 11; 116, 215, 219.
[873] S. etwa BGHZ 110, 1, 10 = NJW 1990, 1042.
[874] S. etwa BGHZ 110, 1, 8 ff. = NJW 1990, 1042; ferner schon BGHZ 106, 323, 332 f. = NJW 1989, 976.
[875] BGHZ 109, 380, 389 = NJW 1990, 1038; BGHZ 110, 1, 10 = NJW 1990, 1042.
[876] BGHZ 108, 224, 228 = NJW 1990, 381; BGHZ 110, 1, 10 = NJW 1990, 1042; BGH NVwZ 1998, 319.

Wohn- und Arbeitsverhältnisse nicht genügt, über den Kreis der derzeitigen Grundstückseigentümer hinaus auch deren **Rechtsnachfolger** bzw. **Nutzungsberechtigte** nachteilig berühren wird. Die planerische Ausweisung ist also nicht personen-, sondern objektbezogen, die fragliche Amtspflicht bezieht sich mithin nicht nur auf die – im Zeitpunkt des Planbeschlusses – gegenwärtigen Eigentümer von Plangrundstücken.[877] Einbezogen in den Kreis der geschützten Dritten sind ferner die **Arbeitgeber,** weil sie gegenüber ihren Arbeitnehmern verpflichtet sind, die Arbeitsräume von Gesundheitsgefahren frei zu halten.[878] Nicht zum Kreis der geschützten Dritten gehören diejenigen Eigentümer von Plangrundstücken, die überhaupt nicht die Absicht haben, das Grundstück zu bebauen, denn bei ihnen scheidet eine Verantwortlichkeit für die zu errichtenden Bauten von vornherein aus. Um reine Vermögensinteressen geht es auch bei den Kreditgebern der Bauträger und Bauherren, die durch Grundpfandrechte an den Plangrundstücken abgesichert sind. Auch hier fehlt eine eigene Gefährdung von Leben und Gesundheit, aber auch eine eigene Verantwortung dafür, dass die Grundstücke von Gesundheitsgefahren frei sind.[879]

Was den **sachlichen Schutzbereich** der hier zur Diskussion stehenden Amtspflicht betrifft, so gilt nach der Rechtsprechung des BGH folgendes: Die Amtspflicht, bei der Bauleitplanung die allgemeinen Anforderungen an gesunde Wohn- und Arbeitsverhältnisse zu beachten, schützt die Grundeigentümer, Erwerber und Bauherren nicht nur vor Gesundheitsschäden als solchen, sondern auch gegen Vermögenseinbußen, die sie dadurch erleiden, dass sie im Vertrauen auf eine ordnungsgemäße gemeindliche Planungsentscheidung Wohnungen errichten oder kaufen, die nicht bewohnbar sind. Der zu ersetzende Schaden umfasst daher die **fehlgeschlagenen Aufwendungen** für den Grundstückserwerb und den Bau des Hauses, abzüglich eines etwa auf dem Grundstücksmarkt noch erzielbaren Preises. Auch der Nutzungsausfall, den die Betroffenen in der Zeit zwischen der Räumung des Hauses und der Veräußerung erleiden, ist zu ersetzen.[880] Nicht unter den Schutzzweck der auf Abwehr von Gesundheitsgefahren gerichteten Amtspflicht gehören reine Vermögensschäden, die etwa durch Mehraufwendungen des Eigentümers bzw. Erwerbers erforderlich werden, um das Grundstück nutzbar zu machen.[881] Diese Vermögenseinbußen sind mit Aufwendungen vergleichbar, die aus sonstigen Gründen, etwa wegen fehlender Standsicherheit des Gebäudes, für die Baureifmachung erforderlich werden. Insoweit schafft der Bebauungsplan keine (umfassende) Verlässlichkeits- bzw. Vertrauensgrundlage, die Risiken der wirtschaftlichen Nutzbarkeit des Grundstücks hat im Prinzip der Eigentümer selbst zu tragen.[882] Anders ist es, wenn es um die Beseitigung von Gesundheitsgefahren geht, die vom Bauherrn nicht beherrschbar sind und die deshalb nicht in seinen Verantwortungsbereich fallen.[883] Deshalb fallen die Mehraufwendungen für die Standsicherheit der Gebäude sowie wegen der Verzögerung der Bauarbeiten in den Schutzbereich der verletzten Amtspflicht, wenn sie wegen Baugrundrisiken entstanden sind, die aus für den Bauherrn nicht beherrschbaren Bergschäden herrühren.[884] Prozesskosten können zu denjenigen Vermögensverlusten zählen, die in unmittelbarem Zusammenhang mit dem enttäuschten Vertrauen und mit der durch den Verkauf begründeten Verantwortlichkeit gegenüber einem Grundstückskäufer stehen.[885] Besteht dagegen der Schaden allein in der Zahlung eines überhöhten Kaufpreises für ein minderwertiges Grundstück, so fehlt die unmittelbare Beziehung zu einer Gesundheitsgefahr, wenn das Haus nach wie vor bewohnbar ist und auch bewohnt wird. Diese (reinen) Vermögens-

---

[877] BGHZ 108, 224, 227 f. = NJW 1990, 381; s. ferner schon BGHZ 106, 323, 333 = NJW 1989, 976.
[878] BGH NJW 1993, 384 f.
[879] BGHZ 108, 224, 229 = NJW 1990, 381.
[880] BGHZ 106, 323, 334 f. = NJW 1989, 976.
[881] BGHZ 113, 367, 373 f. = NJW 1991, 2701.
[882] BGHZ 113, 367, 374 = NJW 1991, 2701; vgl. schon BGHZ 39, 358, 364 = NJW 1963, 1821.
[883] BGH NJW 1993, 384, 385.
[884] BGHZ 142, 259, 265 = NJW 2000, 427.
[885] BGHZ 117, 363, 367 = NJW 1992, 1953.

schäden liegen außerhalb des sachlichen Schutzzwecks der hier in Betracht kommenden Amtspflicht.[886] Der planerischen Ausweisung eines Grundstücks zu Wohnzwecken kommt auch nicht der Schutzzweck zu, jede gewünschte gärtnerische Nutzung des Grundstücks zu gewährleisten.[887]

269 Dem **Entwicklungsgebot** des § 8 Abs. 2 S. 1 BauGB fehlt jede drittschützende Funktion. Die Verpflichtung der Gemeinden, ihre Bebauungspläne aus einem Flächennutzungsplan zu entwickeln, dient allein der geordneten städtebaulichen Entwicklung und damit den Allgemeininteressen.[888] Ebenso sollen nach der insoweit nicht unproblematischen (vgl. RdNr. 263) Rechtsprechung des BGH die Vorschriften über die **ortsübliche Bekanntmachung** eines Bebauungsplanes lediglich dem Allgemeininteresse dienen, so dass eine fehlerhafte Bekanntmachung keine Verletzung drittgerichteter Amtspflichten darstellt.[889]

270 h) **Verkehrssicherungspflicht.** Für den Bereich der Verletzung von Verkehrssicherungspflichten an öffentlichen Straßen gelten folgende Einschränkungen in Bezug auf die Dritten gegenüber bestehenden Amtspflichten: Haftet die verkehrssicherungspflichtige Körperschaft nach ausdrücklicher gesetzlicher Regelung nicht wie allgemein nach privatrechtlichem Deliktsrecht, sondern nach Amtshaftungsrecht, dann besteht die Amtspflicht zur Verkehrssicherung allen Straßenbenutzern gegenüber doch nur mit dem Inhalt, jene vor Gefahren für Leben, Gesundheit, Eigentum oder sonstige absolute Rechte zu bewahren.[890] In Bezug auf sein **allgemeines** sonstiges **Vermögensinteresse** ist der Straßenbenutzer nicht geschützter Dritter. Er kann also unter dem Gesichtspunkt der Amtspflichtverletzung nicht den Schaden geltend machen, den er zB dadurch erleidet, dass er infolge der Verkehrssicherungspflichtverletzung in einen Verkehrsstau gerät und wegen dieses Zeitverlustes Vermögensnachteile hinnehmen muss. Der BGH[891] will mit dieser Einschränkung eine Haftungserweiterung in den Fällen ausschließen, in denen bei Verkehrssicherungspflichtverletzungen nicht aus § 823 Abs. 1, sondern aus § 839 gehaftet wird. Weil § 823 Abs. 1 jene reinen Vermögensverletzungen nicht erfassen würde, soll auch der Anspruch aus Art. 34 GG/§ 839 nicht weitergehen. Diese Begründung ist deshalb nicht überzeugend, weil sich die Amtshaftung von der allgemeinen Delikthaftung nach § 823 Abs. 1 gerade dadurch unterscheidet, dass sie auch das Vermögen als solches schützt, also über den Schutz absoluter Rechte und Rechtsgüter hinausgeht. Es ist nicht einsichtig, weshalb mit der Unterstellung der Verkehrssicherungspflichtverletzung unter das Amtshaftungsregime gerade diese – aus der Sicht des Geschädigten – Vorteile der Amtshaftung entfallen sollen. Die Straßenverkehrssicherungspflicht besteht nicht nur gegenüber den Benutzern der Straßen, sondern auch gegenüber den **Anliegern.** Sie bezweckt zB den Schutz der Anlieger vor Gefahren, die vom Straßengraben oder von einem umstürzenden Straßenbaum ausgehen.[892]

271 i) **Amtsmissbrauch.** Besonders weit ist der Kreis der geschützten Dritten bei den Amtspflichten der Beamten, sich jedes Amtsmissbrauchs zu enthalten sowie deliktische Eingriffe zu unterlassen, soweit jene den Tatbestand des § 826 betreffen. Die Verpflichtung, sich jedes Amtsmissbrauchs zu enthalten, obliegt dem Amtsträger schlechthin gegenüber jedem, der

---

[886] BGHZ 121, 65, 68 = NJW 1993, 933 m. Anm. *Salzwedel* EWiR 1993, 1185 f.; s. auch BGHZ 123, 363, 365 = NJW 1994, 253.
[887] BGHZ 123, 363, 365 = NJW 1994, 253; BGH NVwZ 1994, 91 = DZWiR 1994, 161, 162 m. krit. Anm. *Czybulka.*
[888] BGHZ 84, 292, 301 = NJW 1983, 215.
[889] BGH NJW 1990, 245, 246 m. Anm. *Dörr* JuS 1990, 408.
[890] BGH LM Nr. 27 (Ca) = NJW 1973, 463, 464; LM § 823 Nr. 64 (Ea) = NJW 1980, 2194, 2195; VersR 1983, 636; s. auch OLG Düsseldorf VersR 1983, 542. Zur Wahrnehmung der Verkehrssicherungspflicht als Ausübung eines öffentlichen Amtes vgl. RdNr. 177 ff., insbes. RdNr. 182 ff.
[891] BGH LM Nr. 27 (Ca) = NJW 1973, 463; vgl. hierzu *Bender* RdNr. 468; ferner die Kritik von *K. Mayer* NJW 1973, 1918 f.; *Bartlsperger* DVBl. 1973, 465 ff.; *Nedden* DVBl. 1974, 253 ff.
[892] BGH VersR 1983, 639, 640; BGHZ 123, 102, 104 = NJW 1993, 2612, 2613; OLG Düsseldorf VersR 1980, 875.

Haftung bei Amtspflichtverletzung 272–274 § 839

durch ihre Verletzung geschädigt werden kann.[893] Dabei ist es unerheblich, ob die missbräuchliche Amtsführung bestimmte Rechtsgüter oder nur das Vermögen Dritter beeinträchtigt. Entsprechendes gilt in den Fällen der Amtspflichtverletzung durch **sittenwidrige Schädigung** Dritter. Der nach Amtshaftungsrecht anspruchsberechtigte Dritte ist der „Verletzte" iS des § 826, also jeder, der durch eine sittenwidrige Amtsführung einen Vermögensschaden erleidet.

j) Juristische Personen des öffentlichen Rechts als „Dritte". „Dritte" iS des Amts- 272 haftungsrechts können grundsätzlich auch der Staat und sonstige juristische Personen des öffentlichen Rechts sein. Art. 34 GG ist – anders als die Grundrechte der Verfassung[894] – prinzipiell auch zu Gunsten von Hoheitsträgern anwendbar.[895] Es sind jedoch wesentliche Einschränkungen zu beachten: Die Beamtenhaftung des § 839 ebenso wie die – regelmäßig an ihre Stelle tretende – Amtshaftung aus Art. 34 GG stellen eine Haftung im Außenverhältnis dar, die von der dienstrechtlichen Innenhaftung (vgl. §§ 78 Abs. 1 BBG, 46 Abs. 1 BRRG, 84 Abs. 1 LBG NW, 24 Abs. 1 SoldG, 34 Abs. 1 ZDG) zu unterscheiden ist.[896] Nach den übereinstimmenden Vorschriften des Bundes und der Länder über die Innenhaftung des Beamten ist dieser dem Dienstherrn gegenüber, dessen Aufgaben er wahrgenommen hat, zum Schadensersatz verpflichtet, wenn er seine Pflichten vorsätzlich oder grob fahrlässig verletzt. Ersatzberechtigte Körperschaft ist nicht allein die Anstellungskörperschaft als beamtenrechtlicher Dienstherr, sondern auch die Funktionskörperschaft, also derjenige Dienstherr, dessen Aufgaben der Beamte im konkreten Fall wahrgenommen hat.[897]

Wo diese **beamtenrechtliche Innenhaftung** zum Zuge kommt, ist für die amtshaftungs- 273 rechtliche Außenhaftung kein Raum mehr.[898] Schädigt der Beamte nicht seine Anstellungskörperschaft (Dienstherrnkörperschaft), sondern eine andere juristische Person des öffentlichen Rechts, dann ist diese dennoch nicht „Dritte" iS des Amtshaftungsrechts, wenn der Beamte zugleich (auch) deren Aufgaben wahrgenommen hat, die geschädigte Körperschaft mithin „Funktionskörperschaft" des schädigenden Amtsträgers gewesen ist. Voraussetzung für die Amtshaftung ist also, dass die geschädigte öffentlich-rechtliche Körperschaft dem Beamten bei Erledigung seiner Dienstgeschäfte in einer Weise „gegenübersteht", die dem Außenverhältnis von Staat und Bürgern gleicht.[899] Nimmt der fehlsam handelnde Beamte (auch) Funktionen der geschädigten Körperschaft wahr, dann kann er insoweit nur beamtenrechtliche Innenpflichten, nicht drittgerichtete Amtspflichten verletzen. Die Rechtsfolgen ergeben sich aus der innenrechtlichen Beamten-, nicht aus der außenrechtlichen Amtshaftung.[900]

Beschädigt ein Lehrer als Landesbeamter bei seiner Lehrtätigkeit im Eigentum der Ge- 274 meinde stehende Gegenstände der Schule, dann ist die **Gemeinde** dennoch nicht „Dritte" iS des Amtshaftungsrechts, wenn sie nach den gesetzlichen Aufgabenzuweisungen Trägerin

---

[893] BGH LM Nr. 24 (Cb) = DB 1973, 468; BGHZ 91, 243, 252 = NJW 1984, 2216; ferner BGHZ 14, 319, 324 = NJW 1955, 97; BGHZ 16, 111, 113 = NJW 1955, 459; BGHZ 34, 99, 104 = NJW 1961, 658; BGH BB 1979, 1377 = DB 1979, 2131; DÖV 1983, 295, 297; RGZ 154, 201, 208; 156, 220; 158, 83, 94; BGH WM 1985, 336, 338. S. auch RdNr. 216, 199.
[894] BVerfGE 21, 362 = NJW 1967, 1411, 367 ff.; BVerfGE 23, 12, 24 = NJW 1968, 739; BVerfGE 23, 353, 372 f. = NJW 1968, 1619; BVerfGE 31, 314, 321 f. = NJW 1971, 1739; BVerfGE 39, 302, 312 f.; Bonner Komm/v. *Mutius*, 2. Bearb. 1974, Art. 19 Abs. 3 GG RdNr. 78 ff.
[895] Vgl. BGHZ 26, 232, 254 = NJW 1958, 629; BGHZ 32, 145, 146 = NJW 1960, 1005; BGHZ 60, 371, 372 = NJW 1973, 1461 mwN; BGHZ 116, 312, 315 = NJW 1992, 972; s. auch schon RGZ 154, 201; aA *Stelkens*, Verwaltungshaftungsrecht, 1998, S. 424 ff.
[896] Vgl. *Ossenbühl* Staatshaftungsrecht S. 119 f.; Bonner Komm/*Dagtoglou* 2. Bearb. Art. 34 GG RdNr. 344. Zur Innenhaftung iE s. RdNr. 369, 370.
[897] Vgl. hierzu BGH DVBl. 1970, 674; ZBR 1956, 327; ferner *Plog/Wiedow/Beck*, Kommentar zum Bundesbeamtengesetz, 2. Aufl. 1965, Stand Februar 2002, § 78 II Nr. 5, RdNr. 37 f.; *Fischbach*, Bundesbeamtengesetz, 3. Aufl. 1964, § 78 B II, S. 627.
[898] So auch *Ossenbühl* Staatshaftungsrecht S. 118 f.
[899] BGH LM Nr. 27 (Cb) = DVBl. 1974, 592, 593; s. auch BGHZ 87, 253, 254 f. = NJW 1984, 118, 119; BGHZ 116, 312, 315 = NJW 1991, 972; zu Letzterem krit. *v. Einem* BayVBl. 1994, 486; zust. dagegen *Geldhauser* BayVBl. 1995, 714; s. auch *Staudinger/Wurm* RdNr. 187; *Bender* RdNr. 542; RGRK/*Kreft* RdNr. 245.
[900] Im Bund-Länder-Verhältnis kommt auch eine Haftung nach Art. 104a Abs. 5 GG in Betracht, vgl. dazu BVerwGE 96, 45.

des Sachaufwandes für die Schule und Eigentümerin der Gebäude und Sachen ist.[901] In diesem Fall nehmen Staat und Gemeinde eine gemeinsame Aufgabe wahr. Sie sind zur Erfüllung ihrer gemeinsamen Funktion derart eng miteinander verbunden oder verzahnt, dass sie im Rahmen dieser Aufgabenstellung ein „Verwaltungsinternum" darstellen. Eine entsprechende Aufgabenverzahnung hat die Judikatur im Verhältnis der Berufsgenossenschaften zu den staatlichen Gewerbeaufsichtsämtern,[902] der Landesversicherungsanstalt zu den Kreisen als Trägern des Versicherungsamtes[903] und des ein amtsärztliches Gesundheitszeugnis betreffend einer Beamtenbewerberin erstellenden Gesundheitsamtes zu dem Bundesland als Dienstherr der Beamten angenommen.[904] Von einer „gleichsinnigen" gemeinsamen Aufgabenverzahnung wird auch im Verhältnis von Rentenversicherungsträger und Krankenkasse ausgegangen.[905] Wird hingegen eine juristische Person des öffentlichen Rechts als **Selbstverwaltungskörperschaft** durch einen Amtsträger des aufsichtsführenden Staates geschädigt, dann ist diese als „Dritte" anzusehen. Hier kann von einem Verwaltungsinternum nicht gesprochen werden. Eine Selbstverwaltungskörperschaft tritt in ihrem eigenen Wirkungskreis den Staat in einer vergleichbaren Stellung gegenüber wie der Bürger.

275 Als „Funktionskörperschaft" und damit nicht als „Dritte" kann auch eine natürliche Person bzw. eine juristische Person des **Privatrechts** angesehen werden, soweit sie mit öffentlicher Gewalt **beliehen** ist. Dies ist etwa bei den Beschäftigungsstellen für Zivildienstleistende (zB Deutsches Rotes Kreuz) der Fall. Durch die Anerkennung als Beschäftigungsstelle für den Zivildienst (§§ 3, 4 ZDG) erfolgt eine Beleihung mit hoheitlicher Gewalt. Schädigt ein Zivildienstleistender bei Ableistung seines Dienstes eine solche Beschäftigungsstelle, so soll er nach dem BGH selbst dann keine drittbezogene Amtspflicht verletzen, wenn jene Beschäftigungsstelle privatrechtlich organisiert ist.[906] Dieser Auffassung konnte auf der Grundlage der damals geltenden Fassung des ZDG im Ergebnis nicht gefolgt werden. Nach § 34 Abs. 1 ZDG aF kam eine Innenhaftung des Zivildienstleistenden nur gegenüber dem Bund in Betracht, nicht aber gegenüber „Funktionskörperschaften". Daher hätte insoweit die außenrechtliche Amtshaftung des Bundes gegenüber den Beschäftigungsstellen eingreifen müssen.[907] Aufgrund Gesetzes vom 11. 6. 1992 (BGBl. I S. 1030, 1036) hat § 34 Abs. 1 ZDG eine Neufassung erhalten, wonach die (Innen-)Haftung des Zivildienstleistenden bei Vorsatz und grober Fahrlässigkeit dem Dienstherrn gegenüber besteht, dessen Aufgaben er wahrgenommen hat. Aufgrund dieser den beamtenrechtlichen Vorschriften über die Innenhaftung entsprechenden Neufassung des § 34 Abs. 1 ZDG besteht die Innenhaftung nicht mehr nur gegenüber dem Bund, sondern auch gegenüber der anerkannten Beschäftigungsstelle.[908] Die Verneinung einer „Dritt-"Eigenschaft der Beschäftigungsstellen und einer diesen gegenüber bestehenden Amtspflicht der Bundesrepublik ist wegen der nunmehrigen Anwendbarkeit der Vorschrift über die Innenhaftung nach der Novellierung des § 34 Abs. 1 ZDG konsequent und akzeptabel.

276 **5. Verursachung des Schadens.** Die Amtspflichtverletzung muss bei dem geschützten Dritten einen Vermögensschaden verursacht haben. Soweit sich aus dem Schutzzweck oder Inhalt der konkreten Amtspflicht nichts anderes ergibt, setzt § 839 nicht voraus, dass sich in die Kausalkette von der Pflichtverletzung bis zum Vermögensschaden eine Verletzung bestimmter Rechte oder Rechtsgüter zwischenschiebt.[909] Wie im privatrechtlichen Haftungsrecht gilt auch für die Beamten- bzw. Amtshaftung das Erfordernis der **sozialadäqua-**

---

[901] BGHZ 60, 371, 373 = NJW 1973, 1461.
[902] BGH LM Nr. 27 (Cb) = DVBl. 1974, 592, 593.
[903] BGHZ 26, 232, 235 = NJW 1958, 629.
[904] BGH NJW 2001, 2799, 2801.
[905] BGHZ 116, 312, 316 ff. = NJW 1992, 972; s. dazu auch *v. Einem* BayVBl. 1994, 486; *Geldhauser* SozVers. 1993, 253.
[906] BGHZ 87, 253, 255 ff. = NJW 1984, 118 = JZ 1983, 764 m. Anm. *Papier*.
[907] Vgl. *Papier* JZ 1983, 766 f.
[908] Vgl. *Harrer/Haberland*, ZDG-Kommentar, 4. Aufl. 1992, § 34 Anm. 3; vgl. auch OVG Münster NVwZ 1986, 775, das bereits § 34 ZDG aF zugunsten der anerkannten Beschäftigungsstellen analog anwendete.
[909] S. auch *Bender* RdNr. 563.

ten Verursachung.⁹¹⁰ Ursächlich ist der Amtspflichtverstoß also nicht schon dann, wenn er eine Bedingung im logischen Sinne („conditio sine qua non") für den Vermögensschaden darstellt. Die Möglichkeit des Eintritts eines derartigen Schadens infolge jener Bedingung darf nicht eine so entfernte gewesen sein, dass sie nach der Auffassung des Lebens vernünftigerweise nicht in Betracht gezogen werden konnte. Der Geschädigte muss beweisen, dass ihm durch die Amtspflichtverletzung ein Schaden entstanden ist. Bei der Schadensbestimmung kommt ihm § 287 ZPO zugute.⁹¹¹ Für die Feststellung der Ursächlichkeit ist – wenn es nicht um eine Ermessensentscheidung geht – darauf abzustellen, wie die Behörde nach Auffassung des über den Amtshaftungsanspruch entscheidenden Gerichts richtigerweise hätte entscheiden müssen.⁹¹²

Die durch die **Beauftragung eines Rechtsanwalts** entstandenen Kosten stellen einen in sozialadäquater Weise verursachten Schaden eines rechts- und amtspflichtwidrig ergangenen Bescheides dar. Dies gilt auch für die der verwaltungsgerichtlichen Klage vorgeschalteten verwaltungsverfahrensrechtlichen Rechtsbehelfsverfahren. Der Betroffene kann daher gegebenenfalls über Art. 34 GG/§ 839 eine Kostenerstattung erlangen, und zwar vor allem auch dann, wenn nach dem speziellen Verwaltungsverfahrensrecht ein allgemeiner Kostenerstattungsanspruch nicht vorgesehen ist.⁹¹³ Die verfahrensrechtlichen Vorschriften, etwa der AO 1977, die eine Kostenerstattung im Rechtsbehelfsverfahren ausschließen, verdrängen das allgemeine Schadensersatzrecht der Amtshaftung nicht.⁹¹⁴ Bei zu Unrecht erhobenen Steuern oder sonstigen Abgaben kann der durch diese Amtspflichtverletzung verursachte Schaden im Zinsverlust bestehen. Entsprechende Amtshaftungsansprüche bestehen ungeachtet sondergesetzlicher Gewährungen bzw. Ausschlüsse (vgl. § 233 AO).

Der Amtspflichtverstoß ist für den eingetretenen Schaden dann nicht kausal, wenn dieser auch bei amtspflichtgemäßem Verhalten eingetreten wäre.⁹¹⁵ Dies ist bedeutsam vornehmlich bei **Ermessenshandlungen**⁹¹⁶ und bei Amtspflichtverletzungen durch **Unterlassen**.⁹¹⁷ Ein Amtspflichtverstoß durch Ermessensüberschreitung, Ermessensnichtgebrauch (Ermessensunterschreitung) oder Ermessensmissbrauch kann nur dann kausal sein für einen Vermögensschaden Dritter, wenn bei ermessensfehlerfreier Amtstätigkeit der Schaden nicht oder nicht in dieser Höhe entstanden wäre. Dies kann vor allem dann der Fall sein, wenn der behördliche Ermessensspielraum auf „Null reduziert" war, eine gesetzmäßige und amtspflichtgemäße Entscheidung also auf jeden Fall im Ergebnis hätte anders ausfallen müssen als die tatsächlich getroffene Entscheidung. Verbleibt der Behörde hingegen ein Spielraum gesetzmäßiger Ermessensausübung, dann muss sich aus anderen Umständen ergeben, dass die Behörde bei korrekter Ermessenshandhabung mit an Sicherheit grenzender Wahrscheinlichkeit im Ergebnis anders entschieden hätte. Nur dann kann der Ermessensfehler kausal sein. Die bloße Möglichkeit eines anderslautenden Entscheidungsergebnisses reicht nicht.⁹¹⁸

---

⁹¹⁰ Vgl. BGH LM Nr. 22 (D) = NJW 1965, 1524; VersR 1964, 410; ebenso *Bender* RdNr. 559, 564; vgl. § 249 RdNr. 104 ff.; krit. zur Adäquanztheorie § 249 RdNr. 111 ff.
⁹¹¹ BGH DVBl. 1983, 586, 587; NJW 1995, 2344, 2345 mwN.
⁹¹² BGH NVwZ 1988, 283, 284; 1994, 409.
⁹¹³ RGRK/*Kreft* RdNr. 309.
⁹¹⁴ BGHZ 21, 359, 360 = NJW 1957, 97; BGH NJW 1975, 972, 973; OLG München BB 1979, 1335 m. Anm. *Hein*; OLG Frankfurt BB 1981, 228 m. Anm. *Hein*; *Hidien* NJW 1987, 2211 f.; aA LG Bochum StB 1994, 26; vgl. dazu abl. *Hermanns/Kuhsel* Stbg. 1993, 439; *Kuhsel* Stbg. 1993, 80; zum kommunalabgabenrechtlichen Vorverfahren vgl. *Günther/Günther* KStZ 1991, 204.
⁹¹⁵ Vgl. BGH LM Nr. 3 (C); Nr. 2, 5 (D); LM § 249 Nr. 35 (Bb) = NJW 1982, 572; RGZ 147, 129, 134; s. auch BGH NVwZ 2000, 1206, 1207, wonach sich die Behörde nicht auf rechtmäßiges Alternativverhalten berufen kann, wenn dieses ihrer erkennbaren Absicht zum Zeitpunkt der Amtspflichtverletzung widersprochen hätte; *Bender* RdNr. 565 ff.
⁹¹⁶ BGH LM Nr. 8 (D) = NJW 1959, 1125; VersR 1966, 286; 1982, 275; *Bender* RdNr. 566. Zur Rspr. des BGH zur Amtspflichtverletzung durch Ermessensfehler s. *Papier* JuS 1980, 265, 268. Zu Beweiserleichterungen und zur Umkehr der Beweislast in Bezug auf die Kausalität bei Amtspflichtverletzungen bei der Besetzung von Beamtenposten s. RdNr. 204.
⁹¹⁷ Vgl. hierzu BGH VersR 1960, 905; LM Nr. 16 (Ca) = NJW 1966, 1356, 1358; LM Nr. 50 (Ca) = NJW 1982, 1328; RGZ 147, 129; *Bender* RdNr. 567.
⁹¹⁸ S. auch BGH VersR 1985, 887.

Demgemäß ist zu prüfen, welchen Verlauf die Dinge bei pflichtgemäßem Verhalten der Amtsträger genommen hätten und wie sich in diesem Fall die Vermögenslage des Verletzten darstellen würde.[919]

279 Entsprechende Anforderungen sind bei Amtspflichtverletzungen durch **Unterlassen** zu beachten. Auch hier kann eine Kausalität nur angenommen werden, wenn bei amtspflichtgemäßem Tätigwerden der Schaden mit an Sicherheit grenzender Wahrscheinlichkeit nicht oder jedenfalls nicht in dieser Höhe entstanden wäre.[920] Eine bloße Möglichkeit oder eine gewisse Wahrscheinlichkeit reicht somit nicht. Der Geschädigte hat darzulegen und ggf. zu beweisen, in welcher für ihn günstigen Weise das Geschehen bei Vornahme der gebotenen Amtshandlung verlaufen wäre.[921] Der Schutzzweck der jeweiligen Amtspflicht kann Auswirkungen auf die Beweislastverteilung haben. Das gilt vor allem für die Verletzung von **Beratungspflichten**. Steht fest, dass bei sachgemäßer Erteilung und Befolgung des Rates der Schaden vermieden worden wäre, dann ist der Beratungspflichtige beweispflichtig, dass der zu Beratende sich nicht an den Rat gehalten hätte.[922]

280 Bei rechtswidriger Versagung einer Baugenehmigung entfällt die Kausalität der amtspflichtwidrigen, auch auf eigene Erwägungen gestützten Entscheidung der Baugenehmigungsbehörde nicht deswegen, weil auch die Gemeinde rechtswidrig ihr **Einvernehmen** nach § 36 BauGB verweigert hat. Auch die amtspflichtwidrig handelnde Gemeinde kann in einem solchen Fall nicht einwenden, ihre negative Entscheidung sei letztlich nicht kausal geworden, weil die Baugenehmigungsbehörde in jedem Fall die Erteilung der Genehmigung abgelehnt hätte. Der geschädigte Bauherr braucht in einem derartigen Fall nicht hinzunehmen, dass im Haftpflichtprozess die von ihm in Anspruch genommene Körperschaft die Verantwortlichkeit auf die jeweils andere abzuwälzen versucht. Vielmehr haften beide Körperschaften im Außenverhältnis als **Gesamtschuldner** gemäß § 840 Abs. 1. Die Gewichtung der jeweiligen Verantwortungs- und Verursachungsbeiträge ist dem internen Ausgleich nach § 426 vorbehalten.[923]

281 Der **Zurechnungszusammenhang** zwischen Amtspflichtverletzung und Schaden ist auch dann gegeben, wenn sich die Gefahren, denen die jeweiligen Amtspflichten entgegenwirken sollen, im konkreten Fall auf ungewöhnliche Weise verwirklicht haben.[924] Der haftungsrechtliche Zurechnungszusammenhang kann indes **unterbrochen** sein, wenn der Geschädigte selbst in völlig ungewöhnlicher oder unsachgemäßer Weise in den Geschehensablauf eingreift und eine weitere Ursache setzt, die den Schaden endgültig herbeiführt. Ob in dieser Weise der Abschluss eines Vergleichs den Zurechnungszusammenhang unterbricht, ist abhängig von den Einzelfallumständen, insbesondere von den Erfolgsaussichten einer Klage und dem Interesse des Geschädigten an alsbaldiger Beendigung des Streits.[925] Auch ein Fehlverhalten eines Dritten unterbricht den Zurechnungszusammenhang in der Regel nicht.[926] Dies ist nur bei ungewöhnlich grobem Fehlverhalten der Fall. Wer aber eine Gefahrenlage schafft, bei der Fehlleistungen Dritter erfahrungsgemäß vorkommen können, hat in der Regel den durch dieses Fehlverhalten Dritter entstandenen Schaden in zurechenbarer Weise mitverursacht.[927]

282 **6. Verschulden des Amtsträgers. a) Verschuldensprinzip für Beamten- und Amtshaftung.** § 839 verlangt für die Beamtenhaftung, dass der Beamte eine Amtspflicht

---

[919] BGH NJW 1995, 2344, 2345.
[920] BGH NVwZ 1994, 823, 825 mwN; s. auch *Bender* RdNr. 567; RGRK/*Kreft* RdNr. 306.
[921] BGH NJW 1986, 2829; NVwZ 1994, 823, 825 = LM § 839 (A) Nr. 58 m. Anm. *W. Schmidt*.
[922] Vgl. etwa BGH VersR 1985, 265; ferner BGHZ 61, 118, 122 = NJW 1973, 1688; BGHZ 64, 46, 51 = NJW 1975, 824.
[923] BGHZ 118, 263, 267 = NJW 1992, 2691, 2692.
[924] Vgl. etwa BGH NJW 1992, 2086.
[925] BGH VersR 1988, 963; NJW 1989, 99; ZBR 1988, 347; ferner BGH VersR 1990, 1360; zum Zurechnungszusammenhang bei der Notarhaftung s. BGH NJW 1988, 1262.
[926] Vgl. dazu BGHZ 106, 313, 316 ff. = NJW 1989, 2127 zum StrEG.
[927] Vgl. auch BGH VersR 1982, 296; 1985, 358; 1989, 1087 = NJW 1990, 176.

vorsätzlich oder fahrlässig verletzt. Dieses Verschuldenserfordernis gilt auch für die Amtshaftung des Staates aus Art. 34 GG, weil diese die Erfüllung des Tatbestandes der Eigenhaftungsnorm des § 839 voraussetzt.[928] Ob das Verschuldensprinzip für eine öffentlich-rechtliche Staatshaftung ein rechtspolitisch sinnvolles und unter rechtsstaatlichen Gesichtspunkten angemessenes Kriterium ist, wird teilweise bezweifelt.[929] Das Verschuldenserfordernis wird überwiegend der verfehlten Schuldübernahmekonstruktion der geltenden Amtshaftung angelastet, eine unmittelbare und originäre Staatsunrechtshaftung sollte hingegen nach den in der Literatur teilweise vertretenen und vom – gescheiterten – StHG zum Teil aufgegriffenen (s. RdNr. 104ff., insbes. RdNr. 114ff.) rechtspolitischen Vorstellungen eine verschuldensunabhängige Haftung sein.

Inhaltlich hat die Judikatur[930] das Verschuldenserfordernis des geltenden Rechts erheblich „aufgelockert". Durch **Objektivierung** des Fahrlässigkeitsbegriffs iS einer normativen Verschuldenstheorie[931] sind die Sorgfaltsanforderungen an den einzelnen Amtsträger immer größer geworden, durch die Anerkennung eines **Organisationsverschuldens** ist auf die Feststellung des individuell verantwortlichen Amtsträgers verzichtet worden[932] und schließlich ist man mit Hilfe des **„prima-facie-Beweises"** immer mehr an eine Beweislastumkehrung herangekommen.[933] Ferner ist die verschuldensabhängige Amtshaftung teilweise durch verschuldensunabhängige Haftungsinstitute wie den enteignungsgleichen und aufopferungsgleichen Eingriff sowie die Folgenbeseitigung ergänzt worden, die sämtlich zu Anwendungsfällen einer unmittelbaren Staatsunrechtshaftung geworden sind.[934] Soweit durch eine Amtspflichtverletzung zugleich der Tatbestand des § 836 verwirklicht worden ist, gilt für das Verschulden die dort vorgesehene Vermutungsregelung.[935]

b) Schuldformen. Die Schuldformen Vorsatz und Fahrlässigkeit brauchen nur hinsichtlich der Amtspflichtverletzung, nicht aber (auch) hinsichtlich des schädigenden Erfolges vorzuliegen.[936]

aa) Vorsatz. Eine vorsätzliche Amtspflichtverletzung ist anzunehmen,[937] wenn der Beamte die Amtshandlung willentlich und in Kenntnis der die Amtspflichtwidrigkeit objektiv begründenden Tatsachen vornimmt bzw. unterlässt.[938] Darüber hinaus gehört wie im privaten so auch im öffentlichen Haftungsrecht zum Vorsatz das Bewusstsein der Rechts- oder Pflichtwidrigkeit.[939] Im Sinne der Vorsatztheorie und im Gegensatz zu der im Strafrecht heute vorherrschenden Schuldtheorie führt ein Verbotsirrtum des Amtsträgers zum Vorsatz-

---

[928] Ebenso Bonner Komm/*Dagtoglou* 2. Bearb. Art. 34 GG RdNr. 173; *Bender* RdNr. 572; *Ossenbühl* Staatshaftungsrecht S. 72.
[929] *Luhmann*, Öffentlich-rechtliche Entschädigung rechtspolitisch betrachtet, 1965, S. 84f.; *Lerche* JuS 1961, 237, 242; *Bartlsperger* NJW 1968, 1697, 1699ff.; *Dietzel* JZ 1969, 48, 50f.; *Bender* RdNr. 314; Bonner Komm/*Dagtoglou* 2. Bearb. Art. 34 GG RdNr. 199, 207.
[930] Vgl. zB BGH VersR 1959, 385; LM Nr. 28 (Fi) = VersR 1967, 1150; LM § 847 Nr. 43 = VersR 1972, 368, 370; RGZ 156, 34, 51; 125, 85.
[931] Vgl. BGHZ 2, 209, 214 = LM Nr. 27 (Fg); BGHZ 4, 302, 313 = NJW 1952, 583; BGHZ 22, 258, 263 = NJW 1957, 298; BGHZ 106, 323, 329, 330 = NJW 1989, 976; BGH NJW 1995, 2344, 2345; RGZ 156, 34, 51; s. auch *Bender* RdNr. 587.
[932] Vgl. hierzu BGH LM FernsprechO Nr. 4 = NJW 1964, 41, 44; VersR 1960, 909; 1963, 975; RGZ 100, 102; *Bender* RdNr. 592; Bonner Komm/*Dagtoglou* 2. Bearb. Art. 34 GG RdNr. 192; vgl. dazu RdNr. 293.
[933] So schon RGZ 125, 85; ebenso BGHZ 22, 258, 267 = NJW 1957, 298; s. ferner *Ossenbühl* Staatshaftungsrecht S. 76 f.; Bonner Komm/*Dagtoglou* 2. Bearb. Art. 34 GG RdNr. 191; *Luhmann* (Fn. 929) S. 83; *Hinkel* DVBl. 1967, 641; vgl. § 249 RdNr. 449ff. mwN.
[934] S. RdNr. 25ff., 56ff., 80ff. Zum Gesamtkomplex s. auch *Oppermann/Tiemann*, Verschuldensmaßstäbe bei Amtshaftung der Deutschen Bundesbank, 1983.
[935] BGH NJW-RR 1990, 1500, 1501.
[936] S. zB BGH MDR 1981, 32; s. auch § 276 RdNr. 52, 153.
[937] Vgl. BGH LM § 254 Nr. 8 (Ea) = NJW 1965, 962, 963; BGHZ 30, 374, 381 = NJW 1960, 34; BGHZ 34, 375, 381 = NJW 1961, 1157; BGH NVwZ 1992, 911 f.; BGHZ 120, 176, 181 = NJW 1993, 1529.
[938] Vgl. BGH LM Nr. 34 (A) = VersR 1971, 864, 866; Bonner Komm/*Dagtoglou* 2. Bearb. Art. 34 GG RdNr. 180; s. § 276 RdNr. 154ff.
[939] BGH VersR 1966, 875; DRiZ 1966, 308; *Bender* RdNr. 580ff.; vgl. § 276 RdNr. 158.

ausschluss. Allerdings reicht es zur Bejahung eines Vorsatzes und zur Verneinung eines Verbotsirrtums aus, dass der Amtsträger mit der Möglichkeit eines Pflichtverstoßes gerechnet und gleichwohl unter billigender Inkaufnahme der Amtspflichtverletzung gehandelt hat (dolus eventualis).[940]

286 Das Wissen und Wollen des Amtsträgers braucht sich – wie erwähnt – nicht auf den **eingetretenen Schaden** zu beziehen. Etwas anderes gilt nur für die Amtspflicht, sich eines deliktischen Eingriffs iS des § 826 zu enthalten, sowie für die Amtspflicht zur Schonung unbeteiligter Dritter. Bei § 826 muss die Schädigung gerade vorsätzlich erfolgt sein.[941] Die Amtspflicht zur Schonung unbeteiligter Dritter wird nur dann vorsätzlich verletzt, wenn der Beamte die von seiner Amtstätigkeit auf Dritte wirkenden schädigenden Beeinträchtigungen kennt.[942]

287 Die **Feststellung der konkreten Schuldform** ist im Amtshaftungsrecht im Allgemeinen deshalb unerlässlich, weil davon die Geltung bzw. Nichtgeltung der Subsidiaritätsklausel (§ 839 Abs. 1 S. 2), des Spruchrichterprivilegs (§ 839 Abs. 2 S. 1) sowie die Möglichkeit des Regresses des Staates gegen den Beamten (vgl. Art. 34 S. 2 GG, § 78 Abs. 1 BBG, § 46 Abs. 1 BRRG) abhängen können.[943]

288 **bb) Fahrlässigkeit.** Eine Amtspflichtverletzung ist fahrlässig begangen, wenn der Amtsträger die im (betreffenden amtlichen) Verkehr erforderliche Sorgfalt außer Acht gelassen hat.[944] Der hier maßgebliche zivilrechtliche Fahrlässigkeitsbegriff (§ 276) ist abweichend von dem des Strafrechts durch eine starke Objektivierung gekennzeichnet. Nach dem Gesetz ist auf die im Verkehr erforderliche, nicht auf die in der betreffenden Verwaltung übliche oder die nach dem Leistungsniveau des individuellen Amtsträgers zu erwartende Sorgfalt abzustellen.[945] Der Sorgfaltsmaßstab ist also ein objektiv-abstrakter, kein individuell-subjektiver. Er ist auf die allgemeinen Verkehrsbedürfnisse ausgerichtet und orientiert sich daher an den Anforderungen, die von einem „pflichtgetreuen Durchschnittsbeamten" erwartet werden können.[946] Es kommt auf die Kenntnisse und Einsichten an, die für die Führung des übernommenen Amtes im Durchschnitt erforderlich sind. Jeder Beamte muss die für sein Amt erforderlichen Rechts- und Verwaltungskenntnisse besitzen oder sich verschaffen.[947] Für die **Mitglieder kommunaler Vertretungskörperschaften** (Gemeinderat, Kreistag) gelten keine herabgesetzten Sorgfaltsanforderungen.[948] Sie können für sich kein „laienhaftes Ermessen" reklamieren. Fehlt ihnen die eigene Sachkunde, so müssen sie sich bei ihrer Verwaltung oder bei anderen Fachbehörden kundig machen. Notfalls müssen außerhalb der Verwaltung stehende Sachverständige (auch juristische[949]) konsultiert werden.

289 Eine objektiv **unrichtige Gesetzesauslegung** oder **Rechtsanwendung** ist unter Beachtung dieses objektivierten Fahrlässigkeitsmaßstabs dann schuldhaft,[950] wenn sie gegen den klaren, bestimmten und eindeutigen Wortlaut der Norm verstößt oder wenn die bei

---

[940] Vgl. hierzu BGHZ 30, 374, 381 = NJW 1960, 34; BGHZ 34, 375, 381 = NJW 1961, 1157; BGH LM § 254 Nr. 8 (Ea) = NJW 1965, 962, 963; BGHZ 120, 176, 181 = NJW 1993, 1529.
[941] *Palandt/Thomas* § 826 RdNr. 10.
[942] Vgl. zB BGH VersR 1973, 417, 419; *Bender* RdNr. 585.
[943] S. auch *Bender* RdNr. 584. Zur Häufigkeit der einzelnen Schuldformen in der Praxis s. RdNr. 118.
[944] *Bender* RdNr. 586; Bonner Komm/*Dagtoglou* 2. Bearb. Art. 34 GG RdNr. 181; RGRK/*Kreft* RdNr. 289 mwN; s. § 276 RdNr. 53 ff.
[945] BGH LM Nr. 34 (B) = NJW 1979, 2097, 2098; s. auch LG Hannover BB 1977, 1138; vgl. § 276 RdNr. 55 ff.
[946] Vgl. hierzu BGH VersR 1959, 385; LM Nr. 28 (Fi) = VersR 1967, 1150; BauR 1984, 498, 499; RGZ 156, 34, 51.
[947] St. Rspr., vgl. BGHZ 106, 323, 329 f. = NJW 1989, 976 = DVBl. 1989, 504, 506 m. Anm. *Papier*; BGHZ 117, 240, 249 = NJW 1992, 3229; BGH NJW 1993, 3065, 3066.
[948] BGH BauR 1984, 498, 499 = NVwZ 1986, 504, 505; BGHZ 106, 323, 330 = DVBl. 1989, 504, 506 m. Anm. *Papier*.
[949] Vgl. auch BGH VersR 1981, 851, 852 sowie BauR 1984, 498, 499 = NVwZ 1986, 504, 505.
[950] Bonner Komm/*Dagtoglou* 2. Bearb. Art. 34 GG RdNr. 183 ff.; *Ossenbühl* AöR 92 (1967), 478 ff.; *ders.* (Fn. 5) S. 50 ff.

ihr aufgetretenen Zweifelsfragen durch die höchstrichterliche Rechtsprechung geklärt sind.[951] Bereits eine einzige Entscheidung eines obersten Bundesgerichts kann diese Klärung bewirkt haben.[952] Der Amtsträger hat sich sorgsam über die Rechtslage zu unterrichten,[953] er muss die für sein Amt erforderlichen Rechts- und Verwaltungskenntnisse besitzen oder sich verschaffen.[954] Auf der anderen Seite handelt der Amtsträger nicht fahrlässig, wenn seine objektiv unrichtige Normauslegung eine Vorschrift betrifft, deren Inhalt zweifelhaft sein kann und durch eine höchstrichterliche Rechtsprechung noch nicht klargestellt ist.[955] Ist der Beamte nach sorgfältiger Prüfung bei der Anwendung eines neuen Gesetzes zu einer rechtlich vertretbaren Auslegung gelangt, so kann ihm aus der Tatsache, dass seine Rechtsauffassung später von den Gerichten nicht gebilligt wird, kein Schuldvorwurf gemacht werden. Der Schuldvorwurf entfällt aber nur, wenn die letztlich als unzutreffend erkannte Rechtsmeinung nicht nur vertretbar, sondern auch auf Grund sorgfältiger rechtlicher und tatsächlicher Prüfung gewonnen worden ist.[956]

Ein Verschulden ist ferner idR zu verneinen, wenn ein mit mehreren Rechtskundigen **290** besetztes **Kollegialgericht** die Amtshandlung für rechtmäßig gehalten hat.[957] Dies ist allerdings nach der neueren Rechtsprechung nur eine „Richtlinie", von der vielfach abgewichen wird. Eine Ausnahme gilt dann, wenn es sich um grundsätzliche Maßnahmen zentraler Dienststellen handelt, die nach umfassender Abwägung und Prüfung und unter Benutzung allen einschlägigen Materials entscheiden können, die sich also nicht weniger sach- und rechtskundig machen können als ein Gericht auch.[958] Ebenso gilt diese „Richtlinie" nicht für in einem summarischen Verfahren getroffene Entscheidungen.[959] Eine weitere Ausnahme ist in dem Fall zu machen, in dem das Kollegialgericht das Vorgehen des Beamten aus Rechtsgründen billigt, die der Beamte selbst gar nicht erwogen hat oder das Kollegialgericht eine eindeutige Bestimmung übersehen[960] bzw. „sich bereits in seinem Ausgangspunkt von einer rechtlich verfehlten Betrachtungsweise nicht ... freimachen"[961] konnte. Eine Ausnahme von dem geschilderten Grundsatz macht die Rechtsprechung ferner dann, wenn das Kollegialgericht in einem entscheidenden Punkt von einem falschen Sachverhalt[962] ausgegangen ist, den Sachverhalt nicht erschöpfend gewürdigt hat[963] oder wesent-

---

[951] BGHZ 30, 19, 22 = NJW 1959, 1219; BGH MDR 1980, 38, 39; NJW-RR 1992, 919; OVG Münster NJW 1979, 2061, 2063.
[952] BGH LM Nr. 27 (B) = NJW 1963, 1453, 1454; OVG Münster NJW 1979, 2061, 2063; vgl. auch Erman/Küchenhoff/Hecker RdNr. 59.
[953] OLG München BB 1979, 1335, 1336; s. auch BGH LM Nr. 41 (Ca) = NJW 1980, 2576; LM Nr. 37 = NJW 1982, 36.
[954] BGH NJW 1993, 3065, 3066.
[955] Vgl. hierzu BGHZ 36, 144, 149 = NJW 1962, 583; BGHZ 30, 19, 22 = NJW 1959, 1219; BGH LM Nr. 27 (B) = DÖV 1963, 615, 616 f.; VersR 1963, 782; 1968, 788; LM Nr. 34 (B) = NJW 1979, 2097, 2098; LM Nr. 37 = NJW 1982, 36; LM GG Art. 14 Nr. 61 (Cp) = NJW 1982, 2813, 2814; NVwZ 1989, 287; RG HRR 1935 Nr. 666.
[956] BGHZ 119, 365, 369 f. = NJW 1993, 530; BGH NJW 1994, 3158, 3159 = JZ 1994, 1116 m. Anm. Schwabe; NJW 2007, 224.
[957] Vgl. BGHZ 17, 153, 158 = NJW 1955, 988; BGHZ 27, 338, 343 = NJW 1959, 35, 37; BGH VersR 1961, 533, 534; LM Nr. 18 (Cb) = NJW 1971, 1699, 1701; VersR 1970, 922; NJW 1971, 1699, 1701; 1977, 1148 (insoweit nicht in BGHZ 68, 142 abgedruckt); BGHZ 78, 274, 279 = NJW 1981, 675, 676; BGH LM Nr. 33 (Fm) = NVwZ 1982, 269; BGHZ 97, 97, 107 = NJW 1986, 2309; BGHZ 117, 240, 250 = NJW 1992, 3229; BGH NJW 1993, 3065, 3066; NJW 1994, 405, 406 f.; 1998, 878; 1998, 1329, 1330; vgl. auch BVerwG NJW 1973, 1014 f.; NVwZ 2004, 104; OVG Koblenz DVBl. 1977, 972 (Nr. 420). Zur Ausnahme s. BGH LM GG Art. 14 Nr. 64 (Ce) = NJW 1980, 1679. Krit. B. Schmidt NJW 1993, 1630 f.
[958] BGH LM Nr. 18 (Cb) = NJW 1971, 1699, 1701; LM Nr. 20 (B) = NJW 1962, 793; NJW 1984, 168, 169 = VersR 1983, 782, 783 (Regierungspräsident); vgl. auch BGH LM Nr. 68 (A) = NJW 2002, 1793.
[959] BGH NJW 1986, 2954; BGHZ 117, 240, 250 = NJW 1992, 3229, 3232.
[960] BGH LM Nr. 18 (Cb) = NJW 1971, 1699, 1701.
[961] BGH LM § 823 Nr. 5 (Ef).
[962] BGHZ 27, 338, 343 = NJW 1959, 35; BGH VersR 1960, 559, 560; 1964, 316, 319; 1964, 872, 874; NJW 1989, 1924; 1993, 3065, 3066.
[963] BGH BayVBl. 2003, 28; NVwZ-RR 2005, 152, 153.

liche Gesichtspunkte unberücksichtigt gelassen hat.[964] Die letztgenannten Entscheidungen könnten dazu führen, dass sich die Amtshaftungsgerichte zu einer „Superinstanz" der Fachgerichte, insbesondere der allgemeinen und besonderen Verwaltungsgerichte aufschwingen. Dem ist entgegenzutreten, so dass der oben geschilderte Grundsatz der kollegialgerichtlichen Billigung nur in den Extremfällen gröbster und evidenter Fehlerhaftigkeit der gerichtlichen Entscheidung durchbrochen werden sollte.

291 Die genannten **Verhaltensmaßstäbe bei der Norminterpretation** dürfen jedoch nicht dahin missverstanden werden, dass jede höchstrichterliche Entscheidung für alle Zeiten eine über die Rechtskraftwirkung hinausgehende Bindungswirkung gegenüber der Verwaltung entfaltet. Der Beamte hat eine höchstrichterliche Entscheidung zwar zu bedenken und sich mit ihr auseinanderzusetzen, eine strikte Befolgungspflicht besteht jedoch nicht. Er ist nicht gehindert, einer für verfehlt gehaltenen höchstrichterlichen Entscheidung mit sachgemäßer und einleuchtender Begründung nicht zu folgen bzw. wegen veränderter Umstände nicht mehr zu folgen.[965] Auch kann die Verwaltung, wenn sie Zweifel an der höchstrichterlichen Normauslegung hat, ggf. ein abstraktes Normenkontrollverfahren vorbereiten bzw. initiieren[966] und bis zur Entscheidung des Verfassungsgerichts ihre anderslautende, wohlbegründete Norminterpretation weiterhin zugrunde legen. Eine schuldhafte Amtspflichtverletzung stellt es hingegen dar, wenn eine in der Sache einschlägige höchstrichterliche Entscheidung oder gar eine konstante höchstrichterliche Rechtsprechung einfach übersehen bzw. grundlos oder mit sachwidrigen Gründen ignoriert wird.[967] Eine Behörde, die durch ein nicht rechtskräftiges Urteil eines Kollegialgerichts verurteilt worden ist, handelt nicht schon dann fahrlässig, wenn sie sich dieser Entscheidung nicht beugt, sondern ihren abweichenden Standpunkt im Rechtsmittelweg weiterverfolgt, dann aber unterliegt.[968]

292 **c) Entindividualisierung und Objektivierung des Verschuldensmerkmals.** Die Tendenz zur Objektivierung des Verschuldensmerkmals wird dadurch verstärkt, dass auf eine Individualisierung und Nominierung der Amtsträger, deren schuldhaftes Fehlverhalten die Staatshaftung begründet, verzichtet wird. Schon das RG[969] betonte, dass bei Unmöglichkeit, die verantwortlichen Einzelpersonen festzustellen, den hierdurch begründeten Nachteil nicht der außerhalb der staatlichen Organisation stehende Dritte, sondern der Staat zu tragen habe. Für einen Amtshaftungsanspruch reicht es also aus, dass überhaupt und irgendwelche Amtsträger der in Anspruch genommenen Körperschaft Dritten gegenüber obliegende Amtspflichten schuldhaft verletzt haben, also letztlich das Gesamtverhalten der betreffenden Verwaltung in einer den verkehrsnotwendigen Sorgfaltsanforderungen widersprechenden Weise amtspflichtwidrig gewesen ist.[970]

293 In engem Zusammenhang mit der „Anonymisierung" und „Entindividualisierung" des Verschuldens steht die Möglichkeit des **Organisationsverschuldens**.[971] Eine Behörde ist in sachlicher und personeller Hinsicht so auszustatten und so zu leiten bzw. zu beaufsichtigen, dass sie ihren Pflichten Dritten gegenüber nachkommen kann. Eine Überlastung oder Überforderung der in concreto handelnden Amtsträger, Ausfälle wegen Krankheit oder Urlaub oder Nichteinstellung bzw. Nichtzurverfügungstellung des zur Aufgabenerfüllung notwen-

---

[964] BGH NJW 1989, 1924; BGHZ 115, 141, 150 = NJW 1992, 39; BGHZ 120, 184, 197 = NJW 1993, 1526; BGH NJW 1994, 3162, 3164; LM § 839 (Fd) Nr. 26 m. Anm. *W. Schmidt*; BGHZ 126, 386, 394 f.= NJW 1994, 3014 = LM § 839 (Ca) Nr. 96 m. Anm. *W. Schmidt*.
[965] Ebenso *Ossenbühl* AöR 92 (1967), 478 ff.; *ders.* Staatshaftungsrecht S. 74 f.; Bonner Komm/*Dagtoglou* 2. Bearb. Art. 34 GG RdNr. 187.
[966] BGH LM Nr. 27 (B) = DÖV 1963, 615, 616 f.
[967] OLG Hamburg DVBl. 1958, 328; BGHZ 30, 19, 22 = NJW 1959, 1219; BGH LM Nr. 27 (B) = NJW 1963, 1453, 1454.
[968] BGH NJW 1994, 3158, 3159 m. Anm. *Schwabe* JZ 1994, 1119.
[969] RGZ 100, 102.
[970] BGH LM Nr. 59 (C) = WM 1960, 1304, 1305; *Bettermann/Papier* Verw. 1975, 25; *Palandt/Thomas* RdNr. 27; *Erman/Küchenhoff/Hecker* RdNr. 60.
[971] OLG Koblenz NVwZ-RR 2003, 168; s. hierzu auch Fn. 930.

digen Personals[972] schließen also über die Rechtsfigur des Organisationsverschuldens den schuldhaften Amtspflichtverstoß nicht aus, auch wenn ein persönlicher Schuldvorwurf gegenüber individuellen Amtsträgern nicht möglich ist.

d) Amtshaftung trotz fehlender Verantwortlichkeit des Beamten. Die Vorschriften des BGB (§§ 827, 828) über den Ausschluss der Zurechnungsfähigkeit gelten auch für § 839.[973] Bei der Amtshaftung des Staates sind jedoch die Sondervorschriften des § 1 Abs. 2 RBHaftG[974] und der inhaltlich übereinstimmenden Landeshaftungsgesetze (vgl. § 1 Abs. 2 PrBHaftG,[975] § 18 a Rh.-Pf.-AGBGB[976]) zu beachten: Ist die Verantwortlichkeit des Beamten deshalb ausgeschlossen, weil er den Schaden im Zustand der Bewusstlosigkeit oder in einem die freie Willensbestimmung ausschließenden Zustand krankhafter Störung der Geistestätigkeit verursacht hat, so hat der Staat gleichwohl den Schaden zu ersetzen, wie wenn dem Beamten Fahrlässigkeit zur Last fiele, jedoch nur insoweit, als die Billigkeit die Schadloshaltung erfordert. Diese Vorschriften sind auf nichtbeamtete Amtsträger iS des Haftungsrechts entsprechend anzuwenden.[977] Darüber hinaus dürfte in diesen Fällen nicht selten ein Organisations-, Auswahl- oder Aufsichtsverschulden anderer Amtsträger vorliegen.

II. Inhalt des Amtshaftungsanspruchs

Der Amtshaftungsanspruch hat den Ersatz des durch die Amtspflichtverletzung verursachten Schadens zum Inhalt, soweit sein Ausgleich vom Schutzzweck der verletzten Amtspflicht gedeckt ist. Hieran mangelt es, wenn eine wegen fehlender öffentlich-rechtlicher Sicherung der Erschließung rechtswidrige Baugenehmigung nicht realisiert werden kann, weil die Nachbarn die Bewilligung der für die Sicherung erforderlichen Baulast für die Zufahrt auf ihrem Grundstück verweigern. Die zivilrechtliche Realisierbarkeit fällt in den eigenen Risikobereich des Bauherrn, da die Baugenehmigung unbeschadet der Rechte Dritter erteilt wird.[978] Ebenso wenig hat ein Student, dessen medizinische Vorprüfung rechtswidrig mit nicht bestanden benotet wurde, einen Anspruch auf Ersatz des Verdienstausfallschadens, wenn er zu einer Ausübung des angestrebten Berufs nicht hinreichend geeignet und befähigt ist.[979] Wann die eine Schadensersatzpflicht auslösende Erheblichkeitsschwelle bei einer (dann gegen die Menschenwürde verstoßenden) Mehrfachbelegung einer Gefängniszelle erreicht ist, obliegt der tatrichterlichen Feststellung im Einzelfall.[980] Art und Umfang des Schadensersatzes bestimmen sich im Übrigen grundsätzlich nach den allgemeinen Vorschriften des BGB über die Schadensersatzverpflichtung bei unerlaubten Handlungen (§§ 249 bis 255, 842 bis 846).[981] Eine wesentliche Abweichung vom allgemeinen Schadensersatzrecht ergibt sich jedoch bezüglich der **Naturalrestitution.** Entgegen § 249 Abs. 1 kann sie auf Grund der Amtshaftungsvorschriften nicht verlangt werden, wenn die Naturalrestitution nur durch hoheitliches Handeln bewirkt werden kann.[982] Gemäß Art. 34 GG/§ 839 können somit

---

[972] Vgl. LG Hannover BB 1977, 1138.
[973] Ebenso Bonner Komm/*Dagtoglou* 2. Bearb. Art. 34 GG RdNr. 174; *Ossenbühl* Staatshaftungsrecht S. 72 f.; *Bender* RdNr. 578.
[974] Vom 22. 5. 1910 (RGBl. S. 798), zuletzt geändert durch Gesetz vom 28. 7. 1993 (BGBl. I S. 1394).
[975] Vom 1. 8. 1909 (PrGS S. 691).
[976] Eingefügt mit Wirkung vom 1. 1. 1996 durch Art. 5 Nr. 1 des achten Rechtsbereinigungsgesetzes vom 24. 10. 1995 (Rh.-Pf. GVBl. S. 421, 425).
[977] *Bender* RdNr. 578.
[978] BGHZ 144, 394, 396 f. = NVwZ 2000, 1329 = NJW 2000, 2996 bis 2997.
[979] BGHZ 139, 200, 209 = NJW 1998, 2738.
[980] BGH NJW 2006, 1289; 2006, 3572.
[981] BGHZ 12, 278, 282 = NJW 1954, 758, 759; RGZ 94, 102, 104; 113, 104, 106; Bonner Komm/ *Dagtoglou* 2. Bearb. Art. 34 GG RdNr. 215; vgl. auch *Püttner,* FS Lange, 1992, S. 697 ff., der im Einzelfall wegen der Besonderheiten des öffentlichen Rechts – insbes. zur Effektuierung des Grundrechtsschutzes – auch nutzlose Aufwendungen als ersatzfähigen Schaden anerkennen will.
[982] BGHZ 34, 99, 104 ff. = NJW 1961, 658; BGHZ 78, 274, 276 = NJW 1981, 675; BGHZ 121, 367, 374 = NJW 1993, 1799, 1800; s. auch *Wolff/Bachof/Stober* Verwaltungsrecht II § 67 RdNr. 126; *Rupp* NJW 1961, 811; *Jesch* DÖV 1961, 755; *Bettermann* in: Die Grundrechte Bd. III/2, S. 844 f.

weder der Erlass noch die Aufhebung oder Änderung eines Verwaltungsaktes begehrt werden. Auch die Vornahme einer schlicht-hoheitlichen Amtshandlung kann nicht Gegenstand eines Amtshaftungsanspruchs sein. Das gilt namentlich für den Widerruf amtlicher ehrenkränkender oder rufschädigender Behauptungen,[983] der grundsätzlich nur über den Folgenbeseitigungsanspruch, nicht aber als Schadensersatz wegen Amtspflichtverletzung begehrt werden kann.[984]

296 **Begründet** wird diese Restriktion des Anspruchsinhalts zum einen mit der verfassungsrechtlichen Rechtswegregelung in Art. 34 S. 3 GG: Würde § 839 einen Anspruch auf Naturalrestitution durch Vornahme oder Rücknahme von Hoheitsakten begründen, würden die Zivilgerichte unter dem Gesichtspunkt des Schadensersatzes Träger öffentlicher Gewalt zur Vornahme von Amtshandlungen verurteilen und damit in den Zuständigkeitsbereich der Verwaltungsgerichte übergreifen.[985]

297 Diese Schlussfolgerung aus der verfassungsgesetzlichen Garantie des **Zivilrechtsweges** auf eine inhaltliche Anspruchsbeschränkung vermag jedoch – für sich allein betrachtet – nicht zu überzeugen.[986] Verfassungsgesetzliche oder einfachgesetzliche Zuweisungen eindeutig öffentlich-rechtlicher Streitigkeiten an die ordentlichen Gerichte sind keine Seltenheit (vgl. § 40 Abs. 2 VwGO, Art. 14 Abs. 3 S. 4 GG; §§ 23 ff. EGGVG). Außerdem könnte der offenbar befürchtete „Einbruch" der Zivilgerichtsbarkeit in „Kernbereiche" der Verwaltungsgerichtspflege auch umgekehrt durch eine restriktive Interpretation der den Rechtsweg betreffenden Normen vermieden werden. Es ließe sich mit demselben Recht argumentieren, die Rechtsweg-Sonderregelung des Art. 34 S. 3 GG greife bei Schadensersatzansprüchen nicht ein, die nach materiellem Recht eine durch hoheitliches Handeln zu bewirkende Naturalrestitution zum Inhalt haben.

298 Der Ausschluss der Naturalrestitution ergibt sich aber aus der von der hL aufrecht erhaltenen **Schuldübernahmekonstruktion** (s. RdNr. 121). Das Amtshaftungsrecht geht danach von der Eigenhaftung des Beamten aus und Art. 34 GG regelt nur die Passivlegitimation. Deshalb kann auch die auf Art. 34 GG gestützte Staatshaftung nur auf das gehen, was der Amtsträger persönlich, dh. als Privatperson und damit unabhängig von seiner Organwalterstellung, zu leisten vermag.[987] Um solche amtsunabhängigen, vertretbaren Handlungen handelt es sich stets bei der Vornahme von Geldleistungen. Ausnahmsweise können dazu aber auch Naturalrestitutionen zählen: Der Wiederaufbau eines zu Unrecht im Verwaltungszwang abgerissenen Bauwerks könnte zB von dem pflichtwidrig handelnden Amtsträger durch Abschluss entsprechender Werkverträge auch als Privatperson bewirkt werden.[988] Ausnahmsweise kann eine auf § 839 gestützte Widerrufsklage gegen den **Beamten** möglich sein, wenn zB ein vom Beamten erhobener Vorwurf primär Ausdruck seiner persönlichen Meinung ist und daher eine Widerrufserklärung sich als unvertretbare persönliche Leistung des Beamten erweist.[989]

299 Im gescheiterten **StHG** war mit der Schuldübernahmekonstruktion auch die inhaltliche Restriktion des Staatshaftungsanspruchs aufgegeben worden. Die unmittelbare Staatsunrechtshaftung umfasste konsequenterweise den Geldersatz und die Folgenbeseitigung (vgl. §§ 2, 3).[990] Nach geltendem Recht besteht die Folgenbeseitigungspflicht losgelöst vom Amtshaftungsrecht als eigenständiges Rechtsinstitut.

---

[983] BGHZ 34, 99, 105 = NJW 1961, 658, 660.
[984] S. auch *Frotscher* JuS 1978, 505, 508 ff.; zum Widerruf bei Ehrverletzungen durch gerichtliche Urteile s. *Köndgen* JZ 1979, 246, 250 f.
[985] BGHZ 34, 99, 104 ff. = NJW 1961, 658, 660; *Bettermann* DÖV 1955, 528 ff.; *ders.* in: Die Grundrechte Bd. III/2, S. 844 ff.; *Weyreuther* S. 179; krit. gegenüber dieser Begründung *Jesch* DÖV 1961, 756; *Heydt* JR 1967, 169, 170.
[986] *Papier* (Fn. 4) S. 123 f.; vgl. auch BGHZ 78, 274, 277 = NJW 1981, 675 = VersR 1981, 231, 232, zu einem im Zivilrechtsweg verfolgten Anspruch auf Auskunftserteilung zur Vorbereitung einer Amtshaftungsklage.
[987] BGHZ 34, 99, 105 = NJW 1961, 658; s. auch *Ossenbühl* Staatshaftungsrecht S. 11 f.
[988] S. auch *Bender* RdNr. 727 f.
[989] OLG Zweibrücken NVwZ 1982, 332; s. auch RGRK/*Kreft* RdNr. 313.
[990] Vgl. auch amtl. Begr., BR-Drucks. 215/78 S. 26 f., sowie *Vogel* DVBl. 1978, 657, 663 und RdNr. 109.

III. Haftungsausschlüsse und -beschränkungen

1. Subsidiaritätsklausel. a) Schutzzweck. Fällt dem Beamten Fahrlässigkeit zur Last, so kann er gemäß § 839 Abs. 1 S. 2 nur in Anspruch genommen werden, wenn der Verletzte nicht auf andere Weise Ersatz zu erlangen vermag. Die Subsidiaritätsklausel gilt nicht nur im Falle der Eigenhaftung des Beamten, sondern nach der Rechtsprechung auch für die Amtshaftung nach Art. 34 GG.[991] § 839 Abs. 1 S. 2 ist unmittelbar der Norm über die Beamten-Eigenhaftung zugeordnet und bezweckt dort den Schutz des handelnden Amtsträgers. Mit der (privativen) Haftungsübernahme durch den Staat entfällt an sich dieser Schutzzweck. Während Stimmen in der Literatur deswegen die generelle Nichtanwendung der Subsidiaritätsklausel bei der den Staat treffenden Amtshaftung gefordert haben,[992] hat sich vor allem die Judikatur aus Gründen der Gesetzesbindung zu diesem Schritt nicht in der Lage gesehen: Zwar ist vom BGH bereits im Jahre 1953 anerkannt worden, dass der gesetzgeberische Zweck des § 839 Abs. 1 S. 2 im Falle der die Eigenhaftung des Beamten ablösenden Staatshaftung seine Bedeutung verloren hat, zugleich aber ist dem Verweisungsprivileg ein anderer oder erweiterter Schutzzweck beigelegt worden: § 839 Abs. 1 S. 2 ist nicht allein als Schutznorm zugunsten des Amtsträgers, sondern auch zugunsten des Staates verstanden worden.[993] Weil der Staat nach Art. 34 GG nur für fremdes Unrecht und nur für fremde Schuld hafte, solle er über das Verweisungsprivileg finanziell entlastet werden.

In einer nachfolgenden Entscheidung[994] hat der BGH die Subsidiaritätsklausel selbst als „antiquiert" bezeichnet, ist aber erst geraume Zeit später dazu übergegangen, im Wege „vorsichtiger Differenzierung von Fallgruppen"[995] den Anwendungsbereich der **Subsidiaritätsklausel** zu **begrenzen**. Zu nennen sind in diesem Zusammenhang die Entscheidungen zu den Lohnfortzahlungsansprüchen[996] und den Versorgungsansprüchen nach dem BVG[997] sowie vor allem die Urteile zur Unanwendbarkeit der Subsidiaritätsklausel bei Schädigungen durch dienstliche Teilnahme am Straßenverkehr[998] und bei der Verletzung hoheitsrechtlicher Verkehrssicherungspflichten.[999] Ferner gelten auch die Ansprüche aus der Sozialversicherung nicht als anderweitige Ersatzmöglichkeiten iS des § 839 Abs. 1 S. 2. Die sozialversicherungsrechtlichen Regeln, insbesondere die über den gesetzlichen Forderungsübergang, verfolgen – so der BGH[1000] – erkennbar den Zweck, den Schaden gerade nicht endgültig dem Sozialversicherungsträger unter entsprechender Entlastung des Schädigers aufzubürden. Entsprechendes wird für die privatversicherungsrechtlichen Ansprüche angenommen. Auch sie werden nur als eine „Zwischenfinanzierung" angesehen. Endgültig soll der Versicherer nur leisten, wenn sich das von ihm zu tragende Risiko der Undurchsetzbarkeit des Schadensersatzanspruches realisiert. Unter rechtsstaatlichen Aspekten der Rechtssicherheit und -vorausehbarkeit ist diese Methode einer fall- und etappenweisen Aufgabe des Haftungsprivilegs mittlerweile untragbar geworden.

Das Argument einer notwendigen Entlastung der öffentlichen Hand bei übernommener Haftung knüpft allein an die formale Struktur der Amtshaftung als Schuldübernahme an. Sachgemäß ist es vor allem deshalb nicht, weil die Amtshaftung gerade die Ausübung

---

[991] BGHZ 42, 176, 181 = NJW 1964, 1895, 1897; BGHZ 61, 7, 16 = NJW 1973, 1741; BGHZ 61, 101, 109 ff. = NJW 1973, 1654; BGHZ 61, 351 = NJW 1974, 360. Zur praktischen Bedeutung der Subsidiaritätsklausel s. RdNr. 117.
[992] *Bettermann* DÖV 1954, 299, 304; *Scheuner* DÖV 1955, 545, 548.
[993] BGHZ 13, 88, 103 ff. = NJW 1954, 993, 995 f.
[994] BGHZ 42, 176, 181 = NJW 1964, 1895.
[995] *Futter* NJW 1977, 1225; *Nüßgens*, FS Gelzer, 1991, S. 293 ff.; *Lörler* JuS 1990, 544 ff.; *Stangl* JA 1995, 572 ff.; s. aber auch RdNr. 314 ff.
[996] BGHZ 62, 380, 383 ff. = NJW 1974, 1767; BGH NJW 1974, 1816; näher RdNr. 307.
[997] Vgl. BGHZ 62, 394, 396 ff. = NJW 1974, 1769; näher RdNr. 312.
[998] BGHZ 68, 217, 219 ff. = NJW 1977, 1238; vgl. dazu auch *Lässig* JuS 1978, 679 ff.; BGH LM Nr. 33 (E) = NJW 1979, 1602. Näheres RdNr. 313.
[999] BGHZ 75, 134, 138 = NJW 1979, 2043; s. auch RdNr. 310.
[1000] BGHZ 79, 26, 33 f. = NJW 1981, 623; BGH NJW 1983, 2191.

§ 839 303, 304 Abschnitt 8. Titel 27. Unerlaubte Handlungen

öffentlicher Gewalt betrifft und hier ein **besonderes Schutzbedürfnis** des Bürgers besteht. Der Entlastungsgedanke hat nicht einmal bei der privatrechtlichen Haftung des Staates gesetzliche Anerkennung gefunden (§§ 31, 89). Umso weniger passt er bei der die spezifisch öffentlich-rechtliche Subordination des Bürgers ausgleichenden Amtshaftung.

303 Angezeigt erscheint eine umfassende Lösung, die vom BGH zu Unrecht verworfen worden war. Grund und Sinn der Subsidiaritätsklausel des § 839 Abs. 1 S. 2 bestehen im Schutz des leistungsschwachen Organwalters. Im Falle der Staatshaftung entfällt dieser Grund ganz eindeutig; die Heranziehung der **Subsidiaritätsklausel** auch bei der Staatshaftung muss mit anderen Worten als sinnwidrig und damit generell als **obsolet** angesehen werden. Kann man sich nicht für eine solche Radikallösung entscheiden, dann erscheint jedenfalls folgende differenzierende Lösung angemessen: Wegen der umfassenden und tiefgreifenden Eingriffsmöglichkeiten, die der Staat in die Rechtssphäre des Einzelnen hat, sind die Haftungstatbestände des § 839 im Vergleich zum allgemeinen Deliktsrecht erweitert worden. Diese erweiterte Haftung veranlasste den BGH zu der Feststellung, dem Geschädigten könne deshalb zugemutet werden, den Anspruch auf Schadensersatz von der Erschöpfung anderweitiger Ersatzmöglichkeiten abhängig zu machen.[1001] Es ist nun zu berücksichtigen, dass diese Prämisse einer Haftungserweiterung durch § 839 nicht in allen Fällen zutrifft. Begeht der Amtsträger einen nach allgemeinem Schadensersatzrecht des BGB deliktischen Eingriff, so stellt das auch einen Amtspflichtverstoß iS des § 839 dar. Die Haftung nach dieser Vorschrift reicht in diesem Fall nicht weiter als die eines privaten Trägers nach Maßgabe des § 823. Die Subsidiaritätsklausel ist also im Falle einer Staatshaftung auf jeden Fall dann nicht mehr gerechtfertigt, wenn die Amtshaftung nur den **allgemein-deliktischen Eingriff** erfasst und damit nicht über das hinausgeht, was auch das privatrechtliche Schadensersatzrecht bestimmt.[1002] Das – gescheiterte – StHG hatte bei gleichzeitiger Einführung einer unmittelbaren Staatsunrechtshaftung auf jede Form staatlicher Haftungsprivilegien durch Verweisungsmöglichkeiten verzichtet.

304 **b) Anderweitige Ersatzmöglichkeit.** Das Verweisungsprivileg des § 839 Abs. 1 S. 2 greift nur ein, wenn für den Verletzten eine anderweitige Ersatzmöglichkeit besteht. Dies ist regelmäßig dann der Fall, wenn ein Dritter unmittelbar für den Schadensfall und die daraus herrührenden Folgen einzustehen hat. Dies kann entweder darauf beruhen, dass der Dritte den eingetretenen Schaden mitverursacht hat oder dass von ihm die Ersatzpflicht vertraglich übernommen worden ist oder dass er kraft Gesetzes einzustehen hat. Das Verweisungsprivileg ist nicht beschränkt auf (gesetzliche oder vertragliche)[1003] Ersatzansprüche im technischen Sinne.[1004] Eine anderweitige Ersatzmöglichkeit kann auch deshalb bestehen, weil der Verletzte seinen Schaden durch Ausübung privatrechtlicher Gestaltungsrechte gegenüber Dritten, etwa durch eine Anfechtungserklärung nach §§ 119 ff. oder durch Geltendmachung der Sachmängelhaftung ausgleichen kann.[1005] Das Verweisungsprivileg greift auch dann ein, wenn eine anderweitige Ersatzmöglichkeit zwar nicht mehr besteht, der Geschädigte aber eine früher bestehende Ersatzmöglichkeit schuldhaft versäumt hat.[1006] Dies ist regelmäßig dann der Fall, wenn der Geschädigte den nach der Sachlage in Frage kommenden Ersatzanspruch gegen den Dritten verjähren lässt.[1007] Der Geschädigte muss jedoch positive Kenntnis von der Entstehung des Schadens haben, schuldhafte Unkenntnis ist dem nicht gleichzusetzen.[1008] Ebenso kann der Kläger nicht mit der Begründung auf § 839 Abs. 1 S. 2

[1001] BGHZ 13, 88, 104 = NJW 1954, 993; RGRK/*Kreft* RdNr. 489.
[1002] RGRK/*Kreft* RdNr. 490.
[1003] S. etwa BGH NVwZ 1993, 602: Anspruch gegen den Architekten für fehlerhaft geplantes Bauvorhaben; dazu auch BGH NVwZ 1992, 911 f.
[1004] S. auch *Ossenbühl* Staatshaftungsrecht S. 80 ff.
[1005] BGH VersR 1960, 663, 665; LM Nr. 59 (Fe) = NJW 1980, 2573, 2575, sowie BGH WM 1982, 615; aA *Ossenbühl* Staatshaftungsrecht S. 85 f., der schadensverhindernde oder -mindernde Gestaltungsrechte über § 254 berücksichtigen will.
[1006] BGH NVwZ 1993, 1228, 1229.
[1007] BGH BB 1992, 950.
[1008] BGH NVwZ 1984, 748.

verwiesen werden, sein Anwalt habe es im Ausgangsverfahren nach Einlegung und Begründung des Widerspruchs versäumt, die Widerspruchsbehörde von sich aus auf eine geänderte Rechtsprechung hinzuweisen.[1009]

Kommt die Subsidiaritätsklausel des § 839 Abs. 1 S. 2 zur Anwendung, erlangen nach der Rechtsprechung und hL in Anspruch genommene Mitschädiger keinen **Ausgleichsanspruch** nach §§ 840 Abs. 1, 426.[1010] Denn der schädigende Amtsträger bzw. der an seine Stelle tretende Staat scheiden wegen § 839 Abs. 1 S. 2 von vornherein aus dem Gesamtschuldverhältnis aus. In der Literatur ist versucht worden, das Haftungsprivileg des § 839 Abs. 1 S. 2 für die interne gesamtschuldnerische Ausgleichshaftung auszuschalten.[1011] Man hat auf Lösungsansätze der Judikatur verwiesen, die in anderen Fällen des „gestörten Gesamtschuldausgleichs" entwickelt worden sind: So hat der BGH[1012] einer vertraglichen Abrede über Haftungsfreistellung oder Haftungsminderung zwischen dem Geschädigten und einem der Mitschädiger die Bedeutung für den gesamtschuldnerischen Ausgleich abgesprochen. Entsprechendes hat er[1013] für den Fall des gesetzlichen Haftungsprivilegs des Ehegatten nach § 1359 angenommen. Auf der Grundlage dieser Urteile zum „gestörten Gesamtschuldausgleich" wird auch dem gesetzlichen Haftungsprivileg des § 839 Abs. 1 S. 2 eine Auswirkung ausschließlich in Bezug auf die Außenhaftung gegenüber dem Geschädigten zugebilligt. 305

Im Anschluss an die Rechtsprechung und hL kann dieser **abweichenden Auffassung nicht gefolgt** werden. Der BGH betont zu Recht, dass jeweils unter Würdigung der Eigenart und des Zwecks der konkreten Haftungseinschränkung zu prüfen ist, ob gesetzliche Einschränkungen der Schadenshaftung Rückwirkungen auf das Ausgleichsverhältnis mehrerer Schädiger haben.[1014] Im Falle der Subsidiaritätsklausel des § 839 Abs. 1 S. 2 muss dies verneint werden. Die dieser Bestimmung zugedachte Zweckrichtung, die Haushalte der öffentlichen Hand zu entlasten und – vornehmlich bei einer Eigenhaftung des Beamten – dessen Entscheidungsfreudigkeit zu gewährleisten, würde jedenfalls durchkreuzt werden, wenn zwar eine Amtshaftung gegenüber dem Geschädigten entfiele, aber der Staat bzw. der Amtsträger über ein „fingiertes Gesamtschuldverhältnis" einem Zweitschädiger gegenüber gemäß §§ 840 Abs. 1, 426 (anteilsmäßig) haftete. Die nachteiligen Folgen jener Störung des Gesamtschuldausgleichs werden für die praktisch wichtigsten Fälle der Schädigung bei der Teilnahme am Straßenverkehr und wegen Verletzung der Verkehrssicherungspflicht heute allerdings auf Grund der neueren Judikatur des BGH zur Nichtgeltung des § 839 Abs. 1 S. 2 schon für die Außenhaftung (s. RdNr. 313, 314) vermieden.[1015] 306

aa) Entgeltfortzahlungsanspruch. Der im Krankheitsfall fortbestehende Gehalts- oder Lohnanspruch des Arbeitnehmers nach § 3 Abs. 1 EFZG[1016] sowie der entsprechende beamtenrechtliche Anspruch auf (Fort-)Zahlung des Gehalts bzw. der Versorgungsleistung sind keine anderweitige Ersatzmöglichkeit.[1017] Denn diese Ansprüche bestehen nicht zu dem Zweck, dem geschädigten Arbeitnehmer (Beamten) einen Ausgleich für einen Schadensfall zu verschaffen.[1018] Insoweit unterscheiden sie sich eindeutig von den Versicherungsansprü- 307

[1009] BGH NVwZ 2006, 117.
[1010] BGHZ 28, 297, 301 = NJW 1959, 334, 336; BGHZ 31, 148, 151 = NJW 1960, 241; BGHZ 37, 375, 380 = NJW 1962, 1862, 1863; BGH LM Nr. 3 (Cb) = NJW 1965, 200, 201; BGHZ 61, 351, 356 f. = NJW 1974, 361, 362; BGH VersR 1984, 759, 760; vgl. auch *Ossenbühl* Staatshaftungsrecht S. 78; § 840 RdNr. 14 ff.
[1011] *Waldeyer* NJW 1972, 1249, 1252 f.; *Hanau* VersR 1967, 516, 521 f.; *Hohenester* NJW 1962, 1140, 1142; *Ruland* VSSR 1975, 92, 105 ff.
[1012] BGHZ 12, 213, 217 ff. = NJW 1954, 875.
[1013] BGHZ 35, 317, 323 ff. = NJW 1961, 1966.
[1014] BGHZ 35, 317, 324 = NJW 1961, 1966.
[1015] *Futter* NJW 1977, 1225, 1226.
[1016] In Kraft seit 1. 1. 1995, vgl. Art. 53 Pflegeversicherungsgesetz vom 26. 5. 1994 (BGBl. I S. 1014).
[1017] BGHZ 43, 115, 117 = NJW 1965, 753; BGHZ 62, 380, 383 = NJW 1974, 1767, 1768; BGH LM VerwaltungsR – Allgemeines Nr. 11 = NJW 1974, 1816, 1817, 1818; *Erman/Küchenhoff/Hecker* RdNr. 68.
[1018] S. insbes. BGHZ 62, 380, 383, 384 = NJW 1974, 1767, 1768.

§ 839   308–310   Abschnitt 8. Titel 27. Unerlaubte Handlungen

chen. Es handelt sich vielmehr um die (primären) Erfüllungsansprüche, die unmittelbar mit dem Abschluss des Arbeitsvertrages bzw. kraft Gesetzes mit der Begründung des öffentlich-rechtlichen Dienstverhältnisses entstehen. Die späteren Umstände der Schadensverursachung, die den Schadensersatzanspruch des Arbeitnehmers (Beamten) gegen den Hoheitsträger begründen, sind für die Entstehung jener Gehalts- oder Lohnfortzahlungsansprüche nicht von Bedeutung. Der verletzte Arbeitnehmer erhält von seinem Arbeitgeber Gehalt bzw. Lohn nicht weil, sondern obwohl er schädigungsbedingt krank ist.

308   **bb) Lebensversicherung.** Keine anderweitige Ersatzmöglichkeiten stellen ferner Ansprüche aus einer Lebensversicherung dar.[1019] Denn Ziel und Zweck einer Lebensversicherung ist regelmäßig nicht eine Schadensdeckung, sondern eine Kapital- oder Rentenvorsorge entweder im Erlebensfall für eigene Zwecke des Versicherten oder im Todesfall für die Angehörigen. Die Leistung aus der Lebensversicherung wird zwar möglicherweise infolge des zugleich den Amtspflichtverstoß darstellenden Unfallereignisses fällig, sie ist aber nach Art und Umfang von dem Unfallschaden unabhängig. Die von § 839 Abs. 1 S. 2 vorausgesetzte Kongruenz zwischen Schaden und Leistung tritt hier völlig zurück.

309   **cc) Sonstige privatversicherungsrechtliche Ansprüche.** Privatrechtliche Versicherungsleistungen stellen nach der neueren Rechtsprechung des BGH **generell keine anderweitige Ersatzmöglichkeit** dar. Es handelt sich um Leistungen, die der Geschädigte „verdient" bzw. unter Aufwendung eigener Mittel „erkauft" hat. Der Versicherungsträger soll nach dem Grundgedanken des § 86 VVG nur das Risiko der Durchsetzbarkeit des Regressanspruches tragen. Endgültig soll der Versicherer daher nur leisten, wenn sich das von ihm zu tragende Risiko der Undurchsetzbarkeit des Schadensersatzanspruches realisiert. Dass eine anderweitige Ersatzmöglichkeit iS des § 839 Abs. 1 S. 2 nicht gegeben ist, hat der BGH ausdrücklich für die private Krankenversicherung,[1020] für die Kaskoversicherung[1021] und für die private Feuerversicherung[1022] entschieden. Für die Ansprüche aus der **Sozialversicherung** (gesetzliche Unfallversicherung und Rentenversicherung) gilt entsprechendes.[1023] Der Ausschluss der Subsidiaritätsklausel gilt nicht für die Kfz.-Haftpflichtversicherung; ihre Leistungen, die sich der Schädiger „erkauft", sollen den Schaden im Verhältnis zum Geschädigten endgültig abdecken.[1024]

310   **dd) Ansprüche gegen Körperschaften des öffentlichen Rechts.** Das Verweisungsprivileg des § 839 Abs. 1 S. 2 gilt nicht, soweit sich die anderweitigen Ersatzansprüche des Verletzten gegen eine (andere) Körperschaft des öffentlichen Rechts richten, und zwar unabhängig davon, ob diese anderweitigen Ansprüche selbst aus Amtshaftung oder aus sonstigen Anspruchsgrundlagen folgen.[1025] Eine Verweisungsmöglichkeit der aus Amtshaftung in Anspruch genommenen Körperschaft auf eine gleichfalls aus Amtshaftung oder aus anderen Gründen haftende öffentlich-rechtliche Körperschaft würde eine Entlastung der öffentlichen Hand nach Auffassung der Judikatur nicht zur Folge haben.[1026] Gerade darin besteht aber nach dem BGH der einzige Sinn des Verweisungsprivilegs, soweit es zugunsten des Staates Anwendung findet. Die Rechtsprechung erachtet also die verschiedenen rechtlich selbstständigen juristischen Personen des öffentlichen Rechts grundsätzlich als ein wirtschaftliches Ganzes. Das Verweisungsprivileg greift aus entsprechenden Gründen erst recht nicht ein, wenn es nur um andere Anspruchsgrundlagen, aber um die Ersatzpflicht ein und derselben öffentlich-rechtlichen Körperschaft geht.[1027]

[1019] RGZ 155, 186, 191, 192; 171, 198, 200; *Erman/Küchenhoff/Hecker* RdNr. 68.
[1020] BGHZ 79, 35, 36 = NJW 1981, 623.
[1021] BGHZ 85, 230, 233.
[1022] BGH VersR 1983, 462; NJW 1987, 2664, 2666.
[1023] BGHZ 79, 26, 31 = NJW 1981, 623; BGH NJW 1983, 2191; s. dazu auch RdNr. 270.
[1024] BGHZ 91, 48, 54 = NJW 1984, 2097.
[1025] BGHZ 13, 88, 104, 105 = NJW 1954, 993, 996; BGHZ 49, 267, 275 = NJW 1968, 696, 698; BGH NJW 1983, 627; *Erman/Küchenhoff/Hecker* RdNr. 68; krit. dazu *Ossenbühl* Staatshaftungsrecht S. 84 f.
[1026] BGHZ 13, 88, 104, 105 = NJW 1954, 993, 996; BGHZ 49, 267, 275 = NJW 1968, 696, 698.
[1027] Vgl. dazu *Lörler* JuS 1990, 544, 545 f.

Haftet die juristische Person des öffentlichen Rechts nicht nur aus Amtshaftung, sondern beispielsweise auch aus enteignungs- oder aufopferungsgleichem Eingriff[1028] oder trifft sie die Gefährdungshaftung nach § 7 StVG,[1029] § 22 WHG,[1030] so ist die Amtshaftung nicht subsidiär, die verschiedenen Ansprüche (Anspruchsgrundlagen) bestehen nebeneinander.[1031] Das Verweisungsprivileg des § 839 Abs. 1 S. 2 greift ferner nicht in Bezug auf die Notarhaftung nach § 19 BNotO.[1032]

ee) Sozialversicherungsrechtliche Ansprüche. Der Gesichtspunkt der wirtschaftlichen Einheit der „öffentlichen Hand" wurde von der Rechtsprechung ursprünglich auf das Verhältnis von Staat und Sozialversicherungsträger nicht angewendet.[1033] Die Träger der Sozialversicherung, wiewohl juristische Personen des öffentlichen Rechts, wurden als wirtschaftlich selbstständige Einheiten aufgefasst, weil sie eine „in sich geschlossene öffentlich-rechtliche Zwangsversicherung" darstellen. Nach der neueren Rechtsprechung des BGH gelten die Ansprüche aus der Sozialversicherung (gesetzliche Krankenversicherung,[1034] Unfall- und Rentenversicherung[1035]) nicht als anderweitige Ersatzmöglichkeit iS des § 839 Abs. 1 S. 2. Die sozialversicherungsrechtlichen Regeln, insbesondere die über den gesetzlichen Forderungsübergang (§ 116 Abs. 1 SGB X), verfolgen erkennbar den Zweck, den Schaden nicht endgültig dem Sozialversicherungsträger unter entsprechender Entlastung des Schädigers aufzubürden. Vielmehr soll der Sozialversicherungsträger nur zu einer Art „Zwischenfinanzierung" herangezogen werden.

ff) Versorgungsleistungen nach dem BVG. Die Versorgungsleistungen nach dem BVG stellen ebenfalls keine anderweitige Ersatzmöglichkeit dar.[1036] Die Versorgungsleistungen bezwecken nicht, Unfallschäden aufzufangen. Die Versorgungsverwaltung ist überdies ein Teil der allgemeinen Staatsverwaltung und nicht einer selbstständigen Rechtsperson zugeordnet. Die Aufwendungen werden ausschließlich aus allgemeinen Haushaltsmitteln bestritten. Diese Umstände rechtfertigen die uneingeschränkte Anwendung des Grundsatzes, dass Ansprüche gegen die öffentliche Hand keine anderweitige Ersatzmöglichkeit iS des § 839 Abs. 1 S. 2 darstellen.

gg) Teilnahme am allgemeinen Straßenverkehr. Eine generelle Einschränkung des Verweisungsprivilegs gilt nach der Rechtsprechung des BGH[1037] für den Bereich des Straßenverkehrs. Die Vorschrift des § 839 Abs. 1 S. 2 ist unanwendbar, wenn ein Amtsträger bei dienstlicher Teilnahme am allgemeinen Straßenverkehr – jedenfalls soweit die Sonderrechte aus § 35 StVO nicht in Anspruch genommen werden[1038] – schuldhaft einen Verkehrsunfall verursacht. Das Verweisungsprivileg des § 839 Abs. 1 S. 2 würde insoweit mit dem tragenden haftungsrechtlichen Grundsatz des Straßenverkehrsrechts, der die **haftungsrechtliche Gleichbehandlung** aller Verkehrsteilnehmer fordert, kollidieren.[1039] Dieser Grundsatz der

---

[1028] BGHZ 13, 88, 101, 102 = NJW 1954, 995.
[1029] BGHZ 50, 271, 273 = NJW 1968, 1962, 1963.
[1030] BGHZ 55, 180, 182, 183 = NJW 1971, 617.
[1031] In Bezug auf Ansprüche aus einem verwaltungsrechtlichen Schuldverhältnis s. BGH BayVBl. 1978, 219 = DVBl. 1978, 108, 109.
[1032] BGHZ 123, 1, 7 = NJW 1993, 3061.
[1033] BGHZ 31, 148, 150 = NJW 1960, 241; BGHZ 49, 267, 275, 276 = NJW 1968, 696, 698; BGHZ 62, 394, 397 = NJW 1974, 1769; krit. *Ossenbühl* Staatshaftungsrecht S. 83 f.; abw. BGHZ 70, 7 = NJW 1978, 495 (franz. gesetzliche Unfallversicherung); für die deutsche Unfallversicherung offen gelassen von BGH LM Nr. 33 (E) = NJW 1979, 1602, 1603.
[1034] BGHZ 79, 26, 31 = NJW 1981, 623.
[1035] BGH NJW 1983, 2191.
[1036] BGHZ 62, 394, 398 f. = NJW 1974, 1769, 1770.
[1037] BGHZ 68, 217, 220, 221 = NJW 1977, 1238 f.; BGH LM Nr. 33 (E) = NJW 1979, 1602; LM Nr. 3 zu NATO Truppenstatut/ZA = NJW 1981, 681; s. auch BGHZ 113, 164, 167 = NJW 1991, 1171; BGHZ 123, 102, 104 = NJW 1993, 2612, 2613. Vgl. auch *Futter* NJW 1977, 1225 sowie OLG Celle NJW 1978, 2036 f.; *Lässig* JuS 1978, 679. Zur Teilnahme am Straßenverkehr als Ausübung eines öffentlichen Amtes RdNr. 174 bis 176.
[1038] AA offenbar OLG Celle VersR 1980, 562, 563.
[1039] BGHZ 68, 217, 220 = NJW 1977, 1238.

Papier

haftungsrechtlichen Gleichbehandlung aller Verkehrsteilnehmer ist vom BGH in Bezug auf die zivilrechtlichen Haftungsprivilegien des Ehegatten (§ 1359)[1040] und des Gesellschafters (§ 708)[1041] entwickelt und dann auch auf das Amtshaftungsrecht übertragen worden. Er entfaltet hier seine Wirkungen ungeachtet der Frage, ob an dem Unfall ein Zweitschädiger beteiligt war. Ebenso bleibt eine Berufung auf § 7 Abs. 1 StVG als anderweitige Ersatzmöglichkeit versagt.[1042]

313a Die nach Amtshaftungsrecht haftende Körperschaft kann also den Verletzten bzw. den Träger der gesetzlichen Unfallversicherung, der Aufwendungen für den Verletzten erbringt und auf den gemäß § 116 Abs. 1 SGB X dessen Schadensersatzansprüche aus dem Unfall übergehen, nicht auf die Leistungen des Unfallversicherers als anderweitige Ersatzmöglichkeit für den Verletzten verweisen.[1043] Bei der Inanspruchnahme der Sonderrechte aus § 35 StVO gilt das Verweisungsprivileg des § 839 Abs. 1 S. 2. Denn in diesem Fall hat der Amtsträger gerade nicht die gleichen Rechte und Pflichten wie die anderen Verkehrsteilnehmer.[1044] Das gilt auch bei Straßenerhaltungsarbeiten, die nach § 35 Abs. 6 StVO von einem langsam fahrenden Fahrzeug aus verrichtet werden (Mäharbeiten auf der Autobahn).[1045]

314 hh) **Straßenverkehrssicherungspflicht.** Mit Urteil vom 12. 7. 1979[1046] hat der BGH den Grundsatz der haftungsrechtlichen Gleichbehandlung im Straßenverkehrsrecht und der darauf gestützten primären, dh. nicht mit dem Verweisungsprivileg des § 839 Abs. 1 S. 2 behafteten Amtshaftung auf die **hoheitsrechtlich** wahrzunehmende **Straßenverkehrssicherungspflicht** (vgl. RdNr. 182) erstreckt. Die Anwendbarkeit des § 839 Abs. 1 S. 2 soll auch dann entfallen, wenn die Gemeinde die ihr obliegende Pflicht (zB Sicherung der Gehwege bei Schnee- und Eisglätte) durch Satzung dem Anlieger auferlegt und ein Amtsträger die Pflicht verletzt, die Einhaltung der Räum- und Streupflicht durch die Anlieger zu überwachen.[1047] Als Begründung für die generelle Unanwendbarkeit des Verweisungsprivilegs wird angeführt, die öffentlich-rechtliche Amtspflicht zur Sorge für die Verkehrssicherheit entspreche inhaltlich der allgemeinen (und privatrechtlichen) Verkehrssicherungspflicht und die Pflicht zur Verkehrssicherung in Bezug auf öffentliche Straßen stehe zum anderen in einem engen Zusammenhang mit den Pflichten, die einem Amtsträger als Teilnehmer am allgemeinen Straßenverkehr obliegen.[1048]

315 Diese **Begründungen** vermögen **nicht zu überzeugen.** Die hoheitsrechtlich wahrzunehmenden Verkehrssicherungspflichten wurzeln letztlich in den öffentlich-rechtlichen Bau- und Unterhaltungspflichten des Straßenrechts, sind mit jenen identisch oder werden jedenfalls durch jene inhaltlich konkretisiert. Angreifbar ist aber nicht nur der Vergleich mit den Verkehrssicherungspflichten des Privatrechts, sondern auch der mit den Sorgfaltspflichten bei der Teilnahme am Straßenverkehr. Damit wird zum einen die nach wie vor bestehende Trennung zwischen dem Straßen- und Wegerecht einerseits und dem Verkehrsrecht andererseits, zum anderen der Umstand ignoriert, dass sich die öffentliche Gewalt allein mit der Teilnahme am Straßenverkehr – soweit nicht die Sonderrechte aus § 35 StVO wahrgenommen werden – dem für jedermann geltenden (Verkehrs-)Recht unterwirft und daher auch haftungsrechtlich gleichbehandelt werden sollte. Die dagegen vom BGH prakti-

---

[1040] BGHZ 53, 352, 355, 356 = NJW 1970, 1271, 1272; BGHZ 61, 101, 104, 105 = NJW 1973, 1654.
[1041] BGHZ 46, 313, 317, 318 = NJW 1967, 558, 559.
[1042] BGHZ 29, 38, 44.
[1043] BGH LM Nr. 33 (E) = NJW 1979, 1602.
[1044] BGHZ 85, 225, 228 f. = NJW 1983, 1667; BGHZ 113, 164, 167 f. = NJW 1991, 1171; BGHZ 118, 368, 372 = NJW 1992, 2476; BGH VersR 1992, 1129.
[1045] BGHZ 113, 164, 168 = NJW 1991, 1171; s. dazu auch *Lippold* NZV 1992, 63 f.
[1046] BGHZ 75, 134, 138 = NJW 1979, 2043; bestätigt zB in BGH LM § 823 Nr. 64 (Ea) = NJW 1980, 2194, 2195; VersR 1983, 636; BGHZ 118, 368, 371 = NJW 1992, 2476; BGHZ 123, 102, 104 f. = NJW 1993, 2612 = LM Nr. 56 (E) m. Anm. *W. Schmidt*; noch offen gelassen in BGH LM Nr. 34 (E) = NJW 1979, 1600, 1601.
[1047] BGHZ 118, 368, 370 ff. = NJW 1992, 2476.
[1048] S. auch BGH VersR 1980, 282; vgl. § 823 RdNr. 410.

zierten, vielfach „verschlungenen" und „verästelten" „Gleichbehandlungsschlüsse" entbehren jeder juristischen Rationalität. In der Sache geht es wohl darum, der für die Staatshaftung letztlich zweckwidrigen und sinnlosen Subsidiaritätsklausel, sei es im Wege teleologischer Norminterpretation des Art. 34 GG, sei es durch einen Akt richterlicher Rechtsfortbildung, die Anwendung zu versagen. Dieser Schritt hat aber für die Amtshaftung des Staates generell und gleichzeitig zu erfolgen. Die Praxis des BGH, der sich aus Gründen der Gesetzesbindung zu einem solchen generellen Schritt nicht in der Lage sieht, diese (vermeintliche) Gesetzesbindung schritt- oder „scheibchenweise" zu verlassen, ist unter den rechtsstaatlichen Aspekten der Rechtssicherheit und -voraussehbarkeit untragbar.

ii) Schäden im Straßenverkehr. Auch der BGH lehnt es ab, die für Verkehrsteilnahme und Verkehrssicherungspflicht entwickelten Grundsätze auf alle Fälle zu erstrecken, in denen Amtspflichtverletzungen zu „Schäden im Straßenverkehr" führen (zB Verletzung der Aufsichtspflicht nach § 29 d Abs. 2 StVZO)[1049] bzw. in denen die Amtspflicht auf die Abwehr von dem allgemeinen Straßenverkehr drohenden Gefahren ausgerichtet ist (zB Pflicht der Polizei, die zuständigen Stellen unverzüglich von Vorgängen zu unterrichten, die deren Eingreifen erfordern; hier geht es um hoheitliche Polizeifunktionen).[1050] Die Fälle einer Nichtanwendbarkeit des § 839 Abs. 1 S. 2 beziehen sich nur auf die Haftung des Staates, **nicht** auf die **Eigenhaftung** des Beamten.[1051]

c) Durchsetzbarkeit des anderweitigen Ersatzanspruchs. Die Subsidiaritätsklausel stellt nicht darauf ab, ob der Verletzte anderweitig Ersatz erlangt hat, sondern ob er ihn zu erlangen vermag. § 839 Abs. 1 S. 2 begründet ein negatives Tatbestandsmerkmal für den Schadensersatzanspruch.[1052] Die Unmöglichkeit, anderweit Ersatz zu erlangen, bildet einen Teil des Tatbestandes, aus dem der Amtshaftungsanspruch hergeleitet wird.[1053] Der Kläger ist insoweit darlegungs- und beweispflichtig.[1054] Ein Grundurteil (§ 304 ZPO) über den Amtshaftungsanspruch ist bereits dann zulässig, wenn feststeht, dass eine andere Ersatzmöglichkeit den Schaden nicht in vollem Umfang abdeckt.[1055]

Die Subsidiaritätsklausel setzt nicht allein das Bestehen eines auf anderweitigen Schadensausgleich gerichteten Anspruchs des Geschädigten, sondern auch dessen **Durchsetzbarkeit** und die **Zumutbarkeit** der Rechtsverfolgung voraus.[1056] An der Durchsetzbarkeit kann es fehlen, weil der Dritte nachweisbar vermögenslos ist und daher selbst im Falle eines obsiegenden Urteils eine Realisierung des Ersatzanspruchs mit hoher Wahrscheinlichkeit ausscheidet. Entsprechendes gilt, wenn eine Rechtsverfolgung oder Zwangsvollstreckung im Ausland erforderlich ist, deren Erfolgschancen in hohem Maße unsicher sind.[1057] Auch nach den tatsächlichen oder rechtlichen Gegebenheiten zweifelhafte Ersatzansprüche gegen Dritte begründen das Verweisungsprivileg nicht.[1058] Unzumutbar ist die Rechtsverfolgung dem Verletzten nicht allein schon deswegen, weil der Ersatzanspruch gegen den **Ehegatten** bzw. gegen einen **Angehörigen** gerichtet ist.[1059] Bedeutsam für die Frage der

---

[1049] Vgl. BGH LM StVZO § 29 d Nr. 6 = NJW 1981, 988, 989.
[1050] BGHZ 91, 48, 52 ff. = NJW 1984, 2097.
[1051] Vgl. BGHZ 85, 393, 399 = NJW 1983, 1374, 1377.
[1052] BGHZ 37, 375, 377 = NJW 1962, 1862; *Erman/Küchenhoff/Hecker* RdNr. 66.
[1053] BGHZ 31, 148, 151 = NJW 1960, 241.
[1054] BGH LM Nr. 33 (E) = NJW 1979, 1600, 1601; BGHZ 120, 124, 125 = NJW 1993, 1647; BGHZ 121, 65, 71 = NJW 1993, 933; vgl. auch *Bender* RdNr. 597; RGRK/*Kreft* RdNr. 506.
[1055] BGHZ 78, 274, 279 = NJW 1981, 675, 676.
[1056] BGHZ 2, 209, 218; BGH LM Nr. 50 (Ca) = 1982, 1328, 1329; NVwZ 1984, 266; 1993, 1228, 1229; *Bender* RdNr. 596; Bonner Komm/*Dagtoglou* 2. Bearb. Art. 34 GG RdNr. 285, 287.
[1057] Vgl. BGH LM Nr. 28 (E) = DÖV 1977, 685 Nr. 111 (LS).
[1058] BGH LM Nr. 33 (A) = NJW 1971, 2220, 2222; LM Nr. 33 (E) = NJW 1979, 1600, 1601; BGHZ 78, 274, 279 = NJW 1981, 675, 676 = VersR 1981, 231, 232; vgl. aber auch BGHZ 16, 111, 117 = NJW 1955, 458.
[1059] BGHZ 61, 101, 109 = NJW 1973, 1654, 1655; BGH LM Nr. 33 (E) = NJW 1979, 1600, 1601; BGHZ 75, 134, 135 = NJW 1979, 2043, 2044; OLG Celle NJW 1978, 2036, 2037 (jedoch beschränkt auf das Maß der auf den Ehegatten im Verhältnis zum Träger öffentlicher Gewalt entfallenden Schuld).

Zumutbarkeit können nach der Rechtsprechung auch hier nur solche Umstände sein, die ihre Grundlage nicht in der ehelichen bzw. verwandtschaftlichen Beziehung der Beteiligten haben.[1060] Das Verweisungsprivileg greift also zB nicht ein, wenn keine Aussicht auf baldige Verwirklichung des Anspruchs gegen den Ehegatten besteht. Wegen des generellen Ausschlusses der Subsidiaritätsklausel bei Schädigungen im Straßenverkehr hat diese im Ergebnis recht zweifelhafte Judikatur erheblich an praktischer Bedeutung verloren. **Unzumutbarkeit** liegt vor, wenn der Geschädigte die Voraussetzungen des anderweitigen Anspruchs nicht beurteilen konnte (zB die Frage, ob bei einer Operation ein „Kunstfehler" unterlaufen war).[1061] Der Ersatzpflichtige hat grundsätzlich die rechtlichen und tatsächlichen Gestaltungen der Lebensverhältnisse zwischen dem Geschädigten und dem Dritten hinzunehmen, sofern sie nicht gerade zu dem Zweck gewählt worden sind, eine andere Ersatzmöglichkeit des Geschädigten auszuschließen und den Ersatzpflichtigen zu schädigen. Die vollstreckungsrechtliche Vorschrift des § 850 h Abs. 2 ZPO, die im Rahmen von Dienst- und Arbeitsverhältnissen eine angemessene Vergütung des Schuldners fingiert, kann auf das Verhältnis zwischen dem Geschädigten und einem Dritten nicht sinngemäß angewendet werden.[1062]

319 Keine anderweitige Ersatzmöglichkeit stellen Schadensersatzansprüche des Verletzten gegen die **Europäische Gemeinschaft** dar. Denn nach der Rechtsprechung des EuGH[1063] kann ein Endurteil gegen die Kommission erst ergehen, wenn die innerstaatlichen Gerichte über etwaige Haftungsansprüche gegen innerstaatliche Hoheitsträger entschieden haben. Aufgrund dieser Rechtsprechung des EuGH ist es dem Verletzten nicht zumutbar, ohne diese Klärung durch innerstaatliche Gerichte seine Ansprüche gegen die EG-Organe zu verfolgen.[1064]

320 Wird eine Amtshaftungsklage abgewiesen, weil der Kläger einen zumutbaren Versuch, anderweitig Ersatz zu erlangen, unterlassen hat, so ist sie nur als „zur Zeit unbegründet" abzuweisen.[1065] Die Rechtskraft dieses Urteils steht daher einer neuen Amtshaftungsklage nicht entgegen, wenn die **Nachholung** des Versuchs erfolglos geblieben ist.[1066] Dabei spielt es keine Rolle, ob die Klage des Verletzten gegen den Dritten zu Unrecht abgewiesen worden ist – in diesem Fall ist ein an sich gegebener Ersatzanspruch undurchsetzbar geworden – oder ob die Klage gegen den Dritten zu Recht abgewiesen worden ist. In beiden Fällen ist die negative Anspruchsvoraussetzung des § 839 Abs. 1 S. 2 nunmehr erfüllt.

321 **2. Spruchrichterprivileg.** Bei Richterunrecht werden Schadensersatzansprüche durch § 839 Abs. 2 S. 1 weitgehend ausgeschlossen.[1067] Für Amtspflichtverletzungen „bei dem Urteil in einer Rechtssache" wird nur gehaftet, „wenn die Pflichtverletzung in einer Straftat besteht". Das Haftungsprivileg erfasst also nicht alle Fälle des Richterunrechts: Zum einen unterliegen die Pflichtverletzungen des Richters durch **Verweigerung** oder **Verzögerung** der Amtsausübung der Regelhaftung des § 839 Abs. 1 S. 1 (§ 839 Abs. 2 S. 2). Zum anderen bezieht sich das Haftungsprivileg des § 839 Abs. 2 nur auf die **spruchrichterliche** Tätigkeit. Haftungsrechtlich relevant ist daher in erster Linie die vorsätzliche Rechtsbeugung nach § 339 StGB. Im Einzelnen bereitet die Bestimmung von Inhalt und Grenzen des Richterprivilegs aber nach wie vor Schwierigkeiten. Unstreitig ist, dass jener der Beamten-(Eigen-)Haftung beigefügte Haftungsausschluss auch die über Art. 34 S. 1 GG eingreifende Staatshaftung betrifft.

[1060] BGHZ 61, 101, 109 = NJW 1973, 1654.
[1061] BGH LM Nr. 50 (Ca) = NJW 1982, 1328.
[1062] BGH LM Nr. 33 (E) = NJW 1979, 1600.
[1063] EuGH Rs. 175/84 (Krohn/Kommission) Slg. 1986, 753, 769.
[1064] BGH LM Nr. 22 (E) = NJW 1972, 383, 384; aA OLG Köln NJW 1968, 1578 = EuR 1968, 405 m. Anm. *Ipsen.*
[1065] BGHZ 37, 375, 380 = NJW 1962, 1862, 1863; auch RGRK/*Kreft* RdNr. 511.
[1066] BGHZ 37, 375, 377 = NJW 1962, 1862; BGH VersR 1973, 443, 444.
[1067] S. auch *Bender* RdNr. 628 ff.; *Bettermann* in: Die Grundrechte Bd. III/2, S. 838; *Leipold* JZ 1967, 737; *Merten*, FS W. Wengler, Bd. II, 1973, S. 519 ff.; *Smid* Jura 1990, 225; Bonner Komm/*Dagtoglou* 2. Bearb. Art. 34 GG RdNr. 442 ff.; *Staudinger*/*Wurm* RdNr. 313.

Haftung bei Amtspflichtverletzung

a) Sinn und Zweck des Haftungsausschlusses. Es liegt nahe, den Sinn des Richterprivilegs im Schutz der verfassungsrechtlich garantierten **richterlichen Unabhängigkeit** zu erblicken.[1068] Bei einer solchen Zweckbestimmung würde aber die gesetzliche Begrenzung des Haftungsprivilegs auf die spruchrichterliche Tätigkeit des Richters ignoriert werden.[1069] Denn die verfassungsrechtliche Garantie der persönlichen und sachlichen Unabhängigkeit des Richters gilt schlechthin, also auch für die nicht-spruchrichterliche Tätigkeit des Richters,[1070] etwa im Bereich der freiwilligen Gerichtsbarkeit. Es kommt hinzu, dass die Garantie der richterlichen Unabhängigkeit nicht ausschließt, dass über die Gesetzmäßigkeit des Richterspruchs (noch) ein anderes Gericht befindet.[1071] So liegt in der Kontrolle richterlicher Entscheidungen im gerichtlichen Instanzenzug mit Sicherheit keine Verletzung der Unabhängigkeit des in dieser Weise kontrollierten und ggf. korrigierten Richters. Es ist deshalb nicht einzusehen, weshalb etwas anderes gelten soll, wenn ein Richterspruch im Amtshaftungsprozess von den dazu berufenen Gerichten auf etwaige Gesetzesfehler überprüft würde.

Die Begrenzung des Haftungsprivilegs auf die Tätigkeit „bei dem Urteil in einer Rechtssache" kann daher nur bedeuten, dass der **Schutz der Rechtskraft** bezweckt ist.[1072] Durch § 839 Abs. 2 soll verhindert werden, dass ein rechtskräftig entschiedener Gegenstand erneut der richterlichen Prüfung zugänglich gemacht werden kann mit der Begründung, der erkennende Richter habe rechtswidrig und daher amtspflichtwidrig gehandelt. Nicht des persönlichen Schutzes des Richters und der Privilegierung seines Standes, sondern der Wahrung des Rechtskraftinstituts und damit des Rechtsfriedens und der Rechtssicherheit willen besteht das Haftungsprivileg des § 839 Abs. 2. Es ist also der Zweckrichtung nach kein „Spruchrichterprivileg", sondern ein „Richterspruchprivileg". Nur mit dieser Zweckrichtung erhält die Begrenzung des § 839 Abs. 2 S. 1 einen Sinn und ist die Herausnahme des richterlichen Unterlassens durch § 839 Abs. 2 S. 2 gerechtfertigt.

b) Richterprivileg und „Urteil in einer Rechtssache". § 839 Abs. 2 bezieht sich nicht nur auf die Berufsrichter. Auch die ehrenamtlichen Richter der verschiedenen Gerichtsbarkeiten (zB Schöffen, Handelsrichter, ehrenamtliche Verwaltungsrichter) unterfallen dem Haftungsprivileg.[1073] Denn sie üben in gleichem Maße wie die Berufsrichter in dem Spruchkörper, dem sie angehören, rechtsprechende Gewalt aus. Der Schiedsrichter ist hingegen kein Richter iS des § 839. Er ist kein Träger eines öffentlichen Amtes, so dass er weder dem (engeren) staatsrechtlichen Beamtenbegriff des § 839 noch dem weiteren haftungsrechtlichen Amtsträgerbegriff des Art. 34 GG unterfällt. Er haftet daher nach allgemeinem Privatrecht, allerdings nimmt die Rechtsprechung im Allgemeinen eine stillschweigende Vereinbarung einer dem § 839 Abs. 2 vergleichbaren, die Grenzen des § 276 Abs. 3 wahrenden Haftungsbeschränkung an.[1074]

Der Begriff des „Urteils in einer Rechtssache" ist nicht im rein prozesstechnischen Sinn zu verstehen.[1075] Das Haftungsprivileg erstreckt sich vielmehr auf alle richterlichen Entschei-

---

[1068] BGHZ 50, 14, 19 f. = NJW 1968, 989; *Leipold* JZ 1967, 739.
[1069] Ebenso *Merten*, FS W. Wengler, Bd. II, 1973, S. 519, 523, 524; *Bender* RdNr. 630; *Smid* Jura 1990, 225, 228.
[1070] Vgl. BGHZ 10, 55, 57 ff. = NJW 1953, 1298; BGH LM Nr. 10 (G) = NJW 1966, 246.
[1071] *Bettermann* in: Die Grundrechte Bd. III/2, S. 578; *Merten*, FS W. Wengler, Bd. II, 1973, 522 f.
[1072] *Bender* RdNr. 631; *Merten*, FS W. Wengler, Bd. II, 1973, S. 519, 524 ff.; *Köndgen* JZ 1979, 246, 248; Bonner Komm/*Dagtoglou* 2. Bearb. Art. 34 GG RdNr. 444; *Staudinger/Wurm* RdNr. 314; *Bettermann* in: Die Grundrechte Bd. III/2, S. 579 und 838 f.; *Papier* in: Isensee/Kirchhof (Hrsg.), Handbuch des Staatsrechts, Bd. VI 1989, § 157 RdNr. 48; vgl. auch BGHZ 50, 14, 20 f. = NJW 1968, 989, 990; RGZ 90, 228, 230 f.; aA *Smid* Jura 1990, 225, 226 ff.
[1073] RG JW 1924, 192; Palandt/*Thomas* RdNr. 67; *Erman/Küchenhoff/Hecker* RdNr. 64; *Staudinger/Wurm* RdNr. 321; RGRK/*Kreft* RdNr. 516; *Bender* RdNr. 628.
[1074] BGHZ 15, 12, 15 = NJW 1954, 1763; BGHZ 42, 313, 316 = NJW 1965, 298; RGZ 65, 175; RG JW 1927, 1474; 1933, 217.
[1075] *Merten*, FS W. Wengler, Bd. II, 1973, S. 528 mwN; anders noch RGZ 62, 367, 369 ff.; 90, 228, 230; 116, 90, 91 f.

dungen, die „ihrem Wesen nach Urteile sind und diesen in allen wesentlichen Voraussetzungen gleichzusetzen, also urteilsvertretende Erkenntnisse sind".[1076] Maßgeblich ist nicht die prozessrechtliche Form der Entscheidung, sondern der Gesichtspunkt, ob die **Entscheidung** der **Rechtskraft** fähig ist. Sie muss ein Prozessrechtsverhältnis für die Instanz – ganz oder teilweise – mit bindender Wirkung beenden.[1077] Es genügt eine der Rechtskraft fähige Entscheidung, dass Rechtskraft tatsächlich eingetreten ist, ist nicht erforderlich. Das Haftungsprivileg greift mithin auch bei Urteilen und „urteilsvertretenden Erkenntnissen" ein, die im Instanzenzug aufgehoben worden sind, also nie Rechtskraft erlangt haben. Zu den unter § 839 Abs. 2 fallenden Beschlüssen zählen etwa der Berichtigungsbeschluss gemäß § 319 ZPO,[1078] der Beschluss nach § 91 a ZPO,[1079] die Kammerentscheidung des BVerfG nach §§ 93 b f. BVerfGG,[1080] der die Entmündigung wegen Geisteskrankheit oder Geistesschwäche anordnende Beschluss nach § 645 Abs. 1 ZPO aF[1081] sowie der Beschluss, mit dem unter Zurückweisung der Privatklage die Eröffnung eines Privatklageverfahrens abgelehnt wird (§ 383 Abs. 1 StPO).[1082] Alle diese Entscheidungen beenden für die Instanz das Prozessrechtsverhältnis endgültig, ihnen kommt die dem Urteil wesensmäßige Rechtskraftwirkung zu.

326   Keine „urteilsvertretenden Erkenntnisse" sind hingegen alle vorläufigen Sicherungsmaßnahmen des Gerichts wie die Beschlüsse im Arrest- und einstweiligen Verfügungsverfahren,[1083] ferner die Haftbefehle,[1084] die Beschlagnahme- und Durchsuchungsanordnungen, die Beschlüsse in der freiwilligen Gerichtsbarkeit,[1085] soweit sie nicht ausnahmsweise streitentscheidender Natur sind, Beschlüsse im Vollstreckungs- und Insolvenzverfahren,[1086] mit Ausnahme der Eintragung einer Forderung durch das Insolvenzgericht in die Insolvenztabelle.[1087] Denn diese Eintragung wirkt gemäß § 178 Abs. 3 InsO „für die festgestellten Forderungen ihrem Betrag und ihrem Rang nach wie ein rechtskräftiges Urteil gegenüber dem Insolvenzverwalter und allen Insolvenzgläubigern". Keine urteilsgleichen Beschlüsse sind ferner die Entscheidungen im Prozesskostenhilfeverfahren nach §§ 114 ff. ZPO,[1088] über die vorläufige Entziehung der Fahrerlaubnis nach § 111 a StPO,[1089] Beschlüsse im Kostenfestsetzungsverfahren[1090] sowie über den Streitwert.[1091]

327   **c) Die relevanten Amtspflichtverstöße.** Die Pflichtverletzung braucht nicht „durch" das Urteil begangen worden zu sein, es genügt ein „bei" dem Urteil, also in dem zur

---

[1076] Vgl. BGHZ 10, 55, 60 f. = NJW 1953, 1298, 1299; BGHZ 13, 142, 143 ff. = NJW 1954, 1283; BGHZ 36, 379, 382 f. = NJW 1962, 1500, 1502; BGHZ 46, 106 = NJW 1966, 2307; BGHZ 50, 14, 16 = NJW 1968, 989; BGHZ 51, 326, 327 = NJW 1969, 876, 877; wN bei *Merten*, FS W. Wengler, Bd. II, 1973, S. 528.
[1077] So BGHZ 36, 379, 383 = NJW 1962, 1500; vgl. ferner BGHZ 10, 55, 60 f. = NJW 1953, 1298; BGHZ 13, 142, 144 = NJW 1954, 1283; BGHZ 46, 106 = NJW 1966, 2307; BGH LM Nr. 10 (G) = NJW 1966, 246; NJW 1962, 36; *Bender* RdNr. 634, 636; *Erman/Küchenhoff/Hecker* RdNr. 63.
[1078] RGZ 90, 228, 230, 231.
[1079] BGHZ 13, 142, 143 ff. = NJW 1954, 1283.
[1080] Vgl. BGH LM Nr. 10 (G) = NJW 1966, 246.
[1081] BGHZ 46, 106 = NJW 1966, 2307; über die durch das BetreuungsG vom 12. 9. 1990 (BGBl. I S. 2002) eingeführte Betreuung nach §§ 1896 ff. wird gemäß § 69 FGG auf Antrag des Betroffenen oder von Amts wegen durch Beschluss entschieden. Damit handelt es sich nicht mehr wie bei § 645 ZPO aF um ein kontradiktorisches Verfahren, so dass dieser Beschluss nicht mehr als „urteilsvertretendes Erkenntnis" angesehen werden kann; vgl. RdNr. 326.
[1082] BGHZ 51, 326, 328 = NJW 1969, 876.
[1083] BGHZ 10, 55, 60 = NJW 1953, 1298; aA aber nun BGHZ 161, 298 = NJW 2005, 436.
[1084] Vgl. BGHZ 27, 338, 346 f. = NJW 1959, 35.
[1085] BGH NJW 1956, 1716.
[1086] BGH LM GG Art. 14 Nr. 21 (Bb) = NJW 1959, 1085; zu den Amtspflichten eines Richters vor Bestellung eines vorläufigen Verwalters (§ 11 VerglO) s. BGH LM Nr. 36 (Fi) = NJW 1981, 1726 = JZ 1981, 345.
[1087] S. jedoch *Bender* RdNr. 635; wie hier *Merten*, FS W. Wengler, Bd. II, 1973, S. 534.
[1088] BGH VersR 1984, 77, 79.
[1089] BGH LM Nr. 9 (G) = NJW 1964, 2402; MDR 1965, 26.
[1090] BGH NJW 1962, 36; KG NJW 1965, 1603.
[1091] BGHZ 36, 144, 146 = NJW 1962, 538.

Entscheidung führenden Verfahren begangener Amtspflichtverstoß. Es ist nicht erforderlich, dass der Pflichtverstoß gerade in dem Urteil als solchem liegt. Das Haftungsprivileg erstreckt sich auf das Verfahren, in dem der für die Entscheidung maßgebliche Tatbestand festgestellt worden ist, in dem also die Grundlagen für die Sachentscheidung gewonnen worden sind (zB Entscheidung, ob ein Sachverständigengutachten eingeholt werden soll, Auswahl und Beauftragung des Sachverständigen, Würdigung seines Gutachtens).[1092] Diese Tatsache hat in der Rechtsprechung jedoch zu Ausweitungen des Haftungsprivilegs geführt, die mit dem Sinn und Zweck des § 839 Abs. 2 nichts mehr zu tun haben.[1093] So hat der BGH[1094] das Richterprivileg auch auf Amtshaftungsansprüche eines im gerichtlichen Ausgangsverfahren nicht beteiligten Dritten angewendet, der durch eine angeblich pflichtwidrige Verlesung eines ihn betreffenden Schriftstücks in der Hauptverhandlung einen Vermögensschaden erlitten hatte. Demgegenüber erfordert der auf Wahrung der Rechtskraft zielende Schutzzweck des § 839 Abs. 2 gewisse Reduktionen, soweit es um Pflichtverletzungen nicht durch die Entscheidung selbst, sondern im **vorausgegangenen Verfahren** geht: Nur solche Amtspflichtverstöße können vom Haftungsprivileg erfasst sein, deren Feststellung eine Nachprüfung der rechtskräftigen Entscheidung erfordert. Verfahrensrechtliche Amtspflichtverstöße des Richters, die sich auf die rechtskräftige Sachentscheidung nicht auswirken können, unterfallen dem Haftungsprivileg daher nicht.[1095]

Der geltend gemachte **Schaden** muss ferner aus der Unrichtigkeit des Urteils hergeleitet werden.[1096] Wenn zB ein im Strafverfahren Verurteilter geltend macht, das erkennende Gericht habe Beweisverwertungsverbote der StPO verletzt, dann unterfällt das Richterunrecht nur insoweit dem Haftungsprivileg des § 839 Abs. 2, als der Verurteilte im Wege des Amtshaftungsprozesses die Unrichtigkeit des rechtskräftigen Strafurteils rügt und den Schaden einklagt, der ihm aus dieser Verurteilung erwachsen ist. Macht der Verurteilte jedoch einen Schaden geltend, der unabhängig von der Verurteilung eingetreten ist, also zB einen Schmerzensgeldanspruch wegen Verletzung seines Persönlichkeitsrechts durch unzulässige Beweiserhebung, so richtet sich die Amtshaftungsklage nicht gegen die Richtigkeit des Strafurteils. Die rechtskräftige Verurteilung wird nicht in Frage gestellt und keiner nochmaligen richterlichen Prüfung zugeführt. Für das Haftungsprivileg des § 839 Abs. 2 ist daher kein Raum.[1097] Dies gilt erst recht, wenn ein am Ausgangsverfahren **unbeteiligter Dritter** einen Schaden geltend macht, der ihm infolge eines Verfahrensverstoßes des Richters, etwa aus einer unzulässigen Verlesung eines den Dritten betreffenden Schriftstücks in der Hauptverhandlung, erwachsen ist.[1098] Die Amtshaftungsklage jenes Dritten tangiert die Rechtskraft des Strafurteils überhaupt nicht. Entgegen der Auffassung des BGH[1099] kann daher das Haftungsprivileg auch in diesem Fall nicht zur Anwendung gelangen.

3. Rechtsmittelversäumung. Nach § 839 Abs. 3 tritt die Ersatzpflicht nicht ein, „wenn der Verletzte vorsätzlich oder fahrlässig unterlassen hat, den Schaden durch Gebrauch eines Rechtsmittels abzuwenden". Es handelt sich um eine besondere Ausprägung des **Mitverschuldensprinzips,** das in seiner allgemeinen Form in § 254 niedergelegt ist und insoweit für das gesamte private und öffentliche Haftungsrecht

---

[1092] Vgl. BGHZ 50, 14, 16 f. = NJW 1968, 989; BGH VersR 1984, 77, 78 f., zu den Voraussetzungen, unter denen die Festsetzung der Entschädigung von Sachverständigen nach § 16 ZSEG dem Spruchrichterprivileg unterliegt BGH LM Nr. 5 (G); *Bender* RdNr. 639; *Erman/Küchenhoff/Hecker* RdNr. 63; *Staudinger/Wurm* RdNr. 329; *Merten,* FS W. Wengler, Bd. II, 1973, S. 534 ff.; RGRK/*Kreft* RdNr. 523.
[1093] S. dazu auch *Merten,* FS W. Wengler, Bd. II, 1973, S. 538 ff. und *Köndgen* JZ 1979, 246, 248, 249.
[1094] BGHZ 50, 14, 16 f. = NJW 1968, 989.
[1095] *Merten,* FS W. Wengler, Bd. II, 1973, S. 536.
[1096] *Merten,* FS W. Wengler, Bd. II, 1973, S. 536 f.
[1097] *Merten,* FS W. Wengler, Bd. II, 1973, S. 536 f.
[1098] *Merten,* FS W. Wengler, Bd. II, 1973, S. 539 f.; aA RGRK/*Kreft* RdNr. 525.
[1099] BGHZ 50, 14, 17 = NJW 1968, 989; vgl. auch *Ossenbühl* Staatshaftungsrecht S. 103.

gilt.[1100] Aber während § 254 die Berücksichtigung und Abwägung der Einzelfallumstände gestattet und die Möglichkeit der Anspruchsminderung und Schadensteilung vorsieht, führt die Regelung des § 839 Abs. 3 bei jeder Form schuldhafter Schadensmitverursachung zum völligen Anspruchsverlust. Eine leicht fahrlässige Mitverursachung des Schadens durch den Verletzten führt zB selbst dann zum Haftungsausschluss, wenn der Amtspflichtverstoß grob fahrlässig oder gar vorsätzlich begangen worden ist.[1101] Der Haftungsausschluss nach § 839 Abs. 3 betrifft die Beamten-(Eigen)Haftung ebenso wie die Amtshaftung des Staates gemäß Art. 34 GG.

330 a) **Funktion.** Die Vorschrift des § 839 Abs. 3 sollte zunächst ebenso wie die Subsidiaritätsklausel des § 839 Abs. 1 S. 2 den leistungsschwachen Beamten schützen.[1102] Mit dieser Zweckrichtung ist das Haftungsprivileg bei einer den Staat treffenden Amtshaftung sinnlos und rechtspolitisch untragbar geworden.[1103] Dem Haftungsausschluss des § 839 Abs. 3 wird jedoch zunehmend eine **objektive,** über den Schutz des leistungsschwachen Beamten hinausgreifende **Bedeutung** beigemessen.[1104] Diese Vorschrift soll vor allem die Funktion haben, eine Subsidiarität der („sekundären") Schadensersatzpflicht im Verhältnis zu den „primären" Rechtsschutzmitteln zu begründen und den Schadensersatzanspruch bei rechtswidrigem Handeln des Staates der verwaltungsgerichtlichen Klage nachzuordnen. Dem Verletzten soll auf diese Weise die zu missbilligende **Wahlmöglichkeit** genommen werden, entweder den rechtswidrigen Hoheitseingriff mit den ordentlichen Rechtsschutzmitteln abzuwehren oder aber diesen (freiwillig) zu dulden und dafür zu liquidieren.[1105] Aufgrund einer solchen Funktionsbestimmung wurde – mit gewissen Modifikationen – an jenem Haftungsausschluss auch in den Entwürfen zum reformierten Staatshaftungsrecht festgehalten.[1106] Er wird überdies schon de lege lata beim Folgenbeseitigungsanspruch praktiziert.[1107]

331 b) **Begriff des „Rechtsmittels".** Die vorherrschende Interpretation des § 839 Abs. 3 durch Rechtsprechung und Lehre ist jedoch an dieser objektiven Zweckrichtung einer Abgrenzung bzw. Hintereinanderschaltung zweier Rechtsschutzverfahren nicht ausgerichtet. Das zeigt sich vor allem an der weiten Auslegung des Begriffs „Rechtsmittel". Rechtsmittel iS des § 839 Abs. 3 sind nach hM alle „Rechtsbehelfe, die sich gegen die eine Amtspflichtverletzung darstellende Handlung oder Unterlassung richten und sowohl deren Beseitigung oder Berichtigung als auch die Abwendung des Schadens zum Ziel haben und herbeizuführen geeignet sind".[1108] Dazu zählen nicht nur die gesetzlich vorgesehenen ordentlichen Verfahrensmittel wie zB das Widerspruchsverfahren und die verwaltungsgerichtliche Klage, sondern auch formlose Gegenvorstellungen, Erinnerungen an die Erledigung eines Antrages, Dienstaufsichtsbeschwerden und Fachaufsichtsbeschwerden.[1109] Rechtsmittel iS des

---

[1100] Vgl. RGZ 156, 220, 239; BGH LM Nr. 21 (D) = NJW 1964, 195; LM § 254 Nr. 8 (Ea) = NJW 1965, 962; BGHZ 56, 57 = NJW 1971, 1694; BGHZ 45, 290 = NJW 1966, 1859. Zu den Folgen eines Mitverschuldens beim Folgenbeseitigungsanspruch s. RdNr. 86.
[1101] S. auch *Bender* RdNr. 669; RGRK/*Kreft* RdNr. 528.
[1102] RGZ 96, 143, 148; *Bettermann* in: Die Grundrechte Bd. III/2, S. 838; ders. DÖV 1954, 299, 304; ders. JZ 1961, 482, 483.
[1103] S. auch *Bettermann* DÖV 1954, 299, 304 f.; ders. in: Die Grundrechte Bd. III/2, S. 838; ders. JZ 1961, 482 f.; vgl. auch *Engelhardt* VersR 1989, 1221.
[1104] Vgl. dazu *Papier* (Fn. 4) S. 121 mwN; *Bender* RdNr. 671; BGHZ 113, 17, 18 ff. = NJW 1991, 1168; BGH NJW 1992, 1984.
[1105] Vgl. BGHZ 98, 85, 91 f. = NJW 1987, 491; BGH NJW 1991, 1168, 1169.
[1106] S. § 6 RegE-StHG; § 5 Abs. 1 KE-StHG; § 7 Abs. 1 RefE-StHG; § 6 StHG.
[1107] Vgl. BVerwG DÖV 1968, 419, 421; *Bettermann* DÖV 1955, 528, 535; *Weyreuther* S. 100 sowie RdNr. 86.
[1108] BGHZ 28, 104, 106 = NJW 1958, 1532; RGZ 163, 121, 124; BGH VersR 1963, 849; WM 1963, 841; NJW 1978, 1522, 1523; VersR 1980, 649, 650; LM § 830 Nr. 23 = NJW 1982, 2307 = MDR 1983, 44; VersR 1984, 947.
[1109] Vgl. hierzu BGH LM RVO § 640 Nr. 12 = DVBl. 1974, 589, 590; BGHZ 15, 305, 313 = NJW 1955, 297, 298; BGHZ 28, 104, 106 = NJW 1958, 1532; BGH LM Nr. 5 (H) = NJW 1960, 1718; RGZ 131, 12, 13 f.; 138, 114, 116; 163, 121, 125; BGH WM 1985, 336, 338; VersR 1986, 575; BGHZ 123, 1, 7 = NJW 1993, 3061, 3063; S. auch *Bender* RdNr. 672 ff.

§ 839 Abs. 3 sind also zB das Widerspruchsverfahren nach §§ 68 ff. VwGO, die verwaltungsgerichtlichen Klageverfahren (Anfechtungsklage, Verpflichtungs- einschließlich der Untätigkeitsklage,[1110] allgemeine Leistungsklage), Anträge im einstweiligen Rechtsschutzverfahren wie etwa der Antrag auf Anordnung oder Wiederherstellung der aufschiebenden Wirkung nach § 80 Abs. 5 S. 1 VwGO, ferner Anträge auf gerichtliche Entscheidung, Widersprüche gegen Arrest und einstweilige Verfügungen, Einsprüche gegen Strafbefehle, Erinnerungen gemäß § 766 ZPO, Erinnerungen beim Grundbuchamt an die Erledigung eines Antrags und Aufsichtsbeschwerden, ferner Anträge auf Wiederaufnahme des Verfahrens sowie auf Wiedereinsetzung in den vorherigen Stand. Die Anfechtung der Baugenehmigung, mit der die Nichtigkeit des ihr zugrundeliegenden Bebauungsplans geltend gemacht wird, stellt ein Rechtsmittel gegen den Vollzug des amtspflichtwidrig erlassenen Bebauungsplans dar.[1111] Ebenfalls als Rechtsmittel iS des § 839 Abs. 3 iVm. § 839 a Abs. 2 ist der Antrag zu qualifizieren, den gerichtlichen Sachverständigen zur mündlichen Erläuterung seines Gutachtens zu laden.[1112] Die Verfassungsbeschwerde ist hingegen kein Rechtsmittel iS des § 839 Abs. 3.[1113] Auch eine Bauvoranfrage an die Baugenehmigungsbehörde ist kein „Rechtsmittel", die den auf Grund einer falschen Auskunft drohenden Schaden abwenden kann.[1114] Ebenso wenig gehört es zum „Gebrauch eines Rechtsmittels", dass der Bauherr, der gegen eine Baustilllegungsverfügung Widerspruch eingelegt hat, wegen dessen aufschiebender Wirkung die bereits begonnenen Bauarbeiten fortsetzt.[1115] Die Unrichtigkeit bzw. Unvollständigkeit einer Rechtsbehelfsbegründung rechtfertigt nicht die Anwendung des § 839 Abs. 3. Fehlt hingegen jede Begründung und führt dies dazu, dass von einer ernsthaften, dh. auf einen sachlichen Erfolg abzielenden Rechtsbehelfseinlegung keine Rede sein kann, so gilt der Haftungsausschluss des § 839 Abs. 3.[1116]

332 Es muss sich um einen **Rechtsbehelf** handeln, der **gegen das den Amtspflichtverstoß darstellende Tun oder Unterlassen des Amtsträgers** gerichtet ist.[1117] Selbstständige Rechtsbehelfsverfahren des Verletzten wie Klagen und einstweilige Rechtsschutzverfahren gegen Dritte, die dem aus der Amtspflichtverletzung drohenden Schaden begegnen oder gar einen bereits eingetretenen Schaden wiedergutmachen sollen, fallen nicht unter § 839 Abs. 3.[1118] Im letzteren Fall kann jedoch § 839 Abs. 1 S. 2 zur Anwendung gelangen.[1119] Bei Verwaltungsakten, die den sachlichen Inhalt eines vorher erlassenen und vom Betroffenen angefochtenen Verwaltungsakts wiederholen („wiederholende Verfügungen"), findet § 839 Abs. 3 keine Anwendung.[1120] Sie bedürfen also zur Abwendung der Folgen aus § 839 Abs. 3 keiner erneuten „Anfechtung". Der Rechtsgedanke des § 839 Abs. 3 gilt auch für aus dem Beamtenrecht hergeleitete Schadensersatzansprüche, die ein Beamter wegen der seiner Ansicht nach rechtswidrig unterbliebenen Auswahl für einen Beförderungsdienstposten und eine Beförderung erhebt.[1121]

333 c) **Kausalität und Verschulden.** Zwischen der Nichteinlegung eines Rechtsbehelfs und dem Eintritt des Schadens muss ein Kausalzusammenhang bestehen. Ferner muss die Nichteinlegung auf Seiten des Verletzten schuldhaft gewesen sein. Beides hat der aus § 839 Abs. 1

[1110] BGH NVwZ 1992, 298, 299.
[1111] BGH BRS 53 Nr. 27.
[1112] BGH BGHR 2007, 1028 m. Anm. *Hecker*.
[1113] BGHZ 30, 19, 28 = NJW 1959, 1219.
[1114] BGH LM Nr. 41 (Ca) = NJW 1980, 2576, 2577.
[1115] BGH BayVBl. 2001, 695.
[1116] RGZ 138, 309, 311; BGHZ 56, 57, 59 = NJW 1971, 1694, 1695.
[1117] BGH LM Nr. 5 (H) = NJW 1960, 1718, 1719; LM GG Art. 101 Nr. 13 = VersR 1965, 1196; LM Nr. 32 (Ca) = NJW 1978, 1522, 1523; RGZ 157, 197, 206; BGH BayVBl. 2002, 124; *Bender* RdNr. 673 f.
[1118] Vgl. RGZ 163, 121, 125; BGHZ 28, 104 = NJW 1958, 1532, 1533; BGH NJW 1990, 176, 178.
[1119] S. auch *Bender* RdNr. 675.
[1120] BGHZ 56, 57, 60 ff. = NJW 1971, 1694.
[1121] BVerwG 107, 29 = DÖV 1998, 884; BVerwG DÖV 2000, 602.

in Anspruch genommene Beklagte zu beweisen.[1122] Im Hinblick auf das Kausalitätserfordernis ist es ausreichend, dass das Rechtsmittel zwar nicht zur Abwendung des **gesamten Schadens,** wohl aber zur Schadensminderung geeignet gewesen wäre.[1123] Hinsichtlich des abwendbaren Teils entfällt dann der Ersatzanspruch auf Grund des § 839 Abs. 3. Erachtet man iS der Judikatur auch formlose Rechtsbehelfe wie zB Dienst- und Fachaufsichtsbeschwerden als „Rechtsmittel", dann kann es für die Kausalität nicht darauf ankommen, wie die Aufsichtsbehörde nach Auffassung des (Amtshaftungs-)Richters hätte entscheiden müssen, sondern allein darauf, ob der Rechtsbehelf tatsächlich Aussicht auf Erfolg gehabt hätte.[1124]

334 Das Verschulden des Verletzten ist nicht allein deswegen zu verneinen, weil ihm die erforderlichen Rechtskenntnisse fehlten. Er muss notfalls **rechtskundigen Rat** einholen.[1125] Auf den Bildungsgrad und die geschäftlichen Erfahrungen der am konkreten Verfahren Beteiligten ist jedoch stets Rücksicht zu nehmen. Es ist auf die Verhältnisse des Verkehrskreises abzustellen, dem der Verletzte angehört und zu fragen, welches Maß an Umsicht und Sorgfalt von Angehörigen dieses Kreises verlangt werden kann.[1126] Die Annahme einer Amtspflichtverletzung muss für den Betroffenen nahe gelegen haben, nur dann kann ihm ein Nichtstun vorgeworfen werden.[1127] Wer Eintragungsmitteilungen vom Gericht oder von Behörden nicht auf ihre Vollständigkeit und Richtigkeit prüft, handelt im Allgemeinen fahrlässig, denn der Sinn jener Benachrichtigungen besteht gerade darin, den Betroffenen an der Kontrolle angemessen zu beteiligen.[1128] Die Nichteinlegung eines Rechtsmittels kann dem Verletzten nicht vorgeworfen werden, wenn er zwar auf Grund einer sich entwickelnden Rechtsprechung bei nachträglicher Betrachtungsweise möglicherweise Erfolg gehabt hätte, die Rechtsprechung aber zum maßgeblichen – früheren – Zeitpunkt noch nicht „ausgeformt und verfestigt" war.[1129]

335 Der Verletzte muss sich ein Verschulden seines **gesetzlichen Vertreters** oder einer **Hilfsperson,** etwa seines Anwaltes, zurechnen lassen.[1130] Die Vorschriften der §§ 254 Abs. 2 S. 2, 278 finden insoweit entsprechende Anwendung. Auch **Notare** sind als Erfüllungsgehilfen anzusehen, wenn sie außerhalb ihrer Urkundstätigkeit auf Grund eines besonderen Auftrages im Rahmen sonstiger Betreuung der Beteiligten auf dem Gebiet vorsorgender Rechtspflege tätig werden.[1131]

336 **4. Sondergesetzliche Haftungsausschlüsse und -beschränkungen. a) Verfassungsrechtliche Zulässigkeit.** Nach der Rechtsprechung und hL kann die in Art. 34 S. 1 GG verankerte Staatshaftung durch einfaches Gesetz ausgeschlossen oder beschränkt werden.[1132] Die Zulässigkeit diesbezüglicher Gesetzesregelungen wird aus dem Umstand gefol-

---

[1122] RGZ 168, 143, 172; RG JW 1927, 2457.
[1123] BGH NJW 2004, 1241; 1986, 1924 f.; krit. *Ossenbühl,* wo in diesem Fall nicht auf § 839 Abs. 3, sondern auf § 254 abgestellt wurde.
[1124] BGH NJW 1986, 1924, 1925; BGHR § 839 Abs. 3 – Kausalität 1; vgl. auch *Engelhardt* VersR 1989, 1221, 1223.
[1125] Vgl. RGZ 166, 249, 256; *Bender* RdNr. 678.
[1126] BGH NVwZ 1991, 915.
[1127] BGH LM Nr. 124 = NJW 1977, 1287, 1288 („dringlich nahe").
[1128] BGHZ 28, 104, 108 f. = NJW 1958, 1532; BGH WM 1958, 1050; RGZ 138, 114, 116 f.; 166, 249, 256.
[1129] BGHZ 92, 34, 54 = NJW 1984, 2516, 2520 zur drittschützenden Funktion des baurechtlichen Rücksichtnahmegebots.
[1130] RGZ 138, 114, 117; 163, 121, 125; *Bender* RdNr. 679.
[1131] BGHZ 62, 119, 121 f. = NJW 1974, 692; BGH NJW 1984, 1748 = DNotZ 1984, 511 m. Anm. *Zimmermann;* NJW 1993, 648, 652; BGHZ 123, 1, 13 = NJW 1993, 3061, 3064.
[1132] BGHZ 9, 289, 290 = NJW 1953, 941; BGHZ 12, 89, 91 = NJW 1954, 914, 915; BGHZ 12, 96, 98 = NJW 1954, 915, 916; BGHZ 13, 241, 242 = NJW 1954, 1283; BGHZ 25, 231, 237 = NJW 1957, 1925, 1926; BGHZ 36, 193, 194 = NJW 1962, 485; BGHZ 61, 7, 14 = NJW 1973, 1741, 1743; BGHZ 76, 375, 381 = NJW 1980, 1567; BGHZ 76, 387, 389 = NJW 1980, 2457; BGH LM GG Art. 34 Nr. 60 = NJW 1961, 1811; BayVGH DÖV 1970, 488; s. auch BVerfGE 61, 149, 199 f. = NJW 1983, 25; *Ossenbühl* Staatshaftungsrecht S. 96 f.; *Bender* RdNr. 682; *v. Münch/Kunig/Bryde* Art. 34 GG RdNr. 33.

gert, dass nach dem Wortlaut des Art. 34 GG der Staat für amtspflichtwidriges Verhalten seiner Amtsträger **„grundsätzlich"** verantwortlich ist.[1133] In der Literatur ist dieser Formulierung der Verfassungsrechtsnorm eine so weitreichende Bedeutung teilweise abgesprochen worden.[1134] Das „grundsätzlich" in Art. 34 GG wird als ein überflüssig gewordenes Relikt aus Art. 131 WRV angesehen, wo es deshalb noch einen Sinn hatte, weil ihm der wesentliche Zusatz folgte: „Die nähere Regelung liegt der zuständigen Gesetzgebung ob".[1135] Einen entsprechenden Regelungsvorbehalt enthält Art. 34 GG nicht mehr. Nach dieser Auffassung kann der Begriff „grundsätzlich" normative Bedeutung allenfalls hinsichtlich der Frage des Haftungsträgers haben: „grundsätzlich", dh. regelmäßig haftet die Dienstherrnkörperschaft, ausnahmsweise könne aber auch auf Grund abweichender sondergesetzlicher Regelung eine andere juristische Person des öffentlichen Rechts verantwortlich sein.[1136]

Demgegenüber wird man jedoch im Anschluss an die Rechtsprechung und hL darauf hinweisen müssen, dass die eben geschilderte Interpretation des Art. 34 GG eine deutliche und merkliche **Abweichung vom Rechtszustand unter der Geltung des Art. 131 WRV** bedeuten würde, der durch eine Reihe einfachgesetzlicher Haftungsausschlüsse und -begrenzungen[1137] gekennzeichnet war. Es liegen keine Anhaltspunkte dafür vor, dass der Grundgesetzgeber derart gravierende Abweichungen hat vornehmen wollen. Dabei fällt ins Gewicht, dass Art. 34 GG im Übrigen ganz eindeutig den bisherigen, nicht zuletzt durch die reichsgerichtliche Judikatur[1138] geprägten Rechtszustand festschreiben sollte.[1139] Eine Abweichung in der zentralen Frage möglicher Haftungsausschlüsse und -beschränkungen hätte daher deutlicher zum Ausdruck gelangen müssen.[1140] Die grundsätzliche Zulässigkeit gewisser Ausnahmen vom Staatshaftungsprinzip folgt auch aus dem Charakter des Art. 34 GG als einer institutionellen Garantie der Staatshaftung. Zu einer derartigen Garantie gehört die Befugnis des Gesetzgebers, nähere Ausgestaltungen und Einschränkungen vorzunehmen.[1141]

Dies bedeutet andererseits nicht, dass die Staatshaftung nach Art. 34 S. 1 GG unter uneingeschränktem **Gesetzesvorbehalt** steht. Es existieren in materieller und formeller Hinsicht Grenzen. Zum einen darf die Staatshaftung für amtspflichtwidriges Verhalten der Organwalter weder generell noch für wesentliche Bereiche staatlicher Tätigkeit abgeschafft werden.[1142] Der Gesetzgeber muss den Wesensgehalt der institutionellen Garantie wahren. Normative Haftungsausschlüsse und -begrenzungen sind nur in eng abgesteckten **Ausnahmefällen** zulässig, bei denen sachliche Gründe des öffentlichen Wohls eine Abweichung von der regelmäßig einsetzenden Haftungsüberleitung auf den Staat rechtfertigen und der Verhältnismäßigkeitsgrundsatz gewahrt wird.[1143]

[1133] BGHZ 9, 289, 290 = NJW 1953, 941; BGHZ 12, 89, 91 = NJW 1954, 914, 915; BGHZ 25, 231, 237 = NJW 1957, 1925, 1926; BGH LM BeamtenhaftG § 7 Nr. 2 = NJW 1956, 1836; BGHZ 99, 62 = NJW 1987, 81, m. Anm. *Berkemann* DVBl. 1987, 521; OLG Frankfurt NJW 1970, 2172, 2173; *Staudinger/Wurm* RdNr. 353; RGRK/*Kreft* RdNr. 24; Bonner Komm/*Dagtoglou* 2. Bearb. Art. 34 GG RdNr. 34.
[1134] *Bettermann* in: Die Grundrechte III/2, S. 846 f.; *Zimniok* DÖV 1953, 296, 299; *Becker* DÖV 1954, 496, 497; *Maurer* (Fn. 119) § 26 RdNr. 38.
[1135] Vgl. *Bettermann* in: Die Grundrechte III/2, S. 847; *v. Mangoldt/Klein*, 2. Aufl. 1966, Art. 34 GG Anm. II 8.
[1136] *Bettermann* in: Die Grundrechte Bd. III/2, S. 847; *Zimniok* DÖV 1953, 296, 299.
[1137] Vgl. die Nachweise bei *v. Mangoldt/Klein*, 2. Aufl. 1966, Art. 34 GG Anm. II 8.
[1138] Vgl. zB RGZ 102, 166, 170 f.; 107, 41, 42, 43; 111, 375; 128, 238, 239, 240; 141, 420, 426; 149, 83, 84.
[1139] Vgl. BGHZ 9, 289, 290 = NJW 1953, 941; BGHZ 12, 89, 91 = NJW 1954, 914, 915; BGHZ 12, 96, 98 = NJW 1954, 915, 916; BGHZ 36, 193, 194 = NJW 1954, 1283; RGRK/*Kreft* RdNr. 21.
[1140] So auch BGHZ 9, 289, 290, 291 = NJW 1953, 941; Bonner Komm/*Dagtoglou* 2. Bearb. Art. 34 GG RdNr. 34.
[1141] Vgl. auch BVerfGE 61, 149, 195 = NJW 1983, 25 zu Art. 131 WRV.
[1142] BGHZ 61, 7, 14 = NJW 1973, 1741, 1743; Bonner Komm/*Dagtoglou* 2. Bearb. Art. 34 GG RdNr. 33.
[1143] BGHZ 25, 231, 237 f. = NJW 1957, 1925, 1926; BGHZ 61, 7, 14 = NJW 1973, 1741, 1743; BGHZ 62, 372, 377, 378 = NJW 1974, 1507, 1509; BGHZ 99, 62, 64 = NJW 1987, 81; BGH NJW 1988, 129;

339   Zu den sachlichen Begrenzungen kommt eine formelle Schranke: Haftungsausschlüsse und -begrenzungen dürfen im Anwendungsbereich des Art. 34 GG nur durch **förmliches Gesetz** bestimmt werden, satzungsrechtliche Beschränkungen sind zB nicht zulässig.[1144] Ein Ausschluss der Staatshaftung nach Art. 34 GG lässt grundsätzlich die Eigenhaftung des Beamten gemäß § 839 Abs. 1 wieder aufleben:[1145] Der sich amtspflichtwidrig verhaltende Amtsträger haftet also nicht mehr nur im Regresswege seinem Dienstherrn gegenüber bei Vorsatz und grober Fahrlässigkeit (vgl. §§ 46 Abs. 1 BRRG, 78 Abs. 1 BBG, 24 Abs. 1 SoldG, 34 Abs. 1 ZDG; näher RdNr. 369, 370), sondern dem geschädigten Dritten gegenüber für jedes Verschulden.[1146] Amtshaftungsausschlüsse wirken damit in das Beamtenrecht hinein, das außerhalb der Regelungskompetenz der autonomen Rechtsetzungsträger wie etwa der Gemeinden liegt.

340   Dagegen kann dem Art. 34 GG nicht entnommen werden, dass nur **Bundesgesetze** Ausnahmen von der regelmäßig stattfindenden Haftungsüberleitung bestimmen dürfen.[1147] Zwar sprechen rechtspolitische Gründe für eine solche Beschränkung: Rechtszersplitterung und damit ein „Haftungsgefälle" im Bundesgebiet sollten tunlichst vermieden werden.[1148] Die letzten, dann aber gescheiterten Reformvorschläge zum Staatshaftungsrecht sahen begrüßenswerterweise einen ausdrücklichen bundesgesetzlichen Regelungsvorbehalt im neu zu fassenden Art 34 GG vor.[1149] Für den gegenwärtigen Rechtszustand spricht aber gerade der Sachzusammenhang mit dem Dienstrecht dafür, Haftungsausschlüsse und -begrenzungen für Landesbeamte durch den Landesgesetzgeber zu gestatten. Soll hingegen nicht nur die Amtshaftung, sondern darüber hinaus die ansonsten bei einem Wegfall der Haftungsüberleitung wiederauflebende Beamten-Eigenhaftung nach § 839 ausgeschlossen werden, bedarf es insoweit auf jeden Fall einer bundesgesetzlichen Regelung (vgl. etwa § 11 Abs. 3 PostG aF). Für den Erlass eines Staatshaftungsgesetzes besitzt der Bund nunmehr seit der Verfassungsnovelle vom 27. 10. 1994 (BGBl. I S. 3146) das Recht der konkurrierenden Gesetzgebung (Art. 74 Abs. 1 Nr. 25 GG). Wenn er hiervon durch den Erlass eines Staatshaftungsgesetzes Gebrauch macht und darin auch die Haftungsausschlüsse und -beschränkungen regelt, wären die Länder insoweit nach Art. 72 Abs. 1 GG vom Recht der Gesetzgebung ausgeschlossen.

341   **b) Gebührenbeamte.** Die Amtshaftung des Staates ist ferner teils für bestimmte Beamte, teils für bestimmte Verletzte auf Grund des vorkonstitutionellen Gesetzes über die Haftung des Reiches für seine Beamten vom 22. 5. 1910 (RGBl. S. 798) – RBHaftG – sowie entsprechender Landeshaftungsgesetze, etwa des preuß. BeamtenhaftG vom 1. 8. 1909 (PrGS S. 691), ausgeschlossen. Gemäß § 5 Nr. 1 RBHaftG haftet der Staat nicht für diejenigen Beamten, die, „abgesehen von der Entschädigung für Dienstaufwand, auf den

---

BayVGH DÖV 1970, 488, 489; Bonner Komm/*Dagtoglou* 2. Bearb. Art. 34 GG RdNr. 35; RGRK/*Kreft* RdNr. 25.

[1144] BGHZ 61, 7, 14 = NJW 1973, 1741, 1743; BGH NJW 1984, 615, 617; *Brehm* DÖV 1974, 415, 416 f.; *Schwarze* JuS 1974, 640, 643; *Seibert* DÖV 1986, 957 ff.; *Ossenbühl* Staatshaftungsrecht S. 96 f.; Bonner Komm/*Dagtoglou* 2. Bearb. Art. 34 GG RdNr. 35 a; *Jarass/Pieroth* Art. 34 GG RdNr. 6; *Maunz/Dürig/Papier* Art. 34 GG RdNr. 219; *ders.* HdbStR VI § 157 RdNr. 45; *v. Münch/Kunig/Bryde* Art. 34 GG RdNr. 33; aA BayVGH DVBl. 1985, 903, 904 = BayVBl. 1985, 407, 408 f. Je nach Ausgestaltung des Benutzungsverhältnisses – Freiwilligkeit oder Benutzungszwang – diff. *Reiter* BayVBl. 1990, 711 und *Windthorst* JuS 1995, 992, 993.

[1145] BGHZ 36, 193, 194, 195 = NJW 1962, 485; BGHZ 61, 7, 14 = NJW 1973, 1741, 1743; *Bender* RdNr. 687; *Ossenbühl* Staatshaftungsrecht S. 70 ff., 72; krit. Bonner Komm/*Dagtoglou* 2. Bearb. Art. 34 GG RdNr. 256, 257.

[1146] S. auch *Ossenbühl* Staatshaftungsrecht S. 98, 100; *Bender* RdNr. 687, 688, 692; krit. Bonner Komm/*Dagtoglou* 2. Bearb. Art. 34 GG RdNr. 257.

[1147] BVerfGE 61, 149, 199 f. = NJW 1983, 25; BGHZ 13, 241, 242 = NJW 1954, 1283; BGHZ 36, 193, 194 = NJW 1962, 485; BGH LM BHaftG § 7 Nr. 2 = NJW 1956, 1836; *Ossenbühl* Staatshaftungsrecht S. 96 f.; Bonner Komm/*Dagtoglou* 2. Bearb. Art. 34 GG RdNr. 327.

[1148] Vgl. Reform des Staatshaftungsrechts, Begr. RefE S. 23.

[1149] Vgl. Art. 34 Abs. 2 des RefE für ein Gesetz zur Änderung des Grundgesetzes in: Reform des Staatshaftungsrechts, RefE S. 13 sowie Art. 34 Abs. 2 des entsprechenden Entwurfs der Bundesregierung eines Gesetzes zur Änderung des Grundgesetzes, BR-Drucks. 214/78.

Bezug von Gebühren angewiesen sind". Solche Gebührenbeamten sind die **Notare**,[1150] für die jedoch heute im § 19 BNotO eine haftungsrechtliche Sonderregelung getroffen ist. Aber auch nach § 19 Abs. 1 S. 4 BNotO findet eine Haftungsüberleitung auf den Staat nicht statt. Der Notar haftet dem Geschädigten gegenüber bei schuldhafter Amtspflichtverletzung gemäß § 19 Abs. 1 S. 1 BNotO selbst. Die Risiken für Geschädigte werden durch Pflichtversicherungen (§§ 19 a, 67 Abs. 2 Nr. 3 BNotO) begrenzt, was dazu beiträgt, dass dieser Staatshaftungsausschluss vor Art. 34 GG Bestand hat. Gebührenbeamte sind ferner die Bezirksschornsteinfegermeister im Rahmen der Bauabnahme und Feuerstättenschau.[1151] Keine Gebührenbeamte sind hingegen die Gerichtsvollzieher[1152] und die Schiedsmänner.[1153] Der den Haftungsausschluss rechtfertigende sachliche Grund wird darin gesehen, dass der Staat gegenüber diesen Gebührenbeamten nur eine lockere Dienstaufsicht zu führen vermag.[1154] Der Haftungsausschluss bezieht sich nur auf die staatliche Amtshaftung, nicht auf die Beamten-(Eigen-)Haftung.

c) Auswärtige Gewalt. Haftungsausschlüsse bestehen nach § 5 Nr. 2 RBHaftG ferner bei den Angehörigen des auswärtigen Dienstes. Die Staatshaftung entfällt, wenn „es sich um das Verhalten eines mit Angelegenheiten des auswärtigen Dienstes befassten Beamten handelt und dieses Verhalten nach einer amtlichen Erklärung des Reichskanzlers (jetzt Bundeskanzlers, vgl. Art. 129 Abs. 1 GG) politischen oder internationalen Rücksichten entsprochen hat". Nach hM gilt auch dieser Haftungsausschluss fort.[1155] Er wird gerechtfertigt mit dem Primat der „hohen Politik"[1156] und der Inkompetenz des Richters in Fragen der Außenpolitik. Aus diesen Gründen wird nach hM nicht nur die Haftungsüberleitung auf den Staat, sondern auch die Haftung des Beamten selbst aus § 839 Abs. 1 für ausgeschlossen erachtet.[1157]

Diese Rechtfertigungsversuche vermögen jedoch nicht zu überzeugen. Der Richter darf sicher nicht über den (Um-)Weg der Amtshaftungsklage zur Entscheidung über Fragen der Politik angerufen werden. Es ist aber zu bedenken, dass eine Staats- oder Beamtenhaftung ohnehin nur bei einem Verstoß gegen Rechtspflichten in Betracht kommen kann, die dem Bürger gegenüber bestehen. In diesen Fällen ist der Bereich des rein „politischen", des „injustitiablen" und rechtlich nicht normierten Sachverhalts eindeutig verlassen. Über **Rechtsverletzungen** zu befinden, ist eine nach geltendem Verfassungsrecht unentziehbare Kompetenz des Richters, auch wenn dieser Rechtsverstoß politisch motiviert gewesen ist und politischen Rücksichtnahmen entsprochen hat. Der genannte Haftungsausschluss in § 5 Nr. 2 RBHaftG ist daher durch sachliche Gründe des öffentlichen Wohls nicht gerechtfertigt und verstößt deshalb gegen Art. 34 GG.[1158]

d) Stellung der Ausländer. Das RBHaftG enthielt einen Haftungsausschluss gegenüber Ausländern. Nach § 7 RBHaftG in seiner bis zum 30. 6. 1992 anzuwendenden Fassung steht Angehörigen eines ausländischen Staates ein Amtshaftungsanspruch gegen die Bundesrepublik für vor dem 1. 7. 1992 begangene Amtspflichtverletzungen von Bundesbeamten nur insoweit zu, „als nach einer im BGBl. enthaltenen Bekanntmachung des Reichskanzlers (jetzt: des nach der Geschäftsverteilung der Bundesregierung zuständigen Ministers – Art. 129 Abs. 1 GG)[1159] durch die Gesetzgebung des ausländischen Staates oder durch

---

[1150] BGHZ 9, 289, 290 = NJW 1953, 941.
[1151] BGHZ 62, 372, 378 f. = NJW 1974, 1507, 1509; BGH VersR 1983, 462; s. auch § 3 Abs. 2 S. 2 des Gesetzes über das Schornsteinfegerwesen vom 15. 9. 1969 (BGBl. I S. 1634).
[1152] BGH VersR 1963, 88; NJW 2001, 434, 435; RGZ 87, 294, 297.
[1153] BGHZ 36, 193, 194, 195 = NJW 1962, 485.
[1154] BGHZ 62, 372, 380 = NJW 1974, 1507, 1509; RGZ 134, 178, 180.
[1155] BGHZ 9, 289, 290 = NJW 1953, 941; RGZ 102, 166, 172; *Wolff/Bachof/Stober* Verwaltungsrecht II § 67 RdNr. 116; Bonner Komm/*Dagtoglou* 2. Bearb. Art. 34 GG RdNr. 323; RGRK/*Kreft* RdNr. 28.
[1156] *Ossenbühl* Staatshaftungsrecht S. 98; Bonner Komm/*Dagtoglou* 2. Bearb. Art. 34 GG RdNr. 323.
[1157] *Ossenbühl* Staatshaftungsrecht S. 97 f.; Bonner Komm/*Dagtoglou* 2. Bearb. Art. 34 GG RdNr. 326; anders *Bender* RdNr. 688 (uU Pflicht des Staates zur Haftungsfreistellung seiner Bediensteten).
[1158] Krit. auch *Bender* RdNr. 686; *Menzel* DVBl. 1961, 425; *Maunz/Dürig/Papier* Art. 34 GG RdNr. 261.
[1159] Vgl. *Frowein* JZ 1964, 358.

Staatsvertrag die Gegenseitigkeit verbürgt ist". Damit wurde nur die Haftungsüberleitung durch Art. 34 GG ausgeschlossen, nicht jedoch die Eigenhaftung des Beamten nach § 839.[1160] Durch Art. 6 des Gesetzes über dienstrechtliche Regelungen für besondere Verwendungen im Ausland[1161] wurde mit Wirkung vom 1. 7. 1992 (vgl. Art. 8 AuslVG) § 7 RBHaftG wesentlich geändert. Nunmehr kann die Bundesregierung nach § 7 Abs. 1 S. 1 RBHaftG „zur Herstellung der Gegenseitigkeit durch Rechtsverordnung bestimmen, daß einem ausländischen Staat und seinen Angehörigen, die im Geltungsbereich dieses Gesetzes keinen Wohnsitz oder ständigen Aufenthalt haben, Ansprüche aus diesem Gesetz nicht zustehen, wenn der Bundesrepublik Deutschland oder Deutschen nach dem ausländischen Recht bei vergleichbaren Schädigungen kein gleichwertiger Schadensausgleich geleistet wird." Damit wurde das bisherige Regel-Ausnahmeverhältnis umgekehrt, da jetzt grundsätzlich jeder ausländische Staat und seine Angehörigen bei Amtspflichtverletzungen durch Bundesbeamte einen nach Art. 34 S. 1 GG übergeleiteten Anspruch gegen die Bundesrepublik haben. Die Überleitung greift nur dann nicht ein, wenn die Bundesregierung zur Herstellung der Gegenseitigkeit durch eine Verordnung die Amtshaftung gegenüber dem entsprechenden Staat und dessen Angehörigen ausgeschlossen hat.[1162] In jedem Fall bleibt davon die Amtshaftung für diejenigen Ausländer, die in der Bundesrepublik Deutschland ihren Wohnsitz oder ständigen Aufenthalt haben, unberührt. Diese sind nunmehr amtshaftungsrechtlich Inländern völlig gleichgestellt. Mit § 7 Abs. 1 RBHaftG wurde wörtlich § 35 Abs. 1 des gescheiterten Staatshaftungsgesetzes von 1981 übernommen.[1163] Bereits damals war anerkannt, dass in Anbetracht der immer engeren internationalen Verflechtung der Lebensbeziehungen und nicht zuletzt wegen der Vielzahl der in der Bundesrepublik Deutschland tätigen ausländischen Arbeitnehmer die Ungleichbehandlung von Deutschen und Ausländern bei schädigendem hoheitlichen Unrecht rechtspolitisch nicht mehr angezeigt ist.[1164] Gleichzeitig wurde in § 7 Abs. 2 RBHaftG die Möglichkeit einer Retorsionsregelung für die Mitgliedstaaten der Europäischen Gemeinschaften und deren Angehörige (vgl. Art. 8 EG-Vertrag) generell ausgeschlossen, womit europarechtlichen Bedenken im Hinblick auf das Diskriminierungsverbot des Art. 12 Abs. 1 EG-Vertrag[1165] Rechnung getragen wurde (vgl. RdNr. 348).

345 Dem § 7 RBHaftG aF entsprechende Regelungen enthalten bzw. enthielten zahlreiche **Landesgesetze.** Grundlage für diese landesrechtlichen Regelungen sind Art. 1 Abs. 2, 77 EGBGB. Zunehmend wurden und werden diese in den alten Bundesländern abgebaut. So bestehen derzeit in Baden-Württemberg,[1166] Bayern,[1167] Berlin,[1168] Hamburg,[1169] Hessen,[1170]

[1160] RGZ 128, 238, 240.
[1161] Auslandsverwendungsgesetz – AuslVG – vom 28. 7. 1993 (BGBl. I S. 1394, 1398).
[1162] Bisher hat die BReg. von dieser Verordnungsermächtigung keinen Gebrauch gemacht.
[1163] Vgl. dazu *Bender,* Staatshaftungsrecht, 3. Aufl., RdNr. 716 ff.
[1164] Vgl. amtl. Begr. zu § 50 RegE StHG, BR-Drucks. 215/78 S. 85; *Bender* RdNr. 717; s. auch BGH NJW 1985, 1287, 1288; BGHZ 99, 62, 65 = NJW 1987, 1696, der daher eine enge Auslegung befürwortete.
[1165] Art. 6 Abs. 1 EGV aF; bis zum 7. 2. 1992: Art. 7 Abs. 1 EWGV.
[1166] § 5 Abs. 6 BadAGBGB vom 13. 10. 1925 (GVBl. S. 281) und § 188 Abs. 2 WürttAGBGB vom 29. 12. 1931 (RegBl. S. 545) wurden durch § 51 Abs. 1 S. 2 lit. a Nr. 1 und lit. b Nr. 6 Bad.-Württ. AGBGB vom 26. 11. 1974 (GBl. S. 498) aufgehoben.
[1167] Art. 60 Abs. 2 BayAGBGB vom 9. 6. 1899 (GVBl. Beilage Nr. 28 S. 1) wurde mit dem BayAGBGB vom 20. 9. 1982 (GVBl. S. 803) aufgehoben.
[1168] Der für den Westteil Berlins geltende § 7 PrStHG vom 1. 8. 1909 (PrGS. S. 691) wurde durch Gesetz vom 28. 1. 1975 (BerlGVBl. S. 634) aufgehoben. Für den Ostteil sieht § 10 StHG-DDR idF durch den EVertr. keinerlei Haftungsbeschränkung gegenüber Ausländern mehr vor, vgl. RdNr. 94.
[1169] In Hamburg war bereits in § 27a des Gesetzes betreffend die Ausführung des Bürgerlichen Gesetzbuches vom 14. 7. 1899, idF des Gesetzes vom 26. 1. 1920 (ABl. S. 137) kein Erfordernis der Gegenseitigkeitsverbürgung vorgesehen.
[1170] § 7 PrStHG (s. o.; Hess.GVBl. II 10-3) und Art. 80 Hess.AGBGB vom 17. 7. 1899 (Hess.GVBl. II 230-1) wurden durch § 33 Abs. 1 Nr. 1 und 2 Hess.AGBGB vom 18. 12. 1984 (Hess.GVBl. S. 344) aufgehoben.

Niedersachsen,[1171] Nordrhein-Westfalen,[1172] Saarland[1173] und Rheinland-Pfalz[1174] keine Beschränkungen gegenüber Ausländern. Damit bestehen in den alten Bundesländern derzeit nur noch in Bremen[1175] und Schleswig-Holstein[1176] landesrechtliche Haftungsbeschränkungen gegenüber Ausländern. Sachsen-Anhalt hat in Änderung des StHG-DDR (vgl. RdNr. 92 ff.) eine dem § 7 RBHaftG nF entsprechende Regelung aufgenommen. In den übrigen neuen Bundesländern gilt § 10 StHG-DDR in der durch den Einigungsvertrag bestimmten Fassung, die keinerlei Haftungsbeschränkungen gegenüber Ausländern vorsieht (vgl. RdNr. 94).

Die **Verfassungsmäßigkeit** jener Haftungsausschlüsse in ihrer ursprünglichen Fassung war in der Literatur wiederholt angezweifelt,[1177] vom BGH und vom BVerfG[1178] aber bestätigt worden.[1179] Die Rechtsprechung hat insbesondere einen Verstoß gegen Art. 3 Abs. 1 GG verneint,[1180] weil es nicht willkürlich sei, die Gleichbehandlung Deutscher im Ausland zur Voraussetzung der Gewährung von Rechten an Ausländer im Inland zu machen. Der sachliche Grund für den Haftungsausschluss bei fehlender Gegenseitigkeit liegt also im Schutz des deutschen Staatsangehörigen im Ausland. **346**

Zweifel an der Vereinbarkeit mit Art. 3 Abs. 1 GG bestanden aber wegen der **Ungleich- 347 behandlung** der die Amtspflichtverstöße begehenden **Beamten**. Denn nach der Judikatur führt(e) ein Haftungsausschluss gemäß den erwähnten Vorschriften zur Eigenhaftung des Beamten aus § 839 Abs. 1 S. 1.[1181] Ist die Gegenseitigkeit verbürgt, so kann (konnte) der Beamte nur im Regresswege und nur bei vorsätzlichem oder grob fahrlässigem Verhalten in Anspruch genommen werden. Fehlt hingegen die Gegenseitigkeit, so trifft (traf) ihn die Außenhaftung aus § 839 für jede Art des Verschuldens. Diese Ungleichbehandlung der Amtsträger kann nicht mehr mit dem oben erwähnten Schutzzweck zugunsten der Deutschen im Ausland gerechtfertigt werden. Die Haftungsausschlüsse gegenüber Ausländern erschienen unter diesem Gesichtspunkt daher verfassungsrechtlich kaum noch haltbar.[1182] Aber auch die neugeschaffene Retorsionsmöglichkeit, durch eine Rechtsverordnung die

---

[1171] § 7 PrStHG (s. o.; Nds. GVBl. Sb. III S. 243), §§ 3 S. 2, 6 des braunschweigischen Gesetzes über die Haftung des Staates und anderer Verbände vom 28. 7. 1910 (Nds. GVBl. Sb. III S. 243) und §§ 3 Abs. 2, 5 des Gesetzes für das Großherzogtum Oldenburg betreffend die Haftung des Staates und anderer Verbände vom 22. 12. 1908 (Nds. GVBl. Sb. III S. 244) wurden durch Art. 1 des Gesetzes zur Gleichstellung von deutschen und ausländischen Staatsangehörigen im Staatshaftungsrecht vom 6. 11. 1995 (Nds. GVBl. S. 424), das am 25. 11. 1995 in Kraft trat, aufgehoben.
[1172] § 7 PrStHG vom 1. 8. 1909 (s. o.; PrGS. NW S. 13) und § 4 des lippischen Gesetzes über die Haftung des Staates und anderer öffentlich-rechtlicher Körperschaften für seine Beamten vom 28. 11. 1922 (Lippische GS S. 910) wurden durch Gesetz vom 10. 3. 1987 (GV NW S. 136) aufgehoben.
[1173] § 7 PrStHG vom 1. 8. 1909 (s. o.; GS Saar 402-3) und Art. 60 Abs. 2 BayAGBGB vom 9. 6. 1899 (s. o.; GS Saar 400-2 s. o.) wurden durch Art. 3 Abs. 1 des 5. Rechtsbereinigungsgesetzes vom 5. 2. 1997 (Nr. 1383) (ABl. S. 258) aufgehoben.
[1174] § 7 PrStHG vom 1. 8. 1909 (s. o.; Rh.-Pf.GVBl. 1968, Sondernummer Koblenz, Trier, Montabaur S. 72), Art. 80 Hess.AGBGB vom 17. 7. 1899 (Rh.-Pf.GVBl. 1970, Sondernummer S. 70) und Art. 60 Abs. 2 BayAGBGB vom 9. 6. 1899 (s. o.; Rh.-Pf.GVBl. 1966, Sondernummer Pfalz S. 37) wurden durch Art. 1 Abs. 1 Nr. 4, Abs. 2 Nr. 8, Abs. 3 Nr. 7 des achten Rechtsbereinigungsgesetzes vom 12. 10. 1995 (Rh.-Pf.GVBl. S. 421), das gemäß Art. 10 am 1. 1. 1996 in Kraft trat, aufgehoben.
[1175] § 5 des Bremischen StHG vom 19. 3. 1921 (Brem.GBl. S. 101 = SaBremR 402 c-1).
[1176] § 7 PrStHG vom 1. 8. 1909 (s. o.; GS SchlH II 2030-1).
[1177] *Hartstang* NJW 1955, 99; *Frowein* JZ 1964, 358 ff., 409 ff.; *Bettermann* in: Die Grundrechte Bd. III/2, S. 847 Fn. 380; *Maurer* (Fn. 119) § 26 RdNr. 38.
[1178] BVerfG NVwZ 1983, 89 (Nichtannahme einer Verfassungsbeschwerde gegen BGH NJW 1981, 518); dazu *Gramlich* BayVBl. 1983, 485; BVerfG NVwZ 1991, 661 (Nichtannahme einer Verfassungsbeschwerde gegen BGH VersR 1987, 934).
[1179] BGHZ 13, 241, 242 = NJW 1954, 1283; BGH LM BeamtenhaftG § 7 Nr. 2 = NJW 1956, 1836; LM GG Art. 34 Nr. 60 = NJW 1961, 1811; BGHZ 76, 375, 381 = NJW 1980, 1567, 1569; BGHZ 76, 387, 389 = VersR 1980, 715 f.; BGH LM Nr. 40 (A) = NJW 1981, 518; VersR 1982, 297; NJW 1985, 1287; VersR 1987, 934; BGHZ 99, 62, 64 f. = NJW 1987, 1696.
[1180] BGH LM BeamtenhaftG § 7 Nr. 2 = NJW 1956, 1836; OLG Frankfurt NJW 1970, 2172, 2173, 2174; BGHZ 76, 375, 381 = NJW 1980, 1567, 1569; BGH LM Nr. 40 (A) = NJW 1981, 518; NJW 1985, 1287 f.; BVerfG NVwZ 1991, 661, 662.
[1181] RGZ 128, 238, 240.
[1182] *Frowein* JZ 1964, 409, 410; aA BGH LM Nr. 40 (A) = NJW 1981, 518, 519; VersR 1982, 297, 298.

Haftungsüberleitung bezüglich bestimmter Staaten auszuschließen, erscheint unter diesem Gesichtspunkt bedenklich. Nach § 1 Abs. 3 StHG 1981 sollte es keine Eigenhaftung des Amtsträgers mehr geben.[1183] Daher hätten gegen diese Regelung die genannten verfassungsrechtlichen Bedenken nicht bestanden. Dagegen ist durch die jetzige Regelung lediglich die Haftungsüberleitung ausschließbar, wodurch aber die Eigenhaftung des Beamten wieder aufleben würde. Die verfassungsrechtlichen Bedenken können aber, wie schon für § 7 RBHaftG aF, auch für die lex lata ausgeräumt werden, wenn man unter Rückgriff auf Art. 3 Abs. 1 GG dem Dienstherrn die Verpflichtung auferlegt, in Wahrung seiner Fürsorge den betroffenen Beamten im Verhältnis zu den anderen Beamten gleichzustellen, zB durch Anerkennung eines Freistellungsanspruchs des Beamten.[1184] Unter diesem Gesichtspunkt gelangt man im Ergebnis aber doch zu einer „mittelbaren" Haftung des Staates, weshalb sich die Frage stellt, warum nicht vollständig auf die Beschränkungsmöglichkeit verzichtet wurde.[1185]

348 Schließlich bestanden auch aus europarechtlicher Sicht – namentlich unter dem Gesichtspunkt des **Diskriminierungsverbots** in Art. 12 Abs. 1 EG-Vertrag (Art. 6 Abs. 1 EGV aF) – zunehmend Bedenken gegen die Anwendung des § 7 RBHaftG aF und der entsprechenden landesrechtlichen Vorschriften gegenüber Angehörigen von EG-Staaten.[1186] Zwar hatte der BGH noch 1988 ausdrücklich judiziert, dass das Erfordernis der Gegenseitigkeitsverbürgung auch gegenüber Angehörigen eines Mitgliedstaates der Europäischen Gemeinschaften anzuwenden sei, da die Regelung des Staatshaftungsrechts nicht zum Anwendungsbereich des EWG-Vertrages gehöre.[1187] Demgegenüber hatte der EuGH in seinem Urteil vom 2. 2. 1989 bezüglich einer „staatlichen Entschädigung" entschieden, dass das Diskriminierungsverbot einer Berufung auf das Fehlen einer Gegenseitigkeitsverbürgung gegenüber EU-Bürgern entgegensteht, soweit dadurch die Dienstleistungsfreiheit betroffen ist.[1188] Allgemein lässt sich daraus folgern, dass in den Fällen, in denen eines der Ziele bzw. eine der Grundfreiheiten des EG-Vertrags betroffen ist, Art. 12 EG-Vertrag einer staatshaftungsrechtlichen Differenzierung nach der Staatsangehörigkeit entgegensteht. Da sich aber so gut wie keine Fallgestaltung denken lässt, in der sich der Anspruchsteller aus einem anderen EG-Mitgliedstaat nicht in Wahrnehmung einer der Grundfreiheiten des EG-Vertrags in der Bundesrepublik Deutschland aufhält, war bereits vor der Einfügung des § 7 Abs. 2 RBHaftG nach dem Grundsatz vom Vorrang des Gemeinschaftsrechts § 7 RBHaftG aF gegenüber Angehörigen der Mitgliedstaaten der EG weitestgehend unanwendbar.[1189]

349 „Ausländer" kann, wie jetzt § 7 Abs. 1 S. 2 RBHaftG ausdrücklich klarstellt, auch eine **juristische Person** sein.[1190] Für deren „Ausländereigenschaft" ist auf den tatsächlichen, oder, falls ein solcher bestimmt ist, auf den satzungsmäßigen Sitz abzustellen, § 7 Abs. 1 Halbs. 2 RBHaftG.[1191] „Staatenlose" sind keine „Ausländer" iS der haftungsrechtlichen

---

[1183] Krit. dazu, im Hinblick auf die Wahrung des völkerrechtlich gebotenen Mindeststandards, *Bender*, Staatshaftungsrecht, 3. Aufl. 1981, RdNr. 725.
[1184] BGHZ 76, 375, 381 = NJW 1980, 1567, 1569; BGH NJW 1981, 518, 519.
[1185] Vgl. auch *Maurer* (Fn. 119) § 26 RdNr. 38.
[1186] *Geißler* DGVZ 1994, 97, 99 f.; *Galke* DÖV 1992, 53, 54 f.; *E. Habscheid* (Fn. 838) S. 151 ff.; *Hauschka* NVwZ 1990, 1155 ff.; *Gramlich* NVwZ 1990, 448 ff.; *Kaiser*, Die Staatshaftung gegenüber Ausländern, 1996, S. 51 ff. Vgl. auch BVerfG NVwZ 1991, 661, 662, wo das Gericht ausdrücklich die Frage, ob die Schlechterstellung der Ausländer einer gesetzlichen Überprüfung bedarf, unter Berufung darauf, dass jedenfalls in dem der Verfassungsbeschwerde zugrundeliegenden Fall Staatsangehörige eines nicht zu den Europäischen Gemeinschaften gehörenden Staates betroffen waren, offen lässt.
[1187] BGH VersR 1988, 1047 f. = NZV 1989, 17 f. zu § 7 PrStHG; s. auch BGH NJW 1985, 1287, 1288; zust. *Galke* DÖV 1992, 53, 54.
[1188] EuGH Slg. 1989, 195 = NJW 1989, 2183; vgl. dazu *Hackspiel* NJW 1989, 2166; *Hauschka* NVwZ 1990, 1155; *Schulte*, Europäisches Sozialrecht, 1992, S. 32 f.
[1189] Entsprechendes gilt für die noch bestehenden landesrechtlichen Haftungsausschlüsse; vgl. auch *Hauschka* NVwZ 1990, 1155, 1157.
[1190] Zur früheren Rechtslage s. auch Bonner Komm/*Dagtoglou* 2. Bearb. Art. 34 GG RdNr. 330; vgl. zB BGHZ 76, 375 = NJW 1980, 1567 zu Art. 60 Abs. 2 BayAGBGB aF.
[1191] So schon zu § 7 RBHaftG aF RG HRR 1935 Nr. 9; *Soergel/Vinke* RdNr. 224.

Sondervorschriften.[1192] Der nachträgliche Erwerb der deutschen Staatsangehörigkeit hindert den Haftungsausschluss[1193] ebenso wie die cessio legis nach § 116 SGB X.[1194] In diesen Fällen kann die ratio legis – Verbesserung der Rechtsstellung der Deutschen im Ausland – nicht zum Tragen kommen. Im letzteren Fall würde der Haftungsausschluss nicht den Ausländer, sondern den deutschen Sozialversicherungsträger treffen.

350 Die **Gegenseitigkeit** iS von § 7 RBHaftG in seiner bis 30. 6. 1992 geltenden Fassung[1195] ist **verbürgt,** wenn auf Grund der Gesetzgebung des ausländischen Staates oder auf Grund eines Staatsvertrages mit dem Deutschen Reich bzw. mit der Bundesrepublik Deutschland eine dem deutschen Recht sachlich gleichwertige Regelung die Befriedigung von Staatshaftungsansprüchen Deutscher sicherstellt.[1196] Eine bloß faktisch geübte Gegenseitigkeit reicht mithin nicht,[1197] sie muss vielmehr zusätzlich gesetzlich oder staatsvertraglich verbürgt sein. Ebenfalls nicht ausreichend ist es, wenn der ausländische Staat In- und Ausländer bei der persönlichen Haftung der Beamten gleichbehandelt.[1198] Auch vertraglich vereinbarte Gebote der Inländerbehandlung, zB hinsichtlich des Eigentumsschutzes, stellen keine Gegenseitigkeitsverbürgung speziell für die Amtshaftung dar.[1199] Das gilt etwa für den deutsch-italienischen Vertrag vom 21. 11. 1957 (BGBl. 1959 II S. 949),[1200] das deutsch-türkische Abkommen vom 28. 5. 1929 (RGBl. 1930 II S. 7) und den Freundschaftsvertrag mit den USA vom 29. 10. 1954 (BGBl. 1956 II S. 487).

351 Ist neben der Verbürgung der Gegenseitigkeit die **amtliche Bekanntmachung** erforderlich,[1201] so ist beim Fehlen der Bekanntmachung eine Amtshaftungsklage des Ausländers auf jeden Fall abzuweisen. Die Rechtsprechung hat offen gelassen, ob die Bekanntmachung eine materiell-rechtliche Anspruchsvoraussetzung ist oder ob ihr nur eine verfahrensrechtliche Bedeutung für die Geltendmachung des Amtshaftungsanspruchs zukommt.[1202] Auf jeden Fall hat der Richter beim Fehlen der Bekanntmachung die Klage abzuweisen, eine Prüfung der Gegenseitigkeit ist entbehrlich. Umgekehrt ist der Richter auch bei vorliegender Bekanntmachung nicht gehindert, die Klage mangels tatsächlicher Gegenseitigkeitsverbürgung abzuweisen.

352 e) **Dienst- und Arbeitsunfälle.** Die §§ 104, 105 SGB VII[1203] einerseits und § 46 Abs. 2 Beamtenversorgungsgesetz (s. auch § 91 a Soldatenversorgungsgesetz)[1204] andererseits schließen Amtshaftungsansprüche aus, wenn der Anspruchsteller bei einem Arbeits- oder Dienstunfall verletzt wurde. Nach § 46 Abs. 1 Beamtenversorgungsgesetz haben der verletzte Beamte und seine Hinterbliebenen aus Anlass eines Dienstunfalls gegen den Dienstherrn nur die in den §§ 30 bis 43a und 46a Beamtenversorgungsgesetz geregelten Ansprüche. Weitergehende Ansprüche auf Grund allgemeiner gesetzlicher Vorschriften, dh. auch auf Grund

---

[1192] Bonner Komm/*Dagtoglou* 2. Bearb. Art. 34 GG RdNr. 331; *Soergel/Vinke* RdNr. 224.
[1193] BGHZ 77, 11, 13f. = NJW 1980, 1513 (offen gelassen, ob dies auch dann gilt, wenn die Staatsangehörigkeit erst „längere Zeit" nach der Amtspflichtverletzung erworben wird).
[1194] BGHZ 99, 62, 65ff. = NJW 1987, 1696; vgl. dazu *Berkemann* DVBl. 1987, 521; *Breuer* NJW 1988, 1567.
[1195] Zu § 7 RBHaftG in seiner seit 1. 7. 1992 geltenden Fassung vgl. RdNr. 344.
[1196] BGH NJW 1985, 1287, 1288; RGZ 149, 83, 86; Bonner Komm/*Dagtoglou* 2. Bearb. Art. 34 GG RdNr. 332. Nicht ausreichend ist zB die Regelung in Art. 7 S. 1 des Europäischen Niederlassungsabkommens vom 13. 12. 1955, die allein eine Rechtsschutzklausel ohne materiell-rechtliche Auswirkung enthält, s. BGH VersR 1982, 297, 298.
[1197] BGH LM BeamtenhaftG § 7 Nr. 2 = NJW 1956, 1836, 1837; Bonner Komm/*Dagtoglou* 2. Bearb. Art. 34 GG RdNr. 332.
[1198] BGH LM Nr. 40 (A) = NJW 1981, 518.
[1199] BGH NJW 1985, 1287.
[1200] BGH NJW 1985, 1287; *Gramlich* NVwZ 1986, 448f.
[1201] Zu den erfolgten Bekanntmachungen auf Bundesebene vgl. die Nachweise in der 3. Aufl. RdNr. 305; *Maunz/Dürig/Papier* Art. 34 GG RdNr. 276 und *Palandt/Thomas* RdNr. 5. Derzeit ist die Bekanntmachung nur noch in den ehemals nichtbayerischen Landesteilen des Saarlands notwendig, da nach Art. 60 Abs. 2 BayAGBGB vom 9. 6. 1899 keine förmliche Bekanntmachung erforderlich ist.
[1202] BGHZ 13, 241, 243 = NJW 1954, 1283.
[1203] S. etwa BGH NJW 1992, 2031 f.; 1995, 1558 f. = VersR 1995, 561 f.
[1204] Dazu insbes. BGHZ 120, 176, 177ff. = NJW 1993, 1529; BGH NJW 1992, 744.

des Amtshaftungsrechts, können nur dann geltend gemacht werden, wenn der Dienstunfall durch eine **vorsätzliche** unerlaubte Handlung begangen oder bei **der Teilnahme am allgemeinen Verkehr** erlitten worden ist (s. § 46 Abs. 2 Beamtenversorgungsgesetz iVm. § 1 des Gesetzes über die erweiterte Zulassung von Schadensersatzansprüchen bei Dienst- und Arbeitsunfällen vom 7. 12. 1943, RGBl. I S. 674). Eine entsprechende Regelung treffen die §§ 104, 105 SGB VII für die Arbeitnehmer. Auch hier kommt eine Haftung des öffentlichen Dienstherrn nach allgemeinen gesetzlichen Vorschriften, also auch nach Amtshaftungsrecht, nur in Betracht, wenn der Arbeitsunfall vorsätzlich herbeigeführt worden oder bei der Teilnahme am allgemeinen Verkehr eingetreten ist. Allein unter diesen Voraussetzungen kann daher der Verletzte auch einen auf Amtshaftung gestützten Schmerzensgeldanspruch geltend machen. Diese Haftungsbestimmungen sind **verfassungsrechtlich** unproblematisch.[1205] Die innere Berechtigung der Regelungen ist darin zu sehen, dass der öffentliche Dienstherr unabhängig vom Verschulden der beteiligten Personen – abgesehen vom Vorsatz des Verletzers – Versorgungsansprüche gewährt, dass diese Versorgungsansprüche im Gesetz so umschrieben sind, dass ihre Höhe im Einzelfall – infolge der Pauschalierung – leicht und zügig errechenbar ist und dass daher auf Grund dieser relativ klaren Rechtslage der Geschädigte ohne Verzögerung in den Genuss der öffentlichen Leistungen gelangt. Der Verletzte erhält also einen sofort wirksamen, angemessenen Ausgleich des Schadens, ohne dass er auf eine Haftung nach allgemeinem Schadensersatzrecht zurückgreifen muss.

353 Von einem den Amtshaftungsanspruch nach den genannten Vorschriften nicht ausschließenden **Vorsatz** kann nur dann gesprochen werden, wenn sich der den Arbeits- bzw. Dienstunfall verursachende Amtsträger bewusst über die verletzte Amtspflicht hinweggesetzt hat. Der Vorsatz muss sich nur auf die Amtspflicht beziehen.[1206] Zum Vorsatz gehört nicht nur die Kenntnis der Tatsachen, aus denen die Pflichtverletzung sich objektiv ergibt, sondern auch das Bewusstsein der Pflichtwidrigkeit, also das Bewusstsein, gegen die Amtspflicht zu verstoßen. Jedenfalls muss der Amtsträger mit der Möglichkeit eines solchen Verstoßes rechnen und diesen billigend in Kauf nehmen.[1207]

354 Ob der Dienst- bzw. Arbeitsunfall „**bei der Teilnahme am allgemeinen Verkehr**" eingetreten ist, beantwortet sich danach, ob der Verletzte den Unfall in einem Gefahrenkreis erleidet, für den seine Zugehörigkeit zum Organisationsbereich des Dienstherrn im Vordergrund steht oder ob der Unfall damit nur einen losen Zusammenhang hat.[1208] So liegt beispielsweise keine Teilnahme am allgemeinen Verkehr vor, wenn ein Bundeswehrsoldat auf dem Truppenübungsplatz einen Verkehrsunfall durch Verschulden eines dort im Einsatz befindlichen Angehörigen der territorialen Verteidigung erleidet.[1209] Etwas anderes gilt, wenn der Unfall sich auf der Straße ereignet, die tatsächlich als Verbindungsstraße zwischen zwei Truppenübungsplätzen dient, aber auch dem allgemeinen Verkehr offen steht.[1210] § 104 SGB VII gilt auch dann, wenn ein Schüler einer allgemein bildenden Schule, der gemäß § 2 Abs. 1 Nr. 8 SGB VII gesetzlich unfallversichert ist, auf dem Schulweg durch das Verschulden eines Beamten verunglückt. Ist der Unfall darauf zurückzuführen, dass die Schneeräumung der Fahrbahn vor einer im Bereich der Schule eingerichteten Bushaltestelle mangelhaft gewesen ist, so liegt eine Teilnahme am allgemeinen Verkehr auch dann vor, wenn die beteiligten Verwaltungen derselben Gebietskörperschaft angehören.[1211] Dagegen greift § 104 SGB VII ein, wenn ein Verwaltungsangestellter auf dem Behördenparkplatz auf dem Weg von seinem Wagen zum Arbeitsplatz einen Glatteisunfall erleidet, da dieser Unfall im Zusammenhang mit dem Dienstbetrieb und den dienstlichen Aufgaben steht, also keine

---

[1205] BVerfGE 31, 212 = NJW 1971, 1837; BVerfGE 85, 176 = NJW 1992, 1091; BGHZ 120, 176, 182 f. = NJW 1993, 1529.
[1206] BGH VersR 1984, 68.
[1207] BGHZ 120, 176, 181 = NJW 1993, 1529.
[1208] Vgl. auch BGH VersR 1993, 707 = NJW 1993, 1643.
[1209] BGH VersR 1979, 32.
[1210] BGH VersR 1990, 222 = NJW-RR 1990, 461.
[1211] BGH VersR 1983, 636.

Teilnahme am allgemeinen Verkehr vorliegt.[1212] Der Amtshaftungsanspruch eines frei praktizierenden Arztes, der bei einem rettungsdienstlichen Notarzteinsatz infolge eines vom Fahrer des Rettungswagens verschuldeten Verkehrsunfalls verletzt wird, ist nicht nach §§ 104, 105 SGB VII ausgeschlossen, weil in diesem Fall der Notarzt eine selbstständige berufliche Tätigkeit ausübte.[1213] Etwas anderes gilt, wenn der verletzte Arzt angestellter Krankenhausarzt und daher nach § 2 Abs. 1 Nr. 1 SGB VII unfallversichert war.[1214]

Ist ein weiterer Schädiger vorhanden, so kann dieser – wenn und soweit er vom Verletzten in Anspruch genommen worden ist (zB auf Zahlung von Schmerzensgeld) – gegen den Dienstherrn des schädigenden Amtsträgers keinen Regress nach § 426 nehmen. Denn durch einen solchen Gesamtschuldnerausgleich würde die vom Gesetz gewollte Haftungsfreistellung des Dienstherrn hinfällig werden. Die Lösung bei einem solchen „**gestörten Gesamtschuldverhältnis**" kann nur darin bestehen, dass der Zweitschädiger dem Verletzten gegenüber von vornherein nur in Höhe des Anteils haftet, den er im Innenverhältnis tragen müsste, wenn die gesetzliche Haftungsfreistellung zugunsten des Erstschädigers nicht bestünde und ein „normaler" Gesamtschuldnerausgleich stattfände.[1215] 355

5. Verjährung. Nach **altem Recht** vor Inkrafttreten des SMG verjährten Amtshaftungsansprüche gemäß § 852 Abs. 1 aF in drei Jahren von dem Zeitpunkt an, in welchem der Verletzte von dem Schaden und der Person des Ersatzpflichtigen Kenntnis erlangte, ohne Rücksicht auf diese Kenntnis in dreißig Jahren von der Begehung der Handlung an. Zur **Kenntniserlangung** reichte es aus, dass der Verletzte tatsächliche Umstände kannte, aus denen sich eine schuldhafte Amtspflichtverletzung „wenigstens in ihren Grundzügen ergab"[1216] und er daher zumutbarerweise in der Lage war, einen auf die Amtshaftungsvorschriften gestützten Schadensersatzanspruch oder zumindest ein Feststellungsbegehren im Prozesswege geltend zu machen.[1217] Ein gewisses Risiko war dem Verletzten insoweit durchaus zuzumuten.[1218] Es war nicht vorausgesetzt, dass der Anspruchsberechtigte alle Einzelheiten des Schadens überblickt.[1219] Für § 852 Abs. 1 aF war allein die **positive Kenntnis** maßgeblich, ein „Kennenmüssen" reichte ersichtlich nicht aus. Der Lauf der Verjährungsfrist begann also, wenn der Geschädigte alle Voraussetzungen eines Amtshaftungsanspruchs außer dem Schadensbetrag vernünftigerweise für gegeben halten musste. Dabei wurde dem Geschädigten die Erhebung einer Klage solange nicht zugemutet, als die aussichtsreiche Möglichkeit bestand, durch Verhandlungen mit der Behörde zwar nicht Schadensersatz im eigentlichen Sinne – in diesem Fall wäre § 852 Abs. 2 aF zur Anwendung gelangt –, wohl aber eine andere Kompensationslösung zu erzielen, wodurch die Vermögenseinbuße ausgeglichen würde.[1220] 356

In analoger Anwendung des § 209 Abs. 1 aF wurde die Verjährung durch die Erhebung der verwaltungsgerichtlichen Anfechtungsklage oder die Einleitung des Vorverfahrens, also durch die Inanspruchnahme des Primärrechtsschutzes, **unterbrochen**.[1221] Gleiches galt für eine finanzgerichtliche Klage auf Feststellung der Nichtigkeit eines Steuerbescheids bezüglich des Amtshaftungsanspruchs wegen dessen Vollziehung.[1222] Nach Auffassung des BGH kam selbst der Geltendmachung des sozialrechtlichen Herstellungsanspruches die Unterbrechungswirkung zu.[1223] 357

[1212] BGH NJW 1995, 1558 f. = VersR 1995, 561.
[1213] BGH NJW 1991, 2954, 2955.
[1214] BGH BGHR RVO § 637 – Notarzt 1.
[1215] BGH VersR 1985, 763; ferner VersR 1990, 222 = NJW-RR 1990, 461; vgl. § 426 RdNr. 54 ff.
[1216] BGH LM Nr. 33 (E) = NJW 1979, 1602, 1603; zur Verjährung bei rechtswidriger Versagung des gemeindlichen Einvernehmens nach § 36 BauGB vgl. *Engelhardt* VersR 1989, 1221, 1225 f.
[1217] S. auch BGH NJW 1994, 3162, 3164; NVwZ 2001, 468, 469.
[1218] BGH VersR 1976, 859.
[1219] BGH NJW 1990, 176, 179.
[1220] BGH NJW 1990, 245, 247; s. dazu auch *Dörr* JuS 1990, 408 f.
[1221] BGHZ 95, 238, 242 ff. = NJW 1985, 2324 m. Anm. *H. Weber* JuS 1986, 477 f.; BGHZ 97, 97, 110 = NJW 1986, 2369; BGH NJW 1990, 176, 179; 1994, 3162, 3164.
[1222] BGH NJW 1995, 2778, 2279.
[1223] BGHZ 103, 242, 246 = NJW 1988, 1776; s. dazu auch *v. Einem* BayVBl. 1991, 164.

§ 839 358–358 c Abschnitt 8. Titel 27. Unerlaubte Handlungen

358 Mit Art. 1 SMG, der am 1. 1. 2002 in Kraft getreten ist, wurden die Verjährungsbestimmungen des BGB grundsätzlich geändert. Nach Art. 229 § 6 EGBGB finden die neuen Regelungen Anwendung auf die am 1. 1. 2002 bestehenden und noch nicht verjährten Ansprüche. Für Amtshaftungsansprüche gilt die dreijährige Regelverjährungsfrist des § 195. Die Verjährung beginnt nach **§ 199 Abs. 1** mit dem Schluss des Jahres, in dem der Anspruch entstanden ist, und der Gläubiger von den den Anspruch begründenden Umständen und der Person des Schuldners Kenntnis erlangt hat oder ohne grobe Fahrlässigkeit hätte erlangen müssen. Ohne Rücksicht auf die Entstehung des Anspruchs und diese Kenntnis oder grob fahrlässige Unkenntnis verjähren solche Schadensersatzansprüche, die auf der Verletzung des Lebens, des Körpers, der Gesundheit oder der Freiheit beruhen, in 30 Jahren von der Verletzung der Amtspflicht an (§ 199 Abs. 2). Andere Amtshaftungsansprüche verjähren dagegen ohne Rücksicht auf die Kenntnis oder grob fahrlässige Unkenntnis des Gläubigers in zehn Jahren von ihrer Entstehung an, und ohne Rücksicht auf ihre Entstehung in 30 Jahren von der Verletzung der Amtspflicht an. Entscheidend für den Beginn der Verjährung sind somit die Entstehung des Anspruchs und die Kenntnis bzw. grob fahrlässige Unkenntnis des Gläubigers von den den Anspruch begründenden Umständen und der Person des Schuldners.

358 a Der Amtshaftungsanspruch **entsteht,** wenn alle Tatbestandsmerkmale des § 839 erfüllt sind. Insbesondere muss auch der Schaden eingetreten sein. Hierbei findet der zum alten Verjährungsrecht entwickelte Grundsatz der Schadenseinheit bei der Bestimmung des Verjährungsbeginns weiterhin Anwendung.[1224] Dieser von der Rechtsprechung anerkannte Grundsatz[1225] besagt, dass ein Schadensersatzanspruch einheitlich auch im Hinblick auf noch nicht entstandene Schadensposten mit der Entstehung der ersten Schadensposition entstanden ist, soweit die späteren Schadenselemente vorhersehbar waren.

358 b Hinsichtlich der subjektiven Voraussetzung für den Beginn der Verjährung lässt § 199 Abs. 1 – anders als § 852 aF – neben der **Kenntnis** schon die **grob fahrlässige Unkenntnis** des Gläubigers von den den Anspruch begründenden Umständen und der Person des Schuldners genügen (vgl. § 199 RdNr. 24 ff.). Grob fahrlässige Unkenntnis liegt jedenfalls in den Fällen vor, in denen sich der Gläubiger der Kenntnis verschloss, was schon die alte Rechtsprechung zu § 852 aF der positiven Kenntnis gleichgesetzt hat, um ein missbräuchliches Hinausschieben des Verjährungsbeginns zu verhindern. Darüber hinaus wird man grob fahrlässige Unkenntnis auch dann annehmen müssen, wenn der Gläubiger sich die erforderliche Kenntnis ohne weiteres hätte beschaffen können.[1226] Inwieweit die Rechtsprechung bei der Auslegung des Begriffs der grob fahrlässigen Unkenntnis über das hinausgehen wird, was sie bisher schon vom Gläubiger erwartet hat, bleibt abzuwarten[1227] (vgl. § 199 RdNr. 24 ff.).

358 c Die Kenntnis oder grob fahrlässige Unkenntnis müssen sich dabei auf alle den Anspruch begründenden Umstände beziehen. Der Verjährungsbeginn nach § 199 Abs. 1 setzt auch die Kenntnis oder die grob fahrlässige Unkenntnis des Verletzten voraus, dass **andere Ersatzmöglichkeiten** iS des § 839 Abs. 1 S. 2 **fehlen**.[1228] Anderenfalls beginnt die Verjährung in dem Zeitpunkt, in dem sich der Geschädigte im Prozesswege oder auf sonstige Weise hinreichend Klarheit verschaffen konnte, ob und in welcher Höhe ihm ein anderweitiger Ersatzanspruch zustand.[1229] Das gilt nicht, wenn der Geschädigte weiß oder grob fahrlässig nicht weiß, dass eine vorsätzliche Amtspflichtverletzung vorliegt.[1230] Ergibt sich die Unanwendbarkeit der Subsidiaritätsklausel erst auf Grund der neueren Rechtsprechung des

---

[1224] *Mansel* NJW 2002, 89, 91.
[1225] BGHZ 50, 21, 24; 119, 69, 71; BGH NJW 1998, 1488.
[1226] *Mansel* NJW 2002, 89, 91.
[1227] *Leenen* DStR 2002, 34, 35.
[1228] Vgl. zu § 852 aF BGHZ 121, 65, 71.
[1229] BGHZ 121, 65, 71 = NJW 1993, 214; BGH WM 1982, 615, 616 mwN; s. auch OLG Hamm VersR 1981, 439 f.
[1230] BGH VersR 1983, 784 f.

Papier

BGH, so war die Erhebung einer auf die Feststellung der Schadensersatzverpflichtung zielenden Klage dem Verletzten vorher nicht zumutbar.[1231]

Bei der Frage, **wie genau die Tatsachenkenntnis beschaffen sein muss,** kann auf die Rechtsprechung zu § 852 aF verwiesen werden.[1232] Es reicht aus, wenn der Verletzte die tatsächlichen Umstände, aus denen sich eine schuldhafte Amtspflichtverletzung ergibt, so kennt, dass es ihm zugemutet werden kann, einen Amtshaftungsanspruch oder zumindest ein Feststellungsbegehren gerichtlich geltend zu machen. Zumutbar ist die Klageerhebung, wenn die Klage hinreichende Aussicht auf Erfolg hat, auch wenn sie nicht risikolos ist.[1233] Wegen des Grundsatzes der Schadenseinheit umfasst die Kenntnis eines bereits entstandenen Schadens auch die Kenntnis weiterer nachteiliger Folgen, die zwar im Zeitpunkt der Erlangung der Kenntnis noch nicht eingetreten, aber bei verständiger Würdigung voraussehbar gewesen wären.[1234]

Die Kenntnis oder grob fahrlässige Unkenntnis Dritter wird dem geschäftsfähigen Anspruchsinhaber, wie auch schon im Rahmen des § 852 aF, analog § 166 Abs. 1 nur dann zugerechnet, wenn der Wissensvertreter in eigener Verantwortung mit der selbstständigen Erledigung eines Aufgabenkreises betraut ist, der auch die Sachverhaltserfassung bei der Verfolgung von Ansprüchen und deren rechtzeitige Geltendmachung umfasst.[1235] Die Erhebung der Verjährungseinrede kann nach allgemeinen Grundsätzen von Treu und Glauben (§ 242) unzulässig sein (zB wegen eines „Stillhalteabkommens").[1236]

Nach der Neufassung des Verjährungsrechts durch das SMG bewirken die meisten Tatbestände, die früher zu einer Unterbrechung der Verjährungsfrist geführt hatten, nur noch eine **Hemmung** der Verjährungsfrist. Die Rechtsprechung zur Unterbrechung der Verjährung durch Inanspruchnahme des Primärrechtsschutzes analog § 209 Abs. 1 aF kann insoweit auf das neue Verjährungsrecht angewendet werden, als die Erhebung der verwaltungsgerichtlichen Anfechtungsklage oder die Einleitung des Vorverfahrens den Lauf der Verjährungsfrist nach § 204 Abs. 1 Nr. 1 analog hemmt.[1237] Nach Auffassung des BGH fällt ein Vertragsverletzungsverfahren nach Art. 226 EG-Vertrag jedoch nicht unter § 204 Abs. 1 Nr. 1 analog.[1238]

IV. Die haftende Körperschaft

1. Haftung der Anstellungskörperschaft. Art. 34 S. 1 GG verändert für den öffentlich-rechtlichen Funktionsbereich die Passivlegitimation hinsichtlich des Schadensersatzanspruchs. Anstelle des nach § 839 Abs. 1 haftenden Amtsträgers ist „grundsätzlich" der „Staat" oder diejenige „Körperschaft" ersatzpflichtig, „in deren Dienst" der Amtsträger steht. Der BGH[1239] hat bei der Bestimmung der passivlegitimierten Körperschaft den alten Streit[1240] um die Anstellungs- oder Funktionstheorie durch die Entwicklung der **Anvertrauenstheorie** wesentlich entschärft. Er beantwortet die Frage nach der haftpflichtigen Körperschaft danach, „wer dem Amtsträger das Amt, bei dessen Ausnutzung er fehlsam gehandelt hat, anvertraut hat, wer mit anderen Worten dem Amtsträger die Aufgaben, bei deren Wahrnehmung die Amtspflichtverletzung vorgekommen ist, übertragen hat".[1241]

[1231] Vgl. auch BGH LM Nr. 33 (E) = NJW 1979, 1602, 1603.
[1232] *Mansel* NJW 2002, 89, 92.
[1233] St. Rspr. zu § 852 aF, s. nur BGHZ 133, 192, 198; BGH NJW 2001, 1721, 1722.
[1234] BGH NVwZ 2007, 362.
[1235] BGH NJW 1989, 2323.
[1236] BGH VersR 1982, 444, 445.
[1237] Nicht gehemmt wird die Verjährung jedoch bei einer bloßen Beiladung nach § 65 VwGO, vgl. BGH NVwZ 2003, 1549.
[1238] BGH NVwZ 2007, 362, 366.
[1239] BGHZ 53, 217, 219 = NJW 1970, 750; BGHZ 87, 202, 204 = NJW 1984, 228; s. auch BGH VersR 1984, 488; vgl. dazu ferner BGHZ 2, 350, 352, 354 = NJW 1951, 919.
[1240] *Bender* RdNr. 697 bis 700; *Ossenbühl* Staatshaftungsrecht S. 112 f.
[1241] BGHZ 53, 217, 219 = NJW 1970, 750; s. auch BGHZ 77, 11, 15 = NJW 1980, 1513; BGHZ 99, 326, 330 = NJW 1987, 2737; BGH NJW 1994, 3161 (LS) = NVwZ 1994, 823 = VersR 1994, 935; NVwZ

361 In der Sache hat der Übergang zur „Anvertrauenstheorie" jedoch keine wesentlichen Neuerungen gebracht. Es bleibt dabei, dass im Regelfall die öffentlich-rechtliche Körperschaft haftpflichtig ist, die den Amtsträger angestellt[1242] hat und ihn besoldet (nach der früheren Terminologie: **Anstellungstheorie**),[1243] nicht dagegen diejenige, deren Aufgaben im Einzelfall wahrgenommen wurden (nach der früheren Terminologie: **Funktionstheorie**).[1244] Diese grundsätzliche Entscheidung ist zum einen schon durch den Wortlaut des Art. 34 S. 1 GG begründet, der durch die Formulierung „in deren Dienst er steht" auf die Dienstherrnkörperschaft weist. Zum anderen geben allein der Anstellungsakt und die Anstellungskörperschaft dem betroffenen Bürger eindeutige Kriterien bei der Feststellung des Schuldners, was von dem Gesichtspunkt der Funktionswahrnehmung im konkreten Fall nicht behauptet werden kann.[1245]

362 Im praktischen Ergebnis bedeutet dies, dass eine Gemeinde oder ein Gemeindeverband für Amtspflichtverletzungen ihrer Bediensteten auch dann haftet, wenn jene in Wahrnehmung staatlicher **Auftragsangelegenheiten** tätig geworden sind.[1246] Entsprechendes gilt bei der Auftragsverwaltung nach Art. 90 Abs. 2 GG; hier haften die Länder für die schadenstiftenden Handlungen ihrer Behörden.[1247] Es haftet der Kreis, wenn er als „untere staatliche Verwaltungsbehörde" tätig wird, Anstellungsbehörde aber ausschließlich der Kreis ist (dh. keine „echte Doppelstellung" der Amtsträger vorliegt).[1248] Abweichend hiervon sehen zT landesrechtliche Sonderregelungen vor, dass die Haftung nicht die Anstellungskörperschaft, sondern die Körperschaft trifft, in deren Interesse der Beamte tätig geworden ist.[1249] Leisten Amtsträger einer dritten Körperschaft des öffentlichen Rechts Amtshilfe, so haftet für die dabei auftretenden Amtspflichtverletzungen nicht jene Körperschaft, deren Interessen wahrgenommen wurden, sondern die Anstellungskörperschaft der die Amtshilfe leistenden Amtsträger.[1250]

363 Auf den Gesichtspunkt der Anstellung kommt es unabhängig davon an, ob der Amtsträger in einem Beamten- bzw. sonstigen öffentlich-rechtlichen Dienstverhältnis oder in einem privatrechtlichen Arbeitsverhältnis zur juristischen Person des öffentlichen Rechts steht.[1251] Allerdings scheiden nach der ständigen Rechtsprechung[1252] **juristische Personen des Privatrechts** aus dem Kreis der nach Art. 34 GG haftpflichtigen Körperschaften generell aus.[1253] Ist also ein – mit öffentlicher Gewalt beliehener – Amtsträger bei einer natürlichen oder juristischen Person des Privatrechts angestellt, so fehlt es an einer für Art. 34 GG beachtlichen Anstellungskörperschaft überhaupt.

364 Öffentlich-rechtliche Körperschaften und sonstige juristische Personen des öffentlichen Rechts kommen jedoch nur dann als Anstellungskörperschaft iS des Art. 34 GG in Betracht, wenn sie nach den maßgeblichen Organisationsgesetzen eine eigene **Dienstherrnfähigkeit**

2000, 963, wonach für Amtspflichtverletzungen von Zivildienstleistenden stets die Bundesrepublik Deutschland haftet.
[1242] BGHZ 6, 215, 219 = NJW 1952, 1091; BGH NJW 1984, 228 = VersR 1983, 856; BGHZ 99, 326, 330 = NJW 1987, 2737; BGH NVwZ 1992, 298 f.
[1243] S. etwa BGHZ 6, 215, 219 ff. = NJW 1952, 1091, 1092; BGHZ 7, 75, 76 = NJW 1953, 22.
[1244] Vgl. RGZ 158, 95, 97.
[1245] So auch Bonner Komm/*Dagtoglou* 2. Bearb. Art. 34 GG RdNr. 241.
[1246] Vgl. hierzu RGZ 168, 214, 218; BGHZ 6, 215, 219 = NJW 1952, 1091, 1092; BGHZ 11, 192, 196 f. = NJW 1954, 757, 758; BGH LM Nr. 37 (E) = DÖV 1981, 383, obwohl es im konkreten Fall wohl nicht um eine Auftragsangelegenheit ging; s. dazu *Bickel* DÖV 1981, 583; BGHZ 87, 202, 204 f.; BGH NVwZ 1994, 823 = VersR 1994, 935.
[1247] BGH VersR 1980, 48.
[1248] BGH NJW 1984, 228 = VersR 1983, 856.
[1249] Vgl. Art. 35 Abs. 3, 37 Abs. 5 BayLKrO; §§ 53 Abs. 2, 56 Abs. 2 LKrO BW; § 111 Abs. 1 und 2 ThürKO; vgl. dazu auch BGH DÖV 2007, 386.
[1250] Vgl. BGH LM Nr. 56 (C) = MDR 1960, 827; vgl. ferner *Staudinger/Wurm* RdNr. 68.
[1251] Zur früheren, teilweise diff. Judikatur des RG s. *Schröer* JZ 1952, 129 ff.
[1252] S. etwa RGZ 142, 190, 194; BGHZ 2, 350, 354 f. = NJW 1951, 919; BGHZ 49, 108, 116 f. = NJW 1968, 443, 445; BGH NVwZ 1990, 1103 = VersR 1991, 324 = NJW 1991, 97 (LS).
[1253] Ebenso Bonner Komm/*Dagtoglou* 2. Bearb. Art. 34 GG RdNr. 235; *Ossenbühl* Staatshaftungsrecht S. 114, jeweils mwN; aA *Frenz*, Die Staatshaftung in den Beleihungstatbeständen, 1991, S. 147 ff., 163.

Haftung bei Amtspflichtverletzung 365–366a § 839

besitzen.[1254] Fehlt einer landesunmittelbaren Körperschaft (zB Universität) die eigene Dienstherrnfähigkeit, stehen deren Amtsträger aber im Dienste des Landes, so haftet das Land als Anstellungskörperschaft. Für Amtspflichtverletzungen eines Hochschullehrers haftet daher das Land auch dann, wenn jene bei der Durchführung reiner Universitätsprüfungen begangen wurden.[1255] Stehen die Amtsträger auch in keinem Dienstverhältnis zum Land (zB als Mitglieder eines Selbstverwaltungsorgans), so fehlt es an einer Anstellungskörperschaft. In diesem Fall haftet die Körperschaft selbst, weil sie das konkrete Amt anvertraut hat.[1256] Ihre fehlende Dienstherrnfähigkeit ist insoweit unerheblich.

Nach Art. 34 GG haftpflichtige Körperschaften können auch die **Kirchen** sein.[1257] Nehmen kirchliche Amtsträger staatliche Aufgaben wahr (zB Erteilung des Religionsunterrichts an öffentlichen Schulen), so haften jedoch nicht die Kirchen als Anstellungskörperschaften, sondern der Staat, der dem Geistlichen das konkrete staatliche Amt anvertraut hat.[1258]

2. Haftung der anvertrauenden Körperschaft. Das wahrzunehmende Amt ist nicht stets von der jeweiligen (öffentlich-rechtlichen) Anstellungskörperschaft dem Amtsträger anvertraut oder übertragen worden. „Anstellungstheorie" und die von der Rechtsprechung praktizierte „Anvertrauenstheorie" stimmen also auch im Ergebnis nicht uneingeschränkt überein.[1259]

a) Amtsträger ohne Dienstherr. Das gilt vor allem für diejenigen Amtsträger, die gar **keinen Dienstherrn** haben, weil sie in keinem öffentlich-rechtlichen oder privatrechtlichen Dienstverhältnis zu einer juristischen Person des öffentlichen Rechts mit Dienstherrnfähigkeit stehen. Dies sind vor allem die Fälle der **Beleihung** von Zivilpersonen mit öffentlicher Gewalt (Beispiel: amtlich anerkannter Sachverständiger für den Kraftfahrzeugverkehr,[1260] TÜV-Sachverständiger bei der Vorprüfung überwachungsbedürftiger Anlagen[1261]) oder der Einschaltung von Zivilpersonen als **„Verwaltungshelfer"** (Beispiel: Schülerlotse[1262]) oder von **selbstständigen Unternehmern** als „Erfüllungsgehilfen". In diesen Fällen muss der Gesichtspunkt der Anstellung versagen; es ist daher darauf abzustellen, welche Körperschaft des öffentlichen Rechts dem Amtsträger das konkrete Amt übertragen oder anvertraut hat. Es haftet die Körperschaft, welche dem Beliehenen die amtliche Anerkennung erteilt hat.[1263] Für Amtspflichtverletzungen, die zB der amtlich anerkannte Sachverständige für den Kraftfahrzeugverkehr bei Wahrnehmung seiner hoheitsrechtlichen Befugnisse begangen hat, haftet nicht etwa der Technische Überwachungsverein, der ihn angestellt, sondern das Land, das ihm die amtliche Anerkennung als Sachverständiger erteilt hat.[1264] Das Land haftet ferner für den Gutachterausschuss nach §§ 192 ff. BauGB (wegen § 199 Abs. 2 BauGB).[1265] Entscheidend auf die Übertragung des konkreten Amtes und nicht auf das allgemeine Anstellungsverhältnis kommt es ferner in den Fällen an, in denen der fehlsam handelnde Amtsträger zu einem anderen Dienstherrn **abgeordnet**[1266] oder von

---

[1254] Ebenso Bonner Komm/*Dagtoglou* 2. Bearb. Art. 34 GG RdNr. 234.
[1255] S. auch BayObLG NJW 1969, 846; sowie BGHZ 77, 11, 15 f. = NJW 1980, 1513, 1514.
[1256] S. auch BGH NVwZ 1992, 298 f. = VersR 1991, 1135 f. = JuS 1992, 801 m. Anm. *Osterloh*.
[1257] BGHZ 22, 383, 388 = NJW 1957, 542; BGH VersR 1961, 437; NJW 2003, 1308; Bonner Komm/ *Dagtoglou* 2. Bearb. Art. 34 GG RdNr. 235; aA *Schröer* JZ 1958, 422, 425. S. auch RdNr. 142.
[1258] BGHZ 34, 20, 23 = NJW 1980, 556.
[1259] Vgl. auch BGH NVwZ 1994, 823.
[1260] BGHZ 49, 108, 115 ff. = NJW 1968, 443; vgl. ferner *Steiner* JuS 1969, 69, 75.
[1261] BGHZ 122, 85, 87 f. = NJW 1993, 1784.
[1262] OLG Köln NJW 1968, 655, 656; *Martens* NJW 1970, 1029; *Zuleeg* DÖV 1970, 627; *Pappermann* ZBR 1970, 354.
[1263] Vgl. BGH NJW-RR 2003, 543.
[1264] BGHZ 49, 108, 115 f. = NJW 1968, 443, 445; s. auch BGHZ 122, 85, 88 = NJW 1993, 1784 für den TÜV-Sachverständigen bei der Vorprüfung überwachungsbedürftiger Anlagen; ferner *Bender* RdNr. 703, 704.
[1265] BGH LM BBauG § 136 Nr. 2 = VersR 1982, 550, 551 (entschieden für Rheinland-Pfalz noch zu §§ 136 ff. BBauG).
[1266] Vgl. BGHZ 6, 215, 217 ff. = NJW 1952, 1091, 1092; BGHZ 7, 75, 77 = NJW 1953, 22; BGH DÖV 1955, 554; LM GG Art. 34 Nr. 24; RGZ 168, 361, 368 f.; s. auch RGRK/*Kreft* RdNr. 63.

Papier 2527

einer öffentlich-rechtlichen Körperschaft, die nicht zugleich sein Dienstherr ist, mit einem **Nebenamt** betraut worden ist.[1267]

367 **b) Beamte mit Doppelstellung.** Entsprechendes gilt für diejenigen Beamten, denen nach dem Gesetz eine Doppelstellung zukommt.[1268] Der Oberkreisdirektor, bzw. seit der Neufassung der KreisO NW[1269] der Landrat, ist nicht nur Organ des Kreises und (Mit-)Träger der Kreisverwaltung (vgl. §§ 42 KreisO NW), sondern zugleich untere staatliche Verwaltungsbehörde (vgl. § 58 KreisO NW). Der Kreis haftet also für Amtspflichtverletzungen des Landrats dann nicht, wenn jener in Wahrnehmung seines staatlichen Amtes, etwa als Kreispolizeibehörde (vgl. § 2 Abs. 1 Nr. 2 POG NW), gehandelt hat. Eine vergleichbare Doppelstellung im Verhältnis Bund-Länder nahmen bis vor kurzem die Oberfinanzpräsidenten und die Leiter der Oberfinanzkassen ein: Beide waren sowohl Bundes- als auch Landesbeamte (vgl. §§ 5, 10 Abs. 2 des Gesetzes über die Finanzverwaltung.[1270]

368 **3. Angehörige der NATO-Streitkräfte.** Werden Dritte durch Mitglieder der in Deutschland stationierten NATO-Truppen bzw. ihres zivilen Gefolges geschädigt, so sind die Ansprüche gegen die Bundesrepublik Deutschland geltend zu machen, die in Prozessstandschaft für den Entsendestaat auftritt.[1271] Die Haftungsfragen bei Schädigungen durch Angehörige der NATO-Streitkräfte sind in Art. VIII des NATO-Truppenstatuts (NTS) vom 19. 6. 1951 (BGBl. 1961 II S. 1190), durch Art. 41 des Zusatzabkommens zum NTS vom 3. 8. 1959 (BGBl. 1961 II S. 1218) sowie den Ausführungsbestimmungen des Zustimmungsgesetzes zum NTS vom 18. 8. 1961 (BGBl. II S. 1183) geregelt. Diese Regelungen sehen ein besonderes Verfahren der Geltendmachung vor.[1272] So sind beispielsweise die Ansprüche auf Ersatz von Truppenschäden innerhalb einer Frist von drei Monaten bei der zuständigen deutschen Behörde (Amt für Verteidigungslasten) geltend zu machen. In materiell-rechtlicher Hinsicht ist das deutsche Haftungsrecht maßgeblich, dh. es gelten diejenigen materiell-rechtlichen Vorschriften, die auch für die deutschen Streitkräfte gelten würden (Art. VIII Abs. 5 NTS). Soweit die ausländischen Streitkräfte von der Beachtung deutscher Vorschriften, etwa der nationalen Verkehrsvorschriften, befreit sind, schlägt dies haftungsrechtlich nicht durch. Nach Art. 41 Abs. 8 des Zusatzabkommens zum NTS wird die Haftung „einer Truppe oder eines zivilen Gefolges (...) dadurch, dass der Truppe oder dem zivilen Gefolge Befreiungen von deutschen Vorschriften zustehen, nicht berührt".

H. Der Rückgriff gegen den Amtsträger und Rechtsschutzfragen

I. Rückgriff gegen den Amtsträger

369 Die befreiende Schuldübernahme auf Grund des Art. 34 S. 1 GG bewirkt keine endgültige Haftungsfreistellung des Amtsträgers. Er wird durch Art. 34 S. 1 GG nur von einer Inanspruchnahme im Außenverhältnis durch den geschädigten Bürger geschützt. Über die Haftung des Amtsträgers im Innenverhältnis, also der dem Bürger haftpflichtigen Körperschaft gegenüber, ist damit noch nichts gesagt. Jedoch schränkt Art. 34 S. 2 GG die Regressmöglichkeiten der Haftungskörperschaft von Verfassungs wegen ein: Rückgriff darf im Anwendungsbereich des Art. 34 S. 1 GG, also bei hoheitsrechtlicher Tätigkeit des Amtswalters, nur im Falle **vorsätzlicher** und **grob fahrlässiger** Amtspflichtverletzung genom-

---

[1267] Vgl. BGHZ 34, 20, 23 = JZ 1961, 257 m. Anm. *Thieme*; BGH VersR 1963, 748; ferner *Bender* RdNr. 702.
[1268] S. auch *Bender* RdNr. 702; *Ossenbühl* Staatshaftungsrecht S. 112 f.; RGRK/*Kreft* RdNr. 59; die Frage wird offen gelassen in BGH VersR 1984, 488; zur Verletzung von Pflichten aus beiden Ämtern s. RGRK/*Kreft* RdNr. 61.
[1269] Durch Art. II des Gesetzes zur Änderung der Kommunalverfassung vom 17. 5. 1994 (GVBl. NW S. 270); vgl. dazu die Übergangsregelungen in Art. VII.
[1270] BGBl. I S. 448 idF vom 30. 8. 1971 (BGBl. I S. 1426). Die Doppelstellung wurde mit Gesetz vom 13. 12. 2007 (BGBl. I S. 2897) abgeschafft.
[1271] RGRK/*Kreft* RdNr. 69; *Engelhardt* NVwZ 1985, 627; s. auch BGHZ 122, 363, 371.
[1272] RGRK/*Kreft* RdNr. 70 f.; *Palandt/Danckelmann*, 35. Aufl. 1976, NTS Einl. 4 d.

men werden. Art. 34 S. 2 GG enthält keine Rechtspflicht des Staates, sondern nur einen inhaltlich limitierten Vorbehalt, den der Staat oder die sonstige Körperschaft nicht auszuschöpfen brauchen.[1273]

1. Innenhaftung bei privatrechtlicher Tätigkeit. Die Rückgriffshaftung ist Bestandteil oder Anwendungsfall der allgemeinen Innenhaftung. Die Besonderheit liegt darin, dass es bei der Rückgriffshaftung nicht um den Ersatz des unmittelbaren oder Eigenschadens der Körperschaft, sondern um ihren **mittelbaren** oder **Haftungsschaden** geht.[1274] Soweit Sonderregelungen über die Rückgriffshaftung fehlen, gelten daher die allgemeinen gesetzlichen, tarif- oder einzelvertraglichen Regelungen über die Innenhaftung. Auch soweit Amtsträger in privatrechtlicher Tätigkeit Dritte geschädigt haben und der Staat gemäß §§ 31, 89 oder § 278 oder § 831 den Schaden ersetzt hat, gelten für Beamte im staatsrechtlichen Sinne die den unmittelbaren wie mittelbaren Schaden des Dienstherrn gleichermaßen umfassenden Innenhaftungsnormen (s. etwa § 46 Abs. 1 BRRG, § 78 Abs. 1 BBG, § 84 Abs. 1 LBG NW, Art. 85 Abs. 1 BayBG): Der Beamte haftet dem Dienstherrn nur bei Vorsatz und grober Fahrlässigkeit.[1275] Eine entsprechende Regelung treffen § 24 Abs. 1 SoldG für die Soldaten und § 34 Abs. 1 ZDG für Zivildienstleistende. Die ursprünglich für die privatrechtlichen Funktionen vorgesehene Innenhaftung für jede Fahrlässigkeit ist mit der später erfolgten Novellierung der einschlägigen beamtenrechtlichen Vorschriften aufgegeben und der Innenhaftung für hoheitsrechtliche Betätigung angepasst worden.[1276] Für die Aufrechterhaltung der ursprünglichen Differenzierung gab es in der Tat keine rechtfertigenden Gründe.

2. Regress und Innenhaftung bei hoheitsrechtlicher Tätigkeit. Bei hoheitsrechtlicher Tätigkeit der Amtswalter war ursprünglich die Regresshaftung formell von der allgemeinen Innenrechtshaftung getrennt geregelt. So enthielten zB § 46 Abs. 2 BRRG, § 78 Abs. 2 BBG, § 84 Abs. 2 LBG NW, § 24 Abs. 2 SoldG und § 34 Abs. 2 ZDG bis zu der o. a. Novellierung für die Regresshaftung im hoheitsrechtlichen Bereich gesonderte Regelungen. Dem Inhalte nach stimmten diese Vorschriften jedoch mit den allgemeinen Normen zur Innenhaftung überein: In beiden Fällen war der hoheitsrechtlich handelnde Amtsträger stets insofern geschützt, als eine **Haftung dem Dienstherrn gegenüber** schon immer **nur bei Vorsatz und grober Fahrlässigkeit** bestand. Mit der o. a. Novellierung der einschlägigen Normen ist die formale Unterscheidung zwischen Innen- und Regresshaftung aufgegeben worden. Die Haftungsbeschränkung auf Vorsatz und grobe Fahrlässigkeit gilt allgemein und unabhängig davon, ob eine hoheitliche oder privatrechtliche Betätigung des Amtsträgers vorliegt.

3. Rechtsweg. Sachliche Unterschiede zwischen der Haftung wegen unmittelbarer Schäden des Dienstherrn einerseits und der Regresshaftung andererseits bestehen jedoch hinsichtlich der Geltendmachung des Anspruchs: Soweit es um die **Eigenschäden** geht, muss der Staat oder die sonstige juristische Person des öffentlichen Rechts gegenüber den **Arbeitnehmern** Klage vor dem Arbeitsgericht erheben.[1277] Daneben bleibt selbstverständlich die Möglichkeit der Aufrechnung gegen die Gehalts- oder Lohnansprüche des Arbeitnehmers. Geht es um unmittelbare Schädigungen durch einen **Beamten** oder durch eine in einem sonstigen öffentlich-rechtlichen Dienstverhältnis stehende Person, so kann der Dienstherr neben der auch hier gegebenen Möglichkeit der Aufrechnung[1278] seinen Anspruch entweder durch eine

---

[1273] Vgl. hierzu RGZ 102, 166, 169; ferner *Bettermann* in: Die Grundrechte Bd. III/2, S. 848; Bonner Komm/*Dagtoglou* 2. Bearb. Art. 34 GG RdNr. 348; *v. Mangoldt/Klein/Starck/v. Danwitz*, 5. Aufl. 2005, Art. 34 GG RdNr. 123; weitergehende Beschränkung der Rückgriffsmöglichkeit durch Gesetz s. zB § 32 AO.

[1274] S. statt vieler *Ossenbühl* Staatshaftungsrecht S. 118 ff.

[1275] *Bender* RdNr. 279; *Soergel/Vinke* RdNr. 259.

[1276] So ist zB § 78 BBG durch Gesetz vom 11. 6. 1992 (BGBl. I S. 1030) mit Wirkung zum 1. 1. 1993 neu gefasst worden; vgl. dazu *Simianer* ZBR 1993, 33.

[1277] *Bender* RdNr. 291; s. auch BVerwGE 38, 1; OLG Stuttgart MDR 1954, 181; *Ossenbühl* Staatshaftungsrecht S. 121.

[1278] Bonner Komm/*Dagtoglou* 2. Bearb. Art. 34 GG RdNr. 361; *Ossenbühl* Staatshaftungsrecht S. 120.

§ 839 373–375   Abschnitt 8. Titel 27. Unerlaubte Handlungen

Leistungsklage vor dem Verwaltungsgericht (vgl. §§ 40 Abs. 1 VwGO, 126 Abs. 1 und 2 BRRG) oder durch Erlass eines Leistungsbescheides[1279] geltend machen.

373   Etwas anderes gilt wegen der verfassungsrechtlichen Rechtsweggarantie des Art. 34 S. 3 GG für die **Regresshaftung**. Nach dieser Vorschrift darf auch für den Rückgriff im hoheitsrechtlichen Tätigkeitsbereich der ordentliche Rechtsweg nicht ausgeschlossen werden. Der Dienstherr muss also seinen Haftungsschaden in diesem Fall stets durch Klage vor dem Zivilgericht geltend machen. Mit dieser strikten Garantie des Zivilgerichtsweges für den Regress gegen alle Amtsträger im haftungsrechtlichen Sinne ist insbesondere ein Vorgehen mittels Leistungsbescheides unvereinbar.[1280] Durch die Verweisung in den Zivilrechtsweg ist nicht allein der Verwaltungsrechtsweg, sondern auch das spezifisch hoheitsrechtliche Durchsetzungsmittel der administrativen Selbsttitulierung und Selbstvollstreckung ausgeschlossen. Denn für ein solches einseitiges Vorgehen durch Leistungsbescheid enthielte das Zivilprozessrecht allgemein gar keine adäquaten Rechtsschutzmöglichkeiten. Soweit es sich bei den Amtsträgern um Arbeitnehmer handelt, sind wegen Art. 34 S. 3 GG nicht die Arbeitsgerichte zuständig. Nach der Terminologie des Grundgesetzes gehören die Arbeitsgerichte nicht zu den „ordentlichen Gerichten", wie die Gegenüberstellung in Art. 95 Abs. 1 GG beweist.[1281]

II. Rechtsschutzfragen

374   **1. Allgemeines.** Nach Art. 34 S. 3 GG darf für den Anspruch auf Schadensersatz gegen die öffentlich-rechtliche Körperschaft – wie auch für den Rückgriffsanspruch jener gegen den Amtsträger – der **ordentliche Rechtsweg** nicht ausgeschlossen werden. Art. 34 S. 3 GG begründet also nicht selbst die Zuständigkeit der ordentlichen Gerichte, sondern setzt sie voraus und garantiert sie von Verfassungs wegen.[1282] Die einfachgesetzliche Zuständigkeitsnorm für den Amtshaftungsanspruch ist § 40 Abs. 2 VwGO, nach der „für Schadensersatzansprüche aus der Verletzung öffentlich-rechtlicher Pflichten" der ordentliche Rechtsweg gegeben ist. Es handelt sich hierbei um eine besondere gesetzliche Zuweisung öffentlich-rechtlicher Ansprüche an die Zivilgerichte,[1283] die eine traditionelle Zuständigkeit der ordentlichen Gerichtsbarkeit fortführt.[1284]

375   Neben den Amtshaftungsansprüchen zählen dazu die vermögensrechtlichen Ansprüche aus Aufopferung für das gemeine Wohl und aus öffentlich-rechtlicher Verwahrung, ferner die Ansprüche aus enteignungsgleichem und enteignendem Eingriff. In diesen Zusammenhang gehört auch die verfassungsgesetzliche Zuständigkeitsregelung in Art. 14 Abs. 3 S. 4 GG, nach der für die Entschädigungsansprüche aus Enteignung gleichfalls der ordentliche Rechtsweg eröffnet ist. Durch die Neufassung des § 40 Abs. 2 VwGO[1285] ist die früher diskutierte Streitfrage, ob auch die Schadensersatzansprüche aus öffentlich-rechtlichen Verträgen jenem Kreis der besonderen Zuweisungen aus Traditionsgründen zuzurechnen seien,[1286] entschie-

---

[1279] Vgl. BVerwGE 18, 283 = NJW 1964, 2030; BGHZ 19, 243 = NJW 1965, 458; BGHZ 21, 270 = NJW 1966, 364; BGHZ 24, 225 = NJW 1967, 1049; BGHZ 34, 97; 27, 245 = NJW 1967, 2453; ferner *Geigel*, Der Haftpflichtprozess, 25. Aufl. 2008, S. 683 RdNr. 329; *Achterberg* JZ 1969, 354 mwN; aA *Heinrichs* NJW 1965, 458; *Wolff/Bachof/Stober* Verwaltungsrecht II § 55 RdNr. 50.
[1280] Im Ergebnis ebenso *Ossenbühl* Staatshaftungsrecht S. 121; Bonner Komm/*Dagtoglou* 2. Bearb. Art. 34 GG RdNr. 352; vgl. auch *Jellinek*, Verwaltungsrecht, 3. Aufl. 1931, S. 345.
[1281] Im Ergebnis ebenso Bonner Komm/*Dagtoglou* 2. Bearb. Art. 34 GG RdNr. 359; *Weimar* MDR 1958, 896; RGRK/*Kreft* RdNr. 136; aA OLG Stuttgart MDR 1954, 181; *Palandt/Thomas* RdNr. 88.
[1282] Bonner Komm/*Dagtoglou* 2. Bearb. Art. 34 GG RdNr. 357; *Erman/Küchenhoff/Hecker* RdNr. 91; RGRK/*Kreft* RdNr. 136.
[1283] *Bettermann* in: Die Grundrechte Bd. III/2, S. 848; Bonner Komm/*Dagtoglou* 2. Bearb. Art. 34 GG RdNr. 357; *Bamberger/Roth/Reinert* RdNr. 106.
[1284] *Bettermann* in: Die Grundrechte Bd. III/2, S. 848; *Bender* RdNr. 711.
[1285] Durch § 97 des VwVfG vom 25. 5. 1976 (BGBl. I S. 1253).
[1286] Vgl. BGHZ 43, 34, 38 ff. = NJW 1965, 442, 443; BGHZ 71, 386, 388 = NJW 1978, 1802, 1803; *Menger/Erichsen* VerwA 56 (1965), 278, 281 ff.; *Bettermann* JZ 1966, 445, 446 ff.; *Wolff/Bachof/Stober* Verwaltungsrecht II § 54 RdNr. 49.

Haftung bei Amtspflichtverletzung 376, 377 § 839

den: Diese Ansprüche werden von der besonderen Zuweisung ausdrücklich ausgenommen, so dass für alle Ansprüche aus öffentlich-rechtlichen Verträgen, die Erfüllungsansprüche ebenso wie die Schadensersatzansprüche, die **Verwaltungsgerichte** kraft der Generalklausel des § 40 Abs. 1 VwGO zuständig sind. Entsprechendes gilt für Ansprüche auf Rückgewähr einer Leistung, die auf Grund eines ungültigen verwaltungsrechtlichen Vertrages erbracht worden ist[1287] sowie für Schadensersatzansprüche aus öffentlich-rechtlichen vorvertraglichen Schuldverhältnissen.[1288] Auch über die Schadensersatzansprüche wegen der Verletzung der beamtenrechtlichen Fürsorgepflicht judizieren gemäß § 40 Abs. 2 S. 2 VwGO iVm. § 126 Abs. 1 BRRG die Verwaltungsgerichte.[1289] Nach der nicht unproblematischen[1290] Rechtsprechung[1291] gilt die ausdrückliche gesetzgeberische Herausnahme der öffentlich-rechtlichen Schadensersatzansprüche wegen Vertragsverletzung nicht für diejenigen Schadensersatzansprüche, die kraft Richterrechts bei Leistungsstörungen im Rahmen vertragsähnlicher Schuldverhältnisse des öffentlichen Rechts (zB Anstaltsbenutzungsverhältnisse) entstehen, und ist für solche Ansprüche der ordentliche Rechtsweg gegeben.

Die Rechtswegzuweisung des Art. 34 S. 3 GG erstreckt sich auch auf **Nebenansprüche**, 376 die nur einen Annex des Amtshaftungsanspruchs bilden, zB Ansprüche auf Auskunftserteilung oder Abgabe einer eidesstattlichen Versicherung.[1292]

2. Aufspaltung des gerichtlichen Rechtsschutzes. Die zivilgerichtliche Zuständigkeit 377 für die Amtshaftungsansprüche – ebenso wie für die anderen erwähnten Haftungsansprüche – ist nur **historisch erklärbar**.[1293] Nur die „ordentliche Gerichtsbarkeit" wurde früher durch in persönlicher und sachlicher Hinsicht unabhängige Gerichte wahrgenommen, während die Verwaltungsgerichtsbarkeit lange Zeit – jedenfalls in den unteren Instanzen – jene Qualifikation nicht besaß. Allein mit der Zuweisung an die ordentliche Gerichtsbarkeit war also bei traditioneller Betrachtung der Rechtsweg überhaupt garantiert. Es ist nicht allein der Umstand der völligen qualitativen Gleichstellung der allgemeinen und der besonderen Verwaltungsgerichtsbarkeit mit der „ordentlichen" Gerichtsbarkeit, der die heute vielfach erhobenen Einwände gegen die zivilgerichtliche Zuständigkeit in Amtshaftungssachen begründet.[1294] Es wird zu Recht auch auf die überaus missliche Aufspaltung des gerichtlichen Rechtsschutzes hingewiesen.[1295] Aufgespalten ist zum einen der primäre und der sekundäre Rechtsschutz des Bürgers. Der primäre Rechtsschutz gegen die rechtswidrige Ausübung öffentlicher Gewalt findet über Anfechtungs-, Verpflichtungs-, allgemeine Leistungs- und Feststellungsklagen in öffentlich-rechtlichen Streitigkeiten durch die allgemeine und besondere Verwaltungsgerichtsbarkeit statt, während die sekundären Reaktionsansprüche des Bürgers, soweit sie auf Schadensersatz (oder Entschädigung) gehen, nach dem gegenwärtigen Rechtszustand von den Zivilgerichten judiziert werden. Der Bürger muss also, um das ihm bei Ausübung öffentlicher Gewalt zugefügte Unrecht abzuwehren, gegebenenfalls zwei Rechtsschutzverfahren beschreiten.

[1287] BGH NJW 1979, 642.
[1288] *Kopp/Schenke* § 40 VwGO RdNr. 71.
[1289] Vgl. BVerwGE 13, 17, 25 ff. = NJW 1961, 2364, 2367; BVerwGE 25, 138, 145; BGHZ 43, 178, 186 = NJW 1965, 1177, 1179.
[1290] Vgl. *Maunz/Dürig/Papier* Art. 34 GG RdNr. 315; *Eyermann/Rennert* § 40 VwGO RdNr. 121; *Henke* JZ 1984, 441, 446 f.; vgl. auch *Murach* BayVBl. 2001, 682 ff.
[1291] BGHZ 76, 343, 348 = NJW 1980, 1683; BGH LM BBauG § 76 Nr. 2 = NJW 1981, 2122, 2123 (auch BGHZ 71, 386 = NJW 1978, 1802 betrifft ein Urteil nach der Änderung des § 40 Abs. 2 VwGO); NJW 1986, 1109; DVBl. 1978, 108, 109 = BayVBl. 1978, 212, 220; vgl. auch *Kopp/Schenke* § 40 VwGO RdNr. 72; *Schoch*, FS Menger, 1985, S. 305 ff., 324.
[1292] BGHZ 78, 274, 276 ff. = NJW 1981, 675 = VersR 1981, 231 f. mwN.
[1293] Vgl. *Ossenbühl* Staatshaftungsrecht S. 121; *Bender* RdNr. 711; Bonner Komm/*Dagtoglou* 2. Bearb. Art. 34 GG RdNr. 365; *Papier* JZ 1975, 585, 587.
[1294] *Vogel* DVBl. 1978, 657, 660; *Bender* RdNr. 711; *Ossenbühl* Staatshaftungsrecht S. 121 f.; *Bettermann* in: Die Grundrechte Bd. III/2, S. 848; Bonner Komm/*Dagtoglou* 2. Bearb. Art. 34 GG RdNr. 366.
[1295] *Vogel* DVBl. 1978, 657, 660; *Ossenbühl* Staatshaftungsrecht S. 121 f.; *Bender* RdNr. 711, 363; *Bettermann* in: Die Grundrechte Bd. III/2, S. 848 f.; s. auch die Begr. zum RegE-StHG, BR-Drucks. 215/78 S. 19 f.

378 Die Aufspaltung der Rechtswege wirkt sich zum anderen auch innerhalb des **sekundären Rechtsschutzes** aus: Der Folgenbeseitigungsanspruch, gleichfalls ein Reaktionsanspruch wegen rechtswidriger Ausübung öffentlicher Gewalt, ist vor den Verwaltungsgerichten geltend zu machen. Für den sozialrechtlichen Herstellungsanspruch sind gemäß § 51 Abs. 1 SGG die Sozialgerichte zuständig. Die verwaltungsgerichtliche Zuständigkeit gilt gemäß § 40 Abs. 2 VwGO auch für die Schadensersatzansprüche wegen öffentlich-rechtlicher Vertragsverletzung, wegen Verletzung der beamtenrechtlichen Fürsorgepflicht oder für Rückgewähransprüche im Rahmen verwaltungsrechtlicher Vertragsbeziehungen.[1296] Soweit diese Ansprüche mit Amtshaftungsansprüchen konkurrieren, konnte der einheitliche Lebenssachverhalt bis zur Neufassung des § 17 Abs. 2 GVG durch Art. 2 des Gesetzes zur Neuregelung des verwaltungsgerichtlichen Verfahrens[1297] nur in zwei Rechtswegen unter allen rechtlichen Gesichtspunkten gewürdigt werden.

379 Ist auf Grund der gesetzlich begründeten „Rechtswegspaltung" der Schadensersatzanspruch trotz einheitlichen Lebenssachverhalts vor den ordentlichen Gerichten geltend zu machen, soweit er auf Amtshaftung gestützt wird, vor den Verwaltungsgerichten dagegen, soweit er auf einen verwaltungsrechtlichen Vertrag oder die beamtenrechtliche Fürsorgepflicht gestützt wird, liegt eine **Identität** der **Streitgegenstände** nicht vor. Der zweiten Klage steht also nicht der Einwand der Rechtshängigkeit entgegen. Die Rechtskraft der Erstentscheidung entfaltet auch keine Wirkung auf die nachfolgende Entscheidung. Die **Neufassung des § 17 Abs. 2 GVG** hat diese gesetzliche Spaltung des Rechtsweges bzw. Streitgegenstandes nur teilweise geändert. Nach § 17 Abs. 2 GVG entscheidet das Gericht des zulässigen Rechtsweges den Rechtsstreit unter allen in Betracht kommenden rechtlichen Gesichtspunkten. Art. 14 Abs. 3 S. 4 und Art. 34 S. 3 des Grundgesetzes bleiben unberührt (§ 17 Abs. 2 S. 2 GVG). Für den Fall, dass zuerst der Amtshaftungsanspruch bei den ordentlichen Gerichten eingeklagt wird, sind diese gemäß § 17 Abs. 2 S. 1 GVG neben der Prüfung eines Amtshaftungsanspruches jetzt auch befugt zu prüfen, ob der gestellte Antrag unter dem Gesichtspunkt der Verletzung eines verwaltungsrechtlichen Vertrages oder der beamtenrechtlichen Fürsorgepflicht begründet ist. Voraussetzung dieser Kompetenz, über rechtswegfremde Anspruchsgrundlagen zu entscheiden, ist, dass ein Amtshaftungsanspruch und damit eine Rechtswegzuständigkeit der ordentlichen Gerichte nicht von vornherein offensichtlich ausgeschlossen ist und derselbe Streitgegenstand vorliegt, also ein Fall der Anspruchshäufung und nicht eine objektive Klagehäufung gegeben ist.[1298] Aus dieser erweiterten Rechtswegzuständigkeit folgt, dass nach Beschreiten des ordentlichen Rechtswegs die öffentlich-rechtlichen Klagegründe nicht mehr im Verwaltungsrechtsweg geltend gemacht werden können, da diese Klage wegen der anderweitigen Rechtshängigkeit nach § 17 Abs. 1 S. 1 GVG bzw. der entgegenstehenden Rechtskraft des Zivilurteils unzulässig wäre.

380 Dagegen bleiben die oben genannten Grundsätze zur gesetzlichen Rechtswegspaltung für die Fälle weiter anwendbar, in denen **zuerst** die öffentlich-rechtlichen Anspruchsgrundlagen bei den **Verwaltungsgerichten** eingeklagt werden und zugleich ein Amtshaftungsanspruch in Betracht kommt, da die Verwaltungsgerichte auch weiterhin über diesen verfassungsrechtlich den ordentlichen Gerichten zugewiesenen Anspruch (vgl. Art. 34 S. 3 GG, § 17 Abs. 2 S. 2 GVG) nicht entscheiden dürfen.[1299]

381 **3. Sachliche Zuständigkeit.** Unter „ordentlichen Gerichten" iS des Art. 34 S. 3 GG und des § 40 Abs. 2 VwGO sind die Zivilgerichte zu verstehen.[1300] Nach § 71 Abs. 2 Nr. 2 GVG sind die Landgerichte in erster Instanz ohne Rücksicht auf den Wert des Streitgegenstandes ausschließlich zuständig. Diese Vorschrift spricht zwar nur von den Ansprüchen gegen Beamte und Richter selbst, sie gilt aber anerkanntermaßen auch dann, wenn jene

---

[1296] Vgl. dazu BGH NJW 1979, 642.
[1297] Viertes Gesetz zur Änderung der Verwaltungsgerichtsordnung vom 17. 12. 1990 (BGBl. I S. 2809).
[1298] Vgl. BGH NJW 1991, 1686.
[1299] Vgl. *Kopp/Schenke* § 41 VwGO RdNr. 4, 6.
[1300] Bonner Komm/*Dagtoglou* 2. Bearb. Art. 34 GG RdNr. 359; *Soergel/Vinke* RdNr. 265.

Haftung bei Amtspflichtverletzung   382, 383   § 839

Ansprüche wegen Amtspflichtverletzung sich gegen den Staat bzw. die sonstige Körperschaft des öffentlichen Rechts kraft (verfassungs-)gesetzlich angeordneter Schuldübernahme richten.[1301]

4. Verwaltungsrechtliche Vorfragen. Das Zivilgericht prüft auf Grund einer Amts- **382** haftungsklage auch die verwaltungsrechtlichen Vorfragen über die Rechts- bzw. Amtspflichtwidrigkeit behördlichen Tuns und Unterlassens grundsätzlich uneingeschränkt nach.[1302] Zwar ist es nicht befugt und imstande, einen als rechtswidrig erkannten Verwaltungsakt aufzuheben,[1303] andererseits wird die zivilgerichtliche Kompetenz zur Rechtmäßigkeitsprüfung auch nicht durch eine mögliche **Bestandskraft** oder Unanfechtbarkeit des **Verwaltungsaktes** eingeschränkt.[1304] Das gilt auch dann, wenn der Verwaltungsakt auf eine Geldleistung gerichtet ist.[1305] Der BGH[1306] weist mit Recht die Ansicht zurück, das Zivilgericht dürfe die Behörde nicht verpflichten, im Wege des Schadensersatzes einen durch bestandskräftigen Verwaltungsakt angeforderten Geldbetrag zu erstatten. Dem Umstand der Unanfechtbarkeit kommt nur im Rahmen des § 839 Abs. 3 Bedeutung zu, wonach der Anspruch ausgeschlossen ist, wenn der Verletzte es vorwerfbar – dh. iS eines Verschuldens gegen sich selbst – versäumt hat, den Verwaltungsakt im Wege des Primärrechtsschutzes anzugreifen.[1307]

Etwas anderes gilt, wenn die Rechtmäßigkeit oder Rechtswidrigkeit des Verwaltungsaktes **383** bzw. des sonstigen Verwaltungshandelns oder des behördlichen Unterlassens durch eine gerichtliche, in **materielle Rechtskraft** erwachsene Entscheidung festgestellt worden ist. Wird durch ein rechtskräftiges Urteil eines Verwaltungsgerichts auf eine Anfechtungsklage hin ein Verwaltungsakt aufgehoben, so ist damit zugleich in einer der Rechtskraftwirkung fähigen Weise dessen Rechtswidrigkeit festgestellt.[1308] Die Rechtskraftwirkung tritt umgekehrt auch ein, wenn die Rechtmäßigkeit eines Verwaltungsakts durch das rechtskräftige Urteil des Verwaltungsgerichts bejaht und deshalb die Anfechtungsklage aus sachlichen Gründen abgewiesen worden ist.[1309] Durch ein rechtskräftiges, einer Verpflichtungsklage stattgebendes Urteil steht für den Amtshaftungsprozess bindend fest, dass dem Betroffenen ein Anspruch auf Erlass eines Verwaltungsaktes zusteht.[1310] Eine entsprechende Bindungswirkung kommt Entscheidungen zu, die im Verfahren nach §§ 23 ff. EGGVG in Bezug auf Justizverwaltungsakte ergangen sind.[1311] An einen verwaltungsgerichtlichen Beschluss, der

---

[1301] *Bettermann* in: Die Grundrechte Bd. III/2, S. 850; Bonner Komm/*Dagtoglou* 2. Bearb. Art. 34 GG RdNr. 358; vgl. auch § 3 Abs. 1 RBHaftG.
[1302] BGHZ 9, 129, 132 = NJW 1953, 862, 863; BGH LM Nr. 34 (B) = NJW 1979, 2097, 2098; NJW 1983, 2823; BGHZ 113, 17, 18 ff. = NJW 1991, 1168 m. krit. Anm. *Berkemann* JR 1992, 18; vgl. dazu auch *Broß* VerwA 82 (1991), 593, 595 ff.; *Bender* RdNr. 712; Bonner Komm/*Dagtoglou* 2. Bearb. Art. 34 GG RdNr. 369; Staudinger/*Wurm* RdNr. 409.
[1303] BGHZ 9, 129, 131, 132 = NJW 1953, 862, 863.
[1304] BGH LM Nr. 34 (B) = NJW 1979, 2097, 2098; BGHZ 90, 17, 22 f. = NJW 1984, 1169, 1170; BGHZ 112, 363, 365 = NJW 1991, 700; bestätigt in BGHZ 113, 17, 19 ff. = NJW 1991, 1168, 1169 = DVBl. 1991, 379 m. Anm. *Schröder* 751; abl. *Berkemann* JR 1992, 18; *Broß* VerwA 82 (1991), 593, 595 ff.; *Nierhaus* JZ 1992, 209; *Jeromin* NVwZ 1991, 543; vgl. ferner BGHZ 95, 28, 35 ff. = NJW 1985, 3025 für den vergleichbaren Fall des enteignungsgleichen Eingriffs; s. ferner *Bender* RdNr. 712; *Maunz/Dürig/Papier* Art. 34 GG RdNr. 311.
[1305] BGH NJW 1983, 2823.
[1306] BGH NJW 1983, 2823; BGHZ 113, 17, 21 f. = NJW 1991, 1168.
[1307] BGHZ 113, 17, 22 f. = NJW 1991, 1168.
[1308] BGHZ 9, 129, 132 = NJW 1953, 862, 863; BGHZ 9, 329, 332 = NJW 1952, 1103; BGHZ 10, 220, 225 = NJW 1953, 1667, 1668; BGHZ 15, 17, 19 = NJW 1954, 1807; BGHZ 20, 379, 380, 381 = NJW 1956, 1358; BGH LM MRVO (BrZ) 165 § 50 Nr. 1 = DVBl. 1962, 753; LM Nr. 34 (B) = NJW 1979, 2097, 2098; NVwZ 1984, 333 = VersR 1984, 142; s. auch BGH LM Nr. 21 (Fd) = VersR 1981, 256 und BGHZ 93, 87, 90 f. = NJW 1985, 2817 (verwaltungsgerichtliche Feststellungsklage); BGHZ 113, 17, 20 = NJW 1991, 1168; BGHZ 118, 263, 268 = NJW 1992, 2691; Bonner Komm/*Dagtoglou* 2. Bearb. Art. 34 GG RdNr. 367.
[1309] BGHZ 15, 17, 19 = NJW 1954, 1807; BGH LM MRVO (BrZ) 165 § 50 Nr. 1 = DVBl. 1962, 753; vgl. auch BGHZ 95, 28, 37 = NJW 1985, 3024 in Bezug auf den Entschädigungsanspruch aus enteignungsrechtlichen Grundsätzen; BGHZ 97, 97, 103 f. = NJW 1986, 2309, 2310; Staudinger/*Wurm* RdNr. 419.
[1310] BGH NJW 1994, 3158.
[1311] BGH NJW 1994, 1950 = LM § 839 (Ca) Nr. 95 m. Anm. *Katholnigg*.

§ 839 384–387   Abschnitt 8. Titel 27. Unerlaubte Handlungen

auf einen Antrag nach § 80 Abs. 5 VwGO ergangen ist, sind die Zivilgerichte im Amtshaftungsprozess dagegen nicht gebunden, denn gemäß § 80 Abs. 7 S. 1 VwGO kann das Verwaltungsgericht solche Beschlüsse jederzeit ändern oder aufheben, so dass sie keiner materiellen Rechtskraft fähig sind.[1312]

384 Eine sog. **Fortsetzungsfeststellungsklage** nach § 113 Abs. 1 S. 4 VwGO zur Vorbereitung eines Amtshaftungsprozesses, die zu einer der Rechtskraft fähigen Entscheidung des Verwaltungsgerichts über die Rechtmäßigkeit eines erledigten Verwaltungsaktes führt, ist nach ständiger Rechtsprechung der Verwaltungsgerichte nur zulässig, wenn der Schadensersatzprozess bereits anhängig oder mit hinreichender Sicherheit zu erwarten und nicht „offensichtlich aussichtslos" ist. Anderenfalls fehlt dem Kläger das berechtigte Interesse an der Feststellung der Rechtswidrigkeit des erledigten Verwaltungsaktes.[1313] Wegen der Prüfung der Erfolgsaussichten einer nach Art. 34 S. 3 GG vor den Zivilgerichten zu erhebenden Klage durch die Verwaltungsgerichte ist diese Rechtsprechung in der Lit. teilweise auf Bedenken gestoßen.[1314] Die Einwände sind von der Rechtsprechung jedoch ausdrücklich und zu Recht zurückgewiesen worden.[1315] Hat sich allerdings der Verwaltungsakt schon vor Erhebung der verwaltungsgerichtlichen Klage erledigt, so begründet die Absicht, eine Amtshaftungsklage zu erheben, nach der neueren Judikatur des BVerwG kein Feststellungsinteresse. Der Kläger hat in einem solchen Fall wegen des erstrebten Schadensersatzes sogleich das Zivilgericht anzurufen, das auch für die Klärung der öffentlich-rechtlichen Vorfragen zuständig ist. Ein Anspruch auf den „sachnäheren" Richter besteht nicht.[1316]

385 Die materielle Rechtskraftwirkung gilt subjektiv grundsätzlich für und gegen die am verwaltungsgerichtlichen Verfahren Beteiligten und deren Rechtsnachfolger (vgl. § 121 VwGO), also insbesondere für und gegen die **Parteien und die Beigeladenen.** Der BGH hat eine Bindung im Amtshaftungsprozess in einem Ausnahmefall auch angenommen, als die Amtshaftungsklage gegen eine andere Körperschaft gerichtet war als gegen diejenige, deren Organe den Verwaltungsakt, der Gegenstand des vorausgegangenen Verwaltungsprozesses war, erlassen hatte.[1317] Begründet wurde diese Auffassung damit, dass die im Verwaltungsprozess beteiligte Behörde „in einer Art Prozessstandschaft" gehandelt habe.

386 Eine **Entscheidung des Zivilgerichts** im Amtshaftungsprozess über die Rechtmäßigkeit oder Rechtswidrigkeit des staatlichen Verhaltens betrifft andererseits nur eine **Vorfrage.** Sie erwächst daher nicht in materielle Rechtskraft, so dass umgekehrt das Verwaltungsgericht in einem nachfolgenden Verwaltungsgerichtsurteil nicht gehindert ist, über die Frage der Rechtmäßigkeit anders zu entscheiden.[1318] Diese Konsequenz der Aufspaltung des Rechtsschutzes kann nur dadurch vermieden werden, dass das Zivilgericht wegen einer zugleich anhängigen verwaltungsgerichtlichen Klage das Verfahren gemäß § 148 ZPO aussetzt.

387 **5. Konzentration des Rechtsschutzes als Reformziel.** Die Konzentration des Rechtsschutzes in Staatshaftungssachen war ursprünglich einer der Kernbestandteile der Staatshaftungsreform. Art. 34 Abs. 1 S. 3 GG sollte nach dem beabsichtigten Änderungsgesetz zum GG[1319] die Fassung erhalten: „Im Streitfall steht der Rechtsweg(!) offen". Nach § 33 Abs. 1 RegE-StHG[1320] sollten sowohl die Aufspaltung innerhalb des sekundären Rechtsschutzes als auch die Trennung zwischen primärem und sekundärem Rechtsschutz entfallen. Über Geldleistungs- und Folgenbeseitigungsansprüche sollten die für die Gewäh-

---

[1312] BGH NVwZ 2001, 352, 353 f. = DVBl. 2001, 305.
[1313] Vgl. BVerwGE 9, 196, 199 = NJW 1960, 310; BVerwG DVBl. 1963, 519; NJW 1967, 1819 f.; DVBl. 1973, 365; OVG Münster 1976, 439; s. aber auch OVG Koblenz NJW 1977, 72.
[1314] S. zB Bartlsperger DVBl. 1968, 261; *Schrödter* DVBl. 1973, 365; *Becker/Kavan* NJW 1977, 1078; *Laubinger* DÖV 1991, 392; *Redeker/v. Oertzen*, 13. Aufl. 2000, § 113 VwGO Anm. 32.
[1315] BVerwG NJW 1980, 197; OVG Münster NJW 1979, 2061, 2062; s. auch BVerwG NJW 1984, 881, 882.
[1316] BVerwGE 81, 226, 227 f. = NJW 1989, 2486 f.; wN bei *Kopp/Schenke* § 113 VwGO RdNr. 136.
[1317] BGH LM MRVO (BrZ) 165 § 50 Nr. 2 = DVBl. 1962, 753, 754.
[1318] *Ossenbühl* Staatshaftungsrecht S. 122; Bonner Komm/*Dagtoglou* 2. Bearb. Art. 34 GG RdNr. 370.
[1319] GesE der BReg., BR-Drucks. 214/78.
[1320] BR-Drucks. 215/78.

rung primären Rechtsschutzes zuständigen Gerichte judizieren. Es sollte also für Staatshaftungsklagen im Grundsatz derjenige Rechtsweg eröffnet sein, in dem über die Rechtmäßigkeit der die Staatshaftung begründenden Ausübung öffentlicher Gewalt zu entscheiden ist. Der Rechtsschutz in Staatshaftungssachen wäre dann zum ganz überwiegenden Teil von den Gerichten der allgemeinen und besonderen Verwaltungsgerichtsbarkeit (Finanz- und Sozialgerichtsbarkeit) gewährt worden.

Die Konzentration des Rechtsschutzes primärer und sekundärer Art hätte den Rechts- **388** schutz zugunsten des Bürgers entscheidend verbessert. Die Hemmung, nach Durchführung eines verwaltungsgerichtlichen Verfahrens oder während seiner Dauer ein selbstständiges, neues Klageverfahren – überdies vor einem anderen Gericht und ausgestattet mit Anwaltszwang – einzuleiten, wäre wohl weitgehend entfallen. Die Möglichkeit, alle Streitpunkte aus Anlass rechtswidrigen Staatsverhaltens in *einem* gerichtlichen Verfahren zu erledigen, wäre auch eine unter **prozessökonomischen** Gesichtspunkten sinnvolle Alternative zum geltenden Recht gewesen. Auch unter dem Gesichtspunkt der Wahrung **einheitlicher Rechtsanwendung** und wegen der größeren **Sachnähe** der entscheidenden Gerichte wäre die Konzentration wünschenswert gewesen. Auf der anderen Seite darf nicht übersehen werden, dass die ursprünglich verfolgte Konzentration zwangsläufig eine „Dekonzentration" oder „Zersplitterung" des spezifisch haftungsrechtlichen Rechtsschutzes bedeutet hätte. Staatshaftungsansprüche wären also in den verschiedenen Zweigen der allgemeinen und besonderen Verwaltungsgerichtsbarkeit geltend zu machen gewesen. Diese „Nachteile" fielen indes gegenüber den erwähnten Vorteilen einer Konzentration des primären und sekundären Rechtsschutzes nicht entscheidend ins Gewicht.

§ 839a Haftung des gerichtlichen Sachverständigen

(1) Erstattet ein vom Gericht ernannter Sachverständiger vorsätzlich oder grob fahrlässig ein unrichtiges Gutachten, so ist er zum Ersatz des Schadens verpflichtet, der einem Verfahrensbeteiligten durch eine gerichtliche Entscheidung entsteht, die auf diesem Gutachten beruht.

(2) § 839 Abs. 3 ist entsprechend anzuwenden.

Schrifttum zum neuen Recht: *Bayerlein* (Hrsg.), Praxishandbuch Sachverständigenrecht, 4. Aufl. 2008; *Böckermann,* „Ablehnung" eines Sachverständigen oder Richters durch Streitverkündung oder Klageerhebung, MDR 2002, 1348; *Cahn,* Einführung in das neue Schadensersatzrecht, 2003; *Däubler,* Die Reform des Schadensersatzrechts, JuS 2002, 625; *Hau,* Gerichtssachverständige in Fällen mit Auslandsbezug, RIW 2003, 822; *Jaeger/Luckey,* Das neue Schadensersatzrecht, 2002; *dies.,* Das Zweite Schadensersatzrechtsänderungsgesetz – Ein Überblick über das neue Recht, MDR 2002, 1168; *Katzenmeier,* Haftung des gerichtlichen Sachverständigen nach neuem Recht – Zweifelsfragen und Streitstände zu § 839a BGB, FS Horn, 2006, S. 67; *Kilian,* Zweifelsfragen der deliktsrechtlichen Sachverständigenhaftung nach § 839a BGB, ZGS 2004, 220; *Meyer/Höver/Bach,* Gesetz über die Entschädigung von Zeugen und Sachverständigen, 24. Aufl. 2007; *Rickert/König,* Die Streitverkündung gegenüber dem gerichtlich bestellten Sachverständigen, NJW 2005, 1829; *Schöpflin,* Probleme der Haftung des gerichtlichen Sachverständigen nach § 839a BGB, ZfS 2004, 241; *R. Schwab,* Das unrichtige Gutachten des gerichtlichen Sachverständigen, DS 2005, 132; *Spickhoff,* Die neue Sachverständigenhaftung und die Ermittlung ausländischen Rechts, FS Heldrich, 2005, S. 419; *Thole,* Die Haftung des gerichtlichen Sachverständigen nach § 839a BGB, 2004; *ders.,* Die Haftung des gerichtlichen Sachverständigen – Haftungsfalle für den Prozessanwalt?, AnwBl. 2006, 91; *ders.,* Haftung des gerichtlichen Sachverständigen unter Berücksichtigung des neuen Haftungstatbestands nach § 839a BGB – aus juristischer Sicht, MEDSACH 2006, 91; *ders.,* Die zivilrechtliche Haftung des medizinischen Sachverständigen, insbesondere nach § 839a BGB, GesR 2006, 154; *Uhlenbruck,* ZInsO 2002, 809; *Ulrich,* Der gerichtliche Sachverständige, 12. Aufl. 2007; *Wagner,* Das neue Schadensersatzrecht, 2002; *ders.,* Das Zweite Schadensersatzrechtsänderungsgesetz, NJW 2002, 2049; *Wagner/Thole,* Die zivilrechtliche Haftung des gerichtlichen Sachverständigen, FPR 2002, 521; *dies.,* Die Haftung des Wertgutachters gegenüber dem Ersteigerer, VersR 2004, 275; *Windthorst,* Schadensersatz wegen fahrlässiger Falschaussage?, VersR 2005, 1634; *Wilhelm,* Die Haftung des Sachverständigen im Insolvenzeröffnungsverfahren, DZWiR 2007, 361.

Schriften zum alten Recht: *Bartling,* Die Haftung für fehlerhafte Gutachten der gerichtlich beauftragten Sachverständigen im Spannungsfeld von Deliktsrecht und Staatshaftungsrecht, Diss. Göttingen 1982; *Bayerlein,*

§ 839 a 1

Todsünden des Sachverständigen, Institut für Sachverständigenwesen (Hrsg.), 2. Aufl. 1997; BMJ (Hrsg.), Bericht der Kommission für das Zivilprozeßrecht, 1977; *Bleutge,* Die Hilfskräfte des Sachverständigen – Mitarbeiter ohne Verantwortung?, NJW 1985, 1185; *J. Blomeyer,* Schadensersatzansprüche des im Prozeß Unterlegenen wegen Fehlverhaltens Dritter, 1972; *Brehm,* Der Anspruch auf Widerruf einer ärztlichen Diagnose, FS Hermann Lange, 1992; *Bremer,* Der Sachverständige, 2. Aufl. 1973; *Deutsch,* Zivilrechtliche Verantwortlichkeit psychiatrischer Sachverständiger, VersR 1987, 113; *Döbereiner/v. Keyserlingk,* Sachverständigen-Haftung, 1979; *Eickmeier,* Die Haftung des gerichtlichen Sachverständigen für Vermögensschäden, 1993; *K. J. Götz,* Zivilrechtliche Ersatzansprüche bei schädigender Rechtsverfolgung, 1989; *Habscheid,* Aus der höchstrichterlichen Rechtsprechung zur Schiedsgerichtsbarkeit, KTS 1966, 1; *Häsemeyer,* Schadenshaftung im Zivilrechtsstreit, 1979; *Hoffmann,* Die Haftung des vom Gericht bestellten Sachverständigen, Diss. Marburg 1978; *Hopt,* Schadensersatz aus unberechtigter Verfahrenseinleitung, 1968; *Jungbecker,* Schadensersatz bei mangelhaften medizinisch-psychologischen Eignungsgutachten, NZV 1994, 297; *Klein,* Die Rechtsstellung und die Haftung des im Zivilprozeß bestellten Sachverständigen, Diss. Mainz 1994; *Krauß,* Zur Haftung des psychiatrischen Sachverständigen im Strafprozeß, Strafverteidiger 1985, 512; *K. Müller,* Der Sachverständige im gerichtlichen Verfahren: Handbuch des Sachverständigenbeweises, 3. Aufl. 1988; *v. Mutius,* Zur Staatshaftung bei Erfüllung öffentlicher Aufgaben durch Private, VerwA Bd. 64 (1973), 433; *Nieberding,* Sachverständigenhaftung nach deutschem und englischem Recht, 2002; *Pieper,* Richter und Sachverständiger im Zivilprozeßrecht, ZZP 84 (1971), 1; *ders.,* Rechtsstellung des Sachverständigen und Haftung für fehlerhafte Gutachten, in: GS Bruns, 1980, S. 167; *Pieper/Breunung/Stahlmann,* Sachverständige im Zivilprozeß, 1982; *Prange,* Materiell-rechtliche Sanktionen bei Verletzung der prozessualen Wahrheitspflicht durch Zeugen und Parteien, 1995; *Rasehorn,* Zur Haftung für fehlerhafte Sachverständigengutachten, NJW 1974, 1172; *Rendels,* Probleme der Gutachtertätigkeit im Insolvenzeröffnungsverfahren, NZG 1998, 839; *Schreiber,* Die zivilrechtliche Haftung der Prozeßbeteiligten, ZZP 105 (1992), 129; *Seidel,* Privater Sachverstand und staatliche Garantenstellung, 2000; *Steinke,* Probleme des Falscheides durch forensische Sachverständige, MDR 1984, 272; *Wasner,* Die Haftung des gerichtlichen Sachverständigen, NJW 1986, 119; *Wessel,* Der Sachverständige im Konkurseröffnungsverfahren, 1993; *P. Zimmermann,* Sachverständigenhaftung, BuW 2001, 993, 1034.

Rechtsvergleichend: *Jung,* Die deliktische Haftung von Prozesssachverständigen im deutschen, englischen und französischen Recht, ZVglRWiss 107 (2008), 32.

Zur Haftung der Parteien für schädigende Rechtsverfolgung vgl. die Nachweise bei § 823 vor RdNr. 584.

Übersicht

	RdNr.		RdNr.
I. Normzweck und Entstehungsgeschichte	1–5	**IV. Schadensersatz und negatorische Haftung**	24–27
II. Persönlicher Anwendungsbereich	6–16	**V. Aktiv– und Passivlegitimation**	28–30
1. Vom Gericht ernannter Sachverständiger	6, 7	**VI. Haftungsausschluss gemäß § 839 a Abs. 2 iVm. § 839 Abs. 3**	31–34
2. Behördengutachten und dienstliche Gutachten	8, 9	1. Rechtsmittel	31, 32
3. Schiedsgerichtlich bestellter Sachverständiger	10, 11	2. Vorsätzliche oder fahrlässige Nichteinlegung	33
4. Zeugen	12	3. Kausalität zwischen Nichteinlegung und Schaden	34
5. Verwaltungsverfahren	13, 14	**VII. Beweislastverteilung und Beweiserleichterungen**	35
6. Einschaltung von Gehilfen	15, 16		
III. Die Haftungsvoraussetzungen im Einzelnen	17–23	**VIII. Streitverkündung gegenüber dem gerichtlichen Sachverständigen**	36
1. Erstattung eines unrichtigen Gutachtens	17	**IX. Internationales Privatrecht**	37
2. Vorsatz oder grobe Fahrlässigkeit	18	**X. Intertemporaler Anwendungsbereich**	38
3. Gerichtliche Entscheidung	19, 20		
4. Beruhen der Entscheidung auf dem Gutachten	21–23		

I. Normzweck und Entstehungsgeschichte

1 Das am 1. 8. 2002 in Kraft getretene Zweite Schadensersatzrechtsänderungsgesetz hat mit § 839 a einen Ausschnitt der Haftung von Sachverständigen und Gutachtern in einem Sondertatbestand des Deliktsrechts kodifiziert. Die Norm trägt weitgehend die Handschrift

der **Kommission für das Zivilprozessrecht von 1977**,[1] deren Vorschlag in der 13. Legislaturperiode unter Hinzufügung des heutigen Abs. 2 in den Regierungsentwurf eines Zweiten Schadensersatzrechtsänderungsgesetzes eingearbeitet wurde.[2] Nachdem der Entwurf zunächst der Diskontinuität verfallen war, wurde er in der 14. Legislaturperiode erneut und – was § 839 a anlangt – in unveränderter Fassung eingebracht und schließlich am 19. 7. 2002 verkündet.[3]

Die Rechtsstellung des gerichtlichen Sachverständigen unterscheidet sich grundlegend von derjenigen seines privaten Kollegen, weil ihn **weder mit den Parteien noch mit dem Gericht eine zivilrechtliche Vertragsbeziehung verbindet,** die im Fall der Schlechtleistung gemäß §§ 634, 280, 281 als Grundlage für Schadensersatzansprüche in Betracht käme.[4] Während der BGH die Haftung privat beauftragter Gutachter gegenüber Dritten unter dem Gesichtspunkt des Vertrags mit Schutzwirkung zugunsten Dritter zu einer Fahrlässigkeitshaftung für reine Vermögensschäden ausgebaut hat (§ 826 RdNr. 66 f.),[5] blieb der gerichtliche Sachverständige von dieser Entwicklung verschont. Das Deliktsrecht wiederum eignete sich nur in eng begrenztem Rahmen als Grundlage für Schadensersatzbegehren. Da in den allermeisten Zivilprozessen allein Vermögensinteressen auf dem Spiel stehen, haftete der Sachverständige nur für vorsätzlich-sittenwidrige Schädigung nach § 826. Die allgemeine Fahrlässigkeitshaftung nach § 823 Abs. 1 kam nur in den seltenen Fällen von Eingriffen in subjektive Rechte eines Verfahrensbeteiligten in Betracht, etwa bei zwangsweiser Unterbringung in einer psychiatrischen Anstalt. Just in einem solchen Fall beschränkte der BGH in seinem berühmten „Weigand"-Urteil aus dem Jahr 1973 die Haftung des Sachverständigen auch dann auf Vorsatz, wenn ein nach § 823 Abs. 1 geschütztes Recht verletzt worden war.[6] Damit stieß das Gericht indessen auf vehementen Widerspruch nicht nur der Literatur,[7] sondern auch des BVerfG, das in der Freistellung von der Haftung für grobe Fahrlässigkeit einen Verstoß gegen die Grenzen richterlicher Rechtsfortbildung erkannte,[8] während vier der acht Richter gar weitergehende verfassungsrechtliche Zweifel an jedweder Haftungsmilderung anmeldeten.[9] Daneben blieb zwar stets die Möglichkeit einer strengeren Haftung aus § 823 Abs. 2, die allerdings kaum praktische Bedeutung erlangte, weil eine Haftung für leichte Fahrlässigkeit wegen § 163 StGB nur in Betracht kam, wenn der Sachverständige vor Gericht beeidigt worden war. Die den §§ 410 Abs. 1 ZPO, 79 Abs. 1 StPO zugrunde liegende prozessuale Wahrheitspflicht wurde hingegen nicht als Schutzgesetz anerkannt.[10]

Vor diesem Hintergrund kommt § 839 a ein **doppelter Zweck** zu: Die **Erweiterungsfunktion** der Vorschrift betrifft die Ausdehnung des Schutzbereichs des Deliktsrechts auf reine Vermögensinteressen, die sonst nur im Rahmen von Schutzgesetzen und bei vorsätzlich-sittenwidrigem Handeln gegenüber Beeinträchtigungen abgeschirmt sind. Insbesondere

---

[1] Bericht der Kommission für das Zivilprozessrecht, S. 142 f., 358.
[2] BT-Drucks. 13/10435 S. 4.
[3] BGBl. I S. 2674; eingehend *Wagner* NJW 2002, 2049.
[4] Vgl. zuletzt BGHZ 166, 313, 314 f. Nr. 5 = NJW 2006, 1733; BGH VersR 2003, 1049.
[5] BGHZ 127, 378, 385 ff. = NJW 1995, 392, m. Bespr. *Canaris* JZ 1995, 441; BGHZ 138, 257, 260 ff. = NJW 1998, 1948, 1949; BGH NJW 1984, 355 („Käufergruppe"); JZ 1985, 951 („Konsul II"); NJW 1998, 1059; 2001, 514.
[6] BGHZ 62, 54, 56 = NJW 1974, 312, 314.
[7] *Arndt* DRiZ 1973, 272 f.; *ders.* DRiZ 1974, 185, 186; *J. Blomeyer* Schadensersatzansprüche S. 226 f.; *ders.* ZRP 1974, 214; *Damm* JuS 1976, 359 ff.; *Eickmeier* S. 104 f.; *Franzki* DRiZ 1976, 97, 101; *K. J. Götz* S. 167; *Hellmer* NJW 1974, 556; *Hopt,* Unberechtigte Verfahrenseinleitung, S. 295 f.; *ders.* JZ 1974, 551; *K. Müller* Sachverständigenbeweis RdNr. 961 a b; *Rasehorn* NJW 1974, 1172; *Schreiber* ZZP 105 (1992), 129, 138; *Wasner* NJW 1986, 119.
[8] BVerfGE 49, 304, 316 ff. = NJW 1979, 305, 306.
[9] BVerfGE 49, 304, 323 = NJW 1979, 305, 307.
[10] BGHZ 42, 313, 317 = NJW 1965, 298, 299; BGH NJW 1968, 787, 788 (zu § 79 StPO); OLG Celle NJW 1960, 387, 388; OLG Köln NJW 1962, 1773; LG Stuttgart NJW 1954, 1411; aA *J. Blomeyer* Schadensersatzansprüche S. 196 bis 198; *ders.* ZRP 1974, 214, 217; *Damm* JuS 1976, 359, 362; *K. Müller* Sachverständigenbeweis RdNr. 973 a; *Bartling* S. 40.

bewirkt die Vorschrift eine Abkoppelung der Haftung von der Beeidigung und damit die Verabschiedung eines als haftungsrechtlich irrelevant erkannten Differenzierungskriteriums.[11] Die mit der Einbeziehung reiner Vermögensschäden verbundene Erweiterung der deliktischen Verantwortlichkeit wird abgefedert, indem die Haftung im Gegenzug auf Vorsatz und grobe Fahrlässigkeit beschränkt wird. Die **Beschränkungsfunktion** des § 839a dient vor allem dem Schutz der inneren Freiheit des Sachverständigen.[12] Der Gutachter soll seine Tätigkeit unabhängig und ohne den Druck eines möglichen Rückgriffs der Parteien ausüben können, zumal er nach den Verfahrensordnungen (§§ 407 ZPO, 75 StPO) regelmäßig zur Übernahme der Begutachtung verpflichtet ist.

4   Tatsächlich spricht für die Haftungsbeschränkung nicht so sehr der Umstand, dass der Sachverständige einer Art Kontrahierungszwang unterläge, denn in der Praxis wird von der Befreiungsmöglichkeit des § 408 ZPO extensiver Gebrauch gemacht.[13] Entscheidend ist vielmehr, dass die **Ausgestaltung des Gutachtenauftrags der Privatautonomie gänzlich entzogen** ist, so dass der Sachverständige es weder in der Hand hat, seine Haftung vertraglich auf Vorsatz und grobe Fahrlässigkeit zu begrenzen – wie dies Privatgutachter üblicherweise tun – noch das übernommene Haftungsrisiko durch Anpassung des geforderten Preises für seine Leistungen zu kompensieren, weil die Bezahlung nach den bescheidenen Sätzen des JVEG erfolgt (§§ 413 ZPO, 84 StPO), deren Höhe auf den Wert des Streitgegenstands und damit auf den Umfang des Haftungsrisikos überhaupt keine Rücksicht nimmt (§§ 9–11 JVEG).[14] Deshalb geht der Hinweis fehl, der Sachverständige könne das Haftungsrisiko bei einer Versicherung zur Deckung bringen,[15] denn eine Möglichkeit, die dabei anfallenden Prämien über den „Preis" auf die Nachfrageseite abzuwälzen, besteht im Rahmen des hergebrachten Entschädigungssystems des JVEG gerade nicht. Insofern statuiert § 839a im Rahmen einer deliktischen Norm dasjenige, was die Parteien aushandeln würden, wenn sie über den Inhalt des Sachverständigenauftrags verhandeln könnten – die Vorschrift substituiert eine Regelung, die dem **hypothetischen Vertragsinhalt** entspricht. Speziell mit Blick auf reine Vermögensschäden fällt zusätzlich ins Gewicht, dass eine allgemeine, ungefilterte Fahrlässigkeitshaftung ohnehin zu weit führte, weil der gesellschaftliche Schaden regelmäßig hinter der privaten Einbuße zurückbleibt. Insoweit entspricht § 839a weitgehend den Wertungen des § 826, der gerade mit Blick auf die Gutachterhaftung auf Fälle leichtfertigen Verhaltens ausgedehnt worden ist (vgl. § 826 RdNr. 14, 29f., 66f.).[16]

5   Die eben herausgearbeiteten normativen Prämissen lassen sich nur erreichen, wenn die Haftung für leichte Fahrlässigkeit auch im Fall der Beeidigung (§§ 823 Abs. 2, 163 StGB) ausgeschlossen bleibt. Deshalb hat der Gesetzgeber § 839a als **abschließenden Sondertatbestand** konzipiert, der innerhalb seines Anwendungsbereichs (s. RdNr. 6ff.) den Rückgriff auf die allgemeinen Deliktstatbestände ausschließt, und die Vorschrift hinter den ebenfalls abschließenden Sonder-Deliktstatbestand des § 839 in das BGB eingefügt.[17]

II. Persönlicher Anwendungsbereich

6   **1. Vom Gericht ernannter Sachverständiger.** Ein Sachverständiger ist der Haftung nach § 839a ausgesetzt, wenn er **von einem Gericht in einem konkreten Verfahren bestellt** worden ist, um Erfahrungssätze oder Kenntnisse zu vermitteln, Tatsachen fest-

---

[11] Begr. RegE, BT-Drucks. 14/7752 S. 28.
[12] Begr. RegE, BT-Drucks. 14/7752 S. 28.
[13] *Eickmeier* S. 104f.; *Hopt* JZ 1974, 551, 554; *Rasehorn* NJW 1974, 1172, 1173; *Bartling* S. 76; *Hoffmann* S. 185; aA *Keilholz* BauR 1986, 377, 380: in Bausachen sei dies nicht üblich.
[14] *Thole* S. 66ff.
[15] So *Eickmeier* S. 104; *Chr. Huber*, Das neue Schadensersatzrecht, § 5 RdNr. 28ff.
[16] Speziell mit Blick auf einen Fall der Sachverständigenhaftung BGH NJW 2001, 3115, 3118.
[17] Begr. RegE, BT-Drucks. 14/7752 S. 28; *Cahn* Schadensersatzrecht RdNr. 176f.; zu § 839 vgl. BGHZ 3, 94, 102 = NJW 1951, 917; BGHZ 13, 25, 27f. = NJW 1954, 874f.; BGHZ 34, 99, 104 = NJW 1961, 658, 659f.

zustellen und/oder aus dem Tatsachenstoff Schlussfolgerungen zu ziehen.[18] Im Zivilprozess erfolgt die Ernennung regelmäßig in Form eines Beweisbeschlusses (§§ 358, 358a S. 2 Nr. 4, 359 ZPO), während sich das Strafgericht (§§ 72 ff. StPO) mit einer einfachen Beweisanordnung des Vorsitzenden begnügen kann.[19] Zwingend ist ein förmlicher Beschluss nicht;[20] selbst wenn eine Beweisperson als Zeuge geladen wurde, ist § 839a anzuwenden, falls sie auf Veranlassung des Gerichts in die Rolle eines Sachverständigen geschlüpft ist und gutachterlich Stellung genommen hat.[21] Auf Dolmetscher iS der §§ 189 bis 191 GVG kann § 839a analog angewendet werden.[22]

§ 839a gilt über zivil- und strafprozessuale Erkenntnisverfahren hinaus im Rahmen **sämtlicher Gerichtsverfahren**, einschließlich Kostenfestsetzungsverfahren, selbständigen Beweisverfahren, Verfahren der Freiwilligen Gerichtsbarkeit und des Familienrechts[23] usw. Die Haftungsregel ist auch im **Wertfestsetzungsverfahren** in der Zwangsversteigerung anzuwenden (näher RdNr. 23),[24] nicht aber, wenn ein Gutachterausschuss mit der Wertermittlung betraut worden ist, denn dann gilt § 839 (§ 839 RdNr. 866a).[25] Anwendbar ist die Vorschrift auch auf die Sachverständigentätigkeit im Rahmen staatsanwaltschaftlicher Ermittlungsverfahren[26] sowie im Insolvenzverfahren (§ 5 Abs. 1 S. 2 InsO), und zwar selbst dann, wenn der vorläufige Verwalter gemäß § 22 Abs. 1 S. 2 Nr. 3 InsO zum Sachverständigen bestellt und damit betraut worden ist, den Eröffnungsgrund festzustellen.[27] Die Interessenlage spricht für § 839a und gegen die Fahrlässigkeitshaftung nach § 60 InsO, weil der vorläufige Verwalter für seine Gutachtertätigkeit gesondert und nach dem JVEG entschädigt wird.[28]

2. Behördengutachten und dienstliche Gutachten. Wird eine **Fachbehörde** im Rahmen ihres gesetzlichen Aufgabenkreises von dem Gericht damit beauftragt, ein Gutachten zu erstatten, wie dies für das Strafverfahren ausdrücklich vorgesehen ist (§§ 83 Abs. 3, 256 StPO), aber auch im Übrigen zulässig ist (vgl. §§ 192 ff. BauGB, § 29 Abs. 1 PatG, § 58 MarkenG, § 91 Abs. 1 Nr. 2 HwO), gerät § 839a in Konkurrenz zum Staatshaftungsrecht der § 839, Art. 34 GG. Konstruktiv wäre es zwar möglich, auf ein Delikt des handelnden Beamten gemäß § 839a abzustellen und Letzteres der Behörde über die §§ 89, 31 oder über § 831 zuzurechnen, doch im Ergebnis muss diese Lösung ausscheiden. Die Erstattung von Behördengutachten gehört zum öffentlich-rechtlichen Handlungskreis der Behörde, so dass das Staatshaftungsrecht den Vorrang beansprucht.[29] Der Behörde obliegt auch im Verhältnis zu den Verfahrensbeteiligten die Amtspflicht, das Gutachten unparteiisch,

---

[18] Vgl. zur Begründung der Sachverständigenposition BSG NJW 1965, 368; zu den Aufgaben des Sachverständigen *Rosenberg/Schwab/Gottwald* Zivilprozessrecht § 120 RdNr. 4 ff.; *Stein/Jonas/Leipold* Vor § 402 ZPO RdNr. 16 ff.
[19] Vgl. BGH NStZ 1982, 432; *Baumbach/Lauterbach/Albers/Hartmann* § 404 ZPO RdNr. 5; zu den Einzelheiten *Eickmeier* S. 29 f.
[20] RG JW 1902, 531; OLG Hamm NJW 1972, 2003, 2004; VersR 1980, 855; OLG Celle VersR 2000, 58 (jeweils zur Entschädigung); *Stein/Jonas/Leipold* § 404 ZPO RdNr. 7; vgl. auch MünchKommZPO/*Damrau* § 414 ZPO RdNr. 3.
[21] Vgl. die Nachweise in Fn. 20.
[22] *Staudinger/Wurm* RdNr. 32.
[23] Zur Haftung im familiengerichtlichen Verfahren *Wagner/Thole* FPR 2003, 521.
[24] BGHZ 166, 313, 314 ff. = NJW 2006, 1733 Tz. 5 ff.; OLG Koblenz VersR 2007, 960; OLG Schleswig MDR 2008, 25. Vgl. BGH VersR 2003, 1049 f.
[25] BGH NJW 2003, 2825, 2826; BGHZ 166, 313, 316 RdNr. 8 = NJW 2006, 1733.
[26] *Bayerlein/Wessel*, Praxishandbuch Sachverständigenrecht, § 34 RdNr. 2; *Eickmeier* S. 9 f.; *Ulrich* RdNr. 747; *Nieberding* S. 166, 192; *Thole* S. 251.
[27] Ebenso Uhlenbruck/*Uhlenbruck* § 5 InsO RdNr. 19; aA im Ergebnis *Wessel* S. 128 ff., 138 (Haftung nach § 82 KO / § 60 InsO); *Wilhelm* DZWiR 2007, 361, 362. Die Rechtsstellung des Gutachters als Sachverständiger iS der §§ 402 ff. ZPO bejahend *Rendels* NZG 1998, 839, 841 ff. (dort auch zu den Besonderheiten).
[28] Vgl. BGH NJW 1968, 787, 788; *Kübler/Prütting/Pape* InsO, Stand 2007, § 22 RdNr. 61; MünchKomm-InsO/*Haarmeyer*, 2. Aufl. 2007, § 22 RdNr. 143; *Soergel/Spickhoff* RdNr. 9; *Uhlenbruck* ZInsO 2002, 809, 810.
[29] BGH VersR 1963, 856, 857 (Lebensmitteluntersuchungsamt); NwVZ 1991, 707 (Gewerbeaufsichtsamt); NVwZ 2001, 1074 (Gutachterausschuss) m. zust. Bespr. *Detterbeck* JuS 2002, 127, 129.

vollständig und richtig zu erstatten.[30] Verstößt ein Beamter mindestens leicht fahrlässig gegen diese Pflicht, haftet die Anstellungskörperschaft den Verfahrensbeteiligten gemäß § 839, Art. 34 GG auf Schadensersatz. Dieses Resultat ist auch sachlich angemessen, denn der Staat finanziert sich nicht wie ein privater Sachverständiger über die Entschädigungssätze des JVEG[31] und ist angesichts seiner Finanzkraft und Steuerhoheit ein idealer Selbstversicherer der ihn treffenden Haftungsrisiken.[32]

9 Wird nicht die Behörde, sondern einer ihrer **Mitarbeiter persönlich** zum Sachverständigen ernannt, kommt es darauf an, ob er das Gutachten in Erfüllung seiner Dienstaufgaben oder im Rahmen seiner privaten Nebentätigkeit erstatten soll. Liegt eine dienstliche Gutachtertätigkeit vor, versagt § 1 Abs. 2 S. 2 JVEG dem Sachverständigen einen Entschädigungsanspruch, um ihn seiner Behörde zuzuweisen, und auch im Übrigen entspricht die Interessenlage derjenigen bei Gutachten, die im Namen der Behörde erstattet werden. Die Haftung für die Gutachtertätigkeit von Ärzten der Landeskrankenhäuser, Gesundheitsämter oder der Bundeswehr richtet sich damit nach § 839, Art. 34 GG.[33] Wird der Arzt im Rahmen seiner Privatpraxis tätig, scheidet die Staatshaftung mangels „Handeln in Ausübung eines öffentlichen Amtes" (Art. 34 GG) aus und § 839a füllt die Lücke. Bei einem zur Klärung sozialrechtlicher Ansprüche von einer Berufsgenossenschaft beauftragten Arzt besteht keine persönliche Haftung nach § 839a analog, sondern allein die Amtshaftung.[34]

10 **3. Schiedsgerichtlich bestellter Sachverständiger.** Während der Sachverständige im staatlichen Gerichtsverfahren auf öffentlich-rechtlicher Grundlage tätig wird und ihn keine Vertragsbeziehungen mit den Verfahrensbeteiligten verbinden (RdNr. 2), tritt der von einem Schiedsgericht gemäß § 1049 Abs. 1 ZPO bestellte Experte in ein **privatrechtliches Vertragsverhältnis zu den Parteien,** in deren Namen das Schiedsgericht den Begutachtungsauftrag erteilt.[35] Dieser Umstand hinderte die Rechtsprechung bislang allerdings nicht daran, die Haftung des schiedsgerichtlichen Sachverständigen auf Vorsatz zu beschränken und die an sich bestehende Fahrlässigkeitshaftung aus Vertragsrecht im Wege ergänzender Vertragsauslegung auszuschließen.[36] Demnach bliebe es allein für den Parteisachverständigen iS des § 1049 Abs. 2 S. 2 ZPO bei der allgemeinen Fahrlässigkeitshaftung gemäß §§ 634, 280 f.[37]

11 Unter dem neuen Recht wird zu wenig beachtet,[38] dass sich eine haftungsrechtliche Privilegierung des vom Schiedsgericht bestellten Sachverständigen durch bloße Anwendung

---

[30] BGH VersR 1962, 1205, 1206 (Strafverfahren); OLG Oldenburg NJW-RR 1996, 666, 667 l. Sp; *Ulrich* RdNr. 750; *Staudinger/Wurm* § 839 RdNr. 150, 155.

[31] Allerdings werden auch Behörden nach dem JVEG entschädigt, vgl. § 1 Abs. 2 JVEG.

[32] Vgl. etwa § 2 Nr. 1 bis 4 PflVersG: kein Kfz.-Haftpflichtversicherungsobligatorium für Gebietskörperschaften.

[33] So zum dienstlichen Gutachten BGH NJW 1995, 2412; OLG Oldenburg VersR 1991, 306; NJW-RR 1996, 666, 667; wohl auch LG Marburg NJW-RR 1996, 216; *Ulrich* RdNr. 750; *K. Müller* Sachverständigenbeweis RdNr. 981a; *Zöller/Greger* § 402 ZPO RdNr. 10; diff. *Bremer* S. 69, *Damm* JuS 1976, 359, 361 f.

[34] OLG Koblenz MDR 2008, 481, 482. Zur Haftung des medizinischen Sachverständigen nach § 839a *Thole* GesR 2006, 154.

[35] RGZ 74, 321, 324; BGHZ 42, 313, 315 = NJW 1965, 298; OLG Braunschweig OLGRspr 21 (1910), 122, 123; vgl. aber MünchKommZPO/*Münch* § 1049 RdNr. 11, 15, der annimmt, der Vertrag komme zwischen dem Sachverständigen und dem Schiedsgericht zustande; diff. *Stein/Jonas/Schlosser*, 22. Aufl. 2002, § 1049 ZPO RdNr. 2.

[36] BGHZ 42, 313, 316 = NJW 1965, 298, 299 (die Entscheidung stammt aus der Zeit vor dem Fall Weigand und dem Urteil des BVerfG zur Sachverständigenhaftung; vgl. Fn. 7 f.); *Schwab/Walter*, Schiedsgerichtsbarkeit, 7. Aufl. 2005, Kap. 15 RdNr. 18; *Bayerlein/Wessel*, Praxishandbuch Sachverständigenrecht, § 35 RdNr. 2.

[37] Zu den Unterschieden zwischen Gerichts- und Parteisachverständigem vgl. *Wagner* in: *Weigand* (Hrsg.), Practitioner's Handbook on International Arbitration, 2002, RdNr. 261 f.; *ders.* ZEuP 2001, 441, 502 ff.

[38] Vgl. *Cahn* Schadensersatzrecht RdNr. 152; *Chr. Huber*, Das neue Schadensersatzrecht, § 5 RdNr. 73; *Schöpflin* ZfS 2004, 241, 242 f.

des § 839 a gar nicht erreichen lässt, da er den Parteien **auf Grund Vertragsrechts** ohnehin zum **Ersatz jedes fahrlässig verursachten Vermögensschadens** verpflichtet ist.[39] Die Erweiterungsfunktion des § 839 a läuft also leer (vgl. RdNr. 3), und hinsichtlich der Beschränkungsfunktion sind drei Lösungen denkbar, nämlich die Erstreckung des § 839 a auf die Vertragshaftung im Wege der Analogie, das Festhalten an der bisherigen Lösung der Haftungsbeschränkung im Wege ergänzender Vertragsauslegung[40] und schließlich das ungeschmälerte Fortbestehen der Fahrlässigkeitshaftung aus §§ 634, 280 f. – Die besseren Gründe sprechen für die zuletzt genannte Lösung,[41] denn sämtliche für die Beschränkungsfunktion des § 839 a maßgeblichen Gesichtspunkte treffen auf den schiedsgerichtlichen Sachverständigen gerade nicht zu: Er ist völlig frei darin, das Angebot zur Übernahme einer Begutachtung zu akzeptieren oder abzulehnen, er kann die geforderte Gegenleistung am Umfang des übernommenen Haftungsrisikos ausrichten, die Kosten seiner Haftpflichtversicherungsprämie kalkulieren, den so gebildeten Preis ohne Rücksicht auf das JVEG in Vertragsverhandlungen durchsetzen – und er kann einen Haftungsausschluss für leichte Fahrlässigkeit vereinbaren. Soweit Letzteres nicht geschieht, besteht keinerlei Anlass, im Wege der Analogie oder der ergänzenden Vertragsauslegung nachzubessern und den Sachverständigen in den Genuss eines Privilegs kommen zu lassen, das den Wert seiner Leistungen für seine Vertragspartner herabsetzt und folgerichtig das vertragliche Äquivalenzverhältnis verändert. In Ermangelung einer besonderen Vereinbarung besteht also die Vertragshaftung für leicht fahrlässig verursachte Vermögensschäden ungeschmälert fort, und eine daneben tretende, auf Vorsatz und grobe Fahrlässigkeit beschränkte Deliktshaftung des schiedsgerichtlichen Sachverständigen aus § 839 a bleibt praktisch folgenlos.

4. Zeugen. Die **analoge Anwendung des § 839 a auf Zeugen,** die vor staatlichen Gerichten auftreten, wird von Teilen der Literatur abgelehnt,[42] ist aber richtigerweise zu bejahen.[43] Eine Analogie scheidet nicht schon deshalb aus, weil der Gesetzgeber die neue Haftungsregel bewusst auf den gerichtlichen Sachverständigen verengt hätte,[44] denn in Wahrheit ist ein legislatorischer Wille in Bezug auf das für Zeugen geltende Haftungsregime nirgends nachweisbar, weder in den Überlegungen der ZPO-Kommission noch in den Gesetzgebungsmaterialien. Allerdings erfordert die Analogie eine doppelte Beweisführung, die zwischen Erweiterungs- und Beschränkungsfunktion des § 839 a differenziert (RdNr. 3). Mit Blick auf Letztere liegt auf der Hand, dass die Sachgründe, die den Gesetzgeber zum Ausschluss der Haftung für leichte Fahrlässigkeit bewogen haben, auf Zeugen und Sachverständige gleichermaßen zutreffen. Immerhin können sich Zeugen noch weniger als Sachverständige ihrer Mitwirkung in einem Rechtsstreit entziehen (§§ 377 Abs. 2 Nr. 3, 380 ff. ZPO; §§ 48 ff. StPO), sie werden ähnlich schlecht entlohnt (§ 401 ZPO, § 19 JVEG), sie können ihre Haftung für leichte Fahrlässigkeit nicht durch Vereinbarung ausschließen und sie können das Vermögensschadensrisiko nur unter Inkaufnahme hoher Kosten bei einer Haftpflichtversicherung zur Deckung bringen.[45] Deshalb gab es schon unter dem alten Recht Bestrebungen, den haftungsrechtlichen Schutz des Zeugen zu verbessern, etwa durch

---

[39] Wird angenommen, der Vertrag komme mit dem Schiedsgericht zustande (vgl. die Nachweise in Fn. 35), ergeben sich Schadensersatzansprüche der Parteien aus den Grundsätzen des Vertrags mit Schutzwirkung für Dritte; vgl. MünchKommZPO/*Münch* § 1049 RdNr. 15; *Stein/Jonas/Schlosser* (Fn. 35) § 1049 RdNr. 2 aE.
[40] So wohl *Staudinger/Wurm* RdNr. 34.
[41] *Wagner*, Das neue Schadensersatzrecht, RdNr. 77; *ders.* NJW 2002, 2049, 2063; dem folgend: *Cahn* Schadensersatzrecht RdNr. 152; *Chr. Huber*, Das neue Schadensersatzrecht, § 5 RdNr. 73; AnwK-BGB/*Chr. Huber* RdNr. 22.
[42] *Cahn* Schadensersatzrecht RdNr. 153; *Windthorst* VersR 2005, 1634, 1635 ff.
[43] *Thole* S. 199 ff.; *Wagner*, Das neue Schadensersatzrecht, RdNr. 78; *ders.* NJW 2002, 2049, 2063; in diese Richtung auch AnwK-BGB/*Chr. Huber* RdNr. 50; *Chr. Huber*, Das neue Schadensersatzrecht, § 5 RdNr. 76 f.; jetzt auch *Staudinger/Wurm* RdNr. 33.
[44] So aber ohne Begr. *Cahn* Schadensersatzrecht RdNr. 153.
[45] *Wagner*, Das neue Schadensersatzrecht, RdNr. 78 mit Fn. 235, mit Hinweis auf § 1 Abs. 1 AHB; ferner AnwK-BGB/*Chr. Huber* RdNr. 50; *Hopt*, Unberechtigte Verfahrenseinleitung, S. 291; *K. J. Götz* S. 168; vgl. auch *F. Peters* JZ 1983, 913, 920.

§ 839 a 13, 14 Abschnitt 8. Titel 27. Unerlaubte Handlungen

Haftungsbegrenzung auf grobe Fahrlässigkeit,[46] durch Subjektivierung des Fahrlässigkeitsmaßstabs[47] oder gar durch Übertragung der Grundsätze zur Arbeitnehmerhaftung.[48] Diese zum Teil gewagten Konstruktionen werden überflüssig, wenn § 839 a analog auf Zeugen angewandt wird. Freilich führt diese Lösung auch zu einer Vergrößerung des Haftungsrisikos, weil der Zeuge nunmehr auch für grob fahrlässig verursachte Vermögensschäden aufzukommen hat. Wegen der extensiven Handhabung des Vorsatzerfordernisses des § 826 wiegt diese Ausdehnung des Schutzbereichs der Deliktshaftung allerdings nicht schwer,[49] und sie ist in der Sache genauso gerechtfertigt wie bei der Sachverständigenhaftung. Im Übrigen lässt sich nur so vermeiden, dass sich die Deliktshaftung doch wieder an dem vom Gesetzgeber mit Recht abgelehnten Kriterium der Vereidigung entscheidet (RdNr. 3). Demgegenüber überzeugt es auch nicht, die Schutzgesetzeigenschaft des § 163 StGB zu verneinen, um sodann Zeugen nur nach Maßgabe der §§ 823 Abs. 1, 826 haften zu lassen,[50] denn dann träfen den Zeugen in Verfahren, in denen Rechtsgüter iS des § 823 Abs. 1 in Rede stehen, strengere Sorgfaltspflichten als in Prozessen, in denen nur primäre Vermögensschäden drohen. Das verträgt sich nicht mit der insoweit unterschiedslosen prozessualen Zeugenpflicht.

13 **5. Verwaltungsverfahren.** Die Frage einer analogen Anwendung des § 839 a stellt sich auch dann, wenn der Sachverständige nicht von einem Gericht ernannt, sondern von einer Behörde im Rahmen eines Verwaltungsverfahrens beigezogen wird. Eindeutig ist die Rechtslage, soweit der **Gutachter hoheitlich tätig** wird, weil sich die Haftung dann ausschließlich nach § 839, Art. 34 GG richtet.[51] Bei beamteten Sachverständigen, wie etwa den Amtsärzten, liegt hoheitliches Handeln ohne weiteres vor (RdNr. 8 f.),[52] doch im Übrigen – bei privaten Sachverständigen – setzt die Qualifikation ihrer Tätigkeit als Ausübung eines öffentlichen Amtes voraus, dass der Experte eigenverantwortlich und abschließend über gesetzliche Tatbestandsvoraussetzungen entscheidet, so dass „die Entscheidung [...] praktisch gefallen [ist], wenn er sein Gutachten erstattet, seine Bescheinigung ausgestellt oder ihre Ausstellung abgelehnt hat".[53] So verhält es sich insbesondere bei den amtlich anerkannten Sachverständigen für den Kraftfahrzeugverkehr, die gemäß § 29 Abs. 2 S. 2 StVZO sogar berechtigt sind, die Prüfplakette selbst auszugeben. Unterlaufen ihnen Pflichtverletzungen, hat dafür die zuständige Anstellungskörperschaft einzustehen, also nicht der zuständige TÜV, sondern das jeweilige Bundesland.[54]

14 Zieht die Behörde den **Sachverständigen** auf der Grundlage von §§ 26 Abs. 1 S. 2 Nr. 2, 65 VwVfG **als Beweismittel** für eine Entscheidung heran, die allein von ihr zu verantworten ist,[55] bedient sie sich seiner in gleicher Weise wie ein Gericht, nämlich zu dem Zweck, Tatsachen festzustellen, aus dem Tatsachenstoff Schlussfolgerungen zu ziehen oder die Kenntnis von Erfahrungssätzen zu vermitteln. Unter dem alten Recht wurde der

---

[46] *K. J. Götz* S. 168; *K. Peters*, Fehlerquellen im Strafprozess, Bd. 3, 1974, S. 192 unter Hinweis auf Art. 34 S. 2 GG; *Prange* S. 122 ff.; de lege ferenda wohl auch *Häsemeyer* Schadenshaftung S. 166.
[47] *Hopt*, Unberechtigte Verfahrenseinleitung, S. 293.
[48] *Schreiber* ZZP 105 (1992), 129, 141 ff.
[49] Vgl. bei Fn. 16.
[50] *Windthorst* VersR 2005, 1634, 1637 ff.
[51] BGHZ 49, 108, 113 = NJW 1968, 443, 444; BGHZ 62, 372, 373 ff. = NJW 1974, 1507, 1508; BGHZ 122, 85, 87 f. = NJW 1993, 1784 (technische Überwachung); BGH VersR 1961, 184 (Vertragsarzt des Versorgungsamtes); VersR 1968, 691 (Vertrauensarzt des Sozialversicherungsträgers); NJW 1995, 2412 (Chefarzt eines Kreiskrankenhauses); WM 2001, 151, 152; ZIP 2001, 843 (luftverkehrstechnische Überprüfung); ferner OLG Köln NJW 1989, 2065; OLG Schleswig NJW 1996, 1218 f.; OLG Braunschweig NJW 1990, 2629 f.; OLG Oldenburg NVwZ-RR 1992, 284.
[52] BGH LM § 839 (Fc) Nr. 2 (Amtsarzt); wN in Fn. 29.
[53] BGHZ 122, 85, 88 = NJW 1993, 1784.
[54] BGHZ 49, 108, 115 f. = NJW 1968, 443, 445; BGHZ 122, 85, 87 = NJW 1993, 1784; BGH WM 2001, 151, 152.
[55] Vgl. dazu den Fall BGHZ 39, 358, 361 f. – Baustatiker; *Seidel*, Privater Sachverstand und staatliche Garantenstellung im Verwaltungsverfahren, S. 340; offen BGH NJW 2001, 3115, 3117; aA *Nieberding* S. 217 bis 219.

behördliche Gutachter deshalb einem gerichtlichen Sachverständigen haftungsrechtlich gleichgestellt und seine Haftung aus § 823 Abs. 1 auf Vorsatz und grobe Fahrlässigkeit beschränkt,[56] während unter dem neuen Recht eine analoge Anwendung des § 839 a vertreten wird.[57] Für Letztere bestünde allerdings weder Bedürfnis noch Anlass, wenn der Gutachter der auftraggebenden Behörde für jedwede Pflichtverletzung auf Grund Vertragsrechts gemäß §§ 634, 280 f. auf Schadensersatz haftete und die Behörde bzw. der dahinter stehende Verwaltungsträger im Außenverhältnis zum Geschädigten gemäß § 839, Art. 34 GG auch für leicht fahrlässig verursachte Vermögensschäden einzustehen hätte.[58] Tatsächlich stellt diese Konstellation einer doppelten Fahrlässigkeitshaftung „übers Eck" in der Praxis die Ausnahme dar, weil das Rechtsverhältnis zwischen Verwaltungsbehörde und dem von ihr herangezogenen Sachverständigen nicht privat- bzw. vertragsrechtlich, sondern analog zum Gerichtsgutachter öffentlich-rechtlich qualifiziert wird.[59] Für die Sachverständigentätigkeit im Rahmen förmlicher Verwaltungsverfahren steht dies außer Frage, weil § 65 Abs. 1 VwVfG insoweit einen Begutachtungszwang statuiert und im Übrigen auf die ZPO verweist, doch selbst bei gewöhnlichen Verwaltungsverfahren kann der Sachverständige den Preis seiner Tätigkeit nicht frei aushandeln, sondern wird gemäß § 26 Abs. 3 S. 2 VwVfG nach Maßgabe des JVEG entschädigt. Unter diesen Voraussetzungen ist die Interessenlage beim behördlich herangezogenen Sachverständigen tatsächlich identisch mit derjenigen bei seinem vom Gericht bestellten Kollegen und eine analoge Anwendung des § 839 a geboten. Soweit der Sachverständige hingegen auf Grund eines privatautonomer Ausgestaltung zugänglichen Vertragsverhältnisses für die Behörde tätig wird, den Preis seiner Leistung aushandeln und seine Haftung vertraglich begrenzen kann, wenn also beispielsweise eine Wirtschaftsprüfungsgesellschaft mit Ermittlungen im Zusammenhang mit einer Sonderprüfung gemäß § 44 b KWG beauftragt wird,[60] muss die Analogie ausscheiden. Da die Rechtsprechung dem Vertrag zwischen Behörde und Gutachter Drittschutzwirkung zugunsten des Bürgers abspricht, kann sich Letzterer gegenüber dem Sachverständigen nur auf die allgemeinen deliktischen Anspruchsgrundlagen der §§ 823, 826 stützen[61] und ist im Übrigen auf einen Amtshaftungsanspruch gegen die Behörde gemäß § 839, Art. 34 GG verwiesen.

6. Einschaltung von Gehilfen. Gemäß § 407 a Abs. 2 ZPO ist der Sachverständige zwar nicht befugt, seinen Auftrag einem anderen zu übertragen, wohl aber berechtigt, sich der Hilfe von Mitarbeitern zu bedienen. Die persönliche **Gesamtverantwortung des Sachverständigen für die Richtigkeit des Gutachtens** wird dadurch nicht vermindert, weshalb regelmäßig kein Anlass bestehen wird, in Fällen des Gehilfenversagens auf § 831 zurückzugreifen.[62] Dem Sachverständigen obliegen bereits nach § 839 a umfassende deliktische Schutzpflichten zugunsten der Interessen der Verfahrensbeteiligten, die sich durch Einschaltung von Gehilfen nicht vermindern, sondern lediglich inhaltlich verändern: Der Sachverständige hat dann die Fehlerfreiheit der Hilfstätigkeit durch sorgfältige Auswahl, Überwachung und Instruktion des Gehilfen sowie entsprechende Organisation seines Betriebs zu gewährleisten.[63] Verletzt er diese Pflichten in grober Weise, haftet er nach § 839 a.

---

[56] OLG Schleswig NJW 1995, 791, 792.
[57] *Thole* S. 239 ff.; AnwK-BGB/*Chr. Huber* RdNr. 24; aA *Kilian* ZGS 2004, 220, 222; *Soergel/Spickhoff* RdNr. 15.
[58] *Wagner*, Das neue Schadensersatzrecht, RdNr. 79; *ders.* NJW 2002, 2049, 2063; dem folgend *Chr. Huber*, Das neue Schadensersatzrecht, § 5 RdNr. 75.
[59] *Seidel*, Privater Sachverstand und staatliche Garantenstellung im Verwaltungsverfahren, S. 201 ff.; *P. Zimmermann* BuW 2001, 993, 1034, 1035; *Bayerlein/Roeßner*, Praxishandbuch Sachverständigenrecht, § 7 RdNr. 25; aA *Stelkens/Kallerhoff* in: *Stelkens/Bonk/Sachs* VwVfG, 7. Aufl. 2008, § 26 RdNr. 74: Werkvertrag.
[60] Vgl. BGH NJW 2001, 3115, 3116 f.
[61] BGH NJW 2001, 3115, 3117.
[62] So aus *Staudinger/Wurm* RdNr. 13; wie hier *Thole* S. 111; *Soergel/Spickhoff* RdNr. 27; zum alten Recht *Bleutge* NJW 1985, 1185, 1190.
[63] OLG Zweibrücken VersR 2000, 605, 606.

16 Für eine **persönliche Außenhaftung auch der Mitarbeiter** auf der Grundlage von § 839 a besteht kein sachliches Bedürfnis, zumal die Erfüllungsgehilfen des Vertragsschuldners nach allgemeinen Grundsätzen dem Gläubiger ebenfalls nicht persönlich verantwortlich sind.

III. Die Haftungsvoraussetzungen im Einzelnen

17 **1. Erstattung eines unrichtigen Gutachtens.** Das von dem Sachverständigen erstattete Gutachten ist „unrichtig", wenn es nicht der objektiven Sachlage entspricht, also beispielsweise die festgestellten Tatsachen nicht existieren.[64] Soll der Gutachter über Erfahrungssätze Auskunft geben, so darf kein Lehrsatz aufgestellt werden, der nicht (mehr) gilt. Hat der Sachverständige aus einem gegebenen Tatsachenstoff Schlussfolgerungen zu ziehen, so muss der Schluss richtig sein. Ist nur ein Wahrscheinlichkeitsurteil möglich, dann darf der Sachverständige keine Sicherheit vorgaukeln, sondern muss sich auf einen Wahrscheinlichkeitsschluss beschränken und den Wahrscheinlichkeitsgrad richtig angeben.[65] Bei einem Verkehrswertgutachten wirken sich kleinere Diskrepanzen zwischen dem wahren Verkehrswert und der Schätzung des Sachverständigen nicht zu dessen Lasten aus, wobei die Grenze bei einer Abweichung von 12,5% noch nicht überschritten ist.[66] Die Besorgnis der Befangenheit als solche macht das Gutachten noch nicht unrichtig iS des § 839 a.[67]

18 **2. Vorsatz oder grobe Fahrlässigkeit.** Die Pflichtverletzung muss sich nicht auf die gerichtliche Entscheidung und den Schadenseintritt, sondern allein auf die Unrichtigkeit des Gutachtens erstrecken. Zum Vorsatz § 276 RdNr. 150 ff., § 826 RdNr. 23 ff. Grobe Fahrlässigkeit erfordert nach der Rechtsprechung eine **Pflichtverletzung, die sowohl in objektiver als auch in subjektiver Hinsicht besonders schwer** wiegt.[68] Da § 839 a die Verletzung vertragsähnlicher Pflichten des Sachverständigen sanktioniert, spricht allerdings viel dafür, auf einen subjektiven Vorwurf zu verzichten und allein auf einen objektiv besonders schwerwiegenden Pflichtverstoß abzustellen.[69] Wertvolle Orientierungshilfen bei der Konkretisierung der groben Fahrlässigkeit liefert die Rechtsprechung zum früheren ZSEG und jetzigen JVEG, die dem Sachverständigen seinen Vergütungsanspruch abspricht, wenn er grob fahrlässig ein falsches Gutachten erstattet oder einen Ablehnungsgrund verursacht bzw. verschwiegen hat.[70] So liegt es, wenn der Sachverständige ein Gutachten übernimmt, für das ihm die erforderliche Fachkompetenz offenbar fehlt, wenn er sich auf eine Begutachtung nach Aktenlage beschränkt, ohne den Gegenstand der Untersuchung persönlich in Augenschein zu nehmen, beispielsweise einen Patienten zu untersuchen,[71] wenn er sich nicht mit dem vorgelegten Tatsachenstoff

---

[64] OLG Hamm NJW-RR 1998, 1686; *J. Blomeyer* Schadensersatzansprüche S. 174 f.; *Bremer* S. 65; *Eickmeier* S. 3; *Ulrich* RdNr. 754. Für den Maßstab subjektiver Wahrhaftigkeit *Hesse* NJW 1969, 2263, 2265; *Klein* S. 105; diff. *Krauß* StV 1985, 512, 516.

[65] *Wagner*, Das neue Schadensersatzrecht, RdNr. 75; *J. Blomeyer* Schadensersatzansprüche S. 169; *Jungerbeck* NZV 1994, 297, 300; vgl. auch BGH VersR 1962, 1205; *Steinke* MDR 1984, 272, 273.

[66] OLG Schleswig MDR 2008, 25; wesentlich zurückhaltender BGHZ 166, 313, 319 RdNr. 14 = NJW 2006, 1733, 1734: Pflichtverletzung des Sachverständigen auch bei Abweichung von lediglich 2% möglich.

[67] Anders offenbar R. *Schwab* DS 2005, 132 f. (Beispiel 2).

[68] BGHZ 10, 14, 17; 119, 147, 149 = NJW 1992, 2418; BGH VersR 1967, 909, 910; NJW 1992, 3235, 3236; ähnlich BGH NJW 1998, 814.

[69] Übereinstimmend *Chr. Huber,* Das neue Schadensersatzrecht, § 5 RdNr. 61; AnwK-BGB/*Chr. Huber* RdNr. 34. AA OLG Rostock BauR 2006, 1337, 1338; im Hinblick auf Gutachten über ausländisches Recht *Spickhoff,* FS Heldrich, 2005, S. 419, 428.

[70] BGH NJW 1976, 1154, 1155; 1984, 870, 871; OLG Frankfurt NJW 1977, 1502, 1503; OLG Koblenz BB 1993, 1975; OLG Hamburg MDR 1997, 103; *Meyer/Höver/Bach* RdNr. 8.29, 8.35; *Zöller/Greger* § 413 ZPO RdNr. 5; *Stein/Jonas/Leipold* § 413 ZPO RdNr. 16; weitergehend für Verlust des Vergütungsanspruchs schon bei leichter Fahrlässigkeit KG FamRZ 1999, 1516; LG Bielefeld MDR 1975, 238; MünchKommZPO/*Damrau* § 413 RdNr. 5, 7; diff. nach der „Gefahrgeneigtheit" der Begutachtung *Hesse* NJW 1963, 2263.

[71] OLG Nürnberg NJW-RR 1988, 791, 794 ff.; OLG Köln BB 1993, 891; OLG Hamburg MDR 1965, 755 (zum ZSEG); OLG Düsseldorf JurBüro 1989, 1169 (zum ZSEG); LG Bielefeld MDR 1975, 238 (zum

beschäftigt,[72] die Argumente der Parteien und ihrer Parteigutachter ignoriert[73] oder umgekehrt seinem Gutachten ungeprüfte Angaben eines Verfahrensbeteiligten zugrunde legt.[74] Zweifel dürfen nicht im Interesse eindeutiger Ergebnisse überwunden werden, sondern sind offen zu legen.[75] Sind die Gerichte in zwei Instanzen dem Gutachten gefolgt, so bedarf es einer eingehenden Darlegung der groben Fahrlässigkeit.[76] Allerdings muss der Fehler nicht zwingend ein solcher sein, der Laien sofort „ins Auge springt". Grob fahrlässig kann die Übernahme der Begutachtung über ausländisches Recht sein, wenn Zweifel an der eigenen Sachkunde oder Sprache hinsichtlich der jeweiligen Rechtsordnung dem Gericht nicht ausreichend dargelegt werden.[77] Zur Haftung für Gehilfen vgl. RdNr. 15.

3. Gerichtliche Entscheidung. An die Form der gerichtlichen Entscheidung (**Urteil, Beschluss, Verfügung**) stellt § 839a keine besonderen Anforderungen, nachdem die noch in dem Entwurf der Kommission für das Zivilprozessrecht vorgesehene Begrenzung auf verfahrensabschließende Entscheidungen im Gesetzgebungsverfahren aufgegeben wurde.[78] Erfasst werden deshalb instanzbeendende, rechtskräftige Urteile und Beschlüsse ebenso wie vorläufige, nicht rechtskräftige und nicht rechtskraftfähige Entscheidungen. Zur Einlegung von Rechtsmitteln vgl. aber RdNr. 31 ff.

Nach seinem Wortlaut löst § 839a keine Haftung aus, soweit die Parteien unter dem Eindruck eines unrichtigen Gutachtens einen **Prozessvergleich** schließen. Dies ist kein Versehen, sondern vom Gesetzgeber so gewollt, der die Probleme des Nachweises einer Beeinflussung des Parteiwillens durch das Gutachten – wohl zu Unrecht[79] – für prohibitiv hielt.[80] Ist eine analoge Anwendung der Vorschrift deshalb grundsätzlich ausgeschlossen, bleibt die Frage nach dem Rückgriff auf die herkömmlichen Grundsätze der Sachverständigenhaftung gemäß § 823 Abs. 1, § 823 Abs. 2 iVm. §§ 153 ff. StGB, § 826, wie er in der Literatur vereinzelt empfohlen wird.[81] Indessen hat der Gesetzgeber nicht nur den Prozessvergleich bewusst aus § 839a ausgeklammert, sondern darüber hinaus die Sachverständigenhaftung im Anschluss an die Amtshaftung einer abschließenden Sonderregelung zuführen wollen.[82] Dieses Anliegen würde durch den Rückgriff auf das allgemeine Deliktsrecht unterlaufen und die Beeidigung als haftungsrechtliches Differenzierungskriterium wiederbelebt.[83] In der Sache ist zu berücksichtigen, dass der Prozessvergleich anders als die meisten Gerichtsentscheidungen nicht in Rechtskraft erwächst, sondern gemäß § 779 Abs. 1 und darüber hinaus nach den Grundsätzen über den Wegfall der Geschäftsgrundlage (§ 313) beseitigt oder modifiziert werden kann, wenn sich herausstellt, dass die Parteien von falschen Annahmen ausgegangen sind.[84] Soweit sich die Durchführung des Vergleichs also noch

---

ZSEG); verneinend in einem besonders gelagerten Fall OLG Brandenburg WM 2001, 1920, 1923; für den Privatgutachter RGZ 72, 175, 176; BGH WM 1966, 1150; NJW-RR 1986, 1150; NJW 1989, 2941, 2942; BB 1993, 1324 f.; *Döbereiner/v. Keyserlingk* Sachverständigen-Haftung RdNr. 211.

[72] Vgl. *Fischer/Lorenz/Biederbeck* Rpfleger 2002, 337 ff., 338 für das ZVG-Verfahren.
[73] *J. Blomeyer* Schadensersatzansprüche S. 173 f.
[74] *Bayerlein*, Todsünden des Sachverständigen, S. 12; *Ulrich* RdNr. 754.
[75] BGH VersR 1962, 1205, 1206; OLG Frankfurt VersR 2008, 649, 650; *Wagner*, Das neue Schadensersatzrecht, RdNr. 75; *Bayerlein*, Todsünden des Sachverständigen, S. 19; *Hopt*, Unberechtigte Verfahrenseinleitung, S. 289 f.; *Rosenberg/Schwab/Gottwald* Zivilprozessrecht, 16. Aufl. 2004, § 120 RdNr. 46; *Soergel/Spickhoff* RdNr. 20.
[76] OLG Rostock BauR 2006, 1337, 1338.
[77] *Spickhoff*, FS Heldrich, 2005, S. 419, 428.
[78] Stellungnahme des Bundesrates, Beschluss vom 8. 5. 1998, BR-Drucks. 265/98 S. 9 f.; 265/1/98 S. 14; zust. die Gegenäußerung der Bundesregierung, BT-Drucks. 13/10766 S. 9.
[79] *Chr. Huber*, Das neue Schadensersatzrecht, § 5 RdNr. 80; AnwK-BGB/*Chr. Huber* RdNr. 38. Im Übrigen treten im Rahmen der §§ 779 Abs. 1, 313 dieselben Nachweisprobleme auf.
[80] Begr. RegE, BT-Drucks. 14/7752 S. 28; Bericht der Kommission für das Zivilprozessrecht, S. 143; kritisch wie hier *Jung*, ZVglRWiss 107 (2008), 32, 46 f.
[81] *Cahn* Schadensersatzrecht RdNr. 158.
[82] Begr. RegE, BT-Drucks. 14/7752 S. 28.
[83] Übereinstimmend *Jung*, ZVglRWiss 107 (2008), 32, 47; aA *Soergel/Spickhoff* RdNr. 34.
[84] *Wagner*, Das neue Schadensersatzrecht, RdNr. 76; ders. NJW 2002, 2049, 2063.

vermeiden bzw. seine Rückabwicklung gewährleisten lässt, besteht kein Anlass, den Sachverständigen in die Haftung zu nehmen und den Parteien damit de facto dasjenige zu garantieren, was sie voneinander beanspruchen könnten, wenn das Gutachten richtig gewesen wäre. Nur soweit irreversible Schäden eingetreten sind, die sich mit Hilfe der vorrangigen (Abs. 2) Rechtsbehelfe der §§ 779 Abs. 1, 812, 313, 346 nicht beheben lassen, wäre eine Haftung des Sachverständigen zu erwägen, dann aber wohl doch auf der Grundlage von § 839 a und nicht nach Maßgabe des allgemeinen Deliktsrechts.[85] Auch bei einer durch das unrichtige Gutachten veranlassten **Klage- oder Rechtsmittelrücknahme** sollte in gleicher Weise der Rückgriff auf die Maßgaben des früheren Rechts möglichst vermieden werden. Insoweit lässt sich immerhin der auf die Klage- oder Rechtsmittelrücknahme folgende Kostenbeschluss als gerichtliche Entscheidung identifizieren.[86] Darüber hinaus wird zu erwägen sein, ob man den Sachverständigen nicht entsprechend den Maßgaben bei einem Anerkenntnisurteil (RdNr. 23) für die Folgen der durch die Rechtsmittelrücknahme rechtskräftig werdenden Ausgangsentscheidung (analog) § 839 a in die Haftung nimmt. Der (durch das unrichtige Gutachten mittelbar verursachte) Kostenbeschluss des Gerichts zu Lasten des Rechtsmittelführers bringt insoweit auch zum Ausdruck, dass die Ausgangsentscheidung maßgeblich bleibt, so dass sich eine Parallele zu den Standardfällen einer auf dem Gutachten beruhenden Gerichtsentscheidung offenbart.

21 **4. Beruhen der Entscheidung auf dem Gutachten.** § 839 a erfordert die **Ursächlichkeit des Gutachtens für die richterliche Entscheidung,** die ihrerseits erst die Schädigung der benachteiligten Partei bewirkt.[87] Daran fehlt es, wenn die Entscheidung genauso ausgefallen wäre, wenn das unrichtige Gutachten hinweggedacht wird, weil das Gericht ohnehin auf dem falschen Weg war.[88] Auf der anderen Seite ist nicht vorausgesetzt, dass das Gutachten den alleinigen Grund für die Unrichtigkeit der Entscheidung darstellt, sondern es reicht aus, wenn es ein Faktor im Rahmen der richterlichen Überzeugungsbildung gewesen ist.[89]

22 § 839 a schließt jeden Zweifel daran aus, dass die Entscheidung den **Zurechnungszusammenhang** zwischen dem Schaden und dem unrichtigen Gutachten nicht unterbricht.[90] Dies gilt selbst dann, wenn das Gericht seinerseits die ihm obliegenden Pflichten zur Würdigung des Gutachtens verletzt,[91] etwa sich nicht mit Einwendungen eines Parteigutachters auseinander gesetzt[92] oder erkennbare Mängel und Schwachstellen übersehen hat. Die Rechtsprechung des BVerfG, ein Anwalt dürfe nicht für Fehler des Gerichts bei der Verfahrensgestaltung und Rechtsanwendung haftbar gemacht werden,[93] lässt sich nicht auf den Sachverständigen übertragen, weil dieser dem Gericht gerade in denjenigen Bereichen zur Hand gehen soll, in denen den Richtern die notwendige Expertise fehlt.[94] Anders ist es aber, wenn der Sachverständige in eindeutig abgrenzbarer Weise in den Kernbereich der gerichtlichen Tätigkeit eindringt, indem er zB in einem Rechtsgutachten den Inhalt des deutschen Rechts unzutreffend ermittelt. Stützt sich das Gericht insoweit auf die Ausführun-

---

[85] AA, für Anwendung der §§ 823 ff., *Staudinger/Wurm* RdNr. 19; *Spickhoff*, FS Heldrich, 2005, S. 419, 433.
[86] AA *Staudinger/Wurm* RdNr. 20: Haftung nach §§ 823 ff.
[87] *Deutsch* VersR 1987, 113, 115.
[88] *Deutsch* VersR 1987, 113, 115; *Cahn* Schadensersatzrecht RdNr. 159.
[89] LG Ansbach NJW 1956, 1205, 1206; *K. Müller* Sachverständigenbeweis RdNr. 963 (zum alten Recht); *Cahn* Schadensersatzrecht RdNr. 160; ebenso für die Zeugenhaftung LG Bonn NJW-RR 1995, 1492.
[90] Vgl. zum alten Recht OLG Nürnberg NJW-RR 1988, 791, 796; OLG Oldenburg NJW-RR 1996, 666, 668 re. Sp.; *J. Blomeyer* Schadensersatzansprüche S. 210; *ders.* ZRP 1974, 214, 218; *Damm* JuS 1976, 359, 363; *Deutsch* VersR 1987, 113, 115; *Bartling* S. 17 f.; *Hopt*, Unberechtigte Verfahrenseinleitung, S. 221 f.; *ders.* JZ 1974, 551; *Nieberding* S. 178. Vgl. auch RG JW 1905, 81 zur falschen Zeugenaussage sowie BGHZ 137, 11, 19 zur Haftung für eine amtliche Auskunft im Gerichtsverfahren.
[91] Zu dieser Pflicht BGH NJW 1982, 2874; 2001, 2791; OLG Frankfurt NJW 1963, 400; OLG Schleswig Rpfleger 1975, 88, 89; BayObLG FamRZ 1986, 727.
[92] Zu dieser Pflicht BGH NJW 1986, 1928, 1930; 1996, 1597, 1598; 1998, 2735; MDR 2001, 567, 568.
[93] BVerfG NJW 2002, 2937, 2938.
[94] AA *Spickhoff*, FS Heldrich, 2005, S. 419, 432.

gen des Sachverständigen, scheidet eine Haftung nach § 839 a aus.[95] Im **Zwangsversteigerungsverfahren** ist die Kausalität eines Wertgutachtens für den Zuschlagsbeschluss nach Auffassung des BGH nicht deshalb ausgeschlossen, weil das Wertfestsetzungsverfahren der eigentlichen Wertfestsetzungsentscheidung als ein eigenständiges, mit Rechtsmittelbefugnissen versehenes Verfahren vorgeschaltet ist.[96] Genauso wenig wird die Kausalität des Zuschlagsbeschlusses für den Vermögensschaden des Erwerbers dadurch in Frage gestellt, dass der Erwerber selbstverantwortlich eine Erwerbsentscheidung getroffen hat.[97] Auf diese Weise wird der Meistbietende in den Schutzbereich des § 839 a einbezogen, obwohl er kein Verfahrensbeteiligter ist und deshalb gegen ein unrichtiges Wertgutachten keine Rechtsbehelfe einlegen kann (RdNr. 29).[98]

Auch **Anerkenntnis- und Verzichtsurteile** können auf einem unrichtigen Gutachten „beruhen", obwohl eine Beweiswürdigung durch das Gericht unterbleibt.[99] Um die Haftung auszulösen, reicht es aus, wenn die Partei (auch) wegen des Ergebnisses des Gutachtens das Anerkenntnis oder den Verzicht erklärt hat, dazu aber bei einem richtigen Gutachten keinen Anlass gesehen hätte.[100] Zum Prozessvergleich s. RdNr. 20.

IV. Schadensersatz und negatorische Haftung

Nach § 839 a ersatzfähig ist „jeder durch das unrichtige Gutachten und die darauf beruhende gerichtliche Entscheidung adäquat verursachte und in den Schutzbereich der verletzten Sachverständigenpflicht fallende Vermögensschaden".[101] Dazu zählt der sog. **Urteilsschaden,** der auf der durch das unrichtige Gutachten beeinflussten und materiellrechtlich falschen gerichtlichen Entscheidung beruht. Erweist sich die Entscheidung trotz des unrichtigen Gutachtens im Ergebnis als materiell-rechtlich zutreffend, scheiden Ersatzansprüche aus.[102] Da der Sachverständige die Naturalrestitution (§ 249 Abs. 1) durch Aufhebung der falschen Entscheidung nicht bewirken kann, ist gemäß § 251 Abs. 1 Schadensersatz in Geld zu leisten. Liquidationsfähig sind auch die der unterlegenen Partei zu Unrecht auferlegten Prozesskosten, einschließlich der Rechtsmittelkosten (arg. § 839 a Abs. 2 iVm. § 839 Abs. 3) sowie der im Rahmen der §§ 91 ff. ZPO auszugleichenden Aufwendungen für die Prozessführung.[103] Liefert die Gerichtsentscheidung die Grundlage für Freiheitsentziehungen oder für sonstige Eingriffe in Persönlichkeitsgüter, schließt die Ersatzpflicht die Zahlung eines Schmerzensgeldes ein, § 253 Abs. 2.[104] Der **Ersteher im Zwangsversteigerungsverfahren** kann wahlweise verlangen, so gestellt zu werden, als hätte er das Grundstück nicht ersteigert oder als hätte er das Grundstück zu einem niedrigeren Preis ersteigert, wenn der Gutachter dessen Verkehrswert zutreffend ermittelt hätte.[105]

Auf sog. **Begleitschäden,** die nicht durch die gerichtliche Entscheidung ausgelöst werden, sondern unabhängig vom Verfahrensausgang entstehen, ist § 839 a nicht anwendbar.

---

[95] *Spickhoff*, FS Heldrich, 2005, S. 419, 432.
[96] BGHZ 166, 313, 317 RdNr. 10 = NJW 2006, 1733, 1734; *Staudinger/Wurm* RdNr. 17; zweifelnd OLG Celle BauR 2004, 1481, 1482 f.
[97] BGHZ 166, 313, 317 f. RdNr. 11 f. = NJW 2006, 1733, 1734.
[98] Abl. deshalb *Wagner/Thole* VersR 2004, 275, 278; *Soergel/Spickhoff* RdNr. 44.
[99] BGHZ 10, 333, 335; BGH NJW 1993, 1717, 1718; *Stein/Jonas/Leipold* § 306 ZPO RdNr. 6, § 307 ZPO RdNr. 20.
[100] Vgl. OLG Celle FamRZ 1992, 556 (für eine falsche Zeugenaussage); aA wohl *Palandt/Sprau* RdNr. 4.
[101] BGHZ 166, 313, 318 RdNr. 13 = NJW 2006, 1733, 1734.
[102] *J. Blomeyer* Schadensersatzansprüche S. 21, 40, 210 passim; *ders.* ZRP 1974, 214, 218; *Cahn* Schadensersatzrecht RdNr. 164; *Prange* S. 16 (zur Zeugenhaftung). Für die Anwaltshaftung ebenso BGHZ 133, 110, 111 ff., 115 = NJW-RR 1987, 898, 899; BGH NJW 1988, 3013, 3015 re. Sp.
[103] So auch *Staudinger/Wurm* RdNr. 7. Unklar für die Zeugenhaftung *Prange* S. 19 (Einordnung als Begleitschaden).
[104] Für das alte Recht OLG Nürnberg NJW-RR 1988, 791, 796; LG Marburg NJW-RR 1996, 216 f.; *Eickmeier* S. 99; zur Fortgeltung der zum Schmerzensgeld entwickelten Grundsätze nach Streichung des § 847 und Einführung des § 253 Abs. 2 vgl. *Wagner*, Das neue Schadensersatzrecht, RdNr. 40.
[105] BGHZ 166, 313, 318 RdNr. 13 = NJW 2006, 1733, 1734.

Insoweit hat der Sachverständige ggf. nach Amtshaftungsgrundsätzen (RdNr. 8 f.)[106] sowie nach allgemeinem Deliktsrecht (§§ 823, 824, 826) einzustehen. An die Stelle der Haftungsbeschränkung nach § 839a tritt hier eine weitgehend äquivalente Absenkung des Sorgfaltsmaßstabs bei Äußerungsdelikten im Zusammenhang mit der schriftlichen oder mündlichen Stellungnahme des Sachverständigen (vgl. § 824 RdNr. 49 ff.).[107] Beispiele sind Gutachten, die persönlichkeitsverletzende oder geschäftsschädigende Äußerungen enthalten oder die Beteiligten bzw. Dritte zu nachteiligen Vermögensdispositionen veranlassen. Anders liegt es, wenn der dem Sachverständigen gemachte Vorwurf nicht den Inhalt des Gutachtens, sondern dessen Vorbereitung betrifft. Einschlägige Fälle betreffen Körperverletzungen bei einer zur Erstattung des Gutachtens notwendigen medizinischen Untersuchung,[108] Sachbeschädigungen bei einer Ortsbesichtigung,[109] mangelnde Vorkehrungen gegen eine missbräuchliche Verwendung des Gutachtens[110] oder die Weitergabe vertraulicher Daten.[111] Unter dem bisherigen Recht unterlag der Sachverständige in diesen Bereichen der allgemeinen Fahrlässigkeitshaftung nach § 823,[112] und § 839a hat daran nichts geändert.[113]

26 Für Schäden in Form erhöhter Rechtsverfolgungs- und Zinsaufwendungen, die einem Verfahrensbeteiligten infolge **verzögerter Begutachtung** und der dann zeitlich späteren gerichtlichen Entscheidung erwachsen, haftet der Sachverständige mangels eines einschlägigen Schutzgesetzes allein nach § 826.[114]

27 Abwehransprüche scheiden regelmäßig aus, weil Expertisen insgesamt als dem **Widerruf nicht zugängliche Werturteile** qualifiziert werden (vgl. § 824 RdNr. 23) und im Übrigen während des Primärprozesses erhobenen Unterlassungs- und Widerrufsklagen das Rechtsschutzbedürfnis abgesprochen wird (vgl. § 824 RdNr. 50 f.).

V. Aktiv- und Passivlegitimation

28 Nach § 839a ist der **Sachverständige** selbst **persönlich** verantwortlich. Zur Haftung von Behördengutachtern vgl. RdNr. 8; zur Gehilfenhaftung RdNr. 15 f. Die **Amtshaftung des Gerichts** für Fehler des Gutachters scheitert regelmäßig an § 839 Abs. 2. Außerhalb der Spruchrichtertätigkeit haften Richter und Rechtspfleger nur dann, wenn sie offensichtliche Fehler des Gutachtens übersehen, also vorsätzlich oder grob fahrlässig gehandelt haben.[115]

29 Anspruchsberechtigt sind allein die **Verfahrensbeteiligten.** Darunter sind die Beteiligten desjenigen Verfahrens zu verstehen, in dem der Sachverständige ernannt worden ist und sein Gutachten erstattet hat, im Zivilprozess also die Parteien, Nebenintervenienten und Streitverkündeten, im Verwaltungsprozess die in § 61 VwGO Genannten, im Strafprozess Angeklagter, Privat- und Nebenkläger. Den Verfahrensbeteiligten gleichzustellen sind diejenigen Personen, die an die wegen des Gutachtens falsche Entscheidung gebunden sind, ohne Beteiligte zu sein, also Rechtsnachfolger in den Grenzen der §§ 265, 325, 727 ZPO, Inhaber des streitbefangenen Rechts bei der Prozessführung durch Insolvenzverwalter und Testamentsvollstrecker oder privatautonom ermächtigte Prozessstandschafter sowie die formell und materiell Beteiligten im Verfahren der Freiwilligen Gerichtsbarkeit. Im Wertfestsetzungsverfahren vor Zwangsversteigerung (§ 74a Abs. 5 ZVG) ergibt sich die verfahrensrechtliche Beteiligtenstellung richtigerweise aus § 9 ZVG,[116] so dass die Erwerbsinteres-

---

[106] Beispiel: BGH NJW 1995, 2412: Vermögensschäden infolge falscher Diagnose von Morbus Alzheimer im Unterbringungsverfahren nach PsychKG.
[107] AA im Ergebnis wohl *Palandt/Sprau* RdNr. 6.
[108] So der Fall BGHZ 59, 310 = NJW 1973, 554.
[109] *Döbereiner/v. Keyserlingk* Sachverständigen-Haftung RdNr. 297.
[110] BGH JZ 1978, 102, 104.
[111] OLG Hamm MedR 1995, 328.
[112] BGHZ 59, 310, 316 = NJW 1973, 554, 555; BGHZ 62, 54, 62 = NJW 1974, 312, 313.
[113] AnwK-BGB/*Chr. Huber* RdNr. 3, 48; ausf. *Thole* S. 180 ff., 189 ff.
[114] *Ulrich* RdNr. 778; aA *Hoffmann* S. 197 bis 199; wohl auch *Krauß* StV 1985, 512, 516 Fn. 19.
[115] OLG Frankfurt MDR 2005, 1051; allg. BGHZ 155, 306 = NJW 2003, 3052.
[116] *Stöber*, Zwangsversteigerungsgesetz, 18. Aufl. 2006, § 74a RdNr. 7.16.

senten und insbesondere der spätere Ersteher, der das Grundstück im Vertrauen auf die Richtigkeit des Wertgutachtens zu einem erhöhten Preis ersteigert hat, nicht geschützt sind.[117] Sie können sich allenfalls auf § 826 stützen (RdNr. 25). Der BGH sieht demgegenüber auch den Meistbietenden als „materiell" Beteiligten an, da die Begutachtung im Wertfestsetzungsverfahren ein schutzwürdiges Vertrauen des Ersteigerers im Zuschlagsverfahren begründe (RdNr. 22).[118] Insoweit will er die Grundsätze zum Drittschutz bei den Amtspflichten von kommunalen Gutachterausschüssen unter § 839 auf § 839a übertragen (vgl. § 839 RdNr. 366 a).[119]

Zu den Verfahrensbeteiligten iS des § 839a zählen auch die Parteien eines Hauptprozesses, in den das im Rahmen eines **selbstständigen Beweisverfahrens** gemäß §§ 485 ff. ZPO erstattete Gutachten eingeführt wird, denn die Beweiserhebung in diesem Vorverfahren steht einer Beweisaufnahme vor dem Prozessgericht gemäß § 493 Abs. 1 ZPO gleich.[120] Verwertet das Gericht das in einem anderen Verfahren erstellte Gutachten gemäß § 411a ZPO, so handelt es sich um einen von § 839a erfassten Sachverständigenbeweis.[121] Darüber hinaus haftet der Sachverständige den Parteien eines Folgeverfahrens auch dann, wenn das Gericht die **Akten des Erstprozesses beizieht,** um die Expertise lediglich im Rahmen eines Urkundsbeweises zu würdigen. Zwar erhöht sich auf diese Weise das den Sachverständigen treffende Haftungsrisiko, doch wiegt dies nicht schwer, solange die Haftung auf Vorsatz und grobe Fahrlässigkeit beschränkt bleibt, der Sachverständige also um die Unrichtigkeit des Gutachtens weiß oder diese mit einfachsten Mitteln vermeiden kann.[122]

30

VI. Haftungsausschluss gemäß § 839a Abs. 2 iVm. § 839 Abs. 3

1. Rechtsmittel. Hat es der Geschädigte vorsätzlich oder fahrlässig unterlassen, den Schaden durch Gebrauch eines Rechtsmittels abzuwenden, ist der Ersatzanspruch ausgeschlossen (vgl. § 839 RdNr. 329 ff.). Das in § 839 Abs. 3 positivierte Alles-oder-Nichts-Prinzip ist eine besondere Ausprägung des Mitverschuldenseinwands[123] und dient darüber hinaus der Absicherung des **Vorrangs des Primär- vor dem Sekundärrechtsschutz** entgegen dem Motto des „Dulde und Liquidiere" (vgl. auch § 839 RdNr. 330).[124] Der Rechtsmittelbegriff des Amtshaftungsrechts, der sämtliche Rechtsbehelfe umfasst, die sich unmittelbar gegen die amtspflichtwidrige Handlung oder Unterlassung richten und deren Beseitigung oder Berichtigung bezwecken und ermöglichen,[125] lässt sich auf § 839a nicht ohne weiteres übertragen, weil dessen Verletzungstatbestand zweiaktig ausgestaltet ist: Der Schaden tritt nicht schon durch das unrichtige Gutachten ein, sondern erst durch die daraufhin ergehende, materiell-rechtlich falsche Entscheidung des Gerichts (vgl. RdNr. 21). Zu den Rechtsmitteln iS der §§ 839a Abs. 2, 839 Abs. 3 zählen demgemäß nicht allein die gegen

31

---

[117] *Wagner/Thole* VersR 2004, 275, 277 f.; *Thole* S. 144 ff. Zum alten Recht genauso OLG Frankfurt NJW 1990, 1486, 1487; BauR 2000, 1521, 1523; OLG Brandenburg WM 2001, 1920, 1921; *Stöber* (Fn. 116) § 74a RdNr. 9.11.
[118] BGHZ 166, 313, 317 = NJW 2006, 1733, 1734 Tz. 10; *Staudinger/Wurm* RdNr. 17.
[119] BGH VersR 2003, 1049; dazu *Wagner/Thole* VersR 2004, 275 ff.
[120] Vgl. BGH NJW 1970, 1919, 1920; OLG Frankfurt MDR 1985, 853; *Thomas/Putzo* § 493 ZPO RdNr. 1; *Baumbach/Lauterbach/Albers/Hartmann* § 493 ZPO RdNr. 2; *Zöller/Herget* § 493 ZPO RdNr. 1.
[121] *Staudinger/Wurm* RdNr. 18.
[122] AA *Thole* S. 134 ff.; *Schöpflin* ZfS 2004, 241, 243; *Soergel/Spickhoff* RdNr. 11; *Staudinger/Wurm* RdNr. 18; wohl auch *Katzenmeier,* FS Horn, 2006, S. 67, 73 f.; ohne Begr. *Cahn* Schadensersatzrecht RdNr. 151.
[123] BGHZ 56, 57, 63 = NJW 1971, 1694, 1695; BGHZ 113, 17, 22 = NJW 1991, 1168, 1170; BGH NJW 1997, 2327, 2338.
[124] BGHZ 56, 57, 63 = NJW 1971, 1694, 1695; BGHZ 113, 17, 22 = NJW 1991, 1168, 1170; BGH NJW 1992, 1884, 1885; *Ossenbühl,* Staatshaftungsrecht, 5. Aufl. 1998, S. 92 f.; *Erman/Küchenhoff/Hecker* § 839 RdNr. 71.
[125] BGHZ 28, 104, 106 = NJW 1958, 1532; BGHZ 123, 1, 7 = NJW 1993, 3061, 3063; BGHZ 137, 11, 23 = NJW 1998, 138, 141 f.; BGH NJW 1960, 1718, 1719; 1974, 639, 640; 1978, 1522, 1523; VersR 1984, 947; NJW 1990, 176, 178.

die **gerichtliche Entscheidung statthaften Rechtsbehelfe** (RdNr. 32), sondern auch alle in der jeweiligen Instanz gegebenen Behelfe, die „sich unmittelbar gegen das fehlerhafte Gutachten selbst richten und die bestimmt und geeignet sind, **eine auf das Gutachten gestützte instanzbeendende gerichtliche Entscheidung zu verhindern**".[126] Der Geschädigte ist folgerichtig zunächst gehalten, von seinen in **§ 411 Abs. 4 ZPO** verankerten Rechten Gebrauch zu machen und sich bereits im laufenden Verfahren mit Einwendungen, Ergänzungsfragen und Anträgen gegen das Gutachten zu wenden.[127] Zu den Rechtsmitteln zählen auch der Antrag, den gerichtlichen Sachverständigen zur mündlichen Erläuterung seines Gutachtens zu laden,[128] und der Antrag auf Einholung eines weiteren (Ober-)Gutachtens gemäß § 412 ZPO.[129] Die **Ablehnung des Gutachters wegen Befangenheit** gemäß § 406 ZPO ist allerdings ein Rechtsbehelf ad personam und kein Rechtsmittel gegen ein unrichtiges Gutachten, zumal der Antrag gemäß § 406 Abs. 2 ZPO uU gestellt werden muss, bevor das Gutachten überhaupt vorliegt. Andernfalls entstünde während des Rechtsstreits erheblicher, durch die Drohung der Anwaltshaftung weiter verstärkter Druck zur Anbringung von Befangenheitsanträgen allein zu dem Zweck, die Haftung aus § 839a am Leben zu erhalten, während im anschließenden Schadensersatzprozess der Sachverständige die Möglichkeit hätte, sich durch den Nachweis ex ante erkennbarer Besorgnis der eigenen Befangenheit von der Haftung zu befreien![130] Nicht zu den Rechtsmitteln iS des Abs. 2 gehört auch die Anstrengung selbstständiger Sekundärverfahren, etwa einer Widerrufsklage gegen den Sachverständigen, die mangels Rechtsschutzbedürfnisses regelmäßig ohnehin unzulässig ist (§ 824 RdNr. 50 f.).[131] Die Einleitung eines selbstständigen Beweisverfahrens ist durch § 839a Abs. 2 ebenfalls nicht geboten. Die Beantragung eines solchen Verfahrens gegen den Sachverständigen nach § 485 Abs. 2 ZPO kollidiert mit dem Vorrang des Primärrechtsschutzes. Mangels eines rechtlichen Interesses ist der Antrag auf Einleitung des Verfahrens unzulässig, solange und soweit der Vorprozess nicht abgeschlossen ist und die Möglichkeit erfolgversprechenden Primärrechtsschutzes besteht.[132]

32   Die Obliegenheit des § 839a Abs. 2 ist nicht auf Rechtsbehelfe zur Verhinderung einer auf dem unrichtigen Gutachten beruhenden Gerichtsentscheidung beschränkt, sondern erfasst selbstverständlich auch **sämtliche Rechtsmittel,** mit denen **das darauf beruhende Urteil** in Frage gestellt werden kann.[133] Dazu zählen die ordentlichen Rechtsmittel Berufung, Revision und Beschwerde; im Übrigen, bei anderen Entscheidungen als Urteilen und Beschlüssen, ggf. auch Gegenvorstellungen, Dienst- und Fachaufsichtsbeschwerden und sogar bloße Hinweise und Nachfragen.[134] Die vorrangige Erhebung einer Restitutionsklage sollte dem Geschädigten allerdings nur in den (seltenen) Fällen angesonnen werden, in denen eine rechtskräftige strafgerichtliche Verurteilung des Sachverständigen bereits vorliegt oder die Einleitung eines Strafverfahrens aus anderen Gründen als wegen Mangels an Beweisen nicht erfolgen kann, wie dies in §§ 580 Nr. 3, 581 Abs. 1 ZPO, 359 Nr. 2, 364 StPO vorausgesetzt wird.[135]

---

[126] BGH NJW-RR 2006, 1454, 1455 Tz. 11; BGHZ 173, 98, 100 RdNr. 8 = VersR 2007, 1379 (Hervorhebung hinzugefügt).
[127] BGHZ 173, 98, 100 Tz. 8 = VersR 2007, 1379; *Staudinger/Wurm* RdNr. 27; vgl. auch BGHZ 137, 11, 23 zur Einwendung gegen eine amtliche Auskunft.
[128] BGHZ 173, 98, 101 f. Tz. 10 = VersR 2007, 1379.
[129] BGH NJW-RR 2006, 1454, 1455 RdNr. 11.
[130] AA *Däubler* JuS 2002, 625, 629; offen *Cahn* Schadensersatzrecht RdNr. 171. Wie hier *Thole* S. 160 f.; AnwK-BGB/*Chr. Huber* RdNr. 43.
[131] BGH NJW 1978, 751; 1981, 2117, 2118.
[132] BGH NJW-RR 2006, 1454, 1455 Tz. 12; NJW 2004, 3488, 3489.
[133] Im Ergebnis *Däubler* JuS 2002, 625, 629; *Jaeger/Luckey* Schadensersatzrecht RdNr. 422; *dies.* MDR 2002, 1168, 1172; *Staudinger/Wurm* RdNr. 6.
[134] BGHZ 123, 1, 7 f. = NJW 1993, 3061, 3063; BGHZ 137, 11, 23 = NJW 1998, 138, 141 f.; BGH NJW 1974, 639; VersR 1986, 575; NJW 1997, 2327, 2328; 2001, 1067, 1068.
[135] Weitergehend *Cahn* Schadensersatzrecht RdNr. 172, der eine Restitutionsklage generell nicht zu den Rechtsbehelfen iS des Abs. 2 zählen will; umgekehrt § 839 RdNr. 331 *(Papier)*.

2. Vorsätzliche oder fahrlässige Nichteinlegung. Die Haftung ist ausgeschlossen, **33** wenn der Geschädigte wusste oder hätte wissen müssen, dass das Gutachten unrichtig ist und ein Rechtsmittel zur Verfügung steht. Das Verschulden des Prozessvertreters ist dem Geschädigten zuzurechnen.[136] Zunächst darf sich der Bürger auf die Richtigkeit von Sachverständigengutachten ebenso verlassen wie auf die Beweiswürdigung des Gerichts und muss erst bei **deutlich erkennbaren Anhaltspunkten für grobe Fehler** aktiv werden.[137] Für die Erkennbarkeit ist wie stets auf den Verkehrskreis des betroffenen Bürgers abzustellen,[138] der nicht gehalten ist, einen Privatgutachter hinzuzuziehen, um die Expertise des gerichtlichen Sachverständigen überprüfen zu lassen.[139] Legt die Partei ihre Einwände gegen das Gutachten dar und erwägt das Gericht daraufhin, den Gutachter zur mündlichen Erläuterung zu laden, sieht dann aber doch davon ab, so gibt eine solche Sinnesänderung nach Auffassung des BGH „um so dringlicheren Anlass", auf einer Ladung des Sachverständigen zu bestehen.[140]

3. Kausalität zwischen Nichteinlegung und Schaden. Im Rahmen der Kausalitäts- **34** prüfung kommt es darauf an, welchen Ausgang der Rechtsstreit genommen hätte, wenn das Gutachten richtig bzw. der von §§ 839a Abs. 2, 839 Abs. 3 geforderte Rechtsbehelf gegen das unrichtige Gutachten erfolgreich gewesen wäre. Für den Bereich der **Anwaltshaftung** lehnt es der dafür zuständige IX. ZS des BGH ab, eine Prognose über den mutmaßlichen Ausgang des Erstprozesses zu treffen, sondern entscheidet im Sekundärprozess auf Schadensersatz selbst darüber, wie der Erstprozess richtigerweise hätte entschieden werden müssen, wenn der Rechtsanwalt sorgfaltsgemäß gehandelt hätte.[141] Der für die **Amtshaftung** zuständige III. ZS des BGH **differenziert:** Soweit es um die Kausalität der Amtspflichtverletzung geht, kommt es darauf an, wie richtigerweise hätte entschieden werden müssen, was vom Schadensersatzrichter im Sekundärprozess zu beurteilen ist (§ 839 RdNr. 33). Zur Feststellung der Kausalität eines hypothetischen Rechtsmittels für das Ausbleiben des Schadens ist hingegen zu fragen, welchen Verlauf das Verfahren tatsächlich genommen hätte, wenn der Rechtsbehelf eingelegt worden wäre.[142] Diese Differenzierung hat der III. ZS des BGH auf § 839a übertragen,[143] so dass im Rahmen der §§ 839a Abs. 2, 839 Abs. 3 geprüft werden muss, welchen Ausgang das Verfahren bei Einlegung des Rechtsmittels genommen hätte, wobei die Rechtspraxis zur Zeit der hypothetischen Rechtsmittelentscheidung zugrunde zu legen ist. In Ermangelung anderweitiger Anhaltspunkte ist allerdings davon auszugehen, dass die mit dem Rechtsbehelf befasste Instanz im Erstprozess in Übereinstimmung mit der objektiven Rechtslage entschieden hätte.[144] In der Sache kommt dies einem Anscheinsbeweis gleich. Vorzugswürdig wäre es allerdings, die Ungleichbehandlung der Kausalitätsfeststellung im Bereich der Kausalität der Pflichtwidrigkeit einerseits, der Kausalität des Nichtgebrauchs eines Rechtsmittels andererseits aufzugeben. War der Schaden nur zum Teil abwendbar, ist der Anspruch aus § 839a entsprechend zu beschränken.[145]

VII. Beweislastverteilung und Beweiserleichterungen

Nach allgemeinen Regeln obliegt dem Geschädigten der Nachweis der Haftungsvoraus- **35** setzungen des § 839a Abs. 1, während der Sachverständige hinsichtlich des Einwands des

---

[136] Vgl. *Thole* AnwBl. 2006, 91, 93.
[137] Ähnlich im Hinblick auf eine amtliche Auskunft BGHZ 137, 11, 24.
[138] BGHZ 113, 17, 25 = NJW 1991, 1168, 1169 (zur Amtshaftung).
[139] *Hoffmann* S. 147.
[140] BGHZ 173, 98, 103 Tz. 13 = VersR 2007, 1379; krit. insoweit *Walker/Kraft* LMK 2007, 240366.
[141] BGHZ 133, 110, 111 = NJW 1996, 2501; BGHZ 163, 223, 227 = NJW 2005, 3071 = JZ 2006, 198 m. krit. Anm. *Mäsch*; BGH NJW 1996, 48, 49; 2000, 730, 732; 2000, 1572, 1573.
[142] BGHZ 156, 294, 299 f. = NJW 2004, 1241.
[143] BGHZ 173, 98, 102 Tz. 11 = VersR 2007, 1379.
[144] BGHZ 173, 98, 102 Tz. 11 f. = VersR 2007, 1379.
[145] Vgl. BGH NJW 1986, 1924 f.

Abs. 2 beweisbelastet ist.[146] In der Praxis dürfte dem Geschädigten vor allem der **Nachweis von Vorsatz oder grober Fahrlässigkeit** Schwierigkeiten bereiten, denn die Begutachtung vollzieht sich regelmäßig jenseits seiner eigenen Sphäre, so dass ihm die relevanten Informationen nicht zugänglich sind. Diese Asymmetrie lässt sich auch nicht durch Anknüpfung an die im Arzthaftungsrecht geläufige Beweiserleichterung bei groben Behandlungsfehlern beheben, denn diese bezieht sich auf die Feststellung des Kausalzusammenhangs zwischen Pflichtverletzung und Schaden, nicht dagegen auf den Nachweis der Pflichtverletzung selbst (§ 823 RdNr. 807). Darüber hinaus steht die Rechtsprechung auch dem Anscheinsbeweis skeptisch gegenüber, wenn es um den Nachweis der groben Fahrlässigkeit geht.[147] Gleichwohl hat der BGH im Rahmen des § 286 ZPO ein **dem Anscheinsbeweis weitgehend äquivalentes Instrument** der Beweismaßreduktion entwickelt, um den Nachweis grober Fahrlässigkeit zu erleichtern, es nämlich dem Tatrichter erlaubt, „vom äußeren Geschehensablauf und vom Ausmaß des objektiven Pflichtverstoßes auf innere Vorgänge und gesteigerte Vorwerfbarkeit [zu schließen]".[148] Auf diese Weise lässt sich nicht nur die „subjektive Seite" der groben Fahrlässigkeit feststellen (RdNr. 18), sondern in geeigneten Fällen lässt sich aus dem objektiv schwerwiegenden Fehler des Gutachtens eine gravierende Pflichtverletzung des Gutachters ableiten. Wenn beispielsweise Schlussfolgerungen des Sachverständigen in offenbarem Widerspruch zu den vom Gericht mitgeteilten Anknüpfungstatsachen oder zum körperlichen Zustand des Patienten stehen, dann ist bei freier Beweiswürdigung davon auszugehen, dass der Sachverständige die ihm obliegenden Pflichten in grober Weise verletzt hat.

VIII. Streitverkündung gegenüber dem gerichtlichen Sachverständigen

36 Wegen der gestiegenen Bedeutung der Sachverständigenhaftung war in Rechtsprechung und Schrifttum Unklarheit darüber entstanden, ob nach einer erfolgten Begutachtung eine **Streitverkündung gegenüber dem Sachverständigen in demselben Verfahren** zur Vorbereitung einer Haftungsklage zulässig ist.[149] Dem hat der BGH einen Riegel vorgeschoben. Die **Streitverkündung ist unzulässig,** die Zustellung der Streitverkündungsschrift als rechtsmissbräuchlich zu verweigern.[150] Der Sachverständige ist nicht Dritter iS des § 72 ZPO; seine Beteiligung als Streitverkündungsempfänger innerhalb desselben Verfahrens würde ihn aus seiner Rolle als neutraler Gehilfe des Gerichts drängen und damit die prozessuale Aufgabenverteilung auf den Kopf stellen.[151] Als Beteiligter mit eigenen Interessen könnte ein Sachverständiger, der auf die Streitverkündung hin dem Verfahren beitritt, nunmehr gemäß § 406 ZPO abgelehnt werden. Im Ergebnis nicht anders ist die Beurteilung, wenn der Sachverständige ausnahmsweise aus eigenem Antrieb dem Verfahren beitreten wollte, etwa weil ihm eine Partei bereits eine Haftungsklage angekündigt hatte. Dann ist der Sachverständige zwar nicht schon kraft Gesetzes ausgeschlossen,[152] wohl aber ist dem Sachverständigen bei einer Entscheidung nach § 71 ZPO (Zwischenstreit über die Nebenintervention) das rechtliche Interesse an einem Beitritt abzusprechen.

IX. Internationales Privatrecht

37 Die Haftungsfrage kann Berührungspunkte zum Ausland aufweisen, zB bei einer Beweisermittlung durch den Sachverständigen im Ausland,[153] bei einer Begutachtung nach Maß-

---

[146] Vgl. zur Amtshaftung RGZ 168, 143, 172.
[147] Vgl. BGH NJW 1974, 948, 949 = VersR 1974, 593, 594.
[148] BGHZ 119, 147, 151; BGH VersR 1984, 480; 1989, 109, 110; 1989, 582, 584.
[149] OLG Koblenz BauR 2006, 144, 145; OLG Celle BauR 2006, 140, 141; *Böckermann* MDR 2002, 1348, 1352; *Rickert/König* NJW 2005, 1829; vgl. OLG Frankfurt DS 2005, 30, 31.
[150] BGH NJW 2006, 3214 Tz. 10; 2007, 919 Tz. 5; vgl. bereits BGH NJW-RR 2006, 1221.
[151] BGH NJW 2006, 3214 Tz. 12.
[152] BGH NJW-RR 2006, 1221.
[153] Umfassend *Hau* RIW 2003, 822.

gabe der Beweis-VO[154] oder bei einer grenzüberschreitenden Videoverhandlung iS des § 128 a ZPO.[155] Das anwendbare Recht für die privatrechtliche Haftung eines von einem deutschen Gericht ernannten Sachverständigen folgte bisher dem **Tatortprinzip** des Art. 40 EGBGB.[156] Künftig wird es gemäß Art. 4 Abs. 1 Rom II–VO grundsätzlich allein auf den **Erfolgsort** ankommen. Richtigerweise ist als Erfolgsort der **Gerichtsort** zu qualifizieren, an dem die für den Schaden ursächliche gerichtliche Entscheidung erlassen wird, nicht der Lageort des geschädigten Vermögens.[157] Jedenfalls weist der Gerichtsort eine wesentlich engere Beziehung zu dem Rechtsstreit auf als ein abweichender Tatort,[158] so dass sich die Maßgeblichkeit des Rechts am Gerichtsort auch gegenüber einer Anknüpfung an den gemeinsamen gewöhnlichen Aufenthaltsort der Parteien der Haftungsklage durchsetzt (Art. 4 Abs. 2 und 3 Rom II–VO). Für die internationale Zuständigkeit des Gerichts der Haftungsklage gilt im europäischen Rechtsraum Art. 5 Nr. 3 EuGVVO.

X. Intertemporaler Anwendungsbereich

§ 839 a ist gemäß Art. 229 § 8 Abs. 1 EGBGB anzuwenden, wenn das „schädigende **38** Ereignis" nach dem 31. 7. 2002 eingetreten ist. Der BGH hat beiläufig die Auffassung vertreten, das Ereignis in diesem Sinne sei die schadensursächliche gerichtliche Entscheidung.[159] Tatsächlich kann es jedoch nur auf den **Zeitpunkt der Begutachtung** ankommen,[160] da der Sachverständige auf das Datum der gerichtlichen Entscheidung keinen Einfluss hat, während sich umgekehrt mit einer „Rückwirkung" des § 839 a nachträglich keine verhaltenssteuernden Effekte mehr erzielen lassen.

§ 840 Haftung mehrerer

(1) Sind für den aus einer unerlaubten Handlung entstehenden Schaden mehrere nebeneinander verantwortlich, so haften sie als Gesamtschuldner.

(2) Ist neben demjenigen, welcher nach den §§ 831, 832 zum Ersatz des von einem anderen verursachten Schadens verpflichtet ist, auch der andere für den Schaden verantwortlich, so ist in ihrem Verhältnis zueinander der andere allein, im Falle des § 829 der Aufsichtspflichtige allein verpflichtet.

(3) Ist neben demjenigen, welcher nach den §§ 833 bis 838 zum Ersatz des Schadens verpflichtet ist, ein Dritter für den Schaden verantwortlich, so ist in ihrem Verhältnis zueinander der Dritte allein verpflichtet.

Schrifttum (weitere Nachweise bei § 830 und § 254; zu älterem Schrifttum s. 3. Aufl.): *Böhmer,* Haftungsverzicht zum Nachteil Dritter?, MDR 1968, 13; *Christensen,* Gestörter Gesamtschuldnerausgleich bei familienrechtlichen Haftungsbeschränkungen, MDR 1989, 948; *Denck,* Enthaftung zu Lasten des Arbeitnehmers bei gestörtem Gesamtschuldnerausgleich, NZA 1988, 265; *Dunz,* Berücksichtigung des eigenen Mitverschuldens gegenüber mehreren Haftpflichtigen, JZ 1955, 727; *ders.,* Nochmals: Berücksichtigung eigenen Mitverschuldens gegenüber mehreren Haftpflichtigen, JZ 1957, 371; *ders.,* Mitverschuldensausgleich gegenüber Mehreren, JZ 1959, 592; *Ehmann,* Die Gesamtschuld, 1972; *Hanau,* Hinkende Gesamtschulden, VersR 1967, 516; *Lorenz,* Die Lehre von den Haftungs- und Zurechnungseinheiten und die Stellung des Geschädigten in Nebentäterfällen, 1979; *Medicus,* Haftungsbefreiung und Gesamtschuldnerausgleich, JZ 1967, 398; *Steffen,* Die Verteilung des Schadens bei Beteiligung mehrerer Schädiger am Verkehrsunfall, DAR 1990, 41; *Thiele,* Gesamtschuld und Gesamtschuldnerausgleich, JuS 1968, 149.

---

[154] VO Nr. 1206/01 vom 28. 5. 2001, ABl. EG 2005 Nr. L 174 S. 1.
[155] Hk-BGB/*Staudinger* RdNr. 8.
[156] *Hau* RIW 2003, 822, 827 mwN.
[157] *Hau* RIW 2003, 822, 828; Hk-BGB/*Staudinger* RdNr. 8; aA *Spickhoff,* FS Heldrich, 2005, S. 419, 435.
[158] So *Spickhoff,* FS Heldrich, 2005, S. 419, 435.
[159] BGH NJW 2004, 3488, 3489; *Staudinger/Wurm* RdNr. 31.
[160] So auch LG Köln BauR 2004, 694 f.; *Kilian* VersR 2003, 683, 688; allg. zum Übergangsrecht beim 2. SchadensersatzRÄndG ebenso *Wagner* NJW 2002, 2049, 2064. Vgl. auch Begr. RegE, BT-Drucks. 14/7752 S. 44.

Rechtsvergleichend: *v. Caemmerer,* Ausgleichsprobleme im Haftpflichtrecht in rechtsvergleichender Sicht, ZfRV 1968, 81.

Übersicht

	RdNr.		RdNr.
I. Normzweck; Nebentäterschaft	1–3	cc) Korrekturen und Reformvorschläge	21, 22
II. Anwendungsbereich	4–12	**IV. Mitverschulden des Geschädigten**	23–29
1. Unerlaubte Handlung	4	1. Mittäter und Beteiligte	23
2. Gefährdungshaftung	5–7	2. Nebentäter	24–27
3. Sonderdeliktsrecht	8	3. Haftungseinheiten	28, 29
4. Vertragshaftung	9	**V. Gestörter Gesamtschuldnerausgleich**	30–41
5. Staatshaftung	10	1. Problemstellung und Lösungsmöglichkeiten	30
6. Aufopferungshaftung	11	2. Vertragliche Haftungsbeschränkung	31, 32
7. Ordnungsrechtliche Störerhaftung	12	3. Gesetzliche Haftungsprivilegien	33–41
III. Gesamtschuldnerische Haftung	13–22	a) Grundsatz	33
1. Außenverhältnis	13	b) Unfallversicherungsrecht	34–37
2. Innenverhältnis	14–22	c) Angehörigenprivileg	38
a) Ausgleich nach Maßgabe der Mitverantwortungsanteile	14, 15	d) Familienrecht	39
b) Sondervorschriften des Abs. 2, 3	16–22	e) Gesellschaftsrecht	40
aa) § 840 Abs. 2	17, 18	f) Staatshaftungsrecht	41
bb) § 840 Abs. 3	19, 20		

I. Normzweck; Nebentäterschaft

1 Gemäß § 840 Abs. 1 haften mehrere Deliktstäter für den aus einer unerlaubten Handlung entstehenden Schaden gesamtschuldnerisch nach Maßgabe der §§ 421 ff. § 840 Abs. 1 ist **keine Anspruchsgrundlage,** sondern erfüllt eine **Scharnierfunktion** zwischen den Haftungsnormen des Deliktsrechts und den allgemeinen Regeln der Gesamtschuld.[1] Den **Normzweck** des § 840 Abs. 1 zu formulieren fällt nicht deshalb schwer, weil die gesamtschuldnerische Haftung mehrerer für denselben Schaden kaum überzeugend zu begründen wäre, sondern weil diese Rechtsfolge im Gegenteil evident ist, „sozusagen aus der Natur der Sache [folgt]".[2] Wenn mehrere auf Ausgleich desselben Schadens haften und eine Doppelentschädigung vermieden werden soll, bleibt nur die Gesamtschuld. Eine Teilschuld gemäß § 420 würde die Prozess- bzw. Transaktionskosten und -risiken ebenso vervielfältigen wie die Insolvenzrisiken.[3] Den Geschädigten mit diesen Nachteilen zu belasten, wäre gerade im Recht der außervertraglichen Haftung unangemessen, weil er sich seine Schadensersatzschuldner nicht aussuchen kann. Die allein richtige Lösung besteht darin, die Schädiger im Außenverhältnis wie Alleinschuldner zu behandeln und die Parzellierung des Ersatzanspruchs ins Innenverhältnis zu verlagern.[4]

2 Demgegenüber wird § 840 von **Teilen der Literatur** als **eigene Anspruchsgrundlage für Fälle der Nebentäterschaft** verstanden, die dem einen Beteiligten den Verursachungsbeitrag seines Nebenmanns haftungsbegründend zurechne, wenn sich der Anteil jedes Einzelnen nicht ermitteln lasse.[5] Tatsächlich bedarf es insoweit keiner Anspruchsgrundlage, denn kennzeichnend für die Nebentäterschaft ist, dass sich der Tatbeitrag jedes Einzelnen als conditio sine qua non für den eingetretenen Verletzungs-

---

[1] RGZ 96, 224, 225; BGH NJW 1979, 544, *Larenz/Canaris* II/2 § 82 III 1, S. 580; *Erman/Schiemann* RdNr. 1; *Palandt/Sprau* RdNr. 1; RGRK/*Nüßgens* RdNr. 5; *Soergel/Krause* RdNr. 1; *Staudinger/Vieweg* RdNr. 3; *Bamberger/Roth/Spindler* RdNr. 2.
[2] *v. Caemmerer* ZfRV 1968, 81, 85.
[3] Vgl. BGHZ 30, 203, 210 = NJW 1959, 1772, 1774; *Erman/Schiemann* RdNr. 1; *Steffen* DAR 1990, 41, 42.
[4] BGHZ 30, 203, 209 f = NJW 1959, 1772, 1774; *Keuk* AcP 168 (1968), 175, 187; *Ehmann* S. 216.
[5] *Keuk* AcP 168 (1968), 175, 183 ff.; dem folgend *Ehmann* S. 215 f.

erfolg darstellt.[6] Da somit keiner der Tatbeiträge hinweggedacht werden kann, ohne dass der Erfolg entfiele, lässt sich von kumulativer Kausalität sprechen.[7] So liegt es etwa, wenn die Eisenbahn einer Zuckerfabrik einen mit Bleirückständen kontaminierten Waggon zur Verfügung stellt und dieser von der Zuckerfabrik ohne weitere Reinigung zum Transport von Tiernahrung verwendet wird,[8] wenn ein Verkehrsunfall darauf beruht, dass sowohl die Gemeinde ihre Straße als auch der Kfz.-Halter sein Fahrzeug des Nachts unbeleuchtet gelassen hat,[9] dass zwei Autofahrern selbstständige Verkehrsverstöße zur Last zu legen sind, die zusammen die Verletzung eines Dritten bewirkt haben;[10] wenn das Opfer an einem Tag vom Ersttäter mit einem Knüppel auf den Kopf geschlagen und am nächsten Tag vom Zweittäter an die Kante einer Musikbox geschleudert wird und dadurch eine Hirnblutung erleidet,[11] wenn ein Arbeitsunfall sowohl durch die Lieferung eines mangelhaften Fangkorbs als auch durch die Zuwiderhandlung des Arbeitgebers gegen ein gewerbepolizeiliches Benutzungsverbot verursacht ist;[12] wenn ein Kind vor einem Hund fliehend (§ 833 S. 1) auf die Straße läuft und dort von einem Auto erfasst wird (§ 7 StVG)[13] usw. Unter diesen Voraussetzungen ergibt sich die Einstandspflicht jedes einzelnen Beteiligten bereits aus einem der Haftungstatbestände der §§ 823 ff. bzw. aus einem der Sondergesetze, und § 840 Abs. 1 stellt lediglich klar, dass sie als Gesamtschuldner haften. Für eine Regel zur Überwindung von Kausalitätszweifeln besteht weder Grund noch Bedürfnis.

Lässt sich die **Kausalität** mehrerer möglicher Verursachungsbeiträge hingegen **nicht** 3 **feststellen,** bedarf es einer Vorschrift nach Art des § 830 Abs. 1 S. 2, und tatsächlich beruft sich die oben (RdNr. 2) geschilderte Auffassung, die § 840 Abs. 1 als Anspruchsgrundlage versteht, auf die Materialien zum Vorläufer der zuletzt genannten Vorschrift.[14] Die These, § 840 Abs. 1 sei eine eigenständige Anspruchsgrundlage für die Fälle unaufklärbarer Kausalität bei Nebentäterschaft entpuppt sich damit als bloßes Missverständnis des Vorentwurfs und des Ersten Entwurfs zum BGB. Beide hatten die heutigen §§ 830, 840 in einer einzigen Bestimmung zusammengefasst und die Fälle des § 830 unmittelbar mit der Rechtsfolge gesamtschuldnerischer Haftung versehen.[15] Die Entscheidung des Gesetzgebers, Tatbestand und Rechtsfolgeanordnung auseinanderzuziehen, hat am sachlichen Gehalt der Regelung für Fälle unaufklärbarer Multikausalität nichts geändert; es bleibt bei dem heutigen § 830 Abs. 1 S. 2, und im Übrigen bei der Anteilshaftung (vgl. im Einzelnen § 830 RdNr. 28 ff., 44). § 840 Abs. 1 hingegen setzt einen Schaden voraus, für den mehrere gleichermaßen verantwortlich sind, nicht aber bewirkt der Tatbestand eine Zusammenrechnung verschiedener Schäden bzw. Schadensteile zu einem solidarisch zu verantwortenden Gesamtschaden (vgl. RdNr. 13).

II. Anwendungsbereich

1. Unerlaubte Handlung. Die Bezugnahme auf eine unerlaubte Handlung ist im 4 Rahmen des § 840 Abs. 1 ähnlich **großzügig zu verstehen** wie schon bei § 830 (vgl. dort

---

[6] BGHZ 66, 70, 76 = NJW 1976, 797, 799; BGHZ 72, 289, 298 = NJW 1979, 164, 166; BGH NJW 1962, 484, 485; 1990, 2882, 2883 f.; 1994, 932, 934.
[7] So auch BGH NJW 1990, 2882, 2883 f.; anders BGHZ 66, 70, 76 = NJW 1976, 797, 799: „progressive Schadenssteigerung"; RGZ 73, 289: „Gesamtkausalität".
[8] BGHZ 17, 214, 221 = NJW 1955, 1314, 1315.
[9] BGH NJW 1962, 484 f.
[10] BGHZ 30, 203, 206 = NJW 1959, 1772, 1773.
[11] BGH VersR 1970, 814, 815.
[12] RGZ 69, 57, 58.
[13] OLG Düsseldorf NJW-RR 1995, 281, 282.
[14] *Keuk* AcP 168 (1968), 175, 186 m. Fn. 44.
[15] Vgl. § 10 des Vorentwurfs von *v. Kübel* in: *Schubert,* Die Vorlagen der Redaktoren für die erste Kommission zur Ausarbeitung des Entwurfs eines Bürgerlichen Gesetzbuchs, Recht der Schuldverhältnisse, Teil 1 Allgemeiner Teil, 1980, S. 654, mit Begründung, S. 705 ff.; sowie § 714 des Ersten Entwurfs; zur Entstehungsgeschichte des § 840 Abs. 1 vgl. auch *Jakobs/Schubert,* Die Beratung des Bürgerlichen Gesetzbuchs, Recht der Schuldverhältnisse III, 1983, S. 1026 f.

§ 840 5–7 Abschnitt 8. Titel 27. Unerlaubte Handlungen

RdNr. 34). Sicher erfasst sind zunächst alle in den §§ 823 ff. geregelten Anspruchsgrundlagen, einschließlich der Haftungen aus vermutetem Verschulden gemäß §§ 831, 832, 833 S. 2, 834 bis 838, nach Maßgabe der Billigkeit (§ 829) oder aus Gefährdung gemäß § 833 S. 1.[16] Beispielhaft zu nennen sind die Einstandspflichten von Eigentümer und Pächter wegen Verletzung der Verkehrssicherungspflicht;[17] des Veranstalters eines Autorennens neben dem Fahrer;[18] der Mitglieder einer Eigentümergemeinschaft, die den Streudienst nicht ordnungsgemäß organisieren.[19]

5   **2. Gefährdungshaftung.** Die außerhalb des BGB aufgeblühten **Spezialgesetze** der Gefährdungshaftung enthalten häufig Regelungen allein über die Art und Weise des Binnenausgleichs unter mehreren Schädigern; vgl. §§ 17, 18 Abs. 3 StVG; 13 HPflG; 41 LuftVG. Damit wird die Existenz einer Gesamtschuld gemäß § 840 Abs. 1 stillschweigend vorausgesetzt, so dass die Vorschrift auch auf die Haftung zweier Eisenbahnunternehmer Anwendung findet[20] sowie auf diejenige mehrerer Kfz.-Halter, wenn ein Fahrzeug durch das rücksichtslose Verhalten eines anderen ins Schleudern gerät und ein drittes, verkehrswidrig abgestelltes Fahrzeug beschädigt.[21] Andere Gesetze über die Gefährdungshaftung wiederholen den Regelungsgehalt des § 840 Abs. 1 explizit, um daran ggf. Sonderregeln über den Binnenausgleich anzuschließen (vgl. §§ 6 S. 1 ProdHaftG; 93 S. 1 AMG; 22 Abs. 1 S. 2 WHG; § 32 Abs. 2 S. 1 GenTG, § 33 Abs. 1 AtG; §§ 115 Abs. 2 S. 1, 119 BBergG). In diesen Fällen bedarf es gleichwohl noch der Heranziehung des § 840 Abs. 1, um beispielsweise die gesamtschuldnerische Verpflichtung eines nach dem ProdHaftG verantwortlichen Herstellers und eines nach Deliktsrecht haftpflichtigen Drittschädigers zu begründen (vgl. § 6 ProdHaftG RdNr. 8 ff.). Über die §§ 840 Abs. 1, 426 lassen sich unter Umständen auch Regressansprüche zwischen Endhersteller und Zulieferer bei **Rückrufaktionen** begründen (vgl. § 823 RdNr. 653).

6   Das **UmweltHG** bringt zwar eine Regelung über die Kausalitätsvermutung bei mehreren Anlagen (§ 7 UmweltHG), schweigt aber zu der Frage, ob die Anlagebetreiber gesamtschuldnerisch oder nur pro rata für den Schaden einzustehen haben. Tatsächlich lässt sich eine allgemein gültige Antwort für sämtliche Fallgestaltungen auch nicht geben, sondern es ist anhand der Wertungen der §§ 6 f. UmweltHG, 830 Abs. 1 S. 2 zu differenzieren (eingehend § 830 RdNr. 34). Speziell in § 3 Nr. 2 PflVersG angeordnet ist die gesamtschuldnerische Einstandspflicht der Kfz.-Haftpflichtversicherung neben Halter und Fahrer des Kraftfahrzeugs.[22] Sind dem bei einem Verkehrsunfall Geschädigten mehrere Unfallverursacher gesamtschuldnerisch zum Schadensersatz verpflichtet, haften deren Kfz.-Haftpflichtversicherungen ebenfalls solidarisch.[23]

7   Selbstverständlich gilt die Solidarhaftung auch, wenn die mehreren Schädiger aus **unterschiedlichen Gefährdungsgründen** haften, beispielsweise die Eisenbahn aus § 1 HPflG und der Kraftfahrzeughalter aus § 7 StVG,[24] die Eisenbahn und der Tierhalter,[25] ein Tierhalter neben einem Luftverkehrsunternehmer,[26] Kfz.- und Tierhalter[27] usw. Zu den Konsequenzen bei Ausschöpfung der Haftungshöchstgrenzen RdNr. 13.

---

[16] RGZ 58, 335, 336 f.; 60, 313, 315; BGH VersR 1993, 1540, 1541; OLG Saarbrücken VersR 1988, 1080; OLG Düsseldorf VersR 1993, 1496; OLG Hamm NJW-RR 1995, 599; LG Lüneburg VersR 1991, 356.
[17] RG HRR 1929 Nr. 298.
[18] RG Karlsruhe NJW-RR 1994, 413.
[19] OLG Hamm NJW 1988, 496, 497; ebenso OLG Köln VersR 1994, 1082 für Ehegatten als Verkehrssicherungspflichtige.
[20] RGZ 61, 56, 58 f.; RG Gruchot 54, 414, 418.
[21] OLG Hamm NZV 2000, 371.
[22] Vgl. nur OLG Köln VersR 1989, 206 und VersR 1989, 755, 756.
[23] OLG München NJW-RR 2000, 837.
[24] BGHZ 11, 170, 171 = NJW 1954, 595.
[25] RGZ 58, 335, 336 f.
[26] RGZ 158, 34, 39 f.
[27] OLG Düsseldorf NJW-RR 1995, 281, 282.

3. Sonderdeliktsrecht. Die Haftungstatbestände des **Wettbewerbsrechts** werden deliktsrechtlich qualifiziert,[28] so dass § 840 zur Anwendung kommen kann. Gleiches gilt für die Schadensersatzpflichten, die die **ZPO** an die Vollstreckung vorläufiger Titel knüpft, sofern sich Letztere als nicht bestandskräftig erweisen (§§ 302 Abs. 4, 600 Abs. 2, 717 Abs. 2, 945).[29]

4. Vertragshaftung. Teils mit, teils ohne Bezugnahme auf § 840 wendet die Rechtsprechung die Regeln der Gesamtschuld auch dann an, wenn einer der Beteiligten nicht nur aus Delikt oder Gefährdung, sondern **darüber hinaus aus Vertrag** haftet,[30] sowie in Kombinationsfällen, wenn eine Partei auf außervertraglicher Grundlage, die andere hingegen aus Vertrag für den Schaden aufzukommen hat,[31] und schließlich selbst dann, wenn die eine Partei etwa wegen fahrlässiger Brandstiftung auf Schadensersatz aus Delikt haftet, die andere hingegen verpflichtet ist, die vertraglich versprochene Primärleistung zu erbringen, etwa die Miete weiterzuzahlen.[32] Jenseits des § 840 haften nach der Rechtsprechung auch Architekt und Bauunternehmer sowie mehrere Bauhandwerker für die Folgen eines einheitlichen Bauwerksmangels als Gesamtschuldner.[33]

5. Staatshaftung. Auch die Staatshaftung gemäß § 839, Art. 34 GG kann eine Gesamtschuld auslösen, wenn nämlich **mehrere Beamte verschiedener öffentlich-rechtlicher Körperschaften** ihre Amtspflichten verletzen und dadurch einen Schaden verursachen.[34] Für den Bereich des Datenschutzes findet sich eine dem § 840 Abs. 1 äquivalente Spezialregelung in § 7 Abs. 5 BDSG. Trifft die Staatshaftung aus § 839, Art. 34 GG mit der privatrechtlichen Delikthaftung aus § 823 Abs. 1 zusammen, werden auch diese Verbindlichkeiten zu einer Gesamtschuld verbunden,[35] wenn nicht das Verweisungsprivileg des § 839 Abs. 1 S. 2 zur Kanalisierung der Haftung auf den aufgrund Privatrechts Verpflichteten führt. Wegen dieses Vorbehalts ist es Kfz.-Haftpflichtversicherungen regelmäßig verwehrt, die öffentliche Hand gemäß § 86 VVG wegen der Kosten des von ihrem Versicherungsnehmer verursachten Verkehrsunfalls unter Berufung auf eine Verletzung der Straßenverkehrssicherungspflicht in Regress zu nehmen.[36]

6. Aufopferungshaftung. Eine Sonderstellung nehmen bisher die Aufopferungsansprüche etwa des Nachbarrechts (§ 906 Abs. 2 S. 2) ein, für die das RG eine **gesamtschuldnerische Haftung mehrerer Störer** abgelehnt hatte.[37] Diese Entscheidung ist heute wohl überholt, denn der BGH hat die Anwendung des § 840 Abs. 1 auf Fälle der Nebentäterschaft, wenn die verschiedenen Einwirkungen den Schaden durch ihr Zusammenwirken verursacht haben (kumulative Kausalität), ebenso anerkannt[38] wie die Solidarhaftung bei Urheber- und Anteilszweifeln auf der Grundlage von § 830 Abs. 1 S. 2 (vgl. auch § 830 RdNr. 32).[39] Zwar hat das Gericht davor gewarnt, § 830 Abs. 1 S. 2 voreilig anzuwenden, und die Instanzgerichte angehalten, zunächst mit Hilfe des § 287 ZPO die einzelnen Verursachungsanteile zu bestimmen, also aufzuklären, zu welchem Anteil der Schaden auf

---

[28] Zum UWG BGHZ 35, 329, 333 = NJW 1962, 36, 38 f.; BGHZ 40, 391, 394 = NJW 1964, 969, 970 f.; zum GWB BGH NJW 1966, 975; 1980, 1224, 1225.
[29] Zur deliktsrechtlichen Qualifikation des § 945 ZPO vgl. BGHZ 78, 127, 129 = NJW 1981, 349, 350; RGZ 149, 321, 324 (Anwendung von § 852 aF).
[30] RGZ 61, 56, 59 f.
[31] RGZ 77, 317, 323; 82, 436, 439; 84, 415, 430; 92, 401, 408; BGHZ 6, 3, 25 = NJW 1952, 1087, 1089; BGHZ 59, 97, 99 ff. = NJW 1972, 1802, 1802 f.; BGH NJW 1990, 2882, 2883 f.; *Erman/Schiemann* RdNr. 3.
[32] BGH VersR 1969, 737, 738.
[33] BGHZ 43, 227, 230 f. = NJW 1965, 1175, 1176; BGHZ 51, 275, 277 = NJW 1969, 653, 654; BGH ZIP 2003, 1456 f.
[34] BGHZ 9, 65, 66 ff. = NJW 1953, 785; BGHZ 118, 263, 267 = NJW 1992, 2691, 2692; BGH NJW 1993, 3065; *Palandt/Sprau* RdNr. 1.
[35] BGHZ 85, 121, 125 = NJW 1983, 1798: Haftung aus Art. 34 GG neben § 823.
[36] BGHZ 60, 54, 63 f. = NJW 1973, 460, 463.
[37] RGZ 167, 14, 38 f.; in diese Richtung auch BGHZ 72, 289, 297 = NJW 1979, 164, 165 f.
[38] BGHZ 66, 70, 76 = NJW 1976, 797, 799; BGHZ 72, 289, 298 = NJW 1979, 164, 165.
[39] BGHZ 101, 106, 111 f. = NJW 1987, 2811, 2812.

§ 840 12, 13 Abschnitt 8. Titel 27. Unerlaubte Handlungen

der einen und auf der anderen Einwirkung beruht.[40] Letzteres ist indessen keine Besonderheit der Aufopferungshaftung, sondern entspricht dem allgemeinen Prinzip des Vorrangs der Anteilshaftung (vgl. § 830 RdNr. 29, 44 f.). Eine Abweichung von allgemeinen Regeln würde es allerdings darstellen, wenn der BGH die mehreren Störer notfalls nach Kopfteilen haften lassen, das Innenverhältnis (§ 426) also gleichsam nach außen kehren wollte.[41] Doch so liegt es gerade nicht, denn für den Fall, dass die **Schätzung gemäß § 287 ZPO nicht möglich** ist, soll die Solidarhaftung eingreifen.[42] Damit folgt auch die Aufopferungshaftung den allgemeinen Grundsätzen der §§ 830, 840.[43] In Übereinstimmung mit dem BGH ist § 840 schließlich auch dann anzuwenden, wenn ein nachbarrechtlicher Anspruch und ein auf Ersatz desselben Schadens gerichteter Deliktsanspruch zusammentreffen, also beispielsweise für Vertiefungsschäden der Architekt aus §§ 823 Abs. 2, 909 und der Bauherr analog aus § 906 Abs. 2 S. 2 einzustehen hat.[44]

12 **7. Ordnungsrechtliche Störerhaftung.** Nach ständiger Rechtsprechung des BGH kommt ein Binnenausgleich zwischen mehreren Personen, die sämtlich nach Polizei- und Ordnungsrecht verantwortlich sind, von denen aber nur eine von der zuständigen Behörde auf Beseitigung der Gefahr in Anspruch genommen worden ist, **analog §§ 840, 426 nicht in Betracht.**[45] Spezialgesetzliche Ausnahmen von diesem Grundsatz finden sich in § 24 Abs. 2 BBodSchG[46] und in § 9 Abs. 2 USchG.[47]

III. Gesamtschuldnerische Haftung

13 **1. Außenverhältnis.** Gemäß §§ 840 Abs. 1, 421 ff. hat jeder Schädiger im Außenverhältnis **für den ganzen Schaden einzustehen,** während der Geschädigte seinen Anspruch nur ein einziges Mal geltend machen kann. Die Leistung eines Gesamtschuldners hat befreiende Wirkung für die übrigen (§ 422 Abs. 1). Eine wechselseitige Zurechnung der Verursachungsbeiträge bewirkt zwar § 830 Abs. 1 S. 2, Abs. 2 gegenüber Mittätern und Teilnehmern und darüber hinaus § 830 Abs. 1 S. 2 zu Lasten von Alternativtätern bei unaufklärbarer Kausalität, wird aber von § 840 Abs. 1 weder vorausgesetzt noch bewirkt.[48] Jenseits des § 830 kann die Haftung der Nebentäter in ihrer Höhe folglich durchaus unterschiedlich ausfallen. Die **Solidarhaftung** greift dann **nur im Umfang des geringsten Betrags** ein, für den ein jeder der Nebentäter aufzukommen hat.[49] So verhielt es sich bisher häufig bei Schmerzensgeldansprüchen (§ 253 Abs. 2), deren Höhe einzelnen Beteiligten gegenüber regelmäßig unterschiedlich ausfällt, mit der Folge, dass § 840 Abs. 1 nur in demjenigen Umfang eingreift, in dem jeder der Schädiger haftet.[50] Nach der Zurückdrängung der Genugtuungsfunktion im Zuge der Schmerzensgeldreform werden diese Fälle seltener werden.[51] Ist die Gefährdungshaftung in den

---

[40] BGHZ 66, 70, 75 ff. = NJW 1976, 797, 798 f.
[41] Dazu BGHZ 30, 203, 209 f. = NJW 1959, 1772, 1774 mit Hinweis auf § 736 HGB, der allerdings in die Irre führt, weil diese Vorschrift nicht die Haftung mehrerer Reeder als Nebentäter gegenüber einer dritten Person als Geschädigtem regelt, sondern allein die Schadensverteilung im Innenverhältnis der Reeder der beiden zusammengestoßenen Schiffe betrifft. § 736 HGB ist damit nichts anderes als eine – auf Marginalien beschränkte – Sonderregelung zu § 254 BGB; vgl. *Rabe*, Seehandelsrecht, 4. Aufl. 2000, Vor § 734 RdNr. 13, § 736 RdNr. 4.
[42] BGHZ 66, 70, 77 = NJW 1976, 797, 799; BGHZ 85, 375, 383 = NJW 1983, 872, 874.
[43] So wohl auch BGHZ 101, 106, 111 f. = NJW 1987, 2810, 2812.
[44] BGHZ 85, 375, 387 = NJW 1983, 872, 875; OLG Koblenz NVwZ 2000, 1081 f.
[45] BGH NJW 1981, 2457, 2458; BGHZ 98, 235, 239 f. = NJW 1987, 187; BGHZ 110, 313, 318 = NJW 1990, 258; BGH NJW 2006, 3628, 3631 RdNr. 24 mwN zum Streitstand.
[46] Eingehend dazu *Wagner* BB 2000, 417, 419 f.; *ders.* ZfIR 2003, 841, 843; *Vierhaus/Wagner* in: Fluck (Hrsg.), Kreislaufwirtschafts-, Abfall- und Bodenschutzrecht, 2008, § 24 BBodSchG RdNr. 81 ff.
[47] Dazu *Wagner* VersR 2008, 565, 575 f.
[48] BGHZ 30, 203, 206 = NJW 1959, 1772, 1773; RGRK/*Nüßgens* RdNr. 18; vgl. auch RdNr. 2 f.
[49] BGHZ 12, 213, 220 = NJW 1954, 875, 876; BGH LM Nr. 5; *Palandt/Sprau* RdNr. 3.
[50] BGHZ 18, 149, 164 = NJW 1955, 1675, 1677; vgl. auch BGHZ 54, 283, 283 f. = NJW 1971, 33, 33 f.; RGRK/*Nüßgens* RdNr. 13.
[51] Vgl. *Wagner* NJW 2002, 2049, 2054 f.

Spezialgesetzen der Höhe nach beschränkt,[52] so reicht die gesamtschuldnerische Haftung bei Zusammentreffen mit einer unbeschränkten Ersatzpflicht eines Nebentäters nur so weit wie die Haftung nach dem Spezialgesetz.[53] Für den darüber hinausgehenden Betrag haftet der deliktisch Verantwortliche allein. Die eigentliche Problematik der Höhe nach divergierender Einstandspflichten der Nebentäter betrifft das Mitverschulden des Geschädigten; dazu sogleich RdNr. 23 ff.

2. Innenverhältnis. a) Ausgleich nach Maßgabe der Mitverantwortungsanteile. 14
Im Innenverhältnis kann der in Anspruch Genommene bei den übrigen Deliktsschuldnern **gemäß § 426 Rückgriff nehmen** sowie Mitwirkung an der Erfüllung der gemeinsamen Verbindlichkeit verlangen. Der Umfang des Innenausgleichs richtet sich gemäß § 426 Abs. 1 S. 1 nach der Anzahl der Kopfteile, „soweit nicht ein anderes bestimmt ist". Etwas anderes in diesem Sinne bestimmt nach ständiger Rechtsprechung der **Rechtsgedanke des § 254,** so dass für den Umfang des Regressanspruchs die Verursachungs- und Verschuldensanteile maßgeblich sind.[54] Im Ergebnis haften mehrere Deliktstäter also nur im Außenverhältnis solidarisch auf das Ganze, im Innenverhältnis hingegen wiederum nur auf die – ggf. mit Hilfe des § 287 ZPO zu schätzende[55] – Quote und damit als Teilschuldner (vgl. eingehend § 426 RdNr. 29 ff.),[56] wie dies dem allgemeinen Prinzip der Anteilshaftung entspricht (vgl. § 830 RdNr. 29, 44 f.).

Allerdings kann sich durchaus ergeben, dass ein im Außenverhältnis verantwortlicher 15
Schädiger **im Innenverhältnis völlig freizustellen** ist, weil die Verursachungs- und Verschuldensanteile des einen Beteiligten diejenigen des anderen krass überwiegen.[57] Jenseits der in §§ 840 Abs. 2, 841, 1833 Abs. 2 S. 2 speziell geregelten Fälle versagt die Rechtsprechung Ausgleichsansprüche stets dann, wenn eine Partei den Schaden durch eigenes pflichtwidriges Verhalten verursacht hat und ihren Regressanspruch darauf stützt, ein anderer habe seine Aufsichtspflichten vernachlässigt, die den Ausgleich begehrende Partei also nicht von pflichtwidrigem Handeln abgehalten.[58] Folgerichtig kann der Vorstand einer Kapitalgesellschaft wegen der Haftung für eigene Pflichtverletzungen nicht die Mitglieder des Aufsichtsrats in Regress nehmen,[59] und dasselbe gilt im Verhältnis zwischen einem Bauunternehmer und dem die Bauaufsicht führenden Architekten.[60] Hat hingegen der Architekt durch einen Planungsfehler den Schaden verursacht, ist er seinerseits dem Bauunternehmer in vollem Umfang ausgleichspflichtig.[61]

b) Sondervorschriften der Abs. 2, 3. § 840 Abs. 2 und 3 statuieren **Ausnahmen von** 16
der pro-rata-Haftung nach Maßgabe der Verursachungs- und Verschuldensanteile gemäß §§ 426, 254 sowie der subsidiären per-capite-Haftung. Weitere Bestimmungen dieser Art finden sich in den §§ 841, 1833 Abs. 2 S. 2. In allen diesen Fällen wird diejenige Partei, die nur aus Gefährdung (§ 833 S. 1) oder vermuteter Pflichtverletzung (§§ 831, 832, 833 S. 2, 834, 836 bis 838) haftet, gegenüber einem Mitschädiger privilegiert, der wegen nachgewiesener Pflichtverletzung für den Schaden aufzukommen hat: Im Innenverhältnis muss Letzte-

---

[52] Vgl. zB § 12 StVG, § 37 LuftVG, §§ 9, 10 HPflG, § 88 AMG.
[53] BGHZ 12, 213, 220 = NJW 1954, 875, 876; BGHZ 18, 149, 164 = NJW 1955, 1675, 1677.
[54] St. Rspr. seit RGZ 75, 251, 256; vgl. etwa BGHZ 12, 213, 220 = NJW 1954, 875, 876 f.; BGHZ 43, 178, 187 = NJW 1965, 1177, 1179; BGHZ 43, 227, 231 = NJW 1965, 1175, 1176; BGHZ 51, 275, 279 = NJW 1969, 653, 654; BGHZ 59, 97, 103 = NJW 1972, 1802, 1803 f.; BGH NJW 1980, 2348; vgl. iÜ die Erl. zu § 426 und § 254.
[55] Vgl. zu § 254 BGHZ 121, 210, 214 = NJW 1993, 2674, 2676; BGH NJW 1968, 985; 1986, 2945, 2946.
[56] RGZ 92, 142, 146; BGHZ 6, 3, 25 = NJW 1952, 1087, 1089.
[57] RGZ 159, 86, 90; BGHZ 17, 214, 222 = NJW 1955, 1314, 1315 f.; BGHZ 43, 227, 231 = NJW 1965, 1175, 1176; BGHZ 51, 275, 279 = NJW 1969, 653, 654; OLG Karlsruhe NJW-RR 1994, 413; OLG Düsseldorf NJW-RR 1999, 99, 100; OLG Frankfurt VersR 1988, 191, 192; RGRK/*Weber* § 426 RdNr. 48.
[58] RGZ 159, 86, 90; BGHZ 43, 227, 231 = NJW 1965, 1175, 1176.
[59] RGZ 159, 86, 90.
[60] BGHZ 43, 227, 231 = NJW 1965, 1175, 1176.
[61] BGHZ 51, 275, 280 = NJW 1969, 653, 654 f.

rer den Schaden zur Gänze alleine tragen.[62] Im Außenverhältnis bleibt es bei der Solidarhaftung.[63]

17 aa) § 840 Abs. 2. § 840 Abs. 2 konkretisiert diesen Rechtsgedanken mit Blick auf das **Verhältnis des Verrichtungsgehilfen und des Schutzbefohlenen zum Prinzipal.** Derjenige, der selbst pflichtwidrig gehandelt hat, kann sich zur Begründung eines Regressanspruchs im Innenverhältnis nicht darauf berufen, bei der Erfüllung seiner eigenen Pflichten nicht hinreichend überwacht worden zu sein.[64] Folgerichtig ist der nach § 831 verantwortliche Geschäftsherr im Innenverhältnis von der Haftung freizustellen, wenn nicht der Aufsichtsbedürftige selbst nur nach Maßgabe der Billigkeit haftet (§ 829; vgl. § 829 RdNr. 12, § 832 RdNr. 39). Etwas anderes gilt nur dann, wenn der Arbeitgeber seinerseits wegen nachweislich nachgewiesenem Verschulden, insbesondere wegen Verletzung betrieblicher Organisationspflichten (§ 823 RdNr. 378 ff.), verantwortlich ist.[65]

18 In der Praxis ist die Regel des § 840 Abs. 2 wegen der **arbeitsrechtlichen Grundsätze zum innerbetrieblichen Schadensausgleich** weitgehend obsolet. Soweit es sich bei Gehilfe und Prinzipal um die Parteien eines Arbeitsvertrags handelt, stehen umgekehrt dem Arbeitnehmer gegen seinen Arbeitgeber Regress- und Freistellungsansprüche zu, sofern er im Rahmen einer betrieblich veranlassten Tätigkeit Dritte schädigt.[66] Deren Umfang variiert zwar je nach Fahrlässigkeitsgrad und reduziert sich jedenfalls bei vorsätzlichem Verhalten des Gehilfen auf Null, doch für Fahrlässigkeitstaten und die Masse der Fälle wird Abs. 2 de facto auf den Kopf gestellt und der Prinzipal im Innenverhältnis mit den vollen Schadenskosten belastet. Die Entlastung des Arbeitnehmers durch den arbeitsrechtlichen Freistellungsanspruch tritt nur dann nicht ein, wenn dessen Haftungsinteresse durch eine Pflichthaftpflichtversicherung gedeckt ist, denn dann fehlt es an dem Bedürfnis nach sozialem Schutz.[67] Außenwirkung zu Lasten des Geschädigten kommt dem arbeitsrechtlichen Freistellungsanspruch indessen nicht zu (§ 831 RdNr. 7).[68]

19 bb) § 840 Abs. 3. § 840 Abs. 3 stellt die gemäß §§ 833 bis 838 aus Gefährdung oder vermuteter Pflichtverletzung haftenden **Tierhalter, -hüter sowie Gebäudebesitzer von der Haftung frei,** wenn neben ihnen noch ein Dritter für den Schaden verantwortlich ist. Das kann allerdings nur insoweit gelten, als der Dritte seinerseits aus nachgewiesener Pflichtverletzung haftet – und nicht bloß für eine Gefahrenquelle oder für vermutetes Verschulden einzustehen hat.[69] Darüber hinaus ist der Rechtsgedanke des Abs. 3 auch im Rahmen des **Mitverschuldens** zu berücksichtigen, so dass der Ersatzanspruch des Tierhalters nicht wegen erhöhter Tiergefahr zu mindern ist, wenn der Gegner, der selbst ein Tierhalter sein kann, wegen nachgewiesener Pflichtverletzung für den Schaden aufzukommen hat.[70] Umgekehrt gilt allerdings nicht, dass einem Kfz.-Halter, den an dem Unfall ein Mitverschulden trifft, zwingend der Ersatzanspruch gegenüber einem nur aus Gefährdung haftenden Tierhalter versagt bleiben muss.[71] Sind mehrere aus den §§ 833 bis 838 verantwortlich, so kann

---

[62] Vgl. RGZ 71, 7, 8; BGHZ 157, 9, 15 = VersR 2004, 202; BGH NJW 2005, 2309, 2310; 2005, 3144, 3145; *Larenz/Canaris* II/2 § 82 IV 2, S. 583, *Staudinger/Vieweg* RdNr. 79.
[63] BGHZ 6, 3, 28 = NJW 1952, 1087, 1089.
[64] BGHZ 110, 114, 122 = NJW 1990, 1361; BGH NJW 2005, 2309, 2310.
[65] RGZ 157, 9, 19 f. = VersR 2004, 202; BGH NJW 2005, 2309, 2310.
[66] Vgl. BAGE 63, 120, 122 ff. = NZA 1990, 95; BAGE 70, 337, 339 ff. = NJW 1993, 1732; BAG NJW 1995, 210; GemSOBG NJW 1994, 856; BGHZ 157, 9, 16 f. = VersR 2004, 202.
[67] BGH VersR 1972, 166, 167; BGHZ 116, 200, 207 f. = VersR 1992, 437, 439.
[68] Zuletzt BGHZ 157, 9, 17 = VersR 2004, 202; BGH NJW 2005, 2309, 2310.
[69] OLG Hamm NJW 1958, 346, 347; *Böhmer* JR 1965, 378; RGRK/*Nüßgens* RdNr. 55; *Soergel/Krause* RdNr. 17; *Staudinger/Vieweg* RdNr. 82; anders noch RGZ 53, 114, 120 ff.; 58, 335, 336 – vollumfänglicher Regress des Tierhalters gegen die Eisenbahn.
[70] RGZ 71, 7, 8; BGH NJW-RR 1995, 215, 216; OLG Schleswig NJW-RR 1990, 470; OLG Hamm NJW-RR 1990, 794, 795; 1998, 957, 958 = VersR 2000, 732; NJW-RR 2003, 524, 525; LG Aachen VersR 2001, 1039, 1040; anders 3. Aufl. RdNr. 31.
[71] OLG Hamm NJW-RR 2003, 524, 525.

sich keiner auf § 840 Abs. 3 berufen, sondern die Haftungsanteile sind nach Maßgabe der §§ 426, 254 zu bestimmen.[72]

Eine **analoge Anwendung des Abs. 3** auf die zahlreichen Gefährdungshaftungstatbestände außerhalb des BGB, wie etwa § 1 HPflG oder § 7 StVG, kommt nicht in Betracht.[73] Der Kraftfahrzeughalter und der Eisenbahnunternehmer können also nicht ihrerseits aus Verschuldenshaftung verantwortliche Zweitschädiger auf vollen Ausgleich in Anspruch nehmen, und der Ersatzanspruch eines Geschädigten, dem ein Mitverschulden anzulasten ist, reduziert sich auch im Verhältnis zu einem lediglich aus Gefährdung Verantwortlichen nicht auf Null (im Detail § 254 RdNr. 12 ff.).[74] Die Spezialgesetze enthalten häufig Sondervorschriften über den Innenausgleich unter mehreren Schädigern, wie etwa §§ 13 HPflG, 17 StVG (vgl. auch RdNr. 5), die gerade nicht die schematische Verteilungsregel des § 840 Abs. 3 wiederholen, sondern auf die Kriterien des § 254, also auf die Verursachungs- und Verschuldensanteile abstellen. Mit dieser Entwicklung passt es nicht zusammen, wenn dem Tierhalter gegenüber einem gemäß § 823 Abs. 1 verantwortlichen Dritten im Rahmen der Mitverschuldensprüfung stur das Privileg des § 840 Abs. 3 zugute gehalten und die mitwirkende Tiergefahr nicht angerechnet wird (vgl. Fn. 70).

cc) Korrekturen und Reformvorschläge. Sind die Bestimmungen der Abs. 2 und 3 auf Grund der geschilderten Entwicklungen ohnehin schon weitgehend obsolet, wird ihre Bedeutung weiter dadurch gemindert, dass sie einer **Einzelfallkorrektur** gegenüber offen sind. Sofern beispielsweise dem Verrichtungsgehilfen oder Schutzbefohlenen spätestens im Regressprozess der Nachweis gelingt, dass der Prinzipal die ihm im Rahmen des § 823 Abs. 1 entwickelten Organisationspflichten verletzt hat, steht nichts entgegen, ihn abweichend von der Regel des Abs. 2 auf der Grundlage der §§ 840 Abs. 1, 426, 254 zu einem (partiellen) Ausgleich heranzuziehen.[75]

Angesichts dieser Rechtslage kann es nicht verwundern, dass der **Entwurf 1967** ebenso wie das vorbereitende Gutachten zur Schuldrechtsreform die Abschaffung der Abs. 2 und 3 empfohlen hatte.[76] Da der Entwurf 1967 jedoch aus Gründen, die mit § 840 nichts zu tun haben, gescheitert ist, und das Zweite SchadensersatzrechtsänderungsG die Vorschläge zu dieser Vorschrift nicht aufgegriffen hat, ist mit einer Reform auf absehbare Zeit nicht zu rechnen (vgl. Vor § 823 RdNr. 83).

IV. Mitverschulden des Geschädigten

1. Mittäter und Beteiligte. Trifft den Geschädigten an der Entstehung des Schadens ein Mitverschulden, ist dies selbstverständlich zugunsten der Gesamtschuldner zu berücksichtigen[77] – die Frage ist nur, auf welche Weise dies geschehen soll. Keine Schwierigkeiten bereiten die Fälle, in denen gemäß § 830 Mittäter, Teilnehmer und Alternativtäter jeweils für den gesamten Schaden aufzukommen haben; hier ist der Mitverursachungsbeitrag des Geschädigten demjenigen der Schädiger insgesamt gegenüber zu stellen, eine **einheitliche Quote** zu bilden, und der auf den Geschädigten entfallende Anteil von dem Eratzbetrag abzusetzen, für den im Übrigen die Schädiger solidarisch und jeweils in voller Höhe aufzukommen haben (vgl. RdNr. 13 mit Fn. 48).[78]

---

[72] RGZ 58, 335, 337; 67, 120, 123; vgl. auch *Knütel* NJW 1978, 297, 299.
[73] RGZ 58, 335, 337 (zum RHPflG); BGHZ 6, 319, 321 f. = NJW 1952, 1015, 1016; BGHZ 20, 259, 263 = NJW 1956, 1067, 1068 (zum StVG); OLG Hamm VersR 1982, 1009, 1010.
[74] Grdlg. BGHZ 2, 355, 358 = NJW 1951, 757, 757 f.; BGHZ 6, 319, 322 f. = NJW 1952, 1015, 1016.
[75] RG Recht 1915 Nr. 1499; RGRK/*Nüßgens* RdNr. 54; *Soergel/Krause* RdNr. 14; *Staudinger/Vieweg* RdNr. 80, 83.
[76] *BMJ*, Referentenentwurf eines Gesetzes zur Änderung und Ergänzung schadensersatzrechtlicher Vorschriften, 1967, Bd. I, S. 6, mit Begründung, Bd. II, S. 20 f., 143; *v. Bar* in: Gutachten und Vorschläge zur Überarbeitung des Schuldrechts, Bd. II, 1981, S. 1681, 1710, 1777.
[77] BGHZ 90, 86, 91 = NJW 1984, 2087.
[78] BGHZ 30, 203, 206 = NJW 1959, 1772, 1773.

24 **2. Nebentäter.** Große Schwierigkeiten macht die Anrechnung des Mitverschuldens hingegen bei der **Verantwortlichkeit mehrerer als Nebentäter,** die sich ihre Verursachungsbeiträge nicht wechselseitig zurechnen lassen müssen (RdNr. 2 f.). Im Ausgangspunkt kommen zwei verschiedene Wege in Betracht, den Mitverantwortungsanteil des Geschädigten zu berücksichtigen. Denkbar ist zunächst die Konzentration auf das Verhältnis des Geschädigten zu jedem der Nebentäter – sog. **Einzelbetrachtung.** Alternativ dazu kann der Verursachungsbeitrag des Geschädigten mit demjenigen des Kollektivs verglichen und in dem so hergestellten Zwei-Parteien-Verhältnis die Quote gebildet werden – sog. **Gesamtbetrachtung.** Die Krux der Problematik besteht darin, dass Einzel- und Gesamtbetrachtung zu durchaus unterschiedlichen Ergebnissen führen, wie sich bereits an einem einfachen Beispiel zeigt, das vom BGH gebildet wurde und an dem sich die Diskussion orientiert: Haben zwei Nebentäter A und B einen Schaden von 3000 angerichtet, sind ihre Verantwortungsanteile gleich hoch und hat auch der Geschädigte G einen ebenso schwer wiegenden Verursachungsbeitrag geleistet, führt die Einzelabwägung dazu, dass G sowohl von A als auch von B und von beiden als Gesamtschuldner Zahlung von 1500 verlangen kann, während eine Gesamtbetrachtung unter Berücksichtigung der Verantwortungsanteile aller drei Beteiligter ergibt, dass sich der Geschädigte die Kürzung seines Ersatzanspruchs nur in Höhe von einem Drittel gefallen lassen muss, also Anspruch auf Zahlung von insgesamt 2000 hat.

25 Um zu gewährleisten, dass der Geschädigte nicht auf die Summe beschränkt bleibt, die der höchsten Einzelquote entspricht,[79] sondern erhält, was ihm insgesamt, auf Grund einer Gesamtbetrachtung gebührt, andererseits aber keiner der Nebentäter auf einen höheren Betrag haftet als es seinem Verantwortungsanteil im Verhältnis zum Geschädigten entspricht, praktiziert der **BGH eine Kombination von Einzel- und Gesamtabwägung:**[80] Der Geschädigte kann den einzelnen Nebentäter nur in Höhe desjenigen Betrags in Anspruch nehmen, für den dieser nach Maßgabe einer bilateralen Betrachtung der Verursachungs- und Verschuldensanteile die Verantwortung trägt, jedoch haftet jeder weitere Nebentäter auf den bei Zugrundelegung der Gesamtbetrachtung verbleibenden Restbetrag, soweit dieser nicht seinen eigenen – bilateral gebildeten – Verantwortungsanteil übersteigt. Diese Regel klingt kompliziert, ist in der praktischen Handhabung jedoch einfach. In dem obigen Beispiel könnte der Geschädigte sowohl A als auch B auf Zahlung von 1500 in Anspruch nehmen,[81] insgesamt jedoch auf nicht mehr als 2000. Zahlt der eine Gesamtschuldner den mit Hilfe der Einzelabwägung errechneten Betrag – hier also 1500 – kann der Geschädigte den nach Maßgabe der Gesamtabwägung gebildeten Differenzbetrag – im Beispiel 500 – von dem anderen Schädiger ersetzt verlangen, der im Übrigen einem Regressanspruch seines Nebenmanns in Höhe von weiteren 500 ausgesetzt wäre.

26 Diese Verknüpfung von Einzel- und Gesamtbetrachtung wird in der **Literatur kritisiert,** weil sie zu kompliziert sei und der Mitverantwortung der Nebentäter für den Gesamtschaden widerspreche.[82] Vorgeschlagen wird stattdessen eine gesamtschuldnerische Haftung auf den vollen Ersatzbetrag, den der Geschädigte insgesamt zu beanspruchen habe. Diese Lösung widerspricht jedoch der Prämisse, dass der einzelne Nebentäter gerade nicht wie Mittäter und Teilnehmer (§ 830) für den Tatbeitrag seines Nebenmanns verantwortlich ist.[83]

---

[79] So noch RG Gruchot 54, 414, 416; DR 1940, 453 Nr. 16.
[80] Grdlg. BGHZ 30, 203, 211 f. = NJW 1959, 1772, 1774 f.; weiter BGHZ 61, 351, 354 = NJW 1974, 360; BGH VersR 1966, 752, 754; 1975, 255, 256 f.; NJW 2006, 896, 897 RdNr. 13; anders wohl noch BGHZ 12, 213, 220 = NJW 1954, 875, 876; vorbereitend *Dunz* JZ 1955, 727; *ders.* JZ 1957, 371 ff.; *ders.* JZ 1959, 592 ff.; zust. *Larenz/Canaris* II/2 § 82 III 3, S. 581 f.; *Staudinger/Vieweg* RdNr. 45.
[81] Anders OLG Celle VersR 1991, 234, 235, das die Gesamtschuld den Einzelschulden gegenübergestellt und somit zu einer ganz anderen – niedrigeren – Summe für die Solidarhaftung kommt. Aber die Einzelschulden gehen eben in gewissem Umfang in die Gesamtschuld ein, nämlich soweit sie sich decken.
[82] *Brambring,* Mittäter, Nebentäter, Beteiligte, S. 158 f.; *E. Lorenz* S. 33 f.; *Looschelders,* Die Mitverantwortlichkeit des Geschädigten im Privatrecht, 1999, S. 632 ff.; *Keuk* AcP 168 (1968), 175, 198 ff., 203; *Lange/Schiemann* Schadensersatz § 10 XIII 3, S. 629 ff.; *Erman/Schiemann* RdNr. 6.
[83] BGH VersR 1959, 608, 612 f.; *Steffen* DAR 1990, 41; *Larenz/Canaris* II/2 § 82 III 3, S. 581.

Andernfalls könnte ein Schädiger, auf den eine Verantwortungsquote von 10% entfällt, auf Ersatz von 90% des Gesamtschadens in Anspruch genommen werden, sofern die dem Geschädigten anzulastende Mitverschuldensquote ebenfalls 10% beträgt, der maßgebliche Anteil von 80% hingegen von einem Dritten zu verantworten ist. Wäre dies richtig, bedürfte es des § 830 häufig nicht mehr, weil dann stets eine Zusammenrechnung und wechselseitige Zurechnung der Verursachungsbeiträge verschiedener Schädiger stattfände und damit jeder, der irgendwie zur Entstehung des Schadens beigetragen hat, in vollem Umfang für den Ausgleich aufzukommen hätte. Schließlich ist die Lösung der Rechtsprechung nur prima facie komplex, denn sie hat die Instanzgerichte in keiner Weise überfordert; an ihr ist festzuhalten.

Allerdings bedarf die Kombination von Einzel- und Gesamtbetrachtung einer Modifizierung für den Fall der **Insolvenz eines Mitschädigers.** Dieses Risiko darf nicht in vollem Umfang zu Lasten der übrigen Nebentäter gehen, sondern der Geschädigte ist daran in dem Umfang zu beteiligen, der seiner Mitverschuldensquote entspricht.[84] Technisch lässt sich dieses Resultat erzielen, indem man den im Wege der Gesamtbetrachtung ermittelten Ersatzbetrag um diejenige Quote kürzt, die dem Verantwortungsanteil des Geschädigten im Verhältnis zu denjenigen der verbleibenden Schädiger entspricht. Am Beispiel: Haben neben dem Betroffenen drei Personen einen Schaden von 12 000 zu jeweils gleichen Teilen verursacht (Quote: 1:1:1:1), so haftete ein jeder Schädiger auf 6000, insgesamt aber nur bis zum Betrag von 9000. Ist nun einer von ihnen insolvent, fällt also ein Ersatzbetrag in Höhe von 3000 weg, dann ist dieser Verlust auf den Geschädigten und die beiden übrigen Schädiger anhand der in diesem Dreipersonenverhältnis maßgebenden Quoten zu verteilen. Im Beispiel hat der Geschädigte $1/3$ des Verlusts zu tragen, dh. der insgesamt von ihm zu beanspruchende Ersatzbetrag reduziert sich auf 8000.[85] Hat sich das Insolvenzrisiko hingegen (noch) nicht realisiert, besteht mE kein Anlass, die unter den Nebentätern bestehende Gesamtschuld in Höhe des gemeinsam geschuldeten Ersatzbetrags durch Bildung zusätzlicher „Separatquoten" zu vermindern.[86]

3. Haftungseinheiten. Schließlich ist die Kombinationslösung mit der Rechtsprechung in den Fällen der sog. Haftungs- oder Zurechnungseinheit durch eine Einheitsbetrachtung zu ersetzen.[87] Die zur **Zurechnungseinheit** verbundenen Schädiger haften dem Geschädigten gesamtschuldnerisch auf eine **einheitliche Quote.** Dabei handelt es sich nicht um eine Billigkeitsausnahme von § 830, sondern es wird einfach dem Umstand Rechnung getragen, dass die Nebentäter in vollem Umfang für denselben Verursachungsbeitrag verantwortlich sind. So liegt es bei der gesamtschuldnerischen Inanspruchnahme von **Kraftfahrzeughalter und -fahrer** sowie deren **Haftpflichtversicherung,**[88] des Geschäftsherrn und seines Verrichtungsgehilfen[89] und darüber hinaus ganz allgemein dann, wenn sich die Verhaltensweisen mehrerer Schädiger zu ein und demselben unfallbedingten Ursachenbeitrag vereinigt haben, bevor dieser die Rechtsgüter des Geschädigten verletzte.[90] Ist das Rechtsgut hingegen aus verschiedener Richtung verletzt worden und haben sich die ver-

---

[84] Übereinstimmend *Keuk* AcP 168 (1968), 175, 200f.; *E. Lorenz* S. 26ff.; *Erman/Schiemann* RdNr. 6; *Soergel/Krause* RdNr. 23; *Larenz/Canaris* II/2 § 82 III 3, S. 582.

[85] Andere, aber wohl äquivalente Berechnungsmethode bei *Larenz/Canaris* II/2 § 82 III 3, S. 582.

[86] So aber der Vorschlag von *Steffen* DAR 1990, 41, 43; eigenwillige Berechnung bei OLG Düsseldorf NJW-RR 1995, 281, 282.

[87] BGHZ 61, 213, 217f. = NJW 1973, 2022, 2023; BGH NJW 1983, 623; 1995, 1150, 1151; 1996, 2023, 2024 = LM § 254 (F) Nr. 35 m. Anm. *Roth*; NJW 1996, 2646, 2647 = LM § 249 (Bb) Nr. 61, Bl. 3R, m. Anm. *Schiemann*; NJW 2006, 896, 897 RdNr. 11; *Steffen* DAR 1990, 41, 43f.

[88] BGH NJW 2006, 896, 897 Tz. 11; 1966, 1262, 1263 = LM § 426 Nr. 25a; BGHZ 54, 283, 285 = NJW 1971, 33, 34.

[89] BGHZ 6, 3, 27f. = NJW 1952, 1087, 1089; BGHZ 54, 283, 285 = NJW 1971, 33, 34; BGH NJW-RR 1989, 918, 920; vgl. aber auch BGH NJW 1995, 1150, 1151: keine Zurechnung sonstiger Pflichtverletzungen des Arbeitgebers zum Arbeitnehmer.

[90] BGHZ 54, 283, 284f. = NJW 1971, 33, 33f.; BGHZ 61, 213, 218 = NJW 1973, 2022, 2023f.; BGH NJW-RR 1989, 918, 920; NJW 1996, 2023, 2024; 1996, 2646, 2647; OLG Hamm NZV 1999, 128; 2000, 371; hierzu auch *Kirchhoff* NZV 2001, 361f.

schiedenen Verletzungen lediglich zu einem umfangreichen Folgeschaden aufaddiert, fehlt es ebenso an einer Haftungseinheit wie in denjenigen Fällen, in denen sich vor Eintritt der Rechtsgutsverletzung verschiedene Risiken kumuliert haben.[91]

29 Schließlich ist die Möglichkeit anzuerkennen, dass der **Geschädigte zusammen mit einem der Nebentäter eine Zurechnungseinheit** bildet – beispielsweise das im Straßenverkehr geschädigte Kind mit einer ihre Obhutspflicht verletzenden Aufsichtsperson.[92] In diesem Fall haftet der andere Schädiger nicht nur im Außenverhältnis auf die von ihm allein zu verantwortende Quote, sondern er kann auch im Innenverhältnis bei dem in Zurechnungseinheit mit dem Geschädigten stehenden Mitschädiger nicht auf der Grundlage der §§ 426, 254 Regress nehmen.[93] Ist der Geschädigte iS der §§ 827 f. unzurechnungsfähig, scheidet nach der Rechtsprechung die Bildung einer Zurechnungseinheit allerdings von vornherein aus, so dass sich insbesondere geschädigte Kleinkinder mitursächliche Pflichtverletzungen ihrer Eltern nicht auf ihren Ersatzanspruch gegen den Zweitschädiger anrechnen lassen müssen.[94] Daran soll sich weder mit Blick auf die §§ 254 Abs. 2 S. 2, 278 (eingehend § 254 RdNr. 127 ff.)[95] noch wegen der eintretenden Störung des Gesamtschuldnerausgleichs etwas ändern (vgl. RdNr. 39).

V. Gestörter Gesamtschuldnerausgleich

30 **1. Problemstellung und Lösungsmöglichkeiten.** Die Problematik des gestörten Innenausgleichs unter Gesamtschuldnern ist eigentlich ein Thema des § 426 (vgl. eingehend § 426 RdNr. 54 ff.). Für § 840 relevant ist die Dogmatik des gestörten Gesamtschuldnerausgleichs allein insoweit, als die aus dem Innenverhältnis herrührende Störung das Potential dazu hat, auf das **Außenverhältnis durchzuschlagen und den Ersatzanspruch des Geschädigten zu verkürzen.** Sachlich geht es um Fallgestaltungen, in denen sich ein Akteur, der sonst als deliktisch Verantwortlicher in Betracht käme, auf ein gesetzliches Privileg zu seinen Gunsten berufen oder geltend machen kann, dass der Geschädigte durch Rechtsgeschäft in gewissem Umfang auf Schadensersatzansprüche verzichtet hat. Hier stellt sich die Frage, zu wessen Lasten die Störung bzw. Zerstörung der Gesamtschuld durch das gesetzliche oder vertragliche Privileg gehen soll. Je nach dem, welche Partei den Nachteil zu tragen hat, lassen sich **drei Lösungsmodelle** unterscheiden: (1) Zu Lasten des privilegierten Schädigers geht es, wenn die Wirkung des Privilegs auf das Außenverhältnis zum Geschädigten beschränkt wird, so dass der insoweit freigestellte Schädiger im Innenverhältnis seinem Mitschädiger nach Maßgabe der §§ 426, 254 ausgleichspflichtig bleibt. (2) Der Geschädigte wird belastet, wenn sein Anspruch gegen die nicht privilegierten Mitschädiger um den Anteil gekürzt wird, der bei einem hypothetischen Regress im Innenverhältnis auf den privilegierten Schädiger entfiele. (3) Schließlich wird dem nicht in den Genuss eines Privilegs kommenden Mitschädiger ein Nachteil aufgebürdet, wenn er im Außenverhältnis gegenüber dem Geschädigten für den vollen Schaden verantwortlich gemacht, ihm im Innenverhältnis zu dem privilegierten Nebenmann jedoch ein Regressanspruch abgesprochen wird.

31 **2. Vertragliche Haftungsbeschränkungen.** Vorbehaltlich möglicher Differenzierungen dürfte im Grundsatz Einigkeit darüber bestehen, dass die an zweiter Stelle genannte Lösung zu Lasten des Geschädigten der Interessenlage am besten entspricht. Besonders deutlich ist dies in den Fällen rechtsgeschäftlicher **Haftungsbeschränkungen, die der**

---

[91] OLG Hamm NZV 1999, 128, 129: Kollision beruht auf verunfalltem Kfz. einerseits, auf dem parkenden Pkw. eines Nothelfers andererseits; OLG Hamm NZV 2000, 371.
[92] So der Fall BGH NJW 1978, 2392.
[93] BGHZ 6, 3, 27 f. = NJW 1952, 1087, 1089; BGHZ 61, 213, 217 f. = NJW 1973, 2022, 2023 f.; BGH NJW 1978, 2392 f.; NJW-RR 1989, 918, 920; NJW 1996, 2023, 2024 = LM § 254 (F) Nr. 35.
[94] BGHZ 103, 338, 344 = NJW 1988, 2667, 2668; OLG Düsseldorf VersR 1982, 300, 301.
[95] BGHZ 73, 190, 192 = NJW 1979, 973, 973; BGHZ 103, 338, 342 f. = NJW 1988, 2667, 2668.

Geschädigte mit einem der späteren Schädiger getroffen hat.[96] Wäre deren Wirkung auf das Außenverhältnis beschränkt, stünde dem Zweitschädiger also nach der Lösung (1) ein Regressanspruch gegen den privilegierten Erstschädiger zu, würde eine von diesem unter Umständen teuer erkaufte vertragliche Rechtsposition zerstört bzw. im wirtschaftlichen Ergebnis unterlaufen.[97] Aber auch Lösung (3) kommt nicht ernsthaft in Betracht, denn dann ginge es zu Lasten eines Zweitschädigers, wenn der Geschädigte gegenüber dem späteren Erstschädiger auf Schadensersatzansprüche verzichtete. Bliebe der Zweitschädiger im Außenverhältnis voll haftpflichtig, würde ihm aber der Regressanspruch im Innenverhältnis genommen, käme die Vereinbarung zwischen dem Geschädigten und dem Erstschädiger einem Vertrag zu Lasten Dritter gleich. Der Geschädigte und der potentielle Erstschädiger haben nicht die Macht, die einen hypothetischen Zweitschädiger treffenden Belastungen durch haftungsbeschränkende Absprachen zu erweitern. Folgerichtig entfalten auch nach dem Schadensereignis getroffene Vereinbarungen zwischen dem Geschädigten und einem Gesamtschuldner trotz § 423 keine Wirkungen zu Lasten der übrigen.[98]

Treffen **Erst- und Zweitschädiger eine Abrede über die Verteilung potentieller** 32 **Haftungslasten,** aus der sich die Freistellung eines Teils ergibt, so lässt dies das Außenverhältnis zum Geschädigten grundsätzlich unberührt.[99] Zwei potentielle Schädiger haben es nicht in der Hand, durch interne Absprachen über die Verteilung der Haftungslasten den Ersatzanspruch des Geschädigten zu verkürzen.

3. Gesetzliche Haftungsprivilegien. a) Grundsatz. Auf dieser Grundlage (RdNr. 31) 33 sind die **Rechtsfolgen gesetzlicher Haftungsprivilegien** von ihrer **Zwecksetzung** abhängig zu machen, nämlich davon, ob sie den Erstschädiger im Verhältnis zum Geschädigten in bestimmtem Umfang vor Ersatzansprüchen schützen sollen oder ob sie darauf gerichtet sind, den Erstschädiger gegenüber allen übrigen potentiell Haftpflichtigen zu privilegieren. Bezweckt das Haftungsprivileg den **Schutz des Erstschädigers im Verhältnis zum Geschädigten,** muss sich der Geschädigte dessen Verantwortungsanteil iS der Lösung (2) auf seinen Ersatzanspruch gegen den Zweitschädiger anrechnen lassen, dient es dagegen der **Privilegierung des Erstschädigers gegenüber allen anderen potentiell Haftpflichtigen,** haben diese die daraus resultierenden Nachteile iS der Lösung (3) zu tragen. – Die Entscheidung zwischen diesen beiden Alternativen fällt in den allermeisten Konstellationen nicht schwer.

b) Unfallversicherungsrecht. So besteht weithin Einigkeit, dass die bei Arbeitsunfällen 34 und Berufskrankheiten zugunsten von **Unternehmern und Arbeitskollegen** eingreifenden **Haftungsprivilegien der §§ 104 ff. SGB VII** nicht zu Lasten eines außenstehenden Zweitschädigers gehen dürfen, sondern der Ersatzanspruch des Geschädigten um die auf Unternehmer und Kollegen entfallenden Verantwortungsanteile zu kürzen ist.[100] Dem Geschädigten geschieht dadurch kein Unrecht, denn im Tausch gegen die Haftungsbeschränkungen der §§ 104 ff. SGB VII kommt er in den Genuss der Leistungen der gesetzlichen Unfallversicherung. Da die Kosten dieser Leistungen wiederum allein von den Unternehmen getragen werden, kann es auch nicht in Betracht kommen, den Konflikt zu

---

[96] Böhmer MDR 1968, 13; Hanau VersR 1967, 516 ff.; Keuk AcP 168 (1968), 175, 188 ff.; Medicus JZ 1967, 398; Prölss JuS 1966, 400; Reinicke NJW 1954, 1641; Stoll FamRZ 1962, 64, 65 f.; Thiele JuS 1968, 149, 156 f.; Wacke AcP 170 (1970), 42, 67 f.; Esser/Schmidt AT/2 § 39 II 2 b; Larenz I § 37 III; Medicus BR RdNr. 932 ff.; Soergel/Krause RdNr. 29.

[97] So aber BGHZ 12, 213, 217 ff. = NJW 1954, 875, 876; BGHZ 58, 216, 219 = NJW 1972, 942, 943.

[98] BGHZ 58, 216, 218 f. = NJW 1972, 942, 942 f.; vgl. auch BGHZ 47, 376, 379 = NJW 1967, 2155, 2156.

[99] BGHZ 114, 117 f. = NJW 1990, 1361, 1362 = JZ 1990, 384 m. krit. Anm. Selb; Burkert-Kirchdörfer JuS 1988, 341, 343 ff.; BGHZ 157, 9, 17 f. = VersR 2004, 202; Denck NZA 1988, 265, 266 ff.; Palandt/Sprau RdNr. 5; anders noch BGH NJW 1987, 2669, 2670 = LM § 823 (F) Nr. 42.

[100] Grundlegend BGHZ 61, 51, 53 f = NJW 1973, 1648, 1648 f.; zu den Vorläuferbestimmungen der §§ 636, 637 RVO; vgl. zuletzt BGHZ 155, 205, 212 f. = ZIP 2003, 1604; BGHZ 157, 9, 14 ff. = VersR 2004, 202; weiter BGHZ 51, 37, 40 = NJW 1969, 236, 237; BGHZ 58, 355, 359 f. = NJW 1972, 1577, 1578; BGHZ 110, 114, 117 = NJW 1990, 1361, 1362; BGH NJW 1996, 2023; Erman/Schiemann RdNr. 7; Palandt/Sprau RdNr. 4; Soergel/Krause RdNr. 25.

deren Lasten zu lösen und dem externen Zweitschädiger einen Regressanspruch gegen den Unternehmer oder Arbeitskollegen einzuräumen.

35 Entsprechende Grundsätze gelten für die Schädigung von **Schülern und Studenten** durch Lehrpersonal, Mitschüler oder Kommilitonen, die gemäß §§ 2 Abs. 1 Nr. 8 b, c, 106 SGB VII ebenfalls die Haftungsprivilegien der §§ 104 ff. SGB VII genießen,[101] und für **Dienstunfälle von Beamten,** für die § 46 Abs. 2 BeamtVG eine den §§ 104 ff. SGB VII äquivalente Regelung trifft.[102] Zu § 839 Abs. 1 S. 2 RdNr. 41.

36 Das Haftungsprivileg des **§ 106 Abs. 3 Alt. 3 SGB VII** ist auf diejenigen Personen beschränkt, die selbst auf der **gemeinsamen Betriebsstätte** tätig sind, erstreckt sich also nicht auf den Arbeitgeber, der dem Geschädigten lediglich nach Maßgabe des § 831 verantwortlich ist.[103] Sofern der für den Schaden ursächliche Arbeitnehmer nach § 823 persönlich verantwortlich wäre, wenn nicht zu seinen Gunsten das Privileg des § 106 Abs. 2 Alt. 3 SGB VII eingriffe, wird der Arbeitgeber nach den Regeln über den gestörten Gesamtschuldnerausgleich vor einer Inanspruchnahme durch den Geschädigten auf der Grundlage von § 831 geschützt.[104] Für dieses Ergebnis ist maßgebend, dass § 840 Abs. 2 im Innenverhältnis zwischen dem allein nach § 831 einstandspflichtigen Arbeitgeber und dem aus eigenem Verschulden haftenden Arbeitnehmer Letzterem die Schadenskosten zuweist. Der **arbeitsrechtliche Freistellungsanspruch,** der diese Kostenallokation in Umkehrung des § 840 Abs. 2 rückgängig machte und den Arbeitgeber belastete, so dass eine Störung des Gesamtschuldnerausgleichs gar nicht vorläge, hat dabei **außer Betracht** zu bleiben.[105] Der Regressanspruch des aus § 831 verantwortlichen Arbeitgebers bestünde also im Umfang der vollen Haftungskosten, wenn sich der Arbeitnehmer nicht auf § 106 Abs. 3 Alt. 3 SGB VII berufen könnte. Folgerichtig bewirken die Regeln über den gestörten Gesamtschuldnerausgleich, dass der Anspruch des geschädigten Dritten gegen den Arbeitgeber entfällt. Etwas anderes gilt nur dann, wenn der Arbeitgeber nicht lediglich aus § 831 haftet, sondern selbst schuldhaft gehandelt, insbesondere die ihm gemäß § 823 Abs. 1 obliegenden betrieblichen Organisationspflichten oder ihn selbst treffende Verkehrspflichten verletzt hat.[106]

37 Der in den Fällen des § 106 Abs. 3 Alt. 3 SGB VII zur **Begründung des Ausschlusses der Arbeitgeberhaftung** zitierte Satz, den Geschädigten gehe das Innenverhältnis zwischen den Arbeitsvertragsparteien „nichts an",[107] ist allerdings seinerseits begründungsbedürftig. Die Begründung besteht wie bei § 104 SGB VII darin, dass der Geschädigte in den Genuss der Leistungen der gesetzlichen Unfallversicherung kommt und ihm verwehrt werden soll, seine Schadensspitzen – insbesondere Schmerzensgeld – aufgrund von § 831 bei dem Arbeitgeber des für den Unfall verantwortlichen Arbeitnehmers zu liquidieren. **Bedenken** erregt allerdings der Umstand, dass dieser Arbeitgeber – anders als in den Fällen des § 104 SGB VII, in denen die eigenen Leute verletzt worden sind – in der Regel keine Beiträge in diejenige Unfallversicherungskasse gezahlt hat, die dem verletzten Arbeitnehmer eines anderen Betriebs Leistungen erbracht hat. Vor allem aber ist es bedauerlich, dass die Kosten von Unfällen auf gemeinsamen Betriebsstätten durch § 106 Abs. 3 Alt. 3 SGB VII in weitem Umfang sozialisiert und die Verantwortung der Unternehmer für die Schadens-

---

[101] BGH VRS 73 (1987), 18, 20 f.; OLG Koblenz NJW-RR 2006, 1174, 1176.
[102] BGHZ 94, 173, 175 ff. = NJW 1985, 2261, 2262 f.
[103] BGHZ 148, 209, 212 = NJW 2001, 3127; BGHZ 148, 214, 217 = NJW 2001, 3125; BGHZ 157, 9, 14 = VersR 2004, 202; BGH NJW 2005, 3144, 3145; *Stöhr* VersR 2004, 809, 813 f.; *Waltermann* NJW 2004, 901, 905.
[104] BGHZ 157, 9, 14 ff. = VersR 2004, 202; BGH NJW 2005, 2309, 2310; 2005, 3144, 3145.
[105] BGHZ 157, 9, 16 ff. = VersR 2004, 202; BGH NJW 2005, 2309, 2310; 2005, 3144, 3146; OLG Frankfurt VersR 2008, 131, 132; *Imbusch* VersR 2001, 1485, 1490 f.; *Stöhr* VersR 2004, 809, 814 f.; *Waltermann* NJW 2004, 901, 906; *Tischendorf* VersR 2002, 1188, 1191 f.; aA OLG Hamm r+s 2001, 150, 151, *Lemcke* r+s 1999, 376, 377; *ders.* r+s 2000, 23, 24.
[106] BGH NJW 2005, 2309, 2310; 2005, 3144, 3146; OLG Frankfurt VersR 2008, 131, 132.
[107] So BGHZ 157, 9, 17 = VersR 2004, 202; BGH NJW 2005, 3144, 3146, unter Berufung auf *Gamillscheg* VersR 1967, 513, 516.

kosten negiert werden. Das **Interesse an Schadensvermeidung** wird auf dem Altar der Sozialversicherung geopfert.

c) Angehörigenprivileg. Mit ähnlichen Überlegungen hat der BGH zu Recht die **Rückgriffsansprüche von Privat- und Sozialversicherungsträgern** gegen Zweitschädiger aus §§ 86 Abs. 1 VVG, 116 Abs. 1 SGB X insoweit beschnitten, als der Regress des Versicherungsträgers gegen den Erstschädiger auf Grund des Angehörigenprivilegs der §§ 86 Abs. 3 VVG, 116 Abs. 6 SGB X ausgeschlossen ist.[108] In der Tat lässt sich kein Grund dafür erkennen, „die Begünstigung des familienangehörigen Erstschädigers im Ergebnis zu Lasten des Zweitschädigers ausschlagen zu lassen".[109] 38

d) Familienrecht. Die im Rahmen der §§ 104 ff. SGB VII unbestrittene Lösung wird von der Rechtsprechung nicht auf die **familienrechtlichen Haftungsbeschränkungen der §§ 1359, 1664 Abs. 1** übertragen, sondern dem geschädigten Familienmitglied der volle Anspruch gegen den externen Zweitschädiger zugebilligt und Letzterem zudem der Regress gegen den privilegierten Ehegatten oder Elternteil versagt.[110] Die Konsequenzen dieser Ausnahme wiegen nicht allzu schwer, weil sich der Beteiligte eines Straßenverkehrsunfalls ohnehin nicht auf die §§ 1359, 1664 berufen kann.[111] In den übrigen Fällen vermag es allerdings nicht zu überzeugen, wenn der BGH iS der Lösung (3) den Zweitschädiger mit den vollen Schadenskosten belastet, ohne ihm einen Regressanspruch gegen den privilegierten Mitschädiger einzuräumen.[112] Das konstruktiv ansetzende Argument, im Fall des § 1664 mangele es an einem haftungsbegründenden Verhalten des Erstschädigers, so dass eine Gesamtschuld gar nicht erst entstehen könne,[113] beweist zu viel, weil es in allen Konstellationen des gestörten Gesamtschuldnerausgleichs zutrifft, ihm aber nirgends entscheidende Bedeutung zugemessen wird. Sachlich schwerer wiegt der Hinweis, anders als im Fall der gesetzlichen Unfallversicherung würden die Interessen des Geschädigten durch die §§ 1359, 1664 verkürzt, ohne dass ihm im Gegenzug Entschädigungsansprüche gegen einen Dritten eingeräumt würden.[114] Dies trifft zu, doch die entscheidende Frage ist, zu wessen Lasten es gehen soll, dass Ehegatten einander und Eltern ihren Kindern nicht ohne weiteres die im Verkehr erforderliche Sorgfalt schulden, und die Antwort kann mE nur lauten, dass die damit verbundenen Nachteile von denjenigen Personen zu tragen sind, die sich den jeweiligen Schädiger zum Ehegatten gewählt haben oder mit ihm in einer Familie zusammenleben, innerhalb derer sich die Vorzüge und Nachteile der Mitglieder mehr oder weniger ausgleichen. Der familienexterne Zweitschädiger jedenfalls kann nichts dafür, wenn ein Ehegatte besonders unaufmerksam zu sein pflegt, er ist nicht gehalten, dies durch seinerseits erhöhten Sorgfaltsaufwand zu kompensieren, und folgerichtig darf der Mitverantwortungsanteil des privilegierten Familienmitglieds auch nicht zu seinen Lasten gehen, sondern er ist iS der Lösung (2) dem Geschädigten anzulasten und also dessen Ersatzanspruch um den Mitverantwortungsanteil des privilegierten Ehegatten oder Elternteils zu kürzen.[115] 39

e) Gesellschaftsrecht. Entsprechende Überlegungen gelten für die gesellschaftsrechtliche **Haftungsbeschränkung des § 708,** auf die sich der Gesellschafter bei der Teilnahme am Straßenverkehr allerdings nicht berufen kann (kritisch § 708 RdNr. 12 ff.).[116] 40

---

[108] BGHZ 54, 256, 258 ff. = NJW 1970, 1844, 1845 f.; BGHZ 73, 190, 195 = NJW 1979, 973, 974.
[109] BGHZ 54, 256, 259 = NJW 1970, 1844, 1845.
[110] BGHZ 103, 338, 344 ff. (zu § 1664) = NJW 1988, 2667, 2668 f. = JR 1989, 60 m. Anm. *Dunz* = JZ 1989, 45, 47 f. m. Anm. *Lange*; OLG Hamm NJW 1993, 542, 543; *Christensen* MDR 1989, 948 ff.; noch für einen Ausgleich im Innenverhältnis hingegen BGHZ 35, 317, 323 ff. = NJW 1961, 1966, 1967 f. (zu § 1359); ausdrücklich aufgegeben in BGHZ 103, 338, 348 f. = NJW 1988, 2667, 2669.
[111] BGHZ 53, 352, 355 = NJW 1970, 1291; BGHZ 61, 101, 105 = NJW 1973, 1654; zust. *Staudinger/Vieweg* RdNr. 68.
[112] *Medicus* BR RdNr. 930; *Erman/Schiemann* RdNr. 8; *Soergel/Krause* RdNr. 27.
[113] BGHZ 103, 338, 347 f. = NJW 1988, 2667, 2669.
[114] BGHZ 103, 338, 348 = NJW 1988, 2667, 2669.
[115] Übereinstimmend *Bamberger/Roth/Spindler* RdNr. 13.
[116] BGHZ 46, 313, 317 f. = NJW 1967, 558, 558 f.

§ 841 1, 2   Abschnitt 8. Titel 27. Unerlaubte Handlungen

41 f) **Staatshaftungsrecht.** Im Bereich des **Verweisungsprivilegs des § 839 Abs. 1 S. 2** finden die Grundsätze des gestörten Gesamtschuldnerausgleichs keine Anwendung, sondern die Privilegierung des Hoheitsträgers geht voll zu Lasten des Zweitschädigers, der zur Gänze für die eingetretenen Nachteile aufzukommen hat.[117] Bei Straßenverkehrsunfällen kann der Staat allerdings § 839 Abs. 1 S. 2 ebenfalls nicht zu seiner Entlastung ins Feld führen (§ 839 RdNr. 313).[118]

§ 841 Ausgleichung bei Beamtenhaftung

Ist ein Beamter, der vermöge seiner Amtspflicht einen anderen zur Geschäftsführung für einen Dritten zu bestellen oder eine solche Geschäftsführung zu beaufsichtigen oder durch Genehmigung von Rechtsgeschäften bei ihr mitzuwirken hat, wegen Verletzung dieser Pflichten neben dem anderen für den von diesem verursachten Schaden verantwortlich, so ist in ihrem Verhältnis zueinander der andere allein verpflichtet.

I. Normzweck

1   Ebenso wie § 840 Abs. 2 statuiert § 841 eine **Ausnahme von den allgemeinen Grundsätzen der Lastenverteilung unter mehreren Schädigern,** die sonst gemäß §§ 426, 254 an den Verursachungs- und Verschuldensanteilen zu orientieren ist (§ 840 RdNr. 14). Unter den Voraussetzungen des § 841 hat im Innenverhältnis nicht der nach § 839 verpflichtete Beamte bzw. die gemäß Art. 34 GG haftende Anstellungskörperschaft für den Schaden aufzukommen, sondern er fällt zur Gänze dem privaten Zweitschädiger zur Last. Dieses Privileg mag auf den ersten Blick merkwürdig anmuten, und tatsächlich hatte das Staatshaftungsgesetz von 1981 die Streichung unter anderem des § 841 vorgesehen, doch ist das Gesetz vom BVerfG für nichtig erklärt worden.[1] Abgesehen davon lassen sich in der Sache gute Gründe für die in § 841 vorgenommene Risikoverteilung anführen, denn die Vorschrift dient anders als § 839 Abs. 1 S. 2 nicht dem Schutz des Beamten bzw. der Staatskasse, sondern beruht auf derselben ratio wie § 840 Abs. 2: Derjenige, der den Schaden durch eigenes pflichtwidriges Verhalten herbeigeführt hat, soll ihn nicht auf einen anderen abwälzen können, dessen Versäumnis lediglich darin besteht, dass er den Primärschädiger nicht gehörig beaufsichtigt hat (§ 840 RdNr. 17 f.). Da sich die Regelung auf das Innenverhältnis beschränkt, entstehen dem Geschädigten keinerlei Nachteile, sondern er kann den Beamten bzw. seine Anstellungskörperschaft gemäß § 839, Art. 34 GG auf den gesamten Ersatzbetrag in Anspruch nehmen, soweit nicht das Verweisungsprivileg des § 839 Abs. 1 S. 2 eingreift.

II. Voraussetzungen

2   **1. Aufsichtsverhältnis.** § 841 setzt die gesamtschuldnerische Haftung des Beamten neben einem privaten Dritten voraus, den auszuwählen oder zu beaufsichtigen er verpflichtet war bzw. dessen Rechtsgeschäfte er zu genehmigen hatte. Diese Voraussetzungen sind insbesondere bei Funktionsträgern der Freiwilligen Gerichtsbarkeit erfüllt, die sich im Übrigen auch nicht auf das Spruchrichterprivileg des § 839 Abs. 2 berufen können (§ 839 RdNr. 326). Beispielhaft zu nennen sind: **Familienrichter** (früher: Vormundschaftsrichter) in Bezug auf die Eltern und sonstige Sorgerechtsinhaber;[2] **Vormundschaftrichter** im Hinblick auf Vormund, Gegenvormund, Pfleger und Betreuer;[3] **Nachlassrichter,** -pfleger

---

[117] BGHZ 37, 375, 380 = NJW 1962, 1862, 1863; BGHZ 61, 351, 354 f., 357 f. = NJW 1974, 360, 362; BGH NJW 1986, 2883, 2884.
[118] BGHZ 68, 217, 221 = NJW 1977, 1238.
[1] BVerfGE 61, 149, 173 ff. = NJW 1983, 25.
[2] BGH MDR 1965, 882 = LM § 254 (Ea) Nr. 10.
[3] RGZ 80, 252, 255.

und -verwalter; **Insolvenzrichter** gegenüber dem -verwalter; **Vollstreckungsrichter** gegenüber Zwangsverwaltern sowie **Amtsrichter,** die im Notfall auf der Grundlage von § 29 Vorstandsmitglieder von Korporationen bestellen.[4] Eine vergleichbare Regelung enthält § 1833 Abs. 2 S. 2 bezüglich des Verhältnisses zwischen Vormund und Mit- oder Gegenvormund. Bei allen übrigen Beamten bestimmt sich der Schadensausgleich nach den allgemeinen Vorschriften der §§ 426, 254.[5]

2. Gesamtschuldnerische Haftung. Die Solidarhaftung des Beamten mit dem Dritten 3 ist stets bei **vorsätzlicher Pflichtverletzung** gegeben, doch im Übrigen wird sie durch das **Verweisungsprivileg** des § 839 Abs. 1 S. 2 regelmäßig verhindert (§ 840 RdNr. 10). In der Praxis stehen deshalb die Ausnahmen von § 839 Abs. 1 S. 2 im Vordergrund, Fälle also, in denen von dem privaten Dritten faktisch kein Schadensersatz erlangt werden kann oder seine gerichtliche Inanspruchnahme für den Anspruchsteller unzumutbar ist (vgl. § 839 RdNr. 317 ff.).[6]

§ 842 Umfang der Ersatzpflicht bei Verletzung einer Person

Die Verpflichtung zum Schadensersatz wegen einer gegen die Person gerichteten unerlaubten Handlung erstreckt sich auf die Nachteile, welche die Handlung für den Erwerb oder das Fortkommen des Verletzten herbeiführt.

§ 843 Geldrente oder Kapitalabfindung

(1) Wird infolge einer Verletzung des Körpers oder der Gesundheit die Erwerbsfähigkeit des Verletzten aufgehoben oder gemindert oder tritt eine Vermehrung seiner Bedürfnisse ein, so ist dem Verletzten durch Entrichtung einer Geldrente Schadensersatz zu leisten.

(2) [1] Auf die Rente findet die Vorschrift des § 760 Anwendung. [2] Ob, in welcher Art und für welchen Betrag der Ersatzpflichtige Sicherheit zu leisten hat, bestimmt sich nach den Umständen.

(3) Statt der Rente kann der Verletzte eine Abfindung in Kapital verlangen, wenn ein wichtiger Grund vorliegt.

(4) Der Anspruch wird nicht dadurch ausgeschlossen, dass ein anderer dem Verletzten Unterhalt zu gewähren hat.

Schrifttum: Boelsen, Schadensersatzleistungen und Vorteilsausgleichung bei Schadensfällen mit einkommensteuerrechtlichem Hintergrund, DB 1988, 2187; *Drees,* Schadensersatzansprüche nach unfallbedingter Pensionierung, VersR 1987, 739; *ders.,* Schadensersatzansprüche wegen vermehrter Bedürfnisse, VersR 1988, 784; *Dressler,* Der Erwerbsschaden des im Betrieb des Partners mitarbeitenden Ehegatten, FS Steffen, 1995, S. 121; *Dunz,* Vereitelung von Gruppen- bzw. fremdnütziger Arbeitsleistung als Deliktsschaden des Verletzten, FS Steffen, 1995, S. 135; *Eckelmann/Nehls/Schäfer,* Beitrag zum Schadensersatz bei Verletzung von Kindern, Schülern, Lehrlingen oder Studenten wegen ihrer Verzögerung in der Ausbildung, Verdienstausfalls und vermehrter Bedürfnisse, DAR 1983, 337; *Eichenhofer,* Umfaßt der Ersatzanspruch des pflegeberechtigten Geschädigten die Aufwendungen für die Alterssicherung der Pflegekraft?, VersR 1998, 393; *Gotthardt,* Schadensersatz bei Ausfall einer Tätigkeit außerhalb des Erwerbslebens, JuS 1995, 12; *Greger,* Haftungsrecht des Straßenverkehrs, 4. Aufl. 2007; *Grunsky,* Aktuelle Probleme zum Begriff des Vermögensschadens, 1968; *ders.,* Der Ersatz fiktiver Kosten bei der Unfallschadensregulierung, NJW 1983, 2465; *ders.,* Zur Ersatzfähigkeit von Betreuungsaufwand für den Geschädigten, BB 1995, 937; *Hänlein,* Der Ersatz des Beitragsschadens im Lichte neuerer Entwicklungen, NJW 1998, 105; *Hartung,* Steuern beim Personenschaden, VersR 1986, 308; *Hofmann,* Der Erwerbsschaden des Gesellschafters einer Personen- oder Kapitalgesellschaft, VersR 1980, 807; *ders.,* Zur Anrechnung von Steuervorteilen des Geschädigten auf den Verdienstausfallanspruch, VersR 1980, 807; *ders.,* Gelungene Synthese oder Scheinlösung? Zum erstrebten Gleichklang zwischen modifizierter

---

[4] Staudinger/Vieweg RdNr. 8.
[5] Waldeyer NJW 1972, 1249, 1251 f.
[6] BGHZ 2, 209, 218 = LM § 839 (Fg) Nr. 2; BGH NJW 1982, 1328, 1329 = LM § 839 (Ca) Nr. 50; ZIP 1984, 312, 316 (insoweit nicht abgedruckt in NJW 1984, 982).

§§ 842, 843   Abschnitt 8. Titel 27. Unerlaubte Handlungen

Nettolohnmethode und Bruttolohnmethode bei der Berechnung des Erwerbsschadens, NZV 1993, 139; *Chr. Huber*, Nichteheliche Lebensgemeinschaft – Ersatz nur bei Erfüllung einer gesetzlichen Unterhaltspflicht?, NZV 2007, 1; *ders.*, Verletzungsbedingte Vereeitelung unbezahlter Arbeit – niemals Ersatz?, VersR 2007, 1330; *ders.*, Das Ausmaß des Schadensersatzanspruchs bei Pflege durch Angehörige rund um die Uhr, ÖJZ 2007, 625; *Jahnke*, Versorgungsschaden in der nicht-ehelichen Lebensgemeinschaft nach einem Unfall, NZV 2007, 329; *Medicus*, Schadensersatz bei Verletzung vor Eintritt in das Erwerbsleben, DAR 1994, 442; *Nehls*, Kapitalisierung von Schadensersatzrenten, VersR 1981, 407; *Pardey*, Berechnung von Personenschäden, 3. Aufl. 2005; *Scheffen*, Erwerbsausfallschaden bei verletzten und getöteten Personen, VersR 1990, 926; *Scheffen/Pardey*, Die Rechtsprechung des BGH zum Schadensersatz bei Ausfall von Haushaltsführung und Bareinkommen, 1994; *dies.*, Schadensersatz bei Unfällen mit Minderjährigen, 2. Aufl. 2003; *Schlund*, Juristische Grundlagen der Kapitalisierung von Schadensersatzrenten, VersR 1981, 401; *ders.*, Juristische Aspekte der Kapitalisierung von Renten- und Unterhaltsansprüchen, BB 1993, 2025; *Schulz-Borck/Hofmann*, Schadensersatz bei Ausfall von Hausfrauen und Müttern im Haushalt, 6. Aufl. 2000; *Steffen*, Ersatz von Fortkommensnachteilen und Erwerbsschäden aus Unfällen vor Eintritt in das Erwerbsleben, DAR 1984, 1; *ders.*, Abkehr von der konkreten Berechnung des Personenschadens und kein Ende?, VersR 1985, 605; *Stürner*, Der Erwerbsschaden und seine Ersatzfähigkeit, JZ 1984, 412, 461; *Würthwein*, Beeinträchtigung der Arbeitskraft und Schaden, JZ 2000, 337; *Wussow*, Unfallhaftpflichtrecht, 15. Aufl. 2002.

Rechtsvergleichend: *Chr. Huber*, Fragen der Schadensberechnung, 1993/1995; *Magnus* (Hrsg.), Unification of Tort Law: Damages, 2001; vgl. auch *v. Bar*, Gemeineuropäisches Deliktsrecht, Bd. II, 1999, RdNr. 14 ff.

Allgemeine Literatur zum Deliktsrecht ist bei § 823 nachgewiesen, Literatur zur Gefährdungshaftung, Rechtsvergleichung, Rechtsgeschichte und zu Reformfragen s. Vor § 823.

Übersicht

	RdNr.		RdNr.
I. Systematik und Reform des Rechts des Personenschadensersatzes	1–10	b) Gesellschaften	44–46
1. Entstehungsgeschichte der §§ 842 bis 847	1–4	3. Erwerbslose	47, 48
2. Anwendungsbereich der §§ 842 ff.	5–8	4. Kinder, Auszubildende und Studenten	49
a) Gefährdungshaftung	5, 6	5. Haushaltsführung	50–53
b) Aufopferungshaftung	7	6. Unentgeltliche Tätigkeiten	54
c) Vertragshaftung	8	7. Einkünfte aus illegalen oder sittenwidrigen Geschäften	55
3. Gerichtspraxis und Reformperspektiven	9, 10	**V. Vermehrte Bedürfnisse**	56–68
II. Allgemeine Voraussetzungen des Erwerbsschadensersatzes	11–16	1. Stellung im Recht des Personenschadensersatzes	56–57 a
1. Rechtsgutsverletzung	11, 12	2. Regress der Sozialleistungsträger, Steuerrecht	58
2. Erwerbsschaden	13, 14	3. Voraussetzungen und Dauer	59–61
3. Die Arbeitskraft als solche	15, 16	4. Fallgruppen	62–68
III. Berechnungsgrundlagen	17–26	**VI. Rentenanspruch**	69–73
1. Konkrete Beurteilung	17, 18	1. Erwerbsschadens- und Mehrbedarfsrente	69
2. Differenzrechnung	19	2. Zahlungstermin (§ 843 Abs. 2 S. 1)	70
3. Prognoseentscheidung	20, 21	3. Sicherheitsleistung (§ 843 Abs. 2 S. 2)	71–73
4. Befristung des Erwerbsschadensersatzes	22–26	**VII. Kapitalabfindung (§ 843 Abs. 3)**	74–78
IV. Fallgruppen des Erwerbsschadensersatzes	27–55	**VIII. Leistungen Dritter**	79–87
1. Abhängig Beschäftigte	27–41	1. Anwendungsbereich des § 843 Abs. 4	79–82
a) Verdienstausfall	27–29	2. Nichtanrechnung als allgemeines Prinzip	83–85
b) Verpflichtung zur Schadensminderung	30–32	3. Kumulations- vs. Regressprinzip	86, 87
c) Brutto- und Nettolohnmethode	33–35	**IX. Prozessuales**	88–97
d) Sozialversicherungsbeiträge	36–41	1. Streitgegenstand	88
aa) Regress der Arbeitgeber und Sozialversicherungsträger	36–39	2. Leistungsklage	89–92
bb) Ersatzansprüche des Verletzten	40, 41	3. Feststellungsklage	93, 94
2. Selbstständige und Unternehmer	42–46	4. Abänderungsklage	95, 96
a) Entgangener Gewinn	42, 43	5. Zwangsvollstreckung	97

I. Systematik und Reform des Rechts des Personenschadensersatzes

1. Entstehungsgeschichte der §§ 842 bis 847. Das Deliktsrecht des BGB in seiner ursprünglichen Gestalt enthielt in seinen §§ 842 bis 847 Vorschriften über den Ausgleich von Personenschäden, die nicht die Haftungsbegründung, sondern die **Haftungsausfüllung** betreffen. Diese sechs Vorschriften lassen sich zu drei Gruppen zusammenfassen, nämlich die §§ 842, 843 über die Art und Weise des Ausgleichs von Vermögensschäden, die infolge der Verletzung physischer Persönlichkeitsinteressen, insbesondere von Körper und Gesundheit entstehen, die §§ 844 bis 846, die Drittbetroffenen in Abweichung von dem Prinzip der Aktivlegitimation allein der in eigenen Rechten verletzten Person Ansprüche auf Ausgleich der ihnen entstandenen Vermögensschäden einräumen, sowie die Vorschrift des § 847 über den Geldersatz für die immateriellen Folgen von Personenschäden als Ausnahme von der Regel des heutigen § 253 Abs. 1. Einzig der in Körperverletzungsfällen primäre und wichtigste Anspruch, nämlich derjenige auf Ersatz der Heilungskosten, bleibt unerwähnt und damit eine Angelegenheit allein des jetzigen § 249 Abs. 2 S. 1.

Systematisch gehören die §§ 842 ff. nicht in das Deliktsrecht, sondern in das **allgemeine Schadensrecht**. Die Gründe, die den Gesetzgeber des Jahres 1900 bewogen haben, diese Bestimmungen nicht in die §§ 249 ff. zu integrieren, sind unklar, wenn man zunächst vom Schmerzensgeldanspruch absieht, der als Ergänzung zur strafrechtlichen Geldbuße des § 231 StGB aF konzipiert und folgerichtig auf Delikte beschränkt wurde.[1] Mit § 842 hingegen verfolgte die Zweite Kommission, der die Vorschrift ihre Entstehung verdankt, allein ein **Klarstellungsinteresse:** Nachteile für Erwerb und Fortkommen sollten durchweg als Vermögens- statt als Nichtvermögensschäden qualifiziert und dadurch unabhängig von den §§ 253, 847 aF als ersatzfähig anerkannt werden.[2] Zur Begründung der Standortwahl im Deliktsrecht wurde angeführt, die Grundsätze der Schadensbemessung müssten bei widerrechtlichen unerlaubten Handlungen nicht dieselben sein wie bei Vertragsverletzungen.[3] Wo die Unterschiede liegen sollen, bleibt allerdings gerade wegen der bloßen Klarstellungsfunktion des § 842 unerfindlich.[4] Bis heute entspricht es allgemeiner Meinung, dass § 842 den Ersatz eines nach den §§ 249 ff. zu restituierenden Vermögensschadens weder begrenzt noch ausschließt, sondern lediglich den Umfang des Ersatzes konkretisiert.[5]

Im Wesentlichen genauso liegt es im Fall des **§ 843**, der seine Entstehung ebenfalls der Zweiten Kommission verdankt,[6] ohne dass man sich darüber Rechenschaft ablegte, warum die Vorschrift in das Deliktsrecht – und nicht in das allgemeine Schadensersatzrecht – eingestellt wurde. Folgerichtig hat das RG bereits 1908 dafür gehalten, im Fall des Personenschadensersatzes auf vertragsrechtlicher Grundlage (§ 280 nF) könne der gemäß § 251 geschuldete Ausgleich sowohl in Form einer Rente als auch in Gestalt einer Kapitalabfindung gewährt werden.[7] Wird insoweit berücksichtigt, dass die Leistung des gesamten Schadensersatzes durch eine Einmalzahlung den Schädiger übermäßig belasten bzw. seine Zahlungsfähigkeit in Frage stellen kann, wird das Gericht im Rahmen des § 251 genauso verfahren wie nach § 843 Abs. 3, also die Kapitalisierung des Schadensersatzes von einem wichtigen Grund abhängig machen. Im Übrigen ist § 843 von der Praxis der Personenscha-

---

[1] Mot. II S. 800 f.; eingehend zur Entstehungsgeschichte des § 847 *Wagner* ZEuP 2000, 200, 203 f. mwN.
[2] Prot. II S. 636. Die Erste Kommission hatte dies nicht anders gesehen, eine ausdrückliche gesetzliche Regelung jedoch für überflüssig erachtet; vgl. Mot. II S. 751.
[3] Prot. II S. 637.
[4] Vgl. RGZ 80, 27, 28; zur Anwendung des § 842 bei Pflichtverletzungen im Rahmen von Vertragsverhältnissen s. RdNr. 8.
[5] RGZ 141, 169, 172; BGHZ (GS) 5, 62, 63 = NJW 1952, 458; BGHZ 26, 69, 77 = NJW 1958, 341, 342; BGHZ 27, 137, 142 f. = NJW 1958, 1041, 1042; *Geigel/Pardey* Kap. 4 RdNr. 73 f.; *Soergel/Beater* § 842 RdNr. 1.
[6] Prot. II S. 627 ff.; *Jakobs/Schubert*, Die Beratung des Bürgerlichen Gesetzbuchs, Recht der Schuldverhältnisse III, 1983, S. 1074 ff.
[7] RGZ 68, 429, 431; 80, 27, 28.

§§ 842, 843 4–6   Abschnitt 8. Titel 27. Unerlaubte Handlungen

densregulierung weitgehend überrollt worden, weil die verschiedenen Haftpflicht-, Schadens- und Sozialversicherungsträger die Abgeltung durch eine Pauschalsumme in aller Regel bevorzugen und folgerichtig einen Abfindungsvergleich anstreben (eingehend RdNr. 74, 96).

4   Insgesamt erscheint die Platzierung der §§ 842 ff. im Deliktsrecht weniger Resultat einer begründeten Entscheidung des Gesetzgebers – wenn man von der Ausnahme des § 847 aF einmal absieht – als vielmehr Konsequenz der mehr oder weniger unreflektiert gebliebenen Vorstellung zu sein, **bei Personenschäden** komme allein die **außervertragliche Haftung** zum Zuge.[8] Diese Prämisse war im Bereich der Arzt- und Beförderungsverträge schon immer unzutreffend, doch hat die maßgeblich durch § 831 und die Defizite der deutschen Unternehmenshaftung beförderte Karriere der vertragsbegleitenden Schutzpflichten erst nach 1900 begonnen und mit ihrer Kodifikation in § 241 Abs. 2 ihren vorläufigen Abschluss gefunden. Heute indessen fehlt jeder Anlass, die Beschränkung der §§ 842 ff. auf das Deliktsrecht aufrechtzuerhalten.

5   **2. Anwendungsbereich der §§ 842 ff. a) Gefährdungshaftung.** Die §§ 842, 843 gelten entgegen dem Wortlaut des § 842 nicht nur für „unerlaubte Handlungen" im engeren Sinne, sondern genauso für die Ausfüllung der Tierhalter-Gefährdungshaftung des § 833 S. 1.[9] Die meisten **Gefährdungshaftungstatbestände** der Spezialgesetze enthalten eigene Regelungen über den Entschädigungsumfang in Körperverletzungsfällen, nämlich die §§ 6 S. 1 HPflG, 11 S. 1 StVG, 36 LuftVG, 8 S. 1 ProdHaftG, 87 AMG, 13 S. 1 UmweltHG, 32 Abs. 5 GenTG, 29 Abs. 1 AtG. Nach ständiger Rechtsprechung schließen diese Sonderregelungen zwar die Anwendung des § 842 aus,[10] doch praktisch bleibt dies folgenlos, weil in der Sache kein Unterschied besteht.[11] Dies gilt unabhängig davon, ob das „Fortkommen" in dem jeweiligen Gesetz neben dem „Erwerb" ausdrücklich erwähnt ist, wie in den §§ 36 LuftVG, 29 Abs. 1 AtG, oder nicht, wie bei den §§ 6 S. 1 HPflG, 11 S. 1 StVG, 8 S. 1 ProdHaftG, 87 AMG, 13 S. 1 UmweltHG, 32 Abs. 5 GenTG der Fall ist. Der Fortkommensschaden lässt sich nämlich ohne weiteres unter die Vermögensnachteile wegen dauernder Minderung oder Aufhebung der Erwerbsfähigkeit subsumieren, und im Übrigen sind die Sondergesetze der Gefährdungshaftung nicht so zu verstehen, dass sie vom Prinzip der Totalreparation, auf dem die §§ 249 ff. beruhen, zu Lasten des Geschädigten abweichen wollten.[12] Folgerichtig ist der Erwerbsschaden auch bei der Haftung aus § 22 WHG zu ersetzen, sofern die Verunreinigung des Wassers zu einem Personenschaden führt, obwohl das WHG keinerlei Regelung des Entschädigungsumfangs bei Gesundheitsschäden trifft.

6   Weitgehend genauso liegt es mit Blick auf **Wahl zwischen Einmal- und Rentenzahlung,** die Regelungsgegenstand sowohl des § 843 als auch der Sondergesetzgebung ist. Die §§ 8 HPflG, 13 StVG, 38 LuftVG, 9 ProdHaftG, 89 AMG, 14 UmweltHG, 32 Abs. 6 GenTG, 30 AtG modifizieren den Wortlaut des § 843 Abs. 1 insoweit, als nur „für die Zukunft" auf eine Rentenzahlung erkannt werden kann, und verweisen im Übrigen auf die Abs. 2 bis 4 des § 843. In der Praxis ist die Beschränkung des Rentenanspruchs auf die Zukunft durch die Gefährdungshaftungsgesetze wieder weitgehend rückgängig gemacht worden, indem das RG dem Geschädigten wegen des in der Vergangenheit eingetretenen Schadens ein Wahlrecht zwischen Kapital- und Rentenzahlung auf der Grundlage des § 251

---

[8] Übereinstimmend *Schlechtriem* in: BMJ (Hrsg.), Gutachten und Vorschläge zur Überarbeitung des Schuldrechts, Bd. II, 1981, S. 1591, 1653.
[9] RGRK/*Boujong* § 842 RdNr. 2; *Staudinger/Vieweg* § 842 RdNr. 6.
[10] RGZ 57, 52, 55; 141, 169, 172 f.; 163, 40, 50; *Staudinger/Vieweg* § 842 RdNr. 10.
[11] RGZ 163, 40, 44 f.
[12] RGZ 163, 40, 43: „Wäre das Gesetz [RHPflG] anders zu verstehen, würde das einen schweren Mangel der Gefährdungshaftung und eine große Härte für den Verletzten bedeuten". Im Ergebnis genauso BGHZ 116, 260, 263 = NJW 1992, 509 = LM SGB VI § 62 Nr. 1; RGRK/*Boujong* § 842 RdNr. 4; *Staudinger/ Vieweg* § 842 RdNr. 10; *Greger* § 29 RdNr. 56; *Wussow/Dressler* Kap. 31 RdNr. 1; *Steffen* DAR 1984, 1, 2; *Medicus* DAR 1994, 442: Fortkommensnachteile unabhängig von der Anspruchsgrundlage auszugleichen.

eingeräumt hat.[13] Durch dessen Ausübung kann der Geschädigte die Spreizung der Haftungshöchstgrenzen für Kapital und Rente nach Maßgabe etwa des § 12 Abs. 1 Nr. 1 StVG für sich ausnutzen – bei kurzfristigen hohen Schäden ist die Kapitalzahlung, bei Dauerschäden die Rentenzahlung für ihn günstiger.[14]

b) Aufopferungshaftung. Bei Aufopferungsansprüchen kommt eine Anwendung des Rechtsgedankens des § 842 etwa im Fall der Haftung nach dem StrEG in Betracht, zumal sich auch hier die Haftungsausfüllung nach den §§ 249 ff. richtet.[15] Gleiches gilt für die Haftung aus Art. 5 Abs. 5 EMRK.[16]

c) Vertragshaftung. Mit Blick auf ihre Stellung im Deliktsrecht wäre die Anwendbarkeit der §§ 842, 843 im Rahmen der Vertragshaftung an sich zu verneinen. Für einen praktisch wichtigen Fall, nämlich die Haftung des Arbeitgebers bzw. Dienstberechtigten für **Verletzungen von Arbeitnehmern und Dienstverpflichteten** wegen Vernachlässigung der Arbeitssicherheit verweisen allerdings die §§ 618 Abs. 3 BGB, 62 Abs. 3 HGB ausdrücklich auf die §§ 842 ff. Diese Verweisung ist von der Rechtsprechung im Wege der Analogie auf andere Vertragstypen als Dienst- und Arbeitsverträge erstreckt worden, doch betreffen die Entscheidungen ganz überwiegend nicht die §§ 842, 843, sondern § 844 (vgl. § 844 RdNr. 11 f.). Die Zurückhaltung des BGH bei der analogen Anwendung der §§ 842, 843 beruht wohl auf mangelndem praktischen Bedürfnis, weil sich der Regelungsgehalt der §§ 842, 843 ohnehin von selbst versteht bzw. aus den §§ 249 ff. folgern lässt (RdNr. 2 f.).[17]

3. Gerichtspraxis und Reformperspektiven. Der aktuelle Status quo im Recht des Personenschadensersatzes ist damit bei Vermögensschäden von einer **Einebnung der Differenzierung zwischen Deliktshaftung, Gefährdungshaftung und Vertragshaftung** gekennzeichnet.[18] In allen drei Fällen lässt sich schon auf der Grundlage der §§ 249, 251 ein Anspruch des Geschädigten auf Ersatz seiner Erwerbs- und Fortkommensschäden begründen, und die Entscheidung zwischen Renten- und Kapitalzahlung lässt sich ebenfalls bereits im Rahmen des allgemeinen Schadensrechts treffen. Die Heilungskosten sind im Übrigen stets auf der Grundlage des § 249 Abs. 2 S. 1 bzw. der §§ 6 S. 1 HPflG, 11 S. 1 StVG, 36 LuftVG, 8 S. 1 ProdHaftG, 87 AMG, 13 S. 1 UmweltHG, 32 Abs. 5 GenTG, 29 Abs. 1 AtG zu liquidieren.

Angesichts der **Diskrepanz zwischen einer hochdifferenzierten Gesetzeslage** mit einer Vielzahl redundanter Regelungen in den Sondergesetzen der Gefährdungshaftung und einer weitgehend **unitarisch verfahrenden Praxis** war es ein Schritt in die richtige Richtung, wenn der Entwurf 1967 die Streichung der §§ 6, 8 HPflG, 11, 13 StVG zugunsten einer Verweisung auf die §§ 842 ff. vorgesehen hatte (zum Schicksal dieses Reformprojekts Vor § 823 RdNr. 83).[19] Die eigentliche Lösung bestünde freilich darin, die §§ 842 ff. insgesamt den §§ 249 ff. einzugliedern. Dem stand bis zum Jahr 2002 die traditionelle Beschränkung des Schmerzensgeldanspruchs auf Delikte entgegen, doch dieses Hindernis ist mit der Überführung von § 847 in § 253 Abs. 2 entfallen.[20] Leider hat es der Gesetzgeber des Zweiten Schadensrechtsänderungsgesetzes versäumt, den eingeschlagenen Weg zu Ende zu gehen und die Regeln über den Personenschadensersatz dort zu platzieren,

---

[13] RGZ 156, 392, 393; genauso BGH VersR 1958, 324, 325; 1964, 638, 639; 1964, 777, 778; BGHZ 59, 187, 188 = NJW 1972, 1711 f.; ohne Differenzierung auch BGHZ 116, 260, 263 = NJW 1992, 509 = LM § 62 SGB VI Nr. 1.
[14] So explizit BGH VersR 1964, 638, 639; BGHZ 59, 187, 188 = NJW 1972, 1711 f.; *Greger* § 31 RdNr. 13.
[15] BGHZ 65, 170, 173 = NJW 1975, 2341, 2342; *Staudinger/Vieweg* § 842 RdNr. 11.
[16] AA *Staudinger/Vieweg* § 842 RdNr. 11.
[17] RGZ 80, 27, 28.
[18] Treffend *Wussow/Dressler* Kap. 31 RdNr. 1.
[19] BMJ (Hrsg.), Referentenentwurf eines Gesetzes zur Änderung und Ergänzung schadensersatzrechtlicher Vorschriften, 1967, Bd. I, S. 15 f., 17 f.; Bd. II, S. 205 ff., 212.
[20] Dazu eingehend *Wagner* NJW 2002, 2049, 2053 ff.

wo sie hingehören, nämlich im allgemeinen Schadensrecht der §§ 249 ff.[21] Im Kontext der §§ 842, 843 wiegt dieses Versäumnis freilich nicht allzu schwer, weil die dort positivierten Grundsätze von der Praxis längst verallgemeinert worden sind, doch bei den §§ 844 bis 846 hätte sich mancher überflüssige Streit klären lassen, wie etwa die Anwendbarkeit des § 844 Abs. 2 im Rahmen der Vertragshaftung (§ 844 RdNr. 11 f.) oder der Schadensausgleich bei Tötung von Hauskindern iS der §§ 1619, 845 (vgl. § 845 RdNr. 6). Darüber hinaus wäre die Gelegenheit wahrzunehmen gewesen, § 843 insoweit der Realität anzupassen, als Versicherungsträger auf Grund der §§ 86 VVG, 116 SGB X gegen den Schädiger Regress nehmen und diesbezüglich die Abgeltung ihrer Ansprüche in Form einer Einmalzahlung erstreben.[22] Eine entsprechende Anregung des Bundesrats bei der Beratung des Zweiten Schadensersatzrechtsänderungsgesetzes ist im weiteren Verfahren offenbar untergegangen.[23] Einstweilen ist nicht damit zu rechnen, dass der Gesetzgeber die begonnene Reform weiterführt.

II. Allgemeine Voraussetzungen des Erwerbsschadensersatzes

11   1. **Rechtsgutsverletzung.** Während in der heutigen Schadenspraxis **Eingriffe in Körper und Gesundheit** dominieren und § 843 auch explizit auf diese beschränkt ist, hatte der Gesetzgeber des § 842 nicht primär den Eingriff in physische Persönlichkeitsinteressen vor Augen, sondern Ehrverletzungen, insbesondere Beleidigungen von Frauen im Zusammenhang mit außerehelichen Sexualbeziehungen, unter denen am Ende des 19. Jahrhunderts das „Fortkommen" mancher Dame erheblich zu leiden hatte.[24] Folgerichtig ist der Erwerbsschaden auch als Folge von Ehrverletzungen gemäß § 823 Abs. 1 iVm. §§ 185 ff. StGB, von Beeinträchtigungen des Rechts auf sexuelle Selbstbestimmung (§ 825), des Namensrechts (§ 12), des im Rahmen von § 823 Abs. 1 geschützten Allgemeinen Persönlichkeitsrechts sowie spezieller Persönlichkeitsinteressen zu ersetzen[25] und ggf. auf der Grundlage von § 251 eine Rente zu gewähren. Praktische Bedeutung haben diese Fallgruppen bisher nicht gewonnen. Beeinträchtigungen von Sachen sowie von reinen Vermögensinteressen sind keine Anwendungsfälle der §§ 842 f.[26]

12   Für die §§ 842 f. kommt es nicht darauf an, ob die Erwerbsfähigkeit des Geschädigten wegen Verletzung seiner **physischen Integrität** oder infolge einer **psychischen Beeinträchtigung** gemindert ist.[27] Darüber hinaus ist irrelevant, ob der Schädiger von vornherein nur auf die Psyche des Betroffenen eingewirkt hat, also bereits die Primärverletzung psychischer Natur ist, wie zB bei den sog. Schockschäden, oder ob das seelische Leiden sich infolge einer Körperverletzung eingestellt hat.[28] Dabei gilt der Grundsatz, dass der Täter das Opfer so „zu nehmen" hat, wie es ist, sich also zu seiner Entlastung nicht auf eine bereits bestehende Prädisposition des Geschädigten berufen kann, die im Zusammenwirken mit dem Schadensereignis zur Beeinträchtigung der Erwerbsfähigkeit geführt hat.[29] Abzugrenzen sind derartige Beeinträchtigungen von sogenannten Renten- oder

---

[21] *Wagner*, Das neue Schadensersatzrecht, 2002, RdNr. 42 f.; in der Tendenz ähnlich *Schlechtriem* (Fn. 8) S. 1651 ff., 1675 f.
[22] Zur Umkehrung des Verhältnisses von Regel und Ausnahme in § 843 Abs. 3 durch die Regulierungspraxis vgl. RdNr. 74, 96.
[23] BT-Drucks. 14/7752 S. 49 Nr. 12, mit Gegenäußerung der Bundesregierung S. 55.
[24] Prot. II S. 636; RGZ 163, 40, 45.
[25] RGRK/*Boujong* § 842 RdNr. 2.
[26] RGRK/*Boujong* § 842 RdNr. 2.
[27] RGZ 151, 279, 283; BGHZ 20, 137, 140 f. = NJW 1956, 1108; BGHZ 39, 313, 315 = VersR 1963, 731; BGHZ 107, 359, 363 = NJW 1989, 2616, 2617; BGHZ 132, 341, 346 = NJW 1996, 2425, 2426; vgl. auch BGHZ 93, 351, 355 = NJW 1985, 1390, 1391.
[28] BGHZ 39, 313, 315 = VersR 1963, 731; BGH VersR 1971, 905, 906 (insoweit nicht in BGHZ 56, 163); 1986, 240, 241; zusammenfassend BGHZ 132, 341, 344 = NJW 1996, 2425, 2426; vgl. auch § 823 RdNr. 76 ff.
[29] RGZ 151, 279, 283; 169, 117, 119 ff.; BGHZ 20, 137, 139 = NJW 1956, 1108; BGHZ 107, 359, 363 = NJW 1989, 2616, 2617; BGHZ 132, 341, 345 = NJW 1996, 2425, 2426; BGH VersR 1986, 240, 241.

Begehrensneurosen, die zwar auch kausal auf dem Schadensereignis beruhen, auf Grund ihrer Eigenart aber dennoch von einer Ersatzpflicht ausgeschlossen sind (eingehend § 823 RdNr. 77).[30] Zu weiteren Einzelheiten der Gesundheitsverletzung vgl. § 823 RdNr. 71 ff.; zu Kausalitätsfragen § 249 RdNr. 136 ff., 201 ff.

2. Erwerbsschaden. Während § 842 Nachteile für den Erwerb und das Fortkommen des Verletzten ausdrücklich in den Umfang des Schadensersatzes einbezieht, ist § 843 an die Aufhebung oder **Minderung seiner Erwerbsfähigkeit** oder die Vermehrung seiner Bedürfnisse geknüpft. Sachliche Unterschiede sind mit diesen Divergenzen in der Formulierung der Vorschriften nicht verbunden. Insbesondere schließt § 842 die Restitution des durch erhöhte Bedürfnisse verursachten Mehraufwands für die Lebenshaltung nicht aus, sondern ein entsprechender Anspruch ergibt sich ohne weiteres aus den §§ 249, 251. Andererseits ist § 843 nicht auf den Erwerbsschaden im engeren Sinn begrenzt, sondern er erstreckt sich gleichermaßen auf den Fortkommensschaden. Da auch dieser auf der Minderung oder Aufhebung der Erwerbsfähigkeit beruht, ist er gemäß § 843 Abs. 1 grundsätzlich in der Form einer Rentenzahlung auszugleichen.[31]

Nachteile für den **Erwerb** sind Vermögensschäden, die dem Betroffenen infolge der verletzungsbedingten Beeinträchtigung seiner Erwerbsfähigkeit – also seiner Fähigkeit zum produktiven Einsatz seiner Arbeitskraft – entstehen.[32] Nachteile für das **Fortkommen** sind wirtschaftliche Nachteile, die sich aus dem Umstand ergeben, dass der Geschädigte in Folge der Verletzung seine berufliche Laufbahn nicht in vorgesehener Weise vorantreiben kann. Behinderungen des beruflichen Fortkommens liegen nicht nur bei unterbliebenen Beförderungen oder dergleichen vor, sondern insbesondere auch, wenn eine Berufsausbildung infolge der Verletzung erst später oder gar nicht abgeschlossen werden kann und der Berufseinstieg sich daher verzögert oder ganz vereitelt wird.[33] Im Einzelfall lassen sich Erwerbs- und Fortkommensschäden kaum unterscheiden, weil bei den meisten Menschen nicht ausgeschlossen werden kann, dass sich ihre berufliche Stellung in der Zukunft noch verbessert hätte. Insofern ist der Fortkommensschaden nichts anderes als der Erwerbsschaden in der Zeitdimension und bereits auf Grund des Prinzips der Totalreparation auszugleichen, das den §§ 249 ff. zugrunde liegt. Die Abgrenzung, welche Schäden Nachteile für den Erwerb und welche Nachteile für das Fortkommen darstellen, kann somit unterbleiben.[34] Dieses Vorgehen entspricht der ständigen Gerichtspraxis, die beide Posten im sog. Erwerbs- oder Verdienstausfallschaden vereint.[35]

3. Die Arbeitskraft als solche. Der bloße Ausfall der Arbeitskraft als solcher mag für den Betroffenen mit schweren immateriellen Entbehrungen verbunden sein, die im Rahmen von § 253 Abs. 2 berücksichtigt werden können, begründet aber noch **keinen Vermögensschaden**.[36] Deshalb geht es auch nicht an, einem Verletzten, dessen Erwerbsfähigkeit unfallbedingt beeinträchtigt worden ist, ohne hinreichende Anhaltspunkte für die hypothetische Verdienstentwicklung pauschal einen (abstrakten) „Mindestschaden" zu unterstellen.[37] Vielmehr kann die Feststellung von Nachteilen für Erwerb und Fortkommen

---

[30] BGHZ 20, 137, 140 f. = NJW 1956, 1108; BGHZ 39, 313, 316 = VersR 1963, 731; BGHZ 132, 341, 346 ff. = NJW 1996, 2425, 2426 f.; BGHZ 137, 142, 146 ff. = NJW 1998, 810, 811 f.; KG VersR 2002, 1429.
[31] *Wussow/Dressler* Kap. 31 RdNr. 1; *Staudinger/Viewe*g § 842 RdNr. 30.
[32] BGHZ 90, 334, 337 = NJW 1984, 1811 = LM § 842 Nr. 25; vgl. auch RGZ 163, 40, 42 f.; BGHZ 59, 109, 111 = NJW 1972, 1703, 1704; RGRK/*Boujong* § 842 RdNr. 5.
[33] BGH VersR 1965, 489; NJW 1973, 700, 701; vgl. 1985, 791, 792; OLG Hamm VersR 2000, 234, 235.
[34] *Erman/Schiemann* § 842 RdNr. 3; RGRK/*Boujong* § 842 RdNr. 6; *Wussow/Dressler* Kap. 31 RdNr. 1; *Steffen* DAR 1984, 1, 2; *Scheffen* VersR 1990, 926.
[35] Vgl. etwa BGHZ 74, 221 = NJW 1979, 1403; BGHZ 116, 260, 263 = NJW 1992, 509 = LM SGB VI § 62 Nr. 1; BGH NJW 1985, 791, 792; 1995, 1023; 1997, 937 f.; 1998, 1633 f.; NJW-RR 1999, 1039, 1040 = VersR 2000, 233; NJW 2002, 292, 293 sowie *Steffen* DAR 1984, 1, 2.
[36] BGHZ 54, 45, 50 ff. = NJW 1970, 1411 = LM § 249 Nr. 26; BGHZ 90, 334, 336 = NJW 1984, 1811 = LM § 842 Nr. 25; BGH NJW-RR 1992, 852; NJW 1995, 1023, 1024 = VersR 1995, 422, 424; NJW 2002, 292, 293; *Wussow/Dressler* Kap. 34 RdNr. 1; RGRK/*Boujong* § 843 RdNr. 31; *Küppersbusch* RdNr. 27.
[37] BGH NJW 1995, 1023, 1024 = LM § 252 Nr. 62.

(§ 842) bzw. einer Minderung der Erwerbsfähigkeit (§ 843) nur mit Blick auf den konkreten Einzelfall erfolgen.

16 Auf der anderen Seite setzt der Erwerbsschadensersatz nicht voraus, dass der **Betroffene im Unfallzeitpunkt einer Erwerbstätigkeit nachging** und auf Grund der Verletzung nun einen konkret fassbaren Verdienstausfallschaden erleidet. Andernfalls wäre die **Erwerbsfähigkeit von Hausfrauen** und -männern und darüber hinaus von allen Personen, die zwar arbeiten, ihre Arbeitskraft aber nicht am Markt in Geld eintauschen, schadensrechtlich nicht geschützt. Die Rechtsprechung gewährt zwar auch in diesen Fällen Ersatz (RdNr. 47 ff.), musste sich aber den Vorwurf gefallen lassen, es sei widersprüchlich, den Vermögenswert der Arbeitskraft als solcher zu leugnen und der Hausfrau gleichwohl Schadensersatz zuzusprechen.[38] – Der Vorwurf ist nicht berechtigt.[39] Wie die Kritik mit Recht herausgearbeitet hat, kommt es zwar für den Vermögensschaden nicht darauf an, wie der Geschädigte mit dem verletzten Gegenstand in der Zukunft verfahren wäre oder wie er ihn in der Vergangenheit genutzt hat: Wer seinen Pkw. ständig einem Dritten zur unentgeltlichen Nutzung überlässt, kann von dem Verursacher eines Unfalls gleichwohl Schadensersatz verlangen.[40] Doch genauso wie es Sachen gibt, die keinen oder nur einen ganz geringen Vermögenswert haben,[41] hat die Arbeitskraft „als solche" keinerlei Marktwert, solange sie nicht produktiv eingesetzt wird.[42] Ist eine Person verletzt, die von ihrem ererbten Vermögen lebt und ihr Leben diversen Freizeitaktivitäten widmet, bleibt ein Erwerbsschaden aus, und genauso liegt es, wenn der Verletzte bereits vor dem Unfall zwar arbeitswillig, aus gesundheitlichen Gründen aber nicht arbeitsfähig oder zwar arbeitsfähig, aber auf dem Arbeitsmarkt schlechterdings nicht vermittelbar war.[43] Auf der anderen Seite kommt es nicht darauf an, ob die Arbeitskraft zur Erfüllung eines Arbeitsvertrags oder zur Erfüllung familienrechtlicher Unterhaltspflichten (§ 1360 S. 2) eingesetzt, ob sie gegen Entgelt verkauft oder unentgeltlich karitativen Zwecken zur Verfügung gestellt wird.[44] Entscheidend ist allein, dass die verletzte Person die **Sphäre ihrer eigenen Lebens- und Freizeitgestaltung verlassen und einen produktiven Beitrag zur Wohlfahrt anderer** geleistet hat. Ein angestellter Gärtner kann folglich seinen Verdienstausfall als Erwerbsschaden liquidieren, und Gleiches gilt für einen ehrenamtlich Tätigen, der alten Menschen unentgeltlich den Garten aufräumt, nicht aber für einen vermögenden Bonvivant, dessen Hauptbeschäftigung die Pflege seines eigenen Gartens ist. Erleidet Letzterer eine Verletzung, die ihn an der weiteren Gartenpflege hindert, mögen seine Bedürfnisse vermehrt sein (§ 843 Abs. 1 Alt. 2), einen Erwerbsschaden erleidet er nicht. Auf diesen Überlegungen beruht die Spaltung der Rechtsgrundlage für den Ersatz des Haushaltsführungsschadens: Sofern die Haushaltstätigkeit des Verletzten der Befriedigung seiner eigenen Bedürfnisse diente, können die Kosten einer Ersatzkraft im Rahmen der Aufwendungen wegen vermehrter Bedürfnisse liquidiert werden, soweit die Tätigkeit hingegen entgeltlich oder unentgeltlich einem Dritten bzw. der Familie geleistet wurde, liegt ein Erwerbsschaden vor (eingehend RdNr. 50, 66).[45]

---

[38] 3. Aufl. Vor § 249 RdNr. 24 *(Grunsky)* – anders jetzt § 249 RdNr. 80 *(Oetker)*; vgl. auch *Grunsky*, Aktuelle Probleme zum Begriff des Vermögensschadens, 1968, S. 73 ff.; ähnlich *Hagen* JuS 1969, 61, 67 f.

[39] Ähnlich wie hier BGHZ 106, 28, 31 = NJW 1989, 766 f.; BGHZ 131, 220, 225 = NJW 1996, 921, 922; *Staudinger/Schiemann* (2005) § 251 RdNr. 107 f.; wohl auch *Esser/Schmidt* AT/2 § 31 II 2 d, S. 189 ff.; anders etwa *Würthwein* JZ 2000, 337, 341 ff., nach der nicht auf den Marktwert der Arbeit, sondern auf das „Interesse des Geschädigten, diese Leistung zu erbringen", ankommen soll.

[40] Vgl. 3. Aufl. Vor § 249 RdNr. 24 *(Grunsky)*.

[41] Beispiel: BGHZ 92, 85, 90 ff. = NJW 1984, 2282, 2283; m. Bespr. *E. Schmidt* JuS 1986, 517; m. Anm. *Medicus* JZ 1985, 39.

[42] In diesem Sinne wohl auch BGHZ 106, 28, 31 ff. = NJW 1989, 766 f.; BGHZ 131, 220, 225 = NJW 1996, 921, 922.

[43] Im Ergebnis übereinstimmend *Grunsky* BB 1995, 937, 940; vgl. auch RdNr. 47.

[44] Im Ergebnis wie hier *Staudinger/Schiemann* (2005) § 251 RdNr. 107 f.; *Staudinger/Vieweg* § 842 RdNr. 16; wohl auch *Chr. Huber* VersR 2007, 1330, der die hier vertretene Auffassung dahin missversteht, es komme auf die bloße Möglichkeit des Einsatzes der Arbeitskraft zu karitativen Zwecken an.

[45] BGH NJW 1974, 41, 42; 1985, 735, 736; 1997, 256 f.

III. Berechnungsgrundlagen

1. Konkrete Beurteilung. Wie der Erwerbsschaden selbst, ist auch sein Umfang konkret-individuell zu bemessen und nicht abstrakt, wie dies im Sozialversicherungsrecht üblich ist.[46] Insbesondere darf nicht der diagnostizierte Grad der **Minderung der Erwerbsfähigkeit** kurzer Hand auf das Einkommen übertragen und in Höhe des jeweiligen Prozentsatzes ein Erwerbsschaden angenommen werden.[47] Vielmehr kann der zivilrechtlich maßgebliche **tatsächliche Erwerbsschaden** je nach den Umständen höher,[48] aber auch niedriger ausfallen. Ist dem Geschädigten trotz medizinisch festgestellter Minderung seiner Erwerbsfähigkeit die Ausübung seiner bisherigen Erwerbstätigkeit ohne Einkommenseinbuße weiter möglich, so fehlt es sogar gänzlich an einem auszugleichenden Schaden.[49] Das Gleiche gilt, wenn der Geschädigte seinen Unterhalt bisher aus seinem Vermögen oder sonstigen Einkunftsquellen bestritten hat und einer Erwerbstätigkeit nicht nachgegangen ist, sofern diese Einkünfte trotz des schädigenden Ereignisses weiterhin zur Verfügung stehen.[50] Hat der Geschädigte seine Erwerbsfähigkeit nur teilweise eingebüßt, kommt es darauf an, inwieweit er die verbleibende Arbeitsfähigkeit noch einsetzen kann. Wechselt er infolge der Beeinträchtigung seinen Beruf oder Arbeitsplatz, sind die dort erzielten Einkünfte haftungsmindernd anzurechnen. Zur Verpflichtung des Geschädigten gemäß § 254 durch Annahme zumutbarer Arbeitsangebote zur Minderung des Erwerbsschadens beizutragen s. RdNr. 30 ff. Umgekehrt ist der Erwerbsschaden in vollem Umfange zu ersetzen, obwohl die Erwerbsfähigkeit nur gemindert oder sogar wiederhergestellt ist, sofern der Geschädigte infolge seiner Beeinträchtigung trotz zumutbarer Bemühungen tatsächlich keine anderweitige Anstellung findet.[51]

In den Fällen **unentgeltlicher Tätigkeit** im Interesse anderer und insbesondere beim **Haushaltsführungsschaden** kommt es für die Höhe des Ersatzanspruchs nicht auf die Opportunitätskosten an, also darauf, was der Verletzte selbst auf dem Arbeitsmarkt hätte verdienen können.[52] Entscheidend ist vielmehr der Marktwert der unentgeltlich geleisteten Dienste, was es also zB gekostet hätte, die Arbeiten der ausgefallenen Hausfrau von einer Ersatzkraft erledigen zu lassen (RdNr. 51). Die sog. arbeitswertorientierte Berechnung des Erwerbsschadens kommt indessen nur dann zum Zuge, wenn eine Schadensberechnung anhand der konkreten Einkommensverhältnisse des Verletzten vor dem Unfall nicht möglich ist, weil Erwerbseinkommen nicht erzielt wurde.[53]

2. Differenzrechnung. Die Berechnung des Erwerbsschadens setzt sich aus **drei Schritten** zusammen:[54] (1) Zunächst ist die aktuelle Einkommenslage des Geschädigten, also seine tatsächlich noch erzielten Einkünfte, zu ermitteln und in die Zukunft fortzuschreiben. Den sich dabei ergebenden Beträgen sind hypothetische Einkünfte hinzuzurechnen, die der Geschädigte erzielt hätte bzw. erzielen könnte, wenn er der ihm gemäß § 254 Abs. 2 obliegenden Schadensminderungspflicht nachgekommen wäre und zB eine zumutbare Ersatzarbeit angenommen hätte (RdNr. 30 ff.). (2) Im zweiten Schritt ist der hypothetische Einkommensstrom zu ermitteln, der sich ergeben hätte, wenn das schädigende Ereignis

---

[46] RGZ 165, 236, 241; BGHZ 7, 30, 48 = NJW 1952, 1249, 1250; BGHZ 54, 45, 52 = NJW 1970, 1411, 1412 = LM § 249 Nr. 26; BGH NJW-RR 1992, 852; NJW 1994, 652, 655 = LM § 842 Nr. 46; NJW 1995, 1023, 1024 = LM § 252 Nr. 62; NJW 2002, 292, 293; RGRK/*Boujong* § 842 RdNr. 7; Palandt/*Sprau* § 843 RdNr. 2.
[47] RGZ 148, 19, 23 mwN aus der Rspr. des RG; BGHZ 38, 55, 58 f. = NJW 1962, 2248 f.; BGH NJW 1956, 219, 220; VersR 1965, 445, 446; 1978, 1170; NJW 1977, 246; 1995, 1023, 1024; 2002, 292, 293; KG VersR 2006, 661; RGRK/*Boujong* § 843 RdNr. 34; *Bamberger/Roth/Spindler* § 843 RdNr. 5.
[48] RGZ 148, 19, 23; BGH VersR 1964, 529; NJW 1979, 1935, 1936.
[49] BGHZ 54, 45, 47 ff. = NJW 1970, 1411 = LM § 249 Nr. 26; BGH JR 1968, 340, 341.
[50] BGHZ 54, 45, 52 = NJW 1970, 1411 = LM § 249 Nr. 26.
[51] BGH NJW 1991, 1412, 1413; 1991, 2422 f.
[52] So aber 3. Aufl. Vor § 249 RdNr. 27 (*Grunsky*).
[53] *Steffen* VersR 1985, 605, 606 f.; der Gegensatz der beiden Berechnungsansätze wird stark betont in der 3. Aufl. § 843 RdNr. 9 ff. (*Stein*).
[54] Vgl. BGH VersR 1965, 786; *Wussow/Dressler* Kap. 32 RdNr. 12.

ausgeblieben wäre. Insoweit ist es nicht damit getan, das bisherige Einkommen in die Zukunft zu extrapolieren, sondern es sind diejenigen Gehaltssteigerungen zu berücksichtigen, die der Geschädigte durch Beförderungen oder sonstigen Aufstieg erzielt hätte, wäre er nicht durch die Verletzung daran gehindert worden.[55] (3) Im dritten Schritt ist die **Differenz** zwischen der hypothetischen Einkommenssituation ohne die Verletzung und der – unter Umständen ebenfalls hypothetischen – Einkommenslage mit der Verletzung zu bilden, die den Erwerbsschaden ausmacht.

20   3. **Prognoseentscheidung.** Eine exakte **Vorhersage der hypothetischen Einkommensentwicklung**, also derjenigen Einkünfte, die der Geschädigte in der Zukunft erzielt hätte, wenn das schädigende Ereignis nicht eingetreten wäre, ist naturgemäß äußerst schwierig und stellt in der Praxis das Hauptproblem des Erwerbsschadensersatzes dar.[56] An dieser Stelle setzen die §§ 252 BGB, 287 ZPO an,[57] die den Gerichten eine Schätzung des künftigen Verdienstausfallschadens unter Zugrundelegung des gewöhnlichen Laufs der Dinge erlauben und das Beweismaß in Bezug auf die Schadensfeststellung absenken.[58] Dies ändert zwar nichts daran, dass die Taxierung des konkreten Vermögensschadens – und nicht die abstrakte Abgeltung der medizinisch diagnostizierten Erwerbsminderung – das Ziel der Schätzung bleibt.[59] Eine völlig **abstrakte Bemessung** des Erwerbsschadensersatzes scheidet ebenso aus wie die pauschale Schätzung eines **Mindestschadens**.[60] Vielmehr muss der Geschädigte Tatsachen vortragen und ggf. nachweisen, die **greifbare Anhaltspunkte** für eine Schätzung des Erwerbsschadens liefern.[61] Erst wenn diesen Anforderungen genügt ist, reicht es für die Verurteilung aus, wenn der Eintritt eines konkreten Schadens bloß wahrscheinlich ist.[62] Dabei darf nicht die Prärogative der Totalkompensation aus den Augen verloren und der Anspruch des Geschädigten auf Ausgleich sämtlicher entstandener Nachteile durch übertrieben hohe Anforderungen an die Dichte der tatsächlichen Schätzgrundlage de facto frustriert werden.[63] Diese Mahnung ist besonders wichtig, wenn es um die Prognose der Erwerbsaussichten von Menschen geht, die im Zeitpunkt der Verletzung (noch) nicht am Wirtschaftsleben teilnahmen, wie Kinder und Jugendliche, Auszubildende und Studenten, Hausfrauen und Arbeitslose (RdNr. 16, 49, 50ff., 47ff.).[64] Etwaige Geheimhaltungsinteressen des Geschädigten müssen zurücktreten; insbesondere kann sich ein Selbstständiger nicht auf das Steuergeheimnis berufen und vom Gericht erwarten, dass es seinen Behauptungen über Umsätze und Gewinne einfach Glauben schenkt.[65]

21   Die Prognose ist nicht auf der Grundlage des Kenntnisstands im Zeitpunkt der Verletzung, sondern unter Auswertung aller im **Zeitpunkt der letzten mündlichen Verhandlung**

---

[55] BGHZ 10, 6, 10 = NJW 1953, 977, 978; BGH NJW-RR 1999, 1039 = VersR 2000, 233.
[56] *Steffen* DAR 1984, 1: „besondere Krux"; *Medicus* DAR 1994, 442 f.
[57] Zum Verhältnis dieser Vorschriften zueinander § 252 RdNr. 30.
[58] BGHZ 54, 45, 46 f., 53 f. = NJW 1970, 1411 f. = LM § 249 Nr. 26; BGH NJW 1988, 3016, 3017; NJW-RR 1991, 470, 471 = VersR 1991, 179 = LM PflVG 1965 Nr. 66; NJW-RR 1992, 852; NJW 1993, 2673 = LM H. 2/1994 § 252 Nr. 59; NJW 1995, 1023; NJW-RR 1999, 1039, 1040 = VersR 2000, 233; NJW 2000, 128; 2001, 1640, 1641; 2002, 292, 294; OLG Köln VersR 2000, 237 f.; *Steffen* DAR 1984, 1 f.; *Scheffen* VersR 1990, 926, 927.
[59] BGHZ 54, 45, 47 ff. = NJW 1970, 1411 = LM § 249 Nr. 26; BGHZ 90, 334, 336 = NJW 1984, 1811 = LM § 842 Nr. 25; BGH NJW 1988, 3016, 3017 = LM § 252 Nr. 38; NJW-RR 1991, 470, 471 = VersR 1991, 179 = LM PflVG 1965 Nr. 66; NJW 1995, 1023, 1024 = LM § 252 Nr. 62; NJW-RR 1999, 1039 = VersR 2000, 233.
[60] BGHZ 54, 45, 47 ff. = NJW 1970, 1411 = LM § 249 Nr. 26; BGHZ 166, 336, 346 = VersR 2006, 838, 840 f.; BGH VersR 2004, 874, 875; 2007, 1536, 1537, 1539 Tz. 26.
[61] BGH NJW-RR 1992, 997, 998; OLG Celle VersR 2008, 82.
[62] Vgl. etwa OLG Köln VersR 2000, 237, 238; OLG Celle VersR 2008, 82.
[63] BGHZ 74, 221, 226 = NJW 1979, 1403, 1404; BGH NJW-RR 1992, 852; NJW 1993, 2673 = LM H. 2/1994 § 252 Nr. 59; NJW 1995, 1023 f.; 1998, 1633, 1634; 1998, 1635; NJW-RR 1999, 1039, 1040 = VersR 2000, 233; NJW 2000, 3287, 3288; 2001, 1640, 1641 f.; 2002, 292, 294 = VersR 2002, 188.
[64] BGH 2007, 1536, 1537, 1539 RdNr. 26; OLG Celle VersR 2008, 82.
[65] BGH NJW 1988, 3016, 3017; vgl. auch BGH NJW 1977, 282, 283.

verfügbaren Daten anzustellen.[66] Erweist sich eine ex ante berechtigte Prognose ex post, aber noch vor der Entscheidung über den Erwerbsschaden als falsch, ist der Schadensberechnung die tatsächliche – nicht die prognostizierte – Entwicklung zugrunde zu legen.[67] Beruht die Steigerung des Erwerbsschadens gegenüber der ursprünglichen Prognose auf strategischem Verhalten des Geschädigten, hat der Ausfallbetrag gemäß § 254 Abs. 2 S. 1 außer Betracht zu bleiben.[68]

4. Befristung des Erwerbsschadensersatzes. Dem langen Zeithorizont des Erwerbsschadensausgleichs ist auch prozessual Rechnung zu tragen, indem **Antragstellung und Tenorierung** dem Zukunftsbezug der Entscheidung angepasst werden, und zwar sowohl in Bezug auf den Einsatzzeitpunkt der Rentenzahlung als auch mit Blick auf die Dauer des Rentenanspruchs.

Die **Fixierung eines Anfangstermins** bereitet keine Schwierigkeiten, wenn der Verletzte durch den Unfall aus dem Berufsleben gerissen wird. Verlangt hingegen eine Person, die im Zeitpunkt unmittelbar vor dem Unfall über keinerlei Erwerbseinkommen verfügte, in einem Rechtsstreit Schadensersatz in Rentenform, darf ihr erst ab dem Zeitpunkt, in dem sie voraussichtlich eigene Einkünfte erzielt hätte, eine Rente zugesprochen werden. Praktische Bedeutung hat dies vor allem für die Ansprüche von Kindern und den Haushalt führenden Müttern: Das Gericht darf hier nicht zu künftigen Zahlungen verurteilen, sondern muss sich zunächst darauf beschränken, die Schadensersatzverpflichtung dem Grunde nach festzustellen, wenn wegen einer zu weit ausgreifenden Zukunftsprognose eine Schätzung gemäß § 287 ZPO willkürlich wäre.[69] Erst zu dem späteren Zeitpunkt, wenn der Eintritt in das Erwerbsleben tatsächlich stattfindet oder hypothetisch stattgefunden hätte, ist der Leistungsanspruch auf eine neue Klage hin zuzusprechen. Auf dieser zweiten Stufe kann dann die Entwicklung nach dem Unfall berücksichtigt werden, namentlich die berufliche Weiterentwicklung, die dem Verletzten trotz seines Handicaps möglich war (vgl. RdNr. 21).

Auch die **Laufzeit der Rente** darf im Urteil nicht offen gelassen werden.[70] Anders als der Anspruch wegen vermehrter Bedürfnisse (RdNr. 60) ist die Erwerbsschadensrente stets zu befristen, nämlich nur bis zu dem Zeitpunkt zuzusprechen, in dem der Geschädigte ohne den Unfall aus dem Erwerbsleben ausgetreten wäre[71] bzw. seine Quasi-Erwerbstätigkeit – zB Haushaltsführung – eingestellt hätte.[72] Für die Zeit danach stehen auch den Rentenversicherungsträgern wegen der von ihnen erbrachten Leistungen keine Regressansprüche aus § 116 SGB X gegen den Schädiger mehr zu.[73] Der Zeitpunkt des Eintritts in den Ruhestand ist anhand der konkreten Umstände wie Alter, Lebenserwartung, Leistungsfähigkeit, persönliche Krankheitsanlagen, Art der Erwerbstätigkeit, individuelle Lebensplanung und tarifvertragliche Pensionsregelungen auf der Grundlage von § 287 ZPO zu bestimmen. Ein Leistungsurteil muss die Befristung auch dann aussprechen, wenn der Zeitpunkt noch in weiter Ferne liegt,[74] obwohl die Fixierung des Austrittszeitpunkts immer schwerer wird, je jünger der Geschädigte ist. Eine Orientierung am durchschnittlichen Renteneintrittsalter, das in der Nähe von sechzig Jahren liegt,[75] ist nicht zulässig, wohl aber kann auf das gesetzliche Rentenalter des § 35 SGB VI abgestellt werden, so dass bei abhängig Beschäftigten wohl

---

[66] BGH NJW 1964, 661, 662 = VersR 1964, 244, 245; BGHZ 74, 221, 224 = NJW 1979, 1403, 1404; BGH NJW 1997, 941, 942; 1999, 1361; vgl. auch BGHZ 29, 393, 398 = NJW 1959, 1079 insoweit nicht abgedruckt.
[67] BGHZ 74, 221, 224 = NJW 1979, 1403, 1404.
[68] BGHZ 74, 221, 224 = NJW 1979, 1403, 1404.
[69] BGH VersR 1969, 713, 714 f.; OLG Köln VersR 1988, 185, 186; RG JW 1909, 392 f.; RGRK/*Boujong* § 843 RdNr. 40.
[70] RGZ 83, 65 f.; BGH NJW 1994, 131, 132 = LM § 842 Nr. 45.
[71] BGH NJW 1985, 482, 484; 1989, 3150, 3151; 1994, 131, 132 = LM § 842 Nr. 45; NJW-RR 1995, 1272; NJW 1995, 3313 = LM § 843 Nr. 54; VersR 2001, 730, 731.
[72] BGH NJW 1974, 1651, 1652 f. = LM § 842 Nr. 11.
[73] BGH NJW 1977, 246; 1982, 984; vgl. auch BGHZ 54, 377, 382 f. = NJW 1971, 286, 287.
[74] Vgl. RGZ 83, 65 f.; BGH NJW 1994, 131 f.
[75] Vgl. Statistisches Jahrbuch für die Bundesrepublik Deutschland, 2002, S. 459.

noch die Vollendung des fünfundsechzigsten Lebensjahres als Zeitpunkt hypothetischen Austritts aus dem Erwerbsleben zugrunde zu legen ist.[76] Dies gilt auch für die Verdienstausfallrente von Frauen,[77] nicht aber für den erwarteten Zeitpunkt der Einstellung der Haushaltstätigkeit, denn diese wird regelmäßig über das fünfundsechzigste Lebensjahr hinaus verrichtet.[78] Bei einem sehr jungen Geschädigten kann im Rahmen der Schätzung (§ 287 ZPO) auf die Regelaltersgrenze ein Abschlag gewährt werden, wenn in casu der Wahrscheinlichkeit Rechnung zu tragen ist, dass der Geschädigte unter Berücksichtigung seiner persönlichen Verhältnisse zu einem früheren Zeitpunkt ausgeschieden wäre, etwa wegen einer bereits vorhandenen Krankheitsanlage. Die Beweislast für solche Tatsachen trifft indessen den Schädiger.[79]

25   Da **Selbstständige und Unternehmer** erfahrungsgemäß später aus dem Berufsleben ausscheiden, darf bei ihnen nicht ohne weiteres auf die Vollendung des fünfundsechzigsten Lebensjahres abgestellt werden.[80] Soweit die Umstände des Einzelfalles eine hinreichend sichere Prognose nicht zulassen, kommt es auf die durchschnittliche Erwerbsdauer in derselben oder einer vergleichbaren Berufsgruppe an. Allerdings ist ab dem fünfundsechzigsten Lebensjahr eine gewisse Leistungsminderung einzukalkulieren und die Rentenhöhe entsprechend zu reduzieren.[81] Auch wenn bei der konkreten Art der Berufstätigkeit sowie der geistigen und körperlichen Konstitution des Geschädigten eine lebenslange Ausübung der Erwerbstätigkeit denkbar wäre, ist eine lebenslange Ersatzrente wegen Verdienstausfalls nur ganz ausnahmsweise zuzuerkennen,[82] nämlich soweit besondere Umstände dafür sprechen, dass der Geschädigte die Absicht lebenslanger Berufstätigkeit hegte und in die Realität umgesetzt hätte.

26   Bestehen erhebliche Unsicherheiten über die **Höhe der zukünftigen Rentenansprüche,** die die Fixierung eines bestimmen Rentenniveaus auf lange Zeit hinaus willkürlich erscheinen ließen, darf das Gericht den Schädiger nicht mit der Möglichkeit einer Abänderungsklage nach § 323 ZPO vertrösten, sondern es muss den Ablauftermin (erheblich) vor dem Termin des voraussichtlichen Ausscheidens aus dem Erwerbsleben festsetzen und im Übrigen die Ersatzpflicht des Schädigers lediglich feststellen.[83] Nach Ablauf der Frist ist unter Berücksichtigung der weiteren Entwicklung des Verletzten eine neue Prognose anzustellen und der Schädiger ggf. erneut zur Zahlung der Rente zu verurteilen (vgl. RdNr. 21). Für den Feststellungsausspruch bedarf es keines ausdrücklichen (Hilfs-)Antrags des Klägers (vgl. RdNr. 93 aE.).[84] Scheitert der Leistungsantrag daran, dass das Gericht einen Schaden trotz des gemäß §§ 287 ZPO, 252 BGB reduzierten Beweismaßes nicht feststellen konnte, darf auch einem hilfsweise erhobenen Feststellungsantrag nicht stattgegeben werden.[85]

IV. Fallgruppen des Erwerbsschadensersatzes

27   **1. Abhängig Beschäftigte. a) Verdienstausfall.** Stand der Verletzte im Zeitpunkt des Schadensereignisses in einem festen Beschäftigungsverhältnis als Arbeiter, Angestellter oder Beamter so ist für die Schadensberechnung von dem **bisherigen Einkommen** auszugehen

---

[76] BGH NJW-RR 1988, 470 f. = VersR 1988, 464, 465; NJW 1989, 3150, 3151; 1994, 131, 132 = LM § 842 Nr. 45; NJW 1995, 3313 = LM § 843 Nr. 54; *Geigel/Pardey* Kap. 4 RdNr. 90.
[77] BGH NJW 1995, 3313 = LM § 843 Nr. 54; ebenso schon BGH NJW 1994, 131, 132 = LM § 842 Nr. 42.
[78] BGH NJW 1974, 1651, 1653: 70 Jahre.
[79] BGH NJW 1995, 3313 = LM § 843 Nr. 54.
[80] BGH VersR 1964, 76; 1964, 778, 779; vgl. auch OLG Hamburg VersR 1997, 248.
[81] BGH VersR 1963, 433, 434; *Küppersbusch* RdNr. 654; *Wussow/Dressler* Kap. 33 RdNr. 7.
[82] Vgl., wenn auch tendenziell großzügiger, RG WarnR 1908, 57; JW 1910, 812; 1932, 787, 789.
[83] BGH VersR 1969, 713, 714 f.; RGRK/*Boujong* § 843 RdNr. 40.
[84] BGH FamRZ 1984, 556, 557.
[85] BGH NJW 1998, 1633, 1634; mE ist der Feststellungsantrag unter den genannten Voraussetzungen – die ihrerseits zunächst geprüft werden müssen – unbegründet, nicht unzulässig. Schließlich kann der Kläger bzw. sein Anwalt ex ante gar nicht wissen, wie das Gericht den Leistungsanspruch beurteilen wird.

und dieses anhand der einschlägigen Tarifbestimmungen und beamtenrechtlichen Besoldungsvorschriften in die Zukunft fortzuschreiben. Soweit der Arbeitgeber bzw. Dienstherr zur Lohnfortzahlung im Krankheitsfall verpflichtet ist, geht der Schadensersatzanspruch in voller Höhe auf ihn über, §§ 6 EFZG, 87a BBG (zum Regress eingehend RdNr. 36 ff.). Allgemeine **Zulagen,** Urlaubs- und Weihnachtsgelder sind ebenso hinzuzurechnen[86] wie die **Auslandsverwendungszulage,** die einem Soldaten entgangen ist, weil er nicht an einem Auslandseinsatz teilnehmen konnte.[87] Sind solche Leistungen trotz der Verletzung vom Arbeitgeber weiter bezahlt worden, kann er nach §§ 683, 670 bzw. § 812 bei dem Schädiger Regress nehmen, ohne dass es einer Abtretung bedürfte.[88] Liegen gegenteilige Anhaltspunkte nicht vor, kann davon ausgegangen werden, dass der Geschädigte die Beschäftigung fortgesetzt hätte. Hat er in der Vergangenheit zwar regelmäßig Einkommen erzielt, unterlag dessen Höhe aber erheblichen Schwankungen, ist das Durchschnittseinkommen zugrunde zu legen.[89] Unter Umständen kann den verschiedenen Einkünften durch eine nach Zeitabschnitten variierte Rentenhöhe Rechnung getragen werden.[90] Zwischenzeitliche Arbeitslosigkeit mindert das Durchschnittseinkommen, wenn sie zum Verhaltensmuster des Geschädigten gehört.[91]

Die den eigentlichen Fortkommensschaden bildenden **hypothetischen Einkommenszuwächse** auf Grund möglicher Beförderungen und Karrieresprünge (RdNr. 14) müssen ebenfalls berücksichtigt und monetarisiert werden. Anhand der fachlichen Qualifikationen sowie des bisherigen beruflichen Einsatzes des Geschädigten ist seine berufliche Zukunft zu prognostizieren. Ist er in seinem bisherigen Berufsleben weder besonders positiv noch negativ aufgefallen, ist die übliche Laufbahnentwicklung zugrunde zu legen. Diejenige Partei, die sich auf eine Abweichung von der durchschnittlichen Entwicklung berufen will, muss die dafür relevanten Tatsachen darlegen und ggf. beweisen, gleichgültig, ob sie zu einer Erhöhung oder einer Absenkung des hypothetischen Zukunftseinkommens führen.[92] Sprechen die bisherigen Leistungen des Geschädigten dagegen, dass er eine bestimmte Karriere hätte einschlagen können oder eine Beförderungsposition erhalten hätte, bleiben die dadurch zu erzielenden Einkünfte außer Betracht.[93] 28

Entgangene Einkünfte aus **Nebentätigkeiten** sind grundsätzlich nach denselben Regeln ersatzfähig wie entgangene Einkünfte aus der Haupttätigkeit,[94] wenngleich ihre Schätzung über einen längeren Zeitraum hinweg besondere Schwierigkeiten macht. Ging der Verletzte zum Zeitpunkt des schädigenden Ereignisses keiner Nebentätigkeit nach, so ist ihm dennoch ein Ersatzanspruch zuzubilligen, wenn er die Absicht hatte, künftig eine Nebentätigkeit aufzunehmen, und dies dem Gericht auch glaubhaft (§ 287 ZPO) machen kann. 29

b) Verpflichtung zur Schadensminderung. Gemäß § 254 Abs. 2 S. 1 ist der Geschädigte gehalten, seinerseits einen **Beitrag zur Reduktion der Schadenskosten** zu leisten, wobei bei Körper- und Gesundheitsverletzungen zwei mögliche Wege zur Schadensminderung führen, nämlich die Wiederherstellung der Körperfunktionen durch medizinische Eingriffe und therapeutische Maßnahmen sowie die Aufnahme einer Ersatztätigkeit, deren Ausübung trotz der Behinderung möglich ist. In beide Richtungen sind entsprechende Obliegenheiten des Geschädigten anerkannt, die jedoch durch den Vorbehalt der Zumutbarkeit begrenzt werden. 30

---

[86] Vgl. BGHZ 133, 1, 4 ff. = NJW 1996, 2296, 2297 = VersR 1996, 1117, 1118; *Wussow/Dressler* Kap. 32 RdNr. 2 ff.
[87] OLG Hamm NJW-RR 2006, 168 f.; OLG Stuttgart VersR 2007, 1524 = NJW-RR 2007, 88.
[88] Auf eine solche berief sich der klagende (öffentliche) Arbeitgeber in BGHZ 133, 1 = NJW 1996, 2296 = VersR 1996, 1117.
[89] RG JW 1935, 2949; *Geigel/Pardey* Kap. 4 RdNr. 91.
[90] RGRK/*Boujong* § 843 RdNr. 41, 50.
[91] OLG Frankfurt VersR 1979, 920, 921 (im konkreten Fall abl.).
[92] Vgl. BGHZ 10, 6, 9 f., 12 = NJW 1953, 977, 978; OLG Köln VersR 2000, 237 f.
[93] OLG Celle VersR 2008, 82, 83: Einstellungsquote von 0,48%.
[94] BGH JR 1968, 340, 341; OLG Köln VersR 1989, 755, 756; OLG Celle VersR 2008, 82, 83; *Wussow/Dressler* Kap. 32 RdNr. 5.

31 Im Einzelnen ist der Geschädigte verpflichtet, sich den **notwendigen und Erfolg versprechenden Heilbehandlungen,** ggf. auch operativen Eingriffen,[95] zu unterziehen, soweit sie ihm angesichts der damit verbundenen Anstrengungen, Schmerzen und Gefahren zuzumuten sind.[96] Die danach verbleibende **Arbeitskraft hat der Verletzte bestmöglich zu Erwerbszwecken einzusetzen,**[97] sich selbst um eine neue Arbeitsstelle zu bemühen, Veränderungen in seiner beruflichen Tätigkeit in Kauf zu nehmen, ggf. sogar den Beruf zu wechseln, an dazugehörigen Umschulungen[98] teil- und längere Fahrtzeiten auf sich zu nehmen[99] oder auch ein Kfz. überhaupt erst anzuschaffen.[100] Die Zumutbarkeit einer Ersatztätigkeit richtet sich nach seinem Gesundheitszustand, seiner Persönlichkeit, Begabung und Bildung, seinen Fähigkeiten, seiner familiären und sozialen Stellung sowie seiner Verwurzelung am Wohnort.[101] Früher ist angenommen worden, wesentliche berufliche Verschlechterungen[102] oder die Trennung von der Familie[103] seien nicht zuzumuten, doch angesichts der allenthalben zunehmenden Mobilität einerseits und der Schwäche des Arbeitsmarkts andererseits sind die Grenzen der Zumutbarkeit neu und großzügiger zu bestimmen. Allerdings ist es dem Geschädigten nicht zum Nachteil anzurechnen, wenn die Aufnahme einer Ersatztätigkeit nicht an ihm, sondern am Arbeitsmarkt scheitert, er also trotz ernsthafter Bemühungen keine Arbeitsstelle findet (sog. Konjunkturschaden, heute besser: Strukturschaden).[104] Ein Beamter, der verletzungsbedingt vorzeitig in den Ruhestand versetzt wird, hat keinen Anspruch auf Erwerbsschadensersatz, wenn er die **Frühpensionierung** selbst veranlasst hat, wohl aber, wenn er sich gegen eine vertretbare Entscheidung seines Dienstherrn nicht energisch zur Wehr gesetzt hat.[105]

32 Schließlich trifft den Verletzten die **Obliegenheit,** den Schädiger nach seiner (teilweisen) Genesung über die ihm zumutbaren Arbeitsmöglichkeiten und seine Anstrengungen zur Wiedererlangung eines angemessenen Arbeitsplatzes zu unterrichten.[106] Erst dann ist es Sache des Beklagten darzulegen und zu beweisen, dass der Verletzte es im Rahmen seiner Schadensminderungspflicht unterlassen hat, eine zumutbare Ersatztätigkeit anzunehmen.[107] Setzt sich der Geschädigte über das zumutbare Maß hinaus für die Schadensminderung ein, so entlastet dies den Schädiger nicht.[108] **Aufwendungen,** die dem Geschädigten im Zusammenhang mit seinem objektiv angemessenen Bemühen um Minderung des Schadens entstehen (zB Umschulungskosten, Fahrtkosten zur neuen Arbeits-

---

[95] BGH VersR 1987, 408; NZV 1994, 271; OLG Oldenburg VersR 1982, 175.
[96] BGH VersR 1964, 94; OLG Hamm VersR 1960, 859.
[97] BGH NJW 1979, 2142 = VersR 1979, 424; BGHZ 91, 357, 365 = NJW 1984, 2520, 2522; BGH NJW-RR 1992, 1050 = LM § 252 Nr. 56; NJW 1991, 1412, 1413 = LM § 254 Nr. 43; OLG Köln VersR 1991, 111; BGH NJW 1996, 652, 653 = VersR 1996, 332, 333; NJW 1997, 3381, 3382 = VersR 1997, 1158, 1159; NJW 1998, 3706, 3707 = VersR 1998, 1428; *Wussow/Dressler* Kap. 32 RdNr. 30 ff.
[98] BGH VersR 1961, 1018; NJW 1987, 2741; 1991, 1412, 1413 = VersR 1991, 437.
[99] BGH VersR 1962, 1100.
[100] BGH NJW 1998, 3706, 3707 = VersR 1998, 1428.
[101] BGHZ 91, 357, 365 f. = NJW 1984, 2520, 2522; eingehend *Wussow/Dressler* Kap. 32 RdNr. 31 ff.
[102] BGHZ 10, 18, 20 = NJW 1953, 1098; BGH VersR 1960, 159 f.; NJW 1991, 1412, 1413 = LM § 254 Nr. 43; OLG Frankfurt NZV 1991, 188.
[103] BGH VersR 1962, 1100, 1101.
[104] BGH NJW-RR 1990, 286, 287 = VersR 1990, 284; NJW 1991, 1412, 1413 = VersR 1991, 437, 438; NJW 1996, 652, 653 = VersR 1996, 332, 333; NJW 1997, 3381, 3382 = VersR 1997, 1158, 1159; *Wussow/Dressler* Kap. 32 RdNr. 31.
[105] OLG Schleswig VersR 2006, 938. Wegen der im Text genannten Einschränkung geht es zu weit, wenn das Gericht ausführt, der Verwaltungsakt, der die Frühpensionierung ausspricht, sei im Zivilprozess ungeprüft zugrunde zu legen.
[106] BGH NJW 1979, 2142 = VersR 1979, 424, 425; NJW 1991, 1412, 1413 = VersR 1991, 437, 438; NJW 1999, 136, 137 = VersR 1999, 106, 107.
[107] BGH NJW 1979, 2142; BGHZ 91, 243, 260 = NJW 1984, 2216 insoweit nicht abgedruckt; NJW 1998, 3706, 3707 = VersR 1998, 1428; OLG Köln VersR 1991, 111; 2000, 237, 238.
[108] BGHZ 55, 329, 333 f. = NJW 1971, 836, 837 f.; BGH NJW 1974, 602, 603; NJW-RR 1992, 1050; NJW 1994, 131, 132; *Steffen* VersR 1985, 605, 610.

stelle), sind als zurechenbare Folgeschäden vom Schädiger auf der Grundlage von § 251 zu ersetzen (vgl. auch § 824 RdNr. 63; § 249 RdNr. 172 f.; § 254 RdNr. 69).[109]

c) Brutto- und Nettolohnmethode. Als Berechnungsgrundlage für den Erwerbsschaden eines Beamten oder Arbeitnehmers kommt sowohl der Brutto- als auch der Nettolohn in Betracht. Nach der **Bruttolohnmethode**[110] ist Grundlage der Schadensberechnung der Bruttoverdienst, einschließlich Steuern,[111] Sozialversicherungsbeiträgen des Arbeitnehmers und des Arbeitgebers sowie sämtlicher (sozialer) Sonderleistungen, die dem Geschädigten mittelbar oder unmittelbar mit Blick auf künftige Arbeitsleistungen zugute gekommen wären.[112] Vorteile, die ihm auf Grund des Schadensereignisses durch den Wegfall eigener Aufwendungen, insbesondere von Steuern und Sozialabgaben, zufließen, sind im Wege des Vorteilsausgleichs zu berücksichtigen. Eine exakte Berechnung der steuerlichen Vor- und Nachteile kann sich im Hinblick auf § 287 ZPO erübrigen, wenn sie sich überschlägig ausgleichen.[113] Die sog. **modifizierte Nettolohnmethode**[114] setzt bei dem fiktiven Nettoeinkommen des Geschädigten an, um diesem die durch das Schadensereignis verursachten weiteren Nachteile hinzuzurechnen, insbesondere die auf die Schadensersatzleistung geschuldeten Steuern (§ 24 Abs. 1 Nr. 1 EStG).[115] Zu erstattungspflichtigen Nachteilen gehören auch die Arbeitgeberbeiträge zur Sozialversicherung sowie sonstige Leistungen, wenn und soweit sie der Arbeitgeber bei ungestörter Fortsetzung des Arbeitsverhältnisses zugunsten des verletzten Arbeitnehmers hätte entrichten müssen (vgl. RdNr. 36 ff.).

Seit einer grundlegenden Entscheidung des BGH aus dem Jahr 1994 kann als anerkannt gelten, dass **beide Ansätze gleichberechtigt** nebeneinander stehen, wenn sie nur richtig gehandhabt werden.[116] Brutto- und Nettolohnmethode sind bloße Berechnungstechniken ohne eigenständigen normativen Gehalt,[117] denn ihr gemeinsames Ziel ist die Ermittlung des „wahren", „wirklichen" Schadens.[118] Beide Ansätze führen – richtig angewandt – nicht zu unterschiedlichen Ergebnissen,[119] und auch die Verteilung der Darlegungs- und Beweislast ist im Ergebnis identisch.[120] Weil nur der Geschädigte Zugang zu den für die Schadensberechnung relevanten Informationen hat, ist es seine Sache, die steuerlichen und sozialversicherungsrechtlichen Auswirkungen des Schadensereignisses darzulegen und ggf. zu beweisen.[121] Entscheidet sich ein Gericht für eine Berechnungsart, muss es ihr allerdings für

---

[109] *Küppersbusch* RdNr. 20; *Geigel/Pardey* Kap. 4 RdNr. 87 f.; allg. zur Ersatzfähigkeit von Aufwendungen im Interesse der Schadensminderung BGH NJW 1959, 933, 934; BGHZ 122, 172, 179 = NJW 1993, 2685, 2687.

[110] BGHZ 42, 76, 80 = NJW 1964, 2007 = LM § 249 Nr. 10; BGHZ 53, 132 = NJW 1970, 461; BGHZ 74, 103, 114 = NJW 1979, 1449, 1451; BGHZ 127, 391, 393 = NJW 1995, 389, 390; BGH NJW 1979, 915; 1980, 1788 = LM § 249 Nr. 27; VersR 1983, 149, 150; NJW-RR 1992, 1050, 1051 f.

[111] Einschließlich der Kirchensteuer BGH NJW-RR 1988, 149 = VersR 1988, 183.

[112] Weihnachts-, Urlaubsgeld und Freistellungstage: BGHZ 59, 109, 111 = NJW 1972, 1703; BGH NJW-RR 1986, 512, 513; NJW 1996, 2296, 2297 = LM § 249 Nr. 47; Beiträge zur privaten Vermögensbildung oder Altersvorsorge: KG DB 1972, 724; DAR 1977, 217; Zulagen: BGH LM § 842 Nr. 4; OLG München VersR 1986, 69; LG Kassel NJW-RR 1987, 799.

[113] BGH VersR 2000, 65 mwN.

[114] BGHZ 42, 76, 78 ff. = NJW 1964, 2007 = LM § 249 Nr. 10; BGHZ 43, 378 = NJW 1965, 1430; BGH NJW 1980, 1788 = LM § 249 Nr. 27; NJW-RR 1988, 149 = LM § 842 Nr. 34.

[115] BGH NJW 1986, 1541 f. = NJW 1986, 183, 184; *Wussow/Dressler* Kap. 32 RdNr. 38.

[116] BGHZ 127, 391, 394 f. = NJW 1995, 389 ff. = LM § 249 Nr. 51 m. Anm. *Rießmann*; BGH VersR 2000, 65 f.; ähnlich bereits BGHZ 42, 76, 83 f. = NJW 1964, 2007 = LM § 249 Nr. 10; BGH VersR 1965, 786; NJW 1987, 1814, 1815 = LM § 249 Nr. 12.

[117] BGHZ 127, 391, 394 = NJW 1995, 389, 390; BGH VersR 1965, 786 = LM RVO § 1542 Nr. 48; VersR 2000, 65.

[118] BGHZ 127, 391, 394 = NJW 1995, 389, 390; ebenso BGHZ 42, 76, 84 = NJW 1964, 2007 = LM § 249 Nr. 10; BGH VersR 1965, 793 = LM § 249 Nr. 7.

[119] BGHZ 127, 391, 395 = NJW 1995, 389, 390; BGH VersR 2000, 65; vgl. auch schon BGHZ 42, 76, 83 f. = NJW 1964, 2007 = LM § 249 Nr. 10.

[120] BGHZ 127, 391, 395 f. = NJW 1995, 389, 390; vgl. aber auch BGH VersR 2000, 65, 66.

[121] BGH NJW 1987, 1814 = LM § 249 Nr. 12; BGHZ 127, 391, 395 = NJW 1995, 389, 390.

die gesamte Schadensberechnung treu bleiben und darf nicht die Rosinen beider Ansätze miteinander kombinieren.[122]

35 Schließlich bedarf es bei jedem einzelnen Abzugs- bzw. Zuschlagsposten einer normativ angeleiteten **Kontrollprüfung**, ob der Vorteil nicht ausnahmsweise doch unberücksichtigt bleiben muss, der Schädiger insoweit also nicht entlastet (Bruttolohnmethode) bzw. der Nachteil dem Nettolohn zugeschlagen wird (modifizierte Nettolohnmethode) (§ 249 RdNr. 222 ff., 227 ff.).[123] Schadensbedingte **Steuerersparnisse** des Geschädigten verringern den zu ersetzenden konkreten Schaden, wenn nicht gerade der Zweck der Vergünstigung einer solchen Entlastung entgegensteht.[124] Dem Geschädigten verbleiben zB Steuervorteile, die er gerade wegen seiner Körperbehinderung erhält (§ 33b EStG) oder die sich auf Grund der Bündelung mehrerer Ersatzleistungen in einem Veranlagungszeitraum (§ 34 Abs. 2 EStG), infolge Verjährung der Steuerschuld oder wegen späterer Senkung des Steuertarifs ergeben.[125] Schadensmindernd zu berücksichtigen ist aber die Steuerfreiheit von Einkünften nach § 3 EStG[126] sowie die im Fall der quotenmäßigen Haftung auftretende steuerliche Progressionsdifferenz.[127] Wird der Schädiger nicht von dem Verletzten selbst, sondern von dessen Arbeitgeber oder von einem Sozialversicherungsträger auf der Grundlage von §§ 6 EFZG, 116, 119 SGB X in Anspruch genommen, kommt von vornherein nur eine Berechnung auf der Grundlage der Bruttobezüge in Betracht.[128]

36 **d) Sozialversicherungsbeiträge. aa) Regress der Arbeitgeber und Sozialversicherungsträger.** Der Ausgleich für Beiträge zur Sozialversicherung sowie für einen eventuellen Rentenverkürzungsschaden ist eine komplexe Materie, deren Darstellung sich hier auf die Grundzüge beschränken muss.[129] Nicht die Beiträge zur sozialen Unfallversicherung,[130] wohl aber diejenigen zur gesetzlichen Kranken-, Renten- und Arbeitslosenversicherung gehören zur Gänze, einschließlich der Arbeitgeberanteile, zum **Einkommen des pflichtversicherten Arbeitnehmers,** das er mit seiner Leistung erwirtschaften muss.[131] Der Schädiger hat deshalb während der von ihm zu vertretenden Arbeitsunfähigkeit des Versicherten auch für diese Beiträge aufzukommen, wenn und soweit sie fortzuentrichten sind (vgl. auch RdNr. 33).[132]

37 Allerdings stehen die entsprechenden Erstattungsansprüche in aller Regel nicht dem Geschädigten selbst zu, sondern seinem Arbeitgeber bzw. einem Sozialversicherungsträger, der **Lohnersatzleistungen** erbracht und auch die darauf zu entrichtenden Sozialversicherungsbeiträge gezahlt hat.[133] So ist der Arbeitgeber gemäß § 3 EFZG verpflichtet, bei vom Arbeitnehmer nicht verschuldeter krankheitsbedingter Arbeitsunfähigkeit für die Dauer von sechs Wochen den vollen Arbeitslohn fortzuzahlen und darauf Beiträge an Sozialversicherungsträger abzuführen. Im Gegenzug stellt ihm § 6 EFZG einen Regressanspruch gegen

---

[122] BGH NJW 2001, 1640 = LM § 252 Nr. 81.
[123] Vgl. BGHZ 74, 103, 113 f. = NJW 1979, 1449, 1451.
[124] BGH NJW 1986, = LM § 249 Nr. 12; NJW 1989, 3150 = LM § 823 (F) Nr. 47; NJW-RR 1992, 1050, 1051 = LM H. 10/1992 § 252 Nr. 56; BGH NJW 1993, 1643; BGHZ 127, 391, 397 = NJW 1995, 389, 391; BGH VersR 2000, 65 f.; *Wussow/Dressler* Kap. 32 RdNr. 41 ff.
[125] BGHZ 74, 103, 116 = NJW 1979, 1449, 1452; BGH NJW 1980, 1788, 1789 = LM § 249 Nr. 27; NJW 1986, 245 = LM § 249 Nr. 12; BGHZ 127, 391, 395 = NJW 1995, 389, 391.
[126] BGH VersR 1954, 574, 575; NJW 1980, 1788, 1789 = LM § 249 Nr. 27; VersR 2000, 65.
[127] BGHZ 127, 391, 398 = NJW 1995, 389, 391; ebenso *Ruhkopf/Book* VersR 1973, 781, 785; *Hofmann* VersR 1980, 807, 809; *ders.* NZV 1993, 139, 140; aA *Hartung* VersR 1981, 1008, 1009; *ders.* VersR 1986, 308, 314; *Boelsen* DB 1988, 2187, 2192 f.; *Kullmann* VersR 1993, 385, 389.
[128] BGHZ 43, 378, 380 ff. = NJW 1965, 1430 = LM § 249 Nr. 11; BGHZ 127, 391, 395 = NJW 1995, 389, 390; BGH VersR 1965, 786, 787.
[129] Ausf. *Küppersbusch* RdNr. 433 bis 582; *Hänlein* NJW 1998, 105 ff.
[130] BGH NJW 1976, 326; die Ausnahme beruht darauf, dass die Unfallversicherung die Haftung des Arbeitgebers ersetzt.
[131] BGH VersR 2000, 65.
[132] BGHZ 43, 378, 381 ff. = NJW 1965, 1430; BGHZ 87, 181, 182 = NJW 1983, 1669; BGHZ 116, 260, 263 = NJW 1992, 509; anders noch BGHZ 7, 30, 53 = NJW 1952, 1249 insoweit nicht abgedruckt.
[133] BGH VersR 2000, 65.

den Schädiger zur Verfügung, der die Gesamtbeiträge (Arbeitnehmer- und Arbeitgeberanteil) einschließt, die während der Krankheitszeit von dem Arbeitseinkommen an Sozialversicherungsträger zu zahlen sind (§ 6 Abs. 1 EFZG). Äußerst kompliziert und differenziert ist die Rechtslage in Bezug auf die **Sozialversicherungsbeitragspflicht von Lohnersatzleistungen,** die ihrerseits nicht vom Arbeitgeber, sondern von Sozialversicherungsträgern gezahlt werden, wie Krankengeld, Verletztenrente usw.[134] Auf eine Darstellung der einzelnen sozialversicherungsrechtlichen Regelungen muss hier verzichtet werden, und im Ergebnis kommt es auf die Details nicht an: Soweit eine Beitragspflicht besteht, kann der leistende Versicherungsträger auf der Grundlage von § 116 Abs. 1 S. 2 Nr. 1 SGB X gegen den Schädiger Regress nehmen; soweit dies nicht der Fall ist, richtet sich der Rückgriff nach den §§ 116 Abs. 1 S. 2 Nr. 2, 119 SGB X. Danach sind auf dem Schadensereignis beruhende Beitragsausfälle auch dann auszugleichen, wenn sie den Versicherungsschutz gar nicht tangieren (RdNr. 38).

Zwar ist in § 119 Abs. 1 SGB X vorausgesetzt, dass der Schadensersatzanspruch des Verletzten die Beiträge zur Sozialversicherung „umfasst", woran Zweifel bestehen, soweit der Geschädigte während der Dauer seiner Arbeitsunfähigkeit beitragsfrei versichert ist. Tatsächlich hatte der BGH einen Beitragserstattungsanspruch des Geschädigten verneint, sofern er in der **Rentenversicherung** bereits eine abgesicherte Rechtsposition erlangt hatte, die durch den zeitweiligen Ausfall oder die Minderung der Beiträge nicht mehr verkürzt werden konnte.[135] Diese Rechtsprechung zur sog. **unfallfesten Position** ist seit dem Inkrafttreten der §§ 62 SGB VI, 119 SGB X am 1. 1. 1992 überholt.[136] Danach wird für den Fall, dass der Beitragserstattungsanspruch auf den Versicherungsträger gemäß § 119 SGB X übergeht,[137] ein Schaden des an sich nicht beeinträchtigten Verletzten fingiert, so dass der Versicherungsträger die Beitragsausfälle beim Schädiger liquidieren kann, obwohl der Geschädigte nicht davon profitiert.[138] Damit ist sichergestellt, dass der Schädiger auch Beitragszahlungen für solche Zeiten zu ersetzen hat, die rentenrechtlich als Anrechnungs- bzw. Zurechnungszeiten zu berücksichtigen sind.[139] In der **Krankenversicherung** gilt im Ergebnis dasselbe, denn obwohl der Geschädigte während des Bezugs von Krankengeld von der Beitragspflicht gemäß § 224 Abs. 1 SGB V befreit ist, kann die Kasse auf der Grundlage von §§ 224 Abs. 2, 116 Abs. 1 S. 2 Nr. 2 SGB X wegen der Beitragsausfälle Regress nehmen.[140] Für den Regress wegen der vom Bund gezahlten **Rentenversicherungsbeiträge für Behinderte,** die in anerkannten Werkstätten tätig sind, enthält § 179 Abs. 1a SGB VI eine Sonderregelung, die allerdings nur dann eingreift, wenn der Geschädigte ohne den Unfall einen Rentenversicherungsschutz erlangt hätte, der ihm ohne die Beitragszahlungen des Bundes entgangen wäre.[141] Im Bereich der **Arbeitslosenversicherung** ist § 119 SGB X hingegen unanwendbar, weil sie keine Sozialversicherung iS des § 4 Abs. 1 SGB I ist.

Im wirtschaftlichen Ergebnis macht es keinen Unterschied, ob der Arbeitgeber im Rahmen der gesetzlichen Rentenversicherung Beiträge an einen Sozialversicherungsträger oder auf Grund der **betrieblichen Altersversorgung** nach Tarifvertrag, Betriebsverein-

---

[134] Vgl. die Graphik bei *Küppersbusch* RdNr. 470 sowie aaO RdNr. 70.
[135] BGHZ 116, 260, 264 = NJW 1992, 509 = LM SGB VI § 62 Nr. 1; BGHZ 129, 366, 368 f. = NJW 1995, 1968, 1969; eingehend *Wussow/Dressler* Kap. 32 RdNr. 51 f.
[136] BGHZ 116, 260, 267 = NJW 1992, 509; BGHZ 129, 366, 368 f. = NJW 1995, 1968, 1969; BGHZ 143, 344, 352 f. = NJW 2000, 1338, 1339; *Wussow/Dressler* Kap. 32 RdNr. 57, zu den Änderungen des Rentenversicherungsrechts in den Jahren seit 1983 und ihren Auswirkungen auf den Personenschadensersatz aaO Kap. 32 RdNr. 50 ff.; *Küppersbusch* RdNr. 69 ff.
[137] § 119 SGB X bewirkt eine Legalzession: BGH NJW-RR 2004, 595, 596.
[138] *Küppersbusch* RdNr. 564, 576.
[139] Vgl. BT-Drucks. 11/4452 S. 9 und BT-Drucks. 11/5530 S. 43 f.; BGHZ 116, 260, 267 = NJW 1992, 509, 510 = LM SGB VI § 62 Nr. 1; BGHZ 129, 366, 368 f. = NJW 1995, 1968, 1969; *Wussow/Dressler* Kap. 32 RdNr. 57; *Stelzer* VersR 1994, 518.
[140] S. dazu den Fall BGH VersR 2000, 65.
[141] BGH VersR 2007, 1536, 1537 ff. Tz. 10 ff.

barung oder Individualabrede Prämien an einen privaten Versicherungsträger entrichtet oder ob er schließlich als Selbstversicherer agiert und einfach Rückstellungen für seinen Mitarbeitern gegebene Versorgungszusagen bildet. Folgerichtig behandelt die Rechtsprechung alle diese Fälle gleich und bejaht einen Erwerbsschaden auch mit Blick auf den Arbeitgeberanteil zur Sozialversicherung außerhalb des persönlichen Anwendungsbereichs des § 6 EFZG[142] und auch bei Aufwendungen für Zwecke der betrieblichen Altersversorgung, wie den Beiträgen zu privaten Versorgungswerken oder bloßen Rückstellungen.[143] Läuft die Beitrags- oder Rückstellungspflicht des Arbeitgebers trotz der Verletzung des Arbeitnehmers weiter, werden diese Leistungen entsprechend der Wertung des § 843 Abs. 4 nicht auf den Ersatzanspruch des Geschädigten angerechnet. Da es allerdings insoweit an einer Regressnorm nach Art des § 6 EFZG fehlt, behilft sich die Praxis mit der Zession des kongruenten Teils des Erwerbsschadensersatzanspruchs durch den Geschädigten an den Arbeitgeber. Fehlt es an einer solchen, lässt sich der Regress richtigerweise auf Geschäftsführung ohne Auftrag bzw. ungerechtfertigte Bereicherung stützen (vgl. RdNr. 27, 87).

40   **bb) Ersatzansprüche des Verletzten.** Bezieht der Geschädigte infolge seiner reduzierten Arbeitsleistung ein geringeres Einkommen oder büßt er seine versicherungspflichtige Beschäftigung ein, **vermindern sich auch die Gesamtbeiträge zur Sozialversicherung** bzw. im Fall des Arbeitsplatzverlusts entfallen sie gänzlich. Da die dadurch entstehende Lücke nicht von Arbeitgebern oder Sozialversicherungsträgern ausgeglichen wird, stehen in diesen Fällen nicht Regressansprüche, sondern Schadensersatzansprüche des Verletzten selbst zur Debatte. Im Grundsatz ist der Geschädigte wirtschaftlich so zu stellen, wie er ohne Reduzierung oder Wegfall seiner Beitragspflicht stünde.[144] Bisher ist das Leistungsniveau der sozialen Krankenversicherung allerdings von der Höhe der von dem einzelnen entrichteten Beiträge unabhängig, so dass insoweit ein Vermögensschaden nicht entsteht, doch in der Rentenversicherung ist dies anders. Der Geschädigte kann folglich die ausgefallenen Rentenversicherungsbeiträge bzw. die Beitragsdifferenz erstattet verlangen, wenn und soweit durch die Entrichtung zusätzlicher Beiträge seine sozialversicherungsrechtliche Altersversorgung noch sichergestellt werden kann.[145] Dieser Ersatzanspruch entsteht schon mit der Beitragslücke, nicht erst mit Eintritt in das Rentenalter[146] und setzt nicht die – ex ante häufig kaum zu treffende – Feststellung voraus, dass die beitragslose Zeit später zu einer Verkürzung seiner Rente führen wird.[147]

41   War der Verletzte im Zeitpunkt des Schadensereignisses bereits rentenversicherungspflichtig, wird der zur Schließung der Beitragslücke erforderliche Betrag allerdings ebenfalls **von dem Rentenversicherungsträger** gemäß § 119 Abs. 1 SGB X eingezogen und dem Rentenkonto des Geschädigten gutgeschrieben (§ 119 Abs. 3 SGB X).[148] Damit hat sich für

---

[142] BGHZ 43, 378, 380 ff. = NJW 1965, 1430, 1431; BGHZ 139, 167, 173 = NJW 1998, 3276, 3277.

[143] BGHZ 139, 167, 171 ff. = NJW 1998, 3276, 3277.

[144] BGHZ 46, 332, 333 f. = NJW 1967, 625 f.; BGHZ 69, 347, 348 ff. = NJW 1978, 155 f.; BGHZ 87, 181, 182 ff. = NJW 1983, 1669 f.; BGHZ 97, 330, 331 f. = NJW 1986, 2247; BGHZ 101, 207, 211 = NJW 1987, 3179; BGHZ 129, 366, 368 ff. = NJW 1995, 1968, 1969; BGHZ 143, 344 = NJW 2000, 1338; BGH NJW 1994, 131, 133; *Geigel/Pardey* Kap. 4 RdNr. 103 f.; *Wussow/Dressler* Kap. 32 RdNr. 50.

[145] BGHZ 97, 330, 331 f. = NJW 1986, 2247 = LM § 842 Nr. 31; BGHZ 101, 207, 211 = NJW 1987, 3179 = LM § 251 Nr. 42; BGHZ 129, 366, 368 = NJW 1995, 1968, 1969; BGHZ 139, 167, 173 = NJW 1998, 3276, 3277; BGHZ 143, 344, 348 = NJW 2000, 1338, 1339; BGH NJW 1994, 131, 132 = LM § 252 Nr. 56.

[146] BGHZ 46, 332, 334 = NJW 1967, 625, 626; BGHZ 69, 347, 349 ff. = NJW 1978, 155 = LM § 842 Nr. 16; BGHZ 97, 330, 332 = NJW 1986, 2247, 2248; BGHZ 101, 207, 210 f. = NJW 1987, 3179; BGHZ 116, 260, 263 = NJW 1992, 509 = LM SGB VI § 62 Nr. 1; BGHZ 129, 366, 368 = NJW 1995, 1968, 1969 = LM SGB VI § 62 Nr. 2; BGHZ 139, 167, 173 = NJW 1998, 3276, 3277; BGHZ 143, 344, 348, 355 f. = NJW 2000, 1338, 1339.

[147] BGH (Fn. 146). Der Beitragserstattungsanspruch geht gemäß § 119 Abs. 1 SGB X idR auch insoweit auf den Sozialversicherungsträger über, als er gegen einen Entschädigungsfonds iS des § 12 Abs. 1 PflVersG gerichtet ist, BGH NJW 2000, 1338, 1339.

[148] BGHZ 143, 344, 349 = NJW 2000, 1338, 1339 f.; vgl. auch BGHZ 97, 330, 336 ff. = NJW 1986, 2247, 2248 f.; BGHZ 101, 207, 214 f. = NJW 1987, 3179, 3180.

pflichtversicherte Arbeitnehmer die frühere Rechtsprechung zum sog. **Aufstockungsverbot** erledigt, nach der der Geschädigte die zur Schließung der Beitragslücke erforderlichen Geldmittel nur verlangen konnte, soweit das Rentenversicherungsrecht einen Weg eröffnete, auf dem in wirtschaftlich sinnvoller Weise durch Zahlung weiterer Beiträge ein späterer Rentennachteil abgewendet werden konnte – was früher wegen des Verbots der Höherversicherung häufig nicht möglich war.[149] Stand der Verletzte hingegen im Zeitpunkt des Schadensereignisses außerhalb der gesetzlichen Rentenversicherung, bleibt es dabei, dass die Entrichtung entsprechender Beiträge genauso wenig gefordert werden kann wie die Erstattung der Prämien für eine private Altersvorsorge. Vielmehr ist der Geschädigte darauf verwiesen, bei Eintritt in das Rentenalter den Rentenverkürzungsschaden als konkreten Differenzschaden geltend zu machen.[150]

2. Selbstständige und Unternehmer. a) Entgangener Gewinn. Der Erwerbsschaden eines selbstständigen Unternehmers oder Freiberuflers besteht in dem entgangenen Gewinn, den er wegen seiner Verletzung nicht erzielt hat, aber ohne das Schadensereignis erzielt hätte.[151] Ein Ersatzanspruch scheidet folglich von vornherein aus, wenn die Praxis oder der Betrieb mit demselben Erfolg weiterläuft, wie dies sonst der Fall gewesen wäre.[152] Auch eine abstrakte Schadensberechnung durch Liquidation der fiktiven **Kosten einer gleichwertigen Ersatzkraft** ist nicht zulässig.[153] Anders liegt es selbstverständlich, wenn diese Kosten tatsächlich angefallen sind, die Ersatzkraft also wirklich eingestellt worden ist, denn deren Gehaltsansprüche mindern den Betriebsgewinn und sind folglich auszugleichen.[154] Ein Selbständiger ist im Rahmen des § 254 Abs. 2 regelmäßig verpflichtet, zur Überbrückung der Minderung seiner eigenen Arbeitsleistung eine Hilfskraft einsetzen, soweit dies wirtschaftlich vernünftig erscheint, die Hilfe also ihr Geld wert ist.[155] Unterbleibt die Anstellung einer Ersatzkraft zugunsten überobligationsmäßiger Anstrengungen des Geschädigten, seiner Familienangehörigen oder seiner Mitarbeiter und wird ein Gewinnrückgang dadurch abgewendet, können die fiktiven Schäden[156] oder die hypothetischen Hilfskraftkosten liquidiert werden.[157] Die Obliegenheit zur Schadensminderung durch Wahrnehmung anderweitiger Verdienstmöglichkeiten folgt denselben Grundsätzen wie bei abhängig Beschäftigten (RdNr. 30 ff.).[158]

Die **Ermittlung des Differenzschadens** erfordert wiederum eine doppelte Prognose der zukünftigen Gewinnströme, einmal im Fall der Verletzung und zum anderen unter Hinwegdenken des Schadensereignisses. Die dabei auftretenden Schwierigkeiten lassen sich nur bei sachgerecht-moderater Einstellung des Beweismaßes nach Maßgabe der §§ 252 BGB, 287 ZPO meistern (RdNr. 20). Als tatsächliche Basis von Gewinnschätzungen sind Daten aus der Vergangenheit unverzichtbar, insbesondere die Geschäftsergebnisse und -bi-

---

[149] BGHZ 87, 181, 187 f. = NJW 1983, 1669, 1670; BGHZ 97, 330, 334 f. = NJW 1986, 2247, 2248; BGH NJW 1994, 131, 133; *Wussow/Dressler* Kap. 32 RdNr. 52.
[150] BGHZ 87, 181, 189 = NJW 1983, 1669 = LM § 843 Nr. 32; BGH NJW 1994, 131, 133 = LM § 252 Nr. 56; *Hänlein* NJW 1998, 105.
[151] Vgl. BGH NJW 1994, 652, 654 f. = LM § 842 Nr. 46 (Gärtnerei); VersR 1961, 534 (Rechtsanwältin); VersR 1965, 979 (Modeeinzelhändler); VersR 1966, 445, 446 f. (Zahntechniker); VersR 1966, 957, 958 (Steuerberater); VersR 1966, 595, 596 (Taxiunternehmen); VersR 1966, 1158, 1159 f. (Landwirt); NJW 1974, 602 (Ärztin); VersR 1976, 440 (Friseurmeister); NZV 1993, 428 (neugegründetes Unternehmen); NJW 2001, 1640 = LM § 252 Nr. 81 (Rohrleitungsbauer); s. zum Ganzen *Berger* VersR 1981, 1105 ff.
[152] Vgl. BGHZ 55, 329, 331 = NJW 1971, 836, 837.
[153] BGHZ 54, 45, 53 f. = NJW 1970, 1411, 1412 = LM § 249 Nr. 26; BGHZ 90, 334, 336 = NJW 1984, 1811 = LM § 842 Nr. 25; BGH NJW-RR 1991, 470, 471; VersR 1992, 973; NZV 1993, 428; NJW 1994, 652, 655 = LM § 842 Nr. 46; *Wussow/Dressler* Kap. 33 RdNr. 1; aA *Knobbe-Keuk* VersR 1976, 401, 407 f.
[154] *Geigel/Pardey* Kap. 4 RdNr. 125; *Wussow/Dressler* Kap. 33 RdNr. 2.
[155] BGH VersR 1953, 147; 1971, 82, 84; OLG Koblenz VersR 1991, 194, 195; *Geigel/Pardey* Kap. 4 RdNr. 128; *Wussow/Dressler* Kap. 33 RdNr. 5.
[156] BGHZ 55, 329, 333 f. = NJW 1971, 836, 837 f.
[157] BGH NJW 1994, 652, 655 = LM § 842 Nr. 46; insoweit auch *Knobbe-Keuk* VersR 1976, 401, 408; *Schwerdtner* JR 1971, 330, 331; *Lieb* JZ 1971, 358, 362; *Kollhosser* ZHR 129 (1967), 121, 149 ff.; diff. *Berger* VersR 1981, 1105 f.; *Steffen* VersR 1985, 605, 609.
[158] BGH NJW 2001, 1640, 1642; *Wussow/Dressler* Kap. 33 RdNr. 9 f.

lanzen der letzten (ca. drei) Jahre vor dem Unfall.[159] Ihre Projektion in die Zukunft erfolgt dann anhand steuerlicher Gewinnrichtsätze,[160] finanzamtlicher Gewinnschätzungen,[161] von Erfahrungswerten und Statistiken über die Einkommensentwicklung der einschlägigen Berufsgruppe[162] sowie von Marktentwicklungsprognosen. Je stärker das Einkommen Spiegelbild der persönlichen Leistungsfähigkeit des Geschädigten ist, desto enger kann sich die Schätzung an den Gewinnen der vergangenen Jahre ausrichten. Beim Fehlen entgegenstehender Anhaltspunkte kann grundsätzlich von einem durchschnittlichen Erfolg ausgegangen werden.[163] Verbleibenden Risiken ist mit Abschlägen bei der Berechnung des Erwerbsschadens zu begegnen,[164] wie dies bei der Kalkulation von Erwartungswerten üblich ist (dazu Beispiel in RdNr. 49).

44 b) **Gesellschaften.** Führt eine **Personengesellschaft** ein Unternehmen und wird einer ihrer Gesellschafter verletzt, kann nur dieser einen Erwerbsschaden geltend machen, nämlich die durch den unfallbedingten Ausfall seiner Tätigkeit verursachte Minderung seines Gewinnanteils.[165] Ein eigener Schadensersatzanspruch der Gesellschaft, gerichtet etwa auf Kompensation der erlittenen Umsatz- bzw. Gewinneinbußen, kommt demgegenüber nicht in Betracht, weil sie nicht in eigenen Rechtsgütern verletzt ist, und Gleiches gilt für Ersatzansprüche der übrigen Mitgesellschafter.[166] Diese Grundsätze gelten auch für die – rechtsfähige (§ 705 RdNr. 303 ff.) – BGB-Außengesellschaft,[167] nicht aber für die eheliche Gütergemeinschaft. Da Letztere keinen verselbstständigten Gewinnanteil kennt, erstreckt sich der gesamthänderisch gebundene Schadensersatzanspruch auf den gesamten durch die unfallbedingte Verletzung des einen Ehegatten verursachten Gewinnausfall des zu dem Gesamtgut gehörenden Erwerbsgeschäfts, ist also auf volle Kompensation des Gesamthandsschadens gerichtet.[168]

45 Wird ein Leitungsorgan einer **Kapitalgesellschaft,** etwa der Geschäftsführer einer GmbH verletzt, ist nur dieser, nicht aber die Gesellschaft aktivlegitimiert. Ist das Leitungsorgan auf Grund eines entsprechenden Dienstvertrags für die Gesellschaft tätig, kann wie bei Arbeitnehmern der Verdienstausfall liquidiert werden, und zwar auch dann, wenn die Gesellschaft das Gehalt – wie ein Arbeitgeber – fortzahlt.[169] Letzteres gilt nur dann nicht, wenn es sich in Wahrheit gar nicht um eine Gehaltszahlung, sondern um eine verdeckte Gewinnausschüttung handelt.[170] Ist der Geschäftsführer zugleich auch Gesellschafter, kann er zwar nicht den Schaden der Gesellschaft liquidieren, wohl aber die Minderung seines Gewinnanteils. Handelt es sich schließlich um eine Ein-Mann-GmbH, durchbricht der BGH de facto das Trennungsprinzip des § 13 GmbHG und erlaubt dem Gesellschafter die Schadensliquidation nicht bloß im Umfang der Minderung seines Gewinnanteils, sondern bezogen auf die Schmälerung des Gesellschaftsvermögens (Vor § 21 RdNr. 32 mwN in Fn. 126).[171] Allerdings kann er lediglich Leistung an die Gesellschaft verlangen, damit den

---

[159] BGH NJW-RR 1992, 852; NJW 1993, 2673 = LM § 525 Nr. 59; NJW 1997, 941 = LM § 842 Nr. 51 m. Anm. *Michalski* WiB 1997, 537; NJW 1999, 136 = LM § 842 Nr. 55; NJW 2001, 1640, 1641 = LM § 252 Nr. 81.
[160] BGH VersR 1969, 466.
[161] BGH VersR 1965, 85, 86; RGRK/*Boujong* § 843 RdNr. 58.
[162] Vgl. etwa BGH VersR 1969, 376, 377; 1977, 282, 283.
[163] BGH NJW 1998, 1633 = LM § 252 Nr. 71; NJW 1998, 1634 = LM § 525 Nr. 72; NJW-RR 1999, 1039; NJW 2001, 1640, 1641 = LM § 252 Nr. 81.
[164] Wie Fn. 163.
[165] BGH VersR 1964, 1243, 1244; 1965, 592, 593; 1967, 83 f. = LM § 842 Nr. 1 a; NJW 1977, 1283, 1284 m. Anm. *Hüffer* = LM § 249 (D) Nr. 15; NJW 1994, 652, 654 = LM § 842 Nr. 46; *Wussow/Dressler* Kap. 33 RdNr. 14; *Geigel/Pardey* Kap. 4 RdNr. 130; *Hofmann* VersR 1980, 605 ff.
[166] BGH VersR 1967, 83 f.
[167] Anders bei der Ehegatten-Innengesellschaft, vgl. *Dressler,* FS Steffen, 1995, S. 121, 130.
[168] BGH NJW 1994, 652, 654 f. = LM § 842 Nr. 46.
[169] BGH VersR 1967, 83, 84; NJW 1971, 1136; 1977, 1283; 1978, 40; VersR 1992, 1410, 1411; *Wussow/Dressler* Kap. 33 RdNr. 16.
[170] BGH VersR 1992, 1410, 1411.
[171] BGHZ 61, 380, 384 = NJW 1974, 134, 135; ähnlich BGH NJW 1974, 1283, 1284 m. krit. Anm. *Hüffer.*

Gläubigern der GmbH nicht ein Teil der Haftungsmasse entzogen wird, gegen die sie Kredit eingeräumt haben.[172]

Wenn die zuletzt angesprochene Fallgruppe der Ein-Mann-GmbH dem BGH Anlass zur Entwicklung einer Art „umgekehrter Durchgriffshaftung" iS einer Aktivlegitimation der Gesellschaft bei Verletzung ihres Gesellschafters gibt, ist dies ein deutliches Zeichen für das **Unbehagen** an den eben referierten Grundsätzen. Es leuchtet nicht ein, dass eine GmbH auf dem Schaden sitzen bleiben soll, der ihr durch den verletzungsbedingten Ausfall ihres Geschäftsführers und Alleingesellschafters entsteht, während derselbe Schaden ersatzfähig wäre, wenn der Betrieb in der Form eines einzelkaufmännischen Unternehmens geführt würde. Die dogmatische Figur, die diesen Prärogativen Rechnung trägt, ist die Drittschadensliquidation, also die Geltendmachung des Gesellschaftsschadens durch den Geschäftsführer zugunsten der Korporation.[173] Mit diesem Instrument ließe sich unter Umständen auch den Mitgesellschaftern einer Personengesellschaft helfen, die keine Ersatzansprüche wegen der Minderung ihrer Gewinnanteile haben, weil sie lediglich in Vermögensinteressen betroffen sind[174] – ihre Schäden wären von dem verletzten Gesellschafter zugunsten seiner Mitstreiter zu liquidieren. Allerdings stellt sich die Frage, warum dann nicht auch Arbeitnehmer eines korporativ verfassten Unternehmens den durch ihren verletzungsbedingten Ausfall verursachten Gewinnrückgang „pro socio" geltend machen können. – Wäre dies erlaubt, käme das Prinzip der Kanalisierung der Aktivlegitimation auf den in eigenen Rechtsgütern Verletzten völlig ins Wanken (§ 826 RdNr. 11).[175] 46

3. **Erwerbslose.** Da der Arbeitskraft als solcher kein Vermögenswert zukommt (vgl. RdNr. 15), können **konstitutionell arbeitsunfähige Personen,** die zB dem „chronischen Alkoholabusus" verfallen sind, keinen Erwerbsschaden geltend machen.[176] Gleiches gilt für **Bonvivants,** die auf Grund ihrer Lebensplanung keiner Erwerbstätigkeit nachgehen, sondern von den Erträgen ihres eigenen Vermögens leben (RdNr. 16). Zur Haushaltsführung s. RdNr. 50. 47

Anders liegt es, wenn der Verletzte durchaus arbeitsfähig und auch arbeitswillig ist, sich also der Arbeitsvermittlung zur Verfügung stellt, jedoch nicht arbeiten kann, weil er keine Stelle findet. Soweit der Anspruch auf Leistungen der **Arbeitslosenversicherung** durch die Verletzung entfällt, weil der Betroffene dem Arbeitsmarkt nicht zur Verfügung steht, andererseits aber der zuständige Krankenversicherungsträger Krankengeld zu zahlen hat, kann Letzterer bei dem Schädiger auf Grund von § 116 SGB X Regress nehmen.[177] Auch im Übrigen entfällt die Ersatzpflicht des Schädigers nicht deshalb, weil sein Opfer am Tag vor dem Unfall seine Arbeitsstelle verloren hatte und deshalb im Zeitpunkt des Schadensereignisses zu den Arbeitslosen zählte,[178] und sie mindert sich auch nicht ohne weiteres, wenn der Geschädigte vorübergehend einer Beschäftigung nachging, die seinen Fähigkeiten nicht angemessen und insofern unterbezahlt war.[179] Allerdings darf in diesen Fällen nicht ohne weiteres das der Qualifikation angemessene oder das frühere Einkommen des Geschädigten dauerhaft in Ansatz gebracht werden, denn sonst würden dem Ersatzberechtigten sämtliche Unsicherheiten abgenommen, mit denen ein Erwerbsleben nun einmal behaftet ist. Statt dessen ist die künftige individuelle Einkommensentwicklung unter Berücksichtigung seiner Qualifikationen, des vergangenen Zeitraums der Arbeitslosigkeit bzw. Unterbeschäftigung sowie der Marktlage abzu- 48

---

[172] BGH NJW 1974 1283, 1284; anders wohl noch BGHZ 61, 380, 384 = NJW 1974, 134, 135.
[173] *Hüffer* NJW 1977, 1285; *Mann* NJW 1974, 492.
[174] Vgl. Fn. 166.
[175] Vgl. dazu *Wagner* in: *Zimmermann* (Hrsg.), Grundstrukturen des Europäischen Deliktsrechts, S. 189, 230 f.
[176] BGH NJW 2002, 292, 293; *Staudinger/Vieweg* § 842 RdNr. 77; *Erman/Schiemann* § 842 RdNr. 4.
[177] BGHZ 90, 334, 342 f. = NJW 1984, 1811 = LM § 842 Nr. 25; BGH NJW 2001, 1274, 1275 = LM § 252 Nr. 79.
[178] BGHZ 90, 334, 337 f. = NJW 1984, 1811, 1812 = LM § 842 Nr. 25; BGH NJW 1995, 1023, 1024 = VersR 1995, 422, 424.
[179] RG JW 1911, 584.

schätzen.[180] Die Darlegungslast hinsichtlich der tatsächlichen Anhaltspunkte für eine alsbaldige Aufnahme der Erwerbstätigkeit trifft den Geschädigten.[181] Liegt der prognostizierte Zeitpunkt der Wiederaufnahme der Erwerbstätigkeit in ferner Zukunft, führt dies zu einem entsprechend hinausgeschobenen Beginn der Rentenzahlungspflicht. Verbleibenden Zweifeln über die künftige Wiederbeschäftigung ist durch Abschläge von dem zu erwartenden Erwerbseinkommen Rechnung zu tragen.[182] Zur Berechnung von Erwartungswerten vgl. RdNr. 49.

49   **4. Kinder, Auszubildende und Studenten.** Im Grundsatz genauso wie bei Arbeitslosen liegt es bei Kindern, Studenten und Auszubildenden, die mangels aktueller Erwerbstätigkeit **keinen Verdienstausfallschaden** erleiden, durch die Verletzung jedoch unter Umständen um ihre **Zukunftschancen** gebracht werden. Ihr Erwerbsschaden ist also in vollem Umfang Fortkommensschaden und als solcher ohne weiteres ersatzfähig, wenn auch sehr schwer zu berechnen (vgl. RdNr. 14, 20 ff.).[183] Diese Schwierigkeiten verhalten sich umgekehrt proportional zum Alter des Verletzten; je jünger das Opfer, desto unsicherer die Schadensschätzung. Bei einem jungen Menschen darf jedoch nicht ohne konkrete Anhaltspunkte davon ausgegangen werden, dass er auf dem Arbeitsmarkt ohnehin keine Chance gehabt oder bestehende Chancen nicht im Sinne produktiver Tätigkeit genutzt hätte.[184] Ist die berufliche Entwicklung des Verletzten bereits absehbar, ist eine Orientierung am üblichen Verlauf des eingeschlagenen Werdegangs möglich.[185] Bei Kindern bleibt hingegen nichts übrig, als auf ihre schulischen Leistungen und ihre sonstigen Begabungen und Fähigkeiten abzustellen, soweit diese bereits hervorgetreten sind, hilfsweise auf die schulische und berufliche Entwicklung von Geschwistern, weiter auf die berufliche Tätigkeit der Eltern und in letzter Linie auf das Durchschnittseinkommen von Kindern einer Familie aus vergleichbarem gesellschaftlichem Umfeld.[186] Mitunter mag es auch möglich sein, verschiedene Szenarien ins Auge zu fassen, mit Hilfe der jeweiligen Eintrittswahrscheinlichkeiten Erwartungswerte zu bilden und diese dann zu aggregieren. Wenn etwa, um ein einfaches Beispiel zu nennen, gleich wahrscheinlich ist, dass die Tochter eines Rechtsanwalts später ein Jahreseinkommen von 100 000 Euro oder ein solches von 50 000 Euro erzielt hätte, dann sollten ihr 75 000 Euro zugesprochen werden. Ein solches Verfahren ist nichts anderes als eine Weiterentwicklung der Rechtsprechung des BGH, die Abschläge vom Schadensersatz mit Rücksicht auf die Unsicherheiten der Zukunftsprognose zulässt.[187] Zur Befristung s. RdNr. 22 ff.

50   **5. Haushaltsführung.** Soweit die Haushaltstätigkeit der **Befriedigung eigener Bedürfnisse des Verletzten** dient, vermehrt der Ausfall oder die Minderung der Fähigkeit zur Haushaltsführung die Bedürfnisse iS des § 843 Abs. 1 Alt. 2 (RdNr. 66), stellt jedoch keinen Erwerbsschaden dar.[188] So verhält es sich insbesondere bei Single-Haushalten,[189] aber auch der verletzte Alleinverdiener kann für seine Mitwirkung im Haushalt nicht zusätzlich einen Erwerbsschaden geltend machen.[190] Anders liegt es, wenn der Verletzte einer anderen Person den Haushalt geführt hat, wie dies insbesondere im Rahmen ehelicher Beziehungen, aber auch darüber hinaus vorkommt. Da der Erwerbsschaden nicht voraussetzt, dass der Verletzte

---

[180] BGH NJW 1991, 2422; *Wussow/Dressler* Kap. 34 RdNr. 3.
[181] BGH NZV 2002, 268.
[182] BGH NJW 1995, 1023, 1024 = VersR 1995, 422, 424; NJW 1995, 2227, 2228 = VersR 1995, 469, 470; NJW 1998, 1635, 1636; 2001, 1640, 1641.
[183] Vgl. *Geigel/Pardey* Kap. 4 RdNr. 131; *Wussow/Dressler* Kap. 34 RdNr. 4 ff.
[184] BGH NJW 1995, 1023, 1024 = LM § 252 Nr. 62; NJW 1997, 937, 938; 1998, 1635, 1636.
[185] 3. Aufl. § 843 RdNr. 23 *(Stein)*.
[186] OLG Hamm VersR 2000, 234, 235; vgl. auch OLG Frankfurt VersR 1989, 48; OLG Karlsruhe VersR 1989, 1101, 1102; *Wussow/Dressler* Kap. 34 RdNr. 7; *Geigel/Pardey* Kap. 4 RdNr. 133 f.; *Scheffen* VersR 1990, 926, 928.
[187] BGH NJW 2000, 3287, 3288; vgl. auch Fn. 163, 182.
[188] BGH NJW 1974, 41, 42; 1997, 256, 257; *Wussow/Dressler* Kap. 35 RdNr. 1; *Chr. Huber* NZV 2007, 1, 2 f.
[189] BGH NJW-RR 1992, 792 = VersR 1992, 618, 619.
[190] OLG Oldenburg VersR 1983, 890.

seine Arbeitskraft am Markt gegen Entgelt getauscht hat (RdNr. 16), ist anerkannt, dass auch der **haushaltsführende Ehegatte** einen Erwerbsschaden erleidet.[191] Erwerbsschaden ist also der auf das Unterhaltsbedürfnis der übrigen Familienmitglieder entfallende Teil der Arbeitskraft.[192] Anders als bei § 844 Abs. 2 ist es dabei ohne Belang, in welchem Ausmaß der Verletzte familienrechtlich zur Haushaltstätigkeit verpflichtet gewesen wäre; entscheidend sind allein die tatsächlichen Verhältnisse.[193] Voraussetzung ist zwar, dass der Verletzte überhaupt zur Führung eines Haushalts in der Lage war, doch daran sind keine allzu hohen Anforderungen zu stellen.[194] Ist es den Ehegatten hingegen möglich, die im Haushalt anfallenden Lasten so zu verteilen, dass der Geschädigte weiterhin seinen Teil dazu beitragen kann, entfällt der Ersatzanspruch unter dem Gesichtspunkt des § 254 Abs. 2 S. 1.[195] Dieselben Grundsätze gelten, wenn der Verletzte nicht (nur) unentgeltlich den Haushalt geführt, sondern (auch) im Erwerbsgeschäft des Partners mitgearbeitet hat.[196]

Stellt die Familie für den verletzungsbedingt ausgefallenen Ehegatten eine **Ersatzkraft** ein, können die dabei **tatsächlich anfallenden Kosten** – Bruttolohn, ggf. zuzüglich Arbeitgeberanteil der Sozialversicherungsbeiträge – in vernünftigen Grenzen (§ 254 Abs. 2 S. 1) als Erwerbsschaden liquidiert werden.[197] Häufig wird jedoch von der Einstellung einer Haushaltskraft abgesehen und der Ausfall des verletzten Ehegatten anderweitig, durch Einspringen von Verwandten oder Freunden oder durch verstärkte Mithilfe der anderen Familienmitglieder kompensiert. Der Haushaltsführungsschaden ist dann **fiktiv** zu bemessen, anhand der **hypothetischen Kosten** einer Ersatzkraft, deren Einsatz geeignet wäre, die durch die Verletzung entstandene Lücke zu schließen.[198] Auszugleichen ist nach der Rechtsprechung lediglich der fiktive angemessene Nettolohn, also die Bruttokosten einer Ersatzkraft, vermindert um Steuern und Sozialversicherungsbeiträge.[199] Der Kritik an dieser Rechtsprechung ist zuzugeben, dass der Ersatz fiktiver Kosten mit dem theoretischen Ausgangspunkt der Schadensberechnung ebenso wenig in Einklang steht wie deren Kürzung um Steuern und Sozialabgaben.[200] Gleichwohl vermag die Rechtsprechung zum fiktiven Haushaltsführungsschaden in der Sache zu überzeugen, weil sie dem Geschädigten jenseits des § 254 Abs. 2 die notwendigen Anreize zur Schadensminderung durch Verzicht auf die kostspielige Anstellung einer Ersatzkraft vermittelt und die dabei erzielten Einsparungen teilweise auch dem Schädiger zugute kommen lässt.[201]

Für den **Umfang der fiktiven Ersatztätigkeit** kommt es in erster Linie auf die Größe des Haushalts, die Anzahl der Kinder und die Relation der Hausarbeit zu einer eventuellen Erwerbstätigkeit des Verletzten an. Ist der Verletzte noch zu Teilarbeiten imstande, orientiert sich der Arbeitsaufwand der fiktiven Ersatzkraft an der erforderlichen

---

[191] BGHZ 38, 55, 57 = NJW 1962, 2248; BGHZ (GS) 50, 304, 305 = NJW 1968, 1823; BGHZ 51, 109, 110 = NJW 1969, 321 f.; *Pardey* NJW 1997, 2094, 2095 f.
[192] BGH NJW 1982, 2866 = LM § 844 Abs. 2 Nr. 62.
[193] BGH VersR 1996, 1565 = NJW 1997, 256, 257; *Wussow/Dressler* Kap. 35 RdNr. 3.
[194] BGH NJW 2002, 292, 293 = VersR 2002, 188.
[195] KG VersR 2005, 237.
[196] Vgl. BGHZ 59, 172, 173 f. = NJW 1972, 2217, 2222.
[197] BGH NJW-RR 1990, 34, 35 = VersR 1989, 1273, 1274; *Wussow/Dressler* Kap. 35 RdNr. 6; vgl. auch BGHZ 54, 82, 85 = NJW 1970, 1454, 1455.
[198] BGHZ (GS) 50, 304, 306 = NJW 1968, 1823; BGH NJW 1974, 1651, 1652 = LM § 842 Nr. 11; NJW 1989, 2539; NJW-RR 1990, 34, 35 = LM § 843 Nr. 44; NJW-RR 1992, 792; OLG Köln Schaden-Praxis 2000, 306.
[199] Zu § 844 Abs. 2 grdlg. BGHZ 86, 372, 375 = NJW 1983, 1425, 1426 (Nettovergütung entspricht Bruttovergütung, vermindert um einen pauschalen Abschlag von 30%); BGHZ 104, 113, 120 f. = NJW 1988, 1783, 1784; zu § 843 BGH NJW 1989, 2539; NJW-RR 1990, 34, 35 = LM § 843 Nr. 44; *Wussow/Dressler* Kap. 35 RdNr. 7.
[200] So und für die Abrechnung der vollen Bruttolohnkosten RGRK/*Boujong* § 844 RdNr. 61; 3. Aufl. § 844 RdNr. 44 ff. *(Stein)*.
[201] Eingehend zu diesem Mechanismus *Wagner* NJW 2002, 2049, 2057 f.; ders., Das neue Schadensersatzrecht, RdNr. 48; im Ergebnis wie hier *Staudinger/Röthel* § 844 RdNr. 141.

Restarbeitszeit. In zeitlicher Hinsicht benötigt ein normaler Vier-Personen-Haushalt eine Ganztagskraft.[202]

53 Nach § 5 LPartG sind **gleichgeschlechtliche Partner** einander ebenfalls zum Unterhalt verpflichtet, so dass auch hier ein Erwerbschaden bei Verletzung des haushaltsführenden Partners anzuerkennen ist.[203] Bei der Verletzung eines Partners einer **nichtehelichen Lebensgemeinschaft** ist sicher, dass dieser seinen eigenen Haushaltsführungsschaden unter dem Gesichtspunkt des § 843 Abs. 1 liquidieren kann,[204] jedoch umstritten, ob der dem anderen Partner zugute kommende Anteil der Haushaltsleistungen gemäß § 842 unter dem Gesichtspunkt des Erwerbsschadens ersatzfähig ist.[205] Nach einer Ansicht ist ein Erwerbsschaden des haushaltsführenden Teils einer nichtehelichen Lebensgemeinschaft zu verneinen, weil die Leistungen nicht der Erfüllung einer gesetzlichen Unterhaltspflicht (§ 1360 S. 2) dienen, sondern freiwillig erbracht werden und deshalb auch jederzeit eingestellt werden können.[206] Eine Ausnahme wird nur für diejenigen Fälle gemacht, in denen die Haushaltsführung aufgrund einer vertraglichen Verpflichtung erfolgt, woran es indessen in aller Regel fehlt, wenn man die Grundsätze zum konkludenten Vertragsschluss nicht verbiegt.[207] Demgegenüber ist ein Erwerbsschaden auch bei Verletzung des haushaltsführenden Teils einer nichtehelichen Lebensgemeinschaft zu bejahen.[208] Auf familienrechtliche Unterhaltspflichten kommt es bei den §§ 842 f. jedoch – anders als bei § 844 Abs. 2 – gerade nicht an.[209] Entscheidend ist vielmehr allein, ob die verletzungsbedingt ausgefallenen Arbeitsleistungen Vermögenswert haben. Dies ist nicht nur dann zu bejahen, wenn sie vor der Verletzung am Arbeitsmarkt in Geld getauscht wurden, sondern auch dann, wenn die Leistung nicht lediglich die eigenen Angelegenheiten betraf (RdNr. 16). Folgerichtig ließe sich die Ersatzfähigkeit der Kosten einer von dem Verletzten eingestellten Haushaltshilfe nicht allein deshalb verneinen, weil es sich um den Haushalt einer nichtehelichen Lebensgemeinschaft handelte. Dann aber ist es nur folgerichtig, die zugrunde liegenden Leistungen selbst als Vermögenswert zu qualifizieren.

54 **6. Unentgeltliche Tätigkeiten.** Auf der Grundlage der hier vertretenen Konzeption (RdNr. 15 f.) hat die Arbeitskraft auch dann **Vermögenswert,** wenn sie zwar unentgeltlich, aber im Interesse anderer und in diesem Sinne produktiv eingesetzt wird, zB im Rahmen von Ehrenämtern oder in Ordens- und Klostergemeinschaften.[210] Gleiches gilt für altruistische Tätigkeiten außerhalb von Ämtern und Gemeinschaften, insbesondere für die häusliche Pflege einer Person, der entsprechende Dienste weder vertraglich noch wegen eines familienrechtlichen Rechtsgrunds geschuldet sind.[211]

---

[202] BGH NJW 1979, 1501, 1502 = LM § 844 Abs. 2 Nr. 56; NJW 1982, 2866 f. = LM § 844 Abs. 2 Nr. 62; zu Einzelheiten *v. Einem* VersR 1995, 1164 ff.; *Ludwig* DAR 1991, 401 ff.; *Schulz-Borck/Hofmann,* Schadensersatz bei Ausfall von Hausfrauen und Müttern im Haushalt.

[203] *Palandt/Sprau* § 843 RdNr. 8; *Wussow/Dressler* Kap. 35 RdNr. 16; *Röthel* NZV 2001, 329, 334.

[204] BGH VersR 1998, 1387, 1388; *Jahnke* NZV 2007, 329, 334.

[205] Eingehende Erörterung bei *Chr. Huber* NZV 2007, 1.

[206] Darauf abstellend OLG Nürnberg NZV 2006, 209, 210; OLG Düsseldorf NJW-RR 2006, 1535, 1536; im Ergebnis auch *Palandt/Sprau* § 843 RdNr. 8; *Jahnke* NZV 2007, 329, 335.

[207] Vgl. (zu § 844 Abs. 2) BGHZ 91, 357, 360 = NJW 1984, 2520, 2521; wesentlich großzügiger *Chr. Huber* NZV 2007, 1 4.

[208] Im Ergebnis genauso OLG Zweibrücken NJW 1993, 3207 = VersR 1994, 819; *Erman/Schiemann* RdNr. 6; *Geigel/Pardey* Kap. 4 RdNr. 49; *Wussow/Dressler* Kap. 35 RdNr. 16; *Staudinger/Vieweg* § 842 RdNr. 133; *Becker* VersR 1985, 201, 205; *Röthel* NZV 2001, 329, 333; *Löhnig* FamRZ 2005, 2030, 2031; vgl. auch BGH NJW 1980, 124, 126.

[209] Anders *Jahnke* NZV 2007, 329, 334, der die Wertung des § 844 Abs. 2 ohne Begründung auf § 842 überträgt.

[210] LG Karlsruhe VersR 1998, 1116, 1117 ff.; *Wussow/Dressler* Kap. 35 RdNr. 17; *Dunz,* FS Steffen, 1995, S. 135, 140 ff.; aA OLG Celle NJW 1988, 2618; *Gotthardt* JuS 1995, 12, 15 ff.; *Chr. Huber* VersR 2007, 1330, 1332; diff. *Würthwein* JZ 2000, 337, 345 f.; *Staudinger/Vieweg* § 842 RdNr. 148; abl. *Geigel/Pardey* Kap. 4 RdNr. 80.

[211] OLG Oldenburg VersR 1993, 1491, 1492; *Erman/Schiemann* § 842 RdNr. 4; *v. Einem* VersR 1995, 1164, 1166 f.

7. Einkünfte aus illegalen oder sittenwidrigen Geschäften. Nach einer Formulie- 55
rung des BGH setzt der Erwerbsschadensersatz zwar keinen rechtlich wirksamen Anspruch
auf die entgangene Leistung voraus, doch kann „der Verletzte als entgangenen Gewinn nicht
fordern [...] was er nur mit rechtswidrigen Mitteln erlangt hätte".[212] Wer einer verbotenen
oder sittenwidrigen Tätigkeit nachgeht, kann im Verletzungsfall daher **keinen Erwerbsschaden** geltend machen.[213] Entgegen einem gesetzlichen Verbot sind Vorteile jedoch nur
dann erlangt, wenn das einschlägige Verbotsgesetz nicht nur die Vornahme des Rechtsgeschäfts missbilligt, wie dies bei zahlreichen sozialversicherungs- und **steuerrechtlichen
Vorschriften** der Fall ist, sondern auch dessen zivilrechtlicher Wirksamkeit entgegen
steht.[214] Das **Anliegen des Gesetzes** muss es sein, nicht nur das Rechtsgeschäft, sondern
gerade auch die **Erzielung des Gewinns zu verhindern,** dessen Erstattung gefordert
wird.[215] Nach der Rechtsprechung sind diese anspruchsvollen Voraussetzungen bei Verträgen, mit deren Durchführung eine Steuerhinterziehung verbunden ist, ebenso wenig erfüllt,[216] wie bei Verstößen gegen Vorschriften zum Schutz der Sozialversicherung, wie etwa
bei gesetzlichen Meldepflichten,[217] wohl aber bei Zuwiderhandlungen gegen arbeitsrechtliche Schutzvorschriften. So kann der verletzte Arbeitnehmer seinen Verdienstausfall nicht
liquidieren, soweit er als **Schwarzarbeiter** ohnehin keinen Anspruch auf Entgelt gehabt[218]
oder die Einkünfte nur unter Verstoß gegen die Arbeitszeitordnung erzielt hätte,[219] oder als
Ausländer an der Arbeitsaufnahme im Inland ohnehin gehindert gewesen wäre.[220] Im Fall
der **Verletzung einer Prostituierten,** etwa durch einen Verkehrsunfall, war nach der
bisherigen Rechtsprechung immerhin Schadensersatz in Höhe des Existenzminimums zu
leisten, um den Schädiger nicht unverdient zu begünstigen.[221] Nachdem der Gesetzgeber
des ProstG die Wertung getroffen hat, dass entgeltliche Verträge über die Vornahme sexueller
Handlungen nicht sittenwidrig, sondern einseitig (zu Lasten des Kunden) verpflichtend sind
(eingehend § 1 ProstG RdNr. 17),[222] ist der Prostituierten wie jedem anderen Erwerbstätigen der volle Verdienstausfall zu ersetzen.

V. Vermehrte Bedürfnisse

1. Stellung im Recht des Personenschadensersatzes. Die §§ 842, 843 regeln nur 56
einen Ausschnitt des bei Verletzung einer Person zu leistenden Schadensersatzes. Insbeson-
dere bleibt die wichtigste Art des Ausgleichs von Gesundheitsverletzungen, nämlich die
Heilbehandlung bzw. die Erstattung der dazu erforderlichen Kosten, unerwähnt (RdNr. 1).
Wenn § 843 Abs. 1 Alt. 2 dem Geschädigten einen Anspruch auf eine Geldrente wegen
„Vermehrung der Bedürfnisse" einräumt, knüpft das Gesetz an die **Unabwendbarkeit des
Schadens durch Heilbehandlung** an: Soweit die Wiederherstellung der Gesundheit kurz-
fristig nicht möglich ist und dem Geschädigten dadurch ein erhöhter Geldbedarf entsteht, ist
dieser auszugleichen. Zu den Heilungskosten zählen somit vorübergehend anfallende Auf-

---

[212] BGH NJW 1964, 1181, 1183; BGHZ 79, 223, 231 = NJW 1981, 920, 922; BGH NJW 1994, 851, 852; der Sache nach genauso RGZ 90, 52, 64; 90, 305, 306.
[213] BGHZ 67, 119, 121 ff. = NJW 1976, 1883, 1884; BGHZ 75, 366, 368 = NJW 1980, 775, 776; BGHZ 79, 223, 231 = NJW 1981, 920, 922; BGH NJW 1974, 1374, 1376; 1986, 1486, 1487; 1994, 851, 852; *Palandt/Sprau* § 842 RdNr. 3.
[214] BGHZ 67, 119, 122 = NJW 1976, 1883, 1884; BGHZ 75, 366, 368 = NJW 1980, 775, 776; BGH NJW 1986, 1486, 1487; 1994, 851, 852.
[215] BGH NJW 1986, 1486, 1487.
[216] BGHZ 136, 125, 132 = NJW 1997, 2599, 2601; BGH ZIP 2001, 202, 204.
[217] BGH NJW 1994, 851, 852.
[218] OLG Hamm NJW 1960, 448; OLG Köln VersR 1969, 382; LG Saarbrücken ZfS 1983, 229; LG Oldenburg VersR 1988, 1246; *Wussow/Dressler* Kap. 32 RdNr. 6; zum Bereicherungsausgleich bei Schwarz-arbeit genauso BGHZ 111, 308, 311 = NJW 1990, 2542 f.
[219] BGH NJW 1986, 1486, 1487.
[220] BGH VersR 1989, 284; *Wussow/Dressler* Kap. 32 RdNr. 5.
[221] BGHZ 67, 119, 127 f. = NJW 1976, 1883, 1885.
[222] Vgl. BT-Drucks. 14/5948 S. 6.

wendungen, zu den vermehrten Bedürfnissen hingegen Aufwand, mit dessen Anfall längerfristig zu rechnen ist.[223] Damit ist § 843 Abs. 1 Alt. 2 das vermögensrechtliche Gegenstück zu dem früher in § 847, jetzt in § 253 Abs. 2 geregelten Schmerzensgeld, das diejenigen **immateriellen Beeinträchtigungen** ausgleichen soll, die durch Heilbehandlung nicht verhindert werden können.

57 Im Einklang mit diesen Überlegungen versteht die Rechtsprechung unter vermehrten Bedürfnissen wiederkehrende Aufwendungen zum Ausgleich von **Nachteilen, die dem Verletzten infolge dauernder Beeinträchtigung seines normalen körperlichen Wohlbefindens entstehen**.[224] Maßstab der Schadensberechnung sind die Lebensumstände eines gesunden Menschen. Ein Mehrbedarf, der nicht zur Aufrechterhaltung der alltäglichen Lebensumstände erforderlich ist, sondern allein der **Freizeitgestaltung** und dem dabei zu erzielenden Gewinn an Lebensfreude dient, soll nach der Rechtsprechung nicht ersatzfähig sein.[225] Das mag richtig sein, wenn eben wegen des Verlusts an Lebensfreude ein hohes Schmerzensgeld gewährt wurde,[226] doch im Grunde sollte die Praxis umgekehrt verfahren: Kosten wegen vermehrter Bedürfnisse sind in den Grenzen des § 251 Abs. 1 auch dann zu ersetzen, soweit der Mehrbedarf der Freizeitgestaltung gewidmet ist, doch soweit sich dadurch ein Verlust an Lebensfreude kompensieren lässt, muss das Schmerzensgeld entsprechend geringer ausfallen (RdNr. 56).

57a Handelt es sich nicht um dauerhaft wiederkehrende, sondern um **einmalige Aufwendungen**, ist § 843 Abs. 1 zwar nicht anwendbar, der Schädiger unter entsprechenden Voraussetzungen aber gleichwohl zum Ausgleich verpflichtet. Die rechtliche Grundlage für den Ersatz der Kosten für die Befriedigung eines einmaligen bzw. in der Vergangenheit bereits zur Gänze angefallenen Mehrbedarfs findet sich in §§ 249 Abs. 2 S. 1, 251.[227] Sofern dem vermehrten Bedürfnis durch Anschaffung eines technischen Hilfsmittels, etwa eines Computers oder eines Rollstuhls, oder durch Einbau eines Fahrstuhls, abgeholfen werden kann, hat der Schädiger diese Kosten zu tragen.[228] Ist die vom Geschädigten veranlasste Anschaffung hingegen nicht dazu geeignet, den Mehrbedarf auf Dauer zu befriedigen und drohen dem Schädiger deshalb weitere Belastungen, steht § 254 Abs. 2 S. 1 der Kostenerstattung entgegen.

58 **2. Regress der Sozialleistungsträger, Steuerrecht.** Nur der Erwerbsschadensersatz, nicht aber der Ausgleichsbetrag wegen vermehrter Bedürfnisse unterliegt der **Einkommensbesteuerung**.[229] Für den Regress der Sozialversicherungs- und Sozialhilfeträger ist zu beachten, dass der Anspruch auf Ersatz der Kosten vermehrter Bedürfnisse nicht mit Lohnersatzleistungen kongruent ist, sondern allenfalls mit den **Pflegeleistungen der Pflegeversicherung** (§§ 28 ff. SGB XI) und der **Fürsorgeträger** (§§ 61 ff. SGB XII = § 68 BSHG aF); vgl. § 249 RdNr. 485.

59 **3. Voraussetzungen und Dauer.** Auch der Ausgleichsanspruch wegen vermehrter Bedürfnisse erfordert eine konkrete Schadensberechnung und ist nicht bereits mit der abstrakten Minderung der Erwerbsfähigkeit in bestimmter Höhe gegeben.[230] Andererseits ist der **Rentenanspruch schon mit Entstehung des Mehrbedarfs begründet** und setzt weder voraus, dass der Geschädigte den jeweiligen Aufwand tatsächlich veranlasst hat noch dass der Schädiger entsprechend verurteilt worden ist.[231] De facto sind also die durch den vermehrten Aufwand verursachten Kosten vorzuschießen, ohne dass anschließend eine

---

[223] Vgl. RGRK/*Boujong* § 843 RdNr. 100.
[224] BGH NJW 1982, 757; genauso BGH NJW 1956, 219, 220; 1974, 41, 42; NJW-RR 1992, 791; 2004, 671; OLG Düsseldorf VersR 2006, 1231; *Palandt/Sprau* § 843 RdNr. 3.
[225] BGH NJW-RR 2004, 671, 672, für die Kosten eines behindertengerechten Umbaus eines Motorrads, zusätzlich zu den Umbaukosten bezüglich eines Autos.
[226] Vgl. BGH NJW-RR 2004, 671, 672 aE.
[227] BGH NJW-RR 2004, 671, 672; OLG Düsseldorf VersR 2006, 1231; *Geigel/Pardey* Kap. 4 RdNr. 40.
[228] *Küppersbusch* RdNr. 183; *Geigel/Pardey* Kap. 4 RdNr. 40.
[229] BFHE 175, 439, 443 ff. = NJW 1995, 1238; BFHE 176, 402 = BFH/NV 1995, 1050 f.
[230] BGH VersR 1978, 149, 150; OLG Oldenburg VersR 1998, 1380 f.; *Wussow/Dressler* Kap. 53 RdNr. 1.
[231] RGZ 148, 68, 70; 151, 298, 300 ff.; BGH NJW 1958, 627; vgl. auch BGHZ 97, 52, 54 = NJW-RR 1986, 650 f.

Abrechnung fällig wäre und der verauslagte Teilbetrag ggf. zurückgefordert werden könnte.[232] In der Praxis hängt viel von der im Rahmen des § 287 ZPO anzustellenden Prognose über die zukünftige Entwicklung des Verletzten ab (RdNr. 20 f.). Sie ist nicht rückbezogen aus der Sicht des Schadensereignisses, sondern auf der Grundlage des Kenntnisstandes im Zeitpunkt der letzten mündlichen Verhandlung vorzunehmen (vgl. RdNr. 21).[233]

Soweit der Geschädigte allerdings nach allgemeinen Grundsätzen Schadensersatz nur unter der Voraussetzung verlangen kann, dass er den geforderten Betrag auch tatsächlich für Restitutionszwecke einsetzt, sind auch akzessorische Ansprüche wegen vermehrter Bedürfnisse nur unter dieser Voraussetzung zuzusprechen. Da die Kosten **fiktiver Operationen** im Rahmen von § 249 Abs. 2 S. 1 nicht zu ersetzen sind, sondern der zur Wiederherstellung von Körper und Gesundheit im Wege eines operativen Eingriffs erforderliche Betrag nur verlangt werden kann, wenn die Absicht besteht, sich dem Eingriff tatsächlich zu unterziehen,[234] bleiben die infolge des Eingriffs vermehrten Bedürfnisse außer Betracht, bis die Durchführung der Operation feststeht. 60

Der Anspruch auf die Rentenzahlung **währt so lange, wie der Mehrbedarf** voraussichtlich anfällt. Da die vermehrten Bedürfnisse mit dem (hypothetischen) Eintritt in den Ruhestand in aller Regel nicht wegfallen oder kleiner werden, ist die Rente im Zweifel auf Lebenszeit zuzusprechen, also nicht wie die Erwerbsschadensrente bis zum fünfundsechzigsten Lebensjahr zu befristen (vgl. RdNr. 24). Ist hingegen abzusehen, dass sich der Mehrbedarf im Laufe der Zeit verringern oder gar völlig absterben wird, muss dem bei der Tenorierung Rechnung getragen werden.[235] 61

4. Fallgruppen. Die Fallgruppen des § 843 Abs. 1 Alt. 2 lassen sich durch Subtraktion ermitteln: Aufwendungen wegen vermehrter Bedürfnisse schlagen sich in Abgrenzung zu § 253 Abs. 2 im Vermögen des Verletzten nieder, doch dienen sie nicht der Heilbehandlung, sondern der möglichst weitgehenden **Aufrechterhaltung des gewohnten Lebens** trotz der erlittenen Behinderung. 62

Eine zentrale, unmittelbar an die Heilbehandlung anschließende Fallgruppe vermehrter Bedürfnisse sind **Aufwendungen für medizinische Behandlungen,** die nicht der Heilung, sondern der langfristigen Linderung bzw. der Verstetigung des Leidens dienen, wie die Kosten von Medikamenten und Stärkungsmitteln,[236] Kuren,[237] Krankengymnastik und anderen Therapien, Massagen usw.,[238] immer unter der Voraussetzung, dass die jeweilige Maßnahme medizinisch indiziert ist. 63

Weiter sind dem Geschädigten die Kosten für **orthopädische und technische Hilfsmittel** zu erstatten, zB für künstliche Gliedmaßen, Brillen, Hörgeräte, Stützkorsette, Rollstühle, Krücken, Stützstrümpfe oder Spezialschuhe.[239] Ist er zur Umstellung seiner Garderobe oder seiner Ernährung gezwungen, ist zB eine spezielle und kostspielige Diät einzuhalten, muss der Schädiger für die damit verbundenen Kosten aufkommen.[240] 64

Erstattungsfähig sind weiter Mehraufwendungen, die zwar nicht unmittelbar der Restitution des körperlichen Wohlbefindens dienen, aber infolge der **verletzungsbedingten Veränderung der Lebensumstände** anfallen, wie zum Beispiel Kosten für die Anschaf- 65

---

[232] Vgl. Prot. II S. 628 f.; RGZ 151, 298, 302 f.
[233] Die auf die Reparatur beschädigter Sachen bezogene Entscheidung BGHZ 54, 82, 85 = NJW 1970, 1454, 1455 ist entgegen 3. Aufl. § 843 RdNr. 40 *(Stein)* nicht einschlägig.
[234] BGHZ 97, 14, 17 ff. = NJW 1986, 1538; OLG Köln VersR 2000, 1021 f.; *Schirmer*, FS Baumann, 1999, S. 293, 306 ff.; *Steffen* NJW 1995, 2057, 2060 (auch für Kuren); das Zweite Schadensersatzrechtsänderungsgesetz hat an dieser Rechtslage nichts geändert, vgl. *Wagner*, Das neue Schadensersatzrecht, RdNr. 58.
[235] OLG Köln VersR 1988, 61, 62.
[236] BGH NJW 1958, 627; NJW-RR 1992, 791.
[237] LG Bonn VersR 1996, 381, 382.
[238] KG NZV 1992, 236, 237.
[239] BGH NJW 1956, 219, 220; NJW 1970, 1685 = LM RVO § 1542 Nr. 68; NJW 1974, 41, 42; NJW-RR 1992, 792; OLG Celle VersR 1975, 1103; OLG München VersR 1984, 245, 246; KG NZV 1992, 236, 237.
[240] BGH NJW 1974, 41, 42; RG JW 1907 Nr. 25; RGZ 151, 298.

fung eines eigenen Kfz. oder eines Wagens mit Automatikgetriebe,[241] oder für den behindertengerechten Umbau eines Kfz.,[242] nach der Rechtsprechung aber nicht auch noch zusätzlich die Kosten für den behindertengerechten Umbau eines Motorrads,[243] für die Benutzung öffentlicher Verkehrsmittel,[244] für die Anschaffung neuer Kleidung, die wegen der behinderungsbedingten Gewichtszunahme erforderlich wird,[245] die erhöhten Lebenserhaltungskosten wegen des notwendig gewordenen Umzugs zu der neuen Arbeitsstelle in einer anderen Region,[246] schließlich auch die Kosten für einen **behindertengerechten Umbau** des Eigenheims oder der Wohnung.[247] Wird durch den Um- oder Anbau ein Vermögenszuwachs bewirkt, ist dieser gemäß § 287 ZPO zu schätzen und von dem Ersatzanspruch abzuziehen.[248] Entsprechendes gilt für die Einrichtung eines privaten Schwimmbads.[249]

66 Eine verletzungsbedingte Vermehrung der Bedürfnisse tritt auch dann ein, wenn der Geschädigte nicht mehr oder nicht mehr in demselben Umfang wie zuvor in der Lage ist, sich selbst zu versorgen und seinen Haushalt zu führen, sog. **Haushaltsführungsschaden.** Während die Verletzung einer Person, die die klassische Hausfrauenrolle wahrnimmt, also ihrer Familie den Haushalt führt, bei dieser einen Erwerbsschaden auslöst (RdNr. 50 ff.), führt dieselbe Verletzung bei einem Single, der sich selbst den Haushalt besorgt, zu einer Vermehrung der Bedürfnisse, die als solche zu erfassen und auszugleichen ist.[250] Der Verletzte kann also im Rahmen des § 254 Abs. 2 die Kosten einer von ihm eingestellten Haushaltshilfe erstattet verlangen und darüber hinaus die fiktiven Kosten einer Ersatzkraft liquidieren, wenn er sich selbst behilft oder Verwandte und Freunde einspringen.[251]

67 Dieselben Grundsätze wie für die Kosten von Haushaltshilfen gelten auch für den Aufwand, der durch **Pflegepersonal** verursacht wird.[252] Bedarf der Verletzte infolge einer bleibenden Behinderung der häuslichen Pflege, sind die Kosten einer entsprechenden Kraft zu ersetzen, und zwar wiederum unabhängig davon, ob sie tatsächlich eingestellt wird oder ob die übrigen Familienmitglieder, Verwandte oder Freunde dem Verletzten zur Hilfe kommen und ob sie ihrerseits dabei einen Verdienstausfall in Kauf nehmen oder nicht.[253] Ist die Unterbringung in einem **Heim** erforderlich, hat der Schädiger auch diese Kosten zu übernehmen. Werden die Kosten für häusliche oder stationäre Pflege zunächst von der sozialen Pflegeversicherung gemäß §§ 28 ff. SGB XI geschultert, ist der Schädiger dem Versicherungsträger im Regressweg gemäß § 116 SGB X verantwortlich.[254] Bedarf ein behindertes Kind der speziellen Förderung in und außerhalb der Schule, muss der Schädiger die dafür anfallenden Kosten übernehmen.[255]

68 Die „Betreuung" eines Verletzten durch bloße **physische Präsenz naher Angehöriger am Krankenbett** ist für den Heilungsprozess oft von großer Bedeutung, nach der Rechtsprechung jedoch nicht monetarisierbar und im Rahmen des § 843 Abs. 1 Alt. 2 nicht

---

[241] BGH NJW 1970, 1685, 1686; 1965, 102; NJW-RR 1992, 791; 1992, 792 f.
[242] BGH NJW-RR 2004, 671, 672.
[243] BGH NJW-RR 2004, 671, 672.
[244] BGH NJW 1956, 219, 220; 1974, 41, 42.
[245] OLG Düsseldorf VersR 2006, 1231.
[246] OLG Celle VersR 1962, 292.
[247] BGH NJW 1982, 757 f.; NJW-RR 1992, 791; 2004, 671, 672; OLG Frankfurt VersR 1990, 912, 913; OLG Düsseldorf VersR 1995, 1449, 1450; *Palandt/Sprau* § 843 RdNr. 3; *Wussow/Dressler* Kap. 53 RdNr. 2.
[248] BGH NJW 1982, 757, 758.
[249] OLG Nürnberg VersR 1971, 260.
[250] BGH NJW 1974, 41, 42; 1985, 735; NJW-RR 1992, 792; NJW 1997, 256 f.; KG VersR 1982, 978, 979; OLG Karlsruhe DAR 1993, 391 f.; OLG Oldenburg VersR 1993, 1491; OLG Düsseldorf NJW-RR 2006, 1535, 1536; *Palandt/Sprau* § 843 RdNr. 8; *Wussow/Dressler* Kap. 53 RdNr. 7.
[251] BGH NJW-RR 1992, 792; NJW 1997, 256, 257; *Wussow/Dressler* Kap. 53 RdNr. 7.
[252] BGHZ 106, 28, 30 = NJW 1989, 766; BGH VersR 1978, 149, 150; NJW 1999, 421 f. = VersR 1999, 252, 253; OLG Bremen VersR 1999, 1030, 1031; OLG Koblenz VersR 2002, 244; *Geigel/Pardey* Kap. 4 RdNr. 51; *Wussow/Dressler* Kap. 53 RdNr. 4.
[253] BGHZ 106, 28, 30 = NJW 1989, 766; BGH NJW 1999, 421 f. = VersR 1999, 252, 253.
[254] BGHZ 134, 381, 384 = NJW 1997, 1783; BGHZ 146, 108, 110 f. = NJW 2001, 754; BGH NJW 2006, 3565, 3566 Tz. 7; *Staudinger/Vieweg* § 843 RdNr. 104.
[255] OLG Bamberg VersR 2005, 1593, 1594.

ersatzfähig.[256] In der Tat hat die Gewährung körperlicher Nähe durch Aufenthalt Angehöriger am Krankenbett keinen Marktwert, so dass es am Vermögensschaden fehlt. Anders liegt es, wenn **die Angehörigen Pflegeleistungen übernehmen,** die auch ein Dritter gegen Entgelt erbringen könnte, aber auch, wenn den Angehörigen durch ihre Besuche am Krankenbett ein Verdienstausfall entsteht und sie Fahrt-, Übernachtungs- und erhöhte Verpflegungskosten aufwenden müssen.[257] Der Betreuungsaufwand naher Angehöriger ist im Rahmen des Erforderlichen gemäß § 843 Abs. 1 unabhängig davon auszugleichen, ob die Angehörigen einen Verdienstausfall erlitten haben.[258] Jedenfalls aber sind die entsprechenden Beträge unter der Voraussetzung ihrer Erforderlichkeit und Angemessenheit im Rahmen des Anspruchs des Verletzten auf Ersatz der Kosten der notwendigen Heilbehandlung im Rahmen von § 249 Abs. 2 S. 1 zu erstatten.[259] Ist einem unfallbedingt behinderten Kind am besten dadurch gedient, dass der Vater seine Pflege und Förderung übernimmt und muss er dafür seinen Beruf aufgeben, so kann ausnahmsweise auch der **Verdienstausfall des Elternteils** vom Kind als eigener Schaden liquidiert werden.[260] Über diesen Sonderfall hinaus ist allgemein zu berücksichtigen, dass die häusliche Pflege durch Angehörige oft günstiger ist als der „Zukauf" von Pflegeleistungen Dritter oder gar die Unterbringung in einem Pflegeheim, andererseits aber den Wünschen und Interessen des Geschädigten am besten entspricht und deshalb auch den größten Erfolg verspricht. Eine **Kosten/Nutzen-Abwägung** spricht demnach dafür, die Pflegeleistungen Angehöriger großzügig zu entschädigen.[261] Die gesetzliche Grundlage für diese Lösung liefert § 843 Abs. 1, weil die Vorschrift auf die Entstehung des Mehrbedarfs anknüpft und nicht voraussetzt, dass der Geschädigte einen entsprechenden Aufwand macht (RdNr. 58).

VI. Rentenanspruch

1. Erwerbsschadens- und Mehrbedarfsrente. Obwohl die Ansprüche des Geschädigten wegen Erwerbsminderung einerseits und Vermehrung der Bedürfnisse andererseits voneinander sachlich unabhängig sind,[262] wird der Rentenanspruch seit jeher als **einheitlicher Anspruch** angesehen,[263] der auch prozessual einen einheitlichen Streitgegenstand darstellen soll.[264] Somit hemmt die Klageerhebung die **Verjährung** für beide Rentenpositionen (§ 204 Abs. 1 Nr. 1),[265] wenn auch immer nur im Umfang des gestellten Antrags, und dem Kläger ist es ohne weiteres erlaubt, während des Verfahrens von der einen zur anderen Rentenart überzugehen, ohne die Vorschriften über die Klageänderung beachten zu müssen.[266] Trotz dieser sachgerechten Konsequenzen bleibt ein Unbehagen,[267] weil die Erwerbsschadensrente der Einkommensteuer unterliegt, die Mehrbedarfsrente aber nicht (vgl.

---

[256] BGHZ 106, 28, 30 ff. = NJW 1989, 766 f. = JZ 1989, 345 m. Anm. *Grunsky*; BGHZ 131, 220, 225; BGH NJW 1999, 2819 = VersR 1999, 1156; *Grunsky* BB 1995, 937, 939.
[257] BGHZ 106, 28, 31 = NJW 1989, 766; BGHZ 131, 220, 225 = NJW 1996, 921, 922; BGH NJW 1999, 2819; OLG Bamberg VersR 2005, 1593, 1594; *Geigel/Pardey* Kap. 4 RdNr. 52.
[258] BGHZ 106, 28, 30 = NJW 1989, 766; BGH NJW 1999, 2819; OLG Zweibrücken NJW-RR 2008, 620 ff.
[259] BGH VersR 1957, 790; 1961, 545; 1985, 784, 785; BGHZ 106, 28, 29 f. = NJW 1989, 766 f.; BGH NJW 1990, 1037 = VersR 1989, 1308, 1309; NJW 1991, 2340, 2341 = VersR 1991, 559 f.; NJW 1999, 2819; eingehend *Seidel* VersR 1991, 1319.
[260] Zu einem solchen – außergewöhnlichen – Fall OLG Bamberg VersR 2005, 1593, 1594 ff.; zust. *Geigel/Pardey* Kap. 4 RdNr. 52.
[261] Ausf. *Chr. Huber* ÖJZ 2007, 625 ff.
[262] BGH NJW 1956, 219, 220; 1982, 757, 758 f.
[263] RGZ 69, 296; 74, 131, 132; BGH VersR 1960, 810, 811; NJW 1982, 757, 758 f.
[264] RGZ 74, 131; 151, 298, 300; BGH VersR 1957, 394, 396; NJW 1974, 41, 43; RGRK/*Boujong* § 843 RdNr. 37; *Erman/Schiemann* RdNr. 21.
[265] RG JW 1914, 408, 409; 1921, 1230; RGRK/*Boujong* § 843 RdNr. 37.
[266] BGH VersR 1957, 394, 396; 1960, 810, 811; 1976, 440; RGRK/*Boujong* § 843 RdNr. 37; *Staudinger/Vieweg* § 843 RdNr. 165.
[267] Dies spürte wohl auch das entscheidende Gericht in BGH NJW 1982, 757, 758 f.: einheitlicher Anspruch, der „aber dennoch wesensverschiedene Schadensarten als Einzelelemente in sich vereint"(!).

RdNr. 58), der Erwerbsschaden in weitem Umfang durch kongruente Leistungen von Arbeitgebern und Sozialversicherungsträgern abgedeckt wird und insoweit der Regress stattfindet, während der Mehrbedarf häufig noch vom Geschädigten selbst liquidiert wird (vgl. RdNr. 36 ff.), und weil auch sonst mehrere verschiedene Schadenspositionen **unterschiedliche Streitgegenstände** darstellen,[268] wenn es sich nicht lediglich um unselbständige Rechnungsposten[269] oder unterschiedliche Berechnungsmethoden handelt.[270] Da der Anspruch auf Ersatz des Mehrbedarfs demjenigen auf Erstattung der Heilungskosten wesentlich näher steht als dem Erwerbsschadensersatz, spricht viel dafür, ihn diesem gegenüber als selbständigen Streitgegenstand zu qualifizieren.

70 **2. Zahlungstermin (§ 843 Abs. 2 S. 1).** Gemäß §§ 843 Abs. 2 S. 1, 760 sind Erwerbsschadens- und Mehrbedarfsrenten für **drei Monate im Voraus** zu zahlen. Diese Regel ist dispositiv, so dass im Einvernehmen der Beteiligten **abweichende Zahlungsmodalitäten** festgelegt werden können.[271] In der Praxis ist es üblich, monatliche Vorauszahlungen zu vereinbaren. Die Formvorschrift des § 761 gilt für solche Abreden genauso wenig wie für Vergleiche über den Anspruch aus unerlaubter Handlung, in denen sich eine Seite zur Rentenzahlung verpflichtet.[272] Das Gericht ist zur Modifikation des Zahlungstermins von sich aus nicht befugt.[273]

71 **3. Sicherheitsleistung (§ 843 Abs. 2 S. 2).** Der Geschädigte hat keinen Anspruch auf Stellung einer Sicherheit durch den Ersatzschuldner, weil dieser wegen des erheblichen Umfangs kumulierter Rentenansprüche mit einer solchen Verpflichtung ganz erheblich belastet wird. Ihre Anordnung steht deshalb im – **pflichtgemäßen, nicht freien**[274] – **Ermessen** des Gerichts, was sich schon daran zeigt, dass die Entscheidung über die Sicherheitsleistung mit Berufung und Revision angreifbar und vom Rechtsmittelgericht nachprüfbar ist.[275] Dabei ist insbesondere zu gewährleisten, dass die Höhe der Sicherheitsleistung auf ein für den Schädiger erträgliches Maß begrenzt wird.[276]

72 Bei der Ermessensentscheidung, ob und in welcher Höhe dem Geschädigten Sicherheit zu leisten ist, sind die **wirtschaftlichen Verhältnisse** des Schädigers sowie Höhe und Dauer der Rentenverpflichtung zu berücksichtigen.[277] Verbleiben danach Zweifel an der künftigen Zahlungsfähigkeit oder Zahlungswilligkeit, ist der Schädiger zur Sicherheitsleistung zu verurteilen, wenn sich auf diese Weise die Chancen auf Durchsetzung des Rentenanspruches verbessern lassen. Derartige Zweifel können auf bereits bestehenden Zahlungsschwierigkeiten, auf der Verschlechterung seiner Vermögensverhältnisse, seiner vorübergehenden Unerreichbarkeit, häufigem Wohnsitzwechsel oder Verlegung des Wohnsitzes ins Ausland beruhen.[278] Unter solchen Voraussetzungen kann es für den Geschädigten ratsam sein, auf die Rente zu verzichten und statt ihrer eine Kapitalabfindung gemäß § 843 Abs. 3 zu verlangen. Kommt neben dem Schädiger eine **Haftpflichtversicherung** für den Schaden auf, so entfällt das Sicherungsbedürfnis jedenfalls dann, wenn dem Geschädigten ein Direktanspruch gegen die Versicherung zusteht,[279] wie dies wegen § 3 Nr. 1 PflVersG bei Straßenverkehrsunfällen durchweg der Fall ist. Aber auch in den übrigen Sektoren der Haftpflichtversicherung wiegt das Sicherungsbedürfnis des Geschädigten wenig, weil die Befriedigung

---

[268] RGZ 149, 157, 167; 170, 37, 39: Erwerbsschadensersatz und Schmerzensgeld; BGHZ 30, 7, 18 = NJW 1959, 1269, 1272; BGH NJW 1984, 2346, 2347; *Zöller/Vollkommer* Einl. RdNr. 73.
[269] BGH NJW-RR 1991, 1279; 1996, 891, 892; *Zöller/Vollkommer* Einl. RdNr. 73.
[270] BGHZ 119, 20, 23 = NJW 1992, 2753, 2754 f.
[271] RGZ 69, 296, 297.
[272] RGZ 89, 259, 261 f.
[273] RGZ 69, 296, 297 f.; aA RGRK/*Boujong* § 843 RdNr. 79.
[274] So aber RGRK/*Boujong* § 843 RdNr. 80; *Staudinger/Vieweg* § 843 RdNr. 33; *Palandt/Sprau* § 843 RdNr. 17.
[275] RGZ 157, 348, 350.
[276] Vgl. RG JW 1935, 2949.
[277] RGZ 157, 348, 350; RG JW 1935, 2949.
[278] Vgl. OLG München SeuffA 62 Nr. 108; vgl. auch OLG Nürnberg FamRZ 1968, 476, 478.
[279] Vgl. RGZ 157, 348, 350 f.

seiner Ansprüche durch das Veräußerungsverbot gemäß §§ 108, 109 VVG (= § 156 VVG aF) gewährleistet ist.[280]

Zur Sicherheitsleistung kann der Schädiger nur **wegen eines bestimmten Anspruchs** 73 auf künftig fällig werdende Rentenleistungen (§ 258 ZPO) verurteilt werden; ein Feststellungsurteil genügt mangels Vollstreckbarkeit in der Hauptsache nicht.[281] Bei nachträglichen Zweifeln über die Realisierbarkeit des Anspruchs findet § 324 ZPO Anwendung. Die Arten zulässiger Sicherheitsleistung regeln die §§ 232 bis 240.

VII. Kapitalabfindung (§ 843 Abs. 3)

Statt wiederkehrender Rentenleistung ist gegen den Willen des Schädigers auf eine 74 Kapitalabfindung nur zu erkennen, wenn ein wichtiger Grund vorliegt. Die **Praxis sieht freilich anders aus,** denn sowohl die auf der Seite des Schädigers stehenden Haftpflichtversicherer als auch die anstelle des Geschädigten im Regresswege vorgehenden Sozialversicherungsträger haben ein erhebliches Interesse an einer möglichst kurzfristigen und endgültigen Erledigung. Da § 843 Abs. 3 der Vereinbarung einer Kapitalabfindung durch die Parteien nicht entgegen steht, sind die notorischen sog. **Abfindungsvergleiche** ohne weiteres zulässig (eingehend § 779 RdNr. 47 f.).[282] In der Regulierungspraxis ist die Kapitalabfindung durch Vergleich die Regel, nicht die Ausnahme.[283]

Können oder wollen sich die Parteien nicht auf eine Abfindung einigen, hat der Geschä- 75 digte gleichwohl Anspruch auf eine Einmalzahlung, wenn dafür ein wichtiger Grund vorliegt. § 843 Abs. 3 wandelt den Rentenanspruch nicht ipso iure in einen Kapitalanspruch um, sondern gewährt dem Geschädigten ein **Wahlrecht;**[284] auf die Interessen des Schädigers ist anders als im Rahmen des § 1585 Abs. 2 keine Rücksicht zu nehmen. Er hat selbst dann kein Recht, den Schaden durch Kapitalabfindung abzugelten, wenn ein wichtiger Grund im Sinne der Vorschrift vorliegt.[285] Allerdings ist der Gläubiger gut beraten, trotz wichtigen Grundes von der Forderung einer Kapitalabfindung abzusehen, wenn der Schädiger zur Befriedigung der kumulierten Schuld ohnehin nicht in der Lage wäre und womöglich versuchen würde, sich im Rahmen eines **Insolvenzverfahrens** von der ihn wirtschaftlich überfordernden Verbindlichkeit reinzuwaschen; vgl. §§ 286 ff. InsO. Diese Möglichkeit besteht wegen § 302 Nr. 1 InsO nur dann nicht, wenn die unerlaubte Handlung, die den Erwerbsschaden verursacht hat, vorsätzlich begangen wurde. Sind mehrere Sozialversicherungsträger infolge Forderungsübergangs Gesamtgläubiger geworden,[286] kann die Erklärung, dass Ersatz statt in Renten- in Kapitalform verlangt wird, nur von allen Gesamtgläubigern gemeinsam abgegeben werden.[287] Stehen auf der Passivseite **mehrere Gesamtschuldner,** muss die Entscheidung in Höhe ihrer gesamtschuldnerischen Haftung einheitlich ergehen.[288] Rente und Kapitalabfindung können miteinander kombiniert werden, etwa in Gestalt einer befristeten Rentenleistung mit anschließender Kapitalabfindung[289] oder durch Festsetzung einer Rente für bestimmte Schadensposten unter Abfindung der übrigen, nicht aber durch Kombination beider Ausgleichsinstrumente mit Blick auf ein und denselben Posten.[290] Der Übergang von einem Antrag auf Rentenzahlung zu einem Antrag auf Kapitalabfindung und

---

[280] Vgl. auch RGZ 157, 348, 350 f.; im Zusammenhang mit § 843 Abs. 3 anders OLG Nürnberg FamRZ 1968, 476, 478.
[281] RGZ 60, 416, 417 f.; RGRK/*Boujong* § 843 RdNr. 83.
[282] Aus der Rspr. vgl. etwa BGHZ 105, 243 = NJW 1989, 289; BGH NJW 2002, 292; *Wussow/Kürschner* Kap. 61, insbes. RdNr. 5, 8.
[283] *Küppersbusch* RdNr. 649.
[284] RGZ 136, 373, 375.
[285] *Wussow/Dressler* Kap. 36 RdNr. 2; *Staudinger/Vieweg* § 843 RdNr. 34; aA *Schlund* VersR 1981, 401; ders. BB 1993, 2025; 2027.
[286] Zur Gesamtgläubigerschaft in diesen Fällen BGHZ 28, 68, 73 ff. = NJW 1958, 1588, 1589 f.
[287] BGHZ 59, 187, 190 f. = NJW 1972, 1711, 1712.
[288] RGZ 68, 429, 430.
[289] RGZ 77, 213, 216.
[290] RGZ 156, 392, 393; BGH VersR 1968, 664, 666 f.; NJW 1982, 757, 758 f.; 2001, 1214, 1216.

umgekehrt ist bis zur letzten mündlichen Verhandlung möglich.[291] Die Klageerhebung wegen des Anspruchs auf Kapitalabfindung hemmt gemäß § 204 Abs. 1 Nr. 1 die Verjährung auch des Rentenanspruchs, falls der Geschädigte später auf diesen übergeht oder das Gericht einen wichtigen Grund verneint.[292] Entsprechendes gilt für den umgekehrten Fall.

76 Ein wichtiger Grund ist gegeben, wenn der Geschädigte **objektiv ein besonderes Interesse an der Kapitalabfindung** hat, entweder, weil er die gesamte Valuta für sich benötigt oder weil der Schädiger keine Gewähr dafür bietet, dass der Rentenanspruch über längere Zeit hinweg befriedigt werden wird. Die zuerst genannte Alternative trifft auf Fälle zu, in denen sich der Geschädigte mit dem Kapitalbetrag eine neue wirtschaftliche Existenz aufbauen oder einen schon vorhandenen Betrieb sanieren will[293] oder in denen die Hoffnung besteht, die Abfindung werde einen günstigen Einfluss auf seine gesundheitliche Entwicklung haben.[294] Die zweite Alternative betrifft dieselben Fallgestaltungen, die das Gericht auch zur Anordnung einer Sicherheitsleistung gemäß § 843 Abs. 2 S. 2 veranlassen könnten, nämlich die sachlich begründete Sorge, der Schädiger werde in der Zukunft nicht mehr dazu in der Lage sein, seinen Verpflichtungen zur Rentenzahlung nachzukommen oder sich ihnen durch ständige Umzüge oder einen Wohnsitzwechsel ins Ausland zu entziehen suchen (vgl. RdNr. 72 Fn. 278).

77 Die **Höhe der Abfindung** ist so zu bemessen, dass der Geschädigte denjenigen Kapitalbetrag erhält, der zusammen mit dem hypothetisch anfallenden Zinsertrag ausreicht, während der voraussichtlichen Laufzeit der Rente die an sich geschuldeten Zahlungen zu decken.[295] Der Geschädigte soll im wirtschaftlichen Ergebnis dasselbe erhalten wie im Falle der Verrentung. Bei der Kapitalisierung ist also der gegenwärtige Wert der zukünftigen Rentenleistungen zu ermitteln,[296] wobei zunächst die Rentenzahlungen unter Berücksichtigung ihrer Höhe und ihrer Laufzeit zu einem Gesamtbetrag zu aggregieren sind, um diesem dann den (hypothetischen) Zinsertrag über die Laufzeit der Rente hinweg hinzuzurechnen. Dies ist kein leichtes Unterfangen, doch bieten die üblichen Kapitalisierungsfaktoren von 5 bis 5,5% einen ersten Anhaltspunkt,[297] und im Übrigen kann auf Kapitalisierungstabellen zurückgegriffen werden.[298]

78 Nach der Rechtsprechung ist die Kapitalabfindung auch dann unabänderlich und nicht mit der **Klage gemäß § 323 ZPO angreifbar,** wenn sich die der Berechnung zugrunde gelegten Umstände im Zeitablauf verändern.[299] Demgegenüber hält die in der Literatur vertretene Gegenauffassung Langfristprognosen über die weitere Entwicklung des Einkommens-, Mehrbedarfs- und Zinsniveaus für unmöglich und plädiert dafür, bei wesentlicher Veränderung der bei der Berechnung zugrunde gelegten Umstände die Korrektur im Wege der Abänderungsklage nach § 323 ZPO zuzulassen.[300] – Zu folgen ist der Rechtsprechung: Die Kapitalabfindung trägt unvermeidlich vergleichsähnliche Züge; sie soll und kann die zukünftige Entwicklung gar nicht mit Präzision vorwegnehmen, sondern ihr Zweck ist es, die Höhe der Entschädigung hic et nunc mit Verbindlichkeit für alle Beteiligten festzulegen. Die damit verbundenen Unsicherheiten muss der Geschädigte in Kauf nehmen, wenn er sein Wahlrecht zugunsten der Kapitalabfindung ausübt.[301] Schließlich müssen sich die Ver-

---

[291] RGZ 136, 373, 375 f.; BGHZ 59, 187, 188 f. = NJW 1972, 1711, 1712.
[292] RGZ 77, 213, 216.
[293] RG JW 1933, 840.
[294] RGZ 73, 418, 420: Beseitigung einer „krankhaft beunruhigenden Ungewissheit"; RG JW 1909, 137.
[295] BGHZ 79, 187, 190 = NJW 1981, 818 = LM § 843 Nr. 28 m. zust. Anm. *Weber*.
[296] BGHZ 97, 52, 61 = NJW-RR 1986, 650, 652.
[297] BGHZ 79, 187, 197 = NJW 1981, 818, 821 = LM § 843 Nr. 28 m. zust. Anm. *Weber*.
[298] Abgedruckt bei *Küppersbusch* Anh. S. 238 ff.
[299] BGHZ 79, 187, 192 ff. = NJW 1981, 818 = LM § 843 Nr. 28 m. zust. Anm. *Weber*; BGHZ 105, 243, 246 = NJW 1989, 286; BGH NZV 2002, 268, 269; zust. *Geigel/Pardey* Kap. 4 RdNr. 152; *Schlund* BB 1993, 2025, 2030; *Stein/Jonas/Leipold*, 21. Aufl. 1998, § 323 ZPO RdNr. 7.
[300] 3. Aufl. RdNr. 49, 62 *(Stein)*; *Erman/Schiemann* § 843 RdNr. 19; *Staudinger/Vieweg* § 843 RdNr. 37; *Zöller/Vollkommer* § 323 ZPO RdNr. 28.
[301] BGH NZV 2002, 268.

treter der Gegenauffassung fragen lassen, auf welche Weise Entwicklungen zu berücksichtigen wären, die nicht eine höhere Abfindung ergäben, sondern zu einer Verminderung der Rente und damit des Kapitalbetrags führten. Sollte der Geschädigte in einem solchen Fall verpflichtet sein, einen Teil des vor Jahr und Tag vereinnahmten Kapitals wieder zurückzuzahlen? Wäre dem so, würde die Kapitalabfindung einer ihrer wesentlichen Funktionen beraubt, nämlich dem Geschädigten eine Geldsumme in die Hand zu geben, über die er sofort disponieren kann, um sich eine eigene Existenz aufzubauen. Umgekehrt hat der Schädiger bzw. dessen Haftpflichtversicherer ein berechtigtes Interesse daran, die Bücher nach Auszahlung der Kapitalsumme endgültig zu schließen.

VIII. Leistungen Dritter

1. Anwendungsbereich des § 843 Abs. 4. Aus der für die Schadensberechnung grundlegenden Differenzhypothese ergibt sich das Prinzip der **Vorteilsausgleichung** (compensatio lucri cum damno), nach dem die durch das Schadensereignis verursachten Nachteile mit den Vorteilen zu saldieren sind.[302] Strikt durchgeführt würde dies bedeuten, dass der Geschädigte leer ausginge, wann immer ein Dritter Leistungen zum Ausgleich des Schadens erbringen würde und sich Teilleistungen auf seinen Ersatzanspruch anrechnen lassen müsste.[303] Eben diese Rechtsfolgen werden von § 843 Abs. 4 ausgeschlossen, indem bestimmt wird, dass die Verpflichtung eines Dritten, dem Verletzten Unterhalt zu gewähren, den Ersatzanspruch weder ausschließt noch mindert.

Die Vorschrift gilt nicht nur für die Delikts-, sondern gleichermaßen auch für die **Gefährdungshaftung** (vgl. RdNr. 5) sowie gemäß §§ 618 Abs. 3 BGB, 62 Abs. 3 HGB für die **Vertragshaftung** beim Dienstvertrag, aber auch bei diesem ähnlichen Vertragstypen (eingehend RdNr. 8; § 844 RdNr. 11 f.).[304] Schließlich findet die Vorschrift auch auf andere Schadensersatzansprüche Anwendung, die ihre Grundlage nicht im Recht der außervertraglichen Haftung haben, wie etwa diejenigen des Mündels gegen den Vormund und des Betreuten gegen den Betreuer aus §§ 1833, 1908 i.[305]

In der Sache beschränkt sich § 843 Abs. 4 auf den Fall, dass **ein anderer verpflichtet ist, dem Verletzten Unterhalt zu gewähren,** diesen jedoch noch nicht gewährt hat. Die Rechtsprechung hat sich dadurch selbstverständlich nicht daran gehindert gesehen, die Vorteilsanrechnung auch dann zu versagen, wenn der Unterhalt bereits tatsächlich gezahlt worden war.[306] Über den Wortlaut der Vorschrift geht sie auch dann hinaus, wenn ein Dritter Unterhalt leistet, der dazu nicht verpflichtet ist.[307] Kümmert sich zB ein Verwandter um das verletzte Kind,[308] wird es von Pflege- oder Adoptiveltern angenommen[309] oder lebt der Verletzte in einer nichtehelichen Lebensgemeinschaft und gewährt der andere Partner Unterhalt,[310] sind diese Leistungen nicht auf den Schadensersatzanspruch anzurechnen. Gleiches gilt für überobligatorische Leistungen von Familienmitgliedern, die den Ausfall der verletzten Person im Haushalt durch vermehrten Eigeneinsatz ausgleichen oder die häusliche Pflege übernehmen und damit die Deckung dieses Bedarfs mit Hilfe einer Markttransaktion – Einstellung einer Haushalts- oder Pflegekraft – überflüssig machen (im Detail RdNr. 51, 66 ff.).[311]

Weiter ist dem Grundsatz des § 843 Abs. 4 auch dann Folge zu leisten und die Vorteilsausgleichung zu versagen, wenn es um **andere Schadensposten** als den Verdienstausfall

---

[302] Dazu umfassend *Thüsing*, Wertende Schadensberechnung, 2001.
[303] Ausf. zur Problematik der Vorteilsausgleichung und den übrigen, in § 843 Abs. 4 nicht geregelten Fallgruppen § 249 RdNr. 222 ff.
[304] BGHZ 22, 72, 74 = NJW 1957, 138, 139.
[305] BGHZ 22, 72, 76 ff. = NJW 1957, 138, 139 f.
[306] RGZ 47, 211, 212 f.; 65, 162, 163 f.; 138, 1, 2.
[307] RGZ 92, 57, 59; BGHZ 91, 357, 363 ff. = NJW 1984, 2520, 2522.
[308] RGZ 92, 57, 59.
[309] BGHZ 54, 269, 274 f. = NJW 1970, 2061, 2063.
[310] BGHZ 91, 357, 364 = NJW 1984, 2520, 2522.
[311] Zusammenfassend BGHZ 106, 28, 30 f. = NJW 1989, 766 f.

§§ 842, 843

und vermehrte Bedürfnisse geht, was insbesondere für den Anspruch auf Erstattung der Heilungskosten Bedeutung hat.³¹² Wird die Verletzte also zB von ihrem Ehemann behandelt, der von Beruf Arzt ist, besteht die Ersatzpflicht des Schädigers ungemindert fort.³¹³

83 **2. Nichtanrechnung als allgemeines Prinzip.** Angesichts dieser Vielzahl teleologischer Extensionen des § 843 Abs. 4 nimmt es nicht wunder, wenn die Rechtsprechung diesen Tatbestand seinerseits als bloße **Konkretisierung eines allgemeinen Prinzips** versteht, nach dem Leistungen Dritter, die dem Geschädigten aus Anlass des Schadensereignisses erbracht werden, den Ersatzanspruch weder ausschließen noch mindern.³¹⁴ Dies gilt ganz selbstverständlich, soweit ein Gesetz den Ersatzanspruch des Verletzten auf den Drittleistenden überleitet, wie etwa die §§ 86 VVG, 116 SGB X, die sinnlos wären, wenn sich der Verantwortliche auf die Vorteilsanrechnung berufen könnte.³¹⁵ Auch die **Sozialhilfe** ist gegenüber dem Schadensersatzanspruch wegen Erwerbsminderung **nachrangig** (§ 2 SGB XII) und folgerichtig für die Zukunft nicht auf den weiter vom Geschädigten geltend zu machenden Ersatzanspruch anzurechnen.³¹⁶ Wegen bereits geleisteter Zahlungen steht dem Sozialhilfeträger ein **Regressanspruch** gegen den Schädiger kraft Legalzession gemäß § 116 SGB X, und zwar ab dem Zeitpunkt, ab dem Sozialhilfeleistungen „ernsthaft in Betracht zu ziehen" waren.³¹⁷ Entsprechendes gilt für die **Grundsicherung für Arbeitssuchende** (vgl. §§ 1 ff., 33 Abs. 5 SGB II).³¹⁸ Weiter kann sich der Schadensersatzschuldner nicht darauf berufen, die von dem Geschädigten erlittenen Nachteile seien bereits durch **freiwillige Zahlungen des Arbeitgebers** an seinen durch einen Dritten verletzten Arbeitnehmer ausgeglichen worden,³¹⁹ und Gleiches gilt für die **Hinterbliebenenversorgung** im Rahmen eines privaten Pensionsvereins,³²⁰ für betriebliche Unfallrenten genauso wie für Rückstellungen im Rahmen einer betrieblichen Altersversorgung,³²¹ für die **Gehaltsfortzahlung** gemäß § 616³²² und für Leistungen einer **privaten Unfall- oder Lebensversicherung.**³²³ Zur Anrechnung von Unterhaltsleistungen, die der Hinterbliebene nach unfallbedingtem Tod des verletzten Ehegatten von einem neuen Partner erhält, vgl. § 844 RdNr. 82.

84 Hingegen hat der BGH in einer neueren Entscheidung § 843 Abs. 4 als Ausnahme von der Differenzhypothese apostrophiert und die Argumentationslast dahin umgekehrt, dass überzeugende Gründe für eine Nichtanrechnung vorliegen müssten.³²⁴ Auf dieser Grundlage wurde das auf Grund eines entsprechenden Kollektivabkommens gezahlte sog. **Vorruhestandsgeld** auf den Schadensersatzanspruch angerechnet, mit der Folge, dass der Schädiger dem Verletzten nur noch auf die Schadensspitzen, also die Differenz zum früheren Einkommen, haftete und auch den Regress des Arbeitgebers nicht zu fürchten brauchte. Im Ergebnis mag dem BGH zu folgen sein, nicht aber in der Begründung. Beim Vorruhestands-

---

³¹² RGZ 47, 211, 212 ff.; 132, 223, 224 f.; 138, 1, 2 f.
³¹³ So der Fall RGZ 132, 223, 224 f.
³¹⁴ RGZ 47, 211, 213; 92, 57, 59; BGHZ (GS) 9, 179, 191 = NJW 1953, 821, 823; BGHZ 13, 360, 364 = NJW 1954, 1153, 1154; BGHZ 21, 112, 116 = NJW 1956, 1473; BGHZ 22, 72, 74 f. = NJW 1957, 138; BGHZ 54, 269, 274 = NJW 1970, 2061, 2063; BGHZ 58, 14, 19 f. = NJW 1972, 574, 575; BGHZ 91, 357, 364 = NJW 1984, 2520, 2522; BGHZ 106, 28, 30 f. = NJW 1989, 766; BGH NJW 2001, 1274 f. = LM § 252 Nr. 79 m. Anm. *Schiemann*; NJW 2002, 292, 293 = VersR 2002, 188; VersR 2007, 1536, 1538 Tz. 21; *Büdenbender* JZ 1995, 920; *Steffen* NJW 1995, 2057, 2062.
³¹⁵ BGHZ (GS) 9, 179, 190 f. = NJW 1953, 821, 823; BGHZ 79, 26, 33 f. = NJW 1981, 623, 625 f.; BGHZ 90, 334, 342 = NJW 1984, 1811 = LM § 842 Nr. 25.
³¹⁶ BGHZ 131, 274, 282 = NJW 1996, 726, 728; BGHZ 133, 129, 136 = NJW 1996, 2508, 2509 f.; BGH NJW 1997, 2175, 2176 = VersR 1997, 751, 752; NJW 1998, 1634, 1635; 2002, 292, 293; 2002, 3769, 3770.
³¹⁷ BGHZ 127, 120, 126 = NJW 1994, 3097; BGHZ 131, 274, 278 = NJW 1996, 726, 728; BGHZ 133, 129, 135 = NJW 1996, 2508, 2509 f.; *Waltermann*, Sozialrecht, 7. Aufl. 2008, RdNr. 478.
³¹⁸ *Waltermann* (Fn. 441) RdNr. 453 a: „subsidiäre Basissicherung".
³¹⁹ BGHZ 10, 107, 108 ff. = NJW 1953, 1346 f.
³²⁰ RGZ 153, 264, 267.
³²¹ BGHZ 13, 360, 364 = NJW 1954, 1153, 1154; BGHZ 139, 167, 170 ff. = NJW 1998, 3276, 3277.
³²² BGHZ 7, 30, 47 ff. = NJW 1952, 1249, 1250 f.; BGHZ 21, 112, 116 ff. = NJW 1956, 1473.
³²³ RGZ 146, 287, 288 f.; 148, 154, 164; BGHZ (GS) 9, 179, 191 = NJW 1953, 821, 823; BGH VersR 1968, 361; 1979, 323, 325 f.
³²⁴ BGH NJW 2001, 1274 f.

geld ist entscheidend, dass der Anspruch auf Erwerbsschadensersatz einerseits die Beiträge zur gesetzlichen Rentenversicherung oder zu einer betrieblichen Altersversorgung einschließt (eingehend RdNr. 33, 36 ff.), andererseits aber mit dem Eintritt in den Ruhestand sein Ende findet (RdNr. 24). Aus diesen Gründen lehnt der BGH seit jeher den Rückgriff der Rentenversicherungsträger gegen den Schädiger auf der Grundlage des heutigen § 116 SGB X ab, soweit es um die Zahlung der normalen Altersrente geht,[325] und deshalb ist nach der Rechtsprechung auch die vorgezogene Altersrente gemäß § 36 SGB VI (früher: § 1248 Abs. 1 Fall 1 RVO, § 25 AVG) auf den Ersatzanspruch anzurechnen.[326] Das Übereinkommen der Tarif- oder Arbeitsvertragsparteien, den Zeitpunkt des Eintritts in den Ruhestand aus sozialen oder arbeitsmarktpolitischen Gründen vorzuverlegen, vermag daran nichts zu ändern und eine Leistungspflicht des Schädigers über den Zeitpunkt des Ausscheidens aus dem Erwerbsleben hinaus nicht zu begründen.

Gegen die Anrechnung spricht allerdings, dass auf diese Weise die pekuniären Vorteile der sozialpolitisch motivierten Kompromissbereitschaft des Arbeitgebers letztlich in die Taschen deliktisch Verantwortlicher fließen. Hier wie generell spricht gegen die Anrechnung der Drittleistung, dass diese Lösung die **Anreize Dritter zu altruistischem Handeln unterminiert**,[327] während dem Schädiger ein Vorteil erwächst, der wiederum seine Anreize zu sorgfältigem Verhalten im Interesse der Schadensvermeidung schwächt (eingehend Vor § 823 RdNr. 47 ff.).

3. Kumulations- vs. Regressprinzip. Die Verallgemeinerung des § 843 Abs. 4 zu einem Prinzip der Nichtanrechnung von Drittleistungen lässt zunächst offen, was statt dessen gelten soll. Tatsächlich lassen sich **Drittleistungen auf drei verschiedenen Wegen** schadensrechtlich einordnen, nämlich (1) durch Anrechnung auf den Deliktsanspruch; (2) durch Kumulation der Drittleistung mit dem Schadensersatz und (3) durch Regress des Dritten gegen den Schädiger. Die erste Lösung ist soeben bereits zurückgewiesen worden, und im Übrigen sprechen die besseren Gründe regelmäßig für die dritte Option, also den Regress.[328] Gegen die Kumulation von Drittleistung und Schadensersatz im Sinne der zweiten Lösung, wie sie das RG – wenn auch beschränkt auf Familienmitglieder – befürwortet hatte,[329] spricht das Bereicherungsverbot des Schadensersatzrechts und die dahinter stehende Überlegung, dass es die Verhaltensanreize potentiell Geschädigter verzerrt, wenn sie an dem Unfall noch verdienen können. Soweit der Verletzte die Drittleistung durch eigene Beitragszahlungen finanziert hat, wie dies bei Leistungen der verschiedenen Versicherungsträger durchweg der Fall ist, hat er zudem ein eminentes Interesse daran, die Beitragslasten niedrig zu halten und die aufgewendeten Beiträge und Prämien nicht durch Überkompensation von Unfallschäden zu vergeuden. Dies gilt nur für die Summenversicherung nicht,[330] also für private Unfall- und Lebensversicherungen, die gerade keinen Schaden ausgleichen sollen, sondern eine besondere Art des Sparens darstellen, und deren Ertrag der Geschädigte folgerichtig in vollem Umfang zusätzlich zu der vom Schädiger zu leistenden Ausgleichszahlung vereinnahmen kann.[331]

Für die private oder soziale Schadensversicherung sowie die übrigen Fälle des Schadensausgleichs durch Dritte vermeidet das **Regressprinzip** die Nachteile sowohl des Anrechnungs- als auch des Kumulationsprinzips, indem es den Schädiger mit den Folgekosten seines unsorgfältigen Verhaltens belastet, ohne das Opfer doppelt zu entschädigen, und

---

[325] BGH NJW 1977, 246.
[326] BGH NJW 1982, 984 f. = LM § 249 Nr. 33; NJW 2001, 1274, 1275.
[327] Ähnlich RGZ 92, 57, 59: „Der Dritte würde regelmäßig gar kein Interesse haben, eine solche Zuwendung zu machen".
[328] Vgl. eingehend *Wagner* in: Zimmermmann (Hrsg.), Grundstrukturen des Europäischen Deliktsrechts, S. 189, 333 ff.
[329] So RGZ 47, 211, 214; 65, 162, 163 f. für Drittleistungen unter Eheleuten bzw. im Verhältnis Eltern/Kind.
[330] Dazu *Wagner* in: Zimmermann (Hrsg.), Grundstrukturen des Europäischen Deliktsrechts, S. 189, 308, 334 f.
[331] RGZ 146, 287, 289; BGHZ 10, 107, 111 = NJW 1953, 1346, 1347; BGHZ 19, 94, 99 ff. = NJW 1956, 222, 223 f.; BGH VersR 1968, 361; 1979, 323, 325 f. unter Aufgabe von BGHZ 39, 249, 251 ff. = NJW 1963, 1604, 1605.

zudem die Ressourcen der Versicherungsträger schont, indem es ihnen den Rückgriff gegen den deliktsrechtlich Verantwortlichen erlaubt.[332] Damit stimmt das geltende Recht des Personenschadensersatzes überein, denn sowohl das Privat- als auch das Sozialversicherungsrecht folgen der Regresslösung, indem sie den Versicherungsträgern in den §§ 86 VVG, 116 ff. SGB X Rückgriffsansprüche gegen den Schädiger einräumen. Der deliktisch Verantwortliche kann sich dann nicht darauf berufen, der Schaden sei bereits wieder gut gemacht, doch schuldet er den Ersatz nicht dem Geschädigten, sondern dem Dritten, der durch seine Leistungen die eingetretenen Nachteile ausgeglichen hat. Soweit es mit Blick auf die konkrete Leistung an einer gesetzlichen Anordnung des Forderungsübergangs fehlt, bedarf es für den Regress keiner Abtretung des Schadensersatzanspruchs an den Dritten,[333] sondern Letzterer kann seinen Rückgriffsanspruch auf Geschäftsführung ohne Auftrag (§§ 683, 670), hilfsweise auf ungerechtfertigte Bereicherung stützen, um Erstattung der eigenen Aufwendungen zu erlangen (RdNr. 27, 39).[334]

IX. Prozessuales

88 **1. Streitgegenstand.** Die Rechtsprechung behandelt die Ansprüche auf Erwerbsschadensersatz und auf den Ausgleich der durch vermehrte Bedürfnisse entstehenden Kosten als **einheitlichen Streitgegenstand** (RdNr. 69).

89 **2. Leistungsklage.** Erhebt der Verletzte eine Leistungsklage, muss deutlich gemacht werden, ob eine **Rente oder eine Kapitalabfindung** verlangt wird.[335] Sie ist gemäß § 258 ZPO auch mit Blick auf erst künftig fällig werdende Rentenleistungen zulässig. Die Höhe und Dauer der Rente sowie die Höhe der Kapitalabfindung muss trotz § 253 Abs. 2 Nr. 2 ZPO nicht beziffert, sondern kann in das Ermessen des Gerichts gestellt werden, wenn der Kläger nur die für eine **Schadensschätzung gemäß § 287 ZPO** notwendigen Tatsachen vorträgt[336] sowie die **Größenordnung** der begehrten Ersatzleistung angibt.[337] Sind diese Voraussetzungen erfüllt, sollte das Gericht genauso wie beim Schmerzensgeldanspruch nicht durch § 308 Abs. 1 ZPO **(ne ultra petita)** daran gehindert sein, dem Kläger einen Betrag oberhalb der angegebenen Größenordnung zuzusprechen.[338] Angesichts der Schwierigkeiten und Unsicherheiten bei den für den Umfang des Erwerbsschadensersatzes zentralen Zukunftsprognosen sowohl über die tatsächliche berufliche Entwicklung des Klägers als auch in Bezug auf die hypothetische Karriere, die er bei Ausbleiben des Unfalls gemacht hätte (ausführlich RdNr. 20 ff.), ist die Interessenlage mit derjenigen beim Immaterialschadensersatz identisch und eine Übertragung der dafür etablierten Grundsätze geboten.[339] Der zur angemessenen Verteilung des Kostenrisikos unverzichtbare Anreiz für den Kläger, die Größenordnung nicht zu niedrig anzugeben, lässt sich dadurch herstellen, dass die Beschwer und damit die Angreifbarkeit des Urteils von der Unterschreitung der Größenordnung abhängig gemacht wird.[340]

---

[332] Treffend BGHZ 54, 377, 382 = NJW 1971, 286, 287; BGHZ 67, 138, 150 = NJW 1976, 1892, 1895; BGHZ 90, 334, 342 = NJW 1984, 1811 = LM § 842 Nr. 25; BGH VersR 2007, 1536, 1537 RdNr. 14.

[333] So aber BGHZ (GS) 13, 360, 366 ff. = NJW 1954, 1153, 1154 f.; BGHZ 139, 167, 170 = NJW 1998, 3276, 3277 mit Blick auf betriebliche Unfallrenten bzw. Rückstellungen für Zwecke der betrieblichen Altersversorgung; in Bezug auf Weihnachts- und Urlaubsgelder auch BGHZ 133, 1 = NJW 1996, 2296 = VersR 1996, 1117.

[334] Grdlg., wenn auch noch alternativ zur fortbestehenden Aktivlegitimation des Geschädigten RGZ 138, 1, 2 f.; vgl. auch RGZ 129, 55, 57.

[335] RGZ 141, 304, 305; BGHZ 4, 138, 142 = NJW 1952, 382; zum Wahlrecht des Gläubigers s. RdNr. 75.

[336] RGZ 140, 211, 213; 141, 304, 305; BGHZ 4, 138, 142 = NJW 1952, 382; BGHZ 45, 91, 92 f. = NJW 1966, 780.

[337] BGH VersR 1975, 856, 857; NJW 1982, 340 f.

[338] BGHZ 132, 341, 350 ff. = NJW 1996, 2425, 2427 f.; BGH NJW 2002, 3769 f.

[339] So auch für Ausgleichsansprüche nach Scheidung BGH NJW 1999, 353, 354; anders wohl Zöller/Greger § 253 ZPO RdNr. 14 a.

[340] BGHZ 140, 335, 340 ff. = NJW 1999, 1339, 1340; Überblick über die neuere Rspr. zur Bestimmtheit von Schmerzensgeldanträgen bei v. Gerlach VersR 2000, 525.

Unter der eben genannten Voraussetzung umfassenden Vortrags der Schätzgrundlagen 90 kann auch die **Bemessung der Rentendauer** in das Ermessen des Gerichts gestellt werden. Insoweit bedarf der vom RG aufgestellte und seither tradierte Satz, ein Antrag auf Rentenzahlung „bis zur Wiederherstellung des Arbeitsfähigkeit" sei unzulässig, der Einschränkung;[341] das Gericht darf so nicht tenorieren, wohl aber der Kläger entsprechend antragen, wenn er die tatsächlichen Grundlagen für die Einschätzung der Dauer der Erwerbslosigkeit mitliefert. Lässt sich der Zeitraum der Erwerbsunfähigkeit beim besten Willen nicht seriös einschätzen, hat das Gericht die Erwerbsschadensrente auf einen Zeitpunkt zu befristen, der sicher innerhalb des prognostizierbaren Bereichs liegt, um dann auf der Grundlage der zwischenzeitlichen Entwicklung neu über das Rentenbegehren zu entscheiden (vgl. RdNr. 26).

Ist sowohl der Haftungsgrund als auch die Höhe des eingetretenen Schadens und damit 91 die Höhe der Rente oder Kapitalabfindung umstritten, wird es zweckmäßig sein, den Streit um das Bestehen der Schadensersatzpflicht abzuschichten und im Wege eines **Grundurteils** gemäß § 304 ZPO vorab zu klären. Damit lässt sich vermeiden, dass knappe Justizressourcen für den Streit um Fragen verschwendet werden, auf die es am Ende womöglich gar nicht ankommt, und den Parteien wird die Gelegenheit gegeben, sich über die Höhe der geschuldeten Rente vergleichsweise zu einigen. Diese Gesichtspunkte leiten die Rechtsprechung, wenn sie es großzügig zulässt, streitige Punkte in das Betragsverfahren zu verschieben, wenn nur eine hinreichende Wahrscheinlichkeit dafür besteht, dass in jedem Fall ein Ersatzanspruch des Geschädigten verbleibt.[342] Dies gilt etwa für die Bestimmung der Mitverschuldensquote,[343] die Entscheidung über den Umfang, in dem ein gesetzlicher Forderungsübergang gemäß § 116 SGB X stattgefunden hat,[344] darüber, ob ein wichtiger Grund für eine Kapitalabfindung vorliegt,[345] über den Beginn und das Ende der Rentenzahlungspflicht,[346] und über das Durchgreifen der gegen einen Teil des Anspruchs erhobenen Verjährungseinrede.[347]

Die Zahlung der Rente kann grundsätzlich auch im Wege der **einstweiligen Verfügung** 92 gemäß §§ 935, 940 ZPO erwirkt werden. Da es sich um eine Leistungsverfügung mit Befriedigungswirkung handelt, sind an den Verfügungsgrund besonders hohe Anforderungen zu stellen.[348]

3. Feststellungsklage. Die Feststellungsklage ist **gegenüber der Leistungsklage subsidiär,** 93 denn soweit sich der Schaden vom Kläger beziffern oder vom Gericht im Wege der Schätzung gemäß § 287 ZPO bestimmen lässt, fehlt es an dem gemäß § 256 Abs. 1 ZPO erforderlichen Feststellungsinteresse.[349] Dieser Grundsatz beruht auf dem Prinzip der Prozessökonomie – das Bemühen um einen Vollstreckungstitel soll nicht auf zwei verschiedene Klagen aufgeteilt und das Gericht nicht zweimal mit derselben Sache beschäftigt werden – und er lässt folgerichtig Ausnahmen zu, sofern die Feststellungsklage prozesswirtschaftlich vorteilhaft erscheint, obwohl eine Bezifferung oder Schätzung des Ersatzbetrags möglich wäre.[350] Folgerichtig ist die Feststellungsklage zulässig, wenn die Bezifferung bzw. Schätzung des Schadens nur zum Teil gelingen kann,[351] wenn nach Feststellung des Anspruchsgrunds eine Einigung der Parteien über die Höhe zu erwarten ist[352] oder die Bezifferung eine

---

[341] RG DR 1944, 290, 292.
[342] BGH VersR 1967, 1002, 1003.
[343] BGHZ 141, 129, 136 = NJW 1999, 2440, 2441 = LM CISG Nr. 6/7; vgl. weiter *Zöller/Vollkommer* § 304 ZPO RdNr. 8.
[344] BGH NJW 1956, 1236; 1967, 1002, 1003; NJW-RR 1988, 66.
[345] BGH 59, 139, 147 = NJW 1972, 1943, 1945 f.; BGH VersR 1976, 987 f.
[346] RGZ 171, 173, 176.
[347] BGH NJW 1968, 2105 f.
[348] *Zöller/Vollkommer* § 940 ZPO RdNr. 8 „Unterhaltsrecht".
[349] BGHZ 5, 314, 315 = NJW 1952, 740; BGH NJW 1993, 2993.
[350] BGHZ 2, 250, 253 = NJW 1951, 887, 888; BGH NJW-RR 1994, 1272, 1273.
[351] BGH NJW 1982, 1552, 1554; 1996, 2097, 2098.
[352] BGHZ 2, 250, 253 = NJW 1951, 887, 888; BGH NJW-RR 1994, 1272, 1273.

aufwändige und kostspielige Begutachtung erforderte.³⁵³ Da der Kläger bzw. sein Anwalt ex ante häufig kaum sicher prognostizieren kann, ob dem Gericht eine seriöse Schadensschätzung gelingen wird oder nicht, ist ein Feststellungsausspruch auch dann zulässig, wenn der Kläger allein auf Leistung angetragen hatte (vgl. RdNr. 26).³⁵⁴

94   Im Übrigen ist das gemäß § 256 Abs. 1 ZPO erforderliche **Feststellungsinteresse** gegeben, wenn der Eintritt künftiger Schäden nicht bloß als entfernte Möglichkeit erscheint.³⁵⁵ Ein Anerkenntnis des Haftpflichtversicherers lässt das Feststellungsinteresse nicht entfallen, wenn es an einer vertraglichen Verlängerung der Verjährungsfrist auf 30 Jahre gemäß § 202 fehlt, weil der Geschädigte dann nicht denselben Schutz genießt wie bei einem Feststellungsurteil (§ 197 Abs. 1 Nr. 3).³⁵⁶

95   **4. Abänderungsklage.** Hat der Geschädigte ein rechtskräftiges gerichtliches Urteil über die Rentenleistung erlangt, tritt aber eine **wesentliche Veränderung derjenigen Verhältnisse** ein, die für die Berechnung der Höhe und Dauer der Rentenleistung erheblich waren, kann die dadurch begünstigte Partei die Abänderung der Rente in der ausgeurteilten Höhe durch eine Abänderungsklage gemäß § 323 ZPO erstreiten.³⁵⁷ Bei der Beurteilung der Wesentlichkeit ist zu berücksichtigen, dass die Bemessung der Rente eine notwendig mit Unsicherheiten behaftete Prognose über die künftige Schadensentwicklung voraussetzt (RdNr. 20 f.), deshalb unter Umständen sogar Abschläge von dem anvisierten Rentenniveau vorzunehmen sind (vgl. RdNr. 43, 48 m. Fn. 180, 173), und eine Abänderung folglich nur in Betracht kommt, wenn die Veränderung der Verhältnisse aus dem Rahmen der Prognose herausfällt.³⁵⁸ Diese Voraussetzungen sind bejaht worden bei spürbaren und nicht einkalkulierten Steigerungen der allgemeinen Lebenshaltungskosten und des Lohnniveaus,³⁵⁹ bei erheblich abweichender Entwicklung des Gesundheitszustands des Verletzten³⁶⁰ bzw. bei Ausbleiben der in dem ersten Urteil erwarteten Fortschritte.³⁶¹ Die Veränderung der Rente ist ausschließlich im Wege des § 323 ZPO, nicht hingegen durch eine sog. Zusatz- oder Nachforderungsklage gemäß § 258 ZPO geltend zu machen.³⁶²

96   § 323 ZPO gilt für gerichtliche Urteile und für die übrigen Vollstreckungstitel des § 794 Abs. 1 ZPO, wie Prozessvergleiche und vollstreckbare Urkunden, nicht aber für **außergerichtliche Vergleiche und Schuldanerkenntnisse** sowie für den exekutorischen Anwaltsvergleich (§ 794 Abs. 1 Nr. 4 b ZPO),³⁶³ es sei denn, die Parteien haben die Anwendbarkeit der Abänderungsklage vertraglich vereinbart.³⁶⁴ Das heißt aber nicht, dass außergerichtliche Abfindungsvergleiche im Übrigen in Stein gemeißelt wären, sondern sie bleiben gemäß §§ 157, 242 trotz der Formulierung „zur Abgeltung aller Ansprüche" im Wege einer ordinären Leistungsklage abänderbar, soweit dies nicht durch eine ausdrückliche Erklärung der Parteien ausgeschlossen wurde.³⁶⁵ Sowohl beim Prozess- und Anwaltsvergleich als auch bei der außergerichtlichen Einigung setzt die Anpassung allerdings voraus, dass die Geschäftsgrundlage des Vergleichs weggefallen ist, weil sich die bei Abschluss des Vertrags bestehenden und von den Parteien vernünftigerweise vorauszusehenden Verhältnisse wesentlich verändert haben.³⁶⁶ Die Feststellung dieser strengen Voraussetzungen erfordert es, die

---

³⁵³ BGH NJW 2000, 1256, 1257.
³⁵⁴ BGH FamRZ 1984, 556, 557.
³⁵⁵ Vgl. BGH NJW 1998, 160 = LM ZPO § 256 Nr. 197.
³⁵⁶ Zum alten Recht sinngemäß OLG Karlsruhe VersR 2001, 1175.
³⁵⁷ BGHZ 34, 110 = NJW 1961, 871, 872 f.; BGHZ 79, 187, 190 = NJW 1981, 818 = LM § 843 Nr. 28.
³⁵⁸ Vgl. BGH NJW 1979, 1656.
³⁵⁹ BGHZ 34, 110, 118 = NJW 1961, 871, 873; BGHZ 75, 279, 285 ff. = NJW 1980, 181.
³⁶⁰ BGH VersR 1968, 1066 = LM ZPO § 323 Nr. 13.
³⁶¹ RG WarnR 43 Nr. 69.
³⁶² BGHZ 34, 110, 113 ff. = NJW 1961, 871, 872.
³⁶³ RGZ 106, 233, 234.
³⁶⁴ BGH FamRZ 1960, 60, 61; OLG Köln FamRZ 1986, 1018; Zöller/Vollkommer § 323 ZPO RdNr. 43.
³⁶⁵ RGZ 106, 233, 235; BGHZ 105, 243, 245 f. = NJW 1989, 289.
³⁶⁶ RGZ 106, 233, 235; 110, 100, 101; BGH VersR 1961, 382 f.; BGHZ 85, 64, 73 = NJW 1983, 228, 230; BGHZ 105, 243, 245 = NJW 1989, 289; BGH NJW 1984, 115 = 1991, 1535; 1995, 1891, 1892.

realen Daten mit denjenigen Umständen und Bemessungsfaktoren in Beziehung zu setzen, die sich die Parteien im Zeitpunkt des Vergleichsabschlusses vorgestellt haben.[367] Im Übrigen steht es ihnen frei, die Anpassung ihrer Vereinbarung an veränderte Umstände von weniger anspruchsvollen Erfordernissen abhängig zu machen, wofür es allerdings einer entsprechenden Klausel bedarf.[368] Daneben bleiben die allgemeinen Unwirksamkeitsgründe der §§ 779, 119ff., 142 anwendbar.

5. Zwangsvollstreckung. Die Rente sowohl wegen Erwerbsausfalls als auch wegen Mehrbedarfs ist gemäß § 850b Abs. 1 Nr. 1 ZPO grundsätzlich unpfändbar (vgl. auch §§ 394, 400, 1274 Abs. 2 BGB; §§ 35, 36 InsO). Dies gilt auch für auf vertraglicher Grundlage gewährte Renten wegen Verletzung des Körpers oder der Gesundheit.[369] Der Übergang des Anspruchs auf einen privaten Versicherer oder Sozialversicherungsträger gemäß §§ 86 VVG, 116 SGB lässt das Pfändungshindernis allerdings ebenso wegfallen wie die Aufrechnungs- und Abtretungsverbote der §§ 394, 400.[370]

97

§ 844 Ersatzansprüche Dritter bei Tötung

(1) Im Falle der Tötung hat der Ersatzpflichtige die Kosten der Beerdigung demjenigen zu ersetzen, welchem die Verpflichtung obliegt, diese Kosten zu tragen.

(2) ¹Stand der Getötete zur Zeit der Verletzung zu einem Dritten in einem Verhältnis, vermöge dessen er diesem gegenüber kraft Gesetzes unterhaltspflichtig war oder unterhaltspflichtig werden konnte, und ist dem Dritten infolge der Tötung das Recht auf den Unterhalt entzogen, so hat der Ersatzpflichtige dem Dritten durch Entrichtung einer Geldrente insoweit Schadensersatz zu leisten, als der Getötete während der mutmaßlichen Dauer seines Lebens zur Gewährung des Unterhalts verpflichtet gewesen sein würde; die Vorschrift des § 843 Abs. 2 bis 4 findet entsprechende Anwendung. ²Die Ersatzpflicht tritt auch dann ein, wenn der Dritte zur Zeit der Verletzung gezeugt, aber noch nicht geboren war.

Schrifttum (für allgemeine Literatur zum Deliktsrecht vgl. die Angaben in Vor § 823 sowie zu § 823; für Literatur zum Personenschadensrecht auch die Nachweise zu den §§ 842, 843): *Becker,* Die nichteheliche Lebensgemeinschaft im Schadensrecht, VersR 1985, 201; *Coester-Waltjen,* Die Lebensgemeinschaft – Strapazierung des Parteiwillens oder staatliche Bevormundung?, NJW 1988, 2085; *Deutsch/Schramm,* Schockschaden und frustrierte Aufwendungen, VersR 1990, 715; *Diederichsen,* Die nichteheliche Lebensgemeinschaft im Zivilrecht, NJW 1983, 1017; *Dunz,* Freie Lebensgemeinschaft der Unfallwitwe, VersR 1985, 509; *Eckelmann/Nehls/Schäfer,* Die Berechnung des Schadensersatzes bei Ausfall von Geldunterhalt nach Unfalltod des Ehemannes/Vaters, NJW 1984, 945; *Frank,* Schadensersatzansprüche bei Tötung des Versorgers (§ 844 Abs. 2 BGB), FS Stoll, 2001, S. 143; *Freyberger,* Der Unterhaltsschaden, MDR 2000, 117; *Gernhuber/Coester-Waltjen,* Lehrbuch des Familienrechts, 5. Aufl. 2006; *Greger,* Haftungsrecht des Straßenverkehrs, 4. Aufl. 2007; *Lange,* Familienrechtsreform und Ersatz für Personenschäden, FamRZ 1983, 1181; *ders.,* Zum Unterhaltsschaden einer Witwe bei Eingehung einer nichtehelichen Lebensgemeinschaft, JZ 1985, 90; *Monstadt,* Unterhaltsrenten bei Tötung eines Ehegatten, 1992; *Röckrath,* Die vertragliche Haftung für den Unterhaltsschaden Hinterbliebener, VersR 2001, 1197; *Röthel,* Ehe und Lebensgemeinschaft im Personenschadensrecht, NZV 2001, 329; *Schubel,* Ansprüche Unterhaltsberechtigter bei Tötung des Verpflichteten zwischen Delikts-, Familien- und Erbrecht, AcP 198 (1998), 1; *Theda,* Die Beerdigungskosten nach § 844 Abs. 1 BGB, DAR 1985, 10; *Thüsing,* Wertende Schadensberechnung, 2001; *Wagner,* Das neue Schadensersatzrecht, 2002; *Wenker,* Die Kosten der Beerdigung gemäß § 844 Abs. 1 BGB, VersR 1998, 557; *Wussow,* Unfallhaftpflichtrecht, 15. Aufl. 2002.

Zum Europäischen Deliktsrecht und zum Angehörigenschmerzensgeld (vgl. auch die Angaben in Vor § 823ff.): *Denck,* Schadensersatzansprüche Dritter bei Tötung ihnen nahestehender Personen im französischen und deutschen Recht, Diss. Freiburg 1975; *Ferrari,* Wer ist deliktischer Gläubiger – Der Schutz des Lebensgefährten und die Systematik des Deliktsrechts, ZEuP 1997, 1122; *Koch/Koziol* (Hrsg.), Compen-

---

[367] BGHZ 105, 243, 247 = NJW 1989, 289, 290; vgl. auch BGH NJW 1995, 1891, 1892.
[368] BGHZ 85, 64, 73 = NJW 1983, 228, 230.
[369] BGHZ 70, 206 = NJW 1978, 950 = LM ZPO § 850b Nr. 5.
[370] BGHZ 35, 317, 326f. = NJW 1961, 1966, 1968.

§ 844 1   Abschnitt 8. Titel 27. Unerlaubte Handlungen

sation for Personal Injury in a Comparative Perspective, 2003; *Odersky*, Schmerzensgeld bei Tötung naher Angehöriger, 1989, S. 10 ff.; *Rogers* (Hrsg.), Damages for Non-Pecuniary Loss in a Comparative Perspective, 2001; *Schwenzer*, Vom Status zur Realbeziehung, 1987, S. 216 ff.; *Vorndran*, Schmerzensgeld für Hinterbliebene bei der Tötung naher Angehöriger, ZRP 1988, 293; *Weimar*, Der Begriff des Versorgers nach Art. 45 Abs. 3 OR, FS Max Keller, 1989, S. 337.

Übersicht

	RdNr.		RdNr.
I. Normzweck, Entstehungsgeschichte und Reformperspektiven	1–7	e) Befristung des Unterhaltsschadensersatzes	39–44
1. Normzweck	1	f) Mehrere Hinterbliebene	45
2. Entstehungsgeschichte	2	4. Fallgruppen des Unterhaltsschadens	46–73
3. Kein Ersatz immaterieller Schäden	3, 4	a) Tod des Alleinverdieners	46–61
4. Der Wert des Lebens	5	aa) Überblick und Kritik	46–49
5. Kein Ersatz bei faktischen Unterhaltsbeziehungen	6	bb) Einkommensermittlung	50
		cc) Vermögensbildung	51
6. Vertragliche und gesetzliche Haftungsbeschränkungen	7	dd) Fixkostenabzug	52–54
		ee) Quotenbildung	55
II. Anwendungsbereich	8–12	ff) Anteiliger Fixkostenzuschlag	56
III. Verantwortlichkeit für den Tod eines Menschen	13–15	gg) Schadensminderungspflicht; Erwerbsobliegenheit	57–60
		hh) Steuern und Sozialversicherungsbeiträge	61
IV. Ersatz der Beerdigungskosten gemäß Abs. 1	16–22	b) Tod des haushaltsführenden Ehegatten	62–66
1. Kreis der Ersatzberechtigten	16, 17	c) Doppelverdienerehe	67–69
2. Beerdigungskosten	18–21	d) Unterhaltsschaden des Kindes	70–73
3. Forderungsübergang	22	5. Vorteilsausgleichung	74–82
V. Ersatzanspruch wegen entgangenen Unterhalts nach Abs. 2	23–90	a) Grundlagen	74, 75
		b) Versicherungsleistungen, Sozialhilfe, Regress der Sozialleistungsträger	76, 77
1. Gesetzliche Unterhaltspflicht	23–28	c) Wegfall eigener Unterhaltsverpflichtungen	78
a) Familienrechtliche Unterhaltspflichten	23–25	d) Erwerb von Todes wegen	79–81
b) Unterhaltsgewährung auf sonstiger Grundlage	26–28	e) Unterhaltsansprüche gegen neue Lebenspartner	82
2. Beurteilungszeitpunkt	29	6. Gesetzlicher Anspruchsübergang	83–85
3. Schadensersatz	30–45	7. Prozessuale Besonderheiten	86–90
a) Rechtsnatur des Anspruchs	30	a) Leistungsklage	86, 87
b) Entzug des Rechts auf Unterhalt	31–35	b) Feststellungsklage	88
c) Das Maß des entgangenen Unterhalts	36	c) Abänderungsklage, Abfindungsvergleich	89
d) Differenzrechnung und Prognoseentscheidung	37, 38	d) Zwangsvollstreckung	90

I. Normzweck, Entstehungsgeschichte und Reformperspektiven

1. Normzweck. Die §§ 844 f. statuieren Ausnahmen vom Prinzip der Fokussierung der Aktivlegitimation auf die **unmittelbar geschädigte Person**.[1] Bei bloßen Körper- und Gesundheitsverletzungen konzentriert das BGB die Aktivlegitimation auf den primär Verletzten, um die Kanalisierung der Schadensabwicklung im Interesse der Minimierung der administrativen Kosten des Deliktsrechts zu gewährleisten (allgemein Vor § 823 RdNr. 57; § 826 RdNr. 12). Mit der Ablehnung von Direktansprüchen von Angehörigen gegen Dritte wird zugleich die Autonomie des Verletzten gewahrt, der „in der ihm gebührenden Entschädigung zugleich die Mittel empfängt, um dem benachteiligten Dritten gerecht zu werden".[2] Sein Tod führt jedoch zum **Wegfall des primär betroffenen Rechtssubjekts**,

---

[1] RGZ 55, 24, 29 f.; 80, 48, 50; 82, 189, 190; 92, 401, 404; BGHZ 7, 30, 33 f. = NJW 1952, 1249, 1250; BGH NJW 1967, 1513; RGRK/*Boujong* RdNr. 1; *Staudinger*/*Röthel* RdNr. 1.
[2] Mot. II S. 795.

so dass die eben genannten Gesichtspunkte leer laufen. Für den Schädiger wirkte sich der Ausschluss von Ersatzansprüchen Drittbetroffener als Glücksfall aus, weil die Tötung schadensrechtlich sanktionslos bliebe, während die unterhaltsberechtigten Angehörigen des Getöteten doppelt belastet würden, weil sie nicht nur ihre Alimentationsansprüche einbüßten (§§ 1615 Abs. 1, 1360a Abs. 3, 1361 Abs. 4 S. 4; vgl. aber auch § 1586b Abs. 1), sondern auch noch die Beerdigungskosten zu tragen hätten (§§ 1968, 1615 Abs. 2). Folglich war die Regel des § 844 schon im gemeinen Recht anerkannt, wenn auch nicht auf der Grundlage der lex Aquilia, so doch auf Grund Gerichtsgebrauchs.[3]

2. Entstehungsgeschichte. Die Erste Kommission ging von einem allgemeinen deliktischen Vermögensschutz aus und wollte konsequenterweise selbst dem Lebensversicherer einen Direktanspruch gegen den Schädiger einräumen, gerichtet auf Ersatz des durch die Tötung verursachten Prämienausfalls (vgl. Vor § 823 RdNr. 12).[4] Der Erste Entwurf sah im Anschluss an die heutigen §§ 844 f. (§§ 722 bis 724 des Ersten Entwurfs) eine klarstellende Bestimmung vor, nach der durch diese Vorschriften „das Recht eines Dritten nicht berührt [werde], nach Maßgabe des § 704 Abs. 1 [§ 823 Abs. 2] wegen eines sonstigen durch die Tötung entstandenen Schadens von dem Schuldigen Ersatz zu fordern".[5] Die Zweite Kommission hingegen war gerade darum bemüht, die **Vervielfältigung der Aktivlegitimation bei der Verletzung oder Tötung eines Menschen zu verhindern** und den Schadensersatzanspruch des Lebensversicherers auszuschließen,[6] und das Mittel zu diesem Zweck war die Diskriminierung reiner Vermögensschäden, wie sie in den §§ 823 Abs. 1, 826 zum Ausdruck kommt (eingehend Vor § 823 RdNr. 13; § 823 RdNr. 2f.).[7] Die Konsequenzen dieser Maßnahmen für den Schadensausgleich in Tötungsfällen waren einschneidend: Die heutigen §§ 844 ff. wandelten sich von Konkretisierungen eines allgemeinen Prinzips des Vermögensschutzes Drittbetroffener zu Ausnahmen des gegenteiligen Grundsatzes, dass sich die Aktivlegitimation auf den Inhaber des verletzten Rechtsguts beschränkt (Vor § 823 RdNr. 13). Die eben zitierte Vorschrift des § 725 des Ersten Entwurfs über den Ersatz des „sonstigen durch eine Tötung entstandenen Schadens" wurde konsequenterweise gestrichen.[8] An einer Anspruchsgrundlage für Ersatzansprüche des Lebensversicherers fehlt es übrigens bis heute, weil § 86 VVG nF auf die Schadensversicherung beschränkt ist und für Summenversicherungen nicht gilt.[9]

3. Kein Ersatz immaterieller Schäden. Der die Praxis in einer Wohlstandsgesellschaft immer stärker beschäftigende Anspruch auf Immaterialschadensersatz nach § 253 Abs. 2 (§ 847 aF) wurde vom Gesetzgeber des BGB **auf den Verletzten beschränkt** und bei dessen Tod sogar der Übergang auf die Erben in § 847 Abs. 1 S. 2 aF erschwert. Nachdem diese Regelung 1990 gestrichen wurde,[10] können die Erben zwar Schmerzensgeldansprüche des Opfers geltend machen, die sie gemäß § 1922 im Zeitpunkt des Todes erwerben, doch Maßstab für die Bemessung des Immaterialschadensersatzes bleibt das Leid, das der Verletzte selbst vor seinem Ableben erfahren hat, und nicht das Leid der Angehörigen wegen Verlusts der geliebten Person.[11] Ansprüche aus eigenem Recht stehen den Angehörigen nur zu, wenn sie einen sog. **Schockschaden** erleiden, die Beobachtung des Todes oder die Nachricht davon bei ihnen selbst also zu einer Gesundheitsstörung im medizinischen Sinn führt (§ 823 RdNr. 79 ff.).[12]

---

[3] Mot. II S. 766 f., RGZ 1, 89, 90 f.; eingehende Schilderung der Rechtslage nach gemeinem Recht in RGZ 3, 318, 320 ff.
[4] Mot. II S. 728.
[5] So § 725 des Ersten Entwurfs; zur Begr. Mot. II S. 791 f.
[6] Prot. II S. 571.
[7] Vgl. RGZ 64, 344, 345; *Schlechtriem* BT RdNr. 883.
[8] Prot. II S. 627.
[9] RGZ 161, 76, 81; 164, 287, 289; BGHZ 25, 330, 338 = NJW 1957, 1874, 1875; BGHZ 52, 350, 352 = NJW 1969, 2284, 2285; BGH VersR 1973, 224; 1980, 1072; *Prölss/Martin/Prölss*, 27. Aufl. 2004, § 67 VVG RdNr. 22, 23.
[10] Gesetz vom 14. 3. 1990, BGBl. I S. 478; dazu 3. Aufl. § 847 RdNr. 52 ff.
[11] BGHZ 138, 388, 391 ff. = NJW 1998, 2741, 2742 f.; OLG Köln VersR 1992, 197.
[12] Grdlg. RGZ 133, 270, 272 f.; BGHZ 56, 163, 165 f. = NJW 1971, 1883, 1884.

4 Eine den §§ 844, 845 vergleichbare Regelung, die bei Wegfall des primär Verletzten die dadurch für den Schädiger eintretende – unverdiente – Entlastung durch Anerkennung mehr oder weniger deckungsgleicher **Schmerzensgeldansprüche Hinterbliebener** kompensiert, fehlt im Bereich der immateriellen Schäden. Die Rechtsprechung hat sich stets geweigert, § 844 als Ausdruck eines verallgemeinerungsfähigen Prinzips zu sehen und auf andere als die dort genannten Schadensposten zu erstrecken, und zwar ganz gleichgültig, ob es sich um Vermögens- oder um Nichtvermögensschäden handelte.[13] Insbesondere Schmerzensgeldansprüche der Hinterbliebenen wegen entgangener Lebensfreude durch Verlust der geliebten Person werden in ständiger Rechtsprechung abgelehnt.[14] Obwohl zahlreiche europäische Rechtsordnungen das Angehörigenschmerzensgeld anerkennen[15] und auch Österreich und die Schweiz so verfahren,[16] hat der Gesetzgeber des Zweiten Schadensersatzrechtsänderungsgesetzes davon abgesehen, dieses Institut zu übernehmen. Zwar hatten im Vorfeld der Reform Teile der Literatur die Einführung des Angehörigenschmerzensgeldes gefordert,[17] doch von Seiten des BGH ist zu bedenken gegeben worden, die Gerichte seien mit der Aufgabe überfordert, den Wert des menschlichen Lebens zu bewerten.[18] Dieses Argument hat großes Gewicht, doch die Regelungsmodelle des europäischen Auslands sehen die Funktion des Immaterialschadensausgleichs im Todesfall nicht darin, den Verlust der getöteten Person zu monetarisieren, sondern vielmehr darin, das Leid der Angehörigen zu kompensieren. Folgerichtig brauchen die Gerichte nicht den „Wert" des Getöteten, sondern „lediglich" das durch den Verlust der geliebten Person verursachte seelische Leid zu taxieren. Da auch auf europäischer Ebene die Weichen in Richtung auf das Angehörigenschmerzensgeld gestellt zu sein scheinen,[19] wird dieses Thema auf der Tagesordnung bleiben.

5 **4. Der Wert des Lebens.** Wegen seiner Orientierung am Leid der Hinterbliebenen wäre das Angehörigenschmerzensgeld nicht dazu in der Lage, die von Teilen der ökonomischen Literatur geforderte **Kompensation für den Verlust des menschlichen Lebens** als solchem bereitzustellen.[20] Diese Einbuße wäre ggf. zusätzlich zum Unterhaltsschaden (§ 844 Abs. 2) und zum seelischen Leid der Angehörigen in Geld aufzuwiegen. Damit ließe sich vermeiden, dass die Tötung von Kindern und von kinderlosen unverheirateten Erwachsenen völlig ohne zivilrechtliche Sanktion bleibt, wie dies derzeit in aller Regel der Fall ist.[21] Allerdings hat das Strafrecht gerade die Funktion, Anreize zu schadensvermeidendem Verhalten auch in denjenigen Fällen zu setzen, in denen die deliktsrechtliche Prävention durch Androhung von Haftungslasten versagt oder zu kurz greift. Da das StGB sowohl die vorsätzliche als auch die fahrlässige Tötung unter – teilweise ganz erhebliche – Strafandrohungen stellt (§§ 211 ff., 222), kann von einer Sanktionslücke, die das Privatrecht zu schließen hätte, nicht die Rede sein.[22]

6 **5. Kein Ersatz bei faktischen Unterhaltsbeziehungen.** Zur Diskussion um die Ausdehnung des § 844 Abs. 2 auf Versorgungsschäden jenseits statusrechtlicher Beziehungen und gesetzlicher Unterhaltspflichten RdNr. 27 f.

---

[13] Zusammenfassend BGH VersR 1979, 323, 324 f.; wN Fn. 90, 91.
[14] BGH NJW 1978, 2337 (insoweit nicht in BGHZ 72, 132); VersR 1979, 323, 324 f.; NJW 1989, 2317, 2318 = VersR 1989, 853, 854 m. Anm. *Deutsch/Schramm* VersR 1990, 715; KG VerkMitt 1999, 11, 12; für den Fall der Körperverletzung genauso BGH NJW 1967, 1519 f.
[15] Zum englischen Recht *Rogers* in: *ders.*, Damages for Non-Pecuniary Loss in a Comparative Perspective, RdNr. 20; zum französischen Recht *Galandt-Carval* in: *Rogers* aaO RdNr. 19, 38 ff.
[16] Zum schweizerischen Recht nach Art. 47 OR BGE 118 II 404 = ZEuP 1996, 135 m. Bespr. *Kadner*; zum österreichischen Recht öOGH NZV 2002, 26 f.
[17] *Kötz/Wagner* Deliktsrecht RdNr. 528; *Odersky* S. 10 ff.; *Vorndran* ZRP 1998, 293.
[18] *Müller* VersR 1995, 489, 494; dazu *Wagner*, Gutachten zum 66. DJT, 2006, s. A 62 ff.
[19] Vgl. dazu das Fazit bei *Rogers* (Fn. 15) RdNr. 34 f.; sowie den Tagungsbericht von *Wagner* ZEuP 2003, Heft 2.
[20] *Adams*, Ökonomische Analyse der Gefährdungs- und Verschuldenshaftung, 1985, S. 174 ff.; *Schäfer/Ott*, Lehrbuch der ökonomischen Analyse des Zivilrechts, 3. Aufl. 2000, S. 349 ff. und JZ 1990, 563, 569 ff.; vgl. *Kötz/Wagner* Deliktsrecht RdNr. 542.
[21] Zu den seltenen Ausnahmen bei Tötung von Kindern vgl. BGHZ 4, 133, 135 f. = NJW 1952, 539; BGH MDR 1954, 160, 161 = LM Abs. 2 Nr. 9; *Wussow/Dressler* Kap. 50 RdNr. 1 bis 3.
[22] Vgl. *Kötz/Wagner* Deliktsrecht RdNr. 542; *Wagner*, Gutachten zum 66. DJT, 2006, s. A 63 ff.

6. Vertragliche und gesetzliche Haftungsbeschränkungen. Wie § 846 deutlich 7 macht, verhalten sich die Ersatzansprüche Hinterbliebener aus §§ 844 f. **zu dem Deliktsanspruch akzessorisch,** dh. die Angehörigen sind denselben Einwendungen ausgesetzt, die der Schädiger dem primär Verletzten gegenüber hätte geltend machen können, wenn dieser am Leben geblieben wäre (§ 846 RdNr. 6). Folgerichtig erfassen die für **Arbeits- und Wegeunfälle** geltenden Haftungsprivilegien der §§ 104 ff. SGB VII ausdrücklich auch Ansprüche der Angehörigen und Hinterbliebenen des Verletzten. Für Ersatzforderungen, die nicht auf der Schädigung des primär verletzten Versicherten, sondern auf Rechtsgutsverletzungen beruhen, die von den Hinterbliebenen selbst erlitten wurden, gilt dies jedoch nicht. Schmerzensgeldansprüche wegen **Schockschäden** – posttraumatischen Belastungsstörungen und Depressionen infolge des Verlusts der geliebten Person – werden durch die §§ 104 ff. SGB VII somit nicht ausgeschlossen.[23] Nach ihrer Entstehung sind die Ansprüche aus §§ 844 f. von dem Verhalten des primär Verletzten unabhängig, so dass ein von diesem (vor seinem Tod) geschlossener Vergleich die Rechte der Hinterbliebenen nicht berührt.[24]

II. Anwendungsbereich

§ 844 ist auf alle Fälle deliktischer **Haftung nach §§ 823 ff.** anzuwenden, einschließlich 8 der §§ 831, 832,[25] der Billigkeitshaftung nach § 829[26] und der Tierhalter-Gefährdungshaftung nach § 833 S. 1.[27]

Die Spezialgesetze über die **Gefährdungshaftung** enthalten regelmäßig inhaltsgleiche 9 Wiederholungen des § 844, die den Rückgriff auf diese Vorschrift ausschließen, aber auch entbehrlich machen; §§ 10, 13 StVG; 5, 8 HPflG; 35, 38 LuftVG; 7, 9 ProdHaftG; 86, 89 AMG; 32 Abs. 4, 6 GenTG; 12, 14 UmweltHG; 28, 30 AtG.[28] Im Unterschied zu § 844 beschränken sich die genannten Gesetze allerdings nicht auf die Ersatzansprüche Drittbetroffener, sondern bestimmen ausdrücklich, dass auch die Kosten einer versuchten Heilung sowie der bis zum Tod aufgelaufene Verdienstausfall zu ersetzen sind, §§ 10 Abs. 1 S. 1 StVG, 5 Abs. 1 S. 1 HPflG, 35 Abs. 1 S. 1 LuftVG, 7 Abs. 1 S. 1 ProdHaftG, 86 Abs. 1 S. 1 AMG, 32 Abs. 4 S. 1 GenTG, 12 Abs. 1 S. 1 UmweltHG. Der Erste Entwurf zum BGB hatte den Ausgleich der Heilungskosten ebenfalls ausdrücklich angeordnet,[29] doch im späteren Gesetzgebungsverfahren ist diese Bestimmung weggefallen, wohl deshalb, weil sie für selbstverständlich gehalten wurde.[30] Tatsächlich ergeben sich derartige Ansprüche schon aus den §§ 249 Abs. 2 S. 1, 251, 842 f., doch sind insoweit allein die Erben aktivlegitimiert, während der Alimentationsschaden des § 844 Abs. 2 von jedem Unterhaltsberechtigten ersetzt verlangt werden kann.[31] Zum Fehlen einer dem § 845 entsprechenden Regelung in den Spezialgesetzen der Gefährdungshaftung und zu den daraus resultierenden Schwierigkeiten bei Tötung von Hauskindern vgl. § 845 RdNr. 6.

§ 844 gilt auch im Rahmen der **Amtshaftung** gemäß § 839, Art. 34 GG[32] sowie der 10 übrigen öffentlich-rechtlichen Schadensersatzverpflichtungen,[33] einschließlich der Aufopfe-

---

[23] BGH NJW-RR 2007, 1395 f. Tz. 8 ff.
[24] BGH NJW 1996, 1674; *Bamberger/Roth/Spindler* RdNr. 2; *Palandt/Sprau* RdNr. 1 b.
[25] RGZ 66, 251, 252 f.
[26] RGZ 94, 220, 221 f.
[27] OLG Hamm VersR 1997, 1542, 1543.
[28] *Erman/Schiemann* RdNr. 4; *Staudinger/Röthel* RdNr. 18.
[29] § 722 Abs. 1, 3 des Ersten Entwurfs; Mot. II S. 774, 776.
[30] *Jakobs/Schubert*, Die Beratung des Bürgerlichen Gesetzbuchs, Recht der Schuldverhältnisse III, 1983, S. 1074, 1076; zur Rechtfertigung der Wiederholung der Verpflichtung zum Ersatz der Heilungskosten und des Verdienstausfalls Mot. II S. 774, Prot. II S. 615.
[31] Zur Unterscheidung zwischen eigenen (§ 844) und ererbten (§ 1922) Ersatzansprüchen der Hinterbliebenen RG JW 1931, 859, 860; BGH NJW 1962, 1054, 1055; *RGRK/Boujong* RdNr. 6.
[32] RGZ 94, 102, 103 f.; 126, 253, 256; BGHZ 106, 13, 14 = NJW 1989, 1735; BGH NJW-RR 1994, 603, 605; OLG Karlsruhe NJW 2002, 445, 446.
[33] RGZ 111, 22, 23; 112, 290, 296 f.

rungshaftung für Eingriffe in das Rechtsgut Leben.[34] Praktische Bedeutung hatte dies früher vor allem bei Impfschäden,[35] doch ergeben sich Versorgungsansprüche der Hinterbliebenen nunmehr bereits aus § 60 Abs. 4 IfSG iVm. §§ 38 ff. BVG.

11   Die Anwendbarkeit des § 844 im Rahmen der **Vertragshaftung** ist unproblematisch, soweit die §§ 618 Abs. 3 BGB, 62 Abs. 3 HGB auf diese Bestimmung verweisen, so dass die Angehörigen Ersatz der Beerdigungskosten verlangen sowie ihren Unterhaltsschaden liquidieren können, wenn der Dienstberechtigte die ihm obliegenden Schutzpflichten verletzt und der Dienstverpflichtete dadurch getötet wird. Diese Regelung gilt selbstverständlich auch für **Arbeitsverhältnisse,**[36] doch bleibt dies in der Praxis normalerweise folgenlos, weil die Hinterbliebenen bei Arbeitsunfällen und Berufskrankheiten Ansprüche nur gegen die Berufsgenossenschaft bzw. den sonstigen Träger der gesetzlichen Unfallversicherung geltend machen können (§§ 63 ff. SGB VII), während die Haftung des Arbeitgebers und der Arbeitskollegen ausgeschlossen ist, soweit sie den Schaden nicht vorsätzlich herbeigeführt haben (§§ 104 f. SGB VII). Auf der anderen Seite hat die Rechtsprechung zwar nicht den § 844, wohl aber die Verweisungsnorm des § 618 Abs. 3 auf **sonstige Schuldverhältnisse** ausgedehnt, wenn und soweit der Getötete zu einer Tätigkeit in der Sphäre des Gläubigers verpflichtet war, also in dessen Räumen oder mit dessen Vorrichtungen zu arbeiten hatte. Mit dieser Begründung ist § 618 Abs. 3 bei Werkverträgen,[37] Auftragsverhältnissen,[38] beim Personentransport auf Schiffen (§§ 77 BinnSchG, 664 HGB)[39] und bei der Geschäftsführung ohne Auftrag[40] analog angewendet worden. Eine darüber noch hinausgehende Verallgemeinerung wird von der hM wegen des Ausnahmecharakters der Vorschrift abgelehnt.[41]

12   Mit diesem Ausnahmecharakter ist es jedoch wegen der zahlreichen eben geschilderten teleologischen Extensionen nicht weit her. Zudem ist kein sachlicher Grund dafür ersichtlich, den Schadensersatz in Tötungsfällen je nachdem zu variieren, ob der Täter allein aus Vertrag oder (auch) aus Delikt haftet.[42] Bereits das RG hat festgestellt, die **Ungleichbehandlung von Körperverletzung und Tötung im Rahmen der Vertragshaftung** ergäbe „eine Sinnwidrigkeit": Wäre nämlich der Vertragspartner bloß an Körper und Gesundheit verletzt worden und hätte er dadurch lediglich seine Erwerbsfähigkeit eingebüßt, müsste der Verantwortliche für den vollen Schaden aufkommen, und es sei „undenkbar, dass darum, weil er [der Verletzte] das größere Opfer seines Lebens gebracht hat, die Beklagten von jeder Entschädigungspflicht frei sein sollten".[43] In systematischer Hinsicht bleibt hinzuzufügen, dass die eigentliche Innovation nicht in der Verallgemeinerung der §§ 844 f. auch für die Vertragshaftung liegt, sondern in der Instrumentalisierung des Vertragsrechts für die Zwecke des Rechtsgüterschutzes, die mit der Karriere der sog. Schutzpflichten begon-

---

[34] BGHZ 18, 286, 290 = NJW 1955, 1876 f.; BGHZ 34, 23, 24 ff. = NJW 1961, 555.
[35] Vgl. die Nachweise in der vorherigen Anmerkung.
[36] BGHZ 16, 265, 267 = NJW 1955, 785.
[37] RGZ 159, 268, 271 unter Aufgabe von RGZ 80, 27, 28; BGHZ (GS) 5, 62, 65 ff. = NJW 1952, 485 f.; BGHZ 16, 265, 268 = NJW 1955, 785; BGHZ 18, 286, 289 f. = NJW 1955, 1876 f.; BGHZ 26, 365, 370 = NJW 1958, 710 f.; allg. zur Anwendung des § 618 auf Werkverträge BGHZ 56, 269, 270 f.; insofern abl. *Lewer* JZ 1983, 336.
[38] BGHZ 16, 265, 267 ff. = NJW 1955, 785 ff.; BGHZ 33, 247, 249 = NJW 1961, 211 (dort insoweit nicht abgedruckt); BGH VersR 1966, 542.
[39] BGH NJW-RR 1997, 541 f. = MDR 1997, 354 = VersR 1997, 475 (LS); *Wussow/Dressler* Kap. 44 RdNr. 1.
[40] RGZ 167, 85, 89; BGHZ 7, 30, 34 = NJW 1952, 1249, 1250. Zur Anwendung im Rahmen der Aufopferungshaftung BGHZ 18, 286, 289 f. = NJW 1955, 1876 f.
[41] RGZ 112, 290, 296; RG JW 1934, 2973; BGHZ (GS) 5, 62, 66 f. = NJW 1952, 485 f.; BGHZ 18, 286, 289 f. = NJW 1955, 1876 f.; BGH VersR 1957, 479, 480; NJW-RR 1997, 541 f. = MDR 1997, 354 = VersR 1997, 475 (LS); OLG Köln VersR 1991, 101, 102; RGRK/*Boujong* RdNr. 13; *Soergel/Beater* RdNr. 5; *Staudinger/Röthel* RdNr. 25 ff.
[42] Im Ergebnis genauso *Canaris*, FS Larenz, 1983, S. 27, 108; *Schlechtriem*, Vertragliche und außervertragliche Haftung, in: BMJ (Hrsg.), Gutachten und Vorschläge zur Überarbeitung des Schuldrechts, Bd. II, 1981, S. 1591, 1657; *Wagner*, Das neue Schadensersatzrecht, RdNr. 43; *Röckrath* VersR 2001, 1197, 1202 f.; mit Beschränkung auf Verkehrspflichtverletzungen auch 3. Aufl. RdNr. 8 (*Stein*).
[43] RGZ 167, 85, 89, mit Blick auf die Haftung im Rahmen berechtigter Geschäftsführung ohne Auftrag.

nen und mit deren Kodifikation in § 241 Abs. 2 ihre vorläufige Vollendung gefunden hat.[44] Diese Entwicklung verdankt sich dem Bemühen, den Geschäftsherrn ohne weiteres für das Versagen seiner Gehilfen verantwortlich zu machen, wie dies das Vertrags- nicht aber das Deliktsrecht gewährleistet (§§ 278, 831), und eben dieser Gesichtspunkt erklärt auch das Interesse an einer Ausdehnung der §§ 844 ff. auf die Vertragshaftung.[45] Wenn aber der Vertragspartei weitreichende Pflichten zum Schutz der Persönlichkeitsgüter ihres Partners auferlegt werden, deren Abbedingung selbst für Fälle leichter Fahrlässigkeit im Rahmen allgemeiner Geschäftsbedingungen nicht möglich ist (§ 309 Nr. 7 a), dann überzeugt es nicht, auf halbem Wege stehen zu bleiben und den Ersatzumfang gegenüber der Deliktshaftung zurückzuschneiden. Schließlich sind die §§ 842 ff. mehr oder weniger zufällig im Deliktsrecht – anstatt im allgemeinen Schadensrecht – platziert worden, nämlich einfach deshalb, weil sich der historische Gesetzgeber die Haftung für Verletzungen von Leben, Körper und Gesundheit stets als deliktische vorgestellt hat (vgl. §§ 842, 843 RdNr. 4). Nachdem diese Vorstellung überwunden ist und das Zweite Schadensersatzrechtsänderungsgesetz nunmehr sogar das Herzstück der Sonderregeln über den Personenschadensersatz, nämlich die Vorschrift über das Schmerzensgeld, in die §§ 249 ff. integriert hat, ist es inkonsequent, im Rahmen der §§ 844 f. an der Beschränkung auf Deliktsansprüche festzuhalten.[46] Freilich wäre es noch besser gewesen, der Gesetzgeber hätte die Reform zum Anlass genommen, die §§ 842 ff. insgesamt in das allgemeine Schadensrecht zu integrieren (vgl. §§ 842, 843 RdNr. 10).

III. Verantwortlichkeit für den Tod eines Menschen

Die Verantwortlichkeit des Schädigers für den Tod eines Menschen ist die **gemeinsame Voraussetzung** sowohl für den Ausgleich der Beerdigungskosten nach Abs. 1 als auch für den Ersatz des Unterhaltsschadens nach Abs. 2. 13

Diese Rechtsfolgen werden nicht schon dann ausgelöst, wenn jemand für die Verletzung von Körper und Gesundheit verantwortlich ist und das Opfer später stirbt, sondern die Haftung für die in § 844 genannten Folgen tritt nur ein, wenn der **Tod dem Schädiger zuzurechnen** ist. Entgegen einer missverständlich formulierten Entscheidung des BGH[47] sind **zwei unterschiedliche Wege der Zurechnung** zu unterscheiden: Die von § 844 vorausgesetzte haftungsrechtliche Verantwortlichkeit ist unproblematisch, wenn die vom Schädiger gesetzte Ursache den Tod des Opfers in dem Sinne unmittelbar herbeiführt, dass im Rahmen des § 823 Abs. 1 bereits die Haftungsbegründung mit Blick auf den Eingriff in das Rechtsgut Leben erfolgt. Dabei ist keine aktive Tötungshandlung vorausgesetzt, sondern auch die Nichtverhinderung des Selbstmords reicht aus, sofern die Unterlassung pflichtwidrig war, weil eine Pflicht zum Einschreiten bestand.[48] § 844 ist aber auch dann anwendbar, wenn das Opfer zunächst nur eine Körper- und Gesundheitsverletzung erleidet, die den Tod zur Folge hat, sofern dieser Folgeschaden dem Täter im Rahmen der haftungsausfüllenden Kausalität zuzurechnen ist.[49] Nach allgemeinen Grundsätzen kommt es dafür auf die Adäquanz (allg. § 249 RdNr. 104 ff.)[50] und den Schutzzweck der Norm bzw. der verletzten Verhaltenspflicht an (ausf. § 823 RdNr. 286 ff.; § 249 RdNr. 115 ff.).[51] Die Zurechnung des Todes zur Körperverletzung scheidet zB aus, wenn die Verletzung zwar eine Operation erforderlich machte, diese jedoch zum Anlass für einen weiteren Eingriff genommen wurde und der Patient erst an dessen Folgen 14

---

[44] Dies gilt ganz allg. für das Schmerzensgeld bei Vertragsverletzungen, vgl. *Wagner* NJW 2002, 2049, 2055 f.
[45] BGHZ (GS) 5, 62, 67 = NJW 1952, 485 f.; vgl. weiter BGHZ 26, 365, 367 = NJW 1958, 710.
[46] *Wagner*, Das neue Schadensersatzrecht, RdNr. 43.
[47] BGHZ 132, 39, 42 f. = NJW 1996, 1674; übereinstimmend *Staudinger/Röthel* RdNr. 43.
[48] OLG Düsseldorf VersR 1983, 739 f. (in casu abl.); vgl. § 823 RdNr. 237 ff., 467.
[49] BGHZ 132, 39, 42 ff. = NJW 1996, 1674; vgl. den Sachverhalt in BGH NJW 1985, 482.
[50] BGHZ 25, 86, 88 ff. = NJW 1957, 1475.
[51] Vgl. etwa BGHZ 107, 359, 364 = NJW 1989, 2616, 2617 f.; BGH NJW 1976, 1143, 1144.

§ 844 15, 16   Abschnitt 8. Titel 27. Unerlaubte Handlungen

verstorben ist.[52] Der Tod infolge eines Verkehrsunfalls ist dem für den Unfall Verantwortlichen zuzurechnen, wenn er auf den erlittenen Verletzungen beruht, nicht aber, wenn das spätere Opfer nahezu unversehrt den Wagen verlässt und sich während einer verbalen Auseinandersetzung um die Unfallschuld derart erregt, dass es einen Schlaganfall erleidet.[53] Verübt der Verletzte später Selbstmord, hängt die Zurechnung davon ab, ob der Suizid durch die psychischen Folgen der Verletzung ausgelöst wurde.[54] In allen diesen Fällen kommt dem Anspruchsteller für den Nachweis der haftungsausfüllenden Kausalität die Beweiserleichterung des § 287 ZPO zugute (§§ 842, 843 RdNr. 20 f.).[55]

15   Stellt sich der Tod in dem eben erläuterten Sinn als Folgeschaden einer Körperverletzung dar, ist eine **Pflichtverletzung** (Verschulden) allein in Bezug auf diese, nicht aber auch im Hinblick auf die Tötung erforderlich.[56] Folgerichtig hängt die Haftung nicht davon ab, dass der Todeseintritt vorhersehbar war.[57] Im Rahmen der Adäquanzprüfung spielt die Vorhersehbarkeit zwar auch eine Rolle, doch ist der Maßstab wesentlich verschärft, weil es auf den Horizont eines optimalen Beobachters ankommt (eingehend § 249 RdNr. 106).[58] Auf dieser Grundlage ist einem Gastwirt etwa der Tod eines Gastes zugerechnet worden, der auf dem eisglatten Parkplatz gestürzt war, sich einen Oberschenkelbruch zugezogen hatte und dann während der stationären Behandlung an einer Lungenembolie gestorben war.[59]

IV. Ersatz der Beerdigungskosten gemäß Abs. 1

16   **1. Kreis der Ersatzberechtigten.** Gemäß § 844 Abs. 1 sind die Beerdigungskosten derjenigen **Person** zu ersetzen, **die rechtlich zu ihrem Ausgleich verpflichtet** ist.[60] Die bloß faktische Übernahme der Beerdigungskosten reicht nicht aus, um den Anspruch aus Abs. 1 zu begründen. Anders als im Fall des Abs. 2 muss die Verpflichtung nicht auf einer gesetzlichen Anordnung beruhen, sondern sie kann sich auch aus Rechtsgeschäft ergeben,[61] wenn etwa in einem Heimunterbringungsvertrag vereinbart wird, die Bestattung sei von dem Heimträger durchzuführen, falls Angehörige nicht zu erreichen sind.[62] Grundlage der Kostenanlastung kann auch ein Erlass des Verteidigungsministeriums über die Bestattung von Soldaten sein.[63] Sind die Kosten der Beerdigung zunächst von einer dazu nicht verpflichteten Person übernommen worden, kann sie ihren Regressanspruch zwar nicht auf § 844 Abs. 1 stützen, wohl aber auf Geschäftsführung ohne Auftrag (§§ 683, 670), weil die Bestattung nicht bloß ein Geschäft des Verpflichteten, sondern auch ein solches des Schädigers darstellt.[64] Praktische Bedeutung hat dies vor allem für den überlebenden Partner einer nichtehelichen Lebensgemeinschaft, der sich nicht auf § 844 Abs. 1 berufen kann.[65]

---

[52] BGHZ 25, 86, 88 f. = NJW 1957, 1475.
[53] BGHZ 107, 359, 364 f. = NJW 1989, 2616, 2617 f.
[54] *Palandt/Thomas* RdNr. 3; vgl. BGH NJW 1958, 1579 f.
[55] BGH NJW 1958, 1579; VersR 1973, 619, 620; NJW 1992, 3298, 3299 = LM Abs. 2 Nr. 91; allg. zu § 287 ZPO vgl. RdNr. 85.
[56] RGZ 66, 251, 252 f.; 69, 340, 344; BGHZ 132, 39, 42 = NJW 1996, 1674; vgl. zu früher vertretenen Auffassungen *Staudinger/Schäfer*, 12. Aufl. 1986, RdNr. 28.
[57] RGZ 66, 251, 252 f.; 69, 340, 344; 148, 154, 165; *Erman/Schiemann* RdNr. 5; vgl. BGH NJW 1985, 482.
[58] BGHZ 3, 261, 266 f. = LM § 823 (C) Nr. 1, *Deutsch* Haftungsrecht RdNr. 140.
[59] So mit Selbstverständlichkeit BGH NJW 1985, 482.
[60] BGH NJW 1962, 791, 792 f. = LM § 839 Nr. 12; zum Rechtscharakter als Schadensersatzanspruch RdNr. 30 m. Fn. 127.
[61] LG Oldenburg VersR 1979, 1135; *Wussow/Dressler* Kap. 44 RdNr. 1; *Erman/Schiemann* RdNr. 6; *Staudinger/Röthel* RdNr. 48; *Weimar* MDR 1967, 980; zur früher vertretenen aA *Staudinger/Schäfer*, 12. Aufl. 1986, RdNr. 36.
[62] Vgl. OVG Lüneburg NJW 2000, 3513, 3514, mit Differenzierung zwischen Bestattungspflicht und Kostentragungspflicht.
[63] LG Oldenburg VersR 1979, 1135.
[64] OLG Saarbrücken VersR 1964, 1257; KG VersR 1979, 379 f.; *Wussow/Dressler* Kap. 44 RdNr. 1.
[65] Vgl. BGH NJW 1962, 791, 793; OLG Köln FamRZ 1992, 55, 56 f.; *Staudinger/Röthel* RdNr. 50.

Die Verpflichtung zum Ausgleich der Beerdigungskosten trifft gemäß § 1968 in erster **17** Linie die **Erben**. Der Ausgleich nach § 844 Abs. 1 ist auch dann vorzunehmen, wenn die Universalsukzession zugunsten einer Erbengemeinschaft erfolgt, der der Schädiger selbst angehört.[66] Subsidiär haben sämtliche Personen für die Bestattungskosten aufzukommen, die verpflichtet waren, dem Verstorbenen Unterhalt zu gewähren, also Kinder, Eltern und sonstige Verwandte gerader Linie im Verhältnis zueinander (§ 1615 Abs. 2) sowie **Ehegatten**. Für Letztere gilt dies ohne Rücksicht darauf, ob die Ehe noch intakt war oder die Eheleute getrennt lebten (§§ 1361 Abs. 4 S. 4, 1360a Abs. 3), nicht aber nach Scheidung (arg. § 1586).[67] Der nichteheliche Vater hat die Beerdigungskosten der Mutter zu tragen, sofern sie während der Schwangerschaft oder der Entbindung verstirbt (§ 1615m). Für die gleichgeschlechtliche Gemeinschaft von **Lebenspartnern** gelten gemäß § 5 LPartG dieselben Grundsätze wie unter Eheleuten.[68] Schließlich kann die Verpflichtung auch den **Beschenkten** treffen, wenn nämlich der Schenker vor seinem Tod in Armut gefallen ist, § 528 Abs. 1 S. 3.[69] Soweit dem Verpflichteten die Kostentragung nicht zugemutet werden kann, übernimmt diese nach § 74 SGB XII (§ 15 BSHG aF) der Träger der Sozialhilfe, der wegen seiner Auslagen gemäß § 116 SGB X beim Schädiger Regress nehmen kann.[70]

2. Beerdigungskosten. Erstattungsfähig sind die **tatsächlich angefallenen Beerdi-** **18** **gungskosten,** wobei die Zuständigkeit für die Entscheidung über die Art und Weise der Bestattung den nächsten Angehörigen unabhängig davon zukommt, ob sie Erben werden oder nicht (vgl. 4. Aufl. § 1968 RdNr. 4, 3).[71] Die in einem Testament getroffenen Verfügungen des Erblassers sind grundsätzlich zu beachten, soweit dadurch nicht Kosten verursacht würden, die außer Verhältnis zum Umfang des Nachlasses stehen.

Der **Umfang der Verpflichtung** bestimmt sich ohne Rücksicht auf die Person des **19** Kostentragungspflichtigen stets nach § 1968, nach dessen früherer Formulierung der Erbe für die Kosten der „standesmäßigen Beerdigung des Erblassers" aufzukommen hatte.[72] Obwohl dieser Zusatz zum 1. 1. 1999 getilgt worden ist,[73] sind nach wie vor die **Kosten einer angemessenen und würdigen und damit nicht nur notdürftigen Beerdigung** zu erstatten, wobei die soziale Stellung des Verstorbenen ebenso eine Rolle spielt wie der Umfang des Nachlasses bzw. die Leistungsfähigkeit der Erben.[74] Zu den Beerdigungskosten zählen folglich nicht „nur das Stellen des Leichenwagens und das Schaufeln des Grabes",[75] sondern die Kosten für Grabstätte,[76] Sarg, Grabstein[77] und Blumenschmuck, für die Anmietung der Leichenhalle, ggf. für die Überführung der Leiche aus dem In- oder Ausland,[78] für Anzeigen, Trauerkarten und Telefonate,[79] der Aufwand für eine maßvoll-ortsübliche Trauermahlzeit[80] sowie die Unterbringung auswärtiger Trauergäste.[81] In angemessenen Umfang können die nächsten Angehörigen auch die Kosten für die Anschaffung von Trauerkleidung einfordern,[82] müssen sich aber die durch die anderweitige Verwendbarkeit der Ausstattung

---

[66] BGH NJW 1962, 791, 793.
[67] Vgl. 4. Aufl. § 1586 RdNr. 8 mwN.
[68] *Wussow/Dressler* Kap. 44 RdNr. 1; *Röthel* NZV 2001, 329, 332.
[69] *Soergel/Beater* RdNr. 8; falsch herum *Theda* DAR 1985, 10.
[70] *Erman/Schiemann* RdNr. 6; zu § 15 BSHG aF vgl. BVerwGE 105, 51 = NJW 1998, 1329.
[71] RGZ 154, 269, 271; BGHZ 61, 238 f. = NJW 1973, 2103, 2104.
[72] BGHZ 61, 238, 240 = NJW 1973, 2103, 2104; RGRK/*Boujong* RdNr. 19.
[73] EGInsO vom 5. 10. 1994, BGBl. I S. 2911.
[74] RGZ 139, 393 ff.; 160, 255, 256; BGHZ 32, 72, 73 = NJW 1960, 910; BGHZ 61, 238, 239 = NJW 1973, 2103, 2104; BGH NJW 1989, 2317, 2318; OLG Hamm NJW-RR 1994, 155; KG VersR 1999, 504, 508; *Wussow/Dressler* Kap. 44 RdNr. 2.
[75] RGZ 139, 393, 394.
[76] RGZ 66, 306, 308; vgl. BGHZ 32, 72, 73 = NJW 1960, 910.
[77] RGZ 139, 393, 394 f.
[78] RGZ 139, 393, 394; vgl. BGHZ 32, 72, 75 = NJW 1960, 910, 911; *Wenker* VersR 1998, 557, 558 f.
[79] RGRK/*Boujong* RdNr. 20; *Staudinger/Röthel* RdNr. 62.
[80] BGHZ 32, 72, 75 = NJW 1960, 910, 911.
[81] LG Karlsruhe VersR 1957, 725 f.
[82] *Weimar* MDR 1967, 980 f.

§ 844 20–22   Abschnitt 8. Titel 27. Unerlaubte Handlungen

erlangten Vorteile anrechnen lassen.[83] Bei einer Bestattung im Doppel- oder Familiengrab kann nur ein Teil der Kosten angesetzt werden.[84] Eine Feuerbestattung ist heutzutage üblich, und die Kosten dafür sind folglich vom Schädiger auszugleichen.[85]

20 **Keine Beerdigungskosten** sind laufende Aufwendungen für die Grab- oder Denkmalpflege,[86] von Angehörigen aufgewendete Kosten für die Anreise zur Trauerfeier[87] und der durch die Teilnahme an der Bestattung erlittene Verdienstausfall,[88] die Stornokosten für eine wegen des Trauerfalles abgesagte Urlaubsreise[89] sowie sonstige Aufwendungen, die bei der Abwicklung des Todesfalls entstehen, wie etwa die Kosten des Erbscheinverfahrens[90] oder die Gebühren eines Notars oder Rechtsanwalts.[91] Transport- und Behandlungskosten, die noch zu Lebzeiten des Getöteten angefallen sind, sowie der bis zum Tod aufgelaufene Erwerbsschaden sind nicht nach § 844, sondern auf der Grundlage von §§ 249 ff., 842 f., 1922 von den Erben zu liquidieren.[92]

21 Abgesehen von der mitunter begrenzten Ersatzfähigkeit von Trauerkleidung (vgl. RdNr. 19 m. Fn. 83), findet beim Ersatz der Beerdigungskosten nach § 844 Abs. 1 **keine Vorteilsausgleichung** statt;[93] insbesondere kann der Schädiger nicht einwenden, der Verletzte wäre kurze Zeit später ohnehin verstorben.[94]

22 **3. Forderungsübergang.** Soweit die Angehörigen eines getöteten Beamten **Sterbegeld** erhalten haben, geht der Anspruch aus Abs. 1 gemäß § 87 a BBG bzw. entsprechenden Vorschriften der Landes-Beamtengesetze auf den Dienstherrn über.[95] Bei Sterbegeldzahlungen durch Sozialversicherungsträger auf der Grundlage von §§ 58 f. SGB V, 63 SGB VII ergibt sich der Forderungsübergang aus § 116 Abs. 1 SGB X.[96] Fehlt es an einer gesetzlich angeordneten Legalzession, wie insbesondere im Bereich der Arbeitsverträge nach dem Bundesangestelltentarifvertrag (§ 41 BAT), müssen sich die Angehörigen ein vom Arbeitgeber gezahltes Sterbegeld wegen § 843 Abs. 4 jedenfalls nicht auf ihren Ersatzanspruch anrechnen lassen.[97] Anstatt diese Leistungen mit dem Schadensersatz zu kumulieren, sollte dem Dienstherrn aber ein Direktanspruch gegen den Schädiger aus Geschäftsführung ohne Auftrag oder § 812, mindestens aber ein Anspruch gegen die Hinterbliebenen auf Abtretung des Schadensersatzanspruchs im Umfang der kongruenten Leistungen analog § 255 eingeräumt werden (vgl. §§ 842, 843 RdNr. 27, 39).[98] Weder eine Anrechnung noch ein Regress gemäß § 116 SGB X ist bei der Zahlung erhöhter Witwen- oder Waisenrente durch die Unfallversicherungsträger gemäß § 65 Abs. 2 Nr. 1 SGB VII während der ersten drei Monate nach dem Todesfall vorzunehmen.[99]

---

[83] OLG Celle ZfS 1987, 229, 230; *Wenker* VersR 1998, 557, 558; vgl. BGH VersR 1973, 224; aA OLG Hamm VersR 1977, 1110; OLG Karlsruhe VersR 1993, 381, 382.
[84] BGHZ 61, 238, 240 = NJW 1973, 2103, 2104.
[85] *Staudinger/Röthel* RdNr. 58.
[86] RGZ 160, 255, 256; BGHZ 61, 238, 239 = NJW 1973, 2103, 2104.
[87] BGHZ 32, 72, 74 ff. = NJW 1960, 910, 911; *Wussow/Dressler* Kap. 44 RdNr. 6; aA für Beerdigungen nach türkischem Brauch KG VerkMitt 1999, 11, 13.
[88] AA OLG Hamm DAR 1956, 217.
[89] BGH NJW 1989, 2317, 2318 = VersR 1989, 853, 854 m. Anm. *Deutsch/Schramm* VersR 1990, 715.
[90] OLG Köln VersR 1982, 558; RGRK/*Boujong* RdNr. 41; vgl. *Wenker* VersR 1998, 557, 559.
[91] BGH LM StVG § 10 Nr. 3.
[92] RG JW 1905, 144, 145.
[93] *Weimar* MDR 1967, 980, 981; vgl. BGH VersR 1952, 432, 433; OLG Karlsruhe VersR 1993, 381, 382.
[94] BGH NJW 1992, 3298, 3299 = LM Abs. 1 Nr. 91; OLG Karlsruhe NZV 1992, 444.
[95] BGH NJW 1977, 802 f. = LM Abs. 1 Nr. 3; OLG Celle OLGR 2001, 227.
[96] BGH VersR 1959, 231, 232; 1981, 675; NJW-RR 1986, 962 f.; OLG Karlsruhe VersR 2002, 1239, 1240; KG VersR 1999, 504, 507.
[97] BGH NJW 1978, 536, 537 = LM § 249 (Cb) Nr. 22; *Greger* § 28 RdNr. 28; *Wussow/Dressler* Kap. 44 RdNr. 8.
[98] *Greger* § 28 RdNr. 29; andeutungsweise zugunsten der Analogie zu § 255 BGH NJW 1978, 536, 537; zur Wahl zwischen Kumulation und Regress vgl. §§ 842, 843 RdNr. 86 f.
[99] So zur Überbrückungshilfe gemäß § 591 RVO aF OLG Hamm VersR 1980, 390.

V. Ersatzanspruch wegen entgangenen Unterhalts nach Abs. 2

1. Gesetzliche Unterhaltspflicht. a) Familienrechtliche Unterhaltspflichten. § 844 Abs. 2 gewährt Schadensersatz für die Entziehung eines gesetzlichen Unterhaltsrechts durch Tötung des Unterhaltsverpflichteten gemäß §§ 1615 Abs. 1, 1360 a Abs. 3, 1361 Abs. 4 S. 4. Gesetzliche Unterhaltspflichten kennt allein das **Familienrecht,** wobei bei der Tötung von Angehörigen gemischt-nationaler Familien das anwendbare Unterhaltsstatut zunächst mit Hilfe des Kollisionsrechts (Art. 18 EGBGB) bestimmt werden muss.[100]

Nach deutschem Familienrecht sind **Verwandte gerader Linie** gemäß §§ 1601 ff. einander zum Unterhalt verpflichtet, und Gleiches gilt gemäß § 1754 Abs. 1 auch bei der **Annahme als Kind** (zum Rangverhältnis § 1751 Abs. 4). **Ehegatten** schulden einander Unterhalt bei intakter Ehe (§ 1360) genauso wie während des Getrenntlebens (§ 1361) und nach Scheidung (§§ 1569 ff.). Ist die Ehe geschieden, ist auch der Anspruch auf schuldrechtlichen Versorgungsausgleich durch Rentenzahlung gemäß § 1587 g unterhaltsrechtlich zu qualifizieren, weil ihm Alimentationsfunktion zukommt.[101] Der öffentlich-rechtliche Versorgungsausgleich durch Teilung der während der Ehezeit erworbenen Renten- oder Pensionsanwartschaften gemäß §§ 1587 a ff. lässt sich gegenüber dem für die Tötung des Versorgungsanwärters Verantwortlichen nicht durchführen, so dass insoweit die Anwendung des § 844 Abs. 2 ausscheidet.[102] Da dieser Anspruch gemäß § 1587 e Abs. 4 nicht mit dem Tod des Ehegatten erlischt, kann er von dem überlebenden Ehegatten gegen die Erben des Getöteten geltend gemacht werden, die als Prozessstandschafter des Getöteten für die Scheidungsfolgesache passivlegitimiert bleiben (vgl. 4. Aufl. § 1587 e RdNr. 15 ff.).[103] Praktische Bedeutung hat dies nur in dem seltenen Fall, dass der Tod bzw. die zum Tod führende Körperverletzung nach rechtskräftiger Scheidung (vgl. 4. Aufl. § 1587 e RdNr. 16),[104] aber vor Rechtskraft des den Versorgungsausgleich durchführenden Urteils in der Folgesache eintritt, denn mit der Übertragung von Rentenanwartschaften erwirbt der geschiedene Ehegatte eigene Versorgungsansprüche, die vom Schicksal seines ehemaligen Partners unabhängig sind,[105] und nach dem Tod kann eine Scheidung ohnehin nicht mehr stattfinden.

Im Zusammenhang mit der **Geburt eines nicht-ehelichen Kindes** steht der Mutter gegen den Vater für einen begrenzten Zeitraum der Unterhaltsanspruch gemäß § 1615 l zu, und Gleiches gilt umgekehrt, falls (ausnahmsweise) der Vater das Kind betreut, § 1615 l Abs. 4. Genauso wie Ehegatten sind gemäß § 5 LPartG die Partner einer **gleichgeschlechtlichen Lebensgemeinschaft** einander unterhaltspflichtig.

b) Unterhaltsgewährung auf sonstiger Grundlage. Keine gesetzlichen Unterhaltspflichten bestehen im Verhältnis zwischen Verlobten[106] und zwischen den **Partnern einer nichtehelichen Lebensgemeinschaft.**[107] Auch Stiefeltern sind ihren Stiefkindern nicht kraft Gesetzes zum Unterhalt verpflichtet,[108] so dass Ersatzansprüche der Kinder aus der ersten Ehe des Mannes, die von der zweiten Ehefrau mitversorgt wurden, bei deren Tötung ausscheiden.[109] Dies gilt auch dann, wenn die Beteiligten die faktische Unterhaltsgewährung auf eine vertragliche Grundlage gestellt haben, denn der **Verlust vertraglicher Unterhaltsansprüche** wird von § 844 Abs. 2 ebenfalls

---

[100] *Wussow/Dressler* Kap. 45 RdNr. 2.
[101] *Erman/Schiemann* RdNr. 8; *Staudinger/Röthel* RdNr. 76; aA *Monstadt* S. 29 f. mwN.
[102] OLG Koblenz FamRZ 1982, 175 f.; *Lange* FamRZ 1983, 1181, 1187.
[103] BGH NJW 1984, 2829, 2830; vgl. weiter BGH NJW 1986, 185.
[104] Zum Tod nach Anhängigkeit des Scheidungsantrags, aber vor Rechtskraft des Scheidungsurteils vgl. §§ 619, 629 d ZPO.
[105] Vgl. 4. Aufl. § 1587 e RdNr. 17.
[106] KG NJW 1967, 1089, 1090.
[107] OLG Frankfurt FamRZ 1984, 790; *Diederichsen* NJW 1983, 1017, 1025; *Röthel* NZV 2001, 329, 330; *Wussow/Dressler* Kap. 45 RdNr. 8.
[108] BGH NJW 1969, 2007 f. = LM Abs. 2 Nr. 33; NJW 1984, 977, 978 = LM Abs. 2 Nr. 68.
[109] BGH NJW 1984, 977, 978 = LM Abs. 2 Nr. 68.

nicht erfasst.¹¹⁰ Beim Anspruch auf Gewährung eines Altenteils nach § 14 Abs. 2 HöfeO handelt es sich genauso wenig um einen gesetzlichen Alimentationsanspruch wie bei einem Leibgeding¹¹¹ und bei den Rechten, die dem verarmten Schenker aus § 528 gegen den Beschenkten zustehen.¹¹² Sonstige Personen, die durch den Tod des Verletzten einen reinen Vermögensschaden erleiden – wie etwa der Arbeitgeber – sind ebenfalls nicht anspruchsberechtigt.¹¹³ Erst recht kann Schadensersatz auf der Grundlage von Abs. 2 nicht verlangen, wessen Schaden nicht darin besteht, dass ihm wegen der Tötung Unterhalt entgeht, sondern umgekehrt darin, dass er mit einer Unterhaltspflicht belastet wird, deren Erfüllung zuvor dem Getöteten oblag.¹¹⁴ Insbesondere ist es dem überlebenden Elternteil verwehrt, beim Schädiger den Mehraufwand für den Kindesunterhalt zu liquidieren.

27 In allen diesen Fällen lehnt es die Rechtsprechung ab, § 844 Abs. 2 bei Alimentation auf vertraglicher Grundlage und bei bloß faktischer Unterhaltsgewährung **analog** anzuwenden.¹¹⁵ Dieser Standpunkt entspricht dem Willen des historischen Gesetzgebers,¹¹⁶ möglicherweise aber nicht mehr den Anforderungen einer Gesellschaft, in der die Ehe nur noch *ein* Modell des Zusammenlebens unter mehreren ist und eine nicht unerhebliche Anzahl von Menschen die Institutionalisierung ihrer Beziehungen bewusst ablehnt. Angesichts der klaren Gesetzeslage kommt die in der Literatur geforderte Verallgemeinerung des § 844 Abs. 2 für jedweden „Versorgerschaden"¹¹⁷ wohl nur de lege ferenda in Betracht.¹¹⁸ Die Ausdehnung des § 844 Abs. 2 auf Fälle der Unterhaltsleistung „auf Grund einer sittlichen Verpflichtung" ist in den vorbereitenden Gutachten zur Schuldrechtsreform vorgeschlagen,¹¹⁹ aber weder in das SMG 2001 noch in das Zweite Schadensersatzrechtsänderungsgesetz 2002 aufgenommen worden.¹²⁰

28 Die meisten **europäischen Nachbarrechtsordnungen** gewähren auch bei Verlust der bloß faktisch gewährten Unterstützung und damit insbesondere – aber nicht nur – in Fällen der nichtehelichen Lebensgemeinschaft den Hinterbliebenen Schadensersatzansprüche wegen entgangenen Unterhalts.¹²¹ Obwohl davon die Welt nicht untergegangen ist, lässt sich doch nicht übersehen, dass der Nachweis faktisch erfolgter Unterhaltsgewährung und die

---

[110] BGH NJW 1969, 2007, 2008 = LM Abs. 2 Nr. 33; NJW 1984, 977, 978 = LM Abs. 2 Nr. 68; NJW 2001, 971, 973 = LM § 823 (Ad) Nr. 13.
[111] OLG Celle VersR 1978, 352; BGH NJW 2001, 971, 973 = LM § 823 (Ad) Nr. 13.
[112] *Staudinger/Schäfer*, 12. Aufl. 1986, RdNr. 45.
[113] RGZ 61, 293, 295; 80, 48, 50; 82, 189, 190; BGHZ 7, 30, 33 f. = NJW 1952, 1249, 1250; BGH NJW 1979, 2244 = LM § 252 Nr. 25.
[114] RGZ 64, 344, 345.
[115] Vgl. die Nachweise in den Fn. 106 bis 114; zusammenfassend und bekräftigend BGH VersR 1971, 423, 424.
[116] Das ergibt sich allerdings entgegen *Staudinger/Röthel* RdNr. 33 nicht aus den Beweggründen der Ersten Kommission (Mot. II S. 778 f.), denn im Kontext von deren Deliktsrechtskonzeption diente § 844 (= § 723 E-I) allein der Verkürzung des Verschuldensbezugs und schloss eine weitergehende Haftung nach dem heutigen § 823 nicht aus. Die Entscheidung wurde in der Reichstagskommission getroffen; vgl. *Jakobs/Schubert* (Fn. 28) S. 1078 f. (zu Antrag Nr. 66, 8).
[117] So im Anschluss etwa an Art. 45 Abs. 3 des schweizerischen Obligationenrechts *Denck*, Schadensersatzansprüche Dritter bei Tötung ihnen nahe stehender Personen im französischen und deutschen Recht, S. 127 ff.; *Deutsch/Ahrens* Deliktsrecht RdNr. 439; *Frank*, FS Stoll, 2001, S. 143, 145 ff.; *Coester-Waltjen* NJW 1988, 2085, 2087; *Gernhuber/Coester-Waltjen* § 42 II 2 S. 653; *Schwenzer*, Vom Status zur Realbeziehung, S. 221; *Staudinger/Röthel* RdNr. 34, 186; *Röthel* NZV 2001, 329, 334 f.
[118] Für eine Analogie de lege lata allerdings *Frank*, FS Stoll, 2001, S. 143, 145 f.; *Lüderitz/Dethloff*, Familienrecht, 28. Aufl. 2007, § 8 RdNr. 37; insoweit mit Recht abl. *Gernhuber/Coester-Waltjen* § 42 II 2, S. 653.
[119] *v. Bar*, Deliktsrecht, in: BMJ (Hrsg.), Gutachten und Vorschläge zur Überarbeitung des Schuldrechts, Bd. II, 1981, S. 1681, 1711, 1762, 1778.
[120] Zur Reform des Deliktsrechts vgl. Vor § 823 RdNr. 80 ff.
[121] Umfassender Überblick bei *Frank*, FS Stoll, 2001, S. 143, 147 ff.; zum italienischen und französischen Recht *Ferrari* ZEuP 1997, 1122, 1124 ff.; vgl. auch die Länderberichte in *Koch/Koziol*, Compensation for Personal Injury in a Comparative Perspective, von *Rogers* (England) RdNr. 61; *Radé/Bloch* (Frankreich) RdNr. 76 ff.; *van Boom* (Niederlande) RdNr. 73; *Brehm* (Schweiz) RdNr. 95 ff.; heute teilweise veraltet die Darstellung bei *Becker* VersR 1985, 201, 202 f.

Fortschreibung solcher Leistungen in die Zukunft ganz erhebliche Schwierigkeiten macht, weil an eine entsprechende Verpflichtung des Getöteten gerade nicht angeknüpft werden kann und dieser die Unterhaltsleistung jederzeit willkürlich hätte einstellen können.[122] Eine nichteheliche Lebensgemeinschaft zB kann augenblicklich zerbrechen, ohne dass dem einen Beteiligten Ansprüche auf nach-gemeinschaftlichen Unterhalt gegen den anderen zustünden. Für wie lange soll dann ein Gericht den Alimentationsschadensersatz zusprechen, wenn ein Partner getötet wird? Hinzu kommen erhebliche Nachweisprobleme und Manipulationsgefahren im Hinblick auf die Feststellung, dass in der Vergangenheit bereits Leistungen erbracht worden sind und dass es sich bei diesen um „Unterhalt" gehandelt hat. Wie wäre zB ein Fall zu entscheiden, in dem ein reicher Onkel seinem armen, aber fleißig studierenden Neffen jedes Jahr zu Weihnachten ein Geldgeschenk im Umfang von 5000 bis 10000 Euro zugewendet hat? Insgesamt scheint es keineswegs ausgemacht, dass das Abrücken von dem Erfordernis einer gesetzlichen Unterhaltspflicht wirklich eine Verbesserung darstellte.

2. Beurteilungszeitpunkt. § 844 Abs. 2 erfordert das **Bestehen des Unterhaltsanspruchs im Zeitpunkt des Verletzungserfolgs.** Tritt der Tod nicht sofort ein, sondern geht ihm eine Körperverletzung und ein Zeitraum des Leidens voraus, kommt es auf die Vollendung der Haftungsbegründung, also auf den Eintritt der Körperverletzung an und nicht auf den späteren Todeszeitpunkt.[123] Entsteht die gesetzliche Unterhaltsbeziehung erst nach der Körperverletzung, etwa durch Eheschließung mit dem bereits Verletzten, hat sie für § 844 Abs. 2 außer Betracht zu bleiben,[124] denn sonst wäre Manipulationen Tür und Tor geöffnet. § 844 Abs. 2 S. 2 erstreckt den Anwendungsbereich der Norm auch auf den zum Zeitpunkt der Verletzung bereits gezeugten, aber noch nicht geborenen **Nasciturus.** Die Tatsache, dass das Kind im Verletzungszeitpunkt bereits gezeugt war, ist im Schadensersatzprozess unabhängig von den Bindungen der §§ 1592, 1600d Abs. 3 festzustellen.[125] In keinem Fall ermöglicht Abs. 2 die Liquidation von Unterhaltsrückständen aus der Zeit vor der Verletzung, da der Schädiger lediglich für die Erfüllung von ab diesem Zeitpunkt entstehenden Unterhaltsansprüchen haftet.[126] Insoweit muss sich der Berechtigte gemäß § 1967 an den Nachlass bzw. die Erben halten.

3. Schadensersatz. a) Rechtsnatur des Anspruchs. Die durch § 844 begründeten Rechte sind **echte Schadensersatzansprüche** der Hinterbliebenen.[127] Im Bereich des Abs. 2 lebt nicht etwa der ursprüngliche Unterhaltsanspruch fort, so dass auf die wirtschaftliche Leistungsfähigkeit des Schädigers trotz der §§ 1603, 1581, 1360a Abs. 1, 1361 Abs. 1 nichts ankommt.[128] Der Geschädigte muss sich neben dem Mitverschulden des primär Verletzten (§ 846) auch einen eigenen Mitverursachungsbeitrag auf der Grundlage von § 254 auf seinen Ersatzanspruch anrechnen lassen.[129] An dieser doppelten Berücksichtigung des Mitverschuldens wird die Zwitterstellung der in §§ 844 f. begründeten Rechte zwischen originärem und vom primär Verletzten abgeleitetem Schadensersatzanspruch deutlich (RdNr. 2).[130]

b) Entzug des Rechts auf Unterhalt. Nach dem Wortlaut der Vorschrift muss der **Unterhaltsanspruch durch den Todesfall entzogen** worden sein. Entscheidend ist also

---

[122] Vgl. auch *Kötz/Wagner* Deliktsrecht RdNr. 545; skeptisch auch *Becker* VersR 1985, 201, 204 f.; zum schweizerischen Recht krit. *Weimar*, FS Keller, 1989, S. 337, 341.
[123] BGHZ 132, 39, 42 f. = NJW 1996, 1674, im Anschluss an Mot. II S. 780; *Wussow/Dressler* Kap. 45 RdNr. 2; *Erman/Schiemann* RdNr. 8; *RGRK/Boujong* RdNr. 26.
[124] BGH NJW 1962, 1054, 1055 = LM Abs. 2 Nr. 25; BGHZ 132, 39, 42 f. = NJW 1996, 1674 im Anschluss an Mot. II S. 779 f.; anders noch RGZ 1, 49, 50 f.
[125] Vgl. RGRK/*Boujong* RdNr. 26.
[126] BGH NJW 1973, 1076 f. = LM Abs. 2 Nr. 47; OLG Düsseldorf Schaden-Praxis 2000, 379.
[127] Mot. II S. 781; RGZ 1, 231, 232; 55, 24, 30; 122, 298, 305; 151, 101, 102 f.; BGH VersR 1952, 97 f. = LM Abs. 2 Nr. 2 (insoweit nicht in NJW 1952, 377); NJW 1974, 1373 = LM Abs. 2 Nr. 52.
[128] RGZ 1, 231, 232 (zum RHPflG); BGH VersR 1952, 97, 98.
[129] RGZ 55, 24, 29 ff.; 69, 186, 187 f.
[130] Vgl. *Wagner* in: Zimmermann (Hrsg.), Grundstrukturen des Europäischen Deliktsrechts, S. 189, 230 f.

§ 844 32, 33   Abschnitt 8. Titel 27. Unerlaubte Handlungen

der rechtlich geschuldete, nicht der tatsächlich geleistete Unterhalt.[131] Wie der BGH einmal treffend formuliert hat, ist zu fragen, „was in einem **fiktiven Unterhaltsprozess des Berechtigten gegen den Getöteten zuzusprechen wäre**".[132] Diese Prärogative steht zwar im Widerspruch zu dem sonst befolgten Gebot konkreter Schadensberechnung, doch die Abstraktion ist im speziellen Fall des § 844 Abs. 2 wohlbegründet: Die Berechnung künftiger Erwerbsschäden mit Hilfe entsprechender Prognosen ist ohnehin schwierig genug (vgl. §§ 842, 843 RdNr. 20 ff.), und eine konkrete Berechnung des Unterhaltsschadens würde es zusätzlich erfordern, auch noch das Leistungsverhalten des Verpflichteten sowie die Anspruchshaltung des Berechtigten in die Zukunft fortzuschreiben und mögliche Änderungen zu berücksichtigen. Obwohl für alle diese Umstände das Beweismaß gemäß § 287 ZPO herabgesetzt ist (vgl. RdNr. 86), ließe sich die künftige Entwicklung der tatsächlichen Unterhaltsleistungen ohne Willkür nicht voraussagen. Freiwillige Entbehrungen des Unterhaltsberechtigten sind folglich ebenso wenig zu berücksichtigen wie Unterhaltsleistungen des Getöteten, die über das rechtlich Geschuldete hinausgingen.[133] Wegen der pragmatischen Begründung für die Relevanz des Unterhaltsanspruchs – im Gegensatz zur faktischen Unterhaltsleistung – sind jedoch Ausnahmen möglich, in denen auf die konkreten Verhältnisse abzustellen ist, wenn diese nämlich offen zutage liegen. Steht fest, dass der Verpflichtete auf Dauer zu keinerlei Zahlungen in der Lage gewesen wäre, haftet auch der für seine Tötung Verantwortliche nicht.[134] Genauso verhält es sich, wenn der Getötete zwar leistungsfähig gewesen wäre, sich jedoch aller Wahrscheinlichkeit nach (§ 287 ZPO) de facto den ihn treffenden Unterhaltspflichten entzogen hätte.[135] Andernfalls würde dem Berechtigten über das Deliktsrecht ein leistungsfähiger Unterhaltsschuldner zuwachsen und seine Position damit über den bloßen Schadensausgleich hinaus verbessert.

32   Genauso wie beim Erwerbsschadensersatz gemäß §§ 842 f. kommt es nicht darauf an, dass der Angehörige **im Verletzungszeitpunkt tatsächlich unterhaltsberechtigt** war oder gar Unterhaltsleistungen bezog (vgl. §§ 842, 843 RdNr. 16, 23, 48 ff.).[136] Bestand eine gesetzliche Unterhaltsbeziehung, war der Berechtigte jedoch in der Lage, sich aus eigenem Einkommen oder Vermögen zu unterhalten und also nicht bedürftig (§§ 1602, 1569) oder war der Verpflichtete im Zeitpunkt seiner Verletzung nicht leistungsfähig, weil ihm die finanziellen Mittel für den Unterhalt fehlten (§ 1603), so sind Ansprüche aus § 844 Abs. 2 nicht ausgeschlossen, wohl aber aufgeschoben.[137] Die Ersatzpflicht des Schädigers setzt erst ein, wenn der Angehörige voraussichtlich hätte Unterhalt beanspruchen können und der Verletzte ihn hätte leisten müssen, weil er seine Leistungsfähigkeit (wieder-)erlangt hätte.[138]

33   Innerhalb einer **intakten Ehe** sind die Ehegatten einander gemäß § 1360 ganz allgemein und unabhängig von Bedürftigkeit und finanzieller Leistungsfähigkeit zum Unterhalt verpflichtet.[139] Soweit das Maß des rechtlich Geschuldeten von den Absprachen der Betroffenen über die alltägliche Arbeitsteilung abhängt, wie dies innerhalb intakter Ehen und Familien gemäß §§ 1356, 1360, 1360 a der Fall ist, bestimmt diese Praxis auch den Umfang der rechtlichen Verpflichtung, wenn sie iS des § 1360 S. 1 angemessen erscheint.[140]

---

[131] RGZ 159, 21, 23; BGH VersR 1958, 702, 703; 1961, 543; 1968, 770, 771; NJW 1969, 1667, 1668 f. = LM Abs. 2 Nr. 30; VersR 1971, 423, 424; 1976, 291, 292; NJW 1979, 1501, 1503; NJW-RR 1988, 1238, 1239; NJW 1993, 124, 125 = LM Abs. 2 Nr. 92.
[132] BGH VersR 1987, 1243, 1244; ähnlich BGH VersR 1961, 543; 1971, 717.
[133] BGH VersR 1971, 423, 424; NJW 1993, 124, 125 = LM Abs. 2 Nr. 92; *Staudinger/Röthel* RdNr. 89.
[134] BGH NJW 1974, 1373 = LM Abs. 2 Nr. 52.
[135] BGH NJW 1974, 1373 f. = LM Abs. 2 Nr. 52.
[136] BGHZ 4, 133, 135 ff. = NJW 1952, 539 f.
[137] Mot. II S. 781 f.
[138] Mot. II S. 782; *Erman/Schiemann* RdNr. 9; RGRK/*Boujong* RdNr. 78; *Staudinger/Röthel* RdNr. 78; vgl. auch BGH NJW 1974, 1373 f.
[139] BGHZ 56, 389, 392 = NJW 1971, 2066, 2067.
[140] BGHZ 104, 113, 115 = NJW 1988, 1783 = LM Abs. 2 Nr. 81; BGH VersR 1971, 423, 424; 1985, 79, 81; 1985, 365, 366 f.; NJW 1993, 124, 125; *Wussow/Dressler* Kap. 45 RdNr. 6.

Wird ein geschiedener und noch einmal verheirateter Ehegatte getötet, sind auch die in **34** § 1582 geregelten Rangverhältnisse unter den Unterhaltsberechtigten zu Lasten des aktuellen Ehegatten zu berücksichtigen.[141] Verlangt der frühere Ehegatte **Ersatz für entgangenen Geschiedenenunterhalt**, so sind nicht nur die Unterhaltstatbestände der §§ 1569 ff. zu prüfen, sondern es ist weiter festzustellen, dass der Anspruch nicht wegen grober Unbilligkeit gemäß § 1579 ausgeschlossen oder gemindert ist. Entsprechendes gilt gemäß § 1361 Abs. 3 für den **Unterhaltsanspruch bei Getrenntleben**. Leben die Ehegatten noch nicht getrennt, ist die Ehe aber gleichwohl gescheitert, kann die entgangene Haushaltsführung nicht mehr auf der Grundlage der §§ 1356, 1360 f. liquidiert werden.[142] Umgekehrt können spezifisch familienrechtliche Gesichtspunkte, die zu einer Minderung des Unterhalts zu Lebzeiten des Verletzten führten, mit dessen Tod wegfallen und dann bei der Bemessung des Schadensersatzanspruchs unberücksichtigt bleiben. So werden bei getrennt lebenden Ehegatten die Kosten zur Aufrechterhaltung der gemeinsamen Ehewohnung sowie zur Tilgung einvernehmlich begründeter Verbindlichkeiten vom Unterhalt abgezogen, damit die jederzeitige Wiederaufnahme der ehelichen Lebensgemeinschaft und damit die Rettung der Ehe ermöglicht wird.[143] Diese Erleichterungen erledigen sich mit dem Tod des Ehegatten, so dass der Schädiger für den vollen Unterhalt aufzukommen hat.

Soweit die **Unterhaltsverpflichtungen des Getöteten auf seine Erben übergehen**, **35** wie dies bei den Ansprüchen des geschiedenen Ehegatten oder Lebenspartners sowie der nichtehelichen Mutter gemäß §§ 1586b Abs. 1 S. 1, 1615l Abs. 3 S. 5 BGB, 16 Abs. 2 S. 2 LPartG der Fall ist, entgeht dem Berechtigten nichts, und ein Ersatzanspruch des Dritten scheidet mangels entzogener Unterhaltsleistungen aus.[144] Anders verhält es sich wieder, wenn von den Erben aus tatsächlichen oder rechtlichen Gründen nicht der volle Unterhalt erlangt werden kann, etwa weil der Erbe von einer der ihm gemäß §§ 1586b Abs. 1 S. 3, 1975 ff. zustehenden Möglichkeiten der Haftungsbeschränkung Gebrauch macht. Erleidet der Berechtigte dadurch einen Ausfall, kann er in Höhe des Differenzbetrags Ausgleich von dem Schädiger verlangen.[145] Aber auch im Übrigen erscheint dessen Privilegierung zu Lasten der Erben des Getöteten normativ nur gerechtfertigt, sofern Letztere den Unterhalt aus den Erträgen des nachgelassenen Vermögens bestreiten können – ganz so, wie es auch der Erblasser getan hätte (vgl. RdNr. 79).[146] Soweit für die Bestreitung der Unterhaltsleistungen hingegen der Vermögensstamm angegriffen werden müsste, sollte der Schädiger auch im Anwendungsbereich der §§ 1586b Abs. 1 S. 1, 1615l Abs. 3 S. 5 BGB, 16 Abs. 2 S. 2 LPartG vorrangig vor den Erben für den Unterhalt aufzukommen haben. Zur Vorteilsausgleichung durch Anrechnung ererbten Vermögens und anderweitiger Unterhaltsansprüche RdNr. 79 ff.

c) Das Maß des entgangenen Unterhalts. Nicht nur die Entstehung des Schadens- **36** ersatzanspruchs aus § 844 Abs. 2, sondern auch sein Umfang wird **vom Unterhaltsrecht beherrscht**. Für § 844 Abs. 2 ist zu fragen, „welche Beträge des Einkommens der Getötete, wenn er am Leben geblieben wäre, hätte aufwenden müssen, um seinen unterhaltsberechtigten Angehörigen den Lebensunterhalt zu verschaffen, auf den sie nach familienrechtlichen Vorschriften des Unterhaltsrechts Anspruch gehabt hätten" (vgl. RdNr. 23 ff., 31).[147] Analog den Grundsätzen zum Erwerbsschadensausgleich darf das Gericht den Hinterbliebenen nicht einfach Quoten am vom Getöteten erzielten Einkommen zuweisen, sondern es muss feststellen, in welchem Umfang jeder einzelne Anspruch auf Unterhalt gehabt hätte, wäre der Getötete noch lebendig, was also „in einem fiktiven Unterhaltsprozess gegen den

---

[141] BGH NJW-RR 1988, 1238, 1239.
[142] Vgl. LG Bayreuth VersR 1982, 607.
[143] Vgl. 4. Aufl. § 1361 RdNr. 1, 5.
[144] Mot. II S. 782; RGRK/*Boujong* RdNr. 32; vgl. BGH NJW 1969, 2008 = LM § 843 Nr. 14.
[145] RGZ 74, 375, 377.
[146] Eingehend *Schubel* AcP 198 (1998), 1, 12, 25 f.
[147] BGH VersR 1961, 543; 1966, 588, 589; 1971, 717; NJW 1985, 1460, 1461; VersR 1987, 156, 157.

Getöteten zuzusprechen wäre".[148] Für Kinder und andere Verwandte kommt es gemäß § 1610 Abs. 1 auf die Lebensstellung der Familie an, und auch Ehegatten haben während intakter Ehe wie auch nach Trennung und Scheidung Anspruch auf Unterhalt nur in demjenigen Umfang, der den ehelichen Lebensverhältnissen entspricht (§§ 1360a Abs. 1, 1361 Abs. 1, 1578 Abs. 1). Der Hinterbliebene erhält also niemals mehr als er familienrechtlich zu beanspruchen gehabt hätte, unter Umständen aber weniger, soweit er sich nämlich die Anrechnung von Vorteilen gefallen lassen muss (dazu RdNr. 74 ff.). Die damit gegebene Kumulierung unterhalts- und schadensrechtlicher Anspruchsvoraussetzungen generiert hoch komplexe Verfahren der Schadensberechnung, die die Arbeitskraft der Gerichte und Anwälte beanspruchen und deren Nutzen in Gestalt präziser Bemessung des Ersatzbetrags wohl kaum in einem angemessenen Verhältnis zu ihren Kosten steht (vgl. RdNr. 49; Vor § 823 RdNr. 57).

37   **d) Differenzrechnung und Prognoseentscheidung.** Obwohl § 844 Abs. 2 auf den Entzug des Unterhaltsrechts abstellt, kommt es für die Praxis des Unterhaltsschadensausgleichs doch auf eine **Vielzahl tatsächlicher Umstände** an, weil die Unterhaltstatbestände des Familienrechts Bedürftigkeit des Berechtigten und Leistungsfähigkeit des Verpflichteten voraussetzen, wovon auch das Maß des geschuldeten Unterhalts abhängt (vgl. RdNr. 36). Der Nachweis der für Bedürftigkeit und Leistungsfähigkeit relevanten Tatsachen unterliegt in vollem Umfang den Erleichterungen des **§ 287 ZPO**; insbesondere ist das Beweismaß auf überwiegende Wahrscheinlichkeit reduziert (zum Erwerbsschadensersatz vgl. §§ 842, 843 RdNr. 89 f.).[149] Wegen der Abhängigkeit des Umfangs des geschuldeten Unterhalts von der Leistungsfähigkeit des Verpflichteten, kann der Unterhaltsschaden im Zeitablauf variieren, wenn etwa der Ersatzberechtigte glaubhaft machen kann, dass sich die Einkommensverhältnisse des Getöteten durch voraussehbare Gehaltserhöhungen oder Geschäftsentwicklungen verändert hätten.[150] Genauso wie beim Erwerbsschaden darf das Gericht folglich nicht ohne weiteres das bisher erzielte Einkommen zugrunde legen, sondern es muss die zukünftige Einkommensentwicklung abschätzen und Fortschritte in der beruflichen Karriere des Getöteten einkalkulieren. Die Darlegungs- und Beweislast für vom Durchschnitts- bzw. Normalverlauf abweichende Entwicklungen, wie Karrieresprünge oder -knicke, trägt dabei diejenige Partei, die sich darauf beruft, wobei auch insoweit das Beweismaß gemäß § 287 auf überwiegende Wahrscheinlichkeit reduziert ist (vgl. §§ 842, 843 RdNr. 20).[151] Dieselbe Prognose ist sodann mit Blick auf die Einkommensentwicklung des Hinterbliebenen anzustellen, um in einem dritten Schritt seine Position im Fall hypothetischen Weiterlebens des Getöteten mit seiner voraussichtlichen tatsächlichen Lage zu vergleichen. Die Differenz zwischen den beiden Einkommensströmen ist der Unterhaltsschaden. Zu den Einzelheiten vgl. §§ 842, 843 RdNr. 19, 27 ff., 43 ff.

38   Im Zeitablauf variabel sind auch die **Ersatzansprüche von Kleinkindern,** weil deren Betreuungsbedarf mit fortschreitendem Alter abnimmt und umgekehrt ihre Verpflichtung zur Mitwirkung im Haushalt zunimmt.[152] Diesen Entwicklungen ist ggf. durch Staffelung der Rentenhöhe je nach Zeitraum Rechnung zu tragen.[153] Lässt sich wegen des geringen Alters des Unterhaltsberechtigten im Zeitpunkt des Todes des Verpflichteten seine zukünftige berufliche und wirtschaftliche Entwicklung und damit sein Unterhaltsbedarf noch nicht seriös abschätzen, darf sich das Gericht darüber nicht hinwegsetzen und die Parteien mit der Möglichkeit einer Abänderungsklage gemäß § 323 ZPO abspeisen.[154] Sofern die Staffelung

---

[148] BGH NJW-RR 1988, 66, 67 = VersR 1987, 1243.
[149] BGH VersR 1958, 702, 703; 1961, 543, 544; 1968, 770, 771; 1969, 350, 351; NJW 1972, 1130; VersR 1974, 700, 701 = LM Abs. 2 Nr. 50 = NJW 1974, 1236 (insoweit nicht abgedruckt); NJW 1974, 1373, 1374; NJW-RR 1990, 962 f.
[150] BGH VersR 1967, 60, 61; 1968, 770, 771; NJW 1970, 1319, 1320.
[151] BGH NJW 1972, 1515, 1517 f.
[152] BGH NJW-RR 1990, 962, 963.
[153] BGH NJW-RR 1990, 962, 963.
[154] BGH NJW-RR 1990, 962, 963.

der Rentenbeträge nach Zeitabschnitten nicht ausreicht, um die Unsicherheiten auszuräumen, ist die Rente auf einen frühen Zeitpunkt zu befristen und im Übrigen die Ersatzpflicht des Schädigers lediglich festzustellen, § 256 ZPO.[155] Vgl. auch RdNr. 44, 72, 86.

e) Befristung des Unterhaltsschadensersatzes. Für die Befristung des Anspruchs auf Unterhaltsschadensersatz gelten die für den Erwerbsschadensersatz gemäß §§ 842 f. etablierten Grundsätze entsprechend (vgl. §§ 842, 843 RdNr. 22 ff.). Im Interesse des Geschädigten wie auch zur Schonung der knappen öffentlichen Justizressourcen ist der Anspruch grundsätzlich **für den gesamten Zeitraum zuzusprechen,** den der Getötete vermutlich unterhaltspflichtig gewesen wäre.[156] Das Ende der Alimentationspflicht ist gemäß § 287 ZPO zu schätzen und im Urteil kalendermäßig zu fixieren.[157] Ändern sich im Nachhinein die der Prognose zugrunde gelegten Umstände, bricht etwa das Lohn- und Preisniveau in unvorhergesehener Weise nach oben oder unten aus, steht den Parteien die Möglichkeit einer Abänderungsklage nach § 323 ZPO offen (vgl. RdNr. 89).[158] Zur Staffelung der Ersatzansprüche von Kindern s. RdNr. 38.

Beim Tod des **erwerbstätigen Ehegatten** sind die Unterhaltszahlungen dem Ehepartner normalerweise bis zum wahrscheinlichen Lebensende des Getöteten zuzusprechen.[159] Anders als beim Erwerbsschadensersatz kommt es nicht auf den mutmaßlichen Eintritt in das Rentenalter an, denn der hinterbliebene Ehegatte hätte nach dem Ausscheiden des Getöteten aus dem Erwerbsleben an dessen Altersversorgung partizipiert und seinen Unterhalt aus dieser Quelle erhalten.[160] Bei der Bestimmung des vermutlichen natürlichen Todeszeitpunkts kann vom Durchschnittslebensalter ausgegangen werden, das anhand der Sterbetafeln des Statistischen Bundesamts zu ermitteln ist.[161] Allerdings ist auch der konkrete Gesundheitszustand des Getöteten zu berücksichtigen.[162]

Ausnahmsweise ist eine Verurteilung zu Schadensersatzzahlungen **über den vermutlichen Todeszeitpunkt des Verpflichteten hinaus** geboten, nämlich wenn der hinterbliebene Ehegatte infolge des vorzeitigen Todes eine Hinterbliebenenrente in verminderter Höhe erhalten wird.[163] In diesem Fall hat der Schädiger über den natürlichen Todeszeitpunkt hinaus die Differenz zu dem Rentenniveau auszugleichen, das unter normalen Umständen zu erwarten gewesen wäre. Umgekehrt kann der Schadensausgleich ausnahmsweise bereits auf den hypothetischen Zeitpunkt des Ausscheidens aus dem Erwerbsleben zu befristen sein, wenn der Getötete nämlich keine (ausreichende) Vorsorge für das Alter getroffen hatte und deshalb nach dem Eintritt in den Ruhestand ohnehin keine ausreichenden Mittel zur Erfüllung der Unterhaltsverpflichtung zur Verfügung gestanden hätten. Wäre wiederum zu erwarten gewesen, dass der Getötete seine bei Ausscheiden aus dem Erwerbsleben noch vorhandene Arbeitsfähigkeit in sonstiger Weise genutzt hätte, um den Unterhalt seines Partners im Alter sicherzustellen, führt dies zur Erhöhung des Unterhaltsschadens. Zu den Details der Prognostizierung des Zeitpunkts des Ausscheidens aus dem Erwerbsleben vgl. §§ 842, 843 RdNr. 24 ff.

Auch der Ersatzanspruch wegen entgangenen **Naturalunterhalts bei Tötung des haushaltsführenden Ehegatten** ist bis zum vermutlichen Lebensende des Getöteten auszuurteilen. In späteren Lebensjahren wird die tatsächliche Fähigkeit zur Führung des Haushalts zwar altersbedingt nachlassen. Es ist jedoch nicht ungewöhnlich, dass auch eine

---
[155] BGH VersR 1976, 291, 293; vgl. auch BGHZ 4, 133, 136 f. = NJW 1952, 539 f.; wohl weitergehend BGH NJW-RR 1990, 962, 963: Vorbehalt des § 323 ZPO in den Entscheidungsgründen.
[156] *Wussow/Dressler* Kap. 46 RdNr. 26.
[157] RGZ 83, 65 f.; BGH NJW 1972, 1515, 1517.
[158] Vgl. BGHZ 33, 112, 116 = NJW 1960, 1948, 1949 = LM § 852 Nr. 15.
[159] RGZ 90, 226, 228; 128, 218, 219; BGH NJW 1972, 1515, 1516 f.; OLG Stuttgart ZfS 2001, 495.
[160] BGHZ 9, 179, 193 = VersR 1953, 229, 231 f.; BGH VersR 1960, 551; 1960, 801; *Wussow/Dressler* Kap. 46 RdNr. 27.
[161] OLG Frankfurt DAR 1990, 464; OLG Hamm MDR 1998, 1414, 1415.
[162] BGH NJW 1972, 1515, 1517.
[163] BGHZ 32, 246, 248 f. = NJW 1960, 1200 f. = LM Abs. 2 Nr. 21; vgl. BGH VersR 1970, 128, 129 = LM Abs. 2 Nr. 34; *Wussow/Dressler* Kap. 46 RdNr. 28.

Siebzigjährige noch in der Lage ist, sich und ihren Ehemann ohne fremde Hilfe vollständig zu versorgen.[164]

43 Ließ sich im Todeszeitpunkt eine Aufhebung oder **Scheidung der Ehe** bereits absehen, weil eine Scheidungsklage mit hinreichender Aussicht auf Erfolg erhoben worden war, ist der Ersatzanspruch bis zur Rechtskraft des hypothetischen Scheidungsurteils zu befristen.[165] Unter dem modernen Scheidungsrecht gilt dies allerdings nur insoweit, wie die Scheidung den Unterhaltsanspruch des Hinterbliebenen beeinträchtigt hätte, was in der Regel lediglich unter den engen Voraussetzungen des § 1579 der Fall ist. Die bloße Scheidungsabsicht eines Ehepartners reicht für den Ausschluss bzw. die kurzzeitige Befristung des Unterhaltsanspruchs nicht aus.[166] Darlegungs- und beweisbelastet ist insoweit der Beklagte.[167] Zur Wiederverheiratung s. RdNr. 82.

44 Der Anspruch eines **Kindes** des Getöteten ist im Regelfall auf den Zeitraum bis zur Vollendung des 18. Lebensjahres zu begrenzen (vgl. auch RdNr. 38).[168] Ist jedoch im Zeitpunkt der letzten mündlichen Verhandlung bereits abzusehen, dass das Kind über Begabungen und Fähigkeiten verfügt, die es für eine höhere Ausbildung prädestinieren, kommt eine weitergehende Verurteilung bis zum erwarteten Abschluss der Ausbildung und Eintritt in das Berufsleben in Betracht.[169] Insoweit ist zu berücksichtigen, dass die Aufnahme eines Studiums in der heutigen Zeit keine Besonderheit und kein Privileg bestimmter Bevölkerungsschichten mehr ist. Um diese weitergehenden Ansprüche vorsorglich zu sichern, besteht die Möglichkeit, zusätzlich zur Leistungsklage eine Feststellungsklage zu erheben.[170] Ist eine seriöse Vorhersage über den Zeitpunkt des Eintritts in das Erwerbsleben nicht möglich, hat das Gericht eine konservative Prognose zu treffen und den Rentenanspruch knapp zu befristen, anstatt den Schädiger auf die Abänderungsklage des § 323 ZPO zu verweisen (vgl. RdNr. 37, 85).[171] Hatten die Eltern eines getöteten Kindes einen Unterhaltsspruch gegen dieses, so endet der Anspruch mit dem Zeitpunkt, zu dem der Getötete voraussichtlich eine Familie bzw. einen eigenen Haushalt gegründet hätte, denn unter gewöhnlichen Einkommensverhältnissen büßt das Kind damit seine Leistungsfähigkeit ein, so dass der Unterhaltsanspruch der Eltern erlischt (§§ 1603, 1609).[172]

45 **f) Mehrere Hinterbliebene.** Die Ersatzansprüche wegen Unterhaltsschadens sind für mehrere Hinterbliebene jeweils gesondert zu bestimmen, insbesondere ist für die Mutter und jedes Kind jeweils eine eigene Unterhaltsquote auszuwerfen.[173] Mehrere Geschädigte sind keine Gesamtgläubiger hinsichtlich des Gesamtbetrags des entgangenen Unterhalts.[174] Zu den prozessualen Konsequenzen RdNr. 87.

46 **4. Fallgruppen des Unterhaltsschadens. a) Tod des Alleinverdieners. aa) Überblick und Kritik.** Wird der alleinige Brotverdiener einer Familie getötet, ist der Unterhaltsschaden der Hinterbliebenen – für jeden Einzelnen gesondert (RdNr. 44), doch mit breiten Überschneidungen – nach dem folgenden **Schema aus fünf Schritten** zu berechnen bzw. auf der Grundlage von § 287 ZPO zu schätzen:[175] (1) Zunächst ist das von dem Getöteten

---

[164] Vgl. BGH VersR 1955, 452, 453; 1966, 736, 737; NJW 1974, 1651, 1652f.
[165] RGZ 152, 360, 363f.; vgl. OLG Hamm VersR 1992, 511, 512.
[166] BGH VersR 1969, 350, 351; NJW 1974, 1236 = LM Abs. 2 Nr. 50.
[167] RGZ 152, 360, 363f.
[168] BGH VersR 1955, 36, 38; BGHZ 76, 259, 273 = NJW 1980, 1452, 1456 = LM § 847 Nr. 62; BGH NJW 1983, 2197 = LM Abs. 2 Nr. 65 (insoweit nicht in BGHZ 87, 121); OLG Hamm NJW-RR 1996, 1221 f.
[169] Vgl. BGH VersR 1966, 588; 1966, 40, 41 f.; 1969, 350, 351 f.
[170] BGH VersR 1955, 36, 38.
[171] BGH NJW 1983, 2197 = LM Abs. 2 Nr. 65 (insoweit nicht in BGHZ 87, 121).
[172] OLG Düsseldorf NJW 1961, 1408; RGRK/*Boujong* RdNr. 89.
[173] BGH VersR 1960, 801, 802; NJW 1972, 1130; VersR 1973, 939, 940; zur Aufteilung des Einkommens des Getöteten auf verschiedene Familienmitglieder vgl. RdNr. 55.
[174] BGHZ 50, 304, 306 = NJW 1968, 1823; BGHZ 51, 109, 111 = NJW 1969, 321 f.; BGH NJW 1972, 1130 = LM Abs. 2 Nr. 44; 1972, 1716, 1717 = LM Abs. 2 Nr. 46; VersR 1973, 84, 85.
[175] BGH NJW-RR 1990, 221 = VersR 1990, 317; konkrete Berechnungsbeispiele in BGH VersR 1979, 1029, 1030; 1983, 726, 727 f.; 1984, 353, 354; *Eckelmann/Nehls/Schäfer* NJW 1984, 945, 949 f.; *Freyberger* MDR 2000, 117 ff.

in der Zukunft hypothetisch zu erzielende Einkommen zu ermitteln (RdNr. 50); (2) davon sind diejenigen Beträge abzuziehen, die nicht für den Unterhalt verbraucht, sondern zur Vermögensbildung angelegt worden wären (RdNr. 51); (3) weiter sind die Fixkosten des Haushalts herauszurechnen (RdNr. 52 ff.), (4) sodann die auf jeden einzelnen Unterhaltsberechtigten entfallende Quote zu bestimmen (RdNr. 55), um (5) diesem Betrag die anteiligen Fixkosten wieder zuzuschlagen (RdNr. 56).

Diese Berechnung führt indessen bloß zu einem **Zwischenergebnis,** denn es sind **drei weitere Prüfungsschritte** anzuschließen, nämlich (6) die Anrechnung des Mitverschuldens des Getöteten gemäß § 846 (vgl. RdNr. 30); (7) die Verletzung der Schadensminderungspflicht des § 254 Abs. 2 S. 1, insbesondere durch Nichterfüllung einer den Hinterbliebenen treffenden Erwerbsobliegenheit (RdNr. 57 ff.) und (8) die (partielle) Ausgleichung des Schadens durch auf dem Schadensereignis beruhende Vorteile (RdNr. 74 ff.). 47

Wie schon dieser Überblick zeigt, führt die konkrete Berechnung des Unterhaltsschadens in ein **Dickicht von Rechenoperationen,** die ihrerseits eine Fülle von Wertungen voraussetzen. Die große Anzahl einschlägiger Entscheidungen des BGH ist Beleg für die großen Schwierigkeiten, die das Ideal der konkreten Schadensberechnung den Gerichten bereitet. Die in der Literatur erarbeiteten und von der Rechtsprechung grundsätzlich akzeptierten Quoten für verschiedene Familientypen bringen zwar Erleichterungen, kommen aber erst zur Anwendung, nachdem das Nettoeinkommen bereits um die Fixkosten und die Vermögensbildungsanteile bereinigt worden ist.[176] Im Übrigen verlangt der BGH eine Kontrollprüfung der mit Hilfe der Quoten ermittelten Ersatzbeträge an dem Maß des hypothetisch familienrechtlich Geschuldeten, was eine Unterhaltsberechnung im konkreten Einzelfall erfordern kann.[177] 48

Angesichts der hohen administrativen Kosten (Vor § 823 RdNr. 57) dieser Praxis wäre es vorzugswürdig, den Unterhaltsschadensersatz **stärker zu abstrahieren und zu pauschalieren,** etwa durch Gewährung fixer Quoten vom Nettoeinkommen des Getöteten, wobei je nach Höhe des Einkommens, Typus familiärer Arbeitsteilung (Alleinverdienerehe, Doppelverdienerehe) und Zahl der Kinder differenziert werden könnte. Darüber hinaus sollte auch unter sachlichen Aspekten auf das Herausrechnen der Fixkosten verzichtet werden, und weitgehend genauso verhält es sich mit dem Vermögensbildungsanteil (RdNr. 51). Zwar trifft es zu, dass bei Tod des Mitglieds einer intakten Familie die Fixkosten insbesondere für die Unterbringung häufig unverändert bleiben, während die familienrechtlichen Unterhaltstabellen davon ausgehen müssen, dass zwei Hausstände begründet werden, was das zur Verteilung anstehende Einkommen zusätzlich mindert (vgl. RdNr. 52).[178] Dieser Diskrepanz lässt sich indessen durch Modifikation der im Familienrecht geläufigen Unterhaltstabellen, etwa der Düsseldorfer Tabelle, zugunsten der Hinterbliebenen Rechnung tragen; sie erzwingt keine aufwändige Berechnung des Unterhaltsschadens in jedem konkreten Einzelfall. In der Sache ist zu fragen, warum der Schädiger für die Kosten besonders anspruchsvollen Wohnens aufkommen müssen soll, nicht aber für die Kosten eines Lebensstils, der die Prioritäten anders setzt, etwa im Bereich von Freizeit und Urlaub. Im Fall der Tötung des Ernährers einer vierköpfigen Familie zB wäre daran zu denken, den Hinterbliebenen pauschal einen Betrag von 3/4 des ausgefallenen Einkommens zuzusprechen, um es ihnen selbst zu überlassen, für welche Zwecke sie das Geld einsetzen wollen. 49

bb) Einkommensermittlung. Maßgebend für die Schadensberechnung ist das **Nettoeinkommen** iS des tatsächlich für Unterhaltszwecke verfügbaren Familieneinkom- 50

---

[176] Vgl. *Eckelmann//Nehls/Schäfer* NJW 1984, 945, 948; sowie BGH NJW-RR 1987, 538, 539 = VersR 1987, 507, 508; NJW-RR 1988, 66, 67 f. = VersR 1987, 1243, 1244; NJW 1988, 2365, 2366 ff. = VersR 1988, 954, 955; *Wussow/Dressler* Kap. 46 RdNr. 10.

[177] BGH NJW-RR 1988, 66, 67 = VersR 1987, 1243, 1244.

[178] BGH NJW 1985, 1460, 1462 = VersR 1985, 365, 367; VersR 1986, 39, 40; 1987, 507, 508; NJW-RR 1988, 66, 67 = VersR 1987, 1243, 1244.

§ 844   51, 52   Abschnitt 8. Titel 27. Unerlaubte Handlungen

mens.[179] Treueprämien, Weihnachts- und Urlaubsgeld,[180] das Entgelt für Überstunden im branchenüblichen Rahmen[181] sowie pauschale Aufwandsentschädigungen, die vom Arbeitnehmer regelmäßig nicht vollends aufgebraucht wurden,[182] sind hinzuzurechnen. Gleiches gilt für Einkünfte aus Kriegsbeschädigten-,[183] Verletzten- oder Berufsunfähigkeitsrenten[184] sowie aus illegalen oder sittenwidrigen Aktivitäten (§§ 842, 843 RdNr. 55). Nicht zu berücksichtigen sind hingegen das früher an den barunterhaltspflichtigen Elternteil ausgezahlte Kindergeld, das nunmehr in voller Höhe dem verbliebenen Elternteil zukommt[185] und die Arbeitnehmersparzulage, da es sich bei dieser um eine staatliche Förderung handelt.[186] Soweit Vermögenserträge regelmäßig zum Bestreiten des familiären Bedarfs verwendet wurden, sind auch sie dem Einkommen hinzuzurechnen.[187] Haben die Eheleute durch geschicktes Investment ihre Steuerlast auf Null reduziert, kann das Bruttoeinkommen dem Nettoeinkommen ausnahmsweise gleichgesetzt werden.[188]

51   cc) Vermögensbildung. Insbesondere bei überdurchschnittlich hohen Einkommen ist zu berücksichtigen, dass ein gewisser Teil regelmäßig der Vermögensbildung zugeführt worden ist und damit dem **Familienunterhalt nicht zur Verfügung** gestanden hat. Ein entsprechender Betrag ist folglich von dem bereinigten Nettoeinkommen abzusetzen.[189] Da das Konsumverhalten der Familien vergleichbarer Einkommensgruppen uneinheitlich ist, lehnt es der BGH ab, von einer durchschnittlichen Sparquote auszugehen, will aber andererseits eine Kontrollprüfung am Maßstab eines vernünftigen Betrachters vornehmen und eine besonders ausschweifende Lebensführung ebenso außer Acht lassen wie außergewöhnliche Sparsamkeit.[190] Da Sparen für die allermeisten Familien nichts anderes ist als aufgeschobener Konsum,[191] sollte jedenfalls bei geringen und mittleren Einkommen von jedem Abzug für Vermögensbildung abgesehen werden.

52   dd) Fixkostenabzug. Das auf den ersten Blick widersinnige Manöver, die fixen Kosten des Familienhaushalts zunächst von dem Nettoeinkommen abzusetzen, um sie anschließend anteilig wieder den Ersatzansprüchen der einzelnen Hinterbliebenen hinzuzurechnen, soll dem Umstand Rechnung tragen, dass sich diese Kosten bei Wegfall eines Familienmitglieds nicht dem Kopfteil entsprechend verringern, sondern in gleicher oder ähnlicher Höhe bestehen bleiben (RdNr. 49).[192] Soll der **Lebensstandard der Familie konstant** gehalten werden, muss der Schädiger die gesamten Fixkosten des Haushalts ersetzen, soweit sie – wie bei Alleinverdienerehen – ausschließlich aus dem Einkommen des Getöteten bestritten wurden.[193] In der Praxis hat dies zur Folge, dass der Unterhaltsschaden der Familie häufig mehr als 75% des Nettoeinkommens des Getöteten ausmacht und damit deutlich höher liegt

---

[179] BGH VersR 1961, 543 f.; 1971, 717 f.; 1979, 1029 f. = LM Abs. 2 Nr. 57; NJW-RR 1990, 706 = VersR 1990, 748, 749 = LM Abs. 2 Nr. 88; zur Äquivalenz von Brutto- und Nettomethode für die Schadensberechnung vgl. §§ 842, 843 RdNr. 34.
[180] BGH NJW 1971, 137 = LM Abs. 2 Nr. 37; *Wussow/Dressler* Kap. 46 RdNr. 3.
[181] BGH NJW 1980, 2251 f. = LM § 1603 Nr. 5.
[182] BGH VersR 1960, 801; OLG Hamm VersR 1983, 927.
[183] BGH NJW 1960, 1615.
[184] OLG Braunschweig VersR 1979, 1124, 1125; vgl. auch BGH NJW 1982, 1593 = LM 1361 Nr. 18.
[185] BGH VersR 1979, 1029, 1030; *Wussow/Dressler* Kap. 49 RdNr. 17; ob dies auch unter dem seit dem 1. 1. 2008 geltenden § 1612b das letzte Wort sein kann, bleibt abzuwarten.
[186] BGH NJW 1980, 2251, 2252 = LM § 1603 Nr. 5.
[187] Vgl. BGH NJW 1974, 1236, 1237 = LM Abs. 2 Nr. 50.
[188] BGH NJW-RR 1990, 706 = VersR 1990, 748, 749 = LM Abs. 2 Nr. 88.
[189] BGH VersR 1966, 588, 589; 1968, 770, 771; 1987, 156, 157 f.; OLG Frankfurt NJW-RR 1990, 1440; *Wussow/Dressler* Kap. 46 RdNr. 4.
[190] BGH VersR 1987, 156, 157 f.; *Wussow/Dressler* Kap. 46 RdNr. 4 f.; zum Unterhaltsrecht auch BGH NJW 1982, 1645, 1646.
[191] *Wussow/Dressler* Kap. 46 RdNr. 4.
[192] BGH VersR 1984, 79, 81 = LM PflVG 1965 Nr. 46; NJW 1988, 2365, 2367 = LM Abs. 2 Nr. 82; NJW-RR 1990, 221 = LM Abs. 2 Nr. 87; BGHZ 137, 237, 241 = NJW 1998, 985 f. = LM Abs. 2 Nr. 94; *Wussow/Dressler* Kap. 46 RdNr. 6 ff.
[193] Bei Doppelverdienerehen sind die Fixkostenzu- und abschläge in der Summe nicht neutral; vgl. BGH NJW-RR 1990, 221, 221 = VersR 1990, 317.

als im Scheidungsfall, weil dann aus einem Einkommen die Kosten zweier Haushalte bestritten werden müssen. Zur Kritik RdNr. 49.

Zu den Fixkosten zählen die **Aufwendungen für die Mietwohnung,** also der Mietzins 53 einschließlich Nebenkosten für Strom und Heizung, zuzüglich Rücklagen für Schönheitsreparaturen und Einrichtungsgegenstände[194] und der Prämien für eine Hausratversicherung.[195] Auch die Kosten für Telefonanschlüsse und Tageszeitungen sowie die Fernsehgebühren ändern sich nicht, wenn ein Mitglied des Hausstandes ausfällt.[196] Entsprechendes gilt schließlich für den Aufwand zur Unterhaltung des Familienwagens, einschließlich Kraftfahrzeugsteuer und Haftpflichtversicherungsprämien.[197] Schließlich sollen auch die Prämien für Privathaftpflicht- und Rechtsschutzversicherungen zu den fixen Kosten zählen[198] sowie die Gebühren für den Kindergarten, den die Kinder des Getöteten besuchen.[199] Zu Krankenversicherungsbeiträgen RdNr. 61.

Da die Bereitstellung eines **Eigenheims** im Rahmen des Unterhaltsrechts nicht geschul- 54 det wird, sind die Errichtungskosten, also etwa der Aufwand für die Tilgung des Darlehens, genauso wenig zu berücksichtigen wie die Unterhaltungskosten bzw. entsprechende Rückstellungen.[200] Statt dessen ist der (fiktive) Mietzins anzusetzen, der für eine adäquate Wohnung in vergleichbarer Lage zu zahlen wäre.[201] Im Rahmen der nach § 287 ZPO zu schätzenden fiktiven Mietkosten sind nach Ansicht des BGH wiederum die Darlehenszinsen als Fixkosten zu berücksichtigen.[202] Dieser Satz führt zu nichts, wenn die Darlehenszinsen die fiktive Miete überschreiten, weil es dann doch entscheidend auf die Miethöhe ankommt, doch er hat ernste Konsequenzen, wenn die Darlehenskosten zuzüglich der Unterhaltungskosten des Hauses hinter der fiktiven Miete zurückbleiben. Im Grenzfall, bei einem vollständig abbezahlten Eigenheim, sinken die anzurechnenden Fixkosten nämlich auf Null bzw. auf die Höhe allein der Unterhaltungskosten.[203]

ee) **Quotenbildung.** Der nach Abzug der Sparrate und der fixen Kosten verbleibende 55 Restbetrag des für den Familienunterhalt zur Verfügung stehenden Nettoeinkommens ist **nach Quoten auf die überlebenden Familienmitglieder zu verteilen.** Für die Ermittlung der Anteile ist die Gesamtfamilie, einschließlich des Getöteten, wiederzubeleben und dann zu fragen, wie sich das damals verfügbare Einkommen auf die Familienmitglieder verteilte bzw. wie es sich heute unter sie verteilen würde.[204] Dabei ist für jeden Beteiligten ein Prozentsatz zu ermitteln, auch für den Getöteten selbst. Als Brotverdiener steht ihm sogar ein erhöhter Anteil am Familieneinkommen zu,[205] der allerdings nicht an denjenigen Sätzen zu orientieren ist, die für die Berechnung des Geschiedenenunterhalts gebildet worden sind, etwa im Rahmen der Düsseldorfer Tabelle.[206] Die dort vorgesehene Quotierung von 4/7 zu 3/7 zugunsten des erwerbstätigen Teils ist auf Fälle zugeschnitten, in denen zwei Haushalte bestritten werden, was wesentlich höhere Kosten verursacht als der gemeinsame Haushalt einer intakten Familie (vgl. RdNr. 49). Aus diesem Grund kommt es erst recht nicht in Betracht, dem Brotverdiener den im Rahmen des Unterhaltsrechts für Mangelfälle anerkannten Selbstbehalt zuzubilligen.[207] Bei niedrigem Verdienst dürften beiden

---

[194] BGHZ 137, 237, 241 = NJW 1998, 985, 986 = LM Abs. 2 Nr. 94.
[195] BGH NJW 1988, 2365, 2368 = LM Abs. 2 Nr. 82.
[196] BGH VersR 1984, 79, 81 = LM PflVG 1965 Nr. 46; NJW 1988, 2365, 2367 = LM Nr. 82.
[197] BGH NJW 1988, 2365, 2367; OLG Brandenburg NZV 2001, 213.
[198] BGH NJW 1988, 2365, 2367.
[199] BGHZ 137, 237, 242 f. = NJW 1998, 985 f. = LM Abs. 2 Nr. 94.
[200] BGH NJW 1985, 49, 50 f. = VersR 1984, 961, 962; NJW 1988, 2365, 2367.
[201] BGH NJW 1985, 49, 50 f. = VersR 1984, 961, 962 = LM Abs. 2 Nr. 70; OLG München NJW-RR 2001, 1298, 1299.
[202] BGH NJW-RR 1990, 221 f. = LM Abs. 2 Nr. 87.
[203] BGHZ 137, 237, 240 f. = NJW 1998, 985 f. = LM Abs. 2 Nr. 94.
[204] Vgl. etwa BGH NJW-RR 1990, 221.
[205] BGH VersR 1966, 588, 589; 1971, 717, 718; 1987, 507, 508.
[206] BGH NJW 1985, 1460, 1462 = LM Abs. 2 Nr. 72; VersR 1986, 39, 40.
[207] Vgl. 4. Aufl. § 1581 RdNr. 35 ff.

Ehegatten vielmehr gleich große Anteile zustehen, ansonsten ist bei einer kinderlosen Hausfrauenehe eine Aufteilung im Verhältnis 55%/45% angemessen.[208] Gemeinsamen Kindern ist ein Einkommensteil von jeweils ca. 15–20% zuzuordnen,[209] doch mit zunehmender Kinderzahl sinkt die auf jedes einzelne Kind entfallende Quote, während zugleich der auf die Kinder entfallende Gesamtanteil am Familieneinkommen steigt.[210] Die dem einzelnen Kind zugeordnete Quote hängt maßgeblich von dessen Alter ab, so dass mehrere Kinder nicht über einen Kamm geschoren werden dürfen.[211]

56 **ff) Anteiliger Fixkostenzuschlag.** Dem sich nach der Unterhaltsquote des Ersatzberechtigten ergebenden Betrag sind die anteiligen fixen Kosten hinzuzurechnen, wobei auch der auf den **Getöteten entfallende Anteil auf die Hinterbliebenen verteilt** wird.[212] Folgerichtig kann die Verteilung der Fixkosten nicht nach den gerade ermittelten Quoten vorgenommen werden, sondern die Anteile sind abweichend zu bestimmen.[213] Bei einer ursprünglich vierköpfigen Familie hat der BGH zB den Verteilungsschlüssel von 1:1:1 für die Mutter und die beiden Kinder verworfen, eine Aufteilung im Verhältnis 2:1:1 hingegen gebilligt.[214] Dabei ist berücksichtigt, dass der überlebende Ehegatte die Kosten für Miete, Versicherungen, Kfz. etc. allein bestreiten wird. Zur Überprüfung des sich so ergebenden Betrags durch eine Kontrollrechnung anhand des Familienrechts vgl. RdNr. 48.

57 **gg) Schadensminderungspflicht; Erwerbsobliegenheit.** Auch beim Unterhaltsschaden trifft den Geschädigten die Obliegenheit des § 254 Abs. 2, sich um die Minderung der eintretenden Nachteile und damit um die Entlastung des Schädigers zu bemühen.[215] Deshalb darf der überlebende Ehegatte einen vom Verstorbenen ererbten **Gewerbebetrieb nicht aufgeben,** wenn diese Entscheidung wirtschaftlich unvernünftig wäre.[216] Im Übrigen gelten ähnliche Grundsätze wie beim Erwerbsschadensersatz; vgl. §§ 842, 843 RdNr. 30 ff., 42.

58 Das wichtigste Instrument der Schadensminderung ist die **Aufnahme einer Erwerbstätigkeit** durch den überlebenden Ehegatten, der vor dem Tod des Brotverdieners lediglich den Haushalt geführt hat. Im Rahmen des Anspruchs aus § 844 Abs. 2 gelten allerdings nicht dieselben Maßstäbe wie für die Beurteilung der Zumutbarkeit einer Erwerbstätigkeit im Rahmen des Geschiedenenunterhalts (vgl. § 1570 RdNr. 9 ff).[217] Vielmehr kommt es darauf an, ob dem Hinterbliebenen gerade im Verhältnis zum Schädiger die Aufnahme einer Erwerbstätigkeit angesonnen werden kann, wenn sein Lebensplan durch ein Schadensereignis durchkreuzt worden ist, für das dieser einzustehen hat.[218] Die Tatsache allein, dass sie ohne den Tod des Alleinverdienenden voraussichtlich keine Erwerbstätigkeit aufgenommen worden wäre, macht eine solche jedoch nicht von vornherein unzumutbar.[219] Vielmehr kommt es auf das Alter, die physische Verfassung, die Ausbildung und soziale Stellung des überlebenden Ehegatten an, vor allem aber auf Anzahl und Alter etwaiger Kinder.[220] Von einer jungen kinderlosen Witwe wird in aller Regel die Aufnahme einer Erwerbstätigkeit erwartet werden können,[221] von einer Frau, die allein mehrere minderjährige Kinder zu betreuen hat, hingegen nicht. Hat sich eine fünfzigjährige Witwe während der Ehe durchweg als Hausfrau

---

[208] BGH VersR 1987, 507, 508; NJW-RR 1988, 66, 67 = VersR 1987, 1243, 1244.
[209] BGH NJW 1988, 2365, 2366 = LM Abs. 2 Nr. 82.
[210] Quotierungsbeispiele aus der Rspr. sind zusammengestellt bei *Küppersbusch* RdNr. 246 ff.; *Eckelmann/Nehls/Schäfer* NJW 1984, 945, 948.
[211] BGH NJW-RR 1988, 66, 67 = VersR 1987, 1243, 1244 f.
[212] BGH NJW 1972, 251; 1988, 2365, 2368 = LM Abs. 2 Nr. 82; *Wussow/Dressler* Kap. 46 RdNr. 41.
[213] Vgl. die Nachweise in der vorherigen Fn.
[214] BGH NJW 1988, 2365, 2368 = LM Abs. 2 Nr. 82.
[215] RGZ 154, 236, 240; BGHZ 4, 170, 176 = NJW 1952, 299, 300 f.; BGH VersR 1966, 1047, 1048; 1967, 259, 260; BGHZ 91, 357, 363 f. = VersR 1984, 936; BGH VersR 2007, 76.
[216] BGH VersR 1966, 686, 687 f.
[217] BGHZ 91, 357, 368 = NJW 1984, 2520, 2522 f.; *Wussow/Dressler* Kap. 46 RdNr. 18.
[218] BGH NJW 1976, 1501, 1502 = LM Abs. 2 Nr. 53; BGHZ 91, 357, 365 f. = NJW 1984, 2520, 2522 = LM Abs. 2 Nr. 71.
[219] Vgl. OLG Frankfurt NJW-RR 1998, 1699, 1700.
[220] *Geigel/Pardey* Kap. 8 RdNr. 60.
[221] RGZ 154, 236, 240 f.; BGH NJW 1976, 1501, 1502 = LM Abs. 2 Nr. 53.

betätigt, ist ihr die Annahme einer Stelle als Putzhilfe im Verhältnis zum Schädiger nicht zumutbar.[222] Unter den heutigen Verhältnissen wird die Aufnahme einer zumutbaren Erwerbstätigkeit häufig am Arbeitsmarkt scheitern, was selbstverständlich nicht zu Lasten des Geschädigten gehen kann (vgl. §§ 842, 843 RdNr. 31). Die Darlegungs- und Beweislast für die Erwerbsobliegenheit trägt der Schädiger, doch trifft den Geschädigten eine sekundäre Behauptungs- und Beweislast, aufgrund derer er darlegen muss, was er selbst zur Minderung des Erwerbsschadens unternommen hat.[223]

Ist nach Würdigung aller Umstände die Aufnahme einer Beschäftigung geboten gewesen, sind auf den Ersatzanspruch die **fiktiven Einkünfte** anzurechnen, nicht hingegen der Ersatzanspruch quotenmäßig zu kürzen.[224] Ggf. kommt eine Schätzung auf der Grundlage von § 287 ZPO in Betracht.[225] Eine Obliegenheitsverletzung iS des § 254 Abs. 2 S. 1 liegt auch vor, wenn der Ehegatte bei bestehender Erwerbsobliegenheit seine Arbeitskraft unentgeltlich, etwa zur Haushaltsführung in einer nichtehelichen Lebensgemeinschaft, einsetzt (vgl. RdNr. 82).[226] Nimmt der verbleibende Ehegatte **tatsächlich eine Erwerbstätigkeit** auf, ist dies ein Indiz für die Zumutbarkeit eines solchen Verhaltens, so dass die erzielten Einkünfte regelmäßig anzurechnen sind.[227] Nur wenn die Zumutbarkeitsschwelle definitiv überschritten ist, bleiben die Einnahmen aus einer dennoch aufgenommenen Tätigkeit als Früchte überobligationsmäßiger Anstrengungen außer Betracht.[228]

Muss sich der hinterbliebene Ehegatte tatsächlich erzielte oder fiktive Einkünfte anrechnen lassen und ist gleichzeitig sein Ersatzanspruch wegen Mitverschuldens des Getöteten gemäß § 846 gemindert, gesteht ihm die Rechtsprechung ein **Quotenvorrecht** zu.[229] Die Einkünfte sind nämlich auf den vollen – nicht um das Mitverschulden gekürzten – Schadensbetrag in der Weise anzurechnen, dass sie zuerst die dem Mitverschuldensanteil entsprechende Schadenssumme auffüllen, bevor sie den verbleibenden Ersatzanspruch herabsetzen. Zur Begründung wird geltend gemacht, andernfalls wäre der überlebende Partner lediglich zur Entlastung des Schädigers erwerbstätig, ohne seine eigene wirtschaftliche Position verbessern zu können.[230] Letzteres ist in der Tat zu vermeiden, doch es lässt sich schon dann gewährleisten, wenn die Regel des § 116 Abs. 3 SGB X auf § 844 Abs. 2 übertragen und die anzurechnenden Einkünfte anteilig dem Verantwortungsanteil des Schädigers und dem Mitverschuldensanteil des Geschädigten gutgebracht werden.[231]

hh) Steuern und Sozialversicherungsbeiträge. Soweit die nach § 844 Abs. 2 an den Geschädigten zu zahlende **Geldrente steuerpflichtig** ist, hat der Schädiger auch diesen Steuerschaden zu ersetzen.[232] Nachdem bis zum Jahr 1994 Einigkeit bestand, dass Unterhalts- und Mehrbedarfsrenten grundsätzlich steuerpflichtig seien, hat der BFH in einer Grundsatzentscheidung Renten wegen vermehrter Bedürfnisse (§ 843 Abs. 1 Alt. 2) für nicht nach § 22 Nr. 1 EStG steuerbar und damit für nicht einkommensteuerpflichtig erklärt.[233] Ob diese Rechtsprechung auf Unterhaltsrenten nach § 844 Abs. 2 übertragen

---

[222] *Wussow/Dressler* Kap. 46 RdNr. 17.
[223] BGHZ 91, 243, 260; BGH NJW 1996, 652, 653; VersR 1998, 1428; 2007, 76.
[224] BGHZ 91, 357, 363 ff. = VersR 1984, 936; BGH VersR 2007, 76 f.
[225] BGH VersR 2007, 76, 77.
[226] BGHZ 91, 357, 365 ff. = NJW 1984, 2520, 2522 = LM Abs. 2 Nr. 71.
[227] RGZ 154, 236, 241; BGH VersR 1976, 877, 878 = NJW 1976, 1501 f.; *Wussow/Dressler* Kap. 46 RdNr. 16.
[228] RGZ 154, 236, 241 f.; BGHZ 4, 170, 177 = NJW 1952, 299, 301; BGH VersR 1967, 259, 260; 1969, 469 = MDR 1969, 564; BGHZ 91, 357, 368 = NJW 1984, 2520, 2522.
[229] BGHZ 16, 265, 275 = NJW 1955, 785, 787; VersR 1976, 877, 878 (insoweit nicht in NJW 1976, 1501); NJW 1983, 2315 f. = VersR 1983, 726, 727; NJW-RR 1992, 1050 f. = VersR 1992, 886, 887 = LM § 252 Nr. 56 m. Anm. *Grunsky*; NZV 1994, 475, 476.
[230] BGHZ 16, 265, 275 = NJW 1955, 785, 787.
[231] Vgl. dazu BGHZ 106, 381, 385 = NJW 1989, 2622, 2623; BGHZ 146, 84, 89 = NJW 2001, 1214, 1215.
[232] BGHZ 137, 237, 243 ff. = NJW 1998, 985, 986 = LM Abs. 2 Nr. 94.
[233] BFHE 175, 438 = NJW 1995, 1238 f.; vgl. auch BFHE 176, 402 (LS) = BFH/NV 1995, 1050.

§ 844 62, 63   Abschnitt 8. Titel 27. Unerlaubte Handlungen

werden kann, ist umstritten;[234] die Finanzverwaltung jedenfalls geht weiterhin von ihrer Steuerpflicht aus.[235] Soweit die Angehörigen durch den Tod die – kostenlose – **Mitversicherung in der gesetzlichen Krankenversicherung** verlieren und selbst beitragspflichtig werden, hat der Schädiger auch diese Mehrkosten auszugleichen.[236] Zum Regress der Sozialversicherungs- und Versorgungsträger RdNr. 76.

62 **b) Tod des haushaltsführenden Ehegatten.** Gemäß § 1360 S. 2 zählt die Haushaltsführung durch den Ehegatten im Rahmen einer Alleinverdiener- bzw. „Hausfrauenehe" als Erfüllung der vollen Unterhaltspflicht.[237] Wird der haushaltsführende Ehegatte verletzt, steht ihm folglich selbst ein Anspruch auf Erwerbsschadensersatz gemäß §§ 842, 843 zu (vgl. dort RdNr. 50 ff.), findet er den Tod, entsteht den Familienmitgliedern ein **Unterhaltsschaden** iS des § 844 Abs. 2. Anders als unter dem früheren Recht und bei Geltung des § 1365 Abs. 2 aF entgeht den Angehörigen kein Anspruch auf Dienste, so dass der Schadensausgleich nach § 845 vorzunehmen wäre, wie dies bei Inkrafttreten des BGB und bis in die sechziger Jahre der Fall war.[238] § 844 Abs. 2 ist auch die richtige Anspruchsgrundlage für die Liquidation der Vermögensschäden bei Tötung eines Ehegatten, der dem anderen in dessen **Beruf oder Gewerbe** behilflich war, soweit die Mithilfe der wirtschaftlichen Grundlage der Familie zugute kam (vgl. RdNr. 68).[239] Für die Praxis hatte diese Umwidmung der Haushaltsführung von einer Dienstleistung gegenüber dem Ehemann in einen Beitrag zum Familienunterhalt die Folge einer weiteren Vereinheitlichung des Personenschadensrechts, weil seither auch bei der Haftung aus Gefährdung bei Tötung der den Haushalt führenden Ehefrau den Hinterbliebenen ein Ersatzanspruch zusteht, obwohl die Spezialgesetze in aller Regel lediglich eine dem § 844 Abs. 2 entsprechende Parallelregelung, nicht aber auch Pendants zu § 845 enthalten (RdNr. 9, § 845 RdNr. 2 f.).[240]

63 Für die Bestimmung des **Werts der Haushaltstätigkeit** kommt es wiederum nicht auf die tatsächlich erbrachten Leistungen, sondern auf das **Maß des rechtlich Geschuldeten** an.[241] Überobligatorische Anstrengungen des haushaltsführenden Ehegatten sind bei der Berechnung des Unterhaltsschadens außer Betracht zu lassen, können aber unter Umständen im Rahmen der Vorteilsausgleichung berücksichtigt werden (vgl. RdNr. 73).[242] Das Maß des Geschuldeten richtet sich während der Ehe gemäß § 1356 Abs. 1 nach der von den Eheleuten einvernehmlich getroffenen Absprache und der darauf aufbauenden Alltagspraxis (RdNr. 33).[243] Eine Gleichsetzung des Werts der Haushaltsführung mit demjenigen des vom alleinverdienenden Ehegatten geschuldeten Barunterhalts ist nicht möglich, denn die Wertung des § 1360 S. 2 erstreckt sich nicht auf das Schadensersatzrecht.[244] Vielmehr ist der Unterhaltsbedarf der konkreten Familie im Einzelfall maßgeblich, wobei es vor allem auf Anzahl und Alter der Kinder sowie den bisherigen Lebenszuschnitt ankommt.[245] Pauschalie-

---

[234] Dafür OLG Brandenburg NZV 2001, 213, 216; *Küppersbusch* RdNr. 332; *Lademann/Söffing/Brockhoff/ Gérard*, EStG, 2008, § 22 RdNr. 50; *Blümich/Stuhrmann*, EStG, 99. Aufl. 2008, § 22 RdNr. 22, 51 f., 73; *Schmidt/Seeger*, EStG, 27. Aufl. 2008, § 24 RdNr. 50.
[235] BMF-Schreiben vom 8. 11. 1995 – IV B 3-S 2255–22/95, BStBl. 1995, 705 ff. = DStR 1995, 1877; so auch FG Karlsruhe EFG 2000, 569; vgl. *Littmann/Bitz/Pust/Lüsch*, EStG, 2008, § 22 RdNr. 79 ff.
[236] BGH NJW-RR 1989, 610, 611 = VersR 1989, 604, 605 = LM Abs. 2 Nr. 85; *Wussow/Dressler* Kap. 46 RdNr. 15.
[237] BGHZ 51, 109, 111 = NJW 1969, 321; BGH NJW 1971, 1983, 1985.
[238] Markstein für den Wandel ist BGHZ (GS) 50, 304, 305 = NJW 1968, 1823; weiter BGHZ 51, 109, 110 f. = NJW 1969, 321 = BGHZ 56, 389, 390 f. = NJW 1971, 2066; *Wussow/Dressler* Kap. 35 RdNr. 2.
[239] BGHZ 77, 157, 160 ff. = NJW 1980, 2196 f.; BGH NJW 1984, 979 = VersR 1984, 353.
[240] Diese Konsequenz wird ausdrücklich gezogen in BGHZ 51, 109, 112 = NJW 1969, 321.
[241] BGH NJW 1972, 1130 f. = LM Abs. 2 Nr. 44; 1972, 1716, 1717 f. = LM Abs. 2 Nr. 46.
[242] BGH NJW 1979, 1501, 1503 = LM Abs. 2 Nr. 56.
[243] BGHZ 104, 113, 115 = NJW 1988, 1783 = LM Abs. 2 Nr. 81; wN Fn. 140.
[244] BGHZ 104, 113, 115 f. = NJW 1988, 1783 = LM Abs. 2 Nr. 81; RGRK/*Boujong* RdNr. 56.
[245] BGHZ 56, 389, 392 f. = NJW 1971, 2066, 2067; BGH NJW 1972, 1716, 1718 f. = LM Abs. 2 Nr. 46; BGHZ 104, 113, 119 f. = NJW 1988, 1783, 1784 = LM Abs. 2 Nr. 81; *Wussow/Dressler* Kap. 47 RdNr. 10.

rungen und die Orientierung an Tabellen und anderen Hilfsmitteln der abstrakten Schadensberechnung sind im Rahmen des § 287 ZPO nicht nur zulässig, sondern geboten, um den Berechnungsaufwand in Grenzen zu halten (vgl. RdNr. 48).[246] Ein durch die Behinderung eines Familienmitglieds verursachter Mehrbedarf ist hinzuzurechnen;[247] der Eigenversorgungsanteil des Getöteten ist abzuziehen.[248] Allerdings fällt dieser im Normalfall erheblich geringer aus als nach der Kopfzahl der Familienmitglieder anzunehmen sein könnte, denn ein Großteil des Arbeitsaufwands für Haushaltsleistungen ist unabhängig davon, ob eine Person mehr oder weniger in der Wohnung lebt.[249] Soweit der barunterhaltspflichtige Ehegatte und die Kinder zur Mitarbeit im Haushalt verpflichtet sind, ist dies bei der Kalkulation des Gesamtbedarfs zu berücksichtigen.[250] Darüber hinaus muss sich der überlebende Ehegatte denjenigen Teil seines Einkommens, den er dem Getöteten als Unterhalt geschuldet hätte, schadensmindernd anrechnen lassen.[251]

Hat die Familie **tatsächlich eine Ersatzkraft angestellt,** um den Ausfall der Haushaltsführung zu kompensieren, so ist der für diese aufzuwendende Bruttolohn als Unterhaltsschaden zu ersetzen, soweit sich die Tätigkeit im Rahmen des ermittelten Bedarfs hält.[252] Der Bruttolohn in diesem Sinne umfasst alle anfallenden Steuern und Sozialabgaben, zuzüglich etwaiger Bonuszahlungen wie Urlaubs- und Weihnachtsgeld.[253] Wird von der angestellten Haushaltshilfe nur ein Teil der erforderlichen Arbeiten verrichtet, kann der darüber hinausgehende Bedarf nach den Regeln der fiktiven Schadensberechnung liquidiert werden (vgl. RdNr. 65).[254] Der ersatzfähige Betrag ist nicht durch das Bruttogehalt des alleinverdienenden Ehegatten nach oben begrenzt, da der Wert der zu erbringenden Haushaltstätigkeit höher ausfallen kann.[255] Die sofortige Einstellung einer qualifizierten Fachkraft verstößt nicht gegen die den Ersatzberechtigten obliegende Schadensminderungspflicht, da der Rückgriff auf Verwandte oder Freunde keine annähernd vollwertige Kompensation des Ausfalls des Getöteten darstellt. 64

Stellen die Hinterbliebenen **keine Ersatzkraft** an, können sie den objektiven Wert der entgangenen Haushaltsführung als Unterhaltsschaden liquidieren.[256] Maßgeblich sind die **fiktiven Kosten,** die für die Beschäftigung einer qualifizierten Ersatzkraft aufzuwenden wären. Je nach Stundensatz wird es sich entweder um eine Haushälterin oder um eine Haushaltshilfe handeln, und entsprechend ist der Arbeitslohn zu kalkulieren.[257] In Ausnahmefällen können aber auch die Kosten für eine Säuglingsschwester, Wirtschaftsleiterin oder einen Gärtner anzusetzen sein. Nach der Rechtsprechung ist bei der Kostenermittlung der fiktive Nettolohn heranzuziehen.[258] Zur vereinfachten Berechnung desselben sind die Bruttobeträge, die dem entsprechenden Tarifvertrag entnommen werden können (etwa BAT VII oder VIII), um einen Pauschalbetrag von 30% zu kürzen, der die Steuern und Sozialabgaben 65

---

[246] *Wussow/Dressler* Kap. 47 RdNr. 10.
[247] BGH NJW 1993, 124, 125 f. = LM Abs. 2 Nr. 92.
[248] BGHZ 56, 389, 393 f. = NJW 1971, 2066, 2067; BGH NJW 1979, 1501, 1502 = LM Abs. 2 Nr. 56; NJW 1982, 2866 f. = LM Abs. 2 Nr. 62.
[249] BGHZ 56, 389, 393 f. = NJW 1971, 2066, 2067; BGHZ 104, 113, 116 = NJW 1988, 1783 = LM Abs. 2 Nr. 81; BGH VersR 1974, 32, 33.
[250] BGH NJW 1972, 1716, 1718 = LM Abs. 2 Nr. 46; VersR 1973, 939, 941.
[251] BGHZ 56, 389, 392 ff. = NJW 1971, 2066, 2067 f.; BGH NJW 1979, 1501, 1503 = LM Abs. 2 Nr. 56; *Wussow/Dressler* Kap. 47 RdNr. 19 f.
[252] BGHZ 86, 372, 376 = NJW 1983, 1425, 1426 = LM Abs. 2 Nr. 63; BGH NJW 1982, 2866, 2867 = LM Abs. 2 Nr. 62.
[253] BGHZ 86, 372, 376 = NJW 1983, 1425, 1426 = LM Abs. 2 Nr. 63; *Freyberger* MDR 2000, 117, 121.
[254] BGH VersR 1973, 84, 85.
[255] BGH NJW 1982, 2866 = LM Abs. 2 Nr. 62; NJW 1984, 979 f. = LM Abs. 2 Nr. 69.
[256] BGH NJW 1982, 2866, 2867 = LM Abs. 2 Nr. 62; NJW 1984, 977, 978 f. = LM Abs. 2 Nr. 68.
[257] BGH NJW 1972, 1130 f. = LM Abs. 2 Nr. 44; NJW 1972, 1716, 1718 = LM Abs. 2 Nr. 46; RGRK/*Boujong* RdNr. 59; *Wussow/Dressler* Kap. 35 RdNr. 7.
[258] BGH NJW 1982, 2866, 2867 = LM Abs. 2 Nr. 62; BGHZ 86, 372, 376 ff. = NJW 1983, 1425, 1426 f.; BGH NJW 1984, 977, 979 = LM Abs. 2 Nr. 68; BGHZ 104, 113, 120 f. = NJW 1988, 1783, 1784 = LM Abs. 2 Nr. 81.

§ 844 66–68 Abschnitt 8. Titel 27. Unerlaubte Handlungen

repräsentiert.[259] Springen der Restfamilie Verwandte bei, um ihren Bedarf an Haushaltstätigkeiten zu decken, ist nicht der fiktive Nettolohn einer den Umständen nach erforderlichen Haushaltskraft zu ersetzen, sondern lediglich eine angemessene Entschädigung für deren Dienste geschuldet.[260] Gibt der aushelfende Verwandte allerdings seinen Beruf auf, um die Haushaltstätigkeit übernehmen zu können, soll sich die angemessene Entschädigung an der Höhe des durch die frühere Erwerbstätigkeit erzielten Nettolohns orientieren.[261]

66 Die zuletzt genannten Differenzierungen beim **Einspringen von Verwandten** sind in der Literatur zu Recht auf Kritik gestoßen,[262] denn es ist widersprüchlich, den Schädiger zu entlasten, wenn Verwandte ihre eigene Arbeitskraft für die Familie aufopfern, überobligationsmäßige Anstrengungen der Hinterbliebenen im Rahmen der fiktiven Schadensberechnung aber auszugleichen. Ist ein Unterhaltsschaden entstanden, sollten in allen Fällen die Kosten einer fiktiven Ersatzkraft erstattet werden. Andererseits ist dem BGH zu folgen, wenn er den hypothetischen Bruttolohn der fiktiven Haushaltshilfe um 30 Prozent kürzt,[263] denn andernfalls wird der Schaden überkompensiert. Der Abschlag ist das gebotene Instrument, um einerseits dem Geschädigten einen Anreiz zu vermitteln, den Schaden auf möglichst kostengünstige Art zu beheben, ihm andererseits aber den Ertrag dieser Bemühungen nicht in vollem Umfang zu belassen.[264]

67 c) **Doppelverdienerehe.** Die Berechnung des Unterhaltsschadens in der Doppelverdienerehe unterscheidet sich nicht grundsätzlich von derjenigen bei Alleinverdienerehen. Selbstverständlich ist zu berücksichtigen, dass **beide Ehegatten** sowohl zum **Barunterhalt** als auch zum **Naturalunterhalt** durch Haushaltsführung verpflichtet waren.[265] Fällt einer der Ehegatten aus, sind also beide Posten auszugleichen, was es erfordert, die dargestellten Berechnungsverfahren bei Tötung des alleinigen Brotverdieners bzw. des den Haushalt führenden Gatten in Bezug auf ein und dieselbe Person miteinander zu kombinieren.

68 Was die **Barunterhaltskomponente** anbelangt, so ist diese grundsätzlich genauso zu berechnen wie in der Alleinverdienerehe. Eine unterhaltsrelevante Erwerbstätigkeit ist auch die unentgeltliche Mitarbeit im Betrieb des anderen Ehegatten (RdNr. 62).[266] In diesem Fall ist als Einkommen der Beitrag zugrunde zu legen, den der Getötete zum Betriebsgewinn beigesteuert hat.[267] Zur Einkommensermittlung bei Verletzung von Gesellschaftern eines körperschaftlich verfassten Unternehmensträgers vgl. §§ 842, 843 RdNr. 45 f. Die fixen Kosten der Haushaltsführung sind anteilig auf die beiden berufstätigen Ehegatten zu verteilen,[268] wobei es auf das Verhältnis ihrer beiden Nettoeinkommen zueinander ankommt (vgl. zur Berechnung des Nettoeinkommens RdNr. 50). Kann der Hinterbliebene wegen eines gemäß § 846 anzurechnenden Mitverschuldens des Getöteten nur teilweisen Schadensersatz verlangen, steht ihm auch in der Doppelverdienerehe ein Quotenvorrecht zur Seite (RdNr. 60).[269] Damit führt der ersparte Unterhalt nur dann zu einer Anspruchskürzung, wenn dieser seinem Betrag nach den Mitverschuldensanteil des Ersatzberechtigten übersteigt.[270]

---

[259] BGHZ 86, 372, 378 = NJW 1983, 1425, 1427 = LM Abs. 2 Nr. 63; BGH NJW 1984, 977, 979 = LM Abs. 2 Nr. 68.
[260] BGH NJW 1971, 1983, 1985 f.; 1982, 2864, 2865; 1982, 2866, 2867 = LM Abs. 2 Nr. 62; VersR 1986, 264, 266 = NJW 1986, 715, 717 m. Anm. *Eckelmann/Nehls* = LM Abs. 2 Nr. 73; *Wussow/Dressler* Kap. 47 RdNr. 17.
[261] BGH VersR 1986, 264, 266 = NJW 1986, 715, 717 m. Anm. *Eckelmann/Nehls* = LM Abs. 2 Nr. 73.
[262] 3. Aufl. RdNr. 47; *Staudinger/Röthel* RdNr. 144.
[263] Dagegen RGRK/*Boujong* RdNr. 61; 3. Aufl. RdNr. 47.
[264] Eingehend zu diesem Mechanismus *Wagner* NJW 2002, 2049, 2057 f.; *ders.*, Das neue Schadensersatzrecht, RdNr. 48; im Ergebnis wie hier *Staudinger/Röthel* RdNr. 141.
[265] BGH NJW 1983, 2315 f.; NZV 1994, 475, 476; *Wussow/Dressler* Kap. 48 RdNr. 2.
[266] BGHZ 77, 157, 160 ff. = NJW 1980, 2196 f.; BGH VersR 1984, 79, 81.
[267] BGH NJW 1984, 979 = VersR 1984, 353; *Wussow/Dressler* Kap. 48 RdNr. 6.
[268] BGH VersR 1984, 79, 81 = LM Abs. 2 Nr. 67; NJW 1984, 979, 980 = VersR 1984, 353; NJW 1985, 49, 51 = LM Abs. 2 Nr. 70.
[269] BGH NZV 1994, 475, 476.
[270] BGH NJW 1983, 2315, 2316; NJW-RR 1986, 1400, 1402.

Der Ausgleich des nicht mehr erbrachten **Naturalunterhalts** erfordert zunächst die 69
Bestimmung der Anteile der Ehegatten an der Haushaltsführung. Maßgebend ist insoweit
die familieninterne Arbeitsteilung, wie sie von den Ehegatten im Rahmen des § 1356 Abs. 1
S. 1 vereinbart und praktiziert worden ist (RdNr. 33).[271] Die beiderseitigen Anteile dürfen
nicht einfach gegeneinander verrechnet werden, da sonst Rationalisierungseffekte bei der
Führung eines gemeinsamen Hausstands unberücksichtigt blieben. Selbst in einer kinderlosen Ehe, bei in etwa gleichem Einkommen der Ehegatten und paritätischer Aufteilung der
Haushaltsführung entgeht dem überlebenden Teil Naturalunterhalt, für den er im Rahmen
des § 844 Abs. 2 Ersatz verlangen kann.[272] Für dessen Berechnung sind die oben dargestellten Grundsätze maßgeblich (RdNr. 62 ff.).

d) **Unterhaltsschaden des Kindes.** Im Gegensatz zum Schadensersatzanspruch des 70
überlebenden Ehegatten (RdNr. 33) setzt derjenige des Kindes gemäß § 1602 die Feststellung seiner **Bedürftigkeit** voraus.[273] Eigene Einkünfte des Kindes verringern deshalb
ohne weiteres seinen Unterhaltsanspruch und damit auch den Ersatzanspruch nach § 844
Abs. 2, und mangelnde Einkünfte des hypothetisch weiterlebenden Elternteils schließen
gemäß § 1603 den Ersatzanspruch aus. Die in die Zukunft fortgeschriebene Leistungsfähigkeit des Getöteten bestimmt neben den familiären Lebensverhältnissen gemäß §§ 1603, 1610
auch das Maß des geschuldeten Unterhalts, wobei eine Sättigungsgrenze zu beachten ist, so
dass die hinterbliebenen Kinder gut verdienender Eltern keine Mittel für ein Leben in Saus
und Braus beanspruchen können (eingehend § 1610 RdNr. 148 ff.).[274] Auf der anderen
Seite ist der wirtschaftliche Rationalisierungseffekt gemeinsamer familiärer Haushaltsführung
auch für den Kindesunterhalt zu berücksichtigen, so dass sich der Schädiger nicht auf den
dem Getöteten nach Unterhaltsrecht hypothetisch zustehenden Selbstbehalt berufen kann,
sondern die ausgefallenen Unterhaltsleistungen ggf. in weitergehendem Umfang auszugleichen hat (RdNr. 49, 52).[275]

Wird der **barunterhaltspflichtige Elternteil** getötet, kommt es wiederum auf das 71
hypothetische bereinigte Nettoeinkommen an, von dem die Fixkosten des Haushalts abzusetzen sind, um sie dem auf das Kind entfallenden Anteil anschließend wieder hinzuzurechnen (vgl. RdNr. 50 ff.). Arbeitet ein Ehegatte im Erwerbsgeschäft des anderen Ehegatten
mit, sind die hierdurch erwirtschafteten Erträge als sein Beitrag zum Kindesunterhalt zu
qualifizieren, deren Ausfall schadensrechtlich zu kompensieren ist.[276] Findet der **naturalunterhaltspflichtige Ehegatte** den Tod, der seine Unterhaltspflichten gegenüber den
Kindern auf der Grundlage des § 1606 Abs. 3 S. 2 durch Erziehung und Pflege erbracht hat,
ist der Wert der Haushaltsführung nach den allgemeinen Grundsätzen zu berechnen (vgl.
RdNr. 62), und zwar für den überlebenden Ehegatten und für jedes einzelne Kind gesondert
(vgl. RdNr. 45).[277] Wird der Wegfall des Naturalunterhalts durch überobligatorische Leistungen des überlebenden Elternteils ausgeglichen, lässt dies den Unterhaltsschaden des
Kindes unberührt.[278] Eine Waisenrente ist wegen § 843 Abs. 4 nicht im Wege der Vorteilsausgleichung schadensmindernd zu berücksichtigen, vielmehr geht der Unterhaltsschaden in
Höhe des gezahlten Betrags auf den Sozialversicherungsträger über.[279]

Die **Dauer der geschuldeten Unterhaltsersatzleistungen** hängt entscheidend davon 72
ab, welche Art der Schul- und Berufsausbildung das Kind anstrebt. Ist damit zu rechnen, dass

---

[271] BGHZ 104, 113, 119 f. = NJW 1988, 1783, 1784 = LM Abs. 2 Nr. 81.
[272] BGHZ 104, 113, 116 f. = NJW 1988, 1783 = LM Abs. 2 Nr. 81; anders noch BGH NJW 1985, 49, 51
= LM Abs. 2 Nr. 70.
[273] BGH VersR 1960, 801, 802; NJW 1972, 1716, 1719 = LM Abs. 2 Nr. 46; VersR 1973, 939, 941;
Wussow/Dressler Kap. 49 RdNr. 3.
[274] BGH NJW-RR 1988, 66, 68 = VersR 1987, 1243, 1245.
[275] *Wussow/Dressler* Kap. 49 RdNr. 6, vgl. auch Fn. 178.
[276] BGH VersR 1963, 635, 636.
[277] BGH NJW 1972, 1130 = LM Abs. 2 Nr. 44.
[278] BGH NJW 1971, 1983, 1985.
[279] BGHZ 54, 377, 380 f. = NJW 1971, 286, 287; BGH NJW 1972, 1716, 1719 = LM Abs. 2 Nr. 46;
VersR 1973, 939, 941.

das Kind eine Lehre machen wird, ist die Schadensersatzrente bis zur Vollendung des achtzehnten Lebensjahrs zu befristen (vgl. RdNr. 38, 44, 86).[280] Hatte das Kind bereits eine weitergehende Ausbildung begonnen, etwa ein Hochschulstudium aufgenommen, hat es der Schädiger weiter zu finanzieren.[281] Ist dies nicht der Fall, sollte es zunächst bei der Befristung auf den achtzehnten Geburtstag verbleiben; weitergehende Ansprüche können im Wege eines Feststellungsausspruchs fixiert werden (vgl. RdNr. 44, 86).

73 Fallen **beide Eltern** einem Unfall zum Opfer, ist die Berechnung des Unterhaltsschadens getrennt für jeden Elternteil und nach Bar- und Naturalunterhalt differenziert durchzuführen, wobei bei Doppelverdienern für jeden Ehegatten sowohl eine Bar- als auch eine Naturalunterhaltskomponente anzusetzen ist.[282] Diese ganz auf den Einzelfall fixierte Berechnungsmethode ist hoch komplex, weil sie die gesonderte Berechnung der von den Eltern erzielten Einkommen, jeweils unter Abzug und anteiliger Hinzurechnung der Fixkosten, sowie die Bewertung des Naturalunterhalts erfordert.[283] Werden die Kinder in einem Heim oder einer Pflegefamilie untergebracht, sind die dafür anfallenden Kosten im Rahmen der Angemessenheit zu erstatten.[284] Wird das Kindergeld nicht an die Pflegeperson ausgezahlt, ist es zusätzlich auszugleichen.[285] Springen Verwandte ein und übernehmen unentgeltlich die Versorgung der Kinder, wie dies Großeltern nicht selten tun, orientiert sich der BGH nicht an den Pflegesätzen, die einem Heim oder einer Pflegefamilie gezahlt würden, sondern ermittelt den Wert der entgangenen Betreuungsleistungen.[286] Dafür sollte es allerdings allein auf den Nettolohn einer fiktiven Ersatzkraft, nicht aber auf den von dem Verwandten erlittenen Verdienstausfall ankommen (vgl. RdNr. 66).[287]

74 **5. Vorteilsausgleichung. a) Grundlagen.** Da § 844 Abs. 2 einen Schadensersatzanspruch gewährt, sind die Grundsätze über die Vorteilsausgleichung anwendbar (vgl. §§ 842, 843 RdNr. 79 ff.).[288] Andererseits stellt § 844 Abs. 2 S. 1 aE durch den Verweis auf § 843 Abs. 4 klar, dass die Geltendmachung eines Unterhaltsschadens nicht allein deshalb ausgeschlossen ist, weil **ein anderer Unterstützung zu gewähren hat.** Diese Vorschrift ist von der Rechtsprechung zum Erwerbsschadensersatz gemäß §§ 842, 843 zu einem Prinzip verallgemeinert worden, das von der Vorteilsausgleichung in diesem Bereich kaum etwas übrig lässt (vgl. §§ 842, 843 RdNr. 83 ff.). Die Problematik der Vorteilsausgleichung speziell bei § 844 Abs. 2 beruht auf dem Umstand, dass sich durch den Tod des primär Verletzten unter Umständen die von den verbleibenden Familienmitgliedern zu tragenden Lasten verringern bzw. ihnen Vermögen zufließt, das ihnen ohne das Schadensereignis nicht bzw. nicht zu diesem Zeitpunkt zugeflossen wäre. Damit sind bereits die relevanten Fallgruppen bezeichnet, in denen über die Anrechnung erzielter Vorteile bzw. eingesparter Belastungen zu entscheiden ist.

75 Nach der Rechtsprechung sind nur solche Vorteile anzurechnen, die ebenfalls **durch das Schadensereignis ausgelöst** worden sind.[289] Zuwendungen, die dem Geschädigten auch

---

[280] BGH VersR 1986, 264, 265 = NJW 1986, 715, 716 m. Anm. *Eckelmann/Nehls* = LM Abs. 2 Nr. 73; *Wussow/Dressler* Kap. 49 RdNr. 21.
[281] BGH VersR 1966, 40, 42; 1966, 588 f.; 1969, 350, 351 f.; *Staudinger/Röthel* RdNr. 194; *Wussow/Dressler* Kap. 49 RdNr. 21 f.
[282] *Wussow/Dressler* Kap. 49 RdNr. 12.
[283] BGH VersR 1986, 264, 265 f. = NJW 1986, 715, 716 f. m. krit. Anm. *Eckelmann/Nehls* = LM Abs. 2 Nr. 73; trotzdem ist die Orientierung an den niedrigsten Sätzen der Düsseldorfer Tabelle abl. OLG Düsseldorf NJW-RR 1999, 1478 f.
[284] OLG Düsseldorf VersR 1985, 698, 699; *Wussow/Dressler* Kap. 49 RdNr. 15.
[285] BGH NJW 1961, 1573, 1574 f.; OLG Celle VersR 1980, 583, 584.
[286] Vgl. BGHZ 86, 372, 377 f. = NJW 1983, 1425, 1426 = LM Abs. 2 Nr. 63; BGH NJW 1982, 2864, 2865.
[287] In diese Richtung aber BGH VersR 1986, 264, 265 f. = NJW 1986, 715, 717 m. Anm. *Eckelmann/Nehls* = LM Abs. 2 Nr. 73; OLG Düsseldorf NJW-RR 1999, 1478, 1479.
[288] RGZ 74, 274, 275; 151, 101, 103; BGHZ 8, 325, 328 f. = NJW 1953, 618, 619; BGH NJW 1952, 377 = LM Abs. 2 Nr. 2; 1974, 1373 = LM Abs. 2 Nr. 52.
[289] BGHZ 8, 325, 328 f. = NJW 1953, 618, 619; 73, 109 (insoweit nicht abgedruckt) = NJW 1979, 760 = LM Abs. 2 Nr. 55; *Geigel/Pardey* Kap. 9 RdNr. 2.

ohne den Tod des Unterhaltsverpflichteten zugeflossen wären, sind zur Reduzierung des Schadensersatzanspruchs jedenfalls ungeeignet. Ist die Kausalität hingegen zu bejahen, ist dies allein noch kein Grund für eine Anrechnung, sondern es bedarf einer **wertenden Entscheidung**, die an den Zwecken des Haftungs- und Schadenseratzrechts zu orientieren ist.[290] Als Eckpunkte des normativen Rahmens können insoweit die Prärogativen gelten, dass eine Bereicherung des Geschädigten durch das Schadensereignis ebenso zu vermeiden ist wie die Belastung Dritter, die aus anderen als haftungsrechtlichen Gründen verpflichtet sind, die vom Geschädigten erlittene Einbuße auszugleichen.

b) Versicherungsleistungen, Sozialhilfe, Regress der Sozialleistungsträger. Mit Blick auf die Regressnormen der §§ 86 VVG, 116 SGB X, 87a BBG liegt auf der Hand, dass die Kompensationsleistungen **privater Versicherungen und öffentlicher Sozialversicherungsträger** sowie Dienstherrn nicht anzurechnen sind.[291] Insbesondere Witwen-, Waisen- und Hinterbliebenenrenten lassen den Ersatzanspruch unberührt. Dasselbe gilt mit Blick auf den Grundsatz des Nachrangs (§ 2 SGB XII) und wegen des Übergangs von Ansprüchen gegen Dritte gemäß § 116 SGB X auch für Leistungen der **Sozialhilfe** (vgl. §§ 842, 843 RdNr. 83).[292] sowie der Bundesagentur für Arbeit im Rahmen der **Grundsicherung für Arbeitsuchende** (§§ 1ff. 33 Abs. 5 SGB II).[293] In allen diesen Fällen wird der Hinterbliebene allerdings nicht zweimal entschädigt, dh. der Schadensersatz wird nicht mit den Versicherungs- und Hilfeleistungen kumuliert, sondern der Versicherungs- oder Sozialhilfeträger kann auf der Grundlage des übergegangenen oder übergeleiteten Ersatzanspruchs des Geschädigten wegen seiner kongruenten Leistungen beim Schädiger Regress nehmen.[294] Bei der Sozialhilfe schließt der Ausschluss der Legalzession gemäß § 94 Abs. 1 S. 3 SGB XII die Geltendmachung eines Unterhaltsschadens durch den Angehörigen selbst nicht aus.[295] Ist für das Schadensereignis, das den Unterhaltsbedarf oder die vermehrten Bedürfnisse ausgelöst hat, ein Familienangehöriger verantwortlich, steht dem Regress der Sozialversicherungs- und Sozialhilfeträgers das **Angehörigenprivileg** des § 116 Abs. 6 SGB X entgegen.[296] Wegen des Grundsatzes des Nachrangs der Sozialhilfe spaltet der BGH jedoch den Direktanspruch des Unfallopfers gegen den Haftpflichtversicherer des Unfallverursachers aus § 3 Nr. 1 PflVersG ab und entzieht ihn auf diese Weise dem Anwendungsbereich des § 116 Abs. 6 SGB X, so dass der Sozial*hilfe*träger vom Haftpflichtversicherer Kostenerstattung verlangen kann.[297] Auf Sozial*versicherungs*träger hat der BGH diese Rechtsprechung nicht ausgedehnt, so dass insoweit der Rückgriff gegen den Haftpflichtversicherer an § 116 Abs. 6 SGB X scheitert.[298] Da jedoch auch § 843 Abs. 4 anwendbar bleibt, werden die Sozialversicherungs- mit den Schadensersatzleistungen des Haftpflichtversicherer kumuliert und der Geschädigte somit doppelt entschädigt.[299] Um dieses wenig überzeugende Resultat zu vermeiden, wäre es vorzugswürdig gewesen, den Anwendungsbereich des § 116 Abs. 6 SGB X im Wege der teleologischen Reduktion auf diejenigen Fälle zu beschränken, in denen der regresspflichtige Angehörige keinen Haftpflichtversicherungsschutz genießt. Schließlich dient das Angehörigenprivileg allein dem Schutz der Familie, nicht aber der Entlastung der Haftpflichtversicherung und erst recht

---

[290] Ähnlich BGHZ 10, 107, 108 = NJW 1953, 1346; BGHZ 54, 269, 272 ff. = NJW 1970, 2061, 2063; BGHZ 91, 206, 210 = NJW 1984, 2457, 2458 = LM § 633 Nr. 81; BGH NJW 1970, 1127, 1128 f.; 1978, 536, 537; VersR 1979, 323, 324; *Staudinger/Röthel* RdNr. 200; *Wussow/Dressler* Kap. 46 RdNr. 21, Kap. 47 RdNr. 20.
[291] BGHZ 54, 377, 379 ff. = NJW 1971, 286, 287; BGH VersR 1973, 939, 941; OLG Köln NJW-RR 2001, 1285, 1286; *Geigel/Pardey* Kap. 9 RdNr. 1, 41.
[292] BGHZ 115, 228, 230 ff. = NJW 1992, 115, 116 = LM Abs. 2 Nr. 90; *Geigel/Pardey* Kap. 9 RdNr. 41.
[293] *Waltermann*, Sozialrecht, 7. Aufl. 2008, RdNr. 453 a: „subsidiäre Basissicherung".
[294] BGHZ 54, 377, 379 ff. = NJW 1971, 286, 287; BGH NJW-RR 1989, 608 f. = LM Abs. 2 Nr. 86.
[295] BGHZ 115, 228, 230 f. = NJW 1992, 115, 116 = LM Abs. 2 Nr. 90.
[296] Zu den Einzelheiten *Geigel/Plagemann* Kap. 30 RdNr. 77 ff.
[297] BGHZ 133, 192, 195 ff. = VersR 1996, 1258, 1259.
[298] BGHZ 146, 108, 111 f. = VersR 2001, 215 f.
[299] BGHZ 146, 108, 113 = VersR 2001, 215, 216.

§ 844 77–79 Abschnitt 8. Titel 27. Unerlaubte Handlungen

nicht der Doppelkompensation des Geschädigten durch Kumulierung kongruenter Ersatzleistungen.[300]

77 Die Erträge einer **Lebensversicherung** sind nicht schadensmindernd zu berücksichtigen und zwar gleichgültig, ob sie aus einer Kapital- oder einer Risikolebensversicherung stammen.[301] Da es sich um Leistungen einer Summenversicherung handelt, geht der Schadensersatzanspruch der Hinterbliebenen auch nicht gemäß § 86 VVG auf den Versicherer über, sondern Versicherungs- und Ersatzleistung sind zu kumulieren (vgl. §§ 842, 843 RdNr. 86).

78 **c) Wegfall eigener Unterhaltsverpflichtungen.** Beim Tod eines Ehegatten muss sich der überlebende Partner die Ersparnis, die sich durch den Wegfall der eigenen Unterhaltsverpflichtung gegenüber dem Getöteten ergibt, auf seinen Ersatzanspruch anrechnen lassen.[302] Die Berechnung der Unterhaltsersparnis erfolgt **spiegelbildlich zur Kalkulation des Unterhaltsschadens.** Insbesondere ist auch im Rahmen der Vorteilsausgleichung zu berücksichtigen, dass die fixen Kosten der Haushaltsführung nicht geringer werden, wenn sich die Familie um eine Person reduziert (RdNr. 52). Bei Mitverschulden des Getöteten steht dem überlebenden Partner ein Quotenvorrecht zu, das ihm die Verrechnung des ersparten Unterhalts mit dem auf den Mitverschuldensanteil entfallenden Ersatzbetrag ermöglicht (vgl. RdNr. 60).[303] Hatte der Getötete überobligationsmäßige Leistungen erbracht, sei es, dass er zu hohen Unterhalt gezahlt hat, sei es, dass er sich im Haushalt über das geschuldete Maß hinaus engagiert hat, ist dies im Rahmen der Vorteilsausgleichung zugunsten des Hinterbliebenen zu berücksichtigen. Der Wert der entgangenen überobligatorischen Leistungen ist zu schätzen und von dem ersparten Unterhalt abzusetzen, so dass sich der vom Hinterbliebenen hinzunehmende Abzug von seinem Schadensersatzanspruch vermindert.[304]

79 **d) Erwerb von Todes wegen.** Ein typischer Vorteil, der sich im Zusammenhang mit Todesfällen ergibt, ist der vorzeitige Anfall einer Erbschaft. Da der Nachlass als solcher dem Erben früher oder später ohnehin zugewachsen wäre, besteht der durch die Tötung erlangte Vorteil nicht im Wert der Erbschaft, sondern allein darin, dass der Erbe das Vermögen zu einem früheren Zeitpunkt erhält. Daraus folgt: Schadensmindernd zu berücksichtigen ist **nicht der Vermögensstamm, sondern allein seine Erträge,**[305] also Zinsen und Dividenden, Mieteinnahmen, Geschäftsgewinne und ähnliche laufende Einnahmen. Von dieser Grundregel sind zwei Ausnahmen zu machen: Eine Anrechnung selbst der Erträge scheidet aus, soweit sie nicht für den Familienunterhalt verbraucht, sondern zur weiteren Vermögensbildung eingesetzt worden wären.[306] Umgekehrt ist der Vermögensstamm ausnahmsweise doch schadensmindernd zu berücksichtigen, soweit aus ihm die zukünftigen Unterhaltsleistungen bestritten worden wären, das Erbschaftsvermögen sich also als die eigentliche Quelle der Unterhaltszahlungen darstellt.[307] Die zuletzt genannte Einschränkung dürfte an Bedeutung erheblich zunehmen, nachdem ein Großteil der Bevölkerung nicht mehr auf die öffentliche Altersvorsorge vertrauen kann, sondern Vermögensbildung zur Alterssicherung betreiben muss.

---

[300] Krit. auch *Halfmeier/Schnitzler* VersR 2002, 11.
[301] RGZ 91, 398, 399 ff.; BGHZ 73, 109, 110 ff. = NJW 1979, 760, 761 = LM Abs. 2 Nr. 55; BGHZ 115, 228, 233 = NJW 1992, 115, 116 = LM Abs. 2 Nr. 90; *Geigel/Pardey* Kap. 9 RdNr. 47; aA noch BGHZ 39, 249, 251 ff. = NJW 1963, 1604, 1605.
[302] BGHZ 56, 389, 393 = NJW 1971, 2066, 2068; BGH NJW 1979, 1501, 1503 = LM Abs. 2 Nr. 56; NJW-RR 1990, 706 = LM Abs. 2 Nr. 88; NZV 1994, 475, 476; *Wussow/Dressler* Kap. 47 RdNr. 19.
[303] BGH NZV 1994, 475, 476; *Wussow/Dressler* Kap. 47 RdNr. 21.
[304] BGH NJW 1979, 1501, 1503 = LM Abs. 2 Nr. 56; NJW 1984, 977, 978 = LM Abs. 2 Nr. 68.
[305] BGHZ 8, 325, 329 f.; BGH NJW 1953, 618, 619; BGHZ 58, 14, 16 = NJW 1972, 574; BGHZ 62, 126, 127 = NJW 1974, 745 = LM Abs. 2 Nr. 48; BGHZ 115, 228, 233 = NJW 1992, 115, 116 = LM Abs. 2 Nr. 90; BGH VersR 1969, 713, 714; 1974, 700, 702; 1976, 641, 642; *Wussow/Dressler* Kap. 46 RdNr. 23; *Staudinger/Röthel* RdNr. 207; im Ergebnis auch *Thüsing*, Wertende Schadensberechnung, S. 394, 477 f.; gegen jede Anrechnung noch RGZ 64, 350, 355.
[306] BGH VersR 1974, 700, 702; BGHZ 73, 109, 112 f. = NJW 1979, 760, 761 = LM Abs. 2 Nr. 55.
[307] BGH VersR 1974, 700, 702.

Erbt der Geschädigte einen Geschäftsbetrieb, kann ein Unterhaltsschaden nicht 80 liquidiert werden, wenn der Einnahmestrom in unveränderter Höhe weiterfließt.[308] Gewinne aus einem ererbten Unternehmen sind indessen nicht zu berücksichtigen, soweit diese sich nicht als Vermögenserträge darstellen, sondern auf einem gemäß § 254 Abs. 2 überobligatorischen Einsatz des Geschädigten beruhen, wenn etwa der überlebende Ehegatte zusätzlich zur Haushaltsführung und zur Versorgung minderjähriger Kinder auch noch die Geschäftsführung in dem Familienbetrieb übernimmt.[309] Die Kinder des Getöteten müssen sich das Verhalten ihrer Mutter dabei gemäß §§ 254 Abs. 2 S. 2, 278 zurechnen lassen.[310] Gegen die Anrechnung kann sich der Geschädigte nicht mit dem Vorbringen verteidigen, ohne den vorzeitigen Tod des Erblassers wäre der Unternehmenswert in Zukunft noch gesteigert worden und schließlich eine höherwertige Erbschaft angefallen.[311] Die Enttäuschung einer solchen Erwartung kann auch nicht als gesonderter Schadensposten geltend gemacht werden.

Soweit nach diesen Grundsätzen eine Anrechnung der Erbschaft zu erfolgen hat, gilt dies 81 für entgangenen **Barunterhalt** genauso wie für den Ausfall des **Naturalunterhalts**.[312] Bei Tötung des haushaltsführenden Gatten sind somit dem überlebenden Teil die Erträge des geerbten Vermögens anzurechnen. Trifft den Ersatzberechtigten, der sich Erbschaftsvermögen anrechnen lassen muss, ein Mitverschulden am Tod des unmittelbar Verletzten, so ist vom Unterhaltsschaden zunächst das anzurechnende Vermögen abzuziehen und erst der verbleibende Restbetrag um die Mitverschuldensquote zu mindern.[313] Hinterlässt der Getötete minderjährige Kinder, ist zu berücksichtigen, dass diese nur unter der Voraussetzung ihrer Bedürftigkeit einen Unterhaltsanspruch gegen den Erblasser gehabt hätten (vgl. RdNr. 70), so dass der Anfall einer Erbschaft den Anspruch aus § 844 Abs. 2 auch dann vermindern oder ganz vernichten kann, wenn eine Vorteilsanrechnung nach den eben dargestellten Grundsätzen nicht in Betracht kommt.[314]

e) **Unterhaltsansprüche gegen neue Lebenspartner.** Der Unterhaltsanspruch, den 82 der Ersatzberechtigte nach **Wiederverheiratung** gemäß §§ 1360 f. gegen seinen neuen Lebenspartner erwirbt, ist mit dem Schadensersatzanspruch nach § 844 Abs. 2 zu verrechnen.[315] Entsprechen die Einkommensverhältnisse des zweiten Ehegatten denjenigen des Getöteten, wird der Anspruch gegen den Schädiger somit vollständig zur Ruhe kommen. Der Schuldner kann die Wiederverheiratung des Geschädigten im Wege der Abänderungsklage gemäß § 323 ZPO geltend machen (vgl. RdNr. 89; §§ 842, 843 RdNr. 95 f.). Wird die neue Ehe ihrerseits aufgelöst, leben die ursprünglichen Schadensersatzansprüche gegen den Schädiger in voller Höhe und mit neuer Verjährungsfrist wieder auf.[316] Das Zusammenleben des Geschädigten in einer nichtehelichen Lebensgemeinschaft lässt seinen Unterhaltsschaden hingegen unberührt.[317] Allerdings kann die unentgeltliche Versorgung des neuen Partners einen Verstoß gegen die Schadensminderungspflicht bzw. die Erwerbsobliegenheit des Geschädigten darstellen und somit nach § 254 Abs. 2 S. 1 zur Herabsetzung des Ersatzanspruchs führen. Diese Ungleichbehandlung der Ehe und der nichtehelichen Lebens-

---

[308] RGZ 64, 350, 355 f.; 69, 292, 294; 148, 154, 164; BGHZ 58, 14, 16 = NJW 1972, 574; BGH VersR 1966, 338, 339; NJW 1969, 2008; *Wussow/Dressler* Kap. 46 RdNr. 24.
[309] BGHZ 58, 14, 17 f. = NJW 1972, 574 f.; BGH VersR 1957, 783, 784; 1963, 635, 636; *Wussow/Dressler* Kap. 46 RdNr. 24.
[310] BGHZ 58, 14, 18 f. = NJW 1972, 574, 575.
[311] BGH NJW 1961, 119, 120 = LM Abs. 2 Nr. 22.
[312] BGHZ 62, 126, 130 = NJW 1974, 745, 746 = LM Abs. 2 Nr. 48.
[313] BGH VersR 1965, 376, 377 f.; 1968, 770.
[314] BGHZ 62, 126, 129 f. = NJW 1974, 745, 746 = LM Abs. 2 Nr. 48.
[315] RG JW 1905, 143, 144; BGH NJW 1970, 1127, 1128 f.; 1979, 268 f. = LM § 852 Nr. 65; *Greger* § 28 RdNr. 163; *Wussow/Dressler* Kap. 46 RdNr. 30.
[316] RG DR 1940, 163; BGHZ 26, 282, 293 f. = NJW 1958, 548 (insoweit nicht abgedruckt); BGH NJW 1979, 268, 269 = LM § 852 Nr. 65.
[317] BGHZ 91, 357, 364 = NJW 1984, 2520, 2522 = LM Abs. 2 Nr. 71; *Wussow/Dressler* Kap. 46 RdNr. 19, 31; krit. *Lange* JZ 1985, 90; *Dunz* VersR 1985, 509 ff.; *Röthel* NZV 2001, 329, 331; *Greger* § 28 RdNr. 167.

§ 844 83–85 Abschnitt 8. Titel 27. Unerlaubte Handlungen

gemeinschaft im Rahmen der Vorteilsausgleichung mag befremden, doch sie ist die konsequente Fortsetzung der Ungleichbehandlung der beiden Lebensformen im Rahmen der Schadensberechnung (vgl. RdNr. 26 ff.). Wenn die Tötung des Partners einer nichtehelichen Lebensgemeinschaft für den anderen Teil keine Ansprüche auf Ersatz des Unterhaltsschadens gemäß § 844 Abs. 2 auslöst, weil insoweit gesetzliche Unterhaltsansprüche nicht existieren, dann wäre es ungereimt, im Rahmen der Vorteilsausgleichung so zu tun, als bestünden solche Ansprüche doch, um den Ersatzanspruch des Hinterbliebenen entsprechend zu kürzen.

83 **6. Gesetzlicher Anspruchsübergang.** Soweit **private Versicherungen, Sozialversicherungsträger oder Dienstherrn** im Rahmen der Beamtenversorgung Leistungen erbringen, die dem Ausgleich des durch den Tod verursachten Unterhaltsschadens dienen und in diesem Sinne kongruent sind, geht der Ersatzanspruch des Hinterbliebenen gemäß §§ 86 VVG, 116 SGB X, 87 a BBG im Wege der Legalzession auf sie über. Gleiches gilt für Leistungen der Sozialhilfe (zur Versagung der Vorteilsausgleichung vgl. RdNr. 74). Sachliche Kongruenz zwischen den Versicherungs-, Versorgungs- oder Sozialhilfeleistungen und dem Unterhaltsschaden kommt sowohl in Bezug auf den entgangenen Bar- als auch in Bezug auf den verlorenen Naturalunterhalt in Betracht.[318] Bei Renten- und Pensionszahlungen setzt der Anspruchsübergang weiter zeitliche Kongruenz voraus, also die Kompensation des Unterhaltsschadens gerade für denjenigen Zeitraum, für den der Schädiger aufzukommen hat.[319] Für die Zukunft kann der Sozialversicherungsträger den übergegangenen Anspruch so lange geltend machen, als er an die Hinterbliebenen Versorgungsleistungen erbringt.[320] Führt ein Rentenversicherungsträger Beiträge an die gesetzliche Krankenversicherung ab, kann er deswegen beim Schädiger Regress nehmen;[321] wird ein Beamter getötet, kann der Dienstherr auch wegen der Kosten der Krankenbehandlung, die er den nunmehr selbst beihilfeberechtigten Hinterbliebenen erstattet hat, Rückgriff nehmen.[322]

84 Der Anspruch geht **bereits mit dem schädigenden Ereignis** und damit vor dem Tod des unmittelbar Verletzten auf den Sozialversicherungsträger über, soweit mit dem Eintritt eines Unterhaltsschadens zu diesem Zeitpunkt ernsthaft zu rechnen ist (vgl. RdNr. 29).[323] Sind Schädiger und Ersatzberechtigter Familienangehörige und leben sie zusammen in häuslicher Gemeinschaft, findet ein Forderungsübergang auf den Sozialversicherungsträger gemäß §§ 116 Abs. 6 S. 1 SGB X, 86 Abs. 3 VVG nicht statt, um das familiäre Zusammenleben nicht zu stören (vgl. §§ 842, 843 RdNr. 85 f.).[324] Das diesen Vorschriften zugrunde liegende Angehörigenprivileg ist für die übrigen Fälle des Regresses wegen kongruenter Leistungen an den Geschädigten zu verallgemeinern,[325] nicht aber im Rahmen des § 119 SGB X anzuwenden, weil sich sonst dessen Schutzzweck nicht realisieren ließe.[326]

85 Muss sich der Hinterbliebene ein **Mitverschulden des Getöteten** gemäß § 846 auf seinen Ersatzanspruch anrechnen lassen, billigt ihm die Rechtsprechung im Rahmen der Vorteilsausgleichung ein Quotenvorrecht zu, so dass die ersparten eigenen Unterhaltsaufwendungen nur anzurechnen sind, soweit sie den der Mitverantwortungsquote entsprechenden Anteil am Gesamtschaden übersteigen (RdNr. 60). Dieses Privileg sollte einem Sozialversicherungsträger, der den Unterhaltsschaden durch kongruente Leistungen ausgleicht, nicht zugute kommen, weil § 116 Abs. 3 SGB X der sog. relativen Theorie folgt, also das

---

[318] BGH NJW 1966, 1319, 1320; 1982, 1045 f.
[319] BGH VersR 1973, 436 f.; NJW 1997, 2175, 2176.
[320] BGHZ 9, 179, 193 = VersR 1953, 229, 231 f.
[321] BGH VersR 1986, 264, 267 = NJW 1986, 715, 717 m. Anm. *Eckelmann/Nehls* = LM Abs. 2 Nr. 73.
[322] BGH VersR 1986, 463, 464 f.; 1989, 486, 487 = NJW-RR 1989, 608, 609 = LM Abs. 2 Nr. 86; *Wussow/Dressler* Kap. 46 RdNr. 15.
[323] BGHZ 132, 39, 42 ff. = NJW 1996, 1674 f.; BGHZ 127, 120, 127 = NJW 1994, 3097, 3099.
[324] BGHZ 102, 257, 259 ff. = NJW 1988, 1091, 1092; BGHZ 106, 284, 288 = NJW 1989, 1217, 1218 = LM § 842 Nr. 36; vgl. zum Ganzen *Röthel* NZV 2001, 329, 331.
[325] BGHZ 41, 79, 82 f. = NJW 1964, 860 f.; BGHZ 43, 72, 77 ff. = NJW 1965, 907, 908.
[326] BGHZ 106, 284, 289 ff. = NJW 1989, 1217, 1218 = LM § 842 Nr. 36.

Ersatzansprüche Dritter bei Tötung   86–88 § 844

Mitverschulden des Geschädigten anteilig auch beim Regressanspruch berücksichtigt wissen will (vgl. RdNr. 59).³²⁷

7. Prozessuale Besonderheiten. a) Leistungsklage. Soweit der Ersatzberechtigte sei- 86 ne Ansprüche im Zeitpunkt der Klageerhebung bereits vollständig **beziffern** kann, hat er gegen den Schädiger eine Leistungsklage zu erheben (vgl. zum Folgenden auch §§ 842, 843 RdNr. 89 ff.).³²⁸ Sind die tatsächlichen Grundlagen für die Berechnung des Unterhaltsschadens unklar oder schwierige Rechtsfragen zu beantworten, bestehen auch keine Bedenken dagegen, wenn der Geschädigte bloß eine **Größenordnung** der geforderten Leistungen angibt und die genaue Bestimmung des Betrags in das Ermessen des Gerichts stellt (§ 287 ZPO) (vgl. §§ 842, 843 RdNr. 89).³²⁹ Ist ein Teil des Unterhaltsschadens bezifferbar, ein anderer jedoch nicht, können Leistungs- und Feststellungsklage kumuliert werden (§ 260 ZPO).³³⁰ So ist insbesondere bei Unterhaltsansprüchen minderjähriger Kinder zu verfahren, die ohne weitere Anhaltspunkte nur bis zur Vollendung des achtzehnten Lebensjahres auszuurteilen sind, obwohl im Fall einer weiterführenden Berufsausbildung die Unterhaltspflicht auch über diesen Zeitpunkt hinaus bestehen bleibt (vgl. RdNr. 38 mN in Fn. 154 f.; RdNr. 44, 72).³³¹

Die **Ansprüche mehrerer Hinterbliebener** sind rechtlich selbständig (vgl. 87 RdNr. 45).³³² Daher müssen sie bei gemeinsamer Klage den vom Getöteten hypothetisch zu leistenden Unterhalt nach Quoten unter sich aufteilen und jedem Geschädigten eine eigene Anspruchssumme zuordnen. Da das Gericht die auf den einzelnen Anspruchsteller entfallende Unterhaltsquote anders als von den Klägern beantragt festsetzen kann, es aber gleichzeitig an einer eigenmächtigen Erhöhung der Unterhaltsquote des Einzelnen durch § 308 ZPO gehindert ist, könnte sich die missliche Lage ergeben, dass den Klägern nicht der gesamte Unterhaltsschaden zugesprochen wird. Um dies zu vermeiden, wird es für zulässig erachtet, wenn die Kläger in ihrem Antrag zwar bestimmte Anteile angeben, sich aber gleichzeitig mit einer anderen Quotierung durch das erkennende Gericht einverstanden erklären.³³³

b) Feststellungsklage. Ist der Unterhaltsanspruch im Todeszeitpunkt noch gar nicht 88 entstanden, etwa weil es hic et nunc an der **Bedürftigkeit fehlt,** muss der Angehörige Feststellungsklage nach § 256 ZPO erheben.³³⁴ Ein Feststellungsinteresse ergibt sich dabei in der Regel schon aus der sonst drohenden Verjährung der Ersatzansprüche in der Frist der §§ 195, 199 Abs. 1.³³⁵ Vor dem Ableben des Verletzten ist es allerdings selbst dann zu verneinen, wenn der Tod unmittelbar bevorsteht.³³⁶ Im Übrigen reicht es aus, wenn der Eintritt einer Bedürfnislage auf Seiten des Hinterbliebenen sowie die dann hypothetisch bestehende Leistungsfähigkeit des Getöteten möglich erscheint, wobei an die Substantiierung keine allzu hohen Anforderungen zu stellen sind.³³⁷ Liegt das derzeitige Niveau einer Witwenrente über demjenigen des geschuldeten Unterhalts, ist das Feststellungsinteresse dennoch zu bejahen, da auf Grund von Inflation und wirtschaftlichen Veränderungen ein Absinken des Rentenniveaus nicht auszuschließen ist.³³⁸

---

³²⁷ Zum Problem mit Berechnungsbeispielen *Küppersbusch* RdNr. 339 a.
³²⁸ BGHZ 5, 314, 315 f. = NJW 1952, 740 f.
³²⁹ *Wussow/Dressler* Kap. 35 RdNr. 2.
³³⁰ BGH VersR 1955, 36, 38; NJW 1983, 2197 = LM Abs. 2 Nr. 65 (insoweit nicht in BGHZ 87, 121); vgl. *Wussow/Dressler* Kap. 35 RdNr. 3.
³³¹ Zum Parallelproblem bei §§ 842, 843 dort RdNr. 26.
³³² BGHZ 11, 181, 183 f. = NJW 1954, 716, 717; BGH VersR 1974, 700 f.; BGHZ 74, 393, 398 = NJW 1979, 2155, 2156.
³³³ BGH NJW 1972, 1716, 1717 = LM Abs. 2 Nr. 46; BGHZ 74, 393, 398 f. = NJW 1979, 2155, 2156; BGH NJW 1981, 2462 = LM § 253 ZPO Nr. 65; *Wussow/Dressler* Kap. 35 RdNr. 3.
³³⁴ Zu deren Zulässigkeit BGHZ 4, 133, 134 ff. = NJW 1952, 539; BGH MDR 1954, 160, 161 = LM Abs. 2 Nr. 9; NJW 1956, 1479 = LM ZPO § 256 Nr. 36; *Bamberger/Roth/Spindler* RdNr. 42.
³³⁵ Vgl. noch zu § 852 BGH MDR 1954, 160, 161 = LM Abs. 2 Nr. 9; NJW 1952, 741 (LS) = LM Abs. 2 Nr. 6.
³³⁶ RGZ 95, 248 f.; OLG Schleswig VersR 1966, 670, 671.
³³⁷ RG JW 1911, 153; BGHZ 4, 133, 134 ff. = NJW 1952, 539; vgl. aber BGHZ 5, 314, 315 ff. = NJW 1952, 740.
³³⁸ OLG Frankfurt VersR 1983, 238.

89 **c) Abänderungsklage, Abfindungsvergleich.** Ist über den Schadensersatzanspruch durch Leistungsklage entschieden worden, ändern sich jedoch nachträglich die tatsächlichen Verhältnisse, so dass eine **Korrektur der Schadenshöhe** erforderlich wird, kann jede Partei Änderungsklage nach § 323 ZPO erheben.[339] Zu den Einzelheiten und zur Abänderung von Prozess- und Abfindungsvergleichen §§ 842, 843 RdNr. 95 f.

90 **d) Zwangsvollstreckung.** Die Unterhaltsrenten nach § 844 Abs. 2 fallen unter § 850 b Abs. 1 Nr. 2 ZPO und sind daher **grundsätzlich unpfändbar** (vgl. aber § 850 b Abs. 2 ZPO).[340] Aus diesem Grund sind sie nach § 400 auch nicht abtretbar, und eine Aufrechnung gegen sie ist gemäß § 394 unzulässig. All dies gilt aber nur solange, wie der Ersatzanspruch dem Geschädigten zusteht, nicht hingegen nach Anspruchsübergang auf einen Privat- oder Sozialversicherungsträger (§§ 86 VVG, 116 SGB X).[341] Umgekehrt gilt das auf Unterhaltsansprüche gemünzte Vollstreckungsprivileg des § 850 d ZPO nicht für den Schadensersatzanspruch aus § 844 Abs. 2, was es nicht ausschließt, dem Gläubiger auf der Grundlage von § 850 f Abs. 2 ZPO erweiterte Zugriffsrechte einzuräumen.[342]

§ 845 Ersatzansprüche wegen entgangener Dienste

¹ Im Falle der Tötung, der Verletzung des Körpers oder der Gesundheit sowie im Falle der Freiheitsentziehung hat der Ersatzpflichtige, wenn der Verletzte kraft Gesetzes einem Dritten zur Leistung von Diensten in dessen Hauswesen oder Gewerbe verpflichtet war, dem Dritten für die entgehenden Dienste durch Entrichtung einer Geldrente Ersatz zu leisten. ² Die Vorschrift des § 843 Abs. 2 bis 4 findet entsprechende Anwendung.

Schrifttum (vgl. auch die Angaben zu § 844 sowie zu §§ 842, 843): *Enderlein*, Die Dienstpflicht des Hauskindes als Folge seiner Unterhaltsgemeinschaft mit den Eltern, AcP 200 (2000), 565; *Fenn*, Die Mitarbeit in den Diensten Familienangehöriger, 1970; *Kropholler*, Die Rechtsnatur der Familienarbeit und die Ersatzpflicht bei Verletzung oder Tötung des mitarbeitenden Familienangehörigen, FamRZ 1969, 241.

Übersicht

	RdNr.		RdNr.
I. Normzweck und Anwendungsbereich	1, 2	IV. Schadensberechnung	13–18
		1. Wert der Dienste	14
II. Eheliche Dienstpflichten	3	2. Dauer der Rentenzahlung	15
III. Dienstpflichten von Kindern	4–12	3. Vorteilsausgleichung; § 845 S. 2	16
1. Grundlagen	4–6	4. Zwangsvollstreckung	17
2. Allgemeine Voraussetzungen	7, 8	5. Anspruchsübergang auf Sozialversicherungsträger	18
3. Arbeitsvertrag und Gesellschaft	9, 10		
4. Anderweitige Erwerbstätigkeit	11, 12		

I. Normzweck und Anwendungsbereich

1 Ebenso wie § 844 durchbricht § 845 die Begrenzung des Schutzbereichs des Deliktsrechts auf absolute Rechte und gesteht den **lediglich in Vermögensinteressen betroffenen Angehörigen** des verletzten oder getöteten Rechtsgutsträgers eigene deliktische Schadensersatzansprüche zu. Für die Erste Kommission, deren Entwurf nicht auf Rechtsgutsverletzungen fixiert war, verstand es sich noch von selbst, dass derjenige, der etwa durch die Tötung einer Person ein gesetzliches Recht auf Dienste einbüßte, auf Grund des noch nicht

---

[339] Vgl. BGHZ 33, 112, 114 f. = NJW 1960, 1948 f. = LM § 852 Nr. 15.
[340] BGHZ 35, 317, 326 f. = NJW 1961, 1966, 1968; RGRK/*Boujong* RdNr. 116; Staudinger/*Röthel* RdNr. 266; anders RGZ 1, 231, 232 (zum RHPflG).
[341] BGHZ 35, 317, 326 f. = NJW 1961, 1966, 1968.
[342] *Stein/Jonas/Brehm*, 22. Aufl. 2006, § 850 d ZPO RdNr. 10; Zöller/*Stöber*, 26. Aufl. 2007, § 850 d ZPO RdNr. 2.

auf Schutzgesetzverletzungen verengten Tatbestands des § 704 Abs. 1 (heute § 823 Abs. 2), von dem Schädiger Ersatz verlangen konnte. Folgerichtig ging der Regelungsgehalt des heutigen § 845 in der klarstellenden Bestimmung des § 725 des Ersten Entwurfs auf, nach der die §§ 722 bis 724 (entsprechen etwa den späteren §§ 842 bis 844) Dritte nicht hinderten, wegen eines sonstigen durch die Tötung verursachten Schadens von dem Schuldigen Ersatz zu verlangen (§ 844 RdNr. 1 f.).[1] Das Bedürfnis für eine gesetzliche Sonderregelung entstand erst für die Zweite Kommission, die reine Vermögensinteressen aus dem Schutzbereich der allgemeinen Deliktstatbestände herausnahm, § 725 des Ersten Entwurfs konsequenterweise eliminierte, um davon wiederum eine Ausnahme zugunsten von Angehörigen zu machen, deren gesetzlicher Anspruch auf Dienstleistungen durch die Verletzung oder die Tötung eines Menschen frustriert wird.[2]

Während die Grundsätze der §§ 842 bis 844 von den Spezialgesetzen der **Gefährdungshaftung** entweder ausdrücklich in Bezug genommen oder inhaltlich wiederholt werden, fehlen Verweisungen auf § 845 durchweg, wenn man von der Ausnahme des § 53 Abs. 2 LuftVG für Schäden durch Unfälle von Militärflugzeugen absieht.[3] Dieser Bruch innerhalb des Rechts des Personenschadensersatzes ist sachlich durch nichts zu rechtfertigen und hätte es verdient, beseitigt zu werden. Eine Gelegenheit dazu war vorhanden, als der Schmerzensgeldanspruch mit dem Zweiten Schadensersatzrechtsänderungsgesetz auf die Gefährdungshaftung ausgedehnt wurde (Vor § 823 RdNr. 82; §§ 842, 843 RdNr. 10).[4] Obwohl die Verallgemeinerung des § 845 im Entwurf 1967 vorgesehen war,[5] ist sie vom Gesetzgeber des Jahres 2002 nicht realisiert worden. Praktisch wiegt dieses Versäumnis wegen der Abwicklung des Haushaltsführungsschadens über die §§ 842, 843, 844 Abs. 2 nicht allzu schwer, zumal die Rechtsprechung die Umwidmung der vereitelten Haushaltsführung zu einem Erwerbsschaden des Verletzten auf die Gefährdungshaftung übertragen hat (RdNr. 3).[6] De lege ferenda sollten die §§ 842 ff. insgesamt in das allgemeine Schadensersatzrecht der §§ 249 ff. integriert werden (§§ 842, 843 RdNr. 10). Die Vorwegnahme einer solchen Bereinigung durch Uminterpretation der Dienstpflichten von Hauskindern (§ 1619) in Unterhaltsleistungen ist jedoch nicht möglich (vgl. RdNr. 6).

II. Eheliche Dienstpflichten

Der historische Gesetzgeber hatte bei Schaffung der Vorschrift vor allem die **Verletzung oder Tötung einer Ehefrau** vor Augen, deren Engagement für die Haushaltsführung nach damaligem Verständnis weder eine Erwerbstätigkeit noch eine Unterhaltsleistung darstellte.[7] Vielmehr bestand gemäß § 1356 Abs. 2 aF eine gesetzliche Verpflichtung zu Arbeiten im Hauswesen und im Geschäft des Mannes, soweit dies nach den ehelichen Lebensverhältnissen üblich war. Ein eigener Schadensersatzanspruch der an Körper oder Gesundheit verletzten Ehefrau wegen Beeinträchtigung ihrer Erwerbsfähigkeit schied damit ebenso aus wie im Fall ihrer Tötung ein Anspruch des Ehemannes gemäß § 844 Abs. 2 auf Ersatz entgangenen Unterhalts. In diese Lücke trat § 845, der wenigstens die ökonomischen Folgen des Ausfalls der Dienstverpflichteten für die Familie auffangen sollte.[8] Mit der Realisierung der Gleichberechtigung von Mann und Frau im Familienrecht ist die Dienstpflicht der Ehefrau gegenüber ihrem Mann in Wegfall gekommen, und die Führung des Familienhaushalts wird in § 1360 als eigenständiger Beitrag zum Famili-

---

[1] Ausdrücklich Mot. II S. 791; zu diesen Zusammenhängen insgesamt Vor § 823 RdNr. 10 ff.; zur Entstehungsgeschichte des § 845 auch RGZ 152, 208, 210 ff.
[2] Prot. II S. 631 f.
[3] Dazu BGH NJW 1969, 2005 f. m. Anm. *Kilian*.
[4] Vgl. dazu *Wagner*, Das neue Schadensersatzrecht, RdNr. 27 ff., 42 f.
[5] BMJ, Referentenentwurf eines Gesetzes zur Änderung und Ergänzung schadensersatzrechtlicher Vorschriften, 1967, Bd. I, S. 15 f., 17 f.; Bd. II, S. 206 f.; zum Schicksal des Entwurfs 1967 Vor § 823 RdNr. 83.
[6] Vgl. BGHZ 51, 109, 112 = NJW 1969, 321 f.; BGH VersR 1969, 736, 737; NJW 1969, 2005, 2007 = VersR 1969, 997, 998.
[7] Vgl. Mot. II S. 791; Prot. II S. 631; RGZ 152, 208, 211 f.
[8] Prot. II S. 632.

enunterhalt anerkannt (ausf. §§ 842, 843 RdNr. 50 ff.; § 844 RdNr. 62).[9] Bei Verletzung einer Hausfrau bzw. des haushaltsführenden Ehegatten richtet sich der Schadensausgleich folgerichtig nach den §§ 842, 843 bzw. im Fall der Tötung nach § 844 Abs. 2. Gleiches gilt im Übrigen auch für die Fälle der **Ehegattenmitarbeit im Erwerbsgeschäft** des anderen (vgl. § 844 RdNr. 62, 68).[10] Damit hat § 845 den Großteil seiner praktischen Bedeutung eingebüßt.

III. Dienstpflichten von Kindern

4 **1. Grundlagen.** Der heutige Anwendungsbereich der Vorschrift beschränkt sich auf die **gesetzliche Mitarbeitspflicht des sog. Hauskindes iS des § 1619**,[11] vor allem im Bereich der Landwirtschaft.[12] Die allgemeine wechselseitige Beistandspflicht unter Eltern und Kindern gemäß § 1618a begründet hingegen keine gesetzliche Dienstpflicht.[13] Einem Hoferben ist es deshalb verwehrt, sich auf § 845 zu berufen, wenn sein Vater getötet wird, der ihm bei der Bewirtschaftung zur Hand gegangen ist.

5 Nach § 1793 Abs. 1 S. 2 ist § 1619 entsprechend auf das im Haushalt seines Vormunds lebende und von diesem erzogene **Mündel** anzuwenden. Ältere Menschen, die unter **Betreuung** (§§ 1896 ff.) stehen, sind ihren Betreuern gegenüber allerdings zu keinerlei Arbeitsleistungen verpflichtet (vgl. § 1908 i). **Stiefkinder** sind allein ihrem leiblichen Elternteil etwas schuldig, sofern sie mit ihm das Haus teilen, nicht aber auch dem anderen Teil.[14] Gleiches gilt im Rahmen einer gleichgeschlechtlichen Lebenspartnerschaft nach § 1 LPartG, sofern ein Partner ein Kind mit in den Haushalt gebracht hat.[15]

6 In der Literatur ist wiederholt gefordert worden, den für Ehefrauen durch § 1360 vorgezeichneten Weg auch für Kinder zu gehen und deren **Dienste in Haushalt und Geschäft der Eltern als Unterhaltsleistungen** zu qualifizieren, um den Hinterbliebenen ggf. Schadensersatz auf der Grundlage von § 844 Abs. 2 bzw. den Parallelnormen der Gefährdungshaftungsgesetze zuzusprechen.[16] Für die Praxis ergäbe sich die Folge, dass auch dieser Teil des Personenschadensersatzrechts für Verschuldens- und Gefährdungshaftung vereinheitlicht würde. Immerhin hat die Umqualifikation der ehelichen Haushaltsführung zu einer Unterhaltsleistung und die von der Rechtsprechung daraus gezogene Konsequenz zugunsten der Anwendung des § 844 Abs. 2 bzw. seiner gefährdungshaftungsrechtlichen Parallelregelungen der §§ 10 Abs. 2, 13 StVG; 5 Abs. 2, 8 HPflG; 35 Abs. 2, 38 LuftVG; 7 Abs. 2, 9 ProdHaftG; 86 Abs. 2, 89 AMG; 32 Abs. 4, 6 GenTG; 12 Abs. 2, 14 UmweltHG; 28 Abs. 2, 30 AtG bereits dazu geführt, dass der Ausfall der Frau im Haushalt auch in den Fällen strikter Haftung auszugleichen ist, obwohl die einschlägigen Gesetze gerade keine dem § 845 entsprechende Vorschrift enthalten und auch nicht auf diese Norm verweisen (vgl. RdNr. 3; § 844 RdNr. 9). Der Preis für diese Art von Binnenharmonisierung des Schadensersatzrechts wäre allerdings, dass § 845 jedes Anwendungsbereichs beraubt und die Dienstpflichten des § 1619 zu Unterhaltspflichten umgedeutet würden, als die sie nicht konzipiert sind.[17] Da es schließlich auch an einem gravierenden Bedürfnis nach richterlicher

---

[9] Grdlg. BGHZ 38, 55, 57 = NJW 1962, 2248; BGHZ (GS) 50, 304, 305 = NJW 1968, 1823.
[10] So, noch zu § 1356 Abs. 2 aF BGHZ 59, 172, 173 f. = NJW 1972, 2217, 2222 = LM Nr. 21; 77, 157, 160 f. = NJW 1980, 2196 f.; BGH NJW 1984, 979 = VersR 1984, 353.
[11] BGHZ 77, 157, 164 = NJW 1980, 2196, 2197.
[12] Vgl. etwa BGH NJW 1991, 1226, 1227 = VersR 1991, 428; BGHZ 137, 1 = NJW 1998, 307 = JZ 1998, 362 m. Anm. *Gernhuber*.
[13] BGHZ 137, 1, 10 = NJW 1998, 307, 308 = JZ 1998, 362 m. Anm. *Gernhuber*; OLG Bamberg VersR 1985, 290.
[14] RGRK/*Boujong* RdNr. 5; vgl. OLG Nürnberg FamRZ 1960, 119, 120 m. Anm. *Gernhuber*; vgl. LG Münster VersR 1966, 501.
[15] S. auch § 1619 RdNr. 7.
[16] *Kilian* NJW 1969, 2005, 2006; *Fenn*, Mitarbeit in den Diensten Familienangehöriger, S. 542; ausf. *Enderlein* AcP 200 (2000), 565, 574 ff., 589 f., der den verbleibenden Anwendungsbereich des § 845 in Fällen bloßer Verletzung des Hauskinds sieht, für die § 844 Abs. 2 nicht gilt (S. 595 ff.).
[17] *Kropholler* FamRZ 1969, 241, 249; *Fenn*, Mitarbeit in den Diensten Familienangehöriger, S. 171.

Rechtsfortbildung mangelt, ist es dem BGH nicht zu verdenken, wenn er für Hauskinder an der traditionellen Lösung über § 845 festhält.[18]

2. Allgemeine Voraussetzungen. § 1619 verpflichtet das Kind entsprechend seinen 7 Kräften und seiner Lebensstellung zur Dienstleistung im Haushalt und Geschäft der Eltern.[19] Diese Voraussetzungen müssen bereits im Zeitpunkt der Verletzung erfüllt sein (vgl. § 1619 RdNr. 15).[20] Die Dienstpflicht trifft das **Hauskind,** das dem elterlichen Hausstand angehört, gilt aber nicht nur für Minderjährige, sondern unter Umständen auch für erwachsene Abkömmlinge. Bei einem minderjährigen Kind kommt es darauf an, dass es im Haushalt „erzogen" wird, was nur möglich ist, wenn es mit mindestens einem Elternteil zusammenlebt und diesem auch das Sorgerecht zusteht.[21] Auf die Unterhaltung des Kindes durch die Eltern kommt es insoweit nicht an.[22]

Umgekehrt liegt es bei **Volljährigen;** diese unterliegen nicht mehr dem elterlichen 8 Erziehungsrecht, und die Dienstpflicht setzt folgerichtig nicht die Erziehung, sondern nach dem Wortlaut des § 1619 die **Unterhaltung des Kindes** durch die Eltern voraus.[23] Dies wird von der Rechtsprechung im Sinne eines impliziten Austauschverhältnisses nach Art einer datio ob rem verstanden (vgl. § 812 RdNr. 373 ff.): Das den Unterhalt empfangende Kind ist seinerseits gehalten, unentgeltlich in Haushalt und Wirtschaft mitzuarbeiten, kann sich dieser Pflichten jedoch jederzeit entledigen, indem es auszieht oder sich nicht mehr von seinen Eltern unterhalten lässt.[24] Dabei reicht die faktische Unterhaltsgewährung aus, während es auf die Existenz eines Anspruchs gemäß §§ 1601 ff. nicht ankommt.[25] Auch ein Äquivalenzverhältnis zwischen Unterhalt und Diensten ist entbehrlich, so dass der nach § 845 geschuldete Ausgleich nicht durch den Wert der erbrachten Unterhaltsleistungen begrenzt wird.[26] Selbst wenn das verletzte oder getötete Kind de facto der eigentliche „Ernährer der Familie" war, können seine Eltern den Wert der entgangenen Dienste unter den Voraussetzungen des § 845 ersetzt verlangen.[27]

3. Arbeitsvertrag und Gesellschaft. Damit ein Anspruch nach § 845 gegeben ist, 9 müssen die Dienste des Kindes **auch tatsächlich auf der familienrechtlichen Grundlage des § 1619 erbracht werden** – und nicht auf Grund eines Dienst-, Arbeits- oder Gesellschaftsvertrags.[28] Für das Bestehen einer BGB-Gesellschaft zwischen den Eltern und dem Verletzten gelten die allgemein für familiäre Innengesellschaften anerkannten Voraussetzungen (vgl. Vor § 705 RdNr. 73 ff.).[29] Unschädlich ist es, wenn das Kind durch seine Dienste zugleich eine ihm nach §§ 1601 ff. seinen Eltern gegenüber obliegende Unterhaltspflicht erfüllt.[30]

Ein zu **Dienstleistungen verpflichtender Vertrag** kann auch konkludent geschlossen 10 werden, was die Praxis vor erhebliche Abgrenzungsprobleme stellt.[31] Diese werden noch dadurch verschärft, dass auch die Vorlage einer Vertragsurkunde nicht den Schluss darauf erzwingt, die Dienstleistung sei im Rahmen eines Arbeitsverhältnisses erbracht worden, da

---

[18] BGHZ 69, 380, 383 = NJW 1978, 159, 160 = LM Nr. 22.
[19] Zu den Einzelheiten § 1619 RdNr. 16 ff.
[20] OLG München NJW 1965, 1439; KG NJW 1967, 1089, 1090; OLG Celle NZV 1997, 232.
[21] § 1619 RdNr. 9.
[22] BGH NJW 1991, 1226, 1227 = VersR 1991, 428, 429.
[23] Mot. IV S. 715; BGHZ 137, 1, 5 ff. = NJW 1998, 307 f. = JZ 1998, 362 m. Anm. *Gernhuber.*
[24] BGHZ 69, 383, 383 f.; 137, 1, 7 f. = NJW 1998, 307, 308 = JZ 1998, 362 m. Anm. *Gernhuber*; BGH VersR 1960, 132, 133; NJW 1972, 429, 430.
[25] Mot. IV S. 715; vgl. auch BGHZ 137, 1, 5 ff. = NJW 1998, 307 f. = JZ 1998, 362 m. Anm. *Gernhuber.*
[26] BGH NJW 1991, 1226, 1227 = VersR 1991, 428, 429.
[27] BGH NJW 1972, 429, 430; 1991, 1226, 1227 = VersR 1991, 428, 429.
[28] BGH VersR 1960, 132, 133; NJW 1962, 1612 = LM Nr. 11; VersR 1965, 1202, 1203; NJW 1991, 1226, 1227 = VersR 1991, 428, 429; NJW 2001, 971, 973; OLG Celle NJW-RR 1990, 1478, 1479 f.; *Wussow/Dressler* Kap. 51 RdNr. 5.
[29] Vgl. BGH NJW 2001, 971, 973.
[30] BGH VersR 1960, 132, 133; NJW 1991, 1226, 1227 = VersR 1991, 428, 429.
[31] Vgl. RGZ 162, 116, 120; BGH NJW 1958, 706, 707 = VersR 1958, 230, 231; NJW 1991, 1226, 1227 = VersR 1991, 428, 429.

§ 845   11   Abschnitt 8. Titel 27. Unerlaubte Handlungen

der Vertrag nur „pro forma" geschlossen worden sein kann, etwa um die Voraussetzungen für einen Ausbildungsabschluss des Sohnes zu erfüllen[32] oder um eine sozialversicherungsrechtliche Absicherung zu erreichen.[33] Während die ältere Rechtsprechung von der Vermutung ausging, das Kind leiste die Dienste auf der familienrechtlichen Grundlage des § 1619,[34] ist sie später davon abgerückt,[35] ohne sich allerdings zu der gegenteiligen Präsumption zu bekennen, Dienstleistungen Volljähriger erheblichen Umfangs würden im Zweifel auf Grund eines Vertrags erbracht.[36] Vielmehr hängt die Entscheidung im Einzelfall von dem „feststellbaren Willen der Beteiligten" ab.[37] Im Rahmen eines Rechtsstreits ist dieser allerdings nur anhand objektiver Umstände feststellbar. Haben sich die Parteien durchweg wie Arbeitgeber und Arbeitnehmer verhalten, werden also Lohnsteuern abgeführt, Sozialversicherungsbeiträge gezahlt und die dadurch entstehenden Kosten als Betriebsausgaben verbucht, sollte kein Weg an der Annahme eines Arbeitsverhältnisses vorbei führen.[38] Andernfalls würde der Steuerverkürzung und dem Missbrauch der Sozialversicherungen Vorschub geleistet.

11   **4. Anderweitige Erwerbstätigkeit.** Nimmt das Kind außer Haus eine Voll-Erwerbstätigkeit auf, ohne deshalb auszuziehen, soll dies seine familienrechtliche **Verpflichtung zur Mithilfe zwingend zum Erlöschen** bringen.[39] Die Rechtsprechung sieht sich deshalb genötigt, Ansprüche aus § 845 auch dann zu verneinen, wenn der getötete Sohn auf dem elterlichen Hof gelebt hatte und außer Haus einer Erwerbstätigkeit nachgegangen war, darüber hinaus aber mehrere Stunden täglich in der Landwirtschaft mitgeholfen hatte, ohne dafür ein Entgelt zu erhalten.[40] Diese Judikatur scheint sich vor allem auf die Überlegung zu stützen, das erwerbstätige Kind werde von seinen Eltern nicht „unterhalten" (vgl. RdNr. 8).[41] Demgegenüber liegt auf der Hand, dass auch derjenige, der am Markt ein Einkommen erzielt, von einem anderen unterhalten und damit in die Lage versetzt werden kann, die vereinnahmten Beträge zu sparen.[42] Auch die von § 1619 vorausgesetzte Unentgeltlichkeit der Dienstleistung mit Rücksicht auf ein implizites Austauschverhältnis zwischen dieser und der Unterhaltsgewährung, die vom BGH mit Recht betont wird,[43] ist ohne weiteres erfüllt, wenn sich ein volljähriges, erwerbstätiges Kind von seinen Eltern aushalten lässt und ihnen im Gegenzug im Betrieb zur Hand geht. Auch das Argument, sonst komme es in Fällen bloßer Körper- und Gesundheitsverletzung zu einer Häufung von Ansprüchen des Kindes aus §§ 842, 843 und solchen der Eltern aus § 845,[44] überzeugt nicht, denn die Kumulation ist eine notwendige Folge des Umstands, dass § 845 – anders als § 844 – die Vermögensinteressen der Hinterbliebenen nicht nur im Fall der Tötung, sondern auch dann schützt, wenn das Opfer am Leben bleibt.[45] Somit kommt ein Ersatzanspruch der Eltern auch bei anderweitiger Erwerbstätigkeit des Hauskinds in Betracht,[46] und zwar unabhängig davon, ob es sich um eine Vollzeit- oder Teilzeitarbeit handelt.[47]

---

[32] BGH NJW 1991, 1226, 1228 = VersR 1991, 428, 430.
[33] OLG Köln VersR 1991, 1292.
[34] RGZ 162, 116, 120; BGH NJW 1958, 706, 707 = VersR 1958, 230, 231.
[35] BGH NJW 1972, 429, 430 = VersR 1972, 301, 302.
[36] BGH NJW 1972, 429, 430 = VersR 1972, 301, 302; NJW 1991, 1226, 1227 = VersR 1991, 428, 429; aA OLG Celle NJW-RR 1990, 1478, 1479 f.
[37] BGH NJW 1972, 429, 430 = VersR 1972, 301, 302; NJW 1991, 1226, 1227 = VersR 1991, 428, 429; OLG Saarbrücken VersR 1981, 542, 543; OLG Stuttgart VersR 1990, 902, 903; *Fenn*, Mitarbeit in den Diensten Familienangehöriger, S. 62.
[38] OLG Köln VersR 1991, 1292.
[39] BGHZ 137, 1, 8 = NJW 1998, 307, 308 = JZ 1998, 362 m. Anm. *Gernhuber*; Staudinger/*Röthel* RdNr. 18; *Wussow/Dressler* Kap. 51 RdNr. 6.
[40] So der Fall BGHZ 137, 1 = NJW 1998, 307 = JZ 1998, 362 m. Anm. *Gernhuber*.
[41] BGHZ 137, 1, 5 = NJW 1998, 307 f. = JZ 1998, 362 m. Anm. *Gernhuber*.
[42] *Gernhuber* JZ 1998, 365.
[43] BGHZ 137, 1, 7 f. = NJW 1998, 307, 308 = JZ 1998, 362 m. Anm. *Gernhuber*.
[44] So aber BGHZ 137, 1, 9 = NJW 1998, 307, 308 = JZ 1998, 362 m. Anm. *Gernhuber*.
[45] Vgl. BGHZ 69, 380, 383 = NJW 1978, 159, 160 = LM Nr. 22.
[46] Im Ergebnis auch OLG Saarbrücken VersR 1989, 757; *Gernhuber* JZ 1998, 365, 366.
[47] Danach diff. *Grunsky* EWiR 1998, 263, 264; *Wussow/Dressler* Kap. 51 RdNr. 6.

Wird der Dienstverpflichtete bloß verletzt, gilt es allerdings eine **Doppelbelastung des** 12
Schädigers zu vermeiden, der sowohl Ansprüche des Kindes auf Ersatz seines Erwerbsschadens gemäß §§ 842, 843 und darüber hinaus solche der Eltern wegen entgangener Dienste aus § 845 zu gewärtigen hat.[48] Soweit das Kind infolge der Verletzung die Tätigkeit in der häuslichen Landwirtschaft aufgibt und statt dessen eine Erwerbstätigkeit aufnimmt, steht allein ihm ein Schadensersatzanspruch zu, wenn und soweit nämlich das Erwerbseinkommen hinter dem Wert der zuvor erbrachten landwirtschaftlichen Dienstleistungen zurückbleibt.[49] Wurden die häuslichen Dienstleistungen hingegen kumulativ zur Erwerbstätigkeit erbracht und mindert die Verletzung sowohl die Erwerbsfähigkeit als auch den Wert der Arbeit in der elterlichen Hauswirtschaft, kann das verletzte Kind seinen Erwerbsschaden ersetzt verlangen, und daneben können die Eltern ihren Dienstleistungsschaden liquidieren. In diesem Fall sind Eltern und Kind keine Gesamtgläubiger iS des § 428.[50] Zur Streitverkündung s. RdNr. 15.

IV. Schadensberechnung

Die Schadensberechnung bei § 845 folgt weitgehend denselben Grundsätzen, die für die 13
Bemessung des Erwerbsschadens gemäß §§ 842, 843 sowie des Unterhaltsschadens gemäß § 844 Abs. 2 maßgeblich sind (vgl. §§ 842, 843 RdNr. 17 ff., § 844 RdNr. 30 ff.). Für alle dafür relevanten tatsächlichen Umstände ist das Beweismaß gemäß § 287 ZPO auf überwiegende Wahrscheinlichkeit reduziert. Wegen des Zahlungstermins und der Sicherheitsleistung durch den Schädiger, des Wahlrechts zwischen Rentenzahlung und Kapitalabfindung und des Ausschlusses der Vorteilsausgleichung verweist § 845 S. 2 auf die Abs. 2 bis 4 des § 843 (vgl. §§ 842, 843 RdNr. 69 ff.).

1. Wert der Dienste. Die Rechtsprechung beschränkt den Ausgleichsanspruch im An- 14
schluss an den Wortlaut des § 845 auf den **Wert der entgangenen Dienste.**[51] Das RG begründete diese Restriktion mit der Erwägung, der Anspruch der Angehörigen sei gar kein Schadensersatzanspruch.[52] Der BGH hat sich davon gelöst, an der Beschränkung auf einen Wertausgleich jedoch festgehalten.[53] Weitergehende Schäden, wie zum Beispiel entgangener Betriebsgewinn, können über die Vorschrift nicht liquidiert werden.[54] Tatsächlich fügt sich die Orientierung der Schadensberechnung am Wert der hypothetisch in der Zukunft zu erbringenden Dienstleistungen problemlos in die allgemeinen Grundsätze des Personenschadensrechts ein. In allen Fällen, in denen die primär verletzte oder getötete Person kein Markteinkommen erzielt hat, ist der Erwerbs- bzw. Unterhaltsschaden im Rahmen des § 287 ZPO durch Schätzung des Werts der unentgeltlich erbrachten Dienstleistungen zu berechnen, wofür es wiederum auf die Kosten einer Ersatzkraft ankommt (vgl. §§ 842, 843 RdNr. 20, 50, 54; § 844 RdNr. 63 ff.). Genauso liegt es auch bei § 845; der Wert der ausgefallenen Dienstleistungen des Hauskinds orientiert sich an der Vergütung, die beim Einkauf entsprechender Dienstleistungen am Arbeitsmarkt gezahlt werden muss.[55] Ist eine Ersatzkraft tatsächlich eingestellt worden, kann der Bruttolohn liquidiert werden,[56] während es auf den Nettolohn ankommt, wenn die Hinterbliebenen darauf verzichten und den

---

[48] BGHZ 69, 380, 381 f. = NJW 1978, 159, 160 = LM Nr. 22.
[49] BGHZ 69, 380, 382 = NJW 1978, 159, 160 = LM Nr. 22; zur Berechnung des Erwerbsschadens von Personen, die im Zeitpunkt der Verletzung nicht erwerbstätig waren, vgl. §§ 842, 843 RdNr. 23, 48 ff.
[50] BGHZ 69, 380, 385 f. = NJW 1978, 159, 160 = LM Nr. 22.
[51] RGZ 152, 208, 212; BGHZ 4, 123, 131 = NJW 1952, 459, 460; BGHZ 69, 380, 382 = NJW 1978, 159 = LM Nr. 22; BGH VersR 1952, 432 f.; RGRK/*Boujong* RdNr. 18; *Wussow/Dressler* Kap. 51 RdNr. 8.
[52] RGZ 152, 208, 212; für umfangreiche Nachweise weiterer Rspr. und älteren Schrifttums vgl. BGHZ 4, 123, 125 ff. = NJW 1952, 459, 460.
[53] BGHZ 4, 123, 126 ff. = NJW 1952, 459, 460; BGH VersR 1952, 432 f.
[54] RGRK/*Boujong* RdNr. 14; *Soergel/Beater* RdNr. 16.
[55] BGHZ 4, 123, 131 = NJW 1952, 459, 460 f.; BGH VersR 1952, 432, 433; LM Nr. 5 = NJW 1953, 97, 98; *Erman/Schiemann* RdNr. 4.
[56] So – ohne die Differenzierung zwischen tatsächlichen und fiktiven Kosten – BGHZ 4, 123, 131 = NJW 1952, 459, 460.

§ 845 15–18 Abschnitt 8. Titel 27. Unerlaubte Handlungen

Ausfall durch vermehrte Eigenarbeit oder durch Hilfeleistungen von Verwandten kompensieren (vgl. §§ 842, 843 RdNr. 51; § 844 RdNr. 65 f.). In den Fällen bloßer Körper- und Gesundheitsverletzung ist der Geschädigte im Rahmen des § 254 Abs. 2 gehalten, die ihm verbleibende Arbeitskraft in zumutbarer Weise anderweitig einzusetzen.[57] Zur Anrechnung des Mitverschuldensanteils des Getöteten auf den Ersatzanspruch der Hinterbliebenen vgl. § 846.

15   2. Dauer der Rentenzahlung. Die entzogenen Dienste sind nur für denjenigen Zeitraum zu ersetzen, in dem der Verletzte zu ihnen verpflichtet gewesen wäre. In diesem Zusammenhang ist zu berücksichtigen, dass es dem Kind mit Erreichen der **Volljährigkeit** jederzeit freisteht, den Haushalt der Eltern zu verlassen und damit die Dienstpflicht nach § 1619 abzuschütteln (vgl. RdNr. 8). Nach der Rechtsprechung entfällt diese zudem auch dann, wenn der Volljährige zwar bei den Eltern wohnen bleibt, jedoch eine Vollzeit-Erwerbstätigkeit aufnimmt (vgl. RdNr. 11). Nach allgemeinen Regeln sind die Eltern mit der Darlegung und dem Nachweis belastet, dass die Dienstpflicht über das achtzehnte Lebensjahr hinaus fortbestanden hätte.[58] Misslingt dieser Nachweis, darf der Anspruch nur bis zum Erreichen der Volljährigkeit zugesprochen werden.[59] In den Fällen bloßer Körper- und Gesundheitsverletzung ist dem beklagten Schädiger zu empfehlen, dem Hauskind gemäß §§ 72 ff. ZPO den Streit zu verkünden, um zuverlässig auszuschließen, dass er wegen derselben Erwerbsminderung sowohl den Eltern als auch dem Kind gegenüber zu Ersatzleistungen verurteilt wird (vgl. RdNr. 12).[60]

16   3. Vorteilsausgleichung; § 845 S. 2. Da nicht voller Schadensersatz zu leisten, sondern nur der Wert der Dienste auszugleichen ist, sind auch bei der Vorteilsausgleichung **Einschränkungen** zu machen.[61] Im Übrigen ergibt sich aus der in § 845 S. 2 enthaltenen Verweisung auch auf § 843 Abs. 4, dass die Kompensation des Ausfalls durch vermehrtes Engagement der Hinterbliebenen, etwa der Eltern oder eines anderen Hauskinds, den Ersatzanspruch nicht ausschließt (vgl. §§ 842, 843 RdNr. 79 ff.). Ist das Kind getötet worden, sind nur die durch Wegfall der zuvor erbrachten Versorgungsleistungen bedingten Ersparnisse anzurechnen. Dies sind diejenigen Kosten, die auch bei Aufnahme der Ersatzkraft in den Haushalt anfallen würden, insbesondere Verpflegungsaufwendungen. Unterbringungskosten dürften dagegen bei einem Hauskind in der Regel nicht anfallen, weil die Fixkosten des Wohnens von seiner Existenz unabhängig sind (vgl. § 844 RdNr. 52 ff.).[62] Haben die Eltern ihrem Kind im Rahmen ihrer familienrechtlichen Unterhaltspflicht oder auch aus bloßer elterlicher Solidarität und Fürsorge weitere Leistungen gewährt, etwa für Bekleidung, ärztliche Heilbehandlung, Urlaub und Freizeitaktivitäten, mindert der Wegfall dieser Kosten den Schadensersatzanspruch nicht.[63]

17   4. Zwangsvollstreckung. Im Gegensatz zur Unterhaltsrente nach § 844 Abs. 2 fallen die Rentenzahlungen nach § 845 **nicht unter § 850 b ZPO,** es sei denn, es handelte sich bei Diensten zugleich um Unterhaltsleistungen an die Eltern.[64] Dementsprechend sind sie pfändbar, abtretbar und aufrechenbar. Die Anwendbarkeit des § 850 h Abs. 2 ZPO spielt bei Ansprüchen der Hinterbliebenen keine Rolle.

18   5. Anspruchsübergang auf Sozialversicherungsträger. Ein Anspruchsübergang auf Sozialversicherungsträger gemäß § 116 SGB X kommt im verbliebenen Anwendungs-

---

[57] BGHZ 69, 380, 386 = NJW 1978, 159, 160 = LM Nr. 22.
[58] BGHZ 69, 380, 384 f. = NJW 1978, 159, 160 = LM Nr. 22.
[59] OLG Karlsruhe VersR 1988, 1128, 1129; *Staudinger/Röthel* RdNr. 24 f.
[60] BGHZ 69, 380, 385 = NJW 1978, 159, 160 = LM Nr. 22.
[61] RGZ 152, 208, 212 f.; BGHZ 4, 123, 130 f. = NJW 1952, 459, 460; BGH VersR 1952, 432, 433; BGHZ 56, 389, 393 f. = NJW 1971, 2066; aA ohne nähere Begr. OLG Schleswig VersR 1999, 632.
[62] Vgl. BGH VersR 1952, 289, 290.
[63] BGHZ 4, 123, 131 = NJW 1952, 459, 460.
[64] *Erman/Schiemann* RdNr. 4.

bereich des § 845 **nur selten** vor, weil die Eltern bei Tod ihres Kindes keine Hinterbliebenenrente beanspruchen können. In den Fällen bloßer Verletzung ist es denkbar, dass der Anspruch des Verletzten auf eine Rente wegen Erwerbsminderung gemäß § 43 SGB VI oder auf eine Verletztenrente gemäß §§ 56 ff. SGB VII mit eigenen Ansprüchen auf Erwerbsschadensersatz aus §§ 842, 843 und solchen der Eltern aus § 845 konkurriert. Soweit die Eltern der Sache nach den Erwerbsschaden des Kindes bzw. einen Teil davon liquidieren wollen, zu dessen Abgeltung der Verletzte Leistungen eines Sozialversicherungsträgers erhalten hat, steht der Anspruch allein dem Sozialversicherungsträger, nicht aber den Eltern zu.[65] Zur Vermeidung einer Doppelentschädigung in diesen Fällen s. RdNr. 12.

§ 846 Mitverschulden des Verletzten

Hat in den Fällen der §§ 844, 845 bei der Entstehung des Schadens, den der Dritte erleidet, ein Verschulden des Verletzten mitgewirkt, so findet auf den Anspruch des Dritten die Vorschrift des § 254 Anwendung.

I. Normzweck

§ 846 erweitert § 254, indem er den gemäß §§ 844, 845 aktivlegitimierten Angehörigen 1 das Mitverschulden des primär Verletzten anlastet. Bliebe es bei der allgemeinen Regelung, wäre nur das Verhalten der Hinterbliebenen selbst zu berücksichtigen, was bei der Schadensminderungspflicht des § 254 Abs. 2 sachgerecht ist, im Rahmen des § 254 Abs. 1, also mit Blick auf eine Mitwirkung bei der Schadensentstehung, jedoch leerläuft, weil die Hinterbliebenen in aller Regel nicht an dem Schadensereignis beteiligt waren. Die statt dessen in vielen Fällen in Betracht kommende Mitverantwortung des primär Verletzten bzw. des Getöteten bliebe bei wortgetreuer Anwendung des § 254 unberücksichtigt, und der **Schädiger haftete den Hinterbliebenen in weitergehendem Umfang als dem Opfer selbst.** Der darin liegende Wertungswiderspruch wird durch § 846 vermieden, der das Mitverschulden des Verletzten bei der Schadensentstehung (§ 254 Abs. 1) den Angehörigen anspruchsmindernd anrechnet. Die Vorschrift ist Ausdruck des **allgemeinen Prinzips,** dass derjenige, der seinen Anspruch aus der Beziehung zu einem Dritten – dem primär Verletzten – ableitet, sich auch dessen Pflichtverletzung zurechnen lassen muss.[1] Letzteres ist selbst in solchen Rechtsordnungen anerkannt, die die Ansprüche der Hinterbliebenen völlig selbständig von denjenigen des primär Verletzten konzipiert haben, wie etwa das französische Deliktsrecht.[2]

II. Anwendungsbereich

§ 846 ist auch außerhalb des Rechts der unerlaubten Handlungen anzuwenden,[3] 2 insbesondere auf die **Haftung aus Gefährdung** nach Maßgabe des HPflG und des StVG.[4]

Soweit die §§ 844, 845 auch im Rahmen der **Vertragshaftung** Anwendung finden, 3 was gemäß § 618 Abs. 3, § 62 Abs. 3 HGB bei Dienst- und Arbeitsverträgen kraft ausdrücklicher gesetzlicher Anordnung, nach richtiger Ansicht aber auch darüber hinaus der Fall ist (§ 844 RdNr. 11 f.), muss selbstverständlich auch das Korrektiv des § 846 beachtet werden. Der vom RG entwickelte Grundsatz, § 846 auch auf die Haftung im Rahmen eines **Vertrags mit Schutzwirkung zugunsten Dritter** anzuwenden,[5] ist

---

[65] BGHZ 69, 380, 382 f. = NJW 1978, 159, 160 = LM Nr. 22.
[1] RGZ 170, 311, 315; RGRK/*Boujong* RdNr. 1; *Soergel/Beater* RdNr. 2.
[2] *Wagner* in: Zimmermann (Hrsg.), Grundstrukturen des Europäischen Deliktsrechts, 2003, S. 189, 228 f.
[3] Staudinger/*Röthel* RdNr. 6 f.
[4] BGHZ 35, 317, 319 = NJW 1961, 1966; BGH NJW-RR 1994, 603, 604.
[5] RGZ 81, 214, 215 f.; *Soergel/Beater* RdNr. 4.

§ 847　　　　　　　　　　　　　　　Abschnitt 8. Titel 27. Unerlaubte Handlungen

heute obsolet, weil dem Dritten eigene Ersatzansprüche gegen den Vertragsschuldner zustehen, so dass seine Mitverantwortung unmittelbar gemäß § 254 Abs. 1 zu berücksichtigen ist.[6] Allerdings gilt umgekehrt, dass sich der selbst aktivlegitimierte Dritte auf seinen Anspruch gegen den Vertragsschuldner ein mitwirkendes Verschulden des Vertragsgläubigers anrechnen lassen muss, so dass etwa der Gast eine Minderung seines Anspruchs gegen den Vermieter hinzunehmen hat, wenn den Mieter und Gastgeber an dem Unfall ein Mitverschulden traf (vgl. § 328 RdNr. 137).[7]

4　Auf **Amtshaftungsansprüche** ist § 846 nur anzuwenden, wenn ein Angehöriger der durch eine Amtspflichtverletzung getöteten oder verletzten Person sein Ersatzbegehren auf die §§ 844, 845 stützt, nicht hingegen dann, wenn der Anspruchsteller selbst in den persönlichen Schutzbereich der verletzten Amtspflicht fällt, sein Ersatzanspruch also in diesem Sinne originärer Natur ist. Folgerichtig hat der BGH die Anrechnung des Mitverschuldens der Erblasserin auf den Ersatzanspruch der enttäuschten Erbin abgelehnt, die durch eine Amtspflichtverletzung des Bürgermeisters bei der Errichtung des sich als nichtig erweisenden Testaments einen Vermögensschaden erlitten hatte.[8] In einem ähnlichen Fall, in dem die Haftung des Notars gemäß § 14 BNotO in Rede stand, hat der BGH anders entschieden und eine Zurechnung des Mitverschuldens des Erblassers bejaht.[9] Indessen ist nicht einzusehen, warum der Erblasser klüger sein sollte als der Notar.

5　Richtiger Ansicht nach ist § 846 auch auf die Fallgruppe der sog. **Schockschäden** anzuwenden (vgl. § 823 RdNr. 83). Obwohl der betroffene Angehörige in eigenen Rechtsgütern verletzt ist, muss er sich die Mitverantwortung der primär verletzten Person haftungsmindernd anrechnen lassen.[10] Der BGH kommt über die §§ 242, 254 zum selben Ergebnis.[11]

III. Mitverantwortung des primär Verletzten

6　Die Zurechnung nach § 846 erfasst auch eine vom Verletzten gesetzte **Betriebs-**[12] oder **Tiergefahr.**[13] Zudem muss der Dritte **Vereinbarungen** zwischen Schädiger und Verletztem, wie etwa einen Haftungsausschluss, gegen sich gelten lassen.[14] Genauso liegt es bei der Einrede unzulässiger Rechtsausübung.[15] Im Ergebnis wird der Dritte damit wie der Rechtsnachfolger des Verletzten behandelt; er „unterliegt allen Einwendungen aus dem Verhalten des Verletzten."[16] Vgl. § 844 RdNr. 7.

IV. Mitverantwortung des Angehörigen

7　Des Rückgriffs auf § 846 bedarf es nur bei einem **Mitverschulden des Verletzten.** Soweit bei der Schadensentstehung ausnahmsweise einmal ein eigenes Verhalten des anspruchsberechtigten Dritten oder eine von diesem zu verantwortende Betriebsgefahr mitgewirkt hat, bleibt es bei einer Anrechnung unmittelbar gemäß § 254 Abs. 1.

§ 847 *[aufgehoben]*

---

[6] § 328 RdNr. 118, 121 ff., 136.
[7] So, gestützt auf die §§ 334, 242 BGHZ 127, 378, 384 = NJW 1995, 392, 393; BGH NJW 1998, 1059, 1061.
[8] BGH NJW 1956, 260 = LM § 839 (Ff) Nr. 3; *Erman/Schiemann* RdNr. 2; *Soergel/Zeuner* RdNr. 3.
[9] BGH NJW 1997, 2327; *Soergel/Beater* RdNr. 6.
[10] RGZ 157, 11, 12 ff.; RG DR 1940, 163; abl. BGHZ 56, 163, 168 f. = NJW 1971, 1883, 1885.
[11] BGHZ 56, 163, 169 = NJW 1971, 1883, 1885 f.; KG VersR 1999, 504, 506 f.
[12] BGHZ 6, 319, 323 f. = NJW 1952, 1015, 1016; BGHZ 26, 69, 75 f. = NJW 1958, 341 f.; BGH VersR 1959, 293, 294.
[13] OLG Hamm NJW 1958, 346.
[14] RGZ 128, 229, 233; BGH VersR 1952, 432; 1961, 846, 847.
[15] RGZ 170, 311, 315.
[16] BGH VersR 1961, 846, 847; RGRK/*Boujong* RdNr. 1; *Staudinger/Röthel* RdNr. 3.

§ 848 Haftung für Zufall bei Entziehung einer Sache

Wer zur Rückgabe einer Sache verpflichtet ist, die er einem anderen durch eine unerlaubte Handlung entzogen hat, ist auch für den zufälligen Untergang, eine aus einem anderen Grunde eintretende zufällige Unmöglichkeit der Herausgabe oder eine zufällige Verschlechterung der Sache verantwortlich, es sei denn, dass der Untergang, die anderweitige Unmöglichkeit der Herausgabe oder die Verschlechterung auch ohne die Entziehung eingetreten sein würde.

I. Überblick über die §§ 848 bis 851

Im Anschluss an die dem Personenschadensersatz gewidmeten Bestimmungen der §§ 842 bis 847 aF bringt das BGB in seinen §§ 848 bis 851 eine Reihe von **Sondervorschriften über die Haftungsausfüllung** bei Entziehung bzw. – was § 851 anlangt – auch bei Beschädigung von Sachen. Im Gegensatz zu den §§ 842 ff. sind alle diese Normen über ein **Schattendasein** nie hinausgekommen, weil sie praktisch wenig bedeutsame Fragen betreffen und auf diese zum Teil Antworten geben, die bereits an anderer Stelle des Gesetzes ausgesprochen worden sind bzw. sich aus allgemeinen schadensrechtlichen Grundsätzen herleiten lassen. Die §§ 848 bis 851 könnten deshalb zum überwiegenden Teil gestrichen und die wenigen erhaltenswerten Regelungen in die §§ 249 ff. integriert werden (vgl. §§ 842, 843 RdNr. 9 f.).[1] Die Chance dazu hat der Gesetzgeber des Zweiten Schadensersatzrechtsänderungsgesetzes allerdings nicht wahrgenommen, und es sieht nicht so aus, als würde sie allzubald wiederkommen.

II. Normzweck

§ 848 übernimmt den gemeinrechtlichen Rechtssatz „fur semper in mora" (der **Dieb ist immer im Verzug**) in das Deliktsrecht des BGB. Damit wird der Deliktsbesitzer einer Sache einem sich im Verzug befindlichen Rückgabeverpflichteten gleichgestellt, der gemäß § 287 S. 2 ebenfalls für den zufälligen Untergang und die zufällige Verschlechterung der Sache einzustehen hat.[2] Im römischen Recht bedurfte es einer solchen Regelung, weil dem Eigentümer gegen den Dieb kein Schadensersatzanspruch, sondern allein die rei vindicatio sowie eine Bereicherungsklage zur Verfügung standen.[3] Unter dem BGB ergibt sich der Schadensersatzanspruch bei Sachentziehung hingegen schon aus den §§ 992, 823, 249, 251 Abs. 1, und er steht dem Eigentümer ohne Rücksicht darauf zu, ob die Sache bereits im Zeitpunkt der unerlaubten Handlung oder erst nachfolgend untergeht oder verschlechtert wird (§ 251 RdNr. 7). Damit ist die traditionelle **Funktion des § 848 obsolet**.[4] Auch die im Rahmen der §§ 249 ff. für die Zurechnung von Folgeschäden anerkannten Restriktionen der Schutzzwecklehre lassen der Vorschrift keine Bedeutung zuwachsen,[5] denn wenn es am Schutzzweckzusammenhang fehlt, weil sich in dem Folgeschaden nicht das durch die Rechtsgutsverletzung gesetzte Risiko verwirklicht hat, dann wäre der Schaden auch ohne die unerlaubte Handlung eingetreten, so dass sich der Schädiger nach Halbs. 2 entlasten kann. Diese Einschätzung wird durch einen Blick in die Praxis bestätigt, denn die Gerichte kommen de facto ohne § 848 aus.[6] Die Bestimmung sollte gestrichen werden.[7]

III. Voraussetzungen und Rechtsfolgen

Erfasst werden alle Fälle **deliktischer Sachentziehung**, nicht nur der **Diebstahl**.[8] Es kommt nicht darauf an, ob der Besitz erst durch die unerlaubte Handlung erlangt wurde, so

---

[1] *Wagner*, Das neue Schadensersatzrecht, 2002, RdNr. 42 f.
[2] Mot. II S. 740.
[3] *Meincke* JZ 1980, 677, 678.
[4] *Meincke* JZ 1980, 677, 678.
[5] So aber *Larenz/Canaris* II/2 § 83 IV, S. 593.
[6] Vgl. die überaus spärlichen Nachweise von Judikatur bei *Meincke* JZ 1980, 677 f.
[7] *Meincke* JZ 1980, 677 f.; aA *Larenz/Canaris* II/2 § 83 IV, S. 593; *Staudinger/Vieweg* RdNr. 3 f.
[8] Vgl. etwa BGH VersR 1978, 350, 351; KG VersR 1978, 435.

§ 849 1, 2

dass auch die **Unterschlagung** erfasst wird,[9] ob er an fremder oder an eigener Sache begründet wird (zB im Wege der **Pfandkehr**, § 289 b StGB) und ob der Schädiger den Besitz dauerhaft oder nur vorübergehend (**furtum usus**, § 248 b StGB) für sich beansprucht. Selbst die Weggabe einer Sache durch das Opfer von **Betrug** oder **Erpressung** kann noch als Sachentziehung einer Sache gelten (§ 849 RdNr. 4). Zu den Sachen iS der §§ 848, 849 zählt auch **Geld** (§ 849 RdNr. 4).[10] Der Sachverschlechterung steht ihre Entwertung gleich, nicht aber der Fall, dass ein in der Sache verkörpertes Recht an Wert verliert, wie etwa beim **Kursverfall einer Aktie**.[11] Obwohl die Vorschrift den Deliktstäter wie einen Schuldner in Verzug haften lässt, müssen die Verzugsvoraussetzungen nicht vorliegen; insbesondere bedarf es keiner Mahnung.[12] Aus § 848 lässt sich nicht herleiten, dass der Geschädigte die verschlechterte Sache zurückweisen und insgesamt Geldersatz verlangen kann, sondern insoweit verbleibt es bei der Regelung des § 251.[13]

4 § 848 Halbs. 2 enthält einen gesetzlich normierten Fall der Anerkennung des Einwands **hypothetischer Kausalität**.[14] Danach entfällt die Ersatzpflicht, wenn die Sache auch ohne die deliktische Besitzentziehung untergegangen oder verschlechtert worden wäre. Das Zufallsereignis, das hypothetisch den Eigentümer getroffen hätte, muss nicht dasselbe sein wie dasjenige, das tatsächlich den Deliktsbesitzer ereilt hat.[15] Die Beweislast trägt der Deliktsbesitzer.[16]

§ 849 Verzinsung der Ersatzsumme

Ist wegen der Entziehung einer Sache der Wert oder wegen der Beschädigung einer Sache die Wertminderung zu ersetzen, so kann der Verletzte Zinsen des zu ersetzenden Betrags von dem Zeitpunkt an verlangen, welcher der Bestimmung des Wertes zugrunde gelegt wird.

I. Normzweck und Anwendungsbereich

1 Genauso wie § 848 stellt auch § 849 den aus Delikt Verantwortlichen einem Schuldner gleich, der mit der Verpflichtung zur Herausgabe einer Sache im Verzug ist. Gemäß § 290 hat der **Verzugsschuldner** in diesem Fall den Wertersatzanspruch mit Wirkung ex tunc zu verzinsen. Eben diese Rechtsfolge tritt nach § 849 ein, ohne dass es auf den Verzug des Deliktsschuldners ankäme.

2 Die Gewährung eines Zinsanspruchs ohne Rücksicht auf die Verzugsvoraussetzungen beruht auf dem Umstand, dass die Kompensation der Sachentziehung oder -beschädigung durch Erstattung der Kosten einer Reparatur oder Ersatzbeschaffung den eingetretenen Schaden nicht vollständig ausgleicht, weil der Betroffene für die Zeit der Vorenthaltung, Ersatzbeschaffung oder Instandsetzung daran gehindert war, die Sache zu nutzen und die **ausgefallene Nutzungszeit nicht nachholen** kann.[1] Da die durch den Entzug der Nutzungsmöglichkeit eingetretenen Nachteile häufig nur schwer bezifferbar und nachweisbar sind, kommt § 849 dem Betroffenen entgegen und gewährt de facto eine **pauschale Nutzungsausfallentschädigung** durch Verzinsung des Wertersatzanspruchs.[2]

---

[9] *Bamberger/Roth-Spindler* RdNr. 2; *Soergel/Krause* RdNr. 2.
[10] BGH NJW 2008, 1084.
[11] RG Recht 1907 Nr. 762; *RGRK/Kreft* RdNr. 1; *Soergel/Krause* RdNr. 2; *Staudinger/Vieweg* RdNr. 5; krit. *Bamberger/Roth/Spindler* RdNr. 3.
[12] RG WarnR 1911 Nr. 81; OLG Kiel OLGE 9, 282.
[13] RG WarnR 1911 Nr. 81.
[14] Vgl. § 249 RdNr. 201 ff. mwN.
[15] Prot. II S. 607; anders noch Mot. II S. 65; *Soergel/Krause* RdNr. 2.
[16] *RGRK/Kreft* RdNr. 2; *Soergel/Krause* RdNr. 2; *Staudinger/Vieweg* RdNr. 9.
[1] BGHZ 87, 38, 41 = NJW 1983, 1614 = LM Nr. 4; BGH NJW 2008, 1084.
[2] Mot. II S. 741; BGHZ 87, 38, 41 = NJW 1983, 1614, 1615 = LM Nr. 4; *RGRK/Kreft* RdNr. 1; *Soergel/Krause* RdNr. 1.

Liegt eine Sachentziehung oder -beschädigung vor, gilt § 849 **im Rahmen sämtlicher** **Haftungstatbestände** der §§ 823 ff.,[3] einschließlich der Amtshaftung[4] und der persönlichen Beamtenhaftung gegenüber dem Dienstherrn gemäß § 78 BBG und den Parallelnormen der Landes-Beamtengesetze.[5] Anwendbar ist die Vorschrift auch auf die Verschuldenshaftung des Insolvenzverwalters nach § 60 InsO[6] sowie auf die **Haftung aus Gefährdung**, soweit der Halter nur für eine Sachentziehung oder -beschädigung einzustehen hat, was insbesondere für den Verkehrsunfallsektor (§ 7 StVG) von praktischer Bedeutung ist.[7]

II. Voraussetzungen

Auf andere als die Fälle der Sachentziehung und -beschädigung ist die Vorschrift nicht anwendbar; ein **allgemeiner Rechtsgrundsatz** des Inhalts, außervertragliche Schadensersatzansprüche seien von ihrer Entstehung an zu verzinsen, existiert nicht.[8] Sache iS der Vorschrift ist auch **Geld,** so dass der Dieb einer Geldsumme diese mit Zinsen zurückzahlen muss (vgl. § 848 RdNr. 3).[9] Im Übrigen ist es nicht erforderlich, dass der Geschädigte im Zeitpunkt der unerlaubten Handlung Besitzer des fraglichen Gegenstands war bzw. den Besitz durch das Delikt eingebüßt hat,[10] so dass die Vorschrift auch auf **Unterschlagungen** und **Untreuehandlungen** anwendbar ist.[11] Unter den Begriff der Entziehung fällt auch die Weggabe einer Sache im Zuge von **Betrug** oder **Erpressung**.[12]

III. Rechtsfolgen

Zu verzinsen sind nur diejenigen Beträge, die **den endgültigen – trotz Rückgabe und Reparatur verbleibenden – Verlust an Nutzbarkeit** kompensieren sollen.[13] Der Anspruch auf Erstattung der Kosten für die Wiederherstellung der Sache wird nicht erfasst,[14] ebenso wenig die Summe, die der Geschädigte als Darlehen zur einstweiligen Kompensation des Sachverlusts aufgenommen hat.[15] Die Bedeutung der Vorschrift reduziert sich damit im Wesentlichen auf Fälle der Sachzerstörung und -vorenthaltung, ohne dass dafür ein teleologisch überzeugender Gesichtspunkt angegeben werden könnte. Die Rechtsprechung sollte ihre Zurückhaltung aufgeben, § 849 auf den Anspruch auf Reparaturkostenersatz analog anwenden und ihr damit mehr praktische Bedeutung verschaffen, anstatt ganz auf die Entschädigung wegen abstrakten Nutzungsentgangs zu setzen (§ 249 RdNr. 58 ff.).[16]

Geschuldet ist der **Verzugszins** des § 288 Abs. 1 S. 2 in Höhe von 5% über dem Basiszinssatz und nicht bloß der gesetzliche Zins von 4% (§ 246), wie die hM meint.[17] Diese Lösung entspricht dem Normzweck des § 849, der den Deliktsschuldner einem Verzugsschuldner gleichstellen und den Ausfall der Nutzungsmöglichkeit kompensieren soll, sowie der Rechtslage bei § 290 (§ 290 RdNr. 4). Der hinter § 288 Abs. 1 stehende Rechts-

---

[3] BGHZ 87, 38, 39 f. = NJW 1983, 1614 = LM Nr. 4.
[4] BGH NJW 1965, 392 = VersR 1965, 242; NVwZ 1994, 409, 410.
[5] AA OVG Münster NWVwBl. 2000, 343, 346.
[6] OLG Düsseldorf NJW-RR 1989, 1253 f. (zu § 82 KO).
[7] BGHZ 87, 38, 39 ff. = NJW 1983, 1614 = LM Nr. 4; vgl. OLG Celle VersR 1977, 1104; Staudinger/Vieweg RdNr. 5; aA RGRK/*Kreft* RdNr. 6.
[8] BGH VersR 1962, 548, 549 f. = LM Nr. 2; NVwZ 1994, 409, 410.
[9] BGH NJW 2008, 1084; ausdrückliche Klarstellung noch in § 717 Abs. 1 des Ersten Entwurfs; dazu Mot. II S. 740 f.; vgl. auch Prot. II S. 607; zu § 848 genauso BGHZ 8, 288, 298 = NJW 1953, 499, 500 f.; OLG München OLGZ 1970, 457, 458; OLG Düsseldorf NJW-RR 1989, 1253, 1254.
[10] OLG Düsseldorf NJW-RR 1989, 1253, 1254.
[11] BGHZ 8, 288, 298 = NJW 1953, 499, 500 f.; BGH VersR 1962, 548, 549 f.; NJW 2008, 1084.
[12] BGH NJW 2008, 1084.
[13] BGH VersR 1962, 548, 550 = LM RdNr. 2.
[14] BGH VersR 1962, 548, 550 = LM Nr. 2; OLG Saarbrücken OLGR 1999, 125.
[15] OLG Saarbrücken VersR 1991, 1390, 1391; aA wohl OLG München VersR 1966, 548.
[16] Grundlegend BGH (GS) BGHZ 98, 212 = NJW 1987, 50.
[17] So aber BGH NJW 2008, 1084 (ohne Begründung); *Bamberger/Roth/Spindler* RdNr. 3; *Erman/Schiemann* RdNr. 1, *Soergel/Krause* RdNr. 2; *Staudinger/Vieweg* RdNr. 8.

gedanke, dem Schuldner den Anreiz zur Verzögerung der Leistung zu nehmen (§ 288 RdNr. 4), trifft auf § 849 genauso zu.[18]

7 Der **Zinsanspruch entsteht bereits mit dem Schadensereignis**, also der Rechtsgutsverletzung, und auf diesen Zeitpunkt ist auch die Berechnung des Werts der Sache zu beziehen.[19] Sind die Zinsen über einen längeren Zeitraum zu entrichten, während dessen Schwankungen des Preisniveaus zu verzeichnen waren, so ist dies bei der Berechnung des Wertersatzanspruchs zu berücksichtigen. Unter Ausschöpfung der durch § 287 ZPO gewährten Spielräume kann das Gericht auf die exakte Berechnung des Ersatzanspruchs zu verschiedenen Zeitpunkten verzichten, um statt dessen einen Mittelwert zu bilden, der die Schwankungen angemessen reflektiert.[20]

8 Die **Zinspflicht endet** mit der Beschaffung einer Ersatzsache durch den Schädiger bzw. durch Erfüllung des Schadensersatzanspruchs.[21] Wendet der Geschädigte hingegen eigene Mittel auf, um sich zeitnah eine Ersatzsache zu verschaffen, hat dies keinen Einfluss auf den Zinsschaden.

9 Die **Geltendmachung eines höheren Schadens** wird durch § 849 nicht ausgeschlossen, doch ist er dann im Einzelnen zu belegen, wobei die Erleichterungen des § 287 ZPO zu beachten sind.[22] Allerdings muss sich der Geschädigte entscheiden, ob er mit Blick auf ein und denselben Zeitraum seinen Nutzungsausfallschaden auf der Grundlage des § 849 liquidieren, ob er statt dessen die erlittenen Nachteile, etwa die **Mietzinsen bei Anmietung einer Ersatzsache**, konkret nachweisen[23] oder ob er auf der Grundlage der Rechtsprechung zur **abstrakten Nutzungsausfallentschädigung** mit dem Schädiger abrechnen will.[24] Eine kumulative Anwendung verschiedener Arten der Schadensberechnung ist nur im Hinblick auf unterschiedliche Zeitabschnitte möglich.[25]

§ 850 Ersatz von Verwendungen

Macht der zur Herausgabe einer entzogenen Sache Verpflichtete Verwendungen auf die Sache, so stehen ihm dem Verletzten gegenüber die Rechte zu, die der Besitzer dem Eigentümer gegenüber wegen Verwendungen hat.

1 Der zur Herausgabe der durch die unerlaubte Handlung erlangten Sache Verpflichtete wird bezüglich seiner Verwendungen dem gemäß **§§ 985 ff.** zur Herausgabe verpflichteten Besitzer gleichgestellt. Seine Ersatzansprüche bestimmen sich daher nach den **§§ 994 bis 1003**. Steht ihm hiernach ein Verwendungsersatzanspruch gegen den Eigentümer zu, kann er bis zu seiner Befriedigung die Herausgabe der Sache entsprechend den §§ 1000, 273 verweigern, es sei denn, er hat den Besitz durch eine vorsätzliche unerlaubte Handlung erlangt (§§ 1000 S. 2, 273 Abs. 2).

§ 851 Ersatzleistung an Nichtberechtigten

Leistet der wegen der Entziehung oder Beschädigung einer beweglichen Sache zum Schadensersatz Verpflichtete den Ersatz an denjenigen, in dessen Besitz sich die Sache zur Zeit der Entziehung oder der Beschädigung befunden hat, so wird er

---

[18] AA *Soergel/Krause* RdNr. 2, nach dem § 288 allein der Kompensation der Refinanzierungskosten des Gläubigers einer Geldschuld dient.
[19] RGZ 153, 171, 173; BGHZ 8, 288, 298 = NJW 1953, 499, 500 f.; BGH NJW 1965, 392 f. = LM Nr. 3; OLG Düsseldorf NJW-RR 1989, 1253 f.; *Palandt/Sprau* RdNr. 2.
[20] BGH NJW 1965, 392, 393; RGRK/*Kreft* RdNr. 5.
[21] *Palandt/Sprau* RdNr. 2.
[22] BGH VersR 1962, 548, 550 = LM Nr. 2; RGRK/*Kreft* RdNr. 1.
[23] Vgl. BGH VersR 1962, 548, 550 = LM Nr. 2.
[24] Vgl. BGHZ 98, 212 = NJW 1987, 50.
[25] Mot. II S. 66; BGHZ 87, 38, 41 f. = NJW 1983, 1614, 1615 = LM Nr. 4; BGH VersR 1962, 548, 550 = LM Nr. 2; OLG Saarbrücken VersR 1991, 1390.

durch die Leistung auch dann befreit, wenn ein Dritter Eigentümer der Sache war oder ein sonstiges Recht an der Sache hatte, es sei denn, dass ihm das Recht des Dritten bekannt oder infolge grober Fahrlässigkeit unbekannt ist.

Schrifttum: *Chr. Berger,* Schadensersatzleistung an den Sachbesitzer, VersR 2001, 419; *Witt,* Die Rechtsfigur des Besitzdieners im Widerstreit zwischen Bestands- und Verkehrsschutz, AcP 201 (2001), 165.

I. Normzweck

Die Bestimmung gewährleistet den **Schutz des Schadensersatzpflichtigen** mit denselben Mitteln, die das Gesetz auch in den §§ 407 bis 409 im Zusammenhang mit der Abtretung einer Forderung zur Anwendung bringt. Unternimmt es der Schädiger, den eingetretenen Schaden zu beheben und zahlt er hierzu gutgläubig an den bisherigen Besitzer der zerstörten oder beschädigten Sache, soll er vor einer erneuten Inanspruchnahme durch den tatsächlichen Anspruchsinhaber bewahrt werden. 1

II. Voraussetzungen der Schuldbefreiung

1. Bewegliche Sache. § 851 gilt nur für Ersatzansprüche wegen **Entziehung oder Beschädigung beweglicher Sachen** und damit weder bei Beschädigung von Immobilien[1] noch bei Beeinträchtigung unkörperlicher Gegenstände wie etwa bei der Verletzung von Immaterialgüterrechten.[2] Auch bereicherungsrechtliche Wertersatzansprüche werden von § 851 nicht erfasst.[3] § 893 beruht zwar auf einem ähnlichen Rechtsgedanken wie § 851, doch gilt er bei Schadensersatzzahlungen an den im Grundbuch eingetragenen Scheineigentümer nicht,[4] weil es an einer Leistung auf das dingliche Recht fehlt (4. Aufl. § 893 RdNr. 4).[5] 2

2. Zahlung an den vermeintlich Berechtigten. Der zum Ausgleich verpflichtete Schädiger bedarf des Schutzes bei der Erbringung der Leistung nur insoweit, als er an einen Besitzer zahlt, den er für den Eigentümer oder für einen sonst Berechtigten hält, also **auf den Ersatzanspruch des vermeintlichen Eigentümers** oder des vermeintlichen Inhabers eines sonstigen Rechts an der Sache leistet. Als Leistungsempfänger kommt auch ein Besitzdiener (§ 855) in Betracht, soweit dieser sich durch Entgegennahme der Schadensersatzleistung zum Besitzer aufschwingt.[6] Der dadurch gewährleistete Schutz des Leistenden darf auch nicht durch Anwendung des § 935 wieder rückgängig gemacht werden, indem ein Abhandenkommen der Sache angenommen wird (RdNr. 7). 3

Bei Zahlungen auf **eigene Ersatzansprüche des berechtigten Besitzers,** etwa eines **Leasingnehmers,** aus §§ 823 Abs. 1, 249 ff. bedarf der Schädiger des Schutzes des § 851 nicht, denn hier ergibt sich die Tilgungswirkung der Leistung unmittelbar aus § 362 (§ 823 RdNr. 157 ff.). Gleiches gilt für Leistungen, die Inhabern sonstiger Rechte und Anwartschaftsberechtigten, wie etwa dem **Vorbehaltskäufer,** auf deren Ersatzansprüche erbracht werden (§ 823 RdNr. 151 ff.). Umgekehrt kann § 851 auch zu Lasten obligatorisch Nutzungsberechtigter eingreifen, nach dem der berechtigte Besitz als sonstiges Recht iS des § 823 Abs. 1 anerkannt ist.[7] 4

Anders als § 407 nennt § 851 allein die Zahlung von Schadensersatz, also die Erbringung der geschuldeten Leistung, nicht aber **sonstige Rechtsgeschäfte** zwischen dem Schuldner und dem vermeintlichen Gläubiger „in Ansehung der Forderung" (§ 407 Abs. 1), wie Aufrechnung, Erlass etc. (§ 407 RdNr. 7). Auch über die Wirkung eines gegenüber dem Scheingläubiger erstrittenen **rechtskräftigen Urteils** (§ 407 Abs. 2; vgl. § 407 Rd- 5

---

[1] *Medicus* Jura 2001, 294, 297; aA ohne Begr. *Berger* VersR 2001, 419, 420.
[2] RGRK/*Kreft* RdNr. 2.
[3] *Staudinger/Vieweg* RdNr. 4.
[4] AA *Soergel/Krause* RdNr. 2.
[5] Zu diesem Erfordernis vgl. nur BGH NJW 1996, 1207, 1208.
[6] So im Ergebnis auch *Witt* AcP 201 (2001), 165, 197 ff.
[7] *Staudinger/Vieweg* RdNr. 7.

§ 852 Abschnitt 8. Titel 27. Unerlaubte Handlungen

Nr. 23 ff.) schweigt sich die Vorschrift aus. Für diese Diskrepanzen sind Sachgründe nicht erkennbar, so dass § 851 auf die genannten Fälle analog anzuwenden ist.[8]

6 **3. Guter Glaube.** Die Redlichkeit des Schädigers ist nach denselben Kriterien zu beurteilen, von denen § 932 den Erwerb des Eigentums an beweglichen Sachen vom Nichtberechtigten abhängig macht. Der gute Glaube muss im **Zeitpunkt der Leistung** vorliegen; die spätere Erlangung der Kenntnis von der Nichtberechtigung des Empfängers schadet nicht.[9] Obwohl die Aufspaltung von Eigentums- und Nutzungsrecht in der heutigen Wirtschaftspraxis eher den Regelfall als die Ausnahme darstellt, darf **grob fahrlässige Unkenntnis** von der Nichtberechtigung des Besitzers nicht pauschal bejaht werden (§ 276 RdNr. 83 ff.; 4. Aufl. § 932 RdNr. 29 ff.).[10] Folgerichtig schließt es den guten Glauben nicht aus, wenn der Verursacher eines Verkehrsunfalls an den Gegner zahlt, ohne sich zuvor der Eigentumslage zu vergewissern, sofern keine Anhaltspunkte dafür ersichtlich sind, dass es sich bei dem Unfallwagen um Vorbehaltsware oder um ein Leasingfahrzeug handelt.[11] Gleiches gilt, wenn eine Kfz.-Versicherung dem Geschädigten einen Vorschuss überweist, ohne sich den Kfz.-Brief vorlegen zu lassen oder Einblick in die Ermittlungsakten zu nehmen.[12]

7 Wie sich aus § 935 ergibt, trägt der wahre Berechtigte das Risiko, dass sich ein Dritter im Rechtsverkehr wie ein Eigentümer geriert, nur dann, wenn er die Sache freiwillig aus der Hand gegeben hat, nicht aber, wenn sie ihm abhanden gekommen ist. Diese **Risikoverteilung ist auch im Rahmen des § 851 zu beachten** und die Befreiung des Schädigers von seiner Verbindlichkeit zu verneinen, wenn er an einen Dieb zahlt.[13] Geriert sich ein Besitzdiener wie ein Besitzer, ist Abhandenkommen allerdings richtiger Ansicht nach zu verneinen (anders 4. Aufl. § 935 RdNr. 11).[14]

III. Rechtsfolgen

8 Der Verpflichtete wird nach § 851 **in Höhe der geleisteten Zahlung frei,** weil er sich auch dem wahren Berechtigten gegenüber auf die Einwendung des § 362 berufen kann. Es ist dann Sache des Eigentümers, beim Besitzer **nach § 816 Abs. 2 Rückgriff** zu nehmen.

IV. Beweislast

9 Wie sich aus der Formulierung des § 851 ergibt, wird die **Redlichkeit des Ersatz leistenden Schädigers vermutet,** so dass die Beweislast für dessen Bösgläubigkeit im Zeitpunkt der Leistung den wahren Eigentümer oder Inhaber eines beschränkt dinglichen Rechts trifft, der den Schädiger seinerseits ein zweites Mal in Anspruch nimmt, und gegen den sich letzterer mit der Einwendung aus §§ 362, 851 verteidigt.

§ 852 Herausgabeanspruch nach Eintritt der Verjährung

¹Hat der Ersatzpflichtige durch eine unerlaubte Handlung auf Kosten des Verletzten etwas erlangt, so ist er auch nach Eintritt der Verjährung des Anspruchs auf Ersatz des aus einer unerlaubten Handlung entstandenen Schadens zur Herausgabe nach den Vorschriften über die Herausgabe einer ungerechtfertigten Bereicherung verpflichtet. ²Dieser Anspruch verjährt in zehn Jahren von seiner Entstehung an,

---

[8] *Berger* VersR 2001, 419, 422; aA *Staudinger/Vieweg* RdNr. 14; offen *Soergel/Krause* RdNr. 3.
[9] RGRK/*Kreft* RdNr. 4.
[10] *Berger* VersR 2001, 419, 420.
[11] KG VersR 1976, 1160.
[12] OLG Düsseldorf OLGR 1992, 180 f.; 3. Aufl. RdNr. 2; aA *Berger* VersR 2001, 419, 421; *Staudinger/Vieweg* RdNr. 10; *Bamberger/Roth/Spindler* RdNr. 4.
[13] *Larenz/Canaris* II/2 § 83 IV, S. 593; *Staudinger/Vieweg* RdNr. 6; *Berger* VersR 2001, 419, 420 f.; aA *Witt* AcP 201 (2001), 165, 193 ff.
[14] *Berger* VersR 2001, 419, 421.

ohne Rücksicht auf die Entstehung in 30 Jahren von der Begehung der Verletzungshandlung oder dem sonstigen, den Schaden auslösenden Ereignis an.

Schrifttum: *B. Ebert*, Der deliktische „Rest-Schadensersatzanspruch" nach der Schuldrechtsreform, NJW 2003, 3035.

I. Normzweck und Entstehungsgeschichte

Dem heutigen § 852 entsprach in der ursprünglichen Fassung des BGB die Bestimmung des § 852 Abs. 2, die 1977 mit Inkrafttreten des (ersten) Gesetzes zur Änderung schadensersatzrechtlicher Vorschriften zu § 852 Abs. 3 wurde, nachdem der Gesetzgeber an die Stelle des Abs. 2 eine Regelung über die Hemmung der Verjährung bei Verhandlungen gesetzt hatte (vgl. Vor § 823 RdNr. 82).[1] Die Bereicherungshaftung des Deliktstäters ist von dem Gesetzgeber des Jahres 1896 als funktionales **Äquivalent zur condictio ex iniusta causa des gemeinen Rechts** konzipiert worden. Dieses Rechtsinstitut ist nicht in das BGB übernommen worden, weil man den Schutz durch Eingriffskondiktion und Deliktsrecht als gewährleistet ansah.[2] Weil die Verjährungsfrist für Ansprüche aus Delikt in der ursprünglichen Fassung des BGB (§ 852 Abs. 1 BGB aF) wesentlich kürzer bemessen war als für Ansprüche aus ungerechtfertigter Bereicherung (§ 195 BGB aF), wurde die Bereicherungshaftung des Deliktstäters über den Ablauf der deliktischen Verjährungsfrist hinaus angeordnet.[3]

1

Der Gesetzgeber der Schuldrechtsreform hat keine inhaltliche Veränderung des früheren § 852 Abs. 3 beabsichtigt.[4] Nach Ablauf der Regelverjährungsfrist der §§ 195, 199 wird der Schädiger zwar davor geschützt, sein eigenes Vermögen für den Ausgleich des Schadens einzusetzen, nicht aber davor, wenigstens die durch die **unerlaubte Handlung erlangten Vorteile herausgeben** zu müssen – sog. **Restschadensersatzanspruch.**[5] Die in der älteren Literatur geäußerte Sorge, bei Abkopplung des heutigen § 852 vom Bereicherungsrecht würde die Haftung wegen Eingriffserwerbs in einer Weise aufgebläht, „die weder praktikabel noch sachlich gerechtfertigt ist",[6] hat sich nicht bewahrheitet. Offenbar ist die haftungsbegrenzende Wirkung der deliktischen Haftungsvoraussetzungen unterschätzt worden, die auch für den Anspruch aus § 852 erfüllt sein müssen (RdNr. 3).

2

Mit der Verallgemeinerung des früheren § 852 Abs. 1 zur Regelverjährung der §§ 195, 199, die nunmehr auch für Bereicherungsansprüche gilt, hat sich der **Anwendungsbereich des früheren § 852 Abs. 3 verändert.**[7] Die praktische Bedeutung des Restschadensersatzanspruchs hat erheblich zugenommen, weil anders als früher ein neben der Deliktshaftung ggf. herlaufender Anspruch aus Eingriffskondiktion gemäß § 812 Abs. 1 S. 1 Alt. 2 normalerweise gleichzeitig mit dem Deliktsanspruch verjährt, so dass **nach Ablauf der Regelfrist** der §§ 195, 199 dem Geschädigten **allein noch die Berufung auf § 852** weiterhilft. Bereicherungs- und Schadensersatzansprüche verjähren gemäß §§ 195, 199 binnen drei Jahren seit Ablauf des Jahres ihrer Entstehung und Kenntnis bzw. grob fahrlässiger Unkenntnis des Gläubigers von den haftungsbegründenden Umständen und der Person des Ersatzpflichtigen. Bei Sach- und Vermögensschäden gilt zudem die taggenau und unabhängig vom Kenntnisstand des Gläubigers einsetzende Höchstfrist des § 199 Abs. 3, die derjenigen des § 852 S. 2 entspricht. Der Restschadensersatzanspruch nach S. 1 erlangt also nur dann Bedeutung, wenn der Geschädigte die von subjektiven Voraussetzungen abhängige Regelverjährungsfrist der §§ 195, 199 hat verstreichen lassen, denn ist dies nicht der Fall, dann

3

---

[1] Gesetz vom 16. 8. 1977, BGBl. I S. 1577.
[2] Mot. II S. 851; eingehend zur Entstehungsgeschichte *König* in: BMJ (Hrsg.), Gutachten und Vorschläge zur Überarbeitung des Schuldrechts, Bd. II, 1981, S. 1515, 1557.
[3] Mot. II S. 743.
[4] Begr. des Entwurfs eines Gesetzes zur Modernisierung des Schuldrechts, BT-Drucks. 14/6040 S. 270.
[5] BGH NJW 1965, 1914, 1915; BGHZ 71, 86, 99 = NJW 1978, 1377 = LM Nr. 63; *Larenz/Canaris* II/2 § 83 V 2, S. 595.
[6] So *v. Caemmerer*, FS Rabel, Bd. I, 1954, S. 333, 396.
[7] *Ebert* NJW 2003, 3035, 3036 f.

§ 852   4, 5   Abschnitt 8. Titel 27. Unerlaubte Handlungen

gelten die gespreizten Fristen des § 852 S. 2 über § 199 Abs. 3 auch für den eigentlichen Schadensersatzanspruch.⁸ Die praktische Funktion des Rechtsbehelfs des § 852 S. 1 besteht nach allem darin, es dem Geschädigten zu ermöglichen, trotz Kenntnis von den haftungsbegründenden Umständen und der Person des Schädigers länger als 3 Jahre (§ 195) zuzuwarten und von der alsbaldigen gerichtlichen Geltendmachung des Deliktsanspruchs abzusehen, etwa weil das Vorliegen der Haftungsvoraussetzungen oder die Rechtslage zweifelhaft ist oder weil dem zu Verklagenden aktuell die nötigen wirtschaftlichen Mittel fehlen, um den Ersatzanspruch zu befriedigen.⁹ In dieser Situation steht es dem Gläubiger gemäß S. 2 frei, binnen zehn Jahren auf den Anspruch zurückzukommen. Die Begründung zum SMG nennt das Beispiel, dass zwar der Erpresser, aber nicht das Lösegeld gefunden wird und der Geschädigte deshalb zunächst darauf verzichtet, den ihm zustehenden Ersatzanspruch geltend zu machen. Taucht die Beute binnen weiterer sieben Jahre nach Vollendung der Regelverjährungsfrist auf, kann deren Herausgabe nach § 852 verlangt werden.¹⁰ Die **Ultimo-Regel des § 199 Abs. 1 gilt bei § 852 genauso wenig** wie bei § 199 Abs. 3 (§ 199 RdNr. 43).

II. Anwendungsbereich

4   Nach dem Willen des Gesetzgebers liegt ein wichtiges Anwendungsfeld des § 852 nicht im bürgerlichen Recht der unerlaubten Handlungen, sondern in den wirtschaftsrelevanten **Spezialmaterien des Deliktsrechts**, insbesondere im **Recht des geistigen Eigentums**.¹¹ In diesen Bereichen liegt die eben geschilderte Interessenlage, dass der Betroffene in voller Kenntnis des Schadens und der Person des Ersatzberechtigten gute Gründe hat, zunächst mit der Geltendmachung von Ersatzansprüchen zuzuwarten, häufig vor, weil die Rechtslage in der Regel kompliziert, der Streitwert hoch und die Prozessrisiken deshalb erheblich sind.¹² Folgerichtig findet sich in den Fachgesetzen des **Immaterialgüterrechts** durchweg eine durch das SMG angepasste ausdrückliche Verweisung auf § 852; vgl. §§ 33 Abs. 3 S. 2, 141 S. 2 PatG, § 24 c S. 2 GebrMG, § 9 Abs. 3 S. 2 HalbleiterschutzG, § 37 c S. 2 SortenschutzG, § 20 S. 2 MarkenG und § 102 S. 2 UrhG. Fehlt es daran, ist § 852 dennoch anwendbar, wenn es sich bei der jeweiligen Materie der Sache nach um Sonderdeliktsrecht handelt, was insbesondere auf das **UWG** zutrifft.¹³ Wegen der zwar kenntnisabhängigen, aber auf sechs Monate verkürzten Verjährungsfrist des § 11 Abs. 1, 2 UWG, kommt dem Anspruch aus § 852 im Rahmen des Wettbewerbsrechts sogar besondere Bedeutung zu. Auf den Ersatzanspruch gemäß § 47 a BAföG ist § 852 analog anzuwenden.¹⁴ **Keine Anwendung** findet die Vorschrift im Rahmen der **Risikohaftung aus § 717** Abs. 2 ZPO, weil diese nicht an einen unerlaubten Eingriff in fremde Rechte geknüpft ist und bereits durch die Aufhebung der vorläufig vollstreckbaren Entscheidung ausgelöst wird, ohne dass es auf den endgültigen Ausgang des Rechtsstreits ankommt.¹⁵

III. Zur Regelung im Einzelnen

5   Nach dem Willen des historischen Gesetzgebers des § 852 Abs. 3 aF sollte der Bereicherungsanspruch an dieser Stelle „zugleich ... inhaltlich geregelt werden",¹⁶ und in den Materialien zum SMG heißt es, bei dem Anspruch aus § 852 S. 1 handele es sich um den

---

⁸ *Ebert* NJW 2003, 3035, 3036.
⁹ Krit. *Ebert* NJW 2003, 3035, 3036.
¹⁰ BT-Drucks. 14/6040 S. 270.
¹¹ BT-Drucks. 14/6040 S. 270, 282; krit. *Ebert* NJW 2003, 3035, 3036.
¹² Für den Gesetzgeber des SMG war dies ein wesentlicher Grund für die Beibehaltung der Vorschrift; vgl. BT-Drucks. 14/6040 S. 270, 282.
¹³ Vgl. zur Vorgängerregelung des § 21 UWG aF BGHZ 130, 288, 297 = NJW 1995, 2788, 2790; zur aktuellen Regelung *Hefermehl/Köhler/Bornkamm* § 11 UWG RdNr. 1.49.
¹⁴ BVerwG NJW 1993, 2328, 2329 f.
¹⁵ BGHZ 169, 308, 314 ff. Tz. 18 ff. = NZI 2007, 740 = WM 2007, 27; *Staudinger/Vieweg* RdNr. 6.
¹⁶ Mot. II, S. 743.

ursprünglichen Deliktsanspruch und nicht um einen daneben bestehenden Bereicherungsanspruch.[17] In Übereinstimmung damit wie auch mit der modernen Rechtsprechung ist die Vorschrift nicht als **Rechtsgrundverweisung** auf die §§ 812 ff., sondern als **Rechtsfolgenverweisung** auf die §§ 818 ff. zu qualifizieren.[18] Die Vollendung der für den Schadensersatzanspruch geltenden Regelverjährung gemäß §§ 195, 199 Abs. 1 bewirkt lediglich eine Beschränkung des Ersatzumfangs: Während bis dahin die Kompensation sämtlicher Nachteile verlangt werden konnte, ist der Ausgleich nunmehr der Höhe nach auf die dem Schädiger verbliebene Bereicherung begrenzt. Folgerichtig kommt es nicht darauf an, ob die Voraussetzungen eines Kondiktionsanspruchs vorliegen, sondern es sind die Voraussetzungen für einen Deliktsanspruch, etwa aus § 823 zu prüfen, und zwar einschließlich der haftungsausfüllenden Kausalität und der Schadensberechnung. Erst nachdem feststeht, was der Geschädigte nach Deliktsrecht hätte beanspruchen können, ist in einem zweiten Schritt anhand der §§ 818 ff. zu ermitteln, welchen Umfang die vom Schädiger durch die unerlaubte Handlung erlangte Bereicherung hat. Übersteigt die Bereicherung den Schaden, kann der Verletzte vollen Ersatz verlangen; bleibt sie dahinter zurück, ist der Ersatzanspruch entsprechend zu beschneiden. Nicht überzeugen kann es allerdings, wenn der BGH in seiner grundlegenden Entscheidung zum heutigen § 852 in einem Fall unberechtigter Schutzrechtsverwarnung dem Recht am eingerichteten und ausgeübten Gewerbebetrieb einerseits Deliktsschutz gewährt, ihm andererseits aber den für die Eingriffskondiktion notwendigen vermögensrechtlichen Zuweisungsgehalt abgesprochen hat, um die Bereicherungshaftung ausschließlich über § 852 zu begründen.[19] – Richtigerweise ist dem Recht am Unternehmen der Schutz der Eingriffskondiktion zu gewähren und die Parallelität von Delikts- und Bereicherungshaftung auch in diesem Bereich herzustellen (§ 823 RdNr. 198).

Obwohl es im Text des § 852 S. 1 heißt, der Ersatzpflichtige müsse durch die unerlaubte Handlung **„auf Kosten des Verletzten"** etwas erlangt haben, ist es unerheblich, ob die aus der unerlaubten Handlung stammenden Vermögensvorteile **„unmittelbar"** dem Ersatzpflichtigen zugeflossen sind,[20] wie dies für Bereicherungsansprüche von der älteren Lehre verlangt wurde (§ 812 RdNr. 44 ff.). Der Verzicht auf derartige Einschränkungen ergibt sich ohne weiteres aus der deliktischen Begründung des Bereicherungsanspruchs.[21] Der Sache nach deckt er das gesamte Feld der Eingriffskondiktion ab.[22]

Eine **Verwirkung** des Anspruchs vor Ablauf der Verjährungsfrist des S. 2 kommt nur unter besonderen Voraussetzungen in Betracht und ist jedenfalls dann ausgeschlossen, wenn der Bereicherte zugleich eine Straftat begangen hat.[23]

Der Anspruch nach § 852 fällt als echter Deliktsanspruch unter das **Aufrechnungsverbot** des § 393.[24] Im Prozess stellt die Beschränkung des Klageantrags auf die herauszugebende Bereicherung nach Erhebung der Verjährungseinrede durch den Beklagten keine Klageänderung dar.[25]

---

[17] BT-Drucks. 14/6040 S. 270 unter Bezugnahme auf BGHZ 71, 86, 99 f. = NJW 1978, 1377 = LM Nr. 63; vgl. weiter BGH VersR 1961, 326, 328; BGHZ 130, 288, 297 = NJW 1995, 2788, 2790; BGHZ 169, 308, 314 Tz. 18 = NZI 2007, 740 = WM 2007, 27; *Larenz/Canaris* II/2 § 83 V 2, S. 595; ähnlich bereits RG JW 1937, 2917; RGZ 71, 358, 360 f.; 94, 1, 4; anders RGZ 156, 395, 400; offen gelassen in BGH NJW 1962, 2315, 2316; 1965, 1914, 1915; 1977, 529 f. mwN zum älteren Streitstand.
[18] BGH VersR 1961, 326, 328; BGHZ 71, 86, 99 f. = NJW 1978, 1377 = LM Nr. 63; BGHZ 130, 288, 297 = NJW 1995, 2788, 2790; *Larenz/Canaris* II/2 § 83 V 2, S. 595; *Erman/Schiemann* RdNr. 2; *Soergel/Krause* RdNr. 2; *Palandt/Sprau* RdNr. 2; *Bamberger/Roth/Spindler* RdNr. 3; *Staudinger/Vieweg* RdNr. 17; *Ebert* NJW 2003, 3035, 3036 f.
[19] BGHZ 71, 86, 98 ff. = NJW 1978, 1377, 1379 = LM Nr. 63; zust. *Larenz/Canaris* II/2 § 83 VI 2, S. 596 (trotz Ablehnung des Rechts am eingerichteten und ausgeübten Gewerbebetrieb?).
[20] BGH NJW 1965, 1914, 1915 = LM Nr. 25; BGHZ 71, 86, 99 = NJW 1978, 1377 = LM Nr. 63; *Soergel/Krause* RdNr. 4; *Staudinger/Vieweg* RdNr. 2, 9.
[21] Vgl. *Larenz/Canaris* II/2 § 83 V 2, S. 595.
[22] *Ebert* NJW 2003, 3035, 3037.
[23] OLG Köln VersR 1996, 239, 240; vgl. RGZ 159, 99, 105.
[24] RGZ 167, 257, 259; BGH NJW 1977, 529 f. = LM § 393 Nr. 5.
[25] RGZ 71, 358, 361; BGH VersR 1961, 326, 328.

§ 853 Arglisteinrede

Erlangt jemand durch eine von ihm begangene unerlaubte Handlung eine Forderung gegen den Verletzten, so kann der Verletzte die Erfüllung auch dann verweigern, wenn der Anspruch auf Aufhebung der Forderung verjährt ist.

Schrifttum: *Reinicke,* Das Verhältnis der Ausschlußfrist des § 124 zu der Verjährung von Vertragsaufhebungsansprüchen aus Delikt und c. i. c., JA 1982, 1.

I. Normzweck

1 Die Norm **ergänzt den Schutz des Ersatzberechtigten vor Verjährung** über § 852 hinaus. Wird der Geschädigte infolge einer unerlaubten Handlung, etwa durch Betrug oder Erpressung mit einer Verbindlichkeit belastet, kann er auf Grund von § 823 Abs. 2 iVm. §§ 253, 263 StGB, § 826 im Wege der Naturalrestitution (§ 249 Abs. 1) Befreiung von der gegen ihn gerichteten Forderung verlangen. Um zu verhindern, dass der Schädiger nach der Verjährung dieses Aufhebungsanspruchs die qua Delikt erlangte Forderung geltend macht, gewährt § 853 dem Geschädigten ein **Leistungsverweigerungsrecht,** das die Verjährung überdauert. Die Vorschrift ist eine Konkretisierung der allgemeinen Arglisteinrede (**exceptio doli**).[1] Einer Mobilisierung des Grundsatzes der Unverjährbarkeit von Einreden, dem etwa die komplizierte Regelung des § 218 zu verdanken ist, bedarf es zu ihrer Legitimation nicht.[2]

II. Zur Regelung im Einzelnen

2 § 853 begnügt sich nicht damit, dass der Forderungserwerb in irgendeinem Zusammenhang mit der unerlaubten Handlung steht, sondern Letztere muss gerade das **Mittel zum Zweck** des Forderungserwerbs gewesen sein.[3] Die Einrede kann nach § 404 auch von dem Zessionar geltend gemacht werden.[4]

3 Wird die Erfüllung nach § 853 verweigert, hat der Geschädigte bei einem **gegenseitigen Vertrag** das durch das Geschäft Erlangte an den Schädiger herauszugeben. Verweigert er die Herausgabe, muss er sich seinerseits die Einrede arglistigen Verhaltens entgegenhalten lassen.[5] Ist der Vertrag wegen Verstoßes gegen die guten Sitten oder gegen ein Gesetz nichtig, gilt § 817 S. 2.[6]

4 Bei der Bestimmung zum Vertragsschluss durch arglistige Täuschung oder widerrechtliche Drohung wird dem Betroffenen in der Regel – wenn auch keineswegs zwingend[7] – sowohl das **Anfechtungsrecht des § 123** als auch ein Schadensersatzanspruch aus unerlaubter Handlung aus § 823 Abs. 2 iVm. §§ 253, 263 StGB bzw. § 826 zustehen. In diesen Fällen folgen die genannten Rechtsbehelfe jeweils ihren eigenen Regeln. Insbesondere schließt der Ablauf der einjährigen Anfechtungsfrist des § 124 die Erfüllungsverweigerung auf der Grundlage des § 853 nicht aus (§ 124 RdNr. 7).[8] Nach der ausdrücklichen Klarstellung in § 146 Abs. 2 InsO gilt dies auch hinsichtlich der Anfechtungsrechte des Insolvenzverwalters.[9]

---

[1] RGZ 58, 356, 357; 87, 281, 284; *Larenz/Canaris* II/2 § 83 V 3, S. 596.
[2] So aber RGZ 84, 225, 227.
[3] *Bamberger/Roth/Spindler* RdNr. 3; aA *Staudinger/Vieweg* RdNr. 3; *Soergel/Krause* RdNr. 2: jeder Kausalzusammenhang ausreichend.
[4] *Staudinger/Vieweg* RdNr. 5.
[5] RGZ 60, 294, 295 f.; 130, 215, 216; vgl. auch BGH NJW 1967, 245, 246; *Soergel/Krause* RdNr. 2.
[6] *Palandt/Sprau* RdNr. 1; *Staudinger/Vieweg* RdNr. 6.
[7] Vgl. *Reinicke* JA 1982, 1, 3 f.
[8] RGZ 79, 194, 197; 84, 131, 133 ff.; RG JW 1928, 2972; BGHZ 42, 37, 42 = NJW 1964, 1797; BGH NJW 1969, 604, 605; 1979, 1983, 1984 = LM § 123 Nr. 55; NJW 1980, 782, 784; *Reinicke* JA 1982, 1, 4; *Staudinger/Vieweg* RdNr. 4; anders noch RGZ 63, 268, 270.
[9] So zu § 41 Abs. 1 KO aF RGZ 84, 225, 227.

Gesetz über die Haftung für fehlerhafte Produkte (Produkthaftungsgesetz – ProdHaftG)

Vom 15. Dezember 1989 (BGBl. I S. 2198),
zuletzt geändert durch Gesetz vom 19. April 2006 (BGBl. I S. 866)

Schrifttum: 1. Allgemeines zur Produkthaftung: Vgl. § 823 BGB vor RdNr. 592.

2. Verhältnis zum Arzneimittel- und zum Gentechnikrecht: Vgl. Angaben zu § 15.

3. Literatur zur Produkthaftungsrichtlinie: *Anderle,* Der Haftungsumfang des harmonisierten Produkthaftungsrechtes, 1990; *Brüggemeier/Reich,* Die EG-Produkthaftungs-Richtlinie 1985 und ihr Verhältnis zur Produzentenhaftung nach § 823 Abs. 1 BGB, WM 1986, 149; *Buchner,* Neuorientierung des Produkthaftungsrechts? Auswirkungen der EG-Richtlinie auf das deutsche Recht, DB 1988, 32; *Franzen,* Privatrechtsangleichung durch die Europäische Gemeinschaft, 1999, insbes. S. 504 ff.; *Hollmann,* Die EG-Produkthaftungsrichtlinie, DB 1985, 2389 und 2439; *v. Hülsen,* Ist die von der EG-Kommission vorgeschlagene Form der strikten Produkthaftung eine gute Lösung?, RIW 1977, 373; *H. Koch,* Internationale Produkthaftung und Grenzen der Rechtsangleichung durch die EG-Richtlinie, ZHR 152 (1988), 537; *Landfermann,* Der geänderte Richtlinienvorschlag der EG-Kommission zur Produkthaftung, RIW 1980, 161; *Lorenz,* Europäische Rechtsangleichung auf dem Gebiet der Produzentenhaftung: Zur Richtlinie des Rates der Europäischen Gemeinschaften vom 25. Juli 1985, ZHR 151 (1987), 1; *Lutter,* Die Auslegung angeglichenen Rechts, JZ 1992, 593; *Opfermann,* Der neue Produkthaftungsentwurf, ZIP 1988, 463; *Pauli,* Die deutsche Produzentenhaftung auf dem Weg zur europäischen Produkthaftung, PHI 1984, 77; *Sack,* Das Verhältnis der Produkthaftungsrichtlinie der EG zum nationalen Produkthaftungsrecht, VersR 1988, 439; *Schlechtriem,* Angleichung der Produkthaftung in der EG, VersR 1986, 1033; *Schmidt-Salzer/Hollmann,* Kommentar EG-Richtlinie Produkthaftung, Band 1: Deutschland, 2. Aufl. 1988; *Schmidt-Salzer,* Die EG-Richtlinie Produkthaftung, BB 1986, 1103; *ders.,* Der Fehler-Begriff der EG-Richtlinie Produkthaftung, BB 1988, 349; *Taschner,* „Die EG-Richtlinie zur Produzentenhaftung und die deutsche Industrie". Eine Erwiderung, PHI 1986, 54; *ders.,* Die künftige Produzentenhaftung in Deutschland, NJW 1986, 611; *ders.,* Produkthaftung, 1986; *ders.,* Angeglichenes Privatrecht in der EU und die Gerichte der Mitgliedstaaten, FS Steffen, 1995, S. 479; *Taschner/Frietsch,* Produkthaftungsgesetz und EG-Produkthaftungsrichtlinie, 2. Aufl. 1990; *M. Wolf,* Sachschäden im Schutzbereich der EG-Produkthaftungs-Richtlinie, FS Hermann Lange, 1992, S. 779.

4. Literatur zum Produkthaftungsgesetz: *Bartl,* Produkthaftung nach neuem EG-Recht, 1989; *Cahn,* Das neue Produkthaftungsgesetz – ein Fortschritt?, ZIP 1990, 482; *Deutsch,* Der Schutzbereich der Produktenhaftung nach dem BGB und dem PHG, JZ 1989, 465; *ders.,* Das neue System der Gefährdungshaftungen: Gefährdungshaftung, erweiterte Gefährdungshaftung und Kausal-Vermutungshaftung, NJW 1992, 73; *Diederichsen,* Zur Dogmatik der Produkthaftung nach Inkrafttreten des Produkthaftungsgesetzes, in: Probleme der Produzentenhaftung, 1988, S. 9; *Frietsch,* Das Gesetz über die Haftung für fehlerhafte Produkte und seine Konsequenzen für den Hersteller, DB 1990, 29; *Häsemeyer,* Das Produkthaftungsgesetz im System des Haftungsrechts, FS Niederländer, 1991, S. 251; *Hommelhoff,* Teilkodifikationen im Privatrecht – Bemerkungen zum Produkthaftungsgesetz, FS Rittner, 1991, S. 165; *Honsell,* Produkthaftungsgesetz und allgemeine Deliktshaftung, JuS 1995, 211; *W. Klein,* Die Haftung von Versorgungsunternehmen nach dem Produkthaftungsgesetz, BB 1991, 917; *Kötz,* Ist die Produkthaftung eine vom Verschulden unabhängige Haftung?, FS W. Lorenz, 1991, S. 109; *Kullmann,* Produkthaftungsgesetz, 5. Aufl. 2006; *ders.,* Aktuelle Rechtsfragen der Produkthaftpflicht, 4. Aufl. 1993; *ders.,* Haftung aus dem Produkthaftungsgesetz, in: *Kullmann/Pfister,* Produzentenhaftung, Loseblatt, Stand 2008; *C. Landscheidt,* Das neue Produkthaftungsrecht, 2. Aufl. 1992; *Marburger,* Grundfragen des Haftungsrechts unter dem Einfluß der gesetzlichen Regelungen zur Produzenten- und zur Umwelthaftung, AcP 192 (1992), 1; *Medicus,* Der Verbraucher im allgemeinen Produkthaftungsrecht, FS Rolland, 1999, S. 251; *Möllers,* Nationale Produzentenhaftung oder europäische Produkthaftung? Zur Bindung der Rechtsprechung im Rahmen der deliktsrechtlichen Generalklausel an die Vorgaben des ProdHaftG und des ProdSiG, VersR 2000, 1177; *Musulas,* Die Haftung des Softwareherstellers im Hinblick auf das ProdHaftG, 1993; *v. Marschall,* Bedenken zum Produkthaftungsgesetz, PHI 1991, 166; *Nicklisch,* Die Haftung für Risiken des Ungewissen in der jüngsten Gesetzgebung zur Produkt-, Gentechnik- und Umwelthaftung, FS Niederländer, 1991, S. 341; *Pauli,* Das zukünftige deutsche Produkthaftungs-Gesetz, PHI 1987, 138; *Pott-Frieling,* ProdHaftG. Produkthaftungsgesetz, Kommentar, 1992; *Prey,* Das Produkthaftungsgesetz: Die Produkthaftung vorher, das Gesetzgebungsverfahren und der Einfluß auf die bisherige Rechtsprechung zur Produkthaftung, Diss. Regensburg 1990; *Rolland,* Produkthaftungsrecht, 1990; *Schlechtriem,* Dogma und Sachfrage. Überlegungen zum Fehlerbegriff des Produkthaftungsgesetzes, FS Rittner, 1991, S. 545; *Schmidt-Salzer,* Unternehmens- und Mitarbeiterhaftung im deutschen und europäischen Produkt- und Umwelthaftungsrecht, in: Umwelthaftung, Risikosteuerung und Versicherung, 1996, S. 59; *ders.,* EG-Richtlinie Produkthaftung: Der Entwurf für das deutsche Transformationsgesetz (ProdHaftG), BB 1987, 1404; *ders.,* Das neue Produkthaftungsgesetz: Was ändert sich? Tatsächliche Auswirkungen? in: Bericht über die Fachtagung 1988 des Instituts der Wirtschaftsprüfer in Deutschland e. V., S. 143; *Staudinger,* Zur Novellierung des Produkthaftungsgesetzes, NJW 2001, 275; *Stockmeier,* Haftungs- und versicherungsrechtliche Folgen der Einbeziehung landwirtschaftlicher Grunderzeugnisse in den Anwendungsbereich der EG-Produkthaftungsrichtlinie, VersR 2001, 271; *v. Westphalen,* Produkthaftungshandbuch, 2. Aufl., Band 2, 1999, §§ 70 bis 82; *ders.,* Das neue Produkthaftungsgesetz, NJW 1990, 83; *Wieckhorst,* Recht und Ökonomie des Produkthaftungsgesetzes, 1994; *ders.,* Vom Produzentenfehler zum Produktfehler des § 3 ProdHaftG, VersR 1995, 1005.

5. Europäisches und Internationales Produkthaftungsrecht (zum Deliktsrecht allgemein vgl. die Nachweise bei Vor § 823): *Basedow,* Der kollisionsrechtliche Gehalt der Produktfreiheiten im europäischen Binnenmarkt: favor offerentis, RabelsZ 59 (1995), 1; *v. Bar,* Gemeineuropäisches Deliktsrecht, 1999, Bd. II, S. 417 ff.; *ders.,* Neues Haftungsrecht durch Europäisches Gemeinschaftsrecht, FS Hermann Lange, 1992, S. 373; *Bischof,* Produkthaftung und Vertrag in der EU, 1994; *Finke,* Die Auswirkungen der europäischen technischen Normen und des Sicherheitsrechts auf das europäische Haftungsrecht, 2001; *Freitag,* Der Einfluß des Europäischen Gemeinschaftsrechts auf das internationale Produkthaftungsrecht, 2000; *Herber,* UN-Kaufrechtsübereinkommen: Produkthaftung – Verjährung, MDR 1993, 105; *Hohloch,* Produkthaftung in Europa, ZEuP 1994, 400; *v. Hoffmann,* Produkthaftung des Importeurs und Freihandel, Mélanges en l'honneur d'Alfred E. v. Overbeck, 1990, S. 769 (zitiert: FS v. Overbeck); *Joerges,* Die Verwirklichung des Binnenmarktes und die Europäisierung des Produktsicherheitsrechts, FS Steindorff, 1990, S. 1247; *ders.,* Rationalisierungsprozesse im Recht der Produktsicherheit: Öffentliches Recht und Haftungsrecht unter dem Einfluß der Europäischen Integration, UTR 27 (1994); *H. Koch,* Sammel- oder Gruppenklagen zur effektiven Durchsetzung europäischen Produkthaftungsrechts?, PHI 2001, 2; *Nagel,* Internationales Produkthaftungsrecht im transatlantischen Konflikt der Rechtsordnungen, DB 2001, 1075; *Reich/Micklitz,* Europäisches Verbraucherrecht, 4. Aufl. 2003; *W.-H. Roth,* Der Einfluß des Europäischen Gemeinschaftsrechts auf das Internationale Privatrecht, RabelsZ 55 (1991), 623; *ders.,* Generalklauseln im Europäischen Privatrecht, FS Drobnig, 1998, S. 135; *ders.,* Die Grundfreiheiten und das Internationale Privatrecht – Das Beispiel Produkthaftung –, GS Lüderitz, 2000, S. 635; *Schlechtriem/Schwenzer* (Hrsg.), Kommentar zum Einheitlichen UN-Kaufrecht – CISG –, 4. Aufl. 2004; *Siehr,* Internationales Recht der Produkthaftung, in: Internationales Verbraucherschutzrecht, 1995, S. 111; *Steindorff,* Unvollkommener Binnenmarkt, ZHR 158 (1994), 149; *Taupitz,* Das internationale Produkthaftungsrecht im Zugriff der europäischen Warenverkehrsfreiheit: Abschied vom favor laesi?, ZEuP 1997, 986; *Wagner,* Grundstrukturen des Europäischen Deliktsrechts, in: *Zimmermann* (Hrsg.), Grundstrukturen des Europäischen Deliktsrechts, 2003, S. 189 ff.; *Wandt,* Internationale Produkthaftung, 1995.

6. Ausgewählte Literatur zum Auslandsrecht:

Umfassend: *Hill-Arning/Hoffmann,* Produkthaftung in Europa, 1995; *Schmidt-Salzer/Hollmann,* Kommentar EG-Richtlinie Produkthaftung, Band 2: Produkthaftungsgesetze Ausland, 1990 ff.; *Tebbens,* International Product Liability – A study of comparative and international legal aspects of product liability, 1979; *v. Westphalen,* Produkthaftungshandbuch, 2. Aufl., Band 2, 1999 (Länderberichte zum Produkthaftungsrecht).

Belgien: *Kocks,* Grundzüge des belgischen Produkthaftungs- und Gewährleistungsrechts, PHI 1990, 182; *M. Weber,* Produkthaftung im belgischen Recht, Diss. Hannover 1998.

Bulgarien: *Mindach,* Bulgarien: Verbraucherschutz und Produkthaftung, PHI 2000, 211.

China: *Wolff,* Internationales Produkthaftungsrecht in der Volksrepublik China, VersR 2004, 165.

Dänemark: *Hansen,* Die Umsetzung der Produkthaftpflicht-Richtlinie in dänisches Recht, PHI 1987, 10; *Sinding,* Grundzüge der Produkthaftung in Dänemark, PHI 1990, 112.

Frankreich: *Endrös,* Das französische Produkthaftungsgesetz oder des einen Hölle ist des anderen Himmelreich, PHI 1998, 122; *Flour/Albert,* Les Obligations, Bd. II – Le fait juridique, 8. Aufl. 1999, No. 293 ff.; *Gardette,* Produkthaftung und Versicherung in Frankreich: Quo vadis?, PHI 1998, 110; *Hübner,* Rechtsvergleichende Anmerkungen zur Produkthaftung in Frankreich, GS Alexander Lüderitz, 2000, S. 319; *Lem,* Die Haftung für fehlerhafte Produkte nach deutschem und französischem Recht, 1993; *Leonhard,* Das neue französische Produkthaftungsrecht, ZVglRWiss. 1999, 101; *Le Tourneau/Cadiet,* Droit de la responsabilité et des contrats, 2000/2001, RdNr. 7350 ff.; *Lorenz,* Die Anpassung des französischen Code Civil an die Richtlinie des Rates der Europäischen Gemeinschaften zur Rechtsangleichung auf dem Gebiet der Produzentenhaftung, FS Ferid, 1988, S. 289; *Schley,* Das französische Produkthaftungsrecht und die bei grenzüberschreitenden Vertragsketten im deutsch-französischen Rechtsverkehr auftretenden Probleme, 2001; *Sonnenberger,* Neue Wege der Produzentenhaftung im französischen Recht, FS Steindorff, 1990, S. 777; *Witz/Wolter,* Die Umsetzung der EG-Produkthaftungsrichtlinie in Frankreich, RIW 1998, 832; *Whittaker,* Liability for Products, 2005.

Griechenland: *Eleftheriadou,* Neue Produkthaftung in Griechenland, PHI 1999, 102; *Pantelidou,* Die Entwicklung der Produzentenhaftung im griechischen Recht, RIW 1990, 540; *Rokas,* Die Umsetzung der Produkthaftungsrichtlinie der EG – Das Beispiel Griechenland –, VersR 1989, 437.

Einleitung   **Einl. ProdHaftG**

Italien: *Kandut,* Zur Neuordnung der Produkthaftung in Italien, PHI 1988, 114; *Petri,* Produkthaftung in Italien: ein Vergleich zum deutschen Recht, Diss. Bonn 1996.

Niederlande: *Dommering-van Rongen,* Neue Entwicklungen im Produkthaftungsrecht der Niederlande, PHI 1990, 2; *Jonas,* Die verschuldensunabhängige außervertragliche Haftung für Sachen im Entwurf zum Nieuw Burgerlijk Wetboek der Niederlande, 1987; *Klinge-van Rooij/Snijder,* Auf dem Weg zu einem neuen Produkthaftungsrecht, EuZW 1993, 569; *Wassenaer van Catwijck,* Neuregelung der Produzentenhaftung in den Niederlanden, PHI 1988, 48.

Österreich: *Bydlinsky,* Produzentenhaftung für Raucherschäden nach österreichischem Recht, ÖJZ 1997, 378; *Fitz/Purtscheller/Reindl,* Produkthaftung, 1988; *Kullmann,* Zwölf Jahre österreichisches Produkthaftungsgesetz, PHI 2001, 46; *Kraft,* Das neue Produkthaftungsgesetz und seine Auswirkungen auf den deutschen Hersteller, PHI 1988, 54; *Posch,* Zur Regierungsvorlage eines österreichischen Produkthaftungsgesetzes, PHI 1987, 194; *ders.,* Zwei Jahre österreichisches Produkthaftungsgesetz, PHI 1990, 134; *ders.,* ... und so zahlreiche in Österreich?, ZEuS 2002, 55; *Rossmanith,* Technische Sicherheit und Produkthaftung, 1987; *Wandt,* Das Internationale Produkthaftungsrecht Österreichs und der Schweiz, PHI 1989, 2; *Welser/Rabl,* Produkthaftungsgesetz, 2. Aufl. 2004.

Russland: *Burian,* Produkthaftung in der Russischen Föderation, PHI 2001, 60; *Mosgo,* Die Reform des Produkthaftungsrechtes in Russland, PHI 1997, 183.

Schweiz: *Hess,* Kommentar zum Produktehaftpflichtgesetz, 2. Aufl. 1996; *Honsell,* Produkthaftung in der Schweiz, PHI 1996, 154; *ders.,* Schweizerisches Haftpflichtrecht, 4. Aufl. 2005, § 21; *G. Walter,* Produktehaftung nach schweizerischem Recht, FS H. Lange, 1992, S. 749.

Skandinavien: *C. Bloth,* Produkthaftung in Schweden, Norwegen und Dänemark, 1993; *ders.,* Verschuldensunabhängige Produkthaftung in Norwegen, RIW 1993, 887; *ders.,* Aktuelle Entwicklungen der Produkthaftung in Schweden und Dänemark, PHI 2002, 32; *Dufwa,* Schweden, Norwegen, Finnland und die EG-Richtlinie, PHI 1988, 106 und 140; *Paanila,* Das finnische Produkthaftungsgesetz, RIW 1991, 560.

Slowenien: *Rudolf,* Produkthaftung in Slowenien, PHI 1998, 206.

Spanien: *Brüggemann,* Die Produkthaftung im spanischen Recht, 1988; *Rodriguez Buján,* Die Reform des spanischen Produkthaftungsrechts, VersRAI 1993, 62; *Martín Gil,* Das neue spanische Produkthaftungsgesetz, PHI 1993, 149.

Tschechische Republik: *Molitoris/Weigl,* Produkthaftung in der tschechischen Republik, PHI 1996, 72.

Vereinigtes Königreich: *Clerk & Lindsell* on Torts, 19. Aufl. 2006, Kapitel 11; *Merkin,* A Guide to the Consumer Protection Act, 1987; *Miller/Goldberg,* Product Liability, 2. Aufl. 2004; *Miller,* Product Liability and Safety Encyclopaedia, Loseblatt, 1979 ff.; *Smith-Hamill,* Neuregelung der Produkthaftpflicht im Vereinigten Königreich: Der Consumer Protection Act 1987, PHI 1988, 82; *Stapleton,* Product Liability, 1994; *Whittaker,* Liability for Products, 2005.

USA: *Epstein,* Torts, 1999, § 16; *Kindler,* Produkthaftung und Produktsicherheit im US-amerikanischen Recht: die Entwicklung der Strict Liability in Tort, der Rückruf fehlerhafter Produkte, Reformvorschläge, Diss. Bremen 1998; *Baumbach/Henkel,* Systematik des us-amerikanischen Produkthaftungsrechts, PHI 1999, 144; *Bergkamp/Hunter,* Product Liability Litigation in the US and Europe. Diverging Procedure and Damage Awards, Maastricht Journal of European and comparative Law 1996, 399; *Owen,* Products Liability Law, 2005; *M. Shapo,* The Law of Products Liability, 2 Bde., 3. Aufl. 1994.

Zypern: *Papaefstathiou,* Zypern – Haftung für fehlerhafte Produkte, PHI 2001, 142.

Einleitung

Übersicht

	RdNr.		RdNr.
I. Das ProdHaftG als Umsetzung der EG-Produkthaftungsrichtlinie	1–12	2. Systematische Einordnung der Haftung	14–19
1. EG-Richtlinie 85/374/EWG	1, 2	3. Haftungsumfang nach dem Zweiten SchadenersatzrechtsänderungsG	20, 21
2. Vollharmonisierung	3		
3. Änderungs-Richtlinie 99/34/EG	4, 5	4. Verhältnis zum Deliktsrecht und zu Sondergesetzen	22
4. Reform	6		
5. Flankierung durch die Produktsicherheits-Richtlinie	7	**III. Internationale Produkthaftung**	23–26
		1. Produkthaftungsstatut	23, 24
6. Verhältnis zwischen ProdHaft-Richtlinie und ProdHaftG	8–12	2. Vorrang des UN-Kaufrechts?	25
II. Die Haftung nach dem ProdHaftG	13–22	3. Internationales Verfahrensrecht	26
1. Haftungsgrundsätze	13		

Einl. ProdHaftG 1, 2

I. Das ProdHaftG als Umsetzung der EG-Produkthaftungsrichtlinie

1. EG-Richtlinie 85/374/EWG. Das ProdHaftG vom 15. 12. 1989 (BGBl. I S. 2198)[1] ist das deutsche Transformationsinstrument der Richtlinie 85/374/EWG[2] zur Angleichung der Rechts- und Verwaltungsvorschriften der Mitgliedstaaten über die Haftung für fehlerhafte Produkte vom 25. 7. 1985 (abgedruckt im Anh. ProdHaftG). Ausweislich seines § 19 trat das ProdHaftG am 1. 1. 1990 in Kraft, so dass die Bundesrepublik die am 30. 7. 1988 ablaufende Umsetzungsfrist nach Art. 19 Abs. 1 RL um nahezu 1½ Jahre überzogen hat.[3] Die Richtlinie ihrerseits beruht auf **Vorarbeiten der EG,** die im Jahre 1968 begonnen hatten,[4] 1976 zu einem ersten Vorschlag der Kommission führten,[5] der nach Stellungnahmen des Europäischen Parlaments[6] und des Wirtschafts- und Sozialausschusses[7] sowie eingehender Diskussion in den Mitgliedstaaten 1979 in überarbeiteter Fassung[8] vorlag und schließlich zum Erlass der Richtlinie am 25. 7. 1985 führte.[9] Nachdem auch Frankreich mit zehnjähriger Verspätung im Jahr 1998 sein Produkthaftungsrecht reformiert hat,[10] ist die Richtlinie nunmehr in allen Mitgliedstaaten umgesetzt.[11]

Die **Notwendigkeit einer Angleichung der produkthaftungsrechtlichen** Regeln der Mitgliedstaaten wird in der Präambel zur Richtlinie 85/374/EWG mit drei Gesichtspunkten begründet: Sie soll (1) Wettbewerbsverfälschungen durch unterschiedliche haftungsbedingte Kostenbelastungen der Produzenten verhindern, (2) Behinderungen für den freien Warenverkehr innerhalb der Gemeinschaft durch unterschiedliche Haftungsregeln abbauen und (3) das Niveau des Verbraucherschutzes bei Schädigungen durch fehlerhafte Produkte angleichen.[12] Lange Zeit überwiegte die Auffassung, unter diesen Regelungszielen dominiere der Aspekt des Verbraucherschutzes,[13] zumal die Richtlinie Rechtseinheit im Sinne einheitlicher Spielregeln für den gesamten europäischen Markt gerade nicht gewährleistet, wie in ihrer Präambel auch freimütig eingeräumt wird.[14] Gleichwohl wurde als **Kompetenzgrundlage** Art. 3 h, 100 EGV (Art. 94 f. EG-Vertrag) herangezogen, nach denen der Gemeinschaft die Kompetenz zur Angleichung derjenigen Rechtsvorschriften der Mitgliedstaaten zusteht, die sich unmittelbar auf die Errichtung oder das Funktionieren des Gemeinsamen Marktes auswirken. An der Inkongruenz von Zuständigkeitstitel und Regelungszwecken entzündete sich Kritik, die durch das Urteil des EuGH zur Tabakwerbeverbots-Richtlinie Auftrieb

---

[1] Aus den Materialien vgl. die Begr. RegE, BT-Drucks. 11/2447 S. 7 ff., sowie Beschlussempfehlung und Bericht des Rechtsausschusses, BT-Drucks. 11/5520.

[2] ABl. EG Nr. L 210 vom 7. 8. 1985 S. 29 bis 33.

[3] Die Fragen einer unmittelbaren Anwendbarkeit der Produkthaftungsrichtlinie und einer Haftung der Bundesrepublik für die verspätete bzw. unzureichende Umsetzung haben sich mittlerweile durch Zeitablauf erledigt; vgl. aber *Kullmann* in: *Kullmann/Pfister* Kza. 3601, S. 8 ff.; *Staudinger/Oechsler* Einl. ProdHaftG RdNr. 49 f.

[4] Vgl. BT-Drucks. 11/2447 S. 8; vgl. *Taschner/Frietsch* Einf. RdNr. 171.

[5] (= K 1), ABl. EG Nr. C 241 vom 14. 10. 1976 S. 9 (ohne Erläuterungen), Beilage 11/76 zum Bulletin der EG (mit Erläuterungen).

[6] ABl. EG Nr. C 127 vom 21. 5. 1979 S. 61.

[7] ABl. EG Nr. C 114 vom 7. 5. 1979 S. 15.

[8] (= K 2), ABl. EG Nr. C 271 vom 26. 10. 1979 S. 3.

[9] Ausführlicher Überblick über die Entstehungsgeschichte bei *Staudinger/Oechsler* Einl. ProdHaftG RdNr. 5 ff.; *Kullmann* in: *Kullmann/Pfister* Kza. 3601, S. 4 ff.; *Taschner/Frietsch* Einf. RdNr. 171 ff.

[10] Dazu *Leonhard* ZVglRWiss. 1999, 101; *Witz/Wolter* RIW 1998, 832.

[11] Vgl. Grünbuch „Die zivilrechtliche Haftung für fehlerhafte Produkte", KOM (1999) 396 vom 28. 7. 1999, Anhang 1. Einen Überblick über die Rechtslage in den anderen europäischen Staaten, der die französische Reform allerdings noch nicht einschließt, bieten *Hill-Arning/Hoffmann,* Produkthaftung in Europa.

[12] Vgl. *Erman/Schiemann* Vor § 1 ProdHaftG RdNr. 1; Produkthaftungshandbuch/*v. Westphalen* § 70 RdNr. 1; *Hill-Arning* S. 14.

[13] So auch die Begr. RegE, BT-Drucks. 11/2447, insbes. S. 7.

[14] ABl. EG Nr. L 210 vom 7. 8. 1985 S. 29, 30: „Mit dieser Richtlinie lässt sich vorerst keine vollständige Harmonisierung erreichen...". Einen „hohen Gewinn an Rechtsvereinheitlichung" prophezeit allerdings die Amtl. Begr., BT-Drucks. 11/2447 S. 9; dagegen zutr. *Brüggemeier* ZHR 152 (1988), 511, 531 ff.; *Wieckhorst* S. 155 ff.; *Eberstein-Braunewell* S. 62 f.; *Freitag* S. 63 ff.

Einleitung 3 Einl. ProdHaftG

erhielt.[15] Etwaige Zweifel an der Zuständigkeit der Gemeinschaft sind jedoch durch eine Serie von Entscheidungen des EuGH beseitigt worden, in denen der Gerichtshof die Produkthaftungs-Richtlinie ganz auf das Ziel der Wettbewerbsgleichheit ausgerichtet hat (RdNr. 3).[16]

2. Vollharmonisierung. Die Richtlinie belässt den Mitgliedstaaten einen beachtlichen **Spielraum** zur Ausgestaltung ihrer nationalen Haftungsregelungen. Dies gilt für die Möglichkeit einer Einbeziehung der Haftung für Entwicklungsrisiken (Art. 15 Abs. 1 lit. b RL), von der Luxemburg und Finnland, in beschränktem Umfang auch Frankreich und Spanien Gebrauch gemacht haben, ebenso wie für Haftungshöchstgrenzen (Art. 16 RL), die außer in Deutschland (§ 10) auch in Spanien und Portugal eingeführt wurden. Neben diesen Optionen enthält die Richtlinie eine Reihe ausdrücklicher Verweisungen auf die Rechte der Mitgliedstaaten, etwa in Art. 5 RL hinsichtlich der Regelung des Innenausgleichs unter Gesamtschuldnern, in Art. 9 S. 2 RL in Bezug auf die Frage der Ersatzfähigkeit immaterieller Schäden und in Art. 10 Abs. 2 RL hinsichtlich Hemmung und Unterbrechung der Verjährung. Schließlich lässt sie ausweislich ihres Art. 13 bestehende nationale Schutzvorschriften ausdrücklich unberührt. Folgerichtig herrschte bisher in Deutschland die Auffassung vor, die Richtlinie bewirke lediglich eine **Mindestharmonisierung,** die allein Unterschreitungen ihres Schutzstandards durch die nationalen Gesetzgeber ausschließe, nicht aber seine Überbietung durch weitergehende Haftungsvorschriften.[17] Der EuGH vertritt indessen den entgegen gesetzten Standpunkt der **Vollharmonisierung.** Nach ständiger Rechtsprechung des Gerichtshofs bezweckt die Richtlinie „für die darin geregelten Punkte eine vollständige Harmonisierung der Rechts- und Verwaltungsvorschriften der Mitgliedstaaten".[18] Folgerichtig ist es den Mitgliedstaaten untersagt, im Interesse des Verbraucherschutzes von der Richtlinie abzuweichen und die Haftung über den europarechtlich definierten Standard auszudehnen, beispielsweise den Lieferanten entgegen Art. 3 Abs. 3 RL, § 4 Abs. 3 einer gesamtschuldnerischen Haftung für Produktfehler auszusetzen,[19] auf die bei Sachschäden in Art. 9 Abs. 1 lit. b RL vorgesehene Selbstbeteiligung von 500 Euro zu verzichten,[20] oder die Entlastungsgründe des Art. 7 lit. d, e RL abweichend auszugestalten.[21] Nach dieser Judikatur bietet Art. 13 RL keine Rechtsgrundlage für nationale Bestimmungen des Produkthaftungsrechts, die über den Standard der Richtlinie hinausgehen und die Haftung von Herstellern und Händlern verschärfen.[22] Die Richtlinie ist in ihrem Anwendungsbereich abschließend und für die Mitgliedstaaten in beide Richtungen – Verschärfung wie Abmilderung der Haftung – bindend,[23] soweit ihnen nicht Art. 15 RL Entscheidungsspielräume reserviert: „Der Gestaltungsspielraum der Mitgliedstaaten bei der Regelung der Haftung für fehlerhafte Produkte [wird] zur Gänze von der Richtlinie selbst festgelegt".[24]

---

[15] EuGH JZ 2001, 32 m. Anm. v. *Götz.*
[16] EuGH Slg. 2002, I-3827 Tz. 14, 17 = RIW 2002, 788 – Kommission/Frankreich; Slg. 2002, I-3879 Tz. 10, 13 – Kommission/Griechenland; Slg. 2002, I-3901 Tz. 23, 26 = EuZW 2002, 574, 576 – González Sánchez; *Taschner* in: *Taschner/Frietsch* Einf. RdNr. 8.
[17] *Sack* VersR 1988, 439, 442; krit. *Hommelhoff,* FS Rittner, 1991, S. 165, 167 ff.
[18] EuGH Slg. 2006, I-199 Tz. 23 = NJW 2006, 1409 = ZEuP 2007, 858 m. Bespr. *Whittaker* – Skov; Slg. 2002, I-3827 Tz. 13 ff., 24 = RIW 2002, 787, 788 – Kommission/Frankreich; Slg. 2002, I-3879 Tz. 9 ff., 20 – Kommission/Griechenland.
[19] EuGH Slg. 2006, I-199 Tz. 31 ff., 41 ff. = NJW 2006, 1409 = ZEuP 2007, 858 m. Bespr. *Whittaker* – Skov; Slg. 2002, I-3827 Tz. 36 ff. = RIW 2002, 787, 788 – Kommission/Frankreich; Slg. 2006, I-2461 Tz. 47 ff. = EuZW 2006, 506 – Kommission/Frankreich; Slg. 2002, I-3879 Tz. 9 ff. – Kommission/Griechenland; Slg. 2002, I-3901 Tz. 23 ff. = EuZW 2002, 574, 576 – González Sánchez.
[20] EuGH Slg. 2002, I-3827 Tz. 26 ff. = RIW 2002, 787, 788 – Kommission/Frankreich; Slg. 2002, I-3879 Tz. 22 ff. – Kommission/Griechenland.
[21] EuGH Slg. 2002, I-3827 Tz. 42 ff. = RIW 2002, 787, 788 – Kommission/Frankreich.
[22] EuGH Slg. 2006, I-199 Tz. 39 = NJW 2006, 1409 = ZEuP 2007, 858 m. Bespr. *Whittaker* – Skov; Slg. 2002, I-3827 Tz. 36 ff. = RIW 2002, 787, 788 – Kommission/Frankreich; Slg. 2002, I-3901 Tz. 23 ff. = EuZW 2002, 574, 576 – González Sánchez.
[23] *Schaub* ZEuP 2002, 562, 572; *Magnus* GPR 2006, 121, 123.
[24] EuGH Slg. 2002, I-3827 RdNr. 21 f. = RIW 2002, 788 – Kommission/Frankreich; Slg. 2002, I-3879 RdNr. 12 – Kommission/Griechenland; Slg. 2002, I-3901 RdNr. 25 = EuZW 2002, 574, 576 – González Sánchez.

Einl. ProdHaftG 4–6 Produkthaftungsgesetz

Damit ist die Vorstellung einer **verbraucherschutzrechtlichen Mindestharmonisierung** also vom Tisch.[25] Regelungsspielräume der Mitgliedstaaten bestehen lediglich in Bezug auf die vertragsrechtliche Gewährleistung und die deliktische Verschuldenshaftung (im Einzelnen § 15 RdNr. 2 ff.).[26] Zum Sonderproblem der Arzneimittelhaftung vgl. § 15 RdNr. 5 ff.

4   **3. Änderungs-Richtlinie 99/34/EG.** Im Jahr 1999 wurde unter dem Eindruck der BSE-Krise der Anwendungsbereich der Produkthaftungsrichtlinie durch die ausdrücklich auf Art. 95 EG-Vertrag gestützte Richtlinie 99/34/EG[27] auf **landwirtschaftliche Naturprodukte und Jagderzeugnisse** erweitert, die bis zum 4. 12. 2000 umzusetzen war.[28] Bis zu diesem Zeitpunkt hatte gemäß Art. 15 Abs. 1 lit. a RL nur eine dahingehende Option der Mitgliedstaaten bestanden, von der allein Frankreich, Griechenland, Luxemburg, Finnland und Schweden Gebrauch gemacht hatten. Die Einbeziehung landwirtschaftlicher Erzeugnisse in den Anwendungsbereich der Produkthaftungsrichtlinie sollte neben einer weitergehenden Rechtsvereinheitlichung der Wiederherstellung des durch „mad cows" erschütterten Verbrauchervertrauens dienen.[29] Dabei ist leider übersehen worden, dass die Zurechnung von Individualschäden zu einzelnen Verursachern wegen der langen Inkubationszeiträume, der Vielgestaltigkeit von Rindfleischprodukten – von Steaks über eine Fülle von Wurstsorten bis hin zu Gelatine – unmöglich, die Vorstellung, die Bevölkerung lasse sich durch die Bereitstellung von Schadensersatzansprüchen zum Kauf potentiell infizierten Rindfleisches anreizen, unrealistisch und das private Haftungsrecht zur Bewältigung von BSE daher gänzlich ungeeignet ist.

5   Die Umsetzung der Änderungs-Richtlinie in deutsches Recht erfolgte durch das **„Gesetz zur Änderung produkthaftungsrechtlicher Vorschriften"**,[30] das den früheren § 2 S. 2 mit seinem Vorbehalt zugunsten landwirtschaftlicher Naturprodukte und Jagderzeugnisse gestrichen hat (vgl. § 2 RdNr. 11). Die Regelung ist zum 1. 12. 2000 in Kraft getreten, enthält **jedoch keine Übergangsvorschrift**, so dass sie an sich von diesem Tag an auf jeden vor Gericht kommenden Schadensfall angewendet werden müsste. In der Gesetzesbegründung heißt es jedoch, die Haftung der Hersteller landwirtschaftlicher Naturprodukte gelte „entsprechend der Regelung in § 16 des Produkthaftungsgesetzes nicht für solche Produkte, die vor dem Inkrafttreten dieses Gesetzes in den Verkehr gebracht worden sind".[31]

6   **4. Reform.** Eine weitergehende Diskussion zu einer umfassenden Revision der Produkthaftungs-Richtlinie hat die EG-Kommission durch Vorlage eines **Grünbuchs „Die zivilrechtliche Haftung für fehlerhafte Produkte"** angeregt.[32] Diskussionsbedarf wurde insbesondere im Hinblick auf eine Verbesserung der Beweissituation des Opfers (Art. 4 RL), die Einbeziehung von Entwicklungsrisiken (Art. 7 lit. e RL) sowie eine Erweiterung des Kreises der von der Richtlinie erfassten Produkte und Schäden (Art. 1, 2 RL) gesehen.[33] Ebenso sollten die Haftungsbegrenzungen (Art. 16 Abs. 1 RL) sowie die zehnjährige Ausschlussfrist (Art. 16 Abs. 2 RL) überprüft werden. Eine Annäherung an das US-amerikanische Recht durch Einführung einer Market-share-Liability und Zulassung von Class actions

---

[25] Ausdrücklich EuGH Slg. 2002, I-3901 RdNr. 27 = EuZW 2002, 574, 576 – González Sánchez.
[26] EuGH Slg. 2002, I-3827 RdNr. 22 = RIW 2002, 788 – Kommission/Frankreich; Slg. 2002, I-3879 RdNr. 18 – Kommission/Griechenland.
[27] Richtlinie 1999/34/EG des Europäischen Parlaments und des Rates zur Änderung der Richtlinie 85/374/EWG des Rates zur Angleichung der Rechts- und Verwaltungsvorschriften der Mitgliedstaaten über die Haftung für fehlerhafte Produkte, ABl. EG Nr. L 141 S. 20 f. Dazu iE RdNr. 5.
[28] Zu diesen Begriffen *Stockmeier* VersR 2001, 271, 273 f.; *Flachsbarth* S. 130 ff.
[29] Präambel zur RL 99/34/EG, Abs. 5, 7; vgl. *Staudinger* NJW 2001, 275 f.; *Stockmeier* VersR 2001, 271 ff.; *Buchwaldt* ZLR 2001, 65 ff.
[30] Gesetz vom 1. 12. 2000, BGBl. I S. 1478; vgl. zur Begründung BT-Drucks. 14/2658 (dort Art. 6 (4), S. 13, 61), 14/3371 und 14/3756.
[31] Begründung des Entwurfs eines Gesetzes zur Änderung produkthaftungsrechtlicher Vorschriften, BT-Drucks. 14/3271 S. 3.
[32] Grünbuch „Die zivilrechtliche Haftung für fehlerhafte Produkte", KOM (1999) 396 vom 28. 7. 1999.
[33] Grünbuch „Die zivilrechtliche Haftung für fehlerhafte Produkte" (Fn. 32) S. 20 ff.

wurde erwogen.³⁴ Aufgrund der Reaktionen interessierter Kreise zum Grünbuch hat die Kommission im Jahr 2001 von dem Vorhaben einer tiefgreifenden Reform Abstand genommen.³⁵ Tatsächlich hat die Richtlinie in der Rechtspraxis der Mitgliedstaaten zwar bisher keine allzu große Bedeutung erlangt,³⁶ dies liegt allerdings vor allem an der Einschränkung der Ersatzfähigkeit von Sachschäden einerseits und der in ganz Europa zu konstatierenden Dominanz der Sozialversicherung bei der Restitution von Personenschäden andererseits.³⁷ Zu den Änderungen des Zweiten Schadensersatzrechtsänderungsgesetzes s. RdNr. 20 f. Allerdings erwägt der Europäische Rat eine Änderung der Richtlinie mit dem Ziel, den Mitgliedstaaten die Einführung einer strikten Lieferantenhaftung jenseits des Art. 3 Abs. 3 RL (= § 4 Abs. 3 ProdHaftG) zu ermöglichen.³⁸

5. Flankierung durch die Produktsicherheits-Richtlinie. Seit 1992 wird die Produkthaftungs-Richtlinie flankiert durch die Richtlinie über die allgemeine Produktsicherheit, die **ordnungsrechtliche Anforderungen** an die Sicherheit von Produkten stellt, soweit diese für Verbraucher bestimmt sind oder von Verbrauchern genutzt werden können.³⁹ Sie ist im Jahre 2001 durch eine weitere Richtlinie ersetzt worden, die bis zum 15. 1. 2004 umzusetzen war.⁴⁰ Der deutsche Gesetzgeber hat auf die erste Richtlinie mit dem Produktsicherheitsgesetz (ProdSG) reagiert und letzteres neben das traditionelle Gerätesicherheitsgesetz (GSG) gestellt, im Zuge der Umsetzung der zweiten Richtlinie beide Gesetze in einem Rechtsakt zusammengefasst, nämlich dem Geräte- und Produktsicherheitsgesetz (GPSG) vom 1. 6. 2004 (BGBl. I S. 2).⁴¹ Der Einfluss des Produktsicherheitsrechts auf die Haftung nach dem ProdHaftG beschränkt sich auf den Entlastungsgrund des § 1 Abs. 2 Nr. 4 und bleibt auch dort äußerst bescheiden (vgl. § 1 RdNr. 42 ff.). Praktische Bedeutung erlangt es allein im Rahmen von § 823 Abs. 2 BGB, wobei insbesondere an die öffentlich-rechtlichen Pflichten zu Warnungen und Rückrufen zu denken ist (vgl. § 823 BGB RdNr. 668 ff.). Darüber hinaus mag es nahe liegen, zur Konkretisierung des Fehlerbegriffs auf den Standard des Produktsicherheitsrechts zurückzugreifen.⁴²

6. Verhältnis zwischen ProdHaft-Richtlinie und ProdHaftG. Als Rechtsquelle des Europäischen Gemeinschaftsrechts verpflichtet die Richtlinie zwar nicht die Bürger untereinander, gilt also nicht unmittelbar im Horizontalverhältnis⁴³ und genießt folglich auch **keinen Anwendungsvorrang** vor den mitgliedstaatlichen Umsetzungsvorschriften.⁴⁴ Aufgrund der Verpflichtung zur Gemeinschaftstreue nach Art. 10 EG-Vertrag müssen die nationalen Vorschriften des ProdHaftG allerdings so ausgelegt und angewendet werden, dass der Zielsetzung der Richtlinie größtmöglich Rechnung getragen wird **(richtlinienkonforme Auslegung).**⁴⁵ Danach muss der Rechtsanwender den Regelungsgehalt der Richtlinie

---
³⁴ Grünbuch „Die zivilrechtliche Haftung für fehlerhafte Produkte" (Fn. 32) S. 22; dazu *Koch* PHI 2001, S. 2 ff.; im Ergebnis abl. Bericht der Kommission über die Anwendung der Richtlinie 85/374 über die Haftung für fehlerhafte Produkte KOM (2000) 893 vom 31. 1. 2001 S. 17 f., 29. Zu solchen Berichten ist die Kommission gemäß Art. 21 RL alle fünf Jahre verpflichtet.
³⁵ Bericht der Kommission (Fn. 34) S. 14 ff., 30 ff.; vgl. dazu auch *Hodges* PHI 2001, 14; *Sieg* PHI 2001, 72.
³⁶ Bericht der Kommission (Fn. 34).
³⁷ Eingehend *Wagner* in: Zimmermann (Hrsg.), Grundstrukturen des Europäischen Deliktsrechts, S. 189, 305 ff.
³⁸ Entschließung des Rates vom 19. 12. 2002, ABl. EG 2003 Nr. C 26 S. 2 als Reaktion auf die in Fn. 24 zitierten Entscheidungen des EuGH.
³⁹ Richtlinie 92/59/EWG des Rates vom 29. 6. 1992, ABl. EG Nr. L 228 S. 24 ff.
⁴⁰ Richtlinie 2001/95/EG des Europäischen Parlaments und des Rates vom 3. 12. 2001 über die allg. Produktsicherheit, ABl. EG Nr. L 11 S. 4.
⁴¹ Zum ProdSG eingehend *Wagner* BB 1997, 2489 ff., 2541 ff.; zum GPSG *Klindt* NJW 2004, 465 ff.; wN zu Lit. zum Produktsicherheitsrecht vgl. § 823 BGB vor RdNr. 592 ff.
⁴² Aktuelles Beispiel aus der Rspr.: BGH VersR 2006, 710; *Wagner* BB 1997, 2489, 2492; 2541, 2542.
⁴³ EuGH Slg. 1986, 723, 749 – Marshall; Slg. 1987, 3969, 3985 – Kolpinghuis Nijmegen; Slg. 1987, 2545, 2570 – Pretore di Salò; Slg. 1994, I-3325, 3356 f. – Faccini Dori; *Wagner* BB 1997, 1489, 1491; *Freitag* S. 85 ff.; Produkthaftungshandbuch/*v. Westphalen* § 70 RdNr. 6.
⁴⁴ Vgl. allg. *Lutter* JZ 1992, 593, 597 f.; *di Fabio* NJW 1990, 947, 952 f.
⁴⁵ Speziell zur Produkthaftungsrichtlinie EuGH Slg. 1997, I-2649, 2672 – Kommission/Vereinigtes Königreich; *Mayer* VersR 1990, 691, 700; *v. Westphalen* NJW 1990, 83, 84; *Schmidt-Salzer/Hollmann* Bd. 1 Einl. RdNr. 89 f.; allg. EuGH Slg. 1984, 1891, 1909 – von Colson & Kamman; Slg. 1984, 1921, 1942 – Harz; Slg.

Einl. ProdHaftG 9–11

beachten und diesem im Konfliktfall den Vorrang einräumen.[46] Soweit die Richtlinie konkrete Vorgaben macht, wie etwa bei der Haftungsbefreiung für Entwicklungsrisiken gemäß Art. 7 lit. e RL, ist eine autonome Auslegung geboten, die die in der Richtlinie verwandten Begriffe nicht kurzerhand mit den Parallelinstituten des nationalen Rechts identifiziert.[47]

9   Die **Interpretation der zentralen Haftungsvoraussetzungen** „Fehler" (Art. 6 RL), „Schaden" (Art. 9 S. 1 RL) und „Kausalzusammenhang" (Art. 1, 4 RL) sind grundsätzlich autonom, ohne Rückgriff auf das nationale Recht auszulegen.[48] Indessen kann dieses Prinzip nicht weiter reichen als der Regelungsanspruch des Gemeinschaftsgesetzgebers.[49] Beispielsweise lässt sich der dem Schadensbegriff gewidmeten Vorschrift des Art. 9 RL entnehmen, dass nur auf bestimmten Rechtsgutsverletzungen beruhende Schäden zu restituieren sind, nämlich Einbußen infolge von Tod, Körperverletzung und bestimmten Fällen der Sachbeschädigung. Zu den Einzelheiten der Schadensberechnung findet sich in der Richtlinie indessen kein Wort. Das bedeutet gleichwohl nicht, dass die Mitgliedstaaten in der Ausgestaltung des Haftungsumfangs völlig frei wären, sondern sie sind gehalten, eine „angemessene und vollständige Entschädigung" sicherzustellen.[50] Folgerichtig darf die Ersatzfähigkeit von Vermögensschäden, die ihrerseits auf einer Sachbeschädigung beruhen, nicht allein deshalb verneint werden, weil der Schutzbereich der Richtlinie auf privat genutzte Sachen beschränkt ist.[51] Eine solche Lösung verwechselt das geschützte Interesse mit dem Umfang des Schadensersatzes: Die Richtlinie diskriminiert keineswegs bestimmte Schadensposten, etwa „gewerbliche und berufliche Schäden",[52] sondern sie beschränkt ihren Schutzbereich auf bestimmte Interessen – u. a. die physische Unversehrtheit privat genutzter Sachen – schützt diese aber umfassend, unter Einschluss sämtlicher Folgeschäden.[53]

10 Entsprechende Überlegungen gelten für den **Kausalitätsbegriff.** Erneut liegt auf der Hand, dass die Richtlinie nicht im Einzelnen definiert, was unter dem „ursächlichen Zusammenhang zwischen Fehler und Schaden" gemäß Art. 1, 4 RL zu verstehen ist, doch dies kann nicht bedeuten, dass die Mitgliedstaaten in diesem Bereich völlig freie Hand hätten. Vielmehr sind sie gehalten, das Kausalitätserfordernis in dem Sinne „angemessen" auszugestalten, dass die Haftung eingreift, wenn die Rechtsgutsverletzung auf ein fehlerhaftes Produkt zurückzuführen ist. Tatsächlich dürften die Haftungsrechte der Mitgliedstaaten im Kernbereich des Kausalitätsbegriffs ohnehin übereinstimmen,[54] und in den Randbereichen und bei Zweifelsfragen wird der EuGH eine für die Gemeinschaft insgesamt verbindliche Entscheidung treffen müssen. Ein Vorbehalt zugunsten der europäischen Judikative ist etwa für grundlegende Umgestaltungen herkömmlicher Kausalitätsvorstellungen nach Art der Market-share-Liability anzunehmen, wie sie in der jüngsten Reformdebatte erörtert worden sind (vgl. RdNr. 6); wollte ein nationales Obergericht derartiges einführen, müsste es die Sache dem EuGH vorlegen.

11 Entgegen einer in der Literatur vertretenen Meinung ist auch der in Art. 6 RL relativ detailliert geregelte **Fehlerbegriff** autonom zu interpretieren und nicht der Konkretisierung

---

1990, I-4135, 4158 – Marleasing; Slg. 1994, I-3325, 3356 – Faccini Dori; *Lutter* JZ 1992, 593, 604 ff. mwN; *Grundmann* ZEuP 1996, 399 ff.; *Freitag* S. 87 f.; *Kardasiadou* S. 82 ff.; zur Haustürwiderrufs-Richtlinie BGH WM 1993, 632; zur Betriebsübergangs-Richtlinie BAG NJW 1990, 65.

[46] *Lutter* JZ 1992, 593, 607.
[47] So, speziell zu Art. 7 lit. e RL EuGH Slg. 1997, I-2649, 2669 ff. – Kommission/Vereinigtes Königreich; BGHZ 129, 353, 360 = NJW 1995, 2162, 2164; allg. Produkthaftungshandbuch/*v. Westphalen* § 70 RdNr. 4.
[48] Zum Begriff des Inverkehrbringens EuGH Slg. 2006, I-1313 RdNr. 23 ff. = EuZW 2006, 184 – O'Byrne.
[49] EuGH Slg. 2002, I-3879 RdNr. 22 f. – Kommission/Griechenland.
[50] EuGH Slg. 2001, I-3569 RdNr. 27 = NJW 2001, 2781, 2783 – Veedfald; wohl aA *W.-H. Roth*, FS Drobnig, 1998, S. 135, 151.
[51] So aber *M. Wolf*, FS Hermann Lange, 1992, S. 779, 790 ff.; dazu § 1 RdNr. 13 ff.
[52] So *M. Wolf*, FS Hermann Lange, 1992, S. 779, 790 ff.
[53] Allg. zum Konzept des Schutzbereichs des Deliktsrechts bzw. der außervertraglichen Haftung § 823 BGB RdNr. 3, 8 ff., 592 ff.
[54] Vgl. dazu *Jaap Spier* (Hrsg.), Unification of Tort Law: Causation, 2000.

durch nationale Gesetzgeber und Gerichte zugänglich zu machen.[55] Für diese Lösung spricht nicht nur der Wortlaut, sondern auch der Zweck der Richtlinie, die man sich hätte sparen können, wenn selbst der Fehlerbegriff als zentrale Haftungsvoraussetzung durch sie nicht vereinheitlicht worden wäre.[56] Der Einwand, die für die Beurteilung der Fehlerhaftigkeit eines Produkts maßgeblichen berechtigten Sicherheitserwartungen, auf die Art. 6 Abs. 1 RL abstellt, könnten von Region zu Region differieren,[57] trifft zwar zu, betrifft jedoch die Anwendung des Fehlerbegriffs im konkreten Einzelfall und ändert nichts an der Einheitlichkeit des anzuwendenden Maßstabs (eingehend § 3 RdNr. 10). Dementsprechend schadet es auch im nationalen Recht dem einheitlichen Begriff des Zubehörs nicht, wenn die Zubehöreigenschaft von Einbauküchen regional differenziert beurteilt wird, weil § 97 BGB selbst auf die Verkehrsanschauung Bezug nimmt (vgl. § 97 BGB RdNr. 30, 39). Schließlich interpretiert der EuGH die zentralen Begriffe der Richtlinie wie diejenigen des „Inverkehrbringens" und des „Schadens" autonom, und Gleiches muss erst recht für die Begriffe „Produkt", „Fehler" und „Hersteller" gelten, die in der Richtlinie selbst definiert sind (Art. 2, 6, 3 Abs. 1 RL).[58]

In allen Zweifelsfragen liegt die **Letztentscheidungskompetenz** nicht beim deutschen BGH, sondern beim EuGH.[59] Die deutschen Gerichte können durch Vorlage gemäß Art. 234 EG-Vertrag eine Auslegung der Richtlinie durch den EuGH herbeiführen (Vorabentscheidungsverfahren), und für das jeweils letztinstanzliche Gericht besteht insoweit sogar eine Vorlagepflicht.[60] Dies gilt allerdings nur im harmonisierten Bereich; soweit der deutsche Gesetzgeber über den Schutzstandard der Produkthaftungsrichtlinie hinausgegangen ist oder von in der Richtlinie eingeräumten Optionen Gebrauch gemacht hat, sind die nationalen Gerichte letztinstanzlich zur Entscheidung von Auslegungsfragen berufen.[61] Unabhängig von diesen Differenzierungen muss die Gesetzesanwendung stets um die Herstellung und Erhaltung eines möglichst einheitlichen Mindeststandards der Produkthaftung bemüht sein. Soweit möglich, sind auch ausländische Literatur zur Richtlinie und den jeweiligen nationalen Transformationsgesetzen, vor allem aber einschlägige Entscheidungen von Obergerichten der übrigen Mitgliedstaaten für die Interpretation heranzuziehen.

II. Die Haftung nach dem ProdHaftG

1. Haftungsgrundsätze. Die Haftung nach dem ProdHaftG ist allein an das **Inverkehrbringen eines fehlerhaften Produkts** durch den Hersteller geknüpft, ohne dass es zusätzlich auf Verschulden im Sinne persönlicher Vorwerfbarkeit ankäme.[62] Allerdings kann sich der Hersteller durch den Nachweis entlastender Umstände nach § 1 Abs. 2 von der Haftung befreien, wobei Deutschland von der Option des Art. 15 Abs. 1 lit. b RL Gebrauch gemacht und die Haftung für **Entwicklungsrisiken** ausgeschlossen hat, § 1 Abs. 2 Nr. 5. Darüber hinaus erlischt gemäß § 13 die Haftung zehn Jahre nach Inverkehrbringen des schadensträchtigen Produkts. Als Anspruchsgegner kommen neben dem Endhersteller auch Zulieferer von Grundstoffen oder Teilprodukten (§ 4 Abs. 1 S. 1), Quasi-Hersteller (§ 4 Abs. 1 S. 2) und unter den Voraussetzungen des § 4 Abs. 2 auch der EWR-Importeur in Betracht. Sie haften als Gesamtschuldner (§ 5 S. 1); der Regress im Innenverhältnis richtet sich nach § 5 S. 2. Anders als die Deliktshaftung (vgl. Vor § 823 BGB RdNr. 74 ff.) ist die

---

[55] So aber *Taschner*, FS Steffen, 1995, S. 479, 483 ff.; *W.-H. Roth*, FS Drobnig, 1998, S. 135, 149 ff.; *Franzen*, Privatrechtsangleichung durch die Europäische Union, S. 506 f.
[56] *Wagner* RabelsZ 66 (2002), 140, 143 f.; zur Bedeutung des Zwecks der Richtlinie für die Frage nach der autonomen Auslegung allg. *Franzen*, Privatrechtsangleichung durch die Europäische Gemeinschaft, S. 495.
[57] *W.-H. Roth*, FS Drobnig, 1998, S. 135, 150; *Franzen*, Privatrechtsangleichung durch die Europäische Gemeinschaft, S. 506.
[58] EuGH Slg. 2001, I-3569 RdNr. 14, 25 = NJW 2001, 2781, 2783 – Veedfald.
[59] Zu den einschlägigen Entscheidungen des EuGH vgl. RdNr. 3.
[60] Speziell zum ProdHaftG BGHZ 129, 353, 360 f. = NJW 1995, 2162, 2164.
[61] BGHZ 129, 353, 361 = NJW 1995, 2162, 2164.
[62] Zur dogmatischen Einordnung der Haftung s. RdNr. 14 ff.

Einstandspflicht nach dem ProdHaftG zwingenden Rechts und kann von den Parteien ex ante durch Vereinbarung weder ausgeschlossen noch beschränkt werden, § 14.

14 2. **Systematische Einordnung der Haftung.** Über die dogmatische Einordnung der Haftung nach dem ProdHaftG besteht in der Literatur keine Einigkeit. Die Verfasser der Richtlinie als auch diejenigen des deutschen Transformationsgesetzes glaubten, eine Gefährdungshaftung oder jedenfalls eine „**verschuldensunabhängige Haftung**" zu normieren,[63] ohne dass diesen Äußerungen Verbindlichkeit zukäme. Die Sachdiskussion leidet schwer unter den Unklarheiten und Widersprüchen, mit denen die deutsche Deliktsrechtsdogmatik in den Bereichen Rechtswidrigkeit und Verschulden befrachtet ist (§ 823 BGB RdNr. 4 ff.). Wird unter Verschulden ein ethisch begründeter Vorwurf individuellen Versagens wegen Verstoßes gegen konkret formulierte Verhaltensstandards verstanden, liegt auf der Hand, dass es sich bei der Haftung nach dem ProdHaftG nicht um eine Verschuldenshaftung handelt, denn gemäß § 1 Abs. 1 hat der Hersteller dem Geschädigten ohne weiteres einzustehen, wenn durch den Fehler des von ihm in Verkehr gebrachten Produkts Rechtsgüter Dritter beeinträchtigt werden. Auf den Produktfehler, nicht auf individuelles Fehlverhalten kommt es an.[64]

15 Mit dieser Einsicht ist die Problematik indessen noch nicht erledigt, denn genauso wie bei der deliktischen Produkthaftung lässt sich der Fehlerbegriff des ProdHaftG in weitem Umfang, und insbesondere bei **Konstruktions- und Instruktionsfehlern,** in verhaltensbezogene Sorgfaltspflichten übersetzen, deren Verletzung seit jeher die Fahrlässigkeit ausmacht und die Verschuldenshaftung auslöst.[65] Das ProdHaftG selbst wechselt auf diese Ebene der verhaltensbezogenen Sorgfaltspflichten, wenn § 1 Abs. 2 Nr. 5 formuliert, der Hersteller hafte nicht für Fehler, die nach dem Stand von Wissenschaft und Technik in dem Zeitpunkt, in dem das Produkt in Verkehr gebracht wurde, nicht erkannt werden konnten (§ 1 RdNr. 49 ff.). Die Anhänger einer strikten, verschuldensunabhängigen Produkthaftung haben Schwierigkeiten, die Entlastungsmöglichkeit für Entwicklungsrisiken zu erklären und sind deshalb stets versucht, ihren Anwendungsbereich klein zu halten, was in der Behauptung gipfelte, Entwicklungsrisiken könnten „nur in der chemischen und pharmazeutischen Industrie vorkommen", nicht dagegen bei technischen Produkten(!).[66] Die Gesetzesbegründung ist ambivalent, wenn dort ausgeführt wird, die konstruktionsbezogenen und insofern Zeitpunkt-relativen Sorgfaltspflichten des Herstellers nach § 823 BGB sollten einerseits nicht verschärft werden, andererseits aber von verschuldensunabhängiger Haftung die Rede ist.[67] Diesen Widerspruch vermag auch der – zutreffende – Hinweis, es komme nicht auf die subjektiven Erkenntnismöglichkeiten des konkreten Herstellers an,[68] nicht zu entkräften, denn so verhält es sich auch bei § 823 BGB.[69] Das Prinzip strikter Haftung ließe sich unter Abs. 2 Nr. 5 nur durchführen, wenn es für die Entlastung auch nicht auf die für einen sorgfältigen Hersteller objektiv bestehenden Erkenntnismöglichkeiten, sondern allein auf den Stand von Wissenschaft und Technik ohne Rücksicht auf dessen Erkennbarkeit ankäme bzw. die Erkennbarkeit nach besonders strengen Kriterien bemessen würde.[70] Diesen Be-

---

[63] Richlinienvorschlag der EG-Kommission vom 9. 9. 1976, abgedruckt in BT-Drucks. 7/5812, S. 5 f.; Präambel zur RL 85/374/EWG; Begründung zum ProdHaftG, BT-Drucks. 11/2447 S. 8, 11, 13; auf der Qualifikation als Gefährdungshaftung insistiert insbes. *Taschner* NJW 1986, 611 f.; *ders.* in: *Taschner/Frietsch* Art. 1 RL RdNr. 1 f.; dem folgend *Diederichsen* in: Probleme der Produzentenhaftung, S. 9, 12 f.; *Rolland* Produkthaftungsrecht § 1 ProdHaftG RdNr. 7; weitgehend auch *Erman/Schiemann* Vor § 1 ProdHaftG RdNr. 2.

[64] Vgl. die treffende, allerdings auf die Produkthaftung nach § 823 Abs. 1 BGB gemünzte Formulierung von *Diederichsen* NJW 1978, 1281, 1284.

[65] *W. Lorenz* ZHR 151 (1987), 1, 13 ff.; *G. Hager* JZ 1990, 397, 398; *Kötz*, FS W. Lorenz, 1991, S. 109, 113 ff.; *v. Bar*, FS Hermann Lange, 1992, S. 373, 389; *Schlechtriem*, FS Rittner, 1991, S. 545, 547 ff.

[66] *Taschner* NJW 1986, 611, 615.

[67] Begr. RegE, BT-Drucks. 11/2447 S. 15.

[68] Begr. RegE, BT-Drucks. 11/2447 S. 15; *Schmidt-Salzer/Hollmann* Bd. 1 Art. 7 RdNr. 108; *Staudinger/Oechsler* RdNr. 126.

[69] *Kötz*, FS W. Lorenz, 1991, S. 109, 113 ff.; *Häsemeyer*, FS Niederländer, 1991, S. 251, 262; *Lüderitz*, FS Rebmann, 1989, S. 755, 762 ff.; *Staudinger/Oechsler* Einl. ProdHaftG RdNr. 37 ff.

[70] In diese Richtung *Kullmann* in: Probleme der Produzentenhaftung, S. 33, 59.

strebungen hat der EuGH eine eindeutige Absage erteilt und treffend formuliert, Art. 7 lit. e RL setze „zwangsläufig voraus, dass die relevanten wissenschaftlichen Erkenntnisse zum Zeitpunkt des Inverkehrbringens des fraglichen Produkts zugänglich waren".[71]

Die Profilierung der sondergesetzlichen gegenüber der deliktischen Produkthaftung lässt **16** sich auch nicht mit Hilfe einer Deliktsrechtsdogmatik aufrecht erhalten, die zwischen äußerer und innerer Sorgfalt unterscheidet, allein letztere für die Verschuldensebene reserviert und schließlich dafür hält, dass es im Rahmen des § 1 auf den Verstoß gegen die innere Sorgfalt nicht ankomme,[72] denn das Resultat wäre eine Haftung für objektive Sorgfaltswidrigkeit, nicht aber eine Gefährdungshaftung. Nur in diesem Sinne lässt sich *Schmidt-Salzers* Qualifikation der Richtlinien-Haftung als **„verschuldensunabhängige Unrechtshaftung"** verstehen.[73] Dieser Befund wird durch eine Gegenprobe bestätigt: Zurechnungsgrund der Gefährdungshaftung ist die zum eigenen Nutzen ausgeübte Kontrolle einer Quelle erhöhter Gefahr, bei der sich Schäden erheblichen Umfangs auch bei Anwendung der im Verkehr erforderlichen Sorgfalt nicht vermeiden lassen (vgl. Vor § 823 BGB RdNr. 17). Als solche Gefahrenquelle mit selbst bei Beachtung aller möglichen und wirtschaftlich zumutbaren Sicherheitsmaßnahmen *besonderer* Schadensneigung stellt sich die Warenproduktion gerade nicht dar (vgl. § 823 BGB RdNr. 241).[74] Das Servieren einer Eierspeise in einem Restaurant setzt den Gast ganz offensichtlich keiner besonderen, weil unvermeidbaren Gefahr aus, und der Hersteller einer mit Salmonellen kontaminierten Eierspeise haftet nicht deshalb, weil ihm das nach Ergreifung aller Sorgfaltsmaßnahmen verbleibende Schadensrisiko auferlegt werden soll, sondern deshalb, weil er es versäumt hat, mögliche und zumutbare Sicherheitsmaßnahmen zu ergreifen.[75] Dieser Befund lässt sich auch nicht mit dem semantischen Trick kaschieren, kurzerhand das Inverkehrbringen eines *fehlerhaften* Produkts als Gefahrenquelle auszugeben,[76] denn dann wird der Fehler in den Begriff der Gefahrenquelle integriert, so dass Delikts- und Gefährdungshaftung eins werden: Knüpft die vermeintliche Gefährdungshaftung an einen Sorgfaltspflichtverstoß an, dann ist sie faktisch Verschuldenshaftung im Sinne einer Haftung für verkehrswidriges Verhalten.

Gleichwohl ist das ProdHaftG keine tautologische Regelung zu § 823 Abs. 1 BGB, **17** sondern geht an einigen, wenn auch eher nebensächlichen Stellen über jene hinaus. Dies gilt zum einen für **Fabrikationsfehler,** für die es nicht darauf ankommt, wie sie zustande gekommen sind, ob sie also auf unsorgfältigem Verhalten eines Mitarbeiters im Bereich des Herstellerunternehmens beruhen oder sich als Ausreißer darstellen, die sich selbst unter Einsatz aller möglichen und wirtschaftlich zumutbaren Sorgfalts- und Qualitätssicherungsmaßnahmen nicht vermeiden lassen (§ 3 RdNr. 30).[77] Zwar wäre es denkbar, auch der Haftung für Fabrikationsfehler durch entsprechende Normativierung der berechtigten Sicherheitserwartungen des Verkehrs gemäß § 3 Abs. 1 Grenzen zu ziehen,[78] doch dürfte dies der Konzeption der Richtlinie zuwider laufen, weil der Geschädigte dann den Beweis in Bezug auf die Vernachlässigung möglicher und zumutbarer Maßnahmen führen müsste. Die Verfasser der Richtlinie waren indessen der Auffassung, sie schufen eine verschuldensunabhängige Haftung und haben dies in den Erwägungsgründen auch zum Ausdruck gebracht. Diese Schwäche würde vermieden, wenn dem Hersteller die Berufung auf den Entlastungsgrund des § 1 Abs. 2 Nr. 5 gestattet würde, doch der BGH hat diesen Weg versperrt (§ 1

---

[71] EuGH Slg. 1997, I-2649, 2670 – Kommission/Vereinigtes Königreich.
[72] So wohl *Deutsch* VersR 1988, 1197 ff.; gegen die Differenzierung von äußerer und innerer Sorgfalt § 823 BGB RdNr. 32 ff.
[73] *Schmidt-Salzer/Hollmann* Bd. 1 Art. 1 RdNr. 5 ff., 13, 16.
[74] Zutr. *Diederichsen,* Die Haftung des Warenherstellers, S. 200 f.; *ders.* in: Probleme der Produzentenhaftung, S. 9, 11; *v. Bar,* FS Hermann Lange, 1992, S. 373, 387 f.; *Marburger* AcP 192 (1992), 1, 13.
[75] So der Fall BGHZ 116, 104 = NJW 1992, 1039 – Hochzeitsessen.
[76] So aber *Ficker,* FS v. Caemmerer, 1978, S. 343, 348 ff.; der Sache nach auch *Taschner* NJW 1986, 611 f.; *ders.* in: *Taschner/Frietsch* Art. 1 RL RdNr. 1 f.
[77] BGH VersR 2007, 72, 73; *W. Lorenz* ZHR 151 (1987), 1, 10; *Kötz,* FS W. Lorenz, 1991, S. 109, 112 f.
[78] Überlegungen in diese Richtung bei *Schlechtriem,* FS Rittner, 1991, S. 545, 550; *v. Bar,* FS Hermann Lange, 1992, S. 373, 391 f.

Einl. ProdHaftG 18–20

RdNr. 51). In der Sache mag es hingehen, den Verbraucher gegen planwidrige Abweichungen des Einzelstücks von den Beschaffenheitsmerkmalen der Gesamtserie beim Hersteller zu versichern, der die Haftungskosten auf den Produktpreis umlegen kann (vgl. Vor § 823 BGB RdNr. 51). So leistet jeder Einzelne einen minimalen Beitrag zur Absicherung der Opfer unvermeidbarer Ausreißer.

18 Zu einer Produkthaftung ohne Sorgfaltspflichtverstoß kann es ferner wegen des **Einheitsfehlerbegriffs** des ProdHaftG kommen, auf Grund dessen der in § 4 genannte Personenkreis für „den Produktfehler" ohne Rücksicht darauf verantwortlich ist, in wessen Organisationskreis der Sicherheitsmangel entstanden ist. Der Endhersteller kann sich also nicht damit verteidigen, er habe seine Zulieferer sorgfältig ausgewählt, in ausreichendem Maß überwacht und im Übrigen auf deren Sachkunde und Zuverlässigkeit vertrauen dürfen.[79] Die Produktfehler werden überdies den Quasi-Herstellern (§ 4 Abs. 1 S. 2), EWR-Importeuren (§ 4 Abs. 2) und – bei Unauffindbarkeit des Herstellers – auch Vertriebshändlern (§ 4 Abs. 3) zugerechnet, ohne dass es insoweit auf einen Sorgfaltspflichtverstoß ankäme, während der Großteil der im Rahmen der deliktischen Produkthaftung zu beachtenden Sorgfaltspflichten allein auf den Hersteller fokussiert ist, die Glieder der Vertriebskette also verschont (vgl. § 823 BGB RdNr. 601 ff.). Gleichwohl ist die Einstandspflicht nach dem ProdHaftG auch insoweit nur in Bezug auf Fabrikationsfehler verschuldensunabhängig, während sie sich im Übrigen als Haftung für fremdes Verschulden – für Sorgfaltspflichtverstöße des Herstellers bzw. seiner Zulieferer in den Bereichen Konstruktion und Instruktion – darstellt.[80]

19 Im Ergebnis erscheint das ProdHaftG somit als **Kombination aus Elementen der Verschuldens- und der strikten Haftung,** wobei erstere ihren Schwerpunkt im Bereich der Konstruktions- und Instruktionsfehler hat, während die Haftung für Fabrikationsfehler weiter reicht.[81]

20 **3. Haftungsumfang nach dem Zweiten SchadensersatzrechtsänderungsG.** Obwohl die Haftung nach dem ProdHaftG in mancher Hinsicht über das Deliktsrecht hinausgeht, hat sie zunächst kaum praktische Bedeutung erlangt.[82] Im Mittelpunkt von Rechtsstreitigkeiten um die Produkthaftung stand nach wie vor § 823 BGB, der gemäß § 15 Abs. 2 neben den §§ 1 ff. anwendbar bleibt. Die **Marginalisierung des ProdHaftG** beruhte bisher nicht auf der Widerspenstigkeit des BGH,[83] sondern auf der restriktiven Ausgestaltung des Haftungsumfangs, wobei der Haftungshöchstbetrag des § 10 noch die geringste Rolle spielte. Bei Sachschäden fällt jedoch der Selbstbehalt des § 11 und der völlige Ausschluss der Haftung für Beschädigungen gewerblich genutzter Sachen sowie von Schäden am Produkt selbst durch § 1 Abs. 1 S. 2 ins Gewicht, und die materiellen Folgen von Personenschäden fallen ohnehin regelmäßig der Sozialversicherung zur Last.[84] Folgerichtig geht es in Produkthaftungsprozessen wegen Verletzungen von Körper und Gesundheit regelmäßig allein um die von der Sozialversicherung nicht gedeckten Schadensspitzen – und vor allem um den Immaterialschadensersatz, den früher nur das Deliktsrecht gewährte, das folgerichtig der Mittelpunkt rechtlicher Auseinandersetzungen blieb.[85] Diese Einschätzung wird durch einen Vergleich mit dem österreichischen Recht belegt, in dem die harmonisierte Produkt-

---

[79] Vgl. *Erman/Schiemann* § 1 RdNr. 1; *Buchner* DB 1988, 32, 34; *Schmidt-Salzer* BB 1986, 1103, 1105; *Schmidt-Salzer/Hollmann* Bd. 1 Einl. RdNr. 160 ff.; *Wieckhorst* S. 142; zur Haftung des Zulieferers § 1 RdNr. 63, 70.
[80] *Kötz,* FS W. Lorenz, 1991, S. 109, 119 f.
[81] Treffend *Brüggemeier,* Prinzipien des Haftungsrechts, S. 79: „Hybridcharakter" der Haftung nach dem ProdHaftG; im Ergebnis genauso *Staudinger/Oechsler* Einl. ProdHaftG RdNr. 42; *Soergel/Krause* RdNr. 5; Produkthaftungshandbuch/*v. Westphalen* § 71 RdNr. 10; *Bräutigam* WM 1994, 1189, 1195; *Wieckhorst* S. 188 f.
[82] *Honsell* JuS 1995, 211, 214: mit dem Deliktsrecht sei „weit mehr zu holen" als mit dem ProdHaftG.
[83] In diese Richtung aber *Möllers* VersR 2000, 1177, 1179.
[84] Eingehend *Wagner* VersR 1999, 1441, 1447 f.
[85] So etwa in den Kindertee-Fällen BGHZ 116, 60, 64 = NJW 1992, 560; BGH NJW 1994, 932; 1995, 1286; OLG Frankfurt NJW-RR 1999, 25, 26; vgl. weiter BGHZ 129, 353, 361 ff. = NJW 1995, 2162, 2164 f.; OLG Koblenz NJW-RR 1999, 1624, 1625; OLG Dresden VersR 1998, 59, 60.

haftung eine dominante Rolle spielt, weil dort seit jeher auch der Immaterialschaden liquidiert werden kann.[86]

Mit dem Inkrafttreten des Zweiten Schadensersatzrechtsänderungsgesetzes am 1. 8. 2002 ist die **Beschränkung des Schmerzensgelds auf Delikte hinfällig** geworden. Gemäß §§ 8 S. 2 ProdHaftG, 253 Abs. 2 BGB ist seither auch bei der Haftung nach dem ProdHaftG Geldersatz für immaterielle Beeinträchtigungen von Körper und Gesundheit zu leisten.[87] Damit hat der deutsche Gesetzgeber von der durch Art. 9 Abs. 2 RL eingeräumten Option zugunsten der Ersatzfähigkeit immaterieller Schäden Gebrauch gemacht,[88] der Fixierung der Produkthaftungsprozesse auf das Deliktsrecht ein Ende bereitet und die praktische Bedeutung des ProdHaftG maßgeblich erhöht. Weiter ist das Haftungslimit des § 10 von 160 Millionen DM auf 85 Millionen Euro heraufgesetzt und der Selbstbehalt nach § 11 von 1125 DM auf 500 Euro reduziert worden. Alle diese Neuregelungen gelten ausweislich von Art. 229 § 8 Abs. 1 EGBGB nur, wenn das schädigende Ereignis nach dem 31. 7. 2002 eingetreten ist. In Übereinstimmung mit dem Willen der Gesetzesverfasser[89] ist dabei der Zeitpunkt des Inverkehrbringens maßgeblich,[90] auf den es gemäß § 16 auch für den intertemporalen Anwendungsbereich des ProdHaftG und des Wegfalls der Landwirtschaftsklausel des § 2 S. 2 aF ankommt (RdNr. 4 f.).

4. Verhältnis zum Deliktsrecht und zu Sondergesetzen. Vgl. die Erläuterungen zu § 15.

III. Internationale Produkthaftung

1. Produkthaftungsstatut. Das Kollisionsrecht der Produkthaftung ist zum Januar 2009 durch die **Rom II–VO** harmonisiert worden.[91] Nach diesem Zeitpunkt ist Art. 5 Rom II–VO maßgebend; bis dahin gilt das autonome deutsche Kollisionsrecht der Art. 40 ff. EGBGB.[92] Die Rom II–VO beansprucht Geltung nicht nur dann, wenn die Rechtsordnungen zweier oder mehrerer Mitgliedstaaten der EU konkurrieren, sondern genauso, wenn die Anwendung des Rechts eines Drittstaates zur Debatte steht (Art. 3 VO).[93] Die Frage, ob die Produkthaftungs-Richtlinie eine „**versteckte Kollisionsnorm**" enthält, nach der die Regeln der harmonisierten Produkthaftung nur, aber auch immer dann zur Anwendung zu bringen sind, wenn das Produkt im Europäischen Binnenmarkt in den Verkehr gebracht worden ist,[94] dürfte sich dadurch erledigt haben. Kommt es in Deutschland zu einem Schaden durch ein aus China oder den USA eingeführtes Produkt, ist das anwendbare Recht gemäß Art. 3 VO nach Maßgabe von Art. 5 VO zu bestimmen.

Die Kollisionsregeln der VO sind nicht unkompliziert, weil **Art. 5 VO** eine **mehrsprossige Anknüpfungsleiter** präsentiert. Darüber hinaus ist zu berücksichtigen, dass Art. 14 VO die Wahl des anwendbaren Rechts durch Parteivereinbarung nicht nur ex post, sondern auch ex ante, vor Entstehung des Schadens, zulässt. Vorausgesetzt ist dabei allerdings, dass es sich um eine „frei ausgehandelte Vereinbarung" unter kommerziell tätigen Parteien handelt, so dass Rechtswahlvereinbarungen gegenüber Verbrauchern ex ante nicht wirksam getroffen werden können. Folgendes Prüfungsschema mag die Orientierung erleichtern:
1. **Rechtswahl** (Art. 14 Abs. 1 VO).
2. **Gemeinsamer gewöhnlicher Aufenthalt** (Art. 4 Abs. 2, 5 Abs. 1 S. 1 VO).

---

[86] Vgl. die Referate von *Kullmann* und *Posch* in ZEuS 2002, 37 ff., 55 ff.; sowie *Kullmann* PHI 2001, 46.
[87] Dazu iE *Wagner* NJW 2002, 2049, 2053 ff.; *ders.,* Das neue Schadensersatzrecht, RdNr. 27 ff.
[88] Krit. zu dieser Option *Hommelhoff,* FS Rittner, 1991, S. 165, 170 f.
[89] Begr. RegE, BT-Drucks. 14/7752 S. 44 zu Art. 12.
[90] Ausf. *Wagner,* Das neue Schadensersatzrecht, RdNr. 83 ff.; aA *Staudinger/Oechsler* § 19 RdNr. 3.
[91] Verordnung (EG) Nr. 864/2007 des Europäischen Parlaments und des Rates vom 11. 7. 2007 über das auf außervertragliche Schuldverhältnisse anzuwendende Recht („Rom II"), ABl. EG Nr. L 199 S. 40.
[92] *Wagner* IPRax 2008, 1, 17.
[93] *Wagner* IPRax 2008, 1, 3 f.
[94] So beiläufig *Deutsch,* FS W. Lorenz, 1991, S. 65, 78 = PHI 1991, 75, 83; *Soergel/Lüderitz* Art. 38 EGBGB RdNr. 62; vgl. auch (zur Handelsvertreter-Richtlinie) EuGH NJW 2001, 2007, 2008 – Ingmar GB; dazu *Staudinger* NJW 2001, 1974, 1978.

§ 1 ProdHaftG   Produkthaftungsgesetz

3. **Gewöhnlicher Aufenthalt des Geschädigten** unter der Voraussetzung des Inverkehrbringens (Art. 5 Abs. 1 S. 1 lit. a VO) und dessen Voraussehbarkeit für den Hersteller (Art. 5 Abs. 1 S. 2 VO).
4. **Marktort,** wobei dieselben eben genannten Einschränkungen gelten (Art. 5 Abs. 1 S. 1 lit. b VO).
5. **Erfolgsort** unter den nämlichen Einschränkungen (Art. 5 Abs. 1 S. 1 lit. c VO).
6. **Gewöhnlicher Aufenthalt des Herstellers,** falls es am Inverkehrbringen in einem der oben genannten Orte oder an der Voraussehbarkeit des Inverkehrbringens fehlt (Art. 5 Abs. 1 S. 2 VO).
7. Verdrängung der Anknüpfungen des Art. 5 Abs. 1 VO (nicht der Rechtswahl) durch eine **offensichtlich engere Verbindung** mit einer anderen Rechtsordnung (Art. 5 Abs. 2 VO).

25 **2. Vorrang des UN-Kaufrechts?** Soweit deutsches Recht zur Anwendung berufen ist, richtet sich die Haftung nach dem ProdHaftG und dem gemäß § 15 daneben anwendbaren Delikts- und Vertragsrecht. Umgekehrt wird die **Anwendung des ProdHaftG** durch das von Deutschland ratifizierte UN-Kaufrechtsübereinkommen **nicht ausgeschlossen**.[95] Das ergibt sich zwar nicht aus Art. 90 CISG,[96] denn EG-Richtlinie und ProdHaftG erheben gar keinen Anspruch auf die abschließende Regelung der Produkthaftung (Art. 13 RL, § 15).[97] Umgekehrt nimmt jedoch Art. 5 CISG den Regelungsanspruch des UN-Kaufrechts zurück, indem er Schadensersatzansprüche wegen Personenschäden aus dem Anwendungsbereich der Konventionsregeln ausklammert. Für Sachschäden muss im Ergebnis dasselbe gelten, weil das CISG auch für diese keine angemessene Lösung bereit hält.[98] Unabhängig von der im internationalen Vergleich umstrittenen Einordnung ins Vertrags- oder Deliktsrecht beruht die Produkthaftung auf anderen Wertungsgrundlagen als das Kaufrecht.[99] Folgerichtig schließt die Nichterfüllung der Rügeobliegenheit gemäß Art. 39 CISG die Liquidation von Sachschäden auf Grund des ProdHaftG nicht aus, wobei allerdings die Restriktionen des § 1 Abs. 1 S. 2 zu beachten sind.

26 **3. Internationales Verfahrensrecht.** In **verfahrensrechtlicher Hinsicht** folgt aus der Qualifikation als Deliktsrecht, dass für Ansprüche aus dem ProdHaftG der Gerichtsstand des § 32 ZPO bzw. – im europäischen Kontext – des Art. 5 Nr. 3 EuGVVO begründet ist.[100] Beide Vorschriften werden trotz divergierenden Wortlauts wiederum iS der **Tatortregel** und des **Ubiquitätsprinzips** verstanden, so dass der Geschädigte die Wahl zwischen mehreren Gerichtsständen hat, wenn nicht die Anknüpfungen auf den Marktort oder auf den Erfolgsort konzentriert werden.[101]

§ 1 Haftung

(1) ¹Wird durch den Fehler eines Produkts jemand getötet, sein Körper oder seine Gesundheit verletzt oder eine Sache beschädigt, so ist der Hersteller des Produkts verpflichtet, dem Geschädigten den daraus entstehenden Schaden zu ersetzen. ²Im Falle der Sachbeschädigung gilt dies nur, wenn eine andere Sache als das fehlerhafte Produkt beschädigt wird und diese andere Sache ihrer Art nach gewöhnlich für den privaten Ge- oder Verbrauch bestimmt und hierzu von dem Geschädigten hauptsächlich verwendet worden ist.

---

[95] So aber für Sachschäden *Otto* MDR 1992, 533, 537.
[96] So aber *Herber* MDR 1993, 105 f.
[97] *Schlechtriem/Ferrari* Art. 5 CISG RdNr. 14 f. mwN auch zur Gegenauffassung.
[98] *Schlechtriem/Ferrari* Art. 5 CISG RdNr. 9 ff., 12; *Schlechtriem,* Internationales UN-Kaufrecht, RdNr. 40; mit Einschränkungen auch *Schlechtriem/U. Huber* Art. 45 CISG RdNr. 58 f.; seine Vorbehalte mit Blick auf „Weiterfresser-" und Produktionsschäden spielen im Bereich des ProdHaftG allerdings wegen § 1 Abs. 1 S. 2 kaum eine Rolle.
[99] *Magnus* ZEuP 1993, 79, 96.
[100] BT-Drucks. 11/5520 S. 12; *Rolland* § 15 RdNr. 56.
[101] Ausf. *Wagner* RabelsZ 62 (1998), 243, 250 f.

(2) Die Ersatzpflicht des Herstellers ist ausgeschlossen, wenn
1. er das Produkt nicht in den Verkehr gebracht hat,
2. nach den Umständen davon auszugehen ist, daß das Produkt den Fehler, der den Schaden verursacht hat, noch nicht hatte, als der Hersteller es in den Verkehr brachte,
3. er das Produkt weder für den Verkauf oder eine andere Form des Vertriebs mit wirtschaftlichem Zweck hergestellt noch im Rahmen seiner beruflichen Tätigkeit hergestellt oder vertrieben hat,
4. der Fehler darauf beruht, daß das Produkt in dem Zeitpunkt, in dem der Hersteller es in den Verkehr brachte, dazu zwingenden Rechtsvorschriften entsprochen hat, oder
5. der Fehler nach dem Stand der Wissenschaft und Technik in dem Zeitpunkt, in dem der Hersteller das Produkt in den Verkehr brachte, nicht erkannt werden konnte.

(3) [1] Die Ersatzpflicht des Herstellers eines Teilprodukts ist ferner ausgeschlossen, wenn der Fehler durch die Konstruktion des Produkts, in welches das Teilprodukt eingearbeitet wurde, oder durch die Anleitungen des Herstellers des Produkts verursacht worden ist. [2] Satz 1 ist auf den Hersteller eines Grundstoffs entsprechend anzuwenden.

(4) [1] Für den Fehler, den Schaden und den ursächlichen Zusammenhang zwischen Fehler und Schaden trägt der Geschädigte die Beweislast. [2] Ist streitig, ob die Ersatzpflicht gemäß Absatz 2 oder 3 ausgeschlossen ist, so trägt der Hersteller die Beweislast.

Übersicht

	RdNr.		RdNr.
I. Überblick	1	3. Nicht-kommerzielle Tätigkeit (Abs. 2 Nr. 3)	38–41
II. Anspruchsvoraussetzungen	2–22	a) Zweck und Systematik	38
1. Rechtsgutsverletzung	2–18	b) Herstellung durch Private zu privaten Zwecken	39
a) Ausklammerung von Persönlichkeits- und Vermögensinteressen	2, 3	c) Vertrieb zu privaten Zwecken	40
b) Tötung, Körper- und Gesundheitsverletzung	4	d) Nachträgliche Absichtsänderung	41
c) Sachbeschädigung	5, 6	4. Herstellung nach Maßgabe zwingender Rechtsvorschriften (Abs. 2 Nr. 4)	42–48
d) Beschränkungen des Schutzbereichs bei Sachschäden (Abs. 1 S. 2)	7–18	a) Grundlagen	42
		b) Rechtsvorschrift	43
aa) Beschädigung einer anderen Sache	8–12	c) Zwingender Charakter der Norm	44–47
bb) Privater Gebrauch, Verbrauch und Verwendung	13–18	d) Zwingende Vorschriften des Europäischen Auslands und des Gemeinschaftsrechts	48
2. Kausalität und Zurechnung	19–22	5. Keine Haftung für Entwicklungsrisiken (Abs. 2 Nr. 5)	49–55
III. Entlastungstatbestände des Abs. 2	23–55	a) Verhältnis zum Fehlerbegriff	50
1. Fehlendes Inverkehrbringen (Abs. 2 Nr. 1)	24–30	b) Fehlertypen	51, 52
a) HM zum ProdHaftG	24	c) Haftungsmaßstab	53, 54
b) Rechtsprechung des EuGH	25, 26	d) Produktbeobachtung und Rückruf	55
c) Schadensereignisse innerhalb des Betriebsgeländes	27	IV. Haftungsausschlüsse zugunsten von Teil- und Grundstoffherstellern (Abs. 3)	56–67
d) Arbeitsteilige Herstellung	28		
e) Herstellung vs. Vertrieb	29	1. Regelungskontext und Regelungszwecke	56–58
f) Produktserien; Prototypen	30		
2. Fehlerfreiheit des Produktes bei Inverkehrgabe (Abs. 2 Nr. 2)	31–37	2. Konstruktion des Endprodukts als Fehlerursache (Abs. 3 S. 1 Alt. 2)	59–63
a) Entlastende Umstände	32, 33	a) Fehlerfreiheit des Teilprodukts	60–62
b) Insbesondere: Entlastung bei Fabrikationsfehlern	34–36	b) Konstruktionsfehler des Endprodukts	63
c) Beweismaßreduktion	37		

§ 1 ProdHaftG

	RdNr.		RdNr.
3. Anleitungen des Endherstellers als Fehlerursache (Abs. 3 S. 1 Alt. 2)	64–67	a) Herstellung durch den Inanspruchgenommenen	69
a) Anleitung	65	b) Fehler des schadensstiftenden Produkts	70
b) Haftung trotz Anleitung?	66	c) Haftungsbegründende Kausalität	71–73
c) Keine entsprechende Anwendung	67	d) Haftungsausfüllende Kausalität und Schaden	74
V. Verteilung der Beweislast (Abs. 4)	68–76	3. Beweislast des Herstellers (Abs. 4 S. 2)	75, 76
1. Allgemeines	68		
2. Beweislast des Geschädigten (Abs. 4 S. 1)	69–74		

I. Überblick

1 § 1 Abs. 1 enthält den zentralen **Haftungstatbestand des ProdHaftG** mit den drei Elementen: (1) Produktfehler, (2) Rechtsgutsverletzung, (3) Kausalität. Die Definition eines Produkts findet sich in § 2. Demgegenüber normiert § 1 Abs. 2 Entlastungstatbestände, die in § 1 Abs. 3 um solche zugunsten des Herstellers eines Teilprodukts und des Grundstoffherstellers erweitert werden. § 1 Abs. 4 schließlich zieht die beweisrechtlichen Konsequenzen aus dieser **Systematik,** indem er die Beweislast für die Haftungsvoraussetzungen des § 1 Abs. 1 dem Geschädigten, diejenige für die Ausschlusstatbestände des § 1 Abs. 2, 3 hingegen dem Hersteller auferlegt. Eine danach bestehende Verantwortlichkeit wird in § 4 unter bestimmten Voraussetzungen auf Quasi-Hersteller, EWR-Importeure und Händler erstreckt.

II. Anspruchsvoraussetzungen

2 **1. Rechtsgutsverletzung. a) Ausklammerung von Persönlichkeits- und Vermögensinteressen.** § 1 Abs. 1 ist **keine haftungsrechtliche Generalklausel,** sondern erfordert ebenso wie § 823 Abs. 1 BGB die Verletzung eines Rechtsguts. Nicht jeder durch ein fehlerhaftes Produkt verursachte Schaden wird ersetzt, sondern nur solche Einbußen, die auf der Verletzung eines der in § 1 Abs. 1 aufgezählten Rechtsgüter beruhen. Das fehlerhafte Produkt muss den Tod eines Menschen, Körper- oder Gesundheitsverletzungen oder eine Sachbeschädigung zur Folge haben. Diese Aufzählung ist abschließend, und eine analoge Anwendung des § 1 Abs. 1, etwa auf Freiheits- oder sonstige Eigentumsverletzungen, kommt nicht in Betracht.[1] Nicht vorausgesetzt ist allerdings, dass der Produktfehler gerade bei einem Produktbenutzer oder gar beim Vertragspartner des Herstellers zu Schäden führt. Das Gesetz schützt vielmehr Vertragspartner und Zweiterwerber des Produkts genauso wie außenstehende Dritte (sog. **innocent bystanders).**[2]

3 Aus der Anknüpfung der Schadensersatzpflicht an die Verletzung bestimmter Rechtsgüter ergibt sich insbesondere die Ausklammerung **reiner Vermögensschäden** aus dem Schutzbereich des ProdHaftG.[3] Damit besteht keine Möglichkeit für den Wiederverkäufer des fehlerhaften Produkts, sein Haftungsinteresse, also den Geldbetrag, den er seinem Abnehmer zur Kompensation von Körperschäden oder Sachbeschädigungen gezahlt hat, nach Maßgabe des ProdHaftG beim Hersteller zu liquidieren. Vielmehr richtet sich der Regress nach Vertragsrecht, beim Verkauf von Gütern, die letztlich in die Hand eines Verbrauchers geraten, nach den zwingenden Vorschriften der §§ 478 f. BGB. Selbstverständlich kann für Vermögensschäden nach Maßgabe der §§ 249 ff. BGB Ausgleich verlangt werden, wenn sie ihrerseits Folge einer Verletzung der in § 1 Abs. 1 aufgezählten Rechts-

---

[1] *Rolland* RdNr. 20; *Taschner* in: *Taschner/Frietsch* RL Art. 9 RdNr. 4; *Staudinger/Oechsler* RdNr. 5; *Soergel/Krause* RdNr. 1.

[2] *Frietsch* in: *Taschner/Frietsch* RdNr. 27; Produkthaftungshandbuch/*v. Westphalen* § 71 RdNr. 15; *Rolland* RdNr. 24; *Taeger* S. 191 f.; zur Einordnung des ProdHaftG in die außervertragliche Haftung vgl. Einl. RdNr. 15 ff.

[3] *Erman/Schiemann* RdNr. 2; *Palandt/Sprau* RdNr. 8; *Staudinger/Oechsler* RdNr. 6; *Sack* VersR 1988, 439, 449; *Schmidt-Salzer* BB 1986, 1103; *ders.* DB 1987, 1285, 1287; *Pfeifer* S. 246; *Taschner* in: *Taschner/Frietsch* RdNr. 42.

güter sind.[4] Bei Körperverletzungen kann der Geschädigte folglich die Heilungskosten ebenso ersetzt verlangen wie seinen Verdienstausfall und den entgangenen Gewinn (§ 252 BGB). Das gilt auch bei Sachschäden (RdNr. 5 f.).

b) Tötung, Körper- und Gesundheitsverletzung. Die Begriffe der Tötung, Körper- und Gesundheitsverletzung sind genauso zu verstehen wie im Rahmen des § 823 Abs. 1 BGB (§ 823 BGB RdNr. 65 ff.).[5]

c) Sachbeschädigung. Abweichend von § 823 Abs. 1 BGB setzt § 1 ProdHaftG nicht eine Eigentumsverletzung voraus, sondern die **Beschädigung einer Sache**. Diese Nuance in der Schutzbereichsdefinition hat durchaus praktische Konsequenzen. Für die Aktivlegitimation spielt es nämlich keine Rolle, ob der Geschädigte Eigentümer der beschädigten oder zerstörten Sache ist oder war, sondern neben dem Eigentümer können auch Inhaber beschränkt dinglicher Rechte oder eines Anwartschaftsrechts sowie der rechtmäßige Besitzer Anspruchsinhaber sein.[6] Damit wird ein Großteil der Rechtspositionen, die nach § 823 Abs. 1 BGB als „sonstiges Recht" deliktischen Schutz genießen (vgl. § 823 BGB RdNr. 146 ff.), in den Schutzbereich des ProdHaftG einbezogen. Die Anknüpfung allein an die Sachbeschädigung hat selbstverständlich nicht zur Folge, dass Besitzer der Sache und Inhaber beschränkt dinglicher Rechte von dem Hersteller vollen Ersatz des Substanzschadens verlangen könnten. Genauso wie im Rahmen des § 823 Abs. 1 BGB ist ihr Interesse vielmehr auf das Recht zur Nutzung der Sache beschränkt, was sich in der Schadensberechnung entsprechend niederschlagen muss, so dass regelmäßig nur der Eigentümer Ersatz des vollen Substanzschadens verlangen kann (§ 823 BGB RdNr. 152).[7] Dabei sind die Schutzbereichsschranken des § 1 Abs. 1 S. 2 zu beachten, so dass der private Mieter eines Pkw zwar sein Nutzungsinteresse liquidieren kann, dem gewerblichen Autovermieter jedoch kein Ersatzanspruch wegen der Reparaturkosten zusteht (vgl. RdNr. 13 ff.).

Beeinträchtigungen der Sachsubstanz stellen nach allgemeiner Meinung Sachbeschädigungen dar (§ 823 BGB RdNr. 111),[8] doch jenseits dieser Fallgruppe wird es problematisch. Dies gilt besonders für reine Nutzungsbeeinträchtigungen, die nicht durch Substanzverletzungen vermittelt werden, gleichwohl aber im Rahmen von § 823 Abs. 1 BGB als Eigentumsverletzung anerkannt sind (§ 823 BGB RdNr. 117).[9] Der BGH hat in einem obiter dictum angedeutet, diese Grundsätze auf § 1 Abs. 1 übertragen, die Schutzbereiche der deliktischen und sondergesetzlichen Produkthaftung insoweit also identisch definieren zu wollen.[10] Nach anderer Auffassung sind allein Substanzverletzungen eine „Beschädigung" iS des § 1, nicht hingegen bloße Störungen des bestimmungsgemäßen Sachgebrauchs.[11] Tatsächlich ist der Begriff der „Sachbeschädigung" jedoch weniger eindeutig als dies die Anhänger der restriktiven Auffassung wahrhaben wollen und in den übrigen Sondergesetzen zur außervertraglichen Haftung, wie etwa dem StVG oder dem UmweltHG, genauso unklar und umstritten wie im ProdHaftG.[12] Der Straftatbestand der „Sachbeschädigung" (§ 303 Abs. 1 StGB) wird keineswegs auf Substanzverletzungen beschränkt, sondern auf sonstige

---

[4] Zutr. *Schmidt-Salzer/Hollmann* Bd. 1 Art. 9 RdNr. 14, 31 ff.; *Staudinger/Oechsler* RdNr. 39; grds. auch *Michalski* Jura 1995, 505, 513.

[5] Produkthaftungshandbuch/*v. Westphalen* § 71 RdNr. 14; *Palandt/Sprau* RdNr. 3, 4.

[6] *Rolland* RdNr. 36 ff.; *Erman/Schiemann* RdNr. 2; *Staudinger/Oechsler* RdNr. 8; so jetzt auch Produkthaftungshandbuch/*v. Westphalen* § 71 RdNr. 24; für beschränkte dingliche Rechte auch *Frieling* in: *Pott/Frieling* RdNr. 47.

[7] *Rolland* RdNr. 50; Produkthaftungshandbuch/*v. Westphalen* § 71 RdNr. 27; insoweit spielt es nach der Wertung des § 6 Abs. 2 keine Rolle, dass dem Besitzer uU auch sein Vertragspartner haftet.

[8] Vgl. nur Produkthaftungshandbuch/*v. Westphalen* § 71 RdNr. 25; *Frietsch* in: *Taschner/Frietsch* § 1 ProdHaftG RdNr. 30.

[9] BGHZ 56, 153, 159 = NJW 1971, 886, 887; BGHZ 105, 346, 350 = NJW 1989, 707, 708; BGH NJW 1998, 377, 380.

[10] BGH NJW-RR 1995, 342, 343 (obiter dictum); *Kullmann* in: *Kullmann/Pfister* Kza. 3602, S. 1 f.; *Palandt/Sprau* RdNr. 5; *Rolland* RdNr. 38, 40; *Frieling* in: *Pott/Frieling* RdNr. 49.

[11] *Brüggemeier* JZ 1994, 578; Produkthaftungshandbuch/*v. Westphalen* § 71 RdNr. 26.

[12] Vgl. etwa *Landsberg/Lülling* UmweltHG, 1991, § 1 RdNr. 38 ff. einerseits, *Geigel/Rixecker* Haftpflichtprozess Kap. 2 RdNr. 9; *Greger*, Haftungsrecht des Straßenverkehrs, 4. Aufl. 2007, § 3 RdNr. 44 ff. anderseits.

Einwirkungen auf die Sache erstreckt, sofern sie eine Minderung der bestimmungsgemäßen Brauchbarkeit zur Folge haben.[13] Was schließlich die europäische Ebene anlangt, so lässt sich keineswegs feststellen, dass in den anderen Mitgliedstaaten restriktive Interpretationen der Sachbeschädigung dominieren würden. So ist in Art. 1386–2 Code civil lapidar von der „atteinte à la personne ou à un bien" die Rede, ohne dass daraus irgendwelche Restriktionen abgeleitet würden,[14] und auch in England fehlt es an dem Versuch, die sondergesetzliche Haftung für „damage to property" insoweit gegenüber der allgemeinen negligence-Haftung zu profilieren.[15] Insgesamt sprechen somit die besseren Gründe dafür, den Schutzbereich der Sachbeschädigung nach § 1 nicht anders zu bestimmen als denjenigen des Eigentums in § 823 Abs. 1 BGB.

7 **d) Beschränkungen des Schutzbereichs bei Sachschäden (Abs. 1 S. 2).** Nicht jede durch ein fehlerhaftes Produkt verursachte Sachbeschädigung ist geeignet, einen Schadensersatzanspruch zu begründen. Vielmehr schränkt § 1 Abs. 1 S. 2 den Schutzbereich des ProdHaftG weiter ein, indem er **Schäden am Produkt selbst** ebenso ausklammert wie die Beschädigung von Sachen, die nicht für den privaten Ge- oder Verbrauch bestimmt oder im Einzelfall nicht für diese Zwecke eingesetzt worden sind. Darüber hinaus ist bei Sachschäden der **Selbstbehalt** des § 11 zu beachten, nach dem der Geschädigte nur den 500 Euro übersteigenden Betrag liquidieren kann.

8 **aa) Beschädigung einer anderen Sache.** Das Erfordernis der Beschädigung einer anderen Sache als des fehlerhaften Produkts sichert den Vorrang der **vertragsrechtlichen Gewährleistung.** Fehlerhafte Produkte gelangen auf Grund eines Vertrags bzw. einer Kette von Verträgen in den Verkehr, die ihrerseits das Schadensrisiko in differenzierter und abgewogener Weise zwischen den Vertragsparteien verteilen. Wurde das fehlerhafte Produkt auf Grund eines Kaufvertrags erworben, schuldet der Verkäufer nach §§ 437 Nr. 3, 280 BGB ebenfalls Schadensersatz, doch dieser Anspruch erlaubt eine Entlastung durch Nachweis mangelnden Verschuldens (§ 280 Abs. 1 S. 2 BGB), unterliegt einer zweijährigen Verjährungsfrist (§ 438 Abs. 1 Nr. 3 BGB) und ist – wenn auch in Grenzen – der Ausgestaltung durch privatautonom getroffene Abreden zugänglich, §§ 475, 478 Abs. 4 BGB. Diese Regelungen sollen durch die Haftung nach dem ProdHaftG nicht überspielt werden, soweit ein Schaden an der Kaufsache selbst in Rede steht.

9 Die erste Alternative des Abs. 1 S. 2 reagiert auf eine Problematik, die im Rahmen der deliktischen Produkthaftung unter dem Begriff des **„weiterfressenden Mangels"** diskutiert wird (iE § 823 BGB RdNr. 127 ff.). Auch anderen europäischen Rechtssystemen, die einerseits die Kumulation von Vertrags- und Deliktshaftung zulassen und andererseits den Schutzbereich des Deliktsrechts auf absolute Rechte und Rechtsgüter begrenzen, ist die Problematik geläufig.[16] In England beispielsweise ist allerdings noch niemand auf den Gedanken gekommen, dem Eigentümer eines Kfz., das infolge eines geplatzten Reifens verunglückt ist, einen Schadensersatzanspruch gegen den Zulieferer einzuräumen, der den defekten Reifen hergestellt hat.[17] § 1 Abs. 1 S. 2 und sein europarechtlicher Vorläufer dienen der Abgrenzung zwischen Delikts- und Gewährleistungsrecht, die für alle Mitgliedstaaten einheitlich bestimmt werden sollte.[18] Wenn in dieser Situation der Europäische Gesetzgeber das Problem angesprochen und in Art. 9 lit. a RL ausdrücklich die Beschädigung oder Zerstörung einer *anderen* Sache als des fehlerhaften Produkts vorausgesetzt hat, sollte der Streit damit erledigt sein.[19] Erstaunlicherweise ist dies nicht der Fall, sondern die Kontroverse über den Weiterfresserschaden hat sich mittlerweile auf § 1 Abs. 1 S. 2 aus-

---

[13] BGHSt 13, 207, 208; *Schönke/Schröder/Stree* § 303 StGB RdNr. 8 b mwN.
[14] *Flour/Albert*, Les Obligations, II Nr. 300: „l'article 1386–2 pose en principe que tous les dommages on vocation à être pris en considération".
[15] *Tettenborn* in: Clerk & Lindsell on Torts, No. 11–80.
[16] Dazu eingehend *Wagner* in: Zimmermann, Grundstrukturen des Europäischen Deliktsrechts, S. 189, 233 ff.
[17] *Tettenborn* in: Clerk & Lindsell on Torts, No. 11–81.
[18] Vgl. *Cahn* ZIP 1990, 482, 484, in diese Richtung auch *Sack* VersR 1990, 439, 444.
[19] So wohl auch *Taschner* in: Taschner/Frietsch Art. 9 RL RdNr. 15.

gedehnt. Die wohl **hM** lehnt die Ersatzfähigkeit von Weiterfresserschäden im Rahmen des ProdHaftG indessen zu Recht ab.[20] Anders liegt es bei den sog. **Produktionsschäden,** denn in diesen Fällen wird durchaus eine „andere Sache" geschädigt, nämlich die mangelfreie Zutat, die mit dem fehlerhaften Produkt verbunden und dadurch entwertet wird (eingehend § 823 RdNr. 133 ff.).[21]

Ein Teil der Literatur will die **deliktsrechtlichen Grundsätze über den „weiterfressenden Mangel"** auch auf § 1 Abs. 1 S. 2 übertragen.[22] Dabei überzeugt es allerdings nicht, wenn insoweit mit dem Zweck der Richtlinie argumentiert wird, umfassenden Verbraucherschutz zu gewährleisten.[23] „Umfassend" ist der Verbraucherschutz nach der Richtlinie gerade nicht, sondern in mannigfacher Weise beschränkt, wie eben beispielsweise durch Ausklammerung von Schäden an dem fehlerhaften Produkt selbst. Der darüber hinaus gegebene Hinweis, der Haftungsausschluss beziehe sich allein auf das „fehlerhafte" Produkt, nicht jedoch auf das „gelieferte" Produkt,[24] ist begriffliche Spielerei. In normativer Hinsicht ist entscheidend, dass eine solche Interpretation § 1 Abs. 1 S. 2 jeglichen praktischen Anwendungsbereich nehmen würde.

Diese **Bedenken** lassen sich auch nicht dadurch ausräumen, dass die Kategorie der „weiterfressenden Mängel" mit dem Produktbegriff des § 2 S. 1 verkoppelt und die Ersatzfähigkeit auf Fälle beschränkt wird, in denen die Gesamtsache aus mehreren eigenständigen Teilprodukten besteht und nicht alle Teilprodukte fehlerhaft sind.[25] Der Begriff des Teilprodukts soll dabei nach der Verkehrsauffassung bestimmt und in diesem Zusammenhang auf das Kriterium der funktionalen Abgrenzbarkeit von fehlerhaftem Teil und Gesamtsache abgestellt werden, was an die ältere Rechtsprechung des VIII. ZS des BGH zu den deliktsrechtlichen Weiterfresserschäden erinnert (§ 823 BGB RdNr. 127).[26] Dieser Vorschlag führt zu einer Verdoppelung der Dogmatik der Weiterfresserschäden, wobei es auf zwei unterschiedliche, in hohem Maße vage Differenzierungskriterien ankäme, nämlich im Rahmen des § 823 Abs. 1 BGB auf die Stoffgleichheit von Mangel und Schaden (§ 823 BGB RdNr. 128) und im Rahmen des § 1 auf die funktionale Abgrenzbarkeit des fehlerhaften Teilprodukts. Aus der gemäß § 4 Abs. 1 eintretenden Mithaftung des Teilproduktherstellers lässt sich nicht ableiten, dass der Endprodukthersteller für Schäden an einem teilmangelhaften Produkt aufzukommen hat.[27]

Genauso wenig kann es überzeugen, **zwischen dem Endhersteller und dem Zulieferer zu differenzieren** und nicht den End- wohl aber den Teilprodukthersteller zum Ersatz von Schäden an der Gesamtsache heranzuziehen.[28] Auf diese Weise wird ein Produzent allein deshalb, weil er nur Teilhersteller ist, einer weitergehenden Haftung unterworfen als der Endhersteller, wenn dieser sämtliche Einzelteile selbst produziert hätte. Ein derart ungereimtes Resultat lässt sich weder mit der Produkteigenschaft des fehlerhaften Teils gemäß § 2 S. 1 noch mit der gesamtschuldnerischen Haftung auch des Teilherstellers gemäß § 5 begründen, denn diese Normen haben nur den Zweck, dem Geschädigten mehrere Schuldner zur

---

[20] *Frietsch* in: *Taschner/Frietsch* RdNr. 39; *Rolland* RdNr. 44; *Erman/Schiemann* RdNr. 3; *Soergel/Krause* RdNr. 4; *Larenz/Canaris*, Schuldrecht II/2, 13. Aufl. 1994, § 84 VI 1 c, S. 646; *Cahn* ZIP 1990, 482, 484; *Diederichsen*, Probleme der Produzentenhaftung, 1988, S. 7, 30; *Tiedtke* NJW 1990, 2961, 2963; *Brüggemeier/Reich* WM 1986, 149, 151; *Lorenz* ZHR 151 (1987), 1, 16; *Landfermann* RIW 1980, 161, 168; *Marburger* AcP 192 (1992), 1, 8 f. Genauso auch öOGH JBl. 1994, 477 f.
[21] AA öOGH ecolex 1999, 314 m. krit. Anm. *Rabl*.
[22] *Mayer* VersR 1990, 691, 698; *Buchner* DB 1988, 32, 36; *Taeger* S. 196 ff.; für eine einheitliche Auslegung von § 823 Abs. 1 BGB und § 1 Abs. 1 S. 2 ProdHaftG auch *Katzenmeier* NJW 1997, 486, 492; offen gelassen von *Palandt/Sprau* RdNr. 6; unentschieden auch *Sack* VersR 1988, 439, 444; mit Einschränkungen auch die in Fn. 25, 28 zitierten Autoren.
[23] So aber Produkthaftungshandbuch/*v. Westphalen* § 72 RdNr. 19; *Wieckhorst* S. 122 f.
[24] So *Sack* VersR 1990, 2961, 2962.
[25] So *Staudinger/Oechsler* RdNr. 19 ff.
[26] BGHZ 67, 359, 364 = NJW 1977, 379, 380 f.
[27] AA *Staudinger/Oechsler* RdNr. 16.
[28] So aber *Schmidt-Salzer/Hollmann* Bd. 1 Art. 9 RdNr. 28; *Kullmann* § 1 ProdHaftG RdNr. 9; ders. in: *Kullmann/Pfister* Kza. 3602, S. 2 ff.; Produkthaftungshandbuch/*v. Westphalen* § 72 RdNr. 16; *Staudinger/Oechsler* RdNr. 10 ff., 19 ff. wohl auch *Schaub* S. 50.

Verfügung zu stellen, nicht aber – quasi als Gegenausnahme zu § 1 Abs. 1 S. 2 – den Kreis ersatzfähiger Schäden auszuweiten.[29] In diesem Sinne ist in § 1 Abs. 1 S. 1 auch vom Fehler *eines* Produkts die Rede, ohne dass zwischen End- und Teilprodukt differenziert würde. Der deutsche Gesetzgeber wollte die Fälle des Zusammenfügens fehlerhafter und fehlerfreier Produkte *nach* deren Inverkehrgabe der Rechtsprechung überlassen.[30] Der Geschädigte erfährt durch den für ihn zufälligen und ihm häufig gar nicht erkennbaren Umstand arbeitsteiliger Herstellung keinen Vertrauenszuwachs, der eine Erweiterung des Schutzbereichs des ProdHaftG rechtfertigen würde.

13 **bb) Privater Gebrauch, Verbrauch und Verwendung.** Schäden an einer anderen Sache als dem fehlerhaften Produkt sind nur dann zu ersetzen, wenn diese andere Sache ihrer Art nach gewöhnlich **für den privaten Ge- oder Verbrauch bestimmt und hierfür von dem Geschädigten tatsächlich verwendet** worden ist. Zweckbestimmung für die private Nutzung und entsprechender Gebrauch müssen kumulativ vorliegen: Für die Beschädigung von Sachen, die ihrer Art nach für den Einsatz in der beruflichen Sphäre bestimmt sind, ist auch dann kein Ersatz zu leisten, wenn sie im Einzelfall für private Zwecke (miss-)braucht wurden, und Artikel der Privatsphäre bleiben gleichwohl ungeschützt, wenn sie im Einzelfall im Rahmen gewerblicher Funktionen verwendet wurden.

14 Der **Sinn** dieser, durch Art. 9 lit. b RL vorgegebenen Restriktion ist nicht auf Anhieb zu erkennen, zumal sie den Rechtsvereinheitlichungseffekt der Richtlinie untergräbt.[31] In der Begründung zu § 1 Abs. 1 S. 2 findet sich die Erwägung, gewerbliche oder berufliche Produktbenutzer hätten bessere Möglichkeiten, ihre Rechtsbeziehungen auf vertraglicher Basis zu regeln.[32] Dabei ist möglicherweise übersehen worden, dass Richtlinie und ProdHaftG nicht nur den Vertragspartner des Herstellers oder Händlers schützen, sondern genauso außenstehende Dritte, die durch das fehlerhafte Produkt einen Schaden erleiden, jedoch überhaupt keine Möglichkeit haben, die Haftung vertraglich auszugestalten.[33]

15 Eine Bestimmung zum privaten Ge- oder Verbrauch liegt vor, wenn die Sache weder für einen **gewerblichen** noch für einen **freiberuflichen Zweck** bestimmt ist.[34] Diese beiden, auch in § 1 Abs. 2 Nr. 3 bzw. Art. 7 lit. c RL genannten Fallgruppen haben gemeinsam, dass die Sache nicht der privaten Lebensführung, sondern dem Gelderwerb dient. Die Begriffe des Ge- oder Verbrauchs sind weit auszulegen; erfasst sind sämtliche Einsatzzwecke, denen die Sache zugeführt werden kann.[35] Auch zur unentgeltlichen Weitergabe bestimmte Gegenstände, wie zB Werbegeschenke, können gewerblichen oder beruflichen Zwecken dienen. Genauso wenig kommt es darauf an, ob der Gegenstand gewerblich oder privat hergestellt wurde. Schließlich spielt es keine Rolle, ob der Geschädigte als Verbraucher (§ 13 BGB) anzusehen ist.[36] Nicht privat sind auch die im Eigentum der öffentlichen Hand stehenden Sachen.[37]

16 Ob die Sache für einen privaten Zweck bestimmt ist, richtet sich allein nach objektiven Maßstäben: Maßgebend ist, welcher Nutzung diese Art von Sache nach der **Verkehrsauffassung** gewöhnlich dient.[38] Folglich kommt es nicht auf den Verwendungszweck des

---

[29] Wie hier öOGH JBl. 1994, 477 f.; *Tiedtke* NJW 1990, 2961, 2964.
[30] BT-Drucks. 11/2447 S. 13 und 11/5520 S. 13.
[31] Vgl. allg. Einl. RdNr. 3; ebenso *Brüggemeier* ZHR 152 (1988), 511, 534; *Koch* ZHR 152 (1988), 537, 546; *Landfermann* RIW 1980, 161, 167 f.
[32] Begr. RegE, BT-Drucks. 11/2447 S. 13.
[33] Aus ökonomischer Sicht krit. zum Haftungsausschluss *Wieckhorst* S. 206 f.
[34] So auch die Begr. RegE, BT-Drucks. 11/2447 S. 13; genauso *Staudinger/Oechsler* RdNr. 23; *Schmidt-Salzer* BB 1986, 1103; *v. Westphalen* NJW 1990, 83, 84; *Frietsch* in: *Taschner/Frietsch* RdNr. 33; *Frieling* in: *Pott/Frieling* RdNr. 20; *v. Bar*, FS Hermann Lange, 1992, S. 373, 382; zu den Auswirkungen auf die Haftung für Pflanzenschutzmittel vgl. *Kaus* PHI 2000, 244 ff.
[35] *Staudinger/Oechsler* RdNr. 26.
[36] Anders *Palandt/Sprau* RdNr. 7; *Schmidt-Salzer/Hollmann* Bd. 1 Art. 9 RdNr. 47.
[37] *Staudinger/Oechsler* RdNr. 25; *Frietsch* DB 1990, 29, 33 mwN.
[38] So auch die Begr. RegE, BT-Drucks. 11/2447 S. 13; *Kullmann* in: *Kullmann/Pfister* Kza. 3602, S. 4 f.; *Staudinger/Oechsler* RdNr. 22; Produkthaftungshandbuch/*v. Westphalen* § 72 RdNr. 25.

konkret beschädigten Gegenstands an, sondern auf die Zweckbestimmung der Gattung. Danach dient ein Produkt „gewöhnlich" einem privaten Zweck, wenn es von der ganz überwiegenden Zahl der Verwender tatsächlich im privaten Bereich eingesetzt wird.[39] Eine gewöhnliche private Zweckbestimmung erfordert umgekehrt nicht, dass die Sache für wirtschaftliche Zwecke gar nicht einsatzfähig bzw. ausschließlich für eine private Nutzung bestimmt ist.[40] Da die meisten Produkte sowohl für private als auch für gewerbliche bzw. freiberufliche Zwecke verwandt werden können, würde der Schutzbereich des ProdHaftG bei Sachbeschädigungen sonst übermäßig beschränkt. Graue Anzüge werden zwar von vielen Angestellten im Berufsleben getragen, doch dies macht Bürokleidung nicht zu Produkten, die „ihrer Art nach" für professionelle Zwecke eingesetzt werden.

Verbreitet wird angenommen, der Hersteller könne durch **Produktbezeichnungen,** **Verwendungsbestimmungen** oder ähnliche **Beschreibungen** auf die Einordnung als privat oder gewerblich genutzte Sache Einfluss nehmen.[41] Das ist insofern richtig, als die Art der Produktbeschreibung in der Werbung und in Benutzungshinweisen die Verkehrsauffassung regelmäßig mitbestimmt. Folgerichtig sind derartige Produktbeschreibungen nicht als solche, sondern nur insoweit beachtlich, als sie die Verkehrsauffassung tatsächlich prägen.[42] Wird beispielsweise einem aus Aluminium gefertigten Klapproller der Hinweis beigegeben, er sei ausschließlich zum Betrieb auf Büroflurren bestimmt, hält sich die Kundschaft jedoch nicht daran und bevölkert damit die Radwege, dann liegt ein zum privaten Gebrauch bestimmtes Produkt vor. 17

Zur generellen Zweckbestimmung der Sache für den privaten Gebrauch muss hinzukommen, dass sie auch im Einzelfall so eingesetzt wurde, wobei es ausreicht, wenn sie **hauptsächlich zum privaten Ge- oder Verbrauch** verwendet worden ist.[43] Allerdings wird nicht vorausgesetzt, dass die Sache gerade im Zeitpunkt ihrer Beschädigung einem privaten Zweck gewidmet war, und irrelevant ist selbstverständlich auch, ob der Geschädigte ein Verbraucher (§ 13 BGB) ist oder nicht.[44] Dabei ist wiederum ein objektiver Maßstab anzulegen.[45] Unter „hauptsächlich" ist die überwiegende Verwendung der Sache im privaten Bereich zu verstehen. Eine vereinzelte gewerbliche oder berufliche Nutzung schadet nicht (vgl. RdNr. 13 ff.). 18

2. Kausalität und Zurechnung. Die Richtlinie begnügt sich damit, einen Kausalzusammenhang zwischen Produktfehler und Rechtsgutsverletzung zu fordern, ohne zu definieren, was im Einzelnen darunter zu verstehen ist (zur Richtlinie vgl. Einl. RdNr. 10 ff.). Da es an einer **gemeinschaftsrechtlich-autonomen Regelung fehlt,** ist vorerst das nationale Verständnis von Kausalität und Zurechnung auch im Bereich der Produkthaftung maßgeblich.[46] Dabei steht der Kernbereich dessen, was vernünftiger- und herkömmlicherweise unter Kausalität zu verstehen ist, nicht zur Disposition des nationalen Gesetzgebers (vgl. Einl. RdNr. 10). Zwischen dem Fehler des Produkts und der Rechtsgutsverletzung muss demnach zunächst äquivalente Kausalität bestehen; der Fehler muss eine nicht hinwegzudenkende Bedingung für die Rechtsgutsverletzung sein. 19

---

[39] Überzeugend *Rolland* § 1 RdNr. 81; Produkthaftungshandbuch/*v. Westphalen* § 72 RdNr. 26.
[40] So auch *Kullmann* § 1 RdNr. 11; *Rolland* RdNr. 81; ähnlich Produkthaftungshandbuch/*v. Westphalen* § 72 RdNr. 26, 27.
[41] *Taschner* in: *Taschner/Frietsch* RL Art. 9 RdNr. 9; wohl auch *Palandt/Sprau* RdNr. 7.
[42] So wohl auch die Begr. RegE, nach der auch die Bezeichnung als „Profi-Gerät" eine Zuordnung zum privaten Bereich nicht ausschließt, vgl. BT-Drucks. 11/2447 S. 13; wie hier *Frietsch* in: *Taschner/Frietsch* RdNr. 34; Produkthaftungshandbuch/*v. Westphalen* § 72 RdNr. 24; *Staudinger/Oechsler* RdNr. 24.
[43] *Kullmann* § 2 RdNr. 15; *Rolland* RdNr. 84 f.; *Frietsch* in: *Taschner/Frietsch* RdNr. 37.
[44] Vgl. *Rolland* RdNr. 84; Produkthaftungshandbuch/*v. Westphalen* § 72 RdNr. 29, *Frietsch* in: *Taschner/Frietsch* RdNr. 37; *Erman/Schiemann* RdNr. 4; *Staudinger/Oechsler* RdNr. 30.
[45] So jedoch *Mayer* VersR 1990, 691, 693; wie hier *Staudinger/Oechsler* RdNr. 29.
[46] Ausf. *Schmidt-Salzer/Hollmann* Bd. 1 Art 4. RdNr. 5, 8 ff.; ebenso *Staudinger/Oechsler* RdNr. 32; *Sack* VersR 1988, 439, 451; *Schmidt-Salzer* BB 1986, 1103, 1104; *Schlechtriem* VersR 1986, 1033, 1034; aA Produkthaftungshandbuch/*v. Westphalen* § 71 RdNr. 41, der für eine autonome Interpretation eintritt.

20 Die Anwendung der herkömmlichen **Adäquanztheorie** im Bereich der haftungsbegründenden Kausalität wird von der Rechtsprechung bei Gefährdungshaftungstatbeständen abgelehnt,[47] und auch im Rahmen der Verschuldenshaftung ist für die haftungsbegründende Kausalität auf Adäquanz zu verzichten (§ 823 BGB RdNr. 309).[48] Zur Beschränkung der haftungsausfüllenden Kausalität mit Hilfe der Adäquanz vgl. § 249 RdNr. 104 ff.

21 Zur Einschränkung der nach der conditio-sine-qua-non-Formel bestimmten Kausalität auf der Ebene der Haftungsbegründung ist allerdings die Lehre vom **Schutzzweck der Norm** geeignet.[49] Danach kommt es entscheidend darauf an, ob die in § 1 Abs. 1 S. 1 normierte Haftung dazu bestimmt ist, gerade den konkret Verletzten zu schützen und die Haftung dem Hersteller des fehlerhaften Produkts aufzuerlegen. Trotz der verbraucherschutzrechtlichen Motivation der harmonisierten Produkthaftung ist darauf Bedacht zu nehmen, dass der persönliche Schutzbereich keineswegs auf Konsumenten iS des § 13 BGB beschränkt ist, sondern sich gleichermaßen auf Unternehmer erstreckt,[50] wobei bei Sachschäden die Restriktionen des § 1 Abs. 1 S. 2 zu beachten sind. In sachlicher Hinsicht muss sich das Schadensereignis gerade als die Realisierung des aus der Fehlerhaftigkeit des Produkts folgenden Risikos darstellen. Beispielsweise schränkt die Rechtsprechung die Haftung für Instruktionsfehler nach § 823 Abs. 1 BGB ein, indem sie aus dem persönlichen Schutzbereich der verletzten Warnpflicht diejenigen Nutzer ausklammert, die ohnehin um die Gefahren des Produkts wissen (§ 823 BGB RdNr. 640).[51] Entsprechend der Rechtslage bei Straßenverkehrsunfällen fallen aus dem Schutzbereich des § 1 solche Gesundheitsverletzungen heraus, die der Geschädigte nicht durch den Fehler selbst, sondern erst infolge seiner psychischen Erregung über den Produktfehler erleidet.[52] Allerdings ist es nicht erforderlich, dass der Produktfehler „unmittelbar" zu einer Rechtsgutsverletzung führt, so dass ein Ersatzanspruch zu bejahen ist, wenn ein Autofahrer infolge eines Fehlers seines Kfz. auf der Autobahn liegen bleibt und sodann von einem nachfolgenden Wagen erfasst und getötet wird.[53] Folgerichtig sind auch die sog. **Schockschäden,** die dem unmittelbar Verletzten nahe stehende Personen bei der Beobachtung des Unfalls oder anlässlich ihrer Benachrichtigung davon erleiden, nicht aus dem Schutzbereich auszuklammern, sondern nach den §§ 1, 8 genauso wie im Rahmen der Verschuldenshaftung zu restituieren (§ 823 BGB RdNr. 79 ff.).[54] Ganz zweifelsfrei ist diese Auslegung jedoch nicht,[55] und Klarheit über Inhalt und Grenzen des Kausalitätserfordernisses im harmonisierten Produkthaftungsrecht wird wiederum nur der EuGH schaffen können.

22 Schließlich ist ein Zurechnungszusammenhang iS der Schutzzwecklehre nicht nur für die Haftungsbegründung, sondern auch für die **haftungsausfüllende Kausalität** zwischen Rechtsgutsverletzung und Folgeschaden zu verlangen.[56] Ein einschlägiges Beispiel sind die

---

[47] BGHZ 37, 311, 317 = NJW 1976, 1676, 1677; BGHZ 79, 259, 261 ff. = NJW 1981, 983.
[48] *Kötz/Wagner* RdNr. 191 ff.
[49] So zur straßenverkehrsrechtlichen Gefährdungshaftung BGHZ 37, 311, 317 f. = NJW 1976, 1676, 1677; BGH 107, 359, 367 = NJW 1989, 2616, 2617; BGHZ 115, 84, 86 f. = NJW 1991, 2568; zur luftverkehrsrechtlichen Gefährdungshaftung BGHZ 79, 259, 263 = NJW 1981, 983 f.; speziell zur Produkthaftung *Deutsch* JZ 1989, 465, 466; Produkthaftungshandbuch/*v. Westphalen* § 71 RdNr. 45; grds. auch *Erman/Schiemann* RdNr. 2; *Palandt/Sprau* RdNr. 9; *Staudinger/Oechsler* RdNr. 33; *Rolland* RdNr. 180; *Kullmann* § 1 RdNr. 21 ff.; *ders.* in: *Kullmann/Pfister* Kza. 3602, S. 6 ff.; *Frietsch* in: *Taschner/Frietsch* RdNr. 44 ff.; zu den Zurechnungsproblemen bei mechan. Schäden, die auf der Fehlerhaftigkeit von Computerprogrammen beruhen, ausf. *Taeger* S. 202 ff., der aber aaO S. 208 entgegen der Wertung des § 6 Abs. 2 die Haftung des Programmherstellers ausschließen will, wenn die Software nur die Entscheidungsfindung durch den Anwender unterstützt.
[50] *Deutsch* JZ 1989, 465, 467.
[51] BGH NJW 1994, 932, 933 f. – Kindertee-II.
[52] Vgl. BGHZ 107, 359, 364 f. = NJW 1989, 2616, 2617 f.
[53] Beispiel von *Schlechtriem* VersR 1986, 1033, 1034; ähnlich der Fall BGH NJW 1997, 863; allg. zur Unmittelbarkeit *Deutsch* JZ 1989, 465, 467.
[54] Produkthaftungshandbuch/*v. Westphalen* § 71 RdNr. 46; *Staudinger/Oechsler* RdNr. 33; für die Entwicklung gesetzesspezifischer Zurechnungskriterien auf der Grundlage des Fehlerbegriffs und des Erfordernisses des Inverkehrbringens *Junke* S. 190 ff., insbes. 210 ff.
[55] Aus französischer Sicht vgl. etwa *Flour/Albert,* Les obligations II, Nr. 301.
[56] Für die Verschuldenshaftung BGHZ 27, 137, 140 ff. = NJW 1958, 1041, 1042; vgl. weiter *Kötz/Wagner* Deliktsrecht RdNr. 164 ff.; *Erman/Schiemann* RdNr. 2; *Staudinger/Oechsler* RdNr. 32; *Palandt/Sprau* RdNr. 9.

sog. Rentenneurosen, die nach den allgemeinen, zu den §§ 249 ff. BGB entwickelten Grundsätzen zu behandeln sind (vgl. § 249 BGB RdNr. 183 ff.). Auch bei der **Sachbeschädigung** ist der gesamte adäquat verursachte Folgeschaden zu ersetzen (RdNr. 5 f.), sofern die Haftung nicht gemäß § 1 Abs. 1 S. 2 gänzlich ausgeschlossen ist. Die dagegen in der Literatur unter dem Gesichtspunkt von Art. 9 lit. b RL vorgebrachten Bedenken[57] sind unbegründet. Die Unterscheidung zwischen Schutzbereichs-(Rechtsguts-)Verletzung und Folgeschaden ist auch bei Sachbeschädigungen zu beachten (§ 823 BGB RdNr. 126 ff.).[58]

III. Entlastungstatbestände des Abs. 2

§ 1 Abs. 2 enthält eine Reihe von **Haftungsausschlusstatbeständen** zugunsten des Herstellers, deren Vorliegen gemäß § 1 Abs. 4 S. 2 von ihm zu beweisen ist. Inhaltlich stellen sie eine hybride Mischung aus Haftungsvoraussetzungen (Nr. 1–3) und Einwendungen (Nr. 4 und 5 dar), die in gewissem Umfang eine Entlastung bei sorgfaltsgemäßem Verhalten erlauben.[59] Als Ausnahmen von dem Prinzip der Herstellerhaftung für Produktfehler sind die Entlastungstatbestände eng auszulegen.[60]

1. Fehlendes Inverkehrbringen (Abs. 2 Nr. 1). a) HM zum ProdHaftG. Nach § 1 Abs. 2 Nr. 1 scheidet eine Haftung des Herstellers aus, wenn er das fehlerhafte Produkt nicht in Verkehr gebracht hat. Die Richtlinie hat auf eine Definition des Inverkehrbringens verzichtet, doch der EuGH favorisiert gleichwohl eine autonome Auslegung.[61] Für das österreichische Recht formuliert § 6 PHG: „Ein Produkt ist in den Verkehr gebracht, sobald es der Unternehmer gleich auf Grund welchen Titels, einem anderen in dessen Verfügungsmacht oder zu dessen Gebrauch übergeben hat. Die Versendung an den Abnehmer genügt."[62] Die hM steht auf dem Boden der Begründung zu § 1 Abs. 2 Nr. 1, nach der ein Produkt in Verkehr gebracht ist, wenn es der Hersteller auf Grund seines Willensentschlusses einer anderen Person außerhalb seiner Sphäre übergeben habe.[63] Danach ist Inverkehrbringen die **endgültige, willentliche Entlassung des Produkts aus dem Einfluss- und Organisationsbereich** des Herstellers.[64] Dieses Erfordernis wird häufig in die Metapher des **Werktorprinzips** gekleidet: Das Produkt ist in den Verkehr gebracht, wenn es das Werktor des Herstellerunternehmens mit dessen Willen passiert hat.[65] Die Entlastungsmöglichkeit nach Abs. 2 Nr. 1 kommt auch dem Quasi-Hersteller (§ 4 Abs. 1 S. 2), dem Importeur (§ 4 Abs. 2) und dem Händler (§ 4 Abs. 3) zugute.[66] Das Inverkehrbringen durch den **Quasi-Hersteller** und durch den **Lieferanten** richtet sich nach den Grundsätzen, die für den Endhersteller gelten.

b) Rechtsprechung des EuGH. Dieselbe Vorstellung klingt in einer Entscheidung des EuGH zu Art. 11 RL (§ 13) an, nach der ein Produkt in den Verkehr gebracht wird, „wenn

---

[57] So zB *Taschner* in: *Taschner/Frietsch* RL Art. 9 RdNr. 12; *Hollmann* DB 1985, 2439; wie hier dagegen *Frietsch* in: *Taschner/Frietsch* § 1 RdNr. 41; Produkthaftungshandbuch/*v. Westphalen* § 71 RdNr. 28 ff.; *Schmidt-Salzer/Hollmann* Bd. 1 Art. 9 RdNr. 30 ff.; *Staudinger/Oechsler* RdNr. 39.
[58] *Soergel/Krause* RdNr. 7; zum englischen Produkthaftungsrecht *Tettenborn* in: Clerk & Lindsell on Torts, No. 11–80: „no doubt consequential loss is available in the normal way". *Wagner* in: Zimmermann (Hrsg.), Grundstrukturen des Europäischen Deliktsrechts, S. 189, 252 ff.
[59] *Brüggemeier/Reich* WM 1983, 149, 152.
[60] EuGH Slg. 2001, I-3569 Tz. 15 = NJW 2001, 2781, 2783 – Veedfald.
[61] EuGH Slg. 2001, I-3569 Tz. 14 = NJW 2001, 2781, 2783 – Veedfald; Slg. 2006, I-1313 Tz. 23 f. = EuZW 2006, 184 – O'Byrne.
[62] Einzelheiten bei *Welser/Rabl*, Produkthaftungsgesetz.
[63] Begr. RegE, BT-Drucks. 11/2447 S. 14; ähnlich *Taschner* in: *Taschner/Frietsch* RL Art. 7 RdNr. 7; *Rolland* RdNr. 88 ff.; *Landscheidt* RdNr. 27, 85; *Kullmann* in: *Kullmann/Pfister* Kza. 3602, S. 10 f.
[64] öOGH JBl. 1999, 471, 473; *Erman/Schiemann* RdNr. 6; Produkthaftungshandbuch/*v. Westphalen* § 72 RdNr. 32; *Rolland* RdNr. 90; *Kullmann* § 1 RdNr. 29; *Staudinger/Oechsler* RdNr. 50 ff.
[65] *Hollmann* DB 1985, 2389, 2396; *Frietsch* in: *Taschner/Frietsch* RdNr. 53; Produkthaftungshandbuch/*v. Westphalen* § 72 RdNr. 32; *Soergel/Krause* RdNr. 9.
[66] Begr. RegE, BT-Drucks. 11/2447 S. 14; *Taschner* in: *Taschner/Frietsch* RL Art. 7 RdNr. 6; *Staudinger/Oechsler* RdNr. 42.

es den vom Hersteller eingerichteten Prozess der Herstellung verlassen hat und in einen Prozess der Vermarktung eingetreten ist, in dem es in ge- oder verbrauchsfertigem Zustand öffentlich angeboten wird".[67] Wie der Gerichtshof selbst angemerkt hat, lässt sich das eben zitierte Urteil ebenso wenig wie das deutsche Werktorprinzip auf Art. 7 lit. a RL (§ 1 Abs. 2 Nr. 1) übertragen.[68] Dafür ist vielmehr die Veedfald-Entscheidung des **EuGH** maßgeblich, nach der der Entlastungsgrund des fehlenden Inverkehrbringens eng auszulegen ist.[69] In diesem Kontext soll das Inverkehrbringen gerade ***nicht voraussetzen, dass das Produkt die Herrschaftssphäre des Herstellers verlassen*** hat. Vielmehr sei das Produkt bereits dann in den Verkehr gebracht, „wenn es im Rahmen einer konkreten medizinischen Dienstleistung verwendet wurde, die in der Vorbereitung eines menschlichen Organs für die Transplantation bestand", das fehlerhafte Produkt in dieser Vorbereitungsphase auf das Organ schädigend einwirkte und letzteres dem im Krankenhaus wartenden Patienten gar nicht erst eingepflanzt wurde.[70] Wie der Generalanwalt richtig ausgeführt hat, ist damit de facto eine Haftung für mangelhafte Dienstleistungen eingeführt worden, die mit dem Inverkehrbringen mangelhafter Produkte kaum Berührungspunkte aufweist.[71] In dem vom EuGH entschiedenen Fall fällt das nur deshalb nicht auf, weil sich der geschädigte Patient in die Sphäre des Herstellers – in das Krankenhaus – begeben hatte. Fehlt es daran, dürfte an sich nichts anderes gelten, so dass beispielsweise der Restaurator eines antiken Möbelstücks nach § 1 ProdHaftG verantwortlich wäre, wenn eine von ihm angerichtete Tinktur das Holz beschädigte. Damit ist die Grenze zwischen Produktion und Distribution verwischt und die Verwendung von Produkten zum Eigengebrauch de facto dem Vertrieb an Dritte gleichgestellt.

26 Der EuGH begnügt sich im Kontext des Art. 7 lit. a RL somit mit dem Erfordernis, dass der **Herstellungsprozess des Produkts nach dem Willen des Herstellers abgeschlossen** ist und verzichtet auf das Ausscheiden aus dem Organisationsbereich des Herstellers.[72] Am Inverkehrbringen fehlt es demnach einerseits dann, wenn einzelne Stücke aus dem unvollendeten Produktionsvorgang herausgenommen werden.[73] Von praktischer Bedeutung ist dies vor allem bei **Prototypen,** bei denen der Entwicklungsprozess abgebrochen oder noch nicht abgeschlossen wurde, und bei Fehlstücken, die Fabrikationsfehler aufweisen und deshalb ausgesondert worden sind. Weiter fehlt es am Inverkehrbringen, wenn abhanden gekommene, gestohlene oder unterschlagene Produkte Schäden verursachen.[74] In diesen Fällen wird der Hersteller allerdings den ihm obliegenden Nachweis, dass der Geschädigte gerade ein solches Stück erworben hat, kaum einmal führen können. Für das Inverkehrbringen kommt es allein auf den natürlichen Willen des Herstellers an, so dass durch Irrtum oder Täuschung hervorgerufene Willensmängel nicht zur Entlastung nach § 1 Abs. 2 Nr. 1 führen.[75] An einem Inverkehrbringen fehlt es indessen bei der **Abfallbeseitigung;** hier wird die Sache gerade aus dem Verkehr gezogen, etwa als Ausschussware ausgemustert (eingehend § 2 RdNr. 18 ff.).[76] Anders liegen die Dinge, wenn „Abfälle" als Grundstoffe wieder in die Wertschöpfungskette eingespeist werden (iE § 2 RdNr. 19).

---

[67] EuGH Slg. 2006, I-1313 Tz. 27 = EuZW 2006, 184 – O'Byrne.
[68] EuGH Slg. 2006, I-1313 Tz. 25 ff. = EuZW 2006, 184 – O'Byrne.
[69] EuGH Slg. 2001, I-3569 Tz. 15 = NJW 2001, 2781, 2783 – Veedfald.
[70] EuGH Slg. 2001, I-3569 Tz. 18 = NJW 2001, 2781, 2783 – Veedfald.
[71] Schlussanträge des Generalanwalt *Colomer* Slg. 2001, I-3569, 3575 ff. – Veedfald.
[72] EuGH Slg. 2001, I-3569 Tz. 16 = NJW 2001, 2781, 2783 – Veedfald.
[73] EuGH Slg. 2001, I-3569 Tz. 16 = NJW 2001, 2781, 2783 – Veedfald.
[74] EuGH Slg. 2001, I-3569 Tz. 16 = NJW 2001, 2781, 2783 – Veedfald; *Cahn* ZIP 1990, 482, 484; *Schlechtriem* VersR 1986, 1033, 1037; *Hollmann* DB 1985, 2389, 2394; *Kullmann,* Aktuelle Rechtsfragen der Produkthaftpflicht, S. 151 f.; *ders.* in: *Kullmann/Pfister* Kza. 3602, S. 10; *Soergel/Krause* RdNr. 9; Produkthaftungshandbuch/*v. Westphalen* § 72 RdNr. 35; für Unterschlagung aA *Staudinger/Oechsler* RdNr. 63.
[75] Ebenso *Rolland* RdNr. 89; *Landscheidt* RdNr. 93; Produkthaftungshandbuch/*v. Westphalen* § 72 RdNr. 35.
[76] *Schlechtriem* VersR 1986, 1033, 1037 f.; *Frietsch* in: *Taschner/Frietsch* RdNr. 61; *Staudinger/Oechsler* RdNr. 62; ambivalent Produkthaftungshandbuch/*v. Westphalen* § 72 RdNr. 42.

c) **Schadensereignisse innerhalb des Betriebsgeländes.** Auf der Basis der eben ge- 27 schilderten Rechtsprechung des EuGH lässt sich der Satz, Schadensereignisse innerhalb des Betriebsgeländes fielen nicht unter das ProdHaftG, nicht mehr einschränkungslos aufrechterhalten.[77] Ist der **Herstellungsprozess nach dem Willen des Herstellers beendet,** so ist ein Inverkehrbringen unabhängig von der weiteren Verwendung des Produkts zu bejahen. Allerdings bleibt es dabei, dass sich Arbeitnehmer des Herstellerunternehmens, die durch produktbedingte Arbeitsunfälle verletzt werden, nicht auf § 1 Abs. 1 S. 1 berufen können, weil die privatrechtliche Haftung des Arbeitgebers durch § 104 SGB VII ausgeschlossen ist.[78] Wird das fertige Produkt für Zwecke des Herstellerbetriebs selbst eingesetzt (**Eigengebrauch** oder -verbrauch) und werden dabei außenstehende Dritte geschädigt, greift die Haftung aus § 1 hingegen ein.[79] Fehlerbedingte Schäden während des Transports lösen die Haftung nach § 1 ebenso aus[80] wie Unfälle bei der Weiterverarbeitung des fertigen Produkts oder bei seiner Ausstellung auf Messen.[81]

d) **Arbeitsteilige Herstellung.** Der Entlastungstatbestand des § 1 Abs. 2 Nr. 1 gilt auch 28 für **Zulieferer und Grundstoffhersteller.** Dies wird auch durch den Regelungszusammenhang der §§ 4 Abs. 1 S. 1, 1 Abs. 3 verdeutlicht, die offensichtlich davon ausgehen, dass auch der Teilhersteller ein Produkt – nämlich das Zulieferteil – in den Verkehr bringt. Geschützt ist auch der Endhersteller, sofern er durch defekte Zulieferteile geschädigt wird und soweit der Haftungsausschluss für gewerbliche Sachschäden nach § 1 Abs. 1 S. 2 nicht eingreift. Der Verbraucherschutzzweck des ProdHaftG hat sich in der Konzeption der Richtlinie wie auch ihres Transformationsgesetzes gerade nicht in der Weise niedergeschlagen, dass der persönliche Schutzbereich der Haftung auf Verbraucher beschränkt worden wäre (Einl. RdNr. 3; vgl. RdNr. 17). Im Einzelfall kommt es auf die konkrete Ausgestaltung des Produktionsprozesses an. Wirken bei der Herstellung mehrere unselbständige Unternehmensabteilungen zusammen, so ist in der Lieferung von einem Betrieb zum nächsten noch kein Entlassen des Produkts aus der Herstellersphäre zu sehen; handelt es sich hingegen um selbständige Teilhersteller, so haftet jeder Einzelne bereits mit der Abgabe an den nächsten Verarbeiter in der Wertschöpfungskette.[82] Eine vorübergehende Überlassung der Sache an Dritte zur Prüfung, Reparatur oder Veredelung ist dann ein Inverkehrbringen, wenn der bestimmungsgemäße Herstellungsprozess bereits beendet ist, nicht aber, wenn die von dem Dritten zu erbringende Leistung die (letzte) Stufe eines arbeitsteiligen Herstellungsprozesses darstellt.[83]

e) **Herstellung vs. Vertrieb.** Hersteller ist nicht, wer das Produkt ohne Veränderung 29 seiner Beschaffenheit an den Endabnehmer absetzt.[84] Für das Inverkehrbringen durch den **Hersteller** selbst ist es nach der Rechtsprechung des EuGH unerheblich, ob das Produkt unmittelbar vom Hersteller an den Verbraucher verkauft wurde oder ob dieser **Verkauf über eine Kette von Vertriebsunternehmen** hinweg erfolgte.[85] Ist letzteres der Fall, stellt bereits die Lieferung an den ersten Vertriebspartner ein Inverkehrbringen dar, wenn nicht letzterer eng mit dem Hersteller verbunden und deshalb de facto in den Herstellungsprozess

---

[77] Anders die Vorauflage RdNr. 33; *Cahn* ZIP 1990, 482, 485; *Staudinger/Oechsler* RdNr. 51.
[78] EuGH Slg. 2001, I-3569 RdNr. 16 = NJW 2001, 2781, 2783 – Veedfald.
[79] Ähnlich *Staudinger/Oechsler* RdNr. 54; *Frietsch* in: *Taschner/Frietsch* RdNr. 58; *Kullmann* in: *Kullmann/Pfister* Kza. 3602, S. 12 f.; *Rolland* RdNr. 90; anders Produkthaftungshandbuch/*v. Westphalen* § 72 RdNr. 37; *Hollmann* DB 1985, 2389, 2394; *Bartl* RdNr. 44.
[80] Vgl. den Fall BGHZ 66, 208, 209 ff. = NJW 1976, 1353: Versand von Batterien in vollem Ladungszustand.
[81] *Palandt/Sprau* RdNr. 14; *Erman/Schiemann* RdNr. 6; *Hommelhoff* ZIP 1990, 761, 763; *Frieling* in: *Pott/Frieling* RdNr. 77; *Junke* S. 115; enger *Kullmann* in: *Kullmann/Pfister* Kza. 3602, S. 13.
[82] Zu den Möglichkeiten der Haftungsbegrenzung durch Maßnahmen der Unternehmensorganisation vgl. ausf. *Hommelhoff* ZIP 1990, 761 ff.
[83] Ähnlich *Staudinger/Oechsler* RdNr. 52; *Schmidt-Salzer/Hollmann* Bd. 1 Art. 7 RdNr. 33, *Kullmann* § 1 RdNr. 32; *ders.* in: *Kullmann/Pfister* Kza. 3602, S. 13; *Taschner* in: *Taschner/Frietsch* RL Art. 7 RdNr. 8; aA *Rolland* RdNr. 92; diff. Produkthaftungshandbuch/*v. Westphalen* § 72 RdNr. 39 ff.
[84] *Frietsch* in: *Taschner/Frietsch* RdNr. 23; Produkthaftungshandbuch/*v. Westphalen* § 75 RdNr. 12; *Rolland* RdNr. 10.
[85] EuGH Slg. 2006, I-1313 RdNr. 28 = EuZW 2006, 184 – O'Byrne.

eingebunden ist.[86] Letzteres hält der EuGH insbesondere dann für möglich, wenn es sich bei dem Vertriebsunternehmen um eine **hundertprozentige Tochtergesellschaft** des Herstellerunternehmens handelt. Zu den Einzelheiten der Abgrenzung Herstellung/Vertrieb vgl. § 4 RdNr. 11 ff.

30 **f) Produktserien; Prototypen.** Mit Blick auf Konstruktionsfehler, die einer ganzen **Produktserie** anhaften, wird mitunter der Zeitpunkt des Inverkehrbringens in Frage gestellt: Kommt es auf den Vermarktungsbeginn der Produktserie als solcher oder auf die Inverkehrgabe des konkreten Einzelstücks an, das die Rechtsgutsverletzung, wegen der Schadensersatz begehrt wird, verursacht hat?[87] Der Gesetzeswortlaut spricht vom Produkt im Singular, was es nahe legt, auf **jedes einzelne Werkstück abzustellen**. Entscheidend für diese Lösung spricht der Zusammenhang mit dem Haftungsausschluss für Entwicklungsrisiken nach § 1 Abs. 2 Nr. 5 (RdNr. 53 ff.). Dieser Tatbestand bewirkt keine generelle Freizeichnung des Herstellers von sämtlichen Schadensrisiken, die im Zeitpunkt der ursprünglichen Konzeption des Produkts nicht erkennbar oder nicht vermeidbar waren, sondern er stellt auf den Zeitpunkt der Inverkehrgabe des konkreten Einzelstücks ab.[88] Im Rahmen von § 1 Abs. 2 Nr. 1 kann nichts anderes gelten.[89]

31 **2. Fehlerfreiheit des Produkts bei Inverkehrgabe (Abs. 2 Nr. 2).** Wie sich aus § 1 Abs. 1, Abs. 4 S. 1 ergibt, setzt die Einstandspflicht des Herstellers die Fehlerhaftigkeit des schadensträchtigen Produkts voraus, für deren Vorliegen im Einzelfall der Geschädigte die Beweislast trägt. Nicht dagegen obliegt ihm der sog. **Fehlerbereichsnachweis**, dh. der Nachweis der Entstehung des Fehlers in der Sphäre des Herstellers, mit anderen Worten: der Fehlerhaftigkeit des Produkts bereits im Zeitpunkt seiner Inverkehrgabe. Hat der Geschädigte die Verursachung der Rechtsgutsverletzung durch ein Produkt nachgewiesen und entsprach letzteres nicht den im Zeitpunkt seines Inverkehrbringens zu stellenden Sicherheitsanforderungen, kehrt sich die Beweislast um, und es obliegt nunmehr dem Hersteller nachzuweisen, dass das Produkt die gefährlichen Eigenschaften erst angenommen hat, nachdem es in den Verkehr gebracht worden war.[90]

32 **a) Entlastende Umstände.** Im Rahmen des § 1 Abs. 2 Nr. 2 ist das Inverkehrbringen genauso zu verstehen wie bei Nr. 1 (RdNr. 24 ff.). Es ist für jeden Beteiligten der Herstellungs- und Distributionskette selbständig zu bestimmen. Der Gesetzgeber hatte bei der Formulierung des § 1 Abs. 2 Nr. 2 **Transportschäden** und die **Verursachung** von Fehlern **durch den Geschädigten** im Auge.[91] Zahlreiche Produkte verändern bei unsachgemäßem Transport oder falscher Lagerung ihre Beschaffenheit und können für den Konsumenten sogar gefährlich werden. Lebensmittel sind ein gutes Beispiel. In diesen Fällen muss sich der Geschädigte ggf. an den Lagerhalter oder Transporteur halten. Etwas anderes gilt nur dann, wenn der Transportschaden in dem Sinne auf einem Produktfehler beruht, dass die Ware nicht die berechtigterweise (§ 3) zu erwartende Sicherheit vor Schädigungen auf dem Transport bot.

33 Zu den Umständen, die den Hersteller gemäß § 1 Abs. 2 Nr. 2 entlasten, zählen auch **Sabotage- und Terrorakte,** sofern sie nur nach Inverkehrbringen, also nach Abschluss des Fertigungsprozesses erfolgen.[92] Die notorischen Fälle von Lebensmittelvergiftungen, die verübt werden, nachdem die Ware bereits im Regal von Verbrauchermärkten stand, erfüllen

---

[86] EuGH Slg. 2006, I-1313 Tz. 29 = EuZW 2006, 184 – O'Byrne.
[87] Vgl. dazu *Hollmann* DB 1985, 2389, 2393; *Staudinger/Oechsler* RdNr. 47 ff.
[88] Begr. RegE, BT-Drucks. 11/2447 S. 16; *Schlechtriem* VersR 1986, 1033, 1037; *Kullmann* in: Kullmann/Pfister Kza. 3602, S. 22 f., Kza. 3604, S. 14; Produkthaftungshandbuch/*v. Westphalen* § 72 RdNr. 89, § 74 RdNr. 60; *Staudinger/Oechsler* RdNr. 117; *Wieckhorst* S. 105.
[89] Zutr. *Staudinger/Oechsler* RdNr. 47.
[90] Zu kompliziert *Soergel/Krause* RdNr. 10 – Art 3 Abs. 1 lit. c definiert lediglich den Beurteilungsmaßstab.
[91] Begr. RegE, BT-Drucks. 11/2447 S. 14.
[92] Ausf. zu dieser Problematik *Schmidt-Salzer/Hollmann* Bd. 1 Art. 7 RdNr. 66 ff.; *Kullmann* in: Kullmann/Pfister Kza. 3602 S. 14 b.

demnach die Voraussetzungen der Nr. 2, nicht aber die Kontamination der Ware nach Abschluss des Herstellungsprozesses durch einen Mitarbeiter oder einen Eindringling.[93] Selbst bei nachfolgender Verunreinigung bleibt die Haftungsbegründung möglich, denn gerade bei Lebensmitteln kann der Verbraucher einen gewissen Schutz vor zielgerichteten Eingriffen Dritter erwarten.[94] Der Hersteller hat folglich zu gewährleisten, dass die Verpackung ein spurenloses Öffnen und Schließen nicht zulässt.

b) Insbesondere: Entlastung bei Fabrikationsfehlern. § 1 Abs. 2 Nr. 2 ist bei **Konstruktionsfehlern** bedeutungslos, denn das Design einer ganzen Produktserie kann wohl kaum außerhalb der Unternehmenssphäre durch Einflüsse Dritter verändert werden.[95] Dasselbe gilt auch für **Instruktionsfehler**, weil Bedienungsanleitungen den Kunden normalerweise in der Form und mit dem Inhalt erreichen, die ihnen der Endhersteller gegeben hat.[96] Hier sind allerdings Ausnahmen denkbar, wenn etwa ein Quasi-Hersteller, Importeur oder Vertriebshändler die vom Hersteller verantwortete Instruktion gegen eine eigene – fehlerhafte – austauscht.[97] Die Domäne des in § 1 Abs. 2 Nr. 2 geregelten Entlastungstatbestands sind somit die **Fabrikationsfehler**.[98] Im typischen Fall steht außer Streit, dass das Produkt zum jetzigen Zeitpunkt einen Fehler hat, doch es ist streitig und lässt sich nicht aufklären, ob es diesen bereits im Zeitpunkt des Inverkehrbringens hatte oder ob er erst später, durch Einwirkungen Dritter, durch Verhalten des Produktnutzers oder durch Verschleiß entstanden ist. Auf diese Problematik reagiert im Bereich des Vertragsrechts die Vorschrift des § 476 BGB, nach der bei Sachmängeln, die sich binnen sechs Monaten nach Gefahrübergang zeigen, vermutet wird, dass sie bereits bei Gefahrübergang vorlagen.[99] Diese Regel beruht auf der Prämisse, die sich verallgemeinern und auch im Produkthaftungsrecht anwenden lässt: Je später der Mangel auftritt, desto unwahrscheinlich ist es, dass er bereits im Zeitpunkt des Inverkehrbringens vorlag.[100] Umgekehrt legt das Auftreten eines Fehlers bei einem fast neuen, auf längere Nutzung angelegten technischen Produkt den Schluss nahe, dass es schon im Zeitpunkt des Inverkehrbringens mangelhaft war.[101]

Beruht der Produktfehler auf dem **Verschleiß** der Ware ist zu differenzieren:[102] Widerspricht ein solcher Verschleiß bzw. die Gefährlichkeit des Produkts infolge seiner Abnutzung den berechtigten Sicherheitserwartungen des Verkehrs (§ 3), war die Beschaffenheit des Produkts von Anfang an unzureichend, so dass eine Entlastung nach § 1 Abs. 2 Nr. 2 ausscheidet. Entwickeln Produkte der fraglichen Art jedoch nach (längerem) Gebrauch stets und unvermeidbar gefährliche Eigenschaften, greift die Entlastung durch.

Im Übrigen wird der Hersteller lediglich geltend machen können, dass er alle nach dem Stand der Technik möglichen und im Hinblick auf **Kosten und Nutzen zumutbaren Qualitätskontrollen** durchgeführt hat. Verbreitet wird angenommen, auch ein solcher Nachweis befreie den Hersteller nach § 1 Abs. 2 Nr. 2 von der Haftung.[103] Dabei ist

---

[93] *Kullmann* in: *Kullmann/Pfister* Kza. 3602, S. 9 ff.; *Staudinger/Oechsler* RdNr. 68; weitergehend *Schmidt-Salzer/Hollmann* Bd. 1 Art. 7 RdNr. 66 ff.; Art. 8 RdNr. 16 f.
[94] Ähnlich *Pfeifer* S. 242.
[95] Begr. RegE, BT-Drucks. 11/2447 S. 14; vgl. auch *Taschner* in: *Taschner/Frietsch* RL Art. 7 RdNr. 10; *Rolland* RdNr. 106.
[96] Begr. RegE, BT-Drucks. 11/2447 S. 14; *Taschner* in: *Taschner/Frietsch* RL Art. 7 RdNr. 10.
[97] *Schmidt-Salzer/Hollmann* Bd. 1 Art. 7 RdNr. 58 ff.; *Frietsch* in: *Taschner/Frietsch* RdNr. 67; *Kullmann* in: *Kullmann/Pfister* Kza. 3602, S. 14 a; *Staudinger/Oechsler* RdNr. 82.
[98] *Erman/Schiemann* RdNr. 7.
[99] Dazu zuletzt BGH NJW 2007, 2619; 2007, 2621.
[100] OLG München OLGR 2003, 4 f. Tz. 24: Schadenseintritt sieben Jahre nach Inverkehrbringen eines Wäschetrockners; vgl. weiter Begr. RegE, BT-Drucks. 11/2447 S. 14; *Taschner/Frietsch* RdNr. 71; RL Art. 7 RdNr. 13; Produkthaftungshandbuch/*v. Westphalen* § 81 RdNr. 9.
[101] OLG Koblenz MDR 2000, 30, 31.
[102] So auch *Schlechtriem* VersR 1986, 1033, 1038; *Schmidt-Salzer/Hollmann* Art. 7 RdNr. 64; *Taschner* in: *Taschner/Frietsch* RL Art. 6 RdNr. 7; *Kullmann* in: *Kullmann/Pfister* Kza. 3602, S. 14, 14 b; *Staudinger/Oechsler* RdNr. 84.
[103] Begr. RegE, BT-Drucks. 11/2447 S. 14; OLG Düsseldorf NJW-RR 2001, 458, 459; *Schlechtriem* VersR 1986, 1033, 1038; *Palandt/Sprau* RdNr. 17; ähnlich *Potinecke* S. 213; *Pätzold* S. 131.

allerdings zu berücksichtigen, dass die Einstandspflicht nach dem ProdHaftG mit derjenigen nach § 823 BGB zwar weithin deckungsgleich ist, gerade bei Fabrikationsfehlern aber doch über diese hinausgeht: Der Hersteller hat hier auch für die Schäden infolge sog. **„Ausreißer"** aufzukommen, also mangelhaft fabrizierte Produkte, deren Fehlerhaftigkeit nach dem Stand der Technik mit zumutbaren Maßnahmen der Qualitätskontrolle *nicht* zu entdecken ist.[104] Durch die Dokumentation seiner Anstrengungen vermag der Hersteller demnach den Vorwurf der Sorgfaltswidrigkeit zu entkräften, doch der Nachweis der Fehlerfreiheit des Produkts ist damit nicht erbracht.[105] Vielmehr müssen weitere Indizien hinzukommen, die es im Verein mit der Durchführung aller erforderlichen Qualitätskontrollen überwiegend wahrscheinlich machen, dass der Fehler erst nach Inverkehrgabe des einwandfreien Produkts entstanden ist. Lässt der Zustand des Produkts auf einen typischen Transport- oder Lagerungsschaden, auf unsachgemäße Installation oder Handhabung oder auf ungenügende Pflege schließen oder sind Personen mit dem Einsatz der Sache betraut worden, denen die erforderliche Sachkunde fehlte, so spricht dies gemeinsam mit den Qualitätskontrollen dafür, dass die Schadensursache erst nach dem Inverkehrbringen durch den Hersteller gesetzt wurde.[106] Selbstverständlich ist auch dem Vorbringen des Herstellers nachzugehen, es sei zu mechanischen Einwirkungen auf das Produkt, etwa zum Schnitt in ein Seil, gekommen.[107]

37 **c) Beweismaßreduktion.** Wie die Fälle berstender Getränkeflaschen gezeigt haben (§ 823 RdNr. 663),[108] lässt sich ein Vollbeweis in Bezug auf den Zeitpunkt der Fehlerentstehung regelmäßig nicht führen – weder durch den Hersteller noch durch den Geschädigten. Daraus zieht § 1 Abs. 2 Nr. 2 die Konsequenz: Aus der Wendung „nach den Umständen davon auszugehen ist" lässt sich erschließen, dass der Hersteller nicht den vollen Beweis für die Fehlerfreiheit des Produkts zur Zeit des Inverkehrbringens führen muss. Vielmehr reicht es aus, wenn nach den feststehenden Umständen die Schadensursache mit **überwiegender Wahrscheinlichkeit** erst nach dem Zeitpunkt des Inverkehrbringens entstanden ist.[109] Damit wird die Wirkung der Beweislastumkehr abgeschwächt und dem Hersteller die Entlastung wesentlich leichter gemacht. Selbstverständlich genügt es aber nicht, die Fehlerfreiheit des Produkts bei Inverkehrgabe lediglich zu behaupten.[110]

38 **3. Nicht-kommerzielle Tätigkeit (Abs. 2 Nr. 3). a) Zweck und Systematik.** In den Vereinigten Staaten ist die Entwicklung der strikten Produkthaftung zu Lasten von Unternehmen eng verbunden mit der Annahme, der Hersteller könne die ihm dadurch entstehenden Kosten auf seine Abnehmer überwälzen (Einl. ProdHaftG RdNr. 17).[111] In dieser Perspektive funktioniert das Kollektiv der Verbraucher als Versicherer des einzelnen Geschädigten. Entsprechende Überlegungen standen bei der Formulierung der Richtlinie

---

[104] Vgl. Einl. RdNr. 18; sowie BGHZ 129, 353, 360 = NJW 1995, 2162, 2163; *Lorenz* ZHR 151 (1987), 1, 14, Fn. 3; *Schmidt-Salzer* in: Bericht über die Fachtagung 1988 des Instituts der Wirtschaftsprüfer in Deutschland e. V., S. 143, 163; *Schmidt-Salzer/Hollmann* Bd. 1 Einl. RdNr. 156, 170; Art. 1 RdNr. 26; vgl. auch *Kötz*, FS W. Lorenz, 1991, S. 109, 112 f.
[105] Besonders deutlich OLG Koblenz MDR 2000, 30, 31; ebenso Produkthaftungshandbuch/*v. Westphalen* § 81 RdNr. 10.
[106] Ausf. *Rolland* RdNr. 107 ff.
[107] AA OLG Düsseldorf NJW-RR 2001, 458, 459.
[108] Vgl. nur BGHZ 129, 353 = NJW 1995, 2162.
[109] Begr. RegE, BT-Drucks. 11/2447 S. 13 f.; OLG München OLGR 2003, 4 f. RdNr. 23; *Erman/Schiemann* RdNr. 7; *Soergel/Krause* RdNr. 10; *Rolland* RdNr. 108; *Schmidt-Salzer/Hollmann* Bd. 1 Art. 7 RdNr. 51 f.; *Frietsch* in: *Taschner/Frietsch* RdNr. 71; *Taschner* in: *Taschner/Frietsch* RL Art. 7 RdNr. 12; *Staudinger/Oechsler* RdNr. 72.
[110] OLG Dresden VersR 1998, 59.
[111] *J. Traynor* in: „Escola v. Coca-Cola Bottling Co. of Fresno" 150 P.2 d 436, 441 (1944): „The cost of an injury and the loss of time or health may be an overwhelming misfortune to the person injured, and a needless one, for the risk of injury can be insured by the manufacturer and distributed among the public as a cost of doing business." Eingehend *George Priest*, The Invention of Enterprise Liability: A Critical History of the Intellectual Foundations of Modern Tort Law, (1985) 14 Journal of Legal Studies, 461; *Wantzen*, Unternehmenshaftung und Enterprise Liability, 2007, S. 72 ff.

Pate und haben dazu geführt, dass ihr Anwendungsbereich gemäß Art. 7 lit. c auf Fälle gewerbsmäßiger Produktion und entsprechend motivierten Vertriebs begrenzt wurde.[112] Denn nur wenn der Hersteller für seine Ware eine Gegenleistung erhält, ist es ihm möglich, die erwarteten Schadenskosten über den Produktpreis auf die Verbraucher abzuwälzen. Folgerichtig schließt die Transformationsnorm des § 1 Abs. 2 Nr. 3 die **Einstandspflicht für private Herstellung und privaten Vertrieb** aus. Sie gilt nicht nur zugunsten des Endherstellers, sondern kann von sämtlichen Akteuren zur Entlastung geltend gemacht werden, die nach § 4 passiv legitimiert sind, also auch von Zulieferern, Quasi-Herstellern, Importeuren und Händlern.[113] § 1 Abs. 2 Nr. 3 enthält zwei Tatbestände, die kumulativ erfüllt sein müssen, damit die Haftung ausgeschlossen ist.[114] Zunächst wird vorausgesetzt, dass der Produzent die Ware in privater Absicht, also weder für den Verkauf noch für eine andere Form des Vertriebs mit wirtschaftlichem Zweck (Alt. 1) und im Übrigen auch nicht im Rahmen seiner beruflichen Tätigkeit (Alt. 2) hergestellt hat. Eine entsprechende Motivation bei der Herstellung reicht indessen nicht aus, sondern es muss hinzukommen, dass das Produkt auch nicht im Rahmen beruflicher Tätigkeit vertrieben worden ist (Alt. 2). Ist dies klargestellt, liegt zugleich auf der Hand, dass der Anwendungsbereich der Entlastungsmöglichkeit nach § 1 Abs. 2 Nr. 3 äußerst schmal ist; in der Literatur werden idyllisch anmutende Fallszenarien wie die private Einladung zu Kaffee und selbst gebackenem Kuchen genannt.[115]

b) Herstellung durch Private zu privaten Zwecken. Für das erste Glied des Entlastungstatbestands kommt es darauf an, dass die Ware für einen privaten Zweck hergestellt worden ist. Eine private Zwecksetzung liegt vor, wenn es an einer **Gewinnerzielungsabsicht fehlt.**[116] Ob ein entgeltlicher Austauschvertrag abgeschlossen wurde, ist ohne Bedeutung. Es genügt, wenn mittelbar wirtschaftliche Zwecke verfolgt werden, indem etwa Waren zu Werbe-, Probe- oder Testzwecken unentgeltlich verteilt oder Ausstellungsstücke präsentiert werden.[117] Auch die Leistungen, die ein Hospital in seiner Rolle als Vertragspartner der gesetzlichen Krankenversicherung erbringt, erfolgen nicht unentgeltlich, obwohl sie nicht von dem Patienten selbst zu bezahlen sind.[118] Selbst wenn die Produktion für eigene oder wohltätige Zwecke erfolgte, scheidet die Entlastung aus, soweit sie im **Rahmen der beruflichen Tätigkeit** erfolgte. Unter Beruf ist jede auf Dauer angelegte, Erwerbszwecken dienende Tätigkeit zu verstehen, ohne Rücksicht auf ihren haupt- oder nebenberuflichen Charakter.[119] Die Nutzung beruflich erworbener Kenntnisse in der Freizeit oder für Schwarzarbeit ist keine Tätigkeit im Rahmen des Berufs.[120] 39

c) Vertrieb zu privaten Zwecken. Die zweite Alternative, die kumulativ zur Herstellung durch Private für private Zwecke vorliegen muss, verlangt den Vertrieb außerhalb des Rahmens beruflicher Tätigkeit. Unter dem Begriff des Vertriebs ist sachlich dasselbe zu verstehen wie unter dem in Nr. 1, 2 verwandten Terminus des **Inverkehrbringens.**[121] Selbst wer als Privatmann ein Produkt für rein private Zwecke hergestellt hat, kann sich also nicht auf § 1 Abs. 2 Nr. 3 berufen, wenn er nach der Herstellung den Entschluss gefasst hat, 40

---

[112] Ausf. zur Entstehungsgeschichte der Regelung *Schmidt-Salzer/Hollmann* Bd. 1 Art. 7 RdNr. 71 ff.; dazu krit. *Staudinger/Oechsler* RdNr. 87.
[113] *Staudinger/Oechsler* RdNr. 96.
[114] Begr. RegE, BT-Drucks. 11/2447 S. 14; *Soergel/Krause* RdNr. 11.
[115] *Taschner* NJW 1986, 611, 613; dazu treffend *Staudinger/Oechsler* RdNr. 88: skurril und selbstverständlich.
[116] *Palandt/Sprau* RdNr. 18; *Staudinger/Oechsler* RdNr. 90; Produkthaftungshandbuch/*v. Westphalen* § 72 RdNr. 53.
[117] *Rolland* RdNr. 121; *Schmidt-Salzer/Hollmann* Bd. 1 Art. 7 RdNr. 77; Produkthaftungshandbuch/ *v. Westphalen* § 72 RdNr. 56, 57.
[118] EuGH Slg. 2001, I-3569 RdNr. 21 = NJW 2001, 2781, 2783 – Veedfald.
[119] Produkthaftungshandbuch/*v. Westphalen* § 72 RdNr. 59; *Staudinger/Oechsler* RdNr. 92; ausf. zum Berufsbegriff *Hopt* AcP 183 (1983), 608, 669 ff.
[120] Ebenso *Rolland* RdNr. 118.
[121] *Rolland* RdNr. 119; *Frietsch* in: *Taschner/Frietsch* RdNr. 77; *Staudinger/Oechsler* RdNr. 90.

es im Rahmen seiner beruflichen Tätigkeit zu vertreiben. Dabei kann auf die **Konkretisierungen des § 4 Abs. 2** zurückgegriffen werden.[122] Baut zB ein Kfz-Händler in seiner Freizeit ein Fahrzeug nach eigenen Vorstellungen zusammen, um es selbst zu nutzen, entschließt er sich dann aber doch dazu, letzteres in seinem Geschäftsbetrieb zu veräußern, greift die Haftung ein.

41 d) **Nachträgliche Absichtsänderung.** Wie in der Literatur bemerkt worden ist, weist Abs. 2 Nr. 3 insoweit eine potentielle Haftungslücke auf, als sich ein „Hersteller", der das Produkt zunächst für private Zwecke hergestellt, dann aber seinen Willen geändert und es entgeltlich veräußert hat, entlasten kann, sofern die Veräußerung nicht im Rahmen seiner beruflichen Tätigkeit erfolgt. Um diese Lücke zu schließen, wird Abs. 2 Nr. 3 Alt. 1 verbreitet so ausgelegt, dass allein die wirtschaftliche Zwecksetzung des Herstellers *im Zeitpunkt des Inverkehrbringens* entscheidend, Änderungen der Zweckbestimmung vor dem Inverkehrbringen also beachtlich sind.[123] Mit dem Wortlaut der Vorschrift, der eindeutig die Verfolgung eines **wirtschaftlichen Zwecks im Zeitpunkt der Herstellung** verlangt, ist diese Interpretation kaum vereinbar.[124] Auch in der Sache erscheint es nicht geboten, eine Hausfrau, die Kuchen für ein Kaffeekränzchen gebacken hat, dann aber die Reste auf einem Flohmarkt feilbietet, der Haftung nach dem ProdHaftG zu unterwerfen.[125] Richtlinie und Gesetz wollten den privaten Hersteller von der Haftung verschonen, und diese Entscheidung ist zu respektieren, zumal der Geschädigte ohne weiteres erkennen kann, ob der Vertrieb im Rahmen beruflicher Tätigkeit erfolgt oder nicht, und seine Sicherheitserwartungen (§ 3) sowie den eigenen Sorgfaltsaufwand entsprechend einstellen muss.

42 **4. Herstellung nach Maßgabe zwingender Rechtsvorschriften (Abs. 2 Nr. 4).**
a) **Grundlagen.** Der Entlastungstatbestand des Abs. 2 Nr. 4 befreit den Hersteller von seiner Verantwortlichkeit, wenn er nachweisen kann, dass er auf Grund zwingender Rechtsvorschriften gehalten war, das Produkt so und nicht anders herzustellen. Die Vorschrift dient der **Auflösung einer Pflichtenkollision** bzw. der Vermeidung des Konflikts zwischen Gesetzesloyalität und Haftung, dem der Hersteller rechtskonform nur entgehen könnte, indem er sich dazu entschließt, auf die Herstellung insgesamt zu verzichten.[126] § 1 Abs. 2 Nr. 4 ist folglich restriktiv auszulegen und auf solche Konstellationen zu begrenzen, in denen sich der Hersteller tatsächlich in einer Zwickmühle befindet, hingegen ist keine Entlastung zuzulassen, wenn die sicherheitsrechtlichen Standards unverbindlich sind.[127] Da der beschriebene Konflikt bei allen nach § 4 Verantwortlichen entstehen kann, können sich auch Zulieferer, Quasi-Hersteller, Importeure und Händler auf Abs. 2 Nr. 4 berufen.[128] Der Haftungsausschluss bei Einhaltung zwingender Normen der Produktgestaltung bestätigt, dass das ProdHaftG die Verantwortlichkeit des Herstellers für Konstruktions- und Instruktionsfehler nicht als Gefährdungshaftung, sondern als Sonderform der Haftung für Sorgfaltswidrigkeit ausgestaltet hat (Einl. RdNr. 14 ff.). Selbst im Rahmen der Verschuldenshaftung ist allerdings anerkannt, dass die Einhaltung der Standards des öffentlichen Sicherheitsrechts den Hersteller dann nicht aus der Verantwortung entlässt, wenn er die Fehlerhaftigkeit eines so hergestellten Erzeugnisses erkennen kann und das Gesetz ein alternatives Produktdesign nicht verbietet (vgl. § 823 BGB RdNr. 625).

---

[122] Ebenso *Schmidt-Salzer/Hollmann* Bd. 1 Art. 7 RdNr. 75.
[123] So *Taschner* in: *Taschner/Frietsch* RL Art. 7 RdNr. 20; *Rolland* RdNr. 122; *Frieling* in: *Pott/Frieling* RdNr. 91; Produkthaftungshandbuch/*v. Westphalen* § 72 RdNr. 52; *Palandt/Sprau* RdNr. 18; *Kullmann* in: *Kullmann/Pfister* Kza. 3602 S. 17.
[124] Wie hier im Ergebnis *Erman/Schiemann* RdNr. 8.
[125] Beispiel von *Taschner* in: *Taschner/Frietsch* RL Art. 7 RdNr. 20.
[126] Begr. RegE, BT-Drucks. 11/2447 S. 15.
[127] *Marburger*, FS Lukes, 1989, S. 97, 98; *D. Koch* S. 102 f., der sich für eine teleologische Reduktion der Vorschrift ausspricht; zur Haftung des Gesetzgebers in solchen Fällen vgl. Produkthaftungshandbuch/*v. Westphalen* § 72 RdNr. 75; *Hollmann* DB 1985, 2389, 2395; *Palandt/Sprau* RdNr. 20.
[128] Begr. RegE, BT-Drucks. 11/2447 S. 15; ausf. Produkthaftungshandbuch/*v. Westphalen* § 72 RdNr. 72, 73; *Rolland* RdNr. 136; ohne Begr. aA *Taschner* in: *Taschner/Frietsch* RL Art. 7 RdNr. 33.

b) Rechtsvorschrift. Der Haftungsausschluss nach Abs. 2 Nr. 4 setzt voraus, dass die 43 Produktbeschaffenheit durch eine Rechtsvorschrift fixiert worden ist. Dieser Begriff ist iS der herkömmlichen Rechtsquellenlehre zu verstehen, nach der sowohl **Parlamentsgesetze** als auch **Rechtsverordnungen** und **öffentlich-rechtliche Satzungen** als Rechtsquellen anzuerkennen sind.[129] Letzteres ist insofern von praktischer Bedeutung, als die von den Berufsgenossenschaften erlassenen **Unfallverhütungsvorschriften** formal Satzungen der Träger der gesetzlichen Unfallversicherung sind.[130] Allgemeine **Verwaltungsvorschriften und Verwaltungsakte,** wie zB öffentlich rechtliche Erlaubnisse oder Genehmigungen, sind hingegen keine Rechtsnormen, weil es ihnen an der Außenwirkung (Verwaltungsvorschriften) bzw. am abstrakt-generellen Charakter (Verwaltungsakte) fehlt.[131] Ganz offensichtlich keine Rechtsvorschriften sind private Regelwerke nach Art der DIN-, VDE-, DVGW- und VDI-Normen.[132] Vgl. auch RdNr. 46 und § 823 BGB RdNr. 280, 334, 625.

c) Zwingender Charakter der Norm. Handeln in Konformität mit Rechtsvorschriften 44 reicht nicht aus, um den Hersteller nach Abs. 2 Nr. 4 von der Haftung zu befreien; hinzukommen muss der obligatorische Charakter der betreffenden Norm. Damit ist nicht der Gegensatz von zwingendem und dispositivem Recht gemeint, denn das öffentliche Sicherheitsrecht, um dessen Beachtung es in Abs. 2 Nr. 4 geht, ist durchweg nicht abdingbar. Im Hinblick auf den Zweck des Entlastungstatbestands ist vielmehr zu prüfen, ob die betreffende Vorschrift dem Hersteller eine bestimmte Beschaffenheit seiner Erzeugnisse bindend vorschreibt, so dass für ihn keine Möglichkeit der Abweichung besteht, er also vor der Wahl steht, das Produkt entweder so oder gar nicht herzustellen.[133] Dafür muss die Norm hinreichend **präzise, verbindlich** und **sanktionsbewehrt** sein.

Für Abs. 2 Nr. 4 kommt es somit entscheidend darauf an, ob sich die **offenen Standards** 45 **des öffentlichen Sicherheitsrechts** mit Hilfe der dort in Bezug genommenen technischen Regelwerke privater Normungsinstitutionen bzw. durch Rückgriff auf Verwaltungsvorschriften und behördliche Einzelanordnungen zu einer zwingenden Norm konkretisieren lassen. Die verwaltungsgerichtliche Rechtsprechung billigt den sog. **„normkonkretisierenden Verwaltungsvorschriften"** des Umweltrechts Außenwirkung gegenüber dem Bürger zu und behandelt sie faktisch als verbindliche Konkretisierungen des Gesetzes, zu dessen Vollzug sie ergangen sind (vgl. § 48 BImSchG).[134] Unter diesen Voraussetzungen wird eine zwingende, aber unbestimmte Rechtsnorm mit Hilfe einer für sich unverbindlichen Verwaltungsvorschrift zu konkreten Gestaltungsanforderungen verdichtet, denen der Status nach Abs. 2 Nr. 4 nicht vorenthalten werden kann.[135] Behördliche Einzelanordnungen fallen hingegen nach dem Willen des Gesetzgebers deshalb nicht unter den Tatbestand des Abs. 2 Nr. 4, weil sich der Hersteller gegen sie durch Einlegung von Rechtsbehelfen zur Wehr setzen könne.[136] Dabei bleibt offen, was gilt, wenn der Hersteller den Rechtsweg tatsächlich ausgeschöpft, das letztinstanzlich zuständige Gericht den Verwaltungsakt jedoch

---

[129] Begr. RegE, BT-Drucks. 11/2447 S. 15; OLG Dresden VersR 1998, 59; *Palandt/Sprau* RdNr. 20; *Staudinger/Oechsler* RdNr. 100; *Wieckhorst* JuS 1990, 86, 92; Produkthaftungshandbuch/*v. Westphalen* § 72 RdNr. 64.

[130] *Marburger,* FS Lukes, 1989, S. 97, 105 ff.; *Rolland* RdNr. 130; aA Produkthaftungshandbuch/*v. Westphalen* § 60 RdNr. 67; offen gelassen von *Staudinger/Oechsler* RdNr. 102.

[131] *Brüggemeier/Reich* WM 1986, 149, 152; *Rolland* RdNr. 130; *Frietsch* in: *Taschner/Frietsch* RdNr. 86; *Frieling* in: *Pott/Frieling* RdNr. 93; für eine Einbeziehung aber *Schmidt-Räntsch* ZRP 1987, 437, 442; für rechtskräftige Verwaltungsanordnungen ebenso *Kullmann,* Aktuelle Rechtsfragen der Produkthaftpflicht, S. 154; für Verwaltungsvorschriften auch Produkthaftungshandbuch/*v. Westphalen* § 72 RdNr. 64.

[132] *Erman/Schiemann* RdNr. 9; *Palandt/Sprau* RdNr. 20; *Lorenz* ZHR 151 (1987), 1, 12; *Hollmann* DB 1985, 2389, 2395; *Marburger,* FS Lukes, 1989, S. 97, 101 ff.; *Joerges/Falke/Micklitz/Brüggemeier,* Die Sicherheit von Konsumgütern und die Entwicklung der Europäischen Gemeinschaft, 1988, S. 30 ff.; *Kullmann* in: *Kullmann/Pfister* Kza. 3602, S. 19; *Taeger* S. 184.

[133] Produkthaftungshandbuch/*v. Westphalen* § 72 RdNr. 68; *Soergel/Krause* RdNr. 12.

[134] Überblick bei *Hoppe/Beckmann/Kauch,* Umweltrecht, 2. Aufl. 2000, § 5 RdNr. 21 ff.; *Kloepfer,* Umweltrecht, 2. Aufl. 1998, § 3 RdNr. 71 ff.

[135] Übereinstimmend *Marburger,* FS Lukes, 1989, S. 97, 104.

[136] Begr. RegE, BT-Drucks. 11/2447 S. 15.

§ 1 ProdHaftG   46–48   Produkthaftungsgesetz

bestätigt hat. Genauso wie im Rahmen des § 823 Abs. 2 BGB (vgl. § 823 BGB RdNr. 335, 344 ff.) ist in diesen Fällen der Verwaltungsakt als Konkretisierung des Gesetzes auch haftungsrechtlich anzuerkennen, so dass sich der Hersteller ggf. entlasten kann.[137] Diese Rechtsfolge verdankt sich nicht einer privatrechtsgestaltenden Wirkung des Verwaltungsakts – an der es regelmäßig fehlt (vgl. § 823 BGB RdNr. 316 f.) – sondern dem zwingenden Charakter der zugrunde liegenden und durch den Verwaltungsakt präzisierten Rechtsnorm.

46   Die große Masse des **öffentlichen Produktsicherheitsrechts** ist im Jahre 2004 im **GPSG** zusammengefasst worden, das die Vorgänger-Kodifikationen des GSG und des ProdSG abgelöst hat (§ 823 RdNr. 668). Hinzu kommen 21 Richtlinien der EU, die dem sog. New Approach folgen sowie die zur Umsetzung ergangenen 12 Rechtsverordnungen des deutschen Rechts, die nunmehr in den Kontext des § 4 Abs. 1 GPSG überführt worden sind.[138] Die somit hoch komplexe und nach Produktgattungen differenzierte Rechtslage kann hier nicht einmal im Überblick dargestellt werden. Für § 1 Abs. 2 Nr. 4 ProdHaftG ist entscheidend, dass weder die europäischen Vorgaben noch das autonome deutsche Recht des § 4 Abs. 2 GPSG präzise und verbindliche Anforderungen an die Produktgestaltung stellen. Vielmehr bleibt der rechtliche **Standard in hohem Maße offen und konkretisierungsbedürftig.** So heißt es beispielsweise in § 4 Abs. 1 GPSG, das Produkt müsse den Anforderungen der einschlägigen Rechtsverordnung genügen und darüber hinaus gewährleisten, dass bei bestimmungsgemäßer Verwendung oder vorhersehbarer Fehlanwendung Sicherheit und Gesundheit der Verwender oder Dritter oder sonst geschützte Rechtsgüter nicht gefährdet werden. Die in den Rechtsverordnungen stipulierten Anforderungen sind demnach nicht abschließend, und zudem verweisen die Rechtsverordnungen ihrerseits wieder auf **technische Normen.** Deren Wirkung erläutert § 4 Abs. 1 S. 2 GPSG: „Entspricht eine Norm, die eine harmonisierte Norm umsetzt, einer oder mehreren Anforderungen an Sicherheit und Gesundheit, wird bei einem entsprechend dieser Norm hergestellten Produkt vermutet, dass es den betreffenden Anforderungen an Sicherheit und Gesundheit genügt." Selbst diejenigen technischen Normen, die auf europäischer Ebene harmonisiert worden sind, begründen also lediglich die **Vermutung,** dass das Produkt den gesetzlichen Anforderungen entspricht.[139] Die Norm wirkt bestenfalls im Sinne eines Mindeststandards, während die Verantwortung für die sichere Gestaltung des Produkts beim Hersteller verbleibt.[140] Die Einhaltung einer derart „weichen" Norm ist somit nicht geeignet, die Entlastung gemäß § 1 Abs. 2 Nr. 4 ProdHaftG zu bewirken.

47   Im Ergebnis genauso liegt es bei den **Unfallverhütungsvorschriften** der Berufsgenossenschaften, deren Anwendungsbereich sich ohnehin auf den Arbeitsschutz innerhalb des Herstellerunternehmens beschränkt und denen folgerichtig allenfalls faktische Bindungswirkung gegenüber den Produzenten von Maschinen und Arbeitsgeräten zuzubilligen wäre. Auch die Unfallverhütungsvorschriften begnügen sich indessen mit der Definition sicherheitsrechtlicher Mindeststandards, die regelmäßig durch Beispiele denkbarer technischer Umsetzungslösungen ergänzt werden, so dass von einer – auch bloß faktischen – Zwangswirkung für den Hersteller von Arbeitsgeräten nicht die Rede sein kann.[141]

48   **d) Zwingende Vorschriften des Europäischen Auslands und des Gemeinschaftsrechts.** Im Rahmen von § 1 Abs. 2 Nr. 4 sind auch Sicherheitsvorschriften anderer Mit-

---

[137] *Staudinger/Oechsler* RdNr. 102; aA *Schmidt-Salzer/Hollmann* Bd. 1 Art. 7 RdNr. 96; *Marburger,* FS Lukes, 1989, S. 97, 118.
[138] *Geiß/Doll,* Geräte- und Produktsicherheitsgesetz, 2005, § 4 RdNr. 2 a ff.
[139] Eingehend *Geiß/Doll,* Geräte- und Produktsicherheitsgesetz, 2005, § 4 RdNr. 29 ff.
[140] *Marburger,* FS Lukes, 1989, S. 97, 106 ff.; *ders.,* FS Deutsch, 1999, S. 271, 284; *W. Lorenz* ZHR 151 (1987), 1, 12; *Wagner* BB 1997, 2541, 2542; *Joerges/Falke/Micklitz/Brüggemeier,* Die Sicherheit von Konsumgütern und die Entwicklung der Europäischen Gemeinschaft, 1988, S. 302; *Frietsch* in: *Taschner/Frietsch* RdNr. 89; *Staudinger/Oechsler* RdNr. 104; *Finke,* Die Auswirkungen der europäischen technischen Normen und des Sicherheitsrechts auf das europäische Haftungsrecht, S. 184; zum englischen Recht *Tettenborn* in: Clerk & Lindsell on Torts, No. 11–65.
[141] *Marburger,* FS Lukes, 1989, S. 97, 105 f.; Produkthaftungshandbuch/*v. Westphalen* § 70 RdNr. 65; anders wohl *Staudinger/Oechsler* RdNr. 102.

gliedstaaten der EU zur Entlastung des Herstellers geeignet.[142] Andernfalls würde der Handelsverkehr zwischen den Mitgliedstaaten in einer Art. 28 EG-Vertrag widersprechenden Weise behindert, was nur unter den einschränkenden Voraussetzungen des Art. 30 EG-Vertrag zulässig sei.[143] Die Berührung des Schutzbereichs der Warenverkehrsfreiheit lässt sich nicht mit dem Argument leugnen, sie gelte nicht zugunsten fehlerhafter Produkte,[144] denn problematisch ist gerade die Frage, ob das Produkt fehlerhaft ist bzw. nach welchen Standards die Fehlerhaftigkeit beurteilt wird.[145] Auch die Immunisierung haftungsrechtlicher Normen gegenüber der Warenverkehrsfreiheit mit Hilfe der **Keck-Rechtsprechung**[146] kommt nicht ernsthaft in Betracht, weil sich die Produkthaftung kaum als Regelung von Verkaufsmodalitäten verstehen lässt. Immerhin ist von einer Rechtfertigung der Beschränkung durch zwingende Erfordernisse des Allgemeinwohls iS der Cassis-de-Dijon-Doktrin auszugehen, sofern die Sicherheitsstandards des Inlandsrechts unterschiedslos für einheimische und importierte Produkte gelten und zum Schutz hochrangiger Rechtsgüter erforderlich sind. Sind die „zwingenden Rechtsvorschriften" des EU-Auslands hingegen ebenso gut geeignet, den Schutz von Gesundheit, Leben und Eigentum Umfang zu gewährleisten, kann sich der ausländische Hersteller auf deren Einhaltung genauso berufen wie auf zwingendes Inlandsrecht.[147]

5. Keine Haftung für Entwicklungsrisiken (Abs. 2 Nr. 5). Wie die meisten großen **49** Mitgliedstaaten hat der deutsche Gesetzgeber von der in Art. 15 Abs. 1 lit. b RL eingeräumten Option, auch sog. Entwicklungsrisiken der verschuldensunabhängigen Produkthaftung zu unterstellen, keinen Gebrauch gemacht und stattdessen in § 1 Abs. 2 Nr. 5 den Haftungsausschluss nach Art 7 lit. e RL übernommen.[148] Maßgebend dafür waren die Erwägung, die sich daraus ergebende Haftungslücke sei von geringem Gewicht,[149] vor allem aber Sorgen um die **Innovationsbereitschaft** der Industrie und um die **Versicherbarkeit** unvorhersehbarer Schadensrisiken.[150] Gleichwohl wäre der Eindruck falsch, eine Haftung für Entwicklungsrisiken sei unversicherbar oder zeitigte für die betroffenen Unternehmen ruinöse Folgen, denn sie ist dem deutschen Recht keineswegs unbekannt: Pharmazeutische Unternehmer haben für schädliche Wirkungen von Arzneimitteln gemäß § 84 AMG ohne Rücksicht auf deren Erkennbarkeit im Zeitpunkt des Inverkehrbringens einzustehen,[151] und entsprechendes gilt zu Lasten der Hersteller von Produkten, die gentechnisch veränderte Organismen enthalten oder aus solchen bestehen (vgl. § 15 RdNr. 13).

a) Verhältnis zum Fehlerbegriff. Der Entlastungstatbestand des § 1 Abs. 2 Nr. 5 ist **in 50 engem Zusammenhang mit der Fehlerdefinition des § 3** (Art. 6 RL) zu lesen. Der Grundsatz, dass zur Beurteilung der Fehlerhaftigkeit eines Produkts auf den im Zeitpunkt

---

[142] Produkthaftungshandbuch/*v. Westphalen* § 72 RdNr. 69; *Staudinger/Oechsler* RdNr. 109; *Soergel/Krause* RdNr. 12; ohne vertiefte Diskussion abl. *Brüggemeier/Reich* WM 1986, 149, 152 f.; *Schlechtriem* VersR 1986, 1033, 1036 f.; *Rolland* RdNr. 135.
[143] Grdlg. für die weite Auslegung des Begriffs „Maßnahmen gleicher Wirkung" (Art. 28 EG-Vertrag) und deren Rechtfertigung (Art. 30 EG-Vertrag) EuGH Slg. 1974, 837, 847 – Dassonville; Slg. 1979, 649 – Cassis de Dijon. Speziell zur Produkthaftung *Taupitz* ZEuP 1997, 986, 988; *v. Hoffmann*, FS v. Overbeck, 1990, S. 769, 781 ff.; aA *Finke*, Die Auswirkungen der europäischen technischen Normen und des Sicherheitsrechts auf das europäische Haftungsrecht, S. 127 ff., 146.
[144] So *Basedow* RabelsZ 59 (1995), 1, 38.
[145] *W.-H. Roth*, GS Lüderitz, 2000, S. 635, 647 f.
[146] EuGH Slg. 1993, I-6097 – Keck und Mithouar.
[147] Ähnlich zu mitgliedstaatlichen Anforderungen an die Produktgestaltung *Steindorff* ZHR 158 (1994), 149, 163: „Nicht die Diskriminierung [zwischen importierten und einheimischen Produkten], sondern die Gleichbehandlung ist hier von Übel".
[148] Zur entsprechenden Rechtslage in England *Tettenborn* in: Clerk & Lindsell on Torts, No. 11–70 f.; zum französischen Recht Art. 1386–11 No. 4 Code civil sowie *Flour/Albert*, Les Obligations, Bd. II, Nr. 306.
[149] Beschlussempfehlung und Bericht des Rechtsausschusses, BT-Drucks. 11/5520 S. 13, sowie BT-Drucks. 11/2447 S. 13; im Ergebnis zust. *Ladeur* BB 1993, 1303, 1310; krit. dagegen *Hager* PHI 1991, 2, 8 ff.; *v. Marschall* PHI 1991, 166, 169; *Nicklisch*, FS Niederländer, 1991, S. 341, 344 ff.; *Taeger* S. 106 f.; *Böhmeke-Tillmann* S. 96 ff.; *Wieckhorst* S. 215.
[150] Vgl. einerseits *Sack* VersR 1988, 439, 448; andererseits *Hollmann* DB 1985, 2389, 2395.
[151] Vgl. dazu eingehend *Kullmann* in: *Kullmann/Pfister* Kza. 3800, S. 34.

seines Inverkehrbringens maßgeblichen Sicherheitsstandard abzustellen ist, ergibt sich also nicht aus Abs. 2 Nr. 5, sondern aus § 3 Abs. 1 lit. c, Abs. 2 (vgl. § 3 RdNr. 25 f.).[152] Der Entlastungstatbestand des Abs. 2 Nr. 5 setzt voraus, dass es sich um ein Produkt handelt, das nach den historischen Sicherheitserwartungen als fehlerhaft zu beurteilen war, wobei der Fehler nach dem Stand von Wissenschaft und Technik im Zeitpunkt des Inverkehrbringens lediglich *nicht erkannt* werden konnte. Der Beurteilung eines Produktfehlers gemäß § 3 ist demnach zwar der historische Stand technologischer Möglichkeiten zugrunde zu legen, im Hinblick auf die Gefahren und Schädigungspotentiale des Produkts kommt es demgegenüber jedoch auf die aktuellen Erkenntnisse an. Ein in den neunziger Jahren des 20. Jahrhunderts in den Verkehr gebrachtes Kraftfahrzeug ist folgerichtig nicht deshalb fehlerhaft, weil elektronische Stabilitätssysteme noch nicht zur Verfügung standen, doch wenn sich im Jahr 2010 herausstellt, dass der für die Innenausstattung verwendete Kunststoff karzinogen ist, liegt ein Fehler vor, weil schon damals der Verkehr berechtigterweise erwartet hat, dass im Innenraum eines Kfz keine krebserregenden Stoffe vorhanden sind. Erst wenn diese Hürde genommen ist, kann Abs. 2 Nr. 5 zum Zuge kommen, und es ist zu fragen, ob der Hersteller nach dem Stand der Wissenschaft und Technik den Fehler, also die Karzinogenität der Kunststoffe, hätte erkennen können. Kurzum: In Abs. 2 Nr. 5 geht es um die Grenzen der menschlichen Erkenntnis, in § 3 Abs. 1 lit. c, Abs. 2 um die Grenzen technischer Möglichkeiten.[153]

51   b) **Fehlertypen.** Der in Deutschland verbreiteten Auffassung, Abs. 2 Nr. 5 könne **allein bei Konstruktionsfehlern,** nicht aber bei Fabrikations- und Instruktionsfehlern zur Anwendung kommen,[154] hat sich der **BGH** in seinem bislang einzigen einschlägigen Urteil angeschlossen.[155] Damit soll verhindert werden, dass sich der Hersteller über diese Norm – entgegen den Absichten der Verfasser von Richtlinie und Gesetz[156] – bei der Schadensverursachung durch „Ausreißer" entlasten kann.[157] Die Ausklammerung ganzer Fehlerkategorien ist jedoch problematisch, weil sie weder im Text der Richtlinie noch in Abs. 2 Nr. 5 einen Anhalt findet und in anderen europäischen Ländern keine Parallele hat.[158] Die vom Gesetzgeber gewollte Haftung für Ausreißer ist bereits dann gewährleistet, wenn die Anwendung des § 1 Abs. 2 Nr. 5 davon abhängig gemacht wird, dass der Fehler für den Hersteller nicht erkennbar war.[159] Auf die Vermeidbarkeit des Fehlers kommt es nicht an.

52   Jedenfalls zu weit geht es, auch **Instruktionsfehler** aus dem Anwendungsbereich des § 1 Abs. 2 Nr. 5 auszuklammern.[160] Instruktionsfehler stehen insofern in engem Zusammenhang mit Konstruktionsfehlern als es vom Einzelfall abhängt, ob wegen der Gefährlichkeit des Produkts sein Bauplan geändert werden muss oder eine bloße Warnung ausreicht, weil

---

[152] *W. Lorenz* ZHR 151 (1987), 1, 23; *Taschner* NJW 1986, 611, 615; *Schmidt-Salzer/Hollmann* Art. 7 RdNr. 107 ff.

[153] So *Schmidt-Salzer/Hollmann* Bd. 1 Art. 7 RdNr. 198, 109, die den ersten Fall „Entwicklungsrisiken", den zweiten „Entwicklungslücken" nennen.

[154] *W. Lorenz* ZHR 151 (1987), 1, 14 m. Fn. 36.

[155] BGHZ 129, 353, 358 ff. = NJW 1995, 2162, 2163 f.; vgl. auch BGH VersR 2007, 72, 73; genauso OLG Koblenz NJW-RR 1999, 1624, 1625; OLG Frankfurt NJW 1995, 2498, 2499; *Palandt/Sprau* RdNr. 21; *Erman/Schiemann* RdNr. 10; *Taschner/Frietsch* Art. 7 RL NJW; *Lorenz* ZHR 151 (1987), 1, 14; dies entspricht der Ansicht des Gesetzgebers, vgl. BT-Drucks. 11/2447 S. 15; aA OLG Hamm VersR 1995, 103, 104; *Schrupkowski* S. 92 f.; *Quittnat* BB 1989, 571, 573; *Steckler* BB 1993, 1225, 1230.

[156] Ausdrücklich Begr. RegE, BT-Drucks. 11/2447 S. 11; vgl. Einl. RdNr. 17.

[157] BGHZ 129, 353, 360 = NJW 1995, 2162, 2163; OLG Dresden VersR 1998, 59; OLG Koblenz NJW-RR 1999, 1624, 1625; für eine Entlastung für „Ausreißer" nach dieser Norm jedoch OLG Hamm VersR 1995, 103, 104; LG Berlin NJW-RR 1996, 501, 502.

[158] Der öOGH hat anders entschieden, vgl. öOGH ecolex 1995, 798; genauso die englischen Gerichte, vgl. [2001] 3 All E. R. 289, 361 ff. (A v. National Blood Authority); *Tettenborn* in: Clerk & Lindsell on Torts, No. 11–71.

[159] *Foerste* JZ 1995, 1063; *Staudinger/Oechsler* RdNr. 120.

[160] *Staudinger/Oechsler* RdNr. 119; aA BGHZ 129, 353, 359 = NJW 1992, 2162, 2263; Produkthaftungshandbuch/*v. Westphalen* § 72 RdNr. 77.

die Gefahr damit zuverlässig gebannt werden kann oder weil bessere Konstruktionsmöglichkeiten aus technischen Gründen (§ 3 Abs. 2) nicht zur Verfügung stehen. Liegt es also so, dass das Produkt gefährliche Eigenschaften aufweist, die im Zeitpunkt des Inverkehrbringens nicht erkennbar waren, die aber – hätte man sie erkennen können – dem Hersteller nur Anlass zu Warnungen gegeben hätten, dann scheidet eine Haftung mit Rücksicht auf Abs. 2 Nr. 5 genauso aus wie in dem Fall, dass bei Kenntnis der Gefahr die Konstruktion hätte geändert werden müssen.

c) **Haftungsmaßstab.** Die Gesetzesbegründung versteht unter dem **Stand der Wissen-** 53
schaft und Technik den „Inbegriff der Sachkunde, die im wissenschaftlichen und technischen Bereich vorhanden ist, also die Summe an Wissen und Technik, die allgemein anerkannt ist und allgemein zur Verfügung steht".[161] Die Prüfung der Erkennbarkeit der Gefahr vollzieht sich in zwei Schritten: Zunächst ist zu klären, ob der Fehler für irgendeinen Wissenschaftler oder Techniker dieser Welt erkennbar war. Ist dies zu verneinen, greift die Entlastung nach Abs. 2 Nr. 5 durch. Wird hingegen „in wissenschaftlichen Kreisen auch nur eine einzige Stimme laut [...], mit der auf die potentielle Fehlerhaftigkeit [...] des Produkts hingewiesen wird",[162] ist die Erkennbarkeit zu bejahen, ohne dass deswegen die Entlastung schon scheitern muss.[163] Vielmehr ist weiter zu prüfen, ob dieses Gefahrenwissen einem sorgfältigen Hersteller im Zeitpunkt des Inverkehrbringens **objektiv zugänglich** war.[164] Dies setzt voraus, dass hinsichtlich des Gefahrenwissens ein Mindestmaß an Publizität gewährleistet ist.[165] Neue wissenschaftliche Erkenntnisse, die von den beteiligten Forschern nicht veröffentlicht worden sind oder die von dem Unternehmen, dessen Forschungsabteilung sie zu verdanken sind, geheim gehalten werden, sind zwar vorhanden, einem sorgfältigen Hersteller jedoch nicht zugänglich. Zählt er hingegen selbst zu den eingeweihten Kreisen, ist sein Sonderwissen selbstverständlich zu berücksichtigen (§ 823 BGB RdNr. 37). Entgegen einer verbreiteten Ansicht[166] sind im Übrigen die konkreten Umstände des Herstellers, wie zB Betriebsgröße, Spezialisierungsgrad, Branchenzugehörigkeit und regionale Verankerung in Rechnung zu stellen.[167] Die Zugänglichkeit eines in Chinesisch verfassten wissenschaftlichen Artikels für einen objektiv-sorgfältigen Hersteller hängt ganz offensichtlich davon ab, ob der Hersteller selbst des Chinesischen mächtig ist oder ob im Hinblick auf seine Größe und Marktstellung erwartet werden kann, dass er auch in Chinesisch verfasste Fachzeitschriften auswertet.[168]

Zum „Stand der Wissenschaft" gehören demnach auch **wissenschaftliche Außenseiter-** 54
und Mindermeinungen, also solche Stimmen, die bei der Mehrheit der Experten kein Gehör finden.[169] Gerade neue wissenschaftliche Erkenntnisse verdanken sich häufig der

---

[161] Begr. RegE, BT-Drucks. 11/2447 S. 15.
[162] Generalanwalt *Tesauro* in: EuGH Slg. 1997, I-2649, 2660 – Kommission/Vereinigtes Königreich.
[163] So aber *Taschner* NJW 1986, 611, 615, der darauf abstellen will, ob „niemand" den Fehler erkennen konnte.
[164] EuGH Slg. 1997, I-2649, 2670 – Kommission/Vereinigtes Königreich; Produkthaftungshandbuch/*v. Westphalen* § 72 RdNr. 80; *Staudinger/Oechsler* RdNr. 127.
[165] Ähnlich *Staudinger/Oechsler* RdNr. 127; *Frieling* in: *Pott/Frieling* RdNr. 107; aA aber Produkthaftungshandbuch/*v. Westphalen* § 72 RdNr. 86.
[166] *Ladeur* BB 1993, 1303, 1310; *Kullmann*, Aktuelle Rechtsfragen der Produkthaftpflicht, S. 156; *Rolland* RdNr. 143 f.; *Staudinger/Oechsler* RdNr. 129.
[167] *Hollmann* DB 1985, 2389, 2396; *W. Lorenz* ZHR 151 (1987), 1, 14 f.; *Schmidt-Salzer/Hollmann* Bd. 1 Art. 7 RdNr. 134 ff.
[168] Beispiel von Generalanwalt *Tesauro* in: EuGH Slg. 1997, I-2649, 2660 – Kommission/Vereinigtes Königreich.
[169] Generalanwalt *Tesauro* in: EuGH Slg. 1997, I-2649, 2659 – Kommission/Vereinigtes Königreich; genauso *Brüggemeier/Reich* WM 1986, 149, 153; *Buchner* DB 1988, 32, 34; *Joerges/Falke/Micklitz/Brüggemeier*, Die Sicherheit von Konsumgütern und die Entwicklung der Europäischen Gemeinschaft, 1988, S. 303; *Kullmann* ProdHaftG S. 61; Produkthaftungshandbuch/*v. Westphalen* § 72 RdNr. 85; *Staudinger/Oechsler* RdNr. 128; abl. demgegenüber *v. Westphalen* NJW 1990, 83, 85; *Taschner* in: *Taschner/Frietsch* RL Art. 7 RdNr. 43; *Sack* JBl. 1989, 695, 702; in diese Richtung gehen auch die Ausführungen in der Amtl. Begr., BT-Drucks. 11/2447 S. 15; unentschieden *Lorenz* ZHR 151 (1987), 1, 14; dagegen *Hager* JZ 1990, 397, 398; *Frieling* in: *Pott/Frieling* RdNr. 106.

Arbeit von Abweichlern. Käme es auf ihre Ansichten nicht an, wäre der Hersteller solange entlastet, bis sie sich allgemein durchgesetzt haben, was häufig erst der Fall ist, nachdem sich die Richtigkeit ihrer Behauptungen durch entsprechende Schadensfälle erwiesen hat. Angesichts der Vielstimmigkeit der Wissenschaften im internationalen Maßstab kann es andererseits nicht in Betracht kommen, die Entlastung nach Abs. 2 Nr. 5 bereits dann zu versagen, wenn sich auch nur ein einzelner Wissenschaftler finden lässt, der vor der Gefahr gewarnt hat, denn die Vorschrift stellt auf den „Stand der Wissenschaft" und nicht auf subjektive Meinungen einzelner ab. Deshalb ist zu verlangen, dass die abweichende Ansicht Mindestanforderungen wissenschaftlichen Arbeitens genügt, also theoretisch plausibel und wissenschaftlich nachvollziehbar ist und durch praktische Erfahrung, insbesondere durch Experimente oder Versuche belegt ist. Darüber hinaus muss berücksichtigt werden, wie groß oder intensiv das von Außenseitern behauptete Gefahrenpotential ist.[170] Je schwerwiegender die Gefahren sind, auf die von Minderheitsauffassungen hingewiesen wird, desto eher ist der Hersteller gehalten, diesen Ansichten nachzugehen.

55 **d) Produktbeobachtung und Rückruf.** Das ProdHaftG kennt **keine Pflichten zur Produktbeobachtung, zu nachträglichen Warnungen und zum Rückruf.**[171] Diese können sich allenfalls aus der deliktischen Produkthaftung gemäß § 823 Abs. 1 BGB ergeben (dort RdNr. 649 ff.), und darüber hinaus aus behördlichen Rückrufverfügungen aufgrund des GPSG (Einl. RdNr. 7; § 823 BGB RdNr. 669, 673). Da § 3 Abs. 1 lit. c für die Fehlerbeurteilung auf das Inverkehrbringen des konkret schadensträchtigen Einzelstücks abstellt (RdNr. 25), ergibt sich für den Hersteller allerdings die Obliegenheit, die Entwicklung von Wissenschaft und Technik während der laufenden Produktion zu verfolgen, soweit diese für das jeweilige Modell relevant ist. Ergeben sich daraus Erkenntnisse über zuvor unerkennbare Produktrisiken oder stehen ab einem bestimmten Zeitpunkt neuartige Sicherheitstechniken zur Verfügung, die zuvor nicht realisierbar waren, ist die zukünftige Produktion im Licht der neuen Erkenntnisse und unter Verwertung neuartiger Techniken im Interesse der Produktsicherheit zu modifizieren.

IV. Haftungsausschlüsse zugunsten von Teil- und Grundstoffherstellern (Abs. 3)

56 **1. Regelungskontext und Regelungszwecke.** Teil- und Grundstoffhersteller unterliegen ohne weiteres der Verantwortlichkeit nach dem ProdHaftG, § 4 Abs. 1. Das bedeutet allerdings nicht, dass der Zulieferer stets für Schäden aufzukommen hätte, die durch ein Endprodukt verursacht werden, in dem ein von ihm produziertes Einzelteil Verwendung gefunden hat. Wie sich bereits aus § 1 Abs. 1, Abs. 2 Nr. 1, 2 ergibt, setzt seine Einstandspflicht vielmehr voraus, dass er **selbst** – der Zulieferer – **ein fehlerhaftes Produkt in den Verkehr gebracht,** insbesondere an den Endhersteller geliefert hat. Sofern der Schaden erst durch das Endprodukt verursacht wird, trifft ihn die Haftung folgerichtig nur, wenn gerade der Fehler des Teilprodukts – und nicht ein Fehler des Endprodukts – die Rechtsgutsverletzung herbeigeführt hat. Anders liegt es nur in den wohl seltenen Fällen, dass der Teilhersteller selbst das Endprodukt in den Verkehr bringt, nachdem er diesem sein Erzeugnis hinzugefügt hat.[172] Diese Grundsätze werden – leider – weder in der Richtlinie noch im ProdHaftG deutlich ausgesprochen, sondern ergeben sich erst mit Hilfe eines Umkehrschlusses aus § 1 Abs. 3 und aus dem Tatbestand des § 1 Abs. 1, der die Haftung an das Inverkehrbringen einer fehlerhaften Sache knüpft.[173]

---

[170] *Brüggemeier/Reich* WM 1986, 149, 153.
[171] *Brüggemeier/Reich* WM 1986, 149, 155; *Taschner* in: *Taschner/Frietsch* RL Art. 1 RdNr. 8; Produkthaftungshandbuch/*v. Westphalen* § 72 RdNr. 89, § 74 RdNr. 7; *Lorenz* ZHR 151 (1987), 1, 15; *Koch* ZHR 152 (1988), 537, 552; *Buchner* DB 1988, 32, 35; *Schmidt-Salzer/Hollmann* Bd. 1 Art. 6 RdNr. 259; *Kullmann* in: *Kullmann/Pfister* Kza. 3604, S. 6 ff.; *Staudinger/Oechsler* RdNr. 112, 117; *Bodewig* S. 111 f.; krit. *Kötz*, FS W. Lorenz, 1991, S. 109, 111.
[172] Dazu ausf. *Staudinger/Oechsler* RdNr. 132, 149.
[173] Treffend *Lüderitz*, FS Rebmann, 1989, S. 755, 768.

Vor diesem Hintergrund bringt § 1 Abs. 3 zwei Haftungsausschlusstatbestände zugunsten 57
von Zulieferern, die ggf. **zusätzlich zu den Entlastungsmöglichkeiten des Abs. 2**
eingreifen.[174] Abs. 3 S. 1 Alt. 1 statuiert eine Vermutung der Fehlerhaftigkeit des Teilprodukts. Dieser Tatbestand wirkt nicht als *Entlastung,* sondern als *Belastung* des Zulieferers, denn letzterer haftet nach § 1 Abs. 1 ohnehin nicht, wenn er kein fehlerhaftes Produkt in den Verkehr gebracht hat.[175] Die Bedeutung der Alt. 1 besteht folglich darin, die Beweislast für die Fehlerfreiheit des Zulieferteils zu Lasten des Zulieferers umzukehren, um dem durch ein fehlerhaftes Endprodukt geschädigten Verbraucher einen weiteren bzw. mehrere Schuldner zu verschaffen.[176] Im praktischen Ergebnis wird auf Grund der Fehlerhaftigkeit des Endprodukts ein Fehler des Zuliefererprodukts vermutet.[177] Genau umgekehrt liegt es bei der Alt. 2, denn bei dieser hat der Zulieferer ein fehlerhaftes Produkt in den Verkehr gebracht, seine Haftung ist bereits nach § 1 Abs. 1 begründet, jedoch kann er die Verantwortung für den Fehler von sich schieben, wenn er nachweist, dass letzterer auf entsprechenden Anleitungen des Endherstellers beruht. Dieser Tatbestand bewirkt also eine Entlastung des Zulieferers zum Nachteil des Verbrauchers. Zur Beweislastverteilung s. RdNr. 68 ff.

Die Entlastungsmöglichkeiten nach § 1 Abs. 3 S. 1 stehen auch **Quasi-Herstellern** und 58
EG-Importeuren von Teilprodukten zur Verfügung.[178] Ausweislich des § 1 Abs. 3 S. 2
gelten sie schließlich auch für den **Grundstoffhersteller,** obwohl dieser in Art. 7 lit. f) der Richtlinie nicht erwähnt ist. Dabei handelt es sich jedoch um ein Redaktionsversehen, nämlich die mangelhafte Abstimmung mit Art. 3 Abs. 1 RL, das der deutsche Gesetzgeber richtlinienkonform korrigiert hat.[179] Scheitert die Entlastung, hat der Zulieferer dem Geschädigten gemäß §§ 1 Abs. 1, 4 Abs. 1 neben dem Endhersteller einzustehen. Gemäß § 5 haften die Beteiligten gesamtschuldnerisch.

2. Konstruktion des Endprodukts als Fehlerursache (Abs. 3 S. 1 Alt. 1). Nach 59
Abs. 3 S. 1 Alt. 1 können sich Zulieferer und Grundstoffhersteller von der Haftung befreien, wenn **allein das Endprodukt,** nicht aber das von ihnen in Verkehr gebrachte Teilprodukt, **fehlerhaft** ist. Die Vorschrift betrifft ausschließlich konstruktiv fehlerhafte Endprodukte, deren Fehler grundsätzlich sowohl auf dem Mangel eines Teilprodukts als auch (ausschließlich) auf der fehlerhaften Konstruktion eines aus je für sich einwandfreien Einzelteilen zusammengesetzten Gesamtprodukts beruhen kann.[180] Ist ersteres der Fall, scheidet die Entlastung aus;[181] gelingt dem Teilhersteller der Nachweis, dass der Mangel ausschließlich auf der Konstruktion des Endprodukts beruht, ist er gemäß § 1 Abs. 3 Alt. 1 befreit.

a) Fehlerfreiheit des Teilprodukts. Beruht der Fehler des Endprodukts auf dem man- 60
gelhaften Zusammenwirken seiner Komponenten, kommt es für die Beurteilung der Fehlerhaftigkeit (auch) des Teilprodukts entscheidend darauf an, inwieweit seine **mangelnde Eignung für die Produktion des Endprodukts als Fehler** qualifiziert werden kann. Diese Frage lässt sich nicht generell beantworten, weil Teilprodukte zur Herstellung vielfältiger Endprodukte eingesetzt werden können, so dass sich ihre Fehlerhaftigkeit immer nur im Hinblick auf ihre konkrete Verwendung bestimmen lässt. In der Sache kommt es darauf an, die Verantwortungsbereiche von Endhersteller und Zulieferer im Produktionsprozess

---

[174] *Erman/Schiemann* RdNr. 11; *Palandt/Sprau* RdNr. 22; Produkthaftungshandbuch/*v. Westphalen* § 76 RdNr. 5.
[175] Nach der Gesetzesbegründung soll die Vorschrift nur klarstellende Funktion haben, vgl. BT-Drucks. 11/2447 S. 16; ebenso *Rolland* RdNr. 148; *Schmidt-Salzer/Hollmann* Bd. 1 Art. 7 RdNr. 151; Produkthaftungshandbuch/*v. Westphalen* § 76 RdNr. 7.
[176] *Schmidt-Salzer/Hollmann* Bd. 1 Art. 7 RdNr. 179; *Staudinger/Oechsler* RdNr. 136; *Rolland* RdNr. 161 f.
[177] Vgl. *Staudinger/Oechsler* RdNr. 136, nach dem der Geschädigte die genaue Fehlerquelle innerhalb des Produkts nicht nachweisen muss.
[178] *Rolland* RdNr. 164 ff.
[179] *Staudinger/Oechsler* RdNr. 146; *Hollmann* DB 1985, 2389, 2396; *Lorenz* ZHR 151 (1988), 1, 13 Fn. 33; *Rolland* RdNr. 147.
[180] *Taschner* in: *Taschner/Frietsch* RL Art. 7 RdNr. 54.
[181] *Palandt/Sprau* RdNr. 23; *Erman/Schiemann* RdNr. 11; *Rolland* RdNr. 150; Produkthaftungshandbuch/ *v. Westphalen* § 76 RdNr. 7; *Staudinger/Oechsler* RdNr. 138.

gegeneinander abzugrenzen. Unterliegt die Vermeidung des konkreten Fehlers allein der Konstruktionsverantwortlichkeit des Endherstellers, so scheidet eine Haftung des Zulieferers für die Geeignetheit seines Teilprodukts aus. War es hingegen Sache des Zulieferers, ein mit bestimmten Qualitäten ausgestattetes Produkt herzustellen, fallen dabei auftretende Konstruktionsfehler in seinen Verantwortungsbereich. Entsprechendes gilt, wenn der Fehler des Endprodukts auf eine fehlerhafte Instruktion des Endherstellers durch den Zulieferer zurückzuführen ist.[182]

61 Bestehen zwischen Zulieferer bzw. Grundstoffhersteller und Endhersteller **vertragliche Beziehungen,** so sind ausdrücklich oder konkludent getroffene Abreden über die Allokation der Konstruktionsverantwortlichkeit auch im Rahmen des Abs. 3 S. 1 Alt. 1 beachtlich (vgl. § 823 BGB RdNr. 601 ff.). Wird ein Teilprodukt vom Endhersteller für einen bestimmten Einsatzzweck bestellt, muss es für diesen auch geeignet sein.[183] Gibt die vertragliche Vereinbarung hingegen für die Zuweisung der Verantwortlichkeiten nichts her, so liegt es am Zulieferer, den Verwendungszweck bzw. Einsatzbereich der Sache festzulegen. Missachtet ein Endhersteller derartige Vorgaben und führt dies zu einem Fehler des Endprodukts, so kann sich der Zulieferer nach Abs. 3 S. 1 entlasten. Dabei kommt es auch nicht darauf an, ob mit einer Missachtung der Instruktionen iS von § 3 Abs. 2 lit. b zu rechnen war,[184] denn diese Vorschrift betrifft das Verhältnis zum Verbraucher und nicht die Allokation der Konstruktionsverantwortung im Verhältnis zwischen Zulieferer und Endhersteller. Ein „Missbrauch" des Zulieferteils ist demnach unabhängig von der Frage seiner Vorhersehbarkeit für den Zulieferer dem Endhersteller anzulasten.

62 Unterlässt es der Teilhersteller, Vorgaben für den Einsatz seines Produkts zu machen, so haftet er für die Geeignetheit seines Teilprodukts zu jedem objektiv vernünftigen Verarbeitungszweck. Unabhängig davon begründet es die Haftung des Teilherstellers, wenn er von der geplanten Verwendung Kenntnis hat, weiß, dass sein Produkt für diesen Zweck nicht geeignet ist, und trotzdem nichts unternimmt.[185] **Nachforschungspflichten** treffen den Zulieferer allerdings nicht.[186]

63 **b) Konstruktionsfehler des Endprodukts.** Nach dem Gesetzeswortlaut kann sich der Zulieferer über Abs. 3 S. 2 Alt. 1 entlasten, wenn der Fehler allein auf der Konstruktion des Endprodukts beruht. Angesichts der oben (RdNr. 57 f.) herausgearbeiteten ratio legis besteht kein Bedürfnis dafür, Abs. 3 auf **Fabrikations- und Instruktionsfehler** des Endprodukts analog anzuwenden, wie dies von einer verbreiteten Auffassung vertreten wird.[187] Thema des Abs. 3 S. 1 Alt. 1 ist nicht „die angemessene und gerechte Haftungsverteilung zwischen dem Endhersteller und dem Hersteller des Teilprodukts",[188] sondern die Umkehr der Beweislast für die zentrale Haftungsvoraussetzung der Fehlerhaftigkeit des Zulieferprodukts im Verhältnis zwischen dessen Hersteller und dem Geschädigten. Letztere ist jedoch allenfalls bei Konstruktionsfehlern des Endprodukts angemessen, weil diese häufig auf der mangelhaften Interaktion der Einzelteile beruhen. Die Instruktion des Verbrauchers obliegt generell dem Endhersteller, und bei Fabrikationsfehlern lässt sich in aller Regel ohne weiteres feststellen, wer das mangelhafte Teilprodukt – etwa einen Autoreifen oder eine Fahrradgabel – hergestellt hat. Insoweit findet Abs. 3 keine Anwendung.[189]

---

[182] Produkthaftungshandbuch/*v. Westphalen* § 76 RdNr. 9.
[183] Vgl. *Staudinger/Oechsler* RdNr. 139; *Frietsch* in: *Taschner/Frietsch* RdNr. 122; *Schmidt-Salzer/Hollmann* Bd. 1 Art. 7 RdNr. 191 ff.
[184] So aber *Staudinger/Oechsler* RdNr. 138.
[185] Produkthaftungshandbuch/*v. Westphalen* § 76 RdNr. 12; *Rolland* RdNr. 152.
[186] Vgl. *Kullmann* in: *Kullmann/Pfister* Kza. 3602, S. 24; Produkthaftungshandbuch/*v. Westphalen* § 76 RdNr. 11, 12; *Rolland* RdNr. 154.
[187] *Schmidt-Salzer/Hollmann* Bd. 1 Art. 7 RdNr. 171 f.; *Kullmann* in: *Kullmann/Pfister* Kza. 3602, S. 22 d; Produkthaftungshandbuch/*v. Westphalen* § 76 RdNr. 14; *Landscheidt* RdNr. 115; *Frieling* in: *Pott/Frieling* RdNr. 133; *Frietsch* in: *Taschner/Frietsch* RdNr.
[188] So Produkthaftungshandbuch/*v. Westphalen* § 76 RdNr. 14.
[189] *Taschner* in: *Taschner/Frietsch* Art. 7 RdNr. 54; *Staudinger/Oechsler* RdNr. 137.

3. Anleitungen des Endherstellers als Fehlerursache (Abs. 3 S. 1 Alt. 2). Anders 64
als Alt. 1 setzt Alt. 2 des Abs. 3 S. 1 voraus, dass das zugelieferte Teilprodukt fehlerhaft ist, so
dass der Zulieferer zunächst nach § 1 Abs. 1, § 4 Abs. 1 haftet.[190] Die Möglichkeit der
Entlastung beruht hier auf der Überlegung, dass der **Zulieferer keine Verantwortung** für
die Fehlerhaftigkeit „seines" Produkts trägt, wenn er es nach den Weisungen des Endherstellers gefertigt hat; der Zulieferer soll nicht für ein „Fehlverhalten des Endherstellers" verantwortlich gemacht werden.[191] Damit zeigt sich erneut, dass es sich bei der Haftung nach dem
ProdHaftG im Kern um eine Einstandspflicht für pflichtwidriges Verhalten handelt (Einl.
RdNr. 14 ff.).

a) Anleitung. Eine Anleitung ist eine **verbindliche Herstellungsvorschrift,** die der 65
Endhersteller dem Zulieferer des Teilprodukts für dessen Fertigung erteilt hat.[192] Sie kann
ihrerseits sowohl die Konstruktion als auch die Fabrikation des Zulieferteils betreffen. An
der Verbindlichkeit der Weisungen fehlt es, wenn der Endhersteller nur allgemeine Vorgaben
macht, jedoch dem Zulieferer die Ausgestaltung des Produkts nach seinen Erfahrungen
überlässt.[193] Stellt sich die einseitige Produktionsvorgabe des Herstellers als das Ergebnis
einer zuvor einvernehmlich von Teil- und Endhersteller vorgenommenen Produktentwicklung oder einer Qualitätssicherungsvereinbarung dar,[194] trägt der Zulieferer Mitverantwortung für den Produktfehler und kann sich folgerichtig nicht nach Abs. 3 entlasten.

b) Haftung trotz Anleitung? Nach verbreiteter Auffassung ist § 1 Abs. 3 S. 1 Alt. 2 66
dahin einzuschränken, dass der Zulieferer nicht entlastet wird, wenn er von der Unrichtigkeit der Anleitung **positive Kenntnis** hat oder die **Ungeeignetheit** des so hergestellten
Produkts ohne weiteres **erkennen** kann.[195] In diesen Fällen dürfe er nicht sehenden Auges
einen Beitrag zur Produktion und zum Inverkehrbringen fehlerhafter Produkte leisten.
Angesichts der Neigung des EuGH die Richtlinie – hier geht es um Art. 7 lit. f) – strikt und
dem Wortlaut gemäß anzuwenden (Einl. RdNr. 3, 8 ff.), wird man von dieser Einschränkung Abstand nehmen müssen.[196] Schwerwiegende Haftungslücken entstehen dadurch
nicht, denn die Haftung aufgrund Deliktsrechts bleibt unberührt.[197]

c) Keine entsprechende Anwendung. Die Entlastungstatbestände des Abs. 3 wirken 67
nur zugunsten von Zulieferern und Grundstoffherstellern, **nicht** aber auch **zugunsten des
Endherstellers.** Indessen wird von einem Teil der Literatur eine analoge Anwendung der
Vorschrift in dem Sinne vorgeschlagen, dass sich der Endhersteller entlasten kann, soweit der
Schaden allein auf der Fehlerhaftigkeit eines Zulieferteils oder eines Grundstoffs beruht.[198]
Diese beiden Fallgestaltungen sind jedoch wertungsmäßig nicht vergleichbar, denn während
der Zulieferer nur seine eigene Sphäre kontrollieren kann und ihn regelmäßig keine Verantwortung für das Endprodukt trifft, liegt es beim Endhersteller anders, denn letzterer hat
grundsätzlich für die Fehlerfreiheit des von ihm in den Verkehr gebrachten Endprodukts
einzustehen.[199] Ebenso wenig kommt eine Analogie zugunsten eines Franchisenehmers in
Betracht, wenn der Fehler des von ihm in Verkehr gebrachten Produkts auf einer unzureichenden Konzeption oder Anleitung des Franchisegebers beruht.[200] Wird er in Anspruch

---

[190] *Rolland* RdNr. 157; *Erman/Schiemann* RdNr. 11; Produkthaftungshandbuch/*v. Westphalen* § 76 RdNr. 15.
[191] Vgl. dazu Begr. RegE, BT-Drucks. 11/2447 S. 16.
[192] Produkthaftungshandbuch/*v. Westphalen* § 76 RdNr. 17 („Auftragsfertigung"); *Palandt/Sprau* RdNr. 24; *Erman/Schiemann* RdNr. 11.
[193] *Rolland* RdNr. 159 a; aA Produkthaftungshandbuch/*v. Westphalen* § 76 RdNr. 17.
[194] Zu Qualitätssicherungsvereinbarungen eingehend § 823 BGB RdNr. 604.
[195] Produkthaftungshandbuch/*v. Westphalen* § 76 RdNr. 18; *Rolland* RdNr. 158; *Staudinger/Oechsler* RdNr. 141; Vorauflage RdNr. 72.
[196] Einschränkend jetzt auch *Kullmann* in: *Kullmann/Pfister* Kza. 3602, S. 25 f.
[197] *Frietsch* in: *Taschner/Frietsch* RdNr. 128.
[198] *Schmidt-Salzer/Hollmann* Bd. 1 Art. 7 RdNr. 202 ff.
[199] *Rolland* RdNr. 169; *Staudinger/Oechsler* RdNr. 147; *Erman/Schiemann* RdNr. 12.
[200] AA *Bräutigam* S. 173 ff.; *ders.* WM 1994, 1189, 1195 f.

genommen, ist er gemäß § 5 S. 2 auf Ausgleichsansprüche gegen seinen Vertragspartner beschränkt.

V. Verteilung der Beweislast (Abs. 4)

68 1. **Allgemeines.** Nach allgemeinen Grundsätzen wäre der Geschädigte mit der Darlegung und dem Nachweis der Haftungsvoraussetzungen des § 1 Abs. 1, also Vorliegen eines Produktfehlers im Zeitpunkt der Inverkehrgabe, Rechtsgutsverletzung, Schaden, haftungsbegründende und haftungsausfüllende Kausalität belastet. Damit entspräche die Beweissituation im Wesentlichen derjenigen bei der deliktischen Produkthaftung nach § 823 Abs. 1 BGB (vgl. § 823 BGB RdNr. 698 ff.). Diese Allokation der Beweislast beim Geschädigten wird in § 1 Abs. 2 und 3 zum Teil korrigiert, um dem **Prinzip der Waffengleichheit** zu entsprechen.[201] Das Ergebnis dieses Kompromisses ist ein differenziertes System, das zudem noch durch die allgemeinen, richterrechtlichen Institute zur Korrektur gesetzlicher Beweislastregeln ergänzt werden kann.[202] Dabei ist allerdings stets die Vorgabe des Art. 4 der Richtlinie im Auge zu behalten, nach dem der Geschädigte die Beweislast für den Schaden, den Fehler und den ursächlichen Zusammenhang trägt.[203] Eine richterliche Beweislastumkehr dürfte in Bezug auf diese Tatbestandsmerkmale allenfalls noch in Fällen der Beweisvereitelung in Betracht kommen.[204]

69 2. **Beweislast des Geschädigten (Abs. 4 S. 1). a) Herstellung durch den Inanspruchgenommenen.** Aus allgemeinen Grundsätzen ergibt sich die in § 1 Abs. 4 nicht ausdrücklich erwähnte Last des Geschädigten, den Hersteller des schadensträchtigen Produkts zu identifizieren, also nachzuweisen, dass der von ihm in Anspruch Genommene der Hersteller des Produkts oder eine diesem nach § 4 gleichgestellte Person ist **(Individualisierungsbeweis)**.[205] In Fällen alternativer Kausalität, in denen sich nicht mehr ermitteln lässt, welcher von mehreren in Betracht kommenden Herstellern das schadensstiftende Produkt in Verkehr gebracht hat, ist auch auf den Anspruch nach dem ProdHaftG die Regelung des § 830 Abs. 1 S. 2 BGB anwendbar.[206] Eine Marktanteilshaftung (market share liability) nach amerikanischem Vorbild lässt sich auch mit ihrer Hilfe allerdings nicht begründen (eingehend § 830 BGB RdNr. 54).[207]

70 b) **Fehler des schadenstiftenden Produkts.** Gegenstand der Beweispflicht des Geschädigten ist weiterhin die Fehlerhaftigkeit des Produkts iS des § 3,[208] ohne dass es auf die Art des Fehlers ankäme.[209] Ebenso wie bei der Geltendmachung von Ansprüchen nach § 823 Abs. 1 BGB kann dem Geschädigten im Rahmen des ProdHaftG bei typischen Geschehensabläufen ein **Anscheinsbeweis** zugute kommen (§ 823 BGB RdNr. 664).[210] Bricht beispielsweise bei mehreren Gästen eines Restaurants dieselbe Infektionskrankheit aus, an der

---

[201] Beschlussempfehlung und Bericht des Rechtsausschusses, BT-Drucks. 11/5520 S. 13.
[202] *Schlechtriem* VersR 1986, 1033, 1034; *Staudinger/Oechsler* RdNr. 153; *Kullmann* in: *Kullmann/Pfister* Kza. 3602 S. 27; *v. Westphalen* NJW 1990, 83, 86; *Frietsch* in: *Taschner/Frietsch* RdNr. 137; *Schmidt-Salzer/Hollmann* Bd. 1 Art. 4 RdNr. 23 f.; *Arens* ZZP 104 (1991), 123, 127 f.; *Kötz*, FS W. Lorenz, 1991, S. 109, 120 f.; betr. die Kausalität zwischen Unterlassen ordnungsgemäßer Instruktion und Verletzung auch *Tiedtke* PHI 1992, 138, 139.
[203] Zutr. *Staudinger/Oechsler* RdNr. 153 mwN; implizit auch Produkthaftungshandbuch/*v. Westphalen* § 81 RdNr. 1; aA *Frietsch* in: *Taschner/Frietsch* RdNr. 137; ebenso *Palandt/Sprau* RdNr. 25, wenn Pflicht zur Ausgangskontrolle bzw. Befundsicherung verletzt wurde.
[204] Zweifelnd *Kullmann* in: *Kullmann/Pfister* Kza. 3602 S. 27 m. Fn. 125 a.
[205] *Erman/Schiemann* RdNr. 12; *Palandt/Sprau* RdNr. 25; *Rolland* RdNr. 174; *Staudinger/Oechsler* RdNr. 156; *Arens* ZZP 104 (1991), 123, 128.
[206] *Erman/Schiemann* Vorbem. ProdHaftG RdNr. 6; *Schlechtriem* VersR 1986, 1033, 1034; *Staudinger/Oechsler* RdNr. 156; aA *Schmidt-Salzer* BB 1986, 1103, 1109.
[207] Vgl. dazu *Bodewig* AcP 185 (1985), 505 ff.
[208] OLG Dresden VersR 1998, 59; *Kullmann* in: *Kullmann/Pfister* Kza. 3602 S. 28; *Staudinger/Oechsler* RdNr. 158 ff.; *Rolland* RdNr. 176 ff.; Produkthaftungshandbuch/*v. Westphalen* § 81 RdNr. 2; krit. zu dieser Beweisverteilung *Hager* JZ 1990, 397, 403 betr. die Haftung für toxische Produkte.
[209] *Erman/Schiemann* RdNr. 12.
[210] OLG Frankfurt NJW 1995, 2498; *Erman/Schiemann* RdNr. 12; *Staudinger/Oechsler* RdNr. 160; *Frieling* in: *Pott/Frieling* RdNr. 145; *Rolland*, FS W. Lorenz, 1991, S. 193, 210.

auch der Koch leidet, dürfte mit diesen Indizien allerdings bereits der Vollbeweis erbracht sein.[211] Entspricht das Produkt nicht den einschlägigen gesetzlichen Sicherheitsvorschriften oder technischen Normen, so begründet dies eine widerlegbare Vermutung für die Fehlerhaftigkeit (§ 823 BGB RdNr. 625).[212] Die Beweislast des Geschädigten erstreckt sich im Rahmen des ProdHaftG gemäß Abs. 2 Nr. 2 nicht auf den sog. Fehlerbereichsnachweis, also die Entstehung des Fehlers in der Sphäre des Herstellers.[213] Folgerichtig spielen Verstöße des Herstellers gegen die sog. Befundsicherungspflicht, anders als im Deliktsrecht, keine Rolle (§ 823 BGB RdNr. 663).[214]

c) Haftungsbegründende Kausalität. Die in § 1 Abs. 4 in Umsetzung des Art. 4 RL 71 getroffene Formulierung, dem Geschädigten obliege der **Nachweis des ursächlichen Zusammenhangs** zwischen Fehler und Schaden, lässt zu wünschen übrig, weil der Schutzbereich des ProdHaftG wie auch der Richtlinie rechtsgutsbezogen definiert ist: Die Haftung wird nur ausgelöst, wenn der Fehler zur Verletzung der enumerierten Rechtsgüter Körper, Gesundheit und Sacheigentum führt. Folgerichtig ist zwischen haftungsbegründender Kausalität (Ursächlichkeit des Fehlers für die Rechtsgutsverletzung) und haftungsausfüllender Kausalität (Ursächlichkeit der Rechtsgutsverletzung für den Schaden) zu differenzieren. Diese Differenzierung bleibt zwar für die Beweislast folgenlos, weil der Geschädigte sowohl für die haftungsbegründende als auch für die haftungsausfüllende Kausalität beweisbelastet ist,[215] doch sie hat Bedeutung für Schutzzweckerwägungen (RdNr. 22) und insbesondere für die Anwendung der Beweismaßreduktion nach § 287 ZPO (RdNr. 74).

Die Entscheidung des Richtliniengebers, den Geschädigten mit dem Kausalitätsnachweis 72 zu belasten, ist zu respektieren und darf nicht durch Annahme einer generellen Kausalitätsvermutung bei fehlerhaften Produkten wieder rückgängig gemacht werden. Dies schließt es allerdings nicht aus, die allgemeinen, von der Rechtsprechung im Rahmen der deliktischen Haftung für den Kausalitätsnachweis entwickelten **Beweiserleichterungen** auf die sondergesetzliche Haftung zu übertragen.[216] Insbesondere kann bei typischen Geschehensabläufen ein ursächlicher Zusammenhang zwischen Produktfehler und Rechtsgutsverletzung im Wege des Anscheinsbeweises festgestellt werden.[217] Steht lediglich die Fehlerhaftigkeit eines Teilprodukts fest, so ist damit noch nicht eo ipso nachgewiesen, dass gerade dieser Mangel auch die Fehlerhaftigkeit des Endprodukts verursacht und diese wiederum zur Rechtsgutsverletzung geführt hat. Vielmehr ist auch in diesen Fällen an der Grundregel festzuhalten, dass der Geschädigte, wenn er den Zulieferer in Anspruch nimmt, die Kausalität des von diesem zu verantwortenden Produktfehlers für die Rechtsgutsverletzung nachweisen muss. Andernfalls müsste sich der Hersteller eines elektronischen Bauteils, das als fehlerhaft zu qualifizieren ist, weil es unter seltenen Umständen versagt, für sämtliche Unfälle entlasten, die mit den Kraftfahrzeugen verursacht werden, in die die Teile eingebaut worden sind.[218]

Bei nachgewiesen fehlerhafter **Instruktion** gewährt die Rechtsprechung zur deliktischen 73 Produkthaftung dem Geschädigten Beweiserleichterungen in Gestalt einer „tatsächlichen Vermutung", dass bei pflichtgemäß erfolgter Warnung diese auch befolgt worden wäre (§ 823 BGB RdNr. 666). In der Literatur zum ProdHaftG wird die Heranziehung dieser Grundsätze zum Teil mit der Begründung abgelehnt, der Gesetzgeber habe sich mit § 1 Abs. 4 klar gegen eine Beweislastumkehr zulasten des Herstellers ausgesprochen.[219] Tatsäch-

---

[211] So der Fall von OLG Frankfurt NJW 1995, 2498.
[212] *Erman/Schiemann* § 3 RdNr. 7; *Staudinger/Oechsler* RdNr. 161.
[213] *Kullmann* in: *Kullmann/Pfister* Kza. 3602 S. 28.
[214] Verkannt von *Palandt/Sprau* RdNr. 25; krit. und treffend *Kunze* BB 1994, 450, 454.
[215] Vgl. *Staudinger/Oechsler* RdNr. 162, 166.
[216] Bericht des Rechtsausschusses, BT-Drucks. 11/5520 S. 13; *Schlechtriem* VersR 1986, 1033, 1034; *Erman/Schiemann* RdNr. 12; *v. Westphalen* NJW 1990, 83, 86; *Schmidt-Salzer/Hollmann* Bd. 1 Art. 4 RdNr. 24; *Staudinger/Oechsler* RdNr. 163 f.; *Kullmann* § 1 RdNr. 101; *ders.* in: *Kullmann/Pfister* Kza. 3602 S. 27.
[217] OLG Frankfurt NJW 1995, 2498; *Staudinger/Oechsler* RdNr. 164; ebenso *Erman/Schiemann* RdNr. 12; aA offenbar *Arens* ZZP 104 (1991), 123, 125.
[218] Unentschieden *Lüderitz*, FS Rebmann, 1989, S. 755, 768.
[219] *Erman/Schiemann* RdNr. 12; *Staudinger/Oechsler* RdNr. 165.

lich bezieht sich die zitierte Passage im Bericht des Rechtsausschusses[220] jedoch allein auf die Frage der Einführung einer gesetzlichen und damit generellen Beweislastumkehr bei fehlerhafter Instruktion, die mit der zitierten Rechtsprechung nicht identisch ist, weil letztere durchaus selektiv vorgeht und im Übrigen mit einer tatsächlichen Vermutung arbeitet, deren Widerlegung durch den Hersteller in der Praxis durchaus gelingen kann. Deshalb steht nichts entgegen, die Frage hier genauso zu beurteilen wie im Bereich der deliktischen Produkthaftung, ohne auf die Kategorie des Anscheinsbeweises auszuweichen.[221]

74 **d) Haftungsausfüllende Kausalität und Schaden.** Wie auch sonst hat der Geschädigte nicht nur den Eintritt der Rechtsgutsverletzung, sondern auch Art und Umfang etwaiger Folgeschäden sowie den Kausalzusammenhang zwischen Rechtsgutsverletzung und Folgeschaden nachzuweisen. Da die haftungsausfüllende Kausalität oft nicht leicht nachzuweisen ist und der exakte Umfang von Folgeschäden häufig unsicher bleibt, sind für beide Haftungsvoraussetzungen die Darlegungslast und das **Beweismaß gemäß § 287 ZPO reduziert.**[222] Lassen sich die Folgeschäden im Zeitpunkt der Klageerhebung nicht beziffern, ist der Geschädigte gehalten, eine Feststellungsklage zu erheben, um den Ablauf der Verjährungsfrist gemäß § 12 Abs. 3 ProdHaftG iVm. § 204 Abs. 1 BGB zu hemmen.

75 **3. Beweislast des Herstellers (Abs. 4 S. 2).** Die Allokation der Beweislast für die Haftungsausschlussgründe der Abs. 2 und 3 zum Hersteller versteht sich von selbst, denn diese Rechtsfolge ist die einzige Funktion der Aufspaltung der Haftungsvoraussetzungen und ihrer Verteilung auf die Abs. 1 bis 3 des § 1. Das Eingreifen eines Entlastungstatbestands ist nach allgemeinen Grundsätzen davon abhängig, dass der Hersteller den **Vollbeweis** führt, das Gericht also gemäß § 286 ZPO von dem Vorliegen der tatsächlichen Voraussetzungen des Entlastungstatbestands überzeugt.[223] Allein bei Abs. 2 Nr. 2 ist das Beweismaß reduziert, so dass die Entlastung bereits eingreift, wenn die Entstehung des Fehlers erst nach Inverkehrgabe des Produkts überwiegend wahrscheinlich ist.[224] Vor diesem Hintergrund ist Zurückhaltung geboten, wenn es um die Anwendung der herkömmlichen richterrechtlichen Beweiserleichterungen, insbesondere des Anscheinsbeweises, geht. Ausgeschlossen ist die Anwendung des Anscheinsbeweises zugunsten des Herstellers im Rahmen des Abs. 4 S. 2 allerdings genauso wenig wie die Anwendung zu seinen Lasten bei Abs. 4 S. 1. Insbesondere kann die Einhaltung gesetzlicher Sicherheitsvorschriften bzw. technischer Normen dem Hersteller den Beweis erleichtern, dass sich ein Entwicklungsrisiko iS des Abs. 2 Nr. 5 verwirklicht hat.[225]

76 Die **Entlastung des Teilherstellers bzw. des Grundstofflieferanten** setzt den Nachweis der tatsächlichen Voraussetzungen des § 1 Abs. 3 voraus. Insoweit ist zwischen den beiden Alternativen von Abs. 3 S. 1 zu unterscheiden (vgl. RdNr. 57). Gelingt dem Geschädigten nur der Nachweis, dass der Schaden durch einen Fehler des Endprodukts verursacht wurde, so hat der Teilhersteller zu beweisen, dass der Schaden ausschließlich auf einem Konstruktionsfehler des Endprodukts beruht, das Teilprodukt jedoch fehlerfrei war (Abs. 3 S. 1 Alt. 1). Insoweit wird die Beweislast zu Lasten des Zulieferers umgekehrt.[226] Beweist der Geschädigte hingegen die Fehlerhaftigkeit des Teilprodukts, so liegt es am Teilhersteller nachzuweisen, dass der Fehler seines Produkts, der häufig in seiner Ungeeignetheit für das Endprodukt bestehen wird, nur infolge einer Anleitung des Endherstellers entstanden ist (Abs. 3 S. 1 Alt. 2).

---

[220] Bericht des Rechtsausschusses, BT-Drucks. 11/5520 S. 13 f.
[221] Im Ergebnis wie hier LG Flensburg VersR 1998, 66, 67; *Rolland* RdNr. 180; *Tiedtke* PHI 1992, 138.
[222] *Arens* ZZP 104 (1991), 123, 127; *Staudinger/Oechsler* RdNr. 168.
[223] *Frietsch* in: *Taschner/Frietsch* RdNr. 146; *Staudinger/Oechsler* RdNr. 170; *Kullmann* in: *Kullmann/Pfister* Kza. 3602 S. 31.
[224] Vgl. RdNr. 39; sowie *Rolland* RdNr. 183; *Kullmann* in: *Kullmann/Pfister* Kza. 3602 S. 32 f.; *Frietsch* in: *Taschner/Frietsch* RdNr. 146; ferner *Arens* ZZP 104 (1991), 123, 129 ff.; *Kullmann* NJW 1994, 1698, 1704; *Staudinger/Oechsler* RdNr. 171; *Landscheidt* NZV 1989, 169, 172.
[225] Sehr weitgehend *Staudinger/Oechsler* RdNr. 172, der insoweit einen Anscheinsbeweis annimmt.
[226] Vgl. RdNr. 68, 72; im Ergebnis wie hier *Staudinger/Oechsler* RdNr. 173.

§ 2 Produkt

Produkt im Sinne dieses Gesetzes ist jede bewegliche Sache, auch wenn sie einen Teil einer anderen beweglichen Sache oder einer unbeweglichen Sache bildet, sowie Elektrizität.

Schrifttum: *Bartsch,* Computerviren und Produkthaftung, CR 2000, 721; *Beckmann/Müller,* Online übermittelte Informationen – Produkte iS des Produkthaftungsgesetzes?, MMR 1999, 14; *Cahn,* Produkthaftung für verkörperte geistige Leistungen, NJW 1996, 2899; *Engel,* Produzentenhaftung für Software, CR 1986, 702; *Foerste,* Die Produkthaftung für Druckwerke, NJW 1991, 1433; *Gilcher,* Produkthaftung für Dienstleistungen, 1994; *Höckelmann,* Die Produkthaftung für Verlagserzeugnisse, 1994; *König,* Zur Sacheigenschaft von Computerprogrammen und deren Überlassung, NJW 1990, 1584; *Kort,* Software – eine Sache?, DB 1994, 1505; *E. Lang,* Die Haftung für Fehler in Druckwerken, 1982; *Lehmann,* Produkt- und Produzentenhaftung für Software, NJW 1992, 1721; *Marly,* Die Qualifizierung von Computerprogrammen als Sache nach § 90 BGB, BB 1991, 432; *J. Meyer,* Produkthaftung für Verlagserzeugnisse, ZIP 1991, 1393; *ders.,* Die Haftung für fehlerhafte Aussagen in wissenschaftlichen Werken, ZUM 1997, 26; *Spindler,* Deliktsrechtliche Haftung im Internet – nationale und internationale Rechtsprobleme, ZUM 1996, 533; *ders.,* Verschuldensunabhängige Produkthaftung im Internet, MMR 1998, 119; *ders.,* Das Jahr-2000-Problem in der Produkthaftung: Pflichten der Hersteller und der Softwarenutzer, NJW 1999, 3737; *Taeger,* Außervertragliche Haftung für fehlerhafte Computerprogramme, 1995; *ders.,* Produkt- und Produzentenhaftung bei Schäden durch fehlerhafte Computerprogramme, CR 1996, 257.

Übersicht

	RdNr.		RdNr.
I. Allgemeines	1, 2	III. Einzelprobleme	12–20
II. Das Produkt als bewegliche Sache	3–11	1. Verkörperte intellektuelle Leistungen	12–14
1. Sacheigenschaft	3–5	2. Computerprogramme	15, 16
2. Bewegliche Sache	6	3. Menschliche Organe, Blut, Implantate, künstliche Gliedmaßen	17
3. Teil einer anderen beweglichen oder unbeweglichen Sache (§ 2 Halbs. 2)	7–9	4. Abfälle	18–20
4. Ausnahmen	10, 11		

I. Allgemeines

Die deliktische Produkthaftung begründet eine Einstandspflicht für die Verletzung allgemeiner Sorgfaltspflichten und ist als solche nur ein Ausschnitt aus einem im Übrigen flächendeckenden System. Deshalb ist es weithin müßig, den „**Anwendungsbereich**" der deliktischen Produkthaftung zu bestimmen, denn ist er nicht eröffnet, haftet der „Hersteller" gleichwohl nach § 823 Abs. 1 BGB, wie etwa die Betreiber von Kfz-Reparaturwerkstätten, die Produzenten von Software und andere Dienstleister leidvoll erfahren mussten (eingehend § 823 BGB RdNr. 599). Die sondergesetzliche Produkthaftung ist demgegenüber ein insulares Regime, das gemäß § 1 Abs. 1, § 2, Art. 1, 2 RL an die Inverkehrgabe eines „Produkts" im technischen Sinn einer (fehlerhaften) beweglichen Sache geknüpft ist. Damit fallen Hersteller von Gebäuden sowie sämtliche Dienstleister aus dem Anwendungsbereich des ProdHaftG heraus.[1] Die Beschränkung des ProdHaftG auf Sachgefahren bei gleichzeitiger Ausklammerung solcher Risiken, die mit Immobilien verbunden sind, führt zwangsläufig zu Brüchen, die normativ schwer zu rechtfertigen sind. Diese bleiben für das Ergebnis häufig nur deshalb folgenlos, weil die Deliktshaftung nach § 823 Abs. 1 BGB außerhalb der Sachgefahren selbstverständlich anwendbar bleibt. Letztere ist allerdings dispositiven Rechts, während die sondergesetzliche Produkthaftung gemäß § 14 nicht ausgeschlossen oder eingeschränkt werden kann. Mit der Definition des Sachbegriffs wird somit faktisch über die Zulässigkeit vertraglicher Haftungsbeschränkungen, insbesondere in AGB des Herstellers, entschieden (beachte aber § 309 Nr. 7 BGB). Dies ist absurd, aber unvermeidlich.

---

[1] *Frietsch* in: *Taschner/Frietsch* RdNr. 7, 8; *Staudinger/Oechsler* RdNr. 1.

§ 2 ProdHaftG 2, 3

2   Da der Produktbegriff durch das Gemeinschaftsrecht (Art. 2 RL) vorgegeben ist, hat eine **autonome Auslegung** zu erfolgen (iE Einl. RdNr. 9 ff.).[2] Es darf daher nicht unbesehen die sachenrechtliche Definition des deutschen Rechts zugrunde gelegt werden, sondern die Interpretation ist an der haftungsrechtlichen Zwecksetzung der Richtlinie zu orientieren.[3] Da diese allerdings für das Verständnis des Sachbegriffs nicht allzu viel hergibt, erweist sich der Rückgriff auf § 90 BGB doch weithin als unerlässlich, zumal die Vorschrift lediglich den common sense positiviert. Der gegen Letzteren verstoßende, bis zum 1. 12. 2000 geltende Haftungsausschluss für landwirtschaftliche Erzeugnisse ist nunmehr in Vollzug einer entsprechenden europarechtlichen Vorgabe abgeschafft worden.[4]

II. Das Produkt als bewegliche Sache

3   **1. Sacheigenschaft.** Sache iS des § 2 ist jeder **körperlicher Gegenstand**.[5] Insoweit kommt es allein auf die räumliche Abgrenzbarkeit, nicht jedoch auf die sinnliche Wahrnehmbarkeit bzw. den Aggregatzustand an.[6] Auch Sachgesamtheiten fallen darunter.[7] Da **elektrische Energie** nach deutschem Verständnis diesen Anforderungen nicht entspricht, ist sie ausdrücklich in den Anwendungsbereich des § 2 einbezogen worden,[8] während die europäischen Nachbarrechtsordnungen überwiegend keine Schwierigkeiten haben, die Sachqualität von Elektrizität zu bejahen.[9] Problematisch ist allerdings, unter welchen Umständen von dem **„Inverkehrbringen" „fehlerhafter" Elektrizität** die Rede sein kann. Zweifellos hat das Versorgungsunternehmen nach § 1 für Schäden aufzukommen, die durch übermäßige Frequenz- oder Spannungsschwankungen entstehen.[10] Eine darüber hinausgehende Verantwortlichkeit auch für Einbußen infolge eines Stromausfalls ist hingegen abzulehnen.[11] Fällt der Strom aus, dann wird nicht fehlerhafte Elektrizität in den Verkehr gebracht, sondern überhaupt keine; vertragsrechtlich gesprochen liegt eine Nichterfüllung, nicht hingegen eine Schlechterfüllung vor. Auf das ProdHaftG lässt sich die Haftung des Versorgungsunternehmens in diesen Fällen nicht stützen. Wenn schon Elektrizität in den Sachbegriff einbezogen ist, wird man Fernwärme kaum ausnehmen können, obwohl die im Wasserdampf steckende Energie keine bewegliche Sache ist.[12] Gas ist dagegen bereits nach allgemeinen Grundsätzen als körperlicher Gegenstand zu qualifizieren, jedenfalls soweit es sich in Tanks, Rohrleitungen oder anderen Behältnissen befindet.[13] Das Gleiche gilt für

---

[2] Produkthaftungshandbuch/v. *Westphalen* § 73 RdNr. 1; *Rolland* RdNr. 1.
[3] Ähnlich *Frietsch* in: *Taschner/Frietsch* RdNr. 9; Produkthaftungshandbuch/v. *Westphalen* § 73 RdNr. 1; *Soergel/Krause* RdNr. 2: „Emanzipation von sachenrechtlichen Grundsätzen".
[4] Gesetz vom 2. 11. 2000, BGBl. I S. 1478; vgl. Einl. RdNr. 5 f.; dazu *Staudinger* NJW 2001, 275; *Buchwaldt* ZLR 2001, 65 ff.
[5] *Staudinger/Oechsler* RdNr. 11; *Rolland* RdNr. 6; *Frietsch* in: *Taschner/Frietsch* RdNr. 6; *Frieling* in: *Pott/Frieling* RdNr. 3; *Bauer* PHI 1989, 98; *v. Westphalen* NJW 1990, 83, 87; krit. *Taeger* S. 157; *Lehmann* NJW 1992, 1721, 1724.
[6] *Frieling* in: *Pott/Frieling* RdNr. 3.
[7] Produkthaftungshandbuch/v. *Westphalen* § 73 RdNr. 5.
[8] *Frietsch* in: *Taschner/Frietsch* RdNr. 19; *Erman/Schiemann* RdNr. 2; *Cahn* NJW 1996, 2899, 2900; *Kullmann* in: *Kullmann/Pfister* Kza. 3603, S. 2; gegen den Ausnahmecharakter aber *Lehmann* NJW 1992, 1721, 1724.
[9] Vgl. die Nachweise bei *Staudinger/Dilcher* (1995) § 90 RdNr. 12; zur Fehlerhaftigkeit von Strom öOGH JBl. 1997, 739, 740.
[10] Produkthaftungshandbuch/v. *Westphalen* § 73 RdNr. 22; *Kullmann* in: *Kullmann/Pfister* Kza. 3603, S. 3; *Pott* in: *Pott/Frieling* § 3 RdNr. 83; *Staudinger/Oechsler* RdNr. 45; *Lorenz* ZHR 151 (1987), 1, 18.
[11] Ebenso *Schmidt-Salzer/Hollmann* Bd. 1 Art. 2 RdNr. 80; *Kullmann* in: *Kullmann/Pfister* Kza. 3603, S. 3; *Taschner* in: *Taschner/Frietsch* RL Art. 6 RdNr. 26; *Soergel/Krause* RdNr. 2; *Staudinger/Oechsler* RdNr. 45; *Brüggemeier* ZHR 152 (1988), 511, 533; *Deutsch* VersR 1992, 521, 525; aA Produkthaftungshandbuch/v. *Westphalen* § 73 RdNr. 22; *Lorenz* ZHR 151 (1987), 1, 18; *Honsell* JuS 1995, 211; ausf. *Klein* BB 1991, 917 ff.
[12] Begr. RegE, BT-Drucks. 11/2447 S. 16; *Brüggemeier/Reich* WM 1986, 149, 150; *Klein* BB 1991, 917, 918; *Staudinger/Oechsler* RdNr. 48; *Kullmann* in: *Kullmann/Pfister* Kza. 3603, S. 3; *Rolland* RdNr. 14; *Frieling* in: *Pott/Frieling* RdNr. 7; trotzdem diff. *Frietsch* in: *Taschner/Frietsch* RdNr. 19.
[13] *Kullmann* in: *Kullmann/Pfister* Kza. 3603, S. 3.

Wasser, das zum Ge- oder Verbrauch geliefert wird.[14] Damit ist die Haftung der Versorgungsunternehmen wegen § 14 der Privatautonomie faktisch entzogen, soweit es um Verletzungen der in § 1 Abs. 1 geschützten Rechtsgüter geht.[15]

4 Die Einordnung eines bestimmten Gegenstands als Produkt hängt nicht von der Art und Weise seiner Herstellung ab. Das ProdHaftG beschränkt sich genauso wenig wie die deliktische Produkthaftung auf die **industrielle Massenproduktion,** sondern gilt gleichermaßen für die Herstellung von Gütern durch **Handwerker, Kunstgewerbe** und **Landwirtschaft.**[16] Im handwerklichen Bereich ist allerdings sorgfältig zu prüfen, ob tatsächlich ein Produkt hergestellt wird oder ob es sich um die Reparatur oder Wartung einer Sache handelt, die regelmäßig als bloße Dienstleistung von der Haftung nach § 1 Abs. 1 ausgenommen ist.[17] Insoweit kommt es entscheidend darauf an, ob das Reparatur- und Wartungsunternehmen nach der Art der Dienstleistung die Verantwortung für die Sicherheit des Produkts insgesamt übernimmt oder ob es sich darauf beschränkt, durch Gebrauch und Verschleiß entstandene Mängel zu beseitigen.[18] Ebenfalls unter den Sachbegriff des § 2 fallen **Tiere,** und zwar sowohl Tiere aus landwirtschaftlicher Tierhaltung als auch gezüchtete Haustiere.[19] Dies folgt nicht aus § 90 a BGB, sondern ergibt sich ohne weiteres aus dem auf Körperlichkeit abstellenden Sachbegriff. Auf die Größe der Lebewesen kann es selbstverständlich nicht ankommen, so dass auch Mikroorganismen, wie Bakterien und Viren, als körperliche Gegenstände iS des § 2 anzusehen sind (zur Tierhalterhaftung § 833 BGB RdNr. 23 ff.).[20] Auch für gentechnisch veränderte oder bearbeitete Organismen gilt die Haftung nach dem ProdHaftG, wobei ggf. die Haftungsbestimmungen des GenTG zusätzlich zu beachten sind.[21]

5 Sachen iS des § 2, für deren Fehlerhaftigkeit der Hersteller und die ihm gemäß § 4 gleichgestellten Personen einstehen müssen, sind schließlich auch **gebrauchte Gegenstände.**[22] Für eine Beschränkung auf Neuware findet sich weder im Gesetzeswortlaut noch in Sinn und Zweck des ProdHaftG eine Stütze. Freilich fallen die berechtigten Sicherheitserwartungen bei gebrauchten Sachen regelmäßig bescheidener aus, so dass höhere Anforderungen an die Feststellung der Fehlerhaftigkeit (§ 3 Abs. 1) zu stellen sind.[23] Letzteres gilt allerdings nur, soweit der Verkehr erkennen kann, dass keine Neuware, sondern ein Gegenstand aus zweiter Hand angeboten wird. Im Übrigen überdauert die Haftung des Herstellers selbstverständlich die Veräußerung der Sache durch ihren Ersterwerber. Sie erfährt dadurch aber auch keine Erweiterung, sondern die Einstandspflicht besteht nach wie vor nur für Fehler, die bei (ursprünglicher) Inverkehrgabe des Produkts bereits vorhanden waren, wobei allerdings der Hersteller gemäß § 1 Abs. 2 Nr. 2 die Darlegungs- und Beweislast trägt.

6 **2. Bewegliche Sache.** Bei dem schadensstiftenden Gegenstand muss es sich um eine bewegliche Sache handeln. Der Beschränkung auf bewegliche Sachen kann allenfalls mit

---

[14] Vgl. Begr. BT-Drucks. 11/2447 S. 16.
[15] Eingehend *Klein* BB 1991, 917 ff.
[16] Vgl. Begr. RegE, BT-Drucks. 11/2447 S. 17; sowie die Diskussion BR-Drucks. 101/2/88 vom 27. 4. 1988; weiter BGHZ 116, 104, 111 = NJW 1992, 1039, 1040 f.; OLG Frankfurt NJW 1995, 2498; *Rolland* RdNr. 3 f.; *Kullmann* in: *Kullmann/Pfister* Kza. 3603, S. 6; *Staudinger/Oechsler* RdNr. 8; *Frieling* in: *Pott/Frieling* RdNr. 10 f.; Produkthaftungshandbuch/*v. Westphalen* § 73 RdNr. 15; *Palandt/Sprau* RdNr. 1; *Frietsch* in: *Taschner/Frietsch* RdNr. 11 ff.
[17] *Schmidt-Salzer/Hollmann* Bd. 1 Art. 2 RdNr. 28; Produkthaftungshandbuch/*v. Westphalen* § 73 RdNr. 9.
[18] Ähnlich Produkthaftungshandbuch/*v. Westphalen* § 73 RdNr. 9, der maßgeblich auf die Verkehrsanschauung abstellt.
[19] Produkthaftungshandbuch/*v. Westphalen* § 73 RdNr. 18; *Frietsch* in: *Taschner/Frietsch* RdNr. 29; *Staudinger/Oechsler* RdNr. 71; *Wildhaber* S. 172; aA *Schmidt-Salzer/Hollmann* Bd. 1 Art. 2 RdNr. 24.
[20] Wie hier Produkthaftungshandbuch/*v. Westphalen* § 73 RdNr. 18; *Deutsch* VersR 1992, 521, 525 f.; *Wildhaber* S. 173; aA *Staudinger/Oechsler* RdNr. 72; *Frietsch* in: *Taschner/Frietsch* RdNr. 31.
[21] *Wildhaber* S. 173; zum Verhältnis ProdHaftG/GenTG vgl. § 15 RdNr. 13 f.
[22] *Erman/Schiemann* RdNr. 2; *Landscheidt* RdNr. 32; *Rolland* RdNr. 26; *Kullmann* in: *Kullmann/Pfister* Kza. 3603, S. 3; *Staudinger/Oechsler* RdNr. 10; Produkthaftungshandbuch/*v. Westphalen* § 73 RdNr. 8; aA unter Hinweis auf die US-amerikanische Rspr. *Schmidt-Salzer/Hollmann* Bd. 1 Art. 2 RdNr. 27.
[23] Ebenso *Staudinger/Oechsler* RdNr. 10.

Blick auf **Grundstücke** haftungsrechtliche Rationalität zugebilligt werden, denn diese werden nicht hergestellt und sind nicht fungibel.[24] Nach dem Wortlaut von Gesetz und Richtlinie ebenso klar ist die Ausklammerung von Gebäuden: Der Bauträger als „Hersteller" eines Gebäudes haftet nicht nach § 1 Abs. 1, wenn er die Immobilie veräußert und damit „in den Verkehr bringt".[25] Diese Privilegierung verdankt sich wohl vor allem der Rücksichtnahme auf die heterogenen Regelungen der Mitgliedstaaten über die Haftung beim Immobilienkauf, die wegen der ursprünglich vertragsrechtlichen Verankerung der Produkthaftung im französischen Recht die Harmonisierung behinderte.[26]

7 **3. Teil einer anderen beweglichen oder unbeweglichen Sache (§ 2 Halbs. 2).** Die Produkteigenschaft einer Sache bleibt erhalten, auch wenn diese **durch Einbau, Vermischung oder sonstige Verbindung** mit einer anderen beweglichen oder unbeweglichen Sache deren (wesentlicher) Bestandteil wird. Der produkthaftungsrechtliche Sachbegriff korreliert also nicht mit der Sonderrechtsfähigkeit eines Gegenstands im sachenrechtlichen Sinn. Damit wird erreicht, dass die Haftung des Herstellers für die Folgen der Fehlerhaftigkeit seines (Teil-)Produkts nicht mit dessen Einbau in einen anderen Gegenstand oder mit seiner Verwendung für die Herstellung eines Endprodukts erlischt.[27] Neben die in dieser Weise perpetuierte Verantwortlichkeit des Teilherstellers tritt nach allgemeinen Regeln die Haftung desjenigen, der aus verschiedenen Teilprodukten eine neue Sache zusammenfügt; End- und Teilhersteller haften gemäß § 5 gesamtschuldnerisch. Zur umstrittenen Frage der Haftung des Teilherstellers für Beschädigungen des Endprodukts selbst gemäß § 1 Abs. 1 S. 2 vgl. § 1 RdNr. 9.

8 Im Gesetzgebungsverfahren wurde die Bedeutung der Vorschrift insbesondere für die **Haftung von Bauhandwerkern** betont.[28] Insoweit ist jedoch zu differenzieren: Die in ein Gebäude eingefügten Sachen – Steine, Beton, Klimaanlagen, Aufzüge – verlieren durch den Einbau zwar gemäß § 94 Abs. 2 BGB ihre sachenrechtliche Selbständigkeit, nicht aber ihre Produkteigenschaft iS des § 2.[29] Folgerichtig hat der **Hersteller von Baumaterial** und technischen Anlagen nach § 1 für Schäden einzustehen, die durch Fehler seiner Erzeugnisse verursacht werden.[30] Der Bauunternehmer, der aus fremden Produkten ein Gebäude errichtet, stellt jedoch keine bewegliche Sache, sondern eine Immobilie her, denn seine Tätigkeit beschränkt sich auf das Einfügen fremder Produkte in eine unbewegliche Sache als deren wesentliche Bestandteile, so dass die zusammengefügte Sache zu keinem Zeitpunkt als bewegliche Sache entsteht.[31] Folgerichtig unterliegt der Bauunternehmer nicht der Herstellerhaftung nach dem ProdHaftG, uU aber der Händlerhaftung nach Maßgabe des § 4 Abs. 3, soweit er selbst als Lieferant des Baumaterials anzusehen ist.[32] Nach denselben Grundsätzen richtet sich die Haftung bei sonstigen wesentlichen Grundstücksbestandteilen iS des § 94 Abs. 1 Alt. 1 BGB, wie etwa Versorgungsanlagen (Strommasten, Windkraftanlagen): Weder der Hersteller der Anlage noch der Veräußerer des Grundstücks samt Anlage hat für deren

---

[24] Vgl. Begr. RegE, BT-Drucks. 11/2447 S. 17; Produkthaftungshandbuch/*v. Westphalen* § 73 RdNr. 24, 25; *Frietsch* in: *Taschner/Frietsch* RdNr. 46, 47; *Kullmann* in: *Kullmann/Pfister* Kza. 3603, S. 2; *Frieling* in: *Pott/Frieling* RdNr. 4; *Staudinger/Oechsler* RdNr. 17.
[25] Vgl. auch *Tettenborn* in: Clerk & Lindsell on Torts, No. 11–50.
[26] *Schmidt-Salzer/Hollmann* Bd. 1 Art. 2 RdNr. 38.
[27] Vgl. *Taschner* in: *Taschner/Frietsch* Art. 2 RdNr. 2; *Staudinger/Oechsler* RdNr. 21; *Lorenz* ZHR 151 (1987), 1, 17.
[28] Bericht des Rechtsausschusses, BT-Drucks. 11/5520 S. 14.
[29] *Schmidt-Salzer/Hollmann* Bd. 1 Art. 2 RdNr. 51 ff.; *Frietsch* in: *Taschner/Frietsch* RdNr. 50; *Staudinger/Oechsler* RdNr. 24; vgl. ausf. *Pätzold* S. 88 ff.
[30] *Frietsch* in: *Taschner/Frietsch* RdNr. 49; *Rolland* RdNr. 8; *Staudinger/Oechsler* RdNr. 18; *Kullmann* in: *Kullmann/Pfister* Kza. 3603, S. 2; Produkthaftungshandbuch/*v. Westphalen* § 73 RdNr. 27. *Schmidt-Salzer/Hollmann* Bd. 1 Art. 2 RdNr. 33, 39.
[31] OLG Stuttgart VersR 2001, 465, 466; *Frietsch* in: *Taschner/Frietsch* RdNr. 50; *Kullmann* in: *Kullmann/Pfister* Kza. 3603, S. 2; *Frieling* in: *Pott/Frieling* RdNr. 33; *Derleder/Meyer* AcP 195 (1995), 137, 167; *Soergel*, FS Lorcher, 1990, S. 235, 238; einen weitergehenden Anwendungsbereich sieht *Staudinger/Oechsler* RdNr. 24, § 4 RdNr. 21.
[32] OLG Stuttgart VersR 2001, 465, 467.

Fehler einzustehen, wohl aber die Hersteller der Bauteile, aus denen sie hergestellt worden ist. Erzeugnisse des Grundstücks gemäß § 94 Abs. 1 S. 1 Alt. 2 BGB werden mit ihrer Trennung bewegliche Sachen und damit Produkte.[33]

Keine Rolle für die haftungsrechtliche Einordnung spielt die Vorschrift des § 95 Abs. 1 BGB, die sog. **Scheinbestandteile** sachenrechtlich als bewegliche Sachen qualifiziert.[34] Diese Fiktion lässt sich nicht in das sekundäre Europarecht hinein fortschreiben. Gebäude sind danach unabhängig von § 95 Abs. 1 BGB unbewegliche Sachen. **Zubehörstücke** des Grundstücks sind ebenso wie Schiffe und Flugzeuge haftungsrechtlich als bewegliche Sachen anzusehen und somit in den Anwendungsbereich des § 2 einbezogen.[35]

4. Ausnahmen. Ausgenommen von der Haftung nach dem ProdHaftG sind gemäß § 15 Abs. 1 **Arzneimittel,** die im Geltungsbereich des Arzneimittelgesetzes an den Verbraucher abgegeben wurden und der Pflicht zur Zulassung unterliegen oder durch Rechtsverordnung von der Zulassung befreit worden sind (näher § 15 RdNr. 5 ff.). Eine Haftung für **gentechnisch veränderte Organismen** ergibt sich aus § 32 Abs. 1 GenTG, die bei rechtmäßigem Inverkehrbringen allerdings gemäß § 37 Abs. 2 S. 1 GenTG gegenüber der Haftung nach dem ProdHaftG subsidiär ist (vgl. § 15 RdNr. 13 f.).[36]

Der Haftungsausschluss zugunsten **landwirtschaftlicher Naturprodukte und Jagderzeugnisse** ist mit dem „Gesetz zur Änderung produkthaftungsrechtlicher Vorschriften" zum 1. 12. 2000 entfallen (Einl. RdNr. 4 f.).[37] Diese Wertung darf nicht dadurch wieder rückgängig gemacht werden, dass der Herstellerbegriff mit Restriktionen aufgeladen wird, die im Ergebnis doch eine weitreichende Privilegierung von Jägern und Landwirten bewirken. Insbesondere ist die Auffassung abzulehnen, das bloße Ernten oder „Abschöpfen" von Naturprodukten, etwa durch Jagd, Fischerei, Sammeln von Beeren und Pilzen, Stechen von Torf, sei keine „Herstellung" iS des ProdHaftG.[38] Damit wird verkannt, dass die einzige Funktion der gesonderten Erwähnung des Grundstoffherstellers in § 4 Abs. 1 S. 1 in der Klarstellung besteht, dass auch die Gewinnung von Rohstoffen und Naturprodukten als „Herstellung" iS des Gesetzes zu qualifizieren ist (vgl. § 4 RdNr. 16). Auch in teleologischer Hinsicht ist die Haftung gerechtfertigt, denn Naturprodukte fallen nicht vom Himmel, sondern ihre Erzeugung ist mannigfachen menschlichen Einflüssen ausgesetzt, und ihre Inverkehrgabe setzt stets voraus, dass ein Mensch eine entsprechende Entscheidung getroffen hat. In beiden Fällen bedarf es der Steuerung dieses Verhaltens (auch) mit den Mitteln des Produkthaftungsrechts.[39] Folgerichtig sind Naturprodukte und Jagderzeugnisse unabhängig vom Grad ihrer Verarbeitung in die Haftung nach dem ProdHaftG einbezogen. Zum Inkrafttreten der Änderung und zum intertemporalen Recht vgl. Einl. RdNr. 5.

III. Einzelprobleme

1. Verkörperte intellektuelle Leistungen. Trotz rechtspolitischer Kritik[40] sind **Dienstleistungen** und **intellektuelle Leistungen** aller Art mangels Verkörperung von der Haftung nach dem ProdHaftG ausgenommen.[41] Die Begrenzung von Richtlinie und Gesetz auf spezifische Sachgefahren führt naturgemäß zu Abgrenzungsschwierigkeiten, wenn intellek-

---

[33] *Frietsch* in: *Taschner/Frietsch* RdNr. 48; *Staudinger/Oechsler* RdNr. 19; Produkthaftungshandbuch/*v. Westphalen* § 73 RdNr. 26.
[34] *Rolland* RdNr. 9; *Frietsch* in: *Taschner/Frietsch* RdNr. 47; *Staudinger/Oechsler* RdNr. 18; Produkthaftungshandbuch/*v. Westphalen* § 73 RdNr. 25.
[35] *Rolland* RdNr. 11, 12; *Schmidt-Salzer/Hollmann* Bd. 1 Art. 2 RdNr. 49, 50; Produkthaftungshandbuch/*v. Westphalen* § 73 RdNr. 29; teilw. abw. *Staudinger/Oechsler* RdNr. 20.
[36] Ausf. *Staudinger/Oechsler* RdNr. 50 ff.; *Godt* NJW 2001, 1167, 1171 ff.
[37] Zu den Folgen *Stockmeier* VersR 2001, 271 ff.; *Buchwaldt* ZLR 2001, 65 ff.
[38] So aber *Hayungs* AgrarR 2000, 154, 155 f.; gegen ihn mit Recht *Stockmeier* VersR 2001, 271, 275.
[39] Treffend *Diederichsen* NJW 1978, 1281, 1287: über das Torffeld wehen Insektizide und Herbizide, anschließend wird der Torf gestochen und in den Verkehr gebracht.
[40] Vgl. etwa *Gilcher* S. 122 ff.; *Staudinger/Oechsler* RdNr. 42.
[41] Produkthaftungshandbuch/*v. Westphalen* § 73 RdNr. 10; *Frietsch* in: *Taschner/Frietsch* RdNr. 8; *Kullmann* in: *Kullmann/Pfister* Kza. 3603, S. 1; *Cahn* NJW 1996, 2899.

tuelle Leistungen auf Datenträgern fixiert und insofern verkörpert sind, wie dies bei Büchern, Plänen, Karten, Zeichnungen, CDs, DVDs, Disketten, Computerfestplatten, Ton- und Magnetbändern und sonstigen Speichermedien der Fall ist. Dies allein ist kein hinreichender Grund dafür, Richtlinie und ProdHaftG gleichsam auf die Risiken der „alten Ökonomie" – berstende Dampfmaschinen, giftige Chemikalien, defekte Kraftfahrzeuge – zu beschränken und das dominante Wirtschaftsgut der modernen Ökonomie – die verkörperte Information – gänzlich auszuklammern.[42] Bei der Abgrenzung im Einzelnen bleibt stets zu beachten, dass nach dem ProdHaftG nur für die Folgen von Rechtsgutsverletzungen, nicht jedoch für die Verletzung reiner Vermögens- und immaterieller Persönlichkeitsinteressen einzustehen ist (§ 1 RdNr. 2 f.).

13 In einem ersten Schritt sind solche Rechtsgutsverletzungen abzuschichten, die auf der **fehlerhaften körperlichen Beschaffenheit des Datenträgers** beruhen. Insoweit steht die Ersatzpflicht nach § 1 Abs. 1 außer Frage.[43] Indessen handelt es sich auch dann um eine Schädigung durch ein Produkt, wenn nicht der Datenträger als solcher, sondern die **darin verkörperten Informationen** zu Schäden führen. Die Haftung für Schäden, die nicht durch die Verkörperung, sondern durch den Inhalt des Werks verursacht worden sind, muss deshalb nicht eigens begründet werden, sondern umgekehrt ist zu überlegen, ob § 1 in diesen Fällen teleologisch reduziert werden muss.[44] Maßgeblich dafür ist die legislatorische Wertung, dass Richtlinie und Gesetz allein die Haftung für fehlerhafte Produkte regeln, nicht aber die Haftung für fehlerhafte Dienstleistungen (RdNr. 15 f.).

14 Die Verantwortung für verkörperte fehlerhafte Informationen trifft gemäß § 4 Abs. 1 zunächst den **Hersteller der Verkörperung,** bei **Büchern also den Verlag.** Der Haftungsausschluss nach § 1 Abs. 3 S. 1 greift nicht ein, denn diese Vorschrift privilegiert allein Teilhersteller, während der Verlag gerade als Endhersteller anzusehen ist, der nach dem ProdHaftG Verantwortung für das von ihm in Verkehr gebrachte Gesamtprodukt, einschließlich aller Einzelteile, trägt.[45] Eine allgemeine Freistellung der Presse von der verschuldensunabhängigen Haftung fordert auch nicht Art. 5 Abs. 1 GG,[46] denn die Pressefreiheit schließt es keineswegs aus, die Verbreitung unrichtiger Informationen mit einer Haftung für die dadurch entstehenden Schäden an Körper, Gesundheit und Eigentum Dritter zu belegen. Schließlich kommt kumulativ auch eine Haftung des Autors der fehlerhaften Information in Betracht. Zwar bringt der Autor das Buch (Endprodukt) nicht in den Verkehr, doch steuert er eine wichtige Zutat bei, nämlich das Manuskript. Gleich ob Letzteres als Teilprodukt oder als Grundstoff angesehen wird, sollte doch außer Zweifel stehen, dass das Manuskript vom Autor „in den Verkehr gebracht" wird, sobald er es dem Verlag übergibt.[47] Insoweit verhält es sich nicht anders als bei Zulieferern der industriellen Sphäre.[48]

---

[42] Exemplarisch zum Kaufrecht etwa BGHZ 102, 135, 139 ff. = NJW 1988, 406, 407 = JZ 1988, 460 m. Anm. *Junker:* Sachmängelgewährleistung für Standardsoftware.
[43] Produkthaftungshandbuch/*v. Westphalen* § 73 RdNr. 14; *Kullmann* in: *Kullmann/Pfister* Kza. 3603, S. 7; *Staudinger/Oechsler* RdNr. 74; *Foerste* NJW 1991, 1433, 1438; implizit auch *Frieling* in: *Pott/Frieling* RdNr. 51; *Erman/Schiemann* RdNr. 2; *Cahn* NJW 1996, 2899, 2903.
[44] Überzeugend *Cahn* NJW 1996, 2899, 2901 ff.; im Ergebnis genauso *Schlechtriem* VersR 1986, 1033, 1034; Produkthaftungshandbuch/*v. Westphalen* § 73 RdNr. 14; *Rolland* RdNr. 16; *Frietsch* in: *Taschner/Frietsch* RdNr. 20; *Erman/Schiemann* RdNr. 2; *Meyer* ZUM 1997, 26, 28; *Meyer* ZIP 1991, 1433, 1438 f.; *Soergel/Krause* RdNr. 4; aA *Staudinger/Oechsler* RdNr. 73 ff.; *Kullmann* in: *Kullmann/Pfister* Kza. 3603, S. 6 ff., Kza. 3605, S. 2; *ders.,* Aktuelle Rechtsfragen der Produkthaftpflicht, S. 147; *Bräutigam* S. 175 f.; *Taschner* in: *Taschner/Frietsch* RL Art. 6 RdNr. 27; *Foerste* NJW 1991, 1433, 1438 f.; *Honsell* JuS 1995, 211, 212.
[45] Vgl. § 1 RdNr. 67; wie hier *Erman/Schiemann* RdNr. 2; *Rolland* RdNr. 20; Produkthaftungshandbuch/*v. Westphalen* § 73 RdNr. 14; *Pott* in: *Pott/Frieling* § 4 RdNr. 16; *Staudinger/Oechsler* RdNr. 81; *Cahn* NJW 1996, 2899, 2904; aA *Schmidt-Salzer/Hollmann* Bd. 1 Art. 7 RdNr. 215; *Landscheidt* RdNr. 52.
[46] So aber *Berger-Delhey* BB 1990, 1501, 1502; *Ricker/Müller-Malm* AfP 1989, 505, 509; *E. Lang* S. 77; *Wesch* S. 66 f.; wie hier krit. *Staudinger/Oechsler* RdNr. 75; *Höckelmann* S. 122 ff.; *Foerste* NJW 1991, 1432, 1434 f.
[47] *Cahn* NJW 1996, 2899, 2904; *Erman/Schiemann* RdNr. 2; Produkthaftungshandbuch/*v. Westphalen* § 73 RdNr. 14; aA *Staudinger/Oechsler* RdNr. 80.
[48] So auch *Staudinger/Oechsler* RdNr. 80; *Meyer* ZIP 1991, 1393, 1402.

2. Computerprogramme. Software stellt einen Sonderfall verkörperter Informationen 15 dar.[49] Nach den oben dargestellten Grundsätzen handelt es sich dabei um ein Produkt iS des § 2, wenn sie **auf einem Datenträger gespeichert** ist und bei wertender Betrachtung der Waren- und nicht der Dienstleistungscharakter dominiert.[50] Insofern liegt es nicht wesentlich anders als im Vertragsrecht, in dessen Rahmen **Standardsoftware** als Sache qualifiziert wird, so dass bei Lieferung fehlerhafter Computerprogramme die Vorschriften über die Sachmängelgewährleistung zur Anwendung kommen, und dies gerade auch dann, wenn der Fehler nicht dem Datenträger, sondern der verkörperten Information anhaftet.[51] Die wechselseitige Beeinflussung und Verknüpfung von Hardware und Software bei modernen Datenverarbeitungen ließe es willkürlich erscheinen, allein den erstgenannten Bereich in die Haftung nach dem ProdHaftG einzubeziehen. Entgegen einer in der Literatur verbreiteten Meinung und in Übereinstimmung mit der Rechtsprechung zum Vertragsrecht gelten diese Überlegungen jedoch nicht für individuell hergestellte Programme,[52] weil bei Individualsoftware nicht der Waren-, sondern der Dienstleistungscharakter überwiegt.[53]

Die Produkteigenschaft von Software ist nach richtiger Ansicht auch dann nicht ausgeschlossen, wenn die Daten ohne Erwerb eines Datenträgers unmittelbar von einem anderen Datenträger **online** (zB über das Internet) **übertragen** werden.[54] Entscheidend ist hier, dass die Informationen bei dem Provider elektronisch gespeichert sind und dem Erwerber ein inhaltlich identisches Exemplar der Software zur dauerhaften Nutzung zur Verfügung gestellt wird.[55] Damit ist dem Erfordernis der Verkörperung der Information genüge getan. Umgekehrt unterliegt derjenige Provider, der dem Empfänger lediglich den vorübergehenden Gebrauch von auf seinem Server enthaltenen Daten ermöglicht, ohne diese zu überspielen, nicht der Haftung nach dem ProdHaftG, da in diesem Fall kein verkörpertes Produkt, sondern lediglich eine Dienstleistung in den Verkehr gebracht wird.[56]

---

[49] Zum Problem der Produkthaftung für mangelnde „Jahr-2000-Festigkeit" vgl. *Spindler* NJW 1999, 3737 ff.; *Bartl* NJW 1999, 2144 ff.; *Hohmann* NJW 1999, 521 ff.; *Abel* CR 1999, 680 ff.

[50] Ebenso die Stellungnahme der Kommission der Europäischen Gemeinschaften vom 8. 5. 1989 ABl. EG Nr. C 114 S. 42; *Cahn* NJW 1996, 2899, 2904; *Spindler* NJW 1999, 3737, 3742; *ders.* MMR 1998, 119, 120; *Hohmann* NJW 1999, 521, 524; *Beckmann/Müller* MMR 1999, 14, 15; Produkthaftungshandbuch/*v. Westphalen* § 73 RdNr. 36 ff.; *Staudinger/Oechsler* RdNr. 64; *Koutses-Lutterbach* RDV 1989, 5, 7 ff.; *Rolland* RdNr. 17; *Frietsch* in: *Taschner/Frietsch* RdNr. 22 f.; *Erman/Schiemann* RdNr. 2; *Taeger* CR 1996, 257, 261 ff.; *Lehmann* NJW 1992, 1721, 1724; *Marly* BB 1991, 432, 433 ff.; *Kardasiadou* S. 115; *Palandt/Sprau* RdNr. 1; aA BFH CR 1987, 576, der Software als immaterielles Wirtschaftsgut ansieht; *Taschner* in: *Taschner/Frietsch* RL Art. 6 RdNr. 28; *v. Westphalen* NJW 1990, 83, 87; *Honsell* JuS 1995, 211, 212; *Kort* DB 1994, 1505, 1506; *Müller-Hengstenberg* NJW 1994, 3128, 3131; vgl. auch die Ausführungen der engl. Ministeriums für Handel und Industrie von November 1985 zum englischen Consumer Protection Act 1987, abgedruckt in PHI 1988, 82, 84 f., wonach die Abgrenzung letztlich der Rspr. überlassen bleiben soll. Aus der englischen Lit. *Tettenborn* in: Clerk & Lindsell on Torts, No. 11–50.

[51] BGHZ 102, 135, 144 = NJW 1988, 406, 408 = JZ 1988, 460 m. Anm. *Junker*; BGHZ 109, 97, 100 = NJW 1990, 320, 321; BGH NJW 1993, 2436, 2437; OLG Stuttgart NJW 1989, 2635 f. m. zust. Anm. *König* NJW 1989, 2604; *ders.* NJW 1990, 1584; gegen die Übertragung dieses Kriteriums *Kullmann* in: *Kullmann/Pfister* Kza. 3603, S. 8 f.

[52] *Cahn* NJW 1996, 2899, 2902; *Lehmann* NJW 1992, 1721, 1724; *Marly* BB 1991, 432, 433; *König* DB 1989, Beilage 13, 26, 29 Fn. 20; *Taeger* S. 167 f.; *ders.* CR 1996, 257, 262 f.; *Gmilkowsky* S. 87 f.; *Kullmann* in: *Kullmann/Pfister* Kza. 3603, S. 8; *Frieling* in: *Pott/Frieling* RdNr. 44, 46; Produkthaftungshandbuch/*v. Westphalen* § 73 RdNr. 39; *Staudinger/Oechsler* RdNr. 69.

[53] *Kort* DB 1994, 1505, 1507; *Engel* CR 1986, 702, 706; *Junke* S. 68.

[54] Produkthaftungshandbuch/*v. Westphalen* § 73 RdNr. 40, der auf die Parallele zur Elektrizität verweist; *Taeger* S. 160 ff.; *ders.* CR 1996, 257, 261 f.; *Gmilkowsky* S. 89 f.; *Cahn* NJW 1996, 2899, 2904; *König* NJW 1989, 2604, 2605; *Marly* BB 1991, 432, 435; *Reese* DStR 1994, 1121, 1124; *Spindler* MMR 1998, 119, 121; *Kardasiadou* S. 116; für die Anwendung der Vorschriften über den Sachkauf in derartigen Fällen BGHZ 109, 97, 100 f. = NJW 1990, 320, 321; aA *Staudinger/Oechsler* RdNr. 69 a; *Kullmann* in: *Kullmann/Pfister* Kza. 3603, S. 9; *Frietsch* in: *Taschner/Frietsch* RdNr. 22; *Meyer* Instruktionshaftung S. 86; *Beckmann/Müller* MMR 1999, 14, 17 f.

[55] Vgl. *Cahn* NJW 1996, 2899, 2904; *Spindler* MMR 1998, 119, 121; abl. *Beckmann/Müller* MMR 1999, 14, 18.

[56] *Spindler* MMR 1998, 119, 121.

§ 2 ProdHaftG 17–19

17 **3. Menschliche Organe, Blut, Implantate, künstliche Gliedmaßen.** Menschliche Organe und Blut sind **nach ihrer Trennung vom Körper** bewegliche Sachen und damit Produkte iS des § 2.[57] Die Produktverantwortlichkeit nach § 1 Abs. 1 trifft hier die Betreiber von Blut- bzw. Organbanken, die diese Gegenstände verarbeiten bzw. aufbereiten und damit Hersteller iS des § 4 Abs. 1 sind.[58] Soweit es sich um Arzneimittel handelt, ist § 15 Abs. 1 zu beachten. Der Organ- oder Blutspender haftet nicht nach dem ProdHaftG, da er schwerlich als Hersteller angesehen werden kann und zudem idR nicht gewerbsmäßig handelt, so dass er sich nach § 1 Abs. 2 Nr. 3 entlasten kann.[59] **Implantate, künstliche Gliedmaßen** und Körperteile sind Produkte iS des § 2 und bleiben es auch nach ihrer Integration in den menschlichen Körper.[60] Die zu § 90 BGB hM, nach der die Sacheigenschaft bei fester Verbindung mit dem Körper verloren geht (vgl. § 90 RdNr. 31), lässt sich nicht auf § 2 übertragen.[61]

18 **4. Abfälle.** Industrieabfälle, die bei der Güterproduktion notwendigerweise als Koppelprodukte entstehen, sind bewegliche Sachen iS des § 2.[62] Gleichwohl wird sich eine **Abfallhaftung auf der Grundlage des ProdHaftG regelmäßig nicht** begründen lassen.[63] Dies allerdings nicht deshalb, weil es an einer „Herstellung" iS des Gesetzes fehlte,[64] denn dem Herstellungsbegriff kommt hier wie sonst keinerlei haftungsbegrenzende Funktion zu. Der entscheidende Punkt ist vielmehr, dass es am Inverkehrbringen fehlt, wenn Koppelprodukte nicht der weiteren Verwertung, sondern der Entsorgung zugeführt werden, so dass sich der Hersteller gemäß § 1 Abs. 2 Nr. 1 entlasten kann.[65] Diese Rechtsfolge entspricht im Übrigen auch teleologischen und genetischen Erwägungen: Aus der Entstehungsgeschichte der Richtlinie ergibt sich eindeutig, dass die zivilrechtliche Haftung für durch Abfälle hervorgerufene Schäden einem späteren Rechtssetzungsakt vorbehalten bleiben sollte.[66] Die deliktsrechtliche Verantwortlichkeit für Abfälle bleibt davon selbstverständlich unberührt (§ 823 BGB RdNr. 693 ff.).

19 Anders liegt es, wenn Abfälle von ihrem Verursacher nicht zur Entsorgung, sondern zur **Wiederverwertung (Recycling)** oder zur Verwertung in anderen Produktionsprozessen abgegeben werden.[67] Hier sind Industrieabfälle zu kommerziellen Zwecken in den Verkehr

---

[57] EuGH Slg. 2001, I-3569 RdNr. 11 ff. = NJW 2001, 2781, 2783 – Veedfald; genauso Begr. RegE, BT-Drucks. 11/2447 S. 16; Produkthaftungshandbuch/*v. Westphalen* § 73 RdNr. 16; *Staudinger/Oechsler* RdNr. 34; *Deutsch* JZ 1989, 465, 468; *Frietsch* in: *Taschner/Frietsch* RdNr. 4 f.; OLG Hamburg NJW 1990, 2322 betr. Blutkonserven; *Honsell* JuS 1995, 211, 212.

[58] EuGH Slg. 2001, I-3569 RdNr. 11 ff. = NJW 2001, 2781, 2783 – Veedfald; genauso Begr. RegE, BT-Drucks. 11/2447 S. 16; Produkthaftungshandbuch/*v. Westphalen* § 73 RdNr. 16; *Staudinger/Oechsler* RdNr. 37; *Deutsch* JZ 1989, 465, 468; *Schmidt-Räntsch* ZRP 1987, 437, 439; *Landscheidt* RdNr. 29.

[59] *Frietsch* in: *Taschner/Frietsch* RdNr. 27; *Taschner* in: *Taschner/Frietsch* RL Art. 2 RdNr. 4 f.; Produkthaftungshandbuch/*v. Westphalen* § 73 RdNr. 16; *Staudinger/Oechsler* RdNr. 38; zur teilweise strengeren deliktsrechtlichen Haftung vgl. Produkthaftungshandbuch/*Foerste* § 25 RdNr. 29.

[60] *Frietsch* in: *Taschner/Frietsch* RdNr. 28; *Staudinger/Oechsler* RdNr. 39; krit. Produkthaftungshandbuch/*v. Westphalen* § 73 RdNr. 17.

[61] Übereinstimmend *Visser* PHI 2008, 32, 35.

[62] *Gesmann-Nuissl/Wenzel* NJW 2004, 117, 118 f.

[63] Begr. RegE, BT-Drucks. 11/2447 S. 16 f.; *Erman/Schiemann* RdNr. 2; *Staudinger/Oechsler* RdNr. 27, 28; *Brüggemeier-Reich* WM 1986, 149, 155; *Mayer* VersR 1990, 691, 695; *Rolland* RdNr. 34 ff.; *Schmidt-Salzer/Hollmann* Bd. 1 Art. 2 RdNr. 31; *Frietsch* in: *Taschner/Frietsch* RdNr. 26; Produkthaftungshandbuch/*v. Westphalen* § 73 RdNr. 13; *Gmilkowsky* S. 92 ff.

[64] Begr. RegE, BT-Drucks. 11/2447 S. 17; ähnlich *Rolland* RdNr. 34; *Schmidt-Salzer/Hollmann* Bd. 1 Art. 2 RdNr. 31.

[65] *Schlechtriem* VersR 1986, 1033, 1037 f.; genauso *Staudinger/Oechsler* RdNr. 28; *Soergel/Krause* RdNr. 5.

[66] Vgl. *Frietsch* in: *Taschner/Frietsch* RdNr. 25; sowie den Vorschlag für eine Richtlinie des Rates über die zivilrechtliche Haftung für die durch Abfälle verursachten Schäden vom 1. 9. 1989, ABl. EG Nr. C 251 S. 3.

[67] Produkthaftungshandbuch/*v. Westphalen* § 73 RdNr. 13; *Staudinger/Oechsler* RdNr. 29; *Frietsch* in: *Taschner/Frietsch* RdNr. 26; *Frieling* in: *Pott/Frieling* RdNr. 15; *Schlechtriem* VersR 1986, 1033, 1037 f.; aA *Schmidt-Salzer/Hollmann* Bd. 1 Art. 2 RdNr. 31, der Abfälle generell vom Anwendungsbereich des ProdHaftG ausnimmt.

gebrachte Grundstoffe für Recycling- und Folgeprodukte, für die ihr Hersteller nach §§ 1 Abs. 1, 4 Abs. 1 verantwortlich ist. Daneben haftet nach allgemeinen Grundsätzen auch das Recycling-Unternehmen. Hat ein früher in den Verkehr gebrachtes Produkt das **Ende seiner Lebensdauer** erreicht und wird nun von seinem Eigentümer der Entsorgung anheim gegeben, verliert es durch einen entsprechenden Dereliktionsvorgang[68] nicht seine Eigenschaft als bewegliche Sache, so dass die nach §§ 1, 4 Verantwortlichen weiterhin für seine Fehlerhaftigkeit einstehen müssen.[69]

Zweifelhaft sind die Anforderungen, die unter dem Gesichtspunkt der Entsorgung an die Fehlerfreiheit des Produkts zu stellen sind. Ein Produkt kann durchaus den Sicherheitsanforderungen bei seinem Gebrauch genügen und somit fehlerfrei sein, jedoch im Entsorgungsstadium schwerwiegende Schadensrisiken bergen. Die Behauptung, „fehlerhaften Abfall" könne es a priori gar nicht geben,[70] ist an dieser Stelle genauso irreführend wie das petitum nach einer **„Ökologisierung des Fehlerbegriffs"** zum Zwecke der Restitution von Umweltschäden.[71] Tatsächlich bedarf es einer Besinnung auf die normativen Grundlagen der Produkthaftung. Deren Schutzbereich ist zwar auf die Rechtsgüter Körper, Gesundheit und Sacheigentum beschränkt, diese werden jedoch umfassend vor fehlerbedingten Beeinträchtigungen geschützt, und zwar unabhängig davon, ob der Erwerber oder Nutzer der Sache oder ein unbeteiligter Dritter – etwa der Mitarbeiter eines Entsorgungsunternehmens – verletzt wird. Auch die Fehlerdefinition des § 3 Abs. 1 erzwingt keine Ausklammerung von Entsorgungsrisiken, denn zum voraussehbaren Gebrauch des Produkts zählt auch seine Entsorgung. Damit ist selbstverständlich nicht gesagt, dass Hersteller von harmlosen Konsumgütern oder auch Produzenten von Gefahrstoffen für sämtliche Schäden in der Entsorgungsphase aufzukommen hätten. Vielmehr bleibt die Haftung abhängig von der Fehlerhaftigkeit des Produkts im Zeitpunkt seines Inverkehrbringens, die nur zu bejahen ist, wenn die Sache Schadensrisiken birgt, mit denen Drittbetroffene nicht rechnen, auf die sie sich folglich nicht einstellen können und die durch kosteneffiziente Sorgfaltsmaßnahmen nicht vermieden werden können.[72] Dies wäre etwa der Fall, wenn Konsumprodukte des täglichen Bedarfs im Fall ihrer Verbrennung große Mengen hoch-toxischer Stoffe freisetzen würden, nicht aber, wenn der Schaden auf unsachgemäßer Entsorgung des Produkts oder auf unvermeidbaren Stoffrisiken beruht.

§ 3 Fehler

(1) Ein Produkt hat einen Fehler, wenn es nicht die Sicherheit bietet, die unter Berücksichtigung aller Umstände, insbesondere

a) seiner Darbietung,
b) des Gebrauchs, mit dem billigerweise gerechnet werden kann,
c) des Zeitpunkts, in dem es in den Verkehr gebracht wurde,

berechtigterweise erwartet werden kann.

(2) Ein Produkt hat nicht allein deshalb einen Fehler, weil später ein verbessertes Produkt in den Verkehr gebracht wurde.

---

[68] In der Bereitstellung zur Müllabfuhr liegt eine Dereliktion; vgl. *Staudinger/Gursky* (2004) § 959 RdNr. 3; aA 4. Aufl. § 959 RdNr. 6.
[69] *Frietsch* in: *Taschner/Frietsch* RdNr. 26; Produkthaftungshandbuch/*v. Westphalen* § 73 RdNr. 13; *Rolland* RdNr. 32 f.; *Kullmann* in: *Kullmann/Pfister* Kza. 3603, S. 4 f.; *Frieling* in: *Pott/Frieling* RdNr. 14; *G. Hager* JZ 1990, 397, 409; *Junke* PHI 1991, 138, 142; vgl. auch *Koch* PHI 1992, 20, 21 ff.; aA *Taschner* in: *Taschner/Frietsch* RL Art. 2 RdNr. 6 f.
[70] *Taschner* in: *Taschner/Frietsch* RL Art. 2 RdNr. 6.
[71] Dafür *v. Wilmowsky* NuR 1991, 253, 266 f.; abl. *Staudinger/Oechsler* RdNr. 30.
[72] *G. Hager* JZ 1990, 397, 402 f.; *Frietsch* in: *Taschner/Frietsch* RdNr. 26 aE; abwegig daher das Beispiel bei *Taschner* in: *Taschner/Frietsch* RL Art. 2 RdNr. 7: Kind klemmt sich beim Spielen in Autowrack durch eine zufallende Tür die Finger. Das hat mit Haftung für fehlerhafte Produkte nichts zu tun; wie hier *Rolland* RdNr. 33.

Übersicht

	RdNr.		RdNr.
I. Grundlagen und Abgrenzung	1–3	c) Offensichtliche Produktrisiken	15–17
1. Fehlerhaftigkeit des Produkts als Zurechnungsgrund	1	d) Zurechnung	18
2. Abgrenzung zum Fehlerbegriff des Vertragsrechts	2	3. Billigerweise zu erwartender Gebrauch (Abs. 1 lit. b)	19–21
3. Abgrenzung vom deliktsrechtlichen Fehlerbegriff	3	4. Weitere Determinanten berechtigter Sicherheitserwartungen	22–24
II. Der Maßstab der berechtigten Sicherheitserwartungen	4–10	a) Normative und vertragliche Sicherheitsstandards	22, 23
1. Definition	4	b) Preis des Produkts	24
2. Referenzinstanz	5–9	**IV. Der relevante Beurteilungszeitpunkt (Abs. 1 lit. c, Abs. 2)**	25–28
3. Regionale Differenzierungen	10	**V. Fehlertypen**	29–37
III. Die Umstände im Einzelnen	11–24	1. Einheitsfehlerbegriff oder Fehlerkategorien?	29
1. Gesetzliche und außergesetzliche Faktoren	11	2. Fabrikationsfehler	30
2. Darbietung (Abs. 1 lit. a)	12–18	3. Konstruktionsfehler	31, 32
a) Äußere Gestaltung der Sache	13	4. Instruktionsfehler	33–35
b) Produktbeschreibung und Werbung	14	5. „Produktbeobachtungsfehler"	36
		6. Haftung für Wirkungslosigkeit	37

I. Grundlagen und Abgrenzung

1 **1. Fehlerhaftigkeit des Produkts als Zurechnungsgrund.** Das Gesetz knüpft die Verantwortlichkeit eines Herstellers und der ihm gemäß § 4 gleichgestellten Personen an die Fehlerhaftigkeit des schadensverursachenden Produkts. Dabei entspricht die Fehlerdefinition des § 3 wörtlich derjenigen des Art. 6 RL. Diese **zusätzliche Haftungsvoraussetzung** war erforderlich, um eine rechtspolitisch unangemessene reine Kausalhaftung für das bloße Inverkehrbringen von Produkten zu verhindern.[1] Eine Einstandspflicht auch für schädliche Folgen fehlerfreier Produkte würde im Ergebnis eine flächendeckende und zwangsweise Versicherung sämtlicher Personen, die mit dem Produkt in Berührung kommen, auf Kosten des Herstellers bewirken.[2] Um die Anreize der Produktnutzer zum sorgfältigen Umgang mit dem erworbenen Gegenstand nicht völlig zu desavouieren, käme eine solche Haftungsregel nicht ohne einen scharf eingestellten Mitverschuldenseinwand aus, über den in jedem Rechtsstreit unter Inkaufnahme hoher Abwicklungskosten zu entscheiden wäre. Im Übrigen ist eine Zwangsversicherung sämtlicher Produktnutzer nicht kostenlos zu haben, sondern würde zu einer entsprechenden Erhöhung des Preisniveaus führen.

2 **2. Abgrenzung zum Fehlerbegriff des Vertragsrechts.** Der dem § 3 zugrundeliegende Fehlerbegriff ist vom gewährleistungsrechtlichen Fehlerbegriff insbesondere des § 434 BGB zu unterscheiden.[3] Die Unterschiede zwischen vertragsrechtlichem Sachmangel und produkthaftungsrechtlichem Fehler lassen sich zu zwei Gesichtspunkten verdichten: Zum einen fixieren **im Vertragsrecht primär die Parteien die Soll-Beschaffenheit** der verkauften Sache, so dass sich auch die Sicherheitserwartungen zunächst nach der vertraglichen Abrede richten. Die Erwartungen des Publikums und die Werbeaussagen des Herstellers kommen erst ins Spiel, wenn es an einer vertraglichen Beschaffenheitsabrede fehlt (§ 434 Abs. 1 S. 2 Nr. 2 BGB). Die Haftung nach dem ProdHaftG hingegen setzt das Bestehen einer vertraglichen Vereinbarung zwischen Schädiger und Opfer nicht voraus, sondern

---

[1] Vgl. Produkthaftungshandbuch/*v. Westphalen* § 74 RdNr. 1.
[2] Eingehend *Wagner* in: Zimmermann (Hrsg.), Grundstrukturen des Europäischen Deliktsrechts, S. 189, 303 ff.; mit Blick auf Arzneimittel auch *ders.* VersR 2001, 1334, 1340.
[3] Produkthaftungshandbuch/*v. Westphalen* § 74 RdNr. 2; *Erman/Schiemann* RdNr. 3; *Palandt/Sprau* RdNr. 1; *Staudinger/Oechsler* RdNr. 11; *Brüggemeier/Reich* WM 1986, 149, 150; *Hollmann* DB 1985, 2389, 2392; *Taschner* NJW 1986, 611, 613; *Schlechtriem* VersR 1986, 1033, 1035.

schützt Vertragspartner und Dritte (innocent bystanders) gleichermaßen. Folgerichtig sind die Sicherheitserwartungen, die der Verkehr berechtigterweise an einen bestimmten Gegenstand richtet, nach einem **objektiven Maßstab** zu bestimmen, während Vereinbarungen der Parteien des Kaufvertrags, über den das Produkt in den Verkehr gelangt ist, keine Rolle spielen.[4] Darüber hinaus ist der Fehlerbegriff gegenüber demjenigen des Sachmangels inhaltlich beschränkt, weil er sich auf die **sicherheitsrelevanten Eigenschaften** des Produkts konzentriert, während es auf die Gebrauchstauglichkeit der Sache gerade nicht ankommt – schlechte Ware ist nicht notwendig auch gefährlich.[5] Unter den sicherheitsrelevanten Eigenschaften des Produkts kommt es wiederum allein auf diejenigen an, die Gefahren für die in § 1 Abs. 1 aufgezählten Rechtsgüter Körper, Gesundheit und Sacheigentum heraufbeschwören, während die Gefährdung reiner Vermögensinteressen irrelevant bleibt. Allerdings ist der Schutzbereich des ProdHaftG nicht auf „aggressive" Produkte beschränkt, sondern bezieht wirkungslose mit ein, sofern durch die Wirkungslosigkeit eines der enumerierten Rechtsgüter verletzt wird (eingehend RdNr. 37).

3. Abgrenzung vom deliktsrechtlichen Fehlerbegriff. Die Frage nach dem Verhältnis des § 3 zu dem im Rahmen der deliktsrechtlichen Produkthaftung entwickelten Fehlerbegriff berührt das Grundverständnis der sondergesetzlichen Produkthaftung als Gefährdungs- oder Verschuldenshaftung (eingehend Einl. RdNr. 13 ff.). Nach der Vorstellung der Gesetzesverfasser **entsprechen die beiden Fehlerbegriffe einander,**[6] was im Text des § 3 auch gebührenden Ausdruck erfahren hat, wenn dort auf die berechtigten Sicherheitserwartungen Dritter im Zeitpunkt des Inverkehrbringens des Produkts abgestellt wird. Eben darauf kommt es auch für die deliktische Produkthaftung an (vgl. § 823 BGB RdNr. 621 ff.). Allerdings besteht insofern ein dogmatischer Unterschied, als im Rahmen des § 823 Abs. 1 BGB die Fehlerhaftigkeit des Produkts kein Tatbestandsmerkmal ist, sondern lediglich eine Hilfskonstruktion, um die Beweislast zwischen Herstellerunternehmen und Geschädigtem angemessen zu verteilen (§ 823 BGB RdNr. 617, 658). Die Einstandspflicht des Herstellers hängt nicht von der Fehlerhaftigkeit des Produkts ab, sondern von der Verletzung einer herstellerspezifischen Verkehrspflicht, von deren Nachweis der Geschädigte lediglich partiell freigestellt wird, wenn er das Vorliegen eines aus dem Bereich des Herstellers stammenden Produktfehlers nachgewiesen hat.[7] In diesem Sinn „verschlüsselt" der deliktsrechtliche Fehlerbegriff lediglich die dem Hersteller obliegenden deliktischen Sorgfaltspflichten.[8] Sicherheitsdefizite, die eine Verkehrspflichtverletzung iS des § 823 Abs. 1 BGB implizieren, enttäuschen folglich zugleich auch berechtigte Sicherheitserwartungen iS des § 3,[9] und der Fehlerbegriff des ProdHaftG lässt sich zu Sorgfaltspflichten des Herstellers „entschlüsseln". In diesem Sinn ist auch die sondergesetzliche Produkthaftung eine Einstandspflicht für objektiv pflichtwidriges Verhalten (Einl. RdNr. 16).

II. Der Maßstab der berechtigten Sicherheitserwartungen

1. Definition. Nach dem Gesetz weist ein Produkt einen Fehler auf, wenn es nicht die Sicherheit bietet, die unter Berücksichtigung aller Umstände berechtigterweise erwartet werden kann. Damit ersetzt das Gesetz den Fehlerbegriff durch einen anderen unbestimmten

---

[4] Begr. RegE, BT-Drucks. 11/2447 S. 18; *Kullmann* in: *Kullmann/Pfister* Kza. 3604, S. 3; *Erman/Schiemann* RdNr. 2; *Staudinger/Oechsler* RdNr. 11; Produkthaftungshandbuch/*v. Westphalen* § 74 RdNr. 2.
[5] Begr. RegE, BT-Drucks. 11/2447 S. 17; *Soergel/Krause* RdNr. 1.
[6] Begr. RegE, BT-Drucks. 11/2447 S. 17 f.
[7] BGHZ 51, 91, 104 ff. = NJW 1969, 269, 273 f.; BGHZ 104, 323, 333 ff. = NJW 1988, 2611, 2613 f.; Produkthaftungshandbuch/*Foerste* § 30 RdNr. 46 ff.; *Erman/Schiemann* § 823 BGB RdNr. 121; vgl. § 823 BGB RdNr. 608.
[8] Treffend *Schlechtriem*, FS Rittner, 1991, S. 545, 546; *Brüggemeier* ZHR 152 (1998), 511, 517; *Staudinger/Oechsler* RdNr. 12; vgl. auch *Diederichsen* NJW 1978, 1281, 1284.
[9] Vgl. Amtl. Begr., BT-Drucks. 11/2447 S. 17; Produkthaftungshandbuch/*v. Westphalen* § 74 RdNr. 3; *Kullmann* in: *Kullmann/Pfister* Kza. 3604, S. 3; *Staudinger/Oechsler* RdNr. 13; *Schlechtriem* VersR 1986, 1033, 1035; *Kötz*, FS W. Lorenz, 1991, S. 109, 112; *Taeger* S. 181; *Junke* S. 79; *Mayer* VersR 1990, 691, 695.

Rechtsbegriff, nämlich denjenigen der „berechtigten Sicherheitserwartungen".[10] Da es nicht auf die empirisch vorfindlichen, sondern auf die „berechtigten" Sicherheitserwartungen ankommt, bedarf es einer **wertenden Beurteilung** unter Berücksichtigung der in § 3 Abs. 1 lit. a bis c genannten Kriterien und weiterer relevanter Umstände.[11]

5 **2. Referenzinstanz.** Der Wortlaut des Gesetzes lässt offen, **welcher Personenkreis die maßgebliche Referenzinstanz** für die Bestimmung des Sicherheitsniveaus darstellt. In der Literatur werden unterschiedliche Formulierungen gebraucht, wenn teils auf den durchschnittlichen **Verbraucher**, also den Erwerber bzw. den Benutzer des Produkts abgestellt,[12] teils auf die **Allgemeinheit** Bezug genommen wird.[13] Diese Divergenzen sollten nicht zu einem Streit stilisiert werden,[14] denn in der Sache besteht weitgehend Einigkeit. Zum einen liegt auf der Hand und wird nirgends bestritten, dass die subjektiven Sicherheitserwartungen des konkret Geschädigten bei der Bestimmung des Fehlerbegriffs irrelevant sind.[15] Auf der anderen Seite ist genauso klar und deutlich festzustellen, dass „die Allgemeinheit" als Subjekt von Sicherheitserwartungen ohnehin nicht existiert.[16] Sicherheitserwartungen können nur Individuen haben, und da verschiedene Menschen verschiedene Erwartungen hegen, lässt sich der Frage nach dem maßgeblichen Personenkreis nicht ausweichen. Folgerichtig kann es nicht ernsthaft in Betracht kommen, die an ein Produkt zu stellenden Sicherheitserwartungen ganz unabhängig von dem Personenkreis zu definieren, an den sich der Hersteller mit seinem Produkt wendet. Allerdings ist zu berücksichtigen, dass der Schutzbereich der sondergesetzlichen Haftung nicht auf die Erwerber oder Nutzer von Produkten beschränkt ist, sondern unbeteiligte Dritte (innocent bystanders) einschließt.[17] Deshalb sind nicht nur die Sicherheitserwartungen des Adressatenkreises des vermarkteten Produkts zu berücksichtigen, sondern darüber hinaus ist das Schutzniveau zu bestimmen, welches Dritte berechtigterweise erwarten können, sofern sie mit der Sache in Berührung kommen.

6 Die Konkretisierung dieser Prämissen folgt den im Rahmen der **deliktischen Produkthaftung etablierten Grundsätzen** (eingehend § 823 BGB RdNr. 621). Diese beruhen auf der Einsicht, dass sich ein angemessenes Sicherheitsniveau nur gewährleisten lässt, wenn Schädiger und Geschädigter, Hersteller und Konsument im Interesse der Schadensvermeidung zusammenwirken. Dabei kann jede Partei grundsätzlich davon ausgehen, auch die Gegenseite werde sich sorgfältig verhalten. Folgerichtig kann sich der Hersteller bei der Wahl des Sicherheitsstandards an den Erwartungen eines durchschnittlich verständigen Konsumenten oder Drittbetroffenen orientieren[18] und braucht kostspielige Sicherheitsmaßnahmen nicht zu ergreifen, wenn sich der Schaden durch sorgfältiges Verhalten des Produktnutzers einfacher und billiger hätte vermeiden lassen. Im Übrigen kann absolute Sicherheit im Rahmen des ProdHaftG genauso wenig wie nach § 823 Abs. 1 BGB verlangt werden (§ 823

---

[10] Produkthaftungshandbuch/*v. Westphalen* § 74 RdNr. 11; *Kullmann* § 3 RdNr. 4; eingehend öOGH JBl. 1993, 524, 525.
[11] öOGH JBl. 1993, 524, 525; *Schmidt-Salzer/Hollmann* Bd. 1 Art. 6 RdNr. 46; Produkthaftungshandbuch/*v. Westphalen* RdNr. 11.
[12] So öOGH JBl. 1993, 524, 525; *Brüggemeier/Reich* WM 1986, 149, 150; *Erman/Schiemann* RdNr. 2; *Hager* PHI 1991, 2, 4; *Schmidt-Salzer* VersR 1986, 1033, 1035; *Wieckhorst* JuS 1990, 86, 89; *Kullmann*, Aktuelle Rechtsfragen der Produkthaftpflicht, S. 149; *ders.* in: *Kullmann/Pfister* Kza. 3604, S. 3; *ders.* NJW 1991, 675, 677; *Schmidt-Salzer/Hollmann* Bd. 1 Art. 6 RdNr. 116 ff.; im Ergebnis auch Produkthaftungshandbuch/*v. Westphalen* § 74 RdNr. 14; krit. etwa *Möllers* S. 259 ff., 270 f.
[13] Grdlg. *Taschner* NJW 1986, 611, 614; *ders.* in: *Taschner/Frietsch* RL Art. 6 RdNr. 4; genauso Begr. RegE, BT-Drucks. 11/2447 S. 18; ebenso *Palandt/Sprau* RdNr. 3; *Schlechtriem* VersR 1986, 1033, 1035; *Hollmann* DB 1985, 2389, 2392; *Rolland* RdNr. 13; grds. auch *Staudinger/Oechsler* RdNr. 15; Produkthaftungshandbuch/*v. Westphalen* § 74 RdNr. 13.
[14] So aber *Staudinger/Oechsler* RdNr. 15 ff.
[15] Darauf insistiert *Taschner* in: *Taschner/Frietsch* RL Art. 6 RdNr. 4.
[16] So aber *Staudinger/Oechsler* RdNr. 16.
[17] Produkthaftungshandbuch/*v. Westphalen* § 74 RdNr. 13; *Staudinger/Oechsler* RdNr. 20.
[18] *Brüggemeier/Reich* WM 1986, 149, 150; *Schmidt-Salzer/Hollmann* Bd. 1 Art. 6 RdNr. 117 f.; Produkthaftungshandbuch/*v. Westphalen* § 74 RdNr. 14; *Staudinger/Oechsler* RdNr. 24.

BGB RdNr. 617).¹⁹ Der Hersteller schuldet nur solche Sicherheitsmaßnahmen, deren Nutzen in Gestalt verminderter Schäden in einem angemessenen Verhältnis zu ihren Kosten steht.

Aus der Orientierung des Sicherheitsstandards am Durchschnittsnutzer folgt ohne weiteres, dass der Fehlerbegriff auf den **Adressatenkreis des Produkts** Rücksicht nehmen muss. Wendet sich der Hersteller mit seiner Ware ausschließlich an Fachpersonal, wie es beispielsweise bei Investitionsgütern, aber auch bei sonstigen technischen Geräten der Fall sein kann, hat das Produkt den Sicherheitserwartungen dieser Fachkreise zu genügen.²⁰ Produktrisiken, die geschultem Personal bekannt sind und deren Realisierung durch eigenes sorgfältiges Verhalten vermieden werden kann, begründen keinen Fehler. Dies gilt auch dann, wenn Maschinen oder anderes technisches Gerät im Unternehmen des Erwerbers entgegen den berechtigten Erwartungen des Herstellers nicht der Bedienung durch Fachpersonal vorbehalten, sondern nicht kompetenten Arbeitnehmern überlassen wird (vgl. § 823 BGB RdNr. 641).²¹ Anders liegt es, wenn der Hersteller bei der Lieferung erkennt, dass das Personal vor Ort ahnungslos ist.²² Umgekehrt muss der Hersteller hochwertiger Sportgeräte und Fahrräder damit rechnen, dass sie auch von Leistungssportlern benutzt werden, und seine Produkte entsprechend stabil auslegen.²³

Ist die Ware für den Endverbraucher bestimmt, muss sie erhöhten Sicherheitsanforderungen genügen, die auf Wissen und Gefahrsteuerungspotential des **durchschnittlichen Konsumenten** Rücksicht nehmen.²⁴ Sind **Kinder** der Adressatenkreis des Produkts, muss der Hersteller das verminderte Gefahrerkenntnis- und -steuerungspotential dieser Personengruppe bei der Produktgestaltung berücksichtigen.²⁵ Holzspielzeug für Kleinkinder darf also auch dann keine Gesundheitsschäden verursachen, wenn es über längere Zeit intensiv gelutscht wird. Entsprechende Grundsätze gelten aber nicht nur für Kinder, sondern auch zugunsten anderer Personen mit reduziertem Gefahrsteuerungspotential, wie etwa Senioren oder Behinderten. Wird das Produkt auf unterschiedlichen Vertriebskanälen mehreren Adressatenkreisen dargeboten, hat sich der Hersteller an der am wenigsten informierten und zur Gefahrsteuerung kompetenten Gruppe zu orientieren, also den jeweils höchsten Sicherheitsstandard zu gewährleisten (vgl. § 823 BGB RdNr. 621).²⁶ So liegt es etwa, wenn Betonmischmaschinen über den Fachhandel an Handwerksbetriebe und über Baumärkte an Heimwerker vertrieben werden. Auch die umgekehrte Konstellation ist vorstellbar, in der das Produkt den maßgeblichen Sicherheitsanforderungen zwar nicht standhält, der im konkreten Einzelfall Geschädigte jedoch auf Grund eines individuellen Wissensvorsprungs über die Sicherheitsdefizite und Gefahren des Produkts unterrichtet war. Unter diesen Umständen liegt zwar ein fehlerhaftes Produkt vor, jedoch ist eine Kürzung bzw. ein Ausschluss des Schadensersatzanspruchs unter dem Aspekt des Mitverschuldens gemäß § 6 Abs. 1 geboten.²⁷

Die in der Literatur akzentuierte Fallgruppe der **Gefährdung von unbeteiligten Dritten**²⁸ spielt in der Praxis kaum eine Rolle und bereitet im Übrigen auch der deliktischen Produkthaftung keinerlei Schwierigkeiten. Mit dem Schutz des Produktnutzers wird nämlich in aller Regel zugleich auch der Schutz unbeteiligter Dritter gewährleistet, wie das

---

[19] Vgl. *Erman/Schiemann* RdNr. 2; *Palandt/Sprau* RdNr. 3; für medizinische Expertensysteme auch *Kardasiadou* S. 174.
[20] öOGH JBl. 1993, 524, 525; *Schmidt-Salzer* VersR 1988, 349, 350 f.; *Schmidt-Salzer/Hollmann* Bd. 1 Art. 6 RdNr. 121; Produkthaftungshandbuch/*v. Westphalen* § 74 RdNr. 13 f., 45; *Rolland* RdNr. 15; *Staudinger/Oechsler* RdNr. 20.
[21] *Schmidt-Salzer/Hollmann* Bd. 1 Art. 6 RdNr. 127.
[22] öOGH JBl. 2001, 177, 178.
[23] öOGH ecolex 1998, 834, 835.
[24] *Schmidt-Salzer/Hollmann* Bd. 1 Art. 6 RdNr. 122.
[25] Vgl. Richtlinie 88/378/EWG vom 3. 5. 1988, ABl. EG Nr. L 187 S. 1; sowie *Taschner* NJW 1986, 611, 614; *Staudinger/Oechsler* RdNr. 28 ff.
[26] Produkthaftungshandbuch/*v. Westphalen* § 74 RdNr. 46.
[27] So *Schmidt-Salzer/Hollmann* Bd. 1 Art. 6 RdNr. 126.
[28] Vgl. *Staudinger/Oechsler* RdNr. 17.

Beispiel der konstruktiv fehlerhaften Bremse eines Automobils illustriert.[29] Auch in den seltenen Fällen, in denen das Produkt besondere Gefahren für Dritte heraufbeschwört, ohne gleichzeitig den Produktnutzer zu bedrohen, bedarf es keiner Relativierung des Fehlerbegriffs in dem Sinne, dass das Produkt dem Nutzer gegenüber als fehlerfrei, dem Dritten gegenüber aber als fehlerhaft zu qualifizieren wäre.[30] Vielmehr liegt insgesamt ein fehlerhaftes Produkt vor, und das erhöhte Gefahrsteuerungspotential des Produktnutzers ist ggf. im Rahmen von § 6 Abs. 1 als Mitverschulden anzurechnen. Kommt ein Dritter dadurch zu Schaden, dass der Produktnutzer die vom Hersteller gegebenen Instruktionen missachtet, etwa das Produkt für einen Zweck missbraucht, für den es nicht geeignet ist, lässt sich dafür nicht der Hersteller verantwortlich machen. Dessen Haftung ergibt sich auch nicht aus § 6 Abs. 2, denn diese Norm lässt die Haftung nur dann unberührt, wenn der Schaden nicht allein auf der Handlung eines Dritten, sondern eben auch auf einem Fehler des Produkts beruht.[31] Nur wenn ein Instruktionsfehler vorliegt, steht nach § 6 Abs. 2 selbst überwiegendes Mitverschulden des Benutzers dem Anspruch eines geschädigten Dritten gegen den Hersteller auf Ersatz des vollen Schadens nicht entgegen, sofern er sich nicht nach §§ 6 Abs. 1 ProdHaftG, 254 BGB das Fehlverhalten des Verwenders zurechnen lassen muss.[32]

10 **3. Regionale Differenzierungen.** Soweit die Erwartungen des Publikums an die Produktsicherheit je nach Kontinent differieren, kommt es auf den in Europa vorausgesetzten Standard an.[33] Zweifelhaft ist, ob dies auch im europäischen Maßstab gilt, also die Sicherheitsanforderungen in **den einzelnen Mitgliedstaaten der EU unterschiedlich** ausfallen können (vgl. auch Einl. RdNr. 3). Lässt sich beispielsweise sagen, ein in Schottland vertriebener Traktor sei fehlerhaft, wenn er über keinen Überrollschutz verfügt, obwohl dasselbe Fahrzeug in den flachen Niederlanden als fehlerfrei zu gelten hätte?[34] Während ein Großteil der Literatur Differenzierungen des Fehlerbegriffs von Mitgliedstaat zu Mitgliedstaat für möglich und zulässig hält,[35] wird dies vereinzelt als Verstoß gegen Art. 28 EG-Vertrag (Maßnahmen gleicher Wirkung) gewertet und folgerichtig für einen unitarischen Fehlerbegriff im gesamten Binnenmarkt plädiert.[36] Tatsächlich kann es sicher nicht in Betracht kommen, an die Grenzen zwischen den Nationalstaaten anzuknüpfen, die Fehlerhaftigkeit des eben erwähnten Traktors also in den Niederlanden anders zu beurteilen als im ebenso flachen Norddeutschland. Der Hinweis auf die Möglichkeit von Nation zu Nation divergierender Sicherheitserwartungen[37] überschätzt die Zugänglichkeit solcher Erwartungen für ein Gericht und ignoriert die normative Grundierung des produkthaftungsrechtlichen Fehlerbegriffs. Auf der anderen Seite müssen regionale – nicht nationale! – Unterschiede in Bezug auf Einsatzzweck und -modalitäten des Produkts selbstverständlich bei der Prüfung der Fehlerhaftigkeit in Rechnung gestellt werden,[38] und in diesem Sinne geht es völlig in Ordnung, wenn Traktoren, die in bergigen Regionen Europas vermarktet werden, anderen Anforderungen hinsichtlich des Überrollschutzes genügen müssen als diejenigen, die auf dem flachen Land Verwendung finden. In manchen, allerdings seltenen Fällen mögen sich sogar in bestimmten Fachkreisen einzelner Regionen, also etwa bei schottischen Landwirten, konkrete Maßnahmen der Eigenvorsorge etabliert haben, die die Absenkung des sonst gebotenen Sicherheitsstandards rechtfertigen. Die Relevanz derartiger Faktoren ergibt

---

[29] Beispiel von *Staudinger/Oechsler* RdNr. 17.
[30] So aber *Kullmann* in: *Kullmann/Pfister* Kza. 3604, S. 8 f.; ähnlich *Wieckhorst* S. 92 ff.
[31] *Staudinger/Oechsler* RdNr. 38 f.
[32] Vgl. *Cahn* ZIP 1990, 482, 486.
[33] OLG München VersR 2004, 866: anders als in USA begründet Fehlen der Verriegelungsautomatik bei Kfz. keinen Fehler.
[34] Beispiel von *Taschner* in: *Taschner/Frietsch* RL Art. 6 RdNr. 4.
[35] *Rolland* RdNr. 16; *Schmidt-Salzer/Hollmann* Bd. 1 Art. 6 RdNr. 94 ff.; Produkthaftungshandbuch/ *v. Westphalen* § 74 RdNr. 19; *Taschner* in: *Taschner/Frietsch* RL Art. 6 RdNr. 4; *Pott* in: *Pott/Frieling* RdNr. 18; *Christen* S. 74.
[36] *Staudinger/Oechsler* RdNr. 99, 100; ähnlich auch *Reich*, Europäisches Verbraucherrecht, Nr. 186.
[37] *Taschner* in: *Taschner/Frietsch* RL Art. 6 RdNr. 4.
[38] Übereinstimmend *Schlechtriem* VersR 1986, 1033, 1035 f.

sich ganz unproblematisch aus dem konkreten Situationsbezug des Fehlerbegriffs und den daran geknüpften Sorgfaltspflichten des Herstellers, wie sie in § 3 Abs. 1 lit. b zum Ausdruck kommen.

III. Die Umstände im Einzelnen

1. Gesetzliche und außergesetzliche Faktoren. § 3 Abs. 1 zählt drei Gesichtspunkte 11 auf, die für die Beurteilung der Fehlerhaftigkeit des Produkts relevant sind, die aber eine ganz unterschiedliche Bedeutung haben. Während die Kriterien der Darbietung (lit. a) und des vorhersehbaren Gebrauchs (lit. b) die Reziprozität der Sorgfaltsmaßnahmen von Hersteller und Geschädigtem in Übereinstimmung mit dem ohnehin anerkannten Vertrauensgrundsatz anerkennen (eingehend § 823 BGB RdNr. 261 ff., 621), bringt lit. c eine Regelung über den **Zeitpunkt,** für den die Beurteilung der Fehlerhaftigkeit vorzunehmen ist. Letztere wird noch durch § 3 Abs. 2 ergänzt, der klarstellt, ein Produkt sei nicht allein deshalb fehlerhaft, weil später ein besseres Produkt in den Verkehr gebracht wurde. Als echte Determinanten der Fehlerhaftigkeit bleiben folglich nur die beiden in lit. a und b genannten Gesichtspunkte, die die Problematik ganz offensichtlich nicht ausschöpfen und vom Gesetzgeber auch nicht abschließend gemeint sind („insbesondere").[39]

2. Darbietung (Abs. 1 lit. a). Unter Darbietung versteht der Gesetzgeber alle Tätig- 12 keiten, durch die das Produkt der Allgemeinheit oder dem konkreten Benutzer vorgestellt wird.[40] Der Begriff umfasst damit neben der **äußeren Gestaltung des Produkts** auch alle Formen der **Produktbeschreibung und -werbung,** sowie jede vom Hersteller ausgegebene Instruktion für die Benutzung der Sache.[41] Obwohl Instruktionsfehler definitionsgemäß die Darbietung des Produkts betreffen, erscheint es dennoch als verfehlt, die Instruktionshaftung unter dem ProdHaftG ausschließlich auf § 3 Abs. 1 lit. a zu stützen.[42] Allein mit Abs. 1 lit. a lässt sich die Instruktionshaftung weder begründen noch ihr Maß und Ziel konkretisieren.

a) Äußere Gestaltung der Sache. Konkrete Sicherheitserwartungen werden beim Ver- 13 wender zu allererst durch die äußere Gestaltung des Produkts selbst geweckt.[43] Seine Aufmachung **suggeriert ein Sicherheitsniveau,** auf das der Benutzer oder Dritte den eigenen Sorgfaltsaufwand einstellen wird (§ 823 BGB RdNr. 261 ff., 621 ff.). Beispielsweise wird der Nutzer eines Rasenmähers, der Schutzvorkehrungen gegen das unbeabsichtigte Hineingelangen von Gliedmaßen aufweist, weniger Vorsicht walten lassen als der Nutzer eines einfacheren Modells, an dem solche Vorkehrungen fehlen. Werden die dadurch geweckten Erwartungen enttäuscht, hat der Hersteller dafür einzustehen.[44] Auch kann die Gestaltung zu einer bestimmten **Art der Benutzung** verleiten, für die das Produkt aber nach seiner Konstruktion gar nicht geeignet ist, so dass es wirkungslos bleibt oder mehr Schaden als Nutzen stiftet.

b) Produktbeschreibung und Werbung. Auch die Beschreibung des Produkts in Pros- 14 pekten oder Beipackzetteln kann den Produktnutzer dazu verleiten, den eigenen Sorgfaltsaufwand zu stark abzusenken oder den Gegenstand für Zwecke einzusetzen, für die er nicht geeignet ist. Die **Irreführung des Verbrauchers** kann entweder darin bestehen, dass dem Produkt sicherheitsrelevante Eigenschaften zugeschrieben werden, die es gar nicht hat, oder

---

[39] Begr. RegE, BT-Drucks. 11/2447 S. 18; *Staudinger/Oechsler* RdNr. 41.
[40] Begr. RegE, BT-Drucks. 11/2447 S. 18.
[41] *Schlechtriem* VersR 1986, 1033, 1036; Produkthaftungshandbuch/*v. Westphalen* § 74 RdNr. 37; *Taschner* NJW 1986, 611, 614; *Rolland* RdNr. 21; *Kullmann* in: *Kullmann/Pfister* Kza. 3604, S. 10 f.; *Palandt/Sprau* RdNr. 5; *Staudinger/Oechsler* RdNr. 42; *Soergel/Krause* RdNr. 5.
[42] So aber *Staudinger/Oechsler* RdNr. 46.
[43] Produkthaftungshandbuch/*v. Westphalen* § 74 RdNr. 37; *Schmidt-Salzer/Hollmann* Bd. 1 Art. 6 RdNr. 207; *Staudinger/Oechsler* RdNr. 42.
[44] *Frietsch* in: *Taschner/Frietsch* RdNr. 32; *Staudinger/Oechsler* RdNr. 42; Produkthaftungshandbuch/ *v. Westphalen* § 74 RdNr. 39; *Buchner* DB 1988, 32, 34; *Koch* ZHR 152 (1988), 537, 552; *J. Meyer* S. 146 f.; *Palandt/Sprau* RdNr. 5 f.; *Feger* S. 178 ff.

– in der Praxis wohl häufiger – tatsächlich bestehende Schadensrisiken verschwiegen oder verharmlost werden, um die Vermarktung nicht zu erschweren.[45] Die Relevanz von Produktbeschreibungen für die Fehlerbeurteilung ist unabhängig davon, ob sie an eine unbestimmte Zahl möglicher Erwerber gerichtet sind oder eine **individuelle Präsentation** des Produkts gegenüber einzelnen Erwerbern, etwa im Rahmen von Beratungs- oder Verkaufsgesprächen, Fortbildungsveranstaltungen oder Seminaren stattgefunden hat.[46] Die in dieser Weise geweckten Erwartungen bleiben auch dann maßgeblich, wenn sie in dem Beipackzettel wieder eingeschränkt oder zurückgenommen werden.[47] Von besonderer Bedeutung für die Formierung der berechtigten Sicherheitserwartungen der Verbraucher sind unter modernen Bedingungen Werbemaßnahmen in Massenmedien (vgl. § 434 Abs. 1 S. 3 BGB).[48] Dabei darf allerdings kein Verbraucher zum Maßstab genommen werden, der naiv jede billige Anpreisung für bare Münze nimmt. Vielmehr kommt es darauf an, ob die einzelne Werbeaussage hinreichend konkret und substantiiert war, um legitime Erwartungen an die Produktsicherheit zu generieren.[49]

15 **c) Offensichtliche Produktrisiken.** Auch für die sondergesetzliche Produkthaftung gilt der Grundsatz, dass unvermeidbare bzw. offenbare Gefahren **nicht die Fehlerhaftigkeit** des betreffenden Produkts begründen (vgl. § 823 BGB RdNr. 640, 643 f.).[50] Folgerichtig ist ein Küchenmesser nicht allein deshalb als fehlerhaft anzusehen, weil es besonders scharf ist.[51] Wäre dies anders, würde die Produkthaftung de facto nicht von der Fehlerhaftigkeit des Produkts abhängen, sondern stattdessen würden sämtliche Schäden des Produktnutzers beim Hersteller zwangsversichert (eingehend RdNr. 1). Entscheidend sind auch an dieser Stelle die allgemein maßgeblichen Kriterien des Fehlerbegriffs, also die Erkennbarkeit von Produktrisiken für den Verbraucher sowie die damit korrespondierenden Selbstschutzmöglichkeiten einerseits und die Kosten/Nutzen-Relation möglicher Sicherheitsvorkehrungen des Herstellers andererseits (vgl. RdNr. 6; eingehend § 823 BGB RdNr. 259 ff., 620). Produkte, deren Gefährlichkeit offen zutage liegt und bei denen kosteneffektive Sicherheitsmaßnahmen nicht zur Verfügung stehen, sind folgerichtig weder konstruktiv fehlerhaft noch ist der Hersteller gehalten, eine Warnung auszusprechen (§ 823 BGB RdNr. 640).[52] Bei Computerprogrammen (Software) wird von interessierter Seite für eine restriktive Beurteilung ihrer Fehlerhaftigkeit plädiert, weil sie ihrer Natur nach nicht fehlerfrei hergestellt werden könnten.[53] Tatsächlich kann jedenfalls bei Standardprogrammen keine Rede davon sein, ein hohes Maß an Sicherheit und Verlässlichkeit sei technisch unerreichbar,[54] denn anders lassen sich die erheblichen Qualitätsunterschiede zwischen den Softwareprodukten verschiedener Hersteller gar nicht erklären. Darüber hinaus wird man selbst von spezifisch hergestellter bzw. für einen speziellen Kunden modifizierter Software ein hinreichendes

---

[45] Vgl. LG Flensburg VersR 1998, 66, 67, sowie AG Husum VersR 1996, 1337 m. abl. Anm. *W. Kramer*.
[46] Begr. RegE, BT-Drucks. 11/2447 S. 18; *Schmidt-Salzer/Hollmann* Bd. 1 Art. 6 RdNr. 225, 228, 232; Produkthaftungshandbuch/*v. Westphalen* § 62 RdNr. 46; zweifelnd *Taschner* in: *Taschner/Frietsch* RL Art. 6 RdNr. 14.
[47] OLG Zweibrücken VersR 2003, 255, 256.
[48] Produkthaftungshandbuch/*v. Westphalen* § 74 RdNr. 41; *Palandt/Sprau* RdNr. 5; *Staudinger/Oechsler* RdNr. 44 f.; *Schlechtriem* VersR 1986, 1033, 1036; *Hollmann* DB 1985, 2389, 2394; *Schmidt-Salzer/Hollmann* Bd. 1 Art. 6 RdNr. 208 ff.; *Rolland* RdNr. 22; *Pott* in: *Pott/Frieling* RdNr. 33 f.; *Kullmann* in: *Kullmann/Pfister* Kza. 3604, S. 10; *J. Meyer* S. 145 f.; *v. Westphalen* ZIP 1992, 18, 20.
[49] Produkthaftungshandbuch/*v. Westphalen* § 74 RdNr. 41 f.; *Staudinger/Oechsler* RdNr. 45; *Frietsch* in: *Taschner/Frietsch* RdNr. 34.
[50] Begr. RegE, BT-Drucks. 11/2447 S. 18.
[51] *Tettenborn* in: Clerk & Lindsell on Torts, No. 11–60: „Knives must cut and guns shoot; by their nature whisky will intoxicate and cigarettes kill, and coffee occasionally scald: yet they cannot be defective for that reason alone."
[52] OLG Karlsruhe NJW-RR 2001, 1174; ähnlich OLG Hamm vom 19. 1. 2000 – 3 U 10/99, zitiert bei *Kullmann/Pfister* Kza. 8125/10; *Kullmann* § 3 RdNr. 16; *Staudinger/Oechsler* RdNr. 90; *Frietsch* in: *Taschner/ Frietsch* RdNr. 53 f.; *Buchwaldt* ZLR 2001, 65, 67; zu weitgehend öOGH ecolex 1997, 749.
[53] *Bauer* PHI 1989, 38; zur Produktqualität von Software vgl. § 2 RdNr. 15.
[54] *Taeger* CR 1996, 257, 265 f.; *Pott* in: *Pott/Frieling* RdNr. 176; *Frietsch* in: *Taschner/Frietsch* RdNr. 60; *Staudinger/Oechsler* RdNr. 92; aA *Bauer* PHI 1989, 38.

Niveau an Basissicherheit erwarten dürfen. Gleiche Grundsätze gelten für solche Produkte, die auf Grund ihrer „warentypischen Eigenschaften" zu bestimmten Fehlern neigen.[55]

Auf dieser dogmatischen Grundlage sind die Fälle zu beurteilen, in denen Verbraucher infolge des **Konsums von Genussmitteln** einen Gesundheitsschaden erlitten haben. Paradigmatisch dafür sind die Klagen gegen die Hersteller von **Tabakwaren,** die in den USA bekanntlich spektakulären Erfolg hatten.[56] In der Begründung zum ProdHaftG ist hingegen zu lesen, dass Tabakwaren und Alkoholika wegen ihrer offenbaren und unvermeidbaren Risiken nicht fehlerhaft seien.[57] Dementsprechend haben deutsche Instanzgerichte die Haftung von Zigarettenherstellern mangels Fehlerhaftigkeit abgelehnt,[58] wie dies auch der dominanten Auffassung im Schrifttum entspricht.[59] Rechtslage und Diskussion sind mit denjenigen zu § 823 Abs. 1 BGB identisch; vgl. § 823 RdNr. 643 ff..

Dieselben Grundsätze gelten für Schäden infolge des Konsums von **Nahrungsmitteln**.[60] Soweit sie ihrer Natur nach ungesund sind (zB Alkoholgehalt, hoher Zucker- oder Cholesteringehalt) stellt dies keinen Fehler dar (vgl. § 823 RdNr. 644). Weil die mit Alkohol, tierischem Fett und Zucker verbundenen Gesundheitsrisiken allgemein bekannt sind, muss der Hersteller von **Bier** nicht vor der Trunksucht,[61] der Produzent von **Süßigkeiten** nicht vor der Zuckerkrankheit[62] und der Hersteller von **Butter** nicht vor Herzinfarktrisiken warnen. Fehlerhaft sind solche Produkte erst, wenn sie Krankheitserreger oder chemische Rückstände enthalten, die ein zusätzliches Gesundheitsrisiko bergen.[63]

d) Zurechnung. In § 3 Abs. 1 lit. a wird zwar nicht ausdrücklich gesagt, jedoch stillschweigend vorausgesetzt, dass die konkrete Darbietung des Produkts dem Hersteller zugerechnet werden kann. Nur solche **Gebrauchsanleitungen und Werbeaussagen** sind zu berücksichtigen, die das Herstellerunternehmen **selbst verfasst, veranlasst oder gebilligt** hat. Deshalb geht es zu weit, allein auf die Perspektive des Verbrauchers abzustellen und dem Hersteller pauschal sämtliche Werbeaussagen und Anpreisungen des Vertriebs zuzurechnen.[64] Die eigenmächtige Verbreitung produktbezogener Informationen durch Dritte, etwa durch übereifrige Verkaufsagenten, die der Ware einen Sicherheitsstandard zuschreiben, den sie nicht einhalten kann, geht den Hersteller nichts an, soweit ihm diese Vorgänge nicht bekannt oder erkennbar sind.[65] Im Verhältnis Herstellung/Vertrieb können durchaus antagonistische Interessenlagen bestehen, die es ausschließen, dem Vertrieb zu gestatten, die eigenen Erträge mit Hilfe unhaltbarer Produktanpreisungen auf Kosten des Herstellers zu maximieren. Daran ändert auch das Schutzbedürfnis des Verbrauchers nichts, denn es ist allgemein bekannt, dass man Verkäufern nicht alles glauben darf, und diese realistische Einschätzung sollte durch das Produkthaftungsrecht nicht unterminiert, sondern gestärkt werden.

---

[55] Vgl. allg. zur Bedeutung „warentypischer Eigenschaften" für die Fehlerbeurteilung *Schünemann* BB 1997, 2061, 2065.

[56] Vgl. *Buchner/Wiebel* VersR 2001, 29 ff.; *Buchner* VersR 2000, 28 ff.; *Rohlfing/Thiele* VersR 2000, 289 ff.; *Zekoll* NJW 1999, 2722 ff.; *Kullmann,* FS Deutsch, 1999, S. 217 ff.; *ders.* ZLR 2001, 321; *v. Hippel* ZRP 1998, 6 ff.; *Steffen* NJW 1996, 3062 ff.

[57] Begr. RegE, BT-Drucks. 11/2447 S. 18.

[58] LG Bielefeld NJW 2000, 2514; LG Arnsberg NJW 2004, 232; OLG Hamm NJW 2005, 295; OLG Frankfurt NJW-RR 2001, 1471; OLG Düsseldorf NJW-RR 2001, 893; aus Sicht der Tabakindustrie resümierend *Molitoris* NJW 2004, 3662; eingehend und rechtsvergleichend *Wagner/Witte* ZEuP 2005, 895.

[59] *Frietsch* in: *Taschner/Frietsch* RdNr. 54; *Palandt/Sprau* RdNr. 4; *Kullmann,* FS Deutsch, 1999, S. 217, 227; *Pott* in: *Pott/Frieling* RdNr. 64; *Staudinger/Oechsler* RdNr. 91; *Steffen* NJW 1996, 3062, 3063; *Zekoll* NJW 1999, 2722, 2723; *Rohlfing/Thiele* VersR 2000, 289, 291 ff. (Kausalitäts- und Beweisprobleme); aA *Buchner/Wiebel* VersR 2001, 29, 34; *Buchner* VersR 2000, 28, 29 ff.; *v. Hippel* ZRP 1998, 6, 7, die eine Haftung befürworten.

[60] Vgl. *Buchwaldt* ZLR 2001, 65 ff.; zur Produkthaftung für Lebensmittel ausf. *Pichhardt* S. 47 ff.

[61] OLG Hamm NJW 2001, 1654, 1655.

[62] LG Mönchengladbach NJW-RR 2002, 896, 898 f. (zu § 823 BGB); OLG Düsseldorf VersR 2003, 912, 916.

[63] *Buchwaldt* ZLR 2001, 65, 69 ff.

[64] Produkthaftungshandbuch/*v. Westphalen* § 74 RdNr. 47; *J. Meyer* S. 147 f.

[65] *Kullmann* in: *Kullmann/Pfister* Kza. 3604, S. 10; *Rolland* RdNr. 27.

19 **3. Billigerweise zu erwartender Gebrauch (Abs. 1 lit. b).** Produktsicherheit kann immer nur mit Blick auf **bestimmte Verwendungszwecke** gewährleistet werden. Wer seine Katze in der Mikrowelle trocknet, wird einen Schaden erleiden, ohne dass damit die Fehlerhaftigkeit des Ofens erwiesen wäre. Gemäß § 3 Abs. 1 lit. b kommt es weder darauf an, welchen Gebrauch der konkret Geschädigte von dem Produkt gemacht hat, noch ist allein auf diejenigen Verwendungszwecke abzustellen, denen der Hersteller sein Werk gewidmet hat, sondern entscheidend ist der Gebrauch, „mit dem billigerweise gerechnet werden kann", wie das Gesetz in Übereinstimmung mit Art. 6 Abs. 1 lit. b RL formuliert.

20 Es versteht sich von selbst, dass das Produkt den Sicherheitserwartungen bei einem **bestimmungsgemäßen Gebrauch** entsprechend den Herstellervorgaben genügen muss. Darüber hinaus erfasst die Vorschrift des § 3 Abs. 1 lit. b den bestimmungswidrigen Fehlgebrauch des Produkts, soweit er vorhersehbar oder üblich ist.[66] Der Hersteller hat das Produkt so zu gestalten, dass es auch bei solchen Verwendungsformen das geforderte Sicherheitsniveau bietet.[67] Die Grenze ist erreicht in Fällen von Produktmissbrauch, bei denen der Verwender das Produkt bewusst zweckentfremdet und damit Gefahren heraufbeschwört, die nicht dem Hersteller, sondern allein ihm selbst zuzurechnen sind (vgl. § 823 BGB RdNr. 624).[68]

21 Die für die Haftung damit entscheidende **Abgrenzung** zwischen dem vorhersehbaren und üblichen Fehlgebrauch einerseits und dem Produktmissbrauch andererseits ist semantisch einfach zu ziehen, doch umso schwerer zu konkretisieren. Die in der Literatur verbreitete Formel, Maßstab für die Festlegung des billigerweise zu erwartenden Gebrauchs seien die berechtigten Erwartungen eines verständigen Herstellers unter Kenntnis und Würdigung aller Umstände,[69] wobei es auf eine ex-ante-Betrachtung im Zeitpunkt des Inverkehrbringens ankomme,[70] umschreibt lediglich die Determinanten des allgemeinen zivilrechtlichen Sorgfaltsmaßstabs (vgl. RdNr. 6). Auf dieser Grundlage muss es darauf ankommen, in welchem Maßstab faktisch mit Zweckentfremdungen des Produkts zu rechnen ist, welchen Umfang die dabei zu erwartenden Schäden annehmen würden und zu welchen Kosten sich letztere durch Sicherheitsmaßnahmen vermeiden ließen. Daraus ergibt sich: **Fehlgebräuche,** die nahe bei dem bestimmungsgemäßen Verwendungszweck des Produkts liegen,[71] deren Risiken für den Verbraucher folglich nicht ohne weiteres erkennbar sind und die Schäden großen Ausmaßes verursachen könnten, müssen dem Hersteller Anlass zu erheblichen Anstrengungen geben. Andererseits zeichnen sich idealtypische **Produktmissbräuche** dadurch aus, dass die damit verbundenen Schadensrisiken offen zu Tage liegen, sie folgerichtig selten vorkommen und es deshalb insgesamt zu Schäden relativ geringen Ausmaßes kommt, wobei es dem Hersteller schwer fällt, die Schadensrisiken durch kosteneffiziente Sicherheitsvorkehrungen zu verkleinern. Keines dieser Kriterien folgt einem

---

[66] Vgl. die Begr. RegE, BT-Drucks. 11/2447 S. 18; *Schlechtriem* VersR 1986, 1033, 1035 f.; *Kullmann* in: *Kullmann/Pfister* Kza. 3604, S. 11 f.; Produkthaftungshandbuch/*v. Westphalen* § 74 RdNr. 51 f.; *Frietsch* in: *Taschner/Frietsch* RdNr. 44; *Taschner* NJW 1986, 611, 614; *Rolland* RdNr. 37; *Staudinger/Oechsler* RdNr. 56; ähnlich Produkthaftungshandbuch/*v. Westphalen* § 74 RdNr. 57 der einen „nicht unvernünftigen" Gebrauch verlangt.

[67] *Brüggemeier-Reich* WM 1986, 149, 150; *Schlechtriem* VersR 1986, 1033, 1035; *Schmidt-Salzer* BB 1988, 349, 353 ff.; *Joerges/Falke/Micklitz/Brüggemeier*, Die Sicherheit von Konsumgütern und die Entwicklung der Europäischen Gemeinschaft, 1988, S. 300; *Kullmann* in: *Kullmann/Pfister* Kza. 3604, S. 13 f.; *Pott* in: *Pott/Frieling* RdNr. 40, 51 ff.; *Möllers* S. 298 f.; vgl. auch OLG Köln VersR 1993, 110 f.

[68] OLG Karlsruhe NJW-RR 2001, 1174; *Palandt/Sprau* RdNr. 6; Produkthaftungshandbuch/*v. Westphalen* § 74 RdNr. 57; *Schlechtriem* VersR 1986, 1033, 1035 f.; *Brüggemeier-Reich* WM 1986, 149, 150; *Schmidt-Salzer* BB 1988, 349, 354; *Taschner* NJW 1986, 611, 614; *v. Westphalen* NJW 1990, 83, 88; *Hager* PHI 1991, 2, 5; *Kullmann* § 3 RdNr. 29; *ders.* in: *Kullmann/Pfister* Kza. 3604, S. 14.; *Staudinger/Oechsler* RdNr. 64; *Möllers* S. 299 f., 309.

[69] Vgl. Produkthaftungshandbuch/*v. Westphalen* § 74 RdNr. 52; *Staudinger/Oechsler* RdNr. 56; *Schmidt-Salzer* DB 1988, 349, 351.

[70] Produkthaftungshandbuch/*v. Westphalen* § 74 RdNr. 55.

[71] öOGH JBl. 1993, 524, 525; *Kullmann* § 3 RdNr. 30; *ders.* in: *Kullmann/Pfister* Kza. 3604, S. 14 f.; Produkthaftungshandbuch/*v. Westphalen* § 74 RdNr. 57; *Staudinger/Oechsler* RdNr. 63; *Schmidt-Salzer/Hollmann* Bd. 1 Art. 6 RdNr. 149.

binären Schema, sondern sämtliche lassen graduelle Abstufungen zu, so dass ein gewisses, allerdings unvermeidliches Maß an Unsicherheit verbleibt. Gleichwohl ist die Formel praktikabel: Die Verwendung von Klebstoff als Droge (sniffing) ist als Produktmissbrauch zu qualifizieren, weil selbst Kinder und Jugendliche wissen, dass Klebstoffe nicht zum Inhalieren in den Verkehr gebracht werden, es statistisch gesehen nur zu wenigen Schadensfällen kommt, und weil sich die mit dem sniffing verbundenen Gesundheitsgefahren weder durch Warnungen noch durch Variation der chemischen Zusammensetzung von Klebstoffen ausschließen lassen, wenn der Klebstoff seine eigentliche Funktion behalten soll (vgl. § 823 BGB RdNr. 639).[72]

4. Weitere Determinanten berechtigter Sicherheitserwartungen. a) Normative und vertragliche Sicherheitsstandards. Wie auch im Rahmen der deliktischen Produkthaftung spielen zu technischen Regeln geronnene **wissenschaftlich-technische Standards** eine erhebliche Rolle, wenn es gilt, die Fehlerhaftigkeit eines Produkts zu ermitteln.[73] Allerdings kann aus dem Umstand, dass das Produkt den einschlägigen Regelwerken, also etwa DIN-Normen, VDE-Bestimmungen bzw. vergleichbaren Regelungen der europäischen Normungsorganisationen entspricht, nicht ohne weiteres auf seine Fehlerfreiheit geschlossen werden.[74] Allerdings erleichtert der Verstoß gegen eine aktuelle technische Norm die Feststellung der Fehlerhaftigkeit, weil es nunmehr an dem Hersteller ist, darzulegen und nachzuweisen, dass er den gebotenen Sicherheitsstandard auf andere, gleichwertige Weise erfüllt hat. So sollten zB Arbeitsgeräte den gegebenen Unfallverhütungsvorschriften genügen.[75] Der Hersteller ist in solchen Fällen nicht schon mit Rücksicht auf § 1 Abs. 2 Nr. 4 entlastet, weil die technischen Regelwerke und die Gesetze des öffentlichen Sicherheitsrechts, durch die sie in Bezug genommen werden, keine zwingenden Anforderungen an die Produktgestaltung enthalten (vgl. § 1 RdNr. 44). Entsprechende Überlegungen gelten auch für die Produktzulassung durch eine Behörde, die den Hersteller ebenfalls nicht der Eigenverantwortung für die Einhaltung des von § 3 geforderten Sicherheitsstandards enthebt.[76]

Keine Bedeutung für die Konkretisierung des Fehlerbegriffes des § 3 hat das Bestehen bzw. die Beobachtung einer zwischenbetrieblichen **Qualitätssicherungsvereinbarung** bei arbeitsteiliger Produktion.[77] Solche Abreden spielen im Bereich der deliktischen Produkthaftung eine erhebliche Rolle bei der Allokation von Sorgfaltspflichten an den Schnittstellen zwischen Endherstellern und Zulieferern (vgl. § 823 BGB RdNr. 647). Diese Funktion wird im ProdHaftG durch die Regelungen der §§ 1 Abs. 3, 4 Abs. 1 ausgefüllt, die die Verantwortung bei arbeitsteiliger Produktion in differenzierter und komplizierter Weise regeln (§ 1 RdNr. 56 ff.). Das Ergebnis ist zwar nicht weit von den Grundsätzen entfernt, die im Rahmen der Delikthaftung gelten, gerade deswegen ist es jedoch ausgeschlossen, diese Differenzierungen zusätzlich im Rahmen des Fehlerbegriffs nach § 3 zur Geltung zu bringen.

b) Preis des Produkts. Die an ein Produkt legitimerweise zu stellenden Sicherheitserwartungen lassen sich nicht unabhängig von seinem Preis beurteilen (vgl. § 823 BGB RdNr. 623).[78] Ein Pkw der Luxusklasse bietet mehr Sicherheit als ein Kompaktwagen,

---

[72] Beispiel nach BGH NJW 1981, 2514.
[73] Produkthaftungshandbuch/*v. Westphalen* § 74 RdNr. 22; *Palandt/Sprau* RdNr. 4; *Frietsch* in: *Taschner/Frietsch* RdNr. 15.
[74] *Rolland* RdNr. 41; *Kullmann* in: *Kullmann/Pfister* Kza. 3604, S. 18 f.; *Palandt/Sprau* RdNr. 4; *Staudinger/Oechsler* RdNr. 95; *Buchwaldt* ZLR 2001, 65, 74.
[75] OLG Bamberg vom 7. 1. 1999 – 1 U 80/96, zitiert bei *Kullmann/Pfister* Kza. 8125/8.
[76] LG Flensburg VersR 1998, 66, 67; vgl. auch § 823 BGB RdNr. 578, 307 f.
[77] Zum Verhältnis solcher Vereinbarungen zur Produkthaftung vgl. *Franz*, Qualitätssicherungsvereinbarungen und Produkthaftung, 1995; *Kreifels* ZIP 1990, 489 ff.; *Ensthaler* NJW 1994, 817 ff.; *Quittnat* BB 1989, 571 ff.
[78] Begr. RegE, BT-Drucks. 11/2447 S. 18 f.; Produkthaftungshandbuch/*v. Westphalen* § 74 RdNr. 25; *Staudinger/Oechsler* RdNr. 85; *Hollmann* DB 1985, 2389, 2392; *v. Westphalen* NJW 1990, 83, 88; *Kullmann* NJW 1991, 675, 678; *ders.* in: *Kullmann/Pfister* Kza. 3604, S. 18 b f.; *Soergel/Krause* RdNr. 7; aA wohl *Taschner* PHI 1986, 54, 55.

und folgerichtig darf letzterer nicht als fehlerhaft qualifiziert werden, nur weil er weder über üppig dimensionierte Knautschzonen noch über sämtliche Errungenschaften der aktuellen Sicherheitstechnik, wie etwa elektronische Stabilitätssysteme, verfügt. Dies heißt freilich nicht, dass der Hersteller, von Billigartikeln bzw. vergleichsweise günstigen Produkten von der Einhaltung bestimmter Sicherheitsstandards völlig befreit wäre; vielmehr ist eine **Basissicherheit** unbedingt zu gewährleisten.[79] Wie im Bereich der deliktischen Produkthaftung kommt es auf die Kosten/Nutzen-Relation möglicher Sicherheitsmaßnahmen sowie auf die Erkennbarkeit eines reduzierten Sicherheitsstandards für den Verbraucher an (§ 823 BGB RdNr. 623). Kann der Verbraucher erkennen, dass er für einen günstigen Preis eine Ware erwirbt, die nicht das sicherheitstechnische Optimum bietet, lässt sich ihre Fehlerhaftigkeit nur noch begründen, wenn die Kosteneinsparung für den Hersteller außer Verhältnis zu den dem Erwerber drohenden Schäden steht.

IV. Der relevante Beurteilungszeitpunkt (Abs. 1 lit. c, Abs. 2)

25 Bei der Konkretisierung des Maßstabs der berechtigten Sicherheitserwartungen ist gemäß § 3 Abs. 1 lit. c auf den **Zeitpunkt des Inverkehrbringens** des konkreten Produkts abzustellen. Diese Regelung steht in engem Zusammenhang mit § 1 Abs. 2 Nr. 5 und § 3 Abs. 2, die sich zu dem haftungsbegrenzenden Prinzip verdichten lassen, dass eine nachträgliche Verschärfung des einzuhaltenden Sicherheitsniveaus nicht auf die bereits in Verkehr gebrachten Produkte ausstrahlt. Ein Produkt, das einmal fehlerfrei in den Verkehr gebracht wurde, kann nicht nachträglich fehlerhaft werden.[80] Diese Wertung darf auch nicht dadurch wieder rückgängig gemacht werden, dass dem Hersteller über § 823 BGB die Verpflichtung auferlegt wird, den Produktnutzer über spätere Verbesserungen der Sicherheitstechnik zu informieren und eine Umrüstung anzuregen.[81]

26 Im Einzelnen ist das **Verhältnis** von § 3 Abs. 1 lit. c, Abs. 2 **zu § 1 Abs. 2 Nr. 5** nicht leicht zu bestimmen, was das verbreitete Missverständnis provoziert hat, die zuletzt genannte Vorschrift regele die Problematik des Einflusses des technischen Fortschritts auf die Produkthaftung und die Verantwortlichkeit für **Entwicklungsrisiken** umfassend und abschließend.[82] In Wahrheit liegt der Schwerpunkt dieser legislatorischen Entscheidung in § 3, der klarstellt, dass der Fehlerbegriff historisch, mit Blick auf die Lage im Zeitpunkt des Inverkehrbringens des konkret schadensträchtigen Produkts zu bestimmen ist. Maßgebend ist also der damalige Stand der Sicherheitstechnik, allerdings der aktuelle Kenntnisstand betreffend die gefährlichen Eigenschaften des Produkts (iE § 1 RdNr. 55). Mit § 1 Abs. 2 Nr. 2 hat die Frage der Zeitrelation der Fehlerbeurteilung hingegen nichts zu tun,[83] denn dort geht es um den Fehlerbereichsnachweis, also um das Problem, dass ein ursprünglich fehlerfreies Produkt die schädlichen Eigenschaften erst nach Inverkehrgabe, etwa infolge unsachgemäßen Transports oder falscher Lagerung, angenommen hat, was allein bei Fabrikationsfehlern eine Rolle spielt (vgl. § 1 RdNr. 31 ff.).

27 Angesichts der in § 3 Abs. 1 lit. c vorgenommenen Fixierung der Fehlerbeurteilung auf den Zeitpunkt des Inverkehrbringens kommt der Regelung des § 3 Abs. 2, nach der ein Produkt nicht allein deshalb „einen Fehler hat", weil später ein verbessertes Produkt in den

---

[79] *Rolland* RdNr. 44; *Frietsch* in: *Taschner/Frietsch* RdNr. 56; *Kullmann* § 3 RdNr. 48; *ders.* NJW 1991, 675, 678; *ders.* in: *Kullmann/Pfister* Kza. 3604, S. 18 b; *Pott* in: *Pott/Frieling* RdNr. 65; Produkthaftungshandbuch/ *v. Westphalen* § 74 RdNr. 26; *Staudinger/Oechsler* RdNr. 88; *Soergel/Krause* RdNr. 7.
[80] Begr. RegE, BT-Drucks. 11/2447 S. 18; ähnlich *Pott* in: *Pott/Frieling* RdNr. 58; für eine generelle Verneinung der Fehlerhaftigkeit jedoch *Taschner* in: *Taschner/Frietsch* RL Art. 6 RdNr. 8; *Rolland* RdNr. 39; *Schmidt-Salzer/Hollmann* Bd. 1 Art. 6 RdNr. 241; Produkthaftungshandbuch/*v. Westphalen* § 74 RdNr. 59; *Staudinger/Oechsler* RdNr. 79.
[81] Im Ergebnis genauso OLG München VersR 2004, 866, 867.
[82] Vgl. etwa Produkthaftungshandbuch/*v. Westphalen* § 72 RdNr. 77; zum Problem auch *Staudinger/Oechsler* § 1 RdNr. 111 ff.; wie hier *Schmidt-Salzer/Hollmann* Bd. 1 Art. 7 RdNr. 109.
[83] Unrichtig Produkthaftungshandbuch/*v. Westphalen* § 72 RdNr. 77 aE.

Verkehr gebracht wurde, nur noch **klarstellende Bedeutung** zu. Immerhin werden letzte Zweifel darüber beseitigt, dass sich die nachträgliche Verschärfung der Sicherheitsstandards nicht auf die bereits vermarkteten Produkte auswirkt.[84] Die praktische Bedeutung der Vorschrift mag allenfalls darin liegen, dass sich der Geschädigte zum Beweis der Fehlerhaftigkeit des inkriminierten Produkts im Prozess nicht allein auf nachträgliche Verbesserungen oder Maßnahmen der Modellpflege berufen kann.[85] Dies ist insbesondere beim Erwerb von Gebrauchtwaren zu beachten.[86]

Bei der Anwendung der § 3 Abs. 1 lit. c, Abs. 2 ist darauf Bedacht zu nehmen, dass der **Zeitpunkt des Inverkehrbringens für die verschiedenen Akteure der Herstellungs- und Vertriebsphase unterschiedlich** ausfallen kann, so dass eine Verschärfung des Sicherheitsstandards in dem Zeitraum zwischen Inverkehrbringen des ersten Grundstoffs oder Zulieferteils bis zur Auslieferung des fertigen Endprodukts an den Verbraucher für die nachgeordneten Stufen haftungsbegründend wirken kann. Zur Haftung des Serienherstellers für die Nichtbeachtung von Innovationen während einer laufenden Produktserie vgl. § 1 RdNr. 30, 55.

V. Fehlertypen

1. Einheitsfehlerbegriff oder Fehlerkategorien? Im Rahmen der deliktsrechtlichen Produkthaftung hat sich die **Unterscheidung von Konstruktions-, Fabrikations- und Instruktionsfehlern** herausgebildet, die dort der Kategorisierung der konkreten Verkehrspflichten des Herstellers dient (§ 823 BGB RdNr. 628 ff.). Wird der Fehlerbegriff des ProdHaftG in der eben erläuterten Weise „entschlüsselt" (RdNr. 3), zeigt sich seine Kongruenz mit dem deliktsrechtlichen Verhaltensprogramm. Auch im Rahmen des § 3 kann das haftungsauslösende Sicherheitsdefizit des Produkts also auf mangelhafter Konstruktion oder Fabrikation bzw. auf falscher oder unzureichender Instruktion des Geschädigten beruhen. Es besteht daher kein Anlass, die gängige Differenzierung der einzelnen Fehlerarten zugunsten eines Einheitsfehlerbegriffes aufzugeben.[87]

2. Fabrikationsfehler. Ein Fabrikationsfehler liegt vor, wenn ein einzelnes Produkt denjenigen Anforderungen nicht genügt, die sich der Hersteller selbst auferlegt hat, wenn es also den **für die Produktserie definierten Sicherheitsstandard verfehlt**. Er ist zu ermitteln durch Vergleich der Beschaffenheit des schadensträchtigen Produkts mit einem Referenzprodukt, das dem Bauplan des Herstellers entspricht. Ergibt sich eine Abweichung, betrifft sie eine sicherheitsrelevante Eigenschaft und war diese kausal für die Rechtsgutsverletzung, ist die Haftung nach § 1 begründet, ohne dass es weiterer Prüfungen bedürfte. Bei Fabrikationsfehlern geht der Fehlerbegriff des ProdHaftG über die Verkehrspflichten des § 823 BGB hinaus (Einl. ProdHaftG RdNr. 18), weil sie dem Hersteller und den nach § 4 haftenden Personen im Rahmen des ProdHaftG **einschließlich des Ausreißerrisikos** zugerechnet werden. Der Nachweis, dass der **Fehler für den Hersteller nicht erkennbar** war, führt also nicht zur Freistellung von der Haftung.[88] Auch der Entlastungsgrund des § 1 Abs. 2 Nr. 5 (Entwicklungsrisiko) steht nicht zur Verfügung (vgl. aber § 1 RdNr. 51).

3. Konstruktionsfehler. Bei Konstruktionsfehlern kommt es entscheidend darauf an, sich zunächst der technischen Möglichkeit zusätzlicher Sicherheitsvorkehrungen zu vergewissern, also festzustellen, dass im Zeitpunkt des Inverkehrbringens ein **alternatives Produktdesign** zur Verfügung stand, bei dessen Wahl die Rechtsgutsverletzung vermieden worden wäre.

---

[84] Produkthaftungshandbuch/*v. Westphalen* § 74 RdNr. 66; *Rolland* RdNr. 45; *Staudinger/Oechsler* RdNr. 81.
[85] Produkthaftungshandbuch/*v. Westphalen* § 74 RdNr. 66.
[86] Vgl. dazu *Molitoris* PHI 1997, 38, 43.
[87] In diese Richtung aber die 3. Aufl. RdNr. 4; vgl. auch *G. Hager* PHI 1991, 2, 12; *Tiedtke* PHI 1992, 138; *ders.* ZIP 1992, 1446, 1451.
[88] BGH VersR 2007, 72, 73 – Limonadenflasche.

Verhält es sich so, ist weiter zu fragen, ob der Hersteller verpflichtet war, diese Sicherheitsvorkehrung zu ergreifen. Da absolute Sicherheit auch im Rahmen des ProdHaftG nicht prästiert werden muss (vgl. § 823 BGB RdNr. 628 f.), kommt es wiederum darauf an, ob der durch eine solche Sicherheitsmaßnahme generierte **Nutzen in Gestalt vermiedener Schäden** ihre Kosten überwiegt (RdNr. 6). Dabei sind nicht nur die direkten Kosten einer veränderten Konstruktion in Rechnung zu stellen, sondern auch ein etwa verminderter Gebrauchsnutzen oder eine reduzierte Haltbarkeit des geänderten Produkts. Damit erfordert die Feststellung eines Konstruktionsfehlers stets die Durchführung einer Kosten/Nutzen-Abwägung, wie sie übrigens auch im US-amerikanischen Produkthaftungsrecht anerkannt ist.[89]

32 Ließ sich das Produkt nach damaligem Stand der Entwicklung technisch gar nicht besser machen oder hätten gesteigerte Sicherheitsvorkehrungen einen unverhältnismäßigen wirtschaftlichen Aufwand verursacht, kommt die Feststellung eines Fehlers nur noch unter dem Gesichtspunkt in Betracht, dass das Produkt wegen seiner Schadensneigung **überhaupt nicht hätte vermarktet werden** dürfen. Dieses Urteil setzt seinerseits voraus, dass die unvermeidbar eintretenden Schäden den durch das Produkt generierten Nutzen überwiegen. Damit gilt insoweit derselbe Standard wie im Bereich der Arzneimittelhaftung, die gemäß § 84 Abs. 1 Nr. 1 AMG nur besteht, wenn das Arzneimittel schädliche Wirkungen hat, die über ein vertretbares Maß hinausgehen. Hier wie dort hat eine Nutzen/Risiko-Abwägung zu erfolgen, anhand derer die Vertretbarkeit bzw. Fehlerhaftigkeit des Produkts zu beurteilen ist.[90]

33 **4. Instruktionsfehler.** Ein Instruktionsfehler liegt vor, wenn der Verwender nicht oder nur unzureichend über die Art und Weise der Verwendung und die damit verbundenen Gefahren aufgeklärt wird.[91] Die Fehlerhaftigkeit kann sich aus dem gänzlichen **Fehlen einer Anweisung oder Gebrauchsanleitung** oder auf Grund **inhaltlicher Mängel** ergeben. Wiederum entsprechen die unter § 3 zu stellenden Anforderungen den im Rahmen des § 823 Abs. 1 BGB anerkannten Standards (§ 823 BGB RdNr. 636 ff.).[92] Der Hersteller muss dem Benutzer deutliche, verständliche, also regelmäßig in deutscher Sprache abgefasste,[93] und vor allem richtige Anweisungen über die Verwendbarkeit und die Art und Weise der Anwendung geben. Gerade hier wirkt es sich aus, dass § 3 Abs. 1 lit. b die Sicherheitsanforderungen nicht allein auf den bestimmungsgemäßen Gebrauch fokussiert, sondern den vorhersehbaren Fehlgebrauch einbezieht (vgl. RdNr. 19 ff.). Dementsprechend hat der Hersteller den Nutzer nicht nur über schädliche Nebenwirkungen bei korrektem Produktgebrauch aufzuklären, sondern er hat darüber hinaus vor den Folgen eines unsachgemäßen, aber vorhersehbaren Fehlgebrauchs zu warnen.[94] Genauso wie im Rahmen des § 823 BGB hängen Art und Intensität der geforderten Instruktion maßgeblich von dem prospektiven Adressatenkreis ab, den der Hersteller mit seinem Produkt anspricht (vgl. RdNr. 7 ff.). Geht es um den Schutz von Kindern vor gefährlichen Gegenständen, wie etwa Feuerwerkskörpern, ist die Instruktion nicht auf die Minderjährigen selbst, sondern auf den Einzelhändler und die Eltern zu beziehen:[95] Der Verkäufer muss wissen, mit was für einem Gegenstand er es zu tun hat, um die Verantwortbarkeit einer Abgabe an Kinder einer bestimmten Altersstufe abschätzen zu können, und die Eltern müssen in den Stand gesetzt werden, ihrerseits Sicherheitsmaßnahmen zu ergreifen, also etwa die Kinder zu beaufsichtigen oder sie über den Umgang mit dem Feuerwerkskörper zu belehren.

---

[89] Sog. risk-utility test; vgl. *Epstein* Torts § 16.11.6, S. 412 ff.; insoweit kritikwürdig OLG Schleswig NJW-RR 2008, 691, 692 f.
[90] Vgl. iE *Kullmann* in: *Kullmann/Pfister* Kza. 3800 S. 27 ff.
[91] Vgl. *Palandt/Sprau* RdNr. 10; Produkthaftungshandbuch/*Foerste* § 24 RdNr. 171 ff.; *Staudinger/Oechsler* RdNr. 46.
[92] Produkthaftungshandbuch/v. *Westphalen* § 74 RdNr. 38 aE; *Frietsch* in: *Taschner/Frietsch* RdNr. 36; *Staudinger/Oechsler* RdNr. 48.
[93] OLG Bremen VersR 2004, 207, 208.
[94] Vgl. BGHZ 116, 60, 68 = NJW 1992, 560, 561.
[95] Eingehend LG Flensburg VersR 1998, 66, 67; zur entsprechenden Rechtslage nach § 823 BGB vgl. dort RdNr. 264.

Das **Verhältnis zwischen Konstruktions- und Instruktionspflicht** ist ebenfalls nach 34 denselben Maßstäben zu bestimmen wie im Rahmen der deliktischen Produkthaftung. Demnach kann sich der Hersteller durch Warnungen nicht vollständig von seiner Konstruktionsverantwortung freizeichnen (eingehend § 823 BGB RdNr. 631, 638).[96] Zur Haftung des Herstellers gegenüber Dritten bei Missachtung einer ordnungsgemäßen Instruktion durch den Produktnutzer vgl. RdNr. 9.

Wie auch im Rahmen der deliktsrechtlichen Produzentenhaftung begründet ein Instruk- 35 tionsfehler die Haftung des Herstellers nur dann, wenn er **kausal für die Rechtsgutsverletzung** geworden ist, wofür der Geschädigte gemäß § 1 Abs. 4 S. 1 die Beweislast trägt. Da dieser Nachweis sehr schwer zu führen ist, hilft die Rechtsprechung zur deliktischen Produkthaftung in bestimmten Fällen mit einer „tatsächlichen Vermutung", dass der Warnung auch Folge geleistet worden wäre. Diese Judikatur ist trotz der Wertung des § 1 Abs. 4 S. 1 auch im Rahmen des ProdHaftG heranzuziehen (§ 823 BGB RdNr. 664 ff.).[97] Allerdings ist die Kausalität fehlerhafter Instruktion zu verneinen, wenn der Geschädigte bereits von einem Konkurrenten des Herstellers über Produktgefahren belehrt worden war, die Hinweise aber nicht beachtet hatte.[98]

5. „**Produktbeobachtungsfehler**". Es gehört zu den gesicherten Erkenntnissen der 36 Dogmatik des ProdHaftG, dass Letzteres **keine Produktbeobachtungspflichten** kennt,[99] doch trifft diese Einschätzung nur einen Teil der Probleme (vgl. im Einzelnen § 1 RdNr. 55).

6. **Haftung für Wirkungslosigkeit.** Wie bei § 823 Abs. 1 BGB (vgl. § 823 BGB 37 RdNr. 617 ff.)[100] ist auch im Rahmen des § 3 die Wirkungslosigkeit eines Produkts dazu geeignet, dessen Fehlerhaftigkeit zu begründen.[101] Soweit es der Geschädigte im Vertrauen auf das Produkt unterlässt, seine Rechtsgüter auf andere Weise zu schützen, werden nicht lediglich Gebrauchsinteressen,[102] sondern rechtsgutsbezogene Sicherheitsinteressen enttäuscht. Beispielsweise muss ein einschlägiges **Computerprogramm** Schutz vor Viren bieten, die über Datenträger oder das Internet auf den Rechner des Benutzers gelangen.[103]

§ 4 Hersteller

(1) ¹Hersteller im Sinne dieses Gesetzes ist, wer das Endprodukt, einen Grundstoff oder ein Teilprodukt hergestellt hat. ²Als Hersteller gilt auch jeder, der sich durch das Anbringen seines Namens, seiner Marke oder eines anderen unterscheidungskräftigen Kennzeichens als Hersteller ausgibt.

(2) Als Hersteller gilt ferner, wer ein Produkt zum Zweck des Verkaufs, der Vermietung, des Mietkaufs oder einer anderen Form des Vertriebs mit wirtschaftlichem Zweck im Rahmen seiner geschäftlichen Tätigkeit in den Geltungsbereich des Abkommens über den Europäischen Wirtschaftsraum einführt oder verbringt.

---

[96] *Frietsch* in: *Taschner/Frietsch* RdNr. 36; *Schmidt-Salzer/Hollmann* Art. 6 RdNr. 168; Produkthaftungshandbuch/*v. Westphalen* § 74 RdNr. 48.
[97] LG Flensburg VersR 1998, 66, 67; eingehend § 1 RdNr. 79.
[98] OLG Frankfurt NJW-RR 1999, 27, 29.
[99] Produkthaftungshandbuch/*v. Westphalen* § 74 RdNr. 7; *Staudinger/Oechsler* RdNr. 112; *Brüggemeier-Reich* WM 1986, 149, 155; *Lorenz* ZHR 151 (1987), 1, 15; *Koch* ZHR 152 (1988), 537, 552; *Buchner* DB 1988, 32, 35; *Schmidt-Salzer/Hollmann* Bd. 1 Art. 6 RdNr. 259; *Kullmann* in: *Kullmann/Pfister* Kza. 3604, S. 7 f.; *Bodewig* S. 112; aA *Nagel* DB 1993, 2469; krit. *Kötz*, FS W. Lorenz, 1991, S. 109, 111.
[100] Vgl. hierzu BGHZ 80, 186 ff. = NJW 1981, 1603 ff.
[101] *Brüggemeier-Reich* WM 1986, 149, 150; *Schlechtriem* VersR 1986, 1033, 1036; *Buchner* DB 1988, 32, 35; *Rolland* RdNr. 24; *Landscheidt* RdNr. 49; Produkthaftungshandbuch/*v. Westphalen* § 74 RdNr. 30; *Staudinger/Oechsler* RdNr. 117; *Pott* in: *Pott/Frieling* RdNr. 101; *Sack* JBl. 1989, 615, 622 f.; *Hager* PHI 1991, 2, 4; *Koch* DB 1990, 1815, 1819; *Foerste* NJW 1991, 1433, 1438; *Kullmann* § 3 RdNr. 61; *ders.* in: *Kullmann/Pfister* Kza. 3604, S. 21 f.; *Frietsch* in: *Taschner/Frietsch* RdNr. 20; *Schaub* S. 112; aA *Taschner* in: *Taschner/Frietsch* RL Art. 6 RdNr. 29 f.; *Deutsch* JZ 1989, 465, 467; *D. Koch* S. 273 ff.; *Welser* RdNr. 22 f. zu § 5 österr. PHG.
[102] So *Taschner* in: *Taschner/Frietsch* Art. 6 RdNr. 29; krit. auch *Honsell* JuS 1995, 211, 212.
[103] *Bartsch* CR 2000, 721, 723.

(3) ¹Kann der Hersteller des Produkts nicht festgestellt werden, so gilt jeder Lieferant als dessen Hersteller, es sei denn, daß er dem Geschädigten innerhalb eines Monats, nachdem ihm dessen diesbezügliche Aufforderung zugegangen ist, den Hersteller oder diejenige Person benennt, die ihm das Produkt geliefert hat. ²Dies gilt auch für ein eingeführtes Produkt, wenn sich bei diesem die in Absatz 2 genannte Person nicht feststellen läßt, selbst wenn der Name des Herstellers bekannt ist.

Übersicht

	RdNr.		RdNr.
I. Zweck der Vorschrift, Beweislast, Irrtümer	1–5	2. Anbringen von Kennzeichen etc.	23–25
		3. Sichausgeben als Hersteller	26
II. Hersteller des Endprodukts (Abs. 1 S. 1 Var. 1)	6–15	VI. Importeur (Abs. 2)	27–32
1. Funktion und Inhalt des Herstellerbegriffs	6, 7	1. Zweck der Einbeziehung des Importeurs	27–29
2. Abgrenzung im Einzelnen	8–15	2. Einführen oder Verbringen in den Geltungsbereich des EWR-Vertrags	30
a) Arbeitsteilige Herstellung	8	3. Wirtschaftlicher Zweck des Imports	31, 32
b) Geistige Leistungen im Produktionsprozess	9	VII. Lieferant (Abs. 3)	33–46
c) Prüfungen und Qualitätskontrollen	10	1. Zweck der Lieferantenhaftung	33
d) Dienstleistungen im Zusammenhang mit dem Vertrieb	11–15	2. Begriff des Lieferanten	34
		3. Haftungsvoraussetzungen	35–46
III. Grundstoffhersteller (Abs. 1 S. 1 Var. 2)	16	a) Nichtfeststellbarkeit des Herstellers	36–38
IV. Hersteller eines Teilprodukts (Abs. 1 S. 1 Var. 3)	17–20	b) Nichterteilung der Auskunft trotz Aufforderung	39–46
1. Begriff des Teilherstellers	17, 18	aa) Rechtsnatur	39
2. Verantwortlichkeit für das Teilprodukt	19, 20	bb) Aufforderung und Nichterfüllung der Auskunftsobliegenheit	40–45
V. Quasi-Hersteller (Abs. 1 S. 2)	21–26	cc) Entlastung des Lieferanten nach § 1 Abs. 2	46
1. Zweck der Einbeziehung des Quasi-Herstellers	21, 22		

I. Zweck der Vorschrift, Beweislast, Irrtümer

§ 4 definiert den Kreis derjenigen Personen, die für ein bestimmtes fehlerhaftes Produkt haftungsrechtlich verantwortlich sind. **Zurechnungssubjekte** der Produkthaftung sind neben den End-, Teil- und Grundstoffherstellern, die den eigentlichen Produktionsprozess kontrollieren, auch Quasi-Hersteller, Importeure und Lieferanten, die lediglich in den Vertrieb des Produkts eingeschaltet sind. Mit dieser Regelung geht das ProdHaftG wesentlich über die deliktische Produkthaftung hinaus, weil die Verkehrspflichten von Warenherstellern und Händlern stets auf den eigenen Handlungsrahmen bezogen und insoweit auch begrenzt sind.[1] Insbesondere die generelle Einbeziehung des Quasi-Herstellers (Abs. 1 S. 2) und des Importeurs (Abs. 2) findet in § 823 Abs. 1 BGB keine Parallele.[2] An der Schnittstelle zwischen Endhersteller und Zulieferer bzw. Grundstoffhersteller kommt es – vorbehaltlich des § 1 Abs. 3 (vgl. § 1 RdNr. 56 ff.) – nicht mehr darauf an, wie die Sorgfaltspflichten im Einzelnen zugeordnet sind und ob das in Anspruch genommene Unternehmen die ihm obliegenden Sicherungspflichten verletzt hat (RdNr. 8 ff., § 823 BGB RdNr. 602 ff.).[3] Die dadurch bewirkte Häufung potentieller Anspruchsgegner dient dem **Schutz des Geschädigten**. Die Geltendmachung von Ersatzansprüchen nach dem Prod-

---

[1] Vgl. iE § 823 BGB RdNr. 561 ff.; sowie beispielhaft BGH VersR 1960, 855 (zur Haftung des Händlers); VersR 1977, 839 (zur Haftung des Quasi-Herstellers); NJW 1994, 517, 519 (zur Haftung des Importeurs).
[2] *Schlechtriem* VersR 1986, 1033, 1039 f.; *Brüggemeier/Reich* WM 1986, 149, 155; *Hollmann* DB 1985, 2389, 2391; *Storm* PHI 1986, 112, 113; *Staudinger/Oechsler* RdNr. 6.
[3] Beispielhaft zur beschränkten Haftung des Endherstellers BGH VersR 1972, 559, 560; OLG Köln NJW-RR 1990, 414.

HaftG wird erleichtert, indem die mitunter schwierige Identifikation des materiell Verantwortlichen innerhalb eines Geflechts interagierender Hersteller-, Zulieferer- und Vertriebsunternehmen teilweise überflüssig gemacht wird.[4]

Die Regelung des § 4 Abs. 3 über die **Lieferantenhaftung** ist ambivalent, denn im Unterschied zur deliktischen Produkthaftung droht dem Händler die volle Haftung, falls er den Hersteller nicht benennen kann; gelingt ihm dies jedoch, ist er jeder Verantwortung ledig.[5] Die im zuletzt genannten Fall eintretende Freistellung des Lieferanten dient der **Kanalisierung der Produkthaftung in Richtung auf den Hersteller,** um diesem Anreize zur Gewährleistung der Produktsicherheit zu geben.[6] Darüber hinaus sollen die kostspielige **Mehrfachversicherung des Haftungsrisikos** auch bei den einzelnen Gliedern der Vertriebskette sowie die hohen **administrativen Kosten eines Regresses** entlang der Lieferantenkette vermieden werden.

Die **Beweislast** für die Voraussetzungen des § 4 trägt der Geschädigte, dh. er muss darlegen und ggf. nachweisen, dass die beklagte Partei das inkriminierte Produkt hergestellt hat oder diesbezüglich als Quasi-Hersteller, Importeur oder Händler gehandelt hat.[7] Steht dies fest, mag sich die beklagte Partei durch den Nachweis entlasten, dass sie das Produkt nicht in den Verkehr gebracht hat (§ 1 Abs. 2 Nr. 1, Abs. 4 S. 2).

Vor der Geltendmachung eines Ersatzanspruchs ist es Sache des Geschädigten zu eruieren, welches Unternehmen das jeweilige Produkt hergestellt hat oder – falls dies nicht feststellbar ist – welche Person als Quasi-Hersteller, Importeur oder Lieferant haftet. **Irrtümer** gehen zu Lasten des Geschädigten. Stellt sich während eines anhängigen Rechtsstreits heraus, dass das beklagte Unternehmen in Wahrheit gar nicht Hersteller ist, sondern beispielsweise eine im Ausland ansässige Konzernmutter, und greift auch die Quasi-Hersteller-Haftung nicht, bleibt dem Geschädigten nur der Ausweg über den Parteiwechsel.[8] Für eine **Haftung des „Schein-Herstellers",** „Schein-Importeurs" etc. gibt es keine europarechtliche Grundlage, weil die Richtlinie die Haftungssubjekte abschließend aufzählt.[9] Die **Zulässigkeit des Parteiwechsels** richtet sich nach nationalem Zivilprozessrecht.[10] Gleiches muss für die Frage gelten, ob die gegen den **falschen Hersteller erhobene Klage die Verjährung der Ansprüche gegen den wahren Hersteller** gemäß § 12 Abs. 3 ProdHaftG, § 204 Abs. 1 Nr. 1 BGB hemmt und ob die zehnjährige Ausschlussfrist gemäß § 13 Abs. 1 S. 2 suspendiert wird.[11] Grundsätzlich treten diese Wirkungen nicht ein, wenn der materiell-rechtlich „falsche" Beklagte verklagt wird,[12] doch der BGH erkennt eine Ausnahme an, wenn der „(wirkliche) Schuldner den Gläubiger durch sein Verhalten, sei es auch unabsichtlich, von der rechtzeitigen Erhebung der Klage gegen ihn abgehalten hat."[13] Die Berufung auf die Einrede der Verjährung ist dann wegen Verstoßes gegen Treu und Glauben unzulässig und Gleiches muss für die Ausschlussfrist des § 13 Abs. 1 S. 1 gelten.[14] Die Voraussetzungen für diese Anwendungsvariante des § 242 BGB dürften erfüllt sein, wenn – wie im Fall „O'Byrne"[15] – der Geschädigte die Tochtergesellschaft des wahren Herstellers verklagt hat, weil er die Hintergründe des Produktions- und Distributionsprozesses nicht gekannt hat und auch nicht kennen konnte.

---

[4] *Frietsch* in: *Taschner/Frietsch* RdNr. 6; Produkthaftungshandbuch/*v. Westphalen* § 75 RdNr. 2; *Staudinger/Oechsler* RdNr. 3.
[5] *Soergel/Krause* RdNr. 2.
[6] EuGH Slg. 2006, I-199 Tz. 28 f., 40 = NJW 2006, 1409 = ZEuP 2007, 858 m. Bespr. *Whittaker* – *Skov*; vgl. auch Richlinienvorschlag der EG-Kommission vom 9. 9. 1976, abgedruckt in BT-Drucks. 7/5812, S. 6.
[7] BGH NJW 2005, 2695, 2696 = VersR 2005, 1297; *Palandt/Sprau* § 1 RdNr. 25; *Staudinger/Oechsler* § 1 RdNr. 156.
[8] So der Fall EuGH Slg. 2006, I-1313 = EuZW 2006, 184 – O'Byrne.
[9] EuGH Slg. 2006, I-1313 Tz. 37 f. = EuZW 2006, 184 – O'Byrne.
[10] Dazu statt aller *Zöller/Greger* § 263 ZPO RdNr. 23 ff.
[11] Zu diesen Problemen eingehend *Hodges* 122 Law Quaterly Review (2006), 393, 396 ff.
[12] BGHZ 80, 222, 226 = NJW 1981, 1953.
[13] BGH NJW-RR 1991, 1033, 1034; *Palandt/Heinrichs* § 204 RdNr. 12.
[14] Zur Ausschlussfrist des § 4 KSchG genauso LAG Düsseldorf MDR 2005, 999 f.
[15] Vgl. Fn. 8.

5 Die Verantwortlichkeiten nach § 4 bleiben stets **unternehmensbezogen** und schlagen nicht auf die Ebene der Mitarbeiter des Unternehmens durch, unabhängig davon, ob es sich um **Mitglieder von Leitungsorganen oder um Arbeitnehmer** handelt.[16] Insofern bleibt das ProdHaftG deutlich hinter der Deliktshaftung zurück, die der BGH unter bestimmten Voraussetzungen auch zu Lasten von Organmitgliedern und Arbeitnehmern des Herstellerunternehmens anwendet (eingehend § 823 BGB RdNr. 414 ff., 600).[17] Diese Diskrepanz darf auch nicht durch eine analoge Anwendung des § 4 auf Organe und Mitarbeiter des Herstellerunternehmens überwunden werden, da die Einstandspflicht nach Richtlinie und ProdHaftG von vornherein als Unternehmenshaftung konzipiert worden ist.[18] Als Hersteller kommt folglich nur derjenige in Betracht, der eine bewegliche Sache in eigener Verantwortung und für eigene Rechnung anfertigt oder erzeugt.[19] Unter dieser Voraussetzung ist die Rechtsform des Herstellerunternehmens allerdings gleichgültig; die Haftung trifft natürliche Personen, Personengesellschaften und Korporationen gleichermaßen.[20] Letztere können sich nicht unter Berufung auf § 831 BGB im Hinblick auf das Verhalten eines Mitarbeiters entlasten.[21]

II. Hersteller des Endprodukts (Abs. 1 S. 1 Var. 1)

6 **1. Funktion und Inhalt des Herstellerbegriffs.** § 4 Abs. 1 S. 1 bezieht die Haftung primär auf den Hersteller des fehlerhaften Produkts, ohne jedoch diesen Begriff anders als durch eine bloße Tautologie zu definieren: Hersteller ist derjenige, der das Produkt hergestellt hat.[22] Tatsächlich verhält sich der Herstellerbegriff komplementär zum Produktbegriff des § 2, der seinerseits auf bewegliche Sachen beschränkt ist:[23] **Hersteller ist jeder, in dessen Organisationsbereich eine bewegliche Sache entstanden ist.**[24] Dabei spielt es keine Rolle, auf welche Art und Weise das Produkt angefertigt oder erzeugt wurde, so dass Industrie und Handwerk ebenso erfasst werden wie Landwirtschaft und Urproduktion (RdNr. 16).[25] Ein Bauunternehmer, der Baumaterialien, die ein anderer (fehlerfrei oder fehlerhaft) hergestellt hat, in ein Gebäude einfügt, ist jedoch nicht als Hersteller iS des § 4 anzusehen; er kann allenfalls unter den Voraussetzungen des § 4 Abs. 3 verantwortlich sein.[26]

7 **Keine Hersteller** iS des Gesetzes sind somit sämtliche Akteure, die lediglich **Dienstleistungen** in Bezug auf ein Produkt erbringen, unabhängig davon, ob sie im Rahmen der Herstellung, beim Inverkehrbringen (§ 4 Abs. 3) oder danach erbracht werden.[27] Bei sachbezogenen Dienstleistungen bedarf es einer wertenden Entscheidung über den Anwendungsbereich des ProdHaftG (§ 2 RdNr. 1), die an der Frage orientiert sein muss, ob die Tätigkeit in erheblicher Weise die physische Beschaffenheit und insbesondere die Sicherheitseigenschaften einer beweglichen Sache modifiziert oder – im Fall der Ernte von Naturprodukten – determiniert.[28] Für Dienstleistungen jenseits des Anwendungsbereichs des § 4

---

[16] *Schlechtriem* VersR 1986, 1033, 1040; *Schmidt-Salzer* PHI 1988, 2, 6; *Kullmann* § 4 RdNr. 3; ders. in: *Kullmann/Pfister* Kza. 3605, S. 1 f.; *Rolland* RdNr. 6 f.; *Kremer* DAR 1996, 134, 136; *Pott* in: *Pott/Frieling* RdNr. 2 f.; Produkthaftungshandbuch/*v. Westphalen* § 75 RdNr. 6; *Staudinger/Oechsler* RdNr. 7.
[17] Vgl. nur BGHZ 116, 104, 113 f. = NJW 1992, 1039, 1040.
[18] *Rolland* RdNr. 1, 7; *Erman/Schiemann* RdNr. 1.
[19] Ähnlich *Taschner* in: *Taschner/Frietsch* Art. 3 RdNr. 1; *Staudinger/Oechsler* RdNr. 9 f.; Produkthaftungshandbuch/*v. Westphalen* § 75 RdNr. 4; *Rolland* RdNr. 5; *Pott* in: *Pott/Frieling* RdNr. 7; *Hommelhoff* ZIP 1990, 761, 763 f.
[20] *Rolland* RdNr. 5; *Schmidt-Salzer/Hollmann* Bd. 1 Art. 3 RdNr. 5; *Taschner* in: *Taschner/Frietsch* RL Art. 3 RdNr. 1; *Frietsch* in: *Taschner/Frietsch* RdNr. 11; *Pott* in: *Pott/Frieling* RdNr. 4.
[21] *Schlechtriem* VersR 1986, 1033, 1039; Produkthaftungshandbuch/*v. Westphalen* § 75 RdNr. 6.
[22] Treffend *Staudinger/Oechsler* RdNr. 8; Produkthaftungshandbuch/*v. Westphalen* § 75 RdNr. 2; *Taschner* in: *Taschner/Frietsch* RdNr. 4.
[23] *Kullmann* in: *Kullmann/Pfister* Kza. 3605, S. 2.
[24] *Soergel/Krause* RdNr. 3.
[25] Vgl. *Frietsch* in: *Taschner/Frietsch* RdNr. 11; *Rolland* RdNr. 5; *Staudinger/Oechsler* RdNr. 17 ff.
[26] OLG Stuttgart VersR 2001, 465, 466; teilweise aA *Staudinger/Oechsler* RdNr. 21; zur Haftung des Bauhandwerkers vgl. § 2 RdNr. 8.
[27] Zur Ausklammerung der Mitarbeiter vgl. RdNr. 3.
[28] Übereinstimmend OLG Düsseldorf NJW-RR 2001, 458; teilweise aA *Staudinger/Oechsler* RdNr. 12.

besteht zwar keine Produktverantwortung nach § 1 Abs. 1, doch kommt eine Haftung wegen Verletzung allgemeiner Sorgfaltspflichten gemäß § 823 Abs. 1 BGB in Betracht (vgl. § 823 RdNr. 599).

2. Abgrenzung im Einzelnen. a) Arbeitsteilige Herstellung. Nach § 4 Abs. 1 unterliegen sowohl der End- als auch der Teilhersteller der gesetzlichen Produkthaftung. Im Unterschied zur deliktischen Produkthaftung haftet der **Endhersteller** umfassend für die Fehlerfreiheit des von ihm in Verkehr gebrachten Endprodukts, ohne dass es auf die konkrete Form der Arbeitsteilung oder auf die vertragliche Allokation von Sorgfaltspflichten im Rahmen von Qualitätssicherungsvereinbarungen ankäme (vgl. § 823 BGB RdNr. 602 f.). Insbesondere hat auch der sog. **Assembler**, der sich auf das Zusammenfügen am Markt eingekaufter Komponenten zu einer Gesamtsache beschränkt, für die Fehlerfreiheit der Sache einzustehen, ohne dass er sich durch den Nachweis sorgfältiger Auswahl des Zulieferers bzw. Kontrolle der Zulieferware entlasten könnte.[29] Dies gilt nicht nur im Bereich industrieller Fertigung, sondern ebenso für die **Zubereitung von Speisen**, unabhängig davon, ob Naturprodukte oder vorgefertigte Erzeugnisse verarbeitet und an den Verbraucher abgegeben werden (Fast Food).[30] Übernimmt ein Unternehmen lediglich die Montage eines Gegenstands, den ein anderer Hersteller produziert hatte, kommt es darauf an, ob das **Montageunternehmen** durch seine eigene Aktivität Einfluss auf die Sicherheit des Gesamtprodukts nimmt oder ob es sich auf die Ausführung eines vom Hersteller vorgezeichneten Bauplans beschränkt.[31] Entsprechend sind Fallgestaltungen zu beurteilen, in denen das Unternehmen das Produkt mit Zubehörteilen ausrüstet oder mit Accessoires ausstattet.[32] Solange dadurch weder die Funktionsfähigkeit noch die Sicherheit der Gesamtsache in erheblicher Weise verändert wird, ist eine haftungsrechtliche Verantwortung des Ausrüsters für das Gesamtprodukt abzulehnen.[33] Die Haftung gemäß § 4 Abs. 2, 3 bleibt unberührt. Zu Ausrüstungs- und Montageleistungen beim Inverkehrbringen s. RdNr. 11 ff.

b) Geistige Leistungen im Produktionsprozess. Viele Produktionsprozesse basieren auf **Lizenz- oder Franchisevereinbarungen,** so dass sich genauso wie im Rahmen der Deliktshaftung die Frage nach der Produktverantwortung der Beteiligten solcher Vereinbarungen stellt (vgl. § 823 BGB RdNr. 610 ff., 614, 646). Insofern ist mit Recht anerkannt, dass jedenfalls der Lizenz- bzw. Franchisenehmer, der das Produkt eigenständig fertigt, als dessen Endhersteller iS des § 4 Abs. 1 zu gelten hat, da es für diesen Begriff keine Rolle spielt, inwieweit die Produktion von der Ausnutzung geistigen Eigentums Dritter abhängt.[34] Nach Auffassung der Verfasser des Gesetzentwurfs der Bundesregierung sollte dagegen eine Haftung auch des Lizenzgebers gemäß §§ 1 Abs. 1, 4 Abs. 1 nicht in Betracht kommen, weil dieser nicht „tatsächlicher Hersteller" sei,[35] während seine Produktverantwortung nach anderer Ansicht zu bejahen ist.[36]

---

[29] Begr. RegE, BT-Drucks. 11/2447 S. 19; *Rolland* RdNr. 13; *Frietsch* in: *Taschner/Frietsch* RdNr. 20; *Taschner* in: *Taschner/Frietsch* RL Art. 3 RdNr. 4; *Kullmann* § 4 RdNr. 12 ff.; *Staudinger/Oechsler* RdNr. 20; Produkthaftungshandbuch/*v. Westphalen* § 75 RdNr. 15; *v. Westphalen* NJW 1990, 83, 90.

[30] AG Waldkirch ZfS 2000, 530; *Baranowski* S. 164.

[31] Ähnlich *Rolland* RdNr. 14; Produkthaftungshandbuch/*v. Westphalen* § 75 RdNr. 17 ff.; *Staudinger/Oechsler* RdNr. 21 ff.; *Frietsch* in: *Taschner/Frietsch* RdNr. 26; *Schmidt-Salzer/Hollmann* Bd. 1 Art. 3 RdNr. 19; *Kullmann* in: *Kullmann/Pfister* Kza. 3605, S. 7; wohl auch OLG Dresden VersR 1998, 59.

[32] *Rolland* RdNr. 16; *Schmidt-Salzer/Hollmann* Bd. 1 Art. 3 RdNr. 34; *Frietsch* in: *Taschner/Frietsch* RdNr. 28; *Staudinger/Oechsler* RdNr. 26; Produkthaftungshandbuch/*v. Westphalen* § 75 RdNr. 21, 23.

[33] Wie hier *Rolland* RdNr. 16; im Ergebnis wohl auch Produkthaftungshandbuch/*v. Westphalen* § 75 RdNr. 21 f.

[34] Begr. RegE, BT-Drucks. 11/2447 S. 20; *Rolland* RdNr. 31; *Frietsch* in: *Taschner/Frietsch* RdNr. 15; *Taschner* in: *Taschner/Frietsch* Art. 3 RdNr. 10; *Staudinger/Oechsler* RdNr. 30; *Pott* in: *Pott/Frieling* RdNr. 21; *v. Westphalen* NJW 1990, 83, 89.

[35] Begr. RegE, BT-Drucks. 11/2447 S. 20; *Ann* S. 80 ff.; *Hölzlwimmer* S. 116 ff.; *Prey* S. 72; *Belz* S. 74; *Kullmann* in: *Kullmann/Pfister* Kza. 3605, S. 2; *Sack* JBl. 1989, 615, 618; *Rolland* RdNr. 32 ff.; *Staudinger/Oechsler* RdNr. 31 f.

[36] *Schmidt-Salzer/Hollmann* Bd. 1 Art. 3 RdNr. 139; Produkthaftungshandbuch/*v. Westphalen* § 75 RdNr. 7 f., mit dem zusätzlichen Erfordernis, der Lizenzgeber müsse äußerlich als Hersteller erkennbar sein. Darauf kommt es im Rahmen des § 4 Abs. 1 S. 1 nirgends an.

Wegen der Wechselbezüglichkeit von Sach- und Herstellerbegriff gemäß §§ 2, 4 betrifft dieser Streit im Grunde die Frage nach der Haftung für verkörperte geistige Leistungen (ausf. § 2 RdNr. 12 ff.).[37] In Übereinstimmung mit den Gesetzesmaterialien ist eine Produkthaftung des Lizenzgebers wegen des Dienstleistungscharakters seines Beitrags abzulehnen, und zwar auch dann, wenn dem Lizenznehmer das geistige Eigentum in Gestalt von Papier, Magnetplatten, CDs oder DVDs überlassen worden ist. Unberührt bleibt selbstverständlich die Verantwortlichkeit als Quasi-Hersteller unter den weiteren Voraussetzungen des § 4 Abs. 1 S. 2. Andererseits ist die Haftung von Lizenz- und insbesondere von Franchisegebern zu bejahen, soweit sie nicht nur ihr know how zur Verfügung stellen, sondern darüber hinaus den Lizenz- oder Franchisenehmer mit Zulieferteilen beliefern.[38] In diesem Fall hat der Lizenz- bzw. Franchisegeber für sein Zulieferprodukt gemäß § 4 Abs. 1 S. 1 Var. 2 einzustehen.

10 **c) Prüfungen und Qualitätskontrollen.** Einen schwierigen Grenzfall stellt es dar, wenn Prüfungen und Qualitätskontrollen auf ein **selbständiges Unternehmen** ausgelagert werden. Gegen dessen Herstellereigenschaft spricht der Umstand, dass an dem Produkt keine physischen Veränderungen vorgenommen werden sollen. Auf der anderen Seite lässt sich die erhebliche Bedeutung solcher Kontrollmaßnahmen für die Produktsicherheit nicht in Abrede stellen (RdNr. 7). Im Ergebnis sprechen gleichwohl die besseren Gründe dafür, die Herstellereigenschaft zu verneinen, denn die Begründung einer umfassenden Produktverantwortung zu Lasten des Prüfunternehmens entspräche weder dessen Handlungspotential noch der Höhe der erzielten Vergütung.[39] Entsprechende Überlegungen gelten für Unternehmen, die lediglich die Einstellung einzelner Funktionen nach den Wünschen des Abnehmers vornehmen oder die die Betriebsbereitschaft des Produkts herbeiführen.

11 **d) Dienstleistungen im Zusammenhang mit dem Vertrieb.** Erbringt der Hersteller oder ein anderes Unternehmen nach Fertigstellung des Produkts, aber noch vor Beginn der Vertriebsphase Dienstleistungen an dem Produkt, kommt es darauf an, ob diese Tätigkeiten dem Herstellungs- oder dem Vertriebsbereich zuzurechnen sind.[40] Zu denken ist an das Auspacken, Säubern, Kontrollieren, Zusammenbauen, Montieren, Einstellen und Testen des Produkts. Werden die Leistungen **vor dem Zeitpunkt des Inverkehrbringens** erbracht, wie er vom EuGH definiert worden ist (§ 1 RdNr. 25 f.), steht die Haftung des Endherstellers außer Frage.

12 Wird die **Dienstleistung nach dem Inverkehrbringen** erbracht, kommt die Haftung des Dienstleisters als Hersteller in Betracht. Insoweit muss es darauf ankommen, ob und in welchem Umfang die fragliche Tätigkeit Einfluss auf die Produktsicherheit hatte.[41] Erschöpft sich die Tätigkeit in der bloßen **Weiterleitung** eines unveränderten Produkts wie **Gas, Wasser, Fernwärme oder Elektrizität** durch das eigene Netz bzw. eine eigene Leitung, handelt es sich um Vertrieb, nicht um Herstellung.[42] Anders liegt es, wenn der gelieferte Stoff von dem Versorgungsunternehmen bei der Weiterleitung an den Endabnehmer verändert wird, etwa durch Entzug oder Zugabe von Inhalts- oder Zusatzstoffen oder das Mischen von Gasen.[43] Die üblichen **Händlerleistungen,** mit denen komplexe Produkte verkaufsfertig gemacht werden, wie etwa der sog. Make-ready-Service der Kfz-Vertragshändler, sind nicht als Herstellung zu werten, weil diese Tätigkeiten für die Produktsicherheit allenfalls von untergeordneter Bedeutung sind.[44] Genauso liegt es, wenn Küchengeräte, Einbaumöbel oder technisches Gerät vom Händler oder von einem anderen Unternehmen

---

[37] Im Ansatz ähnlich Produkthaftungshandbuch/*v. Westphalen* § 75 RdNr. 7 ff.; *Pott* in: *Pott/Frieling* RdNr. 22 f.
[38] *Staudinger/Oechsler* RdNr. 33.
[39] Im Ergebnis genauso *Rolland* RdNr. 14; Produkthaftungshandbuch/*v. Westphalen* § 75 RdNr. 24.
[40] Vgl. OLG Koblenz NJW-RR 1999, 907; OLG Stuttgart VersR 2001, 465, 467; zu Produkthaftungsrisiken im Handel vgl. *Johannsen/Rademacher* BB 1996, 2636 ff.
[41] OLG Düsseldorf NJW-RR 2001, 458; *Rolland* RdNr. 12; *Staudinger/Oechsler* RdNr. 12.
[42] *Klein* BB 1991, 917, 921 f.
[43] *Klein* BB 1991, 917, 921.
[44] *Staudinger/Oechsler* RdNr. 39; allg. zur Erheblichkeitsschwelle RdNr. 6.

beim Endabnehmer eingebaut oder montiert werden. Die Haftung des Händlers nach § 823 Abs. 1 BGB für sorgfaltswidriges Verhalten im Zusammenhang mit solchen Serviceleistungen bleibt davon selbstverständlich unberührt (§ 823 BGB RdNr. 599 f., 606 ff.).

Reparatur-, Instandsetzungs- und Wartungsarbeiten lösen ebenfalls nicht die Haftung nach §§ 1, 4 Abs. 1 aus.[45] Dies gilt auch dann, wenn die Arbeiten von dem Herstellerunternehmen selbst durchgeführt werden. Anders liegt es, wenn das Produkt einer Generalüberholung unterzogen oder ein „neuer" **Recyclingartikel** erzeugt wird. Derartige Aktivitäten haben erheblichen Einfluss auf die Sicherheitseigenschaften des Gegenstands und sind deshalb als Herstellung iS des § 4 Abs. 1 zu qualifizieren.[46]

Zum Vertrieb (und nicht zur Herstellung) gehört das **Portionieren** von Produkten durch den Handel, also beispielsweise das **Abfüllen** von Weinbränden, Essig oder Ölen in Feinkostläden.[47] Zwar sind Beschädigungen oder Verunreinigungen des Produkts in solchen Fällen nie ganz auszuschließen, doch bietet die Delikthaftung auch hier den gebotenen – und differenzierten, nämlich auf die eigene Handlungssphäre beschränkten – Schutz.[48] Anders ist zu entscheiden, wenn aus mehreren Zutaten ein Gesamtprodukt kreiert wird, wie dies bei Getränkeabfüllern der Fall ist, wenn sie aus Konzentrat unter Zugabe von Wasser und Kohlensäure erst das von ihnen in Verkehr gebrachte Endprodukt herstellen.[49] Erfolgt die Beigabe zusätzlicher Stoffe auf Grund von Weisungen des als Zulieferer zu qualifizierenden Herstellers des Grundstoffs, so ändert dies weder etwas an der Herstellereigenschaft des Abfüllers, noch kann zu seinen Gunsten das Haftungsprivileg des § 1 Abs. 3 entsprechend herangezogen werden.[50]

Bei **Bezug von Daten aus dem Internet** ist zunächst die Produkteigenschaft problematisch (vgl. § 2 RdNr. 16). Soweit diese zu bejahen ist, ist die Herstellereigenschaft indessen nur für den Inhaltsanbieter selbst zu bejahen, nicht aber auch für Access- und Serviceprovider.[51] Die Haftungsbeschränkungen der §§ 7 ff. TMG zugunsten sog. Access- und Serviceprovider sind jedenfalls zu beachten (§ 823 RdNr. 561 ff.).

III. Grundstoffhersteller (Abs. 1 S. 1 Var. 2)

Als Hersteller haftet gemäß §§ 1 Abs. 1, 4 Abs. 1 S. 1 auch der Grundstoffproduzent. Grundstoffe sind Materialien, die zu Teil- oder Endprodukten weiterverarbeitet werden und – dies ist das entscheidende Abgrenzungskriterium gegenüber Zulieferteilen – im Zuge der Weiterverarbeitung ihre Beschaffenheit ändern.[52] Mit der gesonderten Erwähnung des Grundstoffherstellers soll klargestellt werden, dass auch das bloße **Ernten und Sammeln sowie Abbau und Förderung** von Naturprodukten als „Herstellung" iS des ProdHaftG zu qualifizieren ist.[53] Aus dieser Funktion erklärt sich auch, warum der Grundstoffhersteller lediglich in §§ 1 Abs. 3 S. 2, 4 Abs. 1 S. 1 erwähnt ist, während § 2 die Problematik

---

[45] *Frietsch* in: *Taschner/Frietsch* RdNr. 12; *Schmidt-Salzer/Hollmann* Bd. 1 Art. 2 RdNr. 28; *Staudinger/Oechsler* RdNr. 24; *Molitoris* PHI 1997, 38, 44.

[46] Im Ergebnis genauso OLG München vom 20. 11. 1995 – 31 U 1739/95, zitiert bei *Kullmann/Pfister* Kza. 8125/4; *Staudinger/Oechsler* RdNr. 25; *Mayer* VersR 1990, 691, 694.

[47] OLG Düsseldorf NJW-RR 2001, 458; im Ergebnis genauso *Rolland* RdNr. 12; *Frietsch* in: *Taschner/Frietsch* RdNr. 35; *Kullmann* in: *Kullmann/Pfister* Kza. 3605, S. 3; *Pott* in: *Pott/Frieling* RdNr. 10; Produkthaftungshandbuch/*v. Westphalen* § 75 RdNr. 25, 26; zu Unrecht krit. *Staudinger/Oechsler* RdNr. 23, 28.

[48] *Kullmann* § 4 RdNr. 21.

[49] *Schmidt-Salzer/Hollmann* Bd. 1 Art. 3 RdNr. 44; *Rolland* RdNr. 12; *Frietsch* in: *Taschner/Frietsch* RdNr. 34; *Kullmann* in: *Kullmann/Pfister* Kza. 3605, S. 7; Produkthaftungshandbuch/*v. Westphalen* § 75 RdNr. 26; *Staudinger/Oechsler* RdNr. 29; *Pott* in: *Pott/Frieling* RdNr. 10; *Gmilkowsky* S. 72 f.

[50] *Kullmann* RdNr. 8; Produkthaftungshandbuch/*v. Westphalen* § 75 RdNr. 26; aA *Schmidt-Salzer/Hollmann* Bd. 1 Art. 3 RdNr. 45 f.

[51] Vgl. *Spindler* MMR 1998, 119, 122 f.; dort auch zur Haftung als Lieferant oder Importeur.

[52] *Taschner* in: *Taschner/Frietsch* RL Art. 3 RdNr. 8; Produkthaftungshandbuch/*v. Westphalen* § 75 RdNr. 35; *Kullmann* in: *Kullmann/Pfister* Kza. 3605, S. 9; *Pott* in: *Pott/Frieling* RdNr. 32; *Staudinger/Oechsler* RdNr. 15.

[53] *Frietsch* in: *Taschner/Frietsch* RdNr. 42; Produkthaftungshandbuch/*v. Westphalen* § 74 RdNr. 37.

§ 4 ProdHaftG 17–20   Produkthaftungsgesetz

unerwähnt lässt – dass Erze, Erdöl, Holz usw. bewegliche Sachen sind, bedarf keiner Erwähnung. Nach dem Wegfall des Haftungsprivilegs für Naturprodukte (§ 2 S. 2 aF) sind nunmehr auch die von Landwirten erzeugten Grundstoffe für Nahrungsmittel in die Produkthaftung einbezogen (§ 2 RdNr. 11).

IV. Hersteller eines Teilprodukts (Abs. 1 S. 1 Var. 3)

17 **1. Begriff des Teilherstellers.** Die ausdrückliche Einbeziehung des Teilherstellers in § 4 Abs. 1 S. 1 unterwirft die **gesamte Zulieferindustrie** der Verantwortlichkeit nach dem ProdHaftG. Erfasst werden alle eigenverantwortlichen Erzeuger beweglicher Sachen (§ 2), unabhängig davon, ob sie im Rahmen vertikaler Arbeitsteilung selbst gestaltete Zulieferteile oder auch ganze Systeme zur Endherstellung beisteuern oder im Wege horizontaler Arbeitsteilung eine Auftragsfertigung übernehmen.[54] Eine Kanalisierung der Haftung allein in Richtung auf den Endhersteller findet nicht statt.

18 Allerdings ist stets zu beachten, dass das ProdHaftG **keine Haftung für fehlerhafte Dienstleistungen** begründet.[55] Der Anwendungsbereich des § 4 Abs. 1 S. 1 wird verlassen, wenn das beteiligte Unternehmen kein stofflich greifbares Teil beisteuert,[56] sondern beispielsweise Qualitätskontrollen übernimmt oder lediglich beratend tätig wird (vgl. RdNr. 9). Führen fehlerhafte Entwürfe, Konstruktions- bzw. Montagepläne oder Gutachten zu Schäden, kommt die Haftung für ein geistige Leistungen verkörperndes Produkt in Betracht (RdNr. 8).

19 **2. Verantwortlichkeit für das Teilprodukt.** Für die Fehlerfreiheit des Zulieferprodukts trägt der Teilhersteller die **vollständige Verantwortung;**[57] neben ihm haftet allerdings auch der Hersteller des Endprodukts. Der maßgebende Zeitpunkt ist dabei nicht die Inverkehrgabe des Endprodukts, sondern diejenige des Zulieferteils, die sich regelmäßig dadurch vollzieht, dass es an den Endhersteller geliefert wird (§ 1 RdNr. 28). Steht allerdings fest, dass das Zulieferteil mangelhaft ist bzw. es im Zeitpunkt seiner Verarbeitung war, trägt gemäß § 1 Abs. 2 Nr. 2 der Zulieferer die Beweislast dafür, dass es den Fehler im Zeitpunkt seiner Auslieferung noch nicht hatte (eingehend § 1 RdNr. 31 ff.). Anders als im Rahmen der deliktsrechtlichen Produzentenhaftung, bei welcher die Verantwortlichkeit an die Verletzung einer dem (Teil-)Hersteller obliegenden Verkehrspflicht anknüpft, sind hier die Verantwortungsbereiche der beteiligten Unternehmen nicht nach der jeweils vorliegenden Form der Zusammenarbeit auf Fabrikations- oder Konstruktionsebene abzugrenzen.[58] Vielmehr ist die Produktverantwortung an der Schnittstelle zwischen Zulieferer und Endhersteller nach Maßgabe des § 1 Abs. 3 zu verteilen, wobei es gemäß § 1 Abs. 4 S. 2 wiederum Sache des Zulieferers ist, sich entsprechend zu entlasten (iE § 1 RdNr. 56 ff., 76).

20 Ansprüche des Endherstellers gegen den Zulieferer wegen Schäden, die von fehlerhaften Zulieferteilen verursacht worden sind, scheitern an dem Ausschlusstatbestand des § 1 Abs. 1 S. 2, da das Endprodukt für dessen Hersteller keine zum privaten Ge- oder Verbrauch bestimmte Sache ist. Eine außervertragliche **Haftung für Produktionsschäden,** die im Rahmen des § 823 Abs. 1 BGB von der Rechtsprechung bejaht wird (§ 823 BGB RdNr. 133 ff.), kann daher aus den Vorschriften des ProdHaftG nicht hergeleitet werden. Einer Verantwortlichkeit des Zulieferers für Schäden am Endprodukt unter dem Aspekt des

---

[54] Zu Formen der Arbeitsteilung vgl. § 823 BGB RdNr. 602 f.; sowie *Wellenhofer-Klein* S. 71 ff.; *Schreiber* S. 11 ff.
[55] *Rolland* RdNr. 19 f.; *Pott* in: *Pott/Frieling* RdNr. 28; Produkthaftungshandbuch/*v. Westphalen* § 75 RdNr. 29.
[56] Wie hier *Kullmann* § 4 RdNr. 4; *Rolland* RdNr. 20; Produkthaftungshandbuch/*v. Westphalen* § 75 RdNr. 29; aA *Schmidt-Salzer/Hollmann* Bd. 1 Art. 3 RdNr. 104.
[57] *Frietsch* in: *Taschner/Frietsch* RdNr. 38; *Potinecke* S. 187; enger *Schmidt-Salzer/Hollmann* Bd. 1 Art. 3 RdNr. 105 ff.
[58] Zur Allokation der Sorgfaltspflichten zwischen Endhersteller und Zulieferer im Rahmen des § 823 Abs. 1 BGB vgl. dort RdNr. 605.

„weiterfressenden" Mangels,** die im Deliktsrecht überwiegend bejaht wird (§ 823 BGB RdNr. 127 ff.), steht ebenfalls § 1 Abs. 1 S. 2 entgegen (vgl. § 1 RdNr. 12 mwN auch zur Gegenmeinung).

V. Quasi-Hersteller (Abs. 1 S. 2)

1. Zweck der Einbeziehung des Quasi-Herstellers. Quasi-Hersteller ist derjenige, der sich durch das **Anbringen eines entsprechenden Kennzeichens** als Hersteller des Produkts ausgibt, obwohl er es in Wahrheit gar nicht hergestellt hat.[59] Quasi-Hersteller sind häufig (auch) Lieferanten, etwa ein Versandhaus oder ein Handelsunternehmen, die Produkte bei Dritten bezogen haben, um sie unter eigenem Namen oder unter einer Handelsmarke zu vertreiben. Während dieser Vorgang allein nicht dazu geeignet ist, den einem Hersteller obliegenden Kanon deliktsrechtlicher Sorgfaltspflichten zu mobilisieren (§ 823 BGB RdNr. 608), wird der Quasi-Hersteller im Rahmen der sondergesetzlichen Produkthaftung unter den Voraussetzungen des § 4 Abs. 1 S. 2 tatsächlich wie ein Hersteller behandelt, dh. er haftet nach § 4 Abs. 1, nicht unter den restriktiven Voraussetzungen des § 4 Abs. 3. Dies bedeutet: Selbst soweit der Quasi-Hersteller – wie in aller Regel – den wahren Hersteller ausfindig machen kann, bleibt er neben diesem in vollem Umfang haftbar. Der Geschädigte kann seine Ersatzansprüche somit gegen zwei Unternehmen richten und zusätzlich noch sämtliche Zulieferer, die mit Grundstoffen oder Teilprodukten zur Herstellung beigetragen haben, in Anspruch nehmen. Der Innenausgleich unter der damit gegebenen Vielzahl von Haftpflichtigen bestimmt sich nach § 5.

Die Einbeziehung desjenigen, der das Produkt einem Hersteller gleich in den Verkehr bringt, wird unter dem Gesichtspunkt des **Verbraucherschutzes** legitimiert; dem Geschädigten soll die oft unfruchtbare Nachforschung über die Person des wirklichen Herstellers erspart werden.[60] Um diesen Zweck zu erreichen, hätte allerdings eine Regel nach Art des § 4 Abs. 3 vollauf genügt, die dem Quasi-Hersteller die Entlastung bei Designation des wahren Herstellers ermöglicht hätte. Genauso wenig überzeugt der Hinweis auf das Zurechnungsprinzip der Rechtsscheinhaftung,[61] denn deren Voraussetzungen müssen für § 4 Abs. 1 S. 2 gerade nicht vorliegen: Weder kommt es darauf an, dass der Geschädigte in concreto auf eine Sicherheitsverantwortlichkeit des Quasi-Herstellers vertraut hat noch schließt die Kenntnis der Identität des tatsächlichen Herstellers die Haftung des Kennzeicheninhabers aus.[62] Allerdings lässt sich sagen, der Quasi-Hersteller werfe durch die Anbringung seines Namens sein Renommee für die Gewährleistung der Produktsicherheit in die Waagschale, fordere also zumindest **typischerweise das Vertrauen Dritter** heraus.[63] Dieser Gesichtspunkt spielt eine Rolle, weil das Produkthaftungsrecht auf der Grenzlinie zwischen vertraglicher und außervertraglicher Haftung angesiedelt ist. Im U. S.-amerikanischen Recht, das dem vertragsrechtlichen Ansatz lange Zeit verbunden geblieben ist, hat sich die Haftung des „apparent manufacturer" zuerst etablieren können,[64] und der europäische Gesetzgeber wollte dahinter nicht zurückstehen.

2. Anbringen von Kennzeichen etc. In objektiver Hinsicht ist zunächst das Anbringen eines auf den Inanspruchgenommenen hinweisenden Kennzeichens erforderlich.[65] Das Ge-

---

[59] *Taschner* in: *Taschner/Frietsch* RL Art. 3 RdNr. 13; *Schmidt-Salzer/Hollmann* Bd. 1 Art. 3 RdNr. 128 f.; *Krüger* S. 3; der Ausdruck Quasi-Hersteller geht zurück auf *Schmidt-Salzer,* Produkthaftung, 1. Aufl. 1973, RdNr. 157. Zum Vorbild der Regelung im US-amerikanischen Recht vgl. *Lüderitz,* FS Pleyer, 1986, S. 539, 542 f.

[60] *Kullmann* § 4 RdNr. 35; *Rolland* RdNr. 25; Produkthaftungshandbuch/*v. Westphalen* § 75 RdNr. 42; vgl. auch *Krüger* S. 9 f.

[61] So insbes. *Staudinger/Oechsler* RdNr. 54; zurückhaltender *Brüggemeier/Reich* WM 1986, 149, 151 f.; *Frietsch* in: *Taschner/Frietsch* RdNr. 44.

[62] *Erman/Schiemann* RdNr. 4; *Rolland* RdNr. 25; *Pott* in: *Pott/Frieling* RdNr. 39; *Sack* JBl. 1989, 615, 617.

[63] So Richlinienvorschlag der EG-Kommission vom 9. 9. 1976, abgedruckt in BT-Drucks. 7/5812 S. 6 f.; BGH NJW 2005, 2695, 2696 = VersR 2005, 1297; *Soergel/Krause* § 4 RdNr. 4.

[64] Eingehend *Owen,* Products Liability, S. 977 ff.; vgl. auch *Rieckers* VersR 2004, 706.

[65] Nach Art. 3 Abs. 1 RL: „Erkennungszeichen".

setz nennt insoweit beispielhaft den **Namen** oder eine **Marke** (§ 3 MarkenG) und bringt damit zum Ausdruck, dass es sich um ein **unterscheidungskräftiges Zeichen** handeln muss, das die Individualisierung seines Inhabers ermöglicht. Diese Anforderung erfüllen insbesondere die Firma des Kaufmanns sowie die Unternehmenskennzeichen nach § 5 Abs. 2 MarkenG.[66] Auf die Eintragungsfähigkeit des Zeichens gemäß §§ 8 ff. MarkenG kommt es ebenso wenig an wie auf die Erfüllung der Eintragungsvoraussetzungen. Es spielt auch keine Rolle, ob der Inanspruchgenommene das auf ihn hinweisende Kennzeichen berechtigter- oder unberechtigterweise verwendet.[67]

24 Wie sich aus der aktivischen Formulierung des § 4 Abs. 1 S. 2 ergibt, reicht es nicht aus, wenn das Zeichen auf dem Produkt angebracht worden *ist,* sondern es wird vorausgesetzt, dass der Quasi-Hersteller das Zeichen auf dem Produkt angebracht *hat.* Folgerichtig muss dem Quasi-Hersteller die **Verbindung seines Namens mit dem Produkt zurechenbar** sein.[68] Wer als Dritter Produkte unbefugt unter dem Namen eines anderen Unternehmens in den Verkehr bringt, wie es die sog. **Produkt- bzw. Markenpiraten** tun, vermag eine Haftung jenes Unternehmens nach Abs. 1 S. 2 nicht zu begründen.[69] Zurechenbarkeit setzt selbstverständlich nicht voraus, dass die Anbringung des Zeichens durch den Zeicheninhaber physisch bewirkt worden ist, sondern es reicht aus, wenn der Inanspruchgenommene in die Verwendung seines Zeichens ex ante eingewilligt hatte oder sie ex post genehmigt.[70] Eine ausdrückliche Erklärung ist dafür ebenso entbehrlich wie ein Zugang der Willensäußerung beim wirklichen Hersteller.[71] Diese Anforderung ist häufig bei Lizenz- oder Franchisegebern erfüllt.[72] Für die **Konzernhaftung** gelten keine Besonderheiten, dh. ein „Durchgriff" gegen die Konzernmutter auf Basis von § 4 Abs. 1 S. 2 ist nur möglich, wenn die dort normierten Voraussetzungen erfüllt sind, die Obergesellschaft also als Quasi-Hersteller aufgetreten ist.[73] Das konzernrechtliche Beherrschungsverhältnis für sich genommen reicht nicht aus, sondern kann den Durchgriff allenfalls gemäß § 826 BGB oder auf der Basis gesellschaftsrechtlicher Haftungsfiguren rechtfertigen (vgl. § 826 BGB RdNr. 116 ff.).[74]

25 Ist die Zurechenbarkeit im eben beschriebenen Sinn gewährleistet, sind an den Begriff des „Anbringens" keine strikten Anforderungen zu stellen. Die nach der Vorschrift erforderliche **Verbindung zwischen Kennzeichen und Produkt** ist auch dann gewährleistet, wenn lediglich die Verpackung des Produkts oder seine Gestaltung auf den Inanspruchgenommenen hinweist.[75] Nach dem Gesetzeswortlaut reicht das bloße Verwenden des Kennzeichens in der Werbung[76] oder auf Rechnungen bzw. Lieferscheinen[77] allerdings nicht aus.

---

[66] Begr. RegE, BT-Drucks. 11/2447 S. 19; *Landscheidt* RdNr. 60; *Kullmann* § 4 RdNr. 36; *ders.* in: *Kullmann/Pfister* Kza. 3605, S. 12 f.; *Pott* in: *Pott/Frieling* RdNr. 36; Produkthaftungshandbuch/*v. Westphalen* § 75 RdNr. 43.
[67] *Frietsch* in: *Taschner/Frietsch* RdNr. 51; Produkthaftungshandbuch/*v. Westphalen* § 75 RdNr. 49; *Krüger* S. 15.
[68] BGH NJW 2005, 2695, 2696 = VersR 2005, 1297; Produkthaftungshandbuch/*v. Westphalen* § 75 RdNr. 46; *Staudinger/Oechsler* RdNr. 61; *Wagener/Wahle* NJW 2005, 3179, 3180 f.
[69] *Wagener/Wahle* NJW 2005, 3179, 3181.
[70] BGH NJW 2005, 2695, 2696 = VersR 2005, 1297; Produkthaftungshandbuch/*v. Westphalen* § 75 RdNr. 44; *Krüger* S. 16; aA *Taschner* in: *Taschner/Frietsch* RL Art. 3 RdNr. 10.
[71] BGH NJW 2005, 2695, 2696 = VersR 2005, 1297; *Wagener/Wahle* NJW 2005, 3179, 3181.
[72] Begr. RegE, BT-Drucks. 11/2447 S. 20; Produkthaftungshandbuch/*v. Westphalen* § 75 RdNr. 48; *Frietsch* in: *Taschner/Frietsch* RdNr. 51; *Pfeiffer* S. 243 f.; *Rolland* RdNr. 34; *Staudinger/Oechsler* RdNr. 32; *Landscheidt* RdNr. 63; *Bräutigam* S. 182 f.; *ders.* WM 1994, 1189, 1196; *Gross* CR 1990, 438, 441; *Kullmann* in: *Kullmann/Pfister* Kza. 3605, S. 15 f.; *Hölzlwimmer* S. 122, 140 betr. Warenzeichenlizenzen; vgl. auch *Joerges* ZHR 151 (1987), 195, 210; aA *Taschner* in: *Taschner/Frietsch* RL Art. 3 RdNr. 10; *Körner* NJW 1985, 3047, 3051 f.; *Hölzlwimmer* S. 117; für entsprechende Anwendung des Abs. 1 S. 2 *Ann* S. 82 f., 131.
[73] So wohl auch *Rieckers* VersR 2004, 706, 711 ff.
[74] Zum US-amerikanischen Recht *Owen,* Products Liability, S. 973 ff.
[75] Begr. RegE, BT-Drucks. 11/2447 S. 19; *Rolland* RdNr. 30; *Kullmann* § 4 RdNr. 40; *ders.* in: *Kullmann/Pfister* Kza. 3605, S. 13; *Pott* in: *Pott/Frieling* RdNr. 37; Produkthaftungshandbuch/*v. Westphalen* § 75 RdNr. 44; *Krüger* S. 16 f.
[76] Insoweit aA *Rolland* RdNr. 30; für eine analoge Anwendung des § 4 Abs. 1 S. 2 *Krüger* S. 19.
[77] So auch *Rolland* RdNr. 30; *Krüger* S. 21; teilweise aA *Pott* in: *Pott/Frieling* RdNr. 37.

3. Sichausgeben als Hersteller. Das von dem Betreffenden verwendete Kennzeichen 26 begründet nur dann seine Eigenschaft als Quasi-Hersteller, wenn es den Eindruck erweckt, der Verwender habe das Produkt selbst gefertigt und übernehme die Verantwortung für seine Sicherheit (RdNr. 21 f.).[78] Dieser Anforderung ist regelmäßig schon mit der **Anbringung des Zeichens auf dem Produkt** genüge getan.[79] Anders verhält es sich nur bei Handelsunternehmen, von denen das Publikum weiß, dass sie selbst nicht als Hersteller tätig werden; der Einsatz von **Handelsmarken** löst nicht die Haftung nach Abs. 1 S. 2 aus, weil sich das Handelsunternehmen nicht als Hersteller ausgibt.[80] Im Übrigen muss allerdings derjenige, der seinen Namen für ein Produkt hergibt, für eine Zerstörung des Anscheins eigener Herstellung sorgen, wenn er der Haftung entgehen will. Dies kann dadurch geschehen, dass der Verwender auf eine reine Vertriebstätigkeit hinweist oder sonstige aufklärende **Zusätze,** wie zB ein auf den tatsächlichen Hersteller hindeutendes Markenzeichen anbringt.[81] Derartige Zusätze müssen allerdings für den Verbraucher verständlich und ohne weitere Nachforschungen ersichtlich sein.[82] Der bloße Hinweis auf die Herstellung des Produkts im Ausland reicht insoweit nicht aus.[83] Andererseits ist es nicht notwendig, dass sich aus dem Zusatz ergibt, welches Unternehmen der wirkliche Hersteller ist, wobei es ohne diese Angabe freilich bei der Verantwortlichkeit nach Abs. 3 verbleibt.[84]

VI. Importeur (Abs. 2)

1. Zweck der Einbeziehung des Importeurs. Zur Rechtfertigung der Gleichstellung 27 des EWR-Importeurs mit dem Hersteller nach Maßgabe des § 4 Abs. 2 wird auf den Verbraucherschutz verwiesen.[85] Tatsächlich geht es nicht um den Schutz des Verbrauchers vor unsicheren Produkten, sondern um die **Gewährleistung** der tatsächlichen **Durchsetzung nach dem ProdHaftG begründeter Ansprüche** im Kontext des internationalen Rechts- und Wirtschaftsverkehrs.[86] Haftete der Importeur nicht, müsste der im Inland Geschädigte seine Rechte gegenüber dem ausländischen Hersteller geltend machen. Dafür stellen ihm Art. 5 Nr. 3 EuGVVO, § 32 ZPO zwar einen inländischen Gerichtsstand zur Verfügung, doch bleibt unsicher, ob das Urteil im Heimatland des Herstellers anerkannt und vollstreckt werden wird. Soweit dies nicht der Fall ist, wäre der Geschädigte genötigt, im Ausland zu klagen, wobei nicht gesichert wäre, dass die nach dem internationalen Privatrecht einschlägigen Regelungen des ProdHaftG von dem ausländischen Gericht, das sein eigenes Kollisionsrecht anwendete, auch zur Geltung gebracht würden. Rechts- und Durchsetzungssicherheit sind nur gewährleistet, soweit das Produkthaftungs-, das Kollisions- und das Zivilverfahrensrecht vereinheitlicht sind, wie im Rahmen der EU.[87] Mit dem Abkommen über den Europäischen Wirtschaftsraum (EWR-Vertrag) vom 2. 5. 1992[88] ist nicht nur

---

[78] BGH NJW 2005, 2695, 2697 = VersR 2005, 1298; *Soergel/Krause* RdNr. 5.
[79] *Erman/Schiemann* RdNr. 4; *Schmidt-Salzer/Hollmann* Bd. 1 Art. 3 RdNr. 138 ff.; *Rolland* RdNr. 25; aA *v. Westphalen* NJW 1990, 83, 89.
[80] Begr. RegE, BT-Drucks. 11/2447 S. 19 f.; *Kullmann* in: *Kullmann/Pfister* Kza. 3605, S. 14 f.; *Schmidt-Salzer/Hollmann* Bd. 1 Art. 3 RdNr. 143; *Staudinger/Oechsler* RdNr. 64; wohl weitergehend *Rolland* RdNr. 25.
[81] Vgl. Begr. RegE, BT-Drucks. 11/2447 S. 19 f.; *Taschner* in: *Taschner/Frietsch* RL Art. 3 RdNr. 15; *Kullmann* in: *Kullmann/Pfister* Kza. 3605, S. 14; Produkthaftungshandbuch/*v. Westphalen* § 75 RdNr. 45; *Frietsch* in: *Taschner/Frietsch* RdNr. 49; *Pott* in: *Pott/Frieling* RdNr. 40.
[82] BGH NJW 2005, 2695, 2697 = VersR 2005, 1297; Produkthaftungshandbuch/*v. Westphalen* § 75 RdNr. 47; *Staudinger/Oechsler* RdNr. 64; *Schmidt-Salzer/Hollmann* Bd. 1 Art. 3 RdNr. 141.
[83] *Kullmann* § 4 RdNr. 42; *ders.* in: *Kullmann/Pfister* Kza. 3605, S. 15; *Rolland* RdNr. 28; *Pott* in: *Pott/Frieling* RdNr. 38; Produkthaftungshandbuch/*v. Westphalen* § 75 RdNr. 47; *Krüger* S. 24.
[84] Wie hier *Pott* in: *Pott/Frieling* RdNr. 40; *Krüger* S. 23; für Anwendbarkeit des Abs. 1 S. 2 hingegen *Erman/Schiemann* RdNr. 4.
[85] Begr. RegE, BT-Drucks. 11/2447 S. 20; *Staudinger/Oechsler* RdNr. 68; *Bolliger* S. 124; krit. *Schlechtriem* VersR 1986, 1033, 1040.
[86] So auch öOGH JBl. 1995, 456, 457; 1997, 779, 780.
[87] Zur Harmonisierung des Kollisionsrechts vgl. Einl. RdNr. 3 f.
[88] In Kraft seit dem 1. 1. 1994; vgl. das Abkommen vom 2. 5. 1992 über den Europäischen Wirtschaftsraum, BGBl. 1993 II S. 266 idF des Anpassungs-Protokolls vom 17. 3. 1993, BGBl. II S. 1294; sowie das

der Geltungsbereich der Produkthaftungsrichtlinie erweitert,[89] sondern insbesondere auch ein Parallelabkommen zum EuGVÜ (EuGVVO) – das Luganer Übereinkommen – geschaffen worden, das die Regelungen des Brüsseler Übereinkommens de facto verallgemeinert.[90] Folgerichtig kommt es für die Importeurshaftung seit jeher nicht auf die Einfuhr in den einzelnen Mitgliedstaat und seit 1995 auch nicht mehr auf die Einfuhr in den Europäischen Binnenmarkt, sondern auf **den Import in den Europäischen Wirtschaftsraum** an.

28   Mit diesen Überlegungen zur Rechtfertigung der Importeurshaftung stimmt überein, dass der Pflichtenkanon des Importeurs im Rahmen der deliktischen Produkthaftung Erweiterungen und Verstärkungen erfahren hat, soweit es um Einfuhren aus Drittstaaten geht (vgl. § 823 BGB RdNr. 609). Der Importeur ist das **Scharnier** zwischen den Sicherheitsstandards des **Herkunftsstaates** und den (berechtigten) Sicherheitserwartungen im **Marktstaat**. Soweit die Sicherheitsstandards des Marktstaats von denjenigen des Herkunftsstaates abweichen, bleibt gar nichts anderes übrig, als die haftungsrechtlichen Anreize an den Importeur zu adressieren. Die Funktion des § 4 Abs. 2 besteht somit darin, den Importeur dazu anzuhalten, sich der Unbedenklichkeit der eingeführten Produkte am Maßstab der inländischen Sicherheitsstandards zu vergewissern.

29   Die **Haftung des Herstellers** des Produkts bleibt neben derjenigen des EWR-Importeurs unberührt. Anders als im Rahmen des Abs. 3 gilt hier kein Stufenverhältnis, sondern Hersteller und Importeur haften gemäß § 5 S. 1 als Gesamtschuldner.[91] Die Haftungsverteilung im Innenverhältnis richtet sich gemäß § 5 S. 2 iVm. § 426 BGB nach der vertraglichen Abrede bzw. – in Ermangelung einer solchen – nach den Verursachungsbeiträgen. Im zuletzt genannten Fall ist der Mittlerrolle des Importeurs zwischen inländischen Sicherheitserwartungen und ausländischen Standards in der Weise Rechnung zu tragen, dass die Haftungslasten nur dann auf den Hersteller überwälzt werden können, wenn das Produkt auch nach den Maßstäben des Herkunftsstaates fehlerhaft war oder der Hersteller erkennen konnte, dass im Marktstaat anspruchsvollere Standards gelten.

30   **2. Einführen oder Verbringen in den Geltungsbereich des EWR-Vertrags.** Gemäß Art. 126 Abs. 1 des Abkommens über den Europäischen Wirtschaftsraum erstreckt er sich über die Mitgliedstaaten der EU hinaus insbesondere auf Norwegen und Island, während die Schweiz den EWR-Vertrag zwar unterzeichnet, aber nicht ratifiziert hat.[92] Folgerichtig muss sich ein Importeur schweizerischer Waren wie ein Hersteller behandeln lassen. Das Produkt wird iS des Gesetzes „eingeführt", wenn es aus einem Drittstaat tatsächlich in das Gebiet des Europäischen Wirtschaftsraumes gebracht wird.[93] Dabei kommt es darauf an, wer den Import kontrolliert, nicht darauf wer ihn durchführt – der Importeur ist nicht der Transporteur, sondern der erste Vertriebsunternehmer mit Sitz im Inland.[94] Das Tatbestandsmerkmal des Verbringens hatte lediglich historische Bedeutung; es sollte die Einfuhr aus der DDR erfassen, ohne diese als Staat anzuerkennen. Neben dem **Import** des Produkts wird auch der **Reimport** eines zuvor aus dem Europäischen Wirtschaftsraum in Drittländer ausgeführten Produkts erfasst.[95] Folgerichtig schadet es nichts, wenn der tatsächliche Hersteller seinen Sitz

---

Gesetz zur Ausführung des Abkommens vom 2. 5. 1992 über den Europäischen Wirtschaftsraum vom 27. 4. 1993, BGBl. I S. 512.

[89] Die Verpflichtung der EWR-Staaten zur Umsetzung der Richtlinie ergibt sich aus Art. 3 iVm. Anhang III, Verzeichnis nach Art. 23 lit. e des EWR-Vertrags, BGBl. 1993 II S. 269, 516.

[90] Eingehend zur Entwicklung der Importeurshaftung 3. Aufl. RdNr. 20 f.

[91] Produkthaftungshandbuch/*v. Westphalen* § 75 RdNr. 61.

[92] BGBl. 1993 II S. 267 idF des Anpassungs-Protokolls vom 17. 3. 1993, BGBl. II S. 1294. Vgl. die Auflistung der verschiedenen Kleinstaaten und Übersee-Territorien bei *Staudinger/Oechsler* RdNr. 72 ff.; zur Schweiz *Staudinger/Oechsler* Einl. RdNr. 89, 105.

[93] *Rolland* RdNr. 55.

[94] öOGH JBl. 1995, 456, 457.

[95] Begr. RegE, BT-Drucks. 11/2447 S. 20; Produkthaftungshandbuch/*v. Westphalen* § 75 RdNr. 53; *v. Westphalen* NJW 1990, 83, 89; *Schmidt-Salzer/Hollmann* Bd. 1 Art. 3 RdNr. 204 f.; *Kullmann* in: *Kullmann/Pfister* Kza. 3605, S. 18; *Pott* in: *Pott/Frieling* RdNr. 49; *Sack* JBl. 1989, 615, 618 f.; *Bolliger* S. 127; einschränkend *Staudinger/Oechsler* RdNr. 85; *Zoller* S. 147 ff., 169.

innerhalb des EWR hat und daher eine Durchsetzung der Haftpflichtansprüche diesem gegenüber unproblematisch wäre.[96] Die Einbeziehung des Reimports ist mit Blick auf den Zweck des § 4 Abs. 2 gerechtfertigt, denn die Gestaltung von Exportware orientiert sich häufig nicht an den inländischen Sicherheitsstandards, sondern an den möglicherweise niedrigeren Erwartungen im ausländischen Marktstaat. Eine teleologische Reduktion der Vorschrift auf solche Fälle, in denen der Hersteller nicht in Anspruch genommen werden kann,[97] liegt zwar nahe, scheidet im Ergebnis aber doch aus, weil nicht gewährleistet ist, dass der Hersteller für die Enttäuschung inländischer Sicherheitserwartungen einzustehen hat, wenn er die Ware gar nicht für diesen Markt produziert hat. Schließlich beschränkt sich § 4 Abs. 2 nicht auf den Importeur von Endprodukten, sondern gilt gleichermaßen für denjenigen, der Teilprodukte oder Grundstoffe in den EWR einführt.[98] Der Umstand, dass in diesen Fällen der – inländische – Endhersteller für den Fehler des Endprodukts einschließlich sämtlicher Teile einzustehen hat, vermag den Importeur nicht zu entlasten. Eine Haftung dem Endhersteller gegenüber wird allerdings regelmäßig an § 1 Abs. 1 S. 2 scheitern (vgl. § 1 RdNr. 7 ff.).

3. Wirtschaftlicher Zweck des Imports. Die Verantwortlichkeit des Importeurs setzt **31** weiter voraus, dass die Einfuhr zum Zweck des Verkaufs, der Vermietung, des Mietkaufs oder einer anderen Form des Vertriebs mit wirtschaftlicher Zwecksetzung erfolgt. Die Interpretation des Begriffs des wirtschaftlichen Zwecks ist an § 1 Abs. 2 Nr. 3 zu orientieren,[99] so dass es darauf ankommt, ob die Einfuhr zu Zwecken der Gewinnerzielung und nicht ausschließlich aus privater Motivation geschah (vgl. § 1 RdNr. 38 ff.). Auch eine unentgeltliche Weitergabe des Produkts zu kommerziellen Zwecken genügt, wie bei Mustern und Werbegeschenken.[100] Das Mittel der Gewinnerzielung muss bei § 4 Abs. 2 jedoch stets der Vertrieb des Produkts sein, so dass der Import zur Eigennutzung nicht unter Abs. 2 fällt, und zwar auch dann nicht, wenn die Eigennutzung ihrerseits wirtschaftlichen Zwecken dient.[101] Fluggesellschaften, die ihr Fluggerät bei Boeing in den USA beschaffen, haften deshalb bei Unfällen nicht aus § 1 ProdHaftG. Anders als bei § 1 Abs. 2 Nr. 3 trägt hier der Geschädigte die Beweislast dafür, dass der Import für den Vertrieb mit wirtschaftlichem Zweck erfolgte.

Die wirtschaftliche Zwecksetzung des Importeurs muss **im Zeitpunkt der Einfuhr** des **32** Produkts vorliegen.[102] Eine nachträgliche Zweckänderung wirkt sich weder zugunsten des aus wirtschaftlichen Motiven handelnden Importeurs, noch zulasten des zunächst aus rein privater Motivation Handelnden aus. Wird ein Produkt zum Zweck der Eigennutzung eingeführt, nach einiger Zeit indessen an einen Dritten veräußert, haftet der Importeur nicht nach §§ 1, 4 Abs. 2. Folgerichtig kann es auch nicht in Betracht kommen, den Zeitpunkt des Imports iS des § 4 Abs. 2 und denjenigen des Inverkehrbringens iS des § 1 kurzerhand gleichzusetzen.[103] Das Inverkehrbringen des Produkts durch den Importeur erfolgt nach allgemeinen Grundsätzen erst dann, wenn er das Produkt aus seinem Organisationsbereich entlässt, indem er es an Händler oder Verbraucher ausliefert (vgl. § 1 RdNr. 24 ff.).

---

[96] *Frietsch* in: *Taschner/Frietsch* RdNr. 60; Produkthaftungshandbuch/*v. Westphalen* § 75 RdNr. 53; zweifelnd *Schmidt-Salzer/Hollmann* Bd. 1 Art. 3 RdNr. 204; *Rolland* RdNr. 55.
[97] So *Staudinger/Oechsler* RdNr. 85; ähnlich *Rolland* RdNr. 56.
[98] *Rolland* RdNr. 57; *Schmidt-Salzer/Hollmann* Bd. 1 Art. 3 RdNr. 248; *Kullmann* in: *Kullmann/Pfister* Kza. 3605, S. 22; Produkthaftungshandbuch/*v. Westphalen* § 75 RdNr. 59; *Staudinger/Oechsler* RdNr. 86; *Bolliger* S. 130.
[99] Produkthaftungshandbuch/*v. Westphalen* § 75 RdNr. 55; *Rolland* RdNr. 58.
[100] Produkthaftungshandbuch/*v. Westphalen* § 75 RdNr. 56; *Staudinger/Oechsler* RdNr. 87; *Frietsch* in: *Taschner/Frietsch* RdNr. 61; *Rolland* RdNr. 59; *Bolliger* S. 128.
[101] Begr. RegE, BT-Drucks. 11/2447 S. 20; *Palandt/Sprau* RdNr. 7; *Taschner* Art. 3 RdNr. 19; *Schmidt-Salzer/Hollmann* Bd. 1 Art. 3 RdNr. 214 ff.; Produkthaftungshandbuch/*v. Westphalen* § 75 RdNr. 57; *Kullmann* in: *Kullmann/Pfister* Kza. 3605, S. 21; *Erman/Schiemann* RdNr. 5; aA *Rolland* RdNr. 60 f.; *Staudinger/Oechsler* RdNr. 88.
[102] *Rolland* RdNr. 62; Produkthaftungshandbuch/*v. Westphalen* § 75 RdNr. 58; *Kullmann* in: *Kullmann/Pfister* Kza. 3605, S. 21; *Pott* in: *Pott/Frieling* RdNr. 55; *Soergel/Krause* RdNr. 7; *Staudinger/Oechsler* RdNr. 82.
[103] So aber *Taschner* in: *Taschner/Frietsch* RL Art. 7 RdNr. 6; *Staudinger/Oechsler* RdNr. 91; wie hier *Frietsch* in: *Taschner/Frietsch* § 1 RdNr. 62; *Rolland* § 1 RdNr. 100; *Frieling* in: *Pott/Frieling* § 1 RdNr. 80; Produkthaftungshandbuch/*v. Westphalen* § 72 RdNr. 46; *Erman/Schiemann* § 1 RdNr. 6.

VII. Lieferant (Abs. 3)

33 1. Zweck der Lieferantenhaftung. Im Rahmen des Deliktsrechts treffen den Händler nur sehr begrenzte Sorgfaltspflichten zur Gewährleistung der Fehlerfreiheit der von ihm vertriebenen Produkte (vgl. § 823 BGB RdNr. 606 f.). Die harmonisierte Produkthaftung **kanalisiert die Haftung hin zum Hersteller** bzw. diesem gleichgestellte Personen, wie Quasi-Hersteller und Importeure, und zwar im Interesse effizienter Verhaltenssteuerung, richtiger Zuordnung von Haftpflichtversicherungslasten und -kosten[104] sowie zur Vermeidung der hohen administrativen Kosten, die mit einem Rücklauf der Haftung entlang der Vertriebskette verbunden sind.[105] Die Privilegierung des Händlers wird in dem Fall des § 4 Abs. 3 (Art. 3 Abs. 3 RL) durchbrochen, wenn also der Hersteller des Produkts nicht festgestellt werden kann und der Händler nicht binnen angemessener Frist den Hersteller oder seinen eigenen Lieferanten benennt. Nur dann werden die Herstellerpflichten auf den Händler selbst bezogen und Letzterer als Produzent fingiert.[106] Zur Rechtfertigung dieser Regelung wird wiederum auf den Verbraucherschutz verwiesen,[107] doch genauso wie in § 4 Abs. 2 geht es tatsächlich um die Sicherung der tatsächlichen Durchsetzung nach dem ProdHaftG begründeter Schadensersatzansprüche durch Bereitstellung eines **Druckmittels** (RdNr. 27).[108] Dem Hersteller soll die Möglichkeit verbaut werden, sich durch anonyme Gestaltung des Produkts seiner Verantwortung zu entziehen. Da Sanktionen gegenüber einem nicht identifizierbaren Hersteller naturgemäß ausscheiden, wird der Händler der Haftungsdrohung ausgesetzt und ihm auf diese Weise der Anreiz vermittelt, sich der Herkunft der von ihm vertriebenen Produkte zu vergewissern und diese dem Geschädigten gegenüber offenzulegen. In ähnlicher Weise wie bei der Importeurshaftung macht sich das Haftungsrecht die Scharnierfunktion des Handels zwischen Hersteller und Verbraucher zunutze (RdNr. 28). Der in der Literatur ausgebrochene Streit darüber, ob es sich bei der Einstandspflicht des Lieferanten um eine aufschiebend oder um eine auflösend bedingte Haftung handelt, ist sowohl praktisch als auch theoretisch belanglos.[109]

34 2. Begriff des Lieferanten. Lieferant iS des Abs. 3 ist jeder, der das Produkt vertreibt, ohne selbst nach Abs. 1 oder Abs. 2 Hersteller zu sein bzw. als solcher zu gelten. Der Begriff des Lieferanten ist an den Wertungen der §§ 1 Abs. 2 Nr. 3, 4 Abs. 2 zu orientieren, also auf **sämtliche Formen des Vertriebs** zu beziehen, die einem wirtschaftlichen Zweck dienen oder im Rahmen einer beruflichen Tätigkeit ausgeführt werden. Neben dem Verkäufer trifft die Haftung nach § 4 Abs. 3 auch Vermieter und Leasinggeber sowie denjenigen, der die Sache zwar unentgeltlich abgibt, dabei jedoch einen geschäftlichen Zweck verfolgt, wie dies beim Verteilen von Werbegeschenken der Fall ist. Auch ein Werkunternehmer, der Reparaturen ausführt, kann Lieferant sein, allerdings regelmäßig nicht hinsichtlich des Reparaturgegenstandes, sondern lediglich in Bezug auf die von ihm ausgewechselten oder ergänzten Einzelteile (RdNr. 13).[110] Erfasst wird im Übrigen „jeder Lieferant", also die **gesamte Vertriebskette,** über sämtliche Stufen von Groß- und Einzelhändlern, so dass

---

[104] Richlinienvorschlag der EG-Kommission vom 9. 9. 1976, abgedruckt in BT-Drucks. 7/5812, S. 6; EuGH Slg. 2006, I-199 Tz. 28 f. = NJW 2006, 1409 = ZEuP 2007, 858 m. Bespr. *Whittaker – Skov*.
[105] Richlinienvorschlag der EG-Kommission vom 9. 9. 1976, abgedruckt in BT-Drucks. 7/5812, S. 6; EuGH Slg. 2002, I-3827 Tz. 40 = RIW 2002, 787 – Kommission/Frankreich; Slg. 2006, I-2461 Tz. 53 = EuZW 2006, 506 – Kommission/Frankreich.
[106] Zur strikten Rspr. des EuGH vgl. Einl. RdNr. 3.
[107] Begr. RegE, BT-Drucks. 11/2447 S. 20; *Rolland* RdNr. 66; *Frietsch* in: *Taschner/Frietsch* RdNr. 67; *Staudinger/Oechsler* RdNr. 95.
[108] BGH NJW 2005, 2695, 2697 = VersR 2005, 1297; OLG Zweibrücken VersR 2006, 1503, 1504.
[109] Für aufschiebende Bedingung *Rolland* RdNr. 82; Produkthaftungshandbuch/*v. Westphalen* § 75 RdNr. 79; für auflösende Bedingung *Schmidt-Salzer/Hollmann* Bd. 1 Art. 3 RdNr. 283, 311; *Landscheidt* RdNr. 68; *Bräutigam* S. 164; *Prey* S. 77.
[110] Produkthaftungshandbuch/*v. Westphalen* § 75 RdNr. 70; *Schmidt-Salzer/Hollmann* Bd. 1 Art. 3 RdNr. 279 f., 282; *Kullmann* in: *Kullmann/Pfister* Kza. 3605, S. 26; *Staudinger/Oechsler* RdNr. 97; *Pott* in: *Pott/Frieling* RdNr. 65.

beispielsweise beim **Absatzfranchising** sowohl der Franchisegeber als auch der Franchisenehmer als Lieferanten zu qualifizieren sind. Bei einem **Handelsvertreter** kommt alles darauf an, wie er auftritt und in welcher Funktion er die Auslieferung des Produkts vornimmt.[111] Abwegig erscheint es dagegen, auch Spediteure und sonstige Logistikunternehmen als Lieferanten anzusehen; die Behauptung, es komme allein darauf an, wer die Sache im tatsächlichen Sinn abliefere,[112] führt teleologisch in die Irre und findet weder in der Richtlinie noch im ProdHaftG irgendeinen Anhalt. Sonst müsste man auch den Postboten als Lieferanten ansehen.[113] Genauso wenig ist der Produktnutzer Lieferant, so dass seine Haftung gegenüber externen Dritten (innocent bystanders) nicht auf § 4 Abs. 3, sondern allenfalls auf Deliktsrecht gestützt werden kann.[114]

3. Haftungsvoraussetzungen. Die Haftung des Lieferanten hängt von zwei Voraussetzungen ab, dass nämlich der Hersteller des Produkts nicht ermittelt werden kann und der Händler seiner Auskunftsobliegenheit nicht nachkommt. 35

a) Nichtfeststellbarkeit des Herstellers. Kennt der Geschädigte den Hersteller oder lässt er sich identifizieren, scheidet die Haftung des Lieferanten aus. Darüber hinaus wird der Geschädigte von Teilen der Literatur für verpflichtet gehalten, sich selbst im Rahmen des Zumutbaren um die Aufklärung der Identität des Herstellers zu bemühen.[115] § 4 Abs. 3 ist jedoch die gegenteilige Wertung zu entnehmen, dass der Erwerber eines nicht hinreichend gekennzeichneten fehlerhaften Produkts seine **Nachforschungen** darauf beschränken darf, von seinem Lieferanten Auskunft über die Person des Herstellers zu verlangen.[116] Wird der Händler darum ersucht, kann er den Geschädigten nicht auf andere Aufklärungsmöglichkeiten verweisen, sondern er muss die Auskunft erteilen. 36

Fraglich ist der **Zeitpunkt** der Nichtermittelbarkeit des Herstellers: Wird die Auskunftsobliegenheit des Lieferanten bereits dadurch ausgelöst, dass der Hersteller im **Zeitpunkt der Anspruchserhebung** nach Eintritt des Schadens nicht ermittelt werden kann oder kommt es darauf an, ob diese Voraussetzung erfüllt war als das **Produkt die Sphäre des Händlers verlassen** hat?[117] Die Wahl zwischen den beiden Auslegungsalternativen wird relevant, wenn der Hersteller nur deshalb nicht feststellbar ist, weil das ursprünglich angebrachte Herkunftskennzeichen später von einem Dritten oder von dem Geschädigten selbst vernichtet oder beschädigt wurde, durch Abnutzung unleserlich geworden oder mit dem Produkt selbst zerstört worden ist. Der Zweck der Vorschrift, dem Lieferanten haftungsrechtliche Anreize zur Vermarktung nur solcher Produkte zu vermitteln, deren Hersteller ihm bekannt ist (RdNr. 33), spricht für ihre Beschränkung auf solche Fälle, in denen die Unkenntnis des Geschädigten gerade darauf beruht, dass das Produkt bereits zur Zeit seines Inverkehrbringens durch den Lieferanten keinen Hinweis auf seinen Hersteller aufwies.[118] Der Wortlaut des Art. 3 Abs. 3 RL kennt solch eine teleologisch motivierte Einschränkung indessen nicht, sondern macht die Händlerhaftung lediglich davon abhängig, dass weder der Hersteller noch der Lieferant des Händlers fristgerecht benannt wird. Europarechtlich dürfte folglich kein Weg an der Auskunftsobliegenheit des Händlers vorbeiführen, wenn das Produkt seinen Hersteller nicht ausweist (anders die Vorauflage). Dies muss jedenfalls dann gelten, wenn der Verlust des 37

---

[111] *Rolland* RdNr. 67; Produkthaftungshandbuch/*v. Westphalen* § 75 RdNr. 70.
[112] So aber Produkthaftungshandbuch/*v. Westphalen* § 75 RdNr. 70; wie hier *Kullmann* § 4 RdNr. 70; *ders.* in: *Kullmann/Pfister* Produzentenhaftung Kza. 3506, S. 26.
[113] *Kullmann* in: *Kullmann/Pfister* Kza. 3605, S. 26; insoweit auch Produkthaftungshandbuch/*v. Westphalen* § 75 RdNr. 70.
[114] *Schmidt-Salzer/Hollmann* Bd. 1 Art. 3 RdNr. 290.
[115] *Rolland* RdNr. 69; *Staudinger/Oechsler* RdNr. 99; *Wagener/Wahle* NJW 2005, 3179, 3182.
[116] BGH NJW 2005, 2695, 2697 = VersR 2005, 1297; öOGH JBl. 1993, 253, 254; *Soergel/Krause* RdNr. 10; Produkthaftungshandbuch/*v. Westphalen* § 75 RdNr. 73; *Spickhoff* NJW 1992, 2055, 2057.
[117] Offen gelassen in BGH NJW 2005, 2695, 2697 f. = VersR 2005, 1297.
[118] So OLG Düsseldorf MDR 2000, 1075; *Spickhoff* NJW 1992, 2055, 2057; Produkthaftungshandbuch/*v. Westphalen* § 75 RdNr. 73 f.; *Frietsch* in: *Taschner/Frietsch* RdNr. 69; *Kullmann* in: *Kullmann/Pfister* Kza. 3605, S. 25; *Schmidt-Salzer/Hollmann* Bd. 1 Art. 3 RdNr. 292 ff.; *Staudinger/Oechsler* RdNr. 100; *Wagener/Wahle* NJW 2005, 3179, 3182.

§ 4 ProdHaftG 38–41

Herstellerkennzeichens auf normaler Abnutzung oder darauf beruht, dass sich das Produkt infolge eines Fehlers selbst zerstört hat.[119] Dem Händler ist zu raten, Daten betreffend die Herkunft der von ihm vertriebenen Produkte zehn Jahre lang aufzubewahren (§ 13 Abs. 1).

38 Die Lieferantenhaftung scheidet nicht deswegen aus, weil auf dem Produkt ein **Vertriebsunternehmen** genannt ist („Vertrieb durch ...."), das uU seinerseits nach § 4 Abs. 3 haften würde.[120] Gleiches gilt, wenn dem Geschädigten ein **Teil- oder Grundstoffhersteller** bekannt ist oder vom Lieferanten benannt wird.[121] Deren Verantwortlichkeit ist auf das von ihnen hergestellte Teilprodukt und auf den Zeitpunkt beschränkt, in dem dieses in Verkehr gebracht wurde (RdNr. 16 ff.), während § 4 Abs. 3 darauf abzielt, den Lieferanten eines anonymen Endprodukts in vollem Umfang für dessen Schadensrisiken verantwortlich zu machen. Steht allerdings die Haftung einer Person als **Quasi-Hersteller** (RdNr. 21 ff.) oder als **EWR-Importeur** (RdNr. 27 ff.) fest, kommt eine kumulative Mithaftung des Lieferanten nicht in Betracht (arg. Abs. 3 S. 2).[122]

39 b) **Nichterteilung der Auskunft trotz Aufforderung. aa) Rechtsnatur.** Gesetz und Richtlinie begründen **keinen einklagbaren Auskunftsanspruch** des Geschädigten gegen den Lieferanten auf Bekanntgabe des Herstellers, Importeurs bzw. Vorlieferanten.[123] Der Versuch, einen solchen aus § 286 BGB (= § 284 BGB aF) herzuleiten,[124] überzeugt nicht, weil es sich bei der zitierten Norm nicht um eine Anspruchsgrundlage handelt und es gerade an einer Pflichtverletzung fehlt, wenn die Erteilung einer nicht geschuldeten Auskunft verweigert wird. Tatsächlich setzt § 4 Abs. 3 auf das rationale Eigeninteresse des Händlers, sich durch Benennung des Herstellers bzw. seines Vorlieferanten von der Haftung zu befreien. Die Erteilung der Auskunft ist also eine bloße Obliegenheit.[125]

40 bb) **Aufforderung und Nichterfüllung der Auskunftsobliegenheit.** Die Auskunftsobliegenheit ist binnen eines Monats nach Zugang einer entsprechenden **Aufforderung** des Geschädigten zu erfüllen. Einer Aufforderung bedarf es nicht, wenn der Gegner bestreitet, das Produkt vertrieben zu haben, es ablehnt, den Hersteller zu benennen oder klarstellt, dass der Hersteller mangels Kenntnis nicht benannt werden könne.[126] Insoweit liegt es ähnlich wie bei der Fristsetzung gemäß § 323 Abs. 1 BGB; vgl. § 323 Abs. 2 Nr. 1 BGB. Die Aufforderung ist **weder form-, noch fristgebunden,** muss aber wegen der Ausschlussfrist des § 13 binnen zehn Jahren nach Vermarktung des Produkts erfolgen, wobei wiederum auf das Inverkehrbringen durch den Lieferanten selbst abzustellen ist.[127] Damit die Auskunftsobliegenheit ausgelöst wird, muss die Aufforderung so konkret sein, dass der Lieferant ersehen kann, um welches Produkt es sich handelt.[128]

41 Die Obliegenheit ist durch eine **rechtzeitige, vollständige und inhaltlich richtige Auskunft** über Namen und Anschrift des Herstellers, Quasi-Herstellers oder Importeurs bzw. des Vorlieferanten zu erfüllen, mit der der Geschädigte in die Lage versetzt wird, gerichtlich gegen den primär Verantwortlichen vorzugehen.[129] Die Benennung eines

---

[119] So in dem Fall BGH NJW 2005, 2695, 2697 f. = VersR 2005, 1297.
[120] BGH NJW 2005, 2695, 2697 = VersR 2005, 1297.
[121] *Frietsch* in: *Taschner/Frietsch* RdNr. 70; *Landscheidt* RdNr. 69 b aE; *Schmidt-Salzer/Hollmann* Bd. 1 Art. 3 RdNr. 302; *Staudinger/Oechsler* RdNr. 105; aA Produkthaftungshandbuch/*v. Westphalen* § 75 RdNr. 75; *Pott* in: *Pott/Frieling* RdNr. 67; *Rolland* RdNr. 78.
[122] OLG Düsseldorf NJW-RR 2001, 458, 459; *Staudinger/Oechsler* RdNr. 104; Produkthaftungshandbuch/*v. Westphalen* § 75 RdNr. 76; *Schmidt-Salzer/Hollmann* Bd. 1 Art. 3 RdNr. 302; *Pott* in: *Pott/Frieling* RdNr. 67.
[123] *Spickhoff* NJW 1992, 2055, 2056.
[124] So *Pott* in: *Pott/Frieling* RdNr. 81; vgl. auch *Schmidt-Salzer/Hollmann* Bd. 1 Art. 3 RdNr. 307.
[125] *Rolland* RdNr. 83; *Staudinger/Oechsler* RdNr. 94.
[126] BGH NJW 2005, 2695, 2698 = VersR 2005, 1297.
[127] Begr. RegE, BT-Drucks. 11/2447 S. 25; Produkthaftungshandbuch/*v. Westphalen* § 75 RdNr. 83; *Rolland* RdNr. 86.
[128] Produkthaftungshandbuch/*v. Westphalen* § 75 RdNr. 85; *Kullmann* in: *Kullmann/Pfister* Kza. 3605, S. 27; *Staudinger/Oechsler* RdNr. 106.
[129] LG Lübeck VersR 1993, 1282, 1283; öOGH JBl. 1993, 253, 254; *Rolland* RdNr. 89; *Staudinger/Oechsler* RdNr. 110; zu Unrecht weitergehend Produkthaftungshandbuch/*v. Westphalen* § 75 RdNr. 86.

Vorlieferanten hat uU bloß transitorische Folgen, weil sich Letzterer wiederum der Haftung entziehen kann, indem er seinerseits den Hersteller bzw. seinen Vorlieferanten benennt.[130] Genauso wie bei §§ 478, 479 BGB besteht der Zweck des § 4 Abs. 3 nicht darin, den Zwischenhändler zu belasten, sondern den **Rücklauf der Haftung** bis zum Herstellerunternehmen zu gewährleisten, das gemäß § 1 Abs. 1 primärer Adressat der Produkthaftung ist. Beruht der Schaden auf dem Fehler eines importierten Produkts, so kann sich der Lieferant nach der Regelung des Abs. 3 S. 2 nur durch Benennung des EWR-Importeurs von der Haftung befreien, während die Designation eines außerhalb des EWR angesiedelten Herstellerunternehmens nicht ausreicht. Auch der Nachweis von Zulieferern oder Grundstoffherstellern vermag den Lieferanten nicht zu entlasten (vgl. RdNr. 38).

Der Lieferant kann sich nicht mit Erfolg darauf berufen, ihm sei die Erteilung der Auskunft **unmöglich bzw. unzumutbar.** Zwar sind die einem Schuldner obliegenden Pflichten nach Maßgabe des § 275 BGB begrenzt, doch im Kontext der europäischen Produkthaftung wird man die Obliegenheit des Lieferanten zur Dokumentation der Herkunft der von ihm vertriebenen Produkte samt Aufbewahrung der Unterlagen über eine Frist von zehn Jahren (§ 13) nicht als unzumutbar ansehen dürfen.[131] 42

Für die **Durchsetzbarkeit des Anspruchs** bzw. die **Solvenz** der ordnungsgemäß designierten Person ist der Lieferant allerdings nicht verantwortlich, da es nicht Zweck der Lieferantenhaftung ist, dem Geschädigten bei Insolvenz des Herstellers einen weiteren Schuldner zu verschaffen.[132] Genauso wenig zielt die Vorschrift darauf ab, dem Geschädigten Beweisschwierigkeiten abzunehmen oder in sonstiger Weise die Durchsetzung des Anspruchs zu erleichtern, so dass der Lieferant zu weitergehenden Auskünften oder zur Bereitstellung von Beweismitteln nicht verpflichtet ist.[133] Allerdings müssen dem Geschädigten diejenigen Informationen an die Hand gegeben werden, die er zur Führung des Nachweises braucht, dass sein Verkäufer das fehlerhafte Produkt von dem als Hersteller oder Vorlieferant benannten Unternehmen erhalten hat.[134] Der bloße Umstand, dass der designierte Hersteller oder Vorlieferant diese Rolle abstreitet, verschiebt die Verantwortlichkeit nicht zurück zum Lieferanten.[135] Erst wenn der Prozess gegen die vom Lieferanten genannte Partei gescheitert ist, weil deren Herstellereigenschaft nicht bewiesen werden kann, lebt die Haftung aus § 4 Abs. 3 wieder auf.[136] In diesem Fall kann der Geschädigte auch das Kosteninteresse aus dem verlorenen Prozess gegen den fälschlicherweise designierten Hersteller als Vermögensfolgeschaden gemäß §§ 1 Abs. 1, 4 Abs. 3 vom Lieferanten ersetzt verlangen.[137] Der Schadensersatzanspruch schließt nach allgemeinen Regeln die Rechtsverfolgungskosten auch dann ein, wenn nur für die Verletzung bestimmter Rechtsgüter gehaftet wird, unabhängig davon, ob der Schädiger mit der Leistung in Verzug ist.[138] 43

Die gebotenen Informationen müssen dem Geschädigten **innerhalb eines Monats,** nachdem sein Auskunftsverlangen den Lieferanten erreicht hat, zur Verfügung gestellt werden. Die Monatsfrist wird mit dem Zugang der Aufforderung (§ 130 Abs. 1 BGB) in 44

---

[130] *Brüggemeier/Reich* WM 1986, 149, 152; Begr. RegE, BT-Drucks. 11/2447 S. 20 f.
[131] Produkthaftungshandbuch/*v. Westphalen* § 75 RdNr. 88; *Schmidt-Salzer/Hollmann* Bd. 1 Art. 3 RdNr. 276; *Rolland* RdNr. 77; *Soergel/Krause* RdNr. 10; *Staudinger/Oechsler* RdNr. 111, 118; aA *Schlechtriem* VersR 1986, 1033, 1040.
[132] OLG Zweibrücken VersR 2006, 1503, 1504; *Kullmann* in: Kullmann/Pfister Kza. 3605, S. 28; *Frietsch* in: Taschner/Frietsch RdNr. 76; Produkthaftungshandbuch/*v. Westphalen* § 75 RdNr. 90; *Staudinger/Oechsler* RdNr. 112.
[133] *Rolland* RdNr. 89; aA *Pott* in: Pott/Frieling RdNr. 89; ähnlich Produkthaftungshandbuch/*v. Westphalen* § 75 RdNr. 86.
[134] öOGH JBl. 1993, 253, 254.
[135] OLG Zweibrücken VersR 2006, 1503, 1504.
[136] OLG Zweibrücken VersR 2006, 1503, 1504; *Mayer* VersR 1990, 691, 694; *Staudinger/Oechsler* RdNr. 116.
[137] *Mayer* VersR 1990, 691, 694; *Staudinger/Oechsler* RdNr. 115.
[138] BGHZ 30, 154, 156 f. = NJW 1959, 1631; BGH NJW 1986, 2243, 2244 f.; § 249 BGB RdNr. 174 ff.; *Staudinger/Schiemann* (1998) § 251 RdNr. 114.

Gang gesetzt und berechnet sich nach den §§ 187 Abs. 1, 188 Abs. 2 BGB.[139] Mit der Statuierung einer Monatsfrist hat der deutsche Gesetzgeber die europarechtliche Vorgabe des Art. 3 Abs. 3 RL in modifizierter Form umgesetzt, weil die Verfasser der Richtlinie auf die Festlegung einer definitiven Frist verzichtet und den Lieferanten statt dessen zur Benennung des Herstellers „binnen angemessener Zeit" verpflichtet haben. Ob die Umwandlung dieses flexiblen Maßstabs in eine starre Monatsfrist einer Prüfung durch den EuGH standhalten würde, ist angesichts der Tendenz des Gerichtshofs zur strikten Durchsetzung der Richtlinienvorgaben zweifelhaft.[140]

45 Die Adoption einer starren Monatsfrist durch den deutschen Gesetzgeber hat zudem ein Problem verschärft, das sich in geringerem Maß auch bei flexibler Fristbemessung stellt, nämlich die Behandlung einer **verspäteten Benennung** des Herstellers bzw. Vorlieferanten. Zwar lässt sich für die entlastende Wirkung einer Benennung nach Fristablauf anführen, dass die Einstandspflicht des Lieferanten lediglich als „Auffanghaftung" für den Fall mangelnder Identifizierbarkeit des Herstellers konzipiert worden ist,[141] doch ist die Frage im Rechtsausschuss des Deutschen Bundestags ausführlich erörtert worden, und die Mehrheit hat sich für eine strikte Ausschlusswirkung ausgesprochen, die die Wiedereinsetzung in den vorigen Stand ebenso ausschließen sollte wie die Entlastung des Lieferanten bei nachträglicher Designation des Herstellers.[142] Dafür sprechen nicht nur die Gesichtspunkte der Rechtssicherheit und Rechtsklarheit,[143] sondern auch das Bemühen um Minimierung der Abwicklungskosten, denn nur so lässt sich vermeiden, dass der Geschädigte die gegen den Lieferanten angestrengte Klage zurücknehmen muss, um alsdann rechtliche Schritte gegen den nachträglich benannten Hersteller einzuleiten.[144] Besser ist es, den Prozess gegen den Händler zu Ende zu führen und Letzteren auf den Regress gegen den Hersteller nach § 5 S. 2 zu verweisen.

46 **cc) Entlastung des Lieferanten nach § 1 Abs. 2.** Versäumt der Lieferant die ordnungsgemäße Benennung von Hersteller bzw. Vorlieferant, wird er auf Grund der Fiktion des Abs. 3 so behandelt, als sei er selbst Hersteller des Produkts. Es ist streitig, ob die Lieferantenhaftung in dem Sinne derivativ ist, dass sie auf dasjenige begrenzt bleibt, was der Geschädigte sonst von dem nicht benannten tatsächlichen Hersteller hätte verlangen können oder ob § 4 Abs. 3 eine **originäre Eigenhaftung des Lieferanten** begründet. Von der Antwort auf diese Frage hängt insbesondere die Handhabung des § 1 Abs. 2 Nr. 2 ab: Haftete der Lieferant in exakt derselben Weise wie der eigentlich verantwortliche Hersteller, könnte er zu seiner Entlastung geltend machen, das Produkt habe den Fehler im Zeitpunkt des Inverkehrbringens *durch den Hersteller* noch nicht aufgewiesen;[145] handelte es sich um eine originäre Einstandspflicht zu Lasten des Lieferanten, könnte er sich lediglich mit dem Nachweis entlasten, das Produkt sei im Zeitpunkt des Inverkehrbringens *durch den Lieferanten selbst* – regelmäßig also bei Abgabe an den Endabnehmer – noch fehlerfrei gewesen.[146] Der Wortlaut des § 4 Abs. 3 („gilt als dessen Hersteller") lässt beide Interpretationen zu, doch

---

[139] *Frietsch* in: *Taschner/Frietsch* RdNr. 78; Produkthaftungshandbuch/*v. Westphalen* § 75 RdNr. 82.

[140] Vgl. Einl. RdNr. 3. Zu den Schwierigkeiten der Bestimmung einer „angemessenen" Frist öOGH JBl. 1995, 592, 593 f.

[141] So *Rolland* RdNr. 95; *Erman/Schiemann* RdNr, 6; *Pott* in: *Pott/Frieling* RdNr. 85; ambivalent *Staudinger/Oechsler* RdNr. 121, der die nachträgliche Benennung des Herstellers nur entlastend berücksichtigen will, wenn sie („eventuell") innerhalb weiterer zwei Monate erfolgt.

[142] Beschlussempfehlung und Bericht des Rechtsausschusses, BT-Drucks. 11/5520 S. 15; im Ergebnis genauso Produkthaftungshandbuch/*v. Westphalen* § 75 RdNr. 91; *Kullmann* PHI 2001, 46, 50; *Soergel/Krause* RdNr. 10; wohl auch *Schmidt-Salzer/Hollmann* Bd. 1 Art. 3 RdNr. 336.

[143] Die Unsicherheiten bei Verzicht auf eine feste Ausschlussfrist werden im österreichischen Recht deutlich; vgl. öOGH vom 23. 9. 1999, ecolex 2000, 40, 41 f. = *Kullmann/Pfister* Kza. 11100/16.

[144] Im Ergebnis genauso Beschlussempfehlung und Bericht des Rechtsausschusses, BT-Drucks. 11/5520 S. 15.

[145] So *Rolland* RdNr. 92 ff.; *Soergel/Krause* RdNr. 10; *Staudinger/Oechsler* RdNr. 122.

[146] So Produkthaftungshandbuch/*v. Westphalen* § 75 RdNr. 93; *Pott* in: *Pott/Frieling* RdNr. 92; *Frietsch* in: *Taschner/Frietsch* RdNr. 81; *Kullmann* in: *Kullmann/Pfister* Kza. 3605, S. 30; *Schmidt-Salzer/Hollmann* Bd. 1 Art. 3 RdNr. 338 ff.

aus den Materialien ergibt sich, dass die Gesetzesverfasser von der zweitgenannten Ansicht ausgingen,[147] und diese erscheint auch in der Sache angemessen. Zunächst ist ohnehin schwer vorstellbar, wie sich der Lieferant durch Nachweis entlastender Umstände aus der Sphäre des Herstellers entlasten können sollte, wenn er nicht in der Lage ist, diesen Hersteller zu benennen, um bereits dadurch der Haftung nach § 4 Abs. 3 zu entgehen.[148] Selbst wenn der Händler zu entsprechendem Vortrag in der Lage wäre, würde er mit diesem häufig zugleich den Tatbestand der eigenen Deliktshaftung untermauern, denn wenn das Produkt bei ursprünglicher Inverkehrgabe durch seinen Hersteller mangelfrei war, dann wird der Fehler regelmäßig auf dem Transportweg oder in der Obhut des Händlers entstanden sein. Vor allem aber würde die Zulassung von Einwänden, deren tatsächliche Voraussetzungen in der Sphäre des Herstellers liegen, den Geschädigten in eine schwierige Prozesssituation bringen. Damit bestünde die ernste Gefahr, dass der Zweck des § 4 Abs. 3 – die Gewährleistung der praktischen Durchsetzbarkeit tatsächlich bestehender Ansprüche – partiell verfehlt würde.

§ 5 Mehrere Ersatzpflichtige

¹ Sind für denselben Schaden mehrere Hersteller nebeneinander zum Schadensersatz verpflichtet, so haften sie als Gesamtschuldner. **²** Im Verhältnis der Ersatzpflichtigen zueinander hängt, soweit nichts anderes bestimmt ist, die Verpflichtung zum Ersatz sowie der Umfang des zu leistenden Ersatzes von den Umständen, insbesondere davon ab, inwieweit der Schaden vorwiegend von dem einen oder dem anderen Teil verursacht worden ist; im übrigen gelten die §§ 421 bis 425 sowie § 426 Abs. 1 Satz 2 und Abs. 2 des Bürgerlichen Gesetzbuchs.

Übersicht

	RdNr.		RdNr.
I. Übersicht	1	2. Ausgleichsmaßstäbe	6–10
		a) Keine Haftung nach Kopfteilen	6
II. Gesamtschuldnerische Außenhaftung (§ 5 S. 1)	2, 3	b) Ausgleich nach Maßgabe vertraglicher Vereinbarung	7–9
III. Der Gesamtschuldnerausgleich (§ 5 S. 2)	4–11	c) Ausgleich nach Verantwortungsanteilen	10
1. Originärer gesetzlicher Regressanspruch	4, 5	3. Regress im internationalen Rechtsverkehr	11

I. Übersicht

§ 5 S. 1 verzichtet auf die Haftungskanalisierung hin zum Endhersteller und begründet stattdessen eine **gesamtschuldnerische Außenhaftung** mehrerer Verantwortlicher gegenüber dem Geschädigten, wie sie § 840 Abs. 1 BGB auch für eine Mehrheit von Deliktsschuldnern vorsieht. Der Geschädigte kann die Leistung nur einmal fordern, dabei allerdings jeden einzelnen nach §§ 1, 4 haftpflichtigen Endhersteller, Zulieferer, Quasi-Hersteller und EWR-Importeur auf vollen Schadensersatz in Anspruch nehmen.[1] Die Ausgestaltung der gesamtschuldnerischen Haftung ist von der Richtlinie (Art. 5) nicht vorgezeichnet worden, so dass die in § 5 S. 2 Halbs. 2 enthaltene Verweisung auf die §§ 421 ff. BGB unbedenklich ist.[2] Darüber hinaus regelt § 5 in seinem S. 2 die in Art. 5 RL vorbehaltenen Ausgleichsansprüche der Gesamtschuldner im Innenverhältnis, für deren Umfang die Relation der jeweiligen Verursachungsanteile maßgeblich ist.

1

---

[147] Begr. RegE, BT-Drucks. 11/2447 S. 14, 25.
[148] *Frietsch* in: *Taschner/Frietsch* RdNr. 81.
[1] *Rolland* RdNr. 1; *Staudinger/Oechsler* RdNr. 2.
[2] *Rolland* RdNr. 10.

II. Gesamtschuldnerische Außenhaftung (§ 5 S. 1)

2 § 5 S. 1 begründet die gesamtschuldnerische Haftung von Herstellern und ihnen gemäß § 4 gleichgestellter Akteure, die **auf Grund des ProdHaftG** für einen Schaden aufzukommen haben.[3] Ist eine weitere Person aus einem **anderen Rechtsgrund** ersatzpflichtig, etwa aus Vertrag oder aus § 823 Abs. 1 BGB, findet § 5 S. 1 keine Anwendung,[4] wenn nicht zusätzlich auch die Haftung nach §§ 1, 4 gegeben ist.[5] Der Fall, dass der Dritte ausschließlich aus Vertrag oder Delikt haftet, ist Regelungsgegenstand des § 6 Abs. 2, nach dem im Ergebnis allerdings ebenfalls die Regeln der Gesamtschuld über solidarische Außenhaftung und Binnenregress nach Verantwortungsanteilen zur Anwendung kommen.[6] Kann sich einer der Beteiligten erfolgreich auf einen der in § 1 Abs. 2, 3 geregelten **Entlastungstatbestände** berufen, scheidet er aus dem Haftungsverbund aus, ohne dass dies die Verpflichtung der übrigen Beteiligten aufheben oder mindern würde.[7] § 5 S. 1 setzt die Einstandspflicht Mehrerer für denselben Schaden voraus, nicht aber die Verantwortung jedes Einzelnen für ein und denselben Fehler. Folgerichtig zieht auch eine durch verschiedene Produktfehler im Wege der **Nebentäterschaft** oder **kumulativer Kausalität** verursachte Rechtsgutsverletzung eine gesamtschuldnerische Haftung nach sich (§ 840 BGB RdNr. 2 f.). Schließlich ist § 5 S. 1 in Fällen alternativer Kausalität anzuwenden, wenn also die Haftungsbegründung zu Lasten mehrerer Beteiligter lediglich daran scheitert, dass jeder Einzelne sich mit Rücksicht auf die mögliche Kausalität eines Mitbeteiligten entlasten kann. Bei dieser Konstellation haften mehrere Deliktstäter gemäß § 830 Abs. 1 S. 2 BGB gesamtschuldnerisch (§ 830 BGB RdNr. 36 ff.), und diese Wertung ist auf § 5 S. 1 zu übertragen.[8] Die Solidarhaftung scheidet allerdings aus, wenn es an der **Schadensidentität** fehlt, wenn also die von den Beteiligten zu verantwortenden Fehler zu diskreten, den einzelnen Akteuren separat zurechenbaren Schäden geführt haben; hier haftet jeder Hersteller nur für den von ihm verursachten Teil des Gesamtschadens (vgl. § 830 BGB RdNr. 44).[9]

3 Das **Mitverschulden** des Geschädigten schließt eine nach § 5 begründete gesamtschuldnerische Verantwortlichkeit nicht aus, wie sich aus § 6 Abs. 1 entnehmen lässt.[10] Dies gilt auch dann, wenn sich die Haftung der mehreren Beteiligten nur mit Hilfe des § 830 Abs. 1 S. 2 BGB begründen lässt (vgl. § 830 BGB RdNr. 40). Muss sich der Geschädigte gegenüber den einzelnen Haftenden unterschiedliche Mitverschuldensquoten anrechnen lassen, so besteht die gesamtschuldnerische Verantwortlichkeit (lediglich) in der Höhe, in der sich die Einzelhaftungen decken.[11]

III. Der Gesamtschuldnerausgleich (§ 5 S. 2)

4 **1. Originärer gesetzlicher Regressanspruch.** Obwohl dies im Wortlaut nicht auf Anhieb zum Ausdruck kommt, begründet § 5 S. 2 **originäre Regressansprüche** zugunsten des im Innenverhältnis nicht letztverantwortlichen Herstellers gegen seine Mitschädiger.[12] Genauso wie im Rahmen des § 426 BGB ist dieser Anspruch vor der Befriedigung des Geschädigten auf anteilige Mitwirkung an der Leistungserbringung (Befreiungsanspruch),[13]

---

[3] *Rolland* RdNr. 6; *Erman/Schiemann* RdNr. 1; *Staudinger/Oechsler* RdNr. 4.
[4] Produkthaftungshandbuch/*v. Westphalen* § 76 RdNr. 3; *Frieling* in: *Pott/Frieling* RdNr. 7.
[5] *Staudinger/Oechsler* RdNr. 6.
[6] *Rolland* RdNr. 5; missverständlich Produkthaftungshandbuch/*v. Westphalen* § 76 RdNr. 3; iE § 6 RdNr. 8 ff.
[7] *Rolland* RdNr. 6; *Staudinger/Oechsler* RdNr. 7.
[8] *Rolland* RdNr. 7; *Staudinger/Oechsler* RdNr. 8.
[9] *Rolland* RdNr. 8.
[10] *Staudinger/Oechsler* RdNr. 9.
[11] *Rolland* RdNr. 9; *Staudinger/Oechsler* RdNr. 8.
[12] Umfassende Darstellung der Regressbeziehung bei *Droste*, Der Regreß des Herstellers, S. 9 ff.; eine Darstellung der international-privatrechtlichen Probleme findet sich bei *Wandt* BB 1994, 1436, 1440 ff.; sowie *Staudinger/Oechsler* RdNr. 28 ff.
[13] Produkthaftungshandbuch/*v. Westphalen* § 76 RdNr. 19; *Rolland* RdNr. 15; *Staudinger/Oechsler* RdNr. 13.

danach hingegen auf anteiligen Ausgleich gerichtet (Zahlungsanspruch). Im Innenverhältnis haften die ausgleichspflichtigen Mitschädiger nicht als Gesamtschuldner, sondern nur in Höhe ihres jeweiligen Verantwortlichkeitsanteils **(pro-rata-Haftung).**[14] Eine gesamtschuldnerische Haftung auch im Innenverhältnis ergibt sich, soweit mehrere Beteiligte nicht je verschiedene Verursachungsbeiträge zu verantworten haben, sondern gemeinsam eine Haftungs- und Zurechnungseinheit bilden,[15] darüber hinaus auch, wenn der leistende Mitschädiger beim Schadensausgleich gar keinen Anteil zu tragen hat, seine Haftungsquote also Null ist (eingehend § 426 BGB RdNr. 35 ff.).[16]

Der Ausgleichsanspruch ist als originärer Regressanspruch **unabhängig vom Schicksal des Ersatzanspruchs** des Geschädigten, so dass er dessen Verjährung (§ 12) und den Ablauf der Ausschlussfrist des § 13 ebenso überdauert wie seine Abweisung durch rechtskräftiges Urteil.[17] Der Ausgleichsanspruch verjährt selbstständig gemäß § 12 Abs. 3 in der Frist des § 195 BGB, die freilich gemäß § 199 Abs. 1 BGB erst mit Ablauf des Jahres zu laufen beginnt, in dem der Ausgleichsanspruch entstanden ist und der Berechtigte von der Existenz des Anspruchs und der Person des Verpflichteten positive Kenntnis erlangt hat oder ohne grobe Fahrlässigkeit hätte erlangen müssen. Unabhängig davon sind die Höchstfristen des § 199 Abs. 2 bis 4 BGB zu beachten, die funktional der Ausschlussfrist des § 13 entsprechen. Dabei ist der Regressanspruch den Schadensersatzansprüchen des § 199 Abs. 2, 3 BGB gleichzustellen und nicht wie ein sonstiger Anspruch nach § 199 Abs. 4 BGB zu behandeln. Der gemäß § 5 S. 2 iVm. § 426 Abs. 2 S. 1 BGB im Wege der Legalzession ebenfalls auf den leistenden Gesamtschuldner übergehende Schadensersatzanspruch des Geschädigten aus § 1 Abs. 1 unterliegt weiterhin dem Verjährungsregime der §§ 12, 13, doch schließt dies die Geltendmachung unverjährt bestehender Regressansprüche aus § 5 S. 1 nicht aus.[18]

2. Ausgleichsmaßstäbe. a) Keine Haftung nach Kopfteilen. Wie sich aus dem ausdrücklichen Vorbehalt zugunsten einer anderweitigen Bestimmung ergibt, richtet sich der Ausgleichsanspruch primär nach einem zwischen einzelnen Gesamtschuldnern bestehenden **Vertragsverhältnis,**[19] andernfalls ist auf die in § 5 S. 2 im Zweifel heranzuziehenden Umstände, insbesondere die jeweiligen **Verursachungsbeiträge** abzustellen.[20] Auf die in § 426 Abs. 1 S. 1 BGB im Sinne einer Auffangregelung angeordnete, wertungsneutrale pro-capite-Haftung ist in § 5 S. 2 Halbs. 2 mit Bedacht nicht Bezug genommen worden. Wegen der Unwirksamkeit haftungsrechtlicher Freizeichnungen zwischen Geschädigtem und einzelnen Mitverantwortlichen im Außenverhältnis gemäß § 14 stellt sich das Problem der Haftungsverteilung bei „gestörter" Gesamtschuld im Rahmen des ProdHaftG nicht.

b) Ausgleich nach Maßgabe vertraglicher Vereinbarung. Besteht eine ausdrückliche oder konkludente vertragliche Vereinbarung zwischen mehreren gemäß §§ 1, 4 Verantwortlichen, so ist diese im Rahmen des § 5 S. 2 zu respektieren und durchzusetzen. Derartige Abreden sind unproblematisch, soweit sie die Kostentragung in Haftungsfällen explizit regeln, insbesondere durch **Begründung von Rückgriffs- und Freistellungsansprüchen.** Die vertragliche Ausgestaltung der Gewährleistungshaftung allein kommt hingegen nicht als gegenüber dem gesetzlichen Verteilungsmaßstab des § 5 S. 2 vorrangige privat-

---

[14] *Rolland* RdNr. 16; *Staudinger/Oechsler* RdNr. 25; *Wandt* BB 1994, 1436, 1440.
[15] Produkthaftungshandbuch/*v. Westphalen* § 76 RdNr. 28; *Rolland* RdNr. 16; allg. BGHZ 61, 213, 220 = NJW 1973, 2022, 2023 f.; dazu § 426 BGB RdNr. 32.
[16] BGHZ 17, 214, 222 = NJW 1955, 1314, 1315; *Staudinger/Oechsler* RdNr. 26; aA *Rolland* RdNr. 16; *Palandt/Heinrichs* § 426 BGB RdNr. 6.
[17] *Droste*, Der Regreß des Herstellers, S. 154; *Rolland* RdNr. 14; *Frietsch* in: *Taschner/Frietsch* RdNr. 16; *Kullmann* in: *Kullmann/Pfister* Kza. 3606, S. 3; Produkthaftungshandbuch/*v. Westphalen* § 76 RdNr. 20; *Staudinger/Oechsler* RdNr. 12; krit. *Wandt* BB 1994, 1336, 1440; *Mayer* VersR 1990, 691, 698 f.
[18] Produkthaftungshandbuch/*v. Westphalen* § 76 RdNr. 20.
[19] *Droste*, Der Regreß des Herstellers, S. 155; *Rolland* RdNr. 19; *Staudinger/Oechsler* RdNr. 21; *Wandt* BB 1994, 1436, 1440.
[20] *Rolland* RdNr. 22.

autonome Bestimmung in Betracht, weil die Parteien mit solchen Regelungen primär das vertragliche Äquivalenzinteresse im Auge haben. Wenn sich die Rechtsprechung folgerichtig weigert, einen pauschal formulierten vertraglichen Gewährleistungsausschluss auch nur auf Deliktsansprüche wegen der Verletzung von Integritätsinteressen des Vertragspartners zu erstrecken (vgl. § 823 BGB RdNr. 594),[21] dann muss diese Wertung erst recht für Regressansprüche des Vertragspartners gelten, der von einem Drittbetroffenen seinerseits auf der Grundlage des ProdHaftG in Anspruch genommen worden ist.[22]

8   Liegt eine die Regressfrage regelnde vertragliche Vereinbarung im **Verhältnis Endhersteller/Händler** vor, stellt sich die Frage, ob ein vertraglicher Ausschluss des Händlerregresses mit „wesentlichen Grundgedanken der gesetzlichen Regelung" (§ 307 Abs. 2 Nr. 1 BGB) in Widerspruch steht bzw. den Händler sonst iS des § 307 Abs. 1 S. 1 BGB unangemessen benachteiligt (vgl. auch § 478 Abs. 4 S. 2 BGB). Tatsächlich widerspräche eine Verlagerung der Haftungslasten vom Endhersteller auf den Händler nicht nur der Wertung des § 4 Abs. 3, sondern darüber hinaus auch grundlegenden Prinzipien der Allokation deliktsrechtlicher Sorgfaltspflichten unter mehreren Akteuren, die ihrerseits auf die relativen Möglichkeiten und Kosten von Präventionsmaßnahmen Rücksicht nehmen. Da im Verhältnis zwischen Endhersteller und Händler Ersterer über deutlich überlegene Gefahrsteuerungsmöglichkeiten verfügt, ist die Verlagerung der Haftungslast auf den Händler somit gemäß § 307 Abs. 2 Nr. 1 BGB in AGB unwirksam.

9   Im upstream-Bereich, also im Verhältnis des Endherstellers zu seinen Zulieferern dominieren **Qualitätssicherungsvereinbarungen,** mit denen beispielsweise dem Zulieferer unter Abbedingung der Untersuchungs- und Rügeobliegenheit des Endherstellers aus § 377 HGB die Warenausgangskontrolle auferlegt und eine umfassende Verantwortung für Fehlerlosigkeit und sichere Verwendbarkeit des Zulieferteils zugewiesen wird (§ 823 BGB RdNr. 604). Darüber hinaus enthalten sie regelmäßig **ausdrückliche Freistellungsverpflichtungen des Zulieferers** zugunsten des Endherstellers (sonst vgl. RdNr. 10),[23] deren Wirksamkeit am Maßstab des § 307 BGB zu überprüfen ist. Als Orientierungspunkte für die Angemessenheitsprüfung sind dabei sowohl die gesetzliche Regelung des § 1 Abs. 3 über die Verantwortungsverteilung im Schnittpunkt von Zulieferer und Endhersteller als auch der differenzierte Kanon deliktischer Sorgfaltspflichten beim Zusammenwirken mehrerer Akteure im Rahmen arbeitsteiliger Herstellungsprozesse heranzuziehen (vgl. § 1 RdNr. 61; § 823 BGB RdNr. 602 ff.). Die Dogmatik beider Bereiche lässt sich auf den normativen Punkt bringen, dass die Haftungszuweisung der von den Parteien vereinbarten und tatsächlich praktizierten (!) Form der Arbeitsteilung entsprechen muss. § 377 HGB ist dementsprechend weder direkt noch analog anwendbar.[24] Indessen ist es unbedenklich, wenn dem Zulieferer im Binnenverhältnis zum Endhersteller die Kosten solcher Schäden auferlegt werden, die durch ein defektes Zulieferteil verursacht worden sind, wenn dessen Hersteller es vertraglich übernommen hatte, Qualitätskontrollen zur Vermeidung solcher Fehler auszuführen (vgl. § 823 BGB RdNr. 604 f.). Anders liegt es, wenn dem Teilhersteller auch dann die Übernahme des Haftungsinteresses angesonnen wird, wenn der Endhersteller falsche Anweisungen erteilt oder das Gesamtprodukt falsch konstruiert hat (§ 1 Abs. 3).[25]

10   c) **Ausgleich nach Verantwortungsanteilen.** Sind zwischen Mitschädigern keine vertraglichen Absprachen über den Regress getroffen worden, so richtet sich der Innenaus-

---

[21] So zu § 477 BGB aF BGHZ 66, 315, 320 ff. = NJW 1976, 1505, 1506; BGHZ 67, 359, 366 = NJW 1977, 379, 381; BGH WM 1976, 839, 840 f.; NJW 1978, 2241, 2242; *Soergel/U. Huber* Vor § 459 BGB RdNr. 258; *ders.* AcP 177 (1977), 281, 322 f.

[22] Zur Parallelproblematik im Rahmen des Regresses nach § 24 Abs. 2 S. 2 BBodSchG eingehend *Wagner* BB 2000, 417, 424.

[23] Produkthaftungshandbuch/*v. Westphalen* § 76 RdNr. 22.

[24] öOGH ecolex 1997, 427, 428.

[25] *Wellenhofer-Klein* S. 361 f.; Produkthaftungshandbuch/*v. Westphalen* § 76 RdNr. 23 f.; Produkthaftungshandbuch/*Merz* § 44 RdNr. 42 ff.; *Staudinger/Oechsler* RdNr. 23; *Steinmann* S. 142; *Merz* S. 362.

gleich nach den Umständen, insbesondere nach dem **Verhältnis der Verursachungsbeiträge**.[26] Der Verweis auf die Umstände wird dabei allgemein so verstanden, dass auch das Verschulden eine Rolle spielt, also die Frage, ob die Beteiligten gegen Sorgfaltspflichten verstoßen haben und wie schwer dieser Verstoß wiegt.[27] Letzteres lässt sich wiederum nicht unabhängig von der konkreten **Arbeits- und Aufgabenteilung** beurteilen, die von den Beteiligten tatsächlich praktiziert worden ist. Erst in diesem Rahmen können Qualitätssicherungsvereinbarungen Berücksichtigung finden, die die Regressfrage nicht ausdrücklich regeln (sonst vgl. RdNr. 9), insbesondere keine Freistellungsverpflichtung zugunsten der einen oder anderen Seite enthalten. Dabei kommt es wiederum nicht auf die Vereinbarung als solche, sondern auf die von den Parteien tatsächlich befolgte Praxis an. Im Ergebnis hat damit jeder (Teil-)Hersteller für die in seiner Handlungs- und Kontrollsphäre entstandenen Fehlerrisiken einzustehen (vgl. den Rechtsgedanken des § 840 Abs. 2 BGB). Da der Lieferant in § 4 Abs. 3 lediglich mit einer Ausfallhaftung belegt wird und er nach allgemeinem Deliktsrecht Produktfehler nur in ganz beschränktem Umfang zu vertreten hat, wird er in aller Regel vom Hersteller vollen Regress nach Maßgabe des § 5 S. 2 verlangen können.[28] Im Übrigen gelten für die Abwägung der maßgeblichen Umstände die zu § 254 BGB entwickelten Regeln entsprechend (vgl. § 840 BGB RdNr. 14).

3. Regress im internationalen Rechtsverkehr. Bei einer Mehrheit von Schädigern 11 aus verschiedenen Ländern, wenn also beispielsweise einem inländischen Endhersteller über einen dänischen Zwischenhändler fehlerhaft konstruierte Teile eines englischen Teilherstellers zugeliefert werden, kann die Abwicklung des Regresses erhebliche **Schwierigkeiten** bereiten, weil nicht gewährleistet ist, dass ein und derselbe Schadensfall von den Gerichten des Staates, in dem der Regressprozess geführt wird, genauso beurteilt wird wie von den Gerichten eines anderen Staates, die über den Haftungsanspruch entschieden haben.[29] Immerhin ist mit Inkrafttreten der Rom II–VO im Januar 2009 gewährleistet, dass die Gerichte im Europäischen Binnenmarkt identische Kollisionsregeln anwenden und somit den Fall nach ein und demselben Sachrecht entscheiden (Einl. RdNr. 23 f.).

§ 6 Haftungsminderung

(1) Hat bei der Entstehung des Schadens ein Verschulden des Geschädigten mitgewirkt, so gilt § 254 des Bürgerlichen Gesetzbuchs; im Falle der Sachbeschädigung steht das Verschulden desjenigen, der die tatsächliche Gewalt über die Sache ausübt, dem Verschulden des Geschädigten gleich.

(2) ¹ Die Haftung des Herstellers wird nicht gemindert, wenn der Schaden durch einen Fehler des Produkts und zugleich durch die Handlung eines Dritten verursacht worden ist. ² § 5 Satz 2 gilt entsprechend.

Übersicht

	RdNr.		RdNr.
I. Allgemeines	1	III. Mitverursachung durch Dritte (Abs. 2)	8–12
II. Mitverschulden (Abs. 1)	2–7	1. Beteiligung Dritter	8–10
1. Eigenes Mitverschulden des Geschädigten	2–4	2. Mitverursachung	11
2. Zurechenbares Mitverschulden Dritter	5–7	3. Innenausgleich zwischen dem Hersteller und dem Dritten	12
a) Erfüllungsgehilfen und gesetzliche Vertreter	5		
b) Gewalthaber	6, 7		

---

[26] *Rolland* RdNr. 22; *Staudinger/Oechsler* RdNr. 15; *Wandt* BB 1994, 1436, 1439.
[27] *Wandt* BB 1994, 1436, 1439; vgl. allg. RGZ 75, 256; BGHZ 33, 293, 302 = NJW 1961, 166, 169.
[28] *Rolland* RdNr. 22; *Staudinger/Oechsler* RdNr. 17.
[29] *Koch* ZHR 152 (1988), 537, 555 f.; *Wandt* BB 1994, 1436, 1441 f.; *Staudinger/Oechsler* RdNr. 28 ff.

I. Allgemeines

1 Art. 8 Abs. 2 der **Richtlinie überlässt es den Mitgliedstaaten,** die Ersatzpflicht des Herstellers einzuschränken, wenn der Schaden auch durch Verschulden des Geschädigten oder einer Person, für die er haftet, verursacht worden ist. Der deutsche Gesetzgeber hat diesen Spielraum genutzt: Nach § 6 führt das **Mitverschulden des Geschädigten bzw. bestimmter Hilfspersonen** über die Verweisung auf § 254 BGB zu einer Kürzung des Schadensersatzanspruchs (Abs. 1), während sich die **Mitverantwortung eines Dritten** gemäß Abs. 2 auf Bestand und Umfang der Haftung des verantwortlichen Herstellers nicht auswirkt, sondern beide gesamtschuldnerisch für den Schaden aufzukommen haben. Hat der Geschädigte danach den Eintritt des Schadens mitzuverantworten, kann dies nicht nur zur Minderung des Ersatzanspruchs, sondern uU auch zu dessen völligem Ausschluss führen, soweit nämlich sein Mitverursachungsbeitrag denjenigen des Herstellers deutlich überwiegt (vgl. § 254 BGB RdNr. 2, 11, 105 ff., 108 ff.).

II. Mitverschulden (Abs. 1)

2 **1. Eigenes Mitverschulden des Geschädigten.** Die Mitverantwortung des Geschädigten für die Schadensentstehung ist gemäß § 6 Abs. 1 Halbs. 1 nach Maßgabe des § 254 BGB zu würdigen, so dass auf die im Rahmen dieser Vorschrift anerkannten Grundsätze Bezug genommen werden kann (§ 254 RdNr. 29 ff.).[1] Maßgebend sind danach – genauso wie beim Binnenregress gemäß § 5 S. 2 – die **Verursachungs- und Verschuldensanteile;** der allein auf das Verschulden abstellende Wortlaut des § 6 Abs. 1 ist insoweit zu korrigieren. Hauptfälle des § 6 Abs. 1 sind Fehler des Geschädigten bei der Nutzung des Produkts. Ist der Schaden durch Missbrauch eines fehlerfreien Produkts entstanden, scheidet bereits die Haftung aus (§ 3 RdNr. 20).

3 § 6 Abs. 1 gilt auch für Verletzungen der **Schadensminderungspflicht** iS des § 254 Abs. 2 BGB.[2] Unter Mitverschulden ist genauso wie sonst im Rahmen von § 254 BGB kein Vertretenmüssen im technischen Sinn des § 276 BGB, also der Verstoß gegen echte Sorgfaltspflichten zu verstehen, sondern das Zuwiderhandeln gegen im Eigeninteresse bestehende Sorgfaltsobliegenheiten (§ 254 RdNr. 3 f.), deren Intensität allerdings nach denselben Grundsätzen zu bestimmen ist, wie sie auch bei echten Sorgfaltspflichten anerkannt sind.[3] In allen Fällen ist ein Mitverschulden des Geschädigten nur zu berücksichtigen, soweit er nach den Maßstäben der §§ 827, 828 BGB verantwortlich ist oder die Billigkeitshaftung nach § 829 BGB eingreift.[4]

4 Nach umstrittener, aber zutreffender Ansicht muss sich der Geschädigte über vorsätzliches oder fahrlässiges Verhalten hinaus auch eine **mitwirkende Betriebsgefahr** anrechnen lassen,[5] denn dies ist selbst dann anerkannt, wenn der Schädiger gemäß § 823 BGB aus Verschulden haftet.[6] Die Behauptung, Fälle mitwirkender Betriebsgefahr könne es im Rahmen des ProdHaftG nicht geben,[7] trifft nicht zu und würde im Übrigen an der Regel nichts ändern. § 6 Abs. 1 ist auch beim **Handeln auf eigene Gefahr** anzuwenden,[8] obwohl die ältere Rechtsprechung einen stillschweigend vereinbarten Haftungsverzicht

---

[1] OLG Hamm VersR 1993, 765, 766; OLG Bremen VersR 2004, 207, 208; AG Waldkirch ZfS 2000, 530; *Staudinger/Oechsler* RdNr. 4; Produkthaftungshandbuch/*v. Westphalen* § 77 RdNr. 2.
[2] *Rolland* RdNr. 4; *Kullmann* in: *Kullmann/Pfister* Kza. 3607, S. 3 f.; *Pott* in: *Pott/Frieling* RdNr. 7, 21 ff.; *Soergel/Krause* RdNr. 1; *Staudinger/Oechsler* RdNr. 6.
[3] Vgl. Begr. RegE, BT-Drucks. 11/2447 S. 21, unter Hinweis auf BGHZ 3, 46, 49; genauso bereits *Schlechtriem* VersR 1986, 1033, 1039.
[4] *Rolland* 8 ff.
[5] Übereinstimmend *Schlechtriem* VersR 1986, 1033, 1039; *Rolland* RdNr. 12; *Staudinger/Oechsler* RdNr. 7; aA Produkthaftungshandbuch/*v. Westphalen* § 77 RdNr. 4; *Frietsch* in: *Taschner/Frietsch* RdNr. 13; *Taschner* in: *Taschner/Frietsch* RL Art. 8 RdNr. 9; *Pott* in: *Pott/Frieling* RdNr. 6.
[6] Grdlg. BGHZ 6, 319, 322 f. = NJW 1952, 1015, 1016; vgl. iE § 249 BGB RdNr. 14 mwN.
[7] So *Frietsch* in: *Taschner/Frietsch* RdNr. 13; *Taschner* in: *Taschner/Frietsch* RL Art. 8 RdNr. 9.
[8] Übereinstimmend *Rolland* RdNr. 54; *Staudinger/Oechsler* RdNr. 5.

Haftungsminderung 5–7 **ProdHaftG § 6**

konstruiert hatte, der im Rahmen des ProdHaftG an § 14 scheitern muss. Tatsächlich geht es beim Handeln auf eigene Gefahr nach moderner und richtiger Ansicht gerade nicht um einen rechtsgeschäftlichen Haftungsausschluss, sondern um die Akzeptanz eines als solchen erkannten Verletzungsrisikos (vgl. § 823 BGB RdNr. 319 f.; § 249 BGB RdNr. 64 ff.). Dieser Umstand ist im Rahmen des § 6 Abs. 1 iVm. § 254 BGB zu würdigen, denn er ist von erheblicher Bedeutung für die wechselseitigen Sicherheitserwartungen, auf die es für die Fehlerhaftigkeit des Produkts gemäß § 3 Abs. 1 ohnehin entscheidend ankommt.

2. Zurechenbares Mitverschulden Dritter. a) Erfüllungsgehilfen und gesetzliche 5
Vertreter. Das Mitverschulden eines Erfüllungsgehilfen oder gesetzlichen Vertreters ist über § 6 Abs. 1 iVm. §§ 254 Abs. 2 S. 2, 278 BGB sowohl bei der Unterlassung von **Maßnahmen zur Schadensminderung** als auch bei **Mitverantwortung für die Schadensentstehung** zu berücksichtigen (vgl. § 254 BGB RdNr. 126). Allerdings ist die Verweisung des § 254 Abs. 2 S. 2 BGB auf § 278 BGB nach hM als Rechtsgrundverweisung zu lesen (§ 254 BGB RdNr. 128), sodass sich der Geschädigte das Mitverschulden seiner Gehilfen und Vertreter nur zurechnen lassen muss, wenn er bereits *vor* dem Schadensereignis mit dem Hersteller in einer Sonderverbindung stand. Gerade im Produkthaftungsrecht ist der Kauf direkt vom Hersteller allerdings gar nicht selten.[9]

b) Gewalthaber. Gemäß § 6 Abs. 1 Halbs. 2 ist dem Geschädigten bei **Sachschäden** 6
auch der Mitverantwortungsbeitrag des Inhabers der tatsächlichen Gewalt zuzurechnen. Die darin liegende Erweiterung des § 254 Abs. 2 S. 2 BGB findet sich auch in den §§ 9 StVG, 4 HPflG, 34 LuftVG,[10] so dass § 6 Abs. 1 Halbs. 2 im Anschluss an die dort etablierten Grundsätze ausgelegt werden kann. Aus Art. 8 Abs. 2 der Richtlinie ergeben sich insoweit weder Einschränkungen noch Prärogativen, da die Vorschrift nicht festlegt, in welchem Umfang schuldhaftes Verhalten zurechenbarer Drittpersonen anzurechnen ist, sondern sich mit einer neutralen Formulierung begnügt (vgl. RdNr. 1).

Mit der Bezugnahme auf den **Inhaber der tatsächlichen Gewalt** über die Sache hat der 7
Gesetzgeber bewusst nicht auf die Rechtslage, also das Eigentumsrecht oder das Recht zum Besitz, und auch nicht auf die verschiedenen Formen juristisch-abstrahierter Sachherrschaft abgestellt, sondern an die tatsächlichen Verhältnisse angeknüpft.[11] Inhaber der tatsächlichen Gewalt sind danach allein der **unmittelbare Besitzer** (§ 854 BGB) und der **Besitzdiener** (§ 855 BGB), nicht aber der **mittelbare Besitzer** (§ 868 BGB) und der **Erbschaftsbesitzer** (§ 857 BGB).[12] Der Inhaber der tatsächlichen Gewalt muss nicht **Erfüllungsgehilfe** des Geschädigten sein (§ 278 BGB) und genauso irrelevant ist es, ob zwischen dem Gewaltinhaber und dem Geschädigten bzw. zwischen Letzterem und dem nach §§ 1, 4 Verantwortlichen rechtsgeschäftliche Beziehungen bestanden, wie dies § 254 Abs. 2 S. 2 BGB erfordern würde.[13] Wird beispielsweise ein Mietwagen in einen Verkehrsunfall verwickelt, der zugleich auf einem Konstruktionsfehler des Kfz. und auf überhöhter Geschwindigkeit beruht, dann muss sich der Vermieter/Eigentümer des Mietwagens das sorgfaltswidrige Verhalten des Mieters haftungsmindernd anrechnen lassen. Ebenso wenig wie im Rahmen der §§ 9 StVG, 4 HPflG und 34 LuftVG kommt es bei § 6 Abs. 1 Halbs. 2 darauf an, ob der Dritte die tatsächliche Gewalt berechtigt oder unberechtigt ausübt.[14] Der Geschädigte muss sich nach richtiger Auffassung ein Fehlverhalten Dritter sogar dann auf seinen Ersatzanspruch anrechnen lassen, wenn ihm die Sache ohne sein Verschulden abhanden gekom-

---

[9] *Schlechtriem* VersR 1986, 1033, 1039.
[10] Vgl. Begr. RegE, BT-Drucks. 11/2447 S. 21.
[11] Begr. RegE, BT-Drucks. 11/2447 S. 21.
[12] Begr. RegE, BT-Drucks. 11/2447 S. 21; *Rolland* RdNr. 53; *Staudinger/Oechsler* RdNr. 11; *Frietsch* in: *Taschner/Frietsch* RdNr. 14.
[13] Vgl. Begr. RegE, BT-Drucks. 11/2447 S. 21; Produkthaftungshandbuch/*v. Westphalen* § 77 RdNr. 9; *Staudinger/Oechsler* RdNr. 10; *Frietsch* in: *Taschner/Frietsch* RdNr. 14.
[14] Vgl. zu § 9 StVG OLG Hamm NZV 1995, 320; *Greger*, Haftungsrecht des Straßenverkehrs, 4. Aufl. 2007, § 22 RdNr. 28.

men ist. Die Gegenansicht, die § 6 Abs. 1 auf berechtigte Inhaber der tatsächlichen Gewalt – „Bewahrungsgehilfen" – beschränken will, kann auf die Regelung des § 6 Abs. 2 S. 1 verweisen, nach der die Mitverantwortung eines Dritten der vollumfänglichen Verantwortlichkeit des Herstellers nicht entgegen steht.[15] Dieser Widerspruch lässt sich durch vorrangige Anwendung des § 6 Abs. 1 ausräumen. Nach § 6 Abs. 2 S. 1 zu beurteilen sind Personenschäden sowie die Mitverursachung von Sachbeschädigungen durch andere Personen als Inhaber der tatsächlichen Gewalt.

III. Mitverursachung durch Dritte (Abs. 2)

8   1. **Beteiligung Dritter.** Nach allgemeinen Regeln wird die Haftung eines Schädigers nicht ausgeschlossen, wenn noch ein anderer für denselben Schaden verantwortlich ist, §§ 830, 840 BGB. Dies gilt insbesondere im Fall der **Nebentäterschaft,** wenn mehrere Personen unabhängig voneinander denselben Schaden verursacht haben (iE § 840 BGB RdNr. 2). Dies versteht sich eigentlich von selbst und hätte im ProdHaftG nicht eigens noch einmal gesagt werden müssen, wenn nicht die EG-Richtlinie eine diesen Grundsätzen entsprechende Regelung in Art. 8 Abs. 1 RL normiert hätte, was angesichts des Rechtsvereinheitlichungszwecks dieses Instruments auch sachgerecht war.[16]

9   Vor diesem Hintergrund kann es nicht überzeugen, den Zusammenhang des § 6 Abs. 2 mit den §§ 830, 840 BGB zu ignorieren und die Vorschrift im Sinne einer Regelung über die Verantwortlichkeit des korporativ verfassten Herstellers für seine **Organwalter** und **Arbeitnehmer** und über die **zwischenbetriebliche Arbeitsteilung** zu interpretieren.[17] Die Haftung nach dem ProdHaftG ist als **Unternehmenshaftung** konzipiert, die an das Inverkehrbringen eines fehlerhaften Produkts anknüpft, ohne danach zu differenzieren, auf welche Weise das Produkt fehlerhaft geworden ist.[18] Folgerichtig muss sich der Hersteller Fehlleistungen seiner Mitarbeiter, beispielsweise im Bereich Forschung und Entwicklung, genauso „zurechnen" lassen wie Sabotageakte unzufriedener oder böswilliger Angestellter.[19] Umgekehrt liegt auf der Hand, dass sich die persönliche Außenhaftung von Organwaltern und Angestellten auf der Grundlage des ProdHaftG nicht begründen lässt, und zwar einfach deswegen, weil sie nicht Hersteller sind (§ 4 RdNr. 5). Dies schließt ihre Verantwortlichkeit gegenüber dem Geschädigten nach allgemeinem Deliktsrecht nicht aus (§ 823 BGB RdNr. 596), und soweit diese begründet ist, gilt selbstverständlich die Regel des § 6 Abs. 2: Der Hersteller kann sich im Verhältnis zum Geschädigten also nicht mit Rücksicht auf die persönliche Haftung eines Organwalters und Arbeitnehmers entlasten, sondern ist auf den Regress im Innenverhältnis beschränkt.

10 Zusammenfassend ergibt sich also die Beschränkung des Anwendungsbereichs des § 6 Abs. 2 auf diejenigen Konstellationen, in denen neben einem oder mehreren nach § 4 Haftpflichtigen (mindestens) eine weitere Person für den Schaden aufzukommen hat, wobei sich die Rechtsgrundlage für deren Schadensersatzpflicht wegen § 5 nur **aus anderen Vorschriften als dem ProdHaftG** ergeben kann. Zu denken ist insbesondere an § 823 BGB, aber auch an die Tatbestände der Gefährdungshaftung, wie § 7 StVG, § 1 UmweltHG und insbesondere an die außerhalb des ProdHaftG angesiedelte Haftung für fehlerhafte (unvertretbare) Arzneimittel gemäß § 84 AMG. Beruht der Gesundheitsschaden des Verletzten also sowohl auf einem unvertretbaren Arzneimittel als auch auf kontaminierten Lebensmitteln, haftet der Hersteller der Lebensmittel neben dem pharmazeutischen Unter-

---

[15] *Erman/Schiemann* RdNr. 2; im Ergebnis auch Produkthaftungshandbuch/*v. Westphalen* § 77 RdNr. 9; *Staudinger/Oechsler* RdNr. 12; *Rolland* RdNr. 53; *Pott* in: *Pott/Frieling* RdNr. 38.
[16] Die Vorschrift des Art. 8 Abs. 1 RL geht zurück auf eine Initiative des Wirtschafts- und Sozialausschusses; vgl. ABl. EG 1979 Nr. C 114 S. 15 RdNr. 2.6.1.
[17] So aber *Staudinger/Oechsler* RdNr. 15 ff.
[18] Im Ergebnis auch *Rolland* RdNr. 61; *Soergel/Krause* RdNr. 2.
[19] Im Ergebnis genauso Produkthaftungshandbuch/*v. Westphalen* § 77 RdNr. 12; *Kullmann* § 6 RdNr. 14; ders. in: *Kullmann/Pfister* Kza. 3607, S. 5 f.; aA *Staudinger/Oechsler* RdNr. 20; *Schmidt-Salzer/Hollmann* Bd. 1 Art. 8 RdNr. 15 ff.; *Frietsch* in: *Taschner/Frietsch* RdNr. 19; ausf. § 1 RdNr. 37.

nehmer gesamtschuldnerisch. Das Zusammenspiel der §§ 1, 4, 5 und 6 lässt sich am besten anhand des folgenden Beispiels demonstrieren: Ist ein Verkehrsunfall darauf zurückzuführen, dass (a) das fehlerhafte ABS-System eines Kfz. versagt hat, (b) der geschädigte Fahrer dieses Fahrzeugs mit überhöhter Geschwindigkeit unterwegs war und (c) ein weiterer Unfallbeteiligter die Vorfahrt missachtet hat, dann gilt für die Haftung des Herstellers und der weiteren Unfallbeteiligten Folgendes: (1) Der Zulieferer des fehlerhaften ABS-Systems und der Automobilhersteller haften dem Geschädigten gesamtschuldnerisch auf Schadensersatz gemäß § 1 Abs. 1, 3, § 4 Abs. 1 S. 1, § 5; (2) der Geschädigte muss sich sein eigenes Mitverschulden (überhöhte Geschwindigkeit) nach § 6 Abs. 1 anrechnen lassen, (3) der Umstand, dass der weitere Unfallbeteiligte die Vorfahrt missachtet und nach §§ 823 BGB, 7 StVG ebenfalls für den Schaden aufzukommen hat, schließt gemäß § 6 Abs. 2 die Haftung des Endherstellers genauso wenig aus wie diejenige des Zulieferers.

2. Mitverursachung. Die Vorschrift umfasst nur solche Fälle, in denen feststeht, dass sowohl das fehlerhafte Produkt als auch das Verhalten eines Dritten den Schaden verursacht haben **(kumulative Kausalität).**[20] § 6 Abs. 2 gewährt dem Geschädigten in der Kausalitätsfrage keinerlei Beweiserleichterungen, die sich allerdings aus allgemeinen Grundsätzen ergeben können. Insbesondere ist § 830 Abs. 1 S. 2 BGB anwendbar, der bei **alternativer Kausalität** das Unaufklärbarkeitsrisiko auf die mehreren möglichen Schädiger verlagert (ausführlich § 830 BGB RdNr. 28 ff.; vgl. auch § 5 RdNr. 2 f.). Kein Thema des § 6 Abs. 2 sind die Fälle **überholender Kausalität,** in denen der Fehler des Produkts zwar zu einem Schaden hätte führen können, in der Realität aber nicht geführt hat, weil dieser bereits zuvor durch das Verhalten eines Dritten herbeigeführt worden ist. Hier ist der Hersteller bereits wegen der fehlenden Ursächlichkeit des Produktfehlers entlastet.[21] Im Übrigen schließt die Vorschrift die Anwendung der allgemeinen Grundsätze über die sog. Unterbrechung des Kausalzusammenhangs nicht aus (allg. § 249 BGB RdNr. 137 ff.).[22] Soweit also der von dem Dritten zu verantwortende Verursachungsbeitrag so schwer wiegt, dass die daneben bestehende, bloß äquivalente Kausalität des Produktfehlers für den Schaden die Haftung des Herstellers nicht zu tragen vermag, wird der Anwendungsbereich des § 6 Abs. 2 gar nicht erst eröffnet. Schließlich setzt die Vorschrift stillschweigend voraus, dass der Dritte für denselben Schaden aufzukommen hat wie der Hersteller. Daran fehlt es, wenn die interferierenden Verursachungsbeiträge zu diskreten, voneinander abgrenzbaren Schäden führen, etwa weil sie verschiedene Rechtsgüter treffen oder unterschiedliche Verletzungen desselben Rechtsguts verursachen, deren schädliche Folgen sich gesondert beziffern lassen.[23]

3. Innenausgleich zwischen dem Hersteller und dem Dritten. Während § 6 Abs. 2 S. 1 im Außenverhältnis zum Geschädigten klarstellt, dass sich der Hersteller nicht mit Rücksicht auf den Verursachungsbeitrag des Dritten entlasten kann, verweist § 6 Abs. 2 S. 2 wegen des Innenausgleichs auf § 5 S. 2, der wiederum die im Rahmen **der §§ 426, 254 BGB anerkannten Grundsätze** positiviert, nach denen es für die Lastenverteilung im Innenverhältnis vor allem darauf ankommt, in welchem Umfang der Schaden von dem einen oder anderen Teil verursacht worden ist; zusätzlich ist eine Berücksichtigung der Verschuldensanteile geboten (vgl. § 5 RdNr. 10). Die Abwägung der Verursachungs- und Verschuldensanteile kann im Einzelfall sogar zu einer vollständigen Überwälzung der Haftungslast auf den Dritten im Innenverhältnis führen, aber auch umgekehrt zur vollständigen Freistellung des Dritten auf Kosten des Herstellers. Entgegen einer in der Literatur vertretenen Auffassung begründet § 6 Abs. 2 zwischen dem Dritten und dem Hersteller somit ein echtes

---

[20] Produkthaftungshandbuch/*v. Westphalen* § 77 RdNr. 10; *Rolland* RdNr. 60.
[21] *Schmidt-Salzer/Hollmann* Bd. 1 Art. 8 RdNr. 8 f.; Produkthaftungshandbuch/*v. Westphalen* § 77 RdNr. 10; *Staudinger/Oechsler* RdNr. 19.
[22] Produkthaftungshandbuch/*v. Westphalen* § 77 RdNr. 10; *Schmidt-Salzer/Hollmann* Bd. 1 Art. 8 RdNr. 8; *Rolland* RdNr. 14; vgl. zu dieser Frage im Zusammenhang mit Umweltschäden auf Grund summierter Emissionen *Gmilkowsky* S. 132 ff.
[23] *Taschner* in: *Taschner/Frietsch* RL Art. 8 RdNr. 5; *Rolland* RdNr. 63.

Gesamtschuldverhältnis[24] und behandelt den Hersteller nicht bloß „einseitig" wie einen Gesamtschuldner.[25] Ebenso wenig wie bei der unmittelbaren Anwendung des § 5 S. 2 unterliegt die Ausgleichsforderung des Gesamtschuldners der Verjährung nach § 12 oder Ausschlussfrist des § 13, sondern nach § 12 Abs. 3 den allgemeinen Verjährungsvorschriften (vgl. § 5 RdNr. 5).

§ 7 Umfang der Ersatzpflicht bei Tötung

(1) ¹Im Falle der Tötung ist Ersatz der Kosten einer versuchten Heilung sowie des Vermögensnachteils zu leisten, den der Getötete dadurch erlitten hat, daß während der Krankheit seine Erwerbsfähigkeit aufgehoben oder gemindert war oder seine Bedürfnisse vermehrt waren. ²Der Ersatzpflichtige hat außerdem die Kosten der Beerdigung demjenigen zu ersetzen, der diese Kosten zu tragen hat.

(2) ¹Stand der Getötete zur Zeit der Verletzung zu einem Dritten in einem Verhältnis, aus dem er diesem gegenüber kraft Gesetzes unterhaltspflichtig war oder unterhaltspflichtig werden konnte, und ist dem Dritten infolge der Tötung das Recht auf Unterhalt entzogen, so hat der Ersatzpflichtige dem Dritten insoweit Schadensersatz zu leisten, als der Getötete während der mutmaßlichen Dauer seines Lebens zur Gewährung des Unterhalts verpflichtet gewesen wäre. ²Die Ersatzpflicht tritt auch ein, wenn der Dritte zur Zeit der Verletzung gezeugt, aber noch nicht geboren war.

§ 8 Umfang der Ersatzpflicht bei Körperverletzung

¹Im Falle der Verletzung des Körpers oder der Gesundheit ist Ersatz der Kosten der Heilung sowie des Vermögensnachteils zu leisten, den der Verletzte dadurch erleidet, daß infolge der Verletzung zeitweise oder dauernd seine Erwerbsfähigkeit aufgehoben oder gemindert ist oder seine Bedürfnisse vermehrt sind. ²Wegen des Schadens, der nicht Vermögensschaden ist, kann auch eine billige Entschädigung in Geld gefordert werden.

§ 9 Schadensersatz durch Geldrente

(1) Der Schadensersatz wegen Aufhebung oder Minderung der Erwerbsfähigkeit und wegen vermehrter Bedürfnisse des Verletzten sowie der nach § 7 Abs. 2 einem Dritten zu gewährende Schadensersatz ist für die Zukunft durch eine Geldrente zu leisten.

(2) § 843 Abs. 2 bis 4 des Bürgerlichen Gesetzbuchs ist entsprechend anzuwenden.

I. Allgemeines

1 §§ 7 bis 9 regeln in Ausfüllung des von Art 9 lit. a der Richtlinie eingeräumten Gestaltungsrahmens den **Umfang der Schadensersatzpflicht** bei Personenschäden sowie die **Modalitäten der Schadensabwicklung**. Sie sind den Parallelvorschriften der §§ 842, 843, 844 BGB sowie §§ 10, 11, 13 StVG, §§ 5, 6, 8 HPflG, §§ 86, 87, 89 AMG, §§ 35, 36, 38 LuftVG nachgebildet und waren ihrerseits Vorbild für die §§ 12 bis 14 UmweltHG.[1] Die

---

[24] So *Rolland* RdNr. 64; *Staudinger/Oechsler* RdNr. 16; aA Produkthaftungshandbuch/*v. Westphalen* § 77 RdNr. 14.
[25] *Staudinger/Oechsler* RdNr. 16.
[1] Begr. RegE, BT-Drucks. 11/2447 S. 22 f.; vgl. iÜ die Kommentierung der §§ 844, 845 BGB.

Vorschriften zeichnen nach, was ohnehin im deutschen Schadensersatzrecht gilt, ohne Einschränkungen oder dem Geschädigten vorteilhafte Neuerungen zu bringen. Für die Bemessung des Vermögensschadens kann daher auf die Kommentierung zu den §§ 842 ff. BGB zurückgegriffen werden. Die eigentliche Neuerung erfolgte erst mit dem Zweiten Schadensersatzrechtsänderungsgesetz des Jahres 2002, und sie betrifft nicht speziell das ProdHaftG, sondern sämtliche Gefährdungshaftungstatbestände, deren Haftungsumfang nunmehr durchweg auch den Ersatz immaterieller Nachteile einschließt (§ 8 S. 2; vgl. Einl. RdNr. 20).

II. Tötung

1. Ansprüche der Erben aus übergegangenem Recht des Geschädigten. Wird der 2 Geschädigte durch das von dem fehlerhaften Produkt ausgelöste Schadensereignis **sofort getötet,** entstehen erst gar keine Schadensersatzansprüche, die auf die Erben übergehen könnten. Anders verhält es sich, wenn das **Opfer die Verletzung zunächst überlebt,** später aber dann doch den Tod findet. In dieser Konstellation hat der Hersteller gemäß § 7 Abs. 1 S. 1 die Kosten der vergeblichen Heilbehandlung zu erstatten. Dazu zählen neben dem Aufwand für die ärztliche Behandlung auch weitere Aufwendungen, etwa für den Transport des Verletzten oder für den Besuch von Angehörigen.[2] Die Ersatzfähigkeit der Heilungskosten wird durch das Erforderlichkeitsprinzip begrenzt. Maßnahmen, die vom Standpunkt eines verständigen Betrachters in Kenntnis der Sachlage nicht zweckmäßig und angemessen erscheinen, gehen daher nicht zu Lasten des Herstellers.[3] Darüber hinaus sind Vermögensnachteile zu ersetzen, die der Geschädigte infolge einer unfallbedingten Aufhebung oder Minderung seiner Erwerbsfähigkeit oder infolge einer Vermehrung seiner Bedürfnisse in der Zeit bis zu seinem Tod erlitten hat. Der Erwerbsschaden wird nach der zuletzt vor dem Schadensereignis ausgeübten Tätigkeit des Getöteten bemessen,[4] wobei die Beweiserleichterung der §§ 252 BGB, 287 ZPO zu beachten ist (vgl. §§ 842, 843 BGB RdNr. 17 ff.). Die entsprechenden Ersatzansprüche gehen mit dem Tod des Berechtigten gemäß § 1922 BGB auf die Erben über und sind dann von diesen geltend zu machen.[5] Der in Anspruch genommene Hersteller kann ihnen selbstverständlich alle Einwände entgegenhalten, die ihm im Verhältnis zum Primärverletzten zugestanden hätten, insbesondere also dessen Mitverschulden oder die Mitverantwortung solcher Personen, deren Verhalten sich der Verletzte gemäß § 6 Abs. 1 zurechnen lassen musste.[6] Soweit die Angehörigen selbst infolge des Schadensereignisses Vermögenseinbußen erleiden, sind diese nur nach Maßgabe des § 7 Abs. 1 S. 2, Abs. 2 ersatzfähig.[7]

2. Eigene Ansprüche Drittbetroffener. Das deutsche Schadensersatzrecht kennt keine 3 „victimes par ricochet", sondern begründet Schadensersatzansprüche nur für denjenigen, der **selbst in seinen Rechtsgütern verletzt** worden ist.[8] Dieser Grundsatz wird in § 844 BGB im Fall der Tötung durchbrochen und den Hinterbliebenen des Getöteten werden eigene Ersatzansprüche wegen der Beerdigungskosten und dem entgangenen Unterhalt zugebilligt. § 7 Abs. 1 S. 2 und Abs. 2 übertragen diese Regelung auf das ProdHaftG und gewähren Ansprüche auf Ersatz der Beerdigungskosten im Rahmen der Üblichkeit und Angemessenheit (zu den Einzelheiten § 844 BGB RdNr. 18 ff.).[9] Ersatzberechtigt sind diejenigen, die die Beerdigungskosten zu tragen haben, gemäß § 1968 BGB also regelmäßig die Erben (iE § 844 BGB RdNr. 16 f.).

Darüber hinaus gewährt § 7 Abs. 2 denjenigen Personen Ersatzansprüche, denen durch 4 die Tötung ein **gesetzliches Unterhaltsrecht** entzogen wurde. Dieser Anspruch besteht

---

[2] Vgl. BGHZ 106, 28, 30 = NJW 1989, 766; eingehend § 249 BGB RdNr. 379 ff.
[3] Begr. RegE, BT-Drucks. 11/2447 S. 22 f.
[4] Produkthaftungshandbuch/*v. Westphalen* § 78 RdNr. 15.
[5] Begr. RegE, BT-Drucks. 11/2447 S. 22.
[6] Begr. RegE, BT-Drucks. 11/2447 S. 22.
[7] *Rolland* § 7 RdNr. 2.
[8] Eingehend *Wagner* in: *Zimmermann* (Hrsg.), Grundstrukturen des Europäischen Deliktsrechts, S. 189, 230 f.
[9] Begr. RegE, BT-Drucks. 11/2447 S. 22; *Staudinger/Oechsler* § 7 RdNr. 4.

nur im Fall der Tötung, nicht jedoch, wenn der Geschädigte auf Grund einer Verletzung durch das fehlerhafte Produkt außerstande ist, seine Unterhaltspflichten zu erfüllen.[10] Dann bleibt es bei der Grundregel, dass der Schaden beim Primärverletzten ausgeglichen wird, der den entgangenen Verdienst nach Maßgabe des § 8 S. 1 beim Schädiger liquidieren kann, um aus diesen Beträgen den Unterhalt in derselben Höhe wie vor dem Schadensereignis leisten zu können. Genauso wie § 844 Abs. 2 BGB schützt § 7 Abs. 2 allein solche Unterhaltsgläubiger, die sich auf einen gesetzlichen Titel berufen können, nicht hingegen Personen, deren Unterhaltsanspruch lediglich auf einer vertraglichen Vereinbarung mit dem Erblasser beruht (§ 844 BGB RdNr. 26 ff.). Weiter muss sich der Unterhaltsberechtigte eine Kürzung seines Ersatzanspruchs um die auf den Primärverletzten entfallende Mitverschuldensquote gefallen lassen, wie es der Regel des § 846 BGB entspricht (vgl. § 846 BGB RdNr. 2.).[11] Darüber hinaus ist das Mitverschulden von Erfüllungsgehilfen, gesetzlichen Vertretern und Gewalthabern unter den Voraussetzungen des § 6 Abs. 1 anzurechnen.

5   Eine dem § 845 BGB entsprechende Parallelvorschrift über Schadensersatzansprüche Drittbetroffener bei Tötung, Gesundheits- oder Körperverletzung einer Person, die dem Dritten gesetzlich zur **Leistung von Diensten** verpflichtet ist, findet sich im ProdHaftG genauso wenig wie im StVG, im HPflG, LuftVG und UmweltHG (vgl. § 845 BGB RdNr. 2). Diese Lücke ist zwar rechtssystematisch nur schwer erklärlich, sie hat jedoch praktisch kaum Konsequenzen, seit die Haushaltsführung der Ehefrau nicht mehr als Leistung von Diensten, sondern die Haushaltsführung beider Ehegatten jeweils als Beitrag zum Familienunterhalt qualifiziert wird (vgl. §§ 842, 843 BGB RdNr. 50 ff.; § 844 BGB RdNr. 63; § 845 BGB RdNr. 3).[12] Bei Tötung des haushaltsführenden Ehegatten bestimmen sich die Ersatzansprüche des anderen Teils somit nicht nach § 845 BGB, sondern nach den §§ 844 BGB, 7 Abs. 2 ProdHaftG (§ 844 BGB RdNr. 62). Wird der haushaltsführende Ehegatte lediglich an Körper und Gesundheit verletzt, steht ihm selbst ein Schadensersatzanspruch wegen Minderung seiner Erwerbsfähigkeit nach Maßgabe des § 8 zu.[13] Diese Grundsätze gelten auch, falls der getötete oder verletzte Ehegatte mit seiner Hilfe im Betrieb des anderen Teils ausfällt (§ 844 BGB RdNr. 63, 69; § 845 BGB RdNr. 3).[14]

6   Die Angehörigen des Verletzten haben eigene Ersatzansprüche gegen den Schädiger nur für Vermögensschäden, nicht hingegen für immaterielle Beeinträchtigungen. Insoweit bleibt es auch nach der Schadensrechtsreform 2002 bei dem traditionellen Grundsatz des deutschen Rechts, dass die Hinterbliebenen **bei Verlust naher Angehöriger kein Schmerzensgeld** verlangen können;[15] ihnen steht lediglich der nach § 1922 BGB auf die Erben übergehende Schmerzensgeldanspruch des ursprünglich Verletzten zu (vgl. § 844 BGB RdNr. 3 f.).[16]

III. Körper- und Gesundheitsverletzung

7   § 8 regelt den Umfang der Ersatzpflicht im Falle nicht-letaler Körper- und Gesundheitsverletzungen und folgt dabei dem bewährten Regelungsmuster der §§ 249, 252, 842 BGB sowie der Sondergesetze zur Gefährdungshaftung, ohne in der Sache Neues zu bringen. Tatsächlich ist es eine Selbstverständlichkeit, dass bei Eingriffen in Körper oder Gesundheit die **Heilungskosten** ebenso zu ersetzen sind wie **Vermögensfolgeschäden,** die wegen einer unfallbedingten Aufhebung oder Minderung der Erwerbsfähigkeit oder durch vermehrte Bedürfnisse eintreten (vgl. §§ 842, 843 BGB RdNr. 2). Obwohl in § 8 S. 1 nicht

---

[10] Begr. RegE, BT-Drucks. 11/2447 S. 22; *Rolland* § 7 RdNr. 17; *Staudinger/Oechsler* § 7 RdNr. 6.
[11] Begr. RegE, BT-Drucks. 11/2447 S. 22; *Kullmann* in: *Kullmann/Pfister* Kza. 3608, S. 3; Produkthaftungshandbuch/*v. Westphalen* § 78 RdNr. 12.
[12] Vgl. § 1360 S. 2 BGB sowie BGHZ 51, 109, 110 ff. = NJW 1969, 321, 322.
[13] Vgl. BGH (GS) BGHZ 50, 304, 306 = NJW 1968, 1823 f.; BGHZ 59, 172, 173 ff. = NJW 1972, 2217, 2221 f.
[14] BGHZ 59, 172, 173 ff. = NJW 1972, 2217, 2221 f.
[15] Zur abw. Rechtslage in Österreich öOGH JBl. 2001, 660 = ZEuP 2002, 834 m. Bespr. *Kadner-Graziano*; *Wagner,* Gutachten zum 66. DJT, 2006, S. A 62 ff.
[16] BGHZ 138, 388, 391 ff. = NJW 1998, 2741, 2742 f.

ausdrücklich genannt, ist nach allgemeinen Regeln auch der sog. Fortkommensschaden zu ersetzen (vgl. §§ 842, 843 BGB RdNr. 5, 14). Folgeschäden durch vermehrte Bedürfnisse betreffen Aufwendungen des Geschädigten, um seinen früher gewohnten Lebensstil aufrecht erhalten zu können, also etwa die Kosten für Umbaumaßnahmen an Haus oder Wohnung oder für Haushaltshilfen und Betreuungspersonal (§§ 842, 843 BGB RdNr. 56 ff.).[17] Seit dem Inkrafttreten des Zweiten Schadensersatzrechtsänderungsgesetzes am 1. 8. 2002 kann der Geschädigte nunmehr auch wegen seines **Nichtvermögensschadens** eine billige Entschädigung in Geld verlangen, für deren Bemessung die zu § 253 Abs. 2 BGB entwickelten Grundsätze zu beachten sind, so dass die Höhe des Schmerzensgeldes nicht davon abhängt, ob der Hersteller schuldhaft gehandelt hat oder nicht.[18] Diese Neuregelung gilt ausweislich von Art. 229 § 8 Abs. 1 EGBGB nur, wenn das schädigende Ereignis nach dem 31. 7. 2002 eingetreten ist (zum intertemporalen Recht vgl. Einl. RdNr. 21).

IV. Schadensabwicklung

§ 9 schließlich bringt Bestimmungen über die **Art und Weise der Ersatzleistung**, die – abgesehen von der Erstattung der Heilungs- und Beerdigungskosten – im Wege der Zahlung einer Geldrente zu erfolgen hat. Eine abweichende Regelung durch die Parteien, insbesondere die Vereinbarung einer einmaligen Abfindungssumme, ist möglich (§§ 842, 843 BGB RdNr. 6.).[19] Hinsichtlich der Einzelheiten der Leistungspflicht verweist § 9 Abs. 2 auf § 843 Abs. 2 bis 4 BGB. 8

§ 10 Haftungshöchstbetrag

(1) Sind Personenschäden durch ein Produkt oder gleiche Produkte mit demselben Fehler verursacht worden, so haftet der Ersatzpflichtige nur bis zu einem Höchstbetrag von 85 Millionen Euro.

(2) Übersteigen die den mehreren Geschädigten zu leistenden Entschädigungen den in Absatz 1 vorgesehenen Höchstbetrag, so verringern sich die einzelnen Entschädigungen in dem Verhältnis, in dem ihr Gesamtbetrag zu dem Höchstbetrag steht.

Übersicht

	RdNr.		RdNr.
I. Allgemeines	1	3. Haftung mehrerer Schädiger	5, 6
II. Haftungshöchstbetrag (Abs. 1)	2–6	III. Quotenregelung (Abs. 2)	7–9
1. Schadensverursachung durch ein einziges Produkt	3	IV. Fälle mit Auslandsbezug	10, 11
2. Personenschäden durch gleiche Produkte mit demselben Fehler	4		

I. Allgemeines

Durch die Regelung des § 10 Abs. 1 hat der deutsche Gesetzgeber von der Option des Art. 16 Abs. 1 RL Gebrauch gemacht, die gerade auf Druck der deutschen Regierung in das Europäische Einheitsrecht aufgenommen worden ist.[1] Sie entspricht einer im deutschen Recht verbreiteten **Tradition** der Verbindung einer Gefährdungshaftung mit einer summenmäßigen Haftungsbegrenzung, wie sie sich etwa in den §§ 12 StVG, 9 HPflG, 88 AMG, 33 GenTG, 15 UmweltHG niedergeschlagen hat.[2] Zweck solcher Regelungen ist es, das 1

---

[17] Begr. RegE, BT-Drucks. 11/2447 S. 23.
[18] Dazu eingehend *Wagner* NJW 2002, 2049, 2053 ff.; *ders.*, Das neue Schadensrecht, RdNr. 30 f.
[19] *Staudinger/Oechsler* § 9 RdNr. 2.
[1] Vgl. *Taschner* NJW 1986, 611, 612.
[2] Begr. RegE, BT-Drucks. 11/2447 S. 24; krit. *Taschner* NJW 1986, 611, 613; *Cahn* ZIP 1990, 482, 486; *Staudinger/Oechsler* RdNr. 2.

Haftungsrisiko des Herstellers **kalkulierbar** zu machen und dadurch seine **Versicherbarkeit** zu erleichtern.[3] Allerdings handelt es sich bei dem Regime des ProdHaftG weithin nicht um eine von der Pflichtwidrigkeit des Verhaltens unabhängige Gefährdungshaftung (Einl. RdNr. 14 ff.), während umgekehrt die als solche zu qualifizierenden Tatbestände der §§ 833 S. 1 BGB, 22 WHG ebenso wie die allgemeine Deliktshaftung summenmäßige Limitierungen nicht kennen, ohne dass dies zu Schwierigkeiten geführt hätte.[4] Die Grenzen der Versicherbarkeit sind eben nicht ohne weiteres auch Grenzen der Haftung.[5] Folgerichtig haben die allermeisten Mitgliedstaaten, einschließlich der großen Industriestaaten Frankreich und England, von der Option des Art. 16 Abs. 1 RL keinen Gebrauch gemacht.[6] Der aktuelle Bericht der Kommission über die Anwendung der Richtlinie sieht dennoch keine erheblichen Schwierigkeiten im praktischen Umgang mit der unterschiedlich gehandhabten Regelung, was darauf beruhen dürfte, dass die großzügig bemessene Haftungshöchstgrenze des § 10 noch in keinem Schadensfall erreicht wurde.[7]

II. Haftungshöchstbetrag (Abs. 1)

2   Die Haftungsbegrenzung des § 10 Abs. 1 bezieht sich ausschließlich auf **Personenschäden**, so dass für gemäß § 1 Abs. 1 zu ersetzende Sachschäden stets uneingeschränkt Ersatz zu leisten ist. Auch bei Personenschäden gilt die Höchstgrenze nur für Ansprüche nach dem ProdHaftG, nicht für uU daneben bestehende Ansprüche aus deliktischer Produkthaftung nach § 823 BGB.

3   **1. Schadensverursachung durch ein einziges Produkt.** Gemäß Art. 16 Abs. 1 RL können die Mitgliedstaaten die Gesamthaftung des Herstellers für die Schäden infolge von Tod oder Körperverletzungen, die durch gleiche Artikel mit demselben Fehler verursacht wurden, auf einen Höchstbetrag begrenzen. § 10 Abs. 1 geht darüber indessen hinaus und beschränkt die Haftung auch für Schäden, die durch **ein einziges Produkt** verursacht wurden. Die in Deutschland hM hält diese Erweiterung im Wege des Erst-recht-Schlusses für zulässig: Wenn schon die Haftung bei Serienschäden begrenzt werden könne, dann erst recht bei Schäden durch ein Einzelprodukt.[8] Tatsächlich würde der Zweck der Haftungsbegrenzung, die Haftung kalkulierbar und damit leichter versicherbar zu machen, desavouiert, wenn sich der Hersteller nicht auf das Limit von 85 Millionen Euro verlassen könnte, weil es nur bei Serienschäden, nicht aber bei Einzelschäden gelten würde. Auf der anderen Seite ist zu berücksichtigen, dass die Gefahr, der Hersteller könnte durch eine Haftungslawine überrollt werden, die er nicht in vollem Umfang zur versicherungsmäßigen Deckung bringen konnte, bei Einzelschäden als gering einzustufen ist. Ausgeschlossen ist dies allerdings nicht, wie das Szenario des auf einem Produktfehler beruhenden Absturzes eines Verkehrsflugzeugs über einem Wohngebiet belegt. Mit Blick auf die Tendenz des EuGH, die Mitgliedstaaten strikt an den Wortlaut der Richtlinie zu binden (vgl. Einl. RdNr. 3), kann es gleichwohl nicht als sicher gelten, dass § 10 Abs. 1 eine europarechtliche Kontrolle überleben würde.[9]

4   **2. Personenschäden durch gleiche Produkte mit demselben Fehler.** Um gleiche Produkte handelt es sich, wenn sie das Ergebnis einer im Wesentlichen **einheitlichen**

---

[3] Begr. RegE, BT-Drucks. 11/2447 S. 12; *Schlechtriem* VersR 1986, 1033, 1042; *Cahn* ZIP 1990, 482, 486.
[4] *Cahn* ZIP 1990, 482, 486.
[5] Vgl. *Wagner* VersR 1991, 249, 251, 253 f.
[6] Außer im deutschen finden sich Höchstgrenzen nur im spanischen und portugiesischen Recht.
[7] Bericht der Kommission, KOM (2000) 893 vom 31. 1. 2001 S. 21 f.
[8] Begr. RegE, BT-Drucks. 11/2447 S. 24, 61; *Rolland* RdNr. 5; Produkthaftungshandbuch/*v. Westphalen* § 78 RdNr. 22; *Schmidt-Salzer* BB 1987, 1404, 1406; *Schmidt-Salzer/Hollmann* Bd. 1 Art. 16 RdNr. 12 ff.; *Kullmann* in: *Kullmann/Pfister* Kza. 3608, S. 9; *Pauli* PHI 1987, 138, 143; *Anderle* S. 72 f.; *Cahn* ZIP 1990, 482, 487.
[9] Für richtlinienwidrig halten die Regelung *Erman/Schiemann* RdNr. 1; *Pott* in: *Pott/Frieling* RdNr. 12; *Taschner* in: *Taschner/Frietsch* RL Art. 16 RdNr. 4; *Brüggemeier* ZHR 152 (1988), 511, 532; *Staudinger/Oechsler* RdNr. 6; zweifelnd auch *Palandt/Sprau* RdNr. 2.

Konstruktion und Fertigung darstellen.[10] Der Begriff ist nach dem Sinn und Zweck der Vorschrift auszulegen, das Haftungsrisiko unter den Bedingungen der Massenproduktion zu begrenzen, bei der ein einziger Fehlgriff zu Sicherheitsdefiziten bei einer Vielzahl von Produkten führen kann. Auf dieser Grundlage kommt es einerseits nicht in Betracht, sämtliche Produkte einer bestimmten Gattung als „gleich" zu bezeichnen, andererseits ist aber auch nicht völlige Identität zu fordern, die im Zeitalter weitgehender Kundenorientierung der Angebotspalette ohnehin kaum mehr anzutreffen ist.[11] So handelt es sich auch dann noch um gleiche Produkte, wenn Kraftfahrzeuge einer Modellserie in der Ausstattung voneinander abweichen oder in verschiedenen Karosserie-Varianten (Zweitürer, Viertürer, Limousine, Cabrio, Variant) angeboten werden. Entscheidend kommt es auf den konkreten Fehler an, der zum Schaden geführt hat. Aus dem Wortlaut des Gesetzes wird verbreitet gefolgert, es sei allein von Konstruktionsfehlern und damit von Produkten identischen Baumusters die Rede, denn bei Fabrikationsfehlern an mehreren Produkten könne es sich nicht um *denselben,* sondern nur um *gleiche* Fehler handeln. Doch ist diese Auffassung wohl zu eng.[12] Ein identischer Sicherheitsmangel mit identischen Risiken liegt auch dann vor, wenn eine komplette Produktserie auf Grund falscher Einstellungen an Maschinen einheitliche Fabrikationsfehler aufweist. Entsprechendes gilt für identische Instruktionsfehler bei Produkten einer bestimmten Serie, denen jeweils dieselbe fehlerhafte Bedienungsanleitung beigegeben wurde.[13]

3. Haftung mehrerer Schädiger. Sind für Groß- oder Serienschaden gemäß §§ 1, 4 mehrere Personen nebeneinander verantwortlich, stellt sich die Frage, ob die Geschädigten insgesamt auf die Höchstgrenze des § 10 beschränkt sind[14] oder ob sie **jeden einzelnen Schädiger bis zur Höchstgrenze** in Anspruch nehmen können.[15] Die ratio des § 10 Abs. 1 erfordert es lediglich, die Maximalbelastung des einzelnen Herstellers im Interesse der Kalkulier- und Versicherbarkeit der Haftung zu limitieren, nicht aber die Belastung der Versicherungsbranche bei Großschäden zu deckeln. Allerdings ist zuzugestehen, dass es der Tradition der deutschen Gefährdungshaftungen entspricht, die Haftungshöchstbeträge auch bei Beteiligung mehrerer Schädiger nur ein einziges Mal zur Verfügung zu stellen.[16]

Als **Gesamtschuldner** haften die mehreren Schädiger aufgrund von § 5 nur bis zur Grenze von 85 Millionen Euro, hinsichtlich des darüber hinausgehenden Betrages handelt es sich um Teilschulden,[17] wenn nicht parallel auch der Tatbestand des § 823 BGB verwirklicht ist, denn dann haften die Hersteller gemäß § 840 Abs. 1 BGB solidarisch auch für die überschießende Summe. Der Höchstbetrag hat auch **Auswirkungen auf das Regressverhältnis** unter mehreren Verantwortlichen.[18] Das Postulat eines kalkulierbaren Haftungsrisikos erfordert es, dass der einzelne Schädiger nicht nur im Außen-, sondern auch im Innenverhältnis nur bis zur gesetzlichen Höchstgrenze in Anspruch genommen werden kann.[19] Ist der Betrag von 85 Millionen Euro durch Leistungen an die Geschädigten bereits ausgeschöpft, entfällt die Ausgleichspflicht im Innenverhältnis zur Gänze. Treffen Regressansprüche anderer Hersteller oder Händler gemäß § 5 S. 2 mit noch offenen Entschädigungsforderungen weiterer Geschädigter nach §§ 1, 4 zusammen, wird man im Hinblick auf die Regelung des § 10 Abs. 2 davon ausgehen müssen, dass die Entschädigungsansprüche den Vorrang vor dem Regress genießen.

---

[10] Enger *Staudinger/Oechsler* RdNr. 7.
[11] *Rolland* RdNr. 3.
[12] Wie hier *Rolland* RdNr. 4; *Staudinger/Oechsler* RdNr. 8; *Pott* in: *Pott/Frieling* RdNr. 14.
[13] Anders *Erman/Schiemann* RdNr. 2.
[14] So *Kullmann* RdNr. 27; *ders.* in: *Kullmann/Pfister* Kza. 3608, S. 10 f.
[15] So *Erman/Schiemann* RdNr. 2; *Cahn* ZIP 1990, 482, 488; *Staudinger/Oechsler* RdNr. 9; *Soergel/Krause* RdNr. 2.
[16] Vgl. etwa *Filthaut*, Haftpflichtgesetz, 7. Aufl. 2006, § 9 RdNr. 8.
[17] *Erman/Schiemann* RdNr. 2.
[18] Offen *Cahn* ZIP 1990, 482, 487.
[19] So zu § 12 StVG BGH VersR 1964, 1145, 1147.

III. Quotenregelung (Abs. 2)

7 Die Vorschrift des § 10 Abs. 2 über die **verhältnismäßige Kürzung der Entschädigungsansprüche** bei Erschöpfung der Haftungshöchstsumme ist eine Kreation des deutschen Gesetzgebers, die kein Vorbild in der Richtlinie hat, sondern an den Parallelregelungen der §§ 12 Abs. 2 StVG, 10 Abs. 2 HPflG, 88 S. 2 AMG orientiert ist; später ist noch § 15 S. 2 UmweltHG hinzugetreten. Zweck dieser Vorschriften ist es, die Gleichbehandlung mehrerer Geschädigter zu gewährleisten, wenn die Haftungshöchstsumme des Abs. 1 zur Befriedigung aller nicht ausreicht. Um einen Wettlauf der Gläubiger zu verhindern, sind die Ersatzansprüche in einem solchen Fall nach Maßgabe des Abs. 2 verhältnismäßig zu kürzen, und zwar um eine Quote, die dem Verhältnis der Summe sämtlicher Schäden zum Haftungshöchstbetrag entspricht. Beträgt der Gesamtschaden also 170 Millionen Euro, erhält jeder Geschädigte 50% seines Schadens ersetzt. Dabei gilt folgende Berechnungsformel:[20]

$$\frac{\text{Haftungshöchstbetrag} \times \text{Einzelschaden}}{\text{Gesamtschaden}} = \text{Quote}.$$

8 Die an sich verständliche und folgerichtige Regelung des § 10 Abs. 2 leidet daran, dass sie sich auf das materielle Recht beschränkt und die Problematik der Verteilungsprozedur ausklammert. In der Praxis führt aber gerade die **verfahrensrechtliche Abwicklung von Massenschäden** zu großen Schwierigkeiten, die regelmäßig durch Installation eines ad-hoc-Verfahrens bewältigt werden. Bekannte Beispiele sind die Installation eines Ombudsmanns, dem die Abwicklung des Bahn-Unfalls von Eschede oblag und die komplexen, teilweise spezialgesetzlich geregelten Entschädigungsprozeduren, die nach dem 11. September 2001 in den USA geschaffen wurden. Mit dem Kapitalanleger-Musterverfahrensgesetz (**KapMuG**) von 2005 hat der Gesetzgeber erstmals einen verfahrensrechtlichen Rahmen für Schadensersatzklagen wegen Massenschäden geschaffen, diesen jedoch sektoral auf reine Vermögensschäden irregeführter Kapitalanleger beschränkt. Erforderlich wären eine Reform des KapMuG und seine Ausdehnung auf sämtliche Massenschäden, einschließlich derjenigen, die durch fehlerhafte Produkte verursacht worden sind.[21]

9 Die zentrale Problematik des § 10 Abs. 2 besteht darin, dass im Zeitpunkt der Geltendmachung eines Schadensersatzanspruchs durch einen einzelnen Geschädigten die Höhe der insgesamt durch gleiche Produkte mit demselben Fehler verursachten Schäden in aller Regel nicht absehbar ist.[22] Eine genaue Berechnung des einzelnen Anspruchs unter Berücksichtigung der Quotierung gemäß Abs. 2 ist erst möglich, wenn alle Schadensfälle bekannt und beziffert sind, dies aber kann theoretisch bis zum Ablauf der Ausschlussfrist des § 13 dauern. Wegen des **Risikos der Überkompensation** der ersten Anspruchsteller ist dem Schädiger ein Leistungsverweigerungsrecht einzuräumen, wonach er die Zahlung auf einen angemessenen Teil beschränken kann, wenn konkrete Anhaltspunkte dafür bestehen, dass er weiteren Geschädigten Ersatz leisten muss und die Summe der geltend gemachten Schäden den Höchstbetrag des § 10 Abs. 1 übersteigen wird.[23] Während der Zeit des Abwartens sollte die Verjährung der bereits geltend gemachten Ersatzansprüche nach § 12 Abs. 2 gehemmt sein, so dass sich eine Feststellungsklage erübrigt.[24] Eine Hinterlegung des Haftungshöchstbetrags unter Ausschluss der Rücknahme durch den Hersteller ist nicht möglich, weil es sich entgegen §§ 372 ff. BGB nicht um eine einzige Forderung handelt und es nicht angängig ist,

---

[20] *Kullmann* in: *Kullmann/Pfister* Kza. 3608, S. 11 f.
[21] Eingehend *Wagner*, Gutachten zum 66. DJT, 2006, S. A 121 ff.
[22] *Rolland* RdNr. 7 f.; *Kullmann* in: *Kullmann/Pfister* Kza. 3608, S. 12 f.; *Erman/Schiemann* RdNr. 3; *Pott* in: *Pott/Frieling* RdNr. 16; *Staudinger/Oechsler* RdNr. 13.
[23] Ähnlich *Kullmann* in: *Kullmann/Pfister* Kza. 3608, S. 12 f.; Produkthaftungshandbuch/*v. Westphalen* § 78 RdNr. 28; *Staudinger/Oechsler* RdNr. 13.
[24] Für die Obliegenheit zur Erhebung einer Feststellungsklage Produkthaftungshandbuch/*v. Westphalen* § 78 RdNr. 29; *Kullmann* in: *Kullmann/Pfister* Kza. 3608, S. 13; zur Auslegung des § 203 BGB vgl. *Wagner* ZKM 2002, 103, 106 ff.

auf diese Weise den Streit um die Aufteilung der Summe in das Innenverhältnis der Geschädigten zu verlagern.[25]

IV. Fälle mit Auslandsbezug

Die Vorschrift des § 10 gilt auch für Fallgestaltungen, in denen **ausländische Hersteller** 10 bzw. Geschädigte beteiligt sind.[26] Voraussetzung ist freilich die Anwendbarkeit des deutschen ProdHaftG, was ab 11. 1. 2009 von sämtlichen europäischen Gerichten auf der Grundlage von Art. 5 Rom II-VO zu beurteilen ist (Einl. RdNr. 23 ff.). Ist nach dem einschlägigen Kollisionsrecht ausländisches Produkthaftungsrecht anwendbar, droht einem deutschen Unternehmen eine Verurteilung ohne Rücksicht auf den Höchstbetrag des § 10 Abs. 1, weil die meisten anderen Mitgliedstaaten von einer vergleichbaren Regelung abgesehen haben. Einen Verstoß gegen den ordre public iS des Art. 6 EGBGB, Art. 26 Rom II-VO, Art. 34 Nr. 1 EuGVVO stellt die Nichtbeachtung des § 10 Abs. 1 nicht dar.[27]

Fraglich ist weiter, ob sich ein im Ausland verklagter und zu Ersatz verurteilter Hersteller 11 in einem nach dem deutschen ProdHaftG zu beurteilenden Prozess die im Ausland erbrachten **Zahlungen auf den Höchstbetrag des § 10 Abs. 1 anrechnen** lassen kann.[28] Wäre dem so, führte dies zu einer Benachteiligung deutscher Geschädigter, da auf Grund des ausländischen Urteils bereits Zahlungen erbracht worden sein können, die den Höchstbetrag ausschöpfen, und die im Ausland klagenden Geschädigten Ersatz ihres gesamten Schadens und nicht lediglich die Quote des § 10 Abs. 2 verlangen könnten. Wird die Anrechenbarkeit hingegen verneint, würden inländische Opfer auf Kosten des Herstellers privilegiert.[29] Ein Kompromiss könnte darin bestehen, die Auslandsgeschädigten jedenfalls im Rahmen des § 10 Abs. 2 den Inlandsgeschädigten gleichzustellen, für sie eine fiktive Quote zu bilden und den sich auf dieser Grundlage errechnenden Entschädigungsbetrag von dem allein für die Inlandsgeschädigten geltenden Haftungshöchstbetrag nach § 10 Abs. 1 abzusetzen.[30]

§ 11 Selbstbeteiligung bei Sachbeschädigung

Im Falle der Sachbeschädigung hat der Geschädigte einen Schaden bis zu einer Höhe von 500 Euro selbst zu tragen.

I. Allgemeines

Die Vorschrift geht zurück auf Art. 9 lit. b RL, der eine Selbstbeteiligung des Geschädig- 1 ten bei Sachbeschädigungen in Höhe von 500 ECU vorsieht. Zweck der Regelung ist es, die Ersatzpflicht auf „gravierende" Fälle zu beschränken.[1] Gleichzeitig sollte die Zahl der gerichtlichen Streitfälle bei Sachbeschädigungen klein gehalten werden.[2] Entgegen der vor allem verbraucherpolitisch motivierten Kritik[3] sind diese Zielsetzungen durchaus ernst zu nehmen.[4] Die Prüfung und Abwicklung von Schadensersatzansprüchen macht sowohl für

---

[25] *Kullmann* in: *Kullmann/Pfister* Kza. 3608, S. 11; *Greger*, Haftungsrecht des Straßenverkehrs, 4. Aufl. 2007, § 20 RdNr. 22; aA *Staudinger/Oechsler* RdNr. 13.
[26] *Rolland* RdNr. 9; *Kullmann* in: *Kullmann/Pfister* Kza. 3608, S. 13; Produkthaftungshandbuch/ v. *Westphalen* § 78 RdNr. 23.
[27] *Staudinger/Oechsler* RdNr. 10.
[28] *Rolland* RdNr. 10; *Cahn* ZIP 1990, 482, 487.
[29] *Staudinger/Oechsler* RdNr. 15.
[30] *Rolland* RdNr. 10; zust. *Kullmann* in: *Kullmann/Pfister* Kza. 3608, S. 11; *Staudinger/Oechsler* RdNr. 15; *Pott* in: *Pott/Frieling* RdNr. 17.
[1] Begr. RegE, BT-Drucks. 11/2447 S. 24.
[2] Erwägungsgrund Nr. 9 zur RL 85/374 EWG.
[3] Beschlussempfehlung und Bericht des Rechtsausschusses, BT-Drucks. 11/5520 S. 16; *Rolland* RdNr. 2; *Medicus*, FS Rolland, 1999, S. 251, 255; *Koch* ZHR 152 (1988), 537, 552; *Cahn* ZIP 1990, 482, 485 f.; *Staudinger/Oechsler* RdNr. 1; *Frieling* in: *Pott/Frieling* RdNr. 2; *Wieckhorst* S. 218 f.
[4] Übereinstimmend *Adams* BB 1987, Beilage 20 S. 23; *Erman/Schiemann* RdNr. 1.

die Haftpflichtversicherungen als auch für das staatlich subventionierte Justizsystem häufig einen Aufwand, dessen Kosten außer Verhältnis zum Wert des geltend gemachten Anspruchs stehen. Im Interesse der Begrenzung dieser sog. **Transaktionskosten** ist es sachgerecht, Bagatellschäden aus dem Haftungsumfang auszuklammern, zumal der Geschädigte nicht überfordert wird, sondern sie ohne weitere Nutzeneinbuße tragen kann (Vor § 823 BGB RdNr. 57 f.). Eine Bündelung der Kosten kleiner Sachschäden beim Hersteller, nur um sie dann über den Produktpreis wieder auf alle Konsumenten zu verteilen, empfiehlt sich nicht. Schließlich vermittelt der Selbstbehalt dem Geschädigten zusätzliche Anreize dazu, seinerseits sorgfältig mit der Sache umzugehen.[5]

2   Allerdings ist einzuräumen, dass die Zielsetzungen der Richtlinie im deutschen Recht nicht wirklich erreicht werden. Das liegt allerdings nicht an § 11 selbst, sondern daran, dass die **deliktische Produkthaftung** gemäß § 15 Abs. 2 neben dem ProdHaftG fortexistiert und in ihren Voraussetzungen kaum hinter dem harmonisierten Recht zurückbleibt (§ 15 RdNr. 3). In der Praxis hat die Selbstbehaltsregelung deshalb zur Konsequenz, dass Ersatzansprüche wegen Schäden von weniger als 500 Euro auf § 823 BGB anstatt auf § 1 gestützt werden. Noch bedenklicher ist die Lage, wenn der Schaden den Selbstbehalt übersteigt; in diesem Fall kann der Geschädigte den Ersatzanspruch jenseits von 500 Euro auf das ProdHaftG, denjenigen auf Ersatz des Selbstbehalts hingegen auf § 823 BGB stützen.[6] Obwohl beide Anspruchsgrundlagen regelmäßig zu identischen Ergebnissen führen, wird das Gericht doch gezwungen, die differenzierten Beweislastregeln sowohl der deliktischen Produkthaftung als auch des § 1 Abs. 4 zu beachten und die Verjährung im einen Fall nach den §§ 195, 199 BGB, im anderen nach § 12 zu beurteilen. Wie immer man rechtspolitisch zum Selbstbehalt steht, für die Mitgliedstaaten ist er zwingend. Der **EuGH** hat in mehreren Urteilen Einwände gegen seine Verbindlichkeit, die vor allem auf die Europäische Menschenrechtskonvention gestützt worden waren, zurückgewiesen.[7] Danach haben die Mitgliedstaaten nicht das Recht, in ihren Transformationsgesetzen zur Produkthaftungsrichtlinie auf den Selbstbehalt zu verzichten, wie dies Frankreich und Griechenland getan hatten.

II. Anwendungsbereich

3   Nach Verabschiedung der Richtlinie ist darüber gestritten worden, ob Art. 9 lit. a so zu verstehen ist, dass bei Sachbeschädigungen stets **nur der 500 Euro bzw. ECU übersteigende Schaden** ersetzt wird[8] oder dahingehend, dass der Geschädigte zwar für Schäden unterhalb dieses Betrags keinen Ersatz verlangen, bei Überschreitung der Schwelle hingegen seinen vollen Schaden liquidieren kann.[9] Der Wortlaut der Richtlinie ist in diesem Punkt allerdings völlig eindeutig, denn „Selbstbeteiligung" ist ein im Haftungs- und Versicherungsrecht weit verbreiteter Begriff, der genau das meint, was er sagt, dass sich der Betroffene nämlich von seiner Ersatzforderung etwas abziehen lassen muss, und zwar auch dann, wenn der Schaden den Selbstbehalt übersteigt.[10] In diesem Sinn hat auch § 11 die Frage entschieden.

4   § 11 setzt eine **Sachbeschädigung als haftungsauslösende Rechtsgutsverletzung** voraus. Der Geschädigte muss sich den Selbstbehalt auf den unmittelbaren Sachschaden und den daraus erwachsenden Vermögensfolgeschaden (zB Nutzungsausfall) anrechnen lassen.[11]

---

[5] *Adams* BB 1987, Beilage 20 S. 20; *Hommelhoff*, FS Rittner, 1991, S. 165, 172 f.
[6] *Cahn* ZIP 1990, 482, 485 f.; *Rolland* RdNr. 2; *Staudinger/Oechsler* RdNr. 1; *Sack* VersR 1988, 439, 446; zur Richtlinienkonformität dieser Möglichkeit *Hommelhoff*, FS Rittner, 1991, S. 165, 173 ff.
[7] EuGH Slg. 2002, I-3827 RdNr. 26 ff. = RIW 2002, 787, 789 – Kommission/Frankreich; Slg. 2002, I-3879 RdNr. 9 ff. – Kommission/Griechenland; Slg. 2002, I-3901 RdNr. 23 ff. = EuZW 2002, 574, 576 – Gonzlez Snchez.
[8] So *Buchner* DB 1988, 32, 36; *Opfermann* ZIP 1988, 463, 469; *Frietsch* in: *Taschner/Frietsch* RdNr. 6; *Taschner* in: *Taschner/Frietsch* RL Art. 9 RdNr. 14; *Hommelhoff*, FS Rittner, 1991, S. 165, 171 f.; *Rolland* RdNr. 5.
[9] „Alles-oder-Nichts-Prinzip"; dafür *Storm* PHI 1986, 112, 115; *Sack* VersR 1988, 439, 446 f.
[10] *Taschner* in: *Taschner/Frietsch* RL Art. 9 RdNr. 14; *Hommelhoff*, FS Rittner, 1991, S. 165, 171 f.; vgl. auch die Stellungnahme der Kommission vom 28. 11. 1988, ABl. EG Nr. C 132 S. 51 f.
[11] OLG Hamm VersR 1993, 765, 766; LG Lübeck VersR 1993, 1282, 1283 m. Anm. *Weber*; *Rolland* RdNr. 3; *Kullmann* in: *Kullmann/Pfister* Kza. 3608, S. 14.

Beide Schadensarten stellen freilich einen einheitlichen Posten dar, bei dem der Sockelbetrag des § 11 insgesamt nur einmal berücksichtigt wird. Werden durch das Schadensereignis **mehrere Sachen eines Geschädigten** in Mitleidenschaft gezogen, ist der Abzug wiederum nur einmal in Ansatz zu bringen; andernfalls wären lediglich solche Sachen in den Schutzbereich der Produkthaftung einbezogen, deren Wert 500 Euro übersteigt.[12] Bei **Beschädigung mehrerer Sachen verschiedener Personen** muss sich jeder einzelne Geschädigte den Selbstbehalt anrechnen lassen.[13] Personenschäden sind stets in vollem Umfang zu ersetzen, und zwar unabhängig davon, ob sie zusammen mit der Sachbeschädigung verursacht werden oder ihrerseits als Folge der Sachbeschädigung eintreten. Schlägt beispielsweise eine Luxusyacht infolge eines Fabrikationsfehlers auf hoher See leck, dann können die Passagiere bzw. deren Hinterbliebene ihre Personenschäden in vollem Umfang nach Maßgabe der §§ 7 ff. liquidieren.[14] Wenn **mehrere Hersteller** für denselben Schaden nach §§ 1, 4, 5 einzustehen haben, können sie sich ein und demselben Geschädigten gegenüber nur einmal auf den Selbstbehalt berufen.[15]

§ 12 Verjährung

(1) Der Anspruch nach § 1 verjährt in drei Jahren von dem Zeitpunkt an, in dem der Ersatzberechtigte von dem Schaden, dem Fehler und von der Person des Ersatzpflichtigen Kenntnis erlangt hat oder hätte erlangen müssen.

(2) Schweben zwischen dem Ersatzpflichtigen und dem Ersatzberechtigten Verhandlungen über den zu leistenden Schadensersatz, so ist die Verjährung gehemmt, bis die Fortsetzung der Verhandlungen verweigert wird.

(3) Im übrigen sind die Vorschriften des Bürgerlichen Gesetzbuchs über die Verjährung anzuwenden.

Übersicht

	RdNr.		RdNr.
I. Anwendungsbereich	1–3	b) Kenntnis oder Kennenmüssen des Produktfehlers	9
II. Die dreijährige Verjährungsfrist (Abs. 1)	4–13	c) Kenntnis oder Kennenmüssen des Schädigers	10
1. Objektive Voraussetzungen	4	3. Hemmung der Verjährung (Abs. 2)	11, 12
2. Subjektive Voraussetzungen	5–10	4. Anwendung der allgemeinen Vorschriften (Abs. 3)	13
a) Kenntnis oder Kennenmüssen des Schadens	8		

I. Anwendungsbereich

Da die Produkthaftungsrichtlinie in ihrem Art. 10 Abs. 1 eine Regelung der Verjährung getroffen und diese in Art. 11 noch um eine Ausschlussfrist ergänzt hat, bedurfte es eigenständiger Vorschriften über diese Fragen im ProdHaftG. Aus diesem Grund war der Gesetzgeber des SMG daran gehindert, die Transformationsnormen der §§ 12, 13 in die **Reform des Verjährungsrechts** miteinzubeziehen. Die §§ 12, 13 entsprechen in ihren Grundlinien den früher für deliktische Ansprüche geltenden Vorschriften des § 852 Abs. 1, 2 BGB aF, die für die §§ 195, 199, 203 BGB nF Modell gestanden haben. 1

Wegen mancher Abweichung in den Einzelheiten kann es für den Anwalt jedoch interessant sein, auf die **deliktische Produkthaftung** auszuweichen, auf die § 12 nicht anwendbar ist.[1] Zwar gilt in beiden Fällen eine einheitliche Verjährungsfrist von drei Jahren (§§ 12 Abs. 1 ProdHaftG, 195 BGB), doch bestimmt sich ihr Beginn im Fall des § 823 BGB nach 2

---

[12] *Soergel/Krause* RdNr. 2.
[13] *Rolland* RdNr. 4; *Frieling* in: *Pott/Frieling* RdNr. 5; *Staudinger/Oechsler* RdNr. 4.
[14] *Kullmann* in: *Kullmann/Pfister* Kza. 3608, S. 14; *Rolland* RdNr. 3.
[15] *Staudinger/Oechsler* RdNr. 4.
[1] *Soergel/Krause* RdNr. 2.

§ 199 Abs. 1 BGB, der die Entstehung des Anspruchs und die Kenntnis oder *grob fahrlässige Unkenntnis* des Gläubigers von diesem Umstand sowie der Person des Ersatzpflichtigen voraussetzt, während **nach § 12 Abs. 1 bereits *leicht fahrlässige Unkenntnis*** von der Person des Ersatzpflichtigen, dem Schaden und dem Fehler schadet.[2] Darüber hinaus beginnt die dreijährige Verjährungsfrist gemäß § 12 Abs. 1 **taggenau,** während diejenige des § 199 Abs. 1 BGB erst mit Ablauf des Jahres in Gang gesetzt wird, in dem der Gläubiger die für den Verjährungsbeginn maßgebliche Kenntnis bzw. grob fahrlässige Unkenntnis erlangt. Weiter bringen die Abs. 2, Abs. 3 von § 199 BGB kenntnisunabhängig geltende Höchstfristen für die Geltendmachung von Schadensersatzansprüchen, deren Funktion im Rahmen des ProdHaftG von der Ausschlussfrist des § 13 Abs. 1 wahrgenommen wird. Unterschiede bestehen schließlich auch bei der **Verjährungshemmung durch Verhandlungen.** Zwar ist in diesem Fall der Lauf der Verjährung sowohl nach § 203 BGB als auch nach § 12 Abs. 2 gehemmt, doch diese Wirkung endet bei § 12 Abs. 2 taggenau mit dem Ende der Verhandlungen, während § 203 S. 2 BGB noch eine Ablaufhemmung von drei Monaten gewährt. Für die sonstigen Hemmungs- und Neubeginnstatbestände sowie für die Rechtsfolgen der Verjährung verweist § 12 Abs. 3 auf die allgemeinen Vorschriften des bürgerlichen Rechts, also auf die §§ 204 ff., 214 ff. BGB. Letzteres begegnet im Hinblick auf die ausdrückliche Ermächtigung des Art. 10 Abs. 2 RL keinerlei europarechtlichen Bedenken. Für den **Regressanspruch** unter mehreren Verpflichteten gemäß § 5 S. 2 gilt § 12 nicht.[3]

3 Da die sondergesetzliche Produkthaftung unabhängig von einem zwischen den Parteien bestehenden Vertragsverhältnis eingreift und die Parteien gemäß § 14 auch zu ihrer Derogation nicht in der Lage sind, sind **vertragsrechtliche Verjährungsregelungen** nach Art der §§ 438, 634a BGB nicht auf Ansprüche aus § 1 anzuwenden.[4] Das entspricht der Rechtslage bei der Konkurrenz vertrags- und deliktsrechtlicher Schadensersatzansprüche, die grundsätzlich jeweils ihren eigenen Verjährungsregeln folgen (vgl. § 823 BGB RdNr. 594). Soweit der BGH „ausnahmsweise" Ersatzansprüche aus deliktischer Produkthaftung nach § 823 Abs. 1 BGB in der kurzen vertragsrechtlichen Verjährungsfrist (§ 477 BGB aF) verjähren lässt,[5] ist diese Ausnahme auf das ProdHaftG nicht zu übertragen.[6] Genauso wenig darf das harmonisierte Haftungssystem der Richtlinie durch vertragsrechtliche Ausschlusstatbestände verkürzt werden, sodass die Versäumung der **Rügeobliegenheit nach § 377 HGB** Ersatzansprüche des Erwerbers nach dem ProdHaftG unberührt lässt (vgl. auch § 823 BGB RdNr. 594).[7]

II. Die dreijährige Verjährungsfrist (Abs. 1)

4 **1. Objektive Voraussetzungen.** Anders als § 199 Abs. 1 BGB verzichtet § 12 Abs. 1 darauf, den Verjährungsbeginn von einer Kumulation objektiver und subjektiver Voraussetzungen abhängig zu machen. Insbesondere kommt es nicht darauf an, ob der **Schadensersatzanspruch entstanden** ist (vgl. § 199 RdNr. 21). Im Ergebnis dürfte sich diese Diskrepanz allerdings kaum auswirken, weil § 12 Abs. 1 das subjektive Element auch auf den Schaden bezieht, Letzterer also eingetreten sein muss, womit der Ersatzanspruch entsteht. In Zweifelsfällen ist auf die bisherige Rechtsprechung zu § 852 Abs. 1 BGB aF zurückzugreifen, nach der es darauf ankam, ob dem Geschädigten zugemutet werden konnte, auf Grund der ihm bekannten Tatsachen gegen eine bestimmte Person zumindest eine auf Feststellung der Schadensersatzpflicht dem Grunde nach gerichtete Klage zu erheben.[8]

---

[2] *Erman/Schiemann* RdNr. 1; *Palandt/Sprau* RdNr. 1; Produkthaftungshandbuch/*v. Westphalen* § 79 RdNr. 1, 4; *Rolland* RdNr. 1; *Staudinger/Oechsler* RdNr. 3.
[3] *Staudinger/Oechsler* RdNr. 2.
[4] *Rolland* RdNr. 33; *Erman/Schiemann* RdNr. 1; *Staudinger/Oechsler* RdNr. 11.
[5] BGH NJW-RR 1993, 1113, 1114; *Palandt/Sprau* § 852 BGB RdNr. 1.
[6] *Rolland* RdNr. 33; *Pott* in: *Pott/Frieling* RdNr. 6.
[7] öOGH ecolex 1997, 427, 428; *Sack* JBl. 1989, 695, 705 f.
[8] BGHZ 48, 181, 183 = NJW 1967, 2199, 2200; BGHZ 102, 246, 248 = NJW 1988, 1146; BGH NJW 1990, 2808, 2809; NJW-RR 2001, 1168, 1169; OLG Köln VersR 1996, 1289; Produkthaftungshandbuch/*v. Westphalen* § 79 RdNr. 3; vgl. auch *Rolland* RdNr. 3.

2. Subjektive Voraussetzungen. Der Lauf der dreijährigen Verjährungsfrist beginnt in dem Zeitpunkt, in dem der Geschädigte von den in § 12 Abs. 1 genannten haftungsbegründenden Voraussetzungen **positive Kenntnis erlangt oder hätte erlangen müssen**. Der Begriff der Kenntnis ist ebenso zu verstehen wie bei § 199 Abs. 1 BGB, wobei in beiden Fällen auf eine trennscharfe Definition verzichtet werden kann, weil auch die (grob) fahrlässige Unkenntnis genügt (§ 199 BGB RdNr. 25 ff.). Eine die Verjährungsfrist in Gang setzende Unkenntnis ist jedenfalls in solchen Fällen zu bejahen, in denen die Rechtsprechung zum früheren § 852 Abs. 1 BGB aF sogar positive Kenntnis bejaht hat, weil „es der Geschädigte versäumt hat, eine gleichsam auf der Hand liegende Kenntnismöglichkeit wahrzunehmen und letztlich das Sichberufen auf die Unkenntnis entsprechend dem Rechtsgedanken des § 162 BGB als Förmelei erscheint, weil jeder andere in der Lage unter denselben konkreten Umständen die Kenntnis gehabt hätte".[9] Im Kontext des § 12 Abs. 1 ist über diesen Standard und die unter § 199 Abs. 1 BGB zu entwickelnden Grundsätze noch hinauszugehen, weil danach sogar die *leicht* fahrlässige Unkenntnis von den relevanten Umständen genügt, um die Verjährungsfrist in Lauf zu setzen. Folgerichtig ist der Geschädigte zur Vermeidung des Verjährungsbeginns gehalten, auch aufwändigere Erkundigungen und Nachforschungen mit Blick auf die drei relevanten Merkmale – Fehler, Schaden, Person des Ersatzpflichtigen – durchzuführen, uU sogar ein Sachverständigengutachten in Auftrag zu geben, um sich Klarheit über die Schadensursache zu verschaffen.[10]

Die Kenntnis bezieht sich ausschließlich auf die in § 12 Abs. 1 genannten anspruchsbegründenden Umstände und auf die Person des Schuldners; eine unzutreffende **rechtliche Wertung** ist hingegen unerheblich und vermag den Lauf der Verjährung nicht zu hindern.[11] Dies soll allerdings dann nicht gelten, wenn gerade die Unkenntnis der Rechtslage das Hindernis bildet, von der Person des Ersatzpflichtigen Kenntnis zu nehmen, wenn der Geschädigte also deshalb gebotene Erkundigungen und Nachforschungen unterlässt, weil er mit der Existenz von Schadensersatzansprüchen gar nicht rechnet.[12]

Die Kenntnis bzw. vorwerfbare Unkenntnis eines **Dritten** kann dem Geschädigten wie auch im Rahmen des § 199 Abs. 1 BGB (bzw. § 852 BGB aF) zurechenbar sein, wenn der Dritte als **Vertreter** iS des § 166 Abs. 1 BGB anzusehen ist, so dass es zB bei Schädigung eines Minderjährigen allein auf die Kenntnis bzw. das Kennenmüssen der vertretungsberechtigten Eltern ankommt (§ 199 RdNr. 31 f.).[13] Hat ein Elternteil die Abwicklung eines Schadensfalls ganz dem anderen Teil überlassen, so ist ausschließlich auf dessen Kenntnismöglichkeiten abzustellen.[14] Ist der Geschädigte eine **Korporation privaten oder öffentlichen Rechts,** so ist dieser stets das Wissen ihrer Organe,[15] darüber hinaus aber auch die Kenntnis bzw. fahrlässige Unkenntnis sog. Wissensvertreter zuzurechnen (§ 199 RdNr. 33 f.).[16] Dieser Begriff wird allerdings nicht in sämtlichen Kontexten einheitlich verwandt;[17] im Rahmen der Verjährung von Deliktsansprüchen hat ihn der VI. ZS bisher sehr restriktiv gefasst und im Bereich der öffentlichen Hand darauf abgestellt, ob die zuständigen Bediensteten der verwaltungsrechtlich kompetenten Behörde um den Ersatzanspruch wussten.[18] Damit hat eine Krankenkasse, auf die Ersatzansprüche wegen Personenschäden gemäß

---

[9] BGH ZIP 2001, 706, 707; genauso BGHZ 133, 192, 198 ff. = NJW 1996, 2933, 2934; BGH NJW 1990, 2808, 2810; 1994, 3092, 3093; 1996, 2933; 1999, 423, 424 f.; NJW-RR 1988, 411, 412; 1988, 867, 868; VersR 2000, 503, 504.
[10] Produkthaftungshandbuch/*v. Westphalen* § 79 RdNr. 4.
[11] *Rolland* RdNr. 4; *Staudinger/Oechsler* RdNr. 4; zu § 852 Abs. 1 BGB aF RGZ 76, 61, 63; BGH VersR 1966, 632, 634.
[12] BGH NJW 2001, 964, 965; krit. dazu *Wagner* VersR 2001, 1057, 1058 f.
[13] *Rolland* RdNr. 5; *Staudinger/Oechsler* RdNr. 5; *Pott* in: *Pott/Frieling* RdNr. 10.
[14] BGH NJW 1976, 2344, 2345.
[15] BGHZ 20, 149, 153 = NJW 1956, 869; BGHZ 41, 282, 287 = NJW 1964, 1367, 1368; BGHZ 109, 327, 331 = NJW 1990, 975, 976.
[16] *Rolland* RdNr. 6; *Staudinger/Oechsler* RdNr. 6; *Pott* in: *Pott/Frieling* RdNr. 10.
[17] Vgl. BGHZ 133, 129, 139 = NJW 1996, 2508, 2510 f.; BGHZ 134, 343, 347 f. = NJW 1997, 1584, 1585.
[18] BGHZ 134, 343, 347 ff. = NJW 1997, 1584, 1585.

§ 116 SGB X übergegangen sind, Kenntnis von deren Existenz erst, wenn der zuständige Bedienstete der **Regressabteilung** den Vorgang auf den Tisch bekommt, nicht dagegen schon mit der Erbringung von Heilbehandlungsleistungen.[19] Entsprechende Grundsätze müssen auch bei juristischen Personen gelten, obwohl die Rechtsprechung zu § 463 BGB aF als Wissensvertreter nur solche Personen angesehen hat, die nach der Arbeitsorganisation des Geschäftsherrn dazu berufen sind, *im Rechtsverkehr* als dessen **Repräsentanten** bestimmte Aufgaben in eigener Verantwortung zu erledigen und die dabei anfallenden Informationen zur Kenntnis zu nehmen und ggf. weiterzuleiten.[20]

8   **a) Kenntnis oder Kennenmüssen des Schadens.** Für die Kenntnis oder das Kennenmüssen des Schadens kommt es nicht auf einzelne Posten, sondern auf den **Eintritt des Primärschadens,** also der Rechtsgutsverletzung an (§ 199 BGB RdNr. 25).[21] Sämtliche auf einer Rechtsgutsverletzung beruhenden Folgeschäden sind verjährungsrechtlich als Einheit anzusehen, nicht etwa entsteht mit Eintritt jedes einzelnen Folgeschadens, zum Beispiel den Kosten einer Operation, ein neuer Ersatzanspruch, der gesondert verjährte. Aus diesem **Grundsatz der Schadenseinheit** folgt zugleich, dass es auf die Kenntnis bzw. Kenntnismöglichkeit vom Schadensumfang nicht ankommt und schon gar nicht die Bezifferbarkeit des Schadens abgewartet werden darf (§ 199 RdNr. 9 ff.).[22] Eine Ausnahme ist nur bezüglich solcher Spätfolgen zu machen, die trotz Kenntnis von der Primärverletzung auch bei fachmännischer (idR ärztlicher) Prognose nicht vorhersehbar waren; in diesen Fällen schwerwiegender Folgen scheinbar leichterer Verletzungen läuft für den Folgeschaden eine gesonderte Verjährungsfrist, die selbstverständlich erst beginnen kann, nachdem sich die Schadensfolge tatsächlich realisiert hat und der Betroffene die geforderte Kenntnis erlangen konnte (eingehend § 199 RdNr. 11, 38).[23]

9   **b) Kenntnis oder Kennenmüssen des Produktfehlers.** Die weiter erforderliche Kenntnis bzw. fahrlässige Unkenntnis von der Fehlerhaftigkeit des Produkts liegt vor, wenn der Geschädigte diejenigen **Tatsachen** kennt, auf denen das schadensauslösende Sicherheitsdefizit der Sache beruht.[24] Weder muss er den Fehler wissenschaftlich exakt bezeichnen, noch seine genauen technischen Ursachen im Einzelnen durchschauen und nennen. Obwohl dies in § 12 nicht ausdrücklich gesagt ist, wird die Verjährung erst dann ausgelöst, wenn der Geschädigte auch in der Lage war, den **Ursachenzusammenhang** zwischen Fehler und Schaden bzw. Rechtsgutsverletzung zu erkennen,[25] denn erst damit wird der Geschädigte in die Lage versetzt, seine Ansprüche außergerichtlich (§ 12 Abs. 2) oder gerichtlich (§ 204 Abs. 1 Nr. 1 BGB) geltend zu machen, und vorher darf die Verjährungsfrist nicht zu laufen beginnen, wenn sie keine konfiskatorische Wirkung entfalten soll. Dementsprechend war auch unter dem früheren § 852 Abs. 1 BGB aF anerkannt, dass nicht nur Kenntnis von dem Schaden, sondern darüber hinaus auch von dem Schadenshergang erforderlich war.[26] Soweit der Kausalzusammenhang im Einzelfall nur mit großem Aufwand oder gar nicht aufzuklären ist, sind die in diesem Zusammenhang anerkannten Beweiserleichterungen (Anscheinsbeweis) auch im Rahmen des § 12 Abs. 1 zu berücksichtigen. Die Erkennbarkeit des Kausalzusammenhangs ist also schon dann zu bejahen, wenn Um-

---

[19] BGHZ 133, 129, 138 ff. = NJW 1996, 2508, 2510 f.; BGH NJW 2000, 1411, 1412.
[20] BGHZ 132, 30, 35 = NJW 1996, 1339, 1340; vgl. weiter BGHZ 83, 293, 296 = NJW 1982, 1585, 1586; BGHZ 117, 104, 106 f. = NJW 1992, 1099, 1100.
[21] So zu §§ 852 BGB aF, 14 StVG RGZ 119, 204, 208; BGHZ 33, 112, 116 = NJW 1960, 1948, 1949; BGHZ 67, 372, 373 = NJW 1977, 532; BGH NJW 1997, 2448, 2449; 2000, 861, 862; zu § 12 ProdHaftG *Rolland* RdNr. 9; *Frietsch* in: *Taschner/Frietsch* RdNr. 7; *Taschner* in: *Taschner/Frietsch* Art. 10 RdNr. 3; *Pott* in: *Pott/Frieling* RdNr. 14; *Staudinger/Oechsler* RdNr. 7; § 199 BGB RdNr. 25.
[22] BGH VersR 1963, 161, 163; NJW 1997, 2448, 2449; *Rolland* RdNr. 9.
[23] BGH NJW 1997, 2448, 2449; 2000, 861, 862; *Rolland* RdNr. 9; Produkthaftungshandbuch/ *v. Westphalen* § 79 RdNr. 5; *Staudinger/Oechsler* RdNr. 7; großzügiger *Pott* in: *Pott/Frieling* RdNr. 14.
[24] Vgl. *Staudinger/Oechsler* RdNr. 9.
[25] So wohl auch Begr. RegE, BT-Drucks. 11/2447 S. 24 f.; vgl. weiter *Storm* PHI 1986, 112, 115; *Rolland* RdNr. 11; *Erman/Schiemann* RdNr. 1; *Pott* in: *Pott/Frieling* RdNr. 15; aA *Staudinger/Oechsler* RdNr. 10.
[26] BGHZ 133, 192, 198 = NJW 1996, 2933, 2934; BGH NJW 1990, 2808, 2809; 1999, 423, 424.

stände zutage treten, deren Vortrag im Prozess als hinreichende Darlegung des Kausalzusammenhangs ausreichen würde.

c) **Kenntnis oder Kennenmüssen des Schädigers.** Die Kenntnis oder Erkennbarkeit 10 des Ersatzpflichtigen ist zu bejahen, wenn der Geschädigte um dessen Beteiligung an der Herstellung oder am Vertrieb des schadensstiftenden Produkts wissen kann und in der Lage ist, Namen und Adresse mit zumutbarem Aufwand in Erfahrung zu bringen.[27] Kommen Ersatzansprüche gegen **mehrere nach § 4 Verantwortliche** in Betracht, so unterliegen sie jeweils einer eigenständigen Verjährung.[28] Solange der Geschädigte beispielsweise von der Person des Teilherstellers noch keine Kenntnis hat bzw. haben kann, läuft insoweit auch noch keine Verjährungsfrist. Schließlich bleibt stets zu berücksichtigen, dass die harmonisierte Produkthaftung als Unternehmenshaftung konzipiert ist (vgl. § 4 RdNr. 5), sodass sich das Problem der gesonderten Verjährung von Ansprüchen gegen Vorstandsmitglieder und Geschäftsführer im Rahmen des ProdHaftG nicht stellt.[29] Selbstverständlich kann deren Haftung nach § 823 BGB begründet sein (§ 823 BGB RdNr. 414 ff., 600) und in diesem Fall unterliegen die diesbezüglichen Ansprüche der Regelverjährung nach §§ 195, 199 BGB.

3. **Hemmung der Verjährung (Abs. 2).** Die Vorschrift des § 12 Abs. 2 findet in der 11 Richtlinie zwar kein Vorbild, ist europarechtlich aber gleichwohl unbedenklich, weil Art. 10 Abs. 2 RL hinsichtlich der Hemmung und Unterbrechung der Verjährung pauschal auf das mitgliedstaatliche Recht verweist. Die für Deliktsansprüche seit 1977 geltende Regelung des § 852 Abs. 2 BGB aF[30] ist durch § 12 Abs. 2 in das harmonisierte Produkthaftungsrecht übernommen und nunmehr in § 203 BGB für sämtliche Ansprüche verallgemeinert worden. Die Hemmung der Verjährung während des Schwebens von Verhandlungen zwischen den Parteien leistet einen wesentlichen Beitrag zur **außergerichtlichen Beilegung von Streitigkeiten,** die sonst unter dem Damoklesschwert einer ablaufenden Verjährung stattfinden würden.[31] Im Rahmen des § 852 Abs. 2 BGB aF ist der Begriff der Verhandlungen denkbar weit ausgelegt worden und umfasste jeden Meinungsaustausch, auf Grund dessen der Berechtigte davon ausgehen konnte, sein Begehren werde von der Gegenseite nicht von vornherein abgelehnt (§ 203 RdNr. 5).[32] Dafür reicht es aus, wenn der Hersteller beispielsweise erklärt, er werde nach Prüfung oder nach Abschluss eines Strafverfahrens auf die Sache zurückkommen[33] oder wenn er sich auf ein Mediationsverfahren einlässt (§ 203 RdNr. 5).[34] Wird nur über einen Teil des Anspruchs verhandelt, tritt grundsätzlich auch nur insoweit die Hemmungswirkung des § 12 Abs. 2 ein. Dies gilt allerdings nur, wenn der Gegner in einer für den Anspruchsteller erkennbaren Weise die Erfüllung eines Teils der Forderung endgültig ablehnt.[35]

Die **Hemmung der Verjährung endet** taggenau mit dem Zeitpunkt, in dem ein Teil 12 die Fortsetzung der Verhandlungen verweigert. Die Regelung des § 203 S. 2 BGB, der eine Ablaufhemmung von drei Monaten nach dem Ende der Verhandlungen anordnet, ist nicht analog anwendbar.[36] Die Weigerung muss durch eindeutiges Verhalten in einer dem An-

---

[27] Vgl. BGH NJW 1998, 988, 989; *Rolland* RdNr. 13; *Staudinger/Oechsler* RdNr. 8.
[28] *Rolland* RdNr. 14; Produkthaftungshandbuch/*v. Westphalen* § 79 RdNr. 6; *Frietsch* in: *Taschner/Frietsch* RdNr. 8; *Staudinger/Oechsler* RdNr. 8.
[29] Dazu im Rahmen der deliktischen Produkthaftung BGH NJW 2001, 964 = VersR 2001, 381; krit. dazu *Wagner* VersR 2001, 1057.
[30] Eingeführt durch Art. 4 des Gesetzes zur Änderung schadensrechtlicher Vorschriften vom 16. 8. 1977, BGBl. I S. 1577.
[31] Eingehend *Wagner* ZKM 2002, 103, 106 ff.
[32] BGHZ 93, 64, 66 f. = NJW 1985, 798, 799; BGHZ 97, 97, 112 = NJW 1986, 2309, 2312; BGH NJW-RR 1991, 796; 2001, 1168, 1169; *Rolland* RdNr. 17; *Staudinger/Oechsler* RdNr. 13; Produkthaftungshandbuch/*v. Westphalen* § 79 RdNr. 10.
[33] BGH NJW 1983, 2075, 2076.
[34] BGH NJW 1983, 2075, 2076 f. m. Anm. *Ahrens*; *Wagner* ZKM 2002, 103, 106.
[35] BGH NJW-RR 1989, 278, 279.
[36] *Soergel/Krause* RdNr. 3.

spruchsteller erkennbaren Weise zum Ausdruck gebracht werden (§ 203 RdNr. 5).[37] Schlafen die Verhandlungen schlichtweg ein, hört die Hemmungswirkung in dem Zeitpunkt auf, in dem nach dem Schweigen des Gegners ein weiterer Schritt des Anspruchstellers nach Treu und Glauben zu erwarten gewesen wäre.[38] Hatten die Beteiligten allerdings eine Verhandlungspause vereinbart, ist es Sache des vermeintlichen Schuldners, die Initiative zur Wiederaufnahme der Verhandlungen zu ergreifen, um damit die Hemmungswirkung zu beenden. Werden einmal abgebrochene Verhandlungen wieder aufgenommen, wird die Hemmung erneut ausgelöst.

13 **4. Anwendung der allgemeinen Vorschriften (Abs. 3).** Im Übrigen bestimmt sich die Verjährung von Ansprüchen aus dem ProdHaftG nach den allgemeinen Vorschriften des deutschen Rechts, was durch Art. 10 Abs. 2 RL gedeckt ist. Über Abs. 2 finden die **Hemmungstatbestände** der §§ 204 ff. BGB Anwendung, so dass insbesondere die Klageerhebung den Ablauf der Verjährungsfrist hemmt (§ 204 Abs. 1 Nr. 1 BGB), ebenso aber auch die Einleitung von Schlichtungs-, Schiedsgutachten- und Schiedsverfahren (§ 204 Abs. 1 Nr. 4, 8, 11; vgl. § 204 RdNr. 35, 47, 52 ff.). Darüber hinaus erstreckt sich die Verweisung auch auf die Vorschrift des § 212 BGB über den Neubeginn der Verjährung. Die Rechtsfolgen der Verjährung richten sich nach §§ 214 ff. BGB. Eine sonst gemäß § 202 Abs. 1 BGB zulässige rechtsgeschäftliche Verkürzung der Verjährung ist im Anwendungsbereich des ProdHaftG jedoch wegen § 14 ausgeschlossen.[39] Zu Verlängerungen über die Ausschlussfrist des § 13 vgl. dort RdNr. 4.

§ 13 Erlöschen von Ansprüchen

(1) ¹Der Anspruch nach § 1 erlischt zehn Jahre nach dem Zeitpunkt, in dem der Hersteller das Produkt, das den Schaden verursacht hat, in den Verkehr gebracht hat. ²Dies gilt nicht, wenn über den Anspruch ein Rechtsstreit oder ein Mahnverfahren anhängig ist.

(2) ¹Auf den rechtskräftig festgestellten Anspruch oder auf den Anspruch aus einem anderen Vollstreckungstitel ist Absatz 1 Satz 1 nicht anzuwenden. ²Gleiches gilt für den Anspruch, der Gegenstand eines außergerichtlichen Vergleichs ist oder der durch rechtsgeschäftliche Erklärung anerkannt wurde.

Übersicht

	RdNr.		RdNr.
I. Normzweck und Rechtsnatur	1, 2	V. Ausnahmen von der Ausschlussfrist (Abs. 2)	11, 12
II. Anwendungsbereich, Parteivereinbarungen	3, 4	1. Rechtskräftige Feststellung und andere Vollstreckungstitel (S. 1)	11
III. Die zehnjährige Ausschlussfrist (Abs. 1 S. 1)	5, 6	2. Vergleich und Anerkenntnis (S. 2)	12
IV. Hemmung des Fristlaufs (Abs. 1 S. 2)	7–10		

I. Normzweck und Rechtsnatur

1 Die auf Art. 11 der Richtlinie zurückgehende Vorschrift verfolgt den Zweck, nach Ablauf eines bestimmten Zeitraums **Rechtssicherheit für den Hersteller** zu schaffen, indem etwa begründete Schadensersatzansprüche aus § 1 abgeschnitten werden. Funktional handelt es sich um Höchstfristen nach Art des § 199 Abs. 2 bis 4 BGB, die jedes Verjährungsregime benötigt, das den Fristbeginn von einem subjektiven Kriterium abhängig macht – die

---
[37] BGH NJW 1998, 2819; NJW-RR 1991, 796, 797.
[38] BGH NJW 1986, 1337, 1338; NJW-RR 1990, 664, 665.
[39] *Rolland* RdNr. 29.

Verantwortlichkeit des Herstellers würde sonst überhaupt kein definitives Ende finden.[1] Ein Produkt kann auch noch viele Jahrzehnte nach seinem Inverkehrbringen zu Schäden führen und da gemäß § 12 Abs. 1 die Verjährungsfrist nicht vor dem Schadenseintritt zu laufen beginnt (§ 12 RdNr. 4 f.), wäre der Hersteller auf unbestimmte Zeit der Haftung ausgesetzt. Dies wäre vor allem deshalb bedenklich, weil der Hersteller mit der Inverkehrgabe seinen Einfluss auf die Produktbeschaffenheit einbüßt, während der Nutzer auf die Sache einwirken kann, so dass sich nach Jahr und Tag nur noch schwer aufklären lässt, ob der Fehler bereits im Zeitpunkt des Inverkehrbringens vorlag (§ 1 Abs. 2 Nr. 2).[2] Darüber hinaus erschwert eine zeitlich unbegrenzte Haftung die Bereitstellung angemessenen **Versicherungsschutzes** und erzwingt den Übergang auf sog. claims-made-Deckungen, die ihrerseits Nachteile haben.[3] Während der zuletzt genannte Gesichtspunkt allgemeine Bedeutung hat, bestehen Beweisrisiken eigentlich nur bei Fabrikationsfehlern, nicht jedoch bei Konstruktions- und Instruktionsfehlern, die eine ganze Produktserie betreffen und deren Vorliegen bei Inverkehrgabe sich deshalb leicht nachweisen lässt. Die Regelung des § 13 gilt indessen allgemein für sämtliche Fehlerkategorien.

§ 13 Abs. 1 S. 1 enthält keine Verjährungsfrist,[4] sondern eine **Ausschlussfrist**, deren Ablauf **von Amts wegen** zu beachten ist.[5] Die Vorschrift verdrängt als lex specialis die allgemeinen verjährungsrechtlichen Höchstfristen für Schadensersatzansprüche gemäß § 199 Abs. 2, 3 BGB. Anders als dort ist im Rahmen des § 13 Abs. 1 stets der Zeitpunkt des Inverkehrbringens für den Beginn der Frist maßgeblich, die zudem für alle Schadensarten einheitlich zehn Jahre beträgt. Eine Hemmung der Frist tritt ausschließlich in den Fällen des § 13 Abs. 1 S. 2 ein,[6] während die §§ 203 ff. BGB nicht, auch nicht entsprechend, anwendbar sind. Auch eine Unterbrechung des Fristablaufs bzw. der Neubeginn der Frist analog § 212 BGB kommt nicht in Betracht, doch bringt § 13 Abs. 2 S. 2 Alt. 2 eine dem § 212 Abs. 1 Nr. 1 BGB vergleichbare Regelung der Wirkungen eines vom Schuldner erklärten Anerkenntnisses. Schließlich sind auch die Rechtsfolgen des § 13 unabhängig vom Verjährungsrecht zu bestimmen.[7] Insbesondere steht § 214 Abs. 2 BGB der Rückforderung von Leistungen nicht entgegen, die nach Fristablauf auf den Ersatzanspruch nach § 1 erbracht worden sind (§ 812 BGB). Sicherungsrechte, die für die Ersatzforderung bestellt wurden, erlöschen oder sind dem Gläubiger zurückzugewähren.[8] Da es sich um eine materiell-rechtliche und zudem absolut geltende Ausschlussfrist handelt, findet schließlich auch das Institut der **Wiedereinsetzung in den vorigen Stand** gemäß §§ 223 ff. ZPO keine Anwendung.[9]

II. Anwendungsbereich, Parteivereinbarungen

§ 13 gilt nur für Schadensersatzansprüche, die auf das ProdHaftG gestützt werden, nicht dagegen auch für die gemäß § 15 Abs. 2 möglichen **konkurrierenden Ansprüche**, insbesondere nicht für solche aus deliktischer Produkthaftung, für die es bei den verjährungs-

---

[1] Eingehend *Wagner* JZ 2002, 475, 476 f.
[2] Begr. RegE, BT-Drucks. 11/2447 S. 25; *Lorenz* ZHR 151 (1987), 1, 34; Produkthaftungshandbuch/ *v. Westphalen* § 79 RdNr. 14; *Frieling* in: *Pott/Frieling* RdNr. 5; *Staudinger/Oechsler* RdNr. 1; vgl. aber auch Erwägungsgrund 11 der Richtlinie 85/374/EWG, wo merkwürdigerweise ein Zusammenhang zwischen der Ausschlussfrist und dem technischen Fortschritt hergestellt wird, obwohl doch der Hersteller gemäß § 3 immer nur für den zur Zeit der Inverkehrgabe möglichen und gebotenen Sicherheitsstandard einzustehen hat.
[3] Vgl. zur Parallelproblematik im Umwelthaftungsrecht eingehend *Wagner*, Versicherungsfragen der Umwelthaftung, in: *Ahrens/Simon* (Hrsg.), Umwelthaftung, Risikosteuerung und Versicherung, 1996, S. 97, 109 ff., 129 ff., sowie Nr. 7, 8 Produkthaftpflicht-Modell, abgedruckt bei *Prölss/Martin* VVG, 26. Aufl. 1998, S. 1308, 1335 ff.
[4] *Rolland* RdNr. 3; Produkthaftungshandbuch/*v. Westphalen* § 79 RdNr. 15.
[5] *Kullmann* in: *Kullmann/Pfister* Kza. 3610, S. 1 f.; *Frietsch* in: *Taschner/Frietsch* RdNr. 5; Produkthaftungshandbuch/ *v. Westphalen* § 79 RdNr. 15.
[6] *Hollmann* DB 1985, 2439, 2440; *Frietsch* in: *Taschner/Frietsch* RdNr. 7; *Rolland* RdNr. 3; Produkthaftungshandbuch/*v. Westphalen* § 79 RdNr. 15.
[7] *Frietsch* in: *Taschner/Frietsch* RdNr. 7; *Rolland* RdNr. 4.
[8] *Rolland* RdNr. 4.
[9] Produkthaftungshandbuch/*v. Westphalen* § 79 RdNr. 15.

§ 13 ProdHaftG 4–7

rechtlichen Höchstfristen des § 199 Abs. 2, 3 BGB bleibt.[10] Genauso wenig unterliegen **Ausgleichsansprüche** zwischen mehreren Geschädigten gemäß §§ 5 Abs. 2, 6 Abs. 2 S. 2 der Ausschlussfrist.[11]

4 Eine **Verkürzung** der Höchstfrist kann von den Parteien im Voraus nicht wirksam vereinbart werden, weil sie eine gemäß § 14 unzulässige Beschränkung der Ersatzpflicht des Herstellers bewirken würde.[12] Keinen Bedenken begegnen **vertragliche Verlängerungen** der Ausschlussfrist.[13] Die bloße Zusicherung einer bestimmten Lebensdauer des Produkts enthält für sich allein genommen allerdings keine Derogation der Höchstfrist.[14] Ebenso wenig begründen bloße Werbeaussagen einen Verzicht des Herstellers auf die Ausschlussfrist. Im Übrigen entfalten vertragliche Verlängerungen der gesetzlichen Ausschlussfrist grundsätzlich nur im Verhältnis der Vertragsparteien Wirkung und begünstigen nicht ohne weiteres auch Drittbetroffene.[15] Sollen Letztere mitgeschützt werden, bedarf es einer ausdrücklichen oder konkludenten Einbeziehung ihrer Interessen in die vertragliche Vereinbarung.[16]

III. Die zehnjährige Ausschlussfrist (Abs. 1 S. 1)

5 Wie der Wortlaut des § 13 Abs. 1 klarstellt, beginnt der Lauf der Frist in dem Zeitpunkt, in dem der Hersteller das Produkt in den Verkehr gebracht hat. Abzustellen ist dabei auf den konkreten, für den Schaden ursächlichen **Gegenstand,** nicht auf die Serie, zu der das Produkt gehört.[17] Die Beweislast für den Zeitpunkt des Inverkehrbringens trägt der Hersteller.[18] Für die Berechnung der Frist sind die Grundsätze der §§ 187, 188 BGB heranzuziehen.[19] Rechtsfolge ihres Ablaufs ist das Erlöschen des Anspruchs nach § 1 gegen den jeweiligen Schuldner.

6 Die Frist ist für **mehrere Verantwortliche** jeweils gesondert zu bemessen; sie beginnt nicht etwa einheitlich in dem Zeitpunkt, in dem das Endprodukt an den Verbraucher geliefert wurde.[20] Vielmehr kommt es darauf an, zu welchem Zeitpunkt der einzelne Hersteller, Quasi-Hersteller, Importeur oder Händler das Produkt seinerseits in den Verkehr gebracht hat.[21] Im Innenverhältnis mehrerer nach § 4 Verantwortlicher kann es allerdings auch nach Ablauf der Höchstfrist noch zum Binnenausgleich nach Maßgabe des § 5 S. 2 kommen, weil § 13 auf den Regressanspruch keine Anwendung findet (RdNr. 3).

IV. Hemmung des Fristlaufs (Abs. 1 S. 2)

7 Nach Abs. 1 S. 2 erlischt die Haftung mit Fristablauf nicht, wenn über den Anspruch ein Rechtsstreit oder ein Mahnverfahren anhängig ist. Da Art. 11 der Richtlinie allgemein von

---

[10] Vgl. *Schlechtriem* VersR 1986, 1033, 1042 f.; *Schmidt-Salzer/Hollmann* Bd. 1 Art. 11 RdNr. 9 ff.; *Taschner* in: *Taschner/Frietsch* Art. 11 RdNr. 2; krit. *Rolland* RdNr. 2; *Frieling* in: *Pott/Frieling* RdNr. 23.
[11] *Frieling* in: *Pott/Frieling* RdNr. 8; *Staudinger/Oechsler* RdNr. 6.
[12] *Rolland* RdNr. 13; Produkthaftungshandbuch/*v. Westphalen* § 79 RdNr. 21.
[13] *Rolland* RdNr. 13; *Schmidt-Salzer/Hollmann* Bd. 1 Art. 11 RdNr. 25; *Frietsch* in: *Taschner/Frietsch* RdNr. 10; *Frieling* in: *Pott/Frieling* RdNr. 21; Produkthaftungshandbuch/*v. Westphalen* § 79 RdNr. 21; *Kullmann* in: *Kullmann/Pfister* Kza. 3610, S. 4; *Staudinger/Oechsler* RdNr. 2.
[14] So aber *Schmidt-Salzer/Hollmann* Bd. 1 Art. 11 RdNr. 25; *Staudinger/Oechsler* RdNr. 2; wohl auch *Frietsch* in: *Taschner/Frietsch* RdNr. 10; wie hier *Kullmann* in: *Kullmann/Pfister* Kza. 3610, S. 4; Produkthaftungshandbuch/*v. Westphalen* § 79 RdNr. 21.
[15] *Frieling* in: *Pott/Frieling* RdNr. 21; aA *Schmidt-Salzer/Hollmann* Bd. 1 Art. 11 RdNr. 25.
[16] Produkthaftungshandbuch/*v. Westphalen* § 79 RdNr. 21; *Pott/Frieling* RdNr. 21.
[17] Begr. RegE, BT-Drucks. 11/2447 S. 25; *Brüggemeier/Reich* WM 1986, 149, 154; *Staudinger/Oechsler* RdNr. 4; *Frietsch* in: *Taschner/Frietsch* RdNr. 14; *Rolland* RdNr. 5; *Kullmann* in: *Kullmann/Pfister* Kza. 3610, S. 3; *Frieling* in: *Pott/Frieling* RdNr. 13; Produkthaftungshandbuch/*v. Westphalen* § 79 RdNr. 16; krit. *Hollmann* DB 1985, 2439, 2440.
[18] Produkthaftungshandbuch/*v. Westphalen* § 79 RdNr. 17.
[19] *Rolland* RdNr. 14; Produkthaftungshandbuch/*v. Westphalen* § 79 RdNr. 16.
[20] So aber *Schmidt-Salzer/Hollmann* Bd. 1 Art. 11 RdNr. 15, 17 ff.; wie hier *Soergel/Krause* RdNr. 2.
[21] Begr. RegE, BT-Drucks. 11/2447 S. 25; *Lorenz* ZHR 151 (1987), 1, 35; *Rolland* RdNr. 6 ff.; *Kullmann* in: *Kullmann/Pfister* Kza. 3610, S. 2 f.; Produkthaftungshandbuch/*v. Westphalen* § 79 RdNr. 18; *Staudinger/Oechsler* RdNr. 5; *Frieling* in: *Pott/Frieling* RdNr. 14; *Michalski* Jura 1995, 505, 513 f.

„gerichtlichen Verfahren" spricht, ist es nicht ausgeschlossen, § 13 Abs. 1 S. 2 analog auf **sonstige Verfahren der Rechtsdurchsetzung** anzuwenden, sofern sie nach der lex posterior des § 204 Abs. 1 ebenfalls eine Hemmung der Verjährung bewirken würden.[22]

Da in Art. 11 RL lediglich von der „Einleitung" eines Verfahrens die Rede ist, hatte der 8 deutsche Gesetzgeber die Wahl, im Zuge der Umsetzung die **Anhängigkeit** oder die Rechtshängigkeit der Klage bzw. des Mahnantrags für maßgeblich zu erklären. Im Widerspruch zu der allgemein geltenden und auch sachgerechten prozessualen Grundregel, nach der eine Klage erst im Zeitpunkt der Rechtshängigkeit erhoben ist (§ 253 ZPO), der Kläger jedoch vor dem Ablauf einer Frist während der Zustellung der Klageschrift durch die Rückwirkung der Zustellung gemäß § 167 ZPO (§ 270 Abs. 3 ZPO aF) geschützt wird, hat sich der Gesetzgeber in § 13 Abs. 1 S. 2 ausdrücklich für die erste Möglichkeit entschieden und auf die Anhängigkeit der Klage abgestellt.[23] Endet der Rechtsstreit anders als durch rechtskräftiges Sachurteil, etwa durch Klagerücknahme, vollendet sich die Höchstfrist mit Beendigung des Verfahrens nicht ohne weiteres, sondern der Geschädigte kommt in den Genuss der Regelung des § 204 Abs. 2 S. 1 BGB, nach dem der Fristablauf für weitere sechs Monate gehemmt ist.[24]

Die Rechtsfolge der gerichtlichen Geltendmachung des Anspruchs ist in § 13 Abs. 1 S. 2 9 nicht spezifiziert. Handelte es sich um eine Hemmungswirkung, wäre entsprechend § 204 BGB der Zeitraum, während dessen das Verfahren anhängig ist, nicht auf die Ausschlussfrist anzurechnen.[25] Sowohl der Wortlaut als auch der Zweck von § 13 Abs. 1 S. 2 und Art. 11 Halbs. 2 RL sprechen indessen dafür, die Ausnahme im Sinn einer **Ablaufhemmung** zu verstehen, wie sie etwa auch in § 203 S. 2 BGB vorgesehen ist (§ 203 BGB RdNr. 9 f.). Mit § 13 soll lediglich verhindert werden, dass sich die Höchstfrist nach Abs. 1 S. 1 während eines laufenden Rechtsstreits vollendet und einer sonst womöglich berechtigten Schadensersatzklage dadurch die Grundlage entzogen wird.[26] Um dies zu gewährleisten, reicht es völlig aus, wenn der Ablauf der Höchstfrist während eines anhängigen Rechtsstreits ausgeschlossen wird, nicht aber der Fristablauf auch dann gehemmt wird, wenn ein Rechtsstreit in weitem zeitlichen Abstand vor der Vollendung der Höchstfrist eingeleitet und wieder beendet wird.

Die Ablaufhemmung tritt nur **inter partes,** also nur im Verhältnis zwischen dem Kläger 10 und dem von ihm auf Schadensersatz in Anspruch genommenen Hersteller oder Händler, ein. Obwohl Abs. 1 S. 2 ausdrücklich nur die Einleitung eines Rechtsstreits oder Mahnverfahrens nennt, steht nichts entgegen, die Vorschrift auf die übrigen Rechtsverfolgungsverfahren des § 204 Abs. 1 BGB analog anzuwenden.[27] Anders als nach altem Verjährungsrecht reicht mit Blick auf § 204 Abs. 1 Nr. 14 BGB nunmehr auch die Anbringung eines Antrags auf Gewährung von Prozesskostenhilfe aus.[28]

V. Ausnahmen von der Ausschlussfrist (Abs. 2)

1. Rechtskräftige Feststellung und andere Vollstreckungstitel (S. 1). § 13 Abs. 2 11 findet keine Entsprechung in Art. 11 der Richtlinie, unterliegt aber gleichwohl keinen europarechtlichen Bedenken. Wenn schon die bloße Einleitung eines Rechtsstreits den

---

[22] *Soergel/Krause* RdNr. 3; *Staudinger/Oechsler* RdNr. 8. Die Hemmungswirkung des § 204 Abs. 1 erstreckt sich ebenfalls auf die Höchstfristen des § 199 Abs. 2 bis 4; vgl. § 199 RdNr. 43.
[23] *Rolland* RdNr. 15; Produkthaftungshandbuch/*v. Westphalen* § 79 RdNr. 22; *Kullmann* in: *Kullmann/Pfister* Kza. 3610, S. 4 f.; *Staudinger/Oechsler* RdNr. 7; unzutr. *Taschner* in: *Taschner/Frietsch* Art. 11 RdNr. 8.
[24] *Soergel/Krause* RdNr. 3; aA *Kullmann* in: *Kullmann/Pfister* Kza. 3610, S. 5; ähnlich wie hier *Staudinger/Oechsler* RdNr. 8.
[25] *Hollmann* DB 1985, 2439, 2440; *Rolland* RdNr. 16; *Staudinger/Oechsler* RdNr. 9; offen gelassen von Produkthaftungshandbuch/*v. Westphalen* § 79 RdNr. 24.
[26] Begr. RegE, BT-Drucks. 11/2447 S. 25.
[27] *Rolland* RdNr. 15; *Staudinger/Oechsler* RdNr. 8.
[28] Anders noch Produkthaftungshandbuch/*v. Westphalen* § 79 RdNr. 22; dazu auch *Mayer* VersR 1990, 691, 698.

§ 14 ProdHaftG 1, 2

Ablauf der Höchstfrist verhindert, dann muss dies erst recht gelten, wenn der Geschädigte den Rechtsstreit gewonnen hat und nun ein rechtskräftiges Urteil in den Händen hält.[29] Der **rechtskräftig festgestellte Anspruch** unterliegt allein der dreißigjährigen Verjährungsfrist nach § 197 Nr. 3 BGB.[30] Gleiches gilt für die sonstigen in § 197 Abs. 1 Nr. 4 und 5 BGB genannten Vollstreckungstitel. Ist der Hersteller von einem ausländischen Gericht unter Anwendung des ProdHaftG zur Ersatzleistung verurteilt worden, so wird die Auffassung vertreten, die Voraussetzungen des Abs. 2 S. 1 seien erst mit Erlass des Vollstreckungsurteils (§§ 722, 723 ZPO) erfüllt.[31] Jedenfalls bei Urteilen aus dem Europäischen Justizraum kann dem nicht zugestimmt werden, denn Letztere sind im Inland gemäß Art. 33 EuGVVO ohne weiteres anzuerkennen, soweit nicht eines der Anerkennungshindernisse der Art. 34, 35 EuGVVO vorliegt. Auf die Vollstreckbarerklärung gemäß Art. 38 ff. EuGVVO sollte es in diesem Zusammenhang nicht ankommen, denn auch § 197 Abs. 1 Nr. 3 BGB erfordert keine Vollstreckbarkeit, sondern stellt allein auf die rechtskräftige Feststellung ab.

12 **2. Vergleich und Anerkenntnis (S. 2).** Weiterhin gilt die Ausschlussfrist nicht für Ersatzansprüche, die in einem **außergerichtlichen Vergleich** nach § 779 BGB oder einem **Anerkenntnis** festgestellt worden sind. Angesprochen ist das deklaratorische (kausale) **Schuldanerkenntnis,** nicht jedoch das konstitutive (abstrakte) Schuldanerkenntnis gemäß § 781 BGB, denn dieses würde ohnehin einen eigenständigen Anspruch begründen, der nicht vom Anwendungsbereich der §§ 12, 13 erfasst wäre, sondern dem allgemeinen Verjährungsregime der §§ 195, 199 BGB unterläge.[32] Stets erforderlich ist der Abschluss eines entsprechenden Anerkenntnisvertrages durch die Parteien, so dass weder rein tatsächliche Anerkennungshandlungen (wie in § 212 Abs. 1 Nr. 1 BGB) noch einseitige rechtsgeschäftliche Erklärungen des Herstellers ausreichend sind.[33]

§ 14 Unabdingbarkeit

[1] **Die Ersatzpflicht des Herstellers nach diesem Gesetz darf im voraus weder ausgeschlossen noch beschränkt werden.** [2] **Entgegenstehende Vereinbarungen sind nichtig.**

I. Ratio und Anwendungsbereich

1   Nach § 14 kann sich der Hersteller bzw. ein ihm gemäß § 4 gleichgestelltes Unternehmen nicht wirksam von seiner Haftung freizeichnen oder diese beschränken. Der Zweck der Vorschrift wird verbreitet im Verbraucherschutz gesehen: Der Hersteller habe am Markt die stärkere Verhandlungsposition und werde sich ohne ein Verbot abweichender Vereinbarungen pauschal und regelmäßig der Haftung entschlagen.[1] Diese Begründung vermag nicht zu erklären, warum es auf die relative „Stärke" der Parteien im Rahmen des § 14 gar nicht ankommt und die Vorschrift auch **im kaufmännischen Verkehr** gilt, also sogar den Automobilhersteller vor seinen Zulieferern in Schutz nimmt, wenn auch bei Sachschäden die Einschränkungen des § 1 Abs. 1 S. 2 zu beachten sind.[2]

2   Die eigentliche Rechtfertigung für den Ausschluss der Privatautonomie zeigt sich erst, wenn die Beschränkung der Vorschrift auf **im Voraus getroffene Vereinbarungen** ins

---

[29] So im Ergebnis auch *Rolland* RdNr. 19; *Staudinger/Oechsler* RdNr. 10.
[30] *Rolland* RdNr. 17; *Staudinger/Oechsler* RdNr. 12; Produkthaftungshandbuch/*v. Westphalen* § 79 RdNr. 25; *Kullmann* in: *Kullmann/Pfister* Kza. 3610, S. 5.
[31] *Staudinger/Oechsler* RdNr. 12.
[32] *Rolland* RdNr. 18; *Staudinger/Oechsler* RdNr. 14; eingehend zu den verschiedenen Formen und Wirkungen von Anerkenntnissen *Wagner*, Prozessverträge, 1998, S. 615 ff.
[33] *Rolland* RdNr. 18; *Staudinger/Oechsler* RdNr. 14.
[1] Vgl. BT-Drucks. 11/2447 S. 25.
[2] *Brüggemeier/Reich* WM 1986, 149, 154; Produkthaftungshandbuch/*v. Westphalen* § 80 RdNr. 2; *Rolland* RdNr. 1.

Auge gefasst wird. Anders als § 14 enthält Art. 12 RL keine derartige zeitliche Begrenzung. Gleichwohl ist § 14 nicht europarechtswidrig, denn aus den Erläuterungen zum Richtlinienvorschlag 1976[3] und den Erwägungsgründen zur Richtlinie[4] lässt sich entnehmen, dass nur Freizeichnungen ex ante ausgeschlossen werden sollten.[5] Insofern erweist sich § 14 funktional als eine Sondervorschrift der AGB-Kontrolle in Ergänzung zu dem Katalog des § 309 BGB, die allerdings die Besonderheit aufweist, dass sie – leider – auch Individualvereinbarungen erfasst.[6] Die Begründung für den Ausschluss der Privatautonomie ist deshalb bei § 14 dieselbe wie im AGB-Recht, dass nämlich bei vorformulierten Vertragsbedingungen der Wettbewerbsmechanismus versagt und deshalb die Effizienz und Angemessenheit der getroffenen Regelung nicht verbürgt ist (vgl. § 305 BGB RdNr. 1).[7]

Folgerichtig steht die Vorschrift **Vereinbarungen ex post** und insbesondere der Streitbeilegung durch einen **Vergleich** nicht entgegen und zwar unabhängig davon, ob die Einigung im Prozess oder außergerichtlich erfolgt.[8] In dieser Situation, in der dem Produktnutzer bereits bekannt ist, dass er einen Schaden erlitten hat und in der die Bedingungen des Vergleichsvertrags typischerweise einzeln ausgehandelt werden, bedarf es nicht des Ausschlusses der Privatautonomie durch § 14. Entgegen einer verbreiteten Meinung kommt es für die Zulässigkeit abweichender Vereinbarungen nicht auf den Zeitpunkt des Schadenseintritts,[9] sondern auf den Eintritt der Rechtsgutsverletzung an. Die von der Gegenauffassung vorgeschlagene Lösung ist unpraktikabel, weil ein einheitlicher Schaden nicht existiert und folgerichtig auch nicht auf einen entsprechenden Eintrittszeitpunkt abgestellt werden kann. Genauso wie im Verjährungsrecht ist auch hier vom Grundsatz der Schadenseinheit auszugehen, nach dem alle Folgeschäden, die auf derselben Rechtsgutsverletzung beruhen, einen einheitlichen Schaden darstellen (§ 12 RdNr. 8). Ob ein danach geschlossener Vergleich auch Ansprüche wegen Spätschäden erfasst, die im Zeitpunkt des Vertragsschlusses noch gar nicht vorhersehbar waren, ist eine Auslegungsfrage, die sich auch bei Vergleichen über deliktische Schadensersatzansprüche und sonstigen Abfindungsvereinbarungen stellt. Sie ist nach den insoweit anerkannten Grundsätzen zu lösen, nach denen bei massiven Störungen der Geschäftsgrundlage, die das Festhalten des Geschädigten am Vergleich als ungewöhnliche Härte erscheinen lassen, Nachforderungen zulässig sind.[10] Mit § 14, dessen Anwendung den Vergleich insgesamt der Unwirksamkeit verfallen ließe, hat diese Problematik nichts zu tun.

Stets unterliegen nur **Ansprüche des Geschädigten** nach § 1 Abs. 1 dem Freizeichnungsverbot, nicht hingegen konkurrierende Schadensersatzansprüche auf sonstiger Rechtsgrundlage und auch nicht die **Regressansprüche der Hersteller** untereinander aus §§ 5 S. 2, 6 Abs. 2 S. 2.[11] Obwohl § 14 die Freizeichnung von dem Anspruch aus § 1 Abs. 1 auch dann verbietet, wenn dieser im Wege der Legalzession gemäß §§ 67 VVG, 116 SGB X auf eine Ersatz leistende Versicherung übergeht, sind zwischen den Sozial- und Produkthaftpflichtversicherern geschlossene Schadensteilungsabkommen wirksam und für die Beteiligten verbindlich.[12] Bei solchen Abkommen geht es der Sache nach nicht um den Verzicht auf

---

[3] Erläuterung 29, EG-Bulletin Beilage 11/1976 S. 20.
[4] Vgl. Erwägungsgrund Nr. 12.
[5] Begr. RegE, BT-Drucks. 11/2447 S. 25; *Rolland* RdNr. 2; *Taschner* in: *Taschner/Frietsch* RL Art. 12 RdNr. 5; *Staudinger/Oechsler* RdNr. 11.
[6] Begr. RegE, BT-Drucks. 11/2447 S. 25; *Schmidt-Salzer/Hollmann* Bd. 1 Art. 12 RdNr. 3; *Pott* in: *Pott/Frieling* RdNr. 5; Produkthaftungshandbuch/*v. Westphalen* § 80 RdNr. 3; *Soergel/Krause* RdNr. 1; *Staudinger/Oechsler* RdNr. 7; krit. *Adams* BB 1987, Beilage 20 S. 15.
[7] Grdlg. *Akerlof* 84 Quart. J. Econ. 488; wN bei *Wagner*, Prozessverträge, 1998, S. 127 m. Fn. 341.
[8] *Soergel/Krause* RdNr. 2; *Staudinger/Oechsler* RdNr. 11.
[9] So aber Produkthaftungshandbuch/*v. Westphalen* § 80 RdNr. 6; *Pott* in: *Pott/Frieling* RdNr. 4; *Staudinger/Oechsler* RdNr. 12; ähnlich *Rolland* RdNr. 2.
[10] BGH NJW 1984, 115, 116; 1991, 1535; NJW-RR 1992, 714, 715.
[11] Produkthaftungshandbuch/*v. Westphalen* § 80 RdNr. 1; *Buchner* DB 1988, 32; *Schmidt-Salzer/Hollmann* Bd. 1 Art. 12 RdNr. 4 ff.; *Pott* in: *Pott/Frieling* RdNr. 7 f.; *Kullmann* in: *Kullmann/Pfister* Kza. 3611, S. 2; *Staudinger/Oechsler* RdNr. 1.
[12] *Kullmann* in: *Kullmann/Pfister* Kza. 3611, S. 4 f.

zukünftige Ansprüche, sondern um die effiziente Abwicklung einer Vielzahl von Schadensfällen durch Pauschalierung und Verrechnung der im Einzelfall geschuldeten Beträge. Die Interessenlage ist dieselbe wie bei § 478 Abs. 4 S. 1 BGB, der beim Verkauf mangelhafter Verbrauchsgüter ebenfalls Vereinbarungen über Pauschalierungen und Verrechnungen bei Regressansprüchen innerhalb der Händlerkette zulässt, obwohl diese Ansprüche teilweise zwingend ausgestaltet sind.

5   Auch Freizeichnungsklauseln in **Allgemeinen Versorgungsbedingungen,** die zum Teil in Form von Rechtsverordnungen geregelt sind, scheitern an § 14, soweit sie sich auch auf Ansprüche aus dem ProdHaftG erstrecken.[13] Betroffen sind hiervon insbesondere §§ 18 NAV,[14] 18 NDAV,[15] 6 AVB FernwärmeV[16] und 6 AVB WasserV.[17] Entgegen dem sonst im AGB-Recht geltenden Prinzip des Verbots geltungserhaltender Reduktion wird man die genannten Klauseln allerdings nicht insgesamt für unwirksam halten dürfen.

II. Unabdingbarkeit der Haftung

6   In sachlicher Hinsicht erfasst § 14 jede **Vereinbarung über den Ersatzanspruch,** die von der gesetzlichen Regelung zum Nachteil des Geschädigten abweicht. Bereits in den Erläuterungen zum Richtlinienvorschlag 1976 wurde klargestellt, dass auch bloß mittelbar wirkende Haftungsbeschränkungen gegen das Freizeichnungsverbot verstoßen.[18] Unwirksam sind danach nicht nur explizite Haftungsausschlüsse und -beschränkungen, sondern auch summenmäßige Haftungsbegrenzungen unterhalb der in § 10 genannten Beträge, von § 1 Abs. 4 abweichende Beweislastregelungen, Erhöhungen des in § 11 fixierten Selbstbehalts sowie Abkürzungen der Verjährungsfrist des § 12 und der Ausschlussfrist des § 13.[19]

III. Freizeichnung durch Rechtswahl

7   Spätestens seitdem der EuGH die Abwahl der Schutzbestimmungen der Handelsvertreter-Richtlinie[20] durch **Wahl des Rechts eines Drittstaates außerhalb der EU** für unvereinbar mit dem zwingenden Charakter dieser Richtlinie erklärt hat,[21] stellt sich die Frage auch im Rahmen des harmonisierten Produkthaftungsrechts.[22] Dabei ist zunächst zu beachten, dass Art. 14 Abs. 1 Rom II-VO die Wahl des Deliktsstatuts nunmehr nicht bloß ex post erlaubt (Einl. RdNr. 23 f.), sondern auch ex ante, also vor Eintritt der Rechtsgutverletzung und Entstehung des Ersatzanspruchs. Vorausgesetzt ist allerdings eine „frei ausgehandelte Vereinbarung" unter Parteien, „die einer kommerziellen Tätigkeit nachgehen".[23] Dies gilt gemäß Art. 3 Rom II-VO auch, wenn das Recht eines Mitgliedstaats mit demjenigen eines Drittstaats um Anwendung konkurriert (Einl. RdNr. 23 f.). Sind sämtliche Elemente des

---

[13] Begr. RegE, BT-Drucks. 11/2447 S. 25; *Kullmann* in: *Kullmann/Pfister* Kza. 3611, S. 3; *Pott* in: *Pott/Frieling* RdNr. 17 ff.; Produkthaftungshandbuch/*v. Westphalen* § 80 RdNr. 9; *Staudinger/Oechsler* RdNr. 13; dazu ausf. *Klein* BB 1991, 917, 924.

[14] Verordnung über Allgemeine Bedingungen für den Netzanschluss und dessen Nutzung für die Elektrizitätsversorgung in Niederspannung vom 1. 11. 2006, BGBl. I S. 2477.

[15] Verordnung über Allgemeine Bedingungen für den Netzanschluss und dessen Nutzung für die Gasversorgung in Niederdruck vom 1. 11. 2006, BGBl. I S. 2485.

[16] Verordnung über Allgemeine Bedingungen für die Versorgung mit Fernwärme vom 20. 6. 1980, BGBl. I S. 742, zuletzt geändert durch Verordnung vom 5. 4. 2002, BGBl. I S. 1250.

[17] Verordnung über Allgemeine Bedingungen für die Versorgung mit Wasser vom 20. 6. 1980, BGBl. I S. 750, zuletzt geändert durch Verordnung vom 5. 4. 2002, BGBl. I S. 1250.

[18] Erläuterung 29, EG-Bulletin Beilage 11/1976 S. 20.

[19] *Rolland* RdNr. 9; Produkthaftungshandbuch/*v. Westphalen* § 80 RdNr. 5; *Staudinger/Oechsler* RdNr. 7.

[20] Vgl. Art. 17, 18 der Richtlinie 86/653/EWG des Rates vom 18. 12. 1986 zur Koordinierung der Rechtsvorschriften der Mitgliedstaaten betreffend die selbständigen Handelsvertreter, ABl. EG Nr. L 382 S. 17.

[21] EuGH NJW 2001, 2007, 2008 Tz. 22 ff. – Ingmar GB.

[22] Dazu *Staudinger* NJW 2001, 1974, 1978.

[23] Einzelheiten bei *Wagner* IPRax 2008, 1, 13 ff.

Sachverhalts allein mit dem Inland oder europäischen Binnenmarkt verknüpft, so sind gemäß Art. 14 Abs. 2, 3 Rom II-VO die zwingenden Bestimmungen des Inlands- und des Gemeinschaftsrechts trotz der Rechtswahl anzuwenden. Mit diesen Maßgaben ist dem Geltungsanspruch auch der Produkthaftungs-RL Genüge getan.

§ 15 Arzneimittelhaftung, Haftung nach anderen Rechtsvorschriften

(1) Wird infolge der Anwendung eines zum Gebrauch bei Menschen bestimmten Arzneimittels, das im Geltungsbereich des Arzneimittelgesetzes an den Verbraucher abgegeben wurde und der Pflicht zur Zulassung unterliegt oder durch Rechtsverordnung von der Zulassung befreit worden ist, jemand getötet, sein Körper oder seine Gesundheit verletzt, so sind die Vorschriften des Produkthaftungsgesetzes nicht anzuwenden.

(2) Eine Haftung aufgrund anderer Vorschriften bleibt unberührt.

Schrifttum: 1. **Produkthaftung und Arzneimittelrecht:** *Deutsch/Lippert*, AMG, 2001; *Hart*, Zur Vereinbarkeit einer Reform des arzneimittelrechtlichen Haftungsrechts mit europäischem Recht, FS Reich, 1997, S. 701; *Kullmann*, Bestrebungen zur Änderung der Beweislast bei der Haftung aus § 84 AMG, FS Steffen, 1995, S. 247; *Plum*, AIDS und Hepatitis B in den USA und das Produkthaftpflichtrisiko für Medizintechnikhersteller, VersR 1986, 528; *Reinelt*, Zur Haftung des Arzneimittelherstellers für die Übertragung von Viren durch Blutprodukte, VersR 1990, 565; *ders.*, Zur Haftung des Arzneimittelherstellers für die Übertragung von Viren durch Blutprodukte, ZRP 1994, 333; *Spickhoff*, Zur Haftung für HIV-kontaminierte Blutkonserven, JZ 1991, 756; *Rolland*, Zur Sonderstellung des Arzneimittelherstellers im System des Produkthaftungsrechts, FS Lorenz, 1991, S. 193; *Wagner*, Die Reform der Arzneimittelhaftung im Entwurf eines Zweiten Schadensersatzrechtsänderungsgesetzes, VersR 2001, 1334; *Wandt*, Deutsche Arzneimittelhaftung und EG-Produkthaftung, VersR 1998, 1059.

2. **Produkthaftung und Gentechnikrecht:** *Deutsch*, Haftung und Rechtsschutz im Gentechnikrecht, VersR 1990, 1041; *ders.*, Produkt- und Arzneimittelhaftung im Gentechnikrecht, FS W. Lorenz, 1991, S. 65 = PHI 1991, 75; *Godt*, Rückabwicklung von Inverkehrbringensgenehmigungen und Haftung für gentechnische Produkte, NJW 2001, 1167; *Hirsch/Schmidt-Didczuhn*, Die Haftung für das gentechnische Restrisiko, VersR 1990, 1193; *dies.*, Gentechnikgesetz, 1991; *F. A. Koch*, Aspekte der Haftung für gentechnische Ve*rfahren und Produkte, DB 1991, 1815; *Wildhaber*, Produkthaftung im Gentechnikrecht: eine rechtsvergleichende Studie, 2000.

Übersicht

	RdNr.		RdNr.
I. Die Vorgaben des Art. 13 RL........	1	IV. Spezialgesetzlich geregelte Konkurrenzverhältnisse....................	10–15
II. Verhältnis zu allgemeinen Haftungsregeln (Abs. 2)......................	2–4	1. Verhältnis zum AtG.................	10–12
III. Verhältnis zum AMG (Abs. 1).....	5–9	2. Verhältnis zum GenTG.............	13–15

I. Die Vorgaben des Art. 13 RL

Die Vorschrift beruht auf Art. 13 der RL, wonach Ansprüche unberührt bleiben, die einem Geschädigten auf Grund vertraglicher oder außervertraglicher Haftung oder einer zum Zeitpunkt der Bekanntmachung der Richtlinie bestehenden besonderen Haftungsregelung zustehen. Damit sind Ansprüche aus Gewährleistung sowie auf der Grundlage der allgemeinen deliktischen Verschuldenshaftung gemeint.[1] Die zweite Alternative des Art. 13 RL, der Vorbehalt zugunsten einer damals bestehenden „besonderen Haftungsregelung", bezieht sich ausschließlich auf die deutsche **Arzneimittelhaftung**.[2] Die §§ 84 ff. AMG waren 1976 als Reaktion auf die Contergan-Katastrophe geschaffen worden,[3] und die deutsche Regierung sträubte sich dagegen, die Arzneimittelhaftung nach so kurzer Zeit

---

[1] EuGH Slg. 2002, I-3827 Tz. 22 = RIW 2002, 788 – Kommission/Frankreich; Slg. 2002, I-3879 Tz. 18 – Kommission/Griechenland; vgl. Einl. RdNr. 3.
[2] *Taschner* in: Taschner/Frietsch RL Art. 13 RdNr. 5.
[3] Zur Entstehungsgeschichte eingehend *Kullmann* in: Kullmann/Pfister Kza. 3800, S. 4 ff.

schon wieder zur Disposition zu stellen, zumal die Richtlinie in mancherlei Hinsicht hinter ihrem Standard zurückbleibt.[4] Es ist nicht zu verkennen, dass durch diese beiden Vorbehalte zugunsten der Arzneimittelhaftung sowie der allgemeinen Vertrags- und Deliktshaftung das Ziel der Rechtsvereinheitlichung in weiten Bereichen verfehlt worden ist.[5] Die Verfasser der Richtlinie trösteten sich damit, die Gemengelage sei unbedenklich, solange die unterschiedlichen Regelungen nur dem Verbraucherschutz dienten.[6] Diese Erwägung hat sich mit der Rechtsprechung des EuGH, der die Richtlinie als abschließende Regelung der sonderrechtlichen Produkthaftung versteht, erledigt (Einl. RdNr. 3). Neben § 15 existieren spezielle Konkurrenzregeln an den Schnittstellen zum Gentechnik- und Atomrecht (vgl. RdNr. 10 ff.).

II. Verhältnis zu allgemeinen Haftungsregelungen (Abs. 2)

2   Nach § 15 Abs. 2 bleibt die Haftung auf Grund anderer Vorschriften unberührt. Dazu zählt nicht nur die **Vertragshaftung,** etwa auf Grund der §§ 437 Nr. 3, 440, 634 Nr. 4, 636, 280 BGB, sondern auch die deliktische Produkthaftung nach Maßgabe des § 823 BGB.[7] Der europäische Gesetzgeber hat die Richtlinie bewusst neben die nationalen Deliktsrechte gestellt, ohne diese einzuschränken.[8] Art. 13 RL entfaltet zwar Sperrwirkung gegenüber nationalem Sonderrecht über die Haftung für Produktschäden, nicht aber gegenüber der **allgemeinen deliktischen Verschuldenshaftung.** Folglich kann es nicht überzeugen, aus der Diskriminierung von Schäden an dem Produkt selbst in § 1 Abs. 1 S. 2 ein Argument gegen die Rechtsprechung zu den Weiterfresserschäden zu schmieden.[9] Genauso wenig ist der Geschädigte gehindert, sich auf § 823 BGB zu stützen, wenn er den Selbstbehalt nach § 11 liquidieren will, wenn er Schadensersatz von einer Person begehrt, die nach § 4 nicht verantwortlich ist (§ 11 RdNr. 2; § 4 RdNr. 6) oder wenn der schadensursächliche Fehler einer Immobilie oder einer Dienstleitung anhaftet (§ 2).

3   Anders wäre es nur dann, wenn der gesamte **Korpus an Richterrecht** betreffend die Haftung für fehlerhafte Produkte, der sich unter § 823 BGB herausgebildet hat, als **nationales Sonderregime** – in der Sprache des EuGH: als eine „allgemeine Regelung der Haftung für fehlerhafte Produkte"[10] – zu qualifizieren wäre.[11] Gänzlich undenkbar ist dies nicht, denn die deliktische Produkthaftung ist ein distinkter Sonderbereich des § 823 (vgl. dort RdNr. 592 ff.), die im Deliktsrecht entwickelten Verkehrspflichten des Warenherstellers kommen im praktischen Ergebnis dem Fehlerbegriff des Art. 6 RL sehr nahe (Einl. RdNr. 14 ff.) und das Verschuldenserfordernis spielt im Rahmen der deliktischen Produkthaftung kaum eine Rolle (§ 823 RdNr. 658 ff.). So verhält es sich nicht nur in Deutschland, auch in Dänemark fußt das nationale Haftungsregime für Produktschäden auf der Verschuldenshaftung, die indessen von den Gerichten in Richtung auf eine Gefährdungshaftung fortentwickelt worden ist.[12] Der EuGH hat in Sachen „Skov/Bilka" zwar dänische Transformationsnormen für europarechtswidrig erklärt, weil sie über den Standard der Richtlinie hinausgingen,[13] nicht jedoch beanstandet, dass die dänischen Gerichte Hersteller und Lieferanten weiterhin einer allgemeinen Deliktshaftung für fehlerhafte Produkte unterwerfen, die

---

[4] *Rolland,* FS W. Lorenz, 1991, S. 193, 196.
[5] *Freitag* S. 70 f.; *Staudinger/Oechsler* RdNr. 13; Einl. RdNr. 2 f.
[6] Vgl. Erwägungsgrund Nr. 13 zur RL 85/374/EWG; anders *Taschner* in: *Taschner/Frietsch* RL Art. 13 RdNr. 1: „Rechtsangleichung ist nicht Rechtsvereinheitlichung".
[7] *Erman/Schiemann* Vor § 1 ProdHaftG RdNr. 6; *Taschner/Frietsch* Einf. RdNr. 141 ff.; *Kullmann* in: *Kullmann/Pfister* Kza 3612, S. 6; aA *Pauli* PHI 1987, 138, 141.
[8] Vgl. Fn. 1; aA *Tiedtke* NJW 1990, 2961, 2963; *Möllers* VersR 2000, 1177, 1179 ff.; vgl. auch *Diederichsen* in: Probleme der Produzentenhaftung, S. 9, 18 ff., 22.
[9] So aber *Diederichsen* in: Probleme der Produzentenhaftung, S. 9, 30 f.; *Honsell* JuS 1995, 211, 215.
[10] EuGH Slg. 2006, I-199 Tz. 39 = NJW 2006, 1409 = ZEuP 2007, 858 m. Bespr. *Whittaker* – Skov.
[11] Ambivalent dazu *Schaub* ZEuP 2002, 562, 577 ff.
[12] Vgl. die Hinweise bei Generalanwalt Geelhoed in Slg. 2006, I-199, 215 f. Tz. 55 ff. – Skov; sowie *Whittaker* ZEuP 2007, 858, 865.
[13] EuGH Slg. 2006, I-199 Tz. 30, 37 = NJW 2006, 1409 = ZEuP 2007, 858 m. Bespr. *Whittaker* – Skov.

über die vermeintliche Gefährdungshaftung nach der Richtlinie (Einl. ProdHaftG RdNr. 14 ff.) in Teilbereichen noch hinausreichte.[14] Wenn dem so ist, droht auch dem deutschen Produkthaftungsrecht gemäß § 823 BGB keinerlei europarechtliche Gefahr. Auf einem anderen Blatt steht, dass der EuGH mit dieser Judikatur den von ihm selbst beschworenen Zweck der Richtlinie, für Hersteller und Lieferanten gleiche Spielregeln im Binnenmarkt zu etablieren, desavouiert.[15]

Zum Teil werden Normen des ProdHaftG als **Schutzgesetz** iS von § 823 Abs. 2 BGB **4** angesprochen und dies mit Rücksicht auf den Gesamtcharakter des ProdHaftG begründet, das darauf gerichtet sei, das Inverkehrbringen gefährlicher Produkte zu unterbinden.[16] Dagegen spricht jedoch, dass das ProdHaftG gerade keine Verbotsnormen für das Inverkehrbringen schädlicher Produkte, sondern lediglich Schadensersatzpflichten statuiert.[17] Vor allem aber würde eine Bejahung der Schutzgesetzeigenschaft die sondergesetzliche Verantwortlichkeit deliktsrechtlich spiegeln bzw. verdoppeln und damit die in Art. 13 RL, § 15 Abs. 1 positivierte Grundentscheidung, beide Haftungssysteme nebeneinander zu stellen, unterlaufen.

III. Verhältnis zum AMG (Abs. 1)

Arzneimittel unterliegen gemäß § 15 Abs. 1 weiterhin dem Sonderregime der Arznei- **5** mittelhaftung nach den §§ 84 ff. AMG, die durch das Zweite Schadensersatzrechtsänderungsgesetz erweitert worden ist,[18] sowie der allgemeinen Deliktshaftung gemäß § 823 BGB (vgl. § 91 AMG).[19] Die arzneimittelrechtliche Unternehmerhaftung folgt demselben Ansatz wie die deliktische Produkthaftung und das ProdHaftG, indem sie die Einstandspflicht des pharmazeutischen Unternehmers an das **Inverkehrbringen eines fehlerhaften Produkts** knüpft. Zwar kommt es darauf an, ob das Arzneimittel schädliche Wirkungen hat, die über ein nach den Erkenntnissen der medizinischen Wissenschaft vertretbares Maß hinausgehen (§ 84 Abs. 1 Nr. 1 AMG), oder die Art seiner Darbietung nicht den Erkenntnissen der medizinischen Wissenschaft entspricht (§ 84 Abs. 1 Nr. 2 AMG), doch Letzteres ist eine Paraphrasierung des Instruktionsfehlers, während die erstgenannte Formulierung Konstruktions- und Fabrikationsfehler umfasst. Gleichwohl bestehen zwischen Arzneimittel- und harmonisierter Produkthaftung Divergenzen. Einerseits geht das AMG weiter als das ProdHaftG, weil es in bestimmtem Umfang auch Rechtsgutsverletzungen durch Entwicklungsrisiken erfasst,[20] die Haftungshöchstgrenze bei Serienschäden in § 88 S. 1 Nr. 2 AMG auf 120 Millionen Euro statt auf 85 Millionen Euro (§ 10 Abs. 1) fixiert, den Kausalitätsnachweis durch die Vermutungsregelung des § 84 Abs. 2 AMG erleichtert[21] und dem Geschädigten Auskunftsansprüche gegen den pharmazeutischen Unternehmer und die Arzneimittelbehörden einräumt (§ 84a AMG).[22] In anderen Punkten bleibt die Einstandspflicht des pharmazeutischen Unternehmers allerdings hinter der Herstellerhaftung nach dem ProdHaftG zurück, denn im Arzneimittelrecht ist der Umfang des Anspruchs eines einzelnen Geschädigten gemäß § 88 S. 1 Nr. 1 AMG auf 600 000 Euro beschränkt, und eine Haftung für wirkungslose Produkte besteht nicht.[23] Schließlich ist es denkbar, wenn auch nicht

---

[14] EuGH Slg. 2006, I-199 Tz. 48 = NJW 2006, 1409 = ZEuP 2007, 858 m. Bespr. *Whittaker* – Skov.
[15] Treffend *Whittaker* ZEuP 2007, 858, 868: „nonsense".
[16] *Pauli* PHI 1987, 138, 141 f.
[17] *Kullmann* in: *Kullmann/Pfister* Kza. 3612, S. 10.
[18] Dazu eingehend *Wagner* VersR 2001, 1334 ff.
[19] Vgl. § 823 BGB RdNr. 698 ff. mit Beispielen aus der Rspr.
[20] IE *Kullmann* in: *Kullmann/Pfister* Kza. 3800, S. 27 ff.; zusammenfassend *Deutsch* in: *Deutsch/Lippert* § 84 AMG RdNr. 10.
[21] *Wagner* VersR 2001, 1334, 1337 ff.; ders. NJW 2002, 2049, 2050 ff.
[22] Dazu *Wagner* VersR 2001, 1334, 1342 ff.; ders. NJW 2002, 2049, 2052 f.
[23] *Kullmann* in: *Kullmann/Pfister* Kza. 3800, S. 35; *Deutsch* in: *Deutsch/Lippert* § 84 AMG RdNr. 13. Zu Unterschieden zwischen der Haftung nach dem AMG und dem ProdHaftG *Rolland*, FS W. Lorenz, 1991, S. 193, 199 f.; ders. RdNr. 9 ff.; *Staudinger/Oechsler* RdNr. 1; *Frieling* in: *Pott/Frieling* RdNr. 9 ff.; *Frietsch* in: *Taschner/Frietsch* RdNr. 21 ff.; *Besch* S. 90 ff.

gerade nahe liegend, dass die Haftungsbegründung über § 84 AMG bei Fehlgebrauch des Arzneimittels Schwierigkeiten bereiten kann, weil insoweit nur die Instruktionsverantwortung nach Abs. 1 Nr. 2, nicht hingegen Abs. 1 Nr. 1 eingreift.[24]

6   Während Art. 14 RL die Anwendung des Produkthaftungsrechts bei Schäden infolge eines nuklearen Zwischenfalls ausdrücklich ausschließt, erklärt Art. 13 RL lediglich, Ansprüche aus einer besonderen Haftungsregelung blieben „unberührt". In den Erwägungsgründen heißt es, Klagen auf Grund des deutschen Arzneimittelrechts müssten „ebenfalls weiterhin möglich sein", was dafür spricht, die harmonisierte Produkthaftung *neben* diejenige nach dem AMG zu stellen.[25] Demgegenüber schließt § 15 Abs. 1 die Anwendung des ProdHaftG auf Arzneimittel gänzlich aus. Wegen dieser Diskrepanz wird in der Literatur verbreitet die Auffassung vertreten, der Ausschluss der Ansprüche nach dem ProdHaftG durch § 15 Abs. 1 sei **mit den Vorgaben des Art. 13 RL nicht vereinbar.**[26] Diese Position ist plausibel, doch im Ergebnis lassen sich die Zweifel an der Richtlinienkonformität des § 15 Abs. 1 nicht aufrechterhalten.[27] Die **Parallelität der Arzneimittel- und der harmonisierten Produkthaftung** entspricht weder der Vorstellung der an der Entstehung der Richtlinie maßgeblich beteiligten Personen[28] noch dem Standpunkt der Kommission, die zwar das Vereinigte Königreich, Frankreich und Griechenland wegen angeblich fehlerhafter Umsetzung der Richtlinie vor dem EuGH verklagt,[29] die Regelung des § 15 Abs. 1 jedoch zu keinem Zeitpunkt beanstandet hat. Schließlich gehen auch die deutschen Gerichte wie selbstverständlich von der Richtlinienkonformität des § 15 Abs. 1 aus.[30] Dies hat gute Gründe, denn die konkurrierende Anwendung des ProdHaftG im Arzneimittelbereich würde das Haftungssystem des AMG nicht etwa in einigen Sonderfällen ergänzen, sondern von Grund auf unterminieren. Ein tragender Eckpfeiler der §§ 84 ff. AMG ist die **Haftungskanalisierung auf den pharmazeutischen Unternehmer** bei gleichzeitiger Freistellung aller übrigen an der Arzneimittelentwicklung, -herstellung und -distribution beteiligten Akteure.[31] Der Begriff des pharmazeutischen Unternehmers ist terminus technicus und in §§ 9, 4 Abs. 18, 17 AMG näher definiert. Dieser Ansatz dient wiederum nicht der Privilegierung der Pharmabranche, sondern der Erleichterung des Einkaufs von Haftpflichtversicherungsschutz und der Senkung der Transaktionskosten im Schadensfall. Folgerichtig wirkt sich das Kanalisierungsprinzip in aller Regel nicht zu Lasten des Geschädigten aus, denn ihm wird ein im Inland greifbarer und wegen § 94 AMG obligatorisch mit Haftpflichtversicherungsschutz ausgestatteter Schuldner zur Verfügung gestellt, der im Rahmen großzügig bemessener Höchstgrenzen für Arzneimittelschäden einzustehen hat. Dieses System, das dem Geschädigten erhebliche Vorteile bei Inkaufnahme zu vernachlässigender Nachteile bringt, würde aus den Angeln gehoben und zerstört, wenn neben und kumulativ zum pharmazeutischen Unternehmer sonstige Hersteller, Grundstoff- und Teilhersteller, Quasi-

---

[24] BGHZ 106, 273, 278 = NJW 1989, 1542, 1543; *Deutsch* in: *Deutsch/Lippert* § 84 AMG RdNr. 6; insoweit missverständlich *Staudinger/Oechsler* RdNr. 1.

[25] Erwägungsgrund Nr. 13 der Richtlinie 85/374/EWG.

[26] *Sack* VersR 1988, 439, 442; *Koch* ZHR 152 (1988), 537, 560; *Wassenaer van Catwijck* PHI 1988, 48, 50; *Anderle* S. 37 ff.; *v. Marschall* PHI 1991, 166, 167; *Meyer* ZRP 1989, 207, 210; *Schaub* ZEuP 2002, 562, 575 Fn. 68; *Besch* S. 99; zweifelnd auch *Palandt/Sprau* RdNr. 2; *Kullmann* in: *Kullmann/Pfister* Kza. 3612, S. 3 f.; *Buchner* DB 1988, 32, 36; *Brüggemeier* ZHR 152 (1988), 511, 532; *Pauli* PHI 1987, 138, 141.

[27] *Erman/Schiemann* RdNr. 1; *Soergel/Krause* RdNr. 1; Produkthaftungshandbuch/*v. Westphalen* § 82 RdNr. 10; *ders.* NJW 1990, 83, 92; *Taschner* in: *Taschner/Frietsch* RL Art. 13 RdNr. 5; *Rolland* RdNr. 2 (zweifelnd aber *ders.*, FS W. Lorenz, 1991, S. 193, 194 ff.); *Lorenz* ZHR 151 (1987), 1, 14; *Wandt* VersR 1998, 1059, 1061.

[28] *Taschner* in: *Taschner/Frietsch* Art. 13 RdNr. 5; *Frietsch* in: *Taschner/Frietsch* § 15 RdNr. 25 mwN.

[29] EuGH Slg. 1997, I-2649 – Kommission/Vereinigtes Königreich; Slg. 2002, I-3827 Tz. 13 ff., 24 = RIW 2002, 787, 788 – Kommission/Frankreich; Slg. 2006, I-2461 Tz. 47 ff. = EuZW 2006, 506 – Kommission/Frankreich; Slg. 2002, I-3879 Tz. 9 ff., 20 – Kommission/Griechenland.

[30] OLG Köln VersR 1994, 177; 1997, 1006; OLG Schleswig vom 13. 10. 1998, 4 U 89/95, bei *Kullmann/Pfister* Kza. 8170/4 mit Nichtannahmebeschluss des BGH vom 15. 6. 1999, VI ZR 349/98.

[31] *Wandt* VersR 1998, 1059, 1060 f.; eingehend *Schmidt-Salzer* Produkthaftung III/1 RdNr. 4135 ff.; vgl. auch BT-Drucks. 7/3060 S. 46.

Hersteller, EWR-Importeure und Vertriebshändler nach Maßgabe der §§ 1, 4 in Anspruch genommen werden könnten.

Die Vorschriften des ProdHaftG sind folglich nur auf solche Arzneimittel (vgl. § 2 AMG) **7** anzuwenden, die nicht von § 15 Abs. 1 erfasst sind. Dabei handelt es sich zum einen um Medikamente, die nicht der Zulassungspflicht nach § 21 AMG unterliegen,[32] zum anderen um solche, die außerhalb des Geltungsbereichs des AMG an den Verbraucher abgegeben worden sind, aber nach Einnahme im Inland einen Schaden verursachen.[33] Nach dem ProdHaftG richtet sich insbesondere auch die Haftung für **Kosmetika,** soweit diese keine Arzneimittel iS des § 2 AMG darstellen, die Haftung für **Tierarzneimittel,** sowie für **homöopathische Arzneimittel,** für die gemäß § 38 Abs. 1 AMG keine Zulassungspflicht besteht.[34]

Die Formulierung des Art. 13 RL, nach der eine „zum Zeitpunkt der Bekanntgabe dieser **8** Richtlinie bestehende besondere Haftungsregelung" unberührt bleibt, wirft die Frage auf, wie es um **Reformen der Arzneimittelhaftung** steht, wie sie jüngst mit dem Zweiten Schadensersatzrechtsänderungsgesetz vorgenommen worden sind.[35] Versteht man den Wortlaut dahin, dass eine besondere Haftungsregelung Bestandsschutz nur in der am Stichtag bestehenden Fassung genießt, wären Reformen der §§ 84 ff. AMG ausgeschlossen bzw. an die Vorgaben der Produkthaftungsrichtlinie gebunden. Unter dieser Prämisse erregte zwar nicht die Umkehr der Beweislast für die Fehlerentstehung in § 84 Abs. 3 AMG Bedenken (vgl. § 1 Abs. 4, Abs. 2 Nr. 2), wohl aber die Kausalitätsvermutung des § 84 Abs. 2 AMG und die Auskunftsansprüche des § 84 a AMG. Zwar dienen diese Regelungen dem Verbraucherschutz, doch entbindet diese Zielsetzung den nationalen Gesetzgeber nicht von seiner Verpflichtung zur detailgenauen Umsetzung der Produkthaftungsrichtlinie. Zu deren Rettung lässt sich auch nicht anführen, Art. 4 RL erlaube die Anwendung der hergebrachten Grundsätze über die Beweislastverteilung und gestatte in diesem Zusammenhang auch Beweiserleichterungen,[36] denn über die traditionellen Grundsätze etwa des Anscheinsbeweises gehen die zitierten Vorschriften offensichtlich hinaus – sonst hätte es ihrer gar nicht bedurft.[37]

Der EuGH hat dem Gedanken der Mindestharmonisierung eine Absage erteilt und betont **9** in ständiger Rechtsprechung, die Richtlinie bezwecke „für die darin geregelten Punkte eine **vollständige Harmonisierung** der Rechts- und Verwaltungsvorschriften der Mitgliedstaaten" (Einl. RdNr. 3).[38] Sofern die Arzneimittelhaftung in den Regelungsbereich der Richtlinie fällt, hat der deutsche Gesetzgeber die Kompetenz zu ihrer Fortentwicklung somit verloren. Dieser Schlussfolgerung lässt sich nur ausweichen, wenn die Bezugnahme auf die am Stichtag bestehenden Sonderregelungen im Sinne einer bloßen Bezeichnung der deutschen Arzneimittelhaftung als Rechtsgebiet verstanden wird.[39] In diesem Fall wäre die Arzneimittelhaftung jetzt und in Zukunft von den Vorgaben des Europarechts befreit und ihre Fortentwicklung somit gewährleistet. Der deutsche Gesetzgeber wäre dann in beide Richtungen frei, weil die Richtlinie ein „Verschlechterungsverbot" hinsichtlich der Arzneimittelhaftung, das von Teilen der deutschen Literatur postuliert wird, offensichtlich nicht kennt.[40] Wie der EuGH sich bei der **Wahl zwischen Stichtagsvorbehalt oder Bereichsausnahme** entscheiden wird, lässt sich derzeit nicht absehen. Das Bekenntnis zur Vollharmonisierung im

---

[32] Überblick bei *Rolland* RdNr. 19 ff.
[33] Vgl. *Rolland,* FS W. Lorenz, 1991, S. 193, 201 f.
[34] Produkthaftungshandbuch/*v. Westphalen* § 82 RdNr. 11.
[35] Gesetz vom 19. 7. 2002, BGBl. I S. 2674; eingehend *Wagner* VersR 2001, 1334 ff.; ders. NJW 2002, 2049, 2050 ff.
[36] Vgl. *Kullmann,* FS Steffen, 1995, S. 247, 252 f.; allg. *Taschner* in: *Taschner/Frietsch* RL Art. 4 RdNr. 3.
[37] Zu § 84 Abs. 2 AMG ausf. *Wagner* VersR 1991, 1334, 1339.
[38] EuGH Slg. 2006, I-199 Tz. 23 = NJW 2006, 1409 = ZEuP 2007, 858 mit Bespr. *Whittaker* – Skov; Slg. 2002, I-3827 Tz. 13 ff., 24 = RIW 2002, 787, 788 – Kommission/Frankreich; Slg. 2002, I-3879 Tz. 9 ff., 20 – Kommission/Griechenland.
[39] So *Wandt* VersR 1998, 1059, 1064; *Hart,* FS Reich, 1997, S. 701, 713 ff.; *Soergel/Krause* RdNr. 1.
[40] So *Hart,* FS Reich, 1997, S. 701, 715; anders *Wandt* VersR 1998, 1059, 1063; allg. *Magnus* GPR 2006, 121, 123.

Interesse der Wettbewerbsgleichheit legt eine restriktive – und damit Zeitpunkt-bezogene – Interpretation des Art. 13 RL nahe.[41] Dagegen spricht, dass der EuGH explizit anerkannt hat, der Regelungsanspruch der Richtlinie ende an Art. 13 RL und der dort enthaltenen Bezugnahme auf besondere nationale Regelungen, die auf einen bestimmten Produktionssektor begrenzt seien.[42] Im Übrigen wird das gemäß Art. 13 RL neben der Richtlinie anwendbare Vertrags- und Deliktsrecht ebenfalls nicht petrifiziert, sondern die Weiterentwicklung der allgemeinen Haftungsregeln für Schäden infolge mangelhafter Produkte bleibt erlaubt. Dann mag es sich mit der Arzneimittelhaftung genauso verhalten.

IV. Spezialgesetzlich geregelte Konkurrenzverhältnisse

10 **1. Verhältnis zum AtG.** Gemäß Art. 14 RL sind die Vorschriften der harmonisierten Produkthaftung nicht auf Schäden infolge eines nuklearen Zwischenfalls anwendbar, die von einem internationalen Abkommen erfasst sind. Der deutsche Gesetzgeber meinte von einer ausdrücklichen Umsetzung dieser Vorschrift absehen zu können, weil sich die **Exklusivität der atomrechtlichen Haftungsvorschriften** bereits aus dem Atomgesetz ergebe (vgl. §§ 25, 25 a AtG). Darüber hinaus wurde die Befürchtung geäußert, eine ausdrückliche Regelung könne den Umkehrschluss nahe legen, das atomrechtliche Haftungssystem könne gegenüber sonstigen Tatbeständen, etwa den §§ 823, 906 BGB, 14 BImSchG, 22 WHG, keine Exklusivität beanspruchen.[43] Bei einer Anwendbarkeit des ProdHaftG verbleibt es für sonstige, nicht von §§ 25, 25 a AtG erfasste atomare Gefährdungstatbestände (§ 26 AtG).[44]

11 Bei den danach die Haftung nach dem ProdHaftG ausschließenden Regelungen handelt es sich um:
– Das **Pariser Übereinkommen** vom 29. 7. 1960 über die Haftung gegenüber Dritten auf dem Gebiet der Kernenergie in der Fassung des Zusatzprotokolls vom 28. 1. 1964.[45] Das Änderungsprotokoll vom 16. 11. 1982 (BGBl. 1985 II S. 691) ist am 25. 9. 1985 ratifiziert (BGBl. II S. 690) und seine innerstaatliche Geltung durch Art. 1 der Haftungsnovelle zum Atomgesetz vom 22. 5. 1985 (BGBl. II S. 781) angeordnet worden.
– Das **Brüsseler Zusatzabkommen** zum Pariser Übereinkommen vom 31. 1. 1963 in der Fassung des Zusatzprotokolls vom 28. 1. 1964 (BGBl. 1975 II S. 957 und BGBl. 1976 II S. 308), sowie des Änderungsprotokolls vom 16. 11. 1982 (BGBl. 1985 II S. 970).
– Das **Brüsseler Kernmaterial-Seetransport-Übereinkommen** vom 17. 12. 1971.[46]
– Das **Brüsseler Reaktorschiff-Übereinkommen** vom 25. 5. 1962 (BGBl. 1975 II S. 977) ist zwar durch die BRD noch nicht ratifiziert, durch § 25 a AtG aber inhaltlich übernommen worden.

12 Ähnlich wie die Arzneimittelhaftung nach den §§ 84 ff. AMG beruht das Haftungssystem des Pariser Übereinkommens auf dem Prinzip der **Haftungskanalisierung:** Gemäß Art. 3, 6 Abs. c (ii) PÜ hat die Haftung nach dem Übereinkommen exklusiven Charakter, nicht nur gegenüber Sonderregeln nach Art des ProdHaftG, sondern insbesondere auch im Verhältnis zur allgemeinen Deliktshaftung.[47] Im Gegenzug haftet der Betreiber der Kernanlage für jeden Schaden, der auf einem nuklearen Ereignis beruht, ohne Rücksicht auf dessen Ursache und selbst in Fällen höherer Gewalt. Im Gegensatz zur deutschen Regelungstradition im Bereich der Gefährdungshaftung steht auch die Vorschrift des § 31 Abs. 1 S. 1 AtG, nach der die Haftung des Inhabers einer Kernanlage summenmäßig unbegrenzt ist.

---

[41] S. Fn. 56.
[42] EuGH Slg. 2002, I-3827 Tz. 23 = RIW 2002, 787, 788. – Kommission/Frankreich; Slg. 2002, I-3879 Tz. 19 – Kommission/Griechenland; Slg. 2002, I-3905 Tz. 32 = EuZW 2002, 574, 576 – González Snchez.
[43] Vgl. die Amtliche Begr., BT-Drucks. 11/2447 S. 11, 26.
[44] *Frieling* in: *Pott/Frieling* RdNr. 22; vgl. ausf. *Gmilkowsky* S. 99 f.
[45] RatifizG vom 8. 7. 1975, BGBl. II S. 957; Bek. vom 4. 2. 1976, BGBl. II S. 308.
[46] RatifizG vom 8. 7. 1975, BGBl. II S. 957; Bek. vom 4. 2. 1976, BGBl. II S. 307; Text mit deutscher Übersetzung in BGBl. 1975 II S. 1026.
[47] Eingehend *Däubler,* Haftung für gefährliche Technologien, 1988, S. 4 ff.; vgl. auch *Will,* Quellen erhöhter Gefahr, 1980, S. 26.

Insgesamt ist damit deutlich, dass dem Geschädigten kein Nachteil entsteht, wenn die Anwendung des ProdHaftG auf Schäden infolge nuklearer Ereignisse ausgeschlossen wird.

2. Verhältnis zum GenTG. Die **Nachbarhaftung gemäß § 36a GenTG** weist keine 13 Berührungspunkte mit der Produkthaftung auf, weil gentechnische Immissionen im Bereich der Landwirtschaft nicht durch die bäuerlichen Produkte, sondern im Zuge des Produktionsprozesses verursacht werden.[48] Genauso wenig wie die harmonisierte Produkthaftung für Schädigungen der Nachbarschaft durch industrielle Fertigungsprozesse gilt, gilt sie für Schäden, die während des landwirtschaftlichen Herstellungsprozesses verursacht werden. Im Übrigen fehlt es am „Inverkehrbringen" der gentechnisch veränderten Organismen durch den Ackerbau betreibenden Landwirt.[49]

Wird infolge von Eigenschaften eines Organismus, die auf **gentechnischen Arbeiten** 14 beruhen, jemand getötet, sein Körper oder seine Gesundheit verletzt oder eine Sache beschädigt, so hat der Betreiber der gentechnischen Anlage gemäß § 32 GenTG für den Schaden aufzukommen. Das Konkurrenzverhältnis zwischen dem GenTG und anderen Haftungsvorschriften ist in § 37 Abs. 2 GenTG geregelt.[50] Danach gilt für **gentechnisch erzeugte Arzneimittel** ausschließlich das AMG (§ 37 Abs. 1 GenTG),[51] während sich im Übrigen die Haftung für Produkte, die gentechnisch veränderte Organismen enthalten oder aus solchen bestehen, nach dem ProdHaftG richtet. Dies gilt wiederum nur, sofern sie auf Grund einer Genehmigung nach § 16 Abs. 2 GenTG oder einer Zulassung oder Genehmigung nach anderen Rechtsvorschriften – zu denken ist an das Pflanzenschutzgesetz und die Novel-Food-VO,[52] möglicherweise auch an das LFGB – in den Verkehr gebracht worden sind (§ 37 Abs. 2 S. 1 GenTG).[53] In diesem Fall kann sich der Hersteller gemäß § 37 Abs. 2 S. 2 GenTG nicht mit Rücksicht auf die Unerkennbarkeit des Fehlers im Zeitpunkt des Inverkehrbringens gemäß § 1 Abs. 2 Nr. 5 entlasten, soweit das Sicherheitsdefizit des Produkts auf gentechnischen Arbeiten beruht.[54] Für die übrigen nach § 4 Einstandspflichtigen steht die Entlastungsmöglichkeit weiterhin zur Verfügung.

Während diese Einschränkung zu Lasten von Herstellern gentechnisch veränderter Pro- 15 dukte wegen der in Art. 15 Abs. 1 lit. b RL eingeräumten Option unbedenklich ist, erscheint es **europarechtlich problematisch,** dass derjenige, der gentechnisch veränderte Produkte *ohne* entsprechende Genehmigung in den Verkehr bringt, nicht nur der Haftung nach der Produkthaftungsrichtlinie bzw. nach ihrem deutschen Transformationsgesetz, sondern darüber hinaus auch noch der – weitergehenden – Gefährdungshaftung nach den §§ 32 ff. GenTG unterliegt. Die Erwägung des deutschen Gesetzgebers, dem Betreiber gentechnischer Arbeiten müsse es verwehrt sein, sich durch eigenmächtiges, ungenehmigtes Inverkehrbringen entsprechender Produkte der strengen gentechnikrechtlichen Haftung zu entziehen,[55] mag in der Sache einiges für sich haben, ist vor dem Geltungsanspruch der Richtlinie indessen nicht zu halten. Wie der EuGH klargestellt hat, bezweckt die Richtlinie die Vollharmonisierung des Produkthaftungsrechts, soweit nicht der Vorbehalt des Art. 13 RL zugunsten sektoraler Sonderregeln eingreift.[56] Da Letzterer nur zugunsten solcher Vorschriften gilt, die im Zeit-

---

[48] Zur Haftung nach § 36a GenTG eingehend *Wagner* VersR 2007, 1017.
[49] *Kohler* NuR 2005, 566, 575.
[50] *Wildhaber* S. 167; zum Verhältnis GenTG und ProdHaftG vgl. ausf. *Staudinger/Oechsler* § 2 RdNr. 50 ff.; *Meyer* ZLR 1996, 403, 404 ff.; *Godt* NJW 2001, 1167, 1171 ff.
[51] Dazu eingehend *Deutsch*, FS W. Lorenz, 1991, S. 65, 73 ff.
[52] Verordnung (EG) Nr. 258/97 des Europäischen Parlaments und des Rates vom 27. 1. 1997 über neuartige Lebensmittel und neuartige Lebensmittelzutaten, ABl. EG Nr. L 43 S. 1; dazu *Wahl/Groß* DVBl. 1998, 2; *Rehbinder* ZUR 1999, 6.
[53] Vgl. *Godt* NJW 2001, 1167, 1171.
[54] Vgl. iE Begr. RegE zum GenTG, BT-Drucks. 11/5622 S. 36 f.; *Kullmann* in: *Kullmann/Pfister* Kza. 3602, S. 22c; *Deutsch* VersR 1990, 1041, 1046; *ders.* PHI 1991, 75, 76; *Hirsch/Schmidt-Didczuhn* GenTG, 1991, § 37 RdNr. 10.
[55] Begr. RegE des Gentechnikgesetzes, BT-Drucks. 11/5622 S. 36; *Deutsch* VersR 1990, 1041, 1046.
[56] EuGH Slg. 2002, I-3827 Tz. 23 = RIW 2002, 787, 788 – Kommission/Frankreich; Slg. 2002, I-3879 Tz. 19 – Kommission/Griechenland; Slg. 2002, I-3905 Tz. 32. = EuZW 2002, 574, 576 – González Sánchez.

punkt der Bekanntgabe der Richtlinie bereits existierten, fallen die Haftungsvorschriften des GenTG nicht darunter. Die kumulative Anwendung der §§ 32 ff. GenTG bei illegal in den Verkehr gebrachten Produkten der Gentechnologie lässt sich auch nicht mit der Erwägung rechtfertigen, die gentechnikrechtlichen Haftungsregeln böten ein höheres Schutzniveau als das ProdHaftG, denn nach der Rechtsprechung des EuGH steht die Richtlinie auch der Anwendung weitergehender Haftungsvorschriften des nationalen Rechts entgegen.[57] Der in § 37 Abs. 2 S. 1 GenTG angeordnete Ausschluss der Anwendung des ProdHaftG bei nicht genehmigtem Inverkehrbringen von Produkten, die gentechnisch veränderte Organismen enthalten oder aus solchen bestehen, ist daher europarechtswidrig.

§ 16 Übergangsvorschrift

Dieses Gesetz ist nicht auf Produkte anwendbar, die vor seinem Inkrafttreten in den Verkehr gebracht worden sind.

1   Die Vorschrift **verhindert die Rückwirkung** des ProdHaftG, indem es nur solche Handlungen mit Haftungsandrohung belegt, die nach Inkrafttreten der neuen Vorschriften am 1. 1. 1990 (§ 19) vorgenommen wurden.[1] Die Beweislast dafür, dass das inkriminierte Produkt bereits vor dem Stichtag in den Verkehr gebracht wurde, trägt allerdings der Hersteller.[2] Auf Schadensfälle im Gebiet der ehemaligen DDR ist das Gesetz gemäß Anlage I zu Art. 8 und Art. 11 Kapitel III Sachgebiet B Abschnitt VII Nr. 8 des Einigungsvertrags (BGBl. 1990 II S. 889, 953) anzuwenden, wenn das fehlerhafte Produkt am Tag des Wirksamwerdens des Beitritts oder danach in Verkehr gebracht worden ist.[3] Eine entsprechende Übergangsregel gilt für den Fortfall des Landwirtschaftsprivilegs des § 2 S. 2 aF (vgl. Einl. RdNr. 5).

§ 17 Erlaß von Rechtsverordnungen

Der Bundesminister der Justiz wird ermächtigt, durch Rechtsverordnung die Beträge der §§ 10 und 11 zu ändern oder das Außerkrafttreten des § 10 anzuordnen, wenn und soweit dies zur Umsetzung einer Richtlinie des Rates der Europäischen Gemeinschaften auf der Grundlage der Artikel 16 Abs. 2 und 18 Abs. 2 der Richtlinie des Rates vom 25. Juli 1985 zur Angleichung der Rechts- und Verwaltungsvorschriften der Mitgliedstaaten über die Haftung für fehlerhafte Produkte erforderlich ist.

1   Die Vorschrift bringt eine mit Art. 80 GG vereinbare Ermächtigung des Bundesministers der Justiz zur Anpassung der §§ 10 und 11 an Veränderungen der Produkthaftungsrichtlinie auf der Grundlage der Art. 16 Abs. 2, 18 Abs. 2 RL. Von der Ermächtigung ist bislang kein Gebrauch gemacht worden. Vielmehr sind der Selbstbehalt (§ 10) und die Haftungshöchstgrenzen (§ 11) durch Parlamentsgesetz auf Euro umgestellt worden.[1*]

§ 18 Berlin-Klausel *(gegenstandslos)*

§ 19 Inkrafttreten

Dieses Gesetz tritt am 1. Januar 1990 in Kraft.

---

[57] EuGH Slg. 2002, I 3905 Tz. 33 = EuZW 2002, 574, 576 – Gonźlez Śnchez.
[1] *Rolland* RdNr. 1; *Pott* in: *Pott/Frieling* RdNr. 1.
[2] Vgl. *Rolland* RdNr. 5; *Pott* in: *Pott/Frieling* RdNr. 3; *Weber* VersR 1993, 1283.
[3] Vgl. *Pott* in: *Pott/Frieling* RdNr. 3; *Liebold* PHI 1991, 34 ff.
[1*] Zweites Gesetz zur Änderung schadensersatzrechtlicher Vorschriften vom 19. 7. 2002, BGBl. I S. 2674.

Sachverzeichnis

Bearbeiter: Christof Peter

Die fett gedruckten Zahlen bezeichnen die Paragraphen, die mageren Zahlen die Randnummern. Fundstellen beginnend mit **P** verweisen auf die Paragraphen des Partnerschaftsgesellschaftsgesetzes, solche beginnend mit **PH** auf die Paragraphen des Produkthaftungsgesetzes.

Abandonrecht des Mitreeders 747 17
Abfindungsanspruch Vor 723 10; **738** 2
Abfindungsanspruch in der GbR s. a. Abfindungsklauseln; Abtretung **717** 32, 37 ff., 40; Anspruchsgegner **719** 18; **738** 16 f.; Anteilsübertragung **738** 14; Anteilsvererbung **738** 14; Ausschluss **723** 76; **738** 60; Auszahlungsvereinbarung **738** 65; Berechnung **738** 18 f., 37; Beschränkung **723** 74; **725** 7; **738** 39 ff.; Durchsetzungssperre **738** 18; Entstehungszeitpunkt **738** 19; Fälligkeit **738** 20 f., 65; fehlerhafte Abfindungsvereinbarung **705** 370; Gesellschafter ohne Kapitaleinlage **738** 58 f.; Haftung der Gesellschafter **738** 17; Insolvenz des Gesellschafters **728** 31 ff.; schwebende Geschäfte **738** 38; **740** 4 f.; Stichtag **738** 19, 22; Stundung **738** 65; beim Tod eines Gesellschafters **727** 58; **738** 14; unstreitige Mindestbeträge **738** 21; Vereinbarungen **738** 39; Verzinsung **738** 22, 65; Vorausabtretung **717** 38, 45 f.; Voraussetzungen **738** 14 f.; Zahlungsfristen **738** 65; Zusammensetzung **738** 18, 37; Zweimanngesellschaft **730** 11; **738** 14
Abfindungsanspruch in der Partnerschaft P 9 17
Abfindungsansprüche 705 218
Abfindungsbilanz, Aufstellung **738** 26 f.; Bedeutung **738** 23 f.; Bewertungsfragen **738** 32 ff.; Bindungswirkung **738** 29; Buchwertklausel **738** 26; Ertragswertmethode **738** 24 ff., 35; **740** 1, 3; Feststellung **738** 28 f.; Fortführungswerte **738** 23 f.; gerichtliche Durchsetzung **738** 30 f.; Inhalt **738** 26; nachträgliche Anpassung **738** 29; schwebende Geschäfte **738** 26; Streitigkeiten **738** 30 f.; Substanzwertmethode **738** 23 f., 35; **740** 1, 3
Abfindungsklauseln, Arten **738** 60 ff.; Buchwertklauseln **738** 41 ff., 45 f., 63; dispositives Recht **738** 74; ergänzende Vertragsauslegung **738** 53 f.; bei Freiberuflern **738** 66 ff.; Funktion **738** 39 f.; Geschäftsgrundlagenänderung **738** 56; Gesellschafter minderen Rechts **738** 58; Gläubigerschutz **738** 47 f.; Kündigungsbeschränkung **723** 76; **738** 49 ff.; Rechtsmissbrauch **738** 55; Schranken **723** 76; **738** 41 ff., 45 ff.; Sittenwidrigkeit **738** 45, 75; Unwirksamkeitsfolgen **723** 76; **738** 72 ff.
Abgeordnetenmandat 709 31

Abhandenkommen von Gesamthandsgegenständen 718 38
Abspaltungsverbot 717 7 ff.
Abstimmung s. Beschlussfassung
Abtretung von Mitgliedschaftsrechten, Vermögensrechte **717** 8, 14 f., 30 ff.; Verwaltungsrechte **717** 7, 16 ff.
Abwachsung s. a. An- und Abwachsung
Abwehransprüche Vor 823 34 ff.; geschichtlicher Überblick **Vor 823** 2 ff.; geschichtlicher Überblick BGB-Deliktsrecht **Vor 823** 7 ff.; ökonomische Analyse s. d.; Verhältnis zu Strafrecht **Vor 823** 2
Abwerben von Arbeitnehmern und Kunden 826 58
Abwicklung s. a. Auseinandersetzung
Abwicklungsgesellschaft, stille Gesellschaft **730** 6
Abwicklungsgesellschaft (GbR) s. a. Tod eines Gesellschafters; Abfolge der Auseinandersetzung **730** 7 ff.; Abwicklungszweck **Vor 723** 6; Aufgaben der Abwickler **730** 3 ff., 44 ff.; Ausschließungsrecht **730** 25; **737** 10 f.; Beendigung **730** 9, 38 f.; Beitragspflicht **730** 30 f.; Dritter als Liquidator **730** 47 f.; Erbengemeinschaft als Gesellschafter **727** 14 ff.; Fortsetzung der Gesellschaft **Vor 723** 11; **730** 25; **736** 16; Fortsetzung ohne Gesellschafter-Erben **727** 24 f.; Geschäftsführung **710** 8; **728** 39; **729** 3 ff.; **730** 8, 40 f., 47 ff.; Geschäftsführungsbefugnis **727** 9; Gesellschafterwechsel **730** 25; Gläubiger der Gesellschaft **730** 36 f.; Haftung der Erben **727** 19, 21; Identität der Gesellschaft **730** 24; Innengesellschaft **730** 6, 12 ff.; Kontenausgleich zwischen Gesellschaftern **730** 3 f., 38; nachträgliche Feststellung von Gesellschaftsvermögen **730** 39; nachvertragliche Pflichten **730** 17; Notgeschäftsführung **727** 16; Person der Abwickler **730** 47 f.; Pflichten der Gesellschafter **730** 28 ff.; Rückumwandlung in werbende Gesellschaft **Vor 723** 11; Schadensersatzpflicht **730** 32; Veräußerung des Gesellschaftsvermögens im Ganzen **730** 86 ff.; Vertretung **727** 9; **730** 43
Abwicklungsstadium, Rangfolge bei der Rechtsanwendung **730** 1
Actio pro socio, Abwicklungsgesellschaft **730** 33 f.; Anwendungsbereich **705** 204; Aufwen-

2779

Sachverzeichnis
Fette Zahlen = §§

dungsersatz **705** 213 f.; Begriff **705** 204; Begründetheit der Klage **705** 212; Klageabweisung **705** 213 f.; Kostenschuldner **705** 213; im Liquidationsstadium **705** 204; Prozessstandschaft **705** 208; prozessuale Wirkung **705** 208, 213 f.; Rechtshängigkeit **705** 213 f.; Rechtskraftwirkung des Urteils **705** 213 f.; Schranken **705** 210; Sozialansprüche **705** 204, 212; Übernahmerecht **730** 25; Unterlassungsansprüche gegen Geschäftsführer **705** 204; Vergleich **705** 213 f.; vertragliche Regelungen **705** 208; Vollstreckungsgegenklage **705** 213; Wesen **705** 213 f.; Zulässigkeit **705** 210 f.
Adhäsionsvertrag 705 141
Ad-hoc-Mitteilung 826 24, 72 ff.
Affidavit Vor 793 38
Akkordkolonne 741 26
Akkreditiv 783 39 ff.; Akkreditivbestätigung **783** 48; Akkreditiveröffnung **783** 48; Begriff **783** 39; Bezahlung **783** 49; Formen **783** 41; missbräuchliche Inanspruchnahme **783** 50; Rechtsverhältnisse **783** 40; Vertrag **783** 39
Akkreditivauftrag 783 45 ff.; Wirkung **783** 47
Akkreditivklausel 783 44
Aktiengesellschaft s. a. juristische Person, Kapitalgesellschaft
Akzessorietätstheorie 705 14; **714** 34 ff., s. a. Haftung der Gesellschafter; Bürgschaft **765** 61 ff.; **767** 1; Entwicklung **714** 2 ff.
Akzessorische Sicherheiten, bereicherungsrechtliche Rückabwicklung bei Nichtbestehen der gesicherten Forderung **812** 163 ff.
Allgemeines Persönlichkeitsrecht, Eingriffskondiktion **812** 270 ff.; persönlichkeitsrechtlicher Vermögensschutz **823** 180; Schutzbereich **823** 179; als Schutzgut von § 826 **826** 2; als subjektives Recht **823** 178
Allgemeines Schuldrecht, Anwendbarkeit auf Gesellschaftsverträge **705** 156
Amtspflichtverletzung, Abgrenzung öffentliches Recht und Privatrecht **839** 144; administratives Unrecht **839** 100; Amtshaftung **839** 2, 8 ff.; Amtsmissbrauch **839** 216, 271; Amtsträger **839** 17 f.; Anspruchsgegner **839** 360; Anspruchsinhalt **839** 295 ff.; Anstellungstheorie **839** 361; Anvertrauenstheorie **839** 360; Aufklärungspflicht **839** 218; Aufsicht über Berufe **839** 258; Aufsicht über Stiftungen **839** 257; Aufsicht über technische Betriebe und Anlagen **839** 242; Auskunftspflicht **839** 218; Ausländer als Verletzte **839** 344; Auslandseinsätze der Bundeswehr **839** 187 a; Ausübung eines öffentlichen Amts **839** 122, 143 ff., 188 ff.; auswärtige Gewalt **839** 342; beamtenrechtliche Innenhaftung **839** 273, 371; Belehrungspflicht **839** 219; Beliehene **839** 133 f., 275, 366 a; Beratungspflicht **839** 279; Beschleunigungspflicht **839** 217; Drittbezogenheit der Amtspflicht **839** 227 ff.; Eigenverantwortlichkeit des Beamten **839** 1, 123; Eingriffsverwaltung **839** 149; Einhaltung von Form, Zuständigkeit und Verfahren **839** 204 ff.; Erfüllung öffentlich-rechtlicher Ansprüche **839** 231; Ermessensentscheidung **839** 198, 206, 278; EU-Gemeinschaftsrecht **839** 207, 348; Fahrlässigkeit **839** 288; fehlende Verantwortung des Beamten **839** 294; Funktion von Art. 34 S. 1 GG **839** 14 ff.; Funktionstheorie **839** 361; gesetzmäßiges Verhalten **839** 193 ff.; Haftungsausschlüsse **839** 124, 300 ff.; Haftungsausschlüsse, sondergesetzliche **839** 336 ff.; haftungsrechtlicher Beamtenbegriff **839** 17 f., 129 ff.; historische Grundlagen der Beamtenhaftung **839** 5 ff.; Individualisierung des Amtsträgers **839** 127; institutionelle Garantie der Staatshaftung **839** 14; judikatives Unrecht **839** 100; juristische Personen des öffentlichen Rechts als Dritte **839** 272 ff.; Kausalität **839** 276 ff.; kirchliche Amtsträger **839** 142; Kommunalaufsicht **839** 258; Konkurrenten als geschützte Dritte **839** 256; konsequentes Verhalten **839** 220; legislatives Unrecht **839** 100, 260; Leistungsverwaltung **839** 149; NATO-Streitkräfte **839** 368; Naturalrestitution **839** 19 f., 295 ff.; Nichtumsetzung einer EG-Richtlinie **839** 99 ff.; Organe der Mitgliedsstaaten **839** 99 ff.; Organisationsverschulden **839** 293; Plangewährleistung **839** 221; Realakte der öffentlichen Verwaltung **839** 148; Rechtsanwaltskosten **839** 277; Relativität der Drittbezogenheit **839** 235; rücksichtsvolles Verhalten **839** 215; Schutzweck der verletzten Amtspflicht **839** 234 ff.; selbständiger Werk- und Dienstunternehmer **839** 137 f., 366 a; Selbstbindung der Verwaltung **839** 222; sittenwidrige Schädigung **839** 271; Staatshaftung **839** 2 ff.; Straßen und Wasserstraßen **839** 171, 200 ff., 314; Überprüfung der Amtshandlung durch Kollegialgericht **839** 290 f.; unerlaubte Handlung **839** 199, 215, 232; ungeschriebene Amtspflichten **839** 212; unrichtige Rechtsanwendung **839** 289; Unterlassen **839** 278; Verhältnismäßigkeit **839** 213; Verjährung **839** 356 f.; Verkehrsregelung **839** 185 ff., 203; Verkehrssicherungspflicht **839** 177 ff.; Verschuldensprinzip **839** 22 ff., 282 ff.; Verschwiegenheitspflicht **839** 209; Verstoß gegen objektives Recht **839** 11; Vertrag mit Schutzwirkung für Dritte **839** 231; Vertrag zugunsten Dritter **839** 231; Verwaltungshelfer **839** 135 f., 366 a; Verwaltungsprivatrecht **839** 4; Wahrung der gebotenen Sorgfalt **839** 223 ff.; Zurechnungsnorm **839** 119 ff.; Zusage **839** 219; Zuständigkeitsregelungen **839** 237
An- und Abwachsung bei der Gemeinschaft **741** 15, 37; bei der Gesellschaft **718** 5 ff.; **719** 25; **730** 89; **738** 8 f., 12

magere Zahlen = Randnummern

Sachverzeichnis

Änderung des Gesellschaftsvertrags s. Vertragsänderung
Angestellte der Gesellschaft 709 5; Besitzzurechnung **718** 37
Anlagevermittler s. Kapitalanlegertäuschung
Anmeldung (Partnerschaft), anmeldepflichtige Person **P 4/5** 7; bei Errichtung der Partnerschaft **P 4/5** 4; Form der Anmeldung **P 4/5** 8 f.; Gegenstand **P 4/5** 1 ff.; Grundsatz der Amtsermittlung **P 4/5** 11; Inhalt der Eintragung **P 4/5** 17; der Partnerschaft **P 4/5** 1 ff.; Prüfung durch das Registergericht **P 4/5** 10 ff.; Richtigkeitsunterstellung **P 4/5** 14 f.; spätere Änderungen **P 4/5** 5; Vertretungsmacht **P 11** 14; Zeichnung der Unterschrift **P 4/5** 6
Anscheinsvollmacht 714 28
Anteil am Gesellschaftsvermögen s. a. Gesamthandsberechtigung, Gesellschaftsanteil **719** 8; Anteil an einzelnen Vermögensgegenständen **719** 8 ff.; Begriff **719** 4 f.; im Sinne von § 725 **725** 8 ff.; Unterscheidung vom Gesellschaftsanteil **719** 21
Anteilspfändung s. a. Kündigung durch Pfändungspfandgläubiger; Drittschuldner **719** 57; Durchführung **725** 12 f.; Gläubigerrechte **725** 24 f.; Rechtsstellung des Gesellschafter-Schuldners **725** 27 f.; und Verfügung über den Gesellschaftsanteil **725** 27
Anteilsschein 793 10
Anteilsübertragung bei der GbR, Abfindungsanspruch **719** 25; **738** 14; Abwicklungsgesellschaft **730** 25; An- und Abwachsung **719** 25; Ansprüche des Veräußerers **719** 43; Auswechslung sämtlicher Gesellschafter **719** 26; Bilanz **719** 43; fehlerhafte – **719** 39; Form **705** 36; **719** 33 ff.; Geschäftsführungs- und Vertretungsregelungen **719** 41; gesellschaftsrechtliche Schranken **719** 30; GmbH-Anteile als Gesellschaftsvermögen **719** 33 ff.; Grundstück als Gesellschaftsvermögen **719** 33 ff.; Haftung für Gesellschaftsschulden **719** 39, 44; höchstpersönliche Rechte des Veräußerers **719** 41; Innengesellschaft **719** 32; Mehrheitsklausel **719** 28; nicht voll Geschäftsfähige **719** 32; Rechtsfolgen **719** 25, 38 ff.; Rechtsstellung des Erwerbers **719** 40 f.; sämtliche Anteile auf einen Erwerber **719** 26; **730** 89; Schuldbefreiung **738** 10, 80; Schuldübernahme **719** 44 f.; schwebende Geschäfte **738** 79 f.; Sicherungsübertragung **719** 29; stille Gesellschaft **719** 32; Stimmbindung **717** 27; Teilübertragung **719** 48 f.; treupflichtwidrige – **719** 30; Verbindlichkeiten des Veräußerers **719** 44 f.; verheirateter Erwerber/Veräußerer **719** 32; Vollzug **719** 38; Voraussetzungen **719** 27 ff.; vormundschaftsgerichtliche Genehmigung **719** 32; Wesen **719** 25 ff.; Widerruf der Zustimmung **719** 30; Wirkung **719** 38 f.; Zulässigkeit **719** 1 ff.; Zustimmung **719** 27 f.; Zweipersonengesellschaft **719** 26
Anteilsübertragung bei der Partnerschaft P 9 32 f.
Anteilsvereinigung 719 26; **Vor 723** 9, 17; **730** 89
Anteilsverpfändung, Anzeige **719** 52; Gegenstand **719** 51 f.; Gläubigerrechte **719** 53 f.; Kündigungsrecht **719** 52 f.; Verfügungen über Gesamthandsgegenstände **719** 56; Verpfändungsvermerk im Grundbuch **719** 56; Verwertung **719** 51; Voraussetzung **719** 52
Anteilsvererbung s. a. Vererbung der Mitgliedschaft
Anwachsung 738 8 f.
Anwachsungsprinzip, Parteidisposition **738** 13
Anwalts-GmbH s. Freiberufler GmbH
Anwaltsnotarsozietät mit anderen Freiberuflern Vor 705 40; **P 1** 83
Anwaltssozietät Vor 705 36 ff.; **718** 23; **740** 8; Kündigung **738** 52
Anweisung, Abgrenzung **783** 10 f.; Abstraktionswille **783** 17; analoge Anwendbarkeit **783** 3; Annahmeerklärung, Form **784** 4 f.; Annahmeerklärung, Inhalt **784** 3; Annahmeerklärung, Rechtsnatur **784** 2; atypische Anweisung **783** 19 f.; Aushändigung der Urkunde **783** 21; **785** 1 ff.; Ausschluss der Übertragung **792** 4; Befreiungswirkung **787** 3 ff.; Begriff **783** 7 f.; Beweislast **783** 36; bürgerlichen Rechts **780** 35 f.; **783** 1 ff.; Doppelermächtigung **783** 32 ff.; Doppelmandatstheorie **783** 33; Einwendungsausschluss **784** 7 f.; Einziehungsermächtigung **783** 12 ff.; Fallgruppen **783** 24 ff.; Form **783** 16; Gegenstand der – **783** 22 f.; Geschäftsunfähigkeit **791** 1 f.; Insolvenz des Angewiesenen **791** 5; Insolvenz des Anweisenden **790** 10; **791** 4; kaufmännische Anweisung **783** 24; Kausalverhältnis **783** 6; auf Kredit **787** 2; Leistung des Anweisenden **787** 5; Leistungsverweigerung **789** 1 ff.; Normzweck **783** 1 ff.; auf Schuld **787** 1; Simultanerfüllung **787** 6; **788** 5; Sprungregress **792** 7; Tatbestand **783** 13 ff.; Tod **791** 1 ff.; Übernahmeerklärung bei der Schadensregulierung **783** 31; Übertragung der Anweisung **792** 2 ff.; Umdeutung von Wechsel und Scheck **780** 37; unwiderrufliche – **790** 5 ff.; Urkundenprozess **783** 35; Valuta- und Deckungsverhältnis **783** 4 f., 34; Verlust der Anweisungsurkunde **785** 5; **790** 10; Verpflichtungswirkung der Annahme **784** 1, 6; Verweigerung der Annahme **789** 1 ff.; Wertpapiereigenschaft **783** 9; Widerruf gegenüber dem Angewiesenen **790** 1 ff.; Zurückbehaltungsrecht des Angewiesenen **785** 3; zwecks Leistung **788** 2
Anweisungsfälle 812 59 ff.; angenommene Anweisung **812** 78 f.; Doppelmangel **812** 72; fehlende Anweisung **812** 80 ff.; nichtiges De-

2781

Sachverzeichnis

Fette Zahlen = §§

ckungsverhältnis **812** 69 ff.; nichtiges Valutaverhältnis **812** 71; Rückabwicklung fehlerhafter verbundener Geschäfte **812** 134 ff.; Rückabwicklung im Lastschriftverkehr **812** 124 ff.; Widerruf der Anweisung **812** 109 ff.; Zweifel über die Person des Empfängers **812** 143 ff.
Anzeigepflicht des Gesellschafter-Erben 727 15, 18 f., 24 f.
Apotheke, kein Freier Beruf **P 1** 79; stille Beteiligung an – **705** 334
Arbeitgeberzeugnis, Schädigung durch unrichtiges – **826** 145
Arbeitnehmerbürgschaft 765 29
Arbeitsgemeinschaft (ARGE) Vor 705 43 ff., 87; **705** 283
Arbeitsleistungen, bereicherungsrechtliche Rückabwicklung **818** 82 ff.
Arbeitsplatz als „sonstiges Recht" **823** 176
Arbeitsteilung 709 42 f.
Architektengemeinschaft Vor 705 40
ARGE s. Arbeitsgemeinschaft
Arzneimittelhaftung, Haftung nach dem Produkthaftungsgesetz **PH 15** 1 ff.; Verhältnis Arzneimittelgesetz zu Produkthaftungsgesetz **PH 15** 5 f.
Arzt, Abgrenzung öffentliches Recht und Privatrecht bei beamtetem Krankenhausarzt **839** 166 f.; arbeitsteiliges Zusammenwirken **823** 720 ff.; Belegärzte **823** 712; Chefarzt als Organ **823** 494, 709; Konsiliararzt **823** 721; Operateur **823** 722; und Pflegepersonal **823** 719; Sorgfaltspflichten **823** 742 ff.; Verrichtungsgehilfe **823** 494
Arzthaftung, ambulante Praxis **823** 710; Amtshaftung **823** 701; Anfängeroperation **823** 743; Anscheinsbeweis **823** 804; ärztliche Sorgfaltspflichten **823** 742 ff.; Arztvertrag **823** 699; Aufklärungsfehler **823** 770 ff.; Behandlungsfehler **823** 754 ff.; Beweisgrundsätze **823** 800 ff.; Durchführung einer Injektion **823** 719; Einwilligung des Patienten **823** 729 ff.; Einwilligungsfähigkeit **823** 731 ff.; Form der Aufklärung **823** 797; Heileingriff als Körperverletzung **823** 725 ff.; Heilpraktiker **823** 724; kosmetische Operation **823** 778; und Krankenhaushaftung **823** 707; Kunstfehler **823** 784; Mitverschulden **823** 832; mutmaßliche Einwilligung **823** 739 ff.; Nachsorge **823** 762; Patienten **823** 725 ff.; Patientenverfügung **823** 733; Reformüberlegung **823** 703; Risikoaufklärung **823** 775 ff.; Sachleistungsprinzip **823** 702; Schmerzensgeld **823** 830; Schwangerschaftsabbruch **823** 738; Selbstbestimmungsrecht **823** 729; Sicherheitsaufklärung **823** 764 ff.; Verhältnis zu vertraglichen Anspruchsgrundlagen **823** 699 ff., 712; Verjährung **823** 699; Vertrauensgrundsatz **823** 721; Verzicht auf Aufklärung **823** 789; Widerruf der Einwilligung **823** 730; Zeitpunkt der Aufklärung

823 793 f.; Zustimmung des Betreuers **823** 735
Ärztliche Gemeinschaft Vor 705 40
Atypische Gestaltungen bei der Gesellschaft **Vor 705** 2 ff., 106
Aufgedrängte Bereicherung 818 194 ff.
Aufhebungsanspruch der Bruchteilsgemeinschaft s. a. Abgrenzung zu anderen Beendigungsgründen; Aufhebungsprozess; Abtretbarkeit **749** 22 f.; Anspruchsgegenstand **749** 20; Aufhebung aus wichtigem Grund **749** 10 ff.; Aufhebungsprozess **749** 40 ff.; Aufhebungsvereinbarung **749** 30; dingliche Surrogation **749** 38; dogmatische Struktur **749** 19 f.; Fälligkeit **749** 21; fehlerhafte Aufhebung **749** 39; Gesetzessystematik **749** 2; gesetzliche Aufhebungshindernisse **749** 7; Kündigung zur Unzeit **749** 13; Pfändung **749** 22 ff.; Prinzip jederzeitiger Aufhebung **749** 4; Quote **749** 35; Rechtszuständigkeit **749** 17; Sonderrechtsnachfolger **749** 34; **751** 1; Teilaufhebung **749** 27 f.; Teilungsverbote **749** 8 ff.; Teilungsvereinbarung **749** 31 f.; Tod eines Teilhabers, Auslegung des Aufhebungsverbots **749** 1 ff.; **751** 1 ff.; Überwindung des Aufhebungsverbots **751** 1 ff.; Uneinigkeit bei Verwaltungsregelungen **749** 12; Verfeindung der Teilhaber **749** 11; Verjährung **758** 1 ff.; Verstoß gegen Treu und Glauben **749** 14, 28; Verwertungsgelegenheit **749** 12; Vollzug der Aufhebung **749** 29 ff.; Zurückbehaltungsrecht **749** 16
Aufhebungsprozess, Beweislast **749** 43; Feststellungsantrag **749** 42; Klagantrag **749** 41 f.; Klageart **749** 40; Klagehäufung **749** 42; Streitgegenstand **749** 41
Auflösende Bedingung Vor 723 7; des Gesellschaftsvertrages **Vor 723** 21
Auflösung der GbR s. a. Abwicklungsgesellschaft, Auflösungsbeschluss, Auseinandersetzung; Ausscheiden statt Auflösung **723** 19; fehlerhafte – **705** 364; **Vor 723** 20; Gründe **Vor 723** 2, 12 ff.; Identität der Gesellschaft **Vor 723** 23; Innengesellschaft **Vor 723** 10, 12 ff.; Liquidationsgeschäftsführung **Vor 723** 22; Nachhaftungsbegrenzung **736** 7, 28; Rechtsfolgen **Vor 723** 2 f.; Rückumwandlung in werbende Gesellschaft **Vor 723** 11; **736** 17; Streitigkeiten **Vor 723** 25; Vertragsbeziehungen der Gesellschaft **730** 36; vorzeitige – **Vor 723** 18; Wesen **Vor 723** 6; Widerspruch **705** 230, 232; Zustimmung des Ehegatten **Vor 723** 19; Zweckänderung **Vor 723** 22; Zweipersonengesellschaft **Vor 723** 9
Auflösung der Partnerschaft, Fortsetzung der aufgelösten Partnerschaft **P 9** 15; Rechtsfolge s. Liquidation der Partnerschaft; Verjährung der Gesellschaftsverbindlichkeit **P 10** 2, 17
Auflösungsbeschluss, fehlerhafter – **705** 364; **Vor 723** 20; konkludenter – **Vor 723** 19;

magere Zahlen = Randnummern

Sachverzeichnis

Mehrheitsklauseln **709** 93; **Vor 723** 18; Rücktrittsrecht **Vor 723** 20; verheirateter Gesellschafter **Vor 723** 19; vormundschaftliche Genehmigung **Vor 723** 19
Auflösungsgründe, stille Gesellschaft **705** 288
Aufopferungsgleicher Eingriff, Grenzen **839** 58 ff.; Sozialversicherung **839** 60; Subsidiarität **839** 59 f.; Voraussetzungen **839** 57
Aufopferungshaftung Vor 823 27
Aufrechenbarkeitseinrede des Bürgen s. Bürgschaft; des Gesellschafters **719** 14
Aufrechnung gegen Gesellschaftsforderung **719** 13 f.; **720** 1 ff.
Aufsichtspflichtiger, Haftung, Anwendungsbereich **832** 6 ff.; Aufsichtspflicht, Inhalt und Umfang **832** 23 ff.; Aufsichtspflicht über Minderjährige **832** 24 ff.; Autonomieprinzip **832** 14; Beweisfragen **832** 40 ff.; Eltern **832** 10 f., 21; Haftung des Aufsichtsbefohlenen **832** 1 ff.; Heim **832** 12; Mehrheit von Aufsichtspflichtigen **832** 39; Minderjährige **832** 10; Mitverschulden **832** 38 f.; Pflegefamilie **832** 12; Pflichtendelegation **832** 19 f.; Schädigung des Aufsichtsbedürftigen **832** 8; Spielzeug **832** 33; Straßenverkehr **832** 29 f.; vertragliche Aufsichtspflicht **832** 16; Volljährige **832** 14, 36; Vormund **832** 12; Waffen **832** 33; widerrechtliche Schädigung **832** 22
Auftragstätigkeit von Gesellschaftern **709** 37; **713** 5
Aufwendungsersatzanspruch des Geschäftsführers der GbR, Abtretung **717** 34; Anspruchsgegner **705** 191, 197; aufgelöste Gesellschaft **730** 52; fortbestehende Gesellschaftsführungsbefugnis nach § 729 **729** 11; Inhalt **705** 191; **713** 16 f.; Treupflicht **705** 227; Verluste des Geschäftsführers **713** 16; Zwangsvollstreckung **705** 197
Aufwendungsersatzansprüche der Partner P 6 25
Aufwendungskondiktion, Begriff **812** 296; Merkmal „auf Kosten" **812** 297 ff.; Selbstvornahme **812** 311 ff.; Verhältnis zur Leistungskondiktion **812** 315 f.; Vermögensopfer **812** 297 ff.
Auseinandersetzung der GbR s.a. Abwicklungsgesellschaft, Auseinandersetzungsguthaben, Schlussabrechnung; Abwicklung **730** 1 ff.; Abwicklungsgewinn **734** 2; Anspruch auf − **730** 59 f.; Anwendung von Gemeinschaftsrecht **731** 4 f.; Arten **730** 63; Aufgaben der Abwickler **730** 3 f., 8 f., 44 ff.; Auflösung stiller Reserven **734** 5; Beendigung schwebender Geschäfte **730** 44; dispositives Recht **730** 63 ff.; **731** 3; **733** 10 f., 20 f.; Drittgläubigeransprüche **730** 53; Drittgläubigerforderungen **733** 7; Durchsetzungssperre **730** 49 ff.; Einlagenrückerstattung **706** 11 ff.; **732** 1 ff.; **733** 7, 13 ff.; fehlerhafte Gesellschaft **705** 346; Gesellschaf-

teransprüche **730** 49 ff.; **733** 2, 7 f.; Innengesellschaft **730** 6, 12 ff.; **733** 3 f.; Insolvenz des Gesellschafters **728** 38; interner Ausgleich zwischen den Gesellschaftern **730** 3 ff.; **734** 9; Kontenausgleich zwischen den Gesellschaftern **730** 3 f.; Leistungsklage **730** 49; Personenhandelsgesellschaften **705** 12; Realteilung **730** 92; Rückzahlung von Einlagen **730** 54; Schadensersatzansprüche gegenüber Mitgesellschaftern **730** 52, 56; Schlussabrechnung **733** 6 ff.; Schuldentilgung **733** 6 ff.; Spaltung der GbR **730** 92; stille Gesellschaft **730** 6 f.; subsidiäre Anwendung des Gemeinschaftsrechts **731** 4; Teilung in Natur **730** 9; **731** 5; Überschussverteilung **730** 9; Verfahren **730** 1; Verlustverteilung **735** 1 ff.; vertragliche Regelungen **730** 10, 65 ff.; **733** 5
Auseinandersetzung der Partnerschaft s. a. Liquidation
Auseinandersetzung unter Miterben 727 45
Auseinandersetzungsbilanz der GbR s. a. Schlussabrechnung
Auseinandersetzungsguthaben, Anspruch auf das −, Abtretung **717** 32, 37 ff.; Anspruchsgegner **705** 190; **730** 61 f.; Ausgleichsanspruch **734** 9; Auszahlung **730** 54 f.; **734** 9; Berechnung **730** 6; Beschränkung **725** 7; Durchsetzbarkeit **734** 10; Eintrittsklausel **727** 55 f., Auslegung **727** 60; Entstehung **705** 190; **717** 32; Fälligkeit **705** 190; **730** 61 f.; **734** 10; feststehende Mindesthöhe **730** 54 f., 61 f.; Inhalt **705** 190; **734** 8; Innengesellschaft **730** 13; Nießbrauch **705** 107; Pfändung **717** 43; Treupflicht **705** 227; Vorausabtretung **717** 32, 38, 40; Wesen **705** 190; Zusammensetzung **717** 37; **734** 8
Ausfallbürgschaft 769 3; Ausfall als anspruchsbegründender Tatbestand **765** 107; Begriff **765** 106; besondere Sorgfalt des Gläubigers **765** 86 ff.; Haftungsumfang **765** 107
Ausfallhaftung 735 7
Ausgleichsanspruch gesamtschuldnerischer, Abtretung **717** 34; Anteilsübertragung **719** 46; gegen den Ausgeschiedenen **714** 56; ausgeschiedener Gesellschafter **714** 71; gegen die Gesellschaft **714** 54 f.; gegen Mitgesellschafter **714** 56
Auskunftsanspruch, actio pro socio **713** 8; der Gesellschaft **713** 8 f.; des Gesellschafters **716** 12; schwebende Geschäfte **740** 7; des Verbrauchers gegenüber dem Lieferanten **PH 4** 39 f.; Vertragsvereinbarungen **716** 17
Auskunftspflicht des Geschäftsführers 713 8 ff.
Auskunftsrecht 709 59
Auslegung des Gesellschaftsvertrages, Auslegungsmaßstäbe **705** 171 ff., 248; Besonderheiten **705** 172 f.; Bestimmtheitsgrundsatz **709** 84 ff.; ergänzende Vertragsauslegung **705** 174;

Sachverzeichnis
Fette Zahlen = §§

Familiengesellschaft **705** 173; geltungserhaltende Reduktion **705** 174 f.; mehrdeutiger Vertragsinhalt **705** 173; objektive – **705** 171; Publikumsgesellschaft **705** 175; Revisibilität **705** 176
Ausscheiden eines Gesellschafters der GbR, Abfindungsanspruch **738** 2, 14 ff.; Anteilsübertragung **719** 25, 39; **738** 14; Anwachsung **738** 8 f.; Auseinandersetzung **738** 1; Fortsetzung der Gesellschaft **738** 5 ff.; Gesamthandsberechtigung **736** 1; **738** 8; und Gesamthandsprozess **718** 60, 63; Gesellschafterrechte und -pflichten **738** 6; Grundbuchberichtigung **738** 9; Haftung des Ausgeschiedenen gegenüber Gesellschaftsgläubigern **736** 7; **738** 4, 70 f.; Kündigung **738** 11 ff.; Nachhaftungsbegrenzung **736** 21 ff.; notarielle Form **705** 36; Prozessrechtsfolgen **738** 5; Schuldbefreiung **738** 2 f., 77 ff.; schwebende Geschäfte **740** 1 ff.; Sicherheitsleistung **738** 80; Sozialansprüche **739** 1; aufgrund Todes **736** 13; Treupflichten des Ausgeschiedenen **738** 7; Verlustausgleich **739** 1 ff.; vertragliche Gründe **736** 1; Wettbewerbsverbot **738** 7; Zweimanngesellschaft **Vor 723** 9; **738** 14
Ausscheiden eines Partners, Abfindungsanspruch **P 9** 17; Austrittserklärung des Partner-Erben **P 9** 31; begrenzte Nachhaftung **P 10** 18 f.; Namensfortführung **P 9** 11; Verlust der Zulassung **P 9** 18, 21 f.; vorletzter Partner **P 10** 4
Ausschlagung der Erbschaft, Abwicklungsgesellschaft **727** 17
Ausschließung von Gesellschaftern, Abfindungsanspruch **737** 9; im Abwicklungsstadium **737** 10 f.; Anhörung des Betroffenen **737** 15; Anteilsschenkung unter Widerrufsvorbehalt **737** 21 f.; Beschluss **737** 13; durch Beschluss **737** 1; dispositives Recht **737** 16; ehemalige KG/OHG **737** 4; Erklärung **737** 14; fehlerhaft Beteiligter **705** 345, 368; Feststellungsklage **737** 12; Fortsetzungsklausel **737** 2 ff., 7; gerichtliche Nachprüfung **737** 12; Innengesellschaft **737** 5; mildere Mittel **737** 9; Mitteilung des Ausschließungsgrundes **737** 14; ohne sachlichen Grund **737** 17 f.; sämtlicher Gesellschafter **737** 5; des Treuhänders **705** 93; Übernahmerecht **730** 75; **737** 6; Verfahren **737** 14 f.; Vertragsvereinbarung **736** 15; Vorrang milderer Mittel **737** 9; wichtiger Grund **737** 8 ff.; Zustimmungspflicht **705** 232, 239; **737** 3, 13; Zweimanngesellschaft **737** 6
Ausschlussklage 705 232; Zustimmungspflicht **705** 239
Außengesellschaft (GbR) s. a. Gesellschaft bürgerlichen Rechts; Abgrenzung zur Innen-GbR **Vor 705** 91; **705** 305; Abgrenzung zur juristischen Person **705** 307 ff.; Gesamthandsvermögen **705** 254; Gesellschaftsorgane **705** 255; Gesellschaftsvermögen **705** 265; Grundbuchfähigkeit **705** 312 ff.; Grundlagen **705** 253 ff.; Haftung **705** 260; Insolvenzfähigkeit **705** 322; Kommanditisten-Fähigkeit **705** 317; als Mitglied in Kapitalgesellschaften/Personengesellschaften **705** 316 f.; Organisation **705** 254; Parteifähigkeit im Zivilprozess **705** 318 ff.; Rechtsfähigkeit **705** 289 ff., 303 ff.; Vermögensfähigkeit **705** 310
Außensozietät 705 377
Außenverhältnis der Partnerschaft, konstitutive Wirkung der Registereintragung **P 7** 3 ff.; Rechtsnatur der Partnerschaft **P 7** 10 ff.; Vertretung der Partnerschaft **P 7** 13 ff.
Ausstattung 705 42 f.
Austrittsrecht 723 70; des Gesellschafter-Erben **727** 46 ff.
Ausübungsschranken 705 136, 140
Automatenaufstellvertrag Vor 705 119

Bank s. Lastschriftverfahren, Wechsel, Scheck; Treuhandbindung **826** 109; Widerruf von Lastschrift **826** 106; Widerspruch von Kontobelastung **826** 105
Bankenaufsicht, Amtspflichten **839** 252 ff.; Drittbezogenheit **839** 252 ff.
Bankenkonsortium Vor 705 51, 54
Baufälle, Wertersatz **818** 105 ff.
Baugenehmigungsverfahren, Amtspflichten **839** 244; Einvernehmen der Gemeinde **839** 248, 280; erweiterter Kreis der geschützten Personen **839** 247; Nachbarn **839** 246
Bauherrengemeinschaft Vor 705 47 ff.; **726** 3
Bauleitplanung, Abwägungsverbot **839** 265; Altlasten **839** 266 ff.; Bauträger **839** 267; Bekanntmachungspflicht **839** 263, 269; Entwicklungsgebot **839** 269; fehlgeschlagene Aufwendungen **839** 268; Gebot der Rücksichtnahme **839** 265; personeller Schutzbereich **839** 267; Rechtsanspruch **839** 262; Rechtsnatur des Bebauungsplans **839** 264; sachlicher Schutzbereich **839** 266
Beamte, Begriff **839** 129 ff.; mit Doppelstellung **839** 367
Beamtenbestechung, bereicherungsrechtliche Rückabwicklung **817** 4, 6
Bedingter Gesellschaftsvertrag Vor 723 7, 21
Beendigung der Gesellschaft Vor 723 5 ff.
Befristung der Gesellschaft s. a. Dauer
Begebungskonsortium Vor 705 52
Begebungsvertrag 794 5
Beirat 705 259; **709** 59
Beitrag s. a. Einlagenrückerstattung; Abwicklungsgesellschaft **730** 30 ff.; actio pro socio **705** 212; Änderung **706** 7 f.; **714** 25; Arten **706** 10; Aufwendungen im Gesellschaftsinteresse **706** 6; Auslegungsregel **706** 12; Begriff **706** 2 ff.; beitragsfreie Beteiligung **706** 17; Bewertung

magere Zahlen = Randnummern

Sachverzeichnis

706 8; bilanzielle Behandlung **706** 12; Dienstleistung **706** 14, 29; Drittgeschäfte **706** 5; Einbringung zu Eigentum (quoad dominium) **705** 37; **706** 9, 11, 18, zum Gebrauch (quoad usum) **705** 37; **706** 13, 18, dem Werte nach (quoad sortem) **705** 37; **706** 12, 18; Erfüllung der Beitragspflicht **705** 156; **706** 18; Fälligkeit **705** 156; **706** 7, 19; fehlerhafte Beitragsverpflichtung **705** 344, 362; Festsetzung im Gesellschaftsvertrag **706** 7 f.; Form der Beitragsvereinbarung **705** 33 ff., 156; **706** 8; Gefahrtragung **706** 11 ff.; **732** 5; gerichtliche Durchsetzung **705** 201, 204; Geschäftsführung als Beitrag **706** 14; als Gesellschaftsvermögen **705** 201, 268 f.; **718** 16 f.; Gleichbehandlungsgrundsatz **706** 15 f.; Leistung durch Dritte **706** 15 f.; Leistungsbestimmungsrecht **705** 156; Leistungsstörungen **705** 163; **706** 21 ff.; Leistungsverweigerungsrecht **705** 163, 166, 369; Mängel der Beitragsleistung **706** 21, 27 f.; Nachschüsse **706** 6; Pfändung der Beitragsforderung **718** 16; Schuldrechtsreform **706** 23; Selbstkontrahierungsverbot **706** 18; Synallagma **706** 20; Unmöglichkeit **706** 25; Unwirksamkeit der Einlageverpflichtung **705** 341; Vertragsänderung **707** 1; Verzug **706** 25; Wertberechnung **706** 12

Beiträge der Partner P 6 41 ff.

Beitragserhöhung, Geltungsbereich **707** 3 ff.; Gleichbehandlungsgrundsatz **705** 249, 251; **707** 9; Individualschutz **707** 1; Mehrheitsbeschluss **707** 7 ff.; Nachschusspflicht **707** 3; sanierungsbedürftige Gesellschaft **707** 1; Schranken **707** 9; Treupflicht **707** 10; Zustimmungspflicht **705** 233; **707** 10; Zustimmungsrecht **707** 1

Beitragsforderung, Gesellschaftsvermögen **705** 269; Pfändung **718** 16

Beitragshöhe 706 15 f.

Beitragsleistung 706 18 ff.; Gleichbehandlungsgrundsatz **705** 249

Beitragspflicht 705 192; Geltendmachung **707** 4; Höchstpersönlichkeit **705** 195; Inhalt **706** 10

Beitragsverpflichtung 706 2 ff.

Beitritt, fehlerhafter – **705** 335 ff., 366

Belegarztvertrag Vor 705 123

Benutzung der Bruchteilseigentums s. Verwaltung des Bruchteilseigentums

Berechtigtes Interesse bei Behauptungen im gerichtlichen und behördlichen Verfahren **824** 49 ff.; Irrtum über – **824** 57; als Rechtfertigungsgrund bei unwahrer Tatsachenbehauptung **824** 41 ff.

Bereicherungsgegenstand, Anwartschaftsrechte **812** 6; Besitz **812** 6; Blockadepositionen **812** 11 ff.; Buchpositionen **812** 10 ff.; dingliche Rechte **812** 6; Einheitslehre **812** 9; ersparte Aufwendungen **812** 16; Erwerbsaussichten **812** 15; Forderungen **812** 7 ff.; gegenständliche Betrachtungsweise **812** 1; als Gesamtschuld **812** 33 ff.; Nutzungen **812** 20; Sachgesamtheiten **812** 21; Schuldanerkenntnis **812** 23 ff.; Schuldbefreiung **812** 14; als Teilschuld **812** 32; unkörperliche Vorteile **812** 17; vermögensorientierte Betrachtungsweise **812** 1

Bergsportgemeinschaft Vor 705 34

Berichtigung von Verbindlichkeiten der Gemeinschaft, betagte und streitige Forderung **756** 17; Durchführung der Forderungsberichtigung **756** 9; Einbeziehung in die Teilung **756** 19; Einheitsregelung **756** 3; Entstehung des Berichtigungsanspruchs, Zeitpunkt **756** 8; Forderung auf Grund Gemeinschaftszugehörigkeit **756** 13; Forderungen der Teilhaber gegeneinander **756** 12 ff.; gesamtschuldnerische Haftung **756** 6; Regressanspruch gegen Sondernachfolger **756** 10, 18; Verbindlichkeiten gegenüber Dritten **756** 4 ff.; Verdinglichung von Ansprüchen **756** 1, 4; Verteilungsschlüssel **756** 7; Zurückbehaltungsrecht **756** 21

Berufsausübungsgemeinschaft P 1 10

Berufsrecht durch Berufsrecht geregelte Freie Berufe **P 1** 41 f.; berufsrechtliche Anforderungen an die Liquidatoren **P 10** 15, an die Partner **P 6** 6; Haftungsbeschränkung **P 8** 2; Höchstbetragshaftung **P 8** 35; Prinzip des kleinsten gemeinsamen Nenners **P 1** 78; Verschwiegenheitspflicht **P 6** 7 f.; Vorrang des Berufsrechts **P 1** 3, 77 ff.; **P 6** 17

Beschluss, Gegenstände **709** 53 ff.; Rechtsnatur **709** 51 f.; Sozialakt **709** 51; Wirkungen **709** 102 f.; Zustandekommen **709** 71 f.

Beschlussfassung, Förmlichkeiten **709** 71 f.; Geschäftsführungsangelegenheiten **709** 54, 57; Gesellschaftsangelegenheiten **709** 55; Hinzuziehung eines Gesellschafterbeistands **709** 61; konkludente – **709** 72; Ladungsfrist **709** 73; Mängel **709** 104 ff.; Mehrheitserfordernisse **709** 81 ff.; Selbstkontrahierungsverbot **709** 57 ff., 68 f.; Stimmpflicht **709** 57 f.; Tagesordnung **709** 73; Zustimmungspflicht kraft Treupflicht zu Geschäftsführungsmaßnahmen **709** 42 ff., zu Vertragsänderungen **705** 231 f.

Beschlussmängel, Anfechtungsfristen **709** 114; Arten **709** 105; gerichtliche Geltendmachung **709** 113; Gründe **709** 112; Heilung **709** 110; mangelhafte Stimmabgabe **709** 104, 111; Rechtsfolgen **709** 104 ff.; Verfahrensfehler **709** 106 f.; Verstoß gegen Ordnungsvorschriften **709** 107; Vertragsänderungen **709** 109

Beschlussrecht, Grundlage **709** 50

Beschränkt Geschäftsfähige s. nicht voll Geschäftsfähige

Besitz, Besitzansprüche der GbR **718** 38; Gesamthand als Besitzer **718** 35 ff.; Schadensersatz

2785

Sachverzeichnis

Fette Zahlen = §§

nach dem Produkthaftungsgesetz **PH 1** 5; als sonstiges Recht **823** 157 ff.
Besitzgesellschaft Vor 705 18
Besitz-Personengesellschaft 705 12
Bestandsschutzgedanke 705 173; **730** 74
Bestimmtheitsgrundsatz 705 137; **709** 84 ff.; Kernbereichslehre **709** 90 ff.; Kritik **709** 87 ff.; Publikumsgesellschaft **709** 94
Beteiligungskonsortium Vor 705 68 f., 88
Betriebsbezogenes Geschäft 718 25
Beurkundungswesen, Amtspflichten **839** 239
Bewegliche Ausübungsschranken 705 136 f.
Beweisfunktion des Schriftformerfordernisses 705 50; **P 3** 1
Beweislast, Fehlen des Rechtsgrundes **812** 363 ff.
BGB-Außengesellschaft, Gesellschafterstellung einer GbR **705** 79
BGB-Dauergesellschaft 727 26
BGB-Innengesellschaft, Gesellschafterstellung einer GbR **705** 79
Bilanz s. a. Schlussabrechnung; Abfindungsbilanz **738** 26 ff.; Aufstellung **721** 6 f.; Auseinandersetzungsbilanz **730** 9, 49 ff.; Feststellung **709** 55; **721** 8 f.; **738** 28 f.; Gewinnverteilung **721** 6 f.
Bilanzfeststellung, Mehrheitsklausel **721** 9; Mitwirkungspflicht **721** 11
Bilanzfeststellung- und -mitteilung als abstraktes Schuldanerkenntnis **781** 16, 22; Verhältnis der Gesellschaft zu Dritten **781** 25; Verhältnis zwischen Gesellschaft und Gesellschaftern **781** 23
Billigkeitshaftung, alte Menschen **829** 8; alterstypische Steuerungsunfähigkeit **829** 10 f.; Beweislast **829** 25 f.; Erfordernis der Billigkeit **829** 13 ff.; Gebäudehaftung **829** 4; Geschäftsherrenhaftung **829** 4; Haftpflichtversicherung **829** 18 ff.; Kinder **829** 8, 17, 19 f.; Kontrollverlust bei Eingriffsdelikten **829** 10 f.; Mitverschulden **829** 5, 17; Schadloshaltung **829** 13; Schmerzensgeld **829** 24; Subsidiarität gegenüber Aufsichtshaftung **829** 12; Umfang **829** 24; Unterhaltspflicht des Schädigers **829** 23; Voraussetzung **829** 7 ff.; zukünftige Entwicklung der wirtschaftlichen Verhältnisse **829** 26
Blankettmissbrauch 766 23
Börsentermingeschäft s. Differenzgeschäft
Boykottaufforderung als Eingriff in den Gewerbebetrieb **823** 187, 213 ff.
Bremer Vulkan 826 117 f.
Bruchteilseigentum s. Verfügung über –
Bruchteilsgemeinschaft s. a. Gemeinschaft; Beteiligung an einer GbR **705** 83; und GbR **Vor 705** 15, 124 ff.; GbR als Gemeinschafter **719** 9; Gesellschaftsvermögen als Bruchteilsvermögen **705** 266 ff.; **718** 11
Buchführung 713 11; **716** 9; **721** 6 f.
Buchwertklausel 738 41 ff., 63 f.; **740** 8

Bühnenaufführungsvertrag Vor 705 122
Bundesanstalt für Arbeit, Rechtsnatur der Bestätigung **839** 158
Bundesbahn, Rechtsnatur der Rechtsbeziehungen **839** 159
Bundesjagdgesetz, Jagdschadenshaftung **835** 11 f.; maßgebliche Vorschriften für Wild- und Jagdschäden **835** 1 ff.; Verhältnis zur Deliktshaftung **835** 15; Zurechnungsprinzip **835** 10
Bundespost s. Post
Bundesschatzbriefe als Bucheffekten **Vor 793** 32
Bürgschaft, Abtretung **765** 52 f.; Akzessorietät **765** 61 ff.; **767** 1; allgemeine Geschäftsbedingungen **Vor 765** 6 f.; **765** 33 ff., 72 f.; Änderung der Tilgungsvereinbarung **767** 14; Anerkenntnis des Schuldners **767** 12 f.; Anfechtung **765** 36 ff.; arglistige Täuschung **765** 40; Aufklärungspflichten des Gläubigers **765** 87 ff.; Ausnahmen vom Akzessorietätsgrundsatz **767** 6; Avalkreditvertrag **765** 7; Bedingungen **765** 46; Befristung **765** 46 f.; Begriff **765** 1; Beitreibung **767** 3; bereicherungsrechtliche Rückabwicklung **812** 163 ff.; Bestimmbarkeit der Hauptforderung **765** 68 f.; Beweislast für die Hauptforderung **765** 64; **767** 5; Blanketterklärung **765** 12; cessio legis **774** 4; Drohung **765** 39; Ehegattenbürgschaft **765** 23, 45; Einreden des Bürgen **765** 82 f.; Erlöschensgründe **765** 59; Erstreckung auf Bereicherungs- oder Schadensersatzansprüche **765** 62, 78; **767** 7; Fehlen des Anlasskredits **765** 74; Forderungsauswechslung **767** 11, 17; Funktion **Vor 765** 1 f.; Geltendmachung der Forderung **765** 80 f.; Geschäfte im Rahmen des Bürgschaftsrisikos **765** 14; für Gesellschaftsschulden **738** 78; **766** 30; Gläubigeridentität **765** 52; Globalbürgschaft **765** 72; haftungserweiternde Vereinbarungen **767** 10; Haftungsumfang **765** 77 f.; Haustürgeschäfte **Vor 765** 9; **765** 14; Inhalt der Leistungspflicht des Bürgen **765** 79 ff.; Inhaltskontrolle **765** 73; Interzession **Vor 765** 1; Irrtum **765** 36 f.; Konditionsanspruch **765** 3; Kontokorrent **767** 15; Kosten der Rechtsverfolgung **765** 77; **767** 8; Kündigung **765** 55 f.; **767** 9; künftige Verbindlichkeit **765** 53, 66 f., 73 f.; Nebenpflichten **765** 83; Nebenpflichten des Gläubigers **765** 92 f.; nichtakzessorische Nebenrechte **774** 10; Novation **767** 11; Pflichten des Gläubigers **765** 84 ff.; Prozessfragen **765** 60; Rechtsnatur **765** 2 f.; Rechtsverhältnisse zwischen den Beteiligten **765** 3 ff.; Saldoanerkenntnis **767** 5; Sittenwidrigkeit der Hauptschuld **765** 32; Stellvertretung **765** 10; Stundung **767** 13; Tilgung **765** 48; Tod des Gläubigers **765** 54; Transparenzgebot **765** 52; Überschaubarkeit der Hauptforderung **765** 72 ff.; unbekannter Gläubiger **765** 12; Unwirksamkeitsgründe **765**

2786

magere Zahlen = Randnummern

Sachverzeichnis

13 ff.; Verbot der Fremddisposition **765** 73; **767** 1, 10; Verbraucherdarlehen **Vor 765** 8; **766** 8; Vermögenslosigkeit des Hauptschuldners **767** 6; Vertrag zugunsten Dritter **765** 11; vorvertragliche Pflichten des Gläubigers **765** 86 f.; Wechsel des Gläubigers **765** 52 ff.; Wegfall der Geschäftsgrundlage **765** 42 ff.; Wegfall des Hauptschuldners **765** 50 f.; Zinsen **765** 77; Zurückbehaltungsrecht **765** 82; **768** 6; Zustandekommen **765** 9 ff.

–, **Einrede der Anfechtbarkeit und der Aufrechenbarkeit,** Abdingbarkeit **770** 3; analoge Anwendung auf sonstige Gestaltungsrechte **770** 6; Anfechtung wegen Täuschung und Drohung **770** 5; Aufrechnungsbefugnis des Gläubigers **770** 7; Aufrechnungsbefugnis des Schuldners **770** 10; Aufrechnungsverbot **770** 8; Irrtumsanfechtung **770** 4; Rechtsfolge **770** 11; Subsidiarität **770** 10

–, **Einrede der Vorausklage,** Beweislast **772** 7; **773** 11; Erschwerung der Rechtsverfolgung gegen Schuldner **773** 6 f.; Insolvenzeröffnung **773** 8; Kaufmann **771** 5; mangelnde Vollstreckungsaussicht **773** 9; Mehrheit von Forderungen **772** 6; Pfandrecht des Gläubigers **772** 5; Rechtsfolgen **771** 6 ff.; Sicherungs- und Vorbehaltseigentum des Gläubigers **772** 5; Subsidiarität **771** 1; **773** 5; Verwertungsobliegenheit bei beweglichen Sachen **772** 4; Verzicht **773** 3 ff.; Vorausvollstreckung **771** 3 ff.; Vorausvollstreckung bei beweglichen Sachen **772** 2 ff.; Vorrang der Sachhaftung **772** 4

–, **Einreden aus dem Hauptschuldverhältnis,** Abdingbarkeit **768** 3; Ausnahmen **768** 7; Einwand der unzulässigen Rechtsausübung **768** 6; Einwendungsdurchgriff **768** 6; exceptio ex iure tertii **768** 1; Mängeleinrede **768** 6; rechtsvernichtende Einreden **767** 3 ff.; Streitgenossenschaft von Hauptschuldner und Bürger **768** 12; **773** 2; Streitverkündung **768** 12; Stundung der Hauptschuld **768** 6; Urteilswirkungen **768** 11; Verjährung der Hauptschuld **768** 5; Verlust der Einrede **768** 4; Verteidigungsmöglichkeit des Bürgen im Überblick **768** 2; Verzicht auf Einreden **768** 8 ff.; Verzicht auf Gestaltungsrechte **768** 9; Zurückbehaltungsrecht **768** 6

–, **Forderungsübergang,** Abdingbarkeit **774** 14; akzessorische Nebenrechte **774** 9; allgemeine Geschäftsbedingungen **774** 5; **776** 3; Anwendbarkeit von § 776 **776** 6 ff.; Anwendungsbereich **774** 2; Aufgabe von Vorzugsrechten durch den Gläubiger **776** 1 ff.; Aufwendungsersatzanspruch des Bürgen **774** 19; Ausgleich bei gleichzeitiger dinglicher Sicherung **774** 29 ff.; Ausgleichspflicht **774** 22 f.; Beweislast **774** 27; Bürgschaftsauftrag **774** 15 f.; Einwendungen des Schuldners **774** 21; Erfüllung der Bürgschaftsschuld **774** 4 ff.; Erlassvertrag **774** 4; Geltendmachung des Rückgriffsanspruchs **774** 17; Insolvenz des Gläubigers **774** 8; Insolvenz des Schuldners **774** 13; Insolvenzverfahren **774** 5; nachrangig haftendes Recht **776** 5; Nebenrechte **774** 8 ff.; Quote **774** 23; Sicherungsrechte **774** 9; Unwirksamkeit der Bürgschaft **774** 6; Vereitelung des Bürgenregresses **776** 11; Vorrang des Gläubigers **774** 11; Vorzugsrechte **774** 8; Wechselforderung **774** 7; Zessionsverbot **774** 5; Zinsen **774** 18

–, **selbstschuldnerische – 765** 118

–, **Sittenwidrigkeit der – 765** 15 ff.; Angehörige **765** 23 ff.; auffälliges Missverhältnis zwischen Verpflichtung und Leistungsfähigkeit **765** 18 f.; Beweislast **765** 25; Bürgschaft vermögender Angehöriger **765** 23; Ehegattenbürgschaft **765** 23; Eigeninteresse des Bürgen **765** 26 f.; Freundschaftsverhältnis **765** 23; krasse finanzielle Überforderung **765** 24; Rechtsprechung des BGH **765** 17; Rechtsprechung des BVerfG **765** 16; Schutz des Bürgen **765** 21; sonstige Sittenwidrigkeitsgründe **765** 29 ff.; Umstände des Vertragsschlusses **765** 20 f.; Unterlassungs- und Aufklärungspflichten **765** 21; Zurechenbarkeit **765** 29

Bürgschaft auf erstes Anfordern 765 98 f.; bereicherungsrechtliche Rückabwicklung **812** 169; Einwand der missbräuchlichen Inanspruchnahme **765** 103; Einwendungen des Bürgen **765** 103; Geltendmachung **765** 102; Rückabwicklung **765** 104; Wirksamkeitsvoraussetzungen **765** 100 f.

Bürgschaftsauftrag, Anwendungsbereich **775** 2 ff.; Befreiungsanspruchs **775** 11 ff.; Beweislast **775** 14; Ende des Auftragsverhältnis **775** 10; Inhalt des Befreiungsanspruchs **775** 11 f.; Insolvenz des Schuldners **775** 13; Sicherheitsleistung **775** 12; Titel gegen den Schuldner **775** 9; Vermögensverschlechterung **775** 6; Verzug **775** 8; Vollstreckung des Befreiungsanspruchs **775** 11 f.; Wohnsitzwechsel des Schuldners **775** 7

Bürogemeinschaft Vor 705 39

Condictio indebiti, Anwendbarkeit von § 817 **817** 7 ff.; Erfüllung trotz Einrede **813** 2; ungewisser Erfolgseintritt **820** 2

Condictio ob causam finitam, genehmigungsbedürftige Rechtsgeschäfte **820** 11; Nichteintritt des mit der Leistung bezweckten Erfolgs **815** 3 ff.; Nutzungsherausgabe **820** 15; subjektive Ungewissheit über künftigen Wegfall des rechtlichen Grunds **820** 1 ff.

Condictio ob rem, Anwendbarkeit von § 817 **817** 5 ff.; genehmigungsbedürftige Rechtsgeschäfte **820** 11; Nichteintritt des mit der Bürgschaft bezweckten Erfolgs **765** 44; Nicht-

Sachverzeichnis

Fette Zahlen = §§

eintritt des mit der Leistung bezweckten Erfolgs **815** 1 ff.; Nutzungsherausgabe **820** 15; ungewisser Erfolgseintritt **820** 1 ff.
Culpa in contrahendo, Haftung der Gesellschafter **714** 37; **839** 73 ff.

Darlehen, eigenkapitalersetzendes **826** 129; partiarisches – **Vor 705** 108 ff., s. a. Drittgeschäfte
Dauer der Gesellschaft, Befristung, konkludente **723** 22 ff., Schranken **723** 64 ff., Voraussetzung **Vor 723** 16; **723** 22 f., 68; Festdauer **723** 68; Höchstdauer **723** 68; Mindestdauer **Vor 723** 14; **723** 68; unbefristete Gesellschaft **723** 65 f.; Verlängerung **705** 233; **Vor 723** 15; **723** 69; Zeitablauf als Auflösungsgrund **726** 2
Dauergesellschaften Vor 705 86 ff.
Dauerschuldverhältnis, Gesellschaft als – **Vor 705** 5, 14; **723** 26
Deckungsverhältnis s. a. Leistungskondiktion, Anweisungsfälle
Deliktische Haftung der Gesamthand 705 260 f.; **718** 31
Deliktsfähigkeit, altersbedingte Grenzen des Verschuldens **828** 4 ff.; Bahnverkehr **828** 5 ff.; Beweislast **828** 12; Erkennbarkeit der Verantwortlichkeit **828** 11; Jugendliche **828** 8 ff.; Kinder **828** 4 ff.; Reformbestrebungen **828** 17 ff.; Straßenverkehr **828** 5 ff.; Taubstumme **828** 1; verfassungsrechtliche Bedenken **828** 13 ff.; Verkehrspflichten Jugendlicher **828** 8 ff.
Deliktsrecht s. a. unerlaubte Handlung; AGB-Recht **Vor 823** 74; Ausgleichsfunktion **Vor 823** 38 f.; Begriff **Vor 823** 1; europäisches Recht **Vor 823** 85; Fortpflanzung **823** 86 ff.; geschichtliche Entwicklung **Vor 823** 2 ff.; Haftungsausschlüsse **Vor 823** 67 ff.; internationales Recht **Vor 823** 86; Präventionsfunktion **Vor 823** 40 f.; Reformperspektiven **Vor 823** 80 ff.; Straffunktion **Vor 823** 42 ff.; Verhältnis zu Strafrecht **Vor 823** 62; Verhältnis zu Verfassungsrecht **Vor 823** 63 ff.; Verhältnis zu Vertragsrecht **Vor 823** 68 ff.; Zivilprozessrecht **Vor 823** 87
Delkredere Vor 765 47
Demonstration, mittäterschaftliche Haftung von Teilnehmern **830** 11 ff., 19
Depot s. a. Gemeinschaftsdepot, Sammeldepot
Dienstfahrt, Abgrenzung öffentliches Recht und Privatrecht **839** 174 ff.; Unfall **839** 352 ff.
Dienstleistungen eines Gesellschafters s. a. Beitrag, Drittgeschäfte
Dienstunfall 839 352 ff.
Dienstvertrag, partiarischer **Vor 705** 111
Differenzgeschäft 762 10
Differenzierungs-These 705 166
Direktkondiktion, Erfüllung trotz Einrede **813** 4; Lebensversicherungsvertrag **812** 195 ff.
Disagio, „ohne rechtlichen Grund" **812** 362
Diskriminierungsverbot 839 348

Dispositives Gesellschaftsrecht 705 130, 174
Dissens, fehlerhafte Gesellschaft (GbR) **705** 328
Dividendenschein 793 10; **803** 3
Dokumentenakkreditiv 783 42
Doppelgesellschaft Vor 705 67; **705** 283
Doppelmangel 812 72
Doppelnatur der Gesellschaft 705 158, 354 ff.
Doppelverpflichtungstheorie s. a. Haftung der Gesellschafter
Doppelvertrag beim Gesellschafterwechsel 719 17
Drittgeschäfte der Gesellschaft mit Gesellschaftern, Abgrenzung zu Beitragsvereinbarungen **706** 5; Arten **705** 185 f.; **709** 37; bei Auflösung der Gesellschaft **732** 2; Begriff **705** 185, 202; Haftung der Mitgesellschafter **705** 220; Treupflicht **705** 203
Drittgläubigerforderung 705 220
Drittschuldnererklärung, Beweislast **781** 27; als Schuldanerkenntnis **781** 26
Drittwiderspruchsklage 718 33, 54 f., 58
Duldungsvollmacht 714 28 f.
Durchgriffshaftung 826 73, 116 ff., 122
Durchgriffskondiktion s. a. Direktkondiktion
Durchsetzungssperre 738 18

Effektengiroverkehr 747 21 f.; **Vor 793** 30 f.
Effektenscheck als Anweisung 783 26
Effektivklauseln 765 102
Ehe, Ausgleichsmechanismen zur Rückabwicklung **812** 404 ff.; Bereicherungsansprüche **812** 409 ff.; unbenannte Zuwendungen **812** 403
Eheähnliche Gemeinschaft s. nichteheliche Lebensgemeinschaft
Ehegatten, Aufsichtspflicht **832** 21; Beteiligung an GbR **719** 32; **Vor 723** 19; **723** 9 f.; Bürgschaft s. d.; Dienstpflichten **845** 3; Zugewinngemeinschaft s. d.
Ehegattengemeinschaft, Anwendbarkeit von § 748 **748** 16; Aufhebungsanspruch **749** 7; Aufhebungshindernisse **749** 15; Rechtsnatur **741** 40; Verfügungen der Ehegatten **747** 31
Ehegattengesellschaft Vor 705 73 ff., 88; **705** 27, 75, 283
Ehegüterrecht Vor 705 74
Eheliche Gütergemeinschaft, Beteiligung an GbR **705** 82; Gründung einer GbR durch Ehegatten **Vor 705** 74 f.; **705** 74; Umwandlungen in GbR **705** 15
Ehemalige KG 705 14; **714** 19; **718** 65; Geschäftsführung **709** 18 f.
Eigennützige Gesellschafterrechte 705 196, 224
Eigennützige Mitgliedschaftsrechte 705 227 f.
Eigentümer-Besitzer-Verhältnis bei der Gesellschaft **718** 38
Eigentumsverletzung s. a. unberechtigte Handlung; Anwaltsverschulden **823** 109; Bauwerk-

magere Zahlen = Randnummern

Sachverzeichnis

herstellung **823** 139; Blockade der Grundstückszufahrt **823** 119; Dateien **823** 103; Dispositionsbeeinträchtigung **823** 113; Einwirkung auf die Sache **823** 112; Entzug der Sache **823** 111; falsche Behauptung **823** 116; Fotografieren **823** 114; Gaszug-Urteil **823** 128; Haftung wegen zufälligen Untergangs **848** 1 ff.; Haftungsumfang **823** 125; Produktionsschaden **823** 133 ff.; Schutzinhalt **823** 102; Schwimmschalter-Urteil **823** 127; Sicherungseigentum **823** 108; Software **823** 103; Stoffgleichheit **823** 128; Stromkabelbeschädigung **823** 120; Umweltgüter **823** 104; Verarbeitungsvorgang als – **823** 135; Verfügung eines Nichtberechtigten **823** 105 ff.; Vermögensschaden **823** 123; Weiterfresserschaden **823** 126 ff.; Zwangsvollstreckungsmaßnahmen **823** 108 f., 110
Eigentumsvermutung nach § 1006 **718** 38
Einbaufälle 812 279 f.; analoge Anwendung von § 816 **816** 17 ff.; deliktische Haftung **823** 139; Einbau nach Anweisung **812** 280
Einberufung der Gesellschafterversammlung 709 73
Einbringung s. a. Beitrag; Umdeutung **706** 12
Einbringungsvereinbarung 706 5
Eingetragene Lebenspartnerschaft Vor 705 84
Eingliederung 705 230
Eingriffskondiktion 812 235 ff.; Allgemeines Persönlichkeitsrecht **812** 270 ff.; Anwendungsgebiete **812** 236; Beweislast **812** 370 ff.; Eigentum **812** 253; Emissionen **812** 294; Gebrauchsmusterrechte **812** 263; Gewerbebetrieb **812** 269; Markenrechte **812** 264; Merkmal „auf Kosten" **812** 237 ff.; Passivlegitimation **812** 295; Patentrechte **812** 263; Rechtsverlust nach §§ 946 ff. BGB **812** 278 ff.; Rechtswidrigkeitstheorien **812** 238 ff.; Schleichwerbung **812** 277; Sicherungseigentum **812** 258 ff.; Tatbestandselemente **812** 235; Überschreitung dinglicher Nutzungsrechte **812** 262; unberechtigte Untervermietung **812** 254 ff.; Urheberrechte **812** 263; Wettbewerbsvorschriften **812** 265 ff.; Zuweisungsgehalt subjektiver Rechte **812** 244; Zuweisungstheorie **812** 244 ff.
Einlage 706 4; verbotswidrige Einlageverpflichtung **705** 333
Einlageleistung, Anwendbarkeit des allgemeinen Schuldrechts **705** 156; Bestimmung nach §§ 315 ff. **705** 156
Einlagenrückerstattung bei Auflösung **730** 52 ff.; **733** 13 f.; Dienstleistung **733** 17 f.; Durchsetzbarkeit **732** 3; Gebrauchsüberlassung **730** 14; Innengesellschaft **730** 14; in Natur **732** 7; Rückgabezeitpunkt **732** 3; Sacheinlage, Rückgabe dem Werte nach eingebrachter Sachen **732** 8; **733** 13 f., Rückgabe zu Eigentum eingebrachter Sachen **732** 7; **733** 13 f., Rückgabe zur Benutzung überlassener Gegenstände **732** 1 ff.; **733** 13, 19; **738** 76; Wertermittlung **733** 14 ff.; Wertersatz **733** 13; Zurückbehaltungsrecht **732** 4
Einmann-GbR 705 61 ff.
Einsicht in Urkunden s. Urkundeneinsicht
Einstimmigkeitsprinzip 709 38 ff., 81
Einsturz eines Gebäudes, Ablösung von Teilen **836** 12 ff.; Aktivlegitimation **836** 25 f.; Anscheinsbeweis **836** 14 f.; Anspruchsberechtigter **836** 25 f.; Anwendungsbereich **836** 3 ff.; Beweislast **836** 31; Einsturz **836** 12; Entlastung **836** 19 ff.; Errichtung, Sorgfaltspflichten **836** 13 ff.; Ersatzpflichtiger **836** 27 f.; früherer Eigenbesitzer **836** 29; Gebäude **836** 7; Gebäudeteile **836** 10; Haftung des Gebäudebesitzers **837** 1 ff.; Haftungsvoraussetzungen **836** 6 ff.; Kausalität **836** 17; mangelnde Kausalität **836** 24; mehrere Schädiger **836** 30; Sicherheitsstandards **836** 15; Sorgfaltspflicht **836** 20; Umfang des Schadensersatzes **836** 25 ff.; Unterhaltungspflicht **836** 13; Verwalter **836** 23; **838** 4; Werke **836** 8 ff.
Eintragung der Partnerschaft, Erlöschen der Partnerschaft **P 10** 13 f.; fehlerhafte Eintragung **P 7** 7 f.; und Formmangel **P 3** 7 f.; konstitutive Wirkung **P 7** 3 f.; Rechtsverhältnis bis zur Eintragung **P 7** 5
Eintrittskarte als kleines Inhaberpapier **807** 10
Eintrittsklausel 705 376; **727** 53 ff., 60 f., 66 ff.; Vermächtnis **727** 54
Eintrittsrecht 736 3 f., 19; als Vertrag zu Gunsten Dritter **727** 57
Einwendungen bei der Gesellschafterhaftung 714 49 ff.
Einwilligung, in die Gefährdung **823** 319
Einzelgeschäftsführung 710 4; Ressortprinzip **709** 17; für Teilbereiche **710** 2; **711** 6; Vereinbarung **709** 14; Widerspruchsrecht **709** 54; **711** 3, 6
Elterliche Sorge als „sonstiges Recht" **823** 170
Emissionsgeschäft 793 54
Emissionskonsortium Vor 705 52 ff., 87
Enteignender Eingriff 839 36 f.
Enteignungsgleicher Eingriff 839 26; ausländische juristische Person **839** 35; Eingriffe im Interesse der Allgemeinheit **839** 47; Enteignungsgesetze ohne Junctim **839** 49; Entwicklung **839** 40 ff.; Erlaubnisversagung **839** 45; Finalität **839** 31; Folgenbeseitigungsanspruch **839** 52 f.; förmliches Gesetz als – **839** 46; gesetzliche Grundlage **839** 35; Gewohnheitsrecht **839** 34; Grenzen **839** 42 ff.; Inhalts- und Schrankenbestimmungen **839** 40 a; Junctim-Klausel **839** 39; Nassauskiesungsbeschluss **839** 32; Passivlegitimation **839** 50; Rechtmäßigkeit hoheitlichen Handelns **839** 27 f.; Rechtsweg **839** 54 f.; rechtswidrige Enteignungen **839** 33; rechtswidriger Gesetzesvollzug **839** 39; Son-

Sachverzeichnis

Fette Zahlen = §§

deropferlage **839** 30; Umfang der Ersatzpflicht **839** 51; Unmittelbarkeit des Eingriffs **839** 48 f.; Unterlassen als – **839** 44 f.; verfassungsrangiger Entschädigungsanspruch **839** 29; Verhältnis zur Amtshaftung **839** 53 b; Verjährung **839** 53 a
Entgangene Dienste, Anwendungsbereich **845** 1 f.; Dauer der Rentenzahlungen **845** 15; Dienstleistungsverpflichtung der Kinder gegenüber den Eltern **845** 4 ff.; eheliche Dienstpflichten **845** 3; eigener Anspruch des Kindes **845** 12; Höhe der Rente **845** 8; Mitverschulden **849** 1 ff.; Schadensberechung **845** 13 ff.; Vorteilsausgleichung **845** 16; Zwangsvollstreckung **845** 17
Entlastung der Geschäftsführer **709** 59
Entnahmerecht 705 189; **717** 15, 33, 36; **721** 15 f.; Gleichbehandlungsgrundsatz **705** 250
Entstehung der GbR 705 1 ff.; rückwirkende – **705** 7; Umwandlung **705** 8 ff.; Zeitpunkt **705** 6
Entstehung der Gemeinschaft 741 28 ff.
Entziehungsbeschluss, Gegenstand **712** 16
Entziehungsklage, Zustimmungspflicht **705** 239
Enumerationsprinzip, unerlaubte Handlung **Vor 823** 23
Erbe eines Gesellschafters s. Tod, Vererbung
Erbeinsetzung der Gesellschaft **718** 22
Erbenbesitz 718 38
Erbengemeinschaft, Abgrenzung von (Handels-)Gesellschaft **705** 28; Auseinandersetzung **727** 45; Fortsetzung als GbR **705** 15, 27 f.; Gesellschafter einer GbR, Abwicklungsgesellschaft **727** 14, werbende Gesellschaft **705** 81; **727** 33; Haftung für Privatschulden der Gesellschafter **718** 32 ff.
Erbenmehrheit, Willensbildung **727** 20
Erbensucher 812 19
Erbfähigkeit der GbR 718 22
Erbschein 727 64 ff.
Erbteil als Gegenstand der Bruchteilsgemeinschaft s. Gemeinschaft; Teilbarkeit bei Aufhebung der Gemeinschaft **752** 17
Erfindergemeinschaft 741 62; wichtiger Aufhebungsgrund **749** 11
Erfindungen eines Gesellschafters **706** 14; **718** 23; Teilbarkeit bei Aufhebung der Gemeinschaft **752** 18
Erfolgsbeteiligung 705 149
Erfüllung trotz Einrede, peremptorische Einrede **813** 2
Erfüllungsgehilfe der Gesellschaft **718** 30; des Gesellschafters **708** 17; **713** 6
Ergänzende Vertragsauslegung, Anwendungsbereich **705** 29 f., 174; und dispositives Recht **705** 174; Gesellschaftsvertrag **705** 53
Erlassfalle 779 28
Erneuerungsschein 803 3; **805** 1 ff., s. Talon

Ersitzung 718 38
Erwerbsgeschäft eines Minderjährigen 705 70
Erwerbsgesellschaft Vor 705 36 ff., 89 f.
Erwerbsschaden s. a. Geldrente; Begriff **843** 13 f.
Erwerbsschadensersatz, abhängig Beschäftigte **843** 27 ff.; Anwendung **843** 27; Auszubildende **843** 49; Befristung **843** 22 ff.; Berechnungsgrundlagen **843** 17 ff.; Erwerbsfähigkeit von Hausfrauen **843** 16; Erwerbslose **843** 47; Fallgruppen **843** 62 ff.; Haushaltsführung **843** 18, 50; Kinder **843** 49; Körper- und Gesundheitsverletzung **843** 11 f.; Nachteile für das Fortkommen **843** 11 f.; Prognoseentscheidung **843** 20 f.; Schadensminderungspflicht **843** 31; Selbstständige **843** 42 ff.; Studenten **843** 49; Unternehmer **843** 42 ff.
Essentialia negotii des Gesellschaftsvertrags **705** 1, 29, 128
Eurocheque-Karte als Scheckeinlösungsgarantie **Vor 765** 25 ff.
Europäische Wirtschaftliche Interessenvereinigung (EWIV) Vor 705 21 f.
Evidenzhaftung 826 6, 47
Existenzvernichtung 826 118 f., 121 ff.

Factoring Vor 765 48
Fahrgemeinschaft Vor 705 34, 87
Fahrkarte als kleines Inhaberpapier **807** 11; als qualifiziertes Legitimationspapier **808** 10; als Rektapapier **807** 13; **808** 10
Faktische Gesellschaft s. fehlerhafte Gesellschaft
Familiengesellschaft 705 173
Familiengesellschaften Vor 705 70
Fehlende Anweisung, Anweisungen des insolventen Schuldners **812** 102 ff.; Einzelfälle **812** 88 ff.; falscher Empfänger **812** 94; nicht autorisierte Anweisung **812** 88 f.; vorhandene, aber nichtige Anweisung **812** 95 ff.; Zuvielzahlung **812** 90 ff.
Fehler eines Produkts, berechtigte Sicherheitserwartung **PH 3** 4 ff.; Beurteilungsmaßstab **PH 3** 5 ff.; billigerweise zu erwartender Gebrauch **PH 3** 4, 19 f.; Darbietung als Faktor für berechtigte Sicherheitserwartung **PH 3** 12 ff.; Darbietung zur Zeit des Inverkehrbringens **PH 3** 11; Einhaltung von Sicherheitsvorschriften **PH 3** 22; Einheitsfehlerbegriff **PH 3** 29; Fabrikationsfehler **PH 3** 30; Fehlertypen **PH 3** 29 f.; Fehlgebrauch **PH 3** 21; Instruktionsfehler **PH 3** 33 ff.; Instruktionsmangel **PH Einl.** 15; Irreführung **PH 3** 14; Konstruktionsfehler **PH 3** 31 f.; Missbrauch **PH 3** 21; Preis des Produkts **PH 3** 24; Sicherheitsdefizit **PH 3** 3, 8, 29; Verhältnis zur deliktsrechtlichen Produkthaftung **PH 3** 3; Wirkungslosigkeit **PH 3** 36; Zeitpunkt des

magere Zahlen = Randnummern

billigerweise zu erwartenden Gebrauchs **PH 3** 21
Fehlerhafte Gesellschaft (GbR) 709 109; Abwicklung **705** 346; Anfechtung **705** 342; Anteilsübertragung, fehlerhafte **705** 374; Arglisteinwand **705** 344; arglistige Täuschung **705** 328, 340; Auflösungsklage **705** 345; Ausnahmen von der Lehre **705** 332; Ausscheiden, fehlerhaftes **705** 370; Ausschlussklage **705** 345; Bestätigung der – **705** 357; Dissens **705** 328; dogmatische Begründung der Lehre **705** 347 ff.; Drohung **705** 328, 340; Einschränkungen der Lehre **705** 351 ff.; Entwicklung **705** 323 ff.; faktische Gesellschaft **705** 1, 324, 327; fehlerhafte Auflösung **705** 364; fehlerhafte Gesellschafternachfolge **705** 373; fehlerhafte Kapitalgesellschaft **705** 323; fehlerhafte Vertragsänderung **705** 360 ff.; fehlerhafter Beitritt **705** 366; Formmangel **705** 51, 328; Geltendmachung des Fehlers **705** 345; **723** 46; Geltendmachung von Vertragsmängeln **705** 342; Gesellschafternachfolge im Todesfall **705** 376; gesetzeswidriger Gesellschaftszweck **705** 333; Grenze **705** 332; Gründungsmängel **705** 326 ff.; Heilung des Mangels **705** 357; Innengesellschaft **705** 358 ff.; Irrtum **705** 328; Kündigung **723** 46; lückenhafter Gesellschaftsvertrag **705** 330; nicht voll geschäftsfähiger Gesellschafter **705** 335 ff.; Rechtsfolgen **705** 342; salvatorische Klausel **705** 330; Scheinerbe **705** 366; **727** 63, 66; Scheingesellschaft **705** 377 f.; schutzwürdige Interessen **705** 340; Übernahmerecht **705** 328 f.; unmöglicher Gesellschaftszweck **705** 328; Unwirksamkeit einzelner Vertragsbestimmungen **705** 330, 344; verheirateter Gesellschafter **705** 341; Vertragsmangel **705** 330; Vollzug **705** 331; Voraussetzungen **705** 326 ff.
Fehlerhafte Gesellschaft (Partnerschaft) P 3 7 f.
Fernsehen, Abgrenzung öffentliches Recht und Privatrecht **839** 172; Sorgfaltspflichten **824** 54; Verbreiten von Tatsachen **824** 30 ff.
Feuerschutz, hoheitsrechtliche Natur **839** 164
Filmherstellungs- und -verwertungs(-lizenz-)vertrag Vor 705 122
Finanzkonsortium Vor 705 58 ff.
Firma 705 270, s. a. Name
Fluglotsenstreik 839 215
Folgenbeseitigungsanspruch 839 80 ff.; Anwendungsbereich **839** 82; Beeinträchtigung absoluter Rechte **839** 84; Bestandskraft des Verwaltungsakts **839** 86; enteignungsgleicher Eingriff **839** 52 f.; Grundlagen **839** 83; Mitverantwortung des Verletzten **839** 86; Naturalrestitution **839** 81, 85; Realakt **839** 82; Rechtsweg **839** 87; Umfang **839** 85; Vollzugsbeseitigungsanspruch **839** 82; Wegfall der Beseitigungspflicht **839** 86
Förderpflicht 705 153

Sachverzeichnis

Förderungspflicht 706 2 f.
Form des Gesellschaftsvertrags der GbR, Ehegatten **705** 75; bei Gebrauchsüberlassung **706** 13; Grundsatz **705** 32, 131; mündliche Zusatzabreden **705** 131; schenkweise zugewendete Beteiligung **705** 42 f.; Vereinbarungen über gegenwärtiges Vermögen **705** 33; Vereinbarungen über GmbH-Geschäftsanteile **705** 33 f.; Vereinbarungen über Grundstücke **705** 36 ff.; Vertragsänderung **705** 57; Vorvertrag **705** 178
Form des Gesellschaftsvertrags der Partnerschaft P 3 1, 5 f.
Formmangel des Gesellschaftsvertrags der GbR 705 51, 328, s. a. Fehlerhafte Gesellschaft (GbR)
Formmangel des Partnerschaftsvertrags, Rechtsfolgen bei Gründung **P 3** 7 ff.; Rechtsfolgen bei späteren Vertragsänderungen **P 3** 11
Formwechsel im Sinne des UmwG s. Umwandlung
Formwechselnde Umwandlung s. Umwandlung
Forstwirtschafts-GbR Vor 705 41, 89
Fortsetzung der Gesellschaft, Auslegung **705** 173; durch Beschluss **736** 17; Fortsetzungsklausel **736** 5 ff., 20
Fortsetzung einer nichtrechtsfähigen Personengemeinschaft 705 15
Fortsetzungsklausel, Sittenwidrigkeit **736** 15; Wirkung **736** 20
Fortsetzungsklauseln 723 72
Franchisevertrag Vor 705 123
Franchising, System **705** 21
fraud-on-the-market-theory 826 74
Freiberufler-GmbH, Haftung **P Vor 1** 22; Rechnungslegung **P Vor 1** 25; Steuerbelastung **P Vor 1** 24 f.; Vergleich mit Partnerschaft **P Vor 1** 22 ff.; Zulässigkeit **P Vor 1** 15 ff.
Freiberufliche Tätigkeiten, aktive Berufsausübung **P 1** 13 f.; als Beitragsleistung **P 1** 11 ff., 24; Eigenständigkeit **P 1** 39 f.; als gemeinsamer Zweck **P 1** 10; Geschäftsführung **P 6** 7, 13; Grenzbereich zu sonstigen Geschäften **P 6** 10; Hilfsgeschäfte **P 6** 12; der Liquidatoren **P 10** 15; neben gewerblicher Tätigkeit **P 1** 19 ff.; qualifizierte Ausbildung **P 1** 39 f.; Selbstständigkeit **P 1** 39 f.; typische Merkmale **P 1** 39 ff.; Weisungsfreiheit **P 1** 39 f.
Freie Berufe in der GbR Vor 705 36 ff., 89
Freie Berufe in der Partnerschaft, Abgrenzung **P 1** 45 ff.; Anwaltsnotar **P 1** 83; Apotheker **P 1** 79; Architekt **P 1** 58; Begriff **P 1** 2, 33 ff.; Berufskammern **P 1** 43; Berufsrecht **P 1** 43 f., 77 ff.; Bildberichtstatter **P 1** 61; Dolmetscher **P 1** 62; Erzieher **P 1** 76; Grenzbereich zu § 1 HGB **P 1** 16 ff.; Handelschemiker **P 1** 59; Heilberufe **P 1** 49; Ingenieur **P 1**

2791

Sachverzeichnis

Fette Zahlen = §§

57; Journalist **P 1** 60; Katalogberufe **P 1** 2; Katalogberufe und ähnliche **P 1** 49 ff., 64 ff.; Kategorien **P 1** 41; Künstler **P 1** 73 f.; Lehrer **P 1** 76; Lotse **P 1** 63; medizinische Hilfsberufe **P 1** 51 f.; Notar **P 1** 48, 80; Patentanwalt **P 1** 53 f., 82 f.; rechts- und wirtschaftsberatende Berufe **P 1** 53 f.; Rechtsanwalt **P 1** 82 f.; Sachverständiger **P 1** 59; Schriftsteller **P 1** 75; Steuerberater **P 1** 55, 81; Übersetzer **P 1** 62; Verschwiegenheitspflicht **P 6** 7 f.; Volks- und Betriebswirt **P 1** 56; Werbeberater **P 1** 60; Wirtschaftsprüfer **P 1** 55, 81 f.; **P 2** 13; Wissenschaftler **P 1** 72

Freiheitsverletzung, Begriff **823** 99; Fixierung eines Geisteskranken **823** 100; Veranlassung behördlicher Freiheitsentziehung **823** 101; Zuparken von Autos **823** 100

Freizeitveranstaltungen, Verkehrssicherungspflicht **823** 522 ff.

Früchteanteil bei der Bruchteilsgemeinschaft, Anspruchsinhalt **743** 3 ff.; Anteil am Nettoertrag **743** 7; Berechnung des Nutzungsanteils **743** 7; Beweislast **743** 7; Früchte eines Grenzbaums **743** 2; Innenverhältnis **743** 5; Instandhaltungsrücklage **743** 7; Leistungsanspruch **743** 6; mehrheitsfähiges Individualrecht **743** 8; Nutzungsregelungen **743** 8

Fruchterwerb 718 38

Fürsorgepflicht, Berufshaftung **823** 255; Ehe und Familie **823** 252; Gefahrengemeinschaft **823** 253; Staatsbürgerverhältnis **823** 254; Übernahme **823** 249

Garantie auf erstes Anfordern, Begriff **Vor 765** 27 f.; Effektivklauseln **Vor 765** 32; Einwendungen des Garanten **Vor 765** 33 ff.; extend-or-pay-Aufforderung **Vor 765** 31

Garantiefall Vor 765 22

Garantievertrag, Abhängigkeit von der Hauptforderung **767** 2; Abtretung **Vor 765** 21; Ausbietungsgarantie **Vor 765** 41; Bietungsgarantie **Vor 765** 42; und Bürgschaft **Vor 765** 16 ff., 44; Einwendungen des Garanten **Vor 765** 20 ff.; Forderungsübergang **774** 2; Formvorschriften **Vor 765** 19; Garantie auf erstes Anfordern **Vor 765** 21

GbR, Gesellschafterstellung einer GbR **705** 79

Gebrauchsrecht bei der Bruchteilsgemeinschaft, abweichende Vereinbarungen **743** 14; Anwendung von Mietrecht **743** 15 f.; Ausgleich bei ungleich verteiltem Gebrauch **743** 10, 16; Bereicherungsanspruch **743** 11; Duldungsanspruch **743** 10; konkurrierende Gebrauchsrechte **743** 11; Mehrheitsentscheidungen **743** 9; Mitgebrauch **743** 12; Regelungsinhalt **743** 9; Unterlassungsanspruch **743** 13

Gebrauchsüberlassung s. a. Beitrag, Form; bereicherungsrechtliche Rückabwicklung **818** 273 ff.; Rückabwicklung von nichtigen Verträ-

gen **817** 43 f.; Wertersatz bei bloßer Nutzungsmöglichkeit **818** 87 ff.

Geburtshelfer, Sorgfaltspflicht **823** 722

Gefährdungshaftung, ökonomische Analyse der – **Vor 823** 48 f.; und unerlaubte Handlung **Vor 823** 16 ff., 25

Gefälligkeitsverhältnis bei der Gesellschaft **705** 20 ff.; konkludenter Haftungsausschluss **Vor 823** 75

Gegendarstellung, Anzeigenaktion **824** 63; Aufwendungsersatz **824** 63

Geldrente s. a. Erwerbsschaden; Abänderungsklage **843** 95; Anspruchsübergang auf Sozialversicherung **843** 36 ff.; Berechnungsgrundlagen **843** 17 ff.; Bruttolohnmethode **843** 33 ff.; Dauer **843** 26; Differenzrechnung **843** 19; Erwerbsloser **843** 47 f.; Erwerbsschaden **843** 13 f., 15 f.; Feststellungsklage **843** 93 f.; Haushaltsführung **843** 50 ff.; Kapitalabfindung **843** 74 ff.; konkrete Berechungsweise **843** 17; Kosten- und Heilbehandlung **PH 9** 7; Leistungen Dritter **843** 79 f.; Leistungsklage **843** 89 ff.; Mehraufwendungen **843** 56 ff.; Minderung der Erwerbsfähigkeit **843** 13 f., 17; **PH 9** 7; modifizierte Nettolohnmethode **843** 33 ff.; nach dem Produkthaftungsgesetz **PH 9** 1 ff.; Rentenanspruch **843** 69 ff.; Schadensminderungspflicht **843** 30; Sicherheitsleistung **843** 71; Streitgegenstand **843** 88; Unternehmer **843** 42 ff.; Verdienstausfall **843** 27; Vermehrung der Bedürfnisse **843** 56 ff.; wichtiger Grund für Abfindung **843** 76; Zwangsvollstreckung **843** 97

Gelegenheitsgesellschaft Vor 705 35, 86 ff.; **705** 26; **723** 24; **727** 27

Gemeinnütziger Gesellschaftszweck s. Idealgesellschaft

Gemeinsamer Vertreter 730 40 f.

Gemeinsamer Zweck der Gesellschaft, Arten **705** 144 f.; Betreiben eines Handelsgewerbes **Vor 705** 16 f.; **705** 3, 22, 146; Erfolgsbeteiligung **705** 149 ff.; Förderungspflicht **705** 128, 142 f.; gesetzeswidriger **705** 146, 333; Halten und Verwalten von Sachen **705** 145; ideeller Zweck **705** 144; immaterieller Erfolg **705** 144; Kartellvertrag **Vor 705** 65; **705** 143; Motiv der Gesellschaftsbeteiligung **705** 147; sittenwidriger – **705** 134, 146, 334; societas leonina **705** 151; Unmöglichkeit **705** 328; **726** 4 ff.; Vergemeinschaftung des Zwecks **705** 132; Vertragsfreiheit **705** 132 ff.; Zweckerreichung **726** 1 ff.

Gemeinschaft, Abgrenzungsbeispiele **741** 26 f.; Anwachsungswirkungen **741** 15, 37; Begriff **741** 1; Berechtigung zu ideellen Bruchteilen **741** 25 ff.; beschränkt dingliche Rechte **741** 12; Besitz **741** 17; Beweislast **741** 26; **742** 7 f.; **743** 7; **748** 15; Bruchteilsgemeinschaft am Bruchteil **741** 16; Bruchteilsgläubigerschaft

magere Zahlen = Randnummern

Sachverzeichnis

741 42 ff., Geltendmachung einer Forderung 741 47; Schadensersatzansprüche 741 43; Bruchteilszuständigkeit 741 6; dogmatische Struktur 741 2; Einheitstheorie 741 2; Endigungsgründe 741 31; 749 1 ff.; entsprechende Anwendung der Gemeinschaftsvorschriften 741 70 ff.; Entstehung 741 28 ff., kraft Gesetzes 741 29, kraft Rechtsgeschäfts 741 30; 742 1; Erbteil 741 15; Funktion 741 3, 8; Gesamthand s. d.; und Gesellschaft/Unterscheidung 741 4 f.; Gleichheitsgrundsatz 741 36; als Grundlage gesetzlicher Schuldverhältnisse 741 3, 34; Insolvenz eines Teilhabers 747 38; Miteigentum 741 4, 11, 30, 41; öffentlich-subjektive Rechte als Gegenstand der – 741 13; Parteifähigkeit 741 3; Prozessstandschaft 741 49; 747 34; Quote 742 1 ff.; Rechte als Gegenstand von Bruchteilsgemeinschaften 741 10 ff.; Rechtsfähigkeit 741 3, 6; Rechtsverhältnisse als Gegenstand der – 741 18 ff.; Rechtszuständigkeit 741 2 f., 6, 33 f., 47; Sonderbetriebsvermögen der Gesellschafter 741 4; Sondervorschriften 741 32; 742 3; Spezialitätsgrundsatz 741 33; Surrogation 741 38; Teilrecht 741 2; Umwandlung von Gesamthandsvermögen 741 7; Untergemeinschaft 741 16; 747 13; 749 17; Unternehmen als Gegenstand der – 741 24; Verbindlichkeiten als Gegenstand der – 741 23; zwingendes und dispositives Recht 741 39

Gemeinschaft der Wohnungseigentümer s. Wohnungseigentümergemeinschaft

Gemeinschaftsdepot 741 57; 742 5

Gemeinschaftserfindung, Anteil am Ertrag 741 60; als Bruchteilseigentum 741 59; derivative Patentgemeinschaft 741 61; Größe der Anteile 742 4; Lizenzvergabe 747 3, 5; Patentanmeldung 745 12; Rechtsbeziehungen unter den Teilhabern 741 60; Verwaltung 745 5, 12

Gemeinschaftskonto 741 54 f.; 742 5; 749 8

Gemeinschaftsproduktion Vor 705 122

Gemeinschaftsunternehmen Vor 705 67; 705 76

Gemeinschaftsvertrag 705 161 f.

Gemischte Verträge Vor 705 106, 113; Dauerschuldcharakter Vor 705 115

Generalvollmacht 709 5; 714 12; 717 9

Gerätesicherheitsgesetz, Regelungen im Bereich der Produkthaftung 823 668

Gerichtlicher Sachverständige, Aktivlegitimation 839 a 28 f.; Behördengutachten 839 a 8; Bestellung 839 a 6; Beweislast 839 a 34; dienstliches Gutachten 839 a 8; Haftung 839 a 1 ff.; Haftungsausschluss 839 a 31 ff.; Haftungsvoraussetzungen 839 a 17 ff.; negatorische Haftung 839 a 24 ff.; Schadensersatz 839 a 24 ff.; schiedsgerichtliche Bestellung 839 a 10 f.

Gesamtgeschäftsführung 710 4

Gesamtgut 705 74 f., 82

Gesamthand, Arten 705 289 ff.; Entwicklung 705 299 f.; und Gemeinschaft 741 6, 6, 8; Gruppenlehre 705 298; höchstrichterliche Rechtsfortbildung 705 301; Rechtsfähigkeit 705 160 ff., 303; 718 2 ff.; traditionelle Lehre 705 296 f.

Gesamthandsberechtigung, Anteil an einzelnen Vermögensgegenständen 718 5, 7 ff.; 719 8; 738 8; Anwachsung 738 8; ausgeschiedener Gesellschafter 718 7; 738 8 f.; Begriff 718 6; eintretender Gesellschafter 718 8; Gesellschafterwechsel 718 5, 7 ff.; 738 8 f.; Umfang 718 6; 719 4 f.; Verfügungsverbot 719 4 f.; Voraussetzung 718 6

Gesamthandsforderungen, Aufrechnung 719 13 ff.; 720 1 ff.; Begründung 720 2; Einziehung 709 40 f.; 719 11; Schuldnerschutz 720 1 ff.

Gesamthandsgemeinschaft, Außen-GbR 705 293 ff.; Partnerschaft 718 2 ff.

Gesamthandsprinzip s. a. Gesamthand

Gesamthandsschulden s. a. Haftung der Gesellschaft; Begriff 714 31; 718 24; Entstehungsgründe 718 24 ff.; Gesamthand als Schuldner 714 31; aufgrund objektiver Zurechnung 718 29

Gesamthandsschuldklage s. a. Prozess der Gesamthand, Zwangsvollstreckung; Anwendungsbereich 718 49; Begriff 718 53; Beklagter 718 53; Grundsatz 718 53 f.; Klageziel 718 51; notwendige Streitgenossenschaft der Gesellschafter 718 50 f.; Urteilstenor 718 53; Veränderungen im Gesellschafterkreis 718 60 ff.; Vollstreckungstitel 718 55; Zwangsvollstreckung 718 52, 55 ff.

Gesamthandsvermögen s. a. Gesamthandsberechtigung; abweichende Zuordnung des Gesellschaftsvermögens 705 2, 266 ff.; Anteil am – 719 4; Anteile an einzelnen Gegenständen 719 8; Auflösung der Gesellschaft 718 26 f.; Begriff 718 2; Beitragsforderungen 705 269; Bestandteile 705 201, 265, 269; 718 19 ff.; und Bruchteilseigentum 718 11; 719 8 f.; 741 6 ff.; Entstehung 718 12 ff.; Erwerbstatbestände 705 265; 718 18 ff.; 719 9; und Gemeinschaft 741 6 f.; Sozialansprüche 705 201, 269; 718 12; Surrogationserwerb 718 20 f.; 720 3; Teilungsanspruch 719 12; Umwandlung der GbR 718 14 f.; Umwandlung in Bruchteilsgemeinschaft 741 7; Verfügungsberechtigung 719 9 f.; Verzicht auf – 705 266 ff.; 718 6 f.; Wegfall 718 12 ff.; Wesen 705 265; 718 2

Gesamtnahme 705 270 f.

Gesamtnichtigkeit des Gesellschaftsvertrags 705 53

Gesamtschäftsführungsbefugnis s. a. Geschäftsführung

Gesamtschuldbürgschaft 765 108

Gesamtschuldklage s. a. Gesamthandsschuldklage; Unterscheidung von der Gesamthands-

2793

Sachverzeichnis

Fette Zahlen = §§

schuldklage **718** 40; Vollstreckung ins Gesamthandsvermögen **718** 57
Geschäftsbücher der GbR **713** 11; **716** 9; der Partnerschaft **P 10** 13
Geschäftsführer s. a. Aufwendungsersatzanspruch, Geschäftsführervergütung, Haftung des Geschäftsführers; Erfüllungsgehilfe **718** 30; Gutgläubigkeit **729** 9 f.; Minderjähriger **709** 27; Nichtgesellschafter **709** 20; **712** 3; **713** 4; Organqualität **705** 257; **714** 17; Rechtsgrundlage der Geschäftsführerstellung **709** 2; Rechtsstellung **712** 1 ff.; Schädigung durch Dritte **709** 42; Selbstorganschaft **709** 5 f.; Verletzung durch Dritte **709** 35; Verrichtungsgehilfe **718** 31
Geschäftsführervergütung, Abtretung **717** 34; Abwicklungsgesellschaft **730** 42; Anpassung **705** 234; **709** 36; **712** 21; Anspruch auf – **709** 32; **713** 17; Aufwendungsersatz **713** 17; Entziehung der Geschäftsführerbefugnis **712** 21; fortdauernde Geschäftsführungsbefugnis bei Auflösung **729** 11; Gewinnverteilungsabrede **709** 32; Gewinnvoraus **709** 33; Rechtsgrundlage **709** 32; Rechtsnatur **709** 32; Schuldner **705** 197; Verhinderung des Geschäftsführers **709** 34 f.; Zwangsvollstreckung **705** 197
Geschäftsführung der GbR s. a. Abwicklungsgesellschaft, Geschäftsführungsbefugnis, Haftung im Innenverhältnis, Widerspruch; Anstellung Dritter **709** 5, 20; Anteilsübertragung **719** 41; Anwendung des Auftragsrechts **713** 2, 6 ff.; Arbeitsteilung **709** 16 f.; Auftragstätigkeit von Gesellschaftern **713** 5; Aufwendungsersatz **713** 15 f.; **717** 34; ausgeschiedene Gesellschafter **738** 6; Auskunftspflicht **713** 8 f.; **716** 12; Ausschließung sämtlicher Gesellschafter von der – **709** 14; Auswahlverschulden **713** 6; Begriff **709** 7 ff.; als Beitrag **706** 14; **709** 7; Beschlussfassung in Geschäftsführungsangelegenheiten **709** 54; Beschränkung der Geschäftsführungsbefugnis **710** 3; Buchführung **713** 11; ehemalige KG/OHG **709** 18 f.; Einstimmigkeitsprinzip **709** 13, 38 ff.; Einzelgeschäftsführung **709** 14, 17, 54; Entlastung **709** 55, 59; **713** 10; Erfüllung der Beitragspflicht **709** 7; Erfüllungsgehilfe **708** 17; **713** 6; Ermessen bei der – **709** 30; fehlerhafte Änderung **705** 362 f.; Freistellungsanspruch **713** 15; funktionell beschränkte Einzelgeschäftsführung **709** 17; Gegenstände **709** 12; gerichtliche Durchsetzung **705** 201; gerichtliche Zweckmäßigkeitskontrolle **709** 30, 42; **711** 1; Gesamtgeschäftsführung **709** 13; für die Gesamthand **709** 4; und Geschäftsführungsbefugnis **709** 8; Gleichbehandlungsgrundsatz **705** 249; Grundlagengeschäfte **709** 10 f.; Herausgabepflicht **713** 12 f.; Innengesellschaft **705** 284 ff.; Insolvenzverwalter **728** 15; Krankheit des Geschäftsführers **709** 31; Kündigung **712** 24 ff.;

Liquidationsstadium **709** 22; Mehrheitsprinzip **709** 13, 45 ff., 83; Nichtgesellschafter **709** 5, 20; **713** 4; Notgeschäftsführung **709** 21; **711** 8; **714** 18; **727** 16 ff.; **728** 39; Organhaftung **705** 262 ff.; Pflicht zur – **705** 232; **709** 3, 29 ff.; Prozessführung **709** 12; **718** 44 f.; Publikumsgesellschaft **709** 6; Recht auf – **709** 28; Rechtsstellung **709** 26 ff.; Ressortprinzip **709** 17; **711** 6; Schäden des Geschäftsführers **713** 16; Selbstorganschaft **709** 5 f.; **730** 47; Sonderaufträge für Gesellschafter **709** 37; Sonderrecht **709** 46; stille Gesellschaft **705** 286 f.; Stimmbindung **717** 24 f.; Substitution **709** 29; **713** 6; Treupflicht **705** 196, 223, 226; Überlassung zur Ausübung **717** 9; Übertragung auf bestimmte Gesellschafter **709** 15; **710** 1 ff.; Unterlassungsklage **705** 204; Verhinderung des Geschäftsführers **709** 31, 34 f.; **710** 5; Verluste des Geschäftsführers **713** 16; vertragliche Regelungen **709** 14 ff.; und Vertretung **709** 9; **714** 24 ff.; Verweigerung der Geschäftsführertätigkeit **709** 43 f.; Vorschuss **713** 15; **717** 34; Wegfall eines Geschäftsführers **710** 5; Weisungsbindungen der Geschäftsführer **709** 28, 49, 54; **713** 7; Weisungsrecht **709** 28; Weisungsrecht von Gesellschaftern **709** 54; **713** 7; Wettbewerbsverbot **705** 235 ff.; Zustimmungspflicht zu Geschäftsführungsmaßnahmen **709** 42 ff.
Geschäftsführung in der GbR, Unanwendbarkeit des Auftragsrechts **713** 18 f.
Geschäftsführung in der Partnerschaft, Ausschluss einzelner Partner **P 6** 7 f.; freiberuflicher Bereich **P 6** 13 ff., Gestaltungsmöglichkeiten **P 6** 15 ff., Hilfsgeschäfte **P 6** 12, rechtliche Qualifizierung **P 6** 13; Selbstorganschaft **P 6** 9
Geschäftsführung ohne Auftrag 709 21; bei Überschreitung der Geschäftsführungsbefugnis **708** 10 f.
Geschäftsführungsbefugnis, auflösungsbedingter Wegfall **729** 3
Geschäftsführungsbefugnis in der GbR, Ausscheiden eines Geschäftsführers **729** 7 f.; Begriff **709** 8; Beschränkung **712** 17; Fortdauer bei Auflösung **729** 1 ff.; gerichtliche Durchsetzung **709** 199, 219; Überschreitung **708** 8 ff.; **709** 8, 25, 42; **714** 25; Umfang **709** 23 ff.; Wesen **709** 3, 26; **713** 1 f.

–, Entziehung, Ausschluss des Entziehungsrechts **712** 23; Beschlussfassung **705** 234; **712** 12 ff. Gegenstand **712** 4 f.; gerichtliche Nachprüfung **712** 18; Gesamtgeschäftsführung **709** 43; **712** 4 f.; Innengesellschaft **712** 7 f.; Mehrheitsbeschluss **712** 13 ff.; Nichtgesellschafter **712** 3; Rechtsfolgen **712** 19 ff.; stille Gesellschaft **705** 287; **712** 8; Treupflicht **705** 226, 234; übertragene Geschäftsführung **710** 8; **712** 1; Verschulden **712** 9; vertragliche Regelungen **712** 22; Vertretungsmacht **712** 16; wichtiger Grund **712** 9 ff., 22; Zustimmungspflicht **705**

magere Zahlen = Randnummern

234, 239; **712** 15; Zweipersonengesellschaft **712** 14
–, **Kündigung,** Gesamtgeschäftsführung **712** 26 f.; Kündigungserklärung **712** 28; Kündigungsfrist **712** 28; Rechtsfolgen **712** 29; übertragene Geschäftsführung **712** 26; vertragliche Regelungen **712** 30; wichtiger Grund **712** 30
Geschäftsführungsbefugnis in der Partnerschaft, Entziehung **P 6** 21 f.; Unabdingbarkeit der freiberuflichen Geschäftsführungsbefugnis **P 6** 14
Geschäftsführungsrecht, Treupflicht **705** 226
Geschäftsführungstätigkeit als Beitragsleistung **713** 17
Geschäftsgrundlagenänderung 705 234
Geschäftsherr, juristische Person als – **831** 23; Kriterien **831** 21 ff.; Leiharbeitsverhältnis **831** 22; mehrere Geschäftsherren **831** 21
Geschäftsunfähige s. a. nicht voll Geschäftsfähige
Gesellschaft als InsO-Schuldnerin **728** 13 f.
Gesellschaft bürgerlichen Rechts (GbR) s. a. Außen-GbR; Begriff **Vor 705** 1 f.; als Besitzer **718** 35 ff.; Grundrechtsfähigkeit **705** 301; als Organisation **705** 158 ff.; Rechtspersönlichkeit **705** 303 ff.; Reform des GbR-Rechts **Vor 705** 26 ff.; als Schuldverhältnis **Vor 705** 14; **705** 155 ff.; als Vermieterin **705** 311 f.; Vertretung **714** 1 ff.; Wesensmerkmale **Vor 705** 5 ff.
Gesellschaft zum Erwerb von Vermögensgegenständen Vor 705 34
Gesellschafter als Insolvenzgläubiger **728** 20
Gesellschafter der GbR, Bruchteilsgemeinschaft **705** 83; Ehegatten **705** 73; eheliche Gütergemeinschaft **705** 75, 82; Erbengemeinschaft **705** 81; GbR **705** 79; Höchstzahl **705** 66; juristische Person **705** 76; Mindestzahl **705** 60; natürliche Person **705** 68; nicht voll Geschäftsfähige **705** 69; Personengesellschaften **705** 78; Streitigkeiten über die personelle Zusammensetzung **705** 200; Vorgesellschaft **705** 77
Gesellschafter minderen Rechts 738 58
Gesellschafterausschuss 705 259
Gesellschafterbeschlüsse der Partnerschaft, Einstimmigkeitsprinzip **P 6** 37; Mehrheitsprinzip **P 6** 38 f.
Gesellschafterbürgschaft 765 109; **768** 7; **774** 24
Gesellschafterinsolvenz 728 31 ff.; Fortsetzung der Gesellschaft **736** 14; Voraussetzungen **728** 34 ff.
Gesellschafterrechte s. a. Kontrollrecht, Vermögensrechte, Verwaltungsrechte, Widerspruchsrecht; Abspaltungsverbot **717** 5; Arten **705** 185 ff.; im Insolvenzverfahren **728** 16; Kernbereich **705** 134 f.; **709** 91 f., 98; **717** 17; Schranken **705** 136 f., 221 ff., 244; **709** 91 f., 100 f.; Übertragbarkeit **717** 5 ff., 14 f.

Sachverzeichnis

Gesellschafterversammlung 705 258; Beschlussfassung **709** 71 f.
Gesellschafterwechsel, Arten **719** 17 ff.; fehlerhafter – **705** 365 ff.
Gesellschaftsähnliche Gemeinschaften Vor 705 127
Gesellschaftsähnliche Rechtsverhältnisse Vor 705 118 f.; **730** 20
Gesellschaftsanteil s. a. Anteilsübertragung; Anteilsmehrheit in einer Hand **705** 181 f.; Aufstockung zu Lasten von Mitgesellschaftern **705** 42 ff.; Begriff **705** 159; **719** 22; Bruchteilsgemeinschaft an einem – **741** 14; Einbringung in Kapitalgesellschaft **730** 89; Pfändung **719** 59; Übertragung **719** 25 ff.; Vereinigung aller Anteile **Vor 723** 9, 17; Vererbung **727** 28 ff.; Verpfändung **717** 15, 39, 45; **719** 51 ff.
Gesellschaftsbeitritt, Haustürsituation **705** 329
Gesellschaftsforderung s. a. Gesamthandsforderungen
Gesellschaftsinterner Schlichtungsversuch 705 199
Gesellschaftsnahme, Namensschutz **705** 272 f.
Gesellschaftsname 705 270 ff.
Gesellschaftsrechtliche Ausgleichsordnung, Analogie **Vor 705** 79
Gesellschaftsschulden s. a. Gesamthandschulden
Gesellschaftsvermögen s. a. Anteil, Gesamthandsberechtigung, Gesamthandsvermögen; Begriff und Grundlagen **718** 2 ff.; Bruchteilseigentum der Gesellschafter **705** 266 ff.; **718** 11; gesamthänderische Bindung **705** 265; Sondergestaltung **705** 265; Veräußerung im Ganzen **730** 86 ff.
Gesellschaftsvertrag s. a. Anteil, Gesamthandsberechtigung; Abgrenzung von partiarischen Rechtsverhältnissen **705** 129; Abgrenzung zu Gefälligkeitsverhältnis **705** 17 ff.; Abgrenzung zu sonstigen vertraglichen Schuldverhältnissen **Vor 705** 104 ff.; Abschluss **705** 17 ff.; allgemeine Geschäftsbedingungen **705** 139; Anwendung des allgemeinen Schuldrechts **705** 156; bedingter – **705** 31; befristeter – **705** 31; **723** 22 ff., 64 ff.; Dauerschuldverhältnis **705** 153; Ergänzende Vertragsauslegung **705** 128; Form **705** 32 ff.; Grobe Ungleichbehandlung der Gesellschafter **705** 134; Inhaltskontrolle **705** 139 ff.; konkludente Vereinbarungen **705** 131; konkludenter Vertragsschluss **705** 25; Leistungsstörungen **705** 163 ff.; mangelhafter – **705** 52; Mindestvoraussetzungen **705** 128; mündliche Vereinbarungen **705** 131; Rechtsfolgen des Formmangels **705** 40 f.; rechtsgeschäftlicher Bindungswille **705** 18 ff.; Rechtsnatur **705** 155, 161 ff.; Rücktritt **705** 157; Schuldverhältnis **705** 155 ff.; Selbstkontrahierungsverbot **705** 58; Teilnichtigkeit **705** 52 ff.; Unterschiede

2795

Sachverzeichnis

Fette Zahlen = §§

zum Austauschvertrag **705** 161; unvollständiger Vertragsschluss **705** 29, 128; Vereinbarung über Grundstücke **705** 36; Verlängerung **709** 91 f.; Verschuldensmaßstab **705** 157; Vertrag zugunsten Dritter **705** 157; Vertragsänderungen **705** 55 ff.; Vertragsfreiheit **705** 132 f.; Vertragsverletzung **705** 198; **708** 6 f., 16 ff.; Vertreterklausel **741** 76
Gesellschaftszweck s. a. gemeinsamer Zweck
Gesetzliche Schriftform P 3 5 f.; Gesellschaftsvertrag **705** 33 ff.
Gesetzliches Verbot, Gesetzes- oder Sittenverstoß **705** 333 f.; **709** 105 f.
Gesundheitsverletzung, ärztliche Eingriffe s. Arzthaftung; Begriff **823** 68, 73 ff.; Erwerbsschaden s. d.; Krankheitserreger **823** 75; Mobbing **823** 78; psychische Störung **823** 74; Schadensersatz nach dem Produkthaftungsgesetz **PH 1** 2 ff.; Schockschaden **823** 79 ff.; Stalking **823** 78; Tabakkonsum **823** 76
Gewährleistungsbürgschaft 765 110; **768** 7
Gewährleistungsgarantie Vor 765 38
Gewahrsamsfähigkeit der GbR **718** 59
Gewerbebetrieb und Gesamthandsgegenstände s. Unternehmensschutz; eingerichteter und ausgeübter **823** 164, 166, 187 ff.; **824** 5; **826** 3, 133, 144; **839** 43 ff.; **852** 5
Gewinn- und Verlustrechnung 721 6 f.
Gewinnanspruch, Abtretung **717** 31, 36, 40; **721** 6; aufgelöste Gesellschaft **730** 26 f., 52 f.; Ausschluss, Beschränkung **705** 149 ff.; **722** 5 f.; Entnahmebeschränkungen **721** 15 f.; Entstehung **721** 8 f., 13 f.; Fälligkeit **721** 8 f., 13 f.; Geschäftsführervergütung **709** 32 ff.; Höhe **705** 189; **722** 1 ff.; Mindestgewinngarantie **722** 5; Nießbrauch **705** 96; Pfändung **725** 6; Schranken der Geltendmachung **705** 227 f.; **721** 15 f.; Schuldner **705** 197; **721** 13 f.; stehen gelassene Gewinne **721** 16; Verjährung **721** 13 f.; Vorausabtretung **717** 31, 35 f., 40; **721** 13 f.; Wesen **705** 189; Zwangsvollstreckung **705** 197; **725** 6
Gewinnanteilschein, Vorlegungsfrist **801** 4
Gewinnschuldverschreibung 793 23
Gewinnstammrecht, Abtretung **717** 15; Begriff **717** 15; Nießbrauch **705** 108
Gewinnverteilung in der GbR s. a. Gleichbehandlungsgrundsatz; Abwicklungsgesellschaft **730** 26 f.; Anspruch auf – **721** 4, nach Auflösung **721** 1; Bilanzaufstellung **721** 6 f.; fehlerhafte Änderung **705** 362 f.; Gleichbehandlungsgrundsatz **705** 250; Innengesellschaft **721** 4; jährliche – **705** 189; **721** 4 ff.; Stehenlassen von Gewinnen **721** 16; stille Gesellschaft **705** 287; vertragliche Regelungen **721** 3, 5; Zeitpunkt **721** 1
Gewinnverteilung in der Partnerschaft P 6 44 f.

Gewinnverteilungsschlüssel, Änderung **709** 93; **722** 5; gesetzlicher – **705** 189; **722** 1 f.; Gleichbehandlungsgrundsatz **705** 250; sittenwidriger – **705** 134, 333
Gewinnverwendung 709 55, 59
Gewinnvoraus 709 32 f.; **721** 5
Girmes-Fall 826 99, 127
Girosammelverwahrung Vor 793 31
Gläubigerbenachteiligung 738 47 f.; **826** 85 ff.
Gleichbehandlungsgrundsatz, Anwendungsbereich **705** 244, 248 ff.; bei der Bruchteilsgemeinschaft **741** 36; Grundlage **705** 244; Inhalt **705** 234; Mehrheitsberechnung **709** 97; als Ordnungsprinzip **705** 248; Rechtsfolgen eines Verstoßes **705** 252; sittenwidrige Ungleichbehandlung **705** 134; vertragliche Abweichungen **705** 245 ff.
Globalbürgschaft 765 19
Globalurkunde Vor 793 33
Globalzession, Kollision mit verlängertem Eigentumsvorbehalt **816** 84 ff.
GmbH s. Freiberufler-GmbH, juristische Person, Kapitalgesellschaft; Geschäftsanteil **705** 33 f.; **719** 33 ff.
„Good will" 706 10
Grundbucheintragung der Gemeinschaft **742** 6 (Bruchteilsangabe)
Grundbuchfähigkeit der (Außen-)GbR **705** 312 ff.; der Gemeinschaft **741** 12, 15; der Partnerschaft **P 7** 12
Grundbuchwesen, Amtspflichten **839** 239
Grundlagengeschäfte 709 10 f.
Grundsätze ordnungsgemäßer Buchführung 721 6 f.
Grundstück als Beitrag **705** 15, 36; Gesellschaftsgründung zum Erwerb **Vor 705** 36; **705** 38 f.
– als Gesellschaftsvermögen, Anteilsübertragung **705** 36; **719** 33 ff.; formwechselnde Umwandlung **705** 13; Gesellschafterwechsel **705** 36; **718** 9; **738** 9
Grundstücks-Fond Vor 705 3 a
Grundstücksgesellschaft 705 39
Gründungsmängel s. a. fehlerhafte Gesellschaft
Gruppe (Gesamthand) 705 298 ff.
Gruppenlehre 714 14
Guter Glaube, Beweislast **851** 9, des Schädigers bei Ersatzleistung **851** 1, 6 ff.; Voraussetzung der Schuldbefreiung **851** 2 ff.
Gütergemeinschaft 705 74, s. a. eheliche Gütergemeinschaft
Gütertrennung 705 74
Gutgläubiger Erwerb s. a. Einbaufälle, Saldotheorie; von Bruchteilseigentum **747** 19 f., 30; von Gesamthandsgegenständen **718** 38; **719** 9

Haftung der Gesellschaft (GbR) s. a. Gesamthandsschuldklage, Rechtsfähigkeit der (Außen-) GbR; Gesamthandsschulden **718** 24 ff.;

2796

magere Zahlen = Randnummern

Sachverzeichnis

gesetzliche – **705** 262 ff.; Innengesellschaft **705** 284; Organverschulden **705** 262 ff.; – **718** 27, 30 f.; Privatschulden von Gesellschaftern **718** 32; rechtsgeschäftliche – **718** 25 f.; Teilnahme am Rechtsverkehr **714** 8
Haftung der Gesellschafter 714 9, s. a. Akzessorietätstheorie; Akzessorietät **714** 33 f.; Analogie zu § 128 HGB **714** 36; Ausgestaltung **714** 35 ff.; Ausgleichsanspruch **714** 56; ausscheidender Gesellschafter **714** 70; deliktische Verbindlichkeiten **714** 38; Doppelverpflichtungstheorie **714** 3 ff., 58; Einreden und Einwendungen **714** 49 ff.; Einschränkung **714** 41; eintretender Gesellschafter **714** 72; Freistellungsanspruch gegen Gesellschaft **714** 54; Gesamtschuld **714** 47; Gesellschafterwechsel **714** 70 ff.; Grundlagen **714** 31 ff., 35 ff.; Haftungsbeschränkung **714** 58 ff.; Haftungsumfang **714** 46 ff.; in der Insolvenz **714** 45; persönliche Reichweite **714** 40; Rechtsgrund **714** 35 ff.; Regressanspruch gegen GbR **714** 54; sachliche Reichweite **714** 37 ff.; Sozialverbindlichkeit **714** 39; Unterscheidung zur Haftung der Gesellschaft **714** 31 ff.; Vererbung **714** 74; vertraglicher Haftungsausschluss **714** 66 f.; Zwangsvollstreckung **714** 52 f.
Haftung der Partner, Akzessorietät **P 8** 5; Altverbindlichkeiten **P 8** 9; bei Auflösung oder Ausscheiden **P 10** 17 ff.; Haftungsausschluss, -beschränkung **P 8** 7; Haftungskonzentration in der Partnerschaft nach § 8 Abs. 2, Anwendungsbereich **P 8** 15, Auseinanderfallen von benannten und verantwortlichen Partnern **P 8** 24 f., Ausscheiden von Partnern **P 8** 31, Bedeutung **P 8** 14, Bestimmbarkeitserfordernis **P 8** 24 ff., Eintritt von Partnern **P 8** 31 f., Konkretisierung **P 8** 30, verantwortliche Partner **P 8** 21 f.; Höchstbetragshaftung **P 8** 33 ff., interprofessionelle Partnerschaften **P 8** 38, Voraussetzungen wirksamer Beschränkung **P 8** 36 ff.; Inhalt der Haftung **P 8** 6; interner Ausgleich, Ausgleichspflicht zwischen den Partnern **P 8** 13, Regressanspruch gegen die Partnerschaft **P 8** 12; Nachhaftung **P 10** 2, 18; Verhältnis zum Berufsrecht **P 8** 2
Haftung des Geschäftsführers der GbR s. a. Haftung im Innenverhältnis; Beweislast **708** 19 f.; deliktische – **705** 261 ff.; für Erfüllungsgehilfen **708** 17; **713** 6; Handeln aufgrund Gesellschafterbeschlusses **708** 23; bei Substitution **713** 6; Überschreitung der Geschäftsführungsbefugnis **708** 8 ff.; für Verrichtungsgehilfen **718** 31
Haftung des Zeugen, analoge Anwendung von § 839 a **839 a** 12
Haftung im Innenverhältnis für Angestellte der Gesellschaft **708** 17; Anwendungsbereich **708** 5 ff.; Beherrschungsvertrag **708** 7; Beweislast **708** 19; deliktische – **708** 4; Drittgeschäfte

708 7; für Erfüllungsgehilfen **708** 17; Haftungsbeschränkung **708** 3; Handeln aufgrund Gesellschafterbeschlusses **708** 23; Sorgfaltsmaßstab **708** 16 ff.; Straßenverkehr **708** 12 ff.
Haftung mehrerer, Amtspflichtverletzung **840** 13; Angehörigenprivileg **840** 38; Arbeitsunfälle **839** 305 f., 355; **840** 34; Aufopferungshaftung **840** 11; Ausgleichung bei Beamtenhaftung **841** 1 ff.; Außenverhältnis **840** 13; Gefährdungshaftung **840** 5, 19 f.; gesetzliche Haftungsprivilegierung **840** 33 ff.; gestörter Gesamtausgleich **840** 30 ff.; Innenverhältnis **840** 14 ff.; Insolvenz **840** 27; Mitverschulden des Geschädigten **840** 23 ff.; Nebentäterschaft **840** 2; ordnungsrechtliche Störerhaftung **840** 12; Schutzbefohlener **840** 17; Staatshaftung **840** 10; unerlaubte Handlung **840** 4, 23 ff.; Verkehrssicherungspflicht s. d.; vertragliche Haftungsbeschränkung **840** 31; Vertragshaftung **840** 9; Wettbewerbsrecht **840** 8; Zweck **840** 1 ff.
Haftungsbeschränkung, institutionelle – **714** 63
Haftungsbeschränkungsklauseln 714 69
Haftungseinheit 840 28
Haftungserweiterungsklauseln 765 111
Halten und Verwalten von Sachen 705 145; **719** 36
Handeln auf eigene Gefahr, Kampfsport **823** 548; als Rechtfertigung **823** 319; Tierhalterhaftung s. d.
Handelsgewerbe s. Rechtsformzwang
Hausfrau, Erwerbsschaden **843** 31; Tötung des nichtberufstätigen haushaltsführenden Ehegatten **844** 42 ff.
Haustürsituation, Gesellschaftsbeitritt **705** 329
Heilpraktiker, deliktische Haftung **823** 724
Heizölgemeinschaft Vor 705 34
Herausgabeanspruch nach § 985 718 38
Hermes-Garantie Vor 765 37
Hersteller, Abgrenzungen **PH 4** 8 ff.; Anbringen von Kennzeichen **PH 4** 23 ff.; arbeitsteilige Herstellung **PH 4** 8; Beweislast **PH 4** 3; Dienstleistung nach Inverkehrbringen **PH 4** 12; Endhersteller **PH 4** 6 ff.; geistige Leistungen **PH 4** 9; Grundstoffhersteller **PH 4** 15; Importeur **PH 4** 27 ff.; Irrtümer **PH 4** 4; Kontroll- und Prüfungstätigkeit **PH 4** 10; Lieferant **PH 4** 33 ff.; Nichtfeststellbarkeit des Herstellers **PH 4** 36 ff.; Quasihersteller **PH 4** 21 ff.; Reparaturarbeiten **PH 4** 13; Teilhersteller **PH 4** 17 ff.; Teilprodukt **PH 4** 19 f.; Vertriebstätigkeit **PH 4** 11 f.
Herstellergarantie Vor 765 40
Herstellungsfehler als Eigentumsverletzung **823** 133 ff.; Fabrikationspflicht **823** 632 ff.; Fehlerbegriff **823** 617; Instruktion **823** 636 ff.; Konstruktion **823** 628 ff.; Produktbeobachtung **823** 645 f.; Sorgfaltsmaßstab **823** 620 ff.

Sachverzeichnis

Fette Zahlen = §§

Hinkendes Inhaberpapier s. Legitimationspapier, qualifiziertes
Hinterlegung 734 11
Höchstbetragsbürgschaft 765 111 ff.; Haftungserweiterungsklauseln **765** 111; Haftungsumfang **765** 112; Vorrang des Gläubigers **774** 12
Höchstdauer Vor 723 15; **723** 20, 68
Holdinggesellschaft 705 12
Hypothek, bereicherungsrechtliche Rückabwicklung **812** 163 ff.

Idealgesellschaft 705 144; **738** 62
Informationspflicht des Geschäftsführers 711 3; **713** 9
Informationsrecht s. a. Kontrollrecht
Inhaberkarten- und Marken s. Inhaberpapier, kleines
Inhaberklausel 808 9
Inhaberpapier, Begriff **Vor 793** 14; Rechtsnatur **Vor 793** 8
–, **kleines,** anwendbare Vorschriften **807** 14 f.; Auslegung **807** 9; Begriff **807** 6 ff.; Beweiszeichen **807** 4; Einzelfälle **807** 10 ff.; Funktion **807** 1 ff.; Inhaberzeichen **807** 5; Legitimationszeichen **807** 4; Rektazeichen **807** 5; Zeichen mit Wertpapiercharakter **807** 5; Zeichen ohne Wertpapiercharakter **807** 3 f.
Inhaberrentenschein 803 3
Inhaberschuldverschreibung 793 3; Abgrenzung **793** 10 f.; aktienrechtliche Formen **793** 14; aktienrechtliche Sondervorschriften **793** 39 ff.; allgemeine Geschäftsbedingungen **793** 43 ff.; Ausgestaltung des Zahlungsversprechens **793** 12; Begebungsvertrag **793** 26; Beweislast **793** 38; Eigentum des Erwerbers **797** 5 ff.; Eigentum des Inhabers **793** 26; Einschaltung einer Zahlstelle **797** 7; Ersatzurkunde **798** 1 ff.; Formerfordernisse **793** 6; gerichtliche Nachprüfbarkeit **793** 38; gutgläubiger Erwerb **793** 27; Haftung des Ausstellers **794** 1 ff.; Inhalt des Rechts auf den Aktienerwerb **793** 20 ff.; Innehabung **793** 25; Leistung an den Nichtberechtigten **793** 35 ff.; Leistungsversprechen **793** 7 ff.; Liberationswirkung **793** 35 ff.; Nachrang **793** 13; Optionsanleihe **793** 16; Pflichtwandlung **793** 18; Quittungserteilung **797** 4; Rang der Gläubigerforderung **793** 13; rechtstatsächliche Bedeutung **793** 3 f.; sachenrechtlicher Erwerb **793** 30; Tilgungswahl des Emittenten **793** 19; Tod des Ausstellers **794** 5; Umschreibung **806** 1 ff.; Urkundenbegriff **793** 5; Urkundenprozess **793** 25; Urkundenunterzeichnung **793** 6; Verfügungsbefugnis späterer Inhaber **793** 29; Verjährung **801** 7; Vorlegungsfrist **801** 2 ff.; Wandelanleihe **793** 17; Wandelschuldverschreibung **793** 15; Zessionsvertrag **793** 31 f.; Zurückbehaltungsrecht **797** 2

–, **Einwendungen des Ausstellers,** Beweislast **796** 16; Einwendungsausschluss **796** 2; Fälschung **796** 11; fehlende Vertretungsmacht **796** 11; Geschäftsunfähigkeit **796** 11; materiell-rechtlicher Einwendungsbegriff **796** 5; nichturkundliche Einwendungen **796** 9 ff.; urkundliche Einwendungen **796** 6 f.; vis absoluta **796** 11; wechselrechtliche Einwendungslehre **796** 3 ff.
–, **Kraftloserklärung,** Aufgebotsverfahren **799** 3 ff.; Auskünfte und Zeugnisse **799** 11; Ausschlussurteil **799** 8 ff.; Durchführung **799** 7; Erneuerungsanspruch **800** 2 ff.; Nebenpapiere **799** 4; Oppositionsliste **799** 12; Verlust **799** 5; Vernichtung **799** 6; vorläufiger Rechtsschutz **799** 10; Wirkung **800** 1 ff.; Zahlungssperre **799** 10
Inhaltskontrolle von Gesellschaftsverträgen **705** 139
Inkassovollmacht, Abgrenzung zur Anweisung **783** 11
Innengesellschaft, actio pro socio **705** 286; Auflösung **705** 285; **Vor 723** 10; **730** 12; Auseinandersetzung **730** 12 ff.; **733** 3; Begriff, Abgrenzung zur Außengesellschaft **Vor 705** 91; **705** 275 ff., Innengesellschaft im engeren Sinn **705** 282, 285, Innengesellschaft im weiteren Sinn **705** 279 ff.; Erscheinungsformen **705** 283; fehlerhafte – **705** 276, 280; Gesamthandsvermögen **705** 275 f., 277 ff.; ohne Gesamthandsvermögen **705** 282; Gesellschaftsorgane **Vor 705** 8; Parteifähigkeit **718** 48 ff.; Schenkung von Gesellschaftsbeteiligungen **705** 42 f.
Innenverhältnis der Partnerschaft, Aufwendungsersatz **P 6** 25; Beiträge der Partner **P 6** 41 ff.; vor Eintragung **P 7** 5; entsprechende Anwendung von OHG-Innenrecht **P 6** 24 ff.; Geschäftsführung **P 6** 13 ff.; Gesellschafterbeschlüsse **P 6** 37 ff.; Gewinnverteilung **P 6** 44 f.; Kontrollrechte **P 6** 33 ff.; Wettbewerbsverbot **P 6** 28 ff.
Insiderinformationen 826 72
Insolvenz der (Außen-) GbR, Antragsrecht und -pflicht **728** 11 f.; Auflösung **728** 8; Fortsetzung **728** 23 ff.; Gesellschafterhaftung **728** 21; Gesellschafterrechte **728** 16; Gläubigerschutz **728** 3; Insolvenzfähigkeit **705** 322; **728** 2, 4 ff.; Insolvenzgrund **728** 10; Insolvenzmasse **728** 17 ff.; Verfahrenseröffnung **728** 8; Verwaltungsbefugnisse **728** 15; vorläufige Sicherheitsmaßnahmen **728** 9
Insolvenz des Gesellschafters s. a. Nachlassinsolvenz; Abfindungsklauseln **738** 47 f.; Auflösung der Gesellschaft **705** 125; **728** 31 ff.; Auseinandersetzung **728** 38; Einstellung des Verfahrens **728** 36; Fortsetzung der Gesellschaft **705** 125; **728** 43 ff.; **736** 5, 14; Gegenstände der Insolvenzmasse **705** 125; Geschäfts-

magere Zahlen = Randnummern

Sachverzeichnis

führung **728** 38 f.; **730** 32; Übernahmerecht **730** 68; Verbindlichkeiten **728** 40 f.
Insolvenzfähigkeit der GbR 705 322; **728** 2, 4 ff.; Innengesellschaft **728** 7
Insolvenzverfahren, Einstellung **728** 36
Insolvenzverschleppung als sittenwidrige Schädigung **826** 85, 89 ff.
Interessengemeinschaft s. a. Europäische Wirtschaftliche Interessenvereinigung; Anwendbarkeit der Gemeinschaftsvorschriften **741** 3, 71 ff.; Anwendbarkeit der Vorschriften über die Gesellschaft **705** 283; Interessenverband **741** 74; Lastentragung, analoge Anwendung von § 748 **748** 3; Risikogemeinschaft **741** 72 f.
Internet, deliktische Sorgfaltsstandards **823** 561 ff.; Modell der Produkthaftung **823** 567; Verantwortlichkeit **823** 562

Jagd s. a. Bundesjagdgesetz; deliktische Sorgfaltspflichten **823** 557 ff.; Schäden **835** 1 ff.; Teilnehmerhaftung **823** 559; Veranstalterhaftung **823** 558
Jagdgemeinschaft Vor 705 34
Jungbullenfall 816 20
Juristische Person und Gesamthand **Vor 705** 23; **705** 307 ff.; als Geschäftsherr **831** 23; Gesellschafter einer GbR **705** 76; des öffentlichen Rechts **705** 76; des öffentlichen Rechts als geschädigte Dritte **839** 272 ff.; Veränderungen im Gesellschafterkreis **719** 31

Kapitalabfindung s. Geldrente
Kapitalanlagegesellschaft 741 50 ff.; Besonderheiten der Anlage, Bruchteilsgemeinschaft **741** 53; gutgläubiger Erwerb des Anteils **741** 52; Insolvenzeröffnung **741** 51; Interessenwahrung **741** 51; Sondervermögen **741** 51; Stimmrecht aus Aktien **741** 51; Verfügung über Bruchteil **741** 52; **747** 10
Kapitalerhöhung 707 7, s. a. Beitragserhöhung; Minderheitenschutz **705** 251
Kapitalgesellschaft, Einbringung des GbR-Vermögens **730** 89 ff.; Gesellschafter einer GbR **705** 76; Mitgliedschaft einer GbR **705** 316; und Personengesellschaft **Vor 705** 23; Umwandlung in GbR **705** 8 ff.; Vorgesellschaft **Vor 705** 24; **705** 77; Vorgründungsgesellschaft **Vor 705** 25
Kapitalmangel 726 8
Kapitalschnitt 707 10
Kartell s. a. Wettbewerb; gesellschaftsrechtliche Relevanz **Vor 705** 65; **705** 143, 250, 283, 334; **709** 108
Kartellverbot 705 238; **779** 10
Kassalieferschein 783 18
Kegelclub 705 19
Kernbereich der Gesellschafterrechte 705 134 f.; **709** 91 ff.; **717** 17
Kernbereichslehre 709 90 ff.

KG s. Personenhandelsgesellschaft
KGaA, Gesellschafter einer GbR **705** 76
Kind s. Deliktsfähigkeit, Aufsichtspflichtiger, Schwangerschaft; als Schaden **823** 86 ff.; Schadensersatzanspruch der Eltern **823** 89 ff.; Schadensersatzanspruch des Kindes **823** 93 ff.
Kleingewerbe-GbR Vor 705 42, 89
Kleingewerbetreibende Vor 705 42, 89
Knebelung, sittenwidrige **705** 134
Know-how als Beitrag **706** 10; -Vertrag **Vor 705** 120
Kollegialgericht 839 290
Konkludenter Vertragsschluss 705 25; Gesellschaftsvertrag **705** 131
Konkurs s. Insolvenz
Konsortialkredit Vor 705 59
Konsortialvertrag Vor 705 54
Konsortium Vor 705 51 ff.; **705** 283, s. a. Arbeitsgemeinschaft
Kontokorrent, mangelhafte Saldofeststellung **781** 14; Rechtsnatur des Saldoanerkenntnisses **781** 10 f.; Saldoanerkenntnis **780** 46; **781** 9; uneigentliches Kontokorrent **781** 15; Wirkung des Saldoanerkenntnisses **781** 12 f.
Kontokorrentkredit, Höchstbetragsbürgschaft beim – **765** 57, 113; Saldoanerkenntnis **767** 15
Kontrollrecht des Gesellschafters der Partnerschaft, Einsichtsrecht **P 6** 33 ff.; Kollision mit berufsrechtlicher Schweigepflicht **P 6** 34
Kontrollrecht des Gesellschafters der GbR, Anfertigung von Auszügen **716** 11; Anwendungsbereich **716** 3 ff.; ausgeschiedener Gesellschafter **716** 13; **738** 6; Auskunftsanspruch **716** 6 f., 9, 12, 17; Ausschluss oder Beschränkung **716** 17 ff.; Berechtigte **716** 13 ff.; Bevollmächtigten **716** 14 f.; Einsichtsrecht **716** 6 ff.; Entziehung **716** 7; Geltendmachung **716** 6 f.; gesetzlicher Vertreter **716** 14; Hinzuziehung von Sachverständigen **716** 16; höchstpersönliche Natur **716** 1, 13; Innengesellschaft **716** 3; laufende Berichterstattung **716** 12, 17; Missbrauch **716** 3, 6 f.; Missbrauchseinwand **716** 18; Nichtgesellschafter **717** 13; Pflegschaft **716** 14; Schranken **716** 6 f., 18 f.; stille Gesellschaft **705** 287; **716** 3; Testamentsvollstrecker **716** 13; Treupflicht **705** 196; Überlassung zur Ausübung **717** 9; Übertragbarkeit **716** 13; **717** 16; übertragene Geschäftsführung **710** 8; Unterbeteiligung **716** 4 f., 17; Verhinderung des Gesellschafters **716** 15; Verzicht **716** 18; Voraussetzungen **716** 6 f.
Konzern Vor 705 65 ff.; Gesellschafter einer GbR **705** 76
Körperverletzung s. a. Abgrenzung zu Gesundheitsverletzung **823** 68 f.; ärztlicher Heileingriff s. Arzthaftung; Begriff **823** 71; am Ende des Lebens **823** 84 f.
Kostentragung beim Bruchteilseigentum s. Lastentragung beim Bruchteilseigentum

2799

Sachverzeichnis

Fette Zahlen = §§

Kraftfahrer als Verrichtungsgehilfe **831** 37 f.
Kraftloserklärung 799 1 ff.
Krankenhaus, Organisationspflichten **823** 716; Sorgfaltspflichten **823** 492 ff.
Krankenunterlagen, Einsicht in – **810** 14 ff.
Kreditauftrag, Abdingbarkeit **778** 2; Abgrenzung zur unverbindlichen Aufforderung **778** 4; Anwendbarkeit von Auftragsrecht **778** 7; Anwendbarkeit von Bürgschaftsrecht **778** 9; Formbedürftigkeit **778** 8; Gegenstand des – **778** 3
Kreditauskunft, Auskunftshaftung **826** 61
Kreditbrief, Rechtsnatur **783** 29
Kreditbürgschaft 765 114
Kreditgefährdung, Anschwärzung **824** 7; ärztliche Diagnose **824** 23; Beurteilungszeitpunkt **824** 28; Beweislast **824** 66; Fahrlässigkeitskalkül **824** 44; Rechtfertigung **824** 41 f., 44; rechtliche Wertung **824** 22; Sachverständigengutachten **824** 23; Schädigungseignung **824** 35 ff.; spekulative Behauptungen **824** 21; Tatsachen **824** 9 ff.; Tatsachenbehauptung, Beispiele **824** 24 f.; Tatsachenbehauptung und Werturteil, Abgrenzung **824** 9 ff.; unmittelbare Beeinträchtigung **824** 38; Unterlassungsanspruch **824** 42, 59; Unwahrheit **824** 26 ff.; Verbindung von Tatsachenbehauptung und Wertung **824** 14 ff.; Verbreiten **824** 30 ff.; Verdachtsäußerung **824** 31; Verhältnis zu anderen Vorschriften **824** 4 ff.; Verschulden **824** 57 f.; Widerruf **824** 42, 60; wissenschaftliche Äußerungen **824** 23, 48; Wissenschaftsprivileg **824** 48
Kreditkonsortium Vor 705 50 ff., 87
Kritik als Eingriff in den Gewerbebetrieb **823** 189 ff.
Kundenstamm 706 10; Mitnahme **738** 67
Kündigung aus wichtigem Grund s. a. Kündigungsschranken; Abfindungsbeschränkungen **723** 74, 76; Abmahnung **723** 32; Angabe des Kündigungsgrundes **723** 27; Ausschluss oder Beschränkung **723** 74 ff.; fehlerhafte Gesellschaft **723** 46; Formvorschriften **723** 74; Fortsetzungsklausel **723** 74; **736** 11; Fristen **723** 74; Geschäftsführung **723** 28 ff.; Interessenabwägung **723** 28 f.; mildere Mittel **723** 28; missbräuchliche – **723** 34, 50; Mitursächlichkeit des Kündigenden **723** 34; Nachschieben von Kündigungsgründen **723** 27; personenbezogene Gründe **723** 30 f.; Revisibilität **723** 36 f.; sachbezogene Umstände **723** 35; Schadensersatz **723** 49; Schranken **723** 34, 50 ff.; Umdeutung **723** 17; Umzumutbarkeit **723** 28 f.; zur Unzeit **723** 53; Verschulden **723** 33; Vertragliche Kündigungsschranken **723** 74 f.; Vertrauensverlust **723** 31 ff.; Verwirkung **723** 47; Verzicht **723** 47; verzögerte Geltendmachung **723** 48; bei Volljährigkeit **723** 38 ff.; Wesen **723** 26; wichtiger Grund **723** 28 f.

Kündigung der GbR s. a. Kündigung aus wichtigem Grund, Kündigungsschranken; Änderungskündigung **723** 14 ff.; Anwendungsbereich **723** 2 f.; Ausschluss **723** 70; Austrittsrecht **723** 70; bedingte – **723** 14 ff.; befristete Gesellschaft **723** 22 ff., 64 ff.; Berechtigte **723** 7; Beschränkung des Kündigungsrechts **723** 61 ff., 70 ff.; Bevollmächtigung **723** 7; Fehlen eines Kündigungsgrundes **723** 60; fehlerhafte Gesellschaft **705** 345; **723** 46; Form **723** 12; Fortsetzung der Gesellschaft **723** 72; Frist **723** 13, 21, 71; durch nicht voll Geschäftsfähige **723** 9 f.; Gestaltungsrecht **723** 6; Gestaltungswirkung **723** 18 f.; Kündigungserklärung **723** 11 ff., 14; Kündigungsfolgen **723** 19; auf Lebenszeit eingegangene Gesellschaft **723** 64 f.; **724** 7 ff.; missbräuchliche – **723** 50 ff.; ordentliche – **723** 20 ff.; durch Privatgläubiger **725** 14 ff.; stille Gesellschaft **705** 288; stillschweigende Fortsetzung **724** 11 ff.; Systematik **723** 4; Teilkündigung **723** 15; Termin **723** 13, 22 f., 71; Testamentsvollstrecker **725** 4; zur Unzeit **723** 52 ff.; verheirateter Gesellschafter **723** 9 f.; Verlängerungsklausel **723** 69; verspätete – **723** 17; Vertragspfandgläubiger **719** 52 f., 58; Vertragsstrafe **723** 73; Vertragsvereinbarungen **723** 7, 61 ff., 70 ff.; vormundschaftsgerichtliche Genehmigung **723** 9 f.; Zugang **723** 11; Zustimmung des Pfandgläubigers **723** 9; Zustimmung Dritter **723** 9
Kündigung der Partnerschaft durch Partner **P** 9 7; durch einen Privatgläubiger **P** 9 8
Kündigung durch Privatgläubiger, Abfindungsbeschränkungen **725** 7; Auseinandersetzung **725** 19 f.; Ausschluss oder Beschränkung **725** 7; Befriedigung des Gläubigers **725** 22 f.; Berechtigte **725** 3 f.; Fortsetzung der Gesellschaft **Vor 723** 11; **725** 7; **736** 5, 12; Fortsetzungsklausel **725** 18 ff.; Frist **725** 18; Gläubigerrechte **725** 24 f.; Innengesellschaft **725** 2; Kündigungserklärung **725** 17; Kündigungsfolgen **725** 19 f.; Kündigungsrecht **725** 1; Pfändung des Anspruchs auf Auseinandersetzungsguthaben **725** 6, 14; Pfändung des Gesellschaftsanteils **719** 52, 58 f.; Privatgläubiger des Gesellschafters **725** 16; Rechtsfolgen, Auflösung der Gesellschaft **725** 19 f.; Ausscheiden des Gesellschafter-Schuldners **725** 21; rechtskräftiger Schuldtitel **725** 15; stille Gesellschaft **705** 288; **725** 2; Übernahmeklausel **725** 18; Übernahmerecht **725** 7; Unterbeteiligung **725** 2; vertragliches Pfandrecht **723** 7; **725** 3; Verwaltungsrechte des Gesellschafters **725** 25; Voraussetzungen **725** 14 ff.; Wegfall des Kündigungsgrundes **705** 230; **725** 22 f.; Wiederaufnahmeanspruch **725** 23; Zeitpunkt **725** 12 f.
Kündigung zur Unzeit 723 52 ff.

magere Zahlen = Randnummern

Sachverzeichnis

Kündigungsbeschränkungen, vertragliche, Abfindungsklauseln 723 70, 72 ff., 76; 738 57 ff.; Ausschluss der Kündigung 723 70, 74, 76; außerordentliche Kündigung 723 74 f.; Befristung der Gesellschaft 723 64 ff.; Fortsetzungsklauseln 723 72, 74; Nichtigkeit 723 63; ordentliche Kündigung 723 70 ff.; Personenhandelsgesellschaften 723 62; stille Gesellschaften 723 62; überlange Gesellschaftsdauer 723 65 f.; Unentziehbarkeit 723 62; Vereinbarungen über Kündigungsgründe 723 70, 75; Verlängerungsklauseln 723 69
Kündigungserklärung, Inhalt 723 14
Künstlergruppe Vor 705 130
Kursrutsch s. Kurssprung
Kurssprung 826 75

Ladendiebstahl, Schuldanerkenntnis nach – 781 30
Lagerschein 793 10; 808 10
Landwirtschafts-GbR Vor 705 41, 89
Lastentragung beim Bruchteileigentum, Befreiung im Innenverhältnis 748 11; Beteiligte 748 4; Beweislast 748 15; dispositives Recht 748 5; Fälligkeit 748 12; bei gleichzeitigem Mietverhältnis 748 18; Innenverhältnis 748 2; Kosten 748 7 f.; Lasten 748 6; Nichterfüllung von Ansprüchen nach § 748 748 14; Regressanspruch 748 11; Sondervorschriften 748 16 ff.; Tätigkeitsentgelt 748 9; Verrechnungsmöglichkeiten 748 13
Lastschriftverfahren, Missbrauch des Widerspruchsrechts 826 105 ff.; 830 27
Lastschriftverkehr, bereicherungsrechtliche Rückabwicklung 812 124; fehlende Einzugsermächtigung 812 129 ff.; unbefugter Gebrauch der Einzugsermächtigung 812 133
Lebensgemeinschaft s. nichteheliche –
Lebensgemeinschaften Vor 705 81 ff.
Lebensversicherungsvertrag, bereicherungsrechtliche Rückabwicklung 812 195 ff.
Lebenszeit, Gesellschaft auf – 724 1 ff.
Legitimationspapier, Rechtsnatur **Vor 793** 8, 21
–, qualifiziertes, Abgrenzungen 808 4; Aufgebotsverfahren 808 19; Begriff **Vor 793** 18 f.; 808 2; Bösgläubigkeit des Ausstellers 808 14 ff.; Einzelfälle 808 10; Form 808 5; Inhaberklausel 808 9; Leistungsanspruch des Inhabers 808 11 ff.; Liberationswirkung 808 12 ff., 17; Mindestinhalt der Urkunde 808 5 ff.; Rechtsnatur 808 3; sachliche Reichweite 808 16; Verjährung 808 21; Voraussetzungen 808 5 ff.; Vorlegungserfordernis 808 18
Lehrer, Aufsichtspflichten 832 6, 13
Leibrente, Abgrenzungsfragen 759 8; Abtretung 759 37; Änderung der Rentenhöhe 759 43; Aufrechnung 759 39; Begriff 759 5 ff.; Berechtigung mehrerer 759 23; Betriebsrente 759 14; Dauer 759 21 f.; Erbauseinandersetzungen 759 15; Formbedürftigkeit, Formmängel 761 1 ff.; Fortbestand des Rentenanspruches 759 31 ff.; Gegenstand 759 20; Geschäftsgrundlage 759 31 ff.; Insolvenz des Schuldners 759 30; Leistungsstörungen 759 27 ff.; Nichtigkeit wegen Formmangels 761 8 ff.; Pfändung 759 38; Reallast 759 36; Rechtsnatur 759 5 ff.; Risikoverteilung 759 5; Ruhegehalt 759 14; Sachmängelgewährleistung 759 29; Schriftformerfordernis 761 1 ff.; Sittenwidrigkeit 759 40; Stammrechtstheorie 759 4; steuerliche Behandlung 759 17; Umrechnungsformel 759 24; Unterhaltsrente 759 10, 32; Veräußerungsrente 759 33 f.; Versorgungsleistungen 759 18 f.; Versorgungsrente 759 11; Verträge zu Gunsten Dritter 759 41 ff.; Verzug 759 27 f.; Wertsicherungsklausel 759 25 f., 35; Zahlungsweise 760 1 ff.
Leiharbeiterverhältnis, Haftung für Verrichtungsgehilfe 831 22
Leistung an einen Nichtberechtigten, „Berechtigter" 816 72 ff.; dogmatische Stellung im Bereicherungsrecht 816 70 ff.; Durchsetzung des Anspruchs 816 94; nachträgliche Genehmigung 816 89 ff.; Nichtberechtigter 816 72; Rechtsgrundlosigkeit 816 77; Wirksamkeit der Leistung 816 78 ff.; Zwangsvollstreckung 816 75
Leistung in Kenntnis einer Nichtschuld, Anwendbarkeit von § 817 817 7; Beweislast 814 16; Drittzahlung 814 15; fehlendes Vertrauen 814 8; Formnichtigkeit 814 4; Kenntnis der Anfechtbarkeit 814 13; Leistung unter Druck 814 10; peremptorische Einrede 814 6; positive Kenntnis 814 12 ff.; rechtshindernde Einwendung 814 1; Reichweite des Kondiktionsausschlusses 814 7 ff.; schwebend unwirksame Verträge 814 4; sittliche Pflicht 814 17 ff.; Stellvertretung 814 14; Unzulässigkeit widersprüchlichen Verhaltens 814 2; Vorbehalt der Rückforderung 814 9; Zeitpunkt der Leistung 814 3; Zusendung unbestellter Waren 814 12
Leistungsbegriff, Erfüllungstheorien 812 47 ff.
Leistungsklage gegen Gesamthänder 718 47
Leistungskondiktion, angenommene Anweisung 812 78 f.; Anweisungsfälle 812 59 ff.; Ausbauleistungen 812 358 ff.; Baukostenzuschuss 812 353; Beweislast 812 363 ff.; Direktkondiktion s. d.; Doppelmangel 812 72; Drittzahlung gemäß § 267 813 4; Einheitslehre 812 38 ff.; Einwendungserhalt 812 54 ff.; Empfängerhorizont 812 50 f.; Erfüllungsübernahme 812 161 ff.; Gesetzes- oder Sittenverstoß des Empfängers 817 4 ff.; Insolvenzrisiko 812 54 ff.; Kondiktion der Kondiktion 812 56; Leistungsbegriff 812 41 ff.; Leistungskette 812 52 ff.; Leistungszweckbestimmung 812 41; Mangel in einem Glied 812 52; Mangel in

2801

Sachverzeichnis

Fette Zahlen = §§

zwei aufeinander folgenden Gliedern **812** 53 ff.; nicht veranlasste Drittleistung **812** 155 ff.; nichtiges Deckungsverhältnis **812** 69 ff.; nichtiges Valutaverhältnis **812** 71; Sanierungsbeiträge **812** 358 ff.; Subsidiaritätsthese **812** 57 f.; Tilgungsbestimmung **812** 49; Trennungslehre **812** 38 ff.; veranlasste Drittleistung **812** 158 ff.; verlorener Zuschuss **812** 357; Widerruf der Anweisung **812** 109 ff.; Zwangsvollstreckung trotz erloschener Verbindlichkeit **812** 281
Leistungsstörung beim Gesellschaftsvertrag **705** 163 ff.; **706** 21 ff.
Lieferungsschein als Anweisung **783** 25
Liquidation der GbR s. a. Auseinandersetzung
Liquidation der Partnerschaft, Haftung der Partner nach – **P 10** 17 ff.; Liquidationsbilanz **P 10** 10; Liquidationsergebnis **P 10** 10 f.; liquidationsfähiges Vermögen **P 10** 3; Rechtsverhältnisse zwischen den Partnern **P 10** 12
Liquidationsgesellschaft (GbR) s. a. Abwicklungsgesellschaft
Liquidationsvergleich **779** 54 f.
Liquidatoren der Partnerschaft, Abberufung **P 10** 6; Anmeldung der Liquidatoren **P 10** 7; Bestellung **P 10** 6; Personen **P 10** 5, 15 ff.; Pflichten **P 10** 8; Rechte **P 10** 8; Vertretungsmacht **P 10** 9
Lizenzvertrag **Vor 705** 120 ff.
Lotterie- und Ausspielvertrag s. a. Spiel, Spielgemeinschaft; allgemeine Geschäftsbedingungen **763** 16 f.; Begriff **763** 4 f.; Fußballtoto **763** 9, 17; Glücksspielstaatsvertrag **763** 2; Grundstück als Gegenstand der Ausspielung **763** 15; Klassenlotterie **763** 8; Kontrahierungszwang **763** 14; Los-Lotterie **763** 18; private Lotterien **763** 13; Rennwetten **763** 11; Spielautomaten **763** 12; Spielbanken **763** 10; Zahlenlotto **763** 9, 17
Lotterielos **793** 10
Lückenhafter Gesellschaftsvertrag **705** 29 f., 234, 330
Luftverkehr, Sorgfaltspflichten **823** 577 ff.; Terroranschläge **823** 581

Marken, Mitinhaber von – **741** 68
Markenfähigkeit der (Außen-)GbR **705** 310
Market-Grabbing **826** 139
Massengesellschaft **Vor 705** 3 a
Mehrfachstimmrecht **709** 97
Mehrheitsbeschluss, Überprüfung **709** 101; Weisungsbindung **709** 49
Mehrheitsbeschlüsse s. a. Mehrheitsklauseln; Auflösung **709** 93; außerordentliche Kündigung **709** 94; Beeinträchtigung von Sonderrechten **709** 99; Beitragserhöhungen **709** 91 f.; Berechnung der Mehrheit **709** 96 f.; Bestimmtheitsgrundsatz **709** 84 ff.; Geschäftsführungsbefugnis **709** 83, 93; Gewinnverteilung **709** 93; Mitgliederbestand **709** 93; Publikumsgesellschaft **709** 94; Schranken **705** 135 ff.; **709** 98; Sonderrechte **709** 99; Stimmenthaltung **709** 96; Stimmrechtsänderungen **709** 93; Stimmrechtsausschluss **709** 63, 65 ff.; Vertragsverlängerung **709** 93
Mehrheitsklausel **707** 7 ff.
Mehrheitsklauseln, Abänderung besonderer Mehrheitserfordernisse **709** 82; Anwendungsbereich **709** 95; Auslegung **709** 84, 95; Bestimmtheitsgrundsatz **705** 137; **709** 84 ff.; Geschäftsführungsbeschlüsse **709** 83; Vertragsänderungen **709** 84 ff.
Mehrheitsprinzip **705** 225
Metaverbindungen **Vor 705** 72, 87; **705** 26, 283; keine Bruchteilsgemeinschaft **741** 26
Mietkautionsbürgschaft **765** 115
Mietvertrag s. a. Drittgeschäfte; partiarischer – **Vor 705** 112
Minderheitenschutz gegenüber Mehrheitsbeschlüssen **705** 251
Minderheitsrecht **705** 208
Minderjährige s. a. Aufsichtspflichtiger, nicht voll Geschäftsfähige, Kinder, Deliktsfähigkeit, Saldotheorie
Mindestinhalt des Partnerschaftsvertrags P 3 2
Mitbesitz bei der Gesellschaft **718** 35
Mitbürgerschaft, Abdingbarkeit **769** 6 f.; Entstehung **769** 4; Erlassvertrag **769** 8
Mitbürgschaft **765** 116
Miteigentümergemeinschaft s. a. Gemeinschaft **738** 10
Miterbengemeinschaft s. Erbengemeinschaft
Miterfinder s. Erfindergemeinschaft
Mitgliedschaft s. a. Gesellschaftsanteil; Deliktsrecht **705** 180; Einheitlichkeitsgrundsatz **705** 181 f.; in der GbR **705** 159, 179 ff.; Stammrecht und Einzelrechte **705** 188; als subjektives Recht **705** 180; Wesen und Rechtsnatur **705** 179
Mitgliedschaftsrechte und -pflichten **705** 185 f., 246; **717** 17; als „sonstiges Recht" **823** 171 ff.
Mittäter und Beteiligte, Alternativtäter **830** 28 ff., 37 ff.; Anstiftung **830** 14 f., 24; Anteilshaftung **830** 44; Beihilfe **830** 15, 24; Beispiel für Alternativtäterschaft **830** 53; Beispiele für gemeinschaftliches Handeln **830** 27; Demonstration **830** 19 f.; Fahrlässigkeit **830** 22 ff.; Gefährdungshaftung **830** 9, 32 ff.; Gesamtschuldnerschaft **830** 1 ff.; Haftung für gemeinschaftliches Handeln **830** 4 ff.; Kausalität der Beteiligung **830** 4, 17 ff., 30, 39 ff., 55; Teilnahme **830** 13; Urheberzweifel **830** 45
Miturhebergemeinschaft, Anteilsverzicht **741** 67; **747** 16; als Bruchteilsgemeinschaft **741** 64; Gebrauchsrecht **743** 17; als Gesamthand **Vor 705** 128; Pfändung des Miturheberrechts **741** 67; Rechtsgrundsätze **741** 66; Teilbarkeit bei

magere Zahlen = Randnummern

Aufhebung der Gemeinschaft **752** 30; Verfügung durch Teilhaber **747** 9; Verteidigung des Urheberrechts **741** 66
Miturhebergesellschaft Vor 705 118, 129
Monopol, Missbrauch **826** 134 ff.
Mündliche Vereinbarungen, Gesellschaftsvertrag **705** 131
Muster-Arbeitsgemeinschaftsvertrag Vor 705 90

Nachbarliches Gemeinschaftsverhältnis, keine Bruchteilsgemeinschaft **741** 26
Nachbürgschaft 765 117; **769** 2
Nachfolgeklausel 705 376
Nachfolgeklauseln s. a. Eintrittsklauseln, Vererbung der Mitgliedschaft; Alleinerbe **727** 32, 34; Auslegung **727** 60 f.; einfache – **727** 29 ff.; Erbenmehrheit **727** 33, 35 ff.; erbrechtliche – **727** 28; fehlerhafte Änderung **705** 361; Funktion **727** 4, 28; Nachlassgläubigersicherung **727** 34 ff.; qualifizierte – **727** 29, 41 ff.; rechtsgeschäftliche – **727** 49 ff., 61 f.; Vor- und Nacherbschaft **727** 71
Nachhaftungsbegrenzung des ausscheidenden Gesellschafters **714** 70; **736** 7, 21 ff.; des Gesellschafters bei Auflösung der Gesellschaft **736** 7, 28
Nachlassinsolvenz, -verwaltung 705 126 f.; **725** 4; **727** 22 f., 34 ff.; **728** 35
Nachschusspflicht 705 192; dispositives Recht **735** 2; gerichtliche Durchsetzung **705** 201
Nachtragsliquidation 730 39
Name der Außen-GbR **705** 270 ff.; Bestandsschutz in der Partnerschaft **P 11** 6 ff.
Name der Partnerschaft, Anmeldevorschriften **P 2** 3; Art der Festlegung **P 3** 16; Berufs- oder Künstlername **P 2** 9; Berufsbezeichnung **P 2** 12, 17 f.; Bestandsschutz für Alt-Namen und Firmen **P 11** 1, 6; Eintragung von Amts wegen **P 2** 24; Erlöschen **P 10** 13; Gleichklang mit HGB-Firmenrecht **P 2** 16; Handelsregisterrecht **P 2** 3; Mindestanforderungen **P 2** 1, 5 ff.; missbräuchliche Namensverwendung **P 2** 10; Namensausschließlichkeit **P 2** 23; Namensbeständigkeit **P 2** 20 ff.; Namenswahrheit **P 2** 17 f.; Partner-Zusatz **P 11** 2; Pseudonym **P 2** 9; Rechtsformzusatz **P 2** 11; **P 11** 1 ff.; Reservierung des Partner-Zusatzes **P 11** 4 f.; Täuschung **P 2** 22; unzulässiger Namensgebrauch **P 2** 25; Verbot täuschender Zusätze **P 2** 17 f.
Namenspapier mit Inhaberklausel s. Legitimationspapier, qualifiziertes
Namensschuldverschreibung, Rechtsnatur **Vor 793** 17
Nebenbürgschaftsklausel 769 2
Nebentäter 840 24; bei Tierhalterhaftung **833** 62
Negatorischer Rechtsschutz Vor 823 34 ff.

Sachverzeichnis

Nicht voll geschäftsfähige Gesellschafter, Anteilsübertragung **719** 32; Ausscheiden **705** 71; Beschlüsse in laufender Angelegenheit **705** 72; Beschlussfassung **705** 58, 72; **709** 60 f.; Beteiligung an GbR **705** 69 ff.; Erwerbsgeschäft **705** 70; fehlerhafter Beitritt **705** 375; fehlerhaftes Ausscheiden **705** 370, 375; Geschäftsführer **709** 27; Innengesellschaft **705** 71; Kündigung **723** 9 f.; Mitwirkung des gesetzlichen Vertreters **705** 69; stille Gesellschaft **705** 71; Vertragsänderungen **705** 71; vormundschaftsgerichtliche Genehmigung **705** 70
Nichtberechtigter, Eigentümer **816** 28; Stellvertretung **816** 25 ff.
Nichteheliche Lebensgemeinschaft Vor 705 81 ff.; Anwendbarkeit der Vorschriften über die Gemeinschaft **741** 40, 77; Anwendbarkeit der Vorschriften über die Gesellschaft **Vor 705** 73 f.; **730** 21 f.; Bürgschaft **765** 23; Ersatzansprüche bei Tötung eines Partners **844** 26; Rückabwicklung **812** 417 ff.; sittenwidrige Schädigung **826** 152
Nichteintritt des mit der Leistung bezweckten Erfolgs, Beweislast **815** 10; Konditionsausschluss **814** 1 ff.; Voraussetzungen **815** 6 ff.
Nichtigkeit s. Gesamtnichtigkeit, Teilnichtigkeit
Nichtleistungskondiktion, Einbaufälle s. d.; Eingriffskondiktion s. d.; fehlende Anweisung **812** 80 ff.; Rückgriffskondiktion s. d.; Verwendungskondiktion s. d.
Nichtrechtsfähiger Verein, Abgrenzung zur Gesellschaft **Vor 705** 3 a, 35, 136 f.; **705** 66; Gesellschafter einer GbR **705** 80
Nießbrauch 717 11 f.; Außenhaftung des Nießbrauchers **705** 106; Beendigung des – **705** 98; Bestellung am Bruchteilseigentum **747** 27; Bestellung eines Anteilsnießbrauchs **705** 97; am Gebrauchsrecht der Bruchteilsgemeinschaft **743** 10; Geschäftsführung **705** 100 f.; am Gesellschaftsanteil **705** 94 ff.; **717** 26; am Gewinnstammrecht **705** 108; Schutz des Nießbrauchers **705** 102; und sonstiges Recht **823** 146 ff.; Vermögensrechte **705** 103 ff.; Verwaltungsrechte **705** 99
Notar, Haftung für Amtspflichtverletzung **839** 341
Notarsozietäten Vor 705 40; **P 1** 80
Notgeschäftsführung 709 21, 40; **711** 8; **714** 18; **727** 16, 24; **728** 39
Nutzungsgemeinschaft 741 75

Oder-Konto, Abreden der Teilhaber **747** 8; Rechtsnatur **741** 54 ff.; Zwangsvollstreckung **741** 56
Öffentliche Einrichtung, Abgrenzung öffentliches Recht und Privatrecht **839** 155 ff.; Anspruch auf Zulassung zur Benutzung **839** 157; nachbarrechtliche Einwirkungen **839** 170 f.;

2803

Sachverzeichnis

Fette Zahlen = §§

Schädigung Dritter beim Betrieb einer – **839** 169 ff.
Öffentlich-rechtliche Forderungsverletzung, Amtshaftung, Abgrenzung **839** 77 f.; Benutzungsverhältnis **839** 76; culpa in contrahendo **839** 73 ff.; Folgekosten **839** 75; Haftungsausschlüsse **839** 78; öffentlich-rechtliche Verträge **839** 72; öffentlich-rechtliche Verwahrung **839** 76; Rechtsweg **839** 79; Schmerzensgeld **839** 78; Schuldverhältnis **839** 76; Strafgefangenenverhältnis **839** 76; verwaltungsrechtliche Schuldverhältnisse **839** 76
Öffentlich-rechtlicher Vertrag, Vertragspflichten **839** 197
OHG, Anwendung von OHG-Innenrecht auf die Partnerschaft **P 6** 1, 24 ff.; iVm. GbR s. Personenhandelsgesellschaft; Rechtsformzwang **Vor 705** 17; **705** 3, 22
Ökonomische Analyse des Rechts, Grundlagen **Vor 823** 45 ff.; Kritik **Vor 823** 58 ff.; Sorgfalt des Opfers **Vor 823** 50; Sorgfalt des Schädigers **Vor 823** 47 ff.
Opferentschädigung, Notstandseingriff **839** 62; rechtswidrige Inhaftierung **839** 70; rechtswidrige Maßnahmen der Polizei- und Ordnungsbehörden **839** 68 f.; Rücknahme eines begünstigenden rechtswidrigen Verwaltungsakts **839** 67 ff.; verwaltungsrechtlicher Vertrag **839** 66
Oppositionsliste 799 12
Optionsgeschäft s. Differenzgeschäft
Orderpapier, Begriff **Vor 793** 15
Orderschuldverschreibung 808 a 1
Organ, Begriff **705** 256 f.; der GbR **705** 255 ff.; **709** 62; **714** 16 f.; als Verbandsinstitution **705** 256 a
Organhaftung s. Organverschulden
Organisation, gemeinsame – **705** 152
Organisationsvertrag 705 158
Organverschulden 705 260 ff.; **718** 31
Organwalter 705 256 a; fehlerhafte Bestellung **705** 326 a

Pachtvertrag s. a. Drittgeschäfte; partiarischer – **Vor 705** 112
Partei s. a. Parteifähigkeit; im Gesellschaftsprozess **718** 44 ff., 50
Parteiänderung s. a. Prozess der Gesamthand
Parteidisposition P 6 23
Parteifähigkeit, Abgrenzung zur Rechtsfähigkeit **705** 320; **718** 39 ff., 44 ff.; (Außen-)GbR **714** 53; der (Außen-)GbR **705** 318 ff.; der Gemeinschaft **741** 3; der Partnerschaft **P 7** 12
Parteiwechsel s. a. Prozess der Gesamthand
Partiarische Rechtsverhältnisse Vor 705 107 ff.
Partner, Anforderungen **P 1** 23 ff.; Arbeitszeit **P 6** 27; ausgeübter Beruf **P 3** 20; Beiträge **P 6** 41 ff.; Geschäftsführung **P 6** 13 ff.; Kontrollrecht **P 6** 33 ff.; Name, Vorname **P 3** 20; natürliche Person **P 1** 23; Verlust der Zulassung **P 9** 21 ff.; Vermögensleistungen **P 6** 43; Wettbewerbsverbot **P 6** 28 ff.; Wohnort **P 3** 20
Partnerschaft, Anmeldung **P 4/5** 1, 4 ff.; Anteilsübertragung **P 9** 32 f.; Arbeitszeit **P 6** 29; aufgelöste Partnerschaft **P 9** 15; Auflösung **P 9** 1, 6; **P 10** 17 f.; Aufwendungsersatz **P 6** 25; Ausscheiden **P 9** 1, 9 f., 18 f.; **P 10** 18; Beiträge der Partner **P 6** 41 ff.; Berufsausübungsgemeinschaft **P 1** 10; Bezeichnung **P 1** 6; Doppelsitz **P 3** 19; Eintragung **P 4/5** 1, 17 f.; **P 10** 13; Erlöschen **P 9** 17; Ersatz von Verlusten **P 6** 26; formwechselnde Umwandlung **P 1** 25 ff.; **P 7** 4, 11; Fortsetzung einer aufgelösten Partnerschaft **P 9** 15; Gegenstand **P 3** 22 f.; Gesamthandsgemeinschaft **P 7** 10; Geschäftsführungsbefugnis **P 6** 7 f.; Gesellschafterbeschlüsse **P 6** 37 ff.; Gewinnverteilung **P 6** 44 f.; Grundbuchfähigkeit **P 7** 12; Haftung **P 8** 1 ff.; **P 10** 2, 18; Innenverhältnis **P 6** 23 ff.; Insolvenzfähigkeit **P 7** 12; interprofessionelle – **P 1** 82 f.; **P 9** 22; Kontrollrecht **P 6** 33 ff.; Kündigung **P 9** 7 f.; Liquidation **P 10** 3 ff.; Name **P 2** 1 ff.; Parteifähigkeit **P 7** 12; Partnerschaftsvertrag **P 1** 9 ff.; **P 3** 1 ff.; **P 7** 7; Partnerwechsel **P 7** 12; „Partner"-Zusatz **P 11** 1 ff.; Rechnungsabschluss **P 6** 45 f.; Rechtsnatur **P 7** 10 ff.; Sitz **P 3** 17 ff.; Sonderform der GbR **P 1** 4, 7 f.; **P 7** 10; Vererbung **P 9** 13, 24 ff.; Vergleich zu GbR, OHG und GmbH **P Vor 1** 11 ff.; Vergleichsfähigkeit **P 7** 12; Wahl des Sitzes **P 3** 18; Wechselfähigkeit **P 7** 12; Wettbewerbsverbot **P 6** 28 ff.; Zweigniederlassungen **P 4/5** 28 f.
Partnerschaft als Sonderform der GbR Vor 705 20
Partnerschaftsgesellschaftsgesetz, Entstehungsgeschichte **P Vor 1** 1 ff.
Partnerschaftsregister s. a. Eintragung; Bekanntmachung **P 4/5** 25 ff.; Durchsetzung des Namensrechts **P 11** 12; Haftung als „Scheinpartner" **P 8** 11; Notwendigkeit seiner Einrichtung **P 4/5** 19 ff.; Registerpublizität **P 4/5** 32; sonstige Regelungsbereiche **P 4/5** 30 ff.; Verweisung auf das Handelsregisterrecht **P 4/5** 22 ff.; Zweigniederlassungen **P 4/5** 28
Partnerschaftsregisterverfahren, Einbeziehung der Organe des Berufsstands **P 4/5** 40 ff.; Zulassungserfordernisse **P 4/5** 37 ff.; Zusammenwirken des Registergerichts mit den Berufskammern **P 4/5** 45
Partnerschaftsvertrag, Eintragung **P 4/5** 1; **P 7** 7; fehlerhafte Gesellschaft **P 3** 7 f.; Formmangel bei Gründung **P 3** 7 ff.; Formmangel bei Vertragsänderung **P 3** 11 ff.; gemeinsamer Zweck **P 3** 15; Hauptgegenstände **P 3** 15; Mindestinhalt **P 1** 9 ff.; **P 3** 2, 14 f.; Name **P 3** 16 ff.; Nichtoffenlegung **P 4/5** 4 ff.; Rechts-

magere Zahlen = Randnummern

Sachverzeichnis

folgen eines Formmangels **P 3** 7 ff.; Rechtsscheinhaftung **P 3** 10; **P 8** 11; Schriftformerfordernis **P 3** 6 ff.; Sitz **P 3** 17 f.; sonstige Bestandteile **P 3** 24 ff.; Umdeutung **P 3** 7 f.; Vollständigkeitsvermutung **P 3** 24; Vorbehalt des Berufsrechts **P 3** 26
Patronatserklärung, Begriff **Vor 765** 49; harte – **Vor 765** 53; weiche – **Vor 765** 54
Personengesellschaft, Einstimmigkeitsgrundsatz **705** 309; Selbstorganschaft **705** 309
Personenhandelsgesellschaft, Beteiligung einer GbR **705** 79, 309; Betriebsaufspaltung **Vor 705** 18; **705** 12; Fortsetzung als GbR **714** 19 f.; und GbR **Vor 705** 16 ff.; Gesellschafter einer GbR **705** 78; Rechtsformzwang **Vor 705** 17; **705** 3, 11, 22, 146; „Soll-" **705** 3 f.; **714** 19; Umwandlung in GbR **705** 11 ff.
Personenschadensersatz, Anwendungsbereich **843** 5 ff.; Erwerbsschadensersatz **843** 11 ff.; Systematik **843** 1 ff.
Personenverband 705 158
Persönliche Schadensersatzansprüche bei der GbR **705** 216
Persönlichkeitsrecht s. allgemeines Persönlichkeitsrecht
Pfändung des Bruchteils 749 26; **751** 3
Pfändung des Gesellschaftsanteils s. a. Anteilspfändung, Kündigung durch Pfändungspfandgläubiger; Anspruch auf das Auseinandersetzungsguthaben **717** 43; **719** 59; **725** 9 ff.; Anteilsübertragung **725** 27 f.; Befriedigung des Pfändungspfandgläubigers **719** 60; Beschlussfassung **725** 27 f.; „der Mitgliedschaft" **719** 59; **725** 3 f., 8 ff.; Drittschuldner **725** 12 f.; Gesellschafterrechte **717** 42 ff.; Gesellschaftsanteil **717** 43; **719** 59; **725** 9 ff.; Gewinnanspruch **719** 59; **725** 9, 11, 24; Rechtsfolge **725** 11; Überweisung **725** 13; Vermögensrechte **717** 42 ff.; **719** 7, 59; **725** 9, 11; Verstrickung **725** 25 f.; Verwaltungsrechte **717** 44; **725** 11, 25 f.; Verwertung **725** 13; Zustellung des Pfändungsbeschlusses **725** 12 f.
Pfändung und Überweisung, bereicherungsrechtliche Rückabwicklung **812** 216 ff.
Pfändungsvermerk im Grundbuch 725 25 f.
Pflichtteil bei Anteilsvererbung **727** 51 f.
Poolvereinbarungen Vor 705 59, 68 ff., 117; **705** 283
Post, Abgrenzung öffentliches Recht und Privatrecht **839** 160 ff.; Haftung **839** 162 f.
Prätendentenstreit, keine Gemeinschaft **741** 26
Pressehaftung, Anzeigenteil **824** 56; Gegendarstellung **824** 63; Haftung nach dem Produkthaftungsgesetz **PH 2** 14; Journalisten **824** 64; Live-Interview **824** 33; Privatleben **824** 54; Redakteure **824** 64; Sorgfaltspflichten **824** 53 ff.; Verleger **824** 64
Private Equity 826 77, 86

Privatgläubiger s. Kündigung durch Pfändungspfandgläubiger, Zwangsvollstreckung
Privatrechtliche Tätigkeit der öffentlichen Hand, fiskalische Hilfsgeschäfte **839** 151; privatrechtliche Tätigkeit des Staates **839** 4, 123, 150 f.
Produkt, Abfälle **PH 2** 18 ff.; Arzneimittel **PH 2** 10; autonome Auslegung **PH 2** 2; Baumaterial **PH 2** 8; bewegliche Sache **PH 2** 6; Blut **PH 2** 17; Computerprogramme **PH 2** 15; Einbau **PH 2** 7; elektrische Energie **PH 2** 3; Gebäude **PH 2** 6; gebrauchte Gegenstände **PH 2** 5; Jagderzeugnisse **PH 2** 11; menschliche Organe **PH 2** 17; Naturprodukt **PH 2** 11; Organismen **PH 2** 10; Sacheigenschaft **PH 2** 3 ff.; Teil einer unbeweglichen Sache **PH 2** 7; Tiere **PH 2** 4; verkörperte intellektuelle Leistungen **PH 2** 12
Produkthaftung, Abgrenzung zu § 831 **823** 593; Arbeitsteilung **823** 602 f.; Beweisfragen **823** 658 ff.; Endhersteller **823** 601; Fabrikationspflichten **823** 632 ff.; Franchising **823** 614; Gerätesicherungsgesetz als Schutzgesetz **823** 668; Händler **823** 606 ff.; Herstellerpflichten **823** 628 ff.; Importeure **823** 609; Instruktionspflicht **823** 636 ff.; Konstruktionspflichten **823** 628 ff.; Lizenzverträge **823** 610 ff.; Markenlizenz **823** 613; Massenproduktion **823** 598; Mitarbeiterhaftung **823** 600; Pflichtenträger **823** 601 ff.; Produktbegriff **823** 599; Produktbeobachtungspflicht **823** 645 ff.; Quasi-Hersteller **823** 608; Schutzgesetze **823** 667 ff., 674 ff.; Sicherheitserwartungen **823** 621 ff.; Sorgfaltsmaßstab **823** 620 ff.; Unternehmenshaftung **823** 598; Verhältnis zum Produkthaftungsgesetz **823** 596 f.; Verhältnis zum Vertragsrecht **823** 594 f.; Verkehrspflichten **823** 628 ff.; Verschulden **823** 658 ff.; Zulieferer **823** 605
Produkthaftungsgesetz, Anerkenntnis **PH 13** 12; Anleitungen des Endherstellers als Fehlerursache **PH 1** 64 ff.; atomrechtliche Haftung **PH 15** 10 f.; Ausschlussfrist, Ausnahmen **PH 13** 11 f.; Ausschlussfristausnahmen **PH 13** 7 f.; Beschädigung einer anderen Sache **PH 1** 8 ff.; Beweislast **PH 1** 37, 68 ff.; EG-Richtlinie 85/374/EWG **PH Einl.** 1; Entschädigungsanspruch, Kürzung **PH 10** 7; Entwicklungsgefahren **PH 1** 49; Entwicklungsrisiken **PH Einl.** 13; Erlöschen des Ersatzanspruchs **PH 13** 1; Fabrikationsfehler **PH Einl.** 17; **PH 1** 34 f.; fehlendes Inverkehrbringen **PH 1** 24 ff.; Gefährdungshaftung **PH Einl.** 14; Geldrente **PH 9** 1 ff.; Gesamtschuldnerausgleich **PH 5** 4 ff.; gesamtschuldnerische Außenhaftung **PH 5** 1 ff.; Haftungsausschlüsse **PH 1** 23; Haftungsausschlüsse für Teil- und Grundstoffhersteller **PH 1** 56 f.; Haftungsgrundsätze **PH Einl.** 13; Haftungshöchstbeträge bei mehreren

2805

Sachverzeichnis

Fette Zahlen = §§

Schädigern **PH 10** 5 f.; Haftungshöchstsumme bei Personenschäden **PH 10** 2 ff.; Haftungsumfang **PH Einl.** 20 f.; Innenausgleich zwischen Hersteller und Drittem **PH 6** 12 f.; Instruktionsfehler **PH Einl.** 15; internationale Produkthaftung **PH Einl.** 23 ff.; Inverkehrbringen **PH Einl.** 13; Kausalität **PH 1** 19 ff.; Konstruktion des Endprodukts als Fehlerursache **PH 1** 59 ff.; Konstruktionsfehler **PH Einl.** 15; Körper- und Gesundheitsverletzung **PH 1** 4; mehrere Ersatzpflichtige **PH 5** 1 ff.; Mitverschulden des Geschädigten **PH 6** 2 ff.; Mitverschulden des Gewalthabers **PH 6** 6 f.; Mitverschulden von Hilfspersonen des Geschädigten **PH 6** 5; Mitverursachung durch Dritte **PH 6** 8 ff.; mitwirkende Betriebsgefahr **PH 6** 4; Produktbezeichnung **PH 1** 17; Produktionsfehler zur Zeit des Inverkehrbringens **PH 1** 31 ff.; Rechtswahl **PH 14** 7; Rückrufpflicht **PH 1** 55; Sabotage **PH 1** 33; Sachbeschädigung **PH 1** 5; Substanzverletzung **PH 1** 6; Transportschäden **PH 1** 32; Unabdingbarkeit der Ersatzpflicht **PH 14** 1 ff.; Vergleich **PH 13** 12; Verjährung, Verhältnis zu anderen Verjährungsvorschriften **PH 12** 1 f., 13; Verjährungsbeginn **PH 12** 4 ff.; Verjährungshemmung **PH 12** 11 ff.; Verjährungsverwirkungen **PH 12** 9; Vermögensschaden **PH 1** 3; Verschleiß **PH 1** 35; Verschuldensunabhängigkeit **PH Einl.** 14; **PH 1** 1 ff.; Vertrieb s. Inverkehrbringen; Vorrang der vertraglichen Gewährleistung **PH 1** 8 f.; weiterfressender Mangel **PH 1** 9 ff.; zehnjährige Ausschlussfrist **PH 13** 5 f.; Zweck **PH 1** 38 ff.; zwingende Rechtsvorschriften **PH 1** 44 ff.

Produkthaftungsrichtlinie, Auslegungsgrundsätze **PH Einl.** 8; Entwicklung **PH Einl.** 1; Ökologisierung des Fehlerbegriffs **PH 2** 20; Rechtsangleichung **PH Einl.** 2 ff.; Reform **PH Einl.** 6; systematische Einordnung **PH Einl.** 14; Text **PH Anhang**

Produktionsschäden, Äquivalenz- und Integritätsinteresse **823** 134; Ausfallschäden **823** 133 ff.

Promissory Notes 826 76

Prospekthaftung 826 69

Prozess der Gesamthand (GbR) s. a. Gesamthandsschuldklage; Ausscheiden von Gesellschaftern **718** 60; Eintritt von Gesellschaftern **718** 61 ff.; Feststellungsklage **718** 51; formwechselnde Umwandlung **718** 15, 65 f.; Gesellschafterwechsel **718** 63 ff.; Parteiänderung im Vollstreckungsverfahren **718** 64; Parteiänderung während Rechtshängigkeit **718** 60 ff.; Parteifähigkeit der Außen-GbR **718** 44 f.; Passivlegitimation **705** 321; **718** 44; Prozessführung **718** 12, 44; Vollstreckungsverfahren **718** 64

Prozess des Gesellschafters s. Gesamtschuldklage

Prozessbürgschaft 765 118 ff.; Bedingung **765** 119; Gegenstand **765** 120; Rückgabe der Sicherheit **765** 121

Prozessvergleich 779 70 ff.; Anwaltszwang **779** 78; Beteiligung Dritter **779** 73; einstweilige Einstellung der Zwangsvollstreckung **779** 98; Fortsetzungsstreit **779** 93 ff.; Gegenstand **779** 72; Geltendmachung der Unwirksamkeit **779** 92 ff.; Gesamtvergleich **779** 81; Protokollierung **779** 43, 77; Rechtskraftwirkung **779** 79; Rechtsnatur **779** 71; Unwirksamkeit aus materiellen Gründen **779** 90 ff.; Unwirksamkeit aus prozessualen Gründen **779** 86 ff.; Veräußerung der streitbefangenen Sache **779** 74; Vollstreckbarkeit **779** 80; Vollstreckungsabwehrklage **779** 97; Widerrufsvorbehalt **779** 82 ff.; Zulässigkeit einer bloßen Prozesshandlung als Inhalt **779** 76

Publikumsgesellschaft, Anlegerschutz **709** 94; atypische Gestaltung **Vor 705** 3 a; Auslegung **705** 175; Bestimmtheitsgrundsatz **709** 84, 94; Mehrheitsklausel **709** 82; Treuhandgesellschafter **705** 85, 93; Vertragsänderung **709** 84 ff.; Vertragsänderungen **705** 49

Publikums-KG, Inhaltskontrolle **705** 140

Rangvertauschung, Bereicherungsansprüche **812** 290 ff.

Rechenschaft 713 10

Rechenschaftspflicht 713 10 f., s. a. Rechnungslegung

Rechnungsabschluss bei der GbR **721** 6 f.; bei der Partnerschaft **P 6** 45 ff.

Rechnungslegung, actio pro socio **713** 8; Anspruch auf – **716** 2; gegenüber dem einzelnen Gesellschafter **713** 8; **721** 1 ff.; gerichtliche Durchsetzung **705** 199; gegenüber der Gesamthand **713** 8 ff.; Klage auf – **730** 16; übertragene Geschäftsführung **713** 8

Rechte und Pflichten der Gesellschafter, Begriff **705** 179 ff.; Grundlage **705** 179

Rechtsanwalt, Kosten als Schaden bei rechtswidrigem Bescheid **839** 277

Rechtsfähigkeit der (Außen-)GbR **Vor 705** 9 ff.; **705** 296, 303 ff.; der Gemeinschaft **714** 3

Rechtsform, Anfechtung **705** 23; falsa demonstratio **705** 22 f.; Irrtum über die – **705** 3, 23; Vereinbarung **705** 3, 11, 22

Rechtsformhinweis 705 274

Rechtsformzusatz P 2 11

Rechtsformzwang Vor 705 17; **705** 3, 22, 146

Rechtsgrundbegriffe 812 336 ff.

Rechtsgrundloser Erwerb, Nichtleistungskondiktion **812** 346 ff.

Rechtsgrundloser Erwerb, Leistungskondiktion **812** 339 ff.

Rechtspfleger beim Registergericht, Amtspflichten **839** 240

Rechtsscheinhaftung s. a. Haftung der Gesellschafter der GbR, Haftung der Partner

magere Zahlen = Randnummern

Sachverzeichnis

Rechtsverfolgung, deliktische Verantwortlichkeit **823** 584 ff.
Rechtsverfolgungs-Konsortium Vor 705 71 a
Rechtsweg für Amtshaftungsansprüche **839** 374 ff.; Eigenschäden des Staates **839** 372; Konzentration **839** 387; Rechtswegspaltung **839** 377 ff.; Regress gegen einen Beamten **839** 373; sachliche Zuständigkeit **839** 381; verwaltungsrechtliche Vorfragen **839** 382 f.; Zulässigkeit der Fortsetzungsfeststellungsklage **839** 384
Rechtswidrigkeit und Abwehrrechte **823** 13 ff.; Erfolgsunrechtslehre **823** 19 f.; Handlungsunrecht **823** 11 ff.; Rechtfertigungsgrund **823** 25; Streitstand **823** 4 ff.; bei Vorsatzdelikten **823** 23 ff.
Regress der BGB-Gesellschaft s. Ausgleichsanspruch; gegen den Amtsträger **839** 369 ff.
Regress- und Freistellungsansprüche gegen Mitgesellschafter **705** 217 f.
Regressanspruch gegen Mitgesellschafter **707** 5
Reisegemeinschaft Vor 705 34; **705** 22
Reisescheck, Rechtsnatur **783** 30
Rektapapier, Begriff **Vor 793** 16; Rechtsnatur **Vor 793** 8; Umschreibung der Inhaberschuldverschreibung in – **806** 1 ff.
Rente s. Geldrente
Ressortprinzip 709 17; **711** 6; Arbeitsteilung **709** 38
Ressourcenschaden 826 13, 17 ff.
Rettungsdienst, Rechtsnatur **839** 164
Revisibilität der Auslegung **705** 176
Richterliche Vertragsergänzung s. ergänzende Vertragsergänzung
Rückbürgschaft 765 122; **769** 2
Rückdatierung der Gesellschaftsgründung **705** 7
Rückgriffskondiktion Begriff **812** 317 f.; Drittleistung **812** 319 f.; Scheinvaterregress **812** 320; Zwangssicherungshypothek **812** 335; Zwangsversteigerung **812** 321 ff.
Rücktritt Vor 723 7, 20
Rundfunk s. a. Pressehaftung; Abgrenzung öffentliches Recht und Privatrecht **839** 172; Aussagen Dritter **824** 34; Prüfung des Wahrheitsgehalts von Informationen **824** 54 ff.; Sorgfaltspflichten **824** 53 ff.; Verbreiten von Tatsachen **824** 30 ff.

Sacheinlage s. a. Beitrag, Einlagenrückerstattung
Sachverständiger s. a. Kontrollrecht; als Beliehener **839** 134; sittenwidrige falsche Aussage **826** 60
Saldoanerkenntnis s. Kontokorrent
Saldotheorie 818 210 ff.; Abzugsposten **818** 230; Alternativen **818** 234 f.; analoge Anwendung der §§ 346 ff. **818** 252 ff.; arglistige Täuschung **818** 225 ff.; Ausnahmen **818** 216 f.; Bundesgerichtshof **818** 211 ff.; Einwände gegen die – **818** 220 ff.; Gebrauchtwagenentscheidungen des BGH **818** 257 ff.; Gefahrtragungsrisiko **818** 230 ff.; Gegenleistungskondiktion **818** 241 ff.; Idee der zurechenbaren vermögensmäßigen Entscheidung **818** 237 ff.; Kosten der Leistungsvorbereitung **818** 228; Minderjährigenschutz **818** 233 ff.; Saldierung **818** 222 ff.; Sonderfälle **818** 218 f.; Verhältnis zu den Rücktrittsregeln gemäß §§ 350, 351 aF. **818** 243 ff.; Vorleistungsfälle **818** 230 f.; Wertersatz als Ausgleichsinstrument **818** 235 f.; Wertung des § 446 S. 1 **818** 232 ff.; Zeitpunkt der Entreicherung **818** 221
Salvatorische Klausel 705 53, 174 b, 330
Sammeldepot als Sonderfall des Miteigentums **741** 58; Verfügung über den Anteil durch Teilhaber **747** 21
Sanierungskonsortium Vor 705 60
Schadensersatzansprüche bei der GbR **705** 198, 201, 204; **719** 45; gerichtliche Durchsetzung **705** 201
Schätzung des Gesellschaftsvermögenswerts **738** 32 ff.
Scheck, missbräuchliche Einlösung **826** 112 f.; Scheckreiterei **826** 110; Scheck-Wechsel-Verfahren **826** 111; Tod eines Beteiligten **791** 3; Umdeutung in Anweisung **783** 27 f.; Valutaverhältnis **788** 3; Widerruf der Anweisung **790** 9
Scheck- und Wechselfähigkeit der (Außen-)GbR **705** 310 a
Scheckeinlösungsgarantie Vor 765 24 ff.
Scheckkarte Vor 765 25
Scheinerbe s. a. Eintrittsklausel, Nachfolgeklausel
Scheingründung 705 327, 377 f.
Scheinsozius, Haftung **714** 40
Schenkkreise 817 23
Schenkung, bereicherungsrechtliche Abwicklung einer gemischten – **816** 67; von Gesellschaftsbeteiligungen **705** 42 ff., 150
Schiedsklausel 705 199
Schlussabrechnung 730 7, 16, 32, 52 f., 57 ff.; **733** 7
Schmerzensgeld, Arzthaftung **823** 830; bei Billigkeitshaftung **829** 24; öffentlich-rechtliche Forderungsverletzung **839** 78
Schneeballsystem 817 22
Schockschaden als Gesundheitsverletzung **823** 79 ff.
Schriftform der Bürgschaft, analoge Anwendung **766** 3; Anwendungsbereich **766** 2 ff.; Auslegung des Inhalts **766** 6 f.; Beweislast **766** 15, 27; Bezeichnung der Hauptschuld **766** 10 f.; Bezugnahme auf andere Urkunden **766** 8; Blankettbürgschaft **766** 22 f.; Blanketturkunde **766** 2; Bürgschaftsvorvertrag **766** 2; Entäußerung der Urkunde **766** 24; Haftungsbeschränkungen **766** 14; Heilung **766** 28 f.; beim Kaufmann **766** 3 f., 20; Mindestinhalt

2807

Sachverzeichnis

Fette Zahlen = §§

766 8; Nebenabreden 766 13 f.; Offenkundigkeitsprinzip 766 18; Rechtsfolgen eines Formmangels 766 27 ff.; Scheingeschäft 766 7; Stellvertretung 766 2, 21; Telefax 766 25; Telegramm 766 25; Unterschrift 766 17 f.; unzulässige Rechtsausübung 766 30; Verbraucherdarlehen 766 19; Verbürgungswille 766 9; Warnfunktion 766 1
Schriftformklausel bei der Gesellschaft 705 49 ff.
Schuldanerkenntnis, Abgrenzung 781 4, 8; abstrakte Anerkenntnisverträge 781 2; Abtretungsbestätigung 781 19 ff.; Altschuldenhilfe 781 34; deklaratorisches – 781 5 f.; Form 781 1 ff.; nach Haftpflichtfällen 781 30 ff.; kausale Anerkenntnisverträge 781 3 ff.; Kondiktion 781 6; konstitutives – 781 5; Normzweck 781 1; ohne Vertragscharakter 781 7; Regulierungserklärung des Versicherers 781 28 f.
Schuldbefreiung 738 2 f.
Schuldbefreiungsanspruch des Ausgeschiedenen **738** 77 ff.
Schuldbeitritt, bereicherungsrechtliche Rückabwicklung 812 176 ff.; und Bürgschaft **Vor 765** 10 ff.; Forderungsübergang 774 2; Sittenwidrigkeit 765 15 f.
Schuldbuchforderung, Begründung durch öffentliche Hand **Vor 793** 32; Umschreibung **806** 4
Schuldentilgung bei Auseinandersetzung **730** 37; **733** 6 ff.; Hinterlegung 733 9; Sozialverbindlichkeiten 733 7
Schuldtheorie 823 44 ff.; **826** 27 f.; **839** 285
Schuldübernahme, bereicherungsrechtliche Rückabwicklung 812 173 ff.
Schuldverschreibungsgesetz 793 40 ff.
Schuldversprechen, Abgrenzung zum Anerkenntnis 780 11; Abgrenzung zum Garantievertrag 780 10; Abstraktionswille 780 16 ff.; allgemeine Geschäftsbedingungen 780 23 f., 54; äußere Form der Erklärung 780 19; Darlegungs- und Beweislast 780 48; Ehevermittlung 780 51; Fallgruppen 780 25 ff.; Form 780 21 ff.; 782 2; Gegenstand 780 13 f.; gerichtliche Überprüfung 780 57; Gesetzes- oder Sittenwidrigkeit des Kausalgeschäfts 780 52 ff.; Grundpfandbestellung 780 32; Haftung des Akzeptanten 780 27; Haftung des Ausstellers und der Indossanten 780 29 f.; Handelsgeschäft 782 4; kausale und abstrakte Rechtsgeschäfte 780 1 f.; Kausalverhältnis 780 45 f.; Klageänderung 780 56; Kondiktion des – 780 47 ff.; konstitutive Wirkung 780 44; Kontogutschrift beim Überweisungsverkehr 780 41 ff.; Normzweck 780 1 ff.; öffentlich-rechtlich begründete Leistungen als Gegenstand des – 780 15; Spiel und Wette 780 51; Umdeutung nichtiger Wechselerklärungen 780 26 ff.; Urkundenprozess 780 55; Vergleich 782 1 ff.; Vertragsaus-

legung 780 9 ff., 17 f.; wertpapierrechtliche Verpflichtung 780 25 f.; Wirksamkeitsmängel 780 50 ff.
Schutzgemeinschaftsvertrag Vor 705 69 f.
Schutzgesetz, Beispiele aus dem BGB, StGB und anderen Gesetzen 823 367 ff.; Bestimmtheit 823 339 f.; Beweislast 823 363 ff.; Eigenschaft 823 346 ff.; Europarecht 823 336; Gewohnheits- und Richterrecht 823 338; Normqualität 823 332 ff.; Rechtsprechungsübersicht 823 367 ff.; Schutzbereich 823 349 ff.; Schutznormtheorie 823 348 f.; technische Regeln 823 335; Unfallverhütungsvorschriften 823 334 ff.; Verbandsnormen 823 335; Verfassungsrecht 823 337; Vermögensinteresse 823 352 ff.; Verschulden 823 358 ff.; Verwaltungsakte 823 341 ff.; Verwaltungsvorschriften 823 335
Schutzgesetzverletzung, Ergänzungsfunktion 823 328; Öffnungsfunktion 823 329 f.; Präzisierungsfunktion 823 328; Verhältnis zu § 823 Abs. 1 und § 826 823 327 f.
Schutzzwecklehre 823 286 ff.; Herausforderungsfälle 823 288; Verfolgungsfälle 823 289
Schwangerschaft, ungewollte – als Körperverletzung **823** 86 ff.
Schwarzarbeit 817 24; Wertersatz 818 82 ff.
Schwebende Geschäfte 730 44; **740** 1 ff.
Selbständige Unternehmen, Beispiele **831** 16
Selbstbeteiligung bei Sachbeschädigung **PH 11** 1 ff.
Selbstkontrahierungsverbot, Beitragsleistung 706 18; Gesellschafterbeschlüsse 705 58, 72; 709 57 ff., 68 f.; Vertretung der Gesellschaft 706 18; 714 29 ff.
Selbstorganschaft, Außengesellschaft 705 255; in der GbR 705 259; 709 5; 730 47 f.; in der Partnerschaft **P 6** 9
Selbstschuldausfallbürgschaft, Begriff **765** 106
Sicherheit auf erstes Anfordern, bereicherungsrechtliche Rückabwicklung 812 167 ff.
Sicherheitsbürgschaft 765 124
Sicherheitsleistung 738 80
Sicherheitspools, Begriff **Vor 705** 71, 117; beruhend auf Bruchteilszuständigkeit 741 69
Sicherungsabtretung 717 30; **719** 29
Sicherungsgeschäfte, bereicherungsrechtliche Rückabwicklung 812 163 ff.
Sicherungspflicht, Gefahrenquelle 823 244; gefährliches Verhalten 823 246; Ingerenz 823 247; Inverkehrbringen von Gegenständen 823 245; Verkehrssicherungspflichten 823 243
Sicherungswechsel Vor 765 46
Sittenwidrige Schädigung, Anfechtungsklage, räuberische 826 128; Arbeitskampf 826 144; Arbeitszeugnis, unrichtiges 826 145; arglistige Täuschung 826 50 f.; Auskunftsanspruch 826 43; Ausplünderung des Unternehmensträgers

2808

magere Zahlen = Randnummern

Sachverzeichnis

826 126; Begriff **826** 7 ff.; Boykott **826** 133; Domain-grabbing **826** 141; Durchbrechung der Rechtskraft **826** 155 ff.; Ehe und Familie als Schutzgut **826** 149; Einbruch in fremde Verträge **826** 53 ff.; Einrede **826** 41; Fehlinformation **826** 60 ff.; Haftung für Hilfspersonen **826** 35; Informationsdeliktshaftung **826** 72; Insolvenzverschleppung **826** 89; Markenerwerb **826** 139; Mitverschulden **826** 38 f.; Patenterschleichung **826** 140; Prospekt, unrichtige Angaben **826** 69; Prozessverhalten **826** 167 f.; Rechnungslegung **826** 43; Sanierungsvereitelung **826** 98 f.; Schädigungsvorsatz **826** 23 ff.; Scheinvaterschaft **826** 150; Schmiergeldzahlung **826** 142 f.; Testament **826** 153; Verleitung zum Vertragsbruch **826** 53 ff.; Vollstreckungsbescheid **826** 163 ff.; Vollstreckungsvereitelung **826** 100; Vorsatz **826** 23 ff.
Sittenwidrigkeit im Gesellschaftsrecht **705** 134 f.; **709** 105 f., 108; als Kondiktionsausschluss s. d., s. ungerechtfertigte Bereicherung Gesetzes- oder Sittenverstoß der Bürgschaft
Sitz der Partnerschaft, allgemein **P 3** 17; Doppelsitz **P 3** 19; Wahl des Sitzes **P 3** 18
Skisport s. a. Sport; Fis-Regeln **823** 549
Societas leonina 705 151
Soll-KG 705 3 f.
Sondergut 705 74 f., 82
Sondermasse 728 22
Sonderrechte 705 228; **709** 46 f., 63, 99; Gleichbehandlungsgrundsatz **705** 248
Sondervermögen der GbR-Gesamthand **705** 296 ff.
Sonstiges Recht im Sinne von § 823 Abs. 1, Aneignungsrechte **823** 155 f.; Anwartschaftsrecht **823** 151 ff.; Arbeitskraft, Arbeitsplatz **823** 176; beschränkt dingliche Rechte **823** 146 ff.; Besitz **823** 157 ff.; Ehe **823** 167 ff.; elterliche Sorge **823** 170; Forderungen **823** 160 f.; Immaterialgüterrechte **823** 163 ff.; Mitgliedschaftsrechte **823** 171; Umweltgüter **823** 174; Vormerkung **823** 154
Sorgfaltsanforderung in eigenen Angelegenheiten **708** 16 ff., s. a. Haftung im Innenverhältnis
Sorgfaltspflichten, Internet **823** 561 ff.; Jagd **823** 557 ff.; Kampfsport **823** 548 ff.; Luftverkehr **823** 577 ff.; Parallelsportarten **823** 553 ff.; Rechtsverfolgung **823** 584 ff.; Sport **823** 546 ff.
Sozialakt 709 51
Sozialansprüche 705 201, 269; **717** 7; **730** 30; Gleichbehandlungsgrundsatz **705** 252
Sozialrechtlicher Herstellungsanspruch 839 88 ff.
Sozialverbindlichkeiten 705 197 ff., 215, 217; **714** 39; **718** 26; **730** 49 ff.; **733** 7; Vermögensrechte **705** 197 f.; Verwaltungsrechte **705** 199 f.

Sozietäten zwischen Freiberuflern **Vor 705** 36 ff., 88
Spaltung der Gesellschaft **730** 92
Sparbuch, Abtretung **808** 27; Auszahlung ohne Vorlage des – **808** 35; Beweislast **808** 38; Gläubiger der Einlageforderung **808** 26; Grenzen der Liberationswirkung **808** 28 ff.; Kraftloserklärung **808** 36; Leistung an förmlich nicht legitimierten Zedenten **808** 34; Liberationswirkung **808** 25 f.; Neue Bundesländer **808** 39; Rechtsnatur **808** 22 ff.; Rektapapier **808** 24; Sparvertrag **808** 22; Sperrvermerk **808** 30; Urkundenprozess **808** 37; vorzeitige Auszahlung **808** 31 ff.
Sperrvermerk beim Sparbuch **808** 30
Spiel, Wette, Aufklärungspflichten **762** 19 f.; Aufrechnungsvereinbarung **762** 22; Begriff **762** 4 ff.; Betrüger **762** 24; Beweislast **762** 18; Erfüllung **762** 22, 25 f.; Falschspieler **762** 24; Geschicklichkeitsspiel **762** 8, 16; Kontokorrentabrechnung **762** 27; Lotterie **762** 9, s. a. Lotterie- und Ausspielungsvertrag; Nebenverträge **762** 30; Nichtigkeit infolge Sittenwidrigkeit **762** 17, 24; Nichtigkeit infolge Verstoßes gegen gesetzliches Verbot **762** 13 ff., 24; ordre public international **762** 1; Rechtsfolgen **762** 18 ff.; Rückforderung bei unbeendetem Spiel **762** 23; Rückforderung des Geleisteten **762** 21 ff.; Schneeballsystem **762** 12; Schuldanerkenntnis **762** 26, 29; Schuldversprechen **762** 26; Schutz des Vertragspartners **762** 1; Spiel, Definition **762** 7; unvollkommene Verbindlichkeit **762** 3; Vergleich **762** 28; Wechsel/Scheck **762** 26; Wette, Definition **762** 7
Spieldarlehen eines Dritten **762** 37; Einwendungsdurchgriff bei Verbraucherdarlehen **762** 37; eines Gegenspielers **762** 36; Nichtigkeit von Begleitgeschäften **762** 40; prozessuale Vereinbarung **762** 39
Spielgemeinschaft, Anspruch auf Auszahlung des anteiligen Gewinns **762** 31 f.; Aufwendungsersatz **762** 33 f.; gewerblicher Spielvermittler **762** 34; Rechtsnatur **Vor 705** 34, 87, 117; **705** 19; Schadensersatz **762** 33 f.; Tippgemeinschaft **762** 32
Sport, deliktische Sorgfaltspflichten, Basketball **823** 551, Fußball **823** 548, Kampfsport **823** 548, Skisport **823** 549, Sportanlagenbetreiber **823** 496 ff.; Inkaufnahme von Verletzungsrisiken **823** 548 f.
Spruchrichterprivileg 839 321 ff.; Amtspflichtverstöße **839** 327; Arrest **839** 326; einstweilige Verfügung **839** 326; freiwillige Gerichtsbarkeit **839** 326; Haftbefehle **839** 326; Insolvenzverfahren **839** 326; Kausalität **839** 333; Kostenfestsetzung **839** 326; Mitverschulden **839** 329; Prozesskostenhilfe **839** 326; Rechtsmittel, Begriff **839** 331; Rechtsmittelversäumung **839** 329; Sinn und Zweck **839**

2809

Sachverzeichnis

Fette Zahlen = §§

322 ff.; Streitwert **839** 326; Urteil, Begriff **839** 325; Verschulden **839** 333; verschuldete Nichteinlegung eines Rechtsmittels **839** 329; Vollstreckungsverfahren **839** 326; vorläufige Entziehung der Fahrerlaubnis **839** 326
Staatsbürgschaft 765 125
Staatshaftung, Gemeinschaftsrecht **839** 98 ff.; Reform **839** 104 ff.
Staatshaftungsanspruch, gemeinschaftsrechtlicher – **839** 100 ff.
Staatshaftungsgesetz der ehemaligen DDR **839** 91 ff.; Folgenbeseitigung **839** 299; Neuerungen **839** 107 ff.; Verschuldensprinzip **839** 24, 112 ff.; Vorarbeiten **839** 104 ff.
Sternvertrag Vor 705 48; **705** 21
Steuerbürgschaft 765 126
Steuerschulden, Haftung der Gesellschafter **714** 37
Stiftung, Gesellschafter einer GbR **705** 76
Stille Gesellschaft des bürgerlichen Rechts, Analoge Anwendung des HGB **705** 287 f.; Auflösung **705** 288; Auseinandersetzung **705** 288; **730** 18 f.; Außenhaftung des Stillen **705** 286; fehlerhafte Gesellschaft **705** 358 ff.; Form **705** 37; Geschäftsführung **705** 286 f.; Gesellschaftsvermögen **Vor 705** 8; **705** 282, 286; Gewinnbeteiligung des Stillen **705** 287; **722** 4; Innengesellschaft **705** 282 f.; Insolvenz des Hauptgesellschafters **705** 288; Kontrollrechte des Stillen **705** 287; Kündigung **705** 288; Tod des Stillen **705** 288; Verlustbeteiligung des Stillen **705** 287; **722** 4; Wesen **705** 282
Stillhaltekonsortium Vor 705 60
Stimmabgabe in der GbR **709** 74 ff., 102
Stimmbindungsvertrag 717 18 ff., s. a. Stimmrechtspool; Abspaltungsverbot **717** 25; Anteilsübertragung **717** 27; Arten **717** 19; mit Dritten **717** 25 ff.; Durchsetzung **717** 28 f.; einstweilige Verfügung **717** 29; Geschäftsführungsfragen **717** 24; Kernbereich von Mitgliedschaftsrechten **717** 24; mit Mitgesellschaftern **717** 23 f.; Nebenpflicht aus Austauschvertrag **717** 27; mit Nichtgesellschaftern **717** 25 ff.; Offenlegung von Stimmbindungen **717** 23; Sicherung der Stimmbindungen **717** 28; Stimmrechtsausschluss bei Interessenkollision **717** 22; Treuhandverhältnis **717** 20 f., 26; Treupflicht **717** 20 f.; Unterbeteiligung **717** 26; Vollstreckbarkeit **717** 18, 25, 28; Weisungsbindung **717** 21 f.; Wesen **717** 18; Zulässigkeit **717** 20
Stimmenthaltung bei der GbR **709** 96
Stimmrecht, gerichtliche Durchsetzung **705** 199
Stimmrecht bei der GbR, Bevollmächtigung **709** 60 f.; Funktion **709** 62; gerichtliche Durchsetzung **717** 28 f.; Hinzuziehung eines Beistands **709** 60 f.; nicht voll Geschäftsfähiger **705** 72; **709** 60 f.; Treupflicht **705** 196; Überlassung zur Ausübung **717** 9; Übertragung **709** 60 f.; **717** 1, 6 f.; Umfang **709** 60 f., 97; **717** 17
Stimmrechtsausschluss, Informationsrechte **709** 64
Stimmrechtsausschluss, Entlastung **709** 65; Interessenkollision **709** 65 ff.; **717** 22; Kontrollrechte **709** 64; Rechtsgeschäfte mit Gesellschaftern **709** 67 ff.; Schranken **709** 63; Sonderrechte **709** 63; Stimmbindungsvertrag **717** 22; Teilnahme an Gesellschafterversammlung **709** 64; vertraglicher – **709** 63; Vertragsänderung **709** 63, 66; Wahlen **709** 66
Stimmrechtseinschränkungen, Insichgeschäft **709** 68 f.
Stimmrechtspool Vor 705 68 f., 88; **705** 283; **717** 19
Straßenbaulast 839 180 ff.
Straßenverkehr 823 207; s. Haftung im Innenverhältnis; Abgrenzung öffentliches Recht und Privatrecht **839** 174 ff.; Sorgfaltsmaßstab **708** 12 f.
Streik als unerlaubte Handlung **823** 219 f.
Streitgenossenschaft s. a. Gesamthandsschuldklage
Strohmanngründung 705 378
Subjektstheorie 839 146
Subordinationstheorie 839 147
Subsidiarität der Amtshaftung, anderweitige Ersatzmöglichkeit **839** 304 ff.; Ansprüche gegen die Europäische Gemeinschaft **839** 319; Ansprüche gegen Körperschaften des öffentlichen Rechts **839** 310; aufopferungsgleicher Eingriff **839** 59 f.; Durchsetzbarkeit des Ersatzanspruchs **839** 317 f.; Entgeltfortzahlungsanspruch **839** 307; fingiertes Gesamtschuldverhältnis **839** 306; bei gesamtschuldnerischer Haftung **839** 305 f.; Lebensversicherung **839** 308; privatversicherungsrechtliche Ansprüche **839** 309; Schäden im Straßenverkehr **839** 316; Schutzzweck **839** 296 ff.; Sozialversicherung **839** 309, 311; Subsidiaritätsklausel **839** 16, 300 ff.; Teilnahme am allgemeinen Straßenverkehr **839** 313; Tenor bei Abweisung wegen anderweitiger Ersatzmöglichkeiten **839** 320; Versorgungsleistungen nach dem BVG **839** 312; Zumutbarkeit der Rechtsverfolgung **839** 318
Substitution 709 29; **713** 6
Subvention, Abgrenzung öffentliches Recht und Privatrecht **839** 153 f.
Surrogationserwerb 718 20
Synallagma 705 162
Syndikat Vor 705 65; **705** 21
Systemvergleich, Kreditgefährdung durch – **824** 39

Talon 805 1 ff.; Inkraftbleiben **803** 4; Rechtsnatur **793** 10; **805** 2; Widerspruchsrecht **805** 3 ff.

magere Zahlen = Randnummern

Sachverzeichnis

Tankstellenagenturvertrag Vor 705 123
Teilbürgschaft 765 127; **769** 2
Teilnichtigkeit des Gesellschaftsvertrages **705** 52 ff., 330, 344
(Teil-)Rechtsfähigkeit Vor 705 9 ff.; **705** 296 ff., s. a. Rechtsfähigkeit der (Außen-) GbR; der GbR **714** 8
Teilung durch Verkauf, Aufhebung der Bruchteilsgemeinschaft durch –, Anspruchsinhalt **753** 4; Ausnahmen **753** 6 ff.; Beweislast für Teilbarkeit **753** 5; dingliche Surrogation **753** 31; dispositives Recht **753** 3; Duldung des Verkaufs **753** 4; Einstellung der Teilungsversteigerung **753** 22; Forderungen, Verkauf gemeinschaftlicher **754** 1 ff.; Gewährleistung **757** 1 ff.; gutgläubiger Erwerb **753** 14; Klage auf Zulässigkeit der Teilungsversteigerung **753** 19; Kosten des Verkaufs **753** 32; Leistungsklage **753** 2; Patentgemeinschaft **753** 11; Scheitern des Verkaufs **753** 34; Übernahme eines unteilbaren Gegenstands gegen Ausgleich in Geld **753** 6 f.; unbillige Härte **753** 6 f.; Verkauf beweglicher Sachen, Durchführung **753** 12 f.; Verkauf eines Grundstücks und grundstücksähnlicher Rechte **753** 16 ff.; Verkauf von Rechten **753** 15; Versteigerung unter Teilhabern **753** 11; Verteilungsverfahren **753** 29; Vollstreckungsschutz bei Teilungsversteigerung **753** 22; Vorkaufsrecht **753** 30; Zwangsversteigerungsverfahren **753** 17 ff.
Teilung in Natur, Aufhebung der Bruchteilsgemeinschaft durch –, Besitz- und Nutzungsverhältnisse **752** 15; Forderungen **752** 19; Geld **752** 12; Gesellschaftsanteile **752** 20; Gewährleistung **752** 4; Grundstücke **752** 21; gutgläubiger Erwerb **752** 5; Hypotheken **752** 22; Kostenaufwand **752** 9; Losentscheidung **752** 34; Realteilung **752** 1 ff.; rechtsgeschäftliche Teilung **752** 5; Sammellagerung **752** 6; Teilbarkeit eines Bruchteils **752** 16; Teilbarkeit eines Gegenstands **752** 7 ff.; Teilbarkeit, Einzelfälle **752** 15 ff.; Teilbarkeit von Vorräten **752** 11 ff.; Teilungsklage **752** 32; Teilungskosten **752** 35; Teilungsurteil **752** 33; Unteilbarkeit, teilweise **752** 14; Unteilbarkeit, wirtschaftliche **752** 13; Unternehmen **752** 29; Vorrat gleichartiger Gegenstände **752** 4, 12; Wertausgleich **752** 10; Wertminderung **752** 9; Zwangsvollstreckung **752** 33 f.
Teilungsanspruch bei der Gesellschaft, Ausschluss **719** 12
Testamentsvollstreckung, Abspaltungsverbot **705** 110 f., 117; **717** 13; Abwicklungsgesellschaft **727** 22 f.; Ersatzkonstruktionen **705** 122 f.; Geschäftsführung der GbR **705** 118 f.; Gesellschaftsanteil **705** 109 ff.; Haftungsschranken **705** 113; Kontrollrecht **716** 13; Kündigung der Gesellschaft **725** 4; Personengesellschaftsanteile **705** 110; Vermögensrechte **705** 116; Vertretung der GbR **705** 118 f.; Verwaltungsrechte **705** 117; Vollmachtslösung **705** 123; Vollrechts-Treuhand **705** 124
Thesaurierungsquote 721 9 ff.
Tieraufseher, Beweislast **833** 63 f.; **834** 9; gesamtschuldnerische Haftung von Tierhalter und – **834** 7; als Verletzter **834** 8; vertraglicher Übernahme der Aufsicht **834** 4
Tierhalterhaftung, Berufstiere **833** 37; Beweislast **833** 63 ff.; bissige Hunde **833** 56; Haftung mehrerer **833** 62; Herausforderungsfälle **833** 7 f.; Kausalität **833** 7; Mikroorganismen **833** 6; Mitverschulden **833** 59 ff.; Nutzcharakter **833** 40; Nutz-Haustiere **833** 38 ff.; persönlicher Schutzbereich **833** 18 ff.; Pferde **833** 53 ff.; Rechtswidrigkeit **833** 22; Reiterunfall **833** 18; Schaden **833** 57 ff.; Sorgfaltspflichten **833** 46 ff.; Straßenverkehr **833** 52 ff.; Tier, ruhendes **833** 15 f.; Tiergefahr **833** 8 ff.; Tierhalter **833** 23, s. a. Tieraufseher; Tierhaltereigenschaft **833** 23 ff.; Tierreaktion infolge Zwangseinwirkung **833** 14; Unterlassungsanspruch **833** 58; Verkehrspflichten des Tierhalters **833** 46 ff.; Verschuldenshaftung **833** 36
Tilgungsbestimmung 812 49, 225 ff.
Time-Sharing 826 76
Tod s. a. Abwicklungsgesellschaft, Nachfolgeklauseln, Vererbung; Anzeigepflicht der Erben **727** 15, 24 f.; Auseinandersetzung unter Miterben **727** 45; Fortsetzungsklausel **727** 4, 24 f., 53; **736** 12; Nachfolge der Erben in die Abwicklungsgesellschaft, Abwicklung **727** 20; **730** 41, Ausschlagung der Erbschaft **727** 17, Erbenmehrheit **727** 14, 18, 20, Fortsetzungsbeschluss **727** 20, Haftung der Erben **727** 19, Nachlasszugehörigkeit des Anteils **727** 14, Pflichten der Erben **727** 15 ff., Testamentsvollstreckung **727** 22 f., Umfang **727** 13, Verwaltungsrechte **727** 13, Notgeschäftsführung **727** 16; Rechtsfolgen **727** 6 f.; stille Gesellschaft **705** 288; Umwandlung der Gesellschafter-Gesellschaft **727** 8; Vermächtnis über Gesellschafternachfolge **727** 42; vermeintlicher Gesellschafter-Erbe **727** 63 ff.; Verschmelzung der Gesellschafter-Gesellschaft **727** 8; vertragliche Regelungen **727** 4, 26 f., 58 ff.; Vor- und Nacherbschaft **727** 68 f.; Voraussetzungen **727** 6 f.; Wahlrecht des Gesellschafter-Erben **727** 46 ff.; **P 9** 30
Todeserklärung, -feststellung **727** 6 f.
Totalisatorwette 763 6
Toto s. Spielgemeinschaft
Tötung, Ersatzansprüche Dritter, Abänderungsklage **844** 89; Alleinverdienerehe **844** 46, 62; Anspruchsübergang auf Sozialversicherungsträger **844** 83 f.; Anwendungsbereich **844** 8 ff.; Beerdigungskosten **844** 16 ff.; Bemessung der Rente **844** 30 ff.; Beurteilungszeitpunkt **844** 29, 44; Dauer der Rente **844** 38 ff.; Doppelverdienerehe **844** 67 f.; Ersatzberechtigte

2811

Sachverzeichnis

Fette Zahlen = §§

844 16; Ersatzkraft 844 64 f.; Feststellungsklage 844 88; Forderungsübergang 844 22; Konkurrenz 844 8 ff.; Lebensschutz nach § 823 Abs. 1 823 65 ff.; Leistungsklage 844 86 f.; mehrere Hinterbliebene 844 45; Schaden der Kinder 844 38, 70 ff.; Schadensersatz nach dem Produkthaftungsgesetz PH 9 3; Schadensminderungspflicht 844 57 ff.; Tod des Alleinverdieners 844 46 ff.; Tod des haushaltsführenden Ehegatten 844 62 ff.; Unterhaltspflicht, gesetzliche 844 23 ff.; Vorteilsausgleichung 844 74 ff.; Zurechnung 844 14; Zwangsvollstreckung 844 90

Transaktionskausalität 826 74

Trennungsprinzip Vor 705 1

Treuhand am Gesellschaftsanteil, Abspaltungsverbot **705** 89, 91 ff.; **717** 11; Anteilsverfügung **705** 90; Arten **705** 84; Ausschlussgrund **705** 93; Ausübung der Mitgliedschaftsrechte **705** 89; **717** 11; Begründung **705** 86 f.; einfache (verdeckte) – **705** 88, 91 f.; **717** 11; Kontrollrechte des Treugebers **705** 91 ff.; Kündigung der Gesellschaft **705** 93; qualifizierte (offene) **705** 88; qualifizierte (offene) – **705** 91 f.; **717** 11; Rückübertragung des Anteils **705** 87 f.; Stimmbindungsvertrag **705** 91; Treupflicht **705** 88, 93; Unwirksamkeit des Treuhandverhältnisses **705** 88; Vertragsänderungen **705** 90; Verwaltungstreuhand **705** 85; vormundschaftsgerichtliche Genehmigung **705** 93; Wesen **705** 84; Zustimmungsbedürftigkeit **705** 88

Treuhandbeziehungen 705 85

Treuhandgründung 705 377 f.

Treuhandlösung 727 59

Treupflicht, ausgeschiedener Gesellschafter **738** 7; eigennützige Mitgliedschaftsrechte **705** 223 f., 226 f.; gegenüber der Gesellschaft **705** 226; Grundlagen **705** 221 f.; im Liquidationsstadium **730** 29; Missachtung **826** 109; gegenüber Mitgesellschaftern **705** 229 f.; Publikumsgesellschaft **705** 225; Rechtsfolgen von Treupflichtverstößen **705** 239 f.; Schadensersatz **705** 198, 242; Schrankenfunktion **705** 223, 227; uneigennützige Mitgliedschaftsrechte **705** 196, 224, 226; Vertragsänderung **705** 231 ff., 239; Wettbewerbsverbot **705** 223; Zustimmungspflicht **705** 239 ff.

Trikotel 826 118 ff.

Typusdehnung, -verbindung, -vermischung Vor 705 3 ff.

Typuslehre 705 138

Übernahme des Gesellschaftsvermögens, Abfindungsanspruch **730** 83 f.; nach Auflösung **730** 25; fehlerhafte Gesellschaft **705** 345; Gesamtrechtsnachfolge **730** 81, 85; Haftungsfolgen **730** 85; **739** 2; Rechtsstellung des Ausgeschiedenen **730** 83 f.; Vollzug **730** 68, 81 f.

Übernahmeerklärung, Regulierungserklärung des Versicherers **781** 28 f.

Übernahmeklage 730 80

Übernahmeklausel 736 18

Übernahmekonsortium Vor 705 52 f.

Übernahmerecht, Ausübung **730** 77 ff.; ehemalige KG/OHG **730** 69 f.; Fortsetzungsklausel in Zweimanngesellschaft **730** 69 f.; Geltendmachung **730** 71 f.; gesetzliches – **730** 73; bei Kündigung **730** 75; Rechtsmissbrauch **730** 79; Schranke **705** 229 f.; Schranken **705** 224; **730** 77 f.; vertragliches – **730** 66, 68 ff.

Übernahmevertrag Vor 705 56 f.

Überschuss 734 3 f.

Überschussverteilung 734 1 ff.; Durchführung **734** 7; Verteilungsmaßstab **734** 6

Übersicherung 765 30

Überweisung, Tod eines Beteiligten **791** 3; Widerruf des Überweisungsauftrags **790** 4, 8

Umdeutung 727 62

Umsetzung des Gesellschaftsvermögens 733 22 f.

Umwandlung der GbR, altes Umwandlungsrecht **705** 8; eheliche Gütergemeinschaft **705** 15, 27; Erbengemeinschaft **705** 15, 27; formwechselnde – (Rechtsformzwang) **705** 11 ff., 36 ff.; **718** 65 f.; **730** 69; sonstige Fälle **705** 11 ff.; nach UmwG **705** 8 ff.; **718** 14; **727** 8; **730** 89 ff.

Umwandlung der Partnerschaft, formwechselnde – P 7 4, 11; in/aus eine(r) Kapitalgesellschaft P 1 28 f.; in/aus eine(r) Personengesellschaft P 1 26; nach UmwG P 1 25

Umwelthaftung s. a. unerlaubte Handlung; Abfallerzeuger **823** 696 f.; Beweislast **823** 681; Bodenschutz **823** 693 ff.; Chemikalien **823** 688 ff.; Deponiebetreiber **823** 695; Elektrosmog **823** 684 ff.; Gefahrstoffe **823** 688 ff.; Gewässerverschmutzung **823** 687; Kausalität **823** 682; Luftverschmutzung **823** 680 ff.; Mineralöl **823** 688 ff.; ökologische Schäden **823** 677; Umweltschadensgesetz **823** 679

Unbefristete Gesellschaft 723 65

Und-Konto, Abreden der Teilhaber **741** 54 ff.; **747** 8; Verfügung eines Nichtberechtigten **747** 30; Zwangsvollstreckung **741** 56

Uneigennützige Gesellschafterbeteiligung 705 149

Uneigennützige Gesellschafterrechte 705 196, 224, 226

Unerlaubte Handlung, absolute Rechte **823** 65 ff.; Adäquanztheorie **823** 310; Äquivalenztheorie **823** 309; Arbeitnehmerhaftung **823** 417 ff.; Arglisteinrede **853** 1 ff.; Arzthaftung **823** 698 ff., s. d.; Beweislast **823** 323 ff., 363 ff.; Bilanzierungspflicht **823** 394; Deliktsaufbau **823** 1 ff.; Deliktsfähigkeit **823** 42; Eigentumsverletzung **823** 102 ff., Einwirkung auf die Sache selbst **823** 111 ff., Nutzungsbeeinträchti-

magere Zahlen = Randnummern

Sachverzeichnis

gung **823** 117 ff., Embryo **823** 67; Entstehung von Sorgfaltspflichten **823** 232 ff., 235 ff.; Ersatz von Verwendungen **850**; Fahrlässigkeit **823** 28 ff.; Fahrlässigkeitsmaßstab **823** 36 ff.; Freiheitsverletzung **823** 99 ff.; Fürsorgepflichten **823** 248 ff.; Gefährdungshaftung **Vor 823** 16 ff., 25; Geschäftsleitungspflicht **823** 393; Gesundheitsverletzung s. d.; Haftung der Leitungsorgane **823** 391 ff.; haftungsbegründende Kausalität **823** 309; Haftungsbereiche **823** 429 ff.; Haftungsbeschränkungen **823** 421 ff.; Haftungssubjekt **823** 378 ff.; historischer Überblick **823** 1 ff.; innerbetrieblicher Schadensausgleich **823** 417; Insolvenzverschleppungshaftung **823** 395 ff.; Kausalität **823** 308 ff.; Kausalitätsnachweis **823** 365; Körperverletzung s. d.; menschliches Verhalten **823** 305 ff.; Mitarbeiterhaftung bei juristischen Personen **823** 391 ff.; und negatorische Ansprüche **Vor 823** 34 ff.; Nichtabführung von Sozialversicherungsabgaben **823** 405 ff.; Organhaftung **823** 414 ff.; Persönlichkeitsschutz **823** 178 ff.; Produkthaftung **823** 592 ff.; Rechtfertigungsgründe **823** 312 ff.; Rechtsfolgen **823** 321 ff.; Rechtswidrigkeit s. d.; Schuldtheorie **823** 43; Schutzgesetzeigenschaft **823** 346 ff.; Sicherungspflichten **823** 241 ff.; sonstige Rechte **823** 142 ff.; Tötung s. d.; Umwelthaftung **823** 677 ff.; unmittelbare Verletzungshandlung **823** 21 f.; Unternehmenshaftung **823** 378 ff.; Unternehmensschutz s. d.; Verhaltensgefahren **823** 545 ff.; Verkehrspflichten **823** 50 ff.; Verkehrssicherpflicht s. d.; Verletzung objektiven Rechts **823** 317 ff.; Vermögensschutz **823** 184 ff.; Verschulden **823** 28 ff.; Verschuldensnachweis **823** 364; und Versicherungsrecht **Vor 823** 28 ff.; Verwaltungsakte **823** 341 ff.; Verwendungsersatz **850** 1; Vorsatztheorie **823** 43 ff.; Weiterfresserschäden **823** 126 ff.; „wrongful life" **823** 93

Ungerechtfertigte Bereicherung, Änderung der Tilgungsbestimmung **812** 225 ff.; Anweisungsfälle **812** 59 ff.; Aufwendungskondiktion **812** 296 ff.; Ausschüttungen im Insolvenzverfahren **812** 282 ff.; Ausschüttungen im Versteigerungsverfahren **812** 282 f.; Bereicherungsgegenstand **812** 1 ff.; Drittleistung **812** 155 ff.; Eingriffskondiktion **812** 235 ff.; Einrede der Bereicherung **821** 1 ff.; Einrede im Sinne des § 813 **813** 5 ff.; Erfüllung trotz Einrede **813** 1 ff.; gescheiterte Paarbeziehungen **812** 403 ff.; irrtümliche Eigenleistung **812** 179 ff.; Kenntnis der Nichtschuld s. Leistung in der Kenntnis einer Nichtschuld; Leistung an einen Nichtberechtigten s. d.; Leistungskondiktion **812** 38 ff.; nichteheliche Lebensgemeinschaft **812** 417 ff.; Nichteintritt des mit der Leistung bezweckten Erfolgs **815** 1 ff.; „ohne rechtlichen Grund" **812** 336 ff.; Rangvertauschung **812** 290 ff.; Rückabwicklung bei Sicherungsgeschäften **812** 163 ff.; Rückabwicklung fehlerhafter verbundener Geschäfte **812** 134 ff.; Rückabwicklung im Lastschriftverkehr **812** 124 ff.; Rückabwicklung nach Pfändung und Überweisung **812** 216 ff.; Rückabwicklung von Verträgen zugunsten Dritter **812** 192 ff.; Rückgriffskondiktion **812** 317 ff.; Schuldanerkenntnis **812** 23 ff., s. d.; Umfang des Bereicherungsanspruches **818** 1 ff.; Verfügung eines Nichtberechtigten s. d.; Verjährungsfragen **812** 422 f.; Wegfall der Bereicherung **818** 111 ff.; Wegfall des Rechtsgrundes **812** 351 ff.; Zahlung unter Vorbehalt **820** 3; Zweckverfehlungskondiktion **812** 373 ff.

–, **Gesetzes- oder Sittenverstoß,** analoge Anwendung von § 817 S. 2 **817** 14 ff.; Anwendungsbereich des Konditionsausschlusses **817** 10 ff.; außereheliche Liebesverhältnisse **817** 52; Beweislast **817** 71; **819** 20; Bewusstsein des Empfängers von der Rechts- oder Sittenwidrigkeit **819** 13 ff.; Bordellbetrieb **817** 26, 39; Eingehung einer Verbindlichkeit **817** 61 ff.; einseitiger Verstoß des Leistenden **817** 34; fehlendes Notifikationsverfahren **817** 29; Glücksspiel **817** 40; Insolvenzverwalter des Leistenden **817** 57 f.; Kondiktion von Sicherheiten **817** 64 f.; Korruptionsfälle **817** 55 f.; Parteispenden **817** 27; Rechtsnachfolger des Leistenden **817** 57 f.; Reisegewerbe **817** 38; Schenkkreise **817** 23; Schmiergeldzahlung **817** 60; Schneeballsystem **817** 22; Schwarzarbeiter **817** 24; selbständiger Kondiktionstatbestand **817** 4 ff.; sexueller Hintergrund **817** 52 ff.; subjektive Voraussetzungen des Konditionsausschlusses **817** 68 ff.; teleologische Reduktion des § 817 S. 2 **817** 20 ff.; Unmittelbarkeitsprinzip **817** 30 ff.; verbotene Auftragsverhältnisse **817** 48 ff.; verbotene Gebrauchsüberlassungsverträge **817** 43 f.; verbotene Geschäftsbesorgungsverträge **817** 48 ff.; verbotene Kaufverträge **817** 45 ff.; Verstoß gegen StBerG **817** 25; Vertreter **817** 59 f.; Vorstandsbezüge **817** 28; Wucherdarlehen **817** 35 ff.; Wuchermiete **817** 41 f.

–, **Herausgabepflicht Dritter,** analoge Anwendung von § 822 **822** 13; Anweisungsfälle **822** 18; Beweislast **822** 19; dogmatische Einordnung **822** 2 ff.; insolventer Empfänger **822** 17; Nutzungen **822** 14; rechtsgeschäftliche unentgeltliche Zuwendung **822** 11; Voraussetzungen **822** 10 ff.

–, **Kenntnis der Rechtsgrundlosigkeit,** analoge Anwendung von § 819 Abs. 1 **819** 11 f.; beiderseitige Kenntnis **819** 5; Beweislast **819** 12; Bezugspunkt der Kenntnis **819** 2; condictio ob rem **819** 3; grobe Fahrlässigkeit **819** 13 f.; Kenntnis bei juristischen Personen **819** 9; Kenntnis der Anfechtbarkeit **819** 4 ff.; Kenntnis des Geschäftsunfähigen **819** 8; Kenntnis des Minderjährigen **819** 8; Kenntnis

Sachverzeichnis

Fette Zahlen = §§

des Vertreters **819** 10; Träger der Kenntnis **819** 7; Unterhaltsleistungen **819** 18; widerrufene Schenkung **819** 4; Zahlung unter Vorbehalt **819** 17; Zeitpunkt der Kenntnis **819** 19
–, **Nutzung und Surrogate,** Besitzkondiktion **818** 38; commodum ex negotatione **818** 41; commodum ex re **818** 39 f.; Eingriff in fremde Rechte **818** 30; ersparte Zinsen **818** 15; Gewinnhaftung **818** 77 ff.; Immaterialgüterrecht **818** 30; Kapitalnutzungen **818** 22 ff.; Mieterträge **818** 11 ff.; nichtige Gebrauchsüberlassungsverträge **818** 21 ff.; Nutzungen als primärer Bereicherungsgegenstand **818** 20 ff., 273 ff.; Nutzungen eines Kreditinstitutes **818** 18; Nutzungsbegriff **818** 8 ff.; rechtsgeschäftlicher Gegenwert als Surrogat **818** 41; Reinvestition rechtsgrundlos erlangten Geldes **818** 16; Sekundäransprüche **818** 19; Surrogate **818** 39 ff.; Unternehmenserträge **818** 31 ff.; Unterschied zwischen Nutzungen und Surrogaten **818** 6; Zinserträge **818** 11 ff.
–, **Werteratzpflicht,** immaterielle Unternehmensrechte **818** 93
–, **Wertersatzpflicht,** Bau auf fremden Grund **818** 99; Baufälle **818** 105 ff.; dingliche Belastung des Konditionsgegenstands **818** 62 ff.; Eingriff in Nutzungsrechte **818** 87 ff.; Eingriffe durch unbefugten Gebrauch **818** 94 ff.; Lizenzverträge **818** 92; Nutzungsersatz in Einbaufällen **818** 108 ff.; objektiver Wertbegriff **818** 75; primärer Wertersatz **818** 103; sekundärer Wertersatz **818** 104; subjektiver Wertbegriff **818** 75; Teilunmöglichkeit **818** 47; Überlassung von Schutzrechten **818** 92; Umfang des Wertersatzes **818** 75 f.; Umgestaltung zum aliud **818** 52 ff.; unbefugte Stromentnahme **818** 97; Unmöglichkeit der Herausgabe **818** 43 ff.; Verbrauch rechtsgrundlos erlangter Sachen **818** 98; Verschulden **818** 46; wesentliche Veränderung eines Unternehmens **818** 57 ff.; Zeitpunkt der Wertermittlung **818** 102 ff.

Ungewisser Erfolgseintritt, 820 6 f.
Ungleichbehandlung, Gesellschafter **705** 245 ff.
Unmittelbarkeitsprinzip 817 30 ff.; verbotene Arbeitnehmerüberlassung **817** 33; verbotene Rechtsberatung **817** 32
Unmöglichkeit der Beitragsleistung **706** 21 ff.; des Gesellschaftszwecks **705** 328; **726** 4 ff.
Unrentabilität des Unternehmens **705** 230, 232; **726** 5
unsolicited rating 826 84
Unterbeteiligung, Abstimmungen **Vor 705** 100; Arten **Vor 705** 93; **705** 67; Auflösung und Auseinandersetzung **Vor 705** 102; Auseinandersetzung **Vor 705** 103; Begriff **Vor 705** 92 ff.; Dauer **Vor 705** 102; **723** 24; Form **Vor 705** 96; **705** 37; Geschäftsführung **Vor 705** 98; Gesellschaftsorgane **Vor 705** 8; Gewinnbeteiligung **Vor 705** 98; **722** 4; Gründung **Vor 705** 96 f.; und Hauptgesellschaft **705** 67; Informationsrechte **Vor 705** 99; **716** 4 f.; Innengesellschaft **Vor 705** 92; **705** 283; Kontrollrechte **Vor 705** 99; **716** 4 f.; Kündigung **Vor 705** 102; offene – **Vor 705** 101; Rechnungslegung **716** 4 f.; Rechte des Unterbeteiligten **Vor 705** 98 ff.; Rechtsnatur **705** 67, 283; Rechtsverhältnisse **Vor 705** 96 ff.; Stellung des Hauptbeteiligten **Vor 705** 94; Stimmbindungsvertrag **717** 26; Stimmrechtsausübung in der Hauptgesellschaft **Vor 705** 100; testamentarische Anordnung **Vor 705** 96 f.; Tod eines Gesellschafters **Vor 705** 102; Treupflicht **Vor 705** 99; Verbot im Gesellschaftsvertrag **Vor 705** 97; **705** 67; Verlustbeteiligung **Vor 705** 98; Vorrang der Hauptgesellschaft **Vor 705** 95; Wettbewerbsverbot **Vor 705** 99

Unterbeteiligungsverbot 705 67
Unterlassungsklage, Anspruch gegen Tierhalter **833** 58; Besitzstörung **Vor 823** 34; deliktischer Widerrufsanspruch **Vor 823** 75; Eingriff in den Gewerbebetrieb **823** 187 ff.; gegen Geschäftsführungsmaßnahmen **705** 204; Kreditgefährdung **824** 54 ff.; Persönlichkeitsinteressen **Vor 823** 35; wettbewerbsrechtliche – **Vor 823** 34
Unternehmenshaftung s. a. unerlaubte Handlung; betriebliche Organisationspflichten **823** 380 f.; Beweislast **823** 385; dezentralisierter Entlastungsbeweis **823** 384; Organisationsverschulden **823** 381; Regelungskonzept **823** 378 f.; systematische Stellung **823** 385 ff.
Unternehmerschutz, Betriebsbezogenheit des Eingriffs **823** 194; Betriebsblockade **823** 221 ff.; Boykottaufruf **823** 213 ff.; Gastronomiekritik **823** 212; geschäftsschädigende Kritik **823** 207; historische Entwicklung **823** 187 f.; Interessenabwägung **823** 195 f.; Recht am eingerichteten und ausgeübten Gewerbebetrieb **823** 187 ff.; rechtswidriger Streik **823** 219 f.; Schmähkritik **823** 209; Schutzbereichsdefinition **823** 193 ff.; Subsidiarität **823** 197; Unterbrechung der Stromzufuhr **823** 224; Verwässerung von Marken **823** 206; Warentests **823** 211
Unterrichtungsrecht s. Kontrollrecht
Untervermietung/-verpachtung, analoge Anwendung von § 816 **816** 13
Unvollkommene Verbindlichkeit s. Spiel, Wette
Urheber s. Miturheberschaft
Urkundeneinsicht, anwendbare Vorschriften **810** 2; Besitzer als Anspruchsgegner **810** 12; Beurkundung eines Rechtsverhältnisses **810** 7; Beurkundung von Verhandlungen **810** 9; Beweislast **810** 17; Einzelfälle **810** 6, 8; Errichtung im Interesse des Anspruchstellers **810** 5;

2814

magere Zahlen = Randnummern

in die Geschäftsunterlagen der Gesellschaft s. a. Kontrollrecht; Gestattung der – **810** 13; Inhalt der Urkunde **810** 4; Kosten **811** 5; Krankenunterlagen **810** 14 ff.; rechtliches Interesse **810** 10 f.; Sachgefahr **811** 4; sonstige Modalitäten **811** 6; Urkunde **810** 3; Urkundenbeweis **810** 17; Verjährung **810** 17; Vorlegungsort **811** 2 f.; Zwangsvollstreckung **810** 17

Urkundsbeamter der Geschäftsstelle, Amtspflichten **839** 240

Urlaubsreise s. Reisegemeinschaft

Urteilstenor, Passivprozess der GbR **718** 55

Verarbeitung 718 23
Verbindung gemäß §§ 946, 947 **718** 23
Verbotene Eigenmacht 718 37
Verbundene Geschäfte, bereicherungsrechtliche Rückabwicklung **812** 134 ff.
Verdrängende Vollmacht 717 16
Verein s. a. juristische Person, nicht rechtsfähiger Verein; Gesellschafter einer GbR **705** 76
Vereinsrecht, Analogie **705** 262
Vererbung der Mitgliedschaft in der GbR s. a. Nachfolgeklauseln, Testamentsvollstreckung; Alleinerbe **727** 32, 34; Anteilsübergang **727** 31; Ausschlagung **727** 31; einfache Nachfolge, Begriff **727** 30, Erbenmehrheit **727** 33, 35 ff., Rechtsstellung der Erben **727** 31 ff., Voraussetzungen **727** 30; Nachlassgegenstände **727** 34; qualifizierte Nachfolge, Begriff **727** 29, 43 ff., Rechtsfolgen **727** 43 ff., Vermächtnis **727** 42, Voraussetzungen **727** 41; Vererblichkeit des Gesellschaftsanteils **727** 28 ff., 41; vermeintlicher Erbe **727** 63 ff.; Vor- und Nacherbschaft **727** 68 f.; Voraussetzungen **727** 28, 30, 41 f.
Vererbung der Mitgliedschaft in der Partnerschaft, Anteilsübertragung mit Wirkung auf den Tod des Partners **P 9** 26; Austrittserklärung **P 9** 31; einfache Nachfolgeklausel **P 9** 28; Eintrittsrecht **P 9** 26; erbrechtliche Gestaltungsmöglichkeiten **P 9** 27 ff.; qualifizierte Nachfolgeklausel **P 9** 29; Vererblichkeit des Anteils **P 9** 25; Voraussetzungen **P 9** 24; Wahlrecht entsprechend § 139 HGB **P 9** 30
Verfügung eines Nichtberechtigten, Abschluss von Verpflichtungsgeschäften **816** 12 ff.; Belastung eines Gegenstandes **816** 47; „Berechtigter" **816** 30; dogmatische Stellung im Bereicherungsrecht **816** 1 ff.; Doppelkondiktion **816** 59 f.; Einbaufälle **816** 5, 14 ff.; Einbringung in Gesellschaftsvermögen **816** 56; Einheitskondiktion **816** 58; das „Erlangte" **816** 37 ff.; Ersitzung **816** 32; Genehmigung der Verfügung **816** 33 ff.; Gewinnherausgabe **816** 37 f.; gutgläubiger, lastenfreier Erwerb **816** 57 f.; Miteigentum **816** 55; „Nichtberechtigter" **816** 24 ff.; Nichtleistungskondiktion **816**

Sachverzeichnis

1; rechtsgrundlos, entgeltliche – **816** 59 f.; Subsidiaritätsprinzip **816** 8; Tatbestandsmerkmale **816** 9 ff.; Tausch **816** 46; Unentgeltlichkeit **816** 63 ff.; Unmittelbarkeit **816** 69; Untervermietung/-verpachtung **816** 12; Verarbeitung fremder Sachen **816** 20; Verbrauch fremder Sachen **816** 21; „Verfügung" **816** 9 ff., 62; Verfügungsgegenstand **816** 31; Verkaufskommission **816** 11; Verkehrswert **816** 39; Wegfall der Bereicherung **816** 50 ff.; werterhöhende Maßnahmen als Herausgabeschranke **816** 45 ff.; Wertersatzanspruch gemäß § 818 Abs. 2 **816** 49; Wirksamkeit der Verfügung **816** 32 ff.; Zustimmung **816** 10; Zwangsvollstreckung **816** 22 f.

Verfügung über Bruchteilseigentum, abweichende Abreden durch Teilhaber **747** 8; Begriff der Verfügung **747** 2 ff.; Belastung mit Pfandrechten **747** 15, 27; **751** 4; gesetzliche Ausnahmen **747** 9; gesetzliche Pfandrechte **747** 15, 32; gutgläubiger Erwerb **747** 19 f.; Kaufpreis beim Verkauf des gemeinschaftlichen Gegenstands **747** 29; Kaufvertrag über Miteigentumsanteil **747** 23; Klage auf Verfügung **747** 35; Quotenänderung **747** 14, 16; rechtsgeschäftliche Verfügungen über den Anteil **747** 11 ff.; rechtsgeschäftlicher Vollzug **747** 18; Veräußerung an einen Teilhaber **747** 26; Veräußerung des Anteils **747** 13; Verfügung über den gemeinschaftlichen Gegenstand **747** 24 ff.; Verfügung über die Bruchteile **747** 25; Verfügungen Nichtberechtigter **747** 30; Verfügungsbefugnis **747** 11, 24; Verzicht auf den Anteil **747** 16; Vorkaufsrecht am Anteil **747** 12; Vorkaufsrecht am gemeinschaftlichen Gegenstand **747** 28, zugunsten eines Miteigentümers **747** 6

Vergemeinschaftung des Zwecks 705 148

Vergleich s. a. Prozessvergleich; Abfindungsvereinbarungen **779** 30; Abfindungsvergleich **779** 47 f.; Abschluss **779** 28; Abschlussbefugnis **779** 19 f.; Abstraktionsprinzip **779** 35; Änderungsvertrag **779** 31, 33; Anfechtung wegen arglistiger Täuschung oder Drohung **779** 61; Anwaltsvergleich **779** 99 f.; Arbeitsrecht **779** 12 ff.; Auslegung **779** 45 ff.; Drittwirkung **779** 29, 52 f.; Einwand unzulässiger Rechtsausübung beim Abfindungsvergleich **779** 48; Enteignung **779** 18; Erbrecht **779** 7 f.; Familienrecht **779** 6; Feststellungsgeschäft **779** 31; nach Forderungsübergang **779** 30; Formbedürftigkeit **779** 39 ff.; gegenseitiges Nachgeben **779** 26; mit Gesamtgläubiger **779** 53; mit Gesamtschuldner **779** 50 ff.; Gesellschaftsrecht **779** 9; gesetzliches Verbot **779** 57; Handelsrecht **779** 9; Irrtumsanfechtung **779** 60; Liquidationsvergleich **779** 54 ff.; Notar **779** 18; Novation **779** 34; öffentliches Recht **779** 17; Prozessvertrag **779** 14 ff.; Rechtsfolgen **779** 66; Rechtsnatur

2815

Sachverzeichnis

Fette Zahlen = §§

779 31 ff.; Rechtsverhältnis 779 3 f.; Sanierungsvergleich 779 54 f.; Sicherungsrechte 779 22; Sittenwidrigkeit 779 57; Stellvertretung 779 19; Steuerrecht 779 18; Streit oder Ungewissheit 779 24 ff.; Synallagma 779 36 f.; Tatsachenvergleich 779 32; Teilnichtigkeit 779 59; Unsicherheit der Rechtsverwirklichung 779 25; Unwirksamkeit 779 56 ff.; Verbraucherschutzrecht 779 11; Verfügungen 779 35; Verfügungsbefugnis der Parteien 779 5 ff.; Vergleichsgrundlage 779 63 ff.; Versicherer 779 20; Verzichtserklärungen 779 46; Vollmacht 779 21; Wegfall der Geschäftsgrundlage 779 68 f.; Wettbewerbsrecht 779 10; Wirkung 779 31 ff.; Wirkungen des außergerichtlichen – 779 38

Vergleichsfalle 779 28

Vergleichsgläubiger als GbR Vor 705 117

Vergütung 709 32 ff.

Verjährung, Amtspflichtverletzung **839** 356 f.; Anweisung **789** 1 f.; Anwendungsbereich deliktischer Sonderregelung nach § 852 **852** 4 f.; Arzthaftung **823** 699; Aufhebungsanspruch der Bruchteilsgemeinschaft **758** 1 ff.; Gesellschafterhaftung bei Auflösung **736** 28 f.; Gewinnanspruch **721** 13 f.; Inhaberschuldverschreibung **801** 7, partnerschaftlicher Gesellschaftsverbindlichkeiten **P 10** 2, 17; Restschadensersatzanspruch **852** 2; bei Verjährung **809** 15

Verkehrssicherungspflicht, Abgrenzung öffentliches Recht und Privatrecht **839** 177 ff.; Arztpraxen **823** 492 ff.; außerdeliktische Verhaltensstandards **823** 277 ff.; Auswahlpflicht **823** 300; Autowaschanlagen **823** 535; Baggersee **823** 508 ff.; Bäume und Sträucher **823** 443; Baustellen **823** 473 ff.; Begriff **823** 50, 64; Delegation **823** 294 ff.; als deliktische Sorgfaltspflicht **823** 232 ff.; Deliktsaufbau **823** 58 ff.; Diskotheken **823** 486 ff.; Entlastung **823** 298; Erfüllungsgehilfe **823** 298 ff.; Fahrlässigkeit **823** 62; Fehlverhalten Dritter **823** 264 ff.; Freizeitparks **823** 503; Fürsorgepflicht **823** 248 ff.; Gaststätten **823** 486 ff.; Geschäftsräume **823** 482 ff.; Grundsätze deliktischer Gefahrsteuerungsgebote **823** 258 ff.; Grundstücke **823** 459 ff.; Haus und Garten **823** 459 ff.; Hotels **823** 486 ff.; Illegalitätsthese **823** 51; Infrastrukturanlagen **823** 528 ff.; Instruktionspflicht **823** 300; Kaufhäuser **823** 482 ff.; Konkretisierung **823** 63; Krankenhäuser **823** 492 ff.; Meer **823** 508 ff.; Musikkonzert und Freizeitveranstaltungen **823** 522 ff.; öffentlich-rechtliche Sicherheitsstandards **823** 277; Pflichtenträger **823** 292 ff.; Rechtswidrigkeit **823** 62; Sachgefahren **823** 430 ff.; Schienenverkehr **823** 539; Schule **823** 495; Schutzzwecklehre **823** 286 ff.; Schwimmbäder **823** 504 ff.; Sicherungspflichten **823** 241 ff.; Sorgfaltsaufwand **823** 264 ff.;

Spielplatz **823** 496 ff.; Sportanlagen **823** 496 ff., 512 ff.; Stellplätze **823** 471 ff.; Straßenverkehr **823** 536; Straßenverkehrssicherungspflicht **823** 430 ff.; Streupflicht **823** 446 ff.; **839** 201; Subsidiarität **839** 314; Supermärkte **823** 482 ff.; Theater **823** 527; Übernehmerhaftung **823** 296; Überwachungspflicht **823** 300; Umfang und Intensität **823** 258 ff.; Umgang mit gefährlichen Gegenständen **823** 540 ff.; Unternehmerhaftung **823** 387; Verrichtungsgehilfe **823** 298 f.; Vertrauensgrundsatz **823** 261; Volksfeste **823** 525 f.; Wälder **823** 470; Wasserstraßen **823** 457 f.

Verkehrsunfall, Schuldanerkenntnis nach – **781** 30

Verlängerung des Gesellschaftsvertrags 709 93; **Vor 723** 15; **723** 69; Zustimmung **705** 233

Verlobte s. nichteheliche Lebensgemeinschaft

Verlust als Auflösungsgrund der Gesellschaft **726** 6

Verlust der Zulassung P 9 18 ff., 21 ff.

Verlustanzeige, Wirkung **804** 4 f.

Verlustbeteiligung, Auseinandersetzung **707** 5; **721** 12; Ausfallhaftung **739** 4; Auslegungsregel **722** 3; des Ausscheidenden **707** 6; Ausscheidender **739** 1 ff.; Ausschluss **705** 148; Kapitalkonten **721** 12; Liquidation **707** 6; Verlustverteilungsschlüssel **721** 12; **735** 4; Verteilungsschlüssel **722** 1 ff.; Zeitpunkt **721** 1

Verlustbeteiligung in der GbR, stille Gesellschaf **705** 287

Verlustverteilung, Nachschusspflicht **735** 1 ff.

Verlustverteilungsschlüssel 722 1 ff.

Vermächtnis 718 22

Vermischung 718 23, s. a. Einbaufälle für die GbR

Vermögensanlagegesellschaft Vor 705 3 a

Vermögensfähigkeit der (Außen-)GbR **705** 310 f.

Vermögensrechte, Abtretung **717** 14 f., 30 ff., 40 f.; **719** 7; Geltendmachung **705** 198, 227 f.; gewinnunabhängige Entnahmen **717** 15; Pfändung **717** 42 ff.; Sicherungsabtretung **717** 30; Treupflicht **705** 227 f.; Vererblichkeit **727** 13; Verpfändung **717** 45

Vermögensschutz, deliktischer – **823** 184 ff.

Vermögensstammrecht 705 188; **717** 30; **719** 7

Vermögensverschlechterung 705 169

Vermögenswert der Beteiligung 705 188; **717** 15; **719** 7

Verpfändung s. a. Anteilsverpfändung, Verfügung über Bruchteilseigentum durch Teilhaber; Vermögensrechte **717** 45

Verrichtungsgehilfe, Abgrenzung zum selbständigen Unternehmen **831** 14; Abhängigkeit **831** 14; Auswahlpflicht **831** 33 ff.; Begriff **831** 14; Beweislast **831** 48 f.; dezentralisierter Entlastungsbeweis **831** 42 ff.; Eingliederung in

magere Zahlen = Randnummern

Organisationskreis **831** 15; Entlastungsbeweis **831** 1, 32 ff.; Gesamtschuldner **831** 7; Haftung, Rechtfertigung durch verkehrsrichtiges Verhalten **831** 29, Sorgfaltspflichten des Prinzipals **831** 32 ff., Übernehmerhaftung **831** 50 f., Überwachungspflicht **831** 33 f.; Handeln in Ausführung der Verrichtung **831** 24 ff.; Leiharbeitsverhältnis **831** 22; mehrere Geschäftsherren **831** 21; und Organe **831** 18 ff.; Rechtswidrigkeitszusammenhang **831** 47; Reformüberlegungen **831** 3; Vertreter **831** 20
Verschmelzung 727 8
Verschollenheit 727 6 f.
Verschulden, actio libera in causa **827** 13; Ausschluss der Willensbildung **827** 9; Beweislast **827** 14; Bewusstlosigkeit **827** 6 f.; Halluzination **827** 8; krankhafte Störung der Geistestätigkeit **827** 9; Minderjährige s. Deliktsfähigkeit; ökonomische Analyse der -haftung **Vor 823** 48; Trunkenheit **827** 8; Übermüdung **827** 7; und unerlaubte Handlung **Vor 823** 22 ff.; verschuldete Deliktsunfähigkeit **827** 11 f.
Verschuldenshaftung und unerlaubte Handlung **Vor 823** 22 ff.
Versicherung verbundener Leben, Ausübung von Gestaltungsrechten **747** 7; als Bruchteilsgemeinschaft **741** 22
Versicherungsaufsicht, Amtspflichten **839** 251
Versicherungsschein mit Inhaberklausel **793** 10; **808** 10
Verstoß gegen Gesetz oder gute Sitten, Kondiktionssperre **817** 1; Rückgewähranspruch **817** 1
Vertrag zugunsten Dritter 718 22; bereicherungsrechtliche Rückabwicklung **812** 192 ff.
Vertragsänderung s. a. Beschlussfassung; Abwicklungsgesellschaft **730** 25; Arten **709** 53, 93; faktische Abweichungen vom Gesellschaftsvertrag **705** 56; fehlerhafte – **705** 360 ff.; Form **705** 49 f., 57; Gleichbehandlungsgrundsatz **705** 247, 251; konkludente – **705** 56; Mehrheitsbeschlüsse **709** 84 ff.; minderjähriger Gesellschafter **705** 58, 71; Schranken **705** 231 ff.; Schriftformklausel **705** 50 f.; Selbstkontrahierungsverbot **705** 58; Stimmbindung **717** 25; Treupflicht **705** 231 ff.; Zuständigkeit **705** 55; **709** 53; Zustimmungspflicht **705** 239, 244 ff., 246
Vertragsbruchtheorie 826 87
Vertragsfreiheit in der GbR **705** 132 ff.; in der Partnerschaft **P 6** 23
Vertragsstrafe Vor 765 45
Vertretung der Gemeinschaft s. Verwaltung des Bruchteilseigentums
Vertretung der Gesellschaft (GbR) s. a. Vertretungsmacht; Akzessorietätstheorie **715** 2; Anteilsübertragung **719** 41; Anwendung der §§ 164 ff. **714** 26; Arten **714** 18 ff.; aufgelöste Gesellschaft **729** 13; betriebsbezogenes Geschäft **714** 25; Gesamtvertretung **714** 19, 27; Innengesellschaft **714** 23; Mehrheitsprinzip **714** 19; organschaftliche – **705** 257; **714** 16 f.; Selbstkontrahierungsverbot **714** 29 f.; Sondervollmacht **714** 22; Treupflicht **705** 196; Überlassung zur Ausübung **717** 9 f.; Wegfall eines von zwei Gesamtvertretern **714** 19, 30 f.
Vertretung der Partnerschaft P 7 13 ff.; der Liquidatoren **P 10** 9
Vertretungsmacht gegenüber der Gesellschaft, Abwicklungsgesellschaft **727** 9; **729** 13; **730** 43; Änderung des Gesellschaftszwecks **714** 25; Anscheins- und Duldungsvollmacht **714** 28; Arbeitsteilung **714** 19; Aufnahme neuer Gesellschafter **714** 25; Auslegungsregel **714** 18; Außengesellschaft **714** 14, 18; ehemalige KG **714** 19; Entziehung **705** 226, 234; **712** 16; **715** 1 ff.; Generalvollmacht **714** 12; **717** 9; Geschäfte außerhalb des Gesellschaftszwecks **714** 25; und Geschäftsführungsbefugnis **714** 18 f.; gesetzliche Regelung **714** 18; gewillkürte – **714** 12, 21; Grenzen **714** 24 ff.; Grundlagengeschäfte **714** 25; Kündigung **715** 6; Notgeschäftsführung **714** 18; passive – **714** 26 f.; pflichtwidriges Geschäftsführerhandeln **714** 20; Umfang **714** 24 ff.; Umfangsreduzierung **715** 3; Unübertragbarkeit **714** 12; Veräußerung des gesamten Vermögens **714** 25; Verkauf des Unternehmens **714** 25; vertragliche Regelungen **714** 19, 21; Vertragsänderungen **714** 25; Vollmachtsmissbrauch **714** 20; Wesen **714** 16; Widerspruch gegen Geschäftsführungsmaßnahmen **714** 20
Vertriebssysteme Vor 705 123; **705** 21
Verwaltung des Bruchteilseigentums, Abänderung von Verwaltungsregelungen **745** 17, 35; Anspruch auf Einwilligung **745** 49; Anwendung auf Gesellschaftsverhältnisse **745** 50; ausdrückliche und konkludente Regelungen **745** 16; Außenwirkung des Mehrheitsbeschlusses **745** 31; Beschlussverfahren **745** 19; Bestimmtheitsgrundsatz **745** 32; Billigkeitskontrolle **745** 29; Duldungsanspruch im Innenverhältnis **745** 44; einvernehmliche Verwaltungsentscheidungen **745** 14 ff.; Erhaltungsmaßnahmen **745** 5, 41 ff.; fehlerhafte Beschlüsse **745** 33; Gegenstand von Verwaltungsentscheidungen **745** 4 ff.; Haftung unter Teilhabern **745** 13; Innenwirkung des Mehrheitsbeschlusses **745** 30; Kündigung der Verwaltungsübertragung **745** 9; Mehrheitsentscheidungen **745** 18 ff.; ordnungsgemäße Verwaltung und Benutzung **745** 28; Prozessfragen **745** 38 ff.; Prozessführung als notwendige Erhaltungsmaßnahme **745** 47; Rechtmäßigkeit des Mehrheitsbeschlusses **745** 22 ff.; mehrheitsfester Nutzungsanteil **745** 24; wesentliche Änderungen **745** 25 ff.; Regelungen nach billigem Ermessen **745** 34 ff.; Sonderrechtsnachfolger **746** 1 ff.; Stimmrecht **745** 20;

Sachverzeichnis

Fette Zahlen = §§

Vereinbarung und Beschluss **745** 15; Vertretungsmacht **745** 32; Verwaltung gemeinschaftlicher Gesellschaftsanteile **745** 10; Verwaltungsentscheidung **745** 2 f.
Verwaltungsakt, Rücknahme eines rechtswidrigen begünstigenden – **839** 67, 250; Widerruf eines begünstigenden – **839** 63 ff.
Verwaltungspflichten 705 194 ff.
Verwaltungsrat 705 259
Verwaltungsrechte 705 193 ff.; Abspaltungsverbot **705** 195; **717** 7, 16 f.; Abtretung **705** 195; **717** 16 f.; Einfluss der Treupflicht **705** 196; Geltendmachung gegen Mitgesellschafter **705** 199; gerichtliche Durchsetzung **705** 219; Überlassung zur Ausübung **705** 195; **717** 9; verdrängende Vollmacht **717** 16; Vererblichkeit **727** 13
Verwaltungsrechtlicher Vertrag s. öffentlich-rechtlicher Vertrag, öffentlich-rechtliche Forderungsverletzung
Verwaltungstreuhand 705 85
Verwendungskondiktion, aufgedrängte Bereicherung s. d.; Dreiecksverhältnis **812** 395; Kenntnis der Nichtschuld **814** 5; Passivlegitimation **812** 309 f.; Verwendungen auf eigene Sachen **812** 307 f.; Verwendungen auf fremde Sachen **812** 301 ff.
Verwertungsgemeinschaften Vor 705 118
Verzinsung der Ersatzsumme **849** 1 ff.
Vollbeendigung der Gesellschaft Vor 723 5, 8 ff.; **730** 11 f., 38 f.
Vollmacht, verdrängende **717** 16
Vollstreckung in das Gesamthandsvermögen **718** 40
Vollzug, fehlerhafte Gesellschaft **705** 331
Vor- und Nacherbschaft 723 10; **727** 68 f.
Vorauszahlungsbürgschaft 765 128 ff.
Vorbehaltsgut 705 74 f.
Vorgesellschaft Vor 705 24
Vor-GmbH 705 77
Vorgründungsgesellschaft Vor 705 25
Vorkaufsrecht 753 30; Grundstück des Gesellschafters **705** 37
Vorlegung von Sachen, anwendbare Vorschriften **809** 2; Besichtigung bei Patentverletzung **809** 11; Besitzer als Anspruchsgegner **809** 8 f.; Beweislast **809** 16; Ermöglichung der Besichtigung **809** 9 f.; Hauptanspruch **809** 4 ff.; Interesse **809** 7; Kosten **811** 5; Sachen als Anspruchsgegenstand **809** 3; Sachgefahr **811** 4; sonstige Modalitäten **811** 6; Verjährung **809** 15; Vorlegungsort **811** 2 f.; Zwangsvollstreckung **809** 17
Vorlegungsfrist, Fristversäumung **801** 6; Fristwahrung **801** 5; Inhaberschuldverschreibung **801** 2 f.; Nebenpapiere **801** 4
Vormundschaftsgerichtliche Genehmigung, Nicht voll geschäftsfähige Gesellschafter **705** 70, 72; Treuhand am Gesellschaftsanteil **705** 93

Vorrang der güterrechtlichen Ausgleichsordnung Vor 705 78
Vorrechte von Gesellschaftern 709 99
Vorschuss nach § 669 713 15; **717** 34
Vorvertrag Vor 705 25; **705** 177 f.
Vorzugsrecht 709 99

Warenterminoption s. Börsentermingeschäfte
Wechsel, gezogener –, Umdeutung in Anweisung **783** 27 f.; missbräuchliche Einlösung **826** 112 f.; Wechselreiterei **826** 110; Wechsel-Scheck-Verfahren **826** 111; Widerruf der Anweisung **790** 9
Wechselbürgschaft 765 131
Wegfall der Bereicherung, aufgedrängte Bereicherung **818** 194 ff.; Aufwendungen zum Zweck des Erwerbs als Abzugsposten **818** 135 ff.; Begriff der Bereicherung **818** 111 ff.; Bezugnahme auf Aktivvermögen **818** 159; Darlehenskapital **818** 274; Darlehenszinsen **818** 274; Durchgriffsfälle **818** 187; Einschränkung in Anweisungsfällen **818** 185 ff.; Einschränkung wegen Empfängerverhalten **818** 183 f.; Erlangung eines Surrogates **818** 162; ersparte Aufwendungen **818** 164 ff.; Erwerbspreis als Abzugsposten **818** 136; Finanzierungsleasing **818** 138; Folgeschäden als Abzugsposten **818** 157; geschäftsunfähiger Schuldner **818** 269 ff.; Haftung nach allgemeinen Vorschriften **818** 282 ff.; Haftungsverschärfung **818** 276; Immaterialgüterrechte **818** 174; Kausalitätsbetrachtung **818** 123; Luxusausgaben **818** 166; minderjähriger Schuldner **818** 269 ff.; nachteilige Vermögensdispositionen als Abzugsposten **818** 147 ff.; Nebenansprüche **818** 266 ff.; nichtiges Darlehen **818** 191 ff.; normative Einschränkungen **818** 182 ff.; Prozesskosten als Abzugsposten **818** 156; Rechtshängigkeit des Herausgabeanspruchs **818** 277 ff.; als rechtshindernde Einwendung **818** 118; Rechtsnatur **818** 116 ff.; als rechtsvernichtende Einwendung **818** 116; Saldotheorie **818** 210 ff., s. d.; schadensrechtliche Auffassung **818** 125 ff.; Steuern als Abzugsposten **818** 142 ff.; Tilgung eigener Verbindlichkeiten **818** 169 ff.; Überzahlung versorgungsrelevanter Leistungen **818** 176 ff.; unbefugte Sachnutzung **818** 175; unentgeltliche Weitergabe des Erlangten **818** 168; Veräußerung des Erlangten **818** 173; verbleibende Bereicherung **818** 161; Vermögensbildung **818** 172; vermögensmäßige Entscheidung **818** 128 ff.; als Verteidigungsmöglichkeit des Schuldners **818** 119 ff.; Vertragsstrafe als Abzugsposten **818** 152 ff.; Vertrauensschutzerwägungen **818** 124; Verwendungen als Abzugsposten **818** 140 f.; wertende Risikozuweisung **818** 129; Zwangsvollstreckungskosten als Abzugsposten **818** 139; Zweikondiktionentheorie **818** 209

2818

magere Zahlen = Randnummern

Sachverzeichnis

–, **verschärfte Haftung,** allgemeines Leistungsstörungsrecht **818** 289 ff.; bereicherungsmindernde Aufwendungen nach Rechtshängigkeit **818** 287; bereicherungsunabhängige Wertersatzhaftung **818** 288; Nutzungsersatz nach Rechtshängigkeit **818** 286; Schuldrechtsreform **818** 292 ff.; stellvertretendes commodum **818** 299 ff.; teleologische Reduktion **818** 302; Zahlungsunvermögen **818** 296; zufälliger Untergang nach Rechtshängigkeit **818** 285
Wegfall des Rechtsgrundes 812 351 ff.
Weisungsrecht in Geschäftsführungsangelegenheiten 709 28, 54; **713** 7
Werbende Gesellschaft Vor 723 11; **730** 29
Werkleistung als Beitrag **706** 10; **733** 17 f.
Wertpapier, Aufgebotsverfahren **Vor 793** 10; Begriff **Vor 793** 5 ff.; Emittenten-Obliegenheit **Vor 793** 12; Innehabung **Vor 793** 11; Kreationstheorie **Vor 793** 24 f.; Massenemission **Vor 793** 30 f.; Neue Bundesländer **Vor 793** 39 f.; Rechtsscheintheorie **Vor 793** 24; Systematik **Vor 793** 3; Theorie vom mehrgliedrigen Rechtsgeschäft **Vor 793** 26; Verlust der Urkunde **Vor 793** 10; Vertragstheorie **Vor 793** 24; **793** 2; Vorlegungserfordernis **Vor 793** 11; Wertpapierrechtstheorien **Vor 793** 22 ff.; Wertrechtslehre **Vor 793** 34 ff.
Wertpapierbereinigung Vor 793 38
Wertpapieremission Vor 705 52 ff.
Wertpapierrecht, Sonderregeln **Vor 793** 1 f.
Wertrechtslehre Vor 793 34 ff.
Wettbewerb, Abgrenzung öffentliches Recht und Privatrecht **839** 173; beschränkende Maßnahmen **826** 133 ff.; Missbrauch wirtschaftlicher Machtstellung **826** 134 ff.; Patenterschleichung **826** 140
Wettbewerbsverbot 705 235 ff.; **723** 73; **738** 7
Wette s. Spiel
Wettgemeinschaft s. Spielgemeinschaft
Widerruf der Anweisung, Beweislast **812** 120 ff.; Bösgläubigkeit des Dritten **812** 119; Rechtsschein **812** 116 ff.; Rückabwicklung **812** 109 ff.; Tilgungsbestimmung **812** 116 ff.; Veranlassungsprinzip **812** 115; widerrufene Anweisungsvollmacht **812** 122; widerrufener Scheck **812** 123
Widerspruch, Pflichtwidrigkeit **711** 11; Treupflichtverstoß **711** 11
Widerspruch in Geschäftsführungsfragen, Aufhebung durch Gesellschafterbeschluss **709** 54; Begründungspflicht **709** 44; **711** 12; Berechtigte **711** 1, 7; Form **711** 9; Gegenstand **711** 9; gerichtliche Zweckmäßigkeitsprüfung **711** 11; konkludenter – **711** 9; Pflicht zum – **711** 10; Rechtsfolgen **711** 13 f.; übertragene Geschäftsführung **710** 6; Unterrichtungspflicht **711** 3, 16; verspäteter – **711** 16

Widerspruchsrecht, Anwendungsbereich **711** 2; Ausschluss **711** 4; Ausübung **711** 9 ff.; Einzelgeschäftsführungsbefugnis **711** 4, 6; Entziehung **712** 2; Geltendmachung **711** 9 ff.; Gesamtgeschäftsführung **711** 7; Geschäftsführungsrecht **711** 1; Interessenkollision **711** 2; Notgeschäftsführung **711** 8; Ressortprinzip **709** 17; **711** 6; Schranken **711** 2, 9, 11 f.; Treupflicht **705** 226; Übertragung **711** 5; **717** 16; vertragliche Regelungen **711** 4; Vetorecht **711** 5; Voraussetzungen **711** 6 f.
Wiederverheiratungsklausel 736 15
Wild- und Jagdschaden 835 1 ff.
Wirtschaftsaufsicht, Amtspflichten **839** 251
Wirtschaftsprüfer, freiberufliche Tätigkeit **P 1** 55; Haftung für unrichtige Bilanzen **826** 63 f.; interprofessionelle Partnerschaften **P 1** 82 f.; Name der Partnerschaft **P 2** 13
Wirtschaftsprüfersozietät Vor 705 40
Wohngemeinschaft s. Kommune
Wohnungseigentümergemeinschaft, analoge Anwendung von § 748 **748** 3; als „dingliche Gesellschaft" **Vor 705** 132; gesetzliche Aufhebungshindernisse **749** 7; Rechtsnatur **Vor 705** 132 ff.; **741** 27; (Teil-)Rechtsfähigkeit **Vor 705** 133; werdende – **Vor 705** 50; Zweckschöpfung **Vor 705** 132
Wucherdarlehen, Kondiktionsausschluss **817** 35 ff.; Ratenzahlungskredit **817** 35 ff.; Zinsansprüche **817** 35 ff.
Wuchermiete 817 41 f.

Zahlung unter Vorbehalt, ungewisser Erfolgseintritt **820** 3
Zahlungssperre 799 10; **802** 1 ff.
Zeitablauf als Auflösungsgrund **Vor 723** 14 ff.; Fest- oder Höchstdauer **Vor 723** 15
Zeitbestimmung s. Dauer der Gesellschaft
Zeitbürgschaft, analoge Anwendung **777** 3; Anzeige **777** 11; Auslegungsregel **777** 1; Begriff **765** 132; **777** 4 ff.; Beweislast **777** 15; dispositives Recht **777** 2; Formbedürftigkeit **777** 9; Inhalt **777** 1; Zeitablauf **777** 10 ff.; Zeitbestimmung **777** 7 f.
Zession, bereicherungsrechtliche Rückabwicklung **812** 202 ff.
Zeugen, Haftung **839 a** 12
Zinsschein, Ausgabe **803** 2; Beweislast beim Verlust **804** 7; Erneuerungsschein s. a. Talon; Inkraftbleiben **803** 4; Rechtsnatur **793** 10; Verlust **804** 1 ff.; Verlustanzeige **804** 2 f.; Vorlegungsfrist **801** 4; Zurückbehaltungsrecht **803** 6 f.
Zugewinngemeinschaft 719 32; **723** 10
Zulassung von Kraftfahrzeugen, Amtspflicht **839** 243
Zusammenveranlagung s. Ehegatten
Zustimmung s. a. Beschlussfassung
Zustimmungsrecht, Treupflicht **705** 226

2819

Sachverzeichnis

Fette Zahlen = §§

Zuwendungen, gescheiterte Paarbeziehungen **812** 403 ff.
Zwangseinweisung s. Freiheitsverletzung
Zwangsvollstreckung in Bruchteilseigentum **747** 36 f.; als Eigentumsverletzung **823** 108; in das Gesellschaftsvermögen **718** 32 f.
Zweck s. gemeinsamer Zweck
Zweckerreichung als Auflösungsgrund der Gesellschaft **726** 1 ff.; Voraussetzungen **726** 3 ff.
Zweckschenkung 812 401
Zweckverfehlungskondiktion, Beweislast **812** 421; Dienstleistungen **812** 387 ff.; Dreiecksverhältnis **812** 395; einseitig verpflichtende Verträge **812** 381 f.; erwartete Eheschließung **812** 384 ff.; erwartete Erbeinsetzung **812** 384 ff.; erwarteter Vertragsschluss **812** 396 ff.; erwartetes Wohlverhalten **812** 382 f.; gegenseitige Verträge **812** 377 ff.; Leistung auf künftige Schuldverhältnisse **812** 399 ff.; Nichterreichung des Sicherungszwecks **812** 402; Nichterreichung sekundärer Vertragszwecke **812** 377 ff.; Rechtsgrundabrede **812** 374 ff.; Unterfall der Leistungskondiktion **812** 373; Zweckschenkung **812** 401
Zweikondiktionentheorie 818 209
Zweipersonengesellschaft, Abfindungsanspruch **730** 11; **738** 11, 14; Anteilsübertragung **719** 26; Auflösungsfolgen **Vor 723** 9; Eintrittsklausel **727** 55 f.; Fortsetzungsklausel **705** 60 ff.; **736** 9; Übernahme des Gesellschaftsvermögens **730** 65 ff.; Wegfall des vorletzten Gesellschafters **705** 60 ff.
Zwischenneuschulden 727 21